2021名校文化博览

主　编：刘佳一　冯书青

团结出版社
UNITY PRESS

图书在版编目（CIP）数据

2021名校文化博览 / 刘佳一，冯书青主编. -- 北京：团结出版社，2021.9
ISBN 978-7-5126-9031-8

Ⅰ. ①2… Ⅱ. ①刘… ②冯… Ⅲ. ①中小学－校长－学校管理－文集 Ⅳ. ①G637.1-53

中国版本图书馆CIP数据核字(2021)第139475号

2021名校文化博览

出　版：团结出版社
（北京市东城区东皇城根南街84号　　邮编：100006）
电　话：（010）65228880　65244790
网　址：http：//www.tjpress.com
E-mail：65244790@163.com
经　销：全国新华书店
印　刷：北京骏驰印刷有限公司
装　订：北京骏驰印刷有限公司

开　本：210×285　16开
印　张：79.75
字　数：3600千字
版　次：2021年9月　第1版
印　次：2021年9月　第1次印刷

书　号：978-7-5126-9031-8
定　价：398.00元

主　　编: 刘佳一　冯书青

副 主 编: 孟　泰

编委名单: 周　正　徐李梅　张有连　焦　朋

刘　奇　秘天华　叶　华　来　敏

胡　适　刘爱君　倪　静　徐　东

范　婕　王子豪　米志刚　赵　燕

刘　倩　李　冉　聂喜欢　王春雨

罗　诚　李　梅　何　静　彭　薇

张　硕　张　玲

序　言

华夏文明五千年，现代之人莫等闲，孔孟讲仁义，老庄乐逍遥，墨家行侠义，韩非为法家，细思张弛有度，深研如痴如醉，千古传承的文化即为华夏文明的瑰宝，没有文化的繁荣兴盛，就没有中华民族伟大复兴，"文化兴国运兴，文化强民族强"，可见"文化"对于一个国家、一个民族，起着至关重要的作用。

同样，对于一所学校的发展来说，"文化"亦处于重中之重的地位，发挥着无可替代的作用。她是一所学校的灵魂之所在，是师生发展动能之所依，是实现"办人民满意的教育"目标之所系。本书汇集了多所名校的校园文化精髓，走进其中，我们，能感受到传统文化的沉积，能感受到爱国主义文化的激励，能感受到科技文化的渲染，能感受到多元文化的冲击……每一章节、每一篇目都体现着编者的独具匠心。

本书中收录的名校，有百年老校，有共和国的同龄校，也有成立时间不长的年轻校，但这些学校的共同点是，她们都有着基于本校校情并体现各自特点文化内涵，都因校园文化的深入推广而助推教育生态链中教师、学生、家长三个环节形成合力，从而实现教育多赢的局面，带动了学校的整体发展。

编辑出版《2021名校文化博览》一书，旨在为推动我国校园文化的全面发展贡献一份力量，为建设更加优秀的中国品牌名校献上我们教育人的一份发自肺腑的衷心贺礼。

刘佳一

2021年8月

清华大学附属中学永丰学校

清华大学附属中学永丰学校地处海淀北部地区，是由清华大学附属中学冠名并承办的海淀区属公办全日十二年制学校位。

文化是学校的灵魂和血脉。在海淀区教委的全面领导下，在清华大学的大力支持下，学校秉承和发扬清华大学附属中学近百年的办学特色和办学经验，确立了“以育人为中心，以学生为主体，为了每一个学生个性自由而全面发展”的办学思想，提炼出“自强不息，厚德载物”的校训精神，形成了“德修于行 行胜于言”的校风、“明德启智 修己树人”的教风、“带着问题学进去 带着感悟学出来”的学风，着力培养品德高尚、理想远大、全面发展、学有所长的新时代少年。

育人是教育的本质要求和价值诉求。在办学实践中，学校全面贯彻“育人为本、科技兴校”的发展理念：坚持以人为本的教育管理，通过合适的教育来塑造人、改变人和发展人；坚持科技兴校的发展策略，把科技教育贯穿到教育教学的各个环节中去，使教育者、受教育者、学校都得以持续发展；坚持多元发展的教育追求，开发航空航天模型、航海模型、陶艺、铁艺、机器人单片机等校本课程，成立科学技术创新社团、航模小组、机器人小组等学生活动社团，开展3D打印技术、走进圆明园、北斗导航系统等专家讲座，承办国际科普创客日、北京市校外教育展示及海淀区科学家进校园、海淀区中小学生水箭比赛等竞赛活动，使每一位学生的核心素养都能得到充分发展……学校充分发挥作为“北京市中小学科技教育示范校”的带头和辐射作用，有效带动了海淀北部新区中小学科技教育的发展，成功彰显出“坚持全面发展，注重个性培养，展现学生特长”的办学特色。

生逢其时，应有作为；砥砺前行，志存高远。踏上时代列车，追逐青春梦想，清华大学附属中学永丰学校立志以“青春之我”报以“强国有我”的回音。

王殿军校长及海淀区教委领导到校视察科技活动

新优质学校

清永航模社团

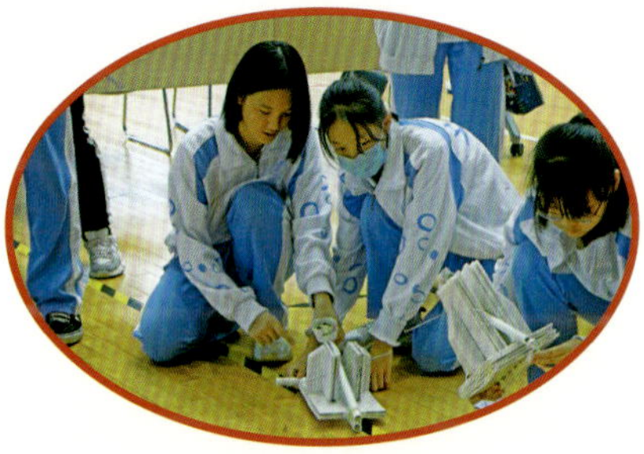

投石车活动

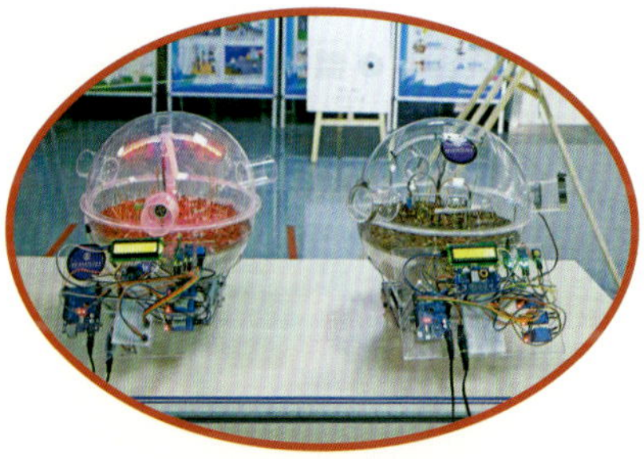

自制太空生态仓

科普剧《月球说》

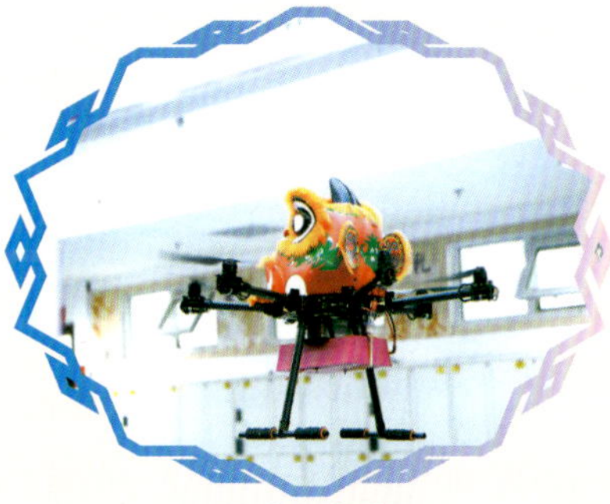

无人机舞狮

自制自动驾驶座椅

星球重力模拟装置

海淀区少年科学院

中国STEM教育2029创新行动计划

种子学校

2018 - 2020年

CBJ0041

中国教育科学研究院STEM教育研究中心

National Institute of Education Sciences Center for STEM Education

种子学校

重庆市黔江区民

重庆市黔江区民族职业教育中心是黔江区人民政府主办的一所国家中等职业教育改革发展示范校，国家级高技能人才培训基地，重庆市A类双优学校项目建设学校，全国首批1+X证书制度试点院校，武陵山职教集团牵头单位，武陵山民族文化传承基地，重庆市高水平中等职业学校项目建设学校。学校下辖机械部、电信部、综合部、升学部四个专业部，开设有计算机网络技术、汽车运用与维修、电子技术、学前教育、旅游服务与管理、建筑工程施工、航空、烹饪等18个专业，其中国示范专业5个，市级重点专业2个，市级骨干专业4个，有对口升学高考班、全日制3+2专科班、全日制3+4本科班、就业班四种班级类别，有各类实习实训室(车间)170余间，配置了7000多万元的设施设备。学校办学理念创新，设施设备齐全，管理依法规范，育人质量高，就业渠道畅通，核心竞争力强。学校在籍学生8700余人，教职工560人（在编教职工376人）。学校是全国职业教育管理创新学校、重庆市文明单位、重庆市教育系统先进集体、重庆市德育工作先进集体、重庆市依法治校示范校、重庆市绿色学校、中德(重庆)汽车职业资格培训与认证中心联盟单位、黔江区名学校。

近年来，学校高度重视教师队伍建设，持续重视教师队伍综合素质的全面提升，效果突出，有正高级职称教师3人，副高职称教师104人特级教师1人，市级名师2人，市级骨干教师7人，区级名教师2人，区级骨干教师15人，双师型教师179人，特别是伍朝艳、田忭卉、彭华娅3位教师参加2018年全国职业院校技能大赛教学能力比赛荣获全国一等奖，杨璐嘉、殷全辉参加2019年全国职业院校技能大赛教学能力比赛荣获全国一等奖，张彩虹、李嫦参加2019年全国职业院校技能大赛教学能力比赛荣获全国二等奖。

2019年12月6日，武陵山职教集团举办第二届理事大会暨民族文化交流活动

2021年4月29日，举办武陵山职业教育集团片区教研共同体工作研讨会

产业帮扶——吊瓜子

2019年第一期护工培训开班典礼

2021年高考光荣榜

电子钢琴实训室

学校数控车床实训室

钳工实训室

汽车整车实训室

族职业教育中心

学校在加强学生专业理论和技术技能培养的同时，更加注重思政教育、优秀传统文化教育、职业指导，加强学生职业精神教育、创新创业教育、学习能力教育，学生的职业道德、职业技能、就业创业能力不断增强。近三年，学校毕业生大多在世界500强及全国知名企业就业，初次就业率达98%以上，稳定就业率达90%以上。高考对口升学本科上线人数连续三年居重庆市第一，2019年高考本科上线290人，3名学生高考成绩分别荣获计算机、电子、机械专业全市第一名；2020年高考本科上线398人，4名学生高考成绩分别荣获电子、机械、会计、学前教育专业全市第一名；2021年高考本科上线375人，1名学生高考成绩荣获旅游专业全市第一名。近三年，学生参加国、市级技能大赛共获奖89项，其中获国家级技能大赛一等奖1个，三等奖7个，获市级技能大赛一等奖18个。学校努力找结合点和突破口，不断提升服务地方经济社会发展的贡献力。年均为各行各业输送实习就业学生2000余人，其中，向区内各行各业输送实习就业学生近500人。年均为地方行业、企业和基层培训技术技能人才2000人以上，为地方经济社会发展提供智力支持。

学校将坚持依法治校、以德立校、质量兴校、品牌强校的办学理念，面向渝东南武陵山区城镇群和长江经济带绿色发展战略，持续走育训并举、德技并修、升学与就业并重之路，大力培养对接区域经济社会发展的高素质技术技能人才，全面提升社会服务能力，传承发展民族特色文化，把学校建成全市一流、全国知名、特色鲜明的全国优质中等职业学校，为黔江建成渝东南教育中心和地方经济社会发展作出新的更大贡献。

李嫦、张彩虹荣获2021年全国职业院校技能大赛教学能力比赛二等奖

杨璐嘉、殷全辉荣获2019年全国职业院校技能大赛教学能力比赛一等奖

田忻卉、伍朝艳、彭华娅荣获2018年全国职业院校技能大赛教学能力比赛一等奖

高水平产业人才培养国际合作项目签约仪式嘉宾合影

荣获重庆市2021年中小学学生艺术展演校园集体舞高中组第一名

开展“中、泰、越”国际文化交流活动

我校开展国防教育

学校运动场

学校艺术团参演歌舞诗剧《濯水谣》在北京中央民族歌舞团民族剧院演出

河南省辉县

党支部书记、总园长韩丰骏

辉县市童星幼儿园创建于1999年。现拥有5所幼儿园和一所早教中心、一所艺术中心，其中有2所河南省示范幼儿园。该园总占地面积5万多平方米，教职员工300多名，其中大专以上学历216名、本科25名、省特级教师1名、小教高级职称21名、中级33名、初级65名、男教师8名，入托幼儿2000余名。

20多年来，童星幼儿园秉承"造福儿童、服务家长、服务社会"的办园理念，突出"保教结合、托幼一体、潜能开发，重在素质"的特色教育，让孩子在快乐中学习知识，在游戏中增长智慧，真心实意为家长们服务，倾心竭力提升幼教质量，赢得了社会的广泛赞誉，培育了数万名高素质幼儿，成为当地乃至全省、全国的著名幼教品牌。

童星幼儿园按照国家教育部、中央教科所、中国教育学会、河南省教科所主持的

韩丰骏总园长和中国民办教育协会学前教育专业委员会名誉理事长，原国家教委专职委员，国家副总督学郭福昌合影

韩丰骏总园长和国家教育部基础教育司原司长王文湛合影

辉煌童星部分奖牌

韩丰骏总园长入选中国好人榜

新乡市文明单位

韩丰骏总园长荣获全国五一劳动奖章

韩丰骏总园长在国家行政学院全国园长高级研修班上做讲座

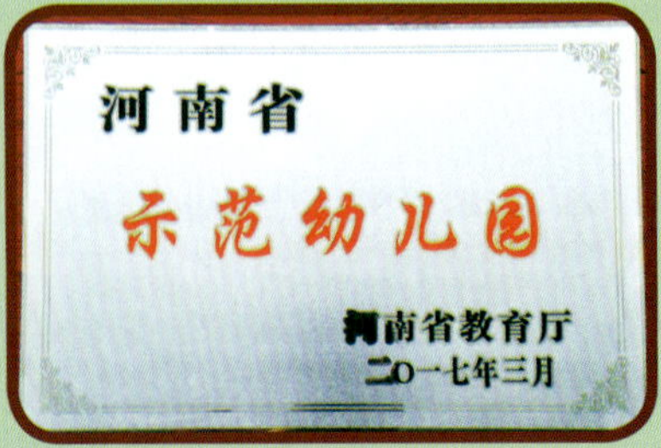

河南省级示范幼儿园

河南省三八红旗集体

韩丰骏总园长为贫困儿童捐款捐物

童星幼儿园

幼教科研课题，抓教改、重教研，认真实践，均取得了相应的课题成果奖。全园教师在教学实践中撰写的211篇论文和优质教案，参加了全国、省市组织的竞赛活动，其中95篇获得一等奖、81篇获得二等奖。“童星”创新的办园理念、优秀的师资队伍和过硬的执教水平为幼儿园的保育教育奠定了坚实基础，先后荣获：“河南省示范幼儿园、中国民办教育百强学校、中国民办教育优秀学校、全国幼儿教学先进单位、中国民办教育改革创新示范幼儿园、全国教育系统教研先进单位、全国教师教学设计创意先进单位、河南省民办教育十大名校、河南省三八红旗集体、河南省人民满意民办幼儿园、新乡市文明单位、辉县市先进基层党组织等”等国家、省、市近百项荣誉称号。

站位高、视野宽。童星幼儿园是当地最先成立党支部、工会、团委、妇委会的民办幼儿园。“童星”党支部注重发挥宏观决策和思想政治优势，坚持重大事项集体研究，科学决策。充分发挥了党组织在民办幼儿园的政治引领和统筹协调作用。工、青、妇等组织各负其责、各司其职、协作一致，共同唱响校园和谐发展主旋律，走出了一条独具童星特色的办学之路。

童星幼儿园以完善的硬件设施，创建优美的校园环境；以雄厚的师资力量，打造精英团队；靠不断创新教育理念，日益壮大品牌；靠党政统领全局，构建和谐校园。近年来，有来自全国各地800多家幼儿园所，到“童星”参观学习交流。童星幼儿园不仅为全省各地幼教同仁创建了俱佳的学习交流平台，更为当地幼教事业的发展做出了突出贡献。

国旗活动

土丘隧道游戏

烘焙坊

快乐篮球操

2012年童星师生在拜祖大典开幕式上表演开场舞《追源》

韩丰骏总园长在全国第六届幼教集团高峰论坛做报告

韩园长和孩子们在一起

省级示范幼儿园——东方星园童星幼儿园

省级示范幼儿园——童星国学幼儿园

山东省潍坊市临朐县第一中学

名师课堂

临朐县第一中学始建于1952年，是山东省规范化学校、潍坊市重点中学、潍坊市高中名校联盟理事长学校。学校占地7.16万平方米，现有教学班66个，学生3200余人，教职工332人。

建校69年来，临朐一中在不断改革中前进，积淀了淳朴奋进的校园文化，先后为国家培养出4万余名优秀人才。近年来，学校秉承“继承、创新、超越”的发展原则，以“让每一名学生找到适合的跑道”为办学理念，以“让生命的成长更有质量”为时代担当，围绕立德树人根本任务，深入实施“心本”教育，构建“管人先管心”的管理文化，创新“育人先育心”的育人机制，坚持“立业先立心”的价值导向。大力倡树一中精神：在团结一心上下功夫，引领全体教职工“像石榴籽那样紧紧抱在一起”；在精细精致上下功夫，教育教学做到“像绣花一样精细”；在实干担当上下功夫，“勇做新时代泰山‘挑山工’”，负重前行，勇攀高峰。全体干部职工以新思想引领新动能，用高标准争创高质量，各项工作在新起点实现新超越。

庆祝建党100周年系列活动

坚持“质量立校、特色强校、文化润校”的发展理念，精心打造名优生培养、艺术教育、心理健康教育三大特色品牌。本科录取率突破85%，2016年以来，有400余人被十大名校录取，其中43人被清华大学、北京大学、中国科学院大学等顶尖院校录取，40余人被中央美院、中央音乐学院等艺术名校录取。每一名学生都在临朐一中找到了最佳出口，实现了最优发展，创造了“低进中出、中进高出、高进优出”的全面辉煌。

围绕“立德树人、活动育人、多元成才”的育人策略，坚持党建引领，将社会主义核心价值观融入日常细节，教育引导学生听党话、跟党走，扣好人生第一粒扣子。把准学生身心发展规律，积极创设励志教育、传统文化、文明礼仪、学生社团、名家进校园等五大特色课程。每年都有100多名学生在国学大赛、机器人大赛、创新作文大赛等全国赛事中获奖，其中2名同学获全国“最美中学生”称号。

坚持开放办学，加强合作交流，积极畅通联合育人渠道，与清华大学、北京大学、南京大学、济南大学等60余所高校建立了深度合作关系。潍坊市从58处普通高中遴选15处成立名校联盟，临朐一中被推选为理事长学校。2017年至今，河北、海南、重庆、广东、内蒙古、陕西等地200多个教育考察团到校考察学习。临朐县委向全县推广“奉献、进取、团队、创新”的一中精神。

学校先后获评全国青少年校园篮球特色学校、全国校园文化活动优秀单位、全国深化素质教育典型学校、全国师德建设示范基地、全国优质教育资源建设重点示范校、山东省教育先进集体、山东省先进基层党组织、山东省花园式单位、山东省体育传统项目学校、山东省体育专项特色学校、山东省艺术教育示范校等省级以上荣誉称号。

校长深入课堂听课

临朐一中校门

优秀毕业生向学校赠送锦旗

开展党史教育

教职工远足

奋进的一中学子

艺术节展演

庆祝新中国成立70周年升旗仪式

运动会

山东省淄博市博山中学

参观校史馆

首届校长杯足球比赛

博山中学前身系博山区第七中学始建于1955年，2014年，博山区委、区政府投资2.1亿元，建设新校，更名为博山中学。新校位于珑山路211号，占地100700平方米，建筑面积64644.14平方米，系博山区窗口学校。教学设备完善，师资力量雄厚，以校风正、质量高、师资强、口碑好在博山地区享有盛誉。

博山中学传承博山七中的教育思想，始终坚持内涵发展、可持续发展理念，坚持文化育人，以人为本的管理方略，加强学校的核心竞争力建设，不断挖掘积淀萃取学校文化。以“和·雅”为文化核心，“求实·超越”为学校精神，“博学励新、崇德效山”为校训、“见善思齐、和合共进”为校风、“勤业修身、秉爱立人”的教风、“善思敏行 雅习致美”的学风、以培养“卓尔不凡、文质兼美的阳光少年”为目标的理念体系。

新学校由教学办公综合区、学生生活区、后勤服务行政区、体育运动区四部分组成。学校建筑雄伟现代、令人奋发、气势恢宏；校园环境清新明丽，一年四季绿树掩映，鲜花盛开；学校布局合理方便，教学、运动、生活各区独立；学校建有72个教学班规模的教学楼，每间教室都配备了70寸智能一体机等现代化的教学设备，硬件设施配备全市一流；配有高标准的理化生实验室、探究室、多媒体视听教室、录播室；六个计算机专用教室，每个教室配有56台高标准计算机，设施一流、功能完备；还建有校园电视台、图书室、阅览室等，其中电子阅览室配有56台高配平板电脑；历史教室、地理教室、音乐教室、美术教室、舞蹈教室、心理咨询室、400米标准塑胶运动场、看台、体育馆、室内体操房、羽毛球室、乒乓球室、8个室外篮球场、6个室外排球场、4个综合活动室、2个高标准科技活动室和1个机器人室等为学生开展丰富多彩的课外活动创造了条件；还建有容纳800余人的学术报告厅、300余人的多功能教室；学生宿舍楼干净舒适，每个房间内都配有洗手间，安全方便、冬暖夏凉；学生餐厅可同时容纳2000人就餐，是目前比较高档的学生就餐场所，学校建成了数字化校园系统为广大师生提供了良好的学习和生活空间。

博山中学拥有一支师德高尚，业务精湛，富有创新精神和实践能力的教师队伍。其中包括齐鲁名师靳辉；省特级教师郑素梅；省教学能手翟海燕；省年度教育创新人物提名奖马玉芬；淄博名校长赵国良；淄博名师翟海燕、郑文博、王茜；淄博名班主任刘华明；市教学能手曹丽颖、靳辉、郑文博、栾贻桢等一大批省市级名师，有市区骨干教师50余名。

学校教育教学质量不断提高，办学水平逐步提升，在社会上赢得了良好的声誉。学校先后获评全国青少年校园足球特色学校、全国青少年校园网球特色学校、全国青少年冰上运动特色学校山东省初中教学工作先进单位、山东省教学示范校、山东省电化教学示范学校、山东省家庭教育示范基地、山东省地震科普示范学校、省级园林绿化示范单位、省级卫生先进单位、山东省心理健康教育特色学校、山东省中小学教育装备应用创新案例展示大会一等奖、淄博市教学示范学校、淄博市教学工作先进单位、淄博市中小学知识产权教育试点学校、淄博市内部治安保卫工作成绩突出单位、淄博市中华优秀传统文化教育示范校等称号。

今后，学校将继续深入推进教育现代化建设，全面提升学校办学水平，进一步提高教育教学质量，为博山区教育事业的发展做出新的更大的贡献。

教育装备

建党百年画展

北海舰队

市现场会

绘画社团

初一班徽设计

师德演讲比赛

阳光小舞台

科学家报告团

市现场会

厨艺大比拼

山东冠县范寨镇联合校

齐鲁名校长工作室团队观摩指导学校工作

范寨镇联合校地处享有“渔乡水寨 纺织小镇”美誉的范寨镇。下辖1所中学，5所小学，**5所幼儿园，教职工183人，学生**1923人，**幼儿578人。学校始终坚持“立德树人”的教育思想，以“弘扬武训精神 实施五常教育 培养正心少年 打造幸福学校 建设教育强镇”为目标，大力弘扬仁义礼智信等中华优秀传统文化，积极构建正心**环境、正心课程、正心课堂，**开展正心活**动，采用“学习教育（课**程教育或课堂教**育）+课题研究引领+校园文**化浸染+学校内外**活动+宣传”相结合的形式，努力铸造“正心”德育品牌，为学生的终身发展和幸福人生奠基。

营造“正心”环境，濡染学生心灵。

各所学校、幼儿园圣洁雅致、书香弥漫。现代文明与传统文化在这里水乳交融，同构共生。启智楼、智慧长廊、聚慧苑，意蕴深远，催人奋进；各学校教学楼正前方竖立的孔子像，墙壁文化、班级文化中的儒家经典名句、名人故事，既让学生们见贤思齐，在耳濡目染中感受中华优秀传统文化的无穷魅力，又营造了乐积极向上、争先创优的校园氛围。这里是莘莘学子求知的学园、舒展身心的乐园、幸福成长的精神家园。

丰富德育活动，传承优良传统。

入学礼、入队仪式、快乐的六一等活动，让学生铭记成长点滴；清明节祭英烈、纪念建党100周年等活动激发了学生的爱国情怀。各类读书征文、知识竞赛、创作大赛等活动提升了学生的素养，增长了学生的知识，开阔了学生的视野。

构建“正心”课程，培育“正心”学生。

各学校结合本校实际，根据学生身心发展的需要，组织骨干教师汲取儒家优秀传统文化之精华，编写了校本教材《正心读本》，以此为抓手，开设“正心”课堂，建立“正心少年”评价、激励机制，为学生的生命成长打好了底色，系好了人生的第一粒扣子。

俯首深耕细作，注重课题引领。

教育科研的投入是一所学校最有远见的投入。范寨镇联合校全体教师俯首教坛，深耕细作，以课题研究引领学校发展，走出了一条科研兴校之路。基于学校德育建设研究的课题——《仁义礼智信：区域推进农村小学德育建设的实践研究》先后立项为县市省级课题。联合校以此课题研究为引领，秉承科研兴校的理念砥砺前行，加强学校德育建设，引领学校更高更强发展。

风正潮平，正当扬帆竞渡；任重道远，更须策马扬鞭。站在新的发展路口，范寨镇联合校将以更高远的历史站位，更饱满的教育热忱，为实现“打造幸福学校、建设教育强镇”的目标而不懈努力。

中心小学丰富多彩的校本课程

冯书青校长做客光明日报社教育家专访

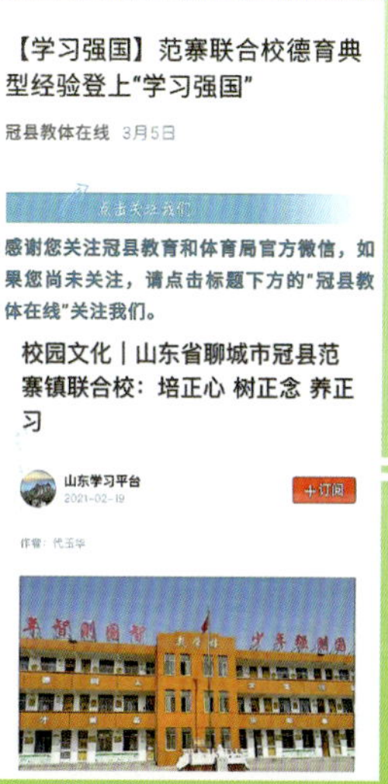

荣登学习强国平台

范寨小学

第二中心幼儿园

沙王庄小学

沙王庄幼儿园

宋小屯小学

宋小屯幼儿园

西邢庄小学

西邢庄幼儿园

中心小学

中心幼儿园

北京市朝阳区左家庄街道中心幼儿园

日本对外交流活动

北京市朝阳区左家庄街道中心幼儿园始建于1983年，拥有38年办园历史，是一所公办全日制幼儿园。园所地处朝阳区左家庄街道三源里社区，为所属社区特色园所。

左家庄街道中心幼儿园基于师幼、家庭共生、共学、共情、共享和谐发展的教育理念，秉持“积极进取，创新发展，永不放弃”的园所精神。倡导自主探究这一成长的动力，从幼儿身心发展规律和特点出发，确定了“艺术滋润心灵，品格造就一生，让每一个孩子健康快乐自主发展”为办园理念。

幼儿园注重文化引领和内涵发展，在传统文化的引领下，幼儿园不断探寻教育的本质，努力实现“锻炼强健体魄，激发学知兴趣，培养开朗的性格，健全人格，养成良好习惯，学会做人做事，育德启智双收”的育人目标。该园坚持立足美育，深研特色发展。通过环境创设、主题活动、艺术实践和特色课程多种形式致力于幼儿综合能力的发展和学习品质的养成。目前，园所主要开展了非洲鼓、乐高、阳光体育、品格教育等多种形式的特色课程。

泰国交流活动

近年来，左家庄街道中心幼儿园始终致力于提高教师专业素质，建设高质量教师队伍。园所教师先后参加了全国教育科学“十二五”规划课题《以情商教育为纽带，促进家园共育》、中国智慧工程“十三五”课题《幼儿体适能教学的研究与实践》和中国智慧工程研究会智慧教育专业理念教育科学“十四五”规划重点课题《幼儿园冰雪特色体育课题的实践研究》等国家级课题，为每一位教师提供成长的平台。

清华附中参加幼儿篮球表演

北京电台生活频道采访幼儿饮食文化

爸爸去哪亲子活动

六一活动

参加幼儿足球比赛

庆七一教师文艺汇演

太极表演

妈妈是超人亲子嘉年华活动

深圳市盐田区教科院幼儿园

邱志华园长在党员活动上讲话

深圳市盐田区教科院幼儿园小微集团是深圳市盐田区教育局主办的公办园，由教科院幼儿园总园和翠峰分园构成。

盐田区教科院幼儿园将“三个期待”作为园所特色发展的切入点和突破口，**相信幼儿拥有与生俱来的力量，相信教师拥有专业发展的潜质，相信园所拥有坚守追求的梦想，并在盐田区教科院幼儿**园此愿景基础上依据杜威提出的儿童中心论及教育无目的论，提出教育层面的六个纯粹，即教育之纯、匠心之纯、人文之纯、初心之纯、愿景之纯、传承之纯，以“回归纯粹教育”的目标作为幼儿园内涵发展的生长点。开园不到一年时间，盐田区教科院幼儿园赢得了广大家长的认可，成为家长口口相传的“家门口好幼儿园”。

我园吸取世界先进的学前教育理论与做法，建构属于幼儿园的课程体系——鲲鹏课程，希望将幼儿培养成有主见、具灵气、会发现、善求解、充满爱、乐创造、有热情、能坚持的中国小公民。鲲鹏课程，将STEM理念融入一日活动中，创设了属于孩子们的STEM日。通过项目式学习，利用传统+智能化设备支持幼儿的集中化学习，有效丰富幼儿的感官经验，提高参与性与互动的趣味性，使幼儿的经验更加丰富，解决问题能力显著提高。同时，我园也十分注重教科研的推进，现有5项课题在研，其中有一项关于STEM教育在幼儿园推进的国家级课题，目前幼儿园已成为教育部重点课题《基于STEM教育理念的跨学科学习模式区域实践研究》实验园，中国第三届新样态实验学校，广东省首批STEM种子幼儿园及第三批省级课题幼儿园和广东省学前教育“新课程”幼儿园科学保教示范项目参与园，盐田区幼儿园国际STEM教育项目研究基地园。

针对大班幼儿推出的“零年级” 幼小衔接活动，基于生活的项目式学习“创意盐田-珠宝设计师”；为让鲲宝充分体验岭南文化的价值，开设粤语日“粤讲粤开心”，并于每周四邀请家长为幼儿普及广东传统民俗；以及“故事爸妈进校园”、职业体验、芸香草计划、资源收集日、主题餐厅、幼学院微项目等特色活动都成为园所在教育工作中先行先试的样板。

站在“两个一百年”奋斗目标的历史交汇点上，深圳市盐田区教科院幼儿园将持续怀揣教育初心，将纯粹教育持续贯彻，以幼儿为中心，真正确立质量意识,充分挖掘课程资源，改善软环境，增进幼儿有益经验,提升园所质量，积极落实教研责任制度，为了高质量学前教育的发展，在无边际的教育空间里努力创新，助力儿童蓄力、蜕变、飞翔，我们积极探寻优秀的教育资源，把这些优秀理念融入到我们的课程建构中。

结对帮扶促发展

广东省项目式学习交流展示与研讨活动

恐龙主题餐厅日

项目式学习颁奖仪式

童小点编程活动

零年级经典传唱

零年级辩论赛活动

资源库家长收集日

珠宝设计师项目式学习活动

户外活动精彩瞬间

湖南省怀化市鹤城区幼儿园

梁小玉园长参加湖南省第四批教师培训师培养对象高端研修

工会组织郊游活动

鹤城区幼儿园系怀化市鹤城区政府主办的唯一一所公办省级示范性幼儿园，总园毗邻风景秀美的舞水河，位于繁华便捷的三角坪榆市路。办园历史悠久，底蕴深厚，始建于1957年，是怀化城区最早的公办幼儿园，始称怀化县幼儿园，原址位于榆树湾东风街，1958年迁入现址，1984年县改市后改称怀化市幼儿园，1998年撤地设市后更名为怀化市鹤城区幼儿园。鹤城区幼儿园的每个发展阶段都倾注了各级领导和社会各界的关爱，凝聚着几代幼教工作人的心血，载入了怀化城区教育的史册。

创业起步阶段（1957—1986年）：建园之初，园舍设施简陋，场地狭小，仅2个教学班37名幼儿。在此期间，教学班一直在3个左右，在园幼儿100人左右，教职工10余名。

快速发展阶段（1987—1997年）：先后新建教学楼2栋，在园规模扩增至9个教学班，在园幼儿400余人，教职工30余名，1996年被省教育厅授予“湖南省示范幼儿园”称号，是鹤城区唯一一所公办省级示范性幼儿园。

跨越发展阶段（1998年至今）：新建设施一流、功能齐全的现代化综合教学大楼，并对旧教学大楼、食堂、大门等进行大规模改造装修，新配置扩建多媒体录播室、音体活动室、儿童乐园等大型幼儿活动场所。2006年率先通过省级示范幼儿园复查验收。近年来，荣获“全国足球特色幼儿园”“爱国教育全国示范幼儿园”“湖南省示范幼儿园”“湖南省幼教先进单位”“湖南省巾帼文明示范岗”“湖南省文明卫生单位”“湖南省健美儿童之家”“湖南省语言文字示范校”“湖南省小篮球联赛先进单位”，市、区“文明红旗单位”“先进单位”等100余项荣誉称号，师幼多次在国际、省、市等各类竞赛中获奖，品牌效应日益凸显，幼儿教育集团初具雏形。

鹤幼人深知这不仅仅是一份殊荣，更是一份责任，充分发挥在全区的示范引领作用，助推全区学前教育保教水平。教育使命在肩，“鹤幼”文化孕育科学“求真”精神，一直以来秉承“承担重任争先、教育改革敢先、锤炼队伍涌先”的科研精神，世代传承，充分挖掘背景资源，铸造环境资源，注重文化传承。我园课程体系由六大板块支撑，即基础课程、自主游戏课程、德育生活课程、环境课程、特色主题课程、弹性生成课程。顶层设计全覆盖，共生共长促和谐，课程真正择高而立、贴地而行、落地开花。

第一届幼儿篮球趣味比赛

快乐奔向未来的孩子们

全体成员及学员参加2021年工作会议

“童心阅享·红色记忆”阅读节启动仪式

办园宗旨：一切为了孩子，一切为了家长，把快乐的童年留给孩子！

办园目标：高标准的办园规划　高素质的教师队伍　高素质的教师队伍　质量的保教水平　高层次的环境设施

办园理念：追求快乐，体验成功，以快乐为核心。

园　训：以素质求生存
以改革求活力
以实力求发展
以特色树品牌

园　风：爱园　敬业　团结

爱在金秋　看望抗战老兵

园长梁小玉陪孩子们过“六一”儿童节

全体党员过主题党日

爱国主义红色主题教育——大型亲子运动会《东方红》

园长妈妈与孩子们玩“过家家”游戏

海南省海口市丘浚学校

谭贞杰校长

海口市丘浚学校位于海口市丘浚路167号，东邻海口保税区，西邻海口丘浚文化公园。学校历史悠久，几度沧桑，三易校名：前身为水新小学，系水头村和新村合办，后从水新小学分离出来，更名为水头小学隶属海秀学区。2005年搬到新校址，更名为海口市丘浚学校。学校始终坚持“传承丘浚精神 培育时代少年”的办学理念和“读圣贤书 做有用人”之校训，加大教育教研力度，积极开展有益于学生身心健康发展的教育教学活动，创办了“蓓蕾舞蹈”社团，“少年强武术”社团，“小荷美术”社团，极大丰富了学校校园文化生活，培养了学生健康的审美观念，审美情趣，鉴赏力和创造力，教育教学质量稳步提高。2019年升级为秀英区城区直属学校。校区占地面积9221.4平方米，建筑面积9800平方米，绿化覆盖10%。学校现有37个教学班，学生1910人，专任教师105人（含临聘教师）。其中高级教师3人，中级教师34人，学历合格率100%。学校设有一间会议室，一间图书室，一间音乐室，一间计算机教室,教师工作间一栋，篮球场，排球场各一个。

七秩奋斗，续写华章。历经几十载风雨砥砺，有建校时的举步维艰，有奋进中的探索思考，有喜悦中的跨越发展，经历了教育制度演变，由乡村完小发展成为区直属学校。在秀英区政府、区教育局及社会各界的大力支持和全体丘浚人的共同努力下，学校内涵和外延发生了质的变化。

六年级毕业会

班级优秀干部表彰

操场

一年级入队仪式

元旦汇演

校级领导与六年级老师为参加六年级小考的学生加油

全体师生禁毒宣誓

秀英区阳光体育大课间教职工啦啦操比赛

武术展示

读书节活动

山东巨野县凤凰街道民族小学

校长　夏恩路

巨野县凤凰街道民族小学，始建于1950年，地处巨野县城东关，原名东关小学，隶属于凤凰街道，是菏泽市唯一的民族特色的公办定点完全小学。现有教职工56人，在校学生880人，其中回族、维吾尔族、侗族学生260人。

学校亭台楼阁、轩榭廊舫、山水相依、无限风光。这里有深厚的文化底蕴，浓郁的现代气息，有友善的民族气氛，满院荡漾着家庭的温馨，有孩子的味道，有教育的味道，有自然的味道。学校秉承“和而不同，快乐成长”的办学理念，追求“学生成长，教师提升，学校发展”的办学目标，依据学校发展实际，制定了一训三风：（1）校训：炫民族风，立文明人。（2）校风：尊重之上，和谐与共。（3）教风：平静教书，敬畏生命。（4）学风：精诚为学，知行合一。

几十年风雨走过，一代代“民族人”用勤劳和智慧见证着民族小学的发展历程。她不是名校，却是百姓满意的学校，学生喜爱的学校。

民族小学建设了“和而不同，快乐成长”的文化体系:以学习中华传统文化，蕴底气；知晓少数民族文化，铸和气；了解世界多元文化，成大气。实施“一校一品”的发展战略，坚持“民族和谐、健康阳光”的发展主题，走特色发展之路。

一、民族风情“四个一”

揭开一道“神秘的面纱”,学习各民族文化，尊重各民族生活习惯和文化的差异性。开设一门民族文化特色课程,树立五十六个民族是一家的大家庭概念，促进和谐发展。装饰一面民族文化特色墙,让学生在日常生活中潜移默化地接受民族文化的熏陶。编制印一本民族文化知识的宣传册，积蓄和发展文化力量。

鼓号队在菏泽市鼓号操比赛中获得一等奖

二、书香校园“五个一”：

每天背一首诗，每周写一篇诵读启示，每月读一本书，每生讲一个故事，每班共读一本书，构建富有书香特色的校园文化。

三、基础工程“七个一”：

“一根跳绳强身体，一件制作练巧手，一张练字打基础，一首古诗丰底蕴，一句格言立志向，一件好事暖心底，一位伟人作榜样”，为学生的终身发展和幸福奠基。

四、社团开展“一加一”：

民族风鼓队、民族礼仪课、回族舞蹈、参观公安局110指挥室和武警驻地、跳蚤市场、每年一度的小记者菏泽牡丹园观展、“香韵”茶艺等社团活动的开展，既拓宽了学生视野，提升了修养，又锻炼了适应社会的能力。

学校先后被评为“巨野县师德建设先进集体”“菏泽市文明校园”、“菏泽市平安创建工作先进单位”、“菏泽市校园文化建设先进单位”、“山东省民族团结进步示范校”等荣誉称号。

2021年少先大队入队仪式及庆六一文艺汇演活动

上级领导到学校检查工作

夏恩路校长课间与学生交流学习方法

民族小学第15个民族团结月表彰大会

建党100周年前夕，民族小学全体党员举行庆祝活动

学生在别具一格的图书阅览室里汲取科学知识

长廊下师生共读一本书活动

民族小学茶艺社团活动表演

民族小学部分师生到台儿庄进行红色研学

无锡市新吴区大地幼儿园

园长　杨晓枫

无锡市新吴区大地幼儿园系一所于2006年9月创办的普惠民办幼儿园，位于无锡市春潮花园二期，现为江苏省优质幼儿园。

在教育主管部门的领导下，在各级政府的关心支持下，幼儿园秉承“以爱育爱，培养完整儿童”的办园宗旨，围绕“培养健康自信、习惯良好、手脑灵活、和谐发展的幼儿”的育人目标，开发“爱的教育”、幼儿足球和生成性主题活动等园本特色课程，全面发展幼儿素质。

幼儿园从儿童需要出发，坚持“安全、实用、童趣、个性化、经济性”的原则，为支持孩子们“真体验、真生活、真游戏”创造了条件，力争实现每一处场所都有育人的功能。充分利用廊道空间资源，营造爱家乡、爱学习、爱生活的区域主题环境，有具有江南地方特色的“民风古韵文化街”，有“爱的小屋”——亲子栖息岛，“爱的信箱”——留住孩子的心声，“爱的箴言”——保教人员对爱的教育告白，还有创意无限的美劳工坊、“悦读悦美”书香房、科学探索、宝贝厨房等专用活动室，让孩子在这种润物无声的环境中，受到熏陶。

幼儿园秉持以“完整教师”培养“完整儿童”的理念，培养“爱、笑、力、美”的大地教师，有仁爱之心，待人亲和，有专业能力，师德好形象美，提升幼儿园保教水平。

近年来，幼儿园先后获得无锡市优质幼儿园、无锡市平安校园、无锡市语言文字规范化示范校、江苏省优质幼儿园、江苏省餐饮安全质量示范园、江苏省足球特色幼儿园、全国首批足球特色幼儿园、全国首批足球特色幼儿园示范园、中国儿童少年基金会“家园共育示范教育基地”、中国儿童体能研究协会“幼儿体能教学研究基地”等荣誉称号。

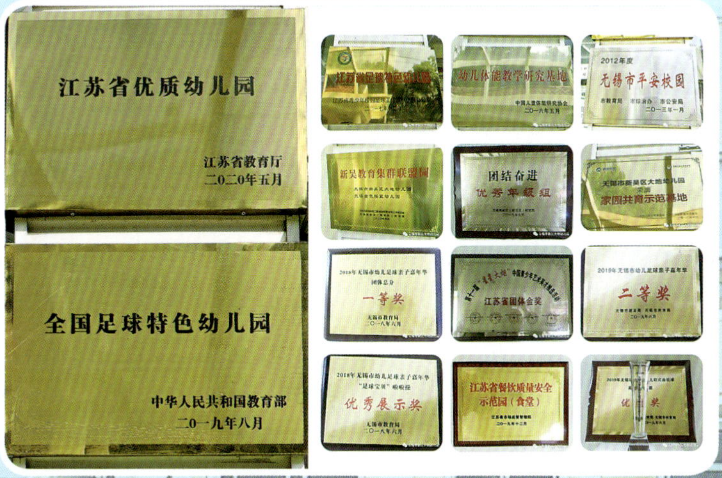

校园荣誉

无锡市教育局领导来园莅临指导

班级全景

新吴区教育局领导来园调研校园内涵发展

创意美劳工坊

亲子悦读长廊

足球外教，活力四射

足球小将，英姿飒爽

足球游戏，精彩纷呈

足球阅读吧

绿色天地

西安经开第六小学

校门

西安经开第六小学创建于2015年，又名西安文理学院实验小学，是由西安市经济技术开发区和西安文理学院合作创办的一所全日制公立小学。学校毗邻长安大学，占地15亩，建筑面积7000余平方米。

硬件配置：学校设有计算机教室、图书阅览室、美术室、音乐舞蹈室、心理咨询室、科技活动室、录播教室等10余个部室，为学生的全面发展提供了基本条件。

学校更新了网络系统、多媒体教学系统、监控系统、校园广播系统、各功能教室等设施和场所，使配套设施一应俱全。

图书室拥有书籍2万余册。

多元校本课程：学校严格执行国家课程标准。

自编课程：啦啦操、武术操、篮球操。

音乐课程：葫芦丝、手风琴等民族乐器等。

艺术培养：书法、绘画、剪纸、舞蹈、篮球、足球、击剑、合唱、跆拳道、啦啦操。

校内活动：开学典礼、六一系列活动、爱心捐款、学雷锋等。

安全知识宣传教育：防震、防火、防溺水、突发事故等应急疏散演练与安全知识讲座。

学生管理：建立了班级、学生考核制度,班级量化评比，实行一日一反馈，一周一总结，一月一评比，对好的班级颁发流动红旗。学校领导、教师轮流值日，每天二次对学生的日常行为进行检查，将德育工作常规化。

学校管理：学校领导集体精诚团结、勇于开拓、锐意进取。坚持“高起点规划，高标准建设，高质量达标”的超常规发展思路，以德治校、民主理校，在工作中走“人性化管理、集体决策、阳光操作、安全运行”的办学之路，依据学校章程，不断完善各种规章制度，先后出台《经开六小教师工作手册》《经开六小教师十说十不说》《经开六小教师忌语忌事》《经开六小学生在校手册》《经开六小学生在校一日常规》《绩效考核办法》等规范文件，不断规范教师的职业行为及依法从教的意识，建立了学校长效管理机制。全面推进素质教育，遵循服务于每个学生的宗旨，为学生的学习提供了有力的保障。

学校荣誉：全国青少年经典诵读优秀组织单位　　陕西省美育教学改革实验学校

西安市第一批人工智能实验学校　　经开区文明校园

未央区教学管理星级学校　　未央区大学区管理优秀成员校

第三方满意度测评，家长对学校工作整体满意度达到99.7%

未央区“启航杯”第四届中小学健美操·啦啦操比赛中荣获团体总分一等奖

中小学生“歌唱祖国，青春激荡”合唱大赛活动中荣获二等奖

办学理念：做有温度的教育，成为最好的自己。

校训：怀仁爱之心育人 以感恩之心求知

教风：有爱 有德 有志 有趣

学风：有礼 有智 有力 有才

搏击长空振翅飞，勇立潮头创一流。如今，阳光热情的经开六小师生正以“放飞梦想，承载希望”的信念，成就经开六小最美的风采！

队列队形比赛

六一联欢

体育艺术节

爱心义卖

端午包粽子

国庆歌咏比赛

垃圾分类

联欢

武术操

心里减压

湖北省武汉市新洲区第四中学

校长黄建平成人礼寄语

湖北省武汉市新洲区第四中学坐落于巍峨的大别山麓、秀美的道观河之滨，始建于1956年，由一座百年古刹“解元寺”改建而成。65年筚路蓝缕，65年砥砺奋进，学校现已发展成为占地136.5亩、建筑面积达4万多平方米、规划绿地绿化全覆盖的现代化、园林式市级示范高中。

坚持办学理念　描绘发展蓝图

治校理念是学校发展的关键所在。学校认真落实立德树人的根本任务，践行“自主・发展”的办学理念，恪守“自强 开拓 励志 博学”的校训，大力营造“自强 勤奋 团结 创新”的校风，“科学 严谨 务实 求真”的教风和“勤奋 刻苦 好学 上进”的学风，不断完善“自强・构建・发展”的办学模式，致力于把学校建设成为一所现代化、高质量、有特色、示范性的全省知名示范性高中。

成人礼家长陪学生有序穿过龙门

丰富校园文化　弘扬四中精神

文化是一所学校的灵魂。学校坚守“自强创新”的主体精神，坚持把文化建设放在重要地位，全面构建包含理念文化、制度文化、课程文化、行为文化和环境文化等内容的学校文化体系，着力打造“继承与创新、改革与发展、自主与探究、科学与人文相融”的办学特色，全面培养人格健全、自信自强、勇于进取、德智体美劳全面发展的社会主义建设者和接班人。

探索育人之道 推动有效德育

德育是促进学生健康成长的根本保障。学校积极践行社会主义核心价值观，遵循真实、真诚、真情的德育原则，整合学校、家庭、社会等多方教育力量，有计划、分步骤、重实效地推进“三生”（生命、生活、生存）德育工程，让学生在活动中体验，在体验中成长。

新洲四中庆国庆绽青春诵读大赛

深化课改实践　构建高效课堂

课堂是实施素质教育、落实教育教学的主要载体。学校在课改实践中坚持以学生为主体，以核心素养培育为目标，探索构建以任务生成、组内活动、组际交流、反思梳理为主要内容的“四段式”教学模式，从注重学习结果转变为注重学习过程，着力培养学生的必备品格和关键能力。

展望未来，学校将进一步推广和完善“自强・构建・发展”的教育模式，全力打造多样化优质发展的普通高中，办好人民满意的现代化农村教育，真正把学校建设成“现代化、高质量、有特色、示范性”的知名高中。

市级示范学校复评组参观学校陈列室

武汉华夏理工学院艺术设计与传媒学院李娇院长与学校黄建平校长揭牌

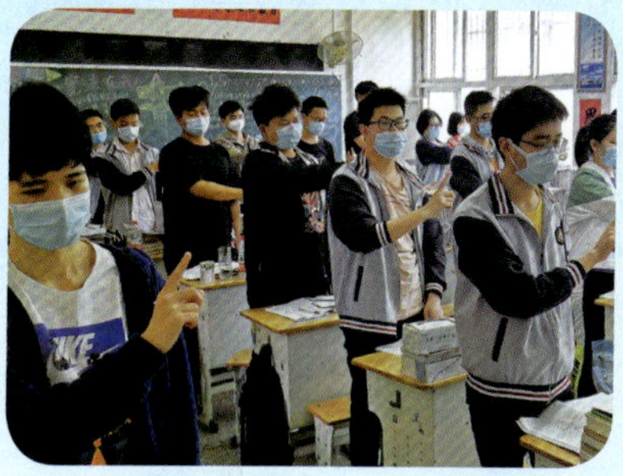

学生在教室做手指操

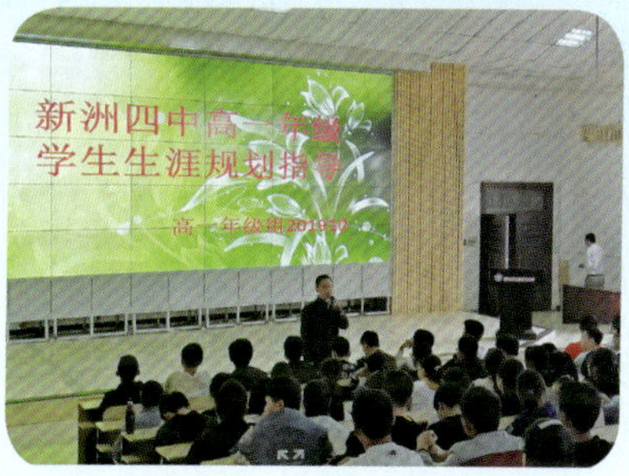

高一年级学生生涯规划指导讲座

高一语文组在职工书屋开展教研活动

第45届秋季运动会

高三复课动员大会及防疫培训会

重庆市教科院巴蜀实验学校

国旗班

以“教致广大，育尽精微”为办学理念，以培育“精彩少年”为育人目标，以“精致教育”为办学思想的学校文化体系，孕育了重庆市教科院巴蜀实验学校丰富多彩的课程文化。生活养育课程体系，就是学校课程文化中最璀璨的明珠。

优化生活养育课程的内部机理。编写了《中小学生生活养育课程指导纲要》，明确了生活养育的课程性质、课程目标、课程内容、课程实施、课程评价、课程管理等，统筹了生活养育课程预设与生成的关系，优化了生活养育课程与专题教育的关系。

形成生活养育课程的整体规划。构建了“一核心四模块”生活养育课程体系，“一核心”指一个核心目标，包括“养身心、养感情、养习惯”的“三养”目标和“育品格、育能力、育情趣”的“三育”目标；“四模块”指四个方面的养育内容，包括“身心健康、习惯情感、生活礼仪、生活技能”。

开发生活养育课程的各类资源。配套并完善生活养育的硬件设施，建设生活养育校园文化，全校推广自编词曲的礼仪操；开发《生活养育读本》3本；出版《小学生安全应急手册》两册，《初中生安全应急手册》一册，并进入教育部《2015年中小学图书馆（室）推荐书目》名单，被多家中小学图书馆收藏。

学校经过近18年的生活养育探索，初步形成了生活养育为特色的学校文化，获得中央综治委首届全国平安校园成果一等奖，先后建成了全国青少年艺术人才培训基地、重庆市首批立德树人特色项目实践研究基地、安全教育示范学校、教育科研先进集体，获得全国足球特色学校等市级及以上荣誉12项，承办中国教育学会中小学整体改革专业委员会年会、重庆教育学会年会等市级及以上学术会议8次。光明网等主流媒体先后报道学校生活养育课程建设200余次，近三年有来自全国二十余省市6000余人次前来考察、交流，对我校的生活育人体系给予了高度评价。

礼仪队

礼仪操表演

生活养育课程展示周开幕式

生活养育课程展示周颁奖典礼

口风琴集体展示

课堂一角

篮球社团

生活养育课程展示周生活技能比赛

烹饪课程

校园一角

整理课程

游学活动

种植课程

陕西省西安市蓝田县初级中学

“西安市王应东名校长+领航研修共同体”揭牌仪式

蓝田县初级中学是蓝田县教育局直属公办学校，位于蓝田县城中心文化路中段。学校占地面积2万平方米，校舍建筑面积12560平方米。学校现有40个教学班,在校学生1968人。教职工总数190人，专任教师175人。专任教师中本科及以上学历171人，高级教师53人，一级教师86人，“三级三类”骨干教师36人。2019年与三里镇文姬中学组建为西安市“名校+”教育联合体，实行“一长多校”的管理模式，王应东同志任联合体书记、校长。学校先后被评为“陕西省教育督导316工程素质教育暨质量提升优秀学校”“陕西省平安校园”，“西安市艺术示范学校”、西安市“德育工作先进集体”、“西安市科技教育特色学校”；连续多年荣获蓝田县教育工作先进集体、蓝田县教育质量提升优秀学校、教科研工作先进学校、蓝田县最美校园等多项荣誉。

王应东校长

蓝田县第三届中华经典诵读大赛

中秋节诗文诵读活动

运动会开幕式

研学旅行

王校长荣获西安市基础教育突出贡献校长奖

湖南省益阳市实验小学

益阳市实验小学地处翻光掠影的资江河畔、文化底蕴丰厚的明清古巷腹地，是一座真正的花园式学校。现有教学班30个，在岗教师82人，其中高级教师5人，学校先后涌现出国家级、省、市级名师、骨干教师共22人。

近年来，学校紧紧围绕“办学有特色、教学有特点、学生有特长”的办学理念，在“实”字上下功夫，在“新”字上做文章，积极探索“党建+”工作模式，着力构建艺术特色校。学校开设了剪纸、创新绘画、书法、足球、啦啦操、舞龙舞狮、民乐、管乐、戏曲、舞蹈等多个红领巾社团，为传承中华优秀传统文化、彰显办学特色铺上了一条锦绣之路，创新、引领了资阳乃至全市的艺术教育新潮流。

学校先后荣获“全国巾帼文明岗”“全国学校体育工作示范学校”“全国青少年校园足球特色学校”；以“交通安全”为主题的剪纸音像读本，获国家级三等奖；学校女子足球队参加省足球联赛获小学女子组一等奖；学校女子啦啦操社团获2021年省阳光体操节双料冠军；学校合唱队获市成建制合唱比赛一等奖；学校还先后被评为益阳市唯一一所“全团带队共建省级示范校”“湖南省戏曲进校园特色学校”等100余项国家级、省级、市级殊荣。

学校

阳光体育与经典文化同行，与快乐校园同行

2020年，学校女子足球队获省青少年校园足球夏令营比赛一等奖

“戏曲进校园”在学校举行的课后服务成果展演暨第十七届艺术节中取得了空前的成功

实验小学在“欢乐潇湘、资阳专场”中的精彩演出

学校大力推进以剪纸为主的民俗文化建设，让学生在剪纸中培智强能，让学生的审美情操得到质的飞跃

《国学经典》让孩子们在通俗易懂的剪纸绘本中领悟人生哲理

重庆市九龙坡区第一实验小学

学校燕南校区

重庆市九龙坡区第一实验小学始建于1988年，原名西郊小学，地处于九龙坡区政治、经济、文化中心，目前拥有一校三区，教职员工2500余名。

学校以“筑基每一个人的美好未来”为核心理念，以“办有境界的教育，做有格局的教育人”为办学追求，传承“立足脚下 力争上游”的学校精神，实施“打开一扇门”的主题校园文化建设。通过实施以“适合学生 适应未来”为理念的课程改革，形成了独特的“归原课程”体系，努力实现“走向世界的中国人，开创未来的现代人”的培养目标。让走出实验一小的学生都能拥有“强健的体、灵巧的手、聪慧的脑、明亮的眼、温暖的心”。

建校三十余年来，学校获得27项国家级、市级荣誉，中央电视台、人民日报、光明日报、中国教育报、重庆日报等主流媒体进行过报道。学校被评为重庆市示范小学、重庆市民主管理示范学校、重庆市文明单位标兵等，学校还获得全国三八红旗集体、国家教育质量管理示范基地、全国科学教育实验基地、中央教科所批准的中国特色教育“小学综合实践教育”学校、全国优秀少先队集体、全国青少年校园篮球特色学校、全国青少年校园足球特色学校等荣誉。

学校秉承“理念立校、文化治校、良师兴校、课程强校”的发展战略，向着“教育集团化、教师专业化、管理现代化、学生个性化”发展目标前进。

校园一角

快乐的校园生活

阳光自信的孩子们

主题教育活动

学校核心理念

山东省日照市东港区天宁小学

学校俯瞰全景图

山东省日照市东港区天宁小学位于枣庄路以西，五莲路以北，是东港区委、区政府秉持“四个一流化”标准，建设的一所全日制公办市重点小学。学校于2017年8月开工建设，2018年7月投入使用。现有44个教学班，在校学生2274名。

学校的校训是“天道酬勤，宁静致远”。“培养勤学好问、善于创造、学有所长、全面发展的学生”是我校的育人目标。

学校重视教职工队伍建设，面向市区选拔优秀校长、优秀骨干教师，现有教职工106人，其中高级职称9人，中级职称27人，区级以上教学骨干17人，学校教师群体卓越，个人特长突出。

建校短短几年，学校的的办学效益已经得到了社会广泛的赞誉，各项工作得到了上级部门的肯定。学校先后获得日照市文明校园、日照市教育系统政风行风建设工作先进单位、日照市语言文字规范化学校、东港区教育系统政风行风建设先进单位、2019年度教学信息宣传工作先进单位。承办日照市中小学课后服务工作推进会议，并为十几所兄弟学校提供“课后服务”现场观摩。

在刘翠珍校长的带领下，天宁小学正以明确的办学思路，鲜明的办学特色，有效的科学管理，良好的师资队伍，高水平的教育教学质量，抒写素质教育经典，打造幸福教育品牌，全力建成一所师生幸福、家长放心、社会满意的特色学校。

”指尖飞舞“——飞碟杯展示

领导参观学生课堂

学校部分荣誉

体育网球课

课堂教学

无人机线上展示

元旦素养展示

校园来了“新朋友”

广东省东莞市中堂镇第四小学

广东省东莞市中堂镇第四小学于2007年1月由原来的袁家涌小学、吴家涌小学、鹤田小学三校合并成立至今。其中袁家涌小学创办时间最早，前身为无学制私塾，1929年正式创办第一所袁家涌村办小学——崇德学校，1958年校名改为袁家涌小学。2007年1月联合办学后正式更名为东莞市中堂镇第四小学，新校坐落于袁家涌村与吴家涌村交界处，总占地面积29424平方米，建筑面积15917.4平方米，绿化面积18276平方米，是一所环境优雅、布局合理、文化浓郁的完全公办小学。学校现有29个教学班，学生1340人。现有教师76人，教师学历达标率100%，本科、大专以上学历100%，小学一级教师44人，占57.9%。学校办学特色鲜明，教育教学质量突出。2020年，学校确立了“榕韵教育”的办学思想体系，本着“榕风和韵，抱朴创新”的办学理念，以鲜明的办学特色和良好的教育教学质量为双翼，四小师生继续昂首腾飞、奋进追梦。

获广东省艺术特色学校

走进四小，这是一所务本归真、宽怀广识的学校。

建校13年，学校坚持“榕风和韵，抱朴创新”的办学理念，贯彻落实“博雅达观、健行致远”的校训，以培养具有“厚德、笃行、博学、精艺”核心素养的博雅学子为己任。确立“榕韵教育”办学思路，让榕树的风骨与人文、环境、课程的建设和谐共生，把普及和提高竖笛教学作为学校办学特色常抓不懈，为学生的全面发展铺垫坚实的路基。

为了更好地实践“榕风和韵，抱朴创新”的办学理念，增强学生体魄，激发学生学习的兴趣，学校开展丰富多彩的第二课堂及少年宫活动，竖笛、乒乓球、篮球、足球、阅读、朗诵、合唱、舞蹈、校园剧、绘画、英语口语、书法、信息技术等，同学们学习积极性高，学习成绩显著，参加各类比赛屡获殊荣。

走进四小，这是一所硕果累累的学校。

建校13年，学校先后被评为“东莞市一级学校”“东莞市绿色学校”“东莞市普教系统文明单位”“东莞市依法治校示范学校”“东莞市文化建设先进学校”“东莞市语言文字规范化示范校”“东莞市德育工作示范学校”“东莞市现代教育技术实验学校”“广东省中小学艺术教育特色学校”；6次荣获中堂镇教育教学质量综合评定优秀奖等。

走进四小，这是一所和谐共生的学校。

披着霞光的榕乡，绿树成行，孩子们在榕树下读书、游戏，温馨和谐；榕乡里的师生斗志昂扬，家校携手建设家乡。来过榕乡的学生、老师、家长都舍不得离开，因为这里的领导和蔼可亲，同事间友爱互助，师生间和谐信任，家校间携手共建。学校成立了家长志愿者服务团队，每天上下学、学校活动，都能看到那一抹红色的身影，那是志愿者家长爱心护学岗日常，他们是校园里最可爱的人。每一个四小人，都向往携手奋进、和谐共生，因为我们是相亲相爱的一家人。

我们坚信，在未来的征程中，中堂镇第四小学将一如既往地发扬“务本归真、宽怀广识”的校风，秉承“弘道授业、慧己泽人”的教风，坚持“敦品砺学、格物致理”的学风，在“我努力、我成功、我快乐”的口号感召下，把学校办成校风好、学风纯、师资强、质量高、特色鲜明、社会认可、群众满意、学生向往的优质小学。

东莞市教育局冯伟华辅导员与四小团队合照

与广州市花都区教师直笛交流

台湾竖笛专家郑惠文老师莅临我校指导

镇区联动教研活动

篮球比赛获奖

台湾新竹县竹北市兴隆国民小学与我校师生交流演出

一年级新生拜师礼

童心剧场比赛

乒乓球队员的训练场面

河南省郑州市郑东新区实验幼儿园

参观的领导们对传统艺术作品连连称赞

阅读让我和孩子们的心很近很近

河南省市郑东新区实验幼儿园是隶属于郑东新区教育文化体育局的第一所公办省级示范幼儿园。占地7436.95平方米，有大、中、小28个教学班，近1000名幼儿。是一个四季有花、两季有果、处处有绿荫、时时有欢笑的童话世界，是一个师幼和谐相伴、生命共生共长的幸福家园。

追溯生命本源，回归教育本真。郑东实幼秉承“与爱同行、幸福成长”的办园宗旨，坚持打造“三真四实”的“妈妈心”教师团队。立足于真需要、真情境、真活动、真体验、真成长的五真课程原则，以培养“健康身心、丰盈精神、舒展个性、开阔视野的幸福儿童”为育人目标，从幼儿实际出发，在实践过程中逐渐形成了“五真”课程体系。坚持以幼儿为中心，以爱为教育的前提和保障，以爱为实施教育的方法和措施，帮助幼儿幸福成长。历经多年实践，“五真”课程体系获得广泛认可。课程体系的建构与实施过程中，幼儿各方面发展大幅提升，凸显了幼儿在课程构建中的主体地位，为幼儿幸福成长奠定了良好基础。

2014年成功创建“河南省示范性幼儿园”；2016年接待国家食药司领导一行三十余人的全国明厨亮灶观摩团进行现场观摩；2019年被评被为“河南省文明单位”；2019年被评为首批“全国足球特色幼儿园”。近年来陆续成为“国培计划”项目承办单位、河南省第一批“省培计划”项目承办单位。教师快速成长，共有400余人次在各种评比中获奖，教师出版专著30余套，在CN刊物发表论文20余篇（其中核心期刊2篇）。2019年，园本课程阶段性成果《幼儿园“521”幸福课程体系建构与实践研究》为题的课题研究成果荣获“中国首届学前教育创新成果提名奖”。2020年，在省级校本教研案例评选中，校本教研案例《三型并举奏响青年教师岗位胜任力的主旋律》荣获河南省二等奖；我园荣获郑州市校本教研实验校等荣誉；在郑州市“课程改革20年成果征集”活动中，教育教学成果《师幼共建：幼儿园五真课程体系的建构与实施》荣获郑州市一等奖。

运动场上的足球小健将

雨中奔跑的童年

快松开我的手！

你快乐所以我快乐

做孩子们的朋友，倾听他们最纯真的声音

又见二月二
舞龙舞狮嗨起来！

快看，这里有一只好小好小的虫子！

哇，好神奇！

游戏时，我和孩子们亲密无间。

四川天府新区第十二幼儿园

园长　欧阳冰洁

四川天府新区第十二幼儿园（简称天府十二幼）于2018年9月正式开园，位于成都天府新区华阳街道德华路7号，是一所为实现区域优质教育资源配置而建立的现代化优质品牌幼儿园，全园开设小班、中班、大班15个班。校园环境宜人，绿化面积达到1000多平方米，园区布置美观而富有童趣，四季鸟语花香。为不断提升办园品质，让每位幼儿健康快乐的成长，办园以来，我园积极打造温馨和谐的人文环境，深入挖掘“微笑文化”内涵，持续开展生态文明教育，提出了“以情感铸炼师魂”，增进师幼感情，加强学校凝聚力，彰显团队文化，形成了“三会四有五心”的德育服务特色、“家、园、社区三位一体”的教育特色、“乐观向上、团结平等、果敢创新”的园风园貌。办园特色鲜明，生态文明教育成果显著，先后荣获“全国生态文明教育特色学校”“全国垃圾分类样板学校”“成都市节水型单位”“天府新区抗疫先锋集体”“天府新区改革创新先锋团队”等荣誉称号。

教师团队

垃圾分类情景剧

五彩手工坊

幼儿体智能课

班级环境

手工课

幼儿种植课

幼儿艺术表演活动

教师团队

四川省宣汉中学

党委书记、校长李政军

坐落在巴山南麓、洲河之滨、红三十三军诞生地——宣汉县城。迄今已有440余年历史，1916年（民国5年）于书院旧址兴办官学，是为“宣汉县立中学”。1958年更名为“宣汉县中学”，2000年易名为“四川省宣汉中学”并成为“四川省重点中学”，2013年被评为首批“四川省一级示范性普通高中”。

学校先后获得“全国基础教育改革示范学校”“全国基础教育质量管理示范学校”“全国教育科研先进单位”“全国语文教改示范学校”“四川省校本研修示范学校”“四川省现代教育技术示范学校”“四川省心理健康教育示范学校”“四川省中学校长联谊会理事学校”等众多殊荣。同时，学校被清华大学、北京大学、中国科学院大学、武汉大学、华东师范大学、西南政法大学等一流大学授牌为“优秀生源基地校”，校园电视台获“全国中小学百佳校园电视台”称号，校报《今日宣中》、校刊《来鹿钟声》获“全国中小学校内报刊特等奖”。2021年，成功入选第二届中国县域百强中学。

第五届全国全民健身操舞大赛总决赛高中组第一名的优异成绩，荣获特等奖

健身操代表队在百年校庆庆典上表演

诗韵长廊

校门

科教广场

古筝协奏

广东省东莞市寮步镇河滨小学

尹瑞玲校长

广东省东莞市寮步镇河滨小学创建于1993年，坐落在寮步河之滨，经过多年的发展，成为一所设施先进的高品质学校。校园现拥有18间功能室、32间多媒体教室、3个标准篮球场、1个标准200米四道塑胶运动场、1个标准5人足球场、3处开架阅览的阅读空间。师资力量雄厚。学校确立“灵动教育”为办学特色，从德育、课程建设、特色教育等方面多管齐下，让学生尽享“灵动教育”的润化，走出了一条提质增效的特色发展之路。

一路走来，在全校师生的共同努力下，先后获得：东莞市普教系统文明单位、东莞市德育示范校、东莞市体育特色学校、东莞市现代教育技术实验学校、东莞市语言文字规范示范校、东莞市科普特色学校、东莞市心理健康教育特色学校、广东省规范汉字书写教育特色学校、广东省青少年科学教育特色学校、广东省航空航天特色学校、全国优秀家长学校、小小科学家全国中小学科学教育实验学校、全国思维导图应用试验学校等荣誉称号。

寮步镇河滨小学“灵动教育”文化品牌发布会

舞蹈《红领巾的骄傲》荣获2021年寮步镇中小学生艺术展演比赛舞蹈类一等奖

女子篮球队获2021年寮步镇小学生篮球比赛公办女子组第六名

读书节开幕式（吟诵表演）

校门

器乐《战台风》2021年寮步镇中小学生艺术展演比赛乐器类一等奖

2019年第十届艺术节开幕式暨东莞市“莞脉传承之非遗进校园”公益活动

广东省东莞市技师学院

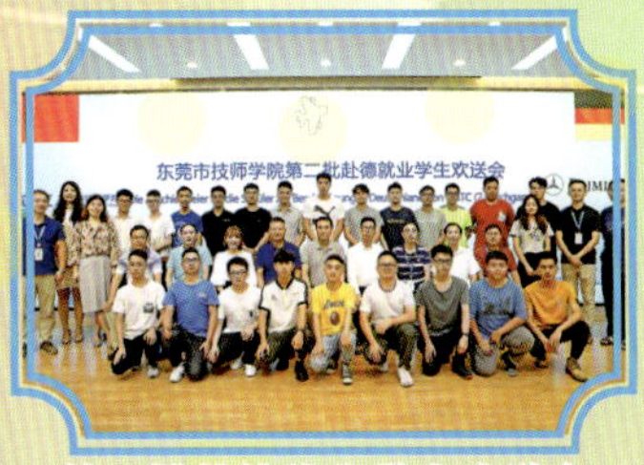
第二批赴德就业学生欢送会

第五届中英班67名学生顺利获得英国asfi产业技能证书

第三届中德班毕业颁证仪式

院长刘海光、德累斯顿工业大学职业教育与继续教育学院院长佟永强、固高科技董事长李泽湘教授就三方开展中德合作项目签署了框架协议

驻校外教——BBW机械制造专家Jörg Puzi向学生示范教学

驻校外教——BBW机电一体化专家Tobias Butka授课现场

东莞市技师学院于1987年12月经广东省人民政府批准，由东莞市人民政府创办，隶属东莞市人力资源和社会保障局，是东莞市唯一的一家公办国家重点技工院校、广东省技工教育20强、广东省10高水平技师学院建设单位之一、国家级高技能人才培训基地、国家技能人才培育突出贡献单位。

学院环境优美，现有东城和职教城两个校区，总占地面积约540亩，总建筑总面积29.9万平方米，现有在校生13000余人，高技生占比100%；师资力量雄厚，现有教职工746人，其中专职教师623人，且97%具有本科及以上学历，硕士学位以上超过10%。教授、高级讲师、高级实习指导教师、高级技师272人，讲师、技师296人，导师工作室6个、一体化专业骨干教师达到75%以上，教师队伍中拥有一大批省级督导员、考评员和省市优秀教师及技术能手。

办学特色

以市场化办学为导向。学院根据东莞支柱产业需求开设了机电一体化、精密机械制造、工业设计、模具设计与制造、汽车机电、现代物流、Asfi酒店管理等53个专业，均与东莞支出产业相匹配，并及时根据东莞产业发展调整设置相关专业。

以国际化标准为基准。学院积极与引进发达国家和地区先进职业教育模式，采用德国、英国等国家和地区的先进职业教育理念、教学标准、教学方法、学习领域、管理方法及考核方式，培养无缝对接企业的高技能人才。目前学院共开设中德、中英、中美、中加、中澳等国际合作班（含台湾及香港课程班）104个，涵括机电一体化、模具设计与制作、现代物流、机器人、酒店管理、国际贸易等30个专业，在校生近3500人。

以工厂化教学为手段。学院秉持“校企同生”原则，与企业在校内共建了“最接近企业的实践教学、能产生双重价值的培训、把培训内容和企业流程相链接、将培训与就业相连接”的学习型工厂。打造与企业生产环境相同的教学环境，改变过去理论教学与实践教学分开的做法，建立“课堂教学+校内‘学习型工厂’培训+企业岗位实习”的双元培养模式，突出学生解决企业生产实际问题能力的培养，实现教学培养与企业需求的精准对接。先后与固高科技、中科蓝海、华研电子等20家企业共建了19个学习型工厂。

学院毕业生以理论扎实、技能熟练、实践能力强、职业意识好深受天弘科技、DHL（德国物流企业）等世界500强企业欢迎。用人单位高薪来院抢聘毕业生，就业率达到99%以上。办学三十年来共为社会培养了47000多名毕业生，大多数均已走上了各行业的管理岗位和技术岗位，目前已有两批合计43名学生到德国戴姆勒子公司就业。毕业生受到社会各界的高度赞誉。

学院大门

与西门子共建先进自动化技术联合示范实训基地

携手京东大学电商学院共建京东电商实训孵化基地

东莞市人力资源局与东莞市技师学院德国IHK莱比锡签订合作协议

广东省人力资源和社会保障厅副厅长杨红山与德国联邦劳动局国际部总干事Wilken（威尔肯）签署了《关于中德合作培养高技能人才的备忘录》

莱比锡IHK主席霍夫曼先生与主考官舒曼女士为我院学生颁发中期考核证书

吉隆坡大学颁授东莞市技师学院国际联合办学合作牌匾

河南省镇平县雪枫中学

雪枫像

河南大学附属雪枫中学挂牌仪式

镇平县雪枫中学是以无产阶级革命家、军事家彭雪枫将军名字命名的市级示范性公办普通高中。其前身是创办于1930年的县立中学，1949年2月改以彭雪枫将军的名字命名。后几经更名，曾称“城郊高中”“镇平六高”，1984年经河南省人民政府批准，恢复“雪枫中学”校名。

2011年8月，雪枫中学一（1）班被中华人民共和国教育部授予“彭雪枫班”，这是河南省以“双百”人物命名的八个班集体之一，南阳市唯一一所。

学校现有84个教学班，5000名在校生，338名教师，其中高级教师56人，中级教师94人，硕士研究生学历教师16人。学校占地168亩，建筑面积6万平方米。

学校以弘扬雪枫精神为主轴，以习近平亲新时代中国特色社会主义理论为统领，以彭雪枫故居、彭雪枫纪念馆 雪枫中学德育展室为阵 地，以党团活动为载体，以党支部、团委为抓 手，以创建市级文明校园为切入点，强力促进学校“教风(诲人不倦 尊重学生)”、“学风(立 志勤奋、善思争先)”、“校风(团结奋进、务实创新)”、“党风(风清气正，廉洁奉公)”等“四风”达到高水平。

省名班主任工作室

多年来，学校坚持社会主义教育方向，全面贯彻党的教育方针。自2018年秋期起，雪枫中学实施未来三学年质量提升规划，确立“育人为本，质量第一，精实管理，绿色发展”的办学理念和“立志 笃行 求知 守纪”校训，倡导“关键教育事件”研修和“微运行”策略，努力打造“新优质项目”，致力于培养学生成为身心健康、品德优良、学力扎实、志趣尚美的合格中学生。

学校先后被评为河南省中小学德育先进集体、河南省体育达标先进单位、河南省绿化先进单位、南阳市单位内部治安保卫工作先进单位、南阳市先进基层党组织、南阳市五四红旗团委、南阳市文明标兵学校、南阳市绿色学校、南阳市文明校园、镇平县教育质量先进单位等荣誉称号。

话剧《五四春潮》剧照

百日冲刺

心理咨询室

校大门

庆祝建党100周年合唱比赛全县特等奖

高效课堂

学生公寓

主教学楼

重庆市江津区龙门中学校

鱼跃广场

鱼跃桥

重庆市江津区龙门中学校创办于1918年，是一所具有103年办学历史并享有良好社会声誉的初级中学校。

近年来，我校秉承“借鉴、传承、融合、创新”的思路，依据鱼跃龙门的传说、陈子昂的《龙门峡》及龙门滩特有的地域文化，着力打造独具特色的“龙中鱼文化”，并融合在学校的理念、制度、校风、教风、学风及管理过程中，推动学校良好的教育氛围和群体力量的形成。“龙中鱼文化”以“鱼水之情夯实情感根基”、“如鱼得水建设育人环境”、“授之以渔打造教师团队”、“鱼跃龙门激励学生成长”为主要内容，以励志、感恩文化为精神纽带，为农村留守儿童提供智力支持和精神动力。

龙中人将不忘初心，牢记使命，努力践行“争做‘四有’好老师，争当学生引路人”的豪迈誓言，在推动学校事业发展的伟大征程中，书写更为雄浑壮丽的教育发展新篇章。

校门

授渔楼

鱼文化长廊

鱼农苑

喻志塔

红军路

山西省汾阳市府学街小学

《家小之声》校刊

金奖证书

最佳人气奖

汾阳市府学街小学，是始建于一九零六年的百年老校，二〇〇七年九月，搬迁到汾阳市东一环新校址，学校现有教职工240多名，学生4600余人，70个教学班，是一所办学规模最大、学生人数最多的十二轨制市直属小学。

现代化高标准学校。

学校严格实行分层、分线、分块管理，以“和谐教育”为理念，以“阅读”、“足球”两大办学特色为主要抓手，以及十余项兴趣活动班来丰富校园文化生活，努力打造以素质教育为主的特色学校，力争办人民满意的教育。

多年来，我校师生勤奋努力，硕果累累。先后被评为：全国教育技术十二五规划重点课题实验基地学校、全国文明校园先进校；山西省“巾帼文明示范岗、山西省“课程改革先进学校”、山西省“体育传统项目学校”、山西省“特色学校”、山西省文明校园、山西省国家首批“足球示范校”、山西省“国培计划2016”教育培训基地；吕梁地区首批“名学校”、吕梁市综合实践活动先进学校、吕梁市关心下一代工作“先进集体”等诸多荣誉。

校长　程建明

红领巾广播站

参加市运动会团体操表演

庆六一暨百年庆典

校园足球联赛

课题骨干教师培训

校门

福建省泉州市泉港区涂岭中心小学

学校行政团队

泉港区涂岭中心小学地处泉港区后花园，始建于1911年，是一所百年老校，是全国中小学公民道德教育实验学校、全国青少年文明礼仪教育示范基地。学校现有教学班33个，学生1671人，教职员工98人，校园面积11958㎡，建筑面积7520㎡，绿化面积3600㎡。

学校以“五星教育”为办学主张，确立了“为学生的终身幸福奠基”的办学宗旨，秉承“办适合农村孩子健康、快乐、全面、有个性发展的教育”的办学理念，形成了“团结、进取、求真、务实 ”的校风，“严谨、爱生、敬业、奉献”的教风和“自主、合作、乐学、善思”学风。建设现代学校管理制度，深入推进五星教育，培养德、智、体、美、劳等方面全面发展的社会主义事业的建设者和接班人；弘扬高尚师德，潜心立德树人，以做“有理想信念、有道德情操、有扎实知识、有仁爱之心”的好教师为目标，培养五星教师；扎实开展“五星小公民”评选活动，不断培育“文明礼仪星、诚信友善星、好人好事星、学习上进星、劳动自立星”的五星学生；进一步开发《国学经典》、《大美涂岭》、《“魁星闪耀”—争当“五星小公民”读本》德育课程和《乒乓球教程》、《剪纸》、《象棋》少年宫活动课程读本，建设具有学校特色的五星课程；聚焦学科核心素养，坚持以学生发展为本，努力建构知识与技能、过程与方法、情感态度与价值观有机结合和统一的五星课堂。学校通过推进五星管理、培养五星教师、培育五星学生、建设五星课程、构建五星课堂等各项活动，努力创建农村新型优质学校。

在区委、区政府和教育局的正确领导下，全校师生团结协作，奋发有为，学校先后荣获全国中小学生思想道德建设活动先进单位、省文明学校、省义务教育管理标准化学校、市文明校园、市流动留守儿童家长示范学校、市首批书法教育示范校等荣誉称号。

新时代，新征程，学校将继续围绕“五星教育”办学主张，深化教育改革，提高教育质量，提升办学水平，办人民满意的教育。

魁星楼

教职工气排球比赛

校园文化艺术节

学校阳光大课间活动

学校少年宫

五星园

学校大门

学校全景图

书法室

湖北省孝感生物工程学校

“青春向党 匠心报国”校园红歌赛

熊伊雯等同学参加省技能大赛荣获多项一等奖

与九州通医药集团合作签字仪式

举行汉字“千人书写、听写大赛”

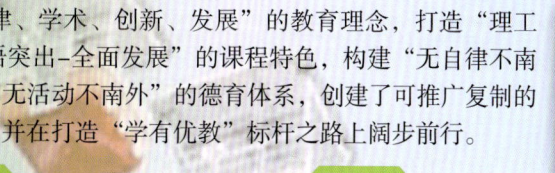

孝感以孝享誉华夏，在这片土地上，孝感生物工程学校，以近70年的办学历史和显著的办学成果，铸就了新时代的新辉煌。

新时代，新作为。党委书记、校长王拓带领全校上下劈波斩浪，革故鼎新，坚持崇技尚能，立德树人，以文育匠，大力培养有“中国情怀、世界眼光、人文素养、工匠精神”的新时代人才，奋力打造“法治、人文、智慧、精致”校园，推进学校全方位迈进新时代。

这所现代化宛若都市花园的学校，是“国家级重点中等专业学校”“省级示范中等职业学校”“湖北省卫生先进单位”“湖北省文化百强学校”“湖北省四有墨香校园示范学校”“戏曲进校园特色学校”……

学校努力搭建学生出彩平台。实行“封闭化、军事化、全员化”“三化”管理改革，是湖北省技能高考品牌校；高度重视技能大赛，200余名学生在国家、省级技能大赛中绽放异彩；在文体艺比赛中，多次在省市级比赛中获佳绩。

学校大力开展产教融合、校企合作，是京东集团深度合作基地，是九州通集团战略合作伙伴，是华工科技校企合作样本……是学生学习、深造、创业、实践之乐园。

学校一直在探索职业教育最优治理模式，真正做到了学生有奔头，家长有盼头，学校有办头，社会有甜头，教育有前途。

校园一角

学校党委书记、校长王拓

承办孝感市中职德育研讨会

党委书记、校长王拓参加京东第六届校长班，学校获评京东“优秀合作院校”

深圳市南山外国语学校（集团）高级中学

第十届教师队伍创新研讨会

复旦大学模联联合国会议

地理组受邀参加南山区青年教师教学法培训

深圳市南山外国语学校（集团）高级中学是**广东省一级公办高中**，亦是厦门大学、香港中文大学（深圳）、北京师范大学等高校的优质生源基地。2020年中招分数线全市第七，2021年高考成绩创历史新高。截至目前，在各级竞赛中有300余人次获国家级奖励，600余人次获省市级奖励。

学校通过“三会三师”平台，培养了70多名德才双馨的省名师、学科带头人、骨干教师等作为学校中坚力量。学校近年从清华、北大等知名院校引进品学兼优的40余名研究生作为新生力量，组建了一支饱含教育激情、综合素质高、创新能力强的教坛新军。

学校践行“自律、学术、创新、发展”的教育理念，打造“理工见长-人文兼备-外语突出-全面发展”的课程特色，构建“无自律不南外、无责任不南外、无活动不南外”的德育体系，创建了可推广复制的新时代育人新模式，并在打造“学有优教”标杆之路上阔步前行。

香港中文大学（深圳）优质生源基地

Robot lab实验室

校门口

祝继昌老师上课图

第十八届全国中小学信息技术创新与实践大赛（NOC）FEG智能车竞技赛中，荣获3项一等奖

辽宁省大连庄河市鞍子山乡中心小学

校长　战胜

庄河市鞍子山乡中心小学占地面积17940平方米，建筑面积3762平方米，现有教师40人，15个教学班，学生508人。累计投资1000多万元，改善办学条件.教育设施不断优化.

坚持文化引领．特聘原大连教科所陆原主任为专家顾问，完善学校顶层设计，着力创建以“绿色乡艺文化”为主题的校园特色文化和校本课程；以冷冉先生的“情·知”教学理论为课堂教学核心思想理论依据，构建“四步八度”小组合作学习方式的生本课堂；创建“1+5”晒课制度。

管乐和二胡社团多次到外地演出，并取得较好成绩，受到社会各界和家长的赞誉。

2020年12月，学校入选教育部第一批“全国100所乡村温馨校园”、“中华优秀传统文化基地”、“全国青少年校园足球特色学校”、“辽宁省文明校园”、“辽宁省义务教育课程改革示范学校”、“辽宁省优秀乡村少年宫”、“大连市管理示范学校”、“大连市特色示范学校”、“大连市优质乡村学校”，“大连市管乐培训基地”、“大连市优秀青少年校外活动基地”等一系列荣誉称号。

办学思想：“三美育人”(在家乡感知美、在校园践行美、在心灵孕育美)

办学思路：以人为本、以质立校、以特色谋发展　　文化理念：尚美育人

根本任务：尚美化人，立德树人

“献美百年华诞 争做五美少年”庆六一活动

辽宁省中小学乡村导师团定期来校开展活动

庆祝建党百年专题党课

学生深入社区开展学雷锋活动

学校开展教师团建活动

“重阳节”师生到养老院慰问演出

青海省玛沁县第一民族中学

校长　赵海龙

玛沁县第一民族中学位于果洛州的腹地大武镇，学校背靠巍峨的阿尼玛卿雪山，海拔3723m，这里百花争艳、垂峦叠嶂、雪岭泛银，这是一所九年一贯制初级中学。始建于1981年，2015年正式更名为“玛沁县第一民族中学”。四十载滋兰树蕙，四十载春华秋实，四十载栉风沐雨，四十载风雨兼程，四十载逐梦前行，四十载薪火相传，四十载继往开来。

我们仿效先贤，自强不息、百折不挠。我校以“明理、诚信、勤奋、创新”为校训；以“乐学、善思”为学风；以“敬业、善导”为教风；以“为学生的终身幸福奠基”为办学理念；以“培养人格独立、内心充盈、全面发展的学生”为育人目标。发挥着格桑花精神“扎根西域爱金阳，广袤高原展艳芳；敢耐冰寒能守寂，愈临风热更生香。”

现今学校有27个教学班。在校学生共1393人，教职工115人。我校图书室共有图书45000余册，人均32册，学校有三间阅览室。基础设施完善，功能室齐全，现有社团13个。通过近几年的教育改革实践，以“尊重和信任”为前提进行学生管理，改革学生评价，我校的“五彩青春”学生积分评价体系，激励学生从“德智体美劳”全面发展；实施德育系列化课程改革，落实立德树人根本任务；实施“精熟课堂”改革，让课堂教学更高效，提高了教学水平，提升了师生的幸福感。

格桑花一样绽放

学校油画社团

中考誓师大会

校园一角

长期以来，玛沁县第一民族中学坚持以习近平总书记新时代中国特色社会主义思想和习近平总书记关于教育的重要论述为指导，落实立德树人根本任务，破除唯分数论的学生评价模式，通过一系列办学实践，多次被评为全州“文明校园”、“先进单位”，2020年获得“青海省法治教育示范校”荣誉称号，赢得了社会的一致认可。

海南省三亚市田家炳高级中学

2021届毕业合影

2021届高三成人礼

三亚市田家炳高级中学创办于1999年9月，是三亚市教育局直属的一所公办高级中学，位于三亚市崖州区。现有18个教学班，校生达980人，教职工106人；学校占地20000平方米，建筑面积约16000平方米，教学功能室及设备设施齐全，校园环境优美。校园规划为教学区、生活区、运动区，布局科学合理，校内大树成荫，鸟语花香。

学校提出了“以人为本，盛德兴校”的办学理念。以“万学千学最后是如何学会学习，千做万做关键是如何学会做人”为校训。学校极力打造美育教育特色教育，秉承“坚守农村教育，创办平民学校”的宗旨，努力把学校创办成为师生喜欢、人民满意的学校。

校支委成员

校门

建党100周年文艺晚会党员朗诵

庆建党100周年
晚会开场舞

学校画室全景

校排球队

浙江省椒江职业中专·台州技工学校

校工会主席何伦海授旗给
团委书记王六阳

浙江省椒江职业中专·台州技工学校创办于1979年，占地面积76705平方米，是首批国家级重点中等职业学校、全国德育管理先进学校、浙江省首批中职改革发展示范校、浙江省首批现代学徒制试点学校、浙江省现代化学校、浙江省双高建设学校。

学校坚持以大陈岛垦荒精神为引领，秉持现代职业教育理念，以“阳光人生、智慧成长、励志创新、追求卓越”为育人目标，坚持以就业为导向，以质量机制建设为重点，结合地方城市建设战略，贯彻德育在先，以文化人，以技树人，制度断后的管理思路，全面加强学校内涵式高质量发展。校长郭文彬提出，“不断加强学校内涵建设，创新发展，做台州职业教育高质量发展的领跑者，为促进本土经济社会高质量发展贡献职教力量”。

学校有效落实开展现代学徒制人才培养模式，实现招生即招工，校企双元育人，提升学子专业技能与核心素养；开展“双百活动”，通过百名技师进校园、百名教师下企业，深化产教融合，实现校企合作共赢。学校成立台州唯一的“椒江工匠学院”、“乡村振兴学院”以来，充分发挥各类高技能人才引领作用，创新开展培训模式，通过现场授课、技能培训、互动实操、技能比武等形式，助力我市加快建设一支应用型、复合型、创新型人才队伍。学校积极对接浙江重点产业与战略新兴产业，紧紧围绕台州市“七大千亿产业集群”培育、新兴产业培育，专业设置契合区域经济社会发展需求，着力打造台州先进制造业人才培养基地。椒职毕业生已成为台州建设的中坚力量，为社会经济跨越式发展贡献着青春活力。

林蹦主任为学生上实训课

包琳春老师教授学生
茶文化和技艺

党员诗文朗诵会获奖选手

垦荒牛雕塑

庆祝中华人民共和国成立70周年主题教育活动

专业课教师积极弘扬工匠精神，培育新时代工匠学子

甘肃省定西市通渭县第三中学

开学典礼之学生养成教育

2008年，通渭县委、县政府着眼于“科教兴县”战略，积极筹建并于2011年正式批准成立通渭县第三中学。

自建校以来，学校依托通渭县“全国田径之乡”和“全国书画艺术之乡”的良好条件，遵循“办有灵魂的教育，育有底气的新人”的办学理念，坚持“以德立校，促进学生全面发展；以质求存，争创市级示范高中”的目标导向，践行“明德博文”的校训精神，持续加强基础设施建设，逐步优化教师队伍，积极构建多元育人格局，办学水平得到了显著提升。学校先后获得了定西市教育工作先进集体、定西市平安校园、定西市文明校园、甘肃省语言文字规范化示范校、全国青少年校园篮球特色学校”等多项荣誉称号，并于2020年11月27日顺利通过了定西市示范性高中的验收预评估。

读书公园

特色办学之舞蹈训练

师生科创制作

特色办学之美术教学观摩

特色办学之书画展览

特色办学之舞蹈课观摩

江苏省徐州树德中学

我校创办于2012年，7届毕业生的四星级高中达线率一直高达86.7%-91.3%。其中，2016、2017年、2020年生均总分为全市第一。2020年，王开婷钰同学位列大市中考第二名；2021年，张盛宇同学以670.5的高分斩获大市第一，3名同学位列全市前十。迄今，连续三年每年都有1名同学考入清华大学。

坚持“育人为本，树德为先”。确立“树德立人”的育人目标，并以此为校训，以“立德立言立行立人”为校风，以“启智正行”和“学问必让”为教风、学风，力图“入则树德，出则立人”。积极开展课堂教学改革，力求从操作层面上解决课堂教学策略、手段、实效等问题，努力打造具有树德风格的“学思课堂”教学模式。

一大批青年教师迅速成长。近年来，一批教师荣获市级教学一等奖、二等奖。4人(次)荣获省赛一、二等奖，其中，张馨予荣获2019年江苏省中小学青年教师基本功大赛初中地理一等奖第1名。2019年以来，1人获徐州市“五一”劳动奖章。2人荣获“徐州市优秀女教师”称号，4人获“徐州市优秀教育工作者”称号。

学校先后荣获市“五一”劳动奖状、省民办教育优质品牌学校、全国中小学德育先进学校、全国民办教育创新示范学校等荣誉称号。任义侠校长荣获2017年度“江苏省民办教育最具创新力校长奖”。

投资2亿元的新校区按义务教育阶段中小学一类标准进行装备，努力打造具有“中国风，国际范”、高质量、高品味、有特色、现代化的一流学校。

校长任义侠

小康徐州主题绘画画展

追寻品牌的力量

党员发展大会

艺术节

英语演讲

河北省张家口市第二幼儿园

张家口市第二幼儿园成立于2012年2月，2015年3月正式开园，2017年3月被评为省级示范园。

全园总用地面积11681平方米，建筑面积10762平方米。现有教学班18个，教职员工109人。

幼儿园从建园初期就对园所发展方向有了明确的思路。提出了以“爱”为魂、以“真”为美、用“心”养育、用“情”培育，为孩子的终身发展奠定良好的素质基础的办园宗旨。坚持以中华优秀传统文化作为园所文化底蕴，以本土化蒙氏理念作为园所发展的理论支撑。

幼儿园注重办园品质的提升，科学推进精细化管理、优化师资队伍建设。积极推进教科研及教育教学工作科学、有序开展。在教学中，从优化一日活动的各个环节入手，从培养兴趣出发,结合幼儿发展、学习特点，积极探索将中华优秀传统文化合理嵌入幼儿一日生活，逐步构建园本课程。在传统集体教学活动的基础上，重点开展了区域游戏活动、社会化游戏体验活动、阳光户外体育活动等。河北省教育科学“十二五”规划课题《幼儿国学教育实施策略研究》荣获2020年河北省第八届基础教育教学成果奖二等奖。

幼儿园先后荣获“2017—2018年国家级‘节约型公共机构示范单位’”、“河北省教育系统优秀志愿者服务先进单位”、“张家口市学校安全工作先进集体”、“市师德先进单位”、“市电教装备工作先进单位”等荣誉。

剪纸

2019年市足球联赛幼儿组第一名

温馨的班级环境

户外活动在场地——主操场

迎新春

面食坊

重阳节——主题同乐会

湖北省武汉市黄陂六中

区3.8女职工趣味运动会

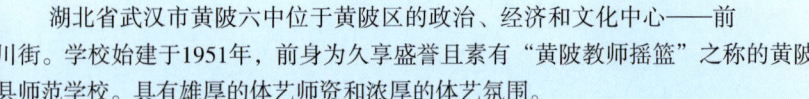

湖北省武汉市黄陂六中位于黄陂区的政治、经济和文化中心——前川街。学校始建于1951年，前身为久享盛誉且素有“黄陂教师摇篮”之称的黄陂县师范学校。具有雄厚的体艺师资和浓厚的体艺氛围。

1999年为适应教育结构调整，学校改制为普通高中。2006年被评为市级示范高中学校。2013年被评为武汉市学校艺术教育先进单位，是黄陂区田径和校园足球布点校。因特色鲜明，2018年被评为湖北省文化百强校,2020年5月被评为“省级平安校园”，2021年被评为“武汉市普通高中特色学校”。

学校占地105.8亩，现有38个教学班，教职工213人，学生2100人。教师队伍中，大学本科以上学历的有208人，高级教师117人，市区学科带头人35人，市区优秀青年教师6人，市区优秀班主任28人，体艺专业教师19人，另外还有10名外聘体艺教师。学生中，体育、美术、音乐、传媒、书法、舞蹈等特长生近300名。多年来，学校教育教学质量、办学条件和水平、学生艺术体育素养等，一直稳居全区同类高中学校首位,2020年再次荣获黄陂区“教学质量管理优秀奖”。

获2018年武汉市学校戏剧节一等奖

区校园合唱一等奖

获2019年市啦啦操高中组一等奖

把普通话翻译成黄陂话，黄陂区“周三有约”让理论宣讲“活”起来

啦啦操比赛

区3.8女职工趣味运动会

校园环境 操场

武汉市学校戏剧节比赛

校园环境

赤峰星之路自闭症儿童康复中心

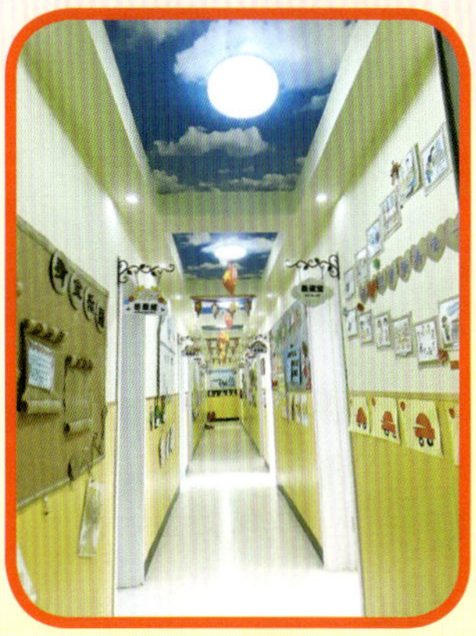

教学文化长廊

赤峰星之路自闭症儿童康复中心成立于2003年，是赤峰第一家自闭症儿童康复中心，2009年底机构迁址更名为赤峰星之路自闭症儿童康复中心，是中残联、自治区残联、赤峰市残联、旗县区残联四级定点康复机构，是国家级康复人才培养基地，18年致力于为自闭症谱系障碍（ASD）、发育迟缓、语言迟缓、学习障碍等儿童及其家庭提供专业的康复干预与家庭指导服务的民非性质的社会组织，至今已为千余名特殊儿童进行康复服务。

中心现有学员130余名，分别来自赤峰12个旗县区以及外省市。在职教师共计60余人，70%为相关专业毕业生，其中从事特教行业5年以上的就有20余人，取得中精协CNABA（丙级）证书10人，全校实行CNABA全覆盖。2016年被国家教育部、国家残联确定为国家50家复合型康复人才培养基地之一。近几年中心骨干教师还应邀担任自治区和赤峰市两级残联康复协调员的培训讲师的工作。

星之路不忘初心，呼吁让社会更多的人关注与接纳自闭症这一弱势群体；把更多的爱心与温暖用星之路这座桥梁送到千万星儿身边；让他们感受到祖国爱你们，社会接纳你们，我们大家需要你们，继续把社会倡导做大做强，让更多的自闭症儿童有机会从居家困境中走出来，走向职业，走向社会，实现自己的人生价值。让他们学有所长，劳有所得。学校会在“心理疏导、康复训练、特殊教育、就业支持”等方面助梦成长。

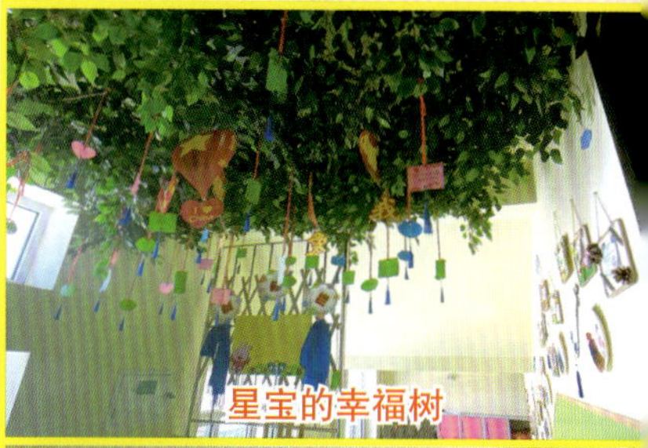

星宝的幸福树

沙盘游戏教室

乐高情境教室

优秀教师风采

学生作品展示

学生活动一角`

广西南宁市沛鸿小学

全校师生大合影

南宁市沛鸿小学位于南宁市青秀区津头街4号，地处南宁市政治文化的中心城区，东面是风景优美的南湖公园和青秀山风景区，南面是邕江，是一所美丽的江滨小学。

学校于1923年由著名教育家雷沛鸿先生亲手创办，1945年学校更名为西江学院实验小学。解放后学校先后更名为南宁市第十六小学、延安路第三小学、津头小学。1990年经南宁市政府批准，更名为南宁沛鸿学校津头分校，1997年5月更名为南宁市沛鸿小学。作为一所建校已近百年的纪念我国著名的教育家雷沛鸿先生的学校，尤其是2013年学校重建恢复招生以来，我校以雷沛鸿先生的国民基础教育为先导，宏扬雷沛鸿先生“教育为公”“敢为人先”的沛鸿精神，融会贯通中国传统文化的精华，崇尚和谐统一，刚健有为，崇德宏文、致力于学校特色的打造。以“沛泽四方、鸿飞万里”为校训，以“博雅、博通、博贤、博爱”为教学理念，打造“博雅”文化特色。全面实施素质教育,积极开展教育教学实践活动，对师生进行中国传统文化的学习与传承，发扬国粹，培养学生成为志向高远、人格健全、基础扎实、特长鲜明的人；努力打造一支学识渊博、人格高尚、求真务实、勇于创新的教师队伍。丰富师生多元化的学习生活，陶冶师生的情操，营造“五香五美”校园，要体现精品校园有花香的自然环境之美；阅读伴成长的书香之美；学创结合书刻木香的劳动之美；翰墨进校园的墨香的传承之美，赠人玫瑰，心有余香的品德之美，打造成一个“学创结合、多元发展”的综合实践基地，成为孩子幸福成长的乐园、学园和家园。

学校党支部书记、校长蒋修禧指导学生篆刻

学校现为“南宁市青秀区文联艺术家实践基地”，“南宁市兰亭小学”，“广西兰亭小学”。曾获南宁市文明单位、南宁市支援农村教育工作先进单位、广西小学德育工作先进单位。

文化品牌：博雅文化

校训：沛泽四方、鸿飞万里

办学理念：博雅、博通、博贤、博爱

校风：崇德、求实、创新

教风：博学 善教 爱生

学风：求索、博雅、进取

年轻而充满朝气的教师团队

书法成了学校的特色品牌

学校书法刻字坊学员在广西文联举办的“歌海元宵”表演

鹿邑县外国语学校

欢送毕业生

县乡领导尊师重教

鹿邑县外国语学校是2006年经鹿邑县人民政府批准成立的，集小学、初中为一体的九年一贯制学校。学校坐落在老子故里、中州名镇——鹿邑县辛集镇，紧靠311国道，交通便利，环境幽美。学校占地面积60余亩，建筑面积23000平米，目前在校生近2600人，是一所教育条件优越、教学质量突出的花园式学校。

鹿邑县外国语学校，管理规范、质量上乘、办学条件优越，师资力量雄厚，综合素质培养特色鲜明，为广大学生和家长提供优质服务的意识十分明显，贯彻非常坚决，得到了上级领导、广大学生、家长以及社会人士的广泛认可和大力支持，现已成为鹿邑县民办教育的一面旗帜。

同时，我校非常注重文化建设和提高管理水平，更是把教育教学质量的提高放在首要位置。小学部学生成绩优秀率高达80%，中学部中招考试优秀生所占比例始终名列全县同类学校前列。

学校以“明德、启智、健体、尚美”为校训，秉承质量一流、温暖教育的办学理念，用爱心和责任呵护每一个孩子，用勤奋和汗水激励每一位学生，做到干净、守时、有序、读书，努力创办高品质外国语学校。

学生有序就餐

汉字大赛载誉归

教师赛课

花满校园

首师大附中（通州校区）

秋季运动会开幕式

首都师范大学附属中学成立于1914年，是北京市首批市级重点中学和示范性高中校，被人事部、教育部授予“全国教育系统先进集体”光荣称号。首都师范大学附属中学（通州校区）（以下简称“通州校区”）成立于2015年9月，位于通州区中山大街50号。

通州校区是在北京市提出“办与北京城市副中心发展定位相适应的特色鲜明、现代化、高水平的基础教育名校”及“为北京市和通州区基础教育优质均衡发展服务”的指导思想下，在北京市教委、首都师范大学和通州教委的共同关心下，由首都师范大学附属中学承办的一所“高起点、高质量、高标准”的现代化中学。通州校区立足于将原汁原味的海淀优质教育带到通州，在办学理念、规章制度、管理模式、师资标准等方面均与附中本部一致，两校区实行“同一法人、一校两址、一体化管理”。通州校区高中部属示范性高中校，面向全市招生。

即将投入使用的新校园

新校园占地83亩（即55361平方米），建筑面积8.5万平，地下空间4.1万平，有教学楼、宿舍楼、艺术中心及风雨操场及配套地下体育设施四个单体建筑。新校园建成后可提供大约54个班，学位大约2300个。

项目建成后，学校的体育艺术设施将与周边的幼儿园及三所小学共用共享，游泳馆等设施将面向社会居民开放。

目前校园基建工程已接近尾声，配套的十多个设施设备财政专项大多也完成招标，春节后将进入现场施工阶段，以确保学校在2021年暑期投入使用。

春之声合唱节

上海中科院做课题研究

春季环湖越野跑

美国游学——参观Intel公司

武川县第一小学

国旗班赴天安门参观学习

2019年我校被评为全国首批奥林匹克示范校

武川县第一小学始建于一九二一年，是武川县建校最早的一所完全小学。学校占地面积为 29400 平方米。学校现有 17 个教学班，学生 579 人。附设幼儿园在校幼儿 198 名。在编教师 69 人。

2018 年，学校新一届领导班子组建。2019 年 9 月经县教育局批准成立武川一小少年军校，成为全县唯一一所少年军校。学校以半军事化的管理实现对学生日常行为习惯的养成教育，以丰富多彩的社团活动开发学生各方面的潜能，实现全面发展。

少年军校特色活动：将军事教育及国防教育融入“德、智、体、美、劳”学科教育中，开设国防教育课，每月学唱一首军歌，讲一个英雄故事，每周开设一节军事训练课，同时规范学生的言行。

少年宫社团活动：学校成立了乡村少年宫，组建了包括扬琴、马头琴、萨克斯、琵琶、古筝、架子鼓、二胡、非洲鼓、舞蹈、合唱、书法、国画、剪纸、电视台、足球、篮球等 27 个学生社团，聘请优秀的专业教师授课。学校拥有自己的电视台，现已招募小记者 34 名，配合县融媒体中心定期组织活动。

书香校园的建设：学校把引导孩子读书作为学校工作的重中之重。建立班级图书馆，开设经典诵读课，让孩子在传统文化的熏陶中变得博学睿智、厚德友善；建立平等开放的课堂，让孩子们在平等的课堂学习中体验探索的快乐和获得知识的成就感；回归教育的本真，还孩子美好的童年，我们一直在努力……

每月教师集体生日会

赴红色教育基地参观学习

我校师生赴滑雪场实践活动

我校参加呼市第六次代表大会

学校十大英雄园

河北蒙古族高级中学

校长 吴汉忠

河北蒙古族高级中学始建于1956年，2004年被河北省教育厅、民族宗教事务厅更名为“河北蒙古族高级中学”，是河北省唯一一所蒙古族高中，面向全省招收蒙古族学生，是省级示范性高中、承德市特色办学学校。

学校先后被评为国家级体育工作示范校、全国民族教育理事校；省级示范性高中、园林单位、AAA级劳动关系和谐校、综合实践活动课程实验学校、高中生涯规划教育重点学校、国防教育先进单位；承德市特色办学先进单位、普通高中推进素质教育先进单位、文明单位、国防教育先进单位、文明校园；平泉市教学工作先进单位、十佳和谐校园、平安校园。

学校坚持“全面发展，突出特色”的办学理念，实行全封闭寄宿制管理。校园基础设施完备，文化底蕴深厚，育人环境一流，是学生学习生活的摇篮、成人成才的沃土。

校园一角

向祖国表白：我爱你——中国

十八岁成人仪式上，学生为老师献花

教学楼

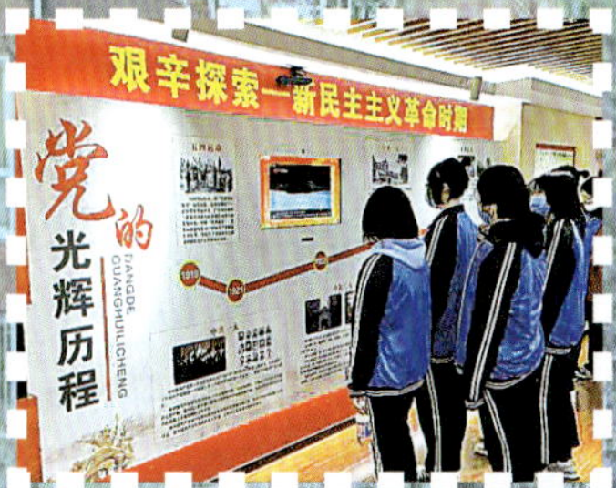

建党100周年系列活动——党史教育

开学典礼校长为学生颁奖

天津市雍阳中学

天津市雍阳中学创建于1999年，2011年全面改制为民办初级中学。学校深入贯彻“健康成长，快乐学习，追求卓越”的办学思想，以培养身心健康、行为规范、思维活跃、成绩优秀的学生为办学目标。实施以“文化育人”为核心的德育工作模式，开展丰富多彩的实践活动，抓细节、重落实，培养学生良好的行为、生活习惯，提升思想道德水平。坚持以“夯实学科基础，强化思维训练，打造快乐课堂，提升学习能力”为中心开展教学工作，为未来拔尖创新型人才的培养奠定基础。以“阳光体育运动”与“专业体育训练”相结合的方式开展体育工作，有效提高学生的健康水平、身体素质和运动竞技水平。坚持“普及与提高相结合、课内与课外相结合、学习与实践相结合”的原则，全方位实施美育教育，培养学生高雅的生活情趣、健康向上的审美观念，逐步形成了广受赞誉、特色鲜明的“雍阳育人模式”和独具魅力的“雍阳精神”。学校先后被评为“全国节俭养德全民节约行动先进单位”“天津市文明学校”“天津市中小学法制教育先进学校”“天津市中小学心理健康教育先进学校”“天津市优秀家长学校”“天津市预防青少年违法犯罪工作先进单位”“天津市实施《中小学生日常行为规范》示范学校”“天津市贯彻《学校体育工作条例》优秀学校”“天津市网络教育先进学校”“天津市中华优秀传统文化艺术传承学校”等近50项市级以上荣誉及“武清区行风建设先进窗口单位”、“武清区师德先进集体”等70余项区级荣誉。办学成就先后被《中国教育报》《天津日报》《天津教育报》、中国教育电视台、天津电视台、武清电视台等媒体宣传报道。

与武清博物馆合作签约仪式

运动会入场式

南开大学研学活动

党史学习课堂

教师节庆祝活动

国防教育夏令营活动

国旗护卫队

重庆市铜梁区斑竹小学

教师书法练习

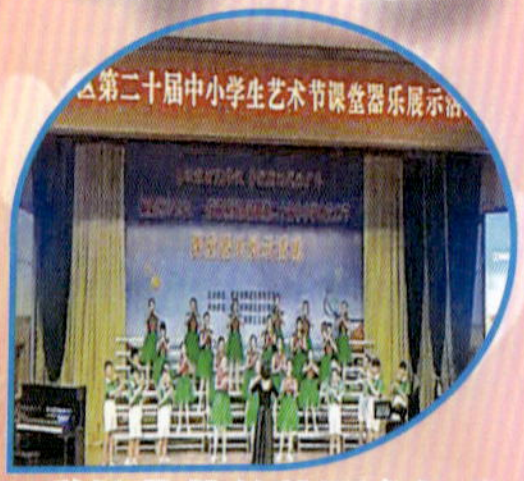
学校葫芦丝社团参加区艺术节活动

重庆市铜梁区斑竹小学创办于1949年，是重庆市十佳校园文化特色学校、重庆市书法特色学校。学校位于铜梁与潼南交界处，占地16895平方米，现有10个教学班，近320名学生，教职工39人，高级教师3人，区级骨干教师6人，区级书法会员8人。

近年来，学校坚持以“书法润心，竹品质育”为办学理念；以“传承和发展”为着力点，提炼了以“坚毅有节做事，虚心向上做人”为校训；营造“心正、言正、行正、身正”的校风；提倡“相依共进，教学相长”的教风；坚持“事事用心，节节向上”的学风;以培养“有健康体魄，智慧头脑，流畅表达，优雅举止，快乐性格”的学生为育人目标。大力实施“立字立人 练字练心”的书法艺术教育思路，深挖斑竹“竹”的历史文化内涵，以书法为着力点，以竹文化特色校本课程研发为载体（拿竹笔、画竹画、唱竹歌、跳竹舞、诵竹经典、布竹景、舞竹龙、制作竹手工艺品、煮竹筒饭等）,将竹文化与书法文化有机结合，着力打造竹韵书法特色。

长风破浪会有时，直挂云帆济沧海，斑竹小学正乘着建设特色校园的巨轮，扬起开拓进取的风帆，载着全校师生驶向幸福的明天。

书法墙

竹文化长廊

敬老院慰问演出

斑竹小学第五届师生现场书法比赛

战士书法家刘超回母校题词

六一庆祝

北京市顺义区北务中心幼儿园

小朋友观察大鹅

文化长廊

北京市顺义区北务中心幼儿园始建于1990年6月，占地面积7526.73平方米，建筑面积4250平方米。1995年通过农村乡镇中心园达标验收，2003年7月，经区编办批准为顺义区教委直属事业单位，2003年12月，通过二级三类验收，2007年12月，通过二级二类验收，2004年、2005年、2009年先后三次对幼儿园进行改扩建，2014年进行原址重建。重建后的幼儿园可容纳12个教学班，设施设备齐全先进，达到了A级园的验收标准。目前开设9个教学班，招收275名幼儿。教职工49名，全部持证上岗。北京市早教示范基地，北京市一级幼儿园。

30年的风雨兼程，北务幼经历了不断的传承与发展，确立了“为幼儿多彩人生奠基”的教育理念和“四以筑多彩，五化促成功”的办园理念。构建了以快发课程为主，特色课程、自选课程、活动课程、农根课程、养殖课程为辅的多彩课程体系。在营造多彩环境，实施多彩课程中，逐步培养幼儿凸显色彩、追求精彩、创造异彩、绽放光彩、互相喝彩。幼儿的发展离不开优秀的教师团队。北务幼重视教师队伍建设，通过尊重人、关注人、激励人、发展人，打造多彩教师。多名教师成长为百优班主任、区级骨干、教坛新秀、园级骨干或走上管理岗位，成为了园里的中坚力量。同时，坚持“以人为本、以德为先、以质为根、以法为据”的管理理念，加强幼儿园规范化管理，建设多彩乐园。坚持“科研兴园、科研兴教”的思想，以研究舞龙等民间游戏为抓手，逐步形成了舞龙等民间游戏特色，并多次被市区级十几家媒体报道。幼儿园的特色课程登上了全市学前教育的舞台，成为了北务中心幼儿园一张靓丽的名片。

近年来，北务中心幼儿园先后被评为全国学前教育优秀教学资源征集活动优秀组织奖、北京市儿保会及学前教育杂志社举办的第四届和第五届征文活动中分别荣获最佳组织奖、顺义区综合治理先进单位、统计工作先进集体、优秀基层工会、女工工作先进集体、先进文体单位、模范教工之家荣誉称号；小、中、大班教研组，科研课题组多次获得顺义区优秀师德群体称号；幼儿园党支部连续多年被评为教育系统先进基层党组织；十二五规划办课题《传统舞龙运动引入幼儿园体育活动策略的研究》荣获顺义区课题研究成果一等奖等几十项集体荣誉。教师100余人次获得市区级奖项，多篇文章及信息在刊物上发表；幼儿100余人次获得市区级奖项。

幼儿园近五年获得的市级及以上荣誉

1. 2019.11在学前教育杂志社举办的第四届“创新・培育・发展”征文活动中荣获最佳组织奖
2. 2020.7 在学前教育杂志社和北京市学前儿童保教工作者协会举办的第五届“创新・联动・赋能"征文活动中荣获最佳组织奖
3. 2018.1 全国学前教育优秀教学资源征集活动优秀组织奖
4. 2016.11 入选《北京教育》杂志2016年度“北京教育品牌特色学校”展示推介学校

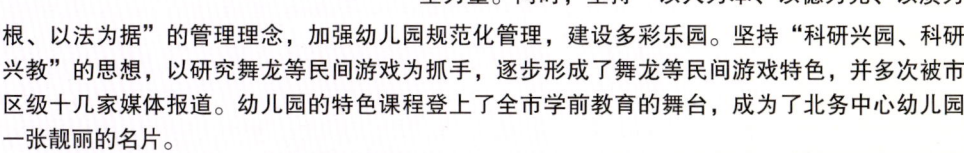

非洲鼓

家长开放日活动

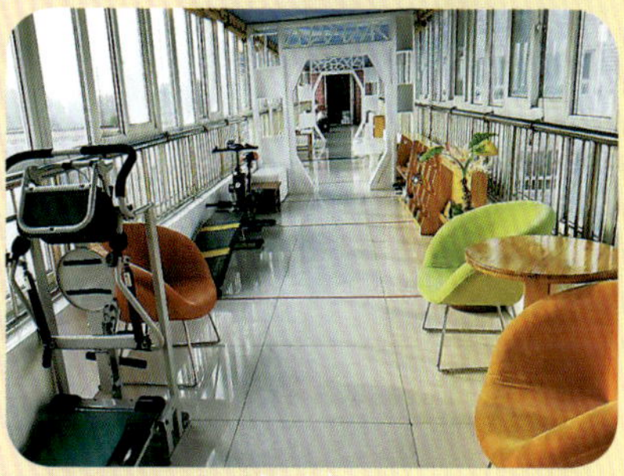
健身区

“欢乐庆六一”活动

幼儿运动会开幕式

新中国成立70周年庆祝

收萝卜

四川省成都市同辉（国际）学校

瞿曦书记、校长

童城劳动实践基地
农场项目体验

蜀都千载，青羊文华，如日如月，蓄以同辉。成都市同辉(国际)学校，收百年苏小之文韵，发今朝雏凤之新声。学校坐落于成都市青羊区“青羊新城”外光华区域，建成于2012年8月，其前身是有百年办学历史的苏坡小学。

学校围绕“强信念、施优教、惠民生、办人民满意的新优质学校”的主题，推动实现内涵发展、创新发展、品质发展。秉持“为你，千千万万遍”的核心理念，围绕“独自闪光，与人同辉”的育人目标，构建“适合每个儿童最大可能发展”的“悦纳课程”体系。学校以“差异教学”、“深度教学”为抓手，深入推进学校课程改革，提升课堂教学质量，探索“五育并举，五自立人”的素质教育育人途径。

学校设施设备先进、齐全，有国内一流的室内体育馆、独特的“空中花园”、陶艺坊、木艺坊、创客教室、人工智能教室等，长期开设各种特色课程，实现学生德智体美劳全面发展。学校连续四年在教育系统年度办学绩效评估获得特等奖，取得了较高的社会满意度。

川剧社团两次荣获“中国戏曲少儿小梅花奖”

同辉管乐团在大自然中奏响春天的乐章

五育并举，德育为先

从小学党史，永远跟党走

“721超能体育”课程为成长赋能

STEAM课程培育创新人才

东北师大附属益田小学

执行校长马方原

中美教育文化交流周

东北师范大学附属小学益田校区创建于2012年，是由东北师范大学附属小学和深圳益田集团股份有限公司合作创办的一所全日制学校。学校坐落在美丽的益田大运城邦内，占地面积3.3万平方米，建筑面积2.6万平方米。在校学生1200余人，教职工120人。学校秉承东北师大附小“坚持实验、探索规律、科学施教、全面育人”的办学传统，深入践行“率性教育”办学理念，强调保护儿童天性、尊重儿童个性、培养儿童社会性，培养的学生“好学多思、阳光自信、友善乐群、手脑相长、敢于担当”，得到了广泛的社会赞誉。学校先后被评为广东省标准化学校、东莞市一级一类学校、东莞市依法治校示范校、东莞市优质民办学校。学校已成为学生喜欢、家长信任、教师向往的现代化、国际化品牌学校！

课堂教学

台湾研学想秀

艺术节

新加坡研学

参加深圳市少儿梦想秀

综合实践

目 录

浅谈提升"师生共读"质量的路径研究

山东省临朐县第一中学　张兆伟

摘要：作为当前语文教学中一种重要的教学形式，师生共读在激发学生阅读兴趣、培养学生阅读能力方面，发挥着非常重要的作用。师生共读是一种能够体现新课改精神的新型阅读方式，具有很多其他阅读教学形式不可比拟的优点。本文结合作者多年来开展师生共读的经验，通过分析师生共读需要把握的原则，提出可以将一般阅读方法引入师生共读的过程中，并对师生共读的时间安排作了详细介绍，以期能够促进师生共读的开展。

关键词：师生共读，阅读方法，运用策略

当前学生的学习任务比较繁重，课外学习时间十分有限，因此教师要充分将阅读与课堂紧密结合起来，既要保证课本上的资源得到充分的利用，更要保证学生能够拥有一定的课外阅读的时间和精力。受"最近发展区"理论启示，师生共读选择的阅读材料必须符合学生当前的学习积累水平，同时又要超越一些学生现有的知识能力和阅读水平，给学生的阅读形成一定的挑战。师生共读要寻找难度适宜的阅读材料，如果阅读材料过于简单浅显，那么对学生阅读能力的提升没有太多的帮助，而如果选取的阅读材料过于深奥，那么将会严重影响学生对材料的理解，也将会降低学生阅读的积极性。笔者选择了瑞士女作家约翰娜•斯比丽的《海蒂》作为师生共读材料，该书是深受青少年喜爱的畅销书。本文具体介绍师生共读过程中用到的几种有效策略。

一、略读、速读的应用策略

衡量阅读能力的指标有很多种，其中阅读速度是一个重要的指标。所谓的略读，就是通过对图书序言、目录等快速阅读，掌握整本书的大概内容。速读就是带着一些提前设置好的问题进行阅读，要求学生在阅读时充分集中注意力，调动自己的思维快速速度。通过这种阅读方式，不仅能够提高学生的阅读速度，还可以有效提升学生对于阅读材料的概括能力。在《海蒂》这本书的师生共读中，对书的封面、前言、目录及作者介绍可以采用略读的方式进行。在这个过程中，教师应作必要的介绍和引导，如作者的生平、该书的写作背景，这对了解整本书所要表达的意思有很大帮助。对于速读的训练也非常重要。速读并不是单纯地讲究阅读速读，也要注重读者同文本的对话。阅读《海蒂》这本书，可以通过速读来了解海蒂从埃斯曼重新回到爷爷阿尔穆身边的场景。教师在引导学生开展速读的过程中要给予充分的要领提示：引导学生用自己的眼睛去"读而不是用声音这种减低阅读速度的方式读；切记逐字逐句去阅读，而要从整体上把握书中的内容；要集中注意力，读完之后能够了解海蒂重新回归自然，回到爷爷身边的思想感情变化。

二、精读在共读中的应用策略

精读就是抓住文章中的某一个关键细节进行品位阅读，以感受作者想要表达的情感，使学生通过对阅读内容的理解提升思想认识。在师生共同阅读的过程中，教师应该充分引导学生利用精读的方式开展重要章节的阅读，并文本中需要精读细读之处予以指导。阅读《海蒂》这本书，可以让学生找到文章最能打动人心的段落进行精读，如能够表现海蒂热情开朗性格的细节，描述她如何温暖了彼得家破旧寒冷的小屋……然后再组织学生分享，交流。引导学生认真思索文本的关键细节，如在回到阿尔姆山之后，海蒂开始懂得打扮自己，并将自己的房间收拾得井井有条，同时也学会了仔细阅读各类书籍。通过这些改变，海蒂逐渐形成了一些宝贵的道德品质：学会了共享，放弃了索要过多的捐助。当海蒂在法兰克福接受教育的时候，海蒂没有较为明显的进步，原因是什么呢？教师要引导学生明白，这并不能完全地归咎于海蒂，海蒂的教育主体也应承担很多责任，如萝得迈耶尔只知道强制性地对海蒂进行思想行为约束，这与海蒂天性好动的心理特征产生强烈的冲突。

三、朗读的应用策略

作为培养学生语感的一种方式，朗读起着重要的作用。教师可以在共读的过程中，每天抽出一小段时间让学生朗读书中的经典片段，在朗读的时候，指导学生充分融入自己的思想情感，进一步触动学生的心灵，加深学生对阅读材料的理解，同时使学生对文字美感产生直观的认识，获得阅读的乐趣。

在《海蒂》这本书中，有很多值得朗读的细节。例如第三章中对于阿尔卑斯山上美景的描写，以及对海蒂热情、活泼、热爱生活的性情的描写值得学生学习，应该通过朗读加深学生的感悟。在师生共同朗读的过程中，应该着力从以下几个方面着手。第一，抓关键词，感受人物性格品质。在朗读的过程中，教师应该积极引导学生关注一些重要词语，通过这些词语把握故事的情节设定，体味其中反映的思想情感和人物性格，如在朗读"蹦蹦跳跳"、"跑遍山林"等词语的时候，要引导学生思考这些动词所体现出的小海蒂活泼开朗的性格特点。第二，要引导学生在朗读的过程中想象作品画面，将自己的思想情感带入作品当中。在朗读的过程中，教师可以通过一定的策略让学生想象文中的画面。例如让学生想象海蒂在林中奔跑的画面等，通过想象这些画面让学生更好地理解人物性格。

四、主题阅读的应用策略

主题阅读是师生共读中一种常见的阅读方式，更注重师生之间的互动性及合作性。例如，在师生共读的过程中，学生可以分为若干个阅读小组，学生要达到既定的阅读目标，就要充分发挥小组成员的组织和协调能力，加强小组成员的沟通和讨论，使得整个互动过程能够有效培养学生的合作能力。主题阅读的方式可以让更多的学生爱上阅读，更加积极地去阅读。在师生共读《海蒂》这本书的过程中，教师可以有引导性的设置几个不同的主题。例如，以海蒂生活的不同阶段划分主题，让学生们讨论海蒂生活的不同阶段的生活状态；比较海蒂在阿尔姆山以及法兰克福两个不同的生活阶段，通过海蒂的不同生活状态来体味海蒂的观念变化。再如，以"小天使海蒂热爱大自然"为主题，引导学生找到能够反映海蒂善良纯真、热爱自然的句子，并在小组中分享、交流。

此外，教师要对读书时间做出科学有效地安排，与学生一起制订每月读书计划。同时，还可以组织一些有趣的读书活动，例如在班级内评选"一周读书先锋"、"学期读书状元"等，充分调动学生阅读的积极性。以笔者多年来的阅读教学经验来看，师生共读的方式能够有效推进学生的整本书阅读，对学生的成长发挥着重要作用。

让生活更加精彩　让生命更有价值

——关岭民族高级中学"教育，让生命更有价值"的教育实践

贵州省安顺市关岭自治县民族高级中学　勾忠光

教育是生命的事业。对生命的发现、挖掘、探索和追寻，是教育永恒的主题。纵观当下的教育，学校过度注重学生认知能力的培养，而缺乏对生命厚度的必要关注。基于此，贵州省安顺市关岭自治县民族高级中学在梳理学校近百年的发展历史、一训三风及"传承民族优秀文化，促进学生多元发展"的办学特色的基础上，提炼出"教育：让生命更有价值"的教育思想，通过开展多元化、体验式和内省式的生命教育活动，教育和引导学生认识生命发展的规律、理解生命存在的意义，激发学生对美好事物的渴望和追求，不断提高自身的生存技能和生命质量，使生命价值得以彰显。

落实五育并举，促进全面发展

《关于新时代推进普通高中育人方式改革的指导意见》提出：要构健全面培养体系，突出德育时代性，坚持把立德树人融入思政教育、文化知识教育、社会实践教育各环节；强化综合素质培养，拓宽综合实践渠道；完善综合素质评价，强化其对促进学生全面发展的重要导向作用。基于此，关岭自治县民族高级中学在"教育：让生命更有价值"的思想引领下，结合学校发展与学生成长，积极构建适合学生发展的生命教育体系，落实"五育并举"的育人实施路径，让学生的未来有更多出彩的机会。

德育育人体系，丰富生命维度。"五育并举"不是"五育平举德智体美劳全面发展也不是平均发展。在这五育中，德育起着灵魂作用，必须放在首位，涉及"为谁培养人、培养什么人"这个教育根本。在"生命"教育体系实践中，关岭自治县民族高级中学坚持把德育贯穿到学校教育的各个方面，从9个模块出发，构建有生命的德育育人体系，不断丰富学生生命的维度。开展党史理论学习、中国发展史、团史理论学习、道德大讲堂、索岭话史等活动，寓德育于思政教育中；开展一二九红歌大合唱、红色影视展播、红色书籍阅读、红色基地参观等活动，寓德育于红色教育中；开展校园文化艺术节、书画展、校园十佳歌手、社团才艺大比拼等活动，寓德育于艺术陶冶中；开展研学旅行、徒步拉练、军事训练等活动，寓德育于拓展训练中；开展升旗仪式、成人礼、励志演讲等活动，寓德育于仪式文化中；开展千人诵读、经典朗读、演讲比赛、宪法晨读等活动，寓德育于经典诵读中；开展劳动进社区、清明扫墓、美丽校园等活动，寓德育于社会实践中；开展心理健康咨询、青春健康、花季护航等活动，寓德育于心灵呵护中；开展校园运动会、体育赛事、文艺汇演等活动，寓德育于同伴互助中。

智育提升体系，拓宽生命厚度。智育在五育中处于中心地位，是"五育并举"、全面发展的最重要体现，是素质教育最重要的呈现指标。根据国家课程目标和学生个性化需求，关岭自治县民族高级中学开设了适合于学生自主发展的生本化课程，推行源于课本高于课本的生本教学，探索并建构了以"面向全体，特长发展"为特征的"1+N"课程体系，以多样化的课程满足学生个性化的需求。其中，"1+N"课程中的"1"指高中国家课程设置中公共的、最基础的必修课程；"N"课

程指根据分层、学科及特长发展选择方向不同而设立的多样化的选择的课程，主要包括文化类、艺体类、拓展类、科创类、研究性、民族特色类、研学等校本课程。该课程体系充分尊重学生的发展规律和个性差异，根据每类课程的背景、目标、内容、实施等具体要求，采取"学案导学"课堂教学、"培优辅潜"课后提升、"课堂定制"走班教学三种模式进行落实，旨在帮助学生学会尊重生命、理解生命的意义，以积极健康的心态，通过科学的生命管理实现生命的最大价值。

体育健康体系，延伸生命长度。体育是实现立德树人根本任务、提升学生综合素质的基础性工程，是加快推进教育现代化、建设教育强国和体育强国的重要工作。为贯彻落实习近平总书记关于教育、体育的重要论述和《关于全面加强和改进新时代学校体育工作的意见》精神，关岭自治县民族高级中学坚持把学校体育工作摆在更加突出位置，构建有"生命"的体育健康体系。严格落实学校体育课程开设刚性要求，在开齐开足上好体育课的基础上，不断拓宽课程领域，逐步增加课时，丰富课程内容；加强体育课程和教材体系建设，进一步发展学生运动专长，引导学生养成健康生活方式，形成积极向上的健全人格；积极推广中华传统体育项目，认真梳理武术、低杠、舞龙、踩高跷等中华传统体育项目及田径、足球、篮球、排球等体育项目，并因地制宜开展体育教学、训练、竞赛活动，形成了"国家课程必修+地方特色选修"的体育健康育人体系；推进体育评价改革，建立日常参与、体质监测和专项运动技能测试相结合的考查机制，将达到国家学生体质健康标准要求作为教育教学考核的重要内容。

美育育人体系，保持生命纯度。美育是审美教育、情操教育、心灵教育，也是丰富想象力和培养创新意识的教育，能提升审美素养、陶冶情操、温润心灵、激发创新创造活力。为进一步强化美育育人功能，关岭自治县民族高级中学构建有"生命"的美育育人体系，提高学生审美情趣和人文素养，保持生命纯度。坚持党的教育方针，明确立德树人这一根本任务，筑牢大力传承和弘扬中华优秀传统文化这一发展根基，构建一个完善的美育制度、课程、评价体系；深化美育教学改革、改善美育办学条件、完善美育评价机制，推动实现美育课程建设、美育教学改革、美育实践活动育人；开设以艺术课程为主体的美育课程，主要涵盖美术模块、音乐模块、民族特色模块三大模块内容；以满足学生提升审美和人文素养的需求为出发点和落脚点，以更加务实的作风、奋进的状态狠抓落实，切实推进学校美育改革发展，让每一个学生都能享有公平而有质量的美育教育；开展丰富多彩的课外活动，组织好第二课堂，传承、弘扬民族优秀文化艺术，让高雅艺术进校园、进课堂，开设人文素养课程和兴趣活动小组。

劳育育人体系，提升生命高度。劳动是人类的本质活动，全面建成小康社会、实现中华民族伟大复兴的中国梦从根本上讲要靠劳动、靠劳动者的奋斗来实现。为更好地弘扬劳动精神，关岭自治县民族高级中学探索构建有"生命"的劳育育人体系，教育引导学生崇尚劳动、尊重劳动，懂得劳动最光荣、劳动最崇高、劳动最伟大、劳动最美丽的道理，长大后能够辛勤劳动、诚实劳动、创造性劳动。大力弘扬劳动精神，开展"爱劳动"主题教育；积极创造条件使学生能够深入工厂、农村、社会等劳动和社会生活的一线，认真参加劳动和社会实践；有计划、有目的地组织学生参加适当的志愿服务、劳动实践，让学生得到成长和锻炼。

完善管理体系，凝聚发展共识

创新管理是学校发展的不竭动力。在推进"生命"教育的探索与实践中，关岭自治县民族高级中学着力完善管理体系，向管理要实干能干，靠管理出实效高效。

打造精准施教的生命教育团队。教师是教育的实施者，提高学生的生命意识教师有义不容辞的责任。为此，学校通过"两条腿促进"三提升结合"递进式、传帮带培养促进教师队伍的整体素质提升。进行请进来引导式教育，开展《教师的阳光心态》、《教师的团队执行力》、《教师的心理健康》等专题讲座，对教师自身的心理有着极大地帮助作用；实施"走出去"战略，从旁听者变为交流参与者，最终成长为组织者、主导者，从而真正赶上优质学校的发展步伐，与社会发展相适应；充分肯定一线教师的作为，为能干事、干好事的老师搭建平台，在促进学校发展的同时带动教师发展；建立绩效制度、各学段教学质量奖、教师发展奖等激励制度，开展培优辅潜及开设第二课堂活动，激发教师成长的内生动力；情系职工、尊重教职工、凝聚教职工、服务教职工、关爱教职工，增强教职工的凝聚力和向心力。

建立彰显生命价值的管理机制。一是制度管理。制度化管理的原则是以事为本，即就事不就人，以体现管理的公平与正义。关键是建立健全管理网络，制定各岗位管理规范，如干部管理和选拔制度、教师日常工作考核制度等。二是人文管理。以人为本，通过对师生的关爱和尊重，实现学校和师生的共同发展。关键是建立一整套完善的管理机制和环境。三是情感管理。以情动人，其核心是通过情感的双向交流和沟通，消除师生的消极情绪，激发师生的积极性，实现有效地管理。四是精细管理。将"强化责任意识，关注过程环节，追求实效管理"作为管理工作的工作思路和目标，使之常规常态化，用来指导学校的一切工作。

践行社会主义核心价值观，丰盈生命内涵

生命教育是关于生命的教育，就是让学生认识生命存在和发展的规律，认识到生命的唯一性和有限性，从而珍惜自己的生命和他人生命，理解生命的意义，不断提高自身的生存技能和生命质量，践行社会主义极心价值观，使生命价值得以提升。关岭自治县民族高级中学坚持以践行社会主义极心价值观为主线，增加与生命有关的教育内容，帮助学生认识生命、欣赏生命、尊重生命、创造生命价值，进而促进学生全面和谐发展。

爱祖国，国家层面的价值追求。中华民族自古以来强调"家国一体"的国家观，这种强烈的爱国主义情怀具有强大的凝聚力和向心力。学校充分发挥思想政治理论课的主渠道作用，开设与生命教育和爱国主义教育有关的课程，教育中学生热爱生命，热爱祖国的大好河山，热爱中华民族悠久的历史，热爱祖国灿烂的文化，热爱中国特色社会主义事业，关心国家的发展和未来，自觉维护国家的统一；通过课堂讲授和参观爱国主义教育基地，使中学生了解祖国的历史和现状，培养他们对祖国的高度责任感，树立国家利益高于一切的思想，能自觉地将个人命运与国家命运紧密联系在一起，为中国特色社会主义事业贡献自己的力量；广泛宣传"中国梦"思想，引导中学生将个人梦与中国梦结合起来，为中华民族的伟大复兴而努力奋斗。

爱他人，社会层面的价值取向。生命教育不仅强调个体生命，而且涉及他人和社会。学校通过课堂、讲座或者开展活动等方式，教会学生与他人相处的技巧和方法；对学生进行关爱教育，教会学生认识到生命是相互依存的，每个人都应该懂得感恩、关爱父母、关爱朋友、回馈社会；选择一些有教育意义的先贤事迹向中学生展示，让学生在先进事迹和教学活动中学会关爱他人、关爱同伴。

爱自己，公民层面的价值准则。生命教育不能只强调学生要有关爱他人、奉献社会的精神，而应该更关注个体生命的存在状态，明晰个体自身存在的问题，解决存在的难题，从而使个体生命的长度得以延续，在精神上获和谐发展。因此，学校要开设心理讲座和心理咨询室，引导学生辩证地看待自己，学会调节个人心理状态，最终有效地改善和完善自己；教师要引导学生以先进人物为楷模，树立远大的理想目标，并在实践中不断提高自我能力。

特色不是说出来的，而是做出来的。民中教育人深知，生命教育不能只停留在口头上或文字里，它必须落实在具体的教育行为中。关岭自治县民族高级中学将在追逐"教育：让生命更价值"美好愿景的过程中，不断促进学校特色彰显，让师生们在生命教育的润物细无声中放大内生价值，实现教师乐教善导、学生乐学善思，共同构建起一个朝气蓬勃、和谐包容的生命力旺盛的校园。

给孩子全面成长的天空

北京市朝阳区左家庄街道中心幼儿园　张宏远　赵莉莉

都说幼教事业是太阳底下最光辉的事业。幼儿教育作为学前教育的重要组成部分，是教育活动的最初阶段，对孩子的性格塑造和学习培养有着非常重要的作用。面对这群天真活泼的孩子，如何不断探索教育特色，寻找办学创新点，让他们在充满爱的环境中成长，一直是我认真思考的问题。

艺术促情商

无论是科学还是历史，最终都会归结为艺术，艺术表达是真善美精神追求的聚合，是教育最豁达的胸襟。"别让孩子输在起跑线上"，这句话曾使众多家长和教师一味要求孩子考高分，导致孩子从小便背负了巨大的学习压力。其实，我认为孩子在这个年龄阶段比分数更重要的是发展情商，即通过艺术活动激发幼儿感受美、发现美的情趣，促进幼儿形成健全的人格。基于此，我园经过多年的不断探索，基于幼儿的年龄特点和发展规律，将健康、语言、社会、科学、艺术五大领域的教育内容进行整合，开辟出适合幼儿发展的特色教育活动，致力于提高幼儿的整体素质，使他们对幼儿园产生安全感和依赖感，让幼儿园成为孩子筑梦成长的摇篮。

音乐和美术不仅是艺术教育的一种重要表现形式，也是培养幼儿心灵的一把钥匙。我园高度重视美术和音乐课程的发展，通过引导幼儿感受周围环境、生活和艺术中的美，并借助作品展示让幼儿大胆表现自己的情感，从而激发他们的艺术情趣。其中，非洲鼓是我园的艺术特色之一。在孩子成长过程中，快乐情绪是第一位的，非洲鼓以响亮的声音、清脆的节拍、强劲的节奏、易懂易学的特点、寓教于乐的游戏化教学方法，深受孩子们的喜爱，不仅让孩子们在敲敲打打的过程中培养了胆大、自信、活泼开朗的良好个性，也使他们的专注力、协调力、创造力及在即兴表演中的团队合作意识等多种能力得到提升。

此外，我园的教学楼内也充满了浓浓的艺术气息，不论是走廊还是教室，都挂满了幼儿利用身边物品和废旧材料制作的玩具、手工艺品等，这样既可以美化环境，还能引导幼儿相互进行交流、相互欣赏。

健康出质量

《幼儿园教育指导纲要》指出："要以多种有趣的体育活动来吸

引幼儿，培养幼儿积极参加体育锻炼的积极性，并提高其对环境的适应能力。”健康是幼儿教育五大领域之一，健康教育不仅在于帮助幼儿建立良好的生活、卫生习惯，使他们具备基本的生活自理能力，更重要的是让幼儿通过体育教育获得发展。而这一阶段进行体育教育的目的就在于通过体育运动让孩子锻炼身体、磨炼意志，在欢乐的活动氛围中完成体育活动的目的，进而直接改善孩子的成长环境，增强幼儿成长的“质量”。

针对孩子们对晨间锻炼提不起兴趣，且有的班级晨间锻炼并没有达到幼儿体能训练标准的问题，我园一改往年的锻炼模式，在晨跑的过程中加上幼儿喜欢的音乐和游戏，如学机器人、动物走路、木头人等游戏环节，让孩子们在自由宽松的游戏氛围中不仅达到了锻炼的目的，也为他们一天的学习和生活带来了愉悦的心情。

针对现在很多的体育活动都提倡新型器械的运用，却忘记了中国的传统文化，这一现状，我园在注重幼儿体育的同时更加注重“质”的发展。为此，我园开设了太极课程，请太极教练教孩子们练太极，孩子们跟着师傅有模有样地学习，十分严肃认真，一举一动颇有风范。实践证明，通过这一体育活动，不仅达到了体育强身健体的目的，而且通过领略传统文化的魅力培养了孩子们的爱国主义精神。

通过这一系列科学合理的体育活动的设计，幼儿园真正做到了让体育“玩”出品质，做出质量。我相信，孩子们在这样的环境中定能“玩得痛快”，茁壮成长。

游戏助发展

《幼儿园教育指导纲要(试行)》中指出：“幼儿园要因地制宜，充分并合理利用自身条件和现有资源，支持幼儿的游戏和各种探索活动。”围绕《纲要》精神要义，我园积探索并打造共享模式，多方面创造条件支持幼儿多样化和互动性的游戏，促进幼儿在游戏中成长和发展。

选择共享活动场地，注重科学合理。我园将原有区域布局重新进行规划和设置，保证幼儿更适宜的游戏密度。例如，我园立足班级实际条件，有效挖掘走廊宽敞明亮、相对独立的空间优势，保证幼儿在出入畅通的同时，提高走廊的使用效率，实现在空间、时间、经验上的共同享有与共同游戏。

确定共享游戏主题，注重适宜多元。在观察了解幼儿兴趣、爱好和需求的基础上，认真倾听幼儿想法，力求游戏内容自然化、生活化、游戏化，让幼儿在尊重、接纳、宽松、自主的环境中获得有益的发展。基于这一考虑，我园确定了快乐阅读、休闲吧、美美发型屋、科学乐园、美工创意坊六个共享区域，为幼儿主动探索、操作实践、合作发展提供支持。

设置共享操作模式，注重循序渐进。《幼儿园教育指导纲要》中关于幼儿语言教育的指导要点指出：“幼儿语言的发展与其情感、经验、思维、社会交往能力等其他方面的发展密切相关。因此，发展幼儿语言的重要途径是通过互相渗透的各领域的教育，在丰富多彩的活动中扩展幼儿的经验，提供促进幼儿语言发展的条件。”为搭建幼儿语言学习平台，我园在早阅课题组的带领下，尝试通过古诗教学来提升幼儿的语言能力。这源于古诗音韵的音乐美、语言的生动美、意境的图画美更适合幼儿的朗读、想象、模仿，古诗语言的简洁明了、情感的强烈、思维的多样性更适合幼儿理解与表达。因此，在教学活动中，我们要用恰当的方法与策略，加强幼儿对语言的感受美的欣赏能力，促进幼儿的语言表达能力的发展和幼儿文学作品创作的能力。

家园共培养

家长是孩子的第一任教师，学校教育必须要有家长的配合，家校合育既是学校教育的基础，又是学校教育的延续与升华。为创建良好的育人氛围，我们在原有家园共育的基础上不断创新发展，与家长携手实现家园合作共育，全方位关注幼儿的成长。

我园开展家园共育不是灌输式的，而是从儿童发展的需求出发，营造良好的育人环境，以激发幼儿的潜能，帮助他们健康快乐地成长。特别值得一提的是，我园组织开展了不同形式的亲子活动，其中，至今已经坚持开展五年的亲子共同外出采摘活动，让孩子在活动中不仅收获了劳动的成果，还懂得了要更加热爱劳动、珍惜食物的道理。

家园共育项目的实施，不仅在于要求家长和幼儿园共同带领幼儿展开一些活动，最重要的在于引领家长树立正确的育儿观念。为此，我园开设了家长课堂，每学期共有八次课，课程结束后家长可以互动交流，分享各自的心得。通过这种方式能够帮助幼儿创设良好的家庭氛围，同时也正是因为这种和家长积极沟通的方式，我园幼儿在入园后能很快地解决“分离焦虑”的问题，从而正常地融入集体环境。同时，在幼儿园老师的指导下，家长也会利用周末时间和孩子一起或是几个家庭组成家庭小队，带孩子去超市自主购物，到餐厅自主点餐，并引导幼儿观察周围人的生活，鼓励幼儿与他们简单的交往。有一位家长说：“从前带孩子去超市，孩子只是默默地跟着，我也没有意识到生活即教育，因此错过了很多教育时机。现在，我会鼓励孩子去向售货员说明想买的东西，选好后能自己去交款，购回所买的东西。”家园合力育人，既拓宽了孩子的视野，培养了幼儿的独立性，增进了与人交往的能力，也增进了亲子关系，丰富了家庭生活，在不知不觉中使得家长的教育理念得到了提升。

幼儿园是幼儿生活和学习的重要场所，幼儿园教育是人生的启蒙和终生学习的起点，孩子们度过一个快乐而有意义的幼儿园生活，按照自己发展规律慢慢长大，在孩子一生中意义重大。因此，我们一定要用最真诚的心灵去对待这群可爱的小天使，怀着纯洁的心灵和孩子一起快乐成长。

创新教育特色　实现五育融合

广东省广州市花都区花东镇七星小学　张有连

五育融合是培养时代新人的重要途径，而体育在当代的素质教育中起着至关重要的作用。我校结合农村学校特色，以跳绳为突破口，打造“悦动和乐·绳文化”特色品牌，于荆棘丛中劈开一条“强校”、“强生”的改革发展之路，创造令世界都为之惊叹的“中国速度，七星奇迹”。先后培养出三十多名世界跳绳冠军，打破二十多次世界跳绳纪录。正如习近平总书记在庆祝改革开放40周年大会上指出：“一切伟大成就都是接续奋斗的结果”。而“中国速度，七星奇迹”就是七星教育人拼搏奋斗的丰硕成果。

一、立足教育现实　打造特色品牌

教育条件落后，不断探索求变。我校是一所边远的乡村小学。生源大多为进城务工人员子女或当地花农、菜农子女，学生的身心发展环境存在缺失，非常容易产生自卑等不良心理，普遍表现为比较内向、不愿意交流。而学校在地理位置、教育资源、师资力量等背景下，存在场地不足、经费有限，发展迟缓等困境。学校不断探索如何办人民满意的好教育，提高我们教育品质，培养好时代新人。

立足实际情况，开发跳绳项目。十九大提出落实立德树人是教育的根本任务。我校明确“为谁培养人，培养什么样的人，怎样培养人”的思想。在以“如何发展硬实力，开发软实力”为校本课题研究，结合实际情况，学校选择顺势而为，开发“跳绳”。

首先，跳绳有器材少、开展便捷的特点，在农村学校易于铺开；其次，跳绳运动简单易学、形式多样，有个人、集体项目，还有令人赏心悦目的花样，具体育和美育双重功能；再次，跳绳运动的开展，不仅帮助学生在体育锻炼中享受乐趣、增强体质、锤炼意志，还促进学生五育融合的发展。

提炼教育方针，营造理念氛围。我校张有连校长还把跳绳体育项目与德育密切结合，提炼出“绳以育德、绳以健体、绳以启智、绳以织美、绳以怡心”的教育方针，营造“悦动和乐，为孩子一生幸福奠基”的理念氛围，实现五育并举。

打造育人网络，彰显育人特色。学校以“绳”为媒，以“自信·责任·合作·创新·精彩”的精神文化编织成环境育人、情智育人、课程育人的三个育人网络，营建了“以绳育德、以绳增智、以绳健体、以绳织美、以绳促劳”的育人氛围。对项目实施前后学生的发展状况进行比较，发现存在的问题以及优缺点，进而完善改进跳绳课程，确定以“悦动和乐·绳文化”为主题的特色办学之路。几年的改革创新，一所条件优良、质量优异、影响力大的“以绳育人”的新时代校园呈现在世人面前。

跳绳引领方向，打造特色品牌。跳绳运动屡创佳绩，改变了学校的面貌。我校决定顺势而上，积极打造以绳文化为核心的“悦动和乐”教育特色品牌，不断彰显“绳魅力”。

以体育为突破点，以高质量、人民满意的教育为目标。我校这所原来不足150人的农村小学谱写“世界冠军”、“打破世界纪录”、“打破吉尼斯纪录”、“挑战不可能”、“光速少年”等传奇故事。作为区的领头羊品牌，为充分发挥强大的四方辐射带动效应，成立七星教育集团。纵观当前农村学校发展现状，我校的发展创造农村教育发展的新奇迹，是特色教育品牌的典范。

二、注重品格教育　激发学生潜能

我校的体育教育不拘泥于某一学科领域，充分唤醒学生的潜能，让每一个学生不断超越自我，成就自我，创造出百花齐放的育人格局。

开展编绳活动，构建特色课程。以绳的团结和坚韧的精神渗入学生各学科的学习和生活当中。综合实践科绳编创作让学生掌握绳编结艺技术。美术科创作绳画，开展“同心协力”编绳活动。“以绳文化”的特色项目的基础上，我校还构建了独具特色的“悦动和乐课程体系开发了“悦动和乐·绳文化”校本特色课程。制定了“以一个龙头项目带动其他龙头项目”的发展路径。

注重品格教育，塑造阳光心态。在校园跳绳之星等比赛中，学生学会互相合作、挑战创新，锤炼坚韧不拔的意志，享受了成功的喜悦。从普通的“跳绳”活动到“花样跳绳”、“绳操绳舞再到“绳文化我们用实际行动诠释“以绳健智，以绳促德”的育人理念，塑造学生阳光、健康的心态。如今，我校即将开始集团化办学，它的绳文化以及绳文化蕴含的坚定、自信、乐观、努力拼搏的内在精神也必将传达到更多的学校，惠及更多学生，使他们通过绳子，走出乡村，走向世界。

创新评价方式，增加学生自信。评价不只关注学生的学业成绩，非学业因素不断增加，还能发现和发展学生多方面的潜能，帮助学生认识自我，建立自信。以体育学科为风向标，各学科改变以往单一的评价方式，以鼓励、表扬等积极地评价为主，采用激励性的评语，发挥评价的教育功能，促进学生在原有水平上的提高。以积极、正面的评价为主，让乡村学子走出自卑，找回信心，增强了孩子们的自尊心和自信心。

落实以绳育人，提振精神面貌。教师运用科学的训练方法，经过有效地训练过程，进行分类、分阶段的精心培养。学生跳绳水平大大提升，积极性和参与性明显提高。绳子的魔力使孩子们变得自信开朗，学习成绩突飞猛进。

三、加强专业培训　提升教师素养

发展体育特色项目，可以让师生获取更多元的成功体验，大大地增强自信心，进而打造办学特色，使之成为学校品牌内核。

利用课题研究，实现五育并举。我们成功申报《悦动和乐·绳文化教育特色的校本研究》课题。学校对实践开展全面诊断，找出学校发展存在的优劣势，以问题为导向，整合学校多方面资源，提出“以绳育人”的跳绳理念，明确以跳绳作为突破口实现五育并举。

强化理论学习，创新跳绳技术。刚刚确立要以跳绳作为学校特色时，我校仅有的一名体育教师赖宣治仅仅花了200多元钱买下跳绳有关的书籍资料，着手研究国内外跳绳的书籍、国内外选手跳绳的视频，并开始自学跳绳，慢慢摸索出一些独门绝技，比如半蹲跳绳等等。创新技巧和花式，完善技术动作体系，发明半蹲跳的新式跳法，设计出钢丝绳、极速绳把，在花样跳绳中融入体操、舞蹈、武术等元素。我校的花样跳绳现有120种以上的招式，推动花样跳绳运动的发展进程。

坚持不断创新，实现教育引领。赖宣治是学校首位专业体育教师，他用创新的跳法和跳绳工具帮助跳绳队的成绩突飞猛进，在全国甚至世界性赛事中独占鳌头。

就是他在发现国际跳绳速度竞赛中，选手使用的是钢丝绳，但钢丝绳不在国内销售的情况下，有一天，他骑着摩托车，突然灵机一动，发现摩托车的刹车线符合要求，于是到摩托车修理店，捡回废旧的刹车线，用胶布将线打结，用竹竿串起手柄，制作出了我校独有的跳绳器材--刹车线制作的跳绳，引发全国各地厂家大量生产。

加强专业培训，深化特色教学。我校通过各种培训，深化“以绳育人”教学理念的认识，为有特色、高质量的教学奠定坚实的智力支撑。要求教师根据所教学科的特点，融入绳文化，为特色教学实现高质量发展提供坚实的人才保障。

多名体育教师获得国家、省、市、区优秀教练员；赖宣治老师先后被评为“全国优秀教师”、“第20届全国青年岗位能手”、“全国群众体育先进个人”、“广东好人连续三年获得由国家体育总局颁发的“优秀国家教练员”称号，并成为2019年感动中国年度人物候选人；张有连校长获全国跳绳运动突出贡献个人、广州市三八红旗手等。

重视科研教学，收获累累硕果。赖宣治老师论文《跳绳运动对小学生体质与身体自尊影响的研究》被第九届中国学校体育科学大会学术委员会收录并进行大会报告。张有连论文《让德育之花绽放魅力校园》发表在国家期刊《教育》，论文《成功教育的实践与探索》发表在国家期刊《生活教育》、《播美德良种，育时代英才》在2019年“更新教育观念，实施素质教育”全国论文评选活动获一等奖。

结语

教育的路并不会一直就一帆风顺，从没有特色到特色引领再到特色强校，这一路我们走得艰难，但也走的快乐。现在通过全方位打造“以绳育人我校办学特色鲜明，在未来的教育路上，我们将更加坚定不移地走悦动和乐·绳文化特色发展之路，探索集团化办学，努力培养担当民族复兴大任的时代新人！

五育并举全面发展　多元评价释放活力

山东省聊城市冠县范寨镇联合校　冯书青

教育者，非为已往，非为现在，而专为将来。尤其面对社会主义现代化建设的不断推进，我国提出了扎根立德树人使命，坚持“五育并举”，注重全面发展，完善德智体美劳全面发展的教育目标。通过积极发展素质教育，切实解决好教育中存在的“长于智、疏于德、少于体、弱于美、缺于劳”的现状与问题。

为全面落实国家教育方针，深化教育改革，我们认为学校必须注重学生综合素质的培养，坚持有教无类，五育并举，同时因材施教，促进学生全面但有个性地发展，让每位学生健康快乐地学习和成长。为完成立德树人，五育并举的人才培养目标，教育评价至关重要。教育评价作为学校各项工作的“指挥棒”，是引领和方向，是学校教育发展的“牛鼻子”。必须调好“指挥棒”，牵住“牛鼻子”，建立以“素质教育，立德树人”为导向的科学评价标准和体系，才能推进学校教育质量的有效提升。

因此，我们在坚持学生成长发展质量评价多元化、综合性的设计原则基础上，以立德树人为基本导向，结合学校特色制定德智体美劳“五育”并举的框架，构建“品德发展水平+学业发展水平+身心发展水平+兴趣特长发展水平+劳动习惯养成”的全面评价标准。同时，通过实行“过程性评价+结果性评价”、“个人评价+小组评价+班级评价”、“学校评价+家庭评价”相结合的机制，保障落实评价的科学性、公平性和全面性。

德育为先　铸造品牌

德者，本也，在五育之中，德育是五育之首，是培根铸魂教育。十年树木，百年树人，德育是树根，智育、体育、美育、劳动教育是枝叶和花果，根深才会叶茂。山东冠县是千古奇丐武训先生的故乡，冠县教体局的教育理念就是：弘扬武训精神，打造幸福教育，实现教育强县。范寨镇联合校紧紧围绕“立德树人”的根本任务，以中华优秀传统文化中儒家文化的“五常教育”为教育载体，推行“仁义礼智信”传统文化教育，和社会主义核心价值观相结合。通过精巧的课程设计，让学生水到渠成地立鸿鹄志，将知识学习与实践体验相结合，同时以课题形式同步进行，边实践边总结，全镇所有小学共同参与研究，同时附之于相应的评价制度。每所学校在遵循“仁义礼智信”整体的基础上，立足学校实际，各选一个字，作为本校德育品牌的抓手，比如范寨小学选择了“仁”、中心小学的“义”、沙王庄小学的“礼”、宋小屯小学的“智”、西邢庄小学的“信”，从全员、全过程、全方位育人的角度努力，在社会和家长中形成强大正能量，极大地激发了师生的精气神，真正在情感、灵魂上触动学生，培养“仁爱正义、笃行致远”的正心少年。通过构建“正心环境、正心课程、正心课堂”，开展“正心活动”等实践途径，努力铸造“正心”德育品牌。构建“弘扬武训精神，实施五常教育，培养正心少年，打造幸福学校，建设教育强镇”的教育目标。

智育为重　激活发展

智育由“知识本位”向“智慧本位”转变，是时代发展的必然。当人工智能可以在很多方面远超人类，面向未来的智育探索，必须重视发展学生的核心素养：包括培养学生对学习和科研的兴趣，对未知的好奇心和想象力，学生的认知能力、思维发展、创新意识等。因此，加强科学教育和实验教学，广泛开展多种形式的读书活动、探究活动、科技创新活动等必不可少。这样才能引领从知识本位到智慧本位的转变，侧重学生在不同智能领域所展现出来的智能特长、兴趣的典型和突出表现，与此同时，评价也要与时俱进，随之匹配，多元智能评价由此形成。而这种评价是全方位的，不单纯以学业和课本考试分数作为唯一标准，评价目的也从单纯的强化甄别和选拔到注重激励和反馈。多元智能评价从单一到多元，从平面到立体，从静态到动态，从纸笔式到贴近学生解决实际问题，从单纯试卷评价到学生未来职业方向，进而拓展教师的教育空间和孩子成长空间。

体育为基　强健体魄

少年强则国强，当下青少年由于缺乏运动，体质不断下降，青少年体质健康问题已经逐渐成为国家重点关注的问题。增强青少年体质，促进青少年健康成长，是关系国家和民族未来的大事。

卢梭说过这样一句话：“虚弱的身体，他将永远培养不出有活力的灵魂和智慧。”因此，加强学校体育教育，实现体教融合，是实施素质教育、促进学生全面发展的重要途径，必须予以重视。中央全面深化改革委员会第十三次会议审议通过了《关于深化体教融合促进青少年健康发展的意见》，《意见》的印发，对推动学校体育和青少年体育事业发展具有里程碑意义。体育和教育部门要真正融合在一起，要有耐心，把准体教融合的发展脉络，还需要从体育教育的规律出发，从孩子身心成长的规律出发，探索更为科学、整体，更具有可持续发展性的评价体系。

而贯彻落实《意见》精神是深入推动体教融合工作的关键所在，体教融合关系到未来国家发展的动力。首先要从思想上统一，充分领会“健康第一、全面发展”的教育指导方针，同时建立起科学、完善的青少年健康监测、评价体系，充分融合体育、教育、家庭、社会等各方资源，通过“一体化设计”、“一体化推进”，真正实现学生全面健康成长。另外，学校体育工作的扎实落实也是关键。比如：真正落实学校每天锻炼一小时；提高体育课质量，开展各种层次、各种形式的体育竞赛；鼓励开展课外活动和校外体育活动等。但理论和现实总有差距和壁垒，目前学校体育仍然存在一些问题，比如体育课时不足、学校场地有限、学校经费有限等。体育教育并不仅仅是学校一方的责任，学校体育只是中间力量，落实体教融合，促进体育更好地回归教育，是家庭、学校、社会、政府和个人的共同责任。

美育为要　丰盈人生

素质教育要求“实现学生的德、智、体、美、劳等方面全面发展”，把学生培养成品德高尚、身心健康、知识丰富、学有专长、思路开阔、实践能力强的人。但为了文化课上的片面高分，有些孩子过早失去童真，损害了身心健康，没有了审美情趣，从而逐渐失去了创新精神和实践能力。然而，培养学生的创新精神和实践能力是实施素质教育的核心。美育作为涵育人的心灵，构成人发现美、审视美、创造美、传播美的一种能力与素养，在“五育”的教育体系中具有不可或缺的重要作用。因此，把美育劳育等纳入升学考核，是课程评价改革的必然趋势。

新课程改革倡导的教学评价其中有一项要求就是“重视综合评价，关注个体差异，实现评价指标的多元化”。评价指标多元化，更能体现教育的公平公正。在落实美育教学评价过程中，既要突出美育的本体属性，重视美育过程和实效的评价，在美育评价体系中最大限度地彰显其面向全体的“普惠性”和“广泛性”，也要完善学校美育评价制度，切实做到组织有保障、制度能落实，进一步强化学校美育的育人功能。

劳育为本　知行合一

德育立魂、智育立心、体育立神、美育立情、劳育立身，劳动教育是学生形成正确世界观、人生观、价值观的基础。通过劳动教育，建构马克思主义劳动观；通过劳模精神、工匠精神教育，体会劳动创造美好生活，明白劳动不分贵贱，尊重普通劳动者，弘扬积极向上的劳动精神和认真负责的劳动态度；通过实训、竞赛等实践体验，提升生活自理能力，形成良好的劳动习惯。并且，围绕劳动教育评价过程，完善学生全面评价模式，以劳动课程与教学的渗透，让学生在强化劳动体验的同时锻炼核心素养的提升，突出培养学生的基本劳动技能、积极的劳动精神、良好的劳动习惯和品质等。

教育的真正意义在于发现人的价值、发挥人的潜力、发展人的个性。特别是现代社会的发展，也需要各个领域的优秀人才。坚持推进德智体美劳五育并举，在教育实践中实现五育的有机融合，才能更好地完成学校教育整体育人、育完整人的长远目标。教育评价作为完整育人体系中的重要环节，影响和决定着学校办学的价值取向和办学行为以及教育的发展方向。积极有效地教育评价，能对教育教学起到更好地诊断、激励、调节和指导的作用。

我们要从关注、尊重每个孩子开始，主动积极改善对学生的评价，把聚焦点放在“促进孩子的全面个性发展”上。多元化评价指标体系的建立，将更好地引导学生们把更多的热情投入到自己感兴趣和擅长的领域，让学生们在发展中评价、在评价中发展、在评价中体验成功和快乐，真正做到让每个孩子成为最好的自己，使其实现真正的人生价值，让每一个毕业生都能够在激荡的社会浪潮中，找到适合自己的位置，在属于自己的人生舞台上大放异彩。

“异质同构”视野下的教师团队建设

——基于合作办学的乡村学校教师培养策略

华东师范大学第二附属中学乐东黄流中学　瞿平

一、乐东和上海的时空距离

华东师范大学第二附属中学乐东黄流中学的正式校名共有 18 个汉字（以下简称“华二黄中”），学校的西面紧邻著名的莺歌海盐场，而学校以东近百公里才是闻名于世的天涯海角——三亚市。乐东黎族自治县曾经是国家级贫困县，黄流镇现在看来基本上还是一片乡镇的面貌。2016 年初，我接受华东师大和二附中的委派，来到这所陌生学校就任校长。虽然都地处我国沿海，但是所见所闻都与上海有着巨大的落差。

新建的华二黄中是一所完中，生源基本是乐东本县。全县近几年每届有 3000 余名初中生源，有 1/3 近千名的孩子需要到华二黄中来读书，而上海华二的学生是从上海数万学生中层层选拔而来，每届录取人数仅 400 左右。这里的学生大多来自于乡村，父母多数是当地的农民或渔民，他们对于关心孩子教育仅仅体现在为孩子支付基本的学费和生活费，而上海的学生都是在父母精心呵护下成长，从小有机会学外语、学器乐、学绘画。然而乐东县所有的村小都没有英语教师，只有镇中心小学可以勉强开设英语课。最近 5 年以来，乐东县两所最优质的农村高中，在全省 90 余所高中排名中大约位于 48-50 名前后。所以，海南省乐东县与上海华东师大二附中携手联姻，是希望引进优质教育资源和先进教育理念，尽快地改变这里教育落后的局面。

十分幸运的是：华二黄中是一个从零起步的学校，所有教职工都是华二黄中的新生力量。教师队伍中有近五成是教龄 3 年以下的年轻人，他们充满朝气、生机勃勃；有近四成来自省外的教师，他们把全国各地的教育理念带到学校，让学校有多元思想碰撞的可能；还有逾两成的乐东本土教师，他们能为学校能够延续本地的文化传统添砖加瓦。教育是一个宏大的事业，想要办好一所学校，想要完成教育的使命，就需要让每一个教职员工都行动起来，拧成一股绳，劲儿往一处使。而一校之长要做的就是帮助大家找到使“劲儿”的方向、方法以及这个“劲儿”的具体内容。而这些东西，我在上海华二工作二十多年中积累了不少。

二、“异质同构”与教师团队建设

我们经常用“同课异构”来研究怎样上好课，但是到海南乐东来办学，我们的使命是“异质同构是在两所不同性质的学校构建类同的教育模式。华东师大二附中以“卓越教育”品牌和建设卓越的教师团队的经验而闻名，海南省教育厅和乐东县政府也正是看中这个品牌的价值所在才有了这次合作。刚来到乐东，我就发现这里的孩子（也包括老师）一方面自我认识上相对自谦、缺少自强与自信；另一方面在生活习惯上却相对懒散，容易满足现状、不思进取。也正是这样的心态使得原本聪慧、敏捷的孩子难成大器。于是，基于卓越教育核心思想，结合本地师生的特征，我们给学校校训赋予了新的含义：

卓然独立：有自信、自强、自主的思想，既不妄自菲薄、也不盲目自大的自我心态。

越而胜己：有目标、有信念、有行动地发现自我、发展自我、超越自我的精神自觉。

基于同样的思考，我们也沿用了华二的办学宗旨:“追求卓越，培养创造未来的人”。围绕这样的办学宗旨我们从三个角度制定了长远发展目标：

发现每一个学生的生命潜能，让每一个学生掌握获得自身生命幸福的学养和能力；

发现每一位教师的教育潜能，让每一位教师发现并享受作为教育者的幸福与成功；

发现每一份学校的教育资源，让学校成为全省或全国有影响的有特色的教育品牌。

而在教师队伍建设方面，我把主要精力放在了以下几个方面。

（一）目标先行——厘清“为什么”

做任何事情，目标永远是最根本的问题。学生要知道“为什么要读书”？老师要回答“为什么要做教师”？学校干部要明白“为什么要办好这所学校”？这些关于“为什么”、关于“意义与价值”的思考永远是一切行动的核心问题。

来到海南办学，我们主要任务就是“统一思想围绕华二的办学宗旨——“追求卓越，培养创造未来的人向老师们阐述卓越教育的办学宗旨和理念，解释教育与未来的关系；围绕我们制定的教师成长目标——“发现每一位教师的教育潜能，让每一位教师发现并享受作为教育者的幸福与成功为老师们描绘个人成长的蓝图。在不到两年的时间里，学校人力资源部已经建立起四大常规培训的机制。首先是为期十天的暑期新教师入职培训：两天学校文化理念培训，三天团队“破冰”活动、五天学科教学培训；其次是学期中至少两次为期一周的各学科教学培训；三是针对三年教龄以内的青年教师制定个人成长规划，每学期根据教学实际针对青年教师进行3-5次教育教学及个人成长方向的专题培训；四是每月一次的中层管理干部培训，统一办学理念，提升管理技能。这些高水准、高密度的培训活动，不仅促进了学校教师队伍的专业发展，增强了我校管理干部的领导力和团队协作精神，也影响了乐东县及海南省的教育界。

（二）行动指南——解决“怎么做”

目标给人动力，但是没有行动是不会前进的。而行动是需要我们明确标准，做好每项工作的标准是什么?上海华二的校训给出了一个高屋建瓴的答案:“卓然独立，越而胜己”。这也成为华二黄中全体师生的核心追求。我们主要从制度建设和有效监督两个方面来完成此项工作。“校园行为规范”、“教师行为守则”是华二黄中的最早诞生的两份制度性文件，也是教师入职的基础培训课程。在教育部有关加强师德的一系列文件的基础上，华二黄中也逐渐完善了本校师德建设方案。此外，我校还建立学校、教师、学生、家长和社会多方参与的师德监督体系：每学期组织全体学生对教师进行评教评学活动，成立家长委员会，设立校长信箱等，保证了师德师风投诉途径畅通，有效监督和促进师德师风建设。

（三）机会创设——自选“做什么”

（1）提供展示平台

为了让老教师站好课堂，让青年教师站稳课堂，学校课程教研部针对高效课堂开展教学科研活动，积极组织优秀教师示范课和入职教师赛课活动，今年已启动第三届活动。学校教师全员参与，各教研室积极准备并完成课后评课研讨，学校形成了良性的课堂研究氛围。今年的赛课则围绕2018年高效课堂建设的主题展开。这些活动对于统一学校的教学基本规范、促进青年教师的专业化成长有着极大地推动作用。在学校大赛的基础上，学校鼓励老师们积极参与各项县级以上教学、科研活动。2017学年，语文组钟永苗老师通过校、县、省级比赛层层选拔参加全国初中语文教学比赛获全国二等奖；张东旺老师在华二联合校说课比赛获一等奖；英语组罗日婷老师荣获2017年全县高中英语优质课比赛二等奖等等。

（2）打通专业学习和学历提升渠道。

由于学校规模庞大，师资需求量量大，我们招聘过程中不得不降低标准。因此与上海大多数重点中学不同，华二黄中的教师学历普遍不高，目前200多名教师中研究生学历仅12人，多数年轻教师以普通一本为主。为提高老师们的专业基础能力，学校鼓励老师们继续深造和学习，由学校承担基础学费。目前在职硕士学位深造1人，专业技术证书培训11人。其中，为配合学校“学涯与生涯辅导”特色项目，组建了华二黄中生涯辅导专业指导团队，学校全额出资先后选派7名德育骨干教师参加“生涯规划师”培训。

三、和谐民主氛围促进师生发展

在弘扬“追求卓越”的办学理念的同时，我们还把“民主和谐”的管理模式也潜移默化地渗透到这里的校园中。学校教模仿上海华二的做法，积极支持相同兴趣的老师成立沙龙俱乐部，年轻教师则组成“青椒”协会，建立“教工俱乐部采购健身设备供老师们业余时间锻炼身体。学校年轻教师很多，加之二胎政策开始实施，教师子女看护及入园问题成为老师们的烦心事，目前正策划在校内设置一个教师子女托儿所，为老师们解决后顾之忧。相信不久的将来，华二黄中会成为一个“老有所依、幼有所养”的教师家园。

两年时间不长，但是华二黄中这所学校发生着令人惊喜的变化，学生整体的精神面貌和学习氛围有显著进步。2018年学校成为海南省首批省级文明校园。尤为可贵的是，这所地处偏僻学校形成了热爱科学、崇尚创新的氛围。2017年有3个课题获得省青少年创新大赛的三等奖，可以说在省级大赛中崭露头角。到了2018年，有两个课题荣获得省一等奖、两个课题为二等奖、三个课题为省三等奖。

一所地处我国海岛最南端的学校，一群每天听得到南海波涛的孩子，一批立志献身教育事业的老师们，是因为“追求卓越”的目标，使得他们改变了自己，改变了学校，最终也必将改变了这些在海边长大的孩子们的命运！“追求卓越”的目标、“打造卓越的教师队伍”的任务、“建设一流的基础教育”的使命，绝不是哪一所学校的“专利而是所有学校和老师们能过实现的共同愿景。

乾元资始　至善臻美

广州开元学校　陈祖力　罗曼莹

自创办以来，我们秉承“办品质教育，办真正学校”的信念追求，延粤秀文脉，续应元范式，创开元新姿。学校以“乾元资始，至善臻美”为校训，取天地之元气，资万物于启始，用心、精心、尽心打造“臻美”教育文化。黉门之中，穷究物理；元府之内，涵养人文；众师荟萃，灿若辰星；惟学无际，臻于至善。

“学校不仅来了很多名师，而且教学管理也比以前更科学了。儿子在家门口就能读优质学校，太给力了”.“我女儿的成绩提升了不少，回家也爱主动学习了”.诸如此类的评价、感慨，我们听了有太多太多。这一切，皆与我校的成长分不开。

开元学校是一所非常年轻的学校，2017年学校正式开始动工建设；2018年4月，黄埔区政府与广州二中教育集团签署合作办学协议，学校管理层由广州二中教育集团派驻，教师队伍由集团统一选拔及培养，顾问团队由集团各科专家名师组成；2018年6月30日，广州开元学校的新生拿到了入学通知书；2018年9月3日，经过不到一年的紧张有序、安全筹备、建设，开元学校亮丽登场，第一批小学部330位学子怀揣梦想，与众位教师共同砥砺前行，在开元学校的开拓之路上扬帆起航。

共享优质资源　创新教育发展

我校的创建，既是黄埔区委区政府践行“办好人民满意教育”的民生实事，也是区域教育快速发展的重要举措，更是品牌名校集团化办学推进优质资源共享的创新路径。新时代教育发展的努力方向，区域经济社会迅速发展的内在需要，品牌学校自我价值的辐射引领和角色担当，成为当前集团化办学宏观、中观、微观的三大支撑。

办好人民满意教育的时代主张。教育是国之大计、党之大计。党的十八大以来，习近平总书记从我国教育发展实际出发，围绕教育工作提出了一系列重要论述，确立“以人民为中心发展教育”和“办好人民满意的教育并构建起新时代中国特色社会主义教育理论体系。

为此，近年来，广州市在基础教育的整体布局和发展思路上，通过市属优质教育资源集团化办学，以及各区因地制宜开展的行政区教育集团化办学，从而扩大优质教育资源总量，把教育办在人民最需要的地方，整体提升广州市基础教育优质均衡发展水平。这为开元学校的顺利诞生在宏观环境和体制机制上提供了支持。

区域教育快速发展的现实需要。经济基础决定上层建筑，随着区域经济的飞速发展，黄埔区、广州开发区的城市化进程呈现一日千里的迅猛发展之势，高端人才和社区集群集聚，由此催生了包括基础教育在内的诸多民生需求。黄埔区委区政府以“经济发展、教育先行”的大视野积极谋划，短时间快速增加大量优质学位的最好办法无疑便是依托省市品牌名校集团化办学，如是与广州市二中等的合作便成为黄埔教育快速发展的重要抓手之一。

品牌名校责任担当的应然选择。作为品牌名校的广州市第二中学，办学成绩长期位于广州市前列，被广州人民誉为“历史名校、状元摇篮”。在新的办学格局面前，学校认真梳理发展史，决定构建以“元”文化为核心的学校精品文化，力求以深厚、先进的学校文化带动学校的持续发展。其中，广州市二中校长张先龙提出以“起点高、品质高、社会美誉度高”来建设的开元学校便是广州二中与黄埔区联手打造的第三所优质学校典范。并且，开元学校开设高中部的请示，在今年3月份得到相关部门的批复。开元学校正在高中部建设的路径上摸索新模式，以学习者为中心，立足本土、面向世界，让年轻人成为愿意成长和改变的终身学习者。

深耕内涵发展　提升教育品质

开元学校秉承广州市二中九秩办学历史厚积之下生成的先进理念和内在精神，以学校文化建设和内涵发展为重点，一手抓办学理念体系设计，一手抓课程教学实践；一边创设多维研修路径引领教师专业整体性成长，一边通过多维活动开展促进学生素质不断提升。办学时间虽然不长，却已演绎出精彩无限。

学校文化润物无声。学校占地125亩，建筑面积近12万平方米。学校里面的每一条路都有自己的名字：开元大道、臻美大道、至善大道、春荫路、夏清路、秋实路、冬暄路……每一处广场都有其内在的教育指向：乾元广场、资始广场、紫曦广场、瀚星广场、月亮湾、匠心亭、阮元亭、戎威台、晓畅阁……每一栋楼宇都有其特定的文化内涵：集泮楼、开元楼、文懿楼、文渊楼、文正楼、融乐楼、行健楼……

在学校小学部的教学楼下，有一组出自全国政协委员、广州雕塑院院长许鸿飞的雕塑作品“元宝宝作品呈现的是一名青年男教师和一名青年女教师拉着两个小朋友欢快地跳跃，充满着蓬勃朝气和浓浓的师生情谊，生动的姿态与小学部活泼的风格相映成趣，为教学楼增添了一抹活力。这组作品之所以取名为“元宝宝不仅意为“开元宝宝还蕴含“开元第一届宝宝”乃至“所有的开元学子”之意，意在传达：学校、师生是社会的宝贝，希望社会各界多一份“呵护彼此之间也多一份关爱，助“元宝宝”共生共长。同时，用大家的雕塑作品把艺术引进校园，为校园环境增添文化氛围，潜移默化中对孩子们进行美的教育。

教学为重的专业建构。作为广州二中教育集团的一分子，开元学校开辟多条路径，以集团的力量促进学校教师队伍的迅速成长：以集团质量监测部的视导为契机，学校指引各学科深度研讨、磨课，通过视导课既展现教育教学的实践效果，又通过专家反馈检视不足促进自身的成长……集团的教学大咖群体和强大的教研力量都成为开元学校教学水平高起点、高速度、高效率发展的智库支撑和重要保障。

建规立制，探索常态长效。借鉴广州二中管理文化精华之《应元范式》，学校在2020年续集了一本16万字的制度汇编，依托学科组长团队，集学科教师智慧，在短时间内就形成了学校学科组（备课组）集备制度、开元教师教学规范、听课评课制度，形成了学科规范教案模板、考试质量分析模板，为学校教学质量的高起点夯实了基础。

主题活动的多维引领。我们以主题活动为载体的臻美教育文化体系日渐成熟，“开元·行健”体育节、“开元·晓畅”语言节、“开元·匠心”科技节、“开元·戎威”军事训练营、“开元·臻美”艺术节……接踵而至，精彩纷呈，为每一个“元宝宝”搭建个性化的成长平台和展示舞台。

辛勤耕耘三载　硕果挂满枝头

三年的奋斗不息、三年的追星赶月、三年的辛勤挥洒。开元学校有了显著的成长，有了令人欣喜万分的成果。

办学规模不断扩大。从第一年小学部330名学生，规模迅速增加到2020年36个教学班（小学部一至五年级及中学部七、八、九年级），1600多名可爱的“元宝宝”茁壮成长。尤为令人惊喜的是，2021年9月学校将正式开办高中，学生数届时将超2500人，教职工数将近170人。开元学校正在一边收获美好，一边追求至善。

硬件设施愈加完善。从当初开学时仅小学部主体工程完工，到现在近12万平方米的中学部教学楼、实验楼、饭堂、学生宿舍、千人礼堂和各功能场室全面投入使用，一座现代化的教育大城拔地而起。

教师队伍配置更加合理。从最初39名教师到现在170余名学科结构合理、专业知识系统、教学能力突出的教师组成的开元团队，还有特级、正高级教师组成的顾问团队强力撑持我校发展。他们均为各学府之精英，综合素质高，学习能力强；他们携中西教育之所长，凭专业专注之情怀，为学校打造义务教育强校奠定人才支撑基础。

坚持“五化”育人，开创并建设十大体系。“臻美”教育文化体系、集团特色化管理体系、教师培训发展体系、教学质量提升与评估体系、活动课程建设体系、“臻美少年”培训培养体系、九年一贯制科研课题体系、智慧校园建设体系、生态资源开发支撑体系和开元人幸福健康生活体系。有序开展丰富多彩的活动课程：“开元·融乐童稚烂漫；“开元·行健俊逸朗健；“开元·臻美腾蛟起凤；“开元·晓畅雄辩滔滔；“开元·匠心启道聪明；“开元·戎威威仪不类；“开元·同心滋兰润蕙；“开元·大家助力撑持；“开元·品质铸就非凡。

黄旗山下，开元臻美；穗城之东，一校雄矗。经过近三年的努力与付出，开元人坚持“鹰击长空，驼行大漠”的精神，“把不可能变成可能，把可能干得可敬”！

创新学校内涵发展　打造特色教育品牌

四川省泸县第一中学　邹强　卢世权

为全面贯彻“以人为本”的教育方针，深化基础教育改革，构建完整的中国特色社会主义教育体系，落实素质教育，引导教育工作健康有序发展，打造优质教育品牌、创新学校特色办学已成为中小学校应对教育变革的必然选择。

位于四川盆地南缘泸县云龙镇的四川省泸县第一中学以“以范以教，作育谋国”为办学理念，以“坚持人文，立足校本，讲究效益，实施心智教育”为办学目标，大力推进新课程改革，并提出了“1234”发展思路。我校通过积极开展主题德育实践，努力打造高效课堂，办好人民满意的教育，真正打造优质品牌学校。

凝聚内涵发展　丰盈校园文化

泸县一中创办于1944年，其前身是为掩护中国共产党地下斗争工作需要而创建的私立泸南中学，历史悠久，文化底蕴丰厚。学校以“成人成才”这个总纲规划校园文化建设，“明教、严教、乐教、善教”的教风和“勤学、会学、乐学、恒学”的学风蔚为气象，崛起文化雕、诗词游廊、毓秀亭、校赋碑等人文景观，使学生在潜移默化中学会做人、学会认知、学会合作、学会创造。

2018年，我校提出“1234”发展思路，即以“内振信心，外树形象”为核心，持续秉承“以范以教，作育谋国”的办学理念，全面实施内涵发展战略，以“责任和精细”两大主题全面改进教育教学和管理，提升学校的办学品位。并且，通过深化“1234”发展思路，以全面加强党的领导为统领，深入推进学校各项事业发展，尤其是邹强校长提出要以自我革命的精神和魄力力改陈习，大力推进规范治校、治教、治学，推进学校“范育”文化的内涵发展。2019年秋期，学校推行高品质课堂，加强制度建设，强化规范管理，特色教育初见成效。

在此基础上，我校通过“教、研、培、带、导、激培养精锐师资，打造卓越团队，大力支持教师参加教育科研和学术交流活动；积极鼓励教师承担教改课题研究；坚持实行“师徒结对，以老带新，新老互进”的举措；制定“骨干教师考核与评选办法”、“学科带头人培养与评选办法促进更多首席教师在竞争中优胜，获得相应的学术名誉。学校还坚持面向泸县、服务社会的办学方向，办好教育，关爱学生，创造优异的教学质量。

突出心智教育创建学校特色

为了强化管理，丰富内涵，突出个性，提升品位，我们以创建特色学校为契机，并根据自身优势和传统，提出了创建“心智教育”特色学校的工作方向，希望通过“心智教育”特色学校的创建，切实推动学生素养提升、教师教学观念和教学行为转变、学校教学质量有突破，真正实现“学生有发展、教师有提升、学校有声誉”的办学目标。

“心智教育”寓意深远——“心”即“正心修身就是要除去各种不安的情绪，不为物欲所蔽，保持心灵的宁静，不断提高自身的品德修养。只有自身品德端正，无偏见，无邪念，才能成为对国家和社会有用之人。“智”即“启智增识“智”为思维训练过程，由问本质、理关系、建结构和明策略四个环节构成，体现知识建构过程中的思维发展规律；“识”是指知识建构的过程，由提点、连线、构面、成体四个环节构成，体现学科知识的建构规律。

“心智教育”特色学校的创立和发展主要依靠两自管理、思维课堂和健康教育。我校建立完善管理机制，加强对特长教师的培训和培养，打造观念新、素质高、有个性、能创新的与学校特色创建相适应的教师团队，为学校特色建设凝聚合力和提供人才支撑。基于此，学校不断深化课程改革，致力于校本特色课程建设，编著和实施了“学科思维导图”、“女子防身术”、“学生心理健康指导”等一系列校本课程，并开展学生绘制思维可视图和结构化研说教材、高考试题的比赛和“三环六步导学法”、“1513”优质课比赛，实现特色创建与课改推进的联动。

与此同时，学校坚持科研创新，在泸州市重点课题“思维可视化课堂策略研究”已经取得重大研究成果的基础上，进一步建立教科研促进制度，强化科研意识，健全科研网络，以科研的方法研究解决特色创建中的相关问题，使每一个部门、每一位教师都为学校特色建设献计献策、尽职尽责。通过搭建研讨观摩平台，定期组织“特色之旅”观摩活动和“走出去、请进来”等方式的考察、研讨、交流活动，全面提高特色学校创建水平。

加强德育实践形成育人合力

德育要有时代性、科学性、实效性。我校着力开发实施了学生“六个一”德育实践校本特色课程群，将“六个一”德育实践与“五育”融合横向联系、纵向衔接、相互交叉，共同形成育人合力，全面系统、创新性地实现全员育人、全过程育人、全方位育人。

在横向内容层面，“六个一”德育实践，以活动为主题，以育人为目标驱动，坚持以人为本，通过“思想、岗位、团队、实践、特长、创新”六个角度进行实践育人。一是思想育人（每人每期至少读一本好书），培养学生的阅读审辨能力，对中华优秀传统文化、家风教育、校史等的自主学习，让学生增智益德。二是岗位育人（人人都是学生干部或志愿者），培养学生有担当、有责任感、有实践能力。三是团队育人（每人至少参加一个社团），培养学生的意识形态和团队合作创新精神力。四是实践育人（每人每期至少参加一次社会实践），通过劳动教育、研学旅行、社会调查等实践形式，培养提高学生的社会实践、创新实践与处理社会关系的能力，提升学生克服困难的能力，培育承担责任的品质。五是特长育人（每人发展一项特长），培育学生在音乐、美术、体育、劳动技能方面的特长，帮助学生树立健康第一的教育理念，增强体质、健全人格、锤炼意志。六是创新育人（每人每期至少参加一次科技创新实践），培养学生科技创新意识与意志，勇于突破陈旧的思维定式，运用辩证思维方法和现代科学思维方法，提出和解决新问题。

在纵向结构层面，通过“六个一”德育实践形成完整教育体系，促进学生全面发展。一是注重顶层设计，积极探索各个环节的有机统筹和整体规划，形成协调一致、相互配套的德育机制，综合发挥育人效益。二是构建以实践体验为特色、序列化、主题化、开放性的有生命、有质量的德育活动体系，引领学校系统思考、整体设计德育校本课程。三是让每名学生都能找到自我展示的舞台，在体验式、感悟式、互动式实践活动中增强学生的自信和能力，让学生拥有高质量的学校生活。

在完善“六个一”德育实践框架的基础上，我校还坚持“四个相结合”的实施策略。一是中华优秀传统文化教育与学生日常教学相结合，开展国学经典诵读工程，培养学生正确的阅读观念和良好的阅读行为，养成学生良好的思想道德品质。二是课堂学习与实践学习相结合，每学期各年级开展主题远足活动，初中部开展“亲近自然，强健体质，磨炼意志”远足活动，高2019级开展“用脚步丈量人生精彩，用意志谱写青春辉煌”远足活动，高2020级开展“毅路同行花不尽，春风十里少年游”远足活动。三是文化特色与地域特色相结合，挖掘泸县非遗文化，申报课题研究，举办非遗校园展览，让学生了解泸州、了解四川非遗，学习、继承和发扬非遗文化，让学生学有所长。四是个人发展与团队发展相结合，通过创建“全国校园足球特色学校为农村中学足球运动的开展做出表率，为学生展示个人潜力搭建平台。

搭建多元平台实现全面发展

创建特色学校是我们一项整体性的发展战略，是对学校教育教学整体改革的优化设计，具有长期性和系统性。在教育教学改革与特色学校创建进程中，我们努力构建了多层次多元化的育人平台架构。

在学生层面，学校坚持问题导向，建立完善学生道德实践心理、塑造良好道德情感以及促进学生“晓事明理，励志导行”的基础，激发学生的成才意识，提升学生的自我满足感，使学生获得全面发展。在教师层面，学校通过充分挖掘和利用中华优秀传统文化众多的教育资源，提高教师素质，增强指导力量，不断提高自身的科研能力，充分促进学生全面、健康发展。在学校层面，通过学生“六个一”德育实践构建学校特色校本课程群，培养提升学生核心品质，实现全员、全程育人的聚合力机制。

除此之外，我校还提出并正在落实“五育并举，一校两部六段”的“51261”特色德育实践。“5”即“五育”并举，“1”即以学校“红领精”德育主题为引领（在红色文化、红色基因传承的引领下，精心设计、精细开展德育工作，培养具有崇高理想信念、深厚爱国情怀、良好品德修养的时代新人），“2”即初高中两部共进发展，“6”即初高中6个年级一级一品，最后一个“1”即一班一个特色。

经过几十年的砥砺发展，我校始终贯彻“做大做强，走内涵发展道路”的现代学校发展思路，全校师生将抓住机遇，继续迎接挑战，在办学条件和教育质量上力求迈上新台阶。在上级主管部门的领导下，在社会各界的关心支持下，在校领导班子的带领下，学校先后获得全国艺术教育先进单位、四川省心理健康教育示范校、四川省校园文化特色学校、四川省阳光体育示范校、四川省文明校园等荣誉称号，并将以培养更多优秀人才的实际行动，在学校的发展历史上书写浓墨重彩的一笔。

[本文系四川省普教科研资助金专项课题“五育融合理念下农村普通高中‘六个一’德育实践研究”（课题编号：SCJG20C082）阶段成果]

实施和雅教育　打造和雅校园

山东省淄博市博山中学　赵国良　王海燕　段风华

文化是学校的灵魂，一所没有文化的学校，是一所没有根基、没有未来的学校。淄博市博山中学始建于1955年，至今已有六十六年办学历史。学校坚持内涵发展理念，突出文化育人，以人为本的管理方略，加强学校的核心竞争力建设，不断挖掘积淀萃取学校文化。构建起以“和·雅”为文化核心；“求实·超越”为学校精神；“博学励新、崇德效山”为校训；“见善思齐、和合共进”为校风；“勤业修身、秉爱立人”的教风；“善思敏行、雅习致美”的学风；培养“卓尔不凡、文质兼美的阳光少年”为目标的理念体系。

多年来，学校依托生态教育理念，与学校“和·雅”文化相辅相成，构建六大育人体系，促进学生的全面发展。让教育回归自然、让生命焕发活力，‘生态教育’下的‘和雅校园’不仅仅是一个口号，它实实在在地为学生的学习生活提供清新的空气和肥沃的土壤，是学校办学一直努力的方向。

构建和雅课堂　实现课程育人

在现代社会，教育科研是促进学校改革和发展的必经之路。我校全体教师紧跟时代步伐，以教育科研为突破口，带动整体教育教学质量的提高，为“和•雅”文化注入时代活力，打造了独具特色的和雅课堂，实现课程育人的教育教学目标。

我校基于蓬勃发展的信息化技术，利用互联网将线上教学与线下教学相结合，给予学生更多自主学习的时间，培养学生主动思考的习惯和求索质疑与捕捉信息的能力。在讲授一些重点内容时，教师根据讲授的内容制定具体的流程，通过整体感知、合作探究、反思质疑和拓展延伸等环节进行课堂教学。通过教师与学生和学生之间的互动，学生既能够轻松愉快地掌握知识，还能在过程中提高自己的能力与素质，让学习变得有趣，让学生积极主动参与到学习之中。

在新冠肺炎疫情期间，这种教学模式在课程育人体系中发挥了很大的优势，取得了很好的效果。省“疫情与教育”专项课题《疫情背景下的学校新教学生态转型研究》于2020年11月结题。学校复学之后，课题组在总结疫情期间线上教学的基础上，从教、学、测、评四个层面和“课前、课中、课后”三个维度入手，继续进行基于大数据的“线上+线下”的混合式新教学生态的研究和实施，不仅帮助学生顺利完成了疫情期间的学习任务，而且也为后续学校教学工作的创新和深入开展，探索出了一套切实可行的混合式新教学生态模型。省级课题《线上阅读圈在初中英语阅读教学中的建构与实施研究》，也利用“和雅课堂”的教学模式，使学生们有了更好地收益。

落实教学的同时，学校将德育内容融入学科教学，探索生态高效的　“和雅课堂”教育教学模式，使学生善思敏行、志存高远。近年来，学校部级优课9节，省级优课22节，多人在山东省德育课例评优中获一等奖，市区各类教学评优均居全区首位。重点高中录取人数稳居第一，学科比赛百花齐放，保持高位发展。在第18届全国中小学信息技术创新大赛、山东省阅读伴我成长征文比赛、山东省国防知识竞赛、淄博市中学生辩论赛等各种比赛中共400余名同学获奖。

打造特色社团　丰富育人形式

在2020年9月举行的“全省中小学教育装备应用创新案例展示大会”上，博山中学的展示得到了省市区领导的高度赞誉。刻瓷作品、3D陶泥打印、裸眼3D无屏显示……令人赞叹连连的优秀作品，都是我校师生智慧的结晶。而这些成果的取得，源于学校落实活动育人的办学思路。

我校把开展特色社团活动作为推进学生素质教育的重要工作，根据学生们的兴趣爱好和特长，共组建了绘画、陶艺、书法、朗诵、足球、表演等30多个社团，社团种类涵盖艺术体育拓展、学习能力提升、创客制作创新、心理健康辅导等四大类别。为促进社团文化更好地发展，学校又出妙招——家长进社团。每个学期，学校都会定期组织家长代表进社团，由学校领导陪同一起参观社团活动，家长代表通过座谈会提出建议，学校对有益于学生健康成长、能够促进社团发展的合理化建议予以采纳并落实。在师生们共同努力下，书法社团和绘画社团被评为“金牌社团朗诵社团、陶艺社团、魔方社团、表演社团、天文地理社团及生物探索社团6个社团被评为“银牌社团”。

除此之外，学校还开展入学礼、开学礼、青春礼、毕业礼等礼仪教育，建设读书节、科技节等活动平台，搭建“阳光小舞台丰富学生课余生活，落实素质教育。邀请全国一级战斗英雄史光柱讲述英雄事迹、邀请援鄂医疗队员讲述最美逆行者事迹，让学生在活动中领略到党的光辉历史，感受到英雄的高尚情怀，树立报效祖国的远大理想。这些措施都丰富了育人形式，实现了良好效果。

建设美丽校园　彰显文化育人

学校要发挥“文化育人”作用，就是要树立文化育人的教育理念，在学校里营造一种浓郁的文化氛围。博中人在文化育人方面，有着高度的文化自觉。多年来，致力于打造优美校园，创建具有传统特色的校园环境，人文与自然环境有机融合。秉持和雅文化理念和求实超越的学校精神，专注于培育学生的卓越素养和儒雅气质。

校园里，二十四字核心价值观、和雅文化理念等标识位于醒目位置，让学生常学常新。古朴的国学馆，红色党史长廊，儒雅的文化长廊，温馨的雅韵书吧，现代化体育馆，丰富了学习和活动的场所，也时时给学生以博中文化的熏陶。班级文化一班一品，班徽及电子班牌异彩纷呈，“和风雅颂”经典诵读比赛、“国学小名士”选拔赛、励志演讲等系列活动，滋养了博中学子特有的文化气质。因此，学校被评为“省园林示范学校”、“市优秀传统文化示范校”。

构建城市少年宫　推进实践育人

让教育回归生活，从生活中汲取营养、获得力量，始终是重要的教育命题。社会实践，架起了学校与生活之间的桥梁，意义日益凸显。

我校为推进实践育人工作，构建了城市少年宫育人体系，推进“扣好人生第一粒扣子”系列活动。比如，开展“红领巾奖章”争章活动，开展“国防教育实践周”、“劳动教育实践周”活动，还建设“爱心银行发动学生收集日常生活废品，学校安排人员统一收购折现，将其收入爱心存折，定期资助贫困学生，培养大爱精神。以学校教育与家庭教育、社会教育相结合，通过家校配合、创新实践、校外实践活动等，学校为学生们的成长奠定了坚实的基础。

此外，国学馆的礼、乐、羿、陶、书、画新六艺，传统礼仪，与厨艺、刻瓷，也一并纳入了学校课程体系。城市少年宫实践体系的完善，把丰富的生活素材引入课堂，用开放发展的知识教育学生，丰富了教育内容，增强了教育效果。

促进内外协同　实现管理育人

学校围绕立德树人根本任务，着力构建管理育人体系，充分发挥管理在育人中的基础性、保障性作用。还尽可能地动员、整合、配置、利用促进学生健康成长的社会教育资源，形成“大教育”氛围，从而优化学生成长环境，有效提升学校教育品质和活力。

对内，学校十分重视领导班子及教师队伍建设，严抓教师职业道德规范，以《中小学教师职业道德规范》为准则，制定各级各类岗位职责49项，各类制度、规则、方案66项。此外，学校还在提升教师专业能力上实现了突破。为加快对青年班主任的培养，切实提高青年班主任的班级管理能力，长期开展青年班主任结对帮扶活动、班主任培训会、班级工作经验交流会等活动。还邀请全国著名特级教师吴丹青、中国“金牌竞走教练”张阜新主教练走进学校，指导工作，这些举措都取得了良好反响。

对外，学校根据上级要求，结合学校实际，与教体、公安、交警、司法、卫计、市场监督、消防等部门紧密协作，建立治安（禁毒）校长、法治教育校长、卫生防疫校长、食品安全校长、交通安全校长、消防安全校长工作机制，共同打造平安校园。在实践中，与南域城、万杰社区开展结对共建活动，促进了文明社区创建工作；将焦裕禄纪念馆、原山艰苦创业教育基地、幽幽谷等场所作为学校课外活动阵地，进一步拓宽育人环境；联合公交公司，“定制公交”为偏远学生开辟便捷之路；携手“向日葵”助老助困服务中心开展1+1结对帮扶活动，助力博中学子圆梦未来。此外，还与英国塔尔伯特西斯学校和澳洲CBC学校友好往来，给学生带来优质教育资源。在不断努力下，学校被评为省“优秀家长学校”、“家庭教育示范基地”、“心理健康教育先进单位”。

建校六十多年来，博山中学积极适应教育形势的发展，不断提升办学品位，教育教学质量跻身全市先进行列。今天，面对新一轮课程改革和教育发展的挑战，全体博山中学人将继续践行‘生态高效、和雅博中’的办学理念，不断丰富‘和•雅’文化的内涵，推动学校实现特色发展、内涵发展。以百倍的信心、昂扬的斗志，为建设淄博最具影响力的品牌中学奉献青春和智慧！

精准谋局促发展　善作善成得幸福

——山东省冠县斜店乡中学“幸福教育”理念催生累累硕果

山东省聊城市冠县斜店乡中学　付俊华

山东省冠县斜店乡中学地处僻壤，条件一般，师资一般，生源一般，却从2018年起获得冠县乡镇中考“三连冠”的好成绩，获授山东省“教育系统先进集体”、聊城市“德育工作优秀集体”、“第一届市级文明校园”、“五四红旗团委”等荣誉称号。一时间，这所名不见经传的农村学校声名鹊起，市内同行纷至沓来、广泛交流，不仅辖区内学生不再流失，而且辖区外学生纷纷慕名择校。

这个世上，既没有无缘无故的成功，也没有无缘无故的失败。斜店乡中学的蒸蒸日上和累累成果折射出很多值得深思的东西，并非轻而易举、空穴来风，而是仰仗于发展机遇、社会条件、综合实力的多方发力、共同促就。

“幸福教育”落地生根

习近平总书记在十九大报告中提出：“中国共产党的初心和使命，就是为中国人民谋幸福，为中华民族谋复兴。”、“为中国人民谋幸福”，则是贯穿于党的十九大报告全文的一条主线。基于这一思想，在2018年初，面对群雄逐鹿、高手林立的教育局势，斜店乡中学领导班子敢作敢为、善作善为，坚持以人为本、回归人本，大胆突破传统管理理念之瓶颈，提出以“幸福”为主题，确立了“131”幸福教育文化，力求让每一位师生都能找到人生幸福的密码。

“1”即一个核心，坚持“幸福教育、美好人生”的办学宗旨；“3”即三个依托，依托教科研促成长，依托级部管理负责制提高管理水平，依托后勤抓好食宿管理提高服务水平；“1”即一个目标，力求实现“安全零事故，成绩创一流”。该教育理念方向明朗，文化厚重，内涵深邃，掷地有声，旨在培养健康身心、丰盈精神、舒展个性、开阔视野的幸福未来人。

“幸福教师”善教善育

没有“幸福的教师”，就没有“幸福的教育”。在教学活动中，学生的激情迸发需要教师激情的激荡，学生的快乐拥有需要教师快乐地感染，学生的幸福体验需要教师幸福的传递，只有幸福的教师才能托起学生幸福的人生。斜店乡中学高度重视教师发展工作，强化管理，搭建平台，挖掘潜能，形成风格，让教师在尽力从教、乐于从教中获得职业成就感、幸福感。

完善教师管理网络是基础。一是推行目标化管理。学校建立"学生个体→学习小组→任课老师→班主任→年级主任→教务处教科室→业务副校长→校长"的科学管理网络，逐级负责，层层落实，使教学管理逐步走向科学化、规范化、制度化。二是推行定位管理。提高工作效率、决胜未来目标需要知己知彼，准确定位自己。全县统考后，学校及时做出分析，明确级部名次、教师名次、学生名次，找到各自问题和归属，进而明确下步奋斗方向，有的放矢、事半功倍地开展工作。

加强教师师德修养是根本。一是聆听楷模。每学年初，学校都邀请教书育人楷模、模范教师进行专题报告，使全体教师的职业认同感、成长意识、从教信心大大增强。二是践行师德。每学期都组织寻找"最美教师"活动，引导教师践行师德标准，牢记"爱与责任"，争做"四有"教师和"五情"教师。三是分享感动。每学年都要组织主题征文，引导教师发现身边的典型，学习身边的榜样，树立教师积极的工作心态。四是监督问责。学校设立师德师风监督举报电话，建立学校、教师、家长、学生"四位一体"的师德师风监督网络，对每位教师师德师风承诺落实情况和日常师德师风表现进行监督。

提升教师专业素养是关键。一是强化教学管理。学校坚持组织教师开展教研课、汇报课、示范课、互动课、青年教师成长课、校级优质课等活动，组织教学能手评选活动、老带新跟踪指导活动、教学经验交流活动、语文五个一活动、英语六个一活动、片区交流活动、市县级培训活动等常规活动，引导教师主动投入教育实践探索，打造专业卓越教师团队。二是促进教师成长。学校邀请聊城市教体局初中教研室张维宪主任到校开展专家讲座，组织部分师生到全国名校衡水二中参观学习，组织干部教师到河南兰考、红旗渠、济南、成都、西安等地参观学习，组织部分教师参加省市培训、观摩市级优质课评选课例，使教师业务水平大幅提高，精神境界更为开阔。三是改革教学评价。学校实施学科捆绑式考核、捆绑式奖励的评价机制，以此强化教师合作，实现优势互补，落实资源共享，寻求最佳突破方案，从而大面积提高教学水平。

关注教师精神需求是动力。教师是平凡中孕育伟大、清贫中享受幸福的职业，他们的幸福感更多是来自于精神层面的。因此，学校注重关注教师的精神需求，给予他们更多的鼓励和关怀：关心每一位教职员工的身心健康，及时了解他们在工作和生活上面临的困难，花大力气解决教职员工的实际困难，从而增强教职员工的安全感、满足感；积极创造有利条件，搭建发展平台，使他们感受到更多的职业幸福，始终充满积极向上的正能量；不断改革完善绩效奖励、教学科研奖励、经费管理等激励机制，调动广大教师的工作积极性、主动性、创造性。

"幸福学生"乐学向上

培育幸福的学生是幸福教育的根本宗旨。为促进学生幸福快乐地成长，斜店乡中学坚持以学生为本位，以课程为核心，以特长为突破，以素养为旨归，坚定不移地走在幸福教育的坦途上。

构建立体化课程体系。学校依据培养目标和学生需求，对现行的国家课程、地方课程和校本课程进行整合重组，形成了"国家课程校本化，突出幸福特色；地方课程系列化，拓展社区资源；学校课程特色化，发展学生个性"的立体课程体系，让每一个学生都能得到最合适的教育。

实施订单式培养策略。学校以年级为单位，按照学生学业水平，将学生分流为A、B、C三个层次，各层次根据学情和生情分层确立发展目标和奖惩措施，因材施教，因人而异，实现了学生个人发展效益的最大化。

推行多元化活动形式。学校坚持开展每周一升旗仪式，由政教处组织全体学生在国旗广场集合，学生进行国旗下讲话，干部做出本周工作部署；利用每天上午和下午大课间，以级部为单位组织跑步，级部主任、班主任到场清点人数、随同活动，跑后集体宣誓，不仅使学生体质得到了锻炼，也使学生团结协作精神和意志力得到了培养；坚持以人为本的素质教育理念，组织音乐、体育、书法、美术等社团活动，开展经典传唱、艺术活动、运动会、百日誓师活动、读书活动报告会、励志感恩报告会、手抄报、国学小名士评选、宪法学习、先进班集体评选、学生演讲比赛、我和我的祖国快闪、元旦联欢等主题系列活动，既培养了学生的兴趣爱好，丰富了学生的精神生活，又为学生张扬个性提供了广阔的舞台。

完善激励性评价方案。一是推行星级评选活动。学校以班级为单位，坚持开展每周班级之星评选活动，如学习之星、劳动之星、进步之星、文明之星等，使学生的自主发挥、自我管理、自我进步能力得到了充分发挥。二是推行校长奖激励。在期中、期末考试后，校长为优异学生颁发校长奖荣誉证书和奖品，并和学生合影留念，以此激发优异学生更加积极向上的学习动力。

"幸福教育"是对幸福学习、快乐成长的诠释，决定着一所学校的持续、健康和长足发展。征途漫漫，岁月如歌，不忘天道可酬勤；万象更新，未来如诗，希望催人更奋进。面临新的征途、新的挑战，斜店乡中学将在幸福教育的引领下，继续强化追赶超越使命意识，以建设"鲁西名校"为目标，用"咬定青山不放松"的韧劲、"燕子筑巢"的耐劲、"不到长城非好汉"的拼劲，携起手来，不忘初心，砥砺前行，同心同德，继往开来，拥抱新时代、展现新气象、凝聚新力量、开启新征程、做出新贡献！

凝聚强大发展合力　同心共筑多元平台

重庆市黔江区民族职业教育中心　白红霞

搭建校际合作、校企合作、教育与产业互动等多个平台，铺就了一条"大职教、大开放、大发展"的差异化发展之路；毕业生就业率达98%以上，累计为武陵山地区培养技能人才10万余名，实现了从"好就业"到"就好业"的转变，为区域产业发展提供了强有利的人才保障和智力支撑……一个个目标的达成，一项项成绩的取得，折射的是武陵山职业教育集团以集团化办学对西南地区职业教育高质量发展的有力助推。

职业教育一直都是与区域产业共生共长的，近年来，武陵山职业教育集团跨界整合集团优质职教资源，着力开拓职教集团的办学新模式，促进教育链、利益链、产业链、创新链"四链融合形成了"一团五联"人才协同培养机制，有效推动了武陵山区职业教育的优势互补、资源共享、多元共建、错位发展，集团的行业影响力、社会辐射力、办学效益和水平进一步增强，成为培育新时代能工巧匠的一方沃土。

一团五联，迈向品质提升新征程

在全球化时代，世界经济更加紧密的联合，催生了新经济，促进了协作区朝着一体化的方向发展，以把握机遇应对来自内外部的挑战，参与到世界经济的生产循环过程中，分享全球化所带来的丰硕成果，最终不断提高自身的硬实力和软实力。也正是基于这个背景，构建起了不同性质的经济协作区。纵观国际区域性协作组织的类型和成功经验，作为渝、鄂、湘、黔交接的武陵山地区，拥有山同脉、水同源、民同俗、经济同型等多种特征，具备建立经济协作区、实现区域经济一体化的有利条件。为此，国家协调渝、鄂、湘、黔四省市毗邻地区，成立"武陵山经济协作区积极开展"交通联动、旅游联动、文化联动、产业联动把集中连片脱贫攻坚和跨省合作协同发展有机结合起来，促进四省市共同发展、共同繁荣。武陵山片区区域发展与脱贫攻坚，离不开大批的技能人才和高素质劳动者，而职业教育正是促进经济、社会发展和劳动就业的重要途径，是培育优秀工匠的摇篮。

黔江区委、区政府把准方向，及时调整职业教育发展思路，强化对职业教育集团化办学的宏观指导、顶层设计和统筹布局，引领黔江民族职教中心深入武陵山片区院校和企业展开调研、协商、筹建，并支持该校在2013年1月牵头组建起了以武陵山片区职业院校及相关行业企业为主体的武陵山职教集团，开启了区域职业教育规模化、集约化、连锁化、专业化的发展之路。与此同时，其他省市政府也积极投入到武陵山职教集团的建设工作，合力打开了区域内职业教育快速发展的新格局。

目前，武陵山职教集团拥有28所中职院校、9所高职院校、3所本科院校，集结了世界500强及全国知名企业69家，跨渝、鄂、湘、黔四省市，形成了"政府统筹、行业指导、部门配合、企业参与、多方联动"的职教集团化办学生态。同时，集团协同109家成员单位联动开展研究与实践，现已形成了渝鄂湘黔民族职校"一团五联"人才协同培养机制，即以武陵山职教集团为核心，实施研制培养标准、开发教学资源、培养师资队伍、开展教研教改、实施人才评价五大联动，有效解决了集团内成员人才培养标准不统一、优质教学资源匮乏、教师教学能力参差不齐、教学改革零敲碎打和评价体系互不兼容等问题。

如今，多方面、多形式、多渠道的联系与协作，助力集团全面深化产教融合、校企合作，创新技术技能人才系统培养机制，增强集团化办学的活力和服务能力，改变了职业教育"单打独斗"的模式，破解了职教集团"集而不团"的难题，推动集团化办学迈向了更高档次、更深层次的品质提升阶段。

多元协作，打造技能人才蓄水池

从中国制造走向中国智造，对我国技术技能人才队伍的建设提出更高要求。武陵山职教集团集中各成员单位要发挥自己的优势力量，把握武陵山职教集团联合办学这一发展契机，以服务地方经济为宗旨，以校际合作为基础，以校企合作为依托，以契约为纽带，以高素质技能型人才培养为核心，积极拓宽协同育人、协同发展、协同创新的多维途径，促进武陵山区职业院校规模和内涵健康发展，努力办好人民满意、社会有用、终身受益的职业教育。

优化治理结构是规范和提升集团化办学的关键条件。集团创建之初就确立了理事会制，内部设教学科研、招生就业、实训基地、德育工作、民族文化5个专委会，促使集团更加协调、有序、高效运行，增强了内在活力和对外应变能力。从今年5月开始，将延续至12月的"武陵山职教集团片区教科研共同体2021年活动便是专委会发挥职能作用的实际体现。8所集团校积极参与，针对汽修、信息技术、旅游等专业，以及数学、英语、语文、思政等学科，开展月月有主题、校校有针对地联合教研，也让这项活动成为集团坚持立德树人根本任务、扎实推进“三教”改革的生动实践。

为打造高水平教科研成果，助推各校高质量发展，武陵山职教集团着力加强资源整合，要求各成员校间以加强教学交流、教学研究、教材开发、专业技能竞赛等为着力点，校企间以互派师资、开发教材、共建实训基地、共同设置专业、技术研发为突破口，打破地域、空间、行业的限制，推动职教集团的资源集中、重组和共享。

为打通产教融合、校企合作的“关节集团各成员校与企业之间共同建构了对接产业链的技术技能人才培养链，在生产育人、企业员工“输血和换血”、校园文化和企业文化等方面实现了“一体化”。“淡旺互补”、“订单培养”、“3+2”或“3+4”中高职衔等人才培养模式的推行，提升了中高级技术技能人才的可持续发展能力、技术水平和就业竞争力。此外，武陵山职教集团搭建了校校合作、校企合作、教育和产业互动三个平台，打造了信息、资源、中高职协作三个中心，通过数据的有效对接，使集团各成员单位在招生、就业、培训、技术服务等方面能够得到信息的实时传递与共享。

服务区域，彰显示范引领与担当

随着武陵山职教集团的不断壮大，其发展踏进了以内涵建设为主的“示范建设”阶段，目前正朝着“重庆知名、西部领先、全国一流”的建设目标不断奋进。

紧扣企业和区域经济发展的需求，提升各集团单位服务企业、服务社会、服务学生的能力，是武陵山职教集团实施内涵建设的一项重要举措。首先，武陵山职教集团通过为行业企业开展中短期培训，广泛开展送科技、送文艺、送政策“三下乡”和志愿者服务等活动，以及开展电工进网、煤炭安全、会计从业、烤烟种植等适用技术培训，年均为行业企业等培训5万人次以上，为重庆正阳工业园区、酉阳板溪工业园区，以及贵州铜仁工业园区、湖北恩施经济开发区、湖南湘西广州工业园等园区企业培养各类技能人才3万余人。其次，集团积极学习借鉴英国、新加坡等先进职教理念，通过集中培训、送教上门等方式，开展集团内教师培训近1500人次、企业员工技术培训近2万人次，为区域经济社会发展和乡村振兴、脱贫攻坚贡献了职教力量。再次，集团秉承“就业一人、脱贫一家”的职教理念，坚持教育与培训并重，在共同培养培训服务生态旅游产业发展的人才基础上实施“一域一品”错位发展策略。其中，重庆依托武陵山民族文化传承基地、市级非物质文化遗产传承教育基地，主要打造“非遗传承人才培养”特色品牌；湖南依托中国蚩尤文化研究基地，打造“民族工艺品制作人才培养”品牌；湖北“生态农业实用技术人才培养”特色品牌、贵州“劳动力转移培训”品牌的相继打造，为助推区域脱贫攻坚、服务乡村振兴奠定了坚实基础。

抱团发展、“一团五联”、多元协作、服务区域，8年来的潜心发展，让集团品牌在市内外均产生了较大的影响和辐射效应。集团7所学校成为全国中等职业教育改革发展示范校，6所学校入选市级高水平中职学校建设单位，荣获省市级优秀教学成果奖11项，充分彰显实践成效。2019年，武陵山职教集团被评为“重庆市示范性职业教育集团”。

“最好是暂时的标志，更好是永恒的追求”.下一步，武陵山职教集团将持续发挥优质资源引领、示范作用，大力开展社区教育、老年教育，建立终身教育体系，培养新型职业农民；以专业对接产业，服务武陵山区民族文化产业和地方产业，打造民族特色职教品牌；与境外职业院校或职业教育机构开展合作交流项目，与境外企业开展劳务合作，以进一步提高职教集团的辐射力、影响力和品牌力，努力为技能强国、职教兴邦增添一抹浓墨重彩的亮色。

打造“叁自特色”凝心聚力育新人

——余姚市第三中学探索创新特色办学模式

浙江省余姚市第三中学　赵仲华

一方水土养育一方人。余姚市第三中学，北倚凤凰山，南临姚江水，山水相依，地理位置独特，自然环境优美，人文底蕴深厚，钟灵毓秀，人杰地灵，为祖国培养出一代又一代有为青年。

自1956年创办以来，我校秉承“求真、至善、尚美”的校训，坚持“力争做最好的自己”的办学理念，不断探索创新，打造“叁自一特色”品牌教育体系，走出一条“小而精、小而特、小而美”的发展之路。发展至今已成为浙江省二级重点中学　、浙江省绿色学校、宁波市现代化建设达纲学校、宁波市环境保护模范学校和宁波市示范性文明学校，吸引着无数学子前来求学。

人文底蕴深厚　校园环境优美

学校占地96亩，总建筑面积2.1万平方米，绿树成荫、风景秀美，校园环境在余姚市属公办普高中首屈一指，2004年3月获“浙江省绿色学校”称号，是学子静心求学的好地方。我校为延庆寺遗址所在地，从宋元开始，无数名僧文人在此隐居诵读，留下几多诗词华章、墨迹游踪。其中著名诗人王安石写的“山如碧浪翻江去，水似青天照眼明。唤取仙人来住此，莫教辛苦上层城”.既全面概括了余姚文化底蕴的沉积，又歌颂了余姚山水画卷的秀美。校址地望深厚，文化源远流长，形成了思潮澎湃、特色教学的品牌教育，铸就了追求卓越和坚韧奋斗的精神品质。

学校布置别具一格，南侧为教学区，东西两侧各为生活区和运动区，北侧为山、林、廊、池和广场相结合的园林式休闲区，科技馆、图书馆、体育馆、教学楼、膳食中心、学生公寓、传媒中心、延庆讲堂、校史馆等建筑错落有致，凸显人文环境与自然环境的和谐之美，俨然已成为一所山清水秀、鸟语花香、优美和谐的生态化校园。美好的事物，总能使人身心愉悦，走进校园，犹如走进一座人文气息浓厚的大花园，推窗见绿，移步换景，学子们畅游在“仙人坡”、“山灵池”、“古刹旧址”等校园十景中，被校园浓厚的人文底蕴包裹着、熏陶着，精神上得以放松，心灵上得以洗涤，在这样的优美环境中求学，是满足，是快乐地。

“静水流深，舒展生命”影壁墙上的八个大字道出了余姚三中潜移默化，静待花开的办学理念，做静水流深的教育，舒展生命之花。文化墙上，校长寄语“用心思考未来：办明天的教育，使学生在明天的环境里，学习明天的知识，适应明天的生活”；另一面文化墙上，“砥砺耕耘，薪火相传，致知力行，继往开来表述了三中文化要代代相传，不断创新，形成独具一格办学特色的决心。

铸就特色品牌　培育时代新人

作为省二级普通高中特色示范学校，我校多年来，以学生为中心，围绕自信、自省、自新育人目标，探索优教优学，形成了以必修、选修和特色课程为核心的“三自”课程体系，助力每位学子成为会学习、有特长、善交往、有活力的新时代高中生。

“叁即三。一者，余姚三中的识别字；二者，学校地处古老的丈亭镇，三江之畔；三者，三生万物，喻多，课程建设奥妙无穷，没有尽头。“自为自信、自省、自新，通过三年学习，成为一个充满自信、学会自省、完全自新的人。

学校重视资源的利用和挖掘，利用校外高校、培训机构、广播电视台等优势资源，大力组建特色教学课程群，专注精品课程开发，不断改进校本课程，开发、开设选修课程，目前共有9门余姚市级及以上精品课程。并在“三自”育人目标和课程体系指导下，开创“520”教学法。“5”代表备、教、批、辅、评五大教学环节及“五星级”教学要求；“2”代表三中立足学考和高考，狠抓常规和特色教学，实现品质建校、品牌立校；“0”是学校精神内核的体现，代表从头开始、敢于胜利的坚韧和勇气。“520”网络寓意“我爱你更代表我校广大教师对学生延绵不断地爱，和用爱浇灌祖国的花朵茁壮成长的决心。

经过几年不断探索创新，特色教育撬动学校全面发展，推动我校教育教学持续提质增效，拥有了自己独具特色的“传媒艺术金名片成为无数优秀学子实现梦想的摇篮之地。

德育氛围浓厚　培根铸魂润心

古往今来，道德都是一个人的立身之本。明朝思想家王阳明提出：“知行合一，致良知这也是阳明文化的核心。

多年来，我校坚持以德树人，围绕培养“三自”现代公民这一根本目标，结合学校LOGO和地理区位（因我校地处凤凰山麓，学校背后的山即凤凰山），整合一系列德育活动，着力提升育人合力，开创了具有鲜明校本特色的德育工程体系——雏凤清音。借助该工程，引领我校学子不畏困苦、义无反顾、不断追求、提升自我，最后羽化蜕变，成人成才。

此工程由修德、修行、修心、修梦四个育人模块组成，通过“三中之声”电台、每月主题活动、成长评价制度、国旗下讲话、志愿服务活动等多样化的德育教育平台，助力学生提升核心素养、发展关键能力，给予每位学子充分心灵滋养，帮助他们树立正确的人生观、价值观、世界观，引导学生的品德向着健康方面发展。

“修德”是培养明是非知荣辱的有德青年；“修行”是培养能做事干成事的有为青年；“修心”是培养乐奉献有爱心的阳光青年；“修梦”是培养有理想明行动的有志青年。在该德育工程的引领下，一大批青年学子在活动中历练成长，羽化蜕变，成为有德有为有爱心有梦青年，学校团委也先后获得余姚市先进团组织，余姚市五四红旗团委，宁波市先进团组织等荣誉称号。学校把团委各类社团活动、志愿者活动、学生的职业生涯规划纳入选修课程教学体系。

师资力量雄厚　教学水平一流

教师是立教之本、兴教之源。学之经，莫速乎好其人，隆礼次之。一支高素质的教师队伍，是办好教育的关键。我校不断完善健全学校教师队伍建设领导体系和成长体系，完善学校师训管理网络，构建中青年教师健康成长的平台，在校内逐步形成“教坛新秀——学科骨干教师——名教师”梯级后备学科人才培养机制。全面实施班主任队伍准入制，在校内逐步形成“新秀班主任——骨干班主任——名班主任”的梯级后备管理人才培养机制。未来三年，致力于夯实我校教师的教育教学基本功，提升我校教师信息技术应用和心理健康教育能力，凸现我校教师新教材、新课程研讨和教学水平，努力为学校的可持续发展培养一支师德高尚、业务精湛、结构合理、与时俱进的教师队伍。

目前我校形成一支充满朝气，以中青年教师为主的特色师资团队。一线教师的平均年龄为36岁。他们精力充沛，富有创造性，教学热情高，接受新事物、新观念、新知识的能力强，能不断钻研课堂教学和教育管理，也能积极参加校内外的进修，努力提高自身的教育教学水平。年龄结构合理、富有活力的师资队伍为学校的转型发展，创建传媒特色学校奠定了扎实的人才基础。

在传媒艺术教研组师资队伍建设中，我校坚持“外联内培采用双管齐下，与浙江传媒学院、省媒介素养教育协会等开展深度合作，把行业专家“引进来并鼓励本校老师“走出去构建校内外教研联动格局，链接行业前沿，促进教师专业发展。

经过几年的努力，三中教师队伍建设成果显著，培养宁波市优秀教师1人、市“四有”教师2人、市优秀班主任2人；学校教科研实力受到认可，获评宁波市教科研先进集体。近几年我校高考成绩节节攀升，经过六年的探索和实践，传媒艺术特色班培养了近1200名具备深厚媒介素养的学子，本科率达50%以上，其中150人考入上海同济大学、北京电影学院、中国美术学院等著名院校。2020年，学校成功入围宁波市“1122”传媒艺术学科特色高中创建名单，并开启为期三年的转型升级，持续深化教育改革，进一步擦亮特色教育品牌。

六十五载风雨兼程，六十五载砥砺前行，六十五载铸就辉煌，六十五载初心不改。今天站在教育强国的伟大征程上，对教育提出了新的要求，我们余姚三中，会继续坚持与时俱进，不断改革探索，创新教育改革，将“叁自一特色”的特色品牌教育发扬光大，充分发挥示范学校的示范辐射功能，促进我市优质教育资源有序扩张，助力伟大强国梦早日实现。

基于“新生活教育”视角下的五育并举践行策略

广东省深圳市龙华区玉龙学校　黄美芳

2019年，《中共中央国务院关于深化教育教学改革全面提高义务教育质量的意见》明确提出，“坚持‘五育’并举，全面发展素质教育并且对“五育”逐一提出相应工作要求，具有很强的可操作性和指导性。教育要五育并举，落实立德树人，道出了教育的重要任务，也是对“培养什么人？怎样培养人？为谁培养人？”的问题的回答。

在“新生活教育”理念的探索与实践中，我校立足教育的基本规律和学生的身心发展特点，不断思考、实践和创新育人路径，导入“五育并举”的教学思路，贯彻“一课程、一活动、一节日”的“三位一体”实施策略，通过具体落实每一“育”的基本目标来达成“立德树人”的总体育人目标，真真切切地实现着为学生美好生活做准备的教学愿景。

突出德育实效

德育是“新生活教育”的灵魂和核心。为进一步加强新形势下立德树人工作，我校从贴近学生生活的“细处小处、实处”入手，以“以德为先，立德树人”为德育课程实施理念，通过国家德育课程、学校德育活动和“君子节”予以落实，塑造君子之容，践行君子之行，立下君子之志，抒发君子之情，切实提高学校德育工作成效。

上好思政课。我校严格遵照《关于加强新时代中小学思想政治理论课教师队伍建设的意见》要求，切实加强思政课教师队伍建设和管理，开足开好《道德与法制》课程，引导学生“扣好人生的第一粒扣子”。

开展德育活动。开设整理、茶艺、课室文化、礼仪等系列课程，规范升旗、上下学、上下课、问好、集会、交往、节日、团建等礼仪，让学生在课程和仪式中浸润仪容之美；开展“君子”劳动日、君子班级文化建设、君子班评比等活动，落实中小学守则、课间管理、操行管理、团队制度等制度，刺激学生以规则养成习惯，以习惯实现自我；开展系列实践活动，如主题班队会、智慧君子研学、每班一台戏、个人才艺展、少年志愿团、社区融合、班级亲子活动等，锻炼学生意志，学会与人交往；利用广播站、电视台、艺展、校园彩绘队等活动平台，开展爱国家、爱集体、爱自己等“三爱活动让学生通过活动实践、学科融合滋养心灵，陶冶情操；开设父母学堂艺术课程，开展家长表彰大会、家长节、区市家长展示等活动，让家长学习智慧育儿知识，开展智慧家庭教育。

开展“君子节”活动。每年11月份开展君子节活动，包括诵读《君子谣》、手绘二十四节气书签，以及百人书法现场赛、汉字听写大赛、诗词大会、演讲比赛等活动，培养学生对经典文化知识的积累，形成特色鲜明的君子文化，塑造玉质、龙形、君子风的君子气质。

提升智育水平

智育是“新生活教育”的投射和呈现。在落实好国家课程的基础上，我校增设校本课程，开展“科创节”、“国际文化节”活动，增加学生的人文积淀，增强学生的国际理解力，着力培养学生勤于反思的良好习惯和解决问题的实践能力，全面提升学生的综合素养。

落实“三生课堂”课堂教学理念。我校全面贯彻开齐开足国家课程和地方课程的政策，以“生成——生长——生活”为出发点，实施“让学生开展学习——让学生发生学习——让学生深度学习”的课堂教学改革，落实国家课程和地方课程目标，全面提升课堂教学质效。

开设个性化、可选择、多元化的校本课程。我校统筹学科组力量，开展经典名著阅读、经典诵读、自然拼读、新闻媒体阅读、新概念英语、理财、绘本阅读、写作日常课、奥数、小实验家、智能编程等学科拓展课程，制定完整的课程评价体系，确保校本课程目标落实到位，实现学生多元且个性的发展。

开展“科创节”、“国际文化节”活动。我校结合学科特色和年龄段特点，从学科和学段两个维度出发，开设科幻画、3-D打印、智能编程、电影配音、英语话剧、模联等多样的学科社团，并以“科创节”、“国际文化节”等活动为平台，让每个学生都有充分的成长空间。

强化体育锻炼

体育是“新生活教育”的前提和基础。我校坚信，体育是生命机能的教育、超越自我的教育、最好的团队教育、积极地人格教育，适当、适时的体育运动能造就一个充满活力的大脑，提高学生的学习效率，这也是学生成长过程中特别重要的学习方式。

创新国家课程实施方式。我校实行体育“2+X”课程模式建构实践探索，每周2节课作为基础素质课，开展基础体能与身体素质方面的教学内容；“X”是指在每周体育课中设置1至2节课作为校本课程，如足球、武术、篮球等。在课程模式建构的过程中，我校既考虑学生身体发育特点，又要考虑小初衔接的重要性，在小学一至五年级以行政班的形式开展教学，保障儿童身体发展的基本运动协调与大肌肉群发展需求；在六至九年级以模块教学走班制的形式开展，满足更多个性化需求，提升学生主观能动性。

建设丰富多样的体育社团。除常规课之外，我校还有效发挥不同专业方向教师的学科优势，开设高尔夫、曲棍球、棒球、乒乓球、田径等体育社团课程，增开武术、醒狮等中国传统体育项目，让学生在丰富的体育活动中增强体质和民族自信。

举行体育节。我校将每年一次的体育节作为学校的一项重要工作来抓好抓实，开展校园吉尼斯挑战、“校长杯”篮球联赛、校园足球联赛、跑操比赛以及全员运动会等体育活动，以赛促练，不仅彰显了学生特长，也提升了班级凝聚力。

增强美育熏陶

美育是“新生活教育”链接其他各育的桥梁和内在动力。我校大力开发校本课程，积极搭建美育平台，引导学生在生活中发现美、欣赏美、创造美，从而打开通向美的世界大门，使他们的生活得到美化，思想受到熏陶你，素质得以提升。

创新实施国家课程。我校充分利用国家教材，发挥学科特点，逐步形成以“民族器乐”为特色的“3+2+X”的音乐课程新体系，“3”为国家基础课程、地方特色课程和校本拓展课程三种不同层级的课程系列；“2”为常规课和社团课两种课程不同形态；“X”为学校、图书馆和音乐厅等多种场所场馆组成的多元化课程资源。同时，我校积极构建“1+3+X”美术特色课程体系，“1”指按照年级年段上足上满国家课程；“3”指结合办学特色普及剪纸、国画和书法教学，夯实学生美育根基；“X”指面向全体学生开放油画、水墨、软笔、刺绣、创意社团，满足学生多样选择。除此，我校开放校园空间，引导孩子有主题地彩绘，6年间共完成22面主题彩绘玉龙“七会”墙和百米创客长廊等，全面滋养学生美育素养，增强了“校园即家园”的归属感。

开设校本课程。我校开设“艺术与审美”校本及社团课程共14门，其中必修课程包括书法、民乐、剪纸、国画等，选修课程包括民乐、合唱、舞蹈、油画、刺绣等，使不同年级具有不同兴趣点的学生在丰富的美育课程中提高艺术审美能力。

举行学校艺术节。艺术节是我校文化节的一个重要组成部分，包括千人齐奏葫芦丝、百米长卷绘玉龙、班级合唱大赛、社团开放日、才艺大赛以及美术作品展览等活动，不仅让学生的才艺得到了充分的展示，还增加了学生的审美体验。

加强劳动教育

劳育是“新生活教育”的载体和重要支撑。我校立足于本校现有条件，以培养创造实践能力为目标，以“新时代劳动教育”为突破口，最大限度地挖掘校内外的人力、物力、财力等资源，依托劳动课程实践专属场馆，从学校劳动、家务劳动、科学种植等方面开展劳动教育实践活动，让学生从小树立起愿劳动、会劳动、爱劳动的正确价值观。

在不同年级开设不同的劳动课程，覆盖基础教育全学段，辐射全校师生，影响社区3000多个家庭。我校根据一至九年级学生的不同的心智特点，开发了适合不同心理年龄特征的新劳动课程，共计18门，既有传统手工业劳动技能课程，也有未来智能劳动课程：开设生存生活类课程，包括整理、烘焙、烹饪、理财、茶艺等课程，培养学生必备的生存技能，提升学生解决问题的能力；开设种植课程，带领学生从教室走向大自然，亲历翻土、播种、收获全过程，了解植物生长知识，学习田间管理，在出汗出力的过程中，收获劳动愉悦感，体验劳动价值和意义；开设人工智能课程，以生活课程为依托，建设无人机、编程、机器人社团、创客大列车等极富人工智能特点的专业社团，拓展学生视野，启迪学生思考，让学生与未来生活接轨。

南轩先生说："行之力则知愈进，知之深则行愈达"。素质教育的道路且行且远，唐市中学全体师生秉承"象蜜蜂一样工作学习，象蝴蝶一样生活"的理念，追寻梦想，

"五育并举"的提出，给我校"新生活教育"理念的落实提供了明晰地策略导引，也为探索与实践"新生活教育"提供了参考。素质教育的道路且行且远，我校将在"新生活教育"理念的指导下，不断拓宽育人路径，创新育人方法，坚定不移地走在不忘初心、五育并举、立德树人的康庄大道上。

文化立校　发展特色

——谈一谈龙口市新民学校的文化建设工作

山东省龙口市新民学校　牟友林

龙口市新民学校是龙口市人民政府大力投资，并于2018年3月9日开工兴建，于2020年8月正式投入使用的一所极具特色的九年一贯制现代化学校。学校总占地面积215亩，规划建筑面积6.3万平方米，总投资4.50亿元。学校规划设计86个班，总容纳学生4050人，其中小学部50个班级，可容纳2250人，初中部36个班级，可容纳学生1800人。建校伊始，新民学校便坚持以文化立校的发展理念，努力为学生营造一个人文气息浓厚的育人环境。为此，学校精心打造每一处景观，每一个班级，每一块墙壁，充分利用好现有的空间，达到"学校无闲处，处处皆教育的"的效果。以下，我谈一下我校的文化建设工作开展情况。

一、新民学校的精神内涵及特色课程体系

"新民"学校名字的由来："明德"、"亲民"、"至善"是《大学》开篇的首句，是《大学》的三纲领。"亲民"的"亲"同"新有"弃旧图新"之意，希望新民人不断革新、不断提高，日臻完善。

（一）校园文化

1.办学理念

新民学校首先以"精智并臻　修德达善　"为学校的教育主张，学校立足严谨的治校方略，致力精细化管理，打造业务精湛的教师团队，创设精美的绿化环境，雅致的人文气息，为学生开启精彩的人生，学校着力创设智能化校园，以人工智能引领学校科技特色，开设多元化的课程体系，在教育信息化大环境的引领下，开展互联网+智慧课堂，为学生提供多彩的学习生活空间，为社会培育智慧型人才。"德、善"是中华传统文化的精髓，所以新民学校把"德、善"作为办学的理念根基，以"修德达善"的办学理念，让传统文化植根校园每个角落，匠心打造高端"精智"与传统"德善"高度融合的高水平现代化校园。

2、三风一训

校　　风：崇雅砺志；

教　　风：崇正善诱；

学　　风：崇思善学；

校　　训：崇新尚德。

（二）课程体系

学校课程建设是学校提升综合办学能力的一项重要工程。新民学校着眼于促进学生全面而有个性的发展、着眼于促进教师教学实践能力的提高、着眼于促进学校课程整体育人功能的提升，树立"无处不课程、无事不课程、无时不课程"的大课程观，面向全体师生，以师生的可持续发展与幸福成长为课程建设之宗旨，围绕培育"有创新、有担当、有家国情怀、有国际视野"这个学校总体的育人目标，新民学校创设了"五新"、"十韵"的课程体系，课程体系中贯彻落实开足开齐了国家课程、地方课程和学校的自主课程，涵盖"道德与品质"、"文化与智慧"、"科学与创造"、"艺术与审美"、"体育与健康"五大领域。

二、宣讲党建及传统文化，深化文化建校

（一）党建文化

我校切实把思想引领摆在第一位，以党建为统领，在校党委领导下，全面贯彻教育方针，执行上级党委的各项决策，以抓教师的职业道德规范为突破口，抓教学工作为中心，坚持围绕教育抓党建，抓好党建促教育这个指导思想，充分发挥党组织的政治核心作用和监督保证作用。推动学校党建工作和教育教学工作的顺利开展。

我校的党建活动室门口的走廊展示的是中国共产党从一大到十九大的光辉历程。回顾过去，红旗漫卷、风云激荡，中国共产党排除千难万险，带领中国逐步走向繁荣富强。从"一大"到"十九大"，从50多名党员到8000多万党员，在这段史诗般的征程中，一个政党与一个民族携手共进，随着时代的脚步跌宕前行。通过对党的光辉历史的介绍，使广大党员教师了解中国共产党领导全国人民顽强拼搏、前赴后继的奋斗历程，引导广大党员教师爱党敬党，为党的教育事业多做贡献。

活动室内以党建文化云平台为核心，集智能党建宣展、党建VR体验学习系统、党健全媒体数据库和场景化应用为一体，建设真懂实悟、忠诚坚实、传承创新的党建文化，塑造党组织形象，提升党组织战斗力，凝聚党内外力量。

（二）儒家思想

连接小学部和中学部的小广场，中间立有孔子雕塑，雕塑的左手边是石刻的书简，孔子是我国著名的思想家和教育家，是最能够代表中国教育和中国文化知识的人物。孔子提倡每个人要爱学、好学、乐学，提倡因材施教、诲人不倦的教育理念。在校园广场摆放一尊孔子雕像，不仅是美化周围环境，更是文化传播的载体，在向无数的后辈学子们传承传统文化。这样不仅有助于提升学校的文化品位，为广大的学生塑造浓郁的文化氛围，同时树立瞻仰立德，修身好学的好榜样，向师者传递自强不息、厚德载物、学为人师、德为世范的精神；向莘莘学子传播共聆教勉、忠信崇德的理念。

三、依托信息技术，构建科技化智慧课程

（一）智慧课堂

习近平总书记在国际信息化大会的贺信中指出："因应信息技术的发展，推动教育变革和创新，构建网络化、数字化、个性化、终身化的教育体系，建设'人人皆学、处处能学、时时可学'的学习型社会，培养大批创新人才"。因此，探索信息化教学手段的普及应用，发展智能教育，成为教育发展的必然选择，未来教育一定是人与科技结合的增强，信息技术与学科深度融合的创新教育模式，新民学校将在落实《中国教育现代化2035》的实践历程中，利用现代化技术培养适合时代发展的新人才，推行合作式、探究式、参与式、启发式等教学模式，持续推进中小学人工智能教学，借由教师+人工智能产生，助推教师教学能力成长，学生自主学习能力提升，学校管理水平提高，实现现代化高效课堂的建立。

建校伊始，新民学校安装了坚实的网络基础设施，提供600兆的宽带，实现无线网络的全覆盖，学校配备的200台升降式平板课桌，给师生实施互联网+智慧课堂提供便捷的硬件设施条件。这些设备的常态化使用，将会给学生带来巨大的影响，将会摆脱传统课堂的被动局面，变为主动，成为课堂的主人，教师的教学也更有方向，将针对学生的需要来进行备课，上课，实现真正高效的智慧课堂。

（二）创客活动

我们的机器人创客活动，这是一项综合多种学科知识和技能的科技活动，倡导将机器人与"动手做"活动相结合，放手让青少年参加科技活动，像科学家和工程师一样去发现问题和解决问题。孩子们经过计算机编程，工程设计，动手制作与技术构建，结合孩子们的日常观察、积累，去寻求自己完美地解决方案，发展自己的创造力。我校基于STEM教育的需要，机器人创客课程遵循STEM科学、技术、工程、数学四位一体的理念，使得学生在杂乱无章的学习情境中获得设计能力、合作能力、问题解决能力和实践创新能力的提升。

在这里，学生通过动手动脑，不仅能巩固所学知识，扩大他们的知识面，更重要的是能激发学生学习的兴趣，培养他们的创新思维能力，让学生在动手过程中，体验成功的喜悦和团队合作的精神。

四、传承劳动精神，建设实践化劳动基地

"新民农场"是我校自主统筹资金，规划建设的劳动教育实践基地，分为三部分：传统种植区、动物养殖区、室内科技种植区。

（一）传统种植区

传统种植区，占地三十多亩，它的前身是一片建筑用地，半年前学校投入大量人力物力将这块土地进行了深耕平整，并施肥养护，今年春天开始规划种植成我们眼前的五大园区："百果园"、"百草园"、"百芳园"、"百蔬园"、"五谷园"。

如，"百果园"里有烟台特产——苹果和大樱桃；有象征我校桃李芬芳的李树、桃树；还有核桃、石榴、山楂等各种常见果树。这里是一片开心农场，孩子们在这里种植各种瓜果蔬菜，体验种植的乐趣，为孩子创造了难得的与自然交往的机会。

（二）动物养殖区内

动物养殖区内，我们主要饲养了各种禽类和小型动物，院内饲养的动物均按照防疫要求进行日常养护，目前已接种过两针禽流感疫苗。孩子们通过观察和日常喂养，了解了各种动物的习性，并对他们的繁殖和生态循环等方面进行了深入的探究。

（三）室内科技种植区

室内科技种植区，无土栽培实践基地配备了栽培床、自动灌溉供液系统、自动化温控系统等设施一应俱全，主要进行各种蔬菜瓜果的无土栽培体验。同学们自己配置营养液、调试日光灯、操控自动喷水设备、观察植物在无土环境下生长状态，将平时课堂中学到的物理知识和生物常识在劳动中得以实践，并亲身感受到现代科技的神奇魅力。

在新民农场，孩子们在劳作过程中体验到劳动的艰辛，懂得劳动

成果的珍贵；在成果分享中收获劳动的快乐和成就感；真正懂得了劳动最光荣、劳动最崇高、劳动最伟大、劳动最美丽的道理。

新民学校实践基地将传统农业和现代化农业双线并行、互相补充，涵盖菜园、果园、动植物园、科技园等多种劳动实践资源，为全校中小学生农业劳动实践提供了广阔的天地。

同时，为了扩大学生的知识面，培养学生探索生物的兴趣，在综合实践基地北面建设了生物园。绿荫凉亭，小桥流水，锦鲤嬉戏，虫鸟唱鸣。学生下课休息的时候可以在这里散步，呼吸着新鲜的空气，小巧玲珑的生物园，让学生的教科书多了一本无字而生动的大自然。在生物园里尽情享受大自然的乐趣。

五、结语

文化立校，发展特色。学校的发展离不来精神文化的指引。我校以“精智并臻，修德达善”为办学主张，体现出学校以德为先，文化立校的办学思路。结合本校的客观情况，着力发展校本化特色课程体系，又彰显出我校探索创新的教育能动思维。新民学校的未来，任重道远，我们将更加豪情满怀，在这个充满机遇与挑战的时代，团结一致，务实创新，努力铸就新民学校新的辉煌！

行进在阳光教育的路上

——临沂第三十二中学阳光教育纪实

山东省临沂第三十二中学　王宗勇　解瑞华　林琳

走进山东省临沂第三十二中学的“阳光校园真是一程别样的幸福之旅！在这里，有阳光课程的雨露浸润，有阳光教学的智慧升腾，有阳光管理的自主和谐，有阳光教师的幸福快乐，有阳光学生的青春梦想……一批批“园丁”厚德精业、笃行修远，让人肃然起敬；一朵朵“向阳花”生机勃发、美丽绽放，让人欣喜万分……

阳光，是三十二中人孜孜追求的教育梦想；阳光，是三十二中人以汗水和智慧诠释的教育内涵；阳光，是三十二中人共同谱写的教育主旋律。

探索篇：把脉引路，摸索前行

在人们的心目中，阳光代表思想、知识、爱心、健康和快乐，是公平、合理、正义、温暖、无私的象征。阳光，以其博大的情怀发出光和热，无私地照耀万物众生，利他利己，这就是阳光的情怀。

为实现学校发展的再出发，临沂第三十二中学一直思考和探索着自己的办学之路，并于2015年9月正式提出将“阳光教育”作为学校发展的特色品牌的构想：根据学生的发展需求和学校的办学特色，以“民主、阳光、和谐”为核心，逐步落实“阳光大阅读”、“阳光大课间”、“阳光大课堂为“阳光教育”的全面实施打下了基础。

为进一步理解、内化、践行“阳光教育”思想，三十二中人在对“阳光教育”的创始人、教育家周洪宇的阳光教育理论进行深入学习并内化吸收后，立足本校实际，提出了自己的认识和看法：阳光教育，顺应了当代中国主流价值观的发展方向，体现了社会主义核心价值观与学生发展的核心素养；阳光教育，是一种普惠众生、和煦心灵、润泽生命的教育，让每位教师和学生都能生活、学习在和煦的阳光里、美丽的校园里，人格获得尊重，个性受到重视，成为品德高尚、身心健康、各具才能的人；阳光教育，是以尊重、理解、赏识、激励为核心标志的，是用真爱和真知为学生的幸福人生奠基的教育，是充满尊重、充满理解、充满赏识、充满激励的教育，是倡导教师顺从天性、承认差异、追求阳光、宽容失败的教育，是引导学生相信自己、鼓励自己、超越自己的教育，是尊重每个学生的生命特质、挖掘每个学生的生命潜能的教育。

为规避战略误判，少走弯路，不走错路，2016年10月，临沂第三十二中学阳光教育考察组一行开启了寻标之旅，先后到“阳光教育”的发祥地湖北武汉市、十堰市等名校考察学习，参加了全国第七届阳光教育论坛，成了中国阳光教育联盟的正式成员，不断借鉴和学习阳光教育同仁学校的优秀经验。全国阳光教育联盟专家更是两度莅临临沂第三十二中学，对学校“阳光教育”的开展和取得的成果进行参观指导，结合学校原有的“阳光教育”体系进行更新提升，为学校阳光教育的新发展指明了方向。

为更好地交流“阳光教育”的开展情况，2017年12月，临沂第三十二中学作为中国阳光教育联盟的成员，远赴哈尔滨顺迈学校、哈尔滨利民中学等五所学校进行考察学习，并在全国第八届阳光教育论坛上做了典型发言。马强老师在全国阳光教育联盟第八届年会上举行公开课，受到了与会人员的一致好评。

2018年12月赴江苏南京，2019年赴江苏徐州，2020年赴湖北宜昌，连续三年参加全国生活•实践教育年会，学校将进一步深化实施阳光教育，以生活实践教育课程，引领学校特色发展，构建三十二中阳光教育理论与实践体系，从而促进学生的幸福成长。

实践篇：知行合一，羽化成蝶

为培养青春向上、自信自强的人，临沂第三十二中学坚持把“阳光教育”的实施为学校的核心工作，秉承“心向阳光，共育幸福”的核心理念，在实践“三阳光”的基础上全方位打造“五张名片涵养师生人文底蕴，引导师生形成乐观积极地生活态度，努力把学校办成底蕴丰厚、内涵丰富、充满活力、师生共进的特色学校。

开发校本特色的阳光课程。我校目前已经自主开发了学科拓展、活动体验、实践探索、励志修身四大系列，田径、足球、篮球、排球、乒乓球、羽毛球、橄榄球、花毽、跳绳、纸艺创作、陶艺创作、舞蹈、二胡、横笛、中阮、扬琴、电子琴、吉他、声乐、七巧板、象棋、硬笔书法、软笔书法、国画、航模、3D打印、动画制作、钻石绣、剪纸、传统文化、梅子文学、阅读与写作、趣味数学、趣味英语、化学实验、家长亲子沙龙、入校课程、离校课程共计38门阳光校本课程，形成了经典育人、艺术教育、创新教育三大特色。全力培养学生的创新实践能力，使每一位学生的核心素养都能得到充分发展质。

推进充满活力的阳光教学。临沂第三十二中学有着改革创新的优良传统。自2003年起，学校将课堂改革的号角连番吹响，先后经历了小组合作教学、大语文实验再到阳光教学的探索与实践，扛起了“以生为本”的旗帜，逐步探索出了一条可持续发展的路子。

加大课改力度，向“课堂45分”要质量。深入推进课堂“335”策略（追求人格涵养、学力提升、和谐发展的三目标，实现班班通、导学案、班小组课堂三结合，打造自主预习、合作探究、展示交流、质疑拓展、反思提升五环节），打造民主、和谐、阳光的课堂；继续强调课堂的四精（语言精练、问题精要、环节精简、活动精彩）和四化（活动化、情景化、游戏化、生活化），使学生动起来、课堂活起来、效益高起来。

加强教学研究与改革，全面开展素质教育。重点推进导学案和达标案编制工作，开展大集备活动；设立诚信考场，培养学生诚信意识；深化语文主题学习研究，举行“语文主题学习”展示课，让每位老师呈现出最具特色的课堂。

优化教科研，不断完善教育教学。优化教育科研与现代技术的整合研究，在教学中充分运用多媒体手段创设情境，启发鼓励学生大胆质疑、大胆创新、标新立异；优化课题研究过程管理，加强对课题研究与开发的过程监控，使其成为学校发展的理论支撑和方向指导。

实施绿色生态的阳光管理。阳光管理是理念人本化、体制合理化、制度健全化、过程科学化的管理。在教学管理中，临沂第三十二中学实行业务指导线、教学管控线、教学管理线的“三线管理”模式，力求做到：阳光管理更加规范，实现管理与服务、德育与法治、全面发展与个性发展的统一；育人体制更加合理，实现由一元主体向多元主体管理的转变；管理制度更加健全，实现有章可循、有法可依；管理过程更加科学，通过全程、全面、实时的管理实现公平、公正、公开的理想目标，达到精致化管理的要求。

培养协同向上的阳光教师。阳光教育呼唤阳光教师。对照阳光形象、阳光人格、阳光服务、阳光情怀、阳光素养的阳光教师五大基本品质要求，临沂第三十二中学从师德建设、校本培养、教师考核、激励机制等方面入手加强综合建设，有效提高“阳光教师”的素质，让每位教师都能在学校感受生命的价值和成功的幸福，体验到实施“阳光教育”的快乐，人人争做阳光教师。拓宽教师专业成长路径，通过外派培训、理论学习、校本教研、邀请专家指导、坚持开展“青蓝工程”等多种方式，促进教师专业成长；充分发挥党支部的基层堡垒作用和党员的先锋模范作用，通过开展改革创新型、知识渊博型、爱心奉献型、幽默风趣型、阳光活力型“五型党员”评选和践行“双培养”机制，把骨干教师培养成党员，把党员教师培养成教学管理骨干，使骨干名师茁壮成长，最终成为一个师德高尚的党员名师。

培育博雅乐学的阳光学生。培育具有青春健康、善思乐学、博学多才的阳光学生，这是三十二中人追求的目标，也是阳光教育的终极目的。在阳光教育的探索实践中，学校坚持突出和谐、发展、阳光、幸福的理念，健全阳光学生评价机制，以“自主体验，争做阳光之星”为主题，积极拓宽阳光少年的实践活动渠道，让学生拥有阳光般灿烂的心灵，成为一个习惯良好、素质全面、品德优良的阳光少年。加强学生的生活实践教育和社会主义核心价值观教育，如组织学生到月亮湾社区、开发区幸福院等场所参加志愿服务活动，让学生在生活情境中体验艰辛和快乐，收获知识与技能，真正达到“知行合一”的育人目标；大力开展丰富多彩、富有校本特色的阳光教育活动，如“奔跑吧青春”、阳光“三节”(读书节、艺术节、体育节)、阳光课堂大比武、家长幸福课程、入校和离校课程、感动校园阳光月度人物评选等，努力营造健康乐观、积极向上的教风、学风、校风，进一步推进阳光教育文化建设，发展学生个性和特长，增强学生团队意识和创新能力，培养学生阳光、自信、感恩、励志等优秀品质。

心向阳光，共育幸福。临沂第三十二中学的“阳光教育”经历了一个羽化成蝶的美丽蜕变。

成果篇：共进共长，声名远扬

随着“阳光教育”的大力推进，学生综合素质显著提升，教育教学质量大幅度提高，三个年级在开发区全区各项指标均取得了骄人的成绩。在连续几年的中考中，学校高分人数、高分率、优秀率等各项指标在全区名列前茅；学校橄榄球、舞蹈、民乐、啦啦操、徒手操、花键、七巧板、梅子文学社等校本课程亮点纷呈，在各级各类赛场上屡摘桂冠。

经过几年的努力，临沂第三十二中学“阳光教育”的深入实施和取得成果得到了上级部门的充分肯定。在临沂市教育局组织的全国基础教育课程综合改革示范实验区特色品牌学校建设经验交流会暨专家报告会上，王崇勇校长做了题为“谱写阳光地带的育人华章”典型经验介绍，受到参会代表的高度评价和认可。学校阳光教育特色建设、成果经验被《中国教育报》、《临沂日报》、《沂蒙晚报》等多家媒体宣传报道。

在全校师生的共同努力下，学校先后获得全国青少年爱国主义读书教育活动组织优秀奖、全国青少年足球特色学校、中国教育学会写字教育实验学校、中国阳光教育实验学校、山东省规范化学校、山东省文明校园、山东省交通示范学校、山东省绿色学校、山东省健康示范学校、山东省学习科学发展观活动先进单位、临沂市素质教育先进单位、临沂市教学示范学校、临沂市书香校园、临沂市智慧校园等50多项荣誉称号。

“青青园中葵，朝露待日晞。阳春布德泽，万物生光辉”。阳光教育，以光明和温暖普惠每一个生命，积淀力量；以多彩与希望点亮每一个生命，放飞梦想。今天，三十二中人依然矢志不渝地探索着阳光教育之路，辛勤耕耘着脚下这片希望的原野，让师生在阳光教育的“生态环境”下幸福成长，成就师生平凡生命中的快乐成功。站在未来优质教育的行列里。三十二中人将不断寻找学校新的“奶酪携手同行，意气风发，行进在阳光教育的路上……

聚焦学生核心力素养　引领教育高质量发展

山东省菏泽市牡丹区第五小学　柳汝金

面对当今世界经济快速发展的变化趋势，围绕“立德树人”根本任务，我们国家提出了培养学生核心素养价值体系的概念，建构了包含三个维度、六个素养、18个基本要点的核心素养发展框架。核心素养的提出，标志着课程改革对人才培养需求的变化，从对内容的关注转向对学习过程、自身成长的关注，从对教材、标准的关注转向对为谁培养人、培养什么人、怎样培养人的关注。

五校要做什么样的教育？要培养什么样的学生？我们在反复学习国家核心素养教育体系的理念中，结合学校实际，确定了五校的核心力教育理念。何谓“核心力”？就是培养学生立足社会所必需的核心竞争力，也是培养学生人文情怀，形成科学精神的核心发展力，又是学生生存发展必须具备的终身学习能力。我们核心力教育的核心是“培养全面发展的五校孩童其关键词是：文明、优秀、科学、文化、红心、才艺、运动、快乐、安全。为落实五校核心力的九个育人方向，我们以“核心力教育理念”为纲贯穿教育教学的全过程。

以德为先　教育之始

小学阶段是世界观、价值观和人生观形成与发展的重要时期，加强德育有助于促进学生在成长过程中养成文明道德的好习惯，提高他们的素养水平和个人品德，使其成为德、智、体、美、劳全面发展的社会主义接班人。因此，“文明五校”作为学校“立德树人”教育的核心，首先被提了出来。“文明五校”是培养学生个人修养、社会关爱、家国情怀所必须具备的优质品格。在“争做文明美少年”的主题下，我们通过落实到“文明与梦想”、“文明与信仰”、“文明与规范”、“文明与交通”、“文明与仪表”等13个具体行为规范教育活动，引导学生从自身做起，从生活中的小事做起，培养学生们树立“富强、民主、文明、和谐”的社会主义核心价值观，加深理解“自由、平等、公正、法治”的社会期望，使其能真正成长为“爱国、敬业、诚信、友善”的社会主义好公民。

以智育人　启迪智慧

智育是所有学习过程的前提和基础。在学业教育上，我们提出“优秀五校”的目标。学校坚持素质教育的三维目标，培养学生学习的良好习惯、正确的学习方法、学习的终身能力，重点培养学生会阅读、会提问、会思考、会应用的能力。通过抓好“一课两活动”（“一课”即全力守好课堂教学主阵地，打造高效课堂；“两活动”是指“书香五校”读书学习氛围的创造和培养孩子书写规范、美观，提升孩子审美和文化素养的“书美汉字”），以“培养优秀好学生”作为培养学生核心力教育的工作主线，以开展丰富多彩的学习活动为载体，以先进的科学思想作引导，从而实现五校的卓越优秀。

另外，在科技强国的大背景下，我校又以“科学五校”作为发展目标，加强学生科学技能的教育。科学要从娃娃抓起，小学阶段要加强科学兴趣的培养，增强创新意识，了解科学探究方法。我们充分利用课程资源，向社会拓宽科技资源，积极挖掘周边科学要素，为培养具有科学精神的五校孩童发力。学校在“我是科学的小精灵”主题下，以“对话科学家”读书学习活动塑造学科学、爱科学的浓厚风气；以“科学创造与小制作”活动，培养孩子创新与动手能力，在活动中培养科学精神，激发科学兴趣；以走进科学场馆、推进科学研学活动、走进科学教育基地、科学展馆等，培养科学情趣；以当前科技实践学习，加强科学知识普及宣传，了解科学奥秘，初步培养科学认识。

以文化人　沁润心灵

“文化五校”目标是传统文化、民族文化、地域文化的学习内蓄。学校把传统文化、民族文化、地域文化与教学紧密结合起来，充分发挥文化育人功能，围绕“我是文化传承的蒲公英”主题，开展系列化活动。首先，通过开设传统节日及纪念日课程，利用春节、端午节等传统节日和历史人物、历史事件等纪念日，收集相应材料编制节日校本课程，制定实施方案，实现传统文化、民族文化的课程化。并且，以传统节气、人物、古诗、故事等为载体，利用校园广播、学校微信群、知识讲座、知识广角、橱窗等方式，开展文化知识推送活动，达成“日积一滴水，年成海洋阔”的文化积累。

同时，我们利用地域文化资源，丰富乡土知识，提升热爱乡土情怀，生成民族自豪感。以牡丹花文化，家乡历史人物溯源，家乡风俗汇集，历史古迹寻根，剪纸艺术，泥人传承等，探寻乡土文化精彩，寻找乡土人本基因图谱，倍增家园情怀。

最后，通过“红心五校”的目标，进行红色基因传承教育。习近平总书记在提出“学校要培养什么人”的根本问题时，提出要加强红色基因传承培养，加强党的事业接班人和德智体美劳全面发展的社会主义事业接班人培养。我校以“红心向党”为主题，开展了“英雄故事在心中”、“唱响英雄赞歌”、“瞻仰革命古迹，传承红色精神”、“革命事迹”宣讲“我是红色传人，我讲英雄”的征文、故事比赛等活动，积极革新方式方法，用新颖乐于接受的方式，开展革命历史教育，学习革命英雄精神，继承红色革命传统，培植爱国情怀。

以美育心　向美而行

美育作为学生全面发展的有机构成部分，也有着其特殊的教育意义，因此我们围绕美育设立了“才艺五校”和“运动五校”的发展目标。“才艺五校”是要开展丰富多彩的校园生活，培育多才多艺的五校孩童；培养孩子高雅的艺术情趣，培养孩子基本的才艺技能，为孩子以后的才艺技能开发打实基础。学校以“争当才艺小明星”为主题开展活动，通过组建一些社团，引进社会力量，量身定做属于孩子们的才艺教育。并且，我们秉承五校运动传统，以“我是运动小健将”为主题开展“运动五校”系列活动，让学生在运动中强身健体，在运动中享受人生。运动核心力的培养，除开足体育课程以外，我们还加强对运动观念、运动知识、运动兴趣、运动技能等的教育和引导，每一个五校孩子学会两三种受益终生的运动技能是我们的培养目标。我们结合学校实际开展“花样篮球”、“花样足球”、“花样跳绳”等特色活动，形成了学校运动特色。

面向未来　全面发展

除了德育、智育、美育、文化教育之外，我们还设定了涵盖核心竞争力发展的“快乐五校”和“安全五校”教育目标。

“快乐五校”就是让快乐融进师生心灵，在快乐氛围中师生共成长。主要包括快乐环境的营造，快乐心境的引导，快乐家庭、快乐地人际关系等，让快乐教育落地生根，开花结果。我们以“培养阳光好孩子”为工作主线，开展主题活动，把“赏识激励”作为课堂教学和师生沟通必需的工具来使用，并以“心理咨询室”作为辅助手段加以实施，落实“快乐五校”。

安全是学校发展的根本，是学生健康成长的前提，可以说没有安全就没有一切。学校以“我们要做安全预防好队员”为主题开展活动，形成学生的“安全优先观”。通过“安全与交通”、“安全与消防”、“安全与防溺水”、“安全与防踩踏”、“安全与饮食”、“安全与用电”等九个方向的安全主题，宣传相关安全教育知识，做好模拟场景演练，培养学生自我防护意识。

基础教育阶段，是人的核心素养发展的“启蒙期”。核心素养不可能一蹴而就，素质教育发展任重道远。而我们的核心力教育思想正是以培养学生的文明素养和能力优秀为目标，以评价激励作助力的一次有益尝试。核心力教育不是全包容、全覆盖、全能的教育，它是夯实学生成长基础的教育，是选取孩子发展的重要方面又立足于学校实际的教育。在该教育思想的引领下，我们不能说做菏泽第一的教育，但我们要创菏泽独一无二的品牌特色。我们每一位教师都要秉持“核心力教育”理念，光大五校辉煌，成就五校学子，做五校育人楷模。

匠心筑梦育桃李　德技双馨博众长

内蒙古莫旗中等职业技术学校　范兴元

莫旗中等职业技术学校成立于1996年，由原博荣职业高中、尼尔基职业高中和农机校三校合并而成，是莫旗唯一一所国办全日制中等职业学校。2015年，学校处于发展低谷期，在校生人数达到历史最低点，仅有100多人，面临着随时被拆分或合并的危险。到2021年，全日制在校生破"千达到1239人，成为一所具备一定办学规模的中职学校。

6年间，从在社会上的认知度非常低、招生难、办学难、没有拳头专业、没有实训基地、没有像样的实习车间、男女生挤在一栋宿舍楼的"手拉手"学校，发展成为办学条件全面改善、生源数量快速增长、保持良好发展态势且享有一定知名度、特色鲜明的中职学校，这源于莫旗中等职业技术学校始终贯彻执行党和国家关于职业学校发展部署，以"学生满意、家长满意、社会满意、用人单位满意"为目标，严格落实"德行引领、特色立校"的办学思路，创新实施办学靠市场、教学有特色、管理促提升的发展策略，走出了一条逆境求生、弯道超车的蝶变之路。

一、聚焦匠人文化，深化产教融合

近日，习近平总书记对职业教育工作作出重要指示，在全面建设社会主义现代化国家征程中，职业教育前景广阔、大有可为。要坚持党的领导，坚持正确办学方向，坚持立德树人，优化职业教育类型定位，深化产教融合、校企合作，增强职业教育适应性，培养更多高素质技术技能人才、能工巧匠、大国工匠。为深入贯彻习近平总书记这一重要精神指示，莫旗中等职业技术学校着眼服务国家现代化建设，着力推进改革创新，借鉴先进经验，瞄准技术变革和产业优化升级方向，推进产教融合、校企合作，吸引更多青少年接受职业技能教育，促进教育链、人才链与产业链、创新链有效衔接，努力培养高素质技术技能人才，为全面建设社会主义现代化国家提供坚实的支撑。

瞄准市场，坚持市场发展导向，不断加强专业建设。在专业设置上，学校坚持"贴近市场办专业，面向市场与人才"的原则，积极发展壮大骨干专业，改造传统优势专业，开拓新兴特色专业，淘汰落后专业，现已形成了曲棍球专业为特色专业，现代农艺技术专业、汽车运用与维修专业为重点专业，计算机应用专业与学前教育专业为骨干专业，旅游服务与管理、护理、中餐烹饪、工艺美术四个专业为新兴专业的9大专业。2019年，学校又增加了足球特长班。2020年，学校申请开设曲棍球、足球初中班，使专业布局得到进一步优化。

产教融合，创新人才培养模式，不断深化校企合作。为积极对接经济发展的需求，学校积极与企业联合办学，在专业上下足了功夫：与北京商鲲教育科技有限公司、采取2+1模式联合办学，开设旅游服务与管理（高铁乘务方向）专业；与中德诺浩（北京）教育投资股份有限公司签订北汽新能源高技能人才联合培养基地项目合作协议，开高中德诺浩汽修专业班；与长春后现代美术培训学校联合，开设美术高考合作；与呼伦贝尔职业技术学院联合办学，开设食品生物工艺专业；与齐齐哈尔市职业幼儿师范学校签订联合办学协议，实现对口升学，取得大专学历；与齐齐哈尔理工学院合作办学，为学前教育专业学生提升学历，提供就业做保障。这种新型的人才培养模式，畅通了升学、就业、创业等途径，直接带动学生、企业、学校、区域经济多方受益。

二、立足非遗传承，盘活特色专业

莫力达瓦旗作为"曲棍球之乡有着丰厚的曲棍球人文底蕴。莫旗中等职业技术学校立足实际，借势造势，开设了曲棍球专业，这也是全国唯一一所中职院校开设的专业。专业的开设得到了莫旗旗委、旗人民政府的大力支持。2015年，莫旗中等职业技术学校曲棍球专业正式开班，4名喜欢曲棍球运动的队员走进了校园，就这样，一名教练4名学生，从此开启了莫旗曲棍球运动的一个新的篇章。

按照专业建设调研与职业定位，莫旗中等职业技术学校曲棍球专业的开设，以培养学生职业行动能力为主要目标，为曲棍球体育事业的延续发展和传承民族体育项目搭建了平台，初中毕业的曲棍球基点校队员和一些有志于从事曲棍球运动的青少年在莫旗中等职业技术学校经过三年的学习、锻炼，达成他们升学深造或进入专业曲棍球队的愿望，为国家曲棍球专业队提供更多、更优秀的储备人才，同时，利用学校专业建设的有利条件，不断在莫旗及周边乃至全国进行普及和推广，从而为发展民族体育运动，传承非物质文化遗产做出贡献。为实现这一目标，莫旗中等职业技术学校做出了大量努力：

加强硬件设施建设。2019年，学校新建两块国际标准的比赛场地，建立一个200平方米标准化体能训练室，各种训练器械齐备，并将旗体育馆和室内曲棍球馆作为校外实训基地，对训练用曲棍球棒、球、守门员护具等装备进行了升级。目前，学校的硬件设施完全满足日常的训练和承接各大型赛事。

科学规划课程安排。专业建设委员会深入开展曲棍球专业课程建设调研，依据调研结果形成了"理训一体、非遗传承"的课程设置思路，确定将课程设置为必修课、选修课、专业理论课和专业实训课；学校聘请专业队教练员、非遗文化传承人孟立志共同参与教材的研发及专业管理，自主创编了《曲棍球技战术训练》、《曲棍球技术》、《曲棍球战术》、《曲棍球训练内容》、《曲棍球比赛规则》等一系列校本教材，为教练员科学训练提供了理论指引，也为队员提升曲棍球理论素养奠定了基础。曲棍球作为非物质文化遗产的地位在教材中得到重点突出，学生在学习和训练中了解了达斡尔文化和曲棍球历史，增强了民族自豪感，产生了热爱曲棍球运动并愿意为曲棍球运动的传承付出努力的豪情。

创新人才培养模式。学校曲棍球专业以"培养学生职业行动能力"为主要目标，通过"训练——比赛——总结反馈——训练"的模式，达到了"以赛促教、以赛促学、以赛促训、以赛促改"的目的。学校曲棍球队每年都代表呼伦贝尔市、内蒙古自治区参加各类U系列比赛，队员们通过比赛提升了竞技状态，教练员们也根据队员们在赛场上的表现发现了问题，赛后能针对问题制定更精细化的训练方案，达到了提高队伍整体水平的目的。同时，学校还与呼伦贝尔职业技术学院签订联合办学协议，与沈阳体育学院、哈尔滨体育学院等本科体育院校加强合作，为曲棍球毕业生的进一步深造开拓道路，使曲棍球人才的培养形成了从小学、初中到高中再到大学的梯度模式。

六年来，莫旗中等职业技术学校曲棍球专业男女球队共获得国家级比赛冠军9项，省区级比赛冠军9项。莫旗中等职业技术学校曲棍球专业很快被各省曲棍球专业队关注，技术特别好的直接就被内蒙古队、其他省队包括国家队直接吸收了。有10名同学考入沈阳体育学院、哈尔滨体育学院、吉林体育学院等本科体育院校。16名学生成为北京体育大学冰球集训队的主体力量，他们有望参加2022年冬奥会。其余学生也通过体育单招，走对口升学，实现了大学梦。

曲棍球专业的成功开设，也极大地提升了社会大众对莫旗中等职业技术学校的知晓度与认可度，引起了市教育局、旗委、旗政府的高度关注，于是便有了一个濒临倒闭的学校得到1.5亿元新校建设的办学条件的支持。特色专业建设的成功也让学校整体发生了巨大的改变。聚优势、创品牌，曲棍球专业通过开展内容丰富的非遗传承教育活动，助推校园文化多样化。一花独放不是春，万紫千红春满园，其他专业也通过不断改革，引来越来越多的生源。

三、规范学校管理，促进质量提升

由于长期的不景气，导致学校整体工作态度涣散，制度缺乏或有令不行的情况较为严重，管理没有抓手，师生行为散漫，使得学校事业停滞不前。为此，莫旗中等职业技术学校抱着坚定的改变现状的决心推进学校改革。

清晰发展目标，凝聚改革决心。为了明确学校发展目标，提振全体教职员工的信心，争取政府的大力支持，形成学校发展合力，学校制定了三年发展规划、五年发展规划，为全校师生描绘了未来发展蓝图。

加强干部管理，强化责任担当。学校从管理团队建设入手，加强干部管理，通过引进人才、就地转化等多种方式，打造一支能上能下、因人定岗、积极肯干的中层管理队伍，充分发挥示范引领作用，形成良好的工作作风，规范行事流程，习惯于用制度进行管理，使各项工作逐步趋向于规范化，工作效率大大提升。

加强内部管理，注重内涵提升。学校坚持把师德师能提升放在第一位，严格落实抓队伍、抓管理、抓活动等工作，不断提升教师的职业素养和业务能力，进而促进教育教学质量的提高。同时，学校以全封闭半军事化管理机制为保障，以校园养成教育为抓手，以系列德育活动为载体，大力推进学生思想道德建设，培养积极向上、乐观开朗、团结友爱的文明少年。

匠心筑梦育桃李，德技双馨博众长。莫旗中等职业技术学校将立足新水平，构筑新特色，不断凝练专业特色，乘着国家加快现代职教发展的东风，深化教学改革，加强专业课程和师资队伍建设，切实促进人才培养模式创新，全面提高人才培养质量和综合竞争实力，为全面建设社会主义现代化国家、实现中华民族伟大复兴的中国梦提供有利的人才和技能支撑。

构建"1124"德育活动体系，促进学生健康成长

贵州省六盘水市钟山区第六小学　唐冬梅

教育的对象是人，人的发展的未完成性，决定了教育的必要性。人只有受过教育，才能够成为人，只有使教育回归人、道德植于人，人才会有立根之基。育人之本，德育为先，德育历来都是学校工作的重中之重。良好而完善的德育工作体系是一所学校获得社会认同和赞誉的关键因素，是学校稳健发展和建立品牌的基石。因此，学校德育工作要坚持从本校实际情况和青少年儿童的实际出发，遵循中小学生思想品德形成的规律和社会发展的要求，整体规划学校德育活动体系，才能有效开展德育系列活动，因此，我校构建了"1124"德育活动体系。

一个孩子要健康成长，身心两方面都需要很多的"营养素"，从心理上来说，这些"营养素"包括安全感、成就感、自信、与他人建立关系的能力，"让每一个学生健康快乐地成长"，是学校高品位办学的智慧追求，也是学校高品质育人的价值所在，同时，也是实现文化立校、素质育人的主要目标。健康应成为学生成长的主基调，快乐则是校园生活的主旋律。根据这一目标，我校从学生习惯培养、身体素质、科学素养、文化传承、艺术修养、实践教育等方面进行规划和组织，构建了学校"1124"德育活动体系。

一、德育活动体系构建背景

从党和国家对中小学德育工作的要求来看，国家教育部制定并印发了《中小学德育工作指南》教基［2017］8号，针对《指南》提出的德育工作目标，提出了课程育人、文化育人、活动育人、实践育人、管理育人、协同育人的“六育人”途径及要求。

新时代的德育教育应该怎样做？应该用什么方式去开展？应该开展哪些活动？我认为，无论什么时代，德育教育都是学校教育的重中之重，必须做到德育为先。

由于我校教师老龄化，缺乏活力、缺乏创新。特别是学校德育活动的开展严重滞后，仅限于每年的“六一”文艺汇演，平时的活动没有规划、没有形成体系，都是根据上级文件要求，需要做什么？就应付什么，德育工作的开展缺乏创新和长期的坚持。现在，我校新校区改扩建项目即将落成，届时学校即将迎来发展的新时期。可是，如何才能把学校的教育教学工作抓好呢？我们决定先从德育入手，开展一系列有意义的德育活动，构建德育活动体系，为学生提供更多的平台，锻炼自己、展示自己。同时充分发挥学校教师的积极性及特长，开展各种有意义的教育活动。为学校更美好的明天而努力！

于是，根据《指南》提出的德育工作目标及“六育人”途径及要求。结合我校实际，构建了《“1124”德育活动体系，促进学生健康快乐成长进行实践研究》，充实校园文化生活。

“1”：指“一团”，即红领巾社团；“1”：指“一主题”，即主题教育活动日；“2”：指“两营”，即冬、夏令营；“4”：指“四节”，即合唱节、科技节、艺术节、体育节。

二、德育活动体系，促进学生全面发展

“1”之主题教育。《指南》提出，在活动育人方面要精心设计、组织开展主题明确、内容丰富、形式多样、吸引力强的教育活动，以鲜明正确的价值导向引导学生，以积极向上的力量激励学生，促进学生形成良好的思想品德和行为习惯。

开展节日纪念日活动、开展介绍节日历史渊源、精神内涵、文化习俗等校园文化活动，增强传统节日的体验感和文化感。利用植树节、儿童节、教师节、国庆节等重大节庆日集中开展爱党爱国、民族团结、热爱劳动、尊师重教、爱护环境等主题教育活动。利用学雷锋纪念日、中国共产党建党纪念日等主题日，设计开展相关主题教育活动。

根据以上的活动内容，我校把它提炼成“1”主题，即根据时间节点、完成各阶段的主题教育，以达到德育教育的目的，引领学生在有效地活动组织中健康快乐成长。

“1”之红领巾社团。《指南》提出：在活动育人领域，应开展团、队活动。加强学校对学生会组织、学生社团的指导管理。确保少先队活动时间，小学1年级至初中2年级每周安排1课时。完善学生社团工作管理制度，建立体育、艺术、科普、环保、志愿服务等各类学生社团。学校要创造条件为学生社团提供经费、场地、活动时间等方面保障。

结合学校实际，我校在人员不够充沛的情况下，逐年开始组建红领巾社团，红领巾社团辅导员从边学边做，边学边教中找到途径和方法，前后分别建立体育、艺术、科普、环保、志愿服务、学科、社会实践等社团项目。

“2”营。《指南》提出，实践育人，要与综合实践活动课紧密结合，广泛开展社会实践，每学年至少安排一周时间，开展有益于学生身心发展的实践活动，不断增强学生的社会责任感、创新精神和实践能力。开展各类主题实践。利用爱国主义教育基地、公益性文化设施、公共机构、企事业单位、各类校外活动场所、专题教育社会实践基地等资源，开展不同主题的实践活动。

“4”节。《指南》提出，要开展校园节（会）活动。举办丰富多彩、寓教于乐的校园节（会）活动，培养学生兴趣爱好，充实学生校园生活，磨炼学生意志品质，促进学生身心健康发展。学校每学年至少举办一次科技节、艺术节、运动会、读书会。

“科技节”，旨在培养学生科学探究意识，提升科学素养，结合每年贵州省青少年科技节竞赛项目展开训练，以各类科技社团为依托，发挥少先队主阵地作用，增长了学生见识，锻炼了学生意志。

三、德育活动体系，引领学校高速发展

《指南》提出，德育工作要坚持正确方向、坚持遵循规律、坚持协同配合、坚持常态开展。

习近平总书记在全国教育大会中明确强调，要把立德树人融入思想道德教育、文化知识教育、社会实践教育各环节，贯穿基础教育、职业教育、基础教育各领域，学科体系、教学体系、教材体系、管理体系都要围绕这个目标来进行设计。我校通过“1124”德育活动体系的构建，使学生能有各种机会及平台展示自己优秀的一面。学校把一系列活动提炼出来，构建学校德育活动体系，对学校理念提升、管理水平、师资队伍建设等都有很大帮助。从而使学生在各项活动中健康快乐成长，学校在各项有效地活动组织中得到发展和提升。

参考文献：《中小学德育工作指南》（教基〔2017〕8号）

坚持“五个聚力”，培优高技能人才

江苏省盐城机电高等职业技术学校　茆艾磊

党的十八大以来，职业教育提质培优、增值赋能，职业院校毕业生成为我国产业大军的主要来源，成为支撑中小企业聚集发展、区域产业转型升级和城镇化发展的主力军。“深化产教融合、校企合作，深入推进育人方式、办学模式、管理体制、保障机制改革”为我们办好新时代的职业教育提供了根本遵循。随着富有东方湿地之都美誉的盐城市成为长三角中心区城市，时空坐标和资源价值发生了历史性变化，职业院校的人才培养应站在更高层次主动作为，持续培优高技能人才。我校作为盐城职教的窗口学校，面向“十四五”，将主动担负起培养多样化人才、传承技术技能、促进就业创业的重要职责，为区域经济和行业发展贡献“盐城机电力量”。

一、聚力党建引领，提高学校发展加速度

我校抓党建谋大局、促新局，以高质量党建引领学校事业高质量发展。通过“党建+”思维构建党委带动、支部推动、党员互动的党建工作新模式，推进“党建+十项重点工作”，成立“党建+思政”创新工作室，致力打造党建和思政工作的“主阵地”、党员培训学习的“大课堂”。入选中国职业技术教育学会党建工作委员会，成为全国中职院校为数不多的首批会员单位。

“十四五”期间，学校将牢牢把握社会主义办学方向，全面贯彻党的教育方针，坚守为党育人、为国育才的初心使命，做到党建工作与业务工作同部署、同落实。一是突出党委“核心地位”。党委书记牵头思想政治教育、高品质校园文化建设、产教融合发展等重点事项，实现“政治上的明白人”与“业务上的内行人”的有机融合。落实落细党委班子成员联系党支部制度，以提质增效为着力点，以基层党建述职评议考核为抓手，全面推进基层党组织标准化、规范化建设。二是筑牢支部“堡垒作用”。创新支部设置，把支部建在系部，将支部组织生活融入立德树人、教学研讨、专业规划，支部主题党日活动延伸至教学一线、服务于师生需求。以“两争一前列”大学习、大讨论、大实践活动的开展为契机，推进“一支部一品牌、一支部一特色”建设。

二、聚力科学谋划，促进学校发展现代化

近年来，学校持续加强基础设施建设，建成建筑面积12500平方米的新实训中心，30000平方米的校内实训基地，110余间智慧化教室投入使用。

“十四五”期间，学校将按照“建新校、提水平，稳规模、调结构”的总方针，从着眼学校未来跨越式发展、实现新突破的角度，对学校设施功能、专业建设、人才培养等进行长远布局和科学规划。一方面，注重德育载体建设。将“饮水思源校史文化馆、不忘初心党建文化厅、传统文化展示厅、非遗文化研习厅、铁军文化展示厅、海盐文化展示厅、匠心文化展示厅”等“1+6”馆厅建设成为集现实与虚拟为一体的“育人”场馆，延伸学习空间，实现思政课建设供给侧转型升级。另一方面，加强实训基地建设。围绕“智能制造、汽车交通、信息技术、现代服务”等四大核心专业群，借助上海交大教育集团技术支撑、学术支持，用新一代信息技术加速推动数字化、智能化实训基地转型，用新职业工作场景“倒逼”教学场景改革。聚焦发展内涵、瞄准产业前沿，积极、高效推进现代化学校建设。

三、聚力文化立校，助推学校发展上台阶

多年来，我校遵从“构建文化、拓展内涵、塑造精神、提升品位”的学校文化建设思路，发挥文化引领功能，做好文化育人顶层设计。学校在传承“德技双馨，自强不息”的校训基础上，凝练出“厚德而行、自强而健”的行健文化特色育人思想，倡导“工匠精神做事、匠心情怀育人”全面而和谐的学校核心价值观，并以加快实现“幸福和谐、智慧创新、平安有序、书香匠心”的“四大校园”建设为愿景，全方位提升学校办学品质。2020年2月，学校高位通过江苏省教育厅、财政厅严格遴选，成为省50所中等职业学校领航计划建设单位之一，进入了“文化立校，优化布局，提升治理能力，推进人才培养质量再上台阶”的领航发展新阶段。

“十四五”期间，学校将坚持新发展理念，以深入实施“‘政行园企校’五方协同聚力，‘做学教赛训’五位一体实践；打造四个专业集群，建设四个企业学院；构建‘三全’育人格局，推进‘三教’改革创新；践行‘两海两绿’路径，加快交流合作步伐；融入‘一带一路’，谱写开放服务篇章”的双“五四三二一”工程为抓手，建成立德树人全国德育品牌校、产教深度融合的全国标杆校、现代学徒制教育教学改革全国特色校，为全国中等职业教育高质量发展提供“盐城机电方案”。

四、聚力改革创新，擘画学校发展新蓝图

学校通过两项改革，使学校的发展潜能得到最有力的发挥。一是体制机制改革。围绕学生管理、“三教”改革、教学督导、后勤服务、安全工作等关键环节，按照“统一领导，分级管理，系部为主、处室服务”的原则，合理确定校系二级部门的责、权、利关系，下移管理重心，提高管理效率，激发办学活力。二是激励制度改革。修订完善激

励表彰办法，引导教师努力把“学生对美好学习生活的期盼”作为奋斗目标。出台校企合作奖励措施，完善绩效分配制度，鼓励广大教师在投身学校事业、服务经济社会发展中争当表率。

“十四五”期间，江苏省教育厅将在办学基础强、业内口碑好的中等职业学校中择优举办以五年制为主的独立设置高职院校，着力培养生产一线需求的高素质劳动者和技术技能人才。我校将紧抓“升格办学”机遇，按照《高等职业学校建设标准》和《江苏省新建高等职业院校人才培养工作评估实施方案（2018年修订）》等有关要求，在九项建筑面积、在校生规模、教师情况、专业建设、办学经费投入等主要办学指标上积极对标找差，创新思路扬优势补短板，实现提升办学层次的目标。到“十四五”末期，构建形成以高职教育为主体，学历教育与职业培训并举，联盟办学、现代学徒制办学和国际国内合作办学相互促进、融合发展的“一体两翼三融合”办学新格局。

五、聚力产教融合，汇聚学校发展向心力

通过创新校企合作双主体办学的治理结构，学校积极探索“联动政府、联合行业、联结园区、联盟企业”的合作办学机制，先后与北大青鸟职业教育、江苏诚功集团等知名企业合作进行校企协同育人，“现代学徒制”试点学校项目高标准通过国家教育部验收。目前，学校合作企业达189家。

“十四五”期间，学校将以奋楫者的姿态继续走在改革前列，聚力打造校企命运共同体，不断提高服务发展能级。一是完善“校企联动、供需平衡、双元育人”的运行机制。我校将不断增强科学设置、调整专业的能力，吸引企业以独资、合资、合作等多元方式依法参与办学。不断完善需求导向的人才培养模式，促进行业指导委员会在发布人才需求信息、参与教育教学、开展人才质量评价等方面的主体作用。探索建立以资本为纽带、专业为支撑的实体运行的四大企业学院，推动学校在专业设置、师生培养、课程开发、技术研发等方面整体提升。二是创新“智力支撑、保障有力、产教融合”的发展方式。我校将坚持“内培与外引”、“名师与双师”、“质量与特色”一起抓的原则，建设名师为主导、带头人为引领、骨干教师为主体的专兼结合的双师队伍，倾力赋能教师队伍建设。协助落实社会力量举办职业教育有关财税、用地等政策，积极拓宽职业教育经费筹措渠道，不断汇聚学校发展合力。

在新的历史时期，我们盐城机电高职人将以创新为动力、协调为思路、绿色为方向、开放为机遇、共享为目标，优化发展结构，调整发展方式，厚植发展优势，在“争当表率、争做示范、走在前列”中“应势而动”，在国民经济“十四五”发展规划的谋篇布局中“乘势而上”，在大发展、大变革的新时代“顺势而为”，奋力书写学校领航发展新篇章。

办高品格的教育　育发展性的人才

——镇江市中山路小学高品质发展之路探索

江苏省镇江市中山路小学　陶静

学校的核心竞争力来自学校品质，学校可持续发展的过程也是追求学校品质的过程。面向未来，追求办学高品质、走内涵式发展道路是学校教育发展的必然方向。近年来，有关高品质学校及与其相近的高品质教育、品质学校提升等提法逐渐成为主流媒体和教育论坛会议聚焦的重要话题，也引发了社会的广泛关注和讨论。

在构建高品质学校的路径上，江苏省镇江市中山路小学围绕以人为本的素质教育理念，以“敬仁行章”为途径，致力于实现学生学业、教师专业和学校事业的和谐发展，精心塑造有灵魂、有品格、有情怀的发展性人才，培养有大德、大善、大仁、大爱的现代公民和社会主义建设的优秀耕耘者、创造者。

确定“仁章”教育的发展方向

教育是培养人的活动，只有根植于生命，回归生命本真，才有持续存在的价值。基于对教育实践的认识与反思，中山路小学坚守育人之责，追寻学校育人价值和方向，最终沉淀为“仁章教育”的发展理念。“仁章教育”是化育心灵的教育，它是基于关注人性、改善人心、唤醒内心自觉、积淀行为自尊的生命本真教育，其核心在于“关注人性”和“改善行为”。

“仁章教育”发展理念的确立有着深厚的文积淀和独特的精神传承。中山路小学西有军事管辖区及家属住宅区，东有古运河，南有仁章路。中山路的厚重与繁华、古运河的历史与活力、军事管辖区的遵章守纪之文化等，都为学校的“仁章教育”奠定了深厚的地域文化基础。仁章路的文化气息让仁爱变得如此厚重，学校旁边的军事管辖区以军纪军风给予师生耳濡目染。“仁爱守章”成为这条路上的灵魂，自然而然孕育出学校“敬仁行章”的校训精神：“仁”即仁爱与正义，“章”即法规、章法、规章，简单来说就是要培养有仁爱之心、博爱胸怀、言有规、行有范的高素质师生。

学校要靠“精神站立”才能屹立传承，教育要靠“精神传承”才能充满活力。“仁章教育”是学校办学精神的高度凝练，是中山路小学教育人对学校文化的精心解读，更是全体师生共同的价值追求。在“敬仁行章”教育理念的熏陶和引领下，中山路小学继续发扬开拓创新精神，以“成就学生的高素质”为育人导向，使学校教学、学生培优的关注点逐渐由高分成绩转向学生特长和个性培养，使学生素质、教师水平、学校综合实力得以显著提升。学校先后获得全国文明校园、全国语言文字示范基地学校、全国示范家长学校、江苏省校长培训基地学校、江苏省教师发展示范学校、江苏省 STEAM 项目特色试点学校等称号，学校的办学经验先后被新华社、光明日报、人民日报、中央电视台等多家中央媒体报道。

铸就“仁爱”情怀的教师队伍

没有仁爱之心就没有教育。在中山路小学，仁爱是教师成长与发展的核心与灵魂，是教师始终坚守教育的情怀和信念。

作为“仁章教育”的师者，中山路小学教育人深刻地认识到，必须用仁爱守护学生，才能让他们绽放出灿烂的笑容。所以，教师要以仁爱的胸怀去宽容、理解、尊重、呵护每一个学生成长，以“大爱大德”去播种“仁爱”。在最近几天的亲子阅读打卡活动中，有一名女生打卡时间总是很晚，并且伴随着妈妈的责骂声，徐石洁老师很是担心，于是和孩子妈妈进行了详细的交流，并劝慰她和孩子沟通时要管理好自己的情绪，学会倾听、陪伴和交流；小余同学以前阅读文章比较吃力，甚至对阅读写作产生了“恐惧”，马玮玮老师发现后就经常与孩子沟通，由浅入深地推荐课外读物给他，并在课堂上鼓励他大胆表达，现在他的阅读和写作能力都得到了快速提高；“要想真正了解孩子，一定要去家访”，这是刘珊珊老师的口头禅……在中山路小学，这样的例子还有很多。正是这种“仁爱的情怀”，让学校老师在日复一日、年复一年的教学工作中敬业奉献、真情呵护，从而让这所家长心中的“好学校”美誉远扬。

教师不仅是灵魂的塑造者，也是知识的传播者，这要求教师不仅要有师者仁心，更要具备专业的理论知识和教学技巧。课堂是教师专业成长的主阵地，中山路小学坚持以提高课堂教学效率为核心，以“一课一研”为抓手，倡导教师精心打磨精品课程，实现教学转型和课堂创新，一支高素质、专业化的教师队伍逐渐形成。

长久以来，中山路小学秉持“发展学校必先发展教师”的理念，通过“班主任工作室”、“名师工作室”、“共同体活动”等平台建设，建立了完整的教师发展建设体系；通过“师徒结对”、“导师制”、“成长档案袋”、“菜单式培训”等帮扶形式，不断开拓教师眼界，大大加速了教师的专业化成长。例如，刘正才老师的语文课都放在师傅薛翠娣老师的课后面上，这样他提前认真备课，再去听师傅的课，听完后及时进行相应的备课调整，接着自己上课、师傅听课，课后两人一起“复盘”研讨。这样的上课、听课从不间断，师徒一起在研究中成长、在探索中进步，最终成就了两位江苏省特级教师。

正是一次一次的锤炼，一代一代的传承，造就了中山路小学雄厚的师资底蕴。目前，学校先后培养了林彬、宦学义、薛翠娣、刘正才、李烽等 7 位江苏省特级教师；学校的省、市、区等各级拔尖骨干教师数占比近 50%，省、市级劳动模范、特级教师、优秀教师、优秀班主任、师德标兵等各类名优教师有 30 余人，形成了不同层次的骨干教师梯队。

打造“仁章”特色的课程体系

课程是学校教育的核心要素，是学校品质提升最重要的载体。可以说，有什么样的课程就有什么样的学校品质。中山路小学围绕“仁爱的情怀、规范的行动、创意的生活”的理念，积极探索育人新模式，在长期的实践中形成了基于儿童智慧成长的“基础性”课程、基于儿童思维伸展的“拓展性”课程、提升儿童综合能力的“实践性”课程于一体的具有“仁章”特色的课程体系。

为全面深化课程改革，探索开发高品质发展课程，中山路小学以“儿童”为中心，以培养“爱而优雅的仁章少年”为人才目标，围绕“儿童与自然”、“儿童与生活”、“儿童与未来”三个学段的递进主题来设计课程项目。基于适应不同学段孩子的需要，项目主题均从学生中来。“问题树”就是学校一道亮丽的风景，孩子们可以将自己想要研究的问题写成小卡片挂在树上，老师定期收集，帮他们确定选题，从而开发出适合儿童的课程项目，如“我和冰激凌有个约会”、“乐在纸中”、“未来的中山路小学”等项目都来自孩子的问题。这些项目的实施基于学科，又高于学科，通过真实情境，运用项目化学习，创新了教学评价方式。

小小的课程项目，指向的是学生核心素养的提升，面向的是真实问题的解决。科学研制“天然味精”，举行“轮子博览会”，设计可移动的“班级雨伞架”，用一张 A4 纸编织提物袋……这样的创新课程有主题、有建构、有实施、有评价，将多学科知识运用其中，完全超越了语文、数学、艺术、科学、技术等学科本身，让孩子在获得知识的同时享受合作与成功的快乐。正所谓：小课程奠基大发展，小课程里必有大文章。

数十年的教育坚守，几十载的倾心育人，中山路小学始终坚守“让每一位教师幸福工作，让每一名学生健康成长”的教育思想，以鲜明的办学特色和优异的办学质量，走出一条高品质发展之路，赢得

了社会的高度赞誉，成为“教师想来工作的学校”以及“家长想送孩子来上学的学校”。顾明远先生曾为学校题词：“江南名校，教韵流芳。”这是对学校发展的高度褒奖，更是中山路小学教育人创办高品质学校的不竭动力。在未来，中山路小学的“敬仁行章”之花定能结出更多、更加丰满的育人之果，在新时代的办学发展中焕发出独特的色彩！

坚守育人初心 书写大爱无疆

内蒙古自治区鄂尔多斯市东胜区第六中学 李桂莲

作为一名有着30年从教经验的教育人，我曾任职于五所学校，且每到一处都全力以赴，所任教和管理的学校师生和家长的幸福指数更是普遍提升。由于出色的办学成效和良好的育人口碑，我曾先后获得“全国优秀教育园丁”、“全国教科研先进个人”等20多项荣誉称号。于是，总有人问我：你成功的秘诀是什么呢？

我总是这样回答：教育无小事，事事皆大事。只要把细小琐碎的事做实、做细、做精，让平凡变优秀，让优秀成一流，何愁不成功呢？

细心呵护，耐心守候

大音希声，大象无形，大爱无疆。教育之神圣就在于用爱心去浇灌每一株幼苗并使之茁壮成长。所以，哪怕是一个细小的举动、一个温暖的拥抱，都会产生巨大的精神力量，激励着孩子们向善、向上、至真、至美。“孩子，你永远是校长的小棉袄。”这是我发自肺腑的感言。

在学校，我的拥抱有着特殊的“功能”：孩子在我的拥抱下，会像温顺的小鸟享受着温馨的“母爱”一样，细腻的情感如雨滋润，如花开放。可以说，在孩子们的眼里，我不仅是校长，更像他们的“主心骨”。2018年6月，还在培正中学时，女生小云要投河自尽，多少人都劝不住，我急忙赶过来，孩子一看到我就大哭起来。回到校长办公室，我亲切地对小云说：“孩子，让校长来抱抱你，好吗？”孩子噙着泪水扑倒在我的怀中。在我耐心地引导下，小云道出了原因。原来，小云的父母偏爱弟弟，久而久之小云产生了失落感，一时想不开才走了极端。将近两个小时的谈话，小云的情绪慢慢稳定下来，我便启发她正确看待此事，又把她的父母请到学校，指出他们的不足。临走时，小云向我保证：“今后再不做这种傻事了。”一个小小的拥抱，却能带给孩子们莫大的温暖、幸福和欢乐。甚至2021年春节，我还收到了曾经教过的学生小刘发来的文字：“走南闯北，最不能忘记的是李校长的拥抱，那是幸福的港湾，又是沙漠的绿洲和无价的财富。”

关心孩子，说起来简单，但要真正做好，这里面也有很多的技巧和学问。学生小刚愁眉苦脸，在我的办公室门口徘徊了很久，却始终没有下定决心进来。于是，我放下手中正在忙的事情，走出去把犹犹豫豫的小刚拉了进来。“你好像有心事没说出来，或许我能帮你。”在我的耐心启发下，小刚慢慢敞开了心扉。原来他爸爸做生意被骗，妈妈借酒浇愁，小刚眼睁睁看着家庭遭受打击却无能为力。我为孩子擦拭着泪水，劝解他不管怎样都要想办法面对。之后，又把小刚的父母请到学校，一方面帮助他们解决问题，另一方面请他们在孩子面前做出承诺，不再吵架。在我的协调下，他们一家人恢复了以前的和睦。

唯有“亲其师”，方能“信其道”。我深知，作为教育者，必须首先得懂孩子，知道他们的所思所想，真正成为他们的“大朋友”，当他们从心理上接纳教育者的时候，就会产生理想的教育效果。因此，我一有空就往学生堆里钻，同孩子们一起做游戏、打球、唱歌、吃饭，及时了解孩子们的动态，力求让每一个孩子都能得到良好的教育与细心的呵护，都能得到快乐健康的成长。

以镜正身，知止有度

“以铜为镜，可以正衣冠；以史为镜，可以知兴替；以人为镜，可以明得失。”在我的办公室里有一处与众不同的地方——墙上挂着一面反光镜，一方面可以知道外面的会客室是否有客人在等待，另一方面可以通过每天照照镜子来反省自己，时刻做到低调谦虚、有进有退、从容应对。

长期在一线摸爬滚打，我已习惯了低处站位。哪怕是作为校长的身份，我也虚心当好“小学生”，向课本学，向实践学，向师生学，只为真正成为功底扎实的行家里手。从内蒙古师范大学毕业后，我坚信“专业的人才能做专业的事，专业的事必须要专业地学习”，努力把自己培养成为有思维力的学者型教师。每年都制定详细的计划，利用寒暑假自费外出学习，先后发表了30多篇论文，5篇获得了内蒙古自治区、鄂尔多斯市论文一等奖。此外，我还取得了国家二级心理咨询师证书，目前正在攻读中科院心理研究所研究生课程。

正因为经常“照镜子”，我以谦虚好学的工作态度赢得了同事们的尊敬和支持，因而在学校工作中，总能带领大家齐心协力，勤耕教育沃土。

力量来自榜样，管理老师，不仅要口服，更重要的是心服；不仅要法治，更重要的是德治。所以，平时遇到复杂情况，我总是冲在第一线，哪里有困难，我就出现在哪里；哪里最需要，我就冲向哪里。2020年组织抗疫时，我带头报名，而遇到职称评定和表彰嘉奖时，我则先想到一线教师，这样的机会目前已让掉10多次。

管理老师，还要把温暖送到心坎上。当一些老师遇到难题或在思想上起了疙瘩，我总是及时想方设法替老师排忧解难。一位老师因父亲突然去世，长时间缓不过神来，我对他进行心理干预，通过置换环境、情景体验等办法使这位老师从心理困境中走了出来。如今，我所带的团队战斗力和凝聚力大大增强。

关爱师生，也要争取社会力量。在学校经费困难的情况下，我多方奔走，用诚心感动了许多朋友和领导，先后向伊泰集团和蓝海集团争取了600多万元资金，用于改善体育馆和相关基础建设，使校园面貌焕然一新。如今，不少师生高兴地说：“走进六中，心情放松，在这样的环境中工作学习本身就是一种享受。”

精准发力，健康成长

一所学校不能只是成绩好，全面发展才是对学生真正负责。要想培养孩子的健康心理和健全人格，必须用真善美的元素去陶冶他们的心灵，真正做到立德树人、以文化人。我带领团队统筹德育资源，开发系列德育课程，达到全员育人、全心育人的效果。虽然来到东胜六中仅两年，但我们却完成了开放式校史馆的建设，并充分利用学校的廊道进行校园文化建设，让校园中的每一面墙都会“说话”，使之成为德育和美育的直观教材。当然，重视音美课程，也是全面育人的关键。为此，我花大力气改善学校音美硬件设施，多方筹措资金，对书法教室和绘画教室重新装修，让学生在更好地环境中享受美育。短短两年时间，东胜六中的雏鹰管乐团却成为全市唯一一个获得国家级一等奖的管乐团队，学校的合唱团和舞蹈社团在全区各类赛事中屡屡获奖。抓住苗头，点到“节骨眼”。

事业成败，关键在人。为提高学校的发展质量，我注意加强团队建设，做到知人善任，把每个人都“点”到应到的位置上，让长板更长，发挥更大的作用；先后成立名师指导团、优秀骨干教师指导团、老革命督查团等教师团队，以骨干为“排头兵”，着力提升学校的教育教学水平；制定班主任研修活动计划，积极组织班主任参与校内外各类培训及培训反馈活动，培训内容丰富且有针对性；认真开展班主任工作室研修、温馨教室创建、多元育人整合等内涵建设工作，形成“温馨教室”创建活动课程。

“凡事预则立，不预则废。”在教育方面，我强调把隐患消灭在萌芽之中。初中学习科目多，学生“用眼”是个关键问题，东胜区教体局遵照上级安排在全区选取13所中小学作为近视防控试点校，东胜六中入选。经过多方奔走，我为全校三百多名学生争取到杭州瞳步科技有限公司研发生产的近视防控产品。使用了一段时期后，东胜六中的近视防控成效显著，在参加视力复测的167名学生中，近视率降低3.6%，远高于国家指定的1%新发近视率防控指标。

世间无坦途，得失总无序。学生的心理健康是学生长远发展的根本保证。2020年新冠肺炎疫情暴发，我敏锐地察觉到复课后的学生心理问题将是学校必须面对的首要问题。因此，我运用所学理论知识，多次开设心理讲座，让学生蝴蝶坚韧的性格，拥有应对生活中出现的波澜的勇气。仅2020年，我就开展大型学生励志教育活动30余场次，分年级授课近20场次。每周一，我还会为全校师生及家长召开线上主题班会，并分批次为三个级部的后进生和有咨询需求的师生做心理疏导和学习指导。目前，我共收到家长和学生心得体会一千多份。

陶行知先生曾说：“捧着一颗心来，不带半根草去。”我认为，这应该是每一个教育人的信仰。既然选择了教育之路，就要坚定地走好教育这条路。展望未来，我将以对教育、对孩子的虔诚，做到心中有梦想、眼前有目标、手中有方案、脚下有行动，让平凡变优秀，让优秀成一流！

守正创新铸幼教 满腔真爱育“童星”

——记全国五一劳动奖章获得者、辉县市童星幼儿园党支部书记韩丰骏

河南省辉县市童星幼儿园 孙保军 郭珠彤 梁瑞莺

巍巍太行，铸就红色精神，共城大地，孕育奉献楷模。

她用爱心雨露无微不至地滋润着祖国可爱的小“花朵用爱心期待着“花朵”芬芳绽放；

她奋斗在人生最美好的地方，那里有最美的风景和孩子们最明亮的眼睛；她曾无数次擦掉眼角滑落的泪水，怀揣着梦想，一次次展开脸上的笑靥——“鹤发银丝映日月，丹心热血育新花”；在她身上，激荡着“最美”的力量。

这位无私奉献、自强不息的伟大女性，创造了一个又一个奇迹、实现了一个又一个梦想、取得了一个又一个辉煌。她是新乡市第十三届人大代表，辉县市第十三届、十四届人大代表，辉县市人大财经委副主任委员，辉县市妇联兼职副主席，新乡市人民检察院人民监督员，新乡市文明城市代言人，新乡市第七中学名誉校长，新乡市文物保护者

协会名誉会长，辉县市党风政务监督员，辉县市“三城同创”活动代言人，辉县市道德模范党史宣讲团讲师，这位平凡而受人尊敬的伟大女性，就是辉县市童星幼儿园党支部书记韩丰骏。

韩丰骏从事幼教事业已有二十多个年头，她创建的“童星”幼教品牌不仅是当地幼教界的榜样，也是河南省著名商标。她先后荣获全国五一劳动奖章，全国巾帼建功标兵，全国孝亲敬老之星，中国民办教育杰出人物，中国健康校园行动爱心大使，全省民办教育慈善人物，河南省民办学前教育金牌园长，河南省校园文化十大革新人物，全省民办教育行业领军人物，改革开放40年河南民办教育行业功勋人物，河南民办教育党建工作先进个人，新乡市劳动模范，新乡市首届道德模范，新乡市“十一五”十大领军人物，新乡市岗位学雷锋标兵，新乡市2020年度“代表双岗建功、助力乡村振兴”最美代表，新乡市优秀人民监督员，新乡市优秀文明暖城人，辉县市优秀党务工作者等60多项荣誉称号。2017年荣登“中国好人榜入选中国文明网好人365封面人物，今年再次被省教育厅评为河南省民办教育先进个人。

不忘初心，栉风沐雨办幼教

教育是一项温暖的事业，每个人的生命会因教育而变得美好，会因教育而灿烂多彩。尤其是幼儿教育，需要春风化雨般的呵护与陪伴。回望来时路，办园之初的坎坷更加促使韩丰骏坚守初心，砥砺前行。

韩丰骏创办幼儿园，从事幼儿教育还得从她少年时的“老师梦”说起。俗话说，家有二斗粮，不当孩子王，但是韩丰骏却并不这样认为。她从小爱读书，小时候她就喜欢带着孩子们写作业、玩游戏，当老师的梦想一直深藏心中。随着年龄的增长，这个愿望始终萦绕在她的心头，她看到身边的人都为孩子上幼儿园犯愁，更加坚定了她实现梦想的信心。她暗下决心，一定要办一所让家长放心、让群众满意、让社会认可的高标准幼儿园。

1999年春，韩丰骏怀着对家乡的热爱、对幼教事业的执着追求，毅然放弃火红的事业，回到辉县，拿出自己多年的积蓄，开始创办幼儿园，希望为家乡的教育事业做些贡献，让家乡的孩子享受到和大城市孩子一样的教育。她的梦想在一个破旧的大院里开始起航。面对荒芜多年、断壁残垣、杂草丛生的园址，韩丰骏没有气馁、没有退缩，她精心设计园貌，带领着一帮人一起上阵。饿了她就地支锅做饭，累了就地打铺睡觉。当时正值盛夏，一群人顶着炎热奋战，没日没夜，长时间连轴转地劳作和奔走，使她足足瘦了30多斤，被烈日暴晒的黝黑的皮肤让她自己都不敢对镜梳妆。

幼儿园建成后，为了能实现规范化和专业化管理，韩丰骏聘请省内外幼教专家前来指导，同时招聘了一批优秀的幼儿教师。然而，当第一挂鞭炮响起的时候，观者如云，报名寥寥，5天过后，幼儿园仅仅招收了8名幼儿。面对窘况，执着的她坚毅地说：“我们办幼儿园就是为了让孩子接受好的教育、健康成长，别说8个孩子，就是1个孩子我们也要教好，家长和社会的信任是靠我们的辛勤付出赢得的”.从此，韩丰骏一心扑在工作上，诚信办园，狠抓管理，突出特色，推陈出新，幼儿园的大门逐渐映入了人们的视野，信誉不断提高。在韩丰骏和全体员工的不懈努力下，入园幼儿从8名增加到50名、100名、300名……

在幼儿教育事业的漫漫征程上，她用坚韧和执着迈出了坚实而豪迈的第一步。 “家长的信赖让我增添了更多的责任感，为了孩子，别无她求，唯有努力再努力”.这是韩丰骏的心里话，更是她对幼教事业的宣言。

二十二年来，她以自己独特的领导才能和跨越式的创新思想，引领带动当地幼教事业的发展，让当地数万名幼儿享受到了优质的学前教育，造福千家万户，受到领导的高度评价和广大群众的普遍赞誉。她多次应邀为大学毕业生做创业励志专题报告、为监狱服刑人员做励志报告，在国家行政学院全国幼儿园发展与管理园长高级研修班做幼儿园管理专题报告，在全国第六届幼教集团高峰论坛上做专题演讲，在河南省幼儿园管理与幼儿教育交流会上做典型发言，在河南省校园文化论坛上做主题报告，在新乡市道德讲堂总堂做报告，在辉县市人大代表培训班授课。

她努力办好学前教育，搭建交流平台。2013年以来，来自全国各地800多家园所到童星幼儿园参观学习交流，把自己的办园经验和办园成果无偿地献给幼教同仁们，为幼教事业的发展做出了突出的贡献。

坚守信念，党建助力谋发展

韩丰骏是一名优秀党员，这坚定了她在幼儿园发展党员、建立党组织的决心，当时很多人劝她：民办幼儿园抓好保教工作就行了，没必要建立党支部。但韩丰骏却坚持认为，在幼儿园里，跟党走不能只是园长一个人，要带领一群人跟党走，民办幼儿园也有必要建立党支部，只有这样，幼儿园才能发展得更好。就这样，童星幼儿园党支部于2006年8月正式成立。目前，党支部已发展正式党员21名，预备党员1名。值得一提的是，童星幼儿园党支部是当时辉县市民办幼儿园中第一个建立党支部的幼儿园。

党支部成立15年来，韩丰骏始终把党建工作放在重中之重的位置，提出“在骨干教师中培养优秀党员”、“在优秀党员中培养骨干教师激发教师干事创业的积极性。党员教师在岗位上创先争优，带动了一大批年轻教师岗位练兵，岗位成才，幼儿园的工作业绩不断提升，2015年以来，先后有37名教师撰写的论文在全国、省级、市级比赛中获奖。韩丰骏主持的课题“开展家园共育‘五好小公民’德育教育实验与研究”成果，荣获河南省教育科学“十二五”规划重点课题一等奖。2018年8月在上海举办的国际金玉兰大赛上，童星艺术中心的舞蹈“温暖的家”以第一名的成绩荣获最高奖“金玉兰奖”。

童星幼儿园党支部把抓好党建作为第一责任，把加快发展作为第一要务，确立了“党建+发展”的理念，把党的组织内嵌到幼儿园管理的各个层面，把党的领导融入幼儿园工作的各个环节，以“求真务实、勠力同心”的态势，抓好党建工作，扎实营造风清气正的校园生态，引领着幼儿园高质量发展。

牢记使命，诠释责任与担当

她助力精准扶贫，结对帮扶百泉镇贫困村土坡村，对遇灾或因病致贫的予以资助；对孤寡老人定期送粮送油送衣服、被子等物品，每月补助400元生活费。还为乡村举办精彩的文艺演出，为乡村购买5000余元的图书和挂图。组织志愿服务队定期帮助他们打扫卫生，清理垃圾，美化乡村。

她助力乡村教育振兴。为了带动乡村幼教发展，在韩丰骏的带领下，童星幼儿园与乡村山区幼儿园结成帮扶对子，常年开展“手拉手”帮扶活动，先后跟辉县、获嘉、安阳等地十余所乡村幼儿园对口帮扶一百多次。童星对被帮扶园的园务管理、保育教育、教学研究、安全卫生等工作进行指导和帮助，实现共同成长、共同发展。童星幼儿园的帮扶活动深受乡村、山区各帮扶园的欢迎和幼儿家长的好评。2013年她在辉县市上八里镇创建了一所山区幼儿园。虽建在山区，但她把标准提高，投入更大，派出“童星”优秀的幼教专家任教，让山区的孩子们享受到和城里孩子们同等的良好教育。

韩丰骏舍小家，顾大家。2006年，辉县市开始旧城拆迁改造工作。为配合城市建设，童星有3所幼儿园先后被拆迁，造成直接经济损失达600多万元，还给教学工作带来了许多困难。但韩丰骏谨记作为一名共产党员的担当与职责，顾全大局，以集体利益为重，她对老师们说道：“损失我们自己承担，不向党和政府要一分钱！再大的困难我们也要克服！”2016年7月9日，辉县市遭受了百年不遇的特大洪水，当时幼儿园所在小区的情形非常危急，洪水夹杂着淤泥汹涌而来，严重威胁小区居民和财产安全。危急时刻，韩丰骏当机立断，她带领值班人员，面对野马脱缰般激流，不顾个人安危，打开幼儿园的大门泄洪。小区的洪水迅速排放出去，居民的人身和财产安全了，但是童星幼儿园却遭受了重创，校园里一片汪洋，学校教学楼和办公楼一层的所有物品以及地下仓库里4个园的教学物品和书籍被距地面1米多深的泥水全部淹没，直接经济损失达500多万元。让人感动的是，她没一句怨言，默默地带着教职工们，众志成城，抗灾自救，用实际行动展示了一名教育者和一名共产党员的风采。2020年，新冠疫情期间，她捐款捐物5万多元看望慰问了乡镇、乡村、派出所、物业小区等二十余处疫情执勤点工作人员。到赴武汉医护人员家中看望慰问，免除其子女学费；对奋战一线、在疫情防控工作中做出突出贡献的人员，其子女学费减免或全免。她个人捐款捐物5万余元支持当地抗疫工作。

巾帼不让须眉，大爱谱写赞歌。二十多年来，她丹心似火、爱洒沃土，共为灾区、贫困山区、孤寡老人、特困学生和困难家庭等捐款捐物达300多万元。她无怨无悔地用全部的情和爱浇灌着挚爱的事业，勾画了一个幼教工作者朴实绚丽的“童星梦想谱绘了一曲敬业奉献做表率、至真至善飘芬芳的圆梦赞歌。

质量立校　焕发新生

——临沂沭河学校深入开展教学质量行动纪实

山东省临沂沭河学校　王瑞超

教学质量是学校的生命线，更是教育工作永恒的主题和不变的中心。坚持“质量立校既是社会对学校提出的迫切要求，也是学校自身生存和发展的客观需要。可见，学校要立足社会，谋求发展，就必须走出一条质量立校的振兴之路。

在区教体局“1231”工作思路的指引下，临沂沭河学校以《河东区教育教学质量提升三年行动计划》为行动纲领，以开展“质量提升年”活动为抓手，认真研判和分析影响学校教育教学质量提升的实际而具体的问题，将已经深入人心的“常规+落实=质量”的教学理念与深度学习项目建设有机融合，全面推进常规落实、课堂教学、精准培优等工作，在新时代的办学发展中焕发出独特的光彩。

一、聚焦质量，对标“质量提升年”的任务要求

习近平总书记曾说：“广大教师用爱心和智慧阻断贫困代际传递，点亮万千乡村孩子的人生梦想”.这是总书记对广大农村教师的肯定与鞭策。作为一所偏远的农村薄弱学校，沭河学校如何提升教育教学质量，这是学校领导班子一直在思考和探索的重要课题。

2019年12月，河东区教体局周局长来到沭河学校进行第一次调研，并指出“沭河学校要结合学校实际，抓好教学管理，关注学生特点，提高教学质量”.“纲举目张，执本末从这次调研成了学校各项工作的行动指南。

为更好地推进质量立校全面开花，沭河学校领导班子响应上级领导的号召，特召开专题研讨会，研讨学校如何在师资薄弱、生源短缺的实际面前抓好教学管理，如何结合学生的特点找准突破口，实现管理与质量的双提升。

恰在此时，区教体局下发了《教育教学质量提升三年行动计划》，并随后召开了全区教学工作会议。凭风好借力，扬帆正当时。沭河学校全体师生认真研读《教育教学质量提升三年行动计划》，学习教学工作会议精神，结合学校实际真正落实“质量提升年”的任务要求，着重从常规落实、课堂教学、精准培优三个方面进行了探索。

二、统一思想，逐步形成并认同“三效”工作原则

沭河学校前身为临沭县醋庄乡初级中学，2011年8月随醋庄片区划归临沂经济技术开发区，在整合原醋庄乡中小学教育资源后更名为临沂沭河学校。2019年12月，划归河东区。学校虽属偏远薄弱学校，但随着办学条件的不断改善和领导的特别关心，学校条件好了，老师们干劲大了，家长和社会的期望也高了。但与兄弟学校相比较，学校的发展瓶颈也非常明显：发展内涵不足，师资薄弱导致后劲不足，学生习惯养成不足。

“新时代，我们要办一所什么样的学校，要培育什么样的学生？”沭河学校经过多次讨论，提炼出目标高远、动力强劲、习惯优良、质量过硬等关键词。这些目标的实现，需要学校从实际出发，聚焦质量，追求实效，并在此基础上优化改进、达成高效，最终形成一个能够促进学校长远发展的长效机制。于是，“立足实效，达成高效，追求长效”逐渐成了沭河学校全体教师在教学工作中共同遵循的原则。

让课堂充满智慧，让课堂充满和谐，这是学校对课堂教学的一贯追求。然而，疫情期间的课堂教学受到了前所未有的挑战和考验。在遵循“三效”原则的基础上，老师们开展了许多行之有效地线下教研和线上教学活动，充实和丰富了学校“智慧和谐课堂”的内涵和外延。例如，学校在坚持线上教学“早、细、实、严、优”五字方针的基础上，聚焦学生心理健康教育和综合素养提升，坚持德育为先的教育理念，加强学生的爱国主义教育、生命健康教育、感恩教育、民族传统文化教育等。一系列举措的实施，凸显了老师们对“用智慧启迪智慧、让和谐传递和谐”教学理念的理解和尊重，有效保障了线上教学的实效性，基本上实现了“离校不离教，停课不停学”的目标。

三、抓住关键，贯彻“常规＋落实=质量”的工作思路

通过实际分析，沭河学校提出并坚决贯彻“常规＋落实=质量”的工作思路，尝试抓住离学生最近的三个关键常规——作业、检测和作文，切实做到作业重质轻量、测后测强化提升、作文优批优改，努力实现教学有温度、学习有深度、时间管理有尺度，不断促进学生全面高质量的发展。

作业重质轻量，是在作业设置和批改方式上，抓住质的提升，淡化量的要求，优化作业布批，减轻师生课业负担和工作负担，实现轻负高效。

测后测强化提升，“测后测”顾名思义就是检测之后再检测，要求教师在每一次检测后认真分析检测中学生暴露的问题，学科组通力合作编写测后测并严格实施再检测。这样通过对错题的再次强化训练，促进薄弱学生、薄弱班级、薄弱学科质量的提高，力争让尽量多的学生达到学习目标。

作文优批优改，这是学校近几年来一直坚持的一个研究课题。它是加强作文写作及优批优改课题的研究，探索了“习作——初步自评、互评、师评”“再作——再次自评、互评、师评——完美作文”的作文教学模式。基于此，学校组织开展学生优秀作文展评、现场作文写作比赛、经典诗文诵读比赛等活动，并将部分优秀作文集结成集——《葡香》，现已刊印多期。同时，学校《语文主题学习下的作文优批优改研究》被定为省级研究课题，围绕课题研究，学校推行阳光阅读进课堂，通过名著导读、自编的《美文品读》等方式，拓展学生知识的广度与深度。

四、精准发力，推进实施“精准培优”工作法

在2020年的中考及七八年级的期末检测中，沭河学校通过数据对比河东区兄弟学校分析发现，学校的尖子生、优秀生比重不高，大部分学生处于合格与优秀的边缘。于是，临界学生的转化就成了教学工作的重点。

在落实转化工作的过程中，沭河学校坚持把抓好临界生的“一对一”辅导作为关键，实施“精准培优”工作法，让真实学习在每个孩子身上发生。具体来说，就是通过年级会、班级教导会、导师会确立临界生，将临界生辅导任务分配到每一位导师，以临界生为教学起点，任务到人、责任明确，全面关心、全程关注。在临界生辅导中，学校坚持夯实基础不遗漏，基础知识缺什么，就补什么；导师为学生“搭桥铺路精选训练题，注重学生发散思维的训练。

由此及彼，沭河学校工作中的许多领域已经开始推广“精准培优”工作法，并取得了一定的成效。一年多来，学校整体育人水平和育人效益显著提升，中考再传捷报，有10名次教师在市区优质课展示中脱颖而出荣获佳绩，12名教师在市区“一师一优课”评选中纷纷获奖；荣获全区学校综合评估一等奖、课程与教学管理工作先进单位，学生幸福指数大幅度提升。

五、久久为功，努力实现学校教学工作的螺旋式上升

所有过往，皆为序章。人生只售单程票，每一个终点都是新的起点。站在“十四五”开局之年的历史节点上，沭河学校将继续在教体局党组领导下，以《河东区教育教学质量提升三年计划》为行动纲领，以“围绕项目抓管理，抓好管理促质量”为发展目标，积极推进教师素质提升行动、课程品质优化行动、学生素养培养行动，努力实现学校教学工作的螺旋式上升。

实施“三会一课”制度，打造成长型教师团队。沭河学校虽然缺乏享誉全区的名师专家，却不乏吃苦耐劳、团结协作的实干者。今后，学校将深化实施“三会一课”制度，打造和谐团队，形成教学合力。“三会一课即学科教研会、年级教导会、班级协商会和以“半天无课日”为主要形式的集体备课，旨在优化学科教研共同体、打造年级教学管理新常态和班级教师共荣辱的教学合力，形成有梯队的成长型教师团队。

优化课程建设，追求高质量发展。沭河学校以优化课程项目建设为契机，依托地方特色，重点开发葡萄文化、葫芦文化及有趣的劳动课等综合实践类课程，促进学生全面发展；以“深度学习”教学改进项目为依托，突出学生规范养成性教育；努力建构“学科思想+活动”的课堂教学模式，当堂落实课标，培养学生的学习能力、动手能力、创新思维；实现教学有温度、学习有深度、时间管理有尺度，促进学生全面高质量地发展。

尝试全员导师制，精准培优再出发。面对本届九年级及七、八年级共同存在的尖子生、优秀生比率仍然偏低的现状，沭河学校将继续深化“精准培优”工作法，进一步优化评价方案，在教学管理上实施“双进线评估制度使学科教师成为育人导师，各学科紧密合作，联合作战，分析学生，找准症结，集中火力，重点突破，力争每一个升学群都能顺利过关，不留遗憾。在此基础上，学校尝试全员育人导师制，进一步发挥导师教书育人功能，全面落实导师教书育人一岗双责制，寻找、挖掘、发现学生的潜能，使其在学业、道德、心理、行为等方面得到更深入、更充分、更全面的教育和引导。

“乘风破浪追万里，发奋图强正当时”.沭河学校全体教职员工将再添动力，再鼓干劲，同心同德抓管理，一心一意谋质量，奋力攀登教育发展的新高地。沭河学校也相信，河东区各个学校的教育教学之花一定会次第开放，花开满园，也必将硕果累累，香远益浓。

礼乐润心无声　涵育谦雅君子

——浅谈礼乐文明教育在小学德育教育中的实践与探究

河南省郑州市中牟县轩顺街小学　校小丽

中华文化，灿若繁星，礼仪之邦，传承文明。中华优秀传统文化是中华民族的“根”与“魂”，将优秀的民族传统文化进行创造性转化、创新性发展是学校“以文化人”的重要依托。《礼记•射义》中记载：“射者，所以观盛德也。”礼射的过程其实就是确定目标、反复自省、静心修为、不断进取的过程。重视“礼射”教育，就是在重视学生德育教育、体育教育、培养学生的内在品德；就是在养成学生自主学习、敢于担当的习惯，从小树立家国情怀和使命感　。

“幼苗逢喜雨百花争艳，新树度春风万木争荣。”为丰富学校新时期的角色内涵，以全新的姿态向名校目标跨越前进，河南省郑州市中牟县轩顺街小学乘着新时代的东风，植入礼乐文明教育，在促进传统文化特色项目稳步发展的同时，通过开展丰富多彩的德育活动让孩子健康快乐成长。

守护健康心灵，开启礼乐教育征程

众所周知，社区学校的教师和学生绝大部分是由原来各教学点的师生合并而来，生源复杂，教师素质参差不齐，德育工作开展困难重重。一方面，受人文素质、地理环境以及传统“应试教育”的影响，学校和家长重智轻德，直接导致德育教育缺乏有效地实践。另一方面，未形成学校、家庭和社会三位一体的德育网络。学校德育是德育教育的一个重要方式，但是社区学校内部的德育环境由于受到各种各样的物质条件限制，不能为德育工作的开展提供更好地氛围，同时，家长只顾外出打工挣钱，严重忽视了对子女的监管和教育指引，这些都使社区学校的德育工作面临着巨大挑战。

为了让德育教育真正触及学生心灵，践行于行动之中，2020年1月，中牟县轩顺街小学经过考察、研究，把礼乐文化引入校园，开始了

礼乐教育的实践与探究。

加强浸润化育，务实礼乐教育特色

礼者，天地之序也。在实施“礼乐教育”过程中，中牟县轩顺街小学始终遵循教与学的辩证统一、濡染与教化相统一、评价强化与自主活动相统一、学校影响与社区活动相统一的原则，严格落实文化濡染、榜样学习、行为训练、活动强化的运行机制，让学生真正成为内志正、外体直的谦谦君子。

文化建设渗透礼乐文化。校园文化是学校发展的灵魂，个性鲜明的环境文化不仅可以美化校园，更有“润物无声”的育人功能。在进行校园文化建设时，轩顺街小学按照“总体规划、分步实施、彰显特色、促进发展”的要求，将现代教育与传统文化有机融合，着力凸显学校办学特色。

在建设礼射苑的基础上，学校着力打造“一墙、两廊、三苑”，努力实现环境文化熏陶的育人效能。一墙，即校门口王阳明先生的《观德亭记》，寓意全体师生要以《观德亭记》为镜而自省，做人必须如文所言“心端体正，心敬容肃，心平气舒，心通时理，心纯让恪，心宏胜而不张，负而不驰”；两廊，即“礼射与修身进德”廊和“礼射与古诗词”廊，不仅体现了对传统文化的传承，也凸显了礼射与德育及课堂教学的有机融合；三苑，分别为“礼运大同苑”统领下的“礼苑”和“乐苑”，“礼”是“有序”，“乐”是“和谐”。“有序”所以万物能各具特性，“和谐”所以万物都能化生。“礼运大同苑”的礼运大同篇，既符合习近平总书记“构建人类命运共同体”的理念，又体现了学校“以人为本，民主管理”的管理理念，同时时刻提醒全体师生要“以至诚为道，以至仁为德”，和而不同，协和万邦，立己达人。校训“知行日新，至善至真”，时刻提醒全体师生无论是思想追求还是实践行动，都要不断进步又高度统一，最终达到知行合一。

为了实现礼射课程的正常开展，学校还充分利用室内操场的西墙，在不影响原规划设计和使用的情况下，打造了专业的礼射苑，让礼射课程得以正常开展，虽然较为简陋，但却能让家长及全体师生在体验中感悟，在感悟中提升。

德育建设依托礼乐文化。学校德育建设必须符合校情生情，遵循本地化、具体化、生动化、生活化的原则，方能真正把理论转化为具体的行动，让学生从行动中感悟道理，从而内化于心。

成立社团，推动进程。自2020年1月植入“礼乐文化”以来，轩小首先渗透“以射观德、射以修德”的思想，并逐步引入礼射专业知识，组建礼射社团，按预设方案，逐步实施，全面推进。即使突如其来的疫情也不曾阻断前行的脚步，而是通过线上课程助力活动的开展，最终按原定计划实现了“六一现华夏礼仪 礼射展千年魅力”的顺利展演。目前，礼射课程得到越来越多的家长和学生的认可，极大地推动了礼射课程的进一步实施。

每周一礼，规范言行。校园礼仪教育是德育工作的重要载体。《论语》有曰：“不学礼，无以立”。礼仪是一种待人接物的行为规范，也是交往的艺术。学校结合《小学生日常行为规范》，践行每周一礼活动，逐步培养学生坐、立、行、走、待人、接物等规范礼仪，让学生真正意义上做到德成于内，礼行于外。通过《致家长的一封信》加强和家长的沟通，并向其传授传统文化知识，以获得家长的支持。利用新媒体技术，和家长随时分享孩子的践行结果。本学年学校创办的每月一期的《家校之声校报》，让家长及时了解校情，关注学校，支持学校。

依托节日，重视实践。社区教育是学校教育的延伸，轩小依托节日，抓住一切和社区牵手的机会进行宣传教育，以缩短真正实现“家校共育”的历程。如开展端午节“礼射五毒”、清明节“清明射柳”、重阳节“礼行天下，礼仪进社区”等社会实践活动，让学生通过礼射展演、快板、情景剧等形式，为社区群众呈现生活中的礼让三先、父慈子孝、谦和好礼、礼尚往来、遵守规则等规范礼仪，不仅让社区群众真正了解了学校，也为更进一步推进“家校共育”工作奠定了良好基础。

教学教研引入礼乐文化。伴随着新课程改革在学校的逐步开展，教师的教育理念、课堂教学方式在逐步发生着变化。2010年初，当“礼乐教育”遇到“新课程改革”，让轩小人有了更多更深的思考。分析研究中发现：新课程倡导的民主、开放、科学的课程理念为礼乐教育在学校教育中的应用提供了理论支撑，同样，礼乐教育也为新课改提供了一种有效途径。二者竟是相辅相成、完美邂逅。这就更加增强了学校实施礼乐教育的信心。

基于核心素养，跨学科协同教学。课程是学校教育教学的核心部分，也是学校办学理念展现的平台。在课程设置方面，学校严格按照国家课程计划、课程标准等要求安排课程，运用空间叠加的形式，融合国家课程、地方课程、校本课程以及活动课程，以构建独具特色的礼乐特色课程体系。例如，体育课程采用基础教育和礼射相结合的模式，在保证每班基础体育课的同时，构建礼乐课程体系，让每一位学生在课程中逐渐成长为自信的“礼乐少年”。

打造礼乐课堂，优化发展策略。课堂是学校实施教育的主阵地。在凝练核心素养内涵、明确培养目标的基础上，轩小以学生为中心，把“礼”和“乐”与其他学科有机融合，强调学生对知识的主动探索、主动发现和对所学知识意义的主动建构。在构建教学模式时，以“尊重”为前提，充分尊重学生的自然天性、成长规律和情感体验，激发起他们的内在动力，以达到高效的目标。

注重课题研究，促进教师专业发展。在构建礼乐教育体系的过程中，不仅让德育有了抓手，更让教科研有了依托。目前，轩小已研发出礼射校本教材、独特礼仪操、大课间礼射操。研究的过程就是引领轩小教师蝶变的过程，使他们从传统的教育观、固有的教育模式、自卑的心理状态中真正走出来的过程。从开始的被动、痛苦到体验研究的快乐，再到把所做的工作总结后装订成册、立项评审通过，让老师们真正看到自己蝶变后的美丽，从而更加积极、更加自信的参与研究，极大地提升了教师的专业素养。

实现多方共赢，初现礼乐教育成效

一分耕耘，一分收获。自实施礼乐教育以来，轩顺街小学成效显著，变化明显。

校园文化主题鲜明。传统文化与现代教育的有机融合，既体现了学校的管理理念，课改理念，又能凸显学校办学特色，提升学校办学品质，增强了环境育人的效果。

教师思想观念逐步转变。教师的工作状态有了明显改观，如敢挑重担、积极教研、敢于课改、尊重学生等，让学校充满了活力，呈现出一派生机。

家校协作变化明显。首先，家长到校时的服饰、言行有明显改观；其次，学生通过践行礼乐文化，变得更加自信、更加时尚、更有气质；再次，家长不再和学校对立，而是主动参与学校管理，支持学校工作，从而推动了学校更好更快的发展。

把握教育改革脉搏　推进学校发展步履

陕西省西安市经开第三中学　郑宏宝

在教育部提出“课堂革命”的大背景下，陕西省委教育工委、省教育厅高度重视，适时提出“课堂革命 陕西行动”规划，下发文件全面部署，着力推动陕西教育向更高、更强、更有质量的新阶段发展。作为生于斯、长于斯的陕西人，我们应该积极响应、深入贯彻政府方针政策，这是作为教育人的应有之义。二十多年的从教经历，深感三尺讲台之荣光；十多年的教学管理，倍觉人才培养之重要。教育人理应以人为本，以学校长远发展为愿景，以培养多样化人才为目标，耕耘三尺讲台，培育满园桃李，才不负这份职业的伟大。西安市经开第三中学作为一所高标准、现代化的公办完全中学，在新的时代背景下，需紧抓历史机遇，勇于迎接挑战，深化教育教学改革，拓宽育人渠道，构建文化内涵，创新教育管理，坚持脚踏实地，为建设三中的高质量教育体系而不懈奋斗。

育人是学校永恒的主题

教育的终极宗旨到底是什么？一代国学大师王国维在《论教育之宗旨》中提出了他的独到见解：教育之宗旨就是使人成为完全之人物。许慎在《说文解字》中则对“教育”的解释为，“教者，上所施，下所效也”“育者，养子使做善也”。这些话同工异曲，均道出了教育的本质就是上施下效，长善救失，培根铸魂，启智润心。教育承担着人类未来和希望，只有回归教育育人的本真，才能破解教育内卷。

习近平总书记在北京大学师生座谈会上的讲话中提到，要把立德树人的成效作为检验学校一切工作的根本标准，真正做到以文化人、以德育人，不断提高学生的思想水平、政治觉悟、道德品质、文化素养，做到明大德、守公德、严私德。学校教育主要承担五方面的育人功能：道德教育、文化教育、科技教育、知识教育和生命意义教育。作为教师，不忘立德树人之初心，牢记为党育人、为国育才之使命，为培养德智体美劳全面发展的社会主义建设者和接班人而作出更大的贡献。

精神是学校文化的内核

衡水中学校长郗会锁说：“精神对于人来说是最宝贵的，是一种思想信仰，一种品格修养，一种道德理念，一种人生态度，一种气概情怀，同时也是一种文化传承，一种取之不尽的巨大力量。一所学校的成功，最核心的、最根本的地方就在于一种精神，一种文化”。一所学校离开了校园文化，就缺乏生命力，就缺乏个性特色，就会没有灵魂，就很难有一流的教育教学和科研质量。先进的校园精神作为校园文化内在价值体系的精华，作为学校发展的一种潜在力量，无疑是一种巨大的激励因素和内驱力。

经开三中的精神就是西中文化引领下的对教育的真挚热爱与无限追求。文化是精神的载体，三中文化涵盖以下几大板块：西中板块、企业板块、德馨板块、启蒙板块、经沥大讲堂板块、泾渭（高陵）板块、青春奋斗板块……几大板块分别承担外塑与内建功能，合力打造经开三中的文化品牌。后期学校将举全校教师之力，集思广益，通过对西中文化、企业文化、地域文化的解读、挖掘与整合，寻找凝聚人心的精神力，文化自信的聚合力，价值认同的向心力，构建有三中特质的文化内涵，为赓续学校精神助力。

创新是学校发展的动力

学校要发展，创新是关键。对一所新的学校来说，创新更是不竭的生命力。所以我校的校训确定为：经励明志，开拓创新。与时代同步，与改革并行。社会生活水平的提高、现代教育技术的发展与应用、科技高速发展对教育发展的影响，这些大变革为三中的教育改革和学校发展既带来了挑战，也带来了机遇。经开三中地处经开区工业园，企业众多，如何利用企业资源，助力学校发展。我们要跳出固有思维，提出新理念，构思新策略，形成新方法。学校要吸引优质生源，扩大学校品牌影响，快速提升教学质量，顺应新时代育人方式改革。课堂革命，陕西行动，三中已经行动。

五育并举，协同育人，创新育人。学校多管齐下，德智体美劳全面发展，并且整合资源，创新劳动教育方式。一是深化校企合作，建立劳动基地。定期组织学生进行实践。学校与中国兵器集团、陕汽集团、陕建重机、合容电器等工业园区企业建立合作关系，在企业建立了劳动基地。二是强化校地合作，建立学生职业体验制度。与地方公安、交警、城管和民政等部门合作，定期开展职业实践，体验不同行业的劳动过程。三是挖掘学校后勤和物业育人资源，在保洁、宿管、绿化方面为学生提供体验劳动的机会和指导。

学校建立了国家级心理发展指导中心，开设心理个案辅导；建立心理测评机制；健全心理健康档案；开展5•25心理健康节等活动。这些丰富多彩的活动有效地促进了我校心理健康教育的发展，为孩子们的快乐成长保驾护航！

我们要践行三中方案，体现三中特色，唱响三中声音，展示三中风采！全体教师要共谋智慧、开拓创新。唯有在发展中创新，在创新中发展，我们才能站在教育高地，引领教育航向，适应社会发展的需要。

求实是学校前行的基石

求实即脚踏实地，实事求是。学校是育人的基层单位，必需从小事抓起，从落实做起。教育教学工作来不得虚假，唯有笃实的作风，踏实的态度，务实的教育，扎实的教学，充实的教研，坚实的后勤保障才能换来学校的稳步前行！今后，我们还要在精细化上下功夫。在精细化管理中，“精心”是态度，“精细”是过程，“精品”是结果。在教学、教研、管理的方方面面，每位教师都要多反思、勤记录、常回顾，是否做到了“三精”、“六实”。这道题能否一题多解，这节课哪些环节可以优化，学生哪些知识点没有掌握，这次命题有没有创新点，公开课上完是否进行了深度思考，这次教研活动哪些方面得到了提升，近期专业阅读有哪些收获，与学生的谈话教育有无触动，最近年级、班级管理有哪些问题。教学系统要思考用科学的教学观引领深度课堂建设，学生系统要思考全域育人路径，三中要率先构建学校、企业、家庭协同育人新机制，后勤服务系统要思考基于信息化下的保障服务体系的构建，致力物联互通。

结合教育部出台的《关于加强中小学生手机管理工作的通知》、《关于进一步加强中小学生睡眠管理工作的通知》、《中小学生课外读物进校园管理办法》等文件精神，我校制定了关于做好“五项管理”工作的实施方案。从学生作业布置、学生睡眠、手机管理、课外读物进校园、学生体质等五个方面进行了认真总结梳理。学校制定了《经开三中作业布置的相关规定》，建立作业监管统筹协调机制，加强作业布置质量研究，建立作业管理家校社会协同机制等。学校制定有《经开三中公寓作息制度》，规定每日22:30准时熄灯，早6:40出宿舍，中午12:30至13:50为午睡时间，保证学生睡眠在9个小时左右。结合学校实际制定了《西安市经开第三中学关于学生手机管理有关规定》；课外读物进校园方面，坚持底线原则，确保进校园课外读物质量；加强图书馆服务升级建设，发挥主渠道阵地作用。

精细是一种理念、一种文化，要求管理的每一个步骤、细节都要精心精细，才使得积极向上的思想意识转化为每个成员的自觉行动。我校一直将这种理念渗透于教育教学管理的全过程，使教育教学管理有灵魂，匠心独具，形成了学校教育教学管理的一大特色。

今后，我们要继续深化教育教学改革，拓宽学校育人渠道。在“知慧”课堂探索上下功夫，在思维型课堂实践上走新路，在校企合作协同育人上开新局，在教育评价上创新篇，在人才培养上绘蓝图。

“积力之所举则无不胜也，众智之所为则无不成也！”依托上级领导的支持、专家的引领，好古敏行的西安市经开第三中学将秉承“以人为本”的信念，努力走出一条弘道明德的希望之路。

浇灌教育之路　绽放梦想之花

湖南省怀化市鹤城区幼儿园　梁小玉　许欢

人物简介：梁小玉，女，中共党员，本科文化，现任湖南省示范性幼儿园——鹤城区幼儿园园长。23载的“园丁”生涯，我凭着一个“爱”字，在幼教事业这方“苗圃”上，无私地挥洒着辛勤的汗水，放飞着美好的希望，始终用梦想之光照亮着人生前程，让梦想之花在幼教“苗圃”绽放。曾荣获湖南省“优秀培训者”；市、区“优秀教师”、“三八红旗手”、“先进个人”、“优秀共产党员”、“优秀德育工作者”等荣誉称号。

我园建于1957年，是鹤城区唯一一所公办省级示范性幼儿园。园所注重幼儿膳食营养，制定科学量化食谱，打造阳光食堂。课程以游戏为基、自主为要、发展为本，逐步形成了足球、篮球、民间传统体育游戏等特色课程体系。依托户外的开阔场地，在体能运动区利用各类体能运动器械，打造了一个支持幼儿大胆探索、获得成功体验的游戏场，孩子在这里健康快乐成长，迈向更大的人生舞台。

一、严于律己表率　身先士卒示范

政治立场坚定，严于律己表率。作为一名共产党员，我党性原则很强，时时处处以共产党员的标准严格要求自己，严明政治纪律和政治规矩，注重品行修养，自觉遵守职业道德操守。我热爱幼教事业，工作兢兢业业。牢固树立为党的教育事业服务、为孩子服务、为家长服务、为教师服务、为幼儿园发展服务的思想，工作中从不迟到和早退，坚持100%出勤，以实际行动影响人、感染人，努力营造团结向上、风清气正的工作氛围。

注重言传身教，实践率先垂范。无论作为幼儿园的骨干教师、班主任、年级组长、副园长，还是现在的园长，我坚持做到言传身教，率先垂范，努力做好“传、帮、带”工作，全力引导全园教职工发扬爱岗敬业精神。

在工作中，我严格要求自己，处处为年轻教师做好表率，将自己的工作经验和教学经验一点一滴、毫无保留地传授给他们。当年轻教师遇到困难时给予真诚的关心与帮助，扶持他们走出困境。每学期，我都会推门听课二十余节，课后及时交流，找出不足，总结经验。指导青年教师周利华、王柳懿组织的班级主题区域活动《我生活的周围》荣获市级“一等奖在湖南省幼儿园优秀班级主题区域活动案例征集中被评为“优秀案例”；指导青年教师肖萍倩、肖枚组织的班级大型建构游戏《我们的周围》荣获市级“一等奖”。

带领教师进步，倾力对口帮扶。带领全体教师积极钻研业务，搞好课题研究，积极承担省级教研课题、撰写论文和教育笔记，以促进教师专业化成长为关键，坚持规范与创新并举，深化教育研究，多次在省、市、区作专题讲座，为幼教事业的发展贡献自己的一分力量。在完成本职工作的同时，作为鹤城区学前教育名师工作室领衔人，我还积极承担对镇、村幼儿园的对口帮扶工作，为帮扶幼儿园出谋划策，手把手地指导和开展各项工作，使对口帮扶幼儿园的办园质量有了根本性的改变。

二、提升自身素质　践行勤学进取

打铁还需自身硬，作为园长要求别的老师做到的，自己首先要做到。勤学进取是努力提升自身素质的重要途径。

坚持勤奋学习，践行与时俱进。我于2016年11月，参加省级示范性工作坊主持人工作坊研修班学习，2018年12月，参加“国培计划”乡村幼儿园教师培训团队培训技能研修项目培训，表现突出，均被评为“优秀学员”。2020年9月，被遴选上湖南省第四批教师培训师培养对象。

了解教师情况，搭建平台助推。作为一名管理者，我对教育事业满怀热忱，执着追求。面对专业教师紧缺、临聘教职工多、业务不熟、素质偏低的实际问题，我花了大量时间和精力深入班级，细致地了解每一个教师的专业能力、教学水平，在此基础上依据他们的特点，创新教研组织形式，广泛搭建活动平台，强化园本研修、国培省培、骨干引领、岗位练兵、技能比武、课题研究，促进教师业务水平和专业素质提升。全园形成了你追我赶、竞相发展的工作环境。

注重自身提升，探讨交流进步。在做好日常教学、管理工作的同时，我还注重自身的业务进修和教科研意识的强化，主动阅读各类专业书籍，关注相关微信公众号，及时了解掌握幼教改革前沿新理念、新动态，紧跟课改步伐，大胆研究先进的管理方法，并注重总结经验，将经验上升到理论高度用于指导实践。平时，抽出时间把自己的优质教育资源发布到空间课堂中，与大家分享并共同探讨交流，汲取他人好的教育教学方法，并融入自己的教学与管理中。

三、积极探索创新　用心教育

从事幼教工作20多年来，我连续十一年担任年级组长及班主任的工作。在多年的班主任工作中，主要做到两个字:“爱”和“严”。通过努力，我的各项工作得到了家长的认可，赢得了家长的信任与大力支持。所带班级连续八年十五次被评为“先进班集体且多次被评为“优秀班主任”。

大刀阔斧改革，助推园区发展。自2019年担任鹤城区幼儿园园长以来，我以园为家、关爱同事、任劳任怨、大胆改革、勇于创新，使我园呈现出崭新的发展态势。从高从严要求自己，大刀阔斧改革园务管理模式，建立健全并完善各项管理制度，狠抓师德园风建设，取得了可喜的成绩。我园近年来荣获“全国足球特色校园”、“湖南省卫生文明城市”、“怀化市安全文明校园”等，连续三年承担了“国培计划”鹤城区送教培训幼儿园项目的送培任务，被评为“优秀送培学校”。

积极勤奋工作，幸福快乐收获。我担任“国培计划”鹤城区幼儿园教师培训班主任、首席专家。自制玩教具《颜色对对碰》荣获市级一等奖；科技作品“摩天轮弹珠机”获区级一等奖；指导的微电影作品《狐假虎威》在中央电化教育馆主办的“中国梦—行动有我”中被推选为展播优秀作品；撰写的论文、课例、通讯报道荣获国家级一等奖2个、二等奖2个、三等奖2个；省级二等奖1个，三等奖3个；市级一等奖

7个、二等奖2个；撰写的教学随笔《重视幼儿第一次》在省级刊物《幼教新视野》发表；撰写的论文《密切家园联系 共育幼儿健康成长》在《中国教工》杂志（2020年02期）发表；组织的教学活动《美丽的鱼》在湖南省婴、幼特教优秀教育活动比赛中荣获“一等奖”；多次辅导幼儿参加各类比赛，获得突出的成绩：在全国青少年儿童美术大赛中，辅导幼儿参赛获金奖23人次、银奖63人次、个人18次荣获“优秀辅导奖”。

结语

遇见童心、追寻匠心、无悔初心是我一路成长的过程，也是当初我对自己许下的诺言，我用自己的方式践行着自己的诺言，我用阳光的心态奉献着自己的力量，我用无悔的青春书写着职业的神圣，愿师心如花、向阳而生！

开启与时俱进征程 铸就特色教育辉煌

山东省滨州市阳信县第二高级中学 朱洪彬

水韵梨乡读书圣地，成才摇篮书香飘逸。近几年，阳信县第二高级中学坚持与时俱进，聚焦学生核心素养，全面落实“立德树人”根本任务，用“家”文化构筑师生家长发展命运共同体，抢抓机遇，凝心聚力，以“学生快乐、教师幸福、社会满意”为办学目标，以“为学生终身发展负责、为教师专业成长服务、促进学校可持续发展”为办学宗旨，确立了“有中国灵魂、有世界眼光、有理想信念、有道德修养、有大家风范的德本型人才”的育人目标，形成了日语教学、同课异构、痕迹管理、泰学堂课程、维思培优等教育机制。

一、优化教育条件 培强师资力量

科学规划扩建，改善教学条件。为改善办学条件，促进教育设施提档升级，学校科学规划，积极推动改扩建工程项目。2019年以来，学校对教学楼、办公楼、学生公寓、标准塑胶跑道、足球场、篮球场等场所进行了全面升级改造，师生办公、学习条件得到极大改善。

实施扩建项目，整合教育资源。预算总投资约3.5亿元的学校扩建项目正在如火如荼有序施工，其中一期工程建筑面积36123平方米，预计投资8200多万元，现在，一栋教学楼已投入使用。扩建项目全面完成后，学校将新增建筑面积10万多平方米，包括教学楼、学生宿舍楼、实验楼、报告厅（含图书馆）、体育馆、艺术楼、餐厅等，这将成为我校发展史上又一个重要里程碑，对于调整优化阳信高中教育布局，整合教育资源，缓解全县孩子们“上高中难”具有重要的意义。

多种方式培养，助力教师成长。教师是一个学校最大的生命力。我校从助力教师专业成长入手，采取"走出去学，引进来教"等方式，选派教师参加国家、省市级培训，走进省内外名校对标学习。特邀省内外教育专家到校组织教师进行培训，从而使广大教师的政治素质、师德素质和业务素质得到明显的提高。新入职教师培训、加盟“中国好教育”、“泰学堂”课堂、团队拓展训练、教学工作表彰会、高效执行力研修、专家名师报告会等系列措施，更是促进了教师的快速成长。

培优师资队伍，助推更好进步。目前，我校师资队伍年富力强，经验丰富，理念先进，有爱心，特别能敬业，拥有“齐鲁名校长”、“齐鲁名师”建设工程人选各1人，滨州“渤海英才·十佳滨州名师”2人，滨州市名教师5人，滨州市最美教师1人，市教学能手12人，市级教坛新星4人，市、县级学科带头人15人，一大批青年教师正茁壮成长。

二、创新开放办学 实施特色发展

在教育管理的路上，我们始终没有停止前进的脚步。不断学习先进地区学校的校园文化、教学模式、育人理念、课程改革、学科建设、课题研究、教师培养、质量监测等，助力课堂教学和班级管理。

拓展合作平台，加速学习交流。我校与惠民一中、滨州实验中学等组成六校联盟；与金太阳教育集团建立合作关系，加盟中国好教育联盟，借助优质学校、发达地区的教育资源开展教师业务培训、交流学习等活动；积极参加市教育局组织的各种备考活动，与各兄弟学校交流学习；与韩国全南大学、日本和歌山大学多所国内外高校签订协议，成为多所大学的生源基地；与美国纽约州教育局、美中姊妹学校协会和美国费城女子高中学校达成合作意向，签订了合作谅解备忘录等。积极拓展合作平台，牵头与庆云一中等学校组成鲁北联盟校，与维思教育和泰学堂达成合作意向等。

家校同频共振，实现家校共赢。我校开拓创新教育思路、着力发挥家校联动教育合力的做法，敞开校门，主动接纳、让学生家长跨进校门，走进课堂，体验餐厅，联谊讲座，共话教育，实现了从封闭教育走向开放教育的华丽转身，取得了非常好的教育效果：提升了家校合作能力，促进了学生的发展，激发了教师的教学积极性，实现了教师与家长共事双赢。

积极探索创新，形成特色办学。2018年，我校实验部成立，在培养优秀生方面的积极探索及取得的成果，尤其是激情诵读、无缝早操、师资培养、答疑活动、班长轮值制度、文化熏陶等培优措施和管理特色，将学生放在了课堂的中心地位，将发展人、成就人作为课堂的价值追求，学习小组形成了学习共同体，让学生学习过程变得生动、有趣、高效，极大地激发了学生的积极性和主动性，实现了课堂的又一次革命。

开设多彩课程，促进全面发展。我校开设了丰富多彩的实践课程，包括阅读课程、生涯规划课程、研学课程等20多种选修课程。信息学奥赛辅导、英语阅读教学、日语教学、空中课堂更能满足学生的个性需求。使得学生更好地发展自己、成就自己，促进学生全面发展。

三、实施多元育人 收获丰硕成果

我校以《山东省中小学德育课程一体化实施指导纲要（试行）》为指引，以落实《中小学生守则》、《中小学生日常行为规范》为重点，紧紧围绕立德树人根本任务，发挥“家文化”教育优势，把德育过程转化为教育力，转化为教育教学质量，为学生的全面发展、终身发展和可持续发展服务。

注重队伍建设，提升学生素养。我校注重班主任队伍建设，加大德育教研力度，细化德育培养目标，实施综合素质评价，开齐开全课程，多元育人，润物无声。“文明上网，安全上网，健康成长”、“勤俭是美德，节约是责任”、“走进端午爱我中华”、“弘扬新时代雷锋精神，践行社会主义核心价值观”等主题升旗仪式内容丰富；研学实践、歌咏比赛、法制报告会、校园情景剧、“青春、奋斗、理想”主旨演讲比赛等活动扎实有效。理想信念教育、行为习惯教育、感恩知报教育等措施激发了学生的学习热情，提升了学生核心素养。

成绩逐年提高，教育特色突出。高考成绩年年提升。2018年，自主招生线以上206人，本科上线人数689人；2019年，高考自招上线239人、本科上线突破800人，自招上线人数、本科上线人数实现“双增长”。学校赢得三项集体奖：滨州市教学工作质量进步奖、滨州市质量贡献奖、滨州市艺体优胜奖；2020年，一本上线222人，增幅列全市第一，本科上线人数850人，位列全市第三，体育特长生本科上线54人，艺术特长生本科上线50人。2021年，一本上线286人，本科上线突破1000人，上线率超过90%，增幅全市第一。

特色教育成绩斐然。新华社、光明日报签约摄影师、法国希帕图片社驻中国地区摄影记者贾士清，山地自行车越野赛山东省冠军杨太燕等已经成为众多学子的榜样。滨州市中小学生田径体育联赛、滨州市市长杯足球比赛、全县中小学生体育联赛排球比赛、全县中小学生田径运动会，我校运动员年年摘金夺银。全国创新英语大赛、作文大赛、“语文报杯”全国中学生作文大赛、全省英语口语风采大赛、全国青少年学生法治知识网络大赛等比赛中，我校学子皆出手不凡，桂冠频摘。

聚集师生合力，展示时代风采。经过二中人的拼搏和坚守，学校的教育教学质量逐年攀升，学校的知名度和美誉度稳步提升。2018年以来，先后荣获山东省省级节约型公共机构示范单位，山东省“三八红旗集体滨州市教育系统先进集体，滨州市女职工建功立业标兵岗等荣誉称号。师生多次在国家、省、市级各类竞赛中获奖，学校先后被评为“中国好教育”联盟联合体山东齐鲁联盟副理事长单位、文学特长生培养基地、英语阅读教学示范基地、全国校园影视教育研究实验学校、全国中学生创新作文大赛优秀组织示范校。

立足新发展阶段，贯彻新发展理念。在“十四五”的开局之年，我校将牢记总书记“立德树人、为党育人、为国育才”的殷切期望，秉承学校20余年发展历程中形成的“立大志、吃大苦、大胸怀、大气魄、大境界”的二中精神，把忠诚、责任、创造、共赢作为教师价值观，以“孝、和”为灵魂、以“责任、担当、坚守”为核心，高唱教育教学主旋律，始终保持锐意创新的勇气、敢为人先的锐气、蓬勃向上的朝气，以锐意创新的勇气，不忘初心，牢记使命，擦亮梨乡教育名片，续写阳信二中辉煌。

让仪式生成最朴素的教育

山东省菏泽市巨野县凤凰街道办事处民族小学 夏恩路

仪式是重要的文化载体，是实践和行动的文化。任何民族都有自己独特的仪式，而这些仪式无不彰显本民族独特的文化内涵。中国作为礼仪之邦，有着丰富的仪式教育思想与实践。

在我们的社会生活中，国家、民族、节日、习俗、纪念日都有庄重的仪式，是日常生活给人们的教化和规矩，是传统文化在现代文明的缩影。而人的一生中都离不开仪式，订婚仪式、结婚仪式、殡葬仪式等，这些公式化、程序化的民间习俗，是对“成人礼”的重视，是对长辈的孝敬，是对逝者的尊重。中国的传统节日很多，以法定形式固定下来的清明节、端午节、中秋节、春节，充分体现着它的文化价值。国家的建军节、建党节、国庆节、国家公祭日等盛大的仪式活动，在告诉人们什么？节日表达的是人们的情感和信仰，让人们的精神联系紧密而又强烈，是优秀的民族传统自信和强大的文化自信。

学校作为传承文化的跟基地，理应高度重视仪式教育，让传统文化在时代新人身上绽放更勃发的生命力。可以说，仪式为学生提供了一个与传统对话的平台，学生在仪式中直观感受到中华文化的生命力、凝聚力和感染力，在潜移默化中接受传统道德、思维方式、审美情趣教育，从而唤起对中华文化的认同感、归属感和自豪感。

“一屋不扫，何以扫天下？”藐视仪式，无视规矩，不愿意受约束，不情愿学习，更不懂得传承，这是无知和可怕的表现，这是教育的缺失。现代文明是在岁月的沉淀中积累和传承的。泱泱中华，五千年文明，国人引以为豪的根基在哪里？没有优秀的传统文化，现代文明何在？中华传统文化是我们民族的生存之根，立世之魂，传承之本。

我认为，仪式是向学生传递核心价值观最适宜的载体。仪式以浓缩的方式将学校的核心价值观投射给学生，在庄严的仪式氛围中，一种平时不易调动的、深藏于心的价值认同油然而生，那种不能被直接感知并描述的潜在价值观被唤起，体现了学生对办学目标、价值观念、行为标准、道德规范的认同，进而形成强大的向心力和凝聚力。在平时的教育教学生活中，我认真捕捉各种生活仪式教育的节点，像中秋节，除了有师生品尝月饼话团圆的仪式，还要带领孩子们参加月饼制作的全过程，体验劳动的辛苦、劳动创造美的愉悦感。建军节、国庆节等，除了观看国家举行的仪式，还常举行徒步励志行活动——“模拟长征”，体味革命胜利来之不易，感悟生活仪式的生成。生活是一本百科全书，生活仪式是现实的活教材，是不可忽视的教育触点。生活即教育，教育即生活。教育无小事，处处是教育。为此，学校提出最原始、最朴素的办学理念：以生活为圆点，做生活的主人，并制定简单明了的办学目标：“我们都是会生活的人！”有了这样的教育目标，在学校管理和老师施教的过程中，把生活的抽象问题具体化、形象化。生活就是在人生路上好好地活。我们所学得的知识都要不断地回馈社会生活。从生活中来到生活中去，注重生活的仪式感。如师生去学校，着装要整洁大方，双手递东西，捧起书来，微笑回敬问候，这都是最简单的生活仪式，也是一种礼节。

为了更好地拓宽教育视角，运用社会生活教育大课堂，让生活仪式和教育无缝对接。把社会仪式作为校本课程，每周上好一节生活仪式教育课，同时编写了《社会仪式教育读本》，内容分为：国家仪式、传统节日仪式、民族仪式、民间民俗仪式、纪念日仪式五大章节。内容来源于生活，浓缩人生百味，是人生课堂的第一手学习资料。师生通过仪式教育，来了解传统文化的内涵，感触生活仪式的魅力，从而尊重生活，敬畏生命，在生活中不盲目崇拜西方的“圣诞节”、“愚人节”、“复活节”等。具体以“纪念仪式”为例，我校在具体实操中，通常以历史人物、文化事件、建校周年等为标志，以缅怀先贤功绩、传播文化思想、传承学校精神为宗旨，将学生置于一个生动活泼或庄重严肃的文化情境中加以熏陶。在仪式氛围的渲染下，学生容易集中精力做出仪式所规定的行为，强化心灵归属感。此外，我校每逢传统节日，或者重大活动，以不同的形式，丰富师生文化生活，创设良好的学习氛围，将传统文化的精神实质，根植在师生心灵深处。

“我们都是会生活的人。”使师生在日常生活中懂规矩，重仪式，知礼节。社会生活仪式扩大了大家学习的空间，增强了学生们对生活的认知。学以致用是真正的生活，学校处处洋溢着和谐，社会上又多了识大体、顾大局、懂规矩的人。

传统的生活仪式是我们生活不可或缺的部分，生活仪式千百年传承着，我们要不断提升生活仪式的格调和情趣。上好生活仪式这门课，努力塑造学生内心最朴素的品质，培养学生最朴素的情感，用仪式的形式记录生活，品味生活，滋养生命，完善内心，让社会仪式不断演绎生活的精彩。

尚雅：从文化建设到文化滋养

江苏省南京市铁心桥小学　尹寿虎　叶波　周继红

岳飞抗金、牛首山、南唐二陵、杨邦乂剖心、郑和衣冠冢、勃泥国王墓……在这历史文化积淀深厚的南京城南，铁心桥小学——这所具有传统风韵的园林式学校在这里走过了85个春秋。

雅致意蕴的铁小吸引了1200余名孩子来校学习，他们中有50%是建设南京的新市民子女。如何让这些孩子谈吐自信大方，举止行礼如仪，个性潜能得以充分挖掘？我校用独具传统风韵的校园建筑文化浸润童心，道路、楹联、牌坊、楼名中寓“尚雅”理念；温婉如画的景观，廊、亭、园、所，随处可见的观音墙、马头墙等传统建筑元素与装饰纹样，墙面展示六朝人文与曲艺文化，展现六朝风雅，孕育着铁小独有的“尚雅”文化。

坚守：寻找“尚雅”生根的地方

我们深深地知道：一所学校形成自己独有的文化，很难；需要时间去孕育，需要一代代人去坚守、去滋养；让形成的文化得以传承，成为学生们全面发展的沃土。

近几年来，铁小紧紧围绕“尚雅”文化的内涵掘进与实践深化，坚持面向全体学生的素质教育理念，“正心、修身、齐家、治国、平天下”这一中国传统的教育思想，将“尚雅”作为学校的育人愿景，力图构建一套基于学校现实基础上的，将课程、教学、评价、管理及师生发展融为一体的“修身课程”体系。围绕培养“情趣高雅、意气安雅、言行文雅、学知博雅”的儒雅学子这一育人目标，开展“雅境一百处、雅行一百分、雅趣百分百”校园特色文化建设，从而让学生修养身心、涵养德行。

滋养：让文化在课程中塑造儿童

1.雅境一百处

在已具鲜明特色的校园环境中，我们着力让环境与孩子们对话，实现孩子们“自己建设、自我教育让环境建设成为一个综合性、创新性的课程学习之处。

例如：灯笼秀。通过家委会、主题班会以及“金点子”征集等形式，“DIY灯笼”项目的想法逐渐清晰：灯笼中包含着的文化符号，与我校“徽派苏式”的建筑风格契合；校“花灯”课程的长期实践，为灯笼的制作提供了技术支撑。

很快，花灯课上的孩子们拿出了自己的设计，“废物利用”、“我爱诗词”、“我爱国画”等六个主题花灯在评比中脱颖而出。再以年级为单位，由学生制作、学校安装。“DIY灯笼”的不同主题展示了学生的创新思维，也体现了环境教育的润物无声。

每一个角落都有故事，每一处景观育人细无声。棋盘、阅读区、铁艺长廊……校园里各个环境小景吸引着学生，构成了一幅幅生动活泼的画卷。雅致而富有意蕴的育人环境成为铁小的靓丽名片，校园中大大小小的创意构想、创意小品、互动设施，成为教师、学生、家长驻足欣赏、学习的园地。

2.雅行一百分

学生行为习惯的养成需要智慧和耐心，学生养成正确、规范的行为习惯是一个缓慢而递进的过程，它需要教师、家长、学校的共同参与和配合，重在“养成”、关注“过程”。

学校在《铁小尚雅学子养成方案》的基础上，每个年级都设定了学生雅行的达成目标，用实践活动（修德）课程来达成目标，丰富了“尚雅文化”德育实践课程。

我们编写了《我的正能量》德育校本教材，围绕核心价值观和以“善良、节俭、诚信、分享、合作、自信、负责、爱国、尊重、认真”十种优秀品格教育为课程主要内容，分年段进行活动性课程设计。制定了学生雅行100分评价表，设计了学生争章手册，激励学生进步。让学生在班队会课主题式教育活动中，提升自我、塑造自我。学校道德素养评价体系基本形成。

开展“六个好”活动课程，通过实践活动培养学生由外到内的“雅”。唱着自己创编的《雅行歌》，学生从最基本的日常言行礼仪做起，做到“上好课、出好操、走好路、吃好饭、行好礼、扫好地规范中见雅意。

实践活动是学生雅行形成的主阵地，教师是学生雅行的示范者，引领者。课堂上，教师亲切和蔼、循循善诱，学生举止规范、落落大方；课外活动中，教师以身作则，学生言行有礼。一句句正面评价，让孩子们意识到身边人的雅行可贵；一个个“文雅章积极引导孩子做到举手投足的规范文雅。

3.雅趣百分百

让铁小学生们真正“胸藏文墨虚若谷，腹有诗书气自华由内而外地改变，铁小教师们正在努力践行。于是，基于“雅趣百分百修身课程体系中的“丝竹艺韵”(修艺）课程、“零点体育”(修体）课程应运而生。课程目标：让每一个学生掌握一项艺术技能、一种体育健身方法。

丝竹艺韵修艺课程

“丝竹艺韵”修艺课程主要以社团为阵地，开设了四大类课程，全校1200余名学生全员参与，学生们根据自己的兴趣爱好，选择一个课程进行学习。

1.小音乐家课程，吹拉弹拨中感受音节的律动，陶冶性情

生活里不能没有音乐！学习音乐，是造福孩子一生的事。

竹笛课上，笛声悠扬，萦绕在廊柱间，像一首田园诗歌，和雅清淡，恬静悠远；二胡课上，随着孩子们手指的按压，美妙的琴声流泻出来；古筝课上，乐声古朴典雅、纯净灵透，余音切切，回味绵长；葫芦丝课上，乐声温柔细腻，充满少数民族风情，令人心旷神怡……还有打击乐、陶笛……在音乐的熏陶中，孩子们逐渐变得温润、自信。

校内的学习，为家长们开辟了一个培育孩子的新天地。很多家长在课外让孩子继续练习、深造。2016年，学校组建了“雅韵”艺术团，对部分有器乐专长的孩子进行专业训练，从而提升技艺水平。艺术团定期向家长展示演出，得到了社会广泛认可，在家长中形成了良好口碑，打造又一张学校尚雅文化名片。

2.小书画家课程，点画谋局中欣赏纸面上的舞蹈，温润自信

书法社团，初级班、中级班和高级班阶梯式发展。孩子们不仅掌握了基本的执笔、运笔姿势，学习基本的点、划、间架、谋篇布局，还能欣赏经典的佳作名篇。课间休息，也有同学在学校的书法墙上展示和练习。通过书法学习，消除了孩子浮躁的情绪，培养了稳重的性格。

水墨画社团，通过认识中国画，了解中国画，孩子们对中国画产生了浓厚的兴趣。在老师的指导下，他们画学校，画自然，表现力越来越强。他们的作品展示在学校长廊，制成画册，将传统艺术的魅力送进

每个同伴的视野。

3.小能手课程，剪贴扎捏中弘扬传承民族文化，心灵手巧

《小剪刀，大世界》剪纸课程，探索传统与儿童生活相融合，表现出儿童的特征。孩子们学习传统剪纸的技法，用它表现自己的生活。于是，蔬菜水果、课间游戏、亲人朋友都成了孩子们的剪纸素材。虽然看上去不像传统的剪纸那么精致，但是淳朴、天真，注入了孩子的灵魂，是孩子内心的表达。老师们收集了孩子们的剪纸作品，按照一定的体系编集成册，在每个年级开设剪纸课。这一古老的技艺在校园里萌发了新的生机。

还有花灯、面塑……中国的传统艺术表现形式，引导孩子发现美，欣赏美，追求美，创造美。培养了孩子的审美情趣，增强了孩子们的文化底蕴与文化表现力，他们气质更加儒雅，变得更自信。

4.小运动健将课程，踢挥跳跃中提升身体素质，动静皆宜

跆拳道、武术、足球、舞蹈……丰富的运动项目，让学生流连于操场中。每学年，学校还会举行校园足球联赛和全校运动会。场上，运动健儿们挥洒汗水，奋力拼搏；场下，同学们加油助威，情绪昂扬。运动，带给全校同学激情与快乐，培养了他们勇敢、坚韧、拼搏的精神。

"零点体育"课程

以大课间活动为核心，学校全面推进"零点体育"课程。

学校开发了《素质无极限》校本课程，尝试在大课间和体育课上，针对不同年龄段的孩子身心特点，进行身体素质的训练，传授健身方法。通过力量、灵敏、柔韧、速度、耐力五类身体素质趣味练习，让学生掌握五类身体素质练习的一般技能和安全有效地锻炼方法，发展学生的基本运动能力。体育老师还尝试将素质运动作为家庭作业布置给学生，运动的习惯，将使学生终身受益。

琴棋书画、科技运动，传统文化在铁小承续，现代气息使铁小充满活力。孩子们健康向上的精神风貌让人振奋。缤纷课程让每一个学生找到自己兴趣所在。孩子们带着自信，从校内走向校外：舞蹈社团应邀参加北京少儿春晚、南京少儿春晚，花灯社团参加南京花灯制作比赛，小足球队多次外出参加各级比赛……

基于培养核心素养的教育，不是选拔教育而是普及教育，不是淘汰性教育，而是发展性教育。我们关注所有孩子的共同学习需求，部分孩子的团体学习需求，特定孩子的个别化学习需求。"用活动课程培养雅趣，用雅趣塑造铁小学生，让铁小学生筑梦雅园"。立足课程，回归儿童，让特色文化聚焦育人本质，努力培养"全面发展"的人。

革故鼎新谋发展　竞进求索创辉煌

黑龙江省哈尔滨市继红小学校　孙欣

凡世间万事，唯有敢于在问题与思考中革故鼎新，才能在前行与发展中竞进求索。学校发展亦不例外。黑龙江省哈尔滨市继红小学作为一所老牌名校，有着一流的师资、辉煌的历史、深厚的底蕴，但2017年的"奢侈运动会"事件，以及2018年"季玉秀师德风波"给这所与祖国同龄、老百姓心中最好的学校带来了诸多不良影响。在这种情况下，我临危受命，成为继红小学的当家人。如何扭转百姓对继红的诟病，如何带领学校继续发展，如何唤醒继红教师的使命感、荣誉感和责任感，实现"我是继红，继红是我，继红时时处处是精品"的文化认同，成为我的当务之急！

经过深入思考，我基于学校文化传承与创新，秉持"三个重提、三个重塑、四种关系、八个坚持"的工作方向，全力构建一主线、三特色、指向未来发展的三路径九项目，不断寻探寻学校二次发展契机，力求实现老牌名校的再提振，实现传承下的新突破。

开诚布公正风气，实现思想认同

为了尽快恢复风清气正的校园教育环境，我多次召开教师大会，强化工作纪律，端正育人思想，从以下几方面倡导文明高尚的师德师风。

深入学习，明晰规范。学校引领每位教师共同学习《新时代中小学教师职业行为十项准则》《中小学教师违反职业道德行为处理办法》《四零承诺》等文件精神，紧密结合教育教学实际，切实提高师德师能。要求广大教师结合自身工作进行深刻反思，从"季玉秀事件"中吸取教训，做到警钟长鸣；要求全体教师要有敬畏心、规则意识和纪律意识，能立足岗位，以立德树人为己任；坚决打击教育领域腐败现象，努力践行"四零"承诺，努力营造继红校园风清气正的良好教育生态。

四级管理，层层压实。学校构建以"执行校长—德育校长—主管领导—学年组长"为行动路线的"校园四级师德师风的管理体系"，层层落实，层层负责，增强"不触底线、不踩红线"的意识。

畅通渠道，家校直通。学校全面开展师德师风问题专项整治行动，明确整治行动的重点，同时对排查整治的目标、方法和步骤进行详尽的安排和部署，畅通受理渠道；要求教师克服侥幸心理，坚决杜绝违反"六条禁令"的行为，严守师德"底线"；广泛听取家长的不同声音，言路开、心病除，才能让家长更加信任学校，消除顾虑。

率先垂范，以理服心。领导干部要率先垂范，要求老师、学生做到的，领导必须首先做到；工作中要捕捉能借势而为的精细化管理契机，让每一位老师都能感受到在领导的眼中、脑中、心中有一席之地；完善教师评价考核制度，要让所有老师感受到干和不干不一样，干多和干少不一样，既保护老师的工作积极性，又让踏实肯干、默默无闻、任劳任怨的老师脱颖而出。

实例交流，法度上下。在学校大会上进行师德师风案例分析，使全体继红教师了解发生在自己身边的师德故事，引发对事件的深入思考，对教育的深刻理解，以及如何去做一名好老师的深度解读，让全体教师引以为戒，让继红远离是非、风清气正。

有德之师，以行感人。师德师风工作的核心是"改善"，是把事情往好的方向修正或调整的过程。我们通过明禁令、知规矩、守底线、存戒惧、履承诺等一系列的师德建设工作，让继红人重新审视"运动会事件"和"季玉秀事件"，摒弃侥幸心理，剔除消极心态，树立成为"四有"好老师的决心，为重塑"继红口碑"做出自己的努力。

协同育人聚合力，实现社会认同

继红小学是一所承载历史、深受家长信任和社会赞誉的小学，有着先进的教育理念和一流的专业化教师队伍。然而由于运动会和季玉秀等事件，造成了公众对于继红小学的严重误解，社会认可度降到了历史最低。我重回继红小学的第一件事，也是最重要的一件事，就是重塑家长乃至整个社会对学校的认同。

首先，广开言路，坦诚相待，我的邮箱电话广而告之，成为家长可以说理的地方。其次，我坚持与家长站在一起，建立教育的统一战线，让家长与学校共同参与到学生的教育中来，形成教育的合力，促进家校协同育人。再次，我以"渗透教育思想，指导家庭教育"为核心，分别以父亲、母亲和祖辈为参与主体，召开系列家长会，希望家长们不断提高家庭教育的胜任力，逐步增强对学校的认同感，与学校融合共生，携手并肩托举起祖国明天的太阳。

对学校不隔心，对学校有信心，才会让学校教育深入人心。相信通过一系列的家校活动，家长能够明确——我们拥有共同的教育目标，只有相互信任、理解与认同，才会让每一位孩子身后的家庭都与继红更加紧密相连，从而用智慧的爱助力孩子们健康成长！

重塑重提唤底气，实现学校认同

30年前，我在继红小学工作并成长起来，深知继红发展和壮大的过程。无论身处何地，心里的"继红情结"始终让我关注她、热爱她。在对学校历史、当下、未来的融通与碰撞下，我与全校教师共同确定了——由优质向品牌转变，学校"未来已来"格局转换的整体思路。

2019年2月，我回到继红小学召开以"奏响继红主旋律——执子之手，共谱美妙和声"为主题的第一次校务会议。在"奏响继红主旋律"板块，我重在和老师们回味过往，正视当下，畅谈三个重提、三个重塑工作要求。三个重提，即重提主动发展、重提红杉精神、重提短板效应。三个重塑，即重塑破窗效应，要求全体继红人牢固树立底线意识；重塑猴子法则，要求全体继红领导牢固树立责任意识；重塑竹子规律，要求所有新教师和临聘教师牢固树立发展意识。

在"执子之手，与之偕老"板块，我向全体教师郑重承诺：今后的日子我将真诚、公正的对待每一个人、每一件事。同事关系力求做到"和"字，希望继红家人真的是一家人，如家人相待，如家人相处；干群关系力求做到"敬"字，领导要走下神坛与教师树立平等关系，以自己的品行、学识赢得教师的尊敬、敬畏；师生关系力求做到"爱"字，要求教师要学会从孩子和家长两种视角思考问题；家校关系力求做到"通"字，强调如何沟通学生信息、如何融通家校关系。

可以说这一次的校务会议，让我和继红家人们的心更近了，家人们在重温继红荣耀时被唤醒被激励被信任被指引，我们都在思考如何着眼继红未来，做好自己当下的工作。

在2019年8月的第二次校务会议上，我对学校的过往和现实进行了审视和梳理，总结出继红管理上非常需要传承又必须一以贯之的八件事，即每日一版的粉笔字、每周二雷打不动的集体备课、《我们的阅读，我们的思考》校本研修手册、每年度创新杯跟进课、每个月的学年研讨课、学期初和学期末的继红大讲堂、"三段六步"教学模式研究、"新一年教师"一年时间的在岗培训，引发全体教师对未来工作的思考，不断在传承与改进中致远。第二次校务会议，更多的是让老师们更加清晰地感受到身在继红的幸运，我们有那么多宝贵的值得传承的"宝贝"，对于继红未来发展，我们是有底气的，这"底气"来源于我们对继红多年积淀的文化认同，这"底气"还需要我们脚踏实地地且思且行。

传承发展促转型，实现发展认同

从1999年做副校长至今，我在不断地摸索、践行中对文化有了清晰的认识：文化是一条流动的河，从"过去"经"现在"流向"未来"，其实质是传统与当下以及未来预期的有机整体。继红小学建于1948年，是当时全国唯一的一所"东北烈士子弟学校"，这是一所在哈尔滨市乃至黑龙江省都很有影响力的全日制小学。几代继红人多年的努力，继红不断发展壮大，如今拥有三个校区，217个教学班，9558名学生，427位教职员工。全校教师本科学历达到95%以上，各级各类骨干教师占比超过60%。学校始终秉承"追求优质教育，实践主动发展"的办学特色，构建了5大领域、80余门学科的课程体系，在省市乃至全国

获得过很多赞誉。

面对历史传承，面对当下困境，如何唤醒教师对继红的热爱之情，唤醒前行的动力，关键在于我们如何去思考学校的创新发展。

学校文化创新的内生动力——"历史自觉"。"历史自觉"是建立在对学校发展演变的规律和趋向的深刻认识基础上，形成的强烈的历史使命感和对自身的历史定位。基于对学校历史的深刻自觉，我们确立了今后继红发展的第一条路径，即师资队伍建设突进，学校面向2035年，于初衷坚守中革新，并谋划出三个具体落实的项目：一是传承红杉精神之深远，实现交替领跑以创新；二是传承木桶原理之统揽，探求联盟发展以创新；三是传承基本功训练之大成，提升教师专业素养以创新。只要学校管理者读懂了历史，找到了学校发展的内在依据，也就相当于把握了现实和未来，传承本身就成了创新。

学校文化创新的思考基点——"当下语境"。"当下语境"是不断发展着的历史范畴，任何学校的历史都不是一成不变的过去时，必须带着新的观念去审视传统，使这些新政策或新理念以契合学校文化特征的方式得到落实，从而使社会和教育的发展逻辑成为学校自身发展的逻辑。基于对当下语境深刻反思，我们确立了今后继红发展的第二条路径，即主动发展路径突围，实现继红当下语境下的融合转型，并以三个具体项目进行落实：一是传承红色基因之博大，注入时代脉搏以创新；二是传承主动发展之精髓，开拓多元路径以创新；三是传承教学模式之精湛，寻求定势突破以创新。只有在与当代教育理念和教育实态的正面、全面碰撞中，我们才能更清楚、更深刻地认识自身学校的历史，从而更准确、更完善地选择自己的发展模式。

学校文化创新的逻辑路径——"文化转型"。所谓学校文化转型，是指学校在特定时期赖以生存的文化模式向一种全新的、更具时代精神的文化模式的转向。基于对融合转型的深入思考，我们确立了今后继红发展的第三条路径，即管理理念文化突破，学校进入发展快车道的蓄势之变。此路径通过三个具体项目进行落实：一是传承制度管人之谨严，唤醒文化认同以创新；二是传承规范严格之传统，聚焦儿童视角以创新；三是传承环境育人之细腻，重构校园生态以创新。"文化转型"的实质是学校教育观念尤其是教育行为的根本转变，是对学校主体性的重塑。

革故鼎新是手段，竞进求索才是实现创新管理的目标。继红小学"后唤醒"阶段的思考与实践，让我们重新梳理学校的"过往"、"当下"与"未来"，让我们深刻地感悟到传承与创新是学校发展的应然与必然。一所学校的成功在于学校里"人"的思想、信仰、行为与学校文化融为一体，并成为学校发展的底蕴导向，在于学校文化的融入度与影响力，在于学校文化与社会发展、教育进步的契合度，在于学校文化所蕴含的发展空间与人文价值。文化传承与创新是学校特色发展的必然命题，这既是时代的呼唤，也是学校自身发展的逻辑路径。未来，我相信并坚信：每一位继红人不但会仰望星空继续为学校的发展筑梦，同时更会审时度势，致知力行，脚踏实地去成为努力奔跑的追梦人！

践行生态文明理念　共建美丽雅致校园

陕西省西安经开第六小学　邵力

党的十八大以来，以习近平同志为总书记的党中央站在战略和全局的高度，对生态文明建设和生态环境保护提出了一系列新思想、新论断和新要求，为努力建设美丽中国、实现民族永续发展、走向社会主义生态文明新时代指明了前进方向和实现路径。学校作为贯彻落实生态文明建设理论的主阵地，理应把生态文明教育融入学校教育教学之中，教育和引导学生争做践行文明生态理念的传承者、捍卫者和践行者。

西安经开第六小学位于西安经济技术开发区，坐落于渭水南岸，毗邻长安大学，环境清幽雅致，文化底蕴丰厚。为认真贯彻落实国家关于生态文明建设的相关精神，学校坚持以创办"学生快乐、教师幸福、家长满意、社会认可"的优质特色教育为奋斗目标，秉承"和谐育人，全面发展，做有温度的教育"的办学理念，把生态环保教育贯穿于学校的教育教学工作，顶层设计实施章程，加强课堂教学渗透，组织特色实践活动，完善管理评价机制，全面推进生态文明建设，引导全校师生正确认识生态、全面保护生态，让保护生态成为学校的一种文明、一种习惯。近年来，学校先后获得"经开区文明单位"、"经开区垃圾分类示范单位"等多项集体荣誉称号。

完善管理机制，健全制度建设

治国凭圭臬，安邦靠准绳。健全的管理机制和规章制度是推进生态文明教育持续有效开展的重要保障。

学校成立"生态文明建设"管理小组，制订创建工作规划，明确分工细则，形成了教育合力和整体效应。校长担任组长，统筹推进生态建设工作的落实；德育处与教导处主任担任副组长，负责监督及整改措施的制定，及时有效地解决工作开展中的各种难题，协调各部门之间的工作，确保按计划实施；大队辅导员、各班主任、科任教师、学校后勤处为组员，负责活动的开展和落实。

学校定期每月召开一次文明生态环保教育专题会议，积极开展部署各类生态环保教育活动，确保生态环保教育渗透到整个教育教学环节中。例如，在"垃圾分类"工作中，学校根据实际情况，不定期召开垃圾分类部署会议，进一步明确工作职责，制定垃圾分类工作计划，有步骤、有计划地引导师生了解垃圾分类。

学校不断健全和完善各项管理制度，制定相应的激励机制，进一步激发师生参与生态环保活动的积极性。鼓励各教师节约用纸，每位教师每学期有固定的打印费用，无特殊情况超出打印数量的，由教师个人自己承担；开展最美办公室评比活动，从节约资源，优化环境的角度对校园环境文化进行多次改造，制定食堂管理制度，对食品卫生、排污，水电的合理使用进行详细要求；师生在生态环保活动中获得的成就荣誉，将作为学校学期评选"三好学生"和"优秀教师"的标准之一，且占分比例大。

加强教育教学，丰富环保课程

课程是践行生态教育理念、培养生态文明素养的主渠道。学校立足课堂教学实际，坚持将生态环保教育渗透在日常教学中，真正在价值取向、思维方式、生活方式上实现全面刷新和深刻变革，使生态环保教育工作真正落到实处。

加强教育教学，注重习惯养成。学校立足课堂教学实际情况，不仅设立了生态环保课程，还要求各学科结合自身学科特点适当融入生态环保知识。例如：科学学科，每学年开展一次"废物再利用"科学小制作活动，学生通过实际创作进一步了解物品再利用的重要意义，活动中学生发明的各种垃圾桶更直观地展示了我校学生对废品再利用的正确认识；综合课程，融入垃圾分类的相关知识——如何分类、垃圾分类的好处、垃圾分类的意义、西安垃圾分类的常识等；信息技术课，开展网上祭奠——绿色清明活动、运用高科技对生态环境保护等系列活动；美术学科，开展垃圾分类时装秀、废物再利用扣子画展、垃圾分类手抄报展览等活动；音乐学科，利用自身优势编创垃圾分类儿歌，教唱时下最流行的歌曲，让学生从中了解垃圾分类的知识，号召全校师生加入到垃圾分类的行列中来。

丰富环保课程，节约时刻牢记。节约能源是学生进校后习惯培养的重点教育工作之一，在校园里，处处皆能感受到节约能源的熏染。从校园环境文化设计上，显眼位置均张贴有节约标语，每个楼层的垃圾投放处均张贴了垃圾分类投放指导，学校大门持续展示节约粮食的宣传板，两个电子屏不断滚动播放节约能源的宣传标语。在节约能源内容的课程安排上，由科学教师每学期给不同年级授课，包括《地球上的水资源》《校园里的植物》《从自然到人工世界》《土壤与岩石》等课程，让学生能够充分了解和重视西安本地及周围的环境问题，并引导学生认识到废物再利用的重要性和关注保护生态环境的重要性。每届学生在二年级第一学期均需参加学校的垃圾分类知识测试，试卷由班主任批改，对学生考试的薄弱点在周五的班队会上进行讲解，让学生深化环保意识，内化于心，外化于行。

注重实践活动，关注习惯养成

志愿服务，人人参与。一是垃圾分类系民生，小小志愿在行动。为进一步推进垃圾分类工作，让更多的人树立垃圾分类观念，学校多次组织学生开展垃圾分类宣传进社区、垃圾捡拾活动等志愿服务活动（每月1—2次）。在大队部辅导员、中队辅导员的带领下，同学们走进周围小区及道路公共区域进行垃圾捡拾，并向过往居民发放垃圾分类宣传彩页，耐心地为大家讲解垃圾分类相关知识，扩大了垃圾分类工作的影响，提高了垃圾分类的知晓率。二是置身自然去实践，人人参与共环保。学校鼓励并带领学生走出校园，置身自然生态环境中，让学生切身感受大自然的变化及了解存在的问题，并通过自己的实际行动为生态环境保护做力所能及的事。如学校开展了"我为春天添绿装"植树节、"世界水日"、"世界环境日"、"重阳节——我和家人的环保之旅"、"地球一小时"等活动，号召全校师生及家长朋友加入环保的行列，将绿色生活进行到底。

小手拉大手，环保进家庭。垃圾分类是环保工作中的重点。为深入推进垃圾分类工作开展，学校采取"小手拉大手"的宣传方式，召开家委会垃圾分类专题会议，由学生干部和负责老师向家长介绍了世界各国垃圾分类情况以及西安垃圾分类的实施情况，学生干部向家长介绍了垃圾分类的相关知识，并向家委会成员和各班学生代表颁发了垃圾分类推广大使的聘书，由他们带动各班家长积极参与到垃圾分类活动中来。同时，采取发放《垃圾分类致家长一封信》、组织垃圾分类知识竞赛、利用微信公众号宣传垃圾分类知识、组织垃圾分类知识进我家、由学生向家长介绍垃圾分类知识等形式，提高家长对于垃圾分类工作的认同和认识，使他们逐步转变观念，自觉投入到垃圾分类投放的队伍中来。

践行环保理念，守护美丽秦岭。秦岭素有"国家中央公园"之称，不仅是我国南北气候的分界线，也是我国重要的生态安全屏障和生物基因库，被称为中国的脊梁。学校通过开展打造"守护秦岭"科教课堂、开展"保护大秦岭，爱我中国'芯'"活动、举办"保护秦岭生态"青年教师演讲比赛等一系列"守护秦岭"活动，丰富了师生的生态环保知识，提高了师生的生态环保意识，也让他们进一步感受到了大美秦岭的魅力，唤醒了他们共建美丽家园的激情。

"生态兴则文明兴，生态衰则文明衰"。西安经开第六小学将坚持对标全国生态文明教育特色学校创建标准，继续以习近平新时代中国特色社会主义思想为指导，牢固树立创新、协调、绿色、开放、共享五大发展理念，持续完善学校生态文明教育的管理机制、运行机制、保障机制和评价机制，以高水平生态文明教育助理学校高质量发展。

以德涵养校园文化，用心构建现代校园

海南省海口市丘浚学校　谭贞杰

学校文化是一所学校长期发展积淀而形成的价值体系，凝结着其价值观念、办学思想、群体意识和行为规范等方面，是一所学校办学精神和环境氛围的集中体现。我校注重校园文化的建设，规范与完善管理机制；不断提升学校教师专业素养，加强建设师资队伍，提高我校的教育教学水平，拓宽教育视野；深化教育德育改革，促进学校全体师生的整体发展。在上海创高教育管理发展中心"学校改进与内涵发展项目"组的指导与帮助下，学校全体师生直视自身发展的不足，勇于尝试，敢于改革，合力探索出一条适合丘浚学校自身发展需要的道路，努力以优秀的校园文化建设创建良好的校园氛围以陶冶师生的情操、发挥师生的积极性和主动性，培育更加符合现代化发展需要的人才。2020年获得海口市文明校园称号，2021年被评为海南省毒品预防教育示范学校。

一、规范制度管理，逐步走向完善化

我校坐落于海口市秀英区水头村北面，东邻海口保税区，西邻海口市丘浚文化公园。学校曾三易校名，前身为水新小学，系水头村和新村合办；后从水新小学分离出来，更名为水头小学隶属海秀学区，是海秀中心校管辖下的一所乡村完小；2005年搬到现校址，更名为海口市丘浚学校；2019年升格为秀英区城区直属学校，有着悠久的历史。学校与城区学校从硬件建设、师资队伍建设、校园文化的整体打造、教育质量等方面都差距甚远，因此我校大力规范制度管理，以制度化促进学校办学水平的提升。这几年办学规模不断扩大，师生人数快速增加，呈现出"向上向善，自信自强"的校风，是一所充满生机与活力，发展空间极大地学校。

为贯彻国家法律、法规，认真执行教育方针，规范教育行为，我校以校长依法治校为牵头，严格执行上级关于规范义务教育的若干规定，自觉接受上级教育行政部门与教育督导部门的指导和监督。实行校长负责制，发挥党组织的政治核心和保障、监督作用。坚持民主集中制原则，重大事项提交教代会审议，坚持民主商议，行政集体决定。实行校务公开，实事求是。基于学校校情，本学期我校逐步完善领导班子建设、处室建设、制度建设，实现分级管理、责任到人。充实并调整了教育教学管理制度、考勤制度和绩效方案，学校各项制度的制定过程规范、民主。

二、建设师资队伍，逐步走向合理化

我校有100名专职教师，其中本科学历共35人，大专学历63人，教师学历大专化（含以上）达98%；高级教师3名，中级教师38名，初级教师13名，无职称的46人。市级骨干教师3人，市级学科带头人1人，区级骨干教师4人。我校缺乏特级教师、国家级教师和省级骨干教师。在全体教师队伍中，在编在岗的教师只有36名，区里其他学校借调到我校任教老师15名，临聘老师49名。由于我校临聘较多且都是应届毕业生，教学经验相对欠缺。而且我校在2019年9月份之前是一所乡村小学，在管理和各项工作要求上都远没有城区学校那么规范，教师的责任心不强、教学态度明显不够，懒散思想普遍存在，工作的动力和积极性也严重欠缺；教师的规矩意识、大局意识很弱。

教师队伍建设是学校建设所面临的严峻问题和挑战，我校在充分意识到师资队伍存在的不足的情况下，加大力度提升教师水平，使教师队伍建设更加合理化。我校以"爱生敬业，进取创新"为教风，注重教师技能培训，积极组织教师参加省市区各级培训和学习交流。希望通过努力学习新课改理念，转化为教师自身的教学行为。聚焦课堂，积极开展课堂教学研究，关注教学，重视教学过程的可行性与有效性。下学期准备开展第一届师徒结对活动，促进青年教师的成长，培养成"有理想信念、有道德情操、有扎实知识、有仁爱之心"的教师。

学校积极开展教师课程教研活动，提升教师的教学水平，形成了良好教研氛围。学校规范了教研组活动，同时制订了教研组备课等各类制度，做到抓计划、抓落实。从集体备课，听评课以及集中培训入手。上学期，英语学科请了市研训院的吴允秀副院长到校做指导；本学期，在数学科组骨干教师的指导与引领下，每个年级都抽调一位老师进行精品课的打磨，有效促进了年轻教师的专业成长。综合学科也开展教研活动，邀请了区教研室吴秋华和省级骨干教师周渝老师到校指导音乐课教学。在一系列教研活动的组织下，师资队伍建设水平明显提升，教师更加积极主动参与到课程研讨活动之中，展现出优良的教学环境。

三、深化德育改革，落实发展全面化

学校全面实施素质教育，深化教育教学改革，认真落实《小学德育纲要》，力抓学生德育教育，进一步做好学生的思想道德建设工作，提升学生的综合素养。我校始终秉持"传承丘浚精神，培育时代少年"的办学理念，希望丘浚人能传承丘浚精神成长为有"健康的身、聪明的脑、温暖的心"的丘浚好少年。以"读圣贤书，做有用人"为校训，"勤学善思，合作创新"为学风，激励学生树立终身学习的意识，努力成为合格社会主义的建设者和接班人。我校按照海南省教育厅的规定在课程方面做到以学生为本，合理安排、调整课时与作息时间。按要求开齐各类课程，科学合理地规划"阳光一小时"体育锻炼活动。每学期组织学生校外实践活动和德育课程教育，有效地促进了学生身心的健康发展。

为切实加强学校德育工作管理，学校建立健全了德育管理系统，并明确德育管理的任务要求，各司其职。上学期，学校建立了班级、学生及班主任考核制度；红领巾监督岗坚持每天检查监督学生入校、离校红领巾佩带、班级及个人卫生、学生纪律等小学生一日常规的落实情况，生容生貌每周一总结，对好的班级颁发流动红旗；成立了第一届家委会，组织家长志愿者在放学时段在校门口进行值日，让家长参与学校的管理等各方面工作，有效做到家校携手；学校领导、教师轮流值日，每天两次对学生的日常行为进行检查，其结果在学期结束纳入对班级的综合考核，并作为量化班主任工作的重要依据，目的是激励他们育人的积极性。从本学期起，我校设立班主任工作奖励基金，对在班级工作中做出优异成绩的班主任进行奖励。

学校不断加强德育工作研究，注重学校领导和教师自身素质的提高。结合德育工作的特点和当地资源优势，重视校本培训，通过理论学习和学习外地经验，加强了对德育的研究。为充分调动德育工作者的积极性，通过制定班主任工作职责、班主任考核细则，修改绩效方案，提高班主任待遇，评选优秀班主任等措施，大大调动了班主任的工作积极性；为充分调动各任课教师教书育人的积极性，形成全员德育的局面。各学科教师都担负着渗透德育的重任，学校要求学科教师要结合学科特点和教学内容，以教材为载体渗透德育教育、爱国主义教育、爱科学、爱劳动、爱人民教育等，配合班主任抓好班级工作，并将学科教书育人成绩纳入学期工作质量考核量化。

校园文化是学校发展的灵魂，是凝聚人心的重要内容，对学生具有潜移默化的影响。我校始终坚持"惟改革者进，唯创新者强，为改革创新者胜！"的奋发精神，合力提升办学质量、不断规范制度建设、提升师资水平、注重德育教育，有效推动了学校管理与各项工作的顺利开展。今后，我校将着力以健康向上、全面发展的精神塑造校园形象，以丰富多彩的教学活动和课外实践活动，提升我校的文化品位，提升全体师生的人文道德素养，为全体师生提供优质的校园环境，为建设教育强国提供有利的人才支撑。

聚集德育建设　筑牢育人之魂

四川省汉源县第一中学　王剑平

学校是教育的主阵地，立德树人是学校教育的根本目标。"立德树人，五育并举"在教育中发挥着育人重要作用，剑指教育的核心目标。为深入学习贯彻习近平新时代中国特色社会主义思想和党的十九大精神，推动"立德树人"根本任务的全面落实和实践创新，四川省汉源县第一中学结合地处农村的实际情况，制定和完善学校的德育教育顶层设计，并依托设计扎实有序开展育人工作，努力构建高效立体德育工作体系，引领学生"扣好人生第一粒扣子"。

一、明晰德育工作发展思路

为全面贯彻党的十八大和十九大精神，深入贯彻习近平总书记系列重要讲话精神和治国理政新理念、新思想、新战略，汉源县第一中学始终坚持育人为本、德育为先的教育理念，大力培育和践行社会主义核心价值观，以培养学生良好思想品德和健全人格为根本，以促进学生形成良好行为习惯为重点，以落实《中小学生守则（2015年修订）》为抓手，坚持教育与生产劳动、社会实践相结合，坚持学校教育与家庭教育、社会教育相结合，不断完善德育工作长效机制，全面提高学校德育工作水平，致力于为中国特色社会主义事业培养合格建设者和可靠接班人。

为实现上述目标，汉源县第一中学以社会主义核心价值观为主线，以全面提升学生综合素质为目标，以养成教育为重点，以德育课堂为主渠道，以德育实践活动为载体，以家庭学校社会三位一体的教育网络为保障，遵循"立足目标小一点、内容实一点、距离近一点、切入深一点、方法新一点、手段活一点"的工作思路，进一步构建形成了以底线德育、激情德育、长效德育为主线的立体式德育体系。

二、遵循德育工作实施原则

结合学校实际情况、学生认知特点、发展规律等情况，汉源县第一中学提出了德育工作必须严格遵循的原则，以增强德育工作的针对性和实效性。

“三全”德育原则。“三全德育是指开展德育工作的人员、时间、范围，即全员、全程、全域。全员，全体教师都是德育员、全体学生接受学校教育的义务；全程，从学生进校读书到毕业离校，甚至要能影响到学生的未来；全域，对学生的生活、学习、锻炼、活动等等方方面面进行德育熏陶。

“三层德育”原则。“三层德育”是指开展德育工作的体系，即激情德育、底线德育和长效德育立体体系。激情德育是指德育工作要重赏识、重体验、重激励，主要解决学生的动力问题，要调动学生的激情，培养他们对生活的热爱、对学习的兴趣；底线德育是指学生在校期间不能突破的8种行为，主要是解决培养学生的自律意识和养成纪律约束的问题；长效德育是指通过文化引领，在课堂、活动、实践当中受到教育，解决培养人的素养问题。

“三位德育”原则。“三位德育”是指开展德育工作的责任主体，即指学校、家庭、社会等三个层面共同构成“一主两辅”的育人阵地。学校是开展德育工作的主阵地，主要通过课程、活动、社会实践来落实；家庭是德育工作的第一辅助阵地，通过“峡山大讲堂”培训家长、指导家长、团结家长，为营造良好的学生成长环境出力；社会是德育工作的第二辅助阵地，主要是通过社区服务、企业实践、社会讲师等来开展。

三、构建德育工作立体框架

底线德育。底线德育主要从沉迷手机、对抗教育、打架斗殴、不假离校、吸烟酗酒、偷窃财物、考试作弊、早恋等八个方面对学生提出要求，是任何学生不可触碰的底线，否则就要接受学校的纪律处分。

激情德育。一是坚持两进。礼仪进生活，以尊重为基石，培养学生养成礼貌待人好习惯。如遇到老师、家长、来校客人要主动问好见面之礼；食不言，寝不语，主动排队、勿扰他人的生活之礼；文明观看、遵守纪律、尊重他人的集会之礼；衣着得体、发型自然、仪态大方的仪表之礼；好好说话、好好交流的言谈之礼。感恩进生活，主要是感恩父母、感恩师友、感恩祖国，懂得“心存感恩才能心怀他人，才能心存正念，才能感知他人的善意”的道理。二是每日坚持“五个一”。即坚持每日一呼（晨训宣誓）、每日一诵（站立诵读）、每日一跑（激情锻炼）、每日一唱（午间歌声）、每日一练（静心书法）。三是坚持每周两个总结。每周班级总结培养学生的观察周围的能力、语言组织能力、语言表达能力、社会交往能力；每周时事交流，培养学生的信息收集能力，从海量信息中提取有用信息、甄别信息真假的能力，以及生关注焦点问题、紧跟时代脉搏的能力。四是实施赏识教育。采用校级、年级、班级三级德育评比活动，从细微处表扬学生，赏识学生突出表现。同时，从生活习惯、学习习惯、纪律情况、自习情况等方面进行综合评比展示，定期表彰。

长效德育。学校结合实际情况，将已经开展的工作进行梳理规划，提炼出“1824”的德育活动育人体系，即学校建校起始时间是1824年，以此作为学校育人体系中的长效德育，也是学校德育工作的主要阵地。“一”指校园艺术·体育节，时间定在每年9月至12月。学校结合中国传统文化，以“爱国、明礼、诚信、和善、孝悌、感恩”等为主题，一年一个主题实施，每六年可以进行一轮循环。每年艺术体育节包含15个项目左右，搭建舞台让更多的学生参与。整个活动用“峡山大舞台”冠名，引领师生在这个舞台上展示才华、训练技艺、陶怡情操。

“八”指学校开设的八类课程。学校依托八门课程浸润学生、滋养学生，落实学校的德育目标。第一类是基础类课程（国家规定的课程），完成学生的学业，帮助学生能进入高一级学生继续学习。第二类是特长类课程（音乐、美术、体育），学校已经完成体育课改革方案、学生必唱歌曲，要求学生在校至少要掌握一至两门锻炼身体的体育项目，要唱会一些基本的歌曲。第三类是心理类课程（学校心理调整、疏导、心理咨询），主要通过讲座、个辅、班团队活动对学生进行生命健康教育。第四是社团类课程（学校各类社团活动），通过学校社团建设让学生个体才华得以发展。第五是竞赛类课程（数学、物理、化学、生物、信息技术），结合实际辅导学生参加学科竞赛。第六是创新类课程（科技创新活动），主要开展科技创新活动，将每年4月定为科技创新月，鼓励学生做小发明、小创造。第七是实践类课程，开展清明祭英烈、学雷锋、一日捐、服务社区等模拟职业生涯课程，到高校去开展“峡山学子大游学”活动。第八是家长类课程（依托“峡山大讲堂”开设家长培训课），针对家长不会教、不能教的情况，利用学校“峡山大讲堂聘请校内、校外专家共同研讨家庭教育话题，帮助家长提高育子水平。一学年可开展八个主题的研究课，每月搞一次主题活动。

“二”指的是二会，即学校的红歌会和读书会。红歌会，紧紧依托学校传统项目——红五月歌咏比赛的契机，坚持利用“午间歌声”的时间，采用“每月一歌”每月一换，充分把学校音乐组开发的校本研修课本《峡山之声》必唱歌曲学会。读书会有目标、有阵地、有章程、有会歌、有会徽，定期开展活动，引领师生参与阅读、坚持阅读，让读书奠基师生、陶冶师生、成就师生。

“四”指的是四礼，即指四个具有仪式感的活动。开学典礼，隆重热烈，表彰优秀师生；成人典礼，利用每年纪念“12.9”时开展；青春典礼，少先队退队建团，每年六一前夕；毕业典礼，针对高、初三同学开展毕业典礼，在每年的六月或七月举行。

四、落实德育工作保障措施

时间保障。利用周日至周五，每天晚上6:20至6:50分用30分钟进行德育活动时间。周日开展班级总结、周三开展读书分享、周四开展时事周刊，周五开展小组德育对抗；每周星期一最后一节课为主题班会课时间，每一周定主题、定教案；每日大课间结束以后，班主任有5分钟的一日总结。

人力保障。成立学校德育工作领导小组，由卫华林担任组长，全力推进学校德育工作；成立德育工作领导小组办公室，办公室设立德育处，由胡涛兼任办公室主任；设立德育课题研究小组，由郝良滔担任研究小组组长，在德育框架体系下，开发出德育校本课程，做到“统一内容、统一教案、统一时间、统一实施”的四统一。

经费保障。学校给予资金全力支持，主要用于德育活动开展所需要的物品、宣传以及教师参加外出培训等方面，确保德育工作全面落实。

立德树人是教育永恒的课题。号角已响，方向已明，汉源县第一中学将全面贯彻党的教育方针，深入推进立德树人工作，充分发挥课程、课堂、管理、文化、环境、人员的育人作用，把“立德树人”融入思想道德教育、文化知识教育、社会实践教育等各个环节，严格落实德育工作实施精细化、制度化、系统化、程序化，打好学生生命底色，撑起学生幸福人生。

挖掘课程资源，回归纯粹教育

广东省深圳市盐田区教科院幼儿园 邱志华 谢沁沁 盛根霞 黄冰莹

学前教育是终身学习的开端，是国民教育体系的重要组成部分，是重要的社会公益事业。办好学前教育、实现幼有所育，关系亿万儿童健康成长，关系社会和谐稳定，关系党和国家事业未来。为此，我园将“三个期待”作为园所特色发展的切入点和突破口，我们相信幼儿拥有与生俱来的力量，相信教师拥有专业发展的潜质，相信园所拥有坚守追求的梦想，并在此基础上依据杜威提出的儿童中心论及教育无目的论，提出教育层面的六个纯粹，即教育之纯、匠心之纯、人文之纯、初心之纯、愿景之纯、传承之纯，以“回归纯粹教育”的目标作为幼儿园内涵发展的生长点。

一、利用先进技术，善挖课程资源

我园积极吸取世界优秀的学前教育理论与做法，充分利用先进的技术，建构了一套属于幼儿园的课程体系——鲲鹏课程，希望将幼儿培养成有主见、具灵气、会发现、善求解、充满爱、乐创造、有热情、能坚持的中国小公民。鲲鹏课程将STEM理念融入一日活动中，创设了属于孩子们的STEM日。幼儿园为孩子们准备了E空间，即手工材料超市，孩子们在教师的指导下，能够通过铁玩、电玩、木玩、纸玩、泥玩、塑玩等stem特制教具，进行科学工程创造活动。除此之外，幼儿园还设置了未来教室来展示AR全息投影，并且将最先进的教学理念、AI、大数据以及声光特效等技术融入投影。“童小点”幼儿数理思维与编程启蒙课程的开设，意在让每个孩子都成为“小小编程家”。通过在未来教室里进行教学实践，教师的信息化能力得到提升，幼儿接受知识的范围与途径也得以拓宽，参与式教学、探究式教学、体验式教学也在课程里得到有效运用。

项目式学习不仅利用传统+智能化设备支持幼儿的集中化学习，有效丰富了幼儿的感官经验、提高了参与性与互动的趣味性，使幼儿的经验更加丰富，解决问题能力显著提高，而且打破了传统教学模式和传统教室的空间限制，统筹考虑幼儿学习空间、学习资源、学习平台、学习品质、家园共育、教师专业发展等因素，提供了丰富的教育资源，使幼儿在幼儿园小的场域内实现无边界学习。

二、开展特色活动，巧挖课程资源

我园从幼儿成长阶段的特点出发，充分考虑到兴趣对于儿童学习的重要作用，开展了一系列“IESK”特色活动。“I”代表“Independent意在将儿童培养为有主见、具灵气的学习者；“E”代表“Exploratory意在将儿童培养为会发现、善求解的探索者；“S”代表“Social意在将儿童培养为充满爱、乐创造的协作者；“K”代表“Keen意在将儿童培养为有热情、能坚持的钻研者。

因此，幼儿园组织了一系列的特色活动，包括粤语日、劳动日、职业体验活动、STEM体验日、收集日、芸香草漂书计划、主题餐厅及各节庆活动。

每周四的粤语日，为了让小朋友更加了解岭南文化，深入体验和感受广东各地的习俗，幼儿园邀请生活在广东本地的家长入园为幼儿介绍本地特色美食、习俗、语言等方面，幼儿在参观、聆听、体验、分享交流的过程中获得经验，增长见识。

除粤语日外，幼儿园还有每周一次的劳动日，幼儿通过项目式学习的形式进行劳动。首先，教师与幼儿共同发现班级中或幼儿园中需要清理的地方，创设劳动情境；接下来幼儿需要观摩专业人员是如何做的，并且询问劳动方法与技巧，进行总结分享；第三，幼儿进行实践，在实践结束后需要问询使用者对劳动成果的满意程度，并对幼儿的劳动提出相关建议；最后，幼儿对劳动情况进行总结分享，可以小组或集体分享。

我园极其重视幼儿健康方面的发展，因此我园每天都会进行体能大循环，每位教师均能独立带领幼儿进行体育活动。同时幼儿园的STEM未来教室项目活动中还配备体适能专职教师，此外，我园还聘请篮球教练及体适能教练为幼儿提供专业的体育活动。

幼儿园职业体验活动现设岗位晨会发言人、安全搜查员、牙医博士三个岗位，幼儿通过报名、面试、培训、试用、录用几个步骤完成职业体验的过程，未来我们将设更多岗位供幼儿体验。

STEM体验日中，幼儿可选择去未来教室、童小点教室或E空间进行活动，幼儿可以体验通过与全息投影、童小点机器人互动获得知识经验，还可以通过操作机械材料、建筑材料发展动手能力和逻辑思维。

三、推进科研工作，反哺课程资源

我园十分注重教科研的推进，现有5项课题在研，分别是：《幼儿园推进STEM教育的策略研究——以大班幼儿劳动教育为例》、《以项目式学习模式开展大班幼儿劳动教育的策略研究》、《幼儿职业启蒙教育教学的实践研究》、《幼儿园EPCE项目式学习活动的设计与实施研究》和《早期阅读成长档案构建策略研究——以大班幼儿为例》。其中由我主持的中国教育科学研究院课题《幼儿园推进STEM教育的策略研究——以大班幼儿劳动教育为例》为关于STEM教育在幼儿园推进的国家级课题。

目前幼儿园已成为教育部重点课题《基于STEM教育理念的跨学科学习模式区域实践研究》实验园，中国第三届新样态实验学校，广东省首批STEM种子幼儿园及第三批省级课题幼儿园和广东省学前教育“新课程”幼儿园科学保教示范项目参与园，盐田区幼儿园国际STEM教育项目研究基地园。

科研工作的推进不仅能够帮助我们对已有的课程资源重新进行审视和反思，还能启发我们在更广阔的天地里创新课程资源。

站在“两个一百年”奋斗目标的历史交汇点上，我园继续保持教育初心，将纯粹教育持续贯彻：坚持以幼儿为中心，真正确立质量意识，积极探寻优秀的教育资源，将其转换为特色课程；改善软环境，增进幼儿有益经验，提升园所质量；积极落实教研责任制度，加大教育创新力度，助推幼儿全面发展。

以阳光之心　育阳光之人

——山东省潍坊高新区泥景学校“阳光教育”特色侧记

山东省潍坊高新区泥景学校　潘金亮　史靖

泥景学校是一所矗立于泥河岸边的九年一贯制学校，是山东省文明校园，是潍坊市依法自主办学的试点学校，更是周边老百姓心目中的理想学校。阳光教育是这所学校的名片；阳光炽烈，坚冰立散。泥景学校以“阳光教育”为载体，制定阳光教育发展规划并持续推进，为师生的和谐发展、幸福成长注入着源源不绝的“正能量”。

一、完善阳光治理体系，打造高品质服务团队

优化治理结构，使组织结构与治理目的相匹配，对于寻找学校发展的“第二发展曲线”，优化顶层设计，实现学校快速升级转型具有战略性作用。高新区泥景学校以区教育分局“学校规划能力提升浸润式培训”为契机，学思践悟、深学笃行、主动发展，优化扁平化组织结构，使学校治理结构的转型升级为项目推进、教师专业发展、学生全面成长奠基。

管理是质量的保障，创新是进步的灵魂。泥景学校以阳光治理体系优化升级为契机，学校管理重心下沉，校级领导包靠级部，直接负责并管理年级教育教学，深入教学一线和一线教师并肩作战，上下沟通更直接、责权分工更明确，执行落实更高效；学校综合服务中心、教师发展中心、学生管理中心、安全服务中心等中层科室管理一线转变为支持与服务一线；各个服务科室更重要的是做好顶层设计及发展规划，在战略高层和教育教学一线之间搭建阶梯，在价值观转化为一线方法论的过程中发力，为一线提供原则、要素和最便捷方法。

强基固本增强战斗力。新时期、新任务、新挑战，实现深度扁平化管理模式的创新和改革，是新时代快速适应教育教学由大众化向小众化转型，实现学校高品质发展的重要战略举措。泥景学校将以脚踏实地之风勤笃行，以勇于登攀之行求锐进，以仰望星空之志致高远，筑成坚强有力且充满战斗力的坚实堡垒，将学校打造成社会信任、家长放心、学生向往的精品窗口学校！

二、狠抓师资队伍建设，造就魅力阳光教师

百年大计，教育为本；教育大计，教师为本。只有一流的教师队伍才能创造一流的教育业绩，学校才能真正办人民满意的教育。近些年来，泥景学校狠抓教师队伍的建设，不断提高教育质量，促进了学校的飞跃发展。

加强师德建设，完善考核制度实现阳光管理。明确师德标准，重视宣传导向，表彰先进典型，树立学习榜样，形成比学赶超的浓厚氛围；加强心理疏导，缓解职业倦怠及工作压力。

构建学习型教师团队。教学基本功常抓不懈，重视教师课堂研究和成长，强化教师专业发展，建立教师个人成长档案，记录教师成长过程；大力实施阳光教师“青蓝结对工程”，一帮一快速成长，举行青年教师上岗课、中期提高课、期末汇报课；及时总结和推广教师阳光课堂优秀经验，使优秀老师的经验成果得到充分尊重和广泛应用，促进梯队型人才队伍形成并快速成长。

完善教师评价制度。学校进一步完善《泥景学校教师工作阳光考核方案》，定性与定量相结合，实施多角度、全方位评价；每学期一次“阳光教师”评选，力求入选的教师全面诠释阳光教师的正能量作用；及时推出阳光教师、阳光科室、阳光级部，并进一步使优者更优，名者更名。

开展多元立体培训，促进教师快速全面发展。开展远程培训、岗前培训、岗位培训、校本研修、兄弟校教研等立体化培训，拓展教师的教育视野，实现各层面教师的不同需求，提高教师的教育素养。

三、构建阳光课程体系，涌现阳光智慧课堂

课堂是教育教学的主阵地，“阳光教育”自然要打造洒满成长之光、涌动生命活力的“阳光课堂”。将学校阳光教育的办学理念和理解力课程以及“自然分材教学”有机融合，着力打造个性化生态课堂，形成课堂文化推进课堂改革，落实国家课程、地方课程，梳理现有的课程及分类，结合地域特点和学生实际开发校本课程形成阳光课程体系。

学校成立名师团队，针对任课教师、学生分班、课标研究等问题仔细剖析，研究幼儿园、小学、初中的有效衔接，整合课程资源。小学1—2年级制定“超学科”教学计划，配备两名“包班”班主任老师，推行“主题式”理解力课程；小学3—5年级实行“项目式”跨学科教学；小学六年级开设“主题式”大单元教学，落实学科内知识整合，加强小初衔接；初中以“基于课程标准的教学”为载体，推行教学评一体化教学，为实现学生的全面发展和取得优异的学业成绩打好基础。

完善教研组和备课组的教学研究机制，通过“点上突破，面上带动”的推进策略，在学校内建立分层次的跟进指导体系，每周组织一次活动，每次活动有主题、有研讨、有反思结集。针对培养“阳光学生”的目标，积极探索学生综合素质评价，把各类课程的学习情况纳入进去，推动阳光课程不断完善。

四、开展阳光七彩行动，照耀学生快乐成长

培养双自主科学探究能力，提升学生科学（理化生）实验素养。学校设计了三种课程：模块课程、生活课程、网络课程。整合的模块课程使学生将零散的知识系统化，提升了自主创新能力；生活课程借助于贴近学生生活的科学课程，适当将其延伸到课堂以外的丰富多彩的生活中去；网络课程给予学生很大的创新空间去利用所学的知识来完善和提高自己的抽象思维能力，达到知识运用的再升华。

自主导学，七彩润泽，学校积极实施“七色光”课程，培养学生爱心感恩、责任执着等优秀品质。七色光学科课程体系包括民族文化领域课程、生命教育课程、自然探究领域课程、社会探索领域课程等；七色光校本课程体系包括戏曲、戏剧、国学经典、足球、篮球、小记者团、摄影、合唱、油纸伞、剪纸等；七色光节日活动课程体系涵盖了感恩节、体育节、文化节、读书节、科技节、艺术节、英语节。下一步，学校将探索开设特色课间操，给孩子一些简单的韵律操、跳绳、小马跳等，每月换一次，保持新鲜感。在“七色光”的照耀下，学生各取所需，各展所长，快乐成长。

五、构建生活德育体系培育健康阳光少年

“问渠那得清如许，为有源头活水来。”为了推动我校德育品牌项目建设和课程设计实施，让德育教育渗透到学校日常工作中去。

学校着力构建“生活化德育体系”，推行阳光班级建设，将魅力班主任培养锻造工程作为重点德育工作项目来抓。以责任教育为抓手，做好八类学生的教育工作，通过大队委的督查，抓好学生的行为习惯教育；完善学生会干部自主管理机制和红领巾督查岗，做好团员纳新和一年级新生入队的工作，召开少代会、团代会；制定《泥景学校阳光少年评价标准》，每个学生根据实际情况制定自己的阳光少年标准，让“泥景阳光少年”成为学生成长的标杆，成为学校最重要的评选奖项；通过校、区乃至市级的评选活动、班级考核、职级考核等来提高班主任管理魅力指数，加强班主任队伍建设，提高班主任的专

业管理水平。健全家委会组织机构，构建三级家委会工作模式，逐步制度化、规范化，形成一支支持学校发展的生力军；家长通过多种方式，参与学校管理，促进学校更好更快发展；发挥家委会功能，利用家长资源，支持学校教育教学工作，提升家庭教育水平；完善学校心理健康教育机制，落实各项制度，关注学生心理健康教育，设立心理咨询室，配备兼职心理辅导教师，扎实开展集体心理辅导等系列活动，进行育人教育。

六、建设阳光校园文化涵养师生提升品位

校园文化是一种氛围、一种精神，校园文化建设可以极大提升学校的文化品位，校园文化是一所学校综合实力的反映。学校按照“锻造阳光教师，培育阳光少年”的思路，形成学校的环境文化、制度文化和精神文化，使育人环境得到全面优化，打造内涵丰富的学校人文环境和物质环境，努力做到学校环境优美、管理制度完善、教师魅力亲和、学生自信好学。

以阳光文化为主线，发挥师生主体作用，突出校园特色文化，从楼名、路名入手，彰显大气的阳光文化。每座楼都是一线贯穿，让每块墙壁记录师生的足迹，展现他们的努力、发展和成功。以学生活动为主体，个性化班级创建为载体，体现学生自主管理，规范教室布局，统一区域文化版块，形成内容丰富、各具特色，有内涵、有活力的班级文化。民主协商、阳光参与，建立完善规章制度，激发正能量，让制度文化与时俱进。以班级文化和教师办公文化为平台，形成系统完善的校园文化管理制度和管理体系。通过“月度最美教师”评比等活动，让魅力、亲和、博学、躬行的品质成为每一位教师的阳光标签；通过“泥景之星”评比等活动，让自信、好学、悦纳、合作成为阳光学生的行为特质。

陶行知先生说：“学校放在阳光中，必能生长，必能持续不断地生长。”泥景学校如旭日般冉冉升起，追梦旅途上一路昂首前行，不断生长、生长，向着梦想，向着希望，向着未来，向着远方……

深耕细作育良才，智变求新谋发展

贵州省遵义市第四初级中学　王笃弘　周功轩

国之大业即教育！一个国家的全面发展必然与教育紧密相关。步入21世纪之后，国家对教育提出新的要求。全面贯彻党的教育方针，落实立德树人根本任务，发展素质教育，推进教育公平，成为每一所学校肩负的使命，大力倡导学校通过实施优质教育引导生命成长，促进师生身心健康发展。我校位于贵州省遵义市红花岗区老城子尹路与石龙路交汇处，南临举世闻名的遵义会议会址，西与子尹路毗邻，北对红军烈士陵园，东接凤凰山国家森林公园，与母亲河湘江一衣带水、与红军街一墙之隔，校园内古树错落，花径遍布，绿树成荫，书声琅琅。沧海桑田，几经蜕变，我校从顶层设计的角度，围绕“贵州创一流”、“西南走前列”、“全国有影响”的目标，确立了“教育即生长”的办学理念，秉承老四中“明德、博学、启智”的校训，制定了“因材施教、启发诱导、学思结合、博约兼顾”的教学原则，对教师的教学行为进行规范。办学伊始，我校办学条件十分落后，设施成旧，不仅生源差，就连教师资源也十分匮乏，学校生存直面严峻的考验。我校校长王笃弘曾深有感触地说：“接手这样一座百年老校，不仅要保持原有的‘光芒’，还要让学校再创辉煌，这确实也是一个很大的考验。”好在，我校抓住新时代发展的机遇，在当地教育系统的统一部署下，学校吸纳了遵义市各乡镇的40多位优秀教师，成功招到了200名学生，勉强度过了一次难关。如今，经过5年的发展，我校已有39个教学班，在校学生1846人。校园内，明德楼雄伟壮观，博学楼优雅别致，启智楼功能齐全，学生宿舍设施齐备。为塑造学生人格，拓展学生思维，培养学生能力，开阔学生视野，强壮学生体魄，提供了文化的浸润和充足的物质保证。

一、深化办学理念，提升教育品质

一直以来，我校深知课堂教学是实施教育的重要阵地，是提升教育质量的有力途径。为此，我校大胆创新课堂教学模式，采用“分层教学、分类指导、弹性作业、分设目标”的课堂教学要求和“精讲精练”教学模式以及“选修课、走班制”的特色来完成教育教学任务。课堂教学以省级重点课题《初中学科“点化”到“解化”教与学策略研究》为引领，不断更新教师课堂教学理念，改变传统教学方式，减负提质。通过建设“知行课程”体系，将“国家课程校本化”、“校本课程生本化”、“生本课程生活化”，以课程建设为载体，丰富学生的校园文化生活，培养学生的创新实践思维，陶冶学生情操，通过开展一系列人文艺术活动加强校风、学风、校园文化建设。以“活动即课程，课程即德育”为育人模式，力争把学生培养成“懂生活”、“会健体”、“乐学习”、“善交流”、“能合作”的体智健全的合格中学生。

王笃弘介绍说道，“学校既让学生有美育知识的获得，又能通过知识技能的习得对孩子的心灵与综合素质起到潜移默化的提升作用，学校重视音乐、美术等指向学生审美和人文素养提高的课程，给学生提供大量的文化艺术实践的机会。”为此，我校开设了由“墨香校园”书法、物理创新实验社团、千寻合唱团、探索艺术、STEM物理、Scratch动画与游戏编程、程序设计与人工智能、3D创意设计等40余门课程组成的“生本课程”体系，每门课程均由专业老师申请并组织实施。此外，过全体师生的不懈努力，我校拥有丰富的校园文化活动，同时在国家、省、市、区各级各类比赛中获得一等奖若干，学校也常获“优秀组织”奖。

2018年是我校恢复办学以来的第一届毕业生，555人参加中考，有3人进入遵义市前10名，有10人中考总分达到600分以上，示范高中上线率达到74.5%；2019届毕业生，遵义市总分前十名，该校有5人，居遵义市第一；遵义市总分前500名有116人，占校比17.5%，居遵义市第一。这些成绩不仅是全校师生的汗水所得，也印证了我校办学发展的正确思路，坚定了所有师生不断前进的信念。

二、重视师资发展，激发学生潜能

教育是全方位、多层面激发学生潜能，促进学生生命成长。任何时候，学生的个性发展都不容许有缺失。王笃弘也曾说，“学校教育不仅仅只是分数的集合，更多的是对学生综合素养的培育。”为此，一直以来，我校以课程建设为抓手，通过搭建“选修课、走班制”的平台，建设“STEAM”教育空间，开展“假期实践活动”，让学生有了自己个性发展的空间，有了展示自我的舞台，创新意识和能力得到大幅提升。五年来，学校的学生足球队，从建校之初由一个年级组成的队伍就获得了红花岗校园足球冠军，到第二年荣膺遵义市校园足球三级联赛冠军，已蝉联三年，足球第一名的荣誉让我校学生足球队向着更优更高方向发展。不仅如此，男女三人制篮球，我校也一举拿下遵义市首届男女篮球冠军；机器人团队，从一无所有，创建第一年就获得遵义市首家“创客空间示范校”，学生连续三年获得贵州省FLL挑战赛冠军；信息技术奥赛团队首次组队参加全国信息技术奥赛，获得全国二等奖；2017年在全市率先起步的“STEAM”课程，也在遵义市青少年科技创新赛中获得市一等奖。红军街旁承“红”志，凤凰山麓展羽翼。在各级领导部门的关心和支持下，在学校领导的带领下，2020年12月15日，我校佳讯频传，再收两项殊荣：“遵义市艺术教育特色学校”、“遵义市科技教育特色学校”称号。

“学生素质教育的阵地不只是校园和课堂，我校遵循‘知行合一’的教育思想，鼓励学生走入社会，融入自然，在实践中发现问题、分析问题，最终达到解决问题的目的。”王笃弘介绍，我校积极倡导学生到国外的研学旅行，通过进课堂、进社区、进博物馆、进美国家庭，培育了学生国际化视野；小小讲解员随遵义市大部队走入全国知名高校，传承红色基因，讲好遵义故事，锻炼了学生的社会实践能力；周末街头，学生义卖捐助活动也得到广泛好评。

习近平总书记指出：“一个人遇到好老师是人生的幸运，一个学校拥有好老师是学校的光荣，一个民族源源不断涌现出一批又一批好老师则是民族的希望。”教师是教育发展的第一资源，要想实现一流的教育，必须拥有一流的教师队伍。教师队伍建设是学校品质发展的保障，更是教育实施的基础。王笃弘校长说道：“五年来，学校的教师们勤勤恳恳，敬业奉献。尽管学校没有要求他们坐班，但他们以比坐班还实在的敬业奉献精神，一年一年传下去，让每一个到四初中任教的老师都感受到这种精神。”这些年来，为促进教师队伍成长，我校确立了以课题为引领，开展科研课题工作的目标。2016年开始，学校申报了省级重点课题《初中学科“点化”到“解化”教与学策略研究》总课题，然后各教研组围绕教师课堂“点化”与学生课后“解化”这一钢领，开展了市级课题5个，区级课题18个、校级10个子课题研究，共开发校本教材60余册，制定策略十余个，已经结题区级课题8个，市级课题3个，目前学校总课题已经完成材料报送省教育厅的工作，课题开展期间得到了国家西部教学改革项目支持，并获得该项目重点培育项目，已于2019年11月份参加了中国第五届教育创新公益博览会的展出，得到不少专家的好评。

三、品味教育之苦，展望教育蓝天

“教育之路味苦，教育之果甘甜。”五年多的办学实践，五年多的教育塑造，成就了我校“敬业奉献、敢打敢拼、睿智创新”的精神。学校所有教师勤勤恳恳，敬业奉献，思想一致，始终坚信“上下同欲者胜，同舟共济者赢”。在这种精神的感染下，师生的凝聚力不断增强，教学质量连年提升，校容校貌焕然一新。不过，教育终归是一场没有终点的行程。今天，既是我校展示办学成就的契机，也是我校继往开来、开始新征程的起点。面对新的机遇和更大的挑战，在王笃弘校长带领下，我校会继续全力以赴，团结友善，用不服输的精神锻造出一支敢打敢拼、敢啃硬骨头的优秀教师队伍。会继续大力发扬为民服务孺子牛、创新发展拓荒牛、艰苦奋斗老黄牛的精神，带着教育的理想，追求理想的教育；不忘初心，迈着坚实的步伐，执着激情地走在教育的道路上。以先进的理念引领学校发展，以担当的情怀领跑教育改革，敢为人先，勇于创新，不断开启学校发展的新局面。

守正创新办教育，真抓实干促发展

山东省聊城市东阿县姜楼镇联合校　肖磊

改革创新是推动教育事业发展的根本动力。四十多年来，我国教育事业发展之所以能够取得举世瞩目的成就，根本上靠改革创新；办好新时代中国特色、世界水平的教育，更需要改革创新。培养德智体美劳全面发展、能够担当民族复兴大任的时代新人，是办好新时代教育的内在要求，不仅关系学生的成长成才，还直接关系到教育的方向。

站在顺应时代教育发展潮流的新高度，作为一所学校的校长必须高瞻远瞩，勇于创新，真抓实干办好教育，以自我为榜样，促进学校跨越式发展。

一、凝神聚力促发展，真抓实干求超越

校长是一所学校的灵魂，他在学校是一面旗帜，一个榜样。榜样的力量是无穷的，行胜于言，示范就是最好的引领。作为一名校长，要带头树立高尚人格，做一个真正的、大写的人。如此，才能树立个人的威信，才能一呼百应，才能真正使教职工信服，才能凝聚人心，才能团结带领所有师生凝神聚力促发展、真抓实干求超越。

发展学校是校长的第一责任，发展教师是校长的第一使命，只有时刻坚守并勇敢扛起这份责任，才能去影响师生，人尽其才，让校园的每一个人成为英雄。另外，作为校长，必须要有先进的教育理念，有博大的教育情怀，有深刻的教育认知，有清晰而严格的价值取向。善谋者行远，实干者乃成。任正非曾说过："我为什么对华为这个公司有信心，因为一旦机制和制度确立后，我只抓最前面的一批人，只要前面这批人是冲锋的，对他们的激励到位了，剩下的人就会前赴后继去跟上，我们这个单位就会越来越强，越战越强"。因此，人力资源体系就是要做到如何引导队伍去奋斗。作为学校领导层，要么不做校长和领导，要做就牺牲自己，成为大写的榜样。学校建章立制、确立机制后，校长要带头吃亏不谋私利、全身心考虑怎样发展学校，教职工受到尊重，心中有束光、有温暖，学校为教师发展和成长搭建起一个平台，大家才会无怨无悔、埋头苦干，学校各项工作才会有起色、蒸蒸日上，逐渐成为一所品牌学校。

随风潜入夜，润物细无声。当一名校长一身正气带头干，不忘初心，真心实意为学校和师生的发展尽职尽责、殚精竭虑时，所有的困难都不是问题，所有的危机都是转机，整个世界都会为他让路。

二、精准定位明方向，行稳致远谱新篇

没有规划，就没有方向，无所适从，无处下手，无所实施。就像一艘航船，有方向才叫起航；没有方向，就只能叫做漂流。学校发展规划在制定中，要努力做到发展目标定位明确、发展内涵深刻厚重、发展特色鲜明直观、发展价值清晰不乱、发展现实可落地不失位。规划非文本，它是一种管理方式和管理过程。校长在学校规划发展中要高瞻远瞩、精准定位，学校才能方向明确、行正致远。最好的校长都是一个画家，为每位师生、家长画饼，勾勒出愿景，激励每一个人奋斗不息、矢志努力。

教育所有的活动都是旨在培养学生品质、素养和能力。顾明远也曾说过，教书育人在细微处，学生成长在活动中。就像中国足球，类似国家弱势体育项目的提升和发展，通过教育去做，就可能找准了方向。任何团队和个人，想成就事，想成功，就必须要有严肃的纪律和规则意识。体育运动的作用是全方位的，它能提升精神、品味成败、成全生命、绽放人性……

一所学校制定好了规划，还要确立现代学校制度。从管理走向制度，离不开领导关心和专家引领，如此这般，才能方向正确、走得长远。要结合国家对学生核心素养的培养要求，树立以人为本的思想，规划好课程，打造专业教师团队和专业成长共同体。学习，引进，融合，发展，坚持，守住。校长要领导好课程改革，建构学生的开学、成长、入队、感恩、毕业等课程，培养全面而完整的人。要带头钻研教学，熟悉助产式等基本课堂教学模式，当学生走出学校时，要让他们带着荣耀回家，带着智慧和尊严前行。

三、建章立制带队伍，问学课堂强质量

问是形声字，只有开口，心门才能打开。问是一种对关系的集中与概括，即是以疑而引发的一种求知、求解的愿望和要求。学亦是形声字，学的主体是小孩子，学是动手操作实践和教学相长。教育的目的就是自我学习，自我成长和自我实现。教师要把经历变成经验，让经验变成智慧。问学就是由问而学，因问而学，先问后学，循问而学。以"问"为发端的学习合乎儿童天性，顺应儿童发展。"问学课堂"的实施分为一旨、三问、五学。问学课堂最大特点在于以学生为中心，指向学生素养形成，能够有效地发展学生思辨能力。问学课堂旨在对学生进行引导和启发，让学生主动提问、主动探讨，构筑教学多元对话，从而有效地促使学生全面提高思辨能力，提升学生素养，让真实的学习发生，让真实问题成为课堂学习的助力器。

传统教学抑制了学生思维发展和才能发挥。学生敢于质疑，就会迈出勇敢的第一步。让学生敢问，需要智慧策略；让学生开口问，需要鼓励。让学生意识到，个人能力是有限的，而集体智慧则是无穷的。爱因斯坦说过："提出一个问题远比解决一个问题更重要"。教学不仅要让学生学会解决问题，掌握解决方法，更重要的是培养学生发现问题和提出问题的能力，让学生"敢问"、"会问"、善于"发问"。学生经过深思后，提出的问题才最有思考价值。问学课堂是启迪心智的课堂，它能够促进儿童成长，培育学生素养，培养合格公民，是一种追求教学的真质量和真效益，追求儿童的真发展的课堂。

教育所有的活动都是旨在培养学生的品质、素养和能力。顾明远曾说过，教书育人在细微处，学生成长在活动中。任何团队和个人，想成就事，想成功，就必须要有严肃的纪律和规则意识。作为校长，必须要有先进的教育理念，有博大的教育情怀，有深刻的教育认知，有清晰而严格的价值取向。善谋者行远，实干者乃成。要带头钻研教学，熟悉助产式等基本课堂教学模式，当学生走出学校时，要让他们带着荣耀回家，带着智慧和尊严前行。

一位教育名家曾说过，要让儿童站在学校中央。在赵国防校长讲座中也留给我印象最深刻的一句话是"让儿童站在课中央。"确实如此，我们在日常听评课时，往往关注教师的普通话、板书、教态和基本功等环节。但是我们忽视了最重要的一点，学生才是学习的主人、是课堂的主人。学生主体，学情主导，教师助推，敢于放手，勇于放手，才能让学生真正站在课堂的中央。

以文化人精细管理，问学课堂深度学习。今后，我们将在学校的文化引领和日常课堂教学中，不断引进先进经验，钻研探索学习，扎实提升学校的文化育人环境和教育教学管理水平，脚踏实地，凝神聚力，勠力同心，真抓实干，全力推进学校各方面工作再上新台阶。

践行生态教育理念，打造幸福成长乐园

山东省聊城市东阿县牛角店镇联合校　李成军

为深入贯彻落实党的教育方针，培养德智体美劳全面发展的共产主义接班人，为每一个学生的终身幸福，打下坚实的基础。在国家"立德树人"方针指引下，我校确立了以"351"生态教育为核心的理念，学校在教育过程中遵循自然，尊重规律，采取多元教育策略，实施全环境育人，促进孩子的生态成长，全面发展，最终实现师生生命成长。

一、顺应发展规律，确立核心理念

我校位于牛角店镇牛北村，始建于2005年。学校占地面积67亩，现有中心小学、唐槐小学两个校区，在校学生1274人，教职工83人，学校环境温馨优美，绿化面积达15亩，春夏绿树成荫，秋冬情趣盎然。学校建有仪器实验室、实践活动室、科学探究室、计算机室、图书室、语文英语阅览室、聊吧、卫生保健室等现代教学设施。

我校顺应教育发展规律，借助东阿"阿胶名城、喜鹊之乡、康养东阿"这张名片，依据牛角店是一个古老而文明的乡镇、"山东省绿色生态文明乡镇"、"全省小城镇建设先进乡镇"等荣誉称号的优势，结合中心校地域文化和校史底蕴，2005年被评为市绿色学校、2009年被评为省绿色学校、2019年被评为全国生态文明特色学校这一实际，确立了"351生态教育"核心理念，形成了自己学校的办学思想体系，为创建生态校园、人文家园、成长乐园打下了坚实的基础。

近年来，我校先后被授予"山东省农村教育教学工作先进单位"、"聊城市规范化学校"、"聊城市教学示范校"、"聊城市平安和谐校园"、"聊城市校本课程示范校"、"聊城市绿色学校"、"山东省绿色学校"、"全国生态文明特色学校"等荣誉称号。

二、合理划分区域，布局"351"建设

我校精心规布局了三区五园一广场建筑模式，"三区"指我校教育区、运动区、生活区。其中，教育区包括明德楼、博学楼、弘志楼三座楼。楼体外墙将教风、校风直观展现。楼内楼梯、走廊经过文化、知识的精心装扮，使得校园的每一方土地、每一株花草都蕴含文化气质，对师生产生耳濡目染的影响。我校运动区占地16.04亩，场内设置了田径场、足球场、篮球场、排球场、羽毛球等场地，使学生在和谐、平等、友爱的运动环境中感受到集体的温暖和情感的愉悦。学校餐厅为我校师生生活区域，餐厅宽敞明亮、干净整洁，餐厅文化围绕文明礼仪、勤俭节约、饮食文化、餐饮知识等展开，使全校师生能够快乐生活每一天，开心享受每一餐。

"五园"涵盖了启智园、汇爱园、润美园、滴翠园及民俗园。"启智园"——即开启智慧，景观园以此为名，启迪全体师生在"生态教育"核心引领下，勤奋学习，博文广读。"汇爱园"——即汇聚爱、集合爱，与"生态教育"理念之内涵相通，由此启迪全体师生时刻心存大爱。"润美园"——即温润美好，此园名引导师生将"生态教育"真正落实和践行，体现于言行举止间。"滴翠园"——此园区面积较大，草木茂盛，取词语"苍翠欲滴"之意，寓意蓊郁的生机和活力，引导师生

更多地与自然接触，做大自然的朋友。“民俗园”——我校将现有校园内自行车棚改建为民俗展厅，体现乡土文化特色，激发师生热爱家乡的情怀。

“一广场”——校门入口广场名为“求真广场”，与校训一脉相承，引导师生步入校园即要学真知、养真德。

三、强化学校管理，落实“351”模式

学校管理，按351模式落实，扎实有效。即三支队伍，五大重点工作，一个理念。

三支队伍指我校的领导班子中层队伍，班主任队伍，教师队伍，其中班子队伍在党建工作引领下加强理论学习，坚持党的教育方针，围绕宽容团结，协作创新这个目标，以“尽职尽责、至真至善”的服务理念提高凝聚力战斗力，打造了一支廉洁奉公、团结协作、正身率下的领导班子队伍。我校还注重班主任队伍建设，在班主任素养上狠下功夫，通过道德大讲堂、班主任论坛、德育培训、班主任素养大赛等，锻炼了一支能打硬仗、领导信任、家长放心的中坚力量。专业化的教师队伍是我校教师成长的目标和方向，在生态教育核心引领下，通过生态名师工作室加强教师专业化培训与学习，逐步形成了一支热爱学生、奉献乡村、业务精湛的专业化教师队伍，

五大重点工作即党建引领、德育为先、教学为主、安全第一、健康向上。

坚持党建引领。学校党组织积极发挥政治核心和战斗堡垒作用，明确把方向、谋大局、定政策、做决策、保落实的工作职责，研究学校办学内涵，提升办学水平。

坚持德育为先。学校牢牢掌握德育工作的主动权，组织开展丰富多彩形式多样的社会主义荣辱观教育和德育法制教育活动，把社会主义核心价值教育融入教育教学的全过程，引导学生树立正确的人生观、价值观、荣辱观、世界观。

坚持教学为主。学校不断强化教学工作的中心地位。坚持深化教育教学改革，执行国家课程计划，重视和加强教育科学研究，加大教师培训力度，以促进教师自身专业成长，创造出一条教师乐教，学生爱学，教师会教，学生会学的教学相长、师生共赢效果好、效率高的“351”高效生态课堂模式。

坚持安全第一，学校坚持不懈地抓好安全工作，建立安全工作责任追究制度，积极开展平安校园创建活动，安全教育，警钟长鸣，常抓不懈，始终坚持三个“1”狠抓学校安全教育，三个“1”，即每学期第1个会是安全工作会，第1堂课是安全教育课，第1件事讲的是学生安全大事。

坚持健康向上，重视和加强学校体育和卫生工作，学校把加强学校体育工作，作为全面推进素质教育的突破口，积极开展体育活动，强健学生体魄，提高学生的健康水平，同时还注重艺术课的开课率，保证艺体的教学质量，并积极做好传染病的防治工作。

一个教育理念即生态教育理念。“生态教育”是注重习惯养成的教育；是德育、智育并重的教育；是绿色和谐、注重美育的教育；是注重因材施教、适性发展的教育。

四、聚焦办学理念，设置“351”课程

根据国家对小学阶段培养目标，围绕学校的办学理念和育人目标，　我校实施三级五类一拓展的生态课程。

三级课程指的是国家、地方与校本课程，语、数、英、道法、体、美与科学等课程是国家规定的基础，课程具有朴实性，为学段衔接和学生终身发展奠定基础，对于国家课程除了开足开全课时，我们还适度的拓展，有利于学生综合素养的提升，我校以“构建多彩课堂，发展个性特长”为课程发展目标。构建一个有利于学生和老师发展的课程体系，设置了国家、地方、学校三级课程体系。形成了“国家课程适度拓展、地方课程适实融合、校本课程适性开发”等多元并存的课程体系。

五类即在三级课程的基础上，把课程综合为：学科整合课程、研究性课程、互动式课程、活动性课程、实践性课程。

学科整合课程主要包括国家课程中的语文、英语、道德与法治课程。并通过晨读、午写、暮醒及主题阅读、经典诵读、英语口语、道德大讲堂、课本剧社、文学社等不同的形式培养孩子的人文素养。

研究性课程主要包括国家课程中的数学、科学及信息技术，通过校本课程中的灵动数学、科学探究、科技创新、电子绘画等探究性研究，培养孩子的科学素养。

互动式课程主要是培养孩子的健康素养，通过国家课程的体育以及地方课程的心理健康等课程，以及校本课程中的幸福导航、毽球、篮球、足球等互动式活动，培养孩子的健康素养。

活动性课程主要培养孩子的艺术素养和审美能力，通过音乐，美术，书法等课程、以及合唱、鼓号队、国画、剪纸等形式，培养孩子的艺术修养。

实践性课程主要是培养孩子的实践素养，通过综合实践、劳动等课程，以及实地研学、劳动基地实践等，培养孩子的动手能力、实践能力和热爱劳动的习惯。

一拓展——学校社团建设。学校以“生态教育”为核心，依据“全面发展、个性飞扬的阳光学子”的培养目标，通过一系列的专题活动，助力学子全面发展。强化学生社团建设，引导学生更好地认识自己，发现自己的兴趣点、激发学生学习热情、发掘学生潜能、丰富学校文化生活。并从侧面培养学生的领导能力、团队协作意识和互尊互敬品格。加强对学生社团领导和管理，成立学生社团建设领导小组，制定社团管理制度。加强对社团活动的指导、协调、监督、考核。制定激励措施，鼓励学生参加社团、参与活动。

经过几年的摸索和实践，我校初步形成了立足课堂教学质量提高、立足教学常规管理精细、立足学生全面发展，努力形成以学生为主体、以合作探究为主线的“351”高效生态课堂教学模式。中“351”是指“三学”、“五步”、“一反思”。

近年来，东阿县始终把教育工作摆在优先发展、率先发展的战略地位，大手笔、大力度推进教育事业大发展，提出了五年锻造“教育新气质”　打造高质量发展“教育样板”的口号。在“十四五”开局之年，我校将积极响应政府号召，审时度势，勇于改革，敢于作为，以更加豪迈的姿态，铿锵的脚步，断然的措施，奋力书写让人民群众满意、让师生共同出彩的靓丽新答卷。

立德树人守初心　勇迎风雨育骄阳

山东省济南市南山实验小学　高广胜

“一年之计，莫如树谷；十年之计，莫如树木；终身之计，莫如树人。一树一获者，谷也；一树十获者，木也；一树百获者，人也。”这段话既阐明了人才培养的重要性，也揭示出人才养成的不易。一所有温度、有品质的学校，背后必然站在一位运筹帷幄、躬耕奉献的巨人。山东省济南市南山实验小学校长高广胜，男，汉族，出生于1972年10月，是中共党员，济南市南山实验小学校长兼党支部书记。从事教育事业以来，他把教育当成一生的使命，不畏险阻，卧薪前行。

济南市南山实验小学成立于2018年8月，作为学校校长兼党支部书记的高广胜同志为学校的创建、发展付出了自己无尽的心血和汗水。回望来时路，学校成立之初，办学条件恶劣，室不避雨，全校760多名师生借居在狭小的仲宫成教中心开展第一学期的教育教学工作，办公条件极差，教室里只有黑板和粉笔。高广胜校长身先士卒，以校为家，激励大家在困境中成长、在摸索中前行、在默默中绽放，通过多次召开家长会寻求家长和社会各界的理解支持和热心帮助。在他的领导下，功夫不负有心人，学校在第一学期期末就取得了优异的教育教学成绩，受到了社会各界的认可……直到今天回想起来，他也会说永远不会忘记那段难忘的艰苦岁月！

一、铸魂培根，深化德育工作建设

对于教育，高广胜同志无疑有自己的态度和方法。就德育教育而言，他坚持将学生的思想道德建设纳入日常德育工作体系，将思想道德建设常态化。一是利用升旗仪式，开展立德树人工作。2020年9月1日，济南市副市长王京文莅临学校参加新学年开学升旗仪式，少先队员在《少年中国说》的诵读中，培养民族自豪感，争做新时代好少年。二是开展辅导员讲队课活动，传承红色基因。三是以“我们的节日”为节点，培养高尚情操。四是以英雄爱国事迹为教材，培养爱国情怀。同时学校还会定期举行的班主任讲堂、家长讲堂、榜样讲堂等，如今，这些都已成为对未成年人进行思想道德教育的主阵地。

“教育不可离书、习惯要提早养成。”这是他对教育的真挚总结。读书和习惯养成，作为学校的工作重点，他始终把这两项任务抓在手上，落在实处。他带领学校积极开展各种活动，丰富读书内容。2019年5月，学校成功举办了“‘书’情惬意，‘阅’润童年”首届读书文化嘉年华活动，评选了书香少年、书香教师、书香家庭、书香班级，以此提高师生和家长的读书意识，培养阅读习惯，从而构建学校读书文化。同年10月，举办了“初心永系　歌颂祖国”诵读音乐会，受到社会各界高度评价。在他的倡导下，学校每学期都会开展以教研组为单位的读书论坛活动，展示教师的读书成果。他还重视传统文化教育，学校打造的《经典咏流传》节目荣获南山区传统文化教育教学成果展一等奖。良好习惯的养成要早抓、重抓。为此，他亲自带领老师们编制了习惯养成校本教材，并原创习惯养成视频，作为新生入学的必修课程；进行文明教师、文明学生、文明班级的评选，提高师生的文明意识，强化师生的文明行为；开展生活德育家庭实践活动，建起“养机场”、力行“众厨芳”、潜心“上书房”，倡导现代文明的生活方式，学校文明之风蔚然形成，成效初显。

二、百花齐放，艺术助力教育发展

高广胜同志深知，让农村的孩子享受优质艺术教育的重要性。为了提升学生的艺术修养，发挥艺术光辉之大美，他组织学校成立了小白鹭合唱团、星星合唱团、“南山泥韵”社团、管弦乐社团、“笔情墨韵”国画社团、“清缨心摄”摄影社团、剪纸、创客、轮滑、舞蹈、表演等数十个社团，屡获佳绩。此外，树立文明意识，争创文明校园，一直以来都是他倡导的重点。为了让学校周边颜值更靓，让城市文明底色

更艳，助力全国文明城市创建，在他的号召下济南市南山实验小学成立了党员创城先锋队，定期开展学校周边环境卫生清理行动。自济南市创建全国文明城市工作以来，他以求真务实的精神，创造性的工作方法，为文明城市创建勤奋扎实工作，受到了广师生和社会各界的赞誉。他积极组织师生认真学习创建文件，广泛宣传，全面提高师生的创建意识；他积极投身于教育工作，身先士卒，全力以赴，以文明城市的创建和提高全体师生的文明综合素养为目标，不断将精神文明建设工作引向深入，学校逐步形成了人人讲文明，处处树新风的良好氛围，有力地促进了各项工作顺利开展，为全国文明城的创建作出自己的贡献。

三、初心不殆，携手守望幸福明天

一场疫情让全国中小学校面临严峻的考验，教育遭受猛烈的冲击。面对新冠肺炎疫情严峻态势，高广胜同志挺身而出，带头作战，连续三十多天没有在家休息，一直坚持在学校抗疫的第一线。作为南山实验小学的党支部书记和校长，面对疫情，他毫不迟疑，开展疫情防控工作具有前瞻性和预判行。他多次召集学校支部成员及领导班子召开会议，安排部署疫情防控工作，每项工作都亲自督促落实。在他的号召下，学校党支部成立了党员志愿服务队，设立了党员示范岗、党员先锋岗，积极应对疫情。他每天带头对学校重点区域进行全面消毒。他还主动请缨承担南山教研室安排的录课任务，第一时间组织教师成立"空中课堂骨干教师备课团队"，帮助备课老师一句句斟酌语言，一遍遍修改课件，全力以赴为全市小学生赶制精品课程资源。在南山管委会发出为抗击新冠肺炎疫情慈善捐款的倡议后，他又第一个站出来捐款。他组织学校党员成立了战"疫"先锋队，坚守学校防疫阵地。在这个没有硝烟的战场上，高广胜同志挺身而出，勇敢"逆行"，用责任与担当，用心血与汗水，筑起了一道道坚不可摧的生命防线，诠释了一个共产党员的初心和使命。正是因为这份坚守敬业的奉献精神，他才被评为济南市疫情防控工作"身边好人"，济南市都市频道还采访报道了他的先进事迹。

今天，在他的领导下，济南市南山实验小学已是一颗闪耀的教育之星，先后被评为济南市精神文明先进单位、济南市教育系统先进集体、南山区德育教育品牌示范校。高广胜同志也先后被评为"济南好人"、济南市创城先进个人、南山管委会社会事务管理局优秀教育工作者等光荣称号。未来岁月里，踏寻在教育求索的大道之上，他会继续以情怀装点教育事业的百花园，用生命谱写曲曲新歌，肩负起这一伟大使命、无悔的选择！

趣享田园生活　承继农耕文化

山东省滨州市经济技术开发区沙河街道古井小学　邓新国

在新时代背景下，教书育人不再是狭义的知识传授与技能习得，而是以人为本，从生命发展的角度出发，在项目学习和实践体验的积累中达成自我认知、自主建构、自我教育和自主发展，真正落实核心素养和关键能力的积淀。为认真贯彻习近平总书记关于劳动教育的重要指示精神和中央有关决策部署，我校通过对史情、校情、生情的认真调研和分析，深入领会"劳动即教育、社会即学校、万物即教材"的教育理念，紧紧围绕"实践育人、劳动育人"目标开展工作，开发生态田园课程，拓展劳动实践体验，逐步形成独具一格的农耕劳动教育特色。

训练劳动技能　培养劳动意识

为全面贯彻党的十九大和全国教育工作会议精神，我校按照《中共中央　国务院关于全面加强新时代大中小学劳动教育的意见》和教育部印发的《大中小学劳动教育指导纲要（试行）》要求，承继"对生命负责，为未来奠基"的办学理念，以"珍爱生命、学会生存、拥抱生活"为目标，利用学校春华秋实园进行农业劳动教育课程总体规划和设计，以把农耕劳动教育课程做成特色、做成品牌、做成开发区劳动教育一面旗帜的使命和担当，为师生发展搭建广阔平台，点亮乡村孩子的人生理想。在这个过程中，我校通过申报项目、开展活动、参加展示、组织社团、开发课程、探索模式等多种方式，培养师生的劳动技能，增强师生的劳动意识，将黄河农耕文化烙进古井小学每一名师生的心里。

为切实解决有劳动无教育的问题，我校还围绕讲解说明、淬炼操作、项目实践、反思交流、榜样示范等关键环节，探索出"教（教师讲解示范）——学（学生分组练习）——思（集中反思评价）"的农耕劳动教育模式，加强对学生劳动方法的具体指导，帮助学生认识农具、了解农时、知晓耕种的基本常识、掌握农业生产的基本技能。在科学分类和前期开发与整合的基础上，我校对农耕劳动教育课程进行了统筹规划，大力实施劳动教育"五个一"工程，即每年级每周安排一节劳动课、每学期初安排校园劳动周活动、学期中进行一次劳动项目实践、安排一次劳动技能竞赛、学期末进行一次劳动成果展示，引导学生在正确认识农耕劳动的基础上，学会塑造自己、建设世界，达到树德、增智、强体、育美的目的。

变通劳动思路，调整劳动方法

我校紧临黄河，在母亲河的滋养下，悠久的农耕文化、朴素的价值观念和优良的劳动传统在这里代代相传。同时，我校有着大面积的种植区域，且教师大多出身农村，有着丰富的种植经验，孩子们也都是生在农村长在农村，对土地有着一定的认识和很深的感情。因此，我校开展农耕文化教育有着天然的优势。

然而，由于学校规模较小、教师年龄偏大、科研力量相对薄弱，大部分老师不敢或不会申报课题进行独立研究，农耕文化研究停滞不前。为此，我校特制定了由校长牵头、业务校长主持、教务处指导、教师参与的四级联动科研机制，实实在在帮助广大教师进行科学研究，在课题研究方面取得了突破性的进展。2018年12月，申报的《生态田园课程群开发与整合研究》课题在滨州市规划办立项，研究和开发包括诗课程、慧课程在内的涵盖耕、种、收、读、写、诵、唱、演、绘等技能的系列生态田园课程；2019年12月，申报的《农村小学创新性实践作业研究》课题在滨州市教育科学规划领导小组办公室立项，现正在研究中；2020年6月，又申报了山东省教育科学"十三五"规划重点课题《新时代山东省中小学劳动教育体系的实践研究》，现已通过初审，正在研究中。通过一系列的课题研究，我校旨在以实地调研为基础，认真分析新时代山东省中小学劳动教育体系的实践现状，进行分类整合，得出客观结论，给不同类别的中小学校提供具体可行的劳动教育体系的实践范本。

为了保证课题研究的有序推进，我校根据课题研究需要和学校实际，重点开发古井小学课题研究与推进路线图，大致按照分解目标、明确任务、合理分工、阶段推进等流程展开工作，让课题组各成员明白自己在课题组的职责和分担的具体工作，以便做好针对性准备，顺利完成研究任务。这样的路线图或者说流程图为以后老师们独立进行研究提供了范例和借鉴，降低了实际操作中的困难，拉近了教师与科研之间的距离。

培养能够辛勤劳动、诚实劳动、创造性劳动的德智体美劳全面发展的社会主义建设者和接班人是新时代教育工作刻不容缓的任务。针对生态田园课程在其他地区、其他学校摸索出来的经验与突出性的问题，我校认为，应该在探索生态田园课程未来发展新模式的基础上，推动田园教育成为一种开放的、因人制宜的劳动教育、幸福教育。我校从生态田园课程群开发与融合到特色葫芦课程建设，再后来进一步探索劳动教育课程，进而开始着手进行《新时代山东省中小学劳动教育体系的实践研究》，课程建设从单一走向多元，课程实践从个体到整体，课程规划从学校到区域，连点成线，聚线成面，由面到体，课程视野不断放大，课程思路不断拓宽，课程实施效果越来越接近国家要求和学生发展实际，师生身心发展也越来越健康。

农耕劳动教育作为一项系统工程，对中小学来说尤其重要。建立相应的课程体系并付诸实践，坚持立德树人，把劳动教育纳入人才培养全过程，贯通各学段，遵循教育规律，注重教育实效，创新体制机制，实现知行合一，对帮助学生形成正确的世界观、人生观、价值观意义重大。同时，推动各方共同参与，整合资源、搭建基地，开发课程，逐步形成工匠型教师队伍、立体化课程实践体系、开放性进阶式教学体系、涵盖动手实践内容的体验式学生综合素质评价体系，筑牢立德树人基石。

认识劳动意义，提升劳动实效

众所周知，无差别的人类劳动创造了这个世界，劳动是人类发展和社会进步的根本力量，劳动创造人、劳动创造价值、劳动创造财富、劳动创造美好生活。尽管传统的农业劳作已经不适应今天社会的发展，但是农耕劳动仍然具有非常重要的教育目的和意义。

通过干农活，帮助学生掌握基本的劳动知识和技能，正确使用常见劳动工具，增强体力、智力和创造力，具备完成一定劳动任务所需要的设计、操作能力及团队合作能力；让学生真正领会"幸福是奋斗出来的"内涵与意义，继承中华民族勤俭节约、敬业奉献的优良传统，弘扬开拓创新、砥砺奋进的时代精神；教育学生自觉自愿、认真负责、安全规范、坚持不懈地参与劳动，从而形成诚实守信、吃苦耐劳的品质、珍惜劳动成果，养成良好的消费习惯，杜绝浪费；让学生知农事、体农情，正确理解并尊重劳动，尊重普通劳动者，从而牢固树立劳动最光荣、劳动最崇高、劳动最伟大、劳动最美丽的思想观念。

田园课堂，让学生体验另一种学习生活；田园活动，给学生搭建另一种成长舞台。多年来，我校一直致力于建设家乡田园课程教学基地，打造黄河农耕文化体验园区，为孩子们构筑起一个可以诗意栖居的精神家园，"青青园中葵，朝露待日晞"、"晨兴理荒秽，戴月荷锄归"、"迟日江山丽，春风花草香"成了他们可观可感可触可摸的眼前风物。在各位领导的关心和支持下，我校将继续把农耕劳动教育课程做实、做细、做强、做好，提高学生受益面，提升课程影响力，为培养德智体美劳全面发展的社会主义建设者和接班人作出新的更大贡献。

考　试

安徽省滁州市定远县严桥学校　宋传琴

参加的这场考试绝对是个惊喜。报考年龄条件是1974年7月31日后，而她的证件出生日期是1975年9月20日。虽然考试报名限制年龄并不公平，即使报考者年龄与规定仅仅相差一秒。也就是从超出的这一秒钟起，时间裁判的哨子不再吹响，没有跑道没有赛场。人们最终从每一步都在主宰命运的赛场上又被逼回禁锢生命的牢笼里。可在十年之后，一个被官宣禁赛的人竟然在赛场复活，命运之门重新开启，其中的生命被释放出来。

消息公布，她与家人都认为机会难得，必须好好把握。十年来，她一直在门口等待。虽说这只是等待，可她宁愿为此一生努力。她要得到所有人承认，尤其是她自己。她不甘心，这辈子经历的考试几乎都是一场成功——师范学校、自考学历及学位、法院公务员——可偏偏这场考试，她总是失败。她心里憋屈着一口气。她非要吐出这口气。更何况，她的实力的确值得信任。锄头白花花的锋刃裸露在空气里，任凭氧化腐蚀，锈迹斑斑。年轻的好把式总是层出不穷，毕竟能够自如锄地的时节有限。她已遭淘汰出局——写到这，她忽然联想起清代周亮工《北上留别冯伯宗》诗中两句：珠玉或当淘汰后，粃糠应在播扬前——被撵到一小片土地之外，闲坐田塍，她磨刀霍霍，不时唾口唾沫润润生茧的掌心。在广袤的田野上，硗确的土地赛过磨刀石，进出土地的锄刃总被如注而下的汗流打湿。荒秽的土地经过梳理正禾苗茁壮，井然有序。当然她是发现这一信息的第一人，因为她从来都在考场。可她却不动声响。

这条选调微信竟被二姐私发过来，其他人躲在暗中观察动静。仅仅是因为微信内容与旁人无关，恐怕未必。私发一人与转发家人群，显示了发信人的不同心理：是维护尊严还是伤害自尊？是信任还是怀疑？是鼓励还是讽刺？是温馨提示还是故意刺激？是为了成人之美，还是为了坐收渔利？是盼你成功，还是想让你出丑？总之，她能读出这一举动，所含蓄着的颇耐人寻味的所有意味。

她顺从大家的心意，接受了这条让人不快的提示与建议。十年前她在此失败过。最终爬起来的失败都只是暂时的。报名当天小雨。看牙之前花90块钱报名先买个“拔牙”体验终归值得——这里，你能够跟她一起想象内核发生关联的行为意义，也可以共同判断同类项——一颗龋齿，病了很久，反反复复，只有将它从身上拔出才能根除。教体局与医院同在一条街上斜对面。同样是病，一个在心里，一个在牙上。不过，牙病好医，心病难治。

眼角余光斜瞥了她一眼。暗箱里的黑色胶卷被一一冲洗出来，但是它却认不得自己。熟悉的面孔已荡然无存。记忆从哪里开始，就会从哪里遗忘。似乎换了一张脸，威风逼人。所有面部修饰已完成一帧工笔描写的花朵，正要借着这一句不屑与鄙夷凸显出来。“我要报名。”她根本不需要答案，也不给对方回答的时间。“去去去，到对面去！”她的尊严如遭受重击的玻璃一般，当场粉碎，散落一地。两颊一下被羞辱烧得通红。进门报名的人无疑低人一等。不言而喻之事哪里能说得清，总以为理由正当便会保护尊严。可是弱小之人扛着一面标榜强大之旗，只会助人谈资，更使人生厌。一句话压在一句话之上，直压得她喘不过一口气来。口罩蒙面能让一切未曾发生？剩下的椭圆桌横头几步路，依旧断片。当她回到紧靠门口的报名起点时，这才发现桌上的席卡写着自己正在寻找的报名处，与她侧身相对，隔着不过一米的距离。

她为自己的“失常”感到有些吃惊，不过，她马上恍然大悟。将前后两次在同一起点上的心理活动做了比较：第一次是由人及物，两把空椅子在她刚跨入门槛时便对她产生了强烈的心理暗示，面前席卡是因人的醒目而误导辨识的方向；而这一次是由物及人，因为席卡而留意到坐在桌边的陌生人。她一心关注的是位置上办事人，而非随时存在人离座位的可能。

总算从容自如的完成报名。随后，他一字一顿地大声念着她的名字。每一字都落在扬起的语调上，尾音被拉得很长很长。“最后一次机会了吧？”他认识她？肯定不认识。她的名字是生平第一次从这个人的口中念出，双方都很生疏，好像只是三个不连贯的字眼。平常三字按序组合成一个代号，便指称了眼前这个报名者：白发，皱纹，脸色暗沉，表情疲惫，但眼神尚带光彩，透出一股子心灵的澄澈明亮，说话语调平缓有力，吐字咬音口齿清楚，反应敏捷。思维倒是最能折射出她的喜好——在意留心的事情她总能对答如流；可无关紧要，甚至毫无价值的所谓常识，她却一概不知。因为以她的判断标准，调动单位时间本没有任何纪念意义。无论是人们眼里的她，还是她眼里的人们，两处毫无区别。当然，他的所见所闻与她的真实表现不可能一致。

是怀着对陌生人的友好善意，还是出于负责报名事务的职责所需。可能是她觉察出提醒，也可能是要求，在报名汇总表余下的空白第一行，她必须留下一系列自己的信息以证明与报考条件相符。下笔之前，她故作镇定地摆出一副练字应先观摩的架势，将价格1元的真彩牌黑色水笔夹在右手食指、中指与拇指之间，双手轻轻支撑于桌面。眼光迅速扫描，姓名一列可分三类：认识的，不认识的，只闻其名不识其人。学校距离县城远的近的，地理位置不同，但都体现出城乡差别。出生年月这一栏，她从中发现，她的竞争对手都比她年轻，这就意味着她不能和他们一样以旺盛的精力去对付完完全全相同的考试。除了精力之外，她不知道自己还有哪些优势和劣势，或者说，她的优势和劣势哪一个将会在考试中占得上风。由于对手们年轻，他们还有很多机会，他们还有将来；唯独留给她的机会所剩无几，这样反而大大增加了她应对考试的压力——别人的成功可能在将来，也可以是现在——与人同坐考场，他们的心态一定会有不同。细细想来，她能够把握的东西越来越少。她畅想放宽报考年龄的结果，会怎样？不过，中年的人生忽然可以打破僵局，居然还有未来可期。书写的线条极尽洒脱，心中的愉悦可以影响行动。可是此刻落在纸上的字迹全然不是她运笔曾经完成的最美造型。究其原因，唯独她自己清楚，偶尔的兴奋只能暂时掩盖压抑。

今夜于她自然格外珍贵。说不定是家人替她紧张，或者也说不定是要营造极其轻松的氛围。隔壁儿子的卧室传来音响放大的手机音乐。他的父亲鲤鱼打挺似的身体僵直悬在半空，右手作支撑，左手猛地捶下被头，全身一颤，胸膛的怒气便直抵喉咙冲口而出。强大的气流遇到响板，她的左耳膜震动，如同重型卡车轰隆隆快速奔驰通过，路边房屋墙壁玻璃摇晃。神志顿时恢复清醒，睡意全消。对此，她除了感到惋惜不已，还为父子俩一时所闹的误会心疼。两种关爱方式，彼此却心意未通——她却心满意足——虽然她深知父子俩做法实属多余，也有小题大做之嫌。时间九点半，她伸手拿起地板上的手机看了眼时间然后又放回原地。距离闹钟设置的起床时间六点半整整还有九个小时。预留足够的时间只是完成睡眠的第一步。完成一个动作必须配合与之相应的姿势。她联想到了军人训练过的快速入睡的方式（仅由一张行军休息的图片推测）：身体右向侧卧，面部肌肉松弛，嘴巴似张非张——这也是她依据自身经验得出的结论。

她决定再试一试其他能够让大脑休息下来的方法——数数，数羊。“一 二 三……十一 十二”，从头再数“一二三四”她思想飘忽，多少个念头一闪而过，当她意识到自己眼下的事情，含在嘴里未及尽吐的那个数字链突然中断，断不可续。极力想要拾起被打断的思路，可是她的耐心尽失。“一、二……”羊群应声而出，一只又一只，它们好像挤在门口，不待召唤就可以自由地跑出来。数着数着，她的头脑居然成了白羊的领地。思维活跃使睡眠远离。又一轮意识整顿完毕。清理完这件事却想起所有的事。试卷，扇子，汗水……一件事连着一件事发生。上课时汗水湿透鬓发，衣服紧紧裹在身上，她偶尔意识到嘴唇上方，鼻子底下有渗出体表的汗液，揩在拇指张开与四指并拢的右手上，她看见，学生也看见。她将自己放在每一件事里体验，那一刻又重新回到她身上，她迷失在现实世界里。她安慰自己。一切总还来得及。

黑暗将每样东西牢牢冻住，白天又将他们放开。白天和黑夜都在同一个梦里悬浮着。她的一日梦想已经失去一半，一半还在路上。不是所有的日子都可以容忍庸常的生活。这一天她回答了一份试卷，她必须集中45年的人生所得去解决每一道题。她占有明显优势——老大年龄所累积出来的阅历。与此同时，也不可避免的，她要承受体力衰弱，精力加速消耗所带来的力不从心的无力感。她轻视这一张试卷，她也惧怕这一张试卷。两个小时的答题用时分配总是让她产生焦虑情绪，消除不了。不仅如此，她的焦虑时刻警醒着她，小心提防着她，压迫着她，忘怀得失、纯粹陶醉的深度阅读遭到破坏。效果无法得到保证。答案总是举棋不定，犹豫不决。注意力分散，对错摇摆不定。疲倦的人看到什么都是重影。越是需要加快速度，她越是裹足不前，停滞徘徊。考场的钟总是走得太快。时间一往无前，它的意志力和耐心像分针和秒针转动一样，要与每个试图战胜它的人较劲。悄无声息的行动会更令人吃惊：一个抬头，分针居然跳过一格或两格。她发现她越是关注时间，时间就跑得越快。她与时间的比赛败给了时间，她盯着秒针匀速，终点是一个刻度值。结果她的能力与体力分崩离析。顶好的一部手机，电量耗尽，卓越不会比普通功能优秀。穷尽挖掘一个人身上所有的智慧，却在规定的少得可怜的紧巴巴的时间里。同样蕴藏着矿产，开采富矿的时间，理应当延长。中途被迫停工，评价结果却以部分指代整体。

一切都只是发生在角落里。在公众场合她却一再遭到拒绝。如同一场法庭审判。她小心翼翼地收集并展示出能够自我证明的有力证据。其实，劈头一问：“你是谁？”局外人所有的事实无非都在证明“你有错”。陈述还是不陈述，选择辩解还是放弃辩解，究竟两者有何区别？前者只不过比后者增加一点笑料罢了。

它已做好了拒绝她的一切准备。

砥砺奋进　办人民满意的教育

安徽省淮南市寿县寿春小学　刘鹏礼

肩负时代使命，是教育的责任；迸发办学能量，是育人的职责。安徽省淮南市寿县寿春小学创建于1908年，几易其名，最终更为现名，是一所历史悠久、底蕴深厚的现代化学校。历经百余年的风雨变迁，寿春小学走进了新世纪，实现了设施标准化、办公信息化、备课网络化、教学多媒体化、教师专业化、办学特色化，先后被评为市级文明校园、市级示范学校、省家教名校等称号，翻开了蓬勃发展的新篇章。

以人为本，实现学校管理科学化

学校管理涉及多个方面、多种因素，是一个纷繁复杂的操作过程。衡量管理是否科学、是否有效，关键在于它的管理对象中“人”的因素是否积极上进，能够创造性地完成教学任务。由此可见，以人为本是实现提高学校管理的科学性的重要着力点，调动教师的积极性。基于这一认识，寿春小学坚持贯彻“以人为本、服务师生”的管理理念，严格落实人文化、科学化、法治化、制度化的管理制度，并在学校日常管理中充分发挥教代会、家长委员会作用，不断完善科学民主的决策机制、规范法治的管理体系，为学校的持续发展提供强有力的保障。

抓党建促管理，创先争优工作实现常态化。学校通过党建工作的开展，切实以党建推动校风、教风、学风的进步；通过开展“党员先锋岗”评选，组织“党员下村帮扶”、“党员在行动”以及主题党日活动，让每一位党员争做创先争优的带头人、广大教职工的贴心人、学生健康成长的引路人。

抓师德师风建设，塑造教师队伍新面貌。结合师德师风建设工作，学校紧紧围绕“立德树人”的活动主题，定期开展师德演讲、师德标兵评选活动，着力打造务实高效、开拓进取、敬业奉献、廉洁奉公的教师队伍，塑造了寿春教育的新形象。

问题出发，落实教学教研常态化

开展教育科研是学校发展的引擎。为推进教育教学工作深度发展，寿春小学成立学科研究工作室，依托课堂，立足实际，遵循“问题即课题，教学即教研，成长即成果”的课题研究方法，每周定期开展课堂教学研讨活动，严格落实研、训、赛一体，不断促进教师教学能力水平的提高和综合素养的提升。

常态化的教研月，为教师成长助力。每年的四月份、十月份为学校的教研活动月。期间，既有骨干教师的示范课，也有青年教师优质课评选，通过示范研讨、把脉课堂，助力青年教师迅速成长，助力学校教研工作不断实现跨越式发展。

注重开放交流，让教研工作常研常新。学校借助国培、教体局的送培送教、学管中心的优质课评选，教师跟岗研学的课堂示范观摩，实现了开门办学、开放教研，让学校教研工作有了源头活水，实现了教研工作常研常新，促进了学校教研工作的纵深发展。

打造品牌，实现学校发展特色化

当下，特色学校建设已成为中小学内涵发展的重要体现。在寿春小学看来，独到的办学举措和办学特色是学校持续发展的宝贵财富和永恒动力。学校根据不同学生的发展需求，搭建尊重生命、张扬个性、激发潜能的活动平台，让学生在众多活动中多角度体现自我价值。

主题教育丰富多彩。学校根据学生年龄特点，立足传统文化的继承与弘扬，抓住清明、学雷锋活动月、五一、六一、建队日、十一、重阳节等重要时间节点，开展以“中国梦”为主题的道德实践和社会实践活动，对学生进行民族精神教育。如，每年的春学期，开展清明网上祭英烈活动；围绕学雷锋活动月，开展讲雷锋故事、唱雷锋歌曲、召开主题班队会、学雷锋见行动、评选校园小雷锋、雷锋班级等活动，让雷锋精神在每一个孩子心中生根发芽，让雷锋精神世代传承；在五一组织开展四五六年级的唱红歌比赛，在六一组织开展文明班级、文明礼仪岗、新时代好少年评选表彰活动；建队日期间，组织开展唱队歌、老队员重温入队誓词、主题中队会、开展优秀少先队员评选表彰活动。

社团活动彰显特色。为进一步丰富学生的校园文化生活，学校立足实际，不断创新形式，精心开设象棋、围棋、足球、书法、英语话剧、朗诵、美术、合唱、文学等十多个社团，丰富多彩的社团活动为学生展示自我、激发潜能、提升能力搭建了广阔的舞台，还为他们的终身发展奠定了坚实的基础，同时也为校园文化注入了新的活力，成为寿春小学一道亮丽的风景线。

品牌活动注重内涵。每学期开展的“寿春杯”作文竞赛，毕业季、“致敬，诗意的九月”、校园文化艺术节、经典诵读、融入诵读的每周一的升旗仪式、红领巾广播站、5.20心理健康周，已经被学校打造成了有丰富内涵的校园品牌活动。其中，毕业季、“5.20”心理健康周活动，新浪、搜狐、人民网、学习强国都进行了专题报道，经典诵读更是多次获得省市县级一、二、三奖。如今，丰富多彩的校园文化活动，已经形成制度，形成系列，开拓了学生视野，启发了学生思维，为学生全面发展提供了广阔的舞台。

“办人民满意的教育”，这是寿春小学矢志不渝的办学理念；“甘为人梯，无私奉献”，这是寿春小学永远不变的教育精神；“为国家培养栋梁之材”，这是寿春小学崇高的教育情怀；“打造品牌，争创一流”，这是寿春小学高远的教育梦想。用汗水为孩子培植成长的沃土，用师爱托起明天的太阳，“寿春教育人”必将在实践中践行自己的教育精神，必将在漫漫的教育之路上实现自己的教育梦想。办人民满意的教育，“寿春教育人”永远在路上！

智慧校园建设永远在路上

——安徽省黄山旅游管理学校智慧校园建设纪实

安徽省黄山旅游管理学校　吴琳　黄德胜　王亦农

随着“互联网+教育”的迅猛发展，教育信息化已经成为不可逆转的潮流，这使得我们必须不断更新教育理念、创新教育模式、优化教育评价，积极构建“互联网+”背景下的教育教学新形态，扎实推动信息技术与教育教学的深度融合，促进学校持续创新发展。一直以来，安徽省黄山旅游管理学校都高度重视加快信息化建设的步伐，以打造智慧校园为切入口，大胆创新“互联网+教育”机制，稳步推进互联网和人工智能在教师队伍建设和教育教学中的深度应用，促进了教师队伍的专业发展，推动了教育教学的高质量发展，实现了学校办学的多元化发展。

一、智慧校园建设进程

互联网已经叩响了“万物互联网时代”的大门，这无疑给教育领域注入了一剂新鲜血液。针对教育发展新形势和学校实际情况，黄山旅游管理学校及时决策，制定智慧校园创建实施方案，搭建教育信息化综合平台，为师生提供完善的智慧教育应用服务支撑，实现了信息技术与教育业务的有机融合。

学校的信息化建设起步于2004年创建国家重点职业学校成功，此后学校加大学校网站建设，陆续开展信息技术在职业学校教育教学各方面的应用研究。2006—2011年，为期5年的安徽省“十一五”现代教育技术实验学校重点课题《信息技术在职业教育中应用研究》（AE06092）获得全省一等奖，揭开学校数字校园建设的序曲。

在第二批国示范校建设规划和任务中，学校选择了“数字校园”特色项目，参与全国职业教育资源共建共享“数字校园项目”课题建设，该课题组长单位为成都依能科技股份有限公司。自此，学校全面开启“校企合作”和“引智入校”的数字校园建设征程。

2015年下半年，学校就新校区建设提出智能化工程建设项目，全面、科学、合理规划，开始智能化工程整体推进，同时软件应用系统的完善和整合也提上日程。目前，校园“一卡通”系统学生的消费数据与数字校园平台实现实时更新，师生在手机智慧校园App上可实时查看个人消费明细，由早期的“教务管理、资源管理和办公OA”等3个系统如今已发展成为几乎覆盖校园各个应用场景、全校师生赖以生存的综合性平台，信息化应用范围和水平得到大幅提升，不仅为教职工带来全新的感受，还得到了上级主管部门的肯定。2018年12月学校智慧校园建设列为黄山市智慧校园建设试点学校（仅1所），2019年10月成功入围安徽省职业院校智慧校园建设试点校（全省仅26所）。

二、智慧校园全面铺开

现代化学校的建设，离不开现代化的教育理念、教育手段以及现代化教育设备的更新。学校智能化工程网络架构，由校园网（班班通、教务学籍、课堂教学、学生管理等系统）与设备网（含视频监控、围栏报警、一卡通、门禁、广播等）组成，数据传输相互分离，确保校园网络数据安全。建有网络数据中心机房、视频监控和数字广播中心控制机房，拥有电控、水控自动化系统和考勤消费　“一卡通”系统。目前，学校的智慧校园平台更加人性化、系统化和整体化，适合学校内部不同岗位人员使用，办事大厅、管理驾驶舱和效率优先三种模式，改变了早期“人皆一面”的状态和培训难度。

线上教学系统助力“停课不停学”。依能智慧校园平台助力学校实现移动办公，方便师生异地工作、学习、考勤。在今年上半年新冠疫情期间，平台视频会议功能以及微讲师授课软件为黄山旅游管理学校“抗击新冠疫情”提供有力支持和保障，为确保“停课不停学”立下功勋。2020年2月18日至4月30日，学校按正常课表进行各学科课程网络线上教学。经统计，线上授课数达4803节，视频会议授课时长达257200分钟，参加线上学习学生达127613人次，线上教学教师达79人。教师人均线上教学时间2884分钟，最高达5500分钟。为做好线上教学，教师自主进行研讨交流达131场。另外，还有部分教师积极钻研“微讲师”直播课堂教学模式，在学校线上教学专班的支持下，预开设266节直播（或录播）节目，成功实施111节。

教学授课计划管理规范高效。为适应安徽省职业院校办学水平提升和质量提升工程“特色示范校”项目建设需要，学校在全面落实学籍管理信息基础上，及时跟进教学工作任务安排和课表发布。学校自2019年9月起，课程教学授课计划和方案逐步实现全部电子档案信息化处理，从而方便教务管理，实时跟踪教学进度，方便听课管理，减少课堂教学的随意性。尤其抗击新冠疫情期间，人员流动受到限制，学校在分管教学副校长黄德胜的带领下，“停课不停学”工作专班全面推进课程教堂授课计划和教学方案数字化，取得了明显成效。在2020-2021学年，学校还全面推进电子教案进平台，并实时开展检查、督导，为真正提升课堂教学质量做好准备。同时在全面熟练线上课堂后，学校推进无纸化考试，努力建设绿色学校。

操行考核全程、全员、全面参与。学校是国家德育工作实验基地，一直重视学生操行考核，传统的方式采用纸质工作手册，班主任日常进行登记，但在统计分析上，尤其是全校性数据统计上困难极大。自从2017-2018学年开始运用智慧校园平台内“学生操行考核”功能后，解放了班主任、课任教师和宿管员，教职工可以直接在“YN智慧校园”App中进行违纪和表扬行为登记，更方便了学生处工作人员，效率高、成效好，值得推广运用。具体来说，学生日常请假、销假业务处理，传统纸质请假条必须现场办理，如今已经走上了信息化，学生在App上完成请假，班主任在PC或App上确认，门卫和宿管均能在App或放行机上看到相关信息，数据在电视墙上实时显示，方便学校完整把握学生动态。未来在即将开通的微信公众号“家校通”可立即将信息传送到家长微信上，全程掌握学生的行踪，确保人身安全。由此可见，“YN智慧校园”App不仅是班主任的好助手，也是课任教师的好助手。班级所有学生信息均可查阅，班主任和教师可以实现课堂点名考勤无纸化，学生缺勤信息实时传送至班主任手机。

在线课堂让智慧教学成为可能。在抗击新冠疫情期间，学校部分教师积极主动研究在线课堂功能，并投入使用，网上备课、授课、课堂练习和课后作业及自动批阅等功能全有。备课中可以将演示视频等资源同步在教案中，提供给学生观看或查阅，实现“翻转课堂”过程，提高课堂教堂效率。学生既可以在电脑上，也可以用手机观看学习资料、完成练习和作业。教师可以自由组建私人(个人)试卷或固定试卷(公用)，采用电脑或手机方式进行测评考核，尤其对职业院校来说，功能更是强大，建议所有学校使用。

评价系统助力学校管理水平提升。2016年起实施职业院校教育质量年度报告发布制度，学校借助平台开展“学校满意度调查问卷”，对照职业院校管理水平提升计划要求，依能智慧校园平台内“评价管理系统”功能，设计好5个类型的调查问卷表模板，并利用手机App同步进行评价活动，很好地解决了学生在外实习无法登录测评和过于集中占用机房影响正常教堂工作的矛盾。近两年来，学生参与测评人数逐年增加，调查反馈的问题为学校找准解决办法提供了帮助，达到了改革学校治理结构目的，实现了办学质量多元化评价要求。今后，学校还将引入校企合作企业、家长和社会共同参与问卷测评，进一步提升办学水平。

协同数据表提高数据采集效率。依能智慧校园平台V10新功能“协同数据表”是提高集体办公的利器。传统的采集方式工作量大、周期长、效率低，在校领导的支持下，今年7月，学校各处室运用“协同数据表”在短短的一周内完成年度质量报告及A类办学水平评估等70多个表格3年数据的采集，为今后数据分析、决策奠定了基础。

全面平台开放性让信息孤岛整合成为可能。学校“一卡通”系统与依能智慧校园平台数据无缝对接，实现学生在YN智慧校园App上实时查看个人的消费记录，并能凭借一卡通学生证正常进出校门，实现学生行程数据全程管控。学校学生公寓用电实行信息化系统自动控制，可以动态制定供电、停电设置，学生超额用电可自主充值恢复供电等功能。原先只能在其系统页面中设置，经依能技术人员协助，采用第三方技术对接，实现依能智慧校园平台“一站式”登录管理。

三、智慧校园持续完善

教育部2019年下半年提出的“教育信息化应用2.0工程”和“职业院校数字校园建设规范和标准”，为职业院校数字校园建设指明了方向。

校园智慧化建设是学校建设的重要组成部分，也是一个长期的过程。黄山旅游管理学校的校园信息化、智慧化建设，虽然取得一些成功运用，减少了许多不必要的重复工作，减少了人力和物力开支，提高了效率和效益，降低了学校管理成本，但与国家标准和规范相比，还有很多待解决的任务，诸如个别信息孤岛的互联、安防监控数据的整合、大数据的分析决策等，是学校今后急待解决的问题。

明确发展思路　助推蓬勃发展

安徽省潜山市逆水中心小学　凌节春

发展是学校所要思考的根本问题。一所学校没有发展就不能满足日益增长的教育需求，就不能在激烈的竞争环境中生存下去。为了更好地推动学校发展，就需要对学校现状进行分析，对促进学校发展的条件、优势、机遇做出判断，从而确定学校发展的目标和策略。

一直以来，我校领导班子通过调查研究，在取得大量真实资料的基础上，对学校各方面情况进行充分的讨论分析、判断，并制定出具有针对性和可行性的发展战略，不断推动学校内涵式发展、可持续发展。

一、全面了解学校实际情况

潜山市逆水中心小学占地面积11460㎡，校舍面积1536㎡，主要服务学区内的3个行政村，即逆水村、后冲村和方冲村，现有在校学生172人，下辖3个教学点。自1978年建校以来，学校经过数十年风风雨雨、兴衰更替，在2016年通过均衡发展验收后迎来了新的机遇，校园环境、硬件建设、师资水平焕然一新，学校迅速步入了逆中发展的快车道。

领导班子情况。领导班子是学校落实办学决策部署、推动各项工作的“指挥部”和“战斗部”，也是抓好改革发展稳定各项工作的关键。我校现有校长1人、副校长2人，教导主任1人、总务主任2人，行政人员共5人，且本科2人，专科3人，是一支有着炽热教育情怀、扎实肯干、务实求真的领导团队。

师资队伍情况。教师是教育发展的第一资源，是提高教育教学质量的关键。目前，我校现有专职教师30人，其中本科以上20人，专科以上9人，在职教师中，高级教师6人，中级教师5人，助理级教师19人，1位市级骨干教师，1位县级骨干教师。在发展过程中，我校一直高度注重师资队伍建设，现有一支具有良好教师职业素养、敬业爱岗、责任心强、工作积极主动的教师队伍，使得学校校风严谨，学习风气浓厚，文化氛围浓郁。同时，青年教师易于接受新观念，为学校发展提供了后劲和活力；教师队伍整体素质较高，初步形成了具有一定校级骨干力量和有一定数量专业水平较高的教师。但不可否认，我校教师在发展过程中也存在一定问题，如教师结构年轻化，缺乏冒尖的骨干教师和学科带头人；教科研水平偏低，还没有形成浓厚地开展教育科学研究的氛围；部分教师的业务水平和教学能力还处于低层次水平；新任教师需要锻炼培养。

学生和家长情况。尽管学校地处山区，但随着农村社会经济的发展交通十分便捷，所以学校近年来生源变化较大，很多学生都到县城学校就读，学生基础较薄弱。同时，家长的职业、文化层次、经济水平呈多元结构。如本地区家长大都为农民，文化水平普遍偏低，家教水平不高，对学生缺乏有效地家教指导；绝大多数学生因家长外出务工成为留守儿童，孩子跟着爷爷、奶奶、外公、外婆一起生活，由于监护人文化水平太低，家庭教育指导的能力和效果无从谈起；随着农村城镇化进程加快，部分家长的观念也在发生变化，对子女教育问题开始重视起来，已不仅仅关注孩子将来能不能考上大学，对子女的英语、计算机、艺术特长教育也开始关注，这些都给家长带来要转走孩子的想法，也是学校生源减少的一大因素。

二、认真分析学校发展需求

我校对学校所处的社会环境、生源现状、办学条件等基本情况进行科学分析，从而真正了解学校的发展需要，以更好地推动学校的发展。

学校要发展成一个什么样的学校，才能够满足本地区社会的需求，才能与时代发展同步，也就是要解决学校发展目标问题；学校必须进行彻底改造，改善硬件环境，真正实现校园环境的绿化、美化、净化，这是推动学校发展的基础；解决人的问题，一切关键的因素在于人，要求学校必须加速培养高素质的具有现代教育观念的能适应教育现代化要求的教师队伍，这是推动学校发展的核心；进一步推进学校管理的规范化、科学化，这是推动学校发展的重要保障；培育学校发展的突破点，以特色促发展，改善学校形象，提高学校声誉，这是引领学校发展的目标追求。

三、正确对待学校发展优势和机会

在面对社会各界对基础教育越来越高的期望值时，我们不能自甘落后或者妄自菲薄，而应该积极变革，用更好地基础设施、更优质的教育资源来满足人们日益增长的优质教育需求。

未来三年，我校发展迫切需要解决以下四个方面的问题。一是增加学校硬件设施。我校合力使用教学配套用房、整治校园环境，完善基础设施，进一步实现校园环境的净化、美化、绿化。二是建章立制。我校制定考勤制度、班主任工作制度、教师“六认真”检查细则、学校常规制度、岗位设置方案、绩效工资分配方案、教学质量目标奖方案、班集管理体制、卫生检查制度、教学研究制度等，实现学校管理规范化、科学化。三是添置设施设备。我校争取做到学生计算机配套设施、教学仪器齐全，实现教育设施现代化。四是加强干部教师队伍建设，激发年轻教师的活力，培养一流师资，打造名师群体。

为了更好地推动学校发展，我校需要了解学校的发展优势并加以利用。一是教师素质优势。我校年轻教师较多，便于吸收先进的教育思想，接受新的教育观念，使广大教师们对学校发展充满信心。二是家长优势。社会经济、环境变化刺激了人们思想的变化，家长对学生教育问题越来越重视，对学校工作的认识和理解逐步增强。三是社会资源优势。首先上级主管部门和当地政府对学校发展支持力度也在逐步加大，其次我校地处博士村，社会尊师重教氛围很浓郁。四是领导班子优势。精干、作风优良的干部集体能够凝聚人心，能够把学校发展的思想贯彻到广大教师当中去，能够用先进的办学理念推动学校的发展。

四、科学制定学校发展目标及策略

综合以上的诊断分析，学校无论从学校校舍建设、硬件设备、校园环境还是教育质量都与本地区社会经济发展还不能完全适应，还不能完全满足社会、家长日益增长的教育需求。学校面临的基本问题是生存和发展的问题，加快发展，建设一所现代化的学校已经成为社会和学校发展的必然要求。

根据本地区社会经济发展和教育发展要求，我校在客观分析学校现实的基础上，认为学校要走跨越式发展的道路，就要践行“文化立校、质量兴校、科研强校”的总体思路，创建一所环境优美、质量一流、管理高效、特色鲜明的现代化学校。为此，我校根据实际情况，坚持总体发展思路，依据不同阶段的发展要求制订各阶段的分目标，并采取相应策略来实现。整治校园环境，完善基础设施，实现校园环境的净化、美化、绿化；建章立制，实现学校管理规范化、科学化；改造、更新、添置设施设备，实现教育设施现代化；加强干部教师队伍建设，培养一流师资，打造名师群体；研究开发学校发展的突破点，鲜明学校特色。

同时，我校根据确立的学校发展总目标及阶段性目标，实施如下基本策略，来推进学校跨越发展。实施塑造学校形象工程，不断更新观念，改善环境，优化队伍，提升学校声誉，全面推进学校工作；实施“名师工程”，创造条件，发挥优势，搭建平台，全力打造骨干教师和学科带头人，培养高素质的教师队伍；加快信息化建设，力争站在高起点，用信息化建设带动学校教育现代化；走内涵发展和开放式办学之路，培育亮点，形成特色；抓住学校改造的机遇，全面推进学校教育现代化建设；让教师逐步使用电子备课，在多媒体教学室里上课，用信息化建设带动学校教育现代化，从而提高教学质量、提高学校的声誉。

各地各校都有自己的先天因素，有自己的人文环境和多年积累的文化底蕴，只有从实际出发，立足学校的发展优势，制定出适合学校发展的长远规划，才能促进学校的蓬勃、可持续发展。今后，我校将守望教育初心，按照科学合理的发展规划，扎实推进，改革创新，实现学校的跨越式发展。

开展精品教育　塑造精彩人生

安徽省阜阳市清河路第一小学　李俊虎

“一年之计，莫如树谷；十年之计，莫如树木；终身之计，莫如树人。一树一获者，谷也；一树十获者，木也；一树百获者，人也。”这段话既阐明了人才培养的重要性，也揭示出人才养成的不易。我校坐落在阜阳市颍州区巍巍的古文峰塔下，绿树掩映的清河畔，环境优雅，独具特色。学校现有教师200多名。办学以来，我校始终秉承“面向全体，五育并举，多元教育，身心和谐，全面发展”的教育理念，深入开展德育教育，全面落实素质教育，以学生未来发展为教育主导方向，齐力并进，丰富学生知识，拓宽学习眼界，为学生的幸福人生奠定宽厚坚实的基础。同时，通过不断丰富学校教师素养和能力，努力提升学校品质，绽放教师生命，让学校办学品质，如竹拔节、如花绚烂。

一、铸魂培根，助力品质教育深入发展

优质的教师资源是教育实施的保障和基础。为深化“五育”发展，凸显办学品味，基于学校浓厚的学习氛围，我校着力发展教师的教学思维和教学能力，构建教师专业化发展的学习共同体，促进全体教师的专业成长和团队建设。学校教师的业务提升学习分为学校组织、小组互助和个人成长几种不同的形式。例如，学校开设教师书法课，聘请书法家到校进行教学。学校组织教师去各地观摩全国性的名师课堂，提升教学能力。学科组、年级组成立学习研修组，定期举行读书会，公开课研讨等活动，同伴互学互助。很多教师在此基础上还自费参加自己感兴趣的课程，不断开阔视野，提升自身素养。这样复合式的学习共同体锤炼出一支优秀的教师队伍。

德育教育受益的还是学生。值得一提的是，我校陈俊伯同学勇救三楼坠落三岁女孩的感人事迹传遍大江南北，他被评为“安徽好人”、“阜阳市美德少年”、“阜阳市见义勇为好学生”、“阜阳市见义勇为好少年”、“阜阳市美德少年特别奖”、“最美家庭成员”等一系列荣誉称号。陈俊伯是我校深入开展未成年人思想道德建设、推动社会主义核心价值观教育实践取得成效的一个缩影。在德育为先的引领下，我校涌现了一批又一批“文明之星”、“十佳少年”等荣誉称号的优秀少先队员。此外，2020年12月9日，六(5)班的石俊博同学以优异的成绩成功入选国家乒乓球少儿集训队，让更多同学坚定于自己的兴趣和爱好。在落实“五育”中，我校抓住教育质量评价的“牛鼻子”，从德智体美劳五个维度科学构建评价指标体系，破除唯分数论的评价导向，课内外结合，学科间整合，活动中融合，学科教师、家长共同参与学生的评价，促进育人方式的改变，让学生在综合评价中获得喜悦和自信。我校还开设了课内和课外相结合的立体的多元课堂，让学生能够自主选择自己喜欢的能够发挥自己特长的课堂。如开设了机器人社团、合唱团、啦啦操队、篮球队、武术队等丰富多彩的社团，让每个学生都能够自由选择参与自己喜欢的社团活动，在课堂之外的拓展延伸学习中开阔视野，丰厚素养，全面发展。学校器人社团在全国机器人大赛中拔得头筹，首次实现了阜阳市在全国机器人比赛中零的突破。篮球项目在各级比赛中成绩斐然，2019年被授予“全国青少年校园篮球特色学校”称号。这些荣誉和成绩让学生们在社团活动中享受着成功的喜悦，也积累着、沉淀着智慧和自信。

二、百花齐放，积极营造书香浓厚氛围

阅读是学生汲取知识养分的有效方式。为此，我校大力创设浓厚的读书氛围，落实科学的读书计划。除了藏书丰富的学校图书馆供师生阅读，还通过学生捐献和学校投入相结合等形式，每个班级都开辟了图书角，让学生有书读，并且有好书读。我校专门组织教师成立了读书计划组。开展了班级共读活动“八本书计划”，根据各年级心理特点和阅读能力制定每学年的读书计划，一二年级共读经典绘本、注音版童话故事，中高年级阅读长篇小说。学校和班级根据年级特点举办丰富多彩的读书活动，如读书分享会、讲故事比赛、经典诵读比赛、校园读书征文、绘画比赛、爱国主义读书摄影大赛、国旗下讲话、手抄报展等等。学生们根据自身特点，选择合适的社团和活动，激发潜能，展示风采，陶冶情操。2020年，我校还获得“全国青少年爱国主义读书教育”活动国家级特等奖的殊荣。

科研创新是提升办学品质的有效途径。2020年8月，我校的谢姣姣、李鹏两位老师代表阜阳市科学学科教师参加安徽省科学实验课说课比赛，为阜阳市拿回了二、三等奖的优异成绩。在各级教学大赛、基本功竞赛中，教师们都能够取得好成绩，这得益于学校对教师的培养机制。教科研建设是一所学校的核心驱动力，全方位影响和促进学校的综合实力的发展，也是发展学生“智育”的基础。我校大胆走科研兴教之路，让教学焕发出更新更强的生命力。学校的教研室积极带领教师探索研究教育教学中遇到的问题，站在理论的前沿去引领和指导具体的教研教学工作。学校每周有三节公开课，老中青教师都要讲公开课。教师在听课的过程中互相观摩，进行研讨，形成浓厚的教研氛围。教师成立课题组，积极申报科研课题，有立项课题，也有结题课题。在不断的实践中，教师们总结反思，以教促研，以研提教，相互促进。“一师一优课”多位教师获各级各类大奖，部优8人次、省优31人次、市优68人次，区级84人次。很多教师在各学科的基本功比赛、优质课大赛、多媒体课大赛等都在省市名列前茅，取得优异成绩。

校园文化是一种无形的精神力量，是学校的立校之魂和向上之根。我校构建的校园文化是“学习的氛围，不管的管理”。在学校的管理过程中，我校健全组织系统和制度，鼓励教师互帮互学，尊重教师的自主管理能力，决策民主化，执行规范化，评价多元化。依据对人格差异性的认识，管理就是把合适的人放在合适的位置上，在对的时间、地点做对的事。学校把任务分解到位，各司其职，每个人都是管理者，也都是被管理者。李俊虎校长说：“我们学校的教师对学校的文化都有认同感，所以老师们都有责任心和担当，我在与不在都一样，管与不管都一样，学校各项工作进展井然有序，这就是学校文化发挥的作用。”此外，我校也经常有计划有目标地组织了丰富多彩的教职工活动，丰富学校文化的内涵。例如：“三八教职工趣味运动会”、“端午节包粽子比赛”、“教师魅力语言风采大会”、“喜迎十九大•盛世欢歌迎国庆”教职工联欢会，教职工太极拳大赛，班主任经验交流会，“不忘初心，立德树人”师德师风演讲赛等等，在活动中让团队凝心聚力。

一直以来，我校也十分重视学生心理健康教育。我校通过建设一支良好专业素养的心理健康教师队伍，进行卓有成效的心理咨询和心理健康教育工作。目前，我校有12位国家二级、三级心理咨询师和17名心理健康辅导员、心理健康教师。在专业的设置下，这支有着良好专业素养的心理健康教师队伍，以心理健康促进学生品德的培养，把“心理健康、立德育人”作为教育的根本任务，着重未成年思想道德建设，关注未成年人的成长过程和活动细节，本着真实、细微、人文的原则，正面引导为前提，规范学校心理咨询工作为辅助，开展丰富多彩的课内外心理健康活动为突破口，引领学生多渠道、高频率地参与体验，促进学生之间、师生之间的交流，帮助学生改善情绪、改变认知，进而达到身心和谐、健康的目标。

三、不忘初心，奏响时代精品教育强音

绵绵用力，久久为功。教育是照亮生命的一缕阳光，它尊重、赏识每个个体，致力于学生能力、品德等各方面素质的全面提升，服务于个体的健康成长，滋养每一个生命。未来路上，我校会继续带着教育的理想，追求理想的教育；不忘初心，迈着坚实的步伐，执着激情地走在教育改革的道路上，以担当的情怀领跑教育发展，情真意切，始终如一，用情怀装点教育事业的百花园，用生命继续谱写一曲又一曲教育新歌。

潜心立德树人　培育优雅美少年

北京市密云区季庄小学　徐长荣

北京市密云区季庄小学地处密云城西，前身是密云县城关中心校，建校于新中国成立前，2007年初从密云镇中心校独立出来，直属于密云区教委，更名为季庄小学。学校占地11827平方米，现有26个教学班，学生1084人，在岗职工73人，党员37人，市区骨干15人。近年来，学校党支部用“向心党建”品牌引领学校发展，围绕落实“立德树人”这一中心，实施了“真•实”教育，促进学生全面健康成长，培育优雅

美丽少年。近些年，学校曾荣获全国馆校结合基地校、北京市中小学党建示范点、北京市中小学教师校本培训示范学校、冰雪运动特色校、密云区吴正宪儿童数学教育思想推广研究基地校等多项荣誉。

一、党建引领，提高教职工文明素养

学校党支部通过思想建设“引与领”，让教职工的思想教育入行；通过组织建设“新•实”，激励党员教师争做“真•实”文化的先行者；通过制度建设“严•实”，使其成为学校真实文化推进的助推器；通过搭建平台，让学校的教育教学工作植根于真实文化自觉。

二、引领德育，培育优雅美少年

在学校党支部的引领下，学校德育工作以“优雅教育”为主线，以培养学生“三真三实”品质为目标。通过实施课程育人、文化育人、活动育人、实践育人、管理育人、协同育人六项举措，让理想信念教育、社会主义核心价值观教育、中华优秀传统文化教育、生态文明教育和心理健康教育，让德育工作的针对性和实效性凸显。

（一）以传统节日为依托，培育“优秀传统文化”的优雅美少年

1. “桃李不言下自成蹊”，我校以“优雅少年传承优秀传统文化”为主题，利用多渠道宣传，营造文化氛围。

2. 以传统节日为依托，分学段开展主题活动，弘扬中华民族传统美德。

（二）以热爱祖国为核心，培育“有理想有信念”的优雅美少年

1.学起来

疫情期间坚持上好开学第一课；学习贯彻习近平总书记儿童节寄语；坚持每周居家升国旗；观看《这就是中国》视频，感受万众一心抗击疫情的中国力量，引领学生为实现中华民族伟大复兴的中国梦时刻准备着。

2.唱起来

分学段学习红色歌曲，举行班级合唱展示活动。

3.做起来

①4—6年级开展“我为祖国点赞”主题读书活动。每周广播中安排《我为祖国点赞》栏目，激发爱国情感。

②每个年级一个主题活动，并在专栏中展示活动成果。

年级	主题
一	我和祖国合张影
二	我对祖国说句话
三	我为祖国画张全家福
四	我为祖国写首赞诗
五	我为祖国做张表
六	我为祖国画张图

（三）以综合实践课程为抓手，培育“身心健康”的优雅美少年

开展好实践课程，通过拓展实践，增强班级凝聚力；走进科技馆，探索科技的奥秘；爬上水长城，磨炼坚强的意志；借助冰雪特色，开展冰雪运动，强健体魄；运用心理健康课和心理咨询，帮助学生建立积极、健康的心态。

（四）以垃圾分类为契机，培育“绿色环保”的优雅美少年

在师生中开展生态文明教育，通过宣传、教育、组织垃圾分类知识竞赛等多种方式，深植“绿水青山就是金山银山”的可持续发展理念。

（五）以“美丽少年”教育为主线，培育“践行社会主义核心价值观”的优雅美少年

在培养优雅习惯的过程中，结合评价，以“三真三实”主题教育月为依托，促进学生主动发展，培养优雅习惯。

1.建立研究体系，打牢习惯培养根基

学校立足学生发展，建立核心组（年级组、学科组、家长组），三级研究框架（见下图），明确任务职责，家校协同育人，支撑评价研究。

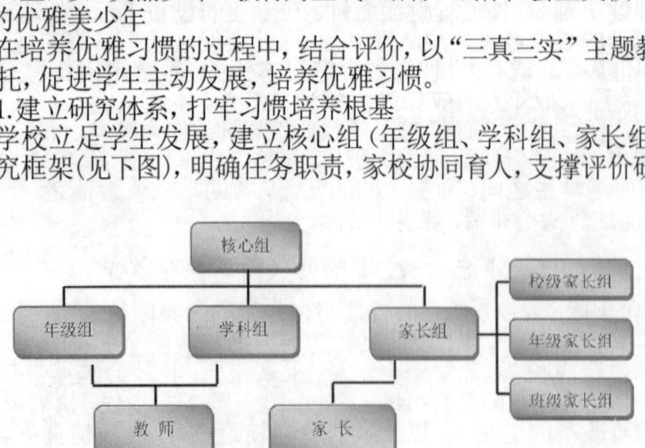

2开展评价活动，养成优雅习惯

德育、科研统筹规划主题教育月，每月开展“六个一”活动：

①一个主题：

与优雅教育月主题相结合，每月一个主题，具体安排如下：

第一学期		第二学期	
9月	认真	3月	踏实
10月	真诚	4月	扎实
11月	纯真	5月	真实

②一个主题活动：

每月开展一次主题活动，加深对主题教育月内涵的理解。

③一个习惯培养点：

每月围绕主题，确定习惯培养点，通过启动仪式、班级文化等让学生明确培养的习惯及要求。

④一次评选表彰

每月评选出“优雅美少年”，进行校级和班级的两级表彰，树立“优雅”学习习惯榜样，传递“优雅”能量。

⑤一次总结会议

每月召开一次研讨会，完善评价标准，总结评价方法。

⑥一个表格：

月初下发任务表格，对德育和研究的开展内容做出具体安排。

丰富的评价活动，融入学生生活之中，他们正在用行动印证优雅的内涵。六3班的田芮宁为父亲捐献骨髓拼命增重，多次采集血样，用爱擎起爱与责任，被评为密云区十大最美少年。

三、构建墙壁文化　创设优雅环境

校园文化是精神文化的外壳，对学生的影响是通过渗透进行的，具有导向性和暗示性。对于墙壁文化，我们突出体现以下四个特点：“矮下来”、“满起来”、“活起来”、“近过来”，让每一面墙会说话，让学校的空气中充满真实文化的味道。

四、构建课堂文化　培养优雅习惯

学校围绕区教工委提出的三项习惯、四项意识的培养要求，提出我校的课堂学习优雅要求。各科老师根据要求在真与实课堂实践中，加强学生优雅习惯的培养，使学生在课堂上的表现越来越优雅。

五、校园书香阅读，为文明素养蓄力

学校党支部依托建设学习型组织，通过开展“智慧教师展优雅”读书交流会、“优雅少年爱阅读”学生读书节，通过“诗词小达人”评选、“学习标兵”、“心语信说”居家演讲、“我是最美朗读者”、“好书我推荐”等活动，增加师生的阅读量，提升师生的读写能力，厚实师生的文明素养，努力建设师生的精神家园，全面提升师生的整体素质。

教育，不仅是匡正个体的标尺，更是奠基国家的坚石。所谓“立德”，就是要让学生有一颗中国心，这颗中国心里装着中国梦；所谓“树人”，就是要让学生有报效祖国、服务社会、成就人生的能力。深邃的教育智慧，渗入点滴地教学实践，便会“等闲识得东风面、万紫千红总是春。”

保护孩子天性　促进健康成长

——聚焦东北师范大学附属益田小学“率性教育”

东北师范大学附属益田小学　马方原　李懿轩　王彤

近年来，东北师范大学附属益田小学在“率性教育”理念的指引下，强调小学教育要保护天性、尊重个性、培养社会性，遵循儿童身心发展规律和特点，促进儿童发展，取得了显著成绩。

“率性教育”源于《中庸》开篇的三句话——“天命之谓性，率性之谓道，修道之谓教”。长江学者特聘教授、东北师大附小校长于伟从中提炼出了保护天性、尊重个性、培养社会性三个关键词。

保护天性就是保护儿童愿意探究、愿意想象、好问好动的特点。尊重个性，即尊重学生的差异，其中有性别的差异，各方面能力的差异，管理方式、教育教学评价方式都要力争打破完美主义。培养社会性，就是让学生学会学习、自主发展，培养学生的合作精神、规则意识和责任观念，为学生未来成为社会主义建设者和接班人奠定文化与价值的基础。

“率性教育”需要通过“率性教学、率性德育”来实现。东北师大附小在解析“率性教育”时用了保护天性、尊重个性、培养社会性三个关键词，在落地“率性教学”时也提出三个关键词，分别是有根源、有过程、有个性。

于伟校长解释说，有根源是指要挖掘本源，让教学有据可依。举个例子，一位语文老师，他不仅要会语文，还要懂《说文解字》，针对汉字讲解时，他要能讲清楚来龙去脉，追溯知识的本源，厘清知识发展的过程，即知识线索上的“根”；要遵循儿童学习的规律和特点，发现儿童学习与成长的根源，即教学对象上的“根”；要把握“教”的规律，了解不同教学方法、教学模式、教学组织形式的本质和特征，为教学寻找本源上的依据，即教学方法上的“根”。

有过程是指教学应体现学生的学习和成长过程，是全面的成长和发展，而不仅仅是学习分数的提高。

有个性是尊重学生差异、基于学生差异展开教学，不搞完美主义，充分考虑学生学习的兴趣、学习的速度、学习的适应性和认知的类型等，在教学方式方法上也允许各有千秋和百花齐放。

“率性教学”改变传统教学中“重演绎轻归纳”、“重结果轻过程”等倾向，实施“有过程的归纳教学”。“率性教学”是遵循知识经验、能力和智慧发生规律、儿童成长发展规律与阶段性特点，促进儿童在共同体中成长的教学。“率性教学”指向经验与知识教育、抽象能力和想象能力的培养、智慧教育的开发。

“率性教育”同时还坚持围绕培养德智体美劳全面发展的社会主义建设者和接班人，坚持围绕立德树人，探索有过程、有尊重、有道理的“率性德育”。在近年探索中，益田小学在“率性德育”方面根据儿童好动的特点探索了“健康跑”活动。“率性教学”则是围绕阅读改革作了探索。

健康跑，跑出健康

在“率性教育”理念指导下，东北师大附属益田小学积极响应“让孩子们跑起来”的号召，推出“阳光体育伴我成长”健康跑活动，全校师生积极参与，走向操场、走进大自然、走到阳光下，通过跑步锻炼身体，强健体魄。

精心筹备，从激发兴趣着眼。跑步是一项“周而复始”的枯燥运动，如何提高学生跑步的积极性成为这个活动的关键。

东北师大附属益田小学地处深圳和东莞交界处，在以往的社会实践活动中，老师们了解到学生对深圳、东莞两地景点以及地标性建筑很感兴趣。兴趣是最好的老师，学校首先制作了巨幅深圳、东莞地图，将其放在显眼的架空层内。这张地图上呈现了20余处深圳、东莞景点和地标建筑缩略图。体育老师在缩略图中标注了其距离学校的公里数，将20余处缩略图制成海报的尺寸，粘贴在架空层的四方柱上。学生在每张海报上不仅可以看到景点的简介和景点距离学校的公里数，还可以看到相应的跑步圈数。如果学生累计跑到了某个缩略图上的圈数，这名学生就相当于从学校跑到了该景点。同时，为了让学生们在跑步活动中展现自己的风采，激发他们的荣誉感，学校给全校1200余名学生分别制作了率真的跑步“大头贴”，如果学生完成指定景点上的圈数，便可以将自己的“大头贴”粘贴在此景点上。

实施推广，动员评价两手抓。活动筹备就绪后，学校利用升旗仪式、红领巾电视台、班会课等德育阵地对学生进行动员和宣传。在升旗仪式上进行“健康跑”启动仪式和表彰仪式；在班会课上进行阶段总结，取长补短；在校园电视台对学生出现的问题进行指导和总结。体育组长深入班主任会、组长会、全校教师大会，从活动的准备到活动实施，加强参与教师的沟通和协调作用，聚集多方力量，助力活动顺利开展。

创造机会，提高参与度。依据学生身心发展的规律，考虑到学生体育课和大课间跑步时间有限，学校为学生积极创造跑步的机会：在不耽误早自习的情况下，学生每天早上可在操场上跑步；大课间增加跑步的时间，由每天6分钟逐渐增加至8分钟、10分钟；体育课和体育类社团课，将慢跑作为学生课前热身活动；学生放学后可以在操场跑步，还可以带动家长一起跑步；为每个年级设置其他运动项目替代跑步的计算标准，只要达到强身健体、愉悦身心的目的，允许学生用跳绳、游泳、轮滑、篮球等运动项目替代跑步。

精准记录，及时评价。为了准确记录学生每天跑步的距离，体育老师为每个班级制作了表格。记录的过程需要协调多方力量，并不是一件容易的事。学生每天自主在“打卡记录表”上记录；为避免有些学生忘记记录，充分调动班级干部的作用，每天轮流督促提醒；班主任发动家长对学生进行督促和提醒；体育老师责任到年级，每天定时到班级检查；在每月最后一周班会课上，班主任组织学生总结，同时引导学生准确填写、公平公正、诚实守信。

学生把自己实际跑步的距离换算成圈数，在缩略图上粘贴自己的头像。一个月下来，跑步圈数少的学生及时调整，加强运动，争取跟上其他同学的脚步；跑步圈数多的学生继续保持，并想办法合理利用时间，适度加大运动量。

学期末，学校利用升旗仪式对在“健康跑”活动中表现突出的个人和班级给予表彰，颁发个人证书和“运动达人”勋章，并授予班级“领跑班级”称号流动红旗，鼓励大家向榜样学生和榜样班级学习。

总结反思，德智体全面发展。“健康跑”活动的开展带来了学生的变化。学生长时间站立，几乎不出现晕倒的情况了；在五、六年级的国家体质健康测试50米×8折返跑中，学生的成绩明显高于上个年级；据校医室每日晨检统计，学生每周生病人数比例明显下降。

“健康跑”活动的开展不仅增强了学生的身体素质，而且实现了德育、智育、体育全面发展。学生在记录跑步圈数的同时，要坚持诚实、公平的原则，这无疑是一次非常好的道德教育；地图上所呈现出的景点可以让学生更好地了解深圳、东莞两地的人文、地理、历史知识；各种运动场地、运动项目的距离换算，加强了与数学学科的联系。一个小小的“健康跑”活动，实现了德智体全面发展。

阅读，开启智慧之门

书籍是知识和智慧的源泉。新教育发起人朱永新教授提出，“一个人的精神发育史就是其阅读史”。阅读素养是一国公民素质很重要的指标之一，也是个人终身学习的必备能力。语文教育家吕叔湘先生指出：“我们的知识有70%是从阅读而来的。”小学生阅读对学生综合素养的形成起着至关重要的作用。

对于小学生来说，阅读是学好各门学科的基础。苏霍姆林斯基指出，小学阶段学生应具备的各种能力中，阅读能力居于首要的地位。学生如果不能完善地掌握阅读这个工具，就不能顺利地学习，如果你的学生具备了良好的阅读能力，你就不必担心会出现落后生。

在“率性教育”理念的引领下，近年来，东北师大附属益田小学立足于保护儿童的好奇心与爱学习的天性，遵循不同年龄阶段的学生阅读水平和能力的差异，通过营造阅读环境、开展阅读活动、设置阅读课程、开发阅读卡片等一系列举措，培养了学生热爱阅读的习惯。

营造阅读环境，健全层级网络。近年来，学校逐步建立了中心图书馆—班级书吧—开放空间阅读角“三位一体”的书香校园网络。目前，学校中心图书馆有图书28000余册，各班级书吧有100—300册图书，开放空间阅读角新增图书3000余册。学校积极拓展阅读空间，为营造书香校园提供有力保障，让学生们处处有书读、时时有书读，让书籍遍布校园的各个角落，全面满足师生的阅读需求，形成了浓厚的书香氛围。

开展阅读活动，充溢书香童年。学校自2015年起，针对不同年级的学生特点，先后开展了校园读书节、亲子阅读、班级读书会、童话剧创编、阅读百科知识擂台、阅读存折等丰富多彩的读书活动。这些活动的开展，进一步彰显学校“率性教育”的办学理念，对学生真正起到了激发阅读兴趣、陶冶人文情操、充实文化底蕴、提高读写能力的作用。

设置阅读课程，开展课题研究。学校根据学生年龄特点，在一到四年级开设了每周一节阅读课，用于培养学生阅读兴趣，指导学生阅读方法。通过一段时间的尝试，学生有了长足的进步。在高年级，学校以语文统编教材为依托，从“阅读要有一定的速度”为切入点，以课题形式对学生阅读速度的培养进行研究。

开发阅读卡片，指导方法运用。学校通过构建阅读理解的层级、设计阅读理解的问题，设计了归纳提炼式、线索梳理式、观点表达式三种阅读卡片。通过指导学生对阅读卡片的运用，为学生的语文阅读学习提供了有效助力，引导学生与文本、作者、同伴之间展开深度对话，促使学生对文本产生个性化的理解。教师也能根据学生填写的阅读卡片，判断学生所达到的阅读理解程度层级，了解他们对文本的理解程度以及存在的问题，并辅以针对性指导，从而实现教学、指导与评价的一体化。

阅读活动的开展开阔了学生的视野，促进了学生思维的发展，为学生开启了智慧之门。

跑步，是一种信仰、一种精神、一种坚持；读书，是一种态度、一种习惯、一种修行。跑步和读书就像车之两轮、鸟之两翼，不可或缺。越跑步越健康，越读书越充盈。未来，东北师大附属益田小学将深入践行“率性教育”办学理念，继续开展“健康跑”和“阅读活动”，引导学生在活动中享受乐趣、增强体质、健全人格、锻炼意志、增长智慧。

内修外塑办教育　奋进担当开新局

福建省惠安科山中学　刘荣宝

福建省惠安科山中学创办于1997年秋季，坐落于惠安县螺城镇北关街螺苑新村，毗邻螺城镇政府和城北公园，是一所全日制的城镇独立初中校。2002年10月科山中学在全县率先通过“泉州市素质教育先进校”和“泉州市普通初中达标校”验收，成为惠安县第一所实现“双达标”的学校。

随着新时代的到来，学校发展步入新阶段，学生求知创新的渴望日益强烈，人民对优质教育的关注度越来越高。面对培养创新型人才的要求，科山中学认真学习贯彻党中央关于教育的各项方针政策，坚定“为党育人，为国育才”的办学导向，大力践行习近平总书记关于新时代教育、教师的发展理念，树立“依法治校、质量强校、人文理校、科研兴校、特色立校”的管理思想，坚持用激情引领学校“立德树人”的使命和责任，坚守“心怀感恩，志存高远，用努力奋斗成就最美科山”的信念，带领全体教职工勇于开拓，锐意进取，使学校管理与教育教学质量、校园文化与教师队伍建设等方面显著提升，走出了一条普通初中学校科学高效、跨越式发展之路。

完善基础设施，提供发展支撑

基础设施是学校生存和发展的重要保证。学校要发展，只有加强基础设施建设，才能让学生安心、安全地在学校学习和生活。

科山中学是一所美丽的花园式学校，校园总体布局合理，教学功能齐全。目前，校园总面积30253　平方米，校舍建筑面积17365平方米，绿化面积9076　平方米。教育教学设施先进，建有250米塑胶环形跑道运动场，7个篮球场，拥有校园局域网、学生网络教室、31间多媒体教室、多功能梯形教室和各类现代化展览馆，图书馆、开放型书吧藏书5万余册，实验教学仪器按省颁Ⅰ类标准配备齐全。俊雅优美的环境、浓厚的文化氛围使校园成为教书育人、培育英才的理想殿堂。

聚力师资建设，培植教育砥柱

打铁还需自身硬。教师是一所学校最重要的教育资源，教师的精神状态、业务能力、综合素质是一所学校能否实现持续、健康发展的决定因素。科山中学高度重视师资队伍建设工作，采取多种举措提升师德师专师能，不断培育学校发展的中流砥柱。

为推动教师队伍素质持续提升，学校坚持“引进来、走出去”并重的方式，为教师接受新理念、掌握新的教育教学方法创造条件。与此同时，学校通过教研组教师捆绑评价的方式，强化教研组、备课组的管理培训功能，强化教师的教研意识、提升教研能力；通过加强行政听课、随机听课等形式，对教师的教育教学过程进行监督；坚持“以教带研、以研促教”的指导思想，全面推进学科研究、课题研究、课改研究、命题研究；通过学生问卷、座谈、收集家长意见等方式，跟踪学校师德师风现状，倡树教师继承和发扬爱岗敬业、无私奉献的优良传统；通过量化测评和教师述职等方式对教师进行考评……

一系列措施的稳步推进，有效促进了教师专业成长。目前，学校有省、市、县学科带头人、骨干教师23人。林贤财、蔡强老师被评为泉州市第二、三届“邮政杯”中小学名班主任，有施航平、连培建等16位老师被为泉州市“学科带头人”、“骨干教师”、“教坛新秀”、县“蔡炳河奖教”、县“富邦奖教”优秀教师，高素质的师资骨干为学校素质教育和课程改革的推进发挥核心引领作用。

实施阅读工程，丰厚人文底蕴

“腹有诗书气自华，最是书香能致远。”一位教师如果能够让孩子爱上阅读那他的教育就是成功的，一所学校如果能够充满书香味那它一定会蓬勃发展。多年来，科山中学以打造书香校园为切入点，让全体师生天天与经典同行，和圣贤为伍，全面提升了师生的文化素养。

学校坚持开展“捐书留香　情系学校”、“经典诵读”等活动，希望全校师生都能积极投入到读书活动中，以书籍为伴，以读书为乐，以读书为荣，在书海中汲取智慧、净化心灵、陶冶性情；开展“图书漂流”活动，让校园的每个角落都漂流书香，每位师生不断分享阅读的快乐；开展每年一届的校园“读书节”活动、校园“科技文化艺术节”活动，让学生放飞青春梦想，培养高雅情趣……在中华经典的陶冶下，广大师生怡情悦性、奋发向上。

如今，科山中学已经把诵读种在校园，让它变成阳光与雨露，灿烂师生的生活，陶冶师生的情操，丰富师生的生活，让科山中学的校园诗意盎然！

坚持特色发展，提升文明素养

文明是一所学校的幸福底色和内在气质。科山中学紧紧围绕“立德树人”的根本任务，把“创建文明校园，构建和谐校园”作为学校工作重要任务，以发展和谐教育、创建文明校园为依托，通过文明校园创建工作营造安静、整洁、有序、和谐的校园环境，进一步提升全体师生的文明素质，推动学校各项工作再上新台阶。

传统节日传承，培养学生传统美德。一直以来，学校注重文化的传承，把春节、清明节、端午节等传统节日设计成不同的教育主题，寓传统美德的教育于环境创设、教育教学及学生生活之中，挖掘传统节日的内涵，汲取思想、感情的营养，深化对历史、社会和人文的认识，对学生进行传统美德的思想教育，增强师生对中华优秀文化的认同感和自豪感。

拓展志愿服务行动，推进文明校园创建。学生志愿者每年参加“陈欠水扶贫助弱”志愿服务活动，骑行前往王孙村、溪南村慰问孤寡老人送温暖，走进惠安县首届地方特色美食节，参加北关社区“创城”义务劳动……一系列志愿服务活动的开展，旨在引导全校师生在做好事、献爱心的过程中陶冶情操，提升思想道德境界，推进文明校园创建。

开展普法教育活动，促进学生健康成长。2020年10月22日下午，惠安县人民政府赖清正县长莅临惠安科山中学参加普法教育馆开馆仪式，并调研指导学校的禁毒宣传教育工作，增强辖区公民和学生的识毒、拒毒、防毒意识，并把好的做法及时总结和推广；以宪法主题馆为平台，大力开展法制教育活动，努力营造学法知法守法的法律氛围，为实现法治中国助力。

收获丰硕果实，恒守教育梦想

自办学以来，科山中学全面贯彻党的教育方针，以“敦品、笃学”为校训，努力实践“以学生的健康成长为本，为学生的一生发展奠基”的办学理念，形成“师陶研陶、言传身教”的良好教风和“力学求真、知行一致”的良好学风。学校行政班子团结协作，广大师生负重拼搏，锐意进取，办学水平和办学效益蒸蒸日上，先后被评为福建省“义务教育管理标准化学校”、福建省首批“义务教育教改示范性建设学校”、“福建省百佳12315消费维权服务点”、连续三届荣获“泉州市文明学校”、连续两届被认定为“泉州市素质教育先进校”、　荣获泉州市首批“文明礼仪示范校”、“泉州市普通中学教学常规管理先进校”、泉州市“交通安全文明校”、“泉州德育先进校”、泉州市优秀“青少年维权岗”、惠安县“教科研工作先进单位”、惠安县创“五好”活动先进单位、惠安县中小学“艺术教育先进单位”、惠安县素质教育督导评估先进单位、惠安县行风评议先进单位、惠安县文化先进校、泉州市食品安全宣传基地校、惠安县教育系统新时代文明实践理论宣讲课堂等50多项荣誉称号。

“惠风和畅，安步当车，且磨剑三载由此登科，螺苑横翠，桃李成荫，更树人百年是为攀山。”展望未来，科山中学将继续高举习近平新时代中国特色社会主义思想伟大旗帜，紧紧围绕“创高质量有特色名校、办人民满意教育”的新目标，坚持质量立校、特色发展，坚持改革创新、高位发展，以坚定而豪迈的步伐护航每一位师生充分和谐发展，努力向“省级素质教育先进校”和“省级文明校园”的方向迈进！

立足特色课程建设，开展学校精品教育

福建省厦门五缘第二实验学校　石锡伍　林菁

“一年之计，莫如树谷；十年之计，莫如树木；终身之计，莫如树人。一树一获者，谷也；一树十获者，木也；一树百获者，人也。”这段话既阐明了人才培养的重要性，也揭示出人才养成的不易。课程是教育的重要组成，是学生成长的蓝图，是教师展示教育教学技艺、促进自身专业成长的重要载体，是学校一切资源配置的依据，从根本上说，课程决定了教育的品质。因此，我校通过特色课程探索，明确办学目标，提升办学品质。创校以来，我校始终致力于培养“健康活泼，乐于进取；至诚明德，知止感恩；好学善思，敏事慎言；养成规范，基础扎实；学有所长，全面发展”的学生。本着养成学生良好规范和发展潜能这一目标，积极探索构建指向发展潜能以学生为本的“五缘二”课程体系。依据九年一贯制学校特点，自2018年5月始，我校就大力落实立德树人任务，围绕“九年一贯制学校‘五缘’课程建构”这一主题，不断规范课程开设，精心实施各类课程，引导教师积极探索课程评价改革，深入实践信息技术与学科教学的有效融合，不断提升学校的内涵建设，以特色课程建设探索，换发学校办学全新样态。

一、以课程为本，凸显学校特色课程创建功效

课程是学校的资源，却是学生成长的养料。优质课程可以全面培养学生专业技能和道德素养。我校“五缘二”课程体系中的“五缘”，指的是包含国家课程、地方与校本课程、活动课程、隐性课程和精品课程的五类课程，各类课程目标明确。国家课程旨在夯实学生基础知识，我校坚持开齐开足国家课程。地方与校本课程在于发展学生兴趣与爱好，开阔学生视野，积极开发地方与校本课程，截至目前，学校开设了学科类、体育类、科创类、艺术类四个类别共计50余门地方与校本课程。活动课程提供学生体验生活的平台与机会，我校将各类活动按照课程理念精心策划，逐步形成了“一训”、“二研”、“三生”、

"四节"、"五礼"的活动课程系列。隐性课程是指校园文化与校园精神，学校坚守教育无处不在、无时不有的教育观念，注重培植积极向上的校园文化，并实现校园文化校本化、文本化和课程化，充分发挥文化化人的功能。精品课程在于为教师的专业成长创设舞台，我校鼓励教师、教研组挖掘地域文化资源打造精品课程，实现校本课程的地方化、特色化。目前"湿地探秘"、"钟宅畲族文化"等已成为学校的特色课程。五类课程，相互补充，相得益彰，共同致力于促进学生全面发展。

"五缘二"课程体系中的"二"是指"两个两维"，即知识与能力，规范与潜能。这两个两维是指教师实施课程中必须坚守的两项基本原则。一是教师实施学科课程教学中，在向学生传授知识的同时，着力发展学生的能力；在开展学科课程教学过程中，狠抓规范养成，通过激活学生思维，发展学生潜能，为学生的进一步学习奠定可持续发展基础。可以说，我校"五缘二"课程体系的构建，尽可能做到了课程结构丰富化、课程内容差异化、课程实施多样化、课程评价多元化，以满足不同学生的发展需求，突出学生的个性发展，创新素养培养，激发学生兴趣，发展他们的人生志趣并挖掘了成长潜能。

二、深耕细作，探索全新特色课程体系架构

成功的课程体系构建，离不开当初小心翼翼地摸着石头过河，在"五缘二"课程体系的构建过程中，我校由点到面，开展了系列探索，也取得了显著成效。我校围绕课程开设、课程实施、课程评价和课程资源开发，制定了《厦门五缘第二实验学校教师队伍建设及教师专业成长规范》。该《规范》共计10个方面内容，共计80条，内容涵盖教师师德师风建设，明确教师工作内容及工作量，规范教师备课要求，规定了课堂教学规范，明确教师校本作业研发与布置的具体要求，提出了教师参加教研活动和业务研修要求。此外，我校制定了《厦门五缘第二实验学校课程建设中心工作职责》《厦门五缘第二实验学校教研组长工作管理规范》《厦门五缘第二实验学校教育信息技术应用中心工作规范》《厦门五缘第二实验学校导师制管理规范》《厦门五缘第二实验学校学生学业评价规范》《厦门五缘第二实验学校教科研课题管理规范》等。进一步规范学校管理，为学校更好发展提供了基础。

为帮助教师建立课程意识，提高课程执行力，明确"九年一贯制学校'五缘'课程建构"项目建设目标，我校利用学期初的党政工理论学习会、教职工大会和教研组长工作例会，由学校领导先后为教职工、教研组长开设"成全人的发展"、"学习领会习近平教育思想，办人民满意的教育"、"落实立德树人任务，履行教师职责，回应社会关切"、"校内教学质量评价技术浅议"、"身在课堂上，心中有课标，眼中有学生"、"精研教学内容，实施精准教学"等专题讲座，讲座内容包括课程基本理论、课标解读、试题编制技术、教材解读策略、《中共中央国务院关于深化教育教学改革全面提高义务教育质量的意见》以及《教育部关于加强初中学业水平考试命题工作的意见》等文件解读。各学科教研组聘请资深专家莅临学校开设有关课标解读、课堂教学、质量分析技术等内容的专题讲座，以此丰富教师的课程理论，引领教师掌握课程实施的操作技巧，提高教师课程实施的能力，提高他们课程执行、课程实施以及课程评价的自觉性。此外，我校还高度重视教师培训，提高教师的理论修养和课程实践能力。正所谓"它山之石可以攻玉"，我校曾先后派副校长、教研科负责人、教师等前往上海市黄浦区教育学院附属中山学校、武汉市常青藤实验学校、武汉市育才小学、山东淄博桓台一中附属学校、淄博桓台县城南小学等校参观调研，走出去学习兄弟学校先进教学经验，有效提升了教师的专业技能和素养，开拓了教师眼界，沉淀了经验。

为进一步提升教学质量和办学品味，我校还充分利用九年一贯的学制优势，一是统筹规划学校的资源，发挥校舍资源和教师人力资源的最大效益；二是统筹规划学生的学习进程，制定统一的培养目标，统筹规划学生九年的课程内容，实现各学段之间的无缝衔接，确保学生课程学习的连续性；三是实行垂直管理，学校不再分设小学部和初中部，实现统一的教育教学管理，发挥管理效益最大化。与此同时，遵循学生成长规律，依据不同学段学生的心理特点和接受能力，实行分段实施原则，完成相同目标，规定不同内容，采取不同方式方法。

此外，我校积极探索九年一贯制学校的五四分段教育教学改革试验。从2018年开始，在七年级以英语为突破口开展中小学衔接，2019年开始，这一衔接课程延伸至数学、语文学科。其次在六年级开展中小衔接教学探索，开发并实施"厦门五缘第二实验学校六年级衔接课程"。实施把六年级纳入初中校区管理尝试。

三、多措并举，激发优质教育特色办学活力

为了优化学校办学内容，激发学生潜能，激励教师成长，结合"九年一贯制学校'五缘'课程建构"项目建设，我校积极推行和实施多元评价，引领学生全面发展，引导学生转变学习模式。多元评价内容涵盖学生德行、体质、学业、审美与劳动技能的评价。在学业评价领域，实施一至六年级语文、数学、英语、科学、美术的口试加笔试，七年级数学的口试加笔试、八年级数学微课加笔试等形式的评价手段。此外，围绕"九年一贯制学校'五缘'课程建构"项目建设，我校还先后申报《基于核心素养的科技教育校本课程建设研究》《九年制学校"立德树人"目标与实现策略研究》《交际语境写作理念下的小学习作教学策略研究》《九年制学校信息技术与数学及学业质量评价深度融合创新研究》《以核心素养为导向的小学数学口试的实践研究》等省级课题，《active English（积极英语）教学实验研究》《九年一贯制学校"五四学制"教学管理研究》《基于多元目标多元策略初中美术课堂教学研究》等市级课题。这些课题直指课程开设、课程实施、课程资源开发，与我校正在实施的"九年一贯制学校'五缘'课程建构"项目建设紧密相连。极大地丰富了学校的项目建设，为课题的推进与研究提供了实践平台。在积极开展理论学习与探索的过程中，结合课题，我校语文、数学、英语等学科教研组积极开展"同题异构"教研活动，即选取相同教学内容，分别在六、七甚至八年级学生中开展教学实践，旨在探寻不同年级学生对同一内容达成的思维深度、思维广度差异，探寻针对不同年级学生教授相同内容的不同教学方式。这些课题带动一大批年轻教师共同参与，有力地促进教师的专业成长，实现理论与实践相结合，实现课题研究与教师专业成长相结合。在安排教师任课年级时，我校打破教师身份界限，实施循环任课制、课程专任化、教师任课专业化并实行兼任课程交叉任课制。这些措施一方面有助于教师形成义务教育阶段学科教学观念，熟悉各自学科九年义务教育课程标准、教学内容与要求，另一方面，还能确保学校开齐、开足开好所有课程，确保各门学科课程质量，促进教师的专业成长、增强教师的责任意识和学业质量意识。

风雨沧桑励壮志，春华秋实著华章。2020年11月11日，我校申报的"福建省义务教育教改示范性建设校"建设项目《九年一贯制学校"五缘"课程架构与实践》通过市级评估验收，标志着我校课程体系建设获得了阶段性成功。今天，既是我校展示办学成绩的契机，也是我校继往开来、开始新征程的起点。着眼现在与未来，我校会继续立足课程创新，以先进的理念引领学校发展，以严谨的态度探索教育规律，懂得传承与创新，敢于改革和实践，藉厚积之力，承求索之精神，志存高远，弘毅笃行，唱响教育高亢的时代凯歌。

阅读点燃智慧，好书引领成长

甘肃省张掖市临泽县新华农场小学　杨忠才

著名学者、教育家朱永新说过："阅读对人成长的影响是巨大的，一个没有阅读的学校，永远不可能有真正的教育。"为全面发展学生核心素养，甘肃省张掖市临泽县新华农场小学以"阅读点燃智慧，好书引领成长"为理念，以"创办书香校园，提高综合素养"为指导，以"阅读中外名著创建书香班级"为途径，大力实施"读写说"工作，为学生创建享受快乐成长的乐园，为教师搭建实现专业发展的舞台，为学校构建提升教育品质的平台。如今，学校处处充满书香气息，经典诵读已经成为学校的一大亮点特色。

一、回顾历程，坚定四步走发展战略

"业精于勤荒于嬉，行成于思毁于随。"书香校园建设要带着思考和热爱去做，才会有呼之欲出的生命力和感染力。经过严谨的思考和准确的定位，新华农场小学紧扣阅读主题，严格落实"四步走"发展战略，促使师生由影响阅读逐步走向了自觉阅读。

第一步：实施经典诵读，确保诵读实效。为确保经典诗文诵读活动的顺利实施，学校成立了以校长为组长的诵读领导小组，制定了《新华农场小学经典诗文诵读活动实施方案》，开展了省级课题的研究，编印了《中华经典古诗文诵读读本》校本教材，开展了系列经典诵读活动，确定了经典诵读时间、指导教师、督促评估机制，确保了诵读的实效性。

第二步：推进海量阅读，提升语文素养。在诵读经典、感悟传统文化的基础上，学校全力推进海量阅读。2016年，将"海量阅读"工作列为学校的中长期发展规划，进行省级课题研究，建构"读写说"相结合模式，保证学生阅读时间，教给学生阅读方法，促使学生积累了丰厚知识，提升了语文素养。

第三步：推进语文课前"三个一"活动，提升人文素养。为进一步落实学校"文以拙进，道以拙成"的教育理念，从2015年起，学校在语文教学中坚持让学生写日记，坚持每节语文课前3—5分钟的"三个一"（一写、一读、一讲评）活动作为语文教学的一部分，倡导小学低年级进行一句话的读写说的训练、中年级一段话的训练、高年级注重构段成篇的训练。经过多年的实践，学生的习作能力和口头表达能力都有了较大幅度的提高。

第四步：大力倡导教师读书，提升教师素养。学校积极开展教师专业阅读活动，组织教师参加著名作家、专家的读书辅导讲座，组织教师参加阅读计划交流会、优秀读后感、读书笔记展评活动，充分利用"世界阅读日"和"读书节"等特殊节日开展校内和校际间的读书交流；利用同伴激励作用和专家引领作用，拓展教师知识结构，激发教师参与阅读的热情。

二、全员共读，严格落实三大项措施

活动是师生得以成长的土壤。在新课改的背景下，新华农场小学通过开展丰富多彩的读书活动，让师生与经典相伴，与圣贤为友，真

正开启他们自己的内心世界，激荡起品味人生、升华人格的内在欲望，达到了“此时无声胜有声”的效果。

鼓励学生读。学校领导就把建设书香校园当作一项重点工作来抓，专门拔出一笔资金专款专用，购买一批学生们喜闻乐读的科普读物及文学读物，充实作为储藏精神食粮的校图书室并每天将其定时开放，让学生们享受“读书盛宴”。每个班级设立一个图书角，由学校购买图书架，同时每周开展“读书交流”活动，分发读书卡，鼓励学生将整理的好词好句记录下来。学校坚持组织开展“每月主题读书活动”，以年级为单位组织开展，同时把课外阅读融入课堂，课前实施“一写、一读、一点评”三个一固定项目，课堂上开展五分钟的静心阅读训练，让学生掌握快速阅读的技巧，提高阅读效率。各班语文教师按学校规定每天指导学生进行日记写作，从一句话的练习到一段话的写作最终达到一篇文章的酝酿，基本上大多数同学都能坚持完成日记写作。定期组织“红领巾广播”活动，传播积极向上的校园文化。

引导教师读。学校不仅组织教师学习教育专业知识和《新课程标准》，还倡导老师们读教育类名著和畅销书；为教师充实《做幸福的教师》《陶行知教育文集》等十余本教育书籍，引导大家学习大师的教育方法，正确处理学生中存在的问题；要求教师假期每天撰写一篇随笔，每月由教导处检查登记，作为教师业务考核的一项内容；每周举行一次教师读书心得交流会，由各年级组、教研组选派代表交流学习所得；在全体教师中开展“阅读课经验交流”、“德育经验交流征文”、“主题诗文诵读大赛”等活动，开展日记写作的课题研究，并成功立项结题。

提倡亲子读。养成良好的读书习惯要注重家庭阅读。为此，学校写了“亲子阅读致家长的一封信”，向家长说明读书的重要性，劝导家长要以身作则；要求学生主动相邀家长共读完整的一本书，谈谈各自的感想；教师向家长介绍积极健康的适合小学生的书籍，同时推荐订阅优秀的儿童报纸、刊物，如《小学生作文报》《儿童时代》《少年文艺》《小学生报》等；鼓励亲子阅读，评选出“书香家庭”、“读书好家长”，让优秀的家长带动更多的家庭积极加入到与孩子一起阅读的队伍中。

三、书香校园创建七大特色亮点

一所学校要脱颖而出，不仅需要有新颖的教育理念和深厚的文化底蕴作支撑，还必须有其独特的校园文化和教育品牌。在创建书香校园的过程中，新华农场小学坚持突出亮点，力求做到“人无我有、人有我优、人有我奇”。

亮点一：读书时间保证，书籍不是摆设。学校每天开放图书室和阅览室，每位学生按规定可向学校借书一至二本，班级图书角的书籍学生随时可以借阅并带回家和家长一起阅读。愉快的阅读体验使他们增加知识，也充实和丰富了学生的课余生活。

亮点二：师有读书札记，生备读书札记、日记本。学校给师生都发了一本读书札记本，老师看书做笔记、写读后感，每周组织一次交流，每学期评选一次优秀征文；学生写读书札记、日记，每周每班开展班队一次活动，每月全校开展一次主题活动。

亮点三：创设交流平台，展示读书乐趣。怎样才能使学生在“书香校园”读书活动中充分地体会到阅读的愉快呢？读书演讲比赛、课本剧表演赛、读书征文赛　、“我读书，我快乐！”主题班队会、“书香乐园”手抄报评比、“校园读书”明星评选、“我和爸爸妈妈共读一本书”……学校丰富多彩的读书交流及展示活动，让学生在不拘泥于形式中主动地参与阅读，愉快地进行阅读，读出味儿来，读出兴趣来。

亮点四：“亲子阅读”见实效。学校向家长发放《为亲子阅读给家长的一封信》，诚邀家长参与到学生的读书活动中，同读一本书、一个故事、一个精彩片断，并及时写下自己的阅读感悟或者读书评价。“亲子阅读”活动养成了孩子乐于读书的好习惯，更增进了家长和孩子、家长与老师、老师与孩子之间的沟通和交流。

亮点五：开展“每月主题读书活动”，拓展学生的知识面。学校根据各年级学生的年龄、认知水平、阅读喜好确定本级阅读主题，选择适合于本年级学生的书籍，采用灵活多样的阅读方法，可以通读一本书、也可以分小组阅读、还可以一个人阅读，之后组织学生交流、回报、展示阅读成果，激发了学生的阅读兴趣，提高了学生的阅读效果，培养了学生的阅读习惯。

亮点六：将课外阅读融入课堂阅读，让课外阅读走进课内阅读。学校坚持开展课堂五分钟的静心阅读，重在培养学生的阅读技巧，各具特色、主题突出的阅读材料让学生们步入阅读的殿堂。

亮点七：开展“校园读书明星”评选活动，把“书香校园”推向纵深。为进一步培养学生的阅读习惯，学校组织开展“校园读书明星”评选活动，并设置了“校园读书明星”榜，对当选的“校园读书明星”予以奖励，奖品为学生喜爱的课外读物。此项活动的开展把“书香校园”读书活动推向了高潮。

“书香校园”读书活动的开展，得到了教师、学生和家长的积极拥护。唤醒了教师的教育智慧，改变了教师的育人心态，使他们理解了更多的教育理念，能够理性地处理教育问题；丰富了学生的精神生活，学生自己组织活动、编演节目，拓宽了知识面，提高了思想道德素质和科学文化素质，营造了勤奋读书、努力学习、奋发向上的校园文化环境；学生家长主动参与“亲子读书”等活动，与孩子一同读书、一同进行演讲比赛、一同演出节目，增进了感情沟通，也促进了家长家教水平的提高。

好的书籍是种子，是生命更加丰盈、精神更加充实、灵魂更加崇高的种子。我们相信，读书能改变学生的生存状态，改变教师的行走方式，改变学校的发展模式，改变教育科研的范式。新华农场小学坚持通过书香校园创建工程，增加师生生命的高度、广度、深度，成为更好地自己，遇到更好地别人。

植根传统，培育面向未来的力量

广东省东莞市东城实验小学　袁汉雄　杨颖婷

“强大的民族精神来源于深厚的传统文化。”传承优秀传统文化是教育的首要任务，要为孩子打上中华文化的优良基因，要让学习和传承传统文化成为一种时髦。2017年9月，东城街道首开先河创办且为“东莞市第二所办学模式改革试点校”的公立学校——东城实验小学建成并投入使用，正式迎来该校的第一届学生。学校办学特色如何、教学育人水平是否在线、师资力量几何等诸多问题，都成了大众最想知道的问题，这也是学校需要深度思考的问题。

为了给青少年播下文化立身的种子，东城实验小学坚定“未来教育”的发展方向，大力弘扬传统文化，并将传统文化的智慧应用到教育教学中，让学生们在传统文化的修习中涵养气质，在传统文化的滋养中健康成长，并将博大精深的中华文化传承下去，进而助力自身素养提升，形成了鲜明的学校特色。

把传统文化真正融入教育

走进东城实验小学，占地25909平方米的校园，欧式建筑明朗美丽，校园内的文化长廊以及书香走廊让孩子们随时随地都浸润在书香氛围中。而最让人印象深刻的则是课间十分钟，孩子们礼貌而不失朝气活力。这有赖于学校“植根传统，面向未来”的办学理念和“用自然的教育培养完整的人”的办学目标。

习近平总书记曾发表重要讲话：“中华优秀传统文化是中华民族的精神命脉，是我们世代必须传承的文化根脉和文化基因，积淀着中华民族最深沉的精神追求，包含着中华民族最根本的精神基因，代表着中华民族的独特精神标识，是中华民族生生不息、发展壮大的丰厚滋养，也是我们在世界文化激荡中站稳脚跟的坚实根基。”由此可见，学校把传统文化真正应用到教育中，力量是无穷的，孩子受益是终生的。传统文化带给孩子的教育是浸润式的，是扎根在他们灵魂里的文化熏染，这种熏染不仅仅是对学生的熏染，还有老师对传统文化的思想精髓的应用，尤其应用是非常重要的。一方面，背诵是必须的，学校要求学生每年都能背诵一本书，6年下来就能背诵论语和道德经。另一方面，学校用传统文化浸润老师的心灵，比如每个月的读书会，老师要把做得好的地方精简提炼，尽量结合传统文化来说。

“传统文化是一种智慧，老师尽量去应用，通过一句话得到启示，解决了教育教学问题。这就是很好的吸收。”东城实验小学以后还想增加一个环节，让老师会前还没到场时，先到的老师来欣赏名画名曲，提升老师对美学的鉴赏能力，孩子喜欢美，年轻老师也喜欢美，浸润孩子之前先浸润老师。只有当老师有了更高的认知和感受力，才能更好地教育学生。

读书会是学校从2018年开办的，每月一次，到现在，一期都没落下，起到了比较好的效果。阅读到了后面，就变成了教师凝聚力的场所，也变成了知识聚集的物理场所，是一个正能量场所，而且每一次都有好书推荐。

自然教育培养“完整的人”

有了传统文化为基础，再施以自然教育，学生学习起来自然动力十足。那么，什么是自然教育？

自然教育，本质上是要尊重教育的本质规律，实际上是尊重学生自然发展，通过顺应自然、启迪人的天性、尊重人的天性、坚持以人的天性为本、接受天性的引领来实现“人之自然”。

首先，教育违背规律就是错误的，每个孩子都有自己的天性。通俗一点说，自然教育就是将孩子的天性和人生中的各种考试相结合。比如，孩子好玩，那就增加一些好玩的教育方法，顺应孩子玩的天性。

其次，教育是知识的传承方式，知识存在并且产生于人与自然之间。一棵树的成长，根系很重要，给教育的启示是要扎根深，才能有向上生长的力量。教育也不能贪图表面的东西，要慢，要扎根，吸收足够的营养，才能长得更茂盛。东城实验小学的“化育返自然”，不光是一个口号，而是由学生亲自动手，在过程中，老师用自然的规律来启发孩子们对生命对学习的思考。例如，学校开设了天空农场和种植基地，孩子们在基地种植秋葵、百香果、香瓜等，从播种到施肥，再到瓜熟蒂落，每一个生命成长的环节，孩子们都见证并参与了，他们也通过对自然和生命的了解，明白了学习的规律和向上生长的意义，感悟到了生命和学习共通的道理。

人有三种，可燃、不燃以及自燃型，要激发学生内在的动力，让他成为自燃型学生，是老师需要做的。东城实验小学以前两个自然教育为基础，实现第三个自然教育，旨在是激发学生天然先上的动力，争做“自燃型”学生。

探索面向未来的创新教育

传承与创新是学校教育的两大主题。一方面，学校以“传统文化、智能技术、智慧课堂、智慧人生”立足传统，构建“礼慧+”课程体系；另一方面，学校重视学生高阶思维发展，结合学科核心素养及高阶思维培养要求，利用 STEM 项目、科技创新活动、创客、数学思维培养“430 课堂”及学校社团等途径，加大学生的参与面，注重培养学生的科学创新能力，促进学生的高阶思维发展和学科素养能力提升。

此外，学校还构建面向未来的“慧”教育办学理念，以“信息智能、人工智能、校园智能”为目标，配备适应现代化的“慧”教育设备设施；以“互联网+、大数据、智能终端”为抓手，搭建突破校园时空的“慧”教育平台；以“莞式慕课、两先两后、微课掌上通”为载体，突出精准施教的“慧”学习特色。

博大精深的中华优秀传统文化是我们国家最深厚的软实力，也是文化自信的坚实根基和突出优势，更是中华民族薪火相传的伟大精神瑰宝。展望未来，东城实验小学必将在促进传统文化教育特色和培养中小学生综合素养的工作中不负众望，继续求索，阔步前行，引领广大学生不断增强民族自信和文化自信，为实现中华民族伟大复兴的中国梦而努力奋斗。

深耕明德教育　培育美好德行

广东省东莞市东城中学　伦景润　易常

《大学》有言：“大学之道，在明明德，在亲民，在止于至善。”、“明德”即自性具有的光明之德，而教育之本职就应该是将让人光明的德行唤醒起来、彰显出来，使之流布于天下，增进国民素养。

为培养具有生活幸福品质、生命精彩能力、使命担当精神的德智体美劳全面发展的社会主义建设者和接班人，广东省东莞市东城中学紧紧围绕“立德树人”根本任务，从构建并完善思想指导体系、教师成长体系、德育体系、课程体系、环境体系、宣传体系等多个方面出发，擦亮“明德教育”品牌，强化“明德少年”品行，发挥“家校共育”功能，致力于将打造一所理念先进、特色鲜明、品位高雅、影响力强的现代品牌学校。

一、凝练明德教育思想

在心为德，施之为行。在“明德教育”引领下，东城中学明确发展方向，从胸、学、才、艺、体、心六大方面落实“德”性，培养师生德怀家邦、学通天人、才善治事、艺有专长、身求强健、心常康乐六大品质。

德在胸，重在怀家邦。师生能继承莞邑乡贤的德行，不仅能立己，还要能立人；不仅要修身，更好地为人处事，还要齐家，关心家庭、班级、学校、社区的大事小事，能承担家庭、班级、学校、社区等公共职责；尚有余力的，还要关心民生，关心国家天下事。

德在学，重在通天人。“学”是师生改变自身、提升自我的主要路径，但“学”不是“记问”，不是纯粹的知识点积累，而是理解，是“格物致知”，近则理解社会人情，远则理解天地万物。

德在才，重在善治事。德是对天地万物之“道”的认知程度，能自如地根据这一认知去处理和解决现实问题，便是才能。有才能就是德的体现，但才能不是指某项技能，而是指发现问题、处理问题和解决问题的能力。

德在艺，重在有专长。德要施行，须娴熟乃至高超的技艺来表现，不可坐而论道，不可空谈道德良心，而需要有切实的技艺：体艺技能，即学有专长；创新技术，掌握一定的科学研究方法，能动手运用科学知识去进行小发明、小创造。

德在体，重在求强健。天行健，君子以自强不息。师生体格强健需做到以下三方面：一是要养成每天运动的习惯；二是有自己喜欢的运动项目；三是有一项以上的运动技能并在其中找到乐趣。

德在心，重在常康乐。学校拓展师生的视域和心量，使其投身到更加广阔的人群和社会中，从而让自己德行自大、心理自强；师生效法古圣先贤，在日常生活中充分历练，感受和体察为人的道理，使得师生能够正确地看待自身遭遇，培养健康快乐心理。

二、提升育人环境品质

校园环境是学校持续发展的重要组成部分。在“明德教育”的探索和实践中，东城中学持续增加资金投入，高标准配备配套设施设备以及各类活动阵地，使得育人环境进一步改善，师生综合素养明显提高。

学校设置明德墙、明德园、明德走廊、明德广场等有明德内涵的校园文化景观，营造了“润物细无声”的教育氛围；升级明德教育的智能校园支持系统，包括智慧管理系统（文化系统、安全系统、办公系统）、智慧教室（互动课堂、课程资源、智慧评价）、智慧平台（线上学习、家校互动、校园传媒），为高效的管理和学习提供了可靠的保障；高标准建设明德教育的特色功能场室，如怡心轩—心理活动室、梦工场—创客活动室、安国堂—国安教育活动室、鉴史厅—校史展览室、砺身轩—运动训练室、文渊阁—读书活动室等，为学生的多元成长提供了场地和支撑。

三、构建教师成长机制

教师是学校教育教学活动的生命和活力所在，学校办学思想和品牌特色的实现必须依靠一支与之相适应的教师队伍去完成。近年来，东城中学积极为教师专业提升搭建平台，倾力打造业务精湛、道德高尚的一流教师队伍。

学校通过“三大活动”，即说见解（道德大讲堂）、讲故事（师德案例分享）、树楷模（明德教师评比），提升教师的职业道德；通过“四大工程”，即崇德教师成长工程、进德教师成长工程、明德教师成长工程、班主任成长工程，提升教师的专业技能；通过“五大校外支持系统”，即高校资源、社会资源、社区资源、家长资源、校友资源，提升教师储备力量；通过“六大工作坊”，即明德茶馆、黄旗眺望、知行天空、雅韵悠长、律动地带、晴天小筑，提升教师综合素养；通过建立完善科研管理制度，保障教育科研的实效性和前瞻性。

多种举措的有效落实，东城中学形成了一支德能兼备、才艺双馨的“明德”教师队伍。近3年，学校有3人获得广东省青年教师现场教学能力大赛一等奖，20余人获市学科带头人/市教学能手以上荣誉称号。学校成功申报市级以上立项课题8个，出版“明德教育”相关校本教材10余本。

四、聚力学生素养培育

课程是学校文化的核心，也是学生素养能力培养的基石。东城中学以学生发展核心素养为导向，以培养“怀家邦、通天人、善治事、有专长、求强健、常康乐”的明德学子为课程目标，设置了开放多元、充满活力、富有特色的“明德”课程体系，为学生提供更加自主、更具个性、更多选择的教育资源，从而得到全面充分而又个性自由的发展，走出了一条符合时代要求、学校追求、学生需求的理想之路。

“明德”课程体系由厚德课程（基础课程）、砺德课程（拓展课程）和弘德课程（整合课程）三大类课程构成。其中，厚德课程主要由国家课程与地方课程组成，重在学生基础知识与基本能力的培养；砺德课程则主要是学科延伸课程，重在知识的运用、拓展与强化；弘德课程主要包括存心课程、议事课程和践行课程，重在培养学生的实践动手能力和综合素质。

此外，学校还通过活动润德、节俗化德、班级养德、评价促德、家校育德、特长扬德等措施，培养全面发展的“明德”学子，营造“明德”价值风尚。具体包括：完善家校合作机制，加强家校沟通，形成教育合力；开展“十大明德少年（孝道少年、阳光少年、环保少年、担当少年、进取少年、科技少年、健美少年、才艺少年、博学少年、明德年度学子）”评选；进行高水平特长生专项培养，给学生搭建一个展示自己兴趣爱好以及特殊技能的舞台，提升学生的创新精神和实践能力。

弘光明德行，兴时代贤才。明德教育，既是立德树人根本任务的具体体现，也是学校厚重历史积淀的传承需要，更是东城中学未来教育的奋斗方向。美好蓝图鼓舞人心，宏伟目标催人奋进，干事创业正当其时。展望未来，东城中学将在“明德教育”的指引下，继续以立德树人为目标，以改革创新为动力，以审慎务实为原则，久久为功，努力书写属于东城师生的未来教育！

教育逐未来　塑“灵动少年”

——聚焦广东省东莞市寮步镇河滨小学“灵动教育”

广东省东莞市寮步镇河滨小学　尹瑞玲

广东省东莞市寮步镇河滨小学创建于1993年，坐落在寮步河之滨，经过多年的发展，成为一所设施先进的高品质学校。学校现拥有18间功能室、32间多媒体教室；师资力量雄厚，有教师80人，高级教师4人，一级教师40人，中级以上教师占55%。

新时代，面对教育呈现出推行素质教育、主张人本主义教育的发展趋势，学校确立“灵动教育”的办学特色，从德育、课程建设、特色教育等方面多管齐下，让学生尽享“灵动教育”的滋养，成长为雅正聪慧、心态阳光、踏实创新的“灵动少年”，走出了一条提质增效的特色发展之路。

于理念中筑根基建理想教育生态

一所学校的办学理念是其文化的精髓，是办学特色和个性化发展的突出表现，也是其因地制宜贯彻落实党的教育方针的生动体现。

办学理念集中体现了办学的价值追求。学校从寮步河的灵秀之美和灵动之神出发，将水的灵秀、通融、跃动、奔腾等特质与精神投射到"灵动"概念之中，逐渐形成"灵动"的核心理念："灵"，是对心灵的关注，对智慧的重视；"动"，是对身体的关注，对实践的重视。

办学理念具有发展性和时代性。在教育思想层面，确立以"灵动"化人德才、成人幸福的基本思想；在教育环境层面，营造自由包容的"灵动"环境，让学生在轻松的环境中追寻自我的梦想；在教育方法层面，以引导、示范为重点，以己之灵动，启人之灵动；在教育途径层面，围绕"灵动"，重建教学体系，开发校本教材，改革课堂模式等，让学生尽享"灵动之美"。

办学理念的本质在育人。回答了"培养什么人"的问题，即培养雅正聪慧、心态阳光、踏实创新之"灵动少年"。

学校的办学理念以"灵动"来感人心，立人德，化人智，成人才，让学生感受"灵动之美"、浸染"灵动之美"、绽放"灵动之美"。

于德育中促成长　春风化雨育新蕾

学校确立"知羞恶，行美德"的德育理念，既是对学生思想品质的要求，又是对学生日常言行的规范。

开展月主题教育活动：结合科技节、体育节、读书节、艺术节四大节主题，坚持开展月主题教育，每月设定一个德育主题，像"文明三月"、"悦读四月"、"艺术五月"等。以"五个一"形式渗透教育，即："一次集会"——每周一的国旗下讲话，以讲故事、说相声等形式进行国旗下讲话，形象生动地诠释当月主题；"一节班会"——每月第一节班会课，围绕当月主题内容，深化教育；"一项活动"——积极参与月主题卡里设计的主题活动；"一批典型"——班级根据本班月主题教育的参与情况和自评、他评情况，评选一批学习典型，树立榜样，引导学生学习身边的榜样；"一个表彰"——各班利用每月最后一节班会课，对当月活动进行表彰总结。

学校主题教育活动的深入开展，让学生在活动中得到感悟、在体验中得到内化，从而使道德认知得到深化，良好行为习惯得到强化。

于课程中见真知　素养与成绩齐飞

学校构建"基础课程—拓展课程—综合课程"的课程体系：基础课程包括语文、数学、英语等10门课程；拓展课程包括STEM、金丝彩沙画、非洲鼓、写字、乒乓球、形体等11门校本课程；综合课程包括月主题活动、社团、研学活动和亲子公益，从儿童的天性、需要和兴趣出发，发挥各类社会场所的优势，集合家长和社会资源，促进学生德智体美劳全面发展。

学校全力打造STEM品牌课程：开展学科整合，开展STEM课程开发和教学实践，引导学生利用科学、技术、工程、数学和艺术等学科相互关联的知识解决问题，从跨越学科界限、从多学科知识综合应用的角度，提高学生解决实际问题的能力。目前，学校自主开发并实施的校本STEM课程有5个，还和专业机构合作开发了创客机器人、智能机器人、麦轮小车。

学校构建的课程体系不是将学生作为空洞、抽象符号意义上的人，而是一个个有着鲜活生命、情感与智慧的具体的人，培养学生成为适应未来社会要求且具备关键能力与必备品格的"全面发展的人"，是课改的一个新跨越。

学校的课程建设成绩显著："金丝彩沙画"校本特色课程曾获东莞市中小学校本课程建设教学成果二等奖；2019年，学校以"金丝彩沙画"项目申报省艺术教育特色校，顺利通过市级评审进入省级评审阶段；音乐科组以市立项课题"利用非洲鼓教学活动提升小学低年段学生音乐素养的实践研究"为引领，将非洲鼓学习引入音乐课，提高学生音乐素养；非洲鼓项目参与"东莞市学前教育宣传月启动仪式"，多次参加东莞国际马拉松等活动进行精彩表演，广受赞叹。

于特色中谋发展　多才多艺就是我

学校以科技教育作为办学特色，校科信组聚焦开发基于科学技术教育的STEM项目课程，覆盖一至六年级；开展丰富多彩的科技活动，像"益智玩具进校园"等；编印《河滨·科技》报刊……从理论到实践，全面提升学生科学素养。

学校将科技教育和德育相结合，开展省德育课题"小学科普活动与社会公德教育有机结合"研究，促进了学校科技教育发展。

学校科技教育成果显著："方便式升旗杆"获23届广东省青少年科技创新发明一等奖；近3年，全国、省、市累计获得50余个奖项，在东莞市有较大影响，像梁钰泠同学获第22届"驾驭未来"全国车模竞赛活动总决赛小学女子组安全行车积分赛(A类)一等奖(冠军)，游昊天同学荣获"放飞梦想"全国青少年纸飞机通讯赛总决赛二等奖和三等奖等；2019年至今，学校学生累计获奖162项；学校科技教育经验被广东电视台公共频道进行报道，并入选中国青少年科技辅导员协会编著的《科技辅导员工作指南》；学校获得"东莞市科普特色学校"、"广东省青少年科学教育特色学校"、"小小科学家全国中小学科学教育实验学校"等多项荣誉称号。

于成果中绘蓝图　登素质教育高峰

一路走来，在全校师生的共同努力下，学校综合办学水平逐年上升，获得寮步镇教育质量一等奖(总分名列前茅)；近3年，学校获各类奖1036项，其中，获得集体荣誉78项，个人荣誉称号102项，教师教学竞赛获奖184项，新立项课题11项(省级2项、市级9项)，市级课题结题9项，科研成果3项(省级1项、镇级2项)，论文获奖107项，教师在省级以上刊物发表文章20篇，学生学科竞赛获奖511项；学校已快速发展为一所被上级主管部门和当地群众认可的优质学校。

新时代，新教育，新使命。学校的"灵动教育"在尊重教育规律和学生成长规律的基础上创造出自己的特色，让"灵动"点化师生的心，浸润师生的情，滋养学生的根，将素质教育推向新高度。

信息技术促提升，创新改革谋发展

广东省佛山市顺德区容桂瑞英小学　刘　琳

教育信息化是教育现代化的重要内容，是实现教育现代化的重要步骤。没有教育的信息化，就不可能实现教育的现代化。教育信息化促进了教育现代化的进程。教育信息化为素质教育、创新教育提供了环境、条件和保障。我校始建于二三十年代，历史悠久，文化深厚。如今，学校的办学条件逐步达到了现代化。学校借助现代网络技术，创新办学特色，深化课程改革，逐步迈向高质学校发展轨道。

一、完善信息管理，创新现代教学

学校建设并完善了校园信息化管理系统。我们采用顺德区城域网的解决方案，让信息技术服务于学校的管理、教学、教研等各个部门。创建微信公众平台（微网站）。通过现代网络教育技术的运用，加强了师生之间，家校之间，家（社）区之间的沟通。为促进教师队伍的现代化，提升教育质量。近年来，我校开展了教师微课制作培训，到2021年止，我校教师共制作与教材同步的微课320节，这些微课大大提升了家长在家辅导学生学习效率，为全面提升我校教学质量奠定了基础。

学校千方百计为教师创造条件并做好服务工作。制作一系列具有针对性的优秀教学课件；组建教学方法新、技术水平高的课件制作队伍；进一步搞好微信班级圈建设，运用信息技术加强家长与教师之间的沟通，班级圈内容更新快，能让家长及时了解本班和学校的一些活动，了解自己小孩的学习情况，做到每学期组织二次班级圈大评比，把评比成绩纳入每年度的优秀班主任评比中，大大提高了班主任的信息化应用水平，提高学校班级管理效能。

鼓励教师创建个人微信公众号，每位教师建立了自己的教学个人微信公众号，在个人微信公众平台上撰写自己的教学心得，每学期评价二次，全面推动学校信息化工作的开展，有力促进了教师队伍的建设，提高了教师的教科研水平。搞好每三年向全区展示的信息化成果展示活动。从2008年开始，每隔三年，通过区教育信息网组织了一次通过网络现场直播学校信息化成果的展示活动，一天的展示活动，展现了学校的信息化应用管理水平，有些成果得到了上级领导和专家的好评。

二、建立管理制度，抓好教学常规

为促进我校教学管理的科学化制度化，我们在参考借鉴先进经验的基础上，结合学校实际情况和新课程理念，学校全面订立并修改了保障教学工作有序运行的制度。

我们严格按《新课程设置方案》，开齐、上足，教好每一门课程。同时，进一步规范和强化教学常规检查工作。每个学期进行定期和不定期的教学常规检查。以"学生"为中心点，规范学习行为着力抓好学生的"规范"教育。从学生的基本的学习行为，养成教育的训练抓起，抓纪律，抓常规，抓行为。

结合学校的特色创建，我们极开展各项竞赛活动。通过丰富的竞赛激发学生学习热情，提升学校的教学质量和办学水平。有朗读比赛，写字比赛，作文比赛，讲故事比赛，英语演讲，手抄报比赛，运动会，大型"六一"文艺汇演等。通过以上一系列竞赛活动，培养了一批具有一定特长的学生，为今后参加高一层次的竞赛活动奠定了基础。也极大地推动和促进了学校的特色创建。

为提高学生的阅读能力，为他们的终身发展奠定良好的基础，学校开展了学生阅读活动，开放图书馆，学生定时借阅。每个班建立图书角，达到资源共享，每学期开展阅读节，分年级定好序列的阅读书目，在学生阅读后开展读书分享会、读书心得展和阅读考级活动，长期扎实坚持的系列读书活动激发学生的阅读兴趣和培养良好的阅读习惯的方法。

三、加强队伍建设，培养优秀师资

近年来，我校非常注重对教师队伍的建设。首先加强职业道德修养，开展教师政治业务学习与网络教研。以不断提高教师专业素质为重点，不断激发其教学的积极性。

重视青年教师培养学校一直以来把提高青年教师教育教学水平，作为学校长远发展目标之一。每学年制定《师徒结对工作方案》，举行拜师仪式，布置具体的师、徒工作的要求。通过互相听课、集体备课、交流研讨等方式对新教师进行全方位指导。

发挥骨干教师的引领示范作用。2015学年至今学校召开了以“树立榜样力量”为主导思想的骨干教师个人教学经验研讨会，先后有王涛平、廖能强等7位骨干老教师向大家做了经验交流分享，他们都有二十多年的教育教学经验。每个教师从多个角度与我们一同分享他们的宝贵经验和做法。

开展教师校本培训和读书活动提高教师理论素养。每学期我校教师人人读一本理论教育书籍，并要求老师撰写读书笔记一本，每篇内容不少于400字，且有感想，学校定期举行教师读书心得交流活动和评比活动。学校还开展包括专业技术水平、示范教学能力、教育技术运用能力等方面的有实效的校本培训活动。

四、推进课堂改革，提高教学质量

我校把教改的突破口就放在课堂教学上，严格规范课堂教学，减轻学生的课业负担，向课堂40分钟要质量，不搞重复训练、课后补习等，损害学生身心健康的手段，来单纯地提高学生的学习成绩。实现向以提高学生创新精神和实践能力为教学目标的合作、探究式学习的转变。同时，通过组织教师进行业务学习，不断提高教师的业务素质，加强教师课堂组织和驾驭能力，避免课堂教学的“随意放任”。

构建课堂教学模式，优化过程和操作体系。我们提出“让位.引悟”式课堂教学策略研究，形成了“让位.引悟”模式下的语文课的突出“积累”；数学课的突出“操作”；英语课的突出“对话”；综合课的突出“实践”的课堂教学模式等。形成完整的操作体系，课堂教学全面优化，效果突出。

优化教学方法。遵循“学为主体、教为主导、练为主线”的“少教多学，精讲多练”课堂教学改革最根本原则，科学安排学、讲与练的时间，规范落实课堂教学三个“三分之一”要求，要求教师要根据不同的教学对象、不同的教学内容、不同的课型，采用不同的教学方法，着力打造自主、合作、探究的学习模式。

注重实效，提高教学质量。每个学期，学校通过对各班各科进行中段检测的方式摸底，深入分析各班现状。根据各班教学质量的实际情况，找出存在的问题，分析问题的根源，增强教师的质量意识，寻求科学合理、切实有效地提高教学质量的对策。再通过教师对单元检测的反思全面了解常规教学中存在的问题。同时举行期中自查表彰，对有进步的班级及学生进行表彰。

五、开展育美课程，创建特色品牌

近两年来，我校初步尝试开展校本活动课程的开发和建设，周一至周四下午开设专项类的精品活动课程；在每个周五下午最后一节课开设了全校性的综合类以社团活动形式为主的，学生选课走班式的校本活动课程，活动课程共60多个（两个校区），学生参与率为100%，目前的活动课程受到学生、家长的一致认同。我校还在综合的课程体系中重点打造了几项校本教育课程。重点开发的“棋类、音乐剧”校本课程有教材、有创新、有特色，棋艺进课堂，参与面广泛成绩突出，获广东省棋类特色学校。音乐剧特色的创立做了近十年，已经拥有13个原创音乐剧目在各级比赛中获奖，每年还举办音乐剧节等活动，形成了初步的品牌。

围绕“静悟育”的核心办学理念和“全面个性发展”的培养目标，我校全力构建“博课程”、“悟课程”、“润课程”三大模块学校课程，这三大模块课程有效地整合了国家课程、地方课程、校本课程，融合了学校的学科教学、社团活动、文化熏陶、环境影响等多种元素；从层次上，每类课程又分别针对面向全体学生的全面发展、面向个体学生的个性发展和面向特殊需要学生的潜能发展，分为基础课程、拓展课程和特色课程；三大模块课程，每个模块从三个层面来建设、整合与管理，从而形成了具有我校特色的“育美”群课程体系（三大模块、三个层面、九条主线）。

我们还将整合育美集团的优势资源，大力打造集团内的优质精品特色课程，并向全集团内的9所学校开放，实现课程资源的最大优化和应用。我们将合力打造课程结构完善，层次分明，不断创新的课程，从而推进学校的教育特色品牌的创建。

学校以“静·悟·育生命自觉”为办学理念；实施“主体性”管理，提高工作效率，各项管理制度完善；学校推行“信息化管理”改革创新，管理规范，岗位责任明确，工作落实到位；具有较好的校风、教风和学风。取得了很多成果：获得“国家国际象棋特色学校”、“广东省一级学校”、“广东省创建红领巾示范校的先进单位”、“广东省棋类特色学校”、“广东省健康促进示范学校”、“广东省校园足球推广学校”、“华东师范大学课程建设实验学校”、“佛山市教育系统先进单位”、“佛山市绿色学校”等。

雄关漫道真如铁，而今迈步从头越，今后，我们将进一步创新学校信息化管理体系，革新课堂教学，创设育人文化，聚焦核心素养，大力实施素质教育，促进教育内涵发展，创建一流的现代化学校。

高瞻远瞩绘“巨擘”　“光速”突围展新姿

广东省广州市花都区花东中学　黄雁英

位于广东省广州市后花园的花都区花东中学，以前是一所被人遗忘的垫底中学，百姓不认可，就连对口小学也“瞧不上”，2016年又因区域学校布局大调整而暂停高中招生，导致教师们的士气更是低到冰点。如今，这所学校不仅教学成绩快速攀升，还获评市级“书香校园”的称号，在多项赛事中大放异彩。其中，最为耀眼的便是以“光速少年”岑小林为首的“花东风”跳绳队，这支王牌队伍气势如虹、战绩彪炳，不仅在国内所向披靡，还在世界舞台上摘金夺银，先后孕育了24位世界跳绳冠军、共打破十多项世界跳绳纪录，被央视誉为“中国少年跳绳天团”。

花东中学就这样闯入大家的视线，一遍又一遍地超越不可能，刷新着人们过往的印象。这三年间，这里究竟发生了什么？这所学校究竟是怎么“光速”改薄的？特色项目起了多大的作用？

勾画蓝图，团结一致向前看

2017年11月，时任狮岭中学教学副校长的我突然被通知“调任花东中学校长”。一开始我并不太情愿，毕竟我过去常年负责高中教学，而花东中学却取消了高中招生，但这也可能是一个很好的锻炼机会，促使我有新的成长……就这样，我在犹豫中接受了任命，一所正处转型阵痛期的学校和一位新手校长的奋斗画卷正徐徐展开。

“只有大家的思想变了，学校才会跟着变。”为了统一认识、凝聚人心，我上任不久就面向全体教师开展了“为学校发展建言献策”活动，明确了“把花都中学办成一所有制度、有温度、有特色，且能在转型中起示范作用的全寄宿优质公办初中”的光明愿景，并充分利用升旗仪式、教师大会、学生大会、家长大会等场合，向全体师生乃至家长传达自己的治校理念，明晰了学校的发展方向和具体路径。

事实证明，学校的改薄效果很是明显，师生精神面貌焕然一新。“努力到无能为力，拼搏到感动自己”已成为花东中学的精神风骨，“积极进取，奋飞翱翔”已成为花东中学人的姿态。

重塑形象，内外齐抓着眼细

环境育人润物无声，其价值和力量不可小觑。面对当时的低迷状态，我一上任便进行了大刀阔斧的改革。

在各校园建筑内换上醒目的标语，清洗教学楼里的每条走廊、楼梯，清除生物园、地理园、校道两旁的枯枝杂草，给景观石涂上新油漆……整个校园变得干净整洁，令人眼前一亮；大力推进校园微改造工程，不但使师生拥有了崭新的田径运动场、体育馆，校门和各校园建筑的外墙、围墙也换上了新衣裳；在教学楼一楼开辟了阅读吧，企业、家长、教师自发捐书，让学生自主取阅、自主管理，增添了学校的书香气息。

除了对内美化校园外，我对外加强微信公众号的宣传推广。在我的亲自主持下，沉寂已久的学校微信公众号变得热闹起来，既输出了校园新动态，也传递了校园正能量。微信公众号的图文推送，是一件看起来很小也很容易被忽视的事情，却是学校品牌建设的必要抓手，在积极树立学校品牌形象的同时，也得到了上级领导、教育同行、家长及校友们的普遍认可。

顺势而为，确立王牌创特色

2016年，岑小林、韦建柳等跳绳好手升读花东中学，我敏锐地抓住这一契机，成立“花东风”跳绳队，并在经费、场室、设施、师资和教研等方面给予全方位保障，由此开启了学校特色发展之路。

针对队员们家庭条件不宽裕的普遍情况，我们不仅免去了跳绳队学生的住宿费，训练期间的早晚餐也免费提供，还通过企业赞助提供运动鞋等专业装备，并争取各界支持减少参赛经费。当然，我也会向上级领导争取“政策支持”，推动花都区两所高中对跳绳特长学生实施自主招生。这意味着，跳绳队学生的文化课成绩只要超过广州市普通高中最低录取线就可以升学。

但如果只是面向少数特长生，那不能称之为真正的学校特色。为此，我们开发了面向全体学生的跳绳实践课程体系，不断地探索和创新跳绳花样，如个人花式短绳、集体花式长绳、三人两绳、绳中绳、三角绳、五角绳、车轮跳、彩虹绳、10人8字跳等，让充满趣味的跳绳运动激发学生参与体育锻炼的热情，促进身心均衡发展。如今的花东中学，人人会跳绳，体质测试合格率和优良率逐年提高，学生们也越发地阳光、自信。应学生之需，定向越野、篮球、足球、音乐、美术、广绣等十几个社团欣欣向荣，定向越野已成为花东中学的第二张体育名片，还踏入了广绣推广学校的门槛。

在多方的共同努力下，“花东风”跳绳队果然不负众望，硕果累累。除了最耀眼的“光速少年”岑小林，还有“一家三口”张茂雪、张崇杨、张崇霞（姐姐、弟弟、妹妹）都是世界冠军，成就了一段佳话。尤其在2019年11月的第六届上海国际交互绳大奖赛，岑小林以30秒内单脚单摇轮换跳228次的优异成绩，成功刷新自己于2017年创下的吉尼斯世界纪录。一个月后，在“全民健身、活力中国”跳绳挑战赛（广州赛区）暨“七星杯”2019年广州市中小学生跳绳比赛中，他又以“双摇”易“单摇”出奇制胜，30秒内双摇跳绳高达105次，再次打破吉尼斯世界纪录。其实，类似的获奖喜讯在花东中学早已司空见惯。如今，

在学校会议室的架子上，奖杯、奖章、奖牌“堆”得满满当当，这里面固然有学生辛勤训练的汗水，也凝聚着学校的一番心血。

在跳绳特色项目的带动下，花东中学在多方面取得了重大突破，特色有了进一步彰显。今后，学校还将继续以跳绳为重点特色项目，并凝练办学特色——以绳树德，以绳增智，以绳健体，以绳育美，以绳创新，以绳强校。同时，借助对口直升、集团化办学等有效策略，建立健全“小学—初中—高中”贯通培养模式，把跳绳特色项目发扬光大、做大做强，促进更多的学生发展！

搭台联动，点点星光亮生涯

为了营造一个“有制度、有温度、有宽度、有亮度”的校园，我创新德育途径，坚持“一月一活动，一活动一主题”，让教师在活动中育人，让学生在体验中成长。如今，每周一星、慈善美食义卖、大学城远足、百日誓师、十八岁成人礼、悦读节、学科节、科技节、感恩节、校运会、元旦文艺汇演等活动开展得有声有色，赋予了校园勃勃生机。

为了激发教师团队的工作积极性，我通过建章立制明晰各部门的职责和任务，对级组、科组、备课组、宿舍管理等提出了明确的工作要求，促使学校秩序井然；重新修订绩效方案和年度考核方案，凸显“多劳多得、优教优酬”的分配原则，增强每个人的使命感和责任感，从而提升教育教学的整体质量；坚持推行扁平化管理，要求级长列席每周行政会议，大大提高了执行效率……走出低迷、鼓足干劲的教师团队开始在一个个舞台上“星星闪亮”：在2017学年花都区“科学课堂”中学教师命题比赛及教学设计比赛中，有69人次获奖，6人获一等奖，11人获二等奖，52人次获三等奖；在2018年花都区中小学教育教学论文评选活动中，25人次获奖……

可以说，“搭建‘人人舞台’，希望每一颗星星都能‘闪亮’。”这是我对全校师生的寄语。在这里，“闪亮”的不仅仅是学生，教师也能找到自己的闪光点，从而成就彼此的幸福人生。

坚定信念，厚积薄发终有得

皇天不负有心人，或许正是在“努力到无能为力，拼搏到感动自己”的花东精神引领和感召下，这所相对薄弱的学校才能在短时间内胜利突围。

在2018年高考，学校完美收官，取得了自高中招生改革以来的重大突破——本科上线率首次突破30%，普通理科有3人达高分优先投档线，专科上线率也首次达到99%；在2019年中考，学校成绩同样喜人，不但创历史新高，还跻身区域前列。随之而来的是学校社会美誉度的提高，开始在转型中起到引领示范的作用。

凡是过往，皆为序章。船到中流浪更急，人到半山路更陡，我们学校已迈入了发展攻坚期，更需全校上下凝心聚力、行稳致远。展望未来，我们昂扬斗志，将在“有制度、有温度、有特色”的基础上，全力建成一所“有制度、有温度、有宽度、有亮度”的学校，与全体师生一道镌刻花东中学的品牌新篇章。

百年文化薪火相传　弘毅弘志勠力同心

广东省广州市南海中学　赵秉乾　曾哲

作为一所具有深厚办学底蕴的百年学府，广东省广州市南海中学的办学历史可追溯到1723年（雍正元年）的南海义学，1904年（光绪三十年）在西学东渐大潮下改建为南海初级师范简易科馆，开创了广州新式教育的先河。后几经搬迁和易名，历经抗日救亡运动以及新中国成立前后的历史风云，南海中学始终文脉不断、墨香延续，于2006年复名为“广州市南海中学”。

士不可以不弘毅，任重而道远。虽数度易名变迁，饱经时局动荡，但南海中学始终与民族共命运，与时代同进步，传承“任重致远”的校训，恪守“弘毅弘志，求真求实”的办学精神，践行以责任担当为核心、以“博爱情怀　责任意识　实干品行”为内蕴的“致远”文化，牢牢屹立在富有文化底蕴、独具风情的西关繁华地上，在羊城树立了“校园雅、校风良、管理严、质量好”的良好声誉，成为西关传统文化与现代文明交相辉映的百年学府。学校以“致远教育”获评为首批37所义务教育阶段特色学校和广州市荔湾区域特色学校。

致远课程，落实核心素养

致远文化既传承历史，又面向未来。在致远文化引领下，南海中学建立了涵盖弘志、弘毅、弘图三大课程模块的致远教育特色课程体系，以多样化的课程培养学生多元化的核心素养，满足了学生个性发展和个人成长的需要。

“弘志”：以公民责任课程培养学生社会责任意识。该模块包括“走进南中”、“走进传统”、“规划人生”三大主题：“走进南中”主要通过《南海中学校史》《走进马万祺》等课程，探究学校百年风云，通过“我演学校史”，了解百年南中与国家同荣辱、共命运的爱国爱乡精神；通过《中国震撼　道路自信》课程确立报国志向，树立对国家和民族负责的意识。“走进传统”主要引导学生学习和传承中华民族的优秀传统文化，提高人文修养，养成良好品行，增强文化自信。“规划人生”主要通过生涯规划等课程，将自己的人生目标和社会责任担当相结合，站在历史和时代的高度明确职业生涯方向。

“弘毅”：以身心意志课程培养学生达成身心健康。该模块包括“健全人格”、“磨炼意志”、“陶冶情操”三大主题。“健全人格”主要依托《心理SPA》《涤心》等课程，通过心理培训活动使学生学会调节和管理情绪，拥有积极的心理品质，具备健全的人格及强大的内心。“磨炼意志”一方面通过活动课程强化学生的意志能力和自控能力，另一方面通过各项运动培养学生良好的身体素质和不屈不挠的坚毅品质，并让学生具备终身热爱的一两门特色运动项目。“陶冶情操”主要通过艺术教育维护和提高学生身心健康，通过美术、粤剧等特色课程促进学生个性发展和人格心智的完善，同时也培养学生的审美情趣和终身受益的艺术爱好。

“弘图”：以关键能力课程培养学生社会适应能力。该模块包括“交流合作”、“实践创新”、“数字学习”三大主题。“交流合作”通过语言培训、沟通技巧等课程学会表达和交流，培养合作交流与领导能力。“实践创新”主要通过综合性的科技创新实践活动学会分析和解决问题，养成批判性思维，培养学生实践创新和创造力。“数字学习”主要使学生了解最新最热的新兴技术和前沿科技，使致远者具备面向未来的信息意识，拥有数字化生存能力。

“弘志”模块旨在唤起责任意识，“弘毅”模块旨在健全身心意志，“弘图”模块旨在培养关键能力，最终促使学生成为身心健康、心智和谐、勇担责任、达至远方的现代公民。

优教优学，实现适性发展

在致远蓝图指引下，南海中学致力于“适性教育”，提出了“不和别人比起点，要和别人比进步”的教育理念，全力构建适合每一个孩子成才的育人模式，以期让每一个孩子都能得到最好的发展，树立了“加工能力强”、“低进高出”、“高进优出”的办学品牌。近年来，学校高考上线达成率均居荔湾区学校前茅，稳居广州市同类学校前列，连续十年获高考突出贡献奖。

一元四次，深度教学。学校坚持“学为中心，自能发展”的教学理念，积极建构“一元四次”深度教学模式，着力培养学生自我管理、自我教育、自我学习的能力，养成学生自发、自探、自悟、自得、自励的习惯，实现学生主动发展、互动发展、差异发展的自觉，从而达成学生综合核心素养的形成。

致远德育，行小养德。学校“致远德育”工作以“行小养德”为特色，以责任意识为主线，以“规范行为—陶冶情操—健全人格”为目标，以形式多样的校园文化活动为载体，抓细节，求实效，形成了对自己负责、对他人负责、对集体负责、对国家和社会负责的教育体系。在南中求学的日子里，学生需养成待人有礼、欣赏他人、关心家人、悦纳自我、敏行善言、专心致志、勤思细察、自我反思、独立作业、整理错题、凡事先预、每日锻炼十二大重要习惯，历经参加一个社团组织、培养一个爱好特长、参与一个学习小组、参加一项志愿活动、完成一次公开演讲、开展一项研究活动、完成一次求职体验、设计一份生涯规划八项成长体验。

智慧校园，助力教育腾飞

迈过古朴浑厚的校门，徜徉在半边亭、岭南先贤浮雕、任重致远黄蜡石旁，穿过校史长廊和校友长廊，拾阶而上，映入眼帘的是先进的智慧课室、全新的多媒体教学平台、集融创客、VR 实验室、物联网实验室为一体的“智创空间”……走进南海中学，厚重的致远文化与未来的科技交相辉映、互呈精彩。

在信息化硬件的有力支撑下，智慧课堂与深度学习相结合，信息技术与教学深度融合，学校由此也插上了智慧腾飞的翅膀。2019年学校被评为广州市第二批智慧校园实验校，2020年获广州市中小学教师信息技术应用能力提升工程2.0试点校。在教育部举办的“一师一优课，一课一名师”活动中，近三年有8节部级优课，21节省级优课，50节市级优课，87节区级优课；近两年在全国教育教学信息化大赛中荣获8个省级奖，10个市级奖，54个区级奖；目前学校共有5个全国信息技术在研课题和3个广东省信息技术在研课题。学校致远智慧班和致远AI班为学生科技特长和创新精神提供了充分的培育平台，在刚刚落下帷幕的2020年广东省中小学学生信息素养提升实践活动中，致远AI班代表队，在94支队伍中脱颖而出，勇夺一等奖。在信息化的新赛道上，南海中学已经跑入前列。

自实施“致远教育”的探索实践以来，广州南海中学实现了学校管理和教育教学效果的跨越式发展。学生将致远文化内化于心，对自己和他人负责、对国家和社会负责，以校为荣，为校争光。近几年，学校在各类竞赛中捷报频传，获得国际级奖励10人次，国家级奖励28人次，省市奖励600人次，区级以上各类奖励3000人次。学校砥砺奋进、特色发展，被评为全国中华优秀文化艺术传承学校、广东省普通高中教学水平优秀学校、广东省义务教育标准化学校、广东省体育特色学校、广东省志愿服务示范校、广州市首批推进义务教育阶段特色学校、广州市中小学德育示范学校等。2020年，学校被评为第三批广东省中小学艺术教育特色学校，美术、粤剧、跆拳道三个项目被评为广州市首批中小学校高水平学生体育、美育团队。

未来不是一个我们要去的地方，而是我们要不断创造的地方。“致远文化”不仅力求创造学生当下的幸福，而且更重要的是为学生未来的幸福导航、奠基。走过117年的广州南海中学，始终流淌着“致远文化”的血液，激励着代代南中学子勇于承当社会责任，立志成为社会栋梁，为实现中华民族伟大复兴“中国梦”而拼搏奋进。

“三德三能”，育忠孝品行学子

广东省惠州市惠城区马安镇中心小学 张泉兴

摘要：忠孝是中华民族传统文化的精髓，是全民素质提高之源，是民族兴旺发达、祖国繁荣昌盛、社会和谐稳定的基础。它里面蕴含着许多做人的真谛。马安镇中心小学依托得天独厚的教育资源，围绕打造“忠孝文化”这一核心价值观开展了一系列的探索和实践。

关键词：忠孝文化 忠孝景观 强化师资 忠孝课程 主题活动

马安是忠孝文化的重要传承地，有着深厚的历史文化底蕴。作为马安镇教育的摇篮，惠城区马安镇中心小学充分挖掘本地乡土人文，在马安镇源远流长的忠孝文化氛围中，提炼出“弘忠孝魂、育忠孝人”的办学理念，以三德三能“忠、孝、礼、康、智、艺”六大核心素养和“知书达理，阳光向上”的惠城气质为育人目标，以“孝行天下，精忠报国”为校训，以“孝于人，忠于事”为校风，以“孝立本，忠立业”为教风，以“孝成德，忠成能”为学风，大力弘扬忠孝文化，传承忠孝精神，打造忠孝教育特色，努力打造有文化、有品位、有诗意、有特色的现代化温馨校园。

一、打造忠孝景观，强化忠孝认知

蓬生麻中，不扶自直。为让忠孝文化扎根校园，马安镇中心小学对校园进行了精心的设计和布局，在潜移默化中培“魂”植“根”，让校园开满“忠孝之花”。

“忠孝墙”上介绍着文天祥的生平事迹及传世作品，也记载着文天祥、文天球及家族后裔在马安镇龙塘村忠孝两全的故事。忠孝故事、诗词书法悬挂于教学楼走廊两侧，忠孝大道旁的绿化树木上也悬挂着《孝经》经典诗句，营造出浓郁的忠孝文化育人环境。

“忠孝园”里，正义凛然的文天祥雕像伫立于教学楼前，文天祥雕像后面的书卷石刻着诗词《正气歌》，一旁的石质书上则书写着文天祥的诗《过零丁洋》，让学生加深对文天祥精神的理解，有了更为直观的感受，在耳濡目染中接受教育。

“素养园”以“忠、孝、礼、康、智、艺”为核心，园内以自然山水为主，各类忠孝文化为脉络，营造出各种体现忠孝文化的特色空间。走上园内的康桥望去，水池上方的水磨石上刻有一个大大的“源”字，一是寓意着中华民族源远流长，有五千年的灿烂文明；二是寓意着我们都是炎黄子孙；三是指源头活水。康桥代表了学生发展六大素养中的“康”，希望学生能健康成长为有忠孝品格、有惠城气质的忠孝少年。走下“康桥”是桃李园，园内种植有桃树、李树等，期望忠孝教育有成效，桃李芬芳。不远处的思源石寓意着忠孝学子学有所成，饮水思源，懂得感恩。目前，园内正逐步建设和完善中，根据设计规划，岳母刺字、孩子给长辈洗脚捶背、学生打球等六个主题雕塑表现了“忠、孝、礼、康、智、艺”三德三能的学生核心素养。行走在素养园，随时体会到忠孝文化，让孩子潜移默化受到教育、熏陶和启迪，不断提升文明素质。

如今，走进马安镇中心小学校园，随处可见彰显忠孝文化的校园景观。

二、强化忠孝师资，植入忠孝因子

教师是立教之本、兴教之源，建设一支优秀的“忠孝”教师队伍是打造“忠孝教育”品牌的关键。近年来，马安镇中心小学不断强化师德师风建设，提高教师教学能力水平，提升教师的综合素养。

着重强化三个理念，打造忠孝之师。以德修身，恪守师德；以德修己，弘扬师魂；以德育人，桃李芬芳。师德师风不是简单的说教，而是一种精神的传承。在师德师风建设方面，马安镇中心小学通过开展师德师风建设培训会、教师礼仪培训讲座、忠孝之师评比等系列活动，着重强化依法执教、以德治教、“孝立本，忠立业”三个理念，自觉做忠孝文化、廉政文化的宣传者、引领者、示范者、践行者，使每一位教师不忘初心、牢记使命。

教学质量的提升首先取决于教师能力提升。3年前，学校教师平均年龄超45周岁，如今近1/3的教师是刚走上讲台的年轻人，因此教师培训成为首要任务。为此，学校建立了一整套行之有效地培训机制。首先是学校舍得投入，教师培训经费每年都占学校义务教育经费的10%以上；其次是走出去跟岗学习培训，派教师先后到山东曲阜儒源文化学校、珠海市金湾区外国语学校，惠州市李瑞麟小学、惠州市第十小学、惠州市上排小学、惠州市十一小方直分校等学校跟岗学习；第三是主动请进来一批一线名师、名校长及专家到学校做报告、上示范课或课堂诊断；第四是坚持研、训、赛一体，坚持“问题即课题，教学即教研，成长即成果”的课题研究方法。近年来，课题研究和教科研工作取得新突破，顺利完成20多个市区级以上课题的研究。

三、建设忠孝课程，内化忠孝意识

课程是传承和弘扬忠孝文化的主阵地。近年来，马安镇中心小学不断创新课堂理念，全力推进课堂改革和有效性作业的探究，形成了“人工智能+六步教学法”的自主高效课堂模式和线上教学模式，开设了校本课程，编印了《孝行天下》《生命安全教育》《忠歌》《孝歌》《忠孝故事》等校本教材，真正提高了课堂的有效性，提升了学生自主学习能力等核心素养。

因文天祥号文山，学校将集人工智能、园林气息、书香文化、忠孝文化等一体的智慧图书阅览室，改名为文山书屋。如今文山书屋已成为学生最喜欢的场所，有效地培养了学生的阅读习惯，提高了学生的阅读水平。此外，学校还紧紧围绕培养“忠、孝、礼、康、智、艺”三德三能的忠孝少年和“知书达理，阳光向上”惠城气质少年的育人目标，开办乡村学校少年宫，成立30多个社团，积极组织学生开展各类活动，举办文艺汇演、忠孝文化科技艺术节、体育节、书香节等活动，促进学生艺体、科技全面发展。

四、践行忠孝行为，培养忠孝情感

“忠孝”文化不应该只是表面上的红红火火，也不应只是形式的表现、文字的表达，更应该是内容的浸润、思想的渗透和行为的表现。“让忠孝文化成为校园文化的魂，成为师生自觉践行的行为文化”，才是马安镇中心小学忠孝教育的重中之重。

忠孝养成教育礼仪操成校园风景线。“马安中心，忠孝在心，不忘初心，砥砺前行……”在冬日暖阳的照映下，全体师生们在大课间期间集体跳起了忠孝养成教育《礼仪操》。马安镇中心小学在广东学校首创《礼仪操》分学生口令、老师口令两方面，由排队令、口号令、问好礼、红领巾令、课间令、进室令、课堂令、举手令、用餐礼、放学礼等10个部分组成，涵盖了学生们日常学习生活中的方方面面，且动作简单易学，口号朗朗上口，学生可以边做边诵读，能更深层体会文明礼仪操的内容，并切实践行到行动中。如今，每天大课间全体师生齐做《礼仪操》已成为学校校园里的一道靓丽风景线，这套操也在全镇小学推广，得到教育同行的关注和点赞。

开展养成教育系列活动形成好校风。“养成好习惯，形成好风气，成就好人生”，马安镇中心小学积极开展养成教育系列活动，使全体师生的精神面貌焕然一新，校风、班风、学风不断得到优化，深受社会各界好评。学校把每年9月定为养成教育活动开展月，10月是养成教育成果推广月，从小学生着装仪容要求，到怎样整理好书包；从在公共厕所里要注意哪些问题，到在学校楼梯与走廊里要注意哪些礼仪；从升国旗礼仪、课堂礼仪，到参加典礼是要注意哪些礼仪……同学们在经过系列活动培训学习后，在升国旗、课堂礼仪、校园安全等养成教育上严格要求自己，规范行为，文明礼仪，争做遵纪守法、文明礼仪、安全卫生的新时代小学生。

在学校安全教育方面，马安镇中心小学也非常注重养成教育的融入，创新生命安全教育措施和方法，举行了大型生命安全教育实践体验拓展活动，成为惠州第一所把模拟场景搬进校园的学校，获得师生、家长和社会各界的好评。活动以“安全教育”为核心，融合自然认知、应急避险、紧急救护、求生技能、生存秘籍等综合素质拓展内容，地震VR体验、防踩踏与自救、汽车着火等交通安全逃生、烟道逃生、心肺复苏、包扎等实践体验项目，为每一位孩子营造身临其境的真实体验，使孩子学会挑战自我，具备危机面前独立思考与应对的核心技能。

劳动成忠孝养成教育学生必修课。马安镇中心小学非常注重对学生的劳动教育，教室里以及所有公共区域，都由学生们负责每天打扫干净，并要求学生们回到家后每天做3至5件力所能及的家务活，倡导自己的事情自己做的同时，也为父母分担一些压力。此外，学校组织二年级学生开展整理内务比赛，从起床开始，叠被子、穿衣服、戴红领巾、系鞋带……学生们在比赛中全身心投入，迅速地整理着各种内务，没一会儿就整理完毕后，喊“报告”完成，平时培养的独立自主的习惯和能力，在这时都淋漓尽致地展现出来。2020年因为疫情延迟返校期间，马安镇中心小学还结合学校的特色文化——“忠、孝、礼、康、智、艺”六大核心素养的忠孝文化，组织开展线上学习，精心安排“忠孝课堂”实践活动。

忠孝在行，不忘初心，砥砺前行。近年来，马安镇中心小学心无旁骛，孜孜以求地将忠孝文化贯穿于学生日常行为习惯之中，先后获得惠州市安全文明校园、惠城区“三全育人示范校”等诸多荣誉称号。

教育是一项美丽而缓慢的事业，教育成果不可能一朝一夕得以实现，这是一个漫长的过程。马安镇中心小学将在“忠孝”教育的探索路上，付出更多的汗水，用希望的眼光、热情的双手、期待的心情、巧妙的方法去浇灌那含苞待放的花蕾，让学校教育的六年影响孩子的六十年！

崇德尚志志向高远　立志成才追求卓越

广东省江门市新会实验小学　梁一毅

学校特色是学校基于自身的历史传统和实际情况，在较长期间的办学实践中逐渐形成的一种区别于同类学校的独特、优质而且相对稳定的办学气质和办学风格。在多年的实践与研究中，广东省江门市新会实验小学顺应中国教育发展的时代要求，立足于学校的历史和文化环境，秉承“崇德尚志”、全面发展的办学理念，践行“立志、博学、诚信、创新”的校训精神，坚持立德树人的教育方向、学生为本的教育思想、特色品牌的教育追求、全面发展的教育原则，以“尚志”统领学校的全面工作，启动并落实尚志管理、尚志德育、尚志课堂、尚志课程、尚志文化等五大板块，培养了德尚志远、尚文志学、尚武志气、尚艺志趣、尚作志力全面发展的学生，逐步树立了“尚志教育”的特色品牌，在新会乃至江门地区产生了一定的影响力。

一、“尚贤志士”的团队建设

凝聚产生力量，团结诞生希望。在当前“抱团打天下”的新世纪，和谐的团队建设是学校发展的基石，团队建设中产生的向心力、凝聚力更是学校发展的原动力。新会实验小学以“尚贤志士”为主题，综合运用两种管理思维，着力打造四个管理团队，积极搭建三大教师发展平台，为学校的发展提供了强而有力的保障。

运用两种管理思维。如何助力学校发展？靠的就是学校的管理。多年的实践与研究表明，尚贤志士管理团队的成功打造，离不开双轨并行的管理思路：一是法家思维，以事为先，重伤重罚；二是儒家思维，以人为先，仁爱宽恕。法家管理久了，心态容易变坏，易生内乱；儒家管理久了，会滋生惰性，组织容易衰败。因此，真实的组织管理通常是两者相结合，外儒内法或者外法内儒，方能达成一定的平衡。可见，学校管理本就要走制度管理和人本管理相结合的管理之路。

打造四个团队。一是学校管理团队。学校坚持做到落实“一二三四”工作提质、“七要”、“三个必知”、“三个做到”等要求，着力打造一支明德修善、忠诚教育、善管有为、精诚团结的管理团队。二是教师团队。教师的管理以“崇尚贤才，成就志士”为指导思想，弘扬实小百年沉淀下来的“五大教师精神”，启动“四轮驱动”的教师管理机制，探索“制度与人本”相结合的管理模式，创新教师第二工资体系，充分发挥教师工作的积极性，切实提高教师工作的主观能动性，努力打造一支有理想信念、有道德情操、有扎实知识和有仁爱之心的“四有”教师队伍。三是学生自主管理团队。学校不断加强“红领巾”服务队、少先队大队委、学生小干部等队伍的建设与管理，让学生学会管理、自主管理，实现自主成长。四是家长志愿服务团队。家长志愿服务团队通过定期举办家长义工进课堂活动、家长志愿护校队上下学护学等方式，带动学校全方位发展。

二、“德尚志远”的德育建设

育人要先育人的灵魂，只有德育工作抓好了，学校的各项教育工作才能一如既往地前行。新会实验小学以传统文化和理想信念教育为重点，以“经典育德”的德育特色教育为抓手，以“小格言　大德育”的德育新模式实践为切入点，把德育工作推向深入。

大力探索德育工作特色。学校实施全员德育，探索双班主任管理制度，每个班分别配备两个班主任，不分正副，既分工又合作，把班级的工作做得更细更好；建立新三好学生评选制度，凡达到三好学生标准的学生都可以成为三好学生，充分调动了学生全面发展的积极性；大力提倡学生自主管理的主张，让学生成为学校以及班级管理的主人；充分发挥大队委、红领巾服务队和国旗护卫队管理学校的作用，既客观又公平，大大提高了学校德育管理的效能；长期邀请家长义工进课堂，成立家长志愿护校队等，发挥家长监督学校、帮助学校的作用；每年定期举办读书节、艺术节等活动，大大激发了学生阅读和参与艺术活动的热情。

开展“小格言　大德育”德育模式的实践研究。这项研究是以“立人先立德，成才先成仁”为教育的根本，遵循“内生外化”的德育构建规律，依据潜教育的原理与方法，采用推进式的读经法，把国学经典细化成学生喜闻乐见、短小精悍的格言，让学生从小接触与学习优秀的传统文化，日后必定会厚积薄发。学校为每个年级设定了不同的学习内容，如一年级《三字经》、二年级《弟子规》、三年级《大学》、四年级《论语》、五年级《中庸》、六年级《道德经》等，让学生在六年的学习生活中接触我国最优秀的几部国学经典著作，积淀深厚的文化底蕴，夯实文化根基。在原有的《<弟子规>生活力行本》的基础上，组织编印了《<三字经>生活力行本》《<大学　>生活力行本》《<中庸>生活力行本》《<论语>生活力行本》《<道德经>生活力行本》等生活力行本，形成了学习经典、力行经典的有机序列。学校把该研究申报为广东省德育课题《“小格言　大德育”德育模式的实践研究》。

开展“以礼育人”的系列活动。学校举行一年级新生入学开笔礼活动，分为正衣冠、朱砂启智、击鼓鸣志、启蒙描红、感恩鞠躬、集体吟诵、颁发开笔礼证书等环节，让学生深刻感受“开笔破蒙，立志明德”的意义，感受传统文化的魅力。在六年级学生毕业之际举行庄重的毕业感恩礼，以此来表达对老师、对父母、对同学、对母校的感恩之情。通过感恩礼仪感受中国传统文化的精粹，学做一个充满自信、充满快乐、富有责任感、有文化内涵的实小人。

三、“尚文志学”的课堂建设

课堂是教育教学的主阵地，教育的改革最终要定格在课堂教学改革上。新会实验小学践行尚志教育，立足尚志文化，推动“尚文志学”课堂教学的有效实施。

运行教学管理制度，解弦更张。学校加强每门学科课堂教学模式的研究，把每门学科的课堂打造成为“轻负、高质、快乐”的40分钟课堂。优化教师教学方法，提高学生学习效率；落实“培优转差”工作，促进学生全面发展；严格执行课程计划，制度实施落到实处；严格执行作息时间，遵守教学秩序；严格控制教辅材料征订和使用，规范办学行为；严格保证学生活动时间，开展阳光的校园生活；严格控制晚课作业量和作业时间，创设轻松的学习环境；开启“快乐星期天”模式，鼓励学生走向更广阔的天地。在课堂教学中，学校还大力推进了五大计划，分别是小组合作学习计划、学习小伙伴计划、四科达A计划、新三好学生计划、自觉学习计划，取得明显的效果。

遵循课堂教学规律，格物致知。学校加持打造以学生为主体、以教师为主导的课堂，学生参与学习、创新学习、反思学习，教师对学生进行启动学习、指导学习、反馈学习。在课堂中，学校坚持遵循五个“四”教学规律：“四转变”，即变教师灌输式的教为学生自主性的学，变“听懂了”为“学懂了”、“会学了”，变“他律”为“自律”，变教师固化式的教学为实现自我发展的教学，激发学生内在的学习潜能；“四尊重”，即尊重学生的主体人格、尊重学生的质疑问难、尊重学生的发散思维、尊重学生的学习效果，为学生提供一个自主参与、充满自信、合作互动的心理环境；“四突出”，即突出学生、突出学习、突出合作、突出探究，让学生在探究中获得认知，提升能力；“四模块”，即认知操作、理解掌握、探索发现、迁移创新，旨在提高学生的学习素养；“四效果”，即学习成功、方法获得、潜能发挥、个性展现，使课堂洋溢着“尚文志学，情智互生”的教学魅力。以创新学习活动为主线，关注学生主动参与学习的过程，及时调整学习目标；鼓励学生主动参与、主动思考、主动质疑、主动操作，实现教学过程的整体优化，提高课堂教学有效性。

四、“尚艺志趣”的课程建设

课程是学生成长的蓝图，是教师展示教育教学技艺和促进自身专业成长的重要载体，是学校一切资源配置的依据，因此课程成为学校发展的核心。新会实验小学开设“尚志多元课程”，以课堂超市的形式，课程设置分为校级和年级两类，让学生自由选课、走班上课，全校全员参与，真正打造“发展全体学生、学生全面发展”的素质教育。

课程设置目标。学校深化小学课程改革，全面提高教育教学质量，满足学生个性化发展的需求，使课程更具有实效性、灵活性和自主性。设置适应不同年龄、不同特点学生的多样化、系列化的学校课程，将地方性课程、校本课程与基础型课程紧密结合起来，以满足学生不同层次的需要。

教师队伍。学校借助“尚志”多元课程模式创建的契机，充分利用教师一专多能的优势，不仅支持他们担任二至三门学科教学，还开展辅导课外小组工作，以适应课改形势，形成了一支政治、业务双优的师资队伍。

学生发展。学校通过开展“尚志”多元课程活动，逐步引导发展学生的爱好，形成显著的特长；增强学生“自我选择、自我服务、自我提高”的意识，养成学生良好的学习态度；重点通过特长实践活动，使学生在多元学习的过程中获得一些基础知识和基本技能，让学生的天赋得以发展。

五、“立德尚志”的文化建设

校园文化是一项博大精深、内涵极其丰富的工程，打造校园文化，谱写校园文化新篇章，是一所特色学校不懈追求的目标。新会实验小学以“立德尚志”为主题，根据以下三种原则来打造“立德尚志”的校园文化。

育人性原则。根据学校实际，结合时代特点和形势需要，发挥校园文化建设的育人功能，使广大师生在校园文化建设中提高思想道德修养和培养良好行为习惯。

特色性原则。创新校园文化建设的途径和方法，丰富校园文化的内容和形式，在传统中挖掘新意，通过新事物来领悟传统文化，用融合的手段来为校园文化注入生机与活力。

继承与发展原则。校园文化建设要坚持继承与发展的原则，精心设计、主题鲜明、内容丰富、形式多样、特色明显，本着“景景皆思悟，处处皆育人”的工作思路，精心打造特色校园文化，竭力让每面墙壁都说话，各个角落都育人。

特色学校建设是一所学校精神面貌的集中反映，是学校办学特色和发展个性的体现，对深化学校办学内涵、提升学校品位、启迪学生智慧、开阔学生视野、优化个性人格等具有重大而深远的影响。通过论证、设计和五大项目的实践研究，新会实验小学的“尚志教育”特色创建工作取得明显效果，培养了德尚志远、尚文志学、尚武志气、尚艺志趣、尚作志力全面发展的学生，创建了学校特色教育品牌，推动学校工作走向新的发展局面。

匠心育桃李　书香蕴芳华

广东省深圳市宝山技工学校　邓志久

深圳市宝山技工学校（简称宝山技校）始创于1998年，是一所面向珠三角支柱产业、从事培养中高级技术技能人才的技工学校，现开设有现代制造、汽车技术、互联网应用、艺术设计、现代服务共5大类20多个专业，在校生5500多人，每年面向社会开展技能培训1.5万多人次。

走进宝山技校校园，首先映入观摩学生和家长眼帘是绿树成荫、一尘不染的校园环境，以及极富职教特色的校园文化：鲜红醒目的“劳动光荣、技能宝贵、创造伟大”、“职业教育的五个对接”、“中国梦”、“社会主义核心价值观”等宣传大字、绵延上百米的“中国高技能人才事迹展”图片展、“习大大的‘青年成长课程表’”宣传画、中国传统美德“仁义礼智信忠孝勇和”宣传栏……每一面墙壁，每个角落，似乎都在告诉来访者：职业教育精彩无限！

学校建立以来，深刻学习贯彻立德树人和文化自信的要求，积极打造书香校园。学校校园布局合理，环境优美，设施配套，功能完善，是一个读书学习的好场所。著名学者、教育家朱永新说过：“阅读对人成长的影响是巨大的，一本好书往往能改变人的一生。人的精神教育史，应该是他本人的阅读史；而一个民族的精神境界，在很大程度上取决于全民族的阅读水平。”学校作为读书的家园，就应该飘荡出浓浓的书香，让学生在浓浓的书香中成就高雅人生，这才是一个高质量学校永远追求的方向。基于此，学校立足实际，加大基础投入，不断深化“书香校园”工程的创设，培育多种活动载体，让学生在浓浓的书香中体会快乐地人生。

自“书香校园”工程启动以来，学校随即制定了切实可行的实施方案，明确了各部门的责任分工，多措并举，多管齐下，在全校迅速掀起了“阅读经典　品味书香”的读书热潮。

我校校以师生发展为基础，通过创设浓郁的阅读氛围，探索课外阅读新模式，进一步提高师生的人文素养。学校成立“书香校园”工作领导小组，统筹、指导学校“书香校园”创建工作，将构建学校、班级、家庭“三位一体”的阅读体系，让校园充满书香，培养学生的自主学习习惯，通过阅读带动学校整体教育教学质量的提高，让阅读成为学校的一张亮丽“名片”。

为了给学生提供充分的精神养料，学校积极建立班级书柜，让书香弥漫整个班级。班级图书由三部分组成，学校提供一部分，班级自购一部分，家长捐赠一部分，使之成为学校图书馆和家庭藏书的延伸。每个班级建立班级图书管理制度及班级图书换阅制度，成立一个班级读书会，负责管理班级图书，组织班级读书活动。每周三晚，全校师生坚持阅读一个半小时，学生们每周坚持写一篇读书笔记，每周五早晨进行读书分享。此外，学校相继举办了“朗读者”、“读书分享会”、“最佳辩手”、“校园演说家”等大型活动，全校师生积极参与，校园里飘溢着浓郁的书香气息。

多读书增加阅读量，这已是共识。但死读只能让学生感到乏味，为此，开展丰富多彩的读书活动，寓读于活动，以活动引领读书。比如，每月开设一次“宝山大讲堂”，开展以读物推荐、阅读指导、阅读欣赏等为主导的多种讲座，每月一次开展一次朗读者活动，结合“世界读书日”、“全国文明风采大赛”，积极开展读书活动。每年下半年，结合“深圳读书月”，学校会开展适合师生的阅读活动，宝山技校还将开展读书评优活动，组织评选书香少年、书香班级、书香家庭，并建立“宝山读书”学校公众号，报道学校读书活动，发表师生读书心得。

我校积极响应教育局的号召，以习近平新时代中国特色社会主义思想为指导，全面贯彻党的教育方针，落实立德树人根本任务，以“文明风采”活动为契机，推动开展“书香校园”系列活动、丰富多彩的社团活动、读书月活动、校园文化艺术节、元旦晚会等特色德育实践活动，展示了宝山学子们的文明风采，促进了校园文化建设。

作为一所技工学校，一直以来，宝山技校以树匠心为根本追求，以学生的日常行为养成教育为主要抓手，从一点一滴培养学生耐心专注、坚持不懈、追求极致的工匠素质。根据德育教育工作总体部署，学校始终抓住“立德树人”这个教育根本，通过“课程育人、环境育人、制度育人、活动育人，自主育人”的“五育人”德育途径，培养学生健全人格，促进学生个性成长。同时针对新时期青少年的思想特点，学校实施了包括中国优秀传统文化、红色文化、社会主义先进文化、工匠文化、人文素养在内的“4+1”文化工程，为学生的终身发展打下良好的人文基础。

近三年，学生参加技能竞赛获奖200多人次，其中国家级奖项13项；毕业生就率连年在98%以上，形成了“进出两旺”的良好局面。学校先后为社会培养一专多能的高素质技能人才8万多人，办学效果得到社会的普遍好评，曾多次荣获“深圳市技工教育办学先进单位”称号。

书籍就是粮食，知识就是力量。书香校园建设已然给学校带来焕然一新的效果：学生良好的读书习惯逐步养成，道德素养明显提升，学习能力得到加强；教师的专业能力大幅提升，课堂教学革陈出新。“问渠那得清如许，为有源头活水来”。今后，我们将一如既往贯彻以书香熏染每个学生的初衷，让书本、让文化成为学生展翅高飞的助推器！

把生态文明教育融入育人全过程

——深圳市光明区长圳学校生态文明教育纪实

广东省深圳市光明区长圳学校　付宁　龙冠斌

深圳市光明区长圳学校，因位于光明区长圳社区而得名。学校1949年建立，原为曾氏学堂。长圳学校办学性质历经办学点、村办小学、镇（街道）办小学、区属小学。2015年9月，学校增设初中部，成为区属九年一贯制学校。校园占地29475平方米，建筑面积19580平方米，运动场面积11744平方米。2020年秋，学校增至42个班级，其中初中12个班，小学30个班，有2049名学生。学校现有教职工160人，其中专任教师140人。教师年富力强，平均年龄33岁。学校着力引进名师，培养名师。目前，学校有省级骨干教师2人，省级名班主任1人，南粤优秀教师1人，市级名师3人，区级名师6人。

学校办学水平得到社会广泛认可。学校获得了“广东省语言文字规范化示范校”、“深圳市教育工作先进单位”、“深圳市德育工作示范校”、“深圳市绿色学校”、“深圳安全文明校园”、“深圳市书香校园”、“深圳市垃圾分类示范学校”、“广东省航空航天特色学校”、“广东省棋类特色学校”、“深圳市依法治校示范校”、“深圳市五四红旗团组织”等荣誉称号。2018年5月，学校高分通过“深圳市义务教育学校办学水平评估”。

扎根日常　绿色文明活动蔚然成风

在以校长为组长的长圳学校创建“全国生态文明教育特色学校”小组领导下，该校强化学生的日常行为规范教育，一直坚持“绿色文明班级”评比活动，实施爱校公约、卫生公约，美化绿化教室，把绿色行动与自己的学习生活紧紧地联系起来，促使学生具有良好的环境、卫生、文明意识，环保行为已渐成风气。同时，利用宣传栏、每周升旗仪式和每月主题班会等德育阵地，常规性开展生态文明教育的主题活动，培养学生的环境意识、环保能力。

“我们还多次邀请市、区、社区等有关专家来校作环保、食品卫生、防疫等专题讲座；还充分利用网络资源，向师生和家长推荐专家直播讲座。比如，在2020年4月30日，组织全校师生在线收看南方科技大学史江红教授主讲的《生态文明建设的践行者——从认识污染物来源谈起》讲座。”校方表示，讲座对深圳市、光明区的环境保护现状进行分析，十分具有启发意义。全校班级参与讲座收看，取得良好反响。

长圳学校还利用社会和社区教育资源，充分利用各种青少年教育基地、公共文化设施、植物园、博物馆等开展多种多样的生态文明教育实践活动。其中，在2018年5月，玉塘妇女联合会、玉塘关心下一代工作委员会主办“我心中的儿童友好型社区——儿童议事会”活动，长圳学校作为协办方，派出30名小议事员代表参加议事。王思晨同学提出在公园里建一个植物迷宫的建议，她的建议被街道采纳；简思睿等同学的环保设计创意作品被印成了布袋宣传画，让人赞叹。

身体力行　节能环保成为师生自觉

为推进低碳校园建设，2018年10月，长圳学校按照《光明区“十三五”公共机构节水型单位创建工作》的通知要求，对学校水管、水龙头等进行改造。经过部署、申报、创建、督导、审核等环节，长圳学校通过第一批公共机构节水型单位现场评审验收。2019年11月，该校被授予光明区第一批“公共机构节水型单位”。

在垃圾分类方面，该校通过校园广播、宣传栏等形式，广泛开展垃圾分类的宣传、教育和倡导工作，阐明垃圾对社会生活造成的严重危害，宣传垃圾分类的重要意义，呼吁学生积极参与。同时，教会学生垃圾分类的知识，使学生进行垃圾分类逐渐成为自觉和习惯性行为；开展“小手拉大手”活动，由学生向家庭发出“垃圾分类我先行”、“垃圾不落地，长圳更美丽”等倡议，引导更多的居民成为垃圾分类的参与者、实践者和推广者。

从细节上，可以看出长圳学校在生态文明建设上的“用心”：学校在每个班级设置分类垃圾桶，贴上“可回收”和“不可回收”的标志；在教师办公室和复印室，设置大纸箱，存放废纸张和不要的书本等，定期回收；积极要求老师们双面打印，节约用纸；要求订奶的学生每天把喝过奶的奶盒，按扁，放进专门的回收箱；在教师食堂，开展“光盘行动”；控制厨余垃圾数量，实现无害化处理……师生们树立了环保和节约的意识，学校被评为“深圳市垃圾分类示范学校”。

融入课堂　积极开发生态文明课程

长圳学校在日常、在活动中践行生态文明教育，并在教学活动中渗透生态文明教育的理念。老师们将教材中蕴含的生态文明因素挖掘出来，并且充分发挥其作用和功能，不断激发和培养学生的生态文明思想。比如，语文学科老师结合《消逝的罗布泊》《敬畏生命》等课文，让学生在品味语言表达的基础上，思考人与自然的关系；历史老师在教学《艰辛探索与建设成就》时，组织学生开展口述历史调查活动，让学生从生态环境变化的角度访谈身边的老人，探索家乡的发展变化。

长圳学校在尝试进行生态文明教育相关课程的开发。比如，疫情发生后，学校成立了“抗疫心理咨询与辅导小组”，编辑了《新型冠状病毒肺炎健康教育校园读本》，在读本中不仅介绍了如何从身体和心理上防疫注意事项，还介绍了病毒的相关知识和演变历史，对人类与传染病斗争进行反思，倡导树立总体国家安全观，充分认识环境是生存的基础，维护生态平衡。

长圳学校充分利用校本资源，在学校的科技实践活动中，计划开展《认识我们的生命之源——水》学生小课题系列活动，让学生了解水的知识，进行保护水资源的宣传，扩大学生视野，培养学生动手动脑能力，促进学生全面发展。

生态文明教育，是时代发展的要求，学校必须深入进行教育思想和教育观念的变革，逐步建立与之相适应的人才观、质量观和教学观，遵循可持续发展和环境保护的原则，以先进的科学与文化知识成果教育学生，把生态文明教育融入育人全过程，从而形成我校鲜明的生态文明教育特色。

心理教育见温度　呵护成长显态度

广东省深圳市龙岗区宝龙学校　刘丽丽　严进梅　陈波

心理健康教育是学校教育中最重要的环节，是素质教育中的核心组成部分。学校作为社会人才的首要输出地之一，关于学生心理健康教育的培养使命在肩。自2013年9月办学伊始，广东省深圳市龙岗区宝龙学校就提出了“做完整的教育，培养完整的人”的核心理念，将心理健康教育工作作为学校重点关注的领域之一，从理念指引、机构组建、资源配置、师资优化、课程实施和硬件建设等方面出发，探索构建完整教育的理论创新与素质教育的新模式，着力打造一个美丽、和谐、充满人文关怀的精神家园。

顶层设计，凸显心育育人价值

“做完整的教育，培养完整的人”是宝龙学校的核心办学理念。“完整的人”就是在意志（自我）主导下知情意行四部分机能相互作用、相互影响以及相互协调的生命有机整体，而心理素养是“完整的人”的核心素养，故此心理健康教育在学校发展顶层设计中必须占有重要一席！在此基础上，宝龙学校在办学理念中充分考量学生“四育素养”——意（自我·价值）、情（情感·审美）、知（知识·思维）、行（技能·习惯）的培养，构建了“知情意行”四育课程体系，形成了心理健康教育体系。

意育（自我·价值）内容包括：自我认知能力、自我管理能力（元认知与元情绪）、自我领导能力等；以社会主义核心价值观为核心内容的价值观系统，包括理想与信念、自我价值观（人与自我）、文明社会观、多元文化观、国际理解观（人与社会）、人与环境和谐观（人与自然）等内容，指向自我能力系统与信念价值观系统，如学生自传写作课程、自我对话课程、学业坚韧性培养课程等校本课程。

情育（情感·审美）内容包括：情绪辨析能力、移情能力、体验感受能力、情感调节与表达能力、人际交往能力、艺术欣赏能力、艺术创作能力、审美能力等；道德感、理智感和美感等，指向情感（审美）能力与情感（美感）素养，如情绪管理、人际交往、青春之舞等校本课程。

知育（知识·思维）内容包括：基础思维能力、批判性思维能力以及分析与解决问题的能力等；学科知识（包括学科思想与思维方法）体系，指向思维认知能力与知识结构体系，如ML思维课程、小小实验家课程、思维的工具课程等校本课程。

行育（技能·习惯）内容包括：实践操作能力（做中学）、社会实践活动能力、信息技术与应用能力；各类技能，如体艺技能、交往技能、学习技能、生活技能以及自我发展技能等；行为方式与习惯养成等，指向实践动手能力与行为方式习惯，如好习惯养成课程、小木工课程、安全逃生课程、烹饪课程等校本课程。

资源投入，保障心育顺利开展

设立学生心智成长中心。为推动学校心理健康教育稳步有序进行，学校认真部署，精心谋划，探索构建一个中心（即学生心智成长中心），三个功能室（即脑认知训练室、情绪动力实验室、阳光工作室），六大课程模块（即认知行为训练、自我潜能开发、特殊学生教育、团体辅导、学生社团、心理健康课程）的“一·三·六”心理健康教育体系，提升心理健康教育的功能与作用，让学生心智成长中心成为师生心灵的港湾、特殊学生爱的驿站、心理课程的孵化基地、心理学术的交往平台。学生心智成长中心使用面积340平方米，图书300余套，总投资近200万，除了配备阳光工作室、沙盘室、宣泄室、团体活动室等传统的心理功能室外，还积极引入前沿科技设备，如脑认知训练系统、福流训练系统、智能身心反馈系统等，成立脑认知训练室、情绪动力实验室，使得学校的心理健康教育工作不仅由内入心，而且向外数据化、可视化。

打造“2-2-3”心育队伍。学校配备2名专职心理老师，2名外聘心理专家，通过团队共建、全员参与、家长助力的3种方式组建3类心育团队（），形成了“2-2-3”心育队伍。其中，福流导师团队，包括福流导师20名，其中有3名福流导师已取得国际科技福流导师认；全员心育团队，学校自建校以来组织全员参与的心理健康教育培训共计 15项，其中为期18天的《轻松教与学》培训效果显著，形成心育论文200余篇；家长义工团队有29人，全面参与学生心智成长中心活动。

多元专业，全面提升心育品质

在“一·三·六”心理健康教育体系下，学校积极开发心理健康教育基础课程，引进北京师范大学学生综合素养提升特色课程（学习坚韧性系列课程），明确了“面向全体、关注团体、聚焦个体、延伸特色”的心理健康教育课程体系。

借助大数据。学生的成长是一个发展性的过程，学校的教育也要从发展性层面去启发、指引学生。在完整教育理念下，学校通过《少儿心理健康量表》进行前测与后测，以大数据视角，从认知、情绪、思维、意志、行为、个性等方面，由学生、教师、家长为三元主体，对学生的心智发展进行全面了解，分析、总结学生在完整教育环境下的身心发展规律，为后续教育模式的构建提供有效指引。

借助科技。福流（flow）即心流，是一种重要的积极情绪，是当代积极心理学的核心概念。福流科技就是应用生物反馈技术，实时反馈人们的身心状态，让人们能够根据外显数据及时调整自己的状态，以达到提升绩效、创意和生命品质的目的。通过福流练习，学生能够提升专注度，平复心情，体验平静与满足，从而提升生活幸福感。为此，学校成立情绪动力实验室（原福流工作站），引进福流技术，通过福流导师培训、福流家长培训、福流托优培训、福流兴趣小组、情绪动力训练营、课前静心福流操等项目推进福流，让更多的师生、家长因福流受益。

用心奉献，推动心育蓬勃发展

以爱造就爱，用心育未来，宝龙人一直坚信着自己的信念，不断将心理健康工作向纵深处推进。目前，宝龙学校学生整体心理状态平稳，学生个体进步明显，无因学校原因而导致的重大恶性事件。

2013年至今，学校举办各类心理健康教育讲座100余次，团体辅导1000余人次，个体辅导1200余人次，家庭教育指导323人次，凤兰阳光教育500余人次，1200人次参加“超优品学”，750人次参加福流托优培训，300余人次参加福流潜能开发。组建2个心理社团，开展社团活动83次，情绪动力训练营已开展第5期，共300人次参加。由于学校心理健康教育工作亮点频出，在区域范围内示范引领作用逐渐显现，截至目前共300余人次来校参观学生心智成长中心。2018年初，学校义务教育阶段教学水平评估，学生心智成长中心成为学校教育的一大亮点，评估专家与领导多批次进行参观、体验。2018年4月20日，龙岗区第六次校长论坛——“理解孩子，让孩子的心灵更健康”在校开展，全区200余位校长参观学生心智成长中心，体验福流、脑认知训练等。2019年4月，学校被评为深圳市中小学心理健康教育特色学校。2020年9月，阳光“童”路，龙岗区关爱未成年人心理健康直播走进宝龙。学校心理课题《自发性沙盘应用于多动儿童心理辅导个案的研究》《关于小学低年级学生多动性问题识别与矫正的研究》《“成长型思维”理念下小学中高年段心理健康教育校本课程的开发》《“二孩”家庭中长子女心理健康现状分析与有效干预模式探讨》均在顺利研究过程中。

心理健康教育任重而道远。今后，宝龙学校将继续秉承“做完整的教育，培养完整的人”办学思想，锐意进取，潜心钻研，因材施教，使心理健康教育工作成为师生沟通的桥梁，为学生心灵撑起一片晴空。

高质量办学　提升学生成长值

广东省深圳市龙华高级中学教育集团　陈东军

“低进高出”、“高进优出”、“优进杰出”——在深圳市龙华高级中学教育集团（以下简称“龙高集团”），这样的逆转“翻盘”，正在发生。建校之初，集团秉持“高起点规划、高标准打造”的初心，一路行稳致远，取得丰硕办学佳绩。特别是在近年，全市高中录取分数线普遍下降的情况下，深圳市龙华高级中学教育集团高中部（以下简称“龙高”）以严谨、专业、精准化的治学态度，实现“逆袭”，成为全市高中办学“新黑马”。好成绩的背后，是深圳市龙华高级中学教育集团经得起检验的理念与实践。

课程："一体两翼五素养"　提升学生成长值

打造高质量教育体系，核心重在课程。在龙高集团，"一体两翼五素养"课程为个性化育人、因材施教提供了基本框架。此外，三大书院课程，极大尊重学生的个体化差异，为提升学生成长值提供精准方案。

三大体系包括，"强基卓越体系"，着眼于培养拔尖创新人才的时代要求，服务于国家重大战略领域的人才需求，以学科奥赛、科创大赛等为抓手，培养学生的创新精神、学术志趣和实践能力；"创新实验体系"，以特色课程为依托，注重提升学生的科学和人文素养，发展学生的高阶思维和审美情趣；"精益标准体系"，瞄准新课程标准和中国高考评价体系，注重夯实学科基础，提升学生关键能力，发展学生核心素养。

建构了"一体两翼五素养"的课程体系，以基础型课程为主体，以拓展型、研究型课程为两翼，培养学生的人文情怀、科学精神、艺体健康、人际交往、国际视野等五大素养；创设"仁爱书院"、"文理书院"、"未来书院"等三大书院，逐步构建并完善龙高书院制未来教育体系；与清华控股旗下企业——慕华成志教育合办新高考精英课堂清华实验班，培养拔尖创新人才。

此外，为助力学生个性化发展，学校还特别开设了法语、日语和西班牙语等多语种高考课程，为学生提供广阔的外语学习空间。小班化教学，推行导师制，践行全员育人、全程育人、全方位育人的"三全育人"模式，让教育"见森林，更见树木"。为学有余力的学生提供"拔尖提质增量"工程，开设培优赋能课程，针对性地培优补弱，助学生全面提升综合素质。

师资："雁阵"引领　打造"四高型"教师团队

课程之外，师资绝对是学校的核心竞争力之一。在龙高集团，有着一支爱岗敬业、业务过硬、注重创新的明星教师团队。

创校以来，学校由正高级教师、特级教师、享受国务院政府特殊津贴专家陈东军领航，面向全国选聘高层次人才，面向全市选调中青年骨干教师，面向双一流高校选招高学历、高素质的名校毕业生，面向海内外知名高校，选招一批高学历、高素质的名校毕业生。全力锻造一支师德高尚、业务精湛、结构合理、充满活力的高素质专业化创新型教师队伍。以"四高型"教师为发展目标，发挥名师领雁人才作用，通过"青蓝工程"、"青训营"等项目平台，多措并举，全力提升综合素质、促进专业成长。

目前，高中部已有正高级教师11人、特级教师11人、硕博研究生70人；国务院特殊津贴、全国优秀教师、全国先进工作者等国家级荣誉称号获得者7人，省级以上名师、名班主任22人，市级以上优秀教师、先进个人35人。为教师成长搭建平台、创设机会，集团制定骨干教师成长规划，给任务、加担子，为青年教师成长和发展搭建广阔舞台，培植教育骨干和精英，促进师资队伍向专业化、品质化方向发展。

同时，学校以陈东军名校长工作室等10个省市区名师工作室为发展平台，以引进高层次人才为带头人，以《龙高报》等教科研报刊为展示舞台，通过校本研修，促进全体教师科研能力不断提升。教师获"深圳市先进工作者"、"深圳市青年教师教学基本功比赛一等奖"、"全国物理教学创新大赛一等奖、实验创新奖"、"全国高中信息技术与教学融合优质课大赛一等奖"等荣誉的捷报频传。

社团：激活学生潜力　将核心素养植入常规活动

龙高集团高中部的学生不仅能静心学习和研究，还能在井冈山红色文化研学之旅、西昌航天研学之旅、生涯规划大讲堂系列讲座、经典古诗词诵读比赛等丰富的活动中，收获成长和全面发展。

学校注重学生社团与活动育人课程，践行立德树人，专门成立学生成长中心，搭建科普大赛等多元平台，邀请著名编剧陈宝光等专家学者进校分享经验与故事，助学生在体验中学习，在研究中成长。成果：学子在各级各类比赛中屡屡摘金夺银，先后获得"深圳市中小学法在身边法治情景剧大赛（中学组）一等奖"、"第十一届中学英语能力大赛广东赛区比赛一等奖"、"第三届全国中学生中国少年说演讲比赛深圳总决赛一等奖"、"第13届全国地理科普知识大赛一等奖"、"叶圣陶杯全国中学生新作文大赛一等奖"、"第二十四届全国发明展览会——一带一路暨金砖国家技能发展与技术创新大赛发明创业奖铜奖"等众多奖项。值得一提的是，学生朱豪的科研成果"车载牛奶加热器"荣获了国家知识产权局颁发的实用新型专利证书。

环境：乐在龙高　营造家庭式育人氛围

龙高集团始终将环境育人理念贯穿始终，以雅致的校园环境、便捷的生活环境为学生创设家庭式育人氛围。在环境中，立德树人。

龙高集团高中部位于龙华区民治街道华玺路9号，毗邻深圳北站，紧邻三大主题公园——玉龙公园、逸秀公园、白石龙音乐公园，交通便利、环境幽雅，以"双一流"（一流学科和学部）建设为引擎，从未来教室切入，探索创客实验室、fablab实验室、未来实践体验中心等未来学校建设，逐步构建并完善龙高未来教育体系，着力塑造"学在龙高"优质教育集团新品牌，发力打造"学有优教"深圳中轴教育新高地，聚力锻造一颗镶嵌在深圳教育版图上的"璀璨明珠"。

学校建有智慧图书馆，打造自助借还书服务系统、多媒体视听互动系统、数字实践系统等四大系统，利用大空间、全开架，设置"藏、借、阅、研、休"一体化的功能区域；与乐聚（深圳）机器人技术有限公司合作打造省级人工智能样本实验室，支持机器人编程、数字化制造等七大课程实践活动，为学生提供专业平台。引进新一代大学食堂"快乐食间"，让广大龙高学子感受"新体验、新空间、新文化、新亮点"，尽享"幸福食光"。舌尖上的龙高，别人家的食堂。从一楼到三楼，从自选窗口到特色档口，各式菜肴琳琅满目、缤纷登场，美味套餐、铁板烧、盖浇饭、鱼喵喵、黄焖鸡、过桥米线、花样炒饭……快乐食间不仅仅是用餐的地方，更是同学们学习、社交、社团活动的新空间。

观山观景的五星级宿舍，南北通透、宁静舒适，远看群山环抱、近听公园鸟鸣。宿舍内设洗手间、冲凉房，配备空调，24小时提供热水。通过丰富多彩的活动引导学生在宿舍生活中自我服务、自我学习、自我管理，营造温馨、和谐、干净、美好的宿舍环境，增加同学之间的友谊，让学生们感受到"家"的温暖，提升学校宿舍的文化氛围，促进校园文化建设。该校高一学生叶雨珊表示，踏入龙高集团高中部后，看到了优美的校园环境、先进的教学设施、和蔼可亲的老师、热情友爱的同学，在这里找到了家的感觉。

集团名片

创设于2018年，深圳市龙华高级中学教育集团高中部积极探索新课程新高考，成为"教育部基础教育课程教材发展中心实验区普通高中新课程新教材实施直管示范校"。

2020年底，深圳市龙华高级中学教育集团揭牌成立，创新探索人才培养，下设高中部、观澜校区、大浪校区（筹建）、民治校区（筹建）等4个校区，其中观澜和大浪校区均为全寄宿制初中，民治校区为走读制初中。该集团办学规模为102个教学班、5100名学生，是龙华区委区政府举全区之力、集全区之智打造的一所集团化名校，秉着"怀天下、行仁爱、向未来"的校训，致力创建"高质量、有特色、研究型的一流名校"。

创校3年来，集团先后获评"深圳市教育工作先进单位"、"深圳教育创新示范学校"、"年度STEM教育典范学校"、"广东省中小学研学旅行教改实验联盟单位"等称号，学子多人次荣获"国家知识产权局实用新型专利证书"、"全国地理科普知识大赛一等奖"、"叶圣陶杯全国中学生新作文大赛一等奖"、"第十八届全国中小学信息技术创新与实践大赛二等奖"……

未来，一批又一批"有理想、有本领、有担当的未来英才"将在龙高集团高中部生长，以成德为志向、以精一为追求、以致远为目标，为实现中华民族伟大复兴的中国梦不懈奋斗。

适宜教育：为师生成长赋能

广东省深圳市龙华区龙华第三小学　费聿玲

广东省深圳市龙华区龙华第三小学创立于2019年9月1日，是一所隶属于龙华区教育局的公办小学。面对一所全新的学校，如何从顶层设计上为师生成长赋能？

适合的教育就是最好的教育。基于当前教育跟不上时代的急迫、家长对不确定未来的焦虑、培养面向未来具有国际竞争力的学生等方面的考量，龙华第三小学秉持以人为本的教育理念，聚焦学生的多元发展，提出了"适宜教育"的办学思想，从文化内涵、顶层设计和保障措施三个方面着力，以期通过与人的发展相适宜的方式达到最佳的育人效果，从而办出一所学生乐学、教师乐教、家长乐心、社会乐道的现代化高品质学校。

一、聚焦多元发展，深挖适宜教育发展内涵

不同的人具有不同的发展规律和智能组合，需要为其提供合适、相宜的发展平台，才能实现每颗星星都闪亮的理想。适宜教育的核心价值就在于发展与儿童的生长规律相适应、与儿童的个性相适宜的教育，并为此提供适合的外部条件支持，以达到主客观条件相适宜的状态，取得实质的育人效果。

适宜教育是一种适时而变、适应未来的教育。当前，人类社会已经全面进入信息时代，知识更新呈几何级数增长，信息技术导致产业结构发生了剧烈变化，社会发展对多元化、复合型、创新性的人才需求愈加迫切，3.0　时代的教育已到来。站在时代发展的洪流中，适宜教育主张以积极、主动的策略应对未来社会对人才发展的需求变化，适时而变，突破时间、空间、内容、师资等限制，从而满足学生的不同发展需要。

适宜教育是一种适性而行、多方相宜的教育。适性而行即适应儿童的个性发展需求。其一是适应学生年龄特点。年龄相仿的学生具有普遍的特征、能力和行为，学校应该严格遵循学生的生长发展规律，根据学生的每个年龄阶段的典型发展状况，提供相适宜的，符合学生发展水平的教育。其二是适应学生个体特点。学生在认知发展过程中存在着个体差异，每一个学生的认知发展水平和已有的知识经验都有很大的差异，教育要确定学生的不同认知发展水平，以保证所实施的教学与学生的认知发展水平相匹配。多方相宜即三位一体，凝聚教育合力。适宜教育从系统角度出发，追求构建学校、家庭、社会三位一体的有机教育生态环境，以达到多方相宜、凝聚合力的状态。学校除了追求理念系统与课程体系等方面与学生发展相适宜外，还要深度挖掘和利用地方的人文历史和文化资源，取其精华，使之成为学校建设的有机成分，以达到契合校情、彰显地方文化特色的效果。

二、坚持宏观统筹，做好适宜教育顶层设计

每个人都有与众不同的地方，教育就是要打造学生的长板，让不同成为独特的优势，从而成就独特的更好地自己。为做好适宜教育，龙华第三小学高屋建瓴，坚持与时俱进，开拓创新，不断发出新号召，寻求新思路，努力创建人民满意的学校，办出人民满意的教育，培养人民满意的教师，培养人民满意的学生。

办学思想。从适宜教育的价值观出发，学校确立了“每一颗星星都闪亮”的办学理念，以“星星”隐喻每一位师生，其中蕴含着对个性差异的尊重、对个体发展可能性的肯定。个性适应，看见每一颗星星的闪光点；内在驱动，肯定每一颗星星闪亮的权利与可能性；多方联动，助力每一颗星星更好地发光。同时，学校确立了“适宜师生成长的学习园”的办学目标和“培育心智自由的终身学习者”的育人目标，提出了“适性适学、宜德宜行”的校训，以“唤醒、点燃、引领”的教风促进“自主、合作、探究”的学风的形成，最终成为共享、互联、融合、创新的未来学校。

课程体系。开发适合学校实际与学生需要的课程，不仅是新课程改革的需要，更是学校发展的必由之路。学校从顶层设计出发，基于真实情景、跨学科统整，打通国家课程标准与社会资源的有机融合，以符合国际发展趋势的教育新理念、新动态构建面向未来的课程体系，以此满足不同禀赋学生的个性化需求。同时，围绕“培育心智自由的终身学习者”这一育人目标，学校从横向和纵向两方面构建了“三阶三系”适宜教育课程体系：横向方面包括“思考力”、“表达力”和“行动力”三个系列课程，是对学生素养的培养和支撑，每个系列课程中难度逐渐加深；纵向方面体现三阶递进，“基础课程”为学生成为“心智自由的学习者”夯实基础，“拓展课程”为学生的发展拓宽视野、激发兴趣、唤醒内在生长力，“提升课程”为学生成长提供多元化、个性化发展平台。

评价系统。评价是教育教学的指挥棒。学校通过课程评价提高学生的学习力，提升教师的课程创生力和课程领导力，从而促进课程体系更加完善。

制定课程的发展性评价。课程的发展性评价主要指向是课程的科学性、可行性和有效性。在课程实施之前，学校先行组织专家团队和学校教师进行课题研究，对课程目标是否恰当、课程内容是否适切、教与学的方式是否创新、课程评价是否多元等课程要素进行论证；为确保特色课程实施的有效性，学校组织课程专家团队和课程校内视导团队全程监测课程的实施过程中是否采取了合作学习、项目学习、社会实践等多样化的途径，同时监测课程评价是否具有较强的可操作性、方法，是否科学、课程实施，是否关注学生的学习体验、课程评价，是否具有激励性等；学校开展教师、学生和家长全样本的课程满意度问卷调研，通过多元主体参与、多方视角的评价数据反馈开展精准分析，形成评价驱动学校课程实施与持续改进的常态机制，促进课程建设与实施良性发展。

制定教师的发展性评价。学校以教师发展目标为核心，构建教师能力素质模型研究制定教师专业发展标准明确教师专业发展阶段性目标。一是建立基于真实情境的视导机制。为了让未来学习真实的发生，让未来学习方式与课堂真实的融合，学校从备课设计、资源整合、组织学习、多元评价、反思总结、研究突破等方面，全方位评价教师的课程领导力。二是建立基于学习共同体的实时评价。学校积极构建教师学习发展共同体平台，促进未来学习方式与课堂真实的融合，为教师合作学习、共同提升提供平台。三是建立基于多样化学习方式的激励机制。学校立足多元的评价主体及真实、全面的数据采集，建立多样化学习方式的激励机制，将荣誉纳入职称评聘、绩效考核的体系内。

制定学生的发展性评价。一是建立基于个性差异的诊断性评价。学校以加德纳的多元智能理论为依据，主要使用游戏化的测试任务对学生多元智能的发展状况进行测评，为教育者提供传统的标准化测试无法探测到的、有关学生能力发展状态的、更多维度的信息。二是建立基于生涯发展的成长性评价。学校依托智慧校园管理系统，跟踪个体成长的过程数据分析，建立品格养成、学业发展、体质健康的个性化数据分析系统，并将各评价系统的数据进行关联分析、诊断，从而为每个学生提供个性化发展报告，以此促进学生全面发展。三是建立多样、客观、全面、系统的评价机制。学校基于大数据进行学业测量、问卷调查、日常评价，构建学生学业发展及品格养成的个性化分析系统，为每位学生提供个性化精准服务的成长报告，诊断分析，跟踪指导，激励发展，形成了立体式评价体系。

三、完善保障措施，确保适宜教育安全落地

完善的保障措施是推动适宜教育发展的关键。龙华第三小学建立有序高效的外部系统作为支持，为学校课程建设提供高效的行政管理、多元的空间资源、优质的教师专业发展以及畅通的家校社互动合作平台。

行政管理服务系统。学校行政管理是学校管理系统的重要组成部分，是学校实施目标管理，是稳定教育秩序、推进素质教育、提高教育质量的重要保证。因此，学校尤其重视学校行政管理服务系统的建设，设置包括行政服务中心、教师发展中心、信息科技中心、学生发展中心等四大中心，同时全面引进信息技术，推动学校行政管理系统的信息化发展。

空间资源配置系统。学校立足现实情况和学生的发展需求，充分规划和利用学校的公共空间，将技术运用与空间设计融合，支撑课程体系和泛在学习资源，形成课程与技术二者高度融合，增强学生学习兴趣与学习质效，为儿童发展提供安全、有趣、功能复合的学习空间，以支撑课程体系的有效实施。

教师专业成长系统。学校建立多维度的教师专业发展机制，主要包括：以身心健康保障机制订制个性化保健方案，提升教师身心健康及师德的水平；以教师专业学习共同体促进教师专业学科素养、信息技术和教育科学相关知识的持续成长；以生涯规划设计机制协助教师定位职业发展方向，明晰个人发展路径；以绩效奖励机制建设独立教师孵化器，促进优秀教师资源的生成及扩散。

家校社互动合作系统。学校以“互动、对话、联通”的共育核心理念，搭建家校社互动合作系统，通过家长学校、家长沙龙、家长会、家访、开放日、亲子活动等窗口，有效沟通家庭、学校与社区，形成三者有机的教育合力，共同为儿童的适性成长创设适宜的内容和环境。

开展千人千面的个性化教育才可能培养出多元化人才，未来龙华三小人将在适宜教育思想的引领下，不忘初心，牢记使命，适性适学，宜德宜行，为师生的成长赋能，助力“每一颗星星都闪亮”！

领悟竹之品韵，绽放人生光彩

广东省肇庆市广宁县第六小学　欧晓冰　钱松星　李伟东

学校是传授知识和培养人格的场所，特殊的、固有的文化氛围和校园环境，可以熏陶、感染学生，净化心灵，促进师生身心健康以及自身发展。为促进学校的内涵发展，提升我校的办学品位。我校因地制宜，找准了学校发展与文化建设的契合点，以“竹”为载体，确立了以“竹文化”为学校特色文化，提炼出特色鲜明的办学理念和“一训三风”。充分挖掘竹文化内涵，多元开展以竹子精神为核心的德育教育。

在特色文化的创建过程中，坚持科学发展，在传承中求创新，在创新中求发展，初步形成了以竹文化为主体的具有丰富人文内涵和高雅情趣的校园文化特色，有力地促进了学校各项事业的长足发展。我校位于著名的竹子之乡，特殊的地理生物条件，为我校提供了丰富的竹文化研究资源和实践机会。

竹子，清雅、高风亮节，历来为文人墨客所喜爱。苏东坡云，“宁可食无肉，不可居无竹”；郑板桥的咏竹——“咬住青山不放松，立根原在破岩中；千磨万击还坚劲，任而东西南北风”可谓千古绝唱。人们赏竹、赞竹，不仅是竹的清幽雅致，更在于“比德”的意义。古往今来，松、竹、梅被誉为“岁寒三友”，而梅、兰、竹、菊被称为“四君子”，竹子均并列其中，可见竹子在我国人民心中占有重要地位。竹以它挺拔清秀、青葱翠绿、疏密有致、刚劲而富有韧性的形象，给人以美的享受，同时被赋予幽雅、脱俗、坚贞、正直、谦虚、刚强、坚韧、不畏艰险、无私奉献、勇于突破等品质。这些品质正是作为学校教育实施所需要达到的目标。

一、铸魂培根，营造特色文化浓厚氛围

陶行知曾说过：“天然环境和人格陶冶，很有密切关系。”校园中的每一座建筑、每一处景点，每一片绿色，都成为一种思想的传递，一种文化的表达，优美的校园环境就像无声的老师，滋润着师生的心田，熏陶感染着师生，丰富净化着师生的灵魂，潜移默化地引导师生向着健康的方向发展。校容校貌是一所学校的文化、精神的直观体现。我校的占地面积比较小，所以我校以“竹”为主线，以浓郁的竹文化为背景，努力打造优雅别致的竹韵书香校园。大胆在学校的布局、环境的美化、宣传阵地和班级文化的建设中有机地融入竹元素，科学的彰显竹文化，通过嵌入“竹文化”元素，让校园的每个角落都能让人看到或感受到竹子蓬勃向上、刚正不阿的精神和风貌。

为了让竹文化沁润校园的每个角落，处处洋溢着浓浓的艺术气息。我校还在校园的角落、梯间、厕所、走廊等显眼的地方精心布置师生们创作的各类艺术作品，这些作品不但美化了环境，给师生搭建了展示才华的平台，而且有效促进了我校竹文化内涵的发展。此外，我校还把校园文化建设与校本课程、综合实践活动、课外活动合理整合，让学生通过赏竹、论竹、研竹、品竹、赞竹，不断提高欣赏美、创造美的能力，构筑了师生共同发展的平台，进而促进学校步入内涵提升与特色发展之路。一是我校编印了竹文化校本教材，进一步加强与推进竹文化的建设成效，整理编印了《竹编艺术》等校本教材。要求学生每天诵读《古今咏竹诗百首》。《科学与实践》课中要融入《竹子

文化50问》教学，课外阅读读物中要阅读《竹韵飘香》。我校"竹文化"融入学科教学之中，通过校本课程的开设，不但丰富了师生的精神食粮，而且又为创造"竹韵书香"校园打下基础。二是大力倡导竹文化与学科教学的有机融合。学科教学是传授文化知识、开发学生智能的主阵地，也是培育学生人文教育的主阵地。我校自启动学校特色文化创建活动以来，逐渐将竹文化融入各门学科教学中，要求教师们在平时的教学过程中注意将学科教学与竹文化教育结合起来，根据每门学科的特点，结合学生生活实际，利用本地文化资源，将人文知识的传授和人文精神的培养融于学科教学，努力实现学科教学工具性与人文性的统一。如以古往今来与竹有关的诗词歌赋为基础，编写校本教材，融入语文学科中；在品德学科中介绍中国竹子发展历史及竹子精；让竹竿舞等走进音乐课；让学生在科学课上了解竹的整个生长过程及其特性；实践课上教学生编制竹篮、竹扇、竹具等竹工艺品；美术课上写生以竹为对象等。实施校园文化和课本融合以来，学校的文化气息更为浓厚，精神风貌焕然一新，学生和老师都沉浸在一种和谐、快乐地学习氛围中。

二、多措并举，促进学生素质全面发展

教育是全面激发学生潜能，这其中自然少不了特色活动的开展。为促进学生个性化发展，我校以"竹"为载体，以"竹文化"为核心，开展丰富多彩的活动。通过开展诵竹、画竹、写竹、舞竹、唱竹、编竹、雕竹等一系列主题活动，让学生在教师的引导下，学习竹子精神，塑造竹子品格，不断完善自己的行为和道德品质，同时使师生的艺术修养也得以提升。我校成立了"竹编"工作坊，努力传承和发展竹编艺术。通过开展竹编传承人进校园、竹编文化课程进课堂等系列教育实践活动，不但推动我校竹文化特色学校的建设，而且让"竹编"这门非物质文化遗产得到很好的传承和发展。为了进一步弘扬学校文化，让学生对"竹文化"耳濡目染，我校还建立"竹韵之声"广播站。学校广播站围绕竹文化设计内容丰富的播音内容，如播放关于竹的诗词歌赋，竹笛、葫芦丝演奏的音乐，诵读学生写竹的佳作、报道开展与竹有关的活动等，以此来推广学校特色文化建设的成果。我校也大力开展社团活动。为了更好地发展我校竹文化的特色，提高学生的学习兴趣，培养学生的动手操作能力，我校利用每周星期五下午的第二和第三节开展丰富多彩的社团活动。其中与竹有关的有竹编、竹竿舞、画竹、写竹、雕竹、诵竹等社团。让每一个学生在社团中通过认识、体验、发现、探究、操作等多种途径和方式主动获得知识和经验，从而提高学生的各种能力。为进一步呈现和检阅学校竹文化建设成果，促进学校特色文化的建设和发展。我校每年十二月份还举行"竹韵杯"艺术节，通过跳竹舞、画竹画、诵竹诗、写竹文雕竹艺、编竹品等活动，为学生提供了广阔的发展空间和展示平台。

一直以来，我校深知社会实践活动是让学生切身体验的契机。所以我校根据实际，抓住机会，充分利用本土资源，把我县南街镇宝淀山景区内的竹博园和毗邻的万竹园作为我校的社会实践基地。不时带学生到这两个基地进行写生、采风、科普等社会实践活动。同时，布置学生利用节假日时间，在家人的带领下深入农村、山野开展科普调查、拜师学艺等有益的社会实践活动，通过组织学生到基地的参观学习，使学生对我国竹文化的历史，竹制品的制作，竹材的应用有了广泛的认识。此外，我校也会定期召开"竹文化" 主题班会和开展班级文化建设评比活动。其中通过主题班会，借助已有校本教材，让同学们了解竹、认识竹、研究竹，了解竹文化的内涵，理解竹子精神的寓意，发扬竹子精神，激励自己刻苦学习，不断进步，不论是做事还是做人都要以竹子清高谦逊为榜样，做一个可爱、高尚的人。同时由学校行政、班主任及学生代表组成的评委团，对各个班级创建、活动情况进行认真细致的评比，有力推动了学校校园特色文化建设，提升了学校文化品位。

三、不忘初心，守望优质教育美好明天

绵绵之力，久久为功。特色创建不仅升了学校的精气神，更提升了学校的办学品位，提高了家长和社会的认可度，学校办学特色鲜明，教学质量稳步提升，校容校貌焕然一新，学生们畅游在文化知识的海洋中，老师们深受竹文化的感染，目标同向，思想一心，绽放出生命的光彩。不过，教育是一项既深且远的行程。学校的内涵、品位和文化底蕴需要被全体师生牢记并践行，应如和风细雨渗透到学校各处角落，待春暖花开。未来路上，我校会继续通过特色文化的创建，使每一个学生都以"竹"为楷模榜样，学竹子精神，养君子品格，成为正人君子。全身心投入到特色文化教育的创建当中，携手一心，为打造有特色、有生命力的教育，不懈努力，共谋幸福。

立德树人守初心，深化内涵育英才

广东省肇庆市广宁县第一小学 梁达权 高伟强

学校是生命扬帆起航的港湾，是滋补生命的场所，它的一草一木都蕴含了无穷的精神营养和韵味情操。任何一所学校都应以培养国家、社会所需要的优秀人才为己任，义不容辞，奋勇前行。我校位于县城区中心。学校占地22708㎡，教学区建筑面积12780㎡。现有教学班54个，在校生2932人，在岗教职工130人。校园环境优美，设施完善，林木郁葱，文化氛围浓厚。办学以来，立足学校深厚的文化底蕴，我校凝练了校园文化精神内核，丰富校园文化科学内涵，确立了"培养正气，开启心智，发展个性，奠基未来"的办学理念，将"启蒙养正，臻于至善"定为校训，严守"知书达理，品学兼优"之校风，"以身作则，率先垂范"之教风，"乐学善思，知行合一"之学风，大走"养正"特色发展之路，倾力打造"传统与现代文化交融，质量与特色创建并重"的品牌学校，使这所沉淀百年文化的名校，焕发新的光彩，绽放光芒。

一、铸魂培根，提升学校特色办学品味

校园文化是学校可持续发展的动力，是学校综合办学水平的重要体现，也是学校个性魅力与办学特色的体现。近5年来，我校花大力气营造校园"养正"文化氛围，寓"养正"文化于校园景观设置中。创设了"养正"主题场景、"养正"文化长廊、正气长廊、"养正"屏风、"养正"荣誉橱窗、"养正"班级文化、"养正"办公室文化；以"正"字给教学区校舍冠名（分别为弘正楼、启蒙楼、养正楼、至善楼、正德楼、正心楼、正智楼）；以"正"字给校道冠名（正气路、正德路）；请县内外书画家题写"一训三风"，并刻石立于校园显眼位置。为了让新思想在校园落得生根，我校还新设了"习语长廊"。目前，学校"养正"文化氛围浓郁，做到了"养正"文化理念、布局格调与育人功能的和谐统一。漫步校园，"养正"气息迎面而来。

校歌、校徽是学校文化的精神展现。为此，我校精心设计了意蕴丰富、能充分体验"养正"文化的校徽；谱写了展现"一训三风"的校歌，并举行了班级校歌合唱比赛；形成了贯穿"养正"文化理念的规章制度；出台了学生"六正"行为规范；以"养正"冠名各种教育教学活动与校园文化活动。努力让"养正"文化深入人心。

二、弥足根本，深挖校本课题教育渠源

为进一步提升教学质量，让教学氛围焕发全新样态。我校积极做好"养正"理念下的校本课程开发，一是出版了5种养正文化校本教材，内容为：介绍学校的历史沿革、光辉的办学历程、"养正"办学思想体系、古代名贤养正故事，展示学校"养正"文化创建成果；二是汇编教师正心育人经验，展示教学教研成果；汇编学生优秀作文，让学生在阅读中感悟为人、为文的真谛——远离假、大、空，亲近真、善、美。此外，我校还积极开设养正教育课题研究，要求各个年级针对本年级学生的年龄、心理特点开设养正教育课题研究，并做好课题成果的推广应用。

教师是教育实施的重要资源。为此，我校通过多种举措提升教师的素质素养，增强学校凝聚力，绽放教师生命。一是大力开展"养正"师德师风建设活动，培养讲正气、修正行的教师队伍。二是制定了《师德师风考核细则》，将师德表现作为评先评优、职称申报、教师聘用的首要内容，并实行"师德一票否决"制，努力营造风清气正的育人环境；三是深入开展"树正气，讲师德，做表率"活动，要求全体教师把"正"字摆心中，处处以身作则，率先垂范，光明磊落教书育人；四是抓好教师素养提升工程。培养业务精良、传正道、善育人的教师队伍，提升养正育人能力。4年来，我校有200多人次被评为市、县、学校优秀教师、优秀班主任，有54人次被评为学校先进教育工作者，有30多人次被评为学校"三八"红旗手。

社团活动是绽放学生生命的重要举措。在"养正"理念引领下，我校成立了"养正"尤克里里社团、"养正"合唱社团、"养正"舞蹈社团、"养正"水墨画社团、"养正"书法社团。"养正"艺术社团在活动中做到奏正音、抒正气，以舞蹈音乐、书画涵养学生纯正美好的品德。同时，我校也倾力打造艺术教育品牌，悉心抓好课堂艺术教育，培养学生的艺术特长。"花香引得蜜蜂来"，广东省流行音乐协会培训委员会、广宁县流行音乐协会分别在我校成立了流行童声实践基地、小陈皮乐队，更拓宽了学校艺术教育的空间。凭借学校雄厚的艺术师资力量，我校开齐开足艺术课程，教学内容生动有趣。为使艺术教育有更开阔的视野，我校还聘请了县内书画、舞蹈、音乐名家担任艺术顾问，定期到学校进行艺术指导。如今，我校艺术教育硕果累累。在各级各类艺术比赛中，学生出类拔萃，屡创佳绩。有2人获国家级奖励，33人获省级奖励，125人获市级奖励，268人获市级奖励。学校12次被评为县级以上优秀组织单位。团体艺术节目也引领同行，在竞赛中频频获奖：经典诵读节目《天地正气千字文》代表该县参加肇庆市中华优秀传统文化经典诵读比赛荣获特等奖；合唱节目《卢沟谣》获肇庆市校园合唱比赛一等奖、广东省中学生合唱比赛二等奖；舞蹈《落雨大》《追梦》《七彩画笔》分别获肇庆市第五届中小学生艺术展演一、二、三等奖。尤克里里弹奏节目《早安中国》参加2019年县跨年晚会演出，大受好评。在艺术教育的相伴下，我校的"养正"文化更具色彩；与"养正"文化同行，艺术教育更富内涵。目前，"养正"教育与艺术教育已成为我校两张亮丽的名片，为我校特色化办学增添光彩。

三、放眼未来，造就时代教育宏伟蓝图

学校是学生的学校，也是家长的学校。为了增进家校联系，我校以微信公众号为主阵地，及时向家长和社会发布学校在教育教学、校

园文化活动、特色创建等方面的动态信息，多角度展示“养正”文化熏陶下的校园新貌、师生风采，传递正能量，增进家长、社会对学校的办学信心，凝聚办学力量，也有效提升了学校的知名度、美誉度。

今天，我校“养正”特色创建，成效喜人，师生关系和谐融洽，教育教学秩序井然，教学质量不断提升，教育品牌不断彰显。学校先后获肇庆市中华优秀传统文化教育优秀课程规划奖，被评为“广东省诗歌教育示范学校”、“广东省健康促进学校”、“肇庆市中华优秀传统文化教育先进集体”、“肇庆市安全文明校园”、“广宁县文明单位”，被认定为“广宁县特色文化品牌学校”。

风雨沧桑励壮志，春华秋实著华章。特色创建不仅提升了学校的精气神，更提升了学校的办学品位，提高了家长和社会的认可度。几年来，我校全体师生思想同心，目标同向，积极进取，顽强拼搏，学校的校容校貌焕然新，精神风貌日新月异，教育教学质量稳步提升，校园特色逐渐彰显。未来，我校会继续以抓铁有痕、踏石留印的工作作风扎实工作，藉厚积之力，承求索之精神，志存高远，弘毅笃行，唱响教育高亢的时代凯歌。

绳韵文化：让学校教育出“绳”入化

广东省中山市横栏华文学校 谢春生 李永海

小小一根绳，跳出健康快乐；小小一根绳，跳出自信坚强；小小一根绳，跳出成绩荣耀。为积极响应中山市教体局“一校一特色”的号召，广东省中山市横栏华文学校经过专家指引、学校研讨，最后确立把花样跳绳作为学校特色建设项目，坚持以“绳”为引领，挖掘“绳”精神，营造“绳”文化，　突出“绳”特色，形成了以“绳韵”文化为核心辐射学校管理的发展路径，走出了一条“以绳养德、以绳启智、以绳健体”的特色育人之路。

定制度，抓落实

在华文，“绳”是一种特殊的育人符号。自2012年5月起，学校以花样跳绳特色为突破点，组建特色研发小组，先后制定《华文学校花样绳特色中长期发展规划》《花样绳梯队建设方案》《专项资金保障制度》等规章制度，保障了跳绳特色项目有章可循、有法可依；学校大力宣传，组织特色研发小组人员参加全国专项教练和裁判员资格培训、自编师生绳操、编写校本教材《花样跳绳》和设计跳绳大课间活动，并高薪聘请澳大利亚和上海跃动队教练来校指导，全面启动了“以绳养德、以绳健体、以绳启智”的花样绳特色文化建设项目；学校为师生人手购买了2根短绳，为每个班购买了4根大绳，开始全面普及并推广跳绳运动。

经过几年的发展，华文学校的花样跳绳先后经历了孕育期（2008年——2011年）、成长期（2012年——2014年）、成熟期（2015年——2017年）、特色期（2018年——现在）四个阶段，已经从“一项体育运动”逐渐积淀成“一种文化特色——绳韵文化”，并开始生根、发芽、结果、飘香，实现了从“大写意”到“工笔画”的华丽转身。

渗德育，促文化

在创建“绳韵”文化的过程中，华文学校紧紧抓住“绳”这一主题，凝练“绳”精神，完善“绳”课程，开展“绳”活动，实现了教学和育人的双提升。

以绳育人。华文学校是一所外来工子弟学校，学生家长大部分在外打工，学生家境也比较一般，导致学生在心理上普遍存在自卑、怯懦、封闭等问题。针对这一现状，学校选择花样跳绳这项融娱乐和竞技于一身的体育项目，希望能给他们带去乐观、自信、坚强、勇敢等阳光品质。

花样跳绳教学进课堂。课堂是普及花样跳绳的主渠道。为了更好地推进花样跳绳校本课程的实施，学校将花样跳绳纳入学校课程计划，并规定每个班级每周在体育课程要开设一节花样跳绳课。经过不断探索与实践，学校已经开发编印出了两套《华文学校花样跳绳校本教材》，这也是学校开展花样跳绳活动的蓝本。

花样跳绳运动进大课间。大课间是普及花样跳绳的重要渠道。为了抓实“花样跳绳”大课间活动，学校要求所有教师特别是班主任都和学生一起参加“花样跳绳”活动，并开发了融艺术性、观赏性、健身性于一体的绳操，既缓解和调节了学生课堂紧张的压力，有利于学生的学习提高，还能督促学生锻炼体质，融洽师生情感。如今，大课间跳绳活动内容丰富多彩，“班班有特色、人人有绝招；人人跳、天天跳”，一根根跳绳犹如彩练飞舞，掷地有声，孩子们欢快的身影跃动在校园每个角落。2018年，学校荣获“全国中小学优秀大课间示范学校”。

成立花样跳绳专业队。学校选拔一些体质强健、技能基础好的学生组成花样跳绳专业队，按照年龄段和性别分别成立了男女甲乙四个专业队。为了确保花样跳绳专业队持续发展，学校还建立了“花样跳绳专业梯队”机制，注重新老队员的交替培养工作。7年来，孩子们走出校门参加国家、国际花样跳绳大赛成绩斐然，共夺得全国跳绳联赛金牌134枚、银牌57枚、铜牌38枚；其中2019年代表中国队参加在香港举行的亚洲锦标赛荣获5金2银3铜。在获得荣誉和成功的同时，他们也收获了自信乐观和团结协作的精神。

以文化人。校园文化建设是学校综合办学水平的体现，也是学校个性魅力与办学特色的体现，同时也是学校培养适应新时代要求的高素质人才的要求。为了潜移默化地影响学生，学校结合学校实际，围绕跳绳特色，精心打造了“绳韵”文化。在教学楼最显眼的墙面上雕刻着“以绳健体、以绳启智、以绳养德”育人理念；在校道左侧花圃里竖立十二座花样跳绳塑像，形象地再现了花样跳绳的倩影；在校道右侧文化长廊编制七彩绳，红、橙、黄、绿、青、蓝、紫七种颜色分别代表着乐观、担当、自主、和谐、诚实、创新、高尚七种品质，与华文学校倡导的学生健全人格的五大核心特质“自主、诚实、担当、创新、乐观”相吻合；重新设计新的校徽，把“绳”元素融入校徽和校训中，并开辟形式多样的有关“绳”的专栏，从不同视角展现了花样跳绳悠久的历史渊源、浑厚的文化底蕴、深邃的教育哲理以及“花样跳绳”活动的发展轨迹，让学生在潜移默化中感受“绳”的精神，领悟“绳”的文化，积淀人文底蕴。

现在，华文学校“以绳育德”和“绳韵文化”已逐渐凸显。

助成长，提效益

“绳儿有人缘，文化在其中。”华文学校以“绳”为切入点，丰富“绳韵”文化的发展内涵，充分调动了师生的主动性和积极性，大大提升了学校的办学声誉。

促进了学生的全面发展。一是学生的体质健康水平不断提高。无论是体育课还是大课间与小课间，到处都是学生跳绳的身影，学生爱运动了，动作协调了，体质增强了，精神饱满了。从近两年中山市教育局对各学校学生的体质抽测来看，华文学校学生的体质健康水平是比较高的。二是学生的意志品质得到涵养。在练习、比赛与展示过程中，是学生不断超越自我的过程，耐力、毅力自不必说，还养成了良好的学习品质；在集体项目与花样配合中，又在团队中发现自我，培养了良好的合作能力和团队精神。

助推了教师的专业成长。一是更新了教师的教育观念。在推进“花样跳绳大课间”活动中，教师全员参与，既能锻炼自己的体质，又能强化“每天锻炼一小时，健康快乐一辈子”的阳光体育教育理念。二是提高了教师的教育科研能力。在“花样跳绳”文化教育价值的培育与应用研究中，课题组特别是体育组老师合作探究，不仅给跳绳赋予了更多的生命力，也使教师的教育科研能力得到了磨炼和提升。今年6月，学校德育项目《外来工子弟学校学生人格成长教育的实践研究》和校本培训项目《教师经验“微分享”校本培训的实践研究》两个课题均已成功结题，得到了与会专家的高度评价。

更新了家长的教育观念。在花样跳绳项目活动中，学校通过“花样跳绳”开放日、花样跳绳亲子活动和“每天一分钟”花样跳绳家庭作业等形式，既能获取家长对项目开展的支持，又能让学生在跳绳中体验亲情，同时还能让家长认识到“快乐体育”的教育价值。

提升了学校的办学效益。一是提升了学校的整体办学质量。“花样跳绳”文化教育价值的培育与应用带动了学校全方面工作的良性、高速发展，学校整体办学质量不断提升，连续多年获得镇素质教育评估先进单位、市民办学校先进单位等称号。在2016年中山市德育示范校的评估中，学校“以绳育德”的校本德育特色得到了市评估组的大力赞誉，高分获得通过。二是提升了学校的办学声誉。借助“花样跳绳”，学校开始走向全国、走向世界，多次在国家级、世界级的比赛中获得优异成绩，使学校的影响力大幅提升，办学声誉日隆。《中国德育》《教育周刊》《中山日报》、广东电视台、中山教育信息港以及各网络媒体等多次对学校的“花样跳绳”成效和办学特色进行了报道和推介，学校真正因“绳”而闻名。

手持一根“绳”，将体育锻炼与人生幸福联系；拧成一股“绳”，把身心成长与学校发展连线。尽管学校的办学特色和学校文化是一项长期复杂的过程，但是全体华文人相信，只要结成“一颗心”，拧成“一股绳”，定能让“绳韵”文化源远流长，让学校教育出“绳”入“化”！

积极实践，让劳动教育回归育人本位

——珠海高新区金凤小学劳动教育纪实

广东省珠海高新区金凤小学 王新刚 付雪莲 黄真

劳动是人类文明进步的动力，劳动是人类的本质活动。2020年3月27日，中共中央、国务院印发的《关于全面加强新时代大中小学劳动教育的意见》提出，劳动教育是中国特色社会主义教育制度的重要内容，直接决定社会主义建设者和接班人的劳动精神面貌、劳动价值取向和劳动技能水平。然而，近年来，一些青少年中出现了不珍惜劳动成果、不想劳动、不会劳动的现象，劳动的独特育人价值在一定程度上被忽视，劳动教育正被淡化、弱化。由此可见，加强青少年的劳动教育势在必行。

为了培养中国社会主义建设者和接班人的劳动素养，广东省珠海高新区金凤小学以习近平新时代中国特色社会主义思想为指导，全面贯彻党的教育方针，把劳动教育纳入学校人才培养的全过程，贯穿家庭、学校、社会各个方面，与德育、智育、体育、美育相融合，引导学生崇尚劳动、尊重劳动，牢固树立劳动最光荣、劳动最崇高、劳动最伟大、劳动最美丽的观念，形成正确的劳动态度、劳动精神和必备的劳动技能、劳动习惯。

一、组织机制保障，明确新时代劳动教育的目标引领

无论社会与时代如何变化，劳动创造价值、劳动改变世界的观念一直不变。为全面构建体现新时代特征的劳动教育体系，金凤小学成立劳动教育课程教研组，解读劳动教育文件和典型做法与案例，理解劳动教育的目标与要求，为后续工作做好先锋。

该教研组凝聚了各部门力量，其成员结构包括课程教学部、学生发展部、资源中心以及所有班级班主任、各学科组长，是一支专兼职相结合的劳动教育师资队伍。其中，课程教学部负责劳动课程的框架设计，并组织各学科组长和班主任规划符合学生年龄特点的课程体系；学生发展部带领班主任负责课程的具体落实与监管；资源中心为学生的劳动课程落地提供后勤保障，同时负责外部课程资源的联系，拓宽课程实践区域。

二、教师专业支撑，提供劳动课程研发与实施的核心动力

劳动教育在学校的顺利开展，师资是关键。而有效地教师劳动专业支撑，将为劳动课程研发与实施提供核心动力。为推动劳动校本课程的有效研发，保障劳动课程的有序开展，金凤小学健全经费投入机制，多举措加强人才队伍建设，多方面强化课程研发保障，全面提升劳动教育支撑保障能力。

为了保障劳动教育课程顺利开展，学校为劳动教育课提供专任教师，为全体教师提供劳动教育培训，提升整体教师的劳动教育水平和劳动课程效率。目前，学校有28名教师，劳动教育课程研究组教师20人，占比71.4%；劳动教师2名，占比7.1%。

为了研发学校特色劳动教育课程，学校多次组织教师培训、研讨，帮助全体教师对劳动及其教育有充分的认识，推进学校管理者和教师在意识上认同并接纳劳动教育对学生的积极影响。截至目前，学校已开展了8次与劳动教育相关的研讨会，并形成相应的成果。如，针对全校班主任围绕年味劳动，研讨出“小厨神”主题活动，帮助学生寒假居家参与家务，培养生活自理能力；组织全体教师参加并学习了北京师范大学教育集团举办的“五育并举视野下的新时代劳动教育”论坛；组织课程教学部负责人参加并学习了珠海市小学劳动教育讲座，回来后与全体教师传达了劳动教育精神；组织全体教师研讨劳动教育在学校的落地路径，并且各年级提出了相应的策略；组织各年级教师根据学校既定的框架规划本年级劳动教育课程；组织课程教学部负责人参加教育部基础教育课程教材发展中心 课程教材研究所举办的试验区劳动教育课程研讨会等。

在这个过程中，学校课程教学部牵头，全体教师不断成长，规划了学校劳动教育课程实施路径，推动了学校劳动教育课程的实施，呈现了劳动教育课程研发的潜力。

三、多路径实施，构建集生活、生产、服务于一体的劳动课程体系

劳动教育不光是说在口头上，更要落实在具体的行动上。金凤小学因地因校制宜，将劳动教育纳入学校课程方案，构建了集生活、生产、服务劳动为一体的劳动课程体系，并根据学生的年龄特点多途径实施劳动课程体系，培养学生具备初步的劳动意识，形成基本的劳动素养。

该课程设置强调体力劳动为主、手脑并用以及传统与新型劳动相结合，注重在技术学习和职业体验的基础上，更加关注学生意志磨炼、奉献创造等劳动精神的培养。生活劳动包括日常家务劳动体验课程、内务班务劳动体验课程、校园岗位劳动体验课程；生产劳动包括手工艺制作课程、校内“励耘园”种植课程、现代企业岗位体验课程；服务劳动包括校园卫生保洁课程、餐厅综合服务课程、社区志愿者服务课程、服务行业职业体验课程。

日常校园生活劳动。学校的劳动教育时刻渗透在日常的校园生活，包括每日的个人和教室卫生打扫、物品收纳、餐食自助、用餐清洁、班务打理等。这些劳动是每日生活的一部分，在老师的引导下也成为学生的基本习惯。

独立的劳动课和劳动选修课。学校专门设置独立的劳动必修课：一、二年级每周一节劳技课，主要是日常生活性和服务性劳动，如简单的手工制作，校园日常劳动服务，种植养殖，校园职业采访等；三四年级每两周一节劳技课（学校目前只有四个年级），主要包括校园内外职业体验、物品的生产制造等；二至四年级每周一节生产性质的劳动选修课，包括：魔幻厨房、创意美术、探索自然、创客吧等。

劳动教育与学科融合。围绕劳动教育培育学生良好的劳动价值观和劳动品质的目标，金凤全科老师教研探讨了劳动与学科的融合，并且根据各年级的教学内容有意识地设置学科劳动教育：与语文融合，如《用学习生活用品拼拼音、拼汉字》、种植观察日记等；与数学融合，如七巧板拼出不同职业、小小脚丫量世界；与英语融合，如劳动影片片段趣配音、What do you want to be；与科学融合，如家庭植物种植活动、自制简易乐器；与综合艺术融合，如爱国主题民俗剪纸、劳动歌谣学习；与体育融合，如体育器材养护与收纳、垃圾分类投掷赛等。

劳动主题活动。学校根据学生的年龄特点设计相应的主题活动，如“我是小厨神”、“收纳达人”、“家务小能手”、“五一”寻找最美劳动者、园林大师进课堂、我和妈妈学做珠海美食、职业体验、迎新年全校大扫除等，培养学生的劳动习惯。

四、课程实践场地，实现课堂、校园、家庭、社区多场地联动

现代社会有不同的劳动形态，比如农业、工业、商业、新闻、艺术、科研、服务等各个行业的劳动。因此，劳动教育不应局限于学校，局限于教师对学生的教育，而应打破学校的“围墙”，将劳动教育延伸到家庭、社区、社会，让不同行业的劳动者为劳动赋予别样的内涵。金凤小学的劳动教育就是与家庭联手、与社区合作，不断拓展劳动课程实践场地。

以校园为主。学生的劳动教育的顺利开展，学校首先要有相应的资源保障，主要包括校园劳动场地基础建设、劳动资源包供应、学校提供学生职业体验的机会三个方面。2020年10月，学校开辟专门的种植空间，并设置“励耘园”，中高年级每个班一块菜园；2020年8月，学校购买了北师大教育集团研制的劳动教育教材与材料包，进一步丰富了学生的劳动教育内容；2020年10-11月，学校请在校的保洁、电工、保安等与学生聊一聊他们的工作，请学生跟踪或体验他们的日常工作，培育他们对学校不同劳动者及其工作的敬意。

与家庭联手。日常家务劳动的习得与坚持主要发生在家庭，因此家庭理应重视学生的劳动能力，为学生创造劳动的机会。首先，学校根据劳动的内容布置劳动家庭作业，如打扫地板一周、洗碗一周、整理个人衣物一周等。其次，学校邀请不同职业的家长进课堂，丰富学生对不同职业的认知，如医生、园林师等。

与社区合作。学校周边有翠湖香山、北师大珠海校区、北理工珠海分校、东岸社区等小区，学校将与这些社区建立更加紧密的联系，引入劳动课程、走出去参与劳动，如去小区体验垃圾分类、感受快递员的工作、参观高科技劳动形态、职业体验不同的劳动工作等。

五、重视多形式、多主体评估，用评价引导劳动课程实践

评价是有效地监督和激励手段。金凤小学非常重视多形式、多主体评估，主要采取过程性评价和终结性评价两种方式引导课程实践，促进学生劳动技能的增强、劳动习惯的形成和劳动素养的提升。

过程性评价包含在日常劳动中的鼓励与表扬，每次主题活动对个人与班级的评比，如评选劳动小能手、劳动达人、励耘班级等。同时，学校会利用广播站和公众号平台给获奖或在该方面表现突出的学生进行集体表彰，给予学生劳动的高光时刻，让学生感受到劳动最光荣、劳动最美丽。

终结性评价会在学期末体现在学生的综合评价单上。该综合评价单中有专门一栏劳动素养评价，通过学生自评和老师评价对学生的劳动素养进行一个学期的认定。每个年级的评价内容依据该年级应具备的基本劳动要求而研制。如一年级学期末会对学生基本生活劳动进行调查，以口头问卷的形式搜集每个学生的自理能力情况，同时因为学生年龄较小，也会对家长进行“劳动能力”维度的问卷调查。

通过评价、反思、总结，帮助教师和学生沉淀劳动实践中获得的思想情感变化，培养学生良好的劳动价值认知。

劳动乃立身之本，它本身就是一种教育，而且是一种最好的生活教育。在劳动教育实施工程中，金凤小学将继续坚持以学生为中心，从社会、家庭、学校三方面协作开展劳育，让学生在劳动中认识自然、认知社会、认明自身，最终达到以劳树德、以劳增智、以劳促体、以劳育美的作用。

让阅读成为一种习惯

广东省珠海市香洲区茵卓小学　葛彩霞

我从教26年，一直任教小学数学，是一名数学老师，但我也有一颗热爱阅读的心。阅读，是培养学生核心素养的最有效途径之一。作为教学校长，我希望让学校的每一位成员爱上阅读，让阅读成为一种习惯。

我校是2014年创建的，茵卓得名与英文：enjoy，寓意是快乐、分享，围绕着“乐”字，我校的办学理念是“乐思、乐享、乐美、乐成”，我们希望茵卓的每个孩子都能够快乐地成长为他自己，做一个很可能是平凡但却“独特”的人，即使是茵茵小草，但也卓尔不凡。

阅读教学虽然不是我校的教学特色，但它绝对是我校的教学底色。

一、我们的阅读主张

有人说，童年是最美好的岁月，童书是最美妙的种子。引领儿童共读一本本书，就是在他们的童年播下一粒粒最美妙的种子。如何让一粒粒的种子能够生根、发芽、开花、结果呢？我们的阅读主张是："全员阅读"、"全科阅读"、"终身阅读"。

（一）全员阅读

要想学生爱读书，我们的老师、家长就必须先读书。全员阅读不光是学生阅读，我们的老师、家长、包括全体教职工都要阅读。

首先，我们的老师要以身作则，带头读书，我们要求全校的教职工每个学期和每个寒、暑假都要读1-2本书，并写读书心得。同时尽可能的创设读书氛围：专门设置了教师"读书吧"，不定期进行读书分享、读书沙龙、组织老师们集体到"无界"读书，我们还有一份特殊的福利：就是每个老师过生日的时候都会收到学校的特别礼物：书或购书卡。

在阅读教学中家长是必不可少的重要角色。我们通过倡议书、家长会等方式动员家长与孩子"亲子共读"，邀请家长来学校参加现场展示等活动，还请家长进课堂，开展好书推荐，与家长达成共识，共同引领孩子爱上阅读。

我们的每个班级精心布置了读书角，营造良好的读书氛围。语文老师们精心编印了《书香雅韵》国学经典诵读校本，利用每天晨读、午读进行经典诵读，每周每班有1节阅读课，阅读课可以是教师指导阅读推荐书目，也可以到图书室自由阅读，学校阅览室随时向全校师生开放借阅。我们希望在老师的指导下，发展学生的个性化阅读能力。

（二）全科阅读

说起阅读教学，很多人认为是语文老师的事，我们认为阅读教学虽然主要由语文学科承担，但必须成为各科教学的基本要求，只有所有学科都把阅读作为"学"的任务，学生的阅读力才能真正获得发展。所以我们的很多学科都根据教学内容制定了适合孩子们的学科课程书。

如：语文学科每个年级除了完成统编教材里的"快乐读书吧"的规定内容外，语文老师精心挑选了适合孩子们读的书，拓展了阅读书目；数学学科在学习"测量"这个单元时，根据前置阅读、过程阅读、迁移阅读三个阶段，让学生通过阅读理解测量单位的概念，学习测量方法，体会数学与生活的紧密联系。还有英语学科、科学学科等都根据教学内容制定了适合孩子们的课程书。

其次，根据各科教学内容，在各年级设置一个主题，让不同学科和领域的阅读融合起来，开展主题阅读教学。如：在三年级下学期设置了关于"春天"主题，三年级语文教材里学习关于"春天"的古诗词的内容，美术教材里有制作关于春天的明信片，音乐教材里有关于春天的歌曲"嘀哩嘀哩"。

于是，我们就在三年级设置"春天"的主题，语文老师教学时除了教学教材内容外，拓展关于春天的古诗词；美术老师让学生收集关于"春天"的诗句，并把诗句设计到明信片中；而"嘀哩嘀哩"词作者望安是中国当代作家、诗人，音乐老师除完成音乐教学任务外，指导学生了解这位作家和她的诗集、散文集，然后孩子们把读后感用讲故事、做手抄报等喜欢的方式分享给大家。

（三）终身阅读：

阅读兴趣、阅读态度、阅读能力对孩子终身有益，我们培养的孩子不能只是校园阅读者，而是终身阅读者。为了让学生形成长期的阅读习惯，除了通过前面提到的家长和教师的示范和引领，帮助孩子选择合适的阅读材料，为孩子创造阅读环境等外，还要充分利用阅读激励措施帮助孩子形成良好的读书习惯。如：在班级里建立"阅读的足迹"记录角，通过阅读记录卡的形式积累孩子们的阅读量，不仅比比谁的阅读量大，还要比比谁的阅读质量高，从而形成你追我赶的读书氛围，在学期中和学期末根据记录评选"书香少年"和"书香班级"。我校的校报每月一期，发表学生各方面的作品，其中《灼见》专栏专门发表读后感。另外，充分利用红领巾广播站，每天半小时阅读分享时光。

二、我们的读书节活动

通过活动，让学生感受到读书的乐趣，在浓厚的书香氛围中培养学生的读书习惯。自2018年以来，我们每年开展读书节活动。即使在2020年疫情期间，我们也依然坚持在云端开展了"书有光、读最美"的线上读书节。并且我们不断完善我们的读书节活动，使活动更落地、更成体系。

如：我们刚刚开展的第四届读书节活动 ，我们就把整个活动分为了：吹响阅读集结号、享受阅读过程、展示阅读风采、评价阅读成果四个阶段。

吹响阅读集结号主要是调动孩子们的阅读积极性。各年级的语文老师把课程书单、宣传海报通过班级群推送给家长，提高家长的关注度，倡议亲子共读。并隆重举行了读书节开幕式，向全体同学发出倡议。

在阅读过程中，语文老师以阅读课为主阵地，开展读前导读课，读中推进课，读后分享课，用相关的课程去帮助和督促孩子们进行有效阅读。进行"阅读的足迹"评比活动，同时邀请名作家进校园的读书沙龙活动，让孩子们有机会与作家近距离地交流，激发孩子们的阅读热情。

孩子们在阅读之后一定会有所收获，因此我们需要给孩子们搭建一个平台让孩子分享阅读的成果。我们开展了我读我舞台展示活动，孩子们根据阅读的书目选择用朗读者、故事会、课本剧、皮影戏、评书、好书推荐等自己喜欢的方式在班级里展示，然后推选出优秀的同学进行校级展示。

另外，根据各年级阅读的内容和孩子们的年龄和能力特点，老师们指导孩子们制作书签、迷你书、故事绘、读书小报、专题卡片、专题卡片等丰富多彩的阅读作品，开展优秀作品展。

如何评价孩子的阅读效果呢？我们开展了"书海拾贝乐游园"的评价活动，我们将要考查的内容设置成了各种有趣的语文游戏，如名著人物猜猜猜、飞花令、图解古诗等，孩子们用闯关的方式完成阅读评价。整个活动孩子们热情很高，我们看到了孩子们发自内心的愉悦，也掀起了一股读书的热潮。我想，我们的阅读教学应该把孩子的兴趣放在首位。让孩子们爱上书，爱上阅读，对阅读充满乐趣和热情，这比什么都重要。

三、我们的阅读与生活

读书节不同于其他的节日，它不是一天、一周、一学期，我认为它是无期限的，我们希望这个节日一直伴随着孩子们，所以我们把阅读融入平时的生活中。如：中秋节时我们开展了关于"月"的"中秋诗词大会"；体育节给学生推荐关于体育明星及名人的故事书籍，开展"榜样的力量"演讲比赛；国庆节让推荐学生阅读中国历史与传统文化的书籍，开展"我和我的祖国"朗读者活动，平时的教学中开展"名著阅读"、"主题阅读"、"茵卓诗词大会"、"百人团挑战赛"等活动。

好的阅读兴趣和习惯能够为终身阅读奠定良好的基础。希望通过我们一个个小小的举动，让学生掌握阅读方法，养成阅读习惯，成为终身的、独立的阅读者。

总之，我们努力践行着：读书活动常态化，读书空间开放化，读书交流习惯化。在这个过程中，学生获取知识、发展了语言、拓展了思维、提升了能力。实际上，一本好书往往把德育、美育与智育也完美地结合在一起。期待在阅读教学中我们能脚踏实地地走出一条创新的、恒久的路来，让我们跟孩子们一起阅读，让我们的阅读课堂生出更加别样的精彩！为学生们的终生精神成长打好底色。

传承传统文化，奏响青春华章

广西—东盟经济技术开发区第二小学　黄博

"强大的民族精神来源于深厚的传统文化。"学校如果把传统文化真正融入教育中，其力量将是无穷的，也定会使孩子受益终生。我校始建于2013年，是一所环境优美、师生和谐、积极向上的新生小学。自办校以来，学校始终以"明德、明智、明艺"为育人目标，坚持"为孩子终身发展奠基，让教师享受幸福人生"的办学理念，践行"文明为基、素质为本、发展为魂、特色为窗"的发展思路，以"礼"、"艺"为办学特色，以科技文化节和社团建设为平台，加强校本研修，开发校本课程，改革课程体系，满足学生多元发展需求，使他们明德知礼、睿智儒雅地健康成长。

构建"三明"课程体系

自学校办学以来，学习重视校园文化建设，着力营造"明德、多元、智雅"的学校文化氛围。以"明德、明智、明艺"的"三明"教育为培养目标，紧紧围绕培养目标初步建立了学校独具特色的课程体系。其中，明德课程，主要包括系列实践型德育教育活动、星级少年评比、感恩主题活动月、礼仪教育活动、公益活动等内容，力求使每位学生在系列德育教育活动中明德知礼；明智课程，包括参与式（学习型）教学探究、"快乐阅读"活动、学生习作报刊、书法比赛、学科竞赛等内容，旨在通过课堂教学改革及各类教学活动使每位学生都得到自己应有智力的发展；明艺课程，主要包括第二课堂、科技文化艺术节、社团活动、体育竞技、生活技能比拼等，旨在注重知识与技能相结合，追求每位学生在学好科学文化知识的同时学习一项或两项特长。

我校始终以课程实施为抓手，夯实德智发展，鼓励和培养学生个性特长，为孩子的终身发展奠定良好基础。

开发传统文化校本课程

中华优秀传统文化教育的重心在学校，而特色校本课程的开发和设置是突破的关键。在国家基础课程的基础上，我校面向全体学生开展丰富的校本课程，增设技艺大课堂，每个年级开设一门技艺课程，全面铺开，层层递进，最大限度地调动学生的积极性，让学生在小学六年时间里至少掌握两项运动技能和一项艺术特长，着力培养学生向善、向真、向美、向上的思维和能力。

我校将社团文化全面铺开，组织建设了古筝、国画、民族舞蹈、足球等多个社团，由学生进行自主选择，鼓励学生全员参与、展示自我，真正把美育工作落到实处。对于社团管理，学校做到培养特色化、活动经常化、教育专业化、效果最大化，并组织学生在各级各类艺术竞赛中取得最优效果，最终形成“一校多品”局面。

我校一直以自主开放的全员育人理念为指导，全方位挖掘教育资源，开创新的艺术教育途径，先后将少数民族传统体育、五彩糯米饭等带进课堂，打造了具有地域特色、学校特色的艺术课程，旨在挖掘学生艺术潜质，激发学生学习兴趣，点燃学生表演和创造激情，使他们不断“升华”目标，始终保持对艺术浓厚的兴趣。

少数民族传统体育对与传承传统文化的意义在于它是守护民族文化的根本，载负着传统文化从民间走向舞台的重担。我校体育组承载着尊重传统、再现传统的初心，科学创编了《少数民族体育运动》校本教材，使学生们在课堂上能够感受并接触到民族传统。

每年的农历三月三和清明节期间，广西壮族人的一个传统习俗就是蒸上一锅五色糯米饭，用以赶歌圩食用，或用来祭祖祭神，也是壮家人用来招待贵宾的传统食品。为使这一传统得到延续，我校着力打造“五色糯 五色梦”艺术工坊精品美育项目，在对传统特色传承的基础上加以创新研发。让学生亲自动手，把原来只作为食物的五色糯米精心排列组合，点米成画，绘制出了一幅幅独特的山水人物风景画；对染色植物提取出的颜料进行创新研发，用于绘画、书法、扎染等工艺品的制作，在传承传统的同时进行更具价值的开发，让学生在实践中学会创造，进而形成主动传承传统文化的自觉。

持续推进书香校园工程

著名学者朱永新说过：“从一定意义上说，一个人的精神发育史就是一个人的阅读史，而一个民族的精神发育水平在很大程度上取决于这个民族的阅读史。”在全民阅读时代，我校牢牢坚持实施书香校园工程，多角度、多形式开展特色阅读活动，切实做到与智者对话、与经典同行，着力打造“学校有书香气、老师有书卷气、学生有书生气”的书香墨香校园。

我校专门成立以校长为组长的“书香校园”活动领导小组，精心构建多元化的读书网络，充实学校图书室、阅览室、班级图书柜，构建读书交流平台，培养学生的阅读习惯；结合校本实际，规划具体可行的方案，调整每学期阅读计划，要求阅读目标要明确，活动安排要具体，活动时间要固定，推荐书目要科学，评价方式要细致，成果展示形式要灵活多样；积极开展复述故事、听读结合、亲子共读、师生共读等读书活动，激发学生阅读兴趣；严格落实定时定量、一以贯之、及时肯定、总结评价、鼓励为主等常规工作，培养学生良好的阅读习惯；延伸拓展横向比较、阅读挑战、积累叠加、超越课标等读书内容，扩大学生阅读量；综合运用名师导读、课堂训练、师生聊书、主动运用等阅读方法和策略，提高学生阅读质量；不断丰富名师推荐、生生推荐、聊书共鸣、敢于拓展等多样化方式，增加学生阅读面；科学指导学生活化眼脑机能、实现手眼同速、把握文章主旨、勇于突破自我，提升学生阅读速度。

读好书，塑美德，立良行。通过以上措施的落实，学生阅读效率得以提升，阅读能力得以培养，真正实现了多读书、读好书、好读书的目标。

在上级主管部门的关怀下，在全体教职工同心同德、通力合作下，我校有了长足发展，办学条件日益完善，办学水平稳步提高。近年来，学校获得“东盟经开区教育系统先进单位”、“南宁市文明校园”、“南宁市民族团结促进学校”、“中国好老师县级基地校”、“南宁市健康促进学校”等荣誉称号，多年来都获得开发区经典诵读优秀组织奖和先进集体，安全工作中获得开发区“安全生产目标管理工作先进单位”，在艺术方面曾获得南宁市中小学艺术节舞蹈类金奖、语言类银奖，器乐类银奖，在2016年南宁市青少年足球锦标赛中获得校园男子组U13冠军，获得南宁市文明校园荣誉称号。

学校是传承、弘扬优秀传统文化不可或缺的主阵地，是促进传承的主导者和整合社会力量的协调者。传统的目的是为了一种文化的延续，在历史长河中保有一隅之地，而学校的传承只为固守一份文化，保有一份火种，使其得以延续。我校将会继续不懈努力，以中国优秀的传统文化为载体，进一步开发更多适合孩子身心发展的优秀课程与社会实践项目，使传统文化焕发出新的生机与活力。

书香传韵，德馨满园

广西南宁市高新技术产业开发区民大小学　何富荣　黄婵玲　覃秋菊　颜秋凤

以书香打造特色，以书香追求卓越，让书香溢满校园是民大小学师生的不懈追求。几年来，广西南宁市高新技术产业开发区民大小学以“建设书香校园”、“提高人文素养”为指导，以“阅读经典名著”创建“书香班级”为途径，每年举办一届读书节，开展各种读书活动，引领全校师生从自身做起、从点滴做起，养成良好的读书习惯，营造人人爱阅读、善阅读的氛围，让师生的心灵与生命共同在书香之中流连，在方寸之间流彩。

一、科学决策，将书香校园建设融入学校的办学理念

一直以来，学校将书香校园的建设工作融入学校的办学理念之中，鲜明地提出“读优秀古典文章，明理睿智；读当代优秀名篇，促学增能”的理念。每年学校工作计划都将读书活动纳入学校的工作计划之中加以落实。

二、精心引领，为书香校园活动营造浓郁的阅读氛围

1.精心布置校园环境，营造阅读氛围。

校园的每个角落都是学生阅读的活页。学校通过校园墙体的改造，在教学楼、办公室、教室、走廊等墙壁上进行精心的布置和修饰。如：在教室走廊的墙壁上悬挂名人画像，张贴《弟子规》《三字经》、礼义仁智信等经典诗词长卷等。

2.精心制定每一项制度，推进阅读举措。

学校制定一系列推进阅读行动的制度。如：师生每日读书制度、班级图书角建设和管理制度、师生读书活动检查制度、“书香班级”、“阅读小博士”、“书香家庭”评选制度等。制度执行有力、检查到位，每一项活动有的放矢、有章有序。

三、搭建平台，让师生尽情徜徉在浩瀚的书海中

1. 充实图书资源。

（1）做好师生杂志的订阅工作，每学期学校认真筛选报纸杂志，固定投资添置新书，使阅览室藏书量逐年增加。学校阅览室有专职老师和图书管理员负责，做到书橱专用、整洁卫生、图书摆放整齐美观，并开设“好书推介”专栏。

（2）各班都有图书架，每学期由学校和家委负责为学生添置新书，孩子们也可以将自己喜爱的书籍带到学校，进行图书换读分享。每班的图书达人手至少3册。班级图书有专人管理，设图书管理登记本，保证既开放阅读，又管理有序。开展图书漂流活动：实行班班互动，生生互动；同年级图书角的图书定期交流，横向流动、资源共享。

（3）教学楼各楼层设有楼层书吧，由图书室老师负责充盈图书，各楼层班级轮流管理，给全校学生提供一个全面开放的读书场所。

2. 举办读书节活动。每年4月份是学校的读书节活动月，从2012年开始已有9年历史，每届读书节都有方案、主题、启动仪式、一系列丰富多彩的读书活动、活动总结等。

3.开展“亲子阅读”。

（1）印发《打造书香校园行动告家长书》，进行宣传发动。

（2）通过亲子阅读卡和课外摘抄本，架设家校沟通的桥梁，营造浓郁的家庭读书氛围。父母督促孩子每天阅读课外书（不少于30分钟），参考学校推荐书目，为孩子购买书籍、订阅报刊。校园读书节时，学校邀请家长参加班级课外阅读开放课。

四、率先垂范，做好学生阅读的引路人

校长带头倡导教师阅读，实现师生共进。学校创建学习型组织，争做学习型教师，引导教师多读书、读好书，形成学习、思考、教学、提高的良性循环。学校要求教师读好四类书：读经典名著，增文化底蕴；读教学专著，强教学实践；读教育学，悟学生心理；读报纸杂志，知天下大事。

1.让教师明确，读书是事业的需要。学校积极倡导“与书为伴”思想，学校要求每年每位教师必须认真阅读2-3本以上教育专著。

2.让教师体验，随笔是成长的足迹。新课程呼唤教师的反思行为，学校对教师提出“四勤”——“勤读、勤做、勤思、勤写”。学校要求教师积极撰写教学随笔，包括教后感、读书笔记等，促使教师对自己每天的教育、教学、理论学习、生活感悟、学生成长进行反思。

3.让教师感受，论坛是灵动的平台。平时学校组织教师在网络平台互动交流，品味教育教学百味，积极改善自己的教育教学行为，提高自身的文化素养。今年世界读书日时，学校还积极参与了广西教育学会的读书活动，进行了线上阅读工作坊交流，内容包括教师阅读活动、班级阅读活动、亲子阅读活动。

4.让教师研讨，阅读是教学的途径。为了提高课外阅读的实效性，学校教师开展形式多样的教学研讨活动。活动形式主要有课外阅读课型的研讨，探讨课外阅读课的教学形式；经典诵读活动形式的研讨，探讨经典的文章如何真正走近学生的心灵；课外学生自主阅读的研讨，探讨如何引导学生将阅读变成学生一种自觉的学习方式。

五、立足课程，丰富学校特色办学内涵

（1）开展一日三读活动。一日三读即每日早阅读15分钟（7：45—8：00），午休前午阅读15分钟，晚上阅读至少半小时，每天阅读至少一小时。

（2）学校开设课外阅读课。每学期每个年级每周开设一节课外阅读课，以学生“悦读”为出发点，设计阅读内容。教师做好学生阅读方法的指导，如：选读法、浏览法、精读法、摘读法等，引导学生领略中外名著、吟咏古今诗文。交流课形式多样，可以是语文老师向学生推介好书，可以是师生共读，可以是阅读指导课或阅读分享课。

（3）开展“大课间经典诵读”活动。这是学校大课间三部曲之一，由学校专门老师负责带领诵读，诵读内容均为弘扬中华文化的经典诗文，引领学生读经典、背经典、用经典。

六、扎实活动，引领学生走向广阔的阅读天地

为了让学生体会阅读给予的快乐和展示自己的阅读收获，学校以每届读书节为主，每月活动为辅，开展丰富多彩、灵活多样的读书学习

活动，具体如下：

1.亲子共读活动，如：亲子阅读卡、亲子有声共读，引导家长和孩子共读一本书，实现大手牵小手，书香飘我家的共读画面。

2.“和作家零距离接触”活动。学校9届读书节活动共邀请了3位儿童作家进校园：2015年邀请了常新港作家，2018年邀请了辫子姐姐郁雨君作家，2019年邀请了王英勇作家。每次作家们都以幽默的语言，动情地与小书迷们分享了自己的读书故事，交流写作感受，传授了“写作法宝”，让小书迷们受益匪浅。

3.开展“我为好书代言”活动。学会推荐好书是个人口头表达能力的展示，需建立在充分阅读基础上。学校读书节活动举办教师、家长、学生好书代言活动，引导老师、家长、学生将读书活动引向纵深方向。

4.开展经典美文诵读比赛，不断提高学生的朗读技巧和水平。

5.举办诵读、讲故事、演讲比赛：1—2年级讲童话、诵童谣；三、四年级讲成语、寓言故事；五、六年级开展以“好书伴我行”为主题的演讲活动。

6.办阅读小报或设计个性书签。为更好地展示个人的读书成果，学校鼓励学生自办读书小报或设计个性书签。三至六年级学生每个月每人编辑一份读书手抄报或设计一份个性书签，丰富课余生活。

7.举办“我的读书故事”现场作文比赛。开展记叙文、读（观）后感、想象作文、童话等竞赛，检验学生读书成果。

8.阅读笔记展评。每学期每个年级设计一本课外摘抄本，让学生把读书过程中的优美词句段、读书感悟、亲子阅读收获等摘抄整理，美化装饰。科研处每学期开展优秀读书笔记评比活动，并将优秀读书笔记进行展示。

9.开展“好书伴我行”主题队会。活动中，使学生充分明白了读书的好处，激发了学生的阅读兴趣，调动了阅读的积极性。

10.期末举行1—6年级阅读知识能力等竞赛活动。将每学期必读书目进行考查，督促学生读好书。

11.开展各年级诗词大会或名著知识大赛。带动学生穿梭在历史的长河中，畅览在中华民族的古典文化里。

12.书香班级和书香家庭评比。根据各班在书香班级创建活动中的表现以及各类比赛中获奖积分情况，每月评选“书香班级”；根据学生在读书活动中的表现，每月评选出“阅读之星”和“书香家庭”，期末颁发证书。

七、活动显效，书香校园成效显著

一分耕耘一分收获。诵读滋润了师生底气，读书给予了师生灵气。学校自开展书香校园创建工作以来，校园充满了书香气息，师生养成良好读书习惯，形成了良好的学风、教风和校风。如今，读书已成为民大小学校园里一道独特、亮丽的风景。

凝聚文明力量　激发奋进动力

——靖西市第三中学创建文明校园纪实

广西壮族自治区靖西市第三中学　黄隆信

文明，是一所学校的幸福底色和内在气质。只有颜值与气质俱佳，这所学校才更有内涵和魅力。为深入学习贯彻全国精神文明建设表彰大会精神，在高起点基础上进一步深化文明创建工作，广西壮族自治区靖西市第三中学校秉承“让学校成为师生成长的乐园”的办学理念，聚焦立德树人根本任务，狠抓“两个文明”建设，优化育人环境，制定发展规划，深化教育改革，提升教育品质，努力打造“平安三中”、“和谐三种”、“文明三中”，引导全校师生自觉做文明生活的践行者、时代新风的传播者、美丽三中的建设者。漫步校园，教师勤教善研、学生书声琅琅、师生相互问好……每天发生在身边的文明故事，去清风拂面、沁人心脾。

注重立德树人，强化思想道德建设

习近平总书记强调，未成年人处于人生的“拔节孕穗期”，最需要精心引导和栽培。为担当起培育时代新人的使命任务，靖西市第三中学坚持把未成年人思想道德建设作为重点，通过创设良好育人环境、开展富有成效的道德教育实践活动，给予丰富的思想营养，在学生心中种下真善美的种子，引导他们“扣好人生第一粒扣子”。

聚焦立德树人根本任务，把社会主义核心价值观融入校园文化。学校利用校园围墙和教室宣传栏，宣传《中学生守则》、社会主义核心价值观、习近平新时代中国特色社会主义思想，引导师生树立正确的世界观、人生观和价值观。

开展丰富多彩的活动，寓思想道德教育于实践活动之中。2018年和2019年的“五四”青年节，分别开展校园美食节和14岁集体生日活动，丰富学生的校园文化生活；2017年以来的校庆期间，分别举办以“不忘初心，携手前行”、“欢乐同行，放飞梦想”和“守初心、担使命，同抒爱国情、共圆中国梦”为主题的文艺晚会，将爱国主义、集体主义、中国梦和社会主义核心价值观融入活动之中；每年的清明节，组织团员到靖西烈士陵园开展祭扫烈士墓活动，培养学生的爱国主义感情；每年寒暑假，校团委组建团员志愿服务队到社区、龙潭湿地公园等开展志愿服务活动，培养学生的实践能力。

加强德育体系建设，形成全程、全方位的育人格局。学校成立以校长为组长的德育工作领导小组，形成了“学校—年级—班级—家长”的网格式育人体系；开设《道德与法治》课，有专任教师授课，培养学生成为品德高尚、遵纪守法的合格公民；每周一的升国旗仪式上，由学校鼓号队引领出旗，唱完国歌唱校歌，培养学生的爱国、爱校情感；各年级坚持每周召开班主任会议，总结布置主题班会及德育主题教育内容，教育和引导学生牢固树立正确的社会主义核心价值观；聘请新靖派出所的黄达同志担任校外法制副校长，坚持每学期上两节法制教育课，加强法治教育，增强学生的法制意识。

掌控发展方向，精准领导班子建设

一支强有力的领导班子队伍是做好学校科学管理工作的关键。靖西市第三中学领导班子把握时代脉搏，以《全国文明校园创建管理办法》为依据，将文明校园创建工作摆上重要日程，为文明校园建设编织了一张“保障网”。

学校成立文明校园创建领导小组，健全党政联动、齐抓共管的责任链，切实做到创建工作目标明确、措施具体、责任落实、保障到位；坚持“三会一课”制度，推进“两学一做”学习教育常态化，深入开展“不忘初心、牢记使命”主题教育，建设过硬的领导班子；定期召开领导班子创建文明校园工作推进会议，解决创建中遇到的难题，推动创建工作深入开展；领导班子成员经常深入一线指导工作，通过与师生交流倾听师生心声，增进了解，增进感情，促进工作与学习。

擦亮文化品牌，升级校园文化建设

校园文化是学校发展的精髓和灵魂，是展示学校形象、提高学校文明程度的重要体现。靖西市第三中学以“让学校成为师生健康成长的乐园”为办学理念，以“创建特色彰显、平安和谐、质量一流的初中学校”为办学目标，以“志存高远”校训为引领，创建优良的校风、教风和学风，打造独具特色的　“立志”校园文化主题，给予学生奋进向上的力量。

学校成立校园文明建设领导小组，整体规划和凝练提升校园文化，聘请专业团队策划施工，提升校园文化品位；出台《靖西市第三中学校园文化建设实施方案》，明确“一训三风”、办学理念和办学目标，指引学校发展方向；精心设计名人名言墙、靖西名人文化廊、古今名人事迹廊和教室楼梯文化，浓厚校园文化氛围；引导教师充分发掘和利用课程中的文化特性和育人功能，让课堂教学成为传播主流文化的主阵地；坚持教师以学生为本，学生以做人为本，建设有温度的教师队伍，培育有情怀的一代新人，形成以人为本的管理文化……如今，校园处处有教育，校园处处能育人。

创建绿色校园，加快优美环境建设

品位高雅、内涵丰富的校园环境是培养学生人文素养的沃土，具有熏陶滋养、润物无声的感染力。靖西市第三中学自开展文明校园创建工作以来，已累计投入拱门装修、一训三风平台建设、文化长廊建设、运动场翻新改造、党建办装修、教学楼墙面翻新、信息技术装备改造、热水系统改造及直饮水系统工程等共200多万元，软硬件设施条件不断完善，育人环境进一步改善，师生文明素养和学校文明程度明显提高，校园文明硕果处处闪现。

校园教学、文化、体育、科技等活动场所设施齐全，管理有序，使用规范；校园安全保卫、安全检查、隐患排查、校园巡逻等制度健全，人防、技防、物防落实到位；校园安全标识明显，校园安全通道畅通；学校突发事件应急预案不断完善，并定期开展演练活动；抓好、抓实公共环境卫生，定期组织卫生大扫除，保持良好的室内外卫生，不留卫生死角；重视校园人文环境建设，开展多种形式、多种内容、面向全体师生的健康知识讲座等宣传活动，将“健康”、“绿色”的理念贯穿于学校的各项工作之中，做好校园净化、绿化、美化工作。

营造育人氛围，巩固活动阵地建设

学校是引导青少年健康成长的主渠道、主阵地。靖西市第三中学充分认识到开展文明校园创建活动的重要性和必要性，确定以建设有文化内涵的校园景观为抓手，以课堂教学为主渠道，以社团活动、文化艺术节、道德讲堂、社会实践活动为重要载体，不断完善阵地建设，逐步形成三中文化价值认同，努力打造一个有“文化品位、现代气息、人文精神”的校园。

学校加强对课堂教学和各类思想文化阵地建设管理，把握正确导向；严格审核校园广播、宣传橱窗、电子显示屏、墙体等宣传阵地宣传内容，确保弘扬主旋律、传播正能量；以习惯养成为基础，以美德熏陶为重点，以创新教育为突破，不断拓展德育渠道、创新德育内容，切实落实文明礼貌教育常态化、制度化；组织学生参加爱国主义读书教育征文比赛、“创文明校园”主题演讲比赛、“洁净校园、文明校园”主题班会等活动，提升学生文明素养，促进校风班风建设。

文明是最美的风景。如今，文明之花盛开在靖西三中校园的每一个角落，体现在每一名靖西三中人言行举止的方方面面，浸润着每一名学子的心田。学校先后获得陶行知教育思想研究与实践先进实验学校、百色市中小学常规管理标准化建设一等奖、百色市文明校园、百色市五四红旗团委、百色市优秀青年志愿服务集体、百色市青少年科技创新大赛优秀组织奖、靖西市先进基层党组织、靖西市中小学校党建工作示范校等荣誉称号。

一项项殊荣不是终点，而是起点，将指引着靖西市第三中学结出更加丰硕饱满的果实。今后，学校将进一步推进文明校园建设工作，大力营造安全文明和谐的育人环境，提升师生文明素养和学校文明程度，让文明之花在校园竞相绽放，成为校园最美的底色。

谈如何加强师德师风建设

广西壮族自治区梧州市龙平小学 李日强

时下，网络信息越来越发达，大小地方的一些新闻会很快登上头条。有正面的报道，也不乏负面的报道，就连清贫如水的教育界也偶尔会窜出一两个有损教师形象的负面新闻，这个别的案例，让很多家长们质疑我们的教师队伍的整体素质。可不是吗？笔者于今年2月26日早上打开手机浏览新闻，又看到一则老师歧视穷学生的新闻报道，网传天津一中学女教师训斥学生："以往送到我班里的学生，要么家长是当官的，要不就是家里条件特别好。你妈妈一个月挣多少钱啊？别怪我瞧不起你，某某的妈妈一年挣的钱都比你妈妈50年挣得多……"该教师的言语间对学生真的是极尽歧视。再往上翻阅这近几年来有关教师教育不当的新闻，还真是让人辣眼睛。如2019年陕西商洛市商丹高新学校初一女生婷婷，在课堂上遭到老师公然频繁辱骂，老师还诱导全班学生一起对婷婷进行人格侮辱，语言不堪入耳，逼得婷婷的家长不得不帮婷婷转学。老师体罚学生的事例中，最让我们痛心扼腕的是2020年9月10日，四川苍溪县高坡镇中心小学的女学生欢欢致死事件。活泼可爱的女孩欢欢去世前，曾在数学课上做错两道数学题，被王老师打手板罚跪后昏迷，送到医院抢救，遗憾的是，欢欢因抢救无效死亡。不管法律对实施体罚的王老师做出多么合理的判决，一条如花的生命都不会重活了。

层出不穷的体罚事件，家长们怎么会不愤慨呢？他们把孩子送来学校，不是送去集中营啊！家长对老师寄予厚望，老师应当尽自己的爱心和责任心把孩子培养成才。我国著名教育学家陶行知先生提出来的"学高为师，身正为范"这句教育名言，意思是说：老师应该努力做好学问，有充足的知识和品格来教导学生；要努力树立自己的形象，规范自己的行为，为世人做个好的典范，成为社会中的楷模。由此可见，教师的行为直接或间接地影响学生和社会，对于学生的培养、学校工作的和谐发展，以及社会进步的推动起着重要的作用。因此，学校领导班子，对于加强师德师风建设，提高教师个人师德师风修养是十分重要的。那么，如何提高教师的职业道德修养呢？

一、加强政治理论和教育理论学习

加强师德师风建设，先要抓思想建设，学校每周集中组织教师进行政治理论和教育理论学习，如认真学习《中小学教师职业道德规范》《义务教育法》《教师法》《未成年人保护法》等法律知识，教师只有学法，才能懂法，施教过程中，才能做到"依法执教"。学校领导更要不时地组织教师们学习党和国家的教育方针政策，目前提倡的素质教育的要求，通过学习让教师们树立正确的世界观、人生观、价值观。自觉地把个人生命的意义、价值与人民教育事业紧紧地联系在一起，把教育和培养好学生，为教育事业作贡献，当成人生最大的幸福和快乐。

二、树立典范，实现群体创优

师德师风建设作为学校全员性的职业道德建设，要坚持正面教育、榜样激励。树立先进典范，宣传优秀教师事迹，如"感动中国2020年度人物揭晓"中，公益校长张桂梅荣登榜首。张桂梅校长为了让大山深处的女孩子有书读，她四处筹集资金想创办一所专门招收贫困女生的免费高中，在她的不懈努力下，2008年9月，丽江华坪女子高级中学正式开学。张桂梅不但担任校长，还招来了16名教师一起办学。12年来，华坪女高已经有1804名大山里的女孩考上本科线，走进大学深造。而她自己却屡次累倒、病倒在教育战线上，可她无悔！张桂梅校长深情地说："我这辈子的价值，我救了一代人。不管是多还是少，毕竟她们后边走得比我好，比我幸福就足够了，"。张桂梅校长十几年如一日，为教育事业无私奉献，用大爱陪伴山里的女孩成长，改变她们的命运，用真心传递真心，用温暖点燃温暖。她的事迹怎不让我们动容？像张桂梅这样的好老师还有很多：2020年度全国最美教师马文燕、育人楷模石雪晖、优秀教师支月英、师德标兵梁雪、先进教育工作者莫其源……他们为教育事业无私奉献的精神值得我们学习。鼓励老师们在工作中践行他们的奉献精神，这样，在广大教师中就会形成崇尚先进、学习先进的风气，使抽象的价值观和师德规范条文变得具体化、形象化，产生巨大的感染力和影响力，不断推进师德师风建设工作的开展。

三、加强对年轻教师的指导和培训

教师良好的师德、作风修养不是与生俱来的，而是要长期的社会实践锻炼才能获得，师德师风建设必须在实际生活中加以开展，让广大教师，尤其是年轻教师在实践中加强道德、作风修养，形成良好的道德品质。学校可以采取"结对子"、"一带一"的方式，让教龄长、经验丰富、师德高尚、富有敬业精神的老教师指导年轻教师，帮助他们迅速地成长起来。另外，还可以通过师德讲座，选择一些与学校实际和社会发展相衔接的事例，组织年轻教师开展讨论、座谈，让年轻教师认识到教育事业是一项需要用生命去热爱、去呵护的事业。也是一项需要生命激情的事业，如果一位教师忠诚于人民的教育事业，那么他表现出来的就是对教育事业的热爱，并具有强烈的责任感和使命感，以天下为己任，乐于奉献甘于清贫，耐得寂寞，不为名利所支配，远离世俗之浮躁，脚踏实地勤奋工作。

四、完善师德考评制度

"教师是人类灵魂的工程师"，是社会对教师这一职业的肯定与赞誉，可见教师在社会中有着举足轻重的地位。习近平总书记曾经提出新时代的"四有"好老师，必须要有理想信念、有道德情操、有扎实学识、有仁爱之心。言之有理！作为一名教师，除了要有过硬的专业技术知识外，更需要有较高的道德修养，这样，才能为学生树立一个正面的积极榜样。努力培养一支新时代"四有"好老师队伍，是学校办学的重要任务。那么，加强师德师风建设，学校建立和完善师德考评制度更是必要的。学校中层领导考核小组每个学期依据教师的工作态度、工作效率、工作业绩、对全体教师进行师德考评，做到有理有据，赏罚分明，把师德师风建设工作的管理实行规范化、制度化，更能引导广大教师以德立身、以德立学、以德施教，真正成长为学生的引路人。

五、教师自身要树立终生学习的观念

"要给学生一杯水，教师要有一桶水。"这句名言在新的社会背景下，新的课改背景下应是落伍了，振兴中华教育的重任在教师，新时代对教师的知识要求应是"要给学生一杯水，教师要有长流水。"因为教师这个职业不是教，而是学。教师自己首先要成为终身学习者，要时时刻刻记得给自己充电，不断提高自己的专业知识水平和师德修养，靠自己的人格魅力去吸引学生。正所谓"桃李不言，下自成蹊"从本质上阐述了真正的教育不是说教，而是影响，是感染，是熏陶！

这篇浅见《谈如何加强师德师风建设》的小论文，笔者以陶行知先生的名言引入，也以陶行知先生的名言结尾来共勉同行吧："教师的成功是创造出值得自己崇拜的人，先生之最大快乐，是创造出值得自己崇拜的学生。"但愿每一位教育工作者都能无愧于"教师"这个称谓，时刻用教师职业道德规范严格对照和要求自己，从一点一滴、一言一行做起，对任何微小的有损教师形象的缺点都要认真改正。唯有如此，才能真正做一个受学生爱戴、让人民满意的教师。

用爱浇灌温馨校园 用心践行育人使命

海南省儋州市那大镇洛基小学 吴光

建设乡村温馨校园是贯彻落实习近平新时代中国特色社会主义思想，实现学校可持续发展的重要举措，也是张扬学生个性、突出办学特色的重要平台。温馨校园建设，不仅仅是校园设施的扩建，更重要的是校园精神的塑造、校园文化的建设，只有"内外兼修"，才能真正成为温馨校园。为此，我校在儋州市教育局的正确领导下，以全面推进素质教育为主线，落实立德树人根本任务，大力推进乡村教育标准化、规范化发展，凸显乡村学校办学特色。经过不懈奋斗，各项工作得到全面、协调发展。

办学条件"硬"起来

在创建乡村温馨校园前，我校教育教学设备匮乏、硬件设施陈旧，仅有七八十年代建造的十间低矮瓦房320平方米，二层教学楼720平方米，墙壁破裂，门窗破旧。楼房电线几乎裸露出来，存在极大地安全隐患，属D级危房。运动场不足2000平方米，内有一个180米长的土质跑道，一个简易的篮球场，一到下雨天积水成涝，无法开展体育活动。

2018年春季，我校踏上建设优美乡村学校的快车，拆除破旧的瓦房，相继新建了一栋多功能教学楼，可容纳12个班学生；一栋学生公寓楼，免费提供170名留守儿童住宿；一栋两层楼食堂，解决师生的吃饭问题；硬化室外场地，修缮了围墙，修建了塑胶跑道、篮球场、足球场、排球场、乒乓球场，添置了音乐、体育、美术、科学实验室、图书阅览室（现有图书12000册）、电脑室、心理咨询室、医务室以及教室相关专用设备。教室内全部采用一体机授课，无线上网。

经过两年修整，我校建筑面积增加到8000平方米，占地面积有

23310平方米，配有教师休息室，校容校貌焕然一新，招生范围涵盖周围5个自然村，保证了适龄儿童能够集中上学，享受优质的教育资源。

校园文化“美”起来

校园文化是学校发展的灵魂。我校秉承“让诚信浸润每一颗心灵”的办学理念，加强校园绿化、美化建设，发挥校园文化育人功能，陶冶师生品行。

传承东坡文化和乡土文化，培养师生高尚情操。利用校园内文化墙，大力宣传东坡诗词；通过喷绘等艺术手段，展示“鹭鸶天堂”、“白马涌泉”、“东坡书院”等儋州八景；社会主义价值观标语牌、文明礼仪宣传篇、学生自我展示艺术墙、师生书法专栏等，井然有序，有条不紊。东坡文化、乡土文化和师生才艺在校园里交相辉映，大放异彩。

打造文化长廊，彰显榜样力量。校道路旁设计了16个宣传板块，定期更新“文明班级”、“文明之星”、“园丁风采”、“三好学生”、“环保卫士”及社团活动等学校各种活动剪影。这狭长的校道是校园文化宣传的主阵地，成为一道亮丽的风景线。师生在这里接受心理的洗礼，找到学习的榜样。

加强绿化、美化，营造优雅环境。将校园划分为教学区、运动区、生活区、绿化区四个区域，各区域面积不大，布局合理，层次分明。精心打造一区一景，给不同区域种植形态各异的花草及风格不同的树木，并给花草树木命名挂牌，努力为学生营造了一个浓郁、优雅、舒适的育人环境。

开展诚信教育，规范学生行为。校园不仅注重发展显性文化，更结合实际创造隐性文化，不仅让校园美起来，更让学生心灵美起来。一是营造活动氛围。我校利用宣传栏、板报、广播等各种形式向全体教师、学生宣传诚信教育的基本内容、要求和重要意义，并扩展到村委会和学生家庭，营造诚信教育的良好氛围。二是教师率先垂范。教育者自身的教育行为是关键，学校领导和教师既是教育的对象也是教育的主体。我校通过各种制度建设及对家长、学生承诺等方式树立学校教育工作者的新形象，把诚信教育落实到全体教师的教育行为上，发挥教育者自身的表率作用。三是注重教育实效。我校通过主题班会、演讲比赛、专题讲座等一系列教育活动，有的放矢地加强学生诚信教育，促使学生提高思想认识，懂得有错就改，养成良好的处世立身品格，学会老老实实学习、堂堂正正做人，做好自己该做的事，真诚相待、和睦相处。

特色课程“秀”起来

为推进义务教育均衡发展，我校坚持以学生为本，结合地方特色为孩子们搭建了一个又一个成长平台，着力扩展学生视野，锻炼学生能力，培养学生兴趣，全面提升学生的核心素养。

开展综合实践活动，感悟美食文化。儋州“洛基粽”盛名远扬，是地方特色美食，历史悠久。为让孩子继承舌尖上的美食文化，在味蕾上记住乡愁，我校编写了校本教材《记住乡愁——儋州洛基粽子》。在编写的过程中，走访当地百姓五十余家，了解洛基粽历史渊源，深入当地最大粽铺，亲自参与选材，学习并记录制作过程，准确掌握火候，以保证学会传统手艺。同时，我校还建设了粽子的教学区、作坊区、品尝区，不仅锻炼了学生的动手操作能力，更让他们记住了家乡的味道，记住了一缕缕乡情。2019年5月，教育部督导组专家莅临我校督导评估义务教育均衡发展情况，参观粽子作坊，了解粽子制作流程，检验学生制作成果，赞不绝口。

挖掘田园课程，培养学生劳动能力。师生亲自动手翻土、刨地，开辟了一块田园实践基地，命名为“诚勤园”。学生设计内部苗圃图形，并从家里带来各式种子，种植葫芦瓜、木瓜、红秋葵等二十多种植物。在此基础上，我校以田园课程活动为载体，开展丰富多彩的教学活动，培养学生动手操作能力和创新精神，从而活跃学校教学氛围，提高课堂教学效率。2019年10月，儋州市教培院领导陪同海南省教培院两名博士专家到我校调研田园教学开展情况，实地察看田园基地“诚勤园”，听取了学校领导的工作汇报，充分肯定了我校开设田园课程取得的成绩。2019年11月，临高县中小学骨干校长上百人到我校交流学习，对我校品德、美术、科学、体育等田园课给予较高的评价。

开设兴趣班，培育学生正当爱好。在“让诚信浸润每一颗心灵”办学理念的引领下，我校还开设了“四门”特色兴趣班。葫芦笛表演班，尽一切可能让学生掌握一门乐器，领会不同地域文化特色，体验音乐之美，让音乐浸润孩子之“心”；体操表演班，培养学生学习体操浓厚兴趣，加强个体身体素质练习，强化了学生自身优势，引导学生能够勇于在舞台上展示自我，让体操浸润孩子之“体”；美术兴趣班，培养学生绘画兴趣，教导学生绘画技巧，引导学生在多彩的世界里尽情描绘无限的可能，让美术浸润孩子之“思”；国学朗读班，学生在老师的带领下品味经典诗词的余韵，在大声地诵读中领略作者的不同思绪，让国学浸润孩子之“德”。

德育教育“暖”起来

少先队大队部是德育教育主阵地。我校组建少先队监督岗，设立分组，各负其责，负责每天文明礼仪、行为的监管，以及每周教室及宿舍文明（卫生、纪律）各项考核评比。每周公示打分，表扬先进，颁发流动红旗，并以此作为班主任考核的重要依据之一。每周一举行升旗仪式，坚持国旗下讲话，对学生进行爱国主义教育。

每个孩子都是一颗希望的种子，我们要做的是提供最好的生长环境。羊日新是我校一名三年级的问题学生，性格顽劣，常爬墙、打架。在“万名教师访万家”中，我们了解到他家是村里建档立卡的贫困户，父母离异，缺乏关爱。针对此情况，我们组成了由班主任与少先队联手的帮扶小组，班主任课上关注，课间谈心，课后组织学生手拉手帮扶，督促少先队员给予学习生活上的关爱。一段时间下来，我们看到了他行为作风向好转变，成绩也有所提高。

除此之外，我校还会举行冬季田径运动会、班级队列比赛，既给学生展示自我的机会，又培养学生的合作意识、集体荣誉感。以“保护地球，从我做起”为主题的美术创作大赛，深化学生环保意识；以“扬我爱国情，立我中国梦”为主题的演讲比赛，激励当代青少年树立为振兴中华而努力学习远大志向……通过不同的活动载体，不断渗透德育教育点，守护学生安全，让校园暖起来，让每个学生的心暖起来。

教学常规“抓”起来

加强学校教学常规管理是全面提高教育教学质量、实施素质教育的最根本的保障，我校严格执行省颁的课程计划，合理编排，开足上齐各门课程。

每学期由教导处组织，科组牵头、分阶段，对全体教师的教学常规工作进行考核、评价，归档管理；行政领导轮流值日，监督教师课堂教学动态；教师实行坐班制，杜绝迟到、早退；班主任每天跟早操……通过一系列举措的实施，我校切实做到学校人人有事做，事事有人管。

教育研究“专”起来

教育科研是一所学校前进和发展的强大助推器。我校不断拓宽教育科研途径，让每个教师都可以找到适合自己的专业发展途径，都可以在自己的专业发展道路上大有作为。

学校二分之一教师配有电脑，为开展集中备课和校本教研活动提供了保障；定期提供教师外出培训交流机会，参加网络研修，学习先进的教育教学技能；因地制宜，开展校本教师结对帮扶活动；一些年轻教师很快成熟起来，成为学校的骨干；中段考前、后分别举行中青年教师课堂教学评比活动，在不断的思想火花碰撞中成就自我，共同进步。多措并举，全体教师的专业涵养和教育教学能力有了明显的提高。

千里之行始于足下，九尺之台起于垒土。在建设乡村温馨校园的大路上，我们兢兢业业求发展，勤勤恳恳育新苗，不忘教育初心，牢记育人使命，用心钻研，用爱浇灌，匠心筑梦，静待花开！

精准创建，扮靓文明校园

海南省东方市第七小学　符倩

“文明不需要豪言壮语，而需要身体力行并持之以恒。”为推进文明校园建设的深度，海南省东方市第七小学始终坚持“落实立德树人根本任务，办好人民满意的教育”的指导思想，在获得“省、市级文明校园”荣誉的基础上，继续对标“全国文明校园”的创建标准，创建多样载体，实施有效举措，力求做实、做亮“文明校园”这个金字招牌。

每位师生都是文明的践行者、示范者、传播者和守护者。东方市第七小学本着以立德树人为根本，以学生为中心，以创文明校园、建文明班级、做文明学生为目标，重点围绕领导班子建设、思想道德建设、活动阵地建设、教师队伍建设、校园文化建设、整洁优美环境等方面开展工作，走出了一条属于自己的文明校园建设之路。

加强学校基础设施

东方市第七小学创办于1950年，1967年经村里知名人士选定迁于现址——东方市八所镇感恩北路东侧，2016年8月经市委市政府批复，由原八所镇皇宁小学升格为市第七小学。学校占地面积33.8亩，政府投入2000万，校舍建设面积9633.44平方米，建筑用地2378.36平方米。现有28个教学班，在校学生1459人，在校教师73人。

校园内总体布局合理，绿树成荫，环境优美，设有教学区、运动区、生活区、绿化区。教学设施齐全，设有电脑室、图书与阅览室、舞蹈室、音乐室、录播室、少先队体育器材室、教学仪器室、保健室、心理咨询室等。体育场地有舞台、250米环形塑胶跑道、足球场、篮球场、排球场、乒乓球台、爬杆、单杆、跳远池等体育设施齐全。学校现已初具规模，发展成为一所办学条件好、管理科学规范、校园环境一流的市直属小学。2018年3月，学校被评为省级规范化学校。

完善创建机制保障

深入贯彻落实“全国文明校园”创建工作，动力在于制定完善的体制机制。东方市第七小学根据上级部门要求、文明校园创建标准以及本校实际情况，紧扣文明校园测评体系的各项要求，不断健全和完善各项管理制度，制定创建工作推进计划，确保校园文明工作顺利、有序推进。

制定符合本校实际且能达到创建目标的相应制度，形成创建工作的长效机制。完善校长负责制，实行校务会议等管理制度，不断完善科学民主决策机制。落实党建工作责任制和“三会一课”等制度，定期召开支部党员大会、支部委员会、党小组会，不断深化思想建设、组织建设、作风建设，形成一支团结协作、执政为民意识强、思想作风好、主动服务师生的管理团队；建立并落实联系点、谈心及接待日等制度，认真贯彻落实《义务教育学校管理标准》，共同谋划引领学校的发展。

重视思想道德教育

为担当起培育时代新人的使命任务，东方市第七小学坚持把未成年人思想道德建设作为重点，创设良好的育人环境，开展富有成效的道德教育实践活动，给予学生丰富的思想营养，引导他们“扣好人生第一粒扣子”。

学校充分利用国旗下讲话、少先队活动、“感恩教育”、“珍爱生命，远离毒品”、“禁燃烟花爆竹，从你我身边做起”等主题班会开展道德教育实践，形成全程育人、全方位育人的格局。落实《中小学生守则》，加强学生行为规范养成教育、文明礼仪教育。加强学生心理健康教育，落实《中小学心理健康教育指导纲要（2012年修订）》，培养学生阳光心态、健康人格。

学校充分利用LED大屏幕、宣传栏、教室走廊、墙壁、校园文化墙等载体，陶冶学生情操、美化学生心灵、启迪学生智慧。组织参加读书征文比赛和小学生讲故事、开展“国学经典”诵读、开展“做新时代好少年　我为祖国点赞”和文明礼仪为主题的系列活动，锻炼和提高学生的综合素质。加强校园网络建设，打造学校对内对外宣传交流互动的网络平台。加强少先队活动设施与场所的建设与管理，营造特色鲜明的社团活动环境。

提高教师队伍素质

学校是精神文明建设的摇篮，东方市第七小学在狠抓教师文化素养和教育教学能力提高的同时，要切实加强教师职业道德教育，以实践师德规划为核心的教育实践活动。

学校通过召开师生座谈会、班主任工作会议，举办师德辅导报告会等形式，提高教师思想素质。组织学习《中小学教师职业道德规范》《公民道德实施纲要》，进一步形成“爱岗敬业，乐于奉献”的风气，使《中小学教师职业道德规范》等成为每一位教师的自觉行为。定期组织师资培训，制定教师专业成长规划，不断更新教师的教育观念和知识结构，提高教师的教学水平。重视班主任、骨干教师的成长，注重年轻教师的培养，创造良好的政策环境、工作环境和生活环境，形成结构合理、梯次发展的教师队伍。

营造文明教育氛围

学校做好教学设施规划管理使用，校园教学、文艺、体育、科技等活动场所布局合理、整洁有序。做好校园净化绿化美化工作，自然景观、人文景观错落有致，使用功能、审美功能和教育功能和谐统一，建设美丽校园

学校建设优良校风、教风、学风，运用校训、校史、校徽等校园文化符号，激励学生爱学校、爱学习、共建校园文明。根据德育、智育、体育、美育要求，精心设计和组织开展劳动技能、志愿服务、文娱体育、班级综合评价评比活动，建立执勤监督大队、设“表彰榜”和“监督岗”等校园文化活动。积极拓展校园文化建设新载体，充分发挥网络作用，开展形式多样、内容丰富的校园网络文化活动。以教育部、中央文明办印发的《关于深入开展文明校园创建活动的实施意见》中提出的《小学文明校园标准》为依据，在全校广泛开展“文明班级”、“尊师重教”、“勤奋学习”、“遵纪守法”、“热爱劳动”、“讲究卫生”、“敬老爱幼”、“团结互助”等文明个人的评比表彰活动，增加创建工作的正能量。

坚守平安校园底线

校园安全工作是学校办学的底线。东方市第七小学认真贯彻落实上级安全工作要求，加强领导，健全制度，明确责任，把安全工作列入学校日常工作议程，切实做好安全管理工作，确保学校行稳致远。

学校加强安全教育，强化校园治安综合治理工作，确保校园安全、稳定。整治校园周边环境，维护校园周边良好秩序。深入开展环保教育和节约教育，引导师生树立保护环境和节约资源意识，培育节约资源的良好风尚。

文明校园的创建不仅需要良好的管理，更需要每个人参与其中。今后，东方市第七小学将争取再上台阶，以更大力度抓好文明校园创建工作，真正让文明融入学校工作的大事小节，成为根植于全校师生内心的自觉和修养，成为学校最美的风景。

传承优秀文化，打造智慧鹏园

海南省临高县临高中学　林明国

习近平总书记强调：“要增强文化自信，在传承中华优秀传统文化基础上发展社会主义先进文化，加快建设社会主义文化强国。”中华优秀传统文化是我们最厚重的软实力，是建设社会主义文化强国的自信之源、坚实根基与丰厚滋养。我校是一所有着近百年历史的老学校：同学们秉承着临高文脉起源的宋代茉莉轩遗风，书香四溢，文风厚重；学校创新办学思维模式，以独特的“果行”办学理念教书育人，桃李满天下。

一、秉先贤遗风，打造特色文化

我校创办于1931年，建于代表临高文脉起源的宋代茉莉轩书院旧址之上，寄寓了临高人希望临高文脉能在这里延续传播的美好愿望与憧憬。

茉莉轩原为宋代临高县令谢渥所建的学馆。谢渥在庭院内种了许多茉莉花，故名“茉莉轩”。据载，南宋绍兴十八年（公元1148年），忠简公宰相胡铨被贬到吉阳军（今三亚市崖城镇）编管，他从雷州半岛乘船于通潮驿（今老城镇）登岸绕岛西线经临高时，谢渥迎接他到茉莉轩中住了一段时间，并请胡铨书匾题词和演讲春秋大义。胡铨在此曾有诗“眼明渐见天涯驿，脚力行穷地尽头”（《题茉莉轩》）。此后，茉莉轩因名人雅士的造访或吟咏，历经八百年文脉传承，声名鹊起。据临高县志记载，当时临高县博顿村书生戴定实得到胡铨的指点后，发奋读书，考中举人并在吏部任职。

2018年，学校在茉莉轩原址上塑建了胡铨、谢渥等茉莉轩主题群像，以此纪念胡铨、谢渥为临高教育开馆授课之先河。在茉莉轩的文化熏陶下，诗文化已成为我校的光荣传统。每年，学校的茉莉轩诗社都要出一本诗集，采风、创作、讲座等活动如校园内盛开的簇簇茉莉，竞相绽放，芬芳绵延。每逢重大纪念日，来自临高县诗联、作协、美协、书协的文化大咖们都会齐聚于此，吟联、赋诗、挥墨、作画。

文澜江水清养人，茉莉轩书香怡人。学校非常注重校园环境建设，重点打造茉莉轩文化、中山文化、校路文化、四栋教学楼文化、科技楼文化、运动场文化、环境文化和宿舍食堂文化，营造具有艺术气息和人文气息的现代学校氛围，建设整洁舒适、文明向上、快乐温馨的学习、工作、生活环境。

同时，学校围绕传统文化的主题，先后举办了《默千古美文，扬民族文化》为主题的高二古诗词默写大赛、诗词之乡古诗词诵读汇演、“海丰杯”书法大赛、迎春书画作品展等活动，编写了《临高县诗词楹联文化》等校本教材，学生在校园中受到文化的熏陶和润泽。

二、勇开育人先河，确立核心理念

我校现有学生4750人。学校在育人方面勇开先河，在临高率先、创造性地提出“果行育德”的核心理念，以“重素养，扬个性”为办学特色，致力于培养学生的人文素养与学科素养，注重发展学生的个性特长，不断创新教育实践模式，增强教育方式和手段的多元性，让每个学生能够健康成长。

“果行育德”提炼于国学经典《易经》的蒙卦：“山下出泉，蒙。君子以果行育德。”我们将‘果行’诠释为三层意思：一是下决心、立大志、果敢行事。二是以人类数千年积累下来的文明成‘果’为准则，规范‘行’为。三是行必果，工作学习要追求最高的效率，最好的结果。”

为凸显“果行育德”这一核心理念，传承中华传统文化与中国艺术，体现学校历史传承、彰显茉莉轩文化、弘扬孙中山精神、以国学润泽学生人生，我校在南校门矗立起“果行”两个大字，赫赫醒目。

学校尊重学生的个体特征，兼顾不同学生学习需求和不同智力优势，根据未来社会对人才的多元需求，帮助学生找到适合自己个性发展的目标和途径，形成推进学生多元发展的科学培养机制，让每一个学生都能找到适合的发展方向并获得人生成功的途径。同时，学校实施多元评价，鼓励学生全面发展。学校除了传统的家校联系册、成长记录册、成绩反馈单，还采用小组评价法、鼓励评价法、模糊评价法、个案评价法、形象评价法、无等级评价法等多种评价方式对学生进行综合评估；建立《学生个人成长记录册》或成长光盘（中学），记录学生的作品、照片、荣誉、教师评语、家长评论等。我们不仅奖励优秀，也奖励特长，更奖励进步。多一把评价尺子，就多一位成功孩子，不拘一格地奖励人才，孩子就会不断向上攀登。

此外，学校还注重营造东西方多元文化融合氛围，不断创新中外主题活动，包括：中国主题活动（春节、元宵、端午、国庆、中秋）、西方文化主题活动（感恩节、万圣节、圣诞节）等，让学生在活动中体验东西方文化的不同和交融。开设“人格教育系列课程”，“礼仪教育系列课程”等，培养学生成为志向高远、品德高尚、气质高雅的人。

三、桃李峥嵘绽芬芳，学校再谱新篇章

九十载春风化雨，看今朝桃李芬芳。我校多年来坚持探索和拓展综合素质教育实践路径，硕果累累。近几年高考放榜，学校都有成批的学生考取北大、清华、人大、复旦、同济、交大、南开等全国顶尖名校，700分以上人数在临高县更是遥遥领先，一枝独秀。2014--2016连续三载每年四名学生考取清华、北大。2017年，学校高考一本人数突

破800人大关，王章乐同学被空军航空大学录取刷新了临高高考历史纪录。2020年普通高考中，临高中学高考成绩再创新高，700分以上22人，650分以上63人，600分以上191人。共有127位学生被211高校录取，其中郭文选、王玥同学被清华大学录取，张勇强、伍灵璇同学被北京大学录取。

作为临高当地最重要的育人摇篮，我校坚持“重素质、扬个性”的办学特色，为海南、为全国乃至世界培育了一批又一批的杰出人才，学校毕业生在各条战线上均表现出卓越的素养，作家、学者、艺术家、教授、政治家、企业家，群英荟萃。老校友陈苏厚、林明玉、林雄等曾担任或在任副省级领导，为母校增添光彩；老校友叶显恩1951年春季进入临高中学就读，后曾任广东省社科院研究员、中国经济史学会常务理事、中国古代经济史专业委员会副主任等。

随着海南自贸港建设的不断推进，海南对各类人才的需求会越来越大。站在新的历史起点上，我校将继续秉持茉莉轩文化精神，不断充实和拓展“果行育德”的内涵，坚持“重素质、扬个性”的办学特色，继续为祖国培育更多的优秀人才。

今后，我校将进一步加强教师队伍建设，建设一支具有民族精神、世界胸怀的探究型高素质教师队伍，培养具有国际视野、国家胸怀、创新精神的高素质中学生；完善校园建设，力争实现封闭式现代化管理，打造智慧校园；国际合作办学效果更加显著，自由贸易港的特色更加突出，为海南自贸港建设提供智慧支持和人才支持，把临高中学打造成智慧鹛园。

深耕“和雅”教育 创建文明校园

河北省承德高新区凤凰山学校 关利芬

凤凰之美，源于它的五彩；凤凰之慧，源于它的五德。为深化中国特色社会主义和中国梦学习教育，进一步培育和践行社会主义核心价值观，扎实做好学校精神文明建设工作，河北省承德高新区凤凰山学校自2016年9月建成招生以来，持续对标全国文明校园创建标准，充分挖掘凤凰文化元素，结合中华民族的传统文化，厘定“和雅”教育的文化价值观，坚持“让每一只凤凰展示飞翔”的办学思想，以和雅教育育和雅之人、文明之才。

培育“和雅”文化，润泽文明心灵

搞育人环境不是简单的贴贴画画、写写挂挂、栽栽种种，必须有整体而详尽的规划。凤凰山学校注重物质文化与精神文化并重，努力打造雅致温馨的环境文化，使校园成为一本活的教科书。

制度文化立雅规。制度文化是学校文化建设的保障系统。学校高度重视制度管理的人文意蕴，逐步把规章制度的有形约束转化为师生的无形自律，让“和雅”文化教育有章可循。

精神文化崇雅志。精神文化是学校文化的核心，也是学校文化的最高层次，其表现为师生共同的价值取向、行为方式和工作目标。学校用“和雅”文化精心打造“美丽班级”，加强班级文化建设，鼓励各班以“一班一品牌，班班有特色”为目标，每年开展班级文化巡展。无论是彰显着班主育人思想的班名片，还是书香四溢的图书架，无不洋溢着高雅、和谐的气氛。

环境文化蕴雅园。环境文化是学校文化的空间物质形态，是学校精神文化的物质载体。学校校园的环境布置突出一个“雅”字，让每一面墙壁都会“说话”，让每一条通道都富有生命力，让每一个小角落都浸润教育功能。寓意凤凰学子“誓做凤凰翔九天”的雕塑“飞翔”、启迪学生智慧的魔力方舟、赏心悦目的闻墨识香、培养学生品德的习习国风、陶冶学生艺术性情的雅行长廊、书声琅琅的校园等景观，共同形成了中华传统文化与现代化气息相融合的学校人文景观。

开展“和雅”教育，培养文明品质

优秀的文化不仅要深深根植于思想中，还要具体落实到行动上。为了使“和雅”文化在广大师生中内化于心、外化于行，凤凰山学校组织开展了系列“和雅”特色教育活动，力求让凤凰学子明和知雅。

“和”包括三个含义、三个层面。其中 ，三个含义就是与已和，与人和，与物和。三个层面就是师生和，家校合，校社和。 “雅”只要指六个方面，集中强调师生要展雅容、说雅言、写雅字、读雅书、养雅趣、践雅行。雅容展现美丽，雅言传播文明，雅字传承历史，雅书陶冶情操，雅趣张扬个性，雅行成就美德，旨在让学生尚雅、知雅、传雅、文雅、笃雅、践雅。

学校注重通过活动阵地建设，为学生增添生命底色。围绕孩子的健康成长，学校根据季节特点，每月开展主题活动，科技节、读书节、艺术节、诗词节节、毕业节、体育节、歌唱节、数学节、英语节等开展得有声有色。结合少年宫建设，学校成立了“和雅”社团，每周二下午开设非洲鼓、陶艺、舞蹈等37个活动社团。2019年，凤凰山学校在奥体中心组织了全校师生及家长3000多人参与的大手笔的庆六一文艺演出，得到了家长及社会各界的广泛认可。

打造“和雅”品牌，涵育文明少年

学校文化是关于学校整体发展的价值追求和理性认识，指导着学校的办学方向，定位着学校的品牌形象。凤凰山学校以创建全国文明校园工作为突破口，立足和，突出雅，努力创设一个无处不和、无雅不入的文明校园氛围。

学校坚持用“和雅”二字引领和指导师生一言一行，抓实师生文明素养的培育，使文明礼仪五四三二一规则落地生根，四线管理成为一道靓丽的风景线。学校紧紧围绕“社会主义核心价值观”， 运用重要时间节点，扎实开展“我的中国梦”主题教育活动和“一月一主题”活动，提升文明校园的创建水平。如三月学雷锋做美德少年，四月清明祭先烈，六月同心向党、 歌唱辉煌，十月向国旗敬礼，让学生在活动中体验，在体验中养成品行、形成习惯。开展“文明小帮客”德育品牌活动，进一步提高了学生参与社会、服务社区的能力。本学期在全校学生中开展“文明创建我行动争当社区小帮客”活动，比如到社区打扫卫生，扶老人过马路，帮老人拿东西，将乱停乱放的共享单车摆放整齐，或者将倒在地上的自行车扶起来放好等。通过评选文明班、文明学生、美德少年，将礼仪规范贯穿于学生一日常规及学生管理的每一环节中。

凤凰山学校成立时间还很短，还很稚嫩，属于开发商配建学校，到现在硬件建设还不完善。文化成就文明，凤凰山学校今后还要向各县区的兄弟学校请教学习，向在《学习强国》平台中看到习总书记所说的那样：七彩和而成美色，七音和而成美声，五味和而成美肴。

五色交辉，相得意彰；八音合奏，终和且平。凤凰上击九千里，凤凰山学校将继续深耕“和雅”教育文化，在思想引导、道德教化、文化熏陶等方面倾尽全力，辛勤耕耘，用“和雅”教育文化的熏陶潜移默化地规范师生的行为，将凤凰的精神与文化深植于师生心中，让文明之花馨香满园。

成就精品教育，绽放精彩人生

河北省廊坊市华油荣德小学 苏云龙

百年大计，教育为本。教育是实现中华民族伟大事业的心脏工程，承载着千万儿女的民族复兴之梦。改革开放以来，国家的教育行业迎来蓬勃发展的黄金时代，全国教育事业逐渐呈现繁荣的景象。我校是华北油田万庄石油基地与北京荣德基教育科技集团合作办学的一所优质民办寄宿制精品小学。学校位于高档社区——廊坊万庄石油基地采四小区红领巾路上。我校不仅有30多年的办学底蕴，而且是集先进的办学理念，高品位的校园文化，现代化、数字化的软硬件设施于一体的民办小学。学校占地面积3500平方米，建筑面积13000平方米，学校环境优雅，设施设备高档齐全。学校共计25个教学班，实行小班教学。办学以来，我校紧紧围绕“养天地正气，做真正教育”的办学宗旨和“让每个孩子成为有能力、有素养、有国际视野的中国人”的办学目标，将“让每堂课都充满爱和智慧”作为教学最高追求，把“向善 向上”作为校训，以学生未来发展为教育主导方向，齐力并进，丰富学生知识，拓宽学习眼界，力求在新世纪教育改革的浪潮中，为学生的幸福人生奠定宽厚坚实的基础。

一、倾注满腔热忱，提升学校办学品味

对于一所有品质、有思想的学校来说，校园文化是学校可持续发展的动力，是学校综合办学水平的重要体现，也是学校个性魅力与办学特色的体现，更是学校培养适应时代要求的高素质人才的内在需要。在当今学校的各种教育行为中，文化的力量无处不在，新课程的魂应该是文化，教育追求和教育行动的魂也是文化，学校能够积淀下来并影响教育行动的还是文化。文化建设成为决定一所学校教育品质的关键因素。一直以来，为了深入贯彻国家的教育方针和“立德树人”的基本要求，落实“养天地正气，做真正教育”办学宗旨和“成为基础教育样板校”的愿景，落实“让每个孩子成为有能力、有素养、有国际视野的中国人”的培养目标，我校不断深入学校文化建设，以文化建设为有力支撑，明确办学的方向和目标，倾力构建学校“365心智教育”办学体系，基于学校教育实践和探索，我校倾力打造了“365心智教育”体系，深入挖掘适合中国基础教育孩子发展的系统教育理念，并制定了一套规范的办学措施，用积极正向的显性和隐性文化促进学生和教职工成长，引领学校发展，使学校从上至下的全体师生同思想、同观念、同信仰。通过统一的思想和行动，着力提升教师的专业技能和素养，提升教育教学品质，使学校教学焕发全新样态。

校徽是一所学校文化的有力体现。我校校徽主体图形由王羲之的草字体“人”构成，人字三端分别由读经典书、弹古筝和打太极拳的少年组成，均为中国核心文化元素；两圆之间是中英文的学校名，并且“人”的“捺”笔画，出了第一个圆圈，意味着人要敢于突破局限，即学校要培养创新型人才；两颗星代表人的向善和向上之心，也代表“爱和智慧”的核心办学理念。校徽很好地诠释了学校办学目标：让每个孩子成为有能力、有素养、有国际视野的中国人和“向上向善”的校训；主体色为深蓝色，是大海的颜色，辅助图形是水滴，水滴不

断积累变成大海，代表教育需要包容，教育需要成长。

使命就是担当，把学生培养成为国家栋梁之材，是任何一所学校义不容辞的使命和义务。就教育而言，爱是教育的前提，没有爱就没有教育，把爱上升到办学使命，这是我校基于对教育的尊重、挚爱和信仰。爱是教育的根本，只有这样，兴教强国才不至于变成一句空话。

二、立足多元建设，彰显特色教育品牌

教育是本我的激发，是正气的张扬。我校以“养天地正气，做真正教育”为办学宗旨。通过与大自然的交流，修炼养育体内的浩然正气。无数年来，教育与文化紧密相连，真正的教育不能脱离民族文化，不能缺失圣贤经典的滋养，不能背离中华五千年文化的根和魂。真正的教育是要为天地立心、为学生立命、继往圣绝学，为孩子一生的幸福和发展做准备，既要以人为本，又需要传承和创新。为此，我校始终围绕“认识生命、尊重生命、敬畏生命、开发生命与圆满生命”展开的全程生命教育。通过教育实施唤醒沉睡的大脑、唤醒生命、唤醒灵魂，让孩子生命有根有魂、有灵性、启迪智慧。

课堂是教育实施的重要阵地。让每堂课充满爱和智慧，是学校对教师教学的基本要求，也是课堂的核心竞争力，是教学质量的根本保证。爱是教育的核心和灵魂，没有爱就没有教育，就没有课堂。课堂是爱的立足点，没有课堂，爱就是虚无缥缈的口号。没有爱的课堂，就是一潭死水，没有了活力。智慧的课堂，是老师课堂的机智（对教学的机智和课堂学生的表现处理的机智）和爱的具体表现。没有爱和智慧的课堂，就不可能有一棵树摇动另一棵树，一朵云推动另一朵云，一个灵魂唤醒另一个灵魂。

校园氛围就像无声的老师，滋润着师生的心田，熏陶感染着师生，丰富净化着师生的灵魂，潜移默化地引导师生向着健康的方向发展。营造一种什么样的风气，决定了教育品质的高低。为了从根本上提升学校教育教学品质，我校积极营造健康向上的和谐育人氛围，倡导全校师生向圣贤学习，用经典国学滋养心灵，让每堂课充满爱和智慧，帮助学生从浓郁的育人氛围中，汲取知识的营养，启迪人生智慧。结合学校理念和办学特色，我校以“自主”为引领，培养学生学会自主学习、自主生活、自主管理、自主创新、自主发展，让学生积极参与高效课堂，主动培养自己爱好和特长。同时，学校大力举办丰富多彩的校园活动，组织开展诵读国学经典活动，践行传统美德，积极参与班级及学校文化活动，培养爱学习、会学习，身怀正气的优秀少年。

学生首先是人，是一个正在成长的人，是一个身心灵正在成长的人。教育的本质不是灌输知识，而是发掘孩子们天生和潜在的能力。以开发能力为主，发掘创造力为主要目标，提升孩子的心性，开启孩子的潜能。理想的教育要能触及学生的灵魂，为学生树立正确的人生价值观、生活观、世界观，把教育引向生活，让生活成为教育，让孩子绽放人生的光彩，实现人生的价值。一直以来，我校坚持秉承“爱和智慧”办学理念，深入探索科研、特色、质量和创新兴校，文化立校。以教师发展、学生发展、团队发展为有力支撑，推动学校品质发展，彰显特色教育品牌。经过多年办学经验的沉淀和总结，我校深知教师是教育发展的第一资源，要想实现一流的教育，必须拥有一流的教师队伍。为此，我校倡导全校教师发扬无私奉献、敢于承担、勇于分享、团结协作的教育精神，怀抱对教育事业的热爱，服务教育、服务学生，为人民和国家培养优秀人才。

清华老校长梅贻琦说：“学校犹水也，师生犹鱼也，其行动犹游泳也。大鱼前导，小鱼尾随，是从游也。从游既久，其濡染观摩之效，自不求而至，不为而成。”一个优质的学校团体，一名好校长，是成就一所好学校的关键因素。在新时代学校运营中，学校领导者是对未来的瞻望，对资源的整合，学校领导者需具备九点领导力，即激情、承诺、负责任、付出、信任、欣赏、共赢、感召和可能性。教育的过程就是，先直面自己，然后面向教育，面向学生，用爱和智慧教育孩子，来成就自己的终极目标，为自己的生命增加长度和厚度。归根结底，教育是一项温暖的事业，始于关心，是润物无声的陪伴，是浸润孩子们幼小心灵的甘泉，好的教育能让孩子从小就接触知识的天空，领略文化的魅力。为了让学生切身感受到教育的温暖，体验生命的幸福，我校要求教师要用爱的方式教育孩子，让孩子懂得爱。用智慧的方式教育孩子，让孩子充满智慧。同时，我校通过八项修炼，来提升教师的专业技能和道德素养，培养教师拥有顽强的意志、豁达的胸怀、协作的能力、认真的态度等优秀品质。为进一步贯彻国家的教育方针和“立德树人”的基本要求，落实“养天地正气，做真正教育”办学宗旨和“成为基础教育样板校”的愿景，我校还制订了学校特色教职工和学生行为规范，从师生的礼貌仪态到行为举止，系统全面的规范管理学校师生精神面貌，通过严格要求师生的行为习惯，提升学校办学品味，丰富学校文化内涵。

三、身怀灼灼匠心，勇阅今古教育辉煌

非知之艰，行之维艰。教育是一项既深且远的事业。学校的内涵、品位和文化底蕴需要被全体师生牢记并践行，应如和风细雨渗透到学校各处角落，待春暖花开。办学以来，我校全体教师满怀教育的理想，不忘初心，迈着坚实的步伐，执着激情地走在教育的道路上，以先进的理念引领学校发展，以科学的方法强化学校管理，以有效地措施促进师生成长，以严谨的态度探索教育规律，以担当的情怀领跑教育改革，敢为人先，勇于创新，不断开启学校发展的新局面。舍忘过去，怀着一颗教书育人的恒心，面向未来，我校仍将积极投身祖国的教育事业，携手一心，为打造有生命力的教育，不懈努力，共谋幸福。

以“荷”之神韵　育少年君子

——河北省任丘市实验小学“荷”文化立校纪实

河北省任丘市实验小学　崔海荣

源既深，流自远；天行健，志不息。河北省任丘市实验小学始建于1988年9月，主校区现有学生2751人，教职工146人。在教体局的正确领导下，学校创建了三所农村分校，分别分布在我市的三个片区、三个乡镇，助力了义务教育均衡发展。三十载春秋走来，实验小学始终贯彻党的教育方针，坚持“文化立校、特色办学”的治校方略，融合学校历史积淀、白洋淀边地域特色，将学校文化凝练为“荷”文化，以“立德树人”为主题，以“师生生命成长”为落脚点，形成了“以荷启和　绽放自我”的校训，“映日荷花别样红”的校风，“竹色溪下绿　荷花镜里香”的教风，“卷舒开合任天真”的学风，让“荷”文化浸润全体师生。

“荷”文化，寓意以荷寓和、外荷内和、和由荷生、荷和通融，旨在育小荷、求大和。“育小荷”是文化的外在表达，主要体现在教育内容和教育方式上；“求大和”是学校的精神内核，是学校教育的终极目标。

优化“荷”环境，落实立德树人目标

“荷”，出淤泥而不染，濯清涟而不妖，自古被称为花之君子。任丘市实验小学倡导全体师生“爱荷花，做君子；先成人，后成才”，落实立德树人的育人目标。

使学生生活“有”荷元素。学校大胆创新，统一用荷元素作为文化标识，把荷文化元素渗透到学校的方方面面。各种宣传版块都以荷元素作为底色和图案，并以“荷”命名，以示向往和美好；两幢教学楼命名为“育荷楼”和“启和楼”，综合性校刊取名“小荷月刊”；学校的文化形象“书香小荷”异常可爱，是孩子们学习生活的好伙伴；小荷徽章、小荷臂章、小荷诗卡、小荷笔袋、小荷水杯、小荷文化衫等物料，伴随着孩子们幸福成长！

让宣传阵地“说”荷文化。在校园池塘、圆缸中种植荷花，给人美的享受；在教学楼的墙壁上布置荷文化长廊，每层一个主题，有对“五个标准”的诠释，也有各种咏荷诗词和有关荷品质的名言警句，还有师生关于荷花的作品；“荷”文化班级展示园地、电子班牌“荷”之美，让孩子们可以在这样定期优秀作品展示活动中见证自己的生命成长；在每周一次的红领巾广播、每周一次的国旗下讲话、每月一次的荷品质月活动中广泛宣传荷文化，营造浓厚的“荷”文化氛围。

在活动实践中“育”荷品质。文化的力量在于浸润，广大师生在系列实践活动中感受着荷的魅力，也塑造着荷的品质。在种荷花、赏荷花的过程中，了解荷花的习性和特点；在“荷香诗韵”诵读诗词、“水墨青莲”画荷花、“荷生飞扬”唱荷花、“舞荷之韵”舞荷花、“翰墨荷香”书荷花的专题活动中，感悟荷花的品质和精神；开展“沐国学雅韵，润诗艺人生”工程，将艺术教育与传统文化教育有机融合，让孩子们诗意地诠释国学经典，润泽洁美心灵；携手上海交大李启华教授推行“微孝365”行动，用微小的行动表达对长辈的热爱；开展“荷品质月”活动，把提炼出来的荷的九种品质分别落实到学生全学年在校的九个月中以体验性活动的方式进行培养，即一月“奉献”、三月“诚信”、四月“淳朴”、五月“豁达”、六月“正直”、九月“自立”、十月“感恩”、十一月“善良”、十二月“坚强”，年年循环，逐年提高。

对照“荷”标准，提供个性发展平台

“荷”文化，以“师生生命成长”为落脚点，明确提出了“正品德、尚思辨　、重笃行、勇创新、倡和谐”的五个培养标准。为此，任丘市实验小学将优秀传统文化教育与科技创新教育融合发展，使师生不仅具有浓郁的书香底气，还具有翱翔星空的创新能力。

学校推行“自主管理”的工作模式，坚持学生主体地位，鼓励学生自主参与学校管理，增强责任意识，提升综合素质；开发《荷雅致美》校本课程，编撰“荷文化”校本教材，提升教科研能力；开展荷花印象交流会、荷花诗词诵读会、收集荷品格名言、寻找荷品名人、制作荷品手抄报、撰写荷品百字文等系列活动，感受荷魅力，塑造荷品质；建立“一库两课程三平台”立体化书香网络，打造数字化书香校园；开设项目教学、创客教育、编程课程、3D打印、STEAM课程等课程，开展“小制作、小发明、小创造”展评活动以及“奇思妙想创客行”科技作品评价会，让创客文化在学校生根、发芽。学校机器人代表队、创客团队多次在河北省各级各类机器人暨创客比赛中荣获省级一等奖、二等奖的好成绩，新华社记者以题为《多彩科技课堂丰富校园生活》

的图片新闻，报道了学生进行机器人技能比赛的情况，《中国教育报》《科技日报》以及各大网站纷纷转载。

构建和谐校园，实现生命精彩绽放

荷叶田田，莲香悠悠，同心励行。在教育实践中，“荷”文化不断完善、丰富，已成为每一个实小人的精神追求。

在“荷”文化的浸润和熏陶下，任丘市实验小学关注师生生命成长，培养了和善雅正的现代小学生，打造了和爱儒雅的教师团队，创建了和谐优雅的绿色校园，正行进在从小荷走向大和的发展征途上。学校先后被评为河北省教育工作先进集体、河北省素质教育先进学校、河北省德育工作先进学校、河北省教育科研先导型学校、河北省优秀科技创新学校、河北省语言文字示范校、全国艺术教育先进单位、全国首批创新之旅营地小学、全国中小学翻转课堂实践共同体委员学校等多项荣誉称号。

“操千曲而后晓声，观千剑而后识器。”在继承中创新，在改革中发展，全体实小人将不忘教育初心，牢记育人使命，在实现中华民族伟大复兴的中国梦进程中，继续坚持“文化立校、科研兴校”的发展战略，砥砺前行，再创辉煌！

沉下一颗心做真正的校长

河北省沙河市第四小学　刘建军

什么样的校长是真正的校长呢？国内、国外众说纷纭，有的从素质方面阐述，有的从理论层面表达，还有的从实用角度描述……不一而足，根据我对校长的理解，结合从事校长十一年的经历和体会，下面从四个方面进行阐述：

一、校长要有献身教育的情怀

教育是人影响人的事业，是文明传递文明的活动。只有把教育当作自己毕生的事业和价值追求的人，才能成为一位真正的校长。“捧着一颗心来，不带半根草去”应该成为每位校长的情怀。校长在德操上应具备两个方面素质：

1.具备《义务教育学校校长专业标准》的素质，坚持“以德为先，育人为本，引领发展，能力为重，终身学习”基本理念。深刻学习国家的方针政策，让国家的教育方针通过学校课程落地生根，最终内化为每一位学生的素养。

2.校长要有普世的价值追求，要怀着让每位学生都“成其为人”的虔诚的心。教育是生命唤醒生命的活动，面向全体学生，多层次展开教学不让任何一个学生掉队，让每个生命都活出自己的精彩，这是教育的意义，也是校长工作的方向和责任。

二、校长要具备折服师生的人格魅力

按照网络解释，人格魅力是一个人在性格、气质、能力、道德品质等方面具有的能吸引人的力量。于漪老师认为，“一名现代教师，其教育魅力由许多方面共构而成，而时代精神、人格力量和学术素养则是最关键的要素”。作为校长应该具备“四心”，与时代同步伐与时代共呼吸，做时代弄潮儿。

1.宽广的胸怀、宽容的心。在一个学校，校长是圆心，所有师生都围绕这个核心形成一个个同心圆。圆心决定圆的位置和高度。因此校长是否能让所有的人围绕学校事务重心展开工作，让每一个人发挥最大潜能，容人的胸怀相当重要。

2.服务的意识、公仆的心。学校是公共事业单位，就意味着教育行为是为大众提供服务的活动。这就意味着所有从业者特别是校长要树立服务意识，为社会服务、为家长服务、为学生服务、为教师服务，做人民公仆办人民满意的教育。

3.渊博的知识、探索的心。学校曾经称为“学堂”，是以学习为中心的地方。校长作为学校的核心人物有满腹经纶、学富五车、融通古今中外学识，懂得教育的真谛了解教学的方法才能让教师信服。学校的发展是一个日新的课题，校长要经常探索教育的新问题发展的新方向，发现新的教育增长点，不断用发展眼光审视教育、思考教育，不断挖掘教育的动力源。

4.不懈的追求、求全的心。教育的时代性决定了教育的与时俱进功能。毕达哥拉斯说过“凡是美的东西都有一个共同特征，这就是部分与部分之间，以及部分与整体间固有的协调一致”。教育就是一种追求美，追求人在社会中和谐的活动。追求每一个生命的完美、追求社会的协调进步之美，这正是教育的社会功能。

三、校长要创建引领学校发展的文化

“文化是凝结在物质之中又游离于物质之外的，能够被传承的国家或民族的历史、地理、风土人情、传统习俗、生活方式、文学艺术、行为规范、思维方式、价值观念等，是人类之间进行交流的普遍认可的一种能够传承的意识形态”（网络定义）。从定义中看，文化具备生活方式、行为规范、价值观功能是意识形态。而学校文化正是用文化方式来实现育人功能。表现在五个方面：

1.建设学校办学思想的内核，形成具有学校特色的办学核心价值观。办好一所学校要从两个方面下功夫，一个是塑造文化，一个是塑造人。这两个方面互相影响又互相促进。塑造文化是校长的责任，校长塑造什么样的学校的文化，学校就会向哪个方面发展。“上有所好下必甚焉”所表达的就是这个道理。

2.建设学校领导团队坦诚的“极度透明，极度求真，可信度加权决策”的创意择优文化。学校的领导团队是校长周围的第一个同心圆，也是学校决策的核心团队。群体从事实出发、以坦诚的心相互对待，在工作中追求真相并把问题放在桌面上通过可信度加权进行决策，才能实现追求卓越的生动局面。

3.建设学校同事间平等的交流文化，建立“项目”主管制度。自由和平等是社会人的永远的价值追求。在学校树立人人平等交往环境，让每个人都有登台展示的机会。学校应设立主题月，实行项目主管聘任制让所有教师都有当家做主的机会，实现在机会面前人人平等。

4.建设“师德高品位，专业高学识，能力多方位，科研高水平”的教师团队文化。在学校，教育目标落实最终要靠教师、要靠教学。建设一支高素质的教师队伍是校长工作的重头戏，在教师发展方面多为教师创造机会，采取学校共学、教师自学方式充分调动每一个教师的学习积极性，让所有教师自主成长。

5.建设“活泼律动而有张力”的校园生态文化。“团结紧张严肃活泼”是毛泽东同志为抗日军政大学题的词，体现学校生态应有的四方面。义务教育学校是青少年学习成长的地方，做到让学生“德、智、体、美、劳”全面发展，就需要一个良好的校园生态。

四、校长要时刻站在教育进步的前沿

在生命3.0时代面对教育3.0建设课程3.0体系，是时代的呼唤，是教育使命使然。

生命1.0（生物阶段）靠进化获得硬件和软件；生命2.0（文件阶段）靠进化获得硬件，但大部分软件是由自己设计的；生命3.0（科技阶段）自己设计硬件和软件（[美]迈克斯·泰格马克《生命3.0》）。随着社会的发展科技的进步，智能技术和生物技术已经将人类推进到3.0时代。

教育1.0和教育装备1.0，是以“普及九年义务教育”为标志的阶段；教育2.0与教育装备2.0，是以“义务教育均衡发展”为标志的阶段，也以科技进步对教育的巨大影响力和推动作用为特征；教育3.0与教育装备3.0，是以国家新课程标准出台和《中国教育现代化2035》启动为标志的阶段。“这一阶段最大的显性特征是基于教育视角，要求教育教学更加遵循教育规律和尊重教育本质。信息技术的图腾主义行为应该放弃了；以学科核心素养培养为核心的学科教育教学，应该得到充分的重视和本源回归。信息技术从本质上讲只是基础教育教学的技术工具或工具技术，而不是基础教育的本质或本身。”（《教育3.0与教育装备3.0的内涵与特征》原创 有为教育工作室 有为教育装备）

课程1.0是以课程门类的增减为标志，学校会开发一门一门的校本课程，并不断增减；课程2.0是学校围绕学校或项目特色，开发相应的课程群；课程3.0是学校课程发展以多维联动、有逻辑的课程体系为标志，是文化创生形态的课程（段立群《跨学科课程的20个创意设计》）。

以核心素养为核心的课程改革已扑面而来，生命3.0时代将不再以知识和技能为核心，教育应该超越三维目标培养学生具备适应终身发展和社会进步需要的必备品格和关键能力。这就需要课程3.0来推动教育3.0，推动这一进程的正是每一位校长。

课程建设要根据学校文化和办学特色进行整体擘画，设计出围绕核心素养的课程体系，以大概念或跨学科知识为中心，以高阶认知为手段，以个人现实生活和社会发展为线索，建设有教育主题的课程群。

我认为不管从哪个角度定义校长，都有其合理性。校长是一校的掌舵者，有别于行政领导，既是教师的专业引领者，又是学校教育规范制定者，更是学校的精神指引者和发展擘画者，具有多重责任。校长就如针之一孔，其责任落实是有其规律性的。只要校长有一颗心向教育的心，有一颗服务大众的人文情怀，就是可以成为一个好校长，就会成为一个真正的校长。

科学研判发展战略　高位谋划品牌教育

河北省涉县第四中学　崔玉明

在风景宜人的河北省涉县，有一座成立仅十余年的全日制国办初级中学——涉县第四中学。她，成立于2007年，由涉县县委原所在地和一中旧址改建而成，校前韩山遥望，校后玉带环绕，位置得天独厚，环境清幽典雅，是一所钟灵毓秀、人才荟萃、活力彰显的学校。

面对新时代、新征程对高素质优秀人才的新要求，近年来，涉县第四中学着眼学生的终身发展，聚焦学生的综合素质，以“全面提升

教学质量，办人民满意的教育”为宗旨，通过革新理念、细化管理、文化引领、特色办学、科学高效、持续发展等有效策略创新办学思路，不断提升教育理念，持续提高办学水平，将一所名不见经传的普通中学打造成了山坳里的教育传奇。

科学指引，三全管理凝合力

管理是学校高质量发展之保障。为给学校发展配备强有力的“引擎”，涉县第四中学以管理科学化为指引，坚持“情感管理凝聚人心，制度管理促进规范”的管理理念，推行全员、全过程、全要素的“三全管理”策略，切实做到全员决策、全员认同、全员落实落地生根，力求形成“人人都管理，处处有管理，事事见管理”的良性管理网络。

实施“三全”管理，需要强有力的组织引领、领导推进和师生践行。为此，校委会成员深入调研分析，实施精准指导，强化督查考核，力求从上至下都要做到思想同心、目标同向、行动同序，切实凝聚推进“三全”管理的强大合力，确保“三全”管理方略落地见效。

学校以“明确目标、责任到人、过程督导、评价总结、反思提升”为主线，创建了“396”扁平化管理机制，实行扁平化管理，权限下放到级部，各级部主任结合实际精准分工、细化责任，对学生进行“全员、全过程、全要素”的立体化、全天候、无缝覆盖管理，力求“权力层层有，任务个个担，责任人人负”。通过数年的建设和完善，学校现已全面建成了以人为本、责任担当的管理文化。

在“三全管理”的护航下，学校各项工作都高效有序的平稳推进。

立德树人，三三教育塑涵养

立德树人永远是教育之根本。为持续落实立德树人的根本任务，涉县第四中学全面贯彻落实党的教育方针政策，始终不忘立德树人初心，牢记为党育人、为国育才使命，健全落实立德树人长效机制，着力构建“三创建、三爱好、三培养”三者相互结合、相互渗透、相辅相成的德、智、体、美、劳全面发展的素质教育体系，接续拓展管理育人、服务育人、教书育人、环境育人、课程育人、实践育人等路径，全面培育和践行社会主义核心价值观，进而实现立德树人的根本目标。

涉县地处革命老区，学校依托红色文化根基深厚的优势，创建了革命传统教育和红色文化课程，开展好德育课和研学旅行，讲好革命故事，写好家乡英雄故事，弘扬乡土文化，厚植家国情怀。与此同时，学校成立了朗韵社团、书法社团、舞蹈社团等几十个社团，各类活动相辅相成，培养了一批又一批德艺双馨的好少年。其中花样跳绳社团尤为突出，曾参加了全国阳光体育大会开幕式、河北省超级联赛马拉松开幕式等大型活动，喊响涉县，领跑邯郸，被《河北教育》以“心动不如绳动”为题刊发报道，成为学校最靓丽的一张名片。

多彩的活动为学生的发展搭建了平台，使学生具备了人文底蕴、科学精神的文化基础知识，培养了学生学会学习、健康生活的自主发展品质和责任担当、实践创新的社会参与能力。

以文化人，文明礼仪重养成

一所学校的精彩，在于它的文化；一所学校的内涵，在于它的文化；一所学校的未来，在于它的文化。可见，要办好一所学校，必须要有明确的系统的文化体系来指导学校的工作。涉县第四中学结合特殊的组建背景，围绕“行‘绳墨’文化，做人生典范”的核心价值观，挖掘提炼、生成了以“绳墨”为核心的“11456”文化体系，逐渐形成了“拧绳”聚力、开拓创新的“共生文化”：以“绳墨”立纲，寓文化于精神；以“绳墨”强管，寓文化于管理；以“绳墨”启智，寓文化于教学；以“绳墨”为准，寓文化于行为；以“绳墨”育人，寓文化于环境。

根据对学校多年来办学实践和教育经验的总结，对文化环境和师生追求的提炼，对德育举措和管理实践的凝结，学校确立了“精诚协作、求索致远”的校训，“绳先启后，进取创新”的校风，“引绳切墨，精益求精”的教风和“绳锯木断，学贵有恒”的学风，为学校的长期发展提供了稳定的动力源。同时，学校自编了“行绳墨文化，做人生典范”系列校本教材，创建了“绳彩飞扬”跳绳品牌社团，并以学生在校园中的“坐、立、行、走、说”等要素为突破口，强化师生文明礼仪教育训练，逐步培塑学生形成身心健美、守法自律、凝心合作、意志坚韧、敬业担当、求索致远的六大核心素养，内化、践行为四中师生进取的源泉、向上的力量，带领全校师生传承担当、凝心聚力、众志成城、砥砺前行。

近年来，显著提升的办学成绩使学校赢得了社会各界的肯定。学校先后荣获“全国重点科技课题研究实验校”、“全国足球示范校”“河北省素质教育示范校”、“河北省语言文字规范化示范校”、“邯郸市双爱好双特色先进学校”、“涉县三全管理示范校”等几十项殊荣。

立足教学，三创课堂提质量

教育质量永远是一所学校的名片。为了把这张名片做大、做强、做靓，涉县第四中学从科研引领和课堂教学两方面出发，着力打造教育教学工作的特点，谋求学校更高层次的发展。

加强科研引领，打造高效课堂。学校建立校长、教科室、课题组、教师四级教科研网络机制，制定《教研活动制度》等一系列制度，注重过程管理，真真切切地让校本教研落地生根；采用“1225”教研模式，全面提升“三双”教研成果；全面推广“一课一研”的教研模式和“同课异构”的课堂教学，以大听课、大评课、大提效“三大”活动为抓手，通过专业引领、同伴互助、自我反思等方式促进教师教研教学水平的整体提升。

创新课堂教学，叫停家长作业。三创课堂是涉县第四中学通过长期教育观察，分析当前教育形势，提出的一个课堂改革设想。它聚焦核心素养，关注课堂教学，以“把课堂还给学生，培养学生学习能力”为核心，将集体智慧融入备课，精简细化导学案设计，通过“创新教学、创新练习、创新落实”实现有效教学，从而更高层次地追求“核心素养落地课堂”。三创课堂改革，不仅仅是供给侧改革，也是需求侧改革，还是教师供给与学生需求有效连接的改革，力求实现教师教有所依、学生学有所学、课堂严谨高效的课堂教学目标。在这种模式中，课堂检测当堂完成，教师课后辅导查漏补缺，不用给学生留课外作业，不给家长增额外负担，叫停家长辅导学生课外作业，赢得了学生和家长的一致好评。

做大语文，三三读写促绽放

为深入推进大语文战略，涉县第四中学围绕统编教材课标要求，全面深化语文教育改革，突出三个读写目标（阅读目标、演讲目标、写作目标），用好三种读写模式（自主读写、小组读写、集体读写），搭建三级读写平台（班级平台、级部平台、学校平台），大力开展讲故事、诵经典、汉字听写、诗词大会、师生写作、家校共读一本书等丰富多彩的语文活动，让学生们走进四中就仿佛走进了一方浸润着诗词歌赋的天地，为学生的全面发展、主动发展、创新发展奠定了坚实的基础。

立志欲坚不欲锐，成功在久不在速。面对时代发展为教育带来的机遇与挑战，涉县四中将继续以立德树人为目标，以改革创新为动力，以审慎务实为原则，久久为功，努力书写属于四中人的未来！

百树柏林，创建森林般的教育生态

河北省石家庄市柏林庄学校　聂进飞　史会锦　高俊玲

河北省石家庄市柏林庄学校始建于1907年，是一所具有革命光荣传统的百年老校。在当地人们的心中，她不仅有着悠久的历史，同时也是一个写满了故事的地方：柏林历来重视教育，校园里静静伫立的三座兴学纪念碑，无声地诉说着柏林人百年来对学校的真情付出；1948年12月1日，华北人民政府和中国人民银行分别发出布告、通告，正式宣布中国人民银行成立和人民币发行，而首套人民币的印钞厂最初就设在柏林庄学校的教室里；全国首所农民大学———柏林庄电大教学班就设立在柏林庄学校，创办于1984年，1987年毕业，共有29个学生。这一个个故事，是百年来这所学校里真实发生的历史，彰显着柏林人的价值取向，塑造着柏林人的精神内核，它自然流淌为一种无声的文化，浸润着这里一代又一代的学子。

2018年9月，学校迁入新校区，占地面积22684平方米，建筑面积21354.95平方米，绿化面积达到8000平方米，校园树木种类繁多，四季有绿，三季有花，设施齐备，温暖如家。全体师生感受着新的环境带来的新气象、新变化，努力工作、勤奋学习，在新的起点上谋求着高水平校园建设的新局面。

重塑校园文化，成就“森林的样子”

进入新时代，迁入新校区，既要传承这所百年学校的家国情怀，也要与时俱进凝练新时代的校园精神。尽管新时代的柏林一直在前行，但路途中不免困惑和焦虑：人工智能时代，人类的优势和幸福究竟是什么？好的教育要回到人的价值，又该如何超越人的局限？好的教育不得不接受“慢反馈”，又该怎样对应外界的“快变量”？未来的学习依然离不开学校组织，却又如何打破“学校的围墙”？文明演进中“新新认知”与“经典学说”怎样相辅相成？方法层面上教育新形态和办学基本功该如何对立统一？

虽然理想和现实的落差常常会给人以无力感，但柏林人一直恪守一个根本的价值信仰，或者说是柏林团队所达成的“一个非凡的共识”：学校的教育既不是“工业”，也不是“农业”，她理应更像“森林”的样子——是不同生命个体自主生长又相互依存的赋能环境。所以，好的教育应该是森林的样子，这是学校的办学宗旨。

进入学校，形象墙上四个大字“百树柏林”就是柏林人价值信仰的凝练。向下扎根，向上生长，成为心中的那棵树。这既是对孩子们人生的美好期待，也是柏林人给自己教育生涯的美好愿景。

林，代表“森林”是相互依存的关系，不是“丛林”的你死我活，而是要“创建一个森林般的教育生态”：在基本规律之上，让不同学习者拥有自己定义目标的权利，以新的文化促进多元共存和开放共享，互相平衡，互为支撑，为全部的生命“助长”。

树，是成为心中的那棵树，就是成为最好的自己，可以有缺陷，但也有美德；有自我，也有大我；有家庭，也有家国；见众生，也见天地；立己也达人，明道也优术；理解传统，也面向未来；善用工具，更超越工具；会追求利益，但更追求意义……“心中的树”并非“完美地树”，如此定义也使柏林的教育和培养更为现实，因为只有如此教师才不会被抬上神坛，儿童才不会被完美要求。

以上是柏林教育人写在心里的话，也是对校园文化的解读，更是新时代里需要去塑造的校园精神。

完善课程建设，成为“心中的那棵树”

基础教育课程改革强调实行国家课程、地方课程、校本课程三级管理，为每一个学生提供促进终身发展的优质教育。在实践中，柏林庄学校立足办学宗旨、育人目标和校情校况，在坚决执行国家课程和地方课程的基础上，大力开发和实施具有本校特色的校本课程，并尝试从课程内容上予以丰富或者融合，逐步构建起适应学生发展的、高效的、特色的课程体系。

国家课程的丰富与融合。国家课程是学校的主体课程，在课表中体现为语文、数学、英语、科学、体育、音乐、美术、综合实践活动，必须严格按照国家课程的设置标准开齐、开足。尽管这些课程学校没有权利更改，但课程下的教学内容学校则有能力根据实际的需要进行丰富或者整合。比如体育课程，在开齐开足课时的同时，学校将其划分为常规体育课和专题体育课，每周一次的专题轮滑课、专题武术课，隔周一次的篮球课、足球课、健美操课，冬季室内的体育健身操、棋类竞技、健康课程等；音乐课，为2—6年级的孩子每周设置了一节专题器乐课，并将民族乐器二胡进入校园，不仅激发了孩子的兴趣，培养了音乐素养，也培养了安静、细心、坚韧的品格；综合实践，尝试加大劳动教育的培养，实践馆里的厨艺课程是2020年孩子们的年度最爱；语文课程，从古诗词的诵读到古诗词的吟唱；英语课程，从单词背诵到情景对话，再到英语剧的排演；校本课程，首先基于学校办学宗旨“好的教育是森林的样子”。

读书课程的开发与实施。要想实现“成为心中的那棵树”的育人目标，途径固然很多，但最本质、最普世的做法就是读书，因为读书就是“向下扎根”，读书才能“向上成长”。对于人的精神成长而言，学校教育就相当于母乳，但学校的教育、教科书、教辅书不可能替代儿童成长的全部精神食粮，就像母乳不可能伴随孩子终身一样，他们需要有自己的精神食粮，而这有赖于阅读适合年龄发展的优秀作品。基于这样的考虑，柏林庄学校把读书（阅读）作为校本课程深入开展。一是自由阅读，打卡图书馆。阅读课的方式是学生自主阅读，绝大部分内容与课本没有联系，它具有独立性，是一种大知识、大智力环境，而不是课堂教学的延伸与发展。二是主题阅读，塑造价值观。以整本书为主题，根据育人目标和学生的认知实际，由低到高每学期选择一本书为柏校共读书目，通过通读、品读，探讨、争论，塑造属于柏校小学生的共同价值追求；以群文为主题，将群文阅读1+X引入课堂，指向人的“核心素养”，形成了“精读+整本书教学+群文阅读”的课程模式；以绘本为主题，深挖简单语言和故事中的丰富内涵，最终指向孩子的心灵教育，帮助他们拥有一个丰富的精神世界。

社团课程的开设与运行。2020年9月，新学期开始后，学校利用每天下午3点30以后的课后服务时间，开设了20多种社团课程，学生可根据自己的爱好与特长自愿报名，满足了多元化发展的需求。如运动类有足球、篮球、田径、武术、轮滑、健美操、射箭，艺术类有中国舞、拉丁舞、街舞、二胡、快板、电影欣赏、鼓乐、国画、书法、美术，此外还有国学、硬笔、手工、速记……丰富的社团课程，不仅为孩子们提供了更多可以选择的平台，也让“成为心中的那棵树”的育人目标变得更落地，更有可能。

助力教师成长，幸福地朝向“诗和远方”

教师是立教之本、兴教之源，承担着让每个孩子健康成长的重任。柏林庄学校按照习总书记关于培养有理想信念、有道德情操、有扎实学识、有仁爱之心的“四有”教师的讲话精神，着眼于教师的成长和提高，引导教师树立多元、多姿、多态的职业观，助力教师的自主成长、幸福成长、终身成长。

提高教师的校园生活幸福指数。教师教育生活的幸福感和教师的工作效率、业绩成正比，提升教师幸福指数的核心实质上是为办学质量的提升打下“人”的基础。

促进教师的自我价值实现。对教师来说，工作的意义在于价值的自我实现。对学校来说，最大的成功就是帮助老师成为更好地自己。学校能走多远，取决于优秀的老师能到达哪里。为此，柏林庄学校通过启动读书工程、对焦课改前沿、举办专题培训、激活内在需求等方式，锻造教师的学科教学能力、引领学生成长能力和教育科研能力，让他们的教育生活变得有趣、有温度、有灵魂……

百树柏林，好的教育是森林的样子。站在中国共产党建党100周年与“十四五”规划开局之年的历史交汇点上，柏林庄学校将继续求真务实、向下扎根，朝着梦想、向上生长，努力打造一所学生快乐、教师幸福、社会满意的理想学校。

多元发展，让个性之花尽情绽放

河北省肃宁县第一实验小学　刘宗成　左东旭

推进学校特色建设是新形势下全面贯彻教育方针、深入实施素质教育、深化教育教学改革的一项重要工作，也是优化学校管理，丰富学校内涵，提高学校品味的重要举措。我校秉承“尊重个性，多元发展”的办学理念，把“让个性之花尽情绽放”作为学校创新发展和特色建设的切入点，以其独具的实践性、开放性、生成性和自主性为师生提供更为广阔的天地，力求实现“班班有特色、人人有特长、一身好习惯、一生有发展”的特色目标，为学生的终身发展奠基。

经典诵读润泽心灵

经典诗文是中华优秀文化的产物，是中华民族精神文明的组成部分。习近平总书记多次强调中华传统文化的历史影响和重要意义，每一次演讲中都饱含着中华文化的深厚底蕴。为深入学习贯彻习近平总书记系列重要讲话精神，不断加强未成年人中华优秀传统文化教育，我校充分认识到经典诗文对提高学生文化素养品德修养的重要性，以创建书香校园、文明校园为契机，通过校园文化建设、课堂教学、社团活动等多种渠道，积极传诵经典、写作诗文，营造知诗达理、好学求进的校园诗香氛围，提高了学校的办学品位和办学特色。

打造书香氛围，建百米唐诗墙。

我校按初唐、中唐、晚唐三个时期，精选了四十三名杰出的唐朝诗人及56首代表作，布设了56块展板，每块展板按作者介绍、代表作、注释、译诗、赏析向广大师生展示唐诗文化。课余时间经常有师生流连于唐诗墙下或吟诵或沉思，还有不少老师为此开设了唐诗欣赏活动课，把课堂搬到了唐诗墙下。耳濡目染，这些流传千年的名篇佳作深深地印在了孩子们的心中，百米唐诗墙也成为校园一道亮丽的风景线。

结合语文教改，培育诗词文化。

我校自2015年开始进行语文主题阅读改革，旨在扩大学生的阅读视野。优秀经典诗词本身就是取之不竭的优质资源，我校免费配给学生的两本阅读丛书中的一本就是《经典诵读》，有脉络、有主题、有系统地让儿童积累经典，让语言和精神共建儿童的智慧世界。我们要求学生利用晨诵、午读、阅读课时间每单元至少背诵三首古诗，每学期期末对学生进行经典诵读测试，让孩子充分感受到经典的魅力。同时，我校在每周五下午的第二课堂开设经典诵读课，聘请专业老师引领孩子们高声吟诵，深刻领悟经典诗词，让他们畅游于中华五千年浩瀚的诗海中。

每周一诗，润物无声。

教导处每周初挑选古诗一首，老师们每周三将古诗书写在小黑板上并展示于学校甬路两旁，根据每周一诗的题目，德育处编辑相应的诗句解读、作者简介等内容配以音乐，邀请有朗诵特长的老师录制成音频，制作为每天下午的静校音乐，每周播放一首，每周五下午放学前更新，让学生浸在浓浓的诗香氛围中，真正做到“润物细无声”。

诗词大会，激发兴趣。

受中央电视台《中华好诗词》节目的启发，我校自2016年开始举办第一实验小学《诗词大会》，本活动以“赏中华诗词，品生活之美”为宗旨，通过班级海选组建参赛团队，以年级为单位评出冠、亚、季军。这个活动大大激发了学生对诗词的兴趣，他们开始喜欢诗词、爱上诗词，并透过诗词之美传承和弘扬中华优秀传统文化。

古诗赏析，陶冶情操。

我校的欣赏课自2004年开播，借助校园广播平台每周三上午第四节进行播音，至今已坚持了十六年，旨在带领孩子们认识美丽的七彩世界、品味厚重的经典文化、欣赏动听的校园歌曲，做到了文学与艺术的完美融合。其中的“古诗欣赏”板块中，我们依据传统节日、季节选择古诗的内容，如清明节赏析杜牧的《清明》，毛泽东诞辰日评析《七律·长征》，提高了学生感受诗文情感的能力。赏析时先播放一遍音频，让学生整体感知；再介绍古诗大意及表达的情感，引导学生欣赏古诗；最后师生一句句大声地跟读古诗，让学生在倾听与感受中开阔了视野，陶冶了情操。

诗词创作，学以致用。

诗词文化的浸润带动了师生们诗歌创作的热情，他们以学校生活中的诗词大会、趣味运动会、庆六一等活动为切入点，进行了大量的诗歌创作，由信息处和德育处负责审核、分类、整理，在诗歌橱窗准时展出并制成简易诗集。先后出版了教师诗集《男人帮》《诗词大会》《教学评估》《教师赞》《校园赞》《杂兴》，学生诗集《雪趣》《庆六一诗集》。同时，我们把学生的诗歌创作与随机作文教学相结合，让师生在共写、共读、共赏、共同陶醉中体会诗歌创作的快乐。

在传统文化的熏陶下，校领导与教师之间、师师之间、师生之间、生生之间的关系也越来越和谐，真正实现了学生快乐学习、教师幸福工作的美好愿望！

艺术教育张扬个性

每个人的生命中都有属于自己的一份精彩。我们的理想是让进入学校的每一位学生都具有较好的艺术才华，具有一到两种爱好和特长，使他们在学校生活及走向社会中都能彰显出不同的艺术爱好与特长，用艺术引领人生，用艺术成功人生。

为提高学校美育质量，我们组织开展美术、书法、手工、舞蹈、京剧、架子鼓、球类、合唱、朗诵等课外兴趣小组，由校内专业老师和校外志愿者任教，利用每周五下午最后一节课开展活动，学生根据个人兴趣自愿选择任意一项进行学习。每次活动都有专人检查、领导监督和阶段总结，逐步实现了制度化、规范化，使学生的艺术修养普遍得到了提高。

为提升学校美育品味，我们每年都会进行一次风采少年大赛、学生合唱比赛、庆“六一”文艺汇演、队列队形比赛、趣味运动会、学生诗词大会等活动，还会结合重大节日进行主题演讲比赛、主题书画比赛等活动，引导学生积极主动参与艺术实践活动，挖掘学生艺术潜质，激发学生学习兴趣，点燃学生表演和创造激情，使他们不断“升华”目标，始终保持对艺术浓厚的兴趣。

大课间操坚毅人生

大课间操是学校课外体育活动的重要组成部分，也是学校对外展示的窗口和平台，它体现了一个学校的校风校纪，也展示了师生的精神风貌、意志品质和团队意识。我校的大课间操活动自2008年开始启动，逐步形成了今天这种由操前活动、跑步、入场、齐诵弟子规、武术操、自编操、退场几个环节组成的固有模式。

搞好课间操既是抓思想政治教育，也是抓校风学风的建设。因为课间操要面向全校同学，要靠体育、音乐教师、班主任和全校师生的积极配合，才能完成好课间操的每一项工作。每个新学期来临之前，德育处都会提前筹划班级站位、新操创编等前期工作，训练过程中全体班主任积极配合，根据课间操负责人的安排掌控好本班节奏，督促每一个学生认真学习，保证大队伍的整齐划一，学生们也充分发挥一不怕苦、二不怕累的精神。为了自己的身体健康，也为了全校的集体荣誉，全体师生认真学习，反复训练，协同作战，充分体现了第一实验小学互助合作、顽强拼搏、勇争第一的大课间操精神。

经过多年的探索和实践，我校课间操日趋成熟和规范，尤其是自编操每两年一更新，音乐清新时尚，队形变化丰富，深受学生喜爱。在全县课间操评比中，我校课间操多次荣获第一名的好成绩，2013年沧州市教育局和沧州市南环小学还率队到我校观摩大课间操活动；2019年11月，我校参加了由教育部主办的《传承的力量》学校体育艺术教育成果展，我们推送的“大课间操”视频受到了上级领导的关注和认可；2020年7月15日，中国青年报社派出摄制组到我校对大课间操活动进行采访，部分教师和学生代表参加了此次采访活动；2020年教师节当天，我校课间操的宣传视频在教育部网站“传承的力量”栏目播出。

特色学校的创建，特色活动的开展，改变的是学习方式，激发的是学习兴趣，培养的是实践能力，张扬的是个性特长，收获的是乐趣和自信。我们深知，探索学校的创新发展和特色建设我们还在路上，我们愿意努力学习，不断进取，让学习成为乐趣，让学校成为乐园，让学生如花绽放！

立足特色建设，推动思政教育创新发展

河北省唐山市高新区夏屋小学　李守永

多年来，加强学校特色建设、特色强校，在许多学校中得以深入开展，对推动学校内涵化发展做出了积极的贡献。但随着时代的发展，学生的思想观念与以前相比发生了巨大的变化，这就要求学校必须加强学生的思想政治教育，让他们在学习的过程中全面健康的发展。这也是各学校必须面对的重大问题。

2016年12月，习近平总书记在全国高校思想政治工作会议中发表重要讲话：“要坚持把立德树人作为中心环节，把思想政治工作贯穿教育教学全过程，实现全程育人、全方位育人，努力开创我国教育事业发展新局面。”这一重要论述，丰富与发展了学校思想政治教育理论体系，揭示了思想政治教育是立德树人这个本质，为学校思政教育指明了方向。面对新时代教育的新形势、新要求，我校结合学校工作实际，着眼教育发展全局，立足学生核心素养培养，认真研究新情况、新问题，提出了通过学校特色建设推动学生思政教育的新思路，为学校思政教育工作的创新开展贡献了新办法、新经验。

一、明确学校特色建设与思政教育的联系

思政作为学校的日常工作，与学校特色建设有着不可分割的联系。特色建设能够影响学生的价值观和人生观，思想政治教育则是引导学生树立正确世界观、人生观和价值观的重要途径，二者共同为学生树立正确的“三观”指引了方向，因此特色建设和思想政治教育的目标是一致的。总之，思想政治教育和特色建设是相互独立的，但二者又相互促进、不可分割。

思想政治教育为学校特色建设提供方向。学校的特色建设不能毫无目的，必须按照教书育人这个要求，按照思想政治教育提供的方向进行。每个学校的最终目的都是为了提高学生核心素养，培养更多有用的社会栋梁。为了实现这个目标，我校确立了“诵经典、习雅行”的特色主题，对学生进行思想政治教育，力求促进学生的全面发展。我们认为，思政教育除在认识上培育学生正确的“三观”以外，更应注意培育学生正确的言与行。

《中庸》中有这样一句话“博学之，审问之，慎思之，明辨之，笃行之”，它介绍了知与行的关系。基于这一思想，我校以“诵经典”培育校园精神文化，以“习雅行”推动校园行为文化建设。

特色建设是思想政治教育工作的载体。对学生进行思想政治教育需要在一定的载体中进行，除正常的课程载体以外，学校特色建设也为思想政治教育提供了重要载体。不同的校园特色对学生的思想政治教育效果也是不一样的，这就是校园特色对学生发展所产生的巨大影响。在一所校园当中，拥有积极的校园特色能够使学生受到正面熏陶，树立正确的人生观价值观。我校不是盲目照搬其他学校的做法，而是突出自己人无我有、人有我优的办学特色与比较优势，因地制宜，以精神文化、行为文化和环境文化的特色建设作为对学生进行思政教育的重要载体，提升思想政治教育的吸引力、感染力和解释力。

二、实施学校特色建设推动思政教育的途径

学校特色建设方式多样、各有特点，总体来说只要是积极向上的都能够对学生思想政治教育有所促进。我校充分挖掘思政教育元素，经过多年探索，主要从以下方面进行落实。

加强校园精神文化建设，使学生树立社会主义核心价值观。校园精神文化建设是特色学校建设的核心内容，主要包括校园历史传统和被全体师生员工认同的共同文化观念、价值观念、生活观念等意识形态，是一所学校本质、个性、精神面貌的集中反映。校园精神文化又被称为“学校精神”，并具体体现在校风、教风、学风、班风和学校人际关系上。我校历史传承久远，有着丰富的文化底蕴，在“读书、做人、创新、圆梦”的办学理念指引下，通过“诵经典”活动塑造学生正确的世界观、人生观和价值观。制定学校章程、班级公约、班训等，使学校、班级、学生各项活动具有精神引领；开发校本教材，将经典书目去粗取精、构建体系、由浅及深，使“诵经典”活动有序开展；实行读书卡制度，记录和积累学生“诵经典”过程，使读书不再流于形式；“诵经典”还要与时俱进，有创新精神，将古代典籍与习近平新时代中国特色社会主义思想相结合，最后落脚点就是帮助学生逐步树立社会主义核心价值观。

加强校园行为文化建设，使学生践行社会主义核心价值观。“诵经典、习雅行”是一个从认识到实践的过程，学生的言行直接体现他们的世界观、人生观和价值观，而且通过活动可以改造他们的三观。为此，我校通过“习雅行”开展各项活动，对学生进行思政教育，使他们主动践行社会主义核心价值观。围绕学校特色主题，开展“读出成果文艺节”、“活力团结体育节”、“果园飘香采摘节”等“三节”活动，培养学生爱劳动、懂团结、心理和身体健康的核心素质；积极开展红色研学活动，深入李大钊故居、李大钊纪念馆、潘家峪纪念馆等教育基地，使学生了解党的伟人事迹、新中国诞生的历程，培养学生的政治认同感和爱国主义情感；举行丰富多彩的社团活动，如手工制作、机器人、书法、种子画等，培养学生的动手动脑能力和创新实践意识。

加强校园环境文化建设，对学生进行思政教育熏陶。校园环境文化建设既要彰显学校特色，更要注重思政教育功能。学校所有成员都生活在校园环境文化这个大环境下，必定会受到校园文化的熏陶，它能够感染和影响每一个人，影响着他们的思想精神状态。这就是校园环境文化的巨大感染力。在建设校园环境文化时，我校将学校特色与思政教育功能相结合，彰显特色之亮、注重育人之德；将古典与新时代相结合，既有古人的深邃，又有对新时代精神的讴歌；将摘录与自创相结合，既有名人警句的诲教，又有亲手创作的温馨。

今天的青少年就是明天社会主义现代化建设的主力军，中华民族伟大复兴的任务将由他们来实现。把他们培养成德、智、体、美、劳全面发展的新时期社会主义合格建设者和可靠接班人，是党和人民交给我们最光荣也是最艰巨的任务。在教育教学工作中，我校要继续以对学生进行思想政治教育为引领，加强校园特色建设，以校园特色建设为载体加强思政工作，让二者共同发展，全面提高人才培养质量。

泥可塑心，让非遗在课堂中得到传承

河北省唐山市乐亭县第二实验小学　董海滨

乐亭泥人制作技艺是当地民间主要的传统手工制作技艺之一，始于明末清初，距今已有400多年的历史。2017年，乐亭泥人被河北省人民政府列入省级非物质文化遗产名录。结合乐亭泥人资源和学生兴趣特点，乐亭县第二实验小学一直重视传统民间艺术的传承与发展，以特色教育进课堂活动为契机，以传承中华民族古老且常见的民间艺术——泥塑艺术为依托，开设特色校本课程——泥塑教学，把孩子们作品打造成工艺品，不仅是培养了学生创新思维能力，全面提升了办学品位，更重要的是通过文化传承和艺术熏陶在他们的心灵中从小播下了一颗对艺术家向往的种子，使他们未来逐步由物质型生活向品质型、艺术型生活过渡。

传承泥塑艺术

自古以来，中华民族就与泥土有着说不清、道不完的渊源。古老的传说中，人类就是女娲用泥土一个一个捏出来的。我国的泥塑艺术可以上溯到距今四千至一万年前的新石器时期，之间一直没有间断。

泥塑简便易成，可大可小，“上得殿堂”供陈列观赏，“下得陋巷”可以是孩童手中的玩具。玩泥巴是孩子们最喜欢的游戏之一，虽然他们对泥塑的知识懂得不多，更谈不上创作，但泥料的可塑性和制作的随意性等与学生爱玩的天性产生碰撞，迸发出难以想象的创造力。这种贴近自然、融入生活的创造方式为泥塑教学提供了广阔的发展空间。

营造泥塑氛围

“泥塑”对培养儿童的立体思维有着不可估量的作用，可以培养孩子的动手能力，拓展孩子的想象思维空间，陶冶情操，锻炼艺术创造力，同时使学生在活动中受到传统民间艺术教育和爱国主义教育。鉴于泥塑教育无可比拟的优越性，我校从硬件投入和文化环境建设两方面重点营造浓厚的泥塑氛围。

在经费紧张的情况下，我校投入一定的资金，添置并购买了活动所需的部分泥、颜料、工具、陈列橱等；在专用教室极度缺乏的前提下，依然专门开辟了泥塑活动室，用于摆放师生的泥塑作品。我校除了在全校范围内大力宣传和发动，学校美术教师还特意挑选了一些寓意深远的作品以及一些活动剪影，拍摄照片后制作成KT展板，有选择性地挂于教学楼过道墙上，营造校园浓郁的泥塑特色氛围。

开展泥塑教学

校本课程是实施素质教育的有效途径。我校经过多次讨论，决定将“泥塑”融入校本课程，把它作为学校开发的校本课程的重要内容，并以此为突破口，全面推进以培养创新精神和实践能力为重点的素质教育。

从2010年开始，我校就组织了泥塑兴趣小组，如今活动小组规模不断扩大。2017年，我校根据学校的实际情况正式打造了泥塑工作坊(fāng)和泥塑展览室，还特别聘请了“乐亭泥人制作技艺”市级传承人董壮壮为校外辅导员，每周定期指导。经过多年的研究积累，教师根据学生的年龄特点，结合乐亭泥人制作技艺的特色，精心设计教学内容，至今已经成系统、成规模。从泥塑的发展历史，到泥塑不同的地域特色入手，了解乐亭泥人的制作工艺以及设色特征，分步骤地学习简单的模(mú)具、玩具、浮雕、立体泥塑、拉坯（pī）工艺制作、简单的生活用品……有效地培养了学生的动手动脑能力，使他们更加了解并热爱家乡的历史、文化。陈树林老师还编写了泥塑校本课程教材，把这项传统民间技艺引入课堂，让更多的学生从中受益。

泥塑成果丰

成功在于坚持，一批小能工巧匠正在茁壮成长。我校和乐亭博物馆联合举办了“叩问故园历史　解读乐亭文明”少儿泥塑活动，成效良好。泥塑作品被师生设计成特色书签，生动展示。在全县中小学艺术节展览中，乐亭县教育局为我校泥塑作品提供了最醒目的展台，各级领导和前来参观的客人们啧啧称赞。泥塑工作坊被省市县等多家媒体采访，2018年4月19日，河北省电视台做了专题报道。2018年1月26日，新华社关于乐亭泥人制作技艺的报道中，涉及我校校本课程开发的文字被译成了英语和西班牙语全球播发。天津美院、中央美院的教授还来到我校指导创作，与师生亲切互动。2019年9月，唐山市陶瓷博览会期间，我校因在这一非遗项目的传承方面贡献突出，被唐山陶瓷协会授予“非遗进校园”示范校，协会还提供了专门的展位让泥塑小组成员进行现场展示，并参与国际陶瓷文化交流活动。

“泥可塑心”，泥塑不仅是动手能力的一种锻炼，还是审美情操和人格修养的一种提高。乐亭县第二实验小学的学生将用一颗赤诚的中国心，把泥塑活动更深更远地开展下去，做好祖国传统文化的继承者和传播者，让传统艺术再放光彩！

殚精竭虑办名校　凝聚众志育英才

河北省唐山市乐亭县阎各庄中心小学　杨志辉

乐亭县位于河北省唐山市东南部，是中国共产党的主要创始人之一李大钊的故乡，历史悠久，人文荟萃，是远近闻名的将军县、院士之乡。2018年1月，乐亭县委、县政府决定实施全面振兴乐亭教育“三年提升行动”，统筹推进县域内城乡教育一体化改革发展，努力让每一个孩子都能享有公平而有质量的教育。

乐亭县阎各庄中心小学是一所农村中心小学，现有学生390人，教师30人。近年来，在县教育局的正确领导下，学校全面落实县教育局大力实施“123381”工程的决策部署，秉承“科学求真、道德求善、艺术求美、身体求健”的办学理念，坚持走“名师树校、质量立校、教研兴校、特色强校”的内涵发展之路，努力打造学生快乐成长的精神家园。如今走近这所学校，校园里书声琅琅，运动场上生龙活虎，社团活动精彩纷呈，学校全面实施的素质教育已经春色满园，被县教育局领导和广大人民群众赞誉为“坐落在乡村的局直实验小学”。阎各庄中心小学何以发展得如此风生水起呢？

一个好校长就是一所好学校

扎根乡村教育近30年，担任校长职务20年，我始终认为，在教育发展正处于全面深化改革的背景下，一位优秀的校长必须要厘清学校的实际现状和特点，找准学校发展的切入点，明确学校的发展方向，制定相应的管理方法，才能形成学校特有的管理文化；一位优秀的校长要具备一竿子插到底的决心和勇气，通过自身的率先垂范和人格魅力凝聚人心、形成合力，坚持做到传承与发展。

为不断提高学校教育教学质量，我常年深入教学一线，与教师一起共同探讨解决教学中存在的问题。我讲授的课程多次被评为市县级优质课，主持并完成两项市级立项课题，参与并完成两项省级课题研究。2019年4月，我还在乐亭县“奠基未来”校长工作室“名校长做专家”现场观摩报告会上作了《励精图治谋发展，团结奋进谱新篇》的专题报告。

由于教学质量、教研成果显著，我先后被评为乐亭县名校长、唐山市优秀教师、唐山市教育教学先进工作者，曾荣记市政府二等功，多次获县政府嘉奖和记功，先进事迹多次被省市主流媒体报道。

一群好教师是办好一所学校的关键

教育大计，教师为本。阎各庄中心小学之所以跻身唐山市中小学名校，与一批业务精湛、勤于学习、爱岗敬业、乐于奉献的教师队伍是分不开的。这里的每个老师每年都会给自己制定发展目标，级别年年升，专业节节高，全面实现了打造研究型、学习型教师队伍的目标。

苏霍姆林斯基说过：“教师面对的是儿童极易受到伤害的极其脆弱的心灵，学校里的学习不是毫无热情地把知识从一个头脑里装进另一个头脑里，而是师生之间每时每刻都在进行的心灵的接触。”为了每节课的完美呈现，老师们坚持知识与能力、情感态度与价值观的渗透和培养，着力打造适合学生自由生长的氛围，让孩子们从心底爱上学习，让这里的每一天都伴随着暖心与呵护。

在多年的教学教研实践中，学校努力做到教研工作扎实有效。学校创造性地实施“学名师123”工程，即确定一位效仿的名师，确定两项课题研究，读三本教育论著，至今已经坚持十年之久；通过讲示范课、作讲座、师徒结对等系列活动，充分发挥名师的“传帮带”作用，不断提升全校教师的专业化水平。

为建设高效课堂，学校深入思考，集思广益，积极探索，切实做到全面开展、全员参与、全力推进，踏踏实实走好课堂改革攻坚的每一步，课堂效率和教学质量大幅提高。多渠道组织教师学习，开启高效课堂之门；积极探索“三级建模”，为高效课堂提供理论基础；组织教师编写导学案，让学生学会学习；积极推进小组建设，让高效课堂焕发活力；扎根课堂听课研讨，助推高效课堂发展。

目前，学校有国家级园丁1名，省级优秀教师1名，市级优秀教师3名，市级骨干教师7名，县级名师3名，县级骨干教师2名。学校有9项市级课题成功结题，1项国家级课题的子课题成功结题，1项省“十三五”课题成功结题，1项国家级校本课程子课题已申请结题，2020年又有2项市级课题正式立项。学校教师获部级优课3节，省级优课2节，市级优质课25节，县级优质课85节。其中青年教师张丽彬、李巾硕在县优质课评比中均获一等奖，先后被评为县级骨干教师。2019年5月，金淑湘、潘娜、张丽彬分别在“国培计划”送教下乡活动讲示范课并进行了教材梳理；2019年8月，张猛、张丽彬、李巾硕在全县新上岗教师暑期培训中讲了示范引路课；2018年、2019年，张猛、金淑湘分别在唐山市小学语文、数学优质课比赛中获一等奖，充分展示了该校扎实推进高效课堂建设的成果与名师的风采。2018年，高教社专家到校调研，对学校“学名师、做名师”的经验做法给予了充分肯定，并为教师与省市名师对接搭建桥梁。2019年奥鹏培训特聘专家周静来校调研，对学校教师专业化成长工作给予了高度评价。

少年宫活动给孩子一个美好有趣的童年

每一个孩子都有他独特的灵性。为使学生得到个性而多元的发展，阎各庄中心小学以乡村少年宫建设为载体，盘活学校、家长、社会资源，最大限度地挖掘学校空间维度，尽可能让学生随时随地发生学习，在学做中绽放生命的精彩。

2012年，学校获得中央专项彩票公益基金支持，创建了全县第一个乡村学校少年宫，把“尊重个性、多元发展”作为第二课堂的运作理念，不断拓展未成年人思想道德建设阵地。学校先后投入220万元，将教学楼一楼全部改建成少年宫活动室，建成了省一类图书馆、高标准运动场、五人制足球场、硅PU篮球场。少年宫不收任何费用，不设活动门槛，普惠每位学生，为孩子们营造了一个温馨美好的家园。同时，学校还努力为在校学生提供多样化、可选择、强调个性与自主的现代课程，并邀请县文化馆的专业老师、社会上有爱心的“五老”人员以及民间艺人担任校外辅导员，形成了校内外相结合的师资队伍力量。

多种特色活动的蓬勃开展，不仅培养了学生的爱好特长，培育了学生的创新精神和实践能力，而且使学生的生命个性得以张扬，校园文化充满勃勃生机，让孩子们能够沉浸在自己喜欢的天地里享受艺术的熏陶、体验运动的快乐、感受传统文化的魅力。如今，少年宫特色活动已经成为学校一道亮丽的风景，悠扬的乐器声传遍校园，学生们置身其中无比惬意，定然会熏染出良好的品性。

开展第二课堂的开设，旨在培养学生的人文素养、科学素养、宽广视野和家国情怀等，让学生除了学习文化知识外还拥有一个美好有趣的童年。自乡村少年宫建成以来，各类特色课程的开展不仅给学校带来了关注与认可、支持与合力、成绩与荣誉，更带动了学校的特色办学之路。近年来，学生积极参加省、市、县相关部门组织的各项比赛，其中100多人次获一、二等奖。2016年，书法小组的学生以唐山市第一名的成绩参加了河北省“汉字大比拼”比赛，获全省第四名。在2017年省教育督导评估中，我校辑印的《新芽诗集》让督导组各位专家爱不释手。2019年8月，我代表唐山市在全省乡村学校少年宫建设工作会上作了题为《守护童心，点亮多彩童年》的典型发言，市、县电视台多次对我校特色教育工作进行专题报道，《河北教育》《精神文明建设》《河北科技报》以及中国网、长城网等主流媒体也进行了报道。

现在的阎各庄中心小学，有优雅舒适的校园环境、体贴周到的人文关怀、丰富多彩的特色活动、温馨浪漫的文化氛围，在这样的学校里，孩子们永远是纯真的、快乐地、美好的。这样的幸福童年才是孩子们所希望拥有的，也是老师们慷慨给予他们的。而全体师生也用他们的辛勤、智慧和汗水换来了收获的果实。近年来，学校先后两次承办县素质教育改革现场会；自2018年以来，多次承担“国培计划”——送教下乡培训工作；2019年4月，承办“奠基未来”校长工作室“名校长做专家”观摩学习现场会，充分发挥了市级名校的示范、引领、辐射作用。学校先后被评为唐山市基础教育管理工作先进集体、唐山市现代教育技术装备工作先进单位、唐山市体育传统项目学校、唐山市体育艺术教育工作先进单位、唐山市读书活动先进单位、唐山市教师教育工作先进单位、唐山市学农基地先进单位等诸多荣誉称号。

一项项殊荣，一次次获奖，不是终点，而是起点，将指引着阎各庄中心小学结出更加丰硕饱满的果实。我们深信，在县教育局和社会各界的关心支持下，阎各庄中心小学教育人定会众志成城，开拓创新，把学校建设得更加幸福美好，书写无愧于伟大时代、无愧于一流名校的担当与荣光；孩子们也必将在人生起点的大舞台上绽放出更加灿烂的生命活力，在如诗如画的校园里留下他们最美好的人生回忆。

依托劳动基地，开发德育新途径

河北省唐山市路北区韩城镇龙湾子小学　甄桂云

随着时代的发展，德育同样需要创新，理应以渗透取代说教，以无痕代替强制，自然而然的像水一样清澈浸润，像风一样清爽入怀。“何种德育形式具有实效”？“新德育以何为载体”？“以劳树德、以劳增智、以劳健体、以劳溢美、以劳促新”之哲训似一盏航灯指引了航向。

自2009年以来，我校经过内部挖潜，立足农村实际和学校特点，开创以“依托劳动实践基地建设，开发德育教育途径”为理念的特色德育内容，教育并引导学生把想象、动手和经验变为具体成果，应用所学的综合知识，运用观察、创造能力体验创造的快乐和自我存在的价值，谱写了一曲美妙的劳育赞歌！如今，走进龙湾子小学这所花园式的学校，迎面而来的是一种特别舒爽的田园感觉。起伏的土山坡翠绿掩映，鲜艳的芍药花娇艳夺目，红果垂枝、瓠瓜飘香，黄梨欲坠、豆菽层浪，一派迷人的田园风情，让人流连忘返。

一、早期可行性探索

劳动教育是学校素质教育中一个极其重要的方面，是国家制定的《综合实践活动指导纲要》的一个组成部分，也是校本课程开发的一座宝库，对促进学生多方面的发展、树立道德情操、培养劳动观念，磨炼意志品质及树立艰苦创业的精神都是最可靠的凭借和载体。为此，2007年10月——2008年12月，我们对劳动基地建设这项工作的可行性进行了调查、分析和论证。

人力资源。在我校学习的200多名学生全部来自周边五个村庄，这些村庄100%都属农业户，家家有地，其中有68户家庭从事或有塑料大棚种植瓜果蔬菜的经验，占29.4%；学校有教师15名，按出生年代所占的比率，有95%以及上的教师具备一定的劳动实践经验，完全能够胜任劳动实践基地指导教师工作。

地质资源及人文环境。我校校园面积14000平方米，其中可耕种面积占15.7%，有充分的土地资源可以利用；学校比邻韩城镇成人学校，一定范围内我们可以从那里得到理论、经验、场地、品种的帮助；我校已有丰富的栽花、种草、植树经验，并具有足够的种源储备，如百日草、天人菊和万寿菊及豆类等。

劳动基地建设为新德育提供有效途径。“润物无声春有功”，依靠劳动基地建设来渗透意志、品质、性格等德育因素，可以实现“新德育”倡导的无痕。在劳动过程中，学生可以获得积极的劳动体验，形成良好的技术素养，锻炼良好的道德情操，学到课堂和书本上学不到的东西，更好地贯彻落实党的教育方针和深入推进以创新精神和实践能力为重点的素质教育。

劳动基地为综合实践提供发展机遇。新课程理念提出：“在综合实践活动中，坚持学生的自主选择和主动参与，发展学生的创新精神和实践能力，面向学生完整的生活领域，为学生提供开放的个性发展空间，注重学生的亲身体验和积极实践，促进学习方式的变革。”由此可见，劳动基地与综合实践活动简直就是孪生姊妹，二者可以互为基础、相辅相成，又互相促进。

劳动基地为校本课程提供生长沃土。农村学校的校本课程开发，决不能简单效仿他域经验，那样只能落得个不伦不类，并最终不了了之。但如果创生出本土特色，则会绿树长荫并逐渐焕发生机。校本课程应该为学生享有幸福的校园学习生活开辟一块乐土，并利用自身的本土适应性特质，去强化国家课程的本土适应性，使农村教育在“真实的农村环境”中展开，从而提高教育质量和教育效益。由此可见，劳动基地能为我们这样的农村小学校本课程提供肥沃的土壤、阳光、空气和水分，不可多得。

此外，走这一特色发展之路，不仅可以提高学生的品德修养、整体素质和综合能力，还可以为学校创造一定的经济效益，发挥自身的可再生性、可持续性等特点而维持自身健康发展。

二、前期艰苦性开发

改良土地。我校是由上级部门出资于2007年翻建的，当时，露天的和或深或浅埋在土里的建筑垃圾比比皆是，很多空旷的地带竟然是原来的教室旧址。面对这般几近狼藉的土地，着实让人有些头疼，怎么办？我校领导先后几次磋商，和教师、学生座谈，摆事实、讲道理、谈理想、作动员，后来痛下决心，决定“用劳动改造我们的世界”。经过一个多月的艰苦奋战，孩子们愣是靠着一双双稚嫩的小手和简单的劳动工具，带着一个个磨破的血泡和饱满的劳动热情坚持下来了。15.7%的土地面积对于孩子们来说太大了，翻整得虽不算很彻底，但终究能种东西了。孩子们看着自己的劳动成果都笑了。

规划土地。平整后的土地怎么种、由谁种、日常管理由谁负责、综合实践活动的开展以及收成等等问题摆在面前。经过几轮的磋商和论证，我们最后敲定了土地规划及分配方案。责任田，由学校按班级统一分配，班级负责种植、管理和收获，并按作物类别、生长阶段选择开展观察、培育、管理等主题实践活动，成果由学校统一管理。自留地，起初是各班开荒所得地块儿，后来学校对其进行机械翻整，平均分给各班作为自主开发、自主管理的土地，为了体现“农味儿”，赋名“自留地”，其收成归各班所有，变卖后作为班费和奖励基金。志愿田，指我校的“多娇（椒）路”，由各班推荐的“辣椒志愿者”种植、管理和收获，学校对其收成予以收购，变卖所得作为奖学金。一米阳光奖励田，指我校的“飘香长廊”，该长廊主要种植葫芦、南瓜、丝瓜等，作为奖励，学校奖给每位“校级七彩阳光少年”1米的田地，由他们种植管理，收获所得捐赠给学校，用于制作葫芦烙画校本课程之用。

三、中期持续性发展

为推进劳动教育的高效有序发展，我校成立了以校长为组长的劳动基地特色建设领导小组，以主任为组长的综合实践活动和校本课程指导团队，共同制订了《龙湾子小学劳动基地建设实施方案》《龙湾子小学综合实践活动实施方案》《龙湾子小学校本课程开发实施方案》和《龙湾子小学2010—2015新德育五年规划》等计划方案，研究论证了劳动基地建设、综合实践活动和校本课程的“种——赏——收——做——品”系列活动主题，其中“品”贯穿于前四类活动始末。

对各年级在系列活动中的任务及作用做出明确规定。一、二年级，以观察为主要活动，以观察日记为基本表现形式；三年级，以观察和学习为主要活动，以观察作文、作物生长日记、手抄报为基本表现形式；四年级，以学习、综合实践活动和协助劳作为主要活动，以作物生长日记、综合实践活动成果为基本表现形式；五年级，以劳作、综合实践活动和种子艺术画、葫芦烙画校本课程为主要活动，以综合实践活动成果、种子画、葫芦烙画作品为基本表现形式；六年级，以劳作、综合实践活动和校本课程评价为主要活动，以综合实践活动成果、评价实施及结果为基本表现形式。

明确了劳动实践教育目标和任务的“八个一”。具体来说就是，培养一种习惯（劳动习惯），一种能力（动手能力），一种感情（热爱劳动及劳动人民的感情），一定技能（劳动基本技能），一种责任（关心国家，集体和他人），一种方法（用辩证的观点观察分析问题的方法），一种认识（认识和了解市情、国情），一种观念（为人民服务的人生观、价值观）。

重点抓好了展示和评价，这是培养学生求真务实态度的好机会。对于学生的劳动成果(特别是优秀成果)充分展示，对于学生劳动成果的评议更会认真进行。教师评价，主要应用于观察、理解和辨别能力相对较差的低年级学生，要求随着任务开展的每一个步骤随时进行指导和评价，并在任务完成后辅以终结性评价，以对后续活动产生指导意义。自评互评，是学生按照一定的标准对自己或他人的劳动成果进行的评价，比较适合于劳动项目难度小、操作过程容易掌握的劳动。家长评价，一般家务劳动和公益性劳动在学校无法进行实践，可选择家长评价方式，利用《劳动记录卡》对学生的劳动情况予以评价反馈。

四、后期创造性研改

校本课程的开发。春种、夏赏、秋收，一路走来，我们收获着希望、品味着快乐、切肤体验着在龙小学习和从教的幸福。随着冬季的临近，我们看着这些收获的果实，萌生了用种子作画的想法，先是多方搜集相关信息、资料进行学习、试验，然后由指导团队成员在实验班级搞试点……就这样，我们开发出了“做”的内容，正好弥补了季节的缺憾。关键是孩子们在底图设计、粘贴种子、喷油上光、成品完成的过程中体验着快乐，同时收获着品德课上无法灌输给孩子的那些勤奋、责任心、严谨、自信、向善、创新的美好品质。

综合实践活动项目的开发。综合实践活动是一个新领域，但在劳动基地的基础之上做则会游刃有余，而且大有文章可以做，并且做广、做深、做出成果，在提升孩子们的综合能力方面自然大有作为。如随着季节的更替，学校的山楂树、梨树都渐欲开花、吐绿和结果，四年级和五年级的一些同学又分别拟出了新的活动主题，如《山里红的一生》《梨罐头寻根》和《葫芦最新种植方案》等，我们翘首以往，希望孩子们在老师们积极的指导下，把这些小主题做出大文章，收获更多的快乐、更美的品质和更强的能力。

“坚金砺所利，玉琢器乃成。”孩子们在各种活动中，在汗水的挥洒中，在脏、繁、苦、累的体验中，他们才能逐步懂得“天将降大任于斯人，必先苦其心志，劳其筋骨，饿其体肤”文字背后的道理，从而培养坚韧不拔、互助协作、吃苦耐劳、勤俭负责的意志品格，为成为行为规范、心灵自由、感情丰富、思想充实、胸襟开阔、为自己负责、也为他人、社会、国家负责的现代公民奠基。总之，学校劳动基地给了我们研究的动力、实践的勇气、蜕变的痛苦和创新的快乐，给孩子们创造体验幸福劳动的时间、给孩子营造升华德行的空间，我们会继续坚持把该做且愿意做的事情做好，做得更加健康、更加快乐。

坚定使命担当，让梦想傲然绽放

河北省邢台市巨鹿县蓝天小学　高恒水

朱永新曾说过：“因为一份使命，我们的生命由渺小而庄严，我们的工作由稻粱谋扩充至千古事，我们的世界也从柴米油盐放大到家国天下。”生命因使命而精彩，教育工作者因事业的修炼而拥有智慧，教育的品味因梦想而卓尔不群。教育是一项伟大而光荣的事业，我一直都认为从事教育是一件很幸福的事情，而我也一直为这件幸福的事情努力拼搏着。

以一切为了孩子为最高准则

“一切为了孩子，一切为了教育。教育是个良心活，为了孩子和未来，个人利益必须让步。”我一直将这句话作为我的教育信仰和最高行为准则。为了让课改、教改落地生根，我领导全体教师加大听课、考察力度，实时了解教学新动向，就实际问题进行教研解决，为教师的职业幸福和学生的全面发展保驾护航。

回想蓝天创办之初，困难重重：教师的工资及建校修缮的资金常处于捉襟见肘的状态，我只能东拼西凑自己垫付；学校第一年过年拿不出钱来发年终奖，我就拉下脸去借，就为了给老师鼓劲；作为一所民办学校，我从不因病假、事假扣工资，疫情期间我毅然决定保证教师工资；每一次过年我都要给蓝天老师家中有八十岁以上老人的发放慰问金，每一次教师及家属生病我都会亲自探望……蓝天的精神就是在这样的筚路蓝缕中硬生生踩出一条路来。

“咱们老师稳了学生才能稳住，学生稳住了蓝天的教育事业就稳了！”在利与义的取舍中，我始终坚守着教育者的大义操守，用自己的良心惠及每一位蓝天的教师与学生。

学校的生存发展离不开高水平、高素质、掌握过硬教学本领的教师队伍。为了让老师们迅速改变传统教育模式，尽快吸收并更新教育理念，每年被推荐外出的教师都有近百人次，参加各种观摩学习活动十数场。在我不遗余力的培植下，无数年轻教师崭露头角，为学校教育力量注添新的活力。

“新竹高于旧竹枝，全凭老干为扶持。”在注重对新人的培养与任用的同时，我更着眼于培养学科骨干和带头名师，让有经验的教师构筑起学校强有力的基石，用经验带动新教师的提升，用新派技术反哺教学能力，形成良性互动，促进共同进步。

校长是一所学校的精神支柱，是学校的灵魂所在。一个富有思想的校长是学校发展和振兴的基石，可以使一所薄弱学校焕发出活力与生机，使一所名校更加繁荣自强。作为学校的领头人，我不仅要做一位脚踏实地的务实主义者，更要成为一个勇于创新的开拓者，在教育事业上有胆识、有魄力，更有见著知微的眼光。只要新理念有利于学生长远发展，符合教育规律，我都会进行大胆的实践。当大家对新课改、新理念等创新教育模式缩手缩脚时，我最常说的一句话就是：“试试嘛，不试试怎么知道行不行，我们必须相信我们的学生。”

以多元测评促教学质量提升

“握中有悬壁，运筹于千里”。教学的方法是河流，教学质量检测就是河流的入海口。在我的坚决要求下，学校严格守好“入海口”，以判断我们的创新教学是否有效；开展多元全面的检测来衡量教学质量，进而发现学生的特性，方便我们下一步工作的开展。

在这一理念下，全校上下开展丰富的教学活动。语文教研组开展了听写、阅读、作文等专项竞赛，经典朗诵大赛；数学教研组开展了口算、基础数学知识、应用题等专项竞赛，数学智力挑战赛；英语单词、句子、基础知识专项竞赛，口语演讲大赛……这些竞赛均以激发学生的兴趣为前提精心策划。比如，春季的口算竞赛以“运球接力+口算”为特色，让孩子们在操场上动手动脑，在竞赛中收获快乐。

以求知尚进为导向锻造特色

“人无癖不可与交。”有一种持之以恒的兴趣爱好，才是完整、健康的生活状态。对生活充满热情，有特长发展的学生，才是阳光快乐地青少年。我校常年开展乐器、武术、舞蹈、书法、绘画等兴趣课，为学生挖掘潜能、发展兴趣、展示个性搭建舞台。如今，学生个性张扬、学风浓厚，不仅为校内联欢活动增光添彩，更由老师带头参加各类大赛，在华人作文大赛、国际华人书画比赛等大赛中屡有所获。

“小学阶段是儿童背诵积累的黄金时期，一定要利用好早读课、阅读课指导孩子大量阅读、大量背诵，儿童时期背诵过的每一句话、每一首诗、每一篇课文都是他一辈子的财富，老师就是孩子生命中的贵人呐！”因此，在实施素质教育推进课程改革的同时，我紧紧围绕“校有特色，教有特点，学有特长”的办学策略，以“课外阅读，海量阅读”为切入点，依托“语文主题学习”平台，加强学科知识的广泛联结，着力打造创新课程和示范课程。同时，我还特别注重老师三笔字、学生硬笔字的训练与练习，并经常用最朴实的话“写字是一个人的门面，更是咱们教师的脸面”来鞭策大家。尤其对新入职教师，我更是要求他们必须说好普通话、写好规范字，若有个别老师某项基本功欠缺，必须加强练习以弥补自己的不足。

“科研才能优师，优师才可兴校。”积极开展教科研活动是促进教师成长的有力抓手。为此，我精心制定了以人为本的校本教研计划，会同教导处和教科室人员一起组织新型的教学研究活动，通过“集体备课——上课——听课——沙龙式研讨”这样的案例分析，让更多的教师参与到教学研讨活动中来，增强了教研活动的实效性，提高了教师的课堂教学水平和教科研水平。在教科研论文成果评选活动中，杨立英、王金灵、孟会彩、王国环、高燕、杨士宁等老师纷纷杀入前三甲，获得喜人成绩。2018年，我校作为语文主题示范课交流会东道主打开校门迎八方宾客，受到一致好评。2019年，我校在市赛课中青年教师吴阿娜更是以精彩表现折服评委，拔得头筹。

“一花独放不是春，百花齐放春满园。”在我朴素却坚定的要求下，整个校园形成了求知尚进的教育氛围。

以担当精神为内核塑造名校

“何意百炼钢，化为绕指柔。”每一个清晨，我的身影总是最先出现在学校，而我办公室的灯永远最后一个才熄灭，就像矗立在惊涛中的灯塔，为教育的行船指引方向。或者说，在师生眼里，我既是一位威严的校长，又是一位慈祥且循循善诱的智者，送出了自己的似锦年华，培出了蓝天小学这株参天大树。

“醉后不知天在水，满船清梦压星河。”正是日复一日的付出浸润着蓝天小学的灵魂，给孩子春风化雨般的滋养，塑造起“敢于担当，独立自强”的性格。“正是他高瞻远瞩的眼界决定了孩子的起跳高度，他的人格魅力深深影响着蓝天的每位老师，他的理念塑造了这所学校的精神。”老师和家长的夸赞是我拼搏奋斗的动力。

在那星辰般闪耀的教育梦想中，在那执着求索的教育境界中，我已不知不觉成长为一位以智慧、务实、有魄力而蜚声业内的校长，而在我的领导下，蓝天小学也连续多年获得教学成绩优秀单位、民办教育先进单位、优秀组织单位等骄人的荣誉。

十数年只身风雨，十数年酷暑寒冬，十数年扎实苦干，终换得日月新天。如今的蓝天小学，翻新的校园峥嵘雅致，师生的精神面貌昂然向上，过硬的实力和良好的口碑闻名遐迩，这就是对我的辛劳付出、勇于革新的最好回报。我也始终坚信，面对新时代教育发展的诉求，蓝天人必将乘风破浪，在未来的旅途中获得长足的成长！

塑和美心灵　育和美学子

河北省邢台市清河县连庄校区　滕延超　徐涛

悠悠历史，承载精华。相传战国时期赵国大将廉颇在连庄驻军，故连庄镇的大部分村庄与廉颇有关。基于此，我校形成了与廉颇、蔺相如有关的将相和典故文化，且结合教育目的和学校发展要求，我们慎重地提出“和美”教育的办学理念，确立了以“和”、“美”为主题的学校文化。办学以来，学校以“求知、明理、勤学、善悟”为校训，以“团结、勤奋、求实、创新”为校风，以“敬业、奉献、严谨、爱生”为教风，以“尊师、守纪、勤学、善思”为学风，落实国家课程校本化实施，构建适合学生发展的课程，打造一流的师资队伍，营造温馨和美的成长环境，培养一批批阳光向上的学生，使我校的乡村教育更加深入人心。

一、构建特色课程，实现全人教育

“和”，中国传统的道家、儒家、佛家文化中都有深入的涉及。“和”文化已经渗透到每一个中国人的血液里，形成了一种特殊的国人性格与民族性格。“美”，是教育的目标和追求，通过教育达到人人都能认识美，欣赏美，创造美。“和美”，用和、美的态度教育影响学生，培养具有和、美品质的学生。学校从和美理念出发，进行特色化课程体系的构建，以课程为引领，推动整体文化的建立。

“人和文化”课程体系——和谐之美。我校始终把课程的发展作为实现学校内涵提升的重要手段。我们从六个方面构建“人和”文化的五大课程体系。“和德”，即内心平和，德行如一，如养成教育课程；“和雅”，即化道为和，文雅多礼，如文化素养课程；“和健”，即身体柔和，灵动康健，如艺术教育课程；“和美”，即我与艺和，美由心生，如艺术教育课程；“和智”，即启迪智慧，共同成长，如学科课程体系；“和融”，即群体共和，其乐融融，如活动课程体系。

“明德文化”课程体系——书香之美。整个校区围绕“明德育人”的办学理念，以“崇真、至善、明礼、尚德”目标为引领，将校本教研与课程建设深度融合。我校围绕国家课程校本化实施与基于学生核心素养课程构建，实现三级课程整合，提高课程实施效率。同时，我校制定了《明德与生活》《明德与社会》课程整合标准，将《品德与社会》与校本课程进行内容、实施策略与课时的整合。并且，依托课题研究，进一步优化实施英语拓展课程《读者剧场》。

“幸福”课程体系——生态之美。学校以“生态教育”为主线，将课堂学习与课外学习、统一标准与特色标准、共性发展与个性发展紧密结合，逐步构建了开放性、动态性、多元化的“三化一体”幸福课程体系。并且围绕学生的日常生活，设计了个性化的活动课程，包含艺术教育、入学教育、毕业教育、班会主题教育等十大活动课程。

二、提升教师质量，培养优质学子

习主席曾说过，一个人遇到好老师是人生的幸运。我们认为，当一位老师遇到善良阳光的学生也是自己一生的幸运。所以我校把“教师争做学生喜欢的老师，学生争做老师骄傲的孩子”作为一种风气。

坚定教师民族责任感，做有理想信念的老师。我们立足习主席提出的做“有理想信念，有道德情操，有扎实学识，有仁爱之心”的“四有”好老师标准，在全校开展“和美教师”活动，并且扎实开展师德教育月活动，通过师德演讲、评选“月度教师”等多种形式，增强教师的民族责任感与理想信念；多措并举美教精艺，做有扎实学识的老师。学校通过组织开展多种形式的学习培训活动，不断提升教师的业务水平。放学后加班组织教师开展研训一体的教研活动，提升教师的教学能力。同时，学校力求教师团结合作，和颜悦色，宽和待人，以美育美，做有道德情操的老师。学校无小事，事事是教育；教师无小节，处处是楷模。做阳光快乐、“会笑”的老师，保持阳光的心态，帮助学生树立乐观积极的人生态度。

学校以“培养兴趣、养成习惯，开心活泼，启迪智力”为主要的培养目标，通过加强日常习惯养成，生活模拟体验等多种教学方式，落实目标的培养。我们的小学生培养目标为：能够和乐共进，知美善美，言行兼美的好少年，具有良好习惯、规范行为、热爱学习、阳光大气、全面发展、个性鲜明的品格。我校努力转变学生的学习方式，把对学生的评价与日常学习、生活结合起来，激励学生学习兴趣；把德育教育与课程整合进行了深入研究，初步构建了学校的德育课程体系。

三、深入探索研究，推动全面发展

在全面提高教学成绩的同时，我们进行多种有益的尝试：加盟开发脑的科学研究，成为十三五国家社科类课题的子课题承办校、脑科学实验校；推广网络课程，与华中师范大学、北京童年一课公益组织、云南是光诗歌、广州美术口袋等网络公益组织建立起多年的线上互帮关系，带给乡村孩子不一样的童年；书法、跳绳、美术、易筋经等兴趣小组为学生成长奠定了坚实的基础。

为提高家长的教育认识，营造良好的家校共育合力，2018年我校修建家长学校。先后邀请北京慧宇集团周溶溶讲师，上海“我在”关爱乡村儿童父母教育，清河县新家长学校孙丽园长等为家长培训20多场，取得良好效果。

走“和•美”文化立校之路，弘扬“和•美”文化育人之风。我校会始终树立立德树人信念，多学科多角度齐头并进，搭建师生成长的舞台，以课程建设带动学科发展，以活动开展促进教学质量的提高，努力打造优质乡村教育的品牌，更好地服务于乡村教育。

坚持价值导向　落实立德树人

——河南省淮滨高级中学构建“一三六”立德树人落实机制的实践与探索

河南省淮滨高级中学　李明　郑俊

党的十八大以来，习近平总书记提出“把立德树人作为教育的中心环节、根本任务”，强调要“健全立德树人落实机制”。为使立德树人在学校教育实践中真正落地，河南省淮滨高级中学立足学校实际，以立德树人为价值导向，合理规划学校发展，全面开展实践探索，逐步构建起“一三六”落实机制，即“一个办学思想、三维价值追求、六位一体目标”，以思想、价值和目标共同促进立德树人的内在机能及其运行方式，最终实现培养德智体美劳全面发展的社会主义建设者和接班人的教育目标。

一、“一三六”立德树人落实机制的价值导向

凝练办学思想，关注生命成长。借助教育部中学校长培训中心专家的引领，淮滨高中结合学校的传统和优势，基于多年的办学实践，凝练出学校的办学思想——“教育：生命对生命的影响”，界定了教育的本体是“生命”，教育的行为是“影响”，教育的价值是“生命成长”，并在办学实践中不断丰富和完善。

思想是行为的先导。基于“追求生命自觉”的目标指向，淮滨高中关注学生的内心世界，从“生命影响”到“生命自觉”，从九大领域聚焦到学校文化、课程建设、课堂改革、教师成长、特色活动、学校管理六个方面，全面挖掘师生的“认同自觉、选择自觉、学习自觉、发展自觉、成长自觉、行动自觉”等深刻内涵和教育意义，不断丰富与发展办学思想，塑造学生纯真的心灵，着力培养学生积极的心理品质和乐观向上的品格。

确立价值追求，指引发展航向。每所学校对教育都有自己的理解和追求，一所学校的学生培养、教师成长和学校发展靠的就是共同价值追求。对全体淮高人来说，落实“立德树人”，必须致力于“让每个孩子都能成为有用之才”的教育理想。在“教育：生命对生命的影响”思想引领下，淮滨高中秉承“为生活幸福奠基，为生命精彩引航，为使命担当铸魂”的价值追求，构建起全面培养体系，开展思想指导下的系统实践，落实立德树人根本任务。一方面，致力于培养学生的思辨品质、思维方式和思想方法，注重提升学生的生活能力、学习能力和发展能力，努力让学生拥有善良的人性、旺盛的生命和高贵的灵魂。另一方面，努力唤醒人性中的善良，教人学会感恩、感悟，提升生活能力，为个体拥有幸福的生活奠基；丰富学生生命内涵，促进生命自觉，提升学习能力，引领生命走向属于自己的精彩；铸就使命担当精神，强化价值导向，提升发展能力，塑造高贵灵魂，使每个学生的人生充实而壮丽。

开展系统实践，追求生命自觉。在“教育：生命对生命的影响”教育思想引领下，淮滨高中以“培养具有生活幸福品质、生命精彩能力、使命担当精神的德智体美劳全面发展的社会主义建设者和接班人”为目标，探索构建“一三六”立德树人落实机制，开展思想指导下的系统实践，办学特色逐步彰显，教育价值不断实现，师生生命茁壮成长。

构建教师教育教学策略学习共同体，立己立人。淮滨高中着眼于教师专业化发展，充分发挥教研组的作用，将之作为教师进行教学研讨交流、生发教育活力和产生教育智慧的源头，组建4-6人的教师教育教学策略学习共同体，引导教师牢固确立“立德树人”的职业理想与操守，增进交流学习。由于人数少、灵活度高、便于管理和组织，教师学习共同体的成员更方便围绕如何将“立德树人”渗透到学科教学过程而开展研究与学习，也便于在相互影响中不断修正、调整思路方法。

实践探索构建立德导向机制，达己达人。淮滨高中依托《河南省普通高中特色化发展实践研究》《基于追求生命自觉的普通高中特色化发展实践研究》《基于推进普通高中多样化有特色发展的普通高中育人方式改革》等课题研究，制定实施方案，围绕“思想、管理、课程、课堂、评价、教师、学生、文化、活动等领域开展立德树人实践研究，构建“立德”导向机制，形成多元“育人”体系，以满足学生的不同需求，助力学生全面健康成长。

及时推广研究成果形成立德树人长效机制，觉己觉人。淮滨高中通过实践探索逐步构建起基于社会主义核心价值观的特色文化、基于学生发展核心素养的学校课程体系、基于“让学习发生”的课堂改革路径、基于师德涵养与教育科研的教师专业发展体系、基于生命成长的活动体系、基于培养目标达成的评价体系等，并将研究成果及时应用于办学实践，在实践中加以验证，不断丰富和完善，在持续发展中发挥示范引领带动作用。

二、“一三六”立德树人落实机制的实施路径

坚持价值引领，强化师生文化认同。在“教育：生命对生命的影响”教育思想引领下，淮滨高中围绕立德树人根本任务，积极培育和践行社会主义核心价值观，深入开展中华优秀传统文化教育，加强学生品德教育，帮助学生养成良好个人品德和社会公德。加强指向认同自觉的学校文化建设，引导师生挖掘文化内涵，提升师生文化传承责任意识；把办学思想融入地域特点和学校传统，凝练出以“润”为主题的学校特色文化，着眼于对生命的唤醒、浸润和影响，形成了基于生命影响、指向生命自觉的学校核心文化体系；以彰显和传承学校文化为己任，引领师生提升文化自信，促进师生主动认识、自我创建、自觉传承，并不断用自己的智慧和行动继承、开拓。

推进课程建设，满足学生成长需求。一所学校只有有了自己的课

程体系，才会有自己的特色，才能有效地达成学校的培养目标。淮滨高中深入贯彻国家教育方针，遵循高中生认知规律，融入时代发展主题，以坚持“立德树人”和践行“社会主义核心价值观”为导向，以满足生命成长需求为目标，本着价值性、丰富性、开放性的课程设计理路，通过全面整合、系统建构的实施路径，构建了独具特色的校本课程体系。一方面，合理安排三年各学科课程，五育并举，开齐开足道德教育、体育与健康、艺术、综合实践活动和理化生实验等课程；另一方面，加强学校特色课程建设，构建特色校本课程体系，开发道德教育课程、素质拓展课程、创客教育课程、劳动教育课程、飞行员苗子生“蓝天课程”等特色课程，以满足生命成长需求，并在课程实施中提升师生的课程意识和选择自觉。

立足课堂教学，营造理想学习样态。淮滨高中把课堂作为生命影响发生的主阵地，从学生的学习需求出发，从学科知识的根本之处入手，以“让学习发生”为课堂教学目标，探索基于课程标准和教学实施的技术路径，形成了互联网背景下的“学习前置、问题驱动”智慧课堂行动路径，助力学习方式变革，培养学生学习能力和适应终身发展和社会发展需要的正确价值观念、必备品格和关键能力。围绕“让学习发生”课堂教学目标，探索构建并不断创新课堂教学模式和策略，在对话中点悟学生，在探究中点燃学生，在生成中点化学生，促进学生进行知识、意义的自我构建。从追问课堂、定义课堂到勾勒课堂场景、生成课堂文化，从构建良好的课堂生态到营造理想的学习样态，强调学生在自主、合作、探究学习过程中发现问题、生成问题、解决问题，促进了教与学方式的深层变革，让课堂教学成为师生品味幸福、体验成功的丰富生命的过程。

依托活动载体，加强学生发展指导。为扎实有效地提高学生的思想道德素质，促进学生道德品质和谐发展，学校一方面依托学科教学活动，加强对学生理想、心理、学习、生活、生涯规划等方面指导，帮助学生树立正确理想信念、正确认识自我，更好地适应高中学习生活，处理好个人兴趣特长与国家和社会需要的关系，提高学习和发展的自主选择能力。另一方面，构建基于生命成长的学校特色活动体系，根据不同年级特点搭建活动载体，开展爱国教育、职业生涯规划、军训、国防教育、法制教育、“道德讲堂”等丰富多彩的主题活动，引导学生在活动中点悟心灵、点燃精神、点化智慧，在影响中走向生命自觉。

三、“一三六”立德树人落实机制的的实践成果

在“教育：生命对生命的影响”教育思想引领下，河南省淮滨高中秉承“为学生的生活幸福奠基，为学生的生命精彩引航，为学生的使命担当铸魂”的价值追求，围绕立德树人根本任务，开展指向“生命自觉”，覆盖学校文化、课程建设、课堂改革、教师成长、特色活动、学校管理等领域的系统实践，探索全员、全过程、全方位育人的路径，健全立德树人落实机制，取得了丰硕成果。

学校文化：浸润化育，形成“认同自觉”。淮滨高中立足办学特色，深入挖掘学校文化内在因素和思想，凝练文化主题，构建了以“润”为核心（润“学”、润“善”、润“美”）、以五类文化（精神文化、物质文化、制度文化、行为文化、网络文化）为主体的学校特色文化体系。“润”文化全面涵盖了以“促进生命成长的价值追求、生命影响的教育理念、潜移默化润物无声的教学艺术”为主体的学校文化内涵，成为引领学校发展、师生成长的重要精神力量。

课程建设：丰盈滋养，形成“选择自觉”。淮滨高中实施国家课程校本化工程，搭建校本课程整体框架，完善“三线合一”的学科教学设计，基于课型研究进行学程设计；开发丰富的课程以满足学生发展多样需求，探索和完善了四大生命化特色校本课程模块，构建了“科学、人文、语言、数学、生命”五位一体的理念先进、特色鲜明的学校课程体系；推行多元课程供选模式，以落实课程实施的选择性。这种基于学生发展核心素养的学校课程体系建设，促进了师生共建共享、自知自省，真正将课程与教育教学融为一体，更好地关照学生的个体特长和差异，满足发展需求，培育选择自觉。

课堂改革：对话交流，形成“学习自觉”。淮滨高中基于“让学习发生”的课堂教学目标引领，从学生需求出发，以问题为主线，以信息技术与课堂融合为平台，在原有的“三段六块、立体交叉”课堂教学模式的基础上进一步提升构建起“学习前置、问题驱动”课堂教学模式，并结合“互联网+”和大数据的背景，探索构建“C-S-L多元互动课堂”。通过生命对话，唤醒学生的自觉意识，促进学生勤于追问、乐于探究、勇于思辨的学习品质的形成，助力学生走向学习自觉。

教师成长：互助引领，形成“发展自觉”。淮滨高中始终把教师成长作为学校发展的第一要务，坚持“德能并举，做好学生生命引路人”的教师发展理念，从生命相互影响的高度，组建教师学习共同体开展同伴互助，实施青年教师培养导师制，发挥专家引领作用，开展课题研究，依托名师工作室和教师发展学校等形式，搭建学习平台，开展多种活动，构建基于师德涵养与教育科研的教师成长体系，全面助力教师专业成长。一群人才能走得更远，在教师队伍建设中，学校充分激发教师互助引领的效用，引领教师在共同的价值追求中提升发展自觉。

特色活动：实践创新，形成“成长自觉”。教书育人在细微处，学生成长在活动中。淮滨高中拓展活动路径，丰富活动内涵，提升活动参与度，引领学生在社团活动、创新活动、社区服务等实践中提升综合素质，铸造使命担当精神。目前，学校注册登记的社团共有65个，涵盖公益实践、体育竞技、文化艺术和学术科技等四大类，指导老师130余人，受众人数5000人以上。基于生命成长的特色活动的开展，激发了学生的兴趣，使学生充分认识并发挥自己的特长，在参与中展示自己、丰富自己，关注社会，增强责任，培养家国情怀，彰显担当精神，促进成长自觉。

学校管理：团队共襄，形成“行动自觉”。学校治理强化思想引领，凝聚共同价值追求，在学校具体事务管理过程中通过与全体师生的互动激发出彼此潜在的首创精神和专业特长，使领导者成为一个创造的整体，相互协调、相互启迪，形成“管理共同体”。学校按照年级工作年级主任负责制、处室工作处室主任负责制、工作计划与经费预算对应制、工作绩效与经费决算对应制等，实行处室与年级并存的管理运行机制，构建基于生命和谐发展的评价体系，建立规范有力的执行机制。在精神与人格相互影响与感染中铸造团结奋进、竞争合作的团队精神，在充满对人的生命的关怀与尊重过程中，促进生命自省，达成行动自觉。

不忘初心，方能砥砺前行。目前，淮滨高中正处于特色与创新发展阶段，必须牢牢立足学校特色，围绕立德树人价值导向，全面规划学校发展，统领学校的课程建设、课堂改革、教师成长、特色活动，构建并不断“一三六”落实机制。虽然学校所开展的系列实践取得了可喜成果，但教育这片沃土永远需要辛勤耕耘。面对未来，全体淮高人定将坚定信念、不断前行。

树德立人聚诚心　特教事业迎桃李

河南省开封市特殊教育学校　樊清分

少年强，则民族强！全面贯彻党的教育方针，落实立德树人根本任务，发展素质教育，推进教育公平，是每一所学校肩负的使命，也是在教育改革上的不懈探索。我校创办于1946年，是河南省第一所特殊教育学校，也是一所以听障、视障教育为主的综合类特殊教育学校，担负着全市及周边地区残疾孩子的教育、康复、培训任务。目前，我校有在校生192人，小学部、初中部和高中部共教学班17个，教职工56名。一直以来，我校秉承“内抓质量，外树形象，以人为本，有爱无碍”的理念，积极凝聚规范、文化、民主、激情这些正能量，竭尽全力将学校逐渐打造成一所环境优美、设施先进、充盈文化气息、闪耀人性光芒、彰显现代文明的幸福校园。学校先后获得河南省特殊教育先进单位、河南省首批示范性特殊教育学校、河南省精神文明单位等荣誉称号，这些荣誉都是一代代开封特教人，辛勤耕耘，用爱和责任累积的结果，也是我校全体教师值得学习一生的楷模。

一、弥足根本，树立特教事业幸福校魂

办学以来，我校以“文化立校”作为办学引领，力求提升师生的文化品位，鼓励师生阅读写作，凝聚人心，鼓舞斗志，以健康高雅的文化树立学校的品牌形象，以面朝大海的胸襟去描绘春暖花开的美好愿景，增强师生对学校的归属感，营造幸福的氛围。有人说“教师是平凡的”，特殊教育老师更是如此，平凡得就如一颗铺路石，默默无闻地奉献着青春年华。在特殊教育这个既平凡又特殊的岗位上，每天都在上演着种种不为人知的点滴感动。我校通过“汇集点滴感动，凝聚强大力量”活动，挖掘身边的点滴感动。每年，我校还会评选出“年度感动特校人物”。老教师对学生至深的爱，感染着周围的年轻老师。

“书香”是学校之魂，书之香气如同花香一般弥散在校园的每个角落，使全校师生能从书本中源源不断地汲取阳光和力量。为了提升师生素养和个人修养，引领师生营造丰富的精神家园，我校每年均举行“书香校园——教师共读书”系列活动。每年的寒暑假飘散着淡淡的书香。老师们利用假期悠闲时光，修养身心、补充精神食粮。阳春三月，初春的校园泛着新绿；金秋十月，桂花的香气弥漫校园。我校师生共聚“知十堂”开展了教师“朗读者”读书分享活动和“让阅读成为一种习惯——教师共读一本书”活动。这些活动既给老师们提供了交流思想的平台，也对营造“书香校园”发挥了重要作用。

二、铸魂培根，打造志坚力强特教强师

2015年9月，我校迁至新校区，与国家、全省特殊教育事业发展的宏伟乐章同频共振。今年我校在办好义务教育阶段教学的前提下，着手向两端延伸，成功开设了听障、视障职高班。目前，我校在校生192人，教职工54名。多名教师被评为全国模范教师、省优秀教师、省中小学幼儿园教育专家、省级学术技术带头人、省级优秀班主任、省级师德标兵、省级文明教师、省级骨干教师。我校不忘加强队伍建设，提升教师素质。促进教师的专业成长，使他们在教学改革中找到自身发展方向。2019年5月，我校与郑州工程技术学院举行了优质生源基地授牌仪式，仪式上，郑州工程技术学院副校长甘勇在讲话中对我校的办学条件和近年来所取得的成绩表示赞赏，他介绍了郑州工程技

术学院基本情况与办学特色，提出在人才培养、专业建设、师资队伍建设等方面拓展合作渠道，实现合作共赢。能成为郑州工程技术学院的“优质生源基地”，是对我校的充分认可与肯定。结合我校实际情况，我校确立“教育引导、加强管理、悉心培养、鼓励上进”的原则，实行“年级段、教研组，以老带新，新老挂钩”的师徒结对；形成“校长负责、教务处专管、骨干帮教、名师引领”的管理体系。

二期提升计划实施以来，我校以加强特殊教育教师职业道德建设为核心，以提高教师实施新课程的实践能力为重点，积极组织并认真开展了一系列教师培训工作。通过办讲座，解读课标。推动特殊教育课程教学改革。采取“请进来、走出去”的方式。提升教师的专业素养，更新特殊教育理念，促进特殊教育教学品质提升。为了充分发挥我校骨干教师的示范作用，加快青年教师成长的步伐，我校还开展“青蓝工程——师带徒”活动。师傅和徒弟深入课堂听评课，传授班主任工作经验，徒弟虚心向师傅听课取经，师傅耐心为徒弟传授经验。学期末，我校还举行了“青蓝工程展示课”活动。在骨干教师的引领下，我校课堂质量明显提高，凸显了特殊教育课堂的特色，青年教师素质明显提高，骨干教师的教育科研能力也大幅度提升。我校还成立了“名师工作室”，开展丰富的活动，指导工作室成员教育教学工作，实现名师效应，有效发挥了党员的先锋模范作用。

三、以课为本，推进特教事业多元发展

二期提升计划实施以来，我校大力推进课程教学改革、打造丰富多彩的校本课程。在认真落实国家以及地方特殊教育学校课程计划、课程标准的同时，还结合学生实际，积极开发打造诸多特色鲜明的校本课程，以期能够通过校本课程的开发和有效补充，丰富我们的日常教学，帮助孩子们掌握更多的特长和本领，为孩子的成长、成才打开一扇窗。我校根据办学思想和培养目标，结合当地特点、学校实际资源，开发了《生活指导》《国学》《一起玩数学》《一起来阅读》《一起游汴梁》《一起赏民俗》等校本课程。既培养了学生的实践能力，进一步开阔了学生的视野，促进了学生全面发展，真正践行了素质教育理念，也凸显了学校办学特色。今天，我校为聋生开设了书法、烙画、国画、油画、舞蹈等课程，为盲生们开设了国学、声乐、器乐、朗诵、演讲等课程。还调动校内老师和社会上专家、专业人士的力量，以校本课程为载体，在为孩子们送去特长和本领的同时，也为他们送去了成长的快乐体验。我校也鼓励学生根据各自兴趣和特长组建或者加入到朗诵、演讲、舞台剧等社团中，通过丰富多彩的社团活动丰盈了在校文化生活，也丰盈了学生的成长体验，增强自信。另一方面，我校大力发展职业教育，听障职业高中部，开设中餐烹饪、中西糕点制作等专业，加强学生技能训练，办好学校特色专业；视障职业高中部，开设音乐教育专业，开足开齐各门高中课程，开设推拿按摩、葫芦丝、竖笛、二胡、声乐等艺术课程，切实提高残疾学生的综合素养。还投入专项资金培养教师学习专业技术，购买烘焙全套设备、冷热饮系列设备、足疗按摩设施、先进的缝纫机、锁边机和绣花机，为职业教育提供了有力的保障。时至今日，我校诸多接受了烘焙、烹饪、按摩推拿、缝纫等职业教育的孩子，已经成为用人单位争相预定的“香饽饽”，学生们在学习了一技之长的同时，实现了自我价值，增强了与人沟通和融入社会的能力。

另外，德育培养是我校一贯重视的工作。我校德育部门坚持“以德育创新为动力，以行为养成教育为核心，以加强班主任队伍建设为重点，以强化班级管理为突破口，以丰富多彩的活动为抓手”，建立健全德育评价机制。我校德育活动内容多样根据季节、时间等组织不同主题的活动：如三月份的安全教育、学雷锋活动教育。四月份的传统节日教育，五月份的红色教育、助残活动等。让学生感受来自社会各界的关爱，让学生树立理想信念，充满希望。我校也重视学生情感教育，以“感恩教育”为切入点，积极引导学生学会“感恩社会、感恩父母、感谢老师”，做一个心中有爱、眼中有光的好少年。定期组织班级承办学校集体生日会，增进彼此之间的了解。还以特色项目促进学校的整体发展，让师生在浓郁的文化氛围中去体验学习和生活的幸福。2017年4月起，我校定期开展“送教上门 以心暖心”工作。针对脑瘫、自闭、智障儿童进行入户送教，对家长进行康复途径和方法的指导。为不能到校就读、需要专人护理的残疾学生提供规范、有效地送教服务。让特教事业更具温度，照亮和温暖更多的残疾儿童和家庭。

四、初心不殆，静待春风化雨美好未来

新时代，新使命，新征程。我校全体教职工将不驰于空想、不骛于虚声，继续秉承“内抓质量，外树形象，以人为本，有爱无碍”的理念，积极积聚规范、文化、民主、激情这些正能量，锐意进取、砥砺前行，竭尽全力将学校逐渐打造成一座环境优美、设施先进、充盈文化气息、闪耀人性光芒、彰显现代文明的幸福校园。

为教育甘为人梯　献青春无悔人生

河南省开封市祥符区第二实验小学　刘建华

教育事业之所以伟大，是因为它关爱着每个孩子的未来，关注着每位教师的发展，关系着祖国的强大。为顺应学生发展和人才成长的新时代要求，我始终坚守教育之道，遵循教育规律，以“让教育有灵魂，让学校有生机活力，让教师享受美好教育生活，让每一个学生全面发展”为导向，求真务实，思变持恒，砥砺前行，发展学校，成就教师，成长学生！

率先示范做榜样

火车跑得快，全靠车头带。一个好校长就是一所好学校。2018年，已有近20年教育经验的我调任祥符区第二实验小学校长，开始参与学校前期建设工作，并全身心地投入到了学校的工作中。

万事开头难，一个新的学校亦是如此。除学校教学工作外，各项基础建设也有待完善：经常性的清除垃圾，整理土地，美化校园，栽花种草。建校初期，学校没有资金请工人，我就带领学校老师一起干，干起活来就忘了时间，干到晚上八、九点钟都是常事，没有路灯照明就打开车灯进行，活不干完誓不休。平时在家“十指不沾阳春水”的女教师，如今个个都锤炼成了女汉子。毫不夸张地说，自2019年9月份开学以来，全校老师从来没有休息过一个完整的周末和节假日，学校35000册图书的系统录入、体音美教室和科学实验室的整理工作都是由我带领老师们利用休息时间完成的。

办一所有梦想的学校

德国哲学家雅斯贝尔斯说过：“教育意味着一棵树摇动另一棵树，一朵云推动另一朵云，一个灵魂唤醒另一个灵魂。”所以，让教育有灵魂，让学校有生机活力，让教师享受美好教育生活，让学生全面个性发展，这才是真正的教育。十年树木，百年树人。一所学校的梦想就是要办真正的教育，就是要坚定教育信念，探寻教育本源，全力办学生怀念、教师幸福的教育，为祖国培养更多的优秀人才。

学生心中的好妈妈。办一所学生终生怀念，无论将来他走到哪里，一想到他的母校，都热血澎湃的学校。学校一切基于学生，一切为了学生，教孩子六年就要为孩子的六十年考虑，为他的一生奠基。2018年3月，祥符区教育园区内的第二实验小学和教育幼儿园动工修建，为使两所学校尽快完成施工并投入使用，我常常奔波于财政局、土地局、住建局、电业局、消防大队和政府等多个部门之间办理各种手续。经常是饿了，买个烧饼和一瓶水。为了使整个教育园区看起来更加大气、美观，我和局领导一起多次驱车到市区几所知名学校和兰考一高实地考察研究，拿出最佳方案。2019年8月，在多方努力下，两所学校均顺利完工，第二实验小学也于九月份招生开学。每天天刚蒙蒙亮，我就会第一个来到学校开始一天的忙碌生活：校园巡视一遍之后，到厨房查看老师早餐的准备情况；走进校门口，迎接第一个入校的孩子，倾听家长的心声；早读时间和值班老师一起查看学生诵读经典；深入教室听课评课；夜幕下，巡视完校园每个角落最后一个离开。“刘校长对学校的感情比对自己的儿子还深。”很多人都这么开我的玩笑。

同事眼中的工作狂人。“青春是用来奋斗的，奋斗中的人最美。”这是我经常鼓励老师们的话。走路总带着风，这是所有熟悉我的人对我的感觉。到学校总是有许多事情等着我去做，哪有时间停下来休息？很多时候，大家只有在中午吃饭的小空档里能看到我匆匆吃饭的身影。老师们经常说：“看到刘校长整天精神抖擞的样子，我们浑身都充满了力量，她是我们的精神支柱。”

家长眼中的好老师。在调入第二实验小学之前，我一直都在教学一线工作，而且多年的班主任工作使我的班级管理经验很丰富。对待孩子，我总是恩威并施、宽严相济，且工作方法深得家长认可。而且，我总是用自己积极进取、乐观向上的人格来影响学生。家长总是说：“孩子能跟着刘老师，真是幸福。”

彰显爱国主义教育的国旗课程

国旗是旗帜，更是一把永不会熄灭的火炬。每位少先队员对国旗都有着别样的深厚情感，这种情感是我们民族精神的核心，也是振兴中华实现民族复兴的必然要求。“少年兴则国兴，少年强则国强。”国旗下的爱国主义教育是提高民族素质的重要工作，学生作为建设祖国未来的希望，我们更需要不断培养他们高尚的美德和爱国的情感。

集体主义———军训篇。“立正”、“稍息”、“向右看齐”、“向前看”……只听国旗台下传来一声声洪亮而又严肃的口令声。循声而去，原来是我们在军训呢！每个小朋友都非常的认真……温室里的小花朵接受了狂风暴雨的考验才能不断茁壮成长。同样经过军训的历练，小朋友们都收获许多，也懂得了团结的力量。

集体主义———合唱篇。听！一阵阵悠扬的歌声荡漾在学校的各个角落。2020年6月1日，祥符区第二实验小学为传承革命精神举办了一场“传承革命精神暨庆六一”红歌合唱比赛。全校学生以最饱满的热情和精神状态，挥舞着手中的小国旗，和着优美的旋律，唱着动听的歌曲……

以爱国主义教育为主题的国旗课程，润物细无声地影响着每个人。如今，以爱国主义教育为主题的国旗课程已经成为我校的一大特色。

带领全校党员同志坚守抗疫第一线

2020年2月，全国新冠肺炎疫情进入高发期，防疫形势更加严峻。在这危急时刻，接到上级指示，党员同志到全区各个防疫卡点进行24小时执勤。

我积极响应这一号召，带领学校全体党员同志和学校中层领导在卡点认真工作：进出人员和车辆登记、测体温、消毒。每项工作都一丝不苟，确保党旗在执勤卡点高高飘扬。在祖国需要的关键时刻，我带领老师们认真工作的精神，得到上级领导的高度赞扬。

这段时间，为了让老师们安心在家隔离，减少人员流动，我就一个人吃住在校，确保了疫情期间各项工作的顺利开展。

和学校一起共同成长

"学校是我看着一点点建起来的，实在不容易，我要和他一起成长。"虽然我刚刚40岁，但学校繁重的工作已使我的头发半数已白，气血严重亏损，去年9月到11月学校刚刚开始运行期间，我足足瘦下了20斤。医生劝我不能为了工作不要命。虽然开了药，但我总是忙得吃了上顿忘了下顿。只要一有工作，我还是那样风风火火，不顾一切。

以前当老师总感觉仅仅是在做一份工作，现在做了校长，我觉得自己是在干一份事业，一份良心的事业。既然领导把一个学校交到我这里，我就要不负重托，责无旁贷把它干好。

德高方知勤政乐，心正才觉清风香。只要从事教育事业一天，我就要对教育充满热情，对师生充满真情。在我的影响下，第二实验小学已形成了积极向上的校风和学风，赢得了广大学生的爱戴和家长的信赖。

因为梦想，一所好的学校一定会方向更明确、脚步更坚定，我将一直沿着国家教育发展的要求，遵循教育发展的规律持续精进，不断前行，培养出更多的优秀人才，为祖国的发展贡献更大的力量！

守正创新　立德树人　绽放生命精彩

河南省灵宝市第四实验小学　李照辉

灵宝市第四实验小学位于灵宝市阳平镇鼎原路东段，北眺黄河，东依荆山黄帝铸鼎原，占地86亩，建筑面积近3万平方米。现有24个教学班，1100名学生，教师65名。学校充分挖掘利用得天独厚的地域资源优势——黄帝文化，提炼出了学校的理念文化，确立了精·典教育为学校的文化主题、教育品牌和办学特色，我们的校训是：精彩每一天。办学理念是：让生命精彩　让学校经典。学校设施一流，四年来办学规模不断扩大，从学校办学理念、教师发展、课程建设、学校文化等方面改革创新，走出了一条润泽生命、启迪智慧的"精·典"生命教育实践之路。让农村的孩子在家门口就能享受到公平而优质的教育，提升学生生命质量。

一、创新生命教育的办学理念，坚守"立德树人"初心

要办好一所学校，校长必须树立正确的教育观，教育观不仅要有高度，还要有一定的创新和超越。灵宝市第四实验小学以立德树人、五育并举为核心，坚持生命教育的探索与实践，面向全体，以德为先，努力让每一个生命得到充分发展，全面健康成长。一是人与自我的生命教育，悦纳自我。首先是发现生命价值的过程，其次是养成良好生活习惯、卫生习惯的过程，再次是丰富生活内涵，提高生命质量的过程。二是人与自然的生命教育，尊重自然。就是要让师生了解自然、亲近自然、敬畏自然，从而真正的与大自然和平相处，实现生命价值的提升。三是人与社会的生命教育，奉献社会。每个人都是社会的一分子，在这个社会里，每个人都应遵守公共秩序、明德礼法、敬德修业和克己奉公。

在北师大生命教育研究中心肖川教授、曹专老师等专家指导下，精·典教育在生命教育的认识上有了新的突破，理解上有了更多的创新，学校办学理念由最初让每个师生的生命都精彩，到让校园里的每个动、植物的生命都精彩。学校以"立德树人"为核心的生命教育理念创新，培养有国际视野、家国情怀、身怀技能、法治思维、科学创新、大德大爱、心向阳光明亮温暖的人，学校的办学理念和育人成果逐渐得到学生家长和社会各界高度认可。

二、创新生命教育的教育实践，落实"立德树人"根本任务

秉承生命教育理念，让立德树人的教育方针落地生根并茁壮成长，我们进行了特色的、个性化的探索。

（一）德育培养有着生命的热度

以价值体认教育、身心健康发展、课堂教学改革、合作智慧学习来让每一个孩子在生命体验、生命叙事、生命宣言中多元认知，积极认同，践行社会主义核心价值观，凸显德育工作的实效性。通过特色课程、主题活动、学科渗透、研学考察等，让优秀的民族文化和先进的国际理解与学生生活相结合，让孩子们学会尊重、共处和合作，担当起时代的责任和义务，从而形成正确的世界观、价值观和科学的思维方法，促进学生全面发展。体验提升学生的生命认知，以活动促发展，深化体验式德育，让学生通过田园劳动实践，体验生命的孕育、生长和结果，强化生命意识。社会实践研学，劳动体验创新，艺术审美活动，让学生在田间地头、家务劳动、艺体活动等动手实践中树德、增智、强体、育美。生涯规划教育让孩子明晰方向，"德育导师"活动，让师生在"我——你"的对话中，以生命唤醒生命，让校园生活成为师生幸福美好的生命体验。

（二）课程有着生命的深度

今天的孩子，未来的建设者。如担当责任则涉及生命教育、科学教育、社会教育、道德教育、责任教育，是每个孩子在成长过程中必修的人生功课。学校根据地域特色，融合最鲜活的学科知识，对生命的珍惜与尊重，对生活的反思与学习，让孩子乐学、好学，成为更好地自己。研发精博课程，遵循自然的原则设计劳动教育课程，让学生融入自然，亲近自然，在与自然的亲密接触中体验、感悟、学习。以"二十四节气"为文化支撑，以农耕教育为基础，"田园课程"为载体，通过打造一个课程基地、盘点一套课程资源，"四类十六种"（四类——亲近自然、亲自动手、亲身感悟、亲子互动）（十六种——自然观察课、自然艺术课、自然节律课、自然灾害课；种植养殖课、采摘收获课、田园护理课、美食制作课；农耕历史课、农村变迁课、农业发展课、农民生活课；共理家务课、一起劳作课、传授农艺课、传承民俗课）让学生走出教室，在校园6806平方米的"田园课程实践基地"动手动脑。老师们研发的学农校本课程让课本知识"活起来"，让小学综合实践课堂做大、做强；我们还搭建一个体验平台、探索一种实践模式，尝试"学传统文化（二十四节气）指导种植"，实施"一班一花、一班一树、一班一果、一班一菜、一班一课程"，让劳动教育走出课堂，注重实践　，使学习"趣起来"，老师和学生们共同认养的花树、种植的瓜果蔬菜，不仅美化了校园、丰富了校园餐桌，也为学生们创意手工课提供了资源。种植、照料、采摘、制作，实践基地与课堂结合后，逐渐形成了一个教学链条。师生在实践中会共处、亲乡土、乐探究，全面发展，精彩成长。

开设35个社团，打造特色精博课堂，实力街舞、创意绘画、思维课堂、缤纷彩泥、炫彩篮球、花样跳绳、童声古韵等，面向全体、彰显个性、培养兴趣、创意科技、开发潜能，减轻学生课业压力，丰富校园文化生活，丰盈学生综合素养，增值生命纵深发展。

（三）教师成长有着生命的温度

我们以"尽精细"的行动来达成"致全面"的目标，唤醒教师个体内驱力，为教师成长建立持续的动力系统，鼓励他们养成习惯，追求最美，推动他们实现每一次成长。

学校实行精英教师专业纵深发展套餐制。精研四部曲教科研模式完善：精研名师、精研学生、精研方法、精研课堂，助力精品课堂打造，服务精英教师成长；青年教师帮扶"青蓝工程"传帮带，教师成长步步有引领。学校教学名师进驻教研组，夯实年级教学根基；业务学习提升会，或理论，或研讨，或技术运用，或答疑解惑，为青年教师"输血补钙"；发挥教师特长，开展音乐、绘画、书法、美妆、礼仪等教师微讲座，提升教师个人素养；党员先锋、师德标兵、模范班主任、教学骨干最美教师等先进典型，引领青年教师稳步成长；名班主任节、名师节、"精·典教育"文化节、收获节、体艺节多种途径，催生教师出类拔萃、喜获表彰。多种活动实施，让教师的成长有着生命的温度，教师的思想有着教育的深度。

三、创新生命教育的学校突破，构建"立德树人"的文化体系

精·典教育，在生命教育实践中聚焦生命教育的意义，注重价值观的培育，坚持以立德树人为核心开展生命教育实践创新，把校园的每个点位打造的富有文化，彰显着生命气息。

学校充分挖掘得天独厚的黄帝文化优势资源，精心构建精·典教育文化体系。精典教育文化区、精致教学文化区、精英问道文化区、精美生态文化区和精彩运动文化区，五大区域楼名、路名、广场名设置富含文化；教师"三苑"——松苑、梅苑、竹苑富含气节；学生"三园"——花园、果园、菜园富有生机，文化与景观相融相生，优美的育场功能多种多样；诗词楹联量身定制，使校园温馨、灵动处处彰显灵性；精典教育主题文化、精典教育赋、黄帝铸鼎图、黄帝文化长廊珠串连接，生命育场文化底蕴丰厚。

凝目躬身，少小根苗勤抚毓；晞阳润雨，长成杞梓效轩辕。实验四小的发展规模快速扩大。在生命教育实践中聚焦生命意义的教育，注重价值观的培育，先后荣获全国中小学德育与班主任工作特色学校、全国生命教育课题研究实验学校、北京市生命教育工作室；河南省一校一品特色学校；三门峡市平安校园；劳动教育经验成果《种植研学实践　精彩共成长》《红领巾相约多彩"3.12"之劳动实践》《遇见最美的花树　增靓生命的精彩》《尊重生命快乐成长》等文章和案例在比赛中获奖或发表。作品《绿色农耕科学种植》在灵宝市第十五届学校科技创新成果展评活动中获（社会实践类）二等奖，被推送三门峡参赛；劳动教育课程宣传《田园地头大课堂》在弘农校园公众号发表，资料照片被河南省教育厅公众号、河南教育宣传网采稿使用，还被作为特色推上学习强国平台；灵宝市级课题《精典教育实施策略的

行动研究》《田园课程实施策略》2019年、2020年先后结项，生命教育实践成果《田园课程探究》结集整理，即将成为大湖学农研学基地和其他学校生命教育实践学习的范本。

势趁鼎塬，鲲鹏欲起，志当云际，锦绣未央。放眼未来，实验四小人不忘初心，牢记使命，在立德树人、提升基础教育质量上，引导师生“生命至真、生活至善、生长至美”，让精·典教育品牌向善、向上、向美，推向世界。

打造乡村美丽学校　建设和谐温馨校园

河南省洛阳市孟津县白鹤镇中心小学　蔡梦茹

为全面提高乡村教育质量，办出人民满意的教育，教育部办公厅发出推进乡村温馨校园建设工作的通知。为此，我校按照“通知”要求，把创建温馨校园建设作为学校长远发展的重要抓手，以自信文化为核心，以党建为引领，以教学为中心，以安全为责任，以特色为抓手，紧紧围绕立德树人这一根本任务，聚焦党建引领，坚持质量提升，狠抓规范管理，增强学校文化底蕴，提升学校发展内涵，扩大学校影响力，呈现出了生态文明的自然之美、可续发展的和谐之美、温暖感人的人文之美。

精细教学　提高质量

教学质量是学校的生命线，教学质量的提升式办人民满意学校的重要标志，而抓好精细教学是提高教学质量的重要保障，因此必须加强质量意识，细化教学常规，使质量意识深入到每位教师心中，成为每位教师的自觉行动。

创建“以学定教”课改范式。我校坚持“践行教育新思想，开创教学新局面，办好人民满意教育”的理念，以“先学后教”为导向，以“导学案”为载体，以自主、合作、探究为主要学习方式，以教师专业成长为突破口，以优化学生学习过程为重点，变学生被动接受为主动参与，构建学校深化课堂教学改革“以学定教”的教学范式。成立深化课堂教学改革领导小组，确定《“以学定教”深化课堂教学改革方案》，根据不同学科特点制定相应的教学流程及导学案模板；组织全体教师利用每周业务学习时间学习《课程标准》、课改方案、导学案范式等，并写出学习心得和每周一思，提升教师理论水平；举行课改观摩交流活动，分别对语、数、英、科、品等学科进行课改示范课的展示；引导教师在进行知识积累和教法归类的同时，注重反思感悟，在感悟中成长，在反思中提高。

创建“三通”阅读体系。我校通过教师引读、师生同读、学生悦读、亲子共读四种形式，着力打造“三通”（即教师、学生、家长以阅读为桥梁实现连通；各学科之间以阅读为纽带实现贯通；阅读与社团、研学等多种育人方式相结合实现融通）阅读体系，实现阅读与背诵相融合、精读与指导相融合、泛读与分享相融合、悦读与研学相融合、阅读与社团相融合、阅读与写作相融合、阅读与全科相融合。学校把每周三下午定为大阅读时间，师生共读一本书，教师对学生阅读方法进行指导，开展多种形式的阅读交流活动；利用每天晨诵时间，积累国学经典、美词佳句、古诗词等；努力营造“教师引导学生、学生辐射家庭、家庭推动社会”的全民阅读氛围，培养学生良好的读书习惯，帮助学生打好人生底色。

打造“课程化”社团。我校按低、中、高三段，设置绘画、剪纸、戏曲、体育、朗诵、书法等22个社团活动班，学生可根据自己的兴趣选择相应的社团。坚持每周五下午开展社团活动，每学期进行汇报展示；在日常社团课管理中坚持巡课制，督查每一节社团课的备课及上课情况，及时公布检查结果，并通过阶段性成果展示交流以及期末成果汇报，保证社团课的实效性和师生的共同成长；注重因材施教，充分尊重学生的个性差异，激发学生兴趣和潜能，让社团活动成为学校特色建设的重要途径；构建科学合理的社团考核评价体系，将检查评价与激励改进机制相结合，把活动课实施情况和成果汇报纳入考核，为师生提供成长和展示交流的平台。

强化管理　构建特色

近年来，我校紧紧围绕立德树人这一根本任务，以“传统文化特色”为抓手，不断从传统文化中汲取养分，通过传统文化进队伍、传统文化进校园、传统文化进课堂、传统文化进社团、传统文化进课间、传统文化进活动等形式，逐步形成传统文化教育新特色。

传统文化进队伍。我校坚持以自信文化为魂、传统文化为根，突出文化引领，不断创新教师培训方式，把传统文化纳入校园文化建设整体规划，纳入教师培训必学内容，通过一起诵读国学经典、教学研讨交流、观看传统文化教育视频、开展书法比赛等方式，让全体教师在潜移默化中接受中华传统文化的熏陶和教育，不断提高教师文化涵养，激发教育教学工作新活力，增强教师队伍的凝聚力、战斗力和创造力，形成一支肯吃苦、讲奉献、能实干的高质量教师发展队伍。

传统文化进校园。我校利用走廊、墙壁、宣传栏，以传统文化儒家学派名人资料和名句，一些诚信、礼仪、勤学、孝义等展现中华传统美德为内容，制作图文并茂的宣传喷画，让这些静止的画面变成生动的教材、无声的老师、塑造灵魂的精神家园，让同学们可以随时随处接受传统文化的熏陶，在潜移默化中达到育人的效果。

传统文化进课堂。我校以高效课堂为前沿，通过“以学定教”课改新范式，让传统文化与课堂教材相融合，努力提高课堂教学效率。

传统文化进社团。我校积极开展传统技能活动，通过社团活动使同学们的兴趣、爱好、特长等得到充分挖掘，让他们在活动中收获自信、快乐成长。

传统文化进课间。我校以“阳光锻炼一小时，幸福快乐一辈子”为目标，坚持开展国学韵律操传统活动项目，挖掘、整合戏曲艺术元素，让全校师生同唱一段戏、共做戏曲操。同时，聘请专业教练编排花样跳绳操，在《说唱脸谱》的音乐声中阳光跳跃，感受传统文化的魅力，形成了独具特色的大课间活动。

传统文化进活动。我校以传统节日为切入点，顺应每月不同时令和不同节日开展传统文化主题教育实践活动，让学生感受传统节日的浓郁氛围，体会传统节日活动的意义。如清明节开展“网上祭英烈”活动，端午节“浓浓粽子情”活动，建党节组织“我的中国梦，童心跟党走”红歌传唱活动，国庆节“向国旗敬礼”活动等，让学生在活动中感受传统文化、弘扬传统文化、践行传统文化。

校园文明　和谐融洽

构建和谐文明的校园是顺应时代发展的大事，也是我们自身成长的需要，更是一个永恒的主题。一个和谐文明的校园，将有利于培养我们正确的人生观、道德观、价值观，养成乐观开朗的个性、积极向上的态度。

文明礼仪显教养。制订规范制度，把培养学生良好的文明礼仪习惯作为重点，把训练学生习惯成行作为突破口，注重培养、训练、引导学生明确文明礼仪规范要求，使学生努力做文明小学生、文明小主人、文明小使者。

团结友爱不欺凌。通过多种形式开展防校园欺凌专题教育：利用国旗下讲话、主题班会等活动，告知学生预防方法及发生校园欺凌的紧急应对；加强行政值班和校园巡查工作，做好相关记录；充分利用心理咨询室开展学生心理健康咨询和疏导，发现校园欺凌的苗头或存在的问题，及时跟进解决，防止事态恶化。

留守儿童有关爱。真情关爱，做到学习上优先辅导，生活上优先照顾，活动上优先安排；完善规章制度，实施教职工结对帮扶留守儿童制度，建立健全教师与留守儿童的谈心制度；开展人文关爱活动，注重对留守儿童的心理健康教育；构健全社会的教育网络，形成关爱合力。

课余时间培兴趣。我校以培养未成年人良好道德品质为主要内容，精心选拔热爱教育事业、思想素质好、有较高专业技能和丰富教学经验的教师任辅导教师，将学校少年宫活动的开展与语文、传统文化、综合实践活动、学校课程、学生阅览、少先队活动等有机整合、相互渗透，促进未成年人的全面发展和健康成长。

家校社区同育人。各班选取有知识、有能力的年轻家长成立家长委员会，学校将其经常组织到一起，就学生经常出现的问题进行研究；定期开展家校开放日活动，班主任将学生在校学习、生活表现进行反馈，家长与老师进行交流沟通，把新问题作为下次培训的抓手；教师、家长、社会代表互动，填写评议问卷，评价客观，反响热烈。

校园管理　安全规范

学校安全工作是全社会安全工作的一个十分重要的组成部分，它直接关系到青少年学生能否安全、健康地成长，关系到千千万万个家庭的幸福安宁和社会稳定。我校以安全为责任，通过安全主题教育活动，增强学生自救、自护能力，确保安全知识进校园、进课堂、进头脑。

从以人为本的高度充分认识安全工作的极端重要性，建立了安全教育长效机制，加强校园及周边环境治理，安装高清数字视频监控系统，实现全天24小时无缝隙安防，安排专职门卫，加强门卫管理。建立健全各类安全档案，每学期均组织进行全方位安全排查，发现问题，及时整改，逐级签订安全责任书。通过每月一演练、每周一班会、每日一案例的方式，结合当地自然特点、学生年龄特点、季节特点，坚持经常开展主题明确、形式多样的安全教育活动，增强学生自救、自护能力。近年来，我校无一例安全事故发生，确保师生生命安全，教育教学秩序稳定。

健全传染病预防体系，落实健康教育活动。通过主题班会等形式，积极倡导“节水、节电、节粮”的理念，引导师生树立保护环境和节约资源意识，培育节约资源的良好风尚；加强学生的安全教育工作，开展反邪教、防溺水、食品安全等专题教育，定期开展防恐怖袭击、消防、地震等应急疏散演练活动；与公安部门密切协作，强化校园治安综合治理工作，确保校园安全稳定。

坚决落实学校安保工作领导责任制、责任追究制、考核激励制，确保师生安全。加强对学生的法制宣传教育，开设法制教育课，通过多种形式培养学生学法、懂法、知法、守法的法制意识；充分利用黑板报、讲座、主题班会、节日教育等多种形式，开展安全教育，增强师生的安全意识提高防范及自救能力；积极依靠和配合相关部门，做好学校及周边地区治安综合治理工作，充分发挥“校园110”的作用，把“人防、物防、技防”落到实处。

经过全体师生的不懈努力，我校于2020年12月在教育部办公厅公布的第一批乡村温馨校园建设典型案例学校名单中榜上有名，河南省内仅有四所，我校名列其中。下一步，我校全体师生将在上级的领导下，创新实干、开拓进取，凝聚筑梦，谱写白鹤中心小学新的篇章！

丰富校园文化内涵 丰润学生人生底色

——民权县实验中学校园文化建设掠影

河南省民权县实验中学 牛同堂 刘世东 栗文梅

著名教育家陶行知先生说过：“教育是要在儿童自身的基础上，过滤并运用环境的影响，以培养、加强发挥这创造力，使他长得更有力量，以贡献于民族与人类。”《中国著名校长的管理细节》一书也指出“一所学校要做大做强，理念是灵魂，制度是骨骼，文化是血脉。”一个学校的校园文化是一个学校的品牌，是学校文化底蕴的综合体现，它既反映学校硬件建设水平，又体现学校内涵发展的教育实力，同时还是学校实施素质教育的重要载体和广阔途径。由此可见，建设校园文化要对历史负责、对现在负责、对未来负责，深入思考培养什么人和怎样培养人的问题。

在建设富有本校特色的校园文化时，我校既立足国家的教育方针、时代精神又结合本地域历史文化的背景，既体现文化传承又彰显办学者的教育理念，以践行社会主义核心价值观为导向，以学生为主体，以建设优良的校风、教风、学风为核心，以优化、美化校园文化环境为重点，以丰富多彩、积极向上的校园文化活动为载体，让学生在日常学习生活中接受先进文化的熏陶和文明风尚的感染，促进了学生的健康成长，提高了学校的发展层次，形成了具有浓厚的校园文化氛围，营造出了一个文明、和谐的校园。以我校几个校园文化小故事为例：

文化长廊

在学校进入大门的东西主干道的两侧，建成了由26个不锈钢框架的宣传橱窗组成的150多米的“文化长廊”。当教师和同学们漫步于大道两边的绿柳之下，驻足于精彩纷呈的“文化长廊”中间，那生动活泼的画面和闪耀着真理光辉的文字内容就映入眼帘。其中，“校园活动动态”、“中小学教师职业道德规范”、“民权县实验中学教师行为‘十不准’”、“中学生心理健康标准”、“课堂‘十大关系’”等栏目最是吸引师生目光。

在课余时间，师生们经常会在这里驻足观赏，在耳濡目染间享受到了丰盛的精神文化大餐，使自己的思想境界和道德意识均有所提高。毫不夸张地说，这条“文化长廊”实在是校园文化建设中的一个创举，一朵奇葩。

梦想课堂

为了“培养孩子自信从容有尊严的未来”这样一个梦想，2012年，我校正式落成了一所“梦想教室”。这是一所现代化教室，有一千多册图书、十台电脑以及先进的投影设备，而最吸引人的还是“问题比答案更重要，方法比知识更重要，信任比帮助更重要”的教育理念，全新的授课方式，实用贴近生活的教学内容。

在梦想课堂上，教师不再是高高在上、管制学生的老师，而是一名长他们几岁的“引导员”，学生分组、合作、讨论，自己发现问题、寻求帮助最后解决问题，教师只是从中发现优点及时鼓励、引导。一段时间后，学生懂得了谦让与合作，学习能力大幅度提升，甚至有些爱睡觉的学生也不再打盹了，因为他们有问题要提出、要解决，要为小组争得荣誉，得一个“最佳合作小组”或者“最佳发言奖”……温馨、舒适、轻松、惬意。正如很多学生反映：一个温馨的小屋，装着许多人的梦想，每次去梦想课堂都感到异常的轻松，仿佛那是另一个世界。在那里，我们同学间互动，做游戏，仿佛那是一个幼儿园，一进里面之前的压抑感，消极的情绪都会得到缓解，我们非常庆幸除了每天学习之余还有这样一个提高修养，放松身心，丰富精神世界的优雅场所，总之，没上过梦想课，就不算来过实验中学。

“学苑之声”广播站

2013年12月，“学苑之声”广播站成立后，为学生的课余生活带来了正能量。每次伴随着悠扬的乐曲，播音员字正腔圆的传递着学生的精美文章时，教室里安静了许多，学生们都陶醉于声音所营造的文学氛围中。

在学苑之声广播站，早上的新闻广播帮助学生了解国内外的时政要闻，午间的生活广角让学生感受到生活的缤纷多彩，晚上的文学星空带领学生沉醉于大师们的经典之作，不仅极大地丰富了学生们的课余生活，也大大提高了他们的文学素养。

广大师生也通过各种形式表达了对广播站的喜爱：稿件箱满满的状态，让我校的范老师大呼广播站“生意”好；小记者招聘时火爆的场面出乎意料，考场的外面站满了迟到五分钟就不让进的学生；记者培训时，孩子们认真记录用心执行的专注神情；娱乐在线点歌时，伴随着写满祝福的小纸条居然还塞进去人民币以充点歌费；播音员招聘结束后，学生追着管理人员要求给他们一个面试机会的诚恳；学生报道校园先进人物时观察入微的精彩文笔，老师要看原稿的强烈要求；文学星空播音时由于教室喇叭坏了听不清最后结局的孩子，跑到广播站要求重播一次的请求……这些都在告诉我们：聆听校园广播成了孩子们校园生活的一部分。

广播站也是校园文化建设的一个重要方面。因为学校对于学生的教育不仅要靠老师在课堂上知识的传授，还要通过校园文化环境的影响熏陶感染。建设健康向上的校园文化，优化校园育人环境，在全校形成良好的文化氛围，就会让孩子从主观上对学校对老师的教育心悦诚服，主动追求知识，形成良性循环。

“朝花”文学社

“朝花”文学社成立于2002年学校建校之初，以“朝花”命名，取鲁迅先生“朝花夕拾”之意。一是比喻早晨的阳光、早晨的花朵；二是比喻有新意的文章；三是承接中国新文化运动的伟大旗手鲁迅先生办过的朝花社。

“朝花”文学社以“品位、时尚、创新”为目标，以“创办属于实验中学自己的刊物”为理念，以定期出版刊物为形式，以表现丰富多彩的校园文化生活为己任，不断超越，追求完美，旨在丰富第二课堂，活跃校园生活，推进素质教育，培养创新人才。该文学社出版的《朝花》校刊开设有“名著赏析”、“诗词钩沉”、“实中风采”、“实中学习”、“实中风景”、“实中快讯”、“实中人物”、“青春诗坊”、“师恩难忘”、“往事如风”、“心理讲座”等栏目，现已出版21期。出刊后，免费发放，师生争相阅读，深受师生喜爱，并得到了民权县教体局主要领导的赞誉。

“通晓”心理社

“留守儿童”一直是备受人们关注的社会问题，由于这部分孩子长期缺乏父母的关爱和管教，内心脆弱孤独，极易出现自卑、自尊心强、叛逆等一系列心理上的问题。作为封闭式全住宿式学校，我校的农村“留守儿童”较多，开展学生心理健康教育更是极其必要的。

为了更深入地开展中学生心理健康教育，我校在2014年秋季开学，由德育处组织学生成立了“通晓心理社”，由学生个人申请，共招募50名社员。“通晓心理社”以“开启心理的窗户，快乐生活每一天”为宗旨，有专业辅导老师讲解心理学，这里有丰富多彩的心理游戏，精彩纷呈的心理挑战，主题多样的社团活动，使每位社员得到了很大的提升。他们在各自的班级中，自觉开展心理知识普及、心理问题探讨、心理矛盾化解、心理危机干预、心理情感沟通，帮助同学解决日常遇到的实际问题和心理困扰，不仅提高了自我管理能力，还推动着学生群体的互助、关怀、支持，实现了学生“自助—助人—互助”成长的模式。他们就是心理健康的宣传员，让心理健康教育走进学生的日常学习生活中。

李丹校长说过：“教育不是轰轰烈烈的革命，也不是方方正正的制度，而是细水长流的滋润”。校园文化要挖掘学校优秀文化沉淀，立足本校学生的个性发展，变“补短教育”为“扬长教育”，努力把五育落到实处，为无数青少年的身心健康发展保驾护航，为提升国家文化软实力，推进社会主义文化强国建设尽自己的心力。

天道酬勤，付出必有收获。大力开展校园文化建设，提高全体师生员工的素质，缔造和谐校园，能带动和促进学校各项事业的飞速发展，取得优异的成绩，创造出一个欣欣向荣，充满生机的优质校园，曾先后荣获“河南省文明标兵学校”、“河南省教育名片学校”、“河南省学校文化建设百佳学校”、“商丘市文明校园”、“民权县校园文化建设示范学校”等称号。在今后的工作中，我们决心以国家级文明校园这一崇高的荣誉为目标，激励自己，要求自己，总结经验，克服困难，一如既往地加强校园文化建设，创建文明和谐的校园，使这枝精神文明之花越开越红，越开越艳。

浅谈新时代小学校长的办学策略

河南省南阳市第三十七小学 任成安

校长管理一所学校，既要贯彻国家教育方针、政策，执行上级指示精神，又要以生为本，依据校情，富有教育梦想，创造性地开展工作，把学校办出特色和水平。

校长的使命光荣，责任重大，对上担当着为党育人，为国育才的神圣使命，对下承载着为学生的人生打好底色，为学生人生成功奠基的民生情怀。在河南省南阳市城乡一体化示范区教育中心“三个三、六个做到”要求指引下，结合办学实践，三十七小确立的办学之策是“以德治校、以质立校、以水润校、以研兴校”，浅谈如下：

一、以德治校——建队伍

“德”是灵魂，在人的成长中起到动力和杠杆作用。“教育工作是良心活”，需要“自觉、自主、自动”，很多时候“态度决定一切”。管理队伍，经营人才是一所学校长盛不衰，行稳致远的根本所在。在工作中主要着眼两个方面：

（一）、校长率先垂范。校长努力从两个方面修炼自己，一是厚德，二是精进。厚德就是要有奉献精神，担当勇气，自律意识。奉献就是要多干活，少得利，坚守教育信仰和良知，淡泊名利，以满腔热情，高度的责任感影响、带动老师。担当就是大事难事冲向前，不计得失，能忍辱负重，既经得起表扬，又能承受起挫折考验。保持一份淡定和从容。自律就是严于律己，宽以待人，推功揽过，干净干事，自重自省自警自励，慎独慎初慎微慎友。职务意味着责任，以自己的人格魅力产生影响力。

精进就是勤于学习，躬身实践，勇于创新。用先进的理念武装头脑，用科学的知识丰富自己，用宽广的视野看教育，把握教育规律，借鉴成功经验，多读书，勤反思。校长要抓住关键，谋大局，规划学校发展，营造育人文化，管理学校课程，促进教师成长，优化内部管理，调适外部环境。守正创新，不断提高管理能力。

（二）、团队合作发展。按照“目标激励、思想教育、制度规范、培训提升、奖惩激励、情感沟通”的思路管理团队，相信人，依靠人，发展人，努力发挥人的价值，发掘人的潜能，发展人的个性。

1、目标激励，绘就一个蓝图。准确定位学校，分析优势和不足，集思广益，制定学校五年规划，确立发展目标，理出工作思路，制定工作措施。以明天的梦想激励今天。

2、思想教育，营造学校核心文化。确定主题文化，形成办学思想，加强思想领导，让文化滋养师生心灵，从规则——他律——自律——自觉。

3、制度规范，制订一套工作规则。教育家冯恩洪曾经说过，一流的企业出标准。办学思想的贯彻，目标的落实，任务的完成，都要靠制度去保障执行。学校制定《工作指南》，规范管理，从管人到管事，制定做事的标准，尽可能地减少人为因素的影响。

4、培训提高，创设一个学习平台。促学习是建队伍的重要举措，建好队伍主要任务是推进教改，推教改的目的是从技能层面，提高教育质量，办有品质的教育。学校开展好校本培训，发挥好“三大平台”的作用，以科研带教师，提高教师“三项能力”，提升教师的业务水平。

5、奖惩激励，让优秀看得见。利用经济杠杆，发挥调节的作用，体现多劳多得，优劳优酬，让奋斗者有更多的幸福感、获得感。

6、情感沟通，开展系列暖心活动。“千江有水千江月，万里无云万里天”。校长要用心做事，以诚待人，多做一些暖心、养心的事，多做一些服务工作，营造风清气正的环境，让教师心甘情愿地工作，心情舒畅地生活，心平气和地面对问题，心存高远的规划自己的发展。

二、以质立校——行生本

学校推进生本教育，把学生发展放在学校正中央。“德育为首，五育并举”，不断提高教育质量。

（一）、“德”为首，立德树人，推进生本管理。学生管理以“自管委”为平台，提供200多个管理岗位，深入探索“管理自治——教育自主——行为自律——精神自强”的管理模式，拓宽德育渠道，活化德育载体，丰富德育活动，开展理想信念教育、核心价值观教育、中华优秀传统文化教育、生态文明教育、心理健康教育，规范行为，涵养习惯，培养若水学子。

（二）、“质”为本，夯实基础，打造生本课堂。按照“常规求实，教研求真，研究课堂，提高质量”的思路抓教学，聚焦课堂，夯实基础，提升能力，重点发展学生思维，培养学生核心素养。抓好“读书、写字、演讲”三件大事，“广积粮”，为学生人生成功积蓄力量。

（三）、“体”为根，增强体质，强健体魄。开齐体育课，开展“阳光一小时”体育运动，做好“两操”，开展体育活动，每年进行体检，保护视力，引导学生参加一项喜爱的体育项目。每天布置健身作业，减轻学业负担，规定最迟睡觉时间。培养强壮的下一代。

（四）、“艺”为魂，重视美育，全面发展。规范音美教学，开展多样社团活动，努力让每位学生具有一定的歌唱、绘画技能，发展一项艺术特长，提高审美能力，陶冶生活情操。

（五）、“劳”为舟，热爱劳动，提高技能。开展劳动教育，坚持每天“十分钟”家务劳动，班级设值日岗位，开展校外实践教育，让学生在劳动中培养情感，增加知识，提高生存技能。

三、以水润校——育文化

学校文化是学校的灵魂，是一所学校生存发展独特的精神符号，是师生的精神皈依，在学校教育管理中发挥最持久最根本的影响，起到润物无声的教育效果。校长要营造学校的文化，做学校文化的建设者、推动者、发展者，做学校文化的代言人。三十七小结合所处地理位置，临白河，靠溧河，借助传统的水文化，取法于《道德经》“上善若水，水利万物而不争。处众人之所恶，故几于道”。学校确立了“若水润物”的育人理念，把“上善若水”作为校训，育人目标是“培养若水学子，上善的人”。学校构建以“水”为核心的精神文化，建设以“水”为主线的校园文化，开展以“水”为主题的活动文化。开展水文化教育，创办“水之韵”校刊，学习水的精神，以水为媒，引导师生做一个像水一样奉献、坚韧、包容、公平、廉洁的人。

四、以研兴校——推教改

学校以教学为中心，教学以课堂为中心，课堂以生为本。激发学生学习兴趣，培养学生学习习惯，探索学生学习方法，树立学生学习信心，提高学生能力，开发学生思维，丰富学生智慧，都需要课堂这个主渠道来实现。“抓住了课堂教学这个主阵地、主渠道，就抓住了教育教学管理的根本。”推进课改，主要着眼四点：

（一）、营造课改氛围。通过教育宣传，提高教师课改意识。教师不仅要有“德”，而且要有“艺”。组织教师学习，引导教师树立生本理念。借鉴别人成功经验，骨干先行，示范带动，全员推进生本课堂教学改革。制定激励措施，提供物质保障，激发教师课改的热情，营造浓厚的课改氛围。

（二）、组建研究团队。学校成立由班子主要成员、教研组长、学科组长、骨干教师、新秀代表为成员的学校教学改革领导小组，下设研究委员会。制定目标，明确职责，学习研究方法。学期有任务，定计划，分工合作，广泛搜集资料，深入调查研究，以案例论证，让数据说话，开展争鸣。不跟风、不唯书，像企业研制“芯片”一样，不惜人力物力进行基础架构的研究，探求真知，把握规律，立足校本，解决实际问题。

（三）、搭建研究平台。一是常规教研，二是专题科研。常规教研大小教研相结合，每周定时定点定人员参加，大教研以教研组为单位，以课例研究为主，旨在提高教师学生引导指导能力，课堂驾驭调控能力；小教研以学科组为单位，以课程研究，集体备课为主，旨在提高教师学科理解把握能力。专题科研以课题为载体，根据教学实践中的困惑、问题归纳梳理，生成小课题，分组研究，定期召开座谈会。阶段研究体会在教师会上交流答辩，主要研究成果在校刊上发表，专项研究结题召开专题会。

（四）知行合一促发展。把研究成果运用到工作实践中，由点上尝试到面上推广，不断修正完善。推进生本课堂，走过四个阶段：第一阶段：学习-模仿，主要是学习宣传、健全组织、提供保障、分层推进。第二阶段：培训--展示，主要是深入学习、骨干带动、师徒结对，全员展示。第三个阶段：反思--求真，再学再悟，反思回顾。学校组织召开生本课堂回头看，开的生本大讨论。第四个阶段：创新——特色，构建成具有本校特色的“五环”生本课堂教育模式，从“形似”到“神似”，取得一些成效，课堂教学还有不少问题需要研究解决。

在办学实践中，我深深地体会到办学策略至关重要，现在的办学策略直接关系学校将来的发展。校长要心中有爱，手中有方，行中有为。自警自励，勤奋学习，勤勉工作，走一条春华秋实的教育之路，努力为学生的人生打好底色，为示范区教育发展做出应有的贡献。

着力“六好”，收获累累硕果

河南省南阳市南召县天源文武学校　朱春阳

2020年10月23日，“河南省优秀民办学校”、“市文明校园”暨“河南省农村中学科技馆”揭牌仪式在天源文武学校举行，天源文武学校殊荣连连，硕果累累，引起了南召县各界人士的广泛关注。

河南省南阳市南召县天源文武学校创建于1997年，位于南召县云阳镇建设路南，占地面积36.2亩，教职工156人，学生3000余名，是一所包含幼儿园、小学、初中三个学部的寄宿制完全学校。一直以来，学校结合学校实际和学生特点，以“六个好”为出发点和落脚点，多样化、特色化办学，力求让每个学生都能学有所成、学有所得，最终成长为品德高尚、志存高远、身体强健、学业扎实、情趣高雅、勤劳质朴的新时代少年。

领导班子建设好

“火车跑得快，全靠车头带。”建设团结和谐的学校领导班子，是做好学校各项工作的根本保证。学校领导班子的威信好、形象好，就容易形成团结力；只有想干事、会干事，才能具有战斗力；只有勤“检修”、善始终，才能保持持久力。

为切实加强文明校园创建工作，学校特成立以校长朱春阳任组长，副校长朱红伟、后勤主任朱广建任副组长，各级段主任和班主任为成员的领导小组。加强教师党员队伍建设，发挥战斗堡垒作用和先锋模范作用。贯彻民主集中制，团结协作，执政为民意识强，思想作风好，主动服务师生，建立并落实联系点、谈心及接待日等制度。认真贯彻落实《义务教育学校管理标准》。结合学校实际制定文明校园创建工作具体实施方案，并面向全校进行公示。

思想道德教育好

青少年是国家的未来，是民族复兴的肩负者，是华夏文明的继承者。青少年时期是人生良好品德形成的关键时期，是决定人生德操高低、品性优劣的特殊阶段。俗话说，人无德不立，业无德不兴。做好未成年人德育工作，是每个教育工作者乃至全社会的重要任务。

学校积极开展“不忘初心、牢记使命”系列教育活动，并能够使“三好学生”、“孝心少年”的评选表彰学习和“三爱三节”活动结合起来。学生立足身边实际，从身边小事做起，读好书、做好事不仅要好好学习文化知识，也要加强自我品德修养，学校坚持每周一次国旗下讲话，对优秀学生和优秀班集体进行表彰并制作展板，在升旗仪式上郑重宣布向优秀少年学习，以此树立典范、激励后进。

学校大力加强教职工理论学习和思想政治工作，认真学习习总书记有关讲话精神，切实开展理想信念教育和“不忘初心、牢记使命”主题教育活动，积极培育和践行社会主义核心价值观，推动社会主义公德、职业道德、家庭美德、个人品德的建设。积极参与“道德模范”和“先进教师”的推荐评选活动，重视未成年人思想道德建设，注重加强诚信教育，积极推进诚信建设制度化工作，形成敢于奉献、团结互助、诚实守信、创先争优的良好风气。

学校高度重视家校合作，加强学校和家长之间的沟通，使家长能更好地了解学生，通过构建家校交流平台，学校家长达成一个目标，那就是家校同协力，齐心育英才。每期中考试后和期末考试前召开家长会，对学生每一阶段的学习生活进行总结和交流，并听取家长的意见和建议，共同促进学生的良好发展，并促进学校更好地发展。

活动阵地好

活动是师生得以成长的土壤。面对新时代教育发展的诉求，建设形式多样的活动阵地，开展丰富多彩的育人活动，可以真正开启学生的内心世界，激荡起他们品味人生、升华人格的内在欲望，达到“此时无声胜有声”的效果。

学校上学年已经开展了8次主题板报的评选活动，分别是“弘扬传统文化”、“安全教育”、“学习雷锋”、“养成教育”等；制定了《天源文武学校文明创建实施方案》，并制作橱窗，设立读书走廊，时代楷模和中国精神系列展示牌，中华传统美德文化墙等，积极加强正面宣传教育，努力营造校园文化绿地；为同学们成立青少年活动中心，开设特长兴趣班，为学生的才艺展示搭建了平台，促进了学生综合素质的提高，丰富了校园文化生活，力求实现“育特长生，创特色校”的办学目标。

教师队伍好

百年大计，教育为本。教师是立教之本、兴校之源，承载着让每个孩子健康成长、办好人民满意教育的重任。由此可见，教师是教育最宝贵的人力资源，当教师队伍整体素质得到提升，教育质量的提升就是一个静待花开、水到渠成的过程。

求实创新中教研，不待扬鞭自奋进。学校经常组织教师“走出去”，并把教学经验“学回来”，在校内每月都组织各年级教师上好公开课、优质课，大家一起听、一起评，一起交流教学经验、改进教学方法。另外，学校领导多次把南阳市十三中优秀老师“请进来”，与本校老师交流学习，着力打造一支业务能力强、师德素质高的教师队伍，力争以更优质教育培养更优秀的人才。

校园文化好

校园文化是学校的魂与根，是凝聚人心、展示学校形象、提高学校文明程度的重要体现，也是一所学校文化积淀、办学品位、办学特色的体现，它蕴含着深层的、丰富的价值体系，对师生的成长具有导向作用、激励作用和启迪作用。天源文武学校虽是一所民办学校，但校风好、学风好，多年来培养了一批批的优秀学生。

2015年，学校被命名为“艺术人才培育基地”，多次被省、市、县政府教育局授予“教育先进单位”、“安全单位”、“文明单位”、“河南省先进民办学校”等荣誉称号。2019年，学校创建了科技馆，并先后组织“科技大篷车进校园”、“市县戏曲进校园”等活动，继而组建了校园“青少年活动中心”、“党建示范学校”。尤其近年来，学校坚持开展一些学校的特色活动。如2008年开展的第一届师生趣味运动会，持续至今；2019年9月确立每学期开展“美德少年”、“孝心少年”评选活动，值周班工作及周先进班集体评选活动，持续至今。另外，坚持每月一主题的德育活动，2019年2月“我们的节日”元宵节活动、3月“养成教育”、4月“文明祭祀，绿色清明”主题教育活动等，此外上级布置的各项活动，学校都积极的去完成。由于学校团队工作开展的扎实有效，使一大批团员、少先队员的素质迅速提高。

校园环境好

行走间，育人潜移默化；谈笑间，立德润物无声。健康优雅的校园环境文化能彰显教育的无穷魅力，在潜移默化中滋润学生的心田，提升学生的素养。

天源文武学校致力于创建文明校园，不断加强安全卫生工作，以建设平安校园为基石，做好综合治理工作，加强普法宣传教育，保证各项工作的协调发展。学校确定以校长为安全第一责任人，由副校长分管安全卫生工作，与各部，各班主任教师层层签订安全目标责任书，加强安全教育，强化校园治安综合治理工作，确保校园安全、稳定。整治校园周边环境，维护校园周边良好秩序。深入开展环保教育和节约教育，引导师生树立保护环境和节约资源意识，培育节约资源的良好风尚。

搏击于时代潮头，躬身于教育沃土。强化学校管理，是教育工作永恒的主题；创新教育特色，是我们不懈的追求。展望未来，任重道远，踏实奋进的天源文武学校教职工将再接再厉，为南召县的教育事业做出更大的贡献，以卓有成效的工作赢得社会认可和赞誉。

做有温度的大教育

河南省濮阳职业技术学院附属中学　田孝民

百世岁月当代好，千古江山今朝新。近年来，龙乡大地凯歌高奏，经济繁荣发展。濮阳教育园地万千教育人热情投身，诲人不倦，社会重道尊师，人文蔚起。濮阳人正致力于改革探索，欣望开历史盛世，奠千秋鸿基。

为助推濮阳教育快速发展，学院附中勇担职责，开拓创新。附中七十载薪火传承，播扬教育理想，培育万千桃李。先哲先贤告诉我们：教育范畴宽泛，境界高远。肩挑时代责任，我们时刻谨记，有力践行。附中师生奋发有为，自强不息，一步一个坚实台阶，步步谦虚谨慎，不骄不躁，众志成城，砥砺前行。

赏心自有桃李笑，悦耳莫过读书声，这是教育者的最大幸福；墨花灿烂争春发，壮志纵横信笔书，这是莘莘学子的奋发追求。教育是塑造灵魂的至高艺术。雕灵魂，需内在至美；正行为，更需身正德高。

植根于七十载厚重历史积淀，附中人崇文尚武，厚德励志，尊崇文化知识，崇尚刚健自强。

做教育，做真正有温度的大教育，是附中人孜孜以求的教育理想，也是我们铭记心头的精神信仰。

附中教师谨遵“德高为师，身正为范”的师德标尺，以爱心化春风时雨润泽桃李，苦钻研做名师付出无悔心力。三尺讲台演绎幽微世界，一方黑板集成浩瀚乾坤。他们默默付出，无私奉献。或为执教半百壮年，雄心与白发悄然俱长；或为青年才俊新秀，春华与秋实欣慰并荣。

求学应以宏博渐进为贵，读书必由基础次第而升，这是附中倡导的求学理念。不好高骛远，不贪寻捷径，不急功近利，不追慕浮名，不唯分数定英才，不以成绩论英雄。

万代功业，教育为先；育人之本，大爱为重。爱心托举、教书育人、立德树人是附中三百余名教职员工的教育追求，打造书香附中、温润附中、人文附中是附中师生的共同向往。

共塑时代大美，勇担教育职责，以高尚师德垂范，以广博学识浇灌花开，是附中教师的职业追求。唤醒学生内心深处的巨人，共振学生内心最柔软的感恩、责任、格局、担当，以爱心、真心与耐心，学会等待，给予宽容，让学生成长为最优秀的自己：有理想，懂感恩，有情怀，有大爱，——这就是附中的育人原则与教育精神。

时光正好，岁月不居。附中人俯身耕耘，硕果累累，为濮阳教育在河南省赢得了荣誉，为龙乡百姓奉上一腔笃诚的教育心意，为万千家长交出了一份令人满意的答卷。

近几年来，我们取得了可喜成绩，实现了跨越式发展。全国文明校园成功创建是附中发展历程中浓墨重彩的一笔。学校也先后被评为国家级心理健康示范校、省级卫生先进单位、省级园林单位、省级卓越家长学校、省级语言文字规范化示范校……

一系列荣誉的取得，以广场文艺汇演、附中力量、附中春晚等一系列开创性活动的举办，准军事化管理、打造无手机校园、平安校园、和谐校园的合力育人模式，爱心育人、书香育人、文化育人形成的附中独特精神气象，都成为附中靓丽的多张文化名片，成为闻名濮阳的“附中模式”、“附中现象”，吸引了濮阳数十所兄弟学校来校深度学习和观摩，濮阳市市直高中学生管理现场会在我校圆满举办，赢得了广泛的社会赞誉。

2020年，更是附中教学质量提高年。高中部持续开展教学改革创新，创造了“低进高出”的附中奇迹，被濮阳市教育局评为高中教学质量先进单位和高中教学质量进步学校。

中专部在河南省组织的中职生素质能力大赛、文明风采大赛、优秀传统文化大赛等活动中，连续四年位居全市第一。

佳绩连连，捷报频传。成绩的取得，得益于学院党委、市县教育主管部门的坚强领导，得益于全体师生的共同努力，得益于“质朴务实、开拓创新、敢为人先”附中精神的强有力支撑，更得益于我们身后一方百姓的倾情挚爱与默默支持。

在此，我代表学校领导班子，对学院及市县教育主管部门的科学引领、对老师们多年来的辛勤工作表示衷心的感谢，更对父老乡亲们的热切关爱与鼎力支持表示感恩！

2021年是学院附中致力新赶超、赢得新发展的发力年，是“名校战略”规划的关键年。共统筹早规划，谱新章绘新篇，附中人将凝神聚力，拼搏进取，发挥好业已形成的综合优势，弯道超车，赶超发展，为濮阳教育腾飞做出应有的贡献。

致力濮阳新一轮教育探索，我们责无旁贷；回馈一方百姓拳拳教育信托，我们怎敢辜负？龙乡大地春意盎然正催发满城繁盛，附中学子正奋起珍惜寸寸光阴。

碧柳迢迢清源湖边迎学子，劲松挺挺龙乡大地谱新篇。时值四月，附中满园花木已蓬勃成荫，七千学子正奋起追梦。十年树木，百年树人，做有温度的大教育是附中坚定的教育信仰；桃李不言，大爱有心，附中人正携手龙乡教育者共创金秋万重大美！

无论春深几许，金秋几重，都赠予脚下这片热土，身后一方百姓！

砥柱铸魂勇超越　内涵发展日争新

河南省三门峡市第四小学　刘洁

滔滔母亲河孕育了五千年的华夏文明，巍巍砥柱石熔铸着新时代的民族精神。在黄河之滨、天鹅湖畔，有一颗璀璨的明珠正熠熠生辉，悄然照亮一方天地。她就是奋进中的三门峡市第四小学。

三门峡市第四小学始建于1960年，是一所全日制公办小学。随着社会的不断发展和新形势的需要，几度更名，几经易址，1974年迁至现址，并恢复最初的校名。2018年，承蒙组织厚爱，我出任学校校长。这所有着超过半个世纪办学历史的学校，拥有非常深厚的文化底蕴，积累了极其丰富的育人传统，人才辈出，不胜枚举。然而盛名之下，学校其实已经初现颓势。如何快速高效地扭转被动局面，让老校焕发出新的生命力，走出一条特色办学和内涵发展之路？那一刻，我陷入了沉思：

根植地域，创生“砥柱文化”

北魏郦道元《水经注·河水四》：“砥柱，山名也，昔禹治洪水，山陵当水者凿之，故破山以通河，河水分流，包山而过，山见水中若柱然，故曰砥柱也。”在古代，中流砥柱特指那些能够在动荡艰难的环境中力挽危局的坚强力量或重要人物。时至今日，位于三门峡大坝下方的激流之中的中流砥柱石作为黄河上的一大奇观，依然是中华民族的英雄石。生于斯、长于斯的三门峡市第四小学全体师生，对于“中流砥柱”所蕴含的精神——信念坚定、坚韧不拔、敢于担当、为民造福，有认知、有认同、有感悟。正是鉴于此，我顺理成章地把以“砥柱精神”为核心的“砥柱文化”确定为学校的主题文化。

校园外，站在临街的教学楼前抬头仰望，“弘砥柱精神　成报国英才”十个金色大字巍然屹立于眼前，“勇担当、怀梦想、意志坚、有学养的砥柱少年”培养目标赫然在目；步入学校大门，首先映入眼帘的便是一面镌刻着学校校徽、校史沿革、办学理念、“三风一训”、校本课程、师生培养工程等内容的文化墙；漫步校园，目之所及，展示橱窗、教学楼走廊、楼梯间、LED显示屏等无一不凸显着“砥柱文化”的丰富内涵。尤其是位于各个教室门口的班级主题文化展板更是美而不同，各具特色。以“砥柱精神”为核心，每个楼层突出一个不同的主题：“砥柱少年之习惯”、“砥柱少年之乐学”、“砥柱少年之责任”、“砥柱少年之远志”、“砥柱少年之爱国”、“砥柱少年之自强”……一个个时代的楷模，一句句警世的名言，一段段动人的故事，于耳濡目染中浸润学生的心灵，陶冶学生的情操。

文化润其内，砥柱正我心。砥柱文化是我们三门峡特有的地域文化，有了它的指引，我们学校就像有了主心骨，必将以不屈不挠、勇攀高峰的精神不断追求卓越。如今，漫步校园，萦绕在四周的是那独特的人文气息和那蓬勃向上的精神风貌。无论是一草一木，还是一楼一宇、一墙一廊，处处体现着润心启智、春风化雨的缕缕情愫，浸透着明德自强、海纳百川的良苦用心。“我大孩子原来就在四小上的学，现在老二也来上一年级了。我这才几年没来，想不到四小能发生这么大的变化，我都不敢认了，太漂亮了，现在的孩子真幸福！”这是一位家长在参观完校园后发出的赞叹。

校园文化不应止于校墙文化，而应内化于心、外化于行。如何才能切实推进“砥柱文化”的实施与落地，这是我一直不断思索的一个问题。遵循育人性、整体性、特色性、继承性、发展性的原则，我组织全体教职员工积极探索，集思广益，在做好校园环境文化建设的同时，利用“砥柱文化”多层面提升师生精神维度，助推学校内涵发展。

智慧共生，锻造“砥柱名师”

教师是教育发展的第一资源，是提升育人质量的根本动力。高品质学校离不开高品质的师资队伍。我倡导建立“竞争与激励兼顾”的机制，积极开展砥柱教师职业发展工程，将砥柱名师培养成为常态化，让教师发展更有持续性。

多角度开展教师技能提升活动。为了锻造一支师德高尚、业务过硬、结构合理、善于协作、勇于创新、充满活力的教师队伍，我校提出“引发自觉、引导研究、引领成长”的“三引”策略，并深入实施“以校为本”的教师校本研训工作五大工程：“灵魂塑造工程”，让教师成为奉献者；“富脑强功工程”，让教师成为学习者；“科研兴校工程”，让教师成为研究者；“课堂创优工程”，让教师成为创造者；“名师带动工程”，让教师成为成功者。

多方位开展教师教学研究活动。我校创设了“1+1+n”精准评价研课模式，采用集体研读教材、问题式研课、专题式研课三种形式，实现同组教师教材重难点准确把握，以共同体的形式寻找解决的办法、进行实践，并收集形成核心问题题库。再选定各学科的共性问题、体现内在规律的核心问题进行研讨，以专家与名师引领的方式解决实际问题，实现课堂多学科知识和能力的融合。针对“1+1+n”三个层面研课的各个环节，我校制定了具体细致的考核评价方法，对所有参与教师从多个方面量化打分，每次参与的总分计入个人考核，以教师群体的智慧提高研课的效率和效果，实现经验共享、优势互补，促使教师主动工作、高效工作，优化教师群体素质，全面提高教学质量。

多平台落实教师综合素养活动。我校积极为青年教师创设各种成长平台，以读书沐初心，用积极主动的学习来不断提高自身的综合素质；通过组内研课、讲课、评课，扎实开展“1+1+n”特色教研，提高教学能力；依托“同伴互助”帮扶，青年教师学习和传承老教师丰富的教育教学经验，创造性地实施教学，使青年教师“想发展的有机会，能发展的有舞台，发展好的有地位”；注重发挥骨干教师在教师队伍中的示范引领作用，先后成立由杨红梅、赵丽、李慧分别主持的语文、数学、英语名师工作室和霍松梅老师主持的班主任名师工作室，通过“传、帮、带”有效提升学校教育教学质量。他们以星星之火点燃燎原之势，带动全体教师弘扬砥柱精神，争当砥柱名师。仅2020和2021两年，我校教师在个人专业成长方面就成果斐然。

生命共长，培育“砥柱少年”

关注孩子的幸福与快乐，立足孩子的成长和完善，才是基础教育追求的目标。我校充分尊重每一个孩子的天性，尽可能地为他们开辟多元发展的平台，让他们能享受童年的快乐、学习的快乐、成长的快乐！

“参加一个社团，培养一种兴趣；学会一门知识，练就一项技能；体会一次成功，享受一份快乐。”每周五下午开展的“激发潜能，个性发展”多彩社团应该是孩子们校园生活中最大的期待，这也是我校“知美行美”特长发展校本课程的具体实施。吕红梅老师辅导的“小梅花”戏曲社团的娃娃们走起台步来多么有模有样啊，表演起来则更是字正腔圆、有板有眼；“三九严寒何所惧，我是四小好儿郎”，操场上那一个个顶着寒风你追我赶、奋勇争先的小小身影，正是王枫老师带领的轮滑社团的孩子们；薛曙光老师的“星光”石头画美术社团也是异彩纷呈，一块块普通的鹅卵石，经孩子们的巧手妙绘瞬间便活灵活现，有了灵魂；吕春笋老师的“星星墨苑”书法社团，于横竖撇捺间传承着中华文明，弘扬着书法艺术……

像这样的校本课程，我校还有很多。在国家课程和地方课程的基础上，我校不仅开设了“乐学好学”学科拓展课程、“进德修身”德育实践课程、“强身健体”阳光体育课程等校本课程，还积极组织了丰富多彩的主题实践活动，如“砥柱少年”评选活动、“砥柱润心，担当有为”责任教育活动、“志成砥柱，放飞梦想”理想信念教育活动、“强身健体，吃苦耐劳”意志培养活动、“学丰涵养，智慧成长”读书学习活动等，其开设有效地促进了学生综合素养的提升。

有什么样的课程，就会有什么样的师生生活；有什么样的师生生活，就会有什么样的生命成长。一系列的校本课程和实践活动的开设和开展寓教于乐，让学生获得多元化发展，他们的精彩表现也是在各级各类的比赛中崭露头角。近年来，学校先后获得“全国和谐校园先进学校”、河南省“十佳素质教育基地”、三门峡市“文明单位”、三门峡市“文明校园标兵”等多项殊荣。

满眼生机转化钧，天工人巧日争新。如今，“砥柱精神”的烙印已然在三门峡市第四小学每一位师生的心底深深铭刻，也在无形中铸就了他们积极向上、坚韧不拔、百折不挠、勇攀高峰的品质。然而，成长没有休止符，奋进的路也没有终点，对于永恒的教育事业而言，四小人也只是迈出了步履蹒跚的第一步，接下来，我们将以更坚定的信念，更稳健的步伐，更豪迈的情怀奔向更高更远的理想彼岸！

绿色教育　全景人生

河南省新乡市红旗区世青国际学校　郑岭

河南省新乡市红旗区世青国际学校成立于2009年9月，是一所让情怀落地、让美好发生，追求绿色教育，为孩子提供全景人生的全日制民办小学。在逐年发展的过程中，世青国际学校一校三区，壮大的不仅仅是校区校舍，还有先进的办学理念、独特的校园文化、人性化的管理模式、高素质的教师团队、锐意创新的课程改革及令人可喜的升学率等，这已让世青的教育成为一种品牌，世青也成为新乡市的一张教育名片。

不解情缘，实现全景育人

“绿色教育，全景人生”就是世青教育名片的专有属性。可以说，

“世青”从学校名字上就与“绿色”有着前世今生的情缘，学校从建校初期就着眼于开拓世界青年的国际视野和培养其民族情怀，希望在绿色教育的浸染下这一抹世青绿可以润泽一代又一代孩子的童年，让知识的泉水涓流不息， 让希望的种子吐露新芽， 让思想的大树开花结果， 让人生的蝴蝶破茧而出，让每个学生都能拥有一个幸福而有意义的童年，为每一个孩子的人生开启全景模式。

绿色教育，让孩子们的童年不仅有眼前，更有诗和远方，为学生的一生打上底色，享有美妙的全景人生。世青国际学校重教重研，在各个教研组内、在各个教研组间研发全景课程，从学生真实生活和发展需要出发，融合各学科的交点，构建出以“玩儿”为原点，链接多学科的全景式课程体系，注重参与式、体验式的学习方式，重点激发学生的学习兴趣，培养学生的探究意识和思辨能力，进而成为全面发展且具独特个性的新时代少年。

绿色快车，浇筑金色童年

“绿色”是反应试而又成绩优异的，无毒素和无副作用的，教育生态环保的；“快车”是回归本真，节约生命，轻负担，高效率，变“少慢差费”为“多快好省”的。绿色快车通过“激发兴趣，张扬灵性”的办学宗旨，以“轻松高效大量识字，提前海量课堂阅读，启引鼓励求异创新”为三大着力点，遵循“轻负担，高效率”六字真言，探索并创新出写着玩儿、种诗、写绘、黄金大记诵、小娃仿古、鲸吞式阅读、“两胡”教学法、绿色测评、绿色过滤、绿色作业等一系列绿色创意品牌，让学生学得舒心、活得滋润，还给孩子一个金色童年，为他们的幸福人生奠基。

绿色教育给学生提供最适合的教育，让学生在不同的课堂中遇见更好地自己。在世青，毕业班不仅仅指向眼下的小升初，更多的是关注学生长远的发展。结合六年级学生身心发展及数学学科学习的客观规律，世青自2011年开始就一直开展数学课程的走班制。它在保留原始行政班、给学生缔造一间安全温馨的教室的基础之上，不拆分原始班级、不分重点与非重点班级，而是面向六年级全体学生，结合他们的个体差异和“最近发展区”，让教师针对不同的群体制定不同的教学计划，设计不同的课程内容、控制教学进度、变换教学方式、确立绿色评价体制，用发展的眼光实施分层教学，从而使每一个学生都能在最适合自己的学习环境中求得最佳发展，使每个孩子的数学兴趣及数学能力得到最大限度的培养和激发，让“因材施教”贴地而行。

数学分层教学充分尊重学生的多元智能发展，改变了以往毕业班单一性、枯燥性、机械性的学习生活状态，因而在世青，毕业班的孩子仍然享有美妙而灵动的课堂，仍然会把阅读当作常态，仍然可以成全自己的爱好兴趣，仍然会在各类综合实践活动中继续研究和探索。除此之外，为进一步激发学生的学习潜能，数学分层还会定期针对班级学生的学习状况进行弹性调整，上不封顶，下要保底，引导学生在走班的过程中认识自己、找准定位，获得最大化、最优化的发展，从而真正让“适合”发生在每一个孩子身上。

如果说是世青的教师在带着镣铐跳舞，那么绿色教育下的分层走班制培养出的学生一定是思想更加深刻、思维更加活跃、心理更加阳光、身心更加健康、对学习生活更加充满期待的新时代少年。

多元发展，成就美好人生

绿色教育尊重每一个孩子的个性发展，让学生选择一种姿态，让自己变得无可替代。在日课的基础上，世青延伸出的延时兴趣班就充分发挥了学生的自主性，为学生建立自信、展示自我搭建广阔的舞台。学生可以在每学期18门课程中选择与自身生命气质最相符的一到两个课程。兴趣是最好的老师，在这样的课程中学生有着强劲的内驱力，求知欲、好奇心、探索欲、表现欲等多方面都会被唤醒、点燃、激发，每位学生的个性得以张扬，生命得以舒展。他们可以在欢庆的舞台上拿起器乐随着音乐演奏一曲，也可以在共情之时执笔写下一首即兴小诗，还可以在竞技赛场上享受自己的兴趣已悄悄变为特长而带来的荣誉……总之，学生有了兴趣，他的生活也会变得有趣，他的人生才会完满而幸福！

除此之外，全景课程还融合了绿色语文快车、玩儿数学、High英语、享艺体等具有鲜明学科特色的课程体系；研发了垃圾分类课程、花生课程、节日课程、农历课程、研学课程等若干研究性课程，延伸了诗会、音乐会、童话剧、乐器与钢琴演奏会、球类比赛、演讲与辩论等第二课堂……通过丰富课程的建构，打开了学生在批判与质疑、实践与创新、经验与能力、品质与思维等全景式的体验。

“绿色教育　全景人生”在世青不仅仅只是教育理念的名词，更是世青文化的代言。一位区级教研员曾这样评价世青的绿色教育：世青以创新的理念，摒弃了传统学校僵化枯燥的教学模式，着眼于学生的可持续发展，为成长奠基，使得孩子们都能灵动、快乐、充实地成长，有积淀，更有超越。真的，这些理念与做法不仅使学生受益匪浅，也使老师们在教学相长中快速提升业务水平，师生都快乐，高效高质！我觉得这绿色的含义就是：在尊重生命自然发展规律的同时，为其挖掘自我的创造潜能搭建平台。

“懂得微笑，传递最有力量的语言；学会拥抱，感受最有温度的问候”，这蕴含着积极心理学的校园文化让世青的“小学校，大教室”富有温度，让身在校园的每一个人都看到幸福的模样：“自主择岗制度”，使岗位适合教师，而不是让教师适应岗位，帮助教师发挥了自己的优势，实现了自己的生命价值；“墙上无制度，心中有规范”，在世青信任被无限放大，每个人都是学校的主人翁；“绿色教师节”，让每一位教育人不忘初心，坚守底线，用真心表达，用行动证明；“拥抱就是签到”用彼此的温度开启美好的一天，令每一天都不一样，每一天都很棒；“阅读像呼吸一样自然”，当教师怀着一颗被夏洛、史怀哲等人物形象激动过，被金子美玲、泰戈尔的诗意浸润过，被余秋雨、周国平等哲理文字熨帖过，被真善美洗礼过的心灵走进课堂时，会发现学生捧着书本在校园阅读也会随处发生。

享受“绿色教育　全景人生”的不仅指向学生，还有世青的每一位教育人。因而，这八个字也成为世青的校训。而世青“健康、积极、广博、创新”的校风背后也蕴含了世青每日之问：今天，你运动了吗？今天，你微笑了吗？今天，你阅读了吗？今天，你用设计思维思考了吗？从中不难看出，世青“四问”的背后彰显了“绿色教育　全景人生”的校园文化。正如世青国际学校的校长郑岭女士常常跟老师们说：“用心做教育的人总是一眼被别人看出来，因为用心做教育的人由内而外都散发着别样的情怀。”在这样一位对教育有着独特情怀的校长的带领下，用先进的而又有温度的办学理念引领着世青的老师做有灵魂的教师，有思想有追求的教师，做在功利侵蚀的大潮中仍保持从容和笃定的教师，做赋予学生以价值生命的教师。

一所学校，具备独特的办学思想，才能培养出追求理想的大写的“人”；一所学校，坚守得了不忘初心的信念，才能守望得住朝向美好的教育。世青，相信岁月，相信种子，相信绿色教育会开启全景人生！

怀赤诚之心　做赤诚之事

河南省信阳市罗山县铁铺镇初级中学　陈满臣

“为人师者，得天下英才而育之。”谈起对教师这个职业的看法，我始终认为，教书育人不仅是一种职业，也是实现教师自身理想与梦想、创新与实践的过程。从事教学工作22年，我始终怀着对教育事业的赤诚之心，坚守在一线教学岗位上，恪尽职守，默默耕耘，努力传授孩子们更实用的技巧、更务实的态度、更广博的知识、更发散的思维、更宽广的眼界。

一、勤于学习，增强本领

由于教学是有教法无定法的一种工作，是有章可循而无法可依的一种事业，所以必然会呈现出许多的以个人意志和个人理念为准则的个人行为。要使这种个性化的行为形成良好的教育效果，就必须强调个性色彩的优化，或者个性素材的智慧。因此，我认为，只有善于学习，善于吸收，通过学知不足，通过教而知困，方是教师的最高境界。

在教学中，我始终实践着“学高为师，身正为范”的信条，“求实、创新，严谨、扎实”地开展教学工作，认真钻研语文教学，做到“以情育人、以情感人”，力求实现既教书又育人。

自参加工作以来，我一直从事初中语文教学工作，坚持七八九年级语文循环教学，每周平均课时13节，每学年课时量达520节以上，任现职期间一直兼任班主任工作和语文组年级备课组长职务。尤其在担任信阳市初中语文骨干教师期间，我深知自己肩上的担子很重，必须要课堂教学有特色、教学成绩突出，才会更有说服力。于是，我秉持严谨的风范和科学的态度，经常阅读摘录教育理论，学习教育理论和专业知识，掌握教育教学新动态、新技术、新成果，从而更好地进行教育教学实践；坚持多听课磨课，积极参与评课，实现了教学技巧和科学能力的快速提升；积极学习李镇西、余映潮等语文名师的教学技巧、课堂组织技巧，做到心中有学生、胸中有教法，力求“一课一得”；认真对待教学工作，把每一堂课看作是展现自己教学能力的舞台，课前做足准备，熟识教材，认真备课。

由于思想素质过硬，业务素质高，我的教育教学成绩突出。在信阳市教育局组织的优质课大赛中，我所执教的语文课《海燕》获全市中学语文组一等奖。在信阳市教育信息化技术与课程融合优质课大赛活动中，我所执教的语文课《艰难的国运与雄健的国民》由于课堂教学出色，被罗山县教育局推荐参加了市教育局组织的教育技术能力大赛，获得一等奖。由于我在语文课堂教学上的突出成绩，2016年8月，我被市教育局、市人事局评为信阳市学术技术带头人。2018年6月，我被评为“河南省中小学语文骨干教师”。2019年，我被评为河南省教育厅学术技术带头人。

二、专注教研，引领成长

教师专业知识的提高是全面推进素质教育的基本保证。在多年的语文教学中，我深深体会到要培养学生的语文素养，仅靠一个人的力量是有限的，还必须造就一支团结向上的教学团队。

连续几年来，我一直担任年级学科组语文教学带头人。在此期间，我积极带动级部全体语文教师抓教研促教学，一起集体备课，潜心钻研教材，积极探索教学新路子，使教学资料得到充分合理的开发和利用。

在我们学科组内，有年龄较大的老教师，也有刚任教语文学科的新教师，是一个既经验丰富又充满活力的团队。我们不仅充分利用周二下午的集体备课时间进行系统的研讨，也抓紧平时教学的点滴时间进行小范围的讨论，将讨论的结果与未在场的老师再交流，做到有难点一起解决，有想法一起讨论，有新意共同交流，使我们年级的教学有了一个很大的突破，也使学生们的语文能力得到了真正的提升。

在我们的共同努力下，连续几个学期，我们年级组的语文教学成绩均居全县全市前列，受到了领导及家长的好评。通过一次次的语文教学实践与探索，近几年来，我带领的语文教研组取得了丰硕的成果：有1人被评为教育部门专业技术“拔尖人才”，有20多人被评为市县级语文骨干教师，有10多项省市县级语文课题通过结题鉴定。2017年7月，由我作为主要负责人的省级课题《导学案+小组合作学习在课堂教学中应用的研究》经河南省教科所专家组鉴定，顺利结题。2019年，我所撰写的论文《中考字音字形专项复习的有效策略》在《国家通用语言文字》第117期发表，同时参与（第一副主编）编写的著作《为学生未来做准备的教育》由河北大学出版社出版发行。

三、关爱学生，坚守初心

自1999年9月参加工作以来，我先后在罗山县周党一中、楠杆初中、实验中学、铁铺初中任教。22年来，无论工作地点和任教学科如何变换，我一直坚持担任班主任工作。这也让我深深明白了一个道理：班级管理只有以无私的爱作为底色，才能描绘出色彩斑斓的育人画卷。

深入实际了解学生情况，做耐心细致的思想工作，这是我在班级管理中的“法宝”之一。每接过一个班，我对学生的名字、爱好和特征等都很快了解得清清楚楚，就连学生的家庭状况也都了如指掌。这样做起工作来，也就能有的放矢，得心应手。同时，我时刻以“假如是我的孩子”和“假如我是孩子”的情感体验，给予孩子们最大的宽容、理解、信任和关怀。多年来，我所带的班级总是文明、整洁，各项工作开展得有条不紊，这在某种程度上也源于一个“爱”字——对事业的爱、对学生的爱。我把这平凡而简单的爱融于日常琐碎繁杂的工作中，全心全意地为每一位同学服务：尊重每一位学生，从不挖苦、讽刺他们；请学生承担任务时，采用询问、商量的口吻进行；在教育学生要搞好团结时，我首先和学生交知心朋友，经常与学生交换各自喜欢的书籍，交流喜爱的电视节目等。

“没有爱的教育，就犹如没有水的湖”。关心、爱护每一名学生，使他们无时无刻不感受到老师对他们的爱，这是我做好班主任工作的前提。在我所带的毕业生中有一名叫李磊的男孩，在家中玩耍不慎把腿摔成骨折。我得到消息后，第一时间赶到医院探望，鼓励李磊振作精神，积极配合医生治疗，同时也向家长承诺，在定会负责帮他补上落下的课，让他顺利参加中考。一个月后，李磊同学出院了，我每天骑着自行车出现在他的家里，一面帮他补课，一面给他带来学校里近期的消息，鼓励他好好休养，争取早日回到同学们中间。慢慢地，李磊同学恢复了健康，也找回了往日的笑容，在中招考试也取得了优异成绩。平时，对于那些家境困难的学生，我也总是热情地帮助他们。陈欢同学家庭条件差，购买教辅资料总会犯难，我便经常主动替她付清费用；知道陈欢同学爱读书，我又多次买来课外读物送给她。这一切，使他们感受到了老师对他们的爱，他们在学习上更加用心了，也更加爱他们的班主任了。

爱是阳光，可以把坚冰融化；爱是春雨，能让枯萎的小草发芽；爱是神奇，可以点石成金。对于后进生，我从不歧视他们，而是“动之以情，晓之以理”，不断提高他们的思想认识，增强他们的自信心和自尊心。

由于我在班级管理中注重学生品德的培养，注重学生能力的锻炼，注重学生素质的提高和全面发展，我所带的班级多次被评为“先进班集体”、“文明班集体”。我本人也多次被评为“罗山县优秀班主任”、“信阳市优秀班主任”。

有人说：“要给学生一杯水，教师必须有长流不息的小溪水。”建功新时代，跨向新征程。作为一名基层的党员教师，我将砥砺奋进，坚持学习，持续提高自己教书育人的专业化水平，怀着对语文教学的赤诚赤热之心，做奋发有为的新时代语文教师！不悔从教，不悔为师，我也将用一生诠释，怀赤诚之心，做赤诚之事！

一轴两翼　从“简”办学

河南省郑州航空港区遵大路小学　任书现

在河南省郑州航空港区遵大路小学看来，教育的基本规律是简单的，学校教育应该遵守儿童的成长规律。于是，这所坐落于郑州航空港区新港办事处遵大路、创办于2013年的新学校，并未拘泥于新旧教育的比较，而是依托五千年的中华优秀传统文化，并结合立德树人的根本任务，开启了从“简”办学之旅。

学校以“一轴两翼”为管理模式，即以“简”文化为轴，以简约课堂、简•悦创客课程和风雅韵社团为两翼。通过一轴两翼的管理，在师生“润泽生命”办学理念的引领下，“让个性更鲜明一些”的管理目标得以落实。在“展示自我，享受快乐”的行为方式中，丰富学生的校园生活。

简约教学背后的不简约

作为“一轴两翼”中的一翼，简约课堂的诞生如同一只小鸟在恐惧或受伤后长出翅膀，这背后，没有太多的美好，更多的是不断涌现的问题。教师对课标的要求不熟悉、对学生的年龄特点和认知规律把握不准确、有的知识重复教……幸运的是，面对这些难题的是一群“不简约”、善于对教育抽丝剥茧的遵大路小学教育者，在他们看来，这些都是让学校教育主阵地——课堂长出翅膀并且振翅高飞的机遇。

于是，针对教师对学情把握不准、不能因材施教、教学内无针对性等问题，学校设置“询”这一环节。“询”用来了解学生，根据学情来定教学内容，所选时间可以在课下，也可以在课堂上，所用时间可以占用半节课，也可以占用一节课甚至更多的时间。这个环节看似烦琐，但是磨刀不误砍柴工，必然让教师少走弯路，少做无用功。

针对教学设计看似质朴实则花哨的问题，学校要求教师学会“定”。“定”意味着有定力、有方向和有束缚，这就要求教师不断精研课标的要求，根据自己的特长综合确定教学设计，去掉不需要的“好东西”，使教学内容更适用于本校本班以及教师本人。

针对组织学生学习流程复杂的问题，学校在保留多样化学习形式如小组合作、单独听说读写的基础上，不断将各学习环节进行简化，这一过程，被学校命名为“学”。针对学生知识面止步于课本的问题，学校增加“拓”这一环节，在学习的基础上，帮助学生进行多样化拓展，如群文和介绍书籍。有了“拓”，学生的学习能力进一步巩固和加强，生命得到进一步成长。

因此，在不断实践和总结中，询一定一学一拓便成为专属遵大路小学的简约教学流程。一方面是简约教学理念全面普及下教学模式的不断成熟，一方面是学校年轻教师多、临聘教师多、产假教师多的现状，随着时间的推移，简约教学又临“大敌”——对于流动性强的教师团队，如何调动临聘教师的积极性，提高他们的简约教学水平？遵大路小学从师徒结对中找到了突破口。

学校在继续推进“雏雁起飞”、“领雁启飞”、“众雁齐飞”工程的基础上，组织师徒结对和模拟招聘——通过学科组内的普遍结对和学校领导对各种因素的综合研判，调整与确定校级结对名单。鼓励老教师把自己的应聘经验传授给代课教师，帮助新教师提高应聘的能力，让代课教师看到希望，焕发工作的热情，师徒共同提高。经过半年多的实践，临聘教师的业务水平得到普遍提高，如临聘教师张艳丽，获得期末考试排名位居航南中心校前列的好成绩。此外，学校还在评价上给予倾斜，激励教师共同成长。

正德少年背后的德育体系

遵大路小学的另一翼是简•悦创客课程和风雅韵社团。前者是为了培养学生创新能力，学校把创客教育放于首位，建立了简•悦创客空间并以此为主阵地，成立“绘创童心”手工工坊、“小小建筑师”工坊、“绘本绘制”工坊等11个创客工坊，让学生在“思中做、做中学、学中做、做中思”中增长智慧，筑梦未来。后者，则是通过开设和声合唱社团、丹青国画社团等给学生提供更多展示自我的舞台。

无论简•悦创客课程还是风雅韵社团，实际上都是遵大路小学德育的产物，是“润泽生命”办学理念的体现，是“让个性更鲜明一些”管理目标的落实。遵大路小学的德育也将“正德”作为原点，提出“正德好少年”的育人体系。

在“正德好少年”的育人体系下，学校要培养的是懂礼、明智、尽孝、守信、克俭、立志和具有中国心、民族魂的正德好少年；在“正德好少年”的育人体系下，学校将德育体系分为六大模块。

按照学生六大核心素养（人文底蕴、科学精神、学会学习、健康生活、责任担当、实践创新）的相关要求，结合儒家“五常”（仁、义、礼、智、信）“八德”（孝、悌、忠、信、礼、义、廉、耻）的有关内容，根据不同年级学生的年龄特点，学校的德育体系被分为懂礼——养成教育，明智——情感教育，尽孝——感恩教育，守信——诚信教育，克俭——劳动环保，立志——砺志达成六大模块。每一模块都对应着不同的教育方向和细则，如明智——情感教育模块下，包含悦己达人、仁爱明礼、共情家乡、精神传承和经典铸魂五个方向的培养，仁爱明礼要求对学生进行爱家庭、爱班级、爱学校、爱社区的教育，经典铸魂要求诵读经典、继承中华优秀传统文化、弘扬中华民族精神的教育……

在“正德好少年”的育人体系下，学校对学生进行分年级培养，如一年级进行正“礼”德教育，包括知礼善行、懂礼守纪、明礼自律、学礼端正，二年级进行正“智”德教育，包括悦己达人、仁爱明礼、共情家乡、精神传承、经典铸魂……

当“简”文化遇上德育，“正德好少年”育人体系的落实似乎不再简约。早晨的诵读经典、午间的课外阅读、晚间的总结收获，4月的读书节、5月的体育节、6月的艺术节、9月的科技节，学雷锋纪念日、中国共产党建党纪念日、中国人民解放军建军纪念日……表面上，这些多彩的德育形式与“简”文化有些矛盾，实际上，这是遵大路小学对德育本质规律的不断求索——只有坚守德育课程主阵地，不断丰富德育主干的分岔路，才能让学生找到更适合自己的那条道路。

社会在变、学校在变，但不管怎么变，教育的本质都不会变。只要化繁为简，将学校教育的追求面向润泽生命，教育就能回归纯粹，回归简单。郑州市文明单位、全国足球特色学校、郑州市教育科研先进单位、郑州市实践活动先进单位、河南省中小学群文阅读教学实践研究实验学校等荣誉称号，是对遵大路小学的认可，更是对学校“简”文化理念的回应。

立德树人百年计　文明和谐师生魂

河南省郑州经济技术开发区外国语小学　司岚岚

在习近平新时代中国特色社会主义思想和党的十九大精神指导下，河南省郑州经济技术开发区外国语小学认真贯彻执行关于创建文明校园的指示精神，紧紧围绕立德树人根本任务，以“悦文化·悦教育·悦人生”为理念，从抓实思想道德建设、加强领导班子建设、打造卓越教师队伍、发挥文化育人功能、提升校园整体环境、拓宽活动阵地领域六大方面出发，逐步落实文明校园创建各项工作，全面培养具有中国情怀和国际视野的人才。

多彩德育，抓实思想道德建设

经济技术开发区外国语小学深入开展习近平新时代中国特色社会主义思想和党的十九大精神宣传教育，特别是关于未成年人思想道德建设的文件精神，成立专门的德育工作小组，制定了完善的德育“悦体验”体系，通过多彩的活动提升学生的文明素养。

学校深入开展“扣好人生第一粒扣子”主题教育实践活动，广泛开展“新时代好少年”学习宣传，通过举行红色童谣比赛、每周升旗仪式演讲、走进国防基地参观学习等形式，传承红色基因；开展诗词经典诵读、戏曲进校园等活动，学习传承中华优秀传统文化；雷锋月开展学雷锋板报评比、演讲比赛、走进社区等系列志愿活动，传承雷锋精神。

德育方面，学校坚持课程育人、活动育人，创新构建了系统的德育节日体系，每月一节，每月一个主题。如四月踏青读书节，组织诵读比赛、课本剧比赛、诗词背诵比赛、唱红色歌谣等活动，拓宽阅读层面，增强学生人文底蕴；五月国际文化节，以传统文化为主题，引导学生通过书法、歌唱、舞蹈、表演等多种形式，丰富文化内涵，彰显独特风采。

结合传统节日和重要节庆日，学校将“我们的节日”活动和志愿活动相结合。如国庆节期间搜集老物件进行大型展示，元宵节开展为医护人员、环卫工人送元宵志愿活动，端午节开展为留守儿童送粽子、香包志愿活动，重阳节走进敬老院为老人送蛋糕、过生日，中秋节为帮扶对象送去节日的慰问和祝福等。

为加强榜样引领的作用，学校每学期举行“孝心少年”的评选，每学年进行“文明学生”、“文明班级”的评选，以榜样的力量引领前行。近三年，焦子青等4名学生获得区级文明学生称号，2个班级获得郑州市文明班级称号。

在疫情期间，学校结合疫情开展系列教育活动。“开学第一课”主题教育活动，引导学生学习防疫知识、学习疫情中的英雄故事；加强心理教师对学生的关注和辅导，加强老师和家长、学生之间的沟通，确保学生心理健康；组织教师观看《复学后学生心理危机识别与处理》专题讲座、学习通平台的心理讲座，提升教师对学生心理危机的识别与处理能力。

务实高效，发挥领导班子作用

学校领导班子成员持续深入学习贯彻习近平新时代中国特色社会主义思想，坚持用党的创新理论武装头脑、指导实践、推动工作。学校严格坚持“三会一课”制度，定期召开支部党员大会、支委会、党小组会，每季度讲授专题党课，通过各种形式的学习，提升党员及班子成员政治素养。2019年，组织党员到登封市革命烈士纪念馆，参观学习革命先辈的英雄事迹。2020年，组织全体教师走进红旗渠，学习感悟“自力更生、艰苦创业、团结协作、无私奉献”的红旗渠精神。疫情期间，组织党员开展学先进模范为主题的微党课，带领党员们学习模范、正确抗击疫情。

为加强文明校园的创建工作，学校成立了以校长为组长、以文明办主任为主要负责人的文明创建工作领导小组，全员参与，分工明确。学期初，在学校的工作历中制定每周的文明工作计划，整体部署一学期的创文工作。每周召开至少一次文明创建会议，汇报进度，查找问题，商讨改进措施。每月召开创文工作总结专题会，每学期末进行一学期的创文工作总结。

为加强文明校园的创建工作，学校成立以校长为组长、以文明办主任为主要负责人的文明创建工作领导小组，全员参与，分工明确。学期初，完善学期工作历，制定每周工作计划，整体部署一学期的创文工作；每周召开至少一次文明创建会议，汇报进度，查找问题，商讨改进措施；每月召开创文工作总结专题会，每学期末进行一学期的创文工作总结。

踏实进取，打造卓越教师队伍

创文工作的落地生根，需要依靠团结、高效的教师队伍。经济技术开发区外国语小学时刻关注教师的专业成长，注重教师的品德修养，多措并举，抓牢抓实，着力打造一支师德高尚、学识渊博、积极进取、善于创新的教师队伍。

一是重师德建设。利用全体教师例会、专题会，学习省、市、区教育精神和相关文件要求，同时健全学校的师德相关文件，让师德工作有制可依、有章可循。学校不定期举行重温教师誓词活动，组织“不忘初心，立德树人”师德演讲比赛，举行做“四有好老师”征文和演讲比赛等。每学期末，进行师德自评、教师互评、学生家长评等各种形式的师德评价，将师德考核结果纳入教师职务晋升、岗位调整、评优评先中。同时每学期举行一次“立德树人，师德标兵”评选、“最美教师”评选等，树立榜样，以榜样力量带动更多教师见贤思齐。

二是注重学习提升。学校组织教师积极参加区教研室组织的各种学习活动，听课、研讨，线上学习交流等，每个月邀请区教研员、市教研员等各学科专家到学校进行指导。语文组除了邀请区语文教研员指导以外，每个月邀请省市级专家到校从教学设计、听课诊断到知识培训，手把手对语文教学进行把脉指导。每年学校都会组织大批各学科的教师外出学习、参加专业培训及各类专业比赛，为老师们提供各级的学习和交流的平台，提升老师们的专业能力。

丰厚底蕴，发挥文化育人作用

建校之初，经济技术开发区外国语小学就把“悦”作为主题文化，以“ 悦文化·悦教育·悦人生”为办学理念，通过不断学习、宣传校训、校歌、校徽等校园文化，激励学生以校为家、以校为荣。

走进校园，处处都有文明的传递。校门口等显著位置有社会主义核心价值观、“讲文明树新风”等文明版面宣传，广场有文明教师、文明学生、争做新时代好少年的宣传，楼梯、走廊处处张贴中国古诗词，班级外墙结合文明创建内容绘制精美图案和宣传语。

校园里，阳光大课间活动，每年的国际文化节、科技体育节，平时不定期的师生文体活动，丰富了师生的校园生活，营造了积极向上的校园文化氛围。丰厚的学校文化，优美宜人的“悦”环境，是学校师生培育文明素养的沃土，是绽放学校文明风景的园林，大道无声，大象无形，默默地滋养着成长于斯的师生们。

优化环境，营造文明和谐校园

经济技术开发区外国语小学校园环境围绕学校精神“悦”字，以“悦纳自然，悦纳自我”为主题，以园林风格布局。潺潺流水、幽幽竹林、荷风送爽、金桂飘香，树木草坪错落有致，流水落花时时有情，各班文化树、语文阅读角等为师生营造了优美宜人的学习生活环境，浸润师生的心灵。

在安全方面，学校也一直高度重视。成立安全领导小组，实行三级安全工作制度，有专人负责校园安全检查、电器维修等，每周进行一次安全排查，每月一次大的检查维修。为提高师生的安全意识，培养学生自护、自救能力，学校开展了丰富多样的安全教育活动。通过集会讲解、板报宣传、学校网站专栏、举办安全手抄报活动等向学生宣传安全知识；邀请消防大队警官来校进行安全知识讲座；法制教育进课堂、制作安全卡片、办安全手抄报；定期开展紧急疏散演练、灭火消防演练等。增强师生安全意识，提高自我防范能力。全力为师生营造健康安全的校园环境。

搭建舞台，加强多元阵地建设

经济技术开发区外国语小学注重各种活动阵地建设，利用多种途径和形式引导校园正能量，促进学生个性发展，营造文明校园氛围。

学校开设各类工作坊包括：悦扣童年工作坊、童趣坊、悦食工坊等，全方位多角度地为孩子们搭建动手动脑、奇思妙想的平台，培训孩子们的创新意识和实践能力，为学生提供大量的自主实践平台，让每个学生找到自己的兴趣点、闪光点、成长点，激发每个孩子的学习热情，全面培养核心素养，彰显立德树人的价值追求。

如在悦创课程中，舞蹈、扣子画、烘焙等16个社团花开朵朵，为学生搭建了激发活力的平台。舞蹈社团的《踩泥》荣获全国二等奖；悦扣童年工作坊获得郑州市创客教育优质课评选一等奖；中草药社团带领学生感受中医药的魅力；烘焙社团入选“经开区优秀创客工作坊”；师生多人次在省市级建筑模型、航海模型等比赛中获奖；游泳、网球、足球等体育社团帮助学生增强体质、锤炼意志。

其中，学校作为中医药文化进校园试点学校，积极开发中草药校本课程，深入开展中医药健康文化宣传活动，提高中医药文化普及率，传播优秀的中医药传统文化。课程实施上，按照1—6年级龄阶段根据孩子不同的接受能力，开发相应的读本，安排不同层次的中草药有关知识的讲座，并带领学生到中医馆、大药房、中草药基地进行参观，并组织各班级种植中草药，观察中草药的成长，通过各种形式，让学生全面深刻了解中草药。丰富的舞台，为学生搭建了展示才艺的舞台，让文明素养伴随着学生的兴趣和才艺，得到充分的施展。

在文明校园创建的路上，经济技术开发区外国语小学一步一个脚印，挥洒着汗水，也结出了硕果。学校先后荣获“郑州市文明校园”、“河南省文明校园”、“全国文明校园”等称号。

一切过往，皆为序章。在珍惜荣誉的同时，经济技术开发区外国语小学也编织着更大的梦想。前行的步伐不会停歇，追求的身姿依然挺拔，学校会在创文的路上继续奋斗，朝着新的目标不懈努力、勇敢追梦！

润心起航　成志励行

河南省郑州市管城回族区漓江路小学　刘博闻　石全中

河南省郑州市管城回族区漓江路小学是2018年投入使用的一所新建小学。在发展过程中，学校重基础、尚综合，让教育从心开始，从儿童出发，巧借“上善若水”之慧，打造“善水文化”，实施“润心教育”，弘扬“善水精神”，追求“若水境界”，进而建设“上善”之校，致力于把学子培养成具有高尚品行、创新精神、灵动智慧、良好习惯的新时代社会公民，为儿童的终生发展与幸福生活奠基。

如今，漓江路小学这所充满活力且不失稳健的现代化高品质学校，先后获得全国吟诵教育实验学校、河南省甲骨文教育特色学校等荣誉，正行进在学生让学生成才、让家长放心、让社会满意的道路上。

打造“善水”文化，建设雅致校园

“具有英伦风格却意蕴传统特色，古朴典雅且不失现代灵动”，是初遇漓小的首轮印象，一种不媚流俗的雅致感油然而生。学校正以其完善的功能设施、风景宜人的绿化、独具特色的人文，营造出师生成长进步“智园”，师生幸福生活的“乐园”。

学校办学携“上善若水”之文化基因，打造“上善之校”，打造师生心灵幸福栖息的生态家园；润心楼、思源楼，这里的每一处建筑都打造成了课程性空间；香樟园、银杏林，这里的每一棵草木都融入了校本课程；漓江湾、汉字书院，这里的每一个场所都为师生成长提供着充足的营养。发展智库、教育教学研究中心、综合服务研究中心等以人为本的机构改革，让这所学校的管理焕发出勃勃生机；15分钟、35分钟、60分钟，这些精心设置的大、中、小课堂，让教学更加科学、更加人性；品格课程、素养课程、个性化课程，这些给养方式让学生的成长更全面、更具个性、更有温度。

作为区域内午餐供应最早的学校、延时托管先行学校，每一项举措都践行着“教育，从心出发，从儿童出发”的理念，每一个决策都体现了学校为师生更好成长的责任担当。

建立发展共同体，加速青年教师成长

青年教师是学校教学工作的生力军，其发展直接影响着学校的教学质量和发展定位，决定着学校发展的品质。漓江路小学充分调动各种资源，将教师成长置于学校文化建设和品牌建设的范畴中，建立贴合生长、协作共进的发展机制，使教师的专业成长拥有持久的动力和无限的可能。

为让青年教师获得快速成长，学校成立学科教研基地，建立青年教师导师制培养机制，构建“梯级成长”、“分级培养”教师成长模式，形成了“帮、扶、促、带”的教师发展共同体，让每个青年教师不仅能体验到集体成长的幸福，更能享受到师傅带徒的专属服务。值得一提的是，这里曾被誉为“漓江现象”的招教考试，学校所有参与报名的临聘教师100%考得人事编制，让老师们在找到归属感的同时，也获得了满满的幸福感。

丰富课程体系，增强师生归属感

课程是育人的载体，是实现办园愿景的根本保证。在“德行可感、素养可观、成绩可测”的“三可”质量观指引下，让儿童在“课堂、活动、环境”等学习环境中，漓江路小学系统理解和融汇核心素养、课程标准、学科实践和活动形态，整合构建“学校、家庭、社会”教育力量，进一步优化形成了支持学生“全面发展、兴趣扬长、个性成长”的漓小课程系统。目前，正在实践落实的《经典吟诵课程》《甲骨文绘画课程》《小精灵品格教育课程》等，均取得了良好的成效。

为增强师生的凝聚力和向心力，学校高度注重师生归属感的建立，融规则意识、勤奋精神、敬畏意识和感恩教育于教育教学，形成学校与师生的感情链接，研发了《品格—专注力》《品格—责任担当》《品格—时间管理》等一系列课程，让师生关注学校、热爱学校、敬畏学校，建立超强的归属感，从而有更强的幸福感。

家长教育修学分，凝聚教育合力

毫无疑问，家长是学校发展最直接也是最为亲密的伙伴，是学生发展过程中必不可少的一股力量。孩子入学家长先接受培训，这是漓江路小学打造“润心教育”入学课程三部曲之一。学校把教师入职培训、家长系列培训、学生常规训练作为入学三部曲扎实开展，让这所学校扬帆起航、行稳致远。

为做好家长教育，学校成立了“润心教育”父母成长研究院，招生时就对家长开展问卷调查，进行深度调研，针对家长情况进行科学分析，制定培训方案。家长培训主要从家庭教育意识唤醒、实操经验介绍、具体问题解决等方面，邀请家庭教育专家及优秀教师针对帮助孩子走好下学第一步，如何度过入学适应期等方面进行专题辅导。校长结合学校远景规划，从学校发展定位、育人目标、培养途径、课程设置等方面进行详细介绍，让家长深入了解学校的办学理念和管理方式，确保学校教育与家庭教育步调一致、合力发展。从集中系列培训到分班部署工作，整个家长教育培训活动安排得有条不紊。从意识唤醒到实操演练再到具体落实，做到了环环相扣。特别是在系列培训的最后一个环节——分班家长会，老师和家长配合默契，为孩子们走好小学第一步营造了良好的环境，打下了坚实的基础。

所有培训采取学分制培训模式，家长修学分、记考勤、计成绩，不仅提高了培训质量，更增加了家长参与培训的责任感，可谓是措施实、收获丰。

教育是一个永恒的话题，每个教育人都是践行者。漓江路小学坚持教育从心开始，从儿童出发，以“润心教育”的探索与实践为个性教育追求，着力培养学生生活和学习上的好习惯，成就新时代的好少年。

遵从儿童天性，让教育回归自然本真

河南省郑州市金水区第五幼儿园　郭岚

许多看似深奥、受用一生的价值观和良好品质，其实早在幼儿园时期就奠定了根基。时下的学前教育是一项浩大的工程，它需要教师拥有先进的教育理念、丰富的教育经验，在尊重每个孩子兴趣和特长的基础上，让每一位幼儿从人生起跑线上快乐出发。既然如此，顺应当今社会发展和幼儿成长特性的学前教育究竟应该以一种怎样的方式和形态出现？又如何在尊重孩子天性的基础上，给他们一个智慧、快乐地童年？

针对学前教育的特殊性，河南省郑州市金水区第五幼儿园根据幼儿的天性及年龄特点，立足“自然中立本，求真中育人”的办园理念，以“回归自然本真教育，培育和谐完整儿童”为办园目标，以“自然本真”为核心，以“本真教育”为依托，在兼顾中国国情、融合东西方教育和哲学的前提下，构建了一整套属于金水五幼自己的集教育学、儿童心理学、儿童成长机制、课程设置、课外实践为一体的“本真”教育体系，力求用专业化教育者的眼光和心态全面发展幼儿的各项能力，赢得了社会各界的广泛赞誉，成为新时代素质教育背景下一道亮眼的风景。

从环境中生发，铸造“自然本真”乐园

只有了解儿童、解放儿童、尊重儿童，才能更好地走进儿童的内心，才能解锁教育的秘密。金水五幼始终秉承“现代、简约、童趣、自然、生态、生命”的设计理念进行环境创设，从儿童视角和儿童发展需求科学合理规划，为幼儿创新意识培养和全域素养提升搭建多元化平台，让他们在“自然本真”的环境下实现自由快乐地成长。

走进园所，一花一木皆文化，一墙一角藏乾坤，处处都彰显出美化与教育、自然与健康的和谐统一。园所内满目葱茏绿化，各种乔木、树木丛生，百草丰茂，蜂戏蝶舞，百花争艳，奇石林立，姿态各异，林荫走廊，倚绿临风，浓郁的生命文化氛围和对自然的无限热爱和遐想尽蕴其中；灵活多样的活动区、丰富多彩的主题墙，给幼儿良好的心理体验和心灵唤醒；充满童趣的功能室，为幼儿搭建了快乐成长的平台；“悦书苑”，帮助幼儿打开了一扇童话之门；“悦智馆”，开启了智慧和创造之旅；“舌尖上的五幼”，更是给幼儿带来了“食”的全新体验。

在开发幼儿智力、促进幼儿个性发展等方面，还有一个不可忽视的教育载体，那就是班级环境创设。在金水五幼，班级是孩子充满爱的家，老师们把这个舒适的家规划出不同的区域，引导着他们去探索和发现。如在美工区，提供多种美术辅助材料，促使幼儿与环境相互作用；在展示区，老师们会把幼儿精心创作的作品展示出来，让他们感受到创造的意义和价值，从而乐于创造、乐于探索；在阅读区，引导幼儿观察感受书面语言，潜移默化地接受有关书面语言的知识；弥漫着浓浓班级特色的主题墙，迎风舒展的家园共育栏以及自然质朴、备受孩子们喜爱的植物角等，都在无声地告诉每一位家长和孩子，这里是孩子们另一个温暖的“家”。

在星火中升华，丰富“自然本真”内蕴

星星之火，可以燎原。红色文化有着深厚的教育意义和宝贵的教育资源，通过红色教育弘扬红色文化，能够使幼儿牢固树立正确的理想信念，自觉将传承并弘扬革命精神的种子深埋心底，为培养红色接班人筑牢根基。对此，金水五幼有着明晰的认识。

从走进金水五幼的那一刻起，就犹如置身于历史的画卷中，因为红色教育无处不在。入园通道设有传统文化展板，幼儿通过观看交流了解传统节日；四层楼梯间的红色教育长廊挂满了以“中华文化”为主题的亲子作品，画面精美，色彩丰富，蕴含着深厚的家乡特色和文化底蕴；班级互动式的主题墙记录了幼儿对革命人物的了解和探索；

绘本阅读区，图文并茂的红色亲子自制绘本内容，在弘扬革命精神的同时，更让孩子们珍惜现在的美好生活；园所公众号也会不定期地推送幼儿园教师及幼儿的红色系列主题教育活动，让红色教育的基因通过更多方式不断地传承下去。

家长是幼儿园的重要同盟者，幼儿园非常注重培养孩子与家长之间的感情。每逢假期，幼儿园就会结合园本特色，鼓励家长和孩子们一起动手制作革命故事亲子画报、传统文化黏土作品等。丰富多彩的假期主题活动让家长们也一起参与到孩子的成长之中，同幼儿园一起为孩子们的全面发展打好底色。

在课程中成长，提升“自然本真”品质

只有当幼儿园的课程是个性的、全面的、生机勃勃的，幼儿才会拥有广博的精神世界和高尚的修养情操。近年来，金水五幼从幼儿自身兴趣爱好出发，构建了多元化、多维度的“本真教育”课程体系，通过“真”动课程、“真”说课程、“真”美课程、“真”实践课程、“真”探索课程等课程群，把幼儿个性化特点与课程内容有机结合，收获了幼儿的喜爱、家长的肯定和社会的认可。

“本真教育”课程体系从幼儿自身兴趣爱好出发，积极挖掘家长及社区资源，将园所活动内容与五大领域相融合，开发出泥塑、美工、足球、语言、体操、舞蹈等多个不同类型的特色社团，让幼儿自主选课，积极探索，相互分享，不仅学到了多种知识，发展了情感态度，养成了良好行为习惯，各方面能力也得到了提升，为幼儿的个性化发展奠定了基础。

值得关注的是，幼儿园近期结合“自然本真教育”理念，因地制宜，积极“创客”，在社团及班级进行“泥塑”特色课程，通过选用与河南本土文化一脉相承的天然黄河泥土，引导幼儿进行泥塑活动，让幼儿更加亲近自然、感受生活。此外，为了追求社团课程教育效果的最优化，幼儿园进一步拓宽家园、社区合作的渠道，定期邀请多才多艺的家长志愿者参与到幼儿社团活动中，助力孩子成长。“家长进课堂”让各种职业的家长走进幼儿园，化身“教师”，使孩子们了解到不同职业的特点和辛劳，家长也从中体验了幼儿园的教育活动。如今，园所的社团活动形式新颖、内容丰富，每天下午，孩子们都会根据自己的兴趣爱好选择社团活动，在社团中展示特长、挖掘潜力、感受快乐、体验乐趣，增强自信心。

在“自然本真”教育哲学呵护下，金水五幼的孩子们品味着生命的本真滋味，享受着自然的灿烂美好。他们无疑是幸福的。

金水五幼是一个儿童的世界，是一个充满生命神奇的世界，也是教师美好绽放的世界，让每一位幼儿心向阳光、茁壮成长，让所有教师在课程创新的过程中享受教师的职业幸福，实现专业化成长。在课程建设和教学实施的探索实践中，不断走向师幼协同发展的佳境，正是是金水五幼不懈努力的目标。

开园以来，金水五幼先后获得全国足球特色幼儿园、全国“家校（园）共育”数字化试点幼儿园、国家级教学成果一等奖——幼儿园综合教育主题课程教学指导基地园、郑州市语言文字示范校等荣誉。园所教师也在各级评比中崭露头角，2019年6月，毋微微老师制作的玩教具《深海探秘》获得郑州市玩教具比赛一等奖；2019年9月，王晶静老师撰写的论文《幼儿园园本教研促进教师专业发展》发表在中文核心期刊《锋绘》，获得社科研成果一等奖；2019年10月，孟庆楠老师撰写的论文《不开口的“双胞胎”》获得郑州市教科研论文一等奖；2021年3月，陶梦迪老师撰写的案例分析《我的牙坏了》荣获郑州市幼儿园教师案例分析比赛二等奖。

文化是什么？文化是没有约束的自觉，是受一定局限的自由，文化是从土壤中自然而然地生出来的。在“自然本真”核心文化的引领下，金水五幼从教育理念到教育实践都掀起了一场全面的革新，园所变得更加文明、师幼变得更加和谐。一个文化凝聚的美好园所，一个师幼向往的教育殿堂，正在中原大地幼儿学前教育的阵营中强势崛起。

创新实践添亮点，课程建设提质效

——提升校长课程领导力的有效策略

黑龙江省牡丹江市朝鲜族学校 罗吉龙

自2014年启动基于核心素养的高中课程改革以来，“学校要培养什么的人？怎样培养人？为谁培养人？”这一教育根本问题就成为中小学教育工作的出发点和落脚点。而要有质效地解决这一问题，关键在于一校之长要具备足够强的课程领导力和课程领导智慧。

在这新一轮课程改革的过程中，作为学校的指路明灯和精神支柱，校长应该怎样确定自己的角色，找准自己的定位，积极领导、推动和实施新课改呢？我将从校长的课程领导策略、课程体系建构、课程评价重审三个方面进行论述。

一、科学规划办学愿景，有效实施课程领导策略

校长课程领导力是影响学校课程改革与实践的关键性因素，是校长与教师为实现办学愿景的一种思想与行为能力。这就要求校长要用自身的课程领导意识及实践能力去指引、统领课程改革、课程开发、课程实验和课程评价等活动，要科学规划发展愿景，明晰办学理念，科学有效地实施课程领导策略，才能成功开发和实施有效地校本课程。

在“立德树人”教育思想的支撑下，我校立足实际，着眼未来，着力开发“多元特色”教育校本课程，规划出“把朝中学生培养成为有一技之长，具备关爱自我、兴趣多元、健康生活、知性进取、多元文化理解力、民族精神的新时代人才”这一办学愿景：以学校为课程开发基地，以实施“国家课程校本化、校本课程特色化”为主要形式，发展学生核心素养为宗旨，着力把“多元特色”课程建设贯穿初高中教育阶段，构建一个有利于学生全面发展的立体课程体系。

二、创新重构课程体系，充分发挥课程领导职能

校长的课程领导力不仅体现在规划能力，还需要既“高屋建瓴”又“落地有声”的课程建设能力。校长只有加强对国家课程科目设置的了解，正确把握国家课程设置的要求，强化课程管理的实施，才能确保课程改革的正常进行。

课程开发和实施是对课程理论和实践不断丰富、完善的有效载体，是校长发挥课程领导职能的有效实践途径。在教学管理中，我着重创新重构课程体系，使学校、教师、学生都能共享新课程的成果。我校坚持开齐开足国家课程，着力促进国家课程的校本化，开发和实施立足学校实际的特色校本课程，形成了以特色课程体系、学科课程体系、金字塔式艺体课程体系、民族文化教育课程体系四大板块为主要内容的立体多元的课程体系。特色课程体系主要是指“三四五”特色课程体系。其中，“三”指“三融合”，即特色活动课程开设与学校常规课程开设有机融合，特色活动课程实践与教育教学活动开展有机融合，特色活动呈现效果与师生综合评价体系有机融合；“四”指“四统一”，即国家课程和校本课程有机统一，校本课程与特色活动有机统一，特色活动与德育实践有机统一，特色活动与生涯教育有机统一；“五”指“五结合”，即特色活动课程与国家课程相结合，特色活动课程与校本教材相结合，特色活动课程与主题教育相结合，特色活动课程与综合实践相结合，特色活动课程与社团活动相结合。学科课程体系，旨在通过常规教学加强学科知识，通过特色校本活动发展核心素养。金字塔式艺体课程体系主要是指普及必修课、发展活动课、提升专业课。民族文化教育课程体系即通过学科渗透民族文化教育，在实践活动中体验走进民族文化。

在特色校本课程实施中，我校主要以艺术美育教育、体育心理健康教育、“朝汉英日”四语学科多语言素养教育、“政史地”人文素养教育、“物化生”科学素养教育、对外合作交流活动、中华传统文化教育、民族团结进步教育、“传承红色基因，争做时代新人”爱国主义教育等活动为载体，让更多的学生在丰富的教育教学活动中，发现并逐步发展自身的兴趣和特长，得以更好地挖掘、培养和发展，重新认识自己，为自己的生涯规划发展准备必要的核心素养，从而为终身发展增添羽翼。

三、创新实践校本活动，稳步提升课程领导能力

校长的课程领导能力，须在不断地在课程实践中才能得以提升和发展。我校依托“四语”学科、艺体和民族文化、对外交流等民族学校特色资源优势，开展丰富的校本活动。如：开展朝汉英日四语演讲征文、文史知识竞赛、走进历史人物读书活动、数学精算能力训练等学科延伸活动；开展“民族饮食、民族礼仪”民族文化校本课程、民族舞蹈和民族打击乐传承活动、传统艺术展、冬季速滑冰球等冰雪活动、初高中男女足排球活动、民族传统体育运动会等民族文化教育活动；“传承红色基因，争做时代新人”主题系列活动、“研学家乡文化，弘扬优良传统”活动、“踏寻英雄足迹，重温红色记忆”主题活动、“体验中华传统茶文化、中华传统戏曲文化、中华传统节日文化”留学生体验中华文化系列活动、中华传统文化进课堂、民族团结进步教育进校园等主题活动。

在系列特色校本活动中，学生通过学习交流、实践体验使核心素养得以发展，综合能力得以提升；学校通过校本活动加快了国家课程校本化和校本活动课程化进程，有效提升了教育教学实践整体实效，实现了学校多领域育人目标。

四、重新审视课程评价，有序积淀课程领导智慧

学校的课程管理评价工作对课程与教学工作的管理起着导向、约束、校正和激励等作用。然而，我们一般都比较重视课程建设，却容易忽略对课程评价的研究。在新课改背景下，校长有必要重新审视学校课程评价，对课程实施状况及时监测、评价，发现和反思，并不断完善和优化课程评价体系。

在“十二·五”课题“朝鲜族中学留守学生教育”研究结果中发现，我校工作的侧重点在于教育的过程及结果呈现，却没有形成检验教育成果的综合评价体系。教学的关键在于关注核心素养，课程评价的关键在于理解核心素养内涵。为此，在“十三·五”期间，我们从学校实际出发，结合“在朝鲜族中学初高中阶段培养学生核心素养问

题的研究”、“构建基于核心素养的校本活动课程体系，凸显民族学校特色”等课题的研究，系统地研究了“学生核心素养自我评价改革案例”，并制定了“学生核心素养自我评价标准”。它主要用于学生综合素质的自我检验，是以“怎样把这种社会和教育对人才的需求转化为学生应该具备的，适应终身发展和社会发展的素养需求”为指导原则，以“在校本活动中培养关爱自我、兴趣多元、健康生活、知性进取、多元文化理解等综合素养”为育人目标，旨在帮助学生客观地了解自己，认识自己与他人的差异性，对自己的兴趣爱好排好先后顺序，取长补短，扬长避短，在初高中六年期间，在学科学习和校本活动活动实践中检测、检验自身的一般能力与特殊能力，把兴趣发展成自己的特长，为选课和生涯规划提供较明确而客观的评价依据。

总之，课程领导力是在课程改革背景下校长必备的职能，是校长应具备的基本素质，是校长在新课程改革背景下应肩负的使命，也是一名校长真正走向专业化的标志。校长只有按照新课程的标准和要求，不断提高自己对新课程的认识，亲自投身到课程改革的洪流中，才能真正推动学校课程改革的新发展。

让教育有质量　让学生更幸福

——黑龙江省齐齐哈尔市拜泉县文化小学教育发展侧记

黑龙江省齐齐哈尔市拜泉县文化小学　孟凡军

在这样一个快速发展和鼓励创新的时代，评价一所学校的优劣标准有很多，甚至不同视角下会有千差万别。老百姓常说：“金杯银杯，不如老百姓的好口碑。”可见，归根到底，口碑是评价一所学校最为重要的依据。短短七年时间，黑龙江省齐齐哈尔市拜泉县文化小学在跨越式的发展中实现了华丽的蜕变，呈现出井喷式的发展，先后获得了省级标准化小学、省三育人先进集体、市级信息化先进学校、市交通安全先进校、市级少先队大队部、市级德育教育先进校、县优秀党支部、县教育工作先进集体等一系列荣誉，引起了老百姓和教育界的普遍关注。从这一角度而言，文化小学是一所当之无愧的优质学校。

自然，道听途说只能得乎其下，但要想真正叩问这所学校快速崛起的原因，还需走进其中，寻根探源，方得其精髓与奥秘。

坚持德育为先，坚守核心价值

“一定不要辜负局党委的期望，不要辜负文化小学全体师生的期盼，不要辜负当地老百姓的期待！”2013年3月，新一届校领导班子成立后，面对破旧的平房、歪倒的教室、四面露风的墙壁、孩子无助而期盼的眼神、教师无采无奈的目光、整个学校几乎面临解体的局面，痛定思痛，科学确定学校发展方向，努力办“最幸福的教育，最智慧的教育，最影响未来”的教育，努力办让“学生开心、教师满意、社会向往”的新文化小学。

走进文化小学，就被一股浓郁的校园文化氛围所包围：校园路旁，“社会主义核心价值观”、“好老师”造型牌迎面而立。教学楼内，楼廊文化琳琅满目、异彩纷呈：中国梦、社会主义核心价值观标语口号引领德育方向，浸润孩子心灵；主楼四个楼梯口分别以梅、兰、竹、菊字符和彩画为题，寓意孩子们德行养成、品德高洁；西楼教室四个楼梯口分别以春、夏、秋、冬字符和彩画为题，寓意孩子们生机勃勃踏上求学之路，经过刻苦学习收获希望的明天。这样的楼廊文化设计，就是让孩子们天天耳濡目染，在学习中思考人生，在运动中体会艰辛，从小立志，学会做人，懂得感恩。

为强化党建和德育的有机结合，2018年11月，学校在教学楼主楼一楼东侧辟建了79平方米的党建活动室，展厅分为黎明曙光、苦难征程、伟人立志、制度指引、支部足迹五大板块，主题突出、设计新颖、简短实用、内涵丰富，让人耳目一新。每逢“七一”、“十一”等重大节日和重大活动，学校都会有序组织学生到展厅参观学习，现场接受党史和德育教育，使孩子们从小树立爱党、爱国、爱人民的情感，从心灵深处热爱党，增强“四个意识”，坚定“四个自信”，做到“两个维护”。党建活动室既是小学党支部党建活动阵地，又是学生的思政德育教育的新课堂。

为全面践行“育人”的理念，学校以健全机制为出发点，以夯实常规为立足点，以主题活动为着力点，以课题研究为突破点，以特色品牌为生长点，打造富有生命力的德育教育。倡导“每位教师都是德育工作者”，把德育渗透到工作的每个环节，开展系列化、主题化德育活动，努力实现全员育人、全程育人、全心育人。例如，学校每个学期开展“悦读节”、“向国旗敬礼”、“文明礼仪教育”等一系列活动，让学生在不同的活动中强化内心体验，形成良好道德品质。

强化教学中心，夯实质量根基

教学质量是学校的生命线，学校教育的永恒主题。文化小学不断深化对教学质量的认识，并采取强有力的措施予以落实，探寻、把握教学规律，推动高效课堂真正落地。

精益求精抓常规。学校不断完善以“校长价值引领、分管校长督导、中层干部蹲点、年级组长负责”为核心的捆绑管理责任制，全面落实各项责任制；认真贯彻教学环节周查月评制，全速激发自治共治“内生力”，激活学校发展“内动力”；严格把好备课关、上课关、作业关、辅导关、评价关，狠抓教学过程管理落实；充分发挥“骨干引领、校本教研、评价激励”的作用，内培外训抓学习，合力提升学科质量；坚持开展学科教研组业务学习和读书活动，组织骨干教师到外地参加培训学习，拓宽视野，开阔眼界。

立足课堂抓研究。学校定时开展常规教研活动，采取骨干教师示范课、年轻教师展示课、课题进课堂研究课等形式，因人而异开展课例研讨；全校教师全员上阵，在活动过程中打造“自主互助学习型”课堂，做到所有学科教研活动全覆盖。本学期在教师进修学校组织的各项教学比赛中名列前茅取得优异成绩。

开展名师工作室教研活动。学校在刘艳丽名师工作室活动中，围绕教师结构性缺编问题“打造全学科教师”的校本培训目标，采用“以专带兼”的形式开展综合学科研究，着力培养青年骨干教师和学科带头人。在2019年“一师一优课，一课一名师”活动中，文化小学获得省级优课1节、市级优课1节、县级优课30节的好成绩。

聚焦核心素养，助推全面发展

为适应新时代学生个性化的主体要求，全面提升学生综合素养，文化小学在学校发展的过程中始终围绕学生核心素养谋划学校教育教学工作，在开齐开足课程的基础上，注重“开好”课程，培养学生向善、向真、向美、向上的思维和能力。

体育艺术课程全面开花。学校贴合实际，确立了体育课程以“足球为主，乒乓球和空竹为两翼”；美术课程以“国画为主，剪纸和手工为两翼”；音乐课程以“合唱为主，舞蹈和竖笛为两翼”的“一主两翼”发展特色思路。一方面，把握课堂主阵地，开展先学后教、以学定教的“自主互助学习型”为核心的高效课堂构建研究，引导教师优化课堂教学，关注学生全面发展、自主发展，追求课堂效能的最大化；另一方面，特色活动，培养特长小学生，让学生秀才艺、展风采，增强成就感、幸福感。

社团活动课程异彩绽放。基于社团课程在培养学生“学出成果、玩出名堂”的个体素养的独特作用，学校围绕发展目标自主开发课程，重点开设“我爱写作”、“口语交际”、“英语阅读”等文化类社团和“舞之韵”、“小戏迷”、“小小发明家”、“炫舞足球”等体育艺术社团，有序安排在周一至周五课后服务时间，社团课程强调选择性，尊重教师、学生的兴趣和意愿，取得了令人可喜的成绩。

一项体育技能强健一生，一项科技特长受益一生，一项艺术爱好陪伴一生，一项良好习惯成就一生，一项专业优长幸福一生。有了这样整体、清晰、系统的教育理解和育人目标，学生们的身心健康成长才能得到切实监督和保障，学校也才能有更好地发展和更美的未来。

助脱贫战疫情，展现教师风采

在这个极不寻常、极不平凡的庚子年，我们遭遇了严峻挑战，体悟了惊心动魄，历经了万千感动，见证了春暖花开。文化小学坚持“精准扶贫，教育先行；教育扶贫，育人为本”的扶贫理念，发挥广大教职员工在脱贫攻坚中的作用，积极选派教师参加扶贫帮扶工作，派出驻村工作队2人，帮扶责任人44人，共帮扶贫困户343人，从贫困户中购买农产品18600元。充分利用课余及周末时间采取入户走访、电话、微信等形式，及时了解贫困户生活等方面的情况，及时帮助贫困户解决实际困难。

疫情期间，学校组建“战疫情-园丁暖心行”小分队，开展丰富多彩的线上课程，教学内容兼顾疫情防控知识普及、生命教育、公共安全教育、心理健康教育、法治教育和使命担当等，并将音乐欣赏、体育锻炼和家庭劳动等活动融入教学内容。加强疫情期间的心理辅导，特别是定期对建档立卡学生进行心理关爱，确保了疫情期间学生心理健康。

恰逢好风凭借力，正待扬帆远航时。让教育“有质量”，为学生的一生幸福奠基，关爱学生成长、关心学生成人、关注学生成才，回归原点、追求本真，做有情感的教育，做有温暖的教育，做有担当的教育，拜泉县文化小学正以逆势飞扬的豪气、善作善成的勇气和艰苦奋斗的志气，紧跟新时代教育强国的铿锵步伐，蓄势待发，扬帆起航，迈向更加辉煌的明天！

精耕劳动教育　培育劳谦君子

——富裕县励志民族中学劳动教育实践侧记

黑龙江省齐齐哈尔市富裕县励志民族中学　张秋良　周华

勤劳是中华民族的传统美德，劳动教育有着独特的育人价值，在促进成长、锤炼品质等方面发挥着不可替代的作用。为培养学思结合、知行统一、全面发展、特长突出的阳光少年，黑龙江省齐齐哈尔市富裕县励志民族中学秉持“和谐发展，快乐成长”的办学理念，充分发挥农村寄宿制学校的优势，坚持实施以劳树德、以劳增智、以劳强体、以劳育美的劳育思路，将劳动教育实践活动贯穿于教育教学全过程，在夯实学生劳动根基的基础上实现“五育”并举，努力创建一所充满幸福味道的劳动乐园。

整体设计，目标引领

2018年全国教育大会上，习近平总书记要求把劳动教育纳入培养社会主义建设者和接班人的总体要求之中，明确提出构建德智体美劳全面培养的教育体系。2020年3月中共中央、国务院印发《关于全面加强新时代大中小学劳动教育的意见》，提出为构建德智体美劳全面培养的教育体系，根据各学段特点在大中小学设立劳动教育必修课程，系统加强劳动教育。

为深入贯彻这一教育精神，实现真正意义上的“五育并举”，2019年，富裕县励志民族中学提出“以劳动教育为突破口，全面推进素质教育，创建特色学校”的办学思想，开始了“人本管理、劳融五育、和谐发展”的特色育人之路。2020年，富裕县励志民族中学又以省级科研课题为引领，纵深开展“综合实践课程建设与新时代劳动教育创新研究”，从顶层设计到底层落地，从思想建构到实际执行，倾力打造“劳动教育”品牌，解答了走“以劳树德、以劳增智、以劳强体、以劳育美”之路的核心问题，努力办人民满意的品牌学校

科学定位，构建机制

为实现创新发展，富裕县励志民族中学进一步对育人体系、教育特色、发展目标做出准确的定位，将综合实践活动与劳动教育有相结合，对国家课程、地方课程及校本课程进行优化整合，构建横向优化学科育人的课程体系，形成了“实践操作、课程支撑、德育引领、课堂建模、评价助推”的“劳动教育”一体化的育人新体系。

目标定位明确。学校推进中学生劳动教育，打造特色校园文化活动，不是一朝一夕就能完成的，也不可能一蹴而就，必须有明确的目标定位：从加强劳动教育入手，将学生德育、综合实践活动和劳动教育紧密结合，打造“劳动教育”特色校园文化，并作为立德树人、提高人才培养质量的措施，持之以恒，常抓不懈。

完善体制机制。学校成立由校长任组长的劳动教育工作领导小组，加强对劳动教育和德育教育工作的领导，形成了完整的劳动教育的领导和执行体系；指定学生发展管理中心为管理部门，系统研究制定劳动教育三年发展规划和年度工作计划，把劳动教育和学校发展、内涵建设和硬件建设、重大项目和日常校园文化开展相结合，分解任务，落实责任，快速稳步推进。

各项保障到位。学校为劳动教育开展提供充沛的资源配置、人力支持和政策保障，确保劳动教育任务顺利实施。建立健全开展劳动教育各项规章制度，为工作推进提供依据；从总务抽调教师专门负责劳动教育，班主任作为劳动教育兼职教师，将其劳动教育开展情况纳入考核；开辟9670平方米劳动教育实践基地一处，规划设计10000平方米“民族航母果园”和5000平方米的“励志花园”各一处，将三处劳动教育实践基地平均分配到56个班级，让七至九年级学生都有一块属于自己的“责任田”，并在自己的田园里精心耕耘，尽展劳动之美。

内外融合，实践育人

家庭生活劳动也是学我校劳动教育的有益补充。富裕县励志民族中学非常重视学生的家庭生活劳动，注重构建家庭生活劳动教育课程，引导学生在“自己的事情自己做，家里的事情抢着做”的理念下进行家务劳动，激励学生向上向善、孝老爱亲，培育正确的道德判断和家庭责任。

校内劳动教育实践是富裕县励志民族中学劳动教育的主要形式。在实践基地，从种到管到收全部由学生自己决定。在老师的指导下，学生选择经济实惠、随处可见、易于栽种、便于管理的农村常见农作物品种，让学生基于现实生活进行种植，每个年级都有不同的主题。例如，七年级的黄豆园，八年级的蔬菜园，住宿学生的玉米园，这些主题种植园在生活化和科学化兼具的活动中植入劳动教育理念。同时，学校还将劳动教育实践课和综合实践活动相结合，将零散的劳动实践系列化、整体化，将物理课、劳动课和综合实践活动加以整合，并以此为载体将课堂开到实践基地里，让学生们在亲身实践中懂得了季节的更替，也真切体验到了“锄禾日当午，汗滴禾下土”的艰辛……这样的“课堂”把劳技、科学、自然、生态融入其中，整地、施肥、播种、育苗、浇水各环节依次进行，学生观察、记录、动手实践、展现自我、品味收获。

2020年秋天，学校以“励志民族中学劳动教育实践种植园开镰仪式”为主题的校园丰收节如期举行。校园瞬间变成了热闹的海洋，学生大显身手，家长热情参与，布置展区，解说作品，兜售成果，感受一年辛勤耕耘变成劳动成果后的喜悦。在校园丰收节展示活动中，学校将收获的主舞台留给学生，土豆、黄豆、茄子、辣椒、秋葵、大葱、胡萝卜等在农村随处可见的果实被孩子们用一双双灵巧的小手整整齐齐地码放在筐里，然后各展所长，摘菜、宣传、记账、定价、打包……虽然收获不多，但学生依旧很满足。学生们在自己喜爱的劳动中涵养了美德，感受了劳动之美，体味了劳动幸福。

一年下来，学生体验了劳动的快乐、耕耘的欢愉、参与的快慰、成功的喜悦，感受到劳动的重要；学校构建了劳动生态课程，构筑了生态环境，创造了美的元素，形成的好的劳动习惯将伴随学生幸福成长；学校的劳动课程经历了从多学科在同一课中交融到多学科在同一实践活动中融合，从内容打通到形式打通，达到了思维方法与劳动态度的融合；劳动实践课充分挖掘了课程的内涵与外延，激发了学生的参与兴趣，助推了学生的健康成长。

科学评价，激励成长

针对现在许多学生没有劳动习惯的实际情况，富裕县励志民族中学在确立劳动教育之初就明确了方向——进一步培养学生良好的劳动习惯和实践技能。在劳动实践基地建设规划里，很重要的一条就是实践基地按年级到班级到小组，把农作物栽种、培育、采摘作为学生劳动锻炼的主要平台，纳入学生在校综合素质评价，让学生全程参与、全员参加，不落下一个学生。

学校建立学生劳动素养评价制度。学校每年组织开展劳动技能和劳动成果展示活动，将劳动实践过程和结果纳入学生综合素质评价体系，建立公示、审核制度，确保真实可靠。同时，学校还把学生的劳动品德养成纳入德育考核，创新行为养成培养的体制机制，全面推进德育教育。

学校注重家庭劳动的日常养成。学校要求家长将劳动态度、习惯等评价作为家长评价的一项主要内容，计入学生的成长记录袋，适时予以鼓励或批评。“孩子们帮助我们做家务不仅减轻了我们大人的劳动负担，而且可以减少宅家上网、玩手机的时间，既有了劳动锻炼，又活动了筋骨……”励志民族中学八年级学生张馨月的家长是这样看待孩子劳动的。

学校开展劳动模范评比活动。学校制定《励志“劳动教育”评价体系》，对学生的劳动品质、劳动素养、劳动过程进行评价，并把劳动教育的五个维度分化为5颗星，评选出“劳动之星”、“百名劳动模范”等并适时表彰，为培养“全面发展、特长突出”的阳光少年铺就了成功之路。

劳动无比光荣，我们今天的幸福生活是建立在亿万劳动者劳动的基础上的，劳动本身也是幸福的。同时，培养学生的劳动态度和感情，使学生掌握一些基本的劳动知识和技能，让学生学会用最基本的劳动工具，不论对他将来的职业，还是家庭生活都有好处。富裕县励志民族中学的劳动实践活动涵养了“以劳育德”特色校园文化，形成了学生自己独有的劳动价值观和劳动品质，为立德树人提供了丰沛的精神支持，使学校的立德树人有基有魂。令人欣喜的是，如今校园里持续呈现出积极参加劳动服务的学生社团、参加志愿活动、参加劳动实践等良好的校园风气，热爱劳动、多劳多得、团结协作成为校园的主流价值观，优秀典型在各年级学生中不断涌现。

行稳致远，构筑温情教育之路

湖北省黄冈市英山县温泉小学 杨劲松 蒋爱春 姜海

苏联教育家苏霍姆林斯基这样教育学生：一个叫季娜的女孩，为了让病重的祖母高兴，违反校规采下了珍贵的“快乐之花”。苏霍姆林斯基不但没批评她，还动情地说：“季娜，你再采3朵花。一朵给你，为你有一颗善良的心；另外两朵送给你的父母，为他们教育出了一个善良的人。”瞧，多有“温度”的教育！

湖北省英山县温泉小学就是这样一所有“温度”的学校，它创办于1968年，现有40个教学班和一所附属幼儿园。经过五十余年的探索与实践，这所学校始终坚持办“有温度”的教育，全面贯彻“温泉水育健康人”的办学理念，赋予教师“温润如水”的品质，用最佳的环境促进学生最优的发展。如今，这种“温度”已经成为温泉人的特质。

以爱育爱，办有温度的教育

教育的核心是爱与被爱。在温泉小学，教师是爱的践行者，“温度”的传播者，教师有了爱和“温度”，办学的爱和“温度”才能落地生根。基于此，赋予了学校“温泉水育健康人”的办学理念，赋予教师“温润如水”的品质。

学校关爱老师，让老师有幸福感。首先，工作上支持，给老师带来成功的喜悦。教师是学校的核心竞争力，温泉小学珍惜和尊重每一位教职员工，发掘和发展他们的潜能，让他们的才华得到最大限度的升值。提出“关键在中年，希望在青年，经验在老年”的教师队伍建设策略，通过“五大工程”（师德工程、名师工程、青蓝工程、继续教育工程、班主任成长工程）多途径育师德、练师能、铸师魂，积极培养“四有”型（有理想信念、有道德情操、有扎实学识、有仁爱之心）和“三者”型(教育改革的奋进者、教育扶贫的先行者、学生成长的引导者）的好教师。其次，专业上搭台，给教师提供上升的空间。专业成长是每一位教师的追求，温泉小学想方设法、竭尽所能为教师的专业成长铺路子、架梯子、搭台子、树牌子。制定“青年教师成长计划”、“青蓝结对工程”，启动“名师工作室”，开展“党建+”校本教研活动，组织

并激励教师参加学校已有的国家级课题和省级课题的研究。再次，生活上关心，给教师带来家的温暖。举办以“爱”为主题的趣味运动会，开展过“六个一”的三八节，举办“教师生日有蛋糕”、“教师父母有慰问”、“为教师健康加油积分”等活动，老师们不由地感慨，“物质不在多少，表达了就行，关心不在大小，温暖了就行。”

老师关爱学生，让学生懂得感恩。弦歌不辍，薪火相传，老师们用一种简单而有效地方式——家访，将受到的关爱第一时间传递给学生，不仅拉近了师生距离，也完成了“眼睛与眼睛的重逢，心灵与心灵的抵达”。一年中，温泉小学始终坚持“两个100%”的家访，即100%教师参与，访遍100%家庭，通过了解、理解、谅解架设起了学校和家庭、老师和家长之间爱的桥梁。教师们用心温暖学生，当学生犯错误或者学生内向、父母离异等有特殊情况的学生身上，他们会用一个温和的笑容、亲切的目光，关切的话语等都能像涓涓细雨一样滋润孩子的心田，让学生感受得到温暖和爱，从而积极主动地改变自己。这样的教育，让人身处其中时热爱，走出校外时眷念，让老师成了恩师，让学校成了母校。

温泉小学给每一位教师提供了一个展示人生价值的舞台，老师们在这里能感受到教师职业的幸福感和成就感。通过努力，他们能看见孩子们一个个从这里走出去实现自己的人生梦想，能见证学校一天天的发展壮大。这其实是一种享受成功的幸福。

正面引领，做有厚度的教师

思想的田野，真理不去占领，就会杂草丛生。温泉小学坚持以“党建先行、文化引领、榜样示范、活动陶冶”的原则引导教师以身立教、为人师表，积极培育和践行社会主义核心价值观，坚持修身立德，坚守职业操守，坚定理想信念，增强为人师表的使命感、立德树人的责任感、教书育人的荣誉感。

党建引领。温泉小学有步骤、有计划地开展各类主题活动，如“三严三实”、“两学一做”学习教育活动，“学习贯彻十九大精神系列活动”、“不忘初心，牢记使命”主题教育活动等；校长带头学习习近平总书记系列重要讲话精神和十九大报告精神，带头上党课，并代表学校全体教职工大会长做了《以“党建+”理念引领师德师风建设》和《提高政治站位，夯实基层组织建设，促进学校事业发展》的工作经验交流和学习体会分享；组织观党员干部观看《焦裕禄》《厉害了，我的国》等影片和《十九大代表风采》《大医精诚—张伯礼》等纪录片，增强党建工作的亲和力，强化教职工的责任感和使命感，进一步坚定了教职员工教书育人的理想信念。

文化引领。文化是学校的灵魂，是共同的价值追求，具有很强的内在影响力和约束力。在历任学校领导和教师的共同努力下，温泉小学通过学校文化弘扬正气、引领风尚，已形成了具有泉小特色的文化体系。

榜样引领。温泉小学充分发挥党员干部的先锋模范带头作用，让大家真切地感受到学校的干部没有特权和待遇，只有责任和担当。工作上勇挑重担，无论是教育教学还是精准扶贫、志愿服务，干部走在前面；学习上率先垂范，不管是业务学习还是理论学习，每位领导都能从自身做起，率先垂范；管理上公正客观，能够做到时时处处事事讲原则、讲纪律、讲规矩，坐得正、行得端；生活上严于自律，严格做到作风正派、廉洁自律。

活动熏陶。温泉小学以活动为载体，弘扬主旋律，激发正能量。规范每周一的升旗仪式，全校师生都排着整齐的队伍面向国旗行礼并高唱国歌，这已经成为学校的一道亮丽的风景线；以歌颂祖国为契机，积极开展“师生课前唱红歌”活动；经典诵读，包括专人解读、视频范读、教师齐读三个环节；每年都要进行“感动泉小人物”、“最美泉小教师”、“最受欢迎教师”等评选活动，为学生树立榜样。

文化熏陶，干有高度的事业

流动的生命中有一种永恒的快乐，它能让心灵宁静而淡泊，那就是用情用心用爱做教育，不需要豪言壮语，生命中的事业却洋溢着无法掩盖的热情。这就是温泉小学教师身上所拥有的独特的精气神。

以高尚的精神文化，增强师生成长的凝聚力。一是有理想信念，规划事业发展高线。温泉小学的每一个教师都紧紧围绕“温泉水育健康人”的办学理念思考问题，以立德树人为根本任务，以培养“四有”新人为根本目标，进一步解放思想，适应社会主义现代化事业的需要，树立新的学生观、教育观、人才观、质量观和发展观；全面贯彻党的教育方针，坚持育人为本、德育为先，自觉把自己的教学和教研工作与培养社会主义现代化事业的建设者和接班人联系起来，增强整体观念和大局意识，培养学生健康成长。二是有道德情操，严守师德师风底线。关爱学生是教师道德之树的根基，对学生的关爱不能仅停留在知识层面，要超越知识的关怀转向生命的关怀，能够俯下身子走进学生的内心世界，发现他们的闪光点，帮助他们解决困惑，点亮他们心中的希望，使他们勇敢、自信、快乐地学习和生活。三是有渊博学识，夯实教师职业基线。教师是“太阳下面最崇高的职业”，是人类文明承先启后、继往开来的阶梯和桥梁，必须要有严谨的治学态度面对不断发展变化的新形势，要意识到在教育教学工作中需要研究的课题还很多，需要改进的地方也很多，能够沉得下来、钻得进去，意志坚定，淡泊名利，无愧于人民教师的光荣称号。四是有仁爱之心，描绘温润育人彩线。教育是一门“仁而爱人”的事业，教师的仁爱之心不简单等同于父母爱子女，这是一种对国家、民族的爱在教师身上的体现，是一种无私的爱、不求回报的爱。教师的仁爱之心是以师生相互信赖为基础的，真诚地尊重学生，把学生看作独立完整的社会人，尊重学生的人格，尊重学生的发展规律，让学生在获得尊重、信任的同时学会自我教育、自我完善、自我成长。

以独特的制度文化，促进学校发展的保障力。制度形成机制更是关怀，温泉小学有独特的制度关怀，给教师廉洁自律的正气。学校制定了学校章程、教育评议会制度、职称评审办法、骨干教师评选方案等等，让各项教育管理工作的开展都有章可循、有法可依；成立了六个中心，实行中心主任负责制，中心主任依据规章制度，结合部门实际实行有效管理；成立了学术委员会、教育评议会、校务委员会、学生自治管理委员会等机构，加上原有的教代会，为广大教师、学生、家长和社会参与学校的民主管理开辟了途径；在制度的制定和整合中删减了“一人生病，众人吃药式”的规定，强化了触摸不得的“高压线”，强化了校务委员会和职代会在学校管理中作用，推进依法治校。如今，学校每一项工作的开展不再来自领导冰冷的指令，而是来自群众的热切期待，反映着群众的共同意志，让学校成为大家的学校，让管理要求带着暖意。这也让管理更加深入人心，增强了执行力，提高了工作效率。

以多彩的环境文化，提高特色建设的影响力。学校墙壁、走廊、教室、橱窗等地精心、合理布置有关中华传统美德的图画、警句、诗词歌赋等，营造浓厚的继承中华传统美德的校园文化氛围；道路边、LED电子屏适时更新传统美德宣传栏，掩映在花木丛中，营造了一种极为和美的育人环境；打造独特的年级、班级文化，营造一种文化氛围，让教师浸润在文化的气氛里，自觉规范自己的行为和素养；精心打造了十来个教师社团，让教师们发挥各自特长，定期开展书法绘画、经典诵读、演讲比赛、诗歌朗诵、文艺演出、体育竞技等丰富多彩的校园文化生活，净化美化心灵，培养高尚道德情操。

温泉小学着力爱心关怀，正面引领，文化熏陶，办有温度的教育。这既温润了教师心灵，引领了教师发展，也规范了教师行为，明确了师德底线。通过系列的师德师风教育活动，学校呈现出了校风淳正师德高尚的良好局面，涌现出了一大批敬业爱岗无私奉献克难奋进的感人至深的人和事，学校也先后荣获“国家级青少年体育俱乐部成员单位”、“国家级体育传统项目学校”、“全国班级文化建设先进学校”、“湖北省文化建设百强校”等多项荣誉。

“沾衣欲湿杏花雨，吹面不寒杨柳风”！有温度的教育如同如杏花春雨如同杨柳拂面！温润如水、行稳致远的温情教育之路任重而道远，但全体温小人仍然坚信，总有一种教育适合学生，总有一种教育润物无声、回味无穷，总有一种教育温润如水、长善救失。

文化兴校　名师强校

湖北省黄石市慧德学校　邓昌武

我校创办于2015年8月，先后获得了2015年黄石市中小学校园文化建设先进学校、2016年中国民办教育改革创新示范学校、2017年黄石市教学管理先进学校、2018年黄石市教育质量目标管理先进学校、2019年黄石市教育教学质量优秀奖、2020年黄石市教育教学质量优秀奖等荣誉称号。创办仅七年的慧德，为何荣誉不断？因为我们在办学过程中始终坚持文化兴校、名师强校。

一、文化兴校

作为校长要有文化自觉，要有文化自信，更要靠文化自强。我们知道教师、学生可以离开校园，但永远离不去的，是学校精神；永远忘不掉的，是学校文化；永远发挥作用的，是学校文化力！

慧德自2015年创办伊始，就十分重视学校文化建设。下面谈谈慧德文化兴校的一些具体做法。

学校文化与学校文化力并非等同概念。一所学校有良好的文化要素，并不等于一定有良好的文化力，也不会必然导致学校文化品位的提高和战略目标的实现；而这些目标只有在形成了良好的学校文化力之后才会形成。文化力包含精神力、执行力、形象力。在战略决策上，我们体现了“一体两翼”的鲜明特征，即以学校的精神力建设为主体，以执行力和形象力建设为两翼，有机、协调、全面地展开。

1、提炼精神力

学校的精神力建设，是回答学校文化“说什么”和“怎么说”的问题。只有“说”得准、　“说”得精、“说”得美、“说”得富有个性，才易于让人识别并建立印象，才有可能感染人、鼓舞人，使其效力充分体现。其内容构成大致有：核心理念、学校愿景、学校使命、学校宣言、师生誓词等等。

2、强化执行力

学校的执行力建设，是解决学校文化“干什么”和“怎么干”的问题。它直接展示和践行学校的精神理念，也是社会公众认识学校、评价学校的主要对象，因而健全、优化执行力系统对学校文化整体建设具有至关重要的作用。班主任每天做什么、怎么做？科任老师每天做什么、怎么做？生活老师每天做什么、怎么做？在慧德这些既是管理制度也是工作规范和流程，一目了然、一清二楚。文化是制度之母，学校规章制度不能作为整治教师的手段，而是要体现以人为本的原则。所以慧德的老师在慧德都能得到愉快的学习和锻炼。

3、打造形象力

学校的形象力建设，是解决学校文化“看（听）什么”和“怎么看（听）”的问题。它是学校的外包装，是学校精神理念的物化形态，是社会公众感知学校的最直观的对象，因而优化形象力系统应成为学校文化建设的基础工程。学校道路、建筑和景物布局作为学校文化建设的物质载体，不仅是物质化的校园识别系统，还是学校精神文化的展示和传播系统，都具有润物无声、催人奋进的文化力。因此，为学校道路、楼宇、景观冠以体现学校特色和历史的名称，赋予他们生机和灵性，使其在发挥重要标志作用的同时散发出文化的魅力，对于凝练学校文化底蕴，提高学生的人文意识，增加学校文化品位有着重要的意义。

慧德通过七年的学校文化建设和战略策划，为学校的发展注入了强大的精神动力。

二、名师强校

我国著名的教育家、曾担任清华大学校长17年的梅贻琦先生有一句名言：“大学者，非有大楼之谓也，有大师之谓也。”由此可见，大师对于一所学校意义之重大。而美国著名的领导学专家约翰·C·马克斯韦尔在《领导力21法则》一书中指出：“你要开始栽培领袖，只有这样，才有可能达到最高的境界。培植领导人才的杰出领袖，会在他们的团体里经历一种令人无法相信的倍数增长效果，这是任何其他方法都不能够取代的。”因此，孵化名师，让更多老师脱颖而出，这是我的主要工作之一。那么，我“孵化”名师的奥秘何在呢？那就是：严把“四关”、舍得“五子”。

1、严把“四关”

严把“四关”，即严把招聘关，严把培训关，严把督察关，严把考核关。

①、严把招聘关，注重素质。我们每年三四月份都要通过报纸、网站等刊登教师招聘简章，对应聘者我们通过以下四个程序来录用素质过硬的教师：一、看资料，优中选优；二、通知优秀者参加笔试；三、安排笔试合格者试讲；四、请试讲合格者签订聘任合同。

②、严把培训关，注重提高。我校每年对新聘教师都进行了一系列的培训：一是拜师学艺一个月，安排名师辅导；二是封闭式培训一周；三是每月培训一天。系列培训，让新聘老师受益匪浅，他们都能在慧德得心应手地开展工作。

③、严把督察关，注重过程。一是推门听课，及时给予指导；二是定期检查科任老师的备教批辅考和班主任的工作情况；三是每月采取学生评教和量化考评的办法对班主任、科任老师的教育教学工作进行小结并及时反馈。

④、严把考核关，注重结果。每学期结合老师的教学成绩、学生评价、平时表现对老师进行综合评估，对评估结果实行“四挂钩”，一是与去留挂钩；二是与奖惩挂钩；三是与工资挂钩；四是与升降挂钩。

2、舍得“五子”

舍得“五子”，即树样子，结对子，压担子，增票子，谋位子。

①、树样子，学有目标　拿着鞭子狂叫“给我干！”，不如扛着旗子高呼“跟我上！”；喊破嗓子，不如干出样子；打铁先要自身硬。所以，我努力在为人、学习、教学、管理、创业等方面为老师们做表率、树榜样，让他们学有目标。

②、结对子，赶有方向　在我们学校工作的所有老师，文凭、职称、资历、年龄、性别都位于次要；而人品、能力、实力、实绩却排在首位。通过结对子，让所有的老师既有学习的榜样，又有追赶的方向；同时相互之间既是竞争对手，又是合作伙伴。并且真正做到能者上，庸者下，不搞终身制。我们采取的是四个层级结对子的办法，示意图如下：

要求一般老师跟优秀老师结对子，向优秀老师学习，并尽快成长为优秀老师；优秀老师一方面要帮助一般老师提高，另一方面又要向中层干部学习，并尽快适应中层干部岗位的工作。其他层级结对子的要求和办法，依此类推。

③、增票子，凝聚人心　一流的教师，要有一流的待遇。我们在强调职业道德、理想、奉献的同时，更注重给优秀老师特别是脱颖而出的中层以上干部不断增票子。只有这样才能凝聚人心，留住人才，而仅凭空洞的理论和激昂的口号是远远不够的。私立学校，劳资关系一般都比较紧张。然而，在我们学校工作的老师都有一个共同的感受，那就是“跟着邓校长干，心服、口服、舒服”。老师们一致认为，认识慧德是幸运的，走进慧德是幸福的！

④、压担子，激发潜能　对于优秀的老师，我们就会想方设法给他们“压担子”，把他们充实到学校领导班子中来，组成强有力的校委会。首先是相信每位老师有潜力，尊重每位老师的个性，发挥每位老师的优势；其次是通过搭擂台、定目标、树典型、搞测评等一系列措施，千方百计激发老师的潜能，调动老师的上进心和积极性。

⑤、谋位子，放“虎”归山　在我们学校，“翅膀硬了”想“飞”的优秀领导，我不仅不阻拦，也不仅仅是理解、豁达，而且想方设法为他们“谋位子”，甚至“让位子”，有的还扶上马，送一程。对于这些“嫁”出去的校长，我并不是一“嫁”了之，而是经常与他们交流信息，切磋经验，互相学习。我对暂时受困的校长，及时给予鼓励、支持，并出谋划策；既随时欢迎他们登门切磋，有时也主动上门“会诊”，寻对策、觅良方，帮助他们走出困境。真正做到了每输出一位校长，就能振兴一所学校。

能行春风，必得秋实。我在私立学校近三十年的摸爬滚打中，探索出了严把“四关”、舍得“五子”的举措，不仅培养了上千名合格的教师，而且成功“孵化”出了上百位名师和几十位校长。这不仅成就了别人，也发展了自己，我坚信这将更加推动我的事业不断走向辉煌！

文化是校之魂，名师是校之宝！一所学校要想兴旺发达，必须走文化兴校、名师强校之路。

注重生命文化引领　打造课程育人特色

湖北省黄石市沈家营小学　马琳　张纪文　胡娟

基于习近平总书记“让每个人都有人生出彩的机会”的重要论述，湖北省黄石市沈家营小学根植历史土壤，采集时代养分，提出了“生命如花，幸福绽放”的办学理念，明确了“让每个生命成为最好的自己”的育人目标，关注学生个体，尊重生命价值，满足生命需求，将主题教育、节日活动、经典诵读、劳动实践、思品教育等纳入德育课程，构建由传统文化课程、劳动实践课程和艺术创新课程相结合的教育体系，引导学生学会尊重、学会感恩、学会做事、学会做人，努力让每个生命成为最好的自己。

传统文化课程浸润生命

党的十八大以来，以习近平同志为核心的党中央高度重视中华优秀传统文化的历史传承和创新发展，从中华民族精神的“根”和“魂”、最宝贵的精神品格和命脉的高度，赋予了中华优秀传统文化崭新的时代内涵。基于对中华优秀传统文化的朴素思考，沈家营小学将传统节日、“二十四节气”等内容融入教育教学活动之中，形成了独具特色的传统文化课程。

节日课程，在体验中与传统文化手牵手。中华民族的传统节日有着丰富的文化价值，包含着饮食文化、民间艺术文化、诗词文化、戏曲文化、娱乐文化等内容，对提高人们的文化素质、维护社会公德、增强民族凝聚力、开展爱国主义教育等方面有着不可低估的作用，对学生的品德培养也有着重要意义。沈家营小学充分利用传统节日的文化资源开发节日课程，使学生在传统节日里接受文化熏陶。中秋节，学校以“迎中秋·诵经典”为课程主题，通过公益讲堂、家长讲堂、主题活动等渠道，用吟诵、朗诵、表演等多种形式将经典诵读推向高潮，传播经典文化，升华经典诵读活动的内涵；农历三月初三上巳节，学校举行盛大的“穿我汉家衣裳，兴我礼仪之邦——上巳节华服日节日课程体验活动”，老师、家长和同学们身着交领襦裙、圆领袍衫、道袍、袄裙等各式汉服，配合华夏礼仪缓步行走，举手投足之间汉服文化尽在眼前，同学们一边领略多姿多彩的汉服文化，一边感受着文化传承的力量，民族自信心、自豪感和责任感油然而生。

节气课程，在感知中与传统文化激烈碰撞。二十四节气里蕴含着中华民族的传统智慧和深厚的文化底蕴，二十四节气进入课程，不仅能帮助学生认识节气文本、了解节气知识、掌握节气技能，而且有助于学生体察节气规律、体会节气品质，学会与自然和谐相处，促进学生身心自由发展，从而推动学生全面发展。各科教师利用早读、课前5分钟、夕会、少年宫活动等时间，围绕节气开展讲节气故事和传说，引导学生阅读与节气相关的书籍，学习节气的词语、成语、谚语、歇后语等相关知识；带领学生走进大自然感受节气的特点变化，记录自然笔记，完成绘本作业和手抄报，写作与节气主题的作文和片段；充分挖掘节气的文化内涵，将节气文化与语文、科学、美术、音乐、信息学科相融合，提升学生的文化素养。

剪纸课程，在操作中与传统文化亲密接触。为传承民间剪纸艺术，学校通过对民间剪纸艺术的特点、学生的接受能力和课程本身的体系和价值等进行分析，经过多次筛选与修改、反复实验，最终设计了剪纸活动课程的“三维一体”框架体系，切实做到内容丰富、步骤明确、明白易懂、循序渐进。其中，“三维”指剪纸的主题性层面、剪纸知识技能层面、学生自身发展层次；“一体”指剪纸活动课程教学标准。在这个框架体系指导下，学校设计了低段《形的魔变》、中段《剪下四季》和高段《十二生肖剪纸》三个学段的剪纸活动内容体系，让学生亲近自然、体验生活、认识自我、了解周围世界，促进学生个性发展。

劳动实践课程体验生命

在全国教育大会中，习总书记提出要在学生中弘扬劳动精神、教育引导学生崇尚劳动、尊重劳动，懂得劳动最光荣、最崇高、最伟大、最美丽的道理。沈家营小学的劳动实践课程正是在引导学生参与、体验劳动的过程中，让他们感受劳动的价值和快乐，从而培养正确的世界观、人生观、价值观。

种植课程感受生长魅力。学校利用现有条件，将顶楼改建为种植园，为学生开辟劳动实践基地。在家长的支持下，购置花盆、营养土等种植必需品，开设劳动种植课程，让学生亲身参与劳动，在劳动的过程中感受植物生长的魅力。选种、播种、浇水、施肥、除草，孩子们收获的不仅仅有饱满的果实，也有劳动后的身心舒畅、植物生长过程中的惊喜和生命的神奇，还有不怕苦、不怕累的劳动品质和团结和谐的精神，还有劳动过程中所学到的各种知识：语文教师带着孩子阅读相关的名家名作，尝试仿写创作；数学教师和学生一起量花盆算面、积算出芽率；科学教师指导学生认识植物生长的过程，并细致指导观察的方法、病虫害防治……在种植过程中，孩子们体验着劳动的文化，收获着别样的精彩。

手作课程培养"工匠精神"。学校劳动实践课程还开设了木艺、陶艺等传统工艺的手作课程，通过"去想、去学、去做、去玩"，从科学、技术、数学、工程、艺术五个维度，实现专注力、思维力、想象力、动手能力和创新能力的全面提升。如在制作教学中，教师引导孩子们仔细观察每一个作品，分析它的工具、材料和工艺，让孩子们学会系统思维，训练孩子们学习规则并理解尊重规则的重要性，培养孩子们认真、细致、耐心的工作态度及精益求精的工匠精神。

艺术创新课程绽放生命

艺术能够抚慰心灵，在孩子内心播下幸福和快乐地种子。沈家营小学以学生核心素养的培育为重点，利用校内外资源开设丰富多彩的社团课程，为学生搭建个性展示的平台，让每一个孩子都能找到"最亮"的自己。

艺术课程感受艺术美。书法、绘画、舞蹈、古筝、合唱为主的艺术课程，让学生在轻松、快乐、有趣的学习过程中体验艺术美，培养学生欣赏美、感受美和创造力的能力，既丰富了沈小师生的校园生活，又提升了沈小师生的艺术气质，使沈小处处彰显生命的活力。

科技创新课程体验创造美。超高人气的科学小实验、富于创造的STEM活动、3D打印等科技创新课程，使学生在理论与实践得结合中经历发现问题、分析问题、提出假设、验证假设、解决问题的全过程，并在尝试和解决问题的过程中经历挫折和失败，享受成功和喜悦，体验创造的美感。

棋类课程享受智慧的碰撞。象棋、围棋富有娱乐性、创造性、趣味性和竞技性，具有益智教化、陶冶性情的功能，能锻炼孩子的意志力、观察力、判断力、应变力、计算力、记忆力等，也能培养孩子的竞争意识、磨炼孩子的意志，还能进行挫折教育。学校开设的棋类课程和每年一度的"智运会"能让小棋手们一展才智，尽情展线着自己的智慧，享受着脑力碰撞的快乐。

体育课程实现力与美的融合。啦啦操、足球、篮球、武术、游泳，可以促进生长发育、增进身体健康。沈家营小学倾心打造的校园体育文化，除了常规的春秋季运动会外，还包括"校长杯"足球比赛、篮球班级联赛、啦啦操、武术技巧展示赛等活动，用力与美的魅力带着学生爱上锻炼，增强生命活力。

多元课程评价成就生命

科学有效地课程评价能保证课程目标的达成。为了实现"让每个生命成为最好的自己"的育人目标，沈家营小学改变了过于"唯分数"的单一评价方式，构建多样、富有特色的课程评价模式。

在传统文化课程的评价中，不采用书面考试或考查的方式，而是以激励为主，采取学分制评价学生的成长和发展。学分的给定综合考虑三方面的因素。一是学生学习传统文化课程的学时总量，不同的学时给不同的分数。教师不仅要关注学生的学业成绩，而且要发现和发展学生多方面的潜能，了解学生发展中的需求，帮助学生认识自我；二是学生在学习过程中的表现，要求学生能积极参与节日、节气、剪纸等相关实践活动，并以自己最喜欢的方式展示成果，或主动参与传统文化主题活动等，由任课教师综合考核并给出一定的分数；三是学习的客观效果，教师可采取适当的方式进行考核。

在劳动实践课程的评价中，重视对劳动意识的评价，注意培养学生学习兴趣与创造能力，同时兼顾学生劳动的实践操作能力。对学生劳动实践的评价，不仅要求教师重视课堂展评，而且积极创设条件，加强课外展评和比赛。在这样的过程中，学生得到肯定的激励性的评价，体验到获得成果的快乐，理解到劳动价值的内涵，形成尊重劳动、热爱劳动的真挚情感。

近年来，沈家营小学秉持"生命如花，幸福绽放"的办学理念，坚守"让每一个生命成为最好的自己"的育人目标，通过富有生命气息的特色课程育人体系，滋润学生的心灵，涵养学生的生命，也为学校带来了勃勃生机。学生的精神面貌发生了显著改变，教师的专业素养得到了快速提升，学校的综合实力不断加强。德育课程《我们的传统节日》《我们的礼仪》先后荣获"黄石市德育精品课程"的表彰；《二十四节气课程》《种植课程》《剪纸课程》等也深受学生们的喜爱；学校先后被评为"全国生命教育工作室"和"全国生命教育科研先进单位"。

以"言"感悟生命，用"行"珍爱生命。在未来的办学过程中，沈家营小学将在生命文化的引领下，继续践行生命教育理念，不断完善特色课程体系，丰富课程资源，提升课程品质，优化评价模式，健全全员、全过程、全方位育人的德育工作体系，为学生生命的绚丽绽放而努力。我们相信，沈家营小学孩子们的明天一定是灿烂多彩的！

办有温度的学校，做无围墙的教育

——文峰中学生活实践教育纪实

湖北省荆门市东宝区文峰中学　蔡　涛　廖媚娟

作家龙应台曾说："上一百堂美学的课，不如让孩子自己在大自然里行走一天；教一百个钟点的建筑设计，不如让学生去触摸几个古老的城市；讲一百次文学写作的技巧，不如让他在市场里头弄脏自己的裤脚。"实践出真知，生活即教育，社会即学校。

文峰中学始终坚持"办有温度的学校，做无围墙的教育"，让生活走进学校，让教育回归生活，紧紧围绕"礼、孝、美、心"四类文化，开展多种活动，培养立体的人，即活泼的、自由的、内心丰盈、能够自我成长、自我成就的人。

一、践行"礼"文化，规范学生礼仪习惯

孔子曰："不知礼，无以立"。学礼、知礼、行礼，培养良好品格和行为习惯，会让学生受益终身。

《文峰学子规》是我校的德育课程，分为学校篇和家庭篇两部分，共21条，涵盖了学习生活的各个时段和各个场景，做到了时空全覆盖。学校紧扣"知、行、评、改"四个环节，出台配套措施，在教师中实行"文峰中学文明之星"实时授牌制，在学生中实行"阳光驿站奖牌兑换制"。同时，每周的班团会或周评课定期对一周来班级学生的言行表现进行专题评价，每周利用升旗仪式、课间操等时间集中向全校师生通报检查评比情况，每月一次学校与家庭互动集中评价，让《文峰学子规》在师生中入脑入心，内化于心，外化为行。"见师生，笑问好"，《见面规》让学生尊师懂礼；"超前学，重实效"，《自习规》让孩子自律自觉，"一米线，静等候"，《就餐规》使食堂秩序井然；"胸开阔，容人过"，《睦处规》营造了和谐的同学关系；"首见捡，及时清"形成了人人爱清洁的习惯……此课程实施结果被《德育报》《教师报》推介，省电视台几次到我校进行采访报道。

二、弘扬"孝"文化，激发学生感恩之心

百善孝为先，先孝才会顺。我校充分拓宽多种渠道，积极弘扬孝文化，将知恩感恩渗入学生心灵，让孝顺父母成为一种习惯。

《文峰学子规--家庭规》中的《见辞规》《受诲规》《敬长规》的践行让"孝"文化更具体化、常态化、实效化。每逢节假日，德育室布置各种丰富多彩的德育作业，如给父母洗脚、为家人捶背、做一次饭等，让学生体会父母的辛苦和不易。同时，各班举办"你孝起来真好看"、"看着妈妈的眼睛说话"、"感恩父母，孝行天下"等主题班会，让孩子们知孝行、感孝恩、行孝道。"感恩日"、"感恩周"等活动的相继开展，进一步融洽了学生和父母之间的关系。

我校将感恩教育与"鸿雁传书，温暖你我"书信大赛结合，引导学生用书信和家长交流。所谓"家书抵万金"，一封封感人肺腑的家书，传递的是一份份真情，跃动的是一颗颗感恩之心。在书信中，有的学生和远方的父母分析考试存在的问题，共同勾画美好蓝图；有的和父母分享课堂中的趣事，让他们在外舒心踏实；有的则通过这种特殊的方式挥洒心声，希望得到父母的理解与支持；有的用热情洋溢的文字抒发感恩之情，表达对父母美好的祝愿……

我校还把孝道文化和运动会结合，每年利用秋季运动会在体育广场进行大型感恩训练，3000多名学生、家长和150多名教师一起进行感恩行为训练。当互动达到高潮时，孩子们深情地对家长说："妈妈（爸爸），您辛苦了！我爱你！"他们和家长紧紧相拥，感动而泣。荆门电视台"直播荆门"和"校园风"栏目组记者全程摄像并在电视台反复播放，社会反响强烈。

"老吾老，以及人之老"，为了让同学们在生活中更好地理解孝道文化，学校多次组织学生到福寿居养老院献爱心送温暖，孩子们仔细清理卫生，小心给老人修剪指甲，为他们表演节目，与他们游戏互动，现场笑语连连，暖意融融。同学们与老人齐唱《国歌》《歌唱祖国》《卖报歌》等，用真挚之心和文明之火点亮了这片"夕阳红"。

三、挖掘"美"文化，培养学生综合能力

端正美态。"文质彬彬，而后君子。"仪容仪表是一张没有文字却生动形象的名片。着装整齐、朴素得体，是一种独特的美；纯朴自然、大方活泼，是一种健康的美；端庄大气、平和洒脱，是一种自信的美。整齐划一的校服，青春的笑容，蓬勃的朝气已成为文峰学子最动人的标签。

躬身美行。德化于道，成于思，导于行。我校一直以德为本，将好习惯好品质渗透到学生的一言一行、一举一动中。"温馨话，挂嘴边"，《学子规》教给学生说话的规则；"加油赞——点赞他人"活动让学

生学会欣赏他人、赞美他人；“天天故事会”提升了文峰学子的人文素养、演讲口才和主持才能；“最美课桌”的评选，推动了课桌卫生常态化工作；“文明餐桌”的比赛，培养了学生文明就餐习惯，“光盘行动”的推进，强化了学生的勤俭节约意识。

我们更将德育延伸到热气腾腾的校外生活，组织丰富多彩的活动，推动学生走出校门。孩子们走进博物馆、档案馆、烈士陵园、科技馆、陆夫子祠、张自忠纪念馆等，在参观中学习，在学习中感悟。804班学生与棚户区的孩子们开展了“手拉手”帮扶结对活动。通过赠送礼物、举办文体活动等，孩子们的手拉得更紧，心连得更近。705班孩子周末到菜场做社会调查，803班学生清明节跟随老师到公墓参加“文明祭奠”义工活动，904班组织学生到钟祥长滩果园基地体验农村生活——在各种活动中，学生们接受心灵洗礼，存善心、学善言、践善行。

学校严格落实创城工作责任制，积极开展志愿服务活动。学生们走向街头、走进社区进行“文明交通劝导”、“道路清扫”、“创城知识宣讲”、“消防安全演练”等，真正做到了在生活中学习，在实践中精进。

打造美景。学校在落细、落小、落实上下功夫，校园里一草一木、一树一石、一墙一画都有声、有色、有形、有味，达到了景观怡人、环境育人、文化树人的功效。走进校园，每一栋教学楼都有一个温暖诗意的名字：致远楼、笃行楼、博雅楼、知行楼，“五自文化”墙和“文峰学子规”墙交相辉映，校训“做最好的自己”昂首屹立。每天早晨，霞光、笑脸、问候构成了校门前温暖的风景。同时，学校也开展了班级文化建设，让学生亲自参与设计布置，郁郁葱葱的绿植、欢快嬉戏的金鱼、琳琅满目的图书、催人奋进的标语，使人倍感温馨，激励着同学们不断进步……

制作美食。中华美食文化博大精深，风味美食数不胜数。从“民以食为天”到“舌尖上的中国”，我们寄托在美食上的不仅仅是味蕾的享受，更是精神上的力量。一蔬一饭来之不易，一饮一啄饱蘸苦辣甜酸。而一个孩子也应该具备做饭的基本生活能力。新冠肺炎疫情发生后，我校德智并举，打通传统教学与网络课堂，精心组织学生开展“实践•成长”等活动，评选出了“家庭小厨师”、“父母小帮手”、“自理小能手”等。三八节，孩子们烧上妈妈最喜欢吃的菜，把劳动成果当作最好的礼物送给妈妈。去年元旦，为了提高学生们的动手能力、审美能力、美食鉴赏能力，808班别出心裁，举行了“庆元旦、包饺子”活动。师生们捋起衣袖，一张张饺子皮在他们的手中变戏法似的，演变成各种各样的形状——元宝状、半月状、四角梅状等等。在一片片欢声笑语中，一盘盘饺子相继诞生。热腾腾的饺子暖冬、暖胃、暖心，大家尽情享受着蕴含团结和希望的舌尖上的美味，温馨而幸福。今年八九年级在屈家岭研学活动中，专门设置了“今日我做饭”的环节。基地准备好食材，学生们自己动手洗菜、切菜、调料、炒菜，在老师的指导下完成了回锅肉、麻婆豆腐、宫保鸡丁、番茄蛋汤“三菜一汤”的烹饪。一堂生动的生活技能实践课，让学生们受益匪浅，体验到了劳动的魅力，增强了实践能力、独立生活能力。

四、塑造“心”文化，助力学生蓬勃生长

明确初心。没有一株草不是花朵，没有一朵花不会绽放。每个孩子都有梦想，而我们就是帮孩子放飞梦想。我校采取多种活动，助他们筑梦逐梦圆梦。特色项目成长展示板开辟了“梦想盒”、“萤火虫”、“啄木鸟”、“对手赛”、“学科情感温度计”、“领奖台”、“七彩板”等栏目，印下了学生成长的足迹，帮学生认识自己、完善自己，激励学生奋发上进。成长展示板公开展出，天天展出，周周更新，让优生更优、让中生向优、让后生想优，营造了“天天比进步，人人被欣赏，事事求成功，处处有希望”的氛围。

呵护童心。飞速发展的时代里，与压力共舞，是成长的必修课。我校心理训练营和补位教育双管齐下，使学生在成长过程中出现的迷茫和其他不良情绪能够得到及时有效地化解，正确面对学习和生活。今年复学后，学校专门让心理教师对学生的役后心理进行疏导，为学生注入新鲜的心理营养，增强学生的“思想免疫力”。中考前夕，心理辅导专职教师李学益还为全体学生做《中考应试心理辅导》的报告。李老师就考前心理准备、考试策略技巧和临考心理咨询做了深入浅出的讲解和互动。孩子们紧张的情绪在愉悦宽松的心理辅导氛围中得到了舒缓。

磨砺韧心。每年9月，七八九年级学生都会到实践基地进行拓展活动，包括队列训练、军体拳训练、手语操训练、数字方阵训练、内务整理等。五天的军训生涯，不仅激发了学生的爱国热情，掌握基本军事技能，还提升了学生的集体意识，培养了艰苦奋斗的优秀品质，养成了良好的学风和生活作风，全面提高了学生的韧心和韧性。

人的一生中要读懂三本书，一本是“有字之书”，一本是“无字之书”，还有一本是“心灵之书”。这三本书的阅读是从有形到无形，从具体到实践，从思想到灵魂。我校不仅仅从课堂、书本、知识育人，更从劳动、生活、实践育人，让教育与生活融合，学校与社会融合，教学与实践融合，培养学生的生活力、学习力、实践力、自主力、合作力、创造力，最终造就能自我成长、自主发展、温暖自己、照亮他人的人！

秉美德传承之本　守立德树人之魂

——美德研究成果案例

湖北省武汉市第一商业学校　艾翠林　盛平　徐倩

“国无德不兴，人无德不立。”自党的十八大以来，习近平总书记围绕传承中华传统美德作出了一系列重要论述，并且在全国教育大会上强调，要把立德树人融入思想道德教育、文化知识教育、社会实践等各环节。传统美德作为一个民族文化精神的精华与缩影，对于一个国家的长治久安、繁荣昌盛极为重要。对传统美德的教育，不仅要注重传承，更要注重创新，让其扎根在每个中职学生心中。

在具体实践过程中，学校应以习近平新时代中国特色社会主义思想为指导，落实立德树人根本任务，坚持爱国和爱党、爱社会主义高度统一；针对中职学校办学特点和中职生职业发展需要，有选择地梳理传统文化和专业教育内容，充分整合德育资源，开发在线精品课程，将传统美德、国学经典在中职学校的教育中常态化、深入化；构建立德为本，以德立学、以德施教的中职德育教育环境，推动爱国主义教育进校园、进课堂、进头脑，帮助和引导学生把握人生正确的政治方向。

传统文化熏陶职业品德

以研定教，重构课程。学校“中国烹饪大师”常福曾认为，于中华美食而言，文化传承是一种历史使命，创新是我们的时代责任。公共基础部联合餐饮专业部组织了5次研讨和3次讲座，共同探讨中华传统饮食文化的传承和发展，研究如何将中华传统饮食文化和专业课程的深度融合，力求让师生在广阔的天地中更深层次地感知传统饮食文化的力量。大师们从做人和审美的角度，让学生领略到中华饮食文化的丰盛和魅力，激励学生在职业生涯中深入学习并发展中国饮食文化。

交流研讨活动进一步明确了烹饪专业教学改革的方向——文化课与专业课的深度融合需要进行课程重构，遵循学生身心发展规律，以情趣为先导，让学习的内容更加鲜活。正如习近平总书记所说：“让收藏在禁宫里的文物、陈列在广阔大地上的遗产、书写在古籍里的文字都活起来”。

以融助课，化蕴传统。公开课集知识性、专业性和趣味性于一体，教学设计贴近专业本身，教学素材源于生活，充分利用信息化教学手段，突出课程思政，为中职学生的终身发展提供助力。公共基础部教师对接餐饮专业部教师开展了7次公开课活动。“筷箸楪器、天地人伦——中华民族筷子文化”、“厨师的故事”、“修辞手法入菜名”等专题授课，将中华匠心文化、行业典故、技艺传承等融入专业教育中，深度拓展教学内容，形成了以中华优秀传统文化为载体的独特的专业文化课程。这些专业课程以饮食文化学习为内涵基础，以专业技术和技艺为载体，将传统文化和专业学习融合，实施跨学科教育，不仅提升学生对专业知识的了解，更增加学生对古诗文的学习兴趣。

以行固知，提炼成果。为推动中华优秀传统文化创造性转化、创新性发展，研究团队将理论研究与专业实践相结合，以党的十九大报告为核心，深入挖掘中华优秀传统美德蕴含的思想观念、人文精神、道德规范，结合时代要求继承创新，让中华文化展现出永久魅力和时代风采。团队成员在国家级、省级公开刊物上发表相关论文11篇，并被收录于知网和龙源，引用、下载量超过百次。

国学诵读弘扬中华美德

校内习读润文心。学校认真贯彻《国家中长期教育改革和发展规划纲要》的精神，有效落实“三进”教育活动，通过学习传统国学经典，帮助学生确立规范的道德行为准则，进一步提升学生综合素质，提高校园文化品质。

学校开发出《弟子规》《诗言志》《文载道》三本国学读本，作为学生晨读的系列读本；制定了“国学读本教育活动方案”，并从2017年开始实施。从一年级到三年级分别学习三个读本，并于职教活动周期间，举行校内国学经典诵读比赛，按宣传学习阶段、理解感悟阶段、实践提升阶段等三步实施，促使学生把“读本”习得应用到学生的日常生活当中。而“晨间诵读—线上自学—教师引导—班级展演”的过程，贯通经典诗文学习模式，保证每个学生都能够通过三年的在校时间完整学习三本国学读本，做到经典诗文入脑入心，创设了一个文明、有序的学习和活动环境。

校际吟诵展风采。文化兴国运兴，文化强民族强。学校连续四年承办了由武汉市教科院主办的“武汉市中职生国学经典诵读比赛”，荣获2013—2017年五届“武汉市中职生国学经典诵读比赛”一等奖。传承国学经典的诵读比赛活动，让学生挺起文化自信的脊梁，表达了中职学生对传统思想价值体系的认同与尊崇。

精品课程传播华夏文明

匠心铸课，习传经典。结合中职生认知水平和发展需求，学校组织教师开发国学精品课程，建设校本国学精品课线上教学资源。精品课从国家、爱己、立志、品格、雅好、孝悌、爱情等层面对诗经、楚辞、两汉乐府诗、唐诗、宋词、元曲等经典篇章进行解读。在呈现形式上，

做到主题突出、简洁活泼，画面内容、解说词等规范、准确、有趣。参与录制的12位教师，以严谨、认真的工作态度完成了15集精品课的录制工作，并在学校“智慧一商”平台开设了线上课程，打造了国学SPOC（小规模限制性在线课程）课堂，以一种更为灵活和有效地方式引导学生学习中国优秀传统文化。

创新慕课，厚植底蕴。为进一步扩大国学精品课的传播，学校创办了“武汉一商国学频道”公众号。公众号由“校本国学”、“汉字书写”和“国学共读”三个板块组成，各板块提供线上学习资源、记录线下实践活动。通过经典诗文诵读视频、古代工匠故事等内容，将传统美德以春风化雨的方式润泽学生，宣扬传统文化精髓，力促校园国学教育持续健康发展。

创新形式，拓展内容。线上学习和线下常规性国学读本学习相互结合、互为补充，丰富了信息化时代传统美德的学习形式，拓展了学习内容，增强了学生学习传统美德的兴趣，锻造了师生的人文精神、厚植了文化底蕴，更极大地增强了中职师生的文化自信和价值观自信。

以德立学推进文化传承

全面开展国学教育实践活动，弘扬中华美德。一是三年三读本，三段三落实。学校从一年级到三年级分别《弟子规》《诗言志》《文载道》三个读本开展全校性国学实践活动，每年举行校内国学经典诵读比赛，按宣传学习阶段、理解感悟阶段、实践提升阶段等三步实施，通过晨间诵读、线上自学、教师引导三个途径，推进传统美德教育。二是三层三选拔，三维三创新。学校以班级推选、全校筛选、复赛挑选等三层选拔，对学生普通话水平、演讲综合技能和训练综合表现三个方面，挑选出学校代表队，通过多维度的训练，参加市级“中职生国学经典诵读比赛”。教师团队从展演内容、表现形式和视频背景等三个方面，进行精心策划，全面提升教师队伍整体人文素养，将真善美的种子播撒在学生们稚嫩的心田，让书香诗韵弥漫校园。

全面推进国学精品课程，传播华夏文明。一是通过学习通平台构建第一课堂。在第一期国学精品课（15篇）制作完成后，教师充分运用好思政第一课堂，利用“学习通”网络教学平台整合教学资源，发挥国学精品课的育人功能。同时，对第一期精品课脚本深入研讨，为后期对课程进行调整和修改积累经验，呈现更加完美教师教学设计与教学内容。二是运用公众号资源创设第二课堂。学校充分发挥“武汉一商国学频道”公众号作用，全面实施线上线下相结合学习方式，拓展学习内容，引导学生自主学习，增强学生学习传统文化的兴趣，锻造师生的道德精神和文化底蕴。

全面实施专业课程融合，熏陶职业品德。一是加强课程融合研讨。学校通过公共基础部与专业部会议、教研组活动、邀请专家做报告等形式， 进一步探索课程开发与创新的思路，不定期开展学习、研讨和教学观摩交流活动，开展论文、课例评比，以优质课和先进经验引领学校专业课程的教学改革。二是创新课程融合设计。学校按照公共基础课新课标的要求，从语文、思政、历史等方面有序的结合技能要点和饮食文化，打造教学设计案例精品；探索项目化课程建设，创新课程融合，在培养专业技能的同时，以美德教育培育职业素养。

向善若水，为学生点亮生命之光

湖北省武汉市黄陂区第二中学　谈建军　兰坤民　魏辉

少年强，则民族强！全面贯彻党的教育方针，落实立德树人根本任务，发展素质教育，推进教育公平，是每一所学校肩负的使命，也是在教育改革上的不懈探索。学校是教育发展的第一阵地，也是“以文化人”和“立德树人”的灯塔，指引着孩子找寻未来人生的正确方向，照亮他们的心田。近年来，心理健康问题呈现普遍化、隐蔽化、多元化的特征，学生心理健康问题多次被全国政协委员提出来成为热议话题。越来越多的学校开始把教育的目光转移到学生心理健康方面，由此引申全新的教育思考。我校位于黄陂区的李家集街道，是一所校园环境优美、教学设施完善的现代化学校。目前，有1500多名学生，130多名教师。办学以来，我校始终坚持以人为本的教育理念，立足学生长远发展，高度重视学生心理健康教育，通过不断深入研究学生心里健康发展，激发办学活力，凸显办学特色，提升教学品质，为学生的长远发展蓄积内能，帮助学生形成强大的内心，收获人生硕果。

一、以人为本，凸显特色办学思路

教育的智慧是生命对生命的责任和承载。著名教育家苏霍姆林斯基说：“没有爱就没有教育。”心理健康是生命智慧的出发点，是决定善恶的重要保证。为促进学生长远发展，我校以学生身心发展的需求和人生大局出发，将塑造学生健全人格，养成健康的心灵作为重要的教育内容，制度建设、心理教育规划入手，为学校心理教育的有效开展和长远发展夯实基础，旨在让学生在能够获得坚韧性格，能够拥有于惊涛骇浪之中从容应对生活的勇气。为促进心理健康教育的科学发展，经过反复论证和实践，我校制定三年规划，将发展性心理健康教育作为重点，提高心理健康教育的针对性和实效性，培养师生良好的心理素质，让师生身心愉悦的学习生活，为心理健康教育工作顺利开打下良好的基础。同时把心理健康教育列入学校发展规划和常规的教育教学计划中，制定青少年成长指导中心工作制度，成长联络员制度、突发心理事件的预警预案，保证了心理健康教育各项工作的顺利开展，让心理教育成为教育的重要课题，让心理健康成为教师关心的热点问题。此外，我校还形成了健全的心理健康教育工作组织网络，政教处、教科室、教务处、团委、班主任、任课教师等共同参与，真正做到了每位教师都是学生心理健康的指导者、维护者，形成全员参与心理健康教育的良好氛围。

为全面掌握学生心理变化，我校还为所有学生建立心理档案，规范管理，学生从入学到毕业，做到心理疾病监测全过程，让学生在个性测试中了解自己，让班主任档案建设中了解学生，让学生的心理问题消灭在萌芽阶段，从而促进心理问题的有效预防。另一方面，心理健康档案也为教师扬长避短、发展个性教育提供了科学依据，提高学生学习效率和学习质量。我校成立了危机干预领导小组，完善危机干预预案等相关制度，在日常的心理教育活动中培养学生的健康积极的阳光心态，健全容错机制，让学生悦纳自我，学会简单的情绪管理等，对心理危机的预防起到一定的作用。为了让学生心理教育工作无漏洞、无死角，我校建立了“成长联络员”制度，每班推选素质优良的学生为“成长联络员”，辅助教师及时有效地掌握学生的心理状况和及时发现隐藏的学生心理问题。“成长联络员”充分发挥同伴教育优势，在及时消除隐患并为学生提供相应的指导上起到很好的作用，为学校的学生心理健康教育增加一张安全网。

二、铸魂培根，激发特色办学活力

德明纳尔曾经说过：“改变人的心灵，比征服许多大国更高贵”，这就是黄陂二中教育的精髓，我校坚定信念，为学生心理健康教育配齐软硬件设施，尽全力守护好学生的美好心灵。回望来时路，我校心理健康教育设施陈旧，办学几度陷入困难的境地。为此，我校师生携手一心，不畏艰难，从困境中焕发教育教学的全新样态，才让学生们脸上洋溢出温暖灿烂的笑容，这一切是对我校办学成果诚挚的肯定，也是对所有最温暖的报答。今天，在政府和社会以及所有师生的拼搏努力下，我校已顺利渡过难关，不仅保障了心理健康教育工作的顺利开展，还购买了心理测试系统的软件和应用信息管理平台，并建设完成180平方米的“黄陂二中青少年成长指导中心”，备齐心理教师办公室、个体辅导指导室、音乐放松室、沙盘室、宣泄室、团体无线放松室、团体心理活动室、心理测量室等功能室，为学生创造了安静温馨的环境。此外，每年我校还投入大量资金，用于学校青少年成长指导中心的建设。同时加大对心理健康教育研究的支持力度，增加培训机会，提高培训质量，并保障心理专职教师享受相应待遇。为了全面保障学生的心理健康，我校积极扩建心理健康队伍，加强心理健康教师素质，形成了心理辅导教师为核心，以班主任为支撑的强有力的教师队伍，为学生心理健康提供智力保障。一是强队伍。学校有4名心理教师，其中一名获得国家二级执业资格证书的专职教师。除此之外，我校积极发挥班主任的天然优势，将班主任作为骨干力量吸纳到心理健康教师队伍中，及时解决学生遇到的常见问题，成为解决心理问题的“赤脚医生”。二是强素质。通过走出去与引进来相结合，积极组织心理教师参加武汉市及黄陂区的各种培训的同时，聘请心理健康教育专家对班主任进行业务培训，如知心姐姐报告团的《如何有效沟通》、华师大的专家主讲的《变化的世界,变化的教育　》等提升心理健康教师的专业能力。我校还定期对班主任展开培训，为教师举办一系列的心理讲座，这些高质量的培训，在提升全校教师心理素质和工作技能的同时，也为我校开展各项心理健康教育创设了更为有利的条件。

三、多措并举，深挖心理育人功能

心理健康教育课是系统性、有针对性，是学生解决心理问题最好的机会，是学生打开心结的最接方式。我校以《心理健康手册》教材为抓手，结合学校心理健康教育计划和学生特点，制定有针对性的心理健康教育学案，对每个班级按时进行心理健康辅导，保质保量完成心理健康课程，不断提高心理健康教育的实效性。

学科教学中潜藏着巨大的心理教育因子，是学生化解内心矛盾的一剂良药。我校紧抓机遇，结合各学科特点，通过教学渗透心理健康教育，延伸扩展学生心理健康教育的时间和空间，更加有效地培养学生勇于进取、自信自强的良好品质，取得了潜移默化、润物无声的良好效果。我校深知班级心理健康教育是学校心理健康教育的一种重要形式，而主题班会是调动学生情绪，为学生心灵补充营养的重要途径。为此，我校把班级的心理健康教育和班级文化建设融合在一起，每学期每个班级安排一到二节心理健康教育主题班会，班主任老师精心设计，对学生进行心理疏导，收到了较好的教育效果。

阳光向上是学生心理健康的重要标志，让学生心中有让光，积极向上，温暖自己，感染别人，走得更远、活得酣畅是学校心理健康教育的重要目标。一直以来，为实现学生人人心中有阳光，未来人生有力量，我校坚持通过心理健康教育照亮学生心田，倡导学校、社会、家庭要三方联动、有机结合，化解学生心理阴影，呼吁家长关心孩子态度、情感等问题，多于与孩子进行沟通，引导家长关注学生心理健康教育，帮助家长科学育人。多年来，我校切实将学生的心理健康教育放在立德树人的重要位置，让学生在温暖和爱意中成长。今天，心理健康知识已成了校园网的常驻嘉宾、校园广播也时时响起心理健康温馨提示、校刊《二中教研》"心育快递"栏目是宣传心理健康的重要阵地。我校正是通过这种"无孔不入"的极致办法，让学生对心理健康教育越来越了解，为学生未来保驾护航。

四、春风化雨，精心培育时代新人

教育，就是精神的唤醒，潜能的显发。它尊重、赏识每个个体，致力于学生能力、品德等各方面素质的全面提升，服务于个体的健康成长，滋养每一个生命。而人性则是一切教育实施的源头，脱离人性的教育，就失去了教育的本质和活性。如今，通过对人性的深入探索不仅提升了我校的精气神，也提升了学校的办学品位，更提高了家长和社会的认可度。着眼未来，我校会继续把教育放在学生心理健康成长方面，用心培育，用爱浇灌，着力为学生更深远的发展夯实基础，让更多的生命绽放出应有的光彩。

京腔京味韵绵长

湖北省武汉市江夏区明熙小学　曾明星　柯汉军

"三五步千山万水，六七人百万雄兵"，这是对京剧艺术的真实写照。京剧，集文学、音乐、美术、表演、舞台等艺术元素为一身，无论是生、旦、净、丑的角色设定，抑或脸谱红、黑、蓝、白的人物形象，还是唱、念、做、打的表演形式，都是对中华优秀传统文化的凝练和折射。

京剧作为中华优秀传统文化的象征，其独特的美学价值、多彩的艺术风格和完整的表演体系曾令我们引以为豪。然而在文化多元化、艺术多样化的今天，各种艺术形式精彩纷呈，京剧的表演形式已渐显刻板，了解京剧、认同京剧、创新京剧，让京剧文化焕发新的荣光已迫在眉睫。

湖北省武汉市江夏区明熙小学是武汉市第一批京剧示范校。为彰显学生个性，激发学生潜能，学校致力于打造京剧品牌，"小小谭鑫培"京剧社活动如火如荼，京剧课程丰富了学校的课程体系，陶冶了学生的艺术品格，也提升了校园的文化内涵。

课程目标

"京韵飘香"是学校京剧课程的总体目标，即通过"梳理可用资源、整合学科课程、探求方法途径、实施校本课程、构建特色文化"等方式，让学生感受、体验和创造艺术之美，认同中华优秀传统文化精髓，促进学生素质的全面提升，推进学校内涵的可持续性发展。

"沁润童心"是课程的本质追求，即通过欣赏校园京剧文化，让学生领略京剧艺术的美感，培养对京剧艺术的兴趣；通过普及班级京剧课程，让学生了解京剧的历史渊源、文化形式、艺术风格等，拓展学生的知识领域；通过京剧社团的活动和实践，发展学生的个性特长，促进学校、教师和学生的和谐发展。

课程内容

学校京剧课程以"社团与课程同行，课程与社团同在"为宗旨，以规范国家标准课程、挖掘地方本土课程、开发校本特色课程为主题，以深耕校园文化、用好校本课程、彰显办学特色为载体，积极拓展课程内容与模式。

课程按照学习的形式和深度设为三个维度。第一维度为感知，即"发现京剧"，充分利用学校文化墙、艺术长廊、班级板报、校园广播等宣传阵地，进行京剧元素与文化展示，引导学生观察与发现，初步感知京剧艺术的美与真；第二维度为了解，即"品味京剧"，以体艺课为主渠道，欣赏京剧唱段，学习京剧知识，进行学科渗透与融合，引导学生了解京剧的艺术价值；第三维度为运用，即"演绎京剧"，以"小小谭鑫培"京剧社为抓手，引导学生系统学习京剧知识和表演技能。

课程实施

学校大力挖掘京剧教育资源，自主编写校本教材《京韵飘香》，并将其纳入学校课程，构建起"人人皆学、处处能学、时时可学"的课程体系。为保证课程的顺利实施，学校还聘请武汉市京剧院外派旦行和生行教师到校进行京剧教学，配齐配足专职教师和辅助教师，配备专门的京剧教室和道具，依据普及与提高相结合的原则实施教育教学活动。

体味京韵——为让学生了解京剧、爱上京剧，学校打造了浓厚的京剧文化氛围，在学校的每一个角落都设计了京剧元素，让学生在耳濡目染、身临其境的环境中享受京剧艺术之美。

鉴赏京韵——学校以音体美为京剧课程实施的主阵地，以各学科融合为京剧课程的有力支撑，以社团教学为品牌，实现京剧课程的三种课堂模式。

普及课堂：音乐课以"动口"京剧为主，引导学生学会欣赏京剧的美学价值——评赏京剧培养学生欣赏美、鉴赏美的能力，学唱京剧培养学生演绎美、创造美的情怀。美术课以"动手"京剧为主，鼓励学生用美术的视角挖掘京剧文化内涵，发展他们的创新及创造能力。体育课以"动体"京剧为主，要求"人人会做京剧操，生生都享京剧情"，让京剧文化在体育运动中迸发出新的艺术魅力。

融会课堂：语文课侧重对京剧语言如唱词、旁白的赏析，提高学生的语言功底和文学欣赏水平；数学课对京剧脸谱、服饰进行重构；英语课尝试京腔洋调译国粹；道德与法治课学习京剧中的高尚情操。

提高课堂：建立了一套"人人可参与、生生能提高"的课程实施体系，组建"小小谭鑫培"京剧社，聘请京剧院专家现场教学。京剧社的学员通过自主申报、学校选拔的方式选取。京剧社课程每周定时间、定地点、定内容、定目标，力求每一个学生在学习中都能获得收获。

演绎京韵——每年学校艺术节、元旦、儿童节等特殊的日子，学生都会编排京剧节目、再现京韵装扮，让京腔京韵传遍校园。校园戏曲展演、校园课本剧艺术节不仅是学生检验学习成果、展现自我的舞台，也是课程得以延续的有力保障。

创新京韵——为保证课程的深度和广度，学校带领学生探访京剧院、体会戏曲票友会、登临戏曲大舞台、探访京剧艺术家。一系列实践活动为学生对京剧和戏曲的再认识、再学习提供了动力，也是学生从被动接受到主动认知的过程。

课程评价

京韵飘香课程将"兴趣为先、激励为主"作为评价的基本原则，不仅注重知识的习得和素质的提升，同时关注学习过程和学习方法，重视学生情感态度的感受和价值观的形成。课程评价采用三个"一"相结合的方法：每周一点评，以文字和图片等形式记录每天、每周学生的学习情况和成长历程，让学生、教师和家长都能心中有数；每月一展示，以课堂比拼、才艺展示等形式展示学生的进步，让学生发展自身优势、发现学习不足，激发他们的学习兴趣和动力；每期一总结，通过自评、互评和校评相结合的形式，记录学生的学习成果和感言，以学期表彰的形式树立榜样、激励先进。学校还积极组织学生参加各种京剧活动，帮助学生走出校园、增长见识，真正实现"人人必参与，人人有成果"的评价目标。

快乐熏陶　活力绽放

——新洲区邾城街第六小学"快乐教育"办学侧记

湖北省武汉市新洲区邾城街第六小学　徐年华　刘畅英　李海萍

新洲区邾城街第六小学以"快乐生活每一天"为办学理念，积极构建教师每天有乐教的情怀，学生每天有乐学的体验，学校每天有快乐激情的校园生态。

立足校本，熏陶浸染，激发快乐教育活力

"快乐，是人生中最伟大的事！"（高尔基）打造快乐教育的基础是建设教师乐教、学生乐学、学校乐园的现代学校，邾城街第六小学（下文简称邾城六小）致力于让师生心中都充满自爱自强的快乐精神，以快乐教育为精神追求，乐于进步，乐于协同，乐于奉献，乐于生活。

激发活力，打造启乐课堂

邾城六小提出"快乐教育"已近十年，在不断探索与实践中，认识到快乐教育必定是尊重学生主体独立的教育，是尊重教师主动创造的教育。学校坚持开展"四进课堂"活动：精心设计教学切入点，把鼓励带进课堂；充分尊重学生主体地位，把民主带进课堂；协调多种教学手段，把兴趣带进课堂；科学设计测评环节，把竞争带进课堂。经过实践，邾城六小创新快乐课堂"三六四"模式，被评为武汉市高效课堂"十佳"模式，是新洲区首个在武汉市获此殊荣的教学模式。

立德树人，打造雅乐校园

习惯形成品质，品质决定命运。邾城六小特别注重学生的思想品德教育，多年来持续开展以生活自理、学习自主、行为自律、品质自强为目标的"四自"养成教育系列活动。拥有快乐，从健康文明的生活方式抓起。学校把生活自理习惯作为对学生的基本要求，明确提出了自我管理，自我服务，自己能做的事自己做，自己的生活自己打理。强调自主学习习惯养成，培养学生主动学习、求实创新的美好品质。根据学生年龄阶段特点培养行为自律习惯，指导学生有效控制自己的消极情绪，调动自己的积极情绪，在细节培养中把学生成长落到实处，也让学生每天都感受到健康成长的快乐。

环境熏陶，打造馨乐校园

有乐趣的环境能滋养创意，有文化的环境能润泽思考，有阳光的环境能带来快乐。在校园环境方面，郸城六小增设了宣传橱窗、文化墙，将办学理念、培养目标、快乐精神等以多种形式在校园内呈现。教学楼走道创设"文化长廊"，各班自拟主题，如"开拓进取、追逐梦想"、"全心融入，幸福成长"、"积极参与，快乐翱翔"等或以美文呈现，或以书画表达，传递出对快乐精神的理解和追求。在班级环境方面，特设固定阵地"二角三栏"，卫生角、图书角，荣誉栏、板报栏、特色栏，激发学习内驱力，营造求知氛围。学校图书室、阅览室、学术报告厅、食堂、陈列馆等场馆常设主题文化宣传，洁净的校园处处有温馨提示语，温馨的环境润物无声地让人拥有快乐工作、快乐学习的良好心境。

丰富活动，打造趣乐校园

突出学生主体地位，少先队大队部下设红领巾广播站、鼓号队、舞蹈队，各教研组、年级组根据学生兴趣爱好成立了读书会、环境保护志愿者小分队及各类艺术、体育兴趣活动社团，学校每年开展一次"快乐共读"、"快乐书写"、"快乐班队"等系列活动，举办读书节、书画节、足球节等节庆活动，为学生搭建展示平台，学生社团及兴趣小组活动参与面达100%，"班班有特色，人人有特长"的快乐成长局面初步形成。

除此之外，学校各工作团队比齐心、赛合力，开展"快乐一家亲"系列活动，用一句鼓励的话语、一个信任的眼神、一次理解的微笑、一回亲切的握手，促进领导教师之间平等沟通，师师之间友好合作，师生之间亦亲亦友，生生之间互爱互敬，班班之间团结互助。尊重、沟通、理解、合作的团队精神深入人心，成为各个工作团队内在的精神动力。抒发全校师生团队精神的校歌《快乐启航》荣获全国优秀校歌评比二等奖，教师"做学生的良师益友"、"教师因为学生而快乐"等征文活动中的优秀作品被收编至《快乐心语》《快乐心路》文集。

以人为本，潜心积淀，深化快乐教育内涵，勤耕写作，成绩斐然

郸城六小积极践行"真作文研讨活动"。近年来，硕果累累，获奖人次屡创新高：高斥平、余亚莉、金凤霞、李海萍等十几位老师的习作指导和习作评改课在新洲区获得一等奖和优质课奖励；2020年3月，在新洲电视台主办的《你是我的超级英雄》有声作文征集中，程小丽、董艳花、王晨煜等20余位老师及学生获奖；2020年10月，在"童之趣"征文比赛中，黄桃香、熊亚莲、石翊轩、张黎恩等37名师生获奖，为新洲区最高；其中，赵静、李海萍老师指导的学生江雨菲、阮微熹的习作获得了省级三等奖；2020年12月，在"楚才"作文竞赛中，17位学生获奖，游惠平老师指导的学生徐梓航荣获一等奖。

一直以来，郸城六小十分重视作文教学，每一学期，语文教学组都会围绕作文教学开展专题教研活动，并组织教师参加各类学习，有机会"走出去"学习的骨干教师也要把学习成果"带回来"，分享给其他语文教师。任何时候，郸城六小的教师们都带着问题与思考去学习，在教学实践中不断反思，求知探索，提升教学教研水平。

快乐习作，绽放活力

与此同时，学校还开展"快乐共读"、"快乐书写"、"快乐班队"等特色活动，为学生插上想象的翅膀，搭建快乐读写展示平台，"班班有特色，人人有特长"的快乐习作成长局面初步形成。

面对楚才作文竞赛，老师们积极筹备，结合楚才竞赛历年题目和一等奖作品，讨论楚才作文竞赛的特点"新、真、深、活、趣"该如何在作文中体现出来。先分年级指导参赛学生上好作文预备课，把经历的事、看到的景、心里的话，用文字组织出来；接着在组内选出优秀作品在全年级展示；最后指导学生按照"新、真、深、活、趣"的五字要求进行文后修改，并比较自己作文修改前后的区别，从而明确作文应该如何写、如何改。

快乐熏陶，活力绽放。郸城六小全体师生在乐学、乐教、乐写的核心理念引领下，收获了不断向前的力量，永葆对生活的热忱，对教育的敬畏，对快乐教育的无限追求……

搭建成长阶梯，让学生更好地发展

湖北省宜昌市金东方小学　李金权

学生的成长与发展，是教师最大的幸福，也是学校最大的成功！每个孩子都是独一无二的，其天性各不相同，有很大的差异性，教育的目的是为了激发和引导他们的自我发展之路。为实现每个学生最大程度的发展，湖北省宜昌市金东方小学始终坚持"儿童立场"的办学理念，紧紧围绕立德树人根本任务，把牢方向，抓住重点，开拓进取，创新亮点，努力打造金东方小学特色品牌。

"三有三会"育人理念到实处

宜昌市金东方小学成立于2008年，是金东方教育集团成立的第一所小学。目前，学校有在校学生1804人，是宜昌人心目中名副其实的好名校。那么，名校是如何炼成的？

"遵循儿童立场，为学生终生幸福奠基"　是每一个金小人孜孜以求的办学理念。在办学过程中，金东方小学坚持"儿童立场"的办学理念，以"有规则、有韧性、有担当、会求知、会规划、会交往"的"三有三会"为育人目标，并通过构建绿色课堂、打造特色课程、培养四有教师、建立多元评价等多种举措来进行实践，努力办好学生喜爱、家长满意、师生幸福、同行赞誉、社会尊敬的现代教育。

课堂是学生获取知识的主要阵地。为开拓学生的知识疆域，提升学生的内在需求，金东方小学坚持以"完整人教育"为培养目标，以"自主发展"为中心，以"夯实双基，个性张扬"为重点，通过小组合作探究、改进课堂模式等方式方法，着力打造快乐、生成、发展的课堂，以激发学生生命活力，引导学生自主学习，形成了具有本校特色的教学模式。这种课堂教学把学生的愉悦学习、健康成长放在第一位，坚持以生为本，一切为了学生的未来奠基；坚持以师为本，树立学生主体思想，用欣赏的眼光对待每一位学生。"绿色课堂"，让每个人都能动起来，都能得到发展。

课程是落实教育根本任务、实现育人目标的重要载体。为办好适合每一个孩子的教育，金东方小学从关注不同层次学生的发展需求出发，努力从孩子身边寻找课程元素，积极构建特色课程体系，使其能够更加接近学生的生命状态。为了让学生会学会用、学以致用，学校还根据每个学生特点，分层设计开发了七八十种校本课程、三四十个校园社团，让每个学生都能找到自己喜欢的课，都能发挥自己的特长，遇见最好的自己。

教师是立教之本、兴教之源，承担着让每个孩子健康成长的重任。金东方小学按照习总书记关于培养有理想信念、有道德情操、有扎实学识、有仁爱之心的"四有"教师的讲话精神，着眼于教师的成长和提高，采取以学代训、以课代训、以评代训等多种方式，锻造教师的学科教学能力、引领学生成长能力和教育科研能力，培植学校的可持续发展原动力，引导教师树立多元、多姿、多态的职业观，助力教师的自主成长、幸福成长、终身成长。

评价是教育教学的指挥棒，对引导学生崇真、向善、至美有着重要的激励作用。在多年实践中，金东方小学充分发挥评价在教育教学中的"指挥棒"作用，形成了学生自主评价、学校德育量化评价、多元参与评价、表彰激励评价等多层次、立体化的评价体系，让"儿童本位"思想在实践和评价中实现"落地生根"。

"行万里路"特色研学激活力

自古以来，人们都遵从"读万卷书，行万里路"的古训，游历山水，遍观古迹，领悟自然之道，体会人世之理。可以说，研学旅行把人们带入了一个无比广阔的天地。在这个天地中，环境以一种无形的力量引领着人们的思考和想象，悄然无痕地改变着他们的内心世界。

"求知善学不一定在书本中，还在行万里路中。"早在2008年，国家出台政策之前，金东方小学就推出研学课程，学生可以根据自身需求选择以宜昌周边研学为主的普惠性课程，也可以选择出国研学的精品课程。学校通过开展礼仪、安全培训，开展科技、教育、环保、美食等主题研究，带着任务和思考去研学，最终完成属于个人体能的研究报告和升华。每一次研学都会让孩子们体验竞选、培训、提升等环节，获得更多成长体验。

"三维四级"培养机制提素质

教师是教育教学人实践者。金东方小学借助青蓝工程，建立师德修养、学科专业知识、教育教学的"三维四级"培养机制，要求教师坚定理想信念、厚植爱国情怀、提升道德修养、改进教学方法、打造高效课堂、培养创新能力，不断教师强化师德师风建设，提高教师教学能力水平，提升教师综合素养，有力地推动了教学质量的稳中有升，使整个学校呈现出蒸蒸日上、欣欣向荣的发展局面。

学校始终把师德建设放在教师专业成长、教师队伍建设的首位，开展教育教学法规学习、组织师德师风座谈会、挖掘身边师德小故事等形式多样的活动，在教师中进一步弘扬"爱岗敬业、无私奉献、积极进取"的职业道德精神；重视对新课程理论的学习，采用"青年教师校外镀金，中年教师校内淘金"的方法，组织教师参加新课程培训，开展校本教研活动，加深对深化教育体制改革，推进素质教育的理解；不断加强校本培训，开展教研活动，使"问题即课题，教学即教研，成果即成长"的教研理念已深入人心，推门听课、评课、说课、集体备课、个案研讨等活动逐渐成为教学常规。尤其在不久前，学校还开展了"学生最喜欢的好老师"评选活动，并从中总结归纳出好老师的十个维度，通过分享经验让身边的榜样激励全体教师进步成长。

学生的成长离不开家庭教育的滋养。金东方小学早在2015年成立家长学校，设立家长委员会，邀请家教专家面对面给家长开课、作专题讲座，开设必修课、选修课、一对一私人定制课以及家长沙龙等课程，帮助家长解决各种育儿难题，提升教育管理能力；通过微信群、微博、公众号、微课堂等新兴媒介，为家长们搭建相互沟通交流的平台。

教育即唤醒，唤醒孩子向善向上的内趋动力，如此孩子才能获得

长足的发展。教孩子六年，要想孩子一生。每个孩子的成长也只有一次，金东方小学将高举习近平新时代中国特色社会主义思想伟大旗帜，坚持立德树人根本任务，坚持质量立校、特色发展，坚持改革创新、高位发展，继续更新教育理念，搭建成长阶梯，努力探索符合时代需求和学校发展的育人之路，让每一个孩子做最好的自己，享受学习的幸福，收获最大的成长。

提升教育环境　创建温馨校园

——五峰傅家堰乡中心学校全国乡村温馨校园建设

湖北省宜昌市五峰县傅家堰乡中心学校　肖俊娥　罗浩瀚

每天清晨，在湖北宜昌五峰县西部的群山之中，随着几声鸡啼远远地传来，凛冽的天光便把夜色追捕得无处可去，太阳睁开惺忪的睡眼，最先看到的便是大水田这片热土——傅家堰中小学。田庐高僻为土家山寨，白雾缭绕是峡州人家，傅家堰乡中心学校下伴泗洋秀水，上倚武陵雄姿，占地面积30余亩，校园前后依山，校舍鳞次栉比，松柏苍翠掩映，环境宁静幽深，是求学育人的理想之地。

为全面提高乡村教育质量，办好人民满意的教育，傅家堰乡中心学校按照教育部办公厅推进乡村温馨校园建工作的通知，牢固树立全面育人观，把基础设置等“硬环境”与精神文化等“软环境”紧密结合起来，着力推进教育创新，不断提升教育质量，确保农村孩子也能享有公平而有质量的教育。

完善基础设施建设，筑牢学校发展之基

学校硬件设施建设是教育工作开展的基本保障。自2016年起，学校在工程建设方面陆续投入1700多万元，基础设施日趋完善，校园环境极大改善。

学校全面建成初中教学楼、男女生公寓楼、塑胶运动场、校园文化公园及开放式书吧；录播室、多功能厅、校史馆和民族团结德育活动室等各类功能室齐全；校园低音系统和希沃多媒体一体机走进了每间教室，给广大师生营造了良好的教学环境，为提高教学质量提供了有力的保障。

塑造软件文化内涵，铺就学校品牌之路

软件文化建设是着眼于长远的可持续发展思路。学校以生态学为视角，以人文观念为指导，确立了“生态校园，绿色发展”的理念，将校园文化和特殊的人文地理精神相结合，把“山魂水韵”确立为学校特色文化建设的主题，借山水打造校园特色。

学校遵循学生成长的自然规律，以学生为中心，通过打造生态绿色环境，在学校管理、师资建设、课堂教学、学校德育中渗透“生态绿色”的理念，使课堂充满活力、管理充满和谐、校园充满生机，实现了学生、教师、学校三者共同的可持续发展。

学校围绕学生提出了“书香校园、书香班级、书香家庭”三位一体的建设构想，打造学生喜欢的阅读空间。首先，在全面实施“阅读工程”的基础上，学校建立了全新的图书室，藏书20000余册，并设置专职图书管理员，上班期间校图书室全天开放，实现了学生课间自由阅读。其次，通过“阅读工程”的开展，学校给每班配置一个图书柜，实现了每班一个图书角的设想。再次，通过“书香家庭”的评选，学校鼓励学生建立家庭图书架，藏书50本以上，利用周末时间让学生与家长共读一本好书，营造了良好的家庭书香氛围。与此同时，学校每周安排一节阅读课，全校师生参与阅读，并连续四年举办“读书节”活动，获得了广泛好评。学校将校本教研和教学活动相结合，初步形成了《我爱记诗词》《阅读小脚丫》《阅读分享卡》等校本教材。

强化师资队伍建设，把握学校生命之脉

教师是学校发展的关键，也是学校发展的第一生产力。学校坚持“为教师的专业成长铺路”的理念，以组织做保证，以学习为先导，以科研为引领，以活动来推进，助力教师专业成长，促进学校持续发展。

学校坚持以党建工作为龙头，加强思想道德建设。不断优化班子结构，努力构建创新型、服务型、务实性的班子团队；班子成员率先垂范，完善岗位职责，做到分工到人、责任到人，形成了“分层管理、部门负责、条块结合”的管理模式；班子队伍严格落实“一岗三责”或“一岗多责”，落实一条线，蹲点一个组，深入一门学科，及时掌握教学、教研一线的第一手资料，与教师共同探索、共同研究、共同提高，构建了讲团结、懂业务、聚人心、善服务的优质管理团队。总之，学校以点带面，促进教师团队全面提升。

学校坚持“绿色师资”的发展理念，教师同步制定个人专业发展规划，初步确定了“谈、带、导、评、考”的教师培养模式；以师徒结对为重点，在校内大力推动校本研修，每周开展集体备课、听课、评课等教研活动；充分利用录课室进行网络教研和录课回放，同学科教师进行同课异构、研磨，加大培训力度，规范课堂教学，提高业务水平。

落实教学常规管理，找准学校突破之点

学校进一步科学完善了《教育质量奖励方案》《科研成果奖励方案》《教师教研学习制度》等规章制度，新增《教育教学指南》，以加强对教育教学过程的管理，规范教师的教育教学行为，通过常规检查与随机抽查相结合，促使全校教职工严格执行各项规章制度，使教师的常规工作步入规范化轨道。

课堂是教学的主阵地。学校首先转变教师的观点，着眼于学生的长远发展，把传授知识向引导学生探究知识转化；对课堂模式进行了优化改革，并把它作为教学质量提高的突破口，形成了《“绿色课堂”教学策略》；在认真研讨、深入实践的基础上，构建了以“学有所知，情境导入——学有所思，合作探究——学有所用，随堂演练——学有所获，拓展延伸”为主要流程的“引探”课堂教学模式，逐步建立起情景式教学课型，为学生的终身学习打下了厚实的基础，获得县教育局领导的高度评价。经过一段时间的实施，教师教学方法有了显著改进，课堂效率有了明显提高，教学质量也稳步提升，在2019年全县中考各项综合指标排名中取得了第一名的可喜成绩。

学校制定了一套符合素质教育要求的管理办法，建立民主开放的管理模式，落实“备、教、批、辅、考”等环节，坚持“日巡周抽月查年检”制度，使日巡定人、定时、定要求落实到位。充分利用家校联合管理的优势，加强对教与学的检查力度，要求家长委员会每学期必须参与一次常规检查，每周安排一人不定时跟岗，让学校工作透明化。对师生进行全面的分层次管理，在管理中力求体现自主性、激励性，使其出现良好的运转机制。教学管理人员能深入课堂、深入学生，实地考察，亲自指导。

打造特色育人模式，培育学生品格之魂

学校坚持育人为本、德育为先，加强德育的针对性，充分利用社会和学校德育资源，培养学生健全的身心品质和优良的思想道德素质，全面落实“立德树人”。

用校园文化熏陶学生，以山魂弘毅师生品格，如山坚韧弘毅、沉稳厚重、志存高远；用水韵滋养师生情操，似水纯净谦逊、坚定执着、刚柔相济。注重德育实效性、渗透性，强化传统教育与时代精神教育相结合，提高德育内化的力度与深度。以学生自我教育为主，通过自我修养、自我评价、自我调控、自我完善达到全面发展。

学校政教处以“养成教育”为抓手，每月开展一天军训活动，利用活动日开展交通、健康、安全、爱国、礼仪等主题教育，结合“生态小公民”开展环保活动，培养学生良好的行为习惯。

学校开辟“道德讲堂”，邀请学生家长和社会先进人士进入课堂，用身边的事例和自身经历教育学生，探索中学生人生观和价值观教育的有效途径，从而进一步达成家校联合育人目标，走出了一条对学生终身发展有益的健康人格教育培养之路。

活动促进身心健康，增添学校体艺之彩

活动是学生得以健康成长的丰厚土壤。学校坚持以足球特色学校建设为抓手，打造体艺特色。足球活动开展得红红火火，学生踢足球的兴趣浓厚，实现了人人有足球、班班有球队、天天有训练、月月有比赛，并把足球操融入大课间，也让“阳光锻炼1小时”得到有效落实，提高了学生的身体素质。不断挖掘课程资源，编写成符合实际的《足球*足球操》校本教材初稿。以“学校特色成果展示活动”的形式探索教学与育人相结合的契合点、特色育人的检测办法、评价体系，逐步提高教师教学的指导和研究能力。

为了培养学生认识美、爱好美和创造美的能力，促进学生的德、智、体、美、劳全面发展，达到用艺术美育的效果，学校于2016年申报了乡村少年宫，建起了舞蹈室、合唱室、绘画室、书法室、科技活动室，添置了设备设施，各项活动基本能够顺利开展。根据少年宫要求及学校实际，制定了课程计划，学生自愿进行分组，定于每周三下午集中指导两课时，周二——周四每天以小组为单位自主训练。乡村少年宫建设得到了省、市领导及专家的肯定，学校每学年举办一届文化节，在文化节上进行少年宫成果展示，全校师生的表演得到了社会的好评。民俗舞蹈《茅古斯》作为文化传承的典范并多次获奖。

青山莽莽如故，泗洋绵长依旧；数十载峥嵘岁月，几代人薪火相传。这是一片热土坚守的厚重历史，这是一种精神破土的峥嵘岁月，这是一座杏坛变迁的如水光阴，这是一所学校成长的崭新时代。在这片培育教育希望的沃土上，每个学子正迎着新时代的朝阳，追逐他们的人生梦想。

坚守从教初心，铸牢育人使命

湖南省常德外国语学校　朱方武

百年大计，教育为本；教育大计，教师为本。教师的肩膀重千钧，一头挑着学生的未来，一头挑着民族的未来。教师是促进教育发展的

核心要素，而“学高为师，身正为范”，师德师风建设是教师队伍建设的关键所在，它不仅是教师个人成长的迫切需要，也是学校健康发展的核心动力，更担负着国运兴衰的强烈使命。

思想引领，厚植师德涵养

习近平总书记强调“经过长期努力，中国特色社会主义进入了新时代，这是我国发展新的历史定位。”只有准确把握时代新的发展内涵，明确党的十九大为我们指明的教育前进的方向，才能更好地促进教育发展。

“德育为首”是我校的办学特色，“以德立校”是我校办学思路的重要一环，不断铸牢师德师风建设使命是我们的自觉追求。习近平总书记在2018年的全国教育大会上提出了“九个坚持”，其中，第一个坚持就是“坚持党对教育事业的全面领导”。为全面贯彻落实党的教育方针，引导老师们在教育实践中始终坚持用心工作，我们特别注重对教师的思想引导，坚持加强党委对师德建设的领导，并创新推动党建优先发展战略。我校六个党支部建在教研组，同时明确了各党支部书记的主体责任，并组织开展了形式多样、确有实效的支部活动，从而夯实了师德建设基础，提升了全体教师的师德素养，真正实现了党建工作与教育教学的完美融合，切实增强了老师们的教育情怀。

学习时代楷模，牢记从教初心。教育事业前进道路上必然会有艰难险阻，教师在担当起新时代教书育人的重任的同时，要严守政治良心，以击水中流、挺立潮头的胆略，勇破改革难题，勇趟教学创新之路，勇担教育发展重任。 率先垂范、树立标杆，抓“关键少数”是我校师德师风建设的一大抓手。我校领导班子始终坚持率先垂范，严格自律，将师德师风建设纳入学校日常管理，努力形成学先进、找差距、树形象、扬正气、比奉献的浓厚氛围，由此带动全体教师主动担起“为党育人，为国育才”的神圣使命，为有效开展教学，促进学生全面发展奠定良好的基础。

古语有言，“礼义廉耻，国之四维，四维不张，国乃灭亡。”这句话充分强调了德育的重要性，而实践是检验认识的唯一标准，为了落实师风建设，我校不断创新师德师风建设的宣传载体和教育氛围，精心组织了一系列丰富多彩的教育活动，定期开展“师德标兵”、“优秀班主任”、“最美教师”和“最美家属”等评选表彰活动，让师德师风建设入脑入心。这些先进典型和关键少数的示范和榜样作用，让老师们收获了敬业奉献、乐业从教的满满正能量。

习近平总书记强调：“我们要永远保持建党时中国共产党人的奋斗精神，永远保持对人民的赤子之心。”赤子之心，是人们对脚下土地的一种朴素情感，对家国天下的一种深情大爱，对民族命运的一种博大情怀。古语又言，“大人者，不失其赤子之心者也。”保持赤子之心，勇担重任，乐于奉献，是教师师德中重要的内容，在今年的竞聘上岗中，就有近一半的教职工勇挑重担，主动向学校申请班主任工作岗位。

多方监督，构建长效机制

李贽说：“动人以言者，其感不深；动人以行者，其应必速。”加强学生德育，教师必须以身作则。因此， 在办学过程中，我们始终坚持把师德师风建设放在心里、抓在手上、落实在行动上，不仅建立健全师德师风长效机制，为打造优良师风提供制度保障，而且全面实施了全员竞聘上岗制度，把那些想干事、会干事、能成事的教师放到关键和重要岗位上锻炼，形成了正确的用人导向。

监督是优化行为的一大方式，为了进一步加强师德师风建设，学校还优化制定了《教师量化管理细则》等一系列管理制度，实现了师德师风建设与个人发展密切联系定期召开师德师风建设专项会议和作风建设调度会议等，通过自评和互评相结合的方式，定期对教师的师德师风进行评价，深挖细查师德师风失范行为，引导教师主动查找和纠正自身存在的问题，虚心听取多方面意见，并认真开展批评与自我批评，增强教师自我教育、自我提高的自觉性，分析根源，标本兼治，真正做到对师德师风问题零容忍。同时，我校还借助家委会、校友会等多重督导评价体系，为打造优良师风助力，为形成持续性良好师德提供前提。

尊师爱师，铸就大爱师魂

教师的个人沉淀直接影响教学行为， 一直以来，学校始终把师德师风建设融入了教师职业发展规划，形成了师德师风建设的新常态。近几年来，我校每年拿出高达60万元的培训经费支持教师外出学习，同时，邀请了知名教育家魏书生先生、北师大肖川教授、东北师大刘晓中教授等一大批教育名家来校进行培训，也邀请部分专家领导来校为老师们讲座指导，帮助老师进行思想沉淀，提升教师的职业归属感，让老师真正感受到“教师是太阳底下最光辉的职业。”。

“没有爱，就没有教育。”教书育人是一项无法单纯用制度管理的良心工程，所以，我校始终坚持以人为本、从“心”出发，充分肯定教师的付出，理解教师的不易，在工作中减轻教师负担，为老师们解决实际困难，成就教师的职业幸福。比如引进优质高山泉水，大力提高教师用餐质量，每年组织教师体检，积极开展教职工工会活动，还建设了高标准的教师健身中心、瑜伽中心以及党群服务中心等，此外还成立各类教工协会，让老师们在高效工作的同时，也可以愉悦享受生活，为进一步实现“教师幸福、学生快乐、家长信任、社会赞誉的“双一流”现代化特色学校”这一办学目标奠定基础。

加里宁说过：“很多教师常常忘记他们应该是教育家，而教育家也就是人类灵魂工程师”，而要想给人阳光，首先得自己心中有阳光。因此，我校还实施了一系列暖心工程，如全校218名教职员工生日当天，定会收到校长的电话、短信或面对面的生日祝福，校长定期带领相关人员，分批次走进教职工家庭，看望教职工父母、慰问教职工家属、关心教职工子女，校长定期陪同教职工子女共进晚餐等等，让教师感受到集体的温暖，提升职业幸福感，成就一个有情怀、有温度、有灵魂的教师团队。

教育是面向未来的事业，强调师德师风建设不应该是一时兴起，而应该是长久坚持的事情，因此我校倡导教师要保持从教初心如磐，寸心似丹，干一行、爱一行、专一行，将从教初心融注在自己的灵魂当中，在生活中既关心爱护学生，又严格要求学生，坚信“我们多努力一点，学生就离成才更近一点”，力图将一件件小事做出水平、做到极致。清代诗人龚自珍说过，“不能胜寸心，安能胜苍穹？”寸心不守，初心必难久远。我校时刻提醒老师要保持初心就要“勿以善小而不为，勿以恶小而为之”，要由内向外进行常态化的涵德修身、问道正心，只有这样，才能做到初心永固，行稳致远。

“坚持从教初心，铸牢育人使命”不仅仅是一句口号，我校提倡老师严格要求自己，在新形势下为学校的发展做表率，争做教育排头兵，争当有理想信念，有道德情操，有扎实学识，有仁爱之心的“四有”好老师。同时还要按照“守初心，担使命，找差距，抓落实”的总要求干好本职工作，切实做到学思用贯通、知信行统一，自觉学习，深入学习，持久学习，把师德师风作为职业生涯中的必修课、常修课。

最后，“德能正其身，才能称其职。”教师作为常外的生力军和追梦人，要有“苔花如米小，也学牡丹开”的心态，有“大雪压青松，青松挺且直”的精神，有“不要人夸颜色好，要留清气满乾坤”的追求，不断盘活资源，进一步担当作为，全面提升教师队伍素养，用心打造教师团队，我坚信：只要我们砥砺奋进，始终坚守师德，强化师风，铸就师魂就一定会在新一轮的教育改革中，实现新的跨越！

共美而生，推动学校高质量发展

湖南省郴州市桂阳县东风学校 欧阳吉元

一所学校的精彩，在于它的文化；一所学校的内涵，在于它的文化；一所学校的未来，也在于它的文化。作为学校的领航人，在学校不断发展的进程中，我校以和美文化为切入点和突破口，积极探索厚重的文化积淀、多元的文化载体、鲜明的文化特质、高雅的文化品位，不断提升学校文化内涵，拓展校园文化外延，形成了“做阳光师生，创和美校园”的东风文化，使学校成为郴州市以文化引领推动学校高质量发展的一个典型。

“和美”生辉，文化引领谱新篇

多年来，我校将和美文化作为校园文化，在师生中形成了强烈的校园文化认同感，但由于地处城区边缘，学校发展较为缓慢，全校上下普遍表现出不自信，面对各项活动和评比更是态度消极，缺乏竞争力。为了打破这种状况，我到任后率先提出文化统领学校发展的思路，以校园文化建设激发教育之“力”，提升学校凝聚力、竞争力和创造力。

在对学校现状进行分析研判后，我和学校管理一班人制定了《文化引领学校持续发展 管理变革凝聚师生志气》三年提质计划，拉开了创新改革的序幕。首先，我校以校园环境建设为抓手，对校园环境进行整体设计与布局，让每一个角落都散发出和美文化的气息；其次，先后引入激励机制、竞争机制，深入践行行政蹲点制、目标责任制、持续改进制、项目管理制等，激活管理团队的内在能动性，建立起团队协作、自觉更新的管理新文化。

理念是行动的灵魂、先导和指南。在实践文化统领学校发展的过程中，我校取得了丰硕的成果，先后被评为“湖南省十五现代教育技术研究课题实验学校”、“省级文明卫生校园”、“郴州市教育科学研究基地学校”、“郴州市现代教育技术实验学校”、“郴州市实验室工作一级学校”、“郴州市德育教育先进学校”、“市级文明卫生单位”。

历美而新，融合创新增动能

课堂是教育教学的载体，也是培养学生综合素养的主阵地。我校紧紧围绕“和谐施教，以美育人”为核心理念，做亮“自主”课程，打造“自主高效课堂”，创设“名师论坛”，并通过培训和研究让教师明确实践转化的路径，形成了“教师为主导，学生为主体”的教学理念，力求让每一个学生主动愉悦多元发展。“下面我们开始分角色朗读，大家先练习一下。”老师话音刚落，学生们就以邻近座位为单位，自主分配角色，教室后面，两三个学生家长正饶有趣味地看着学生们自主练习……这是我校开展自主课堂、家长进课堂的一个真实场景，也是学校积极推进和美文化与教育教学、家校共建融合创新的一个缩影。

除了学校，家长同样也是决定孩子成长的一大因素。我校坚持以和美文化为引领，定期举办家庭教育讲座，增强家长对校园文化的认同感，涌现出了一大批主动关心学校发展的学生家长。为了给家长提供平台，我校成立家长委员会，主动邀请家长代表参与学校管理，为学校的发展出谋划策；组建家长志愿服务团队，建立家长志愿者档案，完善考评奖励制度，充分调动家长志愿者参与学校管理的积极性；开放教学课堂，让家长更加了解孩子的学习情况。目前，学校与家长之间已搭建起牢固的“连心桥”，不仅在各项活动上能经常看到家长志愿者的身影，放学期间家长“护学岗”更是成为学校一道亮丽的风景线。

美美与共，追求卓越创品牌

优秀传统文化是我国民族文化的精髓，也是中华文化艺术宝库中璀璨的明珠。它凝聚了前贤的大智大慧，浓缩了华夏五千年的思想精粹，是我们中华民族的魂与根，也是我们每一个中国人的立身之本，更是我们中国在向国际迈进时提升自豪感、凝聚力的不竭动力。

为了提高师生的综合素质，我校积极与桂阳县文联、桂阳县诗歌协会、桂阳县京剧协会联系，开展“传颂经典、与诗同行”诗歌进校园、“触摸京剧，感悟人生”京剧进校园等活动，为师生拓展文化知识打开了窗口。“触摸京剧，感受经典，让我们沐浴在经典文化里，感悟人生……”这是学校广播正在播放传统京剧的选段和赏析。这是我校的一大亮点，在校园广播站播放表上，经典诵读、传统京剧赏析、学生优秀作文朗读可以说是每周的必播内容。

同时，我校积极探索和美文化与五育融合，形成了以“美”育德的德育体系。通过“班级寝室评比”、“班级教室评比”、“班级卫生区评比”等具体措施，打造“和美教师、和美卫生区、和美班级”；开展“感动东风十大人物与团队”之“博爱之星”、“博学之星”、“诚信之星”、“创新之星”评选活动，形成了崇礼尚德的良好氛围；以活动为载体，让文化渗透进校园活动，在原有四大节日活动的基础上进行整合、创造，融入更多和美文化元素。如：读书节主旨为“博学”，科技节重在“创新”，体育节强调“诚信与拼搏”，艺术节侧重于“勤勉与分享”。

在和美教育生态下，我校以活动为载体，激发了师生创造力，提升了学校竞争力。舞蹈《小小京韵情》送省参演并获省优秀奖、舞蹈《津味戏妞》获郴州市第二十一届中小学生艺术节展演节目一等奖，在郴州市“阳光体育大课间”评比中该校荣获一等奖第二名。2019年下学期，我校被市教育局推评为“中华传统文化传承学校”。

文化需要积淀与传承，教育需要改革和创新，学校需要特色与发展。我校将坚定文化立校的发展思路，锐意进取，形成“和而不同，美美与共”的教育生态，逐步擦亮独具特色的东风品牌，努力打造中小学探索特色品牌建设的典范。

办孩子喜爱的学校，让孩子乐享多彩的童年

——湖南省郴州市汝城县暖水镇中心小学特色育人小记

湖南省郴州市汝城县暖水镇中心小学 何志华 廖思思 罗平静

沤江河畔，踩脚岭下，创办于1982年的湖南省郴州市汝城县暖水镇中心小学这所全日寄宿制完全小学就坐落在这里。校园内树木成林，绿草茵茵，桂花飘香，翠竹丛丛，这一切与校园建筑怡然成趣。

孩子是家庭的希望，是祖国的未来。教育孩子，关心孩子，让孩子健康成长，是所有教育人共同的责任和义务。暖水镇中心小学围绕“办孩子喜爱的学校”的办学宗旨，坚持“抓德育工作，创‘文明校园’；抓稳教学工作，创‘人文校园’；抓好读书教育，创‘书香校园’；抓实学校管理，创‘和谐校园’；抓新信息技术，创‘数字校园’；抓牢安全教育，创‘平安校园’”的办学思路，以丰厚的传统奠基、优良的作风铸魂、优秀的教师固本、一流的质量立校，不断创新办学思路，务实求真，开拓进取，力求让学校成为师生和谐发展的乐土！

书香氤氲，引领博雅睿智成长

脚步无法丈量的地方，书籍可以；目光无法触及的风景，书籍可以。为传承优秀的经典文化，暖水镇中心小学以“人人是教育之人，时时是教育之时，处处是教育之地”为信条，深入贯彻以书育德、以书开智、以书润心的书香育人理念，营造了良好的育人氛围，为学生的健康成长创造了一片自由飞翔的亮丽天空。

丰富的校园文化建设内容使学生在每处都能受到熏陶、教育，影响并引导学生健康快乐成长。校门口建有校园生活三字经、行为规范、文明礼仪、感恩教育等16个方面宣传教育专栏；教学楼楼梯间、走廊内、教室里有《音律启蒙》《三字经》《弟子规》励志学习、思想品行、为人处世等方面的教育标语；综合楼、寝室、运动场等地分别设有行为习惯、道德品质等方面的警示教育标语。

开展开放式的阅读活动，使阅读逐步成为学生的生活方式和日常习惯。每周开设一节阅读课，由语文老师、班主任以阅读欣赏、阅读指导、朗诵比赛、阅读交流等形式开展阅读活动；在班级设立图书角，由班主任根据学生的需求到图书室借图书，供班级学生自由阅读，每个月根据学生阅读量和阅读成效评比阅读之星；在综合楼三四楼设立图书走廊，每周及时更换书籍，供学生课余时间自由阅读，并倡导学生积极捐赠图书，学会资源共享和分享的快乐，使整个校园洋溢着“营造书香、享受书香”的浓郁氛围。

以德育人，培养思想坚定之人

德育只有深入人心，才能将德转化为言行。以德育人，方可桃李满天下。新时代，需要学校拥有优质的德育内容，将德育付诸以实践，多方面地开展德育教育活动，树立道德标杆，培养新时代优质青年

暖水镇中心小学始终把德育工作摆放在首位，成立了以校长为主的共抓齐管的德育工作领导小组，做到管理育人、教书育人、环境育人、服务育人。认真上好思政治课，让师生在课堂中接受教育、陶冶情操，确保广大师生在大是大非面前保持清醒头脑，不为反动势力所蛊惑和动摇；严格执行升国旗制度，使学生受到爱国主义的教育和熏陶，努力做一个品德高尚、勇担责任、立志报国的新时代青年；加强学生《行为规范》《守则》《社会主义核心价值观》的教育、训练和学习，促使学生从小树立正确的国家观、集体观、道德观、法制观、人生观、价值观，养成良好的行为习惯，促进身心健康发展；以少先队为阵地，以“五爱”为内容，开展德育活动，以养成教育为重点，培养学生良好的行为习惯，促进道德品质和科学文化素质齐头并进；通过家长学校、家访等形式和家长建立经常性联系，争取家长、社会的理解、配合与积极支持，形成教育合力，力求营造一个和谐的教育氛围。

暖水镇中心小学倾情倾力，认真落实教育帮扶，营造一个和乐融洽的家庭氛围。组织领导到位，确保帮扶规范化；组织党员干部深入帮扶村进行实地走访调查；坚持既扶贫又扶志，积极做好政策宣传与群众思想工作；认真摸排，调查清楚，做到万无一失，不漏掉一个贫困资助学生。

深化管理，保障师生安全健康

生命只有在安全中才能永葆鲜活，学校的安全工作事关师生的切身利益，关系到学校的健康持续发展，涉及千家万户学生的家庭幸福，甚至关系到社会的和谐稳定。暖水镇中心小学充分认识到安全的重要性，牢固树立“珍爱生命，安全第一责任重于泰山”的意识，坚持把学校安全工作抓实、抓细、抓牢，力求为全校师生营造一个环境幽雅、布局合理、生机盎然、蓬勃发展、和谐有序的校园育人环境。

安全第一，办放心的教育。学校把安全稳定当作第一要务，加强组织领导，健全安全管理组织机构。一是层层落实安全责任。学校成立安全工作领导小组，以校长为组长，分管副校长具体抓，安全处、各年级、班主任、教师层层压实责任，责任到岗到人，确保无疏漏；每学年都要修订完善《学校安全事故应急处理预案》，进一步明确安全工作的责任和工作的具体要求。二是强化安全教育。学校坚持做到时时讲、天天讲，常抓不懈；重视安全防范，定期开展隐患排查，做到不留死角，发现一处，整改一处，及时消除安全隐患；坚持家长联系制度，向家长宣传安全工作的重要性，取得家长的支持和配合。

阳光食堂，为幸福保驾护航。学校以“最严谨的标准，最严格的监管，最严厉的处罚，最严肃的问责”为引领，确保学校师生“舌尖上的安全”；教育职工牢固树立“安全、规范、高效、一流”的服务意识，为师生提供安全、可口的饭菜；建立健全《学校食堂管理办法》规章制度，做到食堂管理有章可循、有规可依；要求全体师生厉行节约，从我做起，从现在做起，为建设“平安校园”做出更大贡献。

如今，全体教职工已经树立了“安全第一，安全责任大于山”的思想，抓安全、管安全、保安全的观念已深入人心。

“天行健，君子以自强不息。”今天的暖水镇中心小学处处彰显着生机与活力，也充满着机遇与挑战，学校将继续贯彻落实各级主管部门教育改革的系列部署，满怀育人的信心，迈着坚定的步伐，朝着办人民满意教育的目标努力奋斗！

让人生在弘扬警予精神中闪光

湖南省怀化市溆浦县警予学校 舒清红

我是溆浦县警予学校校长舒清红。学校是革命先辈向警予亲自创办、具有光荣传统的老牌名校，两度被评为全国教育系统先进集体、全国教育科研先进集体，现为校本建设项目“全国重点实验学校”和“湖南省基础教育课程改革建设样板校”。对于警予精神的内涵，我的理解是：“爱国、担当、奉献”。多年来，警予精神始终引领着我在教育道路上担当前行、奉献忠诚。下面，我汇报三个方面：

第一，教师眼中的“校长第二”

培养什么人，是教育的首要问题。作为校长，一所学校的引领者，我始终坚定“为党育人，为国育才”的教育信念。我常对教师讲，育人

第一，学生第一，老师第一，学校第一。所以有些老师就称我为“校长第二”。从走进警予学校的那天起，我立足“公共心、自治心”六字校训，着力抓立德树人、抓队伍建设、抓学校管理，以实绩实业来兴校报国、致敬先烈。

一是以红色德育铸魂。坚持“以人为本、面向全员、关注生命、奠基未来”的办学理念，将立德树人贯彻到教育教学全过程。坚持把校训同时代发展、学生成长需求相结合，实施以日常行为规范培养为基础，以弘扬警予精神为主线的红色德育：讲座培训，阐述校训；课程开发，学习校训；活动设计，渗透校训；校园建设，彰显校训；社会实践，践行校训，推动课程文化、活动文化、环境文化建设齐头并进，形成知行统一、课内外结合、家校一体的德育体系。“雏鹰争章”、“寻根警予故居”、向老校长宣誓、武汉红色研学、“与孩子共同成长”学习型家庭创建等活动，成为学校享誉全省的德育品牌。学校先后被授予“湖南省四星级红领巾示范学校”、“全国红旗大队”。

二是以精细管理增效。在立足学校传统和办学实际的基础上，我主导修订和完善《警予学校岗位聘用实施方案》《警予学校教师绩效考核制度》等制度，坚持实施行政蹲点制，强化年级负责制，给予年级主任人事建议权、管理自主权，严格落实“一日常规”督查，实行月评价、学期评估、年度考核评价一体化，让制度说话、让过程说话、让绩效说话，极大激发了教职工积极性，营造了和谐上进的校园氛围，提高了管理效能。学校年年被评为县教育教学管理先进单位、教学质量优胜单位。

三是以建强队伍聚力。学校制定师资建设五年规划，教师制定个人专业成长三年规划。开设名家讲台，组织师徒结对，发挥名师引路作用。通过“请进来、围拢来、走出去”加强教师培训，学校每年教师培训学习经费达20多万元。坚持严管与厚爱相结合，关心教师疾苦，与教师患难与共。困难教师杨昌喜不幸患上头皮癌，我发动师生捐款，还从有限的经费中拨出慰问金一万四千元，解了他的燃眉之急。开学后，他动情地说：“我愿意返校上课，校园这个大家庭，让我感到充实和快乐。”

第二，父亲口中的“工作第一”

2017年4月，年迈的父亲患重病，先后住进县、市医院。因工作繁重，我只好让年老的母亲代为服侍，深夜匆匆去医院看上几眼便忍痛离开。父亲确诊为癌症转入省湘雅医院，我在长沙学习一周，只探望了一回。临走之时，熟悉我工作状态的父亲叫我不要挂念，叮嘱我“工作第一”。最终，留下了“子欲孝而亲不在”的遗憾。

每当想起父亲的这句话，我久久心酸，心绪难平。作为警予学校这所百年名校的传承人，我倍感自豪，同时也倍感责任重大，如履薄冰。因为一旦我干不好，就是愧对革命先辈。我自学练内功，潜心谋发展，从不敢有丝毫怠慢。这些年来，家事再忙，从不耽误学校课程；处境再难，从不影响教学心态。曾因专注于指导教师参加比武而延误了关节脱臼治疗，落下了后遗症；曾因洪水来袭在学校通宵达旦的守护而血压飙升……但这些又算什么？学校的发展是我最大的成功，学生的平安才是我最大的平安。何况，家人的理解支持，更鞭策着我守住育人的初心，担起兴校的使命。

第三，学生心中的“亦师亦父”

我担任校长多年，用自己的工资直接资助了十几个品学兼优的贫困学子，留守学生邓忠校就是其中的一个。家境贫寒的他以优异的成绩考入溆浦一中后，准备辍学，我得知情况与他谈心，勉励他安心学习、立志成才，并承诺资助他到大学毕业，最终他考取湖南科技大学。在大学期间，他多次在短信中感谢我是“亦师亦父”，给了他如父亲般的责任和关爱。受我影响，他现在已经成长为一名光荣的人民教师。

教育是爱的事业，基于热爱，我一直坚持任课，始终站在教学一线，近距离了解孩子的需求，希望以蜡烛般的光点亮他们的心灵。我将溆浦丰富的本土文化资源引入校园，开发了《溆水情》《课前三分钟交流》《我们爱数学》《我上学了》等特色的校本课程；采用学生“自主选择”，学校“交替呈现”的方式开展阳光大课间活动，自编的“我们是阳光的警予学子”韵律操、千字文武术操、竹竿舞等，让学生幼小的心灵得到高尚的熏陶、文明的洗礼、艺术的升华。

大江潮涌逐浪高，风正帆悬正当时！在市委市政府“1+7”文件的引领下，怀化教育、溆浦教育步入了蓬勃发展的新时代、新征程，我将充分汲取警予精神的能量和养分，以“自治心”修己身，以“公共心”育学生，将培养德智体美劳全面发展的时代新人作为永远的使命，努力开创警予更加美好的未来！

文化统领下的幼儿园特色办园

湖南省怀化市幼儿园　罗荣辉

怀化市幼儿园创建于1955年，是怀化市教育局直属公办幼儿园，湖南省首批保育教育规范园及湖南省示范性幼儿园。现占地面积达8580平方米，建筑面积12000平方米，绿化面积约2000平方米。

目前有800多名幼儿，21个班级，分小、中、大三个年龄段。教职工103人，其中正式在编64人，临聘人员39人，专任教师49人，均大专以上学历(研究生1人）。

多年来，市幼以文化理念引领幼儿园教育教学的发展。在传承60多年办园文脉的基础上，吸纳国内外名园教育之思想精髓，确立了“以童为本，润泽生命”的教育主题，凝练了“享童趣，养童心，卫童年”的三童教育思想，和“强健康之身，育感恩之魂，成文明之人”的培养目标及“立身为基，感恩为魂，游戏为要”的办园特色，并以此统领幼儿园的教育教学工作，形成了特色环境、特色课程及特色队伍。

特色环境——幼儿为本，积极打造游戏环境

幼儿园环境是一种隐性课程，在日常教学中具有独特的功能和作用。为了充分发挥环境的教育作用，真正让环境与孩子互动起来，我园创新环创思路，坚持“生态、自然、奇趣、互动”的原则，把幼儿园的环境创设由原来的绿化、美化、观赏转变为孩子探索、对话、挑战、冒险上来，突出环境本身的教育属性。如户外根据幼儿兴趣设置了神秘树林、小农场、运动场、绿色迷宫、沙地、水系等六大区域，投放了楼梯、轮胎、木块、水管、油桶等低结构材料，让孩子在阳光、水、土、沙的自然环境中自主游戏，感受自然的变化，探索水的流动，了解力与面的关系等。室内则依据教育主题和孩子年龄特点创设语言、建构、科学、表演等区角，有效投放各类材料，引发孩子自主学习、游戏与探究，培养幼儿主动学习，发现、解决问题的能力，学会与同伴合作、交往，促进幼儿身心全面发展。

特色课程——立足园本，凸显幼儿园教育特色

特色化是幼儿园内涵发展的必然表现形式，也是幼儿园内涵发展的亮丽风景。市幼在认真分析我园实际的基础上，进行了园本课程的研究与构建，形成了“1+3”的课程模式，即常规课程+特色课程，打造了我园中华优秀传统文化、趣味体能、“四季梦”　三大教育特色。

1.园本主题教育活动。扎实有效地开展“地域文化资源融入幼儿社会教育的实践研究”，充分挖掘本土文化资源中所蕴含的教育价值，构建了极具地方特色的园本课程，如“舌尖上的怀化”、“最炫民俗风”、“高铁来到我家乡”等，通过现代化教学手段、酷贝拉角色体验活动等全方位展示了怀化的美食、交通、旅游、民俗。主题活动案例在省贯彻《指南》实验工作会议上进行交流，并获市教育科研成果一等奖。市园本教材评比二等奖，让孩子们深刻感受到家乡的变化和日益美好，增强了幼儿归属感。

2.中华优秀传统文化教育活动。幼儿期是幼儿习惯养成和性格形成的关键时期，我们将中华优秀传统文化与幼儿园教育相互融合，以优秀的传统文化为载体，以园本课程建设为依托，以课程实施为抓手，将传统文化的精髓有机结合在幼儿的一日活动中，让幼儿感悟中华传统文化的光辉灿烂，培养对传统文化的亲近心，萌发幼儿的家国情怀，促进幼儿全面发展。经过一年多的尝试与创新，探索和实践，建设了中华优秀传统文化教育园本特色课程，开展了丰富多彩的传统文化教育活动，如：开学典礼上的拜师仪式、民间传统体育游戏亲子运动会、民族迎新辞旧欢乐周、重阳节的敬老爱老活动等等，让孩子们在丰富多彩的活动中潜移默化的感知、体验和学习中华优秀传统文化，在他们幼小的心灵中播下民族复兴的种子，2018年被评为怀化市中华传统文化特色校。

3.幼儿趣味篮球活动。2015年，我园借助体能男教师团队的优势，开始启动幼儿趣味篮球，以篮球为载体开展各类体育运动，做到体能教学音乐化、游戏化、器械化、趣味化，并通过课间花式篮球、晨间体能循环、户外体育活动及每年一次的YBA杯幼儿篮球联赛和体育节，让幼儿体验玩球的乐趣，发展动作协同性，培养坚毅、自信、合作、团结、开朗的品质与性格。通过三年的努力，篮球已成为孩子的最爱，深入到家庭、社会，赢得家长一致肯定。中央电视台、怀化日报曾对我园篮球宝贝及男教师团队进行了报道。培养了市幼宝贝健康快乐、感恩知礼、自信勇敢、富有创意的品质，得到社会一致好评。

4.四季梦活动。在原四大传统节日的基础上拓展四季梦主题活动，如“花开春季”春季梦，孩子、家长、教师一起开展迎新活动，愉快拉开新学期序幕；阅读春的文字，聆听春的旋律。“梦想成真””夏季梦，遵从孩子的内心，自己的节日自己做主，与孩子一同编织六一梦，实现“创意美工”、“亲亲水世界”、“玩转酷贝拉”等梦想，感受美梦成真的快乐；"轻舞飞扬"秋季梦，让孩子们玩转篮球，放飞自我，尽情体验运动的快乐。"相约暖冬"冬季梦，让孩子感受“春节”的喜庆，了解中华传统节日的习俗。培养了市幼宝贝健康快乐、感恩知礼、自信勇敢、富有创意的品质，得到社会一致好评。

特色队伍——广学博引，打造六有教师队伍

教师是幼儿园教育教学质量的保证，没有教师的发展，幼儿园的教育教学就失去了有力支撑，成了空中楼阁。为此市幼通过礼仪服务、园本研训、名师带动等方法，积极打造有爱心、有责任、有修养、有特色、有学识、有创意的六有教师，为园所发展持续发力。

1.坚持礼仪服务，强化师德修养。将礼仪规范纳入师德养成教育内容，通过学礼仪，用礼仪，比礼仪塑造“学高气雅”的幼师形象。

注重仪式教育，促进心灵成长。开展"做你的天使"、"效古沉香拜师大会"、"最美幼师"表彰大会等仪式活动，传承中华民族"尊师"美德，放大教育影响力和感染力，促进教师心灵成长和生命绽放，增强教师爱心、责任心，营造积极向上、爱岗敬业的教育氛围，形成互帮互学，你追我赶的局面，

2.狠抓园本研训，促进教师成长。拓展研训渠道，改变培训方式的策略，采取园外学习与园本培训、分层培训与普及培训，网络研修与线下研修相结合，通过专家讲座，名师送教下乡、园际交流、跟岗轮训等方法，增强教师研训的积极性、实效性，促进教师队伍整体素质的提高。近两年，我园聘请深圳、长沙等23位专家来园研学，共30人次赴北京、广州、南京、岳阳等地学习观摩，全园分8批次赴深圳南头城、嘉宝田，重庆渝中等名园跟岗轮训，开阔了视野，更新了理念，增强了教师教育教学实践能力。

3.加强名师建设，助推整体提升。建立了省首席教师罗荣辉学前教育优质空间及罗荣辉幼教名师工作室，拥有学员300余人，点击率达14万。充分发挥名师的示范带动作用，开展《地域资源融入幼儿园教育教学》《中华优秀传统文化融入幼儿园一日活动》课题研究，加强学习互动，带动全园教师队伍素质的整体提升。

4.挖掘教师特长，促进个性发展。大胆引进男教师及特色教师，根据每位教师的特长，明确自身发展定位，组建了体育、语言、舞蹈等多个特色教研小组，引导教师"术有专攻，形成风格"。目前我园已有园级教育能手6人，市级教学名师4人，省级教育能手1人，省特级教师1人。这些优秀教师组成的专家团队，成功举办了国培C338项目、D137项目、D135项目及全市开放观摩活动13场，接待怀化学院教育系学前教育专业学生实习、怀化师专国培班学员以及各兄弟园所教师来园观摩学习达上万人，有效地带动和促进了全市乃至全省学前教育的发展，得到省教师发展中心的好评。在防止"小学化"倾向，对幼儿实施全面发展的保育教育，指导家长科学育儿等方面做出了表率。

在全体教职工的共同努力下，市幼儿园教育教学工作亮点突出，特色鲜明，幼儿全面发展，得到社会和家长一致肯定。近几年，先后获得了"国家级语言文字规范化示范校"、"国家级和谐校园先进学校"、"全国三八红旗集体"、"湖南省保育教育规范园"、"湖南省示范性幼儿园"、"湖南省示范家长学校"、"省卫生文明单位"、"省贯彻《3—6岁儿童学习与发展指南》实验园"、"省幼儿园教师培训基地园"、"怀化市学前教育科学研究基地"、"怀化市中小学中华优秀传统文化教育特色校"等荣誉称号，连续十一年被评为市直学校目标管理考核优秀单位。

立德树人铸教育之魂　五育并举育时代新人

湖南省宁乡市唐市中学　廖学军

宁乡市好学校之标杆；连续五年获宁乡市义务教育阶段素质教育综合质量一等奖；先后被评为义务教育阶段教育科研特色奖、阅读教育特色奖、素质教育发展养成教育特色奖、绩效考核优秀单位；2019年，学校十名学生（其中一个音乐特长生、一个体育特长生）被宁乡一中录取；2018年4月，《人民日报》市场网以《办有思想的乡村教育》为题对学校进行了专题报道；2020年，宁乡市教育局官网以《活力队伍、活力校园》为题，进行"五好学校"之样板校推介……学校荣誉墙上闪耀着金光的一块块奖牌，时刻诠释着学校师生在教育教学实践中的不懈探索。

一所很平凡的农村中学，办出如此不平凡的特色教育，确实令人钦佩。探究其奥秘和精髓，在于有一支砥砺奋进、团结务实、敢于担当、勇于垂范的领导班子；在于能根据教育的基本规律和学生的身心发展特点不断思考、实践、创新教育思想；在于真正践行五育并举、全面育人的教育策略，使之互通、互融、互生、互育，从而形成独具特色的强而有力的教育合力。

多方着力，润德无声

党中央新时代教育的目标是培养一代又一代坚决拥护中国共产党领导和社会主义制度，担当民族复兴大任的时代新人，培养德智体美劳全面发展的社会主义建设者和接班人。由此可见，五育并举的灵魂是育人，根本任务就是立德树人。为此，唐市中学在这方面做了很多扎实的工作。

党建工作铸师魂。先严于师，而后严于生。学校党支部每年组织党员和教职工到红色教育基地花明楼、韶山、何叔衡故居举行党日活动，缅怀先烈峥嵘岁月，寻访先辈奋斗足迹，积淀深厚革命情怀。教职工表示，作为一名共产党员和人民教师，要以先烈为榜样，牢记党的宗旨，不忘初心，扎实做好本职工作，为党和人民的教育事业贡献自己的力量。通过不断努力，学校建设了一支可信、可敬、可靠，乐为、敢为、有为的教师队伍，人人都是思政课教师，用新时代中国特色社会主义思想铸魂育人，厚植学生时代精神。

红色文化育生德。学校以"学党史、听党话、跟党走"为主题，邀请抗战老兵到学校讲革命历史；建设校园党史长廊，弘扬着满满的正能量，让师生充满斗志与激情；通过情景剧、演讲赛、清明祭先烈等活动，增强学生对党的光辉历程的了解，立志为中华之崛起奋发学习，达到了良好的育人效果。唐市中学用红色文化培育学生的事迹在湖南省教育电视台《教视新闻》中以"党史文化进校园"进行了专题报道，在学生、家长、社会中引起强烈反响。

知行合一培习惯。学生良好的文明习惯，高标准的养成教育是唐市中学多年来积极努力的成果。学校坚持德育活动序列化，不断丰富学校德育文化，拓展德育途径，落实德育养成，德育实效持续彰显；寝室、教室文化建设讲究"净、齐、雅"，校园风貌井然有序，学生表现品行端庄；注重德育课题研究，《德育活动培养习惯，习惯养成引领人生成长》荣获全国"十三五规划课题"优秀成果二等奖，《农村中学寄宿生自理能力及卫生习惯的培养》获长沙市课题二等奖。在2019年市义教工作大会上，唐市中学被评为"教育科研特色奖"和"养成教育特色奖"。

多彩活动陶情操。学校注重课程育人、文化育人、环境育人、活动育人，德育处以《中学生日常行为规范》为抓手，每年精心组织开展学雷锋、法制知识讲座、心理健康教育、禁毒活动、踏青，秋游、秋季阳光运动会、元旦文艺汇演、朗诵比赛、国庆红歌竞唱等活动，努力培育学生良好的品质和健全的人格，陶冶学生爱党爱国、爱校爱家、爱人爱己的深厚情怀。

精炼专长，积蓄力量

时代在进步，教育在发展，教师也需要具备与之相匹配的能力和水平。为培养适应时代需要的多元人才，唐市中学提出了"只有学习精彩，工作才会精彩；只有学习精彩，生命才会精彩"的学习理念，以学习为先导、以课题为引领、以活动来推进、以制度做保证，帮助教师专业成长，着力培育和造就一支素质过硬、理想坚定、忠诚担当的教师队伍。

学校召开师德师风专项整治动员会，大力弘扬"讲团结、树正气、比奉献、谋发展"的主旋律，开展"金牌班主任评比"、"教学标兵评比"、"创新型教师评比"活动，全力培养有理想、有信念、有责任、有担当、有良知的教师队伍；坚持"走出去、请进来"的战略，邀请专家开展讲座启发教师智慧，选派教师外出培训学习先进理念和经验，为教师教育理念注入新鲜的血液；通过实施榜样指引、以老带新、磨课展示、技能竞赛等活动，加速青年教师快速成长，培养一批骨干教师和名师；引导教师树立"教育科研是学校与教师发展的第一推动力"的理念，帮助他们从日常工作中选择课题，开展研究与实验，积累资料与数据，推进教师由传统的经验型、勤奋型、粗放型向科研型、学者型、专家型发展。

问渠那得清如许，为有源头活水来。教师专业素质和综合素养的提升，为课堂教学改革和学校持续发展奠定了坚实的基础。近四年，有近27位教师通过在唐市中学的学习、实践、积淀，考上省城和宁乡市的名校、大校，并且大多成为所在校的教学骨干和学科带头人。唐市中学因此成为小有名气的"骨干教师培训摇篮"。

育智培能，综合提升

学校坚持以教学为中心，全面落实教学"三个五认真"，扎实做好课堂、作业、辅导等方面工作，由教师一月一检日常工作，分教研组评优；加强课堂教学改革，强化信息化教学手段的运用，积极构建并大力推行"六环节"高效课堂教学模式，立足精讲多练，激发学生自主学习兴趣，培养学生自主探究能力，引导学生互帮互学、乐学善思；实结合学生实际知识水平和学习潜力，实施分层教学策略，使每一位学生都能在最近发展区得到最优发展。

宝剑锋从磨砺出，梅花香自苦寒来。2015—2020年，学校连续五年获宁乡市义务教育阶段素质教育一等奖，获得家长赠送"用心办学"锦旗两面，宁乡七中赠送"优秀生源基地"锦旗一面。2020年，有12名学生上宁乡一中线，39人上四中线。近三年，通过音、体、美特长被一中录取各一人，在乡村中学音、体、美老师都普遍不齐整的情况下，实属不易。更有2020年宁乡市高考文科状元周海鑫，正是三年前从唐市中学走出来的优秀学子。

强体尚美，勤劳惜物

为了大力彰显体、美、劳教育特色，让"五育并举"和"五育共融"落地开花结果，唐市中学不仅做好常规的体育、音乐、美术、劳技等课程教学，而且成立了舞蹈、声乐、绘画、书法、手工、棋类、摄影、篮球、田径、阅读等协会，让课堂教学与课外活动相辅相成，相得益彰。学校每年举办的田径运动会、大课间、文艺会演、美术长廊作品征集等活动都成为学生的最爱，是学生施展才艺、放飞梦想的幸福平台。几年来，学校组织学生参加上级各类竞赛，均取得了突出成绩。在全市中小学生围棋比赛中，2016年获团体总分第五名，2017年获第七名；2017年，学生科技作品获县长奖；2018年，青少年科技创新大赛中斩获省二等奖1个、市一等奖2个、市二等奖4个，纸质桥梁承重赛2015—2018年连续三年获县团体一等奖，学校多次被评为市科技活动优

秀组织单位奖；2017年——2018年，学生参加市男子篮球赛分别夺得初中组三名和第五名。

学校大力弘扬劳动精神，教育引导学生崇尚劳动、尊重劳动，从灵魂深处感受劳动最光荣、劳动最美丽、劳动最幸福。“纸上得来终觉浅”，学校因地制宜，开辟师生劳动实践场所，进行劳动教育实践；成立了以校长为组长的领导小组，聘请有丰富种植经验的退休教师和家长作为指导员，制定管理规章和评比奖励办法，编写劳动校本教材《我是快乐小农夫》，各班明确区域，师生共同参与；美术老师把课堂搬到实践基地，现场写生，意趣横生；生物老师指导学生观察植物，细心专注；课外劳技指导员手把手教制“坛坛菜”，欢声笑语。特别是学生们在食堂吃到自己亲自种的瓜果蔬菜时，心情格外舒畅，很有成就感，更加懂得珍惜劳动成果。唐市中学此事被《长沙教育》以“我是快乐小农夫”为题进行了报道推介。

南轩先生说：“行之力则知愈进，知之深则行愈达。”素质教育的道路且行且远，唐市中学全体师生秉承“像蜜蜂一样工作学习，像蝴蝶一样生活”的理念，追寻梦想，坚定不移地走在不忘初心、五育并举、立德树人的康庄大道上。

办特色教育　创精品北塔

湖南省邵阳市北塔小学　李结粮　姚邵顺　海琳

20世纪80年代以来随着教育的发展，素质教育作为学校教育中一种面向未来的教育思想，是以开发人们的身心潜质，培养人的综合素质，形成人的健全个性为宗旨的教育实践活动。为了培养学生的综合素质，学校特色教育就在学校办学过程中表现出独特之处，它的价值就在于培养有个性、有特长的学生。学校的特色教育不是一种外在的形象包装，它既包含着校长的办学思想，又凝聚着教师们的智慧和力量，在当前深化教育改革宏观背景中，努力创造学校特色教育显得尤为重要。从哪些方面去做好特色教育？我校一直在积极探索中，也取得了初步的效果。

一、依托教育建设，打造信息化校园

我校位于邵阳市北塔区状元洲街道办事处观音庵社区，是一所城区规模小学，承担着观音庵、北塔、九江、西湖桥、高撑五个社区及外来进城务工人员子女的小学教育普及任务。学校自创办以来，历经八十余年的风雨历程，秉承“博爱、厚德、活泼、乐学”之训，涵养“文明、勤奋、开拓、创新”之风。学校占地面积 6037.78 平方米，拥有各类教学仪器设备价值近百万元，计算机93台，学生各类图书26000余册，现有教学班级22个，在校学生1040人，在职教师57人，学历合格率达100%，其中市级骨干教师3人，区级骨干教师7人，3人成为区名师工作室成员。2014年随着我区教育信息化建设步伐的加快，经费投入足额到位，现学校已全面实现“三通”，100M的电信宽带接入校园，实现了校园网络全覆盖，所有班级全部装上了希沃白板设备，所有教师全部拥有基础资源空间账号，已真正实现了优质资源班班通和个人信息空间人人通。

二、立足心理教育，成立教研队伍

（一）关爱学生心理健康

以心理健康为依托，培养学生良好的心理素质是一个重要方面。而心理健康教育是现代学校教育的重要组成部分，在促进学生身心健康发展发面具有重要的意义。因此，心理健康教育必然成为学校教育的新内涵。为培养学生健康的心理素质，促进学生全面发展。我校从2018年开始就建立了心理健康教研团队，配备了专职教师三名，具备国家心理健康咨询师证。师资力量雄厚，并配备专门的心理咨询室。学校通过常态化的心理辅导，以及关爱留守儿童等心理健康活动，将心理育人工作以潜移默化的方式，感化学生内心，为他们排忧解惑，并给予生活和学习方面的建议，形成了互帮互助的人文关怀。所以，我校2020年被评为“邵阳市心理健康特色学校”，三名专职教师被评为“邵阳市心理健康教师先进个人”，一名兼职教师被评为“北塔区心理健康教师先进个人”。

（二）不忘教师心理健康

众多研究表明，教师良好的心理素质和高水平的心理健康教育能力不仅会影响教育教学效果，还会影响学生心理健康发展，更与自身职业幸福感息息相关。因此，加强教师群体心理技能，提升教师心理健康水平，既是培养身心俱全学生的必然选择，也是提升教师自身职业幸福感的必由之路，更是提高教学质量的重要保障。

要让学生具有良好的心理素质，首先教师要有良好的心理素质，要提高学生的心理健康水平，首先教师要有较高的心理健康水平。为此，我校以心理健康教育为立足点，渗透到各学科，普及到各位老师，学校强大的心理健康教研队伍，也会定期为教师开展一系列的心理健康团辅活动，增强。教育心理区级课题《单亲家庭小学生的心理问题及辅导策略》研究取得实质成效。

三、办特色艺体活动，升学生综合素质

2019年学校率先组建了少儿啦啦操队，啦啦操的推广不仅促进了孩子的身体发育，还让孩子们通过参与啦啦操运动收获健康与快乐，在练习啦啦操的过程中学习啦啦操的“时尚、活力与团队协作”、感悟勇往直前的体育精神、培养积极乐观的生活态度、塑造健全的人格，2019年9月21日我校啦啦操队参加湖南省全民健身节少儿组啦啦操比赛荣获一等奖，11月29日赴长沙参加全国少儿啦啦操比赛获西南赛区一等奖。2020年代表学校参加邵阳市春晚、北塔区春晚。5月23日，在2021年邵阳市中小学啦啦操比赛中，我校啦啦操队又抱回来三块奖牌，喜获佳绩。

2021年，我校推进艺术课程进校园，努力将民族乐曲巴乌推广至全校师生，打造出人人有特长的素质教育环境。

四、加强文化建设，打造书香校园

育人是一个系统工程，需要方方面面的支持。除了教书育人、管理育人、服务育人之外，还需要环境育人。校园的学习环境、生活环境等都是重要的教育资源，具有陶冶人、启示人、激励人、塑造人的巨大作用。为增强校园人文底蕴，学校在楼梯转角处，打造了一处诚信书屋，里面的书籍种类齐全，并且可以供学生们自由借阅。各教室里，还有设有图书角，方便同学们下课借阅。

学校还积极开展“书香校园·师生共读”活动，不断增强校园人文底蕴，积极打造书香校园。学校通过“中华经典诵读”阅读、“经典伴我成长”青少年最喜欢的图书推荐、“共享阅读·书送希望”爱心捐赠等系列活动将全民读书、终身学习的优良作风，落实在课堂教学之中，渗透在校园生活的各个环节，延伸到学生发展的方方面面，使广大师生的思想水平、政治觉悟、道德素质、文化素养不断提升。2018年学校被评为“北塔区书香校园”，2019--2020年被评为“邵阳市书香学校”。学校多名教师和学生被评为邵阳市书香教师和邵阳市书香学生。

近年来，在上级领导的关怀以及全体师生的共同努力下，学校先后被授予“邵阳市语言文字示范学校”、“邵阳市经典诵读特色学校”、“邵阳市关爱留守儿童示范点”、“北塔区习惯养成优秀学校”、“邵阳市平安校园先进单位”、“邵阳市文明校园”、“教育系统抗击新冠肺炎先进单位”、“先进基层党组织”、“邵阳市德育工作先进学校”、“邵阳市心理健康特色学校”、“全国啦啦操俱乐部”、“湖南省五一劳动奖章”等数多项荣誉称号。

学校将继续加强学生素质、校园文化内涵建设，培养学生德智体美劳全面发展，打造一校一品特色教育。也将不断规范办学行为，促进义务教育优质平衡发展，不断提升师生人文素养，提升学校综合实力。

办一所有灵魂的学校

湖南省邵阳市邵阳县第十一中学　易赤华

教育是光阴的故事，是春华秋实的守望，是默默无悔的坚持。从事教育工作多年，我一直坚持“做人认认真真，做事实实在在”，用心、用情、用智，力求让每一个孩子都能得到良好的教育与细心的呵护，都能得到快乐健康的成长。

文化建设的个性挖掘

校园文化蕴涵着深层的、丰富的价值体系，对师生的成长具有导向作用、凝聚人心的作用、激励作用、启迪作用等。因地制宜地挖掘学校文化建设的个性，能够释放学校文化的巨大能量。怎样挖掘学校文化建设的“个性”呢？

找准文化建设的基石。挖掘学校文化建设的“个性”，首先要找到学校文化建设的灵魂，找到它学校文化建设的大厦就有了基石。我校历史悠久，底蕴深厚，成绩斐然，是全县初级中学的品牌。那么，它成功的奥秘是什么？支撑学校发展的内在动力是什么？找到答案，就找到了基石。通过对学校老校长、老教师的访谈，与全校师生的讨论，查阅校史，我们发现，十一中人最可宝贵的精神就是：高度的自觉精神，强烈的主人翁意识。由此，我把十一中教育理念概括为“做自己的主人”，并具体落实为初中三个阶段的育人主题：七年级，强调自律，要求学生遵守纪律，懂得自我约束，文明礼貌，养成良好的行为习惯；八年级，强调自觉，要求学生自我觉悟，懂得与人、与自然和谐相处，掌握基本的学习规律方法；九年级，强调自强，要求学生勇于进取，学会选择，规划人生，树立自强不息的奋斗精神。教育理念明确后，学校的德育工作、课程建设、课堂教学、研学实践等一切活动就围绕此展开，从而形成了真正属于我们自己的办学特色、文化特色。

讲好自己身边的故事。校园文化要发挥它的导向、激励作用，必须树立典型。我校立足本地本校历史，从自己身边寻找典型人物、典型事迹，不仅更能体现文化建设的个性特征，也更有亲近感和说服力。我校的名人雕塑就取材于邵阳近代思想家魏源、护国军神蔡锷、历史学家吕振羽等。与此同时，我校更注重挖掘本校师生的励志故事：有敢于斗争、坚持原则的市政协主席刘志刚校长，有出身平凡勇

于追求、从一名保安成长为现在的邵阳市副市长李万千老师，有挑灯夜读的刘登高同学，有打工三年重返学校最终考上研究生的李强……他们的事迹真实感人，其精神正是十一中人的鲜明特征。

添加地域民俗的元素。邵阳县历史上属荆楚南蛮之地，颇有傩巫文化遗风。我校正坐落在湘西南的雪峰山下，资江源头的夫夷河与赧水河汇流之处，山水秀丽，风光宜人，附近不仅有古越人遗址，纪念屈原的罗公庙、渔父祠，宋代的民窑遗址等历史文化遗产，还是全国有名的“茶油之乡”，更有独具特色的“蓝印花布”非物质文化遗产和精彩的民间艺术布袋戏、踩高跷等。在学校文化建设中适当地添加地域民俗文化元素，更能彰显一所学校文化建设的个性特色。

打上校长个性的烙印。校长是学校文化建设的核心，校长个人对教育理念的思考、校长本人的专长、资源以及工作思路与方法等，则会成为学校文化建设个性的形成因素。如南开大学的创始人张伯苓校长，他在亲身经历甲午海战失败后，痛定思痛，矢志办学，提出“允公允能，日新月异”的校训。由此可见，校长个人的阅历、思考、特长或多或少会对一所学校文化建设产生影响，从而使一个学校的文化建设更具鲜明的个性。

学校文化建设的个性挖掘角度很多，切入点也很多，只要着力于学校的发展和师生成长的需要，深度挖掘，广泛运用，高度提升，学校文化建设的个性就能鲜明展现出来了。

文明校园的精心打磨

开展文明校园创建活动是加强学校建设的重要战略举措，对学校的发展和广大师生素质的提高都有十分重要的意义。为推动我县创“省级文明城市”和我校创“省级文明学校”的“双创”活动深入开展，我校按照上级要求，着眼创新，注重实效，开展了一系列扎实有效地文明创建活动，努力营造整洁、有序、和谐的校园氛围，提高了师生的文明意识，促进了师生的文明行为，提升了学生的文明素养，落小、落细、落实了“人人讲文明卫生，城校成美好家园”的共同愿景！

提高认识，加强领导。“文明校园”创建活动，是坚持以人为本，落实“十九大”精神，构建和谐社会的客观需要。活动的开展将有利于进一步优化校园环境，有利于提高教师的思想素质和执教水平，有利于促进学生的全面发展，以达到提升我校教育整体水平的目的。我校从构建和谐社会的高度出发，把“文明校园”的创建工作作为今年工作重点，成立“文明校园”创建工作领导小组，按照“一把手负总责、谁主管谁负责、分级负责”的原则，加强领导，工作细化，责任到人，在人力、财力上给予大力支持，以保证工作落到实处。

加大宣传，营造氛围。我校围绕“文明校园”创建主题，充分利用校园广播、报刊、橱窗等宣传阵地，组织师生开展形式多样的宣传教育活动，营造舆论氛围，让“文明校园”创建活动深入人心。截至目前，我校先后投入12万余元，共建设心理咨询室、情绪宣泄室、箱庭治疗室各一个，更新布置宣传栏6个，宣传牌133块，可移动展板两块，进一步加强了校园文化建设，力求做到墙壁能说话、花草能传情、图画能会意。

多元活动，提升素养。一是在教师中开展《教师职业道德规范》学习活动，强化师德，文明从教。加强党建工作，以党员教师的文明表率作用影响师生，要求并定时组织教师认真学习党的方针政策、教育法规和教育教学理论，并认真做好读书笔记，讲究学习成效。扎实开展师德教育，严格师德管理，定期组织师资培训，制定教师专业成长规划，不断更新教师教育观念和知识结构，提高教师教学水平。重视班主任、骨干教师的成长，注重年轻教师的培养，创造良好的政策环境、工作环境和生活环境，形成结构合理、梯次发展的教师队伍。要求教师爱岗敬业、严谨治学，关心爱护学生，尊重学生人格，改进教育教学方法，提高教育、教学和科研水平，待人友好真诚，举止文明礼貌。要求教师团结协作、廉洁从教，倡导奉献友爱的志愿服务精神，积极开展“关爱他人、关爱社会、关爱自然”志愿服务活动，塑造新时代的师德师魂。结合精准扶贫工作，开展“送教上门”、“关爱留守儿童”、“大手拉小手”等活动，从精神陪伴、学习帮助和物质资助等方面进行关爱，激励他们生活和学习的信心，使他们充分感受到学校大家庭的温暖。二是在师生中开展“文明讲堂”、“文明餐桌”、“文明言行与我同行”等教育活动，落实学生养成教育各项措施，班主任具体负责，将学生文明教育严格落到实处。教育学生爱护公物，保护环境，讲究个人卫生，不随地吐痰，不乱扔果皮纸屑，不乱倒脏物垃圾，争做“环保小卫士”；教育学生自觉遵守交通规则，举止文明，诚实守信，遵纪守法，说普通话，讲礼貌用语，争做“文明小标兵”；教育学生加强自律，崇尚科学，反对邪教，关爱家庭，珍惜生命，积极参加健康的娱乐活动，快乐学习，健康成长；教育学生勤俭节约，从身边小事做起，不乱花钱，节水节电，不浪费笔墨、纸张等，争做“节约小能手”；教育学生勤奋好学，团结友善，勇于进取，形成良好的卫生习惯、生活习惯、学习习惯，争做学校的好学生、家长的好孩子和社会的好公民。三是我校开全开齐课程，特别是体育、音乐、美术课的教学，并坚持开展丰富多彩的文艺活动，使学校真正成为学生学习的乐园。四是学校各部门要积极开展“文明办公室”创建活动，各班级要积极开展“文明班级”的创建，学校拟定每学期每个年级评选1个文明班级，并给予适当奖励。

文明绽放光彩，幸福润泽心田。在县委政府的正确指引与坚强领导下，十一中全体师生积极响应党和政府的号召，投入到“创文明县城、创文明校园”中来，不仅培养了师生的文明习惯，也增强了师生的责任感和主人翁意识。旦复旦兮，久久为功。我们一定要牢记使命，努力践行社会主义核心价值观，以自己的实际行动为创建文明县城、文明校园贡献力量！

放眼未来，在新的历史起点上，十一中人将在教育道路上不断体验、不断成长、不断超越，让每一个学生都享受到适合的教育，让每一位老师都能与身边的孩子一起创造奇迹，让每一个鲜活的生命都如花绽放！

浅谈校长怎样搞好校园文化建设

湖南省永州市东安县第一中学　魏就元　吴晓

传授文化科学知识，传承人类优秀文明成果，是学校义不容辞的责任。因此，学校的发展离不开校园文化建设。学校文化建设底蕴深厚，对于优化学校校园环境、实现学校办学目标，促进学校健康、稳定、快速发展都具有十分重要的意义。那么作为校长怎样搞好校园文化建设呢？

一、明确校园文化建设的内涵及功能

所谓校园文化就是学校全体师生员工在工作、学习和生活的过程中共同创造并拥有的价值观、信仰、态度、作风和行为准则，是依附和从属于社会大文化的校园特性文化现象，是一所学校的性质、个性和精神面貌的集中体现。校园文化内涵丰富能够规范学校全体成员的思想行为，赋予学校的活力机制，从而促进整个社会文化的发展。校园文化主要通过学校的历史沿革、形象标志、建筑风格、内部机构、办学思想、管理理念、管理制度、管理行为、校纪校风及绿化美化等要素表现出来。校长必须明确，学校教育不单纯是一种知识简单的传授，在传授知识的同时，还孕育着师生的文化气质、道德风貌、人文环境、科学氛围。校长应通过校园文化的潜移默化的作用，促进一所学校朴实、和谐、统一的机体的形成，达到理想的管理效果。

校园文化建设对学校整个教育教学及管理都会产生重大的影响，它具有认识、规范、语言、知识、导向、娱乐、育才七大功能。

其认识功能体现为：学校全体成员的共同信仰。校园文化建设归根结底代表了一种被学校大多数人认同的核心价值观，学校文化氛围越浓，这种核心价值观的信仰就越强。校园文化渗透着社会文化和民族优秀文化。校长可有意识地组织师生开展一些社会文化和民族文化活动，让学生了解社会，认识人生，认识改革开放带来的新气象，了解和学习中华民族的优秀文化传统和勤劳勇敢善良的美德，了解认识中国的国情，有利于提高学生素质，丰富学生阅历，有利于学生科学正确的人生观和价值观的形成。

其规范功能体现为：校园文化对人的行为规范能够产生巨大的影响。校园文化使学校中每个人都清楚地明白：“在学校里师生的行为准则是什么？学校里的一切事情应该怎么办。”促使所有成员正确对待个人利益，注重学校集体利益，只要有人违反这些规划，他（她）将会受到大家的指责和严厉的惩罚。

其语言功能体现为：学校有了鲜明的健康的校园文化，师生就会有更多的共同语言，在共同语言基础上开展活动交流就会更显得生动活泼、丰富多彩。先进校园文化可以使墙壁说话，让优美的景点吟诵和谐美妙的育人诗篇，潜移默化地起到激励师生进步的无声的教育作用。

其知识功能体现为：开展积极向上丰富多彩的校园文化活动，能增知益智，促进师生认知的深化，使学生了解书本知识以外的许多知识，培养学生观察问题、思考问题的能力，增强学生的想象力和创造力，还可形成不同的特长爱好，增进学生投身于社会实践的才干。

其导向功能体现为：校园文化寓教于乐，寓教于美，增添了德育工作的艺术性，使学生在喜闻乐见的文化熏陶中，和谐地接受思想政治教育，具有滴水穿石的教育导向功能。

其娱乐功能体现为：青少年学生正处在受教育、学知识、长身体的关键时期，担负着繁重的学习任务。娱乐型的校园文化活动，不仅能够使他们调剂精神，保持乐观向上的情绪，而且能够起到“以乐醒人”，“以美育人”的作用，有利于学生身心健康发展。

其育才功能体现为：先进的校园文化是课堂教学与社会实践的交汇点，能够巩固、加深对课堂专业知识的理解，扩大学生的知识领域，发展学生的创造才能，有利于促进学生德、智、体、美、劳全面发展。

二、确立校园文化建设的主题和内容

优秀的校园文化是一面旗帜，它引领着师生意气风发地前进；优秀的校园文化是一种氛围，它熏陶浸染，润物无声；优秀的校园文化是一种向心力，它能凝聚人心，形成合力。因此，校长在创建校园文化时必须确立鲜明的主题和丰富的内容。

一是确立主题。校长要从校情出发，确定符合本校实际具有本校特色的校园文化建设主题。选择主题标志，主题建筑，主题烘托，主

题铺垫和主题延伸。着力构建人文和谐，人与环境和谐，人与建筑和谐，人与活动和谐。突出体现“教育要面向现代化、面向世界、面向未来”的主题；突出体现教育改革和教育创新；突出体现“为中华之崛起而读书”的进取精神。使师生置身于一座让人目不暇接的大花园之中，置身于一所“求实创新，竞争不休”的人文景观之中。

二是确定内容。一所学校较为完整的文化建设应包物质文化、精神文化和制度文化三项文化建设。校长要做三项文化建设的设计师。在物质文化建设方面：校长要善于构建文化实体，构筑各文化实体之间的结构联系，使之反映某种教育价值观。要善于将校园设施融合于丰富多彩的校园文化之中，使之寓教于文，寓教于乐，使师生员工教有其所，学有其所，乐有其所，在求知、求美、求乐中受到潜移默化的启迪和教育。让学校完善的设施、合理的布局、各具特色的建筑和场所，使人心旷神怡，赏心悦目。在精神文化建设方面：校长要善于将学校的优良传统，师生共同的文化观念、价值观念、生活观念，学校本质、个性、精神通过校园文化集中反映出来。要善于构建“学校团队精神”，通过名人雕塑、景点设计、校园报刊、校园广播、校园网站、宣传橱窗、墙壁文化等载体，加强学校校风，教风、学风建设，使之形成一个团结统一的集体，更好地发挥整体效应。在制度文化方面：校长要善于完善学校的制度文化体系，建立起执行、落实制度的组织机构和队伍，充分发挥其机能作用，使之能够真正起到规范校园人言行的保障能动作用。

三、把握校园文化建设的要素及原则

校长要善于把握好无声语言、校史、天时、地利、人和、已和六个要素，体现校园文化的内涵及厚重性。

所谓“无声语言”就是让校园人的规范行为说话，让树木花草说话，让墙壁说话……也就是说让校园文化传神。

所谓“校史”就是学校历史。校长要善于总结积累，归纳、整理，将学校成功的办学思想、育人理念、丰硕成果、优秀人物、书写成校志，建设好陈列馆，以此激励一届又届校园人发愤图强，让后人学前人，让后浪推前浪。

所谓“天时”是指时代感。校长要知道党和国家提倡什么，反对什么，世界呼唤什么。校长只有引导校园人顺应时代要求，做时代先锋，做时代的“弄潮儿”，树立科学发展观，才能使学校工作和谐健康发展。

所谓“地利”即风、水、山的利势。校长要着力建好风、水、山，要善于利用校内风、水、山去陶冶师生情操。校内要建设水池喷泉、人工湖泊。经常看水，可用水来清洗心灵；设计通风，可愉悦身心，有助于身体健康；设计假山，保留小山，可使人登山游乐，览景助兴。

所谓“人和”即人与人的和谐相处，包括对内和对外两个方面。学校要形成以校长为中心的合力。校长要正确引导，善于激励，化解矛盾，促成团结统一局面的形成。

所谓“已和”即自己与自己相处好。学校的每一个成员都要有自信，要自己战胜自我，摆正自我，超越自我。

校长要把握校园文化建设的现代原则。校园文化建设和发展既要有正确的指导思想和明确目标，又要有系统的理论观点和有序的探索，现代校园文化必须遵循以下几个基本原则：

一是遵循普遍性与特殊性相统一的原则。学校是社会的育人之地，必然要体现全社会必须共同遵循的教育管理规律，因此，各类学校的文化建设都具共性。由于学校类型、发展历史和所处地域环境不同，校园文化的内部规划和建设内容又有各自的特性。这种共性和个性的统一，具体体现在既要把握时代特征，又要突出学校特色。

二是遵循继承性与创建性相统一的原则。学校随着历史发展和社会进步，校园的物质文化、组织文化、精神文化都有一个继承和创新的问题，都在互动互变。

三是遵循主体性与主导性相统一的原则。在校园文化建设中，学生是校园文化的主体，教职员工是校园文化的主导者，领导是校园文化的倡导者。要把师生员工看作是学校生活的主人，是校园文化的建设者。只有把主体性与主导性结合起来，才能调动他们参与校园文化建设的积极性，才能在参与建设中受到良好熏陶和教育。

四是遵循封闭性与开放性相统一的原则。校园文化的独特性就在于它的建设必须立足于学校的教育、教学和管理活动，对外界的一切不健康的文化有意识排斥，对社会文化的精华有意识吸取。学校采取封闭管理，开放办学，实质上是一种静态控制，动态管理理论的应用。随着信息时代的到来和社会的进步，校园文化建设一定会在不断创新中得到发展。

四、强化校园文化建设的策略和保障

要使学校面貌发生根本性的变化，促进学校高档次地发展，校长可以根据学校实际，采取不同的策略，进行特色化的高品位的校园文化架构。

一是采取主题统揽策略。校长要围绕办学思想、办学理念构建校园文化，用主题理念去统率和指导学校变化发展，从而形成一种具有鲜明理念内涵的文化整合力。这样的校园文化给人以巨大的震撼力，容易形成深刻的印象，产生强大的教育冲击力。

二是采取个性塑造策略。校长要善于着眼于学校发展内涵，使校园文化充分体现育人的目的性，形成学校自身的风格、特色：即文化科学知识传授特色，艺体教育特色，素质教育特色，创造教育特色，终身学习、终身教育特色等。实施这种个性塑造策略，不要与别校盲目攀比，不要与别校雷同，不要面面俱到。只有创造自己学校个性的东西，校园文化才能具有独特的生命力。

三是采取传统拓宽策略。校长要善于利用历史名校长期形成文化风格，继承和发扬优良传统，去粗取精，扬弃糟粕，并在传统风格的基础上，紧跟时代，开拓创新，给传统增添新鲜血液和活力，使校园文化富有时代气势。

四是采取分步推进策略。校长要根据学校条件，承受能力，长远规划，分步实施，逐步推进，使校园文化建设不浮夸，一步一个脚印扎扎实实地进行。

五是采取重点突破策略。校长要从长远规划和整体规划入手，利用有限的人力、财力和物力，集中优势兵力，重点解决几个热点难点问题，解决体现学校特色，构建学校品牌的问题，为校园文化整体构建打下坚实的基础。

为使校园文化建设取得良好的效果，校长必须建立一套行之有效地保障机制。

一是要建立坚强多能的组织机构。切实加强对校园文化建设的组织领导，将校园文化建设列入学校工作的议事日程，常抓不懈。

二是要建立规范有力的制度体系。校长要严格制定出校园文化建设的规章制度，用刚性的管理制度规范校园文化建设行为，让一代又一代校园人有章可循。

三是要建立目光长远的规划机制。校长要用战略和发展的眼光，组织智囊团，精心制订校园文化建设长远规划和近期规划，尽力减少盲从性，让规划体现学校特色和师生价值追求。

四是要建立机智果断的决策机制。校长要在不断发展的新形势下，率领一帮人集体研究，集体决策，对校园文化建设进行科学分析论证，做出正确的决策。

五是要建立扎实肯干的实施机制。有了好规划，作出了正确决策，关键在于实施。校长要安排懂业务的专业人员负责每一个项目的具体实施。以确保建设质量。

六是要建立科学长效的评估机制。校长要根据校园文化建设形成与发展的规律，按照校园物质文化、精神文化、制度文化三大块，构建科学合理的评估指标体系，根据实际对指标进行权重分配。通过评估找出校园文化建设中急需解决的问题，以进一步推动校园文化建设向高品位、特色化的方向迈进。

总之，校园文化建设是学校教育的一个重要因素，是素质教育、创新教育的重要载体。校长抓好了文化建设，将有利于全面实施新课程改革，全面推进素质教育，促进学校健康、稳定、有序、快速、全面发展，达到提高办学水平和办学效益，推动先进文化传播的目的。

办人民满意的教育

湖南省永州市新田县第一中学　龙石佑

教育是国家发展的基石。教育振兴直接关系国民素质的提高和国家的振兴。只有一流的教育，才有一流的国家实力，才能建设一流的国家。为加快推进教育现代化进程，湖南省永州市新田县第一中学准确把握新形势、新任务提出的新要求，以习近平新时代中国特色社会主义思想为指导，坚持立德树人、为党育人、为国育才方向，聚焦培养担当民族复兴大任时代新人目标，遵循教育规律、认知规律、生命规律，不揠苗助长、不过度办学，走出了一条红色育人、绿色发展的特色办学路子，努力办人民满意的品牌学校。

七大理念架构学校文化

学校文化是学校发展的灵魂，是学校发展的关键所在。一所学校要真正成为一个品牌，首先必须有明确的教育思想定位。在建设富有特色的校园文化时，新田县第一中学系统建设了七大理念，不断强化文化氛围、内化文化自觉、深化文化积淀，提升办学品味，孵化高质量发展，以期培养出具有中华底蕴、国际视野、多元发展、智慧创新的现代公民。

2009年，学校创建了“以人为本、安全和谐、注重特色、科学发展”的办学理念，并基于此提炼了“诚宽勤实”的校训；2012年创建了“干群和谐互信，教师和谐互补，师生和谐互动，学生和谐互助；素质和谐全面，心理和谐健康，心灵和谐美好，校园和谐美丽”的和谐校园理念；　2013年，学校创建了“德育先行、网络健全、内外兼修，人品为本、人文厚重、个性突出”的德育理念和“传统项目强化、锻炼兴趣浓厚、健体能力增强、体育素养提高”的体育理念；2018年，学校创建了“一切为了师生、一切顺应师生、一切依靠师生”的服务理念，“遵循教育规律，培育正能量、可持续”的工作理念和“‘马上就办’的工作作风、‘做好了才是做了’的工作标准、‘不但自己做还能带动他人做’的驱动能力”的执行力理念。教育是一种手段，旨在帮助孩子们脚踏实地开启人生的幸福旅程。

学校文化是一种传承，一种愿景，一种认同，更是一种践行。七大理念孕育了学校独特的文化，师生被尊重感、被顺应感、被依靠感和成长感、成就感、幸福感不断增强。

"3·15"高效课堂突出生本位

课堂是师生生命共同成长之地，是深化新课改、应对新高考、创建高水平的主战场。基于学生学习素养差、知识基础差和教师教学观念旧、课堂"满堂灌"的情况，新田县第一中学按照"生本、生态、生成、生长"的理念，创建了独有的"'3·15'学本式高效课堂"模式，营造了民主、平等、和谐、愉悦的课堂学习气氛，让师生在课堂中共识、共生、共享，享受充实感和幸福感，提升生命质量，促进教育内涵发展。

"3·15"学本式高效课堂模式具体来说，就是每堂课师生共同探讨不超过30分钟，学生自主探究不少于15分钟。在课堂上，教师始终坚持以"每个学生都是有潜能的"的教育思想，奉行尊重教育规律、培育正能量、教育可持续的工作哲学，把思维权（思）、演练权（做）、表达权（说）、归纳总结权（悟）下放给学生，努力助推学生向最优秀的自己成长。

师教，点到即止，语言优美，激情高涨；生答，自主探究，小组合作，有条有理。新的课堂放飞了学生的奔跑，高考上线率和学考合格率均居于全市前列，"清华北大生"基本不断档，创造了学校"低进高出，低进优出"的奇迹。

十大督查制度聚集现场感

完善的制度是学校发展的保障系统。新田县第一中学致力于治校体系和治校能力现代化建设，遵循"精致规范、统筹高效"的管理原则，围绕直奔现场、直击问题这个中心，创建并推进了十大督查制度，形成了依法办事、民主管理、以德立校的运行机制，激励全体师生奋发向上。

为了保障各项工作的和谐有序开展，学校创建并推进了《值日校长制度》《校级领导校园巡查制度》《行政人员巡课制度》《课堂教学常规巡查制度》《教学效果跟踪考核评价制度》《放学安全疏导制度》《查寝制度》《校长缴费陪餐制度》《午休静校巡查制度》和《楼层长制度》，形成了制度完备完善和制度管人管事的新局面。

23公里远足传承红色基因

中华民族的文化源远流长，在革命历史长河中凝结成的厚实的红色文化板块，激励着一代又一代的中华儿女为祖国的繁荣发展而自强不息、不懈奋斗。作为文化传播的重要阵地，新田县第一中学一直坚持立德树人、为党育人、为国育才的办学方向，承载传播红色文化的历史使命，挖掘和弘扬内蕴丰富的红色文化，宣传和扩大红色教育，引导青少年学生勇担强国使命，努力成长为保卫祖国、建设祖国、发展祖国的强大后备军。

学校田径场主席台横眉上是醒目的"矢志不渝听党话跟党走"，校门牌坊的背面张贴着"人们对美好生活的向往，就是我们的奋斗目标"。每年秋季新生入学，都有举行1个月的德育主题教育系列活动。尤为值得一提的是，为了瞻仰红色遗址、学习红色文化、弘扬长征精神、传承红色基因，学校充分利用红六军团西征在新田县小源村召开会议的"小源会议"旧址这一红色资源，创设了"远足红色小源、传承红色基因"远足活动，每年一届，师生徒步往返23公里，流汗不流泪，吃劲不掉队。

有苦趣也有情趣，有辛酸更有欢乐，有历练更有成长！如今，进入校园，处处洋溢着红色文化。

五分之二铺设体育活动场地

每个学生都是独立的生命个体，学校要按照学生的生长规律助其拔节，挖掘学生的潜能培养成特长，把学生的特长培养成特质，把学生的特质培养成人生底色。在新田县第一中学，每个学生都有一个导师免费为其进行个性化辅导及生涯规划，每三个贫困学生都有一个帮扶教师，要求每一名学生至少参加一个学生社团，有一项体育爱好和一项艺术爱好。

为了满足学生的体艺需求，尽管校园面积不到90亩，但体育活动场地占了2/5。县是小县，校是小校，但是体育成绩却毫不含糊，是老牌的体育传统项目优秀学校和校园足球特色学校，是省体育后备人才基地重点学校，是每一届市中学生运动会的金牌大户，也是省中学生运动会的市主力军。

教育是民族振兴、社会进步的重要基石，是功在当代、利在千秋的德政工程。面对新时期教育的诉求，新田县第一中学将守望初心，牢记使命，壮志不改，坚守教育高地，最大限度地帮助学生走得出、走得稳、走得远、走得好、走得美。

吟诵读书之法 践行雅言之道

——中华古诗文吟诵与创作探索与实践

湖南省长沙市南雅湘江中学 张妍 戴雄燕 周鹏程

吟诵，是三千年以来中国人学习传统文化的独特方式，在历史上起到过极其重要的社会作用，有着重大的文化价值。在中华民族实现伟大复兴的今天，恢复和发展吟诵传统，更是非常必要和十分迫切的一件大事。它将改变现代中国人对传统文化的学习方法，加深对传统文化的理解，培养创造能力，从而潜移默化地达到提高教育素质和树立高尚品格的目的。

湖南省长沙市南雅湘江中学是南雅中学与岳麓区合作办学的一所公立中学，属于百年名校雅礼中学的分校，雅礼中学名称就源于"子所雅言，诗书执礼，皆雅言也。"而吟诵就是雅言的一种表现形式。在深入研究吟诵的过程中，学校发现了古诗文吟诵在立德树人方面的重要意义，着手稳步推进吟诵教学法，带领学生用吟诵通古人之情，感自我之心，领略中国古代文化之美，深化理解、开启创作、培养美感、陶冶性情、涵养气质。

打造吟诵诗意校园

校园环境是一种有形和无形的精神氛围，弥散在师生之中，以特有的形象向师生灌输着某种观念、思想和价值倾向，更以特色的形象符号感染着学生。为构建"处处是教育之地，人人是教育之师；人育环境，环境育人"的诗意环境，南雅湘江中学精心设计，规划建设，将诗歌中的名人事迹、名句哲理制成版面悬挂于墙上，将校园围墙画用诗歌中的故事做成宣传画，将古代诗歌、现代诗歌及师生创作诗歌随时展示在诗歌长廊，力求让校园内的每一面墙壁都会说话、每一个角落都是风景、一草一木都教育资源、一砖一瓦都体现引导和熏陶，形成一道道亮丽的风景。

俗话说："少时读经，受益终身。"为此，语文组具体安排全体语文教师分年级每周定好主题，使用统一的吟诵教学系统、《中华经典吟诵》读本进行诗教，吟诵教学系统有吟诵音频、朗诵音频可以跟读，《中华经典吟诵》读本中有诗歌的鉴赏和音韵的分析，可助力学生理解诗歌、吟诵诗歌。具体说来：利用每天的早读课、语文课和每节课前3分钟的时间使用《中华经典吟诵》读本对学生进行诗词的吟诵教学，要求学生用专用的笔记本每天做好摘抄，语文老师每天抽背落实；每天课间操开始前全校集体背诵昨天所学的诗歌；利用电子显示屏滚动播放本周诗歌，广播站每天循环播放本周吟诵诗歌的音频，让每一个进入校园是人都能感受到浓浓的诗意氛围；利用学校网站、官微、语文组微信南湘子雅言对本周诗歌进行宣传和解读，让学生回家后也能进行拓展和复习；《中华经典吟诵读本》附有朗诵与吟诵的二维码，学生可以随时用手机扫描二维码听示范吟诵和名师讲解；每学期结束前，进行中华诗歌吟诵大赛，具体形式初步定为默写比赛、吟诵比赛、中华古诗文吟诵与创作大赛等，假发学生自觉的学习和个性的理解。

系统化、规范化、常态化的吟诵诗教让学生们既可在诗文吟诵中受到熏陶与感染，又可以了解多方面的知识，把握时代脉搏，体验自然风光，感悟人间真情。

培养专业吟诵教师

吟诵诗教呼唤有吟诵专业知识和诗教情怀的教师，南雅湘江中学鼓励教师用诗样唯美的语言演绎课堂，充分发挥吟诵的魅力，用吟诵来感染学生，吸引学生自觉主动学习古诗文。

为培养教师有深厚的文化底蕴和吟诵的专业知识，学校定期派出语文教师参加吟诵专业的培训，2019年7月选派语文组张妍老师到北京首都师范大学参加中华吟诵的专业培训，2020年7月选派李昕妍老师、付丽云老师到广州参加中华吟诵的专业培训，胡佩、王小琴老师参加线上的吟诵专业培训，后续还会有计划地邀请多位教师参加吟诵专业各类级别的培训，这些老师已形成吟诵教学的合力，在吟诵教与学活动中起到以点带面的作用。此外，语文组还通过吟诵教研活动，组织教师听吟诵课、评吟诵课等形式，推荐吟诵书目或采购优秀吟诵图书的方式，让教师夯实自己的文化底蕴，积极为推广吟诵、为学生学习吟诵服务。目前，学校已培养出五名吟诵教学名师，她们带动着全校吟诵教学的实施。

接下来三年，学校将致力于推动优秀传统文化教育与古诗文教学水平显著提升，促使全校形成主动积极地开展优秀传统文化教育的良好文化氛围，构建出规范成熟的古诗文吟诵教学模式，培养出一支优秀的吟诵教师队伍。

开设吟诵校本课程

教师经过吟诵专业培训，学会了自主吟诵，也学会了语文吟诵的教学方法，教会学生吟诵还需要一定的过程和一段时间。一般来说，全体同学先从听读学吟开始，从感性上积累经验，而学生学会吟诵法要通过专门的课程来实现。

为培养学生的吟诵能力，学校语文组开设了吟诵校本课程，每期30课时，每两课一个单元，一节课以讲为主，一节课以练为主。一般通过一个学期或者一个学年的学习就可以基本掌握吟诵的方法。学习吟诵所使用的例子，基本上都是这个学段语文书上的古诗文。此外，学校每年组织一场高质量的实验成果展示活动，已形成了浓厚的校园吟诵优秀传统文化教育的文化氛围和办学特色。目前，学校的吟诵校本课程已经培养出两届掌握了系统吟诵方法的学子，这些学生在学校中起到了以点带面的作用。

接下来三年，学校力求全校普及使用吟诵教学，全体学生能够吟诵所学的全部古诗文；形成相对系统的古诗文吟诵教学体系；30%以上的师生掌握吟诵基本原理和吟诵方法；5%以上的学生学会创作（吟诵度曲、作诗、鉴赏）。

进行吟诵课题研究

以研导教，以研导学，课题研究对教学能力的提高、教学效果的提升有着积极的促进作用。

2019年10月，学校语文组成功申报湖南省教育学会重点课题《初中古诗文吟诵教学研究》。在湖南省教育学会专家、正高级教师唐湘平老师和岳麓区教师发展中心谢福胜书记的指导下，本课题已成功进行了现场开题。课题主持人、语文教研组长张妍老师带领全体语文教师从国内外吟诵的研究现状、吟诵教学的理论依据、吟诵教学法的研究内容、研究目标、研究方法、评价体制等方面对初中古诗文吟诵教学进行了深入全面的探究、实践与总结。

目前，语文组业已探索出替换式吟诵教学法、点拨式吟诵教学法、学吟式吟诵教学法、贯穿式吟诵教学法和创作式吟诵教学法等行之有效地教学方法，并积累了一定数量的吟诵教学法教学案例。

组织吟诵特色活动

为落实新课标“立德树人”的目标，进一步推进书香校园的建设，提升广大师生的国学素养，传承中华优秀传统文化，南雅湘江中学举办了一系列吟诵比赛与教研活动，积极发展和推广中华经典吟诵，激发师生对古诗文吟诵的兴趣，切实提高古诗文教学的成效。

在活动中，学校邀请中国语文报刊协会吟诵专委会理事长徐健顺教授来校进行吟诵专题讲座，推出吟诵教学法公开课——语文组李昕妍老师执教的《有声有色读古诗——〈雁门太守行〉》，举行吟诵教学研讨等活动，各种各样的流派，各种各样的方法，展现着不同的吟诵效果。2020年12月27日，南雅湘江中学举行了教育部中华传统文化吟诵和创作实验校揭牌仪式，标志着南雅湘江中学古诗文吟诵学习的开展进入了新阶段。

吟诵是应对古诗文的一把最有效地利器。南雅湘江中学坚信，通过语文组的引领与探究，通过每学期师生的共同努力，吟诵一定能够让校园充满诗意文化，让中华优秀传经文化如和煦春风吹拂校园的每个角落，让师生们在古诗文吟诵中受到熏陶与感染，古诗文吟诵一定能促进南雅湘江师生人文素养、道德品质的全面而和谐的发展。

幸福办学，成就美好的教育

湖南省长沙市清水塘第二小学　骆文辉

幸福是什么？这个问题在很多人看来是个很大的命题。但在我心里，定义“幸福”一点也不困难，因为我自认是一个幸福的人，更是一个幸福的校长。尤其在2018年，我从清水塘北辰小学调任清水塘第二小学担任校长，更是把打造幸福校园作为教育工作的重点。

坚定使命担当，让梦想傲然绽放

朱永新曾说：“因为一份使命，我们的生命由渺小而庄严，我们的工作由稻粱谋扩充至千古事，我们的世界也从柴米油盐放大到家国天下。”生命因使命而精彩，教育工作者因事业的修炼而拥有智慧，教育的品位因梦想而卓尔不群。

教育是一项伟大而光荣的事业，我一直都认为当老师是一件很幸福的事情。在我上小学的时候，让我印象最深刻的就是我的数学老师，她课上得很好，还非常的漂亮端庄，这就是我心目中老师的形象，而我也一直希望能成为这样的人。因此，我毫不犹豫地选择了去湖南第一师范就读，在1995年毕业后就主动选择成为一名老师。当我用教育智慧解决学生的各种问题，并使他们有所启发和改变时，也就是我最有成就感的时候。

梦想成真的幸福伴随着我一路走来，我扎实地工作着，也幸福地收获着。作为首届“长沙市十佳少工委主任”、长沙市品德教学教研“先进工作者”、长沙市家长学校“优秀教育工作者”，我撰写的《家校和谐互动共促学校发展》被入选国家级2019年度优秀科研实践报告集，现主持国家级子课题1个、省级课题2个，个人荣获全国级荣誉10项、省级荣誉19项、市级荣誉36项。

不忘教育初心，让学生幸福快乐

教育的目的是唤醒爱、激发梦想、发现兴趣、挖掘潜能、播种习惯，奠基学生快乐幸福人生。这也是作为一个教育者应有的信仰与坚守。或者说，教育不是短暂的，教孩子六年要看他六十年的发展。因此，除了日常教学工作外，我一直非常注重对学生创造能力和动手能力的培养，主动搭建学生挖掘潜能、发展特长、张扬个性的舞台，力求为他们构筑一个幸福学习的乐园。

纵观古今中外的教育思想和教育实践，我在总结自己多年工作经验后认为：好的教育绝不是灌输知识，而是爱与唤醒，是人文精神的教育，是灵魂的教育、幸福的教育；好的教育应该是生命的教育，教育应该培育健康善良的生命，把学生当作人去养育，让每一个人在生命的历练中切身体验，认真体会，成为一个身心健康、正直善良的好人；好的教育还应该是智慧的教育，要培养孩子的好奇心、纯粹的兴趣和非功利的探索精神，培养学生独立思考、自主学习、享受智慧快乐地能力。

在我眼里，学生的分数是重要的，但不是最重要的，学生的阳光心态、思考能力、想象能力比分数强很多倍。比如，2019年的“六一”儿童节，是我来到清二小后的第一个儿童节。为培养学生的科学意识和创新意识，我举行了以“玩转科学，童年更多彩”为主题的“六一科技周”，让每个孩子都动了起来，发挥自己的才能。“我们这个儿童节没有唱歌，没有跳舞，学生们有的在玩纸飞机，有的在用胡萝卜与牙签搭高，有的在做纸承重模型，有的在纸牌搭高……人人都在玩科技。”活动的成果显而易见，儿童节过去了许久，很多同学还沉浸在玩转科学的快乐中。

“为孩子的终生发展奠基”，我坚定不移地以创建幸福学校为动力，让每一个生命在阳光下幸福成长，让教育真正回归“人”的本源。

增进理解关怀，让教师幸福温暖

教师是教育发展的第一资源，是学生健康成长的引路人，是提高教育教学质量的关键，是支撑一所学校走向辉煌的希望。只有让老师有了幸福感，他们才会真正愿意为集体贡献自己的力量。

来到清二小后，我发觉校园建设及老师们的教学设施相对不足，于是是想方设法给校园做靓化，给老师增添新的教学设施。除了“硬件”上的改善，“软件”上的关怀也必不可少。我认为，老师们也有家庭，家庭的安稳能让老师们感到幸福。因此，在老师们于家庭和工作两难的时候，我总是坚定地让老师们安心处理好家庭的事情，用实际行动让老师们感受到学校是她们坚强的后盾。

推进家校融合，让家长幸福安心

教育的终点不是对标文凭，而是对标孩子的人品。教育不止事关学校，更事关家庭。学校做得再好，如果家长不配合、不认同、不支持，一样不会培养出好学生。我们需要的是能在教育认知上与我们同频共振的家长。

来到清二小后，我每年至少会和家长委员进行四次交流沟通。每个学期开学前，家长委员通过直播、会议纪要等方式，与家长们交流整个学期的计划和设想；在期末则总结本学期的目标实现情况，向老师、学生以及家长反馈学校取得了哪些成绩与荣誉等。从2018年到现在，通过这些努力，清二小的家校融合度显著增强，只要是学校需要家长参加的活动，许多家长都会自发地进行宣传。家长相信学校做的每一个的决定，支持学校的每一项举措，这既是一个衡量好学校的标准，也让家长更加的幸福与安心。

一个好的校长不仅要关注自己的学校，还要关注整个社会的教育问题，这是我对自己的要求。2019年起，我赴龙山县挂职支教副校长，对口帮扶内溪乡九年制学校，一年中扎根乡村，促成两校师生的交流学习，荣获　“优秀援建干部”。对我而言，这不仅是教育的传递，也是幸福感的流动。

前路漫漫，道阻且长；行则将至，做则必成。我将积20余年实践之经验，躬耕于“幸福教育”的实施及推广，创新教育理念，唤醒学校生命，构建新型文化，打造师生精神高地，使学校朝着现代化、规范化、个性化、人文化的方向发展。传递幸福感这条教育大道，我一直在路上。

情系特教一生　温暖孩子万千

湖南省长沙市特殊教育学校望城校区　王磊　黄阳　刘征

特殊教育，让特殊孩子感怀温暖。发展特殊教育是推进教育公平、实现教育现代化的重要内容，是坚持以人为本理念、弘扬人道主义精神的重要举措，是保障和改善民生、构建社会主义和谐社会的重要任务。我校作为特教学校，从建校以来，努力加快推进特殊教育发展，提升特殊教育水平，进一步保障残疾人受教育权利，帮助其全面发展和更好融入社会，使其能够在全面建成小康社会、实现“两个百年”目标和中国梦的进程中实现幸福人生。

一、规划高度，深化顶层设计

选址即选择一种关系。学校管理者很幸运参与了2016年长沙市委市政府筹划学校选址工作，执行校长王磊提出基于融合教育理念和特殊学校建设标准的选址建议被采纳。学校现址有西面建成的大学和北面的企业，东有正在建设中的社区和小学，南面规划了一所初中。这在王磊看来是特殊学校比较理想的位置。学校不是孤立的存在，未来学校是没有‘围墙’的，特殊学校更应打破物理障碍进而突破人文障碍，走出封闭和隔离，实现与社会双向互动，为智力与发展障碍学生走入社区、走向社会提供了一个更开放的时空。

高度重视办学顶层规划设计。我校经过多方的研究规划与努力，梳理了长沙市特殊教育学校110多年来积淀的丰厚文化，对新校的办学整体规划进行了论证和提升，形成了“办一所温暖孩子一生的大学校”的办学愿景；“人和为本、生态办学、点亮生命”的办学思想；“亲、爱、精、诚”的校训；“让每一个孩子发出生命的亮光”的学校精神；将“植根中国，面向世界与未来，构建高度协同的育人体系，创建具有国际视野和国内一流的现代学校”作为办学目标；确立了“爱生命、能生存、会生活、善合作、乐生长”的育人目标和“生命多彩课程体系”作为学校课程特色；“以生态化生命课程为统领的艺体教育、劳动教育、安全教育、智慧教育和职业教育特色群”，着力构建办学特色。

建筑融入思想与课程。我校与众不同的是从选址规划、设计、施工等办学者都全程参与，确保了学校的办学思想和课程理念融入建筑与空间设计之中。站在学校综合楼可以明晰地看到，从学前到义务教育，再到职业教育三阶“回”字形建筑群。学校三个学段的教室、卫生间设计和视觉标识等，从空间、高度、表达方式等都充分体现学段特点。学校每个房间门口与走廊衔接处都有各种颜色的视觉提示，上下楼梯都进行左右分色，每一栋楼都有一个专属的动物和色彩进行区分，便于学生进行视觉识别，尤其对学前和不识字的学生来说显得非常必要。

变革学校内部机构设置。学校内设机构臃肿和行政化倾向一直是学校育人缺乏合力的障碍。学校设置党政办公室、课程管理中心和后勤服务中心，这种“一办两中心”的内设机构，弱化了行政性，更加凸显了教育的规律、办学的规律和育人的规律，从根本上改变了过去教育教学两张皮的现象。由传统单一的垂直管理方式，转向条块结合的扁平化的管理，能够更好地支撑课程运作和促进教师专业发展，能够高度集成资源，最重要的是能够支撑全面协同育人目标的实现。

党建助推学校高质量发展。我们通过党员示范班、党员示范岗、党员示范课、党员志愿服务队等形式，不断强化党员的身份意识，深度挖掘党员的示范引领作用，让党员成为学校教师团队中的先锋，让支部成为学校发展的坚强后盾。在学校的党建宣传栏里，还可以看到支部“五四好青年•职业赋使命”的党员专题座谈会，“青春梦激扬•红心向着党”党员集体过生日，“我们与新校共成长”师德师风演讲比赛等活动的报道。透过这些文字和照片，可以真切地感受到党支部在助推学校高质量发展中发挥着重要的作用。

二、建构宽度，扩宽办学视野

把小学校办成大学校，办温暖孩子一生的大学校，大学校即大情怀、大教育、大社会、大自然。学校是立于自然之中，是大自然的一部分，学校内部也是一个自然的生态系统。学校注重在园林设计上体现儿童哲学、育人功能和审美价值，采用自然生态的方式来种植树木和花草，尽量减少园艺因素和人为痕迹。学校不是一所隔离的学校，我校将自身置于大教育的背景当中来进行考量，促进与普通学校的深度融合和交往。目前，我校正积极联合长沙麓山国际实验小学、湖南师范大学等一批学校筹建长沙普特融合教育联盟，推动融合教育，重构教育新生态。

构建教育生态化系统。基于生态系统理论和全人教育、融合教育、可持续发展理念等，王磊提出了“生态化教育”思想，并在新校这片实验田展开实践探索。在前不久，王磊受邀在全国新型特教学校发展共同体论坛活动上，推介学校生态化教育思想与实践，受到全国教育同行的广泛认可和好评。他认为生态化教育有三个维度。一维是小生态，基于儿童教育的生态，强调知情意行，教育要激活儿童的可能性，促进他们自主自由地发展。二维中生态即基于学校教育的生态，我们想通过去构建和谐的人际生态、课程生态、环境生态、管理生态、组织生态、资源生态、传播生态等等，来促进学生在德智体美劳全面和谐的发展。三维大生态主要是学校、家庭、社会和自然构成的大生态圈。当下社会，由于特殊分类和隔离的教育，导致人们对特殊儿童的认知还很不全面，甚至还有很多歧视和误解。我校希望通过推动融合教育来引导家长、社会正确认识特殊儿童，构建一个高度协同的育人生态系统。

三、增植厚度，建设生态课程

建构生命多彩课程。2016年，长沙市特殊教育学校在市教育局的支持下，抓住机遇在全国率先成立了“王辉启智教育导师工作室”，展开对国家课程校本化建设的实践研究。历时三年，建构了学校八大核心课程+外围康复、优能、预职、职业四大选择性“生命多彩课程”框架，形成了《培智义务教育课程纲要》《培智义务教育课程评估手册》等系列研究成果，受到教育部基础教育司和全国很多特教专家的充分肯定。这一研究成果对全国培智教育课程建设具有重要的贡献，也为新校区课程发展奠定了重要基础。我校对课程建设极为重视，学校的主体是学生，内核在课程。我校以“三全课程”为理念，深入贯彻实施。学校通过全时、全程和全员实现学生在入校的全时段、全过程享受到全课程服务。

精心设计课程环境。我校充分发挥土地的生产功能，种植的树木中70%以上都是果树，营造适宜的课程环境。在园林设计中考虑与课程衔接，校园一花一草都体现了课程功能和育人功能，教师可以顺应时节，随时随地运用于教学。我们的教室设计也有所不同，我们的教室设计采用“1+3”的方式，1是传统的教室空间，在教室里面还有一个相对独立又开放的办公室，在这个组合里面，还设置了教学工具室和独立卫生间。这种空间与环境设计均源于课程，希望给孩子提供一个更生活化的情境，有效支撑课程运作。

设计多彩的课程活动。一般学校由于采用多线垂直管理方式，常常导致教育教学两张皮的现象。学校在调整内设机构的同时，启动了首届“YI彩”课程节，用大课程节统整学校的各类活动，引领师生生活秩序。课程节活动设计，以学生生活为主线，以学校时节为轴点，设计了艺术狂欢节、运动狂欢节、丰收节等。学校为拓展学生生活时空，组织了生态园研学活动、民生银行融合活动等丰富的社会实践活动。每次活动前，老师们都会为每一个学生制定个别化学习目标，实现把课堂搬到真实的生活场景中，使学校生态化课程体系在校外生活中得以延伸。

外引内培课程师资。学校依据生态化理念和课程需求，招录的普通师范院校学科教师和特殊教育专业教师比例大约为4：6，这是实施协同教学的重要保障，也可以实现跨专业和跨学科整合，实现优势互补。引进的新教师在入职前需要进行为期两个月集中的理论培训与跟岗实践，不仅是课堂教学，还要承担学生生活的护理和指导。学校还特别关注教师入职后的培养和发展。长沙特校历经多年探索，已经建立了较为成熟的学科、名师、导师三级工作室模式。导师工作室以课题和项目为载体，通过理论培训、实践操作、跟岗指导、课例研修等多种方式，培育了一批骨干名师。

四、自治力度，全面协同治理

成立教师自治委员会。在我看来，高度自治是现代学校的重要特征。把学校的治理与发展的自主权交给教师，充分相信教师，尽可能减少学校行政干预，教师自治更能为学生成长和学校发展赋能。建校之初在学校的指导下成立了教师自治委员会，下设了师爱协会，公寓管理协会，青年志愿者协会、安防协会和社团协会五个协会。学校充分为教师参与学校自治赋能，老师们自主全面参与学校各项工作，从而实现了学校治理增效的目标。

建立全面协同的教学机制。我们希望能够建构一所最具有合作精神、合作意识和合作能力的学校。特殊学校实施IEP个别教育计划，要求团队高度协同以支持课程运作。目前我们采用的是三个平行班级为一个协同组，协同组内是特殊教育、心理、语文、数学、康复、体育、音乐、舞蹈等不同学科背景的教师组成跨领域、跨学科的教学协作团队。协同组一般由9位老师组成，其中有三名首席班主任，分别牵头负责班级协同管理、协同教学、协同教研工作。其余的教师均为协同班主任，全面参与班级管理和教学教研工作，这样既可以让每一个教师充分熟悉每一个学生，又能够保证每一个课程实施的专业化，确保教学目标有效达成。

构建多元协同评价体系。特殊儿童由于其个体差异性，“一把尺子”的评价方式难以发挥评价的导向、激励、改进的功能。我们坚持‘从入口看出口‘的生态评价理念，通过对学生进行前测评估，了解学生发展现状，找到学生最近发展区，制定科学的学习目标并展开教学活动，学期中和学期末分别进行评估，分析学生目标达成度和各课程（领域）发展情况，同时依据后测评价调整目标与教学。师生发展性多元评价充分激发了组织活力。在南京特殊教育师范学院王辉教授的指导下，学校还建立起基于IEP理念的“培智课堂教学评价标准”。这一评价标准充分体现了“以生为本、有效教学、以学论教”的评价理念。

五、传递温度，播散关爱之花

有“疫”义的一课。今年新冠肺炎疫情暴发，普通学校都积极响应长沙市教育局发出关于“停课不停学”的倡议。对于特殊学生要不要开展和能不能开展线上教学成为摆在学校管理团队面前的问题。在广泛调研论证的基础上，征得家长理解支持和教育局的同意，学校停课不停学的工作几乎与普通学校同期启动。

基于学生特点和居家学习环境，学校精心设计了以居家卫生、居家健身、居家劳动、居家艺术休闲为主题的课程，采用线上资源推送和一对一个性化指导相结合的方式，开展停课不停学系列活动。开发了居家安全、绘本故事、居家劳动、绘画手工、亲子游戏、家庭律动、心理指导、防疫防控等战“疫”小课堂系列课程资源，深受学生喜爱和家长欢迎。党员教师在学校的各项工作中总是冲锋在前，示范引领。党支部还组织策划了93份特殊“疫”义包裹的活动，围绕战疫主题，以“画信”的方式，为每个孩子准备了一封能读懂的信、学习用品、玩具及抗疫物资。这次活动得到了中国教育报、湖南日报、湖南教育新闻网、潇湘晨报、长沙晚报等十多家媒体的报道。

新校叶茂，源于根深。我校教育的高度、宽度、厚度、力度、温度让师生生命充盈温暖，让学校的发展更有广度。“我要用我的生命铺一片草地/筑一座诗和童话的花园/让孩子们融合在大自然和未来的微笑中间/使人们相信美/相信今天的希望就是明天的现实……”顾城这首诗，便是我和我们这所学校关系的写照。未来充满着未知的色彩，我们的第一步已经迈出，康庄大道就在前方，我校定会脚踏实地、兢兢业业，办优质的特殊教育，为孩子点亮希望之光，让厚实的生命绽放缤纷的色彩。

勇担使命，推进教育提质培优

湖南省株洲市茶陵县湖口中心小学 谭勇兵

在莽莽起伏的罗霄山脉，在山清水秀的红色茶陵，在碧波荡漾的洣水上游，有一所孕育人才的理想殿堂，它就是湖南省株洲市茶陵县湖口中心小学。学校坐落于茶陵县湖口镇湖口村廖家祠，“湖口挽澜”旧址东侧，辖管石湖、石井、洣渡、塘头、湖口五所村级小学。近年来，在党政领导和教育局的关爱帮扶下，在社会各界人士的殷切关注下，湖口中心小学本着管理服务、质量立校、育人为本、和谐发展的办学理念，明确办学目标，规范办学行为，提升办学质量，日臻羽丰，处处焕发勃勃生机。

青年教师成长是保证教育质量的关键

提高义务教育质量的关键在于拥有一支业务精湛、勤于学习、爱岗敬业、乐于奉献的教师队伍。在这所平均年龄只有32岁的偏远乡村学校，每年新进的特岗教师和青年教师特别多，但基本都是任教两至三年就调走了，教师队伍更新快、流动大，对青年教师的培养就成了保证教育质量的关键。

针对学校青年教师多的现状，学校出台了一系列的青年教师培养方案。新进岗教师入职后，学校会根据他们各自的学科，安排富有教学经验的老教师与其“结对子”，帮他们快速适应学校环境；通过搭台子、压担子、指路子等方式，为青年教师的成长加压、助推，并大胆启用这些青年教师，委以重任，助力他们教学技能和教育水平的大幅提升；想方设法聘请相关知名专家来校为青年教师授课，或为他们提供外出学习、培训、展示的机会，让他们开阔眼界、历练能力；组织新教师展示课、徒弟汇报课、专题研讨课、青年教师晒课、青年教师论坛等示范课，促进全体教师互促共进，整体水平显著提升。通过一系列活动，使一批又一批的青年教师从懵懂迷茫走向豁然开朗，一批又一批的青年教师成了骨干教师。正如外地青年教师唐云所说：“我很荣幸能在人生的韶华之年，来到湖口这片沃土。从大学毕业踏入教师行业已经四年了。这四年来，在学校领导无微不至的关怀下，在同事的热心帮助和自身的刻苦努力下，我感觉自身的综合素质正在逐渐提高。”

好队伍带出好成绩。在注重教师队伍培养的同时，湖口中心小学对教学质量的把控也没松劲。在2019年上学期全县四、五年级语文抽考中，学校取得全县乡镇小学排名第二名的好成绩。今年高考，湖口镇二本以上录取人数149人，在茶陵县所有乡镇中名列第一，虽说是高考，但与小学、初中的基础教育是密不可分的。

学生发展是教育教学工作的落脚点

学生是教育的主体，是一切教育教学工作的出发点和落脚点。湖口中心小学聚焦学生核心素养培养，创新教育模式，提升教学质量，形成了五育并举、创新+特色的教育方式，为学生的终身发展奠定了坚实的基础。

六年级数学教研组组长李湘艾说：“为了调动学生的学习积极性，提高学生的学习兴趣，六年级数学组在教学中成立师徒结对学习小组，让优等生辅导后进生，并采用课堂积分制激励学生，使他们的积极主动性明显提高。”

支教老师李芸说：“作为一名支教老师，这一次从株洲市来到茶陵湖口这所乡村学校支教，这里的孩子非常淳朴、可爱，也非常好动。我利用孩子们的这种天性，在课堂上设计了很多的游戏环节，把知识点融入游戏当中，让孩子们动起来，形成发散性思维，这样他们就能更好地掌握知识。”

六年级三班学生刘泽慧说：“在湖口中心小学的这几年，我感到非常充实。学校校园环境优美，每天步入校园心情都很舒畅。学校也在各方面尽可能给我们提供最好的资源，让我们在快乐中学习，在快乐中成长。”

2015年4月，湖口中心小学成功申报了湖南省教育信息化创新应用中小学网络联校示范校，并于2016年起成为县网络联校示范校，帮助并带动周边许多学校开启网络联校工作，初步解决了专业教师缺乏的问题，帮助村级教学点开齐、开足、开好国家规定的课程，提升了湖口中心小学青年教师的专业素养，让乡村孩子共享了优质的教育资源。

家长是学校教育发展的同盟军

没有家庭教育的学校教育和没有学校教育的家庭教育，都不可能完成培养人这样一个极其细微的任务。为了更好地培养好每一位学生，学校每年定期召开家长会，搭建家校交流平台，加强家校联系，共促孩子成长发展。

让家长走进学校，参与管理；让家长走进教室，关注教育；让家长走进食堂，亲近生活；让家长走近教师，探讨交流；让家长走近孩子，倾听心声。正是因为有了家长的大力支持和配合，学校管理才能得心应手。

路漫漫其修远兮，吾将上下而求索。全面推进素质教育，为学生的终生幸福奠基，是每一位老师的历史责任，也是振兴湖口革命老区教育事业的应有担当。在习近平新时代中国特色社会主义思想的指导下，湖口中心小学全体师生将以百折不挠的精神，实事求是的态度，重塑茶陵教育新辉煌，将湖口中心小学打造成湘赣边界强镇学校。

凝心聚力，打造乡村教育新高地

湖南省株洲市茶陵县湖口中学 李秋文

这是一片环境幽雅的净土，这是一片学生愉快学习的乐土，这是一片教师幸福成长的沃土。这就是坐落于青台山下、洣水河旁的湖南省株洲市茶陵县湖口中学。

湖口中学创办于1958年，依山而建，从校门口到行政楼，再到教学楼，步步登高，别具特色，是一座校园个性鲜明、文化底蕴深厚、发展前景光明的农村初级中学。在当前农村生源数量越来越少、生源质量愈来愈差的大环境下，湖口中学学生人数不减反增，教学质量稳步提升，这在农村学校是相当少见的。这源于学校牢牢把握文化立校、质量兴校、特色强校的办学方向，坚持以人为本的育人理念，坚守关爱每一个孩子的教育初心，坚定创办乡村优质教育的目标，为打造乡村教育新高地而砥砺奋进。

营造温馨和乐的校园环境

校园环境是一种有形和无形的精神氛围，弥散在师生之中，以特有的形象向师生灌输着某种观念、思想和价值倾向，更以特有的形象符号感染着学生。良好的校园环境文化有着强大的内在力和明确的指向性，有利于学生健康成长、教师愉快教书、校园持续发展。

步入学校大门，至圣先师孔子的雕像屹立于眼前，主道两旁的香樟树古老苍翠、高大挺拔，各类草木生机盎然、相映成趣，点缀其间的活动展板、知识专栏等丰富多彩的文化宣传带给学生开阔的眼界和丰富的知识；教学楼前电子显示屏中的“每日一诗”栏目，让学生每天接受古典诗词的感化和熏陶；走廊上的名人画像故事、名人名言，时刻激励着学生勤奋学习、积极进取；食堂里的标语“谁知盘中餐，粒粒汗水换”，警示着学生珍惜粮食、勤俭节约；班训、格言警句成为学生成长的推动力，为学校校风、学风、教风营造了良好的氛围。

总而言之，湖口中学校园虽简，但是干净整洁；教学楼虽不太壮观，但书香弥漫；操场虽然不是塑胶的跑道，但很宽敞也很清新。学生在这种润物无声的环境下成长，定会善良纯朴、文明谦让、彬彬有礼。

锻造博爱奋进的教师队伍

教师是学校办学理念的实施者，为谁培养人、培养什么样的人、怎样培养人都取决于教师队伍的整体素质，尤其是要想实现“让农村孩子享受城市化的优质教育”这一目标更离不开一支信念坚定、业务精湛、师德高尚的教师队伍。在引领学校发展的过程中，只有紧紧抓住教师队伍建设这一关键，让每个教师都找到职业生命的动力点，才能为学校的可持续发展提供有力的保证。

湖口中学现有教职工68人，其中30岁以下的教师就有41人，全校教职工平均年龄只有34岁，是一支年轻化、可塑性强、发展潜力大的教师队伍。为此，学校广开学习培训渠道，积极为青年教师搭建成长平台。学校通过“请进来”和“走出去”的途径，先后邀请株洲市天元中学和株洲市二中骨干教师来学校传经送宝，并多次选派本校青年教师赴名校跟班学习培训，让青年教师体验专业成长的幸福；充分挖掘校内教学资源，每年开展师徒结对活动，以老带新，以新促老，互学互促，抱团成长，以达到提高教师队伍整体水平的目的；在日常教学教研工作中，学校要求青年教师必须手写教案，老教师必须持教案上课，教案要体现修改案、反思等相关内容；教研室每个月会进行一次教师常规教学检查，对常规教学中的亮点和不足之处会进行及时反馈和整改；要求教师坚持上好新进教师“入门课”、老教师“引路课”、党员教师“示范课”、优秀教师“优质课”等课程，有效提高教师的教学水平；大力改善教师工作和生活环境，每年会开展形式多样的工会活动，丰富教师的业余生活，增强同事间的情感，提高教师团队的凝聚力和向心力，共促学校高质量发展；出台内容涵盖教育教学常规、奖惩条例、岗位职责、评优晋级制度、职称评聘方案、年度考核方案、奖励性绩效工资分配考核方案、教育教学教研成果等管理条例，切实解决干与不干、怎么干、干得怎么样的问题；建立激励机制，以宣传激励、集会激励、活动激励为切入口，努力挖掘教师亮点，让他们持续获得向上、向美、向善的力量。

建设自主探究的高效课堂

课堂是人才培养的主渠道，从某种程度上说，课堂模式基本上决定了人才培养模式，只有抓住课堂这个核心地带，教育才能真正发展。可见，构建自主探索的高效课堂是大力实施素质教育、提高教学质量、办好乡村老百姓家门口满意学校的根本。

在教学中，湖口中学推行预习案、探究案、训练案三案一体的导学案模式，将知识问题化、问题层次化，使之成为学生自主、合作探究的线路图。一方面，给学生充足的自主学习时间，让学生根据自己的兴趣爱好和个性需求有选择地进行知识积累和视野开阔，为自己的个性发展开拓空间；另一方面，严格落实集体备课、听评课、中层干部包备课组制度，注重"多学少教"、"先学后教"、"以学定教"等高效课堂理念的落实。在这样的课堂上，学生精神更集中、思想更活跃、思维更灵活、想象更丰富，真正成为课堂的主人、学习的主人和生命价值的体验者。

近年来，在全校师生的共同努力下，学校取得了喜人的办学成绩，先后获得株洲市快乐德育示范校、株洲市平安校园、株洲市素质教育先进单位等多种荣誉。历年中考，学校一路凯歌高奏，捷报频传，屡创新高。尤其2020年，学校中考成绩创历史纪录，茶陵一中录取人数突破51人，续写了湖口学子总能在中考战场上斩获佳绩的传奇。

风劲潮涌，自当扬帆破浪；任重道远，更需快马加鞭。今天的湖口中学，正高扬可持续发展的新航帆，继续朝着办人民满意的乡村教育目标阔步前行，以更加昂扬的姿态傲立于茶陵乡村教育之林。

潜心教书育人　引领学生成长

吉林省和龙市第六中学校　吴相锟　秦绪忠　杨晶

学校是育人的一方净土，首要任务就是育人。多年来，吉林省和龙市第六中学秉承"百年大计，教育为本，教育大计，育人为先"的教育理念，团结奋进、拼搏进取，始终以德育教育为中心，以课堂为主阵地，以活动为载体，不断更新教育理念，拓宽育人思路，改进工作方法，提高工作实效，坚持向管理要质量，以质量求生存，以特色求发展，有效促进学生的全面发展。

目前，学校德育管理成绩显著，教学质量不断提高，形成了校风正、教风实、学风浓的良好态势。

一、完善发展机制，明确教育责任

与时俱进的管理机制是学校发展的坚实保障。和龙市第六中学不断探索管理规律，创新管理模式，完善管理制度，坚持依法管理、科学管理、民主管理的管理方略，确保管理公信度更高、管理渠道更畅通、管理策略更优化，形成了严格、精细、规范、高效的管理特色，为学校的可持续发展提供了制度保障和智力支持。

在贯彻上级相关政策法规基础上，学校根据学校实际要求，广泛征求意见，制定完善管理制度，进一步促进学校工作的制度化、经常化，使学校工作有了强有力的制度保证。同时，学校狠抓制度的落实与执行，每天对学生的日常行为进行检查评比，做到每天检查登记，每周小结公布，每月汇总公布，并把考核结果纳入班级量化考评，收到了较好的效果。

二、优化校园环境，熏染育人氛围

环境是重要的教育资源，兼具教育价值和审美价值。和龙市第六中学注重环境建设，着重优化校园整体景观，增加校园人文内涵内容，努力打造良好的视觉环境文化，努力使学校的一草一木、一景一物能够充分发挥润物细无声作用。

目前，学校操场焕然一新，整齐的跑道，大面积的草坪，错落的树木，优美而和谐。有志、有为、成人、成才的校训镶嵌在教学楼上，整齐醒目。教学楼的二楼专门设立了一个开放的图书角，课余时间师生们都喜欢三五成群地守着这方天地，独享一份读书的宁静。教学楼的走廊上，每个班级都有一方可以自主创作设计具有各自特色的展示园地。教学楼二楼的中间大厅有一个专门的展示区，用以展出绘画、手抄报、钢笔字临摹等师生作品。校园内大到每一处布置，小到每一个标语，都是师生共同成果的展示……这些看似简单的事物却是丰厚的人文资源，都会让学生在不经意间受到潜移默化的影响。

三、坚持以身作则，提升师德师能

教师是办好教育的第一资源。面对推动教育高质量发展的需要，和龙市第六中学要求全体教师深刻领会习近平总书记重要寄语的重大意义和精神实质，切实把思想和行动统一到重要寄语精神上来，不忘立德树人初心，牢记为党育人、为国育才使命。

学校不仅重视教师业务水平的提升，还注重师德师风建设，重视教师人文精神的塑造通过制定《师德师风建设实施方案》《师德考核细则》等评比奖励制度，明确提出要求，不断规范教师从教行为。通过主题演讲比赛、朗诵比赛等活动，让教师们充分感知师德师风的重要性；通过政治学习，提高教师的思想政治觉悟　和加强师德修养的自觉性；组织学习《教师职业道德规范》，使教师们提高认识，不断严格要求自己；要求教师签订师德承诺书，提高教师的职责意识，进一步规范完善各项制度，规范教师的一言一行。现在，学校所有老师都能做到每天自己打扫办公室，升旗做操时在学生队伍后面，与学生一起国教、歌做间操，开展活动全程参与。无论是课堂还是课间，无论是校内还是校外，老师都给予学生良好的行为示范。

其身正，不令而行；其身不正，虽令不从。教师的一言一行、一举一动都会对学生起到典范的作用。因此，教师只有处处以身作则，才能用自己的人格魅力去感染教育学生。

四、落实常规管理，注重习惯养成

加强学校常规管理，是全面提高教学质量、实施素质教育的最根本的保障。和龙市第六中学从学校实际出发，坚持以学生发展为本的教育理念，遵循教育教学规律，以教学常规管理为主线，以习惯养成教育为落脚点，引导学校养成良好的学习习惯和行为习惯。

学校始终把学生的日常行为规范教育和养成教育作为育人工作重点来抓。制定和完善了相关的制度，并组织学生认真学习《中学生守则》和《中学生日常行为规范》，狠抓"学、行、查、评"的有机结合。把日常行为规范教育和爱国教育、法制教育、健康教育等结合在一起，着力对学生加强道德教育，促使学生养成文明行为。对学生日常出现的不文明行为，学校一个一个问题的抓，抓反复，反复抓，力求抓出成效。开展行为规范知识竞赛，让学生进一步了解掌握行为规范的内容，约束自己的行为。

五、开展多元活动，实现个性发展

教育是附着在活动上的灵魂，活动是培养学生身心品质的最佳途径。和龙市第六中学坚持以活动为载体，开拓创新，努力为学生创造多项发展空间，着力培养明德、尚美、博学、笃行的新时代少年

学校围绕在生活中学习、在实践中进步、在社会中成长的主题，组织开展以"感恩教育、养成教育、安全教育、诚信教育、爱国主义教育"等为重点的主题教育活动，利用节假日指导学生参与社会实践活动，继续深化社会体验教育活动。开展球类运动会、艺术节等重要的活动，不断丰富活动内涵，创新活动形式，增强活动实效性，将德育寓于各项活动中，让学生感受到学校教育不是管教而是生活。

学校坚持把红色文化引入校园，对学生开展红色教育，让广大青少年了解革命历史、感受革命传统、砥砺理想信念，做到爱国爱党跟党走，将红色精神代代相传，让红色文化成果助力"中国梦"的实现。组织开展"青葱校园，红色青春，梦想，在这里启航"为主题的演讲比赛，组织"宣讲红色故事，传承革命精神"的宣讲活动，组织红色知识竞赛，既增强了学生对红色教育的认识，也增强了校园的红色气息，调动了学生的积极性。

六、关爱特殊群体，关心全体学生

抓好学困生转化工作。教师每学期开学初认真制定后进生转化计划，认真做好差生转化记录，学期末向学校反馈后进生转化情况，同时对少数严重违纪的学生，政教处积极配合班主任做好他们的思想教育工作。通过调查、家访，详细了解学生的家庭背景、学习现状等情况，进一步完善学困生档案，实行层层管理。

加强贫困生帮扶。学校对贫困生的帮扶工作落实到各班、各部门、各责任人。经过调查摸底，学校现有贫困学生67名，已建立贫困生档案，记录家庭基本信息，贫困原因。学校与宁波钟公庙学校为结对帮扶学校，目前已完成对前五十名品学兼优贫困学生的入户走访，将要开展进一步的具体帮扶。与此同时，学校还不忘对单无亲学生、残疾学生、留守学生的关爱，力求让每一个学生都能感受到温暖。此外，学校还针对不同学生群体情况，安排品德好、责任心强的教师和特殊群体学生结成对子，深入了解学生在生活、学习、思想等方面存在的问题和困难，积极进行针对性的帮助。

几分耕耘，几分收获，在不断的努力下，近几年，和龙市第六中学先后荣获吉林省国防科技先进单位、州红旗团委、先进集体、州教育局关心下一代工作委员会先进集体、市红旗团委、先进集体、市教育局关系下一代工作委员会先进集体等诸多称号。

教书育人，是一项艰巨而重要这工作，和龙市第六中学将会不断改进工作方法，创新工作思路，不但要教给学生知识，更要教学生做人，不断丰富载体，有效促进学生的全面发展，让每一个孩子成长的更好。

地域文化造就农村小学教育特色

吉林长白山保护开发区池北区红丰小学　孙秀义　刘丽丽

红丰小学是长白山管委会辖区的一所农村小学，建校至今已有50年的历史；现在小学生七十余名。学校因地制宜，以"长白山文化"作为学校的文化内核，打造长白山地域文化的办学品牌。学校借助长白山农村独特的教育环境和丰富的教育资源，通过深入挖掘、认真

提炼、精心设计，寻找到一条特色发展之路。凭借特色办学，学校于2019年被中国人力资源和社会保障部、教育部评为“先进集体”；先后获得“吉林省绿色学校”；“吉林省教育科研先进单位”；2007年至今连续14年被长白山教育局评为“先进学校”。

一、找准内涵，明确特色发展方向

学校的办学特色是学校文化特质的集中体现，学校的文化内核，必须从学校生长的土壤，从学校走过的历史和追求的教育价值中来寻找。

1.从学校所在地的地域文化中进行挖掘

长白山的悠久历史和丰富多彩的传统文化是很好的教育资源，可以从中挖掘出学校的文化内核。红丰小学地处长白山脚下，学校以“长白山文化”作为学校的文化内核，打造长白山地域文化的办学品牌，正是对地域文化的一种传承和发展。

2.与学校当地的乡风民俗相结合

村里的人大部分都会剪纸，每到农闲村民们就在家剪纸。学校开设了“剪纸”课，让学生学习创作剪纸作品，把“剪纸文化”作为学校文化内核，打造“剪纸文化”品牌。

3.借用学校周边的自然环境和特产

红丰小学坐落在长白山脚下，距离长白山风景区30千米。山、水、林，自然景观，为学校打造“山文化”、“水文化”、“林文化”提供了得天独厚的条件。

4.发挥本校教师特长形成学校特色。

学校孙老师擅长植物研究，对长白山植物有丰富的经验。学校充分发挥孙老师特长，开设校本课程，组织兴趣小组，形成了“校本课抓普及，兴趣组抓提高，大课间搞展示，借助节日作汇报”的工作套路，开创了生动活泼的办学局面。

二、因地制宜，办出农村教育的味道

红丰小学位于长白山下的一个农村，当你来到学校时，给你的感觉不同于印象中的某些乡村学校，它毫无破败的迹象，就像这个春天一样，充满生机。校园虽小，处处凸显着内涵的美。“校园建设营造整体美、绿色植物营造环境美、师生佳作营造艺术美、主题活动营造心灵美、人际和谐营造文明美”的校园文化。实现每一寸土地都有管理的痕迹，每一处角落都有育人的功能。

在这所学校“我们没有自卑感，只有责任感。”

进入学校可以看到蔬菜园、小森林、植物园。见到三五个孩子，在蔬菜园中除草，一群孩子在“小森林”中欣赏树上的花果，看到孩子们在植物园中边看边记着什么。这就是社团活动，这样的活动每天有30分钟。这样朴素而幸福的教育，是城里学校无法得到的；乡村教育透露这乡村的气息、味道，培养着孩子们对农村的感情。

当越来越多的农民远离他们曾经安身立命的土地后，红丰的学校却领着孩子们走了进去。红丰学校让教育者想到了“当年陶行知所倡导的劳动教育，想到了苏霍姆林斯基在帕夫雷什中学校园里开辟的苗圃和麦地”。

三、聚焦特色，创建地域特色校园文化

长白山是中国十大名山之一，国际生物圈，抗日联军密营区，长白山萨满文化的发祥地，朝鲜民族文化的集中地。地域文化丰富，是学生接受教育的“天然大课堂”。做教育就是做文化。学校把农耕文化引入校园，建立“农耕体验园”，创建勤朴的耕种文化。我校地处农村，有得天独厚的地域优势。学校力求借助农耕文化这一独特的资源，把“拾起农耕记忆”与少先队道德建设活动相结合，通过认识农作物、了解农具并亲手参与农耕实践，品味农耕乐趣、传承古代农耕文化的精髓，让学生接受农耕文化的熏陶，感受农耕文化“勤劳、勤俭、勤奋；朴实、朴素、淳朴”的精神。我校注重农耕文化教育基地氛围的营造，激发学生对农耕常识探究的兴趣，激发他们的求知欲。将农耕文化作为教育载体，通过丰富多彩的学农实践活动，以“实践、体验——感悟、思考——内化、升华——外显、行动”的教育规律，丰富学生文化底蕴，促进孩子们树立科学探究精神，达到主动发展、和谐发展目的。

把学校围墙改造成农耕文化墙，让学校每一处都会说话，都成为校园教育文化。

四、做好设计，深化办学特色思想体系

建特色学校，其目的并不是要给学校简单地贴个标签，涂抹上一片亮色，做些花拳绣腿的表面文章。因此，创特色学校，不能搞“单打一”，眼睛只盯着局部，只顾及某个方面。所以，开展学校特色创建就必须要眼观全局，从整体上做好顶层设计。

1.完善办学思想体系

办学思想是学校的灵魂，学校特色作为学校文化的一种载体，是办学思想的重要内容，而且与其他因素相关联。

办学目标：(1)学校目标：实施学校标准化建设，建设一所全面、均衡、内涵、创新、安全、发展型学校。(2)教师队伍目标：打造学习型、专家型、合作型、创新型的专业教师队伍。(3)学生目标：重视学生全面发展，培养和造就一支学会做人、学会求知、学会劳动、学会生活、学会健体、学会审美的学生群体。

2.扩展特色办学的外延

红丰小学的“长白山地域文化”的提出，是基于综合实践活动的一个成功案例——“长白山风光”、“长白山故事”、“长白山植物”、“长白山特产”。“长白山风光”、“长白山故事”、“长白山植物”、“长白山特产”在我长白山地域文化中占有重要地位。长白山地域广大，寓意深广，是情致高远、积极进取、坚韧不拔的象征，历代文人墨客留下了多少赞美的佳篇。而长白山作为中国十大名山之一，是国际生物圈，是世界名胜。同时长白山物产丰富、堪称宝库。根据长白山的这些特点，学校可以开展诵长白山、写长白山、说长白山(民俗)活动，同语文教学结合起来；品析诗人的思想感情，跟德育结合起来。

3.丰富特色办学的内涵

特色办学切忌贴标签，做表面文章，搞粉饰，其是为了增加学校的文化内涵。环境创设属于学校形象中的视觉识别系统，要借助于环境创设，打造学校独特的视觉形象。校本课程是最能体现学校特色的，是对“一校一品”最好的注解。围绕特色办学的设计主题活动是让办学特色落地生根的重要措施。活动是载体，相互关联的系列活动正是推进素质教育不断深化的一种手段。活动设计要遵循阶梯性、生动性、整体性、易操作性等原则，要做到目标具体、明确，富有生活气息，突出参与、探究和体验。

五、落实规划，推动办学特色创建活动深化

1.把办学特色创建纳入到学校现代化建设的整体规划中

近几年来，各级政府大力推进义务教育均衡发展，农村学校办学条件得到了进一步改善，使办学水平不断提高。

2.借助专家团队力量做好课程开发及活动设计

受认识水平、研究能力、视野眼界的限制，深化学校特色创建活动的师资条件，这也是一些学校年复一年在低水平上重复的原因。因此，薄弱的农村学校要办出特色，提高品位，就必须要借助校外的专家团队的力量，从整体方案、课程开发、活动体系等方面作全面规划设计，并且要具体到路线图、时间表及课时教案、活动方案，便于校长和一线教师直接操作。

3.建立评价机制，搞好宣传展示

建立完备的评价制度，是特色办学顺利推进的有力保障。建立自评机制，分析每学期、每年度的目标任务完成情况并采取相应的微调措施，确保规划目标如期完成。建立教师参与办学特色创建活动的评价制度，引导教师上好校本特色课程，组织好相关的主题活动。

总之，新时期农村小学要能真正读透“农”字和“小”字，熟悉农村小学教师和学生的特点。利用三年时间按照建设思路，充分体现“人文、健康、和谐”，做到硬化、净化、绿化、美化、亮化和一定的文化品位。努力打造洁净校园、平安校园、绿色校园、文明校园、健康校园、花园校园、书香校园、和谐校园、人文校园。实现农村小学管理工作从粗放型向精细型转变，从传统感性管理向理性管理转变，也只有这样我们农村小学的教育工作才能步入快车道，才能加快教育现代化的进程。

山水教育化育英才

江苏省丹阳市华南实验学校　吴云

江苏省丹阳市华南实验学校成立于2004年，是丹阳市政府为“策应新城市发展进程，顺应新教育办学理念，展现新时代学校风貌”创建的九年一贯制现代化学校。在探索和塑造学校文化的过程中，华南实验学校受2004年江苏高考作文题《山的稳重　水的灵动》启示，提出了富有华校基因的“山水”哲理：水——至柔至韧。温柔，处下不争，遇圆则圆，遇方则方。山——至高至稳。敦厚，脚踏实地，低调沉稳。只有坚持“山的稳重+水的灵动”，才能更好地落实国家课程校本化、校本课程精品化、活动课程系列化实施，从而促进学生全面、生动、多元、个性、和谐发展，开创华南实验学校办学新局面。

培养全面发展的人

新时代新学校应该具备怎样的教育生态？我认为，应面向全体学生，以培养“全面发展的人”为目标，努力挖掘学生的潜能，激活学生的天性，增强学生的内蕴，为他们的健康成长提供适合的教育。

强化一个观念，追求“绿色质量”。一要“全体”，面向全体学生；二要“全面”，学生全面发展；三要“个性”，彰显学生个性。主张教育不但能给予学生分数，还应教给学生责任、品质、习惯、能力、艺术、特长、健康的身心等素养。

处理好三大关系，全面实施素质教育。一是义务教育纲要性文件是“山”，校本发展规划是“水”；二是国家课程是“山”，校本课程“水”；三是规范办学是“山”，自主管理是“水”。学校紧扣“办人们心目中理想的学校，让每一位学生得到理想的发展”这一目标，全面确立“规范+活泼=成人，优秀+特长=成才，成人+成才=成功”的办学理念，以“文化校园、生态课程、魅力教师、活力课堂、绿色质量”为工作思路，重点抓好强化德育管理、优化教学管理、深化体艺管理、细化精细管理、探索多元化评价管理五大管理，努力打造“似军校、

似体校、似艺校、是学校；似花园、似乐园、似家园、是学园”的“四校四园”办学特色。

开发生态育人课程

课程是育人的载体，是一所学校与众不同的标志。华南实验学校秉承“承山水灵秀，顺天性育人”的生态教育理念，从德育活动课程化、社团活动特色化、劳动课程多样化三个方面出发，倾力构建生态教育的课程体系框架，探索出了一条符合时代需求和学校发展的特色育人之路。

以德扬善，涵养学生精神风貌。青少年时期是人生中重要的时期，是思想品德形成的关键时期。华南实验学校十分重视学生的德育，经过不断的实践摸索和创新完善，走出了一条具有华校特色的德育之路。学校根据学生所处年级群体特点，基于成长趋势研判，有效整合德育资源，积极推进理想教育、挫折教育、团队教育、养成教育、环保教育、情感教育、品德教育、应急教育及节日教育“十二大德育主题”课程建设，以多角度、连续性的活动为载体，有效增加了立德树人总体目标的广度和深度。

以智启真，奠定学生扎实基础。为奠定学生扎实的“五育”基础，有效加强革命传统教育、生态文明教育和传统文化教育，华南实验学校依托地缘，归序资源，优化整合，力图实现课程同步配套，增强课程学术品位，提升课程品牌内涵。学校先后与南师大中北学院、丹阳中专、江苏大学合作，对社团课程进行研发，使社团活动课程化，为学生的终身发展奠基。尤其以“百团大战”为标志的学生社团活动，经历启动（开展“百团大战”）、发展（形成“百团竞彩”）、提升（建立“社团联盟”）、升华（共建“社团研究”）四个阶段，实现了从“兴趣化发展”到“课程化实施”再到“品格化提升”的螺旋式提升，教育内涵不断丰厚。截至目前，学校社团共编印校本教材32本，编写校本教材80余门200万字，被评为江苏省首批中小学品格提升工程精品项目，成为远近闻名的一道亮丽的风景线。

以劳立行，锤炼学生坚毅品格。全国教育大会明确指出：“要在学生中弘扬劳动精神，教育引导学生崇尚劳动、尊重劳动，懂得劳动最光荣、劳动最崇高、劳动最伟大、劳动最美丽的道理。”华南实验学校加快融合学校、家庭、社会等劳动资源，深入推进建立“1+N”个劳动资源平台、创设“1+N”个校园劳动基地、开辟“1+N”个校外实践基地、实施“1+N”项班务校务劳动、体验“1+N”项家庭事务劳动、创建“1+N”支劳动教师队伍、探索“1+N”种劳动评价手段等工程，形成了较为完善的劳动教育校本课程体系，提升了学生的现代劳动能力，增强了学生的综合劳动素养。采得百花终成蜜。通过多年努力，华南实验学校“整体构建劳动育人”课程改革得到了省市教育部门的高度认可，改革项目已被列为江苏省中小学课程基地项目。

优化教师队伍建设

新世纪的教育规划纲要把提高质量看成教育发展的一项重要任务，而高品质的教育质量当然离不开一支优秀的教师队伍。经过十多年的办学历程，如何再次提振全体教师吃苦耐劳、拼搏奋进的精神？华南实验学校坚持“山水”教育理念，把握“教师队伍建设是‘山’，行政中层建设是‘水’；教师爱岗敬业是‘山’，考评机制调节是‘水’；制度管理是‘山’，人文关怀是‘水’”三个原则，不断优化教师教育，展示新作为、新气象。

一抓领导，狠抓“水一样灵动的行政队伍”。学校要充分发挥校领导的榜样引领作用，以大气、大度、大智、大勇、大成为工作定位，制定《华校行政干部工作标准》；积极引导“干部干部，要先干一步”，敢于亮剑“从我做起，向我看齐”，中层看校长，教师看中层，一级做给一级看，关键时刻能冲得上去，以上率下，形成合力。

二抓底线，狠抓“山一样稳重的师德师风”。学校要引导教师首先做一个让人“看得起”的老师，对得起工作，对得起岗位，对得起家长；工作要有为，教得有劲、有用、有趣、有效，能够守住教育书人的底线；设立“五星教师”评比标准，定期开展“两毛一皂”表彰，评选“双十佳教师”，用身边的人教育身边的人，汇聚向上、向善的正能量。

三抓组织，狠抓“山一样稳重的备课组建设”。备课组是学校教学管理最基本的单位，一个个备课组就是一个个课题组，一个个备课组就是一个个战斗小组。备课组有活力，教学管理就有活力；备课组作风硬，教学管理作风就硬。为此，学校一是创新备课组建设的组织，每个备课组由2-3名各学科领军教师组成中心组，用中心组成员的优先发展带动学科组建设优化发展，用中心组成员的率先发展带动全体教师共同发展；二是创新备课组建设的职责，与各备课组签订责令状，将责任分解到各备课组，同时也将权力下放到各备课组，指导备课从大处着眼、小处着手，开展“常规+特色、基础+拓展、教学+研究”等工作，不断提高教学管理的整体水平；三是创新备课组建设的保障，开展优秀备课组评选，制订备课组质量奖，实行“捆绑考核制”，形成了“一枝独秀不是春，百花齐放春满园”的良好效果。

四抓人文，提倡“水一样灵动的人文关怀”。学校把每一个老师时时记挂在心上，一方面，在教师生病、家中老人去世或家中发生大事突遭变故时，第一时间进行慰问，并给予一定经济补助，让教师体会到集体的温暖、学校的力量；另一方面，学校更多的是在一些小事上无微不至地关心教师，以心交习，以情换情，使教师队伍的凝聚力显著增强。例如，每年大考前，学校领导干部都会亲自和毕业班的教师子女进行沟通交流，帮助他们加油打气，力争使他们发挥出最佳水平。

长风破浪会有时，直挂云帆济沧海。为创办一所适宜孩子成长的学校，华南实验学校始终坚持“山水教育”理念，以海纳百川之心、大气开放之魄坚守素质教育，为培养社会主义建设的合格接班人、锻造中华民族伟大复兴的优秀教师、打造符合新时代要求的一流学校而不懈奋斗！

守正出新　笃实前行

——曲中附中课堂教学改革的探索与实践

江苏省海安市曲塘中学附属初级中学　肖亚东

国务院《关于深化教育教学改革全面提高义务教育质量的意见》中明确提出坚持把课堂教学作为提高义务教育质量的主要环节，强调要创新教学方式，强化教学规范管理，优化作业。该文件的提出给学校的管理和教师的教学方式提出考验，管理者要拿出相应的制度通过行政驱动促使教师进行课堂教学改革，我们的教师要发自内心的反思自己的教学方式是否适应当今的学生，我们的课堂是否是有效地甚至是高效的。接下来将我校的课堂教学改革的探索与实践的过程梳理如下。

一、播种——和风细雨播种忙

我校合并于2006年，由曲塘镇原来的五所农村初中合并组建而成，学校现有教学班级24个，师生员工近1400人，是海安市规模最大的农村初中。多年来，附中人一直潜心教研，专心课改，是南通市首批新优质学校、李庾南实验学校种子学校、连续十四年获得海安市四星级学校。

近年来，全国各地的教学改革如雨后春笋，从泰兴的洋思中学到山东的杜郎口中学、即墨二十八中，站在改革的十字路口，我们彷徨过、犹豫过，面对错综复杂的课堂改革我们坚持做到不跟风、不盲从、我们坚信“只要行动，就有收获”　的理念，适合自己的才是最好的，努力营造“自学议论、师生共进”的氛围，坚持高目标定位、高起点追求、高强度推进，力求让李庾南老师的“三学”（自学、议论、引导）理念成为师生实现共同发展的理想舞台，成为学校提升教育品质的理想平台。学校号召全体老师学习李老师的“自学　议论　引导”教学经验，李老师的教学经验犹如一个种子埋藏着所有教师的心中。

二、萌芽——嫩芽初见绿蒙茸

学校在“三学”理念的指导下，进一步深化其内涵，挖掘出适合我校实际的“和合”导学案，将课堂教学环节分成五个教学环节展开有效地教学活动，分别是“自学存疑—互学解疑—导学探疑—群学释疑--测学迁移”，“五疑”教学策略被列为南通市基础教育教学成果培育项目，这也坚定了我们的信心、增强了我们前进的动力。

“五疑”教学模式具体如下

自学存疑：各备课组将知识设计成几个具有思维含量的问题，编写成导学案，让学生根据学案阅读教材或有针对性、有选择性的阅读教材的重难点，从而使学生理解本课的基本概念、基础知识，对本模块知识有初步的认识，初步构建起知识体系，此环节也可设计为课前预习。

互学解疑：对自学过程中存在的问题，师友间进行充分的交流，就疑难问题相互启发，相互研讨，取长补短，纠偏纠误，使学习内容最大限度的得到解决。老师要把握好时间，适时解答学生存在的疑问，点拨拓展帮助学生形成知识结构，促成新旧知识的过渡与转化，拓展知识面，开发学生思维。

导学探疑：在展示交流过程中，教师引导学生讨论，说出错因和更正的道理；引导学生归纳，上升为理论，指导以后的运用。同学学生的互学解决自学中存在的问题，将不能解决的问题提交组内互学，达到“兵教兵、兵练兵、兵强兵”的目的。由组员将学习成果在组内汇报，让全组同学分享个人学习成果，其他组员寻求个人困惑的解决办法，通过组内展示形成本组向班级展示的成果及寻求帮助的问题。教师把握合作学习的时机，创设问题，让学生带着迫切的欲望投入到合作探疑中，提高参与的欲望，要给足学生充分的合作交流时间，当学生思考出现障碍时，教师要引导学生进行合作解疑。

群学释疑：各小组根据组内讨论情况，对本组的学习任务进行讲解、分析，让学生用板演或口答的形式对所学知识进行展示，学生找错误，或比较自己做法，自由更正，各抒己见。通过全班合作交流学习所得，探究解决问题的思路和方法，共同解决问题，形成结论。

在教师引导下利用班级共同智慧解决共同的问题并生成共同的成果，课前备课要尽量多预设学习过程中的可能生成点，既可以应对展示过程中可能出现的挑战，又可以使课堂产生更多的精彩。在班级展示过程中要准确把控展示走向及节点，适时点拨，确保展示探究的广度和深度。要力求点拨在最佳点拨时、最佳点拨区、最佳点拨度。在群学时要关注全体学生，让每个层次的学生都有展示的机会。

测学迁移：通过完成课堂作业，检测每一位学生是否都当堂达到了学习目标，让学生在检测中查找自己学习过程中的不足和错误。当堂训练要重在打好基础，让学生通过紧张的口头或书面练习来巩固基础知识和基本技能，向形成发现问题、分析问题和决问题的能力方面深化。

“五疑”教学模式其本质就是“三学”理念的拓展提升，课堂中讨论无处不在，议论处处发生，引导恰到好处，当然不同的课型对于议论要求不尽相同，如概念课的教学侧重于教师的引导，概念课的教学要求教师要对概念讲深讲透，因此概念课的教学对于习题的要求只是帮助概念的理解，学生的议论往往发生在概念的生成过程中，因此要求教师引出精彩，学生议出成果。

通过多年的实践与研究，我们的教师在课堂教学中做到了“四个转变”：从简单的模仿向研究三学理论转变；从以教师为主体向以学生为主体转变；从研究课堂向研究学材、学法和研究学生转变；从灌输式教学向以自学为主转变。课堂上做到了“三重视”：重视学生的自学，多年来我们坚持先学后教，自学为主；二重视学生的议论，我们把集思广益的议论、平等的议论作为课堂的核心环节，提升了课堂教学的思维品质；三重视教师的引导，要求教师做到相机引导、精准引导，要做到在掌握学生心理与实情的情况下，适当的引导，做到导之有理、引出精彩。

三、成长——映日荷花别样红

学校注重教研活动，开阔视野，提升教研，夯实队伍建设，定期邀请研训员刘东升主任“走进”学校，开设公开课、展示课，向名家学习成为常态。学校骨干教师带头“走出”去、带头上课，通过跨校、跨区域的教学展示磨炼技能，学校多位同志在县级以上教研活动中作专题讲座，多位老师在省市级教学基本大赛中获奖。

同课异构是我校教师成长的主要平台，同课异构是集体备课与个人备课的双轮驱动，是课堂“高效、实效”的有力保障。为了保证“自学 议论 引导”教学法能深入人心，学校每学期组织教师进行教学大比武，举行同课异构教学比武活动。比赛的程序是：教研组确定课题，通过“三磨”教学设计，提升备课效率。“三磨”即磨教师、磨教材、磨学生，紧紧围绕“三学”的理念展开有效备课活动。备课组采用“固定时间、固定地点、固定流程”的形式，打造精品的“三学”导学案。课堂评价坚持三个原则：一坚持教师的引导而代替学生的原则；二坚持严格要求而不强制要求的原则；三坚持全力开导而不代替学生思考的原则。通过同课异构大比武活动，做到了师生互助，学生互助，课堂上扎扎实实开展“自学、议论、引导”教学活动，自学是前提、议论是基础、引导是关键，教师做到了关注学生，服务学生、引导学生。通过活动的开展，我们的课堂活起来，学生动起来了，孩子们脸上洋溢着自信，教师也轻松起来了。

当然，在看到取得的成绩的同时，我们也在反思自己，与优秀的学校相比我们还有许多的不足，今后我们将在以下几个方面求突破：一是努力践行“三学”，打造有规则的自由课堂。重点在学材建构上下功夫，在学程生成上求突破，在学力提升上抓实效。二是由单科育人向全科育人全员育人转变，尤其是班主任在“自育 互惠 立范”班级育人方面下功夫。国家督学胡金波说过：守住底线，让自学成为奠基之道；绘好本色，让议论变为成长之枢；练好底功，让引导化为点金之术。我想只要抓住了这三句话，才能做到映日荷花别样红。

四、收获——陌上花开待枫红

作为新时期的教育人应当与时俱进、不断学习、提升自己、实践探究，积极响应时代的召唤，共同实现教育梦想。今后我们将继续以课堂为抓手，研读学科课程标准、创新教学方法，以“三学”为指导，加强课堂实践，抓实教学研究，推进高效课堂建设，让“三学”落地生根。

作为李庚南实验学校种子校的一员，我们将与孩子们在“自学 议论 引导”之路上继续行走，播撒汗水、收获希望；播撒智慧，收获成长；守正出新、笃实前行，来日可期，静候花开。

智慧教育创品牌 特色立校促发展

江苏省昆山市实验小学 荣建强

独到的办学举措和办学特色是学校持续发展的宝贵财富和永恒动力。由此可见，学校要想生存，就必须走特色立校的路子。有特色才有亮点，有亮点才有吸引力。

在总结已有办学经验、借鉴他校优秀经验的基础上，江苏省昆山市实验小学（以下简称“昆山实小”）科学定位，借助集团化办学的独特优势，以“智慧教育”为突破口，大力实施素质教育，着力打造“智慧实小”办学品牌，走出了一条内涵发展、优质发展、特色发展的办学路子。

深挖智慧内涵，明晰发展方向

“创新是一个民族进步的灵魂，是一个国家兴旺发达的不竭动力。”新时代需要的是具有综合素质的创新型人才，也就是“智慧的人”，智慧必将成为未来社会的主宰。如今，智慧教育已经成为教育领域一个全新的研究热点，它的出现使教学过程更加自主、更加灵活，在提高教师教学能力和学生学习效果的同时，为师生构建了一个基于未来的学习环境。

在探索“智慧教育”的过程中，昆山实小积极践行“智于行，慧于心”的教育理念，从追求智慧教育、建设智慧校园、探索智慧课堂、培养智慧教师、培育智慧学生五个维度出发，将“做一个智慧的人”的总育人目标进行细化，提出了“健康、得体”的智慧教育核心理念，“以学定教、随学而导”的智慧课程教学思想，“会思考，善质疑；会实践，善创新；会生活，善交往；会修身，善担当”的学生培养目标，为做好新时代少年工作指明了前进方向，提供了根本遵循。

随着校园文化建设的推进，昆山实小结合学校历史与特色，提出了“智慧实小”的办学定位。其间，学校抓住改建东校区和新建西校区的巧妙时机，深入挖掘“智慧”内涵，建立“智慧广场”、“三贤园”、“感恩廊”、“思贤园”等景观，进一步丰富了“物型课程”的育人作用，引导学生求真、求实、求善、求美，最终成长为一个有“智慧”的人。

智慧教育是“教育需要智慧，智慧需要教育”的有机融合，通过智慧的方式激发办学活力，利用智慧的教学引领师生成长，不仅为素质教育的深化找到了一个校本实施的思路和途径，也帮助学生形成了有益于一生成长的核心素养。

构建智慧课程，聚焦素养提升

课程是学校文化乃至办学主张的重要载体。为办好适合每一个学生的教育，昆山实小按照“健康•得体”的培养目标，从不同层次学生的不同发展需求出发，努力探寻课程元素，积极构建“智慧课程”体系，形成了包含学科探究、实践创新、健康审美、养正修身四大板块内容的校本课程群，促进了学生全面而个性的发展。

“学科探究”课程设有七彩语文、数学悦读、活力英语与小小科学家4门课程，重在拓展知识面，开阔学习视野。以“七彩语文”为例，课程包含国学经典、慧园诗社、绘本阅读三大板块，旨在提高学生的文学修养与创作水平。

“实践创新”课程是学校的特色课程。学校开设了木工体验、飞机总动员、编程机关王、俊龙航模STEAM、智能物联、3D打印技术、电子百拼、3D打印、科技创新等13门校本课程，并积极组织学生参加各类讲座、现场交流、各类竞赛等活动，多途径、多形式引导学生在实践体验中获得快乐、习得自信、学得知识。

“健康审美”课程以挖掘学生潜能、开启学生智慧、丰富学生精神为指引，开设球类、棋类、田径、击剑、绘画、书法、舞蹈、乐器、声乐、表演等25门选修课程，根据学生的兴趣或特长自主选择走班上课，着力提升学生身心健康、乐学善学、审美情趣、自我管理、实践创新等核心素养。

“养正修身”课程主要包括德育修身类、心理修身类和慧行课程三大方面内容，引导学生发现内心的真善美，养成智慧的行为习惯，探寻睿智的成长之道，奠定生命的远行之基。以德育修身类课程为例，通过传播先贤事迹、开展国学经典诵读、开展志愿服务活动等方式，给予学生养正教育，促进学生健全人格、健康成长。

目前，学校共开设30多个校级社团和70多个班级兴趣小组，初步形成了国家课程、地方课程、校本课程同步实施、互为补充的课程体系，使每一个学生的个性得到了自由张扬，使每一个学生的潜能得到了充分发挥。

拓展活动阵地，点燃育人活力

活动是学生得以多元发展、快乐成长的土壤。昆山实小依据学生学习历程和成长规律，以素质教育为目标，以德育工作为先导，以日常行为规范为抓手，积极开展爱国主义、感恩、法治、环保等各类主题教育活动，让学生在丰富多彩的活动中求真求知、求善求美、求是践行。

每年的“四礼八节”活动是昆山实小的一大特色。“四礼”即一年级“智慧成长•入学礼”、“童心向党•入队礼”，三年级“见贤思齐•成长礼”，六年级“花young•毕业礼”，记录了学生的成长足迹。“八节”即阅读节、科技节、文化艺术节（乡贤文化周）、心理健康节、诵读节、亲子节、体育节、英语节，搭建了学生展示才能的舞台。

春晖润桃李，硕果挂满枝。在践行梦想的历程中，昆山实小的办学质量得到了较大提升，社会声誉也在不断提高，先后获得江苏省模范学校、江苏省文明校园、中国少年科学院科普基地、全国首批科技体育学校、全国首批青少年校园篮球特色学校、全国国防教育示范学校、全国航空航天模型重点单位、全国科技教育示范单位、全国少年宇航技师江苏省活动基地、全国青少年创新型学校等多项荣誉称号。

回首过去情无限，展望未来志更坚。未来，昆山市实验小学将勇担新时代赋予教育工作者的重大使命，进一步凝练办学特色，以智慧启迪智慧，以特色促进发展，努力培育“健康、得体、乐思、善行”的智慧学子，全力打造质量卓著、品质卓越、特色卓异的优质教育。

托起明天的太阳

——来自江苏省南通市永兴幼儿园的报道

江苏省南通市永兴幼儿园 陈荣芬

五月的阳光璀璨夺目，五月的鲜花绚丽多彩，五月的笑脸如花绽放，五月的歌声随风飘扬……

五月春风暖，南通春色浓。我们驱车来到了位于南通市五水商圈永兴福里内的南通市永兴幼儿园采访，说明来意，寒暄过后，陈荣芬园长热情地接待了我们。

陈荣芬园长说，永兴幼儿园于2017年12月开办，是一所原港闸区教育局直属的公办幼儿园。园所占地面积7619.68m2；建筑面积3746m2；绿化面积2210m2。目前12个班级，在园幼儿400余名，教职工47名，其中专任教师24名，教师大专率100%，本科率70%以上，2名在读研究生。园内设施设备齐全，配有美工室、科学发现室、图书室、大型游戏室等专用活动室。户外配有迷宫房，万能魔方、趣味钻网等大型运动器械和孩子们钟情的品种丰富的种植园。班班配有钢琴、一体机、电脑、投影仪等现代办公设备以及直饮机、消毒机等生活设备。

目前，我园拥有一支朝气蓬勃、结构合理、思想业务素质较高的年轻教师队伍。她们注重个人专业成长，积极参加各类教科研活动。开园短短三年半，已拥有市优秀班主任1名、区学科带头人1名、区教坛新秀2名、区优秀班主任4名、区级各类先进表彰8人次。1名教师在市男幼师基本功大赛中获得一等奖、9名教师在市、区各类大赛中获优异成绩、数十篇论文在省、市级杂志发表或获奖。在各级各类活动中，园幼儿也脱颖而出：4名幼儿在江苏省第二届五子棋锦标赛中获优异成绩；2名幼儿在原港闸区中小学（幼儿园）现场绘画比赛中获一、二等奖；在南通市幼儿园"体彩杯"快乐体操比赛中获一等奖。

幼儿园非常重视教科研工作，市级课题《音乐游戏提升幼儿音乐素养的实践研究》、区级课题《幼儿园游戏化音乐活动组织策略的实践研究》以及以班级为单位的微型课题正在如火如荼地进行中，真正做到教师人人参与教科研。2019年6月成功申报了南通市课程游戏化建设项目《让孩子的眼睛越过围墙》，充分挖掘和利用周边资源，结合班本课程研究，将"游戏"精神贯穿于幼儿的一日生活之中。

作为原港闸区一所年轻的幼儿园，先后接待了江苏省平安校园建设督察组，市人大督导团的检查指导，迎接了江苏省园长培训班南通市区组现场观摩，接待陕西宁强幼儿园骨干教师一学期的跟岗学习，承办区级"青年教师素能提升"，区级首届"男幼师基本功大赛"，区"名师培养对象读书沙龙"等活动。

在教师、幼儿、家长的共同努力下，去年我园收获颇丰，幼儿体操比赛获得市单项一、二等奖的好成绩，在省级线上五子棋比赛中多名幼儿获得佳绩，在省级"蓝天杯"优秀教学设计活动中两名教师获得二等奖，在省级"幼芽杯"教育案例微视频评比活动中三位教师获得三等奖，在市、区级教师教学基本功比赛中，两位教师获得一等奖的好成绩。两位还参加了区"不忘初心、立德树人，做港闸好老师"师德演讲活动并获得二、三等奖的好成绩。园内教师在市级、省级教育报刊中发表、获奖十余篇论文，疫情期间，江苏台荔枝新闻网和南通广电FM1061广播频率分别对幼儿园"创意亲子抗疫小视频"和"原创绘本资源"进行了推介。幼儿园荣获区2019年度毒品预防教育先进集体等荣誉称号。

在采访中了解到，永兴幼儿园深入贯彻党的十九大精神，把落实党风廉政建设作为重要任务，加强学习，统一思想，构筑牢固的思想防线；加强幼儿园廉政文化建设，营造良好的廉洁教育氛围，在教师节等重要节日来临之际，重点重申作风问题，树立廉洁高效的教育新形象。组织教工积极参加"一日捐"爱心捐赠活动。坚持园务党务公开制度，加强民主监督，规范财务行为，加强财务管理。

园内全面推行园务公开，每学期定期或不定期重点公开幼儿园重大决策、工作目标、收费标准、考勤奖惩、评职晋级等情况，并广泛听取各方意见，全面接受委员会监督，不断提高民主评议教职工工作的力度。制定了"绩效考核制度"、"招生方案公示制"、"民主测评制"等，让每一个人都成为决策的参与者。我园重视教育行风建设，认真执行上级有关中小学（幼儿园）收费的规定，全面遏制乱收费现象的发生，严禁违规补课及向幼儿推销教辅资料和课外读物，严肃政治纪律和工作纪律，提高服务水平，领导工作小组以身作则，扎实开展教师职业道德建设活动。认真组织教师学习《新时代幼儿园教师职业行为十项准则》，学期初与全园教职工签订"师德责任书"，每学期进行一次"师德规范教育"，期末发放家长问卷了解教师师德师风情况；在对教师的阶段及年终考核中，幼儿园将师德和教师专业能力作为重要评价内容。意识形态工作是党的一项极端重要的工作，是党的建设和政权建设的重要内容，把意识形态工作摆在全部工作的重要位置，纳入重要议事日程，纳入领导班子和领导干部目标管理，旗帜鲜明地站在意识形态工作第一线，带头抓思想理论建设，带头管阵地把导向强队伍，带头开展批评与自我批评，重要工作亲自部署，重要问题亲自过问，重要事件亲自处置。按照"一岗双责"要求，抓好各口地意识形态工作，形成常态长效工作机制。

永兴幼儿园坚持依法治校方针，把立德树人放在重要地位。与辖区派出所实行警校挂钩，设立警务室，协助解决整治周边地区治安环境问题。保安室内建有一键报警装置，全园监控无死角。每天设有家长志愿者和警务人员负责协助幼儿入园离园。该园把"零事故"作为安全管理工作的重要目标来抓，切实消除隐患，努力保障幼儿的身心健康和安全。建立了行政导护巡查制度，由园长把关，分管园长牵头，年级组长、保健医生具体负责的卫生安全工作网络体系。严格规范各项安全卫生工作，做到及时记录，发现问题当日解决，将安全工作真正落到实处。严把食品采购关、安全验收关；严格规范食品加工程序，确保师生饮食营养健康。2020年1月底，园在"江苏省平安校园示范区"建设工作调研中作为现场查看的唯一一所公办幼儿园，获得省领导考评组的一致好评。2020年底，作为基层代表接受省公安厅的安全专项检查，也获得肯定。2020年幼儿园被评为2019年度毒品预防教育先进集体称号。

陈荣芬园长接着说，美丽又充满童真的永兴幼儿园有着优渥的环境，同样也有着优秀的师资力量。始终坚持以"四心"责任心、爱心、耐心、童心来对待孩子，关注每个幼儿和幼儿的每个细节，叶圣陶先生说，"教育就是培养习惯"。习惯是一个人最主要的。最稳定的素质。任何一种能力的形成都是养成好习惯的结果。幼儿时期，孩子的可塑性大，是习惯养成的关键时期。在这个阶段，给孩子最好的教育就是潜移默化间让他们养成良好的行为习惯。

在永兴幼儿园学习好习惯的课程中，孩子们已经养成了礼貌问好、乐于助人、自觉排队、守秩序、上课认真听讲、自己吃饭、讲卫生等习惯。永兴幼儿园一直以来注重孩子的好习惯养成，很多幼儿园和家长积极参与，并在好友圈打卡鼓励孩子好习惯养成。小朋友们也非常喜爱自己的老师，放学回家都喜欢与老师拥抱，师生非常友爱！通过在幼儿园学习好习惯的课程后，在家里变得喜欢帮妈妈做家务，帮奶奶洗洗菜，在学校是老师能干的小助手，通过这3年的学习在永兴幼儿园老师们的精心教育下，已经是一名合格的幼儿园小朋友了。幼儿良好行为习惯的养成是一个循序渐进、持之以恒的过程，离不开教师的引导，同样离不开家庭的熏陶，需要幼儿园、家庭、社会共同努力，为幼儿创造一个有利于养成良好习惯的氛围，以促进幼儿身心和谐发展，实现家园共育的目标为使命。打造精品幼儿园，是永兴幼儿园过去、现在、未来的永远奋斗目标。

陈荣芬园长继续说，2021年，是中国共产党建党100周年华诞，在崇川区团委、崇川区青年志愿者协会、节制闸社区的支持下，我园与南通特教中心联合开展了"高举红旗跟党走，百年光辉照童心"主题活动。因爱而感恩，有爱而行动 爱心是一泓清泉，荡涤着世间的尘埃；爱心是一缕阳光，扫除了心底的 阴霾；爱心是一股暖流，温暖了人们的心怀！为培养孩子的经济价值观，不浪费自己的物品，响应环保低碳生活，自觉养成节约资源，爱护环境意识和良好的行为习惯。3月 26 日我园大班年级组织开展了以"因爱而感恩，有爱而行动"爱心义卖活动，大家纷纷将家中闲 置的玩具、图书、手工作品等捐赠出来，为南通特殊教育中心的孩子奉献爱心。"摊主"动手齐准备、"在这里我要买很多的玩具，把玩具柜装满"、"我有很多书，可以卖出去"、"我也要，爸爸教我砍价，我要试试"各摊主你一言我一语的，把自己家的摊位正在布置到位。

爱在进行时义卖开始啦！瞧！孩子们有的负责收钱找零，有的负责吆喝，配合井然有序，在各班的卖场都出现了争先抢购的热闹场面，大家都用自己的实际行动来积极响应活动。

"这个多少钱？能便宜一点吗？"宝贝们在义卖中体验到了公平买卖的乐趣，同时也锻炼了自己的人际交往能力，当自己的玩具卖出去时眼里尽是骄傲和喜悦。

在交易的过程中，宝贝们独立探索出了商品交换的新形式——物物交换。"如果你没有现金，可以用你的玩具跟我交换哦！"，每一个孩子都是天生的探索家， 总有新的惊喜带给你。

滴水成渊、聚沙成塔，义卖的商品一件件减少，而爱心款却一点点增多。活动中，孩子们既得到了自己心仪的物品，又奉献了爱心，更加体会到了"爱"的意义和价值。义卖活动结束了，小朋友们都纷纷将义卖赚到的钱投到了我们的爱心捐款箱中，相信这一个小小的举动，一定会让孩子们今后的人生路得到大大的回报！义卖募捐共得善款八百一十三元，此次所募得的钱我们将用来购买制作青团的材料和《少年儿童学党史》，赠送给南通市特教中心的孩子们。俗话说"赠人玫瑰，手有余香"，3—6岁正是孩子们品格形成的关键时期，爱心义卖活动恰好培养了孩子的美好品质，锻炼孩子成为亲社会、有爱心、有担当、有奉献精神的人。

青团寄情，温馨清明。在中华民族的传统节日——清明节到来之际，为了加深幼儿对传统节日的认识，了解清明节的风俗习惯，激发幼儿的民族自豪感及热爱民族文化的情感，我园开展了"青团寄情，温馨清明"制作青团活动。在家长朋友的示范与引导下，孩子们积极参与，认真地学着做青团，孩子们搓、压、揉、团，各种动作齐上阵，真正体验了在玩中学、学中玩的乐趣。香喷喷的青团制作完成了，孩子们亲自动手将一个个青团包装完整，准备与南通市特教中心的孩子们共同分享美味。本次制作青团活动不仅让孩子们懂得了清明节的习俗和礼仪，更充分发挥了孩子们的积极主动性，小小青团，散发着芳草的香味，蕴含着家的味道，更重要的是交叠着各种情感的美味——制作的美味、分享的美味，更是对动手、创新的一种享受。

走进特殊教育，奉献友爱互助。4月1日大班年级组孩子代表和家长代表在崇川区团委、崇川区青年志愿者 协会、节制闸社区的带领下共同前往南通市特殊教育中心进行交流活动。

美好的时光总是短暂的。在与聋哑伙伴的短暂相处中，孩子们真正走进了一个无声、无言的童心世界，他们在这里学会了尊重、理解、同情和善良。通过此次寓教于乐的社会实践活动，不仅有利于丰富幼儿的精神世界，也利于让他们在 活动中培养团结协作，从小树立积极向上的人生观，并将爱党爱国爱社会主义的情怀厚植儿童心中。

我们有理由相信：永兴幼儿园在全体教职工共同努力下，明天会更加灿烂辉煌。将为南通幼教事业谱写了浓墨重彩的新篇章。

岗位服务建新功 党员示范见行动

——“事事要领先”党员示范岗建设

江苏省苏州市相城区黄桥实验小学 马海青

唯有听党话、跟党走，全面贯彻党的教育方针，不忘初心，牢记使命，方能永远坚持正确的办学方向。作为推动学校持续发展中一股不可缺少的动力，我校党支部以新优质学校创建为契机，提出了“事事要领先”的党建文化品牌，并以通俗的谐音数字“44103”命名，时时提醒全体党员践行“行动在岗位，我是示范人”的行动主张，率先垂范，站稳立场，做靓“幸福教育”。

在“事事要领先”党员示范岗品牌项目创建的三年多时间里，我校发展获得了强大的带动力，团队建设获得了可靠的向心力，教育质量获得了稳定的支撑力，社会形象获得了持久的影响力，学校党组织自身也有了更好地凝聚力和号召力。

一、革故鼎新，创建党建品牌

我校始创于1948年，是区内最早的省级实验小学之一。70余年披荆斩棘，弦歌不辍，奋斗不息。进入新时代，我校党组织积极响应上级号召，更加清醒地把“立德树人”、“办好家门口的好学校”作为核心使命，要求全体党员教师更好地发挥党员的先锋模范作用，继续走在各项改革深化的前沿，努力开创学校党建工作新局面，创建适合学校发展的党建品牌。这是当前时代和社会的需要，也是我校实施“事事要领先”党建品牌项目最大的背景。

党员队伍职业道德优、精神面貌正、工作作风实，是学校各项工作的核心力量。然而近年来，由于种种原因，有相当多的党员骨干先后被提拔重用而离开本校，又有一大批青年骨干教师被吸引和团结在党组织的周围，党旗的光辉在我们学校绽放出了迷人的魅力，也为我们的党建品牌创建打下了坚实的基础。

“事事要领先”党员示范岗这个品牌，缘于学校党组织为全体党员和入党积极分子进行党课培训时的一个倡议，其内容包括争做四个表率、落实四项行动、设立十大示范岗、发挥三大作用等多个方面。我们把这些内容组合起来，简称为“44103”，其谐音“事事要领先”，正好与我们的党建目标相契合。品牌名称就这样确定下来了。

二、全面统筹，落实党建管理

“事事要领先”党建文化品牌，是“不忘初心，牢记使命”的一个具体行动。它遵循“立足岗位，立身示范；立行务实，立志争先”的党建理念，以“提升内涵发展、打造学校特色、构建幸福校园”为目标，借助党建品牌建设的契机，通过建设师资队伍、调整课程结构、转变教学方式、优化育人环境等有效途径，构建学习型校园，实施精细化管理，倡导实效性德育，追求有效性教学，寻求特色化办学，促进师生健康幸福成长，办人民满意的教育。

确认示范岗的文化价值。示范岗的选择，是在全面梳理学校文化基础上进行的。我校以“幸福教育”为核心，围绕“学生全面健康成长，教师充满幸福工作，学校高品位发展”的目标，确定每一个示范岗的文化价值。

把握示范岗的关键节点。学校岗位众多，但关键岗位更需要有示范意义。示范岗聚焦管理思想现代化、管理理念人本化，倡导“管理即服务，质量即责任，效益即品牌”繁荣思想，遵循“廉、勤、谦、诚、创”的准则。可以说，德育建设岗位、班级管理岗位、课堂教学岗位、课程建设岗位、校园安全岗位等，都有我们的党员教师走在前面，树立起领先者的示范形象。

坚持示范岗的覆盖原则。我校的“事事要领先”党员示范岗，具有全校一盘棋的意识，尽可能地让学校的每一个条线、每一个板块、每一个角落都有机会直接受到示范岗的影响和辐射。因此，我校特别注意岗位的覆盖面，既突出课堂，也关注礼堂与饭堂；既突出品德，也关注学业、兴趣和特长；既突出校内，也关注家庭与社会；既突出一线，也关注后勤保障。

强化示范岗的效益反馈。示范，是我校党建品牌的关键词，这就需要我们及时地记录和整合每一个示范岗上涌现出来的突出人物和典型事迹，及时做出调整和总结，及时向全体师生做出准确而清晰的反馈。因此，对于“领先”的含义，我们也作出了界定：思想意识上的与时俱进，改革道路上的敢为人先，工作态度上的自律自强，教育教学时的责任担当，竞赛展示时的精益求精，待人接物时的善良宽容，师生关系上的关爱亲和，诸如此类在各自岗位上的言行举止和影响口碑，我校都将其作为党建的主要素材，通过各种途径向全校乃至全社会反馈，让品牌效益得到充分的体现。

提升师德，“学校管理、德育建设、班级管理、家校合作、服务育人”挺在前；提高师能，“学校文化、课程建设、课堂教学、教师发展、教育科研”走在先。党建品牌的生根落地，旨在让全体师生获得幸福感，享受专业发展的幸福，快乐成长的幸福。

三、更高为向，追求党建实效

有了“事事要领先”的党建文化的引领与润泽，幸福黄小“自强不息，奋发有为”的学校精神得到了进一步的彰显，“更高为向，至真乃诚”的学校文化得到了进一步的提升，“幸福教育”的学校愿景变得更加触手可及。

学校内涵发展更深化。“事事要领先”党建项目获评苏州市首批中小学创建“一校一品”党建文化品牌项目，《江苏教育报》专题介绍了学校党建品牌的建设情况。学校先后获得全国优秀少先队集体、全国校园足球特色学校、江苏省教育工作先进集体、江苏省党建文化“一校一品”品牌项目、苏州市四有好教师团队建设项目学校等荣誉。

教师综合素养更全面。近年来，马海青、冯美虹被评为市首届“姑苏教育青年拔尖人才”；王海锋、盛建芬、雷天胜分别被评为苏州市、相城区“中青年学科带头人”；俞红燕、吴淑英等教师被授予“区阳澄湖人才”；尤苑老师获评全国级向上向善好青年和全国优秀教师，老师们在市区基本功素养大赛、评课选优活动中屡屡得奖，频频夺杯。

学生快乐成长更幸福。学生在各级各类活动中屡屡得奖、频频夺杯。在江苏省中小学生跳绳踢毽锦标赛中连续五年获团体一等奖、市创新设计现场赛获特等奖、市经典诵读比赛特等奖、苏州市校园足球联赛冠军、区首届机器人大赛团体一等奖、区校园艺术节比赛一等奖等成绩。

校园是育人的场所，文化是精神的力量。我校党总支紧扣以“44103”为核心的党建品牌项目，围绕立德树人根本任务，突出党员示范作用，遵循问题导向、分类指导、抓常抓长、以上率下的实施策略，切实做到岗位前置、行动示范、效益引领，最大化地把党员教师的内在动力化为切实可见的现实作为，保证党建工作的网格化、精细化和实效化，实现学校党建工作与日常教育教学工作的融合，大力营造有时代气息、校园特色的党建文化氛围。

志存高远 振兴中华

——少华街小学“志华教育”课程基地文化探索与实践

江苏省徐州市少华街小学 蒋洁

徐州市少华街小学始建于1907年，历史悠久，底蕴丰厚，是一所高质量、有特色、国际交往型的百年精品名校。“志华”二字取自学校创办人韩志正先生与辛亥革命先烈王少华，意寓少华学子要志存高远、振兴中华，为努力实现中国梦而奋斗。

在百余年的办学过程中，少华街小学始终以培养“综合素质、家国情怀、国际视野的时代新人”为育人目标，以“志存高远，振兴中华”为教育理念，以“志华课程”为动力，以“基地建设”为船桨，围绕“明志”、“立志”、“成志”三个序列主题，从“顶层设计”到“系统架构”，从“项目推进”到“落地生根”，从“实践反馈”到“理论指导”，通过“基础型”、“拓展型”、“研究+特长型”三类课程，将国家课程和校本课程进行有机融合，旨在帮助学生树立远大志向，让辖区内的孩子都能享受优质教育，铸就徐州教育优质品牌。

通过项目建设，引领学校在各方面有新的突破和发展，为学校实现“高位、优质、内涵”发展奠定坚实的基础。

营创环境，涵养爱国志

学校是教育人的地方，对于学生来说，校园环境被誉为“孩子的第三任老师”，它的好坏对学生有着深刻的影响。从建校之初，少华街小学就高度注重环境建设，充分发挥校园建筑和人文景观的双重作用，将学校发展和国家利益、民族命运紧紧结合在一起，使志存高远、振兴中华的种子深深埋在每一位少华人的心中。

学校充分发挥环境育人功能，将“志华”教育理念融入整个校园进行统筹规划，进行“四楼三馆”、“五院一部”、“一墙一场三长廊”的校园文化建设；充分利用校史馆、志华广场、校友长廊和冠军长廊，通过实体展出、资料介绍、互动媒体，让学生感知学校的历史文脉和发展进程，了解杰出校友的成长故事和精神特质，厚植浓厚的家国情怀，催发学生心智与情志的融合发展；依托志华楼、志正楼、少华楼、兴华楼等教学主楼，开展以“明志、立志、成志”为主题的班级文化建设，涵养学生的爱国之志。

课程固本，发展学习力

学习是进步的源泉和动力。少华街小学秉持“志存高远，振兴中华”的教育理念，积极构建以“基础型”、“拓展型”、“研究+特长型”三类课程为核心的“志华教育”课程体系，引领学校在各方面有新的突破和发展，为学校实现“高位、优质、内涵”发展奠定坚实的基础，全力筑就教师和学生扬帆启航、放飞理想的舞台。

培根筑基，开好基础型课程。学校遵循学生立场，在开足开齐国家课程的基础上，深入探索校本化实施路径，通过学科知识整合和跨学科知识融合，将家国情怀融入其中，着力打造“预—享—问—延”的“志华课堂”，通过“自主预学、提出问题，合作共研、交流展示，质疑拓展、举一反三，归纳总结、延伸学习”的方式，创设自主、互助、合作、探究的氛围，使学生真正成为学习的主人。

多元融合，开好拓展型课程。学校积极开设“12+X”爱国主题活动课程，即在小学12个学期，根据不同学段，组织学生走进淮海战役纪念馆、王杰部队等20多个实践基地，拓展好人园、泉山消防大队、徐州空军后勤学院、徐州巡特警支队等基地，着力培育学生的家国情怀。同时，学校以新冠肺炎疫情防控为契机，加强以生命关怀为基本理想的志华抗疫主题课程，促进学生对生命的关爱与担当意识，为培养担当民族复兴大任的时代新人培根铸魂。

深度学习，开好“研究+特长型”课程。学校在“五院一部”课程群的引领下，开设国学经典课程、弦乐课程、绘画课程、舞蹈课程、民间艺术课程、乐高编程、乐高机器人拼搭、3D打印笔、魔方即鲨鱼STEM以及英语、韩语、日语等外国语种课程，并建有体育俱乐部。同时，由学生通过选课软件自主选择参加社团课程，拓展学生潜能，培养学生的历史人文情怀和艺术鉴赏能力，让学生的个性特长得以充分发挥，以多种途径培养学生文化理解与传承、责任担当、实践创新等综合素养。

以需定教，成长多元化

叶圣陶先生在很多年前就提出了一个著名的观点：“教是为了不需要教。”从“以教定学”向“以需定教”的转变，真正体现了少华街小学尊重学生、以人为本、以生为本的教育原则，力求通过多元活动的开展，让学生根据自己的兴趣和特长自由选择，并在浓厚的学习兴趣中感受、探究、体验、发现、表达和操作，从而促进学生多元化的发展，让志华教育课程成就学生五彩斑斓的梦想！

学校努力为学生拓展运动空间，建立篮球场馆、羽毛球馆、足球训练场等场馆，强健学生体能，锻造学生意志品质，促进学生全面发展。作为全国青少年乒乓球比赛八大杯“向阳杯”的发起及命名单位，少华街小学坚持了60多年的国球特色课程，多次成功承办国家级别、省级、市级大赛，培养了张勇、孙晋、许昕、尤浩、黄晓民等10多位世界冠军和200多名国家级别、省级拔尖乒乓球运动员。目前，学校位居全国13所乒乓球重点学校前列，被誉为“世界冠军的摇篮”。

学校根据学生性格特点和兴趣爱好，建设“五院一部”，即少华少年国学院、社会学院、艺术学院、科学院、外文学院、青少年体育俱乐部，关照儿童个体的性格特点，为儿童提供体验、实践和探索的空间，促进儿童潜能开发和个性发展。如在志华长廊开辟学生作品展示和分享区域，在科技展厅设置以宇宙、海洋、科技为主题的展示区域，激发学生想象和创新思维。近年来，学生在乒乓球、国际象棋、足球、篮球、科技、朗诵、作文、诗歌、书画等大赛中获奖达896人次，1980人次进行了社团文化秀的表演，充分展现了少华学子的风采。

自项目实施以来，我们通过项目化引领全体教师积极参与。近年来，族艳慧主任主持的江苏省“十三五”规划课题《小学美术研学旅行课程的开发与建设》课题，成功结题；王欣主任主持的省级《基于大数据下的综合素质评价研究》顺利在研；7个市级课题立项或结题；58人次在全国、省、市优质课、基本功、论文等大赛中获一等奖；30余篇论文在《小学教学参考》《小学教学研究》等省级以上刊物发表，族艳慧、张红、刘潇、汪倩倩、陆岩、谢薇、刘珍、褚安娜等18人获得市、区名优教师、优秀教育工作者等称号。围绕项目建设开展立体化的培养工程，培育一支富有文化底蕴，具有学习力、思考力、沟通力、创新力的教师队伍。

时光荏苒绘豪卷，硕果累累满枝头。一代代少华人辛勤耕耘，在这里创下了丰硕的教育业绩，铸就了学校今天的辉煌。学校先后荣获“全国教育科研先进单位”、“全国青少年足球特色学校”、“全国校园文化先进学校”、“全国中小学校长培训基地”等数百项殊荣。

回眸过往，展望前程。少华人在“志华教育”的濡染下，正凝心聚力，用海纳百川的胸襟拥抱未来，践行“重科研、抓管理、提质量、炼特色”的办学策略，致力于续写少华教育集团未来的锦绣华章！

自主游戏中幼儿深度学习的支持与推进

江西省赣州市瑞金市红井幼儿园　钟瑞萍

《指南》强调幼儿园教育应尊重幼儿身心发展的规律和学习特点，以游戏为基本活动。如何更好地支持幼儿自主游戏？从而让幼儿获得自主发展。我园在依托环境、基于游戏、立足生活中支持孩子深度学习方面做了一些尝试和探索。

基于此，我园利用园所户外空间大这样一个得天独厚的自然资源优势，推进“室内外环境一体化”建设，统整考虑室内外的环境创设，把室内活动区延伸到户外，从不同的空间维度，为不同阶段孩子的发展提供可操作的环境。并遵循“看得见、拿得到、放得回”的原则，投放大量低结构、高开放的探索材料，为孩子们的深度学习提供了开放空间和丰富资源。主要做法：

一是优化基础设施和文化环境。争取政府资金500余万元，利用今年上半年疫情期间建设生态园“花果山”，健兔楼再升一层，增加了4个幼儿专用活动室，改造装修三条连廊，改造美化沙池。对园所文化进行重新规划设计，文化环境打造紧扣系列绘本《青蛙弗洛格的成长故事》。这套绘本在国际上曾获得多项大奖，绘本里面的人物栩栩如生，各具良好品质，如：主人公青蛙弗洛格，它在故事中展现了多元化的形象，拥有正直、诚信、勇敢、聪明、乐观等好品质，野兔活泼且积极向上，老鼠爱阅读又富有智慧、小猪爱美，喜欢做美食……我园正是利用这套绘本中孩子们喜欢的角色及故事重新打造文化环境，4栋楼也因此分别取名为：信蛙楼、健兔楼、智鼠楼、美猪楼，楼名中的关键字“信、健、智、美”正是我园的办园目标。

二是创设公共廊道游戏环境。三条连廊改造装修的目的就是为创设三条游戏街做准备，我园教师利用疫情假期三个月时间策划设计廊道游戏环境，每个廊道以《青蛙弗洛格的成长故事》系列绘本中的动物角色、故事名称分区，取名，并根据不同年龄特点投放开放的、多元的材料。一楼廊道创设为弗洛格演播厅（主要有阅读听赏、故事表演、小井有约记者站、皮影戏、手偶剧等），二楼弗洛格拼装工程部（主要以乐高、塑料胆托、子母扣、磁性玩具及各种废旧物品为原材料，让孩子们开展墙面拼搭、建构游戏），三楼弗洛格小镇（主要创设社会角色扮演游戏环境，有特别的日子鲜花店、咕噜茶馆、野兔医院、弗洛格小屋、奇妙滋味烧烤店、小猪美食、宝藏照相馆、熊熊美发店、好美鸭时装、美猪小厨房、信蛙百货等11个社会角色扮演活动区）。

三是因地制宜改造、增加户外游戏区。在原有13个户外游戏区的基础上，我园在新建设的花果山上增加了“花果山”寻宝、把“我是小小兵”野战游戏区调整到花果山下等。

这些游戏环境的创设，给幼儿带来了丰富的环境支持，室内几乎所有的区角在户外都有对应的体现，如：室内的涂鸦区、美工区延伸到户外创意乐园；班级的娃娃家、自然角延伸到开心小农场；表演区延伸到娃娃小剧场等。并且在丰富性、开放度上，户外的环境有室内远不及的魅力。活动时让孩子自主选择游戏内容、游戏材料和同伴，孩子们在自由愉悦中探索、合作、思考、成长。

一、儿童视角下的自主游戏环境创设——实践生发新调整

通过刚才钟园长的介绍，大家了解我园教师创设了丰富的室内外一体化自主游戏环境，这些我们教师精心设计的活动环境在投入使用初期，是以功能室活动开展的形式，每周安排一次，一周一换，目的是尽量让每个孩子都能体验各个游戏区，一段时间后我们观察发现孩子在游戏中并未达到我们预期的效果，在教师精心设计的区域中孩子活动相对模式化、形式化，很少有新经验获得，在每个游戏区基本处于浅层学习。怎样更好支持孩子深度学习，一个小朋友的抱怨打开了我们的思路，他说：老师，我重新作好了游戏计划，打算换一种方法玩，可是总也轮不上。的确，一周一换的方式，能让小朋友体验到不同的区域，但频繁地更换不利于孩子的深度探究学习。

1.保障时间空间的连续性。

所以，我们从原来一周一换的方式调整为以月为单位，实施班级责任制，以保障孩子游戏时间、空间的连续性。根据安排表，这个月你班上玩哪个区你就是这个区的责任人，这个区的所有材料投放、空间布局全由你班上说了算，根据班上小朋友活动开展情况进行实时调整，每周2-3次的自主进区时间。这样的调整，使幼儿能在昨天的经验上持续建构对同种环境和材料的认识，让他们有足够的时间和机会去延续和拓展自己的创造和想象，从而不断提升游戏水平。

2.夯实游戏后分享与交流。

《纲要》中指出：有效地分享评价是了解教育适宜性、有效性，提高教育质量的必要手段。本学期，我们夯实游戏后分享与交流的实效性，摒弃走过场、流于形式、没有涉及幼儿经验提升和解决活动中存在问题的分享。教师围绕游戏的相关核心经验、幼儿操作材料的能力、学习品质、社会交往、规则的遵守、个体差异开展讨论研究式的交流分享。在这样的分享中野战营的孩子发现仅有区分敌我角色的头盔不能很好地评判战斗中的生死，需要添置上毛球服，才能让那些被手榴弹炸到的敌人毫无疑义地倒地；发现对战中除了进攻，守阵布阵如何躲避敌人的攻击同样重要。这样的分享，让野兔医院的孩子发现医院的中草药品种太少了，需要添加，每一种中草药的作用也不尽相同；也是这样的分享让我们信蛙百货的超市工作人员发现：他买的东西我不会找钱，从而根据已有数学认知能力重新调整超市货品价格。

儿童视角下的自主游戏环境创设不仅提升了我们教师的专业素质，又帮助孩子及时梳理和提升原有经验，激发孩子再次活动的愿望，是支持孩子深度学习的助推剂。

二、从打破到重建——游戏开展的新样态

（一）基于兴趣，与课程紧密联结

有时，孩子们会对某些特定的事物特别着迷和感兴趣。他们的兴趣是产生无限可能性的催化剂。我们大6班的教师通过三楼廊道中咕噜茶馆的游戏，敏锐捕捉到孩子的兴趣和需要，引发了一次谈话，生发了《茶香四溢》的班本课程（谈话内容及班本课程图），班本课程推进的过程，也是咕噜茶馆游戏推进的过程，这种模式充分发掘了教育的可能性让我们的课程与我们的游戏区形成无缝对接，促进幼儿深度学习的作用就能充分地发挥出来。

（二）基于主题，延伸拓展课程

在幼儿园主题活动中，区域游戏与集体活动是两个密不可分的主体，当我们把目光锁定在主题活动中，将教学主题与区域游戏相结合，可以很大程度上丰富区域游戏的内容，拓展学习空间，促进经验整合。如大四班的小朋友在开展了绘本《一园青菜成了精》以后，意犹未尽，各种青菜萝卜之间大呼小叫争输赢的场面，极大地激起了孩子心中争强好胜的因子，俗话说唱而优则演，于是教师顺势而为，利用一楼弗洛格演播大厅开展表演、访谈类的主题活动，让孩子通过创造性地扮演角色、挖掘蔬菜相关话题无限延伸拓展了课程内容。这种主题与区域游戏相结合的方式，唤起了幼儿的游戏兴趣，自发地表征与主题有关的内容，充满了探究与创造，充满了深度学习。

深度学习之“深”，它“深”在触动心灵、“深”在真实生活体验、“深”在多学科领域整合、“深”在解决问题的能力和哲学的思维品质上。教育从来不是一个人的苦思冥想，而是追随儿童后的水到渠成。在探索的路上我们将永不停歇，接下来，也希望在座的各位领导，各位老师能给我们提供更多关于探索的宝贵意见，谢谢大家！

学教有序壮心志，百年香樟定乾坤

江西省上饶市第一小学　程一红

学校是传授知识和培养人格的场所，特殊的、固有的文化氛围是其主要特征。所谓“风以化人”，就是利用良好的校园环境、文化涵养熏陶、感染学生，突出以人为本的原则，促进师生身心健康以及自身发展。作为一所有着百年历史的老校。办学以来，立足学校深厚的文化底蕴，学校凝练了“清正明达、合作创新、终身学习、无私奉献”的“香樟精神”，确立了“好习惯成就一生”的办学理念和“为学生终身发展奠基、为教师专业成长铺路”的办学目标，特别是致力于香樟课程建设，充分挖掘学生潜能，为学生未来更好发展夯实了坚定的基础。通过多年的拼搏努力，学校在教师成长、学生成才等方面都取得了可喜的成果，校容校貌焕然一新，教育教学质量连年提升，先后获得全国首届文明校园、全国雏鹰大队、全国优秀少先队大队、江西省首届文明校园、省中小学实施素质教育示范学校、省内涵式发展基地校、省德育示范学校等多项国家级别、省级荣誉称号，找到了学校教育与核心素养的契合点，并且更加坚定地行走在以“香樟课程体系”为核心的特色教育发展的道路上。

一、立足特色课程创新，绽放香樟文化魅力

课程是学校教育的核心要素和重要载体。立足学校实际，我校积极开发对学生发展起到积极引导作用的校本课程，力求一撇一捺把学生真正培养成一个大写的“人”。在构建香樟课程体系的进程中，我校经历了补充国家课程、开设多元课程、完善整合课程三个阶段，研发了“修身立德”、“书香诗韵”、“五净德育”、“五彩精灵”等具有自身特色的校本课程，通过调整课时、丰富节日文化，开设各类活动，有序推动了“节日课程”、“劳动课程”、“阅读课程”等课程的深入发展，并整合完善现有课程，深化阅读课程影响力，加重科技类课程比重，构建与时俱进的课程体系。在此基础上，学校还将好习惯教育与“公民素养、学业基础、智慧成长、特长培养”融为一体，进一步确立了开创“1965”全员育人架构的课程目标，即一个核心（好习惯成就一生）、九个维度（九大好习惯）、六条路径（环境、课程、活动、教育科研、班级管理、家校合作）、五大目标（培养文明少年、智慧少年、阳光少年、书香少年、艺术少年），倾力打造“香樟文化”，铸造“香樟良师”，培育“香樟英才”。学校以“香樟精神”为引领，树立“大课程观”，将所有课程分为德育类、专业型、拓展型、校品类四大类，构建了“香樟课程体系”。

二、领悟香樟课程内涵，切实发挥育人功能

“香樟课程体系”在纵向上主要凸显四大类课程。即德育类课程、专业型课程、拓展型课程、和校品类课程。德育类课程是学校课程的根基，育人为本，德育为先，我校将“爱国”的思政核心精神融进学科教学中，形成协同育人课程体系，围绕“红领巾文化”推动思政教育目标，落实立德树人根本任务，并健全劳动教育体系，配套劳动实践设施，认真开展劳动教育，对学生进行劳动能力综合评价。

专业型课程是学校课程的主干，以国家课程为基础，以各专业学科内容为主，涵盖知识性课程（语文、数学、英语）、体艺类课程（音乐、体育、美术）、信息科技类课程（科学、微机）和综合实践课程，引导学生走出书本，在各类领域去延伸，实现全面发展。

拓展型课程是学校课程的枝干，根据学生发展的需要整合校本课程，从社团课程、主题课程、节日课程、研学课程多方推进，以实现“香樟课程”对学校育人目标的特色化要求，进行知识与能力的拓展，实现个性化的发展目标。

校品类课程是学校课程的枝叶，结合“书香校园”的建设，积极创建书香课程（国学诵读、经典午读、翰墨飘香、书法展示、七色花阅读考级）、校园文化课程、阳光体育特色课程等，体现“香樟课程”的特色性、创新性和综合性，满足学生的个性发展需要。

“香樟课程体系”在横向上主要凸显五大特点。一是校品课程精品化，经过深入调研，将每天6节40分钟的课改为35分钟，每天提出30分钟，分别在每天上午增设20分钟的小课，下午增设15分钟的微课，开展特色校品课程，使学生充分利用有限的学习时间，为学生身心健康成长开启了更多、更新的发展领域。二是整合课程优势化，通过开齐开足国家课程、研发八大系列的校本课程、开展五大板块的社团活动，最大限度地优化教学资源。三是主题课程特色化，通过开展主题活动、主题竞赛，对学生思想品德、创新精神、实践能力进行有效引导，实现个性特长的培养。四是评价课程多元化，在传统的学业评价外，自主研发多项评价课程，让学生从多个维度实现做更好地自己。五是节日课程品牌化，将教育活动日与培养“有责任、肯担当、有内涵、懂合作”的育人目标紧密结合，充分体现核心素养的培育。立足于促进学生幸福成长的“香樟课程体系”的有效落实，不仅凸显了教育情怀，也启迪了教育智慧。

三、不忘教书育人初心，成就美好品质未来

“非知之艰，行之维艰。”教育是一项知行合一的事业。学校的内涵、品位和文化底蕴需要被全体师生牢记并践行，应如和风细雨渗透到学校各处角落，待春暖花开。“香樟精神”的树立不仅促进了师生身心的健康发展，更让学校的精神面貌焕然一新，提升了学校办学品味。在走向未来的道路上，我校会继续怀揣教育的理想，以“香樟”作为学校的精神、文化引领，贯彻“清正明达、合作创新、终身学习、无私奉献”教育原则，领悟“好习惯成就一生”办学理念，并贯穿于教育教学始终，让香樟教育迎来更加灿烂的明天。

内涵引领　扎实推进新时代劳动教育

江西省上饶市万年县陈营镇中心小学　施琳敏

尊敬的各位领导、评委、同仁：

大家上午好！很高兴在这里做个交流发言。12月8日，我有幸参加了江西省劳动教育教师培训。培训中专家们详细阐述了开展中小学劳动教育的必要性和紧迫性，提出了加强新时代劳动教育的具体措施和方法。当前劳动教育正被淡化、弱化甚至缺失，全社会必须高度重视，尤其是作为教育教学一线管理者的我们，更应采取有效措施切实加强中小学劳动教育。下面我就以《内涵引领　扎实推进新时代劳动教育》为题，从以下三个方面，结合我校在开展劳动教育的几点尝试和大家共同探讨。

一、劳动教育是时代发展的需要

在学生中弘扬劳动精神，教育引领学生崇尚劳动、尊重劳动，懂得劳动最光荣、劳动最崇高、劳动最伟大、劳动最美丽的道理，长大后能够辛勤劳动、诚实劳动、创造性劳动。（2018习总书记在全国教育大会上讲话）

教育部长陈宝生在2020年全国教育工作会议上强调：劳动教育不能泛化，不能简单认为动手动脑都是劳动，不能简单用学习、体育等代替劳动，劳动教育要培养劳动情感、劳动技能，培养吃苦精神、奋斗精神，要以体力劳动为主，手脑并用，实实在在地干活，实实在在地出力流汗，劳动教育涉及大中小义务学段，涉及不同部门不同机构，明确职责是第一位的，现在开始，各地各校就要研究怎样落实的问题，要明确职责，避免推脱扯皮，只打雷不下雨。

2020年3月20日，中共中央国务院出台了《关于全面加强新时代大中小学劳动教育的意见》，7月7日，教育部也出台了《大中小学劳动教育指导纲要（试行）》的通知。《意见》提出了培养社会建设者和接班人对劳动教育的新要求，指出了落实大中小学劳动教育是进一步落实全国教育大会的举措，《纲要》则明确了劳动教育目标、内容、途径和评价，为大中小学校开展劳动教育做了顶层设计。

二、劳动教育是学生身心健康发展的需要

在现实生活中，很多学生对粮食、衣物、小鸡等是怎样来的都不知道，甚至学校很多低年级的学生吃饭要喂，洗脸要帮，中高年级学生从没有叠过被子，没有帮家长做过家务，学生体质状况令人担忧。对于劳动教育，很多学校在课表上有劳动课，但都是形同虚设。劳动教育逐渐淡化，甚至到了缺失的地步，令人忧心。

1.对32个省（区、市）15000名大中小学生问卷调查（网上资料）

近一年内，有七成以上学生没有参观过工厂生产线，近五成学生没有参观过农场或林场，近五年内，近三分之一的学生未接触农业活动或场所，近二分之一的学生未接触工作活动或场所。

2.对上万人的职业理想调查（网上资料）

学生比较多地选择当“主持人”、“网红”、“老板”，愿意当工程师的仅2.06%，原因是工程师“辛苦”、“又脏又累”、“有时还有风险”。不想劳动，轻视劳动的现象非常严重。

3.我校中、高年级学生情况调查

通过对中、高年级学生发放724份问卷调查情况来看， 99.3 %的学生一年来没有参与过种植劳动，86.5%的学生没有帮家长做过家务，89.1%的学生没有到社区或敬老院参加过社会实践劳动，76.3%的学生没有参加过附近工厂或劳动实践基地。学生的劳动只来源于学校安排的大扫除等活动。

如今校园里近视眼、体力差、易感冒等情况比较严重，特别是小学出现这种情况的趋势越来越明显。学生劳动观念的淡泊，劳动价值观的淡化，严重影响了学生身心健康的发展。

三、劳动教育是坚持“五育”并举，培养社会主义建设者和接班人的需要

为谁培养人？培养怎样的人？怎样培养人？这是时代之问，是新时代教育的根本问题。新时代党的教育方针明确指出，要坚持教育与生产劳动和社会实践相结合，培养德智体美劳全面发展的建设者和接班人。因此说劳动教育是新时代党对教育的新要求，是大中小学必须开展的教育活动。我校地处城乡接合部，拥有优厚的劳动教育资源，在开展劳动教育方面做了一些尝试和初步设想：

（一）以阵地为依托，建立多样化劳动场所。

作为学校要统筹规划和配置劳动教育实践资源，满足多样化劳动实践需要。要充分利用现有综合实践基地，青少年校外活动场所，建立健全开放共享机制，安排一批土地、山林、种养植等为学农实践基地，确认一批厂矿企业为学工实践基地，认定一批社区、光荣院、科技馆等作为服务型劳动基地，推动我校逐步建好配好劳动技术实践教室、实践基地，丰富劳动教育资源。

（二）以教研为支撑，构建多样化劳动教育课程。

整体优化学校课程设置，将劳动教育纳入中小学必修课，极力开展劳动教育课程。

1.农耕文化校本课程。就我学校来说，周边有大棚蔬菜种植、苗木种植、水果种植、鱼鸭等养殖地。学校在实施劳动教育过程中可以结合实际因地制宜组织学生参与、实践劳动，开发自己特色的校本课程。

2.体验制作校本课程。学校地处工业园区、街道小区集中地，忙碌的工人、机器轰鸣的车间、花团锦簇的幸福小区，都可以让学生体验到动手劳动的快乐。

3.校外研学校本课程。校外研学是学生走近自然、了解自然的一种有效方式，也是培植学生热爱劳动，动手劳动的有效途径。为弘扬稻作文化，传承勤劳朴实万年精神，本学期，我校组织了《稻花香里说万年 仙人洞里访先民》校外研学活动。通过活动进一步激发学生尊重劳动，热爱劳动的热情。

（三）以活动为抓手，形成多样化的劳动教育评价机制。

开展劳动教育，必须在学生中开展多种形式的劳动实践活动。作为小学生开展的活动不一样，劳动的内容也就不一样。学校根据劳动实践教育性质将劳动分为校内劳动，家务劳动，农场劳动及社会公益劳动等，而不同年龄段学生劳动教育有不同的内容。

2020年10月13日，中共中央国务院印发的《关于深化新时代教育评价改革总体方案》中强调，加强劳动教育过程性评价，将参与劳动教育课程学习实践情况纳入学生综合素质档案，进一步明确了开展劳动教育活动，必须要建立健全评价机制。

2020年12月27日，县委常委、宣传部长程学江同志在六〇小学校庆60周年座谈会上对我们全县各级各类学校提出了四点要求，其中一点就是改革劳动教育评价制度，并且用参与劳动、坚持运动给我们带来健康的实例强调了劳动教育的重要性。

如果说实施新劳动教育势在必行，那建立健全评价机制必需先行。结合学校实际，重点应做好三个方面：

1.评价类型的建立。主要分平时表现评价、学段综合评价。

2.任务清单的落实。在实施劳动教育评价过程中，要根据不同学段列出劳动教育清单，明确劳动教育的“底线要求”，这是实施好劳动教育评价的前提。

3.写实档案的记录。学校给每个学生建立劳动教育档案，真实记录好学生参与劳动的时间、内容、过程及结果。这是实施好劳动评价的重要依据。

（四）以校园网点布局为契机，破立并举加快推进新时代劳动教育。

加快学校网点布局规划，实施万年县委县政府提出的教育强县的“三大战略”，推进经济、社会高质量发展。以我学校为例：社里小学、黄营小学、永乐小学学生40--80人左右，但学校种植基地光社里小学就差不多4亩，黄营、永乐各近2亩。这三所学校以中心小学为中心进行辐射，最远的差不多3公里，最近的不到1公里。学校撤并后可以打造中心小学校外种植、手工制作基地，开展二十四节气和丰收日等劳动活动。同时结合“县管校聘”制度改革，也可以适当安排一些有一定经验的老教师们担任校外劳动教育辅导员，以弥补开展劳动教育学校师资短缺。

在全县义务教育网点规划暨“县管校聘”管理改革座谈会上，县教体局局长叶建华同志指出，任何一项改革都有困难和挑战，关键是要我们提高站位、解放思想、着眼长远、聚焦问题、敢作敢当，就一定能做好。

各位领导、同仁，新劳动教育的春风正徐徐吹来，我们将以《意见》《纲要》为引领，宣传好、组织好、实施好新劳动教育，践行好“万年太久、只争朝夕 ”的万年精神，让万年教育每天都有变化，让每个孩子成为一道亮丽的风景，让每位教师都有出彩的机会，让每个校园都成为孩子的乐土，让每一个家庭都享受教育的公平。

最后，引用苏霍姆林斯基的一句话，与在座的同仁共勉——劳动，当他进入到我们学生的精神生活时，它将成为伟大的力量。

静心办教育 潜心育桃李

江西省上饶市万年县南溪中心小学 吴海庭

习总书记指出，教育是民族振兴、社会进步的重要基石，是功在当代、利在千秋的德政工程，对提高人民综合素质、促进人的全面发展、增强中华民族创新创造活力、实现中华民族伟大复兴具有决定性意义。作为从事教育工作的我们，深感责任重大、使命光荣!新时代、新使命，新挑战、新作为。学校要完成好立德树人的根本任务，办好人民满意教育，我认为没有捷径可走、没有妙药可治，只有静下心来去想、沉下身来去做。下面就我校的一些做法与大家共同探讨，恳请批评指正!

一、党建融入课程，厚植爱国情怀

加强党对教育工作的全面领导是办好教育的根本保证。强教必先强师。学校应按照有理想信念、有道德情操、有扎实学识、有仁爱之心的标准，做好教师的培养和培训工作，使其发挥好人类灵魂的工程师、人类文明的传承者的天职，担负起传播知识、传播思想、传播真理、塑造灵魂、塑造生命、塑造新人的时代重任。我校将党建工作融入课程，启动“三个百分百党建课程”体系，打通“教书育人”的最后一公里。

1.100%的党员干部上党课，锻造担当作为的干部队伍。我校党支部创新“三会一课”模式，党员干部加强学习，向网络学习、向书本学习，学专业知识、学党的理论。人人登台上党课，发挥党员的先进模范作用。

2.100%的党员教师上精品课，锻造率先垂范的党员队伍。学校党支部大力实施“把党员教师培养成教学和管理骨干、把骨干教师培养成党员”的双培养机制，以党员示范岗、党员教师精品课、党员青蓝工程、党员教师素养展示等形式，扎实开展“党员教师亮身份、亮承诺、亮职责，争当红烛先锋”精品课活动，营造“我是党员我光荣，我是党员我先锋”的良好氛围，引领教师专业成长。

3.100%的教师上好思政课，锻造全员育人的教师队伍。学校党支部坚持党建与教育教学“两手抓”、坚持立德树人这一根本任务，确立全员育人的大德育观，要求全体教师人人上好思政课。各学科充分挖掘传统文化和德育素材，达到全方位、多角度德育教育目的，让育人在每节课上发生。2018年我校党支部被局党委评为先进基层党组织、2019年被县委县政府评为全县基层党组织、2020年被县委组织部评为“全县基层党建红旗示范点”。

二、坚持民主管理，推行校务公开

为努力增强学校各项工作的透明度，不断提高教职工的主人翁意识，充分调动教职工的积极性。学校始终坚持实行民主管理，大力推行校务公开。

1.建章立制、健全机制。学校成立了由校长为组长的校务公开领导小组；成立了以校长为组长、各处室负责人为成员的校务公开工作小组；成立了由学校行政、教职工代表和学校聘请的社会监督员组成的校务公开监督小组。制定了一系列制度。

2.注重实效、增加透明度。校务公开为做到讲求实效，取信于民，在具体操作过程中做到实事求是，防止弄虚作假，达到规范化、制度化管理，我们做到“四个一”即：有一套公开方案；有一个公开栏；指定一名具体负责人；成立一个民主监督小组。校务公开注意内容与形式的统一，不同内容采取不同的公开形式。通过各种渠道使广大教职

工和学生、家长"知悉校务、民主监督、参与管理"，充分发扬民主，促进学校的发展。

3.拓宽渠道、巩固成果。学校每学期均会不定期召开家长会议，将学校本学期内的一些重大工作安排予以通报公开，并就下学期将要采取的改革措施征询意见或建议。

通过校务公开，学校最大限度地维护了广大教职工、学生的合法权益；促进了党风廉政建设。学校各级领导班子的凝聚力进一步增强，充分激发了广大教职工的民主参与、民主管理和民主监督的积极性。2020年9月，我校被上饶市委、市政府评为2019—2020学年度"教育工作先进集体"，同年11月被江西省厂务公开领导小组授予"校务公开民主管理先进单位"。

三、打造书香校园，滋养师生心灵

校园文化是一种精神和氛围，是学校发展的灵魂，是师生凝聚力的重要体现，是学校形象的展示，是学校文明进步的重要体现。优秀的校园文化能够赋予师生独立的人格和独立的精神，鼓励师生不断的反思和超越。基于此，南溪小学以"打造书香校园，滋养幸福心灵"为目的，努力营造浓郁的书香氛围，让师生在氤氲书香中发展、飞扬。

1.海量阅读，为学生的终身发展奠基。为满足阅读兴趣浓厚、阅读量大的学生需求，学校为各班级配备图书角，方便学生课余阅读。图书角的图书或以班级为单位向学校图书室借阅，或鼓励学生自己捐书，或学生之间相互交换个人图书，努力实现班级图书资源共享。

2.自主研修，为教师的专业成长引路。中青年教师开学初通过对自己的优势和不足分析，制定切实可行的个人专业发展规划。内容涉及教学、培训、阅读及论文发表等多方面，学校竭尽所能为教师成长搭台、引路，免费为教师订购教育专著、教学业务杂志。每学期认真评选"阅读积极分子"，颁发荣誉证书。教师通过自主研修这条途径读教育专著，读教育期刊文章，使一大批青年教师的教育理论水平逐步提升，从而更好地指导教学实践。

四、整合教育资源，营造育人氛围

南溪，自古文风鼎盛，人才辈出，有着深厚的文化底蕴。为落实立德树人的根本任务，培育全面发展的建设者和接班人，学校在加强立德树人统筹，整体优化育人工程上坚持不懈地探索。

1.积极实施五育并举。要培养德智体美劳全面发展的优秀人才，就必须冲破唯分数论的思想禁锢。在育人实践中，我校着重从评价制度入手，积极推行"十星评价"，从学习、礼仪、文体、劳动、诚信、正义、合作创新等十个不同的方面及时发现学生的闪光点。通过学生自评、学生互评、老师评价等方式综合评价学生的在校表现，学校对获得"每周之星"、"每月之星"、"学期之星"荣誉称号的学生予以表彰。通过一系列活动的开展，学生的个性得到了发展、素质得到了提升，我校被上饶市教育局、上饶市关工委评为"青少年健康成长教育基地"。

2.切实加强家校合作。苏联伟大的教育家苏霍姆林斯基说：没有家庭教育的学校教育和没有学校教育的家庭教育都不可能完成培养人这一极其细微而复杂的任务。学校教育、家庭教育、社区教育都是立德树人的重要环节。学校尤其重视家风教育，坚持开展"小手拉大手，传承好家风"活动，将立德树人工作深入到家庭，发挥好家庭的育人功能。清明节到烈士陵园祭扫、重阳节入敬老院志愿服务等一系列活动的开展，均在潜移默化中对学生身心发展施加影响。

在南小工作的几年，在县委县政府、在教体局的坚强领导下，作为南小一分子的我，与全体教师一起坚持以德为首、安全第一、健康为重、创新为要的理念，取得了一系列成绩，但离办人民满意满意教育还有一定差距，我们将不忘初心、牢记使命，弘扬万年太久、只争朝夕的万年精神，静下心来办教育、潜下心来育桃李。

践行上善教育，引领幸福成长

江西省上饶市万年县上坊乡中心小学　陈海枝

2015年8月，我调任万年县上坊乡中心小学校长，一开始内心是忐忑不安的。不仅因为办学条件特别薄弱、师资配备极不合理、教学成绩长期靠后、优秀生源大量流失等复杂的校情生情，还因为自身管理经验略显不足，唯恐有负组织信任、领导厚望及百姓期许。

教育是国家发展的基石，事关民族兴旺、人民福祉和国家未来，决不能畏首畏尾、轻言放弃。我一直坚信，教育是使人幸福的事情。为此，我深入研究，逆势而上，勇于担当，创新提出"上善教育"的办学思路，积极打造"上善之地，兴学之坊"，引领师生幸福成长，助力学校化茧成蝶，探索出了一条向上向善、和谐发展的特色之路。

借东风抓校建，校容校貌焕然一新

校园环境是一所学校的直观品牌，是人们踏入校园的第一印象，无论学校特色内容多么姹紫嫣红，校园环境都是一片必不可少的绿叶。我主动搭乘薄弱学校改造和均衡发展评估两股东风，高位推动完成基础设施建设、校园文化建设，美化、绿化、亮化校园，大力改造提升学校形象。

在建设过程中，尽管遇到了很多阻力，但领导的关心和支持帮助我们渡过了难关。犹记得，乡党委叶书记深入各校协调关系，出钱出力解决问题的那份情怀与担当；犹记得，汪局长责令承建商无条件重做护栏，确保校建质量的那份坚定与果断；也不曾忘记，村民阻工，班子成员调解劝慰、化解冲突的那份耐心与韧劲……现如今，学校旧貌换新颜，一个绿色的、人文的、活力四射的美丽校园正昂首阔步向前。

破惯例强师资，专业素养逐步提升

教师是教育工作的中坚力量，只有高质量的教师才会有高质量的教育。上级领导高度重视我校的师资配备，近五年共为我校调入优秀青年教师30多名，近三年更是打破常规惯例分配10多名特岗教师，为我校的师资队伍注入了新的生机与活力。

学校定期开展师德师风理论学习，组织"师德标兵"评选活动，树立师德典型，褒奖获奖教师，形成崇尚先进、学习先进的良好风气；开展推门听课、评课、说课、集体备课、个案研讨等常规教学活动，组织过关课、优质课、创新课等评选活动，实施青蓝工程师徒结对、联片教研等学校发展共同体建设，推动教师整体发展；加大外派学习力度和教科研奖励，增强教师的价值感和幸福感，激励教师专业成长。

明方向定规划，科学制定办学目标

要吸引留住辖区生源，唯有提高办学质量、提升办学品味，办好人民满意的教育。我们科学拟定办学理念及学校发展五年规划，锻造良好的校风、教风、学风，着重培养学生会学习、会生活、会合作、能担责、能创新等多方面的能力，为他们适应时代发展、未来社会奠定了坚实的基础。

经过多方讨论和审慎思考，我们提炼出"上善教育，伴随师生幸福成长"的办学理念，形成了"诚信、友善、乐学、好思"的校训，"文明、向上、崇善"的校风，"勤勉、静笃、合作"的学风，"厚德、严谨、博容"的教风，坚定不移地走"学生全面发展+特长、教师专业发展+幸福、学校持续发展+特色"的科学持续发展之路。我们期待，到2021年，基本实现全乡学生数量翻倍，师生整体素养提升，全县学校整体评价从下游跃居中上游。

建新规立新制，完善学校管理体系

没有规矩不成方圆，但制度又不应局限于行为限制，更应该着眼于价值追寻，给予人文关怀，提升执行效率。为此，我们修改了一系列管理制度，为学生的健康成长和快乐学习保驾护航。

教师参与制度的制定，不仅公平民主，还能切身感受到自己与规则是有价值的，从而更愿意遵守。例如，我校情况特殊，需要内部支教，按年龄轮流看似公平，实则论资排辈。为此，我们根据教师的意见将其修改为由教科研成绩弱、进步慢的教师先支教，这样既有利于教科研成绩的整体提高，又让教师有了努力的动力和价值。

制度不是冰冷的条文，而是有温度的契约。在考勤制度中，我们增加了几项人文假期，教师们的工作效率不减反增。同时，学校领导率先垂范，认真备课上课，坚持听评课，严格遵守《中小学校长行为规范》，按规定维持上下学秩序，也让师生心服口服加佩服，从而自觉遵规守矩。

学理礼重实践，知行合一全面发展

教育是一项责任工程，容不得半点"虚"的，要务实、负责、求真。我们全面践行课程建设培育人、活动竞赛锻炼人、评价导向激励人、关爱行动感染人、环境氛围熏陶人的办学思路，着力培养德智体美劳全面发展的上善之人。

学校积极开展爱国教育、感恩教育、文明礼仪教育，培养学生健全的人格及良好的道德品质；除开齐开足基础课程外，还克服场地、师资等困难开设十几个兴趣小组，培养学生的兴趣特长，从而为他们的发展创造更多的可能性；注重实践，分年级给学生指定劳动项目，培养学生的自主管理能力和劳动能力；开展经典诵读活动，教育引导学生汲取中华优良传统文化的精髓；每逢重要节日，县领导会来校看望师生，领导的关怀催人奋进，师生间的友善互助亦温暖人心……教育向美而生，这正是向美的教育，也是对向上向善最好的诠释。

困难原是化了妆的机遇，我们上小教育人齐心协力，抢抓机遇，教育教学成绩逐年上升，提前实现五年规划目标，形成了良好的发展态势。2019年度，我们在中小学评估中排名上升到全县A档；师生参加全县各级各类比赛，捷报频传、惊喜不断；2020年全县艺术教育评比中，我们荣获团体一等奖，赢得了各级领导及百姓的赞誉！

随着教育改革的不断深入，根据县委县政府的整体部署，学校将如何合理调整网点布局，优化资源组合，科学实施教师县管校聘，促进教育优质均衡发展？改革路上，我们将再次面临新机遇，迎接新挑战。但我们始终坚信，有了领导关心、班子同心，上小教育人必将积极进取、开拓创新，撸起袖子加油干，奋力谱写新篇章！

汗水浇灌满园桃李

——记江西省先进工作者、鹰潭市余江区实验初中校长李军辉

江西省鹰潭市余江区实验初中　何秋华　吴鑫太

李军辉，男，1976年10月出生，教育管理硕士研究生，中小学高级教师，中共党员。现任鹰潭市余江区实验初中党支部书记、校长。先后荣获：全国优秀教师、鹰潭市“五一劳动奖章”、江西省“五一劳动奖章”，江西省优秀班主任，江西省语文学科带头人，全省教育系统先进工作者，江西省先进工作者等多项荣誉称号。2017年8月，李军辉从余江一中副校长调任鹰潭市余江区实验初中校长，余江区实验初中实现了跨越式发展，教育质量有了突破性攀升。学校拥有“区中学名师工作室”12个，12个省级研究课题依次结题。先后荣获江西省“人民群众满意学校”、“全国青少年校园篮球特色学校”、“全国创新作文大赛基地校”、“江西省中小学平安校园示范学校”、“江西省巾帼标兵岗”、“鹰潭市教育先进集体”等多项荣誉。

43岁，走上江西省鹰潭市余江区实验初中校长岗位4年时间的李军辉，被人们誉为余江教育战线的“拓荒牛”。

李军辉耕耘教坛22载，始终忠诚党的教育事业，用智慧和汗水浇灌出满园桃李，收获了闪闪的荣誉。学校荣获江西省“人民群众满意学校”、“江西省中小学平安校园示范学校”、“鹰潭市体育后备人才基地”、“2018年全国青少年校园篮球特色学校”、“2019年全省三色文化活动先进集体”等称号。在自己获得“鹰潭市五一劳动奖章”、“江西省五一劳动奖章”、“全省教育系统先进工作者”、“江西省语文学科带头人”等20多项荣誉之后，2020年9月，他又被省委省政府授予“江西省先进工作者”称号。

一路汗水一路歌。4年来，余江区实验初中“中考”成绩年年有突破，继2018年、2019年中考连续取得全市领先的优异成绩后，2020年中考又喜获大丰收。另外，学生在文体艺等竞赛中共136人次获奖，其中全国级3人次，省级42人次，市级91人次。

教书育人，让人精神富足的事业

李军辉常说：“当校长是一时的，但当教师是一辈子的。”多年来，他一直坚持上讲台，培养了市高考状元3人、全省高考前十名6人，为清华北大等名校输送了一批又一批品学兼优、德才兼备的学生。

2001年，李军辉进入余江一中后就一直担任高三班的班主任兼两个班的语文教学，后升任余江一中副校长兼校党政办主任，尽管行政事务繁忙，但他始终坚守在教学一线，与老师们共同探讨教学。

为上好一节课，他翻阅几乎所有能接触到的资料。为了让课堂充满激情，他认真琢磨每一句课堂语言。为把握当前的热点问题，他坚持每日收听教育时事新闻。为开展课题研究，他阅读了大量的教育教学理论及相关的书籍，并自费购买了很多与自身专业有关的书籍。课外与学生打成一片，跑步、打球、谈心，让学生充分感受到学校生活的快乐。学生们都爱听李老师的课，不只是享受他课堂上愉悦的氛围，更在于不管什么样的课型，一经他的巧妙设计、激情点亮、智慧启迪、就能演绎出精彩的幸福课堂。他总结的“五勤工作法”（腿勤、眼勤、嘴勤、手勤、脑勤），一直被学校青年班主任奉为“治班要诀”。

每到教师节，李军辉都会收到学生们的祝福，“教书是让人精神富足的事业。课堂为师，从严治学，课后为友，相互交流。感觉超好！”

创新思路，打造高素质教师团队

李军辉认为，做一名合格的校长，首先应做一名优秀的教师。工作中，他非常注重师德修养，学风严谨，一丝不苟。

2017年8月，李军辉调任实验初中校长。他带领教师认真工作、辛勤耕耘，用汗水浇灌收获，以实干笃定前行。他提出了“三抓一建”的办学思路，即：一抓教师队伍培训。每学期以“走出去，请进来”的方式，选派了100余名老师远赴北京、苏州等地参加学习培训活动，同时也邀请了北京、深圳等地的国家级名师、名班主任来校讲学，让老师们增长见识、开阔眼界；二抓课堂效率。学校立足常规，打造智慧课堂。近年来，教师参加市级以上业务竞赛有138人次获奖(其中国家级3人)，1人获省名师称号。在余江区首届22个中学名师工作室中，学校11老师被选拔为名师工作室领衔人；三抓课题研究。他亲自主持或参与国家级、省级课题研究。在他的带动下，学校正在形成“组组有课题，人人争做科研型教师”的良好氛围。2020年，我校吴鑫太、段志新、刘同日等教师申报的11个省级研究课题顺利结题。“一建”是指党建工作。他主张以党建引领教育教学，通过演讲、征文、社会实践等形式开展党员学习教育活动，开展“品读红色经典，牢记初心使命”系列活动，启动“红色1+2”爱心帮扶工程，设立“党员教师先锋岗”，引导全体党员做到学为人师，行为世范。

脚踏实地，家国情怀育新人

在李军辉看来，一所好的学校，必须靠教育教学质量来衡量。他把“发展是硬道理”、“细节决定成败”当作座右铭，落实到工作中。

2017年8月，李军辉抓住迎接全国义务教育均衡发展督导评估机遇，顺势而为，争取建设项目和资金，用于校园配套设施的建设，使学校硬件条件到教育软实力都上了一个新台阶。

李军辉积极推动“教育联盟校”建设。发挥学校优势，主动与潢溪中学、余江三中等组成“教育联盟校”，带动联盟学校发展，产生了积极的社会效益。

作为校党支部书记、校长，他深知为政重在廉，做人重在诚，说话重在信，办事重在实。工作中，他始终做到三个坚持：一是坚持以学校大局为重。做到个人服从集体，不计个人得失，全心投入工作。二是坚持深入教学一线。做到“四勤”，想师生所想，急师生所急。三是坚持严于律己。时刻牢记“常修为政之德、常思贪欲之害、常怀律己之心”，从自己做起，从源头把好关；他积极加强师生意识形态工作，学校经常利用党员微信群、QQ群，学校德育显示屏等大力宣传党的教育方针政策，传播身边正能量。

为了加强学生德育教育，他组织开展了一系列德育主题月活动，促进了学生健康成长，涌现出许多好人好事。2018年，周粲、金慧二同学拾金不昧，面对重金毫不动心，面对荣誉淡然礼让。2019年6月，学生艾薇为违规过马路的外公向交警写暖心道歉信的事迹上了《江西新闻》《江南都市报》《今日头条》等新闻媒体。

2020年上半年，新冠肺炎疫情暴发。在疫情防控期间，李军辉始终坚守在校园抗疫第一线，奋战在抗击疫情和“停课不停学、不停教”两条战线上，充分利用“七天网络”、“钉钉网”、“翼课网”、“企业微信”等网上教学资源，开展线上教学、课堂直播、云上学习等活动。学校名师工作室也面向全区开展了“线上直播课堂”、“线上教学教研”活动，筑牢了校园疫情“防控墙”，以热心与服务体现着共产党员的责任与担当，用行动抒写共产党员的英雄本色。

坚守立德树人初心　培育志存高远栋梁

辽宁省鞍山市第八中学　周化启

百年大计，教育为本。党的报告首次提出“把立德树人作为教育的根本任务”，不但体现了党中央对教育事业的高度重视和优先发展教育的坚定决心，而且抓住了教育的本质要求，明确了教育的根本使命。自建校以来，辽宁省鞍山市第八中学始终以办人民满意的教育为宗旨，不忘立德树人教育初心，牢记为党育人、为国育才使命，积极探索新时代教育教学方法，不断提升教书育人本领，致力于培养学生成为开拓进取的现代人、自强自立的世界人、文明高尚的未来人。

跨越六十五载峥嵘岁月，独有的风范成就了一代又一代八中人的梦想，也孕育了一批又一批时代的栋梁。

优化育人环境，求实创新厚底蕴

校园环境是一种有形和无形的精神氛围，弥散在师生之中，以特有的形象向师生灌输着某种观念、思想和价值倾向，更以特色的形象符号感染着学生。近年来，鞍山八中不断改善办学条件，持续优化育人环境，使人文教育和环境教育融为一体，为学校教育教学工作的顺利开展创造了优越的外部条件。

2016年11月，体育馆、实验楼建成并投入使用，在田径场新铺设了塑胶跑道和人造草坪，新建了塑胶篮球场，完成了校园绿化景观的升级改造；学校信息化建设实现了跨越式发展，校园网实现了出口带宽千兆化、骨干连接万兆化，50多间教室均安装了86寸触控一体机，拥有150台云终端的学生机房、录播教室、数字化地理教室、学术报告厅、多媒体阶梯教室等一应俱全；学校建设了优质教学资源共享平台，优质课程资源达到8000G以上，电子图书200万册以上；疫情防控期间，基于“互联网+教学”理念，学校开通了云课堂。可以说，学校教学设施与设备现代化程度位于同类学校前列。

探究德育理念，以身以德筑梦想

国无德不兴，人无德不立。立德树人，是教育事业发展必须落实好的根本任务。时序更替，社会嬗变，鞍山八中始终以前瞻的理念来思考新时代学校德育工作的途径和方法，落实立德树人根本任务。

学校思政课理论联系实际，有声有色，贴近心灵，融入生活，坚持不懈地开展文明习惯养成教育，努力提高学生道德素养。通过国旗下讲话、主题班会、校园广播等形式，增强学生的法律仪式和诚信意识，立志做讲诚信、讲道德的人。充分利用清明节、“五四”、“毕业季”、“十一”国庆等重要时间节点，开展祭奠爱国英雄、成人礼宣誓仪式、高三学子谢师会、“我的中国梦”等德育主题教育活动，引导学生树志向、有梦想、爱学习、爱劳动、爱祖国。开展内容丰富的社团活动和形式多样的文体活动，为学生搭建发挥特长、增长能力的平台，培养学生的规则意识、合作意识和团队精神。积极开展创新实践活动，深化情感体验，增强学生的责任感和使命感。加强学生会干部和

学生志愿者队伍建设，设置文明示范岗、文明监督岗，将间操评比、升旗仪式、纪律卫生考核任务交给学生，实现了学生自主管理和自我发展。全方位、多角度开展心理健康普查、团体辅导、个别辅导、心理健康讲座、心理健康月等心理健康教育活动，建设心理文化墙和心理图书馆，让心理健康教育落地生根。

深化教学改革，志存高远育新人

教学质量的高低直接影响着学校的生存和发展。一所学校要保持持续稳定的发展，必须有比较稳定且较高的教学质量来保证。这些年来，鞍山八中一直保持着较好的办学效益，主要得益于学校坚持以教育教学为中心，加强学校教科研工作，积极推进课程改革，不断提高教学质量，走出了一条独具学校特色的办学之路。

学校紧跟新课程改革步伐，以“高三研讨课”、“我的一堂课”、“青年教师竞赛课”等活动为载体，通过集体备课、教研活动、高三复习研讨会等多种新式，深入研讨，吃透政策，提高课堂时效。学校率先组建生涯规划指导中心和鞍山八中新高考改革研究中心，博采众长，先后到山东、江苏、上海等地学习，邀请北京新生涯规划指导中心和北京小羊教育集团专家走进学校，指导制定最优走班方案。同时，学校不断拓展国际交流新视野，承担中国教育国际交流协会AFS项目接待工作，与美国印第安纳州可可莫高中结为友好学校，联合开展两校“直通车项目”。2019年，学校又与南京雨花台高中合作开设国际课程精英班，使国际合作办学之路越走越宽。

坚守初心使命，勤奋进取铸辉煌

65年来，八中培养了近4万名优秀的毕业生。如今，他们已经成为各行各业的骨干，甚至成了各个行业的领军人物，他们中有享受国务院特殊津贴的艺术家、有北京APEC及杭州G20峰会的总建筑师，有国际知名的地球物理学家，也有党和国家的高级领导人。

近年来，在全校师生的共同努力下，高考成绩令人振奋。在2018年高考中，600分以上90人，自招上线率65.4%；2019年，600分以上43人，自招上线率62.88%；2020年，600分以上70人，特招上线人数创历史新高，上线率达73.34%。同时，学校还是东北师范大学研究生实习基地，是浙江大学、中国人民大学、天津大学、兰州大学、哈尔滨工业大学、大连理工大学、北京航空航天大学等高校的优质生源基地，是中国人民解放军空军招飞局鞍山地区唯一一所生源学校。由于办学成效显著，学校荣获了全国文明校园、全国民族团结进步创建活动示范单位、全国模范职工之家、全国体育工作先进单位、辽宁省先进集体、省精神文明先进单位、省思想政治工作先进单位、省德育工作先进单位、省“五一”巾帼先进集体等近百项国家、省、市级集体荣誉。

六十五年来，一代代八中人用执着追求的风骨，山海毓秀的胸怀，无私奉献的精神和辛勤劳动的汗水换来今天学校的蓬勃发展，打造出“唯真、唯实、唯新、唯美；乐学、勤学、会学、博学”的八中风貌。历史照亮未来，征程未有穷期，鞍山八中在这方具有浓厚文化底蕴、朝气蓬勃的热土上，播种着理想，放飞着希望，为党育人守初心，立德树人担使命，书写着更新更美的盛世华章。

多措并举，培养德艺双馨教师队伍

辽宁省朝阳市龙城区八里堡小学　孟令杰

2018年9月10日全国教育大会在北京召开，习近平总书记指出：教师是人类灵魂的工程师，是人类文明的传承者，承载着传播知识、传播思想、传播真理，塑造灵魂、塑造生命、塑造新人的时代重任。教师是学校办学理念的实施者，为谁培养人、培养什么样的人、怎样培养人都取决于教师队伍的整体素质。可以说，教师的眼界决定了学生的眼界，教师的理想决定了学生的理想，教师是教育希望的根本。

为持续提升学校的办学质量，办一所老百姓家门口的有温度的学校，辽宁省朝阳市龙城区八里堡小学始终把建设一支高素养、高水平的教师队伍作为学校的 重点工作，认真贯彻落实党的十八大、十九大教育理念和习总书记关于培养有理想信念、有道德情操、有扎实学识、有仁爱之心的“四有”教师的讲话精神，采取以学代训、以课代训、以评代训等多种方式，锻造教师的学科教学能力、引领学生成长能力和教育科研能力，培植学校的可持续发展原动力，引导教师树立多元、多姿、多态的职业观，助力教师的自主成长、幸福成长、终身成长。

以学代训促提升

正确的理想信念是教书育人、播种未来的指路明灯。近年来，我们坚持“理论学习、思想领航”的指导思想，在真学、严管、实抓上做文章，建立规范和引导机制，教育广大教职工履职尽责，自觉加强道德修养和作风建设。

组织教师进行集体学习培训。学校充分利用政治学习会、专题学习会、组织生活会等集体会议，组织全体教师深入学习系统的教育教学理论知识，如《温暖教育》《课程标准解析与指导》《课程导航》《怎样观课议课》《爱心教育》《班主任兵法》《中小学教师职业道德规范》《朝阳市中小学教学规范（试行）》等内容，采取“讲座”、“自学”、“讨论研究”等多种形式，要求教师在培训中做好笔记、积极思考，在教学中用理论指导实践.

注重专家引领和参加各级培训。为防止课改走弯路，我们在加强教师培训的同时，更加注重专家的引领作用。一方面，将专家、教研员请进学校，引进他们课改的理念和教学思想，用最新的教育理论成果武装头脑，促进我校教师的专业发展；另一方面，我们派出骨干教师到北京、深圳、沈阳、大连、上海、江苏、哈尔滨等地进行培训学习，同时我们全体教师又参加了龙城区小学语文群文阅读推广会，均受益匪浅。总之，专家的理论指导、教师的外出培训以及兄弟学校的先进经验推广，给我校的课改注入了新鲜血液，促进了我校“温暖课堂”教学改革的健康、稳步发展。

以课代训促改革

课堂是教育教学创新的平台，我校坚持“以课代训，以赛促研”的策略，让教师们在课堂教学实践中不断进行总结、改进、加工、学习，努力创新出更适合自己的教学方法，提高自己的教学质量，为全面提高学校的教学质量打下坚实的基础。

我校坚持组织教师进行教研课、汇报课、示范课、互动课、青年教师成长课等活动，引导教师主动投入教育实践探索，打造专业卓越教师团队。教研课由教研组组织，按教研计划集体备课，一人主讲，全组评议。示范课一般由骨干教师、学科带头人承担，讲课公开了教师教学的具体过程和操作方式，为大家提供了研讨和分析的具体内容。特别是评课时，不同学科的教师从不同角度对课进行研讨，使教师对教材、对课堂教学设计有了更切合实际的理解和感悟。

经过几轮的公开听评课及公开研讨工作，授课教师与听课教师都在研讨中受益匪浅，其中陈红晶、田春艳、田苗苗、谭志慧、于金燕、武振明、邵玲等青年教师有了非常明显的进步和提高。

以评代训促发展

课堂教学是校本研修的核心，改革课堂评价标准是关键。依据学科特点修订了各学科课堂评价标准，我们最后综合制定了《“八里堡小学温暖课堂”教学评价标准》，希望通过改革课堂教学评价标准，引领教师进行课堂改革。

标准的制定强调课堂上学生的主体地位、学生的参与状态、课堂上师生互动以及学生的发展过程，为教师讲课、评课提供了依据，能够更好地指导教师进行课堂教学改革。依据课堂评价标准，我校开展了课堂教学大赛。

针对以往评价制度的弊端，我们研究制定了《八里堡小学教师“温暖课堂”教学量化考核方案》，评价更加注重过程和师生发展，激励了教师的教研热情，促进了学校教研工作的持续发展。

此外，我们还结合学校实际进行校本培训和校本教研，使全体教师的教育教学水平得到了显著提高。近几年来，学校培养了国家级骨干教师1人，省级骨干教师6人，市级骨干教师25人，市科学名师1人，市语文名师1人，市德育名师1人。

全校教职工凝心聚力，聚精会神抓质量、一心一意谋发展，在开全、开齐国家和地方课程的同时，还拓展了基于艺体素养为核心的温暖人心“一花九叶”的校本课程，包括群文阅读、中国古诗词、合唱、足球、软笔书法、口才、国学礼仪等32项活动。学校还建立了“温暖”人心的家长学校，为课下培养孩子正确的学习及生活习惯开绿灯。我校每学期要开展三次家长培训活动，让家长了解“温暖课程”的内容和新的历史时期学生个性的变化和纠正方法。

多年来，学生在艺体活动中硕果累累、成绩显著，教育团队更是精诚团结、开拓创新、作风过硬，3名教师被评为朝阳市名师、45位教师被评为市区骨干教师；教育教学质量全区名列前茅，校园文化处处彰显着“爱心满校园、温暖八里堡”这一教育主题；学校先后荣获辽宁省课改示范校、全国足球特色校、全国啦啦操实验校、辽宁省美育先进校、体育先进校、精神文明建设先进单位。朝阳诗教先进单位、朝阳市德育先进校、朝阳市校园文化示范校、普九先进校、朝阳市美丽校园、龙城区中小学教学改革工作先进集体、教科研先进单位等各级荣誉称号30多个。

克难求进，开创新局面；积蓄力量，实现新跨越！八里堡小学实现了“做有温度的好老师、做温暖人心的教育”的办学目标，成为“学生快乐学习，教师幸福工作，人人实现自我”的温暖家园。在探索中创新，在创新中发展，奋进中的八里堡小学为龙城教育谱写着更精彩的乐章！

劳动教育与学校课程的深度融合

辽宁省抚顺市清原满族自治县实验小学　曹馨予

始建于2016年实小开心农场实践类课程的整合与实施，为全面引导学生崇尚劳动、尊重劳动，懂得劳动最伟大、最美丽的道理，进而实现立德树人的育人目标提供了时间的保障和资源的平台。为贯彻国家、省、市的相关要求，进一步增强学生的动手实践能力，办好新时代人民满意的教育，结合实际办学情况，学校确定了“让劳动教育与学校课程深度融合”的基本方向和思路。遵循体系化、条理化、序列化的实施架构，构建了具有清原县实验小学特色的劳动教育图谱。

100年前杜威就说过“如果我们仍然以昨天的方式教育今天的孩子，无疑就是掠夺了他们的明天”。有人说作为教育工作者，要努力学会做一个预言家。教育不只是为了今天，而是要为了学生想象不到的未来作准备。因此在劳动教育开展的过程中，如何瞄准孩子们全面发展的靶向就显得尤为重要，只有目标明确，才能让劳动教育开展的更具理性。

培根说“知识就是力量。”这句话或许只说对了一半，确切地说，具身的知识比离身的知识更有力量，能够有想象的知识比无想象的知识更有力量，活的知识比死的知识更有力量。可以说见识比知识更重要，智识比见识更有价值。从发展的角度来看，劳动教育必须与学校的课程建设深度融合，方能探索出育人的新途径。但凡孩子的生活实践世界里精彩纷呈，他们的未来都充满美好和希望。由此而见，让儿童处于劳动教育的中央是做好此项工作的关键。

学校所学到的所有知识技能，最后都要回归到生活中去实践与检验，这也正是清原县实验小学“让生命更美好”教育的密钥和主旨。判断一所学校劳动教育开展的如何？一个重要的标准就是我们所整合服务资源是不是融入了文化的旨趣。

一、目标导引——让劳动具有理性思考

“目标-方案-实践-成果-文化”遵循沿着这样的设计思路及学生的年龄特点，学校将开心农场分为四个区域：家乡特产区、藤本植物区、蔬菜种植区、养殖区。我们实行“分田到户”的方式，将四个区域按低、中、高年级分给23个班级。各班每周一次的农场园本课程当中，由班主任提前制定好教学方案设计，按课表准时上课。

年部	区域	目标	方案	方式
低年部	养殖区	了解小动物的生活习性。 学会饲养小动物。	给动物宝宝酿名 了解喜欢食物种类 定期清理粪便	查找询问
中年部	蔬菜种植 藤本植物	了解植物的生长规律。 学习播种、施肥、间苗等。 尝试声肥实验	学习蔬菜种植技术 准备实验工具 设计种植方案	搜集调查
高年部	家乡特产	了解不同植物的不同药性。 设计制作花草茶、水果长字等实验。	采摘花叶、调查药性 学习制茶、水果长字等技术并对比效果	调查制作

二、聚焦成长——让儿童处于劳动舞台的中央

小学阶段是一个人充满童真保持旺盛生命力的美好时期。助力他们成长的最好筹码就是实践。保证劳动时间，放手让学生去做，让学生处于劳动舞台的中央是聚焦成长的根本宗旨。按照课前制定的课程方案，学生们在劳动中不仅学到知识更收获快乐和成功的乐趣。

声肥实验成功了！经过中年级反复调查研究和实践操作，在几百次的跟踪尝试后，我们发现透明水桶的周围挖好多小洞可以防止桶内温度过高；规范播放音乐的时间，可以让甘蓝生长的更快！

水果上可以长出自己喜欢的图案！藤本植物区的南瓜、丝瓜、冬瓜等植物，很适合“水果长字”项目的实施，负责这个区域的班级上网查找资料、研究科学道理、准备工具、设计将要呈现的图案，管理正在生长的果实……预期将要呈现的目标是：大葫芦上长出24节气的名称，其他果实上长出自己喜欢的图案。

美丽的蔬菜花园！利用蔬菜颜色、形状的不同进行花式套种，让蔬菜自然长出花园式的效果，孩子们到各菜市场询问蔬菜的名字，到有蔬菜大棚的同学家观察种植效果，讨论设计种植图案，向农场张爷爷学习不同蔬菜的播种技术，为了保持蔬菜花园的形态补苗移植……

三、文化融入——成为劳动旨趣

把文化融于劳动当中，让劳动充满情趣，让思想的光辉映照劳动相关的课程是一种智力、敏感和勇气。结合本校实际，我们将劳动延伸为项目式活动PBA（project based activities）。正在进行的项目活动有：“花草茶”、“南瓜雕刻”、“蔬菜轮作”、“蔬菜园艺”、“五谷文化”等十几项内容。

花草茶PBA

在花草茶种植基地里我们种植了蒲公英、金银花、薄荷、大叶罗勒、花椒、紫苏等，凸显“药食同源”的传统文化。在种植管理过程中，孩子们发现了这些植物的药用价值，他们去中医院调查植物药性，去超市观察花草茶的种类和包装，上网查找和学习制茶技术，亲自到农场基地采摘花叶，向科学老师学习天平称重，对比不同茶具泡茶的感觉，请家长老师试喝做市场调查，后期文化包装……一个项目让孩子们充分发挥了自己的聪明才智，主动探索，分工合作，涵养了高雅的生活情趣。

蔬菜轮作PBA

蔬菜的食用部分有长在地面上果实、叶茎，也有地下块茎，蔬菜对土壤中营养物质的需求是有偏好的，所以同一块田地种植的植物一般不应该重茬。在植物轮作实验区，这个项目的师生首先选择蔬菜，再研究轮换的秩序，于是孩子们了解了几十种备选蔬菜的特性，最后他们决定春季利用一半田地首轮播种各种萝卜，另一半留存了上一年播种的葱，种子采收后，种植白菜，这是因为从植物发生病虫害的角度来看百合科的葱是几乎不会生虫的。孩子们自己发现了蔬菜轮作的奥秘，探索的过程奇妙有趣。

五谷文化PBA

“沧海一粟，稼穑农事稽古制；炊之香美，一饱千古足食人。”这两句话悬挂在五谷文化项目活动基地。研究农业种植怎能不探索我国古老的农耕文化？这个项目组从大量的资料中查找追溯“五谷”的源头，原本想绘制古代和现代两幅五谷种植分布图来比较发展，没想到他们发现几千年来这些谷物的主要种植地并没有太大改变。接下来选种、种植、管理，后期谷物贴画……孩子们说他们让五谷实现了千百年的团圆梦。我们思考“传承”是什么？怎样“传承”？也许这个项目开展会让我们找到一些思考。

在我们的开心农场里，像以上各类以及韭菜食品开发、马铃薯食品创意设计、藤本蔬菜管理等由班级或年部承担的大型项目活动有十几种，除此之外，我们还向家长和学生发出热情邀请，请他们自愿组建亲子项目组、家庭团队项目组、好朋友项目组……根据农场资源自主开发项目活动。滴灌技术探究、河鱼生长环境研究、圆枣子栽培技术研究、水培蔬菜项目研究、小兔子和小猫的生长研究等，这些大大小小的组队勤劳耕作在生意盎然的农场里。

沿着“目标—方案—实践—成果—文化”这一设计主线，清原县实验小学的劳动教育在与课程深度融合中管理有体系、课程有创造、种植有文化、养殖有特色。一方田园延展出教育教学广阔的空间，这里生长着郁郁葱葱的蔬菜，生长着活泼可爱的小动物，生长着“教育让生命更美好”的育人初心！

五育融合育英才　特色办学创名牌

辽宁省辽阳市第一高级中学　马德路

品牌是一种识别标志、一种精神象征、一种价值理念，是品质优异的核心体现。每所学校都希望能够打造出属于自己的品牌，也都希望将自身品牌的影响力做到最大，借以在社会上找到立足之地。那么，学校应该如何打造自己的品牌呢？

“五育融合，特色办学。”面对新时代教育呈现出主张人本主义教育、推行素质教育的发展趋势，辽宁省辽阳市第一高级中学这所有着深厚文化积淀、优秀教育传统和鲜明办学特色的重点中学给出了自己的答案。作为辽宁省首批综合素质评价试点学校，学校多年来认真学习贯彻党的十八大、十九大和习近平总书记系列重要讲话精神，严格践行“五育融合”培养要求，着重从军事体育、诗性校园、整本书阅读和劳动教育等方面入手打造办学特色，不断推进综合素质评价工作卓有成效地开展，切实减轻学生课业过重负担，促进学生全面发展。经过多年的实践与探索，学校形成了可资借鉴的育人模式。

以军魂铸就校魂，打造军事体育特色

现代的高中生无疑是明天国防建设的中坚力量，是中华民族伟大复兴的高素质人才。开展学生军事体育教学工作，使学生提高思想政治觉悟，掌握基本军事知识和技能，增强国防观念和国家安全意识，树立爱国主义和革命英雄主义精神，是现代教育人不可推卸的责任。

为切实加强学校的军事体育教育，辽阳市第一高级中学立足现实，着眼未来，以“加强军事体育教育，强健学生意志体魄”为目标，积极探索并实施“一二三四”军事体育教育模式，着力培养具有军人般素养的心智坚强、人格健全、体魄强健的优秀高中生。“一”即一个核心，以培养领军式人物为“核心”；“二”即两个渠道，课内军体知识渗透和课外军体实践活动开展；“三”即三项内容，广泛开展多样的军体活动、组织编写军体教材和建设军体校园文化；“四”即四项目标，以军体教育促德、以军体教育辅智、以军体教育健体和以军体教育正风。

在不断深化学校特色建设中，辽阳市第一高级中学努力创新特色办学方式，坚持以军魂铸校魂，切实加强学校军事体育教育工作，强健学生的意志体魄，增强学生的爱国情感，培养学生的军人作风，不断提高学生的综合素质。2018年，学校被教育部评为全国国防教育特色学校、全国国防教育示范学校、全国学校体育工作示范校，被省教育厅评为省首批特色普通高中。

以诗魂塑造灵魂，开展审美教育

经典古诗文博大精深、灿若繁星，是中华民族文学史上极具生命力的瑰宝，千百年来滋养和熏陶着一代又一代华人的心灵。尤其近年来，教育部先后发出通知："增加古诗词在语文教材中的篇目。同时，在高考中要求学生背诵古诗词篇目由60篇增加到70篇。"为更多、更好地领会、积淀、传承诗词文化，辽阳市第一高级中学以优秀传统文化为根基，以经典诗词文化为内蕴，启动全校性、全员性的诗词积累活动，让中华优秀传统文化走进校园，不断浓厚学校的文化内涵和书香气韵。

经典诗词是圣贤智慧的积淀，是精神洗练的甘泉。学校有计划、系统性地开展诗词积累活动，引领师生饱读诗书、体察涵咏、内化养成，在与圣贤对话中浓厚家国情怀、濡养志士风骨；着力创造诗化环境，电子宣传屏每周推荐好诗，每周的升旗仪式上设立"国旗下经典诵读"，走廊墙壁上定期展出学生的诗词作品等，大力营造诗教氛围，全面打造诗性学校；以古"诗"新语教学为核心，夯实诗意课堂，拓展诗育阵地，让诗意成为学生生命的底色；引导学生在诗词的诵读与创作过程中提升审美能力，不仅能发现美、鉴赏美，还能创造美。

赏中华诗词，寻文化基因。带着对经典诗文的虔诚，辽阳市第一高级中学的每位师生将通过每一次诗文的诵读和感悟，去感受民族文化的灿烂和自豪，成长为一个"腹有诗书气自华"的儒雅少年！在"以诗魂塑造灵魂"的审美教育中，学校获得了辽宁省教学成果奖等30多个奖项，师生在《中国教师报》《中华诗词》等报刊发表20余篇文章。参加首届"湘天华杯"全国青少年传统诗词创作大赛，1名同学获得金奖。学校被教育部评为诗词创作征集活动优秀组织奖，主持编写的《诗境探微——古诗词赏析与创作》由辽宁师范大学出版社出版。

开展校园大阅读，让阅读成为习惯

阅读是人类获取知识、增长智慧的重要方式，是一个国家、一个民族精神发育、文明传承的重要途径。在国家大力推动"全民阅读"的浪潮下，辽阳市第一高级中学从2019年开始启动大阅读活动，以学生语文核心素养的培养为主要目标，以新教材所要求的整本书（学术论著《乡土中国》、古典小说名著《红楼梦》、文化经典著作《论语》）为主要内容，从语言、思维、审美、文化四个维度出发，完成教学环节的整体设计，引领每位师生在阅读、求知、践行中成为有教养、有素养、有涵养的大视野、大思维的人。

在阅读地点上，全年级在学校阅览室参与阅读，学生自读部分在学校阅览室完成，每次参加阅读的学生100多人；在阅读时间上，每节课90分钟，使学生能沉下心思，专注于阅读；在阅读内容上，大阅读专为整本书的阅读而设置，具有整体性与连贯性、针对性与多元性、趣味性与创造性、系统性与规范性等特点，不仅要实现语文学科核心素养的培养，还要贯彻立德树人的总目标，为学生的全面的、健康的发展奠定基础；在学阅读形式上，引导学生不仅要读好纸上的有字书，还要读好社会这本无字书，学以致用，活学活用。

一卷在手，视通千里；读出眼界，读出胸襟；致知修身，立德树人。通过对整本书阅读的研讨与实践，全体师生拓展了阅读视野，积累了阅读经验，提高了阅读水平，养成了阅读习惯。在"开展校园大阅读，师生共读整本书"活动中，学校多位教师获得省优秀课奖、论文奖。学生以《论语》故事为题材创作的小说在第十八届"叶圣陶杯"作文大赛中数十人获奖。

开展"四园联动"活动，全面落实劳动教育

劳动是生命的底色，也是教育不可或缺的社会价值。为全面构建体现时代特征的劳动教育体系，辽阳市第一高级中学认真思考，积极探索，依托学校、家庭、社区三方平台，构建了"四园联动，涵育幸福人生"劳动教育课程体系，引领学生牢固树立劳动最光荣、劳动最崇高、劳动最伟大、劳动最美丽的观念。

农业"园"劳动教育课程，培养劳动技能和实践能力。深入辽阳市三禾农场开展植树、种玉米、葡萄上架、嫁接果树等农业园劳动业已10年。学校"园"劳动教育课程，培养劳动情感和价值观念。如开设校内田园，起名"学圃园"，以亲身体验提升能力，以自主管理涵养品德，用劳动打开一天的美好光景，体验劳动创造生活之荣。家庭"园"劳动教育课程，让劳动成为常态。如"五个一"活动，即做一道菜、打扫一次卫生、手洗一次衣服、收拾一次餐具、擦一次玻璃。社会"园"劳动教育课程，培养劳动素养和综合品质。与企业、工厂社区和社会团体建立联系，以联动参与发展素养，接受职业启蒙；开展志愿服务，培育奉献品格，深入辽阳母亲河畔开展净滩活动等。

在"四园联动"的劳动教育中，学校通过学科融合，实现了树德、增智、强体、育美，帮助学生打通了个体生长路径，以劳促思，创意生活新工具；以劳促行，创设生活新环境；以劳促志，创想生活新未来。2015年，学校被省科协、省教育厅评为辽宁省第十二届青少年机器人竞赛优秀基层组织单位奖；2015、2016年，学校被省科协、省教育厅评为辽宁省第十二、十三届青少年机器人竞赛特殊贡献奖。

初心如磐，使命在肩；担当实干，逐梦前行。站在"十四五"开局的历史节点上，辽阳市第一高级中学定全面贯彻党的教育方针，坚持"五育"融合，特色办学，辐射思想，示范行动，进一步增强德育实效，提升智育质量，增进学生体质，强化美育熏陶，加强劳动教育，为党育人，为国育才，办人民满意的教育，把学生培养成为德智体美劳全面发展的社会主义建设者和接班人。

育美育心育人才　以心赏美美人生

辽宁省沈抚新城方大实验小学　周艳梅

《国家中长期教育改革和发展规划纲要》明确提出："要尊重教育规律和学生身心发展规律，为每个学生提供合适的教育"。为积极响应这一要求，方大实验小学提出"培养身心健康、全面发展的人"的核心理念，把"全人的教育"作为教育的终极目标，培养师生良好的心理品质和审美水平，形成良好的核心素养，努力成为一个幸福大写的"人"。

美育教育和心理健康教育在小学阶段的重要作用不容忽视。面对新的时代，站在学校新的发展时期，如何提炼"以爱育爱，爱育美好"的目标精髓，赋予其更鲜活的生命力，已经成为学校办学路上必须思考的重要问题。经过几年的摸索，方大实验小学决定把美育教育与学校教育有机结合，将心理教育与教育教学紧密融合，从美好的管理、美好的课堂、美好的活动、美好的课程、美好的校园环境五大方面出发，形成润物无形的"育美育心"文化特色，激励和唤醒学生生命成长的多元潜能，促进他们的美好成长。

整体规划，形成美好的管理体系

建校之初，方大实验小学发现孩子缺乏精气神，缺少少年儿童的率真与热情。为了解决这一问题，学校秉承"以爱育爱，爱育美好"的教育理念，以"美育教育促心育成长"作为师生发展的目标追求，遵循学生成长规律，整体规划，构建体系，深度融合，形成美好的管理体系，探索出了一条"育美育心"文化的建设新路子。

用美好的文化感染人。学校处于城乡接合部区域，如何培养学生热爱学习的好习惯、持之以恒的好品质、身心健康的完美人格，成了摆在实小人面前的紧迫课题。为此，学校尝试把书法艺术引进校园，并以此为抓手，引导学生感受美，同时充分发挥书法艺术潜移默化的功能，与德育工作相结合，进行爱国主义和审美教育。通过书法的学习，弘扬了传统文化，传承了祖国文化的博大精深，激发了孩子们的民族自豪感。经过长期不懈的努力，学生们养成了一丝不苟的学习态度，良好的学习习惯和坚韧不拔的意志品质，这些成为学生健康成长的精神底色。

用美好的环境引领人。走进实小，会惊叹于她雍容华美而又不失典雅的现代气质：独具匠心的E字形教学楼，每层楼一个颜色，书法教室、科学实验室、综合实验室、美术室、舞蹈室、音乐室、计算机室、保健室一应俱全，能容纳500人的学术报告厅，200米环形现代化的塑胶跑道、专业的体育馆、图书馆、心理咨询室、校园电视台、师生文化沙龙处处彰显着尽显美好，每个细节都体现出对教育的理解与关注，彰显着人文气息。

用美好的制度规范人。制度只有转化为全体员工的自觉认识，才可能为学校的发展保驾护航。为此，每一项制度确立的过程，都是经过全员参与讨论、教代会通过，才有被确立的可能。大家讨论的过程，不仅是决策的过程，也是学习和自我教育的过程。制度的建立是希望能够成为每一位教师自觉自愿的行为和认识。

提升水平，形成美好的教研体系

关注教师感受，搭建成长平台。为了更好地促进教师发展，学校于2010年12月22日和北京实验二小签订协议，成为北京实验小学在全国的第5个分校。在市区各级研训部门的关怀下，学校先后选派了30多位教师到北京、大连、厦门、深圳、重庆、西安、云南、河北等地学习，不断带回新的观念、思想、经验，犹如源头活水，滋润着老师们的心田。为促进老师尽快成长，学校开展师徒结对活动，师傅"手把手"教徒弟，大到教学思想和教学理念的学习，小到举手投足和课堂的每一个细节，不仅给新教师点亮了成长的灯塔，也让他们在成长航道中找到了方向，对教育质量的提升起到了催化作用。如今，很多徒弟已经成长起来，成为学校乃至区里的学科带头人。每年的三月和九月作为学校的教学研究月，老师们在赛课、说课、评课中反思，在反思中提升，在提升中发展，使教师在自己的专业领域内获得了幸福感。连续六年参加北京集团校的大爱杯活动，全部进入现场课观摩，课堂教学形成了一定的影响力。

以教科研为先导，修炼教育技巧。一是引领骨干教师成长。在骨干教师培养的过程中，学校着重通过"学、练、研、思"四个阶段的实施，充分发挥人才资源优势，努力做到学习开眼界、历练基本功、教研促发展、反思促提高，由名师引领、骨干带徒来激活课堂。二是带动优秀团队形成。一株独秀不是春，百花齐放春满园。为了突出团队合力，学校坚持开展"和谐团队"评比活动，教师的研究常态、工作状

态、积极心态等都是评比的内容，扎实有效地团队正在日渐形成。三是关注全体教师成长。学校全面关注教师的成长，坚持从思想上影响、行动上引导、业务上帮助，通过新教师达标课、青年教师成长课、优秀教师展示课、骨干教师引领课、年组尝试研究课、跨学科的主题研究课等多形式的活动，使不同层次的教师在原有程度都得到了锻炼与提高。 如今，全校76位教师参与了课堂教学的改革，50%以上的教师参与了省市区课题的研究。

聚焦课堂教学研究，努力践行新的课程理念。一是新课标、新理念、新思想植根于课堂。在加强理论学习的同时，学校利用平时的推门课和周五的“周周听、周周评”及年组教研课，深刻地感受到了老师和学生的悄然变化。课堂上，教师的角色在发生着变化，学生的主体作用在彰显，“以生为本”的教学理念正根植于教师的心中。二是师生的角色发生了新的变化。老师从讲台上退下来，为学生提供上讲台的机会，再加上老师的赏识和激励性评价，拉近了师生之间的距离，建立起了良好的师生关系，促使学生的主体作用真正得到了发挥。三是构建课堂文化，形成教学新模式。作为北京一所学校的分校，理应借助集团校的“双主体育人思想”，构建“生本、对话、累加、求真”的课堂文化，关注习惯养成，在育人方面下功夫，让“生生互动，师生互动”的课堂逐渐成形。

聚力发展，构建美好的的课堂体系

在“全人教育”的理念下，教师用爱心和智慧唤醒、激发和培育学生生命成长的多元潜能，开发学生多元智能，形成了师生共同成长的“育美育心”课堂文化。

重视学习兴趣，关注学科实践。教与学是师生双边的关系。教要得法，学要主动，兴趣培养十分重要。需要教师优化教学过程，精心设计提问，启迪学生思维，民主、平等地对待每一个学生，让学生放松心情投入学习。

在落实“三维”目标上下功夫。课程标准从提出“全面提高学生素养”的基本理念出发，提出“知识与能力”、“过程与方法”、“情感态度与价值观”的“三维”目标，并以此为导向，在改进教学方法、优化教学过程等方面下功夫，力求全面、准确地落实“三维”目标。

教师勇敢地退，适时地进。教师在课堂上要勇敢地退下来，让学生成为学习的主角，学生自己学不会的，通过生生互动解决。如果遇到困难或是重点问题，教师就要进行强调或解释，体现出教师的进，其实就是教师主导作用的发挥要恰到好处，体现以学定教，真正让学生成为学习的主人。

实施美好评价，重视非智力因素的培养。学生的学习习惯、学习态度乃至学习品质的培养比他已获取的知识更重要。因此，要因人而异、因材施教，面向全体学生，重视学生的非智力因素的培养，关注学生书写、语言表达、艺术修养、学习态度等综合素质的提升。

提升质量，形成美好的课程体系

学校坚持“社团活动辐射全校”的特色教育，将书香、书法与鼓文化有机融合，彰显学校特色，以大鼓、水鼓带动其他社团的发展，使学生形成良好的意志品质，进而实现全面发展。在学习的过程中，学生收获着美，创造着美，心智也逐渐成熟起来。

艺术节。每年一届的校园艺术节是为老师、学生、家长共同参与、共同体验、共同成长所搭设的爱意融融的舞台，台上台下的互动使每个人都能感受到增长自信的快乐、展示才华的快乐、享受智慧的快乐、审美品美的快乐、和谐发展的快乐。

体育节。体育是教育的重要构成部分，“将体育变成一种习惯”成了每一个人的追求。每年一届的体育节使每一位学生和教师的潜能都得到最大限度的开发，让参加体育节的每个人都能充分感受团队协作的魅力，让“体育是一种习惯”的理念得以充分地展示和具体地落实。体育节进一步加强了家庭教育与学校教育的融合，加强了家长与老师之间的理解，加强了家长与自己孩子之间的情感交流。

科技节。学校通过组织小发明、小制作、小论文等活动，强调“人人参与、人人体验”，活动中有交流、有展示，活动后有评选。过程中融入读书、实践、参观、访谈、讲座、互动等多种形式，激发其“好奇心”， 培养其探究精神。

读书节。每年4月份学校都会召开各种主题的“读书节”，让学生交流读书心得、展示读书成果。班级、家庭中营造了浓厚的读书气氛，使爱读书成为孩子们的习惯。

毕业节。毕业节作为“爱”这一理念的延续，每一个毕业生都会通过不同的表达方式向母校、向恩师、向父母、向伙伴回馈爱。学校以师生的身心健康为宗旨，注重育美育心文化建设的系统性，不断实践探索，关注学生全面发展，在学好知识的同时更关注核心素养的培养，努力在实践中找寻一条最适合本地区学生发展的特色之路，努力培养出有智慧的脑、温暖的心和健康的身的新时代好少年。

育美文化让学生们在艺术社团活动和艺术节等活动中找到了自信，也感受到了什么是美；育心文化让师生有了更好地认知，能够以积极乐观、健康阳光的心态面对每一天的工作，师生关系越来越和谐，家校关系越来越和谐，亲子关系越来越和谐……育美育心文化让校园变得更加美好。近三年来，学校先后获得抚顺市心理示范学校、辽宁省艺术教育特色学校、辽宁省文明校园、全国篮球特色学校、全国冰雪校园特色学校、全国国防教育特色学校等殊荣，多位教师的课堂教学也在省市获奖，成为市区教学领头人。

用文化凝聚人心，用美育塑造人格，用心育滋养生命，让每一个生命都可以感受到教育的美好，这是方大实验小学孜孜以求的目标。经过十年的探索，学校在市区享有一定盛名，成为老百姓认可的好学校。但是，学校定位不仅仅局限于此，还要站在更高的角度，带着学生走得更远。未来已来，学校的育美育心之路还会遇到各种各样的困难，如何培养出有健康的身、智慧的脑、温暖的心的新型人才是实小人应该继续思考的话题。未来已来，为了美好的教育，在育美育心的文化氛围中，实小人将继续奋勇前进！

爱心润泽，追求“诗意”的幸福教育

内蒙古自治区鄂尔多斯市乌审旗嘎鲁图学校 郑永平

“爱是最好的教育，把温馨的话语讲给学生，把热情的鼓励送给学生，把无私的关爱献给学生。”这是我在教学笔记扉页上写的一句话。

从事教育工作28年来，从普通教师到校长岗位，我始终用责任和爱心润泽着每一位学生，也赢得了师生的敬爱、家长的欢迎、社会的认可，有幸获得“十二五”国家级课题研究优秀校长、教育部课题研究优秀组织者、自治区语文整体改革先进个人、自治区小作家协会优秀辅导一等奖、鄂尔多斯市十佳校长、乌审旗名校长、乌审旗优秀共产党员等荣誉。

以身作则，倾心引路育新人

近年来，2015年9月建校的嘎鲁图学校生机勃勃、捷报频传，“全国养成教育特色学校”、“自治区乡村学校少年宫项目学校”、“鄂尔多斯市小学生汉语课本剧大赛第一名”、“乌审旗教学质量先进学校”等30多项殊荣把学校推向了“理念现代化、管理精致化、教育优质化，学生喜欢、教师向往、家长满意、社会认可”示范性学校的行列，这一切离不开我五年如一日的倾心“引路”育新人的探索与实践。

自2015年9月，我调入嘎鲁图学校这所新建学校担任校长后，在总结多年教学经验和与全体教师研究讨论的基础上，创新性地提出了“尊重个性，让梦飞翔”的办学理念，树立了“为每个孩子培育理想，帮每个孩子放飞梦想”的办学宗旨，深化了“适性教育，自主教育”的教育理念，推进了“铸魂、启智、养心、健体、强能”五大工程建设，用真情点燃了师生的希望之火，激发了学校发展的内生动力，提升了家长的信任与期望，让嘎鲁图学校逐渐绽放出名校的风采。

在课堂教学方面，我全力推进创新教育，带领团队反复调研分析，探索推行适性教育、自主教育相结合的教学模式，助力学生的自主发展，促进学生的全面成长。在该教学模式的影响下，教师提问多使用“发现了什么，看到了什么，找到了什么？”，教师评课议课也是“看到了什么，记下了什么，由此我想到了什么？”……由于课堂效率提高、学习负担减轻，学生、家长对学校、老师和教学工作的满意度持续提升。在近五年来的乌审旗小学质量测评活动中，嘎鲁图学校位居全旗前列。

在教学研究方面，我坚持带头主持课题、撰写论文、发表文章，牵头负责的2个国家级课题、2个自治区级课题、1个市级课题都已结题，先后在国家、自治区、市、旗级评选获奖文章7篇，多次代表嘎鲁图学校到北京、广东、上海等地参加校长论坛和学习交流。

以文润人，插上翅膀助腾飞

“郑校长好、校长好……”走在教学楼的楼道中，许多学生都会主动向我问好。只要我一驻足，一些学生就会主动围上来，场面十分温馨。这源于我在办学过程中，深入挖掘学校核心文化，着力打造“赏识、成就、明礼、智慧”校园文化主题，大力开展创新教育、特色教育、素质教育、德育教育，让学生在小学阶段就能“学会生活”，变得健康、自信、大气、厚重。如今，这已成为学校的活名片。

为推进素质教育进程，我积极开展科普进校园、传统武术进校园、经典诵读、读书分享、红色研学等丰富多彩的校园文化活动，创新开设蒙古族文化、书法绘画、陶艺制作、创客空间等学校特色课程，组织开展课本剧大赛、排球比赛、足球联赛、书画比赛、知识竞赛等系列校园活动，大力举办小鸿雁合唱、“书香校园”经典诵读、“奇思妙想”科技创意等丰富多彩的校园文化活动，建设校园文化长廊扮靓学校，让学生们培养了自信、锻炼了心智、成长了自我。学生每年获奖率达到80%以上，打造了具有嘎鲁图学校特色的校园文化。

以情感人，激发活力提质效

在管理上，我强调用人性化管理服务温暖人心，用心、用情关心和满足每一位教师的正当需求。对待生病的教职工，我总是第一时间去看望；教师家里遇到困难，我只要知道便会想方设法帮忙。

在教学上，我有着强烈的事业心和责任感，经常深入课堂，深入教学一线，深入教研组，指导教育教学工作，充分调动教师的积极性，促进学生的全面发展，推动教育教学工作全面提高。

在教师培养上，我深知教师队伍建设的重要性，积极开展"走出去、请进来、内分享"教研培训活动，抓好教职工全员教育培训工作，逐步形成了一支以中青年教师为主体的优秀教师队伍。如今，"进德修业，乐教启智"的良好教风在嘎鲁图学校蔚然成风。

以优求精，和融共生催效应

仰文化之魅力，拓德育之新路。开展教育教学沙龙，开设班主任成长"论坛"，举办榜样教师分享会，开展古诗词晨诵、小古文午读、家长开放日、校园文化节等校园活动，架起家校"连心桥"，铺就育人"成才路"……作为学校校长，我时刻走在前头，树好标杆，正在以清晰系统的办学思路、优质高效的教学措施、精细精致的管理服务，致力于打造一所质量一流、特色鲜明、文化浓郁的九年一贯制学校。

我是一名党员，也是一名校长，越是在困难面前，我越要站好岗、履好职、尽好责。面对突如其来的新冠肺炎疫情，我坚持疫情防控和教育教学两手抓、两不误的方针，建立"两案两图八制度"疫情防控工作机制，开展疫情防控应急演练，做实、做细、做好数据统计、信息报送、防疫宣传等各项工作，创新开展"线上+线下"教学活动，做到"离校不离教、停课不停学"，用心、用情、用力守护好师生安全、校园安全、教育安全。同时，我还自发组织捐款捐物活动，支持抗疫斗争，用实际行动汇聚起了战"疫"力量。

"和融共生，精益求精"，是我们的校风，更是我们的行动。

在嘎鲁图学校这片充满创新、洋溢生命灵动的土地上，老师们学习求进，学生们阳光向上。在今后的工作中，我将继续带领我们的团队对教育心存敬畏，保持内心的执着和坚持，不忘教育初心，牢记育人使命，用爱润泽孩子的生命底色，追求'诗意'的幸福教育！

桃李绽芳华　温馨满校园

宁夏回族自治区固原市原州区彭堡镇曹洼小学　邓树滢　付丽　韩雪萍

固原市原州区位于宁夏南部山区、六盘山东麓，属革命老区、民族地区和集中连片的特殊困难地区。彭堡镇曹洼小学始建于1963年，距固原市区20公里，是一所村级完全小学，服务于曹洼村一千八百多人。多年来，学校强化质量意识，不断优化校园环境，注重校园文化建设，构建和谐师生关系，促进学生全面发展，稳步提升教育质量，增强温馨校园建设的深度和厚度，深得广大家长、社会各界的高度认可，已经逐渐成为师生学习和生活中美丽的花园、温馨的家园和幸福的乐园。

改善办学条件，保障温馨校园实施

切实改善办学条件是提高学校教育教学质量的基础。多年来，彭堡镇曹洼小学不断筹措资金，努力优化办学条件，尤其是在美化校园环境建设上始终遵循"以一流的质量求信誉，以高品位的形象树声誉，以奋进和发展赢赞誉"的指导思想，高举育人环境建设旗帜，为全校师生营造了一个环境幽雅、布局合理、生机盎然、蓬勃发展、和谐有序的的校园育人环境。

布局科学合理。学校坐落于曹洼村人口聚集的中心地带，校园内各类建筑布局合理，两排教室沿学校主干道左右分开排列，国旗台位于校园中心位置，塑胶操场和学农基地分布在学校东侧。校舍坚固耐用，通风、采光良好，室内照明等各类设施符合规范要求，　利于学生视力保护。

服务范围科学适度。学校实行小班化管理，服务半径距离适中，分布在2.5公里以内。学生上下学一二年级由家长接送，其余年级由值周教师护送过马路，路途无明显安全隐患。

设施设备配备齐全。学校信息化条件得到极大改善，实现了在线互动课堂班班通。功能室配备齐全，建有微机室、实验室、音乐室、仪器室、图书室，体育器材室等功能室，能全方位满足教育教学需求。

就餐环境卫生干净。学校严格落实营养改善计划，现有60平方米的操作间和20平方米的储藏间，各种餐饮设备齐全。原材料出库、加工、分发指派专人负责，严格落实早餐一个鸡蛋、午餐两菜一汤的标准，合理均衡营养搭配，确保营养改善计划规范运行。

提升教学质量，增强温馨校园底蕴

教学质量是学校发展的生命线，提高教学质量是学校永恒的主题。一直以来，彭堡镇曹洼小学狠抓教学质量生命线，优化教学方式，拓展教学路径，努力提升教学水平，为育有品位的学生而不懈努力。

落实教学常规。学校在做到所有国家课程"开齐、开足、教好"的基础上，科学、合理安排多元校本课程，以满足学生发展的多样需求。做实、做细、做精教学常规，积极探索作业多元化，努力使"分层作业"和"个性化教学"真正成为现实。

开展线上教研。学校以"互联网+教育"为抓手，与城区十八小结对，充分运用教育云资源，开辟第二课堂，定期开展集中备课、校本教研、网络研修等教研活动，助力学校质量提升。

注重个性化辅导。学校在教学中，建立班主任、科任教师与学困生一对一的帮扶机制，从生活上、学习上、思想上关心关爱，注重个性化教学和针对性辅导，决不让一名学生掉队。

重视户外活动。学校积极开展阳光体育活动，开设好体育课，保障户外活动时间。根据农村孩子的实际，鼓励学生参与家庭劳动，帮助父母做力所能及的事，珍惜他人劳动成果。

注重校园文化，提升温馨校园品味

一所好的学校一定有优秀的校园文化，而优秀的校园文化就是一所学校的品牌。让校园文化成为全面育人的辐射源，成为素质教育的能量库，成为一部无声的教科书，努力构建让学校的每一个角落都成为孩子们进行学习、探究、实践的园地，这就是彭堡镇曹洼小学校园文化的追求。

绿化美化校园。学校做好校园绿化、美化、净化工作，使花园与校园建筑错落有致，使整个校园松柏翠绿，绿草茵茵，鲜花竞放，生机盎然，欣欣向荣。

传统文化上墙。学校围绕社会主义核心价值观，加强传统文化教育，校门口正面墙壁以"礼"文化为亮点，左侧墙壁以"孝"文化为亮点，右侧墙壁以"励志教育"为亮点，主题壁画图文并茂、意义深刻，努力做到使每一面墙壁都能说话、每个角落都能育人。

班级文化展风采。教室统一设有班训、学习园地、班级风采等内容。每个班级建有图书角，让学生在课余时间可以随时随地阅读。每个教室配有时钟，时刻提醒师生珍惜时间，勤学奋进。优美的班级环境，给孩子们增添了无穷的幸福和学习生活的乐趣。

重视校风建设。学校坚持以"严谨治学、宗师爱生"为校风，以"敬业爱生、进取奉献"为教风，以"勤学善思、尊师守纪"为学风，以"育人为本、敬业为乐"为校训，坚守"学校发展、教师发展、学生发展"的办学宗旨，践行"教书育人、服务育人、环境育人"的教育理念，努力实现"培养人才的学园、发展个性的乐园、陶悦情操的花园"的办学目标，深得广大家长、社会各界的高度认可。

构建和谐关系，增加温馨校园深度

构建和谐校园是构建和谐社会的重要组成部分，是衡量一所学校教学工作水平的一个重要标准，而和谐的人际关系又是构建和谐温馨校园不可或缺的重要元素。

师生团结互爱。师生之间平等交往、相处融洽，行为举止文明，彰显礼仪规范，教师不歧视学生；同学之间团结友爱、互相帮助，没有发生过校园欺凌现象。

关爱机制健全。设立"留守儿童关爱之家"，建立留守儿童帮扶和心理咨询疏导制度，开展结对帮扶活动，使留守儿童充分感受到学校大家庭的温暖。针对留守、孤残、单亲等学生实行建档管理，创新帮扶机制，采取有效措施精准帮扶。建立辍学返校学生结对帮扶机制，学校服务区域无一名辍学学生。

家校联系密切。密切学校、家长、村委三方联系，与当地生态、人文充分融合，成立家长委员会，定期召开家长会。

举办丰富活动，增强温馨校园厚度

丰富多样的校园活动不仅可以丰富学生课余生活，还能发展学生个性潜能，提高学生综合素质。为保证活动效果，彭堡镇曹洼小学制定活动实施章程，选定专职教师辅导，使活动向着规范有序的方向发展。

道德教育净化灵魂。学校利用升旗仪式、国旗下的讲话、观看爱国影片等，开展爱国主义教育活动。利用大课间和课外活动，开展读书汇报和经典诵读活动。举办"塑造文明学生形象"、"文明礼仪知识"、"爱心救助"、"美化家园"、"学雷锋讲奉献"、"三爱三节"系列读书活动、征文比赛、演讲比赛等实践活动，引导学生崇尚团结、友爱、互助、奉献的精神，弘扬助人为乐的优良传统。

节日活动异彩纷呈。学校利用重大节日对学生进行爱国教育、感恩教育、劳动教育，开展学雷锋、节约粮食、节约水电、科普宣传、植树造林、感恩卡制作等活动，让学生学会做人、学会生活、学会劳动、学会审美，使学生的个性品质在活动中得到升华。

艺术活动活跃校园。学校成立舞蹈队、象棋、体育、微机、美术、乐高等十几个兴趣特长小组，打破班级界限，自由参与活动，各尽所能、各尽所长、各得其乐。此外，学校还积极组织学生参加各类文艺汇演、才艺大赛、运动会及书法、绘画、手工艺品展览等活动，展现了学生风采，陶冶了学生情操。

雨露润花蕾，温馨满校园。经过几年的努力，曹洼小学已成为一所花蕾绽放的花园、温馨幸福的家园。今后，学校将以更加饱满的热情，更加昂扬的姿态，不断深化初心和使命，强化服务意识和责任担当，全方位提升"温馨校园"建设标准，努力打造"小而精、小而全"的乡村学校新品牌。

民族团结一家亲 同心共筑中国梦

——银川市西夏区第十一小学民族团结进步创建工作纪实

宁夏回族自治区银川市西夏区第十一小学 王义红

民族团结进步事业是建设新时代中国特色社会主义伟大事业的重要组成部分。新时代，每个中华儿女都要高举民族大团结的旗帜，弘扬伟大的爱国主义精神，自觉做民族团结进步事业的建设者和促进者。在民族团结进步创建过程中，宁夏回族自治区银川市西夏区位于银川市西夏区第十一小学秉承“培植爱国爱党爱军种子 育养根正体壮智茂少年”的办学理念，以军养德，以军促智，以军健体，精心培养富有贺兰山革命精神的先锋少年。以“四进五融合”教育模式为载体，让民族团结教育进课堂、进教材、进家庭、进头脑，使民族团结教育与党建工作融合、与课堂教学融合、与家庭教育的融合、与德育工作融合、与仪式教育融合，推进了民族团结进步创建工作的常态化、制度化建设，让民族教育之花在校园处处开放，民族教育之果在校园处处留香。

一、政治引领走在前，推进民族团结与党建工作高度融合

要想跑得快，全靠车头带。围绕新形势下民族团结进步事业的新要求，学校以党建为龙头，发挥民族地区学校在民族团结进步创建中的独特优势，切实把党的民族政策和法律法规落实到学校工作的各个方面、各个环节，真正转化为维护民族团结、社会稳定和国家统一，促进校园和谐、学校事业又好又快发展的巨大力量。

首先，学校党支部以党的民族理论政策、习近平总书记关于民族工作的重要论述和讲话精神作为民族团结进步教育工作的指导思想，组织教职工深入细致地学习党和国家的民族政策和民族理论，教育引导教职工加深对民族团结进步创建知识的认同和了解。其次，学校以微课、慕课等形式，丰富涵养民族团结“蓄水池”，深化五个认同，努力增强民族团结教育效果。再次，学校将民族团结进步教育融在支部党员大会、支部委员会、党小组会和党课中。与宁夏大学新华学院结合院校共建单位，邀请新华学院马克思主义教学科研部老师来校开展马克思主义民族观、宗教观、祖国观、历史观、文化观的宣传教育，邀请宁夏大学博士导师来校开展民族团结进步大讨论。

二、因地制宜显特色，推进民族团结与课堂教学深度融合

课堂是民族团结教育的主阵地。西夏区第十一小学在语文、思政课、美术课、音乐课等学科教学中渗透民族团结进步教育，使其在别具一格的课堂教学中悄无声息地走进学生的心中。

首先，学校通过优秀案例评选，发掘了一批优秀教师帮扶少数困难民族学生的感人事迹。其次，学校通过电子屏、黑板报、手抄报、宣传栏、校园广播站等载体，营造了浓厚的民族团结教育宣传氛围。再次，学校通过推进教育精准扶贫项目，发动教师为贫困少数民族学生购买学习用具、棉衣棉帽等物资，让他们在学校能够感受到民族大家庭的温暖。

三、言传身教作表率，推进民族团结与家庭教育有效融合

习近平总书记指出：“广大家庭都要重言传、重身教、教知识、育品德，帮助孩子扣好人生的第一粒扣子，迈好人生的第一个台阶。”学校高度注重家校融合，重视家庭、家教、家风建设，对于促进民族团结有着十分重要的作用。

成立三级家委会。学校完善家长委员会章程，建立家长公约制，将热心于公益服务、为人正直且符合家长委员会委员基本条件的在校学生家长纳入校级家委会，参与学校教育、教学和管理工作，监督学校办学方向，优化社会家庭教育环境，增进了学校、家庭与社会间的相互理解。

成立家长义警队。学校门口所在的巷子是学生上下学的唯一通道，巷子本身就窄，再加之学生多、接送孩子的家长也多，经常造成拥堵，对师生的生命安全造成很大的隐患。为此，学校成立家长义警队，让家长参与到治理巷子拥堵和乱停车的工作中来。如今的巷子干净，乱停车的现象少多了，也不拥堵了，过往的老百姓和师生们也安全了很多。

成立家长义工队。学校没有专门的保洁人员，校园卫生平时靠师生打扫，有时出现上课与打扫卫生时间冲突，导致校园卫生脏乱差现象。针对这一现状，学校成立家长义工队，不定期到学校和学生、老师一起擦玻璃、擦灯管、洗窗帘、布置教室文化、整治环境卫生等。如今走进校园，校园里每个角落都是干净的，每个班级都是温馨的，孩子们爱校，家长们也爱校。

办好家长学校。学校定期召开家长会、定期举办家庭教育讲座和家庭教育沙龙活动，丰富家长学校内容，引导广大家长树立正确的家庭教育观，促进了家庭和睦、邻里和谐、社会稳定。

四、传承文化有抓手，推进民族团结与德育教育紧密融合

我国多民族的国情决定了民族团结教育始终是中小学德育教育的重要内容。因此，学校要通过不懈努力，让学生知道中国是统一的多民族国家，了解国家的民族政策，尊重各民族的风俗习惯和语言文字，知道民族平等、民族团结和各民族共同繁荣发展是我国处理民族关系的基本原则，增强维护民族团结的自觉性。

强化爱国主义教育。学校以清明节、青年节、中秋节、国庆节等重大节日、时间节点为抓手，铸牢各族少年儿童中华民族共同体意识，引导各族少年儿童为实现中华民族伟大复兴的中国梦而不懈奋斗。

传承中华民族优秀传统文化。学校充分发挥陶泥室、皮影室和剪纸室三个功能室作用，让学生通过动手动脑，感受中华民族优秀传统文化，增强民族自豪感。截至目前，陶泥工作坊创作的西夏文字泥板画荣获2019年全国第六届中小学生艺术展演活动二等奖，荣获自治区一等奖；皮影工作坊先后创作表演了《鹤与龟》《东郭先生和狼》《武松打虎》等多部经典作品，在2018年全区第六届艺术展演中荣获二等奖，目前正在积极申报自治区非遗文化基地；剪纸工作坊创作的民族风窗花、百兔迎春等多个主题参加个各级活动展，得到各方良好评价。

开展内容丰富的主题教育活动。学校通过开展“民族之花开满校园”、“我们的民族英雄故事分享会”、“民族风俗习俗交流会”等主题活动，播放民族团结题材的影视作品，举办民族歌曲大合唱等内容鲜活的活动，进一步激发少年儿童热爱中华文化的热情。

与创建少年军校有机结合。铸牢中华民族共同体意识，也需要国防教育。今天的小学生就是明天国防建设的中坚力量，是明天守土保疆的钢铁长城。学校通过创建“少年军校”，加强对广大学生的民族团结教育、国防教育，灌输民族大团结意识、国防意识，普及民族知识、国防科技知识，培养他们有责任、有担当的品质，铸造明天钢铁长城。

五、点滴浸润在日常，推进民族团结与仪式教育相互融合

仪式作为一种文化或者说文化象征，它可以使一些我们所经历的看似普通的事件，被赋予一种特别的甚至是无法言说的意义，直至触及人的心灵，有着不可估量的感染和教化作用。同样的，教育也需要仪式感，它是学生人生的重要体验，能使学生始终保持积极向上的心态和热情，从而源源不断地焕发学习的动力和创造力，促使学生幸福、快乐地成长。

一方面，学校高度重视学生仪式教育，通过举行升旗仪式、开学仪式、开笔礼仪式、成长仪式、民族团结月启动仪式、学雷锋活动启动仪式、外出研学游出征仪式等各种活动，将民族教育与仪式教育相互融合，让活动变得更富有意义、更受学生喜爱。另一方面，学校积极开展寻找身边的民族仪式活动，让不同民族的学生课余时间收集整理一些各民族的仪式，将这些仪式在课堂中进行分享，通过分享了解各个民族的风俗习惯，达到尊重少数民族风俗习惯。有些孩子分享了一些很有趣的仪式，如维吾尔族的“肉孜节”仪式，家家户户宰羊、煮肉、烤馕、跳舞，感恩党的好政策和幸福生活的来之不易；蒙古族的“祭火”仪式，火代表着生命与兴旺，祈求风调雨顺、来年水草肥美，人丁兴旺等。可以说，仪式感能让平淡的生活变得有意义，孩子的成长更需要有仪式感。

民族团结进步事业的大厦，需要全体中华儿女共同建设。通过开展民族团结进步创建活动，学校全体师生增长了民族知识，提高了民族意识，融洽了民族氛围，树立了民族自尊心和民族自豪感，增强了民族向心力和凝聚力。学校先后荣获“全国啦啦操实验学校”、“全国啦啦操星级俱乐部”、“自治区德育示范学校”、“自治区示范家长学校”、“自治区民族团结进步示范校”、“银川市书香校园”、“西夏区五好党支部”、“西夏区教育质量综合奖”等200余块奖牌、证书。

民族团结教育是一个深入、持久的教育过程。下一步，西夏区第十一小学将继续探索民族教育的新途径、新方法，放宽视野，拓宽思路，认真组织开展民族团结教育活动，让56个民族的灿烂文化在学生的心灵中播下“中华民族是一家”的种子。

向美而生 向阳而行

——都兰县第三小学“葵花”文化建设探索与实践

青海省海西蒙古族藏族自治州都兰县第三小学 闫晓东

学校文化是学校发展的灵魂，是学校发展的关键所在。一所学校要真正成为一个品牌，首先必须有明确的教育思想定位。青海省海西蒙古族藏族自治州都兰县第三小学按照“用葵花精神奠基健康人生”的总体思路，加强教师队伍建设，在练好内功、强化内部管理、稳步提

升教育质量上做文章、谋发展，教育和引领儿童从小就执着地向善、向上、向美，为他们的当下及未来生活的美好奠定坚实的基础。

一、挖掘优势，铺开一篇教育新天地

内部优势。学校立足农村寄宿制学校教育模式，办学理念清晰，发展愿景明确，即以传统文化为根基，全力打造“向日葵”文化为标志的学校特色发展体系。学校通过葵花特质，将温暖、充实、自信、团结、阳光、灿烂等品质融入学风建设，致力于培养对己讲仪表、对人讲礼貌、学习讲勤奋、在家讲孝敬、社会讲公德的诚实守信的杰出公民，使他们无论身在何处，都能阳光向上，并在其中表现出对自然的尊重和对他人的关爱。同时，学校以“向美而生、向阳而行”为办学愿景，致力于创建团结、和谐、文明、健康的校园人文环境以及绿化、美化、净化、亮化的校园自然环境，让全体师生在“向阳：阳光朝气；向上：积极进取；向未来：农村寄宿制学校的典范”这个目标下聚在一起，努力奋斗，为打造农村寄宿制学校的典范而奋斗不懈。

外部优势。尽管学校地处农村，但随着国家政策对农村教育的倾斜，乡村教师的待遇不断提高，家长对农村教育的重视程度不断增高，整个社会为农村教育提供了良好的发展环境，使得教师的自我学习和提升的能动性显著增强，有利于“葵花文化”和“精细化管理”落地生根。

二、提质增效，打造教学发展新生态

教学改革和教学科研是提高教学质量的根本出路。都兰县第三小学以教师专业发展为支撑，以科研工作为抓手，以课堂教学为渠道，全面深化教育教学改革，推动教学质量稳中有升，使教师专业水平有了实质性提高，学生学习能力得到全面发展，整个学校呈现出蒸蒸日上、欣欣向荣的发展局面。

教师是教育发展的第一资源，也是提高教育教学质量的关键。一是促进年轻教师的迅速成长，这是学校发展的基础。针对学校教师队伍普遍年轻化（平均年龄36.5岁，90后教师占近三分之一）的现状，学校在绩效考核、评优评先等过程中多以激发年轻教师成长为主，如广泛开展说课比赛、演讲活动、微课达人评选、专业知识测评等基本功考核，建立五个一的考核体系、积分制的年度考核、成长制的培养体系等考核制度，与浙江嘉兴光明小学积极开展帮扶互助活动等。二是构健全程渗透的教师培养实践体系，这是学校发展的保证。学校结合校园文化特性，开展了与学生现实生活、校园经验和未来趋势密切相关的教师培养实践体系：以班主任队伍建设为主的培养体系，实施葵花文化为切入点的班级管理团队；以教师业务、师德为主的教师团队，通过文化管理，实施课程建设、课堂文化建设等提升综合素养；以党建引领，借力葵花文化向阳、向上的精神内涵，着力推进党员先锋性建设；以处室团队建设，管理队伍培养，实施葵花文化凝聚力，团结有序的精神品质塑造。通过四条培养体系，逐步完善了师资队伍的建设。

教育科研是一所学校前进和发展的强大助推器。学校一直积极探索适合本校实际的教育科研发展新思路，立足海西州“葵花·数学教研”名师工作室以及语文和英语两个校级名师工作室，以提升学习为目的，以解决“点”的问题为突破，以教师成长为目标，激发广大教师积极参与教科研的热情，努力在科研中求发展、求活力、求创新。结合校情和葵花文化办学理念，每年春季学期举办“葵花文体艺术节”活动，如“葵花少年•多才多艺”、“葵花风采•欣欣向荣”和“葵花家校•家庭楷模” ；每学年秋季学期开展“葵花教学节”活动，如“葵花园丁•名师风采”、“葵花课堂•精彩纷呈”、“葵花教研•活力无限”等。通过整合，以葵花文化为目标的两大系列活动在每年进行，收获较多，促使每名教师在文化创建的进程中有事做、有力出、有思想、有情怀，学校凝聚力不断扩大。

营造葵花文化的教育教学发展生态是引领学校发展的着力点。一是文化生活与少年宫社团的开发利用，成为孕育学生成长的文化园地。学校把少年宫楼的所有教室开设成功能教室，分为艺术类、科普类、综合实践类、心理咨询类、体育类等20个项目，将乡村少年宫的作用充分发挥出来，达到了提升学生多方面素养，促进学生全面发展和健康成长的目的。二是每年春季学期的葵花文体艺术节整合了学校教育教学资源，突出重点，形成体系，促进了农村孩子的视野和实践能力，力争五育并举。三是每年秋季学期的葵花教学节着力教师培养、教师团队建设、课堂教学的高效性，促进了教师专业化发展的进程。四是整体构建了学校德育体系，以葵花监督岗为切入点，以宿舍管理模式改革为抓手，努力实现学生自我管理、自我约束。五是探索课程整合、课程融合、课堂教学彰显文化追求，编撰《校本教研·葵花课堂》营造充满文化精神的教学文化，激发学生内在的生命活力。六是针对课堂教学育人功能，突出问题意识和实践创新，营造良好的教学文化生态。

通过以上教育教学改革的推进，解决了文化实施的路径困惑和教育教学提升的方向问题。

三、聚集合力，开创家校合作新模式

家庭教育是学校教育和社会教育的基础、补充和延伸，如果家长不配合，学校教育可能达不到最佳的教育效果。尤其都兰县第三小学的学生大都来自农村，住宿生占50%，且单亲家庭、留守儿童、事实孤儿等特殊学生较多，导致家庭教育严重缺失，影响了学校教育教学质量的提升。为改变这种现状，学校在“葵花文化”发展的背景下，确立了“凝聚家校合力，共育阳光葵娃”的家校合作形式，使孩子能够在和谐美好的氛围中健康茁壮成长。

每学期开展校长走访活动、支部走访活动、亲子活动、督学活动、开放日活动，使家校合作更具规范性和生命力；开设学校微信公众号，每周发布校园动态，将葵花文化、葵花园丁、葵花课堂、葵花社团、葵花少年、葵花保障等涉及学生学习、生活，及教育教学成果展现给家长，使学生和家长更直接、更全面的了解学校的特色、学校的教师、学校的教育教学，更加支持和配合学校的工作；建立家委会，颁发聘用证书，定期座谈，解惑答疑；规范班级微信群，对教师言行进行指导，对家长反馈及时处理，对孩子偏差进行教育，对家长困惑及时解答，对学校重大事务及时公布；大型活动邀请家长参与，让家长走进学校，了解学校、支持学校；开展亲子文体艺术活动，建立家校交流的平台；开展“葵花家校•家庭楷模”活动，推选出“优秀家庭”并且给予他们相应的家庭称号，如“学习家庭”、“孝心家庭”、“书香家庭”、“励志家庭”等，并举办授奖仪式，以此激发家长与学生对学校的归属感；争取资源设立恒旺奖学金和恒旺助学金，等到家长好评和支持。

四、争取帮扶，提升寄宿学校新高度

农村寄宿制学校要想得到快速发展，帮扶很重要。为此，都兰县第三小学积极争取上级部门和社会各界的支持，取得了显著成效，加快了农村寄宿制学校的发展进程。

在主管局的协调下，学校于2017年和浙江嘉兴光明小学建立友好帮扶关系，每年进行课堂教学交流、教育管理交流、师资培养等活动；和浙江嘉兴南湖国际实验学校建立帮扶关系，每年开展“弘扬爱——冬衣牵手活动”为三小学生每年捐助衣物上千件。每年开展三小学生艺术作品在浙江南湖国际教育集团义卖活动，提升孩子的自信心和自豪感；和浙江南湖国际教育基金会建立帮扶关系，在南湖国际实验学校、平湖恒旺包装有限公司的协调下，自2019年开始每年捐助学校十万元设立“恒旺教学金”、“恒旺助学金”、“恒旺助学行动”；和浙江义务慈善总会、义务爱心公社公益协会建立帮扶，为农村孩子捐助爱心书包等；和浙江长三角女子书画院及浙江人人美术馆建立帮扶，为学校捐助葵花艺韵书画工作室和直播课堂；和青海省科技馆建立帮扶，学校每年开展科技主题征文活动，参与由科技馆组织的青海和北京夏令营活动，得到了农村孩子的家长极大地认可和支持。

通过多种举措的实施，学校教学质量稳步提升，教师队伍凝聚力增强、目标明确；学生养成教育、活动体验不断加强；学校文化氛围浓厚；家长重视和支持呈现良好趋势。近三年，学校两次获得海西州先进学校、海西州平安校园示范校、民族团结示范校等称号。学校葵花文化实践案例在全国主题活动中荣获一等奖。校园文化和民族团结实践活动获得青海省教育厅主题活动二等奖。青海省关工委授予学校“关心下一代优秀基础单位”海西州妇联授予“海西州农牧区妇女建功文明岗”近三年学校一人被评为“全国优秀教师”；二人荣获“全国乡村教师奖励培养计划”。

五、展望未来，描绘学校发展新蓝图

展望未来，都兰县第三小学将以三年发展规划为指南，以谋划学校科学发展为关键，以增强规范精细管理为支撑，以提高教师专业发展为重点，以夯实“葵花文化”为抓手，以提高教育质量为核心，以促进学生全面发展为保证，突出“葵花文体艺术节”、“葵花教学节”的实效，以办让人民满意的教育为目标，为努力创建“师生赞同、家长赞扬、政府赞许、社会赞誉”的农村寄宿制小学而奋斗！

实现三个增值：学生增值——学业水平提高，良好习惯养成，责任意识增强；教师增值——教学理念更新，教学艺术娴熟，综合素质提高；学校增值——有形资产增加，教学质量提高，社会信誉度提升。

落实四个目标：学生学业水平“出众”、教师教学业绩“出色”、校长管理策略“出新”、学校教育质量“出名”。

创建五个校园：创建平安和谐校园、民族团结校园、精神文明校园、文化育人校园、质量提升校园。

农村寄宿制学校的发展任重道远。我们明白：教师肩上的责任之重大，学校发展之重要，改革之艰辛。但是乡村教育的发展，都兰教育的繁荣需要有这样的一群人。都兰三小的管理团队、老师们会更加努力，以“向日葵”文化为导向，建设一所充满希望、充满生机的校园，让朵朵葵花迎着太阳绽放，向着太阳歌唱。

传承传统文化 成就锦绣人生

山东省安丘市锦湖小学 王维信 陈金波 陈如山 王艳丽

中华优秀传统文化源远流长、博大精深，是中华民族的精神命脉，是我们世代必须传承的文化根脉和文化基因，是涵养社会主义核心价值观的重要源泉，也是我们在世界文化激荡中站稳脚跟的坚实根基。结合新时代的要求来传承和弘扬中华优秀传统文化是教育领域现在和未来重要的发展方向，也是新时代赋予我们教育工作者的重要使命。

为弘扬社会主义核心价值观和中华优秀传统文化，山东省安丘市锦湖小学自2016年8月建成招生以来，就确立了“诚信教育、多元发展、以诚立品、以德树人”的办学理念，创建了“以诚为本，一本八品”的学校文化架构，让师生从校园文化、课程开发、学生活动等方面接受传统文化的浸润，走出了一条以“诚信至善”为引领、以传统文化校园建设为载体的内涵发展之路。如今，成就诚信人生，已成为全体师生的共识。

以“诚信”为核建造校园环境

《孟子·离娄上》中将“诚”定义为自然界和人类社会的最高道德范畴。“诚”和“信”一脉相承，以诚立身，以信立世，诚信为本，立德树人。2017年来，锦湖小学在多方论证的基础上，创新建构了以“诚信至善”为核心，以传统文化为载体，以“诚真、诚智、诚毅、诚美、诚健、诚朴、诚礼、诚和”为内容的“一本八品教育”体系，融学生做人、学习、品格、艺术、健体、朴实、礼仪、管理发展为一体，促进学生全面健康和可持续发展。

内涵优美、充满浓郁国学氛围的校园环境是传统文化进校园的重要组成部分。自建校来，学校有意识地挖掘学校文化的内化，将优秀传统文化融入其中，让学校的一砖一瓦、一草一木都显现鲜明的传统文化教育特征：依楼而建“诚信门”，开发建成“笃学广场、笃敏广场、笃德广场”等七处校园小广场；完成四大名著经典故事、“礼义廉耻”国之四维廊柱、二十四节气等多处大型彩绘，极大提高了学生对传统文化的认知及兴趣；2018年10月，学校建成由青岛海洋大学李兰生教授手书、以传统文化为主题的“道德经”碑，并以此为契机，组织师生围绕《道德经》开展主题教育活动，得到社会各界的广泛关注和好评。

学校不仅仅是一个个建筑物的集合，还是一个充满精神活力的场所。学校高度注重软环境的建设，充分利用黑板报、专栏、墙壁、走廊等每一个角落，使传统文化教育熏陶无处不在。每个班级都有书香园地，楼内各处走廊建有阅读角，方便学生课余阅读；在课间休息时，能听到配有国学的音乐朗诵等，校园里处处洋溢着和谐的书香氛围，使得传统文化真正走进了学生的心灵。

以“悦纳”为魂实施教育教学

传统文化教育一直备受关注，尤其随着《成语大会》《中华诗词大会》《朗读者》等节目的热播，再次引发了人们对传统文化的关注和热议，舆论普遍认为要强化传统文化的普及教育。因此，对青少年进行传统文化教育已经不是“要”或“不要”的选择题，而是“教什么”和“如何教”的问题。自建校以来，锦湖小学坚持将传统文化教育与现代教育相互融合，开启了一条传统文化进课堂的新路子。

为将传统文化因素整合为系统的课程群并应用于教学，学校成立专门团队，经过积极探索，构建了以“课程理论+课堂教学+环境浸润+应用实践”的“悦纳”传统文化教学体系，创建了以“悦体验+悦展示+悦发展”为模式的“三悦五纳”情感教育课堂模式。本体系将课程资源中的传统文化因素归纳梳理为汉语言文字类、传统文学类、传统历史类、传统艺术类、传统科技类、传统民俗类、传统宗教类、传统意象类八大类主题，并归纳家国情怀教育、社会关爱教育、人格修养教育三个专题，爱国、感恩、进取、审美、文化五个系列，分别附以课例阐述如何将传统文化与学科进行交叉融合，打造本校《拥抱传统文化》系列读本等，大力提升学生品质，以达到传统文化育人的目的。

为进一步加强传统文化对师生的影响，学校依托山东省内深厚的历史文化底蕴，先后开发以赴公冶长书院、曲阜等传统文化教育基地进行研学为主的研学课程，以邀请民间艺术传承人到校教授快板、京剧等为主的非遗课程，以校内红色长廊、红色地标展开的红色课程，激发学生传承和发展传统文化的兴趣自觉和民族自信。

通过悦纳教学体系的实施和一系列课程的开发，学校在传统文化教育方面取得了丰硕成果，青年教师王艳丽打造的传统文化课《京剧》获安丘市、潍坊市、山东省三级公开课，并被收录于教育部中华优秀传统文化数据库；《父母之年，不可不知也》获安丘市传统文化优质课一等奖、说课一等奖，并被推荐至学习强国平台。

以“传统”为本增强文化自信

当代学习理论表明，只有当学习发生在有意义的情境中即与学习者的生活世界发生密切联系时，才是最有效地。基于这一结论，锦湖小学以“传统教育”为载体，开展丰富多彩的教育活动，并让学生成为真正的主体，在活动中获得具体切实的体验，使传统文化浸润每个孩子的心灵这一目的得以真正实现。

诵读经典，滋养道德智慧。学校借助连续开展以“读传统经典，做有道德学生”为主题的“校园读书节”活动，为全校师生统一配发《弟子规》《道德经》等校本诵读书籍，组织师生开展经典诵读比赛、演讲等活动，让师生共同感受传统文化的魅力，提升道德素养。

感恩教育，激励生命成长。学校通过开展以“感谢父母养育之恩、感谢老师教育之恩、感谢同学帮助之恩、感谢集体、学校温暖之恩、感谢祖国强大之恩”为内容的感恩教育活动，让传统“孝”文化在校园绽放新的色彩，在校园里落地生根，为立德树人赋予传统内容。

传统节日，追寻文化之根。学校通过新年、清明、端午、中秋、重阳等传统节日适时展开传统文化主题教育，如清明期间发放诗配画作业、中秋节组织锦湖明月话中秋、端午节组织锦湖端午话龙舟等活动，让学生们在度过欢乐的节日同时牢记传统。

文化是民族的血脉，历史是国家的根基。不忘历史，才能开辟未来；留住血脉，才能走向复兴。建校五年来，锦湖小学紧密结合时代特色，将传统文化教育作为立校之本，开展传统文化进校园、进课堂、进活动工程，为优秀传统文化创造良好的沃土和氛围，将文化的精髓、历史的经典、时代的方向播种到青少年的心中，助力亲少年实现人生大梦想。未来，锦湖小学将继续在传统文化的寻“根”之旅中前行，让每一个孩子在传统文化浸润中成长。

实施“乐善”教育　智创温馨校园

山东省滨州市滨城区三河湖实验学校　薛玉江　赵斌　王玉华

美丽温馨校园建设是学校可持续发展的动力，也是突出办学特色的重要平台。为提升管理效度、提高教育质量，山东省滨州市滨城区三河湖实验学校本着学他校之长、补己校之短的态度，以“温馨校园”创建为契机，深化“乐善”文化，推进素质教育，努力争创省级乡村温馨校园，助力学校发展再上新台阶。

一、提出“乐善”教育文化，形成文明向善的育人风尚

三河湖实验学校坐落于惠民、阳信、沾化、滨城“两县两区”交界处三河湖镇，是一所农村义务教育初级中学。学校始建于2004年，现有教学班21个，学生783人，教职工88人。学校占地69593平方米，其中建筑面积23911平方米，绿化用地面积16000平方米，体育用地25847平方米，现有综合教学办公楼两栋、餐厅楼一栋、学生宿舍楼一栋、建有300米塑胶田径场、塑胶篮球场4块、排球场2块、室内标准乒乓球场等学习、活动场地，各公共区域均设有无障碍通道。

习近平总书记在全国教育大会上以“国之大计、党之大计”——两个大计高度概括了教育在新时代的重要地位，体现了“培养什么人、怎样培养人、为谁培养人”这一根本问题的深谋远虑和高瞻远瞩。古人曰：“知之者不如好之者，好之者不如乐之者。”积善成德，明德惟馨。正是基于以上认识，三河湖实验学校坚持立德树人、全面发展的办学思想，确立了“以学为乐，人文至善；乐在过程，善是结果”的基本内涵，提出了“乐善”教育文化，并通过“校园——乐美至善、课程——乐趣完善、课堂——乐活善究、班级——快乐友善、教师——乐教和善、学生——乐学向善”六大实施路径，将其融入校园的方方面面，引领学生快乐活泼、文明向善。

由于育人理念先进，文化特色显著，教育质量突出，学校先后荣获“全国足球特色学校”、“全国课改名校”、“全国零犯罪示范校”、“教育部国防教育特色学校”、“省规范化学校”、“省语言文字规范化示范学校”、“市教学示范校”、“市教学工作先进单位”等称号。2020年，学校再获“滨州市教学常规月优秀单位”、“滨州市中小学课堂建设先进单位”、“滨州市第二批特色学校”、“市体育后备人才基地”等荣誉。

二、实施“属地管理，原状接龙”管理，创设温馨和乐的育人氛围

科学规范的管理是学校发展的坚实保障。为创设师生平安、人文和谐、环境整洁、秩序井然、体系完善、特色鲜明的校园育人氛围，三河湖实验学校提出“属地管理，原状接龙”的管理模式，重点做好五个校园建设，为师生全面发展创造良好的校园环境。“属地管理”就是把校园各区域、各场所按就近、路过、分管的原则划分到各班级、各办公室和每位学生，由各个属地管理人具体负责内部的各项管理事宜；“原状接龙”就是每位师生在使用物品后，本着“物归原状或物归原处”的总体要求，保持物品安全使用、有序摆放、文明保护，做到人尽其职、物尽其用，打造温馨校园。

师生平安，人文和谐，建设“平安校园”。校安全办统筹安排、协调管理，各科室积极配合、落实责任，高度重视校园安全防范及安全教育工作。本着安全第一、责任到人的原则，实行一岗双责，落实安全教育课、周五安全班会20分、防火防震安全演练和“1530”安全教育，不断增强师生的安全意识；发挥好校园安全在线平台的作用，开展普法教育、生命安全教育，定时排查安全隐患，及时更新安全疏散标志、维护监控，实现学校无缝隙全程监控，杜绝安全事故的发生。

环境整洁，秩序井然，打造“洁净校园”。科学合理地做好校园绿化、地理园、景观路等建设，做到绿化、美化、亮化、净化。最大限度绿化校园，增大绿化面积，保持校园清洁卫生，使学校成为四季常绿、三季有花的校园；完善花木的植物介绍标牌，给每棵大树编号取名分科；在学校道路旁增设宣传标语和提示语，不断完善校园环保

文化建设；挖掘校园每个区域特点和适合用途，打造校园小景亮点工程，创建“花园式学校”。

文化引领，风貌浓郁，创设“书香校园”。以“乐善”教育文化为中心，积极创设优良的校风校貌文化建设，充分发挥地理园、读书园、励志园和社会主义核心价值观景观路的教育作用，更新完善楼道“乐善”文化长廊、运动场等文化，积极开展读书、文艺、体育、科技等活动，让学生在活动中体验良好的书香育人氛围。

建章立制，宣扬文明，形成“文明校园”。进一步建立和完善学校的规章制度，不断修订和完善学校章程建设，发挥教代会、家委会在学校管理中的作用，完善管理体系。利用升旗仪式、大课间、广播站、班队会等集会进行爱国主义等教育，积极开展体育节、读书节、书画展、庆国庆、元旦文艺汇演等活动，丰富文化内涵，传承文化教育，形成文明向上的校园主流价值观。

科学饮食，健康成长，打造“放心校园”。为切实抓好食品安全工作，确保师生吃得饱、吃得好，学校将食堂管理列为学校的重要议事日程，推行色标、4D、六常等现代食堂管理理念，全方位安装监控系统，接受师生监督；邀请学生家长、人大代表等各界人士考察、指导，促进食堂民主管理、规范管理，向全体师生提供安全、优质、和谐的餐饮服务，让家长放心。

三、落实“单班双主任”管理，建设快乐友善的温馨班级

为实现“人人有事干，事事有人管”的管理格局，三河湖实验学校坚持实施“班主任+辅导员”式的班级管理模式，即每个班都安排有班主任和辅导员两位教师共同负责一个班的管理，即“单班双主任”管理，为建设温馨班级提供坚实的保障。

完善班级文化，彰显班级特色。班级文化是一个班的灵魂，虽每个班级各具特色，但对学生的自我调节、自我教育的功能是统一的。为此，学校必须努力做到：统一完善班级“硬文化”，包括《社会主义核心价值观》《中学生日常行为规范》《中学生守则》《滨州市中小学生行为规范》以及学校《三四五好习惯文明谣》；鼓励各班师生共同打造具有班级特色的班级文化，在此过程中形成了代表班级目标、班级精神的班名、班标、班级口号、班级公约，并将各项组合成班级名片，统一放到教室门口；各班还通过黑板报、美丽班级展板、文化墙等描绘、展示班级独有的“财富”和文化，以凸现班级特色；将各班获得的“美丽元素示范牌”、“月度美丽班级”、“美丽班级”做成成果文化，统一在教室门口、教室前展示，进一步提升班级文化育人氛围，增强育人导向功能，引导班级自我完善。经过学校、教师、学生的共同努力，各班已经形成了学习环境优美、文化氛围浓厚、育人元素多元、文化特色鲜明、健康向上的“美丽班级”。

优化班级管理，营造育人环境。班级管理是一个系统的、全面的工作，对班级育人效果启着决定性作用，这要求参入其中的所有人都要参与班级管理、服从班级管理。为实现更多的教师参与班级管理，学校以“师师参与学校管理，人人都是班主任 ”的管理理念为导向，制定“单班双主任”方案，实行“双向两聘任”的聘任模式，即遵循“双向原则、老青搭配原则、学科互补原则、就近原则、全员参与原则、组织审核原则”的原则，由学校聘任班主任，班主任聘任辅导员。每周定期召开班主任、辅导员会议，分享班级管理经验，集中解决班级管理难点。积极推进部委制建设，形成学校到班级的直线式管理，引导班级科学合理的自主管理。学期的班干部竞选采用自愿报名、竞选演说、全班投票的形式，并根据他们各自的特点、特长给予相应的职责和任务，让他们尽早与全班同学融为一体，积极大胆、热情地开展工作。此外，根据美丽班级管理需求，将班级日常管理分为课堂管理、纪律管理、卫生管理、宿舍管理、餐饮管理、艺体管理、安全管理、家校合作共八种美丽元素，每周公布评级结果，进而评比“月度美丽班级”和“美丽班级”，大大提高了班级的凝聚力、向心力和归属感。

丰富班级活动，搭建个性成长平台。根据学生发展需要，学校结合传统节日、重大节日设定活动月和纪念活动，让活动有序、科学开展，引导学生健康成长。如：3月，相约春天——雷锋活动月；4月，书香校园——读书活动月；5月，放飞青春——艺术展演月；6月，回看来路——毕业教育月；9月，“感恩师长、重塑自我”活动月；10月，“唱响祖国、共同筑梦”活动月；11月，“关爱留守，牵手明天”活动月；12月，“畅想辉煌、至善至德”活动月（美丽学生阶段考核与表彰）。同时，学校定期开展体育节、班级篮球赛、班级足球赛、军事拓展、社团活动等活动，为学生发展搭建个性化平台。例如：2020年，学校排球队代表我区参加市运会夺得一个组别冠军、一个组别亚军、两个组别季军的良好成绩。各班除参加学校组织的大型集体活动以外，利用主题班会、课外活动等时间，有计划地组织好每个班的班级活动，特别是开展主题性探究教育实践活动，以培养学生的健康生活态度，培养学生的责任担当和实践创新精神，让学校的各项教育任务在丰富多彩的活动中开花结果，培养学生能力，建成温馨班级。

建设和谐温馨之家，促进学校快速发展，是全体师生的共同目标和努力方向。我们坚信，在学校全体教职工的共同努力下，在各级党委政府和教体局领导的大力支持下，三河湖实验学校的校园定将更加美丽、更加温馨。

精雕细琢，让教育更精致

——记山东省德州市第九中学校长宋彦琳

孟子说，“君子有三乐”，其中之一就是“得天下英才而教育之”。当下教育肩负着时代的使命。民族复兴，教育当先行。而一流的学校不仅要有一流的教师，还要有一流的教育管理者。这是因为校长理论的厚度、知识的深度、人文的广度、目光的锐度、思维的敏度、战略的高度会影响到学校各项政策的制定、发展规划的执行以及师生发展的高度。

在山东德州有着这样一位名校长，始终追寻着“建设一所有文化的学校”的教育愿景，沉淀学校文化，探索高效教学，助力师生成长，精心雕琢每个细节，让素质教育更加精致……她就是山东省德州市第九中学的“掌舵者”——宋彦琳。春风化雨，润物无声，30年的从教之路，10950多个日夜的坚守，已然让教育完全融入了她的生命里，镌刻在她的血液里。

初心如磐，静待满树繁花

“教育是我一生最热爱的事业，可以说，我自出生起就与教育有着不解之缘。”原来宋彦琳出生于书香世家，爸爸妈妈都是深耕教育几十年的老教师，这份对教育的热爱，不仅写在宋彦琳的脸上，更是装在她的心中。深受书香氛围熏陶的宋彦琳从小就对教师这个职业心生向往。小时候，每每有人问她，长大后想做什么职业时，宋彦琳总是很笃定地说要成为一名教师。就这样，梦想的种子在童年生根发芽，40年后满树繁花。

刚刚大学毕业的宋彦琳来到德州市第十中学，得偿所愿成为一名语文教师，从踏上讲台的第一堂课起，宋彦琳就立志要成为一名好教师，让学生们感到遇到她是一生的幸运。于宋彦琳而言，成为一名教师不仅是实现儿时的梦想，更是一种精神的传承——她要成为父母那样的好老师，也要将他们潜心育人的理念薪火相传。

1991年参加工作，2018年来到德州市第九中学担任校长，期间20年的班主任经历，30年的教育生涯，诠释了宋彦琳对教育的一片赤诚。这份对教育的热爱，不仅写在宋彦琳的脸上，更是装在她的心中。宋彦琳甚至把自己对教育事业的喜爱描述为“偏执”。

以人为本，胸怀教育格局

十年之计，莫如树木；终身之计，莫如树人。作为一所学校的掌舵人，学校顶层设计的构建者，肩上似乎无可避免地承担着许多：学校的发展，学生的成长，教师的培养、社会的期许……面对压力，宋彦琳多了一份岁月沉淀下来的从容，30年来，职业敏锐度早已形成一种“肌肉记忆”，她深深知道教育不能够随波逐流，教育者不可做任风吹动的浮草。回归到根本，一所学校还是要为人、为学生，这是不变之道，也是应万变之法。

教育是成就人的，既要成就学生，更要成就教师。一所理想的学校，一定是“学生快乐成长，教师幸福发展”的学校。在探索前行中，宋彦琳逐渐形成了“一个核心、两个原则、三个自信”的办学理念：“一个核心”，就是以“德”为核心构建的学校文化价值体系；“两个原则”就是以学生发展为原则，以凡事求好为原则；“三个自信”就是对学生潜力的自信，对自身能力的自信，对学校发展前途的自信。学校是一个启迪智慧、滋养灵性的生命场，宋彦琳的教育理想就是让每位师生的一生成为一个精彩的故事。

精雕细琢，打造精致品牌

多年来，宋彦琳在这片教育的沃土上，积极探索现代化教育改革，在校园文化建设、深化课程研究、打造高效课程等多个方面进行了大胆的探索，确定了“精致教育”特色品牌创建，挖掘发展潜能，撬动生命成长，致力打造学生铭记终生的教育。

人人皆可成尧舜，成绩从来不是论英雄的标尺，个性的发展才是学生的舞台。来到德州市第九中学后，宋彦琳紧扣“学生快乐成长、教师幸福发展”的办学理念，对学校的课程进行整体设计、重构，以培养卓越品质的学生为核心，以让“每个生命成为最好的自己”为理念，整合教学资源，做到国家课程校本化、校本课程特色化，让学生核心素养培养真正落地。

学校将课程规划为学科拓展、传统文化、科学与技术、语言与文化、养心塑身、劳动实践、艺术素养、榜样人生八大领域，课程目标对标学生核心素养，以单元、学期、学年为阶段，逐步构建目标体系，并以目标为核心确定教学方式，形成科学的学评价体系。改变教学方式，追求有意义的、有思维深度的学习，追求动态的生成和持续性发展的学习，力求将静态的学习内容转化为动态的持续性的学习活动。同时，学校探索项目性学习的构建与实施，让每个孩子都能获得真实、有效地个性化学习体验，获得满足个体发展兴趣、爱好、特长的机会，让每一个学生的潜能得到充分发展。

在宋彦琳看来，“建一所有文化的学校”是促使她成为她自己、成为名校长的最大动力。即使是谈到作为“齐鲁名校长”的耀眼头衔，她也没有冠冕堂皇的修辞，有的只是实实在在的感悟：“教育是一个缓慢而优雅的过程，从前辈身上看到的，从智者文中感受到的，

从自己实践中领悟到的，那就是一个教师必须具有自己的教育情怀，只有永远怀有引领每一个孩子成为最好的自己的教育追求，才能让自己永葆面对教育的活力和智慧，而这可能就是我能成为齐鲁名校长最大的原因。”

创生成长，扩大教育视野

从教无私，桃李三千承雨露；培兰育蕙，芝兰四季吐芬芳。无论是课改，还是育人，学校最大的红利永远是师资。打造有口碑的教育，有尊严的教育，离不开优质的教师团队。作为一校之长，宋彦琳始终坚定不移地为教师谋发展，靠事业聚人心，以公平公正、民主平等的心态抓管理，为优秀教师的成长铺设快车道。

要培养卓越的人，首先要有卓越的教师。教师也要有自己的成长目标，那就是以精准的专业育才，以博大的教育情怀育人，成为学生成长路上的指路明灯，追求做教书育人的大师、人师。德州市第九中学的教师发展目标就是“做师德高尚、业务精专、思想睿智的教育大师”。每年，学校都会为教师们搭建专业成长的平台，给教师们提供施展才华的舞台，师徒结对、青年教师听课、撰写自评报告、学科教学竞赛、十佳教师评选、优秀教师评选……这些都为优秀教师成长铺设了快车道。

“校长和老师之间，不只是管理者和被管理者，而应该是一种彼此成就的关系。名师，成就了名校，也成就了名校长；校长也要不断培养名师，打造教师团队。”宋彦琳始终认为，教师和校长是不可割裂的，唯有同心同向，才能实现学校的蓬勃发展。

三十载光阴岁月，宋彦琳以匠人之心琢时光之影。在她心中，追求有生命质感的精致教育是永不停歇的目标。展望未来，宋彦琳表示，将以“办好人民满意的教育”为初心，继续探索教育的真谛与教学的艺术，努力描绘向善、向上、共生、至美的教育蓝图。

文武兼修 知行合一

——庆云县实验小学特色课程建设之路

山东省德州市庆云县实验小学 张洪敏 孔令宝

庆云县实验小学以“常家抗日高小”为名始建于1942年，办学初衷是“为祖国培育文武双全、知行合一、能够保家卫国、振兴中华的栋梁之材”。而“穿上戎装就是英雄少年，脱下戎装便是谦谦君子”则为当时的培养目标，这种红色基因成为庆云县实验小学办学的基础。

一、文化滋养精神

该校秉承齐鲁儒家文化积淀，汲取燕赵尚武精神精髓，人杰地灵，文有李愚、李之仪；武有吴钟、马龙潭。当代刘氏双将军更是传为美谈，如此浓厚的地域文化衍生了庆云县实验小学“文武兼修、知行合一”的办学特色。

“文武兼修”是指推崇文化的同时崇尚勇武，培养文武双全、文武兼备的人。文者，文化、知识也，不仅包括智育，亦可涵盖道德、审美、礼仪；武者，武道、勇武也，不仅包括武术，亦指体育、心育、劳育。文无武则馁，武无文则蛮。文武之道，一张一弛，二者和谐统一。“知行合一”是指崇尚真知，崇尚实践，学以致用，学用相长，以知促行，以行促知，知行合一，止于至善。知（认识）情（情感）意（意志）行（行为），四者一体，相辅相成。本着“文武兼修知行合一”的办学思想，该校育人理念就是培养尚德、尚志、崇文、尚武，身心强健，人格健全，知礼明礼，行礼用礼全面发展的小学生。该校以培养“全面发展的人”为核心，提出了“文武兼修、知行合一”，致力于培养具有创新精神和实践能力，以适应时代发展要求的人。

二、课程沉淀素养

庆云县实验小学积极践行最新发布的中国学生发展核心素养，设计了以培养“全面发展的人”为核心的课程体系，使国家课程在实施层面进行“校本化”设计，促进中国学生核心素养的沉淀。为此，该校从“文、武、知行”三个方面开发了一系列的校本课程。

（一）文以载道

庆云县实验小学注重加强学生的人文底蕴，强调从国学中习得人文领域的知识和技能，掌握和运用人类优秀智慧成果，涵养内在精神，追求真善美的统一，发展成为有宽厚文化基础、有更高精神追求的人。鉴于此，该校在每班每周安排一课时的经典诵读。由各年级的语文老师带领学生学习该校自主研发的校本教材《经典古诗词》，该教材规定了各年级学习的不同内容，随着学生学习热情高涨，后又灵活引入《三字经》《弟子规》《千字文》《声律启蒙》《笠翁对韵》《诗经》《论孟选读》等名篇进行国学课程内容的拓展，并且把每天晨读10分钟时间作为国学课程的延伸，让学生在读、悟、吟、背的过程中潜移默化地提高阅读能力，培养学生的人文底蕴。

该校以国学课程促进学生阅读行为建设，使阅读成为一种习惯。该校鼓励孩子们用自己喜欢的方式进行读书汇报交流——好书推荐、名著编演、人物介绍、情节配图、改写续写、思维导图、正反辩论等，形式多样，精彩纷呈。学生们学会自我学习、自主发展。

为了加强学生发展核心素养，巩固建立起来的文化特色，让每一位学生都能“沐浴中华文明的阳光，享受翰墨飘香的快乐”。该校分别设置“硬笔书法”课程和软笔书法社团。教师不仅培养学生写字的技法，还注重培养学生良好的行为习惯。并且安排专业书法教师执教，并且聘请本地著名书法家田书明先生作为顾问定期指导，培养着他们和谐向上、阳光自信、不屈不挠、持之以恒、勇敢坚强的个性。所以，学习、临摹、创作书法的过程也是修身养性，磨炼意志、提高学生修养的过程。

该校还注重以课程融入学生的健康生活当中，古人云：人不学，不知礼。因此礼仪教育也是人文底蕴不可或缺的部分。该校开发校本教材《礼仪教育手册》，将每学年开学第一周作为礼仪课程学习时间，科任教师合理分工讲授《学校篇》《家庭篇》《社会篇》，教材不仅进行规章条目详细讲解，还按章编排了相关内容的歌谣帮助学生记忆，课程结束后，学校组织评委对各班进行抽查测试，以保障学习效果。

（二）武以观德

作为八极拳宗师吴钟故里，民风尚武，庆云县实验小学据此确定八极拳作为学校武术习练的特色课程。学校联合庆云吴钟八极拳研究会共同编写校本教材《八极拳套路图解》，聘请八极拳第八代传人宗学习作为学校课程专业指导教师，从八极拳的基本功“八极架”入手，三至五年级每周一节课进行习练。“八极架”约计27势，简单、易练，更具有很高的健身和实用价值。为了提高学生的学习兴趣和武术表演能力，学校还成立了八极拳社团，坚持以套路教学为主、刀枪棍剑器械为辅的教学方向，通过武术道德的完善和提升，强化个人行为规范，走出了一条“大众武术”与“竞技武术”相结合的道路。

为了配合八极拳课程对学生的身体素质要求，该校积极开发阳光体育课程，达到“每天阳光锻炼一小时，健康生活一辈子”的教育目的。该校将跳绳运动作为体育课的重要教学内容以及课间活动的主要形式，增强了学生间的协作精神和集体观念。

强身健体之外更要关注心灵健康，该校开发了心育健康课程来培养学生积极向上的心态和勇敢坚毅的品格。聘请心理教育专家对班主任教师进行专业培训，有效解决了心育教师师资问题。同时每周一节心理健康课，有效解决学生学习生活中的困扰与难题，疏导成长中的心理问题。该校还成立了心灵驿站，聘请专业心理辅导老师，开通心理咨询热线，设立“杨爷爷阳光信箱”，举行心理健康讲座，建设心理健康教育校外辅导基地。心理健康教育实现校内校外对接，课堂课程融合，预防辅导并重。

（三）知行合一

为了达到知行合一的育人目标，发展核心素养，庆云县实验小学开发了校本课程《走进大自然》，依托二十四节气的基本属性，利用校本教材《二十四节气与传统文化》深度挖掘中国农耕文化的内涵，组织学生对不同节气中农作物和树木变化等自然现象进行长期地观察和研究，还倡导学生在农忙时节跟随父母回到农村与老人们共忙农事，向老人学习与二十四节气相关的民俗、文化等。大自然不仅是孩子们体验生活、感受自然、实践科学的学堂，更是亲子教育、孝道教育、连接血脉的桥梁。

该校通过家政教育校本课程开发，培养学生的动手实践能力与生活自理能力，发展学生的创新意识和创新能力，促进学生素质的全面提高。学校在不同年级开设了家政教育选修课，一年级学生要求学会整理书包，二年级要求学会整理衣物，三年级学生要求学会扫地刷碗，四年级学生要求学会插花、编织，五年级学生要求学会煮饭包饺子，六年级学生要求学会缝纫、理财。家政课的开设使学生进一步增强了热爱劳动的意识，体验到家长的辛劳，改善了生活质量，改变了生活依赖习惯。

三、活动促进成长

为了全面配合“文、武、知行”特色课程的有力实施，该校举办各类活动，以活动促进学生能够的全面成长。

为了对传统文化获得更深的理解，举行中华经典诵读大赛和国学小名士挑战赛，进行学习成果汇报展示，并且每月评选一期读书之星，每学期举办一次读书节，每次评出“书香班级”、“书香家庭”进行嘉奖，另外，该校还邀请儿童文学作家进校园进行阅读、习作为内容的讲座，并且把楼道走廊建成开放书吧，班级设立读书角，开展图书漂流活动；同时针对书法课程，每周三下午开设两节课。坚持开展“四个一”活动。即“一日一练、一周一展、一月一赛、一年一书法节”。书为心画。一笔一画中，中华文化的脉脉馨香陶冶着师生的心性。

学校还积极开展“大手牵小手绿色健康一起走走路去上学共享低碳新生活”的主题竞赛活动，作为阳光体育课程的延伸与拓展。学校提倡学生每周选择一天至少一次步行上下学。活动得到了同学们的积极响应和家长的大力支持，反响极佳。学校每月对“阳光体育锻炼小达人”和“环保健康小明星”进行评选，给学生参与活动的积极性以鼓励。

为达到知行课程的教育目标，该校举行定期郊游，加深学生对“二十四节气”认知与理解，纸上得来终觉浅，鼓励学生从实践中获得真知。

如今的庆云县实验小学，是一所现代化的学校，致力于培养“文武兼修，知行合一”的人，以文化滋养精神，以课程沉淀素养，以活动促进成长，通过对一系列的特色课程的探索，培养全面发展，适应未来的人。该校将在特色课程建设的路上带着对教育的美好希望砥砺前行。

用文化引领发展，用特色打造品牌

山东省东营市东营区第一中学　曹同国

学校文化既是一种氛围，更是一种内涵、一种精神，是学校培养现代化人才、实现和谐持续发展的根本和灵魂。只有充满文化的学校才是有智慧、有活力的学校，只有充满文化的学校才是有灵气、有希望的学校。自建校以来，我校始终坚持以学生、教师和学校共同发展为目标指向，以“健康积极向上，温馨和谐进取”为核心理念的“竞和”文化为引领，秉承“育人为本，文化立校，科研强校，特色兴校，全面发展”的办学思路，深入贯彻落实国家教育政策方针，不断更新、充实办学思想理念，努力丰富“竞和”文化内涵，切实抓紧抓细抓实教学和管理两个关键点，积极培育学校教育的特色和品牌，教育教学质量逐年攀升，办学成果获得了各级政府、社会各界、广大家长的高度认可，学校已发展成为黄河三角洲地区最具特色魅力、山东省内知名、在全国具有一定影响力的九年一贯制学校。

一、“竞和”文化凝聚强大磁场

学校坚持以“健康积极向上，温馨和谐进取”的“竞和”文化引领发展，大力实施“竞和”文化立校工程，从《周易》“天行健，君子以自强不息；地势坤，君子以厚德载物”的思想中得到启迪，旗帜鲜明地提出了以“竞和”为核心的校园文化理念。在此基础上，经过多年积淀，形成了“树德修身，拼搏向学”的校风，“亲和善诱，精讲高效”的教风，“勤勉持恒，和乐好学”的学风，铸造了“和润于心，竞立于世”的校训和“和融竞进”的学校精神。在教育教学实践中，努力把学生培养成道德高尚、情趣高雅、能力出众、习惯优良、知识丰富、特长突出、全面发展的现代化人才，最终要实现“做黄河之滨最具特色魅力的学校，创中国基础教育示范品牌”的学校愿景。

“竞和”文化理念系统的构建，以培养适应社会、竞争社会、创造社会、服务社会的人才为目标，作为区一中全体师生共同追求的价值观念、共同的信念与追求，透射出极强的感染力、凝聚力和震撼力，形成了强大的“文化教育场”。

二、“竞和”文化构建民主管理

学校牢固树立服务型管理意识，将“竞和”文化的精髓渗透到学校管理制度建设中，把人文关怀和刚性约束有机结合起来，积极构建了民主和谐的管理制度体系，形成了涵盖行政、教学、班级、后勤、安全五大方面的制度汇编，为教师发展，学生求知、成长，师生的生活和安全提供了保障，实现了在民主、和谐的服务型管理中教育和引导师生形成共同的价值观、规范师生行为的目的。

学校成立了校委会，全面实行校长负责制，充分发挥校委会在学校重大决策中的作用。定期召开党组织会议和教职工代表大会，坚持党员民主议事和教职工民主议事，扎实推进校务公开，广泛听取群众意见，接受群众监督。立足实际，学校制定了《东营区第一中学章程》，并以章程为统领，制定了学校发展规划，修订完善与学校《章程》相配套的各项规章制度，采取有效措施抓好制度落实，让各项工作有法可依、有章可循，努力提高学校管理的现代化、规范化、精细化水平。

三、“竞和”文化成就卓越教师

学校将教师专业发展作为学生和学校持续发展的支撑点，创新发展教师专业发展阶段性理论，确立了以“分段达标、分级培养、分类考核”为主要内容的“梯级培养”教师专业发展模式，将教师分为适应、发展、“成型”、“成名”、“成家”5个阶段，教学新秀、骨干教师、学科带头人、教学名师、首席教师5个层次进行培养，优化教师培养培训模式，制定了相应的评价办法，改革教师评优树先方式，成为教师自主化、差异化发展的内驱力，促进了各个层面教师的专业提升。梯级培养取得了显著成果。2016年10月，学校被评为山东省教师发展研究示范基地。2017年10月，“梯级培养”成功入围“山东省基础教育教学成果重点培育项目”。

四、“竞和”文化助力多元课程

学校牢固树立“师生共同生活、学习的经历就是课程”的大课程观，在课程实施中提升了“竞和”文化的教育智慧水平。一是国家课程、地方课程校本化卓有成效。立足九年一贯制学校特点，对中小学及各学段课程目标进行细化分解，让课程标准更加切合各年级学生的发展水平，实现学生培养目标的“梯级”发展。二是走班选课成为学校课程的新常态。积极整合教育资源，强化教师“1+1”课程能力培养，实施开设了一中文化、楹联文化、陶艺、乒乓球、足球、围棋等必修校本课程，剪纸、吕剧、轮滑、跆拳道、太极拳等60种特色精品活动课程。三是综合实践活动课程富有特色。持续开展课前10分钟才艺展示、阳光大课间等独具一中特色的实践课程。

五、“竞和”文化激活高效课堂

学校以落实“低负担，高质量”的教学理念为出发点，与学校“竞和”文化建设结合起来，积极开展了“竞和”人文高效课堂研究，大胆打破传统的课堂教学模式，在博采众长的基础上，成功打造了以“分组学习”为主要课堂活动形式、以“情境导入，认定目标→方法指导，自主学习→合作交流，探求规律→点拨诱思，质疑解惑→课堂评价，拓展巩固”为基本教学步骤的“五步导学”高效课堂模式，创造性地提出了基于自主的引导教学、基于互动的和谐教学、基于问题的对话教学、基于生成的探究教学、基于体验的快乐教学、基于情境的幸福教学六大教学策略，努力构建低负高效的课堂文化建设，让课堂充满了生机和活力，焕发出了生命的光彩。

“和润于心沛若九天霖泽；竞立于世幽如百代书香。”这是镌刻于我校教学楼门柱上的一副楹联，也是我校和润于心、竞立于世的博大精神。奋进新时代，助推新发展，我校全体师生将高举“竞•和”教育文化大旗，以更加饱满的热情和崭新的姿态，高奏出中国教育的一曲凯歌。

至爱育人，推动学校高质量发展

山东省东营市东营区实验中学　黄新军

山东省东营市东营区实验中学始建于1997年，2018年经教育局布局调整，由原东营区实验学校初中部整合部分优质资源而成立的一所省级规范化的初中学校。为助力“创新之区、活力之区、首善之区”的东营区教育品牌建设，学校以“创区域内管理名校和质量强校”为目标，深化“文化立校、质量强校、特色兴校”的发展思路，立足“立德树人”的根本任务，践行“至爱育人，和谐发展”的办学理念，落实“五育并举”的教学思路，致力于办好“人民满意的教育”。

特色社团课程，打造多彩校园

学生社团活动是校园活力和魅力的重要体现，也是培养学生综合素质、促进学生素质拓展的有效载体。自成立以来，东营区实验中学根据学生兴趣爱好和个性特长，努力打造具有思想性、艺术性、知识性、趣味性、多样性的特色社团课程，自主选择，全员参与，以此开阔学生视野，补齐学生短板，发展学生特长技能，提升学校办学品质。目前，各式各样精彩纷呈的社团活动成实验中学一道亮丽的风景线。

学校现已组建三十多个社团，涵盖文化、艺术、体育、科技、综合实践等多个领域，参与师生七百余人，六七年级学生参与率达100%。学校以重点打造科技、艺术和体育社团为方向，涌现出了以创客社团、欢乐足球、绘画、舞蹈为代表的品牌社团，并取得了许多优秀的成绩。2019年6月，东营区实验中学被教育部评为“全国青少年校园足球特色学校”。

每周五下午，在绿草如茵的操场上，朝气蓬勃的同学们脚下正演绎着快乐足球；篮球班更是激情澎湃，女篮队员们的比赛精彩纷呈，巾帼不让须眉；舞蹈教室里，老师正在为学生编排新的拉丁舞；创客社团里，又一件科技创新小作品探索完成了。缤纷多彩的社团课程深受学生喜爱，不仅丰富了他们的校园生活，也发展了他们的兴趣特长。

21世纪不仅是信息时代，还是一个创意的时代，开发创客课程有助于启迪学生的好奇心，激发学生的发散思维，强化学生的创新意识，激发孩子产生更多更好地创意。喜爱创客社团的七年级学生姚芃旭激动地说道：“通过创客学习，我们提高了动手能力；通过实际操作，把课本中理论知识转化成了生动的成果；同时，我们还提高了实践创新能力。等我们长大后，一定要为科技强国贡献自己的力量。”未来，创客课程将鼓励学生参加更多的创客和科技类赛事，以赛促学，挖掘和拓展他们的潜能，提升他们的科学素养，培养越来越多的具有科研潜质和创新精神的后备人才。

社团的开设为学生提供了一个展示自我的舞台，在丰富学生的知识，愉悦其身心、培养其个性和发挥其特长的同时，更重要的是提高了学生的综合实践和创新能力，促进学生的身心健康。同时，学校还成功举办了两届“科技文化艺术节”，今年将举办第三届，为孩子们在兴趣社团里学习的成果提供展示的平台，促进学生综合素质的提升。

用爱擦亮教育底色，共筑如家校园

东营区实验中学位于东营区城区西郊，地处城乡接合部，学校生源的90%是周围村居和外来务工子女。由于父母忙于务工和经商，几乎无暇顾及孩子的学业，饮食和起居也得不到及时的关照。如何将学生的生活与教育两手抓便成了学校需要特别关注、解决的问题。

为了填补家人不能及时给予的关怀和照顾，使孩子们在学校也能得到“家”的温馨和关爱，东营区实验中学在“家”文化的引领下，任课教师和班主任通过家访和谈心深入了解每一位孩子的情况，并急家长之所想，为有需要的孩子办理住宿，从晚上的学业辅导到平时的饮食起居进行全方位的关爱，真正能够让孩子进得来、住得下、吃得好、睡得香、学得优，处处显现出学校的温度和对孩子的关爱。

学校建有功能完善的学生公寓楼，可容纳一千多名学生，极大地解决了外来务工子女的生活所需。公寓楼中间用大大的红字标着“我们都是一家人”，这温暖的字眼温暖着孩子们孤寂的心。

饮食的安全和健康也是学校和家长共同的关注点。东营区实验中学的食堂所用的所有食材都精心挑选，比如早餐的豆浆原料是多人前往东营本地多个农业产业基地最终选择的一家品质最优良的大豆生产基地。如今，这里一日三餐都能为学生们提供健康可口的饭菜，其中免费提供的早晨的“一杯豆浆”和中午、晚上的“爱心粥”是孩子们最喜爱的选择。

“家”文化就是“爱”的奉献。在长期的办学过程中，东营区实验中学始终坚持“以爱育爱”的教育理念，用广大教师对事业、对工作、对学生宽广的爱精心培育有“爱”的灵魂，形成了“至爱育人，和谐发展”的办学理念，促进了学校、师生的共同发展。现在，“爱校如家、爱师如亲、爱生如子、爱满校园”的理念让学校成了全校师生努力奋进的精神家园，这种理念也成了学校和谐发展、快速发展的强大动力。

实施教师抱团发展，共谱教育华章

青年教师既是学校的财富，也是学校的未来，其成长决定了学校未来的发展水平。如何使青年教师快速融入学校大家庭，快速成长为学校的中流砥柱，快速成长为师德高尚、业务精良的学校骨干，在立校之初就成为东营区实验中学思索的课题。

自2018年开始，学校创新实施“青年教师发展共同体”战略，制定了共同体行动方案、行动纲领和章程，并聘请了学校的骨干教师作为共同体成员的指导教师，负责指导青年教师的教育教学及专业成长，为提高教师的教学能力和科研能力而不断助力。两年来，共同体成员团结协作，相互学习，取长补短，共同提升，找到了职业的归属感和幸福感，找到了努力和前进的方向，呈现出积极作为、敢于担当、爱岗敬业的良好发展势头，并且在个人的专业发展方面取得了优异的成绩。

张紫薇是一名七年级的英语老师，去年刚刚进入学校的她对初中教学工作非常陌生，成为“青年教师发展共同体”成员后，参与了各项培训学习和同课异构活动，并得到了师傅吕杰老师一对一的帮助。现在的她已经是七年级的英语备课组长，深受学生和家长的喜爱。谈及感受，她说道，“刚参加工作，我就有幸成为东营区实验中学‘青年教师发展共同体’中的一员。经过一系列的校本培训和学校精心设计的教育教学活动后，我感觉成长很快。师傅经常帮助我备课、检查教案、分析教材，还经常来听我的课，给出评课建议，我们也会经常一起磨课和参与校外学习，吕杰老师还将很多经验传授给我，是我教学工作初期的‘引路人’。”目前，学校先后成立了两届“青年教师发展共同体”，共惠及58位青年教师。

“青年教师发展共同体”旨在帮助青年教师夯实教学能力和实践能力，使新入职教师迅速适应岗位要求，加快青年教师成长。今后，学校还将通过“青年教师共同体”战略进一步加大青年教师指导培养力度，促使他们将先进的教育理念、厚实的专业素养、扎实的教研能力融会贯通，逐步成长为学校发展的中坚力量，助力学校教育品牌的显著提升。

十九大报告指出：建设教育强国是中华民族伟大复兴的基础工程，必须把教育事业放在优先位置，加快教育现代化，办好人民满意的教育。东营区实验中学将坚持以爱育人、立德树人的教育理念，全面推进素质教育，切实提高教学质量，努力办一所关注内心、关注梦想、关注爱与善的学校。

“德”润人心“化”河安

山东省东营市河口区河安小学　陈建国

抓德育就是抓质量，抓好德育才能真正提升教育的品位。基于这一认识，近年来，山东省东营市河口区河安小学把加强和改进未成年人思想道德建设工作作为提升全市教育质量的“重头戏”，以“四德”工程建设为契机，将“四德”教育融入学校课程、文化建设、课堂教学和家庭教育等方面，并取得了初步成效。2018年被评为省级“四德工程建设示范点”。

“四德”工程融入学校课程，智造立德树人新体系

小学阶段是价值观形成的重要时期，在这一年龄段形成的美与丑、是与非、荣与辱的观念，对人的一生都至关重要。为锻造真正能肩负起民族复兴重任的希望一代，河安小学采取多项举措，不断完善和丰富育人载体，培养特色社会主义的建设者和接班人。

德育课程是立德树人体系的重要一环。结合四德工程建设标准，河安小学打造了“传承——信仰——未来”课程体系，将积极的情感、端正的态度、正确的价值观自然融入课程教学全过程，不断提到德育的实效性。

以传承为根基。国学经典是我国民族文化的精髓，也是中华文化艺术宝库中璀璨的明珠。它凝聚了前贤的大智大慧，浓缩了华夏五千年的思想精粹，感染熏陶了一代又一代龙的传人，是民族智慧与民族精神的载体，是人类文明最宝贵的精神财富。为让传统文化精髓与教育教学工作实实在在地融为一体，学校从一年级开设以《大学》《论语》《中庸》为主的传统文化经典诵读课程，每周3课时，教育学生从经典中学会尊敬师长、孝敬父母、感恩社会、学习做人。

以信仰为主干。“中国梦是全国各族人民的共同理想，也是青年一代应该牢固树立的远大理想；中国特色社会主义是我们当领导人民历经千辛万苦找到的实现中国梦的正确道路，也是广大青年应该牢固确立的人生信念。”为使广大学生胸怀理想、锤炼品质，学校深入开展爱国主义教育、国情教育、国家安全教育、民族团结教育，用新时代中国特色社会主义思想铸魂育人，引导学生增强中国特色社会主义道路自信、理论自信、制度自信、文化自信，树立崇高理想，勇于创新创造，立志报效祖国。自2015年10月以来，学校共开展“探寻红色足迹”教育实践活动8次；每学期组织1次远足活动，全校师生和部分家长志愿者徒步行走7.5公里，培养了学生吃苦耐劳、坚韧不拔的意志。

以未来为果实。科技兴则民族兴，科技强则民族强。为培养学生的创新能力，学校开设开设了航模、机器人、3D打印、无人机、小发明小制作等科技启蒙课程，并积极开展一系列相关活动，不仅营造了浓厚的学科学、爱科学、用科学的氛围，也展现了学生在科学素养大革新中汲取科学知识的无限可能。

“四德”工程融入学校文化，建造环境育人于无声

学校文化是学校的灵魂和血脉，既蕴含于学校发展的历史中，也蕴含于长期的教育工作中。为凝聚学校人心、提升学校品质、增强学校“软实力”，河安小学坚持从校园文化建设入手，利用走廊、教室、办公室、橱窗等场所积极宣传“四德”教育知识，营造了多角度、立体化的学习氛围，真正发挥了校园文化春风化雨、润物无声的重要作用。

学校建设“四德”教育长廊，以“民族的脊梁”为主题的校园文化广场、国防人防教育室，通过展示经典诗词、先进事迹、中华五千年文明史、党和国家发展的艰辛历程等内容，让学生们传承中华民族优秀的传统文化，培养学生爱、诚、孝、仁的优秀品质。借助清明节、中秋节、重阳节等传统节日，召开“四德”主题班会，开展红色绘本评选、“诚行天下”演讲比赛、国学经典诵读比赛、爱国主义合唱比赛等“四德”教育活动，形成了全校学生“班班组织、人人参与”的良好局面。积极开展“四德典型”评选活动，每学年评选36名教师和160余名学生，利用四德榜展示宣传，充分发挥模范的引领作用和榜样的示范作用。

“四德”工程融入课堂教学，创造育人模式闪光点

课堂是学生成长的主阵地。为促进学生全面而个性的发展，河安小学坚持以学生为中心，关注选择与整合、自主与发展，融合校内外优势资源，将“四德”工程融入特色课程，开发了满足学生个性发展需求的校本课程，真正做到让学生享受童年的快乐、学习的快乐、成长的快乐。

学校开设七彩课堂，传承优秀传统技艺，开设书法、泥塑、象棋、剪纸、柔力球、空竹、吕剧、二胡等传统文化课程21项，每周三下午邀请河口本土的老专家、老艺人精心授课，传承民族传统技艺，学生们实践、才艺、体质、道德品质等综合素质得到明显提高。利用校园内百余棵海棠树，结合九月重阳月，开发了海棠课程。每年10月份，举办以“敬老孝亲”为主题的校园海棠节，全校所有老师结合自己学科特点精心设计一系列丰富多彩的海棠课，让学生们摘海棠、画海棠、唱海棠、背海棠诗词、做海棠美食孝敬父母，以实际行动弘扬尊老孝亲的传统美德。

“四德”工程融入家庭教育，打造家校命运共同体

教育不止事关学校，更事关家庭。如果家长不配合、不认同、不支持，即使学校做得再好，也不可能培养出身心健康的好学生。为将立德树人工作切实落到实处，河安小学把“四德”工程融入家庭教育，开展丰富多彩的家庭教育知识普及活动，积极推进家庭教育工作的落实，不断完善学校、家庭、社会三位一体的教育体系，努力形成家庭教育的“合力”，为孩子的健康成长保驾护航。

学校以家长学校为载体，向家长植入科学的育人理念，先后邀请了武际金、王海童、曹云昌等专家到校为全校师生和家长开展德育专题讲座，建立了家校微信交流群，号召家长书写亲子日记，定期开展“家长开放月”活动，引领家长转变教育观念，提高家长教育能力，促进良好家风的形成。实施孝德工程，开展“五个一”活动，将敬老孝亲作为学校“四德”建设的重要内容纳入教学计划，倡议学生每月为父母端一杯茶、捶一次背、做一顿饭菜、进行一次谈心、制作一个感恩小礼物，在广大学生中营造了浓厚的敬老孝亲氛围。

天道而酬勤，厚积而薄发。经过近年来的努力，学校先后获得了全国德育科研工作先进实验学校、国家教师科研　“十二五”规划重点课题实验学校、山东省小学科学课堂教学规律研究“实验学校”、

东营市市级规范化学校、东营市文明校园、东营市中小学教师继续教育工作先进集体、东营市语言文字规范化示范校 、东营市卫生先进单位、东营市素质教育先进学校等荣誉称号。

尽管目前河安小学在“四德”工程建设上取得了一些成绩，但距离学校的发展追求还有较大的差距，对于存在的问题和不足还需要在今后的工作中进一步改进。未来，河安小学将进一步创新思维，拓宽渠道，改进方法，提高水平，把工作做深、做细、做实，不断推动“四德”工程建设迈上新台阶！

办现代化教育，让每个生命都绽放精彩

山东省东营市胜利第二初级中学 舒凤芹

《中国教育现代化2035》中提出2035年教育发展的目标：建成服务全民终身学习的现代教育体系，总体实现教育现代化，迈入教育强国行列，推动我国成为学习大国、人力资源强国和人才强国。在新时代，为响应国家实施创新驱动发展战略、强化科教融合发展战略的号召，加快推进教育现代化发展，山东省东营市胜利第二初级中学紧紧围绕“没有升学率就没有今天，只有升学率就没有明天”的基本办学理念，始终践行“让生命绽放精彩，让每一个孩子都成为最优秀的自己”的核心教育理念，立足当下，放眼未来，不断改善人才发展环境，激发人才创新活力，致力于打造一所教育信息化、办公网络化、管理智能化、办学现代化的齐鲁一流的精品学校。

以信息化建设引领学校现代化发展

新的时代呼唤新的人才，在这个网络信息时代，世界以惊人的速度在迭代更新。因此，需要每一个教育人用发展的眼光立足中国，放眼世界，积极探索构建“数字校园”，加快教育现代化的发展进程。胜利第二初级中学将未来的发展目标定位在用文化建设引领学校内涵发展，用信息化建设引领学校现代化发展，用队伍建设引领学校品牌发展，用课程建设引领学校特色发展。这其中，数字化智慧校园的建设是一个非常重要的构成部分。经过几年的探索实践，学校现在基本形成了集智能触控一体机、网络办公平台、网络教育教学平台、数字化迎检平台、数字化资源平台和信息化窗口平台于一体的“一机五平台”的整体架构。

在数字校园里，学生进校刷脸就可完成入校签到，所有在校信息通过智能采集与发布系统，同步发送至校方和家长，实现了学生、家长、学校三方的即时连通。

随着微课的探索和研究，突破了信息技术“辅助”的身份，使得课堂教学可以从多方位、多角度进行翻转课程的探索与实践，努力使教师对学生的辅导、作业更具个性化，从而促进学生学习方式的转变，让每一位学生都能享受更优质的现代教育。

伴随着信息技术的创新应用，学校呈现出“校园数字化、教学信息化、教育现代化”的崭新风貌。今后，学校还将通过新技术、新设备等获取教育教学有关的大数据，通过在线检测、微课录制、精准推送、错题组卷等实现精准教学、高效教学；利用大数据不断进行教育方式和管理方式的改进，使德育工作渗透到日常学习生活的方方面面，使之更具针对性和有效性。

多彩教育让每朵花都绚丽绽放

走进胜利第二初级中学，多元化的课程设置，特色化的办学风格，独具丰采的教育，让每一个孩子在这里都能收获被认同的快乐，让每一个孩子都能享受到适合的教育，昂首挺胸地做最好的自己。

初冬时节，一场绵绵细雨带着阵阵寒意，而胜利第二初级中学的足球场上却一片“热气腾腾”——一群足球小子依然和往常一样活力十足地奔跑着。根据学生年龄不同，学校开设不同等级的训练课程，让学生们参与其中、乐在其中，不仅男生会踢球，女生们也不在话下，每个班级还组建了自己的足球队，不定时开展班级足球联赛。

在学校的绿茵场上，经常能看到足球小将们的勃发英姿。孩子们在足球课中收获到的不仅是快乐和技能，还有团队意识、锲而不舍的精神。每当一批新队员参加完一场比赛，总能发现他们在协作能力等方面的成长，这也就是学校希望通过足球教育来锻造学生全方位发展的初衷。多年来校足球队在多场比赛中都有不错的成绩，学校在2017年还被中国教育部评为“全国青少年校园足球特色学校”。

近年来，胜利第二初级中学学校对于美育工作的创新也深受学生们的喜爱。学校将多个课程相结合，开设了剪纸、口风琴、国画等多样的特色课程。设立剪纸工作坊的初衷，在于弘扬传统民族文化的同时，也培养了学生的动手能力和良好的学习习惯。在四个年级长廊中，学生的优秀作品被集中展示，更加激发了学生想做好、想学好的信心。学生的个人剪纸作品还会由学校统一组织，在附近的文化广场上开展义卖活动，将劳动成果变成一份爱心温暖社会。

“花穗腰鼓”实现民俗与现代的有机结合

在胜利第二初级中学的操场上，学生们正手执鼓槌，欢乐地跳跃，整齐划一地上着“花穗腰鼓课”。这也是学校的特色校本课程。学校设有腰鼓工作室，并编写鼓文化教材，开设腰鼓校本课，把腰鼓文化融入素质教育中，正逐步形成“一校一品”的办学特色。如今，腰鼓这项传统打击乐器已成为胜利第二初级中学教育的重要组成部分。

据悉，安塞腰鼓已有两千多年的历史，有着“天下第一鼓”的美称。2006年5月20日，经国务院批准列入第一批国家级非物质文化遗产名录。胜利第二初级中学根据这一“非遗文化”的特征，在此基础上经过改良创造出了学校特有的“花穗腰鼓”，并将这一特色民俗开展成为学校特色校本课程——《花穗腰鼓》，既传承了古老的民间文化遗产，又让学生在鼓声中度过了欢乐的童年。

“咚叭，咚叭，咚咚叭咚叭……”校园操场上，一群身穿校服、腰系红绸的同学们，在操场上排成一个方形的队伍，铿锵的腰鼓，红红的绸带，踢腿、跳跃、上敲、下打，个个英姿飒爽、精神抖擞。腰鼓队的师生们习练各种步伐、身法、手法，学习腰鼓、大鼓、镲的各种打法，学习小缠腰、大缠腰、跳步等所有基本动作，并编排了几套完整的节目。花穗腰鼓融合了舞蹈的元素，能够培养学生的柔韧性与协调性，同时也适合大型群体演出，具有很强的观赏性，在学校运动会和大型活动中，都有学校腰鼓队的演出，全校师生都非常喜欢这项运动。

今年已是学校花穗腰鼓发展的第十个年头，学校师生腰鼓的习练，旨在传承非物遗产，弘扬传统文化，使师生能更好地参与阳光体育锻炼，增强学生体质，培养学生健康的心理和健全的人格。学校的校本课程也在平时一次次的训练中不断完善，敲打腰鼓也成为孩子们日常的锻炼形式。相信这些孩子们毕业后走出校园，仍会记得学校的腰鼓课，仍会记得这段难忘的日子。

征程万里云鹏举，敢立潮头唱大风！奋进在路上，创新在路上，超越在路上！我们坚信，胜利第二初级中学全体师生必将精诚合作，学习新理念，实践新课程，打造新课堂，不断利用新设备、新技术、新方法切实促进学生学习方式、课程设置结构、课堂教学模式的转变，实现学生的个性化学习和学校的跨越式发展。“让学生享受更优质的现代教育”，我们永远在路上！

建立户外实践基地，让儿童自然成长

——幼儿蓝草园自主探究课程开发与实践研究

山东省高密市柏城镇中心幼儿园 迟志燕 毛晓丽

随着学前教育改革的不断深入，教育部发布《3-6岁儿童学习与发展指南》指出：“遵循幼儿的发展规律和学习特点。珍视幼儿生活和游戏的独特价值，充分尊重和保护其好奇心和学习兴趣，创设丰富的教育环境，最大限度地支持和满足幼儿通过直接感知、实际操作和亲身体验获取经验的需要，严禁‘拔苗助长’式的超前教育和强化训练。”如何挖掘本土自然资源，丰富幼儿户外自主探究活动，转变育人方式，提升幼儿核心素养的问题迫在眉睫。

为了改变传统的育人方式，带动幼儿园向品质化发展，我园坚持以《指南》精神为指导，贯彻科学的儿童观、教育观与课程观，秉承“爱、自由、独特”的办园理念，聚焦幼儿核心素养的发展，充分利用本土资源优势，创建户外自主探究实践基地，探索开发蓝草园户外自主探究活课程，让孩子们在充满爱与自由的环境中成为独特的自己。

外借土地，改变环境

我园是一所由镇政府筹资建设的公办幼儿园，地处农村，幼儿均来自当地农村和外来务工人员的子女。自建园以来，就和小学共用一个院子，缺乏实践活动场地，并存在着基础课程单一、育人效果不明显等问题。针对这一难题，我园积极思考攻坚破难，主动跟毗邻镇卫生院进行多番沟通，把卫生院占地1500平方米的闲置土地对接过来，成功签署使用协议。

在规划户外环境创设时，我园对标幼儿发展的五大领域，从幼儿兴趣、课程需要、面积、绿化、气候等一系列具体问题出发，因地制宜地进行合理的规划与设计，分设沙水、攀爬、建构、生活体验、种植、饲养、挑战和艺术创作八大活动区域，为孩子们创设了一个自然自由的生活环境，提供了一个信息丰富的户外教室，打造了一个充满生机与无限可能的自然乐园。

专家引领，激活团队

为了充分保障蓝草园户外自主研究课程的开发与实施的科学性，我园以专家为引领，论证蓝草园户外自主探究课程的开发与实施的可行性，并前往理论先进、实践经验丰富的地区交流学习，邀请专家进园指导，提升了研究团队的整体水平。

立足师情，创新培养模式。依据我园教师年龄结构以及学习能力等特点，进行金字塔式人才培养模式，即确定一部分骨干教师集中快

速成长，然后再由骨干教师带领其他教师共同发展的教师成长模式。在教师成长过程中，我园坚持做到把信任和创造还给教师，让教师充满智慧的进行实践与挑战，同时把精神发展的主动权还给教师，让教师团队活起来。例如，我园围绕如何"做好自然与教育的媒介"进行探讨，引导教师发现自然中隐藏的智慧，发现自然中蕴含的教育契机，并据此确立了种子走廊、听风角、水育湾、百草园、丰收台、成长树、自然视界七大主题区角。

拜访专家，论证研究可行性。2016年7月，带着一份迫切和真诚，我们拜访山东师范大学学前教育系原系主任王冰教授，希望他能帮助论证蓝草染探究课程的可行性，并得到了他的认可，最终确定将非物质文化遗产——蓝草染融入户外自主探究活动课程。

千里寻师，承袭非遗技艺。2018年8月，辗转千里，我们到江苏南通向蓝染非物质文化遗产传承人王浩然老师拜师，学习蓝草染的古法技艺，并在后续实践中多次通过线上的方式给得到他的技术支持。在实践中，我园根据孩子的年龄特点和学习方式，不断创新蓝草染实践探究课程，在实践中创新，在创新中传承。

专家引领，把关实践方向。经过一段时间的实践与探究，我园积累了一定的活动经验。2019年7月，我园邀请中国学前教育研究会会员、上海家庭教育研究会会员、山东省教育管理研究会学前教育专业委员会副秘书长、中华女子学院山东分院学前教育专业教学改革委员会成员刘莹园长入园带教，为我们理清蓝草园户外自主探究课程的开发与实施思路。2019年10月，潍坊市学前科王传鹏科长来到我园观摩孩子们的活动现场，对我园的户外自主探究以及蓝草园户外自主探究课程的开发与实施表示肯定。

专家入园，把脉研究成效。2019年11月，经过一段时间的沉淀，第一批蓝草园户外自主探究课程案例经过整理成型，再次邀请刘莹园长以及高密市学前教育教研员唐杰主任等专家进园指导。通过观摩孩子们的常态化户外自主探究活动，研讨老师们分享整理得实践探究案例，专家们对蓝草园户外自主探究课程的开发与实践研究表示肯定和认同，同时老师们的自信心也不断提高。

搭建平台，助力师专师能。经过不间断的充电学习和实践打磨，教师团队的专业水平直线上升，教育的前瞻性思维逐步打开，已经能够主动地、创造性地开展工作。教师团的活起来了，新课程的实施与研究进程也更加顺畅。2020年5月，我们的研究经验和课程案例在高密市进行分享，更多的园所来我们园进行实地观摩研讨，邀请我们去到各自园所分享户外自主探究课程的实践与开发的研究经验。

创编课程，快乐成长

经过前期的不断实践和学习，我园通过深度教研，总结整理出蓝草园内的五大类大自然信息——沙土类信息、气象类信息、冰水类信息、植物类信息、动物类信息，整合蓝草园八大区域的特征，增加三类非自然信息——生活类信息、建构类信息、运动类信息，最终形成了八大类信息，这也让蓝草园户外自主探究课程的体系更加明朗。在此基础上，我园将现有资源预设培养目标形成预设课程，根据实践中孩子们的兴趣和发问形成生成性课程，并用五大领域的培养目标引领实践课程的实施，目前已经积累八大类90余种课程案例。

沙土类课程。沙土类信息本身具有信息结构稳定、单位信息框架单一、动态性匮乏、可组合性强等突出特点，孩子们在玩沙的过程中的限制性因素很少，自由发挥的空间很大，怎样在探究中玩出新花样，这就能够激发孩子的主动求变思维。比如"我心目中的幼儿园"，孩子们以幼儿园为参照，绘制心目中的幼儿园，再根据绘图以沙土为主要材料，创作心目中的幼儿园。这是通过新的模型产生信息的联想，发展了孩子们的对比想象力。再者如"沙中寻宝"、"沙子宝宝的秘密"等课程，发展了孩子们的手眼协调和被动跟随注意力。

冰水类课程。冰水类信息本身单位信息结构不稳定，随着温度的改变会出现体积形态的变化，与其他信息组合可能性小。但是冰水类信息框架结构丰富多样，玩水又是孩子们乐此不疲的活动，因此冰水类的探究课程更是趣味横生。"神奇的冰花"，让孩子们寻找结冰现象，发展了对比性思维；"水儿怎么了"，引导孩子们进行水质探究，发现了蓝草园水里浮萍横生的秘密。在关于冰水的实践探究中，孩子们的随变性、创新性、静寂性等思维能力得到发展。

气象类课程。在老师的引导下，孩子们对气象类信息进行了深入的探究，越来越感受到大自然的神奇，关注的事情越来越广，专注力也越来越强。听风角里，孩子们通过静听和动听的方式聆听大自然中的各种声音；"美丽的彩虹桥"中，孩子们了解了彩虹形成的秘密，合作制造出了彩虹桥；天气阴沉沉，孩子们发现沙池旁成群结队的蚂蚁忙来忙去，"小动物气象台"的探究课程应运而生。

动物类课程。蓝草园里的兔子家族、幸运鸡舍、蚂蚁王国、老榆树上常住的喜鹊、同心池里的游鱼、偶尔造访的野猫等都成了孩子们的动物朋友和探究对象，培养了他们的责任心、耐心和恒心。在"为小鸟找家"的探究中，孩子们为蓝草田里发现的死去的雏鸟找家，用真实的行动理解什么是死亡，体会到了生命的珍贵。

植物类课程。蓝草园里种类丰富的植被，不仅美化了环境，更为孩子们的自主探究活动提供了丰富的信息。尤其成片的蓝草是孩子们最常光顾的植物，从认识蓝草种子、选种、种蓝、浇蓝、护蓝、采蓝、制蓝、蓝染等每个过程都参与其中，这也让他们在亲身实践以及解决问题中获得了第一手的经验和能力。就这样，"蓝草染探究课程"随之产生，并在实践中体系越来越丰富。根据不同年龄段幼儿认知发展水平和实践操作水平，我们将蓝染课程精细化，划分成三部分子课程：3-4岁儿童主要进行布拓印、叶染画、敲拓染课程；4-5岁幼儿增添了布彩绘以及布贴画课程；5-6岁幼儿基本所有课程类型都能驾驭，增添了创意部贴画、扎染、敲拓染等课程。"蓝草染探究课程"的开设，让我们在传承非物质文化遗产、弘扬民族文化的同时，对蓝染的步骤等方面进行调整、优化，并编纂了《蓝染实践课程指导用书》。

生活类课程。教育源于生活，好的教育应该为孩子将来的生活做准备。通过在生活体验区的幸福之家开展生活体验活动，孩子们将生活中的经验进行迁移，在活动中得到巩固。如"好朋友来做客"、"快乐地厨房"、"照顾宝宝"等实践活动，帮助孩子们体会生活乐趣，感受生活中的温暖与关爱，萌生热爱生活的情感。

建构类课程。这是孩子们最投入的实践活动，将所有感知观察到的事物进行具象化，用搭建的方式进行表征。其中，"幼儿园地图"是一个经典的搭建类探究课程的范例。疫情期间，幼儿园内部道路和环境发生很大的改变，孩子们通过绘制幼儿园地图，搭建幼儿园地图，精准还原了疫情防控下幼儿园的外貌。搭建类探究课程打破了孩子们用绘画进行活动表征的限制，开启了用搭建进行表征的新方式。

运动类课程。"极限挑战-溜索道"、"蚂蚁上树"、"落叶随风飘"等运动类活动，激发了孩子们在不同环境中的运动欲望。同时，孩子们自创的"蓝草田里单手运球跑"、"跨越蓝草河"等运动，也成为孩子们最热衷的运动类探究活动。

大自然是最好的户外活动场所，有着源源不断的教育资源。花草树木、虫鱼鸟兽、风霜雨雪、日月星辰等，都是儿童的知识宝库。有了蓝草园，孩子们的学习时空活了、学习方式活了、学习内容活了、学习评价活了。户外自主探究时间，孩子们自由结伴、自主选择空间进行实践与探究。

多维评价，助力发展

传统育人方式的改变，使原有的量化课程的评价不能再有效发挥客观的评价作用。根据我园目前发展的现状，我们依托蓝草园自主探究课程，坚持以儿童为中心，决定采取多维评价的方式，力求全面反映教育现象和课程现象的真实情况，为改进教育和课程实践提供真实可靠的依据。

建立幼儿成长档案袋：以班级为单位，为每一位幼儿建立一个成长档案，将幼儿创作的作品、作品集等收入档案袋，学期末通过资料分析，客观评价幼儿在实践课程中的成长。

建立电子档案：通过信息化手段展示和表现幼儿成长的过程，能够更加直观总结孩子的发展，为评价提供翔实的过程性材料。

撰写观察记录：教师及时撰写观察记录，客观记录实践活动幼儿的表现，总结实践活动时教师的所思所想，及时调整教育教学计划，为评价提供补充性材料。

培养园级小非遗传承人：孩子们在蓝草染实践探究过程中，承袭蓝染古法技艺，传承中华民族非物质文化遗产，在继承中创新，在创新中发展。

多维度以展代评：通过蓝草园微信公众平台、幼儿园美篇账号、家长群等方式，展示孩子的作品以及活动过程。通过幼儿自己评价、幼儿之间进行互相评价、家长与教师共同参与评价等方式，实现多维度以展代评。

蓝草园自主探究课程的开发与实践，转变了传统的育人方式，不仅让孩子们在实践中接触自然、探究未知、感知生命，获得了经验和能力的增长以及核心素养的提升，还促使教师在课程开发的过程中提升了整体素质和研究能力，且教师多篇论文在山东教育发表，典型经验在高密市以及多家园所进行分享。此外，幼儿园的品质显著提升，幼儿数增加了近25%，顺利通过了"潍坊市学前教育镇街复评"和"山东省示范幼儿园"的验收，且经验做法分别在"学习强国"、"潍坊电视台"、"山东电视台"以及"大众日报"、"山东青年报"、"山东教育报"进行宣传报道。

"童趣何处寻，柏城蓝草园。佳木迎风翠，芳卉映日丹。曲水绕阶唱，小兔偎母眠。莫嫌天地小，栽木柱长天。"蓝草园自主探究课程仍需要继续完善，在未来的发展中不断研究——深化——提升。我园将通过转变传统育人方式，提高幼儿的核心素养，让每个生命在自由呼吸的环境里自然成长。

文明花馨香满园

山东省冠县第二实验小学　石西军　杜艳平

校园是引导青少年健康成长的主渠道、主阵地、主课堂。深入推进文明校园创建，对贯彻党的教育方针，坚持立德树人任务、塑造美好心灵、养成良好行为习惯、培育基础文明具有重要意义。按照教育部、中央文明办《关于深入开展文明校园创建活动的实施意见》要求，山东省冠县第二实验小学整体规划布局，坚持以立德树人根本任务为指南，以价值引领为核心，重点在思政教育、领导班子、校园文化、环境建设、校际结对等方面抓落实、抓创新，切实提升校园文明水平，推动社会文明进步。

抓好思想道德建设

加强未成年人的思想道德建设，对保证人才培养的正确政治方向，促进学生全面发展起着主导、决定性的作用。在文明校园创建过程中，冠县第二实验小学始终把学生的思想道德建设放在这样的高度来认识，并以此统揽学校工作的全局。

学校深入开展习近平总书记系列讲话精神，将社会主义核心价值观融入学校教育教学全过程。自编社会主义核心价值观校本课程，落实每周一节社会主义核心价值观课，做到有课本、有教案、有活动、有评价；成立社会主义核心价值观组歌合唱团，在市、县级的社会主义核心价值观组歌比赛中全部获得一等奖；每个教室内都有社会主义核心价值观的宣传标语，使学生耳濡目染，达到100%熟知熟会核心价值观24字内容，在潜移默化中深刻理解社会主义核心价值观具体含义，并付之于行动。

学校德育处抓住清明节、重阳节、国庆节等重要时间节点开展活动，开展爱党教育，爱国主义、集体主义、社会主义和共产主义远大理想教育，以及中华优秀传统文化教育等，增强学生思想教育的科学性、有效性。组织学生利用队会学习习近平总书记关于少年儿童和少先队工作的重要讲话、重要指示精神，组织少先队员学习党史、国史，增强“听党话，跟党走”的思想和行动自觉；公祭日进行缅怀革命先烈活动，组织学生为革命烈士敬献鲜花、擦拭墓碑、参观了革命烈士纪念馆，了解和学习英烈的英雄事迹，重温中华民族传统文化精神内涵，使学生们认识到今天的幸福来之不易，立志为祖国的繁荣富强贡献力量；每年国庆节都会开展“喜迎国庆、爱我中华”系列活动，通过我和国旗合个影、同唱国歌、祖国妈妈我想对你说、百米画卷献礼祖国等活动，祝愿伟大祖国繁荣富强，增强学生爱国情怀。

学校加强德育体系建设，科学设置并落实德育课程，着力培养全体师生的阳光心态和健康人格。学校根据学生在校园内外的学习、活动、日常行为规范等评出文明学生，文明学生是其他学生学习的好榜样；文明教师也树立了优秀典型，促使全校呈现出学文明、争先进的校园氛围。

抓强领导班子建设

搞好班子建设是各项建设任务中的首要任务之一。在学校，它是构建文明校园的重要一环。在文明校园创建过程中，冠县第二实验小学按照科学发展观的要求，不断改革创新，与时俱进，着力打造一支创新、高效的领导班子，推动学校健康、和谐、可持续发展。

学校领导班子高度重视文明校园建设，成立以校长为组长的校园文明领导班子，把建设文明校园写进每学期的学校大事表中，并落实到每学期的具体工作之中。贯彻民主集中制，积极建设学习型、服务型、创新型党组织，使党务公开制度落实到位；高度重视学校意识形态工作，将意识形态工作纳入重要议事日程，纳入党建工作责任制，纳入领导班子、领导干部目标管理；落实“三会一课”制度，定期组织党员开展学习教育活动；创建富有特色的党建活动品牌，加强党员队伍建设，充分发挥战斗堡垒作用和先锋模范作用；设有校务公开栏、校长接待日、校园开放日等家校沟通机制，社会满意度高。

学校实施师德师风建设工程，扎实开展师德教育。教职工严格遵守《中小学教师职业道德规范》，层层签订规范从教责任书、公开承诺书；定期推选师德模范，构建多种宣传交流平台，弘扬正能量；鼓励教师利用网络学习平台开展教研活动，建设教师学习共同体。

学校贯彻落实《山东省中小学德育一体化指导纲要》，树立全员育人意识，拓宽育人渠道，落实教书育人、管理育人、服务育人；立足课堂教学主渠道，将立德树人目标融入各学科教学之中，实现全员育人、全科育人；引导教师形成关注全体学生的意识，并建立对特殊学生群体关爱制度，对特殊群体学生有针对性地开展学习、心理辅导和生活帮扶。

抓新校园文化建设

校园文化是学校发展的灵魂，对陶冶学生情操、塑造学生健康人格起着潜移默化的作用。在文明校园创建过程中，冠县第二实验小学以育人为宗旨，积极构建学校文化大厦，让学校成为育人的有效载体。

学校重视和发挥“五老”人员的主体作用，按照就地就近、自愿参加原则，不断壮大五老队伍。选配好老同志、老教师进校园，充实工作力量；五老开展党史国史报告会、上快班课、教学生学习二胡、教学太极拳、教学生京剧知识等活动，不止关心青少年成，还与年轻老师交心交流，传授经验。

学校在每年新生入学时都会举办学生入泮仪式，弘扬中华民族的传统文化。“入泮”即入学，“入泮礼”是古代学童入学启蒙的仪式，是非常隆重的传统礼仪，也是当代蒙童到优秀小学生的过渡典礼，旨在引领学生努力学知识、学做人，成为一个有教养、有品德的人。入学伊始，集体宣誓，全体新生及家长高举右拳，大声宣誓，希望新生们在新的环境下能够努力锻炼自我，健康快乐地在校园中成长。经历了入泮仪式，标志着学生们从此踏上了“路漫漫其修远兮”的求学之路。

学校以中国传统节日为载体，开展孝道文化教育，让学生在实践中体验、感悟孝道。如，“九九重阳节——敬老、孝老”活动以“重阳节”这一中华传统为契机，大力倡导师生用自己的实际行动为老人捶捶背、洗洗脚等，传承中华民族优秀文化和传统美德，弘扬尊老爱老敬老的社会风尚；树立新时期孝德的榜样，引导师生学孝道、践孝行，用自己的实际行动报答父母与亲人，报答家庭与社会，做一个知孝行孝、懂得感恩的人；以积极向上的道德风貌促进学生健康成长，培养孩子高尚情操，活动受到了社会各界的广泛关注和好评。

学校开展戏曲、书法、传统体育及地方传统艺体项目进校园等优秀传统文化传承活动，结合重要传统节日春节、元宵、清明、端午、中秋等组织开展系列主题文化传承教育、实践活动，形成主体鲜明、形式新颖、内容丰富的校园文化氛围。

抓亮生态文明校园建设

生态文明是指人与自然和谐共生的一种状态。生态是自然界的存在状态；文明则是社会进步或科技进步产生的一系列人的文明状态。在文明校园建设中，冠县第二实验小学不仅要重视物质条件的配置，更要注重环境育人的功能，坚持以生态文明教育为主线，把全面培养学生生态文明理念和素养作为贯穿于教育教学工作始终的问题予以高度关注，使学生主动承担起时代赋予的责任和使命，成为生态文明建设的设计者、建设者和传承者。

学校加强生态环保教育，开设相关课程，组织系列教育实践活动。组织师生禁燃限放烟花爆竹；加强节约型校园建设，培养学生健康消费理念和节约意识，节约零花钱，不攀比，开展系列主题教育活动；深入开展环保教育和节约教育，引导师生树立环保和节约资源意识；组织“保护生态环境、共建美好家园”活动的启动仪式，活动中人人通过自己的亲身力行保护环境，最后评出环保小卫士；推进安全教育进课堂，及时开展反邪教，防溺水，食品安全等专题教育。

抓实与薄弱学校结对共建

学校对重庆彭水县龙射镇中心校进行帮扶，具体在均衡县创建、安全教育、班级管理、教学教研等方面进行长期指导，同时龙射镇中心校的老师也到校现场学习，龙射镇中心校在各方面都取得了很大的进步。

文明校园的创建过程，既是一个不断学习的过程，更是一个自我完善的过程。在文明校园创建过程中，学校综合实力显著提升，先后被评为全国青少年校园足球特色学校、全国青少年校园篮球特色学校、全国国际象棋特色学校、全国国防教育特色学校、钉钉未来校园示范学校、山东省文明校园、山东省科技教育创新发展实践基地、山东省级平安校园标杆学校、聊城市花园单位、聊城市文明交通示范单位等。今后，学校还要充分认识自身的不足，在努力解决这些问题的过程中使“文明校园”的创建工作迈上一个个新的台阶！

全面发展强素质　读写教育助育人

山东省菏泽市单县第一中学　赵荣亮

著名学者朱永新说过：“从一定意义上说，一个人的精神发育史就是一个人的阅读史，而一个民族的精神发育水平在很大程度上取决于这个民族的阅读史。”在全民阅读时代，我校积极贯彻落实《中华人民共和国国家通用语言文字法》《山东省实施〈中华人民共和国国家通用语言文字法〉办法》，根据《普通高中语文课程标准（2017年版）》、菏泽市语言文字工作委员会对语言文字工作达标建设的基本要求和单县语言文字办公室下发的《单县学校语言文字工作达标建设实施方案》的文件精神，结合本地、本校实际情况及办学特色和把单县一中建设成为“鲁西南地区的一处教育高地、文化高地、精神高地”的目标追求；积极探索学校语言文字工作新途径、新方法，开展丰富多彩且独具特色的语言文字与文化活动，着力培养学生“爱读书、读好书，好写字、写好字”的好习惯，努力打造“学校有书香气、老师有书卷气、学生有书生气”的书香墨香校园。

科学管理提认识

语言文字工作关系全社会汉字规范化和推广普通话的大局，做好普及普通话和用字规范化工作，对于学生掌握科学文化知识、继承和弘扬中华民族优秀传统文化、培养创新精神和实践能力、培育爱国主义情操、促进民族团结、增强民族凝聚力都具有深远的影响。

加强组织建设，形成合力抓重点。我校成立语言文字规范化领导小组，明确各部门的工作职责，签订工作责任状，自上而下，形成了层层有人抓、事事有人做的良好工作局面；确立“一线为主、多点配合”的读写教育工作管理网络，将践行文明说话和规范汉字书写覆盖学校各部门，为学校语言文字工作的全面实施、深入开展提供了强有力的保障。

完善管理建设，措施得力抓落实。我校把语言文字工作纳入课堂教学，纳入教学基本功训练，纳入学校常规管理，渗透到德、智、体、美、劳等各项教育教学活动中，列入学校工作计划之中，并制定专项工作意见，目标明确，措施得力，突出时代性、特色性和创新性，年终进行专项总结，切实增强语言文字工作的实效性。

读写教育促规范

没有书的世界是无味的，没有阅读的人生是不完整的，没有书写的生活也是苍白的。在读写教育的潜移默化中，学生走仵了文字与思想的丛林，乐于阅读，乐于思考，乐于表达，奠定幸福人生的读写习惯逐渐形成。

完善评价体系，在学生答题中强化书写规范意识。考试检测、作业练习、语文作文等所有需要笔答的试题均设计规范答题纸，并在答题纸赋分处单设卷面分，卷面分根据各科试卷或练习所需答题字数多少、赋分不同而设置。比如：语文规范测试卷面分可设为10分（包括5分的作文卷面分），数学、英语、物理、化学、生物、地理、历史、政治等学科的规范测试卷面分可设为5分，规范考试之外的作业练习根据所设总分不同将卷面分设在2-5分不等。所有卷面分均需根据学生答题卷面的规范书写情况、标点符号规范使用情况在正常赋分的基础上进行加分或减分，比如语文作文正常赋分50，卷面书写规范、标点符号使用规范的可加1-5分不等；卷面书写潦草、标点符号使用不规范的可减1-5分不等。

诚请专家范读，让学生在艺术盛典中欣享语言文字的美妙。在第21届全国推普周之际，我校诚邀山东广播电视台团委和山东省朗诵艺术家协会在单县一中举办“青春知行，朗诵走进单县一中”推普活动，为师生们送来了缕缕书香。在悠扬的音乐中，艺术家们倾情朗诵了《沁园春·长沙》《目送》《面朝大海·春暖花开》《致橡树》《长征》等经典诗歌，或激昂，或柔缓，或急促，或随和，触摸着师生们的心灵，感染着师生们的情绪，洗涤着师生们的灵魂。

诗文朗诵，让学生在诵读实践中创造美的艺术。语言文字应用能力不仅体现于欣赏美，更体现于创造美。听艺术家们朗读得到了鉴赏的欢欣愉悦，而自己朗诵才是一种创造美的活动，才更能求得语言中那份触动心灵的、历久留芳的美。2018年10月，我校高一年级主办了“情系家园·青春飞扬”诗歌朗诵大赛，选手们精彩演绎了《沁园春·长沙》《我爱你，我亲爱的祖国》《再别康桥》《致橡树》《热爱生命》等广为流传的经典诗词，或深情款款，或激情澎湃，或细水长流，或内敛深沉，不仅赢得了评委和全场观众的阵阵掌声，更让书香诗韵充满了校园，充盈了学子们的心灵空间。

举行主题板报，让学生在活动中提升规范书写能力。在庆祝中华人民共和国成立70周年之际，我校东校区举行了“板报迎国庆·彰显爱国情”的主题活动，各年级、各班级积极参与，强化了学子们书写汉字的规范意识，提高了学子们的汉字书写水平，爱国热情更是高涨。

激情演讲，让学生在演讲中激扬青春情怀。在新中国成立70周年之际，我校南校区举办了“诗与梦想·家国情怀”演讲比赛，选手慷慨激昂，旁征博引，热情洋溢，用自己的满腔热情歌颂了祖国，表达了他们积极奋进、努力学习、立志担当、为实现中华民族伟大复兴而努力的决心。这既是对新中国成立70周年的献礼，又让广大学子受益良多。

话剧演出，让学生在重温经典中传承传统文化。话剧是一门综合性艺术，集剧本创作、导演、表演等于一体，最能体现语言文字的规范水平与审美创造能力，对中学生语言素养的提升和优秀传统文化的传承具有不可或缺的作用。2019年5月，我校学生会、话剧社承办的“重温经典”话剧比赛圆满落下帷幕。比赛中，学子们热情演绎了《昭君出塞》《茶馆》《戊戌变法》《金锁记》《霸王别姬》《荆轲刺秦王》等经典剧目，将观众带入一幕幕宏大的历史场景，引起阵阵掌声。此次话剧演出活动，不仅为学子们提供了展示才华的平台，营造出了积极向上的校园文化氛围，更将教育性和艺术性融为一体，促进了学子们综合素养的提升。

学习古典名著，让学生在传承中华优秀传统文化。为培养学子们阅读中华古典名著的习惯，把课内语文教学和课外阅读有机结合起来，2018年4月，我校高二年级举办了“学古典名著·做时代新人”的名著知识竞赛，学子们热情参与，认真准备，展现了丰厚的文化素养和身为时代青年的精神风貌。此次知识竞赛的成功举办，为我校喜爱中华古典名著的同学搭建了一个展示才华的舞台，更让热爱中华优秀传统文化、喜欢阅读古典名著在我校蔚然成风。

校本课程筑根基

校本课程的设置就是结合学校办学特色，实现学生个性发展，进而丰富校园文化的内涵。近年来，我校积极开发校本课程，丰富了学子们的学习，充实了学子们的高中生活，激发了学子们学习中华优秀传统文化的热情和传承中华优秀传统文化的历史使命感。

《遨游在神话世界里》。白效迎老师的这一课程，从马克思主义哲学的角度解读中华民族的神话故事，阐释这些神话传说产生的原因，并引领学生深入神话故事，在感知、思考神话人物的同时传承神话英雄身上所体现的中华民族先民的英勇无畏的精神、心系苍生的责任担当、敢为人先的果敢和创造力。

《中国传统文化讲座之阴阳太极》。赵峰老师引用中华经典文学作品中的例子，借生活中的常见事物深入浅出地解读世间万物相生相克、相互转化的道理；世间万物皆有阴阳，而太极为阴阳之间的和谐、平衡状态，它追求自然，讲求和谐共融。赵老师的讲授幽默诙谐，生动形象，深入浅出，引导学生去感知生命的奥妙，体验生活的智慧，极大地激起了学子们学习中华优秀传统文化的热情。

《仰天长啸的诗仙李白》。霍灿老师的这一课程，带领着学子们遍观李白传奇的一生，感受李白傲岸的人格和不屈的个性，鉴赏李白那伟大人格所著就的独特的、光耀千古的诗篇。霍老师的课，引领着学子们继承、学习祖国优秀传统文化，培养民族精神和人文情怀。

《语文中的地理文化》。曹国情老师立足《普通高中语文课程标准》，立足语文人文性、工具性统一的特点，立足语文学科的内涵和外延，解读中华优秀传统文化中的人文地理、自然地理知识。曹老师的课，拓宽了学子们的文化视野，激发了学子们学习中华优秀传统文化的兴趣。

语言最是不甘寂寞，语言又必须耐得住寂寞。说语言最是不甘寂寞，是因为语言的规范表达必须在听、说、读、写中提升；说语言又必须耐得住寂寞，是因为深沉的、有价值的语言是思想的表达，是智慧的闪现——终日而思不如片刻的实践，一味喧嚣自然失去了宁静的深思。由此可见，培养学生的语言文字规范意识，提高学生的语言素养，传承中华优秀传统文化并非朝夕之功。为了实现把单县一中建设成为“鲁西南地区的一处教育高地、文化高地、精神高地”的目标追求，为了“为往圣继绝学、为家国育良才”的教育梦想，我校将一如既往地坚持语言文字教育工作的常规化、制度化、规范化，让全体师生“爱读书、写好字”的习惯代代传承，让校园永远弥漫“书香墨香”。

校园绽放文明之花

——菏泽市第二实验小学创健全国文明校园工作纪实

山东省菏泽市第二实验小学 张新云 姚念星

文明的社会，必先有文明的个人；文明的个人，必先有文明的教育。让文明走进校园，融入学校教育之中，这对于深化中国特色社会主义和中国梦学习教育，进一步培育和践行社会主义核心价值观有着深刻的意义。为成功创健全国文明校园，山东省菏泽市第二实验小学以习近平新时代中国特色社会主义思想为指导，对标文明校园创建“六个好”要求，学习并践行社会主义核心价值观，进一步加强未成年人思想道德建设，不断优化校园育人环境，逐步树立文明、健康、活泼、向上的优良校风，创造优美、温馨、和谐而又充满竞争与合作的文明环境。

一、思想道德建设好

习近平总书记在党的十九大报告中指出：“加强思想道德建设。”人民有信仰，国家有力量，民族有希望。历史和现实都表明，一个国家的繁荣强盛，一个民族的文明进步，很大程度上取决于人们思想道德水平。党的十九大对加强思想道德建设作出重大部署，强调要提高人民思想觉悟、道德水准、文明素养，提高全社会文明程度。这为新时代推进思想道德建设指明了努力方向，提出了新的目标任务，我们一定要认真学习领会，切实贯彻落实。为此，学校要求全校师生认真学习党的十九大、习近平总书记有关讲话精神，积极学习并践行社会主义核心价值观。

完善组织建设。学校建立由校长任组长的德育工作领导小组，构建班队会德育课程体系，定期召开德育主题班队会；围绕安全教育、激励教育、理想教育、习惯教育、感恩教育五大主题，建设并利用好团队活动室，积极开展各种实践活动；建立三级家长委员会，成立家长学校，充分发挥家庭教育的作用。

加强核心价值观宣传。在校园内外、教室、办公室、各功能教室等区域布置核心价值观宣传版面，做到社会主义核心价值观“进教材、进课堂、进头脑”。

组织丰富多彩的教育活动。党员教师开展丰富多彩的政治学习活动；利用“国庆节”等节日，开展演讲、征文、诵读、合唱等活动强化爱国主义教育；在“清明节”组织学生到“冀鲁豫边区革命纪念馆”、“菏泽革命烈士陵园”进行瞻仰、祭扫活动，传承红色基因；开展“学宪法 讲宪法”、“交通文明宣讲”等法治教育活动，增强法制意识；举行“新时代好少年”、“十佳少先队员”等评选活动，形成树榜样、学榜样、做榜样的良好氛围。

开展文明习惯养成教育。重视社会主义先进文化教育，举办“国学小名士”选拔赛、“我们爱经典”诗文大赛等，推动戏曲、书法、武术进校园活动；细化落实《中小学生守则》《小学生日常行为规范》，制定《打造规范有序的班集体细则要求》，开展“学生行为习惯养成督导评价活动”和“小小四个一”自我评价活动，把文明习惯养成教育融入学生的学习和生活各个方面。

二、领导班子建设好

领导班子是学校落实办学决策部署、推动各项工作的“指挥部”和“战斗部”，也是抓好改革发展稳定各项工作的关键。

好班子是“配”出来的，更是“练”出来的。在2018年成功创建

"省级文明校园"的基础上，学校成立了以校长为组长，副校长为副组长，各科室主任、级部组长为成员的"全国文明校园"创建工作领导小组，具体负责学校文明校园创建工作宣传、研究、实践活动等。多次商讨、研究、部署文明校园创建工作，共同研究制定《菏泽市第二实验小学全国文明校园创建工作实施方案》，从不同角度、不同层面、运用不同形式营造文明校园创建的氛围。

三、教师队伍建设好

教师是教育发展的第一资源，是学生健康成长的引路人，是提高教育教学质量的关键。学校时刻关注教师的专业成长，注重教师的品德修养，引导教师寻找幸福的支点，促使教师树立多元、多姿、多态的幸福观，着力打造一支师德高尚、学识渊博、积极进取、善于创新的教师队伍。

加强师德师风建设。学校每学期都会组织全体教师认真学习《中小学教师职业道德规范》《新时代中小学教师职业行为十项准则》，并写下郑重承诺；学习模范教师的先进事迹，大力弘扬爱岗敬业、乐于奉献的师德风尚；举办"师德事迹演讲报告会"和"青年教师师德演讲比赛"，以教师的亲身经历和许多催人泪下的感人事迹教育感化教职工。

促进教师专业化成长。学校每学期组织"师德标兵"、"教研先进个人"、"模范班主任"、"德育先进个人"、"优秀共产党员"等评选活动，通过树立典型引导教师争做"四有"好老师；全体教师关爱学生，立足课堂教学主渠道，将立德树人目标融入各学科教学之中，实现教书育人、全员育人、全程育人。

功夫不负有心人，近年来，学校教师在社会上树立了良好的形象，赢得了家长及社会各界的广泛赞誉

四、校园文化建设好

校园文化建设是学校办学水平的重要标志，是学校精神风貌的具体体现，是学生文明素养、道德情操的综合反映。近两年，学校结合自身实际，提出"欢乐校园、绿色校园、平安校园、和谐校园"的校园文化建设目标，以努力营造良好的校园环境为基础，以丰富多彩的师生实践活动为载体，立足于校园课堂，延伸至课余校外，实现了融道德文化、科学文化、活动文化、制度文化、环境文化、精神文化于一体的"六位一体"校园文化建设，很好地发挥了校园文化的育人功能。

学校校园文化活动是校园文化建设的重要体现，是育人的重要途径。学校充分挖掘潜力，广泛运用教育资源，积极开展校园文化活动。学校坚持每周一的集体升旗、周二至周五的常规升旗制度，充分利用国旗下的演讲对学生进行正面教育，如爱国主义教育、前途理想教育、集体主义教育、文明礼貌教育、诚实守信教育等，话语不多，事例鲜明，注重实效，师生在庄严的国旗下、在严肃的氛围中收到了很好的教育效果。同时，学校还在"红心向党"、"师生风采"、"诗词长廊"、"最美班级"、"十佳队员"、"新时代好少年"等班级文化和校园文化建设中特色明显，并录制了展示学校形象的宣传片。丰富多彩的校园文化活动，让校园成为学生学习、成长、张扬个性、发展特长的乐园。

五、优美环境建设好

校园不仅是莘莘学子求知上进、健全人格的场所，更是提升品位、陶冶情操的圣地。学校把文明校园、平安校园、绿色校园创建工作相融合，注重校园公共场所人文景观建设，巧妙地把学校办学的传统、特色与理念文化元素纳入校园规划布局和各功能区域建设，努力打造整洁有序、优美雅致、平安和谐的校园环境，做到环境怡人、环境育人。

学校教育教学设施规划合理，整洁、有序、齐备，净化、绿化、美化到位，彰显了深厚的文化底蕴；持续开展环保节约教育，积极倡导"节水、节电、节粮"理念；创建平安校园，建立学校警务室，定期请交警作交通安全知识报告，聘有4名专职保安24小时执勤，按要求举行防灾应急疏散演练，切实保障人防、物防、技防到位；联系城市管理部门，整治流动摊点，净化校园周边环境。

六、活动阵地建设好

校园不仅是学生学习文化知识的课堂，更是树人树德之圣地。学校按照标准建设了教学阵地和文化阵地。建有党员活动室、共青团少先队活动室、红色文化长廊、诗词文化长廊、学校网站、微信公众号、STEM+人工智能教育活动中心等文化活动阵地，设立了乐器、美术、人工智能、机器人、师生合唱团、"小荷之声"艺术团等社团，建立了班级、学校师生文明志愿服务队，开展了丰富多彩的活动。

学校充分利用广播电视台、宣传橱窗、黑板报、手抄报等校园文化设施，发挥其宣传作用，努力营造正确的舆论氛围，以科学的理论武装人，以正确的舆论引导人，以高尚的情操塑造人，以优秀的作品鼓舞人。

创健全国文明校园，是实现学校教育华丽转身、教育面貌焕然一新的良好契机。菏泽市第二实验小学全体师生将沿着规范办学、科研兴校、人才强校的发展思路，着眼于学生的全面发展、长远发展、终身发展，以强烈的责任心和使命感，团结协作，共同完成全国文明校园创建工作。

坚守"三心"，践行教育初心

山东省菏泽市鄄城县孙膑故里双语学校　郭文利

苏霍姆林斯基曾说："在教学大纲和教科书中，规定了给予学生各种知识，但却没有给予学生最重要的东西，那就是'幸福'。理想的教育是培养真正的人，让每一个从自己手里培养出来的人都能幸福地度过一生。这就是教育应该追求的恒久性、终极性价值。"为实现这一美好愿景，我在办学过程中，坚持以培养德智体美劳全面发展的社会主义建设者和接班人为目标，践行培育和弘扬社会主义核心价值观的价值取向，立足中华优秀传统文化，紧紧围绕"以德为先、立德树人"的办学宗旨，提出孝亲、尊师、友学、立志、长善、救失、守法、践行弟子规"新八德"的办校理念，化"爱心、孝心、真心"为行动，筑牢学生的思想根基。

让"爱心"在助学帮学中流淌

"幸福家庭孩子的幸福生活是同样的，不幸家庭的孩子各有各的不幸。"作为一所在城区开办的民办九年一贯制学校，有数以千计的学生来到鄄城县孙膑故里双语学校求学，其生源尤其是其家庭条件自然也是千差万别。其中，我尤其关注那些家庭贫困却依然刻苦学习、乐观上进的孩子，并对一些特别不幸家庭的孤贫儿童实施全部免学费及生活费的助学帮扶。

自2016年以来，我校先后接收了4名孤儿，全部免除了他们的学费和生活费，让孩子们能够在"爱心磁场"下无忧无虑的学习，快乐幸福的生活。家住阎什镇沈口村的时雨晴姐弟就是受惠于帮扶政策的"幸运儿"，每每提及学校的帮扶，她们就感动不已。姐姐时雨晴在学校七年级六班就读，弟弟时章依在学校四年级二班就读，在他们很小的时候，父亲就去世了，母亲在改嫁后也了无音信，姐弟二人只有与年迈的爷爷奶奶相依为命。天有不测风云，一年内，爷爷奶奶相继去世，姐弟俩跟着唯一的亲人姑姑生活。但是姑姑家也有两个孩子，现在却要抚养4个孩子，生活十分困难。在得知这一情况后，我主动把姐弟俩接到学校，让他们在学校吃住，并主动关心他们的生活需求和心理状态，及时给予各种帮助，让她们在学校能够安心学习。

"让每一个孩子充分享受充满生机的教育，让每一个孩子带着梦想飞得更高更远"，这是每一个教育人的追求。说实话，每当在校园内看到这些贫困儿童在学校安心学习和生活的情景，我就感觉到自己做的事情是有意义的，是值得坚持并延续下去的。

以"孝行"为媒传递正能量

"百善孝为先，人孝德之本"，孝道文化是中华民族优秀传统文化的重要组成部分，虽然时代在变迁，但孝道一直在人们心中代代传承。作为新时期的教育者，我们仍然有责任和义务培养孩子的孝心，教导孩子学会感恩，让孩子在未来的人生道路上越走越精彩。

"孝心饺子宴"就是我们学校的一大特色活动。2017年1月，我校首届"孝心饺子宴"在学校操场拉开了帷幕。当时，家住乐园社区且年龄65岁以上的老人，都可以免费参加"孝心饺子宴"。最后有300多名老人参加了学校举行的第一次"孝心饺子宴"活动，尽管组织过程很疲惫，但是我们却十分快乐、满足。把老人们聚在一起开开心心吃顿饺子，话话家常，这一尊老敬老的做法得到了社会的好评和广大人民群众的赞誉。

当时，"孝心"文化教育只在学校内部发挥正能量远远不够，还需要寻找合适的机会逐步把"孝心"教育活动从学校推动到社会中去，进一步激发传统文化教育的社会正能量。为此，我校把"帮助别人做一点事情，给自己找一份快乐"作为活动的宣传口号，多次组织开展"爱心饺子宴"进社会、进乡村活动，每次活动都组织义工为老人们带去精彩的节目，现累计参加受益人数近3000人。

作为鄄城县传统文化促进会首届会长，我在工作中积极协调相关部门组织"好婆婆好媳妇"评选活动，鼓励更多的年轻人参与到孝老、爱老的活动中来。这是因为我们每个人都有老的时候，所以我们没有理由不去关爱老人。

为扩大"孝心"文化教育的辐射面，我校还积极开展传统文化进学校感恩活动，邀请学生家长到学校，让学生为父母端上自己包的饺子。看到平时在家任性、不爱做家务的孩子竟然为自己端来亲手包的饺子，很多父母都落下了激动的泪水。而孩子们也通过角色的转换，感受到了父母的不易，也纷纷落下了眼泪。通过举办这些有意义的教育活动，在无形中培养了孩子们的感恩情怀。

让"真心"在实践活动中传承

活动是学生得以生长的土壤。为弘扬善爱精神，我校开展形式多样的主题教育实践活动，让学生养成优秀的品德和良好的习惯，扣好人生第一粒扣子。

从2016年至今，每年的中秋节、春节，我都会积极组织志愿者开展“送温暖、献爱心”活动，如去看望敬老院的孤寡老人，给他们带上一份节日礼品，为他们送上一颗真诚之心。

2018年4月22日“世界地球日”当天，我以“保护环境 人人有责”为主题，组织志愿者开展了给驻城环卫工人送温暖活动，为每位环卫工人送上了一件温馨的雨衣。通过本次活动的开展，我们还引导大家要爱护环境、保护环境、不乱丢垃圾。

2020年春节疫情期间，正是举国上下共抗疫情的重要关头，我组织县传统文化促进会会员在2020年2月份分别慰问了县城区派出所、城郊派出所、鄄城高速路口、引马派出所、鄄城狼牙义务救援队、县卫健局防疫指挥部等奋战在防疫第一线的工作者们，给他们送去了纯净水、方便面、84消毒液、高效清洁剂等物资。物品价值虽然不高，但却弘扬了社会正能量。

授人玫瑰，手有余香。做公益也可以成为通向幸福教育的一条路径。作为一名民办学校的创办人， 我始终坚持做一些力所能及的小事情——捐资助学、扶贫济困、尊老爱幼、互助互爱。由于办学成效显著，社会反响热烈，我被授予“2015年建功立业优秀人大代表”、“2016年度爱心慈善大使”、“2017年全市防范和处理邪教先进个人”、“2018年度菏泽市最美家庭”、“2018山东省家庭辅导员（初级）”、“2019年菏泽市弘扬优秀传统文化先进个人”、“2020年度鄄城县最美志愿者”、“2020年被授予省级文明家庭荣誉称号”。

功成不在个人，而在大家。荣誉也不是终点，而是奋斗的起点。在今后的道路上，我将进一步发展社会美德，弘扬社会正能量，凝聚合力，积善成流，尽己所能，奉献爱心，用实际行动继承和发扬中华民族尊老爱幼的传统美德，为学生成长、经济发展、社会和谐作出应有的贡献。

以经典为伴，与圣贤同行

——济南市机场小学经典诵读工作介绍

山东省济南市机场小学 刘永文

中华传统文化博大精深，源远流长。而儒家思想是我国古代传统文化的主流思想，影响深远，山东是孔孟之乡，有浓郁的儒家思想气息。济南市机场小学地处城乡接合部，是一所外来务工定点学校，无论是生源质量还是教育资源，相比之下都有不足，因此在教育教学中难免有很多的困难。学校组织老师学习传统文化，引导学生诵读经典，在诵读中感受中华文化的精华，潜移默化地渗透德育，使学生养成良好的行为习惯，逐渐完善自己的人格，从而提升学校办学质量。

一、在诵读中开启智慧之门

人类有两大学习能力：记忆力和理解力。小学时段是孩子记忆的黄金时期，如果有效地开发，就会发现这是一个极其丰富的矿藏。而一旦开发出来，就可以伴其一生。有些孩子在学习中感到困难，应该是基础能力培养上有所失误，因而使孩子的大脑机能没有得到开发，致使孩子的基础能力有所缺陷，所以，要想孩子有很好的学习能力，就必须提高他的基础能力。

从这个层面讲，国学经典诵读开发的是学生一生的潜能。实践证明，经典诵读是通过背诵改变儿童大脑素质的最好方法。我们提倡儿童诵读经典教育，即是要培养孩子完全记忆的能力，通过反复的诵读背诵经典内容，逐步印刻在孩子们的大脑里，记下经典的、永恒的东西，即改变孩子的大脑素质，提高大脑机能。古人云，“用力多者收功远，其所精诵，乃终身不忘也。”

长期的训练，几部经典著作诵读下来，也就奠定了孩子一生文化和修养的根基，我们看到表现在孩子身上的效果就是，道德向好，智慧增强，素质提高，学业进步，进而由于孩子自信心的增强， 使得精神面貌也会焕然一新。然而，没有哪一个孩子天生就爱机械地重复枯燥的学习内容，在这个过程中，老师和家长齐心合力，适时引导，多加鼓励，从而不断激发学生的诵读兴趣。

一般人都认为理解是很重要的，只是诵读，不加以理解，是“填鸭”式的教育，所以特别讥之为“死记硬背”、“食古不化”而反对之。其实，在人的成长过程中记忆和理解发展曲线是不同的。随着年龄的增长，理解力不断地加强，而记忆力逐渐减退。在理解力不发达的年龄，该“死背”就须“死背”而不理解，应“食古”就须“食古”而不理解，以后随着读的遍数多了，年龄增长了，慢慢也就理解了，可谓终身受益。正所谓：“书读百遍，其义自见。谓熟读，则不待解说，自晓其义也。”

二、在诵读中学习圣贤之道

司马温公尝言：“书不可不成诵，或在马上，或在中夜不寝时，咏其文，思其义，所得多矣。”对于高年级的学生，应当有针对性的，对部分简单易懂的经典进行解读，不要求学生逐字逐句得理解经典，只要求观其大略，不求甚解。为此，我们充分利用午休之后的十分钟、每天早读五分钟等时间，在黑板上写上部分经典句子，让学生讲解这一句话中蕴含的思想，感受圣贤之道。读“ 入则孝 ，出则悌” 让孩子们感受：百事孝为先，心里要常怀感恩之心；读“满招损，谦受益”，感受“虚心使人进步，骄傲使人落后”；读“己所不欲，勿施于人”感受先贤处理人际关系的原则，读“和而不同”感受先贤“共生共处之道”；读“自强不息”，“厚得载物”感受个人与社会的健康互动之道，读“天地之大德曰生”，“富有之谓大业，日新之谓盛德，生生之谓易”感受创业尊生、与时俱进之道。荀子曰：“骐骥一跃，不能十步；驽马十驾，功在不舍。锲而舍之，朽木不折。锲而不舍，金石可镂。”每次的讲解虽然很少，但是学生时时刻刻都能学习理解一点点，长此以往，孩子们在讲解中，接触到“仁、义、礼、智、信”的教育，一些易于理解的语录、故事也让孩子们受到来自传统文化的洗礼。

古人云：“勤学如春起之苗，不见其增，日有所长。” 诵读圣贤经典，让孩子们在“润物细无声”的过程中，耳濡目染，陶冶情操，开阔胸襟迈向圣贤之道。

三、在诵读中提升道德修养

近年来，伴随着经济全球化程度的日益加深和改革开放的扩大，中外文化交流日益密切，越来越多不同的价值观也进入了中国，影响着我们每一个人。这对于我们借鉴和吸取西方有益的东西是十分重要的。但也要看到，西方资本主义势力对中国的文化渗透也在广度和深度上不断扩展和延伸。

现今社会上、校园中，“问题青年”愈来愈多，校园欺凌事件也时有发生。《大学》中讲道：“德者，本也”，“本固则枝荣，根深则叶茂”。中国青少年道德缺失问题是否定传统价值教育的必然结果。在我们学校，许多学生家长是外来务工人员，限于工作和自身对教育的重视程度，平时对孩子的教育、引导，远远不够。“人之初，性本善”，学生正处于人生最开始的阶段，三观还没有定型。因此，在学校里，我们应该正确引导学生，塑造正确的价值观，植下文化之根。

学校的环境是对学生进行德育教育的阵地之一，我们充分利用长廊、教室墙壁等角角落落，创设经典诵读小环境，从而创设德育教育的大环境，一句句经典、一条条美文，散发着迷人的芬芳，警示着学生的言行，耳濡目染，作用巨大。

国学诵读的很多内容都是些小故事，我们挖掘书中蕴含内容，引导学生主动学习，鼓励学生自己查资料，通过讲故事、听故事，受到思想教育，规范学生言行。通过诵读唐诗宋词增强学生的爱国主义情感，通过模拟表演古人送行，背诵名句增强学生之间的友谊……

随着活动的推进，孩子们的表现有了变化：学了“日月逝矣，岁不我与”，学生知道了要珍惜光阴，上学迟到的现象少了；在日常生活中，他们懂得了“勿以善小而不为，勿以恶小而为之”的道理，于是，校园里乱扔垃圾的现象的少了，主动清理卫生的人多了；有的孩子以前不知道整理自己的学习用品，现在知道“列典籍，有定处，读看毕，还原出”；从“融四岁，能让梨，弟于长，宜先知”，学生们知道互相礼让；“贤贤易色；事父母，能竭其力”，让孩子们懂得了要孝敬长辈，他们用实际行动践行感恩的旋律。

事实证明古典经文的诵读，对学生道德、品行、性情、气质都会产生耳濡目染、潜移默化的影响，是极见功效的人格熏陶教育。我们学校的学生，在走出校门，进入初、高中之后，无论是个人的言谈举止、还是对知识的理解、积累，往往都能得到老师的认同和表扬。

中华传统文化是民族的血脉，是人民的精神家园。在诵读中以圣贤的言行为圭臬，明德修礼、储备知识、开启智慧、激发潜能。诵读增强了民族自尊心、自信心和自豪感，弘扬了中华民族传统文化，树立了为实现中华民族伟大复兴而奋斗的志向。

以德树人，和谐共生

山东省济南市历城区万象新天学校 崔庆军

爱因斯坦曾说：学校的目标始终应当是，青年人在离开学校时，是作为一个和谐的人，而不是作为一个专家。济南市历城区万象新天学校建校以来，秉承“德智体全面发展”的办学理念，德育为先，不断探索发展，结合“家校合育”的方式，大力开设众多艺术课程，致力于培育德智体美全面发展的新型人才。在全校师生的共同努力下，学校先后被授予“济南市文明单位”、“济南市新优学校培育学校”、“历城区2017年度教育系统档案管理工作先进单位”等多项荣誉，成为当地备受欢迎的名校。

实现扁平管理，科学育人

万象新天学校管理团队拥有独到先进的理念。面对三个校区、6000余名学生的庞大学校，团队对该如何实施科学有效地管理进行了深思熟虑。在借鉴中国传统文化和现代管理理论的基础上，团队总结出高标准扁平化管理的治校“法宝”。高标准、高理想不仅是管理团队给予学校的定位，也是对所有老师的勉励和期望。

以人为镜可以明得失。在校长崔庆军看来，干部是老师的镜子，老师是学生的镜子。为了很好地发挥镜子作用，有效地教育学生，带动教师团队成长，崔庆军带领干部队伍身先士卒压一线，教师工作压一线。他常说："高标准，只有想不到，没有做不到，做到了别人认为做不到的事就叫奇迹。"为此时常将"90%×90%×90%×90%×90%=59%"作为团队管理的警示：90%的标准太低，做事环节太多，结果就是不及格，旨在敦促所有老师竭尽全力。同时，管理团队坚持"减少环节是关键，一级做给一级看，一级带着一级干"的做法，既倡导教师队伍中的个体全力以赴，又减少不必要的管理环节，实现扁平化管理。大力减少不必要的管理环节，有效地提高了管理效率。

崔庆军经常说："学校的管理方式紧依学校特点，作为社区内学校，我们力求做到'家校合育'，将家长与学校的力量凝结起来。"作为社区内学校，家长可以随时了解到学生动态，甚至可在家里观看到学生跑操，学校对学生的一切管理家长都看在眼中。对家长来说，学校给予了孩子和自己理想状态下的教育，极大地促进了孩子各方面的进步，同时也可以激起家长成为学校的主人意识，帮助家长成长进步。为了切实落实高标准、扁平化管理，管理团队还将一年级学生入学通知书上印有校长照片与简介等信息，使学生与家长未进校门前便开始熟悉校长。同时，崔庆军亲自参与"家长学校"的课程讲授、组织"校长大讲堂"、出席升旗仪式并讲话等。这样将校长管理理念直接传递给学生与家长的方式促进了双方的进一步交流，有效提高了管理效率。

普惠助力五育，以人为本

课程设计是教学的核心，是学生获得知识的来源。学校将"普惠课程"和社团建设相结合，始终坚持以人为本的育人理念，不断为促进学生的个性发展而努力。为培养学生的主体创造力和幸福生活感受力，提供了条件和资源。

古代著名的教育家、思想家孔子曾说因材施教对我们的教育具有深刻意义。学校根据不同年级学生特点，制定不同的课程规划，如一年级将围棋作为必修课，培养学生所需的专注力和思维能力等，二年级则将足球作为必修课。学校最为突出的是以陶笛"普惠"课、竖笛音乐课引领，结合管乐队、电子琴等乐器的社团建设。2018年 5月，在山东省校园艺术节上，学校节目《太阳出来喜洋洋》荣获"最佳表演一等奖"。

同时，学校还有多重活动助力美育、体育发展。例如小学部"天天讲故事"，每月一个主题，每天中午10分钟讲故事，利用校园广播台展示。中学部"天天演讲"，每月一个主题，每班固定中午10分钟演讲。2015年，学校成为"北师大文学院文学创作基地"，2019年成为"北师大教学实践基地"。余华、苏童、迟子建、张炜、格非等著名作家先后进入校园对老师和学生进行指导交流。同时，学校还 成立了小学部"万象萌生"、中学部 "万象文韵"两个文学社，著名作家苏童、迟子建成为学校"阅读导师"。

在学校管理团队的热情支持和鼓励下，课程效果显著，学生们美育、体育成绩斐然，实现了德智体美劳全面发展。

课内课外结合，以德树人

但丁说，道德常常能填补智慧的缺陷，而智慧却永远填补不了道德的缺陷。可见道德对于一个人品行的重要性。我校管理团队始终牢记做人先做事，育人先育德的理念，逐渐形成了"德育为先"的校园文化体系，全校师生奉行"德行"文化。

"我们要把'德'植入到我们的文化中，文化是入脑入心见行动的，所以我们把'德'放在前面。教育面对德育培养时，往往会出现'知道与做到距离很远'的境况，学生在行为上践行不到他所知道的东西。所以我们倡导'知行合一、明理笃行'，力求让学生们知道且能做到。"崔庆军说道。

在校长的领导下，学校秉承"点亮智慧、面向未来"的办学理念，践行"知行合一、明理笃行"的校风，发扬"博学、博爱"的教风 和"勤学、善思"的学风，努力完成课程中的德育目标。除此之外，还十分注重课外对学生的品德培养。为督促学生养成良好的行为习惯，严格规范学生行为，比如一年级到九年级都严格要求唱歌唱响、跑操整齐、无声就餐等，从细节处入手，努力培养一批懂礼仪，有德行的学生。

开展艺术活动，以艺化人

我国古代教学中有"六艺"一说，古希腊柏拉图也认为艺术教育能够浸润、滋养、美化人的性格和心灵，培养对美的事物的识别能力。为此为了增强学生的艺术感，陶冶学生的情操，充分发挥艺术对学生的教化作用，学校大力为学生营造艺术氛围。

每年举行一次各类节日活动。例如每年 5月的"戏剧节"中，低年级学生争相排练课本剧，初中年级学生则围绕生活进行创作与排练情景剧。学生们在戏剧的排列表演中，进一步得到情感释放。通过这种活动不但促进学生培育良好的思想品质，而且有利于学会身心健康发展。自开展以来，"戏剧节"在学生中引起强烈反响，仅 2019 年，班级参演、年级展演、学校汇演的演出场次共达 267场。同时，学校还充分借助重大节日、纪念日等教育时机，积极开展各类主题活动。如"十岁的天空"活动让学生学会独立生活；"远足祭英烈"活动渗透爱国主义教育；"抗疫真善美，多彩万象天"美术节弘扬抗疫精神等。

创建新星品牌，以奖励人

有效地激励可以激发学生内生动力，促进学生积极自主地学习。为此学校打造出"万象新★亮星行"品牌，共分党建、德育与家校共育三个品类。学校认为，每个老师、学生和家长都是一颗独特的星，应引导他们勇敢地点亮智慧、亮出自我。四年来，学校坚持开展系列评选活动。学生由学校每学期评选一次"学习星"、"文明星"、"艺术星"、"体育星"等，教师们评选"学习星"、"服务星"、"效能星"、"创新星"等，家长群体的评选则通过线上家长"秀"活动进行。

"每个人都有独特的闪光点，要利用好自身优势。学生参与不同评选时，有不同的评价系统与方式；教师评选学校则采取自主申报的方式，鼓励教师挖掘自身亮点。"王萍说道。"万象新★亮星行"作为万象新天的独特品牌，对学生及家长起到了强烈的号召和鼓舞作用。学生、教师、家长在评比中，得到极大地激励，促使他们不断进步，不断提升。

花熟蒂落，笋出成林。济南市历城区万象新天学校管理团队始终以高标准要求自身及管理教师队伍，于细微之处规范学生，坚持德育为先，"普惠"并行，用多彩活动助推学生发展，建校7年来，于各方面都实现了质的飞跃，为祖国培育出一代又一代德智体美全面发展的人才。未来"不慕古、不留今、与时变"时刻敦促着我校继续不断探索，不断改进，致力于为广大师生提供一个幸福、和谐的校园发展环境，为全面教育插上翅膀，助力学生放飞梦想！

践行"简美"之路 培育"阳光"少年

山东省济南市杨庄小学 张静

教育是成就人的，既要成就学生，更要成就教师。一所理想的学校，一定是"学生快乐成长，教师幸福发展"的学校。进一步推动学校向更高标准、更优质量、更大影响方向发展，办好让人民满意、让社会认可的教育。

学校是什么？学校是一个启迪智慧、滋养灵性的生命场，为学生的终身发展奠基，让更多的孩子享受到更好地教育。为让学生生命更有张力，让学校教育更有生机，山东省济南市杨庄小学继续着眼于"人"的终身发展，以"培养什么样的人，办什么样的学校"为办学方向，以"循简美之道，创阳光学校"为办学理念，坚守"以人为本、发展为先、创新为魂"的教育思想，践行"简而美，小而雅"的行动思路，从环境建设、学校管理、育人理念、课堂教学、队伍建设多个方面入手，让每位师生都能绽放属于自己的精彩，扎实有效地走出了属于自己的"简美"之路。

简洁明快，环境建设"简美化"

大道至简，素本至美，纯情灵动，润泽于心。至道以阳，至德以光，授之以知，慧果绵长。一入杨小的校门，一股清新甜美之风迎面扑来，干净整洁的校园，充满活力的墙体雕塑，简洁明快的色彩，简而有序的大厅，书香浸润的走廊文化，无处不彰显着杨小人办学的用心与创造。偶尔有师生从你身边经过，留下的一定是一张张充满笑意的脸庞，笑得真诚，笑得灿烂，笑得温暖。

微笑教育是杨小人心目中美好的方向。学校从细致处思考，通过人文管理温暖人心，特色打造激发活力，项目引进丰盈课堂，平台搭建展现阳光，让笑意挂在嘴角，让阳光温暖心间。"每天美丽一点点，一点点美丽"，这是杨小人共同追寻的方向。

循序渐进，学校管理"规范化"

"让家长满意学校！让学生恋上学校！"这是杨小人办学的追求。唯有打造规范化校园，实施因材施教，方显教育的博大精深，方能让家长满意学校，方能让学生恋上学校！

在这样一种认识下，学校围绕办学理念的落实，逐步形成了另类的"12345"工程。1个理念，即循简美之道、创阳光学校；2个目标，即简美、阳光；3有教育，即有根、有爱、有趣；4题教法，即破题、立题、解题、扣题；5大课型，即大课、长课、中课、短课、微课。

在自主课堂的建设中，学校倡导学生形成勇于表现、乐于表达、敢于质疑、善于学习等良好习惯，让学生有足够的时间动起来，有足够的内容动起来，有足够的空间动起来。

规范化的管理真的让学生恋上了这所学校，有了孩子们的留恋，家长们又怎会对这样的学校不满意呢？伴随学校课程、师资队伍的规划设计及更新，更提升了学校的办学品质。有家长在家校共建群中这样留言到：周边的学校我也偶有了解，在培养孩子全面发展这条道理上，咱杨庄小学做的绝对是数一数二的！

全面发展，育人理念"阳光化"

什么是全面发展的人？五育并举的教育方针，24字核心价值观的育人方向，让每一个教育工作者都明确了未来社会发展需要什么样的人，也让每一个教育工作者都明确了未来教育需要培养什么样的人。

"让更多的孩子享受更好地教育"这一直是杨庄小学的教育口号。为充分落实这一教育目标，学校秉承"简单的思想传递美好的教育，享受教育的幸福"的办学宗旨，提出"循简美之道，创阳光学校"的办学理念，要求学校的教育、教师的教学一切都要从学生的实际出发，充分尊重学生的主体性、自主性和创造性，创设适宜学生的教育方式，创设适宜学生的教育方式，让每位孩子在接受教育的同时享受到学习的乐趣、形成良好的品质，不断促进学生的主动发展，从而为学生的终身发展奠定基础。

大胆寻变，课堂教学“简约化”

“教育没有边界，课程可以整合，课时可以伸缩”，这是杨小人站在学校所处实地环境下的真实思考。如何让教育在这里真实的发生？这是杨小人面临的挑战。

有挑战就有机遇，在广泛听取教师意见的前提下，学校领导班子反复推敲、再三斟酌，本着为教育教学做“减法”的目的，从课程、课时、课堂三方面入手，打破常规“套路”，大胆寻“变”，开展多种课堂形式，整合一至六年级单学科大课程体系，创设适宜杨小学生的教育方式，让每名杨庄小学的学生感受教育的大不同。

“只要方向不错，怎么教都可以。”这是杨小课堂教学的崭新理念。在这样理念的管理下，杨小的老师们自主探究课堂教学有效方策略的动力就更足了。例如科学老师王玉江就曾主动提出想大胆挑战传统课堂，尝试科学学科的整合教学实验。如果能让老师爱上自己的教学，教育的品质又怎会不变了。

“五课并举”做时间的主人。翻开杨小学生的课程表，你会惊奇地发现，这里的语文、数学、美术课都是两堂连上，总课时量不变。这是怎么回事啊？告诉你吧：我们学校不仅有‘大课’还有‘长课’‘中课’‘短课’‘微课’等5种不同时长的课程，让每位教师都可以选择适合自己的课时长度进行教学！

中规中矩不适合杨庄小学，杨小的课程表可谓是独一份。10分钟的微课时、20分钟的短课时、30分钟的中课时、70分钟的长课时、90分钟的大课时等5种不同时长的课程，让每位教师都可以选择适合自己的课时长度进行教学，有助于提高时间的利用率，从而更好地完成教学程序。学生内心也不再有生物钟，注意力时刻跟随老师的节奏。语文的习作就是利用长课时的最好范例，一节习作课，从习作指导、构思、写作到讲评，一气呵成。课程改革一方面让老教师颠覆了既往，不再仅仅是课程的执行者，还是二次开发课程的构建者，需要考虑学情，从挖掘教材入手，对标课程标准，整体把握教学节奏；另一方面还为年轻教师带来了成长自信，从原本的一课一备到现在站在六年之外看六年，教学开始有法可依，也让他们有了更多的时间去观察学生的课堂反馈，真正做到了关注每一名学生。

课程整合是学校提出来的一系列教学改革之一，不仅仅局限在教学时长上，还表现在各个学科的教学内容的整合上。学校课堂教学改革以语文学科为切入点，以“单元整合”为径，以“核心素养”为标，以“教学大纲”为本，以学科“教参”和“课本”为载体，让课堂教学真正走向研究的深水区，延展了学生自主发展的空间，走出了一套适合各学科教学的“四题五环”式教学法。以语文学科为例：不再局限于课本安排的单元整合篇章上，而是将大量阅读纳入语文课程。学校语文组老师集体教研，把每学期的教材根据学习内容，结合课标要求进行整合，梳理出全册及各单元的思维导图、课时目标，同时用“四题五环”教学法让课堂教学思路更清晰。

课改为杨庄小学送来了奋进之笔，让教学不再力不从心，而是有法可依。如今，“科研兴校、科研兴教”的烙印已经深深印刻在每名“杨庄教育人”的心中。

合作共赢，队伍建设“团队化”

要想成为一所令人满意的学校，如果没有一支良好的教师队伍是徒劳的。在省教科院陈培瑞书记的引领下，杨庄小学结合现有的师资实际情况，展开师资发展需求的调研，进行深度化研究和思考，形成了独居杨小特色的教师成长“五步法”梯队搭建策略。

每个阶段的老师有不同的标准和要求，学校将教师的成长划分为“入职教师——青年教师——骨干教师——特色教师——风格教师”五个阶段，有效地促进了师专、师德、师能的快速提升。

一个人可以走得很快，一群人却可以走得很远。当每个老师都能准确定位自己的时候，他就明白了自己现在该怎么做？将来该做什么？更知晓了自己想发展需要什么？于是一支凝心聚力，和谐发展的教师队伍就这样诞生了！学校的社会满意度调查也在逐年提升中……

一番操作下来，做“有思考，有目标，有行动的教育人”就已根植于杨小人的心间。在学校创设的育人氛围中，这一思想正滋养着教师队伍的成长。

还原教育的本质，激发孩子的能量，让知识闪着智慧的光，让教育闪着温暖的光，“循简美之道，创阳光学校”的办学方向，必将引领每一个杨小人在温暖和谐的阳光下不断成长。

家校携手，共话美好未来

山东省济南市长清区五峰山中心小学　孙延明　范正国　李倩

家庭、学校是孩子成长的两个重要“摇篮”，家庭教育是教育的基础细胞，一所学校的成长史一定是家校共育的合作史。学校从创建走向发展，学生从懵懂走向成熟，不仅需要一批高素质的教师队伍，也有赖于一支既有工作热情又有一定家教理论功底和实践经验的家长队伍。只有学校、家庭、社会形成整体的育人网络，发挥家庭教育和家长学校的特殊作用，实现优势互补，形成教育合力，才能为学生、教师、学校提供更广阔的发展平台。

自2002年8月迁址新建后，为办好人民满意的教育，我校坚持以人杰地灵的五峰山为依托，围绕“让生命创造精彩”（学生出彩、教师溢彩、学校精彩）的办学目标深邃、灵动办学，确立了“让师生幸福成长，为学校可持续发展创造条件，为学生终生发展奠定基础”的教育理念，明确了“制度立校　特色亮校　人和强校”的管理理念，形成了“崇德 明理 修身 奋进”的校风、“严谨 细腻 创新 高效”的教风和“博学 善思 求真 进取”的学风，建立了“生命广场”、“益智长廊”和“快乐书吧”，逐步形成以“生命·精彩”为主题的育人文化氛围，形成了鲜明的富有凝聚力的校园精神，即“生命教育不仅只是教会青少年珍爱生命，更要启发青少年完整理解生命的意义，积极创造生命的价值；生命教育不仅只是关心今日生命之享用，还应该关怀明日生命之发展”，引领学生从品德、修养、能力层面不断提升，使“生命”健康成长。在此基础上，学校始终致力于家校共育的探索和实践，并将家校共育上升到新的战略高度，要求全校教师携手广大家长用心搭建家校沟通平台，努力增强家校教育合力，共同构筑孩子成长的桥梁，共同辅助孩子成才的道路。

一、坚定信念，共筑家校合育生态

教育是一个循序渐进的过程，学校必须真实的、全面的掌握学生的思想动态，才能提高教育学生的针对性。学生的家庭生活信息是掌握学生思想动态的重要依据，这就需要家长的积极参与，并为学校提供学生的家庭生活信息。然而，在这个过程中，我们发现不少家长由于教育方法不当，以致事与愿违，甚至导致孩子与父母感情淡漠、情绪对立的不良现象存在。

学校不仅要教育学生圆满地完成学业，还要使学生顺利地完成自己的人格塑造，这同样需要了解家长的诉求，孩子的成长离不开家长的参与与协助。在教育学生成长方面，我们与家长有共同的心愿。学校对学生的教育如同右手，家长对学生的教育如同左手，唯有采取“家校共育”的方式，做到左右手协调配合，才有可能实现共同心愿。

二、完善组织，共建家校合育机制

家庭教育任重道远，关系家庭的和谐、祖国的兴衰和民族的未来。为保证家校共育取得事半功倍的效果，我校成立家长委员会，旨在建立以学校教育为主导，以家庭教育为核心，学校教育科学指导家庭教育，家庭教育有力促进学校教育的家校共育的特有模式，确保形成全员育人、全方位育人的工作格局。

为提高家校工作的有效性，我校从各班级推选中选出素质高、责任心强的20余位家长作为家长委员会成员参与学校管理，并明确其具体职责，不仅对学校各方面工作进行监督指导，对于发现的问题还可向校方提出合理化的整改意见。

当然，家长会和家长开放日也是学校和家庭教育者双方相互交流思想、共同寻找教育方法的重要途径，方便让家长走进校园、走进教室、走进食堂掌握孩子们干了什么以及学了什么，从而使家校工作更精准、更有效。

向家长做工作汇报。家长会上，结合这一段时间以来的教学实践及学生在校表现，详细分析学生的学习情况。针对学校及班级的常规管理，我校从学校的规章制度、学生在校表现、学习习惯的培养、安全教育及家长与学校如何有效沟通等向家长做出详细的要求和说明。尤其强调家长要经常与学校保持联系，相互了解，沟通情况，做到与学校教育同步，督促孩子保质保量地按时完成学校布置的各项任务。

在家长中树立典型。家长会上，我校邀请学生家长做经验介绍，促使学生在德智体美劳各个方面都有长足进步；让他们用自己的亲身经历现身说法，介绍自己是怎样教育子女如何学做人、如何对待分数、如何配合学校培养学生成才的经验。生动而切实的经验介绍比任何事实都有说服力，其他家长们听了也感到受益匪浅。

举办家长培训班。我校注重指导家长关注孩子的成长历程，并结合中国家庭报家长学校的网络直播平台，实现一师讲课、全校分享的目标。每周都设置不同的教育主题，培训内容丰富多彩，形式灵活多样，主题鲜活，受到各位家长的好评，效果良好。

三、互联平台，拓宽家校合育路径

教师与家长之间的沟通成功与否，对学校与家庭教育“工作战线”的统一起着不可忽视的作用。为使教师与家长开展及时有效地双向互动交流，我校搭建了多个高效新颖的互联平台，进一步推动了家校共育的实施。

“资源平台”实现资源共享。济南市教育资源服务平台具有开放、共享、互动的功能，能够使家长在网上与自己孩子的任课老师展开双向便捷的交流，现在已经变成了学校教师与家长联系的主阵地。这使得教师不再局限于常规的备课、上课以及布置课后作业，而是可以利用网络空间共享更多优质的教育资源，利用微课为学生提供延时服务，利用教学助手布置课后作业和批改作业。当然，学生也可以利用家校帮在家观看微课，从而更好地促进学习。

“微信、QQ平台”实现沟通互补。微信和QQ平台是一个相对隐秘而又适时适度的舒展空间，让家校联系得以深度延伸。由于具有相对隐秘这一特点，因此当家校双方互相有困惑时，可以通过微信、QQ交流避免了面对面的那种尴尬。

“中国家庭报家长学校”数字化服务平台实现交流沟通。通过专家直播和综合实践这两个活动的参与，在学习中实践，在实践中学习，使得我校老师与家长及学生的沟通更加紧密。如今，我校充分发挥此平台的作用，专家直播和综合实践观看完成率均达到90%以上，家长及学生的课余生活更加丰富多彩。

“课题引领”实现深入研究。我校依托中国家庭报家长学校，成立家校共育工作室，现已申报了国家社会科学基金教育学重大项目“家校合作的国际经验与本土化实践研究”子课题研究项目《“互联网+”背景下留守儿童的亲子陪伴研究》，并成功立项揭题，课题正在逐步研究实施中。

四、亲子共读，丰富家校合育内容

促进每一个学生健康成长、全面发展，是家校共育的出发点和落脚点，也是亲子共读的终极意义。我校全面推进全阅读项目工程，倡导家长和孩子共读一本书，同写一篇心得体会，共创“书香家庭”。同时，我校每学期都会举办亲子共读活动，鼓励家长与学生积极参与，能够共同浸润在书香之中。

通过家校共育的活动，在深化学校德育工作改革的同时，也丰富了学生的校园生活，丰富了自身的精神世界，使学生的生活态度更乐观，生活方式更健康，生活信念更积极，生活情趣更高雅，促进了青少年生命的健康成长，促进了学生整体素质的提高，精神面貌积极向上。在今后，我校会在摸索中不断前进，在前进中不断总结，面对新形势探讨家庭教育新思路、新方法，突出特色，注重实效，让孩子们的双翼更加丰满有力，展翅翱翔在未来的天空里。

五、家校联谊，彰显家校合育魅力

教师、家长、学生相聚在一起，共同营造和谐的气氛，能够增进彼此间的感情。基于此，我校创设了家校联谊这一平台，使家长之间能有更多机会交流孩子的情况、介绍各自先进的家教经验，从而使我校的家庭教育更具魅力。

家校联谊活动篇。我校遵循“线上沟通+线下面访”、“全员覆盖”的基本原则，加大家访活动力度，督促全体领导、老师走进家庭，方便家长全面了解长清教育的发展和学校的办学理念、办学特色以及教育教学活动的开展。在每年的六一、十一前后，我校都会模拟市场，举办老师、学生、家长共同参与的“跳蚤市场”活动，学生把自己看过的书、学习用品或者玩具拿到学校进行旧物交易，让旧物变废为宝，丰富了学生的课余生活。

家校联谊感恩篇。在“三八”妇女节、“母亲节”、重阳节等节日，启动孝敬父母体验活动，让学生给父母洗一次脚、帮父母做一项家务、和父母谈一次心、写一篇感恩家信、改正一个缺点或取得一项进步中，互相交流，增进感情。

正如教育家苏霍姆林斯基说：“没有家庭教育的学校教育和没有学校教育的家庭教育，都不可能完成培养人这样一个极其细微的任务。”学生的健康成长，少不了学校阳光雨露的滋养，更离不开家庭肥沃的原始土壤。为此，我校势必将“家校共建”进行到底，促进合作共育，助力孩子成长。

传统文化沁心灵 文明礼仪记心间

山东省济宁市嘉祥县纸坊镇四村小学 闫占福 任卫国 刘翠香

优秀传统文化是我国民族文化的精髓，也是中华文化艺术宝库中璀璨的明珠。它凝聚了前贤的大智大慧，浓缩了华夏五千年的思想精粹，是我们中华民族的魂与根，也是我们每一个中国人的立身处世之本，更是我们中国在向国际化迈进时提升自豪感、凝聚力的不竭动力。为让传统文化精髓与教育教学工作实实在在地融为一体，我校以“学优秀、我快乐、我成长”为指导思想，以“经典诵读净心灵、文化环境培育人”为主题，以“知书、知礼、知行”培养目标，系统整合教育资源，创新德育特色模式，使校园文化精髓内化于心、外化于行，全面提升办学核心竞争力，全方位提高学校育人质量。

建设文雅校园环境

打造精致校园环境是学校综合办学水平的重要体现，也是学校个性魅力与办学特色的体现，更是学校培养适应时代要求的高素质人才的内在需求。为打造生活的花园、求知的学园、成长的乐园，我校努力营造一种精致的文化场，力争使学校的每一个角落都有一定的文化底蕴，让每一个有文化底蕴的精品都能“说话”，形成独具特色的校园文化环境。

饱含文化气息的校园、实用美观的教学楼、高标准的运动场、一应俱全的功能教室、彬彬有礼的学生……如果不置身其中，你很难相信这是一所位于山区的乡村小学。尤其，走进教学楼的长廊内，十几块印有《论语》经典句子的精美字牌悬挂在上方，好似走进了一座文化的殿堂。

近几年，学校绿化、美化、亮化工程一年一个台阶，效果显著，学生抬眼处皆是经典，耳濡目染间书香浸润心灵。

开设特色校本课程

校本课程旨在关注每一个学生的不同需求，给他们一个自由发展的空间。我校以学科融合为路径，探索开发传统文化校本课程，努力营造民主、平等、和谐、愉悦的课堂学习气氛，让师生在课堂中共识、共生、共享，提升生命质量，促进教育内涵发展。

为让孩子们更多了解传统文化，我校从去年9月份开始，每个班级每星期都开设一节传统文化课，让国学经典以新的姿态走进课堂，让学生在语言实践中感受传统文化的魅力，进而引导学生产生美的享受、善的熏陶和智的启迪。例如，在学习《卧薪尝胆》的经典故事时，五年级3班的闫紫悦同学说，“我非常喜欢学校的传统文化课，一个个精彩的故事让我学会了很多做人的道理。”

为让孩子们更多了解家乡文化，我校在课程教学中，加入了本土的优秀传统文化，制定《校园三字经》经典诵读系列校本，如曾子故里主题、雕刻、采石头等贴近学生生活的校园文化主题，激发他们热爱大自然、热爱家乡的美好情感，培养他们积极向上、发奋求学的尚美精神。

如今，在各年级的孩子们陆续放学的时段（中午11点10分到11点30分），他们会排着整齐的队伍，齐声诵读着传统文化名句，可以说传统文化已经在他们的心中生了根、发了芽。不少家长也表示，学校的传统文化教育不仅让孩子们学到了很多知识，也让孩子们改变了很多，“懂事了，回家会主动帮忙做家务；更多理解到了父母的辛劳，学习也更努力了。”

组织丰富多彩活动

活动是传承和发展优秀传统文化的生命力所在，离开了丰富多彩的活动，传统文化教育也就失去了载体和活力。

一直以来，我校都高度重视对学生综合能力教育。根据学生的兴趣与特长，精心开设了书法、儿童画、装饰画、泥塑、线描、剪纸、合唱、足球、舞蹈、经典诵读等近10个学生社团，要求全校师生共同参与。为保证活动效果，每个社团不仅选定了有特长的教师担任辅导，还从校外聘请专业指导老师，利用学校的既有场所和设备，进行社团活动。丰富多彩的社团活动，为学生提供了展示自我、丰富自我、提升自我的舞台，推进了学校素质教育的深度实施。

我校始终坚持“文化育人、环境育人”的教育理念，推行“榜上有我”主题版块活动，老师与学生共同参与，说普通话、写规范字，三字一画天天练；晨诵、午写、暮读，师生齐参与；教师每月上传两节微课小视频等，不仅教师的专业水平得到了很大的提升，同时孩子们的参与意识、团体意识和荣誉意识也得到了显著的增强。此外，我校还善于运用教学设施，活用教学资源，对学生进行爱国主义教育、行为规范教育、思想品德教育、安全卫生教育。

我校还积极开展适合学生特点的丰富多彩的课外活动，如作文、演讲、唱革命歌曲、美术等竞赛，以及“我为队旗添光彩”、“我爱校园”、“我与文明同行”等一系列活动，不仅丰富了学生们的课余生活，也让学他们更加讲文明、懂礼貌、助人为乐、团结协作、勤奋好学。

“文化浸润校园，书香滋养心灵。”为引领四村小学逐步成为一所崇文尚德、底蕴浓厚的农村书香校园，我校还需不忘初心，砥砺前行，充分发挥传统经典的浸润和熏染作用，让校园充满书香和诗意，让优秀传统文化灿烂的光芒沐浴孩子们纯真的心灵，使四村小学的每一个孩子享受健康成长的快乐，拥有生命发展的美好未来！

推进“和乐教育” 共建和谐校园

山东省聊城高新区实验小学 魏法立 孙慧婷

魏法立，中小学高级教师，中小学一级校长，先后担任乡镇联校、县属学校、市属实验小学校长职务。任校长17年来，我始终坚持“以人为本 尊重规律 规范办学 开拓创新”的办学思路，大胆改革，在实践中不断前行，教育教学成绩斐然，先后获得市县名校长、模范校长、劳动模范、优秀教育工作者等荣誉。

聊城高新区实验小学是一所区级重点公办小学，总校区于2018年12月全面竣工并投入使用。短短几年，在各级政府和教育部门的领导下，学校办学规模逐渐扩大，办学质量日益提高。

我校以“和乐教育”为核心理念，遵循“以人为本、尊重规律、规范办学、开拓创新”的办学思路，构建“五育并举，全面培养”的育人体系，努力实现文化润人、课程养人、活动育人，在智慧校园、家校共育、课程改革等领域乘风破浪，交出了亮眼的成绩单。

我校先后承办“高新区小学英语课改现场会”、“高新区小学教育教学工作现场会”、“聊城市教育教学观摩现场会”、“全国第二届家校合育论坛”等大型会议。过去几年，我校先后荣获全国国防教育特色学校、全国十佳家校合育示范学校、全国青少年校园篮球特色学校、山东省学校文化建设重点研究基地、山东省最具影响力学校、聊城市教育工作先进集体、聊城家庭教育实验基地等多项荣誉。

积极应对挑战，适时提出“和乐教育”

当前教育面临三大挑战：一是教育与社会的关系、家校关系、干群关系、师生关系的不和谐，甚至是紧张对立。二是教师在理想与现实、国家意志与家长价值取向的夹缝中“苦教、怕教”。三是学生迫于家校压力的“苦学、怕学”。面对这种现状，我校适时提出了“和乐教育”这一理念。

和乐教育，是指以“和乐”为核心的办学理念，创建“学校和谐发展，师生幸福成长”的教育氛围，形成和谐发展、可持续发展的校园文化生态，最终价值取向为“教师乐教、学生乐学”的教育。

“和乐”教育还有更深刻的精神文化内涵：学校层面是“家校和谐、干群和谐、校社和谐”，教师层面是“和谐课堂、师生和谐、同事和谐、家师和谐”，学生层面是“生生和谐、生师和谐”，还有师生自身的“身心和谐”。

“和乐教育”是现代学校管理体系建设的需要，也充分体现了校长情怀，获得了政府和教育部门的肯定。我校的“和乐教育品牌学校建设”被确定为聊城市重大攻关课题。我校被命名为“山东省学校文化重点研究基地”。

坚持探索创新，有效深化“和乐教育”

一是和乐管理得以落实。我校高度重视教师的专业发展，成立教师发展中心，设置首席教师，制定并实施青蓝工程和名师工程，通过多项活动促进青年教师的快速发展。学校现有水城名校长1人，水城名师2人，省、市、区级优秀班主任10人，市级教学能手31人，省、市级优质课一等奖获得者37人，硕士研究生7名。教师平均年龄35岁，是一支业务精湛、结构优化、富有活力的高素质人才团队，为学校建成全国知名、省内一流的现代优质学校提供了坚实的人才支撑。

我校管理工作实行“教师任务认领制”，以“赏识每个人”为出发点，为教师搭建成长平台，发现并成就了一批青年教师。班级实行“学生自主管理”制度，有效锻炼学生的自我管理和服务他人的能力。我校教育教学管理综合成绩一直位居前列，多次被评为“教育系统先进集体”。

二是和乐文化持续润人。我校倡导“自强不息，追求卓越”的精神，激发全体师生以“只争朝夕”的工作和学习态度，引领学生“德、智、体、美、劳”全面发展，追求一流的发展业绩。同时，围绕“和乐”办学理念，我校大胆改革，创新管理文化，包括班级“一日常规”之“学生自主管理”、学校管理工作之“教师任务认领”、家校共育之“家校协同育人”。

三是和乐活动不断育人。我校非常重视师生教学与学习活动的开展，旨在给他们提供一个锻炼自我、提升自我的平台。学生层面有体育节、科技节、读书节、艺术节等大型校园文化节庆活动，同时有演讲、中英文书写、诵读、英语口语、国际象棋等学科竞赛活动。教师层面有才艺展示、主题演讲、课标测试、即时备课、课堂大赛、读书交流、“和乐”大讲堂等专业提升活动。即使在全民抗疫的特殊时期，我校每周的线上升旗、线上班会、线上教研、线上经验交流、线上亲子运动会等活动都开展得扎实有序。丰富多彩的校园活动，有效助推师生锻炼胆量，积累素养，提升气质，在专业和学业的快车道上实现和谐发展，快乐成长！

四是和乐课程持久养人。课堂和课程是促进学生成长的载体，我校开发了五大类四十六门校本课程，充分发展了学生特长，为学生的身心发展增添了“精神营养”。同时，我校积极推行“本真教育”，落实“自主、合作、探究”的课程改革，坚持“先学后教　以学定教”、“面向全体　全面发展”、“知行合一”原则，发挥“自主学习小组”作用，让学生在尊重、合作、收获中愉悦学习，形成了属于学生自己的“和乐课堂”。

五是和乐讲堂成果丰硕。我校“我的教育故事”、“我的教育理想”、“我的家教经验”、“我的成长故事”等教师、家长、学生三个层面的和乐大讲堂，既能锻炼大家的表达能力，又能实现交流共赢。其中，学生在山东省“学宪法”演讲大赛中荣获小学组一等奖的好成绩，教师在市区组织的演讲比赛中均取得优异成绩。

强化家校协同，持续激活“和乐教育”

家校协同，是建设现代优质学校的重要标志。我校家校协同工作发展迅猛，现已从家校共育1.0时代转入家校共治2.0时代。学校重视家校共育，积极主动推进家长学校、家长委员会建设工作。我校建立家长阅览室，设立家委会办公室，印发《实验小学家长手册》，利用家庭教育讲座普及前沿的育子理念。我们创新开放、民主办学，鼓励家长参与学校后勤管理，并让家长参与教师教学水平和师德等评价中。为鼓励家长参与学校管理，每学年组织“金牌家长”、“银牌家长”等优秀家长评选活动。2018年，学校被命名为“聊城市首批家庭教育示范基地”。2019年，我校成功召开全国第二届家校合育论坛，被评为“全国十佳家校合育示范学校”。我撰写的家校共育研究论文《家校共育创新现代学校管理制度》被评为山东省基础教育优秀成果一等奖。

三年来，在“和乐”文化教育理念的引领下，我校和谐发展，师生幸福成长。逐渐形成和谐发展、可持续发展的校园文化生态；营造了教师乐教、学生乐学的教育氛围；取得显著的实施成效，“和乐教育”模式也获得了家长的持续认同。未来，我校全体师生将继续在“和乐教育”理念的指引下，勠力同心，共建和谐校园、共创美好未来。

多彩劳动教育　化育时代新人

山东省聊城市东昌府区郁光小学　路晖　张蕾

劳动，以身体力行的方式获取知识，几乎是人类文明起源发展的最主要手段。劳动教育曾是我国学校教育的传统，是培养“德智体美劳”全面发展人才的关键一环。尽管德智体美劳“五育”并举的教育方式早就有之，但细心的人能发现，五育中的“德智体美”都建立了完善的教育体系，唯独劳动教育体系尚未完善。为了补齐学校在“劳育”上的空白，2018年习近平总书记在全国教育大会上发表的重要讲话时，就把“劳”字列入全面发展教育理念。2020年3月，中共中央国务院印发了《关于全面加强新时代大中小学劳动教育的意见》，“劳育”被提到了前所未有的高度。

为全面贯彻党的教育方针，我校自建校以来，立足于本校现有条件，以“新时代劳动教育”为突破口，最大限度地挖掘校内外的人力、物力、财力等资源，从学校劳动、家务劳动、科学种植等方面开展劳动教育实践活动，着力培养德智体美劳全面发展的新时代小学生。

一、转变思想，把劳动教育列入日程

要使劳动教育真正回归，学校必须以应有的使命和担当，坚守教育良知，切实转变教育理念，花大力气冲破当前应试教育的束缚，把劳动教育列入议事日程。

为保障劳动教育的有序推进和健康发展，我校成立由校长任组长的劳动教育工作领导小组，加强对劳动教育和德育教育工作的领导，形成了完整的劳动教育的领导和执行体系；设置专门管理部门，把劳动教育和学校发展、内涵建设和硬件建设、重大项目和日常校园文化开展相结合，分解任务，落实责任，快速稳步推进。

为培养学生热爱劳动和尊重劳动的意识，我校建立了学生值日制度，根据各年级学生的年龄特点合理设置值日劳动内容，对学生进行校务劳动的训练，各班设有值日表，并制定了相应的学生日常评价机制，对学生的值日情况进行检查记录，并对优胜班级颁发流动红旗进行表彰。在班级团结劳动中，学生提高了责任感和集体荣誉感。

二、拓宽路径，将劳动教育落地生根

在平时教学工作中，学校注重统筹“劳育”与其他“四育”的有机融合，构建“五育并举”的劳动教育课程体系。数学教学结合劳育，培养学生的归纳整理能力；语文学科让学生自己设计春游计划，主动亲近自然；英语、德育等多个学科也推出了不同的特色作业，努力把劳动教育贯穿到学科教学的每一个环节。

在课程设置上，除了常规的综合实践劳动课程外，学校还在自主选课中开设了科学种植课程，并设置了专门的室内种植教室，让孩子们体验种植的快乐。从最初的选种播种、播种，到日常的浇水、施肥，每个阶段都由学生亲手参与完成，学生们会围绕所种植的蔬菜和花卉进行研究，了解简单的病虫害症状和防治原理，学习植物的生长及栽培方法……整个过程中，学生的体验是新奇的，劳动是快乐地，收获也是巨大的。

在劳动实践中，学校在校园一角开辟出一片小农田，主动为学生营造更多的劳动实践机会，丰富他们的劳动体验。在老师的带领下，学生们积极参与播种、浇水、除草、施肥等劳动，不仅学习了丰富的种植知识，也体会了劳动的艰辛与快乐。同时，学校积极开展一年一度的“劳动节”，进行劳动成果展示，使热爱劳动、劳动光荣的思想扎根学生心中，让学生感受到劳动精神的可贵。如组织开展家务周、劳动主题班会课、义卖市场等活动，评选出班级、校级“劳动之星”和“劳动教育先进班级”。此外，学校还充分利用社会资源，开展各种主题实践活动，通过组织学生花箱种植、整治校园卫生，组织学生志愿者开展走进老人院、温馨家园等公益劳动，培养学生传递文明、担当社会责任的意识。

在各个节假日节点，少先队都会组织学生开展各类综合实践活动，融入劳动教育。植树节，让每个班级在校园内认养班级树，并建立“护绿小组”，在老师的指导下对小树进行照料和观察，了解树木的生长及病虫害的防治等知识；在端午节、中秋节、元旦等节日，各个

中队辅导员也会抓住劳动教育的契机，开展包粽子、包水饺等班级活动，让学生在劳动中体会快乐，增强合作意识。

在家校协作方面，学校还会根据学生的年龄特点，设置不同的家务劳动实践作业，由家长监督学生完成并给予评价，培养学生的劳动意识。如低年级学生的收拾碗筷、整理书桌、叠被子等，高年级的做一道菜、包饺子、包粽子、洗衣服、刷鞋、拖地等家务清单，教育引导学生“自己的事情自己做，家里的事情帮着做”，形成良好的劳动习惯，为促进学生全面发展奠定坚实基础。

三、崇尚劳动，让劳动教育发挥实效

“劳动最光荣、劳动最崇高、劳动最伟大、劳动最美丽”，今天的教育应该重新把劳动教育重视起来，不仅要认清劳动教育对国家培养建设者和接班人的重要意义和深远影响，更要大力弘扬劳动精神，在全社会形成崇尚劳动、尊重劳动的良好风气，让学生切实感受劳动之美、劳动之用、劳动之力，为实现中华民族伟大复兴的中国梦贡献智慧和力量！

通过开展劳动教育，学生实现了从认识劳动到热爱劳动，从学会劳动到尊重劳动，从简单的劳动到创造性劳动的转变，养成了“自己的事情自己做”的好习惯，培养了独立生活的能力。同时，学生的观察能力、表达能力、动手操作能力都大幅度提升，促进了学生学习文化知识的主动性，养成了良好的学习习惯，也带动了教育质量的提升。

劳动教育具有树德、增智、强体、育美的综合育人价值，是“五育”并举中的一座桥梁，建好这座桥就可以抵达“五育”的彼岸。我校期望以劳动教育融入教学生活中，为学生打开学习与生活、知识与应用、现实与世界连通的大门，引领学生树立崇尚劳动、热爱劳动、投身劳动、用劳动奉献社会的理想，促进学生形成正确的世界观、人生观和价值观。

立成才之道　走特色之路

山东省聊城市东昌府区张炉集镇张北第一小学　荆元新

让农村的孩子在家门口就能享受到优质的教育，是每一个张北人奋斗的目标。自1996年建校以来，我校始终秉承着“创农村品牌学校，办人民满意教育”的理念，坚持以人为本，施素质教育，立成才之道，走特色之路，着力打造蓬勃向上、健康活泼的校园文化，致力于培养德智体美劳全面发展的社会主义建设者和接班人，在农村这一方土地上努力打造教育新样态。

特色办学　打破困局

近年来，从政府部门到民间机构，越来越重视乡村校长的作用，乡村校长被认为是振兴乡村教育过程中最为关键的一环。然而，当乡村校长，压力着实不小。一方面，作为一校之主，要面对硬件不完善、学校资金有效、教师结构性偏差、教师专业水平差、留守儿童综合素质和城市儿童差距越来也大等诸多问题；另一方面，是社会、乡亲、家长都对乡村教育怀有很高的期待，同住一个村，不把教育办好确实有点“无颜见江东父老”的意思。这种反差常常让我深思：在这样的条件下，如何才能把乡村教育办好？

乡村教育的出路，在于特色办学。新教育实验发起人朱永新曾说：“学生没有特长，教师没有个性，学校没有特色，这是教育极大地悲哀。有特色，有风格，才能有风采，才能有地位。”而特色学校创建的目的就在于打破千校一面的传统教育格局，避免学校同质化发展，增强学校竞争力，为社会培养更多人格健全、学有所长的人才。

精研教学　全力育人

“起笔重，行笔轻，收笔要出风……”老师在讲台上一笔一画教写“人”字，孩子们在台下一撇一捺跟写汉字。学生专注、教师专心，是张北小学的课堂带给人的第一印象。

“我们的孩子虽然是农村孩子，但我们希望能带给他们和城里一样的优质教育。”在这一初心的引领下，我校全力提升教育教学质量，努力打造优质教师团队，培植学校的可持续发展原动力。坚持以习近平新时代中国特色社会主义思想为指导，认真学习贯彻党的十九大和习近平总书记系列重要讲话精神，以推进“两学一做”学习教育制度化、常态化为抓手，抓班子带队伍，抓学习强思想，抓制度重落实，抓作风促养成，全面推进教师队伍建设；通过理论学习、师德演讲、教师互评、学生评价等方式方法，让老师们人人争做有理想信念、有道德情操、有扎实学识、有仁爱之心的四有好老师；通过定期开展教研课、汇报课、研讨课、示范课、观摩课、青年教师成长课等活动，发挥名师引领作用，让老师不仅仅做教书匠，更要学习前沿信息，让新的研究成果走进课堂，做到与时俱进；将专家、教研员请进学校，引进他们课改的理念和教学思想，用最新的教育理论成果武装教师的头脑；以问题为导向，开展课题研究，引导教师主动投入教育实践探索，锻造教师的学科教学能力、引领学生成长能力和教育科研能力。

尽管农村学校的条件很艰苦，但是我们的教师们仍然把很多的时间都用在了基本功训练上，用在了钻研业务上，从没有人喊过苦、说过累。正如王雪老师所说：“一旦你全身心地扑在教学上，就能感到其中的价值，会乐此不疲。”我为我们学校能有这样一群敬业乐精、无私奉献、爱生如子的老师们而感到骄傲。

培养个性　多元发展

“蜡烛燃烧会消耗空气中的氧气，气压减小，杯子外面气压大，就把水挤进了杯子里。”六年级学生张世轩一边做着蜡烛吸水实验，一边向同学们讲解其中的原理，既自信满满又落落大方。这是学生社团活动的一幕。“从孩子们的眼中，我们可以读到自信、真诚，以及对知识的热爱与追求。”初来这所乡村小学，不少参观的教师表示这所学校刷新了他们以往对农村学校的认知。

学生社团活动是校园活力和魅力的重要体现，也是培养学生综合素质、促进学生素质拓展的有效载体。它能激发学生的潜能，促使学生身心健康和个性化发展，从而树立学生自我发展意识，促进学生多元发展。为了促进学生全面而有个性的发展，我们以兴趣社团活动为素质教育载体，通过开全开齐艺体课程，设立音乐、体育、美术等6大类共17个社团（如百人竖笛乐团、百人口风琴团、百人葫芦丝乐团、鼓乐队、足球、篮球、象棋等），让每个人都能找到适合自己的活动项目，快乐地参与其中，丰富了课外生活，开阔了视野，发展了特长，并且提高了综合素质和幸福指数，使校园呈现出“时时有活动，人人有特长——百花齐放、各美其美”的幸福繁荣景象。

搭建平台　多样成长

多元化社会需要的是多元化的人才，如何为每一位学生提供适合的教育，搭建学生成长、成才的平台，促进每一位学生多元智能的全面发展呢？

我们以“以人为本、让每个学生都得到和谐充分发展”为办学宗旨，充分尊重每位学生的兴趣爱好，激发潜能、发展特长，希望每一个学生都能得到和谐、全方位发展。升旗仪式上，孩子们穿戴整齐、斗志昂扬，在国旗下认真听讲、大声宣誓；运动会里，同学们你追我赶，在赛场上赛出风采、赛出水平；定期举行的演讲比赛，大家踊跃报名、争先上台，尽情展示自己的能力与才艺；利用广播站、演讲比赛、六一汇演等方式，开展一系列的爱国主义教育活动，让同学们厚植爱国情怀，争做新时代好少年；开展一封家书系列活动、感恩主题节、春季游园节等主题活动，培养学生沟通交流能力和责任意识……

在张北第一小学，没有汇报厅，没有体育馆，操场便是学生的训练场与大舞台，四季的蓝天、更替的植物，便是孩子们天然的背景板。虽然农村的孩子们皮肤黑了点，但他们笑容纯真；农村的孩子们性格羞涩了点，但他们身强体壮。我相信，只要师生们齐心协力，一定能交出一份完美地张北答卷。

“外界期待越高，村民越是信任，自己身上的担子就越重。”我将以昂扬的斗志和创新发展的理念，不断前进，不断超越，为创设社会知名度和群众满意度高，具有典型示范和引领作用的名校而不断努力。

家校合育促进学生全面发展

山东省聊城市冠县实验小学　杨庆梅　索延乐

小学教育作为基础教育，在人才培养方面起着举足轻重的作用，随着教育改革的深入，家校合作成为当下教育改革的重要方向之一，尤其是小学教育更为迫切，家校合作形成教育合力，建立最佳的合作教育机制，给予孩子正确的引导，使之和谐全面发展。实现这一目标，苏霍姆林斯基说过，学校和家庭不仅要一致行动，要向儿童提出同样的要求，而且要志同道合抱着一致的信念，无论在教学目的上，过程上，还有手段上都不要发生分歧。

这是个很复杂，很困难的问题，当下教育资源的开放和共享，以及教育现象的相互联系，学校所承担的育人义务是如此复杂，以至于整个社会，首先是家庭，如果没有高度的教育学素养，不管教师付出多大努力，都难以收到完满的效果。学校教育过程中产生的一切困难的根源，都可以追溯到家庭，父母是孩子第一任老师，人的全面发展，首先取决于父亲和母亲是怎样的人，他们从父母的行为中去认识人和人的关系及社会环境。所以教育学不应只是教师懂得的一门科学，家长也应该掌握一定的教育学知识，这样才能从根本上打破家校合育程度偏低的现状，实现理想的合作效果。

一、耐心辅导家长运用科学的育人方式

在目前的选拔制度和人才管理体制下，学习成绩对孩子前途的影响力还是很大的，因此，家长们普遍关心孩子们的学习成绩，是可以理解的，实践证明，有的家长学识水平有限，辅导不了孩子的学习；有的家长忙于工作，无暇顾及孩子的学习；还有的家长学历够高，无奈专业知识不足，不知如何把握辅导的深浅程度，于是索性就把孩子送进辅导机构，心理上找取一个平衡。自己就安心忙于工作和家务了，只

是每天接送几趟，尽上家长的责任。殊不知这看似负责的措施，正慢慢毁掉孩子，首先辅导机构的教师有几位持有专业资格证？又有哪位教师能像父母那样细心关注孩子的成长？孩子与父母长期处于分离状态，情感会慢慢疏远的，尤其在学习的道路上，来自父母的认可和鼓励，永远是孩子克服困难的原动力，聪明的家长们，恰恰忽视了这一点，忙忙碌碌一学期下来，钱没少花，孩子学习成绩起色不大，学习兴趣更谈不上，于是家长们的各种抱怨和责怪，一股脑发泄到孩子身上，孩子便出现了厌学，硬着头皮敷衍着学等一系列的恶性循环，怎么办？首先要提高家长的专业素养。

学校定期召开家长会，家长会要淡化孩子的学习成绩，把普及教育学和心理学理论知识作为重点，给家长做系列培训，多讲，重复讲，结合实例，深入浅出，让家长朋友明白，育人是一门科学，家长和老师肩负着同等艰巨的任务，谁都不能以任何理由推卸责任，只有抱着谦虚学习的态度，拿出脚踏实地的行动，陪伴孩子学思结合，才能发现这门科学的规律。为何要做系列培训？这是遵循孩子的身心发展特点而定，1、2年级学生和3、4年级5、6年级学生的身心发展特点大不相同，呈现出来的问题也各有侧重，问题背后的原因更是大相径庭，反观我们的家长会内容，年级段的区别不大，专业水平较低，掺杂了一些形式主义，难怪参会的家长只听不讲，发言的积极性不高，总是说："老师，你很管就行，这孩子就是皮"、"老师，还是您说话管事，家长说了不听。"每次听到这样的话，我心中就不是滋味儿，难道稍微深入一点的交流就建立不起来吗？细想想，改变应该先从教师做起，专业素养的提高，不仅向教育理论专著学习，更要向手下的几十个孩子学习，孩子们的日常表现就是鲜活生动的素材，理论和实际结合才是制胜的法宝，老师们恰恰在后者身上做的研究不够，线条太粗。如果每个孩子建立一个成长档案，可简可繁，记录下其在学校的日常表现，然后阶段性的归纳总结，家长会上分享给家长，家长们在这些可触摸的人和事上肯定会相互启发，顺带会把孩子在家的日常表现拿来分享，然后探讨问题现象的根源，这样的家长会才是富有生机和实际价值的。

要想取得常听常新的辅导效果，教师必须要有年级段意识，孩子的成长是逐步提高的，同样做教育学、心理学理论知识培训，低、中、高三个学段的辅导内容应该有明显的区别，每个学段的培训内容应该紧紧围绕本学段学生的身心发展特点，这就要求培训教师有较高的专业水平，审视当下，老师们在这方面的理论深度确实有待进一步提高。为此，学校对教师应加大培训力度，努力打造一支学习型，研究型的教师队伍，为开展各种形式的家长培训做足充分的准备。

二、家长会内容要有针对性

虽然当下家长培训活动有多种方式，方便快捷，最常用，最有效地形式还是定期召开家长会，教师、家长面对面把问题展开讨论，更有针对性，更容易相互影响和促进。主讲教师一定要经验丰富，理论素养深厚，每月举办1至2期培训，培训内容要重视学生的年龄心理学，个性心理学，德育、智育、体育、美育理论。让每一位家长把在学校里学到的理论知识能够跟自己孩子的精神生活联系起来。1——2年级可以围绕以下主题展开：1.六岁到九岁儿童的身心发展，2.家庭的精神生活对儿童在这一年龄期的影响3.七到九岁儿童的道德教育4.家庭里的书籍和七到九岁儿童的精神发展，5.六到九岁儿童的劳动教育6.学龄初期儿童的精神需要和兴趣培养7.六到九岁儿童义务感和纪律性的培养8.对儿童既要严格要求，又要做到尊重9.关心人和尊敬人的教育10.自我教育的初步训练11.电视与儿童的教育12.求知欲的培养，13.怎样预防儿童的利己主义、个人主义和自私心理。这些主题都和儿童的日常表现息息相关。学生平时出现的每个问题的背后都是教育的一种缺失，专业的老师们要善于观察，及时捕捉到这些问题，以问题为切入点开展学习和培训，把学校办成家长学校。每个家长从孩子入学开始，都要在这所学校里上到孩子毕业为止，这是一个系统工程，孩子的成长档案要记录下这一切。10到13岁儿童的发展肯定会有新的问题出现，这时原有的培训内容，随着年级段的升高，要做相应的提升，同时还要加入新的研讨主题，发挥它的实际价值。

三、家校合作，教师情感要有度

教师和家长交流，目的是得到家长的支持，以便家校共同引领孩子养成良好的习惯，因此，双方沟通的态度至关重要，家长的情绪往往取决于教师的态度，如果教师只抱着恨铁不成钢的心情，当着家长的面指责学生种种不足，甚至在指责学生的同时，也抱怨家长，家长会很尴尬，这样的沟通会适得其反。所以教师的真情付出也要讲究策略，讲究度，其实家长和老师之间的关系应该和所有的人际关系一样，本本着尊重、平等、和谐的原则进行，教师用征求意见的诚恳之心，平和的语气，委婉的态度，与家长共同研究解决问题的方法，家长肯定会接受的，这样的沟通和交流才会收到良好的效果。

做好上述功课以后，家长在陪伴孩子成长方面，浮躁之气，一定会逐渐消失，指责抱怨之语也一定不会随口就说。这时，学校倡导家长采用与孩子同步学习的方法，开展家庭式学习模式，结合网络平台等形式，促进家长相关学科知识的普及和提高，为家校共同管理孩子的学习形成良性循环，尤其在小学阶段，这一模式对打造学生的知识基础是十分有效地，同时亲子关系也会越来越好，亲其师，信其道，在孩子成长的道路上，家长成了孩子们的良师益友，孩子的全面发展，走上良性轨道，这是家校合育的美好境界！

加强教师队伍建设　提升教育教学质量

——山东省聊城市莘县第二实验小学致力打造"高效课堂"

山东省聊城市莘县第二实验小学　宋军

随着教育事业的不断发展，一些教育难题也日益凸显，近日，教育部印发的《义务教育质量评价指南》提出，要抓教师队伍建设，要保障教师的编制配备，提高教师队伍素质等。习近平总书记也在全国教育大会上指出，"教师是人类灵魂的工程师，是人类文明的传承者，承载着传播知识、传播思想、传播真理，塑造灵魂、塑造生命、塑造新人的时代重任"，这为新时代加强教师队伍建设指明了努力方向。山东省聊城市莘县第二实验小学建校八年来年致力于教师队伍的建设，始终秉持以质量提升为核心，以师生成长为目标，开放办学，阳光育人。

提升教学水平，发展特色教研

多年来，学校始终把常规教学当作工作的重心，探索出适合学校发展的"特色教研"和"高效课堂"模式。

教学水平的提升在于教研。学校将教研分为"小教研"和"大教研"，"小教研"就是以不同学科、不同年级教研组为单位，利用周一至周五放学后一节课的时间进行的教研活动。一是当天课堂教学反思，坚持落实"三个一"，即：一个"亮点"、一点"疑惑"、一条"建议"；二是第二天的课前专题研讨。"大教研"就是每周每学科固定的教研活动，教研组长把每天收集到的有价值的问题统一汇总，由学科主任组织进行集中研讨并有针对性的答惑解疑，做到课课有发现、周周有汇总、时时有反思。

改变教学模式，提升教学水平。学校经过探索发现符合学情的语文"双主五环"和数学"四环九步"教学法。这样的模式注重学生自主、合作、探究能力的培养，基本上能满足学生全面发展和个性化发展的需求。在备课环节，教师要做到"三定"——确定备课的时间、确定需备的章节、确定主备人；"四备"——备教材、备学情、备教法、备学法；"五步"——按单元分配任务限时完成备课、上课前集备时间主备人阐述教学设计及原因、以年级学科组为单位集体讨论、任课教师根据建议做好书头备课同时上好家常课、书写课后反思，对备课效果进行评价。每周教学研究的主要内容和常规模式是通过集体备课，即发挥了老师们的集体智慧，也促进了不同层次教师教学水平的提高。

随着教研活动的不断推进和课堂教学模式的不断改变，教学中存在的问题也逐步得到解决，教师的教学水平和课堂教学质量都有了明显的改善和提升。

优化教学过程，提升育人质量

苏联教育家巴班斯基提出，要对学校教学进行整体优化。教学过程的最优化是在一定的教学条件下寻求合理的教学方案，使教师和学生花最少的时间和精力获得最好的教学效果。深明此理，学校优化教学过程，做了六个方面的工作，一是针对小学生没有计划性的特点，做好课前准备，要求每位学生在课前将课本、练习册以及学习用具提前、有序地摆放在课桌上；二是针对小学生好奇心强，上课容易分散精力的特点，要求教师必须抓好课堂纪律，组织好教学，抓听课习惯，在坐姿、看书写字姿势上下功夫，同时充分利用电化教学设备和先进的教学手段，让学生提高学习兴趣，养成集中精力听课的习惯；三是针对学生善于模仿的特点，要求教师言谈举止文明大方，范读板书规范认真；四是针对不同的学科特点，设计教学步骤，突出精讲多练；五是根据课堂内容，从不同的角度渗入德育教育，激发学生的家国情怀；六是依据教学重难点，精选课堂练习题目，做到堂堂清、人人清。同时我们开展了"跟踪听课"和"推门听课"活动，加强对教学常态的监控力度，学校班子成员、教务处深入课堂一线检查课堂教学，努力提高课堂教学效率。

在布置作业环节，学校严格遵循教育部办公厅印发的《关于加强义务教育学校作业管理的通知》，让作业回归到学校育人环节中来。一二年级不留家庭书面作业，中高年级作业量不超一小时。实行错时布置（每周一、三语文；二、四数学；周五周末全科），目的在于提高作业质量和切实减轻学生课业负担。在辅导环节，学校成立帮扶小组，将各年级学习稍微落后的生列入辅导计划，尝试分层教学，完善"日常训练"制度，让每个学生都不掉队，在原来的基础上逐步提高。

育人为本，德育为先

习近平总书记在全国教育大会上指出："要把立德树人融入思想道德教育、文化知识教育、社会实践教育各环节，贯穿基础教育、职业教育、高等教育各领域，学科体系、教学体系、教材体系、管理体系要围绕这个目标来设计，教师要围绕这个目标来教，学生要围绕这个目标来学。”这段重要论述为构建德智体美劳全面培养的教育体系、形成更高水平的人才培养体系指明了方向。学校深知德育教育的重要性，要求教师优化内容、拓宽途径，形成多元互动的德育课程，努力实现多方位育人、全面育人。

以学科德育为切入点。充分发挥语文、道法等学科课堂育人功能，切实构建学科教学与人格教育的整合功能，真正落实人人都是德育工作者。

以养成教育为重点。学校专门设立养成教育中心，由政教主任主抓养成教育，关注学生生活，抓细节，重坚持，使学生形成良好的学习习惯、生活习惯、运动习惯、人际交往习惯。一年级学生在开学之初进行为期两周的“好习惯、我养成”的专题活动，集中进行升旗仪式、路队、上课、入校自觉成队习惯的教育，让孩子入校的第一堂课就是“习惯养成课”。其他各年级倡导“我是良好习惯监督官”，对不良习惯及时纠正，既正人又正己，并及时汇总上报习惯养成教育中心，作为班级量化考核的依据。

以“社团活动”为亮点。学校成立了书法、绘画、朗诵、演讲、剪纸等20多个社团，并定期开展活动，也为每年的“六一”儿童节，“元旦”文艺汇演，春、秋季运动会储备人才。通过一系列社团活动真正做到了让学生有特长，班级显特点，学校出特色。

以校园文化为主线。为进一步丰富和优化育人环境，学校以环境、制度、活动三个角度入手，各年级根据学生年龄特征，人人都参与，生生有特长，利用板报、展板、教室墙抓班级文化和年级文化，可谓精彩纷呈。校园文化突出以爱党、爱国、爱校、爱家以及《弟子规》《三字经》、唐诗、宋词、毛泽东诗词等传统文化内容，让学生在和谐健康的氛围中得到熏陶，努力实现立德树人根本任务。

学校还成立了“读写中心”负责学生“阳光读写”工作。学校坚持以优秀文化引领人的理念，通过读写活动的开展，不断增加教育内涵。一是构建“晨读一午诵一课练一暮省一周漂流”的常规读书模式。利用课前、课余时间，切实提高读书的实效性与可操作性。二是“经典诵读”集体展示，每周三、周五，低年级学生朗读《三字经》、中高年级学生诵读《弟子规》，同学们嘹亮的声音、整齐的动作，让诵读展示成为学校的名片。

学校还定时举行丰富多彩的读写活动。如诗词大会、美文诵读比赛、规范字书写比赛、国学小名士选拔赛等活动，大大提高学生读写的积极性，不仅将德育教育融入活动，融入生活，也提升学生对传统文化的热爱。经过努力，学校先后获得“聊城市教学示范学校”、“聊城市家长示范校”、“聊城市巾帼文明岗”等系列荣誉称号。

山东省聊城市莘县第二实验小学作为教育界的“新兵”，有许多想法还需要实践，许多问题还有待探索，在进一步提升教学质量方面，学校将重点抓好学科建设、加强教学研究和实践基地建设、协同推进课程育人等工作；在加强教师队伍建设方面，始终秉承“教师是立教之本、兴教之源”，要求教师明立德树人的知识之道，提升教学水平，创新课堂教学，引导学生树立正确的理想信念、学会正确的思维方法，切实做到围绕学生、关照学生、服务学生，教育引导学生坚定理想信念、厚植爱国主义情怀、加强品德修养。

以习惯养成为抓手，提升教育发展增值力

山东省聊城市莘县东鲁中学　鲍学功

著名教育家叶圣陶先生说：“好习惯养成了，一辈子受用，坏习惯养成了，一辈子吃它的亏。”习惯好，则事半功倍；习惯不好，则事倍功半。良好习惯的养成能让人们习得正确的学习方法和生活方式，形成卓越的能力和高尚的德行。为丰富学校新时期的角色内涵，以全新的姿态向名校目标跨越前进，山东省聊城市莘县东鲁中学以培养师生良好习惯为突破口，深化课堂教学改革，拓宽学校发展之路，为实现学校的可持续发展提供了源源不断的动力。

以身示范，潜心教书

教师是学生的镜子，学生是教师的影子。从幼儿园起到二十多岁成人步入社会，人的一生要在学校里度过最重要和关键的时期，作为与学生朝夕相处的教师，一举一动都牵动着学生的目光，一言一行都被学生当作榜样。在学生成人成才的发展轨迹中，可以明显看见学生自觉不自觉地传承了老师的衣钵，留有老师道德言行的痕迹。于是，莘县东鲁中学从教师习惯抓起，着重培养教师的读书习惯、常规习惯和反思习惯，打造一支师德高尚、业务精湛、结构合理、充满活力的教师队伍。

在阅读习惯方面，学校图书室全天向教师开放，在办公室建立图书角，让老师们可以随时随地“充电”；坚持开展“六个一”活动，即每天读书一小时，每月结合教学实际撰写一篇读书感悟，每月举办一次读书交流会，每学期精读一本教育专著，每学期摘录一本读书笔记，每学期在县级以上教育类报纸、刊物上至少发表一篇文章，让“终身学习”成为一种日常的行为。

在教学常规方面，学校严把备课关，要求教师课前5分钟安排学生展示，教师精讲点拨不超过10分钟，课堂提问要照顾到不同层次的学生。同时，教务处严格查课、推门听课等措施。对于上课违纪的学生，学校要求教师课下处理，不能影响教学秩序。

在教学反思方面，要求教师、备课组、教研组力争做到有内容可写、有话可说、有经验可谈、有差距可找、有得失可鉴，且每周都要将反思内容写在反思板上展示交流，并由教务处进行检查评比。

老师被誉为“人类灵魂的工程师”，其教育固然不可能立竿见影，但只要耐心守护、方法得当，一定会收获满园烂漫。正所谓，教育如春起之苗，不见其长，日有所增。

久久为功，争做表率

积久成性、司空见惯，是谓习惯。好习惯就像“燃油”，要持续地注入学生的日常学习和生活中，让学生潜移默化地养成良好的行为习惯和学习习惯。莘县东鲁中学为学生设计了以读、划、写、记、练、思为核心内容的读书“六步法”，引导学生运用这种方法认真读书，进而培养他们自主学习、合作交流、善于表达倾听和敢于质疑的习惯，勇于逐梦、放飞理想。

学校各班以小组为单位，以学科长为负责人，对老师布置的“预习导读评价单”的完成情况实行三级督查。学科长初查，小组长复查，最后科主任评价，评出优秀、良好、一般、待改进等四个层次，并把评价结果纳入学生综合素质评定中，激励学生自我规范言行。

学校实行“日反思”和“周反思”制度，其中，“日反思”就是学生的每日十问，“周反思”就是写反思周记。该制度的推行主要是让学生对本周的学习情况进行总结反思，比如有哪些进步，有哪些困惑，希望老师或同学如何做等，其目的是让学生在反思中归纳巩固，提升自己的学业水平。

叶圣陶先生曾多次强调：“教育是什么？往简单说，就是培养习惯。”习惯是养成教育的产物，往往起源于看似不经意的小事，却蕴含了足以改变人类命运的巨大能量。莘县东鲁中学有目的、有计划地促成学生的养成教育，就是为了培养学生做人、做事和学习的好习惯。

深化课改，自主发展

课堂是教学工作的中心环节，无论是备课还是反思，最终目的都是围绕课堂展开的。自建校伊始，莘县东鲁中学就把打造高效课堂作为教学工作的重中之重，并在学习先进学校的基础上，结合自身实际，形成了独特的“三环六步”教学模式。

“三环”，即课前、课中、课后；“六步”，即导（导入与导学）、学（学生自主学习）、议（小组合作讨论）、展（学生激情展示）、评（教师点评）、验（由教师对学生所学内容验收达标）。该教学模式以问题为任务，贯穿学生学习过程，教师只是组织、指导和引导，由学生自主合作探究学习，在单位时间内提高学习效率，全面实现了课程目标，有效促进了学生全面发展和教师专业成长。

每个年轻人都是有一颗热情、积极、向上的心，引导学生对学习与探究的兴趣，这是学生发展的内在力量。在全面实施素质教育的大背景下，“三环六步”教学模式践行了“教师为主导，学生为主体”的教育理念，真正做到了把课堂交给学生、把实践交给学生、把发展主动权交给学生，实现了学生的自学能力、合作能力、创新能力和整体素质的共同提高，有着持久的生命力和深远的影响力。虽然，学校首届学生总体基础薄弱，入学时成绩并不理想。初一第一次期末统考中，全县前3600名中只占了34人。但经过三年的磨砺，莘县东鲁中学升入县重点高中的人数达到了83人。

只有播种习惯，才能收获成功；只有播种习惯，才能收获幸福。走进新时代，面对未来发展的需要，莘县东鲁中学全校师生斗志昂扬、精神饱满，将继续深化习惯养成教育，增强教师理论知识和专业技能，培养学生良好习惯和高尚德行，突出学校教育教学特色，努力办一所让教师成长、让学生成才、让社会满意的新优质学校。

用热情为学校发展赋能，以课改激发办学活力

山东省聊城市莘县古云镇中心小学　张丽霞　徐道鹏

百年大计，教育为本。教育是提高人民综合素质、促进人的全面发展的重要途径，是民族振兴、社会进步的重要基石，是对中华民族伟大复兴具有决定性意义的事业。按照莘县教体局的《莘县中小学课堂教学改革行动计划》安排和部署，我校以立德树人为根本，以教研活动为载体，立足实践，聚焦课改，踏上了“课改新征程”。

一、凝心聚力，推动师资队伍专业发展

一支专业技能成熟、教学能力卓越的教师队伍是推进课改实施的重要力量。为了提高教师驾驭开放式课堂的能力，转变教学质量提升的方式，进而实现“学生成长快乐、教师工作幸福”的教育愿景。我校积极响应国家课改号召，成立了课改小组，明确方向，确定课堂改革策略，以提高课堂教学效率为出发点，以特色教研活动为平台，深

化课堂教学改革，为推动课改目标的实现提供了有力基础。课堂改革是国家对教育的要求，是提升未来教育教学质量的重要手段，是所有学校应该牢记并践行的主要方针。统一思想，提高认识是课堂教学改革进行的必要保证。2020年10月19日我校召开了学校课堂教学改革启动会议，认真学习了莘县教体局的《莘县中小学课堂教学改革行动计划》《莘县古云镇中心小学高效课堂改革实施方案》。在此基础上，为进一步提升教师对课改的认识，我校还举办了以《探索目标导学，走近高效课堂》为题的培训讲座，使全体教师了解课改提出的背景、课改的必要性以及课改的具体方案，督促教师要深入理论学习，转变观念。要求全体教师以预习为课堂变革的起源和抓手，以预习为切入点，建构课堂教学模式，在改革中提高学校教育教学质量。

二、以课为本，搭建课堂教学卓越平台

“学无止境”重研修，“教无止境”求精湛，“研无止境”促成长。我校紧密围绕课改的相关要求，以教研活动为主渠道，以课堂为主阵地，以“探索目标导学，构建高效课堂”为研究重点，针对不同学科，对老师提出不同要求，充分发挥名师示范引领作用，语数英教研组分学科组织“试水”课研讨操作模式，采用年轻教师的 “汇报课”，骨干教师的“示范课”，组织教师开展心得交流活动，扎实开展“课改”教研活动。按照课改要求，以多种教学活动为平台，以新颖的课堂教学模式，促进教学质量提升，激发学生学习兴趣。不同学科、不同专题的展示课节节有特色，相同的理念，不同的精彩，体现了各课改组的课改理念。

“快乐读书吧”是部编版语文教材“课外阅读进课程”的一个代表性新栏目。为使教师们进一步明确课外阅读指导的教学侧重点，明晰“快乐读书吧”栏目的功能，从而将课外阅读真正纳入到课堂教学，提高教师课外阅读指导能力，提升学生对课外阅读的兴趣与能力。2020年10月28日，我校开展了统编小学语文教材“快乐读书吧”教学专题研讨活动。活动中南京老师、于艳冰老师、董淑婷老师执教了研讨课。南老师在教学素材的选取上利用闯关小游戏的形式，调动了学生的积极性，激发学生的阅读兴趣。整堂课既有趣味性又让学生拥有丰富的情感体验，从中不知不觉领悟到阅读方法。于艳冰老师注重激发学生的阅读兴趣，课堂中不仅激发了学生的阅读兴趣，使学生领悟到了民间故事的独特魅力，而且增强了学生学习语文的信心。董淑婷老师以音乐导入，直接把孩子带入到神话故事的王国中，她将“朗读”作为本节课的轴心，进行指导，以读促悟，让学生在不同形式的朗读中感悟神话故事的魅力，感悟语言之美。

习作教学是语文教学的半壁江山。为了破解老师在作文教学改革中对习作教学的困惑，明确今后作文教学的研究方向、教学思路，同时也为了推动作文教学的深入开展，进而提高学校语文教学质量。2020年11月，我校语文教研组又再次进行了习作教研课活动。和晨阳老师执教的二年级写话《学写留言条》，和老师在教学中采用了创设情境法、儿歌记忆法、游戏法、师生、生生评价法等多种手段相结合，激发学生学写留言条的兴趣，让全班参与其中，提高了教学效果。杜军霞老师带来的四年级习作《记一次游戏》，杜老师根据学生年龄特点、教材内容精心设计教学，把习作的“难点”和“兴趣”相结合，使学生掌握优美文章应具备点面结合的特点，让学生习作能言之有序、言之有物。

为了更好地践行新课程理念，关注学生的核心素养，提高教师的专业素养，打造课堂教学的精准性。2020年10月29日，我校数学教研组本着“相互学习、相互促进”的教学理念，围绕“数的运算”这一专题开展了一场精彩的教学研讨活动。刘景花老师执教的《除数是一位数的除法（练习课）》，课堂中，刘老师教学环节环环相扣，并根据课堂上师生生成的问题，调整教学方案，体现了“教无定法，贵在得法”的教学理念。王晓老师执教《除数是两位数的除法（口算）》。王老师整节课注重算法多样化，并优化解题方法，富有启发性的问题让孩子的思维能力得到了一定的提升。王敏老师执教的《分数四则混合运算》，整节课教学思路清晰，环节紧凑，合理地构建知识。加上教师的循循善诱，恰当点拨，学生能够积极地参与到课堂中，通过独立思考、小组合作等各种方法自己探索，获得新知，激发了学习兴趣，培养了发散思维的能力。

带着对“英语课堂教学”的思考，怀着对教研活动的热忱，2020年11月10日，我校英语教研组召开了小学英语学科课堂教学研讨活动。首先四年级岳桂华老师执教了一节研讨课《can you ran fast》。岳老师结合教学实践，根据教学过程中学生认识的不同阶段，灵活运用教学模式：复习－热身－呈现－操练－创新－小结。最值得一提的是歌曲改编环节，根据学生的学龄特点，岳老师将本节课的重点句型用学生耳熟能详的《两只老虎》的曲调进行改编与演唱。这样的方式很好地巩固了本节课的重点句型。

教研活动对我校教师来说是一场丰富的精神大餐，为老师们的课堂教学提供了新思路、新方向、新理念，再次强化了以构建精彩的课堂为目标，促进高效课堂的共识。为进一步提升课改力度，突出教研活动成效。我校一方面建立了总结制度。另一方面鼓励学科年级教研组加强交流探讨，完善新的教学模式。引导教师既要总结课堂教学的成功之处，也要注重教学中存在问题的纠偏，利用教改所积累的成果，为下一步课改教研提供环境。

三、初心不殆，奏响时代品质教育强音

长风破浪会有时，直挂云帆济沧海。一所学校的内涵、品位和文化底蕴需要被全体师生牢记并践行，应如和风细雨渗透到学校每处角落。一直以来，我校始终带着教育的理想，不忘初心，迈着坚实的步伐，执着激情地走在教育改革的道路上。以先进的理念引领学校发展，以严谨的态度探索教育规律，以担当的情怀领跑教育改革，敢为人先，勇于创新，不断开启学校发展的新局面。梅花香自苦寒来，宝剑锋自磨砺出。未来路上，我校将会始终如一，用热情和态度装点教育事业的百花园，用生命继续谱写一曲又一曲教育新歌！

魅力教育成就最好的自己

山东省临清市京华中学 管瑞臣

京华中学创办于2000年4月，是一所依托山东省临清市实验中学且由市政府批准成立的民办公助性质的初中学校，2020年8月转制为公办。

建校二十年来，不负众望的京华人按照高标准建设、高水平装备、高起点培养的办学思路，坚持低进高出、高进优出的育人目标，与时俱进，协同创新，从文化建设、立德树人、高效教学三方面着手打造“魅力教育”特色，倾力打造一所“孩子向往、教师幸福、社会满意”的魅力学校。

文化篇

校园文化是学校发展的灵魂。一个学校要可持续发展，实现从普通到优秀再到卓越的跨越，就必须塑造自己独特的校园文化。

在校园文化建设中，京华中学遵循“整体规划，分步实施，凸现‘魅力教育’，彰显特色”的原则，确定了校园文化建设的主体思路：一是以红、黄、蓝、绿四色为校园文化建设的主要色调；二是以中国传统文化和绿色植物为校园文化建设主要图案；三是以“魅力京华，精彩人生”及相关链接为校园文化建设主要文字。生动有趣的校园环境营造出浓浓的“魅力教育”文化氛围，让师生们情不自禁地爱祖国、爱家乡、爱运河、爱学校。

校园文化是一本无声的教科书。作为一所省级花园式学校，京华中学高标准构建了“一路四园六廊一空间”的整体框架，致力于创设一个“时时受教育，处处受感染”的育人环境，使学生在潜移默化中受到熏陶和教育，逐步提高人文素养。从校门通往教学楼的这条主路被命名为“成才之路”，寓意“成功在此起航”；在这所花园式学校中漫步，细细品味梅园的高洁、石榴园的团结、海棠园的坚韧、桃李园的感恩，不仅能学到文化知识，还能接受品格教育；红色教育长廊、中国传统文化长廊、临清地方文化长廊、书香长廊、科技长廊、名校长廊六大长廊，通过多维度、全方位的熏陶、浸润和激励作用，培养具有中国精神、科学素养、创新思维、拼搏奋进、全球胜任力的拔尖创新人才；创客空间意在立足科技创新，提升学生动手动脑、创新思维、分享协作能力，培养具备国际视野的优秀京华学子……京华中学大力实施魅力教育，让每个人做最好的自己！

德育篇

终身之计，莫如树人；育人之本，莫如铸魂。培养什么人、怎样培养人、为谁培养人，历来是我们党和国家教育的根本问题。京华中学坚持落实立德树人根本任务，以“高素质、高分值、高价值”的人才培养目标为指导，以养成教育为突破口，强化精致管理，改进德育模式，全力培养身心健康、人格健全、可持续发展的社会主义接班人。

健全领导机构，加强队伍建设。学校把德育工作列入《学校发展三年规划》中，成立以校长为组长、政教校长为副组长、政教主任和德育主任为成员的德育工作领导小组，强化德育管理，做到年年有计划、月月有安排、时时见行动；加强班主任队伍建设，通过班主任论坛、班主任青蓝工程学习、班主任风采大赛、外出学习等方式，有效提升班主任队伍管理水平；建设一支精干的学生干部队伍参与学校管理，让其在参与中体验，在体验中感悟，培养主人翁意识和责任担当意识；借助关工委、家长学校和家长委员会等机构，聘请德育顾问、法制副校长，坚持每学期举办家校教育研讨活动、法制教育报告会，着力构建家庭、学校、社会三位一体的德育网络体。

三观五育并举，落实德育工作。学校把培育和践行社会主义核心价值观作为德育工作的总纲，构建了全员参与、全科渗透、全程育人的德育工作新框架，积极实施接地气、有特色、触及师生心灵的常态化德育活动，逐步形成了以“精品立教、精致育人”为特色的德育工作模式。结合各种法定节日、传统节日、重大历史事件纪念日等确定每月德育主题，利用班会、各种纪念庆祝活动和必要的仪式，引导初中生弘扬民族精神，增进爱国情感，提高道德素养，筑牢理想信念之基；坚持“以德为先、以智为本、以体为重、以美为贵、以劳为基”的五位一体立体化的“五育并举”育人模式，着力培育德智体美劳全面发展的社会主义建设者和接班人；以日常巡查为抓手，从行为小处入手，全员、全时、全面开展行为规范教育，培养品行端正的魅力京华学子。

注重人文管理，打造德育特色。贯彻“原样交接”管理制度，引导学生在日常的生活和学习中自觉参与其中，以促进自身全面发展；营造特色校园文化，以先进模范引领道德风尚，以正确舆论营造良好道德环境，以优秀文艺作品陶冶道德情操，发挥各类阵地道德教育作用，抓好网络空间道德建设；围绕促进全体师生心理健康发展这一中心，将中学生青春期心理健康教育为工作重点，通过社团活动带动和超越自我训练营的开展，建心灵，促成长。

教学篇

伴随着教育环境和招生政策的变化，学校面临的情况也发生了重大的变化。两年多来，京华中学进行了一系列的思考和探索，已经初步显现出良好的效果。

转变教师观念，全面提高教师整体素养。学校教育的本质内涵是塑造人，这要求教师课堂教学内容要从以“知识为中心”向以“学生的发展，能力培养为中心”转变。所以，教师在教学过程中要降低教学重心，“千方百计实现学生的主体地位”，真正实现“教”的最高层次：由学会到会学，老师教会学生终身做人的道理和受益的学习方法，即由“能教好学生”到“能把学生教好”的转变。

加强理论学习，努力提高专业技术水平。多次为教师购买大量教育教学理论书籍，并召开教师论坛、读书会等不同形式的读书交流活动，加速教师教育教学理念的提升；专门开通学科网等有利教学的网络资源，方便教师了解学科的出题方向，钻研新的教学方法；鼓励教师加强听课学习，在常规的听评课的基础上创造性地开展网上评课，并在学校教课研报上开设《微评集萃》栏目，使评课活动的时效性和范围达到最大化。

注重教学培训，全面实现“七说模式”的应用价值。针对传统说课没有统一的标准和科学的模式的问题，学校积极推广并重点培训王敏勤教授提出来的“七说模式”的具体方法，包括说教材（教材分析）、说学情（学情分析）、说目标（教学目标）、说模式（教学模式）、说方法（教学方法）、说设计（教学设计）、说板书（板书设计）七个方面的内容。在“说课”过程中，不仅提升了教师钻研教材、研究教法的能力，也提高了教师设计教学、现场演讲的能力，给教师的专业发展搭建了一个很好的平台。

打造高效课堂，着力推进“三•九•六”教学模式。在新的时期，学校在“三步循环教学法”的基础上，结合王敏勤教授的“和谐教学法”，将其进一步深化、发展为“三•九•六”教学模式，即“三步九环节六原则”，努力打造“老师积极、学生幸福”的团结协作、和谐高效的课堂教学。“三步”，即演练导学—解惑质疑—反馈达标；“九环节”，即演练导学（目标定向、主体参与、交流互动）—解惑质疑—（排疑解难、梳理探究、诱思拓展）—反馈达标（变式训练、查缺补漏、目标达成）；“六原则”，即以教师为纽带，以学生为主体，以兴趣为动力，以探究为方法，以训练为主线，以质量为根本。

在全校师生的共同努力下，京华中学实现了办学层次的跨越式发展和教学质量的稳步提升，连续二十年蝉联全市教育教学综合评估第一名，赢得了社会各界的广泛赞誉。　学校先后获得全国青少年足球特色学校、山东省教学示范学校、山东省文明校园、山东省花园式学校、山东省家庭教育示范基地、山东省艺术教育示范学校、全国特色学校、聊城市示范家长学校等荣誉称号。

不忘立德树人初心，牢记为党育人、为国育才使命。京华中学这艘教育之舟，将在各级领导的关心支持下，迎着新世纪的朝阳，承载着千万家庭的幸福愿景，在广远的教育海洋里以直挂云帆之势，驶向新的目标，迈向新的辉煌。

创建温馨校园，让学生幸福成长
——临沂李官中学创建乡村温馨校园经验材料

山东省临沂李官中学　张克华　刘宗国　孙晓冬

为响应《山东省办公厅关于推进乡村温馨校园建设工作的通知》及各级教育主管部门的有关文件精神，我校坚持以习近平新时代中国特色社会主义思想为指导，秉持“眼中无差生，班内尽良才”的办学理念，积极开展乡村温馨学校创建工作，切实改善办学条件，努力提升育人质量，着力营造温馨、幸福、舒适的育人环境，确保农村孩子享有公平、优质的素质教育。

持续改善办学条件，创设“温馨”育人环境

临沂李官中学坐落在茶山北麓、蒙河南岸，临沂市的“后花园”——李官镇驻地，始建于1970年，是一所环境优美、设施先进、理念前瞻、师资雄厚、质量优秀的山东省规范化学校。为更好地响应温馨校园创建工作，我校提出了“一五十”学校近期发展战略，大力推进学校办学条件提升工程，改善学校硬件条件，确保达到省定基本办学条件标准要求。

加强顶层设计，优化发展战略。一年来，我校根据学校实际情况，进一步明确了学校的办学目标，即办一所学生向往、家长信任、社会满意、教师幸福的学校，培养自信、自强、个性、阳光、合群、健康、责任、担当、感恩、梦想的学生；认真分析所肩负的历史使命，进一步优化了学校发展“一五十”办学战略，即坚持一切以学生发展为中心，实行德育、智育、体育、美育、劳动教育五育并举，建设红色校园、平安校园、文明校园、健康校园、艺术校园、书香校园、智慧校园、生态校园、温馨校园、和谐校园的十大校园特色。

加强服务管理，提升办学条件。为积极响应落实区教体局和市场监管局培训精神，我校在全区初中学校中率先打造4D食堂，进一步筑牢食品安全“防火墙”，得到了市区领导的肯定，不仅迎接了区内多家兄弟学校来校参观，还迎接了临沂大学、山东医专、临沂卫校、临沂财校、临沂39中等学校来参观学习。

改善办学条件，办好人民满意的教育。在教体局的亲切关怀和大力支持下，我校共投资约80万元安装太阳能路灯、学生宿舍安装空调、更换线路、改建厕所、建设浴室等，投资350万元建设高标准塑胶运动场，为学校建设乡村温馨校园奠定了坚实的基础。

硬件设施落实到位，专用教室配备齐全。学科专用教室种类及专用设施齐全，布局合理，整洁完好；学校设有餐厅一座，内部设施齐全，冷暖均有保障；教学楼各层都配有大型安全饮水设备，全天候供应热水；环形塑胶跑道长300米，中间设有铺设草坪的足球场；篮球场地、排球场地等各种体育器械数量及场地材质均符合标准要求；智慧门禁、电子班牌开通使用，荣获临沂市智慧学校。

构建和谐人际关系，提升“温馨”教学质量

建设温馨校园的核心是构建和谐的人际关系，我校修订完善了教职工考评细则，实施精细化管理，强化教学常规工作，坚持“逢课必查”制度，教师每周撰写一篇教学反思，加大教师外出培训学习力度，组织新老教师结对帮扶，建立教师成长档案，开展教师读书交流活动，促进教师专业发展。同时，全面落实国家课程计划，举行“春意课堂”教学大比武活动，落实“3421”课堂教学策略和小组合作学习，伏圣洁、刘宝玲、陈艳等多人次获得市、区级讲课比赛一、二等奖。

图书的价值在于被人阅读，坚持阅读一定会改变一所学校的气质。我校在创建“书香校园”过程中，坚持抓好阅读工程，激发学生的阅读兴趣，提升学生的人文积蕴。在改、扩建三个学生阅览室的基础上，我校又建设了两个开放式的共享漂流图书大厅，安排了“读书报”，开放了图书室，真正实现了学生的参与面广、积极性高。

开展丰富多彩活动，形成“温馨”德育特色

“培养什么人，怎样培养人，为谁培养人”是衡量一所学校德育体系建设的唯一标准。我校立足学校实际情况，努力探索德育工作规律，落实内容丰富、形式多样的德育活动，让良好的行为习惯在实践中内化为学生的自觉行动。

制定序列化德育方案。我校坚持德育活动生活化、制度化、序列化，突出其实效性、针对性、时代性。出台了临沂李官中学各学期、各年级主题班会、国旗下演讲主题系列化方案，使每周的升旗仪式主题有章可循；诵读国学经典活动每学期一次，至今已经举办28届；每个月进行一次“文明班级、文明宿舍”评比活动，总共已经表彰48期。

组织德育主题活动。我校坚持主题教育生活化、制度化、序列化，突出其实效性、针对性、时代性，如开展“品味端午　传承文明”端午主题教育活动，“慎终追远、缅怀先烈”清明主题教育活动，“战疫我当家”五一主题教育活动，“唱支山歌给党听”献礼党的生日活动，“垃圾分类　让校园更美丽”世界环境日主题宣传活动，“辞金猪尽显爱国情、迎玉鼠共筑中国梦”2020年元旦汇演，“冬韵无限”树叶粘贴画创意实践活动等内容丰富的活动，创造浓郁温馨的校园文化氛围。

创新升旗仪式。我校利用每周的升旗仪式，通过德育小故事系列、中学生礼仪系列、中学生规范养成系列等活动，打造别样的德育教育平台，进一步拓展学生品行养成教育新途径。有班主任宣讲道德小故事时间：乳汁救护八路军伤员的明德英小故事、沂蒙六姐妹小故事等沂蒙系列小故事让沂蒙精神代代相传；“共和国勋章”获得者钟南山、“人民英雄”国家荣誉称号获得者张伯礼、张定宇、陈薇的英雄事迹，让学生心中有榜样、脚下有力量。文明礼仪、规范养成等系列养成教育活动，引导学生学习规范、涵养行为、形成习惯、知行合一。

开展亲子教育和研学活动。“高山景行•金声玉振”曲阜尼山书香研学活动，研习传统文化的深厚底蕴，探访至圣先师孔子故里，感受儒家文化和孔子思想的博大精深，聆听先贤教诲，丰厚文化积淀；“亲密关系与孩子教育的真谛”大型亲子活动，家长和孩子聚集在一起，放下平时的身份和角色，回到人与人之间最本真的关系——沟通、信任、支持、欣赏、感恩和爱；“传承红色基因、争做时代新人”红色主题教育体验活动，带领学生寻访先辈足迹，感知红色文化，传承红色基因，铸就坚强灵魂。

进行新时代劳动教育。我校设山东旭坤玻璃有限公司、临沂龙腾菊花培育基地2处校外实践活动基地，通过劳动教育使学生树立劳动最光荣、劳动最崇高、劳动最伟大、劳动最美丽的观念，形成良好的劳动习惯，从而培养他们勤俭、奋斗、奉献的劳动精神。

构建家校合力。我校充分挖掘、利用家庭资源，积极组织学校、年级和班级的家长会、家庭教育指导活动，开展毕业生升学、就业公益咨询服务活动、家委会换届会议等工作，组织以“今天我当家”为

主题的“四菜一饺”劳动实践活动，举办“校园开放日”、开展“百师访千家”等一系列活动，更新了家长的家庭教育观念，提高了家长的家教水平，形成了学校、家庭、社会的教育同盟。

特色校园文化引领，浓厚“温馨”文化氛围

校园文化是学校发展的灵魂。我校始终坚持并不断完善文化创建工作，使校园文化在潜移默化中得到全校师生的认同，内化为自觉行动的信念，升华成了具有本校特色的校园精神。

打造特色文化，让墙壁处处说话。我校实施楼道文化、班级文化系列化、主题化，构建“沂蒙文化”、“沂蒙精神”、“沂蒙红嫂”、“中国共产党历届全国代表大会”、“十九大精神”、“永远跟党走”、“两学一做”、“中国风”、“文字演变过程”、名校系列等多角度、多系列的主题性文化，融思想启迪、文化熏陶、知识延伸于校园文化之中，形成了自己独特的育人文化体系。

规划校园布局，建设大美李中。我校按照学校绿化“一三八”的整体规划，重点实施了“一大道、八大园区”工程暨风华大道、山水园、复兴园、气象园、友谊园、希望园、丰收园、士子园、奋进园工程，努力为师生创设绿色、幸福、舒适的学习生活环境。

注重复兴文化，坚持寓教于乐。我校复兴园位于办公楼前面，里面有文化柱16个，正面是16句《论语》经典语句及翻译，背面为“社会主义核心价值观”、“临沂李官中学学生培养目标：自信、自强、个性、阳光、合群、健康、责任、担当、感恩、梦想”等，让学生在课余闲暇休息之余耳濡目染、浸润学习，营造了温馨文化氛围。

规范细化安全责任，筑牢“温馨”校园屏障

校园安全工作是学校办学的底线，是学校工作的重要组成部分。我校将安全管理工作列为各项工作之首，并列入学校日常工作议程，要求全校所有人员齐心协力做好校园安全工作，确保学校行稳致远。

落实校园安全责任。树立“安全无小事，安全重于泰山”的思想，坚持“一岗双责”，落实岗位安全目标责任制，落实教干教师安全责任；建立教干带班值班制度，10组不间断轮流，形成人人抓安全、管安全的局面。

加强安全教育。定期进行安全教育、法制教育，通过教学楼、宿舍楼的消防和安全疏散演练，培养学生的自护防范能力。

进行安全排查。建立校园安全突发事件应急预案，定期检查，建立台账，发现隐患，及时上报，及时排除。

落实“三防”措施。优化出入学门口环境，建立师生体温检测入学专门通道；安装智慧门禁系统，提高校园安全系数；利用安装的200余个高清红外摄像头，实现校园全覆盖。

一切以学生发展为中心。一年来，我校全体教干教师不忘初心真抓实干，牢记使命教书育人，温馨校园创建工作取得了长足进步，也赢得各级党委政府和社会各界的高度评价与充分认可，我校先后被评为临沂市文明校园、临沂市智慧校园、临沂市五四红旗团委、临沂市读书活动先进单位、临沂市绿色校园、山东省规范化学校、山东省教学示范校等多项殊荣。未来，我们将继续抢抓机遇、创新发展，继续高质量推进乡村温馨校园建设，使校园布局更合理，环境更雅致，校园更安定和谐，教师依法治教、专业过硬，学生更健康、全面发展，把我校建设成能和城市学校相媲美的质量一流、家长满意的“温馨校园”。

凝智教育改革　聚慧校园发展

山东省青岛西海岸新区实验初级中学　刘光平

教育信息化是国家信息化的重要组成部分，对于转变教育思想和观念，深化教育改革，提高教育质量和效益，培养创新人才具有深远意义，是实现教育跨越式发展的必然选择。

青岛西海岸新区教育和体育局高瞻远瞩、科学谋划、顶层设计，持续推进新区智慧教育建设，努力为每个孩子提供优质均衡、满足个性发展的现代化教育环境，为实验初中“凝智教育改革•聚慧校园发展”提供了方向引领和坚实保障。实验初中主动拥抱智慧教育新时代，创新性地进行了系列实践探索。

一、理念重建，凝聚智慧教育“同心圆”

智慧教育不但改变了传统教育方式和办学模式，而且正以更深刻的方式影响未来教育。学校把“智慧校园”建设作为学校发展的“云端引擎”，通过邀请专家指导和论证智慧校园的设计与实践，定期对教师进行定制化培训、智慧课堂观摩研讨等活动，引导干部教师认识信息技术价值，达成智慧教育共识，即从教师的角度看，智慧教育将帮助教师实现“精准教学”，并最终达到教学质量的全面提升；从学生的角度看，智慧教育将使学习更便捷、更高效、更具个性化；从学校的角度看，将有利于实施基于大数据的科学决策和管理。抓住当下，才有未来，以教育信息化促进教育现代化，以信息技术改变教书育人模式，实验初中的老师们有了智慧教育变革的动力。

二、空间再造，构建智慧教育“生态园”

学校借力区局智慧教育推进工程，以讯飞智慧课堂和区局资源公共服务平台为依托，以课程建设与实施为核心，以智慧管理和智慧教学为抓手，打造智慧教育“生态园”。

(一)组织领导。学校成立以校长为组长，分管副校长、中层干部、骨干教师为成员的智慧教育领导小组，负责全校智慧教育的规划制定、实施推进、考核评价；设立学校信息化发展服务中心，由从事信息化工作22年的中层干部担任中心负责人，带领6名信息技术专业教师服务学校智慧教育建设与应用，第一时间帮助老师们解决实施过程中遇到各种技术问题；智慧教育推进工作实施周报告制度，信息发展服务中心主任每周向学校领导小组和全体教师公布教师使用情况，总结亮点，发现不足，提出问题解决方案。

(二)完善制度。修订学校教案检查细则，要求教案明确体现智慧教育应用；修订公开课、优质课选拔评价办法，智慧教育应用情况在评价体系中占比30%，激励智慧教育应用优秀教师脱颖而出。

制定教师智慧教育实施考核办法，涵盖智慧教学课前、课中、课后应用情况和学科资源库、个人空间建设情况，指导督促教师积极参与学校智慧教育建设，分享资源，建设学校资源库，形成体系，科学应用智慧课堂平台，提高使用效果。将课堂智慧平台应用情况列入领导走课和高效课堂评价项目，每周公布评价得分，引导教师积极使用，有效应用，切实发挥智慧课堂优势，提高教学效率。学校资源平台建设考核实行备课组捆绑评价，按照每课时一个导学案、一个课件、两个以上微课标准将每课时的资源上报至区局公共资源服务平台的学校资源库。由学校考核小组根据资源建设的质量与数量计分。备课组得分为本备课组所有老师得分。所有考核结果计入教师平时考核和年度考核，是学期末学校评选智慧教育先进个人的重要依据。

(三)培训指导。2020年1月，信息中心组织全校教师进行智慧课堂应用培训，下发操作视频，指导教师自主学习应用；挑选各年级各学科骨干教师组建学校智慧教育指导团队，由学校信息中心指导团队先行先试，形成经验，学科推广，2020年4月和8月，学校分年级组织全体教师进行了畅言智慧课堂与智学网使用考核，全体老师顺利通过。

教师使用过程中发现问题第一时间向信息中心或指导团队反馈，由信息中心对接平台服务人员，实行智慧众筹，通过创造性应用解决问题根据不同人群发展需求，信息化发展服务中心和智慧教育指导团队借助学校未来教育家论坛、教研活动、青年教师沙龙等活动形式提供恰当的个性化培训和指导，培养教师主动运用信息技术解决教育教学过程中问题的意识和能力。2020年10月学校被推荐为山东省中小学教师信息技术应用能力提升工程2.0试点学校，学校将以此为契机，通过网络研修、分组研讨、案例制作，进一步提升教师信息素养，提高学校智慧教育应用水平。

(四)空间再造。借力区局智慧教育支持，构建“云、网、端一体化”的智慧学习基础设施。实现“便捷的移动端”：智慧教育工作的顺利推进离不开家长的理解与支持。在推进过程中我们提前预判舆情所在，提前做好调查与沟通，详细向家长介绍学伴机的作用和功能，消除家长的担心和顾虑，形成推进智慧课堂的合力。学伴机由学生自主保管使用，每晚带回家自行充电，作为移动学习终端自主学习；教师用智能终端便捷教学并依据学习数据分析对学生进行个性化精准指导；形成“丰富的教育云”，为师生提供便捷的资源服务；打造完成使学生时时可学、处处能学的“互联网+教育”学习空间，提高育人质量。

(五)科研引领。依托学校国家级课题《基于初中生差异化发展的学校执行课程体系建设》，围绕“培养学生关键能力”、“服务学生差异化发展”，借助区局资源服务平台，逐步构建学校线上线下混合式学习环境，助力学生自主学习，分层发展；借力科大讯飞空课平台，学校教师利用课下时间为有需要的同学进行针对性讲解辅导，满足学生个性发展需要；教师充分学情分析系统对学生学科能力进行持续监测、诊断和跟踪，查缺补漏。

(六)数字管理。利用区局资源管理服务平台和学校钉钉办公平台，开发使用教师出勤管理、执勤监护上报、资源推送分享、即时评价反馈、群打卡群直播等功能，收集整理所有教学、管理、沟通过程中产生的数据，及时诊断分析学校教育教学的每个细节存在的问题并适时改进，既强化全校师生的数据意识，又提升了管理质量。

三、课程重组，打造智慧教育“百花园”

课程是立德树人的核心载体，信息化手段最终要体现在具体课程的建构上。

(1)明确智慧课程建构思路。为实现“学科教学”向“学科育人”转变、“传授知识为主”向“落实核心素养”转变，学校提出了“三级课程整体建设，三年课程整体设计，三大体系整体构建”的课程建设思路和差异化发展理念，在信息技术的助力下，教材开发、教学实施一体化融合，分级、分段、分层一体化设计实施，课程标准、内容、评价一体化设计实施，构建起了适应初中生差异化发展的“润德养正、启智臻美”学校执行课程体系，为学生提供多样化、精准化、人性化的学习支持服务。

(2)创新智慧课程生成样态。基于学校执行课程体系，老师们通过自主开发、精选智慧课堂平台提供的各版本数字化教材和各类优秀资源校本化改造，形成了与课程配套的导学案、课件、微课、试题等各类资源，存入学校资源平台，教学时以图标的形式拖拽到电子教材中，需要时只需点开就可使用，大大丰富了教师的教学手段，可以说重新定义了教材样态。学校课程教材也随着智慧学堂建设的推进而与时俱进，进入4.0版时代。

（3）提升智慧课堂学习效益。基于电子教材，老师们开发互动导学单，引领学生自主探究。互动式导学单是学生使用的有一定交互功能的学习资料，是数字化资源的一部分，如下图生物学科的互动式导学单，将视频、课件等资源通过二维码与导学案进行关联，方便学生自主学习，实现学生和学习资源的交互。

学校数学学科的互动式导学单以帮助学生理解数学为目的，选用《几何画板》作为集成平台，把文本、图片、按钮、动画、资源等要素集成在一个文件中，供学生选用。如下图，学生在互动式导学单中进行圆锥侧面展开的实验。这种从初中数学的起始章节开始并融入常态的自学和训练，可实现学生数学素养和技术素养的同步提升，同时拓展教学时空，将有限的课堂时空聚焦在知识的消化、吸收与迁移，学生拥有更多讨论、协作、探究、创造的空间，支持高阶能力、核心素养等新育人目标的实现。

四、课程重组，打造智慧教育“润泽园”

实验初中的智慧教育始终以服务于“学生不断成长的个性发展需求”的为根本，促进学生成人成才。

（1）理念先行。以“以生为本，以学为先，学导同行”为理念，构建“问题导学”教学模式，旨在培养学生适应未来社会需要的问题解决能力、合作共处能力、创新创造能力和终身学习能力。

（2）优化流程。支持智慧教育引领下的流程优化，即将“学习前置，先学后导，导学同行，当堂训练，人人达标”。借力智慧课堂应用：连连看、翻翻卡、抢答、随机选人、分组作答、全部作答等活动，提高课堂趣味性；将课前、课中、课后生成性学习资源进行拍照讲解，互学互评，提高教学针对性；利用平板拍照将演示实验、主题分享等精彩过程投屏展示；使用平板一键录制功能，实时录制基于课本、习题、课件等的原笔迹微课视频，形成教学微课，助力课堂翻转，提高学习适切性；形成各学科“问题导学信息化”教学模式。

同一学科不同课型具有不同模式，如英语听说课流程，课前：发布预习资源（在作业模块中发布语音跟读，汇总成绩和易错点；在教学资源模块推送微课和配套检测单，突破重难点）；课中：六环节学习（问题引领，明确目标--课前翻转，平台聚疑--创设情境，感悟新知--听说结合，句型操练--小组合作，能力提升--小组评价，盘点提升）；课后：资源推送，分层作业。

语文新授课流程，课前：分享预习资料，落实字词，了解写作背景；布置语音朗读作业，正字音，明停连，练朗诵；分享教师录制的微课，难点可提前思考；课中：电子课本和课件配合使用，提高课堂效率；互动功能实现抢答、选人作答、分组作答等；用屏幕推送功能，照顾后排和侧边的学生；课后：用智学网分层布置作业，实时查看完成情况；根据数据和条形图、折线图分析学生个体表现；用师生互动功能，随时为学生答疑解惑。

（3）科学定位。“问题导学信息化”教学模式，让教师不再居高临下灌输知识，而是隐于云端后“助学”、“诊学”、“导学”。 教师是智慧学堂的“引领者”：资源的链接、微课推送、兴趣的激发、思维的点拨、在线交流、机智抓拍、课堂回放、学习诊断、价值观引领等，变经验教学为有据教学，让因材施教、以学定教真正落到实处。

（4）资源分享。教师根据学生的个性化差异，制作推送数字学习资源，包括课件、微视频、电子教材、图片、flash动画、语音、仿真实验、学习工具等，满足学生个性学习需要，实现公平优质、适应差异化发展的教育。

智慧教育使学习变成了学生自我发现的旅程，“我的课堂我做主”唤醒了学生内心自我成长的需求，启迪了学生创造幸福未来的智慧，实现了让每一个学生都出彩的教育追求。智慧教育助力了学校的优质发展，学校先后荣获全国翻转课堂示范校、山东省首批教育信息化示范单位、全国青少年网络安全教育工程示范学校等荣誉称号，连续三年被选为教育部“网络学习空间人人通”培训基地，2020年学校被省教育厅确定为“山东省中小学教师信息技术应用能力提升工程2.0项目”试点学校，学校研究的《智慧教育环境下课堂教学管理创新》案例获得2019年山东省省级基础教育信息化应用典型案例；侯晓迪、孙天云、王钤获得青岛市信息技术与学科融合优质课比赛一等奖，王大伟老师获得第十七届全国初中信息技术与教学融合创新案例一等奖。

2020年10月，青岛市“信息技术与课堂教学深度融合——基于核心素养的初中智慧课堂新模式”交流研讨会在实验初中举行。学校6名教师展示了6个学科问题导学信息化教学模式，数学和化学两个学科解读了学科基于核心素养的智慧课堂新模式，课堂展示和模式解读得到与会专家、领导的高度认可。

智慧教育的兴起与发展，为我们解决当前教育热点、难点问题提供了重要途径，但智慧教育的实践探索还有很长的路要走。譬如，如何以西海岸新区智慧新区建设和区教育局智慧教育推进为依托、以科大讯飞和武汉天喻为技术支撑，协调好自力和借力的关系，提升智慧校园建设品质。如何主动作为，积极探索借助“互联网”移动学习，实现与当前社会生活特征相适应的学习方式变革，如何运用大数据分析技术，提升教育教学决策的科学性，从而为学习提供最适宜的个性化服务，更好地培养现代智慧型人才，还需要我们进一步学习与探索。

三十二载风雨路

——青岛西海岸新区辛安小学校长赵德明

——2020山东教育年度盛典最具影响力校长 赵德明

山东省青岛西海岸新区辛安小学 王荧

一位好校长就是一所好学校！校长是学校的灵魂，是学校文化价值的引领者，是学校发展的推动者。高瞻远瞩运筹帷幄，有先进的办学理念，超前意识，时刻把学校发展放在第一位。具有先进的教育改革理念，具有高水平的教育科研意识和教学能力，准确把握教育发展趋势，他是教育专家，是师生成长的贴心人、精神的引路人！

从教32年来赵德明校长扎根农村，献身农村教育，始终不忘教育初心，用心做校长，践行培育“有仁爱之心，有中国灵魂，有生活情趣和扎实学识的新时代少年”的办学理念，带领师生潜心进行“活力课堂教学模式”改革，用心用情塑造活力教学。

一、忆往昔峥嵘岁月，践行育人富民信念

1988年7月师范毕业，赵德明被分配到了青岛西南最偏远的海青镇任教。在海青镇小学和中学任教14年，先后被评为胶南市优秀教师、德育先进个人、骨干教师、优秀教育工作者等。

2002年，赵德明任海青镇成教中心校长，担负起推进全镇实施“富民工程”的重任，学校荣获“青岛市十面红旗学校”、“青岛市A级学校”、“青岛市成人教育示范学校”、连续10年评为“胶南市教育工作先进单位”等荣誉称号。个人被评为青岛市农民教育工作先进个人、青岛市农村成人教育“双五”富民工程先进个人、青岛市成人教育先进个人，2009年在全市中等职业教育教学优质课评选中荣获一等奖。

2013年，赵德明调任理务关中学校长。他积极投入到“以学生为主体的活力课堂教学改革”，深挖地方教育资源，开发《幸福手工》《活力足球》等学校特色课程。2016年在全区教育工作会议上，赵德明校长做“让学生的生命在活力课堂中闪光”典型发言，同年被评为青岛市名校长，西海新区初中名校长工作室主持人，新区优秀教育工作者和西海岸新区拔尖人才。被聘为中国活力教学研究院副院长、山东省科学规划专家组成员。学校先后被评为“黄岛区教育教学优秀单位”、“黄岛区十佳德育品牌”、“青岛市规范化学校”、“现代化学校”，成为全区农村初中教育的样板学校，学校的办学成果先后在《教育家》杂志、青岛《辉煌十五年》报道，青岛经济日报专刊对赵德明校长进行专访。

二、看今朝再启新篇，塑造幸福活力教育

（一）实施“传统文化进校园”工程，构建德育品牌

为传承国学经典，用文化熏陶品行，提出建设“崇善致美、勇毅笃行”的德育品牌，培养学生正心、明德、躬行、至善的道德修养。学校每学期开学典礼，都组织师生齐诵《弟子规》《道德经》《论语》活动，全体学生“拜师拜家长”仪式，开展“感到校园人物”评选等活动，真正将学校德育理念潜移默化于行，润物无声于心。

2019年调任青岛西海岸新区辛安小学校长，赵德明校长积极引导教师更新办学理念，大刀阔斧进行课堂教学改革，把《弟子规》《三字经》《论语》《大学》等中华传统文化引入课堂，让学生诵读经典，体会内涵，用经典来启蒙童心，打造“经润童心”品牌，构建“人生八德”德育教育体系。积极探索新区智慧教育与高效活力课堂的有机结合，组织全校教师开展智慧活力课堂大比武活动，精彩十分钟智慧活力课堂大家谈活动，2020个人被评为青岛市教书育人楷模荣誉称号，辛安小学2019年获得区先进基层党组织、新区教育体育系统先进集体、2020年被评为教育体育系统巾帼建功先进集体，学校多项特色活动被区、市电视台报道。

（二）打造书香校园科研兴校

全面打造书香校园，实施师生读书工程和科研兴校战略，逐步形成了教师个人课题一教研组课题一学校课题一省市级课题教科研新生态。2017年主持青岛市“十三五”规划课题《以学生为主体的活力课堂教学研究》立项并如期结题。2019年，《基于培养学生核心素养的“活力课堂”教学实践和探索》列为山东省“十三五”规划立项课题和青岛市“十三五”规划重点课题。有5科研论文在《教育家》《中学语文教学参考》等刊物发表，专著《活力课堂设计及教学实践》2019年石油大学出版社出版，并获得青岛市市级科研成果二等奖。

（三）优化家校社会一体化建设，促进家校合力的形成。

学校坚持每学期创新开展“校长对话家长”活动，走进社区，面对面和家长进行交流，形成家校教育合力。

扎根农村教育事业，在耕耘中实现梦想。32年来在教书育人这个

平凡的岗位上，赵德明校长致力于农村教育的研究和探索，践行为农村教育办实事的信念，用朴素的教育情怀，书写了美好的教育人生！

儒雅文化树新风　百年老校育新人

山东省日照市东港区第一小学　丁宝翠

相信种子，相信岁月，埋下种子，以日以年。步入山东省日照市东港区第一小学，踏上“学而大道”，漫步在“雅和花园”，穿梭于儒文化大厅之中，抵达孔子学堂，一路上扑面而来的儒雅气息，细雨润无声地将儒雅文化的理念播种到孩子们的心田。这也是学校多年来持续推进儒雅特色校园文化品牌的一个侧影。

厚植儒雅文化品牌

东港区第一小学的前身可追源于元至正十一年（1351年）的日照儒学，是日照最早的县学，又称学宫或儒学。可见，这里自古就是儒家文化的传播之地。新时代文明践行需要儒家文化的发扬光大，基于文化传承与创新，学校于2016年将“儒雅”确定为办学理念，使学校的品牌建设有了明确的定位，使学校的持续发展有了目标和方向。

为构建儒雅特色的育人体系，东港区第一小学围绕儒雅文化的办学理念，拟定了儒雅文化特色建设方案：以“文化引领方向、特色提升品质”为办学思路，以“塑高雅教师、育文雅学生、建儒雅校园”为办学目标，大力建设“让每一棵花草都能传情，让每一幅图画都能会意”的育人环境，全面推进经典永流传、礼乐君子风、六艺展风采、家风传文明、课程育君子、研学提素养“六大”校园儒雅文化工程，有效落实厚儒雅之智、激儒雅之趣、琢儒雅之性、立儒雅之志、养儒雅之情、强儒雅之体、润儒雅之韵、修儒雅之神“八大”儒雅课程体系，积极践行习礼仪、近孔子、研学游、祭先贤、传家风、吟诗文、论语赛、诵经典、书法赛、讲故事等学堂“十大”行动，着力培育思雅、文雅、博雅、体雅、志雅、艺雅的全面发展的六雅学子。在这个探索与实践的过程中，学校形成了儒雅校园特色文化品牌。

丰富儒雅课程内容

特色课程的独特价值就在于尊重每个学生不一样的成长方式。为丰富学生主动发展的多元表达，东港区第一小学在发展学生核心素养的目标指引下，不断完善文学类、科技类、体育类、美术类、乡土类、德育类、音乐类、实践类八大儒雅课程体系，力求让教学更富创意，让课堂更有活力，让学生更加聪慧，让发展更加全面。

遵循“尊重差异、赏识个体、开放教育、多元发展”的课程开发思路，学校现已研发了近60门校本课程供学生自主选择，充分满足了不同学段、不同个性的学生的学习需求。开发经典诵读课程，组织“儒雅班级”、“儒雅型教师”、“儒雅少年”等评选活动，内化儒雅文化；开设啦啦操、管乐、舞蹈、创客、益智等课程，发展兴趣特长；建立“孔子学堂”，开展“孔子学堂”进社区、进敬老院、进企业、进家庭系列活动，宣扬儒家思想；组织学生到孔子故乡曲阜进行研学之旅，亲身实践拓印课、茶艺课，感知先贤气韵，提升儒雅素质……在开发多样化的儒雅课程过程中，东港区第一小学高度重视选择与整合、自主与发展，充分融合校内外优势资源，把课程“玩”出了新花样，“玩”出了新高度。

初显儒家品牌成效

几度春秋，几度耕耘，东港区第一小学在探索儒雅教育的道路上走出了别样的精彩，创建了充满魅力的儒风雅韵的校园特色品牌。在各级组织的比赛中，学校师生多次获全国、省、市、区一等奖，其中啦啦操连续四年夺得全国赛第一名，在2019-2020年的中小学创客大赛中两次荣夺全市第一，取得2020区管乐、舞蹈比赛双第一的傲人成绩！2019年，学校被中国孔子基金会评为全国仅10家的孔子文化主题单位，同年被教育部认定为全国中小学中华优秀传统文化传承学校。学校先后荣获全国新教育优秀实验学校、全国益智课堂实验基地学校、全国啦啦操实验学校、山东省优秀家长学校、山东省少先队工作规范化学校等几十个荣誉称号。

儒者，集“立德、立言、立功”于一身，雅不在事而在人，雅不在物而在心，以雅载道，以韵清心，居则静而以约，行则温而以宽。从环境到师生，儒雅之气每时每刻都在传递、贯通、凝聚、升华，化作华美的氤氲，充满整个校园，置身其中，每个人既是学校儒雅之气的吸取者，也是学校儒雅之气的传播者。长风破浪会有时，直挂云帆济沧海。东港区第一小学这艘百年航船，承载着一小人的梦想，正朝着新的目标规划扬帆起航，在儒雅校园文化的碧海蓝天处乘风破浪，再铸辉煌。

非遗文化润方寸，桃核虽小见乾坤

——核雕艺术实践中的美德教育

山东省日照市科技中等专业学校　李吉民　郑文海　李从华

依据教育部、文化部关于非物质文化遗产进校园的相关文件精神，以及旨在进一步深化教育改革、全面提升青少年文化素养的新一轮课程改革的需要，日照市科技学校在德育教学中因地制宜、因势利导多方面切入传统文化元素进行尝试。桃核雕刻作为非遗文化课程，本着为学生“拓眼界，增学养”的目的，由该项目的非遗传承人郑文海老师开设。

一、案例目标

1. 引领学生认识我国传承久远、细致入微的桃核雕刻艺术，激发出他们对祖国优秀传统文化的自豪感与好奇心，提升人文素养，亦为创新思维助力。

2. 通过桃核雕刻课程的开设，让学生在体验式的学习中充实世界观、人生观、价值观，感悟顶尖艺人创意实践中坚忍不拔、敢于吃苦的工匠精神，为大国工匠的培养助力。

3. 引领学生丰富课余生活，习得高尚情操，欣赏艺术之美，以传统文化的魅力屏蔽当下一些冗余甚至有害的信息，使他们身心健康发展，助力新时代立德树人目标的顺利实施。

二、案例内容

俗话说，万事开头难。我们在此特别关注郑老师桃核雕刻的第一个课时，先从该节课的导入谈起。

面对新班级，课程导入因简洁而使气氛活跃。王安石的《元日》，被选做最合适的引子。诗文如画，生动地呈现出北宋民间过年的风俗。最后那句“总把新桃换旧符”，正说明我国桃木文化以及桃核雕刻艺术源远流长。郑老师由“桃符”讲到门神、春联，今昔对照，简要介绍其传承衍变，让学生知道过大年时的每一副春联都可谓意蕴深厚。最后，老师讲到被视作桃木精华的桃核，人们经常用它来雕刻图文以祈求平安、表达祝福，随之，在同学们的期待中，展示优秀核雕作品或者它们的图片，加以解说，并就作品介绍几位业界的代表人物，尤其要讲一下潍坊的核雕非遗传人都传泰老师自小刻苦学艺如今成就非凡的故事。记叙核雕大作的《核舟记》，郑老师也会提到，建议学生抽空仔细阅读。核雕属于小众文化，因其契合时下人们崇尚自然、彰显个性的装饰需求，近年来所受关注渐多，用途也日益广泛。2008年，核雕被国家列入了第二批非物质文化遗产名录。

课程主要有五个步骤。

首先指导学生了解材料——桃核。观察不同桃核的轮廓及其复杂多变的纹理，分小组讨论雕刻内容，放飞想象力……很多同学好像第一次见到桃核一样，发表各种感慨：我平常怎么没觉得桃核好看！好可惜，我以前吃完桃子都扔了！大家开始重新认识桃核。郑老师这时就会聊聊家乡的桃子——“五莲县山深林密，五莲人勤劳朴实，我们家乡是闻名全国的旅游区和优质水果产地，桃子品质好、种类多……”从桃子品种特点讲到上市的时节，以及五莲的丰富物产及桃核资源。仔细把玩着桃核，大家眼睛睁得像桃核，激动地宣布着自己的新发现，惊喜连连。郑老师很享受这种氛围，一直被学生天真热情的参与所打动。

接着是向同学们展示、介绍雕刻工具，同时加强安全教育，警示不同工具的危险性。工具主要分两大类，即电动工具和传统手工刀。前者是科技发展下的时代产物，工作效率高，用于打坯以及一些基础性的操作，学生一般只在保障安全的打磨工序使用；后者是雕刻细节必备的，学生用得最多的是平口刀。电动工具使用必须按照安全规则的要求，老师逐一进行讲解。每位同学分配一套手工刀，老师示范握刀要领，因其刀刃锋利，强调使用时一定不要分心，同时要注重自我保护。此过程结合了雕刻的视频进行，学生接受得很快，最大限度避免安全事故。

“审核”结束，刀具在握，终于可以体验核雕了！学生人手一套手工刀，分小组进行雕刻。老师继续介绍核雕的步骤：确定主题、打坯、调整、细刻、刮光，逐项讲解、引导，让同学们充分发挥想象力，展现创意，课堂一片繁忙！每一个桃核的独特形状，都承载着孩子们数不清的期盼，他们对着桃核遐思、讨论，确定雕刻主题。第一次操作，无论力道还是准头，都不易控制。但一刀强似一刀，到下课时，每个人都深信了熟能生巧是颠扑不破的真理。郑老师在巡回指导中，鼓励大家找出本组做得最好的一件，代表本组参加全班的作品评比。孩子们有自豪的，也有羡慕别人的，大家各种建议、讨论，从来没有哪一堂课如此投入过。传统艺术走进课堂，其魅力深深震撼着每一个孩子，上课成为他们的享受。

作品评比环节，老师的点评以鼓励表扬为主。这时学生们热情高涨，敢于直接表达自己的想法，师生互动充分。有学生说，上其他课也这么有趣就好了。郑老师说，不同的课程学习方式会不同，学校传统的课堂需要操作的少，但无论学什么都要动脑动手动眼，要用心去学才能学好。也经常会有学生热切地想要一枚老师的核雕。郑老师会如此回应:“我愿意给你,但不是现在。等你收到大学录取通知书,我就赠送给你!到那时我也一定会雕刻得比现在好,因为我也会不停地练习。可以吗?”学生豪情满怀地回答:“老师,我一定要努力学习,一定要考上大学!”郑老师的眼里,每一个孩子都是一颗值得精雕细琢的桃核——那桃树的精华;抑或是一朵初绽的桃花,灼灼其华。在师生的对话交流中,作品评选完成,老师据此选出表现优秀的学生并当堂公布,做好成绩记录。体验核雕过程是本课时的主要组成部分,占三分之二的时长。

最后的总结时长五分钟,留给学生发言。学生虽有热情和积极性,但以往缺少上台讲话的信心和锻炼机会。郑老师适时鼓励,取得了很好的效果——全班同学会争先恐后地发言,其精彩表现深深地打动随堂听课的老师们。他们感慨,小小的桃核竟然打开了孩子的丰富内心世界,往常的无数说教更显苍白。提升学生的道德品行,培养他们的文化自信心,形成现代社会发展的综合素养,全面落实新时代立德树人的教育目标,传统课堂需要迎接新挑战。我们期待更多像核雕这样根植民间、操作性强的非遗课程走进学校,为电讯时代困扰纷繁的德育工作的有效开展提供宝贵契机。

三、教学实施

1.核雕课程实施的背景

国家大力弘扬非遗文化进校园及学校的不断发展促成了日照市科技学校的核雕课堂。作为一所中职学校,科技学校担负日益多元化的教育教学、职业培训以及青少年拓展培训等任务。为了拓宽教育培训的知识面,丰富学校的校本课程,提升教育培训的艺术性,学校因地制宜做出决定,于2018年秋开设桃核雕刻课程,主要面向全县参加拓展实训的学生,对本校学生各班级轮流进行培训。

2.课程负责人

由我校教师、五莲县核雕传承人郑文海负责课程开发与教学,课程的顺利开设以郑老师的核雕技艺为基础。从教学计划到授课内容、授课形式等,郑老师全部从零开始研究整理直到最后完成并一一落实,随后在教学中根据学情不断调整完善。同时,郑老师在业余时间也积极指导拓展中心的老师们学习核雕知识并练习这门技艺,计划在不久的将来打造出一个过硬的核雕教学团队。

3.学校资源配置

为配合核雕课程顺利开设,学校首先投资建成了核雕工作室和宽敞的核雕教室,购进足量的优质雕刻原材料以及先进的配套雕刻工具。后期根据课程需要不断加大资金投入项目建设。

4.政策支持

日照市文化和旅游局向核雕工作室颁发了首批“日照市非遗工坊”的牌匾。五莲县教体局每学期统一部署对于全县中小学的拓展培训任务,每学年参加核雕学习的五千余人。五莲县文化和旅游局、五莲县人才与发展服务中心等全力支持郑老师参加各级别的作品展及非遗类的交流活动,极大地促成了郑老师非遗核雕技艺的精进,有利于更好地开展教学工作。

四.教学效果

教育的艺术不仅在于传授本领,而更主要的是善于激励,唤醒和鼓舞。郑老师教过的学生近五千人,评选出的优秀作品会集中展览或者制成图片展示。小小桃核变化万千,艺术创作顺其天性、道法自然,核雕课堂让学生们充满惊喜,更深受震撼。他们发现小小的桃核令人痴迷,课余时间玩手机不再是唯一的娱乐。老师们普遍反映,孩子们培训结束后跟老师交流的话题丰富了,对核雕一直津津乐道,有的搜罗桃核进行研究,有的继续练习雕刻,还有的到网上搜寻相关知识。也有家长联系郑老师进行技艺交流,说孩子也非常喜欢核雕,每天都抓紧复习完功课以得空雕刻几下。

郑老师的雕刻技艺缘于业余爱好,因坐得了冷板凳,吃得下千般苦,拜求名师,得以独成一家。他本人就是学生们的榜样。他去潍坊拜访了出身核雕世家的都传恭老师,被收为弟子;多次参加文化部、教育部等部门组织的非遗文化传承人集中培训,多件作品被培训处收藏。郑老师多次携作品参加文化部门组织的省、市、县级文化博览会并屡获重要奖项,广受业界关注,2019年深圳世界文化博览会上,送展十件作品,咨询关注者众多。五莲电视台曾多次报道过郑老师的核雕技艺及成就。郑老师的故事成为山城五莲非遗文化传承的优质名片,跟他联系交流的核雕爱好者遍及全国,很多来自各级各类学校。这些老师们对我校开设核雕课程非常感兴趣,有些学校正着手准备也把核雕引入课堂。我校开设核雕课程在山东省内是第一家,大概全国也是罕见的。现在,济宁、淄博、聊城、高密等地的某些学校此项目的进展已经初见成效。湖南郴州理工学校曾邀请郑老师进行交流,郑老师因工作忙未能成行,但双方进行了深入交流,并保持联系。我校去年参加在天津举办的全国拓展培训会议,其他与会人员对核雕课程表现出极大兴趣,希望有机会来参观学习。此外,我校接待的来访团队,每次参观了解核雕技艺进课堂都极为赞赏,表示我们学校敢于创新,与时俱进,值得学习。

五.教学创新

日照市科技学校在全省率先开设桃核雕刻课程,让根植民间的非物质文化遗产走进课堂,是在响应国家号召的同时,在德育教学中因地制宜、因势利导多方面切入传统文化元素的新举措,这一思路的落实得益于学校一直重视学生的技能训练,在体验式教学中以点带面,引导学生加大实践。核雕课堂让学生避免感到枯燥,从而乐于学习,勇于创新,不怕困难,体验到学习的成就感,增强自信心。

核雕技艺学习入门容易,民间能够随手刻出简易核雕的人很常见。核雕艺术的发展会丰富人民群众的文化生活,为山城的文化艺术底蕴再添浓墨。而且,桃核是家乡的丰富物产之一,此项目无害于生态环境,它是家乡绿水青山的馈赠。

课堂上,郑老师不仅教授欣赏艺术,也一直引导同学们要保护环境,热爱家乡,热爱生活,善于动脑,发挥想象力,吃苦耐劳……核雕课程是立体的,德育是一以贯之的。郑老师的眼里,每一个学生都是他要仔细雕琢的桃核,其方法精准到位。

学校师生轮流进入核雕教室学习,提升了艺术鉴赏水平,丰富了业余生活,以核雕技艺为切入点,让工匠精神打动学生,为实现大国工匠的梦想助力。

综上所述,优秀传统文化教育在当下信息化的时代发展中,面对学生管理极其复杂的现状,其对学生的吸引力仍旧可以战胜电子产品,只是对学校的课程建设与授课形式提出了更加专业化、多元化的要求。像核雕这类非遗项目走进校园,不仅将传统技艺带给学生,提高学生的文化艺术鉴赏水平,还能直击学生内心,更容易融合道德教育。从丰富多彩的核雕作品、真实有趣的创作实践出发,推动学科交叉,以点带面,引导学生深入了解文化内涵,关心日常生活,热爱自然,激发想象力和创新意识,逐渐提升他们的综合素养,促其肯吃苦,能担当,不断培养他们敢作敢为的创新思想,在体验式学习中充实世界观,人生观,价值观,是学校德育工作不可或缺的重要组成部分,可以为全面落实新时代立德树人这一教育目标找到新的突破口,为学生们将来发展奋进打开另一扇窗。

科技学校的探索刚刚起步,我们期待下一步的德育工作能更加多元化,传统文化对人的涵养一定会成为不可替代的力量。

和荷文化创特色 品质立校育桃李

山东省滕州市第四实验小学红荷路校区 田雁领 张莹

“一年之计,莫如树谷;十年之计,莫如树木;终身之计,莫如树人。一树一获者,谷也;一树十获者,木也;一树百获者,人也。”这段话既阐明了人才培养的重要性,也说明了人才培养的不容易。我校是2020年9月成立的一所新校,位于红荷大道北侧,背靠美丽的村居。因特殊的地理位置和优美的环境,取名为“红荷”。荷花是滕州的市花,荷的风骨早已经融入滕州的发展基因中。荷之形,亭亭玉立、摇曳多姿,代表着生态自然、秀外慧中的滕州形象。荷之韵,叶茎相通、多彩如虹,诠释出滕州人勤劳善良、开放包容的品质特征。荷之精神,毅然挺立、傲骨铮铮,展现了滕州人昂扬向上、奋勇争先的壮志豪情。办学以来,我校深入挖掘家乡特色文化,结合家乡“盛世红荷”的特色,通过一系列的规划和设计,最终确定以地域文化为载体,把“和荷文化”作为学校的精神表达,用“荷美”引导学生,用“荷雅”启示教师,用“荷韵”涵养品格,通过不断打造“和荷德育”品牌,丰富“和荷文化”内涵,开发“和荷文化”校本课程,宣扬荷之韵,学习荷之品,塑造优雅、高尚的红荷学子。创办如荷般高雅的学校、做似荷般儒雅的教师、育若荷般优雅的学生。

一、通过特色文化大力发掘提升办学品质

“荷文化”是中华优秀传统文化的有机组成部分,我国最早的字典,《尔雅》中记有:“荷,芙蕖,其茎茄,其叶,其本密,其画菡,其实莲,其根藕,其中菂,菂中薏。”荷花凭借它艳丽的色彩、优雅的风姿深入到人们的精神世界,成为人们心目中崇高圣洁的象征。荷文化早已融入诗文、绘画、雕塑等诸多领域,人们以荷比物、以荷兴思,以荷言志,荷花高雅的风韵渗透到了中华民族的精神世界,传承至今并日益光大。“荷文化”对于塑造学生情感、态度、价值观有重要作用。我校用优秀传统文化与现代精神相结合的方式来涵养师生,让男孩具有谦谦君子的风度,女孩具有娴静淑女之风,教师具有睿智聪慧之气,不断熏染和陶冶师生的高贵品质。

从文化的本质属性来看,社会主义核心价值观作为校园文化最深层次的决定力量,必然是学校理念、办学宗旨、文化传统、思维方式等校园精神文化的内核,发挥着强大的引领作用。社会主义核心价值观中“和谐”与“和荷文化”的丰富内涵具有内在一致性,向学生们传递人类共通的和谐力量,体会友爱互助的氛围,认知人与人、人与社会、人与自然和谐相处的境界,牢记日常生活中的行为美德。对学生践行社会主义核心价值观起到了潜移默化的作用。基于以上三个层面的思考,我校凝练出“和荷文化”,提升办学品质。一是荷韵之美。我国最早的诗歌总集《诗经·郑风》中写道:“隰有荷花”。南朝《西洲曲》中写道:“低头弄莲子,莲子清如水。”宋朝大诗人杨万里曾有诗云:“接天莲叶无穷碧,映日荷花别样红。”周敦颐《爱莲说》中写道:“予独爱莲之出淤泥而不染,濯清涟而不妖”。这些诗文通过对荷的情、

趣、志、香等各个层面的描述，让人们感受到荷坚忍、向上、顽强、自立、高洁的品格，让荷之品涵养红荷师生。二是和谐之美。我国荷文化源远流长，“荷”与“和”谐音，常以荷花作为“和平、和谐”的象征，荷也成了中华民族“和”文化的符号。和能聚力，和而不同。荷花品种丰富多彩，各有个性和共性，组成了一个对立统一、平衡和谐的世界。“和荷文化”蕴涵着人心和善的道德观、和而不同的社会观、协和万邦的国际观、天人合一的宇宙观。人与人和谐——人与社会和谐——人与自然和谐，这也是我校一直以来追求的愿景。三是合作之美。“荷 ”的另一个谐音是“合”，有合作、融合之意。在学校教育中，师生、生生合作，学校、社会、家庭达成默契，形成合力。教师的发展追求与学生的发展需求相融合，正是我校不断追求的精神内涵。总之“和荷文化”是一种美好的表达。它希望校园环境及师生品质如荷花之美，校园人际关系以和谐为美，教师工作和学生学习因合作而美。从而达到“尽善尽美，美美与共”。

二、立足校园环境建设助力学校内涵提升

陶行知曾说过：“天然环境和人格陶冶，很有密切关系。”校园中的每一座建筑、每一处景点，每一片绿色，都成为一种思想的传递，一种文化的表达，优美的校园环境就像无声的老师，滋润着师生的心田，熏陶感染着师生，丰富净化着师生的灵魂，潜移默化地引导师生向着健康的方向发展。经过审慎地思考与调研，我校决定通过打造优雅清新的环境文化，让学校师生感受荷之美。我校建筑主体是红色寓意“映日荷花别样红”。三栋楼分别以“荷美楼、荷雅楼、荷韵楼”命名，个个与荷有关，意义深远。校园内设计了荷文化长廊、书香长廊、传统文化长廊。红荷师生读“荷”之词，赏“荷”之画，观“荷”之长，在日常的品荷、赏荷、吟荷中习得荷之品。此外，我校校徽以橙红为主色调，寓意吉祥美好；中间图案由汉字“四实小”的大写首字母“SSX”及“荷花”图案构成，象征着学校师生发扬荷之精神，和谐共处、昂扬向上、奋勇争先。我校的吉祥物小“荷娃”，头戴荷花，身披荷叶，天真可爱，他自信地竖起大拇指为每一位师生点赞。荷娃的诞生，饱含着全体师生的希望和祝福，相信在荷娃的陪伴下，红荷学子一定会健康快乐地成长！学校还设计了书包、水杯、安全帽等独具红荷特色的标识物。

社团活动是激发学生潜能，培养学生个性发展的有效办法。我校通过合唱社团建设，培养孩子们如诗般的吟唱，让他们感到美好与和谐，团结与协作。此外，我校的舞蹈社团成员坚持不断重复地练习，用汗水换来了舞台上的精彩绽放。面塑社团的小荷娃们在老师的指导下玩中做，做中学，合作创新、彰显个性。灿若繁星的荷韵诗词流淌在书法社团孩子们的笔尖，浸润着他们的心灵。

文化的力量在于浸润。我校围绕“和荷文化”开展了丰富多彩的活动。编写了《荷韵诗词》。学生每天早上进行吟诵，读千古美文，同经典相伴，与圣贤为友，提升生命的内涵。学习荷花品质，争做优雅红荷少年。同时创建了“红荷之声”校园广播站，创办了《荷之韵》电子校报，并为学生们开设了《小荷尖尖》习作版块，让竞争与合作、坚持与创新，和谐共生。为弘扬传统文化，增强文化自信，我校还鼓励师生传唱《红荷咏流传》。学校每天下午的第一节课课前五分钟，进行每周一歌的演唱。该活动被学习强国刊发，歌声回荡在校园的每个角落。还有我校自编自创的《乐动红荷》韵律操，词曲之中表达的美好祝愿，让每个红荷学子像荷花一样充满旺盛的生命力，彰显蓬勃的朝气与活力。

立足学校发展，我校也大力培养青年教师。通过青蓝工程，师徒结对子活动，发挥了老教师的传、帮、带作用。一朵“荷花”已让人陶醉，成片的“荷花”更让人心旷神怡。学校青年教师赛课，教师们在一次次磨课的“历劫”中实现“蜕变”，突显了红荷人坚毅向上的精神品质，沐雨熏风吐芬芳，茎伸叶展散清香！

三、怀揣教育梦想构建品质教育宏伟蓝图

教育是最温暖的事业。它尊重、赏识每个个体，致力于学生能力、品德等各方面素质的全面提升，服务于个体的健康成长，滋养每一个生命。“和荷文化”是我校文化的诚挚表达，是特色办学品质的重要凸显。未来路上，我校会继续默默坚守“和荷文化”办学理念，秉承教育理想，不忘初心，以特色文化领跑教育发展，用情怀装点教育事业的百花园，用生命继续谱写一曲又一曲教育新歌。

弥足根本促成长，深化校本迎重生

山东省滕州市东沙河街道东沙河小学 朱 霞

百年大计，教育为本。教育是提高人民综合素质、促进人的全面发展的重要途径，是民族振兴、社会进步的重要基石，是对中华民族伟大复兴具有决定性意义的事业。教育始于关心，好的教育能让孩子从小就接触知识的天空，领略文化的魅力。我校是一所老校，后因拆迁合校、新校分流等原因，导致办学条件落后，学校陈旧，校舍不足，师资短缺，生源基础薄弱，种种困难，让学校直面严峻的考验。就是在这种困境下，我校全体师生不气馁、不放弃，抓住发展的机遇，敢于拼搏，从困难中找出路，最终确立了“校本化成长”发展之路，让这所老校，焕发出全新样态。目前，学校现有24个班级，1152名学生，58名在编教师。自确立“校本化成长”发展思路以来，我校始终坚持办学目标，立足校本，激活学校发展动力，完善校舍环境建设，优化学校服务功能，补齐师资建设短板，提升教师工作干劲，做实教书育人文章，以内涵发展赢得未来，着力为学生深远发展夯实基础，让更多的生命绽放应有的光彩。

一、多措并举，有效提升教学质量

对于学校而言，任何时候教学质量都是评判学校的重要标准。因此，如何有效提升教学质量成为挡在我校面前的一大难关。以六年级秋季质量检测为例，各学科优秀率均不到50%，数学的合格率只有70.65%。全部174名学生中，语数英三科全优秀的孩子只有38人，有17人三科全部不及格。学区四所小学里倒数第一。学生动手能力、表现欲望、学习习惯等也存在问题。有些后进生，家庭教育、家校沟通等严重缺失。我校处在商业街，经商户学生家庭占20%以上，对孩子学习关注不够。30%的学生来自拆迁户，家庭富足，但对孩子的学习放任自流。此外学校的整体教学力量也相对薄弱，六年级10位任课教师中，7人是暑假合并村小并入的，2人是刚刚入职的，50岁以上4人，学校的形势不容乐观。

党的十九大报告指出“要努力让每个孩子都享有公平有质量的教育”。办学条件可以等，但是教学质量不能等！面对特殊的校情，我校首先要做的是确立学校近期发展思路。在深入调研了解的基础上，我校通过召开干部、教师、家长等各层面的座谈研讨会，确立了学校近期发展规划——发展主题：校本化成长。发展目标：因情施策，全面提升教学质量；多元发展，培育学生核心素养；以师为本，激活学校发展动力。一是调整教师促优化。本着“人尽其用，用得其所”的原则适时调整了学校各班的任课，充分发挥教师阵地作用。二是锚定课堂提效率。以听课、评课、改课为总抓手，全员开展新课堂达标磨课活动，让教和学的质量真正在课堂上产生。三是推行小组互助竞学活动。建立4至6人学习小组，小组内优、中、后进生优化组合，组内互帮互助，组间互学相竞，定期评比表彰，激发学习活力。四是抓实后进生的转化提升。后进生与优秀生“一对一”结对子，课上课下全程、全方面帮助。学科教师充分利用课余时间，针对性地开设“小课堂”。五是实施多元化评价。课堂创新性表现评价、作业个性化评价、小组竞学评价、积极向上的习惯评价……我们坚信多一把衡量的尺子，就会多出一批优秀的孩子。六是做好每次的教学质量检测分析。利用编写的软件，通过折线图，横向、纵向对学生、班级进行优势和劣势分析，对突出的问题进行个别座谈、听课调研。七是开展家校共育活动。本学期，我校线上线下进行了4次家长会，针对特殊学生的问题，采取约谈、“万名教师访万家”等活动，与家长积极沟通，努力改变部分家长不关心孩子学习的冷漠态度。

科学实验一向是我校学生薄弱点。为了加强实验教学，九月底十月初我校已经着手改造实验室，为了尽快投入使用，学校多方联系，完备了配套设施，虽然简陋，但是孩子们终于可以动手做实验了。我校利用我校张猛老师是枣庄市科学学科兼职教研员的优势，对全体科学老师进行了实验培训。在他的带领下严格按课程要求开全实验课，学生动手能力明显提高。实验演示率、学生分组实验开出率均达100%，学生掌握率均达95%以上，并且实现了使用网络平台进行实验室及实验教学管理。此外，在政府和社会的帮助下，我校还开办社团，为孩子“量体裁衣”，让校园“活”了起来，给我校很大的启发。没有功能室，学校就利用教室、室外空地等开展活动；没有专业教师，就挖掘教师特长，开发了丝网花、衍纸画、杯子歌等19个门类的特色社团。如今，我校已初步形成了“人人进社团，周周有活动，个个练特长”的育人格局！

二、以师为本，培养优秀教师强军

教师是教育发展的第一资源，要想实现优质的教育，必须拥有一流的教师队伍。强校必先强师。教师的专业成长最终还要回到学校这个土壤。经过调查，我校了解到老师们留在了老校，多多少少都有些被抛弃的失落感。为扭转局面，学校与老师们一道开展了多项校本化研究，让老师们的失落感变成了归属感。针对五十岁以上的教师，教学经验丰富，但教学理念有待提升，新技术的应用有待加强。为此，我校就建立新老教师教学融合体，开展新老教师集体备课活动，让老教师贡献思路方法，年轻教师推送教学新技术，反复研磨课例，相得益彰，共同成长。对老教师，学校给予特殊的关爱，去家里坐坐，拉拉家常，送去祝福，带去祝愿，肯定成绩，激发动力。对于新教师，不仅在本校开展了拜师结对活动，还在外校寻求学科骨干，让他们拜师学艺，一边鼓励一边加压。我校给新入职的教师分享自己19岁上班带的第一个毕业班故事，让她们尽快找到职业幸福感，目前，这几个“大孩子”的教学水平和业务能力有了突飞猛进的发展，特别是孙静茹、李昕宇教学成绩直线上升。为了进一步加强学校凝聚力，我校还鼓励教师们用故事的形式，分享自己的成长和经验，传递校本化精神能量，让学校老师们明白：努力勤奋是人生的一种精神追求，辛勤付出是人生的一种美好态度。老师们切实领悟学校精神，以身示范，躬身做事，

按时到位，巡查校园安全隐患。现在，每位老师都在为孩子、为学校的尽职尽责，同时，也找到了归属感！

我校的“校本化成长”才刚刚起步。正像课程实施反馈会上齐主任所说：我们没有新衣服，但是我们洗得干干净净，打理的整整齐齐，依然可以穿的鲜亮！我们没有好的硬件，比不了人家的高、大、上，但我们可以立足校本做文章，不断提升学校品质和质量。经过三个多月的努力，我校不仅办学条件得到改善，教学质量也有了很大提升，这次期末考试，全科优秀增加到54人，不合格减少到11人。此外，在学区李广山主任和街道领导的大力支持下，王延军局长亲自来校调研驱动，计划将东沙河中学老校寒假后升级改造为学校所用，办学条件将会进一步改善，这些都为学校向前发展提供了保障，同时也更加坚定了学校的信心。

三、初心不殆，守望教育幸福明天

教育，就是精神的唤醒，潜能的显发。“校本化成长”创建不仅提升了学校的精气神，更提升了学校的办学品位，提高了家长和社会的认可度。几年来，我校全体师生思想同心，目标同向，积极进取，顽强拼搏，学校的校容校貌焕然新，精神风貌日新月异，教育教学质量稳步提升，各项工作再上台阶，校园特色逐渐彰显。

行走在阳光生活路上

山东省威海市环翠区鲸园实验幼儿园　刘琳

“共享阳光，自然成长”是我们的教育愿景，我们也一直围绕这一核心，践行着“阳光教育”。阳光教育的起点就是“从生活开始”，过程是“于生活中进行”，目标是完成对“人”的培养，让每一个孩子成为真正的自己，成为最好的自己,让孩子尊重生命、学会生活，阳光生活。基于这种人本的思考与理念，我们着力从丰富阳光生活课程、推进阳光教师培训、拓展阳光生活实践等方面进行了系统的探索和实践。

课程思路及构建

在“阳光教育”发展的过程中，我们逐渐认识到：特色理念以课程为载体落实到教育过程之中，它的地位才能确立，它的能量才得以释放，也才能与时俱进、得到发展。于是，我们通过优化、整合、拓展、开发，注重领域之间、目标之间的相互渗透和整合,逐步建立了阳光教育三级课程体系，把“阳光教育”办园理念渗透到课程建设与实施中。

目标：通过“阳光生活课程”的实施，力求促进儿童健康水平以及情感、态度、知识能力等方面的发展，将儿童培养成为“阳光健康、生动个性、探索求知、热爱生活、阳光生活”的阳光宝宝，为儿童绽放精彩生命奠定良好基础。

特点：“以儿童为本”——提供适合每一位儿童的阳光生活课程；“和而不同”——兼顾课程共性、个性和多样性，建立动态发展、立体多元的园所课程文化。

路径：阳光生活课程分为基础性课程和特色课程。

基础性课程：生活活动、游戏活动、运动活动、学习活动

基础性课程拓展部分：生活与艺术、　生活与安全

特色课程：生活与节日、生活与习惯、生活与实践

结构框架示意图如下：

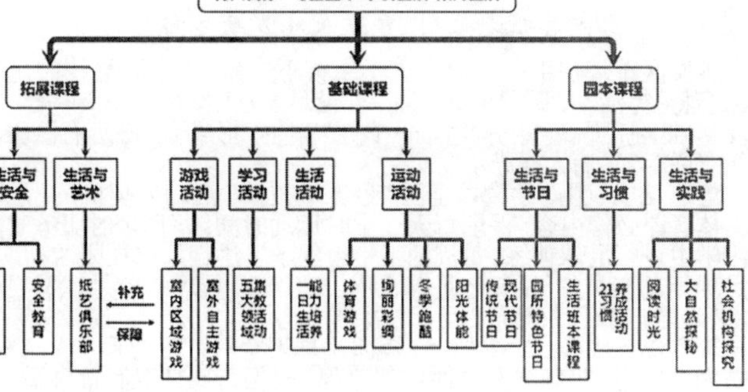

从基础走向成长的阳光生活课程

阳光生活课程建设作为“阳光教育”具体落实的核心，一直是我们的工作重点。为此，我们加大“生活与节日”、“生活与习惯”、“生活与艺术”等课程的实施力度，关注孩子生活中的每个环节和细节，让孩子们在生活中潜移默化地接受教育。

一是生活与节日，演绎阳光生活的本真

以“节日文化”为主线，寻找生活教育的亮点，为孩子创设有教育意义的特色主题活动。我们在一年多的节日主题活动中，边实践边摸索边总结，编写了《生活与节日园本课程指导手册》，在课程活动中，我们全面考虑节日认知、节日表达、节日艺术表现、节日游戏等对幼儿发展的价值，采用问题探究→调查实践展示交流→实践活动，螺旋上升式的学习，并与五大领域充分整合，以家园参与为手段，促进孩子社会性发展。

围绕每月主题，有针对性地、分层次地有序实施。涵盖五大领域的节日主题活动，以“游戏”为核心，让孩子们教学做合一，手脑身兼容。

月份	活动内容	月份	活动内容
七月	毕业季	二月	春节、元宵节
九月	开学季	三月	阅读节
十月	国庆节、中秋节、重阳节	四月	清明节
十一月	生活节	五月	游戏节
十二月	美食节	六月	端午节、麦芒节

元旦来临，家长和幼儿一起包饺子；清明节在家长的陪伴下外出踏青，感受春天的气息；“儿童节”开展六一游戏周，包括“才艺秀”、“游戏谷”、“童画世界”、“化装舞会”，丰富多彩的活动让孩子度过愉快的六一儿童节；“国庆节”的“红星闪闪小小兵”、“欣赏军模作品”……随着四季变化，推出季节性特色节日活动，“春季阅读节”、“夏季麦芒节和游戏节”、“秋季生活节”、“冬季美食节”等，借助多元化的活动，为孩子提供更多的空间，更广阔的视野，也丰厚了孩子的生活。

二是生活与习惯，在细节润泽中成长

众所周知，习惯决定人生。为此，园所深入开展“21生活训练”，以园所习惯、家庭习惯、社会习惯为三大经度，以尊重生命、学会生活、阳光生活为三大纬度，在“知行合一”中扎实开展养成训练。

1.习惯养成进课堂。我们在原有“21生活训练”的基础上，开设了生活习惯课。在课程实施的基础上，每学年突出习惯训练重点，如：本学年重点聚焦“八会”习惯，其中包括关注个人形象提升的“会站立”、“会走路”、“会就餐”、“会休息”，关注与人交往礼仪的“会问好”、“会鼓掌”，关注责任自我管理的“会弯腰”、“会整理”。每月聚焦一个重点习惯，通过童谣传唱、展示活动、区域游戏、园币激励等措施强化养成，使好习惯逐渐内化为生命自觉。

同时强化环境育人功能，在楼梯区开辟了“漫画长廊”，孩子们采用诗画形式，将园所习惯、家庭习惯、社会习惯等用画笔生动表现出来，使习惯的条条框框由“成人视野”走向了“儿童视野”。我们还录制了“我有好习惯”系列微视频，给孩子最直观、最形象的视觉指导。

2.习惯银行进班级。本学期，为激励儿童从点滴的小事做起，日积月累养成好习惯，做习惯“大富翁”。各班成立了“习惯银行”，应运而生了“阳光超市”。孩子们民主推选责任心强、诚实可信的行长。教师和孩子们共同讨论制定区域游戏、学习活动、户外自主游戏等活动的规则，共同讨论出来的规则，可以让幼儿更加明确遵守活动规则的重要性与必要性，明白为什么要这样做，理解其中的道理。园币和一日活动中的规则、习惯养成相辅相成，孩子可以用自己获得的园币到“班级阳光超市”里兑换到等价的物品。

习惯养成，让我们的孩子逐渐拥有遵守规则、自强自立、敬畏生命等生活品质，不断拥有超强的“生活力”。

三是生活与艺术，让生活处处充满情趣

我们希望孩子能享受生活、阳光生活，就需要提供融艺术与生活于一体的园所环境文化，让孩子在与艺术亲密接触的过程中受到潜移默化的熏陶。于是，艺术领域开设了拓展课程——“低结构报纸艺术”。这是一种“变废为宝”、“变废为美”的艺术，是一种真正融于生活的艺术。

1.依托园本教研，有序推进纸艺研究

我们成立了报纸艺术研究小组，制定计划，列出配档，每个级部按照“撕粘”、“穿编”、“搭建”、“游戏”四个主题开展研究，教师可根据配当内容，将报纸研究与班级主题活动进行整合。如大二班开展的《杨杨老师结婚啦》主题活动中，幼儿用报纸为杨杨老师制作了一件漂亮的婚纱；中班将报纸与《冬天到了》主题活动有机结合，孩子通过运用剪、撕、扭、画、团等技能制作了报纸雪花、报纸雪人、小房子；小班的主题活动《海底世界》孩子们的报纸创意也是精彩无限。

2.打造园所文化，展现报纸艺术成果

我们将报纸艺术建设，分为中厅、班级走廊、班级美工区三个板块。中厅展区，全园师幼用废旧报纸创作出了“乘风破浪”、“孔雀东南飞”等报纸手工作品，借助纸箱搭建成“梦幻城堡”，造型逼真、美

轮美奂；班级走廊、阳光超市主要以孩子作品为主，有“报报小镇”、“扬帆远航”、“芭比娃娃”……美工区里则体现着孩子们的生活过程，这里有完成的作品、未完成的作品，报纸艺术随处可见，不一定很精美，但重要的是孩子们的参与以及蕴含在其中的教育意义。它们在无声地告诉孩子：生活中没有废品，生活处处是艺术。当然这只是我们一个领域的研究，今后我们还要向五大领域深入挖掘和横向探索。

从参与走向自主的阳光实践活动

《幼儿园教育指导纲要》明确指出：“家庭是园所的重要合作伙伴，应本着尊重、平等、合作的原则，争取家长的理解、支持和主动参与。”在推进幼儿管课程的过程中，我们愈发认识到：只有打造园所、家庭、社区“三位一体”的教育合作体，才能使园所文化落地生根、开花结果。

一、搭建活动平台，领略生活无限精彩

陶行知的“生活即教育，社会即学校，教学做合一”启示着我们：教育必须打破园所围墙的藩篱，让孩子接触生活、感受生活、体验生活。

1.纵横挖掘，确定课程内容

实践课程内容的安排上，一是挖掘身边教育资源内涵，体现由近及远、由浅入深的纵向原则。二是整合园所生活与节日、生活与习惯、生活与艺术等特色项目，各级部课程安排螺旋递进式上升，实践内容多元而丰富，活动立体而有深度。我们把各班开展的活动进行了疏理，小班偏爱亲近自然类、游戏活动类；中班重在职业体验，开阔视野；大班更倾向志愿服务，他们深入社区，慰问空巢、环保宣传……家委会不仅提供了活动平台，还配合园所密切关注孩子的习惯养成，孩子在活动中完成了自我管理。

鲸园实验幼儿园“童眼看世界”活动

活动版块	活动分类	活动内容
社会实践活动	亲近自然类	田园采摘，里口山之旅，51号农场，田园采摘，春游古陌岭公园，秋游仙姑顶……
	文化旅游类	登环翠楼，参观定远舰，秋游幸福门，影视城之旅，威海公园，清明民俗体验……
	职业体验类	参观消防大队，参观交警大队，参观嘉盛乡奶厂……
	游戏活动类	真人CS，野外拓展训练，DIY披萨……
	公益服务类	环保捡拾，垃圾分类，种植爱心树，爱心义卖
	亲子阅读类	参观图书馆，快乐阅读……

2.科学制定流程，关注品质培育

实践中我们注重幼儿生命成长，明确活动流程，突出儿童参与、团队协作等教育因素，引导儿童做人做事，提升核心品质。

活动前，孩子们通过讨论，确定调查内容、采访提纲，并熟记活动注意事项。司空见惯的生活现象，在孩子眼里有无数个“为什么？”、“怎么样？”他们带着最本真的问题走进山林、社区、农场、福利院……活动中，孩子们通过认真观察、体验、探究、游戏等，收获成长。活动后，通过调查、绘图、摄影、手工等多种形式，展示交流自己的实践成果。

据粗略统计，本年度园外实践活动开展二十余次 ，孩子们尽情阅览着“生活”这本无字之书，远离网络包围，心理愈发阳光，生活回归正轨；家长们也享受着浓浓亲情。孩子在这实践的征途中，收获阳光，收获成长，良好品质已在身生悄然形成……

二、搭建开放平台，共筑教育梦想

园所以开放办园的姿态开设各种渠道，为家长搭建了参与保育保教、评议监督园所的广阔平台。每月第四周周五下午的实践活动，许多家长志愿者走进“爸爸妈妈大讲堂”，给孩子们带来了一堂堂精彩的生活课。律师爸爸讲授法律小故事，医生妈妈讲授爱眼护眼知识，银行阿姨讲授理财窍门，社区群众走进幼儿园教手工、做月饼、包饺子、助汇演……孩子们沉浸其中，领悟知识，经历过程，动手实践，其乐融融，真正实现了双向共赢。

怀着一颗虔诚之心，我们深度关注着儿童生活，踏踏实实地行走在以儿童为本的阳光生活路上，少了一份浮躁与功利，多了一份清醒与执着。生活不会止步，我们永远在前进，我们愿继续努力，服务于儿童当下的生活和未来的生活，去接近阳光教育的本质。

创新体制机制，全力打造足球特色学校

——潍城区军埠口中心小学创新推动足球特色学校建设纪实

山东省潍坊市潍城区军埠口中心小学　姚来祥　张连军

创建特色学校是新形势下全面实施素质教育、深化教育教学改革的一项重要工作，也是丰富学校内涵、提升学校品味的重要举措。近年来，山东省潍坊市潍城区高度重视校园足球运动，把足球特色学校建设作为深化教育领域综合改革、打造教育特色品牌的重要抓手，新建了一批条件完善、设施完备、配套齐全的校园足球运动场所，研发了一系列足球校本课程，创建打造了一批以潍城区军埠口中心小学为代表的足球强校和足球品牌特色学校，为持续推动教育高质量发展提供探索路径和成功经验。军埠口中心小学荣获2019年山东省大中小学生体育联赛小学女子组冠军，获评“全国青少年校园足球特色学校”，一名学生入选国家集训队，“农村小学足球队踢出个全省冠军”有关典型案例被省市权威媒体报道宣传。

健全保障机制，护航足球特色创建

潍城区军埠口中心小学持续加大资金投入，不断改善办学条件，突出抓好足球训练场地建设和器材配备，配强专业化体育教师队伍，为学校足球发展提供坚实的软件和硬件保障。

强化组织保障。学校专门成立以校长为组长、业务校长为副组长、体育老师和班主任为成员的校园足球专项工作小组，负责足球特色规划、校本课程研发、足球课堂打造、校级球队训练、参赛综合保障等有关事宜，统筹推进学校校园足球运动之路走深、走实。

落实经费保障。学校先后投入90余万元，新建标准8人制校园足球场，配齐配全训练专用的足球、标志桶、软梯、敏捷梯、足球步伐训练梯等配套设施设备，满足学生日常训练需要。同时，每年拨付专项经费15万元，用于设备维护、赛事筹备、各类训练，专项经费由专人负责，单独建立台账，确保资金管理科学、使用规范。

优化师资保障。学校加大对足球专业体育教师的补充力度，采取师资引进、公开考选等方式，为学校配备专业教师7人，专业足球教练员2名，努力为学生提供更加专业、更高水平的教学指导；组织足球教师“走出去”，定期赴山东体育学院等高等院校参训，参加“2019年山东足协E级教练员潍城培训班”；强化教体融合，注重教体资源共享，打通拓宽渠道，让体育教练员、运动员、退役运动员进入校园，推动学校足球教师整体素质水平全面提升、全面过硬。

完善推进机制，导航足球发展方向

潍城区军埠口中心小学聚焦学生核心素养，丰富开展校园足球节、足球月等活动，研发足球课程、开设足球社团、举办校级联赛，在普及基础上抓提高，培养“全面+个性”学生，形成了“班班有队伍，年级有联赛”的育人格局。

营造发展氛围。学校以全区“足球进校园”活动为契机，把足球作为体育课必修内容，保证每天一小时运动时间；每周延时服务时间组织学生进行足球训练，每周四下午组织学生进行足球社团活动，实现足球活动全员参与；打造足球文化长廊，集中展现学校足球发展历程，营造足球特色浓厚氛围。

筑牢安全底线。学校制定《校园足球安全医疗应急预案》，突出预防为主原则，明确突发事件处理流程，确保特殊情况有章可循、有法可依；完善足球活动意外伤害保险制度，每年为参训参赛学生购买校方责任险、意外伤害保险等，切实保障学生人身安全。

建设特色学校。学校落实“一校一特色、一校一品牌”要求，确立校园足球特色品牌，遵循足球运动和教育教学规律，发挥足球育人功能，完善课程、训练、教学、竞赛等校园足球发展体系，引导学生参与足球运动，打造区域有影响力的足球品牌特色校。

创新发展机制，凸显足球教育亮点

潍城区军埠口中心小学聚焦品牌和发展导向，健全完善管理、课程、训练“三位一体”的发展机制，抓特色、提品质、创品牌，持续打造校园足球特色亮点。

制定发展规划。学校确立“以球健体、以球育德、以球促智”的教育目标，制定《军埠口中心小学校园足球三年发展规划》《校园足球项目管理制度》，从制度、师资、保障、训练四个方面进一步明确具体要求和推进路径，两年打造区级足球名校，四年打造省市足球名校，六年力争国家足球名校，为过去三年和未来三年的学校足球发展明确目标蓝图。

研发校本课程。学校个性化开发制定《小学足球校本课程》，从课程目标、课程内容及考核、基本技术、足球战术方面系统阐明足球

发展历程、当前特色及未来趋势，为学生学习提供借鉴范式；组织足球教学集体备课，分年级布置教学任务、安排教学内容、研究教法学法，确保按需教学、因材施教。

强化以赛代练。学校实施足球训练“三个一”工程，即每周一节足球课、每周一次足球社团活动、每天一小时足球运动，确定常规训练时长；依托学校年级竞赛、区级竞赛、省市级竞赛和国家级邀请赛等组队开展专项训练，在实战中提升技术和竞技状态，在竞争中凝聚合力和向心力，提升团队协作能力。

建立联动机制，区域推广辐射带动

潍城区军埠口中心小学积极加强与品牌学校的交流合作，搭建特色训练与竞赛平台，加速储备足球人才、师生贯通培养、打造区域联盟进程，持续扩大校园足球品牌影响力。

实施足球人才储备计划。学校充分利用中国足协女足青训中心（潍坊）人才培养基地、潍坊市军埠口女足招生基地、潍坊市体育学校足球训练点等便利条件，及时发现、选拔、培养具备运动潜质的学生，储备优秀足球后备人才。

开展校体合作探索。学校依托“潍州联盟”，密切与潍坊学院等驻潍城高校和潍坊市体育运动学校、山东鲁能足球运动学校等专业机构的沟通联系，协调选派优秀足球教练员、裁判员进校指导，开展校园足球训练、师资培养、组队竞赛等，用足用好高校专业资源，拓宽人才培养渠道。

创建区域特色学校联盟。学校加强与潍坊八中、潍坊外国语学校、永安路小学等区内全国青少年足球特色学校的合作，率先倡导建立足球特色联盟，统筹足球课程、师资、场地等资源，协同训练、交流互鉴、共建共享，搭建区域足球特色发展平台，为实现全区教育高质量发展、打造“风筝都•足球城”贡献力量。

发展足球事业不是一朝一夕的事情，今后还有很长的路要走。特别是青少年校园足球的发展既具有基础性、长期性，又具有时代性和紧迫性。站在新的起点上，潍城区军埠口中心小学将进一步发掘、发挥足球运动在学生中的独特魅力和综合教育功能，形成“足球环境熏陶人、足球比赛锻炼人、足球文化感染人、足球精神鼓舞人”的校园足球文化底蕴，从而为学生营造富有活力、奋发向上的成长空间，努力让每个孩子畅享足球运动的快乐与激情！

塑造高尚品德　奠定发展之基

山东省烟台市莱阳开发区中心中学　孙圣云

山东省烟台市莱阳开发区中心中学地处城乡接合部，既有农村孩子朴素、诚恳等优点，又有城市孩子娇气、偏激、孤僻等不足，且大多学生家长均属于上班一族，管理教育孩子的时间有限，甚至很多家长仍有读书无用、金钱至上的思想，这不但使学生的文化素养得不到提高，而且使孩子的品德素养逐渐走下坡路。中学生正处于人生教育的黄金时期，在这样一种特殊的历史与地域环境下，品德教育就显得极其重要。

根据我国社会的发展和历史赋予中学生的责任、中学生自身可持续发展的需要以及我校学生的思想品德现状，我校经过反复讨论和论证，提炼出“尚品厚德”的德育文化，对学生进行“明德尚品，青春有格”的品德教育，促进学生良好行为习惯的养成和高尚道德素养的提高。

一、明晰“尚品厚德”教育内容

“尚品厚德”教育是我校整个教育环节中最重要的一环，是立德树人教育不可或缺的一部分。对学生而言，就是让每个学生在学校接受适合自己的教育，得到最优化的发展；对教师而言，就是在教育教学过程中不断探索、研究，形成自己独特而有效地教育风格，起到导师引领的作用；对学校而言，就是结合学校实际，综合各方面因素，创出学校特色，实现个性化发展。

“尚品厚德”意即崇尚品德教育，以求厚德载物。我校围绕“感恩、习惯、责任、诚信、奉献”五大主题，确立了教育的内容：以感恩为亮点，打造温情家园；以习惯为中心点，强化行为花园；以责任为基点，创建心灵乐园；以诚信为支点，构建阳光心园；以奉献为落脚点，建设和谐校园；以评价为出发点，开辟成长田园。

二、营造“尚品厚德”教育环境

教育环境是一种有形和无形的精神氛围，以特有的方式向师生灌输着某种观念、思想和价值倾向。我校主要借助丰富多样的校园文化陶冶学生情操，达到对学生潜移默化、润物无声的教育效果。

打造校园物质文化建设。我校注重把显性教育与隐性教育相结合，使校园处处洋溢着浓厚的道德文化底蕴。学校大门东侧熠熠生辉的“品格第一，做最好的自己”几个大字诠释了我校的教育理念；综合楼前主干道两边花坛的绿化图案为“双手托起明天的太阳”，象征着老师们无私奉献、教书育人，用勤劳的双手托起祖国明天的太阳；两座教学楼间花坛中央的雪松于2004年搬迁时栽下，见证了学校发展所走过的每一段不平凡的历程，也将伴随着我校教育事业的不断进步而茁壮成长；墙壁上错落有致地悬挂着名人小故事、名人名言，学校宣传栏内展示着小明星的先进事迹，班级粘贴着班风、班训、班级口号，使文化长廊“启迪智慧、陶冶情操、净化心灵、提升境界”的育人功能得到了充分发挥。

加强校园精神文化建设。我校坚持“尚品厚德”的教育原则，以“办好一方教育、发展一批教师、成就一代孩子”为办学理念，以“博学、慎思、尚德、笃行”为校训，以“修身敬业、品学并重、关爱和谐、诚信进取”为校风，以“严谨笃学、发展能力、求真务实、协作共赢”为教风，以“乐学、善思、自主、合作”为学风，从不同方面凸显独具特色的学校精神，为学生良好品德的培养营造一个良好的学校小气候。

完善校园制度文化建设。严格的规章制度往往是独具特色的学校文化的基础，它给学生以巨大的约束力，使学生的思想品质自觉或不自觉地朝着一定的“规范”发展。如：严格的“升国旗”制度，激起学生的爱国热情和民族责任感；郑重的“入团”仪式，泛起团员的自豪和对未来的憧憬；“小小执勤队”岗位，使队员在集体的力量中自觉改正自己的错误言行……学生通过接受、认同、遵守、内化等由浅入深、由外而内的心理过程，使这些被作为强制力量的规章制度成为学校群体规范。

三、开展“尚品厚德”教育活动

教育是附着在活动上的灵魂，活动是培养学生身心品质的最佳途径。我校高度重视传统道德文化和道德文明教育，通过内容丰富、形式多样的实践活动，培养学生良好的品行修养。

开展传统道德文化与基础道德文明的主题教育活动。我校每年根据形势、任务和培养目标，结合学生身心发展特点、规律，开展一系列内容丰富、形式多样的活动。学雷锋日举行树新风活动，清明节开展革命传统教育活动，儿童节开展少先队教育活动，国庆节开展爱国教育活动，元旦开展辞旧迎新活动，以及定期举办的艺术节、科技节、运动会等活动，都使学生陶冶了情操，健全了人格，开发了智力。此外，我校还组织学生走出校门参与社会实践活动，如到开发区主要街道清除废物、开展警校共建育新人活动、到敬老院开展“手拉手”活动等，帮助学生了解社会、服务社会，培养了社会责任感，增强了自我管理能力，形成了健康的生活方式和积极向上的人生态度。

开展促进道德能力发展和素质提高的兴趣课程活动。我校非常重视学生潜能的培养，开发了精彩纷呈的兴趣课程：文学素养课程，如朗诵班、写作班；艺术星空课程，如美术、音乐、舞蹈、腰鼓队；体育保健课程，如足球、乒乓球、篮球、田径；绿色教育课程，如环境教育。这些兴趣课程均由老师根据学生需要和现实条件个性化创设，不仅活跃了校园文化氛围，也促进了学生良好道德品质的发展和综合素质的提高。

开展学生行为规范和良好习惯养成的教育活动。班主任利用班会、晨会，强化学生在学习、卫生、文明、纪律、劳动五方面的养成意识；通过生动的事例、视频，使学生认识到一个好的习惯对自身成长的重要作用；组织学生办黑板报、习惯养成手抄报等活动，潜移默化地引导学生时刻注意自己的言行。

“尚品厚德”教育活动的开展，使我校学生在不知不觉中受到了熏陶和教育，在“知、情、意、行”的情理交融中逐步得到自我完善和自我提高。相信在“尚品厚德”教育的指引下，我校学生的学习行为、品德素养和道德修养必将得到重塑和升华。

传承中华基因，感受甲骨文魅力

山东省郓城第一中学　徐德雨　胥林磊　徐雷

2019年11月，习近平总书记在致甲骨文发现和研究120周年的贺信中讲到，殷墟甲骨文的重大发现在中华文明乃至人类文明发展史上具有划时代的意义。甲骨文是迄今为止中国发现的年代最早的成熟文字系统，是汉字的源头和中华优秀传统文化的根脉，值得倍加珍视，更加传承发展。自2020年4月上旬接到关于开展山东省甲骨文特色学校评选工作的通知后，我校在第一时间向市局市语委办回应了“参与申报，接受评审，全力以赴”的承诺，决定以甲骨文特色学校创建为契机，按照专家的策略指导，扎扎实实地推进特色活动的开展，让孩子爱上甲骨文、爱上汉字、爱上传统文化，让中国优秀传统文化的基因在校园落地生根。

一、加强组织领导建设，统筹规划工作开展

为了更好地弘扬优秀传统文化，引领学生发现汉字之美，感受汉字魅力，着力打造甲骨文特色学校，我校高度重视，认真组织，务求实效，将“甲骨文”工作作为全新的理念、宏伟的目标、长期的工作任务常抓不懈，努力让甲骨文特色教育向更专业、更深入的方向发展。

首先，我校组织召开郓城一中党总支会议和全校中层及中层以上领导干部会议，认真学习和研究《山东省教育厅、山东省语言文字工作

委员会关于开展山东省甲骨文特色学校评选工作的通知》《习近平致甲骨文发现和研究120周年的贺信》《关于实施中华优秀传统文化传承发展工程的意见》等文件精神和要求，深刻讨论文件精神、任务和要求，一致决定以此次评审为契机，认真落实教育部推动以甲骨文为代表的中华优秀传统文化传承发展工作要求，进一步推动我校优秀传统文化教育工作朝着更高、更强、更全、更有特色的方向发展。

其次，我校成立以校长为组长的郓城一中创建省级甲骨文特色校园领导小组，全面负责省级甲骨文特色校园创建工作，切实履行工作职责，做好工作规划，把握工作方向，把控创建工作进度，及时督促检查协调，并提供了坚实的组织及后勤保障。领导小组下设五个工作小组，分别是领导小组办公室、教研组、宣传组、保障组、活动中心，确保甲骨文工作层层有人抓、事事有人管。

二、加强教师队伍建设，落实特色课程目标

专业的师资力量是甲骨文特色教育得以正常开展的重要保障。我校采取自学与集中学相结合的策略，通过请进来、走出去等方式拓宽培训的涉及面，使得通晓甲骨文知识的师资队伍的素质在短期内得到大幅提升。

首先，我校成立甲骨文教研室，由古文字专业、书法专业、中文专业和对古文字、书法爱好的老师组成，负责甲骨文教育校本课程开发及教研活动。其次，加强以全体语文老师为骨干的甲骨文知识培训，努力提高教师特别是语文教师的甲骨文教学水平，增强其对传统文化的认识。再次，集全校教师之力编写郓城一中校本课程——《甲骨文初级教程》和《甲骨文读写本》，教材难易适中、内容适量，非常适合高中学生自学和老师教读，特别是字帖简单易懂，容易上手，让孩子们喜学爱练，对他们的书法学习很有益处。甲骨文教材的成功编写，为我校全面推广甲骨文教学奠定了坚实的基础。

三、注重校园文化建设，发挥浸润教化作用

营造浓厚的甲骨文教育氛围可以激起学生学习甲骨文的兴趣，对传承和发现中华优秀传统文化有极大地促进作用。2017年12月，郓城一中新校区正式启用，尽管很多硬件设施还没有完善，校园文化建设还没有整体规划，但我们仍然在不破坏校园整体布局和建筑结构的前提下划设甲骨文文化片区，突显甲骨文特色，渲染甲骨文化和教书育人氛围。

在校园最显眼的路边石头上做了甲骨文字石刻，校园显眼位置树立或悬挂镀金金属甲骨文字体，这些石刻和金字既融入校园景观，又彰显传统文化；创设甲骨文字长廊，在每个廊柱上悬挂一幅甲骨文文字牌匾；每个教室门口悬挂电子屏，投放每日一字，让孩子们只要走出教室就能看到甲骨文字，就能亲切地感受到甲骨文字就在自己的身边，就能嗅到传统文化的芳香；宿舍门口张贴甲骨文标志牌“男生宿舍”、“女生宿舍”；校园设置甲骨文专用宣传栏，定期更换；道路两旁树立甲骨文字文明警示牌；在孔子像西侧、花园丛中、休息连椅旁设立甲骨文拓片扇形牌匾，让孩子们休息中、谈笑间都能看到甲骨拓片的身影，感受到殷商文化的灿烂和古人智慧的伟大。

四、发展壮大学生社团，开展传统文化活动

翰墨书法社是郓城一中原有的老社团，这次以甲骨文特色学校验收为契机，书写以甲骨文字为主要内容的作品成了该社团每位成员新的追求，甲骨文书法创作为该社团的活动注入了新的活力。自本学期开学以来，该社团先后组织了郓城一中甲骨文书法比赛、甲骨文识字比赛、迎双节甲骨文猜灯谜书法比赛，并在校团委、政教处、学生处的带领下联合甲骨文文化志愿宣传队成员号召并组织全校进行甲骨文班级文化评比、以“学习甲骨文字　弘扬传统文化”为主题的演讲比赛，在广大师生中产生了非凡影响！

甲骨文文化宣传队是随着我校甲骨文课程的开展和甲骨文化的宣传应运而生的，由热爱甲骨文文化的孩子们自愿报名参加，志愿进行宣传，具有良好的志愿者精神！该队自成立以来，先后到南湖广场、水浒好汉城文化宣传，并参与南湖广场设立甲骨文文明提示牌等活动，弘扬了甲骨文文化，给周边社区和社会带来了积极影响，同时也为郓城一中赢得了良好的社会赞誉。

“随风潜入夜，润物细无声。”在这两个组织的带领和感染下，孩子们不断开发出具有甲骨文特色的文创产品：精美的甲骨文书签、甲骨文画扇、印有甲骨文字体的手提包、印有甲骨文字的水杯等，这些文创产品独具特色，既富有浓郁的甲骨文化，又有很强的实用性，为孩子们的学习生活增添了一份独特的韵味！

五、融合水浒文化，开拓特色教育新航道

郓城自古就有“水浒好汉一百单八将，七十二名在郓城”之说，所以水浒文化是我们的土著文化。今后，我们将努力寻找水浒文化与甲骨文文化的融合点，让人们从熟知的水浒文化中看到甲骨文的影子。其中，用甲骨文字书写水浒英雄人物的名字，镌刻水浒英雄人物的画像，就是我们对甲骨文特色教学方式的一种新探索、新尝试。

同时，我们正在与国家4A级风景区——水浒好汉城洽谈合作，这座古城水浒文化浓厚，参观人员络绎不绝，是宣传教育的重要场所。我们希望开发出更多的甲骨、水浒文创产品，使之能够成为这座古城的一部分，让游览者在感悟水浒文化的同时也能感受到甲骨文化的灿烂！

六、践行和合共生思路，发挥辐射带动作用

为了让“高冷”的甲骨文有温度、有热度，我校努力创造条件，备全评审材料，积极参加山东省甲骨文特色教育学校评审。学校联系郓城电视台拍摄组，克服种种困难拍摄了以“传承传统文化　展现书法魅力”为主题的郓城一中甲骨文特色校园创建工作掠影专题片，作为申请材料之一上报给省语办，并在第一时间传给了李志华主任，受到了李主任的高度赞扬并帮忙转发了众多微信群，大大提高了郓城一中的知名度。

甲骨文特色教学在菏泽地区的教学体系中属于具有开创意义的新生事物，对发扬传统文化具有很好的示范带动作用。纪录片本身又具有极强的渲染力，郓城广播电视台连续几天在黄金时段播放，紧接着网络平台郓教之声、菏泽教育进行视频转载和专题报道，　其后又在2020年10月16日登上了全国性的学习平台——学习强国，在社会上引起了积极反响，特别是在全市兄弟学校中树立了先锋模范带头作用，在全市传统文化教育教学中又开辟了一片新天地，受到了市局领导和全市兄弟学校的一致好评！

甲骨文特色教育任重而道远。借这次验收之东风，甲骨文特色教育教学已经深深扎入郓城一中这块肥沃的教育土壤中。尽管起步较晚、基础薄弱、条件有限、经验不足，一定会存在许多的不足、漏洞和缺点甚至错误，但我们一定会积极改进，完善管理机制，拓宽实施路径，丰富活动形式，传承中华基因，使甲骨文特色教学开奇葩、结硕果！

创建温馨校园，过一种不一样的校园生活

山东省淄博市淄川区蓼坞中学　蒲卫东

淄川区蓼坞中学地处淄川区东部山区寨里镇黑旺片区蓼坞村，般阳古郡聊斋志异，蓼河船渡千年存迹，积累了丰厚的历史文化底蕴。学校现有8个教学班，281名学生，41名专任教师。学校秉承“以人为本、以生为本、立德树人、全面发展”的办学理念，本着文化立校、制度理校、科研兴校、特色强校的办学思想，以培养“文明、智慧、创新”的德智体美劳五育并举的社会主义接班人为目标，全面实施素质教育，搭乘优质均衡区县创建的快车，实现了乡村学校的华丽转身。学校先后被评为淄博市中华优秀传统文化创建校、市级全科阅读试点校、区级文明校园、区教学工作先进单位、区德育工作先进单位等称号。

一、改善办学条件，建设温馨家园

（一）加大投入，改善办学条件。学校地处淄川区东部山区寨里镇蓼坞（原黑旺镇），1963年建校，1995年搬入现校址。近年来，学校紧紧抓住优质均衡区县创建的契机，先后投入500余万元，对学校的基础设施进行了全方位的改造提升。现在学校拥有塑胶操场一个，有理化生实验室、计算机教室、音乐教室、美术书法教室、综合实践活动教室、史地教室、录播室、卫生保健室、心理咨询室、团队活动室、图书阅览室、德育展室、广播室、体育器械室、留守儿童关爱室、教工之家以及容纳200余人同时就餐的餐厅等功能用房及配套设施。同时进行了厕所改造提升，安装了直饮机饮水设备，每个教室功能室安装了触控一体机，实现了网络全覆盖和班班通、人人通，真正实现了优质均衡、城乡一体、资源共享。

（二）搭建平台，建一流师资。学校以党建工作为引领，把认真履行教育教学职责作为评价教师的基本要求，促进教师专业成长。搭建赛课平台，提高教师课堂驾驭能力；搭建结对平台，促进教师共同发展；搭建学习平台，提高教师专业素养；搭建推优平台，激发教师工作热情。

（三）严格标准，加大教育配备。学校借助优质均衡区县创建，配齐配足各种教学设备和仪器、图书，积极创建智慧校园，达到了省级配备标准，安装了触控一体机，实现了数字化教学和资源共享，让山区的孩子享受到了城里孩子的待遇，极大地提升了教育教学质量。

二、实施精细化管理，打造现代教育学校

（一）坚持科学管理，依法治教。学校始终把发展作为第一要务，坚持严谨、细微、民主、诚信、团结、高效、开拓、进取的作风，充分发挥党组织的领导保障作用和教代会、工会的监督作用。针对学校发展中的重大问题，及时召开校务会议，集体研究决策，保证工作及时有效地开展。学校始终把教学作为学校的中心工作来抓，坚持实行目标管理，在管理上求质、求实、求严，学校教学管理逐步达到制度化、规范化、科学化。

（二）健全完善学校基本规章制度。学校贯彻“用心工作、爱心育人、真心服务”的教育思想，要求“任务个个担，责任人人负”，每一个步骤都要精心，每一个环节都要精细，每一项工作都是精品，全体师生养成一种自觉遵守规章制度的习惯，进一步使学校持续发展，增强了教师的专业发展和学生的个性发展。

（三）加强学校师资的开发与管理。按照我校开展精细化管理的

要求和部署，学校实行全员育人导师制，引进了6s精细化管理模式，班级实行积分制管理与评价，学生实行自主管理。通过现代学校制度建设，完善学校章程，实行民主管理，社会监督，全员参与，充分发挥教职工的主观能动性，使学校走上了科学、法治、民主、健康的发展轨道带动和促进各方面工作，推动整体管理水平的提升。

三、完善课程体系建设，突出教育教学中心地位

（一）规范办学行为，进一步完善课程体系。学校严格按照课程标准，开展多元特色课程。充分发展学生身心素质、兴趣特长、公共生活能力、实践创新能力和爱国爱乡情怀，挖掘立体有机资源，致力于打造乡村儿童发展的立体资源平台。建立了“蓼河苑”课程体系，通过三级课程和社团活动，丰富学生的学习内容。开发了“鲁乡裕”小米课程和二十四节气校本课程，让家乡的小米文化发扬光大。同时积极与村居合作，建立了自己的校外劳动实践基地，让学生体验劳动的快乐。与淄博理工学校陶瓷学院联合，开设了陶瓷绘画实践课程，极大地提升了学生的综合素养。

（二）狠抓教育质量，办人民满意的教育。学校紧紧抓住教学质量的生命线，立足学校实际，以“337”幸福课堂为突破口，夯实常规业务，提高教育教学质量。2020年学校学业考试以绝对的优势位居全区前列，获得教学工作先进单位荣誉称号，在全区初中学段会议上做典型发言，圆满完成了教学任务。

（三）规范教学行为，促进学生全面发展。学校严格执行教育部减负“十三条”规定，规范教师的教学行为，实行分层作业，因材施教，确保学生的整体发展。学校组建了声乐、书法绘画、诵读、文学社、篮球、排球、自行车等社团，让学生得到综合发展和提升。我们每年国庆节与淄川区新华书店联合举办国学诵读展示，书法多次获区级一等奖，艺术节2020年淄川区团体第四名，班级合唱节全区第三名，排球比赛获全区第四名，自行车比赛代表淄川区参加市锦标赛取得第4、5、6、7名的成绩，真正做到了五育并举，全面发展。

四、打造蓼河文化，唱响时代主旋律

（一）学校文化建设要求。以社会主义核心价值观为引领，以文明校园创建为目标，以雷锋志愿精神为传承，着力打造文明、和谐、温馨，富有浓厚传统底蕴的“蓼河”文化，达到“让每一位学生都生活在同一片蓝天下，让每一位学生都沐浴在希望的阳光里，让每一位学生都成长在快乐地学习中”的学校愿景。

（二）学校标识文化。

校徽由“蓼”字篆书组合而成。上面草字头既像两只奔跑的小鹿，又像展翅飞翔的两只雄鹰，寓意蓼坞中学学子们正奔向美好前程，下面是家乡的景色代表：巍巍南寨山下流淌着家乡的蓼花河，岸边正生长着充满生机的红蓼。寓意蓼坞中学在家乡浓厚丰富的土壤中孕育着勃勃生机。相信未来蓼坞中学的学子们也会以优异的成绩回报家乡的土地。蓝色象征宽广、深远；红色象征光明、未来；绿色象征希望和生机。

（三）学校环境文化。突出文明与传统，弘扬社会主义正能量，构建与传统节日、节气有关的校本墙壁文化、长廊文化以及篮球特色文化。进大门的社会主义核心价值观和雷锋精神、文明校园主题文化墙，安全宣传栏、迎面是办学理念影壁墙，东面为二十四节气文化墙、西面为篮球特色文化墙，精致的木质长廊以及富有农村气息的微缩景观，无不体现学校的文化内涵。学校走廊文化以论语、书法和安全为主题。藏在脚下的是安全，仰首观望的是论语，随时看到的是师生作品，让学生在短小的语句中感受文化的魅力和安全的重要。学校的班级文化主要是：班级公约和班级口号“从我做起，走向文明”。让孩子们时刻把文明放在心上，做一个有修养的文明人。学校的功能室文化依据各自的功能，打造具有标示性的功能文化，助力整个文化理念和课堂教学。

五、人文关怀，创建温馨的教育生态环境

（一）加强师德建设。融洽的师生关系是学校发展的关键，我们本着对学生负责的原则，积极打造一支优良的教师队伍。每学期第一个月为师德建设月，通过报告会、承诺书、标兵评选等，让教师感受到自己肩上使命。

（二）关爱留守儿童健康成长。学校地处农村，留守儿童相对多，我们建立了关爱室，为每个留守儿童配备了一对一爱心帮扶教师，是学生感受到家的温暖。同时实行了全员育人导师制，对学生实行分层管理和辅导。学校积极落实资助政策，尤其是建档立卡的学生，让党的惠民政策落地。学校组建了党员志愿队伍，定期开展活动，确保各项政策落到实处。

（三）家校共建，构建“三位一体”教育网络。学校成立家校委员会，让家长参与学校管理。通过教育开放月让家长走进学校和课堂，展示学校的同时，加强家校沟通，让家长了解学校和教育，共同促进学校发展。学校开办了家长学校，通过线上线下对家长进行培训，极大地促进了家长对教育的理解。同时我们开展了大家访活动，走进学生家庭，了解学生的家庭环境，与家长共商学生成长规划。2020年我们的满意度测评为99.9%。

教育的本真是培养人、发展人、成就人，学校承担着艰巨而光荣的使命，把学校建成师生温馨家园是我们的义务和责任，我们将不忘初心，砥砺前行，成就辉煌。

与时俱进做课改　激趣励志育良才

——邹平市黛溪小学课程建设纪实

山东省邹平市黛溪小学　季爱红　李光

“教师之为教，不在全盘授予，而在相机诱导。好的先生不是教书，不是教学生，乃是教学生学。”这是著名教育家陶行知曾说过的话。相机诱导的方式固然好，那也得有好的课程体系来做支撑，在传统的教育模式中，大部分教师还是在全盘授予，很少有教师能够自发做到陶行知所主张的放手让学生学。邹平县黛溪小学从2011年建校之初，就开始探索适合学生个性成长、释放潜能的课程体系改革，经过多年来的不懈追求，黛溪小学建立了一套“为学生的自由充分发展奠基”的课程体系。

求新激趣，构建兴趣课程体系

“走进学生心灵，走向自我教育”的办学理念，是黛溪小学所一直坚持的教学宗旨。为了找到合适的课程体系来实现学校的办学理念，黛溪小学充分发挥广大教师的聪明才智，积极研发精品校本课程，推进校本课程系统化、体系化建设，解决课程改革在教学实际中出现的各种问题，弥补国家课程在实际育人中的不足，真正实现国家、地方和校本课程的有机融合。

2012年，伴随着建校一年的无痕过度，学校逐渐实现了教育教学有序化、制度化、规范化。与此同时，建立起一套“立足学校实际，深化学校内涵，凸显兴趣特色”的学校课程体系成为实现学校三年规范管理，提升学校内涵的首要任务。自此，黛溪小学的学校课程建设也徐徐拉开了帷幕。学校课程探索研究大致经历了四个阶段，即：准备阶段（2011年9月至2012年7月）；探索积累阶段（2012年9月至2014年2月）；借鉴改进阶段（2014年2月至2015年7月）；实践验证阶段（2015年9月至今）。

2014年9月，学校立足之前探索积累的基础上，结合“兴趣教育”办学特色，学校整合提炼“五色兴趣”课程体系，即：育德课程（橙色），益智课程（黄色），修身课程（蓝色），实践课程（红色），创新课程（绿色）。2015年7月，学校进一步科学实施，丰富完善了《兴趣教育理论指导下的黛溪小学五色兴趣课程》。

学校的核心是课程，课程的灵魂在课堂，课堂反哺升华课程内涵。因此，学校在整合研发五色兴趣课程的同时，也适时地提出实践“五色课程”的关键在于构建高效的“六步四环”兴趣课堂。“六步”即：前置学习、趣味导入、合作探究、精讲点拨、巩固延展、实践升华。“四环”是指课堂教学的四个环节，即：创设情境，趣味导入（激趣）——自主质疑，合作探究（探趣）——交流共享，精讲点拨（旨趣）——巩固延展，实践升华（志趣）。

黛溪小学“六步四环”兴趣课堂教学模式的“六步”是生成一堂课所经历的六个步骤，“四环”是课堂教学的四个环节。第一步是学生的前置学习（预习）指导，第二步至第五步是课堂的四个教学环节，第六步是学生课外拓展或实践的指导，遵循着“生活——课堂——生活”的教育原则。

挖掘潜能，创新校本选修课程

当前，考试仍然是保证教育质量的重要措施，但考试制度的改革还不够彻底，在一定程度上制约着教育改革的切实推进。在课程实践中，抓必修、必考科目，“知识本位”、“学科至上”的弊端并未真正扭转，而黛溪小学不同，他们更在乎的是学生的全面发展，他们不只注重必修课，对于选修课，校本课程的开发是不遗余力的。学校通过交流学习，明晰了学校课程建设的明确方向，坚定了“大学科整合，大单元延伸，综合实践能力展示提升”的课程优化建设思路和“国家课程夯实基础，校本课程知识延伸，实践课程能力提升”的学校课程建设策略。

学校将前面已经整合的“五色兴趣”课程体系，按照滨州市小学主题式综合课程整合实验研究，在学校层面进一步科学规划、细致梳理为兴趣教育理论指导下的黛溪小学主题式兴趣课程，即：语言表达与交流，数学、空间与运筹，外语、国际文化与表达教育，道德法治与传统文化教育，科学、技术与环境教育，劳动、实践与创造教育，艺体与健康教育等七大课程板块。

校本选修课程是在国家必修、校本必修基础之上，综合展示、提升学生学习实践能力的素养提升课程。学校研发了晨曦文学社、晨星剧社（语文与交流），奇趣数迷园（数学与运用），洋腔洋调口语社、英语达人情景剧社（英语与表达），“秀自我”德育微剧社（道德与法治），“逐梦蓝天”航模社团（科技与环境）等7个学科选修课程。各学科选修课程指导教师精心设计社团宣传海报，在学生自愿报名的基础

上，社团辅导教师认真选聘学生开展课程学习，以期真正实现“顺应学生天性，养护学生个性”的学校教学指导理念。

释放个性，推进“一月一节”活动

著名教育家杜威认为“课程最大流弊是与儿童生活不相沟通，学科科目相互联系的中心点不是科学，而是儿童本身的社会活动。”以活动为取向的课程，应注意课程与社会生活的联系，更加关注学生在学习中的主动性。当我们抱着狭义的对课程的理解在绞尽脑汁的开发属于我们的所谓课程时，今天再回望其实课程就在我们身边。我们所整合的主题式兴趣课程追求把教学细化到活动，升华至实践。2017年，为推进主题式兴趣课程的深入实践，学校将积极创新“一月一节”系列课程，为学科卓越课程的整合开发搭建展示的平台。

三月份春天的起航的时节，也是生命力最勃发的日子，是思维最敏捷的光景，那我们就结合季节定位“数学节”。在这个月份里数学教研组长就是教学校长，每个数学老师是智慧的源泉，把原本枯燥的数字、公式化为诗歌，化为故事，化为智力大比拼，让每个数字都变得有探究的空间，有梦幻的天地。

每年的四月二十三日是世界读书日，在今年国家自上而下都倡导全民阅读，在教育制度上也逐渐显现出对传统文化的重视。营造书香校园，让每个孩子在书香、墨香中成长。本来小学的教学不需要太多知识的传授，更多的是需要在书中浸泡，因此四月份定为“读书节”。借助“最美读书少年”、“最美读书教师”的评选，搭建读书交流课、读书征文、读书手抄报、我与书籍的故事等活动平台，激发学生读书的兴趣，生命的活力，思想的升华，精神的睿智。

五月份的天空已是蔚蓝，五月的空气更是暖洋洋，五月的槐花香溢满园，还记得朱自清的《春》吗？“男女老少都出来了，舒活舒活筋骨，抖擞抖擞精神，各做各的一份事去。”五月就是运动的季节，那就让师生们都动起来定为“体育节”，借助学校春季运动会的召开，把大课间，把阳光体育一小时落入实处，让小麦色的肤色成为健康色，让在阳光下奔跑的少年神采奕奕吧！

随着春天的流逝，流火的六月已向我们招手，滨州市科学实验抽测也会正式拉开序幕。培养学生的动手能力是新课标中涉及的小学阶段的重要达成目标。那我们不妨就将六月份定为“科技节”，当然在这里不只是动手实验也与科技活动，电脑操作相结合，开展科技创新，电脑绘画，幻想画，小发明小制作等活动。都说孩子的想象力是无穷的，那就让我们借助活动将这些无穷的想象力激发出来吧！

每年的九月份是新生入学，是需要德育、礼仪熏陶的时段，那我们就不妨定位“德育节”，由品德组牵头从实际出发在不同的年级开展不同的活动，又可以与课本结合，这样也为品德小论文的书写提供了素材，真正让全体师生参加，将说教的德育化为活动的德育，化为润物无声的德育。

十月份是秋季来临的时节，是收获的季节，结合我校已有的“开心农场”那就定为“收获节”。与以前所不同的是我们以开心农场为依托，又要走出开心农场，在思维的大空间下展开这一课程，从农场物质的收获到知识的收获再到心灵与精神的收获，那才是真正做出了属于我们这一方小天地下的课程。

十一月正好是西方的“感恩节”，这不就是学习英语的最好载体吗？现在西方的各种节日接踵而至，年轻人沉浸其中，中国的传统节日在渐渐离去。既然西方节日这么受欢迎，我们就从他们的兴趣入手吧！这不也正符合我们兴趣教育的品牌吗！圣诞礼物的交换语、每日一句的英语问候、英语课本剧展演、单词记忆王擂台赛等一系列活动完全可以成为“英语节”的一部分，让学生在快乐中学习成长，何乐而不为呢？

十二月则定为“艺术节”，这与原来我们的艺术节也是相吻合的。一所校园只有有了艺术气息才会有诗意，每个孩子都喜欢多彩纷呈的校园，流光溢彩的班级。在这一个月的时间里让校园的每一个角落充斥孩子的图画，荡漾着每一个孩子的歌声，漂浮着书法、国画的墨香。闭了眼，校园里仿佛满是充满幻想的图画、优美的童声、还带着份稚嫩的书墨……

课程未必要有教材，邹平市黛溪小学开展的每一个活动其实都隶属于课程的范畴，都是校本必修以及校本选修的延伸与发展，集中与展示，学生一张张灿烂的笑脸就是一个个跳跃的课程，灵动，蓬勃，鲜活……

顾明远先生认为：“教育的发展在于改革，教育的改革在于创新”。邹平市黛溪小学作为一所年轻学校，凭借果敢的改革魄力，执着的教育追求，在课程体系改革中求新求变，勇于实践，以实际行动诠释了“为学生的自由充分发展奠基”的办学宗旨。主题式兴趣课程体系，为学生的一生幸福积淀素养，托起了孩子精彩的人生，托起了黛溪小学美好、瑰丽的未来！

“博雅情趣”课程使教育散发出幸福的味道

山西省晋中师范高等专科学校附属学校 郭长安

加快发展伴随每个人一生的教育、面向每个人的教育、适合每个人的教育、更加开放灵活的教育，是新时代赋予教育工作者的重大使命。山西省晋中师范高等专科学校附属学校（简称“晋中师专附校”）成立于2012年，紧邻高校聚集的“大学城”，地理位置优越，文化氛围浓厚，是一所为服务高校园区而配套新建的九年一贯制学校。

一所学校的内涵取决于课程的质量。如果把学校看作是一个“生命体”，那么课程就好比“传递主要生命物质的血液循环系统”。课程质量决定着学校品质，课程生态彰显着学校内涵。自办学以来，学校深入贯彻党的教育方针，严格执行国家课程计划，对标五育并举要求，系统构建“博雅情趣”幸福课程体系，包括“博、雅、情、趣”四大板块110余个课程模块，落实全面培养体系，真正把国家关于学生发展的目标要求落实到办学治校的方方面面，为学生全面而有个性的发展奠定了共同的基础，打好了幸福的底色。

“博课程”奠定发展之基

“博课程”包括国家课程、地方课程和学科拓展课程，指向学生扎实的学科基础和广博的学科视野。为做到课程广博而精深，晋中师专附校主要从两方面入手。

面上求效度，高质量开齐开足国家课程。学校严格按照国家课程计划，保证课时、保证师资、保证规范、保证质量。这些基础性课程可以保证国家对九年义务教育目标的基础性要求，在促进学生全面发展的基础上强调基础学力的提升，使学生广泛涉猎各科知识，力求优学、博学。

点上求深度，挖掘学科拓展性校本课程。学校以激发兴趣为出发点，以培养深度思维能力为目标，以探究性学习为主线，以解决问题为基本策略，引导学生深度学习。

扎实推进“读写绘”一体化课程。“读写绘”课程是对语文课程的拓展延伸，是专门为低中年级儿童开设的将阅读和情感表达整合为一体的课程，通过“年级统筹，齐力做课程；一周一主题，一班多体会；一行一阅读，一书一课程；一课一核心，一文一桥梁”的推进策略，提升孩子的听、说、读、写能力，让他们在读绘本、赏故事、悟温情、写作品的过程中提升语文素养。

创新“随笔化写作”课程。随笔化写作课程是一种以随笔为主要写作方式的生命化写作教学体系，是在总结日记教学实践经验基础上开展的一项新的教学实践研究，旨在顺应人的言语生命生长规律，以激发写作兴趣、养成良好的写作习惯、提高书面表达能力、丰富和发展言语生命、培养健全的言语人格为目标，力求贴近新课标，贴近学生实际。在随笔化写作课程中，学校确定了四种基本课型，即“情境随笔课——读悟评改课——生活随笔课——展评转化课”。其中，“情境随笔”是基础的基础，是“打根基”的重要环节。运用“情境随笔”激发兴趣、激活思维，让学生乐于表达也易于表达，从而克服学生对于习作的“畏难”心理。当“情境随笔”做到一定程度，教师即可通过“读悟评改课”的有效推进，将学生的视野引向生活，鼓励和启发学生开始大量的“生活随笔”写作阶段。这是一个大量积累作文素材的过程，也是真正擦亮学生的双眼去发现生活、唤醒生活的过程，是学生进行“广积粮”的过程。这一阶段，首先强调“量”的积累，其次教师需要做的就是尽可能和学生“共写共分享”。当生活之门真正被打开，学生写作就有了源源不断的素材。在此基础上，通过“生活作文展评课”的巧妙引导，实现由“随笔”向“考场作文”的有效转化。这是一个较为漫长的循序渐进的成长历程。

研发数学拓展性课程《数学思维》和《魔法乐园》。课程涵盖小学一至六年级，共12册教材。数学思维这部分主要是对教材的补充、拓展和延伸，可以满足不同学力水平的学生对课程内容的不同要求；魔法乐园这部分内容主要是以数学游戏和综合实践活动为主，重在提高学生数学学习的兴趣，打开一扇通往数学研究的大门。

“雅课程”孕育儒雅之风

“雅课程”指国学诵读序列课程，指向学生深厚的人文积淀和儒雅的君子之风。为培养言行雅正、气质儒雅的雅少年，晋中师专附校将构建关联“国学根基”的课程作为“雅课程”中最重要的内容，目的就是要以兴趣为导向，培养诵读兴趣，养成诵读习惯；以积累为基点，提升语文素养，夯实人文基础；以“品、悟”为方法，体验审美境界，拓展灵性空间；以生活为原点，丰富生活体验，点燃生命激情；以生命为底色，滋润精神生命，养育心灵睿智。

落实课程配套，保障“日有所诵”。课程研发小组自主编写了一套国学诵读系列读本，每年级一册，包括《弟子规》《三字经》《千字文》《笠翁对韵》《论语》《孟子》《大学》《中庸》《道德经》等内容。学校坚持每日20分钟晨诵，确保学生“日有所诵”。

落实模式构建，保障“诵有所获”。聚焦每日晨诵，通过反复研磨，形成了国学诵读的“四读”模式，让学生在反复诵读之中有所积淀、有所感悟、有所收获。悦读，激活诵读动力；熟读，做足涵泳工夫；悟读，唤醒主体智慧；化读，积淀文化底蕴。

落实活动开展，保障“知行合一”。结合诵读课程，开展《论语》日修活动；利用校园电子屏、微信等平台，每日推送“论语一则”，并配以视频讲解；要求全体教师利用每节课课前三分钟组织学生集中背诵当日推送内容，形成全员学《论语》的浓厚氛围；坚持每周组织1

次“班级诵读展示”，每月进行1次“诵读观摩研讨”，每学期举办1次“诵读成果展示”，每年召开1次“诵读成果表彰”，促进学生知行合一，争做儒雅少年。

“情课程”指向情怀之志

“情课程”指德育序列化课程，包括自主管理课程、习惯养成课程、公民素养课程、心理健康教育课程等七大板块，指向学生良好的习惯和健全的人格，陶冶个人情操，培育家国情怀。

践行好“六自”管理，夯实学生生命的强度。这一课程主要以自立、自尊、自信、自强、自控、自省的“六自”管理为内容，分为学生自我管理、班级自主管理、学校自主管理三大模块，从一年级到九年级分层推进，循序渐进。

培养好八大习惯、公民素养、心理健康教育，增加学生生命的厚度。将“八大习惯”细化为“每月一事”活动课程，将公民素养分解在具体情境体验之中，让学生在模拟情境中感受责任担当、合作共享、宽容谦让、勇于创新等公民必备素养，从而唤醒学生的公民意识；将“六大美德”、“24个积极心理品质”纳入心理课程，通过“每周一节团体心理辅导课”，引导学生正确认识自己、唤醒自我，从而培养学生24个积极心理品质，增强心理教育的实效性。

开展好传统节日教育，拓宽学生生命的宽度。传统节日的形成过程是一个民族或国家的历史文化长期积淀凝聚的过程，凝结着中华民族的民族精神，承载着中华民族的文化血脉和思想精华，蕴涵着丰富的历史文化、伦理道德、哲学思想、审美意识、价值观念等，是对青少年进行思想政治教育的宝贵资源。学校深挖传统节日内涵，充分利用除夕、春节、元宵节、清明节、端午节、中秋节、重阳节等传统节日，开展形式多样的实践体验课程，既丰富了学生的文化生活，更培养了学生的一颗“中国心”。

组织好大型主题活动，增强学生的生命亮度。学校精心打造特色主题文化课程：“五四”青年节，用青春的名义立下誓言；“六一”儿童节，用赤诚的童心向党倾诉；“七一”建党节，用红歌颂党恩；“十一”国庆节，与国旗共合影；建队节，党史教育润物无声；每年元旦，主题征文凝聚人心……丰富多彩的主题教育活动，引导师生坚定了理想信念、厚植了爱党、爱国的情怀。

孕育好爱与感恩之心，感悟学生生命的温度。这一主题课程主要通过一年一度的“开学礼”、“成长礼”、“毕业礼”来完成，引导学生围绕主题讲述身边人、身边事，从而铭记生命中的爱与感恩。

设计好磨难与挫折教育，打造学生生命的韧度。这一课程主要是针对小学高年级和初中学生设计的，包括一年一度的远足活动、军训活动等实践体验，旨在培养学生的生存能力和克服困难的能力。

落实好社会主义核心价值观，奠定学生生命的高度。学校除了营造氛围、课堂渗透之外，还研发了践行核心价值观的活动课程——“我为社会主义核心价值观代言”、“班级誓词”等主题实践活动课程，力求让社会主义核心价值观在校园落地生根。

“趣课程”培养高尚之趣

“趣课程”指由学校自主研发的兴趣类课程，主要包括体育类、艺术类、书法类、语言类、传统文化类、科学探究类、社会实践类、劳动技术类等8大类课程，指向学生健康的兴趣和高尚的审美。

规定项目常态化。学校统筹安排，明确规定项目。体育类，有足球、篮球、柔力球、跳绳、武术、自编操、啦啦操、田径、队列、形体等；书法类，有硬笔和软笔；艺术类，有素描、中国画、水彩、扎染、葫芦丝、二胡、陶笛、合唱、舞蹈、器乐等。

社团活动课程化。课程研发小组围绕学校社团活动，研制出配套的课程标准和规定教程，包括《硬笔书法》《软笔书法》《国画》《创意美术》《感知绘画》《葫芦丝》《童声合唱》《形体》等，为社团活动的有效开展提供了资源保障。

实践体验全员化。学校规定每天下午1小时社团活动时间，即周一硬笔、周二绘画、周三软笔、周四器乐、周五合唱和校级社团，让学生学得轻松、玩得愉快，不仅提升了学生的综合素养，还彰显了学生的个性特长。通过全方位、立体式推进，人人都能参与课程体验，人人都有展示特长的机会，兴趣课程实现了实践体验全员化。

教师资源社会化。学校地处大学城，周边有大学院校14所，为此，学校主动与晋中学院、晋中师范专科学校、山西传媒学院等携手，签订了长期合作协议。一方面，高校派出专业师资参与晋中师专附校美育活动的指导和训练，另一方面，晋中师专附校也为高校学生提供实习实践的平台。特别是晋中师专附校的“每天一小时的体艺社团活动”，晋中师范高等专科学校、晋中学院每天都要有50名专业老师来校进行指导，这一合作已经坚持了7年。

课程建设成效显著

“博雅情趣”课程的构建与实施历时9年，从顶层设计到校本序列开发，从常态实施到系统评价，边研究、边实践检验、边推广，成效显著。

实现了“一个贯通”、“四个结合”。“一个贯通”，即素质教育、民族教育、现代教育思想与实践的贯通；“四个结合”，即基础目标和发展目标的结合、统一性与个性化的结合、稳定性与动态性的结合、科学性与人文性的结合。

构建了“1+X”的学科课程体系。如：语文学科在统编教材的基础上，拓展了国学诵读、“读写绘”、随笔化写作等课程，构建起了“课内外读写一体化”的生态语文格局。学校特色课程文化充分彰显。

形成了配套的校本课程资源。包括“九年一贯”整体规划的国学读本、小学一至六年级数学拓展课程、社团兴趣类课程等。

促进了教师的专业发展。“研用并重”的课程开发与实施机制，唤醒了教师的课程意识，提升了课程开发能力。近3年，有14人次先后被评为省特级教师、教学名师、教学能手、学科带头人，43人次在国家级赛课中获奖。

推出了一批优秀的科研成果。校长郭长安主编的教育专著《做幸福的教育》由北师大出版社正式出版，该书被列入教育部领航校长丛书序列。国家级课题《初中生主观幸福感现状调查及提升策略探索》获优秀成果一等奖。学校德育课程案例《德育课程滋养心灵》入选2018年度教育部中小学德育工作典型经验。

提升了学生的综合素养。课程的实施为学生提供了多姿多彩的学习生活，在潜移默化中培育了学生的家国情怀，提升了学生的个人修养，塑造了学生阳光自信的精神特质，培养了学生实践创新的能力，增强了学生勇于担当的社会责任感，铸造了学生健全的人格。近五年，学生参加全国和省市各种大赛获奖500余人次。郭卓伦同学两次应邀参加央视戏曲频道的暑期节目，荣获中央电视台戏曲和音乐频道《过把瘾》栏目“最佳宝贝奖”；校足球队李佳豪同学参加2018全国青少年校园足球夏令营总营小学组秦皇岛站获最佳阵容称号；学校啦啦操社团参加全国啦啦操联赛总决赛，取得规定套路与自编套路的两项冠军，我校被评为“全国啦啦操实验学校”……

彰显了名校效应。本成果在全国20多所学校推广，产生了重大影响。该课程，正在逐步转化为具有变革意义的教育实践。《中国教育报》等媒体均做过相关报道。2017年7月11日，教育部长陈宝生视察学校，对“整体设计——循序渐进——形成合力”的“博雅情趣”课程的推进与实施予以高度评价。

有什么样的课程，就会有什么样的师生生活；有什么样的师生生活，就会有什么样的生命成长。晋中师专附校的“博雅情趣”幸福课程体系，为每个学生全面而有个性发展提供了充分的空间，让全体学生能够在广泛的参与中收获“幸福”。

坚持立德树人　筑梦乡村教育

山西省朔州市朔城区滋润乡滋润中心校　李瑶

教育是立国之本、强国之基，它不仅寄托着个人成长的希望、家庭的希望，也承载着一个国家发展的希望。只有不忘教育初心，牢记育人使命，才能不负时代重托，不负人民希望。为创办人们满意的教育，山西省朔州市朔城区滋润乡滋润中心校秉承“以人为本，奠基未来”的办学理念，以教书育人为根本，以“博爱诚信，知行合一”为校训，努力培养和形成“科学民主，务实创新”的校风、“爱生乐教，有教无类，做学生喜爱的人民教师”的教风以及“勤学好问，诚实守信，责任担当，家国情怀”的学风，着力把学校办成小而美、精而优的现代化乡村特色花园式学校。

一、大力改善办学条件

“万丈高楼平地起，挖多大的坑，建多大的房。”基础设施是行业发展的最基本的物质基础，它决定了构建在它之上的行业的发展起点。学校要发展，只有加强硬件设施建设，完善基础设施，才能让学生安心安全地在学校学习和生活，这也是我们学校生存和发展的重要保证。

我校现辖滋润寄宿制小学、小霍家营学校、滋润中心幼儿园、河淋禽学校、汴子疃学校。近一年来，全体师生团结一致，努力奋斗，大力改善办学条件，先后对两所寄宿制学校进行了校舍维修，特别是大幅度改造暖气、厨房设备、食堂、师生宿舍和教室，落实校园监控全覆盖，使学校的办学条件整体较以往有了明显的改善。

二、强化师德师风建设

2018年9月10日全国教育大会在北京召开，习近平总书记指出：教师是人类灵魂的工程师，是人类文明的传承者，承载着传播知识、传播思想、传播真理，塑造灵魂、塑造生命、塑造新人的时代重任。教师是学校办学理念的实施者，为谁培养人、培养什么样的人、怎样培养人都取决于教师队伍的整体素质。为此，我校主要通过以下途径促进教师队伍专业发展，提升学校教育品质。

教师是学校工作的主体，我们坚信加强教师队伍建设、提高教师素质是办好学校的基本条件。为促进青年教师的专业成长，进一步深化教学改革，优化课堂教学，全面提高教学质量，我校积极组织开展骨干教师示范课、青年教师汇报课等公开课，鼓励支持教师参加区教育局组织的各项教研活动，达到了在展示中交流、在交流中提高的目的。特别是在今年暑假期间，我校积极开展师德师风集中整治行动，在抓“师德、师能、师表”教育上下功夫，狠抓教职工的政治业务学习，坚持组织全体教职工先后重温学习了《义务教育法》《中小学教师职业道德规范》等法律法规和师德师风的重要论述；要求全体教职工签订师德承诺书和岗位安全目标责任书，设立师德监督岗，加强对教职工的监督和师德建设的考评力度；探索建立校长、教师、学生、家长、社会共同参与的评价机制；把教师的师德考评结果与年度评优、评先、晋级等挂钩。通过师德师风的集中整治，全体教职工爱岗敬业、诚实守信、服务人民、奉献社会的职业责任感显著增强。截至目前，我校郑婷玉、肖云云、郝增等教师已成为在朔州市区举足轻重功能的好老师。

教师的眼界决定了学生的眼界，教师的理想决定了学生的理想，教师是教育希望的根本。因此，不管世界怎么变，我们始终要坚信，教育就做一件事——不忘为师初心，牢记育人使命。

三、坚持学生发展为本

北京师范大学公民与道德教育研究中心主任檀传宝教授撰文，立足教育的初心，基于教育的常识，以老百姓的语言提出，不做“睁眼瞎”，让人成为一个人，才是接受教育的根本目的。乡村教育更是如此，我们要守得住寂寞，耐得住诱惑，在精彩纷呈的终极攻略面前冷静思考，真正思考“我们究竟要培养怎样的人”，从而为他们的未来打开一扇宽广的大门。

根据学生实际情况，我校不一味片面追求考试成绩和升学率，而是回归教育本质，按照“一草一木皆教育，时时处处都育人，任何经历是财富”的原则，注重环境育人，铸就学生健康人格，培养学生健康成长，长大做社会有用人才。为此，我校建立学生成长档案，进行跟踪调查，真正实现了“立德树人奋进担当，教育脱贫托举希望”的办学目的。

我校学生全部是乡村孩子，也是留守儿童。为此，我们从培养学生良好的文明习惯、生活习惯、学习习惯、行为习惯等入手，加强引导督促，提高学生的自我管理、自我教育能力，使他们初步养成了努力学习、艰苦朴素、孝敬父母、关心集体、爱护公物、文明守纪、诚实守信、爱护环境的良好品德；培养了自理、自强、团结协作、辨别美丑的能力；形成了正直、坚强、热情向上的心理品质，最终达到了“知”与“行”的完整统一。

为树立学生的自信心，除了在日常生活学习中给予孩子们鼓励与关爱之外，我们还本着“任何经历是财富”的育人理念，充分利用新年、国庆、六一、端午等中国传统节日，积极开展多种形式的教育活动，为他们搭建了一个展示自我的平台，让他们能够尽情地展现自己的特长，演绎生命的精彩。

四、打造校园特色文化

校园文化是学校发展的灵魂，是凝聚学校人心、提升学校品质、增强学校“软实力”的核心要素。建设特色校园文化的终极目标就在于营造良好的宜学环境，对学生的人生观、世界观、价值观产生潜移默化的影响，从而达到润物无声的效果。

立足乡村学校的实际情况，我校在开足开全国家课程的前提下，充分利用乡村自然资源的优势，扎实推进素质教育，以“挖掘乡土资源，创乡村学校特色教育”为办学思路，以“一草一木皆教育”为教育理念，以打造“三园（小菜园小果园和丁香园）两厅（门厅餐厅）一室（校史室）”为载体，着力建设“小而美、精而优”的具有现代化特色的乡村花园式的校园，让乡土资源、乡土活动进入课堂，让孩子们在熟悉的事物中发展各方面的能力，打造卓越高效课堂。

在校园中建设“丁香园”，把校园中的荒地开辟为九个“小菜园”，推行师生承包责任田制，开启劳动教育新课堂。设立专门的课外活动室，组织羽毛球、乒乓球、象棋、书法、钢琴等丰富多样的活动，丰富师生的课余时间，促进学生德、智、体、美、劳全面发展。在滋润学校一楼门厅建立“马邑文化厅”，设立读书柜，扩大孩子们阅读量，使他们看到更广阔的世界，点亮他们的美好人生。

“苔花如米小，也学牡丹开。”为给全校师生创建展示才华的平台，我校还组织学校教师成立编辑部，自采自编校报《苔花报》，刊登校园要闻师生风采，内容精彩，收到明显实效，受到社会家长的好评。

五、奋发有为再创佳绩

教育是立国之本、强国之基。学校是人类灵魂的净土，教育工作是良心工程、是社会良心的底线。一年以来，我校全体师生认真贯彻落实上级有关决策部署，积极担当作为，不断改善办学条件，加强校园文化建设，努力提高教育教学质量，着力建设小而美精而优的现代化特色乡村学校。目前，滋润学校和小霍家营学校两所乡村寄宿制学校面貌发生了很大变化，已成为有口皆碑的“老百姓家门口的好学校”，朔州广播电视台《大家谈》和好多媒体对我校活动进行报道，受到社会和家长的好评与认可。

笔者认为，乡村学校要发展，首当其冲要打破的是我们教育人团队自身的观念围墙和价值束缚。尽管乡村学校办学困难重重，但我们要“多关注目标，少纠结条件，以终为始，创造未来”。在今后的工作中，我们定会不纠结现状，因地制宜，因时制宜，找准学校定位，逆势前行，逆流而上，找到学校发展的有力抓手，挖掘学校潜藏能量与内在风格，努力开创乡村教育的新局面。

书香雅韵满校园　润情育心细无声

山西省太原市尖草坪区第二实验小学　魏世石　刘慧东

孔子曾说过：“少成若天性，习惯成自然。”习近平总书记在北师大调研时说：“应该把古代经典诗词嵌在学生脑子里，成为中华民族文化的基因。”因此在儿童时期对学生进行传统文化经典教育具有非常重要的意义。中华经典是民族优秀传统文化的瑰宝，对于提升人的境界、丰富人的内涵、开阔人的胸襟、净化人的灵魂、启迪人的智慧有着极其重要的作用。我校从1999年开始实施中华经典诵读工程，将中华经典融入学科教学和日常生活，以其深厚的底蕴、活泼的形式、独特的魅力春雨般无声地滋润着孩子们的心灵，让他们在经典文化的海洋中砥砺志向、陶冶情操、提高素养。

多年来，我校正是基于“诗礼点亮人生”的办学理念，秉持“脚踏实地，自强行远”的学校精神，确立了“诗文少年，明礼君子”的培养目标，制定了“质量奠基础，科研强实力，书香传文化，特色展风采”的办学方略，孕育了“崇实尚勤，博文约礼”的校风、“雅正立范，诗意授业”的教风和“美善润品，涵泳启智”的学风，打造了极具人文内涵的特色示范学校。

选准切入口，发展有目标

中华传统文化源远流长、博大精深，其深远影响无须赘述，所导致的直接结果便是众多学校的中华传统文化教育活动如火如荼，但在开展过程中也存在不少问题。比如，有的学校盲目跟风，目的不明确；有的学校重表演形式轻精神内涵，具有形式主义倾向；有的学校不注重系统性，显得比较随意；有的学校重“读”轻“导”，忽视学生的年龄特点和认知规律，实效性差……

针对上述诸多问题，我校在开展中国优秀传统文化教育时，制定了明确的中华经典诵读目标，并选择从《古诗文赏析》中华经典诵读的角度切入，就是为了增强诵读活动的针对性、系统性、整体性和实效性。其一，让学生认识、了解和吸收祖国灿烂的文化，培养从小热爱民族优秀传统文化的思想感情；其二，让学生从小练好语言童子功，丰富语言表达能力，在阅读中培养优良的审美情趣；其三，开发学生的潜能，培养学生的记忆力；其四，培养学生良好的读书习惯，以读养心、蓄力、增智，提高学生对事物的感受力、想象力、判断力和创造力，做到心中有爱、淳朴善良、诚信有则。

找出突破口，实施有载体

在新一轮国学热中，各种读物汗牛充栋、良莠不齐，尤其供小学生阅读的读物大多是单拼凑或形式单一，无法起到很好的教育作用。针对这一现实状况，我校遵循小学生的认知规律和循序渐进的教学原则，积极组织教师编写了《古诗文赏析》校本教材，被专家誉为“设计科学、体例新颖、选文精当、内容丰富、形式活泼，具有一定的前瞻性和独创性”。

系统性。该教材以篇章组成单元，以类别连成序列，以年级形成梯次，以人文贯穿始终，易到难，由浅入深，同时兼顾了文化性和文学性、知识性和情趣性，符合小学生的认知特点。

典型性。该教材在体现中华文化全貌的前提下，更注重典型性，选编了大量适合小学生诵读的具有经典意义的名家名作。它们是经得住时间考验的经典，将积极地影响着学生们的语言能力和世界观。

引导性。每篇都设计了比较完备的助读系统，由“认识作者”、“检索字典”、“诗词鉴赏”、“资料链接”、“拓展思维”等板块组成，既便于学生自读，也便于教师导读，还适合亲子共读。

互补性。该教材在选材上避免了与现行中小学语文教材内容重复，使其相互依存、相互补充。

明确着力点，教学有策略

课堂教学是学校教育的主阵地。在中华经典诵读实施的过程中，我校遵循语文学习的规律和小学生的实际，探索总结了一些基本的教学策略，有助于学生在掌握语文知识的同时汲取优秀传统文化中的人文精神和家国情怀，从而树立正确的世界观、人生观和价值观。

以读为主。读是《古诗文赏析》校本课程的基本路径。《古诗文赏析》中华经典诵读应充分体现一个“读”字，将读作为一条主线贯穿于教学活动的始终。教师在导读时，不仅要培养学生边读边想的习惯，还应引导学生在读中体验，在读中生疑，在读中感悟，在读中记忆。

以导为辅。“导”即引领。在中国优秀传统文化导读课堂上，教师的角色是苏格拉底所说的“助产士”，其主要职责是适时、适当、适度地启导、引导、辅导和指导。

相观而善。“相观而善”是《礼记·学记》总结的教学方法之一，要求学生之间相互观摩、相互启发、相互学习，借人之长补己之短。学生在自读、自思、自悟、自得中学会倾听、学会观摩、学会交流、学会合作，体验成功。

不求甚解。陶渊明在《五柳先生传》中说过：“好读书，不求甚解，每有会意，便欣然忘食。”这句话曾被后人误读。其实，这是读书的忘我境界。阅读，重在整体会意，“解”往往是在“读”的过程中发生的。就小学生而言，阅读古代经典理该如此，不可求强解、求统解、求全解，应注重整体会意，很多时候知大意即可。

寓教于乐。对于儿童来说，阅读是一种心灵的游戏。《古诗文赏析》中华经典诵读不能满堂灌、死记硬背，不能上成机械、呆板的语文课，而是应做到既“活”又“动”，采用学生喜闻乐见的形式，力求生动活泼。即便是读和背，也应该让学生饶有兴趣地读、有滋有味地背，甚至有时候可以根据需要将教学场所由室内搬到室外。

架构大格局，力争有拓展

阅读，让师生更具智慧，让教育变得从容而美丽，让有限的生命更为深邃和精彩。我校全方位、多角度创造良好的大阅读环境，让浓浓的阅读氛围萦绕整个校园。

三位一体。在着力实施《古诗文赏析》中华经典诵读的进程中，我校还大力推进学生经典诵读活动，积极倡导师生共读、亲子共读，逐步形成了导读、诵读、共读“三位一体”的中国优秀传统文化教育特色。学校的经典诵读活动做到了“四有”，即有计划、有篇目（校本教材）、有时间（在校日每周一节校本课程）、有评价（每单元呈现多样的评价方式）。学校每年举行一届经典诵读大会，全校学生人人踊跃参与。

四化同步。将中国优秀传统文化教育同学校德育工作、文化建设结合起来，是我校多年的做法。在德育工作方面，实施书香行动，将阅读经典与感恩教育、文明礼仪教育融为一体；根据学生实际，开展《弟子规》诵读活动，有针对性地对学生进行良好行为习惯的训练和考评，真正使中国优秀传统文化内化于心、外化于行。在文化建设方面，精心设计教室文化、走廊文化、橱窗文化，让中国优秀传统文化物化于墙壁、美化于校园。内化、外化、物化、美化“四化同步”，拓展了中华经典诵读的空间。

多科并举。我校还注重在语文、数学、品德与社会等学科的教学中有机渗透中华经典诵读，在艺术教育中凸显中华经典诵读。语文课，教师注重引导学生感受汉字之美、汉语之美，注重古代文学作品的诵读和感悟；数学课，教师将《九章算术》等引进课堂，拓宽学生的视野，激活学生的思维；品德与社会课，教师根据教学内容合理补充课程资源，将中国古代名人爱国、孝悌、诚信、文明、智慧的故事有机融入教学之中；美术课，教师将古诗配画引进课堂，让学生通过艺术之美感悟中华文化的博大精深。

中华经典诵读不仅促进了学生的精神发育和语言发展，也促进了教师的专业成长，更促进了特色学校发展。教师撰写的论文和案例公开发表或获奖近百篇，执教的优质课在全国、省、市获奖25节，多名教师被评为省、市、区学科带头人和骨干教师。学校多次被中国青少年发展基金会授予中华古诗文经典诵读“全国优秀学校”称号，“全国中华古诗文诵读先进学校”称号，山西省“特色学校”称号。我们甚至可以自豪地说：“从第二实验小学毕业的学生，都能收到学校送给他们的一份最厚实的毕业礼物——那就是积淀在他们心中的200余首经典古诗词”。

当然，五千年的优秀传统文化浩如烟海、博大精深，她打开的是一片广阔的天地，绽放的是一种永恒的魅力！路漫漫其修远兮，要真正了解、领悟，我校还需不忘初心，砥砺前行，充分发挥传统经典的浸润和熏染作用，让校园充满书香和诗意，让优秀传统文化灿烂的光芒沐浴孩子们纯真的心灵，奠定了他们较为厚实的人文底蕴！

办好家门口学校　打造高品质教育

陕西省韩城市龙门镇第二幼儿园　贾晓娟

龙门镇第二幼儿园位于大池埝村，是一所高标准建设的乡镇公办幼儿园，幼儿园占地面积8650平方米，建筑面积约2600平方米，园内配置9个教寝一体的标准化教室、设有科学发现室、舞蹈室、图书室、国学大厅等四个功能部室，总投资约900万元。

走进龙门镇第二幼儿园，映入眼帘的是设施齐全的幼儿操场，孩子们在操场上像水中的鱼儿一样自由嬉闹，尽情释放心中的喜悦。一幢五颜六色、教学功能齐全的教学楼在阳光下显得格外醒目。学校在2017年建成之初就高标准配备了教学设备和优质的教师资源，给韩城市龙门地区的适龄学生提供了在家门口就可以享受到和城里学校一样的教学环境。

自2017年9月开园以来，幼儿园以“启智、养正、健体、博爱”为办园理念，以“绽放童年　走向世界”为办园目标，以“我们用心、孩子开心、家长放心”为服务宗旨。以“一群人、一件事、一起拼、一定赢”为工作信念，凝聚共识，打造出了一支“师德高尚、充满活力、乐于奉献、业务精湛”的教师团队，打造出了一所家长“家门口的好学校、心目中的放心园”。

一、聚力队伍建设，实施精细管理

聚力教师队伍建设、打造高素质教师团队。幼儿园遵循以制度促教师发展、定期开展常规业务培训、坚持基本功过关、科学进行分层培养的原则，促进教师发展与成长，目前，龙门二幼教师共获得省、市级荣誉15次，1名教师在省级教师技能大赛中获奖，3名教师在市级教师技能大赛中获奖，全园有2名省级教学能手，1名市级能手，1个市级课题正在研究实施中；实施精细管理、为幼儿健康保驾护航。一日保教活动牢固树立“安全第一”思想，安保措施得力，安全教育有效，安全培训扎实、安全演练及时。后勤工作中严把食品进口关，制定带量食谱，注重营养均衡，进餐时间科学，食品留样规范，确保饮食安全卫生。

二、注重内涵发展、促进科学保教

珍视游戏价值、践行课程游戏化建设。龙门二幼坚持通过“三问”，即“幼儿喜不喜欢、课程好不好玩、幼儿发不发展”开展幼儿园课程建设，充分合理利用资源，把课程游戏化理念融入园本课程中建设中，以民间游戏、礼仪教育、艺术活动等为依托，开展园本课程活动；坚持以健康教育为主导，铺就快乐成长跑道。我们始终将幼儿的健康成长放在首要位置，以丰富的体育活动为载体，依托全国足球特色园创建为契机，开发足球相关游戏，并与健康教育内容相融合，开展体育集体课程——户外区域游戏——户外自选游戏等多种健康活动形式，在幼儿户外游戏中设置沙池区、攀爬区、跑跳区、投掷区、车区、自制教玩具游戏区、大型玩具区等。结合幼儿体质实际，科学制定幼儿一日常规，每周都有体格锻炼计划和落实情况反馈，丰富幼儿户外游戏内容，确保幼儿拥有健康体魄。以艺术教育为突破口，实施快乐教学。遵循“保教并重，以艺促智，培养兴趣，提高素质”的方针，开设了舞蹈、绘画、手工、泥塑等各类特色区角活动，对幼儿进行早期艺术熏陶。以礼仪教育为切入点，培育文明礼貌好习惯。我们从礼仪教育切入，以爱国主义教育和感恩教育为主线，将养成教育贯穿始终；把幼儿良好的学习、生活、卫生等习惯培养渗透于常规教学和管理之中；结合大、中、小班幼儿的特点，以“三字经”、“弟子规”的形式因材施教，给孩子的心灵植入文明礼仪的种子，使幼儿学礼、知礼、懂礼、用礼，并使幼儿在礼仪中发现美、欣赏美、表达美、追求美。校里每天都传播着礼仪的气息，洋溢着温馨，在潜移默化中使幼儿养成了文明礼貌的良好行为和习惯。以构建制作为载体，培养创造创新意识。我园实施亿童教材，鼓励幼儿大胆创新，各班根据季节变化及活动课程主题，每月开展创设主题墙活动。并进行了“庆国庆师幼手工作品”评比，以端午节、中秋节传统节日、二十四节气等契机开展幼儿作品展活动，孩子们通过撕、拼、贴、编、剪、画等手工制作，以丰富多彩的作品，巧妙地布置出一幅幅奇特的墙饰，表现着自己的，欣赏着同伴的，使孩子们的潜能和创新意识在体验和发展中得到了升华。规范保育行为、提升保育水平。在保育工作的开展中，我园坚持以《陕西省幼儿园保育员工作指南（修订）》文件为引领，将《工作指南（修订）》各项要求落实到保育员一日工作中，积极探索，及时总结，不断完善保育工作内容，优化保育工作流程。并根据幼儿园实际情况结合《工作指南（修订）》中入园离园、生活管理、卫生消毒、配合工作等环节，制定幼儿园保育员一日工作细则和要求，注重幼儿的自理能力、生活习惯的培养，形成了规范、科学、有序的操作体系和工作流程。

三、加强家园联系、做家长的“好朋友”

本着“尊重、平等、合作”的原则，以“家访工作常态化、家园交流时时化、家长会重点化、亲子活动亮点化”为工作要求，争取家长的理解、支持和主动参与，做家长的“好朋友”，促进幼儿园办园水平的提高。

制定幼儿园《家访工作制度》，学期初初遇家长会、学期中家长交流沙龙、学期末成果展示等家长会邀请家长来园，同时通过微信群和家长及时沟通，每月对每个幼儿进行电访2-3次，向家长及时汇报幼儿在园的一些情况，及时了解幼儿在家的一些表现，做到幼儿发展全方面掌握。同时运用展板、宣传教育栏、微信公众号宣传育儿知识，引导家长科学育儿。家长们也利用微信群里对我园举办的各种活动进行转发宣传，并给予高度赞誉，家长为我园送来一幅幅锦旗表达对幼儿园和老师的感谢，在六一活动后、中二班家长送上一首七律：观龙门二幼中二班庆六一汇演有感：结彩张灯庆六一，龙门二幼闹翻天。稚儿台上真心乐，家长群中彻底欢。喜看乖孙歌又舞，深疼爱女热还寒。栉风沐雨青禾壮，敬赞园丁喜开颜。

全园所有教职员工目标明确、群策群力致力于办优质园所，提升办学品质、让乡镇幼儿享受到优质资源教学资源，用实际行动彰显了家长“家门口的好学校、心目中的放心园”。

乘风破浪会有时

陕西省汉中市龙岗学校　张书林

汉中市龙岗学校是2008年9月经汉中市人民政府批准、汉中市艺苑房地产开发有限公司投资兴办的一所集小学、初中、高中为一体的现代化、高质量、寄宿制优质品牌学校。学校位于汉中市“一江两岸”的城市南区，占地面积168亩，现有126个教学班，6600余名学生，教职员工800余人。建校十二年来，在各级政府和教育主管部门的领导和关怀下，在社会各界朋友的支持和帮助下，龙岗人怀着对教育事业的满腔热情和执着追求，勤勉不辍，砥砺前行，开拓进取。走出了一条“个性化、优质化、国际化、特色化”的办学之路，探索出一条由“民办学校”向“民办名校”的嬗变之路。

一、志存高远，机制创新

龙岗学校以“建中华名校，育时代英才”的宏伟格局、以“崇尚质量、追求卓越”的龙岗精神为办学目标，制定了三个“十年规划”，即第一个十年（初级阶段：2008年—2018年），汉中一流，陕西知名。让龙岗学校“站起来”　，成为“汉中名校”。第二个十年（发展阶段：2019年—2028年），陕西一流，全国知名。让龙岗学校“跑起来”　，成为“陕西名校”。第三个十年（成熟阶段：2029年—2038年），中国一流，世界知名。让龙岗学校“强起来”，成为“中华名校”。

为了全面实施学校发展目标，学校创设了适合学校发展的管理体制，在干部任用上，实施能者上，平者让，庸者下的激励机制，为想干事，能干事，干成事的提供平台。在薪酬上，实行薪酬随着岗位走。坚持多劳多得，优劳优酬的分配机制。在聘任上，实施全员聘任制，坚持公正公平，注重工作态度和绩效的统一。对能力突出的，低职高聘，对个别平庸者高职低聘，对工作达不到学校要求，进行指导帮助，起色不大的调岗或解聘。

实施工作目标责任制，千斤重担大家挑，人人心中有目标，对达到目标的予以奖励，坚持奖优罚劣。强调执行力，定了干，说了算，不是落实在口上，而是落实在手上，不是落实在思路上，而是落实在行动上。不是落实在做了上，而是落实在做好上，不是落实在发现问题上，而是落实在解决问题上。

学校党委坚持党建领航，思想铸魂，凝心聚力，融合发展的工作方针，把导人心，暖人心、聚人心作为工作抓手，对老师实行六必人文关怀，有困难必帮助，有矛盾必化解，有成绩必表扬，逢生日必祝贺，生病住院必探望，家中红白大事必慰问。解除教职工的后顾之忧，充分调动大家的工作积极性。

在学校管理上，实行分合协调，刚柔相济，固本培元，纲举目张，学校以“一室三部四中心”构成管理主体，实施“科学管理”，“三全”管理，人文管理，精细管理，注重“思想引领，层级落实，制度保障，人文关怀”，既体现各学部的独立性，特色化，又三位一体，统筹推进，学校督导室，素质教育中心，学校发展中心，后勤服务中心，后勤服务与家长服务中心，“一主四翼”四体联动，形成了全校一盘棋，家校一条龙的管理运行模式。

二、德育为先，思想铸魂

习总书记指出，“人无德不立，育人的根本在于立德”，学校始终坚持德育为首，育人为先。创造充满爱心和智慧的教育，创造科学、人文和个性的教育，创造开放、民主、包容的教育，创造激励、呼唤、和谐的教育，创造生动、活泼、主动发展的教育，创造充满希望、光荣和梦想的教育，创造学习、思考、实践、探究的教育。

大力践行社会主义核心价值观，以培养学生良好的思想品德和健全人格为根本，以促进学生形成良好的行为习惯为重点，以“课程育人、文化育人、活动育人、实践育人、管理育人、协同育人”为途径，立足“五大校本活动”（艺术节、科技节、读书节、体育节、合唱节）、“六大主题教育”（养成教育、信心教育、感恩教育、生命教育、礼仪教育、责任教育）、　“七大成长典礼”（开笔典礼、青春典礼、成人典礼、入学典礼、尊师典礼、孝敬典礼、毕业典礼），以生动活泼、乐于进取的学校德育文化创造“五彩缤纷、各美其美、美美与共”的校园活动，各项活动精心设计，认真组织，生动感人，入耳入心。月月有主题，周周有活动，养德于心，育德于行。

三、孕育名师，汇聚翘楚

名校之永久，必在名师荟萃、卓越团队，这是一个学校可持续发展的不竭动力。龙岗学校倾力建设廉洁自律的领导班子，努力打造爱岗敬业、师德高尚、业务精湛、德艺双馨的优秀师资队伍，增强学校的核心竞争力和发展后续力。

学校坚持用崇高的理想激励人才，用宏大的事业凝聚人才，用优厚的待遇奖励人才，用深厚的感情留住人才。激励教师“爱岗敬业，关爱学生，刻苦钻研，严谨笃学，勇于创新，奋发进取，淡泊名利，志存高远”，做有理想信念、有道德情操、有扎实学识、有仁爱之心的好老师，要求教师以德立身、以德立学、以德施教，做好学生学习成长的领路人。

学校十分重视青年教师的培养工作，努力促进青年教师的专业发展和个人成长，通过全面开展赛教评教、“青蓝工程”、师徒结对等活动，促进青年教师的业务成长。学校有计划地安排部门领导、骨干教师到北京、西安、重庆等地参加交流培训会议，先后邀请北京大学、清华大学、华南理工大学、中国科学院大学、西安交通大学等名校的专家来我校为教师进行专业培训，鼓励和支持骨干教师外出观摩学习，为参训教师提供经费保障，着力打造一批名副其实的不同等级的教学骨干和学科带头人，不断提高学校教师的整体素质和水平。

学校以“乐于奉献、敏于学习、勇于实践、善于创新”为核心助推了教师队伍综合素养的发展，以构建“过关教师——骨干教师——学科带头人——卓越教师——专家型教师”的阶梯式教师成长体系为方向，激励教师钻研业务、苦练内功。

学校着力打造以省市县级的教学能手、学科带头人、名师为核心的“三级三类”骨干教师体系，不断提高我校教师的整体素质和业务水平。学校现有特级教师5人，全国优秀教师2人，省级先进23人，市级先进48人，区级先进178人。省市教学能手、学科带头人68人他们为龙岗学校的教育事业做出了巨大的贡献，取得了辉煌的成绩。

学校高度重视教育科研，取得丰硕的研究成果。近年来，教师获得各级教育科研成果奖135项，其中国家级2项，省级6项，市县级级28项，35项科研成果在省级以上刊物发表，36项国家、省市课题立项或结题。“五环教学法”获陕西省基础教育成果二等奖。

四、质量立校，追求卓越

学校面向全体学生，积极实施素质教育，落实核心素养，培养全面发展的人，追求“高质量与高升学”的统一，“筑高原与建高峰”的统一。创造本土的、创造性、可持续发展的教育，创造适合每个孩子的教育，创造与国际接轨的教育，创造可持续发展的教育，倾力打造和培养有梦想的，全面发展的，引领未来的优秀人才。

学校在“尊重个性，创造成功”教学理念的指引下，创造生命化的、动态化的、多元化的“1+N”课程。创新“5+1”高效课堂教学模式，激发学生主体意识与学习潜能，促进师生教学相长，提高学生的信息素养与艺术素养，培养学生的创新能力与社会实践能力，使学生在德、智、体、美、劳诸方面都的到全面发展。

1.实施多元课程

课程是教学的心脏，学校通过“多彩课程”，实施“多元评价”，为学生提供最大的选择可能和发展空间。学校开发了“1+N”课程体系，“1”为国家课程，“N”为学校课程，实施国家课程、地方课程和校本课程的整合融合，满足学生多元化发展需求，丰富学生的精神世界和校园生活。

2.创新课堂模式

坚持以生为本；以学定教；先学后教，先练后讲，学案导学，问题中心。

根本思想：先学后教、当堂训练、精讲精练、讲练结合、以学定教、少教多学。变“讲堂”为“学堂”，解放学习力，给学生主动求知、自我发展的自由，让课堂成为体现激情和智慧、进行实践和探究的平台。

基本环节：读一读：出示目标、阅读教材，　试一试：学生自学与尝试，讲一讲：教师点拨与讲解；练一练：练习与运用，记一记：归纳总结、复习巩固。

学校把激发学生学习内驱力、提高自主学习能力、培养良好学习习惯融入日常的教育教学之中，把“抓高考”和“提素质”有机地结合和统一，走“绿色高考”之路，不仅为学子的高考成绩负责，更为学子的终生发展奠基。真正实现学生的个性化、特色化发展，开拓学生的国际视野，培育学生的民族情怀，倡导学生的担当精神，为中华民族培养真正的时代精英！

五、文化浸润，入耳入心

学校始终坚持和贯彻“提升文化内涵，实施文化育人”的宏伟战略。学校倾力打造文化管理的引擎和内核，营造价值的认同感，文化的向心力，心灵的归属共鸣场，熔铸学校可持续健康发展的核心竞争力。建设高品质的校园文化，引领龙岗学子卓越发展。龙岗学校突出价值引领，打造“追求卓越、崇尚质量”的精神文化；突出人文关怀，建设“和谐温馨、陶冶情操”的环境文化；突出自主自律，建设“优质高效、尊重差异”的学习文化；突出“规范+选择”，建设“发展为本、健康进取”的制度文化。龙岗学校让课程改革成为构筑学子梦想的快乐家园，让文化艺术成为滋润学子心灵的花香瓣瓣，用教育打造生活与生命的品位，用心灵感悟文化与科学的绵延，用爱心放飞青春与梦想的双翼。让学生感受校园文化的馨香，延展青春无悔的画卷！

六、播撒大爱，服务育人

学校实施“营养、睡眠、锻炼、卫生”四位一体的强体工程。

小学初中实行三餐加两点的用餐方式，每周公布食谱，力求营养均衡。采购，保管，加工严格按照相关要求，对从业人员规范操作进行培训，监督，保证了食品安全。

实施晚寝+午寝的睡眠方式，确保学生睡眠达标。对周末回家返校的学生实行学校和运输公司合作接送的方式，对车辆、驾驶人员均有严格要求。

每学期对学生进行体检，对生病的学生及时治疗陪护。建立生命绿色通道，宿舍每天定时开窗通风，每周及时消毒喷洒，严防疾病传染。

强化细化优化学校的安全管理体系。建立健全学习安全管理的各项制度和机制。加强三防（物防、人防、技防）建设，排除安全隐患。安全教育常态化，每天三分钟安全教育，一日安全报告制度，每天三前点名制，一周安全隐患排查，一月安全会议，一学期开展一次安全演练，有效防止了校园安全事故的发生，充分保障了教育教学有序进行。

七、硕果累累，声闻三秦

学生综合素质不断提升，我校高中学生参加陕西省中文辩论大赛获第一名。龙岗学子在第六届全国青少年模拟政协活动中获团队奖三项，个人奖十四项。教育教学质量稳步提升,学校知名度.美誉度进一步提升.学校先后被评为陕西省第一所民办基础教育示范学校，国家基础教育中小学教师培训基地学校，“全国十佳特色示范学校”、全国青少年校园足球特色学校、全国民办教育先进集体、全国初中质量建设先进单位、陕西省民办教育示范学校、陕西省素质教育优秀学校、中共陕西省委组织部“五星级党组织”、陕西省中小学幼儿园教师培训工作先进集体、陕西省师德师风建设先进集体、北京大学、清华大学、中国科学院大学、南京大学、南开大学、西安交通大学等46所一流名牌大学相继确立龙岗学校为“优秀生源基地”学校。

风正潮平，自当扬帆破浪；任重道远，更须快马加鞭，龙岗人必将意气风发，昂首阔步，迈向更加辉煌灿烂的明天。

让童年因文明而芬芳

——宁强县广坪镇中心小学创建省级文明校园工作纪实

陕西省汉中市宁强县广坪镇中心小学　高虹

巍巍笋林山屹立，清清广坪河流淌，陕西省文明校园——宁强县广坪镇中心小学像一颗撒播在秦巴山岭的一颗珍珠，散发着熠熠光辉，温润着一方儿女！

近年来，学校以立德树人为主线，扎实有效推进文明校园创建工作，把社会主义核心价值观融入校园文化，以文化人、以德育人，聚焦“立德树人”根本任务，打造学校特色、突出学生主体、厚植道德根基，迎来了文明校园创建与学校发展并驾齐驱、相得益彰的良好新局面。

队伍建设勇担当，文明之路齐谋划

学校坚持党建引领，打造忠诚担当、风清气正的学校领导班子。成立创建工作领导小组，建立、完善了文明校园创建的长效机制，制定创建文明校园工作计划、考核奖惩办法，保证创建工作所需的财力、物力、人力、时间，形成了全校教职工齐心协力抓创建促发展的良好局面。制订了《教师师德师风处理暂行规定》，学期初签订师德师风责任书，定期对涉及师德师风问题进行严格检查与问责，形成制度刚性约束。成立教师志愿者服务队，走进社区清洁卫生、走村入户做好教育扶贫政策宣讲员，通过一件件小事传递着文明。每学期开展“道德讲堂”、“不忘初心，追梦前行”教师节分享会等，在活动中凝心聚力，铸就广小人团结和美、甘于奉献的精神特质。开展专题学科研讨和课题研究，引领教学改革方向；开展教学研讨、教师基本功大赛等教学研讨活动，让老师们感受专业拔节成长的力量；开展“青蓝工程”，“一课一名师，一师一优课”活动，强化教师队伍建设。近三年，在省市县各级比赛中，我校教师共74人次获奖。

校园文化润无声，文明之根悄萌发

文化，是一所学校最美的风景。学校将校园文化浸润到校园的每一个角落，花圃中、操场上、路灯下，随处可见的文明标语、经典诗篇、公益宣传画，浓厚的文明气息流淌在校园的每一个角落。走进校园，一股清新素雅的文明之风扑面而来：“感恩”的巨型石刻、呈“八一”字样的屋顶建筑风格，彰显着对部队援建的感恩之情，“梅、兰、竹、菊、松”五苑错落有致，寓意中国传统文化在校园生根发芽；操场边的“足球梦、童年梦、中国梦”醒目标语，以体育运动融合中国梦的知识理念，启迪学生在玩中学、学中玩；创建市级精细化管理示范食堂、标准化宿舍，为学生打造温馨舒适的“第二家园”，引导学生培养良好的行为习惯，营造积极向上的行为文化；缔造完美教室，师生齐心协力，用心构思打造具有班级特色的班级精神文化。通过校园文化和学校建筑、制度,学生行为、精神的有机融合，让学生们在校园里随处感受文化的熏陶，文明创建之根已在校园内悄然萌发。

实践活动播种子，文明之花喜绽放

文明创建要内化于心、外化于行。学校大力开展培育和践行社会主义核心价值观进校园活动，结合校情编写了《社会主义核心价值观校本教材》。开展社会主义核心价值观主题班队会、演讲、征文比赛，让核心价值观的种子植根孩子们心田；开展文明班级、文明宿舍创建、评比，让争优树模的思想激励文明之花竞相绽放；开展争做“最美乡村教师”、“向身边敬业奉献的楷模——李成荣老师学习”，寻找“美德少年”等一月一主题活动，让身边的榜样时刻激励师生奋勇前行；结合广坪革命烈士陵园的有利条件开展清明祭扫烈士墓活动、“七一”童心向党歌咏活动、“迎国庆，我向国旗敬礼”等传统节日活动，引领孩子们作追寻中国梦的好少年；带领学生走进社区，争做新时代的小雷锋，帮扶共建美丽乡村，让文明的星火处处燎原；设置开放图书角、诚信文具店培养学生诚实守信、自律的良好道德品质；开辟　“小农夫”种植园，引领师生共同参与劳动实践，感受劳动的辛苦、体会收获的喜悦，自觉践行“光盘行动”。通过丰富多彩的特色主题教育实践活动，在学生心中播下文明的种子，让文明礼仪之花绽放在校园内外。

特色教育展风采，文明之行结硕果

陕西省文明校园的创建给学校注入了新的活力，学校以感恩教育、校园足球、信息技术、劳动实践教育等为切入点，立足于特色教育和可持续发展，成绩喜人。

学校先后荣获首批“全国青少年足球特色学校”、“陕西省爱挑战优秀基地学校”、陕西省第一届教育信息化创新大会优秀组织单位、第二届青少年“爱挑战”活动暨互联网+素质教育优秀组织单位、陕西省文明校园，学校推送的《让大山里的孩子享有幸福的童年生活》荣获“全国基础教育信息化应用典型案例”，学校足球队在市县各级比赛中荣获冠亚季军奖牌20多面，学校连续多年荣获“宁强县全面实施素质教育提高教育教学质量先进单位”，2020年度荣获“宁强县三八红旗集体”、“十有十没有”平安校园、“宁强县健康学校”。

文明是帆，学校是船，让文明引领学校扬帆远航；文明是花，学校是林，让文明浸润学子花开满园芬芳四溢；文明是灯，学校是海，让文明指引着孩子们向善而行！

新时代孕育新气象，新使命呼唤新作为！我们有理由相信，宁强县广坪镇中心小学将不忘教育初心，不负百姓重托，砥砺前行，载着莘莘学子，在文明的殿堂里涵养品格，让文明浸润多彩的童年，让文明芬芳欢乐的校园，在创新的思维里放飞自我，在知识的海洋里扬帆远航，在绵延的群山之中书写着新的传奇……

传承诗歌教育精粹，弘扬经典文化发展

——华阴市岳庙高级中学诗教校园

陕西省华阴市岳庙高级中学　张新强　崔平　史媛

“一年之计，莫如树谷；十年之计，莫如树木；终身之计，莫如树人。一树一获者，谷也；一树十获者，木也；一树百获者，人也。”　这段话既阐明了人才培养的重要性，也揭示出人才养成的不易。我校坐落在华山脚下，因建于西岳庙前而得名。办学至今，我校教育教学设施完善、校园环境优美、校园文化建设别具特色，成为一所省级标准化学校。立足于学校、教师和学生的长远发展，我校提出了“领导服务老师，老师服务学生”的办学理念。尤其近几年，我校重视校园文化建设，把建设诗歌校园、书香校园当成重点工作来抓，提出了走以“诗性教育”为特色的发展路线，努力实现“诗歌校园，书香校园，人文课堂，涵养教师，儒雅学生”这一美好愿景。准确的定位、强力的保障、切实可行的操作，使我校办学质量有了突飞猛进的发展，不管是基础建设还是内涵建设都发生了明显的改变，诗歌气息浓郁，书香氛围浓厚，真正成了一所人人皆知的诗教校园。

一、氤氲如流水，处处诗香情

一个学校的文化不是一天形成的，而是长期积淀的结晶。在办学过程中，我校始终立足学校地处名山古迹这一先天优势，努力弘扬传统文化，注重校园文化建设，打造诗歌校园的文化氛围。诗意的校园是美丽的，美丽的校园才有诗意。我校的校园“诗在校中生，校在诗中香。”樱花满园，粉似霞；牡丹娇艳，红胜火；玉兰独立，白如雪；翠竹新绿，颇可爱；松柏参天，形似伞盖；北田新开，淡然恬静……可谓是如诗如画。校门口楹联呼应于两侧，校园里古诗招摇于展牌，长廊中诗歌映照于廊柱；楼道里佳句静立于台阶；教室里新诗贴身于墙壁；广播里佳作飘荡于空中；电子屏内诗句滚动于眼帘中；校报上诗歌徜徉于文字间；课堂里名篇传情于师生里；公众号里诗意传递于图文间；课题中诗歌传承于文化中……

我校诗教工作和校园文化建设有机结合，进一步拓展诗词进校园的深度与广度。现如今，校园的每一处花坛，每一个台阶，每一条长廊，每一块石韵，每一间教室都具有诗词教学的特色，大处着手，小处落笔，整个校园都洋溢着浓郁的诗化氛围。

二、匠心照明月，诗教暖人心

“诗教”是中国的文化传统。孔子说：“小子何莫学夫诗？诗可以兴，可以观，可以群，可以怨，迩之事父，远之事君，多识于鸟兽草木之名。”兴者，激发情志，获得美的享受；观者，观察社会，体察政治得失、民风盛衰；群者，交流感情，达到“乐群”的目的；怨者，可以抒发心中不平之气，起到批判现实的作用。

为了更好地传承“诗教入校”，我校除了开展传统教学研究之外，还开展了课题引领，将诗教贯穿到常态语文教学过程中。我校先后参与完成了两项国家级诗歌方面的课题研究，并获得了一等奖的称号，参研的教师在诗歌教学方面成绩颇丰。在常态语文教学中，我校按照新课标要求，大胆开展诗教工作和语文高考的有机结合的研究工作，

探索出一条适合高中诗歌教学的新路子，注重诗词的背诵和默写，注重学生诗歌创作能力的培养。我校的诗歌教学除过高二选修课《中国古代诗歌散文欣赏》集中学习之外，还积极开设校本课。我校语文组老师根据地域特色、学校特色、学生特点，以古典诗词教学为契机，以诗词文化为基础，编辑了自己的诗歌教材《中华经典诗词荟萃》，用于平时校本教学；把学生所写的诗歌修改整理，形成了我校学生诗歌作品集《探索》，用于平时的交流研讨。办学路上，我校认真将诗歌文化教育纳入学校特色发展、品牌创建规划以及教育教学计划之中，制定了科学合理的工作方案，组织机构健全，师资配备齐全。以课题为引领，将诗歌文化教育融入语文教学之中，定期开展校本研修活动。开设诗歌校本课程，研发了校本教材，并在师生中普遍使用，形成了具有地域特点、校本特色的诗歌文化教育课程体系，取得社会的广泛好评。

三、百花争相放，千古念初心

我校不仅诵读经典，还有传承、创造。我校先后成立了“知行”读书社、“华岳”文学社、“思辨”朗读社等跟诗歌有关的学生社团，以便学生交流学习。其中“知行”读书社社团活动主要进行诗词的欣赏和理论研究；“华岳”文学社主要进行诗歌的创作和诵读；“思辨社”以品读朗诵诗歌为主。诗词社团活动不仅带领学生在诗词艺术的殿堂里尽情地欣赏美不胜收的诗词艺术精品，还为学生的诗词创作提供了指导和帮助。其中我校“华岳”社员来到华山景区参加由华山诗词学会、“华岳”文学社主办的“2019.迎春诗会”；“思辨社”及“华岳”文学社的同学连续两年参加华阴市举办的“中国梦·爱国情 ·成才志”经典诵读比赛中获得中学组二等奖的好成绩。通过这些活动，不少学生对诗词产生了浓厚的兴趣，也为他们今后的诗词创作打下了基础。 其次，我校广播站、公众号、校报、校园为师生们的创作提供了展示平台，让他们可以有更广阔的展示空间。特别值得一提的是学校创建了自己的公众号，本着“传承国学经典、陶冶学生情操、美化校园生活、服务教育教学”的宗旨，发表师生及家长习作，介绍诗词创作基础知识，使公众号成为师生交流诗作的平台。特别是疫情期间，教师学生纷纷为民众加油打气，佳作不断。另外我校还充分利用操前读、升旗、入团（队）等仪式以及重大纪念日、传统节日、校园艺术节等开展诗歌主题教育活动，采用诵读、书画、表演、采风、创作等多种形式，贴近学生实际，师生参与率高，形成了本校独具的特色。我校也通过家长会、家长日、家长学校等活动积极将诗歌文化教育活动向家长、社会延伸，形成了“三位一体”育人格局，受到家长、社会普遍欢迎和认可。到了今天，我校已经在各界各类的诗歌朗诵、创作比赛中，累累硕果，先后取得了省、市、县各级的各种奖励，我校教师排练的节目《有一种美叫中国诗》参加省级评选，荣获诗歌朗诵二等奖、优秀组织奖，学生诗歌朗诵《大国崛起》荣获省级三等奖；学生诗歌朗诵荣获市级二等奖等。此外，我校今年有二十余名学生参加《中国诗歌学会》组织的“孩子为父母写童诗”征稿活动，作品全部被采用。

“春风桃花红、雨润花更艳”教育是温暖人生的一缕阳光，它尊重、赏识每个个体，致力于学生能力、品德等各方面素质的全面提升，服务于个体的健康成长，滋养每一个生命。诗路漫漫，我校会继续秉承“弘扬传统文化，构建诗意校园”办学理念，用诗歌教育弘扬经典文化，用真心照亮学生心田，日复一日，永记初心！

克难求进，实现发展新跨越

陕西省商洛市山阳县银花镇中心小学 赵永德

农村是社会的基础，改造社会必须从改造农村着手；而改造广大农村，必须从发展农村教育入手。“选择教育就是选择奉献！”为给予农村学子飞出大山的勇气和力量，在县科教局、镇党委、政府的关心支持下，我校秉承“脚踏实地走好每一步”的教育信念，凝心聚力，真抓实干，艰苦努力，努力创办一所学生喜欢、家长放心、社会满意的农村寄宿制完全小学。

在全体师生的共同努力下，学校办学条件明显改善，教育教学质量稳步回升，在社会各界引起了如潮好评。

争取帮扶，旧貌换新颜

我校地处镇村结合部，始建于20世纪60年代初， 受地理位置的制约，学校东西两面被民房紧紧夹杂其中，且学校地处低洼地带，普遍低于民房七、八十厘米，校舍阴暗潮湿、光线昏暗成了笼罩在师生心上一道挥之不去的阴影。虽然校舍历经“普六”、“普九”、“普实”等多次改造与修建，但始终没能从根上排除隐患。

为了彻底解决这一问题，我校积极争取相关部门和社会各界的大力支持，努力改善办学条件，以期用优质的教育资源和优越的办学条件留住教师、留住学生。

2017年，我校积极争取政府项目投资467万元，首先把校址统一垫高了1米左右，接着对原两层教学楼进行了整体拆除，新建了建筑面积2405平方米的高标准的五层教学楼一栋。2018年9月，我校又争取县科教局补助资金40余万元，对学校建筑面积1122平方米的综合楼进行了翻新改造。2019年6月，我校再次争取政府投入资金170余万元，对学校大门、围墙、操场等附属设施进行了改造和新建，同时争取县教体局投资30余万元，对学生课桌凳、教师的办公桌椅、会议室等相关设施设备进行了统一的更新换代，同时还挤出5万元实施“明厨亮灶”工程。

“删繁就简三秋树，标新立异二月花。”通过近三年的不懈努力，我校的办学条件发生了历史巨变。如今步入校园，教学楼、综合楼，楼楼红白相间、气势恢宏，楼楼干净整洁、简雅大方，犹如镶嵌在山银公路沿线一道亮丽的教育风景线。

积极进取，扩大教育格局

办什么样的学校，培养什么样的人，是摆在校长面前第一要考虑的问题。校长只有解决了这个问题，才能为学校的发展指明方向，才能带领老师把学校建设好。作为一个已经在教育战线上摸滚摔打了整整22年的教育人，我凭着坚守教育的初心、渊博的知识、良好的人脉关系和丰富的教育教学管理经验，一步步从普通教师走上了领导岗位，实现了从大山深处调往川道大镇的华丽转身。

在银花镇中心小学任校长的10年间，我团结带领全体教职工始终以提高教育教学质量为中心，以创办人民满意教育为目标，紧紧围绕“让优秀成为一种习惯，使感恩伴随学生终生”这一校园文化主题，开拓进取，顽强拼搏，创造性地开展工作，用心血和汗水换来了学校教学质量的春色满园。2020年7月在全县中考会考中，我管辖的银花镇初级中学名列全县20所学校前6名；7月在全县三年级会考中，我校名列全县21所同类学校前10名。近年来，县教体局及镇党委、政府颁发给学校的各种奖牌多达20余枚，2017年我被山阳县人民政府授予“优秀教育工作者”荣誉称号。

学校的任务就是教书育人。只要还从事教育事业一天，我就会一直努力提高自己的专业水平，提升自己的教研能力，更新自己的教育理念，扩大自己的教育格局。

提质增效，实现质量大飞跃

教学质量是教育的灵魂所系，是教育教学工作永恒的主题。只有坚持以教学工作为中心，强化教学过程管理，全面提高教育教学质量，学校才能在激烈的竞争中得以生存和发展。基于这一认识，我把2019年的工作主题定为“教育质量翻身年”，以期实现教学质量的大跨越。

为了突出这一主题，扭转全镇教育落后局面，我结合全镇实际，广泛征求教师意见，并修订了2017年初下发《银花镇提高中小学教学质量奖惩细则》和《银花镇中心小学领导班子包抓年级管理办法》。在奖惩细则上，由过去只发优秀奖，到现在增设进步奖和奖惩优秀班主任奖，使奖惩制度更加科学合理，更加接地气，更能调动教师工作积极性。在领导班子包抓年级管理办法修订中，完善了包抓措施、目标、考核办法等。在每年春秋季两季提高教育质量工作会上，要求每位教师在大会上公开进行质量承诺，表明奋斗目标和工作决心。

在班子建设中，我始终要求班子成员做好“三个带头”，即带头抓好自己分管的工作，带头上好课，带头遵守学校规章制度。作为学校领头雁，我更是率先垂范，以身作责，在班子力量极其薄弱的情况下，主动担当，积极参与教学工作，使各项工作有条不紊地全面推进。仅2019年，我个人听课30节，查阅教师听课笔记30本，查阅教案40本，检查作业30余人次，主持召开教学工作会议8次，全面掌握各校教学管理情况。在我的感召下，全镇教师也做到了每周听课不少于1节，按时上报各类教学成果，积极参与教学研讨活动，整个系统形成一级带着一级干、一级干给一级看、全心全意深入一线工作的浓厚氛围。

在教学管理中，突出“四个一、四个会”的管理办法。“四个一”，即每单元自制一套检测试题，每月组织一次考试，每月开展一次“同课异构”，每学期聘请一次名师上示范课，促进了师生共同成长；“四个会”，即春秋两个专题提高教育质量会，两个期末复习动员会，增强了广大教师的质量意识，凝聚了人心，鼓舞了士气，使全校上下形成了强大的向心力和战斗力。

一个不少，让所有人学有所得

不抛弃、不放弃、不离弃，一个合格的教育人就应该不忘初心，勇担责任，争做所有学生思想的塑造者、明天的梦想者、幸福的经营者、未来的领航人。自扶贫攻坚战全面打响后，我紧紧围绕“控辍保学零辍学、教育资助无遗漏、送教上门有特色”的工作目标，精准识别贫困对象，让每一个人都有实现梦想的可能。

6月份，我们从派出所导出全镇户籍系统数据，然后再分别与国办系统、学籍系统、资助系统逐一比对，形成第一手资料。9月初，安排全镇教师进村入户逐一核实，再及时修改各系统错误信息，最终达到四个系统高度统一。2019年10月份，在全县建档立卡学生信息数据评比排名中，该镇位于18个镇办第一。

为了真正使辍学生进的来、留得住、学得好，我要求所辖范围内的中学、中心小学均成立舞蹈、书法、武术、乒乓球等社团，坚持每周开展一节社团活动，培养学生兴趣爱好，发挥学生个人特长，收效良好。2020年，全镇成功举办了“庆六一汇报演出”，中心小学武术社团在全县学校文化艺术节社团比赛中荣获二等奖，真正做到了让每一位学生学有所长、玩有所趣，如今全镇无一辍学现象发生。

为了使党的惠民政策家喻户晓，2019年，我先后组织教育扶贫政策专题培训会4次，培训教职工200余人次，发放《致贫困建档立卡家长一封信》674份、《教育脱贫政策解读宣传单》900余份、《教育脱贫宣传日历年画》1600余份，制作资助政策宣传微视屏一个，举行文化助力扶贫宣传汇演2次，走访贫困户473户。同时，我还组织了“百名教师大家访活动”和“教师结对帮扶贫困生专项行动”，建立了《贫困学生成长手册》和《帮扶纪实手册》。在我的组织领导下，全镇110名教师帮扶在本镇上学建档立卡贫困生683人，人均帮扶3-9名，真心实意地帮助贫困生解决学习生活中的困难，使贫困生真切地感受到了集体的温暖和老师的关爱。

如果说控辍保学是一盏灯塔，那么养成教育就是一道美丽的风景线。“播种行为，收获习惯；播种习惯，收获性格；播种性格，收获命运。”为使学生懂得感恩，用优异的成绩回馈父母、回馈老师、回馈社会，近年来，我校把养成教育作为素质教育的主要内容，要求全体教师在日常教育教学工作中，不失时机地向学生渗透养成教育，并使学生在学校这所大熔炉里逐步养成良好的守时、卫生、阅读、锻炼、文明礼貌、乐于助人、艰苦朴素、珍惜粮食等行为习惯，并使之伴随学生终生。在养成教育的助推下，见了老师问声好，遇到同学道声好已经成为学生的自觉行动，一个团结同学、热爱集体、讲究卫生、不挑食物、按时到校、刻苦学习、积极参加学校社团活动的文明新风在学校全面形成。

荣誉之下，不忘初心；追梦路上，永不停歇。我坚信，有了县教体局的坚强领导，有了全体教工的同舟共济、克难攻坚，银花镇中心小学的明天定会更加美好。

无悔教育路　赢得满园芳

陕西省铜川新区锦绣园小学　侯小军

24年的教育生涯，24年的艰苦探索，我一直扎根在铜川基础教育的最前沿，没有一天停止过对教育的思考和探索。“以高尚的师德、精湛的教学技艺和无私奉献的精神塑造了一名人民教师的光辉形象。”这是当地人民对我工作的最高肯定，也是激励我坚守教育高地，不断求新、求变、求突破的动力。

一路教书，静待花开

学校的任务就是教书育人，校长首先应该是一名优秀的教师，很多人最初就是通过课堂和培训认识我的。在山区教书的日子里，我正是靠执着和专一，努力做着教学工作。

庞家河小学地处山区，学校工作条件十分艰苦，孩子们底子差、见识少，我毫无怨言，主动承担四年级所有科目的教学工作。要搞好教学工作，除了写好教案之外，还必须在课前下功夫。为了上好美术课，我自己花钱买书籍，边学、边练、边教，让山区的孩子们感受到了艺术美；为了上好体育课，我在学校器械严重不足的情况下，亲自制作跳高架、篮球架等简易教具，对学生进行技能和体能训练；为了上好语文课，我除了每天清晨在校园里大声朗读课文直至熟读成诵外，还坚持每天给孩子们打红色的田字格和孩子一起练字……一年的教学努力，孩子们不仅在学业上取得了第一名的好成绩，而且在气质和生命状态上也发生了翻天覆地的变化。

在宜阳小学教书的日子里，我觉得紧紧靠努力是远远不够的，还必须从教知识转变为教兴趣。古人曾讲：“亲其师，信其道，厌其师，隐其学。”如何让学生喜欢自己？我觉得先让孩子们爱上自己的课。为此，我努力把自己变成小孩，在语文课上给孩子们讲幽默故事，和孩子们一起玩“你比我猜”成语游戏，古诗词接龙游戏，让孩子们在笑声中获得知识、体悟成长；在课间，我扮演评书家给孩子们讲《隋唐演义》《杨家将》等评书；在课外，我带领孩子们去小溪钓鱼、野炊，去树林里采蘑菇，现场进行即兴演讲，锻炼孩子们的表达能力；在周末，我还会和孩子们编排课本剧，主动扮演各种角色和孩子们一起表演，体会文本内涵。在我的引导下，就连不爱学习语文的孩子也都爱上了语文。除了激发兴趣之外，我还努力使自己成为一个专业的语文老师。在教学中，我严格遵循语文教学规律，不越位拔高孩子，机械训练孩子，尽量让枯燥的知识变得有趣。在品味能力方面，我尽心做到位，让孩子们在阅读中能够一只眼睛看到纸面上的文字，另一眼睛看到纸背面的深意。特别是我会每天坚持在学生面前阅读，还经常把自己的绘画、书法作品展示给孩子们看，给孩子表演唱歌、器乐演奏。在不知不觉中，孩子们开始模仿，渐渐厚重了他们的精神底色。

在新区教书的岁月里，面对更加聪明的孩子，我感受到了从未有过的压力。为此，我给自己立了一条规矩：“常态课一定要上成公开课。”为了信守这条规定，我转变师生角色，以小组合作学习为突破口，变过去先教后学成先学后教，形成了感悟发现问题、交流整合问题、合作探究解决问题、拓展延伸问题的教学思路，大大提升了孩子们的探究意识、思维能力和创新能力。面对古诗和作文教学两大难题，我和课题组的成员借助课堂实践，一次又一次的研究、反思、交流、探讨，总结出了“绕诗导入，预学检查——共学探究，理解感悟——延学拓展，丰富知识”的古诗教学新方法，使古诗教学柳暗花明；在作文教学中，我充分发挥绘本直观而寓意深刻的特点，开展了读写结合的作文探索，不仅使孩子们爱上了作文，也使他们课外阅读的兴趣大大提高。

24年这样的坚守，我已经形成了自己“风趣幽默、活而有序、情意浓浓、回味无穷”的教学风格，不仅使孩子们对语文有了兴趣，而且有了深度学习的能力和习惯，一朵朵花儿逐渐开放。

一路育人，花开有声

教育的本质是唤醒灵魂。24年育人路，我始终以习惯教育为抓手，践行爱心育人、课堂育人、体验育人三大主旋律，最大限度做到严爱相济、以文化人。

爱心育人。工作24年来，我深爱着每一个孩子，也让他们能看得到我的爱。刚到金谟小学时，班上来了一个两门功课只考了12分的同学文磊。他家境贫寒，离学校还很远，每天步行10多里上学，每逢雪天在中午放学后只能拿着冰冷的馒头站在校外瑟瑟发抖的哨着。于是每天放学后，我就将小文叫到宿舍一起吃饭，一起看书学习，还不时把自己的本子、笔送给小文，鼓励他好好学习。同时，我还坚持每天义务帮他补课一小时，而且一补就是一年半。三年爱的坚守，小文当了班长，还在最后的毕业考试中取得了第一名的好成绩。此后的日子里，我对小文的爱一直延续到今天。如今小文已经为人父母，成了一家大公司的高管。记得在小文结婚时曾哽咽地对我说：“侯老师，没有你就没有我的今天呀！”

课堂育人。我始终认为，课堂是培育学生良好品行的主战场。除了利用教材本身蕴含的思想因素对学生进行教育之外，我还利用教学间隙给孩子们讲红色故事、名人故事、哲理故事，组织他们观看《中华传统美德故事》视频，开设国学课和阅读课，对孩子们进行“三观”教育。

在24年的课堂教学探索中，我始终坚持“赏识、宽容、智慧”的育人理。小潘，一个由70多岁的爷爷带大的孩子，性格孤僻，成绩非常差，第一次月测，数学考了2.5分，语文考了6分。面对人们眼中的“差生”，我没有批评，也没有指责，而是采用书面和口头双管齐下的赏识鼓励教育。一学期过后，小潘变得阳光了。小乐，一个福利院的孤儿，性格乖僻，天天欺负小同学，教育答应，再教育再答应，就这样一直持续了七八次。但每次我还是会耐心教育，从不责罚。最后一次小乐因保护自己班的一个小女生又打了别班的一个同学，我问清原因后表扬了小乐，并为自己没有把小乐管好而用钢尺打了肿了自己的手板，小乐被感动，从此改掉了打人的毛病。小海是一个性格强悍、扰乱课堂的小霸王，我多次教育，但是效果不佳。为了改变小海，我冥思苦想，终于想出了一个办法，只要有一点点“闪光点”，就给予口头奖励或物质奖励。经过一年润物细无声的教化，小海的学习成绩由开学的6分上升到期末统考的65分。特别让我没有想到的是，一个家境如此贫寒的孩子竟然能将拾到五十元钱主动交公。

在育人路上，像小文、小李、小海、小乐这样的孩子我不知遇到了多少个。无论面对怎样的后进生，我都不讨厌，以爱为原点，采用赏识、宽容、智慧的办法，让孩子们走向真、善、美的康庄大道！

体验育人。“体验后果，会让教育变得更有效。”当孩子们不想学习时，我就带领孩子们迎着夏天火热的阳光走向建筑工地，让他们感受建筑工人、清洁工人的辛苦，使他们明白能够学习是一件多么幸福的事。当孩子们随意破坏他人的劳动成果时，我就带着孩子去扫操场，一场劳动过后他们再也不随意乱扔垃圾了。

当然，在用自己的生命唤醒孩子们的生命的过程中，我也体会到了教育的幸福，也感受到了山区孩子和乡民的留恋和尊重。

一路坚守，真水无香

扎根山区24年，很多人不能理解，我却实实在在坚持了下来，从不放弃，从不改变。在这段生涯中，我努力为孩子们的生命涂上了爱的底色，也为他们的生命洒上了淡淡的清香。

情系学校。著名教育家陶行知先生说过：“国家把整个学校交给你，要你用整个心做整个校长。”2016年7月8日，我独自一人来到锦绣园小学，面对没钱、没有人、没有物的实际状况，我不等不靠，带着家人，灯光接星光，冒风雨，顶骄阳，跑资金，跑手续，办采购，设计并布置校园文化，终于使锦绣园小学如期开学。在锦绣园小学当校长的四年里，我把自己全部交给了学校，交给了教育事业。每天五点起床读书，六点第一个到学校，下午放学坚持送走最后一个学生才离校。面对学校发展中的重重困难，我主动出击，各个击破。三年来，我累计争取资金900多万元，用于国学校园文化建设、教育教学设施采购、教育教学活动开展、教师队伍建设，使学校面貌焕然一新。

管理育人。我一直牢记着作家张晓风的一句话：“今天早晨，我，一个母亲，向你交出她可爱的小男孩，而你们将还我一个怎样的呢？”在锦绣园小学的四年里，我时刻把孩童的生命成长放到心中，认真贯彻落实立德树人根本任务，紧紧围绕德育总体目标，积极打造国学、阅读校园文化环境，通过丰富的课程、多彩的活动、广泛的实践体验、民主多元的管理体系和多维协同的教育方法，对全体学生进行理想信念教育、社会主义核心价值观教育、中华优秀传统文化教育、生态文明教育、心理健康教育，使孩子们逐渐成了和乐、和雅、和慧、和合的新时代好少年。

在环境育人上，我以国学为突破口，积极构建“小而美、小而和、小而雅、小而精”的国学校园文化氛围，以文化人；在制度育人上，我制定学校习惯教育实施方案，建立家庭、学校、教师、学生四个维度的习惯教育评价体系，引领更多的学生走向和美；在队伍建设上，我提出了“教师素养改变，学生素养改变”的队伍建设理念，成立的1+1锦绣读书俱乐部，以读书为契机，投入大量资金为教师搭建外出研修学习平台，并多次聘请省、市著名专家、学者、教学能手到校进行授课培训，积极开展各种研修交流活动，推进教师学习命运共同体建设，提高教师教书育人的本领；在课程育人上，我积极构建国学课程和阅读课程，开发国学校本教材，让阅读浸润学生的心灵；在活动育人上，我构建了“锦绣少年，入泮启智”德育品牌活动和“迎新课程、成长课程、毕业课程”三大生命成长课程，开展了“国学节、艺术节、体育节、科技节、学术节”等节气活动，组织了保护环境、珍爱生命等多方面的外出研学体验活动，让孩子们在活动中启蒙、成长、感恩。正是因为有这样的这样敬业奋进的团队，锦绣园小学这个地处新区最北缘不占任何优势的小学，在短短的四年里，学生从建校的118名发展到现在的1540名，而且孩子、家长、教师的文明程度大幅度提高，学校也逐渐得到了社会和家长的广泛赞誉和认可。

一路前行，繁花似锦

24年的教书育人，24年的执着坚守，教育让我的生命绽放了人性的光彩，也让孩子们生命流光溢彩。陕西省优秀教师、陕西省五四青年、陕西省支持少先队工作好校长、陕西省德育先进工作者、铜川市优秀教师、铜川市身边好青年、铜川市有突出贡献的拔尖人才、铜川市师德先进个人、铜川市基层理论宣讲先进个人、铜川市创佳评差先进个人、铜川市十大杰出青年、新区先进教育工作者、新区优秀教师等荣誉称号；主持的多项课题获省级一二等奖；执教的课、撰写的教育教学论文等60多次获国家、省、市级一、二、三等奖；撰写的教研文章达200多篇，其中许多文章在《铜川日报》和CN刊物上发表……荣誉不是终点，而是奋斗的起点。

今后的道路还很漫长，但我定将不忘初心，牢记使命，用博大的教育情怀和聪明的教育智慧诗意地栖居在教育的大地上，让自己的生命为孩子们的生命继续而歌。

用奋斗擦亮青春底色

陕西省渭南市澄城县城关中学　鲁九云

高效的学习，奋斗的姿态，快乐的成长，是学生在学校理想的状态，也是我们陕西省渭南市澄城县城关中学一直以来的追求。

城关中学成立于2017年7月，由原王庄中学、寺前中学、澄合矿务局中学三所学校合并而成，三所学校都有着光辉的历史，一批像雷增光、张宏文一样的优秀的高科技人才在这里度过了他们美好的高中时光。2019年8月，有着很强实力的原实验学校初中部整体并入，开始成为6年一贯制完全中学。所以说，城关中学既是一所年轻的学校，又是一所底蕴深厚的学校。

重塑学校文化

校园文化是学校发展的灵魂，是凝聚学校人心、提升学校品质、增强学校“软实力”的核心要素。建设校园文化，要对历史负责、对现在负责、对未来负责，深入思考培养什么人和怎样培养人的问题。

三校合并，四种文化碰撞、交融、升华，导致我校的生源构成相对复杂，既有基础扎实、各方面都很突出的优秀生，也有基础薄弱、许多方面需要加强的学困生；既有受到良好家庭教育的孩子，也有家庭教育严重缺失的留守儿童。经过广泛的调查研究，我们集中全校师生的智慧，确立了“人人是才，成之于导，践之以行”的办学理念。其中，“人人是才”是一种信念，“成之于导”是一种担当，“践之以行”是一种情怀。基于这个理念，尊重每一个学生，关爱每一个学生，发展每一位学生，是我们的责任和义务。

今天的受教育者是未来的建设者和接班人，应该具备什么素养，需要什么能力，而我们的学生缺少什么，我们应该教给学生什么，我们能给予学生什么，这是我们教育者尤其是教育管理者必须深入思考的问题。基于这样的认识，我们凝练了“为学唯真、立身以诚”的校训，制定了“对照核心素养，补学生所缺，扬学生所长，促进学生全面发展，让每位学生个性张扬”的工作思路，着力构建具有独特魅力与个性特色的学校文化。

把握课程主线

课程是学校文化的核心，也是学生素养能力培养的基石。我们紧紧围绕“成之于导、践之以行”的文化理念，对国家课程、本土课程和校本课程三级课程进行重组和优化，努力构建开放多元、充满活力、富有特色的课程体系，为学生提供更加自主、更具个性、更多选择的教育资源，从而得到全面充分而又个性自由的发展，走出了一条符合时代要求、学校追求、学生需求的理想之路。

在严格落实国家新课程标准的基础上，我们整合多方优质资源，积极进行校本课程的创新与实践，开设了孔子学堂、中学生礼仪、航模、篆刻、20公里远足拉练等特色课程，为学生多元智能的形成和综合素养的提升提供了可能。例如，我们现在的学生，虽然具有思维敏捷、头脑灵活、知识面宽、逻辑推理能力和判断能力较强等许多优秀的特点，但也应看到老一辈人的一些优秀品质，如吃苦耐劳、忍辱负重、宽容大度、团结精神、分享意识、顽强的毅力、持久的耐力、坚定的信仰等，在他们这一代人身上渐渐地失去。针对这一现状，我们在每年高考结束，都会组织高一、高二全体学生进行20公里远足拉练，通过有计划的培养来补足他们这方面的缺陷。

每次活动，我们都是精心谋划、精细安排、精致教育，安排百名教师参与，使用大巴车30多辆、十多位交警开道，特邀医生两名、护士四名、救护车两辆确保安全。这门课程的开设，使同学们真正体验了什么叫筋疲力尽，什么叫坚持忍耐，什么是团队合作，什么是不抛弃不放弃，什么是荣誉，什么是责任。我想，这些已经不是什么抽象的概念，而是实实在在的体验与感悟。

多年来，我们不盲目跟风，不弄虚作假，而是按照自己对教育的理解，扎扎实实做教育，开足国家课程，开设校本课程，培养核心素养，推进素质教育，使得学校风清气正，学生朝气蓬勃！

坚持立德树人

习近平总书记强调，教育就是要培养中国特色社会主义事业的建设者和接班人。这要求我们必须坚持以立德树人为根本任务，并将其内化到学校管理的各领域、各方面、各环节，不断创新德育管理机制，着力提升学校育人水平。

在探索和实践德育工作的过程中，我们的观点是德育既要有高度，又要接地气。然而，在日常工作中，我们的教育效果与教育预期在很多时候存在着较大的差距。为什么会出现这样的情况呢？经过反思，我们发现，我们的德育不仅是说教多于行动，而且存在着说教者表里不一、不能以身作则，组织的德育活动立意不高、设计不够精致、过于追求结果、容易忽视过程等问题。

其实，教育更多的发生在过程之中，发生在日常的点滴积累之中。所以，我们要求全体教师树立“学校处处皆教育，人人都是德育工作者”的德育观念，努力提高自己的专业技能和职业素养，无论是在课堂上还是在课堂外都要做好榜样示范，以此影响并带动学生形成比学习、比文明、比奉献、比品质的良好风气。

同时，我们立足学校实际，紧扣时代主题，关注学生所需，有计划地设计红色基地游学、志愿者进社区、经典诵读等大型德育活动，有效弥补了课堂教学内容的单调乏味，缓解了学生的学习压力，激发了学生的个性潜力，充实了学生的精神生活，促进了学生的全面发展。在活动设计中，我们精心设计，周密筹划，让学生在体验中感悟，在感悟中升华，在升华中成长，力求触动学生的心灵，达到教育效果的最大化。

教育是唤醒，教育是尊重，教育是思考，教育是成长。一所好学校，需要一种价值取向的引领；一所好学校，需要全体师生的共同努力。教育，是一个永恒的话题，每个教育人都是践行者。面对新时代的机遇与挑战，我们将不忘初心，乘势而上，汇聚教育智慧，点燃理想火焰，高扬奋斗风帆，谱写更加壮丽辉煌的奋进之歌！

“美好教育”的“思”与“行”

陕西省渭南市大荔县实验小学　贾兰　畅媛媛

教育是成就人的事业，不仅成就闪亮的金色童年，成就自信的博雅教师，还为学生成长、成人、成才铺就轨道，为教师专业发展的自觉、自尊和自信搭建平台。在一个个的成就中实现群星闪耀，让学校里的每一个人更美好。这就是我们想办的美好教育。

美好教育的设想

习近平总书记指出：新时代我国社会的主要矛盾是人民日益增长的美好生活需要和不平衡不充分的发展之间的矛盾。美好生活承载的是人民现实、具体的向往和追求，而教育的美好是人民美好生活中最重要、最关切的内容，为此，我们将办学定位于美好教育。

学校将美好教育设置为尚美、和美、臻美、致美四个层级，力求让每一个孩子都能更美好。“尚美”，是指师生崇尚优秀的品德，崇尚一切美好的事物；“和美”，旨在教育师生不仅要创造自身之美，也能欣赏他人之美，各美其美、美人之美、美美与共、和以共进；“臻美”，旨在教育学生日求渐进，不断完善，臻于完美；“致美”，是美好教育的终极目标，让学生明德明理、成己成人、向善致美。

通过美好教育，培养孩子明德之品、博学之才、强健之身、优雅之行、创造之能，让他们拥有适应未来社会的能力，从而开启自己的五彩美好人生。

美好教育的构建

美好校园：具备优美的校园环境、共同的精神追求、丰富的课程体系、品质的教学服务、系统的品牌标识、积极的社会影响。

美好团队：以聚似一团火、散是满天星、合飞是群雁、单飞是雄鹰为口号，按照“新入职教师—合格教师—校级良师—县级教能——县级学带—市级教能—省级教能—省级名师”的培养目标，不断提升教师爱生如子的奉献精神、善于合作的团队精神、勇于反思的批判精神、追求卓越的进取精神、尊重规律的科学精神、锐意突破的创新精神。

美好教师：形胜，即形象悦目，形象整洁、仪表端庄；气胜，即气质赏心，气质儒雅、审美高雅；格胜，即灵魂高贵，心地善良、思想丰富。

美好家长：明确责任、乐于学习、善于倾听、适时陪伴、榜样引领。

美好学生：身心健康、品质优秀、学业上乘、素质全面、个性鲜明。

美好课程：有什么样的课程，就会赋予学生什么样的生命。我们主张课程因学生而生、课程因教师而长、教师因课程而智、学生因课程而慧，并将其分为原色课程（奠基性国家课程）、间色课程（分层次的基础课程）和亮色课程（自主研发的特色课程）三大类，构成“十益”教育框架，以此丰润学生人生底色。一是语文“益读”（研读、泛读、善读）。研读是听说读写训练，泛读指在广泛的阅读中培养语文素养，善读是要学生善于读书。二是数学“益思”（思考、思维、思想）。数学课堂要给学生创设良好的思考环境，促进思维活动，形成数学思想。三是英语“益说”（仿说、会说、擅说）。说是重点，不断提升语用能力，在生活中都敢说、擅用。四是体育“益炼”（锻炼、磨炼、历练）。体育课要锻炼学生健康的体质和心理，磨炼学生顽强的意志和品质，丰富学生的人生历练。五是艺术“益美”（发现美、欣赏美、创造美）。审美情趣是学生重要的核心素养，通过艺术课程的选修与必修，培养学生发现美、欣赏美、创造美的能力，让生命之花灿烂绽放。六是道德与法制“益行”（品行、践行、知行）。思政课要给学生照亮心灵的教育，让学生形成良好品行，知法懂法，爱国爱家，在生活中努力践行，做到知行合一。七是科学“益真”（真体验、真探究、求真理）。科学课要让每一位学生通过真动手、真体验经历科学探究的过程，寻找事物发展的客观规律，追求事物发展的真理所在。八是信息科技“益新”（新信息、新思维、新技术）。学校要求各个学科教学及活动设计引入STEM教育理念，通过单学科渗透、多学科整合、广资源推进、多层次实施等方式，努力实施创新型教育理念，培养学生的创新精神和实践能力。九是综合实践“益立”（立体、立德、立人）。学校通过劳动教育和社会实践教育，培养学生具有自立精神、热爱生活的态度，具有积极参与学校和社区服务的意愿，达到立体、立德、立人的目的。十是学科教育“益志”（励志、志向、意志）。益志就是要不断激发和唤醒学生的内动力，使他们从小树立远大的志向，并用顽强的意志力去实现。“十益”教育不仅仅停留在课堂上，而是从课内到课外、从单学科到多学科不断延伸。

美好课堂：给生命成长注入力量。我们立足课堂教学改革，不断改进课堂教学基本结构，从“导·交·练”到“导·交·练·评”，再到“导·交·练·评·延”，最后提出“发生式”生命课堂教学。其基本理念是尊重生命，服从、服务于学生发展的利益，让生命在自主经历和创造过程中实现拔节生长；四个环节即发生、发现、发挥、发展，要让情境发生，让问题发生，使学生能够发现问题、提出问题、自主解决问题，最终实现学生核心素养和综合能力的共同发展；四个要素即生活、生态、生成、生长，要关注学生生活经验，营造良好的课堂生态，关注省城的教学资源，让学生实现自生长。以整本书的阅读为例，我们总结了“阅读指导课”、“阅读交流课”、“阅读分享课”三种基本课型。阅读指导课课堂教学结构为“赏封面—读辅文—看目录—品精妙”，运用看图、交流、朗诵、勾画批注、质疑等方法，激发学生的阅读欲望；阅读交流课课堂教学结构为“尝试制作思维导图—初步感受人物形象—朗读表演中品味语言—预测后段内容”；阅读分享课课堂教学结构为“借助思维导图回顾内容—欣赏精彩片段—展示人物名片—升华主题—好书推荐”。

美好教育的展望

圣雄甘地说：“我们做什么和我们能做什么之间的差异足以解释世界上大多数问题”。所以，学校仍需在推进素质教育的进程中进一步创新和完善，让孩子有立身之本，懂为人之道，走成才之路，让学校的每一个人变得更美好。

卓越追求臻于至善　辐射引领联动发展

陕西省西安市碑林区大学南路小学　郭晓凤

“天地玄黄，宇宙洪荒。日月盈昃，辰宿列张……”2020年12月19日，西安市碑林区大学南路小学百年校庆现场，伴随着百名学生齐诵《千字文》，91岁的王思信校友将“百年老校、实至名归”的亲笔题词赠予母校。这位耄耋老人，见证了西安市大学南路小学从3位教师26名小学生到桃李遍天下的发展史。

大学南路小学初创于1920年，当时校名为边家村小学，后随着办学规模的不断扩大，1972年正式更名为碑林区大学南路小学，并沿用至今。历经百年沧桑巨变，这所小学培育了众多英才，现已成为西安市首批一级小学、省级示范学校。学校拥有两所分校，共有教学班58个，在校学生3109名，成功实现了“名校+”教育联合体融合发展，成为西安改革一方、示范一方、引领一方的标杆学校。

以师为本，积蓄发展势能

朱永新教授在他的《教育全面发展的三个维度》中指出：“教育过程中要重视学生与教师的共同发展，师生是相互依存的两方面，教师发展既是提高教育质量的关键，也是提高教师生活质量和幸福感的保证。没有教师的幸福，就没有学生的快乐；没有教师的发展，就没有学生的成长。”可见，教师发展是教育质量的决定性因素。只有坚持以教师发展为本，不断增强教师的核心竞争力，才能让学校更高位的发展。走进大学南路小学校园，迎面就是一棵大槐树，根深叶茂。学校的教师团队也像校园里的大树一样，始终保持昂扬向上的姿态，在大学南路小学的沃土中成长为葱郁的合抱之木，进而守护每一朵花的灿然绽放。

在大学南路小学，所有教师都把业务看作是自己的立身之本，不断追求业务素养的提升。除了给教师提供充分的发展空间、建立激励教师发展的长效机制外，学校还为不同职业生涯阶段的教师营造不同的发展环境。对于适应期的教师，学校重点帮其打造规范合格的课堂，分配名师作为导师悉心指导青年教师基于课堂教学的真实成长；为帮助成长期教师迅速成长为骨干教师，学校通过送教、交流、在线课堂、课例研究等形式，努力使他们成为教学能手、业务骨干；至于各级教学能手、骨干教师，学校则尽力组织他们参加各级学术交流活动、课题研究活动，鼓励教学实践与课题推进有机融合，在实践中促使他们尽快成长为能够发挥示范引领作用的名师和学科带头人。

由于教师的专业发展受个人生活背景、工作环境和自身能力、态度等因素的影响，大学南路小学通过分层推进式的梯队培养模式精准培养教师。有的老师富有激情、才华横溢，就利用竞赛平台促使他们进一步提升；有的老师在竞赛中不占优势，但教育教学经验十分丰富，就组织他们去其他学校送课，施展才能；有些老师在不比赛状态下的教学更自如、更能高水平发挥，就设立名师讲堂，培养他们成为讲台上的名师……多元化的培养促进了教师整体素养的提升。

此外，大学南路小学通过学校文化浸润、课程体系完善、学教方式创新、生涯教育提升四大路径，引领和组织各学科组和教师在各自学科领域和工作岗位上开展更为具体、深入和富有成效的研究实践，教师队伍成长迅速。目前，大学南路小学145名一线教师中，各级各类教学能手、骨干教师、学科带头人83人次，占到教师总数的45%。

推出一批领军人才，发现、提升一批有潜力的教师，才能带来一个优秀团队，崛起一所品牌校。近年来，大学南路小学获得了国家心理健康教育特色学校、陕西省素质教育优秀学校、陕西省研学旅行示范校等880多项荣誉，学生在各级各类比赛中获得2000多项表彰。

联动发展，力促教育均衡

在百年的迭变升级中，大学南路小学形成了“承大任于肩，厉远志于怀”的大气。西安市教育局“名校+”工程实施以来，大学南路小学采用了“一长多校”的管理模式，制定了“名校+”章程，建立了“名校+”联合工作机制，为促进区域教育均衡贡献自己的力量。

对于“+校”发展，大学南路小学始终把师资力量建设放在第一位，充分发挥本部“名师+”研修共同体的引领作用，带动分校教师整体素质提升。大学南路小学建立了一个集规范的校本研修管理、满足教师个性化提升需求于一体的综合性平台，分校与本部日常教研统一行动，本部的6个名师工作室、教研室全力引领，各学科教研组和分校各学科教研组无缝对接，集集体智慧精准扶持、常态帮扶。组建语文、数学、美术、英语、科学五个名师研学团队，每个团队都由省学带市骨干领衔，深入课堂，在分校开展磨课活动，使教研由一校单一的“散”走向联合体联校教研的“集”。两校教师集中“拔高”，然后如一颗颗火种分散于各校。

大学南路小学坚持把优质资源共享、让更多学子受益当作课题来做，使“名校+”很快从统筹均衡发展到内涵提升的优质发展阶段。2019年，分校教学班已从19个增加到29个，1500多名在校生比2014年人数翻了一倍，学区内生源纷纷回流。教师成长速度也很快，先后有2人获陕西省学科带头人称号，5人获陕西省教学能手称号，12人获市区级教学骨干、能手、新秀称号，又一支优秀的教师队伍蔚然成林。

2020年8月，朱雀大街小学成为大学南路小学又一所分校，短短几个月，生源大量回流。“百年老树”开枝散叶，延展生发。

肩担使命，续传优质火炬

优质教育资源最大化的辐射与增容，是一所百年名校的时代使命。大学南路小学不仅在教育均衡机制中积极担当，在优质教育资源辐射上也大有作为，坚持把本校的优质教育资源向弱校和贫困地区输出，让更多学生享受到优质教育资源。

基于当前学生普遍存在传统文化知识贫乏的现象，大学南路小学组织全校60多位教师历时两年编写了校本课程教材《中华传统文化读本》，内容涵盖汉字概述、筷子的历史、陕西饮食文化、秦腔、皮影戏、中华武术等方方面面，涉猎传统美德、中国古迹、传统工艺、民族乐器、历法与计时、茶文化等各个领域。这部教材经修订后现已面向全国发行了40万册，让更多的义务教育段学生享受着大学南路小学教师的教研成果。

作为陕西省优秀国培基地，"国培计划"陕西省乡村青年教师名校浸入式项目已经在大学南路小学连续开展了八年。学校分别承担了美术、科学、数学、语文和外语五个学科的培训。在这里，乡村老师通过浸入式研修项目培训，从备课到上课、辅导、改作业，整个流程都跟着学校省市骨干教师手把手学习，有效地更新了教育理念，提升了教学技能，提高了研培能力。自2013年以来，大学南路小学培训各地骨干教师、乡村教师500多人，其他年轻教师、班主任近3000人，国培讲堂先后为陕西培养骨干教师上千人。疫情肆虐，但是学生的教育和成长却不能按下暂停键。受大爱感召，学校的所有老师迎难而上，集体攻关，以学术的方式守护专业，在顶层设计和团队创新中持续"奋进"，进行了近三个月线上教育探索。学校承担了面向全市的五个学科107节线上直播课的录制。把师德书写在修身治教的奋斗里

扩大优质教育资源覆盖面，让人民群众放心和满意，是新时代赋予学校的新使命。站在"十四五"新的历史起点上，大学南路小学将继续勇担百年名校的使命，对内提升治校能力、提高办学水平，对外完善联合工作机制、输出优质教育资源，为提升名校教育品牌、推动区域均衡发展作出自己的贡献。

坚守平凡岗位，成就不平凡的人生

陕西省西安市蓝田初级中学　王应东

教育是一项平凡而伟大的工作，不仅关系到千千万万孩子的未来，也关系着民族兴衰和国家存亡。任职以来，我秉持教育初心，积极担当作为，勇立改革潮头，奋力开拓进取，倾力在平凡的岗位上书写着一个教育人对事业的赤诚之心。

争做教师先锋队的引领者

加强党对教育工作的全面领导，牢牢把握社会主义办学方向，是关系到教育事业发展的首要问题。作为学校党支部书记，我坚持以身示范，把建设教师先锋队作为支部的核心工作，带动支部以高素质、高水平的党员队伍为引领，不断开创学校工作的新格局。

为此，我精心打造"一个党员就是一面旗帜"，指导设立"党员示范岗"，充分发挥党组织的战斗堡垒作用和党员的榜样、示范、带动、辐射作用，要求各位党员不仅要强化党性修养，更要强化自己的业务能力，真正体现共产党员的先进性、模范性。如今，支部全体党员勠力同心，积极进取，争先创优，支部中近一半党员教师成长为市县级教学能手、骨干教师，绝大多数成为学校的教学骨干。他们教育理念先进、教学经验丰富，成为推动学校发展的中坚力量。

同时，我积极为支部年轻党员搭建学习平台和锻炼的机会，促使他们不断成长为师德高尚、业务精湛的高素质、专业化教师。党员樊华老师成为西安市王兰英"名师+"研修共同体成员，并被市教育局被授予"西安市基础教育应用名师"；张博、陈睿等老师分别加入我县"罗先利名师工作室"、"周碧波名师工作室"并成为其核心成员。

勇做教育铁军的锻造者

高质量发展靠高质量人才，高质量人才靠高水平的教师。结合当前国家提出的教育强国、人才强国战略，我深刻意识到时代赋予教育人的重大使命。为此，我把强化教师队伍作为教育管理的重中之重，努力锻造成思维新、能力强、水平高的教师铁军，让学生在家门口就能享受到优质的教育。

为提升教师的专业能力，我实施分期分批分类培养计划，先后派领导和教师赴安康岚皋中学、渭南瑞泉中学、西安高新一中等名校外出培训学习，更新教育理念，吸取先进经验；针对课改中大家持有的问题，邀请陕西师范大学龙宝新教授为全体教师开展专题讲座；结合当前教师对微型课存在的困惑，邀请省教学能手、英语教学名师荣宁波老师为大家做微型课专题培训，加深教师们对微型课的理解，并就核心素养指导下的中考数学专题模型研究邀请陕西省教育学会名师发展研究中心研究员范改芳老师作专题讲座；邀请省级教学能手、学科带头人罗畅老师进行语文同课异构会诊课堂，提升教师的教学技法。此外，我还将自己30余年的心得整理成册，分版块为全校教师进行"如何做小课题研究"、"希沃白板操作"等专题培训，促进教师向"骨干型"、"研究型"、"专家型"阶梯晋升。

付出总有回报，汗水铸就辉煌。2020年度，我校教师陈莎、郑妮娜分别被县教科局评为教育信息化先进个人、教育科研先进个人，王小利、田国荣被评为"蓝田县教学能手"，牟小利、张妮等15位老师被县教科局评为教学标兵。在蓝田县第三届教师基本功大赛中樊华、张国丽、邵一真、肖丽娜、李文娜分别荣获一、二、三等奖。郑妮娜、李娜两位老师还承担了蓝田县第三届"蓝玉之光"课堂教学展示课堂观摩活动，她们的课也被评为优质课。

敢做教育教学改革的潮头人

把学校办成一所低负担、高效率、现代化、有特色的示范性窗口学校，办好老百姓家门口的好学校，一直是我奋斗的目标。

来校之初，我走进教室，深入各教研组，了解学校在硬件和软件上存在的问题，积极筹集资金，组织专业人员对36个班级班班通进行了详细摸排并对部分陈旧设备进行了更换。为各班安装希沃白板、希沃授课助手，方便老师移动授课；对校园网络进行全面的提速，保证网络全覆盖；对各教研组、备课组的硬件设施进行换新，为大家注册二十一世纪网、晓黑板、好分数平台等，方便教师服务学生；组织专人对全校教师分阶段进行教育现代化技能专题培训，提升教师信息化教学能力，促进学校现代化内涵发展。在我的积极推动和影响下，全体教师的教育信息化水平得到了大幅提升，数字化、信息化校园基本成形。

结合学校实际，我确立了"尊重差异，和美发展"的办学理念，提出了"差异教育"的构想，逐步形成了包括差异化的德育、课程、课堂、评价、教师发展、家校合作在内的"差异教育"体系，满足了学生个性化发展的需要，受到市县教育专家的一致推介。

誓做学生健康成长的引路人

学生是教育的主体，是一切教育教学工作的出发点和落脚点。我坚持"立德树人"的根本任务，积极践行核心素养下的全员德育，组织班主任及学科教师德育培训，誓做学生健康成长的影响者、引路人。

学校设立"校园文明岗"和"青春旋律"广播站，培养学生自我学习和自我管理的能力；在每学期精心安排部署各类多样化的校园活动，丰富学生的学校生活，培育他们积极健康的心态；举办《民法典》进校园、中国传统文化进校园、戏曲进校园等活动，培养学生良好的法治观念，促进学生对传统文化的热爱与传承；邀请家庭教育讲座金牌讲师、青少年励志训练导师户肖飞老师进行励志教育和学业规划，激发学生学习的原动力，树立远大的志向；安排学校心理专业老师开展心理专题辅导，解决学生青春期存在的问题并教给他们科学的心理调适方法，引导孩子身心健康成长；组建陶冶情操、强健体魄、科技创新、学习增效四大类19个社团，挖掘学生个性潜能，培养学生兴趣特长。

一分耕耘，一分收获。在全体师生的共同努力下，学校教育教学质量稳居全县之首，先后被授予名校+工作先进集体、教科研先进集体、教育教学质量优秀学校、教育信息化先进集体等称号。2020年7月，学校被西安市教育局、西安市人民政府教育督导委员会办公室授予西安市实施"316"素质教育暨质量提升优秀学校，被中共蓝田县委、蓝田县人民政府评为"2019-2020学年度教育工作先进集体"。由于教学理念先进、工作态度务实、办学质量显著，我有幸荣获蓝田县初级中学名校+教育联合体党支部书记、校长，陕西省名师发展中心常务理事，西安市"名校长+"领航研修共同体主持人、西安市基础贡献校长、蓝田县"名校+"优秀校长等称号。

"说实话，办实事，当专家型校长。"从事教育行业30多年来，我一直践行着这一座右铭。今后，我还将以踏实务实的工作作风，开拓创新的工作精神，积极饱满的工作热情，在自己平凡的岗位上谱写教育华章！

倾心育人，以行动铸造高品质

陕西省西安市未央区马旗寨小学　张仙媚　王新茹

陕西省西安市未央区马旗寨小学创办于1949年，是一所兼具深厚文化底蕴和崭新时代气息的现代化小学。近年来，学校立足实际，加速奔跑，以"培养有中国灵魂、世界眼光的当代少年"为己任，全面实施素质教育，改变人才培养模式，促进人的充分发展和自由发展，最大限度地让入校的每一个孩子都能享受到公平而有质量的教育，全力打造家门口的好学校！

一、创生文化，导航发展方向

思想决定行动，思路决定出路。一所学校要想有所发展，不断进步，首先要有高远而接地气的目标、先进而可操作的理念。

德国哲学家莱布尼茨说过："世界上没有两片完全相同的树叶，也没有性格完全相同的两个人。"每个人从出生开始，都是独一无二的生命个体，有其独立存在的生命价值和生命尊严，教育的意义就在于激发人们积极向上的生命价值，将每个人的生命价值发扬光大。基于这一认识，马旗寨小学师法叶子，取"世界上没有两片完全相同的叶子"含义，涵养校园"叶文化"，突出发展自我，强调德才兼备，守护孩子天性。

在"叶文化"的理念指引下，学校围绕"培养有中国灵魂、世界眼

光的当代少年”的育人目标，形成了“成长自我、明德有为”的校训，“教学相长、启智树人”的教风，“健体、尚美、博学、探究”的学风，通过进行课程改革、开发素养提升课程、举办主题性综合活动多途径、全方位培养学生的核心素养，养成了马小学子独有的精神风貌，也彰显了学校特有的办学品牌。

二、强化硬件，提供发展支撑

硬件是学校生存和发展的重要保证。学校要发展，只有加强硬件设施建设，完善基础设施，才能让学生安心、安全地在学校学习和生活。

马旗寨小学坐落于唐大明宫遗址保护区内，占地25亩，城墙灰和米黄色为主色调、草绿朱红为跳跃色的教学楼，呈“E1”型布局，寄寓马小人办一流教育的情怀。学校开设38个教学班，配建图书阅览室、舞蹈室、创客室、心理咨询室等23个部室，所有教室安装防霾去尘的新风系统。这些硬件设施不仅为师生的校园生活带来了便利，也为特色教学的开展提供了良好的平台。

如今，走进马旗寨小学，整洁美丽的校园里，绿树红花与张张笑脸相映；窗明几净的教室里，欢声笑语伴琅琅书声飞扬。

三、还课于生，落实教育公平

课堂是实施素质教育的主阵地。自2013年起，马旗寨小学历经7年时间，初心不改，坚持推行EEPO有效教育课程改革，把知识与思维并重的理念落实在课堂教学的组织实施中，让师生在民主、平等、和谐、愉悦的课堂学习氛围中实现共识、共生、共享。

研训一体，转变教师理念。学校坚持研训一体化，帮助教师掌握课改理念的具体操作方法和技术手段。“听、看、讲、想、做、动、静”七要素，活跃教学设计思维，兼顾学生多元感官，个性特长；“单元组活动”、“关键项强化”、“表达呈现”等模块训练，紧扣核心知识，还课堂于学生，避免课堂僵化以师为尊；形成《马旗寨小学课堂教学观测点》，细化讲授时间、交流方式、组织形式等量化指标，引导教师全程牢记学生主体地位，使课堂充满生命活力，让教育充满智慧挑战。

合作探究，彰显学生主体。学校强调课堂合作探究，发挥学生主体作用。自“小组合作　轻声细语”、“你画线　我写字”等简单的合作口令开始到学习中比比皆是的彼此关照、相互协作的场景，从不会合作到分工有序，从不会讨论到发现问题、研究问题、解决问题，教师逐渐习惯了课堂引导者、组织者的角色，学生不断成为课堂的主人。汇报时，“我发言”、“我汇报”、“我补充”、“我质疑”、“我纠错”，积极主动、思维活跃的孩子越来越多，预设之外的生成越来越多。即便是二年级的识字课，学生都会能动探究，运用拼音、组词、加一加、换一换、情景故事等数十种方法强化识记易错字，让启智树人在课堂上呈现出迷人的模样。

四、丰富路径，力促素养提升

“生活即教育。”马旗寨小学不断挖掘校园资源，构建完善立体活动课程、举办主题性综合活动，搭建多样平台，不断丰富育人路径，助推学生的多元发展和个性成长。

学科素养提升活动课程初显成效。五年级《我是大导演》课本剧实践，孩子们自己做道具、做PPT、设计音效、学习化妆；各年级篮球赛、足球赛，学生自主设计海报、组建啦啦队……注重动手操作、团队合作的活动课程，让每个孩子都收获着属于自己的发展与快乐。

社团体系初具雏形。学校面向全体学生开设61个社团，其中书画艺术类19个、器乐类8个、体育类27个、舞蹈类4个、科技类2个、汉听1个，本着自主选择、自愿参加的原则，充分发掘学生潜能，扩大学生视野，培养学生才能。

主题活动异彩纷呈。“共学共践经典家训”、“西安年•最中国”、“红领巾迎全运　我是文明小使者”等主题德育，厚植孩子心灵之根；“千人科学创意大赛”、“科幻画大赛”等竞赛活动，为热爱科学、大胆创意的孩子插上飞翔的翅膀；“生活小能手　自理我最棒”、“劳动技能我最强”等劳动实践，让孩子们在社会参与中学会生活，感受责任与担当。

在实践中学习，在体验中成长，孩子们人人都有彰显个性的空间、发掘潜力的机会和绽放精彩的舞台。

五、不辍前行，恒守教育梦想

实践结硕果，成长有力量。随着课改的深入推进，学校的教育教学品质不断提升。马旗寨小学连续五年获未央区教学效果检测“优秀学校”称号，首批获未央区“课改优秀学校”称号，被确立为未央区教育教学常规管理“三星级学校”。多个教师团队、个人在赛教、论文、教学设计评选活动中获特等奖、一、二等奖。一批“教学能手”、“骨干教师”、“课改优秀工作者”、“课改优秀教师”快速成长起来。

五育并举的育人举措硕果累累，学校多次在各级体艺活动中获奖，舞蹈《京腔京韵梨园情》登上2020年陕西省少儿春晚的舞台，科学社团的活动成果荣获国家教育部三等奖，机器人大赛获得西北赛区三等奖。学校连续多年获省市区科幻画、科普知识竞赛活动“优秀组织单位”，荣获西安市“创客教育优秀学校”称号，并先后被确立为“全国青少年科学调查体验活动推广示范学校”、陕西省“科普活动基地”、陕西省“中小学知识产权试点学校”、陕西少儿春节晚会“优秀教学基地”，加入了陕西省中小学创新教育联盟。

“让每片叶子都享受阳光——让每个孩子都能在家门口享受到公平而有质量的教育！”马旗寨小学以行动践行理想，以恒心坚守初心，正奋力奔跑在“培养有中国灵魂、世界眼光的当代少年”追梦路上！

坚守教育高地，培养有根、有格局的当代少年

陕西省西安市未央区马旗寨小学　王新茹

“世界上没有两片一模一样的叶子，要让每个孩子成为独一无二的自己，找到自己的热爱、实现自己的价值。”自2010年调任陕西省西安市未央区马旗寨小学校长后，我始终坚持这一育人信条，坚守育人高地，辛苦耕耘，求真务实，锐意创新，实现了一所由生源锐减的普通小学一举成长为学区长学校、名校+联合体名校的华丽蜕变！

一、传承优秀精神，践行育人使命

马旗寨小学位于大明宫国家遗址公园保护区，是一所历史文化底蕴深厚且兼具现代时尚气息的学校。马旗寨最早叫马蹄寨，因唐初秦琼在此落马而得名。明朝曾在此驻兵，被冠以马旗寨。学校旁边是大明宫遗址公园，文治武功的大唐盛世以其兼容并蓄、开放大气的遗风涵养着这片热土上一代又一代的人。马旗寨小学也希望以开放的心态传承并发展我们的教育事业。

学校教育理念是学校的灵魂，是办学的根本。只有相信人人都有才，才会正确对待每个学生的发展潜能；只有相信人人都成才，才能找到适合学生发展的好方法。我们“培养有中国灵魂、世界眼光的当代少年”办学理念的提出，正是希望站在西安这个丝绸之路的起点上，让孩子们以优秀灿烂的中华文化为底蕴，走向更广阔的天地和世界。在这一理念下，我们希望培养既有底蕴又有眼界，既有传承又有创新，既会学习又会生活的新时代少年。学校大门右侧立柱上的浮雕《阳光•远方》就是对这一理念的阐释。

二、创新课程体系，打造育人特色

生活和学习的经历让我深刻体悟到，只有自己实践过、体验过，才能真正领会知识。配合国家课程体系，我们结合学校现状，构建了以“叶乐爱中华”主题德育课程、“叶乐看世界”综合实践课程、“叶乐喜创新”思维拓展课程和“叶乐展风采”素养提升课程为核心内容的实践体验式课程体系，挖掘学生的潜能，激活学生的天性，增强学生的内蕴，助力他们在人生的旅途中自由飞翔，创造属于自己的精彩和奇迹。

目前，这个体系还在不断地完善。但就现阶段推进效果来说，还是很令人欣喜的。以“叶乐展风采”素养提升课程来说，主要在于创新。例如，一年级语文学科团队的提升课程主题是“故事大王”，相较于以往的讲故事比赛，各班的团队准备的故事内容必须涵盖古、今、中、外多个层面，而且各班不少于三分之一的孩子组队参加。在最后的展演活动中，孩子们的表现让人惊喜，无论是接龙讲，还是表演讲，或者是旁白+表演，团队里的每个孩子都贡献了自己的力量。

今年九月开始，我们将有更多学科团队的素养提升活动相继开展。例如，六年级数学《比例尺应用》提升课程，孩子们不仅要现场选用不同工具实地测量，选用合适的比例尺绘制校园平面图，还要以设计师的身份绘制出自己心目中最理想的校园；四年级语文《我是大编辑》提升课程，各团队要在呈现自己编撰的诗集、文集的同时，还要进行朗读、赏析等展示汇报，另外封底、封面、美工插画等设计也需要团队成员自己完成。这些课程充分调动了孩子们的积极性，锻炼了他们的动手能力，也培养了他们的独立思考能力和团队合作精神。每次看到孩子们展演的结果，我们都真心为他们感到高兴和骄傲。

三、推进课堂改革，提供更多可能

家门口的好学校，一定是家长放心把孩子交给你。也许每个家长的期望不一，但我想有一点不会错，那就是每个家长都希望自己的孩子被关注，自己的孩子有收获，健康成长。这也是我们始终坚持的教育信仰——“让每个孩子享受公平而有质量的教育”，我们更是把它诗意地阐释为“让每片叶子都享受阳光”。

首先，从2013年开始，我们坚持推进有效教育的课堂教学改革，通过看、听、讲、想、做和动静结合的多要素以及搭建多向度平台，采取多样交互、鼓励交流等方式，兼顾不同个性特长孩子的学习特点，调动孩子们参与课堂、主动学习的积极性，营造课堂学习氛围，提高课堂教学效率。

其次，在构建立体的校本课程体系中，我们以一种富有时代特色的人才观和多样化的质量观来定位学校的教育，力求通过多样化、体验式的实践活动，培养孩子的全面发展。就像我们的学科素养提升，体现的是基于学科特点的实践活动、学科融合。我们希望通过这些努力，帮助学生发现自己的兴趣、特长、潜能，进而把兴趣转变为志趣，激发出学习的内驱力，以便能够更好地适应以后中学阶段的课程改革，为应对高考招生制度改革新挑战奠定坚实的基础，为孩子们终身发展提供更多的可能。

四、培养教师团队，夯实发展根基

教师是学校最丰富、最有潜力、最有生命力的资源，教师队伍建设是学校发展的奠基工程。“成长自我，明德有为”，师生的共同成长是我们不变的追求。学校从10年前700-800名学生，发展到现在39个班近2000人，每年都会新增不少教师。所以，新教师的培训、老教师的激励、教师团队的发展一直是学校的重要工作。

先说师德培训。提升师德素养最好的形式就是用身边的人和事去感染、去影响、去改变，学校中的好人、好故事流传下去就是学校的文化，这样的故事越多，学校就越有文化。在师德建设中，我们以榜样为抓手，树立学习目标，找准最佳参照，形成了比、学、赶、超的良性竞争氛围。新教师通过汇报《我心目中的好老师》，寻找自己的职业榜样；入职3、5年的教师寻找《我身边的好老师》，发现和学习身边的榜样；入职时间较长的教师，谈《我和学生的故事》，激发对教育更深沉的爱。

再说业务培训。我们的业务培训更侧重于实践和体验，侧重于交流和互动。通过团队形式的赛教，以年级学科团队开展素养提升活动；采用捆绑式评价，激发教师抱团发展；在学科提升活动中，结合各团队班级训练、年级展示、成果汇集等活动，予以综合打分划。

五、发挥家长力量，助力学生成长

家长是学校教育的重要资源，是学校发展的参与者和监督者，是学校形象的宣传者和维护者，是学生成长的引领者和合作者。因此，学校必须联合家长，让他们成为学校教育的潜在同盟，才能真正缔造一个自由、文明、和谐、幸福的学习乐园！

重视孩子良好习惯的养成。“人性如素丝，染于苍则苍，染于黄则黄。故染不可以不慎也。”我所说的良好习惯不仅仅是良好的学习习惯，还有良好的生活习惯。为了科学指导家长的教育行为，提升家长的教育方法，我们针对一、二年级孩子的性格特点和成长规律，制定了《叶乐宝贝成长手册》，包含自我保护、文明礼貌、健康生活、有效学习、劳动锻炼等五个方面的内容。

鼓励和支持孩子广泛阅读。有益的阅读既能弥补课本知识的单一，增长见识，开阔视野，更能培养广泛兴趣，帮助孩子形成良好的品格，甚至给予孩子战胜困难的力量。让孩子爱上读书，可以说是最省力也最省钱的一种激发孩子成长内动力的做法。在生活中，我们会发现，很多学习优秀的孩子都是爱读书的孩子，而学习有困难的孩子更需要在“阅读、阅读、再阅读”上下功夫。伴随着孩子们的成长，我真心希望六年下来每个家庭都能积攒出一个小型图书馆。

培养孩子自主学习能力。自主学习既代表着孩子愿学、乐学，也代表着孩子会学、善学。善于自主学习的人，他一定是掌握了某些学习方法或者学习技能，能够自己通过阅读、搜索、思考、询问等方式，主动去掌握一定的知识，梳理出需要解决的问题。未来社会知识更新的速度会更快，只有善于主动学习的人，才能跟上时代的步伐。但这种能力培养需要老师在学校鞭策，更需要家长在家里引导、激励、督促。

孩子是我们共同的珍宝，愿我们所有的家长和老师都能互相理解、彼此支持，一起成就美好！

师生醉阅读　书香育先锋

陕西省西咸新区泾河新城先锋小学　赵雪芹

没有书的世界是无味的，没有阅读的人生是不完整的，没有阅读的生活也是苍白的。阅读，可以修身养性，增加智慧，开启成功之门；阅读，可以让人认识美、领略美、欣赏美，享受快乐人生。巧借书香校园创建契机，陕西省西咸新区泾河新城先锋小学坚守“以文化人”的办学思想，围绕“书香致远”的核心理念，从组织建设、硬件建设、课程建设、活动建设、平台建设五大方面深入探索，让阅读成为习惯，让书声充盈校园，让习惯成就素养，让素质奠基人生。

师生醉心阅读的先锋小学，书香引路蝶飞舞，步履有韵同追梦，成了“书香先锋”。2019年8月，学校被中国图书总公司授予“读者之家”称号，被《咸阳日报》授予“小记者基地”，在西咸新区经典诵读大赛中荣获第一名。

强化组织建设，书香进入校园

书籍是人类共同的精神财富，是人类进步的阶梯，是开启智慧的钥匙。一直以来，先锋小学强化组织管理，健全规章制度，致力于把学校建成一所具有浓浓书香墨韵的现代化品牌学校。

成立阅读小组。学校成立以校长为组长，副校长为副组长，班子成员及教研组长、备课组长、班主任为成员的“书香进校园”专项工作领导小组，始终把示范引领作为首要任务。

制定工作方案。学校每学期初制定出台“书香进校园”工作方案，各处室、教研组、备课组、年级、班级依据工作方案开展书香进校园活动，使整个校园伴着清晨阳光书声琅琅，此起彼伏，声声悦耳。

纳入评价考核。学校将书香进校园活动的成效纳入师生“绿色评价体系”，每学年至少开展一次集中评比验收活动，凡是被评为星级的师生、班级、年级组、教研组、备课组都给予重奖，对于参与重大比赛活动取得优秀成绩的师生给予同等层次的奖励。

重视硬件建设，书香弥漫校园

阅读，让师生更具智慧，让教育变得从容而美丽，让有限的生命更为深邃和精彩。先锋小学大力加强硬件建设，全方位、多角度创造良好的阅读环境，让浓浓的阅读氛围萦绕整个校园。

强化师资培训。学校聘任泾阳县朗诵协会主席担任学校诵读专职教师，辅导、培训“诵读社团”的学生；聘任陕西省教学能手刘阿妮老师担任学校教师诵读指导教师，提高教师的诵读技巧和教学方法。截至目前，全校已有680多名学生接受了“诵读社团”的训练，83名老师进行了较为系统的朗诵训练，其中130名学生获得了各级诵读大赛的表彰奖励，12名教师夺得了新城新区的诵读比赛大奖。

美化校园环境。学校高度重视校园内外文化墙、班级文化建设，结合农村学校特点，校园文化墙的29个板块每年喷绘一次，每次内容依据中国文化精华设置。如今，校园每个角落都能看到优美的诗句或者时代的金句。

完成专用部室。学校建设专用图书室和阅览室，全天对师生开放。师生借阅的数量及书目每学期末全校公布，并作为优秀师生评价的一个重要的指标。各个班级都设置图书角，凡是能分享书籍且能分享体会的学生都能得到一枚图书达人卡，6张达人卡换一枚图书铁卡（铜卡、银卡、金卡），鼓励学生阅读。

优化校园广播。学校充分利用校园广播系统，每天早餐时间播报《晓知天下》节目、英语对话、经典美文，实现学生早餐安静有序听新闻的目的。

设置“超星·阅读”柜。依照西咸新区泾河新城“全民阅读·书香泾河”规划，学校在每幢教学楼都配备了西咸新区泾河新城专门定制的“超星·阅读”电子阅读柜，学生手指轻轻一划，就可以快速浏览。

做实课程建设，书香陶醉师生

课程是教育的载体，也是学生素养能力培养的基石。先锋小学坚持以特色课程为主阵地，开发以阅读为主体的多样化课程，延展课程文化内涵，培育学生全面发展。

开设诵读课程。学校在“经典诵读”社团中开设有“诵读课程”，并完成了六个年级的经典诵读“校本教材”的编写。学校聘请诵读协会的主席来校担当学生诵读指导老师，与附近的陕西理工创新学院牵手，邀请其诵读社团骨干大学生来校与学生一起开展活动。

开设国学课程。国学课程与国家课程同开设同计划同实施，编入课表，每周一课时。同时，国学课程以年级为单位开展，选用的是北京师范大学育灵通研究学院的国学经典教材，图文并茂，吸引力大。

开设路队课程。诵读教材以班级为单位编写，学校统一审查。教材内容分年级确定：一年级为《弟子规》，二年级为《三字经》，三年级为唐诗，四年级为宋词，五年级为《论语》金句，六年级为名言警句。

开启1+1课程。在语文和英语教学中，实施了1+1阅读课程。每一节课教学任务完成之后，科任教师都选编了与之或形式或内容或手法相近相似的文章，推送给学生家长，由家长指导或监督学生进行阅读，并与学生交流心得体会。

优化活动建设，书香飘溢校园

教育是附着在活动上的灵魂，活动是陶冶学生身心品质的最佳途径。为使诵读活动落到实处，先锋小学以经典诵读为主题，开展丰富多彩的活动，取得了良好的效果。

整本书阅读活动。2017年8月，学校成立了整本书阅读科研团队，成就了一位陕西省特级教师，一位陕西省小学语文学科带头人，三位陕西省教学能手。学校依据国家《中小学生阅读书目》以及语文课配套阅读指导书目，分年级挑选适合的书籍分发到学生手中。

群文美读活动。作为语文教学改革的探索之一，学校从2018年起实施了小学语文“群文阅读”课堂教学改革。现在学已经完成了研究，收获了语文教学的“高品质”。以2019届一年级新生为例：一是阅读兴趣不断提升。最初的孩子不愿意朗读，到现在已有80.4%的孩子喜欢阅读课外书。二是识字量增大。从最初的大部分孩子不能独立阅读，到现在已有75.3%的孩子可以独立正确流利地朗读，82.1%的孩子可以借助拼音自主阅读。三是阅读理解能力有所提升。目前61.5%的孩子已经能够完全独立阅读并理解文本内容，不需要家长老师的指导。四是阅读速度大幅提升。之前孩子阅读2-3篇的阅读推荐文章，80%的学生需要30分钟以上，到现在已有62.3%的孩子阅读一组文章只需5—10分钟。

经典诵读活动。“生习三字经，师悟道德经”是学校的办学传统。进入新时代，学校又加强了“先锋文化”的挖掘和学习，实施了“党建”引领经典文本阅读活动，每天早晨播报“晓知天下”，每天推送“学习强国”。在教师中开展了打卡“学习强国”活动，教师及时将习总书记的“金句”传递给学生。此外，学校每年举办一次课本剧展演活动，学生在参与中增加了阅读、研读、演读的信心和兴趣。2018年，学校夺得西咸新区经典诵读大赛第一名；参加西咸新区“世界高峰论坛的开幕式”的演出受到观众的点赞。2019年6月，学校开展的经典诵读活动中全校1860名学生与101名教师同时登台以武、诵、唱、舞等多种形式展示；7月，党的生日267名六年级学生与全体教师同心歌唱《我和我的祖国》经典诵读节目被众多媒体报道；8月，被授予全国“读者之家”称号。

路队诵读活动。学生放学要走一段大约200米的路程，才能到达马路。学校利用这段路程，从2013年起不管是中午放学还是下午放学，都以班级为单位，集体诵读“经典”。诵读声此起彼伏，从教室一直到马路边，声声优美，成为学校一道“最美的风景线”。

用好平台建设，书香溢满校园

办学校不仅要充分调动校内教育资源，还要发现和培育校外教育资源。先锋小学的经典诵读之所以能取得良好的效果，便是得益于学校努力整合多方教育资源，搭建多个教育平台，团结一切可以团结的教育力量。

用好汉听大赛平台，倡导师生“写方方正正汉字，做堂堂正正中国人”。学校利用汉听大赛这一平台，组织全校学生记“汉字”、背“成语”、诵“诗词”，培养种子选手300余人，先后夺回泾河新城“汉字听写大赛最佳选手奖”、西咸新区“汉字听写大赛最佳组织奖”。

用好经典诵读大赛平台，传承优秀文化，修养先锋礼仪。泾河新城、西咸新区每年举办经典诵读大赛，学校紧紧依托这一平台，把诵读纳入学校常规工作，抓好、抓活学生礼仪等核心素养，做到“训练与比赛双翼齐飞”，培养了一批又一批的“杰出者”，成为活跃在西咸大地的“文化使者”。

用好红色文化记忆平台，铭记先辈丰功伟绩，筑梦新时代。学校周边红色资源丰富，利用传统节日带领学生深入照金、马兰、习仲勋陵园、安无青训班等红色基地，引领学生“讲”故事、“诵”遗作、“说”梦想，传承“先锋文化”。

用好《咸阳日报》小记者站平台，参与社会实践，回报社会服务。学校是作为《咸阳日报》的小记者站，吸纳了200多名学生参与。从2018年成立至今，小记者们已有200余篇“习作”见诸了网站、刊物、获奖。

用好师生展示平台，放眼世界看中国，表述个人心得感悟。两节一会和庆六一活动，是学校雷打不动的校园文化活动。随着西咸新区大开发新理念的落地，学校又把“生态环保”作为重要内容，推进垃圾分类，实施生态保护，让“绿水青山，就是金山银山”的理念在全体师生心中扎根开花。

书香不散，永葆温暖和前进的力量；守望阅读，收获爱和成长的勇气。先锋小学以“守规矩，养习惯，修学业，丰精神”为育人目标，致力于书香校园建设，不仅仅是为了“留住书声，听到歌声”，更是学生自立自律自信成长的抓手和载体。

好好的保育儿童

陕西省延安市洛杉矶保育院　付慧

作为延安洛杉矶保育院的党支部书记、院长，从1993年分配到延安洛杉矶保育院起，从幼儿教师到保育员，从出纳到会计，从后勤再到财务，甚至保育院的卫生保洁员，我把这里的岗位干了个遍。27年的教育生涯使我坚信，每干一份工作就为人生埋下了一粒种子，等到合适的时机一定会结出丰硕的果实。

以爱心点亮童心

“我们的祖国是花园，花园里花朵真鲜艳，和暖的阳光照耀着我们，每个人脸上都笑开颜……”这首儿歌曾在几代人的口中传唱，温暖过无数孩子的心田。祖国是花园，儿童则是这座花园里最鲜艳、最生机盎然的花朵，需要阳光雨露，需要爱的呵护，需要一切关心他们成长的人付出细致而艰辛的努力。

重视儿童就是重视祖国的未来，关爱儿童就是呵护民族的希望。多年来，我始终坚持以爱心润童心、以和谐促发展的幼儿教育理念，不断优化办园条件，提升保教水平，打造敬业奉献团队，构建精益求精管理模式，让幼儿在温馨和谐的氛围中自由发展、快乐成长。

传承红色基因

我园的前身是1940年3月党中央在延安创办的“中央托儿所”，是一所蕴含红色基因的托幼机构。如何弘扬光荣传统，做红色基因的传承人，这是我多年来一直在思考的问题。

洛杉矶保育院要发展，就要牢记毛主席“好好的保育儿童”的嘱托，在着力打造红色经典幼儿园上下功夫，而当时的洛杉矶保育院在这方面做得还不够好。在定下“要把红色教育作为洛杉矶保育院的办园特色”这个目标后，我围绕延安精神，以立德树人为核心，把革命圣地文化、地狱特色文化、优秀传统文化、儿童个性发展与保育院课程建设有机结合，在教育教学中总会有意无意地融入一些革命故事，在校外活动中也会经常带领老师和孩子们去枣园、杨家岭等革命旧址参观学习，力求做到每一个科目都有教育成效，每一项活动都有教育意义，每一处地方都体现育人氛围，着力培育积极、乐观、向上的阳光少年。很多幼儿园大班的孩子参观完革命旧址和延安革命纪念馆后，兴奋地告诉我：“老师，我长大后要当解放军。”这令我尤其感动，我想这应该就是我们在办学过程中最大的收获。

同时，我还决定把安塞腰鼓和陕北剪纸融入教育教学工作中，让孩子们在玩的过程中感受陕北文化的独特魅力。几年下来，洛杉矶保育院的特色教学风生水起，红红火火。2017年冬，我园编排的红舞《盛世鼓舞》在央视少儿频道播出；十九大前夕，央视《大手牵小手》剧组专门在洛杉矶保育院拍摄了特别节目。

虽然我们取得了一定的成绩，但是距离抗战时期倡导的“一切为了孩子”、“阿姨赛妈妈”、“保教合一”等教育思想，以及艰苦岁月里老一代保育人克服困难创造性地办保教的精神还有差距。道长且深远，我们还要继续努力，把红色基因传承下去。

激励教师主动进取

师资队伍建设是幼儿园各项管理工作中的重中之重，是深化幼儿园课程建设、推进素质教育的原动力，更是幼儿园发展必须深入研究的永恒性课题。作为学校的一把手，如何激发教职工的工作积极性，我也很有办法。

自2015年被任命为洛杉矶保育院院长后，我针对当时教师工作积极性不高的问题，一方面改革现有考核方式，将考核结果和教职工工资直接挂钩，让劳者多得、能者多得；另一方面，想方设法为优秀教职工提供更好地成长环境，在全院形成你追我赶、齐头并进的良性竞争机制。当然，在绩效考核中，一定要做到一碗水端平，说到做到，要让老师们感到公平，这样才能够调动他们的积极性。除了把水端平外，我还制定了保育院五年发展规划，启动了“青年教师”和“骨干教师”培养计划和形式多样的院本研修，开设《经典诵读》《幼儿礼仪操》等课程，创新推出“推门课”的形式，提高全院教师的业务水平。

为了改变当时教师只教不研的问题，我还鼓励教师积极参与课题申报。多年来，保育院先后申报省级专项课题2项、重大课题3项、规划课题2项、微型课12项；申报市级规划课题5项、市级微型课题34项；两门实验课入选陕西省《3-6岁儿童学习与发展指南优秀案例汇编》。

“学前教育，老师吃的是良心饭。在这个岗位上，我们必须对得起孩子、家长和社会，容不得半点马虎。”这是我最常对老师们说的话。我是这样说的，也是一直这样做的。

荣誉纷至沓来

为了让幼儿享受到更加优质的服务和教育，我园“主动出击”，积极拓展办学外延，先后与中国儿童中心实验幼儿园、南京市鼓楼幼儿园、北京空军直属机关蓝天幼儿园缔结为友好学校，交流帮扶，拓宽办学路径，引入优秀教育资源。

有付出就会有收获。在全体教师夜以继日的努力下，洛杉矶保育院又“火”起来了。一栋栋教学楼起来了，学校的围墙换了，校园的环境好起来了，校园场地、校舍面积、设施设备也有了大变化，托管的延安新区第三幼儿园也于2017年正式投入使用了，保育院也通过了省级示范幼儿园复验。学校先后获得省示范家长学校、省基础教育质量工程实验幼儿园、省STEM教育领航学校、市文明校园、平安校园等殊荣。特别是近三年来，保育院先后接待了国培学员及省市兄弟园所30多批次，2000多名园长、教师来园观摩学习；先后赴延长、延川等县区开展义务送教5次，培训幼儿教师1000多人次。洛杉矶保育院自觉担当起幼教示范的领头雁，携手兄弟园所共同发展。

诸多荣誉纷至沓来固然令人欣喜，但我并不满足于此。“我的事业在保育院，保育院就是实现我人生梦想的舞台。”接下来时间，我除了要抓好教育教学工作、做好课题研究外，还要把洛杉矶托儿所历史陈列室修建好，让红色基因和延安精神在洛杉矶保育院代代相传，使毛主席亲笔题写的“好好的保育儿童”这个目标真正得以实现。

精益求精铸精品　志存高远创特色

上海市浦东新区龚路中心小学　蔡忠铭

上海市浦东新区龚路中心小学创建于1905年，历百年沧桑，育百年桃李，现已成为集科技、艺术、体育三大特色于一体的示范性窗口学校。为实现教育教学质量的新突破，学校以“精益求精，提升办学品质”为抓手，积极打造高效的治理体系、科学的课程体系、高素质的师资队伍、高品位的学校文化、高质量的基础教育，力求促进师生和谐发展、学校科学发展，进而实现“让每一个人充分和谐发展”的美好愿景。

追求精度，科学管理推动高位发展

科学的管理是学校发展的坚实保障。近年来，龚路中心小学坚积极创新管理机制，在优化实践“条线负责制、项目责任制”的基础上，提出“精益求精”的管理目标，推行“凝心聚力四机制”，着力构建人文和谐的品质校园。

做好顶层设计，统筹规划发展。学校立足当前、着眼未来，根据国家和上海市中长期教育改革和发展规划纲要，结合学校办学优势和社区群众对学校办学的热切期望，围绕“人人发展，全面发展，个性发展，持续发展”的育人理念，制定“让每一位师生充分和谐发展”五年发展规划，通过科学管理和全面统筹，实现人、财、物、事、时、空、信息等全面向教育教学聚焦落地。

积极开拓创新，优化体制机制。学校坚持深化改革再出发，积极探索，敢于创新，勇于实践，推出师德周评机制、感人事例选树机制、问题谏言机制、全民公决机制的“凝心聚力四机制”，推动教育教学管理更加民主、平等、自主，最大限度地调动所有人的积极性。

坚持开放办学，共谋学校发展。学校积极引导家长和社区参与学校管理，完善“望闻问切”的家校合作实践模式；坚持发挥引领辐射作用，以承担社会责任为己任，积极承担本区域、外区县、外省市交流互动，积极做好援疆援藏工作，力争为教育均衡发展作出贡献；注重社会实践基地统整，合作开展丰富的校内外活动，拓展学生学习成长的平台；建立对外宣传窗口，在《龚小校报》和“新蕾诗刊”基础上，拓展家校互动的新媒介“龚小微信公众号”；积极开展全国性和国际交流访学活动，开阔学生的视野。

关注生命，优质课程成就优秀学生

课程是培养学生素养能力的基石。龚路中心小学坚持“关注生命，服务成长”的课程建设理念，围绕“身心健康、知识扎实、学有所长、品行良好、勇于探索”的学生培养目标，创造性地规划建设实施适应学校实际、满足学生发展需求的课程体系，让优质课程成就优秀学生。

基础课程，校本化实施。学校坚持国家课程校本化实施，提出“关注全体、少讲多练、学生总结、精编习题”的16字课堂教学要求，构建“尝试练习—展示讨论—归纳总结—拓展提升”的课堂教学模式，并通过随堂课、研讨课、跨学科研学、信息技术运用、优质资源共享等形式，推动课改理念落地。

拓展课程，系列化开发。学校系列化开发拓展型课程，形成了“菜单式”选修课程、校园主题节活动课程、仪式教育课程、科技创新实验课程、社会实践基地活动课程等课程，旨在拓宽学生视野，激发学生学习兴趣，丰富学生成长体验。

探究课程，多元化推进。学校多元化设置身边的能源探究课程、创意模型探究课程、百草园植物探究课程、科创空间站探究课程等探究课程，让学生在课程实践中体验知识转化与生命成长的快乐，追求生命的价值与生命的意义，提升学生的综合素养，促进学生的全面发展。

改革评价，和谐化发展。学校在全面实施“基于课程标准的教学与评价”的基础上，探索特色化的评价手段和方法，从“学业质量、品德与健身、运动与健康、审美与艺术、探究与实践”五个维度设定基础性指标与发展性指标，分学科、分年级、分单元制定评价表，构建“即时评价、单元评价、学期评价”的多元全程评价体系，为不同学生提供更好地个性化服务。

立德树人，文化自觉淬炼师生品格

立德树人是教育的根本任务。龚路中心小学高度重视德育工作，在抓好“‘两纲’教育、法制安全教育、心理健康教育、行规养成教育”的基础上，强化校园文化建设和文化育人。如今，“勤奋、合作、创新、发展”已积淀为学校的文化特质。

创新机制，优化队伍。学校积极推进“三全育人”，建有三级德育管理网络，不断完善全员、全程、全方位参与的德育工作机制，为德育工作的开展提供了有力保障。

载体搭建，空间拓宽。学校积极践行社会主义核心价值观，积极开展“两纲”教育、法制安全教育、中华优秀传统文化教育、心理健康教育、家庭教育、社会实践活动、红领巾志愿活动等主题教育活动，主题鲜明，目标明确，内容丰富，形式多样，大力营造良好的德育空间。

行规养成，文明和谐。学校结合上海市中小学行为规范示范校创评工作，利用好班会课、少先队活动课、十分钟队会等时间加强文明礼貌、遵纪守法教育，促进学生良好行为习惯的养成；根据班级实际情况对学生的品德表现、学习活动等做阶段性点评，培养学生的自主、自理、自护能力；实行卫生、广播操、文明用餐、行为规范评比制度，明确常规工作具体要求，做到行动有标准、检查有目的，促进学生形成规范行为的意识。

搭建平台，研修赋能提升师资素养

教师是立教之本、兴教之源，承担着让每个学生健康成长的重任。让入职见习期教师快速成为合格教师，让成长发展期教师逐步形成自己的教学经验或模式，让经验成熟期教师保持职业激情、持续发展，让风格形成期教师深入钻研、示范引领成为品牌教师，这是龚路中心小学近年师资队伍建设的目标。

师德为先，营造团队文化。学校以《小学教师专业标准（试行）》为基本准则，把握“师德为先、学生为本、能力为重、终身学习”四个基本理念，通过创新管理机制、深化学习实践、多元考核测评、选树先进典型等实施策略，增强教师专业发展的自觉性，增强教书育人的责任感与使命感。

课程为基，提高理论素养。从实践能力的提高到理论素养的提升，这是教师专业化成长的必由之路。学校着眼于教师专业发展的迫切需求，推出公共学习和专业学习两大维度的教师培训课程框架，形成了具有校本特色的研训课程体系——“龚小智课”，让一线教师从中不断汲取专家、骨干团队的智慧结晶，并在较为宽泛的研训情境中产生更多的经验积累、观点碰撞，从而获得实在本真的专业成长。

科研为辅，推动以研促教。教育科研历来是提升教师专业素养的有效途径。学校近年来坚持在“科研促教、科研强校”上狠下功夫，先后承担区、市、国家级别教科研课题及项目10余项，并组织教师积极参与项目研究，使教育科研切实成为教师专业成长的助推器、学校改革发展的加速器。

分层定向，搭建成长阶梯。为让每名教师都有适合自己的发展方向，学校有针对地搭建“四阶段成长阶梯”，即入职见习期、成长发展期、经验成熟期、风格形成期等培训，通过分层设定目标、度身定制内容、丰富研修形式、分层评价激励的方式，助力不同层次教师的专业成长。

示范引领，服务教育均衡。“在服务他人的同时激励自我成长”是龚路中心小学队伍建设的又一理念。学校积极承担上海市名校长基地培训、见习教师规范化培训、曹路学区化办学领衔学校及区域内“柔性流动”、与民办育才“支教结对”等工作，真正实现了引领辐射与自我成长的双赢。

新时代，新征程。龚路中心小学将高举习近平新时代中国特色社会主义思想伟大旗帜，坚持立德树人根本任务，坚持质量立校、特色发展的办学方略，坚持改革创新、高位发展的办学思路，继续更新教育理念，搭建成长阶梯，志存高远，精益求精，在实践中探索，在探索中践行，在践行中积淀，在积淀中实现突破，在发展中提升办学品质，护航每一名教师、每一名学生充分和谐地发展！

自主创新，为学生成长赋能

上海市松江区民办茸一中学　任丽菊　李文艳　戴彩妹

教育是面向未来的事业，教育的重要使命是点燃和唤醒，也就是说教育要点燃学生的学习热情，唤醒学生的成长自觉性。因而，尊重个性，赋能未来，让每个学生出彩，是我们教育工作者义不容辞的责任。面对日益发展、人才辈出的新时代，学校教育要进行积极地自我革新、自主发展。基于此，我校立足发展实际，积极创建特色课程，以课题引领，铺设课程，打造贯穿学习全过程的茸一学程，以助推学生个性全面和谐发展。

一、创建特色课程，促进学生全面发展

落实五育并举，积极构建乐思课程。通过课程搭建，落实国家“五育并举”的教育方针，并对“五育并举”作校本化表达，力求使其更具有前瞻性、多样性、融合性、迭代性和可操作性。它包括播音主持、创新思维、劳动礼乐、行走课程、双语合唱、人工智能等课程。乐思的“乐”既可以读作“lè”，是“乐于”的意思，“乐思”即乐于思索、乐于思辨，在思考和思辨中收获学习的乐趣；也可以读作“yuè”，是“礼乐”、“音乐”的词素，意喻在学习中沉淀底蕴、陶冶情怀。我们课程类型丰富多元，包括基础型课程、拓展型课程、研究型课程等。课程目标指向学生的思辨素养、人文素养、责任意识和创新意识等核心素养的养成。

本学期共开设了28门拓展型课程和研究型课程。其中的金牌主播课程，是由上海戏剧学院教授、电视台主持人担任主讲人，课程通过专业、系统的训练来提升青少年的普通话水平，锻炼口语表达能力，让学生们能够做到“言之有物、言之有理、言之有情、言之有序”，获得从容自若的心理素质和流畅得体的表达能力。在刚结束的“学宪法、讲宪法”松江区中小学生线上演讲比赛中，我校金牌主播学员程腾飞获得中学组一等奖。非常庆幸，我校是松江区唯一的“金牌主播”青少年播音主持等级测评点。

体育类拓展课中，我们开设了乒乓球、跆拳道、魅力排球、动感篮球、活力足球。在暑期的一期校园改造中，我们打造了跆拳道、乒乓球教室，来为孩子们提供训练场地。教授篮球课的张老师是国家一级篮球运动员，国家一级篮球裁判员；邢老师是国家一级跆拳道运动员；叶老师是国家二级乒乓球运动员。我们希望通过专业的师资和标准化的运动场地让同学们即使只在中学的课程中，也能享受到在大学般专业的学习和训练，从而培养和激发孩子们强健体魄的意识和兴趣。

思辨课程，一手持矛，一手持盾，其旨在透过现象看本质、与时代明亮的对话、恒以致远，以培养学生的学习力和思考力，使其能够处理好人与个体、人与自然、人与社会的关系。

在疫情初期，我校的青年教师团队自主开发了《“蝠”祸相倚——面对疫情我们在思考之思辨课程群》，从科学、地理、心理、美术、语文等九门学科传授学生该如何思考危机、调试身心、承担责任。生活是最鲜活的教科书，任何发生在我们身边的事情，都是对成长和学习的邀请，我们应该紧紧抓住这个机会，充分发挥身边可用的学习资源的作用，使学生从中获益。

二、通过课题引领，精心打造茸一学程

面对“十四五”，学校积极进行自我谋划部署。在学校管理方面，突出扁平化管理模式、优化管理机制，学校设有学生发展中心，教师发展中心，教学发展中心+行政协同中心，并运用OKR目标管理等方法，提高管理效能。在教育教学方面，我们推行课题、课程、课堂+茸一学程“3+1工程”。

学校成功申报了上海市教育规划课题《“全场景教学”的常态运行研究》，本课题基于解决传统教学中的问题，提出“全场景教学”的解决方案，借助于信息技术，设计涵盖12年全学段（小学、初中、高中）的“全场景”教学的常态化运行方案，具体包括：构造“全程场景教学”流程、构建“全场景教学”模式、开发“全场景教学”学科指南，搭建“全场景教学”服务平台。通过建构“全场景教学”的理论和应用指导，来解决传统教学中教学场景断裂、教学空间分隔、教学针对性欠缺、教学互动不足的问题，并对智慧校园建设、课程体系建设发挥作用。

此外，我们也在探索跨界融合的课题，跨界融合的理念是打破边界，即打破课程开发的边界。传统校本课程开发多依托校内教师的探索与合作，“跨界”则需要跨出学校，打破边界，整合社会、家庭、学校三方的资源。尤其是我们松江是一座拥有悠久历史的花园城市，有着丰富的人文资源和自然资源。因此，我们可以思考如何将松江资源转化为课程资源、学习资源。在这方面，我们也有了一些实践，比如“行走课堂”，带同学们实地走入广富林、大学城、仓城历史风貌区；疫情期间的“云走进课堂”，学科老师带同学们“云端”走进博物馆、美术馆、音乐厅、科技馆和植物园。

跨界融合的另外一个理念是“融合”，学校特别关注学科融合，日常分科教学能够为学生综合能力形成打下基础，而不同学科间的融合教学更有助于思维和问题解决能力的提升。上海中考改革后，有一道分值为15分的跨学科案例分析题，即考查学生能否把生物、地理等学科知识综合运用起来，这需要学生有足够广泛的知识面和不同学科知识的融会贯通。针对融合教学，我们也进行着探索和实践。

在信息化社会，智能科技能解决生活中的许多问题，为我们带来更加便捷的生活，那么，科技是否也能解决课堂教学中的难题呢？如今大班制课堂教学存在一个问题，即在课堂中，老师无法获得全部学生的即时性反馈，无法迅速掌握学情。我们在教室中安装了智慧黑板，学生在纸上或是PAD上作答后，通过拍照提交或是按键提交，授课老师会收到作答结果，系统也会立即做出分析，包括提交数量、正确率等，这样，老师会在第一时间了解全部同学的知识掌握情况。

我们引入了大数据分析系统，能够对学生课后的练习及测验做出精准的、多维的数据分析，也能实现对学情的精准把握。同时，家长也可以通过系统查看孩子已经掌握哪些知识，仍然欠缺哪些知识，家庭辅导能够有的放矢。我们希望通过智慧课堂的建设，让科技赋能教育，让每个孩子都能被看到、被了解、被发现。

为了达成这个教育目标，我们还实行了导师制，为每位初三学生配备了导师，教师和学生之间建立一种“导学”关系，针对学生的个性差异，指导学生的思想、学习与生活。王老师就是其中的一位导师。有一次，王老师带了一盒彩虹糖作为礼物发给大家，孩子们很开心，每个人吃到了不同味道的软心水果糖。王老师因势利导，对同学们说：每个人的人生都如彩虹糖般色彩斑斓，每个人的人生也都如品味彩虹糖般充满未知，虽然未来是怎样的无法确定，但未来一定是掌握在我们每个人手中的。王老师的工作是导师们工作的一个缩影，他们不仅进行学习学科上的指导，也进行心理上的辅导，让学生感受到温暖。

结合学生实际构建茸一学程：不愤不启，不悱不发。“茸一学程”是我校教师根据学生学情自主开发的，用于课前预习、课堂练习、课后复习，贯穿课堂前、中、后的导学案。有了这样一整套的学习资料，老师的“教”、“备”与学生的“学”就有了清晰目标、充实内容、有序流程。

三、拓展培养途径，促进教师共享成长

青年教师，是学校的未来。学校通过专家引领，名师指导，同伴互助，自主发展，促进青年教师的成长。我校青年教师的三阶培养模式：0-3年见习教师、3-10年风格教师、10年以上骨干教师；三种培养路径：学校传承、区级培训、专家指导。

学校为每一位青年教师安排了教学师傅和德育师傅。常态化的听课、评课让青年教师能够充分学习老教师的教学经验和教学方法。并且鼓励我校青年教师参与各项教学比赛，比如校内的教学比赛、松江区1-5青年教师比赛、名爵杯等，我们坚信，参与比赛能够让青年教师开阔视野，加快增长教学能力。

在区级培训方面，我校青年教师认真参与区里的各项教研活动，并且学校英语组青年教师还通过拜师仪式与教研员进行了师徒结对。在六月份，我校的三位青年教师，在学校大礼堂，在众多老师们的见证下，拜了区研训员陈老师为师。不论是现在还是将来，我们青年教师都会虚心向师父学习，不断完善自我。

在专家指导方面，我校聘请了市级英语大咖施老师、柴老师等对我校进行长期性的培训辅导，让我们青年教师能够有幸现场聆听专家们的讲座，提高教育教学的能力。英语组教师多次组队前往闵行区英语基地参与由柴老师主持的研讨活动，多次邀请施老师来我校办讲座，就考试命题、教学设计等方面进行了深入讲解。

“教育是一棵树摇动另一棵树，一朵云推动另一朵云，一个灵魂唤醒另一个灵魂！”教育就是共享成长，教师在启迪学生智慧、润泽生命的同时，自己的生命也得到了升华！如今，学校正处在守正创新的新时代，站在一个全新的教育起点，我们茸一人对工作认真、负责，对学生充满师爱；我们的茸一课程丰富多彩，充分满足学生未来发展的需求。我们将不忘办学初心，继续砥砺前行，力争在通向未来教育的大道上留下一道最美丽的风景线！

为更多的孩子创造人生出彩的机会

首都师范大学附属中学（通州校区）　丁伯华

首都师范大学附属中学（通州校区）2015年来到通州办学，是通州引进的首家市级优质资源学校，肩负着服务城市副中心基础教育的历史使命。面对陌生的环境和社会各界的期待，在首师大附中和通州区教委的共同领导下，首师大附中（通州校区）克服重重困难，在风雨弦歌的五年办学历程中，始终不忘立德树人的初心，牢记为党育人、为国育才的使命，培养德智体美劳全面发展的社会主义建设者和接班人；始终坚持“立足副中心、服务副中心”的办学定位，将自身的改革发展与城市副中心的建设发展同向同行、紧密相连；始终秉承百年附中“自觉、勤奋、求实、创新”的校训精神，在创业中起步，在勤勉中发展，在创新中跨越，走出了一条有内涵、有特色的基础教育发展之路。

勇担使命，提供公平优质的教育

让了让更多的老百姓能够享受到更为优质的教育，是优质资源校进驻的重要意义所在。自2015年以来，首师大附中（通州校区）的招生就始终致力于向农村地区倾斜，力求让更多农村校学生受益。

“努力让每个孩子都能享受公平而有质量的教育”，十九大报告中的这句话引起了全社会的强烈共鸣。“公平”和“质量”两个词，彰显出党和政府缩小教育鸿沟的决心，概括出新时代我国教育的新使命，明确了教育改革征程的新方向。教育是社会进步、民族振兴的基石，教育公平是社会公平的起点，让孩子受教育并且得到良好教育是每个家庭的共同愿望。为此，学校的中招政策一直坚持通过市级统筹、校额到校等政策，把大部分招生名额“定点”投放到农村校和薄弱校，为农村学生享受优质教育资源提供了更多的机会，也为促进教育公平作出了切实的努力。这是城市副中心人民对享有更优质教育质量、更公平教育机会的需求，更是学校所肩负的使命和责任。

大有可为，擦亮优质教育金名片

2017年，在市教委的领导下，在市发改委、财政局等部门的有力支持下，一所突出绿色、生态、智慧、共享理念的高品质现代化新校园重建工程开工建设。新的校园建筑面积约8.5万平方米，建成后将会为副中心地区提供2500个学位，更好地满足人们对优质教育资源的需求。首师大附中（通州校区）的新校园，还将设立共享区，学校的体育文化空间资源在双休日将面向附近市民开放，与周边的学校共享，发挥辐射带动作用，力争成为提升北京城市副中心基础教育品质和形象的新名片。

2018年，学校迎来了第一届毕业生。在高考中，学校取得了文科总分排名通州区第一、理科总分排名通州区第二的好成绩，本科上线率达到了100%。同时，初三年级在全部生源均通过就近派位入学的情况下，也取得了总分和优秀率通州区第一的好成绩。2019年、2020年，学校更是稳步快速发展，中考、高考成绩继续均位居全区前列。建校五年来，首师大附中（通州校区）凭借着过硬的教育教学质量和务实努力的办学氛围，赢得了社会各界的认可和学生家长的青睐。

砥砺奋进，夯实攀登高峰的基石

更好地教育不仅来自对公平的持续坚守，更来自对质量的不懈追求。作为一名教育工作者，我深刻感受到“十三五”时期我国整体教育水平得到了大幅度提升，学生的知识面、专业水平及社会实践能力都达到了较高的水平。中国共产党第十九届中央委员会第五次全体会议中提出到二〇三五年基本实现社会主义现代化远景目标，强调要“建成文化强国、教育强国、人才强国、体育强国、健康中国，国民素质和社会文明程度达到新高度，国家文化软实力显著增强”。在“十四五”时期，首师大附中（通州校区）定会继续贯彻党的基本理论、基本路线、基本方略，努力培养社会主义现代化建设所需要的合格人才，也希望我们培养出来的学生能够为建设科技强国作出贡献。

坚持社会主义办学方向，落实党的教育方针和立德树人根本任务。学校始终坚持社会主义办学方向，深入研究阐释习近平新时代中国特色社会主义思想的核心要义、为民情怀和哲学意蕴，深入总结这一思想在京华大地的生动实践，创新思想政治教学方式，做好“进课堂、进教材、进头脑”这篇文章。学校肩负起立德树人的使命，坚持实践育人，突出教育教学主体地位，把社会主义核心价值观贯穿于办学育人全过程，引导学生扣好人生的第一粒扣子。

学习宣传贯彻党的十九届五中全会精神，进一步推动学校教育事业繁荣发展。学校将立足城市副中心基础教育改革先行者和推动者的定位，加强育人方式改革创新，探索符合教育规律的教育教学体系，不断提高办学水平。谋划好“十四五”时期的发展，抓好学校特色课程体系建设，同时加大高层次人才培养和引进力度，增强办学活力，培养一批市区级学科带头人和学术团队，打造学校人才培养的“导师团队”。全体教职工始终保持强烈责任感、使命感和干事创业激情，以办好中国特色社会主义基础教育的情怀和舍我其谁的精气神，以坦诚大气包容和功成不必在我的境界，担起责任，攻坚克难，继续保持领先优势，为推动城市副中心基础教育事业发展作出更大贡献。

面向未来，将打造城市副中心教育新名片。随着首师大附中声誉的不断提升，学校原有校舍已远远无法满足广大学生和家长的需求。在北京城市副中心地区建设一所现代化、高水平的中学，让更多的学生享受附中的优质教育资源，成为摆在这所立足未稳的新学校面前的又一个巨大挑战。

时间是历史的见证者，也是伟大的书写者。首师大附中（通州校区）如春雨一般润泽、改善着通州区的教育土壤，与此同时也在积极地融入这片陌生的土地，努力完善着通州区原有的基础教育生态。面向“十四五”，学校将继续深化和巩固现有成果，破解发展中的重点难点问题，坚决贯彻党的十九届五中全会精神，将其转化为干事创业、教书育人的强大动力，进一步推动学校教育事业繁荣发展。面向二〇三五年远景目标，我们在加快教育现代化的新征程中，将继续推进公平而有质量的教育，为更多的孩子创造人生出彩的机会，努力培养能担当民族复兴大任的时代新人。

多元树人写华章　品质发展铸辉煌

四川省安岳实验中学　池毅　张亮

这里是书香飘逸的学园，这里是培育英才的摇篮，这里就是四川省安岳实验中学。学校始建于1908年，1999年由安岳师范学校转制更名“四川省安岳实验中学”，现为“四川省二级示范性普通高中”。学校集高中、初中、艺体教育于一体，拥有三个校区三个大年级，现有教学班120个，在校学生7300余名，教职员工近500人。

作为四川省首批艺体教育特色学校，安岳实验中学自2003年开始，基于学校特色发展追求和学生多元发展需求，凝练出“立德树人，尚美启智，为生命成长奠基”的办学理念，构建了艺体、教务、科教、德育四线合作的管理体系，开辟了一条学校特色发展、内涵发展、品质发展的新路子。

立德树人铸牢思想根基

五育并举，德育为首，明确学校高质量发展方向。德育是素质教育的灵魂，对学校保证人才培养的正确方向、促进学生的全面发展起着决定性作用。安岳实验中学秉承“立德树人，尚美启智，为生命奠基”的育人理念，积极推进德育工作创新，不断为学生提供多样的体验、实践和成长的空间，探索形成了“123456”德育工作体系，着力培养学生健康、阳光、向上、　尚美、向善的美好品质。

学校常年举办学军节、德育论坛、经典诵读、主题演讲、研学旅行等德育系列活动，让学生磨炼意志、陶冶情操、学会协作、增强心智，为人生健康发展奠定厚实之基；利用校园一日实践活动，培养学生的劳动习惯和实践能力，增强实现中国梦的社会责任感；不断探索完善“德能银行”综合素质评价体系，存储学生的好行为、好习惯，逐步形成他们未来生存和发展的必备品格和能力；大力发展心理健康教育，启动“四级联动”关爱援助、信息沟通机制，培养学生健全人格、积极心态和良好个性心理品质。学校积极为学生成长创造条件，培育出一大批省、市、县表彰的三好学生和优秀学生干部，学校被中共四川省委宣传部、四川省教育厅联合命名为“四川省中小学德育工作先进集体”。

改革创新增强发展后劲

深化改革，创新广才，凝聚学校高质量发展动力。课改的目的是发展学生、解放老师，基于此，安岳实验中学大力弘扬“重德、启智、创新、广才”的办学思想，充分尊重每个学生不一样的成长方式，尽可能挖掘各种教育资源，创新课程体系构建，深化课堂模式创建，推进素质教育进程，让每位学生都有更多成长的可能。

为提升学生自主学习、自我管理的能力，学校以培养“四有新人”为目标，倡导自主学习、合作学习、探究学习的新型学习方式，实施自主·合作·创新教育，打造精品高效课堂，形成了“235”课改模式，使课堂真正成了学生幸福成长的学园。

为满足学生多元发展、个性成长的需求，学校秉承着“自强不息，勇争一流”的实中精神，成立学生发展中心，开办国旗班、艺体专业班、成都七中远程直播班、国际本科直升班，为更多的孩子搭建起了通向成功1的多元立交桥，让每一位孩子在这里的学习和生活成为最有价值的历程。

历年来，实验中学高考成绩名列资阳市同类示范性普通高中第一，中考合格率居全县榜首，实现了“低进高出、高进优出”的办学目标，不断刷新学校教学质量的新纪录，树立了新的里程碑。

体艺特色彰显发展品牌

特色教育，艺体双馨，打造学校高质量发展品牌。为适应新时代学生个性化的主体要求，全面提升学生的综合素养，安岳实验中学始终坚持“五育并举，全面发展”的教育理念，围绕“没有艺术的教育是不完全的教育”的思路，坚持“尚美启智”的办学思想，聚焦基础设施建设、师资队伍建设、特色课程开发和教育教学改革等，精心设计和规划，大胆实践和创新，抓实、抓细学校美育、体育等艺术教育，不断增强育人成效，提升学生身体素质和综合素养，走出了一条适合校情的阳光大道。

搭建学生全面发展平台。近年来，学校不断加大投入改善教学设施设备，现有艺术综合楼、音乐楼各一幢，音、美、舞专用教室13间，可容纳8000余名学生的艺术之春演艺广场1个，钢琴35台。在原有音美器材的基础上，2017年增配音乐器材34类828件，美术器材41类2388件，极大地丰富了器材品种及数量，满足了学生艺术学习的需要。目前，学校艺术设备设施总价值金额已超过1000万元。

拓宽学生多元成长渠道。学校建立了“专职+兼职”、“老中青三结合”和学科比例协调的师资队伍，设置了体育、美术鉴赏、绘画、书法、音乐鉴赏、音乐与舞蹈、版画、剪纸、泥塑、摄影等课程，广泛开展“艺术之春艺术节”、“美术展”、“书画展”、“校外写生及采风”、“校际之间的艺术联谊”等艺术活动，使课程资源日益丰富，体艺受惠群体不断扩大，学生身体素质、审美能力和人文素养有了明显提升。

在全校师生的共同努力下，学校艺体教育特色彰显，教育成果颇丰，不仅满足了学生个性发展的需要，也助力了学生德智体美劳全面发展。学校不仅有大批学子通过艺体教育被国内外艺体类名校录取，还有许多学生在全国、省、市的各类比赛中斩获殊荣。其中，学生的原创舞蹈《草原新牧民》获全国校园春节联欢晚会银奖，舞蹈《映山红》被鞠萍直推央视，合唱《山在虚无缥缈间》《玛丽诺之歌》获省中学声乐组一等奖，更培养出了清华学子唐德清、央美学子杨澜宇、红歌王子唐涛、著名音乐人刘彪、画家俸正杰、李建勋等优秀人才。此外，学校体育竞技成绩也相当突出。学校常年组队代表县市参加全省中小学生运动会，在资阳市中小学生运动会上独占鳌头15年，培养出国家二级运动员100余名；青奥会亚洲赛100米短跑冠军何宇鸿同学被誉为“00后飞人”，被评为“全国最美中学生”、“四川新青年”；罗星宇同学获全国体育传统项目学校田径联赛总决赛铁饼冠军；荆涛同学在四川省第十三届运动会中夺得男子110米栏冠军，在第二届全国青少年运动会获得三项全能银牌；后起之秀喻炫凯同学在参加四川省中学生田径比赛中，一人独揽4枚金牌。

经过多年的不懈奋斗，实中人弘扬自强不息、勇争第一的精神，促使办学声誉逐年攀升，社会反响良好，先后获得国家教育质量管理示范基地、全国青少年文明礼仪教育示范基地、全国艺术教育特色单位、四川省文明校园、四川省校风示范学校等荣誉称号。

多彩岁月写华章，开拓进取铸辉煌。如今，四川省安岳实验中学正以博大的胸怀，迎接着四方学子的到来。默默耕耘的实中人定能在希望的田野上描绘更为壮丽的诗篇，展翅腾飞的实验中学也定能穿越荆棘收获更加璀璨的星光！

躬身笃行，努力书写新时代教育答卷

四川省成都市四十九中学　唐文勇　汤小林

教育是光阴的故事，是春华秋实的守望，是默默无悔的坚持。参加工作36载，我始终以严谨务实的工作态度、开拓创新的改革精神、大爱无疆的教育情怀，把教书育人作为自己神圣的使命，和全体师生、家长一起，努力描绘向善、向上、共生、至美的教育蓝图。

36载教育坚守，服务区域均衡发展

爱就要爱得深，干就要干得好。从事教育36年来，我始终忠诚党的教育事业，坚守使命，求真务实，笃学敏行，对民族的美好未来负责，为学生的幸福人生奠基。

我笃信：“一滴水也是浇灌的开始，一支笔也有无尽的力量，一句话也能影响学生一生，一件事也能改变学生命运。”早上，我比学生早一步到操场、教室，守晨练、守晨读，陪着孩子们一起强健体魄、求知求进。每逢周一，我还要住进学生公寓，感受孩子们的生活。这也是四十九中的一个亮点。在每栋学生公寓的一楼都有一个特殊的房间，那是学校管理团队的宿舍，里面有校长、副校长、中层干部的床位。

要成为一名合格的校长，首先得成为一名优秀的教师。自从事教育行业以来，我始终没有离开过也舍不得离开教育教学第一线，一直脚踏实地，不断提升教育教学水平和办学实践能力。在教学上，形成了

“轻松简单、真实扎实”的教学风格；在管理中，形成了“民主和谐、务实高效”的管理风格和“以人为本，和而不同”的管理方略；在人才培养中，注重对管理干部和教学骨干教师的培养，指导青年教师严格履行教学常规要求，认真研究教材、大纲、考试要求、新课标和学生，促进中青年教师迅速成长为区学科带头人或教学骨干。

作为成都市高三数学中心组成员、成华区政府兼职督学，我定期到学校指导高三教育教学工作，在成都市或有关学校作专题发言和专题报告，并积极给有关学校和教育主管部门献言献策，为市、区教育质量的提高作出了应有贡献。同时，我每月定期到区内高中督导，了解课堂教学、教学研究等情况，与学校领导班子就学校的发展定位、办学特色等问题沟通交流，服务区域教育的优质均衡发展。

创新教育改革，探索人才培养模式

党的十九大中提出：“新时代的教育要更加注重以德为先、全面发展，更加注重面向人人、终身学习，更加注重融合发展、共建共享，一件接着一件做，一年接着一年干，齐心协力写好教育改革发展的时代答卷。”在社会多元化背景下，我坚持以教育改革创新作为促进学校高品质发展的重要抓手，以学校文化为内核，构建完善“三底课程”体系，培育“四维德育，善美素养”育人特色，砥砺“四主课堂”教学改革，探索普通高中人才培养模式，走出了一条富有成效的新时代全面育人之路。

构建“三底课程”，完善育人体系。课程是实现培养目标的重要载体。在课程建设中，我以“立德树人”为灵魂，以“厚德、砺志、笃学、尚行”校训为切入点，建构“三底（底蕴、底色、底线）”课程体系，培育底蕴丰厚、底色靓丽、底线牢固的杰出公民。目前，成都四十九中已顺利开发、开设常规校本课程31门。

推进“四维德育”，培育善美素养。德育是做人的根本，是教育的重中之重。在学校德育建设中，我积极推进“高起点、重常规、抓细节、求实效”的“四维德育”模式，探索“善美德育”之路。

推行“四主课堂”，跨越提升质量。课堂是人才培养的主渠道。基于学校质量建设的现实需要，我系统梳理、总结自身的教学管理经验，提出“课堂比天大”观念，主导构建“四主课堂”，深入推进课堂改革，强化过程监控，提高教学效益。目前，成都四十九中构建了“学生主体、教师主导、训练主线、思维主攻”的“四主课堂”。

深化“大中融合”，创新培养模式。成都四十九中抢抓“优质教育倍增工程”的重大发展机遇，聚焦高中学科核心素养培育，突出普通高中人才培养方式变革，在课程开发与实施、学习空间重构与培养途径等方面做出了一些探索。

全面统筹发展，办学实践成效显著

三尺讲台，承载一生情怀；方寸之间，凝聚爱与责任。2012年8月，我调任成都四十九中校长，开始了新一轮教育征程。八年多来，我在品牌塑造、质量建设、队伍锤炼、教育改革、国际视野、示范引领等方面的办学实践上取得了显著成绩。目前，学校已经形成了“一校两区（枫林、和美）”的办学格局，成为一所有着79个高初中教学班、4500余名师生的省级示范性普通高中。

质量是学校发展的生命线，没有质量的教育不是老百姓真正满意的教育。在办学过程中，我切实践行“五育并举”的全面质量观，坚持以“三底课程”为载体，以“善美育人”为统领，建构“四维德育”工作体系，完善“四主课堂”，质量建设卓有成效，德艺体卫工作取得突破性进步，教学质量取得跨越式发展。学校也因教育教学工作成绩突出，赢得了市区教育主管部门的一致认可和社会各界的普遍认同：连续7年获“成都市高中教育教学工作优秀学校”称号；连续7年获“成华区高中教育教学质量表彰奖”、“成华区高中教育教学工作突出贡献奖”；5次获“成华区初中教育教学工作突出贡献奖”。

教师是学校发展的决定因素。我长期坚持“人人有长，用人所长，助其扬长，促其长长”的用人理念，构建教师专业发展“梯进式”体系，强化校本研修，优化队伍素质，努力锤炼高水平教师队伍。近年来，学校共培养出市区学科带头人24名，各级优模教师190余人。

“辛勤耕耘已现春华景，努力拼搏再奏秋实歌。”在成华区这片教育热土上，我将继续躬身实践、勤耕不辍，常怀感恩之心，常葆进取之志，常悟发展之道，常践科学之举，为创建质量卓著、品质卓越、特色卓异的一流示范性高中而不懈努力！

美劳智创，为劳动教育赋能

四川省成都市同辉（国际）学校　瞿曦　王曦　李创

“德智体美劳”是现行的五字教育方针，是对人素质定位的基本准则。然而对大多数教育工作者而言，都是过多强调“德育”、“智育”、“体育”、“美育”，却极少提过“劳育”一词，认为“劳”只是简单地打扫或是劳动，觉得它无用甚至是将其摒弃。面对当下学校劳动教育被淡化、弱化甚至被抛弃的现状，四川省成都市同辉（国际）学校自2012建校以来，就从人们忽视的“劳育”教育出发，一直带着对“劳动”的深层次思考和追求，积极构建符合校情和学情的劳动教育，从专注技能到德智体美融入劳育，从单一活动到纳入课程、全员覆盖、多学科渗透，从“尚劳”到“美劳智创”，力求培养全面发展的未来劳动者。

一、明确劳动教育五大内涵

随着时代的变迁，劳动的内涵也在不断地丰富和延展，已不再是单纯的体力劳动，还承载着尊重劳动、崇尚劳动、辛勤劳动、诚实劳动、创造性劳动的时代新意蕴，坚守着培养劳动精神、工匠精神的时代新使命。在劳动教育实践中，从“野性而高贵”到“全面而个性”，关注为未来培养全面发展的社会主义建设者和接班人这一学校劳育目标也在不断地丰富和发展。

劳动观念：“认知世界从认知劳动开始”。从根本上摆脱“纸面成长”的局限和偏向。

劳动能力：“劳动能力从体力劳动开始”。体力劳动是劳动教育底层操作系统，其支撑作用能激发劳动情感。

劳动精神：“劳动精神从奉献服务开始”。教育学生在劳动中忘记“小我”，不计较个人得失，时时铭记集体和祖国需要。

劳动习惯：“劳动习惯从真实生活开始”。劳动习惯的培养是行为规范养成的重要内容和基础。针对小学生自制力和持久性差的问题，劳动从自我服务开始，劳动习惯的养成从生活开始，从而激发对劳动的亲近感、成就感，继而热爱劳动、敬重劳动者，提升育人的实效性。

劳动品质：“劳动品质从探索创新开始”。AI时代要求人具备机器不可取代的关键能力，如想象、分析、综合、预判、评、创新等，而劳动实践的“问题解决”过程彰显了学生发散聚合思维品质，促使学生建立以问题驱动创新的新机制。

二、形成美劳智创体系思路

一直以来，劳动教育都是五育融合的起始点和凝结点，其目的在于教育引导学生崇尚劳动、尊重劳动，懂得美好生活是靠劳动创造的道理。劳动的多样性也决定劳动教育的多元性，我们以“培养最美劳动者，奠基未来美好生活”为目标，以实践体验、多元选择为实施路径，探索建构“美劳智创”特色劳育体系，指导学生学会学习、学会理解、学会生活、学会创造，增强综合素质和关键能力，为终身发展和人生幸福奠定基础。

随着五大劳育目标的落地，学校整体统筹，迅速确定各部门联动的“美劳智创”劳动教育组织机制，切实保证学校劳动教育的有序、高效开展。教学部：制定学段教学目标、教学内容，挖掘教材内容，让多学科充分渗透；学生发展部：组织劳动课程教师的培训和学习，制定评价体系，策划并推进落实；后勤保障部：为课程顺利开展提供专用教室、劳动场地，做好设施设备和场地的使用维护；安全部门：完善劳动安全预案，开展安全知识及技术的指导。

三、落实美劳智创有效路径

劳动不只是单调复杂的体力活动。在开展劳动教育时，我们注重劳动课程与学科课程、实践活动、日常生活的有机融合，使劳动教育与学生的智力发展、审美情趣联系起来，多角度、多思路、多形式丰富劳动育人体系，不断提高学生认识事物、探索世界、创造生活、提升审美的能力。

“美劳智创”日常化。日常的劳动教育从自我服务开始，我们立足生活事务处理，注重学生生活能力和卫生习惯的培养，使他们树立自立自强的意识。一是一日常规。戴好红领巾，“行好礼”；爱护教室卫生，“保好洁”；打扫餐后教室，“用好餐”；做到“七步洗手”，“爱卫生”。二是公区打扫。实行门前三包，美化校园环境，落实垃圾分类，服务他人。三是校园大扫除。每周五教室、公区全方位的清扫，固定时间，固定要求。四是爱的作业。每日布置家庭劳动作业，在家做力所能及的劳动，评选智慧生活小达人。

“美劳智创”课程化。根据中共中央国务院发布文件《关于全面加强新时代大中小学劳动教育的意见》的要求，我们将劳动教育纳入课表，并将劳动教育有机地渗透到各学科中。

一年级道德与法治课：一年级的孩子劳动能力弱、自控能力差，因此道德与法治课围绕“自立”开设了系好鞋带、穿好衣服、管好自己的“一平方”、帮助他人等系列劳动教育课，让孩子们学习基础劳动技能和生活自理能力，从而热爱劳动、尊重劳动人民、珍惜劳动成果。

二年级班队会课：利用队会课宣讲中国少年先锋队知识，了解到爱劳动是少先队员必备品格，通过大队委发现、寻找、宣讲身边少先队员劳动榜样故事，将劳动习惯的养成纳入少先队优先入队评价体制等方式，让他们认识到劳动最光荣、劳动最崇高、劳动最伟大、劳动最美丽的道理，启蒙劳动情感，增强劳动意识，培养劳动精神。

三年级陶艺课：陶艺承载了中华民族最优秀的劳动技术、劳动情感和劳动素养，为此我们打造了一间有操作区、拉坯区、晾干区、施釉区、烧制区及作品展示区的陶艺工作坊，聘请省市区教研员和专家指导，并编写陶艺校本教材，让他们的动手能力、创新能力和审美能力在课堂中得以提升。

四年级木艺课：“美劳智创”课程的开发实施，涌现了一批特色课程，也培育了一支美劳教师团队。学校的“美劳•木艺”课程深受专家同行、学生家长的喜爱。如青羊区美术特级教师李雪媛带领年轻美术教研组，以木头为主材，通过锯、刻、切割、联结、打磨、拼装组合等技术手段作为造型基础，将生活与应用相结合，注意功能与创新，功能与美学的关系，体现了劳动、艺术与科学的结合。2019年代表四川省中小学参加全国第六节中小学生艺术展演活动二等奖。

五年级农事课：在学校的空中花园有一片“智创美劳”农事基地，分给五年级各班，让他们运用科学知识统筹好适合季节种植的蔬菜，由班级共同开垦种植，小分队们每天分批浇水、养护，丰收的季节集体收获与之分享或者售卖。通过农事课，了解农业发展历程、农作物生长过程，让学生在劳动中体会劳动的艰辛与快乐，感悟人与自然的关系，认识劳动创造的价值。

六年级STEAM课程：以课题为抓手，组建来自八个学科的核心导师团队，跨学科开发构建STEAM融合课程，已成功实施《百变电筒》《温暖的灯》《叶子的变奏曲》和《智慧农场 绿色空间》等多个主题课程，培养了学生解决实际问题的勇气、学习力和动手能力。

通过学科融合，给手脑协同发展搭建平台，进而让知识可视，让学习可见，让思维深化。学校建构从层次和类型上都能够相互关联和顺利达成的螺旋式课程体系，结合六年必备品格和关键能力的总体要求，并将六年“美劳智创”表现和成果均纳入《独自闪光 与人同辉——学生综合素质评价报告手册》进行综合评价。

“美劳智创”项目化。劳动教育一定不是单一的、孤立的，我们遵循劳动教育综合性、持续性、探究性、创新性的特点，通过实施项目化管理，将教与学的变革和真实问题解决情境进行整合，达到以劳树德、以劳增智、以劳强体、以劳育美达到培养全面发展的人的目的。

项目一：创客基地。我们通过开放的自然实验室、工程设计室、机械加工室、文化创意室等，把整个校园都交给学生去设计改造。尤其每年改造节，学生都可以为学校设计，小到班牌，大到教学楼。例如，2019年的设计主题是“我喜欢的操场”，最终学校收到2200个设计稿，采用了8个创意，投入30余万元，完善东坡学堂建设，传承学校文化之脉；改建小操场，增加运动面积；修建树槽增设桌凳，满足课间休息；增添红花绿植，美化灰色教学楼立面墙等。

项目二：童城社区。“童城社区”以学校童城银行发行的童城币为载体，在每天午餐后将童城社区商城、网店、快递、银行、农场、书吧、电影院全员开启运转，将财商与职业体验融合，让孩子们在这里动手实践，培养劳动兴趣，认知劳动价值，体会劳动快乐，实现诚信劳动。

“美劳智创”全息化。如何实现以劳树德、以劳增智、以劳强体、以劳育美的目标？绝不是学校孤军奋战就可以的。抓好新时代劳动教育，学生是主体，学校是主导，家庭是重点，社会是支持。在“美劳智创”落地过程中，我们致力于其全息化过程。“全息”，意在课程内容、项目实施、活动情境的多元、综合，是学生德智体美劳的全息，是学生、家长、教师参与的全息，也是学校社会联动的全息。“美劳智创”的全息化更有利于引导学生树立正确的劳动观，崇尚劳动、尊重劳动，体会劳动创造美好生活。

因地制宜，“美劳智创”多维共建。学校打造2700平方米“党团共建学生劳动实践基地”，基地有以“劳动最美我知晓”为主题的宣教系统，直观认知劳动历程、劳动精神、劳动模范、劳动技术等；也有以“劳动岗位我能干”为主题的教育布局，设立党员示范岗、团员志愿岗、少先队员实习岗，参与桃李园、实验田、竹立方、蘑菇房、生态屋的劳动，不断增强社会责任感和劳动意识，让吃苦耐劳和勤勉踏实在校园里持续传承。

百变阳台，“美劳智创”走进家庭。我们的“农事课程”引导孩子亲近自然、了解种植知识、动手参与植物的立体种植。在“农事课程”临近尾声时，家校旋律共振，“百变阳台”应运而生，从设计、制作一款具观赏及艺术一体的家庭版特色阳台，到植物的选择、种植的流程，都和孩子一起参与阳台种植的设计和种植工作，共创高效能家庭文化。

温暖的灯，“美劳智创”服务社区。我们充分发挥学生的主观能动性，创造劳动价值、服务社区，让“美劳智创”的创新性和公益性相结合。如重阳节为退休老师设计制作感应台灯，这一盏盏温暖的灯犹如孩子们温暖的心温暖着亲爱的爷爷奶奶们！

在推进“美劳智创”体系建设过程中，我们着力建构学校家庭社区一体化的教育共生体，真正实现亲子家校同心愿、共成长的美好愿景，让学生懂得劳动的价值，明白改变世界不需要等到长大，现在就可以通过劳动传递温暖、改变生活。

杜威说：“儿童是起点、是中心，而且是目的。”劳动教育是学生成长的必要途径，同辉人关注学生身体及心理发展特性，通过品牌打造、体系架构，实现劳动与自然生活、与经验生长的链接，还原生活之真、唤醒生命之灵、追寻精神之美，为劳动教育赋能，为未来培养全面发展的人！

育德入心 成德于行

四川省达州市通川区第二小学 石强

孩子和花朵一样，需要在幼小时做好成长奠基，才能绚烂绽放。而在奠基的沃土中，优良的品德是最重要的因素，它决定了花朵长多美、长多高、长多久。为助力“品质通川”区域教育品牌，四川省达州市通川区第二小学在百余年的办学历史中，尽管6易其名，但始终牢牢坚守“育人为本、德育为先”的办学思想，立足巴文化，与时俱进，勇于探索，砥砺奋进，形成了“以成德为行，日可见之行”的教育思想，着力培养理想远大有志气、健康活力有朝气、兴趣广泛有才气、思维灵动有睿气、滋养心灵有文雅之气的新时代好少年！

培根铸魂，打造成德品牌

文化是一所学校的根与魂。一所学校要想脱颖而出，不仅需要有新颖的教育理念和深厚的文化底蕴作支撑，还需要有其独特的校园文化和教育品牌。通川区第二小学不断深挖本土巴文化内涵，学习借鉴先进的教育理念，并根据学校实际情况进行调整和完善，使之成为教育行动的精神内核。

在全体师生的共同探索下，在专家的科学指导下，学校对办学思想和特色品牌进行全方位、个性化的思考，提炼出“崇德树人、优学培能”的办学理念，“兴传统、学古今、育栋梁”的办学目标，“成于心、德于行”的校训，“厚德明理、知行合一”的校风，“博学善导、敬业严谨”的教风，“乐学善思、勤问致用”的学风，着力打造成德教育特色品牌，激励学生“修身立品，志存高远”。

具体来讲，就是确定一个培养目标，即以习近平新时代中国特色社会主义思想为指导，聚焦“教育品牌、示范引领”的总体目标，形成“成有德之人，成有志之人，成有品之人，成有用之人”的培养目标；坚定一个办学优势，即教学质量品牌优势；找到一个教育着力点，即以立德树人为着力点；坚定两个教育定位，即德育教育先行、教学质量一流；坚持三大教育取向，即活动育人、发展素质，质量一流、铸造品牌，创新渗透、面向未来；形成四大办学特色，即活动育人特色、体育教育特色、艺术科技特色、诗歌文化特色。

以德润心，丰厚成德土壤

立德树人是教育永恒的课题。让德育回归本源，培育学生核心素养，是落实成德教育的着力点和新航标。通川区第二小学以培养“有爱国情怀、有国际视野、有社会责任感、有创新意识、有君子风范的现代公民”为目标，以常规教育为载体，有效整合学校、家庭、社会教育资源，持续强化“成德”教育，撑起学生的幸福人生。

健全德育组织机构。没有一个强有力的工作班子和健全的组织机构，德育工作是很难开展的。学校成立了由校长全面负责的德育工作组织，形成了完善的德育工作网络，即行政会—政教处—年级组—班主任的德育管理线，党支部—团支部—各班支部的德育活动线，教导处—教研组—课任教师的课堂渗透线，家庭—社区—德育基地的社会实践线，促进了学校德育工作扎实有效地开展。

锻造德育工作队伍。培养一支充满活力的高素质的班主任队伍是做好德育工作的基本保证。在校领导的支持下，学校开展了以“敬业奉献、勤业爱岗、乐业爱生、精业钻研、创业开拓”为主要内容的系列活动，充分发挥班主任的表率作用；组织班主任德育工作交流和研讨活动，激发他们德育工作的自觉性和责任感；班主任每学期至少和家长面访一次，给予留守儿童、单亲家庭儿童、贫困生和学困生更多的关爱；建立学校、家庭、社会三结合的德育网络，促使学生自学遵守社会公德和校规校纪。

推进素质教育发展。德育是素质教育的灵魂。为提高学生的综合素养，学校通过开展开学典礼、入学教育、毕业典礼、经典诵读、四礼八仪活动、祭扫烈士墓、劳动技能比赛、年味作业等活动，营造了发展多元、积极向上的成长氛围，促进了学生全面而个性的成长。

聚合教育资源力量。实践德育是德育体系的重要支撑。为增强学生的道德实践体验，学校遵循自主、多样、公益的原则，鼓励学生成立各类社团及志愿者组织到社会公益机构做义工，将学生参与服务学习的次数、时间、成效纳入学生综合素质评价内容；通过参观爱国主义教育基地，组织研学旅行活动，参与社区环境整治，开展创造发明、创客学习等实践活动，培养学生服务意识，增强其对家庭、集体和社会的责任感；充分发挥道德榜样的示范作用，有计划、有步骤地开展“文明标兵”、“青春榜样”等评优活动，用身边典型人物的事迹感染学生、教育学生。

个性多元，彰显成德风采

每个人都是生命化的个体，都具有自主、独立、能动的无限潜能，而教育正是为了让每个孩子生命内在觉醒，让每个学生的个性尽情绽放。通川区第二小学在开齐、开足、开好国家课程的基础上，根据学生的兴趣特长，有针对性地组建种类繁多的学生社团，开展精彩纷呈的体艺活动，让青春的活力竞相绽放。

多年来，学校多形式、多层次地为学生搭建展示自我、快乐成长的舞台，构建了以礼促德、以文启智、以爱育人的办学模式，使学校成德教育理念得到落实。组建“嫩芽”器乐团、“未来”合唱团、“巧匠”泥塑工作室、“星空”版画工作室、“彩带”儿童绘画工作室等多个社团和兴趣小组，满足了不同个性学生的需要，真正实现了“人人有特色，个个有特长”；每年坚持举办“我能行”主题教育活动、“新年音乐会”班级歌咏大赛、学校艺术节，提高了学生的科技素养和艺体修养；鼓励、支持学生参加全国省市“中小学生艺术节”、“中小学生优秀艺术人才选拔赛”、市区“十佳”艺术新苗大赛、“青少年科技创新大赛”等大型比赛，有众多学生在比赛中获奖。各项特色活动，课内外结合，师生互动，人人参与，营造了良好的校园教育氛围。

一年年春华秋实，一载载桃李芬芳。新的形势对德育工作提出了新的更高的要求，通川区第二小学将坚定成德教育方向，不断完善德育工作机制，探索德育工作方法，创新德育模式，将学校德育工作推上新台阶！

初心逐梦，在平凡的岗位上“不平凡”

四川省峨边彝族自治县毛坪镇中心小学　曾兴秀

“成长就是一种坚持，态度决定人生的高度，只要把平凡的事端正好态度坚持做下去，你就是那个既能脚踏大地又能仰望星空的人。”这是我在给全县名师和骨干教师做专题讲座时的开课寄语，也是我工作的真实写照。

自1989年7月参加工作以来，我已经扎根在边远民族地区乡村小学整整31个春秋了，尽管我已年逾半百，但我始终坚持认真做事、踏实做人、潜心育人为追求，以成为最好的教育人为支点，撬动教育管理的杠杆，努力打造一个适合乡村孩子成长，教师专业发展的好学校。

敢于扛责，义无反顾踏上管理之路

2013年7月，对于43岁的我来说，是人生的一个转折点。原本可以在县城享受“树静风止，子养亲待”的舒适生活，但在组织的要求下，没有任何校长经历的我不顾亲朋好友的劝解，丢下八十多岁体弱多病的老母亲和家人，毅然来到远离县城的毛坪镇中心小学担任校长一职，去扛下一份全新的责任。

作为一位校长，肩上的责任很重，而作为女校长的我要与男校长为主打的管理者比肩而立，实属不易。当时的毛坪镇是一个有11000多人口的大镇，毛坪镇中心小学是一个拥有1所中心校和9所村小教学点的大学校。深知校长工作的艰辛，在上任的第二天，当其他教师还在开启幸福暑假模式时，我已经马不停蹄地奔波在村小教学点的路上了。

看到中心校和教学点破旧的房舍、参差不齐的课桌凳、坑坑洼洼的操场以及九曲十八弯的窄陡山路时，我有种想哭的感觉。虽然我已做好了各种准备，可面临现实还是难以释怀，真的是“理想很丰满，现实很骨感”的真实现状。

短暂的神伤之后，我迅速调整心态，顶着烈日，耐着酷暑，联系地方政府，走访群众，询问教师，请教老领导，一步步了解学校基本情况，探究学校管理模式。此刻我已全然忘记了自己是一个患有心肌炎和椎间盘突出的人，也忘记了家中还有老母亲需要照顾，每天像打了鸡血一样，周日去，周五回，一头扎进学校，开始了自己的管理生涯。

短短时间内，我已经为自己定下了一个目标——“12345”中长期五年目标：第1年，完善制度，规范管理；第2年，扎实研学，提质保量；第3年，以动带静，全面发展；第4年，改善条件，文化打造；第5年，特色展示，区域引领。看似一个个不易完成的目标，我选择坚守，为自己的教育初心而义无反顾地踏上了这条艰辛的管理之路，用柔弱的身躯扛下所有！

旧貌新姿，坚定信念促学校大发展

“只要心中有太阳，永远是晴天。”正因为积极乐观的态度，我不再迷茫，而是在各级领导的关心、支持和指导下，在全体教师的团结努力下，一步步实现着自己的目标。

基础设施是学校发展的重要条件。改善办学条件是一件大难事，但在我眼里，再难的事也不是事。短短几年里，我校的校舍全部得到改善，先后新建了8幢教学用房，维修了8幢校舍，昔日破旧的用房已不见踪影，呈现在眼前的是窗明几净的校舍。特别是自2014年明确要求新建的“一村一幼”教学示范园隶属本乡镇小学管理后，我又增添了一项繁重任务。规划、设计、预算、招标、监管等等一系列的工作，活生生把一个对工程一窍不通的我磨成了半个“专家”。特别是学校和幼儿园的校园文化打造，我没有当甩手掌柜交给广告设计公司，而是和团队多次召开会议，根据学校幼儿园实际，寻找适合校情的文化进行设计、提炼、融合，最终确立并打造出了以“德”为主题的校园文化，让校园成了处处会说话、会表情的乐园。

教学是学校发展的命脉，对于教学管理，我们不能墨守成规，因为再先进的教学方法只有与学生的自身特点相互碰撞，才能焕发出生命力。为此，我找出学校资料，进行整理归纳，根据实际情况，征询职工意见，完善学校管理制度。在规范的管理下，我校第一年就获得了年终综合评比优秀奖和教学质量奖，教师们倍受鼓舞，此后我一鼓作气，邀请专家和名师到校示范研讨，教学抓落实，教研见成效；开展丰富多彩的师生活动，如春秋季运动会、歌咏比赛、大课间比赛、教师才艺展示、乒乓球比赛等，让原本一池静水的学校变得热闹起来；牵头五个学校开展的区域联盟教研活动，发挥地方内生动力，发掘优秀教师，共享优质资源……动起来的校园处处洋溢着活力。在大家共同努力下，学校发展越来越好，提前两年实现了区域示范引领。

在长期的坚守和追求下，我校破解了一道道难题，谱写着教育之歌：连续7年获得综合评估奖和教学质量奖，连续四年代表全县参加乐山市小学生田径运动会，获得个人和团体奖，取得了历史性的好成绩，实现体育示范引领；先后创建为省卫生学校、市依法治校示范校、市防震减灾科普示范校、县民族团结示范校，获得了全国教育系统先进集体、市优秀少队组织奖、县先进党支部、先进工会等荣誉。毛坪镇中心小学宛如一朵清荷，慢慢拔节生长、舞蹈开花、蓬结莲子，散发芳香，沁人心脾。

专业引领，倾力助学习型团队建设

一个好校长就是一所好学校。一所出色的学校总是跟一个出色的校长联系在一起。“努力办好家门口的好学校，”这是我参加四川省谢建明名校长工作室取得的真经。

行走的中国需要前行的教育。只有建立起学习型的教师团队，才能培育出具有终身学习能力的学生。尽管教育经验丰富，但我并不因为自己教龄大就止步不前，而是不管何时何地，只要有机会都积极参与学习。同时，作为省、市两级骨干教师和市、县两级教育名师培养对象，我也定期到犍为、乐山、夹江、沐川等地进行示范引领和专题讲座，承担着县骨干教师和新教师的培训工作，互相交流，共同进步。

“给老师一个机会，他们很可能还给校长一个奇迹。”当校长是一时的，当教师才是一辈子的，不能因一时而错过了一辈子，只有在专业上精进的人，才能更好地做好管理的事。学校每年青年教师的指导，我没有落下；每次教学研讨，我一直都在；存在问题，我耐心指导……我既是大家的老师，也是大家的朋友，并始终以自己的专业引领和形象人格所产生的吸引力、凝聚力、亲和力影响着老师们的一举一动，甚至被幼儿园老师们亲切地称为“曾妈妈”。

坚守初心，以身示范带领学校前行

教育是平凡中孕育伟大、清贫中享受幸福的职业。多年来，我一心扑在教育事业上，践行着自己的初心，始终与党中央保持一致，拥护党和国家的路线、方针、政策，坚定不移地实施素质教育，积极作为，锐意进取，为构建“学生快乐、家长满意、社会认可”的现代化特色学校而努力奋斗！

“社会大气候咱管不了，单位的小气候一定要公心营造，不失共产党员的本色！”在诸如用人、评定职称、入党等问题方面，我始终坚持原则，一碗水端平，做到公正、公平、公开。即使是我自己的 职称晋升和各种评选，也是严格按照考核细则和程序逐一打分，同台竞比获得。在我的带动下，教师们守住了底线，克服着各种困难。

7年来，规模的扩大，成绩的获得，使学校迅速成为“老百姓身边的好学校”，而我校也从全镇学生和幼儿只有704人发展为现在的1257人。学校喜人的发展吸引了一批批家长的眼球，还没有开学，打电话的、托熟人的、找政府的、找主管局的比比皆是，目的都是一个——要转学。甚至有想转学的家长悄悄对我说：“曾校长，你答应我嘛，多少钱一个人，我给你！”更有一些家长跑到我的办公室无理取闹，甚至用不送孩子读书要投诉等进行威胁。面对这些，我从未妥协，依然坚持原则，公平对待每一位学生和家长，妥善处理好此事。

“学校是个大家庭，要让我们的师生感受大家庭的温暖，无论什么时候，学校永远是你们最坚强的后盾。”教师病了，我会及时组织慰问；逢年过节，我会带上班子成员登门为离退休教师送上祝福；暖冬慰问，成了学校每年的必修课。而地处省定贫困县的我校，贫困学生较多，辍学流失时有发生。为了让每一个孩子安心读书，我多方联系动员社会力量，做好捐资助学活动。7年来，我通过各种渠道共组织了30多次社会捐赠活动，通过个人努力联系到浙江台州的温岭火速志愿者，于2018年9月开始为32个贫困学生进行现金资助。目前为止，这个志愿者团队资助金额已达169300元，对口资助学生也增加到62人。通过省、市、县统战部、侨联、台办牵线的成都五牛科技有限公司在我校设立了30万的“笃行助教奖学金”，用于奖励优教优学的师生。截至目前，学校接受的现金和物资累计达120余万元，做到资助全覆盖，资助向建档立卡贫困生倾斜，确保贫困学生不因贫辍学，我校做到巩固率100%。

爱校如家，一点不假，身正为范，一点不错。在从教期间，我一直用自己的实际行动和人格魅力，带领着全校努力前行。

多年的教育工作，我付出着，也收获着：省名校长、骨干教师；市党代表、市教育名师培养对象、优秀校长、德育先进个人、优秀辅导教师；县“小凉山”名师，优秀教师、优秀班主任、优秀专业技术人才、三八红旗手、先进教育工作者、巾帼建功标兵、优秀党务工作者、最美园丁等称号；现任学校在2019年9月荣膺“全国教育系统先进集体”称号；主研的课题获国家、省、市、县教学成果奖。很多人跟她开玩笑说：“曾校长，怎么在哪儿领奖都有你哦，你的证书怕是要用箩筐装喽！”虽是玩笑，但这也是对我工作的一份份肯定和赞许。

陶行知先生曾说：“捧着一颗心来，不带半根草去。”这也是鞭策我在教育战线上奋斗前行的动力。“老骥伏枥，壮心不已。”30多年风雨沧桑，我依然壮志不改，始终站在教育这一块精神高地上，守望初心，牢记使命，用实际行动谱写着一曲平凡而卓越的乐章。

槐树花开香万家 启智润心育新人

——广汉市实验小学践行“五育并举”的实践与收获

四川省广汉市实验小学 刘理荣 韦燕

在广汉市实验小学，有一棵老槐树，虽然已历经近300个春秋，却依旧年年萌发新枝、吐露芳香，浸润着一代又一代实小学子，这不仅是一道风景、一种态度，更是一种精神、一种传承。

伴随着这棵老槐树一同成长的广汉市实验小学始创建于1937年，虽几经变迁却从未迁址，1989年被命名为广汉市实验小学，1996年巴金老人亲笔题写校名。学校秉承“为学生未来的学习和发展奠基”，致力于“梦想启智，不同精彩”的办学理念，并以“国槐”为精神引领，着力夯实“五育并举”工作，助力每个孩子都有出彩的机会。

一、槐花吐蕊，德育含香

我当校长这9年里，讲过370多个故事。其实教育的方式有很多，而我认为对小学生而言，故事是最有温度的一种。在每周一的全校例会上，我都给师生讲故事，故事内容覆盖孝德、挫折、感恩、亲子等，至今已经讲过373个故事。用故事去教育人是一个内化的过程，是一个潜移默化的浸润过程，春风化雨，润物细无声，直指人心。

我个人是一个武侠迷，是一个金庸迷，我认为再强的武功招式都离不开深厚的内功，而人生观、价值观与亲情的培养就是在修炼内功。而“专注”、“有序”、“责任”、“坚持”、“感恩”，这些品格就好比是丹田之气，我们做父母的、做老师的无法预见孩子们今后在社会上的竞争对手会出什么招式，也无法预见他们会从事什么工作，也无法预见他们会有怎样的社会压力和困难，更无法预见他们会遇见命运中的何种挫折，我们唯一能够帮助他们的是从小练好丹田之气。培养“责任”、“坚持”、“感恩”等品格，和克服困难的能力。这里我以学校创建“三品九好班级”、扎实德育常规管理为例。

我校聚焦“有序、文明、责任”三个品格关键词，积极探索开展适合班级管理的方法，即“三品九好班级”的创建及评比。“有序品格”要做到三好：教室规范好、放学路队好、集会纪律好。“文明品格”要做到三好：仪表礼仪好、课间锻炼好、班队活动好。“责任品格”要做到三好：环境卫生好、任务完成好、安全行为好。“三品九好班级”评比由少先队大队部组织学生、教师每天进行检查，每学月汇总颁发奖牌。每学月“三品九好班级”评比汇总即为每学年评选优秀班集体重要数据之一。“三品九好班级”评比，意在为每个班级、每个学生具体行为目标导向，以规范学生日常行为、提升班级常规管理。

二、槐叶满枝，梦想启智

启智，是“文蕴侵染、精神引领、启迪智慧”的文化精神，用这种办学思路去打造一支充满活力和有战斗力的团队，去培养一个个活泼可爱、充满生机的生命，从而学校在百年丰盈的校园文化底蕴实践中，总结出“梦想启智”办学举措。启智课堂是广汉实小“启智教育”的主阵地。课堂上，老师自觉做到“五个结合”：把学生的共性与个性相结合，规范与机变相结合，课堂教学的设计与生成相结合，学科知识与生活实践相结合，继承与创新相结合。同时把老一代教师的优秀传统继承下来，并与创新相结合，成为启智教师的重要支撑，助推广汉实小“启智教育”在课堂教学中竞相释放。此外，广汉实小还把课堂教学与课外活动相结合，青蓝工程与现代课堂改革相结合。通过“三走进”等丰富多彩的活动来培养学生内生成长的优秀品质。

三、槐香暗浮，润人无声

每周四下午的“校课超市”，打破年级和班级的界限，进行教师走班与学生走班相结合的“走班制”，让每个孩子按照自己选定的课程，到40多个不同的“摊点”去学习；以“六定”（定内容、定学生、定时间、定地点、定指导教师、定目标）确保活动落实、孩子学习快乐。以“三化”促使学生快乐、家长满意，学生动手能力得到锻炼、创新能力得到提高，学生个性特长得到培养。“校课超市”开设近8年来，学校知名度持续扩大，社会影响力日益攀升，学校先后荣获“全国综合实践活动课程研究先进学校”、“全国综合实践活动课一等奖”等殊荣。“启智”飞扬的课堂，“启智”充盈的校课超市，让学校的每个角落都洋溢着“启智教育”的浓浓氛围。

四、槐干挺身，强健体育

“大课间”活动是确保学生每天锻炼一小时的保底措施之一。广汉实小因地制宜、常态抓实全校性大课间操活动，确保每名学生得到锻炼；结合校情，每年举办春冬两季运动会，冬季“三跳”比赛等常规+特色体育活动，聚焦“教会、勤练、常赛”，不断完善学校体育“基本运动技能+专项运动技能”教学模式，实现所有班级、所有学生全覆盖。

与此同时，学校深入推进校园足球、篮球、乒乓球、田径、机器人运动等重点体育项目改革和实践；结合学校“校课超市”，我们上架了轮滑这一冰雪运动项目，定期举办训练、开展比赛；在不同年级、不同学段开设学生尤为偏爱的篮球、足球、网球等灵活多样的体育课程。

比赛是最好的切磋和检验手段之一。近年来，广汉实小积极组织学生参加全国、省、市等各级各类赛事，取得“三大球”、田径等多项优异成绩。2020年，学校入选全国青少年校园冰雪传统特色学校，2名队员进入四川省“轮滑”集训队，1人进入四川省短道速滑队。6.1班的周沫尘多次获得网球全国分站赛冠军，并成功入选网球国少队（这次也顺利进入广汉中学实验学校研学训练营第一批）。

五、槐枝有型，神韵美育

注重雕琢环境，实验小学对校园进行科学规划，精心设计校园环境，做到步步有景，处处育人，让文化元素充满校园，让多彩乐园处处启迪师生的智慧。学校注重环境文化育人功能，充分开发“硬件”对学生个性培养和品德陶冶的功能。中华楹联园，槐香书楼、三星堆文化楼、巴金精神墙、励志国槐校树。做到一门一墙都“说话”，一花一木总“关情”，自觉将管理育人、环境育人向传统文化赋予现代精神、科学启智蕴含人文情怀等方面渗透。引导师生铭记并传承“说真话、办真事”巴金精神；激励师生不忘“忠厚直率、坚韧不屈”国槐精神，并将“两种精神”融入勤奋学习、努力工作。

建设槐香艺术中心，有200年历史的文物保护单位“川王宫”再次焕发青春。经过精心打造、精心布置，这里成为广汉实小“四川省中小学美育实践基地”和“四川省优秀学生艺术团”。这里成为学校艺术教育、学习、交流、展示基地。槐香剪艺社、国韵版艺坊、槐香书法社、小槐花巴金文学社等学生社团定期在这里开展活动。教师精耕细作、学生沉醉期间，精彩纷呈的美育活动、美轮美奂的艺术作品，先后被“学习强国”、中国教育电视台、中国教育报报道。学校先后被评为“四川优秀传统文化传承学校”、“四川省艺术教育特色学校”。

2020年8月，教育部及中央教育电视台拍摄制作“传承的力量”，专题录制实验小学陶笛、剪纸等传统文化教育。传承的力量中秋篇展示了学校体育艺术教育成果，汇聚起传统文化的青春力量。节目于10月1日当天在教育部门户网站、央视频、中国教育电视台和中国青年报客户端同步播出。

六、槐果累累，躬耕劳动

作为“全国综合实践活动课程研究先进实验学校”，近年来，广汉实小在校内场地应用尽用、亲子家庭活学活用、校外基地广为我用的基础上，开发出以“灵动乐学善思启智”的劳动实践课程，形成了生活实践类、农事体验类、手工制作类、传统文化类、职业体验类等体系。“我劳动、我快乐、我成长”成为学生参加劳动时的津津乐道“广告词”。

学校充分利用房前屋后零星空地，开辟种植园，老师带领学生学习使用劳动工具，学习拔草、浇水、施肥、管理等基础知识和基本技能，看到各类时令蔬菜长势喜人，老师和学生倍感劳动的快乐和幸福；而在家中，家长陪伴并教授孩子内务整理、煮饭炒菜等劳动场景成为常态，一段段家庭劳动视频、一帧帧家乡美食图片，一经在校园微信群、班级家长群晒出，总会引起众人热闹围观、交流点赞。

建好用好校外劳动实践基地，更是广汉实小的自选动作。先后与连山镇水稻小麦基地、松林花果基地、西高菜花基地、金广不锈钢生产基地、天和农庄等合作建立劳动实践基地，和三星堆博物馆开展研学旅行的实践探究。建立起以学校为主导、家庭为基础、社区（基地）为依托的劳动教育协同育人机制，将劳动教育与学生校园生活、个人生活和社会生活整合起来，为学生提供了资源丰富、门类多样的劳动实践体验。

下一步，广汉市实验小学，将在德为育之首、智为育之干、体为育之骨、美为育之翼、劳为育之基方面，再下深功夫、再蹚深水区，聚焦全面贯彻党的教育方针，全面落实立德树人根本任务，遵循教育规律，强化教师队伍基础作用等要求，以凝聚人心、完善人格、开发人力、培育人才、造福人民为工作目标，尽心“铸魂育人、启智润心”，努力让每个孩子都有出彩的机会。

以党建领航学校高质量发展

四川省邻水实验学校 冯仁春 陈友轩

党的十九大报告中指出，“东西南北中，党政军民学，党是领导一切的。”而教育作为国之大计、党之大计，必须加强党对教育工作的全面领导，使教育系统成为坚持党的领导的坚强阵地。四川省邻水实验学校高度重视党建工作，以“强学生素质、转工作作风、铸教师师魂、提教学质量”为指引，实行党委、董事会、行政“三驾马车”同向发力运行机制，探索构建“红色领航·五育融合”党建模式，激励全体教干、教师大力推动党建工作与教育教学工作的融合互进，为学校发展谋篇布局，开启学校高质量发展的新征程。

高举“红色旗帜”，强化核心把方向

加强党对教育工作的全面领导，牢牢把握社会主义办学方向，是关系到教育事业发展的首要问题。邻水实验中学占地200亩，教职工500人，在校学生7100余人，管理难度较大，为此学校必须坚定“三明确”方针，强化党组织的政治核心和领导核心，牢牢把握社会主义办学方向。

明确党建政治属性。组织全体党员教师学习贯彻新时代中国特色社会主义思想，提高政治站位，全面贯彻党的教育方针，全面落实立德树人根本任务，坚持中国特色社会主义办学方向。

明确党委进入法人治理结构。学校推行校长书记“一肩挑”、党政领导“双向进入、交叉任职”的学校管理机制，2020年8月，学校党组织换届，选举产生新一届党委，报中共邻水县委教育工委批复，总校长冯仁春任党委书记，把党的领导嵌入学校治理结构。目前，学校党委下辖5个党支部，有96名党员。

明确党组织参与决策程序。学校实行学部校长兼党支部（总支）书记，双向兼职，党政同责，把党建与学校中心工作同谋划、同部署、同开展、同考核，有效克服了“两张皮”现象。

打造“红色引擎”，围绕中心抓大局

教育是培养社会主义建设者和接班人的主渠道，是党的意识形态工作的重要阵地。邻水实验中学坚持党建“三融入”，打造“红色引擎”，实现党建与中心工作深度融合、同频共振，促进学校各项工作的改进。

将党建融入学校发展战略。学校建立党委中心组集中学习制度，通过学习党的十九大五中全会精神、党的方针政策，统一思想，增强“为党育人、为国育才”使命意识；在学校发展规划、目标制定中，通过座谈交流、专题研讨、征求意见等方式，为学校发展把方向、献良策，集思广益，共谋发展。

将党建融入校园文化。学校建立会前学法学政策制度，常态化开展理论研讨、先进事迹报告、警示教育等活动，党委委员分享学习体会，以先进文化引领社会风尚。成立教师沙龙，每周开展学术研讨；每年向党员推荐政治理论、教育管理、教学业务“三本书”，补助书刊订阅资金，推进读书活动；建立“智慧党建”微信群，引导党员利用“学习强国”、“共产党员”、“天府先锋”、“组干线”等学习平台，开展学习标兵评选活动，推进书香校园建设。

将党建融入教育教学。学校发挥党员骨干引领作用，围绕管理育人、教书育人、服务育人，成立党员挂帅的课题攻关小组，探索教育规律，优化改进教育服务方法，提高工作效率和教学质量；开展“三亮三比三评”活动，亮身份、亮职责、亮承诺；在教学比武、劳动竞赛和服务态度等方面，比能力、比作风、比业绩；开展优秀共产党员、感动校园人物、先进教师、师德标兵等评选活动，发挥共产党员示范引领作用。

激发“红色动力”，凝聚信心保落实

站在“两个一百年”的历史交汇点上，面对百年未有之大变局这一世界之变、时代之变、历史之变，全体党员理应迎接挑战，抓住机遇，加快推进教育现代化建设。邻水实验中学坚持做好“三强化”，夯实党建责任，建强“三支队伍”，发挥群团作用，激发“红色动力”，凝聚强大力量，助力教育教学质量的显著提升。

强化党建考核，夯实党建责任。结合工作实际，补充完善岗位职责，制定《党支部工作考评细则》《优秀共产党员评选方案》《党费收缴、使用和管理规定》等规章制度，建立党建清单，开展述职评议，考核结果与职务任免、职级晋升、评先评优挂钩，变“软指标”为“硬杠杠”，夯实党建责任。

强化政治引领，建强三支队伍。强化政治标准，抓好领导干部队伍建设；以“三会一课”为基础，采用集中与分散、线上线下相结合方式，强化党员思想教育，锤炼坚强党性；抓好人才队伍建设，建立人才引进、培养和使用机制，激发人才活力，为学校发展提供动力源泉。

强化政治功能，凝聚群团合力。以党建带团建、带队建，带工建，持续开展“四史教育”，引导师生员工听党话、跟党走，把党的意志转变为师生员工的自觉行动，凝聚发展合力。

培育“红色情怀”，关爱民生显担当

随着我国经济社会发展进入新阶段，人民对公平优质教育的需求日益强烈，对教育“好不好”的关注更加迫切。邻水实验中学要求全体党员牢记“为党育人、为国育才”使命，培育爱国主义情怀，实施“三大工程”，彰显责任担当，为促进人的全面发展和全体人民的共同富裕做出更大的贡献。

实施“双培养”工程。把优秀骨干教师培养成党员，把党员培养成优秀骨干教师。本年度，发展3名预备党员，讨论确定2名发展对象和10名入党积极分子，14名青年教师递交入党申请书；市级培训3名党务干部，县级培训3名发展对象，校级培训20余名入党积极分子。

实施“战斗堡垒”工程。加强党支部、党小组建设，急难险重任务面前，敢于言战，战之能胜。在抗击新冠疫情战斗中，“党有号召，我有行动”，党支部组织党员先锋队守卡口、入户登记、防疫宣传，组织党员干部为抗击新冠疫情捐款21518元，为6000余名学生“送书到家”，发挥了党组织的战斗堡垒作用。

实施“精准帮扶”工程。开展党员“一帮二”行动，即每名党员资助一名贫困学生、转变一名学困生，承诺践诺、亮牌示范，用思想和行动引领社会新风尚。

擦亮“红色底色”，激发活力见成效

党建与发展如车之两轮，只有相辅相成、同向同力，才能最大限度地发挥效能。邻水实验中学贯彻落实中央、省委、市委和县委决策部署，一手抓防控，一手抓发展，补短板，提质量，五育融合，成效显著。

立德树人扎实有效。立足“班改工程”，落实自主管理机制，推进德育系列化；立足新冠疫情，举办4期邻实大讲堂和5场心理健康教育讲座；立足脱贫攻坚，开展“爱祖国、爱家乡、爱学校”、“幸福生活、劳动创造”演讲比赛和“扶贫济困·爱心助学”募捐活动。《新二十四孝读本》获广安市中华文化优秀校本课程一等奖，学校获“四川省社会组织党建示范单位”、“广安市社会组织五星级党组织”、“中国十佳特色示范学校”、“四川省优秀少先队集体”、“广安市优秀民办学校”、“第三届广安市青少年科技创新市长奖”等荣誉。

素质教育再创辉煌。推进“校改工程、教改工程、学改工程”，探索直播课堂、线上教学，促进信息技术与课堂教学的深度融合，举办首届正大伟业学术论坛暨第八届教育年会，成功创建“剑桥国际学校”，课题《核心素养下的“学导用课堂教学实践与研究”》获广安市第六届教学成果一等奖。高考文科包揽全县前14名，理科6人居全县前十名，一本上线率81.1%，本科上线率100%，7人升入C9院校，54人升入985院校，122人升入211院校，获“广安市普通高中教育先进集体”、“邻水县普通高中教育一等奖”。中考包揽全县前三名，6人进入全县前十名，700分以上94人（占全市四分之一），获“邻水县初中教育一等奖”。小学教育做到“三个优化”，写好“三美文章”，抓好“三文教育”，获“邻水县小学教育先进集体”。幼儿园构建“三乐”课程，创新“三亲·五节”活动，获“四川省线上亲子运动会一等奖”、“邻水县学前教育先进集体”。

竞技体育捷报频传。代表广安市参加“中国体育彩票杯”2020四川省青少年篮球锦标赛获女子甲组第五名，并获体育道德风尚奖。参加广安市2020年校园篮球联赛总决赛获四项冠军，一项亚军（高中女子、女子甲乙组、男子乙组获第一名，男子甲组获第二名）。组队参加邻水县2020年中小学生篮球运动会获三项第一名（高中女子、初中男子、初中女子），四项第二名。参加邻水县2020年中小学足球运动会，初中男子获第一名。

艺术美育声名远播。举办第八届校园歌手大赛和纪念“一二·九”运动84周年歌咏比赛，正大伟业教育论坛暨第八届教育年会文艺演展受到来宾点赞。在广安市“抗疫有我·礼赞祖国”艺术作品创作大赛，3件作品获一等奖，幼儿园王宇瑶参加第六届幼儿歌曲演唱比赛，成功晋级全国总决赛。独唱《红河绿云彩》、表演唱《川江瑶》、舞蹈《那灯·那路》获邻水县第十一届中小学生艺术节一等奖，并亮相“邻水县启‘橙’2021元旦晚会”展演。

扬德孝文化　树文明新风

——孝德学校创健全国“敬老文明号”工作小记

四川省绵竹市孝德学校　张华

“德孝文化”是中华民族优秀传统文化的重要组成部分。持续推进德孝文化教育，深入挖掘中华德孝文化蕴含的思想观念、人文精神、道德规范，有助于让中华优秀传统文化与社会主义核心价值观深深融入并根植于人的心田，使德孝之风劲吹牧野大地。多年来，四川省绵竹市孝德学校深入开展社会主义核心价值观主题教育活动，组织开展形式多样、丰富多彩的德育活动，通过将校园环境、文化底蕴、办学特色融入文明校园创建中，大力培养学生的文明意识，充分发挥学校、家庭、社会等各方力量，努力树立和挖掘一大批文明向上的典范，构建了以文明向上为核心的校园文化，真正让德孝文明之花在学校各个角落绽放。

校园不仅是传递知识的场所，更是传递文明的地方。当孩子们步入校园的那一刻起，文明的种子便在他们的心中悄然种下，随着时间的推移，慢慢生根、发芽、开花，结出硕果。2020年，孝德学校有幸荣获全国“敬老文明号”。

传承德孝文化，厚植文明沃土

德孝文化既是中华文明的重要支点，又是认识、理解和学习中华传统文化的切入点；研究和弘扬孝道文化，既有深远的现实意义，又有超前的未来眼光，是一件功在当代、泽被后世的高尚事业。多年来，孝德学校注重理念引领，在办学思想上围绕“德孝”主线，以“孝德先行，才学并进”为校训，结合乡村学校特色发展实际，着力提出并精心打造具有乡土气息、人文气息和时代气息的“德孝”文化，让孝德

学校成为具有一定影响力和示范性的农村强校。

“生活即教育，学校即社会，环境即课程，处处有学堂。”文明课程不应只出现在课堂上，也应体现在校园楼道、操场、升旗仪式等细微环境建设中。学校分别将校园内的三栋楼命名为“孝行楼”、“德馨楼”和“真知楼”，名字中蕴含着“孝”、“德”、“真”三字，潜移默化地感染着学生做“孝行”之人、“德馨”之人、“求真”之人；开辟德孝长廊，搜集、整理了先贤名言警句，将其分为“忠孝篇”、“仁信篇”、“礼仪篇”和“爱国篇”，“二十四孝”宣传栏清新雅致地依次布于长廊左侧，师生漫步于此，“德孝”文化在师生心中悄然生根、发芽。

一直以来，孝德学校努力营造浓郁的校园文化氛围，对学生进行文化的熏陶与感染，影响并带动学生自觉完成分内事情，主动承担起对自己、对家人、对他人、对集体、对社会、对国家的责任和义务，使校园处处充满了向上向善的正能量。如今，走进孝德学校，学生遇到老师后主动停下来，行拱手礼向老师表达问候，已经成为校园的常态。

巩固活动阵地，增强道德素质

怎样将德育教育落到实处？孝德学校的做法是充分利用德育阵地，通过开展精彩纷呈的“读、看、听、做、赛”等“德孝”活动，形成“处处是德育环境，时时是德育机遇，人人是德育行者，事事是德育载体”的特色德育文化氛围，培养学生的社会责任感和担当精神，懂得感恩长辈、回报社会，为时代明德，为时代立传。

每年的9月是学校的“德孝文化”活动主题月。在这一个月里，学校围绕让学生“知孝”、“行孝”，开展德孝文化教育活动，真正让学生在活动中感悟德孝，形成正确的价值观。在“学德孝、知德孝、行德孝”演讲比赛中，学生搜集古今“德孝”名言，将“孝星故事”改编成课本剧，以展演的形式将“德孝”教育内化于心；在“文明学生”竞选活动中，学生们化身“文明小天使”，从自我出发，讲身边文明小故事，在比赛中受启迪、受感染、受教育；在以“安安研学”为主题的留守儿童德孝文化研学活动中，孩子们身着汉服，体会传统文化、传统典故背后的意义；在每年的重阳节，老师主动带领着学生走进孝德镇敬老院，为老人们送去节日的祝福；学校还借助红领巾广播站积极创新活动载体，组织孩子们参加红领巾广播站“孝行天下”专栏的亲情体验活动，每天坚持为父母、长辈做一件事，用实际行动诠释“孝道”内涵和意义……通过这些易学易行的体验活动，培养学生对家庭、对父母、对亲人、对朋友有爱心、有责任、愿奉献的良好情感，增强学生的道德素质。

榜样示范引领，形成德孝风尚

发挥典型楷模的示范作用，以群众身边的标杆引领带动身边人，这是形成良好的德孝风尚的一个重要途径。在孝德学校的学生“德孝名人堂”墙上，张贴有一张张校级“十佳小孝星”喜报，上面贴有每个获奖同学的照片、姓名、班级。这种以身边的平凡人、平凡事为榜样的方式，更能增强和扩大道德的感染力和影响力。

说起“十佳小孝星”郑皓轩，胡小芳竖起了大拇指。郑皓轩一直都是跟着年迈体弱已73岁的奶奶生活。奶奶患有严重的白内障，她每天要到村里打扫村道。郑皓轩心疼奶奶，无论刮风下雨，他每天都会打扫完卫生后，再去上学。大家看在眼里，记在心里，纷纷将郑皓轩当作学习的榜样。

二年级三班的于亚东是大家公认的“十佳小孝星”。于亚东母亲患有尿毒症，一周至少透析三次，整天卧病在床，父亲常年要照顾生病的母亲，只能靠打点零工挣点生活费，家里早已负债累累。在这样特殊的成长环境下，年仅8岁的于亚东格外懂事乖巧，每天放学一到家，就主动去帮父亲扫地、洗碗、洗衣服，看着卧病在床的母亲痛苦难耐时，于亚东会递上一杯热水，然后帮母亲揉揉肚子，用自己力所能及的方式默默爱着母亲。于亚东一家的现状，令全校师生动容，学校通过“小手拉大手”，让家长、孩子与“孝”同行，大家纷纷主动献出爱心，以一个孩子带动一个家庭，尽全力温暖着于亚东一家，让整个校园都充满行孝、崇孝的良好氛围。

德孝文化是中华民族五千年来最深厚的传统文化，它积淀在我们思想意识的最深层，是人民群众最深沉的精神追求、最广泛的价值认同。只有内化于心，才会外化于行。如今，文明之花盛开在孝德学校的每一个角落，体现在每位学生的言行举止上，文明在这里扎根、发芽、开花，结出了丰硕的果实，濡润浸染着每一位学子的心田。

我和我的校园文化建设故事

四川省南充市高坪第七小学　易鹏程

学校文化建设既要回溯学校发展的过往，又要结合当下教育哲学、时代精神，还要探寻本校发展特质和未来学校发展趋势，来自师生生活，为了师生生活，提升师生生活，不能搞成校长的一厢情愿、专家的寻章摘句。

二十世纪八十年代，为了缓解当时农村教师资源奇缺的问题，国家出台了一项特殊的政策：从初中毕业生中选招优秀者到中等师范学校学习，毕业后到乡村学校任教。而我就是“中师生”之一，并且还是被父亲“逼”着填报中师志愿的。22年过去了，我不仅入了教育这一行，并且时间一长还爱上了。人只有不断地经历，才能积攒职业情感，最终形成职业情怀，这就是所谓“干一行，爱一行”吧！

执教经历积攒教育情怀

想当初，初到南江小学，我即使对改行念念不忘，也明白当下必须安静。于是，我一边尽力做好教育教学工作，一边埋头自学，了解当时的语文教学动向，开展“主体式教学”探索。经过两年的探索，我凝练出“主体式教学”七大策略，并于2003年获得四川省首届基础教育课程改革优秀成果一等奖。由此，南江小学成为高坪区教育改革的典范学校。就这样，我开始担任学校的教导主任，不久后又升任副校长。

2006年，我上挂到高坪区教育局。一年后，我又受命担任长乐小学校长。后来才知道，我去长乐，领导层有很大的争议，一个20多岁的毛头小伙子去一个“大校区”任校长不能服众。时任教育局局长最后说了一句话——“给他一年时间，干不好再调回来”。

刚到长乐小学，我就遇到了一个大问题：如何抓好村级教学点的教学规范和质量？

没想到的是，一部分老教师主动提出去村级教学点，帮我解了困。“村里的娃娃也应该接受良好的教育！”一名快要退休的女教师一句质朴的话，让我感受到了最强烈的教育情怀，由此我开始重新认知自己的职业：我憧憬的学校是什么样的，我培养的学生该长成什么样？

通过查阅资料、走访老教师、与家长座谈、举办学校办学愿景主题研讨会、请教教育专家等一系列举措，我尝试从学生的角度思考学校文化建设，提出了“快乐教育”的学校文化主题，以及“学有所长、快乐一生”的学生发展理念。

跟岗学习打开文化建设视野

2009年初，我被派到成都市实验小学跟岗，近距离向实验小学副校长（现任校长）李蓓学习，而我感触最深的就是学校文化的育人魅力。实验小学的“雅”文化不仅体现在环境上，更体现在学校管理的人文之雅、教师执教的书卷之雅、学生行为的礼仪之雅。

在这期间，李蓓校长给我解释了“雅”文化内涵，讲解了文化凝练过程，并带我到班级听课、参加综合实践活动等。课堂上教师与学生和风细雨般的亲切交流，操场上学生与学生之间“和而有常”的雅言雅行，甚至卫生间都可以随时感受到干净、整洁和宁静的如厕之雅……这一切都让我感受到了文化的力量，简直可以用“震撼”来概括。

跟岗学习让我开阔了办学视野，感受了学校文化的育人力量，理解了学校文化与课程设置的关系、学校文化建设与发展历程的内在联系、学校文化凝练的程式和基本规律等。可以说，这段学习经历让我重新认识了校长这个角色，感受到了一个有魅力的校长应该具备怎样的素养和能力。

执掌名校决心定制学校名片

半年的跟岗学习结束，我迎来了一个机遇：高坪七小校长空缺，教育局面向全省公开选拔校长。我决定参选，并凭借标准的普通话、具有理论高度的内容、科学有效地举措、内蕴丰富的学校文化理念成功当选。

到任高坪七小校长那天，我一个人呆坐在办公室很久。作为窗口学校的高坪七小还缺什么？我该怎样定义这所学校？学校文化建设如何推进？……一个个问题在我脑海里流转。

作为区域优质学校，历经前几代人的艰苦创业和努力建设，“优质”的品牌公信力正是来源于“建设”。这些建设可以是物质的，也可能是内涵的，而我首先要做的就是将前几代人的建设总结出来，凝练成可以支持未来建设者们继续前行的精神力量。这就是文化建设，这就是我要为高坪七小定制的名片。

思考有了结果，我顿时心里敞亮。

书香建设启动集体文化认同

尽管一开始就决定在校长任期内完成高坪七小的学校文化凝练和体系建立，并使之成为学校新的发展活力和育人力量，但我深知，文化凝练从来就不是校长的想当然和即时行动。此时，我要做的就是铺垫工作，即读书风气营造。

为推动书香校园建设，我和领导团队专门制订了“翰墨飘香”教师读书机制：教师选择好规定经费内的教育类书籍，交由办公室统一购买，做到购书必读、读有积累、读用结合；教师读书笔记统一抄写在学校统一制订的研修手册上，每月4篇读书笔记、1篇学习心得；学校每月一次评比，评选一位教师进行“我的读书故事”展评，校长每月对全体教师读书笔记进行批阅，尤其对教师学用结合进行考察；每学期期末评出等级奖，获一等奖者计1000学分，读书笔记纳入个人专业发展档案。

短短一年时间，学校文化气息浓郁，教师集体素质提升很快，绝大多数教师面对家长进行即兴讲话几乎不用打草稿。

书香校园建设凝练了学校文化的因子，培植了良好的文化氛围。

凝练达真蕴含文化元素

2010年秋季，我向所有教师提出凝练学校文化的工作部署，得到了教师的积极回应。组建团队，分别着手校史资料搜集，退休老校长、老教师采访，社区意见征询，家长代表座谈，师生问卷调查，教师专题讨论……当这些多元的创建工作如火如荼开展起来后，干部、师生、家长都在思考学校发展愿景、学校文化主题、学校内涵描述、学校精神塑造。一时间，高坪七小讨论学校文化的氛围空前热烈。

经过讨论，我们最终将学校文化主题统一在"真"上，把学校文化主题定位为"达真教育"并展开了以校园环境文化建设为主的外显文化和以学校精神文化体系建设为主的学校内涵文化的生成。

环境建设上，学校在大门口立起"达真镜"，因地制宜建起"达真园"，组织教师创作校歌，向师生、家长和社会广泛征集学校校徽、标识、吉祥物等。

精神文化体系方面，则经历了一个更为漫长的过程。直到2011年，我和团队还在学校办学理念上反复琢磨，最终将办学理念统一为"遵循生命成长规律，满足个体发展需求，为每一个孩子幸福人生奠基"，并确定了"塑真德、做真师、求真教、育真人、创真境"的实践途径，组织全体教师参与并制订了《高坪七小常规工作标准》。

课程文化建设则结合"达真"进行探索，先后创造性进行了"体悟式德育"、"121教学模式"等校本性教育教学改革探索，融合了"交往、学习、习惯、合作、交流、创新"六大关键能力的培养。文化的力量促进了师生更多元的发展，高坪七小老师获得各级荣誉200余人次，许多品学兼优的学生受到区、市、省级表彰。

正是在学校文化建设方面具有典范价值，自2014年开始，高坪区学校文化建设现场会连续多年在高坪七小召开。高坪七小也先后被授予全国学习科学实验学校、全国校园篮球特色示范校、四川省教育工作先进集体、四川省优秀少先队集体等称号。

扩展集团让文化植入再生新能

2015年，教育局就正式把建校5年的江东初中纳入高坪七小教育集团，更名为高坪七小教育集团江东校区。为了彰显集团办学特质，我及时将高坪七小的文化理念植入江东校区，将两个校区的管理整合为"三个统一"、"两个实现"，即教育理念统一、管理机制统一、人事调配统一，实现资源共享、实现各具特色。这一系列举措促进了江东校区内涵建设的长足发展。同时，高坪七小"达真"文化建设过程中积淀的学习文化、制度文化、研修文化、社团文化，以及体悟式德育、主体式教学和各种活动课程，有条不紊、源源不断地输入江东校区。

特别值得一提的是，"达真论坛"教师研修模式在江东校区凝练出"一大（每月1次大学科研修）、三小（每月3次小研修）、四定（定主题、时间、地点、人员）、三成果（集体备课、练习题集、拓展课程）"，将教师的激情、家长参与的热情激发起来。

五年来，学生人数每年增加约1000人。教师专业发展也取得喜人成绩，参与各种竞赛获奖60余人次，省级一等奖3人，教育质量综合评估名列市区前茅。

如今，高坪七小集团再添新员——正在建设中的望城校区。我也为三个校区做了这样的发展规划：白塔校区（七小本部）为素质教育示范校，江东校区为智慧校园样板校，望城校区为未来教育实验校。"三区之上，文化统摄！"这就是我的集团管理方略。

校园文化是学校发展的灵魂，是凝聚学校人心、提升学校品质、增强学校"软实力"的核心要素。建设校园文化要对历史负责、对现在负责、对未来负责，深入思考培养什么人和怎样培养人的问题。尤其执掌南充市高坪区第七小学十多年，我最大的成功就是梳理了学校发展历程，凝练了学校办学文化，并促成学校文化为学校未来发展赋能。

诗意人生自从容　香远益清惠终生

四川省攀枝花市第三十一中小学校　李含东　曾国涛　魏新乐

浅吟低唱，百转千回，诉不尽唐诗宋词的千古风韵；诵读经典，对话圣贤，品不完诸子百家的人生智慧。为深化校园文化建设，四川省攀枝花市第三十一中小学坚持立德树人根本任务，以传承中华优秀传统文化为导向，以区级课题实施为抓手，以清香文学社团活动为载体，充分发挥中华诗词育人功能，引导广大青少年学生通过诵读诗歌、感悟诗歌、创作诗歌，了解中华传统文化的博大精深，感受中国诗歌文化的独特魅力，增强热爱祖国、热爱家乡的情怀，坚定报效祖国、建设家乡的信念。2020年，学校荣获首届"中国诗教校园"的称号，成为四川省唯一一所获此殊荣的学校。

一、升级诗意校园环境，悄然润心

环境文化是学校文化的有形载体，是校园文化的重要组成部分。多年来，攀枝花市第三十一中小学校本着"以人为本"的理念，确立以诗词文化教育为校园文化建设主题，努力构建"处处是教育之地，人人是教育之师；人育环境，环境育人"的诗意环境。

学校充分利用橱窗、走廊、网站等宣传阵地开展诗词文化教育，校园内、教室里诗词文化教育标语、展牌、学生作品随处可见，内容健康向上，符合学生年龄、身心特点。2020年，学校在改旧创新的基建工程的基础上，不断优化并打造"诗意校园环境"，使学生能移步换景沉浸在浓郁的诗意氛围中，受到潜移默化地教育。

二、开设诗歌文化课程，提升品位

课程是学校教育的主阵地，也是塑造学生精彩人生的重要载体。攀枝花市第三十一中小学校致力通过诗歌文化课程，引导学生想学诗、爱学诗、乐学诗，认真领悟其中内涵，为学生的创新思维插上腾飞的翅膀。

学校将诗歌文化教育纳入学校特色发展、品牌创建规划以及教育教学计划之中，制定了科学合理的工作方案，组织机构健全，师资配备齐全；将诗歌文化教育融入语文、历史等学科教学之中，定期开展诗歌文化校本研修活动；开设诗歌校本课程，研发校本教材，如《诗歌写作教程》（一）（二）（三）辑，并在一到九年级的师生中普遍试用，形成了具有"三线"地域特点、"清香"校本特色的诗歌文化教育课程体系。

学校以传承传统经典文化校本课程课题为抓手，不断探索诗歌教学的方法、途径。语文教师带头，其他学科教师跟进，将诗歌教育与学科教学相结合，力争所有的老师都成为诗师。在晨会中开展传统古诗词经典诵读，开展《中华字经》诵读学习，开展《笠翁对韵》学习，从班级诵读到社团诵读再到年级集体诵读再到青年教师参与艺术节诵读，在语文教研课中开展古诗文示范课、公开课、观摩课活动，不断修订和完善诗歌课堂教学评价办法，把诗歌的种子播入每一位孩子心中，让诗意浸润着孩子的心灵。

在新课改落实进程中，攀枝花市第三十一中小学校的诗教之路越走越宽广。

三、开展诗歌文化活动，发展个性

学校活动是诗歌文化的核心载体之一。攀枝花市第三十一中小学校通过开展丰富多彩的文体活动、各类竞赛和比赛、公益活动、实践活动和社团活动等体系化的活动，丰富了学生的学习生活内容，培养了学生的奉献精神和服务意识，优化了校园的育人环境，营造出了一种积极、健康、向上的校园氛围。

开展主题活动，奏响诗教旋律。学校充分利用升旗、入团（队）等仪式以及重大纪念日、传统节日开展诗歌主题教育活动，诵读、书画、表演、采风、创作等活动精彩纷呈，师生参与率高，形成了本校独特的特色。如开展诗歌讲座20余期，配合德育处举行全校性的"春天的激情"诗歌朗诵班级比赛，与西区文联联办"迎国庆秋之爱"诗歌朗诵主持播音演讲比赛，开展三到九年级的全校性的近千余人参加的非现场+现场童诗写作大赛，开展国学传统朗诵活动，其中播音、演讲、主持、朗诵评比活动如期按初赛、复赛、现场决赛工作程序相机完成，完成课本剧《天上的街市》的拍摄工作。

搞好班级文化建设，享受阅读快乐。班级文化建设是校园文化的重要组成部分，也是形成班集体凝聚力和良好班风的必备条件。学校努力做到把课前诗歌文化与"小诗人"评比相结合，把"开放阅览室"与"读书我最爱"展示活动相结合，把"大阅读"与建立"班级诗歌小组协会"相结合，并辅以班级"图书角"和教室走廊里的"展示园"，让班级飘扬书香，让学校溢满诗意。

组建清香文学社，感受诗歌魅力。清香文学社筹备于1988年，成立于1989年1月，是攀枝花市创办最早、坚持最久、取得文学创作成果最丰硕、唯一进入全国"双百佳文学社团"行列的中小学生文学社团，它以"克服裂谷意识，折射师生心声，传递真挚情感，彰显个性魅力，弘扬奋进精神，培育文学新苗，建设校园文化，发展和谐人文"为宗旨，将社团活动与课后服务有机结合，与城市少年宫有机整合，与艺术节、科技节、读书节等活动有机结合，与主题教育活动有机结合，积极引导学生开展形式多样、内容丰富、适应身心、健康有益、生动活泼的教育活动，培养兴趣爱好，扩大求知领域，陶冶思想情操和实现自我发展。清香文学社现有注册常规会员650多人，30年来总社员达12000余人，专业指导教师40多名。首先，学校支持清香文学社常年开展系列化的"春之情"、"秋之爱"诗歌朗诵比赛、节日主持人、播音员选拔赛，系列化的"清香杯"（非现场+）现场作文写作大赛、清香杯"我爱校园"主题征文大赛，以及"清香杯"朗诵、演讲、播音、主持、编辑、录校、采风、微电影拍摄等系列化实践活动，组织一年一度的体育文化节现场播音、现场写稿，学校支持实施知名诗人和作家到文学社现场改稿、举办讲座等多种文学创作活动实践。其次，学校积极支持清香文学社开展系列化的全国、市、区、校级校园文学教育科研工作，并取得多种研究成果实绩，成果集《清香物语》于由中国文史出版社出版，并由全国中语会、全国校园文学委会课题指导中心向全国数十所大中小学校推广。再次，学校清香文学社积极承担并参研全国省市区校级课题，已经结题全国级课题一项、省级课题一项，参研的省级课题获得四川省第六届普教成果一等奖，目前在研的全国课题一个、市级课题3个、区级课题有4个。近30年来，校报兼清香文学社社刊《清香》已出版740多期，刊发师生诗歌、散文、小说、书法、美术作品近6200余篇（首、幅），文学社员近1000篇优秀习作被《青年作家》《语文周报》《文学校园》等各级各类报刊书籍选用；文学社员的近2000篇优秀习作在"叶圣陶杯"全国中学生新作文大赛、“文心雕龙杯”全国中小学校园文学写作大赛、“三驾马车•语文周报杯”全国校园写作大赛、中华情•中国梦写作、摄影、书画大赛、“炎黄杯”全国青少年作品大赛等全国性的多种征文比赛中获奖；《心雨飘香》（诗集，北京燕山出版社）和散文小说集《苏铁香飘太阳谷》（作家出版社）、《清香诗选》（诗集，海天出版社）先后出版；学校获“文学社团工作先进单位”和“支持文学社团先进集体”称号，清香文学社获全国“百佳文学社”、“示范文学社团”、“优秀组织奖”等荣誉。

作为一所规模较大的九年一贯制公办义务教育学校，攀枝花市第三十一中小学校一直坚持强力推进素质教育、全面育人的理念，已进入全市优质学校行列：“儿童漫画教学创作基地”、“学生社团—清香文学社”、“中学生田径队”、“青少年机器人创作小组”等项目成绩突出，教育科研课题成果获四川省人民政府一等奖，在攀西地区有较强的影响力，学校也先后被授予“全国示范家长学校”、“全国示范校园文学社团”、“全国红旗大队”、“全国儿童漫画教学创作基地”、“全国软式棒垒球实验学校”、“四川省优秀少先队集体”、“省交通安全先进单位”、“市绿色学校”、“市卫生先进单位”、“市文明单位”、“市平安学校”、“市示范学校”、“市校风示范学校”、“市依法治校示范学校”、“市级园林式单位”、“市校园文化建设先进学校”、“市实验教学示范学校”、“市艺术特色学校”、“市阳光体育示范学校”、“市教育培训基地”、“市中小学学生社团工作先进学校”、“市中小学优秀社团”等数十个国家级、省市级荣誉称号。

诗歌浸润人生，书香伴我成长。古诗文及经典诵读犹如一道亮丽的风景，为师生带来了一片生机，让他们在求知、求美、求乐中受到潜移默化的启迪和教化，乐有其所，诗意成长，健康发展。

传川剧之美　承文化之根

四川省彭州市天府路小学　李支德　周春蕾

川剧作为四川本土的传统文化，是我国戏曲宝库中一颗光彩照人的明珠。弘扬传统文化，留住我们的文化基因，离不开教育传承。四川省彭州市天府路小学一直高度重视川剧进校园工作，通过让川剧进课堂、让川剧名家进校园、创办“梨园新蕾艺术团”工作坊等一系列活动使孩子更多的了解川剧艺术、学唱川剧，从而建立起一条守护传统文化、传播传统伦理、实现传统价值的有效途径。学校先后被授予“国家级非物质文化遗产（川剧）传习普及基地”、“四川省曲艺特色学校”、“成都市非物质文化遗产传承基地校”、“成都市川剧艺术教育特色学校”、“成都市艺术教育特色学校”等多项荣誉。

一、健全机构，构建体系

学校成立以校长为组长，分管行政为副组长的川剧特色教育工作领导小组，具体负责川剧特色教育工作。领导小组定期召开专题会议，研究制定川剧特色教育管理制度、实施方案等，将川剧特色教育纳入学校发展规划和学校工作计划之中。德育办、少先队等部门每期研究制定川剧特色教育计划、对教育活动进行组织、检查和考评。学校积极邀请四川省艺术研究院、成都市川剧协会、彭州市教育局、彭州市文化体育和旅游局、彭州市川剧协会等部门领导及专家到校进行经常性指导。

二、科学管理，优化整合

（一）打造校园文化，营造浓厚川剧氛围

在校园文化建设中，学校充分融入川剧元素，浓厚的川剧文化氛围让学生耳濡目染。同伴厅、文化墙融入川剧特色的图案文字，训练教室和楼道窗帘的川剧脸谱装饰，走廊附近学生参加川剧活动的精彩照片，阅览室师生精心制作的手工作品，校门口滚动播放的学生川剧演出视频等，营造了浓厚的川剧氛围，激发了学生对川剧艺术的兴趣。

（二）编撰校本教材，推进川剧进课堂工作

彭州有浓郁的群众川剧氛围和独特的乡土地域特色，著名的川剧表演艺术家阳友鹤便是彭州人。学校正是在传统川剧文化的熏陶下，不断挖掘川剧内涵，编写了《川剧》校本教材，利用音乐课、社团活动课等进行学习，进一步打好了学生川剧文化基础，将川剧文化进行了普及推广和弘扬传承。学校依托乡村少年宫的建设和学校“同行学院”，成立了“梨园新蕾艺术团”，特聘彭州市川剧协会专业导师每周星期四下午教授学生川剧知识，对学生进行科学、严格、系统的训练。

（三）组建优秀团队，强化学生基本功训练

在开展川剧传习过程中，我校以少儿川剧为抓手，聘请彭州市川剧协会余华钦、王刚七和余小华老师以及彭州市文化馆郭建平馆长等作为专业教师对学生进行指导，安排我校2名教师协助进行训练。老师们至少每周一次对学生进行手把手指导，通过对学生的唱腔、台步、舞姿、表情、动作等严格而规范的训练，让学生扎实基本功，直到可以登台表演。

（四）加强普及推广，让更多学生爱上川剧

学校通过“川剧进课堂”让更多学生了解、认识川剧艺术；通过“校园川剧展示”、参加上级川剧演出和比赛等系列活动让学有所成的孩子脱颖而出。在专家的指导下，我校还积极开展川剧校本课程的开发研究工作，开展“川剧艺术融入校园艺术教育”公开观摩活动等，使川剧教师团队能够更好地承担起“川剧艺术进课堂”的教育教学任务，让川剧传习活动更加系统化、科研化、课题化。学校还利用艺术节、儿童节、读书节等进行汇报展示，多次与市川剧协会、其他文艺团体等进行交流，给学生提供更多展示自己、发挥自己特长的平台和舞台，让越来越多的孩子喜欢上川剧，惠及越来越多的学生。

（五）建立激励机制，确保活动有序开展

学校统筹安排、科学考评川剧特色教育工作。在绩效考核、工作量认定、评优晋及等向川剧指导教师倾斜，在学业测评、优秀学生评选中注重推荐川剧学习特长生。学校每年拿出一定的资金奖励有特长的学生和有贡献的艺术指导教师。自2013年9月开展川剧特色教育活动以来，学校在川剧艺术教学、川剧排练及演出等方面所需资金全部足额保障。截至目前，学校先后投入80多万元，建成了川剧训练室，为川剧社团购置演出服装、道具和相关器材，为参加演出和比赛提供音乐制作、化妆、车旅费、食宿费等后勤保障。

三、梨园花开，成绩斐然

（一）多元主题活动，促进文化传承

学校将川剧与学科课程相结合，通过成都市课题《川剧文化融入小学艺术课程教学中的实践研究》研究，通过川剧在美术活动课程中的实践应用、川剧艺术在音乐课程中的实践应用、川剧艺术在少先队活动课中的实践应用等系列活动，　全校师生提起川剧头头是道。不仅如此，学生还带动了家长乐于欣赏的兴趣。川剧文化走进课堂有效促进了传统文化的传承，加强了学生的文化修养，提高了学生学习兴趣和审美能力。

（二）辐射引领促传承，文化传习有力量

工作坊利用基地资源组织开展川剧主题活动和现场实践体活动，开展基于传承项目的中华优秀传统文化普及教育活动，进辐射学校、街道社区进行川剧展演。开展“小传人”系列评选活动。推动优秀传统文化的传承普及，充分展现川剧进校园的建设成果，深入挖掘川剧的文化价值内涵，激发中华优秀传统文化的生机活力，让传统文化看得见、摸得着。不断扩大覆盖面和受益面，进一步推动优秀传统文化在青少年中的传承传习，增强文化自信和文化认同。

（三）小戏曲魅力无穷，大舞台星光熠熠

近几年，我校以“梨园新蕾艺术团”为载体，组织孩子们参加了多项校内校外演出活动，参加比赛屡获佳绩。经过师生的不懈努力，校园里已经绽放出川剧艺术的娇艳之花。中国曲协分党组书记董耀鹏、四川省艺术研究院院长郭勇、川剧变脸大师彭登怀、梅花奖得主虞佳等对我校川剧艺术教育给予了充分肯定。少儿川剧2015、2016、2017、2018、2019连续五年获四川省中小学川剧传习普及展演一等奖，成为参加演出单位唯一的“五连冠”。我们也将川剧带出国门，我们先后到日本、韩国、奥地利、摩洛哥等国演出；少儿川剧《拦马》参加全国首届校园春晚的演出，并于2019年7月喜获中国少儿小梅花“最佳集体节目奖”；川剧社团排练的《送行》《盗仙草》《小放牛》《拾玉镯》《红色娘子军》《贵妃醉酒》《拦马》《人间好》等剧目参加各级演出和比赛均获好评且频频获奖。

多年来的努力，我们感到骄傲的不是获得多少奖项，也不是得到社会各界的高度关注和赞誉，而是在孩子的心中播下了川剧的种子，让非遗物质文化遗产得到了传承。

今后，天府路小学将继续以“梨园新蕾艺术团”为载体，将川剧文化进行普及推广和弘扬。同时加强对学校艺术教师进行培训，营造浓厚的川剧氛围，培养学生对川剧的浓厚兴趣，让学生通过川剧知识学习和唱腔、形体等全面训练，感受川剧文化的魅力，为传统川剧储备优秀人才。

多元评价促发展，品质立校育桃李

四川省邛崃市白鹤九年制学校　吴仲祥

梁任公言：“变者，天下之公理也。”事物都会随时间的推移而千变万化，时代在进步，要想不被淘汰，必须找到新的出路。教育是国之根本，功在当代，利在千秋。近年来，为了不断推进教育向前发展，越来越多的学校开始投身到学校自身的探索当中，或立足教育改革想要让学校换发全新生机，或借助课程创新岂以迸发课堂生命力。我校结合学校实际情况，另辟蹊径，以教师评价改革为突破点，通过深入探讨教师评价对学校发展的作用，力求丰富教师生命，绽放教师价值。其实在《指南》《方案》出台不久，教育局就已开始深度思考《教师评价改革》这个问题。《指南》《方案》指明，学校校长要清楚认识，评价不是要分三六九等，而是要看起点看进步看增值。近些年来，各地积极探索义务教育质量评价改革，但科学的义务教育质量评价观念尚未普遍建立，单纯以升学率和分数评价学校和学生的倾向还没有得到根本扭转，但经过多年的实践与研究，教师考核评价都已经趋于成熟和完善，潜移默化的发挥着巨大的作用。

一、领悟评价内涵，助力学校发展

教师改革评价势在必行，但需要一个过程，要根据政策、学校实际，逐步平稳实施。教师评价涉及的内容很多，项目也多。为此，我校通过从多个方面创新改革思路，切实提高教师评价的应有作用。一是注重评价师德表现。《指南》《方案》中提到：注重立德树人成效根本标准。这里主要突出“成效”二字。我校重视教师自己本身，很少从师德教育的“成效”上去研究。反应在教师个人师德行为，学生在具体的品德行为上、成长的具体内容上怎样体现、怎样评价，这是必须注重的。比如，考虑师德在教学、管理、活动、学生品德成长表现，教师负面清单考核等。二是注重评价的导向性。评价教师目的不是给教师定性，也不单纯是奖惩教师，而是将评价当作促进教师成长与发展的动力系统。评价必须着眼于教师的专业发展和学校教育教学质量的提高，推行教师践行教书育人使命。三是注重评价的发展性。发展性指标主要侧重于教师的现实状况、取得实效与以往情况相比较，目的是为了鼓励教师不断进步，为教师的可持续发展起到导向作用。发展性指标的评价内容主要分为态度、能力与实绩。可以将评价的等次分为进步、保持、退步三种。通过发展性指标的评价，让教师进行纵向比较，看到自己的进步与提高，同时帮助教师找出自己基本素质方面的薄弱部分，发现自己在教育教学方面的不足。因为，教师评价的结论不在于判断一位教师过去工作的成败，而在指明教师进一步发展的方向。在评价中，对发现的问题和获得的结果进行分析，寻找一个能被评价教师接受的结论，这样才能更好地发挥教师评价的作用。四是注重评价内容实效性。评价教师，首先要评价其本身，教师的工作量、备课、上课、作业辅导、课外活动、教研与科研、培训、德育工作、协同能力等。其次还要评价其学生，如品德发展水平、学业发展水平、身心发展水平、兴趣特长养成、学业负担状况等方面。

特别要说的是，教学质量是学校的生命线，突出教育教学实绩，要把教育质量评价体现在学生发展质量上。今后，不公布考试成绩和排名，教学质量的评价不能体现在具体的数据上，但是，这恰恰是学校现阶段评价师生的最重要、简单的、公平的依据。怎么解决，这就要求要转变评价思路，在逐步取消统考及排名后，可以将每个阶段（期中、期末、平时随机监测等），看班级、看部分或全班学生的的发展水平的变化情况（与前后对比）。（可采用梯次理论评价方式）。

二、明确评标目标，激发教师成长

教师评价不是针对个人，不是从教师的一个点出发，而是要立足学校实际，从方方面面考虑，提升教育质量，绽放教师生命。因而建立多元化评价体系显得尤为重要，我校通过实施多种举措，不断健全完善多元化评价体系。一是充分利用原有的行之有效地评价形式，如学校绩效考核、职称评定、评优评先等；二是探索以“弹性人本管理、软性综合评价”为特色的发展性的评价机制（引导为主），把考核、评价从“结果”走向“过程”，从“静态”走向“动态”，更多地为教师发展考虑。三是注重评价创新性，要大胆创新，打破旧的评价框框，积极探索适应新课程改革理念和学校实际的教师评价方式。尤其是当前课堂教学的高效性上、学生的发展水平、培养创新能力上。以定期考核与平时考核相结合，自评、互评和问卷调查相结合，个人考评与行政、教研组集体考评相挂钩，增强评价的公正性、合理性，以此来增加教师的竞争意识，提高教学创新能力和专业发展水平。四是采用分层评价。这是基于农村学校特殊的条件（教师年龄偏大，相当一部分老教师在一线，结构不合理，改教学科的教师多，专业性不强）。为了促进新教师成长、老教师有所提升等。具体根据教师的基本情况，按年龄段把教师分为老教师、中年教师、青年教师和新教师四个层级。每一个层级都制定具体的评价指标，如：信息技术能力、课改工作、论文的次数与级别、科研的参与深度、培训的效果、完成各类工作的情况，在目标定位要求和任务、学习等方面都有不同的要求。每位教师可根据自身的条件和特长，对照具体要求评定某一个评价层级，让不同教师岗位有不同层次的发展。

三、立足多元评价，奏响教育强音

战国时期的思想家荀子说：“国将兴，必贵师而重傅。”教育是国家强大的根本，而教师则是教育强大的支柱。改变固有的方式，通过教师评价改革，丰富我校教师素养和能力，提升学校品质，绽放教师生命已经成为我校发展的重要方向。立足新的起点，我校会继续不断革新，通过完善评价机制，稳中求进，促进教师的专业成长和自我实现，提升教师的凝聚力，增添幸福感、获得感、存在感，如竹拔节、如花绚烂。

以大数据引领个性化精准教学

四川省遂宁市富源实验学校　宋红梅　杨月艳

随着我国科技水平的不断提高，互联网技术得到了发展和普及，进一步加快了大数据时代的到来。因此，中小学校要抢抓发展机遇，充分利用现代信息技术创新教学方式，而大数据背景下的个性化教学正是时代发展的产物。作为教育改革的践行者和教育发展的传承者，中小学教师更应该理性审视新形势下的时代需求，利用大数据撬动个性化教学，提高教育教学质量，实现学生全面而有个性的发展。

一、教师个性化教学是大数据发展的必然结果

最好的教育是个性化的教育，最好的教学是个性化的教学，大数据可以满足学生发展的需要，使教育走向个性化。可见，信息技术和学校个性化教育教学的融合是时代发展的必然趋势。

在“互联网+”的教育时代，在大数据技术的支撑下，富源实验学校正逐步引入和利用大数据，教师教学观念正在逐步转化，教学策略正在向个性化方向转变，从而利用大数据更好地为个性化教学服务。

二、以大数据为支点撬动教师个性化教学的实施

在新时代背景下，教师应主动与信息时代接轨，积极运用大数据思维和大数据手段实施精准教学，转变教育观念，释放教学活力，提高教学效率，优化教学质量。

转变教育观念，突出以生为本。教师的教育观念、教学模式、教学手段，是形成课堂效率的重要因素。这就要求教师必须适应时代的发展和教育的要求，学会正确认识和合理运用大数据资源，构建个性化教学模式，增强课堂教学的趣味性，提高课堂教学的有效性，使学生由被动学习变为主动求知，由盲从听讲变为合作探究，从而实现学生的个性化学习和个性化发展。

释放批阅压力，潜心教科教研。在教育管理中，学校要善于减轻教师负担，使他们从复杂性、机械性、繁杂性的事务中解放出来，能够留有余力做一些富有创造力的工作。例如本期期中检测，全年级300多份试卷，一位教师用极课软件协助阅卷一个小时就能完成，这大大减轻了教师的负担，让他们能够更加轻松愉快地投入到教学研究中。

优化教学模式，提高课堂效率。在大数据聚合统计分析筛选下，教师能够全面掌握学生个性发展需求、兴趣爱好需要、年龄特征需要、思维能力、知识结构、学习特点等最真实的信息，方便实施精准教学，实现课堂从“预设性教学”向“生成性教学”的转变。目前，富源实验学校已经建立了“学疑”型的语文课堂、“走班”型的作文教学课堂、“合作探究”型的数学课堂、“开放”型的艺体课堂等个性化课堂，形成了独特的教学风格和教学模式。

三、以教师个性化教学助推学生全面而个性的成长

只有充分了解了学生之“材”，才能真正做到因其“材”而施教。教师以大数据为载体，有助于全面了解每个学生的真实需求，掌握每个学生的真正生长点，从而在教学中实施个性化教学，让学校在未来的教育中因得益于互联网教育而获得新生。

实施公平教育，关注全体学生发展。教师面对一个班级几十人开展教学活动，虽努力关注每一个学生，但很难真正做到，而大数据能够通过科学的测评体系全面关注到每一个孩子的发展。例如，学校除表彰全面发展的优秀孩子外，还根据学生在某方面的“长处”评选出“勤奋之星”、“劳动之星”、“书法之星”等。

分层练习作业，提高学生学习兴趣。为把学生从枯燥的题海中解放出来，教师可以依托大数据，以学生的个体差异为起点，设计不同的学习任务，以满足不同层次学生的需求，从而达到“我能做，我会做，我想做”的局面。例如，教师常把作业设计成自选形式，一类为夯实基础，另一类为拔高练习，让培优助困工作取得更好成效。

提供个性辅导，满足学生个性需求。利用互联网云计算与大数据的分析功能，不仅可以解决教师手动分析劳动量大、分析不精准的问题，还能为教师的有效教学实施提供帮助。例如，极课的阅卷系统借助于大数据分析功能，在每一次测试后都可以快速精准分析班级学生整体的薄弱点、每一道题的得失分情况以及每一个学生的得失分情况，并自动生成一份从分值中反映出的真实报告，从而使教师的教学策略和教学内容更为精准。

总之，在利用大数据这个支点撬动个性化教学的过程中，教师更要与时俱进，不断更新教学理念，转变教与学的角色，建立和谐的学习磁场，提升学生的综合素养。

党建引领促发展，立德树人担使命

四川省宣汉中学　李政军

2021年是中国共产党100周年诞辰。中国共产党的这一百年，可谓是筚路蓝缕、披荆斩棘、艰苦创业、砥砺前行、充满艰险、充满神奇的一百年，是苦难中铸就辉煌、挫折后毅然奋起、探索中收获成功、失误后拨乱反正、转折中开创新局、奋斗后赢得未来的一百年。教育人

从事的是党的教育事业，学校教育应当始终坚持党的全面领导，把党的建设作为推动学校持续发展的“根”和“魂”，并将党建融入学校教育的各领域和全过程，全面贯彻党的教育方针、保证社会主义办学方向、落实立德树人根本任务。

一、抓党建促发展，各司其职，各尽其能

1、学校发展力量

（1）从工作职责看，学校发展的主要力量，可分为三个层次，即决策层、管理层、执行层。决策层，实际上都是班子成员，就必须要依靠科学实际、文化引领；管理层，那就要靠严格落实，在落实的过程中实行文化浸润；执行层，要主动作为，在作为过程中要有文化认同。应当注意的是，决策层最主要的成员是校长，校长是领头雁；管理层最主要的成员是主任，主任是协调员；执行层最主要的成员是一线教师，教师是育人的主力军。

（2）从人员身份看，我们从各种人员在学校学习、工作、生活的时间长短，就可以判定。校长，虽为学校发展谋划，但往往只有短暂的几届或几年；教师，为学生成长奉献，在校很多年甚至漫长一生；学生，为自己终身奠基，在校短暂几年。因此，教师才是学校发展的主体、主力、主人。当然，校长虽然只有短暂的几届或几年，但他为学校发展谋划。所以，校长决定着学校发展的目标、方向、文化。

2、学校工作原则

（1）决策层要强化“两个维护”、“四个意识”。“两个维护”，在学校来讲，首先要维护领导核心讲忠诚，严禁阳奉阴违，我行我素；还要维护领导集体讲团结，严禁拆台内耗，哗众取宠。“四个意识”，即树立政治意识，一切工作讲服从，不得讨价还价；树立核心意识，一切行动听指挥，不得擅自行事；树立大局意识，一切工作顾大局，不得斤斤计较；树立看齐意识，一切工作比业绩，不得得过且过。

（2）管理层要强化“实事求是”、“公平公正”。管理层在工作的安排布置、检查督促、考核评价过程当中，要实事求是，公平公正。否则，就无法调动我们一线教职工的积极性。同时，在整个管理过程中，要杜绝“散乱慢”。这个“散”、“乱”、“慢”，分别需要系统管理、秩序管理、效率管理来实现管理目标。

（3）执行层要强化“责任感”、“成就感”。责任感，指的是付出。我们干任何一行，都必然要付出，付出的是必需的责任。当然，有付出必然就会有收获，收获的是必然的成就。在曾经一段时间的行风治理过程中，对“庸懒散浮拖”的治理提得很高，抓得很严，这也是应该的。因为它可以折射出我们的师德师风、人格品质和社会良知等等，影响着我们的教育行风。

3、管理工作职责

（1）校长：负责教育思想的引领、教育资源的拓展、办学方向的把握、办学目标的制定、学校管理的督导、校园文化的推进、师生成长的指导、师生生活的服务等。

（2）副校级：负责（绝不是协助）分管领域的工作。副校级在分管工作中，要做到“请示、汇报、参谋”相结合，正所谓“早请示，晚汇报，多参谋”，大事要“请示”，小事要“汇报”，难事要“参谋”。

（3）管理层：负责抓好常规工作和临时工作，形成工作规律和工作习惯。管理层的主任是协调员，主任既要完成主要任务，还要承担主要责任。

二、抓党建促廉政，思想引领，触及灵魂

1、党建引领定方向

党建工作，确实不是学校的中心工作，但它却是学校的重要工作。其一，教育本身具有阶级性，任何时代任何国家的教育都要受国家政府的意志或者执政党的理念所制约。这也是教育本质属性之一。其二，东西南北中，工农商学兵，党领导一切。因此，党建工作很重要，党建工作对教育的引领作用，那就更重要。四川省宜汉中学制定了党建工作的“三把方针”：把骨干教师发展成党员，把党员培养成骨干教师，把党员骨干教师作为后备干部培养。这样的话，能够让更多的骨干教师成为党员，在政治方向上有保障；让更多的党员成为骨干教师，让他们发挥引领作用；把党员骨干教师作为后备干部培养，让年轻人对自己的事业充满希望。这样，就是一个正确的个人成长导向和学校发展引领。

2、意识形态塑灵魂

学校的意识形态工作主要从三个方面来体现：

一是突出爱国主义教育主旋律。是中华沃土孕育了中华文明，中华文明养育了中华儿女，那么，中华儿女就应当承担传承中华文化的责任。

二是要坚持中国共产党的领导。前面讲的“四个意识”、“四个自信”、“两个维护”，还有当前正在开展的党史教育，学史增信，学史明理，学史崇德，学史力行，这个是很有必要。

三是要践行社会主义核心价值观。要明确教育的三个本质问题：为谁培养人、培养什么样的人、怎样培养人；在校园里应该有三个正确的舆论导向：学校只允许有一股气势——正气，决不允许歪风邪气和负能量在校园里滋生传播；学校只允许有一种人员——教育人，每个老师都有共同的身份，既然有共同的身份，也就有平等的舞台；师生必须坚守三个道德底线：民族大德、社会公德、个人品德。

3、廉政建设稳根基

（1）德行观。指道德观与操行观，也指德望与修养，要德才配位。

（2）法纪观。行事要规范，对法律法规、政策纪律要有敬畏感。

（3）名利观。领导不是生活在真空中的，不可能做到不计名利，但我们应该淡化名利。名利当前，尽量先思考奋斗在一线的教师。

三、抓党建促忠诚，立德树人，勇担使命

1、对党讲忠诚

对党讲忠诚，要真忠诚，不要伪忠诚。如果只忠诚于党的政策、制度、条款，那是伪忠诚；忠诚于党的信仰和事业，就是真忠诚。我们从事的教育事业，就是党和国家的教育事业，我们忠诚于教育事业就是对党和国家的真忠诚。在目前的办学实际中，一些管理部门往往会说，文件就是这样规定的，制度就是这样明确的。美其名曰是对党的忠诚，实际上是缺乏责任担当的表现。如果说，我们完全都按照文件书本来做，那就是本本主义，教条主义。如果我们不能实事求是地做，那么就会葬送了我们党的事业。正是因为毛泽东等老一辈无产阶级革命家，把马克思主义原理同中国革命具体实践相结合产生了毛泽东思想，中国革命才能取得胜利。同样，在强国时期，以习近平为核心的党中央，把中国强国时期特别是百年未有的大变局的关键时期遇到了一些特殊困难，提出了新观点新理念，才形成了习近平新时代中国特色社会主义理论，才会形成惊天动地的新局面。所以，对党讲忠诚，一定要忠诚于党的信仰和事业。

2、育人讲科学

育人讲科学，必须尊重教育教学规律和学生成长规律。在我们的教育事业中，教书只是途径与手段，育人才是目的与归宿。提升教学质量靠学校管理，而全面育人要靠校园文化。学校办学宗旨应该是“立德树人，为国育才”。立德树人：立诚信之德，诚实勿欺，言而有信；立慎独之德，洁身自好，遵纪守法；立博爱之德，亲亲仁民，仁民爱物。树急人之难的仁者，扶危助困；树敢为人先的勇者，开拓创新；树忧国忧民的贤者，匡时济世。为国育才：育具有人文底蕴和科学精神的治学之才；育能够学会学习和健康生活的修身之才；育敢于责任担当和实践创新的济世之才。

3、办学讲奉献

办学讲奉献，要从老师做起。教书是途径和手段，育人是目的与归属。教书这个行为过程是行善，育人这个行为结果是积德。所以，行善积德这么好的事情，我们肯定要把它做好，要达到“施恩不图报”的境界。学校的成功，不必在我，但必须有我，不一定有我的荣耀，但必须有我的贡献。总之，职业、职务、职责是暂时的，但是我们的事业、情怀、责任是永恒的。

强化“课程行动”，引领师生过幸福完整的教育生活

——宜宾市叙府实验小学三年发展规划行动方案

四川省宜宾市叙府实验小学 牟正香

四川省宜宾市叙府实验小学年仅六岁，从校区过渡为独立法人单位，仅两岁。面对每年新进的教师素质参差不齐，学校设备设施相对不足的现实，作为学校校长，我没有理由不思考带老师们向哪个方向干，从哪里开始干的问题。

在片面追求升学率功利思想的影响下，一些地方唯分数升学，导致出现考什么教什么或考什么学什么的现象，音体美以及生健安（生命生活与安全）等非考试科目开不全、开不足，校本课程开发力度不大、开设效果不佳，由此带来了厌学危机、情感危机、责任危机、理想危机等一系列学生人文价值问题，出现了学生紧张焦虑、人际关系紧张、情绪状态不佳一系列成长中的“烦恼”。因此，我认为应该坚持基于学生、为了学生、成就学生的以生为本的理念，通过丰富课程来解决存在的问题。换句话说，如果把学生看作是一个“生命体”，那么课程就好比“传递主要生命物质的血液循环系统”，课程质量决定着学校品质，课程生态彰显着学校内涵。

确定总体思路，突出整体谋划

在全国教育大会上，习近平总书记指出，培养德智体美劳全面发展的社会主义建设者和接班人是教育工作的根本任务，也是教育现代化的方向目标。如何培育德智体美劳全面发展的时代新人，需要我们全面贯彻党的教育方针，全面执行国家课程计划，构健全面培养体系，落实五育并举要求，真正把国家关于学生发展的目标要求落实到办学治学的方方面面，促进学生全面而有个性的发展。

确定建设思路。经过审慎思考，我确定了“注重内涵、补齐短板、提升能力、办出特色”的16字学校建设思路，从管理、师资、课程、课堂等方面入手，侧重落实“德智体美劳”五育统筹发展、协调发展。

确定发展目标。通过不断的探索实践和调整改进，期望三年后达

成这样的目标：教师有专业发展的愿望和业绩；学生有全面发展的趋势和基础；学校有合目的、合规律的管理运行机制，形成价值管理的雏形。

确定价值曲线。2021年，教育、教学、管理全面启动，侧重完善校园文化；2022年，调适“课程行动”方案，修订原有步骤，侧重研发“卓越课程”；2023年，总结“课程行动”经验和教训，总结“课堂模式”，初步定性“理想课堂”。

完善保障机制，突出评价跟进

教育孩子，关心孩子，让孩子健康成长，是所有教育人共同的责任和义务。我们不断完善保障机制，突出评价跟进，强化诊断完善，力求为每个学生全面而有个性发展提供了充分的空间，让所有师生在广泛的参与中收获“幸福”。

制度约束。修订完善学校各项制度、评优选先各类方案，使管理制度化规范化精细化。

人员保障。成立以校长为组长的规划管理领导小组，具体实施“三年规划”的全程管理，全员参与。

经费保障。通过自筹和争取政府划拨的途径，坚持“好钢用在刀刃上”的原则，保证各项工作的顺利开展。

评估导向。制订相应的评估体系，监督规划的实施，并能够及时调整、修订规划，切实把师生两个群体导向学校的价值目标。

强化全面发力，突出系统推进

在学校，有什么样的课程，就会有什么样的师生生活；有什么样的师生生活，就会有什么样的生命成长。我们主要按照“九个一”的路径和方法全面开展学校教育教学工作，如“一个家园”营造温馨之美、“一门课程”塑造品格之美、“一品课堂”培育聪慧之美、“一项运动”强健体魄之美、“一双巧手”创造劳动之美等，这些途径和方法均以成就人的“美”而出场，遍及学生生活的全部领域，让每个孩子的身心得以解放、生命幸福完整，让校园成为汇聚美好事物的中心。现以几个例子进行简要阐述：

“一个家园”宣示价值取向。一是将“过一种幸福完整的教育生活”的价值观慧于中，让文化物化于境。2021年，对校园文化整体设计、分步实施，让校园里的每棵树、每棵草、每幢楼都显示生命的力量。二是将“过一种幸福完整的教育生活”的价值观诚于内，让文化根植于心。学校文化提炼后，组织全体教师学习内化。三是将“过一种幸福完整的教育生活”的价值观秀于外，让文化彰显于行。不光从环境上呈现，更重要的是在行动上落实。也就是说，生活在叙府校园里的每一个学生、每一位老师都能以最饱满的精神状态、最优雅的成长姿态，在叙府校园里同生共进，实现生命的最优发展。

“一门课程”塑造品格之美。学校曾经的实践证明，新教育的“课程行动”是我们校园文化可行的价值曲线。前几年，我们研发了大大小小十多个课程，其中两个课程分别获得了全国新教育十佳卓越课程。在未来三年中，我们仍将以基于立德树人理念的儿童课程为载体，把“德智体美劳”全面融入思想道德教育、文化知识教育、社会实践教育各环节，寻找适合自己发展的项目。如，中秋传统节日，我们可以研发“中秋月下”课程，以“九个一”（一书、一影、一诗、一歌、一劳、一创、一戏、一文、一节）为抓手，让全部学科教师都参与到研发与实践童谣、古诗、绘本故事、电影、歌曲、游戏等主题活动中来。语文老师利用晨诵午读课时间完成一诗、一书；数学老师利用课程学生共同了解月亮、地球和太阳之间的距离完成一戏；科学老师带领孩子们观看月亮电影（一影）；美术课上老师与孩子们一起剪纸、泥塑月亮、中秋月饼（一创）；除学科教师外，我们发动家长和孩子一起动手做各式各样月饼（一劳）；最后班级举行中秋月下课程的结束仪式（一节），展现学生在各学科的学习成果，实现团队同辉，以集体的方式站立。活动结束后，师生共写随笔，完成一文。如此，实现五育融合，让课程行动既有深度又有广度，从而很好地实现学生德智体美劳协调发展，而教师专业成长也在研发和实施课程过程中得以实现。

“一品课堂”培育聪慧之美。课程是核心，课堂是阵地，课程必须通过课堂来落实。在未来三年，我们要以新教育十大行动之一的打造理想课堂抓手，落实“三重境界”和“六个纬度”的标准。理想课堂三重境界：第一重境界——落实“有效教学”框架，为理想课堂奠定坚实的基础；第二重境界——实施“举一反三”、“触类旁通”，发掘应用知识的内在魅力；第三重境界——课堂知识与社会生活、师生生命巧妙结合、深刻共鸣。理想境界的六个维度，即学生参与度、师生亲和度、发言自由度、知识整合度、练习适合度、习题延展度。那么，怎么抵达这个标准呢？一是共读理解。首先学校统一购买《构筑理想课堂》这本书，一起共读。二是运用框架。严格按框架备课上课，以此来改变教师的教学方式和学生的学习方法。而要做到这一点，必须依托有效教研。三是有效教研。严格落实“确定选题——集体备课——课堂探索——观察记录——集体评议——同课异构（再度探索）”的教研思路。通过以上举措，最终实现理想课堂的第三重境界，实现师生生命的深刻共鸣，促进教师专业化发展，提高课堂效率，进而提升学校教育教学质量。

育人是教育的生命和灵魂，关注学生的长远发展是教育的本质要求和价值追求。在办学实践中，我们要站位高远，科学规划，真正做到思想重视，大胆探索，敢于实践，及时调整，让师生都能过一种幸福完整的教育生活。

守望初心，铸就孩子飞翔的翅膀

四川省资阳市安岳县启明九年义务教育学校　蒋志荣

“国运兴衰，系于教育；三尺讲台，关乎未来。”教育工作是一份职业，更是一种情怀。从教33年，我植根于川中丘区教育这片沃土，始终不忘初心、创新工作、以爱育人，力求把执教的学校带成一方名校。由于办学成绩显著，我个人先后获得四川省教学名师、省骨干教师、省市县三级名校长、好校长等荣誉称号。

抓思政教育，做党教育理念的践行者

优秀的领导素质才能产生强大的教育力量，高尚的思想才能影响从而带出高素质的队伍来。共产党员要讲党性、重品行，作为校长更是要作表率、勇担当。多年来，我一心扑在教育事业上，践行着自己的初心，始终与党中央保持一致，拥护党和国家的路线、方针、政策，坚定不移地实施素质教育，为构建“学生喜爱、家长满意、社会认可”的现代化特色学校而努力奋斗！

在党的关心下，在组织的培养下，我始终坚持“党建带团建”和“团建带队建”，把思政教育贯穿于学校工作全过程。把校园文化长廊建设作为突破口，设置不同主题板块，让学生在文化长廊里感受到学校的每面墙壁会说话，每处细节都育人，让文化长廊成为校园的一道靓丽的风景线；以校训“明德、启智、励志、勤业”命名四栋教学楼，在每栋教学楼的每层都建有主题不一的文化走廊，“润物细无声”地宣传贯彻党的教育方针、政策，在潜移默化中培养学生热爱母校、热爱家乡、胸怀祖国、放眼世界的情怀；在勤业楼楼梯入口，“听党话、感党恩、跟党走”三幅红色标语令人印象深刻；在三楼会议室外的走廊墙上，悬挂着五幅历届党和国家领导人寄语教育工作的展板，党的教育方针一目了然。这些展板标语绝不是搞形式的“花拳绣腿”，而是一个学校该有的“标配”和“内涵”。

从教33年以来，我始终不忘立德树人初心，牢记为党育人、为国育才的使命，坚定做党的教育事业的传承者和践行者，放弃了两次转行到机关当领导的机会。在我的影响下，女儿也放弃公务员工作到成都做了名幼师，家族里也已有12位教师。在我的带领下，学校党团队工作成绩突出，先后获全国“五四红旗团委”、四川省教育工作“先进集体”、四川省首批“文明校园”、资阳市“好校风学校”等荣誉。

抓教学改革，做教育创新的探索者

2015年3月，我从安岳县岳阳镇北坝小学校长调任新成立的安岳县启明九义校校长。比之县城其他几所学校，刚成立的启明九义校不被学生家长看好。如何突破困境？经过充分调研，我提出了正心至和、励行尚美的“和美”办学理念，持续深化教学改革，力争把学校发展为安岳教育事业中的一颗“启明星”。

新课改理念真正转化为课堂教学行为，并不是一朝一夕就能实现的。在我的主导下，学校坚持全面发展的素质教育方针，以课堂教学为突破口，稳步落实课改行动，努力打造高效课堂，为学生终生发展打下坚实基础。小学坚持“三课两反思”教研课、举行青年教师及转岗教师赛课活动、对标成都石室双楠实验学校等名校提升教师业务水平、实施青蓝工程做好传帮带、修建运动场办好体育特色课……一系列改革举措的相继推出，使学校发展越来越好。近年来，学校中考升入重点高中人数逐年递增，先后荣获资阳市素质教育“示范学校”、群文阅读优秀“实验学校”，创建为全国国防教育特色学校、教育部首批校园足球特色学校和校园网球特色学校。在第十七届省青少年机器人科技创新竞赛中1人获一等奖、4人获二等奖。小学男女排球队连续三届取得资阳市排球比赛冠军。2020年，有2名学生入选四川省轮滑、武术省队。学校育人质量提升受到领导、家长、社会的认可和好评，成了家长和学生眼中的名校、好校。

课改是一片广袤的天空，是一条期待　探索的路。收获虽然是点滴的，但饱含了我们艰辛的探索，也更加坚定了我们把课改坚持下去的决心。我期待，师生在课改中快乐发展，学校在课改中蓬勃向前。

抓教育扶贫，做阳光校园的护航者

习近平总书记历年来高度重视教育扶贫工作，强调治贫先治愚，扶贫必扶智。教育在促进扶贫、防止返贫方面的作用是根本性的、可持续的。教育扶贫是最根本的，也是最有效地精准扶贫。

“让家庭困难学生义务教育有保障，不让一位学生因家庭经济困难而影响学习。”我始终把教育扶贫资助作为学校的重要工作来抓，制定相关制度，成立学生资助管理工作领导小组，启动“一对一”帮扶行动，确保学生资助资金按政策按时、足额、准确发放；积极发挥“互联网+教育”的力量，促进优质教育资源共享，将优质教育资源带到贫困地区孩子的面前。启明九义校8年级学生蒋美观是一名建档立卡困难学生，奶奶擦皮鞋的钱是她家主要收入来源。多年来，我主动与蒋美观等4名困难学生结对，时常帮扶接济，让他们安心学习。

5年来，全校没有一个学生辍学，我因此被评为资阳市义教均衡发展工作“先进个人”，主研的《提高农民工子女闲暇生活质量的研究》《农村学校创新课程教师队伍建设与培训研究》等省级课题也获省级教学成果一、二等奖。

从青春韶华到年过半百，33年的坚守，不忘教育初心、牢记育人使命，在三尺讲台上无私地奉献着自己的青春；33年的执着，辛勤耕耘，默默奉献，在教学一线上奉献着自己的心血与智慧；33年的付出，率先垂范、追求卓越，在学校跨越发展上奉献着自己深厚的教育情怀。33年的从教之路弹指一挥间。一路走来，梦想与现实交织，辛苦与快乐同行，用爱心、良心和汗水让启明九义校脱茧化蝶，使办学规模由小到大，实力由弱到强，迅速成长为资阳义务教育的一张名片。

扎根乡村教育　做特色化办学探路人

四川省自贡市大安区何市镇中心学校　王强　辛法雨

从教近30年来，我从一名普通教师成长为学校校长，在长期的教育管理工作中，我始终把“创新”与“发展”这两个关键词作为指引自己不断突破各种挑战的精神支柱。

2017年8月，大安区中小学校级干部换届竞选如期举行。我以面试和考核总分第二名的成绩从紧挨主城区的和平小学调往一所边远农村学校——大安区何市镇中心学校任校长。在任前谈话时，局领导语重心长地对我说：这个烂摊子就交给你了。我心里沉甸甸的，坚定的表态：请领导放心！8月15日上午，我在和平小学收拾好了自己的行装，来到何市镇中心学校。展现在我眼前的景象，与我苦心经营了十几年的和平小学形成了巨大的反差：环境卫生糟糕、文化布置简单、教学设备陈旧；班级文化建设单调随意，完全体现不了百年老校的文化底蕴；在查看七所村小现场时看到，有的操场已经长满了杂草，一派荒芜景象。半天的实地调研让我内心压力重重。我不禁自问：何市镇中心学校138名教职工，全镇59个教学班级，2000余名学生，这么大规模的学校，教育局领导委派我到这里的目的是什么？在这种现状之下我能做什么？如果我做不到会有什么影响？思索着这些千椒百味的问题，那晚我很久都没有入睡。

“一个好校长就是一所好学校。”每个成功的学校背后都有一个充满教育责任感和使命感的好校长。校长的眼界和标准决定着学校发展的前途和命运，应该保持强烈的使命感和敏锐的思考力，提出激动人心的发展愿景和目标追求，制定出符合学校发展的战略规划，带领自己的团队，让学校朝着预定的目标前进。带着这些思考，我对何市镇中心学校进行了更为细致的现状调研和问题分析，总结该校在过去发展中的经验和教训，制定了五年发展与改革规划并逐步实施。

进入“文莉名校长工作室”后，我有幸在领衔人的指导下，学习了许多先进的办学思想和管理策略。基于有限的资源和深入思考，我进一步强化了“以人为本、发展至上”的办学理念，对学校行政部门的职能进行了清晰的分工和调整，为138名教职工描绘了共同的愿景，指明了清晰的方向。在此基础上，狠抓了思想意识、办学条件、队伍建设、质量提升、人格魅力等方面工作，在上级主管部门和领导的大力支持下，经过三年的探索与发展，学校面貌焕然一新，逐步展现出“百年老校树新风、时代底蕴铸师魂”的新风貌。

一、凝聚共识，统一思想理念

思想是行动的先导。我通过召开行政会、教师会、个别谈话交流、集体学习等方式，学习贯彻党和国家教育政策法规，反复宣讲学校办学理念，让干部职工了解校情，明确任务，逐步形成共识，增强校级班子凝聚力。在班子成员中定期开展思想学习与经验交流，提升行政人员的执行力，把上级行政部门的指示和建议进行明确分工，督促相关责任人按期按成各项任务。在管理上做到统揽而不包揽，果断而不武断，参与而不干预，形成以校长为核心、结构严谨的管理体系。

二、先易后难，改善办学条件

结合调研掌握的情况，我把改善硬件，为师生提供更加优良的办学条件作为工作突破口。2017年秋季，解决了食堂为老师们提供早餐的问题；2018年，在学校电源线路改造的基础上为所有教师办公室新装了空调，教室安装了6台一体机，为学生更换新课桌椅800套，处理了教学楼防水，对教室、办公室进行了墙体美化；2019年，为全镇教师配备新办公桌椅120余套。

根据何市镇村小的发展现状，结合学生家长的共同意愿，对7所村小进行了整合，撤并了4所，只保留了条件相对较好的3所，让更多的学生获得了更为优质的教学条件，得到了老百姓的大力称赞。同时，通过资金争取、求助友校等方式，先后更新了学校的多媒体设备，3所村小安装了一体机，提升了教育教学的信息化水平。

三年来，学校办学条件得到了大幅度提升，也有效激发了教师们的归属感与幸福感，为学校各项工作的顺利开展打下了基础。

三、整合资源，加强队伍建设

我把办好一所老百姓满意的学校，带出一支队精良的师资队伍作为一生的事业来追求。坚持以党和国家的发展战略为方向，以师德师风建设为抓手，以培训进修为路径，以管理服务为支撑，扎实推进教师队伍建设。通过“引进来、走出去”，聘请教学专家对镇内教师进行业务培训，提升了他们的业务水平。以全镇青年教师为主体，组建了“极点教育论坛”，为年轻教师的成长搭建平台；实施镇级“青蓝工程”项目，充分发挥骨干教师、优秀教师的传帮带作用，使青年教师迅速成长，实现教师队伍专业素质的动态提升。关注年轻教师成长需求，实施分层培养，激发成长动力，形成了“教学、科研、培训”为一体的平台，高质量推动教育教学改革工作。项目组成员课题、论文、教学成果多次获得省、市、区级奖励。每年组织教师外出培训不少于30余人次，既拓展了眼界，又提升了教师们的业务水平。

充分使用好政策，解决教师职称聘任问题。三年来，累计有120人次在岗位竞聘中得到晋级，18人在职称评审中得到晋升，充分调动了教师的积极性和创造性。

四、活动开展，提升办学品质

1.开展丰富的教研活动。即公开课、示范课、送教、说课活动，教学经验交流，专题讲座，集体备课、听课、评课活动、观看教学实录等，通过开展形式多样的校本培训，促进教师之间相互交流、取长补短、相互促进，既充实了教师的教学理论，又提高了教师的教学技能。以教研组为核心，组织教师每周一次集体备课，做到全员参与。

2.开展生动的德育活动。狠抓行为习惯养成教育，定期组织班队会、主题教育、庆祝活动等，开展经典诵读、手抄板、书画作品征集等，培养学生良好的文明素养。

3.打造鲜明的办学特色。一是践行“互联网+教育”，分布创建智慧校园；二是实施“乡土资源+整合”，创建生态乐园。通过整合教学资源，提高教师教学效率，优化学校学生学习方式。以学校幼儿园特色项目的创建为契机，对课题研究成果进行转化，充分利用乡村资源建设儿童乐园。2019年，何市镇中心学校中心幼儿园在大安区公办幼儿园中率先创建为自贡市一级幼儿园，截至今天也是大安区公办园中唯一的一所市一级幼儿园。2019年4月，自贡市幼教年会在何市镇中心幼儿园举行。在自贡市的学校管理经验交流活动中，本人多次做特色化办学经验交流，其中《新时代小学特色化发展的思考》经验交流得到了区域专家及同行的一致好评。

五、以德服人，人性化的管理

还记得刚来到学校的时，我组织大家在阶梯教师召开了全镇教师大会，在会上对学校的现状进行了通报，并对未来的发展进行展望。看着老师们一个个带着质疑与观望的眼神，我深知这不仅仅是如何改变现状的问题，而是在改变过程中如何获得全体教职工信任的问题。有位教师在课间找到我，说出了他对我进行教学管理改革的看法，何市镇中心学校之所以当前面临许多困境，是因为在近十年的发展中遗留了诸多的问题，导致教职工产生了一种依赖性的淡然心态，对工作和职业失去了目标追求，如果要进行管理模式改革，很难在短时间内取得成效，过程中如果稍有不慎估计会起到反作用。在这个老师的描述中，我感觉到了他对我的担心。面对这些问题，我没有一丝担忧的想法，更是让我坚定了信念和方向，决定制定出科学完善与符合实际的方案，运用人性化管理的模式，不仅在工作上进行管理改革，同时注重师资队伍的平衡性动态调整。例如对双职工的工作地点进行整合，尽量让双职工能一起上下班，对贫困职工进行关心慰问，对长期生病的职工进行工作任务动态调整，为青年教师搭建成长的研修平台等，这些人性化的管理方式在不到一年的时间内就取得全镇教职工的认同。

在2020年7月18日学校组织的校级干部民主测评中，92名教师对何市镇中心学校四名校级干部进行满意度测评，分为优秀、合格、基本合格、不合格四个登等级。四个校级干部综合的优秀率为94%；基本合格率为0.81%；无不满意票。其中本人优秀率为97.7%，这是近年来大局面前身先士卒、亲力亲为、敢于挑战和人性化管理的结果，让何市镇中心学校的教职工重新找回了身为一个教育工作者的幸福感。

六、率先垂范，彰显人格魅力

三年来，我坚持严于律己，以身作则，以实际行动为广大干部、教师做出表率。我非常关心年轻教师的成长，为他们搭建交流学习的平台，经常了解他们的思想、工作及生活状况，帮助解决遇到的困难，勉励等他们刻苦钻研、勤学上进。

主持学校工作至今已十三年。本人不仅仅把教育当成职业来做，更把教育当成了自己一生追求的事业，把学校当成自己的家来经营。近年来由于工作努力，学校变化大，多次得到市区领导高度好评。本人先后被评为“自贡市优秀青年教师”、“自贡市教育和体育系统优秀共产党员”、“大安区迎省督导评估先进个人”、“自贡市优秀教育工作者”、四川省骨干校长培训“优秀学员”等；2019年，我在“国培计划(2019)”四川省中小学骨干校长提升研修培训中担任组长，被评为优秀学员并作经验交流；主持的课题成果《培养农村幼儿园孩子良好卫生习惯的245模式》获得自贡市政府第一届教学成果三等奖，《农村小学留守儿童教育的“五个三”工作机制》获自贡市第七届教学成果评选活动二等奖；多个微型课题获得市、区级奖励；省级课题《新时代小学特色化办学的实践研究》正在研究中。

栉风沐雨，筚路蓝缕。经过三年的不懈奋斗，学校发生了显著的变化。如今，何市镇中心学校班子团结一心，干群和谐融洽，教风学风浓厚，各项工作正扬帆起航。我校被区教体局领导称赞是全区校级干部换届以来变化最大的一所学校。2020年11月，我校被确定为大安区首批两个教育集团之一"自贡市大安区何市教育集团"的龙头学校。我将继续努力前行，不断开拓创新，践行"以人为本、发展至上"的办学理念，实现区域教育优质发展。

重视名著阅读　传承经典文化

——初中语文名著导读教学浅析

四川省自贡市沿滩区沿滩中学校　蒲翠联

一、创设情境激发阅读兴趣

兴趣是学生学习的主要动力，直接影响着学习效果。阅读也不例外，学生只有对名著感兴趣，才会全身心地投入到文本中，享受阅读的乐趣。初中生的学习特点以无意识识记为主，对感兴趣的事物记忆效果较好，不感兴趣记忆效果较差。因此，要想提高名著导读的阅读效果，首先要激发学生的阅读兴趣。为此，教师可以创设情境实现这一目标。

如根据初中生对直观性和形象性的图片、声音感兴趣的心理特点，教师可以创设图文并茂、视听结合的情境。比如，很多经典名著被翻拍成影视剧，像《红楼梦》《西游记》《水浒传》等，还有很多外国的名著也有相关的影视剧，《简·爱》《基督山伯爵》等等。此外还有一些关于名著的节目专栏，像百家讲坛、博雅智渊等。教师就可以以此为契机，为学生播放其中的精彩片段，让学生入情入境，激发兴趣的同时，还可以加速对文本的理解。如《简·爱》中简·爱与男主人公罗切斯特的对话，为学生提供入眼的图画、入耳的声音，激起他们浓厚的阅读欲望。

此外，教师还可以节选名著中的精彩片段或故事梗概用故事的形式讲解出来，唤起学生的阅读热情。如《基督山伯爵》教师可以用故事"一个勤劳善良的水手被他的好朋友出卖和背叛，不仅将他打入监狱还逼死了他的父亲诱骗他的未婚妻，多年以后，这位水手从监狱里逃了出来，并开始报复"故事到这里，学生很想知道水手是如何从监狱里逃出来的、如何报仇的，教师就可以顺势引导学生阅读《基督山伯爵》这一名著。

二、开展形式多样的名著阅读交流活动

名著的篇幅较长，章节较多，初中生活泼好动，如果让他们长时间埋头阅读，会压抑他们的天性，激发他们的厌烦心理，阅读的激情也会逐渐褪去。为此，教师要开展形式多样的名著阅读交流会，让学生在说、演、讲的过程中维持了阅读的热情。如故事会、演讲比赛、辩论会、手抄报等。如在阅读了《三国演义》一书后教师可以举行读书汇报会，鼓励学生评析人物，敢于提出自己的看法，发表见解，发展个性。教师设计了"抢答激趣"、"群英聚会"、"计谋集锦"等环节，多角度触及学生的兴趣点，增添阅读的趣味性。在"群英聚会"这一环节，学生畅所欲言，汇报自己喜欢的人物，有喜欢诸葛亮的，因为他足智多谋，无所不知，无所不晓；有的喜欢赵云，认为他不仅英勇善战，而且忠心耿耿；还有敬佩曹操的，觉得他能战善战，才华横溢。教师可以按照学生对人物的喜好分为诸葛亮组、关羽组、曹操组，组织小组之间陈述辩论要点，如关羽义肝侠胆足见英雄气概，无所畏惧尽显虎将风采，但义释曹操一念铸成大错，高傲自大失足成千古恨。在同学们唇枪舌剑间，为我们再次还原历史画面，我们的眼前再次出现一个个鲜活的人物，耳边再次响起他们的名字。学生在辩一辩中全面认识人物。

除此之外，教师还可以充分发挥网络的功能，开展QQ读书会、微信读书会等，让学生进行超时空的阅读交流，发散思维，激发阅读兴趣，培养阅读习惯。

三、实行激励评价

一千个读者就有一千个哈姆雷特，学生因为知识背景、生活经验或者思维方式等不同，对同一文本同一内容同一作者会有不同的观点和看法。因此，在阅读名著的过程中，教师应该引导学生有自己个性化解读。教师要珍视学生独特的阅读感受，并根据实际情况给予学生一定的激励性评价和反馈，践行新课程标准提出的"阅读是学生的个性化行为"这一教学理念。在阅读中不应只有教师的分析，更应该有学生的具体阅读实践行为和感悟。教师要多角度分析评价，强调学生作为个体的探究活动以及其个性的发展。

总之，"名著导读"教学是一项有意义的活动，名著导读可以为学生渗透丰富的文化底蕴，作为语文教师要为学生建立一个良好的名著导读环境，提升学生的文化素养，让学生在名著的世界里尽情畅游。

创温馨雅致校园　育玉品金心少年

新疆巴州且末县第一小学　梁兵　程彦强　王永华

建设美丽温馨校园是学校可持续发展的动力，也是学校张扬个性、突出办学特色的重要平台。为使校园建设更加规范化、制度化，新疆巴州且末县第一小学以美丽温馨校园建设为抓手，进一步优化教育管理，丰富办学内涵，提升学校品位，形成了特色立校、品牌强校的良好发展态势。近年来，学校先后获得"全国民族团结进步模范集体"、"自治区德育示范校"、"自治区依法治校示范校"、"自治区级文明校园"、"自治区级平安校园"等多项荣誉称号。

布局建设科学合理，生活环境温馨怡人

且末县第一小学位于且末县文化西路，毗邻且末镇政府，学生上下学距离适中，都在3公里范围之内。学校共有学生1854人，44个教学班，每个班级人数都在45人以下，无大班额。教学楼共有3栋，分别命名为志玉楼、华玉楼和琢玉楼，设计建设符合国家规定的规范，具有抗震性。全校44间教室和电子琴教室、综合实践教室、多功能录播教室、少先队活动室、党员活动室、心理咨询室、学生计算机教室、电子备课室等多功能教室配备齐全，使用率达到100%。消防设施齐全，自然采光效果良好，教室南北通透，通风效果好。

在2017年和2019年，学校先后以优异的成绩通过了自治区"义务教育学校标准化建设"和"义务教育学校均衡发展"的评估验收，办学条件完全达到了自治区规定标准。

教育教学保证质量，成长环境温馨精彩

且末县第一小学坚持"德、智、体、美、劳"全面发展的素质教育理念，根据教师专业特长配备配齐了道德与法制、体育、美术以及综合实践活动教师，并根据自治区课程设置方案，开足开齐了课程，确保学生达到规定的学业质量。

高度关注弱势群体，关爱务工随迁子女和残疾儿童，认真贯彻落实义务教育经费保障机制改革政策措施，坚持长期送教上门举措，保证家庭经济困难学生和适龄残疾儿童少年也能保质保量地完成规定年限的义务教育。现在所有学生均能享受"两免一补"政策。

注重个性化发展，组建剪纸、绘画、石艺、陶艺、电子琴、合唱、民族乐器、舞蹈、健美操、足球、篮球、田径以及"红领巾种植园"等28个校本课程，充分激发了师生的兴趣爱好和个性发展。同时，学校开展读书活动、演讲比赛、举办论坛、书画展、故事会、自办手抄报、观看影片等系列活动，努力营造浓厚的学习氛围，使"五育"并举的理念深入人心，使师生的相处更加和谐融洽。

校园文化积极向上，育人环境温馨典雅

且末有着悠久的历史和厚重的文化底蕴，不仅是古"丝绸之路"的南道重镇，还是汉代西域三十六国的且末国和小宛国所在地，是"玉石之路"、"玉王故乡"的发祥地和"丝绸之路"的南道重镇，是一个最具西域色彩和民族风情的地方，一块博大而独具自然与人文魅力的热土。

在不断的发展和思考中，学校依托得天独厚的地理优势和文化资源，将玉文化引入校园，提出"人皆璞玉、砺琢成器"的办学理念和"人本管理、玉汝于成"的管理理念，努力打造"以玉比德、立德树人"的校园文化品牌，形成了鲜明的玉文化办学特色：孕自然之精英，肯定教师、学生似玉一般是自然生出的灵物，高贵圣洁无比。学校像母亲孕育婴孩一样，用己之温润，孕彼之温润，终使之完美；琢人文之精美，强调每一名教师、学生都是一块璞玉，尚须磨砺雕琢。学校要以学生的发展为导向，以老师为依托，以家长为辅助，形成人本育人环境，对教师、学生像爱惜玉一样爱护、帮助，像打磨璞玉一样磨炼师生助其成器。

校园关系和谐融洽，人文环境温馨文雅

且末县第一小学把中华民族传统节日与少数民族节庆日有机结合，大力开展"你到我家吃馓子"、"我到你家吃月饼"、"端午节——粽叶飘香情更浓"、"我们的节日——春节"、"我在城里有个家"的民族团结一家亲"五个融情"活动，增进了各族师生之间的友情。开展同吃一锅饭、同拍一张全家福、同跳一支舞、同画一张画、同办一件力所能及的事的"五个一"实践活动，把民族团结接亲活动向纵深推进，以点带面，宣讲政策，关爱帮扶，最终实现对伟大祖国和祖国文化的认同。

建设美丽温馨校园是一项周期长、见效慢的复杂的系统工程，需要我们实践和思考的问题还很多。只要我们真正做到思想重视，大胆探索，不断实践，及时整改，定能让孩子们都能在美丽温馨的校园里

幸福快乐地成长!

梁兵：新疆巴州且末县第一小学校长
程彦强：新疆巴州且末县第一小学党政办主任

温馨校园　和谐创建

新疆生产建设兵团第七师胡杨河市130团完全中学　黄红娜　张莉　文旻

130团完全中学隶属于地处古尔班通特大沙漠南缘天山北坡经济带的新疆生产建设兵团第七师胡杨河市，始建于1959年3月，是一所有着深厚文化底蕴、显著办学成绩、良好社会声誉、光荣传统的九年义务制学校。在温馨校园的创建工作中，学校以学生成长教育为核心，秉承“为每一位师生的终身发展和幸福人生奠基，为兵团三化建设服务。”的办学理念，以温馨家园建设为抓手，大力营造团结、活泼、积极、向上的校园文化氛围，努力创建民主、温馨、和谐的学校育人环境。

校园布局科学合理

经历62年的风雨变迁，130团完全中学经历了由小变大、由弱变强的成长过程，逐步建成了兵团级的现代化学校。

学校布局合理，校园占地面积约13万平方米，建筑面积达2.3万平方米。2011年，学校投入资金830万元，完成了对教学楼、实验室多功能教室的抗震加固建设及修缮；2013年，学校体现人文关怀的现代化校园改造完成；2018年，学校又通过了国家义务教育均衡发展达标检测。

现在，学校有教学楼、实验楼、学生宿舍、2047平方米体育馆及400米塑胶跑道，校舍建设符合国家规定的设计规范，既能够保障教室坚固、适用、通风，符合抗震、消防的安全要求，也能充分满足师生的成长发展。

办学条件保障到位

2018年，130团完全中学义教部通过了国家义务教育均衡发展达标检测，办学条件达到了国家标准。学校现有教职员工160人，其中专任教师140人，本科学历117人，副高级专业职务教师8人，中级专业职务教师59人，教师队伍结构合理，学科专业全部配齐。全校共开设40个教学班，小学25个班，初中15个班，班级学生人数25—40人。在校学生1386人，其中少数民族学生221人，农村留守儿童8人，残疾学生12人。

学校设施齐全，办学条件先进。学校建有包括党团队活动室、微机室、图书阅览室、体育馆、综合实践室、音乐舞蹈室、科学实验室、美术书法室等功能教室，其中教学仪器设备及实验设备价值1021.98万元。学校配备计算机236台，标准化教室105间，其中网络多媒体教室99间，还有11个电子书包班，为打造信息化校园建设提供了有力保障。足额配备高质量的图书和报刊资料，其中图书70056册，人均图书占有量达标，成为书香校园建设的重要载体，能够充分满足学生个性化、多样化、多元化发展的需要。

食堂宽敞明亮，宿舍温馨舒适。学校餐厅面积为6919m，可同时容纳1700人就餐，食堂完全达到了“明厨亮灶”、就餐环境卫生的标准，餐厅内有对学生进行爱惜粮食的宣传教育文字和图片。学校建有足够的四人标准间学生宿舍，宿舍内浴室、卫生间俱全，管理制度健全，宿舍环境整洁优美，成为寄宿学生的第二个家。

办学质量显著提升

办学质量是学校跨越式发展的生命线。130团完全中学多角度、多层次、多渠道出发，努力营造“学校真抓、老师真干、学生真学”的教育教学管理局面，切实增强管理效能，激发师生内驱力，全面提升办学质量。

重视学生全面发张，学生素质不断提高。学校高度重视体育教育，各年级开齐、开足体育课、体育选修课，开展阳光早操、大课间活动、阳光体育活动，冬季进行眼保健操和跑操，夏季进行眼保健操和广播体操，强健学生体魄，磨炼学生意志。此外，学校还积极开展了足球、篮球、排球、乒乓球、田径等训练队，有专职体育教师进行组织训练，既保证了学生达到规定学业质量要求，也突出了因材施教，注重个性化教学和针对性辅导，极大满足了学生多样化成长、多元化发展的需求。

夯实教育教学工作，课堂质量不断提升。一是重视过程管理，抓实日常工作。强化教师教学教研能力成长。学校有计划、有主题、有地点、有检查地开展集中备课和校本教研活动，学科组上学期共开展20周教研活动，2640人次参加。二是强化过程管理，构建高效课堂。全校组织了12个听课小组，进行推门听课，共听课254节。三是组织专题研修，教师业务不断提升。学校坚持创新青蓝工程体系建设，充分发挥老教师、骨干教师的传帮带作用，注重以老带新，使教师专业素养得到长足发展，教学能力和技能稳步提升。上学期，学校共组织青蓝工程希沃公开课展示97节，青年教师汇报课20节。

坚持“五育并举”，全面发展素质教育。学校以“共创和谐德先行，青胜于蓝才出众”为引领，紧紧围绕统筹推进“六大体系”建设，积极培育和践行社会主义核心价值观，以“六节四礼，十二个主题教育月”（六节即读书节、学术节、社团节、体育节、科技节、艺术节，四礼即入学礼、入队礼、成长礼、成人礼）为载体，开展丰富多彩的校园文体活动，加强大德育体系建设。

坚持立德树人任务，落实德育教育课程化。学校以“胡杨文化”课程基地建设为抓手，研发校本必修课和校本选修课，形成了以“胡杨文化”为核心的特色校本课程体系。校本必修课具体包括兵团精神军垦文化、130团学校校史研究、胡杨文化经典诵读、德育校本课程；校本选修由四大类学生综合素质课程模块构成，具体包括科学素养类、艺术类、身心健康类、社会实践与社区服务类。

校园文化内涵丰厚

校园文化蕴含着深层的、丰富的价值体系，对师生的成长具有导向作用、激励作用和启迪作用。因地制宜地挖掘学校文化建设的个性，能够释放学校文化的巨大能量。130团完全中学注重挖掘和传承本地文化传统，以“为每一位师生的终身发展和幸福人生奠基，为兵团三化建设服务。”为办学理念，不断完善物质文化、精神文化、制度文化、行为文化等建设，形成了以兵团文化“胡杨精神”（吃苦耐劳、美丽健康、忠诚勇敢、坚韧不拔、永不屈服）为精髓的校园文化精神。

学校利用校园文化凝聚师生共识，形成共同愿景和工作目标。学校统筹布置文化长廊，形成了初具规模的走廊文化，一楼以爱国、爱家乡、爱学校为主题，二楼以中华国粹、传统文化为主题，三楼以放眼世界为主题，四楼以展望未来为主题。全体师生秉着“让每一块墙壁都会说话，让每一条走廊都能传情，让每一幅图画都能会意”的环境育人理念，共同设计制作每一副作品、每一块展板，不仅锻炼了学生的动手能力，也提升了学校文化品位，为师生提供了良好的工作学习环境。

校园关系和谐融洽

学校的“校训、校风、教风、学风”悬挂在教学楼大厅，校园内秩序良好，学生讲文明懂礼貌，养成了良好的行为习惯，师生整体状态良好，呈现出积极向上的精神风貌。

学校坚持“以人为本”的理念，尊重每一位老师，给予他们自由发展的空间，营造有利于他们专业化发展的文化情境，使他们获得幸福感。在管理中，学校淡化管理者的角色和地位，把教师当作服务的对象，建立民主平等的对话模式，倾听他们对学校工作的意见与建议；帮助他们解决工作中、生活中的困难，让他们感受到学校的温暖。对于学生，要求教师关爱和尊重每一个学生，把尊重与严格要求结合起来，为学生提供优质的教育服务，努力构建一个让每个学生健康发展的和谐体系。在这种和谐的师生、生生关系下，教师关爱、理解、宽容学生，学生也能够用积极的学习态度、良好的学习习惯来回报教师的爱，师生之间、同学之间团结友爱，互帮互助，共同进步，共同成长。

学校坚持“以人为本”的理念，广泛开展校园师生文化体育活动，丰富教师课余生活，增强学校凝聚力。一月份以庆元旦为契机，组织教师开展教职工厨艺赛。二月份利用假期，以庆祝我国传统节日春节为契机，开展“传承中华传统文化”主题月；三月份开展“艺术赏析”主题月活动，通过看电影、参观艺术作品展等活动，培养教师的审美情趣和艺术修养；四月份以召开教代会为契机，开展“民主管理”主题月活动；五月份开展徒步踏青主题月活动；六月份开展时装秀主题月活动；七月份开展“技能展示”主题月活动；九月份开展“快乐健身”主题月活动；十月份开展以“金胡杨”摄影主题月活动；十一月开展“完中好声音”师生歌手大赛主题月活动；十二月开展“艺术展演”主题月活动。丰富多彩的工会主题月特色活动，不但增进了教职员工之间的交流和友情，还使学校真正成为教师们温馨、亲切、信赖的家园，达到了和谐发展之目的。

安全管理规范有序

安全工作是学校教育工作正常开展的必要条件和必须前提，无论多少都不算多，无论多么严格都不算过分。130团完全中学认真贯彻落实各项安全要求，坚持安全工作常规检查不放松，对存在的问题立即进行整改，力争做到校园内外无死角。

学校成立督导检查组，每天对两个校区进行全面的安全检查，部门主任主动认领发现的问题，要求做到立行立改，由校领导和其他成员进行监督。本学期开学以来，学校发现并处理的问题有100多件，开学前、开学后、进入夏季、国家安全教育日、全国安全生产月等时期，组织各部门成员进行了校园全面安全排查5次，对安全隐患风险进行评估，安全风险分级管控，加强对危险源的安全管理措施。每月分年级组、分学部对校园内的教育教学设施、生活设施和安全设施里里外外进行了严格检查，发现安全隐患立即进行更换、整改和清除。近年来，校园没有发生过任何安全事故，为正常的教育教学工作创造了良好的安全环境。

建设和谐温馨之家，促进学校快速发展，是我们的共同目标和努力方向。130团完全中学坚信将“温馨校园”作为师生共同的精神家园，必定会在以人为本、共创和谐的教育实践中，极大地提高师生的幸福指数，让师生健康愉悦地进步、成长。

优化育人环境，共享温馨和乐人生

——新疆生产建设兵团第十三师红星一场学校全国乡村温馨校园建设

新疆生产建设兵团第十三师红星一场学校　吴国彬　单永蓉

“做有温度的教育，办有魅力的学校”从创建“温馨校园”开始。建设美丽温馨校园是学校可持续发展的动力，也是学校张扬个性、突出办学特色的重要平台。近年来，新疆生产建设兵团第十三师红星一场学校围绕“办人民满意的教育”的办学目标，以培育和践行社会主义核心价值观为主线，以创建美丽温馨校园为抓手，夯实根基，锐意创新，着力营造一个优美、舒适、温馨的校园环境，力求让莘莘学子真切地感受到了来自学校的细心呵护。

2018年，在国家、兵团以及十三师的亲切关怀和大力支持下，学校通过国家义务教育均衡发展全面验收，办学条件大力改善，教育资源不断优化，“两基”成果得到有效巩固。同时，学校狠抓控辍保学工作，近年来15周岁人口中文盲率为0，适龄少年儿童入学率均100%，小学生和初中生辍学率均为零，各项指标达到“基本均衡”标准。

潜心优化育人环境，努力创建校园主题文化

环境是无言的老师，有“润物细无声”之功效。红星一场学校在加强校园文化建设、促进内涵发展上，经历了“办学理念的确立与实践、校园环境文化规划与建设、学校特色选择与创建”的过程。

学校十分重视育人环境建设，按照“绿化、美化、亮化”的总体规划，始终贯穿以德立校的理念，坚持点面结合，努力创建校园环境文化。学校绿化采用园林式布局，切实做到“春有花，夏有荫，秋有香，冬有绿”，绿化率43.6%，被兵团环保局、教育局授予“兵团绿色学校”荣誉称号；坚持以文化立校的发展理念，精心打造每一处景观、每一个班级、每一块墙壁、每一块石头，努力营造文化气息浓厚的育人环境，达到“学校无闲处，处处皆教育”的效果；充分利用宣传牌匾、教育宣传栏、宣传提示牌等设计，对内引领师生的行为，对外彰显学校的教育品质。

美丽校园要有令人惊艳的“形象美”，但绝不能仅停留在外在形态上，还需要通过内涵建设来提高办学质量，方能真正办出人民满意的教育。学校以“瀚海红星文化”为校园文化建设主题，以“热爱祖国、无私奉献、艰苦奋斗、开拓进取”的兵团精神为校园文化建设内核，把传统文化和兵团精神形成一股合力——红星文化，引领学校文化风尚，不断提高学校文化教育，着力打造特色鲜明、文化气氛浓厚的绿色、平安校园。

加强师资素质建设，着力提升教师专业发展

教育大业，教师为本。教师是学校教育的脊梁，强师才能强教，教师的专业成长关系着学生的健康发展，同时也决定着能否成就祖国的未来。红星一场学校全面推行人性化管理，搭建教师发展自我、展示自我的成长平台，多形式、多维度提升教师的执教能力和师德素养，让他们在校园中体验最大的职业幸福，与学校共同成长。

着重管理队伍建设，提升管理水平。进一步完善教师激励考核机制，细化指标，明确目标，加强考核落实，使教师绩效工资与考核结果挂钩趋于合理化；实行中层班干部全员竞聘，实现能上能下。

着重师德建设，提升师德素养。加强以爱岗敬业奉献为核心的教师职业道德教育，进一步加强教师思想品德、职业理想和职业道德建设，引导教职工自觉杜绝“有偿家教”、“体罚或变相体罚学生”、“有偿推销教辅材料”等违反师德规范的行为，把师德评价作为教师评价体系的首要因素。

着重专业发展，提升专业能力。盘活校内名师资源，积极推行优秀骨干教师选拔培养工程，加快各学科优秀教师选拔、培养力度，促进教师队伍整体素质的提高和教师资源的优化配置；积极组织优秀年轻教师参加国培、省培计划，鼓励教师进行专业进修，在新招录教师中开展岗位练兵，利用河南援疆优质资源实施“三个牵手”，大力培养高素质、专业化的“四有”教师。

贯彻先学后教理念，营造务本求实教学氛围

教学是课程实施的主要途径，必须建立在尊重客观规律的基础上，建立在学生成长规律的基础上，建立在理解学生、尊重学生的个性差异的基础上。红星一场学校以提高学生学习能力和创新能力为教育工作的核心任务，实施先学后教、以学定教的教育模式，满足了学生多元化和个性化发展的需求。

抓教学。牢固树立“先学后教”的理念，切实把教学放在教育工作的中心位置，进一步加强教学管理，创新完善一系列教学制度，切实发挥制度的导向和引领作用，着力营造务本求实抓教学的浓厚氛围，真正使课堂成为教学主阵地；进一步加强对教师备课、上课、批改作业等常规进行全面检查，形成抓教学的长效机制，将教学活动效果作为教师绩效考核最重要的依据。

促教师。实行集体备课制度，完善集体电子备课教案，分学科组织教师进行教研专题学习讨论，做到全面推进、突出重点、突破难点；发挥集体智慧组织教学，加强教师之间的交流，有利于教师的成长，从而努力探索适合本校学生实际的有效课堂教学模式，向课堂要质量，向教学要成绩。

强教研。注意完善教研激励机制，鼓励教师全员参与教研，创新教研形式，丰富教研内容，强调教研合一：确立教师自主研究、常态教学研讨和学校整体科研三个研究层次，予以分层推进；提高研究工作绩效在年终考核中的占比，支持教师申报校内课题，并将研究管理工作规范化；以研究成果凝练为抓手，鼓励支持教师编写教学随笔、研究论文、成果手册、校本教材和学术专著等，积淀研究成果，培养研究型教师。

善用教育信息技术，促进与教育教学深度融合

疫情防控期间进行的“停课不停学”线上教学活动，提升了广大老师的信息技术应用能力，培养了教师信息化素养。助力中小学教师信息技术应用能力提升工程2.0整校推进的实施有助于日后继续加强红星一场学校提升教师信息化素养的学习，继续充分利用国家网络云课堂资源、教育电视频道资源、河南名师课堂、兵团教育资源公共服务平台等优质教学资源，开阔教师视野，为一线教师搭建更广、更高的学习交流平台，提升专业能力。

学校尝试借助信息技术开展人才培养模式和教学方法改革，逐步实现信息化教学全覆盖，探索开展教学与学习行为的数字化记录和分析，构建线上线下混合式学习、课内课外各学科互相融通的学习新生态，以现代信息技术推动教育质量提升；努力实现“宽带网络校校通，优质资源班班通，网络学习空间人人通”，推进信息管理数字化、网络化，实现优质数字教育资源更高效率、更大范围共享。

遵循教育发展要求，构建诚信文明和谐学校

在稳定提高教育教学质量的前提下，学校探索构建诚信、文明、和谐、催人奋进的校园文化，全面提升办学档次，具体实施“人才强教、创特色、科研强校”发展战略，着力提升学校在基本设施、内部管理、队伍建设、教育质量、教育科研、现代教育技术等方面的水准，力争把红星一场学校建设成一所教育思想端正、师资队伍素质过硬、素质教育特色鲜明、教学氛围浓郁、教学质量领先、校园环境优美、教学设施先进的兵团教育示范学校。

红星一场学校持续深化“走特色教育之路，育全面发展之人”的办学理念，努力改善办学条件、开发校本课程、发展校园文化、进行课堂改革、创新教育教学管理，全面推进素质教育，各方面工作始终走在十三师教育前沿。2013年，学校被国家授予“全国教育系统先进集体”、被兵团授予“青年文明号”；2014年，学校被国家体育总局批准为国家级红光青少年阳光俱乐部，被自治区授予“自治区优秀少先大队集体”；2015年，学校被兵团授予“兵团未成年人思想道德建设工作先进集体”；2013至2016年，学校连续四年被兵团授予“兵团消防安全教育示范学校”；2020年，学校荣获全国未成年人思想道德建设工作先进单位、全国乡村学校“温馨校园”先进单位、兵团“停课不停学”教学成果奖获一等奖；兵团“国培计划”优质学校团队研修项目优质学校、“哈密市航模比赛”优秀组织奖。

红星照我心，古训薪相传；传承永发扬，共筑中国梦。红星一场学校正以更加稳健的步伐，更加高昂的激情，沐浴着教育改革的春风，不断创造出令人瞩目的辉煌业绩，迎来学校教育事业发展的又一个美好的明天。

乐享童年　筑梦足球

新疆伊犁霍城县清水河镇江阴幼儿园　康月瑛

足球是一项风靡世界的体育运动。邓小平曾说过“足球要从娃娃抓起”，幼儿园的孩子更是国足的希望！为了给孩子一个幸福的童年、一个良好的教育环境、一个自由的发展空间，我们坚持健康第一的教育理念，以增强幼儿体质、培养拼搏进取、团结协作的体育精神为宗旨，以幼儿园足球运动为载体，普及足球基础知识和技能，使之成为幼儿能够获得终身受益的运动方式，进而促进幼儿全面发展，提升办学品位，强化办学特色。

一、快乐足球，立意深远

在幼儿园开设足球班，并不是为了选拔人才，而是为了培养孩子勇敢、顽强拼搏的意志品质和积极主动的合作精神。基于这一认识，我们于2020年9月起开始开展幼儿足球活动的实践与研究，把足球作为立德树人的载体，秉承“快乐足球”的宗旨，建设幼儿园足球文化，进一步深化素质教育，培养幼儿的运动兴趣和综合运动能力，提高幼儿动作的协调性、灵活性和大胆、自信、勇敢的个性心理品质，促进幼

儿身心和谐发展。

以球育德，促进幼儿良好的意志品质的形成。足球作为一项竞技运动项目，既需要团结协作又需要遵守球场规则，既能共同分享成功的喜悦又能勇敢地面对挫折。充分运用足球的育人功能，能使孩子们养成遵守规则、团结合作、积极向上、勇于拼搏的良好品质。

以球健体，促进幼儿强壮体魄的形成。足球运动对幼儿身体素质的提高是十分有益的。球场上的奔跑、运球盘带、各种动作技巧等是平时刻苦训练的积累，足球游戏、足球团体操、足球啦啦队队操等都能活跃身心，增强幼儿的动作协调能力、反应能力，提高身体素质。

以球促智，带动幼儿形成良好的意志品质。强健的体魄、良好的意志品质是智育发展的基础，足球运动、足球文化为智育的发展提供了良好的土壤。

二、儿童本位，寓教于乐

为进一步深化幼儿园体育改革，我们以《全国足球特色幼儿园游戏活动指南》思想为指导，在足球活动中注意渗透全面教育思想的同时，尊重幼儿的年龄特点和足球活动的特点，将分层原则、游戏原则和多元原则等教育原则贯穿于幼儿足球活动的始终，引导全体师生积极地参与到足球运动中去，学会快乐地学习、健康的生活。

在活动内容设计上体现趣味性。教师以灵活多变的教学艺术设计和开展游戏，突出足球游戏活动的游戏性和趣味性，以一些“蚂蚁搬家”、“小马过河”等游戏情景激发幼儿参与活动的兴趣。同时，教师自己以对游戏的满腔热情，调动幼儿的情绪，激发他们的积极性，从而促进了幼儿的身心发展。

在活动内容设计上体现多样性。教师不断研究足球游戏和基本技能的练习形式，采用个别的、分散的、集体的、个别与集体相结合的多种形式，既调动了幼儿的自主性，又调节了幼儿的活动量，保证了幼儿参加活动的持久性。

在活动内容设计上体现自主性。我们把足球游戏与教育融为一体，使幼儿在游戏中得到发展。为了达到游戏目的，幼儿要克服一些困难，这调动了幼儿积极主动、勇于克服困难的意识和能力，使幼儿学会了自我调节；幼儿可根据自己的需要选择足球活动内容和活动区域，使幼儿学会了自己控制活动。

三、注重技巧，夯实基础

多元智能理论认为，每个儿童都不同程度地拥有八种智能，能拥有相对于自己或是相对于他人的智力强项，体育运动也是如此。在足球教学中，我们应综合看待他们的认知、情感和态度等各个方面的发展状况，发现每个幼儿的智力潜能与特点，帮助每个孩子在原有的基础上获得提高和发展。

教师组织足球活动内容讲解拟人化。幼儿思维具有具体形象的特点，因此，教师在足球活动中运用拟人化的手段，激发幼儿对足球活动的兴趣。如在“小树林（绕障碍物S形）运球”的足球游戏中，教师扮演“猫妈妈”，幼儿扮演小猫，在草地上自主选择不同数量的小树间S形运球，将“食物”送给对面的“猫奶奶”。活动中，幼儿非常高兴，个个争先恐后地将“食物”送过去，但有的幼儿过急，没有绕着小树林S形运“食物”，足球一下子就滚到旁边去了。“猫妈妈”就非常着急地提醒“小猫”要当心，要绕着小树林S形运“食物”。教师还要引导能力强的幼儿选数量多的小树间S形运球，并用游戏的情节、拟人化的口吻暗示过树林时可走得快些“对面的猫奶奶的肚子饿了”，使幼儿的运球能力得到进一步提高；对于能力弱的幼儿，则采用循序渐进地方式提高他们的运球能力，如先树林直线运球，在绕少量的树林运球，使他们也能感受到自己的成功。

教师组织足球活动练习过程情景化。在足球活动中，教师要善于发现幼儿的兴趣，为幼儿创设满足他们需要的自由游戏和学习的空间与环境，使幼儿能按照自己的兴趣在自由的游戏和学习中获得成长和发展。如在练习搓球活动中，我们为幼儿设计了情景游戏“搓好团圆共度元宵”，既引起了幼儿情感上的共鸣，又激发了幼儿对足球活动的兴趣，更有效促进了幼儿自主学习能力的发展，使幼儿在轻松的活动中习得和感知足球的玩法和性能。

教师组织足球技能学习儿歌化。足球技能单一的说教比较枯燥，幼儿不感兴趣，教师们就发挥集体智慧，根据幼儿的年龄特点创编了朗朗上口的儿歌，便于幼儿理解、记忆和掌握。如“搓推球”，我们编成“小足球，脚下搓，前后左右里和外，小脚和球不分开，搓推球呀真好玩”；“横拖停”，我们编成“右脚把球往左拖，左脚把球停一停，换个脚儿试一试，左右横拖要分清”……我们把十多个基本足球技能编成儿歌，配上幼儿和教师的动作范例照片，幼儿可以边念儿歌边练习足球技能，在玩中轻松掌握了动作、提高了技能。

四、稳步推进，成效显著

通过开展幼儿足球活动，促进了幼儿身心全面和谐发展。一是培养了幼儿的运动兴趣和综合运动能力，提高了幼儿动作的协调性和灵活性。每个球的传送都需要通过幼儿手眼脑的协调来完成，这种脑体运动有机结合，对保持神经系统的功能有重要作用，必然促进人的思维能力和智力能力的发展。当然在足球活动中，幼儿时常会有一些新奇的玩法，这也使幼儿的创造能力得到了前所未有的开发。二是培养了幼儿大胆合群的个性心理品质以及敢于尝试等体育精神。足球活动是一项需要相互合作、相互配合的运动，幼儿在游戏中相互交流，有利于幼儿良好个性心理品质的培养。

将足球活动开展与园本培训相结合，提高了教师的专业化能力。在开展幼儿足球活动的过程中，我们将教、培、研相结合，提高了教师的研究意识和实践能力，促进了教师专业化能力的提高。一是教师的教育教学观念得到了更新。通过开展足球活动，使教师知道了开展幼儿或要注意体现促进幼儿情感、态度、认知、技能等各方面发展的目标取向。二是教师的教育教学能力得到了提高。在师资队伍建设中，我们将足球特色教学与教师的培训与教研相结合，在确保幼儿园基本课程的同时，又开发了幼儿园足球游戏课程，不仅调动了教师和幼儿对足球活动的积极性，更通过培训使教师在足球教学实践中有了更多的思路与创新。

促进幼儿全面发展是幼儿园所有工作的出发点和归宿。我们开展“快乐足球”特色活动，就是为了培养幼儿的运动兴趣，提高幼儿的运动能力，发展幼儿的良好个性，促进幼儿的身心发展；更新教师的教育观念，提升教师的专业化水平，实现幼儿、教师、幼儿园三者的同步发展，为老百姓提供更好地学前教育服务。

诗香墨韵满校园，传承经典润人生

云南昆明市第三中空港实验学校　范燕静

漫步三中空港，扑面而来的是浓郁醇厚的文化气息，沁人心脾的是清新宁静的儒雅之韵。学校自办学以来，始终将中华传统文化经典融入校园文化建设之中，着力彰显书香校园之特色，提升办学品位，为学子营造高尚典雅的精神家园。

校园里随处可见师生原创诗词联作品，丰富多彩的展板折射出学校丰厚的文化底蕴。展示作品题材广泛，既有对传统节日的深情吟咏，又有对现代美好生活的诗性描写；既有对人生的思考与感悟，又有对莘莘学子美好前程的期望。如邓以志老师撰写的《采桑子·中秋》、廖智慧老师的《中岁抒怀》、周芝连校长的《名庠赋》等；除了老师们潜心创作的精品，还有学子们认真磨砺的佳作，其中不乏文辞雅丽、格律工整的妙词佳句。如“清茗浮沉一世界，乾坤日月入中怀。茶味禅心归大道，一梦百年到蓬莱”，虽出自学生之手，却立意新颖、寓意深远，令人耳目一新。一幅幅诗词联，犹如滚滚泉流，令人心海激荡。师生作品共同展出，可谓相映生辉。

翰墨飘香的展厅里，挂满了琳琅满目的原创书法作品，有隶书、楷书、行草书等书体，内容、风格丰富多样。一幅幅作品，如绽放的山花飘逸着芬芳，充满浓郁的翰墨香气，不禁让人顿生跃跃欲试之感。如校长周芝连书写的原创诗词《五律·三中空港抒怀》，豪迈潇洒、如行云流水，行笔与情感相融，深刻体现了作为一位领导者高瞻远瞩的眼界及对教育事业奋斗的豪情壮志；廖智慧老师书写的原创诗词《咏校园樱花》，字如其人，清秀不失文人清雅，风骨傲然，传达出其特有的沉静和智慧，彰显着一股浓郁的文人骨气；吉敏坤老师的行草书，运笔潇洒、浑厚遒丽，表现出深厚的笔墨功底。

俗语道：“人有品，书有法。即字如其人也”。可见，书法内涵无不体现了作者的文化内涵。昆明三中空港实验学校的教师不仅深受过良好的高等教育，同时饱尝传统文化的熏陶，吮吸着先贤们的思想甘泉，加之自身对中华传统文化的痴迷与执着，他们的原创作品时时透露出一种由内而外的古今兼容的现代文化气息。

为营造浓厚的校园文化氛围，丰富学生的文化生活，学校在“文化育人”办学理念的引领下，把“诗词联文化建设”作为学校书香文化建设的突破口。从2015年创校开始，就组建了“诗词联社”、“国学社”，不仅如此，学校还在环境布置中突出诗词联，在课堂教学中融入诗词联，在节日活动中创作诗词联，利用诗词联丰富的人文底蕴，让学生懂得美、欣赏美、继承美。一年一度的校园文体艺术节诗词联征集比赛，更是为学生提供了施展才华的平台，也正是学校浓郁的人文气息和灵动的文化氛围，极大地激发了学子们创作的热情。

短短六年，师生的诗词联作品已制成多本诗词联集。每一件灵动的作品，不仅是学校教育教学的成果展示，更是内蕴着学校的文化内涵和精神的传承。

2021年3月13日，学校正式被云南省楹联学会授予了“云南省楹联教育基地”。此次授牌，标志着三中空港在继承和发扬优秀传统文化的道路上必将越走越宽，越走越自信。

徜徉三中空港，皆为浓浓书香。清晨，教室里传出琅琅的读书声；课间，沉浸书海的学子随处可见，那一本本书，犹如滴滴雨露，在他们的心田滋润流淌；书法室里，缕缕墨香，浓浓诗意，学子们在老师的指导下挥毫泼墨……在这里，他们感受到的不仅是学习的乐趣，更有中华优秀传统文化的丰厚滋养！

一个有情怀的校长

云南昆明市第三中空港实验学校　廖智慧

周芝连　昆明市第三中学空港实验学校校长，享受云南省政府特殊津贴的教育专家，中学高级教师，云南省楹联学会常务理事。他严谨治校，科学管理，十多年来与全体教职员工一起为全国高等院校输送了上万名合格大学生，其中考取香港中文大学、清华大学、北京大学等中国名牌大学的学生超过1000人。多次被评为省市级“优秀教师”、“十佳名校长”。

多年来，他带领全体教师推进新课程改革，确定了“问题引导教学”的“138”高效课堂模式；整理了一套从小学到高中的各个学科的《教学设计》和《导学案》；主编出版了《联韵诗情》《对联相关常识及创作方法浅谈》《中学生课外古诗词背诵读本》等校本教材；编写了《诗海探径》中国古代诗歌发展史专著；在省级以上报刊发表各类论文及诗词文学作品20余篇（首）。

在现代社会的功利大潮中，教育往往也不能免俗。很多时候，各种“成绩”、数据直接成了检验一所学校优劣的唯一标准。社会拿这些数据打量着学校，学校也拿这些数据标榜着自我。可现实是，这些漂亮且阔大的数据，终究掩不住学校教育的苍白。在大数据时代，关注数据本身没有错，而只关注数据，则会让我们忘记了教育的初衷，在教育路上渐行渐远。很多见识卓远的人士早已洞察到了这一点，并且身体力行地改变着。昆明市第三中学空港实验学校校长周芝连先生就是这样一位有着高远情怀的校长。在他的教育理念里，“传道”永远是摆在首位的，情怀永远是贯穿始终的。孔子曾说：“道不远人，人之为道而远人，不可以为道。”周芝连校长的“道”与情怀也从不“远人”。

文化情怀：以传统诗文熏陶人

周芝连校长本身就是一位文化人、诗人，传统文化功底深厚，擅长诗词楹联创作，作品多以饱满的热情讴歌自己钟情的教育事业，讴歌绚丽多彩的校园。在他的作品中，你能充分感受到一个教育赤子的澎湃激情。他常说一句话：“学校本身就是文化单位，来到一所学校感受不到文化，还叫学校吗？”所以，周芝连先生每来到一所学校，总是从文化入手，以文化来熏陶人、影响人。教育哲人说得好，教育就是一棵树摇动另一棵树，一朵云推动另一朵云。这就是教育的“道”，周芝连先生深谙此“道”，更坚信“文”以载“道”。

在保山曙光学校担任校长时，他带领师生一起完成了两卷《联韵诗情》，共计20余万字；还利用业余时间独力编著学术著作《诗海探径》，参与编撰《对联相关常识及创作方法浅谈》，逐步完善学校传统文化教育的校本教程。整个校园在师生作品的装扮下，文华郁郁，独具魅力。也正是由于他的领导与努力，这所地处西南边陲的学校在2013年成为云南省首批特色发展实验学校（全省共计20所）。

2015年夏周芝连先生来到全新的昆明市第三中学空港实验学校任首任校长，面对百废待兴的局面，他首先从校园文化入手。从理念到设计到布置，他独力主持，始终参与。有了这面大旗，众师生自然一呼百应，到而今虽只短短两年的时间，但每一位走进校园的有识之士无不为校园浓郁的文化气息所叹服。学校大门墙面、雕塑，教学楼、食堂、宿舍廊壁，山水景观等无一处不彰显有序的文化，并且这些都是学校师生的原创作品。徜徉其间，谁人不起向往之情？周芝连校长认为，这种向往既是一种享受，更是一种熏陶。

具体说来，周芝连校长构建的是“一个中心，三个支撑点”的校园文化建设体系。所谓“一个中心”就是传承和弘扬我国优秀传统文化。“三个支撑点”则是：国学知识的诵记，古典诗词作品的鉴赏与创作，传统书法艺术的理解与传承。每一点上，周芝连校长都身体力行，以其强大的魅力感召和影响着师生。为传播国学知识，他力拨沉冗，每学期都定期举办相关讲座，举行相关知识竞赛；为加强古典诗词作品的鉴赏与创作，他定期在学校举办诗联征集大赛，时常搞师生笔会活动，将社会上的文化名人请进来交流，同时也把学校的送出去；为做好书法艺术的传承，专聘书法名家来校作教学指导，大力推广书法教育。

在周芝连校长的倡导与影响下，学校的文化“立”了起来，更一步步“扎”了下去。校园文化逐步转变为文化校园。师生间喜爱优秀传统文化的人士愈来愈多，学校的创作氛围愈来愈浓，“唱和酬答”已成为学校的“新常态”。青年教师廖智慧就是在周校长的影响与指导下，逐渐爱上古文化、古诗联进而有所建树的。廖智慧老师现已是全国知名的楹联家，多次在全国楹联大奖赛中获一等奖，曾获“客天下”杯海内外楹联大奖赛总冠军，“一字万金”，享誉当代联坛。如今，廖智慧老师又是周芝连校长这面文化大旗下的得力干将，与师生们一起将学校文化经营得风生水起。

学校定期举行的赛事与笔会活动也让很多有志青年脱颖而出，现已是中国科学院大学大三学生的陈峥嵘同学就是其中的佼佼者。作为一名理科生，陈峥嵘在诗词鉴赏与创作方面的修养丝毫不逊色于大学里的专业学子，这得益于其高中三年所受的熏陶与训练。“恰人最是初春景，独泛轻舟携旧醅。汀远沙鸥衔怨落，篷低新燕带愁飞。风吹碧柳梳柔发，云驻青山蹙秀眉。醉倚春光眠一晌，渔歌十里梦中归。”这首七言律诗是陈峥嵘同学高中时代的练笔，足可见其功底。如今，阅读与写作已融进了陈峥嵘的血液，辛勤耕作，自然抒怀，让他找到了一处心灵家园。现就读于中国人民公安大学的赵琨民同学也是为诗词所痴迷，创作之勤，创作水平之高让他在象牙塔里意气风发。现就读于华中农大的於琦同学凭借良好的文字功底已成为《武汉日报》的兼职记者。这样的事例不胜枚举，这些妙事每每反馈到周芝连校长这里，让他更加坚定了一个信念：文化可以陶冶人，凝聚人，改变人。这其实就是教育。

道德情怀：以君子品格砥砺人

育人首先是叫人做人，周芝连校长对此有自己的理解：学做人就是学做君子。“男士要有绅士风度，女士要有淑女风范。”这是周校长在为学校师生作训示时屡屡提及的话语。说到底，就是要求大家都做谦谦君子，让校园成为“君子国”。这是周芝连校长教育的大情怀。

怎样做一个君子？周芝连校长有一个习惯，就是为学校所有新生上好第一堂课，这堂课就是说“人”，说“如何做人”。每每总以“自强不息”、“厚德载物”来勉励莘莘学子。他说，这八字都源自《易经》，是君子则天法地的体现。天的运行是刚健的，不以人的意志为转移，人要立足天地间必须自强不息；地默默承载万物，人应学习这种广博包容的品德。“人”在周芝连校长眼里，绝对是下立于地，上顶于天的，是一个大写而壮阔的“人”。如此道德情怀怎不令人敬畏？很多毕业多年的学子，一想到周校长的这番教诲，仍然激动不已。“从小到大听过很多小道理、大道理，但真正在关键时刻能影响到自己决定的道理不多，周校长关于做人的道理还真是时常震撼着我。”现已参加工作多年的刘红同学不无真诚地感慨道。她感念这位校长在她进入中学的第一堂课上就给她基本讲透了“人”与“为人”，这比书本上的知识更受用。

要求学生做君子，对教师自然更是如此。周校长常说，抛开教师的专业性，我以为做教师首先要有个“态度”。这个“态度”，他将其主要作两方面的解说，即“爱”与“严”。周校长认为，“爱”是一个教师的温度，一个没有温度的教师是绝无能将学生引入知识殿堂的；“严”是一个教师的信度，一个没有信度的教师很难将学生磨砺成材。“爱”、“严”相济，这是莘莘学子对三中空港教师的感受。如果我们对孔子的教育态度有所了解就不难发现，周芝连先生所倡导的“爱”与“严”，其实就是本于“子温而厉”。

很多刚参加工作的青年教师往往很难把握和学生间的距离，不是太疏远就是过于亲昵。有些老师和学生打成一片，看上去很和谐，但学生难免不蹬鼻子上脸，弄得自己在学生那里几无威信可言，很难对学生作纪律要求。针对这种情况，周校长笑着与青年教师们说：“看来大家还是在做人上出了问题。”一句话说得大家面面相觑，如堕五里雾中。周校长接着说：“你们怕我吗？”大家点头又摇头，不知他葫芦里卖什么药。周校长继续笑着说：“惧怕是假的，不敢造次是真的。为什么呢？古人早说过‘君子有三变’，我们做教师也一样要有三变。首先，要‘望之俨然’，看上去你要像个教师的样子，你们刚走上工作岗位，一定从形象到气质都要注意，否则容易被学生轻视。但又不能端着，所以第二变要‘即之也温’，当学生靠近你时，发现你是如此的温和和悦人，并且愿意靠近你。但过于亲近往往易于造次，所以第三变要‘听其言也厉’，当学生造次时，又发现你是一个严厉的人。有了这‘三变’，你们和学生的距离就若即若离，不即不离了。”、“教师有三变”，这是一场多么生动而富有哲理的课。

理想情怀：以高远追求激励人

熟悉周芝连校长的人，都会有这样一个印象：豪迈，有理想主义情结。周校长常说自己是低调做人，高调做事。他的豪迈可从其诗词作品中可窥见一二，如“剑利锋芒露，定摘桂冠回”，“东风盛，银鹰掠过，燕雀影无踪”，“携狼舞，龙翔凤翥，硕果慰英雄”等诗（词）句无不彰显着一种必胜的豪迈情怀。

当然，周校长的这种自信与豪迈是有其底气的。2000年的时候在湖南辞去公办中学校长的职位，来到云南接手一所全新的民办学校，这是需要魄力的。学校地处西南边陲，创办之初条件十分简陋，百废待兴，首期招生困难重重，仅仅招得111人。但周校长信心满怀地带领大家以一种垦荒精神扎进去，一年后学生人数涨了4倍，十五年后学校规模已达近六千人的规模。不仅有规模，学校教育教学质量更是节节攀升，培养人才数以万计，早已成为当地名校。而正当这所学校最为壮大时，合同期满年近六旬的他又带领一支精干团队涌进省城，又从头干起。同样的全新学校，同样的百废待兴，但周芝连校长总以最豪迈的情绪感染着团队中的每一个人，让大家对学校的明天信心百倍。事实上，也正是在周校长的感召与领导下，整个团队精诚合作，团结奋进，创办才两年的昆三中空港实验学校全方面都取得了不俗的成绩，引得社会阵阵好评。

周芝连先生在治校上理念先进，十分具有前瞻性，很多时候总是显现出理想的光辉。正是有这样的理想情怀，所以他总是一路高歌，锐意进取。当多数人满足于学校教学现状时，他提出教学模式改革，倡导自编全套教学设计、导学案。当时，多数教师认为是天方夜谈，认为自己没有这个教研能力，更没有改变教学形式的必要。但数年后，各学科一套套完整的教学设计、导学案结集出版出来，大家都感慨原来轻视了自己。教学模式的改变更是让广大善于思考的教师体悟到了教学的真谛，受益匪浅。周校长常与教职工说一句话：“理想是什么？理想是促人奋进的动力，没有理想，你怎么知道自己有多少潜力？”马云说：“理想是要有的，万一实现了呢？”这个“万一”就是奇迹，周芝连校长认为奇迹是人创造的，是团队谱写的。这种理想情怀总是不断激励着跟随他的团队，永不停滞。

民办教育有较强的自主性，这也在某种程度上决定着它要有更多的情怀与担当。“低进高出，高进优出”是其生存、发展的根本。为让学生全方位“潜心精进”，周芝连校长十分注重对广大学子的理想教育。从畅想到展望到落实，从理想到目标到任务，环环相扣，步步为营。学期初，周芝连校长必定亲自为各年级分别做理想情怀教育的讲座。高远的情怀，丰富而实在的事例，无可辩驳的逻辑让广大学子激动不已，暗下决心。两三年后，他们把自己谱写成奇迹。更为深远的是，在以后的人生道路上，他们理想激荡，豪情满怀，不知疲倦，挑战自我。

教育之道总是以人格铸造人格，以情怀影响情怀，以进取激扬进取。周芝连先生的教育如此，治校亦如斯，坚信“道不远人”的他必以其高远情怀让他的团队走得更远，让他的学校站得更稳、更高，让他的学子走向更广阔的未来。

求真务实办学　明德守正育人

——宣威市祯祥初级中学德育纪实

云南宣威市祯祥初级中学　范美明　夏显俊

习近平总书记在党的十九大报告中要求：“全面贯彻党的教育方针，落实立德树人根本任务，发展素质教育，推进教育公平，培养德智体美全面发展的社会主义建设者和接班人。”立德树人揭示了教育的本质是培养人，强调促进人的德行发展是教育的首要任务，德行是人的全面发展的根本保障。

宣威市祯祥初级中学是宣威市人民政府于2014年在宣威师范学校基础上新建的初级中学，学校占地126亩，现有在校教学班60个，在校学生3405人。学校秉承“健体启智，立德树人”的办学理念，坚守“明德守正，自强不息”的校训，以“打造优质教育，奠基卓越人生”为办学目标，以学生的全面发展作为预设基础，注重学生核心素养的培养，为落实立德树人根本任务找到了有效路径。

创新德育机制

祯祥中学实行党总支书记负总责的德育工作领导机制，由党总支书记担任德育工作领导小组组长，直接领导和协调开展德育各项工作。学校建立了“四线”德育工作机制，即：党总支书记—德育处—年级组—班主任一条线，保障常规德育工作的有序开展；校长—教务处—年级组—备课组—任课教师一条线，在学科教学活动中渗透德育；值周领导—值周教师—班主任—值周班干部一条线，在学生的一日常规中落实德育；学校党总支—学校团委—团支部一条线，以学校团委为主体，让学生实现自我发展。学校坚持每学期开好“五种会”即每学期召开两次德育工作领导小组会，每两周召开一次行政会，总结和布置阶段性德育工作；每周召开一次主题班会，每月召开一次班主任会，每学期召开两次班主任经验交流研讨会。学校形成了以党总支、行政为核心，任课教师为基础，德育处、年级组、班主任、值周组为龙头的德育常规管理网络。

提高育德能力

教师是教育的根本，师德是教师的灵魂。学校的发展，学生的成长，成在管理，赢在教师。教师以其师德、师品、师智、师能、师表、师爱和师责全方位的表现，教育人、塑造人、影响人、带动人、发展人，教师的一言一行都会对学生的世界观，人生观、价值观产生重要而持久的影响。祯祥中学以创建“家长满意工程”和落实“师德八项承诺”为重心，对照《公民道德建设纲要》和《中小学教师职业道德规范》，制定并落实了每位教师的育人岗位职责，在课堂教学、作业辅导、课外活动、校园文化、日常生活等各方面落实育人责任，实现全程育人、全方位育人。学校积极引领教师带头弘扬和践行社会主义核心价值观，坚定职业理想，更新教育观念，践行师德规范，提高师德水平，争做有理想信念、有道德情操、有扎实学识、有仁爱之心的好教师。激励广大教师关爱学生，严谨笃学，淡泊名利，自尊自律，以人格魅力和学识魅力教育和影响学生，做学生健康成长的指导者和引路人，通过思想上引导、学业上辅导，心理上疏导、生活上指导，用爱心、知识、智慧点亮学生心灵。学校采用“师生结对”办法，把学业困难、生活困难、心理困惑和行为有偏差的学生分别与学校领导，中层管理人员、班主任、科任教师结对，进行“一对一”帮扶。学校建立师德承诺制度，每学期开学时与全体教师签订《师德师风承诺书》。完善师德评价和考核机制，将师德师风情况作为教师年终考核的重要内容，实行师德师风一票否决制。建立教师宣誓制度，以开学典礼为契机，组织教师开展从教宣誓活动，引导和激励广大教师“乐从教、为人师、成名师”。

打造洁美校园

学校作为育人的摇篮，其教育功能不仅仅局限于书本和课堂，校园的一草一木、一花一景都承载着育人的功能，整洁优美的校园风貌，对学生的成长成才发挥浸染作用，陶冶学生健康向上的思想情操和道德品质。祯祥中学重视校园环境建设，学校的绿化美化实行整体规划，设专人管理。学校现有各种花、树100余个品种2万余株，全校绿化面积28000平方米，百亩校园内，林木葱翠，浓荫夹道，芳草碧绿，红花满地，整个校园宽敞、干净、美丽。学校充分利用教室走廊、墙壁、展板等将学生的优秀绘画作品、书法作品、手工艺术作品等进行展示；利用文化墙将党的教育方针、学生守则、办学理念、办学目标、校训、校风、教风、学风等校园文化元素进行张贴，利用校园广播站进行大力宣传；各班教室的布置体现班级特点，努力营造生动活泼、洁净素雅、健康文明、催人奋进的班级文化氛围。洁美的校园环境，浓厚的文化氛围，净化了学生心灵，陶冶了学生情操，促进了学生身心全面发展。

凸显活动育人

活动是育人的重要载体。祯祥中学有计划地开展丰富多彩的校园活动，增强德育的体验性和互动性。学校每年举办校园书法展、绘画展、手工展、体育节、歌咏比赛、演讲比赛、经典诵读比赛、军训及国防教育、文明礼貌教育月、安全教育月、“珍爱生命、关注健康”教育、感恩教育等主题活动，打造丰富多彩的校园活动文化，给学生提供展示自我、彰显个性的舞台。学生在艺术活动中激发潜能、点燃艺术梦想；在体育活动中挑战自我；在感恩教育中激发学习动力；在文明礼貌教育月中规范行为。全面育人的理念在各种活动中开花结果，2018年，在宣威市“中华魂”（腾飞的祖国）主题教育活动中，有8名学生获奖；在云南省第三届学校民族团结教育读书活动中，经典诵读节目《明日歌》，获云南省中学组一等奖，徐梓程同学的书法作品《山居秋暝》荣获云南省中学组书法三等奖；在“健康人生•绿色无毒”禁毒演讲比赛中，杨舒然同学获宣威市中学组一等奖，曲靖市三等奖。2019年，26名学生参加第十届云南省青少年“希望之星”英语口语大赛，1人获得曲靖赛区一等奖，2人获得二等奖，3人获得三等奖，6人进入云南省总决赛并获得三等奖；在宣威市“我和我的祖国”优秀作文大赛中，有27名学生获奖，占全市初中组获奖人数的12.7%；在“学宪法，讲宪法”的演讲比赛中，白芮溪同学获宣威市第一名，曲靖市第二名。

实施“争星夺优”，培养优秀公民

祯祥中学改变以往少数学生得“三好”，多数学生够不着的现象，从德、智、体、美、特长等方面设立十个星级类别，把学生自评、同学互评、班主任评、科任教师评、家长评等结合起来，评选出孝道之星、文明之星、奉献之星、服务之星、学习之星、学科之星、进步之星、研究之星、体育之星、才艺之星等10个方面的星级学生。每学期评比1次，开学第一周由班主任组织按星类各评选出一名学生报学校德育处，在“学校之星表彰栏”里张榜表扬并奖励。通过“争星夺优”活动，引领学生在全面发展的基础上学有所长，促进学生核心素养的提升。科学民主的评价充分激发了学生的自信心和进取意识，将素质教育理念落到了实处。

好的教育是人民美好生活需要的首要内容，体现在教育的目标上就是“努力让每个孩子都能享有公平而有质量的教育”。祯祥中学人坚持运用人本思维，将新时代教育的人民性转化为学校教育中的“学生发展为中心”的管理理念，目的是让所有学生的所有方面都得到发展。学校坚信把“办美好的教育”作为学校发展的基本底色，努力追求“打造最富爱心、最好质量、最高效率”的教育服务品牌；力争让每一个孩子的潜能得到充分激发，筑牢终身发展的基石，让每一个孩子在快乐中学习，在体验中成长，在超越中成材，形成了“求真务实、开拓创新”的校风，“立范、爱生、敬业、善道”的教风和“博学慎思、明辨笃行”的学风。学校教育教学硕果累累，办学活力不断增强，近3年，中考成绩在全市同类学校中稳居前列。学校先后荣获“宣威市绿色学校”、“曲靖市八优学校”、“曲靖市法治示范学校”、“宣威市教育工作先进集体”、“曲靖市语言文字规范化达标建设合格学校”、“曲靖市教育工作先进集体”等荣誉称号。

好的学校应是一个能够让孩子实现梦想的地方，将学生视为一个自我生命的生成者、实现者，关注每一个学生的全面健康成长，教学生成人，助学生成功，促学生成才，为学生一生的幸福和成长打基础，让学生有前途，让家庭有希望，这是每个祯祥中学人不变的追求。

以茶为媒润童心　精行俭德塑高品

——慈溪市匡堰镇上林小学“茶润”教育实践侧记

浙江省慈溪市匡堰镇上林小学　伍潘立

巍巍翠屏山北麓，清清游泾江西畔，在青瓷文化发祥地有一颗耀眼夺目的教育明珠——浙江省慈溪市匡堰镇上林小学，成立于2006年，由原希望小学、彭东小学合并而成，是一所全日制公办农村学校。学校占地面积二万四千余平方米，其中建筑面积近六千平方米，绿化面积四千余平方米。学校还专门开辟了茶园、梅园、菜园等独具特色的植物园地，校园环境清新优雅，四季绿意葱茏、花香弥漫，是一所名副其实的花园学校、果园学校、绿色学校。

茶为国饮，茶文化植根于中华民族文化之中源远流长。上林小学以“打造适合农村孩子学习成长的乐园”为发展愿景，努力挖掘、整合周边独特的文化资源和生态资源，确立了建设“茶香校园”、打造“茶润教育”的总体目标，深入挖掘祖国悠久茶文化精髓中的育人元素，并积极付诸校园文化建设、课程建设、活动建设等教育实践，让“小茶人”全方位体验感受深厚的中华茶文化和茶精神。

提炼“茶廉”党建，指导引领学校发展方向

如果说学校是正在茁壮成长的参天大树，那么党建工作就是这课大树的根，直接关系着学校的发展大计。随着教育改革的不断深入，学校党建工作也面临着新机遇、新挑战。上林小学党支部为此提出“茶廉党建”品牌理念，通过一系列活动深入推进党风廉政建设进校园，努力营造敬廉崇洁的廉政文化氛围，培养师生廉洁向上的道德情操。

根据党建工作规范化要求，学校严格执行党组织领导下的校长负责制，严格落实全面从严治党责任主体责任范围，制定“四责协同”责任清单，制定小微权力清单和办学行为负面清单；严格落实中央“八项规定”和作风效能建设，加强教职工考勤纪律、办公纪律、课堂常规等常态化检查；认真落实党风廉政建设责任制，班子成员通过逐级廉政约谈、述职述廉等方式加强对分管科室的日常管理监督；严格执行支部组织生活制度，认真组织开展“三会一课”和民主生活会，支部书记带头上好党课。

根据“聚德如茶，涵善若水”的校园文化建设总要求，学校在校园东侧开放区域集中打造了“以茶育廉”党建主题文化区，分为“核心价值观”、“说茶道廉”、“道德模范”、“清廉之窗”等板块，集中展示学校清廉教育及清风校园创建成果；充分利用宣传窗、显示屏、楼道、办公室、教室墙面等处设置清廉文化载体，营造了校园内处处显清廉、时时悟清廉的良好氛围；将清廉教育课程活动列入学校课程体系，制订学年度清廉教育课程实施计划，把清廉教育专题活动列入学期业务工作计划，并落实至相关学科组活动安排；在利用好《廉洁伴我行》教材的基础上，自主开发《茶，可以清心》校本教材，确保每学期廉政教育课时质量；围绕“党风廉政建设”、“校园文化建设”、“师德师风建设”、“学校德育工作”、“课堂教育教学”、“家庭家风教育”六个专题，组织开展一系列教师廉政教育和学生廉洁教育活动，进一步营造清明政风、清净校风、清正教风、清新学风，达到了宣传面广、教育效果好的目标。

践行“茶育”文化，培养多元发展学生

用文化守望校园，用行动追求理想。上林小学通过综合实践活动让茶文化植根校园，在传承、延续的基础上进一步推广、发扬和提升，培养全面而有个性的学生。

重视意识形态教育。学校把爱国主义、社会主义核心价值观、“中国梦”等意识形态教育融入学校的各项德育活动中，融入各中队主题思想教育活动中，通过国旗下讲话、主题班会、观看爱国影片等活动，让学生直观感受何为爱祖国、爱家乡，如何来爱祖国、爱家乡。一是强化学生行规督评。学校重视学生行为习惯养成教育，坚持“学生一日常规”时时查、“班级三项行规”日日记、“灵悦成长之星”周周评，逐步形成了良好的学风、班风、　校风；把对学生的品德教育、行规教育、习惯养成教育融入“文明校园”、“健康促进学校”、“平安校园”等各类创建评比活动中，用德育活动带动支撑各项创建评比，使得创建评比活动不再游离于学校中心工作之外。二是深化孝德教育活动。作为慈溪市孝德教育试点学校，学校多年来把孝德教育作为学生德育教育活动的主抓手，利用“孝心存折”、“孝行日记”、“微孝换微笑”等活动载体，引导学生知孝行孝，争做新时代“小孝星”。自2012年以来，学校已先后评比表彰9届共计100余名校级文明慈孝星，且有多名学生分获慈溪市百名小孝星、市诚信友善好少年等称号。三是开展节日德育实践。学校积极利用传统节日和主题月形式创设丰富的德育活动载体，如三月爱绿护绿活动、四月清明节扫墓祭英烈活动、夏至日斗蛋活动、中秋节品月饼活动、重阳节孝老敬亲活动、春节找年味活动等。

开展体艺系列活动。体艺是美育的基础，更是智慧的开启，还是学校的构建者，学校开展系列体艺活动，挖掘学生潜能，发展学生特长。一是坚持阳光体育活动。学校合理安排作息时间，保证学生每天一小时体育活动；组织开展“体育节”活动，举行广播操比赛、田径运动会等，促进学生体质水平的整理提升；组织开展“艺术节”活动，为学生搭设展示自我、提升自我的舞台。二是开设拓展社团活动。学校开设茶艺、手工、书画、声乐、舞蹈、象棋、陶笛、跆拳道等二十余门拓展课和社团，进一步促进学生个性特长发展，有效提升学生整体素养。学校已连续四年获得市小学生跆拳道比赛团体前五名，2020年更是获得了团体第二名的优异成绩，茶艺社团和陶笛社团被评为慈溪市优秀学生社团。三是组织研学实践活动。学校充分发掘周边资源，组织开展了一系列研学旅行活动，如组织各年段学生到岗墩茶场、越窑青瓷、时兴农场、倡隆村乡风馆等地开展参观学习交流活动，组织学生到烈士陵园扫墓，组建小茗星志愿队开展保护母亲河、五水共治活动等。

塑造“茶润”品牌，全面提升办学品位

茶文化是历史悠久，融合了儒、释、道各家思想，融合了多种传统文化，是东方哲学和智慧的集中体现。作为宁波市少儿茶艺实验学校、慈溪市艺术（茶艺）特色学校，上林小学通过茶事活动、茶润课程、茶艺特色等多个方面，打造“茶润”特色品牌，让学生感受、传承并弘扬茶德精神。

茶润童年，立君子之志。学校深入挖掘中华茶文化中“精行俭德、俭清和静”的核心思想，整合周边的茶资源、水资源、瓷资源，积极探索少儿茶艺教育的有效路径。编写《上林小学少儿茶艺读本》，明确一二年级习茶礼、三四年级学茶艺、五六年级明茶道的课程目标，让学生在识茶、采茶、制茶、泡茶、品茶、敬茶等一系列实践活动受到“俭、清、和、静”的文化滋养，培养出了一个个明礼、诚信、感恩、孝道的茶君子、茶淑女。在校内外活动中，在慈溪市非遗文化展演、慈溪市清廉校园现场会，在宁波市茶艺大赛、浙江省茶艺邀请赛上，都留下了他们的优雅身姿。

茶润课程，育“五美”少年。学校依托“少儿茶艺”特色，完善了以“灵芽儿”为主题的课程体系架构，确立了“灵善立德、灵慧启智、灵动健体、灵秀育美、灵悦成长”五维核心素养，完善了“灵芽儿五美少年”评价体系，引导激励全体学生争做明德感恩、勤学善思、健体悦心、博艺尚美、实践创新的优秀少年。

茶润校园，树教育品牌。随着“茶艺特色”的不断凸显和“灵芽儿”课程体系的不断完善，学校进一步提炼出“聚德如茶，涵善若水”这一校园文化建设核心理念，提出了“传承‘俭清和静’传统文化，打造‘茶润教育’特色品牌”的办学目标，确立了“努力让每一个孩子成为像春茶那样有涵养文化，有朝气活力，有灵动气质的人！”的育人目标，“精行　俭德”的校训，“守正　创新”的校风，“修德问学　言传身教”的教风，“立志　树德　勤学　笃行”的学风。“茶润教育”逐渐成为学校品牌。

茶文化进校园，在上林小学已经开花结果。茶文化从校外走向校内，再从课堂内走到课堂外，茶香已飘满校园的角角落落。在茶文化的滋养下，在各级党委政府、教育主管部门的关心支持下，在学校全体教职员工的共同努力下，学校取得了全方位的成绩：先后创建成为浙江省健康促进（银牌）学校、宁波市文明校园、宁波市智慧校园、慈溪市艺术特色学校、慈溪市清风校园等十余项市级以上荣誉称号；先后获得宁波市少儿茶艺大赛三等奖、慈溪市中小学生合唱比赛一等奖、慈溪市中小学生课堂器乐大赛二等奖、慈溪市中小学生舞蹈现场比赛三等奖、慈溪市中小学体育大课间录像比赛一等奖、慈溪市小学生跆拳道比赛团体第二名等体艺类团体奖项；共计15人次获得慈溪市优秀教师、慈溪市先进德育工作者等市级以上荣誉称号，共计50余篇教育教学论文或课题报告在市级以上获奖或发表。

让每一个孩子成为我们的骄傲

——慈溪市文谷外国语小学办学特色侧记

浙江省慈溪市文谷外国语小学　吴剡芝　华春丹

毗邻慈溪市会展中心，坐落着一所充满活力又具有国际教育水准的双语学校——慈溪市文谷外国语小学。文谷外国语小学是一所年轻而又优质的民办学校，于2018年3月经慈溪市人民政府、慈溪市教育局统筹规划，由学大教育和文谷传媒出资创办。学校以现代智慧校园和绿色校园双重标准精心打造，结构设计简练大方，整体配套自然和谐，优美的校园环境无处不透着悠悠的艺术美学气息。

自建校以来，学校在“立德树人、中外合璧、多元发展”办学理念的引领下，秉承“辅仁、求真、弘毅”的校训，围绕“文谷教育G.A.P个性化全人教育”培养目标，通过全面而又有特色的课程体系与主题教育活动，致力于培养学术水平卓越（Academic Success）、具有全球

胜任力(Global Competency)与全面发展力(Progressive Traits)的世界公民。

课程设置尊重孩子个性发展

自创校以来，学校在“个性化全人教育”培养目标引领下，开发构建起以“国家基础课程”、“学校延展课程”及“国际化课程”为主体的课程体系。 依托这一课程体系，学校根据国家课程计划，开足开齐开好所有国家规定课程，同时立足素质教育，为各年龄段学生开发开设了一系列延展性课程。

“文谷新六艺”是学校为孩子们开设的六个延展课程群。分别是明德课程群、悦读课程群、启智课程群、健体课程群、艺术和领袖课程群。在此课程结构下，结合各年龄段学生的特点，学校细化课程设置，研发出各类个性化的延展课程。明德课程群围绕进校礼仪、作业态度、见客礼仪等内容，培养学生的日常礼仪、学习习惯与人格修养；悦读课程群设有分级阅读、英语剧表演、英语绘本等课程，激发学生阅读兴趣，营造书香陪伴氛围；启智课程群可细分为棋类、STEAM、数学思维，开设国际象棋、VEX竞赛编程、趣玩数学谷等13个课程，大大活跃开拓学生思维与眼界；健体课程群引入花样拍球、基础轮滑、美式橄榄球、高尔夫、击剑等13个运动项目，令学生在丰富体育活动中享受乐趣、增强体质、锻炼意志；艺术课程群分为音乐与美术两类，面向学生开设表演唱、足尖精灵、艺术体操、创意绘画等十类课程；领袖课程群设有童军、定向运动、演讲（中、英）课程，旨在培养学生的领导能力，增强学生的身体素质，提升学生的自信心。

为更好发挥“文谷新六艺”的育人功能，学校统筹安排，将各个课程群的学习内容有序融入各个年级段的日常教学当中。通过每学期为各年级开设约二十门延展课程供学生自由选择、每天安排一小时学习时间的方式，满足各年龄段学生的个性化发展需求，致力于培养一个个全面而又有个性的学生。

“十会主题”打造丰富校园文化

核心素养是党的教育方针的具体化，是连接宏观教育理念、培养目标与具体教育教学实践的中间环节。教学中，学校高度重视核心素养教育，把人文底蕴、科学精神、学会学习、健康生活、责任担当、实践创新作为学校培育重点，在校内借助“我会欣赏”、“我会尊重”、“我会探究”、“我会坚持”等十个“谷粒子”形象，精心策划“十会主题”教育活动，将核心素养教育渗透在学校教育的各个角落，形成学校特有的校园文化特色。

“十会主题”教育活动各有特色，活动形式与内容多种多样。“我会欣赏”主题活动旨在令学生感受艺术的魅力，通过一年一度的冬季音乐会、各类书画征集评比活动，为学生创造展示自我的机会。“我会关怀”主题会依托传统节日、重要纪念日等时机开展一系列活动，例如重阳节，各科教师会结合各学科特点、围绕重阳节设计教学方案，语文课上组织学生亲手制作节日贺卡、科学课上赏菊花，还在校内为学生与其祖父母辈安排温馨的约会日程。“我会运动”主题不仅每年会举办文谷体育节、体适能测试、轮滑曲棍球等比赛，同时还将亲子元素融入各类运动之中，开展亲子运动会、家校联合篮球赛，为学生与家长留下难忘的亲子时光。“我会探究”主题重在培养学生的逻辑思维与开拓创新能力，学生曾参加VEX竞赛编程亚洲公开赛、宁波市智力七巧板比赛、宁波市航模比赛等。“我会合作”主题曾开展最受全校师生欢迎的首届文谷造物节，以变废为宝的形式制作出许多兼具奇思妙想与实用性的创意作品，又通过馆校合作、研学旅行的方式，在校外为学生开辟了实地体验的第二课堂。“我会学习”主题以培养阅读能力为引领，开展文谷“iRead爱阅”读书节活动，通过经典诵读、好书推荐、图书漂流、朗诵比赛等形式，令书香溢满校园，形成师生共读、亲子共读的良好氛围。“我会尊重”主题每年三月会开展尊重生命的系列活动，例如“护蛋行动”每个孩子要在一周时间里悉心呵护好领养的“蛋宝宝”，以主题沉浸体验的方式启迪生命的意义。

经过几年组织策划，“十会主题”教育活动已成为学校的一大亮点，各项活动遵循学生的年龄特点及学习特点，贯穿全年教学安排，以丰富多彩的形式与内容深受全校师生和家长的好评，在丰富学生校园生活的同时，又为培育优质学生营造出兼具人文、活力、求知的校园氛围。

“全面育人”营造学校教育温度

育人重在育品。学校积极发挥教书育人的功能，以平等开明态度关爱每一个学生，为学生的长足发展铺路。深入研究学生的发展需求，在充分了解学生的基础上，结合学校实情，多措并举践行育人使命，经过多年实践各项教育举措均收到了良好的成效。

针对一年级刚入学儿童容易出现的问题，学校组织安排幼小衔接合科教学周，以行规教育为主，采用游戏化的教学方式，同时巧妙渗透学科教学内容，将新生入学的紧张感降到最低，在潜移默化中令新生顺利完成幼儿园至小学的角色过渡。幼小衔接合科教学周深受老师和家长的肯定，学校还以成功经验承办了慈溪市“幼小衔接”专题现场会。

在教学方面，学校采取小班化教学，每班学生最多30人，以1:8的比例配备教学队伍，实现教学的时间、空间自由伸展，令所有学生在学校均能感受到老师更多的关注和关爱。针对学生的个体差异，学校创新推出了“导师制成长模式”，以教师结对学生的形式，为学生发展提供支持与帮扶，令学生的学习和成长更具规划，更容易找准努力方向。

学校全面育人的办学理念，更体现在学校对基础课程的创新和实践上。学校重视科学教学，全面打造STEAM学分制课程，将轮滑、尤克里里等技能培养融入体育、音乐教学当中。作为一所双语学校，学校尤为重视培养语感的最佳时期，在每日日常学习中安排课前对话训练、外教口语交流、英语演讲训练、牛津分级阅读等内容，以“浸润式”的语言学习环境提升学生学习英语的效果与主动性。

三年来，文谷外国语小学以文化人、以谷会友，以现代化与国际化教学为慈溪教育注入新活力。未来，学校将继续坚持以学生为中心，集一切优质教育资源服务学生，建高素质、专业化教师队伍，办有温度的教育，办赢在未来的教育，让每一个文谷学子成为学校与家长的骄傲。

多彩课程，让每一个生命都出彩

浙江省慈溪市文棋小学　高志刚　施和平

每一个孩子、每一个孩子的生命都要受到尊重，每一个孩子都有生命出彩的机会。好的教育要让每一个在受到尊重的同时，让他的生命出彩。浙江省慈溪市文棋小学自1936年创办以来，始终秉承“让每一个生命都出彩”的办学理念与“博学慎思，明德雅行”的校训，以“为每一位孩子终身发展奠基”为办学宗旨，提出“让孩子拥有幸福童年，让教师品味美好人生”的办学愿景，牢固树立和全面落实科学发展观，坚持以人为本，注重科学管理，扎实推进素质教育，努力构建“博雅校园”，促进学生全面而个性的发展。

课程是育人的载体，好的课程的独特价值就在于尊重每个孩子不一样的成长方式。为让每一个孩子都能体验到不一样的经历、不一样的快乐、不一样的成长，文棋小学以国家基础课程为主阵地，依据学校实际，探索构建自主、多彩、活力的特色鲜明的校本“博雅”课程群，致力于培养自信自强、德才兼备、知行合一的文小博雅学子。

德育课程生活化：知行合一，雅言雅行

道德与生活是一体的，生活是道德赖以生长的根基。尤其随着基础教育课程改革的深入，“德育生活化”成为实施德育课程的基本理念之一，而将德育作为素质教育的灵魂，一直是文棋小学工作重中之重。

学校认真落实《文棋小学文明习惯养成细则》，要求各班把学生的文明礼仪教育、安全教育及班级卫生环境管理持之以恒地落实到位。值周教师把校园安全、学生行为习惯作为每天巡查的重点，发现问题及时解决。学校大队部开展德育岗位制活动，在校园内设置环境卫生监督员、食堂就餐监督员、图书室管理员等九个岗位，实现学生自我管理。实行“成长卡”、“出彩卡”、“博雅少年卡”等德育卡制，激励少先队员积极上进。加强劳动教育，每学年开展“小巧手”大比拼活动，削苹果、叠衣服、整理书包等活动，增强学生劳动意识，提高学生劳动能力。以国庆节、六一节等重大节日为契机，指导学生开展形式多样、内容丰富的节日教育活动。组织学生开展班队会、故事演讲、读书知识竞赛、书画竞赛、文艺演出等竞赛，引导他们从小做真人、做善人，立志做有高尚情操的人。鼓励学生走向社会，充分利用生活中的资源渗透德育，拓宽德育的渠道。组织开展假日小队实践活动，如开展公益劳动，走进敬老院，参观访问，开展调查研究活动等，让学生在实践中感受、体验、领悟，形成内化的道德品质。

德育生活化使德育来自于个体亲身生活中的认识和体验，真实、深刻而全面，能够直接触动个体的心灵，激发个体的情感，滋润个体的身心。

拓展课程多样化：开发潜能，发展个性

拓展性课程的提出是回应时代对多样化人才需求和实施个性化教育的必然选择。为满足孩子们多样化成才的需要，文棋小学抓实拓展课程管理，从期初的课程申报、设置、排课到活动过程的开展，努力做到精细，关注教学效果，使拓展课程真正成为孩子们发展个性、发挥特长的学习乐园。

学校不仅落实各社团专人指导，常年训练，培养人才，而且充分发掘本校教师特长以及家长、社会教育资源，充实校级拓展课程活动项目。目前，校级拓展课有舞蹈、合唱、篮球、沙画、古筝、拉丁舞、手风琴、小歌星、小主持人等24个项目，各年级走班制自选拓展课程内容涉及体育类、艺术类、知识拓展类、手工技能类，如彩铅画、编织、折纸、科学实验、中国象棋、抖空竹、折纸等，活动多样，挖掘了学生潜能，发展了个性特长，深受大家的喜爱。

主题课程丰富化：体验教育，快乐成长

活动是教育最有效地载体，学校是学生的乐园，是学生成长的天地。文棋小学通过开展广泛的主题教育活动，丰富学生的学习生活，

使学生在活动的体验感悟中受到教育。

学校大力推进书香校园建设，为每一个孩子的人生抹亮底色。每学年开展读书节、科技节、体育节、艺术节等主题教育系列活动，培养学生的艺术修养、创新意识、实践能力、身体素质。同时，根据不同季节和不同节日，举办田径运动会、冬季阳光长跑、六一文艺汇演、诗歌朗诵会、远足踏青、国庆书画展、元旦拔河赛等各种活动，积极营造欢乐愉悦的学习成长氛围，促进学生综合素质显著提升。

足球课程普及化：凸显特色，形成品牌

《中国足球改革总体方案》中明确指出，“发展振兴足球是建设体育强国的必然要求，也是全国人民的热切期盼。中国梦离不开体育强国梦，体育强国离不开足球振兴。”足球后备人才的培养需要全社会的共同努力，更需要学校体育工作者的努力。文棋小学基于推动足球运动、因地制宜推进特色教学的需要，积极实践“以特色促品牌”的发展策略，想方设法将足球特色进一步做大做强。

学校通过外聘专职教练员开设“足球”校本课程，二至六年级每班每周开设一节足球课，普及学校足球特色，力求文小学生人人学会足球基本技能。开展校足球联赛，营造浓郁足球氛围，发现人才。校足球队精心选拔苗子，加强常规管理，形成梯队，保证时间，扎实训练，并积极参加各级各类比赛，提高技能，形成特色品牌。近年来，学校足球队在各级比赛中屡创佳绩，连续获宁波市、慈溪市校园足球联赛一等奖，慈溪教育网也多次报道了学校足球获奖情况，近两年已向宁波少体校输送5名足球人才。学校被教育部评为全国青少年校园足球特色学校、欧亚校园足球促进会会员单位、浙江省首批特色项目学校，获宁波市竞技体育突出贡献奖，被慈溪市教育局评为体育工作先进单位。

通过全体师生的共同努力，学校取得了令人鼓舞的成绩，近年来先后获得各级各项荣誉四十余项。学校体艺特色教育成绩突出，学生在各级各类竞赛中崭露头角。近三年中，学校合唱、舞蹈两个社团参加慈溪市艺术节比赛，获4个一等奖，2个二等奖。在慈溪市中小学生经典诵读比赛连续三年获二等奖。学校代表观海卫单独组队参加慈溪市小八仙比赛，每次获乡镇组团体第一名。校门球队在宁波市首届全民运动会门球锦标赛中获甲组第二名、乙组第四名，慈溪市第二届中小学生门球锦标赛获第一名。在第五十七届市运会上学生获4人次第一名，5人次第二名，6人次第三名。学校获得浙江省示范小学、浙江省九年制义务教育标准化学校、宁波市文明校园、宁波市现代化达纲学校、宁波市园林式单位、宁波市示范性文明学校、宁波市数字化校园、宁波市5A级平安校园、宁波市体育传统项目学校、慈溪市师德师风示范学校、慈溪市学生行为规范达标学校、慈溪市艺术教育特色项目学校、艺术教育先进集体、慈溪市义务段学校素质教育四星级学校、慈溪市语言文字规范化学校等多项殊荣。

课程是学生成长的跑道，是学校文化乃至办学主张的重要载体。文棋小学——这所富有内涵、特色鲜明的农村小学，正以昂扬的姿态，在新一轮课改中乘风破浪、砥砺前行。文小师生定会越来越出彩，文小明天一定更美好！

营造体育特色文化　助推“人人出彩”校园

浙江省慈溪市宗汉锦纶初级中学　张瑞

在辛亥革命先烈马宗汉的故乡，现有一所集现代化、园林化、网络化、生态化于一体的高标准新校园——锦纶初级中学。学校办学历史悠久、文化底蕴深厚，自1957年创建以来五易校名、七迁校址，全校师生于2010年搬进环境优美、设施齐全的新校区。

以乔迁新校、多校合并为契机，学校秉承人人出彩、出彩人人的办学理念，抓住机遇、凝心聚力，大力打造体育特色文化。近年来，学校邀请省、市教育专家到校指导，融合师生愿景，科学制定学校三年发展规划《迎难而上，实施品牌战略；继往开来，打造校园文化》、校园文化建设方案《依托体育特色，助推“人人出彩”校园》等，为一代代锦中学子提供出彩平台、丰富校园生活，令“人人出彩”校园点亮体育特色的金名片。

课程设置，渗透校园文化

学校体育设施齐全，拥有1个300米田径场，5个标准篮球场，一个足球场，六张室外乒乓球台；室内体育馆面积约1573平方米，设有2个气排球场、3个羽毛球场；一个体能训练房间，可供20人同时进行力量训练。在此基础上，学校开设各类拓展性课程，将体育文化延伸到学生校园生活的方方面面。

根据场地、器材等方面，学校面向全校学生，开设了田径、篮球、排球、足球、瑜伽、羽毛球、乒乓球、跆拳道、武术、风筝等多种体育课程。体育课程安排在每周五下午第二节课，学校为各科目划定场地，学生可根据自身特点，自主选择感兴趣的课程参加。

团结协作、拼搏向上为体育精神的内核之一，为将此融入校园建设，学校尤为注重校园文化隐性课的开发与实施，每年均会举行体育节活动。在操场周边建起“体育长廊”，张贴教练员、优秀运动员、各个田径项目校园吉尼斯纪录保持者、田径成绩进步幅度最大者、训练最刻苦学生的照片，通过这种方式让出彩者有自豪感，激发全体学生运动出彩的动力。

在班级文化建设中，每个班级都有自己的体育特色项目，而且自创了个性鲜明的队名和口号。班级黑板报专门策划“体育角”，不定期科普田径知识，分享体育新闻，公布班级的田径成绩等。另外依托语文教学安排，学校每学年都开展体育征文活动、海报设计比赛等。在德育工作中，学校经常组织学生聆听姚明、易建联等知名体育选手的成长事迹，让学生学习他们挑战自我、刻苦钻研的精神，令学生从小树立奋发向上的远大志向我。

多彩活动，丰富校园文化

强身健体、选拔人才并非是学校开展体育运动的唯一目标和追求。为鼓励、动员更多学生参与其中，学校拒绝枯燥传统，而是赋予体育运动更多的形式，每年精心策划一系列多姿多彩、趣味十足的体育活动，令学生在快乐中享受运动、在运动中发现自我。

在体育田径成为学校特色的过程中，离不开体育教练团队的默默付出。近年来，学校体育教练携手共进，通过刻苦钻研、相互切磋，摸索和开创了一系列科学有效地训练手段和方法，如“互动式”田径训练、“见缝插针”式训练、“以老带新”式训练等；在日常教学中，坚持寓教于乐的方式，既激发了学生参与训练的热情，也大大提高的训练效果和成绩；鼓励学生参加各类比赛，通过以赛代练的做法，有效提高了学生参与体育运动的积极性，又大大提升了他们的竞技水平。

在各项赛事中，锦中学子年年获得佳绩，这与学校重视专业队建设息息相关。近年来，学校十分注重梯队建设，田径队、足球队同时设有低、中、高三支队伍，不断补充新鲜血液，并坚持常年训练，为学校运动队保持良好的竞技状态提供了人力资源的必要保障，也为学校体育特色建设的可持续发展打下了坚实的基础。

“锦绣七彩体育节”是学校的传统项目，是全校师生人人期待的年度盛会。本着面向全体、重在参与的原则，学校分层要求、点面结合，设计形成了每年“锦绣七彩体育节”活动主体项目，如班旗设计、开幕式表演、体育节海报、漫画设计创作大赛、摄影比赛、体育知识讲座、班际赛、啦啦队展示、“体育精神”大讨论、校运会征文评比赛等。通过“过节”的形式，锦绣七彩体育节年年会在校内掀起“练技、练人、练精神”的高潮，令每位学生享受其间，在兴趣盎然间大显身手、发挥各自特长。

跑操是学校的另一大特色，曾获得慈溪第一届一等奖。学校体艺组老师根据本校情况，设计了这套形式新颖、内容丰富又富节奏韵律的跑操。每天只要天气晴朗，学校总会在大课间时间组织跑操，全校学生在乐曲声中精神抖擞、气宇轩昂地奔跑在操场上，一支支队伍犹如一条条长龙，极尽变化之能事，如同一道独特的风景线。

学校还有一个以传统工艺风筝为主题的社团。为活跃校园文化氛围，学校于2008年开设了风筝兴趣课程，学生每星期参与一次小组活动，在活动中了解风筝、制作风筝、放飞风筝。在深入学习这项中华民俗的过程中，学生享受在蓝天下追逐风筝的快乐。

赛场硕果，炫亮校园文化

锦中学子以体育运动为荣，对体育运动的兴趣日趋浓厚，在校园内形成了全员参与的良好氛围。辛勤耕耘之后必有收获，近年来锦中学子成为各类体育赛事中的焦点，在2020学年学生体育类获奖达78人次，近三年内学生在市级以上各类体育比赛中获奖达365人次，其中胡玲玲同学获得第十一届全运会4*100米铜牌，宋林益同学夺得首届亚洲少年田径锦标赛标枪银牌。风筝社团头角崭露，2018年获宁波市第二十四届少儿风筝比赛中学组运动风筝团体一等奖；2019年蝉联传统风筝团体一等奖，传统风筝团体三等奖，共有17人次的学生在宁波市获奖。

在创建“人人出彩”校园中，学校以创建一流体育特色学校为目标，带领全校师生走出了一条体育特色之路，令体育特色这张校园名片熠熠闪光。2020年学校获得慈溪市第57届中小学生田径运动会团体总分第一名，蝉联慈溪市“二十二连冠”；获得宁波市传校比赛第三名，浙江省第五届青少年阳光体育运动会中学生田径比赛团体总分第三名。

近年来，学校先后被宁波市教育局、浙江省教育厅命名为宁波市少体校田径训练基地、浙江省首批体育特色学校。学校还积极向专业体育运动学校输送优秀的体育运动苗子，在为学生发展提供更多机遇、更广舞台的同时，通过他们的成长，进一步提升学校体育教学的品位，也为日后取得更好地体育成绩起到良好的促进作用。

回望学校的发展历程，是“自强不息，厚德载物”的崇高人文精神，使学校历风霜洗礼而枝繁叶茂，经风雨洗涤而青春常驻；探寻锦纶中学蓬勃发展的深层动因，是端正的办学思想、先进的办学理念和规范的办学行为，令学校克服了重重困难，跃上了一个个台阶，制造了一个个亮点。作为学校的办学特色，体育运动在强身健体、愉悦身心的同时，对锦中人而言更是一种深刻的信念镌刻。未来，学校将秉承迎难而上、追求更高体育的精神，坚定不移地打造“人人出彩”校园，为每位锦中学子奠基锦绣人生。

让学校文化在阅读中自然生成

浙江省杭州观成实验学校　李洁

追求学校品牌，运用学校文化场来影响师生践行并最终实现学校具识别意义的品牌，是许多学校孜孜以求的。所谓学校品牌是一所学校在长期的教育实践过程中逐步形成的、为公众认可的、具有特定文化底蕴和识别意义的一种无形资产，其核心是学校文化，即学校全时空与全过程所展现的文化。它反映着学校师生的文化品位与修养，是学校个性与传统的延伸。

浙江省杭州观成实验学校是一所新兴的民办学校，随着公民同招等一揽子政策的逐步落地，优质教育资源紧缺的现象愈来愈得以缓解，如果它没有自身的特质和个性，终会丧失其存在价值。因此在建校伊始，我们就依据校名的独特内涵，把学校的核心价值观定位在“观乎人文，以化成天下”和“营造师生浓郁的书卷气”上，再加以各种特色活动的运作，让学校文化在活动中自然生成，并伴随着活动让师生在文化的浸润中得以成长。

引导性阅读，墨化精神成长

几乎每一个成功的组织、每一所名校都有体现其文化特质的“符号”，比如校训、校标抑或是刊物或画册都是共享价值观的最直接的载体。这些我们亦有，但我们更想寻求的是“此时无声胜有声”的无形、默化的校园精神。

在学校中，我们尝试进行“校园品牌”运营的“引导性”系列活动，每一届进入观成的孩子进校后首先会收到带有学校文化印记的三份礼物。第一份是《相约观成•相约三年•相约一百册书》，涵盖文、史、哲、科学、艺术等各个方面和各个领域的书单，以期让孩子明白观成的孩子是可以带着教科书以外的有益闲书来上学的；第二份是一本“书札”，我们告诉孩子们，阅读要留痕，点点滴滴的阅读感悟、思想火花，可以随时记载在《观成书札》上；第三份是一本汇集观成所有在读生阅读感悟的随笔集《观集雅成》，我们想告诉孩子们懂得“阅读需要分享，思想需要传播”。我们把这些作为学校文化的风向标。

创意性阅读，陶冶人文情怀

我们的创意性课程在校园文化中扮演着重要的角色，它对校园文化具有承载功能。我们依据孩子们求同、求异、求通的需求，在观成的校园里设立了多元的与阅读相关的创意课程。其中，《行走•读城》课程，就是促推学生大阅读、丰厚积淀、丰盈精神的课程之一。

我们以“用脚步丈量城市，用心灵阅读文化”为主题，以PBL(项目制学习)方式设置挑战性的问题，让孩子们基于真实的情景去感知身边的人文，去探究并体验城市地方历史的深厚底蕴，并在其中培养探究思辨、团队协作的意识，陶冶人文情怀，增加文化内蕴。

读万卷书，观成人的书卷气早已自然大成。行万里路，走出书斋用脚步丈量世界也是一种阅读的方式。杭州自古就是繁华胜地，无论西湖还是西溪，无论运河水还是钱江潮，文人墨客千年词都写尽了她们的颜值、内涵和诗意。东南西北中，随意的绿树浓阴转角处，一亭台一楼阁，一屋檐一瓦舍，目光所到之处都是故居旧址及其前尘往事。而今往南跨江去，往西翻山走，一座座新兴之城在“精致、和谐”的基础上开拓了“大气、开放’”的元素，一个个未来科技城似的高地以飞天的气势崛起，更让杭州成了自然与时尚融合、科技与人文通达的人间天堂。作为杭州人，我们是幸运的。观成人爱杭州，就要用观成人特有的阅读方式去爱。为此，我们开发一门课程——“读杭州城”，简称“读城”。

通过一个个“创意阅读的行走课程”，我们倡导大阅读的概念，让每一个学生在课程平台上得到了知识的丰盈拓展、能力的锻炼提升、个性的多彩绽放，观成“读城”课程这个名字、这个课程品牌也在潜移默化中烙印在每一个观成人心中，并越来越趋近于校园文化的中心。

分享性阅读，丰厚人文底蕴

我们有很多的活动、仪式或行为习惯经过时间的积淀，有些成为学校传统的一部分，伴随着这些系列的、不断周而复始的活动、仪式、习惯和传统，师生们走过了自己人生的一段路程，能对他们当时的或后来的价值取向、行为方式产生影响，有些甚至是终身的影响。于是，“观成人文讲坛”这一集探究、思辨、争鸣为宗旨的阅读分享平台应运而生。

我们把许多名人名家请到观成，让名家带着他们的作品走进观成，让学生在读作品的同时也读作者以及作品背后的故事。比如，我们诚邀陕西师范大学的于赓哲教授带着他的《隋唐人的日常生活》这部书走进观成，台湾作家张晓风带着她的《旅行三部曲》走进观成，鲁引弓带着他的《小别离》走进观成，数学诗人、数论学家浙大教授蔡天新带着他的《数学传奇》走进观成……同时，在学生自主阅读的前提下，我们也征集到了来自于学生中的、纯草根的一百多个阅读话题在讲坛上分享，以此达到了“一棵树摇动另一棵树，一朵云推动另一朵云，一个灵魂唤醒另一个灵魂”的目的。

人文讲坛的主角无形代言着观成文化的精神与内核，让他们在无声中、隐约中设定观成这个组织中每个成员应当达到的目标，并在校园中刺激着每个观成人去努力趋近于这个目标。学校的文化追求亦更直观、鲜活的得以呈现。

阅读，是精神明亮的源泉。观成人，都深知阅读的重要，也都幸福地被允许“带一本闲书上学”。在“相约三年，相约百册”的引领下，我们读文史哲也读自然百科；在人文大讲堂的分享中，我们读作品读作者也读自己；在阅读节的精彩演绎里，我们读传统经典也读西方名著。

学校品牌的运作是学校真是的精神育存在状态，它不是空心的，不是两三句口号、四五处景致抑或是一个升学率所能承载的，而在于他们独树一帜、标新立异，自爱某一方面取得了重要的成功，使得学校形成了自己的文化特色。由此，我们期望通过以上一些活动的运作和追求，形成观成的文化场域，一方面对调节师生的心境、陶冶师生的情操产生潜移默化的影响，另一方面通过创设有利于师生发展的和谐人文氛围，使师生们在这种氛围中呈现出的蓬勃的生命状态，最终实践学校共享的价值观——“观乎人文，以化成天下”。

“三康教育”理念下文武学校教育创新之初探

浙江省湖州清泉文武学校　周清泉

学校教育离不开中国武术教育的参与，学生的身心全面发展也需要中国武术，民族优秀文化的传承与创新同样需要学校武术教育的延续和开展。武术教育在促进青少年素质教育、推动中国武术传承和发展、弘扬民族精神、实现民族文化复兴方面发挥着重要的作用。在中国日益崛起的今天，民族传统文化教育显得尤为重要。中国武术作为中华民族优秀文化代表，对于维系和传承而言，最重要的途径就是依靠教育，尤其是学校教育。作为全国十大武术名校之一，浙江省湖州清泉文武学校简称“清武”，全面贯彻党的教育方针，始终站在教育创新的前沿，勇于承担探索和示范的使命，努力使每一位学生都能享受快乐地学习生活。

本文以浙江湖州市清泉文武学校二十多年的教育实践探索经验为例，阐述了“三康教育”理念和“文武结合、动静相济”教学创新模式，为武术学校教育创新活动提供一个教育经验的分享与借鉴。

一、以“健康第一”思想为指导提出“三康教育”理念

《中共中央国务院关于深化教育改革全面推进素质教育的决定》指出：“健康体魄是青少年为祖国和人民服务的基本前提，是中华民族旺盛生命力的体现。学校教育要树立‘健康第一’的指导思想，切实加强体育工作。”根据《决定》所形成的《体育与健康课程标准》来看，无论是教学建议、课程开发，还是教材编写方面都明确了“健康第一”的指导思想，并突出强调“课程要有利于激发学生的运动兴趣，养成坚持体育锻炼习惯，形成勇敢顽强和坚韧不拔的意志品质，促进学生在身体、心理、行为和社会适应能力等方面健康、和谐地发展，从而为提高国民的整体健康水平发挥重要作用”。

学生的健康应当是身体、心理和社会适应能力的三位一体的完善，而武术在这方面具有先天的文化和技术优势，在促进学生真正的健康上面应当是大有作为的。正是基于这些现状，清泉武校进行了深入的教育创新的探索和实践，形成了“三康教育”理念，并成为清泉武校的特色教育。

二、以“三康教育”理念为核心进行武术教育探索

教育就是“有意识地以影响人的身心发展为首要和直接目标的社会活动”，马克思主义哲学观认为，“外因是条件，内因是根据。”因此，教育只有通过学生身心发展的内部因素才能起作用。学生在接受外部影响的同时，必须主动挖掘自己的内在潜力，促进以创新为核心的多方面素质的养成与提高，才能不断增强自身的活动。这就意味着，武术教育不仅仅指武术教学，它也是通过武术教学过程，使受教育者从身体、技能、品行、人格上受到教育塑造。学生通过武术学习，从学生练拳到最终的拳磨炼人，能够使学生的人格、心理都得到极大提升，并不断向“完人”迈进。

清泉武校的“三康教育”是相辅相成、缺一不可的整体。其中，身体健康、心理健康是“三康教育”的前提和基础；行为健康是“三康教育”的目标归位，是“三康教育”的必然要求，也是教育成效标志的一种体现。

身体健康是健康教育的前提。学校可以利用“武术”这一强身健体的特色教学形式，实施“文武结合，动静相济”的教学创新，赋予健康教育新的内涵，既使学生的体质体能得到增强，又使学生的心智得到放松与和谐。在日常学习生活中，教师们通过关注学生身体的发育变化，定期对学生的身体素质进行测试，矫正在学习和生活中的不

良习惯；通过健康知识教育，帮助学生把学到的知识应用到日常生活中，使学生树立正确的健康理念，逐步形成良好的行为习惯。

心理健康是健康教育的重要内容之一，是当今青少年思想道德教育的一个重要课题。学校要根据学生的心理发展特点和身心发展规律，有针对性地对学生进行自知、自尊、自制教育，培养学生的抗挫能力。同时，关注个别差异，根据不同学生的不同需要，开展多种形式的教育和辅导，让学生学会感恩、学会尊重。此外，做到课内与课外、教育与指导、咨询与服务紧密配合，不仅开设心理健康选修课、活动课及专题讲座，而且开设心理咨询室，对学生在学习和生活中出现的问题给予直接指导。

行为健康是健康教育的落脚点。健康运动的任务不仅是提高学生的卫生知识水平，提高学生的生长发育水平，更应该促进学生的心理健康发展，培养学生健康向上的人生观与世界观。可以说，学生的一举一动、一言一行都是行为是否健康的外在表现形式。在清泉武校里，学生的文明礼貌深受社会各界的赞誉。诸如，校园里听不到粗话，看不见粗鲁举动，同学、师生和睦相处，并能做到寝室星级化、就餐文明化、晨练军事化、秩序优质化；无论晴雨晨曦，寝室内外始终保持着清洁不杂，餐厅井然有序；学习、训练整齐划一；好人好事层出不穷。助人为乐、互敬互爱的“清武”之风弘扬校内外。

三、以“动静相济”形式为手段创新武术教育模式

教学研究的结果发现，直接影响中小学生学习适应的各项因素，如知识经验水平、智商、学习环境、学习条件以及学生学习能力等并非主要因素，其突出因素是学生缺乏“学习热情”、“学习毅力”和“学习动机”等动力因素。在实践教学中，当前中小学普遍存在着“学生厌学”、“低效教学”的现象。溯其本质，不仅在于教学方法的选择，还应包括全方位的监控和教学方法的不断创新。

从清泉武校生源的实际情况来看，大部分是天生好动、学习成绩相对薄弱、家庭经济条件又很优越的学生。进入学校后，如果按部就班、一味实施压抑式的教学和灌输很难奏效，甚至会出现厌学、逃学来发泄的现象。鉴于上述的分析，学校针对学生的实际情况，整合教学资源，调整教学策略，并大胆进行教育创新，从“动”和“静”这两个方面对学生实施体、智开发的策略。具体来说就是，针对生性好动、活泼有余、静心不足的学生，采取“以文为本、武为文用、以动促静”的教学实施计划，并在实施过程中不断丰富内容、完善细节，逐渐形成了一系列可操作性、效果显现的教学结构模式。这就是清泉武校教育创新的结果——“文武结合、动静相济”的教育创新模式。

“动”之有度，“静”之有效。在课务安排上，学校根据清泉武校的特点，做到统筹动静协调，即以武取动，交叉排课。白天上文化课，晨夕习武为乐，使文化课与武术课交替进行，智力与体力并举，相得益彰。同时，针对学校生源的不同情况以及个性的不同特点，在确定专业上各趋所长，如对好动、喜动、多动者引导到安全防范以及武术与演艺等专业上的因材施教，使学生的喜爱和个性能够得到张扬和充分发挥。此外，学校始终本着“动”之有度、“静”之有效地原则，开发关于“动”的校本课程，并发挥学校特有的“武术”资源，积极创新有利于各年级学生练习的套路，作为学校学生强身健体的品牌。通过学生在“动”中得以“发泄”，也为促进课堂教育效果打下“了静心”与“静神”的基础。

让学生“动”起来。在教学方法上，学校引入“动”的因素，活跃课堂气氛，激发学生才智，提高学习效果。在教学过程中，教师所扮演的角色是问题的设计者，创造性地运用提问的技巧来引导学生开展积极的讨论，让学生“动”起来；学生是讨论的主角，教师给他们的任务是“心动”，即积极参与、勤于思考、善于表达，把自己对问题的看法毫不掩饰地“公布于众”。通过这种形式，把一般意义上的教学双边关系活动改变为多边关系活动，不仅重视教师与学生之间“教学相长”的规律，而且涉及学生与学生之间“互学互动”的关系。在教学过程中坚持“启发式”的指导思想，既可以发挥教师的主导作用，又能发挥学生之间的群体教育功能。这种静中寓动、动后求静的交替循环的方式，更贴近和符合学生的心理变化规律，是“动静相济”的完美形式。

适应和发展是人生两大基本能力，而“文武结合、动静相济”的教育创新模式正是促使人的适应和发展能力生成的重要因素。首先，通过搭配合理、动静互调、张弛结合，激发学生的内在驱动性、影响持久性及学练有效性，使学习走上良性循环之路。其次，让学生的“个性教育”与“特色教育”都能够得到充分的张扬，并有目的地侧重于升学预备教育和就业导向教育。第三，强化武术训练，注重“武德”培养，使学生能量从正常渠道发挥，以一种兴趣来替代其他不良的行为习惯。这充分说明了武术教育的特点在德育中的作用是一种行之有效地办法，并真正体现了“以文为主，武为特色”的教育思想和管理特色。

自1994年创办以来，浙江省湖州清泉文武学校通过二十七年的教育创新与探索实践，形成了完整的“三康教育”理念和“文武结合、动静相济”的教学创新模式，在继承和弘扬中华优秀文化遗产的同时，不仅让每一个学生更加注重人格的养成和人文精神的传承，而且都能品尝到成功的喜悦。

立足纪录，让幼儿的学习看得见

浙江省级机关北山幼儿园　徐玲琴　张　瑜

有人说教育是人类对生命意义的自发性探索和创造，从无到有，从浅到深，从思考到研究。幼儿不仅是生命的起点，也是教育的源头。千百年以来，历代教育先贤对幼儿教育的研究和探索从未停过。尤其步入21世纪以后，幼儿教育的探索研究上升到了一个全新的高度。近些年，“学习故事”这种叙事性的评价方式在幼儿园应用广泛，尤其是在个别化学习中对幼儿的学习与发展助推作用成效显著。幼儿园对幼儿发展评价和叙事性评价方式的研究，可以让幼儿的成长与发展有迹可循，这就是我们常说的“幼儿成长纪录”。通过叙事性评价分析幼儿的个别化学习，不仅可以更好地助推幼儿发展，还可以给教师们的专业发展提供帮助，也有助于幼儿园更好地运用“幼儿发展评价”的相关研究成果来提高教育质量。为了更清晰地体现幼儿的成长纪录，我园将叙事性评价的整个操作过程分成三个步骤：第一步重点是观察，第二步重点是分析，第三步重点是计划。这种叙事性评价的教研模式不让教师掌握了“观察记录要领”，也理清了“幼儿学习识别”，还能运用前两步的基础来指导幼儿学习和优化教学，让教师和家长更清晰地看到幼儿成长的轨迹，丰富幼儿的成长纪录。

一、用眼睛锁定幼儿学习的“魔法时刻”

观察工具对教师来说是物资上的准备，拍照、录像、现场记录三种不同的观察工具有着不同的作用。在幼儿园进行区角活动和个别化学习时，教师们已经可以根据自己观察的需求选择适当的工具。观察是一个“刺激→感官→判断”的过程，观察不是随随便便看，而是要仔细看清楚，必须用心且运用多种感官去判断看什么、代表何意，要将外显和内在的意义全都解释明白。在了解了“学习故事”的内涵和操作使用要点后，教师应明确要想成为一个“学习故事”，必须要观察到一个对幼儿学习与发展起到积极作用的　“魔法时刻”。“魔法时刻”有很多的可能性，比如可以是发现幼儿的优点的时候，可以是发现幼儿原来做不了的事情突然能做的时候，或者可以是曾经被成人低估的能力突然超水平发挥的时候，也可以是发现孩子进步的时候等等。因为每个孩子都有属于自己的个性特征以及独有的学习故事，教师们需要静下心来仔细观察，就能发现埋在学生心灵深处的学习和故事，所以教师一定要耐心锁定个别幼儿学习的现场，静待花开。

二、凭记录识别“学习故事”的变化过程

叙事性评价离不开文本。“学习故事”作为一种质性的研究方法，在区域活动的运用中难免会带上教师主观的色彩。“每个教师都有其内隐的儿童观、教育观和价值观，而在记录过程中，这些缄默的个体见解势必影响记录者的视角”。且不同的教师在写作的时候有不同的风格，有的喜欢“湿漉漉”充满感情，有的则偏于理性客观。撰写“学习故事”不同于文学作品的创作，它是一种客观的观察记录，不需要有过多的修辞手法，更不必在记录的过程中描述中加上教师对孩子的理解和感受。另外，教师要跳出原有撰写各种教育教学文档（如个案记录、教学笔记、主题档案、区域观察记录等）的思维，分辨清楚它们与“学习故事”之间的主要特征区别，避免出现形式上套上了“学习故事”的框架，实质却是各种教育教学文档的现象。

“学习故事”的精髓是锁定“学习”，“魔法时刻”的闪现仅仅是几秒钟的瞬间，却能高度体现幼儿学习的含义。幼儿的学习与环境材料的提供以及师幼之间的互动息息相关，“学习故事”的精彩程度不在于记录的长短、详尽，而在于“魔法时刻”发生时对环境材料、师幼互动、幼儿表现描述的客观、清晰、准确。

“学习故事”作为一个质性评价，由于没有量化数据的参考，因而没有一个固定的“标准”答案，对幼儿学习与发展的解读便成了教师们一直以来认为的在“学习故事”研究中最难把握的部分。对照《指南》解读经验。在新西兰，“学习故事”是与新西兰幼儿教育课程（Te Whāriki）理念一脉相承的，其分析部分——“学习了什么？”是以课程（Te Whāriki）为依据的，国内符合国情的参考依据显然就是《3—6岁儿童发展指南》。教师以《指南》为主要依据，过程包括四个步骤：首先，了解　“学习故事”中的观察记录，明确发生了什么？聚焦重点；其次，明确“学习故事”中的学习内容和发展目标所属的领域（健康、语言、社会、科学、艺术）；再者，对照《指南》中子领域、目标和典型行为表现，判断幼儿已经达到的发展阶段；最后，运用相关的理论和经验，解读幼儿获得的新经验和新发展。运用上述四步骤，教师可以实现以《指南》为依据指导“学习故事”的分析。

当然，在实际操作中，教师们也会发现如果仅仅对照指南，不同孩子的故事分析出来的内容差不多，因为他们都在“3—4”岁幼儿的发展水平里，感觉很雷同，没有让人觉得孩子是“特别”的。另外教师也发现在观察建构区活动的时候，发现《指南》几乎用不上，所以如果教师想要分析孩子的建构水平不能光从《指南》里找到划分阶段的依据，还需要从更具体的专业角度去分析个别化的“学习故事”，比如游戏构想、核心经验、学习品质等方面的深层次解读等。

三、用智慧制定助推发展的学习计划

对“学习故事”的恰当分析呈现了幼儿已经到达的发展阶段，判断了未来可以获得的新经验和新发展，而进一步做出反馈则给出了提供幼儿发展的具体建议。教师要想利用“学习故事”来推动幼儿的发展就需要.以课程的意识“跟进”，制定好孩子参与计划。梳理“学习故事”可以让教师更清晰系统地看清幼儿独特的学习与发展，以便能更有针对性地在个别化学习中进行“跟进”。将“方案教学”理论迁移到区域活动的推进中，为教师在利用“学习故事”推进区域发展的研究中提供了思路与依据。通常教师在“学习故事”的反馈时会从“材料投放”和“内容设置”两方面提出跟进的建议，但许多老师在实践的过程中都遇到教师“一厢情愿”的现象，教师调整了区域的材料或内容，却并未对幼儿的发展起到积极的影响的情况。于是提出了“让孩子参与制定下一步计划”的建议。教师利用好游戏过程及分享环节中的交谈机会，更多地收集幼儿的真实想法，从而获取有价值的区域跟进内容。具体做法有鼓励幼儿表达、引发幼儿思考等，教师要在幼儿经验受限时、遭遇困难时、学习停滞时运用提问、质疑等方式来引导幼儿，从而推动幼儿的进一步发展。仅仅通过收集幼儿的想法来调整区域活动还是片面的。“方案教学”理论强调教师要在关键的时刻对“方案”做出抉择，因而在个别化学习中，教师也需要对值得跟进的内容做出一个判断和取舍。生成一个方案教学的最主要因素是幼儿的兴趣，教师应该把握有价值的生成点。比如取多数人感兴趣的话题；取新材料投放后的新需求；取幼儿疑问的焦点；取让幼儿感觉困难或阻碍幼儿继续前进的节点，每当以上时刻被捕捉到，教师就应该有敏感性，可以及时介入，给予直接帮助或间接的指导。

四、以自信创造幼儿教育的无限可能

“学习故事”不是一次诊断，也不是一个总结，它是一个不断向前发展的过程。一次“学习故事”的反馈预示着下一个可能发生的故事，通过教师一次次对幼儿学习媒介的调整和完善，一个个新的“学习故事”将被发掘出来，幼儿的学习与发展也将随之获得提升。而这些“学习故事”放在一起，就是幼儿成长的一份“纪录”或“档案”，幼儿学习与发展的轨迹清晰可见。我园的叙事性评价的核心价值在于：赋予了幼儿学习和发展的力量，让他们看到自己是有能力和有自信的学习者和沟通者，区别于传统评价中找差距、找不足、寻发展的思路，而是从一种欣赏的视角捕捉了幼儿成长过程中的“魔法时刻”，并以鼓励的语言和积极肯定的态度分析了幼儿已经获得的学习和发展，对未来有能力获得的新经验和新发展做出规划和建议，让幼儿未来的人生充满无限的可能。

打造优质教育，奏响时代凯歌

浙江省金华市东阳市南马镇防军小学　张正强

2021年全国“两会”上，习近平总书记指出：要全面贯彻党的教育方针，坚持社会主义办学方向，坚持教育公益性原则，着力构建优质均衡的基本公共教育服务体系，建设高质量教育体系，办好人民满意的教育，培养德智体美劳全面发展的社会主义建设者和接班人。我校创办于1907年，位于防军一村二村交界地。学校奉行“乐学善教，和谐发展”的教育理念，践行“全面发展，器乐见长”的特色办学方向，努力为学生提供多个发展平台：器乐、跳绳、硬笔书法、篮球、绘画、手工等。努力以优质教育、高效管理服务于学生、贡献于社会。学校的办学目标是“创建师生和谐成长的共同体”，即让“我们的学生喜欢我们的学校，我们的老师体验成长的幸福，我们的课堂充满创造的快乐，我们的学校勃发昂扬的生机”，把学校办成东阳市的品牌学校，将学生培养成“乐学习，勇攀登，懂礼仪，敢创新，具有持续发展潜能的小学毕业生”。

一、特色办学理念，引领学校发展

我校的特色发展顶层理念（办学思想）即：“满园婺韵悠悠、神采奕奕，教育幸福满满”。“幸福”是以素质教育为核心，以学生为根本，打造和谐的校园环境，和谐的幸福课堂，和谐的人际关系；培养健康、优雅的学生和教师队伍；打造优质的教学质量，让学生优质发展，学校优质发展。

“婺韵”突出传统、经典、艺术的传承文化，建设开放的墙壁文化、楼道文化及富有特色的艺术气息。小学生学习婺剧，能积极弘扬优秀传统的地方文化，能引领青少年学生吸纳中华传统文化之精髓，不断提高广大学生的人文修养和艺术素质，丰富校园生活。婺剧更是一朵古老的艺术奇葩，素有“徽戏的正宗，京剧的祖宗，南戏的‘活化石’”之美誉。通过打造婺韵悠悠的校园和特色文化，促进幸福教育的深化发展，达到“婺韵”与“幸福”共生，形成办学特色。

“绳采”让校园每一个处地方都能看到绳影人跳，体育跑上了围墙、宣传窗，绳影舞动，干净绿色的校园与活泼跳动的身影交相辉映……晨间、体育课、课间、体艺2+1时间，无论何时何地，总能看到学生条条彩绳飞舞，人人神采弈弈，在绳采奕奕感受幸福快乐。

二、构建特色课程，打造学校名片

依据办学思想、教育教学资源状况、教师特长和学生需要，我校的民乐、跳绳等取得了一定的成效。鉴于此，我们将特色课程设置为三个层面上的课程，即：全体学生必修的校本课程（包括身心健康类、科学素养类、人文素养系列类、艺术情趣系列类），具有各班特色的班本课程及适合学生个性发展的生本课程。

学校成立了以校长为组长的课外文体活动领导小组，制定《体育艺术“2+1”校本课程实施方案》《创民乐特色学校发展规划》《体育艺术“2+1”活动管理办法》《体育艺术“2+1”活动考核办法》《体育艺术“2+1”活动奖励制度》《体育艺术“2+1”活动安全管理条例》《笛子考级制度》《拓展性课程考核办法》等一系列的规章制度。

学校在狠抓体艺2+1和阳光体育的同时，极力突显民乐类学校特色。学校全体教师高度重视民乐特色建设，把民乐各项活动摆上学校工作的重要议程，成立学校民乐普及活动领导小组，定期召开专题会议和动员大会，制定活动计划，布置工作任务，做好民乐活动的普及开展。

聘请多名专家型教师到校指导。学校抓住队伍建设不放松，构建了一支以音乐专职教师为主体、以青年教师为后备队的民乐教师的群体，以优带优，以点带面。

构建一套梯形民乐普及体系。学校以课堂教学为起点抓普及，把民乐活动的开展工作带入音乐课，分年级、分阶段进行民乐教学，确定每一位学生民乐艺术应达到的水平，确保了民乐活动长盛不衰。以兴趣小组为基点求提高，组织班级兴趣小组，联动开发，聚合人才，在层层选拔的基础上不断选好苗，进行专门指导训练，着重技能提高。以竞技比赛为抓手显特色，学校天天有活动，月月有比赛，以大赛来锻炼队伍，用优良成绩叫响学校特色名牌的知名度、美誉度。

三、建立校民乐队，促进个性发展

我校每班、各年级都成立了民乐兴趣小组，建立了校民乐队，成立了民乐普及班、提高班和精英班，使民乐特色项目形成梯队。选拔出品行良好、喜欢婺剧、蕙质兰心、作风顽强、有一定民乐基础的学生吸收进校队。实施“四保证”培训模式和多平台展示模式——

时间保证：我校以音乐课堂教学为主阵地，保证每堂音乐课必须有十五分钟的民乐训练时间，打好基础；以体艺2+1活动为次阵地，开展乐器训练，强化练习；每周五与周六两次乐队训练，打造精品。

人员保证：要求每个小学生都参加乐器训练，目标是使全校95%以上的学生学会一种乐器，音乐特长生率超30%。

内容保证：一二年级竖笛，三年级横笛，四至六年级横笛或二胡等。四至六年级的好苗子参加学校乐队。学校鼓励学生参加浙江省业余乐器考级。

经费保证：学校对乐队所需乐器、设备、外聘教师工资以及教师培训等经费优先给予保证。

多平台展示：学校每学期都要举行一次艺术节，使民乐训练成果及时得到展示和检验；每逢喜庆节日或校内外的庆贺活动，都要让民乐队参与表演。为了让学生学有目标，赶有方向，学校建立了“考级制”，激励学生学习民乐的积极性。学校邀请校外专家进行指导或论证，设计了二胡、横笛等项目考级制度和标准，及时对学生进行等级考核，学校在特长生评选中，设有“小小演奏家”的荣誉称号。学校视教育系统内外组织的各种竞赛评比为极好的学习锻炼机会，十分重视和珍惜。对表现突出的同学，制成挂像，上墙，与名人比肩，充分激发学生民乐学习的积极性。

四、营造特色文化，编写民乐课程

为了进一步推动民乐特色在我校的广泛开展，发挥其自身的教育价值，学校开展了有特色的校园文化建设。

校园环境中营造婺剧民乐文化的氛围。一让墙壁说话，浓郁氛围。在完善校园建设的过程中凸显“婺剧民乐文化”主题，大力挖掘墙壁文化，在校园走廊设置系列宣传画，营造了婺韵飘香的文化氛围，丰富了民乐特色内涵。二编撰教材。为了便于民乐活动的推广，学校师生共同创新编撰了校本教材，物化了特色经验，为师生开展民乐提供成熟范例。三在宣传橱窗上及时公布等级考核评定结果比赛捷报。四家校一体，共同发展。建立了社会、家庭、学校互相配合、相互促进的跳绳锻炼活动宣传网络：“三位一体”互动发展，形成了良好的校园环境和浓郁的社会氛围。

学校以婺剧民乐教育为载体，开设各种主题活动，参与各种比赛活动，使学生在各种活动中发展自己的能力。一走出去，参加各种比赛活动。学校多次参加了东阳市级和南马镇级的民乐比赛，并带领师生去优秀学校学习。二请进来，学校为提高全体师生的演奏技巧，重金聘请学校民乐顾问。三每学期学校都要举行婺剧民乐演奏或演唱比赛。

目前，学校已经编写了《校笛子考级细则》，接下来学校应该编写各个年级训练曲目和乐理知识，编写教程。

五、特色民乐教育，收获硕果累累

器乐成果。我校从2004年组建民乐队开始，婺剧经典曲目《花头

台》一直是保留节目。经过改编，演出时间从开始时的半小时，到现在的六分钟。毫不夸张地说，防军小学是婺剧进课堂的第一所学校。

我校的民乐特色教育自启动以来，在各级领导的高度重视和关心下，获得了累累硕果。2006年至2017年，在南马镇文艺会演中连续12年获得了一等奖；2008年《花头台》参加东阳市第五届艺术节汇演获得二等奖。2009年4月参加金华市婺剧进课堂试点学校演出，获得成功，赢得了与会人员赞赏和专家领导的高度关注。2010年6月，省婺剧促进会会长李林访，金华市婺剧促进会秘书长王亦平，东阳市人大副主任陆益民，东阳市教育局局长等领导到我校考察；9月，校民乐队应邀参加“东阳市中小学生器乐独奏颁奖演出”；10月，我校《花头台》参加金华市婺剧汇演比赛，在35个参演单位中获得第一名，并参加了《浙江省婺剧进校园现场会暨颁奖演出》；11月，建德市文化局、教体局领导来我校考察。2011年1月，中央电视台戏曲频道莅临我校采访；2月《花头台》在中央11台展播；4月，龙游县教育局领导莅临我校考察学习；11月，我校被评为金华市艺术教育特色学校；2012年1月，荣获东阳市第六届中小学生艺术节表演类比赛一等奖；4月，贵阳市六盘水市第十小学领导来校考察；6月，我校《侯阳新韵》参加金华市第二届婺剧汇演比赛，再次荣获第一名；我校被授予“浙江省婺剧进校园示范单位”，“金华市婺剧进校园试点学校”。10月，参加浙江省中小学生艺术节，荣获小学器乐组二等奖。2013年6月，参加金华市中小学艺术节荣获一等奖。2014年10月参加东阳市第三届中小学婺剧汇演荣获一等奖。2014年12月谱曲《婺韵新声》，参赛2015年浙江省第一届婺剧艺术节，获二等奖。2018年参加东阳市艺术节获一等奖。

2019年民乐队《望月》小合奏节目荣获东阳市中小学生艺术节三等奖。

2020年元月，校跳绳队参加中央电视台《挑战不可能》节目录制。十二人一对，两人甩绳，10人齐跳，成绩为30秒104次。

2021年，民乐队《金蛇狂舞》获东阳市中小学生艺术节二等奖。

2021年，校跳绳队参加金华市首届中小学生花样跳绳竞赛中，获表演赛第四名，个人花样女子组包荟可同学获第五名，1分钟交互绳竞速第六名，车轮花样第七名。

风正潮平扬帆起，击楫勇进谱新篇。回首过往，我们品尝了艰辛，体验了成功，我们痛并快乐着。为了奠基学生的幸福人生，我们将一如既往地工作，并致力于拓展性课程的开发与实施，打造优秀教师团队。办人民满意的教育。发展蓝图我们已经描绘，有规划就有目标，有梦想就有希望。站在新的起点上，我们将以昂首跨越、蓬勃发展的姿态共弹八婺古韵，奏响柽溪欢歌！打造出防军小学新名片，让每一个防小的学生受到满满幸福的教育。

喊响“慎江号子” 打造海港特色精品学校

浙江省乐清市柳市镇第十小学 蓝才兴

课程的独特价值就在于尊重每个学生不一样的成长方式。为大力加强学校文化建设，推动学校特色发展，浙江省乐清市柳市镇第十小学积极响应国家教育部“非遗文化进校园”的提倡，以“打造一所海港特色的精品学校”为导向，秉承“勇敢教育”的办学思想，以“勇敢向前航”为校训，立足本土海港文化，结合特色师资，创设性地开设拓展性课程“慎江号子”，极大地拓展了课程教学空间，为孩子们打开了一个五彩缤纷的世界，让孩子们体验到不一样的经历、不一样的快乐、不一样的成长，对助推学生多元发展和个性成长起到了重要的作用。2020年11月，温州市乡村“小而优”学校课程方案与特色课程征集活动结果公布，温州全市共有47项课程方案与特色课程获奖，柳市镇第十小学乡村特色课程“非遗‘慎江号子’进校园”荣获二等奖。

一、“慎江号子”课程开发土壤丰厚

柳市十小位于柳市镇七里港社区，瓯江北口。在这里，有江，有船，有渔民，自然也有了渔歌。“慎江号子”正是瓯江北口七里港的老船歌，起源于数百年前，是渔民劳作时用七里港方言统一呐喊的号角，主要包括“拉舢板号”、“抗潮号”、“拔篷号”、“起锚号”和“摇橹号”五个部分。通常，船老大来起头和掌控，船员们一边喊号子，一边根据号子的节奏和声调来发力。“慎江号子”能让大家的力气往一处使，事半功倍。

2005年，七里港社沿江的马道头村组织10名60岁以上曾做过船员的老人成立了一直表演队，把记忆中的“慎江号子”进行编排、演出，重现在人们眼前。几年来，这支表演队登上了多地多个舞台。2008年，“慎江号子”还被列入第二批温州市非物质文化遗产名录。

经过多年的发展，“慎江号子”已经成为柳市镇乃至温州市的一张文化名片，这也为柳市十小开展“非遗文化进校园”项目提供了丰厚的土壤。基于这一现实条件，为响应国家教育部对“非遗文化进校园”的号召，柳市十小在执行基础性课程的同时，立足海港文化校本课程，根据七里港马道头村的特色师资，于2019年开发了以“慎江号子”表演为主的适合小学生的拓展性课程——“慎江号子”课程，为学生学习非遗文化打下了坚实的基础，也让学生真切地感受到了非遗文化之美。

二、“慎江号子”课程实施方案精准

课程目标。了解慎江号子的各种用途，了解慎江号子表演的基本流程、歌曲、基础动作和各种技巧等知识；掌握慎江号子的方言歌词、成套动作设计、唱做结合和情境表演技巧等；了解慎江号子的历史与作用，当下的地位和作用，增强爱祖国、爱家乡的情感；增强学生的传承非遗的意识，养成乐于探究、敢于创新的品行。

课程内容。在抓好课堂教学主阵地的同时，学校还把慎江号子的教学向课外延伸。面向全体学生，在各个年级开展慎江号子的地方课程教学，将《慎江号子》课程纳入课表，整个课程一共 24 课时，分散在各年级每学期教授，并利用活动课时间开展慎江号子教学交流活动；各班开展兴趣小组活动，学生根据自己的兴趣自愿报名参加，利用暑假时间向村民深入学习慎江号子知识和技能；选拔优秀苗子，进一步训练提高，成立校级慎江号子社团，并利用每周三拓展课、节假日等时间开展社团活动，进行慎江号子训练，研究慎江号子艺术文化等，开展慎江号子表演等活动。

三、“慎江号子”课程管理机制完善

学校管理。学校校长室负责构思顶层设计，并制定校本课程开发工作的实施方案，教导处做好指导、研究、实施、评估等工作；学校制定校本课程管理的有关规章制度并组织实施和考核；组织教师进行校本课程的理论学习，规范教学行为，提高教育教学能力；教导处注意积累课改资料，及时提供教改信息；学校领导要经常深入校本课程课堂，指导听课、评课工作，和实施教师一起研究教学，保证该课程的顺利实施；教导处做好校本课程实施的经验的推广和应用。

教学管理。施教教师每学期根据教学内容制订教学计划、教学进度，撰写教案，做到认真备课、认真上课、认真考核，充分发挥校本课程的育人功能；重视教师配备，选择有特长、有事业心、有创新精神的教师担任校本课程的教学工作；重视教师培训，采取集中培训和个别学习相结合、走出去与请进来相结合的多种方式，对实施本课程的教师进行上岗培训，定期组织理论学习，集体教研，以提高校本课程施教能力；重视校本课程的评价，以激励性评价为主，重视教师和学生的过程评价；重视校本课程的指导，在校本课程实施过程中，将邀请有关专家和上级领导及时指导、帮助，以使课程开发更具实效性。

课程评价。课程评价是教育教学的指挥棒。为了推进“慎江号子”课程文化建设，柳市十小主要采取两种评价机制。一是“慎江号子”学习评价表。为记录学生的学习情况，及时评价学生的慎江号子训练成果，学校特制了“慎江号子”学习评价表，方便学生能够及时获知同学、老师、家长对自己训练成果的评价，并通过“家长说”、“老实说”、“同学说”等栏目明白自己作品的不足以及需要改进的方向。二是社团内部采用等级制及星级制的阶段性评价。闯关式评价，根据学员的知识和技能，结合慎江号子的不同用途，将慎江号子分为五个场景进行情境闯关，顺利闯过前一关者方可解锁下一关，一关一考核；星级评价，在每个场景内部采用星级制，每个场景教学结束后由负责课程的老师进行考核，合格者可得两星，最高为五星，得四星者可晋级，与上等级制考核同步。

四、“慎江号子”课程品牌效应提升

非物质文化遗产是珍贵的、具有重要价值的文化信息资源，也是历史的真实见证。乡村特色课程开发让“非遗”走进了学生的学习生活。通过“慎江号子”课程内容的学习和学校有关“慎江号子”课程文化的宣传，学生了解到了家乡的非遗文化，有了传承非遗文化的使命感且对“慎江号子”产生了浓厚的兴趣。同时，课程研发也提高了教师的课程研发能力和团队协作能力。在慎江号子的实施过程中，尤其是校庆中的慎江号子表演，被乐清市、温州市以及浙江省各大媒体争相报道，点播人数达3.64万人次，大大提高了学校的知名度。学校也先后被评为浙江省标准化学校、温州市办学水平三级学校、温州市语言文字规范化示范校、温州市先进集体、温州市中小学功能室达标学校、温州市中小学书香校园、温州市中小学创新实验室……近三年连续被评为乐清市校本研修先进单位等。

课程对学校海港特色文化也有很大的推进和普及作用，形成了学校的品牌效应。今后，柳市十小将勇立潮头，开拓进取，继续打造海港特色文化，为把学校办成充满生机与活力的具有海港特色的精品学校而努力奋斗。

希望教育催生教育的希望

浙江省青田县中学 任震宇 杨苏平

希望是未来发展的永恒内驱力，是教育过程中积极的心理期待，是激活学习动机的手段，我们期待能唤醒、托起、守护学生的希望，让每位学生都能成功、成长、成才。为此，我校确立“希望教育”的办学思想，提出“不让任何一位学生成为陪读生”的办学理念，保持发

展定力，进行精准定位，融入浙江省高中课改的大潮，实现学校育人模式的根本性变革，初步探索出一条县域普通高中特色化发展办学之路。

生涯规划，唤醒希望之梦

根据调查，青田中学毕业生去向呈“三分天下”之势：三分之一会走向世界各国经商（侨乡特色），三分之一会流向全国各地求职或经商，三分之一会留在本地求职或经商。立足学生的发展实际，我校提出“不让任何一位学生成为陪读生”的办学理念，构建“一个目标、两种特质、三大能力、多元素养”的育人目标体系，大力实施生涯教育，不求人人上名校，但求人人能成才。

2010届毕业生石同学，入学成绩中等偏下，父母均在国外打工。在学校生涯规划教育的影响下，石同学的经商意识逐渐被唤醒，高中时代就常常做些小生意，如运动会期间为各个班级独家供应矿泉水。针对他的情况，学校给他提供义卖的机会，培养他的管理、组织、执行能力；指导他选修由农商银行专业人士开设的《你不理财，财不理你》的金融专业选修课；组织他和他的伙伴走进红罗山庄农业城、青田进口商品城等商业现场，强化商业体验，增长经商见识。当年高考，他如愿考入工商管理专业，毕业后就开始自主创业，跨出了从打工仔到当老板的关键一步，现在已经是当地小有名气的商界后起之秀。去年，他向学校慈善基金会捐款10万元，表达自己对母校的感恩之情。

发展教师，托起希望之手

教书者必先强己，育人者必先立己。针对县域普通高中学科领军人物欠缺、骨干教师偏少的现实情况，我校致力于从专业成长和爱心培育两方面强化师资，给予学生成长的力量。

专业成长方面，一是人人晒课，借“晒”前行。学校有计划地组织全体教师通过网络公开“晒课”、集体备课、集体评议、同课异构、课堂实录观摩等方式，全面助力教师专业素养提升。二是借智借力，高位引领。走进名校，结对名家，山海协作，长期深入。三是搭建平台，积淀成长。定期开设“青史留鸣”论坛，支持教师参加各级各类评比活动，如课题申报、精品课程评比、网络三项评比、优质课评比、希望之星等，让教师的观念得到更新、知识得到长进、理论得到提升、专业得到涵养，真正做到学以致用、学有所长。

爱心培育方面，不忘立德树人的初心，牢记中华民族伟大复兴使命，积极践行“浙西南革命精神”，为师德师风建设铸魂、赋能、立根，提升老师们的精气神；开展教师“托起希望”志愿者行动，通过一次谈心、一次成绩分析、一次家访、一个“微心愿”、一次生涯规划等“五个一”活动，用爱温暖心房；开展“幸福青中”系列活动，通过“魅力青中人”评比、班主任节、师生趣味运动会等活动，让教师拥有积极健康的心态，以快乐碰撞学生的快乐，用幸福氤氲学生的幸福。

自主选择，激起希望之趣

学生的兴趣来源于自主的选择。我校努力创设学生自主选择的平台，让学生学会选择、学会担当、学会坚持。

开发课程，让学生充分选择。我校以“希望教育”顶层设计为指南，将所有课程进行结构性整合，重点关注基础类课程的分层分类拓展，兼顾选考专业方向及个人兴趣特长，共开发了各类选修课程135门，其中省市精品课程64门，真正满足了学生的发展需要。基于学生兴趣特长，开发了《绳采飞扬》《微电影拍摄与编辑》《3D仿真机器人制作》等课程；基于学生专业发展需要，开发了《生活中的物理常识》《餐桌上的微生物学》《航空模型》等课程；基于地域文化传承，开发了《青田鱼灯》《奇石神韵》《西班牙语》等课程。目前，我们正不断依托丰富的选修课程资源，立足学生的选课需求，开设更多符合学生发展需求的课程，让学生有课选、选好课。

全面选科，让学生自主选择。浙江省实行的是“七选三”选考模式，选考组合数达35种，一些学校出于教学稳定、管理方便等因素考虑，实行“固定套餐制”，严重限制了学生自主选择的权利，不利于学生的个性发展。为保证学生高考选考科目选择的自主性、科学性、有效性和适切性，我校引导学生及早进行规划，使用霍兰德职业兴趣量表测试、卡特尔16种人格因素测验等科学手段，让学生更加清楚地认识自己；创设多次选择机会，在重要时间节点安排学生模拟选课，多次选择，不断聚焦，使每个学生都能收获心仪的学科。

分层作业，让学生精准选择。一般而言，教师布置作业往往形式单一，数量与难度同质，颇似“大锅饭”，缺乏对不同学生不同需求的关注，无法让每个学生体会作业的成就感。为此，我校精心设计了分层分类的作业。首先，根据学生的学业水平分层，将作业分为A、B两个层次：A层次的作业主要面向基础相对比较厚实，能力比较强的学生；B层次的作业则主要面向基础相对薄弱，理解不到位的学生。作业分层之后再进行细化分类，学生可根据自己的学科短板、兴趣等辅之以大数据与云计算技术精准选择，针对训练，这样就把有限的时间用在了刀刃上。一份作业，既有分层，又有分类，每个学生各取所需，各获所得，成效明显。

因为选择，学生会更加理解“慎重”；因为选择，学生会更加努力奋斗；因为选择，学生会更加期待发展。

搭建平台，奠定希望之基

学校是学生成长的重要平台，我校通过完善适切学生的教学起点、贴近兴趣的活动体验、多元开放的团队合作等方式，多途径、多角度激发学生的潜能，让学生获得成功的体验。

分层走班，贴着起点成长。为什么传统教学班中学生课堂效率不高？为什么学生对学科不感兴趣？为什么教师花了大量时间精力却收效甚微？我们从最朴素的“关注起点，不让学生因听不懂而厌学弃学”、“让教学适合孩子，提升孩子的学习兴趣”、“不让任何一位学生成为陪读生”开始，基于“因材施教”、“掌握学习”和“最近发展区”理论，根据学生不同学习能力和兴趣特长进行的AB分层走班教学，让所有学生都能跳一跳摘到“桃子”，以刺激学生的成功欲望。

活动体验，贴着兴趣成长。没有兴趣就没有学习，我校以学生兴趣为起点，着力搭建社团、兴趣小组、竞技队伍等平台，吸引学生深入钻研，在钻研中主动学习，在学习中体验成功的喜悦。

同伴互助，贴着团队成长。一个人可以走得很快，但一群人可以走得很远。我校以“立足自身、同伴互助、多元发展、共同提高”为目标，着力探索学习小组建设，鼓励学生发扬小组合作学习双向或者多元的对话特性，构建开放、民主、合作的人文关系，形成平等、互助的团队学习模式，将外压式的学习转变为“内驱式”的学习，形成了以寝室为单位组建和以学习力进行搭配的两种建设模式，让学生们在同伴互助中明确了方向，找到了适合的学习方式，取得了长足的进步。

联合家长，守护学生希望

毫无疑问，家长是学校发展最直接也最为亲密的伙伴，教育改革要从家长教育开始！一直以来，我校坚持以构建有效地家校互动关系为抓手，以开放、包容、共享的家校活动为载体，在“学校、教师、学生”关系中加入“家长”这重要一环，努力激活学校因素和家庭因素在创设“绿色”教育生态环境中的联动、融合作用。

学校开展大家访活动，让每一位孩子得到有针对性的关爱；组织家校活动日，为每一个家庭营造浓郁的亲情氛围；开设家校共建选修课，积累生活经验，让家长看到不一样的教育；举办成人礼，家长直接参与学校为十八岁的学生举办的集体成人礼……这一系列举措推动了家庭教育的有效开展，由浅入深，由表及里，循序渐进，一起守护学生的希望。

学生的情况“千生千样”，在相同或相近的年龄背后有着相差很大的素养，相距很远的诉求，它们伴随着学生的成长一起而来，形影不离。我们唯有以生为本，让学生心怀希望，自主选择，体验成就，才能让学生进得来、留得住、学得好， 不让任何一个学生成为陪读生。

小小剪刀下的锦绣繁花

——嵊州市石璜镇中心小学剪纸艺术教育回顾

浙江省嵊州市石璜镇中心小学 张勇

剪纸是最具中国特色的传统民间艺术，已被列为世界非物质文化遗产。一张彩纸、一把剪刀，不仅可以培养学生的动手观察、创新、审美能力，还可以帮助学生树立良好的人生观、价值观和世界观。一直以来，浙江省嵊州市石璜镇中心小学就致力于以传统民间剪纸艺术与小学美育教育的整合为切入点，着力挖掘优秀民族传统文化遗产，开发剪纸校本课程，开展多元化的课内外剪纸艺术活动，引领学生传承中华优秀传统文化艺术，汲取中国智慧、弘扬中国精神、传播中国价值，不断提升学校文化品位，努力将学校打造成为一所学生乐学、教师乐教的个性鲜明的剪纸特色学校。

一、立足高远，打造“石璜剪纸模式”

理念决定高度，思路决定出路。为更好地发挥剪纸艺术教育的功能，石璜镇中心小学在“文化立校、特色亮校”这一基本理念的引领下，以“以人为本，促进农村学生全面发展与个性发展”为发展目标，健全机制，细化流程，造就了“普及+提高”、“特色+特长”的石璜剪纸特色模式。

自从将剪纸定为学校特色工作以来，我校健全了艺术组织管理机构和相应的管理办法、规章制度，成立了以校长为组长的艺术教育工作领导小组，分工明确、规划细致。在学校统一领导下，我校特色管理遵循“人本、尊重”的核心理念，以剪纸艺术社团为抓手，制定了学校艺术教育特色项目的实施方案，并将它列入每年的学校工作计划中。同时，我校将剪纸特色的考核也列入了《石璜镇中心小学教师年度考核细则》《石璜镇中心小学先进班级评选条例》《星级学生评选条例》《剪纸特色教师考核办法》等多种管理办法和规章制度之中。如今，剪纸特色工作正在全面引领着学校整体发展。

二、优势凸显，全面开展艺术教育

师资稳定。我校现有专职剪纸特色教师3人，兼职教师6人。为提升剪纸特色教师的素质，我校每年进行教师全员剪纸校本培训 30多次，并多次参加社区组织的各种活动。同时，根据艺术特色教育发展的需求，我校不断优化师资队伍的建设，邀请知名剪纸艺术家宋胜林、吴善增、钱海琴等来校指导，作为学校艺术特色发展的外在力量支撑。

硬件齐全。一是各类剪纸器材齐备，场地设施完善，有专门的保管使用制度；二是我校按要求配备了剪纸专用教室2个，剪纸作品创作室1个，作品陈列室1个；三是我校开辟了以剪纸为主要内涵的剪纸特色走廊、剪纸作品展示区、班级剪纸角，并坚持向师生、家长、社区开放。

三、亮点鲜明，精准发力培育英才

剪纸来源于生活，是创作者对生活、对自然的认识、感悟。我校充分利用教师资源优势，结合学生兴趣和地域的剪纸传统开设剪纸校本课程，让学生随心所欲地发挥自己的创作欲望，剪出美妙的画面，从而实现从现实生活的“真”向艺术的“美”演化、深化的过程，进而培养学生发现美、体验美、享受美、创造美的能力。

课程的建设基于规范的落实，精湛的技艺来自勤奋的苦练，我校十分注重“以赛促练、以练促学、以学提速”，激发学生剪纸的兴趣和教师教学的动力。一方面，努力做到课堂教学与课外活动有机结合，给学生的学习以更充足的时间和更广阔的空间。在课堂教学中，我校依托校本教材，把剪纸课程列入课程表，并不断增加剪纸课新内容，充分利用学校信息网络和现代技术装备，向课堂40分钟要效率；在课外活动中，通过课后乡村少年宫、兴趣小组、留守儿童乐园等阵地，让学生自由选择，充分发挥个性。另一方面，注重活动展示，使每一个学生都能在剪纸艺术活动中受到艺术熏陶，展示艺术才华。每逢节日、纪念日和其他特殊时期，我校迅速推出剪纸主题教育活动，并举办每年一届的学校剪纸艺术节，开展师生现场剪纸比赛和展览，促进剪纸技艺手段提高与交流学习的常态化。

18年来，我校以剪纸特色教育为突破口，实施艺术特色教育，全面推进素质教育的战略成效显现，剪纸文化得以传承，剪纸特色全面凸现。

四、硕果累累，剪刀下亦有大乾坤

剪纸给孩子们带来了无限欢乐，也使这朵民间艺术的奇葩在校园里播下传承的种子。如今，剪纸已经成了我们的一种特色美育，被多家媒体多次争相报道，极大地提升了学校的知名度，赢得了社会各界的广泛赞誉。

2004年5月11日，举行了石璜镇小学第一届现场剪纸比赛；2005年12月，我校学生剪纸社团被评为绍兴市中小学艺术教育特色社团；2006年4月30日，我校被命名为嵊州市级特色学校；2006年9月，《小学生学剪纸》《越乡剪纸》《民族剪纸》三本剪纸校本教材出版；2008年11月，我校被命名为“绍兴市特色学校”；2007年1月23日，浙江省民族教育现场会在石璜召开，我校的剪纸特色教育受到好评；2007年4月16日，范丽老师的小课题《舞把把小神剪，刻缕缕民族魂》获全国一等奖；2008年8月3日，我校在嵊州城市广场举行“奥运风 民族情”剪纸作品展；2008年9月10日，蔡运兴老师的剪纸作品《廉政信箱为人民》参加中国象山廉政剪纸大赛，获优秀奖；2009年5月27日，在绍兴市“非物质文化遗产民间剪纸展”中，我校获优秀组织奖，沈赞飞老师获二等奖，陈春苹老师获三等奖，裘杭波老师指导的学生作品获二、三等奖；2010年2月23日，我校美术教研组被评为绍兴市先进教研团队；2010年4月6日，我校被命名为“浙江省艺术特色学校”；2010年9月19日，我校师生创作的“世博剪纸”受邀参加嵊州市“快乐暑假，体验成长”教育活动成果展；2011年1月5日开始，绍兴电视台采访我校孝敬剪纸活动，节目在绍兴新闻综合频道第一热线栏目中七期连载；2011年9月2日，黄骏同学创作的《万众一心抗震救灾》剪纸作品，参加浙江省中小学生美术比赛，获一等奖，裘杭波老师被评为优秀指导老师；2011年12月27日，沈赞飞老师的《五角窗花的制作与创新》参加绍兴市教育学会2011年度中小学（幼儿园）综合类课程优质课评比，获一等奖；2014年8月29日，参加绍兴市历史文化风情剪纸艺术比赛，裘杭波老师获一等奖，周嘉涵和张欢跃同学获二等奖，商天娇同学获三等奖；2015年7月，参加“美丽乡村情系鉴湖”绍兴市剪纸艺术作品比赛，范丽老师获一等奖，沈爱多和陈春苹老师获三等奖，沈星彤同学获一等奖，陈佳妮和郭珊同学获二等奖，周嘉涵等五位同学获三等奖；我校的剪纸特色教育成果多次在人民网、中国新闻图片网、浙江教育报、绍兴电视台、嵊州电视台等刊出或报道，剪纸课题曾在市级立项，获得过县级一、二等奖；2017年，蒋哲平老师的《“剪纸”与“美”——在剪纸活动中培养“美丽”少先队员》参加2017年度嵊州市优秀少先队工作论文评比，获县级二等奖，沈赞飞老师的《以剪纸社团为载体，培养学生的核心素养》参加中小学综合实践论文评比，获县级三等奖；2018年6月30日，陈春苹老师的《审美与创意思维在剪纸中的运用与拓展》参加2018年嵊州市教师教育教学论文专项论文评比，获县级三等奖；2018年10月30日，裘杭波老师的《诗中有画，“剪”下亦有诗》在《学习方法报》上发表；2018年11月29日我校的特色剪纸参加由城南小学承办的“戏曲（越剧）进校园”全国现场会，我校布置有一个展台，裘杭波老师上了一节剪纸展示课；2018年12月29日，沈赞飞、蒋哲平老师的《基于“金剪刀”社团活动，推进剪纸艺术的探究》结题论文，参加2018年嵊州市教科研结题项目和优秀成果评比，获县级一等奖；2019年1月15日，剪纸通过了嵊州市特色学校、学校特色项目评估认定；2019年6月26日，沈赞飞、蒋哲平老师的《立体剪纸在小学手工制作中的研究和探索》，在绍兴市教科规划课题优秀成果评比中获市级三等奖；2019年6月30日，沈赞飞、蒋哲平老师的《小学剪纸活动建设与各学科整合的探究》、陈春苹老师的《小学剪纸，让审美教育逐步扎根》，参加2019年嵊州市教师教育教学论文、专题论文评比，均获县级三等奖；2019年9月17日，参加“凝聚中非艺术魅力，助力石璜乡村振兴”活动，与非洲的艺术家现场交流、学习剪纸技艺；2019年，沈赞飞老师的《浅谈小学立体剪纸技法的研究与应用》在《儿童大世界》上发表，《小学生立体剪纸教学初探》在《试题与研究》上发表；2020年，裘杭波老师的《诗中有画“剪”下亦有诗》、陈春苹老师的《浅谈乡镇特色美术教学在小学美术教学中的尝试》，参加2020嵊州市教师教育教学论文评比，均获县级三等奖；2020年7月6日，沈爱多老师团队主打的精品课《尚美·剪纸》获嵊州市义务教育精品选修课程评选一等奖。

经过十多年的剪纸特色教育，从当初红烛初燃的简朴校舍，到今天琅琅书声、绿草如茵的美丽校园，经历了岁月的磨炼，多年的搏击，薪火相传，积淀了深厚的文化底蕴，“静心”、“儒雅”、“多元”的学生文化；“创新”、“反思”、“幸福”的教师文化和“古典”、“整洁”、“人文”的校园文化正在校园内全面形成，这应该是我们十多年来剪纸创建过程中积累的最宝贵的文化资源。

文化浸润桃李满园　百年方城辉熠杏坛

浙江省温岭市方城小学　江国明

“‘学校文化’何谓？纵观当今所谓的学校文化，走心的理念、惹眼的标语、热耳的口号随处可见，各种新词叠床架屋令人眼花缭乱者也不在少数……然而，方城小学这所‘百年老校’的文化还真不一样！尽管文化架构是现代化改造的结果，但其中的内涵却是百年历史的积淀。”教育学博士、台州学院教授、华东师范大学课程与教学研究所兼职研究员王少非在评价方城小学的学校文化时这样说。

浙江省温岭市方城小学传统与现代完美融合的学校文化为这所传统名校的品牌内涵注入了全新的教育质量因素，无声地滋养着方城的校园文化，激励着方城人勇往直前。

传承百年文化，续写百年斑斓

方城小学始建于1917年，初为女子小学专招女子入学，由创办人林姗娥女士打破封建礼教，开女校先河，后男女生合招，学校也历经合并、改名等发展节点，一度成为新中国成立前全县规模最大的县直属小学。

在温岭各个历史发展阶段，一代一代的方城人筚路蓝缕、薪火相传、敢为人先、独领风骚，描绘了一幅幅斑斓绚丽的办学画卷，培养出了一大批国家栋梁之材，如环境毒理学家、中国工程院院士蔡道基，著名数学家、科学院院士柯召，著名美术史论家、美术教育家、画家王伯敏，著名历史学家陈高华，革命老战士、原海军司令部办公室主任鲁冰，著名地热专家蔡义汉，著名冶金专家金山同等一代大家和知名学子。“百年名校　实验著称　不愧邑乡翘楚；几许俊才　学品兼优　堪称社会栋梁！”正是人们对百年方城的赞誉和美好情感。

面对我国教育事业进入转型发展关键期遭遇的标准化、现代化、法治化、智能化挑战，方城小学在传承百年文化的基础上，紧跟教育发展趋势，从丰厚的历史积淀中获取成长元素，学习借鉴他人的先进经验，加强国际交流与合作，提出了努力创建既有时代气息、更富文化底蕴、兼具国际视野的现代化的魅力方城的发展定位：全面贯彻“人文见长、全面育人”的教育新理念，突出“人文”在育人中的重要地位，通过坚守“为学有方，为人以诚”的核心理念，传承“创新　实干　奉献进取”的方正精神，践行“方正至诚”的校训、“方正博雅　唯美至诚”的校风、“教之以方　育之以诚”的教风和“博学有方，厚德至诚”的学风，全面培养德智俱佳、身心两健、学创兼备的走向世界的现代小学生。

精置空间文化，浸润学生心田

方城小学原本是明代县立以来的学府旧地，曾经有画梁雕栋、抱柱飞檐的礼堂，有绿荫蔽空、藤蔓蒙络的古柏，只是可惜已经消失于历史的风雨中。如今展现在人们面前的方城，是一座寓古典意蕴于现代建筑之中、传统与现代和谐融合的百年新校。

校门，青砖木架组成的硕大的形似巨型书本“方”字，静静地迎接着师生。穿过“方”书，百年方城迎面而来，“校史”在墙壁上缓缓展开，从方城初立时的校士馆直至刚被改建的老教学楼，拾级而上，不断给所有学生展现日渐丰腴的百年方城。将本校优秀学子的形象和事迹制作成图片，布置于廊道，为学生树立精神的榜样。通过格言廊、钢琴角、经典名句牌、专题展、文化墙、建筑小品等，创设浓郁的文化氛围。以健康学园、和谐乐园和文化艺园为目标，通过设计班级名片、建立班级书橱、开辟班级园地、建立学生信息档案、设置班级全员服务岗位等班级文化，建设班集体精神家园。

巧设课程文化，培植学生素养

学生是学习的主体，课程则是学生发展的载体。方城小学基于学情，依托“一切为了孩子发展”的育人思想，聚焦小学生学力发展，深化育人模式转变，形成了教育生态文化课程系统。该课程体系以基础性课程为主干生命，以拓展性课程为主干生命的依附与补充，通过和合的形式促使国家课程、地方课程、校本课程学校化的生态化变式，通过探求核心素养构成理论来规划实施课程的生态样构成，凸显学生自主学习，实现核心素养的发展；优选有效行为，架构科学路径，推动核心素养的发展；创新教学技术，践行还学于生，促进核心素养的发展；试行学生成长“学力评价”，增加学生学习内驱力，实现核心素养的自主提升。

学校的课程建设从内容、空间和时间三个维度进行尝试性延展，着力构建方向正确、内容完善、学段衔接、载体丰富的工作体系，努力形成全员育人、全程育人、全方位育人的工作格局，以期使学校文化丰厚而有生命活力。“修身课程”，立足日常生活，指向道德成长；“始业课程”，帮助刚入学的孩子适应小学校园生活，培养基础的学习习惯、生活习惯；“塑业课程”，陪伴整个小学阶段，奠基幸福人生基础；“毕业课程”，回顾过去，指向未来，心怀感恩，胸怀理想；“游学课程”，利用社会自然资源，开辟第二课堂，把读书和生活结合起来，把读书和旅游结合起来；“社团课程”，为学生搭建个性舞台，促进学生和谐发展、个性发展……这些课程涉及或者综合了文学、科学、艺术、体育等各个领域，拓展了学校的文化内涵。

多彩的课程体系，把学生们带入一片广阔的蓝天，任他们自由翱翔，个性得到张扬，人格得到锻炼，人文素养和人文精神得到全面提升。人文烙印，使学生们将方城的求学经历变成终生难忘的一段美好回忆。

深耕节礼文化，引领学生成长

“让育人更富创意，让课堂更有活力，让孩子更加聪慧，让发展更加全面”，这是方城小学在教育方面的不懈追求。学校结合《国家中长期教育改革和发展规划纲要》《社会主义核心价值观》《中小学德育工作指南》和《浙江省小学生日常行为规范》等文件的育人精神，着眼全人发展，根据学生成长过程中的关键时间节点，举行隆重的主题庆典活动，熔炼各科知识，形成多形式、多内容、多层面的仪式文化，让校园充满活力与生机。

学校不仅有小学生刚入学时的“启蒙礼”、跨入少先队的“入队礼”、中年级的“十岁礼”活动、完成小学学业时的“毕业礼”，还伴之以每年四月以“精神成长”为主题的读书节、五月以“健康成长”为主题的体育健康节、六月以“快乐成长”为主题的艺术节、十月以“安全成长”为主题的安全节、十一月以“创新成长”主题的科技节、十二月以“胸怀世界”为主题的英语节。节礼活动，崇尚的是礼的仪式感，倚重的是节的参与度，是幸福校园的幸福阳光，“我是一缕阳光，伴你童年时光”，用六年的智慧之光奠基孩子的幸福人生。

节礼之乐，旨在通过活动给学生七彩童年烙下斑斓的底色。如每年五月开始的方城小学毕业课程，围绕“感恩　责任　学力　发展”这四个关键词，通过“回忆往昔，传承美好，用行动诠释感恩；关注身边，关注社会，用行动担当责任；合作学习，取长补短，用行动提升学力；探索体验，走近中学，用行动开启未来。”将文化知识的严谨性和毕业实践的趣味性相结合，为方城学子打造一个展示自己六年小学学习生活综合水平和个性的舞台。每届毕业课程以“梧桐树下话成长”为预热活动，“毕业墙设计”正式拉开毕业课程序幕，以“方城小学别样的毕业典礼”敲响方城学子们成长履历中最初的那声响亮的洪钟！

方城小学是一所老校，更是一所名校，其百年的办学传统积淀了丰厚的文化底蕴，如杲杲朝阳喷薄着耀眼的光辉。学校如今更是享誉浙东南地区，先后获得全国“注•提”实验先进集体、全国推普工作先进集体、全国现代教育技术实验学校、浙江省文明单位、浙江省教师发展示范学校、浙江省示范性家长学校、浙江省电化教育先进集体、浙江省教育科研先进集体、浙江省科研兴校200强学校、浙江省数字化史料馆、浙江省中小学STEM教育项目培育学校等盛誉百余项，展现了百年名校的敢于担当的改革形象。《中国教育报》《人民日报•海外版》《中国青年报》《浙江日报》《浙江教育报》《钱江晚报》等十几家省级以上报刊曾数度对学校开展教育教学活动作了专题报道。

多元发展创特色，品质立校育桃李

浙江省温州市教师教育学院附属学校　张晓珍　蒋高烈　潘赟

少年强，则民族强！全面贯彻党的教育方针，落实立德树人根本任务，发展素质教育，推进教育公平，是每一所学校肩负的使命。好的教育始于关心，是润物无声的陪伴，是浸润孩子们幼小心灵的甘泉，好的教育能让孩子从小就接触知识的天空，领略文化的魅力。我校创建于1993年的教师院附校，坐落于风景秀丽、人杰地灵的乐清市东塔山麓，背临古塔，山水清幽。学校前身是由1948年乐清师范学校创办的乐师附属小学发展而来，几经易名，终是落定。迄今为止，经过全校师生的精诚协作、团结努力，学校教育教学质量不断提升，校容校貌优美宜人，办学特色逐渐彰显，为国家建设培养了大批优秀的学生，受到国家教育部多位省部级领导的充分肯定，先后获得“中华优秀传统文化艺术传承学校”、“浙江省文明单位”、“浙江省示范学校”、“浙江省义务教育标准化学校”、“浙江省艺术教育特色学校”等荣誉称号。此外，我校还被温州市教育局授予温州市第一批中小学“爱阅读”项目研究共同体学校，成为温州市体育传统项目学校阳光体育后备人才基地。

一、多措并举，凸显学校特色办学品牌

苏霍姆林斯基曾说：“让学生变聪明的方法，不是补课，不是增加作业量，而是阅读、阅读、再阅读。”阅读是提升教育教学质量最有力的途径，是影响学生成长的重要因素。2013年以后，我校深入探讨对教育的影响，全面推进打造“爱阅读学校”的各项工作。经过7年的探索，终于形成了“导读评一体化”阅读实施平台及阅读实践体系，即以学校为核心并借助“阅读银行”的构建与实践，建立“导”（《悦读导航》导读手册）、“读”（常规阅读、主题阅读、专业阅读活动）、“评”（《悦读存储本》《阅读存折》评价手册）一体化阅读，让孩子在不断的海量阅读与评价中丰盈自己，提高自己。为更好地推动这项工作的开展，我校还相继开展了“爱阅读班级评选”、“爱阅读明星评选”、“附小阅读银行的创办”、“阅读商店兑购活动”、“小学导读评一体研究”、“童年不该错过的书和电影”等系列活动，为学生提供了广阔的成长平台，极大地激发了学生阅读兴趣，提升教育教学质量。

近年来，学校课题研究也取得了丰硕的成果。不过，我校负责人张晓珍还是“感到了深深地不安”，她说：“虽然学校阅读蔚然成风，学生阅读热情高涨，可浅表化，随意化，盲目化，随处可见。囫囵吞枣式地阅读，浅尝辄止地对待，老师在阅读指导上也是黔驴技穷，疲于奔命。”为此，我校教科研开始致力于课外阅读在方式方法上的突围，以循序渐进的方式构建学生自主阅读课外读物的高阶思维。比如，新课标中对学生提出了文体把握的要求，在课外阅读中适当渗透文体意识，借助建立在文体意识下的阅读导航单的引领，以循序渐进的方式构建学生自主阅读课外读物的高阶思维，让学生在积极主动的思维活动和情感体验中加深理解。

在阅读榜样学校的基础上，我校还尝试用多种模式推进爱阅读课程，以创建“爱阅读校园”为突破口，打造阅读品牌，统摄书香校园建设，将阅读课程作为学校文化建设的基本载体。注重全科阅读，以及学科融通和整合，提升阅读的品质和内涵。与此同时，为了让学生阅读从有形空间向无形空间延伸，我校着力构建“泛在阅读空间”，随时随地满足学生的自主阅读的需要，以AI新基建为核心，让AI可知、可控、可用和可靠和绿色阅读、均衡阅读、深度阅读有效融合。

二、立足课程，倾力提升学校教学质量

课程，是学校实现教育目标的主阵地。基于“博学优雅，艺体见长”的教育愿景，我校绘制出多元交融的课程群蓝图。2018年，我校已开设了28个精品课程，囊括了国家课程、地方课程、校本课程、拓展性课程以及德育课程等多个课程体系。为提升办学品质起到了重要作用。其中幼小衔接课程是我校独具匠心的校本课程之一。通过课程实施，使幼儿入学软着陆，帮助幼儿更好、更快地适应小学环境。此外，我校的“创客作坊”创客课程，是集科学、技术、工程、艺术和数学于一体的综合性课程。在创客作坊里，学生可以发挥奇思妙想，用“Scratch”编程出小程序，用五金工具制作出动力小车、桥梁、陀螺等；“礼润•雅行”课程，是学校的德育精品课程。其中“礼润课程”将原有的“一二三七”文明礼仪和“优雅十礼”进行整合，形成礼貌、礼节、礼仪三维模块下的21礼课程内容。“雅行课程”则包括雅学、雅行、雅赏9项课程内容。学校坚持引领学生朝着“方圆并蓄，个性成长，彬彬附小，陶养立人”的育人目标不断前行。

活动是体现学生综合素质的最好方式。它可以开阔视野、陶冶情操，可以培养学生的集体荣誉感，增强班级的凝聚力；它是师生之间的情感纽带，也是家校联系的桥梁。因此，除课程建设外，我校还大力开展形式多样的教育实践活动，如“阅读商店大型兑购活动”，全校学生通过阅读主题游园赢取阅读币、阅读币兑换奖品等形式，感受阅读的无穷乐趣；童创节让孩子们在充满幻想的童创系列活动中，播种下科学的种子；学科整合下的登山活动，通过徒步登山、主题中队课和户外实践课堂，开阔了学生视野，鼓励学生积极投入社会实践，感受大自然的气息。值得一提的是，我校组织的“汉字听写”系列活动，通过多场竞技，层层选拔，产生了教师院附校最强的几名“汉字达人”，他们组成最强战队，代表教师院附校参加温州市首届直属中小学汉字听写大赛。经过激烈角逐，最终教师院附校代表队夺得汉字听写大赛的团体第二名，喜获二等奖，康怡婷同学在赛中成绩优异，荣获个人单项奖。

“艺体见长”之下，篮球和艺术教育也成为我校的特色品牌。在全校的篮球普及教育中，我校制定固定的篮球特色课，由教学经验丰富的篮球教师任教，提供基础课程的学习，打造学生篮球爱好的萌发地；通过班级土壤的培育由学生自主选择参加篮球社团活动，因材施教，让每一个孩子茁壮成长；对于身体素质突出且兴趣浓厚的学生，

通过课后加餐的模式进行定向训练，备战各类篮球赛，磨炼专业技术，让孩子的篮球梦想，能够在校级梯队中开花结果。依托篮球教育，我校先后被评为"全国青少年校园篮球特色学校"、"温州市体育传统项目学校阳光体育后备人才基地"、"温州市体育特色学校"等称号；2019年，学校U12组（11-12周岁）校篮球队豪取乐清市体育节小学生篮球赛三连冠，U10组（9-10周岁）校篮球队也完成强势卫冕，蝉联乐清市体育节小学生篮球赛冠军。学校也因此成为乐清市唯一获此荣誉的小学球队，堪称乐清市小学篮球的"豪门"。2018年，我校联合温州市中等幼儿师范学校，开设了涵盖美术、舞蹈、器乐、书法四大类学科的免费艺术课程，聘请著名舞蹈专业老师，以实施校本化固定课堂的模式，进行艺术授课。值得一提的是，每一位参与艺术课堂的学生都和学校有一项约定，那就是坚持学习一门艺术课程5年以上。这样的时间安排，是为了给学生的毕生修养做好启蒙时期的良好铺垫，让学生性情和艺术情操有所沉淀。2012年到2017年，这五年来学校艺术教育，硕果累累，在艺术节美术类比赛中，300多人次获乐清市级以上荣誉。其中获国家级奖项2人；省级奖项8人。学校的原创舞蹈《家乡的鱼灯》荣获了浙江省二等奖。

三、以师为本，谱写时代品质教育篇章

师者，教育之手足也。手足不利，教育之途愈发难也。习近平总书记指出："一个人遇到好老师是人生的幸运，一个学校拥有好老师是学校的光荣，一个民族源源不断涌现出一批又一批好老师则是民族的希望。"教师是教育发展的核心资源，要想实现有品质的教育，必须建设一支德才兼备的专业师资队伍。为了提升学校教师专业技能和素养，我校以项目引领为抓手，围绕"儿童视野下的课堂变革"、"从儿童思维的视角重构教学"构建了递进式的教研框架。"思维课堂"的建设项目让每一个阶段的老师都有机会得到锻炼和发展。同时，我校大力实施"青蓝工程"，针对新教师教学目标的制定和达成以及课堂常规的形成进行指导，对于新教师站稳讲台起到了很好的作用；我校的名师进校园，通过一月一次的名师进校园活动，对于思维课堂的形成以及教师个人风格的凝练和提升起到引领和推动作用；教研联盟，以校际交流和实践练兵为途径，研究思维课堂的教学范式与变式，提升基于"学习者为中心"的教学能力。如数学学科和瓯江小学的校教研联盟；全员赛课，以试课的形式进行赛课，让行政或骨干教师都进行课堂领航展示或专题讲座，真正做到全员参赛，人人都成为理论的学习者，课堂的实践者。通过学校的种种举措，教育教学质量显著提升，教师凝聚力明显增强，为学校向前发展夯实了基础。

绵绵之力，久久为功。教育注定是一场没有终点的行程。作为教育的一员，我校会不断继承、发扬坚苦卓绝、自强不息的精神，贯彻落实学校办学理念，以学生阅读提升学校教育质量，不断丰富学校教师素养和能力，努力提升学校品质，绽放教师生命，撬动学校教育的发展，敢为人先，勇于创新，不断开启学校发展的新局面。

遇见阳光南浦，铸造稚子方舟

浙江省温州市南浦小学　李碧

校园文化蕴含着深层的、丰富的价值体系，对师生的成长具有导向作用、激励作用和启迪作用。因地制宜地挖掘学校文化建设的个性，能够释放学校文化的巨大能量。如果说文化是一条流动的河流，那么南浦就是一座生机快然、氤氲留香的芳洲。

浙江省温州市南浦小学成立于2005年，是由南浦一小、南浦二小和南浦三小合并而来的大型教育集团，拥有三大校区，分别坐落在南浦住宅区内，环境幽雅，设施完备，名师荟萃，书香氤氲。怎样挖掘学校文化建设的"个性"呢？学校笃行阳光教育，追随儿童本真，以求真务实的科学态度，打造拥有特色、具备深刻内涵的校园文化，营造诗意南浦之映像，构筑阳光温馨之家园。

传承文化，打造诗意南浦

校园文化是学校的魂与根，是凝聚人心、展示学校形象、提高学校文明程度的重要体现，也是一所学校文化积淀、办学品位、办学特色的体现，不会因为时间或更换校长而随意改变。正如日夜流淌千年的南塘河，深厚的历史文化已然成为南浦小学师生生命发展的精神营养与未来学校整体发展的文化资源。

南浦之美，美在诗词歌赋。南浦生长在曲水芳洲处，南浦生长在古典诗文中，南浦生长在阳光温润里，其所具有的生机快然、和美清芬的南浦意象，让地处温州南塘核心文化区域的南浦小学文脉悠长，氤氲生香，让其拥有了温润美好、诗意文心的文化基因。

我们在古典文化中遇见南浦，我们在南浦之美中汲取诗意。以南浦比德阳光，因其光明、温暖、普照、希望等表征，恰如南浦人向真、向善、向上的价值追求。为此，学校秉持"阳光教育"理念，以"明理笃行、求知创新"为校训，深化"向阳而生，迎光而长"的德育理念，通过七彩阳光课程、家校联盟等积极行动，让温润之光朗照莘莘学子，让每一个孩子浴光成长，尽情绽放自身与生俱来的光芒，成为一个个焕发着温润之光、葳蕤之光的南浦少年。

坚守初心，打造阳光南浦

学校的文化并不是仅仅挂在墙上，写在纸上，它需要落地，就需要根植于学校教育的土壤，根植于教师的行为，根植于学生的学习生活之中。让每一位孩子发光、温润、美好，这是阳光南浦永不褪色的初心所在。

伴随着南浦阳光教育的再深入与再浸润，一所阳光温馨的师生家园宛然生成。多年以来，南浦小学始终坚持做有温度的教育，通过打造以"家"为港湾的阳光文化，以"人"为原点的阳光课程，以"韵"为特色的阳光品牌，让教育明亮起来，让教育生动起来。

阳光笑脸墙，南塘悠韵长廊，温馨等候吧，阳光风雨伞，一景一物，无不透着"家"的温暖。南浦小学致力于打造阳光家文化，以回"家"一般的温暖，实现阳光文化的浸润无声，让学生、教职工、家长对这个"家"有归属感，并在这个温暖的"家"中获得成长力。

让学生有归属感，以阳光温暖教育，让学校成为学生的第二个家。学校通过作品展出来、表演秀出来、方法讲出来等方式，让学生在学校里感受到家一般的温暖。

让教职工有归属感，给新教师打一通家长电话，去租住在外的老师家里家访，实施青蓝结对工程，搭建教师成长平台，丰富教职工生活，实现教职工团队的互帮互助、共同成长。

让家长有归属感，以家校Shine联盟建立起家长和学校的长期互助关系，担负起共情共育的教育使命，发挥家长的专业特长，拓宽家校联通路径，让家长陪伴着孩子和学校一起成长，并以此助推家长"成长力"、"互助力"、"服务力"，让家长助力阳光德育，对学校产生浓厚的参与感、归属感、自豪感，并以家校联动、聚合协同的育人模式，打造属于南塘的温暖和谐的温馨家园。

主动作为，打造温暖南浦

我们要实现阳光教育、诗意南浦的再度升华，定然离不开对南浦文化的溯源、深掘、丰富与躬耕。南浦小学从阅读、非遗文化、艺术等角度出发，营造书韵南浦，创建书香校园，培养孩子墨香底蕴，努力创办一所书香校园、艺术校园、文化校园。

我们从南塘河水乡的特点出发，寻找南塘桥韵，让儿童游南塘、赏南塘、说南塘、绘南塘；借助南塘的古戏台、美术馆，开展艺术文化节、南塘美术展、学术论坛等活动，打造南塘书香雅韵的文化氛围。

当然，我们深知，学校文化不是专家设计出来的，不是校长在办公室苦思冥想出来的，或者大家是在会议室讨论出来的。看得见的环境，既是学校的风景，也是学生学习的场景，这是显性的文化。但更为重要的是，那是人的发展、家的温情，这是校长做出来的，团队干出来的，这是一条隐秘的文化线索。

我始终相信，校长是一个高品位的人，那么整个校园的文化都可能高雅起来。校长的品位和人格，决定了学校的品位。校长每天站在校门口迎接每一个孩子，学生到校则充满了快乐，迟到的老师再不迟到了；校长带着美好的心态去发现，欣赏、鼓励、表扬身边的每一个人，让每一位师生的生命能够得以舒展、打开，老师和学生的气质、谈吐也自然折射着这所学校的生态。学校也就越来越有了温度。

遇见阳光南浦，遇见稚子芳洲。相信在全体南浦人孜孜不倦的探索和努力下，将会有更多的稚子灵童在求知、求美、求乐中受到潜移默化的启迪和教化，乐有其所，诗意成长，健康发展，这所阳光书香、诗意快然的南浦小学也将更加美好。

书逐浪之诗篇　颂发展之华章

——浙江省严州中学新安江校区跨越式发展纪实

浙江省严州中学　赖忠林

浙江省严州中学新安江校区　叶鸣

千年文脉，百年学府。历经120年的沉淀和洗礼，浙江省严州中学如今更加意气风发：这里一草一木，日升月落，尽显心意；这里一山一石，物换星移，皆有故事。新安江畔，朱池岭上，严州中学以厚重绵远的文化底蕴和兼收并蓄的治学襟怀，秉承传统，执着追求，凝心聚力，求真务实，着力文质相炳焕的"严中"教育品牌建设，迎来了学校跨越式发展的新机遇。

滋兰树蕙，木秀于林

严中典雅，也追求现代；严中隽美，更崇尚品质。行走在严中校园，鸟语花香、绿树摇曳，书声琅琅……呈现出一幅幅严谨务实、和谐共进的动人画卷，而与之相呼应的则是学校获得的一张张名片：浙江省现代教育技术实验学校、浙江省治安安全先进单位、浙江省卫生

先进单位、浙江省绿色学校、浙江省现代教育技术实验学校……这些都记录着严中人的行进脚步，也承载着严州中学“办好人民满意教育”的郑重承诺。

百廿长河，俊采星驰。从1901年建立的“府立双峰书院”到“六睦学堂”，再到现在的“严州中学教育集团”，这颗教育明珠始终与中华民族同呼吸、共命运，既保持和传承传统的办学优势，又彰显百年传统与时代特色的完美融合，不仅成就了一大批德才兼备、为教育教学工作做出突出贡献的知名教师，也培养了一大批学业有成、奉献社会的优秀学子。可以说，从政界官员到军队将军，从大学硕博导师到尖端军工科技精英，从商界领袖到高科技公司领军者，严州中学的校友遍布海内外。他们投身于各行各业，贡献着自己的聪明才智，许多人已成为业界翘楚，如原中共中央委员、武警部队总政委徐永清上将，原中共中央委员、中国记者协会主席邵华泽中将，中国工程院院士张齐生教授，新华通讯社副社长马胜荣、何东君，原国家地震局局长方樟顺，著名学者夏承焘、吴茀之、严济宽、戴不凡……近120年以来，一代又一代“严中人”心怀家国梦想，秉承严中校风，书写着大时代背景下自己的精彩人生。

严教实育，业精于勤

“建设教育强国是中华民族伟大复兴的基础工程，必须把教育事业放在优先位置，加快教育现代化，办好人民满意的教育。”作为一所集团化、品牌化、现代化学校，严州中学围绕新时代发展与变革的主旋律，牢牢把握教育的正确方向，紧紧扣住教育的重点和亮点，力求在传承中创新，在创新中上进，在上进中崛起，在崛起中谱写美丽“严实”教育的新华章。

严实党建，赓续初心。为国育才，为党育人。严州中学坚持“立足教育抓党建，抓好党建促发展”工作思路，从学生实际需要出发，努力夯实党建载体，引领全体师生出实招、办实事、求实效，全力打造“严实”党建品牌，以“党建强”引领“教育强”，持续推动学校高素质发展。

严谨务实，科学管理。严就是严密细致，严而有格；实就是真抓实干，实而不虚。严州中学紧紧围绕高质量教学的核心目标，充分发扬“严实”精神，在狠抓教育教学常规中寻找增长点和突破点。学校借助杭州学军中学的品牌优势，积极主动，虚心求教，利用其雄厚的教育资源和丰富的办学经验，化“外力”为“内力”，全面提高学校管理水平和教育教学质量；2020年，学校与金太阳教育合作举办浙江省新高考高三学科复习备考研讨会，通过多位学科专家和知名校长的交流碰撞，为高考冲刺指明了方向。正因在严中，名校与学校对接，名家与学生对话，信息在传递，思想在交流，观念在传播，机遇就在这个文化磁场中悄然而至。

严以修身，德能并举。“舟大者任重，马骏者远驰。”严州中学始终坚持“严以修身、德能并举”的治教理念，立师德，强师能，着力锻造一支一支教艺精湛、师德高尚、一专多用的教师队伍。首先，学校把立德树人作为教育的根本任务，以严实精神严守政治纪律，以更高标准规范自身言行，切实做到“秉仁爱之心，树有志之人”。其次，学校继续发挥骨干教师专业引领作用，成立邵琳萍名师工作室和徐建芬名师工作室，以名师带动学科团队发展，推动学科优势发展，并在更大范围内产生辐射效应；再次，学校充分构建青年教师专业成长平台，组建青年教师学习共同体，通过教科研讲座、教育教学专业论坛、外出学习考察等多种方式，促进青年教师提升专业素质，以更好地适应教育教学需要。

严宽相济，因势育才。教育就是让每一个孩子找到自己的位置，并在这个位置上得到茁壮成长。学校始终坚持“人人有才，因势育才；一个学生，一面旗帜”的育人理念，系统构建“双主体”实效德育模式，全力培养学生文明表现、友好相处、自觉学习、健康身心的良好习惯，着力实现素质全面、特长鲜明、有责任、会担当、能自律的培养目标。同时，学校实施“强基”计划，按照“以点带面、扬长培优，分层教学、分类培养”的教学实施策略，着力培养学生扎实的学科基础和创新能力，面向全国顶尖一流大学培养、输送素质全面、特长鲜明、创新思维突出的后备人才。

继往开来，玉汝于成

回首来时路，花开满地，一路逶迤；放眼新征程，广阔天地，策马扬鞭。全体严中人抢抓教育发展的大好时机，以坚如磐石的信心、坚韧不拔的毅力、只争朝夕的劲头，高起点规划，高标准建设，取得了显著成效，社会美誉度和影响力持续攀升。

把握机遇，破浪前进。近年来，在市委、市政府的高度重视下，学校抢抓机遇，积极筹措资金，精心规划，大规模进行学校建设，改善办学条件。2019年，学校启动校园整体改造一期工程，改造工程建筑面积22932平方米，工程概算投资1853.92万元，大大改善了学生学习和教师办公的条件，提升了校园的整体环境。与此同时，学校还完成报告厅整体改造、行政楼一楼会议室改造、校园橱窗更新等工程，为学校高质量教育教学活动创造了良好条件。2020年，学校在完成整体改造一期工程的基础上，继续顺利推进二期工程，总投资额达1947万元，主要对体艺楼、图书馆、食堂和田径场进行整体改造，并在今年暑假完成。现在的严中，布局错落有致，浑然大气，她继承传统，追求现代，更崇尚品质，激励学生穷且益坚，发愤苦读，不坠青云之志。

爱心助力，乘风而起。关心支持严中教育，就是关心支持严中的未来。近年来，学校得到了社会各界和广大校友的大力支持。2008年8月，时任新安化工董事长的王伟先生在严州中学新安江校区个人出资设立“新安学子”奖学金，每年出资30余万元，至今已无偿帮助180名新安学子。2019年，大蜂控股责任有限公司出资1000万元在严州中学新安江校区设立“大蜂教育”奖教基金，杭州宋都集团出资50万元资助100名贫困学生，杭州君悦酒店继续资助30名“君悦学子”。在这些爱心企业和爱心人士的大力关爱和支持下，家境贫困的学生与温暖相伴，与奋斗同行，顺利完成了学业。

奋楫笃志，圆梦未来。2020年高考，严州中学新安江校区砥砺前行，勇创佳绩，一段录取达385人。其中，徐俊杰同学被中国人民解放军空军航空大学飞行技术专业录取，王泽群、何煜杰、徐亦北三位同学被民航飞行技术专业录取；150人被双一流建设高校录取；2位同学被世界排名前100名的知名大学录取；今年还出现了一批同学被国防科技大学、战略支援部队信息工程大学、陆军工程大学等军校录取的可喜现象。这是学校一直以来坚持五育并举，重视学生综合素质培养的直接体现。

百年光华，薪火传承。严州中学如一颗百年老树，扎根泥土，守望家园，承载着一代又一代人的梦想，培育了一代又一代的学子。上下求索，书逐浪之诗篇；学贵有长，颂发展之华章。新的时代，严州中学将继续高扬奋斗之旗，与时代同频共振，用智慧和热血为建德教育贡献力量。

教育惠民让老百姓享有更公平的教育

重庆广播电视大学九龙坡分校 刘生亮 吴小梅 胡志强

党的十九大报告指出“建设教育强国是中华民族伟大复兴的基础工程，必须把教育事业放在优先位置”。可见，办教育尤其是努力办好人民满意的教育，是大势所趋、人心所向。其中，教育惠民是社会公平的起点，是最基本、最重要的公平。重庆广播电视大学九龙坡分校三块“牌子”（即：九龙坡电大·九龙坡区成教中心·九龙坡区社区教育学院），一套“人马”，承担着为区域全民终身学习公共服务的职能和区社区教育指导委员会办公室的职能，旨在让人人都能享受“更好更公平的教育”，让人人通过教育都有人生出彩的机会。

发展电大，三创三转指明方向

自1988年九龙坡电大工作站建立，充分整合社会资源办电大以来，九龙坡电大分校经过了三次创业、三次转型，摆正了办学方向，为学校的持续发展积蓄了前进的动力。

第一次转型是1999年，九龙坡区成人教育发展中心成立，由企业技校教育和职工教育转为面向社会开展成人教育；第二次转型是2006年，建立“九龙坡电大分校”，开展开放教育试点和人才培养模式的改革，从传统成人教育模式向现代远程开放教育转型；第三次转型是2012年，成立九龙坡区社区教育学院，致力于服务区域全民终身学习，建设老百姓身边的开放大学。在这个过程中，九龙坡区这支成教队伍也接受了市场经济和教育改革两次庄严而深刻的洗礼，在市场搏击中学会了“取势、明道、优术”，并迅速成长壮大起来。

截至目前，学校开设护理学、会计学、学前教育、工商管理、法学、社会工作等16个专业，教学班247个，在籍学生人数13420人，其中国家开放大学9625人，重庆广播电视大学2345人，网络教育合作高校1450人。

转型社教，全民学习掀起热潮

2009年，是九龙坡社区教育的一个开创界点。伴随着新世纪钟声的余音，九龙坡电大挂牌成立“中央电大社区教育实验中心”，学校由此正式进入了“转型社区教育，助推事业可持续发展”的新芽萌发期。为让居民能够近距离、更多、更好地参与“快乐社区教育模式”，学校积极探索和实验，主要采取三大举措，坚定地迈出了具有九龙特色的社区教育的蹒跚之步！

第一，主动出击，插旗占位。学校依托杨家坪文化楼、谢家湾建设广场、石坪桥成教中心三个校区，建成三个社区数字化学习中心示范点，构建起了主城社区教育网络。当年底，学校又与石坪桥街道联手搭建社区学习平台，共建了建筑村社区、新视界社区、造漆村社区三个“社区教育学习点”，并结合居民需求，先后在三个社区学习点开展居民电脑通识培训，得到了居民的广泛认可。

第二，开展两大活动，激发居民参与社区教育的热情。面对新型的社区教育模式，学校没有等待观望、故步自封，而是于2010年创造性地开展了社区文化艺术节和“全民终身学习活动周”两大社区活动。2010年5月，经过艰难的走街串镇挖掘节目后，以“和谐社区，魅力九龙” 为主题的第一届社区文化艺术节惊艳亮相，丰富多彩的文艺节目受到社会各界的普遍好评，影响力逐渐扩大延伸。如今，社区文化艺术节已经历时11届，成为九龙坡区的群众艺术盛典、百姓星光大道，成就了一个深受百姓欢迎的九龙坡社区教育的文化品牌——“全国百佳终身学习活动品牌”。与此同时，“全民终身学习活动周”也在2010年正式拉开帷幕，并以此为契机举办了一系列形式多样、主题突出、特色鲜明、效果显著的宣传活动和学习活动，在万千民众中激起巨大的反响，全民学习之风由一群人传递到一城人。11年来，两大活动在街、镇各社区掀起了一阵又一阵的学习热潮，有力促进了终身学习理念的渗透，逐步形成了人人皆学、时时能学、处处可学的良好风气，形成了全民参与学习、共享品质生活的良好局面。

第三，主动争取领导重视，争取政策支撑。社区教育是一次全新的教育实践探索，是党委政府在新时期履行的新使命和新任务。九龙坡电大在自强不息、艰难奋进的同时，也积极争取领导的重视与关注，争取政策的扶持，为社区教育实践探索赢得了有力的保障。2012年，九龙坡区社区教育学院正式挂牌，学校三块牌子（九龙坡成教中心、九龙坡电大、九龙坡社区教育学院）亮相巴渝。

成人之美，教育惠民开辟新路

“博观而约取，厚积而薄发”，自2013年起，九龙坡社区教育步入了快速发展轨道，一手抓运行机制健全，一手抓人才队伍建设，社区教育大见成效。

一方面，建立十大机制，有效推进社区教育的开放发展。一是统筹领导机制。积极促进区、街（镇）建立社区教育指导委员会，为社区教育发展当好资政参谋，将学校的实验研究成果转化为领导决策；形成九龙坡区社区教育工作例会制度，将社区教育工作纳入街（镇）年度综合目标考核，并开展区社区教育年度专项督导考核。二是服务保障机制。促成九龙坡区政府出台关于社区教育的“1+3”配套文件，建立政策保障；协调区、街（镇）两级财政将社区教育经费纳入年度预算安排，建立经费保障；协调区社区教育指导委员会各参加单位，组织社区教育的管理员队伍、指导员队伍、辅导员队伍和志愿者队伍；开通“九龙坡区全民终身学习网站”，搭建开放学习平台，丰富开放学习资源。三是社会联动机制。建立区、街（镇）年度社区教育联席会议制度，形成共推社区教育发展合力；组织街、镇社区学校开展社区教育联动共享项目，形成跨校互动、全区联动的办学格局；与街、镇社区学校建立学历教育办学联盟，形成新的办学系统和利益共同体。四是考核激励机制。形成街、镇社区教育月报月检制度，年度专项督导考核制度和在全区年度社区教育工作例会上表彰先进集体和先进个人制度，组织开展学习型社区的创建活动，每年开展评选全区“十佳百姓学习之星”和“十佳社区教育志愿者”活动。五是项目驱动机制。每年推出“十大发展改革项目”，开展关键问题和重点工作攻关，促进学校转型和队伍提升；组织街、镇社区学校申报、立项，开展街（镇）社区教育“一街（镇）一品”的创建。六是品牌引领机制。坚持开展社区文化艺术节和“全民终身学习活动周”系列活动，充分发挥社区教育大篷车、九龙楹联艺术、“建设”柔力球等区域内一批社区教育特色品牌课程、项目或活动的引领作用。七是示范带动机制。在全区范围内与街、镇、社区共建三个社区教育实验基地，六个社区教育示范学习点，五个市级社区教育示范学校，三个市级社区教育游学基地；渝州路街道社区学校成为全市第一家社区学校，民安学苑成为全市第一家公租房小区社区学校，华龙家园社区学校成为全市第一家廉租房小区社区学校；组织全区街、镇社区学校开展实体化、信息化、标准化、规范化即“四化建设”，开展“达标”考核和“示范”创建。八是共建共享机制。通过搭建项目平台，主动与文化、体育、卫生、科委（协）、人社（就业）、民政、农委、工会、团委、妇联、关工委等部门的社区教育项目对接；通过开展政府购买社区教育服务试点，引导社会力量进入社区教育领域；指导社区学校创新“三社融合”的办学模式，即社区教育与社会治理、社会服务相融合，与社会力量共建基于项目的社区教育服务共同体。九是队伍建设机制。通过“百川讲坛”请进来、“系统渠道”走出去、“网站校刊”追主流、“项目驱动”勤实践四种方式，切实开展校本培训；通过建立网上动态开放的教师学习空间和业务档案，促进教师转型提升；通过定期开展全区社区教育干部培训（研修），提升街镇社区教育工作人员的综合素质；通过建设“社会管理学院”，探索开展学历教育与职业培训相结合的应用型人才培养模式。十是“种子”培育机制。有计划地开展社区教育志愿者服务人员的“种子”培训，以街镇社区居民的集中学习需求为导向，组织开展基于课程、项目的“种子”教师、教练培训班，让“种子”教师、教练在基层社区教育中更好地发挥志愿者服务作用。

另一方面，狠抓教育队伍建设，夯实社区教育的基础。针对社区教育人员不固定、服务能力不强、专业性不高等问题，有针对性地对街（镇）开展区级、市级和国家级等系列培训，队伍建设取得了明显效果。

截至目前，九龙坡区社区教育学院下设13个镇街社区学校、153个村居社区学习中心，共获得6个“全国社区教育示范街镇”，1个“全国城乡社区教育特色学校”，7个“全国终身学习活动品牌”，10个“重庆市终身学习活动品牌”，13个“重庆市社区教育特色课程”，7个“重庆市百姓学习之星”……九龙坡社区教育已走在重庆市前列。

砥砺奋进，开放大学造就人才

2020年，在教育部《国家开放大学综合改革方案》（教职成〔2020〕6号）文件推进落实中，重庆开放大学、九龙坡开放大学也应势而成，重庆开放大学“社会管理学院”项目正式落户九龙坡。同时，九龙坡开放大学也启动招收“社会工作”本专科学生。

学校将通过定向招生、行业招生、校内招生等多种渠道，争取3-5年内为区域社区教育工作培养造就一支职业化、专业化的社会工作人才队伍，助力区域社会经济发展，助推社会治理体系建设，为“十四五”期间电大转型升级和社区教育内涵可持续发展提供强有力的人才保障。

坚持教育惠民，服务全民学习，是全面建成小康社会的必然要求，是经济社会发展的民生需求，是建设“人人皆学、时时能学、处处可学”的学习型社会的重要基础。在国家开放大学的指导下，九龙坡电大十年来坚持开展社区教育实验，探索以“智能共享”理念促进区域社区教育发展，取得了显著成绩，得到了人民群众的广泛认可。目前，学校是首批全国示范性基层电大、全国高校网络教育优秀校外学习中心、中央电大首批社区教育实验中心、国家开放大学首批社区教育实验基地、重庆市示范性基层电大、重庆电大系统转型发展试点单位。

传承红色基因　培育红心少年

重庆市第三十七中学校　余位河

传承红色基因、弘扬优秀传统，是每一代年轻人的历史使命。对于广大青少年学子来说，从红色教育中汲取养分，从红色研学中陶冶心性，是在新的历史征程上更好地实现自身价值的人生必修课。重庆市第三十七中学校成立于1955年，时任重庆市教育局长邓垦同志明确指示要把37中办成“全市第一所为工农子弟开门的学校”。发扬优良革命传统，传承红色基因，为钢城培养时代新人，这种“为中华崛起而教书”的情怀成了37中的文化血脉。

近年来，学校传承历代37人的积淀，将红色基因融入新时代青少年教育之中，不断拓展党建空间，构建红色文化记忆场、教育场，培育出一批批德智体美劳全面发展的社会主义建设者和接班人，成为一所全面育人、特色鲜明的示范性学校。放眼未来，37中正信心满满，向着新时代教育之路阔步向前！

坚持红色文化引领，夯实学生德育内涵

教育是为中国特色社会主义培养建设者和接班人，这要求学校不仅要关注学生在校的几年，更要关注学生走出校门后成为怎样的人。培养社会主义人才，要求“德智体美劳”五育并举、五育融合，而德育对其他四育有极强的渗透作用，因此德育是整个教育工作的核心和灵魂。初高中是学生人生观、价值观的形成初期，这更需要学校开展红色主题教育活动，引导学生爱党爱国，筑牢思想根基、坚定理想信念、树立责任担当。这也是培育时代新人最核心的德育工作。

在“传承红色基因，培养时代新人”思想引领下，三十七中学将文化、环境、课程、课堂、师生融为一体，促使学校教育的每一处环境、每一门课程、每一个细节皆能达到潜移默化、润物无声的育人效果，进而形成了老师主动上党课、学生积极学党史的教育特色，彰显出全体师生“自强不息、百炼成钢”的精神风貌，也让学校实现了跨越式发展，获得了全国中小学心理健康特色教育学校、重庆市文明校园等荣誉。

挖掘红色教育资源，营造红色特色环境

作为具有深厚的人文历史渊源和革命传统文化底蕴的三十七中学，理应承载传播红色文化的历史使命，紧扣“立德树人”根本任务，深入挖掘地域红色教育资源，从红色文化建设入手，宣传和扩大红色教育，让红色文化渗透到学校的每一个角落。

学校注重营造具有红色特色的校园环境，在校园文化建设中充分融入党史、新中国史、改革开放史、社会主义发展史的元素。学校以重钢环保搬迁后遗留下的枕木搭建荟轩长廊和义渡亭，将共和国第一条铁路退役后的钢轨“请进”校史馆，把20世纪五六十年代校办厂的遗址完整保留；充分发挥橱窗、展板、公众号、党建墙、班队课、升旗仪式等主阵地的作用，并在106个班级设立“习语近人”专栏，全力打造红色文化记忆场、教育场，营造浓郁的红色文化氛围。

开发红色校本课程，推进红色教育活动

根据学校发展和时代进步的需要，学校要不断优化、创新学校特色内涵，提升学校特色品味。面对新时代教育发展的诉求，三十七中学坚持以培育重品尚德、爱国忠勇、自律担当、立志报国的一代新人为目标，常态化开展红色文化教育和实践活动，将红色基因移植到师生的头脑中，融入师生的血脉里，见之于师生的行动中。

学校将常规的课堂教学与各种主题红色教育活动相互促进、融为一体，形成了显性和隐性两大体系。首先，学校以课堂教学方式深挖学校红色教育资源，研发红色校本课程，将红色文化理念渗透在各科教学中。2018年，学校以市级课题《中学生党史宣传的策略与路径的研究》为抓手，先后开发了《改革开放40年家乡变迁》《历史上重大改革回眸》等多门融入党史内容的红色选修课程。其次，学校以红色

主题实践项目、研学旅行为载体，以各类丰富的实践活动为途径，让学生获得红色文化的体验、感受和感悟，使之成为全校联动的课程体系。再次，学校坚持“红色攻坚”特色党建，深入开展“党史进校园”主题教育系列活动，积极推进红色文化全员化、全课程、全覆盖、全角度、全方位的探索与实践，取得了显著成效。学校首批教师由龚淑墉、魏亚雄、朱威等革命工作者担任，他们手写的革命事迹自传现保存在校史馆中，是学校珍贵的红色教育资源。

“路虽远，行者将至；事虽难，做者必胜！”如今，红色文化逐渐渗透到学生内心，成为37学子最鲜亮的精神底色，学校也由此获得了大渡口区档案、党史、地方志工作先进集体荣誉称号。

积极吸纳家长力量，实现家校同频共振

教育不止事关学校，更事关家庭。如果家长不配合、不认同、不支持，即使学校做得再好，也不可能培养出身心健康的好学生。为将红色教育工作切实落到实处，三十七中学结合学校实际情况，不断完善学校、家庭、社会三位一体的教育体系，积极推进家庭教育工作的落实，努力形成家庭教育的“合力”，实现家校同频共振。

学校设立教育交流中心，开展家长课堂、新生家长培训会，发放家长成长手册，引导家长进行合理家庭教育，同时为家长提供个性化的指导。另外，学校把家长请进课堂，结合学生生涯规划开设家长选修课，对学生进行专业化指导。近年来，学校家校共育成果显著，在学校“37公里徒步行”研学旅行活动中，家长组成爱心车队、彩旗队、摄影队，在徒步行中与孩子共克艰难、共同成长。

不忘初心、继承遗志，方能更好地继续前进。为让红色基因薪火相传、生生不息，三十七中学将继续推进红色文化教育，把红色精神、红色文化、红色传统注入青少年的血脉，融入青少年的灵魂，引导青少年自觉传承红色基因，树立和践行社会主义核心价值观，做勇于担当民族复兴大人的时代新人！

提质培优促发展，翱翔职教新天地

重庆市丰都县职业教育中心　廖碧森

在丰都县庆祝第36个教师节座谈会上，丰都县相关负责人提出，要实施现代职业教育质量提升计划，引导丰都县职业教育中心围绕全县特色农业、文化旅游、智能制造等产业，动态调整学科专业，促进产教融合、校企合作，着力打造“全市一流、库区最好”的职业教育高地。面对新时代教育的诉求，我校积极响应上级领导号召，不断调整办学思路，着力夯基础、补短板、创品牌，在对接区域经济服务地方发展、加强校企深度合作、产教深度融合、建设“双师型”教师队伍等职业教育的热点难点方面不断破题。

2020年是全面落实“职业教育提质培优行动”的夯基之年。我校上下一心，致力于“厚德载物树丰骨、厚爱严管育丰林、厚人达己展风采、厚积薄发建丰功”的“启航人生，助推发展”办学理念，合力书写学校转型发展、稳中有变的奋进之笔。

产教融合，畅通人才成长渠道

职业院校深化产教融合、校企合作，是地方经济发展的助推器。

为积极对接经济发展的需求，我校在专业上下足了功夫。通过淘汰旧专业、优化好专业、增加新专业，如今我校开设的建筑工程施工、电子技术应用、数字媒体艺术设计等专业力求与当前经济发展需求匹配吻合，实用性强、就业前景好。

近年来，我校不断探索实践“校企合作、产教融合、工学结合”订单式培养等合作模式，与新加坡长航国际海运有限公司、重庆机电工程技工学校等相关企业、学校深度合作，共同开设3D打印、海员海乘、轨道运输等专业，积极探索多阶段工学交替人才培养模式，协同实施精细培养、精准就业的“双精”育人模式，畅通了升学、就业、创业等途径，直接带动学生、企业、学校三方受益。

为助推地方经济发展，凸显职业教育服务地方的功能，今年8月，我校安全有序组织100余名旅游专业学生到南天湖景区参与多种岗位服务工作，更开设康养休闲与旅游服务专业，服务地方发展。另外，我校与丰都途安驾驶培训学校、重庆有牛电子商务股份有限公司等多家本地企业合作，积极开展企业员工来校培训、送教入厂等合作，切实为地方经济建设服务。

强师筑基，推动学生优质发展

教学质量是职业教育创新发展的生命线，也是高素质技能人才的主渠道。

我校高度重视提升教师综合素质，以专业带头人、骨干教师选拔培养为重点，形成专家型、学科带头人、“双师型”、合格型四层梯队，努力培养“双师型+企业服务型+行业专家型”教师。深入开展教育科研工作，加大教学资源库建设力度，调动全体教师广泛参与教学资源库建设的积极性，提高教师业务水平。继续开展重庆市第三批“五环四步”教学模式改革实验学校课题的推广应用等研究工作，提高教师科研水平。

我校高度重视加强学生技能训练培养，组织师生参加市中职技能大赛，提高参赛水平。做好学生技能考证培训、网上申报考试等系列工作，确保学生技能考证合格率达90%以上，提高学生、家长和社会满意度。高度重视学生实习工作，加强对企业的考察调研，进一步规范带队教师考核，加强对实习环节的管理，确保毕业生就业率达99%以上，实习满意率达90%以上。21岁的许仙是丰都县职业教育中心电子应用与维修专业毕业生，曾参加市级技能大赛荣获二等奖，并成功入围参加了国赛。职高毕业后，学校根据他的专业特长，推荐他到锐朗制冷公司上班，每月收入近8000元。

在做好职业教育的同时，我校还持续加强对对口高考班的管理考核，认真设置课程，高考上线人数连年创新高，为学生、家长和社会交上一份满意的答卷。

助力脱贫，服务地方经济发展

扶贫先扶智，治贫要治本，扶贫脱困是职业教育的使命。

近年来，我校积极开展结对帮扶活动，包括加强技能扶贫、收购农产品、给予物资帮助、解决就业问题等方面。据不完全统计，超过400名村民学到了农业技术，提高了增收能力。丰都县兴义镇坦铺村的贫困户黎丙权由于不懂得疾病的预防，缺乏科学管理的经验，养猪成本高、效益差，苦恼不已。“幸好有职教中心的老师来指导，现在我成了养猪能手，日子好过多了。”黎丙权说。

我校地处三峡库区，因而还承担着移民培训这一民生工作。为进一步增强移民脱贫致富的保障，我校不断丰富培训菜单，开设了榨菜加工技术、现代农业知识、花椒种植、计算机应用、电子商务等实用性强、受欢迎程度高的培训课。近几年，我校每年培训移民数千人，取得了良好的社会效益。在广州打工多年的三峡移民王刚前两年回到老家丰都，打算创业。项目选择迷茫之时，他参加了我校的花椒种植和电子商务培训，现在他不仅自己种花椒，还收购附近村民的花椒进行线上销售，有时候一天收入就有300多元。

对于本校的贫困学生，我校坚持“一个也不能少”的原则，对优秀学生进行生活费补助，给贫困学生提供勤工俭学岗位，解决生活困难。同时，我校干部对贫困学生进行一对一结对帮扶，号召全校学生向贫困生捐款捐物。通过种种努力，确保了没有一名学生因为家庭贫困而辍学。

德育创新，提升师生综合素养

学生不仅要有技术技能，还要有良好的道德品行。针对职教学生难招、难教、难管、难留的客观现实，我校创新“互联网+中职德育”德育品牌特色，推行创新入学教育模式、选修课走班制、班团课教育模式、国防教育模式“四大德育改革行动”。开展“三自”体验式自主管理，通过渗透到日常校园管理中的德育实践活动，让学生在自我教育、自我管理、自我服务的过程中更加自觉、自律；开展“尚上”教育主题实践活动，鼓励师生们追求“我心尚上”的精神风貌；开展“一日助理，成人达己”等系列德育活动，德育教育成效显著。例如，每周三下午，学生们“走班”上学校跨年级开设的58个特色选修课，早已成为学校的惯例。

与此同时，我校还依托心理健康特色学校建设，强化学生心理健康教育。“心理咨询室”专人值岗，注重对学生心理危机识别和干预，引导学生形成正确的世界观、人生观和价值观。

近3年来，我校的学生德技双修，成绩斐然。在教学方面，2018年高考，128名学生上本科线，本科上线人数位居重庆市中职学校第七名；2019年高考，214名学生上本科线，本科上线人数位居重庆市中职学校第二名，参加重庆市第十一届中等职业学校职业技能大赛，获得7个二等奖、14个三等奖；2020年高考，181名学生上本科线，本科上线人数位居重庆市中职学校第四名，参加重庆市第十二届中等职业学校职业技能大赛，获得1个一等奖、1个二等奖、14个三等奖。在竞赛方面，参加全国及重庆市中职学校“文明风采”竞赛，多件作品获得等级奖，学生职业生涯规划文章《Happiness咖啡馆创业计划》入选《全国中等职业学校“文明风采”优秀作品选编》；学生湛云茜参加青少年“五好公民”主题教育读书活动朗诵项目获得全国一等奖、重庆市特等奖；学生罗小琴获全国“最美中职生”荣誉称号；学生彭秀梅获第三届重庆市优秀青年志愿者称号；学生戴愉静参加重庆市首届中学中职学生会干部风采大赛获得中职组特等奖，同时在青少年“新时代好少年”主题教育读书活动朗诵项目中获得全国二等奖、重庆市特等奖。

精雕细琢，人人都有出彩机会

大力提倡工匠精神，让“部分中职生月薪超本科生”已是稀松平常的事，加强职业教育建设力度，培育知名职业学校，同样能给予年轻人广阔的成长空间。深耕教育多年，我坚信，中职学生同样也是值得精心雕琢的璞玉，教育就是要发现他们内心的珍宝，让正能量更加充沛于心。

让每个学生都有人生出彩的机会，是学校的办学坚守。成才先成人，树人先树魂，是学校的育人之道。我校坚持以党建工作为统揽，从学校管理、校企合作、立德树人三方面突围，引领师生守正尚上，继续强化脱贫攻坚技能培训，推动职业教育与产业发展深度融合，不断

提升职业教育的社会服务力；以校企合作、产教融合为主线，大力推动“三教改革”，完善“对口高考”工作机制；以科研为抓手，以文明风采、技能大赛、信息化大赛、班主任基本功大赛为切入点，培育市级、国家级课题或教学成果，进一步提升学校美誉度和知名度。

学校特色办学硕果累累，先后被授予为改革开放40周年重庆校园文化建设百强学校、全国青少年校园足球特色学校、全国中等职业学校学生核心素养培养拓展性课程教学改革“实验学校”，获全国青少年主题教育读书活动“示范学校”、“先进集体”称号，2013-2018年重庆市职业教育科研工作“先进单位”，多次获丰都县高考先进集体、“质量兴教”先进集体等荣誉。

办好职业教育不仅仅是帮学生成长成才，为企业积蓄发展动能，还应为城乡发展提供更多支持。我校将秉承“厚技载业，丰翼向善”校训，践行“启航人生，助推发展”办学理念，锐意进取，潜心育人，努力打造三峡库区特色职校，为丰都的乡村振兴、城市发展做出应有的贡献，办出让人民更加满意的中职教育。

全力打造高水平中职教育特色品牌

重庆市涪陵区职业教育中心　殷安全　罗先勇

重庆市涪陵区职业教育中心作为国家第二批中等职业教育改革发展示范学校、国家重点中职学校，2018年被确定为“重庆市高水平中职学校”立项建设学校。经过两年的创新建设，学校高水平中职教育实现了又好又快的发展，取得了“6+1”创新模式“七大”高水平创新成果，在办好人民满意教育的道路上谱写了光彩华章，走出了一条“立足重庆、面向西南、辐射引领、享誉全国”的特色发展道路——

高水平党建特色为创新发展确立方向

重庆市涪陵区职业教育中心在高水平中职教育发展中，始终坚定道路自信、理论自信、制度自信、文化自信的发展观，为高水平职业教育发展保驾护航。学校获得“重庆市先进基层党组织”和“涪陵区先进党组织”称号，彰显了学校党政一班人“引领发展、服务奉献”的核心理念。

——全面领导，引领发展。在高水平建设中，学校党委积极开展“不忘初心、牢记使命”主题教育，引导师生增强“四个意识”、坚定“四个自信”、做到“两个维护”，把党建与中心工作同部署、同检查、同考核，促进整体工作上质量、上水平。

——党员名师，示范引领。学校实施“党员名师工程”，选拔培养15名党员名师组建5个党员教学名师育人先锋队，以“赵晓雪党员名师育人先锋队”与渝中职业教育中心“杨梅名师工作室”开展学术交流活动，引领47名教师专业成长。同时，学校积极推进党建阵地标准化建设，完成党建陈列馆建设规划，更新党建橱窗12个，引导高水平中职教育走向“深蓝”。

——服务奉献，彰显品牌。学校积极开展“结对共进”活动，党员结对帮扶“关爱”学生545人、服务社区群众150余人次，111名党员为抗击新冠疫情捐款1.2万余元，选派两名干部驻村精准扶贫，举办了第二届校园感动人物暨“不忘初心、牢记使命”主题教育成果展示活动，承办涪陵区教育系统第六组党建共同体2020年第四季度工作会，赢得了社会各界的好评。

高水平治理体系为职教创新夯实基础

为实现中职教育高水平治理体系现代化的目标，学校从项目建设一开始，组建了项目建设指导委员会和专业群建设指导委员会，为高水平职业教育的创新发展奠定了坚实的基础。

——确立任务，层层落实。学校研究制定出“目标—任务—项目—成果”有效支撑相互印证的行动方案，按照“专家指导—任务开展—总结反思—提升质量”的工作过程，定期将工作总结和反思报告区政府部门，确保了项目建设有序推进和高质量完成建设任务。

——增设机构，制度保障。高水平项目建设一开始，学校就增设教育科研处等3个处室，修订章程、优化制度、任务到人，完善党委领导下的校长负责制，启动了内控制度体系建设，实现管理制度化、创新发展常态化和管理机制的精细化。

——推进改革，校企共育。近年来，学校与8所高校开展“3+4”、“3+2”人才培养改革试点，取得了显著的人才培养成果。学校修订完善了11个专业人才培养方案，建构了“4231”课程体系；新增涪陵页岩气等合作企业18家，为优秀人才的培养搭建了广阔的发展舞台。

高水平专业群为人才培养增添动力

牢固确立人才培养在高水平职业教育发展中的核心地位，是重庆市涪陵区职业教育中心高水平建设和人才培养的成功经验，为每一名学子的成长成才插上了腾飞的翅膀。

——整合资源，机制创新。为确保高水平建设有序推进，学校成立了专业部长任负责人的建设小组和指导委员会，全程指导项目建设。为实现更好地发展，学校分别对30余家企业、20余所职业院校、500多名学生进行了对接，新建两个专业群探索实施“岗位能力•工学结合+技能证书”和“1+X+Y”的人才培养模式，实现了优质教育资源的创新。

——课程创新，专业带动。近年来，学校积极探索构建“平台+职业能力模块+证书模块”的专业群课程体系，校企合作开发出版了《工业机器人应用》教材。旅游服务专业群实施现代学徒制教学，校企合作开发“服务礼仪”、“导游实务”课程标准，创新了一批精品专业课程。

——产教融合，服务社会。近年来，学校专业群与企业签订了现代学徒制等4个市级项目合作实施协议，新增京东方、白鹤梁水下博物馆等14家合作企业。在基地建设方面，学校新增川东船舶重工等5个校外实训基地；新建了3D模拟导游实训室，新增武陵山大裂谷景区等6个校外实训基地；与企业合作共同开发了4个实训项目，为学校实现高水平发展积累了经验。

高水平师资队伍为学校发展贡献力量

重庆市涪陵区职业教育中心高水平的创新发展，还源于一支高效创新、勤政务实的教育团队。学校领导班子成为“涪陵区优秀领导班子”，建成了“重庆市智慧校园示范学校”，荣获“全国新时代好少年主题教育读书活动•我为祖国点赞示范学校”称号。

——专业水平，显著增强。学校开发专业教材5种，建成课程资源3门，建成市级实训基地4个、骨干重点专业5个、现代学徒制试点项目2个，人才培养模式持续优化。学校通过校本培训、企业实践等五种途径，使教师在信息技术、教育科研、思政能力、创新创业等方面得到了全面的提升。教师全员参与“2020市培计划——信息技术应用能力提升2.0工程整校推进项目”，组织教师31人到同济大学全国重点建设职业教育师资培训基地开展为期9天的专项提升培训。

——研制规划，激发活力。学校围绕“54321”建设路径，完善了《绩效考核方案》等12项制度。近年来，学校根据在编专任教师总量不足等问题，新入编教师9名，引进企业兼职教师17名，上报区级部门等待考核入编研究生2名，极大缓解了教师数量不足的问题。

——组建团队，铸造名师。为实现高水平创新发展，学校制定《专业群师资队伍建设方案》，组建向霞、张力心两个教学创新团队名师工作室，引进能工巧匠8名、研究生2名，成立全国技术能手董泽君、全国劳动模范张志华两个技能大师工作室，成功申报国家教育规划课题和重庆市教育规划课题3项，为高质量人才培养提供了支撑。申报重庆市教学成果奖培育项目4项，其中“以‘道•艺’文化为引领的中职学校思政课程建设”等3项成果被市教育部门列入培育项目。

高水平优秀人才为学子发展搭建通途

近年来，重庆市涪陵区职业教育中心在高水平学校发展中，建立了多方参与的全员育人机构，制定“三全育人”制度，构建“223N”学生多元能力评价模式，形成了“三全育人”的发展格局。

——文化引领，提升素养。学校构建了“12345”学生全员素质素养提升机制，即以“道•艺”文化为引领，建好校内校外两支育人队伍，实施“三自教育”，依托校园电视台、心理咨询室、训导室、未成年人观护帮教基地4个特色阵地，开展班会、主题团日、社团、志愿者和文明风采竞赛五类活动。学校编写的《人生与浸润》《规范与自律》校本教材，在市内得到了推广。

——分层教学，健全体系。学校构建了以分层教学为核心的“四二三一”课程体系，建设理实一体教学环境，推行STIA教学模式，构建了以项目教学为核心的多元教学方法体系，形成了“面向全体、重点突破、多方参与”的技能训练与竞赛体系，成功申报7个“1+X”证书试点项目，实施“双证融通”学生职业能力评价试点。在2020年高职分类招生考试中总上线754人，本科上线145人，首次突破百人大关，本科上线人数居涪陵区首位、重庆市第七位。

——持续发展，彰显特色。学校加强心理健康教育，出版了《心理健康教育》教材，开展“大国工匠进校园”活动，对学生进行“一对一”的绝招绝活辅导。学校开展的创新创业通识教育获市“渝创渝新杯”比赛一等奖，为开展创新创业教育开辟了通途。在2020年重庆市中职学校学生排球比赛中，女队荣获一等奖、男队获得三等奖，刷新了学校在市级体育比赛中的纪录。

高水平服务能力为社会发展建功立业

职业教育的高水平发展，为重庆市涪陵区职业教育中心带来了可喜的变化。学校构建了“学校—政府部门—园区—企业—社区”五级培训服务网络体系，开展各类培训2295人次，社会服务资金达到82.7万元。对云南省昭通、渝东等12所学校开展对口帮扶，使职业教育之花盛开在云贵高原。

——办学影响力显著提升：办学水平提升增强了学校的吸引力。近年来，有云南等省市外学生540人和渝东南、渝东北学生2050人，毕业生实现了高就业。学校还投入13万元，助力乡村振兴建设，成了服务地方经济社会发展的生力军。

——国际交流实现了创新：学校与泰国黎逸府4所职业院校开展文化和学术交流活动，招收泰国留学生到校研修，填补了重庆市中职学校开展留学生教育的空白，成为重庆市中职学校国际交流的先行者。

——发挥了示范辐射作用：近年来，学校先后承办了重庆市第十二届职业技能大赛模特赛项等大型活动34次，接待了浙江等省市到校考察交流8次，吸纳18所中职学校21名教师参与《服务礼仪》等3种教材编写。

接天莲叶无穷碧，映日荷花别样红。重庆市涪陵区职业教育中心高水平的创新发展，引起了人民网、中国新闻网等媒体多次报道，赢得重庆市领导和社会各界的高度评价。一个高水平中职教育特色品牌，在重庆市涪陵区职业教育中心全面形成……

高水平特色品牌为创新创业注入活力

重庆市涪陵区职业教育中心在高水平创新发展中，形成了自身独有的"双创"教育特色品牌，为职业教育的深入发展注入了新的活力。

——"双创"特色，成就显著。近年来，学校以"大众创业、万众创新"为指引，开发的《中职生创新创业能力训练》教材，推广到12所中职学校使用，被立项为重庆市教育领域综合改革试点项目。"双创"教育人才培养模式实现了新的跨越，其经验在《重庆日报》向全市推广。

——专家引领，模式创新。学校围绕"双创"教育制定了《中职学生创新创业教育实施方案》。组织专家"构建三元教育平台"和"四合一"的资金保障体系，创新"五位一体"的运行模式。学校编写出版《中职生创新创业能力训练》教材，打造出"双创"特色文化街，组建5个创新创业项目团队，成功申报市区教育规划课题，全面探索中职"双创"教育。

——产业升级，人才领先。近年来，学校紧紧契合企业需求，率先开展"基于校企合作产教融合的中职学生创新创业教育改革试点"和"中职学校'双创'教育课程研究"，新建工业机器人、新能源汽车维修等3个专业，建成"双创"教育实训基地，为华晨鑫源、京东方等名优企业，为国家、社会、企业培养输送了一大批优秀人才。

科创树人，抒写"贤师慧童"品牌

重庆市高新区树人思贤小学　邓瑜

为充分发挥党建工作统揽全局的中心作用，进一步激发学校党建工作活力，重庆高新区树人思贤小学自2016年9月正式投入使用以来，党支部经过深入调研、积极探索创新，提出了"贤师慧童"的党建特色品牌。

在党建品牌创建过程中，学校党支部以党的十九大报告和习近平关于新时期党建工作系列重要讲话精神为指导，以"两学一做"学习教育为重要载体，围绕"打造西部教育高地，建设一流教育强区"目标，紧扣高新区"科创高新，智慧教育"发展理念，依托"135"驱动党建方略，着重提质增效，着力资源整合，着眼创新实践，努力打造一支思想端正、业务精良的党员人才队伍，推进学校高品质发展，助力西部（重庆）科学城建设。

1个阵地：围绕"工作坊"求"蝶变"

学校党支部从实际出发，号召党员同志成立了8个跨学科骨干教师工作坊，借助"五个一"活动，创新开展跨学科的项目式"工作坊"实践研究，让年轻老师在工作坊建设实践中认识自我、改变自我、突破自我，寻求真正意义上的"蝶变"。

守初心磨砺一支团队。通过三年为周期的培养计划的实施，有效推动年轻教师的成长，力求在一个工作周期内使工作坊成员在师德规范上出样板，课堂教学上出精品，课题研究上出成果，管理岗位上出经验，实现了工作坊成员的专业成长和专业化发展，以引领学科教学共同发展。

担使命挖掘一类课题。在实践中总结教育教学经验，探寻教研教改的新思路、新方法，确定一项具有实用价值的科研课题，并在实践探索中验证实施课题，带领工作坊成员开展有效地科研活动。

绽芳华引领一次展示。实施学科建设引领，每年承担一次区级或以上主题展示活动，以研讨会、报告会、公开教学、现场指导等形式，有目的、有计划、有步骤地实践先进的教育理念和教学方法，充分发挥党员骨干教师的带头、示范、辐射作用，从而形成名优群体效应，实现党建引领的模范作用。

勇蜕变打造一批名师。实施党建引领，利用工作坊建设效应，促进教师成长。争取在周期内，能引领一批青年教师成长为学校、区内甚至市内骨干教师。

勤奋进结出一片硕果。党员骨干教师工作坊在教育教学、科研、管理等方面要出一批精品课堂、教学实录、个案集、论文、课题报告、专著等形式的成果，促进年轻党员迅速成长。

"党员骨干教师工作坊"的建设研究，充分发挥了骨干教师和学科带头人在教育、教学、科研和教师专业引领方面的示范、带头作用，促进了教师的发展和成长，推进了学校教师队伍建设，建立健全了教师发展平台和培养机制。

3个领域：紧扣"党团队"齐"共鸣"

强党建，注重联动。建校伊始，学校党支部就着手党、团、队三个领域梯队建设，创新提出"党建带团建，党建带队建"的联建思路，通过党团队三个领域的协同发展，共同发声，不断加强党、团、队自身组织建设，不断增强组织的吸引力、凝聚力、战斗力。

重团建，强化职能。支部把团的组织建设纳入党建整体格局，并专门设立青年委员，负责共青团、少先队指导工作；充分发挥共青团联系青年的桥梁和纽带作用，形成强大合力，共同带动党团整体建设。

助队建，持续发展。学校安排党员骨干教师任团支部书记、大队部辅导员，联席联建，实际负责共青团工作和少先队工作多样化开展；党团队三个领域，三线并进，协同发展，共享共建，琴瑟和鸣，同声奏唱思贤党建的最美旋律。

5大举措：夯实主阵地绽"芳华"

学校大力开展党建活动，创新党日活动形式，充分发挥29位党教师先锋模范作用，以微视频展示党员的铿锵心声，用真挚的评语绽放贤师的树人初心，借拓展平台凝聚锐意进取的奋进真心，以党建驱动发展，呈现出"一棵树，千种贤"的百花齐放的喜人局面。

党建驱动教学，工作坊建设启新篇。党支部依托党员骨干教师资源，紧紧围绕"'四有'好老师"教育活动，借助"家长开放日"、"卓越课堂优质课竞赛"、"教师基本功比赛"等机会，广泛开展青年党员教学技能大比拼。目前，学校有党员教师29名，中学高级教师3名，市级骨干教师2名，区级骨干教师5名，参加各级各类竞赛获奖100余人次。党支部坚守工作坊阵地，通过党建带教学，切实提高党员同志的业务素养和业务水平，培育出党员学习成长的新阵地、新平台，打造了素养提升、智慧蝶变的新天地。

党建驱动科研，品牌发展换新颜。一是抓科研，促进教师专业发展。科研是促进教师专业化发展的有效途径，也是学校持久发展的不竭动力。近四年来，党支部充分发挥党员骨干教师科研引领作用，做到每名党员同志都有自己的研究课题，都是课题研究的主持人或主研者。支部书记亲自主持区级重点课题和市级规划课题，组织委员熊超主持校长专项课题，宣传委员宋自渝主持教师成长课题等，参与课题主研人员就是学校的年轻党员教师们。现在，一些年轻党员教师已申报了自己的课题，学校的教育科研正步入健康、持续发展之路。二是抓课程，初显学校"一棵树，千种贤"特色。党支部经过多次研究，秉承"宽广可选，个性丰富"的课程建设理念，结合"思贤"文化，构建了学校独具特色的"立贤"课程体系。目前，《龙腾九州》和《好玩的版画》校本课程被评为沙区精品课程。

党建驱动团建，共青团建设展新风。一是文明创建。支部由书记带头引领"青年文明号"创建（现已成功创建），积极开展"红岩志愿者"、"党团员进社区"等活动，充分发挥共青团生力军作用，营造团建队伍勃勃生机，不断提高政治理论水平，永葆共青团员先进性。二是专业学习。支部积极邀请教育教学专家来校开展专题讲座，引领青年教师成长；开展团员教师《最美青春故事》分享会、"我与思贤共成长"、"思贤美拍"等活动，并通过学校微信平台进行宣传，促进青年教师自我反思、自我成长。三是组织生活。在党支部的指导下，团支部携手学校工会开展丰富的组织生活，如三八节登山比赛、学雷锋月志愿者行动、思贤年会、花艺沙龙、瑜伽课程、美妆沙龙、每年一次的教师节团队户外拓展等，让老师们在工作之余放松身心，感受组织生活带来的愉悦与温暖。四是教师社团。党团联动，积极开办青年教师社团、瑜伽社团、网球社团、古琴社团、书法社团、龙舞社团等，曾参演虎溪街道元旦晚会，应各个社区、兄弟学校邀请在各大舞台积极展演，在区域内已经具有一定的声誉和影响力。

党建驱动队建，德育品牌创新高。党支部引领学生发展中心，分层次有效指导学校少先队开展活动，按阶段推进系列德育课程，逐步构建了"一剧一台五节"德育课程，创立了具有思贤特色的德育品牌，促进了"贤童"核心素养的培养，促进了"贤童"的全面多元发展。

党建驱动创新，特色发展立新功。一是常规动作实，党建基础牢。党支部深入开展"不忘初心，牢记使命"主题教育，坚持"三会一课"制度，提升党性修养；支部每月至少一次党员大会，每月至少一次支部委员会，支部书记带头上党课、讲党史；认真开展组织生活会，广泛开展批评和自我批评，提升支部党性修养，积极做好思想引领工作。二是党员勤读书，好书伴成长。支部带领教师开展"贤师闲读"、"好书伴我成长"读书活动，营造浓厚的学习氛围，实现教师知识体系的有效积累，努力提升党员理论水平，为打造高水平贤师队伍提供保证。三是党建方法多，党员成长快。支部成立党员骨干教师工作室，建立党员成长计划台账和档案袋，系统跟踪落实党员学习成长计划，推动党员人才成长的具体实施，真正促进了党员的成长和进步，已培养一名党员成为重庆市骨干教师。四是党日活动新，党建特色明。每月的主题党日活动，支部会结合红岩党员志愿服务和在职党员到社区报到等活动，结合共青团建设活动、少先队活动，组织党员深入基层开展活动。例如，针对每年新进教师多的情况，支部组织每年一次的教师节团队户外拓展，增进了教师间的友谊，增强了教师的凝聚力和团结意识。贯彻落实习总书记脱贫攻坚工作重要讲话精神，学校支部持续开展"情满思贤，温暖武隆"党员扶贫系列活动，通过慰问贫困、结对帮扶、送教互学，共学共建，积极推进，落实教育扶贫任务，为边远贫困送去温暖。

通过“贤师慧童”党建特色品牌的创建，加快了学校建设，促进了教师专业成长。五年来，学校获得全国网球特色学校、全国青少年校园足球特色学校、全国文明校园创建先进学校、重庆市文明校园、重庆市“十佳书香校园”、重庆市绿色学校、重庆市无废学校，重庆市无废校园示范岗，重庆市第三批智慧校园建设示范学校、重庆市教育信息化先进单位、区非物质文化遗产传承教育基地等殊荣；教师参加各级各类比赛获奖达1000余人次；学生参加各级各类获奖达3000余人次。《龙腾九州》和《创新版画》评为区精品课程；学校课程建设和德育工作多次在区、市交流。

不负韶华，只争朝夕。思贤人，于见贤思齐处，芳华一路；思贤心，在呕心沥血时泛起涟漪，贤师们齐心协力让每个贤童都有出彩的机会。创建“贤师慧童”党建特色品牌，推动党员人才成长计划，树人思贤小学党支部一直在路上！

书香滋养　艺韵润泽　实践助推

——江北区新村致远实验小学：“激活”师生成长密码

重庆市江北区新村致远实验小学　肖猷莉

学校是什么？学校是个生命场。著名教育家叶澜教授提出的这一观点，深刻影响着新村致远人的教育理念。

自2019年初，学校被重庆市江北区教委正式确定为“未来学校”建设试点校以来，新村致远实验小学坚持追求“生命•致远”教育哲学，在“生命点亮生命”办学理念指导下，全力打造具有生命质感的新样态学校。学校用科技赋能教育，通过“书香滋养生命、艺韵润泽成长、实践助推发展”的路径，将知识、生活、生命高度融合，助力师生成长为“最好的自己”，助推学校发展行稳致远。

书香滋养生命　创建“书香校园”　促内涵发展

阅读是人生永恒的主题，也是孩童心灵成长、精神发育的重要途径。“从小培养少年儿童的阅读兴趣、阅读习惯、阅读能力，学校教育，责无旁贷。”校长肖猷莉介绍，在新村致远这个生命场里，在积极创建“书香校园”的过程中，学校一直坚持开展“阅美生命　书香致远”阅读活动，从教师、学生、环境三方面，多措并举齐发力，构建出一个书香满园的“悦读场域”，致力于学生的阅读习惯养成和能力提升。

开展阅读活动，教师是关键。学校汇聚专家引领、教研员指导、教师实操，校长支持的力量，以“研究中实践，实践中研究”的务实态度，采用“线上+线下”相结合的方式，组织教师定期开展整本书阅读教学研讨会，形成群体共振“研修场”，有效提升了教师整书阅读指导能力。目前，学校已有20多名教师通过阅读指导师的专业等级考核。

阅读路上，学生是学习和发展的主体。学校采取“线上和线下结合”+“学校与家庭融合”模式，为学生量身打造最适合的“教育”，构建整书“悦读场”、阅读“活动场”和家校“共育场”，助推学生良好阅读习惯的养成和能力的提升。

课堂内，教师与学生组成整书阅读学习共同体，激发阅读兴趣，掌握阅读方法，提升阅读能力；课堂外，学校组织全校学生分年级开展“共读一本书”活动，并在线上完成打卡。

大型节庆活动中，故事新编、童话剧展演等阅读元素被充分融入；利用课间、午休、阅读课时间开展的“聊书吧”、“好书推荐”等活动，营造悦读氛围，形成书香文化；“漂书”、“阅读集赞”、“书香少年”评选活动，让八百多名致远“阅读之星”脱颖而出。

为了让家长成为整书阅读的“同盟军”，学校定期开展家长培训，增强家长亲子阅读意识，提升家长阅读能力，构建温暖的亲子阅读场。

加之学校精心打造的雅致廊道书吧、班级书吧，采买的电子阅读本、电子阅读机及阅读资源平台，不仅满足了孩子们随时悦读的需要，更营造出浓浓的书韵氛围，体现“书香滋养生命”的环境育人功效。

如今，在新村致远这个教师、学生、家长齐参与的“悦读场域”中，琅琅书声是校园中最美妙的声音，全员共读也成为致远校园中亮丽的风景。

艺韵润泽成长　民乐+艺体社团　为艺能搭台

为了让学生受到艺术熏陶，学校在致力于打造“书香校园”的同时，坚持开展以民乐演奏为特色的艺术教育。

鼓乐阵阵、余音绕梁，时而舒缓、时而激昂……每逢重大节庆、活动，抑或是每周一、周三邀请专业老师为孩子们指导的民乐课上，整个校园里都会回荡着孩子们用中国传统乐器演奏出的优美旋律。据统计，目前学校共有近500名孩子参与到民乐学习中，并多次获得市区级大奖。

“民乐+艺体社团”的艺韵课程是新村致远走好“艺韵润泽成长”路径的重要载体。学校重抓“民乐飘香”校本课程，整合专业教师力量，通过科学确立课程理念，拟定课程内容，进行课程实施，将民乐团多年来的训练经验物化成为多元的、综合的，致力于学生艺术素养形成和发展的特色校本课程，促进学校民乐团建设提档升级。做好艺体社团课程开发，提倡艺体整合体验式学习，助推孩子灵动、灵性生长。

与此同时，学校将“书香”与“艺韵”相结合，开展“书香满校园，艺韵伴成长”六一庆祝会、“悦读•跃动，生命致远”体育节、“阅美生命，书香致远”阅读展演等主题活动，展示班级团队及个人的体艺风采。

丰富的活动为学生发展个性、舒展灵性提供了平台，也让学校的“艺韵”教育收获了丰硕成果。在市、区级学校艺术团展演比赛中，新村致远民乐团多次获得一等奖，团队里的学生参加各级各类个人演奏比赛，更是获得很多大奖。

实践助推发展　项目式课程建构　为成长赋能

学生成长需要“多元发展”，这是新村致远实验小学坚守的教育信念。如何发展？需要让知识、生活、生命高度融合，需要为学生创造出更为有效地学习方式，需要最为直接地将学习与“真实世界”相联系……新村致远人的选择是，通过跨学科STEAM项目式学习的开展，以实践助推发展。

作为重庆市江北区未来学校建设试点校，新村致远实验小学以科技赋能教育，用综合实践让学生的想象力和创造力得以开发，学以致用。学校积极组建团队，聚焦“课堂变革”这一核心，开展教师跨学科STEAM项目式学习课例研发培训，并在3-4年级利用综合学科课堂尝试进行“创意微影园”这一STEAM项目式学习探索实践，力求有突破性进展。同时搭配主题式社会实践活动的开展，让学生在开放的项目式课程学习中，将知识、生活、生命高度融合，用设计、建构、发现、合作等方式解决问题，在自主参与、相互激励、唤醒的过程中，挖掘生命潜力，促进学生发展。

在新村致远这个生命场里，孩子们通过多元发展点亮生命、规划成长，逐步成为“志向高远，书香久远，艺韵悠远，知行永远”的致远学子。致远教师也在不断地学习、实践、探索的过程中充盈自身，形成了一支敬业、专业的教师队伍。

新村致远走实走稳“书香滋养生命、艺韵润泽成长、实践助推发展”三条路径，促使师生成长为更好地自己，同时也让“生命”的种子在致远校园里生根、生长、枝繁叶茂，以蓬勃之态，创造精彩未来。

五彩美育，绘制学前教育的优美“画卷”

——重庆市九龙坡区实验幼儿园“五彩之美”教育实践

重庆市九龙坡区实验幼儿园　宋月

没有艺术的教育是不完整的教育，将美育融入教育教学的全过程，既是素质教育的必然要求，也是美育自身的发展方向。为积极响应全国教育工作会议中关于将美育融入学校教育全过程的号召，重庆市九龙坡区实验幼儿园秉承“爱心打底色，五彩绘人生”的办学理念和“滋养美好心灵，润泽五彩成长”的办园宗旨，以创设艺术教育园为目标，以美育为突破口，以美为结构点，从文化美、教师美、课程美、活动美、成果美五个方面着手，把幼儿园各项活动变成美的追求、美的欣赏、美的表现和美的创造活动，逐步形成了“五彩之美”的幼教品牌，绘就了幼儿、教师、家庭的幸福人生。

雅致美园，文化育心

文化孕特色，实验幼儿园从2015年开始就将文化创建融入特色的发展和深度的拓展。幼儿园坚持“雅致美园，文化育心”的理念，将文化由内而外渗透到幼儿园的每个角落，在环境中融合了文化之美与艺术之美，在课程中融入了巴渝文化、国画艺术、川剧艺术、节气艺术等传统文化元素，在管理中引进了民主与集中的制度文化，逐步形成了优良的物质文化、精神文化、制度文化、行为文化和传统文化。这种无形的力量在潜移默化中影响着教师和幼儿的行为举止和价值倾向，进而实现了以美育人、以文化人的教育目的。

优美的环境可以陶冶性情、美化心灵。幼儿园的活动室、树木、多功能操场，呈现出自然雅致的美；教室环境创设融合了巴渝本土文化，体现出自在探究的美；走廊和楼道上展示着孩子们一幅幅创意无限的美术作品，不仅能蕴含着巴渝文化的独特、川剧的韵味、国画的魅力、青花瓷的淡雅，也融合了童趣美、文化美、艺术美。“最是文化能育人”，雅致的环境在无声中浸润着童真的孩子们。

基于特色发展、品牌建设的“美感”理论，幼儿园建立理念识别系统，并据此建立视觉识别系统和听觉识别系统。以飞腾的龙为主题设计的园徽，寓意九龙实幼人团结协作、敢于创新、自强不息、展望未来的精神追求；以紫色、蓝色为基调设计的园服，体现出和谐、雅致的美，寓意九龙实幼人对教育专业的追求；由幼儿园原创的园歌《五彩乐园》和诗歌《五彩乐章》，传递出教育的温暖、责任、爱心和激情。

制度文化的激励性、自律性是幼儿园文化体系的重要组成部分。实验幼儿园按照民主与集中的原则，依照一思、二议、三试、四调、五定的"五步法"，从集体思考、全体会议、尝试执行、针对问题调整、全园执行五个维度，以及幼儿园章程、岗位职责、安全管理制度、考核奖惩制度等十个方面着手，建立了一套自下而上制定、自上而下执行的制度文化体系。

在行为文化中，幼儿园明确教师、幼儿、家长的行为规范，要求教师有美的语言、美的行为、美的职业精神、美的师德与修养、美的专业知识和美的专业能力，要求幼儿有美的语言、美的行为、美的表达和好习惯的养成，要求家长有美的仪态、美的语言、美的行为和美的心态。

外美内雅，美师育人

只有教师具有较强的专业能力，才能给予幼儿更美好的学前教育。成为外美内雅的教育人，与幼儿共同在美的世界里描绘灿烂的人生。实验幼儿园基于支持（support）、研究（study）、满足（satisfy）的"3S管理"模式，将影响教师专业发展的外力和内力融合起来，通过园本教研、培训学习、课题研究等方式，构建外美内雅的教师共同体，着力锻造教师"三手"一教育巧手、研究能手、项目高手，培养一批书香教师、创新教师、特长教师，造就一支有计划、有系统、有预见性、和谐团结的管理团队。

打造出一所幼儿生长的五彩乐园、家庭共长的温馨校园、教师成长的幸福美园、市级有影响的艺术美园、市级有影响的美育学校，这与外美内雅教师发展共同体的构建是分不开的。为实现"3S管理"模式的目标，实验幼儿园主要采取以下几种举措，打造外美内雅的教师发展共同体，不断释放"美园"的专业光彩和学前教育魅力，成就教师的教育幸福。首先，进行"六个一"和"六种美"培训，从外力激发教师内心深处的发展愿望，让教师具备专业发展的动力，即支持support。"六个一"，指的是一个高站位、一个好心态、一种好态度、一种深思维、一种好平台、一种好任务；"六种美"，包括美的师德、美的职业精神、美的专业知识、美的专业能力、美的语言、美的行为。其次，运用"五研"和"五力"实践，用内驱力促进教师专业发展的实力，令其发展得更稳当且快速，即研究study。"五研"，指的是研作品、研课例、研方案、研文稿、研课题；"五力"实践，包括观察与解读能力、教科研能力、梳理与归纳能力、思考与实施能力、协作与调节能力。第三，经过三年的实践，教师有了"六会"和"六感"体验，展现出了教师专业发展美与雅的影响力，即满足satisfy。"六会"，即会思维、会表达、会梳理、会创新、会胜任、会展示；"六感"体验则让教师们满足，找到了专业发展的认同感、生长感、积淀感、舒适感、成果感、满足感。外美内雅教师共同体的构建，积极影响着周围的幼儿、家庭、同伴，释放出美师育人的魅力。

多彩美育，课程育人

课程是育人的载体，是实现办园愿景的根本保证。实验幼儿园从幼儿的发展水平和兴趣出发，充分关注和利用幼儿的现实生活，鼓励和支持幼儿的多样化活动，探索出创意美术课程、巴渝文化课程、艺术国画课程、安全教育课程、戏曲戏剧课程、运动发展课程6门课程，引导幼儿在生活化和游戏化的教育教学中感受美、表达美、欣赏美，促进幼儿自然健康生长，释放多彩活力。

在"多彩美育"园本课程开发的过程中，实验幼儿园在宋月园长的牵头下成立"原创绘本创作社"，基于儿童视角进行了教师、幼儿原创绘本课程资源的开发。绘本《眼睛的旅行》的灵感来自于幼儿的美术作品"眼睛的旅行"，它根据幼儿的愿望，创作出来一个个有趣的故事和一幅幅优美的画作，以此解读幼儿的心灵；绘本《重庆筱棉》通过一个个巧妙情节的重庆故事，让幼儿从小接触并了解重庆的饮食、语言、建筑等本土文化，增强文化的认同感；《汉字的畅想》通过儿童的想象，将汉字构成了一幅幅美丽的画作……目前，幼儿园创作出了充满艺术性和文学性的20本幼儿原创绘本和7本教师原创绘本，体现出了社会认知、生命感知和文化滋养的教育元素，成为幼儿感知生活教育、生命教育、社会教育的一种美好途径。一绘就是一景，不仅是五彩的教育场景，也是五彩的畅想意境。

以美创美，活动育人

教育是附着在活动上的灵魂，活动是培养幼儿身心品质的最佳途径。实验幼儿园以美为主题，定期开展社团活动、五彩童画、寻美摄影展等活动，激发了幼儿创造美的能力。

幼儿园开设了童画、国画、戏剧、川剧、笛子、小提琴等社团活动，开辟出小舞台、茶坊、造纸厂、木工房等游戏场所，将美育融入"五彩"的日常活动中，让幼儿的兴趣在丰富愉悦的活动中生成，点燃幼儿艺术之美的"火花"；每学年开展美术画展、"童心闪耀"等儿童节主题活动和亲子制作活动，将美术与音乐有效衔接，进行幼儿戏剧的展现；每年进行家庭"寻美"摄影展活动，激发儿童和家长发现美、探究美的兴趣，让美去感动每个家庭。

2020年12月31日，实验幼儿园举办"五彩之绘"画展，展出18本原创幼儿绘本，通过经典文学之门、创想故事之门、想象创新之门三道"门"，让幼儿在绘画创作与绘本创作中来了一次巧妙"对话"，凸显了对美术特色的延展，展现了美育课程深度的发展。如《颜色变变变》富有想象和创新，融入了科学、语言、艺术等领域的教育元素；《我的梦想》体现了现在和未来的畅想，融合了社会、科学、艺术等领域的教育元素。

美育硕果，灿烂人生

实验幼儿园坚持走文化孕育特色、科研孕育课程、美育孕育品牌的发展之路，在文化建设、课程建设、美育试点、宣传媒体等方面做出大量的实践，巴渝文化凸显区域文化对于特色的影响，戏曲文化融入非遗文化的魅力，国画文化释放传统文化的五彩将特色的深度影响力延展到一个新的平台，而以科研促进课程建设则从市级课题到幼儿园每年小课题的主动研究，将美术研究发展到了美育研究。

功夫不负有心人，这些积极的尝试和探索在市外、市级、区级产生了显著的影响力，幼儿园多次承担了市外、市级、区级的参观学习与交流，逐步形成了拥有五彩童画、五彩之绘、五彩画册、五彩童声、五彩摄影、五彩课题、五彩课程、五彩戏曲、五彩弦乐九张名片的"五彩之美教育"幼教品牌，绘就了幼儿、教师、家庭的幸福人生。在2017-2020年间，园所出版了5本关于美术课程、美育课程的园本课程，教师、幼儿获得各种奖项达300余项。

文化、科研、课程、品牌是一所有质量、有内涵、有影响力幼儿园的积极"注脚"，九龙实幼人用"五彩之美"教育绘出了一幅优美的教育"画作"。未来，重庆市九龙坡实验幼儿园期待在重庆市九龙坡区教育部门的指导下，继续落实"立德树人"根本任务，聚焦聚力九龙教育"五五行动"，将美育全面融入教育过程，凸显"各美其美，美美与共、美益求美"，用"五彩之美"教育滋养幼儿、教师、家长生命力的生长，着力构建有质量、有内涵、有影响力的"五彩之美"教育品牌，开辟幼儿园优质优美的美育新景象！

坚持校内外联动　筑牢立德树人基石

重庆市南川区庆元镇中心小学校　韦毅

习近平总书记在2018年全国教育大会上发表重要讲话，强调在学生中弘扬劳动精神，把劳动教育纳入社会主义建设者和接班人的要求之中，提出"德智体美劳"的总体要求，丰富发展了党的教育方针。针对当前部分青少年不珍惜劳动成果、不想劳动、不会劳动的现状，我校近两年来全面贯彻执行党的教育方针，切实贯彻落实习近平总书记重要讲话精神，充分挖掘农村学校校内外丰富的劳动资源，注重劳动教育研究，强化学生劳动教育实践，充分激发他们的劳动欲望，引导他们懂得劳动最光荣、劳动最崇高、劳动最伟大、劳动最美丽的道理，了解并掌握必要的生活和劳动技能，并学会在劳动创造中追求幸福、获得幸福，以期达到"五育"并举的育人效果。

一、着力挖掘校内劳动教育资源

着力打造自然教育劳动实践基地。一是基地打造。在校园边上，学校从农户手中长期租赁4.3亩左右的闲置田地，精心规划花卉园、荷花园、庄稼园、稻谷园、蔬菜园、药材园、瓜果园、果树园、葡萄园、动物园、班级实践园、小家实践园等12个园区，将其打造成学生自然教育、劳动实践基地，为校内实施劳动教育做好了资源保证。二是课程落实。学校从课程、师资、教材等方面全面落实劳动教育，整合综合实践课、班队课落实劳动教育课程，要求每班每周劳动教育课不得少于两课时；选择长期生活在农村且熟悉生产劳动技术的教师担任劳动教育主要任课教师，班主任教师全力协助实施本班劳动教育；征订由教育部西南基础教育课程研究中心和重庆市教育学会编著的《劳动实践指导手册》教材，做到任课教师人手一册，结合学校实际和天气情况，因地制宜开展劳动教育课。三是实践活动。在实践园内，根据不同年级、不同季节，老师有序指导农作物的种植，翻土、平整、播种、栽培、除草、施肥、管理等，这是学生六年时间内必须学会的劳动技能。多样化的劳动教育活动，让孩子们喜欢上了学校，也热爱上了劳动教育课。四是督促鼓励。学校采取分配劳动教育任务、劳动现场表扬、评选劳动积极分子、学生劳动与综合评定相结合实施、在班级群发送孩子们劳动照片、开展劳动图片展、劳动视频展播、家长会宣传等多种形式，督促、鼓励孩子们参加劳动。五是结合写作。孩子们参加劳动实践活动是真正的生活体验，有劳动辛苦的真切感悟，有劳动技能提高的喜悦，有劳动果实品尝的幸福，让孩子们把情真意切写下来，这就是作文。

着力开设竹韵校本课程。为打造特色"竹"文化，学校确立了"书香飘逸，竹韵兴校"的办学理念，倡导"品竹做人，竹品人生"的校训，立足做"竹"文章，养"竹"精神，追"竹"梦想，品"竹"做人。在"竹韵"物化打造上初步成型之后，学校深挖细品竹内涵，进一步强化课程对学生的育人功能，因地制宜地开发了渗透劳动教育的舞竹、乐竹、绣竹、画竹、剪竹、品竹、书竹等七门竹韵校本课程。如绣竹，开设以刺绣为主的手工竹韵课程，让孩子们系统学习一些刺绣的基本知识，在"绣"中作"乐"；剪竹，开设剪纸手工课程，一张张废旧纸张在孩子们手中翻转起舞，不得不说，孩子们的动手能力和观察能力得到了飞速的提高；品竹，就是让孩子们学习一些烹饪的基本知识，让孩子们能独立煮饭、炒菜，可以这样说，孩子们帮助大人料理家务的能力明显增强，厨房多了孩子们小小的身影。学校希望通过系统竹韵课程的开发，深深挖掘校园文化特色，走特色发展之路。

着力强化环保意识。虽然近年来生源逐渐减少，但学校并没有减轻学生环保意识的培养，反而在潜移默化地对学生进行劳动教育活动。一是定保洁责任区。教室由本班清洁委员安排值日生轮流值日完成保洁工作，学生宿舍由室长安排本寝室学生轮流值日完成保洁工作，厕所、操场、走廊、功能室等由学校根据不同年级学生年龄特点给班级划分责任区，要求学生周一、三、五大扫除，周二、四小扫除，并提醒同学们相互监督，时时保证责任区干净、卫生。二是强化检查评比。学校制定了翔实的清洁卫生评比制度，每天由值周学生定时检查并打分，每周升旗仪式时间由值周学生对上周保洁工作进行点评，并发放流动红旗。班级的年终得分是评定优秀班级的重要依据。三是手拉手促环保。学校组织孩子们走进敬老院，走进社区，走上街道，走进家庭，开展"小手拉大手"保洁行动，希望用孩子们小小的手携起大人的手一起来共同保洁，也希望用孩子们小小的身影来影响一个家庭，带动整个社会来共同参与保洁行动。不得不说，通过孩子们环保行动教育，孩子们都讲究个人卫生了，乱丢乱甩的现象逐渐减少，环境渐渐变干净了，特别是保洁行动中劳动教育得到了潜移默化的渗透，孩子们的劳动技能也提高了。

二、充分利用校外劳动教育资源

为了帮助学生树立正确的劳动价值观，全面落实感恩教育，庆元镇中心小学校充分利用寒、暑假和双休日强化孩子们的家务劳动，因地制宜利用好校外劳动教育资源对孩子们全面进行家务劳动教育活动，让孩子了解每个家庭成员对家庭的责任和义务，并掌握家庭生活的基本技能技巧，提高独立自主的能力，提升自立自强的品质。从2019年暑假开始，假期家务劳动教育活动开展得轰轰烈烈，得到了家长们的积极支持和孩子们的喜爱，已经成为学校开展劳动教育的一种常态。

确定方案。2019年6月，学校出台了《争当"家务劳动小能手"暑假劳动实践教育活动实施方案》（试行稿），对学生实施家务劳动教育进行了全面的规划，指明了家务劳动教育活动的目的，确定了实施内容和实施步骤，也从实施上强化了保障。

强化宣传。为实现家校共谋，确保家长们的积极支持和有效实施，学校首先认真做好行动前的宣传动员工作，制定了《庆元小学暑假实施家务劳动教育致家长信》；接着，在放假前分年级召开家长会，让家长们明白实施假期家务劳动教育的目的和意义，清楚家长的职责和任务，知道实施家务劳动教育的内容；最后，要求大家积极行动起来，参与到全面实施对孩子的家务劳动教育上来，做好家务劳动的指导和行动上的保证，帮助孩子完成调查问卷，帮助学校收集和留足劳动照片。学校的这一举措得到了家长们的高度评价和积极支持，于是假期家务劳动教育热火朝天地在各个家庭开展起来。

具体落实。学校完全将假期家务劳动安排成劳动作业，要求孩子们必须完成，开学时老师将严格检查完成情况。一是完成调查问卷。开展《XX真辛苦》家务劳动情况调查活动，让学生调查自己最熟悉的亲人，可以是爸爸、妈妈、爷爷、奶奶或者外公、外婆，和他们充分交流，弄清楚他（她）每天所做的家务事，并填写好调查问卷，低年级由父母帮助完成，中高年级独立完成，并填写完成调查问卷后的真切感受。其目的是调动孩子的劳动激情，让他们充分体会长辈的辛苦，下决心为其分担家务劳动。二是完成劳动登记。每天因地制宜完成至少一项以上的家务劳动作业，并踏实认真填写《劳动作业登记表》。家长督促、配合、指导孩子完成家务劳动作业，填写表格，并及时照相（或者拍摄视频）传到班级微信群留存。三是撰写劳动日记。选择最有意义、感受最深的劳动实践活动撰写劳动日记，要求真实记载参加家务劳动过程、感悟、体会，做到情真意切。低年级以写话为主，次数不作规定；中、高年级孩子完成至少两篇以上的劳动日记。

班级评选。每期开学后第一周，开展班级评选活动，评选出"最佳调查问卷"、"最佳家务劳动计划书"、"最佳家务劳动小能手"、"最佳劳动日记"、"最佳家务劳动家庭指导奖"、"最佳劳动图片奖"等奖项，只要认真参与劳动，人人都会有奖，激发了孩子们参加劳动的激情和热潮。以评促教，促进了孩子们劳动意识的大转变，劳动技能的大提升。

表彰激励。每期开学后一个月内，学校开展家务劳动教育汇报展示活动，组织家务劳动演讲比赛、视频展、图片展，并表彰奖励班级评选结果等。邀请全体家长、部分社会知名人士、地方领导、上级领导、兄弟学校领导参加展示活动并指导工作。

成果显著。学校家务劳动教育的常态化开展，让家长们赞不绝口，支持和配合的力度越来越大！孩子们参与家务劳动教育的效果显著：单就2020年暑假，学校收集整理的孩子们家务劳动的图片和视频就高达5000多张（段）；家长们脸上露出了开心的微笑，时时都会听到有家长说，孩子们听话了，厨房多了孩子的身影，甚至有些大一点的孩子回到家中就包了厨房，还弄出了可口的饭菜；家里电视家旁少了争抢遥控板的孩子们，山坡上多了孩子们的身影，大人劳动的身旁多了劳动的小大人！

润物无声。通过劳动教育，孩子们体会到了劳动的艰辛，明白了劳动果实来之不易，也懂得了必须珍重劳动成果！本学期开学以来，学校仅仅是简单的要求孩子们必须勤俭节约、减少浪费，于是，食堂门前的潲水桶差不多都是空的，除了不能吃的骨头和不想吃的辣椒壳，很少见到随意倒掉的饭粒。光盘行动，不需要强化就已经成为习惯！

孩子们变懂事了！说起家务劳动的收获和感悟，孩子们脸上扬起的自信和骄傲的笑脸！

三、认真进行劳动教育实践研究

积极开展劳动教育，是全面贯彻践行习总书记关于劳动教育的重要论述精神的一大重要举措！学校与时俱进，积极倡导和强化劳动教育，切实转变社会、家长的教育观念，为培养社会全能人才准备条件，是我们教育人的工作任务。密切结合校内外资源进行劳动教育，充分挖掘利用可利用的资源，是对学生进行全面的劳动教育的最佳途径。如何充分挖掘资源，因地制宜开展劳动教育，是我们教育人需要用时间和精力探讨的话题。生活即语文！在加强劳动教育的同时，如何将劳动教育和语文教学密切结合起来行之有效地开展劳动教育，是我们需要研究的课题。于是，《充分利用校内外资源全面实施学生劳动教育研究》和《农村学校关于践行劳动课程的实践与探索》两个区级劳动教育课题应运而生，

为了确保课题的顺利开展，学校从背景形势、主题确定、方案规划、项目申报等方面作了大量的研究准备，以及立项之后的组织实施。希望这两个劳动教育课题研究，不但能填补学校劳动教育研究的空白，也能填补区级劳动教育研究课题的空白。更期待，这两个劳动教育课题研究，能为山区乡镇学校有效实施劳动教育探索、积累出一些宝贵的经验，留下大家可供学习和借鉴的现成素材！

走特色之路，任重而道远。不过，实施劳动教育对于资源丰富的农村学校相对简单易行、效果易著。庆元镇中心小学校将充分挖掘和利用校内外劳动教育资源，强化孩子们的劳动教育，让他们不仅要认清劳动教育对国家培养建设者和接班人的重要意义和深远影响，更要切实感受劳动之美、劳动之用、劳动之力大力弘扬劳动精神，在全社会形成崇尚劳动、尊重劳动的良好风气，为实现中华民族伟大复兴的中国梦贡献智慧和力量！

培育学科核心素养，打造区域领先教育

重庆市南川中学校　任国君

学科核心素养是学生应具备的适应终身发展和社会发展需要的必备品格和关键能力。培育学生学科核心素养是落实立德树人根本任务的一项重要举措，也是适应世界教育改革发展趋势、提升我国教育国际竞争力的迫切需要。

化学学科核心素养如何在课堂教学中落地？如何优化化学学科课程育人功能？如何提升化学学科教学质量？对于这些问题，我校用5年的探索与实践，创建了富有区域特色的"基于微课平台的普通高中化学创新基地"；构建了指向化学学科核心素养生长和富有学科内涵的课堂教学模式；打造了彰显时代特征、适合学生发展需求的化学课程体系等，多措并举，多维发力，助力学校特色化、多元化、优质化发展。

一、多措并举，创新课程教育基地

如何促进学习方式转变，推动育人模式转型？如何让化学课变得不再晦涩难懂？如何培养学生的创新精神和实践能力？这些问题一直萦绕着我。成功申报"基于微课平台的普通高中化学创新基地"建设项目后，我和学校化学教师团队结合学校实际，立即开启破题行动，创造性地开展各项工作。

建设化学创新基地旨在创设新型学习环境，改进课程内容实施方式，增强学生对化学的实践认知和学习能力，促进学生提高学习效能，发掘学生潜能特长，提高学生综合素质。

顶层设计是化学创新基地建设的灵魂，也是基地建设顺利开展的关键。基地创建之初，我校就高位谋划，成立由任国君任组长、副校长张竞任副组长的专项工作小组，并聘请专家指导委员会专家组成员及学校化学骨干教师，形成了区委、区教委领导有力，特聘专家针对性指导，学校工作机构分层明晰，学校工作人员各司其职，"分工到位、点面结合、全方位覆盖"的工作格局。

为统筹项目各要素与各层次，寻求化学创新基地建设的有效途径，我校以落实立德树人根本任务、培育学生发展核心素养、促进教师专业发展为导向，从建设目标、建设内容、建设规划、项目管理、成果预期等方面寻求突破，加强教学环境打造，促进学习方式转变，丰富微课课程资源，实施"微课+客户端"创新型教学，助力化学教师专

业发展。

同时，我校积极发挥激励作用，加强保障力度，给予化学创新基地建设充分的经费保障、场地保障和制度保障。建设化学创新基地期间，我校共投入100余万元，新建了化学探究实验室、化学数字化实验室、化学微课制作室、创客空间、教师发展中心、成果展览室等硬件配套设施，搭建了微课物质、多媒体教学、网络阅卷、录播课堂、校园网站、教学资源库等系统平台，为化学创新基地建设夯实了深厚根基。

二、体系丰富，助力师生共同成长

在化学学科中心主任的带领下，学校根据基地的建设规划开展了形式多样的研究活动。在教学上进行了模型教学法的深度研究，形成了适合本校的"预习自学—试错体验—导学诱思—合作探究—归纳总结—形成性练习—拓展延伸—巩固练习"教学模型。并将知识重难点、解题模型做成微课，让学生根据自己的学情自主解决问题。组织基地成员和化学兴趣活动小组参观南川区大观玫瑰园、重庆市药物种植研究所、金佛山科学营地、南川铝矿厂、武隆鸡尾山铁矿厂遗址等。通过参观考查了解动植物的生长环境、习性、地貌类型及形成原因，并采集动植物、矿石标本。

2020年12月14日，一场别开生面的"探究矿石"实践活动课程，在学校化学创新基地的探究实验室有声有色地开展。在基地主研人员的指导下，优秀学生代表参观了化学创新基地成果展览室，仔细观察了展览室中收集的矿石、土壤、种子、植物和动物标本，利用实验仪器和化学试剂进行实验探究铁矿石的组成。"此次探究活动的开展，激发了学生的化学学习兴趣，强化了学生的实际操作能力，培养了学生的创新合作能力，提升了学生的化学核心素养。"指导李教师如是说。这是学校依托基于微课平台的普通高中化学创新基地，打造特色课程体系，整合利用多方资源，开创多维教学空间的一个精彩实践。

实际中，我校还深入挖掘地方自然、旅游和人文特色、经济和文化发展密切相关的资源，继承与开拓、校内与校外、线上与线下相结合，并借助基于微课平台的普通高中化学创新基地进行整合、筛选、转化、输出，开发出实践活动课程、化学选修课程、化学特长与竞赛培训课程、化学微课等系列课程，丰富了化学课程体系。

以课程基地建设助推教师成长，也是基地建设的重要价值取向。我校构建起"合格教师"、"知名教师"、"专家教师"阶梯式螺旋上升的三级培养模式，通过专家引领、同伴互助、自我反思等途径，创设教师主动学习和研究的情境，使认知与情感相结合、实践与体验相结合、学习与研究相结合、输入与输出相结合，实现教师在"做中学"、"做中研"、"做中发展"。

"基于微课平台的普通高中化学创新基地的建设，既促进了学生内驱力的主动生长，培养了一批批具有家乡情怀、中国眼光、国际视野的阳光少年，又助力化学教师踏上专业发展的快车道，使他们的思想视野更开阔、教学方法更灵活、创新创意更多元。"我校党委书记如是总结。

三、引领辐射，打造领先教育示范

为引领教育联盟、加强校际融合，优化教研模式，发挥我校的辐射和帮扶作用，2019年4月10日，开展了"三课"联动交流会和南川中学张竞名师工作室送课到马嘴实验学校活动。

我校周老师献课《化学反应类型》复习课，他以形象生动的语言，有趣多变的实验，深入浅出地对学生进行启发，使他们在独立思考、自主探究实践的过程中增进对化学知识点的理解与体会。随后，张竞副校长为马嘴实验学校的师生解读"新高考新改革"。他提出，开展教研活动的形式不仅要多样化而且要落实做细，采用"主题式教研"形式，让所有参与活动的教师有所收获、有所启发。

借助"基于微课平台的普通高中化学创新基地"建设契机，我校多次发挥辐射引领作用，将基地建设的成果、经验推广到校外、市内乃至全国，树立了示范推广的标杆。

我校通过"公司+学校"、校际共建等方式建设化学创新基地，有效带动了更多学校的师生共同发展。比如，学校与浙江新盛蓝科技有限公司联姻，用该公司旗下的"e板会"，共同开发化学微课制作，进一步丰富了微课课程资源。这不仅能满足本校学生发展的需求，也能提供给其他学校借鉴，助推了教育的均衡发展。

在引领带动更多教师成长上，学校依托化学课程基地和学校名师工作室，积极参与了渝东六校联盟、渝西南六校联盟的建设，组建了以南川区七校联合化学教师专业发展共同体，搭建起交流学习研究平台。邀请专家进行指导，通过开展教师微课堂教学示范、专业发展论坛等活动，以及加强交流培训、资源共享等举措，激发教师的学习热情，引领他们学习微课制作方法，并熟练地运用到自己的课堂上，从而提升教师队伍的教育教学能力。

如今，我校"基于微课平台的普通高中化学创新基地"建设工作不仅成果丰硕，并且引领辐射作用还日益凸显，正朝着"引领南川，辐射渝东南，领先重庆的高中化学微课程创新基地"的建设目标大步迈进。

新时代，新征程，我校必将上下齐心，乘势而上，以更加坚定的决心、更加高昂的斗志、更加顽强的精神，开辟我校教育高质量赶超发展的新天地，创造出无愧于党和人民、无愧于历史和时代的恢弘业绩！

七彩教育，让七色花开在七彩园

重庆市沙坪坝区高滩岩小学校　李莉

从一线教师到班主任，再到副校长、校长……深耕教育32年，我几乎把学校里的岗位都体验了一遍。这也使我对教育教学有了更深刻的认识和理解：每一位师生都是一个完整且独立的个体，都有与众不同的地方，教育就是要打造他们的长板，让不同成为独特的优势，从而成就独特的更好地自己。

要想实现学生学业发展和生命质量的"双提升"，学校就必须坚持以学生发展为中心，紧紧围绕"培养什么人、怎样培养人、为谁培养人"这一根本问题，创造适合学生个性发展的教育，创造适合教师共同发展的管理，创造适合学校长远发展的文化，坚定不移地走"优质+特色"之路。在教育实践过程中，我创造性地提炼出了"七彩教育"的发展理念，并在办学治学中得以有效践行，取得了显著成效。我也有幸荣获重庆市骨干教师、全国五一巾帼标兵、区十佳校级干部、中国乒协"向阳杯"执委会校长委员会主任等称号，并主持(主研)全国、市区级课题近10项，《城市小学"七彩"劳动教育体系的构建与实施》成功入围2020年重庆市基础教育优秀教学成果培育项目。

肩担使命，提出七彩教育思路

沙坪坝区高滩岩小学有着70余年办学历史，前身为中国人民解放军第三军医大学子弟小学，是全区文化底蕴深厚、人文环境良好的中小学之一。2011年，我成为该校第11位校长，从老校长手中接过了治校重任。如何传承高小的历史人文精神？如何在学校整体重建后实现教育管理和教学质量的提档升级？这成了我必须深入思考和着手解决的问题。

在分析学校历史、现状的基础之上，我全面贯彻"以人为本，办最适合的教育"的办学追求，着眼于学生的全面成长和个性特长，从教育对象多样化、教育目标多维度、教育内容多方面、教育方法多形式等层面深入探索，提出了"七彩教育"的总思路，决定以"七色花开七彩园"为校园文化建设主题，从课堂、课程、评价体系等方面不断改革创新，打造属于自己的办学特色，办群众身边满意的学校。

这一办学思路和理念，得到了师生、家长和社会的高度认可，促进了学校的快速发展、优质发展。近年来，学校先后荣获全国首批青少年足球特色学校、全国首批国防教育特色学校、全国"自主识字、同步读写"基地示范校等称号。同时，我也在探索实践中成长为全国五一巾帼标兵、中小学校长市级培训专家，获得重庆市教育科研优秀成果一等奖、市区赛课一二等奖指导奖等。

强化师资，夯实育人坚固地基

教师是学校的基石，好的教师才能教出好的学生，好的学校必须要有好的教师。2011年，我刚到高滩岩小学职任校长时，学校还没有一位区级骨干教师。如何提高教师队伍整体素质，培育一个强大高效的教师团队，成为摆在我面前的一道难题。

在教师素养提升方面，我制定了"走出去学习交流，引进来内化提升"的思路，为每一位教师制定对标提升方案，确定对标提升重点和目标。鼓励教师们"走出去"，积极参加各种培训、研讨、技能竞赛等，从中学习别人的教育经验和最新理念；坚持"科研兴师、科研兴教、科研兴校"的科研之路，积极引进各级教育科研项目，将教研活动与课题研究有机结合，高效落实学研做工作，激发学校教育新动能。其中，全国"十一五"规划课题"自主识字同步读写"项目就是学校"引进来内化提升"、推进语文课程校本化改革的一个特色案例。这个项目让一年级的孩子凭借一张游戏卡，就可以在不到3个月的时间里认识2500个汉字，并为学生每年人均阅读近100万字的阅读量目标打下坚实基础。

在行政管理方面，我提出扁平化管理结构的创新思路，在减少管理层级的基础上，将所有教师纳入管理人员范畴，力求实现"权力层层有，任务个个担，责任人人负"的最优化。在这种管理模式中，每个教师既是管理者又是服务者，跨界的双重身份让教师拓展了教学视野，能够从学校全局出发思考教育。教师杨柳就是在扁平化管理结构下迅速成长起来的教师代表之一。她既是班主任，也是学校综合实践课教研组长，负责为学校的劳动课程之种养殖课程模块建构课程实施方案。但是她最初接到这项工作任务时没有底气，我便鼓励她："你大胆放手去做，学校给你托底。"我的大力支持，让她有了干好这项工作的信心和决心。几年来，她带领五六年级的孩子们开展食用菌种植和研究。通过找农科院专家咨询、到菌菇种植农场学习、邀请土壤测量机构改造土壤，最后孩子们成功种出了食用菌菇。在体验式劳动教育中，孩子们参与了购买原材料、种植、营销、成本核算等全过程，学会了项目式学习的方法。

将课程改革真正落到实处，不仅促进了教师能力和素质的飞速提升，也培养出了一支在全区具有一定影响力的骨干教师队伍。截至目前，学校已有18位市区级骨干教师和12位校级骨干教师，同时还向外校交流了4位校长、培养了3位副校长。

创新课程，七彩教育静候花开

我早年曾就读于重庆八中，后考入重庆第一师范学校。我时常感叹，自己的文化知识、教育理念、专业技能都得益于当时的素质教育。读八中时，学校重视培养学生的综合素养，让我得到了全面发展，这种理念在从教后被我植入到课程规划设计当中。读一师时，我在学校管乐团担任单簧管首席，四处参加文艺汇演，学校因材施教的考试评价体系对我影响至今。这些鲜活美好的教育样态，成为我教育初心的源泉，给我提供了源源不断的创新思路。

到高滩岩小学后，我一直在思考如何完善学生的评价体系，给予每个孩子充分的尊重和个性化的培养。围绕“课程、课堂、文化”，我开启了学校育人模式的深层次变革，提出了“七彩教育”的育人理念。“七彩”指赤橙黄绿青蓝紫7种色彩，喻示每个灿烂鲜活的个体独立且不同，而“七彩教育”就是满足每个人个性发展的教育，旨在培养出爱运动、敢挑战，能担当、会沟通，善思考、富创造且具备国际视野的多彩学生。

体育课程是“七彩教育”的核心课程。我以校园足球为特色，组建专项工作领导小组，从制度、软硬件、师资、资金等方面规划发展，构建了立体的“1+2+X”校园足球课程体系，即从一年级开始，每周每班开设一节足球必修课、两节足球选修课，并为足球特长生设立足球精品社团，让运动精神成为学校的核心精神和学生的独特气质。每年4月，为学校一年一度的“七彩运动月”，“七彩杯”足球精英联赛是学生们最期盼的比赛；每年11月，开展为期两个月的“足球嘉年华”活动，组织“阳光杯”班级足球联赛和体育文化艺术节。体育运动和文化艺术相结合，不仅有利于班级队伍足球人才的培养，也加深了学生对体育文化的理解。

在体育带动综合素养发展的教育理念引领下，足球运动已成为高小的一大特色。学校足球队征战全国市区级足球竞赛近百场，拿下了重庆市校园足球联赛总冠军，获得了全国及市区级校园足球竞赛奖杯14座，并荣获全国小学啦啦操冠军等殊荣。如今，学校已成为全国首批校园足球特色学校、全国啦啦操实验校。

站在儿童的立场思考教育教学，站在教师的角度谋划学校管理，是我一直坚持并践行的教育理念。我坚信，拥有阳光气质、良好品行、远大理想的孩子，必将成长为实现中华民族伟大复兴中国梦的栋梁。

锻造双翼　培育学生发展新引擎

重庆市沙坪坝区南开景阳小学校　陆建华　宋媛丹

随着现代科技的发展与应用，教育教学系统的结构和形态正在发生变革与转型，以教育信息化提升教育品质，构建更加均衡化、多元化、人性化的智慧教育新生态，让每一个学生的求学之路走得更快更稳，是教育事业发展的必然趋势。

创建于2016年的重庆高新区南开景阳小学校，秉承爱国教育家张伯苓先生“允公允能、日新月异”的南开校训，着力于对学生核心素养的培养，关注每个学生的发展和快乐成长，充分发掘校内外资源，开发多元化的校本课程，逐步建构起“大拇指公能课程”体系。根植于“做最棒的自己”的办学追求，学校书法教育、科技教育特色不断凸显，为学生全面发展提供了充足的养分。

与书墨相伴　促学生素养提升

书法是中华民族的文化瑰宝。《中小学书法教育指导纲要》指出，书法教育对培养学生的书写能力、审美能力和文化品质具有重要作用。南开景阳小学校自建校以来，着力打造“翰墨景阳”校园，通过提升学生核心素养实现“公能兼修，个性发展”的育人目标，推动素质教育和书法特色发展。

因材施教，优选课程　学校以“书法特色学校”创建为龙头，一是根据不同年段选用书法教材，订购了《书法报》和碑帖书籍等供学生学习。二是落实书法专用课时，各班每周一节固定书法课时，另外利用每天中午20分钟练习。三是书法社团成员每周有三次课外辅导，上交一次作业，通过学生互评，教师现场讲解示范等方式，提升每个成员的书法技能。

家校鼎力，提升技能　选聘两位专业书法教师任教，力保在教学中精益求精。聚焦家校合力，提高家长的支持力度，开设家长书法研习班、亲子书法比赛、家长书法作品展等。

文化建设，墨香校园　在书法教育实践中，南开景阳小学校不断加大硬件投入和校园文化提升。在校园中建设了“书圣苑”、“鲁公苑”、“东坡苑”三大主题园，为此开展相应的书法教育活动；打造了“书艺长廊”，集中展示“汉字起源”、“经典碑帖”、“笔墨纸砚”等内容，系统介绍中国书法艺术。另外，学校还精心设置了书法水写台，便于师生随时练笔。

精心设计，多彩活动　学校定期开展丰富多彩的书法主题教育活动，组织教师和学生观看“童心向党”、“开放的六月”等书画作品展，为教师、学生提供了开阔视野、逐步提升书法鉴赏能力的机会，让学生在活动中享受快乐、感悟成长。在历届艺术节上，学校开展师生现场书写长卷展示活动以及亲子共写活动，不仅提升了书法技巧，更让学生学习了中华优秀传统文化，得到家长的广泛赞誉。

学校在2017年12月获评“重庆市书法艺术教育实验学校”后，根据书法实验校的评选标准，扎实推进各项工作的开展，得到各级领导的肯定和访学团的称赞。2019年，升格为“重庆市书法艺术教育特色学校”。景阳教师书法作品在市书协、市教科院举办的书法比赛中多次入选、入展。师生在“融创杯”中小学生才艺比赛、“童心向党”师生书法篆刻大赛、高新区新冠疫情防控文艺作品等比赛中多次获得佳绩。师生成长有书墨相伴，“翰墨景阳”经过4年的建设和完善，成效凸显。

让科创助力　为学校发展加速

近年来，南开景阳小学校把科普教育工作作为提高全民科技素质的重要途径，全面开展以普及科学知识、弘扬科学精神、培养青少年创新精神和实践能力为重点的素质教育，让每一个学生都能发展自己、提高自己，有展示自己才华的舞台。

丰富课程，开拓思维　科普教育的核心是培养学生的创新意识、创新精神和创新能力。根据《国家中长期教育改革和发展规划纲要（2010—2020年）》《全民科学素质行动计划纲要》等文件精神，学校从师生成长需求出发，成功申报了区级精品课程“‘公能小明星’STEAM课程”，并开设了“玩转超轻黏土”、“光电无土栽培植株”、“‘科幻画’大比拼”、“电脑创意绘画”、“一起建高塔”、“电路设计小明星”等课程。“公能小明星”STEAM课程涵盖了科学、技术、工程、艺术和数学五大学科领域，在实施过程中，学生既学习了相关知识又锻炼了动手能力，同时逐步养成批判性、客观性、科学性思维方式，为全面发展打下了坚实基础。

科创景阳，熠熠生辉　南开景阳小学校以打造“科创景阳”为办学主旋律，倡导科学方法，弘扬科学精神，创设了“景秀”无土栽培、“景创”科技长廊、“景熠”科技馆、“景奥”气象站等学科学、用科学的平台，在浓厚的科创氛围中，学生科学素养不断提升。2020年12月，学校被命名为“全国气象科普教育基地—示范校园气象站”。

多元平台，个性发展　在开展科普教育的过程中，为全面激发学生的科技意识，学校每年举行一次旨在展示学生创新能力、展示学校素质教育成果的“科技节”，以“探索、发现、创新”为主题，以小发明、小制作、科幻绘画、创新方案设计、编程设计等为主要内容，鼓励学生大胆想象、革新和创造。此外，学校每学年坚持开展科普小报展览、自然笔记展评、科幻绘画评比等实践活动，邀请重庆市院士专家进校园作科普宣讲，进一步激发学生“学科学、爱科学、用科学”的热情。

近年来，南开景阳小学校科普教育成绩突出，在科技模型大赛、青少年科技创新大赛等各级各类赛事中屡获佳绩，获国家级别奖项3项、市级奖项30余项、区级奖项70余项。

在打造西部（重庆）科学城的背景下，南开景阳小学校将大力践行“科创高新•智慧教育”发展理念，创建智慧校园，实现传承中华优秀传统文化与科技创新的融合，培养一批智慧之星，为科学城建设提供智力支持。

彰显民族文化育人特色　筑牢民族团结进步基石

重庆市秀山土家族苗族自治县凤栖小学　冉胜

边城风情、秀色可餐，秀山人民、秀外慧中。秀山是土家族苗族自治县、红色革命老区，悠久的历史孕育了以边城文化、花灯文化、土苗文化、红色文化为特色的独特民族风情和多彩民俗文化。作为一名从业19年的教育工作者，我深知教育是国之大计、党之大计。从2001年参加工作，到乡村学校、乡镇中心校、两所城区学校任教，再到任职小学校长，我一直把弘扬民族特色文化、促进民族团结进步作为一项重要任务，聚精会神贡献自己的力量。

一、挖掘优秀基因，树立爱国宏志

习近平总书记说，“要把加强青少年的爱国主义教育摆在更加突出的位置，把爱我中华的种子埋入每个孩子的心灵深处。”我深知，做好民族团结教育是学校义不容辞的责任，是实现民族团结大发展，实现社会繁荣稳定，促进社会和谐进步的重要举措。这就决定了爱国主义教育是校园和课堂不可或缺的重要内容，是我们必须向孩子们提供的人生必修课。

我所在的凤栖小学，少数民族教师和学生高度集中。学校现有教职工84个人，土家族、苗族教师占比近80%；现有班级36个、学生1740名，土家族学生占50.7%，苗族学生占13.6%。近年来，我校认真落实立德树人根本任务，把民族团结进步教育放在突出位置，挖掘优秀基因，拓展宣传阵地，开设特色课程，丰富活动实践，有效助推少数民族教育特色发展，助力少数民族学生成长成材，促进实现民族团结进步、社会和谐稳定。学校先后获得国家级“全国教育系统关心下一代工作先进集体”，重庆市“首批校园文化建设示范学校”、“书法艺术教育特色学校”、“少儿美术特色基地学校”等殊荣。

二、维系民族根脉，坚定民族团结

实现“两个一百年”奋斗目标、实现中华民族伟大复兴的中国梦，需要各民族像石榴籽一样紧紧拥抱在一起。作为基层教育工作者，我将认真贯彻党的教育方针、落实立德树人根本任务，努力成为民族团结进步的实践者、推动者和守护者，用责任与情怀帮助更多少数民族孩子接受教育、走出大山，用奉献与激情为教育事业谱写民族团结进步的新时代华章。

挖掘优秀基因，吸收文化精髓，培育社会主义核心价值观。习近平总书记强调，“文化是一个民族的魂魄，文化认同是民族团结的根脉。”少数民族优秀文化也是中华民族优秀文化的重要组成部分，具有许多优秀文化基因。秀山花灯音乐杂调《十绣》中的“一绣哥参军哪一去二三春哪，你安心保国防，家里莫担心呵；二绣哥立功哪奖章戴在胸哪，你光荣我光荣，为国要尽忠呵”，体现了精忠报国、振兴中华的爱国情怀。我校坚持以社会主义核心价值观为引领，充分吸收民族优秀传统文化养分，组织编写《民族团结常识》《乡趣童音》等民族地方校本教材，广泛收录土家苗族风土人情、革命老区红色故事、秀山花灯秀山民歌等民族传统文化，有效增强学生民族自豪感，从小树立刻苦勤奋、报效祖国的爱国情怀。

拓宽宣传阵地，展示民族文化，筑牢中华民族共同体意识。五十六个民族，五十六枝花，五十六个兄弟姐妹是一家。民族团结教育是学校义不容辞的责任，是实现民族团结大发展，实现社会繁荣稳定，促进社会和谐进步的重要举措。我校注重教育引导全校学生牢固树立中华民族一员的意识，示范建设“一廊一墙一室一坊一馆一群”六大品牌，促进学生树立正确国家观、民族观、宗教观、历史观、文化观：建成“中华民族一家亲”文化长廊，集中展示五十六个民族风采，培养学生爱国情怀；建成120平方米民族手绘墙，集中展示土家族和苗族图腾文化，增强民族文化交流；建成“民族艺术工作室”和400平方米“民族陶艺世界”工作坊，集中展示民族陶艺和民族技艺，培养学生审美情趣和动手能力；建成“农耕文化艺术馆”，集中展示少数民族农耕生活、用品用具，培养学生劳动意识和感恩品质；建成秀山少数民族非物质文化浮雕群，外显宣传秀山花灯、黄扬扁担、苗绣、龙凤花烛等非遗文化，弘扬民族传统文化和技艺。

开设特色课程，丰富教学资源，内化民族团结教育理念。民族团结进步教育，既要注重外在宣传，又要注重内在教育，内外兼修才能根植于心。我校积极开展民族团结教育教研活动和课题研究，创新开发三大特色课程，有效丰富民族团结教育资源。一是在三、四年级开展陶艺课程，每周有600名学生到“民族陶艺世界”工作坊参与陶艺制作，培养学生审美情趣和动手能力；二是在五、六年级开展墨韵书法课程，学习毛笔书法，培养书写水平，提升书法鉴赏能力；三是在全校开展农耕种植课程，形成校内校外有农耕基地、每个学生有种植的劳动课程，培养学生热爱劳动和尊重劳动品质。苗族学生刘欣雨热爱陶艺，其作品《花灯系列》获重庆市美术比赛一等奖；土家族学生杨雅慧热爱书法，其作品在多个全国书法比赛中获一等奖……每当欣闻这些喜讯，我总是热泪盈眶，我的付出，终于得到回报！

丰富活动实践，融入学习生活，争做民族团结进步之花。有思想，有教育，更要有行动，我校注重把民族教育引入学习生活和实践之中，让全体师生在实践中增强民族团结进步意识，争做民族团结进步之花。全校师生每周一合唱国歌举行升旗仪式时，我带头站在主席台上，胸佩红领巾，大声唱国歌，带动全校师生合唱国歌之声响彻整个校园、形成自觉习惯；组织全校教师参与脱贫攻坚，关心贫困家庭、贫困学生，给学生送知识，给农户讲政策，帮扶9个社区197户群众；开展形式多样的民族团结进步活动，校内实行师徒结对，校外开展捆绑帮扶，并利用“四月八”、“端午节”、“赶秋节”、“中秋节”等民俗节日，开展打糍粑、杀年猪、看斗牛等活动，实现民族团结一家亲、全体师生心连心。

三、守望育人高地，静待桃李花开

“水有源，故其流不穷；木有根，故其生不穷。”中华民族几千年的发展史就是一部各民族不断交往交流交融的历史，是各民族共同创造辉煌灿烂的中华文化、共同缔造统一的多民族国家的历史。纵观历史，只要中华各民族团结一致，我们的国家就会众志成城、兴旺发达，否则就会是一盘散沙、任人欺凌。中华各民族大团结是历史发展的必然，也是各民族进步的必然。

辛勤耕耘二十余载，有欢笑，有忧愁，但更多的是真真切切地感受到幸福的滋味。未来，我将认真贯彻党的教育方针，紧扣秀山建设武陵山区教育高地目标，不断挖掘少数民族优秀传统文化基因，当好民族团结进步教育园丁，不断谱写民族同团结进步教育新篇章。

博学笃志，展多元育人风采

重庆市渝中区大坪小学校 李雪梅

重庆市渝中区大坪小学校于1939年创办至今，已有81年光辉历史。学校历经战火，砥砺奋进，发展为现如今拥有十几个示范学校荣誉称号的优质学校，且于2019年由渝中区教委批准成立为大坪小学教育集团，其间承载着无数教育前辈们笃行的甘苦与智慧。一直以来，我校秉承“立志立新，笃行和乐”的办学理念，满怀“博学笃志、厚德日新”的希望，坚信“心有多大，舞台就有多大；志有多高，路就有多远”的追求，锐意进取，砥砺奋进，把“志、新”渗透到学校工作的各个方面，成为植根学校文化的魂和全体师生的精神源泉。

勤耕不辍，成就教育梦想

校长不仅是一所学校的管理者，还是一所学校教育教学质量高低的影响者。校长教育理念先进、教育格局宏大、教学能力坚实，必然会带动师生自我修炼，形成“比学赶超”的良好氛围，在助力师生发展的同时也成就着自己。

在办学方面，我认真贯彻执行党的路线、方针和政策，以办人民满意的教育为宗旨，以“立志立新、笃行和乐”的学校精神为办学思想的源点，让“快乐德育”成为学校的德育品牌，让“理趣课堂”成为教师个人秉性、教学技艺与学生趣味合璧的“幸福场”。

在教学方面，我坚持推行“志新课程”体系，着力学生道德、人文、科学、运动、艺术等素养的培养。尤为值得一提的是，学校的“让鸡蛋飞”，点燃了孩子们的科技创新激情，有62件作品获得了国家小发明专利。

在科研方面，我倡导科研先行，成立“向存端名师工作室”、“行远课题组”、“科研合作中心”、“学科工作坊”等开展教育研究，现有一个国家级课题、三个市级课题、两个区级课题、六个集团小课题、八个学校小课题，并形成了《教学问题式模块化研究，教师专业水平增速提升》教学成果。此外，我主编了《教学故事》，由重庆大学出版社出版；主编了《学校文化诠读》《我爱小发明》等二十几门校本教材；撰写了20多篇教育教学论文，其中撰写的《谈小学语文德育价值取向缺损及其补益》等十多篇论文获得国家级、市级论文评选一、二等奖，撰写的《教育者应有“人本”情怀》等十多篇论文在国家和省级刊物上发表；被重庆师范大学数学学院聘请为中西部乡村教师访名校国培项目讲座及指导教师，长期担任渝中区国培项目指导教师。

志新课程，创新教学模式

课程改革是整个基础教育改革的核心内容，是适应时代发展和全面推进素质教育的重要举措，更是增强国力、积蓄未来国际竞争实力的战略措施。搭乘课程改革的春风，我校贯通“立志立新，笃行和乐”这一理念，深入探究国本课程和校本课程，确立了凸显学生“立志与创新”特质和“守正出新”原则的“志新课程”教学模式，以学生、实践、实际为本，强调“立德立志”、“立意立新”并举，拓展整合互补，大小长短并存，以满足学生发展需要，彰显学校办学特色。

志新课程以基础性课程、拓展性必修课程和拓展性选修课程为构架，志德、志能、志趣、志健、志美等课程为载体，通过拓宽增设“生命教育”、“环境教育”、“创新教育”等课程内容，尝试“现场体验后双向选择模式”，培养学生道德、人文、科学、体育、艺术等全方位素养，促进其全面发展。

2JK模式，提升科研素养

科研工作是教育教学工作的“搭石”。为深入贯彻“搭石留痕”的科研思想，我校实行科研队伍层级化，建立了以教研合作和行远课题指导为中心的教科室，即“2JK模式”，修“内功”，练“外功”，努力打造一支师德高尚、理念先进、业务精湛、创新实干的教师队伍。

具体来说，教研合作中心为教育教学的常态研究“搭石”；行远课题指导中心则侧重面对科研课题进行承担与指导，其人员构成是学校研究生。两个中心各司其职，责任明确，有效实现了教研或课题研究小问题与小课题的多元选择，同时在教研问题研究原则上以学科为单位也满足了每个教师自己的研究方向与研究特长。

经过不懈探索实践，教研合作中心针对不同学科形成了以系统论为理论支撑的解读教材操作模式——“串联法”校本教研模式，使各学科教师深入解析教材整体编排体系，合理制订单元施教方案，认真安排教学内容，做到以点连线、以线串面、统筹兼顾，实现了“整体功能大于孤立部分功能之和”的有效教学，使学生真正地在教室内活了起来。

在行远课题指导中心帮助下，我校积极申报并承担了中央电教馆规划课题《创客校本课程的研发与实践与实践运用研究》、中国教育学会十二五教育科学研究规划子课题《发明创新与动手实践能力的研究》、2015重庆市立项课题《“理趣课堂”教学模式的研究与建构》等课题，其中国家教育技术立项课题《现代教育技术与课堂教学的整合研究》的课题在全国科研大会上交流并获“一等奖”。市级课题《“理趣课堂”教学模式的研究与建构》完成了模式建构，已结题。

快乐德育，升华师生情感

“十年树木，百年树人”。教育之重在于育人，在于培养一个人的德行、情操，而小学阶段正是孩子们世界观、人生观、价值观树立的关键时期。我校高度重视德育教育，始终将“立德树人、文化塑人、学科育人、改革出人”的思想贯穿于学校教育教学的各个方面，促使学生勤学上进、志存高远。截至目前，“快乐德育”的提出在我校已有十多个年头，在不断的尝试、实践与探索中已经成为全校师生心灵深处的高度，也是学校“立志立新”办学理念和“笃行和乐”学校精神的综合体现！

我校推行“AT目标”班级管理（“A目标”是德育处根据学生发展需求制定的班级学期发展目标；“T目标”则是各班根据当前学生的现实需求与本班特点，制定具体实施目标），构建年段育德体系，把“快乐德育”的落脚点放在班级。通过“把特色亮出来”集会朝会特色展示、创设学校德育品牌logo、特色学生社团、家庭亲子特色文化、学生体验岗自营模式等丰富多彩的活动项目传递快乐，真实满足学生的心理需求，使学生心灵始终处于快乐兴奋的状态，激活学生养成好习惯的内驱力，保持不断向上的愿望，形成独有的班级特色文化与学校特色文化。

让鸡蛋飞，筑梦创意空间

为什么我们的学校总是培养不出杰出的人才？带着这样的思考，我校积极打造“让鸡蛋飞”科技特色项目，扩散“飞蛋”效应，点亮学生创新志趣，培养其创造意志力,让学生的百变想象筑梦创意空间。

为了培养学生的科学素养，我校成立“科技开发活动中心”，制定《科技开发中长期规划》和“年度科技项目开发时间表”，建构了“5+1”的教育模式（“5”即学校每天5节国本课程教育，“1”即每天1节学生选修课程），既保证了学生学习课本知识的时间，丰富了校园生活，又使学生的想象力得到发挥，创意得到彰显，提升了他们的科学创新素养。

十六年来，我校坚守“创新、创意、创造”的科技教育，收获了较好的科技教育成果。从2004年的首届科技节开始，我校已成功举办十一届科技节。近十年，我校学生一共参与科技小发明创意作品设计多达两万人次，向国家知识产权局提交实用新型小发明作品446个，获得国家小发明专利183项。学生个人获得“全国宋庆龄基金会小发明优秀奖”18项；获重庆市科技创新大赛一等奖3项，其余市级奖励74项，区级奖励328项。在全国创新NOC大赛中，我校六次获得全国一等奖。学校在“科技创新大赛”、“创客大赛”、“科学素养大赛”、“科技模型大赛”等竞赛活动中获得了市级集体荣誉16项、区级集体荣誉42项，被评为“全国宋庆龄基金会学生小发明实践基地”和“重庆市青少年创客教育联盟”。2018年至2020年，我校实施“科技教育助力计划”，一方面开展“走进高校”行动计划，引进高校师资力量，充实学校科创指导队伍；另一方面“牵手发明大王”，与全国知名的小发明创造教育家邓鸿吉教授团队进行合作，深度开发创造发明项目。

新时代的育人风采是多元交互、全面发展的素质培养之路，我校将继续恪守“立志立新”的办学理念，强毅力行，锐意进取，把学校建成学生享受成长快乐地理想乐园，教师实现专业发展的理想舞台，学校自身提升教育品质的理想平台。

落实立德树人，传承红色文化

安徽省池州市东至县葛公镇初级中学　胡明启

红色文化资源是宝贵的精神财富，红色传统、红色基因中蕴含着丰富的政治智慧和道德滋养，是落实立德树人根本任务的时代要求。为深入学习贯彻习近平新时代中国特色社会主义思想、党的十九大精神和习近平总书记重要讲话精神，落实好习总书记“把红色资源利用好、把红色传统发扬好、把红色基因传承好”的嘱托，我校以推动红色教育，打造三美校园为起点，以党建促教育改革，创特色学校，办满意教育。学校不断加强立德树人教育，培养师生正确的世界观、人生观、价值观，全面推动基层党建工作，持续提高党建质量和整体水平。

我校是位于东至县东部一所农村初中，距离东至县城39公里，学校坐落在葛公镇集镇中心，门临三县通衢的古徽道，背倚晋代葛洪的炼丹山，徽韵绵长，古风厚重，是读书求知的好处所。自1968年建校至今，经过几代人的努力奋斗，如今已发展成为环境优美、功能齐全，质量上乘的农村初级中学。学校现有教职工38人，党员23人，预备党员1人。

一、创建红色阵地，营造红色氛围

红色文化是对中华民族传统的继承与发展，是中华民族的宝贵精神财富。近年来，我校深入挖掘红色文化，以“红色文化”为抓手，激活红色基因，营造红色氛围。

学校开辟红色文化专栏。在校园醒目处制作红色文化宣传窗，将我校党建情况以及图片等进行展览，让师生感受红色文化的魅力，接受红色精神的熏陶和洗礼。

悬挂红色文化格言。在教室、走廊、党员活动室等地悬挂老一辈无产阶级革命家、英雄人物的照片以及格言警句等，简要介绍他们的生平事迹，并在食堂、水池、饮水间等地悬挂珍惜粮食、节约用水等警示牌，激励师生时刻忆峥嵘岁月，传革命精神，惜今日生活。

开办红色之声广播站。每天晨起、课间、三餐以及课外活动时间，播放红色歌曲，宣讲革命故事，并利用电子屏不断滚动播放红色宣传标语，营造浓郁的红色文化氛围。

二、加强红色教育，筑牢红色信仰

学校利用晨会、班会、国旗下讲话、红色经典诵读展演等方式，有计划地对学生进行爱国教育、诚信教育、感恩教育、遵纪守法教育等，做到重点清，要求明，措施严，效果实。

语文教师给学生推荐如《红岩》《红星照耀中国》等红色经典书目，要求学生课下阅读，课前三分钟演讲，如讲述书中生动感人的情节，朗读自己喜欢的段落或者讲一个书中英雄人物的故事等等。

校工会、团委等部门在新生入学时积极开展革命传统教育。通过教育，让学生们增强红色记忆，了解革命历史，并组织学生参观红色教育基地，感受英雄人物的伟大，要求学生们珍惜今天来之不易的幸福生活。凡新入团的团员都会进行宣誓，并积极参加社会实践活动，如去敬老院开展“我为孤寡老人送温暖”活动等。

我校采用新颖多样的形式，开展“不忘初心跟党走，红色经典永传承”的名篇佳作诵读比赛活动。让师生们在活动中感悟红色文化，传承红色精神。

三、多元教育活动，传承红色精神

诵读红色经典，牢记初心使命。采用新颖多样的形式，学校开展“不忘初心跟党走，红色经典永传承”的名篇佳作诵读比赛活动。让师生们在活动中感悟红色文化，传承红色精神。

传唱红色歌曲，培养爱国情怀。学校组织全体师生人人会唱红歌曲，举办了“牢记光荣使命，唱响时代旋律”红歌传唱比赛。一曲曲红歌颂党恩，一颗颗红心跟党走。在歌声中，孩子们唱出了对党的热爱，对祖国的热爱，对人民的热爱，对新时代的热爱。

观看红色影视，传承红色基因。支部组织开展了以“看红色电影，忆峥嵘岁月”为主题的影视观看活动。各班利用多媒体组织学生观看《建党伟业》《建国大业》《闪闪的红星》等爱国主义影片，并要求学生写观后感，同时鼓励学生回家后多观看红色影视剧，听长辈讲红色故事，接受革命教育，激励他们努力学习，健康成长。

走进红色故里，缅怀先烈事迹。支部组织全体党员参观了洋湖高山倪南山将军纪念馆，并瞻仰了高山革命烈士碑。在倪南山将军铜像前，我们全体党员重温入党誓词，回望党的历史，接受红色洗礼，更加坚定了党员的使命与担当

各班级遴选学生团员代表，开展了“追随先烈足迹，重温入团誓词”主题教育活动。学生们参观了洋湖高山倪南山将军纪念馆，并瞻仰了高山革命烈士碑。在倪南山将军铜像前，学生们重温入团誓词，增强了红色记忆，接受了红色洗礼，学生们受益匪浅。

四、优化育人环境，打造三美校园

多年来，我校一直致力于美好校园建设，优化育人环境，以期达到环境育人、活动育人、文化育人之目的。

学校党团政工携手抓党建。通过一廊、两栏、二室、六楼、一场、一园、一厅、一家等打造葛中“德文化，行教育”阵地。通过积极开展“红心向党”教育，为党育人，为国育才。开展社会主义核心价值观教育，通过主题班会、团队活动、阳光体育、师生书画展等活动，真正将社会主义核心价值观和“德文化、行教育”融入校园物质文化、精神文化、制度文化、行为文化之中，实现全员、全程、全方位立德育人教育。

传承红色文化，打造三美校园。通过红色教育，将爱国主义教育入脑、入心、践于行，达到校园三美好（环境美好、师生行为美好、活动美好）之目的。2009年以来，学校增加项目资金投入6800多万元，目前已建成花园式学校和标准化运动场，校园环境及设施设备堪称全县一流，并获得了全国青少年“文明礼仪教育示范基地”，池州市“美好校园”和池州市“绿色学校”等光荣称号，教育教学质量持续多年保持全县第一方阵行列。

学校充分利用东至县和葛公镇丰富的红色文化资源，传承和发扬先烈革命精神，推动学校形成了厚重的校园红色文化、健康的文明风尚和良好的育人环境,达到了立德树人的目的。引导学生树立远大理想，报效祖国，培养了他们珍爱生命、积极乐观的生活态度。促使广大党员教师在项目实施过程中政治素质、业务素质进一步提高，锻造了一批教书育人的先锋模范。

百舸争流，奋楫者先。新时代的火炬落在我们身上，历史进入了新的发展时期，新时期要有新气象，新征程要有新作为。今后，我们将不断加强红色文化宣传教育，厚植红色文化基因，增强学生艰苦奋斗精神和高度的历史使命感、责任感，引导和激励青少年走进红色历史，深入红色历史，传承优秀的历史文化和民族精神。

千淘万漉虽辛苦，吹尽狂沙始到金。如今，意气风发的葛中人正努力朝着“一流的教师队伍、一流的办学条件、一流的管理水平、一流的教学质量”的目标迈进。

"智·乐"相伴 培英成长

北京市海淀区培英小学 祝莉娟

教育质量是学校发展的生命线，要提高教育质量，就要从教学的基本——课程建设抓起。为进一步提高人才培养质量，北京市海淀区培英小学在持续、健康、高效发展教育的同时，把高质量摆在更加突出的位置，将办学理念"智慧工作，快乐学习"融入课程的开发和实施之中，聚焦课程、依托课程，打造"智·乐"文化，构建"智·乐"课程体系，走出了一条学校特色发展、教师专业发展、学生全面而个性发展的特色办学之路。

加强"智乐"引领，完善学校课程体系

习近平总书记在全国教育大会上指出，教育是国之大计、党之大计，要坚持把立德树人作为根本任务，要努力构建德智体美劳全面培养的教育体系。作为一所拥有着60多年历史底蕴的部队学校，浓厚的部队色彩为学校积淀了深厚的革命传统和坚韧进取的精神底色。

基于对素质教育、教育本质、学校文化的理解，培英小学提出"要更加关注人的全面发展"的育人方针，唤醒师生内在学习动力，着力培养有智慧、会生活，具有快乐和幸福能力的人。为此，学校以提升办学品质、育人质量和文化品牌为导向，最终确立了"智慧工作 快乐生活"的办学理念，从课程功能出发，完善"智·乐"课程体系，厚植"智乐"特色文化，旨在让生命智慧的生活，生成快乐地能力，进而享受精彩的人生历程。

在"智·乐"理念的引领下，培英小学建构完善了学校课程体系。学校从课程功能出发，将学校课程划分为基础课程、拓展课程和综合课程三大类课程。其中，基础课程主要由国家课程组成，重在学生基础知识与基本能力的培养；拓展课程主要由地方课程和校本课程构成，重在知识的运用、拓展与强化；综合课程指的是在多学科整合下实践类、活动类课程，重在培养学生的实践动手能力和综合素质。

融会"智乐"文化，提升学生综合素养

课程是立德树人的主要载体，是学校核心价值观落地生根的根本保障，也是支持学生发展的重要支架。经过多年的课程探索与实践，培英小学从学生、家长、教师、社会、课堂等不同层面出发，在基础课程领域探索出智乐学科课程，在拓展课程领域研发出智乐校本课程、智乐家本课程以及价值观引领课程，在综合课程领域开发出实践活动课程，以此形成基于"智·乐"理念下多层次的课程落实体系，从课程的顶层设计上让教育走出小课堂，融入大社会。

智乐基础课程结合"智慧·快乐"理念，探索"智乐课堂"文化，提出了"真趣味、真参与、真获得"的"智乐课堂"关键要素。"真趣味"，以诱发学生学习兴趣为原则，使学生形成一种渴求掌握知识、能力的内在动力，能够主动学习、主动认知，获得智慧与快乐；"真参与"，就是鼓励学生主动参与并成为课堂学习的积极分子，能够认真听讲、踏实学习、学以致用，发展智慧与快乐；"真获得"，就是让学生获得真知识、真能力、真素养，自然地生成智慧与快乐。

智乐校本课程是培英小学以课程形式对理念育人进行探索的一次试验。2016年，学校以校长为引领，以科研团队为主导，以语文教师为研发团队，先后研发出了《智慧学习》和《快乐成长》两本校本课程。《智慧学习》是基于办学理念"智慧工作"开发的校本课程，分为"兴趣培养、动脑思考、端正心态、自主学习、掌握方法、创新探究"六大维度，力求形成一种以学生为中心、由学生自我指导、让学生拥有完整学习体验的新型学习方式，从而启迪学生智慧，助力学生成长；《快乐成长》是基于办学理念"快乐生活"开发的校本课程，分为"保持童心之乐、敬师交友之乐、文明律己之乐、习惯养成之乐、沟通分享之乐、幸福感恩之乐"六大维度，力求帮助学生成为善于发现快乐、享受快乐、分享快乐地快乐之人。两大校本课程面向六个年级所有学生，分为低、中、高三个学段，每月开展一次，选择学生喜闻乐见的内容，采用体验式教学方式，充分发挥学生的主观能动性，让学生成为学习的自主管理者。

智乐家本课程是学生健康发展的关键。家长是学校发展最直接也是最为亲密的伙伴，现代家长也有条件与学生"对话"，只要有资源，再加上校本化激活，家长资源就会成为最好的"家本课程"，成为学生发展必不可少的一股新生力量。培英小学坚持"科学性、多元性、先进性、主体性、合理性"的原则，针对不同年级、不同学生的身心特点和成长规律，采取循序渐进、螺旋上升的编写方式，采用"一主题多项目"的表现形式，以项目驱动为内核，以实践活动为内容，专门为家长编写了家本教材，用以撬动家庭教育的力量，让学生家长以教育主体的角色参与到教育中，在实施这些小项目中促成了理念在家庭中的落地生根，真正打通了教师、家长、学生的三方平台，将学校教育、社会教育、家庭教育连成一体，促成了家长与孩子的共同参与、共同感悟、共同提高、共同成长，从而使学生在"快乐"中增长"智慧"，在获得"智慧"的同时体验"快乐"。

价值观引领课程是培英小学专门为教师开设的课程。该课程共分为两大部分内容，第一部分围绕"智慧·快乐"的核心文化，对学校的办学理念、办学目标、育人目标、管理文化、教学文化、课程文化、教师文化、学生文化、环境文化这九大方面进行解读，形成课程专题，让干部和教师用教育实例进行讲解，将理念植根于他们的行为中；第二部分从办学层面延伸到领导干部层面的做人、做事的态度和想法，以及学校领导干部倡导的人生观、社会观、生活观及事业观等核心内容，形成五大课程专题，在讲解与分享中使干部及教师上下拥有共同的价值取向，共同作用与学生身上，形成共同体。

实践探索课程，延伸学校教育的广度，助推办学理念的纵深发展，让学生真正从课上走到课下，从校内走到校外，在与社会接轨中实现办学理念真实落地。独具"智慧·快乐"的培英PDC项目，则通过研究性项目学习的方式，培养学生的创新精神和实践能力，让学生学以致用、智慧生成、快乐成长。

这五大课程的建构基于同一思想，虽对接不同主体，但解决的都是办学理念的落地问题。从对接学生层面的校本课程、对接家长层面的家本课程、对接教师层面的价值观课程、对接社会层面的实践活动课程，到对接课堂层面的学科课程，它们都传达着学校的思想文化，促进师生、家长自觉践行"智慧·快乐"的文化理念。

收获"智乐"成效，实现智慧快乐发展

近年来，培英小学以课程为支点，厚植理念文化，使"智乐文化"深入人心，促进办学品质、育人质量和文化品牌的不断提升，形成了一条"基于理念下多维课程建构"的课程育人之路。

智乐校本课程的实施，让学生愈发聪颖、快乐，他们不仅能够发现、享受到学习和生活中的快乐，养成快乐学习、积极向上的行为习惯，而且还能智慧巧妙地解决学习中遇到的难题，举一反三，探索出更简单、更好地解决方式。可以说，"智慧学习"与"快乐成长"已经成为他们的努力目标。

智乐家本课程的实施，真正将家长带进孩子教育的世界，使家长们深刻理解并认同"智慧工作 快乐生活"的办学理念，自发参与其中，活跃在学校家本课程各个项目的实践中，开始关注孩子兴趣的激发、能力的增强、综合素养的提升，在陪伴孩子成长的同时也获得自我提升。

智乐实践活动课程的实施，为师生打开了一扇通往实践乐园的大门，使师生能够带着"智慧·快乐"的思想走出校门，步入社会，在实践体验中汲取智慧和快乐地力量，在知行合一中实现智慧的发展、快乐地成长。

智乐课堂文化的推广实施，为教师教学提供了一条新的思路，使教师在"智慧·快乐"的教育方向下不断丰富自己的教学方式，形成或充盈智慧、彰显快乐地课堂风格，为学生创设出高效轻负、互动探索、自由饱满、轻松快乐地课堂氛围，激发学生的学习兴趣和主动思考，唤醒内在的求知欲和探索欲，使学生在课堂上能够"真参与"、"真获得"。

基于"智·乐"办学理念的课程实践与探索也得到了专家的高度认可。北京市教育科学研究院德育研究中心谢春风主任充分肯定了学校以学生为中心的多维课程体系，尤其是家本教材的开发与实施有理念、有数据、有故事、有效果，在家校携手的路上走的实。海淀区教育科学研究院副院长宋官雅指出，培英小学以课程为支点，最终实现文化和理念的真实落地，实现了校师生智慧而快乐地发展。

课程建设是一项长期而又系统的工程，必须立足现实，将办学理念融会其中，把着眼点放在提高教育质量和教学水平之上，把课程建设深入到整个教学活动和课程体系中，从整体上提升课程建设的质量。未来，培英小学将继续夯实立德树人根本任务，坚持以"智慧工作，快乐生活"理念为统领，让"智慧"与"快乐"成为一种可持续的教育力量，潜移默化地影响每一个培英人，打造专属培英品牌，走出一条特色发展之路。

突破桎梏抓管理，焕发多址办园新活力

北京市通州区幼儿园 张海燕

管理是一门科学，是一门艺术，讲求策略与技巧。《国务院关于当前发展学前教育的若干意见》指出，"为了发展学前教育，必须坚持改革创新，着力破除制约学前教育科学发展的体制机制障碍；必须坚持因地制宜，从实际出发，为幼儿和家长提供方便就近、灵活多样、多种层次的学前教育服务"。幼儿园是人生接受正规教育的起点，探索科学管理策略是提升幼儿园办园质量的重要保证。在中心园下辖分园的体制下，园所规模的扩大造成管理问题凸显，管理难度加大。由于办园地址及园所功能定位不同，中心园与分园在教师的管理方式、干部教师的培养、校园文化建设、各类人员评价等方面存在差异。我园通过研究，努力探索有效地管理策略，解决中心园下辖分园体制所带来的相关问题，促进中心园、分园均衡发展，实现办园质量的整体提升。

一、聚焦教师队伍，提升教育质量

一体化的园本培训，专业化的有效提升。一体化园本培训是把

中心园及各分园教师作为一个受训整体，以幼儿园发展和教师的需求为内容，提高全体教师的业务水平和教育教学能力的培训。中心园下辖分园一体化园本培训是开展密集式的专业化提升的有效途径之一。为此，我们丰富教师的园本培训，根据教师工作和幼儿园发展需要，学期初确定培训模块，聘请有经验的园长、分园长、保教主任担当主讲人，按照教师的需求，分层安排教师参加培训，探索多种培训模式。一轮听课后，根据发现的问题，开展案例剖析式的园本培训，体现培训的即时性、实效性、贴近性，以评促研。抓住点评环节，从现象到本质，从刚刚发生的教学活动中提取范例，告诉教师现象出现的原因及改变效果的策略，为教师提供具体、有效地帮助和支持。说课、评课、弹唱、歌舞、制作、表演等专项技能技巧的提升，请专业人员辅导，以赛促练。

联动式园本教研，核心问题的解决智慧。我们开展联动式园本教研，即以中心园为核心，吸收分园教研骨干组成联动教研组，开展有针对性的园本教学研究，再通过各分园教研骨干把研究活动延伸到分园，辐射带动各分园的教研活动开展。我们成立以学段为界限的五园联动式教研组，根据存在问题制定教研计划，变革形式，组织研训一体的教研。依托课程，开展“主题环境布置与主题教学”、“区角材料投放及教师的指导策略”等研讨交流活动；聘请教材编写组成员做培训，搞同备、同听、同反思的研究课，让教师在每次活动中有所收获。

课题引领下的实践活动，提升质量的有效保证。做课题研究，是幼教教师提高自身素质、培养创新意识和能力的实践性活动，是中心园下辖分园管理模式下提高教师教育理论水平、教学实践能力的最佳途径。我们根据幼儿园发展和教师工作的需要，筛选教师平时教育教学中有价值的问题，教师尝试着书写课题申请、课题开题报告、制定课题研究方案。在一遍遍的反复修改子课题、问卷、中期报告中，成就了教师，提高了教师的科研能力。与联动式园本教研、一体化园本培训有机整合，围绕课题，做专题培训，督促教师按照科学的方法去实践和探索，教师发现有价值问题的能力明显提升，探究意识明显增强。在课题开题及中期总结时，我们分别做了区示范开题和中期示范展示。课题取得的初期成果受到了与会领导的高度评价。

贴近式的业务指导，实践经验的有效传承。在经验的有效传承中，师傅具有举足轻重的作用。师傅要在业务上精；在师德上高尚；在教育理念上新。为提高传承质量，学期初签订师徒帮教协议，明确帮扶重点及目标。为了督促师傅的经验真正传递给新教师，每个学年，组织骨干帮教成果展示，期末进行效果自评及经验交流，集中表彰优秀师徒。我们提倡教师多进行教学活动反思，做尝试探索的有心人。

二、关注干部队伍，增强管理力度

选人用人，以德能为先。干部队伍素质的高低，直接影响幼儿园及教师的发展。为提高干部的政治业务素养，我们要求干部每月读一本好书；每周分享一张报纸或杂志；每学期进行一次读书分享来提升干部修养。借助“园长沙龙”、“走进分园”、月工作汇报等活动，探寻管理问题、提炼管理亮点、分享分园管理特色。完善制度，建立分园长带课题，每学期深入课堂不少于20次，定期组织园本培训，以分园为单位展示课程建设成果的管理机制，让干部成为分园课程建设的核心领导，提高管理的品质。

优化管理，分层进行目标导向。中心园两址以上，实行中心园园长——副园长——分园长的三级层级管理机制。中心园下辖分园的管理，需要明确分工，保证没有内耗或者“三不管”现象的发生。为了提升工作效率，我们将层级化管理和扁平化管理的有机结合，根据工作需要随时转换。采用目标导向，分层设定工作目标，激发人的内驱力。例如，业务副园长职责是提高各个分园的保教质量，提升保教人员的专业化水平；分园长负责执行工作任务、服务教师和家长、检查指导保教人员工作等，为幼儿、家长提供优质教育服务。这种目标导向，极大地激发了人的内驱力，保证了管理的高效性。

强化反思，实现自我成长。利用积极反思和前摄反思策略，我们要求管理者能够观察到：正在发生什么事——他们应该做什么——可能产生的结果是什么。管理者要自己对观察的结果进行回答、解释，逐渐通过捕捉有价值的行动，激发其不断的思考问题、逐渐深化反思。前摄反思通常在完成一个具体任务后，花一些时间反思他们的经验。例如，亲子运动会后，大家反思运动会的成功之处和存在的问题、原因以及改进策略。有效反思提升了干部在计划制定、组织实施、过程调控的能力。反思中成长还需要一定的培训支持，例如，面对新生入园哭闹严重的问题，组织学习分离焦虑产生的原因及表现，提出具体的快速解决策略。在反思中，干部的专业知识和管理技巧明显提升。

三、以文化人，加强环境建设

确立核心价值观及办园理念，统一思想。文化是民族的血脉，是人民的精神家园。价值观是文化的内核，核心价值观是文化软实力的关键。核心价值观，承载着一个民族、一个国家、一个学校的精神追求，体现着一个评判是非曲直的价值标准。构建具有强大感召力的核心价值观，关系和谐稳定，关系长治久安。办园理念是我们作为园长，基于幼儿园现状以及今后的发展，办什么样的幼儿园和怎么办幼儿园，是每一个管理者不可回避的问题。我们与专家一起进班听课、做领导班子访谈、教师访谈，探寻学校的核心价值观，剖析核心价值观内涵，最终确立核心价值观。我园在“育爱有行，浸润无声”核心价值观的引领下，提出“以爱育爱，快乐成长”的办园理念和“乐教乐学，培育幸福人生”的办园目标以及“培养能自主、善交往、乐探究的健康幼儿”的育人目标。

求同存异，为分园特色发展留白。由于中心园下辖的各个分园存在地域性差异以及管理者的不同风格，在校园文化建设中，采用求同存异、为分园特色发展留白的方式，更能够发挥每一位管理者个体内在潜力。在校园文化建设中，中心园与分园需要使用相同的核心价值观、办园目标及办园理念；使用相同的园徽、园旗，倡导相同的教育理念和行为文化；采用树立身边榜样，编写感动校园好教师故事集锦，将教师行为规范制定成制度，用评价激励引导，传递正能量，在园所内树立正气。但是，我们幼儿园各个分园处于不同的地理位置，教师专业性或者校园环境、场地不同，分园长的管理风格各异，还需要在校园文化建设中求同存异，挖掘管理者的管理特色，创建不同风格、特色明显的校园文化。在环境创设和色彩运用中，中心园与分园自主选择，但是质量标准一致，让每个人感受到中心园与分园的区别与联系，体现和而又分、分而又和的文化管理模式。

四、制定策略，优化评价体系

精准问题，明确按岗评价的思路。以往的评价，最不好评价的是不同岗位人员。多址办园在面临相同问题的同时，中心园与分园岗位的不一致，人员配备数量的不齐全等等，众多问题摆在眼前。我们分析现状，根据各个分园特征和岗位职责来确定评价项目和评价标准，采用分别设置评价标准、分岗位进行评价的方式，充分体现评价内容与标准的科学性和公正性。

明确岗位，分岗确定评价内容和项目。中心园下辖分园，多了中心园层面的行政后勤岗位，因此我们需要明确中心园与分园的岗位数量及岗位职责，明确评价项目，细化评价内容。采用分岗确定评价标准——试行后进行效果评估——调整标准再试行——最终确定评价标准的方式，设置各岗人员学年度评价三大项，即月履职、家长问卷、自评互评。同时为体现过程性评价与终结性评价的有机结合，细化月履职评价内容，分为月工作表现、安全工作、幼儿出勤、突出表现等四项评价内容并赋予权重、分值，实现评价的科学性和可操作性。

设置灵活评价项目，给予各管理者自主权。由于各个岗位人员的工作性质和工作职责不同，各个分园每月的工作重点会有差异，中心园可以按岗设置月工作表现细目。例如，教师、保健医、库管岗，每月工作不同、重点各异，采用按月设定评价内容，其中3项内容固定，一项内容由分园负责人根据月工作重点自主确定的方式，给予管理自主权，体现自主管理特色，

明确评价方式，选择接触人打分原则。操作中，月履职评价采用分园负责人每月上报评价分数、期末以月总分之和平均的方式作为学期评价的分数。月评价和期末评价时间不同，发挥的作用也不同。通过月评价，可以第一时间掌握优秀教师以及赋分反映出的问题，如，出现安全事故，通过分园长或者部门负责人提交的处理意见，可以洞察分园长对学校制度的解读能力和处理教师时考虑事情的全面性。自评互评环节，主要采用集中评价方式。大家按照期末评价标准打分，学校汇总得出最终分，按岗位将分数排列，为确定优秀人员做好准备。自评互评中，我们采用接触人打分原则，即有接触的人彼此打分互评，没有接触的人不用打分评价。汇总得分时，以平均分的方式呈现名次和位置，实现相对公平性。

规范操作流程，合理使用评价结果。每月的各岗位教工评价，通过统一评价标准、优秀指标倾斜、集中评价与分散评价结合的方式，解决中心园和分园岗位多、相同岗位的各岗人员少、在不同的园所中工作等问题。但是，编内与编外教工拨款方式不同，我们操作流程是按照岗位评价标准评价各岗位教工，编外人员按评价得分每月随工资立即兑现评价奖金，编内人员每月记录评价分数，期末一次性兑现。每到期末，编内与编外人员统一汇总评价分，按照优秀比例推选优秀人员，编内与编外人员同时表彰，根据资金量，不同身份人员再按照各自的奖金标准，分别兑现年终评价奖。

突破管理局限，寻求最有效地管理策略与途径，打造最优质的教育环境，为园所披上闪闪发亮的外衣，以致吸引更多的家长与学子。我们通过条块化的管理结构、求同存异的校园文化，努力寻求动态化管理平衡；探寻适宜的成长载体；联动的培养机制，把握编内与编外教师、分园与中心园教师的心理变化，有效运用评价，避免了中心园与分园在管理中遇到的真问题，使社聘人员与正式人员评价考核、制度运行终成体系。强化干部教师培训，分层、按需开展园本培训和园本教研；课题引领，多举措抓两支队伍建设，我园现已经形成全面统筹、分合有序、中心园辐射分园、分园各具特色的管理模式，呈现出自觉、主动、快乐工作的局面。展望未来，我们会继续探寻更具特色的发展之路，不断创新教育教学、管理方法，使我园踏上更加璀璨的教育征程！

小记者对话大校长

——记安溪县第五小学学生记者关于“做个品学兼优的好学生”访谈

彭薇

如切如磋，如琢如磨。2020年10月22日，安溪县第五小学学生记者站的学生记们围绕“品格是人一生的财富，做个品学兼优的好学生”的采访主题，满怀兴奋之心走进了学校的多媒体教室，和黄明全校长进行了面对面的交流。

回顾采访过程，小记者们说黄校长和蔼可亲，就像跟自己家里的长辈交谈一样，轻松的氛围中又都受益匪浅。

一问一答释疑难

在一个多小时的访谈中，小记者们向黄校长提出了各式各样的问题，内容涉及读书方法、考试压力、爱惜粮食、校园欺凌、爱护环境、疫情防控、征文比赛等多个方面，黄校长耐心地解答了小记者们的疑问，小记者们则是认真地记录着校长给他们的答案。

吴子靖（四年级）：请问您小时候有哪些好的读书方法？

黄明全：语文方面，坚持早起，大声读书，读给老师听，老师表扬后学习更起劲；数学方面，做好预习，遇到不懂的问题做记号，课堂上专心听老师讲解并做笔记。

钟镘妮（六年级）：请问您更注重教育的哪些方面呢？

黄明全：学习虽然重要，但是一个人的品格更重要。如果一个人学习成绩好，但是整天嘲笑、欺负别人，那么他就不是品学兼优的好学生；如果一个人成绩不怎么理想，但他积极乐观、助人为乐、宽容大度、德重行正，那么他也是会受大家欢迎的。品格是人一生的财富，品格比成绩更重要。

梁耀婷（五年级）：请问您这次为什么要举办“心存感恩，与爱同行”的征文比赛呢？

黄明全：感恩是一个永恒的话题。秋季开学后，爱心企业家黄先生为我校捐赠了101台空调，满足了师生们期盼已久的愿望，我们感恩有这样一位富有爱心的企业家。举办这次征文比赛，是为了能让师生们尽情抒发心中的感激之情，让这一份爱心传承传播下去。

王博锋（六年级）：您觉得当校长的责任是什么？

黄明全：我觉得当校长的责任有两个层面：一是带好老师，使每一位老师都能爱岗敬业，脚踏实地做人做事；二是教好学生，让每一位学生都懂得，要做一个在学校尊师守纪、勤奋学习，在家庭孝敬父母、勤俭节约，在社会文明守法、诚实守信的“五小好少年”。

黄振杰（五年级）：请问您创办启慧文学社的初衷是什么呢？

黄明全：这问题问到了点子上啦！以我们安溪铁观音为例，喝一杯茶，如果没有读书的人，就会用简单的言语来说这茶好喝；而有文化的人，就会用优美的语言来表达：此茶汤色橙红透亮，气味幽香如兰，口感饱满纯正，圆润如诗，回味甘醇，齿颊留香，韵味十足，此乃茶中之极品！创办启慧文学社的初衷是希望有更多的学生能做个有文化的人，提笔能写，开口能讲，而不再只是满口简单粗暴的语言。

学生眼中的校长

提到“校长”一词，我们经常会听到或看到这样的话语，“一个好校长就是一所好学校。”、“校长是学校的灵魂。”、“校长是师者之师。”……仿佛“校长”很“高大上”，离学生很遥远，然而在五小，校长就在学生身边。那么，学生心中的“校长”是什么样的呢？

陈奇菱（六年级）：我心目中的“男神”

黄校长一走进宽敞明亮的接待室，迎接他的是同学们兴奋的目光和排山倒海的掌声，然而惹我眼的是他那时髦的发型，这发型不禁让我想起“聪明绝顶”这个成语来。接着，提问开始。学生记者们从多个方面向黄校长提出问题，内容涉及创办启慧文学社的初衷、黄校长选择教师职业的原因、面对晚托浪费粮食的看法、有效地读书方法和疫情防控等多个方面。面对充满稚气又不失尖锐的提问，黄校长十分认真、详尽、耐心地回答，解开了我们学生记者们心中的一个个疑团，这种场面俨然一场庄重的记者招待会啊！以前，我一直觉得黄校长应该是一位既严厉又不爱笑的“凶校长”。直到今天，这么近距离的和黄校长一起聊天时，我才真正感受到真实的黄校长：爱笑又幽默，和蔼可亲，诲人不倦，对教育事业兢兢业业、脚踏实地，对我们新一代殷勤关心！我为自己有这么一位好校长而感到幸福与自豪，这一次，黄校长成了我的“男神”！

王政超（五年级）：科学的学习方法指导

妈妈经常对我说“读好书，必须有一套属于自己的学习方法”，可我却不知道好的学习方法有哪些呢？校长帮我们解决了疑惑：好的学习方法有很多，各科都有各科的学习方法，语文需要早起读书朗读，增强语感；数学则需要课前预习，上课遇到难理解的知识点和题目时及时做笔记。当然，无论哪个学科的学习方法，都有一个共同点——一定要勤奋！不勤奋的人，学习成绩是好不到哪里去的。听了这些话 ，我暗暗激励自己 ：今后一定要掌握科学的学习方法，发奋图强，让自己的成绩更上一层楼。这次校长访谈，让我明白了科学的学习方法，真是干货满满，心得多多啊。

吴娜萱（六年级）：宽严并济的智者

黄校长面带微笑，和蔼可亲地和学生记者们打招呼，大家紧张的心情才慢慢放松下来，开始和校长愉快的交谈，我们深为有这么一位平易近人的好校长感动自豪。活动开始了。第一位勇敢者让校长分享了他小时候的学习趣事和方法；第二位勇敢者让校长回忆他感动的瞬间，校长讲了几位坚持带病上课的教师，让他感动至今；第三位勇敢者访问了校长作为校长的责任是什么，黄校长毫不犹豫地回答：“作为校长最大的责任就是要把学校带好，把老师带好，让老师把每一位学生教好，让每个学生都学有所成，成为国家之栋梁。”……勇敢的学生记者们提问的每一个问题，黄校长都能以理服人，细心为大家讲解，我深感佩服。这次活动激发了我对学习的兴趣，今后的每一天我将更加珍惜美好的时光，好好学习，努力向上，做好学习的主人。每个成功的背后都离不开努力的过程。加油吧，少年！

校长的殷切寄语

党的十九大报告如洪钟大吕，激越时代的鼓点，激发青年的热情，特别是报告中提出的“培养担当民族复兴大任的时代新人”的重大命题，为新时代的新青年的成长指明了方向。那么，新时代究竟需要什么样的新青年？我们的教育该培养什么样的新少年？

黄校长语重心长：“知识改变命运，现在决定未来。”你们是未来祖国的建设者和接班人，肩负着实现中华民族伟大复兴的历史重任。我希望你们从现在做起，走好人生路途中的每一步，把握漫漫长河中的各到关卡，立大志、立长志，做小事、做实事，养成良好的学习生活习惯，学好科学文化知识，锻造过硬的生存本领，学会生活、学会做人、学会学习、学习竞争，去迎接未来的人生挑战！

访谈的最后，黄校长勉励小学生记者们，学生记者要有大理想，要发挥自己的特长，成长为“文明、勤学、多趣、阳光”等五小少年。学生记者们深深体会了学校对学生的成长所倾注的心血，也为有这样一位儒雅慈祥、敬业创新的校长而感到自豪。

采访的时间虽然短暂，但学生却终生难忘。通过此次采访活动，学生们更加了解了自己学校的文化，更加了解了自己的校长，他们坚信，有了这样睿智可亲的校长，有了这样积极上进的学生，五小一定会越办越好！

至真校园　绽放文明之花

——靖师附小创健全国文明校园介绍

甘肃省靖远师范学校附属小学　王　雄

甘肃省靖远师范学校附属小学（简称靖师附小），始建于清乾隆四十五年。240年的教育传承中，学校围绕“求真知，明真理，养真品，做真人”的“至真”教育理念，积极实施“一体（四个学会：学会生活、学会学习、学会健身、学会创新）两翼（爱的家园、美的文化）”核心文化实践体系，专注育人、守正创新。

靖师附小高度重视新时代文明校园创建工作，坚持以习近平新时代中国特色社会主义思想为指导，围绕立德树人根本任务，对标文明校园“六个好”标准，秉承“民主治校、文明美校、质量立校、创新强校”的办学思想，以未成年人道德建设工程为抓手，把养成好习惯纳入学校常态化教育教学，把文明校园创建与推动全员全程全方位育人有机结合，不断提升师生的文明素养和道德品质。

锻造求真务实的育人团队

学校着力强化师德师风建设。一是要求用“四有”好老师标准规范教职工；二是要求做一名学习型的教师；三是要求做一名民主平等型的教师；四是要求做一名服务型、指导型的教师；五是要求做一名创新型、发展型的教师。学校充分发挥骨干教师的引领作用，实施“青蓝工程”，坚持“传帮带”，开展“青蓝工程”师徒展示课、党员教师示范课，每学期还定期开展学科组竞赛和“敷文大讲堂”活动。经过艰苦砥砺和锻造，学校铸就了一支师德高尚、业务精湛、锐意进取、甘于奉献的教师队伍。

学校成立创建领导小组，健全党政联动、齐抓共管的责任链，以理论学习中心组为引领，以党员示范带头为推动，以全体教师学懂弄通做实为根本，开展主题宣讲、微型党课、专家解读、诗词感言等形式的教育活动。领导班子成为创建的硬核团队。

筑牢真抓实干的德育基石

学校开展“文明班级、文明办公室、文明教研组、文明家庭、文明学生、至真至美教师”等创建活动，将文明创建活动贯穿于教育教学活动之中，充分发挥德育在文明创建活动中的先导作用。

学校创设了“德育银行”育人模式，注重养成教育，不断提升学生的文明素养和道德品质。“德育银行”储存的不是金钱，是仿照银行的形式，以学生中的“文明行为和道德善举”为主要内容，以“道德币”为表现形式，以“银行储蓄”为手段，以“榜样教育”为途径，以“激励提高”为目的的一种教育载体。它是学生行为养成教育活动的具体化，目的是培养学生良好的行为习惯和高尚的道德情操，提高学生的道德认识水平和政治思想觉悟，激励学生从点滴小事做起，在不断积累的过程中提高，最终成长为有爱心、讲道德、守诚信、求发展的新时代小公民。

学校开展“社会主义核心价值观”教育活动。通过加强宣传，营造学习“社会主义核心价值观”的浓厚氛围，教育和引导学生牢固树立正确的社会主义核心价值观。同时，充分发挥少先队的主体作用，广泛深入地开展生动活泼、丰富多彩的道德实践活动，把开展“社会主义核心价值观”教育贯穿于各项道德实践活动之中。

打造至真至美的育人文化

学校重视班级文化建设。营造良好的班级氛围，树立班级形象，形成班级特色，争创文明班集体。各班的学习园地布置精美，中队角规范实用，富有教育性。

学校大力推进“书香校园，文化校园”进程。校园宣传栏、花栏、操场、楼道、走廊处处可见通俗易懂、贴近儿童的文明礼仪提示语和激励性标语，校园围墙装饰有经典诗文、古今名言、名人故事等，让每一寸校墙都会说话。力求以优美的环境氛围，高雅的校园文化，给学生以时时处处的无声熏陶和奋进向上的力量。

校园建设厚植历史文化传承。用敷文书院以前的建筑名称命名学校建筑，主教学楼命名为敷文楼，功能楼命名为笔正楼，报告厅命名为论道堂，还仿照敷文书院的花园建成了艺圃，为了追溯历史，我们建成了校史馆和敷文印迹墙。“一墙一窗会说话，一草一木能育人”，走进靖师附小，布局合理的“敷文印迹”、“诗画长廊”、“国学墙壁”、“一训三风”等景观人文色彩鲜明，精美的“希望之星”雕塑、陈展丰富的校史馆、布置新颖的教室、寓教于乐的校园文化墙、雄健庄严的教学楼、宏大华丽的广场处处洋溢着浓厚的文化气息。

营造真爱浸润的育人环境

规范教室布置。各班教室的布置规范有序，整洁得体，体现了班级的特色，营造了生动活泼、洁净素雅、健康文明、催人奋进的育人氛围。

创设育人环境。学校教育教学设施规划合理、整洁、有序，校园净化、绿化、美化到位，文化底蕴浓厚，环境育人功能强大。

创建和谐校园。学校全面落实综合治理各项措施，净化校园周边治安环境，广泛开展创建“平安校园”活动。围绕“平安和谐”这一主题，充分利用黑板报、宣传栏、标语、校园广播、微信公众号等宣传阵地，强化师生安全意识，使“平安校园”建设深入人心。

开发真材实料的育人课程

学校围绕“至真”教育理念，创建课程特色，加大校本课程开发力度。学校提出了“1+x”的课程设想，“1”是国家课程，“x”是校本课程。我们开发了“艺体杂技类、学科素养类、综合实践类”三大类65个小课题的校本课程，用来指导规范我们的校本教学活动。目前，我们联合靖红馆正在开发“靖远红色历史”主题的校本课程。所有开发的课题内容涵盖思想道德建设的方方面面，有效地引领了学校思想道德工作的研究方向，为学校的可持续发展奠定了坚实的基础。

拓展真实可行的育人阵地

按照思想道德建设标准，学校设立了思政课教学主阵地，开展了丰富多彩的活动。我校在未成年人思想道德建设方面成绩突出，被评为全国未成年人思想道德建设示范学校。

加强学校社团活动阵地建设，开展丰富多彩的社团文化活动。学校每周四下午开设校本课程，经典诗文诵读、红色历史追溯、书法、棋艺、绘画、剪纸、摄影、合唱、武术、航模等社团活动开展得有声有色。

学校每年组织的校园艺术节、科技节、体育节、读书节成为育人的主阵地，既提高了学生的艺术素养和审美能力，又培养了学生的拼搏精神和集体主义精神。“阅读考级活动”是学校的一大亮点，它根据学生的年龄特点和认知水平，把考核内容分为六个级别，分别是一至六级，对应一至六年级。一级为基础级，六级为最高级，学生毕业时应达到阅读六级水平。从 “小学士”——“小硕士”——“小博士”，让孩子养成好读书、读好书的习惯，不断感受学习的快乐，体验成长的乐趣。活动中，老师和家长一起参与进来，让“书香家庭、书香校园”的氛围为精神打底，为人生奠基。

加强文化宣传阵地建设。学校加强对红领巾广播站、学校公众号、小壁报、学习园地、黑板报、电子屏等文化宣传阵地的指导管理，把握正确的舆论导向，力求主题突出，特色鲜明，图文并茂，充分发挥学校现有资源的宣传教育功能。

共建真诚合作的育人体系

2018年，学校成立了“家长委员会”，开创了家校共同办学的体系，让家长参与监督学校管理，为学校的发展献策出力，维护学校形象、提升学校品牌，积极构建学校、家庭、社会一体化的教育体系，坚持立德树人和五育并举，培养德、智、体、美、劳全面发展的人才。

结语

校园是文明的缩影。靖师附小以“创甘肃名校、塑智慧名师、育创新人才”的办学目标，全面落实 “求真、明理、博爱、尚美”的校训，“勤奋、求实、活泼、友爱”的校风和“自信、自律、合作、和谐”的学风，不断深化教育教学改革，全面推进素质教育，成为白银地区小学教育的窗口和示范学校。

光荣与梦想同行，汗水与拼搏铸就辉煌。近年来，学校先后获得全国“红旗大队”、全国未成年人思想道德建设示范学校，甘肃省教育系统先进集体、甘肃省精神文明建设先进单位、甘肃省德育示范校和“白银市文明校园”、“甘肃省文明校园”以及“全国文明校园”等多项荣誉。

在靖师附小，文明如温暖的阳光，礼仪如清澈的泉水，正浸润着少年儿童的心田。在“至真”教育理念的引领下，在学校、家庭、社会的合力灌溉下，一朵朵文明礼仪之花竞相绽放！

墨韵飘香　书道育人

——广东省东莞市寮步镇横坑小学“墨香文化”建设剪影

广东省东莞市寮步镇横坑小学　黄建东

广东省东莞市寮步镇横坑小学，创建于1922年，已有近百年历史。丰厚的文化底蕴、扎实的办学积淀，凝练出“至诚·至善”的办学理念，坚定了培养“信仰坚定、学业优良、体魄强健、思维创新”的优秀学子，建设“高素质教师队伍、高质量教育教学水平、高效率管理运作方式、高品位校园文化、高标准办学条件”的决心。

现代社会，计算机、人工智能、信息技术迅猛发展，人类社会正逐步进入无纸化的时代。怎样让中小学生重拾经典、重拾硬笔，振兴中华优秀传统文化呢？横坑小学通过打造“墨香文化”品牌，构建“墨香校园”，让学生在“书香”与“墨香”的共同熏染下健康成长。

诚善德育：墨香根基文雅大气

坚持立德树人、以人为本、德育为首，用社会主义核心价值观引领“墨香文化”的创新发展，是横坑小学的核心经验。因此，横坑小学积极打造“诚善德育”。

“诚善德育”的核心宗旨就是培养墨香少年，概括起来就一个字“雅”，具体表现为“8+2”雅德育体系。该体系通过德育处的日常管理、每周班会课、校园文化四大主题活动、家校共育等多方面，服务学校德育建设。

活动是体现理念的重要载体，德育处紧紧围绕“至诚·至善”的办学理念，狠抓学校的四大特色项目，即“思恩逐梦节”、“体育艺术节”、“翰墨书香节”、“科技创新节”。由此，学校确立“校级活动系列化”、“年组活动特色化”、“创新活动常态化”的德育活动体系，以全面发展不同学段的学生需求，让学生在丰富而有实效的活动中“经历、碰撞、成长”，以达到润物细无声的育人效果。

诚善课程：墨香文化自主探究

横坑小学在规范实施义务教育新课程的同时，自觉结合学校实际开展课程建设的探索和创新。在国家课程实施方面，学校注重培养学生的五种课堂学习能力及学生在课堂中自主、合作、探究的精神，各学科以学校提出的“以学定教、自主学习”课堂教学模式为目标，开发“墨香”校本课程，使学校写字课程、国学课程、莞香课程、体艺及科技课程等全部融入“墨香文化”。

在“至诚·至善”办学理念引领下，横坑小学从“传承历史”、“立足当今”、“走向未来”三个维度建构“墨香文化”课程体系。“传承历史”衔接国学文化、书法美术、莞香文化、诗文诵读、民乐演奏、粤剧演唱等民族文化；“立足当今”衔接体育、艺术、互联网、现代技术、交互课堂、混合学习等现代元素；“走向未来”衔接三模、创客、机器人、科技活动、人工智能、大数据应用等未来空间。“墨香文化”融合了传统文化、现代元素和未来空间。

诚善课堂：墨香平台以学定教

课堂文化是学校文化的缩影，反映学校的办学思想。十多年来，横坑小学倡导的课堂文化是在平等、开放的基础上，师生间、生生间及师生与文本、作者、编者间进行心灵交流。正是在这样的历史和现实背景下，横坑小学着力培养学生“看、听、思、辨、行”五种课堂能力。

学校着力构建“以学定教、自主学习”课堂教学模式，强调学生必须具备自主学习的能力，引导学生在学习中自主、合作、探究，让学生会学、乐学，把培养“看、听、思、辨、行”五种课堂能力融合到学科教学中，初步构建了较有成效的“自主学习”的课堂教学模式。

语文科组秉承学校“墨香教学”的追求，关注学生核心素养，用笔承“墨”，用口传“香”。在学校提出构建发展学生“自主学习”课堂模式的目标下，语文科组形成以“定准教学目标，落实教学目标”为专题的“4H”课堂教学模式。数学科组经过不断实践，以鼓励学生自主学习、有效促进合作学习、提升学习效率为核心，摸索出“课前口算、反馈预习、师生互动、练习巩固、课堂总结、课后小测”等“六步教学法”教学模式；英语科组为了实现“见词能读、听音能写”这一目标，在语音课上加大研讨的力度和深度，提炼出“4I语音课教学模式”。三科教学模式的推广，大幅度提高了课堂效率，促进了教学事业的发展。

诚善科研：墨香理论升华底蕴

为深入推进墨香教育，横坑小学积极鼓励教师以课题研究为引领，进行行动研究。经过多年的努力，学校科研氛围渐浓，申报课题立项人数逐年递增，而且课题主持人的角色渐渐下移，从校级领导、中层到学校普通教师。研究的范围也逐渐从管理层面回归教学本源——课堂上，只有将科研工作连接到课堂上，将课题工作与学校教育教学工作紧密结合起来，在教中研，在研中教，在研中学，才能出现真成果，可见，教师们已经体会到科研带来的实惠。现在，横坑小学已经建立“省级、市级、镇级、校级”四级课题研究体系，各级立项课题共计33项。研究范围涵盖写字、书香、德育以及各大学科，以课题研究来点亮“墨香”品牌，形成墨香理论，升华墨香底蕴。

墨香缕缕，书韵浓浓。在充满花香、书香和墨香的横坑小学，阅读会像呼吸一样自然，墨香将浸润整个校园！

阳光教育，谱写生命之美

广东省东莞市塘厦镇中心小学　马积德

阳光，是大自然赋予人类光明和温暖的使者。广东省东莞市塘厦镇中心小学自2010年9月迁址新建以来，一直坚持秉承“启发潜能，多元发展，让每一个孩子健康阳光地成长”的办学理念，高擎“阳光教育”的办学品牌大旗，着力打造充满生命活力的“生命课堂”，塑造高素质的“阳光团队”，培育活力四射的“阳光少年”，让全校师生情趣盎然地走在东莞最美校园里，尽情沐浴着教育的阳光。

凝练润泽生命的阳光理念

2010年9月，塘厦镇中心小学新校区正式投入使用。当时的管理团队对新学校的办学理念作了全新的思考——到底办一所什么样的学校？学校的核心文化价值是什么？如何让学生拥有这个年龄段所特有的阳光、健康、活泼、自信等特质？

教育的目的应该是培育人才，追求美好；教育的过程应该是幸福的、快乐地；教育的色调应该是温暖的、光明的。我们基于长期以来，塘厦这片教育沃土热衷于大手笔办教育，对教育工作从党委政府到人民群众都有一种阳光般炽热的激情，这是塘厦最难能可贵的教育精神，我们把这一宝贵的精神为源泉，以塘厦人民群众对新建成的“中心小学”寄予阳光般具有区域辐射力、影响力的渴望为使命，塘厦镇中心小学把“阳光教育”作为核心文化价值，确立了“关注生命，关注成长，关注师生在校的生命质量，实现自然、可持续、人性化的教育生态，启发潜能，多元发展，让每一个孩子健康阳光地成长”的办学理念，着力培养学生拥有“温暖、普惠、和煦、博爱”的阳光特质。

阳光育人是心灵的教育、励志的教育和创新的教育，它强调为学生的美丽人格播种，为学生的智慧人生奠基。经过十年的探索与实践，塘厦镇中心小学创建的阳光教育已经深深扎根在塘厦大地上，融入了塘厦人的文化特质，绽放出独特的芳香和魅力。

打造赏心悦目的阳光校园

校园环境是学校精神文明建设的窗口，也是学校教育教学的载体。塘厦镇中心小学不断加强对学校的总体育人环境的规划和布局，充分发挥校内一瓦一砖、一草一木润物细无声的育人作用，引导校园文化氛围向健康、高雅的方向发展，让阳光洒满校园。

新建成的学校布局合理、错落有致、功能完善，教学区、运动区、综合区、宿舍区各具不同的视觉美感，为学校高层次、高品位的发展奠定了坚定的基础。走进校园，清新雅致的气息扑面而来：中心广场的校徽主雕寓意学生沐浴阳光，茁壮成长；笑脸苑、阳光星苑、知书苑、书香苑，适合学生天性发展；艺展厅、科技长廊、核心价值观长廊，陶冶情操；独特的班名、个性的班徽、向上的班级格言、温暖的班主任心语、别具匠心的班级展示墙、温馨和谐的小房间、五彩缤纷的“空中小花园”等无不凸显出人人有创意，班班有特色，年级显风采的美丽育人风景。

建构五彩斑斓的阳光校本课程

课程的独特价值就在于尊重每个学生不一样的成长方式。塘厦镇中心小学坚持“让生命充满阳光”为核心的课程开发理念，尽可能为每个学生开辟多元发展的平台，让他们寻找灵性的阳光成长平台，发现属于自己、适应未来社会的奇妙世界。

红色品行课程。阳光班级评价课程，主要围绕“阳光班级评价标准”和“学校一日八项常规”管理要求，由少先队大队委组织大队干部和值日生，评选学期“阳光班级”；年级主题特色课程，赋予每个年级一个德育主题词课程，一至六年级分别以“规范、明礼、感恩、诚信、自信、儒雅”为主题，开展年级主题德育活动；“温馨e家”特色课程，以班级精神文化、制度文化、环境布置的特色化建设，营造温馨的班级氛围；“七色少年”毕业课程，“赤橙黄绿青蓝紫”是阳光的七种色彩，从学生一年级入校时起，就赋予该年级一种颜色，以此期许同届学生深刻理解自身色彩的内涵意义，进而建立“同色而聚”的团队意识，增强集体归属感。

橙色康体课程。阳光课间课程，把体育活动分为“阳光体育节”和“阳光大小课间”两大板块，确保学生每天在阳光下运动一小时；健美操与高尔夫特色课程，充分利用塘厦镇高尔夫产业基地优势，把健美操和高尔夫作为特色课程予以重点扶持培养。

紫色艺术课程。“阳光T台”特色课程，由学校音乐科组和家长委员会组织策划开展，分为声乐、器乐、集体舞蹈、独舞、健美操、戏剧、主持等七个专场，每届为期三个月，每个专场经过“班级海选赛——级部选拔赛——校级总决赛”三个阶段，最终在六一儿童节时举行汇报演出；“素陶漫塑”特色课程，着重选择陶艺质朴、清雅的“素陶”和以“经典漫陶”为题材的创作为主，培养学生学习素陶一样的朴素、纯真、正能量的做人品质。

青色传统文化课程。经典吟诵书香课程，是语文科组特色品牌活动，主要开展“5+10+15”读写活动，即每节语文课前5分钟经典诵读；每天下午的眼保健操后10分钟全校经典背诵；“阳光习字”静心课程，长期坚持每天中午15分钟的阳光习字课程，培养学生静心书写规范汉字的良好习惯。

蓝色涵养课程——阳光阅读儒雅课程。开展金色晨光朗读、橙色日有所诵、黄色静心阅读、绿色快乐吟诵、青色阅读记录、蓝色阅读交流、紫色晚安阅读活动，再通过形式多样的诵读展示活动，建构学生以悦读打底的自信儒雅气质。

阳光课程的开设极大地拓展了课程的教学空间，为孩子们打开了一个五彩缤纷的世界，让孩子们体验到不一样的经历、不一样的快乐、不一样的成长，对助推学生多元发展和个性成长起到了夯实基础的作用。

打造阳光品质的阳光教师

著名教育家罗曼·罗兰说过：“要给学生教育的阳光，教师心中首先要有阳光。”作为播种阳光育人甘露的教师，自然胸中也要充满阳光。那么，怎样点亮教师育人的心灯，让他们以更加阳光的心态去笑待生活、笑看学生、笑进课堂，用自己的阳光情怀、阳光品质传递教育正能量呢？

塘厦镇中心小学为全力打造一支具有“阳光心态、魅力人格、责任人生”的“阳光教师”队伍，通过编织“阳光初师→阳光良师→阳光优师→阳光名师”成长链，营造尊重、自主发展的氛围，鼓励教师成名成家，促进教师的成长与发展；通过“教师个人成长→集体备课→磨课俱乐部→教研中心”指导，帮助教师在专业成长上不断实现新的突破。

同时，塘厦镇中心小学积极开展问题导向的课题研究，着力提升教师的专业技能。自2010年9月建校以来，学校已经结题的市级立项课题达31项，省级课题有3项。这些课题的研究以阳光教育理念为核心，从学校精神文化、制度文化、物质文化、活动文化、课程文化等方面进行深入研究，建立了一套整体、系统的阳光教育文化体系，为塘厦镇中心小学高起点、高品位、迅速崛起起到了强有力的推动作用。此外，课题的研究成果还在解答了阳光教育教学实践问题上有新思路、新角度、新方法、新模式，体现了较高的实践价值，推广应用性较强。

收获和煦温暖的阳光雨露

阳光，是大自然赋予人类光明和温暖的使者。普照在“阳光”下的阳光教育，塘厦镇中心小学的管理水平、教育教学水平、教育创新能力等方面成绩显著，在社会上树立了良好的形象和声誉。

经过十年的深耕精织，塘厦镇中心小学先后获评广东省语言文字规范化示范校、广东省红领巾示范学校、广东省红旗大队、广东省书香校园、东莞市文明校园、东莞市首批“慕课”实验学校、东莞市创客培育学校、东莞市中小学心理健康教育特色学校、东莞市首批品牌学校等殊荣，从2020年起受市教育局委托正式托管塘厦东星小学。近三年，学校培养的镇级以上名师达34人，其中市名校长工作室主持人、市名师工作室主持人、市名班主任工作室主持人各1名，市学科带头人3名、市教学能手17名，镇首席教师2人，镇拔尖教师1人，镇学科带头人8名。学校的品牌辐射效应更加凸显，近三年先后有17批来自省内外的教育同仁共260多人慕名前来观摩交流学习。

阳光，是学生享有公平、快乐地学习机会，是老师富有激情、责任的育人使命，是师生共享同一片心灵绿洲的幸福。以“阳光”为内核的学校文化，不仅为塘厦镇中心小学的科学办学指明了方向，更为塘厦镇中心小学的未来发展打下了坚实的根基。十年的健步行走，十年的励精图治，塘厦镇中心小学行走在阳光下，在夯实东莞市品牌学校内涵的征途上走得更加自信笃定。

器乐教学显特色　笛韵清越默怡情

广东省东莞市中堂镇第四小学　洪广荣

器乐教学对培养学生的音乐感知能力、音乐创造能力和音乐表现能力具有重要作用。根据音乐新课标提出的以"审美"为核心、"面向全体"的教育理念，广东省东莞市中堂镇第四小学结合竖笛小巧、实用、价格实惠等特性，以"人人有竖笛、人人会竖笛"为口号，坚持"榕风笛韵，抱朴创新"的办学理念，贯彻落实"博雅达观、健行致远"的校训，以培养具有"厚德、笃行、博学、精艺"核心素养的博雅学子为己任，确立"榕韵"教育品牌办学思路，把普及和提高竖笛教学作为学校办学特色常抓不懈，让榕树的风骨与竖笛的韵律和谐共生，为学生的全面发展铺垫坚实的路基。

竖笛进校园，打造特色品牌

竖笛有着悠久的历史，它具有携带方便、适宜合奏、音色优美、简单易学的特点，因此是世界各国中小学音乐教学中使用最为广泛的课堂乐器之一。基于竖笛的特点，中堂镇第四小学于2008年3月开始开展竖笛教学，根据学生的接受能力在二至六年级进行普及。近年来，学校继续开拓竖笛进课堂的教学领域。特别是2020年入春后，随着"广东省竖笛特色学校"的成功申报，学校继续申报东莞市"榕韵"教育品牌学校的创建。而竖笛进课堂就是学校打造"榕韵"教育品牌的四大课程之一，也是最具亮点和最成熟的课程。

竖笛教学作为学校重点办学特色，经年累月、润物无声地陶冶着学生广泛的兴趣和爱好。目前，学校已拥有一支40多人的规范竖笛学生团，迄今为止参与过团队的学生人数已近500人，在竖笛教学上走向了普及与专业并行的双轨特色之路。

竖笛进课堂，提升美育质量

本着"十年树木，百年树人"的育人理念，中堂镇第四小学从始至终都致力于将这种理念落实到每一个教学活动中，让每个学生都有收获。十多年来，学校每年举办一次校内竖笛专场比赛活动，每周有固定的竖笛学习时间，并订立了各年级的竖笛学习大纲，编写了校本教材，让学生在竖笛学习中培养了自信心，提升了幸福感。

学校对学生的培养，在竖笛教育方面主要体现在第一课堂和第二课堂上。第一课堂的竖笛教学结合音乐教材进行，在认真完成教材的教学内容和教学目标的基础上，增加了校本教材的内容，增设了集体学习竖笛的时间。针对学生的学习效果评估，学校专门设计了一份名为《东莞市中堂镇第四小学音乐课素质考核随堂记录表》的EXCEL电子表格，侧重于学生在竖笛学习方面的评价，并自动生成每个学生的最终评价值和班级名次。

第二课堂主要是针对在竖笛学习方面有特别爱好与天赋的学生，组成"莞之星直笛团"。学校为团队成员准备了大量中外教材和演奏视频，开拓他们的视野。同时，学校不仅不定期地聘请专家到学校进行培训，尤其是与广州、台湾等地的多位竖笛界专家建立了良好的互动关系，而且也经常组织学生竖笛团队与广州、英德、台湾等地竖笛乐团的师生进行多次的互动交流演出，极大地提高了学校竖笛团队的演奏水平，促进了校竖笛团队的良性发展。

经过多年努力，学校的竖笛乐团已完成了梯队模式建设，二、三年级学生为基础班，四、五、六年级学生为高级班，乐团有固定的训练时间、团队纪律、目标要求和规章制度，形成了特长发展与教学普及相辅相成、以点带面的发展格局，激发了师生的集体荣誉感，提高了学生的学习积极性，促进了学校竖笛教学特色的良性循环。学校的竖笛课程建设已有10余年，从普及课程到团队的精锐化提升课程，基本上都在有条不紊地进行着，并且取得了前所未有的辉煌成绩，扩大了影响。学校"莞之星直笛团"参加省、市、镇各项比赛，屡获殊荣。

竖笛进生活，提升艺术情趣

为进一步彰显竖笛特色，中堂镇第四小学在几年前已将上下课的铃声改成竖笛音乐；校园广播站经常播放经典竖笛曲目和相关活动内容；学校建有专门的笛韵礼堂，设计成以学具乐器为元素的音乐主题大堂，特定的竖笛宣传专栏蕴含着学校浓厚的竖笛文化；有4个音乐教室，其中音乐一室属竖笛专场，迎面是全校吹奏竖笛的场面和两名吹奏竖笛的学生特写作背景，一进教室就能让人顷刻感受到浓厚的竖笛教学氛围，课室的背后是专门的竖笛陈列室，一旁的架子上还整齐摆放着高、中、次中、低四种常见的竖笛家族乐器，最牛的是三把德国进口的黄杨木倍低、倍倍低竖笛，那可是国内顶级配备装置。学校目前已具规模的竖笛社团——"莞之星直笛团"，有专属的团徽、团员证、团手袋、学习成绩手册。

学校共有4位音乐教师，都在参与竖笛特色教育，其中两位教师专职从事竖笛教学，其余两位教师则在竖笛的基础教学与竖笛舞美、竖笛声乐等方面提供专业指导。他们在业余时间不断学习竖笛的专业知识与教学方法，积极进修。除自我提升外，学校教师还积极参与广东省竖笛学会举办的两届竖笛培训，同时也积极参与花都区的竖笛交流活动。在网络上，学校还专门建立了专家渠道，及时获取专家的指导。

随着数字时代的到来，学校与时俱进，竖笛教学不再拘泥于传统的教与学，而转换成为拥抱现代化、数字化、智能化的全方位多样化的教与学。为此，学校积极开展了慕课相关的竖笛教学研究，将竖笛学习从学校延伸到家里，进一步拓展了学生的学习范围。学生可以在家通过手机APP、公众号等渠道，继续学习与竖笛相关的知识与技能。同时，学校还与深圳"爱笛生"软件公司合作，将竖笛的课堂教学转化为数字化教学，让学生可以在教室、在家通过竞技的游戏方式，轻松掌握竖笛的演奏技巧。

经过不懈努力，学校的竖笛教育取得了丰硕成果：家长对竖笛教育的支持度从40%提高到97%；2013年到2018年五年间，报名参加"莞之星直笛团"学习的人数逐年上升，全校报名参与率从3%上升至7%；通过竖笛学习，学生的音乐素养得到提升。现在很多学生除了在学校学习竖笛外，还在家自学或到培训机构学习葫芦丝、钢琴、竹笛等乐器。近年来，学校艺术节表演节目一年比一年丰富，一年比一年精彩，充分展现了学生"艺高胆大"的一面。

艰难困苦，玉汝于成。学校的竖笛教育一路走来，有鲜花和掌声，也有风雨和坎坷。难能可贵的是，学校一步步发展到现在，收获了无数殊荣。近两年间，学校无论是竖笛的专项演奏比赛，还是讲故事、经典诵读、校园剧、合唱等比赛节目均获市一、二等奖，"莞之星直笛团"百人大合奏的《拉德斯基进行曲》还在2015年广东省行进课堂乐比赛中荣获一等奖。

"十年树木，百年树人"。中堂镇第四小学通过竖笛特色教育，培养了学生的学习自信心，增强了学生的音乐审美能力，提升了学生的生活幸福感。教学生六年，要想学生百年。为了让学生更好、更健康地学习和发展，学校已经成功申报了"广东省艺术教育特色学校"，相信并期待有新的平台和标准，引导学校迈向更高、更远的前方，让学生在榕树下伴着笛韵声、乘着歌声的翅膀，自由地飞翔！

夯实特教发展基础，走特色专业化之路

广东省佛山市顺德区启智学校

特殊教育，为特殊孩子点亮希望之光。发展特殊教育是推进教育公平、实现教育现代化的重要内容，是坚持以人为本理念、弘扬人道主义精神的重要举措，是保障和改善民生、构建社会主义和谐社会的重要任务。新世纪以来，随着社会的发展与进步，特殊教育得到了国家、社会各界的关注。佛山市顺德区启智学校办学21年来，不断追求卓越、锐意改革，在华南师范大学王志超教授的引领下，形成了"人性化"教育的理念，开发出了一套适合中重度智障儿童发展的校本课程，构建起了"一"个人的教育模式，育人成效得到家长、同行和专家的认可。随着特殊教育提升计划的实施，学校面临新的机遇和挑战，需要承担新的使命，发挥新的功能。我们以粤港澳大湾区国家战略为契机，将育人质量跨越式提升作为核心目标，开启新一轮改革，继续做好中国特殊教育专业化发展的坚定实践者，实践者，努力做到中国特殊教育专业化发展的引领者，奋力成为专业特色鲜明，成果丰硕，国内一流，国际知名的具有中国特色的特殊教育专业发展示范校。

一、守正创新，探寻发展之路

21年来，我校坚持"求真、向善、热爱人性之美"的发展理念，秉承"以教师专业发展促学生人性发展"的办学理念，以"办专业化特殊教育学校"为办学目标，致力于提升教师专业化的发展，为每一位特殊学生提供适切的教育，使我校形成具有中国特色的治理体系和治理能力，最大限度的构建高质量发展的特殊教育专业体系。

在王志超教授专业理念引领，通过对"特殊教育"的特殊性进行深入剖析，从特殊儿童身心发展特点出发，以马克思主义哲学对人和教育的理论为基础，提出了人性化教育理念，开发并建立了包含教育理论、教育目标、教育原则、教育方法及教育评估在内的完整的课程体系，构建了一套人性化课程，经过20的专业探索，学校已取得了阶段性的成果，实现了专业从无到有的过程，探索出了一条特色鲜明的专业之路，为学校的专业发展奠定了坚实的基础。

在发展的过程中，学校逐渐形成了求真，向善，热爱人性之美的文化。一方面，学校将专业化探索作为工作的基本要求，不断在实践中丰富对特殊儿童心理发展特点和水平的认识，实事求是，努力探求适合特殊儿童的课程和教学模式，帮助特殊儿童最大限度获得发展，能以最好的状态进入社会融入社会；另一方面不断建设教师专业发展的平台，通过课程建设，专业分享等方式，使教师在教育实践中体

验到工作的价值，获得工作的成就感。同时，为使教育人性化、生活教育化贯彻学生教育的始终，学校建立了生活教育训练模式，搭建了家庭生活专业训练模式，创设了社区生活实践训练模式，全方位构建“一个人的教育”全程体验培养模式。

为进一步深入探索革新，提高育人质量，提升办学效果，学校坚持以马克思主义的教育理论为教育教学改革的理论基础，在学校发展中，坚持辩证唯物主义和历史唯物主义，在专业探索中融入科学精神，运用科学方法。基于新时代创新发展要求及粤港澳大湾区高质量发展背景，学校坚定走中国化的发展道路，提出办“中国特色的”特殊教育专业发展示范校的发展目标，自此掀开了改革的新篇章。

2020年，学校启动了教育教学改革的新征程，专业发展正惠及越来越多的周边学校和地区，让更多特殊孩子享受到了最适宜的教育。

二、理论引领，提升办学质量

学校以马克思主义理论为指导思想，将马克思主义原理同特殊教育特点相结合，立足于特殊儿童的发展需要，努力帮助特殊儿童进入社会，融入社会。我们从国家和地区特殊教育发展现状以及特殊儿童发展需要出发，努力打造具有中国特色的特殊教育专业化学校，构建适合中重度智力障碍儿童发展的课程。

学校坚持以习近平新时代中国特色社会主义思想为指导，以《粤港澳大湾区发展规划纲要》为重要发展背景，贯彻落实《特殊教育提升计划（2017—2020年）》以及精神为指导，注重教育教学改革创新，全面提升办学质量，努力推动特殊教育高质量发展。

学校形成了以培养“一个人”为核心理念的全程体验培养模式。所谓“一个人”的教育，就是在个性化教育指导下，以建立和发展中度智力障碍儿童的人性为目标，通过对与学生生活相关的人、物、时间和空间进行专门的、课程化的整体设计，促使其能够在生活中获得全程的学习与成长体验。在王志超教授的指导下，我校把中重度障碍教育的实质界定为广义教育内容的狭义教育化，即将智障儿童在日常生活中未习得的教育内容、目标转移到课堂教学中，运用专门的方法建立、发展智障儿童的人性，逐步完成他们的社会化进程，使之进入社会，成为合格的“社会人”。

三、展望未来，实现三大突破

教育发展水平是衡量一个地区和国家社会文明程度的重要指标，而特殊教育的发展水平是教育高质量发展的一个重要体现，是促进社会公平、建设现代文明社会的重要标志。现如今，中国特色社会主义进入了新时代，已然成为我国发展新的历史方向，这是审视当代中国问题的大视域，是引领中国发展的总关切，由此形成的习近平新时代中国特色社会主义思想具有重大意义。在新时代的大背景下，我国特殊教育深化发展和转型迎来了新契机，对全体特教人而言也是一次严峻考验。当前，我国特殊教育存在着实现所有残疾人全面小康与特殊教育发展水平差距的矛盾、社会治理转型与特殊教育管理体制的矛盾、国际融合教育理念与传统特殊教育的矛盾、粗放式发展与满足残疾人人本化教育需求的矛盾等。虽然国家层面积极发布政策，但一线特殊教育学校对政策的解读仍十分重要，其实施路径仍有待于继续丰富和完善。

尽管目前我校已经在探索人性化教育模式的道路中走进第21个春秋，但在当前特殊儿童障碍类型多样、特殊教育质量亟待提升的大背景下，仍存在诸多机遇与挑战。如何使学校自身发展与国家政治、经济、文化发展速度相适应，迎合时代需求，满足特殊儿童、家长、社会的期待将是学校发展面临的首要问题。作为特殊教育的前沿阵地之一，我校将积极结合当下实际，展望特教未来，以实际行动对时代和残疾人的呼声做出积极的回应。我们将转变思维模式，以学生发展为中心，以实现学生发展为基准点，努力实现三大突破，促进学校全面协调可持续发展。

教育质量的突破。随着社会文明程度的不断提升，人们对特殊群体的了解和关注逐步提高，特殊教育专业人员面临的社会需求越来越多。在学生程度不断加重、类型愈加复杂，自闭症儿童数量逐渐增多的现状下，学生教育需求逐渐多样、难度不断加大，这对特殊教育的专业针对性提出了更大挑战。同时，随着社会不断发展进步，家长受教育程度不断提升，家长及社会对特殊教育给予了更多的期待，希望儿童在健康成长的同时有所收获，提高其生活自理能力，分担家庭责任，成为一个真正的“社会人”。而当前学校受教师数量、课程、硬件设施等限制，无法完全满足家长及社会的期许，形成了当前社会及家长对特殊教育质量的需求与学校目前发展状况不均衡的局面。我校将通过对育人环境、课程、教材、师资、管理体系等各教育要素的提升，实现教育质量跨越式提升。以学生的发展实现教育投放最大产值，达成理论上的教育效果最大化。

发展机制的突破。我校极力主张建立可确保学校持续发展的动机机制和高效发展的保障机制，以实现学校管理向学校治理的转变，形成良性循环动力系统，打造学校内部变革与国家级区域改革、学校内部环境与区域外部环境之间的良性互动机制，促进学校持续高效发展。

学校地位的突破。特殊教育充满了爱的色彩，需要得到更多人的关注。学校将着力讲好启智故事，让更多人走近特殊孩子，走近特殊教育，关注并支持特殊教育发展，认识到特殊教育工作者的价值；让学校成为一个有效地杠杆，激起社会对特殊教育工作者的再认识；让我们启智学校、启智人都能获得教育者、专业工作者应有的尊严。

情系特教，温暖万千孩子。学校充分认识特殊教育的重要意义，落实十九大“办好特殊教育”的要求，准确把握特殊教育的工作思路，完善特殊教育体系建设。下一步，我们将紧抓机遇，积极迎接挑战，逐步实现“三大突破”，加速培养专业的师资队伍，加强课程建设，完善教学设施，努力补齐短板，促进特殊教育的专业化发展，最大程度的满足特殊儿童、家长及社会的期待，彰显学校特殊教育的专业特色，夯实发展基础，积极探索特殊教育改革与发展的新机制。

我们作为新时代的启智人，将不忘初心，牢记使命，继续传承和发扬“求真，向善，热爱人性之美”的启智精神，同心协力，厚积薄发，共同开启特殊教育新征程，描绘特教发展新蓝图！

探索语文教学，提升阅读素养

广东省梅州市大埔县田家炳实验中学　梁伟新

提高小学生的阅读能力对于培养学生的语文素养、促进学生语文能力的提升有关键作用。为培养学生终身阅读的习惯和能力，让阅读成为他们生活的一种方式。我们通过探索语文教学课题研究，引导学生树立终身阅读理念，在阅读中培养学生的写作能力，让语文课堂变得生动活泼，更加充满生命力。

一、课题研究的意义

21世纪信息社会的到来对人类的阅读是一个挑战，传统阅读率持续走低，人们的阅读能力正在下滑，阅读危机已成了世界性的问题。我国的阅读情况更是不容乐观，传统阅读率连续几年走低，传统经典的阅读情况更是令人失望。为此，国家已深入开展“全民阅读”活动，省、市也推出了形式多样的旨在促进文化强省建设，保障阅读资源，改善未成年人阅读状况，倡导广大中学生爱读书、读好书，形成以读书为荣、以读书为乐的良好风尚的各项活动。当前高中学生阅读意识淡薄，阅读视野狭窄，动机不强。语文阅读教学上存在很多不足，大部分课堂真实现状是“一个不怎么读文学作品的教师带领几十个根本不读文学作品的学生解读文学作品”。学生阅读现状表现为：一有阅读兴趣但未养成阅读习惯。二有阅读行为而无阅读方法，缺乏深度思考。三功利性阅读占比过大。四阅读零碎化、快餐化、娱乐化，品位不高。五阅读的内容以文学类居多，而科学、自然、地理等内容的科普类阅读相对不足。

当下，我们教师大多也不阅读书籍，语文教师早已不语文了。教师普遍反映工作压力重，学校开展的各项教学评比检查竞争榨干了教师的阅读精力与热情。很多教师抱怨休闲时间少，不想读书，甚至不愿、厌恶读书，更别提动笔写作。导致语文阅读教学课堂现状表现为重知识，轻能力。重分析，轻阅读。基于此，我们开始了语文教学课题研究。

二、课题研究目标内容

本课题研究实施的对象为本校高一高二年级学生。为培养学生良好的读书习惯，激发学生阅读兴趣，全面提升学生的阅读素养，课题组认为每周应开设1至2节阅读课，以此增大学生自主阅读时间。《新课程标准》规定：“课外自读文学名著（五部以上）及其他读物，总量不少于150万字。”我们认为这是合格标准，我们要求学生每学期阅读达50万字，四学期普遍达到200万字，优秀学生阅读量在1000万字以上。

阅读预期目标：一落实国家“立德树人”育人目标，培养学生做一个有“卓越思维、宏观视野、积极人格、济世情怀”的人；二培养学生广泛的阅读兴趣，扩大阅读面，增加阅读量，多读书，好读书，读好书，读整本书。学期每生课外阅读量达50万字，优秀生达300万字以上；初步养成能静心读书的习惯；三培养学生运用学思结合阅读方法。学生能够热爱阅读，并保质保量地完成阅读书目的内容，能够对书中的关键词句进行咀嚼、品味，并做好读书摘记，阅读时把书中优美的词、句、段摘记于笔记本上，经常翻阅，从中学到遣词造句和描写事物的方法，为写作打下基础；四培养学生终身阅读的习惯和能力，让阅读成为他们生活的一种方式。

具体步骤：一备课组制定方案，上报学校教务部门审定；备课组成员统一思想；设计学生阅读状况调查问卷，开展调查并统计；二师生共同选定阅读书籍，制定学期阅读书单。每班选定70-100本书籍（每班平均人数为55人，多出的十多本书籍方便阅读速度快的同学读完一本后有书可换），由学生网上统一采购（采购回来后由语文科代表负责学生借书、还书时间），后期可以根据实际情况适当增加书籍，班级设置图书角存放；阅读课设置和要求。每周定时两节语文课设为学生自主阅读课；师生人手一本喜欢读的书共同静心阅读，要求师生安静、坐姿不歪（不能伏在桌子上），尽量保持45分钟纯阅读。书籍的借阅要求上墙公布，含书名、借阅归还日期，教师定期巡检。全年级制定统一的阅读进度表，人手一张，每月填写检查。

三、课题研究的方法

行动研究法。研究、发现、分析学生课外阅读及语文老师阅读教学中存在的问题，采取改进措施，拟订改进计划，引导一线教师参与教科研工作，使教育科研工作与教育教学工作紧密结合起来。

文献研究法。通过电脑，借助有关书籍，查阅国内外有关开展读书活动的论文、著作等，寻找本课题实施的理论依据和优秀经验，这样有助于课题组成员丰富研究知识，开阔研究视野，启迪研究成员的思维。

经验总结法。总结我校在中学语文阅读教学方面的经验，为课题研究积累第一手资料。

访谈问卷法。召集教师和学生进行问卷调查或座谈讨论，听取他们的一些可行性的意见和建议，不断把课题研究引向深入。

四、课题研究步骤过程

开展调查研究。为了解我校学生的阅读情况，课题组采用问卷和个别交流的形式了解学生的阅读状况。2016年10月，课题组制作问卷调查表，对高一年级1000名学生开展问卷调查。2017年1月，对问卷进行汇总并完成调查分析报告，为课题下一步的研究工作的顺利开展提供科学的依据。在调查中发现高中生阅读整本书的情况不容乐观，呈现出整本书阅读量少，平均不到7本。轻整本重单篇、只喜欢阅读绘本类读物，不喜欢阅读文字类读物的现象比较普遍。在有整本阅读的学生中，60%的学生经常阅读小说等文学类作品，47%的学生会阅读老师推荐的古今中外的名著。但是对诗歌、散文、学术名著、人物传记、社科类作品，主动选择的学生非常少。在整书阅读的过程中，65%学生的困难之处在于上学期间忙于应付繁重的课业没有时间阅读，放假期间忙于放松身心不想阅读。对于阅读整本书的意义认识上，一半的学生认为可以提高阅读能力和陶冶情操，还有些同学认为可以提高考试成绩。70%的同学希望开设课堂阅读课，并开展读书交流会。

选取推荐书单。课题组通过调查和讨论研究向班级推送阅读书单，各班在书单基础上可以根据学生意愿增选一些书籍，每班书籍量（本数）超过100本，2017年3月各班建立起图书角，每周四全级开展自主阅读课。

阅读研讨课。在开展课外阅读活动的同时，课题组老师开设不同专题的研讨课、赏析课来培养学生的阅读素养。

举行学生读书相关主题活。2017年6月，高一年级全体学生举行“学期阅读数量及阅读感言”调查活动，共收到活动反馈表1121份，生均读书6部，约80万字；2018年1月，高二级举行全体学生“开卷有益”学期阅读书目及推荐一本书活动，共收到反馈卷1118份，生均读书7部，约90万字；2018年6月，高二级全体学生举行“阅读传记人物读书报告”，收回报告单及阅读进程表1085份，生均读书6本，约60万字；2017年10月举行高二级全体学生参与的“品三国”主题征文活动和手抄报比赛活动。学生积极阅读，参与相关活动，收到征文495篇，其中评出一等奖4篇，二等奖6篇，三等奖10篇。课题组收到手抄报126份，评出一等奖3份，二等奖5份，三等奖8份；2018年6月，举行高二级“整本书阅读”读后感征文活动，共收到征文450篇。评出一等奖5篇，二等奖10篇，三等奖10篇。

通过课题研究实践，学生的整体阅读素养得到了提升，教师的课堂教学更加具有灵动的活力。

总而言之，提升高中语文阅读教学有效性是培养学生语文素养的必然要求。在实际教学过程中，我们的教师应当加强阅读教学与现实生活的联系，不断激发学生的阅读兴趣，加强阅读教学指导，强化阅读训练，设计启发性提问，使学生的阅读能力得到有效提升，并且注重阅读教学的拓展与延伸，提高学生的语文综合能力，促进学生的全面发展。

浅谈核心素养下的小学德育教育创新的策略

广东省梅州市梅县区水车镇中心小学　熊永兴

摘要：德育在基础教育体系中的作用不容小窥，但其不是一朝一夕便能够实现的，需将教学与实践相结合。德育教育中涉及的相关内容非常多，实施难度大，需结合时代背景及小学生的年龄、性格特征进行创新。依据核心素养教育教学工作特点及要求，坚持以人为本，德育为先，传授小学生教学知识的同时，培养其道德品质，实现我国基础教育目标。本文简洁探讨德育教育在小学教育体系中的价值，从多个方面对其实施方法加以阐述。

关键词：核心素养；德育教育；主题班会；课堂教学；课外活动；社会实践

前言：受新型教育理念及教学改革影响，日常教育教学中非常关注德育教育。学校既要向小学生传授课本理论知识，还要加强德育教育，使其具备较高的道德修养。在我国基础教育教学中，非常关注学生的核心素养，该背景下，需明确小学德育教育的重要性，并从主题班会、课堂教学、课外活动、社会实践等多个方面加以创新，约束小学生的言行，重塑其价值观念，确保其综合素养达标。

1. 核心素养下小学德育教育重要性

互联网环境下，微博、微信、手机APP等普及，为信息传播提供空间，于小学生而言，利弊兼具，需加强关注。在网络大背景下，小学生容易受不良信息影响，产生错误的认知，甚至形成不正确的价值、道德观念，这对其未来学习、成长及发展非常不利[1]。举例而言，时下网红、主播、明星盛行，小学生没有明确的是非观念，容易被误导，认为上述职业既能够赚钱，还能够收获名利，无须努力学习，便能够轻易成为明星，进而产生错误的道德及价值观念。相关教育部门及学校要依据小学生的年龄特征、性格特点、兴趣爱好等，将德育教育落实到位，教会小学生分辨善恶、是非，使其具备正确的道德及价值观念，增强德育意识，在未来学习及成长中受益。

2. 核心素养下小学德育教育创新策略

核心素养下小学德育教育还有很长一段路要走，需依据小学教育教学内容及特点，从多个方面进行创新。无论相关教育管理部门，还是学校、教师都要明确德育在核心素养培育中的价值，将其融入日常教学，为学生提供充足的德育素材、环境，将德育渗透到小学生的日常生活及学习中，实现创新的同时，帮助小学生重塑自我价值。

2.1主题班会

德育教育的范畴比较广，新时代应讲求创新，立足课本知识的同时，对德育教育内容、形式加以创新。在小学教育阶段，主题班会作为一项集体活动非常普遍，为德育教育提供了空间，便于学生了解更多德育知识及内容[2]。无论学校，还是教师，都要关注主题班会的设计及策划、实施，依据德育教育内容、要求及小学生的心理特征、兴趣爱好等，设计特色主题。教师可以鼓励小学生自主寻找素材、资料，在主题班会中加以展示，以演讲、故事、短剧等形式，帮助小学生领悟自律自强、爱国、孝道等有关德育教育内容。举例而言，在德育教育实践中，策划一期以“孝道”为主题的班会，安排学生搜集孝道小故事，以话剧、小品、朗诵等多样化的形式呈现，增强小学生的德育体验感。

2.2课堂教学

小学教育以课堂教育为主，可将德育穿插于课堂中，对小学生进行启蒙。教师要明确核心素养对小学生德育教育的要求，教授基础课堂知识的同时，兼顾小学生思想品质及道德观念培养[3]。例如，在小学语文教学中，除了讲解课文中的生字词、主题思想，还要借助文本内容，培养小学生的孝道、爱国主义情怀、民族自豪感、正确的交友观等。教师要将德育穿插至学科教学中，教授基础课程内容的同时，关注小学生的身心发育情况，鼓励小学生形成自己的道德体系、性格等，使其在课堂上勇于提问，耐心为其解惑答疑，培养小学生的兴趣爱好，使其形成良好的思想品德。

2.3课外活动

核心素养下，课外活动也能够作为小学德育的载体和平台。除了日常课堂实践之外，教师也要善于将德育穿插至课外活动中。学校要定期组织运动会、演讲比赛、绘画比赛等丰富多彩的课外活动，使小学生在课外活动中感受到祖国文化的博大精深，体会到团结合作的乐趣，进而形成健全的人格。以课外活动为载体开展德育教育，利于增强小学生的整体素质，使其具备较强的自律性及自我管理能力，帮助其树立自信，发现自身的闪光点及不足，制定明确的目标，并为之努力[4]。例如，定期举办趣味运动会，鼓励小学生参与其中，使其在通过运动会学会团队合作，体会竞技的快乐。

2.4社会实践

核心素养的培育需在小学阶段进行，除了要求小学生学习基础课程知识之外，还要鼓励小学生参加社会实践，在丰富多彩的活动体验中，循序渐进开展德育工作。无论公益活动，还是职业体验、手工制作等均属于社会实践范畴。该方式既能够培养小学生的动手能力，还能够增加小学生的见识，使其在这一过程中不断丰富自身的知识储备，形成良好的道德品质。社会实践活动能够潜移默化培养小学生的道德素质，为小学德育教育创新积累更多素材[5]。举例而言，周末组织小学生参观博物馆、科技馆等，使其直观感受中国传统文化的博大精深及目前祖国科技的发展，增强小学生的爱国主义情怀及民族自豪感。再比如，在课余时间，带领小学生参与垃圾分类、非遗进校园等各式各样的活动，丰富小学德育教育内涵，实现课程创新。

结束语

综上所述，在小学教育阶段，德育教育的价值和作用不容忽略。教育部门、学校、教师要明确小学德育教育创新目标，关注小学生的行为特征、性格特点、心理诉求，依据既有教育资源、教学内容，将德育教育融入课堂教学及社会实践活动中，以多样化的形式，为小学生营造新型德育环境，激发其乐趣，使其具备正向的思维、意识，良好的品德，使其未来学习、发展、就业更加顺畅。

参考文献：

[1]王选海，沈艳花.浅谈数学核心素养下小学数学教学的改革与创新[J].当代家庭教育，2020(4)：155-155.

[2]庞美霞.浅谈核心素养背景下微课在小学语文课程教学中的创新应用[J].东西南北：教育，2019(19)：357-357.

[3]陈带好.浅谈基于核心素养下的小学语文教学策略[J].语文课内外，2019(9)：246.

[4]王志宏.博融语文：培养小学生核心素养的教学创新[J].中国教育学刊，2019(11)：101-103.

[5]张小娴.核心素养下的小学语文阅读教学策略创新思考[J].语文课内外，2020(4)：234.

广源尚德溯本源　探索砺新育桑梓

——中山市小榄广源学校特色发展纪实

广东省中山市小榄广源学校　韦银好

巍巍学府，唯学无际。广东省中山市小榄广源学校成立于2005年，现有教学班41个，学生1758人，教师105人。在十余载的发展过程中，学校始终遵循“广源融汇•阳光成长”的办学理念，以“办一所有生命活力的学校”为办学目标，全面推进素质教育，“本源教育”特色基本成型，一套完整的适合学子成长的教育体系也日臻完善。凭借先进的教育理念、过硬的教学质量和突出的办学特色，学校先后荣获“全国优秀家长学校”、“广东省书香校园”、“广东省绿色学校”、“广东省巾帼文明岗”、“中山市文明校园”、“中山市德育示范学校”、“中山市示范家长学校”等荣誉称号。

育人，成材，治天下，广东省中山市小榄广源学校正在诉说着它的传奇。

“本源”特色导向学校长远发展

优质的特色学校，应对自身办学资源有正确的认知，有明确的发展方向。中山市小榄广源学校力图从细节入手，通过“本源教育”的精神引领与一系列措施的具体落实，强化文化的传承性与向心力，助力学生的长远发展，推动学校的持续发展并向更高台阶迈进。

学校坚持以课程为突破口，撬动学校特色办学符合研究的规律，将“本源教育”作为学校特色之源、文化之本。在原有基础上，中山市小榄广源学校尝试从核心素养、学校文化、课程建设等角度进行研究，围绕“学生”这个中心去思考学校特色建设的路径，将其确定为精神教育特色、智慧教育特色、个性教育特色，全力培养一批批优秀的学生和教师。

学校紧紧围绕“本源教育”特色主题，构建出富有广源文化特征的校园文化风格，为全体师生打造一个温馨家园、学生乐园、书香学园，以此激活师生发展的内驱力。通过特色活动与传统项目的开展，促进学生全面发展，为终身学习及可持续发展奠基；通过课题任务驱动，促进教师对课堂教学深入思考，促使教师教学主张和风格逐渐呈现与成熟，实现课堂教学水平的全面提升和学校软实力的显著增强；围绕文化建设与课程建设工作，凝练学校文化，形成文化共识、育人共识，构建适合孩子发展的课程体系，将学校打造成一所有生命活力的特色学校，努力实现“让每一位学生充分发展，让每一位教师尽展才华，让每一个家庭收获希望”的美好愿景。

“五有”目标激励学子励志奋进

“本源教育”是将广源学校环境、家庭环境、社会环境和自然环境多个层面，将生活、学习与游戏各个方面融合在一起的综合性育人体系，旨在培养一个全面发展的人。“五有”阳关少年是本源教育为学生规划的发展方向，即有一种向上的精神、有一个健康的身体、有一颗聪明的头脑、有一身良好的修养、有一种实践的能力，要求学子应朝气蓬勃、志存高远、乐观向上、自强不息、会学习、会交往，争做一个具有国际视野的现代中国人。

活动是开展德育工作和提升学生能力的有效途径。对此，学校开展了一系列多姿多彩的活动，努力为学生创造多项发展空间，着力培养明德、尚美、博学、笃行的新时代少年。开发“伟人的土壤”主题系列课程，培育和践行社会主义核心价值观，促进学生全面发展；开展符合学生年龄、成长、生命体验需求的系列活动，促进学生主动发展；丰富大课间的内涵，保证每个学生每天至少一小时的体育锻炼时间，促进学生健康发展。

“四有”标准助推教师稳步前行

励于精业，协于共进，臻于幸福，是学校教师团队的发展目标。中山市小榄广源学校按照有坚定的理想信念、高尚的道德情操、扎实的学识、仁爱之心的“四有”好老师培养标准，创设多种专业发展平台，要求教师转变传统教育观念，树立“终身学习”思想，与时俱进，超越自我，不断提高自身素质。

在实际教育进程中，学校持续开展三课活动，抓好三课三层次教研，强化集体备课环节，反复打磨课堂教学，完善高效课堂；坚持把阅读作为一种常态，坚持学科类和人文类并行，并定期开展读书分享会，大力营造学习氛围，提高教师文化素养；现有的五个小组定期开展分组及整体的相关活动，达成整体提升，促进教师向专业化发展，提升教师的幸福感，形成一支有共同价值取向及独特教学风格的智慧教师团队。

课程体系也是学校本源教育的一大亮点。在课程开发与实施方面，学校成立专门的课程研发团队进行深入探究，与此同时，学校充分利用社会资源，为学生创造丰富的课程体验。在实施满一个学期后，由课程研发组从课程设计的合理性及课程实施的实效性进行系统评价，并提出完善校本课程体系的改进方案。如今的广源基础课程、阳光拓展课程、博雅扬长课程，均是规划合理、实施有力、评价科学的适合孩子发展的课程体系。

“文明”创建引领学校持续发展

为深入学习贯彻全国精神文明建设表彰大会精神，在高起点基础上进一步深化文明创建工作，中山市小榄广源学校紧扣文明校园创建“六个好”的目标要求，围绕定位、着力精准，围绕目标、着力精致，围绕重点、着力精细，围绕推进、着力精心，努力打造文明校园的升级版。

以党建工作为基点，加强领导班子建设。学校坚持落实中小学校党建7项措施，大力加强行政班子建设。坚持每周行政例会制度，确保各个层级守土有责，各项工作推进有序；以“不忘初心、牢记使命”主题教育为抓手，严格落实“三会一课”等相关制度，切实发挥党支部和党员在提高学校办学质量和创建文明校园中不可替代的“智囊团”作用。

以德育课程为原点，活化思想道德建设。与清华附小结为联谊学校，两校德育团队共同研发，把德育课程分成必修和选修同步实施。必修课程以课内为主，重在培养学生自强自立、热爱劳动、适应未来生活与学习的能力，塑造积极向上、自信乐群、心理健康的优秀品质，锻造具有良好修养和文明意识的广源学子。选修课程以课外为主，学期主题指定，内容形式自定，旨在改变漠视学生年龄特征与认知特点，充分调动班主任老师和学生的积极性、主动性、创造性。

以协同发展为源点，坐实活动阵地建设。学校通过校园网、微信公众号、钉钉办公群、校园电子屏以及墙面、楼道橱窗等多种渠道，推介文明创建知识，提升文明参与意识；设立荣誉室、文明创建展示室，展示学校教书育人和文明创建成果，增强师生爱校意识；设立党群服务站与少先队活动室，加强社团活动阵地建设，连续10年举行“展我才华•亮我风采”系列活动，提高师生的参与度。

以携手共进为关注点，助推教师队伍建设。学校以“自我反思、同伴互助、专业引领”为核心要素，通过案例分析、校本论坛、教学反思、教师对话等形式，适时举办教学观摩、教学开放、教师优质课、研讨课等活动，为教师参与校本教研创设平台；借助“问题——研讨——实践——反思”的操作模式，努力提高校本研修的针对性和实效性；设立“青蓝工作坊”，推行“师徒帮带”，搭建展示平台，以教学联盟等方式开展系列教学活动，促进教师的专业发展；与镇内两所小学组建“教师发展共同体”，深度整合优质资源，达成教育资源二次分配共享，实现教学资源流动再生，实现三所学校教师专业素养抱团提升。

以课程建设为着力点，创新校园文化建设。学校高度关注学生学习方式的转变，持续推进“本源课程”建设，现已开发校本资源50余个，面向省市内外召开课程研讨会4场，课程发布会3场；立足课堂教学改革，构建适合学生、可供选择的多元课程，建设师生互动、高效愉悦的自主课堂，为学生提供自主发展、个性张扬的成长空间；打造“智慧校园”，开发智能校徽，推进智能化管理；组建“家校联盟”，成立“家长成长中心”和“亲子义工队”，形成校内校外全方位育人的合力。

以校园文化为生长点，统领校园环境建设。2019年，学校启动“学校文化建设年”活动，在传承“阳光教育”的基础上，梳理提炼了“本源教育”，先后完成了本源广场、质真堂、博雅园等校园文化设施建设，借以展示学校形象，凝聚人心，丰富校园文明元素；鼓励全校师生学习学校精神文化，积极为学校设计校花，向全校师生和家长征集室场命名，使师生和家长在参与活动的过程中加深对学校文化的感悟与认同；每学年定期举办“兰花欣赏会”、“杜鹃花文化节”以及“最美校园十景写生”等活动。通过文化设施和文化精神的同步建设，强化环境育人功能，实现“润物无声”的育人效果。

路漫漫其修远兮，中山市小榄广源学校不断奋进，在教育的道路上始终坚持着自己的方向。筚路蓝缕，以人为本；因生定育，探索砺新；泽惠桑梓，成绩斐然。小榄广源学校正在教育的大海上扬帆远航，相信随着时间的推移，这艘小船一定能掀起惊涛骇浪，鹏程万里，展翅翱翔！

百年教育守初心，勇担使命育英才

贵州省思南中学　袁景涛　田锋

筚路蓝缕，玉汝于成。115年的风雨征程，我校从战火纷飞的硝烟里，从改革开放的探索中，从百年名校的奋进路上，昂首阔步地走来。

我校始终坚守“立足黔东北，面向全省，走向全国”的办学目标，坚持“立德树新人，固本育英才”的办学理念，恪守“任重道远，立志成才”的校训，致力山区教育，厚植乡土百年，成功创建了“领导班子建设好、思想道德教育好、活动阵地好、教师队伍好、校园文化好、校园环境好”的全国文明校园。115年来，我们谨记父老乡亲的嘱托、寒门学子的梦想，不忘育人初心，牢记育人使命，在思南这片土地上，一路高歌，一路奋进。

一、紧扣校园文化，夯实发展基础

贯彻教育方针，健全育人机制。学校紧紧围绕“博学笃行，全面发展”的育人目标，制定了《思南中学德育工作实施方案》，明确了学校德育工作的总体目标，以“精英文化”为主线，着力加强对学生的社会主义核心价值观教育、中华优秀传统文化教育、生态文明教育、心理健康教育、文明礼仪养成教育。以课堂为阵地，以活动为平台，学习引导与实践渗透相结合，真正落实“三全育人”。

挖掘文化资源，打造文化品牌。学校充分挖掘百年老校厚重的历史与红色传统，结合中华优秀传统文化与美德，围绕立德树人根本任务，以践行和培育社会主义核心价值观为导向，制定了符合校情的文化建设方案和实施方案。以“六化四园”(规范化、硬化、绿化、净化、文化、信息化，学园、花园、乐园、家园)为重点，以“敬、静、健、竞、净、进”精英文化为文化主线，深化“厚重、厚德、厚实”的文化内涵，创新文化践行方式，打造我校文化品牌。

理念引领追求，精神铸就灵魂。我校秉承“传承、守正、共享、创新”的发展理念，弘扬“一训三风”，让其不断引领“思中人”的价值追求和理想信念。开展“层次教育”，即高一“立志成才”习惯养成教育、高二“故土情深”感恩教育、高三“报效祖国”励志教育，打造了传承学校历史、符合时代发展、引领全校师生共同进步的精神文化。

环境孕育人杰，行为养成精英。通过合理规划和精心布置校园不同文化功能区，并设计众多标识性的文化文字符号，构建具有“山水灵气、科学大气、艺术雅气和文化真气”的物质文化，实现环境育人。利用渗透核心价值观的升旗仪式、开学典礼、主题班会、社团活动、校运会、艺术节、读书节等常态化仪式与活动，让师生于行动中自觉培养良好文化素养，并以《中学生守则》、校规校纪和“四不礼仪”为依据，用师生自治自查方式规范行为，逐步渗透使师生“仪容整洁、精神振奋、举止文明、生活健康”的行为文化。

主题活动丰富，“三位一体”育人。学校德育活动主题明确，内容丰富。通过开学第一课、优秀学生国旗下讲话、学生大会、业余党团校等多种形式实践德育主题，多途径传播德育正能量，形成了国防教育、寒窗工程、文明校园、安全教育等德育品牌。我校还充分挖掘、利用家庭、社区和其他企事业单位的德育资源，建立了思南笔架山农场学生劳动实践基地；建立了思南禁毒中心、革命烈士旷继勋故居、思南县乌江博物馆等学生德育教育基地；建立了思南九天温泉、思南县党职校、思南县敬老院等学生社会实践活动基地，构建了学校、家庭、社会“三位一体”的协同育人体制。

二、构建研修体系，提升研修水平

规范研修制度，提升研修文化。学校积极开展新晋教师岗位培训、青蓝工程、督导推门听课、青年教师说课比赛等活动；开展中老年教师的提升工程，开展德育和教学经验交流会、聘请校内外专家讲座等活动；开展以课题研究培训、现代信息技术培训、课程标准的培训等有阶段性的研修体系；开展校本教研活动月考核制度，使校本研修活动制度化、常态化、有实效。

研修资源多样，研修团队引领。学校建有校本研修网，购买了学科网、西南大数据等研修资源，建设校本研修资源库。教研组、工作室以QQ、微信等方式拓展区域内研修资源，开展课题研究、现代信息技术、校本课程建设、新课程标准等主题研修活动。“西部高中教育联盟”、“云上送教”、专家示范引领等形式创新了校本研修方式，具有较强的专业性、针对性和实效性。

研修氛围浓厚，研修成果丰富。近五年，我校已完成2项省级课题、9项市级课题的研究，另外，2项国家级课题、7项省级课题、7项市课题立项在研。通过校本研修培养教学改革、课程开发、教学研究、学生指导等方面优秀教师10人以上。目前，教师专著3部，校本教材24本；教师教研成果汇编4本；教师参加优质课评选、发表论文与参加教研成果评选的数量多、获奖率高；近三年，有三项获省教育科研成果三等奖。

三、深化课堂改革，推动学科教学

推动教学改革，创新课堂模式。我校将课堂教学改革作为核心工程，制定了十二五、十三五课堂改革目标及具体措施和实施保障。我们紧扣学科核心素养，使各学科都有符合学科特色的评价标准、作业布置要求和学生研究性学习管理制度，同时，我们构建了促进学生主动学习、发展潜能、培养创新精神和实践能力的课堂教学体系。在教学方面，我校注重启发式、互动式、探究式教学，突出教师为主导、学生为主体的教学关系转变，构建了我校“235”课堂教学模式。通过课堂教学变革，近几年学生的学业水平考试成绩突出。

学科选准方向，建设明确路径。学校明确学科品牌创建、考核评价、建设管理及激励机制等，确立“品位精一”的学科建设理念，以“优势学科带动”为基本建设方向；以“教研打基础，科研促提升”为基本路径；以“名师引领”为学科建设支撑；以“科学评价”为杠杆，着力实现学校学科建设的新高度。

综合发展各科，成效辐射联盟。学校每个学科都开发了3门以上的学科拓展校本课程，建立了3个以上学科课外活动兴趣小组或学生社团。针对各科实际，我们开展了“聚焦课堂教学研讨，注重教师成长实效”的主题教研。并且，我校以省级等各级各类名师工作室和西部高中教育联盟为平台，开展校际交流、集中学习、名师和专家引领、公开课、示范课、说课比赛、网上教研、送教下乡等，3年来培养学员达300多名，已覆盖市东西片区学校。

四、革新教学体系，打造特色课程

校本创新开发，地域汇集资源。学校制定了具有黔东北地域特色和校本特色的《贵州省思南中学校本课程开发与实施方案》，细化校本课程的《培训方案》《评价方案》《开发奖励制度》《审核制度》《建设经费使用与管理办法》，保证校本课程不断创新开发、规范合理实施。贵州省教育厅、苏州教科院等省内外单位的专家来我校指导，并不断挖掘思南县乌江博物馆、张家寨茶园等本地社会资源，以网络群的形式建立了校本课程资源库，形成了一支老中青各年龄段、各职称段参与的校本课程教师团队。

特色构建体系，走班活化教学。学校建立“三育”特色校本课程体系，引导学生进行民族文化传承、学科拓展、发展实践，开设了符合国家立德树人根本任务和全面发展育人目标的校本课程61门，特色校本课程20门，校史、生涯规划等纳入了必修校本课程，满足学生必要和多元发展需求。我校还制定了《贵州省思南中学校本课程选课走班教学管理细则》，在高一高二已实现校本课程的全面走班教学，校本课程实施工作小组采用推门听课和动态监控管理，分阶段、跨学科开展校本课程教研活动。创新性形成以“形成性评价+终结性评价”为主要标准的学分获得制度，到高二年级结束，学生基本可以修满国家课程规定的6学分。

课题深化发展，成果反哺乡校。依托“十三五”全国教育科学规划教育部重点课题《基于黔东北少数民族文化传承的校本课程基地建设》，不断推动校本课程研究，成果丰富。我校“三育”校本课程获得思南县教育成果一等奖，获得江苏、新疆、贵州三省教师的一致好评；汇编了校本课程纲要、优秀教学设计选，形成了校本课程书法作品选、绘画作品选等系列成果集；《教你如何背诵英语课文》《思维导图的制作与应用》两本校本教材正式出版，《铜仁地理》即将出版，校本课程、教材及成果展现了校本和地方特色，推动了学校乃至地方的发展。

主动强化行动，社会拓宽视野。学校利用学生会、社团联合会、青年志愿者协会三大学生自治组织，让学生主动参与学校管理和班级管理。开展了具有特色的公益活动、志愿服务、职业体验等活动，让全体学生分时段分批次分类型地深入学校、社区、企业等，进行社会调研、企业参观、职业体验、劳动锻炼、学校和企业管理等。组织开展一二月寒假社会实践活动、三月“雷锋月”、四月“祭祀英烈”、五月“五四青年节”(校园之声歌手大赛)、六月“减压、励志”活动、七八月暑假社会实践(幸福微梦想国际夏令营)、九月“感恩月”、十月“爱国月”等系列主题月活动，让学生培养自身家国情怀和国际视野。

五、关注师生心理，促进共同成长

规范“中心”建设，建立辅导机制。为极力转变山区学校忽视师生心理健康教育的现状，学校自2010年设立心理咨询室，2017年搬迁新校区后，在原有基础上进行了设施设备更新、完善，对原有工作机制进行了调整、规范，正式将咨询室更名为“心理健康发展指导中心”。为了更好地服务于师生，更好地贴近教育教学实际，“中心”依据师生心理发展特点，结合师生的具体情况，给予师生心理疏导与干预，做好心理保健与预防，形成了科学、规范的工作机制。尤其是针对本校贫困生、留守生众多的实际，“中心”开展了相应的心理辅导和专题培训疏导工作，成效显著，受到师生一致好评。

坚持培训常态，创设校本课程。教师心理健康教育已列为学校校本培训课程，每学年对全体教师进行专题培训，如《如何对待职业倦怠》《如何培养职业幸福感》等。学生心理健康教育课程已纳入常规课程体系，根据校情，我校开发了《贵州省思南中学趣味心理活动》和《贵州省思南中学青春期烦恼》两本校本教材；开展了珍爱生命、环境适应、人际交往、留守儿童教育、特殊家庭教育等方面为重点的主题教育。

教育之路，是机遇与挑战参半存在的。百年教育，我们不忘薪火相传的办学初心，不惧四郊多垒，荆棘塞途的艰难局面。我们怀有不坠青云之志的抱负，永远不会停下于漫漫长路中上下求索的脚步；永远不会丢失探究创新的勇气；永远不会停止实践印证教育真理的行动。我们将继续与时俱进，砥砺前行，让我校在山区教育的探索之路上散发更加独特的魅力，普惠更多的学子！

实施底色教育　夯实立德树人

——落实《中小学德育工作指南》德育工作典型案例

贵州省桐梓县娄山关将军希望小学　赵祖禄

“传承红色基因，讲好遵义故事”，2015年6月习近平总书记在贵州遵义考察时作出重要指示。2018年9月，习近平总书记在全国教育大会上发表重要讲话时指出，要把立德树人融入思想道德教育、文化知识教育、社会实践教育各环节，贯穿基础教育、职业教育、高等教育各领域。新时代如何落实立德树人根本任务？近年来，贵州省桐梓县娄山关将军希望小学立足《中小学德育工作指南》，探索以将军文化为特色，传承红色基因，培育新时代红色少年，创设“底色教育”德育教育品牌，抓实抓细立德树人根本任务，逐步形成全员育人、全程育人、全方位育人的德育工作格局，成效显著。

一、底色教育的内涵

底色，即基色，原指绘画时的第一层着色。底色教育是指以获得知识技能，陶冶思想品德、形成正确的价值观为目标，遵循学生发展规律，有目的、有计划、有组织、系统地开展的德育、智育、体育、美育、劳动技术教育活动。

桐梓县娄山关将军希望小学是遵义市“红色遵义·多彩校园”特色学校、第一批中华优秀传统文化教育示范校、科技特色示范校。学校结合本土文化和学校教育资源，构建了以“传承红色基因、呵护绿色家园、追逐金色梦想”为主要内容的“底色教育”德育体系，以德促智、以德健体、以德育美、以德养劳，推进五育并举，成就学生人生的“底色”。

经过近几年的摸索，学校逐渐架构起以“四立”教育为基础，以红色童心、绿色家园、金色梦想为载体的立体式、全方位的学校德育工作新体系。

二、实施内容和途径

（一）以“课程育人”为抓手　丰富学校德育的教育内容

“三色主题教育”的实践，改变了学校德育无抓手、无序列的说教状态。围绕“底色教育”这一主题，学校开展专题研究，积极探索课程育人的德育路径，构建了“底色教育”课程体系，使学校德育专题化走向课程化。“底色教育”课程采用“校内+校外”模式，校内开设社团活动课程，培养学生的个性特长，开展校外主题实践课程。学校开发了“底色教育”德育课程，编写了《将军文化教育读本》（低中高三段）、《走进家乡——桐梓》（低中高三段），每周安排1节地方课进行专题教育。

（二）以“文化育人”为支撑，涵养学校德育的内在品质

学校构建了“底色文化”体系，树立基于“底色教育”育人理念，进行一训三风的顶层设计，打造以红色、红色、金色为主题的“底色文化”长廊（墙）。

“红色文化长廊”由将军书画墙、长征文化浮雕墙和“校史陈列室”组成。学校培养组建了“小将军”讲解员队伍，分年级合理安排走近“将军书画墙”（每个学生在校六年在二年级和四年级接受两次教育）和走进“校史陈列室”（每个学生在校六年在三年级和五年级接受两次教育），了解长征文化、将军文化、学校发展文化，培养学生爱校爱党爱国情怀。

“绿色文化长廊”由家乡的历史、家乡的风景名胜、家乡的物产、家乡的名人、家乡的文化五大板块组成的文化展示长廊。长廊展示内容是每个学生必修课，每学期至少一次班队课走进长廊，学习了解一个主题，培养感受家乡、热爱家乡、热爱祖国的情感。

“金色文化长廊”由艺术天地、科技展览两个板块组成的梦想长廊。艺术天地建有音乐吧、书画长廊，展出学校“艺术家”和师生优秀作品，激励学生热爱艺术、喜欢艺术，培养高尚情操。科技展览主要展出师生优秀科创作品，培养学生喜爱动手的创新意识和热爱科学的创新精神。

“底色文化”的打造，使学校德育文化育人模式从抽象到具体，从单一走向多元，让学生从知、情、意、行等方面循环往复、由表及里，不断认识自我、认识世界，从而树立正确的人生观、价值观和道德观，为学生健康成长抹上厚重底色，提升了学校德育品质。

（三）以“活动育人”为载体　驱动学校德育的创新发展

为了突出德育的首要地位，学校不断创新德育内容、方法、途径，重点利用“我们的节日”、校园“一节一会”、中队活动等载体，开展形式多样、主题鲜明的教育活动，以鲜明正确的价值导向引导学生，形成了独具特色的“底色教育”主题教育新格局。

1.开展“讲好三个故事”活动。一是讲好红色故事，传承红色基因。学校定期邀请“五老”人员，尤其是老将军、老战士到校做红色宣讲。开展学生“讲、演、唱”红色故事活动。二是讲好家乡故事，呵护绿色家园。邀请县域内各类对家乡有贡献的名人献身讲自己故事，讲奉献家乡、建设家乡的故事，讲自己成人成才的故事，对学生进行生态文明、环境教育、热爱家乡的情感熏陶，培养立志成才的理想信念。三是讲好成长故事，追逐金色梦想。学校每年分年级开展“成长故事汇分享”活动，用科学家、艺术家、军事家的典型故事和自己成长励志故事激励自己，成就自己，追逐成长金色梦想。

2.开展“三个仪式”活动。以学生成长中的重要节点为契机，精心构建“入学礼、入队礼、毕业礼”系列化主题“三礼”仪式教育活动。

3.开展“给将军一封信”活动。利用我校特有的“将军”资源优势，组织学生致信老将军，汇报自我成长与学校发展，走进将军心田，聆听将军故事，感受将军博大胸襟与炽热的爱国情怀，从而厚植学生红色爱国情怀。

4.开展“1+N”社团特色活动。我们把完善“五育并举”课程建设作为学校发展攻坚任务，努力建设好社团活动课程，依托乡村少年宫，精选涵盖德育实践、智力开发、艺术、体育、科技等方面特色社团活动项目：“经典诵读”　“将军书法”　“儿童绘画”　“创意DIY”　“红色剪纸”　“传统文化进校园——灯谜”、“儿童围棋”　“经典诵读”、“创客少年”　“科技素养”　“小百灵合唱团”等。通过社团活动的开展，让每个孩子基本会一项艺术特长和喜欢多项育人项目，以鲜明正确的价值导向引导学生全面发展。

（四）以“实践育人”为燃点　点亮学校德育的跨界功能

学校让“底色教育”课程与综合实践活动课程对接融合，对应“三色主题教育”，分别成立了红领巾将军研究院、创客少年科学院和“生态文明护绿”等72个中队。为了充分利用校内外的各种资源，我们根据“三色主题”的专题特点，建立了校内校外实践活动基地。实践活动基地的落实，为特色活动的开展，搭建了校内外、课内外相结合的德育教育的崭新平台，实现德育跨界育人功能。

1.校外实践基地

（1）“红色主题”实践活动基地：娄山关战斗遗址、海军学校、荣德山红军烈士陵园、桐梓县荣德山爱国主义教育纪念馆、小西湖张学良故居等。每个学生在校六年接受两次“红色主题”教育，每学期安排一次“红色之旅”实践活动，1-3年级为初步感受阶段，4-6年级为情感升华阶段。

（2）“绿色主题”实践活动基地：有2019年入选“中国工业遗产保护名录（第二批）”名单中的贵州省第一座水力发电站——天门河水电站；有距今20万年、正好连接上这一人类发展进化的链条的马鞍山岩灰洞“桐梓人”遗址，学校与马鞍山古人类遗址更是毗邻；有“一湖西子水，半壁桂林山”美誉的黔北明珠小西湖；马鬃地域文化——红苗之乡；有“国家扶贫开发二类重点村”华丽转身为“黔北第一村”的花海杉坪；“方竹笋之乡”——茅石方竹笋基地；有与学校毗邻的现代化果蔬基地。与生态文明、环境教育、探寻家乡历史相结合，培养学生热爱家乡、建设家乡的情感，让绿色文化成为学校文化建设的一部分。学校以中队为单位，结合研学旅活动形式，组织到实践基地开展认识家乡、了解家乡、呵护家乡实践教育和劳动实践教育（在“黔北花海”、“果蔬基地”建学校校外劳动实践基地），学生在亲近自然中感受“绿色”的深意。

（3）“金色主题”实践活动基地：桐梓县娄山关高新科技园区。4—6年级学生每年组织到园区参观，感受科技带给我们的大变化，亲身动手感受科技。

2.校内实践基地

学校建有红色文化教育基地“将军书画墙”、“长征文化墙”对学生进行爱国爱党实践教育；绿色文化教育基地“百花园”、“将军学农园”对学生进行劳动实践教育；金色文化教育阵地“校史陈列馆”、“科创中心”对学生进行励志教育和为“中国梦”努力学习的金色梦想教育。通过有计划的教育实践活动和日常生活的有机渗透，使三色主题实践活动“色色”相融，相辅相成，把学生的爱乡情、爱国情化为真真切切的爱乡行和爱国行。

三、以“底色教育”德育品牌　推进五育并举新成效

“育将军希望西流志，塑娄岭雄关北阙梁”。桐梓县娄山关将军希望小学承载着共和国将军的厚望，铸就“底色教育”德育品牌，有力地推动了学校五育并举的育人目标。

学校先后荣获教育部阅读工程示范校、姚基金希望小学篮球季金牌示范校、贵州省绿色学校、贵州省艺术教育先进集体、贵州省安全文明校园学校、贵州省中小学实验室工作先进集体，遵义市德育教育先进单位、遵义市优秀少先队集体、遵义市“明日之星”科技创新系列活动机器人项目优秀学校组织奖、遵义市健康教育示范校，桐梓县教育教学管理示范学校、桐梓县名学校等荣誉称号。学生参加各类（比赛）活动屡获省市大奖。

一方水土，育一方人。“底色教育”德育文化体系，带着将军的血性、大娄山的灵秀，成为桐梓县娄山关将军希望小学德育工作的活力根系，茁壮着学校课程体系的整体建构，形成了“将军文化”的浓厚氛围，铸就了“四立”教育品质，涵养了少年儿童好学向上的精神风貌。

学教有序壮心志，立德树人定乾坤

贵州省余庆县他山中学　王强

“一年之计，莫如树谷；十年之计，莫如树木；终身之计，莫如树人。一树一获者，谷也；一树十获者，木也；一树百获者，人也。”　这段话既阐明了人才培养的重要性，也揭示出人才养成的不易。明朝末年，人称江南大儒的钱邦芑曾隐居我县松烟镇的蒲村时，取《诗经·小雅·鹤鸣》的“他山之石，可以为错；他山之石，可以攻玉”之意，将其居住附近的一座小山命名为他山。我校故此命名，意在传承他山文化。建校之初，集全校师生之智慧，明确了我校的办学思想，即：全面贯彻党的教育方针，以人为本，全面实施素质教育，促进师生全面发展。全校师生员工本着“弘扬他山文化”的信念，共同遵循并践行“立德树人，责任至上”的核心价值。培养现代、文明、健康，有责任感的中国公民，把我校办成师生幸福，社会满意的优质高中。同时将我校的校训定为“立德树人，责任至上”，并由此提出了以“责任教育”为核心的办学理念。可以这样说，“他山中学”这个校名，是余庆县委县人民政府代表全县人民对我校全体教职员工寄予的期望，因为“他山之石，可以为错”中“错”是磨刀石的意思，寓意是：希望他中的所有教师，就如打磨雕琢玉器的人一样，能将一个个懵懂的学生培养成玉一样的对社会有益有用的人才。生活中，“他山之石，可以攻玉”，常被人们用来比喻“他人的做法、意见能够帮助自己改正缺点错误或提供借鉴”。同时更是赋予了我们一项神圣的使命，那就是“帮助学生提升个人修为，为学生的成人成才奠定坚实的基础”。

一、立足校魂，促进办学品质发展

古代便有不少经典名著对教育有独到见解。如《左传》中常提到为人处世的最高标准，即“立德、立功、立言”。虽然常人难以企及立德、立功、立言这“三不朽”的标准，但是，每一个人都必须立德，因为这做人的根本。党的十八大明确提出，要把立德树人作为教育的根本任务，作为教育工作者，培养学生必须以立德树人为本。立德，就是坚持德育为先，通过正面教育来引导人、感化人、激励人；而树人，就是坚持以人为本，通过合适的教育来塑造人、改变人、发展人。为了达到“立德树人”的目的，我校确定，“严谨、仁爱、合作、高效”的教风，“乐学、善思、求真、笃行”的学风，“责任、尚礼、和谐、宁静”的校风。目标确定后，我校又提出了“一二三四五”的工作思路，其中，“一”指的是把“立德树人”作为学校工作的第一要务；“二”指学校以维护学校安全稳定和狠抓教育质量提升两项工作为重点；“三”指的是要发扬奉献、拼搏、创新三种精神；“四”就是想实现四个促进，即通过精细化管理促进教育质量提升，通过打造高效课堂促进教师专业成长，强化责任与担当促进师生奋发有为，突出特色办学促进学生的全面发展；“五”则是要实施好精品校园工程（基础）、德育安全工程（保障）、名师打造工程（关键）、信息网络工程（手段）、质量提升工程（终极目标）等五大工程，努力把他山中学打造成为黔北素质教育特色学校。我校将“立德树人，责任至上”确定为我校的校训，既是对教师的要求，也是对学生的期许。

二、以德为先，培养师德骨干强军

“德高为师，身正为范。”说的是老师作为教育大业的勤匠，要加强自身的修为，才能成为一个有德之人，有德之师。那么如何成为有德之师，我校的“道德讲堂”上以“德”字的造字智慧为例，向全体教师作了诠释。“德”字左边的双人旁，表示人走的道路；右边上方的“十”表示正和直，也是做人的准则；中间的“罒”（四字头）实则是“目”，是看的意思；下面的“心”指的是一个人的想法；“目”和“心”之间再加个“一”字，表明要始终如一。整个“德”字所表达的智慧就是：只要一直做到行得正、看得正、想得正，那就是一个有德之人。一位教师，在校园、在课堂举手投足间，潜移默化地影响着学生。他可以春风化雨，也可以让学生‘近墨者黑’。己之不正，焉能正人？作为教师，只有端正了自己的言、行、意，培养出来的学生，才会是一个有益于社会的合格公民。其次，强烈的责任意识也是每一个人都应具备的基本素质。所谓责任，就是指做分内应做的事，是个人或群体组织根据自身社会角色属性所应承担的职责、任务和使命。人类社会中的每一个人都肩负着或多或少，或大或小的责任。老师的责任就是“树人”，工作的意义关乎国际民生，即小到关系学生的人生未来，大到影响家国际遇。这就是常说的“百年大计，教育为本”。教育工作者身上要有强烈的责任意识，将自己从事的工作由“职业”提升到“事业”的高度去用心经营，产生神圣的使命感，增加自己工作的内驱力和幸福感。

三、育心致教，彰显他山办学成效

责任教育是学校立足发展的基础，学校和老师的首要责任，就是要让学生明白什么是责任，责任包括哪些内容。为此，我校专门拟定了《余庆县他山中学责任教育实施方案》，该方案从责任教育的背景、目的、意义、口号、内容、方法、实践等更为详细地说明了责任教育的方方面面，从而让学生将责任意识内化于心、外化于行，今后成长为一个真正有责任、能担当的人。在施行责任教育过程中，我校做到了制度育人，让学生成为一个遵章守纪的人；通过社团育人（全校成立了二十余个社团），供学生发挥特长爱好，丰富课余生活，让学生成为具有高雅爱好之人；依托环境育人，除学校图书室外，我校专门建立了校园读书屋和诚信书屋，营造良好的学习环境，让学生养成良好的学习习惯；经常开展法制教育、借助建在我校的遵义市禁毒教育基地，做到警钟长鸣，让学生分清可为与不可为之事。为此，责任教育更具针对性和时效性，我校根据校情并结合学生成长规律制定了《余庆县他山中学学生“五荣五不”》《余庆县他山中学学生“五心五负责”》。旨在培养孝亲敬长、自信进取的有用之人。今天，在强烈的责任意识的驱动下，我校全体教职工的主观能动性得以激发，高考成绩逐年提升，并先后荣获贵州省综治办、贵州省公安厅、贵州省教育厅“安全文明校园”、余庆县人民政府“2016—2017学年度教育质量提升奖”、遵义市教育局“遵义市2017年普通高中（第三层次）学校教育教学质量突出奖”等共36项荣誉，也让我校成了一所人皆知的教育良田。

四、放眼未来，谱写教育幸福篇章

学校是学生的学校，也是老师的学校。关注教育就是关注未来，关注未来就是关注学生。但关注学生应该先从关注教师开始。“教育是塑造人的事业，塑造学生美好的人生。”这个目标，只能通过教师来完成。北京市十一学校校长李希贵认为：“用幸福才能塑造幸福，用美好才能塑造美好。任何关爱，只能通过人的传递，才显得真切、动人，谁都没有办法改变。”因此，提升教师的工作幸福指数被我校视为学校对老师的责任。主要做法就是尊重老师的劳动，鼓励教师创新，让老师们在获得感、成就感的基础上得到被认同感，从而提升工作幸福感。战国时期的思想家荀子说：“国将兴，必贵师而重傅；贵师重傅则法度存。国将衰，必贱师轻傅；贱师轻傅则人有快，人有快则法度坏。”是否尊重教师，是一个国家盛衰的晴雨表。党的十九大明确提出要优先发展教育事业，建设教育强国是中华民族伟大复兴的基础工程，必须把教育放在优先位置，加快教育现代化，办好人民满意的教育。

2016年9月9日，习近平总书记到八一学校看望慰问师生，在发表的讲话中强调，各级党委和政府要满腔热情关心教师，让广大教师安心从教，热心从教，舒心从教，静心从教，让广大教师在岗上有幸福感，事业上有成就感，社会上有荣誉感，让教师成为让人羡慕的职业。2018年3月3日，在全国两会上，教育部部长陈宝生在“部长通道”上也谈到教师队伍建设方面的话题时表示：“要把提高教师待遇，完善教师待遇保障落实到教师的心里面去，让他们脸上充满笑容。”陈宝生部长说，贯彻中共中央国务院关于教师队伍改革的文件，摆在我们面前的主要任务，是提高教师地位、教师荣誉感，让教师成为令人羡慕的职业。这些都说明党和国家高度重视教师待遇的提高与保障，在努力营造一个真正的尊师重教的社会环境。绵绵用力，久久为功。未来路上，我校会继续迎着教育的阳光，弘扬他山文化，勇敢前行，在教育中不断创造、生成丰富的教育资源，在“德”上用功，在“师”上磨砺，让教育散发出馥郁的芬芳。

辟教育发展蹊径，育社会有用人才

——记河北涉县光华中学

彭薇　赵交娥　段秋顺

习近平总书记在党的十九大报告中指出，“建设教育强国是中华民族伟大复兴的基础工程，必须把教育事业放在优先位置，深化教育改革，加快教育现代化，办好人民满意的教育。”涉县光华中学深入贯彻党的教育指导方针，以立德树人为己任，以军校文化浸润学子心灵，以德育与素质教育提升学子品质，积极开发校园文化，培养高质量的师资队伍，打造特色教育体系，为实现中华民族伟大复兴培育英才。

一、传承军校文化，提升品行意志

涉县光华中学创立之初，便定下了“减轻国家和群众负担，培养军地两用人才”的办学宗旨。三十余年来，学校在抓好教学的同时，营造着浓厚的军校育人氛围，希冀提升学生品格，培养有用之才。

弘扬军校精神，传承军校文化。“军校文化”从行为上让学生知晓纪律、规范，这是品行锻造的第一步。涉县光华中学绝大多数学生寄宿在学校，每天清晨五点半，伴随着军号声响，训练有素的学生们，像军人一样快速起床，将自己的被褥叠成方方正正的“豆腐块”。洗漱完毕之后，便到操场列队集合，由班主任及当天上第一节课的老师带队进行跑操。跑操结束，学生队列整齐，迈着铿锵的步伐，高唱《团结就是力量》的军旅歌曲，然后便集体到食堂用餐。到了指定位置，学生和军人用餐一样，食不言，专心用餐，有效地提高了学生们遵守纪律的良好意识。

"军校文化"不仅仅是让学生遵守纪律，更是将爱国拥军、国防教育等知识和内容注入课堂中，贯穿教学的每一个环节。在涉县光华中学的历史、政治课上，学生们不仅仅要学习课本上的知识，还要学习国防知识。历史课上，老师要给学生讲述我国国防发展的历史轨迹，以及爱国拥军模范们的典型事迹；政治课上，老师不仅要讲清我国的政策法规，更要为学生讲解当前的国际形势，提高学生的国防意识。另外，学校聘请了魏县人武部原政委赵海元担任学校国防教育副校长，为学生教授国防教育课。每周，学校都会邀请部队官兵到校，开展国防教育讲座。同时，学校利用校园广播、校报、板报开展国防双拥教育，发布和更新国际教育的有关内容；利用有关节日，宣传《国防法》《兵役法》《防空法》等法律法规，广泛普及国防知识，增强学生的国防观念，激发学生的拥军热情。

学校不仅把部队官兵请进来，同时还组织学生走出去。每年清明节，学校组织初二、高一学生到将军岭、左权将军墓和烈士陵园进行祭扫活动，对学生进行传统革命教育；建军节前夕，学校组织师生到驻涉部队、消防大队、武警支队、邯郸军分区、长治坦克旅进行慰问演出；每年新兵入伍时，学校组织学生到现场欢送新兵，赠送纪念品，鼓励新兵保家卫国，建功立业；春节前，学校带领师生到当地养老院、福利院为老干部、烈士遗孤等送去慰问。除此之外，学校还定期组织师生到一二九师司令部旧址、将军岭、圣福天路等地开展研学旅行活动。

军校文化不仅影响着学生，也影响着每一位老师。在涉县光华中学不仅学生需要接受国防教育，老师们同样也要学习国防知识。官兵来校进行国防知识讲座的时候，老师也要到场听讲；国防展室的讲解员由教师担任，通过他们的讲解，让学生更好地学习国防知识；每年的新生军训，同年级的老师或班主任也要在旁边接受训练，与学生们"战斗"在一起；学生早上跑操，班主任和第一节课的老师也要全程陪同；学校还为老师配备军装，要求老师在上课期间统一穿着。在这种军事化管理和军校文化的影响下，学校打造了一支能吃苦、能战斗、能扎根在山区的教师队伍。他们十几年如一日，将自己的青春和汗水都奉献给了我们这山区中的三尺讲台。

二、开展德育教育，提升思想素养

德育工作是教育工作的灵魂，致力于对学生思想品德和人格素质的培养，统领着整个学校教育，对青少年学生健康成长和学校工作起着导向、动力和保证的作用。

学校创建党支部，定期开展组织活动，组织党员植树、到劳动基地参加劳动；创建学生党校，定期上党课，培养积极分子，发展新党员；创建德育教育基地，运用伟人业绩教育师生，运用涉县光华中学创办人"全国爱国拥军模范刘金鱼事迹展室"，对师生进行爱国拥军教育；创建劳动基地，组织师生参加劳动实践活动。涉县光华中学将立德树人、教书育人与社会实践相结合，组建红色文化艺术团，逢年过节组织艺术团成员到乡村、城镇、部队驻地、敬老院慰问演出，送温暖，宣传党的政策，宣讲红色文化故事，研究红色文化渊源、历史意义及传承意义；开展"最受学生欢迎老师"评选活动，对评选出的教师进行表彰，以此树立师德形象。涉县光华中学通过开展一系列的教育活动，将德育思想渗透其中，随着实践活动的推进，学生们获益越来越多。

三、加强素质教育，提升教育质量

素质教育，为国家发展和民族振兴奠定坚实的人才基础。兴国必先兴学，强国必先强教。涉县光华中学全面推进素质教育，努力打造一流人才，不断提升发展的质量。

学校开办"魏琳之声"英语广播社团和"玉洁之声"广播社团；开设口才与演讲辅导班；开展经典诵读与讲故事活动；开设电子琴班、书法绘画班、乐器班、武术班、跆拳道班、舞蹈班，为学有专长学生提供施展才华的空间。学校大型舞蹈《太行魂》获邯郸市文艺汇演一等奖；情景剧《亲人引来幸福泉》获邯郸市文艺汇演二等奖。建国57周年，涉县光华中学和部队官兵举行军校联欢活动。2017年，举办"喜迎十九大涉县'光华杯'群众文艺创作大赛"，并出版《获奖作品集》；开展"书香校园"、"书香班级"创建活动，提倡"多读书、读好书"。涉县光华中学2012届初中学生王玉洁，在涉县一中高考时，以优异成绩，被清华大学录取。现如今，学校已申报邯郸市十五科研课题《民办教育办学特色与研究》《新课程改革中数学课堂教学实施双自主教学的实践研究》《教师心理健康对学生成长影响的研究》等课题。

四、开发校园文化，提升学校魅力

涉县光华中学校园文化积淀深厚，因地制宜设置文化墙、文化长廊、壁画、装饰性雕塑、喷绘和永久性标语。

学校以"以人为本、励志博学、科学发展、追求卓越"为办学理念；以"尊重个性，挖掘潜力，一切为了学生未来的生存和发展，一切为了祖国的繁荣和富强，朝着世界一流的学校而追求"为奋斗目标；以"严谨、勤奋、求是、创新"为校训；以"文明、团结、严谨、勤奋"为校风；以"严谨、和谐、务实、开拓"为教风；以"尊师爱校、自主求知、勤奋学习、乐学善思"为学风；谱写了《光华中学校歌》和《青少年军校校歌》；出版《教育教学探究》《光华中学教师论文集萃》《大地·母亲·爱》《探索追求》《光华之路》《情暖万家》《光华中学校庆纪念册》《校报合订本》等书籍。学校在2002年创办校报《光华》，坚持定期出版，报道学校开展的各项活动，为师生提供展示风采的平台，活跃校园文化生活，提高教学研究水平。办学期间，学校举办的校庆10周年、20周年、30周年庆典活动，向公众展示了学校办学实力，向社会汇报学校办学业绩，进一步扩大学校的影响力与吸引力。

五、办学成绩斐然，提升学校影响力

学校坚持走出去，请进来办学理念，先后与北京师范大学、天津工业大学联合办学，并到上海、北京、扬州、石家庄、唐山、邢台、杜郎口、衡水等地学习先进的教育教学方法，开展"三双教研"活动，组织参加教研活动，教育教学成绩连续荣获全县同类学校榜首。其中1998年6月，涉县光华中学初三中考所有科目均获全县第一。涉县政府将涉县光华中学命名为"涉县教师发展中心教学实践基地"。2013年，学校聘请衡水九中原校长王树良，在涉县第一个引进衡水教学模式，实行小组合作探究式教学方法。2014年10月30日，邯郸市在涉县光华中学举办"邯郸市民办中小学'学衡水 提质量'教学改革观摩交流会"，并在邯郸市推广涉县光华中学学习衡水教学模式经验。2020年学校148人参考，5名本科上线，56名专科上线，单招87人。

学校先后荣获涉县模范学校、"三轴竞争"先进单位、涉县中考先进单位、涉县教育教学全面考核先进单位、邯郸市示范性少年军校、邯郸市模范学校、邯郸市"巾帼文明岗"单位、河北省中小学德育示范校、河北省校园经济达标学校、河北省民办教育明星学校、河北省优秀民办非企业先进单位、河北省先进少年军校、全国十佳民办学校、全国先进民办学校等项称号。学校6个班级获省优秀班集体和模范班集体称号，并有106名教师荣获省优秀教育工作者、模范教师、师德标兵、优秀园丁、优秀辅导教师、教改先进工作者和国防教育先进工作者等称号。

办学之路，漫长且艰辛。我们坚信"有志者，事竟成，破釜沉舟，百二秦关终属楚；苦心人，天不负，卧薪尝胆，三千越甲可吞吴"。在未来的教育征程中，涉县光华中学将不惧探索辟径之难，迎难而上、不断向前，继续以立德树人为己任，传承军校文化，开发校园文化，大力开展德育与素质教育工作，全面推进学校教育的高速度、高质量发展，为社会主义建设培养一批又一批优秀人才！

培志笃行，育时代好少年

河北省沧州市迎宾路第二小学 张钢 祁俊丽

习近平总书记在党的十九大报告中指出，要"培养担当民族复兴大任的时代新人"。这是新时代对培养坚定的社会主义建设者和接班人提出的新要求，时代新人不仅要继承社会主义建设者的优良传统，更要突出时代品格，要坚持思想政治教育，引领时代发展方向，确保其始终保持正确前进方向。我校于2020年8月8日建成并投入使用，学校秉承"以人为本，拾级而上，培养人格健全、自驱发展的现代人"的办学理念，把"志行"作为核心文化，立志立人，尚志尚行，在"培志"和"笃行"的融合教育中，打造一支尚德励志、求真践行的教师队伍，用心培育博学笃志、知行合一的新时代好少年。

一、初心之志·党建引领促发展

我校以党的十九大精神为指导，以"严细深实快"精神为行动纲领，扎实开展党组织建设，紧密结合学校的中心工作，通过"两学一做"、"三会一课"、"主题党日"加强学习，提升党员的政治素养，发挥模范作用。

密切联系工会、少先队组织，开展党史课堂、清明祭扫、植树节、趣味运动会等活动。结合学校办学特色，确定了" 先锋党建 永志向党"为学校党支部的党建品牌。

发挥党建引领推动作用，把党建工作融入日常各项工作中，学校开展了"党建+安全"、"党建+教科研"、"党建+师德建设"、"党建+学生发展"等活动，丰富了党建工作内涵，推动了党建工作与教育教学工作的深度融合。

二、明德之志·多样活动强素质

文明是一所学校最靓丽的底色，我们在校园内规划了"红绿蓝"文明行走线、楼道礼让右行标志牌、标志贴、黄色行走线，提醒着同学们无论何时要文明礼让；每周一次的"最美班级"、"最美路队"评选，更是从卫生、纪律、路队等方面激励同学们做文明学生，创文明班级；制订行之有效地学生行为规范，利用"小禾苗成长记录卡"促进学生养成好习惯；班内师生一心，制订适合自己班级的班级公约，守一份约定，做文明学生。

在爱国主义教育方面，学校开展了形式多样的活动，升旗仪式上敬队礼、唱国歌、聆听主题演讲；71周年国庆节以及"红色百年 童心向党"活动中学党史、颂党恩、跟党走，用自己的实际行动表达对党和祖国的热爱——手抄报、我和国旗合个影、主题班队会；纪念抗美援朝70周年主题教育活动，请英雄战士走进校园，听他们讲战争故

事，传承革命精神，争做时代新人；举行国家公祭日悼念仪式，铭记历史、珍惜和平、开创未来……

学校开足开齐体育课，每天坚持做“两操”，坚持阳光运动一小时，保护好学生的视力；2020年11月份举行了首届体育节，同学们在比赛的过程中享受运动的快乐，弘扬个性和青春活力，强健体魄，锤炼意志。

开展多项研学实践活动，学校以学促研、研行合一。学习二十四节气知识，秋分、立冬、冬至等，观察天气变化，掌握物候特征，感受古人的智慧；了解传统节日文化，中秋节、重阳节、春节等，参与节日习俗活动，把中华优秀传统文化传承下去；走进运河生态园，追溯千年运河文化，感受生态运河的魅力；走进烈士陵园，默哀追思，缅怀先烈，传承革命精神。

劳动教育是学校基础教育的重要内容，从小要培养学生热爱的品质，弘扬工匠精神。在学校里，捡拾垃圾，做好小值日生，让学校变得更美丽；在家里，主动帮助父母做家务，自己的事情自己做；秋分节气里，同学们走进田间地头收获粮食，采摘瓜果，品尝劳动的喜悦，感受劳动人民的艰辛，养成爱劳动的习惯。

科技引领未来，为增强学生学科学、爱科学、用科学的兴趣和能力，沧州市迎宾路第二小学开展了首届科技节和“全国航天科普进校园”活动，让学生通过学习科学知识、动手实践操作、大胆创意想象等活动，探索科技奥妙，感受科技魅力！

为引领学生从小树立远大志向，学校还设立了“梦想节”，开展形式多样的活动，用书画、体验、实践、表演、创作等形式，展示师生们心中的七彩梦，唱响伟大的“中国梦”！

三、尚学之志·夯实教学提质量

以学立志，以学正身。我校力求“尚德励志、求真践行”，采用“四课三研”夯实教学质量，即“示范课、研讨课、亮相课、常态行政听课”、“常规教研、集体教研、专题教研”，抓落实，促实效。

学校开展了系列读书活动和特色实践活动。推行全校“读经典、承佳训”快乐读书活动。编成学生用诗词读本《童生美颂》，全书共12册，每册收录二十首古诗词，每首诗词都配有精美图画，并根据学生不同的年龄特点，各有不同侧重。低年级给难读的字上添加拼音；中年级给难理解的字词配上注解；高年级在诗词后面编入作者简介、古诗背景、全文释义等内容。收集碎片化时间，让古诗词润“脑”细无声。利用课前、早读、放学等时间开展朗读活动。教师指导学生上好读书课，组织好班级读书交流活动，做好日积月累。积极开展亲子读书活动，发出亲子共读的倡议书，制定亲子共读的读书方案。开展以“书香润泽心灵”为主题的“教师读书工程”。另外，学校还开展了丰富多彩的专题活动。

在提升教师自身专业素质方面，学校严抓师训工作，重点抓教师基本功培训，以加强教师理论学习，从研读《课程标准》开始，组织教师参加线上线下研修活动，培养教师会听、会记、会思考的能力。各教研组开展小课题教学研究，针对学科教学研究的重点、热点问题，开展多层次、多形式的专题教学研讨，及时有效。并认真总结，写好教学反思。

四、成雅之志·优美环境滋心性

作为新建校，我校不断加强学校硬件设施和校园文化建设的打造。无论是班级的电子设备、桌椅配置，还是楼道里的饮水机、水电维修，活动场地的维护，无不细致入微，服务贴心，让师生舒心、放心。

校园文化建设也在有条不紊地进行中，在“志行文化”的引领下，校训雕塑、校园文化展牌、“垃圾分类”宣传角、彩绘跑道等逐步修建完成；“童美画室”、“心灵港湾”心理咨询室、“航空航天”特色教室、科学实验室、“跡心舞室”、“乐童音乐教室”等多功能室的打造也已经完成，学生在优美的环境里快乐地学习、健康成长。

明德楼、启智楼、修远楼三座主教学楼的楼道文化也在逐步设计建设中，明德楼以“红色文化”为主题，启智楼以“传统文化”为主题，修远楼以“科学文化”为主题，四层楼分别以“立志于行——习惯促行”、“立志于文——文化养心”、“立志于学——勤学善思”、“立志于新——求实创新”来诠释“志行文化”的内涵，在校园文化的滋养下，让学生立下少年之志，志存高远，敦行至善，成为有志向、修品行、强本领的志行少年！

五、平安之志·安全校园护成长

为创建平安和谐的校园，时时处处为学生保驾护航，我校牢牢树立“安全第一”的思想，成立安全工作领导小组，责任到人。建立学校安全保卫工作的各项规章制度，做到细致精准。

学校积极与公安、消防、卫生等部门通力合作，加大家校合作力度。开展“家校携手 为爱护航”、“我学法我快乐，我懂法我光荣”、“国家宪法日”、“提高消防意识，共建平安校园”、“知危险会避险 安全文明出行”等主题活动。开展“安全教育周”活动，高年级“小交警”和家长“志愿者”上下学值岗行动。认真排查校园内存在的安全隐患，做好火灾、地震疏散演练工作。同时，通过公众号的形式，对家长和学生进行常见传染病预防知识的宣传。

六、融合之志·家校携手聚合力

为了充分发挥广大家长在学校教育和家庭教育中的重要作用，构建学校、家庭、社会三位一体的育人体系，架起家校沟通的桥梁，形成教育合力，让孩子们全面发展、健康成长，学校成立了校级家委会，助力学校的教育发展，并在校服制订、学生饮奶等多项工作征求家委会意见，共同商议，协同发展；邀请社会上各部门的专业人员到学校对学生进行教育活动，节水技术人员、交警叔叔、大学院校教师等校外辅导员走进学校对学生进行节水爱水、安全通行、科学知识、党史教育的教育教学活动，受到了同学们的喜爱。

学校在希望与期待中迈开矫健的步伐，稳中求进，实现跨越式发展。今后，我校将继续落实“立德树人”的理念，努力提高教育教学质量，把校园安全放在首位，秉持“以人为本，拾级而上”的教育理念，牢记“世界因我而美丽”的校训，不忘初心，砥砺前行，与所有教育人凝聚磅礴力量，共同书写教育新篇章！

深化校园文明建设，成就品质教育未来

河北省光山县第三高级中学　胡振国　扶民

“一年之计，莫如树谷；十年之计，莫如树木；终身之计，莫如树人。一树一获者，谷也；一树十获者，木也；一树百获者，人也。” 这段话既阐明了人才培养的重要性，也揭示出人才养成的不易。我校创办于2001年6月，20年来，三高人锐意进取，勇于创新，学校实现跨越发展，从2004年送走第一届毕业生开始，声名鹊起，学生渐多，发展稳健，万象更新。自建校以来，我校坚持立德树人，以办“人民满意的学校”为目标，大力弘扬“三苦精神”，积极开展精神文明建设，致力提高办学质量，“两个文明”建设工作不断创造新的佳绩。几年来，我校先后获得“全国未成年人思想道德建设先进单位”、“省级文明单位”、“河南省文明校园”等荣誉，极大彰显了我校办学的优秀品质。我校始终秉持“务实重干，拼搏进取”的校风和“求真、求善、求美”的校训，践行“办人民满意学校，让学生成人、成长、成功”的树人目标，厚植理想信念，集聚大家智慧，扎实推进各项工作，在巩固省级文明校园成果的基础上，守正笃实，开拓创新，道德之风常新，文明之花常开。

一、铸魂培根，凝心聚力谋发展

学校管理是一门既深且远的工作。为提升学校教育教学质量，我校不断加强组织领导，层层细分，通过明确领导、明确目标、明确责任落实学校各项工作。学校文明建设向来是我校严守重地。根据实际情况，我校成立了文明校园建设活动领导小组，直接领导学校的文明建设工作。积极建设学习型、服务型、创新型党组织，制订了《光山县第三高级中学创建河南省文明校园工作规划》，明确河南省文明校园建设各阶段目标，在全校师生员工中形成了为实现省级文明校园建设目标共同努力的氛围。对于学校工作，按领导分工落实具体工作任务，做到省级文明校园建设工作层层有人抓、事事有人管、人人扛指标，为省级文明校园建设工作提供可靠的组织保证。在德育教育中，我校始终以社会主义核心价值观引领学生成长。坚持教育与实践相结合，以核心价值观为主要内容，分专题进行。利用五四青年节、国庆节等开展演讲、征文、大合唱活动对学生进行爱国主义教育30余场次；组织学生到烈士陵园进行祭扫活动2次。每周一进行升国旗仪式，并进行国旗下的讲话活动，充分培养学生的自我教育能力。我校坚持实行“全员德育导师制”，适时开展学生德育活动。同时建立了“文明使者志愿服务站”，志愿者人数呈几何级数式增长，目前已有9800余人，形成人人争当志愿者的良好局面。此外，我校还积极开展好社团活动，书法社团、朗诵社团、文明志愿服务社团已经形成特色。

二、名师荟萃，百炼成钢铸强军

战国时期的思想家荀子说：“国将兴，必贵师而重傅；贵师重傅则法度存。国将衰，必贱师轻傅；贱师轻傅则人有快，人有快则法度坏。”意思是国家将要兴盛，必然要尊师重教。优秀的老师不仅具备专业的教学技能，更是拥有博爱的胸怀，德如清风。为督促教师专业化成长，加强教师德育建设，学校成立由校长任组长的德育工作领导小组，每月召开德育主题会。同时出台了师德考核制度和师德考核实施办法。近三年我校共评选出师德标兵30人、教学标兵30人、优秀班主任120人、师德先进个人30人，引导教师做“四有”好老师。

校园文化是学校可持续发展的动力，是一所学校综合办学水平的重要体现，也是学校个性魅力与办学特色的体现，更是学校培养适应时代要求的高素质人才的内在需要。多年来，我校努力打造文化品牌，如今最美班级、最美学生、美德少年等班级文化和校园文化符号特色明显。学校制作反映学校历史、文化、人物宣传片6部，印制书籍120余册。此外，我校还大力改善校园文化设施。建设了心理咨询室、形体活动室、党员活动室、计算机教室、图书阅览室等。在师生中开展经典诵读、感恩演讲比赛、征文活动达45场次；校园文化艺术节已经成功举行9届，艺术节上有书法绘画展、才艺表演等。此外，我校还以建设优美校园环境为战略部署，精心布置，规划校园，为学生营造优

美健康的学习环境。如今，我校教育教学设施规划合理，设施齐备。校园净化、绿化、美化到位，显得有文化底蕴，环境育人功能较好。对于校园卫生安全分工明确，管理规范到位。传染病预防体系健全，每年给毕业生做一次体检，定期开展健康教育活动。为了提高学生环保意识、普及安全教育宣传。我校深入开展环保教育和节约教育，通过主题班会、征文等活动，积极倡导“节水、节电、节粮”理念。请交警来学校做交通安全知识报告会16场次，组织学生观看安全专题片15场次，每学期举行2次防灾应急疏散演练活动。

三、初心不殆，春风化雨迎新颜

长风破浪会有时，直挂云帆济沧海。一所学校的内涵、品位和文化底蕴需要被全体师生牢记并践行，应如和风细雨渗透到学校各处角落，待春暖花开。我校始终以习近平新时代中国特色社会主义思想为指导，深入开展各项创文工作，以创建文明校园为引领，努力培养德智体美劳全面发展的社会主义事业建设者和接班人。我们坚信，凭借始终如一的教育初心，我校未来必能开启学校发展的新局面。

德育同耕胜骄阳，立德树人奏金曲

河北省宁晋县第六中学 赵同报

百年大计，教育为本。教育是提高人民综合素质、促进人的全面发展的重要途径，是民族振兴、社会进步的重要基石，是对中华民族伟大复兴具有决定性意义的事业。我校是一所市级标准化初中，如何办好人民满意的教育始终是我校探讨研究的核心问题。办学以来。我校坚持以“创新管理模式，提高管理效能”为基点，以创新、务实、高效为核心，让每一名学生都享有均衡的优质教育资源，实现立德树人的根本目标。尤其近年来，我校积极践行“以文化建设引领内涵发展，以管理创新突出办学特色”的办学思路，探索出了一条以 “一三四课堂模式”为核心的高效课堂之路，打造了独具特色的“全员、全方位、全天候”的精细化管理品牌，走出了一条特色发展道路。另一方面，我校还通过不断加强教师培训，提高教师的教学能力，大力推进“班主任培养计划”，建立同道班主任工作室，为教育创新发展注入新的活力，提升教学质量。此外，我校还以国家课程标准为总揽，开足开齐课程，积极推进教育教学改革，全面规范教学管理，坚持从学生的终身可持续发展出发，从学校的长远发展出发，为学生成长奠定有力的基础，保驾护航。

一、驻足根本，创新模式迎重生

我校的这种“一三四课堂模式”，以小组合作学习、高效课堂构建、教师精准教学、特色活动引领、制度体系保障等方面为着眼点和发展点，全面推进优质教育的规范化、系统化和常态化，构成了学校创新发展的核心经验。在“一三四”模式的引领下，夯实了学生的立德根基、学习信心、知识积累和做人基础。同时，挖掘了学生的潜能和智慧，全面提高了教育教学质量。自2015年以来，广西、云南、贵州、河南、江西、安徽、河北等省几百所学校到我校考察学习，赢得了兄弟学校的一致好评。我校第二个突出特点是：以核心素养教育为基础，结合新时代对学生发展的总体要求，我校积极构建校本研修为平台，全面打造幸福高效课堂，让核心素养成为学生学会学习、学会做事、学会做人的行动指南。为此，我校开设了《心理健康教育》《国学经典赏析》《书法绘画》三门校本必修课。还开发出以乒乓球、羽毛球、田径、围棋、电子琴、手风琴、竖笛、舞蹈、合唱、国画、手工制作、轮滑等15门校本选修课。特别是我校创新的种植实践课，让学生在活动中体会到了收获的快乐，成了校园实践大课堂的育人基地。2017年京津冀经典诵读在北京举行，我校《百善孝为先》获得一等奖；2018年京津冀中学生汉字听写大会在天津举行，我校荣获团体冠军。学校先后获得全国“十二五”教育科研先进集体、国家教育部门规划课题实验学校、河北省硬笔书法协会教学基地、省青少年素质教育研究会会员单位等殊荣。德育教育始终是我校狠抓的重点。为使学生形成正确的价值观，养成良好的行为习惯；我校始终坚持德育为首，育人为本的根本原则，狠抓学生德育工作，获得素质教育的全面提升。为促进学生的全面发展，我校积极开展主题教育月活动，将德育工作渗透到教育教学工作之中，通过主题班会、国旗下讲话、主题月、主题周等形式，引领学生全面健康发展。2010年我校建成心理健康教育研究中心，以心理课程为载体，开展多种形式的家庭教育讲座，由学校心理室播出的喜马拉雅“父母空中课堂”，得到了社会的一致好评。我校因此还被评为“河北省中小学心理健康教育特色学校”。

二、名师荟萃，助力教育新突破

为全面实现立德树人的根本目标，结合全县教育发展的新局势，结合学校新老班主任的发展现状，我校大力推进“班主任培养计划”，为教育创新发展注入新的活力。2020年新学期，我校启动了班主任培养计划，建立了同道班主任工作室，对班主任进行科学有效地探索和系统培训，以引导班主任统一思想、转变作风、创新理念、完善能力，实现班主任队伍的快速成长和全面发展，为学校办好人民满意教育增添活力。

班主任队伍是学校创新发展的关键，为使班主任的专业技能和素养进一步提高，我校大胆创新改变教研方式，通过线下结合线上交替辅助进行，通过教研任务的实施，生成系列班级管理资源，同道班主任工作室分期汇编《宁晋六中班级管理漫谈》《宁晋六中主题班会资源库》《宁晋六中德育教育资源库》供班主任随时学习。为保证班主任培养计划各项教研的有效落实，我校建立了一套完整详尽的培养方案，以及严格细致的考核制度。经过半个学期的实施，取得了显著的成效。在此基础上，我校还布置主题班会教研任务，公布各级部主题班会的主备人，主题班会教研时间及主题班会经验上报时间。学校每月都要线上讨论班级管理共性案例，同时，征集班主任在班级管理中的疑难困惑等实际问题，同道工作室在班主任论坛上进行线上答疑，提高了班主任队伍的整体水平。

为实现更好地发展，我校在实际教育教学中每周都更新论坛内容，各班主任根据实际情况灵活安排教研时间，认真学习并对优秀班主任的方法经验进行点赞和肯定。我校每月上传“同道班主任工作室”的内容为：第一周与时俱进专栏，转载有关班级管理优秀理文章；第二周论坛互动专栏，上传当月班主任线下教研中，优秀班主任分享的“我的班级管理故事或案例”；第三周见贤思齐专栏，上传当月班主任线下教研中，优秀班主任分享的班级管理经验或技巧；第四周群策群力专栏，研讨班主任管理中，所出现的共性和典型班级管理案例或德育教育案例。在此基础上，我校还利用周末穿插工作室线上答疑以及随机发表优秀班主任撰写的班级管理文章，以此不断推进教育教研工作的深入开展，为学校的创新发展提供强有力的支撑。

班主任线上主题班会教研是我校强化教师思想教育的重要手段。我校创新的主题班会教研流程是：主题班会主备人需在每月第一小周前把主题班会课件和教案设计发送到本年级部班主任微信小群，并按时按要求说课。其余班主任即时开展线上主题班会教研交流，认真观看课件和班会设计后，倾听主备人说课，然后各自给出建议和肯定。

各组长整理教研建议文档，并登记班主任主题班会线上教研互动记录表，同时把当月主题班会课件、主题班会教案设计、各班主任线上教研建议，整体打包于当日上交班主任工作室。经审核符合要求后，录入《宁晋六中主题班会资源库》。如今，我校同道工作室对主题班会的课件制作、教案设计，以及说课制定了具体流程和严格的审核规定。创新出了“择优主备、三审磨课、线上研讨、统一发展”四环节的教育教研模式。为下一阶段的发展提供了基础。

今天，通过我校的同道班主任工作室，班主任队伍班级管理的经验不断丰富，人人都拥有了过硬的业务管理能力，为学校和宁晋教育的创新发展贡献了力量。

三、匠心灼灼，谱写教育新篇章

教育是温暖人生的第一缕阳光，而学校是哺育千万学子的良田，而教师则是日夜守护在田野旁边的勤匠，他们用毕生的文化知识和真情的陪伴铺垫着学生走过每一步。作为教育事业中的一员，我校全体师生将始终秉承“树德立人、德育同耕”的理念，砥砺前行，不忘初心。

振兴中医 弘扬国粹

河北省邢台市内丘县平安小学 刘国玉 耿艳芳 闫立伟 高丽

中医药学在我国有着上千年历史，是经过几千年的不断实践积累下来的无价之宝，在世界医学发展的道路上也起着不可估量的作用。党的十八大以来，以习近平同志为核心的党中央高度重视中华优秀传统医药文化的传承发展，明确提出“着力推动中医药振兴发展，要以高度文化自信推动中医药振兴发展，推进健康中国建设，助力中华民族伟大复兴中国梦的实现”。

中医药文化是我们中华民族国粹，传承和发展中医药文化是我们的责任，在孩子们的心中播下文化启蒙教育的种子更是功在千秋的大事。为了振兴中医药文化，我们大力推进“中医药进校园”活动，更好地帮助学生掌握内丘中医药知识，了解内丘文化历史，领悟乡土文化精髓，使中医药文化从小在学生心中生根、发芽，并在无形中坚定学生的文化自信，增强做中国人的骨气和底气。

深挖中医药文化育人因子

关于中医药文化，我们内丘县有着悠久的历史传承和深厚的文化底蕴，中药材资源非常丰富。众所周知的扁鹊文化就发源于这里，内丘是扁鹊行医圣地、生前封地、逝后葬地；内丘扁鹊庙是全国最大的扁鹊祭祀庙群、国家级文物保护单位、国家4A级景区、全国中医药文化宣传教育基地；内丘扁鹊药谷产业园有近1500亩中药种植，是规模化中药材种植示范园；内丘地势西高东低，山区、丘陵、平原各占三分之一，适合各种动植物药材生长繁衍，中药材资源非常丰富，2000年资料统计多达400余种……

内丘中医药文化蕴含着深刻的哲学思想和丰富的人文精神，涵盖了历史典故、文学文物等内容，是中国传统文化的重要组成部分。作为教育者，我们有责任和义务将其传承延续、发扬光大，特别在青少年中弘扬中医药文化，是继承古典文化的重要举措，也是增强民族文化自信的积极行动。

开设中医药文化校本课程

习近平总书记在多个场合谈到中国传统文化，表达了自己对传统文化、传统思想价值体系的认同与尊崇。教育部文件也建议在大中小学普遍开展传统文化教育，并将其作为学生必修课，列入课程标准，纳入教学计划。我校积极开发中医药文化校本课程，组织编写《内丘中草药》校本教材，更好地帮助学生掌握内丘中医药知识，了解内丘文化历史，领悟乡土文化精髓，使中医药文化从小在学生心中生根、发芽。

2013年，我校开始搜集、整理内丘中草药种类、药性等知识，历经4个多月的查阅资料、实地询问、考察，精选出80余种中草药植物，初步形成了第一版的《内丘中草药》。后经与当地中医院对接、和内丘县知名中医药家交流，发现个别草药种类功效与实际用途有出入，于是又进行多次修订，最终于2014年出版了平安小学内部使用的《内丘中草药》校本教材，涵盖内丘的地理位置、中医药历史、内丘中医药故事、内丘中草药种类及内丘中草药种植五大章内容。

在《内丘中草药》校本教材编制成功以后，我校在所有年级进行推广，每个班级每周上一节中草药课程。为了让学生学有所得、学有所获，我校邀请县中医院外科主任高素红等6人来校为不同年级学生上课，经过开课前的讨论和交流，最后商榷根据不同年级学生特点制定不同的课程要求：一、二年级要求学生了解内丘中医药历史，认识书中80多种中草药植物、能辨认这些植物；三、四年级要求学生能辨别书中80多种中草药形色、同时进行中草药实践活动和中草药标本制作；五、六年级要求学生能掌握书中所有中草药功能疗效并学习简单的中医治疗方法。

此外，我校每学期还进行内丘中草药知识大赛，内容以《内丘中草药》为主，比赛分为团体赛和个人赛，每个赛事都有笔试和竞答两个环节，优胜者看荣获“平安小扁鹊优秀班级奖”及“平安小扁鹊”称号。

创建中医药文化传承环境

校园文化环境是对学生进行中医药文化教育的好阵地。为了让中草药贴近生活、贴近现实，我校在校园内制作了有关中国古代名医和名医故事的文化墙，设置了以内丘中草药文化为主的中草药知识长廊，开发了中草药花圃，成立了中草药社团，创建了“内丘中草药展室”，让学生能够真真切切地感触到中草药就在身边，从而激发起学生学习中草药的兴趣。

为了全面普及中医药知识，让中医药文化从小在学生心中生根、发芽，每年新生入学的第一天，我校的中草药社团教师都会带新生参观校园里的中草药花圃和“内丘中草药展室”，在校园里给学生讲名医故事，在楼道里给学生介绍内丘中草药品种和功能功效，让学生自入学那刻起就沁入在中医药文化之中。

开展中医药文化实践活动

为了让中医药知识鲜活地印入学生心中，我校进行了形式多样的校内外实践活动。

在校内实践中，一是制作中草药标本。我校在中草药花圃种植、采摘时，让学生亲自动手耕种和采摘，并制作标本。从2014年开始，学生在中草药花圃内种植中草药的种类多达四十余种，制作优质中草药标本五百多件。二是填写中草药种植观察记录。在进行中草药实践活动时，我们要求把中草药种植和科学课中的植物生长相融合，让学生选择一种中草药种在花盆中，观察它的生长过程并记录下来，等成熟后采摘下来制成标本。三是制作中草药画册。为了丰富课程内容，老师鼓励学生用彩笔把自己学过的或认识的中草药画出来并制成画册。经过甄选，学校已留存了一百二十本优秀中草药画册。四是学《内丘中草药》谈感悟。为了了解课程效果和学生对中医药文化的印象，我校进行了“学中草药课程谈感悟”活动，让学生每月写一篇感想，并把它展示在班级外的文化墙内，方便学生学习交流。

在校外活动中，一是寻找身边的中草药。我校利用周末让学生到野外寻找中草药，并将自己采摘的中草药以自己喜欢的方式介绍给大家。学校每学期会收集一次学生作品，在学期末还会根据这些作品进行 “平安中草药小达人”评选活动。目前，我校已经珍藏了学生优秀作品五百多件，优秀视频八十多份。二是参观中草药种植基地。我县有扁鹊药谷产业园、王不留产业基地、金银花产业基地等十一个中草药种植基地，可以说中草药资源丰富。为充分利用这一优良资源，我校多次组织学生去参观这些中草药产业基地，了解中草药种植知识，感受产业种植对中医药产业发展的影响。从2014年开始，我校共组织学生参观了内丘县内的所有中草药种植基地，参观人次已达到三千余人。三是中医药知识学习。我校充分利用节假日让学生走进医院，学习把脉、刮痧、拔罐等中医知识；走进药房，实地了解中草药的色、形和功能疗效。四是寻找“扁鹊文化”，探究内丘中医药文化之“源”。内丘是扁鹊文化的发祥地，有很多扁鹊的足迹，除了通过书本上了解扁鹊故事外，我校还让学生通过网络、民间传说、游扁鹊庙等形式感受扁鹊文化，了解内丘中医药发展史，感受内丘历史悠久的中医药文化。五是拜谒医祖圣地——扁鹊庙。在每年三月初一扁鹊庙庙会当天，我校会利用这个时机与医院联合，组织学生来这里感受扁鹊文化，聆听中医专家教诲，并亲自“下海”体验，为群众“把脉问诊”。从2016年3月起，我校已连续举办了四届活动，尤其“拜谒医祖圣地——扁鹊庙”活动还受到省中医药管理局领导、内丘县政府副县长赵东升称赞。六是布置假期特色实践作业。在我校每年两期的“魅力寒暑假”假期作业中，设置了“我眼中的扁鹊”和“我眼中的中草药”等实践作业，让学生利用假期时间采取查询资料、实地走访、寻找中草药等方法，了解内丘中医药文化，并以图画、思维导图等形式呈现出来。

中医药文化进校园是弘扬和传承中华优秀传统文化、普及中医药文化知识、提升青少年文化自信和健康素养的重要措施。自中医药文化进校园以来，我校共收集的中草药标本达到一千多件，优秀中草药画册一百二十本，优秀中草药视频八十多份，参观中草药种植基地人次达三千多人，有一千五百名学生被评为“平安中草药小达人”，在弘扬和传播中医药文化方面取得了非常好的效果。2016年1月，学校被内丘县卫生局授予“内丘县中医药文化宣传教育示范基地”荣誉称号；2021年3月，内丘县平安小学被评为“河北省中医药文化进校园特色学校”。国家中医药管理局管理处郑亚峰处长，亲临我校参观中草药药圃及中草药展室，对我校从小让孩子接触中医药文化知识的做法，给予了极大地肯定，中医药文化进校园活动还受到新华社、中建网以及中国中医药报等多家媒体报道。

用爱浇灌成长，用心呵护未来

河北省邢台市特殊教育学校　杨密婷　王金岩

幼苗在长成参天大树之前，会历经过风雨的摧残，度过雷电交加的夜晚，可困难的背后总会迎来绚丽的彩虹和温暖的阳光。教育始于关心，是润物无声的陪伴，是浸润孩子们幼小心灵的甘泉，好的教育能让孩子从小就感受生活的美好，生命的魅力。著名教育家苏霍姆林斯基说：“没有爱就没有教育。”仁爱之爱是本真的教育，是积极的教育。教育之爱如山伟大而坚定，如海博大而包容。特殊教育更是一份需要爱的事业，特教教师需要用一生无私的爱奉献，给孩子们绘就美丽的蓝天。办学以来，我校始终坚持“以生为本，让特殊孩子有尊严的生活”的办学思路，率先垂范、追求卓越，带领特教人加快教育改革、提高办学水平，使我校发展抢先进入快车道，师生天天都有新进步，学校一年一个新飞跃。如今，我校办学条件不断得到改善，设施齐全，建筑面积比2012年扩大了5倍，在校生560余人，成为一所现代化教育优质学校。同时我校还是省教育类别齐全、阶段完善、规模最大、质量最优的特教学校。所有师生凝聚一心，用行动和博爱为学生未来保驾护航!

一、用灼灼之心书写特教新篇

校长是学校的灵魂，是教育思想之魂。我校的杨密婷校长，是中小学正高级教师，省特级教师，省骨干校长、骨干教师，省首批教育家型校长，省第十三届人大代表，河北省先进工作者。杨校长始终坚守教学一线，她学习先进理念，主持多项省市级科研课题并获教科研成果一等奖，在国家级期刊上发表论文多篇。2019年，她在全省作办学思想汇报，专业引领特教发展。她培养出全省第一位聋人本科生，高考升学率达100%，位居全省首位。她实施“一对一”个别化教育，挖掘潜能、补偿缺陷，创造了聋哑孩子开口说话的奇迹。在杨校长的带领下，我校渐渐走出一条创新发展之路。领导班子连续十年考核为优秀，多项工作创河北省乃至全国先河。“爱心小床”、“服务多延伸一公里”、“小康路上一个都不能少”等党建品牌带动多所学校高质量发展；“521”德育模式、“338”课堂教学模式、“康复——教育——职业培训——升学——就业”一条龙办学模式等助力1500余名残疾孩子实现自食其力。2016年，我校在全省率先成立特殊教育指导中心；2017年成为首批面向全省招生的重点学校。中央电视台、中国教师报、河北日报等多家媒体对市特殊教育办学事迹予以报道。我校还被授予全国特殊艺术人才培养基地、全国“巾帼文明岗”、省残疾人工作先进集体等300多项荣誉称号。

二、以绵绵之情静待未来骄阳

优良的教师队伍是学校发展的重要保障。为了提升教师专业技能和素养，我校通过“一师一面旗”，不断加强教师队伍建设，实施教师专业成长三年攻坚行动，培养出一大批专家型、双师型教师。其中，多名教师在国家及省级培训上展示风采。教师获市级以上奖励400余个、成果560余项，事迹报道600余篇次。我校也因此被誉为“教育工作者的精神高地”，特教教师成为最受尊重的职业。此外，我校在全省率先开展学前康复、送教上门、送教进工厂、联合办学、共建实习实训基地等创新工作，将教育服务延伸到学生家庭中，捐款为特殊孩子建立家庭康复角，到60余名残疾孩子家中上门送教。走进福利院、社区，开设“床边课程”，为考上大学的困难学生捐款，让他们同正常孩子一样接受教育、幸福成长。我校坚持一对一帮扶贫困学生，走遍全市20个县市区，访问残疾人家庭数百个，宣传扶贫政策，落实学生资助待遇，为就业学生争取岗位。这些学生在文明城市创建中做志愿者，在残运会上摘金夺银，在央视舞台展现风采，还当选全国优秀好少年、全省自强之星、创业典范，曾经的家庭包袱变成家庭经济收入的顶梁柱。在杨校长的无私奉献下，学生们用红花比喻杨校长，都叫杨密婷“红妈妈”。在学校里，时常能看到她抱着刚入学的孩子喂饭、在医院照顾生病学生、把周末回不了家的学生带回自己家……这些残疾孩子在杨密婷的细心关照下幸福成长。她构建起以“和爱”为核心的学校文化，实施家庭式管理，学生享受教师关爱，教师享受手足情深，视生如子，不是父母胜似父母。此外，我校校也积极承担特殊教育指导中心职能，组织教师开展教学巡回指导，到薄弱学校支教，引领全省特殊教育专业发展。省市领导、专家学者、市直单位党员干部3000余人先后走进特教学校。尤其在防控新冠肺炎疫情时，我校不忘强化师生防控，积极承担社会责任，带头为疫区捐款捐物，带动师生奉献爱心，回馈社会关爱。

教育是温暖人生的阳光，尊重、赏识每个个体，致力于学生能力、品德等各方面素质的全面提升，服务于个体的健康成长，滋养每一个生命。特教事业更需要把尊重和爱的种子洒到学生心里。未来路上，我校会继续带着用爱实现教育的理想，不忘初心，迈着坚实的步伐，勇敢地走在特殊教育的道路上。以博爱陪伴学生成长，以担当领跑特教发展，敢为人先，勇于创新，始终如一，不断开启学校发展的新局面，用生命谱写一曲又一曲教育新歌。

弘扬红色文化，做好红色传人

河北省张家口市桥西区大境门小学　李海瑛

时代的发展，赋予红色基因新的内涵，红色基因是革命精神的传承。在新时代的长征路上，讲好红色故事，补充红色营养，将红色火种播进一代代青少年的心中，为坚持和发展中国特色社会主义提供坚强精神支撑。我校坐落于塞外山城张家口长城脚下，始建于1949年9月，与共和国同龄，因紧邻张家口地标形象建筑——“大境门”而命名为“大境门小学”。我校一所具有红色文化教育特色的学校，校内有一所革命烈士纪念馆—“多松年烈士纪念馆”，是学校为了对学生进行红色文化传统教育，纪念在大境门牺牲的烈士--多松年而修建的。

纪念馆建于 1991 年，面积近 300 平方米。相继被桥西区爱国主义教育指导委员会命名为“桥西区爱国主义教育基地”，被张家口市委、政府命名为“张家口市爱国主义教育基地”。1991 年 6 月 30 日，在当时军政两地领导的关怀指导下，学校成立了以多松年烈士命名的英雄中队 --“多松年中队”，李大钊之子李葆华为队旗题写了队名。至今，英雄中队的旗帜已经传承了整整 30 年……

一、壮丽的青春

多松年1905年4月出生于归绥县麻花板村（现呼和浩特市新城区麻花板村）一个贫苦的蒙古族农民家庭，又名多寿，蒙名乌力吉图。他的父亲叫蒙克，生有二子一女，多松年是长子。1918年，多松年进入归绥旧城石王庙小学读书，后转入土默特高等小学校就学。1923年5月，在归绥青年学生抵制日货、反对“二十一条”、打“盛记洋行”的爱国运动中，多松年都活跃在斗争第一线，成为骨干……

受到进步教师的影响，多松年思想上开始追求进步，1923年秋，他以优异成绩考入北京蒙藏学校--现在的中央民族大学附中，受到中共北方区委李大钊、赵世炎、邓中夏等的教诲。1924年初加入中国社会主义青年团，担任蒙藏学校团支部负责人。1924年秋天转为中国共产党党员，成为内蒙古最早的共产党员之一和蒙藏学校党支部负责人之一。1925年，多松年同乌兰夫等同志创办革命刊物《蒙古农民》，进行反帝反封建革命宣传，他本人任编辑和发行人。用深入浅出、辛辣流畅的文笔，向广大蒙古农民宣传马列主义。

中共北方区委对他们寄予了更高的希望，于1925年秋，派多松年、乌兰夫等人到莫斯科中山大学深造。在异国他乡，多松年在很短时间内就突破了语言关，各门功课都取得了优异的成绩。课余时间，他瞻仰了革命导师列宁的遗容，还听过斯大林的讲演，也受到过中共驻共产国际代表瞿秋白的接见，更进一步坚定了共产主义信念。

由于军阀统治和连年混战，察哈尔地区的民众生活苦不堪言，革命烈火一触即发，急需党的坚强领导。1926年秋，党组织决定让他提前回国，指导这里的革命斗争。多松年从苏联回国后，中共北方区委立即委派他担任了中共察哈尔特别区工委书记，专门负责领导察哈尔地区的革命斗争。他奔波在农村、牧区，活跃在工厂、学校，宣传革命理论，建立革命组织，使察绥革命斗争呈现出生机勃勃的新局面。

1927年7月，多松年回到了归绥，在家只待了一会儿，就立即到归绥找到当地的党组织，向他们传达了中共“五大”的会议精神。这时候，归绥的特务已发现了多松年，开始跟踪，他不得不经常的更换地方住宿。此后，多松年又到包头以及大青山后的农村牧区，完成了“五大”精神的传达任务。

1927年8月初，中共察哈尔特别区工委书记多松年又回到了塞北重镇张家口市，一下火车，就被跟踪而至的特务警察逮捕。奉系军阀、察哈尔都统高维岳为一网打尽党在察绥地区地下组织，以交出地下党员名单为条件，许诺以高官厚禄，诱使他变节投降。像成千上万的共产党人一样，多松年在敌人面前威武不屈，表现了一个革命者的浩然正气和铮铮铁骨，敌人无计可施，便下令处死。第二天清晨，残暴的军阀用5根一尺多长的特制大铁钉将多松年钉死在大境门城墙上。多松年，中国共产党的优秀党员，为了民族的解放和共产主义事业献出了年轻的生命，牺牲时年仅22岁。当晚，多松年的好友朱实夫冒着生命危险，偷偷地把遗体从城楼上背下来，葬在了万泉山下。

二、光辉的业绩

纪念馆保存有很多多松年在土默特高等小学、北京蒙藏学校，苏联求学时期，以及在张家口从事革命工作时的珍贵照片。

多松年牺牲后，妻子云兰兰上敬年迈有病的公婆，下顾不谙世事的孩儿，地里家里忙个不停，将儿女培养成人、公婆养老送终。中华人民共和国成立后，在党组织的关怀下，过上了幸福生活，成为内蒙古自治区人大代表。1987年去世，骨灰被安放在呼市大青山烈士公墓。1992年3月23日，多松年烈士的铜像在呼和浩特市落成，安放在大青山烈士纪念馆中。

多松年烈士的精神激励着、鼓舞着“多松年中队”的少先队员。曾经，历经半个多月时间，第一期英雄中队的队员们硬是从大境门的城墙上找到了一根一尺多长的铁钉，确定了烈士遇难的具体地点。后来，他们将这里的血土挖起，派代表送到了烈士故乡--内蒙古大青山烈士公墓。

多松年烈士的遗物。馆内保存有多松年烈士曾用过的上衣和皮箱等遗物，从不同侧面反映了烈士的工作和生活片断，体现了他崇高的人格风范。这幅字是多松年烈士的笔记，“锐意振兴”四个大字苍劲有力，表达了烈士对革命胜利的期望。。

后人为了纪念多松年烈士，创作了连环画《城头就义》，现代作家魏巍为为多松年烈士题词--“古长城之魂”。

三、精神的传承

30年来，一代又一代的境小学子继承烈士遗志，在巍巍长城脚下，好好学习、奋发图强。“多松年中队”至今已传承了17期，开展的活动影响力极高，在省内外享有盛誉，两次被中华爱国工程联合会授予“育人品牌”荣誉称号。

近年来，学校深入贯彻落实习总书记对少年儿童“热爱党、热爱祖国、热爱人民，用实际行动把红色基因一代代传下去”的殷切希望，立足新时代、新形势，以“多松年中队”为引领，开展了丰富多彩的红色文化教育活动。

2017年5月，学校迎接了多松年烈士的同乡--李秉生爷爷到访，和李爷爷亲切座谈；　2018年，在“缅怀革命先烈、接受精神洗礼”争做新时代好队员暨一年级新生入队仪式上，“多松年中队”队员亲手为一年级新生佩戴红领巾，讲英雄故事；7月，内蒙古呼和浩特新城区关工委领导和新城区山水小学“多松年中队”队员到张家口，与“多松年中队”联合开展了“传承红色基因，争做时代少年”主题活动；8月，桥西关工委领导和“多松年中队”辅导员、少先队员一行赴呼和浩特开展了“走进烈士家乡”缅怀活动；7、8月份，多松年烈士后代和故居村领导分别到访，与校领导、辅导员、少先队员座谈；11月，桥西关工委和学校共同开展了《传承红色基因争做时代新人》宣讲活动。

2019年清明节，纪念馆迎接了全市20所小学少先队大队在此召开纪念英烈活动。9月28日在第二个烈士纪念日到来之时，我校党支部书记、大队辅员等一行共赴呼和浩特市参加“多松年故居烈士雕像落成仪式”。10月，学校组织少先队员观看了呼和浩特市二人台艺术剧院演出的二人台《多松年》，并与剧组成员一起开展了“缅怀先烈敬畏先烈”活动。

2020年5月18日，学校举行了“重温30年红色记忆--第一届多松年中队参观暨座谈活动”，桥西关工委领导、学校红色教育的开创者王玉珏老校长、原大队辅导员、原中队辅导员、第一届英雄中队队员代表通过座谈共同回顾了“多松年中队”的发展历程，展望学校未来的红色教育发展之路。6月5日，作为国防教育特色学校，境小光荣地成为张市双拥模范城实地检查验收的一个重要点位，接受了省双拥模范城测评组的实地检查验收，测评组一行参观了“多松年烈士纪念馆”，对学校依托纪念馆开展的卓有成效的双拥活动给予充分的肯定和好评。11月5日，省关工委常务副主任、省人大常委会原副主任王加林在市区领导陪同下深入学校调研指导关心下一代、红色文化教育、“平语近人进校园”等工作，对学校上述工作取得的成绩给予很高的评价和肯定。

30年来，学校坚持常态化开展红色文化教育，并不断与时俱进创特色，成为全市校园内外“传承红色基因争做时代新人”、“扣好人生第一粒扣子”等主题教育的引领和示范。2017年，学校获得市委组织部命名的“红色文化进校园示范校”称号。2018年，被评为“河北省国防特色学校”。2019年荣获“河北省关心下一代先进集体”称号。2020年，被教育部评为“全国国防特色学校”。同年被河北省教育厅授予“河北省中小学校党员培训基地”，被张家口市教育局授予“张家口市中小学校党员培训基地”，被评为“张家口市国防教育特色学校”。被市关工委选为“平语近人进校园示范校”。

“多松年中队”曾荣获“第五届全国十佳中小学英雄团队集体”称号，多次被评为“河北省优秀班集体”、“张家口市优秀少先队中队”，荣获张家口市“文明礼仪在身边”最美少先队集体称号。2018年，“多松年中队”再次获得获河北省少先队“英雄中队”荣誉称号称号。2019年获张家口市“优秀少先队”称号。

2018学校创作并拍摄的校园微电影《红色风帆》，获得“全国微电影大赛入围奖”、省校园微电影评选二等奖，2020年拍摄的《红色记忆》和《发生在大境门的革命故事》两部党课纪录片，均被市委组织部选送到省委组织部参评。党支部申报的《依托学校红色资源创建党员先锋团队》荣获省教育厅颁发的“河北省中小学校党建工作优秀案例”。

近年来，学校积极探索拓宽纪念馆育人功能，2017年5月18日，将“多松年纪念馆”向全社会公益开放。三年来，每逢“清明节”、“建军节”、“国庆节”等重大节日、纪念日，都会邀请社会各界人士和单位在纪念馆举办纪念活动。学校组建了师生共同参与的讲解员志愿者队伍，参观者近万人次，多松年纪念馆成为张家口市进行爱党、爱祖国、爱社会主义教育的宝贵资源。

作为一所有着丰厚红色文化底蕴的学校，我校将继续承载传播红色文化的历史使命，将“多松年中队”这一育人品牌传承下去，为国家培养担当民族复兴大任的合格建设者和接班人；将继续推动“多松年烈士纪念馆”爱国主义教育基地建设，努力提升公益开放质量，使“多松年烈士纪念馆”成为张家口市一个强有力的爱国主义教育阵地。

学教有序壮心志，品质立校育桃李

河南省漯河市第五初级中学　李继勋　李新华

“一年之计，莫如树谷；十年之计，莫如树木；终身之计，莫如树人。一树一获者，谷也；一树十获者，木也；一树百获者，人也。”　这段话既阐明了人才培养的重要性，也揭示出人才养成的不易。我校创办于1958年，历经半个多世纪的风雨沧桑，从漯河师范附中到四年制、五年制的完中，从市级重点中学到与市十二中合办，成立新的漯河市第五初级中学，步步从容。建校以来，我校努力提升学校品质，绽放教师生命，壮大教师力量的同时，以专业成长和自我实现为支撑点，撬动教师队伍的发展，提升教师的凝聚力。我校现有教职工182人。其中，中学高级教师58名，中学一级教师71名。老师们传道授业解惑，激情洋溢。全体教职工以教书育人为根本，辛勤耕耘。一直以来，我校谨守“为明天做好准备”之校训，坚持“厚德载物、自强不息”之精神，秉承“敬业、修德、理喻、创新”之教风、“励志、勤奋、善思、慎行”之学风，海纳百川，汇群智，尽群力，奋力拼搏。始终以追求发展，坚持传承优良传统，创新治校理念，实行科学管理、特色建设、文化立校，以机制激发活力，以文化积淀底蕴，走出一条新的发展道路。因此，我校先后荣获全国信息技术先进集体、河南省文明校园、河南省实验室建设示范学校、漯河市示范性学校、河南省中小学体育艺术特色校、漯河市绿色校园等称号。

一、弥足根本，立足均衡谋发展

陶行知曾说过：“天然环境和人格陶冶，很有密切关系。”校园中的每一座建筑、每一处景点，每一片绿色，都成为一种思想的传递，一种文化的表达，优美的校园环境就像无声的老师，滋润着师生的心田，熏陶感染着师生，丰富净化着师生的灵魂，潜移默化地引导师生向着健康的方向发展。如今，我校教学楼、实验楼、办公楼高高矗立，教研室、计算机室、实验室、录播教室、音乐教室、形体室、图书阅览室、数学地理多功能室一应俱全。交通路校区“清华亭”绿树掩映，“剑桥”下流水蜿蜒，池内红鲤恬然闲游，各类鸟儿在园里啄食嬉戏，鸣声不绝。园里一年四季，各类花竞相开放，让人目不暇接。

长期以来，市委、市政府和市教育局都对我校的建设和发展都非常关注。我校以党的十九大精神为指引，以习近平新时代中国特色社会主义思想为行动纲领，严格落实习近平总书记在全国教育工作会议上的讲话精神，牢固树立“不忘初心、牢记使命、立德树人”的思想，努力实现教育目标：以提高教育教学质量为突破口，质量立校，全面提升学生综合素质，回应社会期待，努力把漯河五中建成平安校园、文明校园、健康校园、绿色校园、书香校园、数字校园。我校领导班子严格落实中央八项规定，以“深入纠四风、持续转作风”为突破口，以案促改，加强廉政风险防控，落实党建工作责任制和“三重一大”制度；坚持和完善“三会一课”制度，开展好“主题党日”活动，召开民主生活会、组织生活会。带领教职员工廉洁自律、坚持原则，不断提高自身业务水平和管理水平，切实转变工作作风，努力提升教育教学质量。此外，我校还积极开展党员主题日活动和“两学一做”活动，实施“双培养”党建重点项目。组织党员不定期到马路街办事处交通路社区党委参加“双报到”活动，积极探索基层党组织活动方式和工作方法，求真务实，确保党的教育方针得到较好贯彻落实。我校还严格按照中央、省委和市委要求，开展“不忘初心、牢记使命”主题教育，组织广大党员学习红船精神、红军精神，悟初心、守初心、践初心。组织全体党员到井冈山开展“不忘初心、牢记使命、立德树人”党性教育红色培训活动。开展以“党建引领，党员先行，质量立校，回应社会期待”为主题的“一校一品”党建活动，实施“把党员培养成优秀教师、把一线优秀教师培养成党员”的“双培养”重点党建项目。党员充分发挥先锋模范带头作用，在教育教学中冲锋在前：被评为省优秀班主任的是共产党员；积极参与教改以及被省教育厅确定为省级名师、省级骨干教师、省级学术技术带头人的也大多是共产党员；在省优质课大赛中获一等奖的也有共产党员。党员教师把振兴漯河五中的责任扛在肩上，爱教、乐教，给全体教师树标杆，成为学生最信赖、最爱戴的老师。

二、内外兼修，定心徒步入青云

近年来，我校牢固树立立德树人、质量第一的思想，制订了《课堂规范》《作业布置规范》，以“一师一优课，一课一名师”活动为平台，持续推进“青蓝工程”、“135成长计划”等；加强教师自身教育教学基本功的训练，培育“敬业、修德、理喻、创新”的教风和“朴素、务实、求真、图强”的校风。每位教师把成为正确思想的宣传者、精神文明的建设者、文化知识的传播者、高尚品德的体现者作为自己的不懈追求，以诲人不倦的热心、不厌其烦的耐心、一视同仁的公心、争育英才的决心，坚持不懈的恒心埋头苦干，默默耕耘。

我校学子青春勃发，励志笃学，传唱经史子集，探求科学真理。先后有谢清露、李元哲、潘煜涵、孟鑫、朱紫薇、李艺璇、赵怡琳、孔令晗、王磊、董杰等十多名学生考入北京大学、清华大学，崔韶、乔露、赵淑馨、宋冠男、程丹彤、李东阳、朱之京、王梦阳等二百多名学生考入复旦大学、上海交大、浙江大学、中国人民大学等重点高校。广大学子走向全国各地，成为科技精英、文化名流、党政领导、商海奇才。

为让学校品质更上一层楼，我校采用“精雕细琢，注重细节”的管理方法，狠抓学生习惯的养成教育；以“五爱”（爱自己、爱父母、爱五中、爱漯河、爱中国）教育为突破口，建心理咨询室，对学生进行心理辅导，培养学生养成正确的世界观、价值观、人生观，使每一个学生都成为珍爱生命、自尊、自重、有修养、讲文明、心理阳光的人。此外，我校注重经典文化教育与传承，加强书香校园建设，充分利用各种法定节日、传统节日和重大历史事件纪念日，对学生进行爱国主义教育。学生家长自愿组成“护学岗”，成为学校一道亮丽的风景线。

我校还积极响应市委、市政府号召，紧跟时代步伐，做好全国文明城市创建工作和未成年人思想道德建设工作。以经典文化为抓手，开展丰富多彩的教育活动，使学生在求知、求美、求乐中受到潜移默化的启迪和教育。我校在教学楼前矗立着一尊孔子塑像，校园文化墙上印制了《弟子规》，校园文化墙上画着“亲尝汤药”、“啮指痛心”、“为亲负米”等“二十四孝”图，并配以文字说明。学校完善的设施、合理的布局、各具特色的建筑，使人心旷神怡，赏心悦目，有助于陶冶学生的情操，激发学生的开拓进取精神，促进学生身心健康发展。同时，我校也通过公益广告牌、活动展示牌、宣传栏等方式，进一步宣传文明创建理念和思想，让学生和教师课余时间看专栏成为一种习惯。让他们在这样健康向上的文化氛围之中，心灵受到荡涤，思想获得升华。

为坚持全面发展育人，我校提倡“每天锻炼一小时，健康工作五十年，幸福生活一辈子”的理念，大力开展“阳光体育”活动，强化大课间活动和课外锻炼。我校大力加强对学生社团的服务管理和指导，丰富校园生活。校航模队参加省第四届航模大赛，取得一个团体项目第一名、一个团体项目第二名的好成绩；在郑州参加河南省全运会，取得航空模型男子团体项目第一名、女子团体项目第二名的优秀成绩。在2019年漯河市中学生篮球比赛中，我校女子篮球队获全市第一名，男子篮球队获第三名。除了在全市中学生围棋赛中获第一名外，我校还成功、高质量地举办了漯河五中历届艺术节。我校还积极举办教职工文体竞赛，开展交通疏导和到闫庄敬老院开展慰问服务活动，加强妇女工作，定期慰问离退休老干部。

一场疫情让每一所学校措手不及，新冠肺炎疫情发生后，我校领导班子第一时间成立学校疫情防控专班工作小组，制订防控预案，对疫情防控知识宣传、师生行踪及健康排查、防护消毒设备购置、学生“停课不停学”线上上课、开学准备、校园值班消毒等环节布置具体工作。疫情暴发前期，我校通过多种方式深化师生对疫情防控工作的认识。从2月3日开始，学校6次对师生在假期的行踪轨迹及身体健康状况进行摸底排查，精准掌握来自疫情防控重点地区教职员工、学生的分布情况。同时，我校还开展“疫情最美逆行者”征文活动，让学生与在湖北武汉战“疫”的医生父母写信、通话，记录他们的英雄事迹。其中，有7篇文章刊登在市级媒体，鼓舞了士气，暖了人心，强了信心，聚了民心，传播了社会正能量。

明德崇善乐笃行，幸福教育耀师生。教育，就是精神的唤醒，潜能的显发。经过多年的建设，我校已经走上了一条品质立校的道路，学校着眼现在与未来，懂得传承与创新，敢于改革和实践，默默坚守着“厚德载物、自强不息”之精神，用奉献培育，用执着浇灌，着力为学生发展夯实基础，让学生未来绽放出更加亮丽的光彩。

强化学生国防意识，助力民族强国梦

河南省商丘市城乡一体化示范区和风小学　杨传伟

青少年是全民国防教育的基础，开展青少年的国防教育，对于弘扬爱国主义精神、传承红色基因、涵育崇军尚武文化有着重要作用。近年来，我校防教育工作以爱国主义教育为主旋律，认真贯彻落实《中华人民共和国国防教育法》和《全民国防教育大纲》，在上级领导的指导下，立足现实，着眼未来，以"强健意志体魄，加强学生的国防意识、普及国防知识"为总体目标，以争创"国防教育先进学校、特色学校"为动力，认真开展了轰轰烈烈、富有成效的国防教育活动，做到了管理规范、工作有序、保障有力、特色鲜明，使我校的国防教育工作扎实有效地向前推进。

一、成立领导小组，落实国防教育

我校非常重视国防教育工作，成立有国防教育领导小组，由我担任领导小组的组长，分管副校长王春梅担任副组长，由各处室负责人担任组员。为了保证国防教育的质量，我们做到四落实：时间落实、人员落实、地点落实、活动落实。

领导小组多次召开会议，部署活动的开展，活动计划安排周密、细致、具体。领导小组还负责检查、督促、考核计划的实施情况，对在国防教育中涌现出来的好人好事进行表扬。

二、抓好课堂教学，渗透国防教育

我们根据上级部门关于国防教育的要求，有专门的国防教育课程，有专门的国防教育教师，有专门的国防演练教官，每年新生入学要进行军训。把国防教育纳入学校教学计划，就时间安排、教材内容、教学质量等一系列问题做出明确规定，制定教学计划。受训学生全部都顺利通过了考测，教育效果比较显著。

为了有效地渗透国防教育内容，我们明确要求，各学科教师要善于发掘和利用教材中国防教育因素，力求按教材内容、教学特点，有意识地把国防教育渗透到各科教学中去，以达到潜移默化的效果。如：在德育课与语文课的教学中，突出爱党、爱国、爱军、爱社会主义的教育；开展形势教育时，注意介绍国际、国内的重大形势及其变化；进行法制教育时，注意强调保卫祖国、应征参军是宪法规定的每个适龄青年的神圣义务；在音乐欣赏课教学中通过教唱爱国主义歌曲，歌唱人民军队，讴歌英雄人物。在体育课教学中，按照解放军的三大纪律命令，强化队列训练，组织"三防"综合演练，学会在遭受核、化、生武器袭击时的正确防护动作，开展军事游戏活动，增强学生体质，适应未来需要。

三、深化爱国教育，增强国防观念

为了深化爱国主义教育、集体主义教育和革命英雄主义教育，培养学生的组织纪律性和艰苦奋斗的作风，增强国防观念，提高政治觉悟，激发爱国热情，为促进学生全面发展打下良好的基础，我校注意将国防教育抓先抓早，并将学生军事训练作为国防教育工作重点，每学年邀请武警上海市总队第八支队教官对新生进行军训。训练有组织、有目的、有效果、有检测。经过严格要求，训练工作确实收到成效。学生在训练之中，领会到了吃苦耐劳、艰苦奋斗的革命精神，并认真撰写了军训体会。同学们第一次穿上了军装，真切地感受到作为军人的深刻内涵和神圣职责。通过军训，同学们大大增强了国家意识、国防意识、民族意识，增强了祖国安危在我心中，天下兴亡、匹夫有责的责任感和使命感；认识到不仅要认真学习，担负起建设祖国的重任，还要努力拼搏，肩负起保卫祖国的重任。

四、广开各种渠道，开展宣传教育

在教育活动中，我们力求把国防教育内容与爱国主义教育、自觉纪律教育、国防法制教育、国防知识和技能教育、军事体育教育有机地结合起来，并依据学生的发展阶段和思想实际，确立不同的层次和重点，采取灵活多样的教育形式，有的放矢地开展蕴含国防教育的各种有益活动，增强国防教育的吸引力和感染力。

我们利用主题班会、国旗下的演讲、德育课、校园广播、宣传橱窗、学生手抄报等宣传媒体，加强国防教育的经常性宣传报道；定期开展爱国主义教育歌曲大合唱比赛，让学生传唱红色歌曲、感受爱国激情、接受爱国主义教育；每年在教师党员中开展"入党宣誓"、党章学习、"接受爱国主义教育重温入党誓词"等活动。

每年在少先队员中开展"入团宣誓"、队章学习、历史知识讲座等活动，加强学生的组织观念和对历史知识的了解，尤其是近现代史。使他们知荣辱，认识到国防的重要性；组织学生观看优秀爱国主义影片，加强国防认识，树立国防观念；每学年新生进行开学第一课并传唱军歌，使他们感受军旅生涯，增强纪律观念。

利用重大事件，进一步加强学生爱国主义和国防教育。南方冰冻雪灾、汶川地震、西南旱灾、青海玉树地震等重大自然灾害发生后，学校积极组织师生为灾区捐款、为受难者默哀等系列活动，让师生感受了抗震救灾过程中的大爱和互助精神，提高了师生"感恩"素养水平，进一步增强师生的爱国情结。

利用学校多媒体教室播放对学生有教育意义的国防教育影片和纪录片，组织学生观看爱国主义题材的影片，组织学生去培养缅怀革命英烈，并写观后感。

国防教育是素质教育的重要组成部分，是促进人们思想道德素质、科学文化素质和身心素质协调发展，提高国民素质，增强国家竞争力的有效途径。因此，我们要必须要加强对学生的国防教育，这是巩固国防、抵御侵略的需要，是培养新世纪合格国防后备人才的需要。国无防不立，民无兵不安，国泰才能民安，这是被历史证实的真理。未来的反侵略战争，不仅仅是军事力量的较量，也是综合国力乃至民族凝聚力的较量。今天的学生无疑是明天国防建设的中坚力量。因而，在和平的条件下，加强对学生的国防教育，是我们需要认真研究和解决的重大课题，也是钢铁长城的基础，切实加强学生的国防教育，显得更加迫切和重要！

弘扬非遗创特色，品质立校育桃李

河南省郑州市第五十一中学　白传忠　杜　敏

"一年之计，莫如树谷；十年之计，莫如树木；终身之计，莫如树人。一树一获者，谷也；一树十获者，木也；一树百获者，人也。" 这段话既阐明了人才培养的重要性，也揭示出人才养成的不易。百年大计，教育为本。教育是提高人民综合素质、促进人的全面发展的重要途径，是民族振兴、社会进步的重要基石，是对中华民族伟大复兴具有决定性意义的事业。我校创办于1962年，坐落在钟灵毓秀、礼乐奏响的中原之地。润土泽被，书香芳垂，铸就它深厚的文化底蕴；泾渭良田、华夏汗青赋予它悠远的校园传承。在校长白传忠的带领下，学校领导班子和教职工队伍，勇于创新，乐于贡献，力求全员育人。办学路上，我校紧紧遵循习近平总书记提出的"培养德智体美劳全面发展的社会主义建设者和接班人"的要求，积极构建多元浸润的德育教育，生动、智慧的课堂教学，异彩纷呈的校本社团，与时俱进的创客活动，育人效果显著。因此，我校先后获得北师大版初中数学教材实验基地全国示范校、全国学校无线电测向先进单位、河南省依法治校示范校、河南省卫生工作先进单位、河南省非遗传习基地、郑州市文明校园、郑州市普通中小学教育创新先进单位、郑州市新优质初中学校、教育系统平安建设先进单位等集体奖项。今天，徜徉于我校校园之中，文香扑鼻，琳琅满目。守先待后、一脉相承的校园文化成为学校特色发展的支撑点，无声地教导师生们要沿着先贤的脚步，处在今世，拾得古之精粹，成就自我之强大，也使学校在追求品质发展的道路上，如竹拔节、如花绚烂。

一、深耕细作，构建多元教学新模式

德育无声，却需言传身教、甘滋露哺方见成效。我校大力弘扬"静、净、敬、竞、精、境"为中心内涵的"六jing"文化，文为人表，春风化雨中，浸润了学生的心灵，使他们的初中生活留下了美好的记忆。我校的德育教育有着踏踏实实地印记可循。以六"jing"文化对学生的行为做出了全面、具体、有序的要求，树立了明确的德育目标。其中的前五个"jing"是有序列的单项目标，最后的"境"是一个综合目标，同时"五"和"一"与五十一中相呼应，六"jing"文化是"5•1"文化的融合，称之为六"jing"文化。逐步构建"全员、全程、全方位、自我教育"的框架化；分年级的"四三二一一"系列化；形成了"主题系列、形式立体"的课程化：如七年级的建队仪式，八年级入团仪式暨14岁集体生日，九年级的毕业典礼等；实施纪律和卫生三级管理指数的具体操作化，把德育内容融入学生日常生活。几年来，在这项德育活动的琢磨下，培养六"jing"毕业生，已成为我校的办学特色及发展的方向与目标、成为全校教师的共识，也成为我校毕业生的形象标准。

再好的教育也要围绕课堂实施开展。党的十八大以来，教育领域综合改革全面深入推进，已从"立柱架梁"进入到"内部装修"阶段。为此，我校投于探索，勇于创新，大胆构建了"生动课堂、翻转课堂"，克服了唯分数、唯升学的顽瘴痼疾，从根本上解决了教育评价指挥棒问题，充分激发了课堂的生机活力。近年来，我校积极探索开展了多种形式的"生动课堂"实践活动："生动课堂人人上"教学大比武活动；分学科、分课型调整"课堂评价量表"；举行教学设计大赛、说课大赛、教研组长论坛，形成校内课题成果集、教案集、学习包等。进行"生动课堂"建设目的有二：一让学生动起来，二让课堂活起来，让课堂成为学生生命律动的课堂、点燃学生生命火炬的课堂。同时，在加快推进教育现代化的进程中，我校奋楫争先，借力"互联网+教育"，引入了"翻转课堂"，以更好地引领学生筑梦新征程。借助互联网的力量，我校开设了10个"翻转课堂"实验班，使"生动课堂"教学理念有了更为有效和具体的抓手。先后多次组织"翻转课堂"全国观

摩展示课活动，受到了与会人员的高度评价。如今，翻转课堂已经成为学校的教学常态。此外，我校教学副校长和正刚主持的课题《翻转课堂在郑州市第五十一中学的实践研究》获得2020年度河南省基础教育教学研究项目成果二等奖，带领教师们勇攀教学理论研究高峰，翻转课堂的教科研成果与课堂实践相映生辉。

二、多措并举，孕育特色社团新发展

要深入推动习近平新时代中国特色社会主义思想进教材、进课堂、进头脑，构建德智体美劳全面培养的教育体系和更高水平的人才培养体系，就要整合课程资源，紧紧围绕"多元、特色、生动、适宜"，从身心修养、人文艺术、生活技能、社会实践和科学探究五个方面大力开展学校的校本课程建设。目前，在"健康第一"的教育理念指导下，我校开设有足球、戏曲、衍纸、3D打印、航模等近30门校本课程，实现了"人人都上校本课程，每个教室都有校本课程"的目标，帮助学生在体育锻炼、审美活动或劳动操作中增强体质、锤炼意志、享受乐趣、崇尚劳动、健全人格。此外，我校也积极组织各校本课程编写课程读物，如《社会主义核心价值观》《郑州历史上的文人》《品读郑州》等。课程开发还包括别有特色的社团活动。目前我校共有社团23个，竞相争艳，朝气蓬勃，在各项比赛中频取佳绩。如机器人社团获得2017年全国中小学生电脑制作活动WER项目河南省一等奖，国家三等奖的好成绩；无线电社团获得2018年全国青少年无线电测向锦标赛团体冠军并包揽个人冠亚军；2019年度河南省青少年无线电测向锦标赛团体冠亚军；定向越野社团获得2019年河南省定向越野比赛团体冠军……

在探索的道路上，我校深知增强学生的综合素质、培养创新型人才是相辅相成的，学校还应为培养学生的创新思维创设便利条件。因此2018年6月，我校占地面积近900平方米的楼顶"格物天地"创客空间综合实验园区正式对学生和教师开放。综合园区集植物园、无土栽培实验室、校园创客空间、数学多功能教室、地理多功能教室为一体。我校组建创客团队，开发"创客"类校本课程，在课程中渗透对学生创新能力、合作能力和实践能力的培养，培养学生自信执着、乐观勇敢、善于发现的创新精神。在格物天地中的校本、社团活动，帮助学生树立高远志向，历练敢于担当的责任感，培养不懈奋斗的精神状态，树立乐观向上的人生态度，为做刚健有为、自强不息的新时代好少年打下了良好基础。

三、文化浸心，助力品质教育新突破

习近平总书记强调"优秀传统文化是一个国家、一个民族传承和发展的根本，如果丢掉了，就割断了精神命脉"。为更好地传承民族文化，增强民族自信，继古开今，我校成立了"非物质文化遗产"工作室，师生在雕版古书籍中发现了百年前老郑州八景的图样线索，受到了各主流媒体的关注。我校的中国传统版画工作室以国家级非遗项目"开封木版年画"传承人——学校美术教师任涛为依托，以开封年画为切入点，辐射中国雕版技艺、造纸等中华传统技艺，面向全体学生以版画创作、版画教育、艺术研学为内容，开展多层次的非遗文化传承教育活动，坚持弘扬中华优秀传统文化与学习借鉴国外优秀文化成果相结合。"美术馆里的年画课"、"新春大吉"主题创作、"年画中的吉祥如意"、"我们的节日"鉴赏教育等给教学和学生创作活动提供了良好的平台。尤其是传统吉祥符号装饰社会主义核心价值观图解，开封传统门神结合当下疫情融入防疫宣传设计的春节门画"防疫·保民"等作品得到社会各界的一致好评。工作室既高度重视培育学生的民族自信心、自豪感，又注重引导学生树立世界眼光，博采众长，自创建以来创作出不少优秀作品。不仅如此，我校还先后开展戏曲进校园、非遗太乙拳进校园、古琴进校园、非遗香包制作进校园等发扬传统文化的特色活动。2018年，我校被确立为"民间瑰宝　记忆郑州——河南省非物质文化遗产太乙拳传习基地"和"民间瑰宝　记忆郑州——听爷爷讲故事-非遗援助计划传习基地"。

"教育之根味苦，教育之果甘甜"。教育是一项知行合一的事业。学校的内涵、品位和文化底蕴需要被全体师生牢记并践行，应如和风细雨渗透到学校各处角落，待春暖花开。未来路上，我校会继续带着教育的理想，不忘初心，迈着坚实的步伐，执着激情地走在特色教育的道路上。以先进的理念引领学校发展，以科学的方法强化学校管理，以有效地措施促进师生成长，以严谨的态度探索教育规律，以担当的情怀领跑教育改革，敢为人先，勇于创新，不断开启学校发展的新局面，用情怀装点教育事业的百花园，用生命继续谱写一曲又一曲教育新歌。

为幼儿的幸福人生奠基

——郑州市郑东新区实验幼儿园幸福课程实践探索

河南省郑州市郑东新区实验幼儿园　马灵君　闫晓琳

在风景迷人的郑东新区如意湖畔，一座绿荫环绕的红白建筑中不时传来孩子们的欢声笑语，这里便是孩子们的幸福港湾——郑州市郑东新区实验幼儿园（以下简称"郑东实幼"）。

办园近10年，郑东实幼追溯生命本源，回归教育本真，遵循教育规律，以"办一所师幼眷恋的幼儿园"为愿景，以"与爱同行、幸福成长"为办园宗旨，以"给幼儿最合适的教育"为抓手，积极构建"521"幸福课程体系，力求让孩子们在幼儿园的每一天都是快乐而有意义的。如今，郑东实幼已发展成为一所拥有140多名教师和1000多名幼儿的优质幼儿园，并先后荣获河南省省级示范幼儿园、河南省文明单位等荣誉称号。

聚焦立德树人，确立园所育人目标

郑东实幼充分利用各种环境资源，积极开展与时代性紧密结合的幸福课程，全力培养健康身心、丰盈精神、舒展个性、开阔视野的幸福未来人。

身心健康、精神丰盈是儿童幸福成长的重要基础。郑东实幼注重保护孩子的体魄和精神，通过开展语言表达、阅读和艺术等活动，充实孩子的精神世界。

舒展个性的幼儿更具有创造力，能够更好地适应未来社会的发展。我们的孩子最终要走向社会，郑东实幼注重培养孩子与自我、与他人、与社会和谐相处的能力，鼓励儿童设立多样的成长目标，而不要只盯着"第一"的光环去钻牛角尖儿。

视野开阔能让孩子与社会联系得更紧密。郑东实幼充分利用家庭、幼儿园与社区资源，积极创设贴近幼儿生活的教育情境，让儿童在多元化的情境中开拓新视野，得到新成长。

疫情期间，郑东实幼从生命教育、信念教育、科学教育、道德教育等方面出发，分析其背后所蕴含的教育价值，在深入分析幼儿身心发展特点及需求的基础上，充分挖掘幼儿生活中的资源，组织开展"防疫抗疫"主题活动，鼓励幼儿分享疫情期间的所见所闻，增强疫情应对能力，提升爱国主义情感；开展"致敬英雄"主题活动，分享护士、医生、交通人员等抗疫英雄的"战"疫故事；采用用积木搭建"小汤山医院"、制作"爱心卡"等方式，表达对疫情期间"逆行者"的敬意。

建构幸福课程，实现园所内涵发展

课程是育人的载体，是实现办园愿景的根本保证。为更好地贯彻落实国家《幼儿园教育指导纲要（试行）》《3-6岁儿童学习与发展指南》等精神，郑东实幼注重内涵发展，积极探索"在实践中发展、在发展中创新、在创新中完善"的课程管理模式，在"实践—反思—再实践"的过程中不断学习与调整，逐渐形成了包含五维课程结构、二元课程主体、"幼儿园+家庭+社区"一体化课程资源库的"521"幸福课程体系，为幼儿的幸福成长奠定了坚实的基础。

五维课程结构包括五真课程特点、五层级课程目标、五大主题课程内容、五大途径课程实施、五元参与课程评价等内容，是"521"幸福课程体系构建的核心，也是促进幼儿幸福成长、实现培养幸福儿童总目标的重要途径。具体来说，真问题、真情境、真活动、真体验、真成长的五真课程特点，规范了课程的组织与实施；课程总目标、各课程板块目标、各年龄段课程实施目标、各主题目标、具体活动目标的五层级目标体系，明确了课程内容建构、实施及评价的方向；"幸福·爱本"、"幸福·爱言"、"幸福·爱和"、"幸福·爱思"、"幸福·爱雅"五大板块和社会生活、生命健康、自然科学、节日事件、人文传统五大主题的课程内容，保障了幼儿的全面发展、全领域发展；集体教育活动、生活活动、区域活动、亲子活动和社会实践活动的五大实施途径，丰富了课程活动的组织形式；幼儿、教师、家长、幼儿园及社会人士的五元课程评价主体，确保了多角度的课程评估。

二元课程主体是指教师和幼儿都是课程体系建设的主体。教育史上一直存在着"教师中心论"和"学生中心论"的争论，这也是"传统教育"和"现代教育"的重要分歧之一。教师中心论强调教师在学生中的权威作用，一切教育活动的基础都应以教师为中心，在教育过程中不能把学生的自由当作手段，而应当作过程的目的和结果；学生中心论则认为学生的发展是一种自然的过程，教师的作用只在引导学生的兴趣，满足他们的需要。这两种观点都在一定程度上忽略了某一类主体的作用，因而存在着一定的争议。郑东实幼坚持把教师和幼儿放在平等的位置，强调教师与幼儿既是课程的建设者又是课程的实践者。教师发挥积极引导、树立榜样的作用，幼儿参与课程目标和内容的确定，充分发挥主动性，基于内在动力去探索未知的世界。以"雨"主题活动为例，教师敏锐地抓住夏季雨水充沛这一教育契机，基于幼儿的不同需求和兴趣点，从雨点的由来、下雨的征兆、雨滴的形状、下雨的声音等方面，引导幼儿进行更深层次的认知和探索。

一体化课程资源库是指幼儿园统筹规划家庭、幼儿园和社区的资源，对幼儿园、家庭、社区资源进行梳理与挖掘，支持形成课程丰富开展的资源体系。郑东实幼基于幸福课程理念以及园所实际情况，依据"纲要"和"指南"等专业标准，综合利用各种教育资源，建立了"幼儿园+家庭+社区"的一体化课程资源库，为幸福课程的实施和幼儿的发展提供了有力的支持和保障。例如，开展"我知道的职业"主题活动时，教师与孩子们一起走进派出所、交警队、消防队、地铁站等地，感受不同职业的文化与责任；开展"我的家园"主题活动时，教师与孩子们一起走进文化遗址公园、地质博物馆、河南博物院等，感知自己所处的环境，激发幼儿爱家乡、爱祖国的情感，增强幼儿的归属感与自豪感。

践行五大策略，提升教师专业成长

教师是教育发展的第一资源，是幼儿健康成长的引路人，也是保证教育教学质量的关键。在教师队伍建设过程中，郑东实幼高度重视教师专业发展，坚持实施专题读书、行为观察、案例研讨、课题研究、勤记善思五大教师幸福成长策略，着力打造一支业务精湛、勤于学习、爱岗敬业、充满活力的研究型、学习型教师团队。

"专题读书"是丰富教育理论的加油站。怎样才能更好地组织一日活动？如何引导幼儿进行深度的思考与学习？为化解教师疑惑，各年级组教师依据实践中产生的问题自定读书主题，幼儿园为教师有目的、有计划地围绕某个专题系统读书提供支持，定期组织阅读交流活动。

"行为观察"是优化教育行为的脚手架。幼儿园将行为观察记录纳入教师的常规工作，全体教师每周都要撰写幼儿行为观察记录，并参加行为观察交流及分享。教师们在行为观察及记录过程中，关注幼儿、发现幼儿，进而看清幼儿、看懂幼儿、看透幼儿，从而助推幼儿的幸福发展。

"案例研讨"是助力教学成长的好帮手。针对教师在课程实施中存在的问题，幼儿园定期组织案例研讨活动，教师们以一个个实际的教育教学活动案例为载体，通过"一课多研"、"同课异构"、"任务式小组化"等形式深入剖析，在"实践—学习—再实践—再学习"的过程中不断锤炼自己的教育教学活动设计、实施、评价等专业能力，不断获得成长。

"课题研究"是提升科研能力的强心剂。幼儿园的课题研究是对日常教育实践过程存在的问题进行判断和反省的活动，幼儿园鼓励教师参与课题研究，定期开展课题研究大赛、课题研究讲座等活动，激发教师参与课题研究的兴趣。

"勤记善思"是检验发展方向的助推器。教师们要通过撰写反思日志和自评总结对自身的教育教学工作进行回顾、分析、总结，并对整个阶段的教育工作效果进行阶段性的审视与思考，从而实现自我反思，保持自我对话，得到专业化成长。

与爱同行，幸福成长。郑东实幼将一如既往地怀着教育工作者的热忱与梦想，在专业发展的路上，以园本课程建设为主线，不断提升文化"软实力"、园长"真功夫"、教师"好本领"，做真教育，育真孩童，让生命的每一天都快乐而有意义。

办图书馆式学校，育时代儒雅贤良

黑龙江省哈尔滨市团结小学校 梁红波

一个人的精神发展史，就是他的阅读史。朱永新教授说"一个没有阅读的学校，永远不可能有真正的教育。"著名教育家苏霍姆林斯基也提出"要让学生从书籍里受到教育，并且生活在书籍的世界里。"他的一生的教育成就最杰出的便是"书香校园"的建设。阅读可以让人类经验、知识和智慧得以超世代累积、传承，是人类文明延续、发展的根本途径；从建构学习型社会而言，阅读是一个人可持续发展必备的能力，更是社会不断创新的动力。基于对阅读的重要性以及学校的价值的思考，我校提出了"办一所图书馆式的学校"的办学目标，并且把它作为创建现代品质学校的核心，把"读书"作为学校精神文化的灵魂，秉承"让读书成为一种习惯"的办学理念，全力打造书香团结。从硬件设施配备上让师生每天坐拥书城，浸润书香；从师生素养提升乃至学校发展软实力上，我们力求通过丰富多彩的阅读课程及活动，浸润培养一群会读书的教师带着一群爱读书的孩子，在阅读中增长知识，丰富心灵，涵养气质，让学校的每一个角落都充满向上的精神和教育的智慧。

一、以阅读为载体，构建校本课程

我校以"打造图书馆式的学校"为校本课程建构目标，以全学科主题阅读为载体，架构了"书香悦童年·阅读+"校本课程体系，设计了阅读与创作，阅读与实践，阅读与表演三大系列，从阅读书籍，阅读自己，阅读他人，阅读世界四个领域推进，全面提高师生人文素养。阅读与创作系列，开设了绘本阅读，绘本创作，硬、软笔书法，有声读书四个类别的校本课程，以及结合教材内容，结合课文人物特点等进行文学创作，我为名著写书评等；阅读与实践系列：立足学科，开发特色课程，学校开设了编程设计图书借阅流程，特色书签制作，DIY书架拼装，图书馆小讲解员，火车书吧检票员，活字印刷与线装书制作，非遗文化与传统文化拓展等课程，全学科推进，全课程育人让学生在读中学、在做中学，切实达到开卷有益，厚积薄发。

立足学科，开展补充式阅读。根据小学语文课标对学生阅读量至少达到140万字的要求。学校整理出各学段阅读篇目，并通过"天书"、"墙画"等环境熏陶，激发学生阅读兴趣。统整13门国家课程，合理划分学习领域，从四个维度即语言与人文、品德与生活、数学与思维、健康与审美，引领教师进行学科大备课，不断挖掘学科内涵，做好课内外阅读的有效连接。为了适度融入阅读内容，梳理出各学科阅读补充篇目。通过"项目式学习"走近作家作品，在接龙打卡、读书摘记、社会调查、信息整理中走进吴承恩、老舍、萧红、曹文轩、马克吐温等中外作家，相继开展了系列研究性学习。例如在五年级开展了"寻访家乡女杰—萧红"即赏读萧红作品、萧红的朋友圈、访问萧红中学、参观萧红纪念馆等项目学习，全面深入了解作家生平、作品特点及社会影响力。学生们徜徉在阅读的世界里，所获得的不只是学科知识的滋养，还有情感的熏陶、文化的润泽。

阅读与表演系列，与德育综合实践课程整合，开设了诵读课程和节日课程，古诗新唱、课本剧表演、戏曲广播操、英文影视剧配音等课程。整理出"春之声、夏之趣、秋之韵、冬之舞"四个季节经典诗文诵读课程。学校推出"每日十分钟，诵读童子功"，即坚持每日班级晨读、午诵活动，每周班级"最美朗读者"（学生）展示、每月学年评比最美领读者（教师），每学期学校评比最美伴读者（家长），并进行读书汇报。

一年一度的团结读书节暨校园课程节是我校最盛大的节日，也是孩子们最喜欢的节日，安徒生童话，经典古诗词，中外名著精彩片段等都被师生搬上舞台，孩子们凭借着对作品的阅读和理解，把一个个典型人物演绎得惟妙惟肖。四大名著知识竞赛、师生采蜜集展示、书签设计、"小荷尖尖角"书评等读书展示活动，让学生时时闻书声，处处品书香，潜移默化中提升了孩子们的文学素养。

二、发扬铁路精神，建设"火车书吧"

我校始建于1965年，是一所老牌品质学校，2007年与原铁路子弟第四小学合并，从此团结与铁路结下不解之缘。因此发扬老铁路精神——团结一致、勇往直前、不断超越，融入火车文化，也写进了学校的发展规划——建设一节"火车书吧"，让团结学子深刻体会读万卷书，行万里路的内涵，开启不一样的读书学习之旅。

在黑龙江省人民检察院哈尔滨铁路运输分院等部门的鼎力相助下，我们的火车书吧梦于2020年11月26日得以实现，书吧落成剪彩，正式投入使用。腹有诗书气自华，最是书香能致远！希望团结学子搭乘"团结号火车"，安静地读书，静心地思考，丰富的积累，自觉地践行学校"开卷有益 厚积薄发"的校训，持续养成良好的阅读习惯，因为读书是我们看世界的路。

要进入"火车书吧"读书，需要通过"阅读小达人"、"最美朗读者"的评比，团结五星班级评比，获得"火车票"才能登车读书，孩子们读书兴致非常高，自觉规范自己的言行，自觉遵守学校的纪律规范等。火车书吧的开办不仅提高了学生的阅读兴趣，而且提升了学生的文明素养，更重要的是让孩子们在书香浸润中遇见越来越好的自己！

三、塑造文化内核，涵养儒雅师生

用精神文化站立。学校是学生学习成长的地方，图书馆是提供各种书籍供人阅览和学习的地方。就学习的范围和广度而言，图书馆是为孩子们提供了更多学习的领域、途径和空间，实现办一所图书馆式的学校的办学目标，学校从两个层面推进：一是在环境建设上突出"书的主题"文化，营造书香氛围，让书籍遍布于楼廊班级，让学生们坐拥书城，随手阅读，在校园中仿佛置身于图书馆；二是在育人方法上，让学生切身感受图书馆是安静学习的地方，来图书馆的人都是喜欢读书求知若渴的人，学校通过书香班级建设，校园读书活动等，让学生们在教师的带领下，在亲子共读中，浸润书香，分享读书收获；学以致用，践行读书所得，在博览群书中丰富知识积累，涵养儒雅书卷气，勤奋笃志，从小树立为中华民族的伟大复兴而读书的志向！

学校以"让读书成为一种习惯 "为办学理念，就是要让团结学子经过五年的书香浸润，读书学习如同吃饭、睡觉、走路、呼吸一般自然。从书香世界走向实践世界，从书香世界走向人生舞台，用良好的阅读习惯为学生未来成长及精彩人生赋能。校训"开卷有益 厚积薄发"，时刻勉励学生，学生阶段，正是读书的好时节，北宋文学家苏轼指出：博观而约取，厚积而薄发。广泛读书充分积累是极好的治学方法，阅览广博，方能有所摘取，积累丰厚，方能有所创发。

通过这样的精神文化，默化影响教育发展学生，"树人于点滴之间，育人于无形之中"，从而达到"成功的教育是让接受教育者感受不到被教育而实现成长"的理想效果。

用环境文化修身。学校努力建设环境文化，打造"最美阅读空间"，以读古明今、方寸之美、知行书香、纵阅天地为楼廊设计主题。徜徉在校园里，醒目的浮雕展示着书籍演变的厚重历史，灵动的简笔画诠释着读行天下的内涵。别致的"天书"推荐让学生目之所及。温馨舒适的图书馆，古朴典雅的文桥台，启迪思考的汇棋阁，激发梦想的创空间、高雅大气的多功能厅，让人流连忘返，操场上的火车书吧在全国成为首创。优质的教育资源与浓郁书香融为一体，高品位校园得到了完美地诠释。师生在这样的环境中修养身心，涵养品格，成为那个更好地自己。

用研修文化行走。学校的发展关键在教师。经过实践与探索，学校构建了学习引动，活动推动，评价驱动的研修文化，把专业成长之路铺到每位教师的脚下。师德教育深入学、专业技能扎实练、同沐书香坚持读、主题教研创新教系列培训教研活动，用扎实有效地研修文化让团结教师自信地行走在教育的路上。

幽幽书香经久飘溢校园，卷卷书籍充盈润泽人生。让阅读伴随生命，让生命浸染书香，让每个学生成长在书香校园里。今后，我校将继续打造书香文化，让校园处处皆课程，充分利用发挥校园“一吧、一台、一阁、一馆、一空间”的作用，让“团结”成为一本立体的书。

立德树人，滋育学生的心根

黑龙江省农垦宝泉岭管理局局直小学　房萍

2018年9月10日，习近平总书记在全国教育大会上发表重要讲话时指出：立德树人是教育的根本任务，我们要“以凝聚人心、完善人格、开发人力、培育人才、造福人民为工作目标，培养德智体美劳全面发展的社会主义建设者和接班人”。这为广大德育工作者提出了新时代立德树人的新课题与新要求。

如何落实立德树人，助力品格成长，需要学校在思想上高度重视，在行动上高度自觉。基于此，黑龙江省农垦宝泉岭管理局局直小学牢固树立立德树人思想，深化德育内涵，创新德育方法，开展德育实践，在抓细、抓小、抓实上下功夫，努为学生营造出一方滋育心灵的肥沃土壤。

回归教育本源，在发展人性上抓细

“细”就是要细化，直入头脑，沉淀心中。在今天的社会大背景下，孩子的家庭环境千差万别，家长的素质参差不齐，接触的事物良莠难辨，这是当前小学生群体的鲜明特点，也是立德树人的现实起点。如果育人的目标笼统泛化，不能分解成可操作性强的具体任务和具体措施，就会陷入脱离实际、凌空蹈虚的困境。为了避免出现这种情况，黑龙江省农垦宝泉岭管理局局直小学坚持“具体强于抽象，实干优于空喊”的德育原则，在教育引导、舆论宣传、文化熏陶、实践养成、制度保障等方面做足功夫。

2014年，新校园投入使用，办学条件、教师状态、学生表现都发生了根本性的变化。在这种情况下，学校趁热打铁，针对学生实际，对落实立德树人的任务和措施进行了重新调整和定位，以“培养基础素质，养成基本习惯”为目标，把立德树人的任务聚焦到培养学生“自控力、自尊心、自信心、责任心”四种基础素质和“生活习惯、学习习惯、礼仪习惯”三种基本能力上来。这样就很好地避免了过去那种任务繁杂、师生无所适从、眉毛胡子一把抓的乱象。

在落实“培养基础素质，养成基本习惯”的育人任务时，学校严格遵循“致广大而尽精微”的原则，把“基础素养”融入“三种习惯”之中，再把“三种习惯”融入学生的生活当中，并细化为具体的条目，强调领导干部做给老师看，老师做给学生看，学生做给同学看，从而形成了人人率先垂范的良好氛围。比如早晨入校，学校要求同事之间、师生之间、同学之间见面要打招呼，问候语及身体动作要规范、真诚，从而在校园里多了一些有血有肉的细节，也多了一些娓娓道来的故事。总之，“双基”任务和措施只有融入生活，才能浸润人们的心灵土壤，成为人们的精神罗盘。

“天下难事，必作于易；天下大事，必作于细。”落实立德树人根本任务，不能失之于粗、流于形式，只有做过细的工作，才能让品格教育落地生根、开花结果。

回归孩子生活，在培养人格上抓小

“小”就是要从小事做起，从个人做起。培养基础素质和基本能力的种子，只有在学生的生活土壤中发芽，才会在长期的社会生活、校园生活和家庭生活中成长。学生的品德教育看似抽象，实则具体；看似小事，却影响未来。黑龙江省农垦宝泉岭管理局局直小学坚持从小处着手、小事做起，根据小学生的特点匹配一些孩子力所能及的活动，比如洗自己的袜子、帮父母摘菜、整理自己的用品、见人有礼貌等，只要小事做到了、做好了，良好的习惯自然就水到渠成。

琐碎的小事构成日常生活，“小”既是切口也是载体。学校本着多形式、多维度推动品德教育，将大规范转化为小行为，让不同年龄段的小学生对“双基”目标看得到、摸得到、听得到、做得到。例如，为减少学生集中上下楼产生的拥挤踩踏事故，学校在楼梯中间画上标志线，要求学生上下楼都要靠右行，养成了这样的习惯，收获的就是一个个懂事的孩子，因为好习惯会迁移到其他的行为上，这就是成功的开始。只要把“小”的文章做足做好，就能找到德育的着力点，让“一力三心”和“三种习惯”的影响像空气一样无处不在、无时不有。

儿童通过感觉发展能力，前提是有良好的自控力作保障，它“双基”的基础，也是学校教育、家庭教育最值得用力的地方。例如，学校不断加强活动场所建设，开设文学、艺术、体育、科技、实践等五大类44种校本特色活动课，为学生们创造更多锻炼的机会。其中，文学类包括国学经典、励志口才、课本剧表演等六种活动课程；艺术类包括陶艺、国画、声乐、快板、打击乐、拉丁舞等18种活动课；体育类包括足球、乒乓球、速滑、象棋等11种活动课；科技类包括乐高机器人、科技制作等四种活动课；实践类包括厨艺、手工等五种活动课。

生活、学习、礼仪中的好习惯需要孩子坚持不懈地去做，才能积小善为大善，积小德为大德，形成一种不需意志努力就能自动化行动的惯性。可见，聚焦于“小”，久久为功，才能积小成为大成，化量变为质变，学生的品德和能力就会实现良性发展。

回归儿童成长，在完善人生上抓实

“实”就是要有行动，有实践，有效果。小学阶段是人生的起跑线，是一个打基础、利长远的基础工程。立德树人抓细、抓小的根本目的在于让孩子学到知识，掌握本领，使良好的人格深深植根于社会生活之中。

通过“双基”教育，孩子们学会了做事。除了课堂学习之外，学校着重培养孩子的操作能力，要求他们自己的事情自己做，家里的事情帮着做，班里的事情主动做。有了做的机会，孩子们会干的活越来越多：有的孩子会给父母洗脚，有的孩子会帮奶奶梳头，有的会在家里干洗碗洗菜……不要小瞧这些小事，这里有孩子未来的样子。

通过“双基”教育，孩子们学会了学习。古人云：“授人以鱼，只供一餐；授人以渔，可享一生。”在习得知识的同时，学生也学到了获得知识的方法和能力，这种方法和能力不但能解决书本上的问题，还能解决生活中的问题。“双基”教育通过课内和课外的融合，习惯和能力的交叉，让孩子养成了积极做事的热情、自信、负责、努力、探索的好习惯。比如，课前要预习，课后要总结，饭前要洗手，被褥要叠放整齐，做事要有条理，对人要诚信等，这是比学习成绩还要珍贵的收获。有了这些学习成果垫底，将来孩子走向社会还有什么样的困难不能克服呢。

通过“双基”教育，孩子们学会了做人。这是立德树人的归宿，也是学校教育的首要任务。无论赋予教育怎样的意义，教育的核心就是培养什么样的人。不管学生将来能成为什么，教育首先是要让他们“成人”，这包括了适合个人和社会需要的情感、精神、交际、亲和、合作、审美、体能、想象、创造、独立判断、批评精神等全面而充分的发展。学校从小事切入，在行为上落实，着力培养孩子的自控力、自尊心、自信心、责任心和生活习惯、学习习惯、礼仪习惯等最基本的素质，就是让孩子在面对人际关系时，知道怎么处理；在面对困难时，知道怎样去克服；在面对情绪冲突时，知道怎么去控制和调节。通过这样的教育，学生大多心态阳光灿烂，做事积极努力，做人友善厚道，在学会做事、学会学习、学会做人等方面迈出了可喜的步伐。

立德树人是教育永恒的课题。号角已响，方向已明，黑龙江省农垦宝泉岭管理局局直小学将继续深入推进立德树人工作，拓展德育空间，丰富德育形式，强化德育实践，增强德育体验，打好学生生命底色，撑起学生幸福人生。

学教有序壮心志，深思静想定乾坤

黑龙江省齐齐哈尔市扎龙中心学校　李全

“一年之计，莫如树谷；十年之计，莫如树木；终身之计，莫如树人。一树一获者，谷也；一树十获者，木也；一树百获者，人也。” 这段话既阐明了人才培养的重要性，也揭示出人才养成的不易。我校位于扎龙满族村境内，是一所九年一贯制的农村学校。办学以来，坚持探索特色办学路径。以“多元化培养适合新型农业和农村发展的人才”作为学校培养学生目标。以满族地域文化为载体，以“海东青”足球队精神为依托，一直致力于打造适合农村学生成长、就业、发展的特色化办学模式。作为一所推广大兴办学经验试点校。按照市、区教育局关于深化农村教育改革，学习推广大兴经验的工作部署，我校在充分学习借鉴的基础上，结合校情实际，深入谋划、科学论证，创新举措，狠抓落实，实现创建工作的高效有序推进。今天，凭借政府的大力支持和学校的不懈努力，我校办学水平实现了质的飞跃，以特色办学理念，向外汲取办学经验，不断丰富学校教师素养和能力，努力提升学校品质，绽放教师生命，以专业成长和特色路径为支撑点，撬动学校队伍的发展，提升学校的凝聚力，如竹拔节、如花绚烂。

一、多措并举，齐心创建优质校园

在我校“大兴式”学校建设过程中，区委区政府及区教育领导高度重视，大力支持，投入大量资金，不断完善学校设施建设。此外，市教育局副局长姜林同志在9月份督导期间，亲临我校指导工作，对扎龙中心学校在创建“大兴式”学校的工作详细调研，逐项分析，精准把脉，并提出了一系列宝贵建议。值得一提的是，2013年8月我校与大兴结缘，在黑龙江省青少年足球传统校赛事的赛场上。从对手变成了朋友，两所学校的很多领导、教师成了朋友、知己，两所学校的学生成了兄弟和队友。我校和大兴以同一特色走进了人们的视野，以同一种精神和办学理念续写着教育生命的华章。

为了让我校在创建“大兴式”学校的过程中走对路、走好路。在区教育局和进修学校指导下，我校制定了建设“大兴式”学校的工作方案。《方案》制定后，区教育局对我校“大兴式”学校建设工作进行跟踪指导，每月一调研、每月一上报。进修校派专人在我校进行蹲点，全面指导《方案》落实。为了充分利用优质教育资源，更好地推进“大兴式”学校的创建工作，2020年8月份，在铁锋区教育局的帮助下，我校完成了和边屯中学的资源整合工作，同时还从其他学校抽调优秀人才来提升学校特色办学的水平。其中龙沙区新明小学、碾子山区振华中学、铁锋区东方红小学、铁锋区二十九中学四所学校与我校结对共建。帮扶学校与我校积极联系，多次召开帮扶会议、制定帮扶方案、采取切实有效地帮扶措施。二十九中学、东方红小学张丹、任颖、孙亮等老师采取专递课堂的形式为我校输送优质的教学资源，我校也派遣王辉、李月昔等教师到这四所学校进行跟岗培训，学习先进的教学理念。为了提高我校学生学业水平，我校选拔部分学生作为交流生到帮扶学校进行深造学习。此外，为了实现资源共享，结对学校充分利用互联网的优势采用线上研讨的方式进行集体教研。我校每月进行月考联考，根据学生成绩结对学校协助我校进行培优补差。在优质学校的帮扶下，我校教育教学质量得到明显提高。

二、铸魂培根，大力凸显办学特色

“不唯分，只为人，重目标，求细节，有结果”，这是我校对大兴精神的理解，也正是基于这一点，我校尝试以学生为主体构建目标教育体系。所谓目标教育，就是要让学生确立长远目标、阶段目标和近期目标。长远目标，即人生理想教育。阶段目标，即初中毕业的发展目标。结合学生目标体系，我校学生的成长档案袋已经设计完成。档案袋分为在校期间情况跟踪、升入上级学校情况跟踪、就业后情况跟踪三个部分，真正实现终身制教育。学生目标的实现有原则、有分解、有侧重、有课时、有课程、有结果、有推动、有使用。学校对所有学生进行普遍培养，并结合学生所定目标进行有针对性的个性化培养和教育。我校针对每一个学生制定发展目标。每一个学生在不同的发展阶段目标改变后，学校对学生目标改变的原因逐一分析。我校为每个学生设立终身成长档案袋，跟踪学生的升学、就业情况，即使学生们从学校毕业了，学校也力争对学生们成长的每一步都做到负责。

结合地域特色，2009年起学校开设了满语课程，同时对满族文化进行了深度挖掘。我校被黑大满语研究所定为了研究生实习基地，也被教育部命名为“国家级民族剪纸艺术传承学校”。结合当地满族文化特色和扎龙沿线旅游文化产业，我校积极开展满族歌曲、满族舞蹈、满族书法、满族特色篆刻、体现满族文化及鹤文化的剪纸工艺、珍珠球、满族射箭等特色教学，拓宽学生升学就业之路。

对于个性化培养，我校专长培养采取普及与专项相结合的形式。校园足球是我校的传统艺体特色，经过十余年的精心打造，在校园足球运动开展方面扎龙中心学校取得了傲人的成绩。近几年我校海东青足球队获得了一个全国第三，两个全国八强，1个东北地区冠军，十四个黑龙江省冠军。是黑龙江省唯一一所中、小学，男、女组，都获得过省冠军的学校，也是黑龙江省官方组织的赛事最好成绩的创造者。目前为止，我校培养的足球运动员近三年已有二十八人通过足球特长升入了重点高中，二十余人已经获得了国家一级运动员证书，已有八名队员考上了理想的大学。为了加强我校学生艺体专长发展，区教育局在人力、物力上也给予我校大力支持，并派遣教练员到我校对学生进行足球训练。在深入持续发展校园足球运动的基础上，我校进一步发展篮球、冰球、满族珍珠球、满族射箭以及美术、音乐等艺体项目，实现一班一品，人人有专长。我校已与美苑艺馨等专业教育机构接洽，争取社会力量对学校进行帮扶，对学生进行专业指导。

三、知行合一，弘扬经典教育风范

中华民族是一个具有优良传统美德的君子之国。我校把中华民族传统文化中尊老敬长之礼、日常“见面礼”、“告别礼”等传统礼仪教育与当代文明礼仪教育相结合，促进学生良好品行的养成。本学期，我校在师生中全面推行拱手礼。拱手礼，是中国人的常规见面礼。行拱手礼在我国已经有两三千年的历史，在《论语·微子》中有“子路拱而立”的记载，其中的“拱”即指拱手礼。中国传统文化当中的基本礼仪是对心身的规范，拱手礼我校不仅恢复，而且要求学生做好、做标准，做到心到、身到、礼到。通过足球等专项特长运动中的运动规则教育，加强学生日常规范性行为习惯的培养。

教育不是仅仅盯知识、盯分数、盯升学，而是把促进学生目标的达成、把促进学生的发展当作教学的终极目标。为此，我校建立学生发展目标一览表，班级建立发展目标展台，教师熟知每一个学生的发展目标并结合学生目标体系，贯彻落实分层教学，满足不同学生发展需要。另一方面，我校积极加强教师队伍建设改革，努力培养一支高素质专业化的创新型教师队伍。深入落实《铁锋区教育系统“区管校聘”改革实施方案》，积极推进改革工作。同时根据学校全面工作需要，合理设置岗位，确认岗位工作量，公布所需岗位名称、数量、条件和岗位职责。通过建立以师德、能力、业绩、贡献为核心，学校、教师、学生、家长和社会多方参与的教师评价机制，激发教师积极性，激励先进、化解矛盾、促进教师及学校发展。为加强各年龄层次教师队伍建设，提高教师工作主动性。我校在人力、物力、财力等方面对教师给予大力支持，增强教师归属感。此外，我校也积极组织老教师参加一些科研、论坛等有意义的活动，挖掘老教师身上蕴含的财富，既达到了提高管理水平的目的，又让他们工作的有劲头。我校也充分发挥中青年教师的优势。通过师徒结对的方式加强对新教师的培养。不仅提高了教师队伍素质，也为学校创新教育改革、学校发展增添了活力。

风雨沧桑励壮志，春华秋实著华章。教育的智慧是生命对生命的责任和承载。着眼未来，在下一步的工作中，我校将坚守育人理念，进一步学习推广大兴的办学思想，教育理念、育人模式。挖掘学校办学潜力，把大兴的经验学以致用，聚焦乡村振兴，带动乡风文明建设，着力为学生更深远的发展夯实基础，让更多学生绽放出生命的光彩。

紧跟时代潮流，上好网课“三板斧”

湖北省恩施市鹤峰县中营镇民族中心学校　宋庆明　曹友海

2020年，注定是不平凡的一年。所有人怀揣着希望面对新年，可是却被“不速之客”改变了，一场突如其来的疾病——新型冠状病毒席卷全国。教育部下发通知——“停课不停学”，全国学生开始在家中线上学习。与此同时，在学校三尺讲台授课的教师们，摇身一变，化身成为“主播”。为了更好地上好网课，做好线上教学，我校紧跟时代步伐，通过不断变革线上教学模式，助力学校教学实现新的突破。

一、案例概述

“停课不停学”线上教学已有两个多月时间，一群“高龄”乡村教师们带着恐惧、担心走上了大规模线上教学跌跌撞撞的道路，带着尴尬的十八线老师们怀揣诸多问题与质疑，迎难而上，因地制宜，创新实践，涌现了许多成功做法和经验。

从APP的海选到挑选到精选。从教师团队的分层培训到“高龄教师”的个个突破。这群乡村教师从陌生到熟悉，从尴尬到自如，从拒绝到接受，从思想到行动上，发生了翻天覆地的变化。

教师们10天的摸索，教师们充当学生感受网络课堂，一步步改进，学校的网课在2月12日，正式试营业。从人人通平台和湖北教育云共享优质资源，在APP上有针对性地指导学生开展自主学习的实践；各班级秉承“一个都不能少”的担当，创设资源输出“多出口”，从学生的点名到举手回答问题，从提醒学生集中精力到师生互动，让每个孩子都融入在线教学的实践；“高龄”教师们迅速适应角色转型，熟练应用技术工具、优选教学资源、设计教学流程、落实教学目标，走上“网红教师”的新路历程。

学校的“高龄”教师团队达到了，人人会，人人熟的目的，使得“停课不停学”的最终目的一步步达成。

二、案例实施背景及方案

实施背景。在疫情的影响下，正常返校学习不可能实现，我校积极响应上级“停课不停学”的号召，科学的制定“停课不停学”实施方案，大规模实施线上教学。

实施方案。线上“家校本”、“班级圈”成长了学生。学校依托人人通平台发布课前预习导学案，利用腾讯课堂和腾讯会议开启别有风味的“线上教学”。课程结束后，教师们还依托人人通平台布置随检作业和课后作业。

课堂准备——教师的“视频会议”。2020年2月4日，为了让在家办公的教师掌握线上授课的流程和技术，学校利用“腾讯会议”组织教师学习《腾讯会议、腾讯课堂线上教学教程》，并在人人通的“校本资源”栏目上传操作的资源。同时，开启教师试课模式，根据教学计划制定了“学校CIO24小时答疑”服务，全天候解答教师遇到的技术问题。

课堂直播——我的线上“班级群”。在人人通平台上，学校为每个班级以“班级名称”命名建立了一个“班级群”，班主任为群主，学生和任课教师都可加入到相应的班级。在班级群，教师为每个班级、每位学生、每节课都量身定制了“直播内容”。有的是微课，有的是导学检测，有的是新知识点的微专题……

在正式上课的时候，提前5分钟进群点名，按照标准姿势做好准备上课。师生们每天利用人人通、腾讯课堂、腾讯会议进行课堂教学，能观看到精彩的课堂，既有“主播”教师的风趣讲解，又有实时的师生互动。

课堂作业——我的线上“家校本”。教师们充分利用人人通平台，充分挖掘“在线监测”、“课后练习”、“智能检测”等作业功能。有了这些功能之后，教师就可以发布“在线作业”了，设置作业完成的时间点，轻松点击“发布”，学生就能在接收端看到作业的具体内容和要求。到了时间点，教师可利用提醒功能督促学生及时完成作业；通过浏览作业，在线进行批改；借助“在线讲解”、“作业点评”，全方位让学生理解当天的知识难点。

课堂成果——我的线上“班级圈”。经过前期的实践和探索，教师和学生都进入了网络教与学的状态，“在线教学”取得了良好的成效。每天，群里都会有教师时时发布一些疑难问题的解决思路。当学生遇到疑惑的知识点时，他们会私下咨询学科教师，而且把自己的学习体会和作业成果发布到“班级圈”。“班级圈”成了学生们争相“踩点”的园地，也成了“线上直播”一道靓丽的风景线。

“停课不停学”，让师生从“被动”变为“主动”，改变了传统的教学方式，让师生有了一个新的交流平台。突破了空间的限制，服务了教师，成长了学生。

三、案例实施效果

为达到线上教学的目的，学校定期组织“新技能”培训，教师们在“解锁”新技能后，在教师群里组织测试，我校教师43名，41名教师参与网络授课，2名体育教师录制居家锻炼教程发布，做到了人人熟知人人通，人人会用腾讯课堂和腾讯会议。

在解封后，为全面了解学生在线学习情况，学校组织教师们进行全员家访，家访面达98%，在家访过程中，教师们入户了解学生网络学习效果，95%的学生能跟上教师的授课节奏，习惯网络教学，在此次停课不停学中，收获颇多，网络不好或手机不好的同学，在课下，通过观看回放和教师推送的微视频，也能跟上学习进度。

此次网络教学，超出了教师们的预想，预想中的麻烦和困难都随着老师们的不断钻研得到了解决，这一群“高龄”网课教师们成功逆袭晋升17线网红教师。

四、案例特点与创新

因我校教师的年龄结构特点，45岁以上教师居多，在接受新事物特别是如此“翻转”的课堂的时候，教师们在心里还是有很多的担忧，各种APP的测试，试营业，到主动学习和研究，教师们通过自己的尝试，寻找到了适合乡村教师网络教学的“土办法”，所以APP的选择上“尝百草而忠于一”，最终确定装备站推荐的人人通空间及腾讯课堂和腾讯会议，学校在尝试后，结合湖北教育云的教育101PPT，解决了教师无教材和学生无教材的缺点，同时也弥补了理科教学无实验支撑的缺憾。在这几个APP的有机结合下，我校的网课从白纸到黑白画到彩色画，经历了三次蜕变。

在如今看来，“互联网+教育”本就是未来教育的发展方向，作为新时代的教师，融入时代发展的洪流中，顺势而为，才能有更大作为。我校将一直沿用有机结合的“三板斧”教学工具，继续开好每一节课，让我们的网络教学更生动，更有效果。也让乡村“高龄”教师们有新的定位，跟上时代的潮流，走出一条“土味”网络教学路。

知识的火花，在云端悄然绽放

湖北省恩施市建始县长梁镇广龙中心小学　杨晓慧　付大甫

己亥末，庚子春，荆楚大疫，众惶恐，举国防，皆闭户。昔日的车水马龙，只剩下空荡荡的街头，孤零零的行人走过。奈何，你我不是前线的白衣天使；奈何，你我亦不是研发疫苗的科学家们，也许我们能做的只是在家期盼春暖花开，守得云开见月明。

时光，并未因疫情止步，转眼，已到开学季，疫情当前，居家隔离，校园，近在咫尺，却又远在天涯！

一、网课初体验，兴奋+好奇

2020年2月12日，班主任老师在班级群里通知，要积极响应“停课不停学”，利用网络进行线上学习。就这样开启了我的网课之旅。

“网络学习”面对这陌生的词语，截然不同的学习模式。我充满了无限的幻想和好奇！一切知识沿着网线传输，曾经在校园里来回穿行的集体生活变成了宅在家里独自学习，离开学校的束缚，我拥有了更多的自由，太棒了，我很兴奋。

当天晚上，我和妈妈按照老师制作的教程，下载了软件，期待着，它的样子……

第一次上网课，老师那熟悉的声音透过七尺屏幕传到我的耳朵里，我好激动，我们成功了，网上学习没有想象中那么难，我决定了，我要努力学习，这样才不会辜负辛辛苦苦付出的老师们，我认真的做着笔记，用不同颜色的比标识重难点、在消息栏和老师进行互动。妈妈在一旁帮助我，同时也变成了我的同桌，认真学习“希沃直播”、“阳光直播”等各种软件的操作，帮我截屏知识点，我们有目标、有计划、有约定，有总结。　就这样，网课学习快乐地度过了一个月。

二、网课倦怠期，方法+坚守

2020年3月14日，我们县城解封了，爸爸妈妈可以外出工作了，可是在他们的脸上，却没有看到丝毫的快意，更多的是焦虑和恐慌。

“傅斌斌这个你能听懂吗？”、“傅斌斌那个你能明白吗？”这是妈妈上班一周，每天都会重复的语言，这几天我是在奶奶的“监视”下进行网络学习的，看不见老师，见不着同学，面对“冷冰冰”的屏幕，我的笔记不漂亮了，我的作业不是全优了，我的兴奋劲儿没了。我哭，妈妈也哭，我不喜欢这样的学习方式，我想回学校。感觉自己和爸妈都快被这突如其来的“变故”逼疯了！眼看着我各方面都极速下降，妈妈平静了下来，一改往日的“暴脾气”。像个大姐姐一样和我做起了朋友！我们约定：早上不能浪费；中午可以自由发挥；下午复习到位；晚上准时睡觉！调整了我的作息时间，制定了作息时间表，早睡早起，每天一小时的体育锻炼不能少，绘画、音乐课程按照老师的要求学习着，享受着。在学习方法上我们也做了一个总结：读题最低三遍，读书笔记跟随，字迹潦草重来，自行检查标记。不懂的地方首先标记，其次才能寻找老师和妈妈的帮助！不能抄，不能敷衍，不能逃避。好妈妈的准则：不吼，不骂，不打。理解，换位，支持！就这样，我漂亮的书写和作业又回来了，经常在“班级优化大师”中获得奖状，找到方法，自我调节，慢慢的我重新有了信心。

三、网课常态化，自律+恒心

当复工复产碰到上了网课倦怠期，在妈妈的帮助下，我重拾了学习的热情，可是妈妈还是忧心忡忡，孩子年龄小，自我控制能力差，没有妈妈的监督和陪伴，我可以吗？

思前想后，妈妈决定安装一个监控器，进行辅助性的监督和教育，即使上班，也可以更直观地了解小孩子在家里面的学习状况。监控安装伊始我很排斥，妈妈根本就不信任我，友谊的小船说翻就翻。

2020年4月18日，我见到了好久不见，甚是想念的老师们，虽然老师经常线上家访，但“跳出屏幕”的老师们来到我家，我好兴奋，我拿出了我的笔记本、作业本，老师们对我竖起了大拇指，在他们引导和调节下，我明白了妈妈的良苦用心，恢复了往日对知识的渴望与激情，我不能让他们失望。每天我独自在家，坐在摄像头下，如同在教室里一样，一抬头，就感觉到妈妈就陪在我身边学习。你别不信，在直播间，你一定能看见踊跃发言的我。

线上学习，很辛苦，但既选择了远方，那就无惧风雨兼程，不怕道阻且长，相信理想的种子一直在我的心里发光发热。我们一定要珍惜时光，不负韶华，学习知识、强健体魄。相信在父母的陪伴下，老师的引领下，我们的坚守下，知识之花，一定会在云端绽放。

乘风破浪终不悔，拨云见月建新章

湖北省恩施市中等职业技术学校　刘克荣　岳勇　王强

“一年之计，莫如树谷；十年之计，莫如树木；终身之计，莫如树人。一树一获者，谷也；一树十获者，木也；一树百获者，人也。”　这段话既阐明了人才培养的重要性，也揭示出人才养成的不易。生命离开水源，就会枯竭。国家、民族的发展离开教育就会衰亡。教育是生命进步的新鲜血液，是时代发展的思想能源，只有保持充足的活力和创造力，才能持续推动人类社会向前发展。从根本上说，教育就是一个民族兴衰的命脉，是国家强弱的心脏工程，不论遇到什么困难，都要坚守教育事业，守望教育开花结果的一天。2020年春天，一场特殊的战疫，让学生走出校园，离开课堂，线上教学和线上学习成为全国教育教学实战的主流阵地。很多老师在家当主播，当谋划师，当学习标兵。全民抗疫，众志成城，学生在家安心学习，老师在线精心教学。疫情期间，我校克服种种困难，充分拓展教育信息化应用空间，大胆提出“一主两助”QQ同步课堂教学模式，灵活运用资源，把线上线下结合起来，利用同步课堂解决了小班化教学，在没有额外增加教师任务和教学设备的情况下，解决了教学的实际问题，确保了教学秩序的有序顺开展，也让教育拨开迷雾，得见蓝天！

一、防疫保学，迎教育之新生

度过漫长的寒假，我校师生终于在5月6日又聚首校园。为了遵循疫情防范的要求，我校通过小班化实施正常教学，把人数超过30人的行政班学生分解成小班，多数都是A、B班，少数还要分解成A、B、C三个小班。如此一来，问题也接踵而至。按照正常班级教学要求，分班之后需要两倍以上的师资，还要在高标准防疫要求下，安全地组织教学，完成复习备考。面临这样的现实，有四大问题就成为急需解决的难关，即师资问题、设备问题、效率问题和安全问题。高一、高二班级还要继续上网课，一时根本找不到合适老师，新招聘来的老师又不熟悉技能高考，不熟悉学生，更不能确保安全与高效。其次是设备方面，在初步设想实施同步课堂时，和多家同步教学的服务公司沟通咨询，几乎都要增加设备，费用开支是小，师生熟悉新设备及其适应过程还需要时间，这又会影响高考复习进度和复习效果。第三效率问题。增老师，添设备，也增加了师生的磨合期，延误复习进度，影响复习效率。最后一点是最重要的安全问题。增老师，添设备，会带来一系列安全隐患。人员增多，防疫压力增大，设备改造、社会服务流动人员增多，更增加了防疫风险。针对以上四个问题，我校认真梳理了前期学校师生居家防疫期间2个月的在线教学及学习经验，发现师生利用在线直播课堂、腾讯视频会议、QQ通话、超星直播、教师助手等手段成功完成了线上教学任务。试想：为此我校确定不增师资，不添设备，不留安全隐患，高效完成复习备考的复学复课实施原则，坚持以人为本，安全防疫为首，复习备考为中心，努力提升教育教学质量的复学复课实施理念。

基于上述原则和理念，我校策划出“一主两助”QQ同步课堂教学实施方案，通过师生互组、生生互助从教学方式上实现小班化同步课堂教学。整体确保高三复习备考期间小班化教学，给学生带来原行政班教学一样的感觉。每个行政班有一个主讲教师，每个小班有一个学生助教，每层楼有一个教师助教。开学前一周进行在线培训，熟悉同步课堂操作流程；开学第一周，　实现一主两助同步课堂教学；第二周进行教学评估，改进实施流程，优化教学方式和评价方式；后续一周一优化直至高考结束。效果评估主要从资源节约、教学便利、教学效果三方面进行评估。

“一主两助”QQ同步课堂教学是指一个行政班一个主讲教师，每个小班一个学生助教，每层楼一个教师助教，充分发挥师生互助、生生互助和信息化教学手段完成同步课堂教学的过程。其中主讲教师要把当堂要使用的助教资源和助学资源拷贝到主讲教室班班通上或者QQ传送到班级群。前三步也在课前完成，大大节省了上课准备时间，学生也得到锻炼，楼层助教可以巡查协助。老师加入QQ视频通话后，如在A班主讲，A班为主讲教室，A班教室班班通静音，A班助教分享屏幕，主讲教师用自己的手机当话筒进行授课，学生听教师真声，观看黑板上课；BC班观看班班通分享的A班班班通屏幕实现画面同步，声音由主讲教师的手机传送到B、C班，实现声音同步。第二次课也可以在B班主讲，依此转换主讲班级，实现和大班教学一样的教学进度和教学感觉。我校的这种解决思路，即不增加人力、物力等，同时实现了同步课堂教学，协助师生备考，解决应急性师资短缺的教学困难。让师生、生生的团队协作能力得到更好锻炼，整体创新应用能力得到启发，也让管理者体会到，天无绝人之路，即使在最糟糕的环境下，只要认真梳理，定会找到合适的解决办法，化解实际困难，提高教育教学效率。

二、与时俱进，引教育之新思

如今，我校有九个行政班，七个班级分解为AB制小班，两个班级分解为ABC制小班，共20个小班，占用四层楼。第一周的目标已经实现，九个行政班级全部实现QQ同步课堂，楼层助教和学生助教较好地配合主讲教师完成了教育教学的任务，师生反映良好。我校英语课ABC班三个小班采取声画同步课堂教学的方式，主讲教室在A班，现场互动；同步课堂的B、C班，可以用手机当话筒和主讲教师互动，实现和行政班级一样的同步教学体验。目前语文、数学、英语、专业理论课都实现了“一主两助”QQ同步课堂教学，有序进行，教学效果较好。

在过程中，我校发现“一主两助”的实施需要较好的通信网络和师生互助的默契，我校基本能够满足网络带宽需求，选拔的学生助教都是品学兼优的信息技术能手，能够交互地配合主讲教师完成同步课堂教学任务，楼层助教也是信息技术和课堂评价的有力助手。利用社交软件，零成本巧妙解决应急性师资短缺的教学困难，实现同步课堂教学，有效协助师生备考。借鉴意义在于，一是解决问题的思维，在特殊时期，要用特殊思维，向内求变，活用现有资源，巧用信息技术；二是应急解决模式，帮助应急教学及条件落后的偏僻村点小学实现同步课堂教学技术支持方案，打通零成本促进教育资源公平的通道，提高教育教学质量。为让教学更好地达到预期效果，我校进一步增加教学评价的研究，增加教学评价的维度，争取实现零成本同步课堂，高质量教学评价。并利用课外时间积极推广到附近村点小学，实现零成本同步课堂教学的乡村大爱之旅，促进教育资源的公平，促进农村教育教学质量的提升。

三、浩远之途，育灼灼之匠心

教育，就是精神的唤醒，潜能的显发。它尊重、赏识每个个体，致力于学生能力、品德等各方面素质的全面提升，服务于个体的健康成长，滋养每一个生命。学校作为坚守在教育前线的堡垒，要紧紧教育教学为出发点，发挥教育主阵地作用，克服困难，为教育教学保驾护航。疫情随风过，拨云见月明。在这最为艰难的时刻，我校会继续带着教育的理想，追求理想的教育；不忘初心，迈着坚实的步伐，执着激情地走在教育的道路上，以担当的情怀领跑教育教学，始终如一，用奉献装点教育事业的百花园，用生命继续谱写一曲又一曲教育新歌。

借力“网络空间”，助推教学变革

湖北省恩施州建始县长梁镇民族小学 付勇 韦进 刘艳芬

突如其来的疫情，阻断了师生通往校园的路，却无法扑灭学生求知与教师教学的热情。疫情期间，我们全国停课不停学，依旧紧抓学生们的学习，实施线上学习。我校认真贯彻落实上级教育主管部门安排部署，有效落实停课不停学的工作主线，2020年2月12日，学校借力“网络空间”，开启“在家上学”的模式，采用“直播教学+学习群”的方式开展教学工作，确保我校学子在疫情期间健康成长，收获新知，丰富自我。

一、科学部署，推动教学进程

为了让每个孩子在疫情防控期间保持“持续学习状态”，我校62名教师根据各班实际情况，积极开展线上教学活动。在此期间，我们做足准备，不断探索线上教学的模式与途径，寻求易于学生接受的教学方法，努力提高在线教学效果，并及时督导与反馈，使学生们切实地投入到学习当中，使其学有所知，学有所获。

科学规划，提前筹备。2020年2月9日，我们长梁镇民小教育集团召开校长视频会议，部署疫情防控期间网络教学的推进安排。学校通过公众号推送让家长与学生了解当前教育的新形式，知晓病毒的危害性，为后续的教学开展做好了通知准备。2月17日，我们中心学校整合全镇资源，在各年级各学科之中成立直播团队，有序推进网络教学的进程。

落实任务，担当责任。我校成立了以校长为组长，各年级负责人为副组长的线上教学领导小组。组长安排部署、督促落实“停课不停学”的工作。副组长督促各年级学科的教学进度、全体教师的规范行为、督导直播课堂的学习情况，并及时将数据上报给学校。

组建团队，共享资源。集团内分年级分科目组建授课团队，开展备课、授课、答疑等工作，备课资源集体共享。我们借助希沃白板5和阳光网络课堂平台，以主播老师牵头，科任老师为辅助教学的直播方式为学生建立面对面教学和辅导的虚拟课堂。

家校沟通，巩固教学。直播是开展线上教学的平台，学习群是课后答疑解惑，培优辅差的阵地。我们各学科教师利用微信群组建学科学习群，通过线上文字、图片、音频、视频等方式面向学生落实布置任务、在线答疑、实时监测、发布作业、学情反馈等教学任务。学校将直播教学与学习群巩固学习有效结合，达到了最佳的成效。

二、制定课表，开展有序教学

全校教师各司其职，为保证线上教学有效实施，学生有计划、科学地学习，我们制定了线上教学课程表。3月23日开始，为促进学生德智体全面发展，我校增设了音体美、安全教育和心理健康、综合实践活动的课程；4月13日，我校增设了3-6年级道法、科学课程；4月20日，全镇统一了道法、科学的授课时间，并对每日的学习内容和方式进行统计；4月26日，学校增设了一、二年级道法；4月23、24日，我校语数外三门学科进行了期中测试。

科任教师根据课表按时上课，灵活进行学习监测，并及时通过平台反馈学情。班主任积极指导解决学生和家长在使用网络设备过程中遇到的困难和故障，确保人人参与线上学习。学生上课结束之后，我们结合班级优化大师、小黑板、一起小学等APP软件科学合理地布置作业，使学生们及时巩固所学所得。

为更进一步加强教学管理，我们的学习群将各年级负责人邀请入群，以便于随时了解各班级各学科教育教学落实情况。学校每天统计教师、学生听课情况，网络情况以及网络教学效果，并将搜集的信息以日报表的形式向上级部门汇报，以便通过分析讨论，使教师们及时改进教学活动，提升教学效果。

三、解决问题，促进有效教学

线上教学活动实施以来，我校99%以上的学生都能积极参与其中。然而，从整体实施结果来看，我们部分学生的自觉性不高，不能按时上线学习，不能持之以恒地进行学习。为了避免学生长时间使用手机，我们需要教师精心备课，缩短看课时间，使学生更多时间用在自学、思考和实践方面。这需要我们家长的积极配合，对学生使用手机管护，不能让其利用电子产品做非学习的事情。

我校线上教学也存在一些个别情况，如个别学生无设备、无网络、无信号以及身体情况特殊等。针对这些，学校10名相对应科目的辅导老师通过打电话进行一对一电话教学，实时监测学习情况，进行作业辅导，并做详细的学习记录。解封以后，我校老师对残疾儿童、贫困生进行送教活动，62名教师利用清明假期对学生进行爱心家访，坚持家家到，户户落的政策。一条短信，一个电话，一句问候，一次辅导，温暖了学子们幼小的心灵。

四、紧抓教研，提升教学质量

面对线上教学的新颖性，教师们课前坚持集体备课，加强教研，以统一时间，统一进度，统一内容。对于教学和管理，教师们积极出谋划策，群策群力。

3月31日，为落实县教研室组织的网络赛课活动，我校成立了以付勇校长牵头的15人语文科目研课磨课团队。这些老师们利用周末的休息时间对参赛老师的备课找问题、寻亮点，前后3次观课议课，我们用团队的智慧打磨出了一节高效精致的参赛课，荣获小学语文组二等奖。在此期间，我校李学艳校长多次组织六年级毕业班教师参与网络探讨活动，在网络教学中老师们取长补短，为下一步开展网络教学指明了方向。

4月5日，按照中心学校要求，集团承担全镇网络教学测评的语文试卷命题工作，我校作为民小集团的主力军，认真领会通知精神，经过商议，推选了黄晓庆、向梅秀、邹顺莉等12名优秀的老师担此重任。老师认真组织，家长积极配合，月考从命题、监考、评改、总结等各个环节非常严密，真实地反映了开学以来的网络课堂教学情况。

五、肯定成果，促进教师成长

我校网络教学的开展得到了社会的赞誉和主管部门的肯定。家长们纷纷表示，学校开展的心理健康、生命安全，主题队日等综合课程不仅注重学生的文化教育，更注重德育、安全教育。疫情期间，陪伴孩子一起学习，拉近了亲子距离，体会到了老师管理学生的不易，感受到了来自学校隔屏不隔爱的温暖。在疫情期间，学校打破了常规的教学模式，教育教学工作开展得扎实、有序。我校黄长河、王晓雁、龙珺仪、李万宏、黄丽华等直播教师严谨的教学态度，高效的教学方法，创新的组织形式得到了上级部门多次肯定。

网上丰富的教学资源使我校教师教学组织形式、教学设计、教学媒体选择等方面都有了不同程度的提高。通过线上教学，不仅我们学生的学习在进步，而我们老师也在不断成长。

学校提高教育教学和信息化技术应用水平，激发教师的教学潜能。利用网络平台老师们能实现传统课堂教学无法实现的抽象概念的讲解，化抽象为具体，并且可以从多个角度创设情境，使教学更加生动形象，通俗易懂。此外，线上学习这种新奇的学习方式也能够调动学生的积极性，激发学生学习的兴趣，提高学生创新精神和探究能力。

线上教学增进了同事之间的学习交流，使教师们取长补短。对于每一课时，大家都会互相进行探讨，为每堂课寻找相关视频，筛选优秀课件，根据学生不同的掌握程度布置相对应作业。每堂课后，同事之间都会进行讨论，分享各自线上教学的经验和遇到的问题，每次和同事讨论完毕，老师们都能从中收获更多经验，为进一步提高教学质量增砖添瓦。

线上教学使教师的责任意识和担当精神进一步强化。区别于传统的学校教学，线上教学最考验的是学生的自主学习能力，但是有些学生的自主学习能力较差，这便要求老师们能够打破传统的教学方式，做到有效监督学生完成学习任务，准确把握学生在家学习的学习状态，为学生及时的答疑解惑。

虚幻的网络，带给我们学生以真实的知识与厚重的关爱。线上教学，使我们在不可抵抗的外力面前，实现了停课不停学的目标。通过网络，我们的学生与教师实现了“一线牵”，彼此关心、共同成长。教师通过线上教学不仅使学生掌握文化知识，而且还培养了学生良好的生活习惯和学习习惯，使其树立正确的人生观、价值观。与此同时，我们的教师也在经历跨越式发展，不断摸索、更新教学方式，给予学生最优质的教育。

引星河之气魄，扬国业之辉煌

湖北省恩施州咸丰县唐崖镇民族初级中学　冷华东　甘盈泉　严飞　阮长久

教育是照亮人心田的灯塔，指引人类找寻生命的真谛。“不计兮祸几时降，唯我真心比金坚”。今年是特殊的一年，突如其来的一场疫情，不仅让人类遭受了巨大磨难，也给教育教学带来了严峻的挑战。新冠防疫期间“停课不停学”线上教育教学信息化应用应运而生。从2月12日至疫情结束为正式网络教学阶段，面向全校1200多名学生实行钉钉APP网络线上直播联播教学。4月13日，县教育局研培中心教研员深入我校开展网课教学和中考备考教学整体视导工作。为了督促初三毕业生居家线上学习落到实处，积极备战中考，我校继送卷下乡之后，又专门针对初三毕业生开展了下乡上门家访，积极开展“线上比教学、线下访千家”活动。通过这些活动的开展，不仅给学生家庭送去了温暖、安心，让学生得以照常上课，也体现了我国教育从业人员的不灭意志和国家教育事业的旺盛生命力！

一、众志成城，让教育从网络教学中昂扬崛起

金猪辞旧岁，硕鼠迎新年。庚子新年，注定是一个不平凡的鼠年。在中国战“疫”和全球战“疫”的今天，为切实保障师生生命安全和身体健康，确保全县中小学校疫情防控期间“停课不停学”，促进学生健康成长，全力打好疫情防控阻击战。根据全县疫情防控工作部署和《州中小学校在疫情防控期间开展网络教学的实施方案》要求，我校在疫情防控期间对学生实施网络教学。从2月12日至疫情结束为正式网络教学阶段，各学科利用网络平台按课表上课。教师利用网络平台直播授课，或者将电子教材、导学案、教学课件等推送到网络教学平台，组织引导学生开展自主学习，教师根据学生学习情况在平台上进行讲解。教师在平台上布置作业，学生完成作业后，发给教师评阅。教师和学生在平台上互动，解答学生的疑难问题，进行个别辅导。为解决学生上得了课和用得起网的问题，2月6日，县委书记主持召开网络教学专题会，县内几家通信运营商迅速行动，安装网线，赠送流量，保证了学生能照常上课。“一边要防控疫情，一边要抓好线上教学，必须两不误。”县政府教育督导室副主任督学坦言，网络教学是一个新生课题，特别是在应对新冠肺炎疫情的同时，让学生不看黑板看手机进行居家学习，效果很难保证。“必须从更新教师观念、完善教学手段、改变学生学习习惯开始。”为此，我校按照“停课不停学”的要求，从顶层规划、教研引领、突出重点学段、网络资源整合、关注特殊群体等多个方面，做好教学“一条龙”服务。充分利用“互联网+教育”优势，统筹广电、移动、电信、联通等电视网络资源，及时组织学生在线学习，做到全面覆盖、不落一生，停课不停学。

二、迎难而上，用智慧让国之大业浴火重生

4月6日开始，我校1200多名师生全部使用钉钉App网络线上直播联播教学。授课教师每天按班级课表居家、办公室或教室给居家学生上新课、中会考复习课、布置作业、检查批改作业、考试，并提醒学生按时上课、提交作业、答题，对迟到、旷课、中途退学、不交作业的学生线上统计并公布在班级钉钉群中，校长、年级主任、班主任还充分利用钉钉不定时召开联播直播家长会和学生会，告知家长做好监督，学生做好学问。使用钉钉线上教学，方便、快捷、清晰，功能强大，培养了一大批的数字化教师，快速有力地推动了数智校园的建设和发展，极大地地助力了停课不停学。今后，我校将继续使力钉钉网络办公、网络教学、网络会议。为了认真做好疫情防控期间的网络教学工作，县教育局研培中心教研员深入我校开展网课教学和中考备考教学整体视导工作。上午教研员们深入各学科中考备考组认真观摩聆听了网课教师们的线上直播课，然后与学科教师们评网课、指导中考备考。下午召开了九年级全体科任教师视导信息反馈和中考备考指导会。校长对九年级期末考试、中考备考、网课教学和复学工作作了专题汇报。县研培中心教研员作了《推进网络教学，落实中考备考》专题报告。报告分析了学校的成绩和现状，明确了扎实推进网络教学、圆满完成教学任务的要求，强调了切实抓好备考工作、保证中考不掉队的总目标。县研培中心副主任也在大会上从八个方面作了中考备考专题指导和强调：一是客观分析形势，科学制定目标；二是合理分解目标，层层压实责任；三是科学考核量化，客观评价贡献；四是关注命题动态，把握备考方向；五是重视教材研读，夯实基础知识；六是注重心态调整，增强备考自信；七是强化反思总结，注重学法矫正；八是统筹体育实验，强化应考训练。他强调，在当前疫情形势下，一定要切实提高中考复习的实效性，认真探讨和研究有效复习法，按照复习计划，充分发挥集体智慧，群策群力，加强交流与合作。疫情期间，我校教师积极开展“线上比教学、线下访千家”活动，组织全校班主任和科任老师，针对优秀生、学困生、贫困生、留守生等“七生”进行上门家访，疏导学生心理，督促家长监督好孩子居家线上网络学习。

三、匠心如日，引奉献之光照耀美好未来

为了督促初三毕业生居家线上复习落到实处，积极备战中考，我校继送卷下乡之后，又专门针对初三毕业生开展了下乡上门家访活动。在校长甘盈泉的领导和指导下，20多位九年级班主任和科任教师对分布在45个村（社区）的378名毕业生进行了一次专访。本次家访活动，主要是对初三毕业班学生进行学业和心理辅导，了解学生家庭境况，做好思想教育工作，让学生克服厌学厌战畏难情绪，督促学生继续居家好好学习，帮助家长和学生解决网络学习的硬件和软件问题，亦有利于复学后的学校教育、管理。

开学以来，按照教育部提出的“停课不停学”相关要求，我校积极探索，克服困难，主动作为，创造性地开展网络教学。在推进过程中，经历了盲从与困惑、探索与学习、改进与提升、熟悉与超越等四个阶段，从不适应到适应、从勉力而为到驾轻就熟，不仅较好地完成了教学任务，并且还涌现出了很多典型做法。尽管如此，依旧有较多问题需要重视和解决。一是家长监管缺位。复工复产以后，很多家长无法有效监管孩子，仅仅依靠学生自觉在家开展线上学习，学习效果很不理想。二是网络教学形式简单。少数教师教学形式单一，仍然以推送视频资源让学生自己观看为主，教学效果不佳。三是教学管理不严。部分学校对网络教学督查不严，学校校长等校领导没有开展线上督查，对各年级各班的教学方式情况不明，对各学科的教学进度底数不清。四是检测反馈低效。部分初中学校和学科未开展教学检测，对学生学习效果心中无数。少数教师作业布置过多过滥，家长学生苦不堪言。五是家校共育合力不足。部分学校家校沟通不到位，未开展实地家访，电话家访也没有全覆盖，家校没有形成应有合力。六是复习备考乏力。少数初中对中考的复习备考没有周密安排，备考措施不实，任由各学科教师自己发挥，走到哪里黑就在哪里歇。面对这些困难和问题，我校敢于突破和尝试，化压力为动力，变挑战为机遇。树牢“危难之时显身手”的责任意识和“到中流击水”的危机意识，静心研究，克服困难，增强教学实效。“当前仍然要不余遗力抓好线上教学，抓好线上教研，抓好经验分享，抓好信息化水平的提高。”4月28日，县教育局长在全县2020年教育系统统筹推进疫情防控暨教育工作会议上如是说。绵绵用力，久久为功。在这严峻的一年，所有教师要手握手、心连心用新生的教育力量继续肩负教育事业的光荣使命，在“心”上用功，在“事”上磨砺。我们坚信，苦难终将成为过去，幸福就在前方，驶过一年阴暗的航程，未来必将更加灿烂！

文化塑校　文化树人

湖北省黄石市第一中学　方和平　冯金山

2017年11月，湖北省黄石一中荣获中央文明委授予的首届“全国文明校园”荣誉称号，成为黄石地区唯一获此殊荣的学校，也是湖北省获此殊荣的六所中学之一；2019年12月，学校再获“湖北省校园文化建设百强校”荣誉称号。探求其成功的秘诀，最关键的便是黄石一中坚持以大学精神为核心进行顶层设计，全方位践行“文化塑校、文化树人”的教育思路。

以大学精神进行顶层设计

黄石一中建校近七十年，三番迁校，五次更名，涵盖四个阶段发展史，尽管变得更加大气、更加现代化，成为网络评选出的“全省十所最美中学”之一，但却在文化的叠加和断层中失去了自我，文化底蕴略显不足，软实力有所欠缺。

校园文化是学校的灵魂和命脉，是一所学校发展的“DNA”。自2012年搬迁新校区后，全新的黄石一中该建设什么样的校园特色文化，以及如何高品位、全方位、多层面再塑校园文化，成为学校领导班子亟待解决的重要问题。经过反复思考论证，校领导班子决心以大学精神建设校园文化，挖掘自身独特个性与价值，精心提炼和打造着眼长远的校园文化，实现文化塑校、文化树人，把中学办成师生成长的“大学”。

整体规划校园文化架构。黄石一中在综合每个发展阶段独特文化的基础上，以大学精神进行整合与顶层设计，创建了“以中华优秀传统文化为根基，以社会主义核心价值观为主干，以师生崇高理想信念为树冠”的校园文化架构，形成了“校园文化核心思想体系、校园文化载体、校园文化育人阵地”三位一体的文化架构，以落实立德树人的根本任务，为学校文化内核烙下了深刻的“国魂”，着力培养能担当民族复兴大任的社会主义建设者和接班人。

完善校园文化核心思想体系。黄石一中立足“为党育人，为国育才”的教育使命，结合学校发展实际，充分发挥教师集体智慧，凝聚师生共识，丰富校园文化核心思想体系，包含发展主题、发展愿景、办学理念、办学宗旨、办学精神、培养目标、校训、校风、教风、学风等内容。

拓展校园文化载体。黄石一中高度重视文化载体的打造，如创作新校歌《自强不息一中人》，设计蕴含学校发展特色的校徽，丰富完善校史馆、师友文化博物馆、档案馆、图书馆等场馆，让校园文化落地生根。

延展校园文化育人阵地。黄石一中立体拓展学生德育平台，精心打造“五系”德育品牌；贯彻新课改理念，对接新高考，培育以年级和班级为主体的高考备考文化；开发校本教材，形成校本课程体系；搭建各种校园文化体验平台，创建六大实践育人基地，提升学生综合素养。

以物化建设实现处处文化

将校园文化精神内涵物化成育人氛围，是文化塑校、文化树人的重要环节。黄石一中结合校园建筑分布特点和功能区划，加强文化的物化建设，做到处处文化、时时育人。

精心布局校园文化石。根据学校功能区分布，形成“四区一中心”校园文化石布局体系，以校训“自强不息”文化石为核心，完成了“明德”（生活区）、“格物”（实验区）、“致知”（教学区）、“争流”（运动区）等四大文化石分区并设，并进行文化石命名的诠释和宣传。如生活区“明德”出自《大学》“大学之道，在明明德，在亲民，在止于至善”，体现了学校以“立德树人”为本，继承和弘扬优秀传统文化的目标。

完成楼宇命名设计。学校以“致知”为主题对教学楼进行命名，形成了“博学楼、思问楼、明辨楼、笃行楼”组成的教学楼系列；以“明德”为主题对宿舍楼进行命名，形成了“景贤楼、端华楼、至善楼、淑雅楼”组成的宿舍楼系列，并完成内涵诠释，进行宣传教育。如“端华”出自《礼记》“德者，性之端也；乐者，德之华也……”，寓意德行端正、品貌端庄、气质光华，是“明德”的外在体现和要求。

设计激励性长廊文化。学校用2013年以黄石文科最高分（全省第17名）考入北京大学的陈子衣、2018年以全额奖学金考入哈佛大学的西瑜、任职于联合国经济贸易发展委员会的周子君、阿里巴巴副总裁库伟、国家女子篮球队主力队员邵婷婷、演艺界新星刘颖伦等优秀毕业生的奋斗事迹，以及历届师生积累的优秀艺术作品，打造励志文化墙和文化长廊，用身边榜样的力量激励学生求进向上。

创建文化育人场馆。为真实、全面地展示学校近70年来的辉煌历程和卓越成就，弘扬艰苦奋斗、自强不息的优良传统，发挥校史文化育人的积极作用，学校创建校史馆、师友文化博物馆和档案馆，让每位在一中工作和学习过的师生都可以在“三馆”中找到自己的文化记忆；加强运动文化建设，丰富体育馆、运动场、篮球场、排球场、羽毛球场、网球场、教工之家等场馆的文化内涵。

提升文化阵地的育人功能

文化塑校，育人是根本。为大力弘扬以“自强不息”为核心的“一中精神”，落实“全面+特长+精品”的培养目标，黄石一中高度重视提升校园文化阵地的育人功能，让每名学生成为掌握一门文艺特长、拥有一项体育技能、传承一项文化经典的“三有”人才，为学生的终身发展奠基。

落实“五系”德育树人。学校围绕“中国梦”主题，全力打造以“我们的节日”中华优秀传统文化教育为载体的“爱系列”，以“美德少年”评选为内容的“星系列”，以“法制安全日”为代表的“日系列”，以“学雷锋志愿服务”为主题的“月系列”，以“黄石一中文化体育艺术科技节”为舞台的“梦系列”，形成了“五系”德育文化品牌，使“三有”人才不断涌现。目前，学校已连续举办18届校园“文化体育艺术科技节”，成为师生、家长、社区居民共享的文化盛宴，多次被省市级媒体宣传报道。近年来，学校女篮获得省中运会篮球赛两次亚军、一次冠军；健美操获得一金三银；2017年勇夺湖北省第十四届中运会女足亚军； 2019年高二（9）班学生汪倩倩成为湖北唯一入选中国国青女足队员，斩获2019亚洲U16女足锦标赛铜牌，现为中国国青队的主力队员。

开展校园文化体验活动。学校相继推出以“全国文明校园”为主题的“文明宿舍”风采展、“文明一中”摄影赛、“文明板报”大家评、“文明之声”主持大赛等，“校园之声”广播台、墨泉书画社、圣水泉合唱团、“梦翼”表演社团等定期开展文化汇演活动，以承办省级大型体育运动会为契机深入开展“志愿者服务”、文明礼仪、消防体验、阳光心理健康教育、“校园文化”创意征集等文化体验活动，挖掘学生个性潜能，发展学生兴趣特长，提升学生综合素养。此外，学校每年高三年级还以年级、班级为平台，通过高考文化墙、每周能量诵、百日誓师大会、成人礼等形式培育备考文化，为高三学子打造高考加油站。

实现校本文化课程育人。学校贯彻新高考新课标理念，将校园文化融入课程建设之中，已开发出《国旗下的讲话》《开学第一课》《创新与实践》《身边的物理》《奇妙的化学》《诗味的语文》《身边的黄石历史》等23种校本教材，开设了60多门校本课程，创建了“法制教育基地”、“消防安全教育基地”、“禁毒教育基地”、“交通安全教育基地”、“生态环境教育基地”、“阳光心理教育基地”六大基地，构建了实践育人的课程体系。此外，学校校本课程还紧扣时代主题和国家大事，引导学生关注时事、关注社会生活，培养家国情怀。如今年疫情防控期间，学校通过空中课堂开展以“战疫”为主题的德育课程，实行线上教学、征文和疫情防控教育，并及时编写校本教材《黄石一中疫情防控知识读本》等作为复学必修课程。

教育的使命在于对人生命的成全，学校文化建设在于促进“人”的发展。黄石一中将进一步强化文化氛围，内化文化自觉，深化文化积淀，不断实现“文化塑校、文化树人”的黄石一中方案。

开展经典诵读，丰富生命内涵

湖北省黄石市下陆小学　华先道　胡源泉

读千年美文，做少年君子”，青少年在诵读经典的同时，会自觉用圣人的言行来规范自己的言行，行为好转，心地向善，修养提高。我校通过开展经典诵读，让学生体会到“少时熟读，终身受益”的良好读书习惯。学校自2005年开展传统文化教育工作以来，一路探索，一路收获，十余年来，取得了一些成绩，赢得了社会和家长的肯定。经典诵读作为其中一项主要内容，成绩更突出一些。一路走来，我们摸索总结的“5·23”游戏通关诵经典的评价方法起到了很大的作用。

一、开发教材

2010年，我们感到学生的经典诵读内容缺乏系统性，决定编写一套《经典诵读》校本教材，经过二十多个一线骨干教师半年的攻关，2010年9月，教材发到了学生手中。遵循先易后难，先诗后词，诗文搭配，数量适中，健康有益等原则，共收录古体诗180首，词65首，《三字经》《弟子规》《论语》《孟子》《大学》《中庸》等古文多篇，分年级分学期合理分配。《经典诵读》获全国“传统文化教育地方（校本）教材评优”三等奖。

二、等级评价

等级设定。兴趣是最好的老师。如何有效地促进全体学生持久地热衷于经典诵读呢？我们印制了《诵读小才子等级证书》（等级证书内容见下表），设立五级二十三关：一级为“童生”；二级为“秀才”；三级为“举人”；四级为“进士”；五级为“状元”。“童生”和“秀才”各分五关，“举人”分为六关，“进士”分为四关，“状元”分为三关（从低到高依次为探花、榜眼、状元）。用“熟读唐诗三百首，不会吟诗也会吟”的古语，顶级背诗数量为300首。

等级评价说明。①诵读小才子等级证书设计为游戏攻关形式，符合儿童心理。共分23关，最高级别为大学士，最低级别为五等童生。②学生会背5首古诗即为五等童生，后面以此类推，不同的数量对应不同的等级。③《三字经》每背6句折算为一首古诗。④一至三年级将会背的古诗默写（或抄写）在《小脚印》上，家长检查认可后签字。⑤四至六年级将会背的古诗默写在礼仪周记本上，各班指定班干部检查签字。⑥等级评定每两周进行一次（双周）。⑦为杜绝弄虚作假，等级评定设置两级复查。平时由班主任老师抽查，每月一次；政教处对各班进行抽查，一学期两次。对每位学生进行随机抽查，抽查5至10首诗，如半数不过关就下降一级。⑧在不忘记已背古诗的基础上，此项等级每学期可以累加。

三、科学评价

一周一评价，周周有落实。单周班队会主题为近两周班级文明礼仪评价，通过小组讨论验证，填写个人的《文明礼仪等级证书》，各小组推荐进步明显者到全班表彰。双周落实经典诵读评价，以自愿申报为主，对参与申报晋级的学生安排一对一检查，将结果填写在《经典诵读等级证书》对应的等级位置。

为避免弄虚作假，每次评价活动结束后，班主任老师对参与晋级的同学进行抽查。为鼓励同学们积极向上，每次班队会通报各类前三名及评选“进步最快奖”，对这些同学进行表彰，特别优秀者推荐到学校利用班队会讲评时进行表彰。

班级评价。操作上，一至六年级学生人手一册，每周一评，采用学生喜爱的游戏闯关的形式，达到一定的数量，在对应的级别上贴上小红旗或学生自己选定的其他小标签。为使经典诵读不拘限于背古诗，《三字经》《弟子规》《论语》等古文的背诵换算成一定数量的古诗计入成绩。家长学校对家长进行多次专题培训，配合班主任做好等级评价。日积月累，快乐诵读，游戏化操作，极大地调动了学生的积极性。

年级评价。每学年，学校定期举行端午赛诗会和元旦赛诗会。年级评价分两阶段进行。

①班级赛诗会。活动方式：一对一测试　活动流程：个人申报——一对一测试——集中展示。个人申报：学生根据古文及古诗词自报内容确定自己参加测试的内容。一对一测试：由班主任指定学生对参加测试的学生进行一对一测试，确定本班的前三名，将前三名的测试材料及小结交政教处。集中展示：各班利用班会课以适合于本班的活动形式进行经典诵读集中展示。

②年级经典诵读状元赛。比赛形式：一对一测试。参加比赛对象：一至六年级各班的诵读状元一名。参加测试人员：四至六年级各班的诵读比赛第二、第三名。各班的诵读状元须在规定时间将自报测试内容填写好交政教处。参加比赛时带好自己的诵读测试内容。一对一测试人员安排：四至六年级各班的诵读比赛第二名作为本年级的测试员，第三名作为一至三年级的测试员。具体安排：⑴四至六年级测试员：401班测试402班，402班测试403班……406班测试401班。五、六年级同样如此。⑵一至三年级测试员：401测试101，402测试102……406测试106。501测试201……601测试301……测试用时：不超过两个小时。

评分标准：①古诗词每首1分，论语每则1分，古文每篇3分。②《三字经》《弟子规》以每六个字为一句计算，每句0.25分。③以总分换算为合计背诵古诗词的数量，从中给出诵读等级。如总分为265分，换算为会背诵265首古诗词，对应等级为“状元”。

四、荣誉表彰

集体荣誉表彰。每学期期末考核，根据各年级各班的表现，授予不同的班级荣誉：“诵读冠军班”、“诵读星级班”等。

个人荣誉表彰。每学期的年级诵读状元赛成绩在校内外对全校师生和家长公示，对各年级诵读状元及学校前三名进行公开颁奖。各班评选诵读小才子进行表彰，各班诵读小才子和年级状元和校级前三名戴红花上光荣榜。

五、获得成绩

从系统性测试记录的2011年春季开始，至今五年了。2011年春季的诵读状元的诵读纪录是210首古诗词，对比一下，2015年春季赛诗会成绩尤其令人欣喜：首先，学校的连续诵读纪录再一次被刷新了（原纪录为570首），破纪录的是606班的曾令婷（610首）；其次，204班李昕怡、202班的张锦盛等很多小朋友能连续背诵二百多首诗词，真是了不起！新纪录保持者——606班的曾令婷同学能背诵古诗词610首，《三字经》190句，《弟子规》180句，《论语》118则，古文127篇。这样的成绩让很多成年人自叹不如呀！（这些成绩都是在测试时两小时内连续诵读取得的）

为接待各级领导来校指导工作，我校根据年级诵读状元的成绩设立了“诵读点将台·你点我就能背”的项目。黄石教育局多位专家领导亲自抽查，无不竖起大拇指称赞这些小状元们了不起！

经典诵读虽然我们要求“但求熟背，不求甚解”，但学生有所经历便有所体会，不少学生在诵读经典过程中有了独特的感受。学生程晓在日记中写道：“‘能温习、小黄香、爱父母、意深长’最让我感动……《三字经》真教育人啊，它让我明白了孩子应该报答父母……”学生龙腾宇读了《论语》后写道：“我想告诉大家：《论语》让我快乐，更让我明理，和我一起读《论语》吧。”巩东平同学酷爱《三国演义》，自编了《孟获暗斗诸葛亮》等想象故事。一篇篇文章，一句句质朴语言，让我们感受到传统文化魅力所在，学生一路读来，渐渐地理解它、感悟它。学生们幼小的心灵得以纯净，在成长过程中得到了体会和升华，写作能力也有了较大的提高。

经典诵读，丰富了孩子们的内涵，浸润着孩子们的心田。在端午节来临之际，同学们开展“走进端午节”综合实践活动：吟诵诗词，采菖蒲、艾叶，办手抄报，讲故事等。“五一”、“十一”小导游们来到东方山风景区，一边彬彬有礼、落落大方地开展“红领巾小导游”义务讲解活动，一边搜集楹联、诗词等。实践活动使学生明白：原来，生活中处处有经典！原来，行动中处处可以落实经典呀！

苏霍姆林斯基曾经指出：教育的终极目标不是传授知识、不是培养能力，而是让每一个孩子都能够幸福地度过自己的一生。诵读经典，与圣人为友，与经典同行，让学生充分了解和感悟它们，让孩子的心在这些经典作品的浸润下变得柔软、晶莹、多彩。

挖掘本土资源，丰富“博雅”内涵

湖北省荆门市屈家岭实验小学　田玉新　杨雪

校园文化是学校发展的灵魂，是凝聚学校人心、提升学校品质、增强学校“软实力”的核心要素。建设校园文化要对历史负责、对现在负责、对未来负责，深入思考培养什么人和怎样培养人的问题。因此，学校在建设富有本校特色的校园文化时，既要立足国家的教育方针、时代精神，又要结合本地域历史文化的背景，既要体现文化传承，又要体现办学者的教育理念。

湖北省荆门市屈家岭管理区实验小学始建于1953年，是目前全区规模最大的一所学校。为构建和谐多彩的成长乐园，让每一位学生得到全面而有个性的发展，学校以屈家岭厚重的历史文化为依托，在对自身定位以及对未来的展望中，通过创设理念文化、营造环境文化、构建课程文化、规范行为文化等方式，勾勒出学校文化建设的主线——“博雅”文化，并不断强化文化氛围、内化文化自觉、深化文化积淀，提升办学品味，孵化高质量发展，以期培养出具有中华底蕴、国际视野、多元发展、智慧创新的现代公民。

创设理念文化

理念是行动的灵魂、先导、指南。学校理念只有立足本土文化，才能“接地气”而富有生命。屈家岭管理区实验小学立足本土深厚的文化底蕴，不断学习借鉴先进的教育理念，根据学校实际不断调整并完善“博雅”文化，使之成为教育行动的精神内核。

屈家岭的“博”文化，其溯源有四：一是源于五千年广博厚重的屈家岭文化中的农耕文明；二是源于新中国成立之初五三农垦人以博大的胸怀纳五湖四海之志士、聚全国各族民之兄弟而开创的农垦文明；三是源于改革开放后屈家岭人民拼搏奋斗，以磅礴之力建设的农谷文明；四是源于实验小学人风雨兼程、筚路蓝缕、砥砺前行的博爱情怀和博大胸怀——培育博学雅正的莘莘学子。

屈家岭的“雅”文化，其溯源有四：一是屈家岭遗址出土的众多文物，有纺织器具、渔猎器具、稻种、彩陶等；二是农垦建设时期，有决战荒原创巨变的行动，农垦明珠镶楚天的成就，丰富了屈家岭雅文化之真、之善、之美的内涵；三是立足于美好远景的构想规划，全力打造现代农业的巨擘手笔，把屈家岭雅文化的品位提升到了一个前所未有的高度；四是学校依托博雅文化，坚持开展的“忠、孝、雅、诚”系列教育活动。

博，旨在求实、求广、求深；雅，旨在求真、求善、求美。屈家岭管理区实验小学将屈家岭所固有的“博雅”文化，铸造成学校教育的根基，引领着实小文化教育前进的航向，实现了对学生从外在气质风貌到内在精神品质的全面打磨和塑造。屈家岭管理区实验小学根据“博雅”文化定位，立足校情，本土创生，深入挖掘，将屈家岭五千年农耕文明底蕴、文化精髓——“博雅”作为学校文化建设的主题，贯穿于教育教学工作之中，积极打造新样态学校：以“实施优质博雅教育，培育现代优秀公民”为办学宗旨，以“以农为根、以人为本、以质立校、以特强校”为办学理念，以“明德、博学、雅正、阳光”为校训，为实现“建现代美丽校园，塑德艺双馨教师，育品学兼优学生，创特色优质名校”的办学目标而不懈奋斗。

草木得雨露而茂盛，学校因文化而久远。屈家岭管理区实验小学始终以“博雅”文化建设为核心和纽带，充分挖掘、吸纳、拓展优势教育资源，着力打造校园软实力，让文化真正成为凝聚共识、陶冶情操、浸润生命的重要抓手，成为实验小学可持续发展的重要动力。

营造环境文化

环境文化是学校文化的有形载体，是校园文化的重要组成部分，也是学校个性魅力与办学特色的重要体现。在校园环境建设中，屈家岭管理区实验小学着重优化校园整体景观，增加校园人文内涵内容，努力打造功能齐全、区分明晰、优雅洁净的视觉环境文化，唤醒学生向真、向善、向美、向上的美好追求。

屈家岭管理区实验小学根据学校文化理念的表达要求，遵循以人为本、为人服务的办学原则，依据环境条件设计定位校园标识，力求规划科学、布局合理、设计新颖。校名“屈家岭管理区实验小学”红色黑体字矗立在校门之上，显得热烈、庄重；以麦穗、禾苗、阳光为主要元素的校徽，凸显了屈家岭农耕文化的主题；自然巨石上雕刻的“博雅”文字造型标志美观大方，彰显学校风貌；教学大楼内的教室、办公室、茶水间、卫生间、安全指示牌等指示标识醒目、美观，实用性强；校园长廊二十四节气古诗词文化设计美观，教学楼走廊班级文化别具一格；“兴阅轩”、“博阅轩”、“雅阅轩”三个阅读大厅彰显学校教育理念，让学生在课余时间徜徉在知识的海洋里汲取营养、开阔视野；学校橱窗专栏设计美观，导向正确，内容更新及时，方便教师、学生、家长及时了解学校和班级的教育教学、发展动态；教师办公桌为单元格模式，为教师提供了良好的办公条件，而各年级办公室和教室的布置既有共性又有个性。

行走间，育人潜移默化；谈笑间，立德润物无声。健康优雅的校园环境文化能彰显教育的无穷魅力，在潜移默化中滋润学生的心田，提升学生的素养。

构建课程文化

课程是学校文化的主阵地，课程建设承载着学校文化传承的重要使命。屈家岭管理区实验小学紧紧围绕“博雅”文化理念，对国家课程、本土课程和校本课程三级课程进行重组和优化，努力构建开放多元、充满活力、富有特色的品质课程体系，为学生提供更加自主、更具个性、更多选择的成长环境、教育资源和专业服务，让学生的潜能得到全面充分而又自由的发展，从而走出了一条符合时代要求、学生需求、学校追求的理想之路。

在严格落实国家新课程标准的基础上，屈家岭管理区实验小学整合多方优质资源，积极进行校本课程的创新与实践，开设了足球、乒乓球、航模、陶艺、朗诵、戏曲、书法等13门第二课堂活动课程，为学生多元智能的形成和综合素养的提升提供了可能。例如，学校大力开展校园“足球联赛”活动，低年级组进行花式足球比赛，高年级组进行年级足球联赛和男女足球队对抗赛，如今已经成为学校体育活动中最亮丽的一道风景线。2016年，学校获得“全国校园足球特色学校”殊荣。2018年，学校足球队员在荆门市教育局主办的第二届“启明星”中小学体育大会小学生足球竞赛中顽强拼搏，取得了男足第二名、女足第三名的骄人战绩。

课程是通往美好生活的教育旅程。屈家岭管理区实验小学不断更新课程理念，着力打造高效课堂，让学生在课堂上热情高涨、在活动中大显身手、在舞台上自信从容、在生活中阳光开朗，从而形成了别具一格的博雅课程文化。

规范行为文化

百行德为首，万善孝为先，立人先立德，成才先成人。屈家岭管理区实验小学以“忠”、“孝”、“雅”、“诚”教育主题为切入点，使之贯穿于学校丰富多彩的德育活动中，着力建设一个温馨和谐校园。

学校认真开展“我爱五星红旗，我爱红领巾”、“爱护地球，善待家园”、“关爱留守学生”、“重阳敬老”等主题活动，让学生在活动中实践中培养忠、孝、雅、诚。在指导学生的行为习惯上，学校根据实际情况开展“雅仪月冠军”评比活动、礼仪你我他手抄报评比活动、文明礼仪口袋书背诵活动、文明礼仪黑板报评比活动、“扣好人生第一粒扣”主题教育活动等“雅仪从我开始”系列活动，让好的行为习惯在持之以恒中不断强化。通过这些活动的开展，学生在行为习惯上有了很大转变。

文化是一所学校的根，精神是一所学校的魂。实小人坚信：在“博雅”文化的浸润下，屈家岭管理区实验小学定会成为立德树人的成长乐园，更会成为启智润德的智慧学园，在新时代的教育事业大潮中谱写一曲属于自己的教育赞歌。

开展多彩德育活动，打造人文德育品牌

湖北省潜江市园林第二初级中学 徐乾华 鄢传元

习近平总书记在与北京大学师生座谈时指出，要把立德树人的成效作为检验学校一切工作的根本标准，真正做到以文化人、以德育人，不断提高学生思想水平、政治觉悟、道德品质、文化素养，做到明大德、守公德、严私德。总书记的重要讲话，在为我国教育工作坚持立德树人根本任务提出新要求的同时，也为学校在新时代牢牢抓住理想信念这个关键环节，完成立德树人根本任务指明了方向。一直以来，我校始终把德育工作放在重要位置，时刻树立教书育人、管理育人、服务育人的思想，逐步形成了学校独具特色的德育管理模式。

一、以时令节庆为序，开展德育活动一条线

我校以传统节假日和传统活动为载体，开展丰富多彩的“九大”精品德育活动，打造人文德育品牌，全面提升学生综合素质。

三月：感恩母爱——书信比赛活动、志愿服务——学雷锋志愿活动。学校在设计“三八——感恩母爱”系列活动时，为避免因活动重复引起学生的倦怠感，针对各年级学生的不同特点，在七年级举办“鸿雁传书寄母爱”书信比赛活动，在八年级举办“声情并茂颂母爱”诗文朗诵比赛活动，在九年级举办“心香一瓣寄母爱”短信比赛活动。学生在校三年，虽三次参加同一主题活动，但因内容和形式的逐年更新，学生的参与热情一年比一年高，对母爱的感悟一年比一年深。

每学期，学校都组织部分青年教师志愿者和学生志愿者开展学雷锋志愿服务活动，如开展“遵守交通规则，向不文明行为告别”交通劝导活动，也是学校“践行雷锋精神，争做美德少年”系列活动的体现。

四月：走进经典——“清明诗会”经典诵读活动。一是挖掘清明节“诗歌”的因素，开展“清明诗会”校内外歌咏展示活动；二是挖掘清明节“书香”的因素，开展中华经典诵读活动；学校学生在参加全市首届中小学生诗词竞赛活动中，荣获一等奖。三是组织部分优秀少先队员、教师代表开展“缅怀革命先烈，做时代新人”清明祭扫革命烈士陵园的活动。

五月：培养特长——五月艺术节师生才艺展示活动。在“五月艺术节”期间，集中组织师生书法、绘画、歌咏、舞蹈、器乐比赛活动，并在五月末进行集中展示，同时邀请家长和社会人士参加，让学生在校的表现能够让家长和社会知晓与认可，再进给更多学生一个展示才艺的舞台。

六月初：感念母校——毕业典礼活动。每年六月初，学校组织九年级毕业生举行“告别母校”毕业典礼活动。旨在让学生牢记同学友情，感受父母艰辛，感悟师恩温暖，放飞人生理想，激发远大志向。在实施中学校根据不同的主题设计不同环节。

九月初：追逐梦想——开学典礼活动。以“梦想”为主题贯穿三个开学典礼，形成一个比较完整的序列。七年级为《寻梦：我有一个梦想》，八年级为《追梦：走好每一步》，九年级为《逐梦：更上一层楼》。同时，鼓励学生在七年级就定下初中三年的梦想或心愿，制成“心愿墙”悬挂在教室，激励学生坚持撰写实现梦想的成长日记。

十月：爱我中华——师生演讲比赛活动。学校结合庆国庆活动，开展爱国主义歌曲演唱比赛及爱国主义演讲比赛活动。同时开展“我眼中的水乡园林”系列活动，包括特色摄影、风情书画、“美哉！水乡园林”诗歌征文等。

十一月：训练雅行——“雅行示范班”授牌仪式。学校以“仪式”的规格来向“雅行示范班”授牌，旨在对学生形成心灵上的冲击，引导学生求真、向善、尚美。

十二月：辞旧迎新——师生元旦联谊会。元旦来临之前，以班级或年级组为单位，开展趣味多样的小型联谊活动，有时也举行全校性的师生联欢活动，师生同台献艺，凝聚集体意志，增进师生情谊。

九大精品德育活动以课程设置为导向，根据学生所处的学年段，加强学科渗透和班级渗透。既符合学校追求全面质量的总体要求，又符合德育建设中“目标导向——行为引导——活动体验——心灵感悟——素质提升”的原则，在活动中，学生的品质性格、学业成绩、特长发展等综合素质得到明显的提升。

二、以活动载体为媒，精心策划走好一盘棋

[案例名称]：“我眼中的水乡园林”

[案例分析]：潜江水乡园林特色独具，这里系古云梦泽一角，市域内湖泊星罗棋布，河网纵横交织，林木葱郁茂盛，是有着“活化石”之称的水杉的第二故乡。20世纪70年代初，一部反映潜江风貌的纪录片《水乡园林》在联合国公映，引起了强烈反响，著名作家碧野盛赞潜江：“这是一座绿色的城！”

潜江，地上盛产粮棉油，地下富藏油气盐，素称“鱼米之乡”。目前，潜江已成为国家商品粮、优质棉、特种水产、速生丰产林、瘦肉型生猪、农业综合开发和农业创汇七大基地，已形成油气开采、冶金机械、医药化工、纺织服装、农副产品加工五大支柱产业。

近年来，潜江市委市政府依据潜江水乡园林的特色，着力将潜江打造成文化名市、经济强市、园林城市，并进一步提出了建设“幸福潜江”的城市建设目标。

作为生活在潜江这块土地上的莘莘学子，将来大部分都将留在潜江生活、繁衍，他们是未来潜江的建设大军。作为这块土地上的主人，理应具有强烈的乡土意识。

乡土意识是一种朴素的情感，这种情感源于这块土地上的一山一水，一草一木。只有熟知她，才会热爱她；只有热爱她，才会把她建设得更美好。近十年来，每年10月，学校以“我眼中的水乡园林”为主题，设计出序列化的主题活动，以激发学生热爱家乡的情感。

[案例设计]：“潜江民谣我来唱”。学校以音乐课、地方课及大课间活动为依托，开展潜江民谣传唱活动。学校着力推行了“操后一支歌”和“课前一支歌”的训练。起初有难度，同学们大都不愿张嘴，因为除了音乐课，同学们很长时间没有在公开场合齐唱歌曲了。经过几次的动员、训练，让学校感到欣慰的是，大多数同学都开始张嘴唱歌了。经过一段时间的努力，大多数同学都学会了潜江的几首经典民谣，如《吹咚吹》《数蛤蟆》等。对这一次活动，学校深有感触：只要是有意义的事，只要是对学生的成长有帮助的事，学校就要做下去，即便是在推行的过程中有难度。学校希望，老师们能从孩子们的歌声中受到一些启示：孩子们的歌声是多么美妙！孩子们唱歌时的笑脸是多么可爱！孩子的歌声与笑脸难道不能融化学校因长期的应试教育而变得有些麻木而冰冷的心！通过潜江民谣传唱活动，家乡的一草一木都在学生心中活化起来。

三、以学生成长为主，做到德育覆盖一张网

习近平总书记在全国教育大会上指出了学校德育工作的重要性，学校德育工作上升到前所未有的高度。其重要论述，为学校做好新时代学校德育工作提供了强大思想武器和行动指南。近年来，我校坚持把立德树人作为学校一切工作的出发点，认真贯彻落实习近平新时代中国特色社会主义思想和党的十九大精神，紧紧围绕立德树人根本任务，坚持把德育放在学校工作首位，深入贯彻落实《关于加强中小学校党的建设工作的意见》《中小学德育工作指南》等一系列文件精神，加强和改进学校党建和德育工作，引导学生树立中国特色社会主义思想，确保思想阵地得到巩固。

我校在实施学校德育过程中，处处以学生成长的目的为主，做到德育覆盖一张网，涵盖到学生教育与学校工作的方方面面。教育部部长陈宝生指出，改进德育工作，重点要把握“信、心、活、全、书”五个字。“信”是信仰，要把理想信念放在第一位，加强党史、国史、改革开放史教育，教育学生信要马列，听党话、跟党走，树牢“四个自信”。“心”是心理，要根据学生认知规律，统筹好校内教育和实习实训、社会实践、研学旅行等校外活动，统筹好大中小学德育有机衔接，做到入脑入心。“活”是生活，从身边事、身边人出发，延伸到网络空间，指向道德实践，在日常生活中、在生动实践中把知化成行。“全”就是全员、全过程、全方位，从入学第一课到离校最后一课，渗透到每个学科、每个课堂、每个活动、每个班级、校园每个角落，让学校成为化育为人的天地，而不仅仅是教授知识和技能、发放文凭的场所。“书”指教材，教材使用面大、影响深远，加强政治把关非常重要。

校园文化是一种“润物细无声”的浸染，系列化的主题文化活动是身心投入的主动体验，学校在学校文化建设上遵循“视觉感知——行为引导——活动体验——情感升华——心灵感悟”的原则，符合初中学生身心发展的一般规律，真正落实了对学生“求真、向善、尚美、笃学”的培养目标。

打造人文德育品牌，促进学生全面发展。我校将不忘初心，不断开拓创新，强化育人能力，做到全员参与，实现文化育人、活动育人、实践育人等，培养能够担当民族复兴大任的时代新人。

树立劳动意识，培养时代新人

湖北省十堰高级职业学校　赵恩斯

百年大计，教育为本。教育是实现中华民族伟大事业的心脏工程，是促升生命进步的新鲜血液，是时代发展的精神能源。改革开放后，我国的教育行业迎来蓬勃发展的黄金时代。我校位于武当山下、汉水之滨，是国家中等职业教育改革发展的示范学校。目前，学校占地面积150余亩，现有专任教师276人，在校学生4118名。办学以来，我校始终坚持“质量立校、特色兴校、文化引领、内涵发展”的办学理念，秉承“砺德、砺学、自信、自强”的校训精神，传承弘扬“向上、向善、和谐、奋进”的优良校风，自觉践行“敬业、善导、博学、仁爱”的清正教风，牢固树立“勤学、善思、有志、有恒”的精良学风，坚持以立德树人为根本任务，推进学校内涵发展、创新发展、特色发展、和谐发展，大力建设学校劳动教育品牌，创新实践教育之路，提升教育教学品质，使学校精神风貌焕发全新样态。学校先后荣获“全国教育系统先进集体”、“全国德育工作先进集体”等荣誉称号。

一、规范管理，为学校品质提升夯实基础

没有规矩、不成方圆。规范学校制度管理是提升学校教育质量的有力保障。近年来，我校以学校文化为支撑，大力完善各项管理制度。根据劳动技术教育大纲和中职德育规范，我校党委依靠全体教职工、通过教代会分别制定了针对不同劳动群体的《量化考核细则》、奖惩制度，大力完善学生“五自”管理模式，让学生人人成为学习的主人，成为“劳动光荣、技能宝贵、创造伟大”的代言人。

校园文化是一所学校可持续发展的动力，是学校综合办学水平的重要体现，也是学校个性魅力与办学特色的体现，更是学校培养适应时代要求的高素质人才的内在需要。为此，我校认真布局，精心规划，全力打造文化气息浓郁的温馨校园。一是利用校园廊道、板报、橱窗、电子屏等方式突显实践教育宣传内容，让学生对校园文化耳濡目染。二是将实践教育纳入人才培养方案，让实践教育进课堂、进教材、进大脑、进日常生活，全面融入公共基础课和实习实训等各个教学环节。三是邀请行业专家、知名工匠、成功校友等走进校园，解读劳动精神。使学生感受实践教育的魅力，对“拔节孕穗期”的学生进行了精准滴灌。通过上述措施，学生的劳动意识显著提升，对学校文化有了深入了解。

习近平总书记指出：“一个人遇到好老师是人生的幸运，一个学校拥有好老师是学校的光荣，一个民族源源不断涌现出一批又一批好老师则是民族的希望。”教师是教育发展的第一资源，要想实现一流的教育，必须拥有一流的教师队伍。为帮助年轻教师快速成长，我校在课堂教学、班级管理、科室服务上安排有经验的优秀教师、班主任、科室负责人担任“师傅”，帮助年轻教师快速成长，全面提升年轻教师的专业技能和素养，使他们成为政治素质过硬、业务能力精湛、育人水平高超、爱岗敬业的好老师。

二、多措并举，为学生全面发展保驾护航

课堂是教育教学实施的首要阵地，为了使劳动价值在课堂教学中进一步彰显，我校制订了《十堰高级职业学校教学研究制度》，围绕实践的主题，教师人人发言、前后内容不能重复，不谈“优点”、只谈“问题”。校领导每周都要参加教研室、专业部的教研活动，要求全体教师课堂按“一学二练三考核”的分层分组教学模式进行，督导室每天公布课堂教学情况，做到既“哪壶不开提哪壶”，又“提了哪壶开哪壶”，落实好实践教育的渗透。承办各类活动竞赛是激发学生潜能，拓宽学生视野的有力渠道

一直以来，为提高学生劳动技能水平，我校大力倡导以赛促学，多年来积极承办全省职业院校技能大赛，形成了备赛系列制度，做到团结一心打整体战，参加一个项目，带动一个团队，成长一批教师。2017年以来，我校师生参加各类竞赛，成绩优异；2020年参加技能高考，本科上线人数居湖北省第三。

活动是体现学生综合素质的最好方式。它可以开阔视野、陶冶情操，可以培养学生的集体荣誉感，增强班级的凝聚力，它是师生之间的情感纽带，也是家校联系的桥梁。为此，我校十分重视社会活动，寒暑假，学校经常组织学生进行社会实践，如参加一江清水北送、孝老敬亲、交通志愿等实践活动。在十堰创健全国文明城市的过程中，每周末及寒暑假，都能看到我校学生在街头志愿服务的身影，他们用自己的方式助力创文、展现了劳动价值。为进一步让学生感受劳动的光荣和魅力，我校还通过校企合作，树立学生劳动意识，通过与东风、华为、中兴等企业的实习实践、协同创新，让学生走出校园，深入岗位一线，在实践锻炼中增强学生“学一行、干一行、爱一行”的专业自信，锤炼学生吃苦耐劳、严谨细致的劳动品格，培养学生追求卓越、精益求精的工匠精神。同时，为促进山区的脱贫攻坚和地方经济发展，我校组织教师为企业进行管理文化培训，为山区乡村振兴举办电商业务培训，为南水北调库区移民举办信息技术培训。安排学生到十堰地方企业进行实践、工学交替，为服务地方经济发展贡献力量。通过学校的培训和实践，实现了“一人劳动、全家脱贫”，从根本上阻断了贫困的代际传递。如今，我校已形成特色“五自管理”文化品牌，为学校品质提升奠定了基础。

三、不忘初心，为时代品质教育坚守阵地

长风破浪会有时，直挂云帆济沧海。今天，既是我校展示办学成就、弘扬文化的契机，也是我校继往开来、开始新征程的起点。面对新的机遇和更大的挑战，我校将继续贯彻落实习近平总书记“劳动最光荣、劳动最伟大、劳动最美丽”的重要讲话精神，进一步筑牢立德树人基石，把实践教育的论文写在祖国的大地上，积极建构“劳动光荣”校园文化，以先进的理念引领学校发展，以有效地措施促进师生成长，以严谨的态度探索教育规律，敢为人先，勇于创新，不断开启学校发展的新局面，用生命继续谱写一曲又一曲教育新歌。

坚定文化建设思路　共图美好发展前景

湖北省十堰市竹山县职业技术集团学校　沈敬东

2020年12月获评“湖北省第十二届学校文化建设百强校”，2021年5月获评“湖北省学校后勤文化建设示范校”。近两年，湖北省十堰市竹山县职业技术集团学校（以下简称“竹山职校”）这所集中等职业教育、成人学历教育、社会培训于一体的综合性中等职业学校，在文化兴校之路上昂首阔步，硕果累累……

校园文化是学校发展的灵魂，是凝聚学校人心、提升学校品质、增强学校“软实力”的核心要素。在全力抓好教育教学工作的同时，竹山职校立足当下，着眼未来，聚焦内涵发展，以核心文化、传统文化、制度文化为载体，着力校园文化建设，助推职业教育高质量发展，开辟出一条富有成效的文化兴校之路。学校先后斩获“512”工程合格学校、“国家重点中等职业学校”、“湖北省示范中等职业学校”荣誉称号，是市级文明单位、十堰市产业工人培训基地。

以核心文化引领方向

建设校园文化要对历史负责、对现在负责、对未来负责，深入思考培养什么人和怎样培养人的问题。在校园文化创建过程中，竹山职校确保党始终成为中国特色社会主义事业的坚强领导核心，聚焦指导思想，明确办学理念，坚持立德树人，着重引导师生牢固树立“四个意识”，自觉在思想上、政治上、行动上同党中央保持高度一致，扎实地把各项任务落到实处，从而形成了引领学校全面发展的核心文化。

指导思想更加聚焦。坚持“为党育人、为国育才”使命，以办好人民满意教育为宗旨，勇于担当作为，严格把党中央的决策部署落到实处；要求全体师生深入学习贯彻落实习近平新时代中国特色社会主义思想和社会主义核心价值观，坚定“四个自信”，坚决做到“两个维护”；注重党员干部教师学习习惯养成，创新学习载体，优化学习方式，丰富学习内容，寓教于学、常学常新，并融入课堂教学，着力提高师生思想认识和政治站位。

办学理念更加明确。深耕厚植“恪守以人为本、履行服务使命、铸就一流品牌、塑造鲜明特色”的办学理念，以人作为教育教学的出发点，顺应人的禀赋，提升人的潜能；以服务为宗旨，以就业为导向，

抓好中高职衔接改革，充分发挥县级职校对县域经发展服务功能；铸就一流品牌，培养一批品牌教师，一批品牌学科，一批品牌专业，从而提高学校整体影响力；塑造鲜明特色，在继承传统基础上加以创新，真正把学校办出特色，永葆生机与活力。

立德树人精准落实。德育工作是一项长期而又坚苦的工作。竹山职校时刻牢记理想信念铸魂这个关键环节，始终把立德树人的成效作为检验学校一切工作的根本标准，要求全体师生明大德、守公德、严私德，真正实现以文化人、以德育人；把立德树人内化到学校建设和管理各领域、各方面、各环节，做到以树人为核心，以立德为根本，不断提高广大学生的思想水平、政治觉悟、道德品质、文化素养，努力成长为有理想、有学问、有才干的实干家，在新时代干出一番事业。

以传统文化提质增效

传统文化凝聚了中华民族的智慧和思想，是中华文化的宝藏。学校教育特别是职业教育，更应该不忘传统文化，坚守教育本源，将传统文化的深远影响渗透到学生的学习和生活中，在潜移默化间促进学生道德行为规范和传统美德养成。

课外活动丰富多彩。活动是学校育人的一项重要载体，竹山职校精心组织、认真谋划各类课外活动，通过活动育人、实践育人等多种渠道提高学生思想水平，着力培养德、智、体、美、劳全面发展的社会主义建设者和接班人。第二课堂、廉政书法进校园、才艺社团、球类比赛、演讲比赛、运动会等各类课外活动有序开展，确保周周有活动，月月有赛事，每学期有一次大型运动会，着力培养“身心健康、个性张扬、全面发展”的学生；鼓励学生参加“文明风采”、“技能大赛”等各类活动，增强教育的针对性、科学性和实践性；选优配强辅导教师，引导学生走出校门，走上市赛、省赛乃至国赛的舞台，给学生出彩的机会，充分展现中职学生的良好风貌。

榜样模范不断涌现。为进一步加强和改进学生思想道德建设，培养学生良好学习素养，竹山职校以“校园之星”评比活动为德育工作的突破口，每周全校评选一名品学兼优的学生为每周“校园之星”，每学期有近20名学生获此殊荣。通过每周晨会、校园广播、大屏幕、主题班会、黑板报等形式多途径宣传，营造浓厚学习氛围，鼓励先进，树立榜样，让正能量引领学生的学习和生活，不断提高学生的综合素质。

师德师风明显改观。“其身正，不令而行；其身不正，虽令不从。”师德师风直接关系到校风、学风，对学生的影响是最直接性的。竹山职校高度重视师德师风建设工作，通过师德师风培训会、道德讲堂、专题讲座、廉政谈话等活动，引导教师确立职业理想、强化职业责任、严守职业纪律、优化职业作风、提高职业技能。同时，学校着力提高教师的思想政治素质，加强理想信念教育，坚持弘扬高尚师德，加强典型宣传引领，引导广大教师以德立身，争做有理想信念、有道德情操、有扎实学识、有仁爱之心的“四有”好教师。

以制度文化固本培元

制度是确保学校可持续发展的根本保障，建立健全学校各项规章制度，塑造良好的校园制度文化，是校园文化建设的重要内容。竹山职校在全校大力营造学法、懂法、守法、用法的浓厚氛围，使制度不只挂在墙上，更要内化于心、外化于行，成为管理学校的有力武器。

组织建设逐步健全。竹山职校着力提升党组织的影响力、战斗力、凝聚力，引导全体教师守初心、担使命，恪尽职守做好本职工作，以更加昂扬的斗志为推动县域职业教育发展贡献力量；高质量开展“不忘初心 牢记使命”主题教育，在找差距、补短板、抓落实上下功夫；扎实推进党史学习教育，强调全校党员同志要做到学史明理、学史增信、学史崇德、学史力行，确保高标准、高质量完成各项任务，在全校形成学党史、悟思想、办实事、开新局的浓厚氛围；广大党员教师主动发挥先锋模范作用，充分发挥党组织的政治功能和战斗堡垒作用。

法制教育逐步完善。学校高度重视法制教育工作，建立健全各种安全法制制度，成立各项安全法制工作领导小组，加强对全校师生进行经常性的和重点时段的安全法制教育和督导工作，保证学校的安全法制工作有组织、有领导、有制度、有落实；通过全校集会、升旗仪式、家长会、主题班会、安全征文、黑板报、校园广播等多种形式，对学生进行交通、防火、防溺水、防毒、防电、防盗、防传染病和防网络诈骗等方面的安全法制知识教育；加强日常及节假日巡视检查，不断强化和提高全校师生的安全防范意识和安全责任感，努力消除各种安全事故隐患，保证学校工作的正常开展和学生的身心健康成长。

健康教育更加多元。提醒学生时刻警惕学习生活中的不良行为，加强自身修养，用科学知识武装自己的头脑，做到“勿以善小而不为，勿以恶小而为之”；邀请专业讲师到校开展女生健康教育、学生心理健康、教师心理健康教育、消防演练、逃生避险等专题讲座，全方位关爱师生的身心健康；及时摸排“问题学生”信息，建立台账，随时关注学生动态，定期做好心里辅导，调整学生心态、促进家校互动，确保“问题学生”的人身财产安全。

一个优质学校的背后必定有着优秀的文化传承，只有拥有厚重的文化内涵，学校才能做大做强、持续发展。站在新的历史起点上，竹山职校将全方位配合、多方面努力，优化育人环境，提升办学品位，共图校园文化建设新发展，共谱校园文化建设新篇章，共创新时代职业院校改革发展新征程，为争创国家级示范中等职业学校打下坚实基础。

立德树人守初心，深思静想定乾坤

湖北省五峰土家族自治县长乐坪镇中心学校 李龙 文光进 何梦婕

“壶瓶飞瀑布，洞口落桃花”，我校就坐落这诗意美景之中，背靠国家级森林公园柴埠溪大峡谷，面临壶瓶山林区的绿色屏障，1947年建校，历经岁月积淀，长乐文化源远流长，于2014年正式更名为长乐坪中小学，实行九年一贯制教育。学校融合天问教育集团 “造就自主发展的人”的办学理念，着力打造两大特色：一是“明德尚学、求索长乐”的国学底色；二是土家民俗风情的地域特色。办学多年来，我校紧紧围绕“办有灵魂的学校、成有思想的校长、做有智慧的教师、成有个性的学生”的办学目标，努力践行“造就自主发展的人”的办学理念，坚持以德育为首，以质量为重的教育宗旨，着力培养“明德尚学、求索长乐”的长乐学子，突出十二项关键能力（自律力、责任力、抉择力、规划力、学习力、思维力、整合力、行动力、创想力、审美力、情商力、财商力）的培养。以“两自”教育为实施教育教学的基本途径——自主管理、自主学习。全校教职工风雨同舟，开拓创新，立足本土实际，大力开展校本教研，突出学校“传统文化+地方文化”特色，提高学生的综合素质，全面提升学校创新力和竞争力，促进学校的可持续发展。同时以区域现代化先进学校的创建为契机，做好学校的顶层设计，确定学校的发展目标和学生培养目标，创建适宜学生发展的校园文化环境，以丰富多彩的社团活动为依托，大力发展学生特长，为学生的终身发展奠定坚实的基础。

一、立足学校文化，建设优质育人环境

陶行知曾说过：“天然环境和人格陶冶，很有密切关系。”校园中的每一座建筑、每一处景点，每一片绿色，都成为一种思想的传递，一种文化的表达，优美的校园环境就像无声的老师，滋润着师生的心田，熏陶感染着师生，丰富净化着师生的灵魂，潜移默化地引导师生向着健康的方向发展。进入校门，一本正在翻阅的书籍雕塑上写着“求索长乐，坪上花开”八个大字，无声地表达了我校师生是一群品德高尚、热爱学习、勇于创新、心态阳光的自主发展的人。其次映入眼帘的就是醒目的中国五峰教育助力乡村振兴试验区版块，包含着“明德尚学，求索长乐”的校训、人人自觉发奋、人人自由发挥、人人自主发展（三自三发）的理念目标，及校风（幸福、健康、明礼、尚美）、教风（爱生、敬业、博学、善思）、学风（爱学、会学、乐学、活学）。走进操场，正对着的我校校门的主席台上就张贴着“造就自主发展的人”的办学理念。时刻提醒着孩子们的主人翁的意识，学会做班级、学校的主人。教学楼的设计也是处处凸显着地域民俗特色。初中部教学楼以长乐民俗为文化底蕴，建立起“春长乐、韵长乐、诗长乐、词长乐、歌长乐、赋长乐”为主题的梯间文化墙。一楼图说长乐各村廊，二楼土家元素廊，三楼五峰竹枝词，四楼望鹤楼诗钞。一方水土养育一方文化，一方文化哺育一群学子。五峰土家文化在历久弥新中培育出勤劳勇敢，自强不息的民族精神，这种坚定精神也是长乐学子思想成长的源泉。小学部教学楼同样如此，以明德、尚学、求索、长乐为主题，利用体验式设计和儿童文化在教室外墙以及楼道间布置出充满童趣的国学及传统知识。一楼趣味灯谜高高挂，激发了低年段孩子的学习兴趣。二三层楼二十四节气展牌不仅有节气图片、由来，更有节气古诗，对应中高年段学生古诗积累及课外常识。考虑到乡村学生的家庭情况，我校放置了大量的儿童读本位于每一层的楼梯转角处，通过开放书架的形式，让更多的孩子能够在书籍的海洋里遨游。在一楼的梯间最新设立了“校园开放式图书角”，一排排书架上整齐摆放着各类儿童读物：四大名著、名人传记、寓言童话故事、科学百科、漫画系列丛书……这些图书可供同学们空闲时在图书角内自由取阅，为学生营造一个丰富多彩、包罗万象的求知世界。

二、深化课程探索，领会品质教育真谛

为了唤起生命个体的勃发，激发生命成长内驱力，我校确立了“自主教育”的核心办学理念后。所有一切，学校架构、环境设计、课程开发、学习方式变革、教育服务等，都紧紧围绕学生内驱力的培养展开的，以“造就自主发展的人”为己任。自主教育是一种充分发挥生命个体发展性和主体性的教育理念，是“三自三主”的教育，以自知为基础，以自律为机制，以自强为目标，在有主见的前提下主动地主导自己的人生，即两个方向，六个维度：两个方向是发展性和主体性，六个维度是自知、自律、自强、主导、主见、主动，也即“三自三主”。自主教育着重发展十二项能力：学习力、思维力、行动力、责任力、整合力、抉择力、规划力、自律力、创想力、审美力、情商力、财商力。它从生命个体“人”的内在成长与发展出发，在给定环境下关注个体在成长与发展的过程中思维意识的培养，尊重个体的思维差异，是促进个人或团体自主生活、自主管理、自主学习、自主规划、自主创新、自主发展。

课程是学校教育的核心，课堂是课程的核心。我校将这些理念整合，融合发展。重视强化课程开发意识、明确处处是课程、时时有课程、重视校本课程的科学化、规范化、学科化。教师是课程的创生

者，要善于打破教材固有的学科知识逻辑结构，提升学科知识的逻辑结构与学生认知结构的吻合度，能够将多媒体信息技术引入，以学生喜欢的方式呈现核心知识，去除教材的冰冷，以生活化、童趣化的容和形式实现学科知识的火热，激发学生学习的动力，帮助学生自主学习；教师也是课堂的原创者，自主课堂对教师课堂规划的能力要求更高，从基本课程标准和学情设置学生在限定时间内的学习目标，课前、课中、课后基本任务的设定，学习过程中活动的策划，如此种种要更多的关注学生的需求，并在实施中适时给予学习帮助，自主学习并不等同于自由学习，教师要重建课堂，创生合作、活动、共享的课堂；教师还是学习共同体中的引导者。课堂教学里活动性、合作性、表现性，都是由教师把握和促成。

课堂是课程的核心，秉承“人人自觉发奋、人人自由发挥、人人自主发展”的核心理念，我校着力打造诗意课堂。充分尊重学生的主体地位，聚焦学生的核心素养，点燃学生发展的引擎，最大限度的激发学生的源发动力，呈现人人奋发向上、人人合作共生的良好课堂生态。自主课堂以学生发展为本：即全面发展、个性发展、自主发展、可持续发展；倡导“四主”：发展为主旨，学生为主体，问题为主导，活动为主线；把握三个关键要素：有主题，有活动，有反思；具备四个核心环节：导（预习铺垫，巧妙导入）——探（独立探究、小组合作探究）——议(班级展示、质疑释疑）——练（形成技能、反馈信息）。诗意课堂以问题为驱动。基于问题情境去发现、探索、质疑、释疑，开启愉快的学习之旅。

三、挖掘自身潜能，守望未来光彩人生

学生自主管理是学生在教师积极引导下自行发现自我价值、发掘自身潜力、确立自我发展目标、形成适应社会发展和推动个体与社会发展的意识和能力的一种教育管理模式。学生自主管理，也是一个比较好的教育过程，是一个社会实践过程，也是学校励志教育的一种体现。自主管理是对班级各种活动以及每个学生充分授权，让其产生责任感，即从而激励班级组织和个人学习的自主性和创造性的管理方式，准确地说是一种管理思想。班级自主管理全过程充分注重人性要素，充分注重学生的的潜能的发挥。注重学生的个人目标与班级、学校目标的内在统一，在实现整体目标的同时实现学生的个人追求。实施学生自主管理教育，并非是任学生自由发展，教师的引导作用不可忽视，也就是说，教师的监控要与学生的自主管理和谐统一。在不超出学生当前心理承受能力、自我调节能力的范围内，凡事教师都要敢于“放”，在学生误入迷途难以自拔的边缘教师要及时“收”。教师只有收放得体，学生才能具备创积极性和创造力，才能闯出一片即有益于自己又造福社会的天空。

学生既是教育的客体，又是教育的主体。教师应把学生视为班级的主人，应该让全体学生进入到自己工作的决策过程当中来，无论是制定计划、贯彻执行，还是检查监督、总结评比，都要让学生参与，使他们了解班级工作的上下环节，明确自己应该承担的各种义务。实施自主管理，学生会从自律前提下的自信走向自主，从自主走向自立，从自立走向自强，最终从自强走向自如，即能够灵活自如地适应社会的发展并推动个体和社会的不断发展。

总而言之，教育是一份温暖的事业，它尊重、赏识每个个体，致力于学生能力、品德等各方面素质的全面提升，服务于个体的健康成长，滋养每一个生命。可教育注定是一场没有终点的行程。在教育发展道路上，我校会不断继承、发扬坚苦卓绝、自强不息的精神，用热血装点教育事业的百花园，用生命继续谱写这首教育新歌。

进步即精彩

湖北省武汉市黄陂区滠口中学　陈小红

风雨兼程，往事经年。滠口中学踏着教育改革的脚步，一路高歌，播撒爱的种子，收获春天的梦想。“为了梦想而坚持，力求进步而精彩”这一办学理念已根植于滠口中学师生的心灵，坚守着、传承着。因为“坚持”，学校发生了翻天覆地的变化；因为“进步”学校走上健康发展之路。“坚持梦想”让我们在进步中显出精彩；“力求进步”已不再让人困惑，“进步即精彩”已成为全校师生走向发展的价值取向。

如果说“为了梦想而坚持”是我们办学的精神力量，那么“力求进步”则是我们不懈奋斗，实现人生目标的努力探索与实践。

“力求”，就是尽最大的努力去追求梦想。它体现了人的一种精神态度，干事业须得努力付出。“当勤精进，如救头燃，但念无常，慎勿放逸”。从来高僧大德为自度度人，精进不已，惜时如金，昼夜勤修，一分一秒都不肯白费虚度，心心念念都求与般若相应，表现出极度的人生精神。这与那些“慵、懒、散”等消磨时光的人，那些夙思夜梦营私利，诋毁他人的恶人，其人生态度，人生观价值形成鲜明的对照。

师德是教师之魂，乐教勤业是师德规范的最高境界。一个师德高尚的教师更会去珍惜自己的时间。备课、上课、批改作业、管理班级，等日常工作将会成为他看似平凡而又伟大的事业，他会竭尽全力去做好，在平凡中出彩。教师工作的纯熟性源于他的积极进取和勤奋敬业，只有乐教勤业的老师，才能全面、深刻地认识到教育工作的伟大意义，才能为教育工作本身所具有的乐趣而深深吸引。因此、学校着重打造师德师风建设，树立四种意识：育人意识。教师首先要转变观念，即从过去的教书匠向启蒙教师和导师转变，成为一个现代教育工作者，教育的专业人士。在对学生的教育中，不仅仅关注“传道、授业、解惑”，更重要的是与学生沟通，使学生整体得到发展，身心素质得以提高，人格得以健全。精英意识。教师是一种崇高的职业，被誉为“人类灵魂的工程师”，比喻蜡烛点燃自己，照亮别人，教师理应为自己从事这一职业感到自豪。但正是因为职业的崇高性，这就要求教师在任何场合都要严以自律，严格要求自己，对自己的行为做出正确的判断，使自己成为人群中最优秀的一员。审美意识。教师应着装庄重，大方得体，公共场合礼让，举止文明等。维护职业尊严意识。通过学习进一步增强教师的尊严意识，表现出强烈的敬业精神。教师把上课看作“课比天大”，集中精力上好每一节课。严守制度和纪律，守秩序，懂规矩，讲诚信，服从安排，有担当精神，处事得体。有良好的职业形象，在工作中力求做出最好的成绩，达到所能达到的最高水平，以体现自己的人生价值。在对待学生和家长方面都要有正确的态度，和学生保持良好的师生关系，做学生的良师益友，与家长保持沟通，努力在学生教育方面得到家长的配合和支持。

热爱学习，掌握过硬的本领是勤业的力量之源。习总书记指出，我们的本领随着时代的发展适应的一面不断在下降，不适应的一面在不断上升，这就是所谓的本领恐慌。而应对本领恐慌唯一的解决办法就是加强自身的学习。所谓学习不仅仅是读书看报，而是学以致用。既将学到的东西应用到实践中，又在实践中增强解决问题的新本领。在学习中，应不断地提高自己，丰富自己。在做好本职工作的同时，也要改变工作作风，提高工作水平和质量。其次，学习不应是被动的，而是要沉下心来，成为自觉的学习，使其成为一种追求，一种爱好，一种健康的生活方式，化被动为主动，使其成为一种常态。滠口中学历来倡导热爱学习之风，教育师生把学习当作为实现理想的有力保证，全校乐学、勤学的氛围悄然形成。

“进步”，就是人或事物不断的向前发展，实现梦想。进步就是实现人生理想的目标。使举国之少年而果为少年也，则吾中国为未来之国，其进步未可量也。使举国之少年而亦为老大也，则吾中国为过去之国，其澌亡可翘足而待也。故今日之责任，不在他人，而全在我少年。少年智则国智，少年富则国富；少年强则国强，少年独立则国独立；少年自由则国自由，少年进步则国进步……梁启超先生在这里阐述了中国少年建设少年中国之责任。人活着不一定要赚多少钱，也不一定要做多大的官，也不一定要做惊天动地的事情。但人活着一定要做一个有益于社会的人，要为人类的进步做出自己的贡献。这就要求自己要不断地进步、竭尽全力地创造有益于社会的价值。

确定人生方向，要有明确的目标，为进步导航。方向的作用是不言而喻的。方向不明、用心不专、力量不和，终无所成。人生好像是茫茫大海中的一叶小舟，每个人都曾经难免有过迷茫，但是只要有明确的方向，认真的、锲而不舍的向这个方向行进，最终会到达彼岸。确定方向、目标是人生中最为重要的事情，只有方向、目标清楚而后才能分得清利害，才能分清什么有用、什么无用，才能正确地应对环境。在这一点上自己要明白自己的长处和爱好。人无完人，只有扬长避短，才能发挥自己的优势。只有向我所爱，才能有精神的动力，才能无怨无悔。因此、把“和谐、自信、豁达、进取”作为滠口中学的价值观，让进步落实到教育教学质量的不断提升中去。

激发师生的兴趣、科学的管理、优良的学习态度是提高教育教学质量的前提，助推进步的动力。

兴趣是最好的良药，是求知欲的源泉，是推动师生前进的动力。学校教育质量要提高，既离不开教师的教学积极性，也离不开学生的学习兴趣。滠口中学在教师乐教，学生乐学上下功夫，努力创设良好的教与学的氛围，开展丰富多彩的教学研究活动，和群众性的练兵活动；在学生学习效率的提高上做文章，让学生学得轻松，学得认真。

严格的常规管理，是提高教学质量的可靠保证。俗话说：“没有规矩，不成方圆。”加强常规管理，是对教师的教学工作的肯定与鼓励。除了平时的常规检查，随堂听课外，课后辅导，还应加强教师的管理。检测是我们教学常规的重要抓手，总结教学经验，指出其在教学中存在的问题，提出改进措施，从而提高教学质量。

培养良好的学习习惯，是提高教学质量的根本。学生学习习惯的好坏，直接影响学生整个学段的学习与进步，甚至会影响到学生一生的学习与发展。

打造“进步课堂”，是提高教学质量的关键。教学质量的提高，在于课堂教学质量的提高。滠口中学精心设计了“进步课堂”模式，要求教师要根据各年级、各学科学生的基础和不同特点，制定目标，使“向40分钟要质量”的口号真正落实到每一堂课，充分发挥课堂的教学作用。教师上一堂课并不难，上一堂有质量的课就不容易，经常上高质量的课就更不易。教师要认真钻研教材，仔细备课。根据学生特点，制定教学目标，安排教学环节，打造有效课堂，使每堂课尽可能做到优质高效。

总之，保证教育教学质量的提高，立德树人，是教师的工作中心，是学校服务于学生的办学精髓，它贯穿于学校所有工作的全过程，进步才能落地生花。

“加强学习，力求进步，好好为人民服务”，这是毛泽东同志1965年在湖南为勉励工作人员的题词，读之，思之，人生何尝又不是在力求进步呢！

进步就精彩！

阳光教育让生命精彩绽放

湖北省武汉市江夏区庙山第二小学 刘道斌 陈华

世界因为生命而精彩，教育因为阳光而温暖。阳光，无疑是宇宙中最为炽热的爱。她用她的温暖去呵护地球中的每一缕生命的绽放。她用她的色彩去点缀世界每一个角落的繁荣与昌盛。如是，便让世界充满爱。学校，无疑是爱的摇篮。如何在每一项教育活动中去倾注爱的教育，值得每一位教育者去思考探索。我校作为一所新兴的学校更应该为爱的教育去砥砺前行。

2018年9月1日，我校在各方的重托期盼中如期开学，各项常规工作有条不紊开展。但常规办学不是一所新欣学校的目标，新的生命就必须赋予她新的色彩。2019年元月，经江夏区教育局引荐、武汉市教育局批准，我校与华中科技大学教育科学研究院在武汉市教育局委托管理项目支持下开展联合办学。2019年3月21日，华中科技大学教育学院的李太平院长及刘长海等6位教授委托管理团队及江夏区教育局基教科领导共同开启委托管理工作。华中科技大学教科院作为委托管理单位，将在三年里对我校进行全方位的打造，包括办学理念提炼和更新、教学模式建构、校本课程开发、学校德育改进、教师队伍建设、学校现代化建设等方面，力争使我校在未来的三年在办学品位上再上一个台阶。

一、开展全面调研，确立发展方向

办好一所学校，一方面，战略性的思考和选择非常重要，另一方面，细节的操作和把控也非常重要。为了全面了解学校现实状况，学校配合华科大委托管理团队在2019年1月15日到5月下旬对学校进行全面调研，调研过程中发放了1410份问卷，访谈学校干部和师生23人次，查看大量文字材料，深入课堂听课，观摩学校组织的活动，7月份形成了9万余字的调研报告。

报告分学校管理、课程改革、教学、综合育人、校园文化、教师队伍和学生发展等七个调研专题，对每个专题进行了归纳和总结，为后期各项工作的开展奠定了基础。

经过专家团队与校方多次探讨，我校初步确立了“阳光教育”的办学理念。2019年4月中旬，华科大教育学院及我校工作团队紧紧围绕办学理念，建构了庙山第二小学“阳光教育”文化体系。即：以“阳光教育”为办学理念；以“和美 向荣”为校风；以“敦厚、润生”为教风；以“勤思 敏行”为学风；以“日进日新”为校训；以“让学校成为互相照亮、共同生长的乐园”为办学目标，致力于培养阳光儿童

二、共同求知求索，落实各项措施

在共同探索的日子里，我校积极推出各项有效举措，让学校管理团队、教研团队、德育团队切实有效参与每一项共建活动中。无论是校园的文化建设、特色办学项目、教学教研、德育阵地、青年教师成长都在有效地求索过程中得到长足的进步。在短短的一年多时间里学校各项工作受到上级高度赞扬。

打造阳光课堂。每一次下校，课堂指导是专家团队的首选。李太平教授、余保华副教授、孙婧副教授、汪明春老师等专家共同全面投入，以听评课为基点，通过听课发现问题，并在评课过程中进一步反思，打造“阳光课堂”。专家团队结合江夏区“智学共生课堂”的实施意见并充分结合学校教师教学提出建构阳光课堂，设计了“五步教学法”。“五步教学法”与区教育局制定的“智学共生课堂”实施意见异曲同工。目前，所有学科的教学构建都基于自主预习、激趣导学、体验探究、表达巩固、绵延拓展五个环节进行教学设计实施课堂教学。阳光课堂让师生教学一体化活动得到贯彻，从而从双向上提高了课堂的实效，学生的主体地位在这一模式下也得到了凸显。

创建日日新德育。专家团队将“日新日进”的校训贯穿于每一次德育活动，并制定出我校的德育建设体系目标。班级所有德育活动都以“阳光”为载体，在各项班级活动中全面开展“阳光儿童”、“阳光班集体”、“阳光教师”等多项创建活动。以上活动践行了“在阳光教育之下的日日新”的德育理念，让学生自己在活动中去感悟，去体验，然后去生成，学生在鲜明指导思想下的活动充满了阳光。

规划校本课程。团队致力于打造学校“阳光教育”的点滴也切实落实到校本课程开发中。目前黄芳教授就学校未来的特色课程及建设正在进行如火如荼的实际设计，并且结合学校实际、学生实际做到“边开设，边制定，边设计”的循序渐进模式，逐步完善的学生阳光教育。

建立合作机制。委托管理项目的推进离不开双方团队的密切合作。一年多来，华科大委托管理团队与学校领导班子建立和谐的协作关系。学校的每一次德育、教研及学校重大活动都会提前与专家团队协商。李太平院长作为委托管理的负责人，他的每一次下校、每一次指导与教师代表、学校处室负责人的交流都以管理为切入点，可以说做到了事无巨细息事关心的程度。在2020年春举国抗击新冠疫情期间，作为全国德育常务理事的他对学生居家学习、防疫心理等、“疫”路有你等实际工作做了具体可行的指导。管理的实效就是学校发展的实效，精细化的管理带来的必定是精细化的发展。

三、收获喜人成果，继续砥砺前行

华中科技大学教育学院李太平院长、刘长海教授、余保华教授、黄芳教授、汪明春教授、孙婧教授多次就个人的研究及学校教师成长、文化理念、管理建设、德育建设等对学校教师开展有益的讲座、培训。在他们的指导与引导下，学校的德育班会建设及德育课堂多次受到区德育中心的推崇，同时也涌现出了江夏区首届德育名师刘晶及德育先进教师张青等教师。在教育教学上，团队的每一次亲临指导也让青年教师受益匪浅。像学校青年教师杨秀秀、程倩、李琪、祝芳、周雨晴、李娜、杨柯锌、倪晓婷、何涛、胡瑞等一批青年骨干迅速成长，并在市区两级的教学活动多次获奖。特别是在2020年春举国抗击新冠疫情中，她们都是江夏区“空中课堂”授课教师的中流砥柱。在每一节空中课堂之前，几位授课教师都会在庙山二小委托管理群里与专家就备课、技术操作、授课流程、课程资源与专家团队进行交流、沟通，确保优质优量完成网课制作与录制。

2020年元月，学校就“五步教学法”教案设计在全校范围内开展优质评选活动。全校91位科任教师就自己的任教科目自选教学内容进行了全学科的设计，达到了预期的探索效果。

在目标与方向得到确立以后，华科大教育学院委托管理专家团队及学校又将目光探向远方。建校三年来，在大家的共同努力下学校高举质量立校的大旗，奋力拼搏荣获多项集体荣誉：2020年春14位教师为江夏区“空中课堂”授课57节，多位教师荣获优秀授课教师、先进工作者。 连续两年被江夏区教育局评为江夏区教育局立功单位、江夏区文明单位、江夏区优秀集体单位、连续三年被江夏区教育局评为江夏区教学质量优胜单位、武汉市科技特色学校、武汉市素质教育特色学校、湖北省“第三十届毽球锦标赛”道德风尚奖。

四、追逐理想远方，点燃生命光亮

尽管受疫情影响，但委托管理项目的计划没变，学校改进和提升的信心没变。在接下来的日子里我们将继续前行。继续完善阳光课堂，重点推进五步教学法，适当时候进行课堂评价研讨。丰富“日日新”德育体系，建立体验式班会、班级文化和学校评价等方面构成的德育体系。建立完善的学校课程体系，推进学校活动课程化，突出环境教育、劳动教育。

锻造一支优秀的教师队伍，通过师徒结对、请进来走出去、参加研讨会、共同听课评课、推进教学反思等途径，加强师资队伍建设。

阳光是独一的，但他更是多彩的！生命是独特的，同时也是自主的！我们选择阳光教育，就是要在教育教学过程中把每一缕光亮都撒向孩子的心田！我们选择阳光教育，就是要校园的每一个角落都能得到阳光的普照！

为此，我们会努力追逐那一丝丝一缕缕的多彩！时光不待，追梦不已，奋斗不息。我们将只争朝夕加油干，让赢成为可能；快马加鞭奋力追，把梦变成现实。

以文化夯筑根基 用行动追逐梦想

——武汉市新洲区第四中学特色办学综述

湖北省武汉市新洲区第四中学 黄建平 方宗宝 龚建校

巍峨的大别山，秀美的道观水，古朴的问津书院，浸润着一方净土。1956年，湖北省武汉市新洲区第四中学（以下简称“新洲四中”）就在这山清水秀、人杰地灵的沃野由一座百年古刹“解元寺”改建而成，1970年升格为高级中学，1999年更名为“武汉市新洲区第四中学”。

65年筚路蓝缕，65年砥砺奋进，于今，学校已发展成为占地136.5亩、建筑面积达4万多平方米、规划绿地绿化全覆盖的现代化、园林式市级示范高中。这里宽敞、干净、安静、幽雅，不仅是新洲东半区子弟读书成才的胜地、学校师生员工的“精神家园”，也是武汉市“绿色校园”建设中一道亮丽的风景。学校被《湖北日报》刊文誉为“荆楚大地上最美的乡村学校”。

凝练办学理念，绘制发展蓝图

治校理念是学校发展的灵魂，也是学校发展的关键所在。一所学校要真正成为一个品牌，首先必须有明确的教育思想定位。

坚守办学理念。学校认真落实立德树人的根本任务，凝练出“自主·发展”的办学理念和“自强、开拓、励志、博学”的校训，大力营造

“自强、勤奋、团结、创新”的校风，“科学、严谨、务实、求真”的教风和“勤奋、刻苦、好学、上进”的学风，不断完善“自强·构建·发展”的办学模式，激励全校师生同心同德、自立自强、开拓进取、创新发展，努力实现“一流的校园建设、一流的设备设施、一流的师资队伍、一流的科研成果、一流的管理水平、一流的学生质量、一流的工作环境、一流的服务特色”及“办人民满意的现代化农村教育”的办学目标。

描绘发展蓝图。学校科学制定《新洲四中“十四五”发展规划》，进一步明确了“七更·六园”的发展目标，即经过5年努力，把学校建设成“底蕴更深厚、理念更先进、环境更幽雅、设施更齐全、师资更优秀、特色更鲜明、质量更优异”的全市一流农村示范性高中，使学校成为绿色的校园、数字的校园、智慧的校园、平安的校园、书香的校园、和谐的校园。

创新制度管理，打造高效团队

良好的制度管理是学校可持续发展的关键和保障。近年来，新洲四中不断探索管理规律，创新管理模式，完善管理制度，形成了严格、精细、规范、高效的管理特色，为学校的可持续发展提供了制度保障和智力支持。

完善规章制度，依法民主管理。新洲四中坚持“以制度规范人，让制度评价人，用制度激励人”的原则，先后制定了完备的招生考试、班级管理、教学评价、人事聘用、业绩考核等一系列规章制度，注重严格执行、及时检查反馈、公平公正公开，确保学校各项工作依法有序高效运行。

落实岗位职责，确保执行有力。新洲四中实行校长负责制，由校长负责学校全面工作，遵循“集体领导，民主集中，个别酝酿，会议决定”的原则，行使决策和指挥权力；校党委起政治核心作用和监督保证作用，教代会和工会参与民主管理，各部门职责明确、配合协调、管理科学、作风民主。

深化校务公开，推进民主管理。教代会是推进学校民主管理的重要杠杆，是实行校务公开的基本形式和主要渠道。新洲四中十分重视教职工代表大会制度的建设，充分发挥其民主管理、民主监督作用，制度制定、干部选任、绩效考评、评先晋级、工程招标等重大决策都必须通过教代会进行民主表决；学校实行党委集体议事制度和“党务公开、政务公开、教育过程公开”的三公开制度，落实民主管理工作常态化、制度化、规范化，进一步提升了学校民主管理的水平。

加强作风建设，打造干部团队。新洲四中将“自强·创新”的主体精神细化为团结和谐、埋头实干、善思善谋、创新创优的团队工作作风，明确班子议事规则、办事程序和工作职责，健全班子的民主生活制度，努力造就一支有思想、有智慧、有魄力、懂规律、会管理、善创造的坚强领导集体。

注重人文关怀，锻造师资队伍。新洲四中全面关心教师成长，大力弘扬培养“四有”好老师、尊师重教的社会风尚，确立以尊重人、信任人、激励人、发展人、成全人为出发点和归宿点的人本思想，努力提高教师政治地位、社会地位和职业地位，让广大教师安心从教、热心从教。

探索育人之道　推动有效德育

五育并举，德育为先。德育是素质教育的灵魂和核心，是社会主义精神文明建设的奠基工程，是促进学生健康成长的根本保障。新洲四中积极践行社会主义核心价值观，遵循德育“三真”（真实、真诚、真情）原则，整合“三教”（学校、家庭、社会教育）合力，兼顾“三课”（直接德育课、间接德育课、隐性德育课）并重，实施“三全”（全员、全方位、全过程）共进，按照“目标引领、立足常规、形成套餐、彰显特色”的德育规划，有计划、分步骤、重实效地推进有效德育工程，凝练了科学的德育理念，形成了鲜明的德育特色，取得了丰硕的德育成果。

学校结合本校实际，对新生开展“扣好人生第一粒扣子”主题教育和“生涯规划”教育，同时广泛深入开展“三生”教育，每月一个主题活动，三个年级又各有侧重、突出主线，落实学校育人理念。高一主要开展“生命教育”，通过新生军事训练（9月）、紧急疏散演练（10月）、文明礼仪教育（11月）、励志演讲比赛（12月）、祭扫烈士陵园（3月）、青年志愿者行动（4月）、法治安全讲座（5月）等多种形式，引导学生珍惜生命、尊重他人，遵循安全常规，讲求文明礼仪。高二主要开展“生活教育”，通过尊敬师长抒感恩情怀（9月）、参观省博访荆楚文化（10月）、星级评选树典型示范（11月）、文艺汇演展特长才艺（12月）、走进社区换角色体验（4月）、慰问敬老院献拳拳爱心（5月）、励志报告树拼搏意识（6月）等多种途径，引导学生珍惜生活、关爱他人、感恩父母。高三主要开展“生存教育”，通过互晒理想确立奋斗目标（9月）、心理讲座争做阳光青少年（10月）、励志报告树立远大理想（11月）、拔河比赛打造团队精神（12月）、百日誓师激发学习斗志（3月）、走进高校憧憬美好未来（4月）、成人仪式明确责任担当（5月）等多种方式，激发学生珍惜时间、勤奋好学，努力提升生存本领，实现“生命因奋斗而精彩”的德育理念。“三生教育”主要以活动为载体，让学生在活动中体验、在体验中成长，在不知不觉中提高道德素养、固化优良习惯、磨砺意志品质、增强责任担当，收到了良好效果。

深化课改实践，构建高效课堂

课堂是实施素质教育、落实教育教学的主要载体。在课改实践中，新洲四中聚焦“一核四层四翼”，注重学生核心素养培育，践行“五育并举”理念，倾力打造高效课堂，促进学生全面发展。

一节课好不好主要看是否做到“三个起来　三个转变”，即学生主体，动起来、活起来、乐起来；教师主导，讲师变导师、教案变学案、教材变学材）。为此，新洲四中坚持以学生为主体，探索构建了以任务生成、组内活动、组际交流、反思梳理为主要内容的“四段式”教学模式，并制定了翔实具体、操作量化的课堂评价标准，从关注教师“教得怎么样”转变到关注学生“学得怎么样”，从注重学习结果转变到注重学习过程，着力培养学生的必备品格和关键能力，大力提升教育教学的质量和水平。

丰富校园文化　弘扬四中精神

文化是一所学校的灵魂。在办学实践中，新洲四中把文化建设放在重要地位，在传承学校优秀文化根脉的基础上，以办学理念为核心，构建学校理念文化、制度文化、课程文化、行为文化和环境文化，形成学校文化体系，并不断丰富校园文化，彰显学校特色。

弘扬做事文化。早在20世纪70年代，新洲四中就形成了艰苦创业、扎实做事的办学作风。新时期，学校秉承“自强创新”的主体精神，坚持摆做法、摆成绩、摆带头作用的工作做法，大力倡导“有为有位、有为有威、有为有味”的做事文化，使得实干兴校的观念融入四中人的血液之中。

营造爱心文化。没有爱就没有教育。新洲四中坚持“教育就是服务”的服务理念，用社会主义核心价值观来引领校园爱心文化氛围。例如，学校团委组织志愿者到周边福利院开展敬老爱老活动、辅导农村留守儿童，到旧街街道观河水库下游的沙河开展“助力军运会、保护母亲河”主题志愿服务活动等，培养有担当的新时代青年。

发掘环境文化。校园环境是重要的隐性德育课程。新洲四中校园树木四季常青，春华秋实，文化景点与自然景观相映成趣，现代文明与优秀传统文化交相辉映，真可谓“诗文书画引人入胜，名人名言催人奋进”，极大地丰富了师生的精神境界，让校园真正成了他们的精神家园。

65年春华秋实，四中人把艰苦奋斗的创业精神、与时俱进的创新精神、科学务实的求真精神、和谐合作的团队精神凝练为“四中精神”，把“继承与创新，改革与发展，自主与探究，科学与人文相融”作为学校的办学特色，致力于优质高效课堂建设，致力于生活化的有效德育体系建设，致力于培养人格健全、自信自强、勇于进取、德智体美劳全面发展的社会主义建设者和接班人。

展望未来，新洲四中将继续以习近平新时代中国特色社会主义思想统领学校改革和发展全局，紧紧依靠广大教职员工，进一步推广和完善“自强·构建·发展”的教育模式，全力打造多样化优质发展的普通高中，办好人民满意的现代化农村教育，真正把学校建设成“现代化、高质量、有特色、示范性”的知名高中，实现四中人的“百年梦想”。

教育因温暖而生辉

湖北省武汉市旭光学校　晏汉生

教育，让世界温暖。这是基于我校暖教育理念的高度概括，也是学校温馨生活的一种日常表现。一个理念，可以改变一个人，也可以改变一所学校。自从秉持暖教育理念以来，我校从细节开始，“苟日新，日日新，又日新”，发生了一件件立德树人的典型故事，在实践中产生了基于暖教育理念的系列教育案例，学校的教育发展不断跨上了新的台阶。

一、暖教育典型故事

教育没有神话，但沿着时间的轨迹，教育会衍生故事。基于暖教育理念，我校教育故事的缘起，当从一个学生讲起：

他叫彭泽智，我校学生，2019年，被评为全国最美中学生标兵，湖北省被评上这一光荣称号的中学生只有他。彭泽智同学在我校的成长经历，是这样的——他是来自贫困山区一位少年，父母在武汉以收废品为生。2017年3月3日的傍晚，彭泽智吃完晚饭后走到小区门口，就看到一辆黑色轿车的旁边有一个棕色包，他好奇地走过去，捡起来打开一看，里面有一沓钱和几张证件。他一时不知道怎么办，就急忙回家把包交给了父母。爸爸见了说：“这么多钱，别人一定有急用。”于是，父亲和彭泽智带着包去了附近的派出所。派出所的民警当即数了一下现金，一共是三万多元。这件事情传开后，彭泽智同学被评为“洪山好人”。而他闪闪发光的故事还没有结束。

2018年4月15日晚上六点钟，在华中科技大学瑜伽草堂附近，突然传来惊恐的喊声：“快来人啊！有人在那上吊！”情况万分危急！正在附近的彭泽智同学和他的几位同学赶紧飞奔过来。他们一边把那人抱着往上抬，一边爬上窗户解绳子，利索地把那人救下来了。彭泽智和同学一起救人的事迹再次成为旭光校园一个道德亮点。这次，他的事迹传播得更远，最终，他被评为全国最美中学生标兵。

平心而论，旭光学校是一所很普通的九年一贯制学校，产生“全国最美中学生标兵”颇令人意外。然而，正因为这种“意外”，却引发了我们对教育的深刻反思，倒逼着我们必须思考一个问题，那就是：我们要办什么样的教育？

如果以应试模式的标准来衡量办学水平，旭光学校处于发展的“瓶颈”阶段，集中表现在：中考升学率提升不快、社会赞誉度一直不高、优质生源不断流失，等等。带来的间接后果是，教师工作积极性不高，政府对学校支持力度弱化、学校发展前景不明等。因此，学校需要改变，审时度势，寻找发展的突破口。

最美中学生标兵的诞生，给我们的启示是：旭光学校要得到发展，需要更新教育理念，让教育走出“唯分数论”的魔咒，回归培养人的本质，即：立德树人。学校便顺势而为，提出暖教育理念，在学校办学行为中加以践行。暖教育是有温度的教育，在教育的温暖中成长，在成长中温暖世界。所以，旭光暖教育的故事不断延续。在抗疫期间，旭光学校学生给世卫组织驻中国代表高力先生写信，得到回信，引起媒体高度关注。

2020年5月5日，旭光学校七年级二班闫澄同学，在班主任黄敏老师的指导下给世卫组织驻中国代表高力先生写了一封信，提出了把平时通过垃圾分类收集的可回收物品卖的钱，向世卫组织捐款的想法；同时，还针对疫情肆虐全球的情况提出，希望通过世卫组织，呼吁全世界的青少年携起手来，努力帮助需要帮助的人。这封信通过媒体的传播被很多人读到，“没有人是一座孤岛，病毒是人类共同的敌人。”世卫组织驻中国代表高力先生读到了这封信。5月11日，他给旭光学生写了回信，信中说：“我们深深感受到武汉的同学们对生活的热爱，对全球疫情和全球人类的关心。”高力先生的回信，四页纸，工工整整，是一笔一画的中文手写。网友表示，如此工整，暖心！回信寄到了旭光学校，洋溢着高力先生的鼓励，这也是对旭光暖教育给予了一种特殊的肯定。

二、暖教育理念办学实践

我们对暖教育理念的理解，提炼为三点：其一，回归教育的本质，“心中有爱”；其二，尊重教育的对象，“眼里有人”；其三，建立良好的互动，“手下有情”。基于此，学校从四个方面将暖教育理念渗透在学校办学的日常行为中：

构建以暖教育理念为核心的校园文化。学校提出坚持暖教育理念后，就积极打造以此为核心的校园文化。首先提出充分体现旭光精神的“旭日方东，曙光熊熊”的表述语。其次，将“温暖”列入校园文化关键词，注入“办有温度教育”、“温暖教育，美丽同行”的时代内涵，在旭光学校师生中，这些标识语已深入人心。再次，设计以太阳花为学校新LOGO，整个学校以像阳光一样的橙黄色为主色调，充分显示温暖的意涵。

倡导符合暖教育理念的教育教学行为。秉持暖教育理念后，领导干部率先按暖教育理念“规范”自己的行为，从门口值班做起，微笑对待每一个走进校园的学生，提高服务学生的质量。在课堂教中，要求教师严守师德要求，多关爱学生，既要“净化”教师语言，又要“暖化”课堂话语，特别不能伤害学生人格尊严。任何教育教学行为都要严格按照法律和文件要求，严禁体罚学生等。

开展践行暖教育理念的社会实践活动。彭泽智同学被评为全国最美中学生标兵后，学校迅速成立“旭光志愿者服务队”，定期参加社会实践活动。不仅仅是学生，对教师也不间断地开展志愿服务活动。特别是在抗疫期间，学校不仅涌现出了大量抗疫志愿者，学校还全员下沉社区值班，一直坚守到抗疫后期。

办好体现暖教育理念的关爱学生实事。涉及学生人身安全的校园设施和食品卫生，学校都是放在首位，定期检查，及时整改；针对食品卫生，严格按上级规定执行标准，保证学生安全万无一失。

三、暖教育理念引领发展

教育永远在路上，我校践行暖教育理念还是刚刚起步。但沿着这一理念的指引，我们还有很大的作为空间。学校坚持暖教育理念应该从以下几个方面推进：

首先，增强践行暖教育理念的韧性和信心。增强践行暖教育理念的韧性，需要深入认识坚持暖教育理念的现实意义。无须讳言的是，当前，基础教育中问题多多，但以中小学生人身事故率上升最为揪心。究其原因，根子在于应试教育的模式造成了学生多重压力。而要缓解和解决这一问题，必须在教育理念上争取突破。坚持和践行暖教育理念，不失为一种有益的探索。况且，在全国各地，已有很多学校取得了显著成效。

增强践行暖教育理念的信心，需要对暖教育理念进行深入的理论探索和思考。理论本身的系统性、科学性和可行性决定了理论本身的品质，形成理论自信的底气。

其次，规划践行暖教育理念的学校发展愿景。暖教育理念就是要关注人，尊重人，凸显人的价值。在暖教育理念引领下，学校的办学目标定位为：“全面发展学生核心素养，努力办人民满意的教育，创九年一贯制特色名校。”学校发展的美好愿景充分体现暖教育理念，符合学校教育的价值追求和社会期待，也是落实党和国家对教育是以立德树人为根本任务的基本要求。

第三，构建践行暖教育理念的管理运行机制。目前，学校秉持暖教育理念办学，还只是给学校整个办学运行机制装了一个“启动键”而已。根据管理学上的“戴明环理论”，学校管理运行机制可以分为四个环节：计划、实施、检查、总结。践行暖教育理念，必须将其植入每一个环节中，贯穿于学校管理活动的全过程，渗透在具体的管理行为之中。一方面，从静态角度来说，学校制度规则、课程课题、资源配置等都应充分体现暖教育理念；另一方面，从动态角度来说，管理过程中行为人的情感态度、话语方式和工作方式，包括课堂教学和社会实践活动中，都要体现暖教育理念的价值内涵。学校对课堂的要求是：“‘五育并举’，面向全体，上好每堂课，教好每名学生。”这一的要求说到底，　就是关注人、尊重人、信任人、发展人，处处体现以人为本。

第四，营造践行暖教育理念的校园文化生态。营造学校发展“新生态”践行暖教育理念，基于现实需要，又尊重学校传统，结合“他山之石”，提炼出学校发展新理念，乃至重建学校价值观基点，不亚于给学校生态系统重新“换水”。学校将以“弘扬抗疫精神，开展志愿行动”等系列德育活动为切入点，重新构建校园文化生态，首先把学校建成一个充满“温暖”的地方，以暖教育为核心理念的文化生态，形成学校核心竞争力，引领学校特色发展。

第五，建立践行暖教育理念的效果评价体系。践行暖教育理念效果如何，需要相应的教育评价体系来施以判断，因为学校发展要以暖教育理念为核心依据，根据其本质要求和理性内涵来制定完整的评价标准，分短期、中期和长期来评价考核。

教育责任重大、使命光荣在肩。践行暖教育理念，我校正以一种乘风破浪的无畏勇气迈向旭光教育事业发展的康庄大道。未来，我们一定会涌现出更多更精彩的暖教育故事，为新时代教育的发展谱写新篇章。

参考文献

[1] 陈大伟.观课议论的理念与实践策略，北京：开明出版社，2009.3

[2] 李梦竹、王安全.学校教育应该“温暖”而行，现代教育科学·普教研究 2015.8

[3] 罗崇敏.教育的逻辑[M]北京：人民出版社，2010.（此处转述自周凤林.学校德育顶层设计论，　上海：华东师大出版社.2017.）

[4] 易丽.文化生成：营造学校发展“新生态”南京：江苏教育出版社，2011.

[5] 张俊峰.暖教育的姿态，上海：华东师范大学出版社，2015.

浅谈小学管理中的“无为而无不为”

湖北省襄阳市春园路小学　田峰

摘要：管理是一门科学也是一门艺术，艺术更加强调管理的实践性。小学阶段的管理工作涉及的事项繁杂且难度较高，因此小学管理工作者经过多年的实践提出了“无为而无不为”的管理理念，为解决小学管理难题提出了新的思路。本文将从以身作则，率先垂范、平等待人，讲究多元、重视民主，无为而治三个方面阐述小学管理中的“无为而无不为”。

关键词：小学管理；管理理念；无为而无不为；策略研究

传统的小学管理方式过于死板的管理导致学生与教师的关系僵化以及学校的办学质量一直止步不前。“道常无为而无不为”是老子在道德经里提到的，其中无为的意思并不是不作为，而是不做有违常理、道德、法律的事情，引申到管理中就是达到一种“无为而治”的管理和高度艺术的境界。在小学阶段的管理过程中，教师要注重对于学生的引导，强调榜样的力量和情感的渗透，让一个个天真可爱的孩子感受到教师以及学校的良苦用心，实现真正的无为而治。

一、以身作则，率先垂范

小学阶段的学生尚处在认知世界的过程中，他们往往对于身边的很多事物有好奇心，不知不觉中会进行模仿，教师们可以利用这一点来实现对学生潜移默化的影响，逐渐让学生形成好的行为习惯，自然就能达到无为而治的目的。道家“处无为之事，行不言之教”充分说明了管理者以身作则、率先垂范的作用。只要管理者能够从自身做起，用自身的人格魅力影响和感染被管理者，就能实现好的管理。在学校，教师和校长等相关的领导不仅仅是课本知识的传授者，更是管理者，应当具备优秀的品质和奉献的精神。例如，在校园中经常有这样一幅场景，学校的很多垃圾桶旁边在每天的傍晚都会有很多垃圾，有些学生在经过垃圾桶的时候往往是希望将垃圾扔在垃圾桶里的，但是由于垃圾桶满了，无法将垃圾扔进垃圾桶里，自认为地将垃圾扔在了垃圾桶旁，一个学生这样做了，接着就会有很多学生这样模仿跟风，有天校长经过那个装满垃圾并且溢出来垃圾的垃圾桶的时候，就近拿了一个扫把和簸箕将溢出来的垃圾打扫干净了，当其他学生扔出垃圾的时候，看到打扫的人是校长之后，学生感到非常震惊，然后就将扔的垃圾捡起来了，这就是管理者的力量。事后我问了这几位学生，当时感到非常惊讶，没想到校长也会收拾那里的垃圾，处于害怕还有佩服的心理以后就再也没有扔过垃圾。经过观察，这几位学生的同学也不在会当这里的垃圾桶满的时候还扔垃圾，久而久之垃圾桶旁边再也没有一个垃圾了，又恢复成学校一道亮丽的风景线了。校长作为一个学校的最高领导者。当学生犯错的时候，教师们首先要问自己是否自己做到了并且给学生做了应有的示范，一味地批评只会是盲目的反抗，管理的艺术和无为而治就体现在这里。

二、平等待人，讲究多元

传统的管理中教师与校长似乎就应该保持威严的模样，因为只有这样才能够给"治住"学生，让学生听话。殊不知，这样的做法会让胆小的学生感到害怕，在教师面前战战兢兢，胆子稍微大点的孩子会在老师面前听话，但是在同学们面前就是耀武扬威，形成一种死气沉沉的感觉，不利于学生们提出充分发挥自己的主观能动性，提出创新想法。因此校长及教师需要将自己的角色重新定位，不要总是一副高高在上、颐指气使的样子，这样的领导在小学教育中始终成为不了一个好的领导，转换成为平易近人、和蔼可亲的样子，让学生和教师受到感染，教师对学生也同样是和颜悦色，班干部对班级里的学生也是平易近人，整个学校就会是积极向上的局面，学生充分发挥自己的才能，对学校各个方面出现的问题积极踊跃地提出意见和建议，建设有特色的学校。其次，校长要能够从教师的角度考虑问题，当教师生活上或者教学上的困难寻求校方帮助的时候，校长能够伸出援助之手，积极帮助教师们解决问题，使得管理更加人性化，教师会更加努力地教学，凡事在校长的影响下也会从学生的角度看问题，在教学模式方面会将学生作为课堂的主题，在生活方面会帮助学生成为更加懂事、负责的孩子。这种善意就像是一种接力棒，从校长到教师再到学生干部，班长、课代表的班级干部也会帮助其他学生，将善意一直传递下去。第三点是形成较为完善的评价机制，除了上级对下级的监督评价以外，要让各级领导、教师、学生对自己的工作学习进行评价，同级之间也要形成一定的评价，对于学校的整体工作，要形成家长和社会的综合评价，要考评的时候要赋予一定的权重，这中多元化的结果会更加公平，更具有说服力，也更容易发现问题，当发现问题的时候，学校各方对此提出各种意见，最后经过评估选择出较为合适的解决方案。

三、重视民主，无为而治

管理的最高境界就是"无为而治"，实现自主管理。要想实现无为而治就必须要将传统管理中的"集权"转变成21世纪知识经济下的"民主"，这需要管理者首先从思想上实现重大的转变，将管理的思维实现彻底的扭转，在遇到学校的相关重大决策的时候校长要学会来自教师、家长以及社会、政府的意见，做出更加妥善和顾全大局的决定。校长不能存有任何的私心，在学校的利益和个人的利益面前，要坚决做出符合学校利益的决定，如果校长一人可以做出关于学校的所有决策，那么难免会由于各种各样的私人原因而做出错误的选择。民主的管理不仅可以创办更加活跃和有特色的学校，还能够及时发现办学中存在的一些问题，这样有利于学校实现质的飞跃和取得巨大的进步。校长在与人商量的时候，不管是教师还是其他部门的领导等都要用有一种商量的口吻与人进行交流，这样对方才会因为你的真诚给出更加优质的建议，时刻保持谦虚的态度，这同样也是民主管理的一中体现。此外，教师与学校要学会倾听学生内心的真实想法，真正了解到学生需要的是什么。此处就提出三种相对可行的方法，第一种是教师要学会与学生交朋友，和学生在交流的过程中有意识的讯问学生关于教师的讲课方式或者是较难的知识点以及学校的后勤等，学生会非常乐意与自己的朋友分享校园中的事情，即使学生说错了，教师也要耐心地告诉学生为什么错了，讲求一种说话的艺术。第二种方式是问卷小调查的形式，针对教师、学生和家长做出针对性很强的问卷，将问卷进行发放，保证问卷的有效性至少在90%以上，学校可以让第三方调查公司去做问卷的发放和收集以及事后的数据处理，问卷的设计合理与否需要学校与第三方一起商讨，最后根据相关的系数去掉问卷题目。第三种是在教室、校门口等地设置意见箱，如果家长、学生对学校的管理方面或者是教学方面有任何的问题都可以将自己的意见写在纸上，然后投到意见箱里，学校要非常重视意见箱中的意见，不要将其作为是一种无聊的摆设，因为最基层的意见才是最为真实可靠的，身在其中的领导者往往看不到最本质的问题，导致事情不仅得不到解决，还会浪费大量的时间和金钱，反而某些看似不起眼的意见其中藏着操作性和实践性非常强的意见，因此领导们要格外重视。民主不仅要校长民主，学校的各个部门的领导也要实现民主，学会听从各方的意见和建议。

结语：实现小学管理的无为而治是一个漫长的过程，管理者要有足够的耐心，并且将各种具体的措施坚持下去，一以贯之，在潜移默化中让学校从上到下形成一个有凝聚力、向心力、自我约束力的优秀的团队。本文提到的三种方式仅仅给各位管理者提出一点意见和参考，具体措施的推行要根据学校的情况作出相应的改变。

参考文献

[1]林文智. 无为而治, 激扬生命发展——谈班级教育管理的策略[J]. 现代教育论丛(2): 86-87.

[2]宋振玲. 处无为之事,行不言之教 —— 论班级管理中的"无为而治"[J]. 考试周刊(29).

[3]周慧. 浅谈"无为而治"在班级管理中的运用[J]. 湖北理工学院学报, 2017, 19(4): 27-29.

[4]闵海艳. 老子的"无为而治"在学校管理中的应用[J]. 文教资料, 2018(8): 72-73.

体验式德育，助推学生全面发展

湖北省襄阳市第一中学　方向东　易俊平　周满江　黄刚

为全面贯彻党的教育方针，深入贯彻习近平总书记系列重要讲话精神，我校始终坚持育人为本、德育为先，大力培育和践行社会主义核心价值观，以培养学生良好思想品德和健全人格为根本，以促进学生形成良好行为习惯为重点，不断完善学校德育工作长效机制，全面提高学校德育工作水平。结合自身实际，学校开展了全人教育理念下的体验式德育。

一、体验式德育概念

从我国传统文化典籍中理解"体验"的含义，即是设身处地，身临其境，亲身实践为"体"，观察感怀，触及心灵，查证确考为"验"，古人十分注重躬亲体验达到自我人格的至善境界。体验式德育则是在德育中充分发挥并重视体验的作用，是教育者根据设定的德育目的，安排德育内容，创设德育问题情境，使青少年亲身经历或者想象构建，开启心智、激发情感、磨炼意志、领悟和反思，将德育目标内化并通过德行外化，完成道德认知、情感、意志、信念和行为协调发展。通过受教育者对生活环境的感知体悟，激发关联情感体验，融情于理，不断反思、体证，逐步养成美好德行。它从更深层次诠释了"以人为本"的教育理念，强调人的主观能动性的作用与价值。

二、体验式德育培养目标

我校秉承了"崇德鸿文　励行树人"的办学理念，坚持在全人教育理念指导下，通过体验式德育，逐步培养学生的自主管理力、自主学习力、自主生活力。

自主管理力：人生就是自我管理和实现。教会学生反思自己，每天对自己的学习、生活进行规划并全力以赴推进，对自身优点自我激励，对自我的不足坚决改正。积极参与班级管理甚至学校管理，敢于提出有价值的建议。

自主学习力："授之以鱼不如授人以渔"，学生在教师的引导下独立进行学习，在学习的过程中，独立发现问题，通过同伴互助、教师引导共同解决问题，逐步形成自我学习的能力。

自主生活力：行为形成习惯，习惯影响性格。严格遵守《襄阳一中学生行为规范》，学会和其他同学合作共处，宽容诚信待人；在学校常规方面，在就餐、休息、锻炼、人际关系等生活方面逐步提高。

三、体验式德育内容

体验式德育的主要内容包括：行为习惯养成教育，公民教育以及理想教育。行为习惯养成教育主要针对新入学的低年级学生（以高一学生为主），对学生进行学习习惯和日常行为习惯，校纪校规，人际沟通与协作等方面的教育；公民教育主要针对中高年级学生（以高二学生为主），培养学生的意志品质，引导学生"关心生活、关注社会"，增强他们的公民意识和社会责任感；理想教育主要针对高年级（以高三学生为主），引导学生坚守理想、奋力拼搏，形成健全的人格和良好的心理素质。

四、体验式德育实施途径

全人教育主张学生知、情、意、行的全面发展，而道德教育以培养主体自发、自愿行为为目的，其本质是实践。道德准则、行为规范直接来源于实践、应用于实践，同时也接受着实践的检验。德育强调知行统一，强调通过学校生活或学校的全部教育性活动来培养学生的道德能力和道德品性。学校全人教育理念下的体验式德育模式，借助于一系列的活动得以实施，学生在活动中体验，在实践中成长。主要实施途径包括：

文化育人。文化资源具有具体性、鲜活性，是学生开展德育实践活动、进行自主体验、自主发展的优质资源。文化渗透是学校德育的重要方式，会对学生产生潜移默化的影响。我校有着百余年的办学历史，且具有光荣的革命传统，办学历史上曾涌现出大批革命志士、人民功臣，他们为中国人民的解放事业立下了不可磨灭的功勋，为百年一中留下了光荣的革命传统与宝贵的精神财富。在长期的办学实践中，学校积淀了深厚的文化底蕴，百年文化传统为体验式德育模式打下了深厚的育人文化底色。

实践育人。德育就其本质而言，是一项实践性的活动。在活动中，学生道德认知、道德情感、道德意志、道德行为得到全面发展。在活动中，学生社会交往及与他人合作的精神得以提高，其自立、自信、开朗的人格品质和热爱生活、乐观向上的生活态度得以培养。学校为学生设计了形式多样、内容丰富的德育活动，在活动中培养和锻炼学生。

学校组织每周一个班级进行校园值周，全面负责我校升旗仪式、文明引导、校园卫生，通过为期一周的实践锻炼，全面提升学生的动手能力，培养学生共生意识、科学态度、领导气质等；成立学生自主管理团队，学校通过设置评价部、学习部、宣传部、节能部、文体部、督导部、劳卫部、纪检部等八个部门，让学生参与管理，提升认知水平和管理水平，实现自我管理；组织学生成立社团，如合唱队、舞蹈队、篮球队、书法绘画队、青年志愿者服务队等，学生在课后开展各类社团活动及志愿者服务活动，在社区、文化场所宣传文明知识，弘扬社会主义核心价值观。

活动育人。除了针对不同年级设置的特色活动，学校还在全校各年级开展普适性的德育活动，来培养学生自主能力、锻炼学生意志。襄阳一中成立学生自主管理团队，面向全校，挑选、培训、淘汰、定期培训，参与年级各班级的考核，在自主管理团队中，人人都是管理者，人人都是服务者，用岗位体验凝聚人心。学校每年组织高二年级全体学生和部分老师、家长进行全程80华里的远足活动，来培养学生的顽强意志、勇于战胜自我和团结友爱的良好风尚。每年元宵节期间举办元宵晚会，传承和发扬中华民族的传统文化，同时培养学生的创新意识和实践能力。每年定期举办校园文化艺术节，建设良好的文化艺术教育氛围，激发学生的审美情趣和良好的艺术修养。每年国庆节前夕举办歌咏比赛和红歌大赛，激发学生的爱国主义热情和对艺术的喜爱。

课程育人。“以德促学、以学促能”是襄阳一中差异化发展战略中的重要举措。在课堂中，一中进行班级小组建设，班级成立学习小组，在合作、对话、探究中，互相促进，在沟通交流中提高学生的人际交往能力。学生以自主学习、合作学习、探究学习为学习的基本方式，由接受性学习为主向研究型学习为主转变，由“记中学”向“做中学”、“悟中学”转变。

在课堂实践中，学生学会了处理与他人的关系。在“人与他人”的关系维度下，尊重、友善、合作、互助是四个关键词。学生在课堂中学习如何处理好人与人的关系，学会真诚接纳、平等关爱、换位思考，学会信任、团结、协作，在小组得到自我价值的实现，找到相互依存感。设置劳动教育课程，制定劳动教育方案，通过培训劳动技能、进行劳动教育实践、劳动效果评价反馈，促进学生劳动能力，提升学生热爱劳动的意志品质。

管理育人。德育管理是学校德育工作的有机组成。在学校德育过程中，健全的教育管理制度，可将师生的活动组织协调起来，预防、减少或杜绝德育活动中失序或无序的状态，高效地完成既定任务，实现共同目标科学有效地德育管理可以提出切实的德育目标、改善德育环境、调动德育工作者的积极性，进而带来成功的喜悦及和谐的人际氛围，产生良好的精神状态和有用的精神产品，满足人们一定的精神需要。

学校实行德育学分制，把学生德育常规教育管理学分化。襄阳一中把学生在政治思想、道德品质、行为习惯、礼仪礼貌、遵规守纪、心理素质等方面的表现加以逐周逐月评定，并按学期为单位进行记载，作为学生毕业时思想品德方面考核的依据。是一种对学生的思想品德行为、心理等层面进行互相评价和自我评价，以达到自我教育、自我管理效果的管理措施。

协同育人。学校根据学生的年龄特征、认知规律以及道德发展特点和规律，在常规德育活动的基础上，指导年级并协同其他部门共同进行德育教育。成立家长委员会，组建“母亲协会”，以“5·25心理健康节”等活动为载体，广泛邀请家长参与，对学生进行感恩教育和心理健康教育，加强家校协作，提升德育效果；同时邀请消防支队、检察院等专业机构人员来校进行消防安全教育和法治讲座，协同多平台对学生进行不同角度的德育教育。

我校通过学校文化、德育活动、教学实践和学分制管理等方式，已逐步形成了学校德育建设的结构性框架，优化了学校德育环境，为学生道德认知、道德情感、道德意志和道德行为的发展提供良好的环境。今后，我校将聚焦目标，不改初心，团结进取，奋发有为，以更加饱满的精神、更加扎实的工作，奋力开创学校各项事业发展的新局面。

坚持文化育人，助推内涵发展

湖北省襄阳市米公小学教育集团　金高明

国民之魂，文以化之。文化自觉、文化自信、文化立根，已成为当代社会和当代教育面临的重大课题和神圣使命。我校初中部，坚持以文化育人，以优美的环境陶冶人，以良好的品格塑造人，通过打造特色教育和赏心悦目的育人环境，为学生营造书香满园、充满美感的浓郁学习氛围，让学生在卓越文化和优美环境的熏染中不断提升学习的主动性、自觉性、积极性与创造性。学校紧紧围绕“立德树人”根本任务，以丰富多彩的校园文化熏陶人；以切实可行的行为规范引导人；以生动活泼的群体活动教育人。开展了丰富多彩的教育活动，在浓厚、多彩、朝气蓬勃、富有个性的校园文化熏陶下，全面提升学生的思想素质和道德情操。

一、高雅环境文化，润泽师生心灵

为了让学生对书法传统文化有更多的了解，学校充分挖掘教育资源，营造浓厚的书法学习氛围，将书法文化传承根植于每一位师生的心里。

行走在校园里，绿树、鲜花、翠竹、盆景、雕塑使人赏心悦目：永字八法路和文化石向学生传递着“扎实习字，踏实做人”的人生哲理；十二生肖文化苑为学生打开了一扇了解中国传统文化的窗口；“书法教育馆”里，“文房四宝”的实物展品浓缩了中国书法文化的精髓，十二块活动展板上有从秦汉到近代书法家的人物画像、文字简介、代表作品拓片，图文并茂；翰墨苑里，鱼池、假山、花木盆景、垂柳以及生机勃勃的百年梧桐，使小院显得格外别致、清幽；书法长廊上，百余块碑刻上有米芾和当代书法名家的题赠，有本地书法名家、新秀的得意之作，楷、篆、隶、行众妙齐备，美不胜收，所书诗文辞章俱为历代名家之名句，正与书法艺术相得益彰；书法练习室里，有“襄阳第一大案”，可供五十多人同时练书习字；《米芾行迹图》的浮雕，将米芾这位北宋时期我国杰出的书画大师的生平、艺术成就及其人格志趣生动地传达出来，使人深受启迪。“米芾文化苑”、“论语苑”、“古文苑”、“文墨屋”等教育景观不仅使学校锦上添花，而且处处形成米公教育的独特风景。在教育理念、布局格调、育人功能上达到和谐统一，营造了良好的文化氛围。

学校在整体规划的基础上，利用每一层楼、每一面墙、每一条路，创建了以校园文化为主，班级文化为辅的动态教育景观，每个班承袭校园文化之精髓，在班级外墙上进行班级文化墙的布置。博文班走廊文化以推荐美文为主；画逸班则主要是学生的绘画作品；志学班搜集了许多名人刻苦学习的小故事和励志名言办成手抄报。班级文化与校园文化一脉相承，相得益彰。教室内的文化园地、文化板报、文化名人更是为学生们开辟了自由泼墨挥毫，尽情涂鸦的广阔天地。

“传道授业解惑，读书写字听歌”这是画逸楼的入口处悬挂着的一副楹联，也是米公师生校园生活最真实的写照。楼道里休闲惬意的“飘书台”、开放式读书空间的“文墨屋”，别具一格的“读书角”都是学生课间最爱去的地方。早上，学校广播站开展“跟我诵经典”活动；放学，学生排着整齐的路队吟诵着美诗雅词走出校园。文化时刻萦绕在校园的每一个角落，与学生如影随形，立体式、全方位的环境布置为学生营造出一方纯净的精神家园。“特色——品牌——品味”的文化建设路径让每个米公人身上都散发出优雅的文化气质。

二、多元课程文化，开启智慧之窗

课程是传递文化的工具，是文化的载体之一。2002年，学校将书法教育纳入课程文化体系，进行了大胆有益的探索：一是定时间、分层次，多梯队开展教学。二是抓基础、勤指导、重规范培养习惯。三是重研发、开课程、校本教材彰显作用。四是重评价、多提醒、善创新激发兴趣。在校园文化大方向的主导下，文化课程得以传播，效果显著。

在长期的书法课教学实践中，学校提炼出四种不同的书法课课型。一欣赏课。欣赏不同时代、不同书法家、不同书体的作品，了解书法历史，感受中华文化的魅力；二训练课。进行书写指导、观察书体、强化练习；三展示课。汇报交流学习心得，欣赏评价学生优秀作品；四综合实践课。收集名家名作，在校内外参观书画展览，开展与书画有关的主题活动课。

概括出了提高书法教学实效性的策略。一教学内容上的策略。给学生讲和写字、书法有关的小故事、小谜语，在学生写字的时候播放优美的古筝曲或小提琴曲，让学生们快乐地学写字；书写内容上的策略。选择古诗佳句或名家名篇，让学生去读、去体会，丰富了写字课的内容，调动学生书写的积极性；教学语言上的策略。课堂语言尽可能生活化、形象化、故事化。如在讲左右点时，老师把它讲成“左点提笔连右点，右点回头望左点”。书法课由简单的写字训练转化为多元的文化渗透，学生学习书法的兴趣得到了提升。

创编了书法手指操。针对学生不正确的握笔姿势，学校组织教师们自编了一套书法手指操，辅助书法教学。此操共分5节，一折、二弹、三压、四绕、五搓。每节操针对不同的书写部位进行训练，把学生带到书写情境中去，做到“练字先练姿”。

开发了一系列书法校本课程。书法报刊。2010年9月，学校汇编了第一册《米公小学书法艺术教育八年回顾》校刊，图文并茂地展示了学校开展书法教育的历程，总结了主要成果，记录了一些重要事件。2010年10月，学校创刊了《米公小学书画报》

书法教材。2012年暑期，我们结合学校的历史文化，针对学生年龄特点，挖掘课程资源，编写了《品翰墨文情·传古风雅韵》书法教育系列校本教材。教材共分四册，分别为《人物卷》《赏析卷》《临摹卷》《印象卷》。

三、多彩文化活动，激励个性发展

丰富多彩的校园文化活动是校园文化建设的血脉，是校园文化得以延续与发展的源泉，给孩子一个自由发展、自主张扬的空间，是米公小学文化建设的一大特色。

学——书法家进校园。学校定期邀请德艺双馨的书法家到学校给学生进行书法讲座，走进班级指导学生书写，并与学生现场交流互动，让学生获得真实的书法艺术体验。

赛——米公书画艺术节。艺术节每年五月开始，师生共同参与，为期一个月。开展竞赛活动，以赛促学，让学生在竞赛中体验成功的愉悦。

评——米公十大书画小星星。一年一度的米公书画小星星评选是学生最期待的书画盛会，评选经过自荐、班级、年级、校级层层选拔，最后由专家、家长、教师和学生组成的评审团对作品进行评审，评出的十名同学在校报中进行宣传。

研——“高峰论坛”。“高峰论坛”总能让师生听到专家、学者关于书法教育的不同观点，为学校书法教育工作的发展指明方向让老师对书法教学有了更深入的思考。

演——经典诵读。学校将经典诵读与书法教育巧妙结合，相互促进，和谐发展。晨读、午诵、暮习已成为师生校园生活的常态。

展——米公小学书画展。学校师生每年开展书法展览活动，展出的作品内容丰富、形式多样，得到了社会各界的高度赞誉。

异彩纷呈的校园文化活动，激发了学生的个性发展。学校有1600多名学生，每年参加湖北省“楚风杯”书画大赛的就有一千多人，获特等奖、金奖和银奖的学生不计其数，各项指标均居全省第一。在国家、省、市、区等各项活动中，学生的书法小论文、作品、绘画、摄影、文艺节目等也频频获奖。每年，米公学生的书画作品均代表湖北省襄阳市赴日本、美国、加拿大等地展出，进行文化交流活动。

随着学校校园文化体系的不断完善，学校盛名远播，参观者纷至沓来。《中国教育报》《中国教师报》《书法报》、人民网、中国新华网等多家媒体也纷纷对学校进行宣传报道。《书法报—少儿书画》在“基地采风”栏目中，用整版篇幅以“米芾故里翰墨香”为题，报道了学校开展书画教育的情况以及所取得的成果，并刊登了部分学生的书画作品。中央电视台八集专题片《襄阳好风日》，在《襄阳米颠》一集中特别提到了米公小学的书法教育，这是整个专题片中唯一被提名的单位。

米公小学以书法教育为载体的校园文化建设已成为一面“旗帜”，一扇“窗口”，一个“典范”，在全国产生了深远的影响。学校先后荣获“全国书法教育示范学校”、“全国书法艺术教育实验学校”、“全国少儿书画教育实验基地”、“全国特色学校”、“中国特色教育理念与实践项目学校”、“湖北省首批中华优秀文化艺术传承学校”等荣誉称号，三次被中国教育学会书法教育专业委员会授予全国“书画教育明星学校”、“书画教育示范学校”的称号。

十八年的坚守，学校文化在积淀，力量在凝聚，个性在凸显，品位在提升。一种文化涵养一种精神，一种文化锻造一种品牌。高瞻远瞩的思想文化、精致高雅的环境文化、丰富多元的课程文化、异彩纷呈的活动文化、和谐共生的行为文化构成了米公小学校园文化大格局，烙印在全校师生心理。站在新的历史起点上，我们将继续坚持以文化育人，以促进学生全面发展为宗旨，因地制宜，按照现代与历史和谐并存的要求，有意识地开发校园文化内涵，提升校园文化品位，让学校成为师生舒展心灵，放飞梦想的精神家园。

立德树人守初心　智变求新育英才

湖北省阳新县富川小学　石启顺

生命存在的意义与价值始于人性，而人性的塑造和张扬则要依赖于教育。教育是一把启发智慧的钥匙，赋予人性纯净灿烂的光辉。我校于2018年正式创办，位于风景如画的莲花湖畔，毗邻万物欣荣的富水之滨，是一所年轻而又充满活力的高起点，高标准，高质量的现代化学校。校园环境优美宜人，绿树红花交相辉映，教学设施先进齐全。目前学校占地面积10万平方米，建筑面积4万多平方米，绿化面积3.6万平方米，(总投资近3个亿，这句话不要)现有67个教学班，3600名学生，专任老师170人。办学两年来，我校始终以“惠教育”为核心，以“富润百川，惠育英才”为办学理念，围绕“惠文化、诲课堂、会实践、汇资源、慧管理”，倾力打造惠心慧行的教师，培养慧己惠人的学生，建设惠风和畅的校风，通过全校师生的协作努力，学校教育教学质量稳步提升，校园校貌焕然一新，先后荣获“新教育实验学校”、“湖北省百强文化学校”、“黄石市十星学校”、“黄石市文明单位”以及“市平安校园”、“市绿色学校”、“市现代化学校”、“市数字校园”、“市家长学校”、“市放心食堂”、“县红旗党支部”等多项荣誉称号。

一、党建引领学校发展，文化助力品质提升

校园文化是一种无形的精神力量，是学校的立校之魂和向上之根。办学伊始，我校就确立了以“惠”教育为核心的理念，组织师生制定办学目标，描绘发展愿景，在对校园文化反复研讨、提炼的过程中，不仅增强了全体师生对“惠”教育的认同感，而且把这一文化内化为自己的言行和精神追求，最终达到了用愿景凝聚人心、用理念统一思想、用目标鼓舞斗志、用文化启迪智慧的目的。为不断推动学校向前发展，我校以党建为引领，切实发挥组织作用，实施多种举措，提升学校品牌。一是创新学习方式，提升队伍素质。学校把“两学一做”和“课内比教学课外访万家”结合起来，和师德师风教育结合起来，和教师“练功比武”结合起来，利用网络平台、红色教育基地，通过“三会一课”、“主题党日”、社区党建共建等多种形式，组织党员深入学习，学出理想信念，学出忠诚担当，不断增强全体教师的政治认同、情感认同和价值认同，凝聚成了克服一切艰难险阻的不竭动力。二是创新思想建设，提升宣传能力。我校把党员活动室、教工之家和留守儿童之家建设成为学习提高的场所，联系家长的桥梁，服务师生的窗口，锤炼党性的阵地；充分利用学校红色文化长廊让师生了解中国共产党九十多年的奋斗历程，教育广大师生学党史、知党性、感党恩、跟党走；充分利用网络媒体宣传栏宣传党的方针政策和学校的办学理念，讴歌身边典型，唱响时代旋律；充分利用中华优秀传统文化、革命文化和社会主义先进文化培植师生的精神家园。三是创新管理手段，提高管理水平。把支部建在年级，把党小组建在学科，让党员带头参与年级管理，带头教学教研，带头帮扶师生，带头服务家长，让党性在一线锤炼，让党徽在一线闪耀，让党旗在一线飘扬。

二、倾力建设学校阵地，切实绽放师生生命

陶行知曾说过：“天然环境和人格陶冶，很有密切关系。”校园中的每一座建筑、每一处景点，每一片绿色，都成为一种思想的传递，一种文化的表达，优美的校园环境就像无声的老师，滋润着师生的心田，熏陶感染着师生，丰富净化着师生的灵魂，潜移默化地引导师生向着健康的方向发展。为了凸显环境文化的育人功能，我校根据学生年龄特点和认知规律，把国学经典、文明礼仪、交通安全、卫生防疫等知识融入柔和的线条、亮丽的色彩、可爱的动画当中，给草木以灵性，给砖瓦以内涵，给廊柱以生命，让静止的文化生动起来。同时，围绕学校的办学理念，让家长和师生参与校园文化的设计和建设，做到每栋一个主题，每层一个重点，每处一种特色。让每一层楼都成为一个主题展馆，成为一个专题教育基地。在设计时还力求考虑自然与建筑和谐统一、人文与环境巧妙相融、传统文化与现代文化交相呼应、显性文化与隐性文化浑然一体、让每一个景点都成为跳跃的音符，让每一个角落都成为流动的诗行，处处皆育人，润物细无声！

课堂是教育实施的主要阵地，我校以“诲”为旋律，积极建设好教学相长的书香校园。学校的“诲”课堂以学生为主体，倡导小组合作学习，探究式学习，让学生成为学习的主人；它以问题为导向，鼓励学生大胆质疑，培养学生的问题能力和发散思维；它以良好的师德师风为根本，不放弃每一个学生，承认差异，关注全体，蹲下身来倾听每一个学生的心声，静下心来等待每一株花蕾的绽放；它更以阅读为抓手，用经典浸润心灵、用知识丰富底蕴、用文化奠基人生。

教师率先垂范，与名著同行，悟书香真谛，努力成为“学生心目中一本活生生的大书、好书”，在读书中涵养品性，坚定信念，在读书中提长能力，增长才干，将传统经典文化融于课堂教学之中，不仅使教学相长的纯正学风在课内外一脉相承，而且以书香的高雅气质，为学生建一方仰之弥高的精神领地。同时学生也及时跟进，学校建立班级图书角、学校图书馆、走廊书吧、图书漂流，到处都是阅读的芳香；师生同读、亲子阅读、全校共读，时时都是阅读的风景；每周一节阅读课，开展“班班有读”、“我是朗读者”、“引水浇园”活动，通过古诗词晋级制，评比阅读达人，实现人人都是阅读的主人！此外，我校倡导家长密切配合，每天陪读半小时，争创书香家庭，亲子阅读拉近孩子与父母的距离，引起他们内心的共鸣，让家庭关系更和谐融洽。

三、明确素质教育目标，发挥家校育人功能

知是行之始，行是知之成，只有与劳动实践相结合的教育才是真正的教育，鲜活的教育。“会”实践是学会做人、学会学习、学会合作、学会生存的有机统一，是新时代中国少年的基本要求。我校一方面以爱国主义教育为基础，充分利用传统节日，升旗仪式，主题班会，每天晨训来对学生进行文明习惯和革命传统教育，用丰富的传统文化来教育人、感染人、鼓舞人，使德育工作如春风化雨贴近学生，贴近生活。另一方面，推进素质教育，以美启智，以美育德。学校建立德育抓方向、智育重能力、体育推普及、美育多形式、劳动重实效机制，每天进行一小时阳光体育跑操活动，锤炼意志，强健体魄。并开设音乐、舞蹈、绘画、体育等10大类70余个活动社团，让每个学生都拥有一项体育技能和艺术特长，以美育德，以美启智。同时，学校开辟15亩劳动实践基地，让学生在劳动中去思考去创造，在劳动中体会劳动的快乐，珍惜劳动成果，在劳动中锻炼意志，全面发展。同时，开展多彩活动，在活动中育人，活动中成长。学校秉承“每一次活动都成为童年的记忆，展示的舞台，成长的经历”的理念，把活动系列化、课程化、精细化，定期组织“三礼”（新生入学典礼、开学典礼、毕业典礼），“三节”（读书节、体育艺术节、科技节），“三讲”（腾飞的祖国征文演讲、每日一讲、讲红色故事），“四球”（篮球、足球、乒乓球、羽毛球），让活动成为学生享受成功的过程，让校园成为学生成长的乐园。

学校是学生的学校，也是家长的学校。我校把家长当成学校的合伙人和同盟军，让家长进校园，进课堂，进食堂。成立学校、年级、班级三级家长委员会，为家委会提供必要的场所、活动经费和课程计划，把家校工作与学校其他工作一起谋划、一起部署、一起落实、一起考核，充分调动他们的积极性。让他们参与学校管理，进教室推门听课，监督食堂质量，维护学生安全，调解各种矛盾。家长义工、家校护学岗、家长志愿者活跃在校园的各个角落。“家长义工天天见，一

道靓丽风景线”是家校协作的真实写照。同时，我校还与派出所、交警、消防等多个单位结对合作，开展交通安全、消防知识讲座和法治进校园活动，成立警校护校队、交警小中队，和消防人员联合开展防火、地震、突发事件等应急避险演练活动，全方位提升师生的法治安全意识和自我救护能力。此外，学校还依托关工委、妇联、县文明办、综治办等相关单位大力开展各项关爱活动，规范办学行为，提升办学品位，保障师生健康，树立学校品牌形象。

四、创新学校特色管理，提升学校品质内涵

一所有品质、有思想的学校定然要以学校管理为基石。我校的“慧”管理是精细管理，以学校文化引领，以办学愿景激励，以管理制度约束，大到发展规划、力学章程的制定，小到桌椅摆放、上下楼梯的规范，统一进行细化、量化、标准化、模板化，达到科学高效的目的。

“慧”管理是走动式管理，以情感交流为手段，以解难纾困为目的，以指导工作为重点，以服务师生为目标，倾听民意，关注民情，贴近老师，认识家长，了解学生，送服务上门，送技术上门，送温暖上门，激励全体师生以校为家无私奉献的热情，凝聚起时不我待、争先创优的蓬勃力量！同时，加快学校数字化教学资源建设，构建学科齐全、种类丰富的校本资源库和资源库管理平台，实现学校管理档案、教案、试题、课件的资源共享；实现校务管理的数字化、智能化，网上办公、掌上考勤、视频会议、实时监控，让师生沟通无阻隔；实现教育教学的数字化、个性化，推动基础课程与信息技术的深度融合，微课、云课堂、同步课堂、网络直播课、在线学习，全新的学习、管理方式让学校更加开放包容，让教育随时随地发生！

看似寻常最奇崛，成如容易却艰辛。几年来，全体师生思想同心，目标同向，积极进取，顽强拼搏，学校的校容校貌焕然新，精神风貌日新月异，教育教学质量稳步提升，校园特色逐渐彰显。今天，既是我校展示办学成就、弘扬优良传统的契机，也是我校继往开来、开始新征程的起点。面对新的机遇和更大的挑战，我校将以抓铁有痕、踏石留印的工作作风扎实工作，藉厚积之力，承求索之精神，志存高远，弘毅笃行，唱响阳新教育高亢的时代凯歌。

集思广益绘蓝图　提质增效促发展

湖北省宜昌市三峡高级中学　李金柱

教育教学质量是学校的生命线，是学校教育的永恒主题。只有不断优化教育模式，提高教育教学质量，才能在既定的办学理念下实现学校的办学目标，才能在更高的水平上实现更好地教育。为实现提质增效的最佳化，湖北省宜昌市三峡高级中学始终秉承“以人为本，为学生可持续发展赋能”的办学理念，以“动能文化”为引领，创新发展特色，提高教学质量，提升教育品位，致力于为学生的主动发展、个性发展、全面发展提供优质的教育服务。

一、厚植根基扎沃土，万紫千红总是春

学校坚持依法治校、以德立校、科研兴校、质量强校的办学思想，从制定标准与计划、行政督查与协调、指标评审与改进、过程跟踪与记录四方面入手，确定“三全育人、两精管理”理念，以全员成长导师制和“四自管理”的德育模式、基于情境、问题导向的互动式、启发式、探究式、体验式素养本位课堂为主的教学模式、“青蓝工程”为主的教师发展模式、“四位一体”为主的教育教学评价模式为重点，制定相应工作流程，建立学校质量管理系统，让全体学生在全面系统、生动活泼、主动多样的发展过程中张扬个性、学会做人、学会求知、学会健体、学会发展、学有特长，使学校的方方面面均取得了卓越的成效。

学校全面推进素质教育，科技节、艺术节、运动会、研学旅行等活动已成为传统的素质教育活动平台，校本课程实实在在，研究性学习稳步推进，数百人荣获学科竞赛国家和省级奖励，学校德育经验在全国推介。教学质量稳步提升，近五年来一直稳居宜昌市县市区第一，同宜昌市同类学校相比竞争优势明显。学校年年荣膺各类大奖，2015年湖北省学校文化建设百强校，省、市级文明单位；2016年市、区级文明单位；2017—2019年湖北省文明校园和宜昌市文明校园；2018区最佳文明单位；2019年湖北省中小学党建工作示范学校、2020年宜昌市高中教学质量综合评价一等奖。

二、精细管理善研磨，不择细流就其深

精雕细琢重过程，精研细磨出精品。面对激烈的竞争，学校提出“管理出效益，管理出质量”的办学目标，积极推进精细化管理工作，努力打造可持续发展的教育教学环境。如今，三峡高级中学常态化、日常化的学校精细化过程管理已深入人心，见于点滴。

精细的教师发展培训。定期进行思想政治理论学习，开展读书、撰写读书笔记活动，通过师德模范报告会、良师标准提炼弘扬高尚师风，规范教师行为；积极参加各级各类培训活动，邀请校外知名专家学者来校讲座，拓展教师视域，提升教师知识素养和能力素养；开展专题论坛活动，积极探索与课程改革同步的教育教学课题，注重“问题导向、问题驱动、问题解决”，促进教师专业成长；扎实推进校本培训与校本教研，各教研组要开展具有自身特色的学科教研，组织各种类型的“微”讲座，形成良好的人文环境和研修氛围，夯实教师的人文底蕴；教师结合自身实际确定目标，完成教师个人自修笔记（内容包括学习篇、实践篇、成果篇），让教师在自修和实践的过程中不断反思、不断调整，从而实现自我改进和自我提高。

精细的教师成长培养。为促进学校的可持续发展，学校高度重视青年教师的培养。一是入职引领关爱工程。正式入职前参加区教育局组织的岗前培训；报到后由学校领导和教研组长介绍学校文化和教育教学管理模式及工作要求；所有新入职的教师必须担任班主任；教师节期间学校集中召开新入职教师座谈会，集中听取新教师的工作感受与建议并进行相应的指导。二是实施“青蓝结对工程”。为青年教师安排教育、教学两位导师，签订青蓝结对合同，通过师徒结对的方式帮助青年教师尽快适应学校教育教学要求，促进青年教师快速成长。三是开展青年教师教学比武竞赛活动。每年4月举行“青年教师大比武”活动，日常开展专题学习和“微”系列活动，如班会、家长会、备课、上课、听课、评课、作业、辅导、微课题、微课等，全面提高青年教师业务素质和管理水平，彰显青年教师的教育教学特色。

精细的教学过程管理。学科组建设围绕课堂教学有效性这一中心环节，落实好教学常规，加强教学的规范化运作与管理，对备、教、批、辅、听、考、析等教学环节实行全程管理，全程跟踪，并按管理实施细则对教师实行严格的考核评价。备：备课组长认真落实集体备课，根据学生实际，依据课程标准、考试说明，认真指导全组成员高质量地编写好每节课的教学案，并采用主讲制的备课方式，力求做到人人准备、个个发言。教：突出抓活课堂主阵地，不仅体现在先进教学手段的运用、课堂气氛的活跃，更在于知识呈现方式的灵活、师生互动的多样、思维程度的深刻、学生最大限度的参与，最终让每个学生都有收获。批：作业精选精练，分层要求，全收全改，注重典型问题和典型学生作业的重点批阅，并制定针对性的整改措施。辅：既包括年级组定时间、定地点、定人员的集中辅导，也包括因人而异的个别辅导。听：每位教师每学期须完成“讲1听10评10”的公开课任务，旨在实化高效课堂，实施有效教学，提高教学质量。考：高一、高二年级每学期三次大型考试，高三年级实行月考制度，年级组依据教学实际实行阶段性周考制度、学科性周检测考试制度，及时进行教学诊断，调整教学策略，精准施教精准备考。析：大型考试后教师需认真填写考试情况分析表，包括试卷评价、成绩分析、学情分析、突出问题、整改措施等内容。每学期期末需对本学期教学情况进行全面深入的总结和反思。

精细的课堂教学管理。优质高效课堂是决胜教学质量的关键，学校高度重视公开课，为此制定了《公开课管理办法》《巡课办法》等制度，强化公开课监督管理，特别突出“五重”。重计划，实施公开课申报和小黑板公示制度；重痕迹，实施听课签到和现场留影制度；重反思，要求客观辩证评课，并做好评课记录；重资料，要求公开课后收齐上交所有资料；重督导，教务处把所有教师每学期教学资料进行阶段性整理后通报，并将结果纳入教师个人四位一体考核的过程评价计分和优秀备课组教研组考核计分。

精细的优质课堂打造。学校以优质课为抓手，凝聚教研组力量，打造基于情境、问题导向的互动式、启发式、探究式、体验式素养本位的优质课堂，提高教师专业技能。一是周密部署，积极作为。学校着眼长远发展，以建设高素质教师队伍为目标，以培养青年教师为重点，组织教师积极参加省市优质课比赛、一师一优课、区各考公开课、名师示范课等，合力打造高效课堂，倾力提升备考水平，努力实现教学竞赛和教学质量双丰收。各处室精诚团结，通力合作，教务处和教研组负责教学环节的深入研究和课堂教学的反复打磨，装备处负责课堂实录和后期制作，总务处负责提供相应的后期保障，多方联动，形成合力。二是群策群力，锻造精品。各教研组从大局出发，充分发挥青年教师的创新精神和技术优势，中老年教师的经验和知识优势，全组教师的工匠精神和精品意识，通力合作，相互切磋，不断对备课、研课、磨课、评课等环节进行优化创新升级，如此反复多次、层层打磨，最终铸造出精品。

通过精细优质课堂的打造，有力促进了教师业务素质和教学能力的大面积迅速提高，催化了学校教学质量的持续高位增长。学校教师参加各级优质课竞赛，获奖级别高，人数多，影响大。2016年，在第五届全国普通高中信息技术优质课展评活动中，张宗弋喜获特等奖，并被推荐为唯一代表在闭幕式上展示优质课；2014—2017年，学校在“一师一课”活动中获市级奖56节，省级优课32节，部级优课18节，位居全市高中前列；2018年，9个学科参加宜昌县域优质高中协同发展共同体学科教学竞赛7个学科获得一等奖。2020年宜昌市教师岗位大练兵市级决赛中荣获团体一等奖。

三、紧跟课改新形势，好风凭借上青云

时代在进步，社会在发展，什么都在变，教育孩子又何尝不是这样！为了更好地适应社会发展对未来人才的培养需求，三峡高中在“三新”大背景下一直探索新发展道路，不断提质增效。

打造智慧课堂，提升课堂效率。2017年下半年，学校进行智慧课

堂实验，在智慧教室应用过程中立足教学需求，明确建设目标，统筹总体规划，分步实施推进，同时组建培训宣传领导团队、应用研究教师团队、后勤保障管理团队，实施全程质量管理。目前，学校已组建了三届智慧教室实验班，以“学生自愿申请，学校审核选拔”为原则选拔学生，以“个性化学习”为核心突破教学，以“科研、规范、有效”为准则开展工作，以“奉献、创新”为基础组建教师团队，并组建智慧教室办公室，优化了课堂结构，提高了课堂效率，得到了师生的高度认可。

开展生涯规划，指明人生方向。2018年秋，湖北省全面实施新高考。为适应新高考要求，贯彻选择性教育理念，学校积极探索，构建了以常规课程、外延课程、实践课程为核心内容的三大学生生涯指导课程体系。邀请家长、职业人士、专家和校友来校进行职业生涯规划分享交流会或讲座；开展生涯规划学科渗透教育，理清学科与专业、职业的关系；组织学生进行职业生涯任务访谈，撰写职业人物访谈报告，学生分享自己的访谈收获与感悟，举办生涯人物访谈优秀报告展；与研学旅行相结合，开展走进高校、走进实验室等活动；利用社会资源，组织部分学生到机关、企事业单位进行职业体验。通过系统化的生涯指导课程体系的构建，既引导学生向内自我探索，又引导学生向外进行专业、职业和行业探索，生涯规划指导逐步走向规范，对学校新高考的转型与推进发挥着积极作用。2019年1月24日《三峡晚报》报道了学校的生涯规划指导活动。

学校教学工作是一项长期系统工程，是三峡高中办人民满意学校的主阵地。目标在前，使命在肩。三峡高中将继续发扬三峡高中人尚德、博学、善教、深研的优良传统，努力建设环境优美、底蕴深厚、管理卓越、美誉恒久的普惠型优质高中。

用家乡土，孕育学校“谜”文化

湖北省宜都市高坝洲镇中心小学　周金华

百年大计，教育为本。教育是提高人民综合素质、促进人的全面发展的重要途径，是民族振兴、社会进步的重要基石，是对中华民族伟大复兴具有决定性意义的事业。今天，探索特色办学思路成为众学校一贯寻求发展的新路径。为此，我校也抓住机遇，把非物质文化遗产作为学校文化深入发展的重要助力，打造“谜香”特色文，丰富学校内涵，提升办学品质。

非物质文化遗产是我国传统文化的重要内容之一，是民族的文化瑰宝。挖掘和保护是每一名华夏儿女义不容辞的义务和责任。我校是一所乡镇学校。几年来，通过把非物质文化遗产作为学校发展的重要内容，被授予“非物质文化遗产传承示范基地”。我校毗邻被誉为“中国谜语村”的青林寺村。该村自古以来流行猜谜、制谜，保留着猜谜相亲、猜新娘、猜女婿的古老风俗。青林寺谜语悠久的历史渊源、丰厚的人文底蕴、独特的美学特征、极高的艺术价值，形成了本地区极具特色的文化资源。它既是人民群众智慧的结晶，也是本地乡土人情、风俗习惯的浓缩，所折射的文化价值远远超出了谜语本身。对于我校师生而言，“青林寺谜语”不失为一本鲜活的“教材”。因此我校充分挖掘“青林寺谜语”得天独厚的文化资源，主动肩负起传承地方文化、弘扬历史遗产的重任，走出了一条创建“谜香”校园的特色之路。

一、草木齐心，营造浓厚文化氛围

一所学校的文化彰显必然与学校景色交融。走进校园，我校教学楼的每一面墙上都粘贴有富有趣味的青林寺谜语，校园里每一棵大树上都悬挂有水果形状的谜语卡片，每一间教室前的走廊都展示着孩子们自己制作的精美灯谜，甚至在草丛中、在食堂内、在寝室里，青林寺谜语也是随处可见……漫步校园，在感受着浓浓的谜语文化氛围的同时，还会常常看到这样的情景：课间时分，孩子们三五成群聚集在这些富有特色的青林寺谜语卡片下，或猜或赏，有说有笑；中午就餐，孩子们在餐前餐后也看着这些谜语争论不休；午间休息间隙，学校“红领巾”广播站中的“青林寺谜语”版块，全校师生都在倾听中积极参与竞猜，猜中者的欢笑给校园增添了几分特有的生机。为了让青林寺谜语这一非遗文化真正走进校园、走进孩子们的生活，我校将其渗透到校园的每个角落，让这些无处不在的外显的谜语元素带领学生沉浸于青林寺谜语的浓厚氛围中，融入他们校园生活中，在这些情景化的看、猜、悟、议中增进对青林寺谜语文化的热爱。

在当前“国家—地方—校本”三级课程体系下，我校因地制宜，将青林寺谜语开发成学校校本课程之一。立足校情，我校从学生兴趣与经验出发，遵循由浅入深、循序渐进原则。课程内容的选择精要、生动，富有时代气息，符合学生身心发展特点。课程内容的组织生动，有利于学生探究，且做到了对本土知识和资源的开发和利用，融入其中。

基于上述思考，我校组织专班编制出了一套《青林寺谜语》校本教材。它以青林寺谜语为线索，贯穿各年级始终，各年级又各有侧重。一年级以“灯谜与汉字”为主要内容，通过灯谜形式展开趣味性汉字教学。特别是通过汉字的音形意（包括笔画笔顺），开发出《汉字灯谜一百篇》。二年级以“灯谜与书画”为主要内容，以汉字书写和灯谜绘画为重点，开启灯谜绘画等启蒙课程。三年级以“灯谜与手工”为主要内容，以灯谜模仿制作与创意设计为抓手，练习扎灯框、装裱灯谜等技能。每学期每个学生制作一个相对完美地灯谜，学校进行开展灯谜评比。四年级以“灯谜与自然”为主要内容，重点以大自然（特别是学生熟悉的本土的景、物、民俗等）为创作对象，进行灯谜鉴赏与创作实践。学校不定期引导学生外出采风，定期举办灯谜鉴赏和创作汇报活动。五年级以“灯谜与经典”为主要内容，重点以经典作品为创作对象，引领学生灯谜鉴赏与创作实践。一方面学校想学生推荐经典作品，并鉴赏以经典作品内容为对象创作的灯谜。一方面让学生在阅读经典作品的过程中，以灯谜的形式经典阅读汇报。六年级以“灯谜与博览”为主要内容，博览青林寺谜语，引导学生根据青林寺谜语进行拓展阅读，丰富知识面，细致了解相关知识。在此基础上，对青林寺谜语进行灯谜改编，学校进行汇编。

在开发完成专门的校本课程教材之后，我校还将“青林寺谜语”校本课程编入课表，一至六年级均开设，每周一课时。同时，要求任课教师以青林寺谜语校本教材为主要内容，认真落实教学计划，创造性开展教学活动。“青林寺谜语”校本课程的开设，使学生在学习猜谜、制谜、赏谜的过程中习得了前人的谜语中蕴含的智慧，了解了本地的历史名人、名胜古迹、风物特产、风俗民情等人文资源，增强对家乡的了解和热爱。

二、以课为本，彰显谜香文化旺盛活力

学科渗透是青林寺谜语进课堂重要途径之一。对此，我校要求各学科都要积极探索青林寺谜语与学科教学融合的有效途径与方式，并以微课题的方式进行专题研究。在语文学科的识字、阅读、习作，甚至综合性学习、口语交际等教学活动中，老师们都在积极尝试渗透青林寺谜语，课堂让人耳目一新。在数学学科中的某些环节，涉及一些数学问题的青林寺谜语让孩子们在思考的过程中体味到谜语所蕴含的智慧。美术课堂上，学生围绕青林寺谜语创作绘画作品；音乐课堂上，师生同唱极具特色的青林寺谜歌；品德课上，学生讲述富有教育意义的青林寺谜语故事……青林寺谜语正逐渐成为学校学科教学的有力帮手，以一种喜闻乐见的方式开拓着学科教学的视野。

综合实践活动是我校教育教学的一缕春风。它让孩子们走出封闭的校园，在社会广阔的天地里、在自由开放的时空中通过活动来学习，是顺应学生身心发展的必然趋势。当前，实践活动已不仅仅是学生在课堂教学之外开展的随意性的活动，在课程改革推动下，实践活动现在已经作为一门课程，必须严格落实。我校紧紧抓住青林寺谜语这一载体，积极开展了一些富有特色的实践活动。一是每年一次的“灯谜会”。在每年辞旧迎新的元旦庆祝活动中，灯谜会是大家最为期待的。全校师生人人参与，在制谜、赏谜、猜谜中迎接新年的到来。活动中，每个学生提前选择自己喜欢的青林寺谜语，制作成精美的灯谜，师生共同筛选、评比后，于活动当天将灯谜在校园里悬挂出来。活动当天，全校师生、部分家长及社会人士徜徉校园，品赏佳作，猜射灯谜，欢声笑语共同领略青林寺谜语这一传统文化特有的魅力。二是每学期一次的“谜语采风”。每学期，我校组织部分青林寺谜语社团的学生，由老师带队，深入青林寺村，参观村居，走访村民，采录谜语，拜访名人，在这一片富有灵气的热土上去亲身感受其鲜活的人文气息，去探源其深厚的传统意韵。这样的实践活动，得到了学生及家长的支持和赞许。三是每学期一次的专题讲座。我校聘请青林寺谜语传承的代表人物、“中国民间艺术家”赵兴寿老先生为校外辅导员，每学期由他为全校师生进行青林寺谜语专题讲座。赵老先生用朴实的语言演绎着青林寺谜语的精彩，动情之处他还情不自禁地唱起了谜歌。每次讲座，全校师生都有了一次亲身与青林寺谜语、与青林寺谜语传人“亲密接触”的机会，常常是台上台下，猜谜声不断，欢笑声不断。

三、初心不殆，守望非遗教育幸福明天

非知之艰，行之维艰。教育是知行合一的事业。学校的内涵和文化需要被全体师生牢记并践行，应如和风细雨渗透到学校各处角落。如今，我校“谜香”特色文化已初显。谜语文化的博大精深，家乡瑰宝的无穷魅力，传承和发扬中的无限乐趣，让青林寺谜语这一“非遗文化”深深扎根于我校每一个每位孩子的心灵深处。未来路上，我校会继续以“谜”推动学校特色发展，用生命和奉献谱写一曲又一曲教育新歌。

以担当助力发展，用生命装饰花园

湖北省秭归县第一实验中学　刘劲松

“一年之计，莫如树谷；十年之计，莫如树木；终身之计，莫如树人。一树一获者，谷也；一树十获者，木也；一树百获者，人也。”这段话既阐明了人才培养的重要性，也揭示出人才养成的不易。我校地处长江西陵峡畔，坐落于县城金缸城新区，南郡大道39号，风光旖旎、人杰地灵。总投资7000多万元，耗时近两年建成。学校总用地面积31563平方米，建筑占地面积4472.45平方米，总建筑面积14607.76平方

米。现有教职工84人，学生数1155人共22个初中教学班。自办学以来，我校一直致力于文化建设，旨在通过一个核心理念统率、两大目标引领、三维校风呈现、四大价值追求、多条实践途径来打造学校的精神内核，提升学校的办学品位。从乾坤之道的启示和教育本质论等方面挖掘"生命发展教育"的理论依据出发，遵循教育的本质就是提高生命质量的规律，并从屈原文化的精髓中提炼"不断求索、爱国奉献、以人为本"生命发展教育的文化基因，本着"着眼于学生未来发展"的需要，确立了"生命发展第一"的核心理念。把每个孩子的必备品格和关键能力的培养放在第一发展的地位，使之延长自然生命的长度，拓展社会生命的宽度，提升精神生命的高度。我校把"秭归一流，宜昌有位，湖北知名"作为办学目标，把"让每位学生成为最好的自己"作为学生培养目标。全体教师努力践行着，逐渐形成了 "从一做起，一做到底，做到第一"的校风； "从一教起，一教到底，教到第一"的教风；"从一学起，一学到底，学到第一"的学风。在生命发展教育的过程中不断从平凡走向优秀，从优秀走向卓越。为此，我校校先后获得全国生命教育实验学校；湖北省学校文化建设百强校、湖北省卫生先进单位；宜昌市示范家长学校等20多项荣誉。

一、铸魂培根，凝心聚力谋发展

陶行知曾说过："天然环境和人格陶冶，很有密切关系。"校园中的每一座建筑、每一处景点，每一片绿色，都成为一种思想的传递，一种文化的表达，优美的校园环境就像无声的老师，滋润着师生的心田，熏陶感染着师生，丰富净化着师生的灵魂，潜移默化地引导师生向着健康的方向发展。为此，我校对校园的建筑精心设计，用心布局，将地域建筑特色、传统庭院空间与中式园林中的庭院景观完美结合，突出向心力，体现教育建筑宁静致远的文化内涵。此外，我校投入大量资金，改善教学条件，提升教学质量。我校投资70多万的电子书法教室在宜昌市是唯一的，地理专用教室、科技探究室、舞蹈室和电子阅览室在秭归县是唯一的。阅览室230平方米，足够一个班的学生同时阅读，音乐、美术、计算机都是按照标准配备的专业教室。我校食堂按照大学食堂配置，非常宽敞，共两层，每层可供近千人就餐。就办学宗旨而言，一直以来，我校在践行中努力追求"生命唯一，绽放第一"的生命价值；追求"为学生生命发展强基础，为教师生命发展搭平台，为学校生命发展注活力"的使命价值。追求"润泽生命，开发潜能"的学校价值。追求"行健自强，同德致远"的精神价值，通过多条实践路径努力构建以"生命发展第一"为核心的学校文化建设。第一，构建生命化校园文化。一是进行不同形式的呈现：我校以进入校园的台阶为载体，对"三风"做了梯级式的巧妙展示；把校训石展现在进校的醒目处；把核心理念展示在入口门厅里；体育场一边树立着"让运动成为习惯，让生命更加精彩"的巨幅标语等，起到耳濡目染、入脑入心的作用。二是对生命教育文化体系进行深度解读。我连续三年暑期教师培训作为专题报告解读，并邀请北师大生命教育科普促进会秘书长曹专到学校做生命教育报告，利用例会时间同伴交流心得体会，以达到凝聚共识、自觉实践的目的。三是布局别具一格的"书巢"。把德馨楼架空层装修成融阅读、写作和书法为一体的书吧，供师生、家长在阅读中交流、在交流中分享、在分享中成长。四是树立生命楷模。室内走廊84面吊旗168幅图文涵盖古今中外政治家、科学家等各领域的领军人物，让他们的生命价值滋润学生生命成长。五是打造红色走廊。我校在聚贤楼三楼走廊地面画出长征路的模型创意图，供师生、家长模拟重走长征路，起到既美化校园，又润物无声的作用。第二，打造生命化课堂。我校以国家级课题《核心素养培育与生命教育契合研究》为抓手，开展生命化课堂教学大练兵，探索出三大特点：生命课堂是有质量的课堂，以培育36个核心素养点为准绳，构建了"五自"生命课堂教学模式；生命化课堂是有温度的课堂，把微笑、幽默和鼓励带进课堂，营造温馨的氛围，使学生有家的归属感和愉悦感；生命课堂是智慧碰撞的课堂，在平等中交流，在质疑中解惑，在分享中受益，在互助中成长。第三，开展生命化教育活动。我校积极开展防震、防火、放溺水等生命安全系列教育活动，体现生命至上、安全第一的生命观；开展校长迎接学生进校、教师节举行拜师礼、新学期开学教职工着正装夹道欢迎学生等系列化生命礼仪活动，让学生懂得尊重他人是一种生命态度和境界；开展书法、绘画、合唱等系列特长活动，为成为最好的自己创造条件；开展课前三分钟演讲，把读书、感悟和口才训练统一起来；实行周三无家庭作业日，以减轻课业负担；每周一升国旗举行庄严的师生宣誓，增强教师的使命感和学生追求理想的决心。第四，开发生命化校本课程。我校已开发《舞动生命的旋律》课间操，体现"彰显生命活力，健康快乐成长"的理念；开发出供师生、家长阅读的《绽放》校刊4册、《生命发展教育读本》5册，为理解生命教育搭建平台；拟开发自然生命、社会生命、精神生命系列校本教材15册，使之成为生命教育的系列课程。

二、扬帆起航，德育共耕育栋梁

为了让学校往更深层次进一步发展，我校充分利用"全国生命实验学校"这一平台，向精品要质量，在内涵中求发展，着力打造品牌学校。一是做到安全工作有保障，确保校园安全零事故；二是做到队伍建设有成效，打造一支敢为人先、独当一面的学校管理层干部队伍和教师专业队伍；三是做到教学质量有提升，立足学生原有基础，科学定标，科学施教，确保质量明显提升；四是做到立德树人有亮点，充分挖掘学校育人资源，提炼德育品牌，积累素材，构建体系，突出亮点。五是做到品牌创建有特色。在"阅读、书法、三球、艺术"四大领域做文章，形成学校特有的标签。

长风破浪会有时，直挂云帆济沧海。未来路上，我校继续带着教育的理想，追求理想的教育；不忘初心，迈着坚实的步伐，执着激情地走在教育的道路上。以先进的理念引领学校发展，以科学的方法强化学校管理，以严谨的态度探索教育规律，以担当的情怀领跑教育发展，敢为人先，勇于创新，不断开启学校的新局面。沧桑易使乾坤老，风月难消今古愁。唯有多情是青草，年年新绿满芳洲。作为教育事业中的一名勤匠，我校将会始终如一，用情怀装点教育事业的百花园，用生命继续谱写一曲又一曲教育新歌。

弘扬优秀传统文化 创新校园育人平台

湖北职业技术学院 熊元焕

一所学校的发展，离不开富有特质的校园文化精神。一种具有鲜明特色校园文化，离不开育人平台的滋养。

党的十九大报告指出，要深入挖掘中华优秀传统文化蕴含的思想观念、人文精神、道德规范，结合时代要求继承创新。优秀孝文化的传承是培育和践行社会主义核心价值观的重要土壤，湖北职业技术学院大力弘扬优秀传统文化，以 "孝文化艺术传承与教育基地"建设为契机，创新拓展校园育人平台，打造了具有湖北职业技术学院特色的"孝悌做人、匠心立业"校园文化。

一、以文化人，用"思想自觉"引领"行动自觉"

高扬孝德旗帜，发挥孝文化的引领作用。湖北职业技术学院"孝文化艺术传承与教育基地"建设以习近平新时代中国特色主义思想为指导，以立德树人为根本任务，以培育和践行社会主义核心价值观为主线，以弘扬优秀传统文化孝文化为主要内容，通过强化教育引导、实践养成、制度保障，在贯穿结合融入上下功夫，在落细落小落实上下功夫，使知孝行孝成为情感认同和行为习惯。

"百善孝为先，孝敬是根本；天地恩情永难忘，心中扎下根……"这是湖北职业技术学院孝艺剧社的成员们一次常规的排练，学生们饱含深情，齐齐朗诵《中华孝道》，准备参加"送文化" 到万福社区的活动。依托"孝文化艺术传承与教育基地"成立的孝艺剧社和科普志愿服务队成员已有300余人，已经成为服务基层、服务群众的有效载体和重要平台，连续开展了以志愿服务为主题的"五送"活动（送政策、送教育、送服务、送健康、送文化），将孝文化艺术的传承和知孝行孝结合起来。

一送政策心向党。组织志愿服务队，充分发挥基地的优势，将漫画"十九大"、"两会"精神宣传册、市图书馆宣传画、图书送到精准扶贫村，共计组织150余人次参加活动，发放图书、宣传画册8000余份，为村民宣讲党的政策。

二送教育先扶智。基地组织志愿者们先后开展关爱留守儿童活动、帮助在校学生落实教育扶贫政策、开展实用技能培训等，用行动为乡村振兴贡献自己的一份力。

三送服务暖人心。基地科普志愿服务队的师生们先后为双峰山贫困村孤寡老人、残疾、贫困家庭等修理农业机械（手扶拖拉机、收割机、抽水机等）25台、家用电器（电视机、电冰箱、洗衣机、甩干机、电饭煲、电风扇、电热壶等）580余件；走进福利院开展爱心活动，进一步践行当代大学生勤于实践、乐于奉献的精神。

四送健康解民忧。组织师生结合专业开展送医送药，下乡义诊活动，切身体验和对接扶贫工作，帮助解决扶贫点医疗上一些难关上下功夫，引导师生关注精准扶贫，参与脱贫攻坚。

五送文化真惠民。基地组织科普志愿服务队，帮助学校精准扶贫驻点村制定美丽乡村方案，到乡村开展文艺演出，教村民跳广场舞等多种形式倡导健康文明的生活方式，在学好专业的同时，发挥特长、服务社会。

"每一个青年都应该成为社会主义建设者和接班人"，从送政策、送教育，到送服务、送健康、送文化，向纵深发展的"五送"志愿服务活动，培育青年大孝爱国、中孝敬业、小孝侍亲情怀，以扎实成效引领全校师生"思想自觉"到"行动自觉"。

二、以孝润德，孕"群星现象"引发"群星效应"

拨亮一盏灯，照亮一大片。先进典型是核心价值观的人格化身，是引领社会主流价值的鲜明旗帜。

孝文化艺术传承与教育基地学校广泛开展孝文化与优秀传统艺术精品传承与教育活动，以"孝感市的国家、省级文化精品展、学校优秀人文社科成果展、孝文化成果展、孝德育人实践教学成果展"为依托，逐步将基地打造成具有地方高校特色的育人高地。

截至到目前，基地举办了学校优秀人文社科成果展、孝文化成果展、孝德育人实践教学成果展等，不断挖掘各地先进典型，将他们的事迹搬进基地，将身边的典型请进校园，通过宣讲先进人物的优秀事迹，激发师生们知孝义、提孝能、行孝道。在基地参观学习已成为新生入学教育的必修课，2018年9月，湖北职业技术学院共组织5800名新生分教学院、分批次来基地接受孝文化的熏陶，在感受优秀传统文化技艺的同时，体会到了优秀典型的榜样示范作用。

自2000年起，湖北职业技术学院创新开展孝德感恩典型评选表彰活动，在校内选培孝德感恩典型。十九年来，共评选出“孝德感恩之星”、“孝德感恩标兵”、“孝德感恩集体”6000余人（次）。多年来，学校先后涌现了十八大、十九大党代表、全国五一劳动奖章得者闫文静，全国道德模范、第十二届全国人大代表谭之平等一大批先进典型。

一个个先进典型、一次次精神洗礼、一项项道德实践，绵绵用力、久久为功。湖北职业技术学院以“孝文化艺术传承与教育基地”作为平台，以孝润德，在弘扬优秀传统文化的同时，在校内营造出孝风育大器的浓厚氛围，激发了青年学生的思想认同、情感共鸣和效仿意愿，让孝老爱亲成为共识，让向上向善蔚然成风，将“群星现象”催发为更炽热的“群星效应”。

三、以技塑人，建“工匠作坊”传承“工匠精神”

“这些传统老技艺，就是我们孝感的‘大国工匠’。创办名师工作室，就是要把老祖宗留下的传统手工艺在我们高职院校传承下去，大力弘扬工匠精神。”2018年7月28日，省教育厅党组书记、厅长陶宏来湖北职业技术学院“孝文化艺术传承与教育基地”调研时对基地展陈的孝德育人实践成果、孝诚匠心工艺成果、孝艺文化精品成果赞不绝口，鼓励学校要加大名家工作室的投入力度，建好“工匠作坊”传承“工匠精神”。

湖北职业技术学院“孝文化艺术传承与教育基地”已成为学校乃至孝感的一张名片，基地创新设立了“工匠作坊”，一方面是为中华优秀传统文化技艺培养传承人，另一方面让学生在环境的浸染中起到潜移默化的影响，致力培养新一代的幸福工匠。截至到目前，基地共成立了3个“工匠作坊”。一是吕维平扎染工艺展室，占地面积约40平方米，并特聘吕唯平教授为专业教师，主要是扎染艺术成果展和现场教学；二是王土清丝画工艺展室，占地面积约25平方米，主要是丝画艺术成果展和现场教学；三是云梦睡虎地秦简及陈谷栋书画工作室，以云梦睡虎地秦简研究所为平台，成立书法协会，聚集了56名爱好书法的学生，学习了解云梦睡虎地秦简历史和传统书法技艺。“工匠作坊”在湖北职业技术学院的开办，不仅传承了传统技艺，也让学生亲身体验手工技艺的魅力，感悟“精益求精、追求卓越”的工匠精神。

攻坚克难，跨越发展

——湖南省桂阳县职业技术教育学校创新教育模式发展综述

湖南省桂阳县职业技术教育学校　欧阳新雄　李珍文　邓大琥

习近平总书记在十九大讲话中指出：“完善职业教育和培训体系，深化产教融合、校企合作，建设知识型、技术型、创新型劳动者大军，弘扬劳模精神和工匠精神，营造劳动光荣的社会风尚和精益求精的精业风气。”湖南省桂阳县职业技术教育学校（简称“桂阳职校”）近年来认真领会十九大精神，把握职教发展新机遇，传承优秀文化，优化整合资源，发挥融合优势，筑梦职教，不忘初心，砥砺前进。

面对困境，初心不改谋发展

桂阳职校有着不平凡的发展历程。学校创办于1984年，2003年对县教师进修学校、农校、卫校及电大工作站与职业中专进行全面整合，开始了第一次改革。但10余年来，桂阳职校发展缓慢，一直停留在60余名教师、200多个学生的办学规模，招生成了学校避不开的尴尬问题。

为了摆脱教育困境，铸就职教辉煌，2011年，学校领导班子开启了全新的发展规划，从精准定位职业学校办学理念入手，优化内部管理，凝聚团队信心，改变职校形象，使学校一步步发展壮大。2013年，学校领导班子抓住国家职教改革的发展机遇，启动了搬迁工程。通过3年多的艰苦建设，2016年9月，耗资2.8亿元、占地225亩，建筑面积5.8万平方米，教学区、生活区、实训区、运动区相对独立的新校区正式投入使用，教学条件得到了根本性改善，为学校的发展奠定了坚实的基础。

目前，桂阳职校有全日制在校学生4443人，以“省示范性特色专业群——电子信息专业群”为核心开设十二个专业，65个教学班，有教职工259人。另外有成人学历教育在读学员878人。是国家级重点中等职业学校、省级示范性中等职业学校。连续3年荣获“郴州市教育教学质量管理高中组先进单位”，并在去年列为湖南省第三批省卓越学校建设单位，办学成果和经验成为全省中职类学校的典型。

以需定培，产教融合谱传奇

随着我国进入新的发展阶段，产业升级和经济结构调整不断加快，各行各业对技术技能人才的需求越来越紧迫，职业教育被摆在教育改革创新和经济社会发展更加突出的位置。而发挥专业优势、切准区域经济发展脉搏就是桂阳职校走向成功的关键一招。学校以服务本地区域经济建设为目标，以桂阳县工业园区人才需求为切入点，实施“请进来、走出去、融起来”三步走产教融合战略，倾力打造桂阳职教金品牌，努力吧学校建设成为高水平、现代化、有特色的职教名校。

请进来，把工厂建到学校。学校利用新校区规划新建的一栋三层楼共5400余平方米的实训工厂，引进了两家企业的电子产品生产线，由企业提供设备、材料及技术，按照“环境职场化、设备生产化、功能多样化、使用开放化”的思路兴建了“校中厂”，建立了“订单班”，直接为企业生产产品，真正实现了校企双赢。

走出去，把教学放在工厂。学校充分利用桂阳工业园区的产业特色，发挥电子信息应用专业的优势，先后与园区10多家企业签订了合作协议。根据企业对人才的需求招收了“家具设计与制造班”和“SMT订单班”，课堂办到了园区内，生产与学习合一，真正学以致用。

融起来，把课程办出特色。学校结合企业生产和专业建设需要，由校企双方共同开发校本课程，共同制定课程标准和人才培养方案。实现专业设置与产业需求、课程标准与职业标准、教学过程与生产过程、毕业证书与职业资格证书无缝对接。同时，采取企业派员授课、学校教师进厂挂职的互动方式，实现了人才与师资的可持续培养。

职业教育担负着传承技术技能、培养多样化人才的重任。几年来，学校创新教育模式，教师队伍整体素质和学生综合水平大大提升，使学校步入了发展的快车道。2019年12月22日，湖南省职业院校“中职智能家居安装与维护”技能竞赛在湖南省桂阳县职业技术教育学校圆满落下帷幕，经过两天紧张而激烈的比赛，学校3名选手凭借精湛的技艺和密切的团队合作，最终摘得桂冠。这是学校连续第4年承办省级职业院校技能大赛。“一个县级职校办出了职业学院的水平，实属难能可贵。”这是参赛领导和专家们对桂阳职校的评价。

追求卓越，跨越发展续新篇

“定位准确、态度踏实、适应期短”是合作企业对桂阳职校学生的评价。尤其全省首个校企人才互动服务平台的建成，让校企融合有了更加实际的成效。企业参与学校招生全过程，组建特招班、订单班，解决了人才培养与就业大难题。近两年来，“订单班”、“学徒制班”学生全部安排到校办企业对口上班，学生达到全部就业。同时，通过建立可持续校企师资互聘共用、双向挂职锻炼的“双导师制”体系，夯实了教学基础。近3年来，校企为桂阳职校共培养“双师型”教师52人、名师大师2人、骨干教师5名。随着全日制教育质量的同步提升，教师队伍的整体素质提高，学校多元化育人成效得到社会全面认可。

独特的专业设置成为学校的核心竞争优势。以电子技术应用专业为核心的电子信息专业群带动其他专业整体提升，建成的精品课程省级有2门、市级14门，开发了14本校本教材，建成了4个数字化教学资源库和14门网络课程。科学的专业设置、校企互动的培养模式有效提高了学生的动手动脑和创新能力。近3年来，学校在技能、文明风采、创业等各类大赛中荣获国家一等奖3人、二等奖6人、三等奖10人，省一等奖10人、二等奖26人、三等奖36人。

创新推动了学校的跨越式发展，这是时代赋予的机遇。桂阳职校将通过筑牢支撑点强化基础建设，找准切入点优化专业建设，瞄准落脚点提升办学效益，初心不改，追求卓越，为创建国家级改革示范校而砥砺前行。

深化内涵建设，办有文化味的学校

湖南省洪江市黔城完小　易小柏

学校内涵是学校内在的涵养品质，是助推学校前行的内在动力，也是引领学校发展的罗盘。学校教育育人就是育心，而育心最好的方式就是学校内涵文化。我校原名宝山书院，坐落于国家4A级景区“黔阳古城”区域内，有着七百九十多年的办学历史，文化底蕴深厚。学校深挖千年书院内涵，积极打造“斌”文化，努力建设有文化味的学校。近些年来代表洪江市参加湖南省的武术大赛，多次荣获一等奖。组织学生参加书法比赛，一次荣获湖南省特等奖，多次获一、二、三等奖。在怀化市体育调赛、艺术节竞赛中多次名列前茅。

一、根据自身特点，挖掘文化元素

学校努力挖掘“宝山书院”文化元素，积极打造“斌”文化。现立于宝山书院的碑文中就有重教研强体质的文字。“斌”文化蕴含宝山文化文字符号，含意为“文以修心，武以健体”，“择善而从，博学于文，约之以礼”。“斌”引申为文武双全、博学多才、作风优雅、富有君子风度等含义。我校一直着力继承和发展传统文化，弘扬爱国主义精神，着力完善道德品质、培育理想人格，提升政治素养。培养“文武双全”、“彬彬有礼”（“斌”同“彬”）的合格人才。

结合宝山书院人文历史，学校根据自身特点，从“武韵校园”、“墨香书法”、“经典诵读”、“红色实践”四方面着手寻找学校的文化味。2016年，黔城完小被洪江市授予“书法特色学校”和“跳绳特色学校”。2017年，黔城完小被怀化市授予“怀化市传统文化示范校”。

二、构建武韵校园，强健师生体魄

“武韵校园”分为“武术大课程”和“古诗韵律操”两部分组成。目的在于加强体育锻炼，丰富课内外生活，强健师生体魄。

“武术大课程”分为课内武术教学和课外武术活动两部分。武术是中华民族传统体育项目，学校有专业武术老师，武术功底扎实，专业水平高。学校选择武术作为校本活动载体，通过“武术进校园”活动的开展，打造学校中华传统特色教育。继承祖国优秀的文化遗产，激发学生的民族自豪感，增强体育锻炼的兴趣，实现强体魄，强礼仪、强精神目标。学校被评为“湖南省武术进校园试点项目校”。武术教育与课堂教学结合，在体育课上安排武术教练指导学生练习武术，全员参与，打下武术基础，全面推广武术教学。武术与大课间相结合，将武术、艺术与大课间相结合，更加丰富了学生的体育活动，避免了以往单一的活动形式，激发学生参与锻炼的热情。全面提高学生的身体素质和体育文化修养，为校园体育文化建设起到了良好的推动作用。武术与社团活动相结合，大力开发校本课程，建立有武术特色的课程，丰富校园传统文化生活，培养同学们的兴趣爱好，打造特色教育学校，提升了学校的办学品位。武术教育与课外活动相结合，加强课外活动使它成为武术课堂的有机延伸，发展校园文化，建立课外活动阵地，活跃校园生活，挑选优秀的武术苗子，培养武术特长人才。

“古诗韵律操”阳光体育大课间发展性德育课程。“阳光体育大课间德育课程，以课间操、跳绳运动、集体跑操、古诗韵律操和放松操五部分组成。古诗韵律操既锻炼了身体，又受到了诗歌的熏陶，人人都喜欢。跳绳活动人人会跳，人人爱跳，人人能跳出特色来。跳绳活动已经延伸到每一个课间，学生在课间开展各种跳绳游戏活动，花样众多，形式各异，个个开开心心，喜笑颜开！2014年开始，学校把阳光体育活动作为学校运动课程来开发，为时一年执着打磨，破茧而出，并持之以恒地于日常学习之中，很好地体现“完小学子、童心飞扬，我运动，我快乐”的阳光心理，充分彰显“让每一个孩子都健康而快乐”的办学之理念。多年来，学校积极开发三项活动课程：“室内阳光大课间手指操”、“律动校园”、“七彩社团”。三项活动课程的成功开发，让每一位学生寻找到快乐土壤，知识与技能，德育与美育，体能与体质，文化传承得到和谐发展。

三、传承书法艺术，墨香浸润校园

我校的“墨香书法”旨在激发和培育学生书法的热情，促进学生扎实开展传统书法练习，感受书法的魅力，提高审美能力和文化品位，增强文化自信和爱国情感。

书法是我国的国粹文化，学校极响应国家号召，从2012年开始，将书法课程列入课表中，从一年级到六年级，每周安排一节课，指导学生书写。为了加强对书法教师的培训，学校专门开辟了“书法研究工作室”，配备了一间教职工书法室，购买了笔墨纸砚，并聘请书法专家予以指导。2021年，我们在每周一的中午，增加一节书法指导课。全校统一，由书法教师指导各班学生使用“黄金格”指导全体学生书写规范字。学生书写习惯得到改善，书写技巧得到提升。另外，学校从周一到周五的下午，开设有书法兴趣班。为学有余力的学生进一步学习书法，培养书法特长奠定了基础。另外，学校专门开辟了书法文化长廊，张贴师生书法习作。学校组织师生参赛，在各类竞赛中取得了可喜成绩。

四、弘扬传统文化，经典润泽心灵

为激发师生对中华优秀文化和祖国语言文字的学习和热爱，增强民族自豪感和文化自信心，我校通过广播大力宣讲中华传统礼仪故事，播放经典诗文吟诵等，让中华传统文化真正走进校园，提高学生文明礼仪素质。

营造经典诵读的校园环境。我们将经典的故事和名言警句张贴在校园显眼的地方，建设成校园经典文化。让校园的每个设施都能发挥最大作用，让校园每面墙都会说话，每个角落都传递着传统经典的声音，提高师生的人文素养，创造良好的校园风气，让学生在潜移默化中受到传统文化的熏陶。

开发学习经典课程。为把学校创建成为传统文化特色学校，努力营造浓郁的书香校园氛围，学校开发了《书香润童年》高、中、低三个年级版本的经典诵读课程，全书收录了70首古诗词，选编国学经典《三字经》《弟子规》《千字文》《声律启蒙》《道德经》《大学》《笠翁对韵》《增广贤文》。免费发放给每一位学生，要求各班级利用晨诵午读课间吟诵，将尊师重教，孝敬父母等传统的道德教育渗透到学生的心灵中去，逐步让学生养成良好的生活习惯和行为准则。通过此项活动的开展，一代先师孔子倡导的“温、良、恭、俭、让”的好行为在学校逐步掀起。参加洪江市诵经典，圆梦校园，我校选送的《阳光少年、复兴之路》《匆匆》均获洪江市第一名。《不跪的中国人》《新时代的中国少年梦》均获怀化市一等奖。

五、开展红色实践，赓续红色基因

“红色实践”是利用“社会实践”课程，组织师生学习党史，走红色路线，明确目标，提升信念，进一步深化社会实践课程的内涵。

近几年来，我校多次组织学生到芷江抗日胜利受降坊、飞虎纪念馆，安江隆平纪念馆，黔城的烈士陵园和黔阳古城等处开展系列“红色实践”活动。组织师生观看“光影铸魂”电影，“从小学党史，永远跟党走”主题班会，师生“学党史，跟党走”书法展览活动等。通过阅读革命传统故事、观看红色电影，走访革命后代、开展红色旅游等方式，组织学生开展丰富多彩的寻访红色足迹活动，引导他们了解中国近现代史特别是中国革命史和中国共产党历史，体验革命情怀，弘扬革命精神，坚定永远跟党走的理想信念。党是一面鲜红的旗帜，引领我校全体师生积极进取，奋勇向前。师生遵纪守法，精神面貌极佳，教育教学综合质量一直名列前茅。

让文化浸润校园，努力建设有文化味的学校。在前行的路上，学校几分汗水、几分收获、几多付出、几多成果。我校积极打造宝山书院“斌”文化，在校园文化环境育人实践方面迈出了可喜的一小步。

不忘初心，砥砺前行。面对新的时代新的要求，我校全体教职工将不断锐意进取，深入领会其精髓对，强化文化引领，提升校园文化实力，为办一所有文化味的学校而不懈努力奋斗。

织密安全防控网，突破困境演蝶变

——沅陵县荷花池小学“平安学校”建设

湖南省怀化市沅陵县荷花池小学　张新

巍巍武陵雪峰，浩浩沅江酉水。湖南省怀化市沅陵县荷花池小学始建于清光绪二十五年（1899年），是一所环境优美、底蕴深厚、文脉悠悠、书香习习的区域品牌学校。这所百年老校在当地，不论是教育教学质量还是校园文化皆享有盛誉。然而随着“城镇化”建设，学校周边环境复杂，堪称“内忧外患”。校内“人多为患”，学校占地面积10013平方米，师生3000余人，人均活动面积不足1平方米，相互碰撞事件时有发生；校外“四面楚歌”，朝北、朝南、朝西皆为临街，车水马龙，噪音常年此起彼伏。这些都严重制约着学校的发展。

为突破困境，开启新章，学校坚持立德树人的办学理念，以发展“荷文化”内涵引领学校整体工作，坚定不移地以“每人拥有一技之长”战略推进素质教育，以“平安学校”创建保证发展航向，让学生在“荷美校园、和美教育”环境中形成良好的人文素养和道德修养，使校园里处处洋溢着文明、和谐的气息。

组建“护航团队”，岗位职责分工明确

校园安全责任重于山，必须多部门协调配合开展，从源头上预防，从根本上治理，从制度上发力，从突出问题突破。在创建“平安学校”整个过程中，沅陵县荷花池小学得到了县委县政府的高度重视和支持，县委常委政法委书记刘永仁同志、县委常委纪委书记张俊辉同志曾多次实地考察，为学校排忧解难，并成立“校园周边环境安全治理专班”，极大地改善了学校周边脏、乱、差的环境。

寻求社会各界支持。在县委县政府的大力支持下，县委常委政法委书记刘永仁同志亲自挂帅，组建了以政法委覃振华副书记为组长、张新校长为副组长的创安领导班子，组员由学校主管安全的副校长宋贻安同志和交警、武警部队、执法大队等部门同志组成，实行一把手亲自抓、分管领导重点抓的管理机制，形成了职责明确、协调配合的组织领导机构，确保创平安学校工作扎扎实实地深入开展。工作组成员更是起早贪黑，在学生上学期间，每天早上6∶50开始执勤、下午18∶00学生回家之后才结束工作。

家校联手保驾护航。学校高度重视“平安学校”创建工作，将其作为学校工作的重要组成部分，并列入学校的议事日程。年初制订专门计划，努力做到教育在先、预防为主；学校日常活动中，各个楼梯口安排教师执勤，少先大队部学生干部督查；家长义工团队在学生上下学的护卫工作中积极贡献力量，家长膳食委员会参与学校食堂食材的选取，确保饮食安全。

一校两区缓解压力。为化解学校大班额的情况，缓解学生扎堆的压力，2020年8月经沅陵县政府教育工作领导小组研究决定，由我校领办黄草尾小学（原虎溪学校），形成了一校两区（荷花池校区、黄草尾校区）的办学模式。黄草尾校区大门紧靠241国道，又是一个转弯急下坡，车速快，司机视线差，交通安全隐患极大。经县委常委会决定，政府每年出资30万元，由县公交公司早晚接送黄草尾校区学生上放学，极大地化解了学生上下学的交通安全隐患。

开展“创建活动”，精准研判狠抓落实

校园安全管理工作点多、线长、面广，更需要学校积极因地制宜，综合施策，扎实推进“平安学校”建设。沅陵县荷花池小学准确把握当前安全工作面临的风险和挑战，始终保持高度警觉，做到精准研判，打好防范和应对安全风险的主动战。

用“制度”守望学校。学校严格按照建设“平安学校”的总体要求，坚持“安全第一、预防为主、标本兼治”的方针，进一步加强学校安全工作，积极组织、动员并紧紧依靠广大师生，建立起维护校园安全稳定的长效机制，促进学校持续、快速、健康、协调发展。学校结合校情，建立了一套完整的安全管理体系，先后完善了《荷花池小学学校安全工作管理制度》《荷花池小学集会、出操安全管理制度》《荷花池小学疾病防控安全管理制度》《荷花池小学疫情防控安全管理制度》等规章制度，力争做到学校所有安全工作都有章可循、有制可依。

用“落实”保障安全。创建“平安学校”关系到每个师生的利益，涉及各个部门的工作。为此，学校要求部门配合、人人参与，层层签订责任书，明确职责，强化教育。成立安全巡查小组，在关键时间点进行巡查，层层把关，安全无小事，事事有人管；要求全校教职员工进一步增强责任意识、育人意识、安全意识，时时、事事怀揣“安全第一”的宗旨，对学生负责对学校负责也对自己负责；把安全工作作为班级和教职工考评的重要内容，实行安全责任事故一票否决制；学校综治办通过学校公众号、主题班队会、安全讲座等形式开展安全教育活动，定期举行火灾、地震、防暴、防汛等内容的逃生演练，并将其常规化、常态化、课程化、体系化，切实保障师生应对突发事件的能力。

用“坚持”抗击疫情。2020年，面对严峻的疫情防控形势，学校坚持疫情防控常态化，校门口做好外来人员的体温测量和实名登记工作，各个班级每日做好晨午检工作，及时统计上报异常情况。学生家长也不能进校接孩子，学生排队出校门放学。这在其他学校可能是一件很普通的事情，但对于沅陵县荷花池小学而言，难度却很大。在放学期间，需要把全县相对繁华、热闹的荷花路进行交通限行，同时禁止商贩摆摊设点，这凭学校一己之力是无法做到的。在这个过程中，县执法部门起了决定性的作用，为学生安全有序放学提供了最有力的保证，深受广大家长和周边群众的好评。

共赢“和美教育”，各项工作齐头并进

栽下梧桐树，引来金凤凰。学校校长张新作为“怀化市优秀校长”、“怀化市名师”、“怀化市三八红旗手”，在她的领导下，学校形成了安全意识常态，近五年内学校从未出过重大安全事故和责任事故，学校各方面的工作也出现了前所未有的喜人景象，2017—2019连续三年被县教育局评为“综治维稳示范单位”，2018 年被评为“毒品预防示范学校”，湖南省“卫生文明先进单位”、湖南省“防震科普示范学校”、怀化市“最美学校”。

有了一个安全、稳定、和谐的环境，学校近年来的教育教学工作成绩显著，教育教学质量每年上一个新台阶。近三年，学校接连被评为湖南省“优质示范空间示范学校”、湖南省“红领巾示范学校”、怀化市“教育教学常规先进学校”、怀化市“科研基地实验校”、怀化市“课改样板校”、怀化市中小学“优秀传统文化教育特色学校”等，县级各部门荣誉更是数不胜数。

创建平安学校是一项长期、重要的工程，有赖于社会各界的关心支持和帮助，逐步建立适合校情的长效机制，以逐步巩固和提高创建成果，真正做到警钟长鸣、常抓不懈。今后，沅陵县荷花池小学还将进一步提高认识、明确任务、狠抓落实，以求真务实的工作态度、扎实有效地工作方法把继续落实安全责任制和增强师生安全防范意识紧密结合起来，不断推进“平安学校”创建活动的深入开展，为建设平安沅陵做出应有的贡献。

春风化雨　爱育心田

湖南省邵东市第四中学　王明华　申才方

教育是什么？是上天送给孩子的一份礼物，是一份关心，是一路陪伴。好的教育能让孩子从小就接触知识的天空，领略文化的魅力。学校除了是教育实施的场所，也是温暖人生的第一座港湾。回望过去，我校创学之路十分艰难，教育资源匮乏，师资力量薄弱，学校一度面临严峻的考验。好在，经过全校师生的努力，凭着不放弃、不气馁的精神，学校终于抓住了发展的契机，寻找到一条切合自身发展的特色之路。这条路就是“发展艺体特色，助力学生找到人生价值”，以“诗意”教育，引领学校发展，凸显特色品牌。现如今，经过学校所有师生的精诚协作，团结努力。我校的教学质量得到全面提升，校容校貌焕然一新，校园环境优美，人文氛围和谐温馨，学生们畅游在知识的海洋中，尽情享受，脸上尽皆洋溢着幸福快乐地笑容！

一、风雨兼程，一路相随

作为学校特色教育理念，我校的诗意教育实践，是从一堂课开始的。当时，我校面临教师资源稀缺的问题，高三年级急需一名语文教师，学校现有老师的课又已经排满，招新老师又来不及。面对这一艰难处境，好在当时我校的校长王明华有着丰富的教育经验，义无反顾地挑了这个重任。“我顶上。”王明华当时的语气坚决，接了这“硬茬”。他也希望通过自己身先士卒，来推动教学改革，首先是推动推门听课的实施。授课当天，王明华讲《滕王阁序》。他的激情一如初登讲台的年轻人，吸引了一大拨语文教师来听课。“普通话不标准，视力不好了，激情还在。”王明华谦虚地评价自己这次课堂“首秀”。事实上，他在行政岗位工作，不站讲台已有十余年。某个老教师则称这堂课是“唯美的”。到目前为止，王明华一直坚持带一个班的语文课。这堂“救火”性质的课，有着特殊意义，是撬动学校教学改革的一个新起点。此后，学校随时推门听课的传统蔚然成风。

后来，随着学校条件得到改善，师资力量逐步壮大，我校开始要求学校行政领导也回归课堂，并顺势推出了教师五项常规办公检查：备课、上课、辅导、作业批改、课后总结。要求所有职工写工作小记，将工作中的快乐事、烦心事、教育思想形成的触发点等都写下来。每一位教师捧读自己的工作小记，就是在尝试思考教育故事背后所蕴藏的温度和思想。校长王明华认为，教育是有故事的。每一个教师在自己的教育故事中成长。教与学，是相互成全的过程；师与生，是相互成就的关系。

二、温暖师生，逐梦未来

一个鸡蛋，从外打破是一盘菜，从内打破是崭新的生命。从不同的角度去开掘，生发出来的价值是不一样的。王明华觉得，只有打心底关注和热爱学生，发现学生的特长，才会有学校的特色。初到学校时，他潜心梳理四中的历史。发现这所学校人文底蕴浓厚，在书画等艺术领域有良好的基因，并一直浸润着这里的学生。学生在美术、音乐、体育上往往有自己的独到感悟。为此，属于我校崭新的序幕就此拉开，王明华顺势而为，充分开掘，将特色擦亮。她捕捉到了助力学生找到价值的“捷径”——音体美艺术特色，深信这条路会让孩子们走得更远。后来，在她的领导下，为将艺术特色做得更精细，我校确定了“金字塔”艺术人才培养模式：高一增加音体美课程课时，培养兴趣；高二精细化分班，培养能力；高三，组织学生赴长进行为期5个月的专业培训。同时，我校积极组织开展各种艺术活动，打开学生眼界。所有市县文艺活动中，都活跃着四中师生的身影。中秋诗会、摄影大赛、大型文艺汇演……学生在展示自己中，不断靠近未来的样子。现在，音体美已经成我校的办学特色。学校也成为邵阳市规划最大的艺术特长生源地。不少学生都进入了中国美院等优质艺术院校。

“学生都有其独一无二的价值，要俯身去发现，创造环境去培育”。这一直蕴含在校长王明华的理念里。她住在学校里。学校是他的第二个家。这个家的样子，应该是有温度的，暖意融融的。王明华认为，这是校园应有的文化。他深谙“和谐”二字的真谛，并致力打造和谐校园——有融洽的人际关系、和谐的师生氛围、恰当的人文关怀和彼此坦诚的尊重。2016年，与王明华一起到四中的还有一位新老师。第二天，新老师就请辞了——被简陋的居住环境吓退。这让王明华觉察到，要想年轻教师在学校扎下根，先得给他们搭一个窝，将心安下来。于是，他将退休教师的房子租过来，给年轻教师住；还借了镇政府闲置的办公楼，重新装修，改造成宿舍。年轻教师终于有了一个家。这几年，学校新进的年轻教师都留了下来。对于王明华而言，她希望学校是有情趣的。为此，他花心思制造温度。舞文弄墨、唱歌吟诗、运动健身，都是他的“菜”。他愿意将这些情趣与师生同乐。学校书法大赛时，他会露两手；文学社创刊，他作序；教师生日时，他撰写祝福语；学生生日时，他打开校园显示大屏，祝他们生日快乐；过节时，全体师生汇聚食堂，免费进餐。写长诗是他的强项。他连续五年，将学校一年的教育思想与学校发展脉络贯穿于长诗中。这既是总结，也是师生的回忆。王明华说，教育是要有远见的，去抵达可以预见的未来。

三、不忘初心，扬帆起航

教育是生命对生命的责任和承载。在王明华身上完美地体现了这一点。这么多年来，我校克服重重阻碍，不畏艰难，敢于实践与革新，老师们默默坚守着育人理念，用心培育，用爱浇灌，用每一滴汗水滋养学生幸福成长，才迎来教育美好的明天。我们相信，在未来教育的道路上，我校全体师生仍将携手一心，含泪播种，含笑收获，为打造温暖的教育，不懈努力，共谋幸福。

倾注满腔热忱，构建学生幸福人生

湖南省湘潭市益智中学　刘美红　文伟　彭炎

百年大计，教育为本。教育是提高人民综合素质、促进人的全面发展的重要途径，是民族振兴、社会进步的重要基石，是对中华民族伟大复兴具有决定性意义的事业。我校以创建精品校园、深化“两型”课堂改革为目标，认真落实十九大及全教会的精神和要求，全面推进教研教改和素质教育，加快教育现代化步伐，加强教师队伍建设，构筑教育发展新平台，不断提升学校办学品质。办学以来，我校以“为学生一生幸福奠基”为学校教育理念，形成由“幸福德育”、“幸福课程”、“幸福课堂”三个部分构成的完整的“幸福教育”体系，始终坚持立德树人，构建幸福德育。我校以“活动育人、环境育人”为途径，紧紧围绕“公民、礼仪、感恩”，从德育活动课程化、德育评价多元

化、德育平台多样化、家长课程开发、德育资源整合、劳动素养养成、德育基地引领、美育同步推进、校园文化涵养八个方面着手，培育学生核心素养。立足学情，紧扣新课标，我校将教案、课件完全配套，在不断修改、完善中整合了学校资源、学科资源、学习资源。还利用小组合作学习的方式，将学生个体间的学习竞争关系改变为“组内合作”、“组间竞争”的关系，将传统教学中的师生单向或双向交流改变为师生、生生之间的多向交流，训练思维的能力的同时也丰富了学生的情感体验。凭借德育教学方面取得的成果，我校也因此相继获得“全国少先队活动课试点单位”　“全国优秀国学社团”、“湖南省青少年教育研究基地”、“湖南省优秀少先队集体”、“湖南省初中优秀校本课程一等奖”、“湘潭市首批非物质文化单位”等一系列殊荣。

一、立足课程，促进教学质量提升

教育要以课为本。我校构建的德育课程贯穿初中三年，包括学前教育、开学典礼、升旗仪式、自主管理活动、安全教育、德育实践活动、校园文化、班级教育活动等方面的内容，旨在培育责任担当核心素养，提升创造幸福的能力，做一名有公民道德、讲究文明礼仪、学会感恩的初中生。2011年我校开设至今的综合实践校本课程，现有七大类37门课即：(一）非物质文化传承类——象棋围棋课、雕刻课、武术课、国画课、工笔课、书法创作课、糖画课、湘绣课、纸雕课、花鸟字课、捏糖人课、箭术课。(二）国际视野类——日文课、德文课、韩语课、古汉语文学课。(三）操作类——遥控飞机操控课、服装设计与制作课、机器人设计与操控课、电脑动漫制作课。(四）生活情趣类——烘焙课、包子制作课、瑜伽课、丝网花课。(五）艺术修养类——吉他课、街舞课、摄影课、架子鼓课、美术名作鉴赏课、珠艺课、陶笛课、演讲与口才课、油画课、速写课、声音的探索。(六）身体素质养成类——散打课。(七）社会关怀类——手语课。此外，我校体育活动拓展课程坚持“健康生活一辈子”的教育理念，力求发挥所有体育老师的专业特长，开设“阳光1小时”活动，推出篮球、排球、足球、羽毛球、健美操、武术、散打等选修课程，培养每一位学生一种体育爱好，提升创造幸福的能力。身心健康同步发展是当今教育的基础理念。我校在心理健康课程方面坚持“10个一”：给新生上一次团队辅导课、给每位学生建立一个心理档案、每班设立一个心理委员、七年级每周开设一节心理课、每天有一位心理老师值班、每期对班主任进行一次心理团队辅导、每期对家长开设一堂心理团队指导课、每年举行一次“心理健康活动周活动”、每年进行一次中考考前团队辅导、开通一个心理咨询平台。这些措施为培养阳光少年、替青春期学生的成长排忧解难提供了途径，也为建设和谐健康的校园提供了保障。德育管理是学校品质的重要保障，我校德育管理落实在班级量化考核上，以评促建，通过文明寝室、文明教室、文明黑板报、每月主题活动、每年主题班会竞赛等评比活动促进班级建设；通过师徒结对、阅读与写作分享、德育案例撰写、德育刊物订阅等活动促进队伍建设，提升德育队伍的理论水平。同时德育主题利用每周的升旗仪式，紧扣重要时政、节日精心设计。如“文明让我们更美丽”、“我们的祖国”、“责任伴我成长”等，让每周一的升旗仪式成为锻炼学生能力、播种核心价值观、践行幸福德育的有效阵地。我校会如期举办诗歌朗诵比赛、课本剧比赛、合唱比赛、校园歌手、器乐、舞蹈、体育舞蹈、主持人、美术、书法大赛等艺术活动，趣味运动会、跳长绳比赛、篮球周末、拔河比赛等体育活动，鸡蛋撞地球、叶脉书签制作、饮料制作、班级网页制作、科幻画比赛、小发明等科技活动，国外研学、参观“两馆一厅”、爱心义卖、城乡手拉手、社区志愿服务、慰问福利院等社会性德育活动，不仅激发了学生的兴趣，也丰富了学生的课余生活，展现了青春的魅力与别样的风采，培养了学生的社会意识和责任感。完整的管理体系也是一所学校发展的重要保障。为此，我校以省级课题《德育多元评价促推核心素养的培育》为抓手，设计了《益智中学德育评价手册》，有德育要求16项，我校精心设计了《优秀小组评比制度》《值日生制度》《值周班长制度》《无人监考制度》《学生会执勤制度》《文明监督岗检查制度》《寝室长制度》《师徒结对制度》，通过学生的自我管理、自主管理，达到管理人、教育人、激励人的目的。此外还开展德育评价，构建了每日、每周、每月、每年的德育评价体系，认真进行每日小组量化；每周小组评比、文明寝室评比、卫生流动红旗评比；每月“文明之星”、优秀小组的评选；每期三好优干、单项积极分子、德育标兵的评选；每年感动益智的评选。制定评比制度、丰富评比内容与手段、细化评比标准与评价主体、全校统一表彰，这些都有效地实现了德育工作的纵深影响。

二、家校共育，构建幸福教育摇篮

一颗幼芽的成长需要土壤、雨露、阳光。学生的教育不能单依靠学校，家庭也扮演着重要的角色。我校积极打造家庭联系本，精心设计，内容包括每日格言、每日作业、每周德育作业、家长寄语、班主任寄语、德育话题等多个组成部分，并针对不同年级的特点设计15—20个德育话题，如“我的竞争对手”、“我心目中的团员标准”、“爸妈，我想对您说”、“家庭劳动”、“亲子交流”等话题。并专门设计“十个一”的每日劳动作业：“当一天家”、“做一顿饭”、“全程参与一次传统节日”、“做一次志愿服务”、“体验一天父母的职业”、“买一次菜”、“存一次钱”、“贴一次春联”、“布置一次书房”、“给全家洗一次衣服”，并要求家长及时将劳动场景与劳动成果照片上传家长群，以引领班级正能量。也因此搭建起了家校之间沟通、管理的桥梁。为合理挖掘家长资源，促推协同育人。各班开设“家长大课堂”，先后推出“金融知识进课堂”、“非遗进校园”、“美食进校园”、“急救知识进校园”、“消防知识进校园”、“交通法规进校园”、“花鼓戏进校园”等大课堂主题活动。与家委会一起组织“青春期系列”讲座，组织学生到省科技馆、省青少年活动中心、湘潭大学、三一重工、吉利汽车、盘龙大观园、湘潭市安全中心、市博物馆等地方开展研学活动；开展了“预防校园暴力”、“中考加油”、“与书香为伴”、“感恩教育”、“最美中学生家长经验分享”、“如何做最好的家长”、“共读一本书”、“写好一篇读书心得”、“推出一篇好文章”、“分享一个好经验”等分享活动，为铸魂育人扣好人生第一粒扣子奠定了良好的基础。我校的特色德育基地则根据家长的职业、单位不同，带领学生参观家长所在的单位，如去大型企业了解产品生产过程，去部队体验军营的纪律严明等。另外，学校借助教育部主办的新加坡全额奖学金留学项目，联络我校被录取的26名优秀学生，设立“益智讲堂”，交流见闻，传授学习经验；利用外侨办的对外交流项目，将在泰国、新西兰进行文化交流的我校教师请上讲台；我校积极参与国际交流，组织学生赴新加坡、日本、美国进行研学活动，并要求讲好中国故事，传播中华文明，展示国人风采。

三、幸福为先，谱写德育教育新篇

“春风桃花红、雨润花更艳”教育是温暖人生的阳光，尊重、赏识每个个体，致力于学生能力、品德等各方面素质的全面提升，服务于个体的健康成长，滋养每一个生命。学校作为哺育千万学子的良田，应该让所有学生感到幸福，从幸福中汲取成长需要的养分，未来路上，我校将秉承“团结、奋进、卓越、创新”的益智精神，会继续以“幸福教育”的理念引领学校发展，以让学生幸福的方法不断强化学校管理，敢为人先，勇于创新，不断开启幸福教育发展的新局面。

用初心浇灌对乡村教育的爱

湖南省湘潭市雨湖区鹤岭镇立新学校　李景文

三十七年前，年仅19岁的我高中毕业成为一名普通的乡村教师，三十多年的辛勤工作让我的黑发变成花白，从普通教师到学校管理者，角色的转变，身份的改变，每步一个台阶，我体会最大的是肩负的责任不断沉重，而唯一不变的是，我扎根乡村教育的初心，它驱使我三十年如一日，执着而痴情地守望着心中的这片热土。盘点三十多年的教育工作历程，没有什么刻骨铭心的轰轰烈烈，只有琐琐碎碎的点点滴滴，以及人生感悟和感慨，我把这些总结为六个字。

一、范——以身作则，率先垂范

2006年，受当时的响塘乡联校委任，我来到了响塘乡稠泉学校当校长。当时的稠泉学校校舍条件极差：是由祠堂改建而成，由一栋20世纪七十年代建的两层红砖楼房(随时可能倒塌的D级危房)和7间阴暗潮湿的平房围成一个四合院。全校十来个老师和两百来个学生就在这堪称“抗大”的学校里工作、学习和生活。凡来这里工作的老师从第一天开始就想离开，更谈不上努力工作了。所以，稠泉学校的教学质量一直是全乡垫底。

虽然之前早有耳闻，但当我去学校实地察看了情况后，我沉默了：临阵退缩或维持原状？虽没有差评，但面对师生们一双双期待的眼睛，我于心不忍！改变提振？可无论从哪个方面入手都困难重重。我的心情很复杂，不知如何抉择。这时候，我的初心告诉我：迎难而上，砥砺前行！经过一晚上的辗转反侧，第二天，我就召开了第一次全体教师会议，郑重地向老师们说出了我的想法：一定要让稠泉学校大变样！老师们只管抓教学质量，我在抓好质量的同时，负责争取社会力量的支持，改变办学条件，改善老师们的待遇。在抓好学校教学质量和各项管理工作的同时，我不忘当初许下的承诺，利用自己的人脉和诚心，与周边的社员拉家常，交朋友，把他们当亲人一样，我的行动感动了周边的社员，打动了村领导和社会各方人士，仅用了一年的时间，学校教学质量成为全乡的先进，村干部破天荒拿出资金奖励老师。

2016年，因为工作需要，我调到了立新学校。立新学校是一所基础较好的学校，但教师年龄结构两极分化，住校的和学校附近的老师基本上没有，多数教师都是住城区，周边社员也有侵占学校土地的现象。担任立新学校的校长其实是一种新的挑战，为了使先进更先进，我一头扎进工作，学校的累活、重活、脏活、难活我都是自己亲自动手，顶着烈日剪枝，冒着大雨修屋顶，挽起裤脚、卷起袖子清理排水沟、冲洗厨房，这些无一不是我亲自上阵，我还通过个人与社员、村干部及相关部门领导协调争取资金40多万，加强了校园文化建设，在我的带领以及全体师生的积极配合下，立新学校各方面平稳发展，势头良好！成为鹤岭镇的窗口学校。

二、勤——勤于事业，乐于奉献

在我任校长的十六年期间，每天，我总是最早到学校，到校园四处走走，检查学生晨读、校园卫生、食堂工作，每日最晚离开校园的也是我，巡视校园，关窗闭户，这些工作好像成了我生命中不可分割的一部分。

现在在稠泉和立新两所学校的师生口中还流传着"两双鞋子"和"两把刷子"的故事。那是2014年稠泉学校迎接省级合格学校验收的时候，因为通往稠泉学校校门的是一条土路，连续秋雨让路面泥泞不堪，校园卫生很难保持干净，怎么办？思前想后，我就在校门口搭了一个大雨棚，全校师生每人准备二双鞋，穿雨鞋到校门口，换上干净的鞋子再进校门，如此一来，学校无论天晴下雨都是一泥不染。调到立新学校以后，正值白云路施工，为了保持校园的洁净，我又想了个好办法，下雨天，在校门口摆放了两个盛满清水的大铁盆，各放了两把刷子，师生在校门口将沾满泥的鞋子刷得干干净净再进校园。

在2020年疫情防控艰难时刻，全市教职工宅家抗疫，我秉着"天下兴亡，匹夫有责"的使命感，贡献着自己微薄的力量。由于所在的学校地处偏远农村，而大多数老师住在城区，50多岁的我一个人默默地承担起学校所有的工作，一心扑在防疫工作上，每周坚持对学校进行喷雾式消毒以及各项资料的上报，还为学校贫困学生、留守儿童送教上门，送物资上户；为了学校开学有充足的防疫物资准备，我未雨绸缪，利用个人人脉关系为立新及中心校的所有单位争取了价值近10万元的防疫物资，二月初，我又自告奋勇将防疫物资装卸、分发到中心校所属的16所中小学及1所公办幼儿园。

三、静——淡泊宁静，潜心教育

我是一个自幼就经历生活的清贫和苦难的人，对于今天的幸福，我特别珍惜，倍感满足。对于物质，我觉得基本的生活需求得到满足就够了，物质生活的简单，让我有精力去追求精神上的富足，这种追求给我带来了巨大的快乐，我的微信名是"皆大欢喜"，在我看来，平安最富，健康最贵，皆大欢喜才是最好！

2019年9月初，我被评为"全国优秀教师"，平生第一次获此殊荣，我内心很激动，教书三十多年，把荣誉"推"给别人，是我一贯的做法。年轻时，我认为上了年纪的老师辛苦了一辈子，比我更需要荣誉，于是就把荣誉让给了年龄大的教师；等自己上了年纪，又觉得年轻老师需要鼓励和发展，于是就把机会留给了年轻教师，我总是鼓励她们多参加各类活动并尽自己最大的能力给她们提供学习、展示平台，我的做法在许多人看来也许匪夷所思，但我从来不后悔自己的选择，因为，我是听从自己内心的召唤，知道自己想要什么，能做什么，能做好什么。

四、恒——持之以恒，一如既往

我应该属于比较"轴"的人，只要认定了的事情，就决不放松，坚持到底，不达目的不收兵。

2014年上学期，稠泉学校创合期间，规划、预算、设计、基建等各部门的领导来学校实地勘查，当时，领导们出于某种考虑，新建教学楼不同意建冲水式厕所，而我从学校长远发展的角度着想坚决要建冲水式厕所，在双方各执一词，不能决断的情况下，我毫不留情地将反对的领导"推"出了校门，后又多方奔走，与上级部门反复沟通，甚至深夜"闯入"局长办公室，最后终于争取经费十多万元，为学校建成了整洁卫生的冲水式厕所。

1984年，我刚参加工作当班主任，对学生进行家访时，发现有些家庭十分贫困，学生有辍学的危险，当时，我心里十分着急，想着怎么才能帮助这些可怜的孩子，我只能时常从自己微薄的工资里拿出一部分来帮他们；到2006年，我任稠泉学校校长，在对学生进行全面家访后发现许多贫困家庭的学生需要帮助，而靠我的一己之力根本无法解决问题，于是我萌发了争取社会力量捐资助学的想法。自2013年开始，我先后找到了永强助学、湘潭市一滴水爱心助学、鹤岭商会政协吴国柱先生等社会救助团队及爱心人士每年募资近5万元，对稠泉、立新、烧汤河、湘锰中学、陈蒲、南谷、市三中等学校的近百名学生进行助学。

五、研——钻研思考，上下求索

我喜欢思考，不断反省自己，致力于做一个有思想的教师，我觉得教师应努力成为一个思想者，用思想去点燃思想，一个没有思想的老师不可能教出有思想的学生。我最向往的为师境界就是做一个专家型、学者型的教师。

教学上，我是一个不甘落后的人，虽然已经五十多岁了，和所有老教师一样，我本来也是计算机的门外汉，打字、处理文档都不会，更不用说制作课件和微课，但我很执着，不会拼音就手写，看不清，就配一副老花眼镜，不会制课件就向年轻老师一点一点地学习请教，学校的公开课也争着上。

在教育科研中，我冲锋陷阵，进行课题研究，积极撰写论文。近五年来，我获得了国家、省、市、区各级论文奖10余篇。2015年，我主持参与的市级课题《利用"微课"促进课堂教学改革的应用探索》于2018年顺利结题；2016年，我作为核心成员参与的市级课题《民间艺术进课堂——湘潭地方纸影的欣赏与开发》已于2020年顺利结题；去年11月份，由我主持的省级课题《农村小学家校合作培养学生良好行为习惯研究》顺利开题，实现了鹤岭镇中小学省级课题"零"的突破。

六、敬——心存敬畏，感恩遇见

我敬畏自己的职业，这份职业让我安身立命，衣食无忧，我挣国家的钱，吃老百姓的饭，就应该把事情做好，这是天经地义的。

我感恩自己的学生，是他们给了我空间和舞台，成就了我的事业，那一个个鲜活的生命和一双双天真的眼睛，让我感受到了自己存在的意义和价值，教育我们的孩子，对我来说，这是功德无量的伟业。

我感恩领导和同事，是他们的赏识、信任和支持，才能有我的今天。有人说，一个人要成功需要五个行：你自己得行，你要知道自己行，还要有人说你行，说你行的那个人得行，你身体得行。我庆幸，这五"行"我都占了。

回首往事，感慨万千，乡村教育战线坚守37年：在三尺讲台上书写教书育人的神圣职责；在管理岗位上奉献为人民服务的满腔热忱；在引领辐射上传递薪火相传的力量；在扶贫助学工作中倾注扶危济困的情怀和智慧，我所做的一切，都是出于一名人民教师的责任感，一名共产党员对教育事业的无限忠诚！用初心浇灌对乡村教育的无限挚爱，靠坚守书写逐梦时代的奋斗篇章！

以人为本促发展，立足均衡造强师

湖南省新化县上梅中学　杨贵华

国之大计，教育为本。如果说教育如浇灌花草之甘霖雨露，那教师则是昼夜辛劳的辛勤园丁，用一生青春年华和无私奉献孕育生命的成长。品质优越的教育背后定然站着一群优秀的教师。正如著名教育家陶行知说："教师必须具有健康的体魄，农人的身手，科学的头脑，艺术的兴味，改革社会的精神。"。近年来，我校以师资队伍建设和发展为有力支撑，不断加强对青年教师的师德教育，大力实施教研教改，以"师徒结对，以老带新"、"走出去，请进来"等多种措施，不断提升教师的专业技能和素养，提高教育质量，彰显学校品牌。随着我校办学规模的不断扩大，一批批青年教师陆续分配到我校，使学校教师队伍形成老、中、青三结合的结构。但这些青年教师缺乏教学经验，专业思想不够牢固，如何调动他们的积极性，使他们尽快地成长起来，担负起教育教学的重担，成为学校追求发展一直以来深入探讨的问题。

一、多措并举，助力青年教师德才全面提升

青年教师的成长既离不开自身内部因素的驱动，又受到外部环境的影响，是内外因素共同作用的结果。当然，教师的成长主要是由内因引起的，教师自身的素质、努力程度是其成长的根本动因。同时，青年教师的成长又受到外部因素的影响，这是教师成长不可缺少的必要条件。因此，为使青年教师脱颖而出、快速成长，我校采取多种措施，促进青年教师的成长。首先学校不断加强对青年教师的师德教育，促进青年教师的专业成长。习总书记说：一个人遇到好老师是人生的幸运，一个学校拥有好老师是学校的光荣，一个民族源源不断涌现出一批又一批好老师则是民族的希望。我校首先从青年教师的师德教育着手，将青年教师打造成为合格的教育工作者，让他们成为新时代需要的好老师。

为使青年教师尽快适应我校的工作环境，尽快地成长起来，做到我校提出的每位教师都应具备的"热爱教学，精通业务，遵纪守法，勤奋工作，开拓创新"的要求，坚持对每一位新来的教师，进行"不忘初心牢记使命"教育。首先，以德施教，以德立身。师者，人之模范也。一个合格的老师首先是道德上的合格者。一个好老师，并不仅仅是上好一门课，还需要高尚的师德师风，这才是对学生最生动、最具体、最深远的教育。课堂上，我校倡导教师要树立立德树人的教学理念，为学生树立榜样，在课下，要竭尽所能的帮助学生解决生活上或学习上的困难，时刻提醒自身保持良好的师德师风。其次，我校帮助年轻教师了解学校的历史和现状，以及发展的规划，工作中必须做到"四讲"，即讲团结、讲奉献、讲纪律、讲文明。要求青年教师在教学工作上勇挑重担，多上公开课、多写教学反思，多向老教师学习，帮助他们树立正确的人生观、价值观，提高青年教师的思想政治觉悟，真正做到热爱教育事业，关心爱护每一个学生。再是我校也通过师徒结对，以老带新，促进青年教师的专业成长。青年教师大都从师范院校毕业不久，他们对工作满腔热情，有比较扎实的文化知识基础和一定的教育理论知识。但是，"纸上得来终觉浅，绝知此事要躬行"。在教育教学中缺乏"实战"经验，他们往往对如何备课、教材的处理、重难点的把握、课堂教学的技巧却感到困惑，这就需要老教师的帮助、指导和引领。"师徒结对"是学校让具有教学经验丰富的老教师对新毕业的青年教师的教学工作实施结对的帮带活动，有助于青年教师快速成长。一是教给他们备课的方法。备好课是上好课的前提条件，教师只有课前准备充分，教学设计合理，课堂教学才能思路清晰、驾驭自如，达成教学目标。二是老教师为他们上示范课。老教师要率先垂范，为青年教师上示范课，展示自己的教学魅力与风采，做到言传身教，充分发挥示范和引领作用。然后要将课堂设计的意图、教材的处理方法与他们进行互动交流，共同分享教学资源与成果。

二、务实根本，拓宽青年教师成长渠道

加压是指学校或学科组创造机会，为青年教师施以外部压力，逼人奋进。事实证明：外力是个人成长的重要条件，人的许多成就是在外力的压逼下创造出来。有压力才能产生动力，催人奋进。我校利用学校的教学汇报课、公开课，不断促进青年教师成长，使青年教师得到很好的锻炼，提升教学水平。此外，我校也会安排青年教师担任班主任工作，鼓励他们创造性地开展工作。使他们在班级管理中了解学生，热爱学生，掌握学情，迅速成长。

由于年轻教师与学生年龄差异小，思想易共鸣，更容易把民主思想贯穿在班级管理工作中，能创造出独特的教育教学方法应用于教学实践。对于工作能力不足的年轻教师，我校通过让他们与下一轮年轻教师一起培养，防止挫伤他们的工作积极性，造成心理障碍。同时，学校大胆放手让青年教师上毕业班，这是促进青年教师成长的有力举措。毕业班教学对于教师来说是一种无形的压力，对青年教师更是巨大的挑战。通过这种大胆的方法，让青年教师直面来自学校、学生或家长的巨大压力，让他们在重压中得到更好地锤炼和发展，把这种压力转化为内在动力，才能有所收获。一年教高三胜似多读几年书。经历毕业班教学的青年教师，在教学中将会更成熟、更自信。

学校教研教改活动是以促进学生全面发展和教师专业进步为目的，以学校课程实施过程和教育教学过程中，教师所面对的各种具体的教育教学问题为研究对象，以教师为研究主体，让年轻教师直接借鉴教学经验，体会工作心得，是年轻教师获得教学感悟的最优途径。为此，我校要求年轻教师积极参与教研活动，不能只做旁听者和学习者，更要勇做参与者和主导者，大家共同探讨，从中深化思辨、激发灵感。新老教师在教研中互相借鉴，互相启发，共同提高。此外，我校通过集体备课的方式，引导教师充分利用网络资源，不拘泥于教材、受限于教参，收集教学资源和信息，备课小组搜集整合、汲取精华，因地制宜地创新制作各种教学课件，直接把网络资源引入到课堂教学，丰富了教学资源，实现了资源共享。对教师的个人专业发展提供了便利。现在，通过多种听课活动相结合的方式，以 “一课多研”、“同课异构”形式，学校形成了热火朝天的教研氛围，这样的活动，对所有的听课老师来说，是一次收获，对授课者来说，更是一种提高。

教学反思是教师对自己的教学行为及其结果进行总结与思考。它是提高教师专业能力和专业水平的根本途径，是每一位教师走向成功的必修功课。我校大力倡导青年教师要教学反思，养成反思的良好习惯。在上完每一节课后，必须静下心来思考一下，本节课最得意的“亮点”是什么？不满意的问题或失误在哪里？有什么教训？要将反思的结果记录下来，以利于在今后的教学过程中将出现的问题加以修正和完善。我校也通过“走出去”、“请进来”的方式，学习先进经验。每年都外送年轻教师“走出去”学习、听课，学习外地先进教学经验，还“请进来”，聘请名师、教研员到校有针对性地指导课堂教学，全面提高教师的教学能力，为打造高效课堂。提供了更好地服务，我校每校组织青年教师去常德、浏阳、衡阳和长沙四大名校等名校参加教学教研观摩活动，提高青年教师的专业水平。同时，大力开展课题研究，培养青年骨干教师。通过课题研究的方式，提高青年教师的教科研水平，不断探究高效课堂的模式，提高教育教学水平，促进班级文化建设的发展。

三、不忘初心，成就品质教育优质师资强军

教师的魅力和伟大在于一言一行都能影响生命的成长。为此，老师要以人格的力量去影响孩子。教师人格在教育中起着重要作用。教师要以自己良好的品行去教育孩子、影响孩子，成为为人师表的“人师”。所谓“人师”就是教育行为，教怎样做人。我校十分注重培养年轻教师的自信心和独立性。良好的心理承受能力是年轻教师成长为优秀教师、骨干教师不可忽视的一个重要方面，如果一个人没有一定的心理承受能力，就无法成为一个真正的好教师，心理承受能力越大，对困难挫折的抵御就越强，成功的希望也就越大。同时，大力加强对年轻教师责任心的培养。有无责任心、对工作有责任感，是事业取得进步的根本保证，教师有责任心，就不怕付出，就会对事业作出贡献。我校通过用优秀教师的事迹打动青年教师，树立学校有责任心强，工作有成绩的典范教师，引导年轻教师，使青年教师学有榜样，有方向。

风雨沧桑励壮志，春华秋实著华章。教师培养是一项既深且远的事业。通过建立年轻教师专业发展规划，不仅帮助了学校教师形成正确的自我评价和自我反思，还营造出了浓厚的爱岗敬业、积极进取的整体氛围，助力教师群体向更高的目标迈进，提升学校教育水平。这些只是学校起点，未来路上，面对新的机遇和更大的挑战，我校会继续带着教育的理想，追求理想的教育；不忘初心，迈着坚实的步伐，执着激情地走在教育的道路上，以有效地措施促进师生成长，以严谨的态度探索教育规律，敢为人先，勇于创新，用情怀装点教育事业的百花园，去谱写一曲又一曲教育新歌。

倾注满腔热忱，促进学校内涵发展

湖南省益阳市南县城西中学 罗勇

“一年之计，莫如树谷；十年之计，莫如树木；终身之计，莫如树人。一树一获者，谷也；一树十获者，木也；一树百获者，人也。” 这段话既阐明了人才培养的重要性，也揭示出人才养成的不易。我校坐落于风景秀丽的洞庭湖畔、九都山下，总占地面积50多亩，现有在岗教师222人，在校学生1909人，开设教学班41个，是益阳市较大规模的初级中学。1956年，为完善湖南省益阳市整体教育布局，提高初级中学教学水平，我校应运而生。到了今天，我校环境幽雅，文化底蕴深厚，办学传统优良，始终秉承“为学生终身发展奠基”的办学理念，把“以人为本，共享成长”作为办学宗旨，不断传承和大力弘扬“无私奉献、不甘落后、团结协作、荣辱与共”的学校精神，赢得了社会各界的肯定，也让我校成了益阳市首批示范性初级中学，南县基础教育的典范！随着教育环境的改变，2017年我校面临初中年级规模不断缩小、生源质量不断下滑的危机。面对这一历史遗留问题造成的困难、风险和挑战，我校从“2017年暑假湖南省南县中小学校长综合素养提升研修班”的学习进修中寻找启发，通过改革管理体制，在制度、课程、教学等各个方面发力，为学校赢得了新的发展契机。经过多年的布局，我校的各项管理工作获得广泛认可，成为不少兄弟单位管理制度的“蓝本”，我校也在此过程中收获了国际物理奥林匹克铜牌得主学校、中央教科所德育课题研究先进实验基地、全国第九届“五四红旗团委”创建单位、省优秀文艺学校、益阳市文明校园、市“未成年人思想道德教育先进单位”等诸多荣誉。

一、弥足根本，凝心聚力谋发展

在学校工作中，我校把立德树人作为不变的教育追求，在校园管理建设中，校党总支坚持把党的政治建设摆在首位。坚持依法办学的指导思想，提出“制度大于一切，制度高于一切，一切按制度办事”的理念。我校对学校管理制度进行了新一轮的修订，深化制度建设，建立了涉及教学、科研、人事、后勤及综合管理等多项规章制度，并严格落实，促进了学校健康快速发展，得到社会的广泛认可。在教学管理中，我校积极发挥党员的示范引领作用，深入贯彻“每个人都参与”的管理理念，做到“人人有事做，事事有人做，时时有人管”，合理配置学校的人力资源，充分调动科室后勤人员的工作积极性与主动性，转变服务观念，通过团队配合，责任到人，将管理工作做到极致。

完善的人员管理制度是落实学校制度的基础。为提高班子成员的责任意识、目标达成意识，建立自我约束和目标管理机制，提高学校制度执行力、规划落实力及目标达成度，我校大力倡导“管理者成为工作的合作者”工作理念，强化班子成员“实事求是、思想过硬、角色到位、开拓创新、情操高尚”的“五做到”工作要求，体现“用心观察、耐心指导、诚心交流”的“三心”工作特点，提升为教育教学服务的工作品质。除此之外，我校还在日常管理中实行领导包年级、包班制度。在领导原有工作职责不变的情况下，参与、关注、指导各包干年级以及各包干班级教学，制定出针对性措施，发现问题及时解决。教学质量督查小组以校长为组长，除定期检查外，加大常规抽查力度，各行政蹲点领导深入课堂听课，将预约听课和推门听课结合起来，通过看教案、看教师习题、看学生作业，深入了解教师的教学水平，并以此为依据给予评价，提出整改意见，落实整改措施。在班级管理中，我校形成了以班主任为核心的团队，班主任要有大局意识，懂得理解课任教师所需、所想、所为，用换位的思维去思考问题，为科任教师提供创新的空间，协调各科任教师的关系，为班级制定切实可行的目标，并进行分解，齐心协力打造优秀班集体。

二、立德树人，深化课改迎重生

对于一所学校而言，教学成果永远是其安身立命的根本。办学以来，我校始终紧抓教学质量不放松，通过教学管理变革让课堂焕发新生机，并以此促进教学质量的不断提高。面对教育变革的历史浪潮，我校积极组织教师进行探讨，深入解析新课程的内涵。我校新课程体系提倡的是一种“以人为本”教学，以师生关系为基础，要求教师尊重学生，建立平等互动的和谐课堂生态。为了更好地实现教学效果，既能解决好学困生的问题，又能培养优生，我校多次召开年级、班级学情分析会，通过多项教学制度的介入，确立了注重基础、分层教学、分类指导方针。对于尖子生，我校实行科任教师与学生“结对子”制度，即“人盯人”战术。要求教师经常与尖子生交流、谈心，帮助他们解决学习中存在的困难。通过“开小灶”帮助尖子生查漏补缺；对学习成绩比较突出的学生，帮助他们做好目标定位，精心辅导，充分挖掘发展潜能，促进能力的不断提高，从而取得了学科知识竞赛的辉煌成果。对于后进生，我校则要求教师加强学习方法指导，帮助他们树立信心激发内驱力，因材施教，促进提高，以提高各学科的及格率。我校制定促学计划，以小组为单位，提高了学生学习的达成度，特别是“一对多”的辅导转变为“三对一、二对一、一对一”的辅导，提高了学习效率。我校除了要求教师课堂教学注重培养学生能力外，也通过相关制度的确立充分促进学生素质的全面培养。在各类课程之外，我校精心组织各种课外兴趣小组，每年组织校园艺术节、班级

排球赛、足球赛、校运会等活动，活跃校园生活，开阔学生视野，发展学生特长。除此之外，我校特别重视阅读对于学生成长的帮助，在日常教学活动中狠抓阅读活动，创建书香韵味校园，每周一节阅读课是具有城西特色的校本课程体系的一种。语文组积极研讨阅读教学，分年级每期确定每节课前5分钟展示内容，或交流阅读的名言、名句、名段、名篇、名著的读书心得，或向同学推荐自己读过的好书，现在我校的阅读课已经变成师生交流读书经验、激发读书兴趣的“读书驿站”，促进了语文成绩的整体提升。

三、与时俱进，勇创今古铸辉煌

长风破浪会有时，直挂云帆济沧海。办学路上，我校会继续带着教育的理想，追求理想的教育；不忘初心，迈着坚实的步伐，执着激情地走在科学教育的道路上。以坚定的信念秉承“鸿志、敦品、励学、健身”的校训，紧紧围绕“灿烂晨曦，幸福教育”的价值定位，敢为人先，勇于创新，走出一条光明的教育坦途。面对未来，我校将不忘初心、牢记使命，继续践行为学生终身发展奠基的办学思想，努力打开新局面，竭力打造一所有特色、有内涵、有竞争力的高品质现代化学校！

承接使命谋求发展　百年桃小振翅翱翔

湖南省益阳市桃花仑小学　周印红　唐李彬　郭雁飞　刘莎

始建于1905年的桃花仑小学坐落于湖南省益阳市中心城区，由挪威基督教信义会创办，虽地处城市繁华处，却是读书好地方。相继培养了国际正义人士何凤山、中国工程院院士文伏波、中国工程院院士潘自强等众多知名校友。

百年沧桑风雨过，砥砺奋进创辉煌。尤其在这个大有可为的新时代，一代代师生风雨同舟，载梦前行，用一张张大红喜报、一块块金字奖牌不断刷新着桃花仑小学116年来的辉煌。继1991年被国家教委评为“全国名校”后，学校先后被授予“国家重点课题实验学校”、“全国优秀红旗大队”、“全国‘十一五’教育科研先进集体”等称号，同时涌现出一批特级教师、正高级教师、全市优秀名师、名校长。

提升师德师能，打造名师招牌

教师是教育发展的第一资源，是提升育人质量的根本动力，也是优质学校和薄弱学校的差别所在。桃花仑小学之所以跻身益阳市中小学名校，与一批业务精湛、勤于学习、爱岗敬业、乐于奉献的教师队伍是分不开的。

高品质的学校离不开高品质的师资队伍。学校不断创新模式、搭建平台，大力推进教师职业素养提高、学科专业成长、教研能力提升和评价机制改革，着力培养一支具有现代教育思想、扎实专业知识、良好教学方法、较强科研能力的教师队伍，切实为学校的创新发展和教学改革助力。组织教师认真学习社会主义核心价值观、《中小学教师职业道德》、教育法律法规等理论知识，帮助教师准确把握新时期教育方针的新内涵，以积极平稳的心态迎接教育改革浪潮的严峻挑战，真正做到热心爱教、廉洁从教、文明执教、优质施教；注重教师自身专业成长的提升，要求教师利用寒暑假时间充电，外出学习、培训等已成为教师生活的常态；切实加强校本研训，做到有梯度、有目标、成体系，形成个个搞教研、人人有课题的良好教科研氛围；组建青蓝教师协同合作团队，着力建设桃小名师工作室，为名师优师的脱颖而出搭建平台、创建舞台；出台内容涵盖教育教学常规、师德奖惩、岗位职责、评优晋级、职称评聘、年度考核、奖励性绩效分配、教育教学教研成果等方面的管理制度，让教师们持续获得向上、向美、向善的力量。

经过几年的深耕，教师成长成效显著。尤其在2020年新冠肺炎疫情席卷全国之际，桃花仑小学并没有被病毒吓倒，复课前线上教学一片火热，复课后师生更是不负春光奋力前行。学校在赫山区城区教学质量综合排名第一；张学文被评为市、区卓越校长；周印红被评为市区首席名师；何亮、贺国荣、夏妹英、彭蔚锋、杨娟辉等教师被评为市、区两级名师；学校获评赫山区校园文化建设示范校、赫山教育系统先进基层党组织、赫山区调考先进单位、湖南省经典诵读示范校等多项荣誉称号。

弘扬信义精神，铺就最亮底色

信义是一段历史，更是一种传统。桃花仑小学原名信义小学，迄今已有116年的办学历史，“信义”文化在百余年的浸润和熏染中成为一代又一代桃小人的行为准则。同时，“信义”作为中华民族的道德文化，早已在历史延续中不断内化为中华民族的一种民族特性，是深深铭刻在心底和骨子里的品质，已成为中华民族的道德源泉和文化基因。然而在当今思想道德与文化正经历着冲击与变革的重要时期，诚信缺失的现象时有发生。为此，桃花仑小学契合新时代要求，追根溯源，寻根信义，打造了以“信义”为核心的校园文化，并从“信义、崇文、敦学、卓越”四个维度进行诠释，引领全校师生奋发有为。

为了引导师生树立坚定的理想信念、正确的道德规范和价值取向，学校坚持把“信义”文化融入校报、墙壁、班牌、文具用品等，真正做到了让每一面墙、每一间教室、每一个物件都能说话，都具备立德树人的功能。如今，漫步校园，亭亭翠竹环绕，高标准的足球场、塑胶跑道上笑声回荡，孔雀石上“信义”二字熠熠生辉，展现了一幅和谐和美的生动画卷。

为了在传承中华优秀文化、丰富“信义”文化的内涵，学校以打造“信义”书香校园为突破口，将阅读融入学校的肌体，在潜移默化中提升学生的人文素养，净化学生的浮躁心灵。老师用心引导学生阅读经典、走近先哲，培养学生的学习兴趣和自主学习能力，为他们的终身学习和健康发展奠定最坚实基础。在每个班级、每间教室都设置有“图书阅读角”。此外，学校还举行每月读书心得分享、知识竞赛、作文竞赛等活动，鼓励学生学以致用，享受阅读带来的快意与成功。

为让学生在实践体验中传承和发展“信义”文化，学校将“信义”二字渗透到课堂文化、校本课程、班队活动、国旗下讲话之中，让先进的教育教学理念与优秀的传统“信义”文化水乳交融，使学校的发展更加充满生机与活力。学校开设陶艺、围棋、葫芦丝、美工等特色课程，提升学生的审美情趣，培养学生的综合素养，让他们对美的事物产生更浓厚的兴趣；引导师生进行校史剧、课本剧的设计与开发，用舞台剧的形式呈现历史与风采，让学生懂得“信义”之魂，使信义文化薪火相传；精心组织校园文化艺术节、“文明礼仪伴我行”实践活动、“中华美德我知晓”知识竞赛、“我为红领巾添光彩”技艺比赛、“雷锋就在我身边”感人故事会等精彩纷呈的系列活动，在展现孩子们良好精神风貌的同时，把爱国、爱家、爱校的情结深植于他们心中。

聚力品牌建设，再谱发展新篇

为实现“培养具有领袖气质的学生，打造彰显信义文化的智慧校园”的办学目标，桃花仑小学在赫山区教育局“一镇三优、一校一品”建设引领下，本着“以人为本，以德治校”的办学理念，凝心聚力，锐意进取，五育并举，积极推进“一核两翼”品牌建设工程，力求把百年桃小打造成为一所学生乐学、教师乐教、家长乐意的底蕴深厚、日进日新、独具魅力的湖湘名校。

“一核”，即以“信义”文化为魂为核心的校园文化。对此，学校在原有基础上，对其发展有着更加清晰的规划；进一步打造“信义”品牌，拟建设以士何凤山、文伏波、潘自强等名校友为榜样的名人空间；进一步完善设施，打造信义智慧校园；将利用市图书馆校区新建契机，完善功能要求，积极争取资金建设智慧校园，打造现代校园。

“两翼”，即卓越教育教学质量和“1+N”艺体特色。为提振信心，强化双轮驱动势能，学校牢固树立“仁、义、礼、智、信”的儒雅价值观，积极营造儒雅书香文化，大力构建“1+N”信义校本课程体系，使师生成长为外表优雅、内涵博雅、谈吐文雅、举止典雅的现代公民。“1”，指国家基础课程；“N”，指信义校本课程，分为文雅课程、优雅课程、博雅课程、典雅课程四大模块。文雅课程即人文课程，包括儿童哲学、经典阅读；优雅课程即德育课程，包括传统礼仪、传统文化（香道、花道、茶道）；博雅课程，即智育课程，包括智慧课堂、编程、陶艺、棋类、书法、劳动、社会实践等；典雅课程即艺体课程，包括戏剧、合唱、民族乐团、舞蹈、球类、游泳、滑轮、民间游戏等。同时，学校组建课程开发团队，确定课程建设目标、内容，培养授课师资队伍，开发各类校本课程教材，开展丰富多彩的课程展示活动，以活动促成长，不断提升桃小学子的核心素养，进而提升百年桃小的教育教学质量。

桃花仑上写风流，桃花更比往年艳！桃小人坚信，百年桃小一定会咬定目标，笃志前行，奋力书写新时代崭新篇章，在教育的芳草地上写就新的辉煌。

革故鼎新，改革兴校

湖南省永州市道县第五中学　何青春

习近平总书记在《中共中央关于制定国民经济和社会发展第十三个五年规划的建议》中重点介绍了“创新、协调、绿色、开放、共享”五大发展理念，而创新作为五大发展理念之首，更是引发了全民对其极端重要性的思考。发展是时代的主题，创新是世界的潮流。创新为教育发展提供不竭的动力，只有坚持创新，才能为教育提供新思路，解决新问题，提升教育有效性。我校认真贯彻党的十九大精神，在县委、县政府和县教育局的正确领导下，在学校“艺创人生，知创未来”办学理念的正确引领下，紧紧围绕“高中办出特色，初中办出精品”的办学目标，积极开展工作，圆满完成了学校年初制定的工作目标和县教育局布置的各项工作任务，为学校进一步发展做出了新的贡献，奠定了基础。

我校创办于1958年，位于道县城南，前身是“道江镇中学”，2003年经道县人民政府和永州市教育局批准正式挂牌为道县第五中学，近年来学校先后被评为全国青少年校园足球特色学校、湖南师范大学体育学院教育实习基地、省园林式单位、省文明卫生单位、市花园式单位、市文明校园、市绿色美丽校园、市安全示范单位、市书香校园、市教育督导与评价协会理事单位、县教学质量先进单位、县最美食堂。

从2011年开始，我先后担任敦颐学校和道县五中的校长。两所学校在我的主持下，都曾进行过大规模的调整。我是学美术出身的，我认为学校的建设如同美术创作，贵在创新。尽管创新人人都能说上一两句，但实施的举措，往往是从出发点，就已经开始不同了。

一、抓好质量观

2011年，我调任敦颐学校时，自称“拓荒者”。当时，县里有意将敦颐学校打造成全县规模最大的初级中学之一，因此另外选址进行扩建。尽管当前教学环境艰苦了些，但教职工对未来有着憧憬。

我却不这样想。学校以北宋理学家周敦颐命名，旨在打造“敦颐教育”，但教学质量不上不下，根本不足以称为品牌。令我担忧的是，即便新校舍建好后，没有质量可言的敦颐学校，依然没有立足之地。

如何抓质量？我从课改入手。敦颐学校的生源质量平平，在传统课堂，他们是合格的“听众”、“观众”，却不是积极的参与者。怎样才能调动“中间层”的积极性？我开始了长达四年的探索。从模仿到研究，最终创建出以学生自主学习为主的“四步三查”课程模式。

可是，新模式要广泛使用多媒体做课件，一辈子用粉笔板书的老教师，流露出抵触情绪。

虽然有年轻老师个别指导，我也会面对面开导，但课改推进的节奏依然很慢。直到“校教研中心”成立，让情况有了转机。

寒暑假期间，集中一批愿意使用多媒体的骨干老师，参与备课。配合“四步三查”教学模式，编写校本教材《导学练》，并制作配套课件，供其他老师直接使用。

这是我从管理角度的考量：既然有老师因开发课件产生负面情绪，那就从源头避免。同时发挥集体骨干力量，以保证教学质量。

我决定，开学后，老师不用写教案，只要每周研讨，进行二次备课就行。那时候，我不检查教师的教案，成了敦颐学校的一大“特色”。但我也不是“甩手掌柜”。为了准确掌握老师的课堂质量，我经常进课堂听课，而且要求行政人员，每天必须去听一堂课，仔细填写听课表，指出不足、给出建议，向教科研中心反馈，以便再研究、再改进。

敦颐的师资力量和生源质量都不差，只需要一颗扔向水面的石子，激起涟漪。而这颗石子就是“集体力量”，它让敦颐学校“脱胎换骨”。2013至2015年，学校在全县的期末抽查考试中，综合成绩位居全县第一。县教育局和县人民政府，也因此分别授予敦颐学校“新课程改革示范校”、“课堂教学改革样板校”的称号。

二、改革大变身

2017年，我调任道县五中当校长。彼时的五中，不管从校容校貌还是校风校纪，都让我头疼。这里的高中部，都是中考3000名以后的生源。

要快速扭转五中在老百姓心中的印象。借助自己的美术专长，我亲自设计与规划，给道县五中来了一次“大变身”。改变外观，利用“真石漆”材料，以青砖石和红砖石装饰墙面；设计以学校名称首字母为特色的宣传栏，注入文化气息；改造坡道两边参差不齐的石墩，用整齐美观的围栏代替；路面、花园、球场全翻新；班牌留出“放合照”的小设计……

仅仅一个月，道县五中的外观提质升级，一些接送孩子的家长感叹道：“真是一天一个样！”

如何让学校内涵发展，也在短时间内显成效呢？我从道县五中生源实际出发，提出“艺创人生、知创未来”的办学理念，以发展艺术素养，为学生打造成长平台。

记得那一年，我又是安排画展，又是进班级搞讲座，就是希望能多选出一些艺术特长生。最多的一天，我开了4场讲座，但300名高三学生中，最终只选出8名美术特长生。

“选苗子都难，怎么能考好学校呢？”我心里犯着嘀咕，但我仍然走得很坚定。为了激发学生的绘画兴趣，我利用自己道县美术家协会主席、湖南省美术家协会会员的资源，时不时请一些知名人士，来给学生上课。

2019年元月份，我甚至把永州市美术家协会的年会搬到了道县五中，吸引了200名美术家参会。为了让学生感受专业艺术的魅力，学校按油画、中国画、书法，划分了三个区域，邀请20多位画家、书法家现场作画、写字，并组织学生观摩。

在我的规划下，“艺创人生”的出发点不完全是“应试”，而是用纯粹的艺术，开启学生的人生，我曾经专门请了一位专家，给学生上了一堂跳出高考思维的课，专门解释美术的真谛。如今，道县五中学的体艺特长生已经超过一半，音乐、体育、舞蹈都加入了进来。今年二本上线人数，是去年的3倍。

“要着眼于现有生源。”在办特色高中这条路上，我找到了加速器。

三、解决好问题

调任道县五中3年，每年到招老师的时候，我会格外郁闷，“今年有37个编制，但只招了13个新教师。有些科目因为人少，甚至无法开考。”

道县五中学生多，教师少，有时为了补空，甚至把初中部的老师调来教高中。加上老教师流动性较大，新教师招不来，道县五中的师资队伍建设，成了一道大难题。

初上岗的年轻老师多，教学能力不足。这些都是我需要补齐的短板。除了入职培训、以老带新等必选项，学校还力求科研常规化。尽管师资力量紧缺，但学校非常鼓励老师做研究、搞教研，要把问题在研究中解决。

学校还研究眼光投向校外和社会。前不久我们才立项一项省级课题——基于欠发达县区普通中学视角的青年教师专业成实施策略与实践研究。五中教师队伍建设的困惑，只是道县的一个缩影，主持这项课题，是想基于全县范围，探索一条出路。

自从这股研究之风“吹”进五中，老师的教学态度，也有了明显的变化。以前，老师放学就不见了。但现在，越来越多的老师，愿意留下来自我学习。每天晚上，当我看到一间间灯火通明的教室和办公室，心中那个“封闭的房间”，似乎也安上了一扇窗户。

山再高，往上攀，总能登顶；路再长，走下去，定能到达终点。只有勇于改革创新，大胆尝试，才能开启学校发展新内涵，开创学校高质量发展新局面，走出学校特色办学的新路子。

下沉一线促管理，细化工作促发展

湖南省长沙市雨花区砂子塘启新小学　罗长兵

陶行知先生曾经说过：“校长是一校之魂”。有了好的校长，就有了好的学校。校长作为学校管理的核心人物，他的一举一动都格外引人注目。一个好的校长，势必具有某些优良的品质值得大众学习。其中必要的一点是要能下沉到一线。作为学校管理者一定要下沉一线，抓好落实，只有这样教学质量才会得到提高。作为校长，我认为只有以身作则、事无巨细、下沉一线去管理，这样才能使学校的办学水平不断提升。

一、什么是下沉一线

作为学校管理者，要养成下沉一线、落实落细的习惯。这里所说的管理者，主要是指校级干部、中层行政，还可以拓展到工会主席、年级组长、教研组长和班主任等。可能有人会追问，这些人不就是在一线吗？还需要强调“下沉一线”吗？没错，所谓“一线”的位置也是相对而言的，具体要看管理者在那个位置做什么。譬如，作为校长大部分时间都守在学校，这自然是下沉一线了。但如果只是天天坐在办公室里读读文件和报纸，在工作群里发号施令、点个赞、提个醒，或是在电脑上填个表格、写点文章，准备一些迎检资料，这就不是下沉一线了。因为学校的阵地前沿肯定不是在行政办公室，而是在教室、功能室、运动场，在教师办公室、寝室、休息室，在食堂、门卫室、保管室，在连廊、走廊、楼梯间……总之，学校的一线阵地，在一切有师生活动的场所，在一切开展教书育人的空间，在一切可能有安全隐患的地方。

二、下沉一线的目的

下沉一线，首要目的是了解真实情况，获得真实数据，为过程性评价和改进管理工作提供第一手材料。例如，为了保障行政下沉到一线位置，学校安排了行政轮流值周、值日制度和年级蹲点制度。值周行政主要负责校门口执勤，督查保安、家长护学岗到位，检查路队、师生出勤、课间操等日常工作；除了值周，每天还安排了两位值日行政，一位负责检查常规课堂、“三点半”课后服务与社团等，一位负责检查中午配餐、午休管理和课间安全执勤等；每位行政都要蹲点一个年级组或学科组，协助各部门统筹这个年级或学科组的日常教育教学工作，这个行政应该经常下沉到蹲点的地方，为老师和同学们排忧解难。为了加强平安校园建设，后勤每周都安排了安全隐患排查，校长室和总务室的行政会带着安全组的老师一起开展排查，发现隐患后当场记录、拍照，尽快进行处理。为了加强爱国卫生运动，学校安排了每周五的大扫除，下班前，各部门行政也会和老师们一起检查教室、公共区、功能室和教师办公室的卫生打扫情况；尤其是大队部的张婷老师，每周五大扫除后都会把所有教室和公共区走一遍，有情况及时与班主任联系，回来后又在班主任群反馈，因此每次都忙到很晚。

下沉一线的目的，除了掌握真实情况、获得评价信息外，还有一个重要作用——在管理中发现问题和解决问题，对师生作出随机指导，为师生排忧解难。在问题的解决中，往往会促进管理者与师生的血肉联系，增进相互间的交流与信任；即使有思想观念的冲突和指出不足、提出意见的尴尬，但只要本着相互尊重、从谏如流、坦荡如砥的品格，也不会影响到安定团结的局面。局长今年到我校视察三次，每次都会发现一些问题，内容涉及环境卫生、食堂管理、师生安全、教学常规、教研教改、校园文化建设等，指导性很强。有些问题，是我和行政管理者都意识到了的，但改进的力度不够大，动作不迅速；而有些问题，是我和行政伙伴们没有发现的，是意识层面没有达到的问题。其实，无论是哪种情况，局长的提醒和批评都是必要的、及时的、善意的；也许局长的话说得很直接，甚至不留情面，但你了解了他的风格，知道了他的为人，就没有什么值得计较和耿耿于怀的了。人的成长，关键在于内生动力。要真正到达自我超越的层次，仅仅依靠自我反思还不够，一定要与高手对话，去接受真心为你好的人的意见和建议。这样才能深层次地改进我们的工作，完善我们的人格。所谓“一语点醒梦中人”，说的就是这样的境界。

作为校长，应该要在“下沉一线”方面做表率。反躬自省，我认为自己以下方面做得比较好：一是了解晨午检情况，每天通过共享文档查看班级防疫数据，如有特殊情况亲自指挥、立即处理；二是和行政伙伴一起值周、值日，站在校门口迎送老师，拿着登记本巡查课堂和“三点半”课后服务，看着一张张笑脸和一节节充满生机的课堂，是我幸福感爆棚的时候；三是进课堂听课，参加老师们的教研活动，每学期听课评课达到40节次以上；四是每学期开出一节教研课，和老师们一起接受创造的挑战、感受研究的乐趣；五是每天巡视校园，关注安全隐患，进办公室和老师们聊天，进食堂看伙食情况，进教室看学生的配餐与午休情况等。虽然我有“下沉一线”的意识和习惯，但在两个方面仍需要加强：一是在坚持不懈、强化习惯上下功夫，如安全巡视、课堂巡视的习惯需要进一步养成；二是在发现问题、落实整改上下功夫，有时对问题视而不见，有时看到了问题但没有及时反馈，有时是反馈了但在整改上没有进一步跟踪落实。

三、下沉一线的作为

我在下沉一线上有哪些作为呢？全周，与后勤的小伙子一起检查报告厅的施工安全和施工进度；星期一早晨，参加全校师生升旗仪式，在寒风中聆听国家宪法日宣讲，为足球联赛获奖班级颁奖，和孩子们一起锻炼意志、锤炼品格；星期一下午，参加本学期第一次教职工代表大会，主持对学期目标管理、绩效考核奖励、“三点半”课后服务经费使用等重要方案进行审议，民主管理氛围日渐浓厚；星期二，和教导处一起检查行政组老师的教案、听课本，商讨如何开展“减负提质”家长问卷调查；星期二、星期四课间操时间，和老师们一起做工间操，打气排球，感觉浑身温暖；星期三，关注晨检情况，关心校园食品安全和冬季传染病预防工作，陪同局长检查校园日常工作；星期四上午，和教务处一起巡堂，重点检查教师带教案进课堂的情况；星期四中午，和行政一起进入蹲点年级陪中餐，并关注学生午休情况；星期五中午，到一年级陪中餐；星期五下午，到校门口检查学生入校情况，对学生进校时间、入校秩序进行强调教育和强化管理；星期六，主持党支部12月份主题党日暨教师工间操比赛活动，和老师们一起参观刘少奇纪念馆与故居，接受理想信念教育，在广场上做工间操，传递“每天锻炼身体，幸福工作生活”的健康理念。这些工作都是我的本职工作，没有什么值得炫耀的，唯一让人感到欣慰的就是我在校时间大多和老师、孩子们在一起。

在我看来，“在一起”就是对“下沉一线”的最好注脚。因为从本质上讲，下沉一线就是以人民为中心，密切联系群众，把每个老师放在心坎上，把每个学生放在心坎上，把每个家庭放在心坎上。下沉一线，就是以育人为中心，把立德树人作为教育的根本任务，深入日常管理，深入课堂，深入活动现场，深入教师办公室。下沉一线，就是勤勉的工作作风，就是务实的工作方法，与之相对的是懒政惰政，是华而不实，是高高在上。只有下沉一线，你才能了解切实的情况，为决策提供强有力的支撑，让学校发展更上一层楼。

提质减负，培养有根的健康人

湖南省长沙市周南雨花中学　刘灵松　邓辉姣

“1、2、1，1、2、3、4……”每天清晨6时40分，在长沙高桥大市场还是一片沉寂之时，仅仅一路之隔的周南雨花中学田径场上早已喧闹起来，上千名朝气蓬勃的中学生排成一个个方队正在晨跑。“拥有健康的身体，才能更好地学习，才能有更高的学习效率和更好地学习效果。”这既是全体周雨人的共识，也是学校近年来深化“提质减负”机制的一个侧影。

面对新时代的教育发展形势和教育诉求，周南雨花中学近年来坚持“质量兴校、人才立校、科研兴校”的治校方略，通过“两上两提”全面构建“提质减负”机制，努力培养学生综合素质，促进学生身心健康成长，面向未来，向阳而生。

上好体育课，展现青春活力

少年儿童的健康不仅关系到其个人的成长，也关系到整个家庭的幸福，更关系到整个民族的未来。身体健康才能心态阳光，体育锻炼不仅培养人的意志力，还能培养人的自律能力、合作精神、规则意识和荣誉感。每天的晨跑是周南雨花中学孩子的“必修课”，而每天上午的大课间则在学习间隙给了他们提供了一个放松身心、强身健体的机会。

因东校区正在扩建中，学校运动场地缩小。为了保证学生有充分的场地进行锻炼，学校不仅充分利用现有场地增设体育设施，还组织开展阳光大课间活动，并特意将6个年级的大课间分两个时段错开，分别是上午第二节课和第三节课后。第二节课后的大课间有30分钟，运动场地属于初中部学生，既可以做广播体操、跑步，也可以打打篮球、乒乓球；第三节课后的大课间则是20分钟，让高中部学生可以在田径场上做做操、跑跑步，呼吸一下室外的空气，让紧张的心神得到舒缓，这样也会产生更好地学习效果。

随着学校对体育重视程度的不断加深，学生运动热情高涨，课间十分钟、午休前、放学后随处可见他们兴高采烈地开展着丰富多彩的体育活动：打球、踢毽子、跳绳、拉力训练、射箭等，随处可见的青春活力身影，给校园更添了一份朝气与活力。此外，学校还给不同年级、不同性别的学生布置不同的体育作业。比如这个学期，初一年级每日体育家庭作业就是：单周，男，慢跑6分钟、跳绳500次；女，慢跑5分钟，跳绳500次。双周，男，深蹲80次、俯卧撑40次；女，深蹲60次、仰卧起坐40次。

健康是学生学习的重要保障，学校教育要坚持健康第一的指导思想，把体育摆在一个非常重要的高度。周南雨花中学积极响应上级教育部门的要求，减少学生的作业。但有一个原则，文化类家庭作业怎么减都行，体育家庭作业绝不能少。

上好劳动课，提升实践能力

有趣的竹编、神奇的女书、精巧的木艺、古老的活字印刷……4月30日，周南雨花中学劳动教育基地授牌暨劳动教育开课仪式在湖南雨花非遗馆举行，460名初三学子上了一堂别开生面的劳动实践课。

学校劳动实践基地在湖南雨花非遗馆挂牌，是实施“五育并举”理念的创新尝试，从坚定文化自信高度推动中华优秀传统文化进课本、进课堂、进校园，坚持整体设计和分年级推动相统一，把中华优秀传统文化的种子埋入学生心中，弘扬劳动精神，让学生懂得劳动最光荣、劳动最崇高、劳动最伟大、劳动最美丽的深刻道理，培养有文化自信的社会主义事业建设者和接班人。双方现已展开非遗劳动教育课程合作，雨花非遗馆推进非遗劳动项目进校园，利用劳动教育课程的教学优势，为周南雨花中学开设劳动特色课程提供教材、师资、课程资源等教学服务。目前，雨花非遗馆已提供了石磨豆浆、木工、湖南女红、陶艺、扎染、中医药、湘西竹编、长沙棕编、拓印等30多门课程供学生自主选择，每门课程有四到六节课，其中两节理论课，两节或四节实践课。理论课由雨花非遗馆的老师到学校来上，实践课则安排在周末，学生们前往雨花非遗馆实地上课、实地体验。通过这些劳动实践课程的开展，不仅让学生体悟了工匠精神，也领略了劳动之美，真是受益匪浅。

在周南雨花中学，除了体育作业不能少，劳动作业也不能少。学校要求每个年级都要布置劳动作业，不一定要做很多，但必须要坚持做，旨在让学生体会劳动的艰辛和收获的幸福，拥有独自生活的能力。

教育最终是面向未来、面向生活的，培养适应未来生活的人是周南雨花中学孜孜以求的目标。学校定期开展研学旅行，让学生走进大自然、走进红色素质拓展基地、深入非遗博物馆，感受历史文化，将生活和学习融为一体，在生活中学习，在学习中生活。

减负先增效，提升教学质量

近年来，各级教育部门出台了不少措施，为中小学生“减负”。“提质减负”是办人民满意教育的必由之路，而减负的前提是“提质”。根据上级教育部门的规定，周南雨花中学积极给学生“减负”，一方面减轻学生过重课业负担，要求老师们优化设计、分层布置作业、鼓励符合学科特点的创意作业，促进学生身心健康、全面发展；另一方面，通过培训教师、提高教师的工作积极性和教学质量，实现提质增效。

高效课堂是减轻学生课业负担、促进学生健康成长的主阵地。关注课堂、研究课堂、创新课堂，实现课堂的高效，是实施素质教育和时代发展新形势下的必然趋势，是当前教学、教研的中心工作和重要课题。周南雨花中学围绕“质量立校”，在抓严抓实教育教学常规的基础上强调“以生为本”的教学理念，践行“百·分·导·练”的生命化高效课堂改革，将学习的主动权还给学生，注重学生学习习惯的养成、学习思维的培养，让学生快乐、高效学习，从而培养乐学、勤学、善学的新时代学子。

在活动中学习并塑造良好学风，是周南雨花中学一以贯之的传统。学校坚持开展形式多样的师生“读好书、写好字”主题活动，让热爱祖国、继承传统、潜心阅读的良好习惯落地生根；各学科结合学习特色，每年都会开展丰富多彩的学科节活动，如举办语文名著阅读思维导图绘制比赛、演讲比赛、绘制地图比赛、物理科学实验比赛等。

减轻学生负担，推进素质教育，提升教师专业素质是关键。要改变学校，首先要改变老师；要改变老师，首先要改变老师的思想。为此，学校党总支坚持实施教师“双培养”工程，通过全员校级培训、班主任培训、学科组培训、骨干教师和学科带头人培训、每年寒假的行政干部培训、青年教师培训六大类培训，有效落实教师“三年推进计划”，以期进一步提高教师的整体素质和专业素养，使他们的思想素质、教学水平再上新台阶。

提高教师工作积极性，让广大教师以更饱满的精神、更好地状态投入工作，对于提升教学质量也大有裨益。“校长走访教师家庭”是周南雨花中学的一大特色。自2020年9月上任校长以来，刘灵松校长已先后走访了120多个教师家庭，不仅使校长对老师们的家庭、个人情况和需求更加了解，也让老师们对学校认同感更强、对学校感情更深，自然也会更加热爱学校和学生，从而更加积极地投入教育教学工作中。

推进素质教育，提高育人质量

“学校育人不但要让学生学好书本知识，还要让学生知道一些社会知识，懂得关心国家命运，了解世界发展的趋势，做到理论联系实际，努力成长为一个有能力、有素质、有抱负的中学生。”这也是周南雨花中学一贯坚持的。除了每天中午12时的《新闻30分》外，学校每周也会安排一定的时间收看新闻类节目，不仅让学生透过这扇“窗口”了解国内外大事，而且能理论联系实际，引发思想共鸣，提高教学质量，增强教育效果。而且，每年中考政治学科时事内容大约有18分，其他学科也会有一些时事内容渗透。学生在日常学习、生活中关注新闻，就不会在死记硬背中感到枯燥乏味，做题时也会得心应手。

教育的本质即生命教育，学校对生命教育和健康教育也日益重视。学校要加强相关引导，不仅要教育孩子尊重他人、尊重生命，也要让学生时时刻刻都能感受到关怀和尊重，从小树立起自尊、自信、自强的精神。为此，学校专门建立了师生体质健康中心，每学期对老师和学生的体检报告进行建档，对特殊体质的学生进行跟踪监督，比如对肥胖的学生，老师会加强减脂督促；给所有学生建立心理健康档案，对重点学生进行动态关注与疏导；邀请眼科专家到学校进行眼健康讲座，让同学们提高爱眼护眼的意识。

由于老师认真负责、关心学生，同学之间关系亲密、互助互爱，近一年来，周南雨花中学优生巩固率很高，家长和学生对学校认可度越来越高。尤其最近，学校多次接到雨花区某知名小学的六年级学生家长的来访，表示今年要填报周南雨花中学。而在往年，这所小学的学生鲜有人主动填报周南雨花中学。

一个个事例说明，周南雨花中学已成为人们心目中的“好学校”。 那么，究竟什么样的学校才是真正的好学校？

学生喜欢来上课的学校就是好学校。在这里，学生产生了自己的理想与抱负；在这里，学生获得了阳光与自信；在这里，学生学会了如何学习、如何做人、如何做事。周南雨花中学将始终秉承“文明、求实、砺学、图强”的校训，注重学生成长成才，提升教师幸福感、学校美誉度，把学校建成一所学生喜欢、家长欢迎、社会赞誉的好学校。

组建成长共同体，构筑城乡交流新路径

湖南省株洲市芦淞区何家坳枫溪学校 言格 文韧

教育不仅关乎个体发展、家庭幸福，而且关乎国家强盛、民族复兴。习近平总书记在党的十九大报告中指出，建设教育强国是中华民族伟大复兴的基础工程，必须把教育事业放在优先位置，深化教育改革，加快教育现代化，办好人民满意的教育。为推进城乡教育均衡优质发展，2019年9月，我们和区内一所百年农村老校——选青小学结成了教育发展共同体。

选青小学的校园简陋而静雅，学校共有一至六年级六个教学班，118个学生。孩子们朴素而大方。每月送教几次下来，老师们纷纷反映，选青的孩子们上课状态极好，很好学。如果有更好地条件，更好地师资，孩子们一定可以成长得更好。学校条件跟不上，可是孩子们不能落下啊。选青张校长说，一直想筹措资金，解决一下校服问题，让学生的精神面貌焕然一新。能不能让学生间互助解决这一难题呢？钱不多，但是意义非凡。因为孩子们间的善心善行有了具体的载体，这比学校直接捐赠更有育人的价值。想到就马上行动。德育部门牵头策划开展了“爱心结对共成长”的捐助活动，在全校发出倡议，号召同学们与选青小学学生结成一对一帮扶对子，以爱心资助的方式认捐一件校服棉衣赠予帮扶对象。这次活动倡议，得到了众多家长的呼应，原计划募集118件校服，一天之内就有300多位学生、家长报名。12月13日，35位枫溪学生代表，前往选青开展“新年送温暖”活动，亲手将校服棉衣交给选青学校的同学，并开展了交友结对活动，同学们互赠小礼物或贺卡，共同种下象征友谊的青青橘树。孩子们间一对一的，操场上、教室里，好得很。我想，这就是活动的意义和价值，也是我们构筑教育发展共同体的初心。

这次校服活动的成功，让我们进一步确定了学生间的交流互动是学校教育发展共同体的有效途径，如何开辟思路，构筑城乡学生之间交流新路径呢？我们通过调查、走访，确定了组建城乡学生成长共同体的发展思路，明确了“一、二、三、四、五”工作机制。

一、一个目标定位

组建城乡学生成长共同体，让每一个学生闪闪发光。这是我们工作的出发点和归宿。城里学生的特点是大方、自信，能说会道、见多识广，农村学生的特点是朴实、勤劳，生活动手能力强。组建成长共同体就能有效地使城乡学生间建立连接，互相影响、互相促进。要知道，同伴的影响作用是巨大的。有时甚至超过了父母和老师。有一群好伙伴，是一个少年儿童健康成长的关键因素。

二、两条工作途径

一是线上线下相结合，二是课内课外相结合。成长共同体，不仅仅是指学习。是成长的方方面面。我们以核心素养的目标，以课程为载体，课内课外相结合促进学生全面成长，尤其是课外的综合实践活动，是学生共同成长的主要途径。线上线下相结合，是基于城乡之间的时空阻碍，要面对面组织难度比较大，借助现代信息手段，开展线上活动也是学生成长重要的途径之一。

三、三项工作策略

策略一：定目标框架，组织由零散走向系统。凡事有结构才有力量。组建成长共同体，构建城乡学生的交流机制，我们确定了如下的目标框架，以学生全面发展为中心目标，以项目活动开展为抓手，从学习、品行、健康、生活等四个维度确立四个成长素养——学习素养、健康素养、礼仪素养、独立素养。开展五大活动——共读一本书、共习一手字、共植一片绿、共练一项体育技能、共养一个文明习惯。统一了目标框架，活动组织就从零散走向了系统。如：五大活动可以深入、持续开展。具体的内容、组织的形式、活动的地点可以不断地更新、丰富。这些目标内容，既是城乡学生成长都必需的基本素养，又是城乡学生间的优势互补，这样，牛奶不但不稀释，反而更有风味。

策略二：搭展示平台，评价由单一走向多元。学生的成长需要平台，学生间的差距有时就是平台的差距。给孩子一个舞台，她就能闪光。多一个平台，多一次机会。成长共同体应该为学生成长提供多层面多维度的展示平台。除了各自学校的日常规定动作外。我们想重点建好三个平台：一是红领巾讲坛。各自招募小讲师，重在学生的口才表达，以德育、时政为主要内容。借助网络，同频展示，同步直播；二是成长擂台。重在学生的学科素养的提升。以计算、写话、书法、古诗积累、跳绳等学习素养点为内容，分年级分学科确定，按照一日一练习、一周一小结，一月一展示，一期一总评实施。三是一起秀空间。基于评价的载体，我们充分发挥网络资源的作用，开辟专门的空间，定期将学生的活动、作品照片上传，作为学生成长档案，也是综合评价的内容之一。

策略三：建结对小组，关注由统一走向个性。基于学生实际情况，两校德育部门采取“一对一”互助的形式组建成长小组，帮同学们解决一些实实在在的小困难。“一对一”互助成长小组的第一个“一”为枫溪学校的一个学习小组，第二个“一”为选青小学的一位同学。通过“成长互助打卡”、“学习交换日”、“固定交流日”等多种形式共同探讨学习上、生活中的小困惑，形成同伴间的良好交流环境。通过亲子互动日，结对双方家庭开展城乡生活体验活动。针对不同家庭的不同教育情况开展针对性交流互动，促进孩子的个性成长。

四、四个时间节点

成长互助打卡：以成长小组为单位，每日进行成长练习打卡；学习交换日：以成长小组为单位，每周固定一天交换学习场所进行学习；固定交流日：以成长小组为单位，每月固定一天开展多种形式的交流活动；亲子互动日：以成长结对家庭为单位，各自自发组织，一期开展一次上门互动。

五、五大特色活动

共读一本书。城乡学校以班级为单位，丰富班级图书角，让图书为更多的孩子服务。两校语文教研组每期共同制定切实可行的阅读计划，两校孩子以成长小组为单位开展图书漂流，开启“同读一本书，共抒读后感”的读书交流活动，组织各类赛事，激发同学们的阅读欲望与无穷智慧。组织一年一度的“书香节”活动，城乡孩子在同一个舞台上展示。

共习一手字。开启“习字养性”活动。开好书法课，丰富书法课程资源。统一安装书法软件到每个班。低年段重点学习硬笔书法，掌握汉字间架结构，中高年级学习软笔书法，掌握一定的书写技巧。开展一日一练活动，在习好字的同时，培养安静、坚持的好性情。每期开展一次“小小书法家”优秀作品展评活动。

共植一片绿。充分挖掘农村学校土地资源丰富的优势，开展“三种”种养实践活动，开发种树、种花、种菜劳动课程。春季积极开展“亲近自然，爱绿护绿”活动，利用选青小学周边的荒山种植树木；组织两校学生开展共建“青枫园”、“桃李园”活动，利用校园内土地开展养花、种菜活动，加深同学们友谊的同时，培养良好的劳动技能；开展“我种我养，扮美校园”活动，并进行“最美教室”评比活动。

共练一项体育技能。结合同学们的生长发育规律，以及活动开展的便利性，确定跳绳活动为两校共同开展的体育活动，培养同学们的体育技能，强健同学们的体魄。利用每天的大课间时间，安排跳短绳活动和跳长绳活动，并根据活动开展情况，进行班级一日一评比活动。每日安排体育打卡作业，进行技能的巩固。每年开展“跳绳王”擂台赛活动，以活动促技能。

共养一个文明习惯。资源共享，培养礼仪好习惯。何家坳《枫溪十礼》校本德育课程经历了三个年头的实践，对于培养低年级学生良好行为习惯是有着非常实用的价值的，这份德育资源，打包输出给集团校选青小学，两校共用，不断实践、改进，两校共同在一年级使用《枫溪开学第一课》，对新入学同学进行常规训练；共同开展升旗礼、6S规范礼、就餐礼等礼仪评比活动，通过日评比、周评比的形式推进文明习惯的养成。

面向未来，激流勇进。我们将以此次活动为契机，进一步深层次研究探索城乡教育改革新路径，促进教育优质均衡发展，让每一个学生都享有公平的教育，让教育点亮学生的美好未来！

勇担使命，齐心共筑教育发展梦

吉林省白山市长白朝鲜族自治县实验中学　英利

百年大计，教育为本；教育大计，教师为本。习近平总书记指出：“一个人遇到好老师是人生的幸运，一个学校拥有好老师是学校的光荣，一个民族源源不断涌现出一批又一批好老师则是民族的希望。”这生动地说明了教师队伍在教育事业乃至整个国家和民族发展中的关键地位和战略意义。

没有好的老师，就没有好的教育。作为一名从教三十年的教育工作者，我始终坚信这句话，也在自己的教育教学工作和管理中践行着这句话。走上管理岗位后，我深深地认识到，想要实现学校的长足发展，必须做到以下几点：

一、具备成才的品质

我们每个人都想成才，都想获得别人的认可，都想得到自我价值的体现。那么，成才的人会有什么样的品质呢？

有远大的理想。生活实践告诉我们：有远大目标的人，一定生活在社会的上层；有近期目标的人，大多生活在社会的中层；没有目标的人，一定生活在社会的底层。所以，无论是老师还是学生，要想成功，不仅要树立远大的理想，还应该具备家国情怀、能自律、当自强、懂感恩、会合作、讲诚信。

二、坚信成功没有奇迹只有轨迹

在生活中我们常常看到这样的现象，人们往往把别人的成功成才归功于他人的运气。殊不知，一个人的成功并不是一蹴而就的，也不是奇迹，他的成功必然有属于成功者的轨迹——机会、勤奋和习惯。

考试是最公平的竞争形式。很多人抱怨高考，谴责高考制度，但大家不妨试想一下，如果我们取消考试，一切升学都用推荐的形式，又会是什么样呢？现在有很多外国的大学都是有推荐制度的，被推荐的大多是资本家的孩子、议员的孩子或者有钱人的孩子。如果是这样的话，一个普通的孩子能被推荐到什么样的学校呢？由此可见，目前的高考绝对是最公平的一种形式。一个人无法改变自己的出身，但是高考却给了人们一个改变命运的机会，一条成功的捷径，因此我们更要努力抓住这个机会。

严格的管理是成才的基础。我国有些人曾极力推崇英国等发达国家的“快乐教育”，认为这样的教育倡导学生个性自由，回归了教育的本质。但是这些被“西化”的人并不知道，英国的“快乐教育”只存在于公立学校，公办学校的学生数占比百分之七十；而私立学校学生数仅为百分之三十左右，且有着比我国高中更为严格的管理：学生从早到晚忙于课程，即使放假也要上大量的辅导班，学习大量的知识……我们也都知道，发达国家的公立学校招收的一般都是家里条件一般或者贫穷家庭的孩子，而家里条件好的或者有钱人家的孩子都就读于私立学校。衡量教育的标准，有一条就是谁能够给国家和社会带来更大的价值，既然“快乐教育”这么好，那么发达国家的价值是谁创造的呢？事实证明，恰恰是这百分之二十的人创造着百分之八十的成就和辉煌，所以严格的管理是成才的基础。

浓厚的兴趣是成才的保证。在教育教学中，往往有这样一类同学，放学后做的第一件事是学习，完成学习任务后再去做别的事情。他们明白“大快乐”是什么，知道为了人生的目标而努力，这样的人我们称之为“学霸”。而被称为“学渣”的则恰恰相反，他们会把学习这件事拖到最后做，来不及了就开始想各种“旁门左道”来掩盖自己的错误。长此以往，学习成绩怎么会有提高呢？所以说，优等生和学困生的差别在于学习兴趣和学习习惯的养成。

努力的奋斗是成功的桥梁。首先，奋斗为自己的人生奠基。我经常跟学生和老师讲这样一句话：“奋斗十年，幸福一生；荒废十年，一生努力。”在读书的时候，如果我们努力十年，取得理想的成绩，我们会一生幸福；如果我们不去努力学习，没有取得理想的成绩，那么你将用一生去弥补这十年的学习。其次，改变自己永远都不嫌晚。也许有人会觉得自己的现状很糟糕，从现在开始改变已经来不及了，但是我想说的是“改变自己永远不嫌晚”。无论你现在处于什么阶段，你正在做什么，你的近况多么糟糕，只要你确定目标，脚踏实地，那么你就一定会有翻盘的机会。再次，努力的人随处可见。人生中最可怕的事情是什么？是比你优秀的人竟然比你还努力。机会是平等的，你有什么样的人生取决于你的选择和把握，所以，新时代的年轻人要努力成为一个改变命运的人，而不是被命运左右的人。

三、将综合素质作为教育的评价标准

学习好的学生和学习差的学生，哪种人将来更有出息？我相信，这一定是个众说纷纭的问题。成绩好的同学，会有更多的工作机会，也会见到更广阔的世界；成绩差的学生，也许会有较少的工作机会，相对见识也会少一些。但是这些基础是一个人成功在社会立足的条件吗？不是的，更重要的是一个人的综合素质。一个成绩好的学生，如果综合素质不达标，也会在自己的工作岗位上默默无闻；一个成绩差的学生，照样能在自己平凡的岗位上发光发热，成为行业的佼佼者。

对于老师来讲，绝不能够“以分数论英雄”，而是要看这个学生能否拥有一等资质。或者说，作为一名老师，最自豪的事情就是“桃李满天下”，即你教过的学生都记得你，都感恩于你，而不是教出了多少个毕业就失联的名牌大学大学生。塑造一个人，比教授一段知识意义更深远。

四、努力成为学生终生想念的人

教师的成功是让学生感恩和想念，那么，如何成为学生终生想念的人呢？我认为，从校长、校领导到教师，都要各司其职，在教育岗位上发光发热。

校长要具备“四心”品质。首先，校长要有“平常心”。校长是没有品级的职位，顶多算个带头人，所以作为校长不能太把职位当回事，应该做到弯下腰来和老师心平气和地谈工作、谈学习、谈生活。其次，校长要有“侠义之心”。校长要有正气、敢担当，成为教师坚实的后盾。特别是当老师与家长、与学生出现矛盾时，校长要挺身而出，维护老师的权威，维护老师的合法权益，绝不能让尽职尽责的老师寒了心。不仅如此，老师家里有个大事小情、红白喜事，校长也必须走在前面，让老师感到娘家有人，并用自己的行动来感动老师。再次，校长要有“善解之心”。“善解之心”，不仅是善解领导、善解老师、善解家长，更是善解学生。作为校长，我们都知道，哪个学校都有困难，可想而知教育局的日子也未必好过。所以，我们见了领导，不能次次讲困难谈问题，而应该多谈你干了什么，学校有哪些变化，下一阶段学校的打算及预期达到的目标。我们也清楚，“家家有本难念的经”，我们的教师也是一样，作为校长，更应该在教师有困难时及时提供帮助，温暖每一位教职工的心，让他们没有后顾之忧，能够全身心地投入到教育教学工作中。当然，家长也是需要我们去“善解”的，对于教师来说，学生只是班级的一部分，而对于家长来说，一个孩子就是一个家庭的整个世界，是一个家庭的希望。我们在工作的同时也要多理解一下家长的想法，以便更好地开展工作。学生需要老师的“善解”，这更是无可厚非。只有教师和学生相互理解，才能更好地开展工作。因此，教师要“蹲下来”，与学生平等交流，这样定能换来学生的进步。最后，校长要有“力量之心”。我们所说的力量不是一种权威，而是一种让大家信服的力量——有自己的办学思想，遇到问题果断解决，说过的话必须兑现，不和谐的话、不和谐的事绝不能容忍。

打造团队的向心力。一是有位置就一定要有作为。再好的决策没有落实等于零，在学校管理和教育教学中，我充分发挥领导班子的集体智慧，各项工作都与相关领导研究确定，只要确定就坚决执行、坚决落实、坚决验收。二是有作为就一定要有地位。用人不疑，疑人不用，认准的人放手让他干，给他权力和空间，让他说话算数，坚决支持树立他的威信，并上报建议重用。三是有定位更要有担当。谁都敬畏有原则的人，该管的事你不管理，你只是摆设；该你管的事你去管，这才是担当。而有担当的人一定会有威望，令人信服。四是重新审视教育事业的价值。一个学生对老师来讲只是几十分之一，而对一个家庭来讲可能是百分之百，学习优秀的学生家长希望他光宗耀祖，学习差的学生也得承担家庭的责任。可见，教师责任重大，要努力成为学生的贵人、一生的恩人，把自己从事的职业当成事业去对待。

五、进行高效学习

完胜“主战场”。学校的“主战场”就是我们传授知识的课堂，要想取得好成绩，就一定要在“主战场”上下功夫，做文章。课前，教师提前进班，组织学生利用3-8分钟时间进行快速预习，了解本节课学习的内容，明确哪些知识是自己可以掌握的，哪些知识需要进一步的学习探究；课上，自己可以掌握的知识是否跟老师的思路统一，需要学习探究的知识认真听讲，小组合作探究学习；课后，完成课后作业，整理复盘，梳理知识，点形成思维导图。

最近发展区。目前现有的知识水平，通过努力能达到的知识水平，这个差就是最近发展区。如果学生想要提高分数，从哪入手呢？从老师一讲就会的、一看答案就会的入手，而对于多次都不懂得的问题就可以舍去了。高考总分是750分，会百分之五十，就是二本，百分之七十就是一本，百分之八十，就是600分。所以，只要认真学习，脚踏实地，就一定会取得自己理想的成绩。

调整心态。人如果执着于过去，就会无法前进。我们的学习也是如此，一味地后悔自己虚度时光，后悔自己落下太多的知识是在自我安慰。我们要是做的是一步一个脚印踏实往前走，不要总是考虑自己有多少不会的，而是考虑自己今天又会了多少，每天会一点，日积月累，又怎么会没有提高呢？

设置系统个性的作业。让学生将课后作业和考试卷分类装订成册并划分为A、B、C三个等级，要求C等的学困生能够认认真真地将成绩提高到及格线以上就可以了，中等生的提升目标是130分以上，优等生则是150分，从而让所有学生都“跳一跳就能摘到桃子”。

施行有效地题海战术。题海战术有没有效果呢？事实证明是有的。但是为什么很大部分同学都在做无用功呢？不是说学生做一百道题、一千道题就能够出成绩，而是说每做一道题都一定要“过关”，切实做到举一反三、触类旁通，这样的题海战术才能称之为有效地题海战术。

与其说教师是人类灵魂的工程师，不如说教师是每一位学生的筑梦者。作为教师，我们不仅要为学生编织美梦，更要帮助他们去实现这些美好的梦想。前路浩浩荡荡，万物皆可期待！在社会多元化的今天，我们要不断深化和优化教育教学理念，披荆斩棘，乘风破浪，为学生“成人、成学、成才”打下坚实的基础！

传承红色基因 厚植爱国情怀

吉林省长春东师中信实验学校 赵艳辉 张婷 李颖

孩子和花朵一样，需要在幼小时做好成长奠基，才能绚烂绽放。而在奠基的沃土中，优良的品德是最重要的因素，它决定了花朵长多美、长多高、长多久。

为帮助少年儿童“扣好人生的第一粒扣子”，长春东师中信实验学校深入学习《中小学德育工作指南》，从立德树人的整体要求出发，树立全员育人、全程育人、全方位育人的大德育观，在东北师范大学附属小学提出的“保护天性、尊重个性、培养社会性”的率性教育理念指导下，着力挖掘校园文化中蕴含的爱国主义教育元素和承载的丰厚道德资源，倾力打造“有尊重、有过程、有道理”的率性德育，努力帮助学生认识自己、悦纳自己、理解他人、熟悉社会，逐步成长为好问多思、阳光自信、友善乐群、手脑相长、敢于担当的新时代好少年。

尊重儿童发展个性规律，确立爱国主义教育主题

在美丽的净月潭边、中信城畔、农博园旁，坐落着一所集幼儿园、小学于一体的开放式、现代化民办学校——长春东师中信实验学校，由东北师范大学附属小学和长春中信鸿泰置业有限公司合作创办。一直以来，学校坚持以培养德智体美劳全面发展的社会主义建设者和接班人为目标，牢记为党育人、为国育才的使命和初心，紧紧围绕立德树人根本任务，加强学校、家庭、政府和社会育人力量整体协同，教育引导广大师生从感性到理性、从自在到自为，激发爱国爱党爱社会主义的巨大热情，凝聚起奋进新时代、实现民族复兴的磅礴伟力。

然而，中小学德育中的爱国主义教育、社会主义核心价值观教育、中华优秀传统文化教育等内容对于小学生来说，很多是抽象化、理论化的，如果一味照本宣科、说教灌输，学生不仅难以理解，也难以触动心灵，达不到最佳的育人效果。针对这一现实问题，基于“率性德育”理念的长春东师中信实验学校德育工作是如何落地生根的呢？

长春东师中信实验学校深挖乡土红色教育资源，围绕《走近人民英雄杨靖宇》这一主题，开展了“爱国主义教育”主题课程的统整与实践探索。在具体实践中，学校将学科与主题活动相整合，通过创新“活动+”的课程整合模式，发挥育德的最大功效，让爱国主义教育的种子根植在儿童的心灵之中，为儿童爱国主义精神培育打下牢固的基础。

以重要纪念日为教育契机，挖掘乡土红色教育资源

把红色资源利用好、把红色传统发扬好、把红色基因传承好，是以习近平同志为核心的党中央对红色文化遗产保护和利用的要求。2020年，正值抗美援朝出国作战70周年、世界反法西斯胜利75周年、杨靖宇将军殉国80周年，杨靖宇将军是东北抗联英雄中最杰出的代表，杨靖宇精神是抗联文化的根基和灵魂，值得永远铭记与传承。依托这个独特的乡土文化优势，长春东师中信实验学校充分利用好身边的红色资源，以“杨靖宇将军殉国80周年”为契机，带领学生走近身边的人民英雄，拉近与英雄的距离，不断产生情感的共鸣，树立正确的价值观，打好人生的底色。

吉林省社会科学院、吉林省委党史研究室、吉林大学及东北师范大学拥有大量与东北抗联相关的档案资料，为学生们了解东北抗联历史提供了支持和保障；将军殉国的纪念碑坐落在吉林省白山市靖宇县，许多高年级学生们都去瞻仰过；将军的后代——杨靖宇的孙子马继志受聘为校外辅导员，为学生们生动地讲述英雄生前的故事，拉近了学生与英雄的心理距离；吉林省博物馆、东北沦陷史纪念馆等场馆陈列了抗联英雄物件展、图片展等，为学生探究、体验提供了场域；杨靖宇电影以及与英雄相关的歌曲、美术作品等文艺作品，都是学生走近英雄、了解英雄、学习英雄的生动素材……基于这些丰富的资源，长春东师中信实验学校将抗联英雄杨靖宇作为学习英雄的对象，以六年级学生为主体，带动其他各年级学生学英雄、做英雄，并据此开展了“走近人民英雄杨靖宇”主题学习活动。

实施“活动+语文”方式，建构校本化主题学习课程

抗联英雄杨靖宇所处的时代背景、英雄身上舍身取义的大无畏精神对于一个几岁或者十几岁的孩子来说，距离较远，难以深刻理解和感悟，需要通过大量的实践体验活动来填补认知空缺。根据学生学习的需要，长春东师中信实验学校立足“走近人民英雄杨靖宇”主题学习课程框架，采用“学生活动与语文学科学习”相整合的方式建构主题课程，帮助学生在持续、多元的活动中实现厚植爱国主义情怀的教育目标。

探索多种育人渠道，开展年级统一活动。读，就是读英雄杨靖宇传记，让学生在阅读中了解杨靖宇将军；看，就是看英雄杨靖宇影片，让学生直观地感受杨靖宇将军的英雄气概；听，就是聆听杨靖宇将军后代讲述杨靖宇将军的故事，使将军的形象在学生的心中更加丰厚、生动起来；赏，就是观赏《人民英雄杨靖宇》百米长卷，感受英雄杨靖宇的威武英姿；写，就是写英雄杨靖宇征文，学生在主题学习课程的尾声以“杨靖宇将军，我想对您说”为题撰写征文，抒发内心的情感——承遗志，立志向，树梦想。

创新多样活动形式，自主开展班级特色活动。学生是活动的主体，在主题课程的建构中，学校充分尊重儿童的想法，留给班级活动的空间，支持班级和儿童的选择。在本次主题学习课程，除了年级统一组织的活动外，六年级各班级还根据自己的特点自主开展了“百米画卷讲解员”、“军歌嘹亮”、“博物馆探秘”、“沙画创作”、“朗读者”等多样化、个性化的特色活动。就这样，学生一次次走近英雄、感受英雄，英雄不再是文本上的一个名字，而是立体的、有温度的人物。

围绕“人物传记”，整合学生活动与语文学习。实践活动丰富了学生的体验，语文学习在课程学习中也必不可少。为了更充分地了解杨靖宇将军，更好地将《杨靖宇传》与实践活动相链接，学校采购了目前在售的多个版本的杨靖宇传记，要求教师有效运用统编教材六年级上册中“有目的地阅读”的阅读策略，指导学生对《杨靖宇传》进行有目的地、有重点的阅读，使他们在阅读中思考着、收获着，内心逐渐丰盈。

通过这种浸润式的整合学习，同学们在静态的阅读中，在生动的活动里，慢慢地润心共情，不断走近人民英雄杨靖宇，最终实现了厚植爱国主义情怀的学习目标。

“润心·共情”的爱国主义教育主题课程的统整，将学科本位转变为学生本位，把爱国主义教育从教的外在重心转移到学的内在重心上来，已经成为长春东师中信实验学校实施爱国主义教育的生长点，成为达成学校育人目标、培养学生爱国情感的突破口。在厚植爱国情怀的工作中，学校还将继续创新爱国教育实践模式，传承红色基因，培育时代新人，实现爱国主义教育的多元化培养路径，让爱国成为每个少年儿童的坚定信念和精神依靠！

构建智慧课堂，办有温度的教育

吉林省长春市第九中学 曹勋 王树军 杨永忠

一所好的学校应该是一个让学生感觉到温暖的地方，一种好的教育会因着眼于学生生命的全面成长而更加善良。教育就像一杯茶一样，应该是温暖的。教育的温度源自教育的本质：用人格塑造人格，用情操陶冶情操。长春市第九中学始建于1954年，拥有悠久的历史和深厚的文化底蕴，是吉林省首批重点中学之一。学校以“温度教育，立德树人”为办学理念，积极打造有温度的教育环境，构建基于“温度教育”环境下的智慧课堂教学框架，以新型平等和谐的师生关系实现“让每一名学子成为最好的自己”的目标，抢抓机遇实现我们这所老牌名校的再次振兴。

一、高站位开新局，引领发展方向

作为20世纪长春市的一所名校，我校的发展曾因生源基础等问题遇到瓶颈。近年来，学校领导班子站在时代发展的高度，敏锐把握时代方向，紧密结合党和国家的路线方针政策，提出了适合校情的“温度教育”理念，极大地激发和调动了师生工作和学习的积极性。

温度教育，观念转变是学校变革的基点，理念确立后学校即刻有高度、有步骤地科学推进，没有条件创造条件，学校取得市教育部门的全力支持，多途径全方位地整合外部资源，借力助力实现脱胎换骨式的转变。

专家支撑。2018年5月，我校与教育部数字化学习支撑技术工程研究中心建立深层次的合作，成为实验学校，在中心的支撑下形成“一校一案”，从教师的专项培养到教研的专业提升，再到学校“十四五”发展规划的精准定位，都有顶层智库的指导。学校与北京新基础教育研究院开展合作，实施全员教师的职业生涯指导培训项目；与吉林工程技术师范学院马克思主义学院建成了一体化团队，探索大中小学思政课一体化建设的方法路径，创新推进思政课程、“课程思政”工作研究。

项目支撑。在各级各部门的支持下，学校的基本建设、教学软硬件环境正在改善，学校结合项目建设，正在形成新校园文化氛围。逐步完善“四中心一环廊”的功能区域，即建设党建教育活动中心、美育工作艺术中心、科技创新实验中心、学生发展指导中心以及图书馆式零距离阅读环廊等，为学生发展创设良好的环境。

外部支撑。学校与市体育部门等进行合作，探索体育特色办学新途径，在提高学生体质的同时，重点尝试发展棒球特长项目、击剑社团项目，开拓了一条新的学生成才路。

人力支撑。学校教师现均为本科以上学历，其中：省级学科带头人1人，省级骨干教师4人；享受市政府特殊津贴1人，市五一劳动奖章获得者1人；市级骨干教师11人，市级教科研专家2人；市级教科研名

师2人，市级教科研骨干教师25人；长春市优秀班主任20人。学校成立了学术指导中心、校本课程研发指导中心、学生生涯发展指导中心、导师制工作指导小组，招聘优秀教育人才，为快速发展提供了动力和基础。

二、实现四个打通，打造学校特色

为构建智慧课堂，学校实现了“四个打通”，提高站位打造学校特色。

打通与高中教育联盟校对接路径。学校与长春市第二实验中学全面对接，采取“走出去”、“请进来”等方式，带动学校党建、教研、教学、师资、招生、政教、后勤等多方面的提升。在与教育联盟校各个学科的论坛活动中，教师们普遍反映收获很大，受益匪浅，能够学以致用。同时，也通过这一途径充分展示了学校教师的学术能力和水平。

打通高中与重点高校合作的路径。学校先后与吉林财经大学、吉林艺术学院新媒体学院、吉林动画学院等院校主动衔接，探索建立基地校。邀请高校教授走进学校，为学生上美育欣赏课，并形成固定课程。在培养学生欣赏美的过程中，极大地提升了学生对中华优秀传统文化的认知，为学生感受美、鉴赏美、创造美、表现美搭建了平台。学校党支部与长春中医药大学附属医院儿童诊疗中心儿童保健科及儿科党支部形成共建支部关系，在两个支部的带领下，形成关于学生心理健康医、教、研一体化的研究体系，及时进行学生身体健康监测和心理健康疏导，保障学生身心健康发展。

打通与高职高专学校的培养途径。学校与长春汽车工业高等专科学校等高职院校合作，将学生走进高职高专学校研学作为一门课程，

打通小语种、美术、体育、科技创新等科目的学生成长路径。学校将日语专业作为学生发展的第二语种，针对英语学科学习困难的学生，学校开辟了零起点日语课程，通过两年来的探索和实践，效果显著。

三、构建智慧课堂，提升教学水平

构建智慧课堂是学校发展的驱动力，学校在吉林省率先迈出了智慧课堂探索的步伐，初步形成了独具特色的“预、测、思、用、展”五环递进式教学模式，结合生涯发展规划指导，极大地调动了师生学习的积极性，实现了学生学习方式的革新、思维方式的转变、成绩的有效提升，同时促进教师专业发展和成长，实现了教师教育观念更新、教学观念转变、教学方式改变、教师整体素质提升。

“智慧五环递进生成式”教学倡导在预习中酝酿智慧、在测试中让智慧入脑、在思考中让智慧流动、在运用中让智慧生成、在展示中让智慧延续，环环相扣、环节特点鲜明，有效提升了课堂教学价值。

立足“让每个学生都成为最好的自己”，学校在智慧课堂中创造各种条件，让每个学生都能充分地展示自己、发挥自己。

学生互助。在学业考试前的迎考教学中，学校探索出教师、学生共上一节课的模式，组织文理科学生互相作为“教师”解决重点问题，学生主体作用得到发挥，极大地提高了文、理科学生对另一个科别的学习兴趣，促进解决思路的形成。

师生互动。针对学生学习基础差、学习需要增加指导的现状，教师主动利用自修时间无偿给学生上课。在此基础上，2019年学校设立党员志愿服务岗，全体教师参与，利用下班后一个半小时的时间，为学生答疑。学校和教师的爱和付出，将教育的温度逐级传递给了家长和社会。

智慧课堂改变了学生的学习状态。学生的学习兴趣得到提升，多种教学方法激发学生积极思维，丰富的学习资源、工具，引导学生动脑、动口、动手，提升了学生的学习兴趣，让探究变为一种乐趣。

四，立德树人为本，助力学生成长

学生成长是学校发展的目标。根据生源比重，学校将立德树人作为学生发展的首要任务，要培养立大德、懂事理、高情商的学生，培养他们学会做人、学会学习、学会发展，“立德+树行=成人”，这一理念把教育中对学生的热度传递到家庭、社会中去，让教育更有温度。

课程构建。学校建立了八大课程体系，即思政课程、学业课程、体育课程、美育课程、技能培养、发展课程、活动课程、拓展课程。课程旨在使每个孩子都能实现自己的愿望，在生涯发展的基础上，多途径寻找学生的出口。

针对学生入学成绩较低、基础相对薄弱，进入到高中后无法迅速适应高中课程的学情，学校编制了适合学情的初高中衔接校本课程，涵盖语数外、史地、理化等科目，实现学生早过渡、早适应、早补差的“三早”培养。

为保持学生培养任务达成的一致性，避免二次或多次反复学习，学校建立了高中阶段体系课程，保持知识的连贯学习。

高校研学。学校积极与吉林艺术学院、中医药大学等高校合作，引进高校的课程前置到学校，打通高中和高校的知识交集瓶颈，有计划地组织学生进入针对性高校研学，让学生提前了解高校，做好规划，明确目标。

突出特色。对于英语学科学习能力不足的孩子，开设了学校独有的零起点日语课程，通过学习日语，实现变学生学科短板为长板，极大促进了学生学习积极性的提升。

全员育人。学校采取学生自愿选择、教师主动担当等方式，推进全员育人导师制的落实。导师负责学生在校期间学习任务的达成、困难帮扶、心理疏导、发展规划等，实现对学生“全员、全程、全方位”的指导。人人有受导学生，人人爱学生，教师成为学校发展的领航者，全员育人导师制是学校有温度德育的体现，“爱+陪伴”更是教育温度的极佳表达。

教师用爱温暖每一个学生，进而激发学生的学习热情、感恩之心；学校用爱感染学生，“有温度的德育”使家长满意度不断提升，学校社会影响力逐渐提高，学生品格成长更加完善，发展平台更多元化、丰富化。

在发展历程中，我校涌现出了许多感人至深的育人故事，一面面锦旗记录着家长和社会对学校的认同，每一面锦旗背后都有着感人的温度教育故事。有温度有智慧的教育，使学校走出低谷期，学生素质全面提升，赢得了越来越多的社会赞誉。未来，我校将继续坚持以特色发展提升高度，以持续发展增加长度，以协调发展拓展宽度，努力建设让人民满意的现代化一流学校！

深挖教育之源渠，弘扬经典之国粹

江苏省常州市新北区百草园小学　任丽芳

生命离开水源，就会枯竭。国家、民族的发展离开教育就会衰亡。教育是生命进步的新鲜血液，是时代发展的思想能源，只有保持充足的活力和创造力，才能持续推动人类社会向前发展。只有在教育的土壤中深耕细作，做有特色的教育，办有意义的学校，才能让教育绽放耀眼的光芒。我校建校于2008年，办学以来，始终坚持“让每一个生命都幸福绽放”的办学理念，致力于将学校建设成为生态和谐优美的“花园”，生活丰富多彩的“乐园”，探究自然生长的“学园”，让师生笃志好学，乐于探究　，健康成长。近年来，我校聚焦学生素养提升，积极发展传统文化，以“立足成语，传承文化，滋养生长，奠基人生”为路径，形成了成语经典文化教育特色，以中华传统文化的魅力滋养生命，中华民族的博大精神激励师生积极向上。凭借这一特色教育理念和途径，我校先后荣获了“江苏省文明单位”、“江苏省绿色学校”、“江苏省智慧校园”、“江苏省艺术特色学校”、“常州市新优质学校”等荣誉。

一、文景同炉浸书香，经典如风漫全园

陶行知曾说过：“天然环境和人格陶冶，很有密切关系。”校园中的每一座建筑、每一处景点，每一片绿色，都成为一种思想的传递，一种文化的表达，优美的校园环境就像无声的老师，滋润着师生的心田，熏陶感染着师生，丰富净化着师生的灵魂，潜移默化地引导师生向着健康的方向发展。校歌是校园文化的重要组成部分，是一所学校对内的号召和激励，对外的形象展示和宣言，它反映的既有办学者、教育者的理想、要求、愿望，又有受教育者的感受、追求和成长心声。2019年，我校校长从校园精神中撷英取萃，亲自作词撰写校歌《百草青青》，品格教育主题歌《季子遗风长》，歌曲融入了百草园小学成语文化课程以及诚信传统文化对学生重要的濡染作用。歌声充满了时代气息，催人奋进，旋律优美，入耳入心，激荡着青春的活力。

校园环境是学校育人理念的表达，在育人过程中，校园环境发挥着巨大的作用。良好的校园环境是一种教育资源，能够陶冶情操，净化心灵，达到“不言而教”的教育效果。我校以成语特色为核心，对校园环境进行主题化、分区域、系列化的整体设计，突出成语文化的特征，让校园处处充满学习成语的资源，学生时时汲取文化的精髓。此外，我校打造的“一梯一室一廊一馆一广场”特色风景，让文化触手可及。学生成语文化活动照片、原创的“成语插画”、“成语迷图”张贴于教学楼各楼梯，记录着学生成长足迹。成语专用教室，通过学校成语文化研究历程的再现，三风校训成语文化卷轴墙展示、多媒体成语知识互动区、古色古香的成语桌椅等营造学习成语的氛围。“别有洞天”成语长廊，通过“成语与军事”、“成语与历史”、“成语与民俗”等七大主题介绍成语，也是学生猜成语、玩成语的园地。连廊中间方正的空地，巧妙地设计成了“成语飞行棋”棋盘。集观赏、阅读、互动、查阅、体验五位一体的多功能成语故事馆，整合信息技术，配备安装了智能互动一体机，内存“海量成语”两万多条，师生还可进行“成语接龙”的人机比赛和双人对抗赛。入校即视的成语广场分为四个区域，分别呈现了选自唐诗、宋词、《论语》和《孟子》的130条成语。成语文化石、成语座凳、成语趣味色子、“百卉”、“含英”、“芝兰”、“玉树”、“化雨”五栋建筑相互呼应，立体凸显了成语元素，彰显了成语文化特色。在班级文化建设中，成语文化的元素依然突出，如在班级环境设计与布置时用相匹配的成语命名等。校园建设中鲜明的成语文化标识，让师生们徜徉在成语的海洋，在耳濡目染中自然而然地汲取着经典中的文化精髓，丰富着师生的文化底蕴。

二、以课文本铸铜骨，深耕力作意腾飞

文化是人存在的根和魂，作为传统文化的凝练，成语文化教育正是帮助学生深扎民族根、熔铸中国魂的重要方式与方法。成语文化深

具历史性、知识性和艺术性，它言简意赅，深刻隽永，折射历史的千姿百态；它以语言为承载，方寸之间传达着丰富的含义，是汉语词汇中的璀璨明珠。课程是目标的载体，也是实现教学目的的主要实现方式。经过数年的探索，我校形成了以培养兴趣、提升素养、传承文化为宗旨的"成语文化"课程体系，以成语识字、成语故事、成语作文、成语探源为内容，进行成语教学各类课型研究，最终形成了成语识字课、成语诵读课、成语表演课成语习作课、成语探究课、成语主题课等课程。课程分为校本必修课程、校本选修课程。校本必修课主要由我校开发校本教材进行课堂实施，校本选修课每周一课时，着眼于培养学生兴趣，以走班制方式实施的课程。从宏观角度看，每种课型涉及了各个年段的能力要求和教学内容。从中观角度看，每种课型的具体实施在不同年段都有不同的彰显。从微观角度看，每种课型提炼的操作流程是整个教师团队经过课堂教学实践检验的成果，每一个具体的操作环节都是能作为提供给一线教师进行移植教学的参考样态。

教材是教学的必要载体，我校根据成语文化课程的总体目标，整体、序列化地构建课程内容，从经纬两线综合设计。经线即根据课程阶段性目标，从育人、文化、知识、技能、情感态度等领域挖掘成语的来源、成语与做人、地理与科学、人文历史、综合实践活动等内容板块，考虑体现六年一贯的螺旋递进性，确立了低、中、高三个年段的阶段目标。第一学段分"基础篇"和"趣读篇"，第二学段分"基础篇"、"趣读篇"和"赏读篇"，第三学段分"基础篇"、"赏读篇"、"实践篇"、"诵典篇"和"创作篇"。纬线即根据学生年段特点、学习需求等设计适切的内容，以主题单元的方式，基于成语的特点、与语文教材的对接等角度，选取典型的成语进行拓展。几年来，我校先后编写三套成语文化校本教材。教材主要依托小学语文教材，选录课本上的精品成语、韵文成语和主题拓展的成语作为必学内容。

三、匠心灼灼通今古，育路漫漫扬金辉

知识在运用中凸显生命力，基于学生年龄特点，我校开展了多种形式的实践活动，将成语文化教育趣味化，让学生在做中学，在实践中提升素养。为助力成语教学，我校加强对教师的培训，通过教师专业成长改变课堂、提升教学质量，夯实办学特色。除了组织教师研修教材，还通过开展自助培训和全员培训、专家指导等多种形式，提升教师成语文化校本课程开发能力的提升。十多年来，在全体师生共同努力下，我校"成语文化"为特色明显。2014年，我校创建成常州市成语文化课程基地，《"成语文化"滋养师生生命成长》获常州市学校主动发展优秀项目评选一等奖。2015年，《"成语文化"校本课程开发和实践的研究》课题成为省重点自筹课题。2017年，我校成语文化教学研究成果在《江苏教育》进行了专题介绍；省级自筹课题《"成语文化校本课程"开发和实施有效路径的研究》中期评估获得优秀级。2018年，我校编写的成语专著《成语育人》及《蒙学悦读：成语琼林》第三套校本教材相继出版。以上种种不仅是对我校特色办学途径的充分肯定，更是为我校全体师生携手前行，坚定了信心。

作为教育事业中的一名勤匠，未来路上，我校会继续探寻"成语育人"的更好途经，更好地将中华文化发扬光大。以"成语文化"引领学校特色发展，始终如一，用情怀装点教育事业的百花园，用生命继续谱写一曲又一曲教育新歌。

养正立人，培根铸魂

江苏省常州市新北区吕墅小学　徐志强

［摘要］作为一所地处城乡接合部，外来务工人员子女占比达82%的乡村小学，常州市新北区吕墅小学秉承"尚武崇文、养正立人"的办学理念，致力内涵发展之路，努力完善课程体系，着力打造德育特色，全力促进师生发展。两年来，学校先后获得"国际生态学校"绿旗荣誉、"江苏省智慧校园"、"常州市中小学生品格提升工程项目学校"、"常州市劳动教育示范校"、"常州市艺术特色学校"、"新北区集团化办学先进集体"等区级以上荣誉36项。在家长和社区中形成了良好的办学口碑和美誉度。

［关键词］养正、育人

［正文］2018年以来，吕墅小学紧紧围绕"尚武崇文、养正立人"的办学理念，以"办有活力、有特色、有品位的乡村优质小学"为不断追求的目标，秉持"规范治校，文化兴校，特色强校"的办学方略，励精图治，开拓创新，在尚武文化、劳动教育等方面彰显特色，致力于走内涵发展之路，连续两年被评为新北区中小学素质教育综合评估一等奖。

一、以"正和"为核心，营造"养正"育人文化

学校坚持"尚武崇文　养正立人"的办学理念。尚武修身，崇文益智，学校以"尚武崇文，养正立人"为办学理念，意为以尚武教育为抓手，既传承中华民族深厚的文化底蕴，又凸显不断进取勇于创新的时代精神，文武兼修，正身正心，立德树人，让每一个生命主动、健康成长。在办学理念引领下，全校师生重于行、实于做、立于思，追求真知，探索真理，学做真人，形成了"养习惯之根，正做人之本"的校训；"正言雅行"的校风；"正己化人"的教风；"求正进取"的学风。

学校将"正身"和"正心"作为育人的基本目标，让学生在启蒙阶段就能修身养性，追求正气，学做正人。"养正"是学校工作的一个核心，学校的管理工作、课程建设、课堂教学、德育活动等，皆围绕这个"正"字展开，力求达到"正"这个目标。

二、以"和雅"为目标，建设"雅正"教师团队

"雅言正行，敬德修业，学高为师，身正为范"。学校确立了"雅正"教师的四个标准，提出"做学生喜爱的老师"，以此作为建设"雅正"教师团队的总要求。

学校成立了青年教师成长营，开展形式多样的读书活动，开设"养正讲坛"学习例会和"吕小博客"网络交流平台，整理编辑教师论文集，让反思成为常态。学校注重"身教重于言教"，每天值日行政捕捉教师工作亮点，傍晚及时反馈表扬，放大典型价值，引导老师用高尚品行，感染熏陶学生；每学期开展一次"家长、学生评议教师工作"活动，每年评选一次优秀年度人物，用成长故事、教育故事的微视频留下一串老师们走过的光辉足迹。

三、以"生本"为主导，提升"养正"课程品质

根据"品正"学生的核心素养培养目标，学校建构了基于社会主义核心价值观引领下的养正课程体系，即以善养德、以文养智、以武养体、以艺养美、以劳养正。践行核心价值观，培育核心素养，贯穿于学校环境、队伍、课程、课堂、活动，使"养正"文化内化于心、外化于行。从而培养拥有美好的心灵、健康的身体、灵动的思维、能干的双手的"品正"学生。

1.课程体系统领

养正课程作为学校课程的统领，分五大学习领域：阅读与表达、思维与探究、品德与生活、艺术与审美、体育与健康。包含三种课程形态：基础型课程、拓展型课程、探究型课程。立足学生的全面发展、多样发展和个性发展。

2.课程纲要领航

依据学校课程规划，各学科制定了相应的课程纲要，以"多元发展"为主线，形成了"课程目标——领域目标——学段目标——单元目标——课时目标"的目标链，进一步清晰课程理念、目标、内容、实施、管理等内容。在课程实施过程中，创造性地系统整合课程与课时，设置3分钟微课，主要用于课前积累等；10或15分钟小课，用于晨诵等；40分钟中课；80分钟长课，如竹笛或合唱，从而在不增减总量的基础上，实现课程设置的个性化与最优化。

3.特色课程丰富

学校根据办学特色、师生特点、教育资源等实际情况，实施"限定拓展型"课程和"自主拓展型"课程。其中，"限定拓展型"课程以《小公民》德育课程、《武文化》体育课程和《新田园》劳动课程为核心，全校学生全员参与，全程推进。《小公民》课程以党的十九大精神为指导，弘扬社会主义核心价值观，在贯彻落实教育部《中小学德育工作指南》要求的同时，充分结合学校外来务工人员随迁子女较多的实际情况，教育和引导学生养成懂礼仪、会合作、知感恩、讲诚信、乐劳动、爱家国的公民素养。学校《武文化》课程被教育部确立为第三批校本课程推进项目，获得常州市首届综合评选优秀校本课程一等奖。学校《新田园》劳动课程被评为常州市劳动校本课程评选一等奖和常州市基础教育内涵建设项目优秀实践案例二等奖。"自主拓展型"课程开发形成了以学科探究、科技创新、艺术素养、阳光体育、生活技能为主题的校本课程体系。特聘专家、专业辅导，丰富了学校社团项目，为学生多元发展提供了更多的可能性。两年来，学校武术、科技、艺术社团活动成效显著。竞赛活动促进了学校乡村少年宫的建设，全面提升了学生的素质。

四、以"养成"为主线，培育"品正"少年特质

学校把"以环境养正、以武养正、以书养正、以艺养正、以情养正、以礼养正、以劳养正"等落实到"育人为正"的各个环节，从而为培养学生健康的人格、高尚的品德、完整的人生奠定一个坚实而厚重的基础。

（一）三色教育形成常态

1.红色教育——爱国立志　学会感恩。

红色教育活动围绕民族精神传承，凸显节日文化活动和仪式教育活动，进行系列策划，节日文化活动围绕中秋、重阳、端午等传统节日开展，了解中国的传统文化，寻找中华文化的根。仪式活动主要围绕新生入学礼、入队礼、毕业礼等展开，做到庄重、规范。学校隆重召开的两届少代会，赢得了社会各界的一致好评。各中队精心策划的升旗仪式，内容年度规划、形式丰富多彩，充分发挥了学生的主动性和创造性，激发了学生的爱班、爱校、爱国的情感。

2.蓝色教育——遵规守纪　有礼有节。

蓝色教育活动主要依托学校的"十好五星"活动开展，注重日常，形成礼仪，做到记住要求，心有榜样、从小做起，接受帮助。组织学习新版《中小学生守则》，深入开展"八礼四仪"教育活动。九月份为常规教育月，做到明确要求，严格训练，各项要求组织过关检测；学

校推行全员育人制度，抓好学生良好的行为规范，每月进行“礼仪、岗位、好学、健美、环保”为主要内容的“五星”评比，使学生形成较好的常规，展现品正学生的良好精神风貌。

3.绿色教育——阳光健康 拼搏争先。

绿色教育活动主要依托“我型我秀”和“小精灵成长吧”活动，“我型我秀”是学校的德育特色活动，每月一主题，训练并展示学生的健康、阳光、活泼的形象，体现少先队活动和学科教学活动的整合。通过挑战吉尼斯、班级风采展等活动，培养了学生坚持不懈、顽强拼搏的精神；开展的小精灵成长吧活动，培养了学生独立自主的能力；读书节、科技节等活动让学生在不同领域实践、发展，体现了多元发展的良好态势；学校的武术健身节是孩子们最喜欢的校园主题节，每年在传承的基础上不断创新，同学们都踊跃参与，努力展示自我风采，成长群像。

（二）育人为正，培育特质

学校把“以环境养正、以武养正、以书养正、以艺养正、以情养正、以礼养正、以劳养正”等落实到“育人为正”的各个环节，从而为培养学生健康的人格、高尚的品德、完整的人生奠定一个坚实而厚重的基础。

1.环境养正，陶冶情操

环境是学校的基本活动场所，是师生生存与发展的具体时空。学校整体构建新田园校园文化环境，高标准追求校园的净化、绿化、美化、童化和趣化，造就学校“生态、文明”的特质。学校对各楼层、文化墙、走廊、公共设施建设进行整体规划，精心布置，营造浓厚的田园文化校园氛围。以田园文化对学生进行熏染，潜移默化，陶冶品行。

2.以武养正、强身强心

学校以“武术教育”为载体，进一步挖掘武术育德、健体的功能，让孩子们在“武文化”这一校本特色课程中感受中华民族的精神——爱国报国，坚韧不拔，自强不息，积极进取，真正践行学校“尚武崇文养正立人”的办学理念，着力培养“文武双全、身心两健”的现代小公民。体育课架构校本化体系，常态落实武术训练；大课间开发“武动课程”，自编特色武术操；武术文化节全员参与，演武大赛各展班级风采。

3.以情养正、正行向善

学校将节日文化活动与综合实践等课程相整合，多种方式引导学生追寻节日文化，感受家国情怀。大红灯笼高高挂，热热闹闹猜灯谜，双双巧手做元宵；清明祭扫缅怀先烈，童心向党弘扬传统，牢记遗志努力学习。我与祖国共成长，雏鹰展翅新时代，争做小小追梦人……学校还联系恩悦社工，开展心理辅导，关爱困境学生。这些丰富、多元的课程，融育人于活动，融教育于实践，将“养正”文化的核心内化于心、外化于行，让社会主义核心价值观成为孩子成长的芯片。

4.以礼养正、正身至美

仪式是文化传承的内容，也是社会基本价值观建立与持续的方式。学校的仪式活动主要围绕入学礼、入队礼、成长礼、毕业礼等展开，精心打造仪式课程，留下文化印记，传递精神价值，要求学生做到：知礼，外化于形；明礼，内化于心；行礼，细化于行；用礼，固化习惯。

5.以劳养正，勤业求真

去年，学校《“新田园”劳动综合育人资源的开发与利用》成功申报了常州市中小学品格提升工程项目。学校将劳动教育贯穿于学校德育全过程，着力创建新田园劳动实践平台、营造新田园劳动校园文化，开发新田园劳动体验课程，丰富新田园活动实施样态。学生温室大棚做实验，责任田里勤忙碌，“丰收节”里喜采摘，“美食节”里品快乐……在一项项活动中学生掌握了劳动技能，锻炼了劳动能力，展示了自我风采。

在办学的过程中，学校清醒地认识到：学校内涵建设离社会、家庭对学校的希冀还有差距，离真正意义上的优质乡村教育还有不少路要走。下阶段，学校将努力践行“养正教育”的内涵发展之路，不断创生自主发展、活力发展、稳步发展的学校愿景。

蓬勃青藤园，生长新样态

江苏省常州市新北区西夏墅中心小学　王芳

自1927年建校起，江苏省常州市新北区西夏墅中心小学虽几经易地易名，却始终像那执着的常青藤一样，自立自强，攀缘而上，不断伸展，在偏僻的西北地区崛地而起，创下了辉煌的历史。

学校全体师生努力追寻“办一所蓬勃生长的青藤学校”的发展愿景，严格践行“做一片美的叶子”的办学理念，借助“新优质学校”创建的契机，从文化凝练、课程教学、教师发展、学生发展、优势生长等多个方面大力夯实“青藤特色文化”，这就是新北区西夏墅中心小学跨越式、内涵式发展的秘诀。

文化凝练：扎根原点，攀缘而上

文化建设是在宏观层面上对学校全局的、长远的文化发展所做出的符合学校自身规律的预设，是能够凸显一所学校办学特色并永葆发展活力的保障。借助“新优质学校”创建的契机，西夏墅中心小学对学校文化进行内涵和外延的定位和重构，并据此凝练了“青藤特色文化”，引领学校在科学规划和研究实践中不断智造生长点、营造生长场、提升生长力，进而丰实学校的发展底蕴。

青藤教育孕育而生。在“弘自立自强精神，育自主自觉生命”的校训中一路走来，校园里的常青藤伴随学校走过了每一个春夏秋冬，见证了每一次节点生长。常青藤是一种攀缓植物，“攀”即向上生长，体现学校和全体师生从扎根到生长的过程，并蕴含有从原点到远点的追求；“援”是教育与环境的交融，人与物的支撑，人与境的融合，人与人的协作，而西夏墅中心小学的“青藤教育”正是以生命为基础、以生长为目标、以生态为支撑的。

办学理念坚定方向。在近百年的发展历程中，西夏墅中心小学生长出来的精神特质就是不畏艰难、向下扎根、团结协作、蓬勃生长。在这个过程中，每个人都努力成为“最好的自己”，“做一片美的叶子”的办学理念随之确立。

文化体系日臻完善。在不断地实践、探索和创生的过程中，西夏墅中心小学形成了相对完整的文化体系：让每个人都向着“蓬勃生长”的办学愿景努力伸展、成就精彩；让每个人都健康生活、自主学习，成为“笑在春风里”的新时代中国特色社会主义的建设者和接班人。

课程教学：素养为本，生发新境

课程是学校育人的主要载体，是学校的核心竞争力。围绕“好学、乐群、向上”的育人目标，西夏墅中心小学立足“青藤”文化“生命、生长、生态”的主张，以促进学生素养提升为根本，着力建构结构化、立体化的“青藤课程”体系，让每个学生都有机会成为独具特色的“叶子”。

顶层设计：精心规划“青藤”课程。学校经过多次研讨论证，清晰了学生培养目标的具体内涵，努力培养“会学习、会生活、会合作，能担责、能创新”的全面发展的青藤少年；构建了三维五类“青藤课程”体系，努力在更大的坐标上守望乡村教育，让青藤树上的每一片叶子闪烁生命的光泽。其中，“三维”课程为终身学习者课程、完满生活者课程、积极发现者课程，“五类”课程为藤之韧课程、藤之蕴课程、藤之雅课程、藤之健课程、藤之创课程。各课程纵横交错、有机搭配，旨在帮助全体学生提高学业水平、塑造品德品行、培养兴趣爱好、发展技艺特长，为学生适应时代发展、未来社会奠定坚实的人生基础。

路径选择：打开课程实施通道。终身学习者课程通过国家课程校本化实施，以培养学生基础知识、基本技能、基本思想和基本活动经验为主要目标，从教学范式的构建、学习方式的转变、网络时空的拓展等多个方面校本化实施国家课程，促进学生基础素养的全面发展。完满生活者课程通过拓展课程个性化实施，它着眼于人的发展，通过学科整合的方式，围绕五类课程进行开发和实施。学校现已开发了四十多门服务于学生个性成长的自主拓展课程。积极发现者课程通过探究课程融合化实施，主要指的是主题式的项目化课程，旨在培养学生乐于合作交流、善于主动发展、勤于实践探究、勇于改进创新的品质。“青藤”课程始终坚持以生长为目标，面向全体学生，关注个体差异，既体现了课程的丰富形态，又满足了不同学生生长发展的需求。

教师发展：凝聚团队，多元共长

教师是人类灵魂的工程师，是人类文明的传承者，承载着传播知识、传播思想、传播真理，塑造灵魂、塑造生命、塑造新人的时代重任。作为西小的青藤教师，他们朴实纯粹，始终扎根教育大地，坚守在偏远的农村。愿化作春风，以扎实的学识和坚定的信念，时时洗涤学生的心灵，让他们如春花般绽放；愿化作春泥，用高尚的情操和仁爱之心，处处呵护学生的成长，让他们如小树般茁壮。

深耕课程研究，激活成长主体。西小的每一位教师都立足自己的课程，不断挖掘育人价值，并进行开发、研究、实施、完善，在实践中与学生同生共长。如今，西小很多教师都能立足自己的课程教学，孜孜以求，蓬勃向上，在区域内外辐射影响力，他们成为学校课程生活的创造者，课程改革的丰富资源。

打开成长密码，焕发内在动力。学校通过教师个人发展规划对每个层次的教师量身定做发展目标：骨干教师，依托工作室发展引领力，成长为品牌教师；成熟教师，借助项目推进发展辐射力，成长为团队导师；青年教师，立足成长团提升专业力，成长为潜力教师。

打造团队群像，激发精进共长。依托区“四有好教师”团队项目，学校充分利用党建品牌的建设、最美青藤团队的评选、青蓝工程的推进、课题项目的组建以及集团星教师群体的建设等方式，让西小的教师在团队中不仅成事成人，更强己达人。如今，“常化春风，常为春泥”已成为西小教师团队的文化印记。

西小教师共同创造着美好的教育生活，在成就学生、成就学校的同时也成就了自己。三年时间里，常州最美教师、市青年英才，市名师工作室领衔人，省培养奖励人才，省优秀农村教师等荣誉接踵而来；9名教师在市区五级梯队中新增或提升称号，各学科做到梯队教师全覆盖；在省市区各级基本功竞赛及课堂教学评优活动中近45人获奖。

学生发展：变革活动，创生能域

学生校园生活应该打破程式，创造更契合于儿童天性的校园新生活，让学校成为每个孩子走向远方的摇篮，成为他们美好的回忆。

在“破”中“立”，形成学校新序。学校打破原有割裂的“主题节”和德育活动的时序和界限，在持续探索和研究的的基础上进行“重建”。例如，探春系列活动突出主题，挖掘季节特点，整合大型活动，既有对以往活动的统整，又有立足学生成长需要的创新，主题更聚焦，形式更多样，内涵更丰富。

变“一”为“多”，实现有意对接。在推进校园四季的过程中，学校牢牢把握“一”和“多”的关系，用一个主题去引领一季的教育生活。简单来说，就是各年段、各班级、各学科组、各学生社团、各家庭围绕学校每一季的“活动主题”创造出“多”样的内容和形式，创生丰富的内涵。

从“活动”到“生活”，回归成长本意。在百果林、劳动基地，学生们“摘柿子”、“摇桂花”、“打红枣”、探究“蛋蛋趣”、享受“豆豆乐”，各个年级和班级精心设计活动，关注学生真实的生命体悟，关注学生全程的经历实践，引导学生健康生活、自主学习。在活动过程中，教师也从关注“结果”转向关注学生的“过程”，彰显了学生立场。

西小的青藤园，把班级还给学生，把校园还给学生，把生活还给学生，为每一个孩子的成长赋能。在这里，每个孩子向着阳光向上伸展，绽放出生命最美的色彩。

优势生长：特色品牌，催生新质

特色就是质量，特色就是品牌，特色就是发展，办出学校特色已经成为当前中小学改革与发展的必然趋势。西夏墅中心小学凭着“心怀学生，心怀教育”的初心，不断加强品牌项目建设，着力实现项目与文化的整合，引领学校不断实现内涵发展、特色发展。

演说项目提升师生自信。从一个班级的自信表达能力的培养，到一个课题的立项研究，到如今的全学科、全人员卷入融入，“学会分享、善于对话、自信演说、敢于辩论”是西小学生的发展目标，也是教师发展的目标。学生方面，以语文的演说课程为主学科，将数学、英语、音乐、美术等多个学科通过演说课程融合在一起，把演说能力的培养划分为六层台阶，分别从朗读、讲述、讨论、表演、演讲、辩论六方面进行推进，培养学生的演说能力；教师方面，以团队项目推进研究，“悦读越己、赋能共行”项目组在分享交流中集体赋能，专题沙龙项目组让各学科骨干在讨论交流、思辨碰撞中形成共识。学校演说项目实现了由班级建设到一项课题研究再到一个特色项目的根本转变。

劳动项目涵育自觉品格。学校规划建设了青藤农学院的物化空间，包括展览馆、农耕园、体验长廊、校外实践基地；开发了青藤农学院课程内容，从“我是小管家、小园丁、小农博”三阶课程群出发，有效组织课程实施；创建了青藤农学院3*3*4立体评价体系，结合成长册展开评价。在养护花墙、种植蔬菜、收割稻谷、制作饭团、亲近无花果、体验小工匠的过程中，学生们了解农耕文化、体验农事劳动，逐渐成为合作者、探索者、劳动者。2020年，青藤农学院成为常州市品格提升项目，学校被评为常州市劳动教育示范学校。

科学融合孕育乒乓文化。学校充分利用传统项目的优势，将乒乓与习作演说、数学测算、英语解说、美术创意、科技创新等进行融合性实施，开设乒乓小将课程，编写校本教材，以乒乓特色强体，用青藤精神育人。《乒乓小将》获常州市首届综合评选优秀校本课程一等奖。2019年学校被评为江苏省体育特色学校。

向下扎根厚积蕴，向上生长攀高峰。在这所蓬勃生长的青藤学校里，每一个西小人都由内而发出至诚的、务实的、生长的力量，不在乎日圆月缺，也不在乎季节交替，只在乎怎样把根扎得更深一些，让自己伸展得更有力更快一些，让那袭华美的绿袍更加艳丽夺目。

传承“能仁文化”，打造人文教育

江苏省海门市实验小学　卞惠石

习近平总书记在党的十九大报告中提出，“文化自信是一个国家、一个民族发展中更基本、更深沉、更持久的力量。”学校文化是办学之本，是一所学校赖以生存和发展的重要根基和血脉，也是学校间相互区别的重要标志和特征。在新时代，我们要将传承和弘扬中华优秀传统文化与涵养社会主义核心价值观、建设中国特色社会主义精神文明有机统一、紧密结合，不断丰厚学生人文知识的积淀。我校历经百年历程，经过几代实小人的辛勤耕耘和艰苦探索，学校文化已经根植于各类教育行为之中，凸显为师生共同的价值取向、行为方式以及独特气质。如今，学校正在走一条“文化传承”与“教育创新”同步推进的学校发展之路。

一、寻找文化根脉，重塑内核理念

学校文化就如“一方水土”，是一个有着强大的化人作用的“磁场”，有着“一方水土养育一方人”的独特的育人功能。可以说，任何一所学校，其特殊的地域性特点和独特的办学历史决定了其人文底蕴的不同。

我校始建于1906年，前身是“能仁学堂”。一百多年来，学校历经风雨，四度校址变迁，十次校名变化，但师生们始终抱着“做能者更做仁者”的信念，薪火绵延不息。历史是每个人的根。如果我们都不了解自己的根，从何来谈起发展与未来。为了寻觅“能仁足迹”，我们寻访校名来历，收集旧照、旧物、旧资料，访问老校长、老教师，邀请老校长、老教师以及著名校友等来校做报告，讲述那个时代的实小经典故事，传递正能量，重建校史室，把9月28日孔子的生日定为学校校庆日，把一个功能室命名为能仁学堂……

“能仁足迹”的寻觅让师生融入了学校百年发展的河流之中。学校1981年被省教育厅列为江苏省首批办得好的实验小学，1996年在实验小学复验中获免检殊荣，1999年被评为江苏省模范学校，2007年被评为江苏省文明学校……这些荣誉鼓励全体实小师生继承传统，坚守“能仁”，踏实前行。

“能”和“仁”是中华民族传统文化中两个重要符号。千百年来，“能仁”思想对中国的政治、思想、教育都产生了深远的影响。“仁”是儒家学说的核心，孔子把“仁”作为儒家最高道德规范。以“能、仁”为核心和源泉，去擦亮儿童人生的能仁底色，就成了我们践行能仁文化最重要的任务。

二、扩大合作交流，培育现代新人

扩大合作交流是学校取得长足发展的需要，是全面提升教育教学质量的需要，也是培养学生全面发展的需要。我们以培养具有国际化视野的现代能仁少年为导向，开启与德国海德堡F+U教育集团学识合作的崭新篇章。我们主动与国际先进教育接轨和互动，其一，对国际基础教育改革的潮流和走向的追寻与契合；其二，与世界教育改革研究主题的积极参与与互动；其三，能与世界不同文化语境的基础教育改革进行交流与合作。

培养走向世界的现代中国人，我们要为孩子未来的发展丰厚素养！我们强调能仁致远，是因为人的外在能力和内心道德，是托起人飞翔的双翼。前者制约做事，后者制约做人，两者不可或缺。况且，“能”需要“仁”的引领，“仁”需要“能”的支撑。更重要的是“能”创造“仁”，“仁”生长“能”。只有两者交相辉映，和融共生，才能让师生拥有不断生长的道德和带着走的能力。可以说，既是文化的传承，又是时代的要求。所以，让“既能又仁、能仁兼具”成为全体师生的文化自觉。我们积极建构以“精神家园”为主题的校园文化活动，做有故事的教育，办有温度的学校，让校园成为立体、时尚、厚重的教科书。

三、构建苗圃课程，促进学生成长

有人文底蕴的课程，才能超越知识的表层，进入涵养生命的境界。所以，校本课程的研发，要加大学校课程建设的人文含量，让校本课程成为新人文教育广袤的资源。

擦亮人生的“能仁底色”，是“苗圃课程”的初心，也是“苗圃课程”的归心。苗圃课程以擦亮人生的“能仁底色”为根基。我们以“豆”命名各课程群，因为儿童是一颗颗“乐豆豆”，是生长的主体，希望儿童——这蕴含无限生机的个体，如种子一般，心怀信念，努力学习，认真实践，能量被不断激发、生长，为自己的美好人生储备无限可能。

我们将核心素养的培养融入具体的课程生活中，各有侧重，互相作用，以“仁”促进“能”的生长，以“能”完善“仁”的实施，以“美”激发“能”的发展，以“雅”丰富“美”的内涵……如此让课程成为一个整体，促进儿童核心素养的全面和谐生长。

四、创设生长课堂，激发生命力量

有哲人说：一切新生事物之可贵，就因为在这新生的幼苗中，有无限的活力在成长，成长为巨人，成长为力量。它是儿童生命悄无声息的拔节，也是儿童生命蓬勃盛放的绚烂。

正因为生长赋予了教育以本原的意义和价值，因而，我们用“生长”来定义教育教学、来观照我们的课堂，不仅在于因为人具有类似生物生长的特征，更在于一种教育观的改变，即从“成人立场”转到“儿童立场”。

生长课堂中的生长是一种教学理念，是一种价值追求，也是一种教学形态，而非教学模式。我们希望生长课堂要成为一棵生机勃发的大树。我们要充分尊重生命大树上的每片枝叶，用道德的教与学的方式，在灵动的对话生成过程中，师生彼此获得不断生长的情智意趣以及带着走的教与学的能力。在这样的课堂上学生知识在生长，思维能力在生长，情感体验在生长，学习能力在生长，合作交流能力在生长。

五、塑造种子教师，引领学校发展

塑造“种子教师”，就是希望教师像种子一样，在成长的过程中，有自我发展的内驱力，有克服困难的战斗力，有敢为人先的竞争力。不管遇到什么困难，都能坚持不懈地完善自己，成为一个勇于探索、自觉发展、善于引领的“双师型”教师。

锻造学科群体。围绕一个学科，将科任老师凝聚在一起，通过具体的项目，成为一个研修的共同体，一个创造的共同体，一个生命的共同体，将每一个教师卷入到学科开发和建设的链条中来，逐步形成一个个富有感召力的学科群体。

创造个性路径。创造个性路径，就是帮助每一个教师找到适合自己发展的跑道。为此，学校出台一整套的方案和制度，鼓励并引领教师选择新教育其中的一两行动，重点深耕，充分发展自我。

搭建展示平台。几年来，我校先后承办了江苏省“教海探航”颁奖活动、江苏省“杏坛杯”领航活动、全国“张兴华教学思想”研讨活动、南通市多项大型教学研讨活动，涉及各门学科，牵动每名青年教师。在活动中展示，在研讨中磨砺，一大批市县教学骨干如雨后春笋般脱颖而出。

六、营造育人环境，培养七彩少年

人，生活在一定环境之中，环境中的特殊文化常常最直接最直观地影响着人的人文底蕴。所以说一个学校的改变，决不能依靠“刚性”的革命。我们努力创造学校的“软环境”，锻造教育教学的“小细节”，来转变一个教师的思维方式，来改变一个学科的教学状态，来提升一个团队的与日俱增的信心和勇气，日复一日，最终一定能形成翻天覆地的变革洪流。

从阳光的三原色，我们想到了赤橙黄绿青蓝紫这七种色彩。这是生命的颜色，这是拔节的颜色，这是盛放的颜色，每一种色彩有它独特的光芒，每一种色彩有它卓然的气质，这不正是苗圃里万紫千红春满园的美好景象吗?

我们以江苏省十三五重点课题《培塑“能仁学生”核心素养的校本化实践与研究》为抓手，从“阳光心态”、“自律教养”、“进取精神”、“坚持毅力”、“自信习惯”、“感恩情怀”、“审美品质”七个方面，全方位关注儿童发展的“认知”与“结果”，重视儿童发展的“行为”与“过程”。

我们希望每一个“七彩少年”，从这里起步，走向诗与远方的时候，“七彩”之光会伴随和照耀他们一生。

七、倡导家校共育，呵护生命成长

家庭是儿童永远的学校，学校是童年最美的乐园。家庭教育和学校教育就像一对孪生兄妹，相互影响，相互作用。为进一步凝聚学校、家庭、社会的教育合力，构建一个连续、立体的教育场，我们通过多种途径开展了实相关主题活动。

组织亲子共读，深化书香行动。我们构建一个“课内外结合，家校互动”的阅读网，同时拉近亲子距离，促进两代人心灵交流。

策划亲子游历，拓展学习视野。亲子实践、亲子游历、亲子公益活……不仅是家庭教育的延展，更是学校教育的补充、社会教育的起点。

融入家庭元素，缔造完美教室。以“亲情•成长”为主题研发“十岁生日”课程，开发了“聚焦生命担责任、亲情阅读谱新曲、亲情书信传真情、爱心早餐递温馨、伟人故事筑梦想”五个大单元主题活动。

开发父母资源，丰富“苗圃”课程。每学期，150多位父母走进社团课堂，内容涵盖生态环境、生命成长、生存技能、发明创造、医学保健、急救自护、艺术鉴赏……

习总书记说：“只有顺应历史潮流，积极应变，主动求变，才能与时代同行”。同样，教育也要与时俱进，以“培养全面发展的人”为核心，把育人的质量放到第一位，历史的航程波澜壮阔，时代的大潮奔腾不息。今后，我校将进一步提炼文化主题、注重精神传承、增强功能拓展，充分发挥好校园文化建设示范辐射作用，真正做到教书育人、活动育人、环境育人，培养学生全面发展。

“财商”、“国防”壮心志　特色办学促发展

江苏省淮安市楚州实验小学　王立均

百年大计，教育为本。教育是提高人民综合素质、促进全面发展的重要途径，是民族振兴、社会进步的重要基石，是对中华民族伟大复兴具有决定性意义的事业。办学以来，基于对学校教育的深层探索，我校最终确定了从财商教育、国防教育两个方面，进一步凸显办学思路，提升学校办学品味，推动学校高质量发展。

近年来，作为全国第三批“国防教育特色学校”，我校坚持把国防教育与红色教育、艺体教育工作有机结合，形成了丰富多样的教育形式和教学方法。

同时，将国防教育纳入课时计划，深入落实好国防教育“进教材、进课表、进课堂”的“三进”工作。倡导学科教师主动在教学中渗透国防教育，在活动课和研究性学习中努力实践，不断增强学生国防意识，增强国防观念，激发爱国热情。

另一方面，我校高度重视财商教育，从实际出发，以学生自主参与探索为前提，扎实推进以学校、家庭、社区为场所的财商教育实践活动，以培养学生的金融素养为核心，以劳动创造财富为抓手，以促进学生个性发展与健康成长为目标，架构具有自主性、实践性和整合性的小学财商教育校本课程体系，让课程真正成为培养学生财经素养，提升综合能力的平台，为其终身可持续发展奠定良好基础。2018年，我校“小学生财商教育校本课程的开发研究”被立为淮安市“十三五”教育科学规划重点课题。

一、启智润心，通过财商教育凸显办学品味

研究表明，我国的青少年财商教育与欧美等发达国家有明显差距。由于传统价值观念的影响，目前，财商教育在我国的教育体系中还有待重视。

一些心理学家曾对100名3～8岁的儿童进行调查访问：钱是从哪里来的?得到最多的答案是“钱是从爸爸的兜里掏出来的”，其次是“钱是银行给的”，再次是“钱是售货员给的”，只有20%的孩子说钱是工作挣来的。中小学财商教育的缺乏给青少年学生的健康成长带来了较为不良的后果，不少中小学生在观念上存在问题。

财商教育作为时代发展的产物，既不是单纯的知识教育，更不是某个学科所能独立承担的，在大教育视野下应当倡导跨学科融入式的教学。学校要在各学科教学中渗透财商教育，依托学科进行财商教育就是充分挖掘各学科教材中关于财商方面的内容，循序渐进地渗透，使学生在进行学科知识学习的同时，财商素养也得到培养和发展。

特色校本课程是教育的一种有效探索。众多研究表明，把财商课程作为一个特色校本课程内容整合进学校总体课程体系，是保障财商教育目标实现的重要途径。考虑到学校的课程设置和不能加重学生额外的学习负担，我校把财商课安排在周五下午的班队课时间，从两节班队课中专门辟出一节作为财商课程的实施时间，双周开展一次。

在课程的实施过程中，我校在教学方式上进行了创新，力求基础化、生活化和活动化。针对学生的年龄特点，将财商课程按学段进行了细分，低年级（一、二年级）：认识人民币，了解中国货币的历史和外国流通的货币；会辨别人民币的真假，会合理存储、正确使用人民币；中年级（三、四年级）：了解个人及家庭的日常开销、了解各种购物发票；学会合理使用自己的零花钱，会独立购物，会简单的账目记载与分析；高年级（五、六年级）：了解银行储蓄、理财、股票、保险、基金等投资的基本常识；学会独立完成一份大型活动(包括家庭旅游)消费计划书，学会合理理财。

由于利用这种有针对性的、有层次化的教学方法，学生们对财商教育的看法和认知有了质的变化。在课堂教学的基础上，我校创设了相应的活动，让学生将自己已有的理财知识、理财技能在各种各样的活动中进行实践、运用，从而真实地体验理财，积累理财经验，逐步养成正确的消费观、价值观。

例如，我校通过“爱心跳蚤市场”让学生将自己的闲置书本、玩具等拿出来进行售卖，从而体验完整地销售过程；活动结束后，倡议学生将售卖得到的钱捐入学校的“红领巾慈爱银行”，用于帮助贫困山区的孩子以及身边需要帮助的同学。这样的情境体验，不仅可以让学生将所学的理财知识、技能得以运用，同时又培养了对财富的正确态度和助人为乐的公益精神。此外，我校还依托社会与家庭，建立了校外实践基地。

培养学生的理财意识和理财能力，单单通过学校教育是不可能完成的。巴菲特曾经强调，“理财教育越早越好，这不仅依靠学校，也必须依靠社会、家庭”。所以学校、家庭、社会三结合是财商课程顺利实施、学生财经素养提高的必然途径。作为首批试点学校，我校主动与淮安光大村镇银行共建结对，共同推进金融教育进校园。

同时依托淮安光大村镇银行这个优质的校外实践基地，我校充分挖掘银行的金融教育资源，即邀请银行工作人员，进校园、进班级，为学生做讲座，带领学生了解银行的世界，让孩子们知道了怎样区分真假人民币，了解了基金、保险、股票等金融名词。我校还将课内的活动延伸到家庭，让学生和家长一起完成相关活动。

比如，让学生了解自己家庭一周内所需要去超市采购的生活用品，并记录下来，然后以家庭为单位，完成一次超市购物的实践活动；在家长指导下学习制定简单的一周家庭开销计划；了解全家一个月的收入和支出，制定一份科学合理的家庭消费计划书；和家长一起完成一份家庭旅游花销的计划书，并运用所学的数学知识解决旅游中的一些财经问题。

二、培根铸魂，立足国防教育奏响时代金曲

少年强，则国强。国防教育向来是国家教育事业的重要组成，无可替代。为营造国防教育工作浓厚氛围，我校充分利用“国旗下讲话”、班队会、观看爱国主义教育影视片等活动形式，通过电子屏、板报等宣传渠道，广泛宣传《国防法》《国防教育纲要》《兵役法》等各项政策法规，积极营造国防教育的浓厚氛围。

同时，为加深学生对国防教育的认知和感受，我校还以重大节日为契机，有针对性地扎实地开展活动。利用双拥宣传月、清明节、建军节、建党节、国庆节、全民国防教育日、抗日战争胜利纪念日、红军长征胜利等重大节日开展各项活动。

淮安区红色教育基地资源丰富，如周恩来纪念馆、周恩来故居、中共中央华中分局旧址、新安旅行团历史陈列馆、关天培祠等。每年初，我校制定好年度工作计划和分月工作安排，并围绕制定了国防教育常规活动和校本特色活动。

清明“缅怀革命先烈”、七•一“沿着党的足迹前进”、全民国防教育日、抗日战争胜利纪念日、红军长征胜利、烈士纪念日、公祭日等系

列主题教育实践活动贯穿全年。我校坚持将打造红色国防教育品牌与培育社会主义核心价值观紧密结合，致力于培育学生爱国情操、社会责任、实践创新、感恩诚信等核心素养，保证学校国防教育活动传承好、发展好、创造好。

多年来，结合学生实际情况，我校也充分利用校外实践基地——淮安市青少年实践基地，积极开展少年军校活动，培养了学生吃苦耐劳的优良品质，锻炼了学生的坚强意志，增强了学生的身体素质，不断提高学生的爱国拥军意识。

绵绵用力，久久为功。财商教育、国防教育平台的创建，不仅提升了学校的精气神，更提升了学校的办学品位。几年来，全体师生思想同心，目标同向，积极进取，顽强拼搏，学校办学品质显著提升，精神风貌日新月异，教育教学质量稳步提升，各项工作再上台阶，校园特色逐渐彰显。

崇实尚巧抓德育，多措并举促发展

江苏省连云港市石桥中心小学 陈会斌

育人为本，德育为先。为落实立德树人根本任务，加强德育队伍建设，创新德育机制，深化德育内涵，提升德育工作实效。我校深入挖掘本地德育资源，发扬革命老区优良传统，形成了朴实的人文情怀，扎实的工作作风。学校全面落实“立德树人”的根本任务，弘扬爱国主旋律，注重劳动实践，依托爱心驿站工程，关爱留守儿童，追“实”用“巧”，点燃了德育发展的新引擎。学校秉承家文化理念，结合“实巧”课改，因地制宜，构建衔接顺畅、高效运转、深度融合的德育新机制。在长期的摸索中，找到德育提升的“最近发展区”，搅动立德树人的“一池春水”，推动德育工作高质量发展，实现1+1>2的育人效果。

一、创新德育举措背景

我们学校有这样一个特殊的群体——农村留守儿童。他们的父母为了生计外出打工，用勤劳获取家庭收入，常年不在家，据统计学校留守儿童达到62.7%。这群“小候鸟”在成长中缺少了父母情感上的关注和呵护，无法享受到父母在思想认识及价值观念上的引导和帮助。通过调查，我们发现，学校中有一小部分学生产生了认识、价值上的偏离和个性、心理发展出现异常。在校园内，我每天都能碰到几个下午放学不回家的孩子，他们或在校园内闲逛，或在马路边逗留。星期天，他们更是如脱缰的“野马”，把学习的任务抛到脑后，东游西逛。当我问起一个孩子为什么不回家时，他顿时黯然神伤，低声说道：“爸爸妈妈外出打工了，回家没有人陪我，没意思……”听了他的一番话，我们的心里泛起一阵酸楚：谁来为这些留守孩子的健康成长“保驾护航”？他们幼小的心灵，更加需要关爱和呵护。这是德育管理的重要资源，作为引导者，创新教育举措，为留守儿童的成长助力是我们教育工作者义不容辞的责任。

二、落实德育管理机制

管理机制层层“实”。学校从组织制度建设入手，强化德育管理机制。成立了校长负责、分管副校长主抓，各科室参与的三位一体德育管理网络，德育处、教导处、总务处、少先队分别以管理育人、教书育人、服务育人、活动育人为重心，形成了一个严密的管理体系。既分工明确、责任到人，又密切合作、互相补充。学校健全了德育管理制度、班级管理制度、班主任评价方案并实施 “七个一”工程即每周一次主题班队会、每周一次日常行为习惯检查、每周一次班级管理奖颁奖仪式、双周一次德育例会、单周一次德育研讨活动、每月一次主题黑板报展评，每月一次家校联系活动。

三、开展德育实践活动

扎实开展爱国教育。依托石桥镇民俗文化展馆、王集村烈士纪念碑、朱爱周烈士墓等地方资源夯实校外德育基地，进行爱国主义教育，营造浓厚的文化氛围。依托素质教育基地成立特色中、小队，寻访时代楷模、抗疫英雄、致富先锋，讲述家风家训故事、做一件体现爱国的小事，将培育爱国主义精神与少先队寻访活动紧密结合。

务实开展主题活动。利用传统节日和纪念日开展学生喜闻乐见的主题教育活动。如植树节组织绿化美化校园，让孩子们进行“绿色环保乡村行”；清明节缅怀革命先烈，六月份开展《走进端午节》和“庆六一” 主题系列活动；七、八月举行“七彩的夏日——爱心驿站”活动；九月份感恩系列活动（感恩祖国、感恩老师、感恩父母）；重阳节敬老爱老教育，这些活动如春风化雨滋润了学生的心田。

切实开展“八礼四仪”。利用升旗仪式、校园文化长廊、班级宣传栏、主题班会等阵地，结合生活实际介绍“八礼四仪”的具体内容。每年都要隆重举办一年级入学仪式、入队仪式、成长仪式，举行《小学生守则》、文明礼仪知识竞赛活动，为促进“八礼四仪”的深入开展奠定了良好的基础。

常规管理多“实”践。德育是盐，不适合单独品尝，但如果作为必需品放到菜里，那就别有一番“洞天”。从每周一举行升旗仪式的“五育”抓起，从日常行为规范抓起，要求学生为学校、为班级、为同学主动做一件好事，在家里每天要做一件力所能及的家务活。组织孩子们学当小交警，和家长义警一起帮助维持上放学交通秩序，擦洗广告牌，积极参加社区“创卫创文”大扫除活动。经常开展爱心助残、敬老环保、关爱留守儿童等志愿服务，使实践精神成为德育的主导意识。利用好素质教育实践基地和乡贤广场，将德育内容渗透到参观体验之中，充分发挥其实践育人的教育功能。

四、校园文化以“巧”引导

“爱心广场”鲜红的心型雕塑，潜移默化地教育学生只有真心待人，以心交心才能心心相连。广场两边伫立着学校的吉祥物“实实”、“巧巧”雕像，塑造出石桥特产黄桃和苹果的卡通形象，底座刻有“实践出真知 巧思出灵感”、“修学好古 实事求是”等名言，提醒学生爱大美石桥，做“实巧”少年。在主干道，依次摆放着“我爱我家、我爱学校、我爱家乡、我爱祖国，我爱地球”宣传灯箱，时刻告诫广大师生，要胸怀祖国、放眼世界，立足小家、报效国家。廉洁文化大道上一个个生动有趣的廉洁故事使学生耳濡目染，从小就了解反腐倡廉的有关知识，树立“廉洁光荣，腐败可耻”的意识。圣贤路上的儒家“五常”文化告诉孩子们要与人为善，博爱万物，做一个重义轻利、谦恭礼让、遵规守纪、博学求知、言而有信的人。

五、学科融合以“巧”渗透

德育处开学初对科任教师进行“如何在学科教学中有效进行德育渗透”的专项培训。通过“教研”的形式，认真研究教材，巧妙挖掘各学科中的德育因素，寻找德育和学科教学中的融合点，开发其中蕴涵的德育因素。将各学科中内容相关、相似的有关章节，归类到一起，进行德育资源重整，并根据内容特点命名一个主题，作为整合后的研究课题。结合每一节课的具体内容，自然地在课堂教学中渗透，使学科训练重点和思想教育水乳交融。

《我爱我“家”》既是一部综合实践活动校本课程，又是一部教育性非常强的德育校本课程。从低年级初步认识“家”，中年级探究“家”，到高年级建设“家”，从小家到国家，层层建构，实现了德育实践与综合活动有机结合。系列丛书《桃花深处是我家》也顺利出版。这本文集记载了石桥小学师生历往两届桃花节期间对人、事、景、物的亲身体验和真切感受，带着浓郁的乡村气息，和着真挚的师生情怀。记叙了广大师生品赏桃花之美，抒发了爱家报国之志，表达了乡情眷恋之意，是心灵的宣泄，是情感的历程，是智慧的结晶。不仅给师生素能提升搭建了一个重要的平台，而且为三项工程的深入推进提供了一条探索的路径。以此为切入点，不断丰润师生的家国情怀，为“实巧”德育建设增添了浓墨重彩的一笔。

六、心理疏导以“巧”入手

现在的小学生抗挫折能力弱，他们的心理教育是不容忽视的问题。我们从学生、家庭、学校三个层面入手，增强沟通力度。首先，老师定期批改孩子们的“心灵周记”，与孩子进行心与心的对话。老师对学生心中出现的困惑，采取写评语交流、个别谈心、集体座谈等方式进行疏导。其次，学校及时与家长沟通，听取家长的意见和建议，能够多给孩子赞赏和鼓励。为了解决外出务工家庭的后顾之忧，促进留守儿童身心健康成长，在石桥村、东温庄村进行志愿辅导，“爱心桥”志愿者服务团队的老师们利用周末、节假日时间辅导学生的功课，做好心理疏导，开展丰富多彩的三项工程、艺体娱乐活动，在情感上沟通交流，在精神上慰藉浇灌。事迹先后在江苏教育频道、《江苏教育报》《江苏教育新闻》等媒介宣传报道，产生了良好的社会效益。

七、推进德育以 “巧”规划

走出德育工作“会上重要、会后次要、忙起来不要”的怪圈，从方法性着眼，从实效性入手，打开工作推进新局面。

开展“实巧”星级评比。每月突出一个重点，评选若干“实巧班级”、“实巧少年”，以培养良好行为习惯为抓手，以“四进四培养”为重点，融入社会主义核心价值观教育。

助推家校共育平台。以成为华东师范大学实研示范学校为契机，以家校共育与少儿习惯发展研究专项课题作为引领。常态化开展家校合作，利用周末、假期带领孩子参加一些社会实践活动。

实施五个一工程。即建设一条成果展示长廊，建造一口德育教室，成立一支德育兼职教师队伍，开发一本“我的家访家训”校本课程，打造一条“实巧”特色德育路，营造实践探究、展示分享、文化育人的良好氛围。

夯实爱心驿站服务。创设“彩虹桥”教育辅导、“向阳花”爱心呵护、“爱基金”困难扶助、名师家长大讲堂。把爱心驿站打造成为留守儿童的“书法培训站”、“阅读加油站”、“演讲充电站”、“艺术补给站”、“生活体验站”、“作业辅导站”。

“十四五”时期是开启全面建设社会主义现代化国家新征程、向第二个百年奋斗目标进军的第一个五年，各项事业发展都进入了新阶段。我校将以此为新的起点，在“细”、“实”、“巧”、“活”上下功夫，进一步对标找差，释放自身特色，不断将德育工作做实做精做强，提速教师师德发展，提升学生内涵素质，办好群众家门口的好学校，助推新一轮高质量发展，为赣榆教育增添更多的“石桥因素”，贡献新的更大的力量。

实施劳动教育，践行崇德力行

江苏省南京市江宁区禄口第二小学　马小燕　时婷

劳动教育是国民教育体系的重要内容，直接决定社会主义建设者和接班人的劳动精神面貌、劳动价值取向和劳动技术水平。2018年，习近平总书记在全国教育大会上，从党和国家建设事业发展的高度，突出强调弘扬劳动精神，尤其是将劳动教育作为人才培养的重要内容之一；将劳动教育目标作为全面发展的要素，直接关系到教育培养什么人的百年大计。我校于2015年9月正式投入使用，学校将“崇德、力行”作为核心价值观，一直秉承“以德立校，多彩发展”的办学理念，以培养具有创新精神和实践能力的全面发展的新时代小学生为目标。学校专门开辟种植劳动基地供学生种植探究，命名为“乐植园”。旨在让学生不出校园，亲近自然，参与劳动，让学生在种植探究的过程中学习课本中没有的知识，锻炼动手能力，感受劳动快乐，收获善行，启迪智慧，培养品德，以践行我校“崇德力行”的核心价值观，实现“立德树人”的教育目标。

一、实施劳动教育的意义

顺应党和国家的要求。2020年，中共中央、国务院印发《关于全面加强新时代大中小学劳动教育的意见》，强调把劳动教育纳入人才培养全过程，贯通大中小学各学段，把握育人导向，遵循教育规律，创新体制机制，注重教育实效，实现知行合一。开展劳动教育是党和国家的要求，是教育工作者的职责。

时代教育的需求。当今社会，城市化进程加快，学生亲身参加种植劳动的机会基本没有，就连观摩农民种植劳动的机会也是鲜有出现，甚至连常见的蔬菜等植物都分辨不清。对于当今小学生实施劳动教育，尤其是种植劳动教育，显得更为重要。“乐植善行”劳动基地的建设让孩子们从种植劳动中能够了解植物生长，学到知识；能够体验劳动的辛苦，锻炼动手能力；能够享受劳动的乐趣，收获劳动的喜悦，实现劳动教育的意义。

落实学校核心关切的举措。作为教育人，我们始终将“立德树人”放在学校教育首位，把培养学生综合能力和创新精神作为核心关切。学校选取此项目就是要通过种植劳动，让学生亲近自然，参与劳动，在种植探究的过程中学习课本中没有的知识，锻炼动手能力，感受劳动快乐，收获善行，启迪智慧，培养品德，以践行我校“崇德、力行”的核心价值观。

二、劳动课程的核心内涵

“乐植善行，勤思养德”劳动课程的核心就在于“乐植”和“善行”。学校开发此课程，就是希望学生们能在“乐”中“植”，在“植”中“乐”，通过“乐植”活动，学习知识，收获善行，启迪智慧，培养品德。

“乐植善行”劳动课程给孩子们提供了亲近自然，探究自然，参与种植劳动的场所——乐植园，以开展种植劳动，满足孩子们的好奇心和探究欲。“乐植园”里，孩子们认识了解植物，学习相关种植知识，掌握种植技能，摆脱了课堂的束缚，以一种新奇的体验形式去学习，“乐植善行”让孩子们做一个开心的小园丁，开心地种植和收获。

“勤思养德”在种植和观察的过程中，学生们会遇到很多问题，会感受到种植的艰辛，感同身受的了解粮食蔬菜的来之不易。然而，在这些问题面前，学生们不会退缩，反而会更积极地思考，体会探究活动的乐趣。同时，在辛苦的劳作之后，孩子们会跟着植物一起成长，体验成长的快乐。最后，在收获的季节，学生收获果实，收获成长，收获快乐。在种植的过程中，学生体会到劳动的可贵价值，会以自己的劳动为荣，以劳动为乐，逐步形成良好的品格。

三、劳动课程的实施建设

乐植园作为乐植善行课程实施的载体，主要分为“欣辛菜园”、“青勤果园”、“畊耕茶园”、“纭耘花园”，四园合起来就是“辛勤耕耘”，旨在让学生通过乐植基地进行种植体验，感受劳作的辛苦，收获劳动的喜悦。

欣辛菜园种植着各类蔬菜。我们将菜地进行划分，3-6年级每班认领一块菜地，选择一位年长、有种植经验的老师作为辅导员，利用社团活动、课间和放学后的时间，和班级学生一起播种、拔草、浇水、施肥，有时候还邀请一些有经验的家长参与进来。在种植过程中，我们也会引导学生用不同的菜地做比较：同样的种子播种下去，哪边的菜长得好，为什么？哪些蔬菜喜干，哪些蔬菜喜阴？带着这些问题去参与劳动，学生会边劳作边积极主动地思考探究，劳动也会变得格外有趣。

青勤果园里面种着柿子树、桃树等果树，由于果树比较难打理，所以我们安排了食堂师傅在下班后协助班级进行管理，学生主要负责给果树浇水，并观察每一种果树的生长过程，记录下不同的变化，形成研究性小论文。

纭耘花园里面种植着各种各样的花卉，我校聘请了一个养花师傅帮助乐植园社团的孩子们进行浇水养护，在养护的过程进行观察发现。

开心农舍屋内摆放陈列着相关种植的农具，并配图文加以介绍。农舍内张贴布置与农事相关的民俗知识，供学生参观学习。

本次课程面向于1-6年级学生，并根据年龄特点，分学段教学。低年级孩子主要以认识、辨别常见的蔬菜为主要内容；中年级学生则以种植常见的、简单的蔬菜，观察并记录植物的变化为主要内容；高年级学生则需要种植长周期生长的农作物，对农作物进行观察管养，体验种植的整个过程。

例如之前开展的种油菜活动，活动分为4个课时进行教学，让学生对油菜进行播种、移栽、管养、收获。让学生在体验种植劳动的过程中，学会种油菜的劳动技能，感受种油菜的艰辛与不易，感叹劳动人民的劳动智慧，最终树立劳动意识与形成劳动观念。

校内的劳动基地毕竟规模有限，为让学生对劳动的认识更深入，我们找到学校附近的一处大棚和一处茶园作为我们的校外劳动基地，每个月带学生到基地参与劳动一次，让孩子们见识到了更为广阔的劳动天地。

当然，劳动教育除了种植劳动，更多的是学生的日常劳动，包括班务劳动和家务劳动。学校每个班级都实行班务承包制，班级每个岗位都有人专门管理，有“灯长”、“门童”、“讲台清道夫”等不同的岗位，每个月会轮换一次，力争让每个人在不同的岗位上锻炼一次，做到人人有事干，事事有人干。

同样，我们还开展家务小能手，去年寒假，孩子们纷纷参与到家务劳动中，低年级的孩子擦桌子、洗碗，中高年级的孩子帮助家长买菜、择菜、完成一顿丰盛的年夜饭。看似简单的小劳动，却在不经意间磨炼着每一个孩子的劳动意志。

此外，我校将劳动教育融入学校常规活动，开展以劳动教育为主题的运动会、合唱节活动。还开展了以“寻找最美劳动者”为主题的摄影、征文、演讲比赛。在每一个传统佳节到来之际，学校也会开展各种劳动实践活动，例如端午节包粽子，中秋节做冰皮月饼，元宵节做汤圆等等。在冬至那天，还邀请专业的打糕师傅带着孩子们一起打糕，品糕。学生在劳动中迎接佳节的到来。

四、研究成果及发展规划

目前，我校已经被评为首批江宁区教育特色学校，中国新闻网也对我校的劳动教育进行了专题报道。通过劳动教育课程的实施，我校《故事农场》这一省级课题成功立项，《养德故事》校本教材荣获南京市三等奖。除此以外，学校涌现出一些优秀的教师，时婷老师参加综合实践基本功竞赛、劳动与技术基本功竞赛均获区一等奖；蔡钰莹老师、纪倩云老师参加综合实践赛课获区二等奖；林菲老师参加劳动与技术赛课获区二等奖。

为了更好地进行劳动教育，今年暑假，我校准备把大厅进行改造，做成劳动教育展厅。在乐植基地一侧，布置种植文化墙，在校园内营造浓浓的劳动氛围，激发学生的劳动意识。除此以外，下学期，学校会根据每个班的班级特点，选择一种植物作为班花，在班级的植物角进行种植、观察。在孩子们对植物的精心呵护中，提升他们的劳动意识。

总之，学校是实施劳动教育的主体力量。今后，我们将根据自身的实际情况，积极开展各种劳动教育实践活动，引导学生在实践中树立劳动最光荣的思想理念，培养勤劳踏实的劳动精神和品质，形成正确的劳动价值观，激发学生内在需要和动力，提高教育效果。

向阳花开　因你而来

——六合特校“让爱天天住我家”党建文化品牌项目建设

江苏省南京市六合区特殊教育学校　徐广星　陈雅婷　端木国兵

一、背景与起因

六合特校党支部以党的十九大精神和习近平新时代中国特色社会主义思想为指导，积极响应党关于培育社会主义核心价值观的号召，深入开展服务型基层党组织建设。2014年，为了进一步增强党支部的凝聚力和战斗力，发挥党员的先锋模范作用，支部以服务学生、教师和社会为抓手，定期组织开展“让爱天天住我家”系列党员志愿活动，长期坚持并形成特色，受到广大师生和社会的广泛赞誉与普遍欢迎。

二、理念与做法

一是致力党建文化打造，营造融合党建氛围。我们学校是一个有爱有温度的校园，学校发展以党建为支撑，校园虽小，党建元素满满，走进我们学校如同走进一个红色的校园。我们在学校主路两侧建设党建宣传栏和廉政文化宣传栏，在学校清莲池建设廉政文化宣传长廊，在学校南围墙开辟中华优秀传统文化阵地，在学校东围墙开辟党建文化宣传阵地，在学校师德教育活动室前建设党建主题雕塑园，全方位打造学校党建文化氛围。同时将党建文化、廉政文化、传统文化、校园文化、师德师风等有机融合，形成六合特校"融合共生"党建文化，合力提升学校文化育人功能。与此同时，我们还将党员亮身份、党员示范岗、党员网格化责任区、党员志愿服务等党建工作指标纳入学校师德考核体系，与绩效直接挂钩，全方位实现融合共生。

二是致力以生为本理念，夯实立德树人根基。六合特校以听力和智力障碍儿童、青少年为主要教育对象，他们大多来自经济困难家庭。针对这一现状，校党支部积极组织党员开展以深入了解残疾学生家庭情况为目的的"家访慰问送温暖"活动；以组织留守儿童开展文化辅导、文体活动为主要内容的"校园驿站"活动；以党员与学困生结成对子为主要形式的"帮困献爱心"活动；以开展环境打扫、清洁用品为主要方式的"党员奉献日"活动；以带领学生参加社会实践，为融入社会打下基础为目标的"社会体验"活动。努力为残障学生营造了一个幸福、快乐、温馨的学习、生活环境。

为给区域残障儿童提供精准的康复训练，党员志愿者们组成"送康上门"、"送康到校"、"巡回指导"三个服务小分队，定时定人定点开展康复训练和随班就读指导工作。疫情期间，志愿者们自发成立"24小时线上心理疏导团队"，为学生开展心理疏导、线上送康工作，把"康复"送到了每一个学生家里。

三是致力教师成长关爱，厚植人文关怀底蕴。为促进青年教师专业化成长，充分发挥骨干教师的"传、帮、带"作用，提高学校整体教学水平。老党员们积极响应学校号召，签署"青蓝工程"协议，按照计划开展指导工作，全面关心青年教师成长；主动开设各类示范课并及时总结带教经验等。党员教师在个人成长提升的同时，带动了学校学习、指导、互研之风，为学校注入强劲的学习动力。

为了增强退休特教人的归属感、幸福感，党支部暖心规划"相约夕阳"关爱项目。志愿者与退休教师牵手结对，在线指导"学习强国"学习、为他们做一顿饭、共度生日、同庆教师节、同游南京，形成常态化的双边互动。疫情期间，也不忘通过线上访谈及时了解退休教师的身体、生活情况，让退休教职工深切感受到学校的关怀和组织的温暖。

作为南京市首个师德教育基地，学校始终将区域师德教育工作扛在肩上。自2012年以来，基地先后开展师德培训活动70多次，累计受训人数达3000多人次，党员教师积极主动承担公开示范课、作专题报告以及学员培训指导等工作，对区域师德教育，尤其是职初教师的师德塑造起到了非常明显的作用。

四是致力志愿活动延升，提升专业服务水平。校党支部以品牌创建为契机，努力放大"让爱天天住我家"品牌效应。从校内走向社会，在雄州街道砂子沟社区设立"五心课堂"校外辅导站，或辅导作业，或练习书法，或同唱一首歌，或共绘一幅画……为社区留守儿童送去欢乐。

支部将实习实训基地"喜憨儿"洗车中心作为党员志愿服务基地，定期组织志愿者到洗车中心开展义务劳动并为区域残疾人就业、创业提供支持性服务。

为了更好地满足区域残疾人群体的生活需求。志愿者们积极响应"筑梦之家"爱心公益组织的号召，牺牲休息时间开展"文化沙龙"、"广场义演"、"爱心联谊"等系列助残服务活动，

在抗击新冠肺炎疫情期间，志愿者们通过录制手语版《疫情防控指南》、手语歌曲，为广大残障人士普及防疫知识、提供防疫心理疏导；徐广星同志主动协助区防控办开展密切接触人群的追踪排查。在社会需要特教工作者的时候，党员志愿者们为疫情防控贡献了特教力量。

三、成效与反响

自2014年开展"让爱天天住我家"系列党员志愿活动以来，大家秉持"把平凡的事坚持做下去就是不平凡"的信念，积极投身志愿服务，学校社会声誉得到了显著提升。支部先后被评为南京市先进基层党组织、南京市教育系统先进基层党组织、南京市教育系统首批基层服务型党组织示范点。"让爱天天住我家"系列志愿活动，获南京市教育系统最佳党日评比一等奖等。党建课题"创新特殊教育学校党员志愿服务的内容和途径的研究"被市教科所立项并成功结题。

立德树人守初心，润物无声胜有声

江苏省南京市田家炳高级中学　曹李莉　汪阳

习近平总书记在党的十九大报告中明确指出："要全面贯彻党的教育方针，落实立德树人根本任务"，"社会主义核心价值观是当代中国精神的集中体现，凝结着全体人民共同的价值追求。要以培养担当民族复兴大任的时代新人为着眼点，强化教育引导、实践养成"。习近平总书记的这一要求是我们做好新时代教育工作的根本指导，也为我们做好新时代中学党建工作指明了方向。为全面贯彻立德树人这一教育的根本任务，实现社会主义核心价值观的内化于心外化于行，探索新时代下中学党建带团建工作新路径，我校开展了以社会主义核心价值观为引领，依托党团一体化全面落实立德树人根本任务的系列主题实践活动，从思想引领、组织创新、课程开发和政治关怀等方面，不断增强学校党建工作的创新性和党对学校工作的切实引领。

一、创新实践活动背景

在全面落实"立德树人"这一教育的根本任务过程中，必须紧紧依靠和加强党的领导，目前中学都高度重视党建工作，但普遍存在党建工作开展缺乏有力抓手的问题，有的还存在与学校的教育教学工作"两张皮"、"格格不入"的现象，党组织对团员青年的影响力呈递减效应。

作为南京市第一个中学生地下党支部诞生地之一，新中国成立前我校一批中学生地下党员带领广大进步青年紧密团结党组织周围，为南京解放做出重要贡献，而在新中国的建设中，这批中学生地下党员在各行各业都发挥着骨干作用，他们用自己的行动践行着当年的入党誓词和诺言。回首历史，我们发现：我们党当年在中学的主要工作就是争取青年。这一段学校发展过程中最可宝贵的历史，生动诠释了切实加强基层学校党建工作的重要性和紧迫性。

二、创新实践活动举措

在深入学习领会习近平新时代中国特色社会主义思想特别是习近平总书记教育思想深刻内涵的基础上，立足于学校深厚的历史土壤去汲取进一步前行的力量。一直以来，我校牢记"立德树人"这一教育的根本任务和使命，在长期以问题的提出与解决的实践中，逐步形成了以社会主义核心价值观为引领，依托团支部辅导员这一组织形式，开设"红色校史抢救性发掘保护"学校课程、开展系列主题团日活动等主题实践活动，实现党团一体化融合发展的新时代学校党建工作路径，"立德树人"在田高中的校园里得到全面贯彻落实，成为田高中师生的价值追求和精神气质。

思想引领。培育和践行社会主义核心价值观既是学校教育教学工作的重要任务和内容，也是全面落实"立德树人"教育根本任务的重要思想引领。社会主义核心价值观体系恢宏又言简意赅，逻辑严密且层次分明，作为一项宏大的理论体系，学校在落实于教育教学具体工作中时必须坚持校本化实践。我校党委带领全体师生认真学习社会主义核心价值观的基本内涵和逻辑体系，结合《普通高中课程方案》和各学科课程标准，将社会主义核心价值观的若干关键词和要求融入学校日常工作中，用以统领学校教育教学工作。根据学校德育工作、共青团工作的具体实际，开展大型活动和"碎片化"活动相结合的系列主题活动。同时完善学校各类考评体制，坚持以德为先的考评导向。

组织创新。我校党委于2016年11月正式出台《南京田家炳高级中学团支部辅导员工作制度》，该制度明确了团支部辅导员的聘任与功能定位，明确了团支部辅导员在工作中要侧重于以多种形式帮助学生解决思想上的困惑，帮助青年树立崇高远大理想和永远跟党走的坚定信念。从2016年至今，学校党委每学年均进行团支部辅导员的聘任工作。党员有信仰，组织有力量。依托于团支部辅导员制度，学校逐步形成了与"学校—班主任—学生"这一传统德育工作路径相辅相成的"党委—团支部辅导员—学生团员"这一新的教育工作和党团工作路径；党组织有了有力的工作抓手，一批优秀的团员青年紧密团结在党组织的周围，一批优秀的团员青年向党组织递交入党申请书，党组织不断给予政治关怀，形成良性互动。

课程开发。依托团支部辅导员支部，党委组织青年党员教师开发、开设学校课程—《红色校史抢救性发掘保护研究》，在对学生进行"口述历史"和史料研读等史学基本研究方法训练的基础上，以红色基因的传承为主线，以"口述历史"的研究方法开展了学校红色历史的抢救性挖掘与保护研究。我们组织学生对我校（南京市）第一位中学生地下党员富华、我校第一任地下党支部书记马新农、第二任地下党支部书记周昭常进行基于"口述历史"的现场采访，重点对新中国成立前夕我校前身—南京市立第二中学地下党支部组织助学运动、护校运动和建立学生自治组织等方面重点进行口述史料的采集。带领学生在南京市档案馆、中国第二历史档案馆查阅相关历史档案，努力还原我校新中国成立前后这一段红色历程。在对为学校早期发展乃至南京解放做出过突出贡献的革命前辈的采访中和档案资料的整理中，一个个鲜活的历史细节展现在师生们的面前，令人动容。立足学校红色历史，注重充分发挥学生的作用。从档案文献的梳理、采访问题的设计、现场采访，原始抄录的整理，学生均在党员教师的带领全程参与。通过亲历者口述，引导学生重回现场，对学生必将有所激发，有所启迪。

政治关怀。依托团支部辅导员制度，围绕中国学生发展核心素养的十八个基本要点，结合高中各年级在不同阶段的特点，学校党委指导团委组织开展基于核心素养的系列主题团日活动。同时，围绕一些重大纪念日，比如"一二九"、"五四"等重要纪念日，学校党委还会指导团委开展具有仪式感的大型主题团日活动，邀请杰出青年走上我校"青年讲坛"，讲述他们的成长故事。

文化建设。学校文化建设，既要仰望星空，也要脚踏实地，要充分树立梳理学校发展历程，学校文化应根植于学校。本市第一位中学生地下党员就出自我校，我校的学生地下党员在新中国成立前风起云涌的革命运动中发挥了重要作用，这就是根植于学校的红色基因。我们立足于此，带领学生细致梳理这一段红色历程，既是对为学校发展乃至于新中国做出贡献的先辈的最好纪念，更是对当今学生进行思想引领十分重要的校本课程资源。

三、创新实践活动成效

以社会主义核心价值观为引领，依托党团一体化，通过系列主题实践活动的形式全面落实立德树人这一教育根本任务，切实解决了目前中学党建工作存在的一些问题，对于推动中学特别是高中党建工作起到了明显的成效，师生真正实现了社会主义核心价值观的入脑入心。党团一体化，党委实现对中学团工作的有效思想引领和指导；党团活动主题化，党组织自身建设扎实推进，不断焕发着生机活力。更重要的是，党组织在学校各项工作中有领导、有声音；党员教师队伍借助团支部辅导员工作和系列主题实践活动，不断强化党员的政治意识、大局意识、核心意识和看齐意识，不断提高政治站位，党性修养不断提高。

在立足实践的基础上，学校探索出了一条符合中学实际的党建工作新路径并取得了一些基本的经验。首先，坚持以社会主义核心价值观为引领，具有积极地导向性。将社会主义核心价值观融于日常教育教学工作，通过主题实践活动和"碎片化"活动的结合，切实解决了学校党建工作的"阵地"问题。其次，团支部辅导员制度具有较强的可操作性。学校在江苏省高中率先建立起团支部辅导员制度，切实解决了学校党建工作中的"抓手"问题，为党员教师搭建了工作平台，能够将党组织的工作思路贯彻到最基层。再次，党团一体化具有一定的可推广性。学校通过党团一体化实现党团工作融合发展，将社会主义核心价值观贯穿于工作各个环节，从而切实解决了"落地"的问题。最后，立足校本抓党建具有一定的示范性。通过开展学校红色历史的抢救性发掘保护、社会主义核心价值观引领的系列主题实践活动和基于核心素养的系列主题团日活动，实现了学校党建工作的校本化发展。

教育要有"人"，这是做好教育、办好教育绕不过去的问题，也是"人民至上"理念的体现。教育者的初心使命就是为党育人、为国育才。人民对美好生活的向往就是教育的奋斗目标。眼里有人，教育才有温度，把学生放在心中最高位置。坚持以立德树人为根本，探索学校发展新路径，牢记初心使命，奋力开创学校党建工作新局面，我校全体党员教职工和团员青年将以更加扎实的行动将忠诚的信仰镌刻在党旗上。

构建向上校园，奠基幸福人生

江苏省苏州市吴江区八坼中学　吴丽芳

习近平总书记强调"兴文化，育新人"。文化育人就是以文化人、以文育人，用文化滋养心灵、涵育德行、引领风尚。文化自信是一个国家、一个民族发展中更基本、更深沉、更持久的力量。加强学校思想政治工作，要注重文化浸润、感染、熏陶，既要重视显性教育，也要重视潜移默化的隐性教育。我校以"构建向上校园，奠基幸福人生"为办学理念，构建"向上"文化，形成了"天天向上"的校训、"至诚，求实，和谐，向上"的校风、"严谨，爱生，互学，创新"的教风和"勤思，乐学，活泼，进取"的学风。

一、探索德育特色，提升办学效果

我校创办于1958年，2003年学校易地重建。学校总占地面积为45356平方米，建筑面积为16000平方米，现有教学班12个，学生549名，在编教师53名，研究生学历9名。区级以上骨干教师15人，其中吴江区学术、学科带头人4人，吴江区教学能手5人，吴江区教坛、德育新秀8人。学校布局合理，环境优美，教学设施、设备齐全。

"十三五"期间，学校本着"全方位树人、多元化成才"，以江苏省教育规划课题《区域推进德善品格课程建设的行动研究》为引领，精心打造"德善"为目标的德育品牌，探索出了基于品格提升和劳动教育的德育特色，构建出了初一至初三年级不同层次的系列化"'德善'品格"教育系列课程。

六十多年来风雨洗礼、艰苦创业，我校实现了"低进高出、高进优出"的办学效果，学校先后被评为江苏省实施教育现代化工程示范初中、江苏省青少年科技教育先进学校、江苏省模范职工之家、江苏省健康促进学校、苏州市教育现代化初中、苏州市德育先进学校、苏州市教育技术装备管理先进学校、苏州市平安学校、苏州市依法治校先进学校等荣誉称号。

二、以"园艺"为载体，助力质量提升

心理健康是素质教育的根本，是培养学生核心素养的基础。为促进青少年心理朝着健康方向发展，为他们健康成长打下坚实基础。近年来，我校以"园艺+"　为载体，助力心理育人质量提升，促进学生形成健康的身体和心理素质，培养学生积极健康的心理品质。

为了更好地促进学生全面和谐地发展，我校在原有《"德善"园艺校本课程》《我们是劳动小能手》《我是小小园艺师》等课程的基础上，系统梳理相关学科方向、课程中涉及的心理元素和心理育人的功能，依托"园艺"社团，开发了《园艺+》(心理健康读本)，形成了一批针对心理健康教育的"园艺微课"，通过"园艺微课"，实现"健康心理塑造"与"劳动知识传授"的有机统一。

学校每个班级都有一块自己的　"责任田"，学生每天在指导教师的带领下，不仅能让他们在自己的一方小天地里体验劳动的快乐，更能让学生在"植物栽培、自然观察、　自然物创作"的过程中交到朋友，改善与家庭、同伴之间的关系，也能建立更多与老师间的情感联结，促进良好师生关系的建立。

邹益红是我校的音乐老师，她对学校开发《园艺+》(心理健康读本)并开展一系列"园艺"治愈心灵活动，很有感触。她说，2020年下半年刚开学时，她发现一位学生有些异样，经过了解发现，该学生沉迷于闯关游戏，严重影响了孩子的正常学习和生活，平时郁郁寡欢、沉默寡言，很少与人交流。"园艺社"主要负责人周明荣老师对其进行了相关的辅导，鼓励该学生参加"园艺社"。同时，老师们也有意识地安排其他学生与其结对子帮助。在施肥、浇灌的不断劳作中，该同学的情绪逐渐开朗，开始与一起合作的同学进行交流。一次，邹益红发现该学生与其他同学在做英语交流，心里如释重负。

三、营造文化氛围，创设育人环境

为进一步优化校园环境，营造和谐向上富有特色的文化氛围，我校通过引进沙盘游戏疗法，利用科学的心理辅助，帮助学生健康成长。学生通过把沙子、水和沙具运用于意象的创建，沙盘所表现的系列沙盘意象，营造出游戏者心灵深处意识和无意识间的持续性对话，了解学生的情况。在不教育、不指导、不干扰，无条件地喜欢他接纳他的前提下，学生会感受到心理老师的善意，建立起亲密关系，从而逐步引导学生逐步走上心理健康的轨道。

心理老师与学生的"健康心理"的背后是坚定的理想信念与不竭的精神动力。劳动教育一直是我校的德育特色，在讲好"劳动光荣"的基础上，学校以"我在园艺中的故事"为载体，用身边的典型事例来教育感染学生，实现"园艺+"的润物无声。同时，学校积极挖掘、建设并传承园艺文化，以文化滋养师生心灵，涵有师生品行，在实现心理成长的同时推进文化育人。

新时代文化育人工作，着重强调中华优秀传统文化、革命文化以及社会主义先进文化的传承与发展。良好的文化素养是植根于内心的修养，是无需提醒的自觉，是举手投足间蕴藏的涵养。打造高品质特色学校，就需要好的文化提升思维，升华境界，引领前进的方向。下一步，我校将继续认真学习贯彻习近平新时代中国特色社会主义思想，全面落实习近平总书记关于中国特色社会主义文化建设工作的重要指示精神，开展形式多样、健康向上、格调高雅的校园文化活动，打造富有特色的校园文化品牌，构建向上校园，为学生的人生幸福奠基。

传承经典以行稳，浸润童心以致远

江苏省无锡市新吴区润硕幼儿园　尚菊霞　钱钰鸿

有一种感动叫红色，有一种温度叫阅读。以红色阅读作为最鲜活的教材，追忆初心，以诵读"红色经典为抓手"，重温历史温度。所谓"红色经典"，是在历史传承中形成的代表中国民族特色的文化，是弘扬社会主义核心价值观的思想精神宝库。源远流长的红色经典文化，是历史长河中永久的瑰宝，激励着一代又一代中华儿女豪情斗志。学习红色文化、传承红色基因，是开展理想信念教育和树立文化自信的经典题材和重要途径。基于此，在秋风送爽，花果飘香的红色十月，我园以"阅读红色经典，润泽最美童心"为主题，开展了"红十月"系列特别活动。活动以"怀旧、传承"为主旨，带领孩子们走进70、80、90年代，让祖国的花朵在潜移默化中得到传统文化的熏陶和爱国主义精神的浸染，不断激发孩子们的民族自豪感，为孩子们的成长打下亮丽的底色。

一、走进70年代，聆听经典故事

70年代是一个文化与思想碰撞的年代，是一个富有激情，渴望自由的年代。回首过往，我们70年代的经历与故事是不可磨灭的珍贵财富。将各种经典故事铺陈在孩子们眼前，使孩子们深刻感知过去生活的不易，积极珍惜当下美好的生活。

活动期间，孩子们主动邀请"有故事"的爷爷奶奶来分享"那会儿"的事情。"70年代那会儿，收音机作为'结婚四大件'之一，也是最辉煌的时候。当然，要是有件'的确良'的衣服，那可值得炫耀上一年……"在爷爷的回忆里，孩子们明白了"缝缝补补又三年"的棉衣是

什么样子的；知道了“高低柜、双人床，家具越多越气派”是70年代人们对生活的美好向往；了解了那会儿条件有限，人们如何用自己的智慧积极生活。

通过回忆和倾听，我园孩子们在家长和老师的支持下共建70年代的生活场景，一同深入感受当时的艰辛，使我们师生更加懂得珍惜当下的幸福生活。

二、走进80年代，体验纯真乐趣

80年代是一个特殊的年代，是一个求知欲极强，开放化的年代。与当下生活相比，80年代的传统玩具是当时人们闲暇时的精神寄托，带给了人们无限的欢乐。我们将一众玩具摆放在“80馆”里，使孩子们从中感知80年代的美好与纯真。

在“80馆”里，孩子们对小人书、撞拐子、滚铁环等分外感兴趣，不时拿起来尝试着玩一玩，常常流露出兴奋的神情。“啊，这个是《西游记》，我看过这个故事，不过这书可真小。”孩子们纷纷在其中寻找自己“认识”的“玩具”。传统玩具在漫长的历史岁月中，形成了丰富多彩的种类及独特的地方风格，并一直伴随着一代又一代人的成长。旧玩具虽然不再靓丽，但是快乐却从80年代传承至今！

三、走进90年代，感知生活变化

90年代是一个色彩斑斓的年代，是一个科技发展与社会进步的年代。跟随时代转变的步伐，我们为孩子们搭建了“90馆”，使其深刻地体验这一时代不同经典所带来的感官享受。

相比于“80馆”的遥远，孩子们对陈列的“90馆”更为熟悉。和家长一起观看《黑猫警长》《葫芦娃》等经典动画，在色彩缤纷的画面中感受中国动画的趣味；品尝“大白兔”、“大大泡泡糖”等经典零食，在“小卖部”中感受“小窗口”里的琳琅满目；画一画国旗，画一画香港，在笔尖感受“香港回归”的举国自豪……“儿童兴则国家兴，儿童强则国家强”，通过“90馆”的体验，使孩子们深刻地感受国家发展、科技发展带来的生活变化，使爱国之情、强国之志油然而生。

不同的时代展现不同的风貌，不同的体验带来不同的感受。三个不同的时代，是中国社会不断变化的阶段，是艰难与希望同行的阶段，是努力开拓发展的阶段。我们将经典故事、红色文化融入学校教育与活动中，积极引导孩子们厚植爱国主义情怀，丰富其精神世界，使其自觉争当红色基因的传承者、实践者。我园的孩子们在这些经典文化的浸润中，领略祖国的发展、时代的进步、家乡的巨变，他们将承载着爱国梦想扬帆起航，乘风破浪，奏响生命的乐章。

育晶盐风骨，养海渎情怀

江苏省盐城市盐渎实验学校　李　浩

盐城，因盐置县，因盐命名，始称盐渎。“盐”者，百味之首，其晶莹剔透折射了盐民的勤恳奉献；“渎”者，泛指那些东流入海的河流、大川，其清澈澄明，海纳百川反映了盐民的宽阔胸怀。“盐渎”一词饱含了盐阜先人以海为家、煮海为盐的历史和坚守气节、崇尚美好的情怀。我校冠名“盐渎”，土生土长尽得乡土精华；品晶盐，赏海渎，让儿童在品“盐”赏“渎”中快乐成长。

一、淬取“盐渎”内核，引领学校发展

我校以“盐”、“渎”为精神内核，以地方“海盐文化”为基石，凝聚独特的盐渎精神，形成了“育晶盐风骨，养海渎情怀”为内涵的校园文化，大力倡导“合度”的育人理念，为师者坚守“教师之道”：像盐一样晶莹剔透，滋养生命呈本真；像盐一样融汇调和，量度有节须合度；像盐一样包容博取，甘于奉献求快乐，为生者追求“学生之本”；像盐一样表里如一，朴实无华现纯真；像盐一样棱角分明，刚柔有度呈本色；像盐一样天地融合，德泽四方有理想，创建了富有盐阜地域特点、体现盐渎自身特色的“盐渎文化”。

在研究盐文化的过程中，我们发现教育如盐。盐，生命之喉，吃多了对身体无益，吃少了也不行。教育也一样，过度的教育不行，缺失的教育不行，错位的教育更不行，教育应合度。“合”是契合，一要站在儿童的立场，契合儿童；二要站在教育的角度，契合教育的规律；三要面向未来社会，契合社会的需求。“度”一是指规律，是教育的规律和原则，是儿童身心发展的规律，也是社会发展的规律与需求；二是指尺度、限度，指教育过程、教育内容、教育方法等教育要素处于自然和谐的状态，是对儿童实施教育的最佳状态。“合度教育”就是教育者站在儿童的立场，遵循教育的规律和儿童身心发展的规律，适时适地、因人而异地采取适当的方法和措施，对儿童进行恰如其分的教育，让儿童健康、自然、快乐地成长。

适合才是最好的，合度已成为我校师生的行为准则，引领着学校的办学方向。

二、打造“盐渎”文化，陶冶师生心灵

我校处处洋溢着浓郁的“盐渎”文化。校门口矗立的迎宾文化石，篆刻着柳斌的亲笔题词：“育晶盐风骨，养海渎情怀”，时刻为师生指引着高远的人生志向，成为勉励全校师生的精神动力。正对着学校大门的主干道是“润盐大道”，道路两侧是盐阜历史名人简介，既有施耐庵、乔冠华、胡乔木等古今文人学士，也有范仲淹、吴嘉纪、吕夷简等与盐为伍的风云人物。道路一侧按“海盐正德”的顺序次第排列着问海楼、品盐楼、养正楼、厚德楼等四座教学楼和体现“合度”教育理念的三座功能楼求真楼、致和楼、臻乐楼。漫步润盐大道，犹如穿越盐渎文化长廊。“明”、“勤”、“信”、“和”、“智”、“博”等“六德”文化石，犹如一颗颗文化的珠宝点缀在校园的各个角落。半亩“恬趣”果园里栽种了苹果、梨、桃、柿子等十多种水果树，它们与开心农场里每一种蔬菜一样都有自己的品名、生长习性、食用价值等身份介绍。社会热心教育人士捐建的“润园”处在校园中心格外显眼，山石、兰树与绿草相映，一个“润”字表达着盐渎师生对教育本真的追问和对教育至高境界的追寻。求真楼一楼“海盐文化馆”把盐阜儿女煮海为盐的历史徐徐展开，开放式展馆共分四个展厅，“煮海品盐”、“捍海思盐”、“襟海赏盐”、“凝海为盐”分别从自然之盐、历史之盐、文化之盐、精神之盐四个层面引导盐渎师生用盐、学盐、做人间“真盐”，不仅让社会各界交口称赞，更受到孩子们的无比喜爱，成为全校师生了解盐文化、研究盐文化的理想乐园。文轩少儿读书俱乐部由盐城籍著名儿童作家曹文轩亲自题名挂牌，设有阅读加油站、自助阅读大厅、图书漂流港湾、书香长廊、移动书吧等，这里已成为孩子们每天必去的地方，阅读陪伴着盐渎师生每一天，书香充盈着校园每一处。学生置身于盐渎校园，犹如沐浴在一个蓝天碧水的纯净世界，在与“晶盐风骨”、“海渎情怀”的载歌载舞中实现成长的蜕变。

三、实施合度德育，奠基生命成长

在研究盐文化的过程中，我校从盐的纯净质朴、晶莹剔透、包容博取，盐民的勤劳朴实、团结协作、乐于奉献，河海的海纳百川、海天澄明、奔腾不息等精神气质、文化元素中提炼出“盐渎六德”——明（明志、明理）；勤（勤朴、勤进）；信（诚信、自信）；和（和谐、和善）；智（尚智、益智）；博（博取、博爱）。根据儿童的心理特点，遵循“合度”的理念，“六德”教育分六个年级逐年安排，各有侧重，既相互渗透互为支撑，又层层递进螺旋上升。为把六德落到实处，我们编写了三字经式的《六德歌》，谱曲传唱；建设了“六德”园，“六德”文化廊，编排了六德操，开展六德少年的评比，编写“六德”校本教材，精心组织“六德”活动，一年侧重一德，六年形成六德，为孩子一生发展奠基。如今，“六德”教育正温润如水流淌在师生学习、生活的每一天，成为学校德育教育的一张新名片。

针对忽视劳动教育的现象，我校从2010年开始利用围墙边的一溜空地，开发了开心农场，让孩子自己去种植、管理、观察、收获，快乐果园中十多种适合我们当地种植的水果让孩子们亲眼看到了水果的生长过程。农场、果园已成为孩子们劳动实践的基地。孩子们在劳动中不仅锻炼了劳动能力，增强了体质，更养成了热爱劳动、乐于合作、珍惜粮食等良好的品行。

四、构建合度课程，促进全面发展

我校根据自身实际，努力构建具有“盐渎”特色的立体化的合度课程，促进儿童的全面发展。一方面严格执行国家课程计划，为儿童一生的发展奠定最坚实的基础。另一方面，根据学校的实际，开发海盐文化、开心农场、家庭实验室等校本课程，建立起国家、地方、校本三级互补的立体化合度课程体系，让儿童在品“盐”赏“渎”中不仅获取了知识，锻炼了能力，而且形成了良好的品行，促进了儿童的全面发展。

五、凝练“盐渎”管理，营造温馨校园

煮海为盐，盐融于水；“盐”与“渎”，一刚一柔，对立统一。这种彼此融合蕴涵的哲学意蕴，给盐渎人许多的启迪。

盐，总是与阳光为伍，在阳光的暴晒下呈现美丽。坚持依法治校，实施“阳光工程”也是盐渎人的不懈追求。建立健全学校章程和各项管理制度，使学校的各项工作有据可依、有章可循；完善学校内部管理体制，实施校务公开制度，通过教职工代表大会制度推进学校民主政治建设，保障广大师生依法行使民主权利；依法规范教师职业行为，切实加强教师管理，强化师德教育和考核。

渎，因水的载歌载舞而尽显风采。在制订、完善一系列“刚性”制度的同时，盐渎人也在细致入微地实施着“柔性”管理。为教师的“三名工程”评选搭建平台，为过生日的教师送上蛋糕，给过生日的中膳生递上小礼品，给留守学生争取资助……把关怀送到教师身边，把温暖送到学生家庭，把“尊重”带给每一个人。

盐渎人在校园建设、管理中把握“盐渎”精髓，让刚性制度与柔性管理实现了完美地糅合，成就了学校的一种管理方略，一种管理哲学。

盐平凡而伟大，宽容而有度，实乃为真君子也。盐文化刚直而柔软，博大而精深。育晶盐风骨，养海渎情怀，站在历史的高度，我校将肩负起新时代赋予的责任感和使命感，以盐文化为导向，办合度教育，培育当代君子贤良，助推我校教育教学质量稳步提升，推动我市盐文化在传承弘扬中不断发扬光大。

知行合一　魅力“五学”

——浅谈仙城中学教学革新之“五学课堂”

江苏省扬州市江都区仙城中学　孟华

教师是教学中“教”的主体，学生是教学中“学”的主体。教师教是为了学生有效地学习。所以从这个角度上而言，课堂的主体应该是学生。同时这也是素质教育所倡导和实践的精神主旨。“师生本是同根生”，教师和学生完成共同的“使命”，在学校环境中，具有统一的目标。怎样有效完成目标，达到理想的成果。我想，这是值得每一位教育工作者深思的课题。随着素质教育改革的不断深入，具有创新思维的教学模式呈现出百花齐放的良好态势。其中“五学课堂”的应用和发展，凸显了课堂教学的人性化和可持续性，并且在长期的教学实践中，我切身体会到“五学课堂”教学模式的博大精深。

一、什么“五学课堂”

顾名思义“五学课堂”就是以五种教学方式融为贯通，成为一个良性循环体的教学模式。

“五学”即导学，研学，讲学，练学和固学。

导学，即是让学生做到提前预习，并提出问题；

研学，即是发挥学生主体能动性去探索问题，并在课堂上形成问题研究上的共识，提炼出重点，难点问题；

讲学，即是教师教学主导角色的有效发挥，引导学生针对问题的答案，举一反三，并且相关知识点达到触类旁通；

练学，即是让学生针对课堂知识点进行相对应的练习，实践出真知，并适时的对每个学生出现的个性化问题，进行针对性指导；

固学，即是教师留出时间让学生对知识进行“反刍”，消化吸收，巩固学习成果。

二、“五学课堂”的特点

（一）让学习富有动态整合性

动态课堂。“五学”之“学”主要是指学生的“学习”，“学习”是一种动态变化的综合的心智行为。课堂上学生如果一直处在“动”的状态中，学习就有效果了。“五学”课堂是以学生学习活动为中心，课堂上让学生始终参与学习活动，动脑思考探究，动手练习实践，动口交流表达，学生自动，生生互动，师生互动，学生在课堂多元活动中自行获取知识锻炼能力的同时，身心得到愉悦，得到成长。老师则是“五学”课堂“动”的启“动”机，老师以自己的激情和才智去组织学生动，引领学生动，启发学生动，推动学生动，激励学生动。老师还应用变化发展的、预设生成的眼光去关注课堂上的学情变化，灵活调整教学环节，相机增删教学内容，及时生成新的超出原计划的教学流程，使课堂一直处在不断生成发展的运动之中，以满足学生不断发展的学习需求。

（二）促进挖掘学生思维能动性

思维课堂。课堂教学是教师之“教”和学生之“学”构成的一个有机整体，是教师有目的、有计划地创设教学情境组织教学，促进学生学习发展的过程，是学生有方向、有步骤地进行自主合作学习、主动探知的过程，在这教与学双向互动的过程中，教师与学生的核心活动就是思维。教师确定教学目标、设计教学流程、创设教学情境、组织教学活动、反思教学过程等等一切“教”的每一环节都离不开思维；学生感知学习材料、理解所学知识、掌握学习方法、迁移运用知识、反思学习过程等等所有“学”的每一步也离不开思维。课堂上，教师紧扣学生的“学”，以精心策划组织并以激发学生思维活动、语言表达、多向互动的自主合作探究未知知识或论证新知识的能力为主，创设适宜的学习情境，搭建多彩的展示舞台，学生动脑、动口、动手，自觉参与学习实践，获取知识，讨论、辩论、争论，主动进行活动交流，锻炼能力。

（三）引导和激发学生学习兴趣

情感课堂。学习是一种心智活动，一切心智活动都带有情感的成分，学习更是如此。“五学”课堂教学的重心在学生的“学”，要学生积极地投入学习，首先是要激发学生的学习兴趣和情感，爱因斯坦说“兴趣是最好的老师”，只有学习者对学习的内容产生兴趣，才会产生学习的热情和动力。“五学”之“导学”，是教师用问题制造兴奋点激发学生的学习兴趣和求知的欲望，导引学生学习，在其他几“学”的具体实施过程中，教师也在不断设置优质的问题逐步引领学生思考探索，从而渐入学科，融入学科，把握课堂教学的内容；同时教师在课堂上也在以自己的情感激活学生的情感，让课堂成为学生燃烧学习热情的舞台，让课堂成为师生的情感场。“五学”课堂的教学形式是多元互动，互动的过程也是互相情感交流的过程，在交流中产生共鸣，形成共识。

三、浅述建构“五学”课堂的理论依据

“五学”课堂学生是学习的主体，教给学生知识、教会学生学习、培养学生能力是课堂教学的主要任务，学生热情投入、自主学习、合作探究是课堂教学有效展开的保证，“五学”课堂的建构融合了多种教育教学理论。

（一）主体性教育理论

主体性教育理论认为人作为主体存在具有自为的自律性、自觉的能动性和自由的超越性的主体性的性质，主体性是人的自然性和社会性的最本质的特征，一个人的主体性决定了一个人的发展性，一个人的主体性越强，他的发展欲望就越高，教育就是要不断激发学习者的主体意识，提高学习者的主体能力，让学习成为学习者的自主行为，让教育成为学习者的自我教育，苏霍姆林斯基曾说“只有激发学生进行自我教育的教育，才是真正的教育。”教育的过程应该成为激发学习者自我教育的过程，成为培养和发展学习者主体性的过程。主体性教育理论主张在具体的教育教学过程中，教育者要创造宽松、和谐、民主的教育教学环境，有目的、有计划地组织教育教学活动，通过教学活动不但要教会学习者学会，还要教会学习者会学，启发学习者乐学、善学、优学，让学习者成为学习的真正主人，把学习者培养成为自主地、能动地、创造性地进行认识和实践活动的社会主体。

（二）人本主义教育理论

人本主义教育理论认为人的自我实现和为了实现目标而进行的创造才是人的行为的决定因素，在具体的教育教学中，人本主义强调教育者要关注学习者个人的知觉、情感、信念和意图，主张教育教学必须以人为本，以学习者作为整个人的成长发展为本，要将知识的教学和情感意志的教育结合起来，把培养人作为教育教学的始点、中点和终点，教学的过程中还应注意建立民主的、平等的、人道的师生关系，让学习者在和谐适宜的情境中愉快学习，身心发展。课堂上，教师要以学生为中心，重视学生对各种现象的理解，关注学生的一切学习活动，不断激发学生主动学习；教师还要构建有效地、平等的师生对话和生生对话的民主的课堂氛围，建立利于学习者建立意义的情境；教师还应关注每一个学生，注意开发学生差异资源，实现学生在最近发展区内个性的发展和对知识的主动意义建构。

（三）互动教学理论

互动教学理论认为课堂是一种复合型的教与学的活动场所，教学是师生平等互动的教与学的活动，教学活动中，教师指导学生“学”，学生“学”促进教师的“教”，教与学共生，教与学相长。教学也是生生互动合作学习的活动，学习者与学习者之间相互依赖、相互影响、相互促进，共同学习，共同发展。学习者与学习群体之间是个体与集体的关系，个体学习者在群体的集体学习活动中表现出的思维和智慧可以为整个群体的每一个学习者所共享，群体的学习情境和集体的学习成果又有利于促进个体学习者智力、能力和社会情感的和谐发展。

扬州市仙城中学“五学”课堂教学模式建立以来，是以“小步快走”的渐进方式一路蜿蜒，一堂堂课皆是前行的一个个脚印，它跨越了“信奉模式”与“使用模式”的断裂层，逐步解决着理论的应然和现实的实然之间的矛盾。“五学”课堂教学模式的推行，不仅让学生学会了学习、乐意学习、会思考、会交流，养成核心素养和综合能力，也让教师自觉承担起引发、推动、帮助、指导的职能，让学校的教育教学呈现了崭新的面貌，教育教学质量不断攀升，优秀学生层出不穷，学校的影响力不断扩大，2016年学校就被江苏省教育厅评为江苏省四星高中，目前学校业已达成了“使每一个学生成功，让每一位家长放心；做人民满意的教师，办社会满意的学校”的办学目标。

我，作为一名一线的教师，对“五学课堂”开展以来所取得的教学成果感触颇深。教育改革就如同国家经济发展的荆棘之路，每一位在路上的“劳动者”，只有怀揣着永不磨灭的探索信念，和坚韧不拔的意志，才能披荆斩棘地走下去。我想，尽管“匍匐”的人会“血泪模糊”，但，这是每一位追梦人最美的姿态。

书香校园创特色　品质立校育桃李

江西省乐安县龚坊中学　黄志高　甘家家

“利器也，复以锻之以去钝，锋其筋骨，锐其根本，育人之道亦如是也，国之重器，功在当代，利在千秋……”教育是国家、民族强大的根本，是实现民族伟大复兴的重要渠道，唯有在教育的土壤中深耕细作，才能真正创造有温度、有价值的教育。为了不断拓宽学生眼界，丰富学生知识，让学生从阅读中启迪人生。办学以来，我校以“心系祖国，奋读发展”为主题，以“快乐读书，读书快乐”为口号，大力开展系列读书活动，不断充实“书香校园”内涵。以“读书点亮心灵，书香瑞泽人生”为活动主题，努力建设“以读书长知识；以读书增智慧；以读书促养成；以读书树理想；以读书塑人格”的书香校园氛围，培养广大师生“好读书，读好书”的良好习惯，营造知书达理、好学求进的书香校园，实践着“德智并举，体美劳并重，立足细微和谐育人”的教育理念，促进校园和谐地发展，为学生未

来人生发展夯实坚定的基础。

一、明确阅读目标，营造书香氛围

苏霍姆林斯基曾说："让学生变聪明的方法，不是补课，不是增加作业量，而是阅读、阅读、再阅读。"为了不断提升师生阅读能力、阅读水平，引导师生博览群书，建设"书香校园"，县教育局决定在全县中小学大力开展"书香校园"文化建设，贯彻落实立德树人根本任务，以创建"书香校园"为抓手，以"读书、启智、明理、提能、做人"为主题，以丰富多彩的阅读活动为载体，倡导师生阅读，营造书香氛围，激发师生阅读热情，塑造内涵丰富、特色鲜明的校园文化。

阅读对于提高师生的人文素养、促进学生身心健康成长和教师的专业发展有着不可替代的作用。为此，我校把阅读作为一种生活方式，融入师生的工作和学习中去，成为师生的自觉需求，实现"以书育人、以书启智、以书怡情、以书养德"的教育目标。一直以来，我校始终把创建"书香校园"，作为学校的重点工作。学校专门成立了以校长为组长的"书香校园"领导小组，整体规划，制定龚坊中学读书活动实施方案，成立师生读书活动组织，结合学校"读书点亮心灵，书香瑞泽人生"的主题，召开"书香校园"动员部署会，同时启动了全校师生"书香校园"活动仪式，不断增加学校师生的参与度，营造活跃的书香氛围，让全校师生从书香中陶冶情操，丰富知识。

二、立足学校阵地，优化阅读环境

校园文化是学校可持续发展的动力，也是学校个性魅力与办学特色的体现。优秀的学校文化可以造就优秀的学生，优秀的学生必然会积淀更深厚的学校文化精神。因此，我校以学校图书室、阅览室、班级图书角、校园"书语亭"等为基地，优化阅读环境，让生活处处弥漫书香的气息。学校除了有专门的图书阅览室外，在每个班级还增设了一个可摆放100百多本图书的书角。目前，学校藏书达到23350多本，人均拥有量约29本。图书利用率高，周均流量达到在校生数的1/30以上。同时，学校还精心布置了经典诵读走廊和校园"书语亭"，在教学楼的走廊里、墙壁上，宣传栏张贴着老师学生的诗词、书画作品，并经常进行更新，使学生进入学校就处于一个浓浓的书香氛围之中，让学生深受学校文化的熏陶。

为了让学生浸润在浓浓的书香氛围之中耳目染，身心得到和谐发展。在每个学生捐书的基础上，我校还在每班都建立起了班级图书角，并请班级中的图书管理员作好每天借书的记录工作。倡导学生在家设立自己的小库。同时学校还定期举行好书换着看的活动，每班制定适合自己班级发展的读书活动计，在学生中，开展了"八个一"读书活动，引导学生自觉读书。(1)制定好一个读书计划；(2)设立一本读书笔记；(3)每月读一本好书；(4)每天有一个小时的读书时间；(5)每周摘录一句名句名；(6)每学期编写一份读书手抄报；(7)每学期写一篇读书心得体会；(8)每学期至少有一次向家长汇报读书感受。

此外，我校还创建了"悦读沙龙"的书香校园活动，让师生们交流读书心得乐趣，发表师生的作品。学校将阅读纳入课程计划，强化阅读指导，坚持每天半小时的阅读课程，在学生阅读时间，教师进教室陪同读书，巡视指导，做到专时专用，有效提升了师生的阅读效率。

三、增强活动意识，领略阅读魅力

活动是体现学生综合素质的最好方式。它可以开阔视野、陶冶情操，是师生之间的情感纽带，也是家校联系的桥梁。为此，我校通过各类丰富多彩的活动，让师生尽情畅游在阅读的海洋中。学校举办了各级各类的读书集体活动，如"我读书我快乐"演讲比赛，爱国主义读书教育活动征文比赛、四史知识竞赛等；开展了出版评比读书小报活动；建立读书成长册，组织读书成果展览会，每个学生都要建立一本读书成长册，将读书活动中读到的精彩片段好词好句名人名言，心得体会、参加读书实践活动的作品，获奖情况等记录下来；组织有关读书的专题讲座，邀请有高水平专家、学者为师生讲解心得，指导读书方法，提高读书水平。此外，学校还大力开展了亲子共读活动，利用微信、家访、短信、家校合育小组等方式，向家长、宣传读书的好处，让他们明确养成良好的读书习惯，让孩子受用一生。我校也倡导让家庭参与到学校的读书活动中，努力营造家庭读书的氛围，从而促进和谐家校的建设。

总之，教育是一项既深且远的事业。学校的内涵、品位和文化底蕴需要被全体师生牢记并践行，应如和风细雨渗透到学校各处角落。"书香校园"以来，不仅提升了学校的精气神，更提升了学校的办学品位，全校师生都徜徉在阅读的书海中，学习知识，丰富生活。带着"书香"的理想，下一步，我校会继续以"书香校园"为引领，迈着坚实的步伐，执着激情地走在教育的道路上，以高品位校园文化影响和引领师生，培养学生读书兴趣，帮助学生掌握阅读技能，让阅读走进家庭，走进生活，倾力推进书香家庭建设，不忘初心，始终如一。

"人机互动"提升中小学英语教学质量

江西省南昌经济技术开发区英雄学校 陈芳 杨庆荣

当今，网络信息技术影响着社会生活各个领域，几乎改变了所有的"社会生态"。在教育领域，互联网也从纯粹的技术手段应用走向了与教学信息技术的深度融合，引发了教育教学思维的变革。今天，在新的技术环境下如何重新思考教学，那就需要利用互联网信息积极探索新型教学模式，推动教学改革，提升教育质量。如何提高英语教学效率，改变传统的教学模式，让学生喜爱英语、学好英语？2017年，江西省南昌经济技术开发区获得由教育部教育装备研究与发展中心颁发的"项目实验区"铜牌，利用教育信息技术对学生进行人机对话，电脑后台检测、评价和教学，打破了传统的老师与学生进行面对面的讲课，解决了城乡接合部小学生英语学习环境缺失、师资力量薄弱的问题。学生可以随时随地不受时间、地点和老师的限制，进行口语、单词和课文的跟读训练和测试，学得快、记得牢、效率高。

一、人机互动，优化教学方式

苏欣是南昌经济技术开发区新庐学校入职三年的新教师，英语教学有些问题一直困扰着她：学生大多数是留守儿童，英语基础较薄弱，接触英语的频率很低，英语发音不标准，加上教学资源的匮乏，学生们的英语学习兴趣和学习成绩都让苏老师十分头疼。然而，在加入人机互动项目后，苏老师通过人机互动技术和任务型教学模式的实践，逐渐解决了这些问题，并优化了教学方式、提升了教学质量。

在上课前，苏老师通过主题导学，设置课前任务清单：给分类垃圾桶涂色，让学生通过人机互动助学，预习颜色的英文表达。课中，老师利用人机互动软件创设情境：让学生为传统文化节的京剧节目制作脸谱道具(为脸谱涂色)。在人机互动操练的基础上，进行人人互动，小组合作制作脸谱，学用一体，在任务链中教学由易到难、从简单到复杂，提升学生思维品质。课后，教师根据学生的不同水平设置分层作业，学用拓展，并通过人机互动在线测学，进行教学反思。

2019年冬全国进入非常战疫时期，教育部提出充分利用互联网技术，"停课不停学"。在这一特殊期间，人机互动语言系统也为学生们的英语学习提供了强有力的帮助，学生通过每天20分钟英语人机互动语言系统学习，完成布置的自主学习任务。人机互动课堂以"任务"为导向，让学生在真实的语言情境中产生语言交流互动的需求，通过"信息交流差"等活动设计，让学生可以选择"思维可视图"等表达工具，有选择性的完成真实的对话，重点考查学生的英语语言运用能力，同时渗透对文化意识、思维品质和学习能力的考查。

这种短时高频、且能在线上与老师和同学互动的学习方式，增加了学生的语言输入和输出量，还培养了学生们合作学习意识和自主学习习惯，实现了信息化与英语课堂教学的融合。

二、协同发展，创新教学体系

我校作为江西省南昌经开区教文体办开展"小学英语人机互动课堂教学改革"的试点学校之一。2017年，经开区教文体办与南昌师范学院建立校地合作关系。借此，搭建起由教研室曹枫主任、学科专家周晓群教授、教研员陈芳及一线教师的协同创新共同体，在运用信息技术提高英语课堂教学质量方面，总结并归纳出一套切实有效地教学体系，即："依托人机互动技术，通过集体备课、观摩上课、课后反思等方式，探索出"三段八环"学习模型。此模型通过任务前、任务中、任务后的三个阶段，将人机互动融合于英语学习中，逐步形成一套了"课内课外、线上线下、校内校外"互补的新型课堂教学模式，有效指导语言学习程序的设计和实施。学生们能够在课堂内外进行大量的虚拟真实情境英文对话，教师可以在后台直接看到学生的学习数据，及时掌握学生的学习情况，进行查漏补缺、因材施教。

南昌经开区全区15所中小学参与项目实施，约3000名学生及家庭受益，小学生英语发音更加标准地道，2020年全区小学生英语口语测试平均分较2017年提高了7分，英语听说能力有显著提升。学生参加各类英语听说竞赛获奖成效卓然：2019年在"星星火炬"全国英语风采赛总决赛中有200余人次获奖，其中1人获得全国银奖、26位同学入围全国总决赛，2人获得江西省特等奖，26人获得江西省一等奖等，从而为经开区迎接2022年英语中考人机英语听说考试奠定了坚实的实践基础。

基于技术环境的新型教与学模型，形成一套完整的经验，获得良好的社会反响和辐射推广。项目组成员先后应邀到省内外各地做讲座分享。项目在实施过程中也受到了广大媒体的关注。越来越多的学校对人机对话项目产生了兴趣，多次来我区项目组进行考察学习。2019年南昌市教育局到我区进行项目考察学习，引进该项目来提升全市中小学生的英语听说能力。

教育的本质是培养，教育的核心是培养的效果，要想达到培养效果，需要很多环节。我们通过借助"人机互动"提高学生英语听说读写的教学模式，学生们的开口率和准确率大大提升了，接触英语的频率也提高了，学生的英语口语测试成绩也有了很大进步，教师的教学水平和教学质量也相应提升，真正培养了学生的综合语言运用能力。

信息技术在教学应用的核心在于通过信息技术触动人与人的互动、人与教材的互动，以及人与数据的互动，而根本目的都是带动人与人的互动，让课堂充满思维的碰撞和有意义的对话。人机互动技术与“三段八环”学习模型为我区英语教师和学生提供了一个良好的教学、教研、学习平台，今后，我们将继续聚焦信息技术，不断推动全区英语教学改革和教学质量的进一步提升。

构建绿色校园，促进可持续发展

江西省南昌县斗柏路小学　万建忠

十九大报告提出“我们要建设的现代化是人与自然和谐共生的现代化”，“倡导简约适度、绿色低碳的生活方式，反对奢侈浪费和不合理消费”，并明确提出了建设“绿色学校”的重要任务，这不仅给教育现代化赋予了新的内涵，而且对教育工作者提出了更高的要求。2019下半年是我校发展的一个里程碑——学校围绕绿色做文章，完成了校园的重新布局与改造、新教学楼的投入使用，从而奠定了学校发展的新纪元。

一、重新布局规划，打造绿色校园

2019年的暑假，我们围绕一个“绿”字，对学校进行了重新布局，并进行了适当的改造。

巧拆危房。7月初我们巧妙地借助莲塘镇拆迁办的力量成功地将已是危房的老教学楼拆除，为校园的重新布局创造了条件。同时我们又借助城投资金成功地拆除了原第二师范危旧琴房，为开通校园第二通道创造了条件。

争取外援。假期伊始，我们就积极与县局沟通，在征得县局的帮助下，我们先后共争取到了，县城投公司和两家私企资金大力援助。从而解决了新教学楼和新校园文化建设无资金投入的难题。

改造老楼。假期我们共投资5.5万元改造了老楼一至三楼的卫生间。此举彻底地消除了老卫生间的安全隐患和异味难闻的现象。投资3.5万元改造了五楼，准备让长期废弃的一个特大功能室发挥作用。给所有老教室安装了国旗、校训、班牌、制作了班级风采栏、完成了所有老教室、功能室、办公室的编号。

文化新楼。为能使新楼凸显“崇绿守静”校训目标，我们同时请了三家公司对新楼进行文化打造：窗帘地选购、讲台地定制、电子屏地安装均是恰到好处；教学楼命名、班牌安装、班级风采栏的设计均是精巧；教室内、软木黑板的悬挂、空调地购买与安装等等都是我们精心策划安排。

环境文化是学校文化的有形载体，是一门潜在的课程，是学校内涵的外在表现。学校对环境文化打造进行了整体规划，形成“三楼三园两廊一书吧”的主体构建框架。在校建过程中，准确把握环境文化建设方向，坚持环境文化建设的“文化品位、人文精神和时代气息”，实现“让每面墙壁说话，让每个角落育人”，让“崇绿守静”的办学理念在整个校园里“无处不在、无时不有”。

二、周密部署安排，排除前进阻力

随着新教学楼的投入使用，我们秉着“早动员、早部署、细安排、严落实”的原则，进行了化解学校超大班额工作。

周密部署。学校通过校长会、校务会、行政例会，从拆班的师资配备、拆班的方式、拆班的过程、拆班将遇到的困难进行了充分的讨论、商榷，最终拿出方案。

广泛动员。我们首先通过教师会作通了广大教师支持、配合学校拆班的工作；然后召开家长会得到大部分家长支持与理解；最后通过学校公众号、致家长的一封信等形式阐述化解超大班额重要性、必要性以及拆班的方案，接受家长的监督。

公开过程。2019年8月30日上午，我们在县教体局监察科监督下、在家长代表的见证与参与中顺利地完成了四、五、六年级的拆班工作。

杜绝人情。从2019年7月初到完成拆班工作一个月后，学校有理有节地回绝了来自县、局、兄弟单位领导、亲戚、朋友的说情，使此次拆班在公平、公正、公开环境中顺利完成。

随着新校园地改造完成学校操场更大了。我们一改学校每天只能一半学生出操的尴尬行为和学生出操不积极、不主动的强制行为。学校规划好了全体师生出操的线路。只要大课间操铃声响起，整个校园就沉浸于欢快、动感而又轻松音乐声中，近3000师生能在7分钟内完成进场、退场任务。编排好了学校大课间操。

学生食堂管理有序进行。学校积极与配餐公司协商，无偿为企业提供营养餐中制作场地，实现了“现做、现吃”的目标，让在校用餐的孩子吃上了新鲜、营养、健康的午餐。完善了教师同餐和校长陪餐制。建立了学生文明用餐奖励办法。同时制定了用餐流程、用餐纪律打分及奖励等措施。

三、强化教师培训，提高教育质量

随着我校师资力量的不断增强，班级数和学生数都达到历史最高，以前的全校性整体教研就不够灵活，为提高教研时效性，学校教研活动分团队进行。学大部分开展人人执教活动，由年级组内进行听课评课。

学校成立语、数、英中心教研组。教研员除本年级听评课外，按分工参加各年级教研活动。校领导随机听课评课。通过这次改革，让各年级有了更高的自主性，使教研活动充满活力。

置校服，老师有归属感。今年秋季开学，学校为全体老师购置了两套校服，得到了老师们的一致好评。每周一的升旗仪式以及重大场合，老师们会统一着装参加，对学校有了更多的归属感。

抓活动，老师有幸福感。当春暖花开和秋高气爽之时，学校工会组织全体老师去户外拓展不仅愉悦身心而且提高身体素质，老师们有满满的幸福感。今年4月和10月，学校组织全体教师去龟峰和梅岭爬山素拓活动，在活动老师们既锻炼了身体又增进了同事友谊，增强了凝聚力。特别让人回味是2019的教师节，在恒大酒店举办的春华秋实庆典活动，全校130来名教职员工亲身体会了一回高大上的高级白领式的团建活动。

购碗柜，老师有安全感。9月份，学校为改善全体教师的用餐环境，购买了一个可以容纳一百多老师餐具的碗柜。老师们的用餐安全得到保障。

工会始终把教职工的冷暖放在心上，每逢重大节日或教职工生日，工会总要与学校一起对教职工表示慰问，凡教职工生病住院，家里的红白喜事，工会组织都会记在心里，及时进行慰问，并尽力做好组织服务工作。学校工会也非常重视拥军优属工作，我校栗珍明老师是一位随军家属，虽然有时仅仅是一点儿水果甚至一句慰问的话，但都体现了组织的关怀，集体的温暖

四、强化德育教育，开展主题活动

教师的教育情怀是教师师德水平的集中体现。为此，2019年下学期我们在

开展学校常规性师德教育活动的同时，做了两件事：一开展教师教育情怀大讨论。请莲塘二小熊老师作如何提升自己的教育情怀专题讲座让老师们更好地认识了自己职业的平凡与崇高。二开展了学校首届年度教师评选系列活动。首先让各年级组提出评选方案并广泛动员老师参与活动其中、确定评选方案，然后通过教师自荐、互荐、年级组推荐确定参评教师，接着通过学校公众号进行投票和教师代表、管理人员代表投票，最后校务会进行民主评议确定2019年斗柏路小学年度教师。在2019年教师联欢活动中对年度教师进行了表彰。

学生管理是学校良好校风形成的关键，也是学校德育处工作的重心。为此，2019年下学期学校对德育处进行了“充实队伍，压实责任，活动常态”的改革，收到了一定的效果。德育处的管理水平提升了，少大部学生干部素质有了较大提升。从学校广播站的开播到午间各班卫生、纪律状况的温馨提示；从值周班级坚守门岗不懈怠以及文明队礼到每周的升国旗仪式上的学生精彩发言；从各卫生包干区的整洁状况到安静有序的晨读和午休等等无处不体现出学生干部在德育处指导下的美好付出。

一年来，学校也取得了诸多成绩。2019年11月“童心向党”全县中小学生合唱竞赛获小学组二等奖；2019年10月学生田径运动队运动成绩在全县中小学前；2019年10月教师合唱团代表南昌县参加市教师合唱竞赛获好评；2019年12月学生机器人社团参加市级竞赛获一等奖；2019年11月学生英语社团参加全县中小学英语风采大赛获一等奖；2019年9月—11月学生在江西省少年诗词大赛中有多人次挺进复赛；2019年12月学生器乐社团参加全县首届器乐比赛获一等奖；2019年11月谌祖敏老师代表南昌县参加全市“园丁杯”教学竞赛获二等奖；学校顺利通过了市级文明校园复评。

《走进绿色》校本教材的编辑至今有一年有余，期间经过了理论学习、确定目标、编排体例、分工编排等过程。现在一年级教材已成书，可以在下学期试用。另外二至六年级除个别课题未完成，其余都在电子排版阶段。

绿色文化是多元的，是可持续的更是生态的。今后，我们将围绕绿色，做足学校可持续发展的文章，在“以绿治校、以绿治教、以绿治学”引领下，向“学生在校学习六周年就能幸福生活六十年”的目标，探索前行。

“四学法”课堂改革，助力师生成长

江西省鹰潭市余江区城北学校　逄建水

教育部长陈宝生提出，要深化基础教育人才培养模式改革，掀起“课堂革命”，努力培养学生的创新精神和实践能力。强化课堂改

革，推进教学高效。提高课堂实效性，我校不断求新求变，学校以“四学法”课堂为抓手，着力进行课堂改革，促进学生全面发展。

我校是一所从幼儿园、小学、初中至高中十五年一贯完全制公立学校。学校位于稻香怡人的江西省邓家埠水稻原种场河西境内，距离梨温高速 G60 出口处仅 5 公里，地理位置优越，交通便利。学校占地 60 余亩，现有教职员工 152 人，其中高级教师 42 人，省级骨干教师 3 人，市级骨干教师 18 人，区级骨干教师 42 人，总计 44 个教学班 2600 余人，其中高中学生 1800 余人。

一、深化课堂改革，做活课堂课程

纵观教育大局，近年来，教育事业取得了长足的发展，教学改革也进行了多年，但在长期传统理念的影响下，课堂教学还存在很多不尽如人意的地方，许多教师仍然离不开“满堂灌”的教学方式，教师牢牢把持课堂，剥夺学生自主学习的权利，学生被动听课，失去学习的兴趣和自我发展的机会，课堂气氛沉闷，课堂教学低效、甚至无效，涌现出大量的学困生。

为此，我校以“源”文化为核心，践行“饮水思源、源头活水”的办学思想，提出“三源三活”浸润式育人模式，做活课程课堂。学校初中部以“自学、对学、组学、群学”四学法为抓手，围绕“学”字，做到把课堂真正还给学生，以小组建设为载体，培养学生自主学习、合作探究的能力，打造有情、有序的高效课堂，提高教学质量，促进学生综合素质的全面提高，促进学生全面、持续、和谐的发展，探索出了一条符合学校发展实际的新路。

学校的“源”文化寓意饮水思源，思教育之源、思生命之源，全体师生饮党恩之水，思福祉之地;“源”同时也谐音“圆”，象征“圆满”和“饱满”，即做“圆”教育（幼儿、小学、初中、高中），同时以“缘”为情怀，团结协作、共创辉煌。“源”文化建设为“四学法”课改工作的开展及小组合作交流活动奠定了人文基础。做活课堂是“四学法”的主旋律。

二、加强师资建设，打造名师工程

课堂教学改革的核心是教师，“四学法”教学模式的研究与实践有助于我校教师围绕课堂教学提行学习、思考、探索、总结，不断完善教学方式和方法，更新教学观念，形成自主、合作、探究、灵动的课堂教学氛。

为了加强“四学法”课改师资建设，我校着力打造名师工程、青蓝工程和“七个一”工程，鼓励经验丰富的教师上帮助青年教师尽快熟悉“四学法”教学工作。另一方面通过多种形式加强教师“四学法”课改培训工作，选派骨干教师到课改名校学习，借鉴好的做法。为推进课改工作，突出“独学”的基础地位，我校专门设置了课改独学时间段（每天晚辅的最后一节课），给足学生自学的时间。学校教研处组织开展“四学法”优质课竞赛，对于积极参与课改的教师，给予年度考核评优加分的待遇。在“四学法”课改工作中表现突出的，学校授予“最美教师”荣誉称号，并在学校教学楼醒目位置张贴他们的大幅照片。各种有力措施促进了教师的专业成长，也使四学法的开展更加顺畅，一些年龄偏大的教师也逐步被吸引到四学法的课改工作中来。

三、依托小组建设，落实课堂改革

“四学法”课堂教学主要依托小组建设，班级管理同样需要小组建设做支撑。我校在各班黑板上制作了《班级小组考核评价表》，项目包含：纪律、考勤、卫生、礼仪、三操、小组文化等。把班级各方面的工作都纳入到小组建设上来，期末学校对各班优秀小组予以表彰，向家长发喜报，通过校报、校内广播、微信群、美篇、学校公众号等渠道大力宣传，发挥导向和促进作用，营造了良好的小组建设气氛。

传统的前后位或“非”字形是小组建设的组合形式；红绿双色互帮沟通牌是学生独学、对学或是讨论过程中运用的工具栏，“通”则“绿”，“疑”即“红”；“信息展示板”是小组学习成果的展示台，更是“群学”的基础。

独学即；独立学习，包括读、思、疑、写；对学即；提前完成好学案内容－对面交换－规范批阅－退返学案－轻声讨论订正；组学即：以讨论式进行，全组起立，轻声交流，将小组疑难问题和创新答案由抄写员写在信息板上，再向全班展示。教师在学生的交流中，加强巡视引导，关注各小组的讨论结果，随时参与交流;群学即:教师关注小组讨论结果，选派小组进行讲解，全体同学以听讲式面向主讲人，听思结合，聆听要安静无声，做好记录，准备质疑。学生质疑时，教师应由其他小组代表进行解说纠正，并完善答案，所有环节中，教师要及时填写好评价分数。

小组建设强化团队合作精神。小组合作的基本原则是:组间同质，组内异质。6 人左右为一小组，并由小组成员中选举行政组长、卫生组长、学习组长等，明确分工，拟定组名、组口号、组徽等，加强小组文化建设，增强凝聚力。对组内成员进行编号，可按成绩、表现分为三个层次：1、2 号较差，3、4 号中等，5、6 号优秀。教师在课堂上，可以对编号靠前的同学多提问，多问多加分，以提高积极性，学生好差相对而做，便于指导交流，以达小组共同进步的作用。

小组成员的学力不同，成绩较好、能力可一些的学生可以帮助基础薄弱、学习能力欠佳的学生，有利于小组成员整体实力的提高，也有利于培养发展学生合作参与的核心素养。

四、创新课改模式，取得显著效果

学生个人素养明显发展。从课堂学习情况来看，学生的课堂参与度显著提高，喜欢小组合作的人数比率大幅上升，“四学法”课堂让学生有了更多自我展示的机会，学习兴趣更浓，学生变得更积极主动、更愿意思考、更有交流、更自信。

“四学法”课堂改革增强了我校的教研氛围。目前，我校办学条件完完善，教师参与课改积极性高，许多教师不辞辛劳，利用假期和业余时间提前制作“四学法”课改课件、教案、导学案。为了上好课改课，他们经常自发在一起探讨交流，形成浓厚的教研氛围，一批教学能手脱颖而出，青年教师陈玉玲荣获江西省首届数字化中学数学能力评比初中组一等奖，方君茹荣获鹰潭市初中 2020 政治课比赛一等奖，刘翠荣获 2021 余江区语文优质课竞赛一等奖;可以说“四学法”课堂教学改革为教师的专业成长搭建了提速的平台。

“四学法”课堂教学改革在本地区产生了一定的影响，受到了兄弟学校的关注。但是在教学改革上我们还存在一些不足，“路漫漫其修远兮，吾将上下而求索……”今后，我们将立足课堂，不断实践，探索新的课改路径，扎扎实实地推进课程改革，让课堂改革惠及万千学子。

让每一个生命如花绽放

辽宁省大连市第十三中学 于晓丽 张爽 刘国平 于彦

每一个孩子都是鲜活的生命，而教育正是让生命成长、生命展开的过程，是让不同生命都怒放的过程。辽宁省大连市第十三中学期待着让每一个生命多姿多彩，让每一个生命美丽如花，让每一个生命幸福绽放!

为实现这一美好愿景，大连市第十三中学始终秉承“夯实基础、突出特色、多元发展”的办学理念，立足提升学生的未来发展和社会需要的核心素养和关键能力，以“质量提升，特色发展”为轴心，实施“一心精质，两翼齐飞”发展战略，推动学校特色化、创新化、内涵式发展建设，力求让学校成为让每一个生命美丽绽放的幸福花园。

有内驱力的“特色内涵”，从发展走向卓越

内涵发展是学校发展的必由之路。大连市第十三中学立足新思维、新德育、新课堂、新亮点、新势力，从理念构筑、制度建设、课程体系、顶层设计等方面出发，全方位构筑创新人才培养模式，逐渐形成了个性化、特色化的发展格局。

为全面推进素质教育进程，学校既服务学生的全面发展，又着眼学生的个性发展，依据从核心素养到创新能力、从学科融合到创新思维的培养定位，始终突出德育实效、提升智育水平、强化体育锻炼、增强美育熏陶、加强劳动教育，全力打造“智慧学校”，探索出了一条从发展走向卓越的特色之路。由于办学质量突出，学校先后获评全国青少年人工智能活动特色单位、全国校园足球优秀学校、全国校园足球特色学校、辽宁省示范性高中、大连市多元教育特色高中、大连市教学模式改革典型学校等荣誉称号。

有战斗力的“多元智慧”，从经验走向智能

“多元智慧”是新时代教育发展的必然要求。大连市第十三中学的“多元智慧”内涵丰富，包括“教育智慧”、“智慧校园”和“角色智慧”三个层面，旨在形成大的“智慧社区”，真正让学习成为乐趣，让学校成为乐园。

教学智慧多元化。“教学应有法。”学校遵循教学规律，着眼于思维型课堂模式的建构，将核心素养与教学模式深度融合，积极探索聚焦基于情境、问题导向的课堂教育改革，探索构建互动式、启发式、探究式、体验式的课堂教学模式，最终形成了“三疑三探”思维发展型教学模式，真正让学生在课堂上感兴趣、能体验、会思考、学知识、建系统，同时学校创造性地将“五育”与学科融合与渗透，形成“五育并举，素养提升”的作业观，发挥课程作业的延伸功能，发挥“作业育人”与“过程评价”相结合的双重功效。

多元智慧生态化。随着 5G 时代的到来，学校以建设未来教室为导向，创新开设“网络云课堂”、“数字化课堂”、“平板课堂”、“双师课堂”，开辟 AR、VR 技术与课堂教学融合的新路径，探索“双线混融”教学模式，实现了智慧课堂建设及教学模式转型。例如，在疫情防控居家线上授课过程中，学校与乐课网联合，将线下智慧课堂与线上智慧课堂相结合，对备课、上课、作业、辅导、考试、评价等环节进行系统设计，加大互联网技术的融入，全面提升教学效能，实现了从核心素养、学科融合到创新能力、创新思维的培养。

教师角色智慧化。教学是充满智慧和创造力的事业，教师在教

学过程中不仅能享受智慧的挑战，也能享受创造的欢乐。教师要做新教材的研究者，能够基于课程标准和核心素养解读新教材，不断提高大单元教学设计能力，逐步编写大单元整体设计，开发情境素材，构建基于核心素养的情境任务设计。教师要做智慧教学的示范者，加快推进智慧教室建设，把新技术、新手段融入常态化的课堂教学之中，能够熟练运用平板授课，优化展示、评价、反馈等教学环节，努力打造高效课堂。教师要做校本资源库建设的承担者，积极开发积累本学科与新教材相匹配的资源，开发优质微课、精选精改教学课件、精编试题、精制学科特色导学案等资源。教师要做校本课程的开发者，以创新实践教室为载体，通过与高校对接、与馆院联合、与各种赛事对接，不断丰富创新实践课程体系，全面提升学生的综合素养。教师要做五育并举的落实者，在学科教学中渗透德育、美育、体育、劳育，丰富学校美育、体育、劳育校园活动载体，完善体育学、练、赛、评一体化研究，完善音、美、赏、创结合特色课程和校园美育可行性方案，推动人工智能课程向系列化、规模化发展。

有塑造力的“多元修德”，从管理转向自治

品德修养是立身处世之基，只有学会做人，才能真正走得远、成大业。大连市第十三中学顺应社会和教育发展的趋势，紧紧围绕立德树人根本任务，以育人为本、德育为先为目标，提出了“多元育德、六度齐修”的创新德育管理模式，力求通过“晓之以理”的思想熏陶、“行之以规”的核心观渗透、“动之以情”的情感濡染、“授之以渔”的自我发展、“学之以据”的习惯培养、“导之以行”的特长引领，提升德育成效，真正做到育人无痕。

为推动立德树人落地生根，学校一方面充分挖掘学科课程的人文价值和道德价值，将德育渗透浸润到每一节课中，加强学科融合，不断拓宽课堂育人路径，全面提升学生综合素养；另一方面，通过“五季三礼”（军训磨砺季、活动体育季、青春毕业季、素质拓展季、国际交流季，成人礼、开学典礼、毕业典礼）校园品牌文化活动，为学生综合素质的全面提升和充分展示搭建平台，提升学生的自我选择、自我管理、自我发展能力。

有竞争力的“多元特色”，从标准走向个性

每个人都有与众不同的地方，教育就是要打造学生的长板，让不同成为独特的优势，从而成就独特的更好地自己。大连市第十三中学坚持以人为中心，遵循尊重差异、激发潜能的培养准则，以足球、音乐、美术、科技四大特色为抓手，通过特色课程构建、特色教师培养、特色文化活动等方式，培养学生的核心优势，促进学生的最优成长，力求用多元特色项目推动学校教育从标准化向个性化转变，让学生成为独特的自己。

为满足学生多样化的成长需求，学校确定以“开贞、开放、开创、开拓”为社团发展的文化宗旨，形成了5大类30多个精品社团，多角度为学生提供“最适合的教育”、“个性化教育”和“扬长教育”，实现了学生个性化、多元化发展。

作为大连市“多元教育特色高中”，在疫情防控期间，多元教育更是克服各种困难，实现了多元化创新。如“艺锦”校本课程采用现下学生比较熟悉的“主播”形式、互动形式等，用贴近学生生活实际的案例，将美育与德育、智育、体育、劳动有机结合，“轻松又吸睛”，于无形中增强了学生的审美情趣、艺术修养。

近年来，学校的特色教育取得了令人瞩目的成绩，满足了学生的多元需求，实现了从特色项目到多元教育特色学校的转化，也为国家输送了一批批品学兼优、特长突出的优秀人才。

有生命力的“多元劳动”，从知识走向生活

劳动乃立身之本，它本身就是一种教育，而且是一种最好的生活教育。大连市第十三中学充分挖掘各学科课程的劳动教育资源和价值，将劳动教育渗透到学校教育教学之中，进一步探索实践型、体验型、探究型的教学模式，逐步完善劳动教育组织体系、课程体系、育人体系、评价体系建设，让学生切实感受劳动之美、劳动之用、劳动之力。

以学校劳动为基础。学校将课程贴近生活，从学生的生活中挖掘资源，因地制宜、因人制宜，打造特色学校劳动教育场景，通过卫生清扫、义务劳动等活动，让学生感知生活跳动的脉络，提高学生的动手能力。

以家庭劳动为延伸。学校将家庭劳动纳入寒暑假作业目录，让家庭成为开展劳动教育最灵活、最便捷、最持续、最具实效性的劳动教育阵地。各年级结合“生涯规划”，依托不同家长的职业资源，为学生适应社会生活和未来职业做好准备。

以社会实践为补充。学校充分挖掘社会实践的育人价值，将社会实践与综合素质评价相结合，提高学生对劳动教育理解的深度。

有创造力的“STEAM+”，从线性走向立体

创新是引领发展的第一动力。大连市第十三中学为培养高中生的学科基础创新思维，站位时代前沿，持续教育创新，在大连市内率先创新实践教室，为具有创新精神和创新潜质的学生搭建多样化的创新实践体验平台，并以此为依托，大力深化创新实践课程开发，构建了立体化的“STEAM+”潜能课程群，力求把学生培养成为符合时代要求的、具有持久竞争力的复合型人才。

居家线上教学期间，学校在原有人文社科类、科创类课程、学科渗透融合课程基础上，结合时事特点、学校学科融合课程特点，各备课组协同创设出“+战疫课程”，推出指向深度学习的“八段锦”战疫课程，从“文锦”、“术锦”、“史锦”、“德锦”、“艺锦”、“技锦”、“心锦”、“研锦”八个方面，学校开发的“基于核心素养”的“一式六艺”全景式融合课程涵盖多个学科内容，打破知识壁垒，深化学科融合。

总之，学校的创新课程是丰富的、立体的、多元的，又是系统的、聚焦的，平衡了学生综合素质与学业成绩之间的关系，助推了学生全面而有个性的发展。

每一个生命都是独一无二的，其人生都应该是色彩斑斓、异彩纷呈的。立足新的历史起点和新的发展机遇，已经跃居省级示范性高中行列的大连市第十三中学将继续秉承“夯实基础、突出特色、多元发展”的办学理念，建立具有多元特色的高中教育新模式，恪守初心，勇担使命，肩负起“培养国家合格建设者与创新人才，培养具有使命感和担当精神的大国国民”的使命，努力描绘高中教育的新图景，推动学生的全面综合发展、多元发展、优质发展，让每一位学生都精彩绽放。

建设绿色课堂，追求本真教育

内蒙古阿鲁科尔沁旗荞麦塔拉小学　郭友

为深入贯彻落实习近平生态文明思想和党的十九大精神，积极推进生态文明教育，深入培育校园绿色环保可持续发展，我校遵循学生身心发展规律和教育规律，通过研究建设绿色课堂，着力提升学生的核心素养，追求本真教育，促进学生全面发展。

一、绿色课堂建设行动研究规划

行动研究路线图。在绿色课堂建设领导小组的统筹安排下，依据切实可行的实施方案，开展行动研究，将反思的问题筛选提炼，调控研究行动，实现螺旋式上升，以期达到预期的研究成果。

行动研究构想图。以物化环境建设为基础，营造没有讲台、没有后排座位的教室，将图书、计算机、互联网引入教室，让动植物生长在教室；以人文建设为核心，打造民主、自主、合作、探究、开放、分享、生成、包容、和谐、温暖、发展的课堂人文环境，通过物化资源环境与人文环境的有机整合，最终实现课堂教学效率和师生生命质量提升。

行动研究时间表。第一阶段(2016年1月—2016年3月)成立组织，制定方案，宣传发动，成立组织保证此项行动研究的顺利实施，制定可操作性强的实施方案，使广大师生充分了解绿色课堂建设这一行动。

第二阶段（2016年4月—2019年2月）行动研究，阶段总结，持续推进。在课堂物化环境建设、人文环境建设、课堂内外结合推进等方面形成研究初步成果。

第三阶段（2019年3月—2020年12月）行动总结，归纳成果，形成特色。全面总结行动研究历程，将制度建设、教学课例、教育教学个案、教育故事、校本教材、教学随笔、工作日志、教学流程、工作流程、评价标准、专著、论文、博客、微课、学校微信公众号、校园网站、校刊、教学研究课题资料、学生成长档案等成果进行系统归纳，并将绿色课堂建设成果与其他七大行动有机融合，推动内涵发展，打造学校文化，形成学校特色。

行动研究框架图。以物化环境建设、人文环境建设和课堂内外结合形成绿色课堂行动研究的基本框架，在组织、制度和物质三重保障下展开课堂教学研究，特别是常规管理制度的完善及落实，如校本训研制度、集体备课制度、教学常规检查制度、学情调查制度，求精、求细、求实，实现全方位覆盖，从各个环节改善课堂教学。以教学相长的基本理念为引领，注重教师教学能力的提升和学生学习能力的培养，尝试实施“积分奖励计划”激励师生主动作为，实现绿色课堂的协同共建。

行动研究重点。行动研究的重点为“三个一”：坚守一个主阵地——课堂，坚持一个战略——教研，坚定一个战术——教与学方式的对等改善。

为了促进教师主动思考的习惯，推动读书—实践—思考—写作的教育生活方式，学校倡导实施身心减负，头脑加思的常态教研形式，减少固有的重复性教师劳动，在此基础上加思想、加方法、加理念、加创新，教师每日说、写分享训研项目由碎片化零散化，逐步向常态化、体验化、主题化迈进。

二、绿色课堂建设行动研究印迹

通过对绿色课堂的共同解读，我们将绿色课堂定位为“以人为本的生命课堂”。通过绿色课堂建设，主动追求教育本质，让人文精神自然融入教学过程中，成为师生共同成长的绿色通道。

行动教研之路拾贝撷英。形成了集体备课的流程："个体初备说思路——集体研讨达共识——提炼优化定设计——课堂实践寻验证——议课反思求改善"五步操作。

初步形成了"绿色课堂"教学基本模式：课首练说一情境导入一自学尝试一合作解疑一展示交流 -- 应用拓展。

积分管理收到激励作用。根据学生平时上课情况、作业完成情况、小组协作、参加活动及获奖情况等给予个人和小组积分，积分到相应数量可以兑换相应的奖品，激励学生在课内外不懈努力。

师生教与学的行为方式有了初步改善。通过外出学习、校本培训、教师自主学习等多种方式的训研活动，教师的教学理念得到了更新，行为方式得到了初步改善，学生的学习习惯逐渐向积极上进的方向发展，在研究的过程中，我们编写了一些顺口溜。如"教师课堂行为歌"、"学生课堂行为歌"、"合作学习歌"、"课堂教学原则歌"、"数学课堂教学设计歌"等。

三、绿色课堂建设行动研究思考

绿色课堂的操作体系还需要进一步细化。学校建立了《绿色课堂工作手册》，主要框架基本形成，操作体系还需要进一步细化，用以指导下一步构建。

教师的教学操作工具还需不断丰富。通过团队协作、体验式训研等多种培训，教师的观念有了一定的转变，学校推进了小组合作学习、游戏竞赛、积分激励等教学操作工具及策略，但还不够丰富，教师在运用这些工具的过程中存在机械僵硬的问题，需要积淀充实丰富，逐步达到熟练灵活运用各种策略工具组织教学。

教师的教育生活方式还需要培植构建。对教学问题的熟视无睹似乎成为习惯，没有真正形成"读书—实践—思考—写作"的教育生活方式，亟待培植，特别是写作习惯的培养，需要长期坚持积累，最终实现提升。

四、开展研究学习共同体建设

基本思路：践行"为每一位学生的终身发展奠基"的办学理念，将 2019 年定为学习共同体建设年，努力建设"幸福校园共同体"，主题词是：让每一位师生都被温暖以待。分别建设前勤"教学相长幸福共同体"，后勤"协作共进幸福共同体"，同时建设"团结友爱幸福班级共同体"，努力提升每一位师生的幸福感，为了儿童发展的无限可能积极开展行动。

形成一种氛围，即全员育人的氛围。达成一个共识，即"每一个儿童都有发展的无限可能，保障每一个孩子实现高品质学习。"通过召开班主任工作会议、班主任业务培训、经验交流、读书活动等多种方式和渠道，让教师从儿童的视角来看待问题，引领每一个孩子实现个性化的主动活泼发展。

建章立制，扎实推进。以"团结友爱幸福班级共同体"为目标，扎实推进班级建设。一是创建积极向上的班级文化，二是组建班级内部学习共同体小组。

关爱弱势，助力成长。我校是一所农村寄宿制小学，单亲、离异、留守、贫困儿童较多，据此实际，学校建立了弱势儿童的关爱体系，在物质资金救助方面，除了利用上级资助政策的资金外，成立爱心基金会，募集资金，帮助家庭贫困学生解决生活困难。在学生成长发展关爱方面，开展了党员、班子及教师与学生结对成长项目，旨在与帮助学生解决学习及思想上的障碍，与学生一对一结为成长伙伴，利用课余时间与学生沟通谈心，关心生活冷暖，指导学习方法，学生的思想包袱得到了及时的释放，学习的困难得到了克服

活动体验，个性成长。学校安排了晨会课、班队活动课，对学生进行爱国主义教育、理想信念教育、守则规范教育等系列主题教育；此外，设立足球、葫芦丝、舞蹈、手工等社团活动课程供学生选择学习；学校积极开展研学旅行活动课程，例如到村庄捡拾白色垃圾，进行环境保护教育，到敬老院给老人表演文艺节目，对学生进行尊老敬老爱老教育，特别是我校与阿旗青少年活动中心联合开展的"红色研学之旅"，充分发掘利用当地红色教育资源，学生聆听老支书讲解英雄故事，参观烈士展馆，师生瞻仰人民英雄纪念碑，齐唱歌曲《人民英雄徐汉林》，让学生在聆听故事中了解英雄，在展馆的一张张照片中认识英雄，在纪念碑前敬仰英雄，在歌曲中赞颂英雄，收到了良好的教育效果，此项目已经成为我校的传统课程项目。

评价多元，欣赏激励。以"经棚宣言"中追求"让评价变成欣赏和帮助"的教育新境界理念为引领，积极探索正向、积极、欣赏、帮助的评价策略，以学生的核心素养形成为指要，用评价引领学生主动活泼发展。

建设绿色课堂，追求教育本真。改进学校、班级控制式管理结构，追求体现民主型、研究型、创造型文化的学校、班级治理新体系。我们将不断深入思考，探索教育新路径，且行且思且研，走向真教育，走向光明。

筑梦冰雪 乐享童趣

——呼伦贝尔市中心城新区新海小学冰雪进校园活动

内蒙古自治区呼伦贝尔市中心城新区新海小学 徐霞 韩葳 张玉柱

"北国风光，千里冰封，万里雪飘。"进入冬季，大雪如期光顾了呼伦贝尔大地，不论是繁华的城市，还是寂静的草原，或者肥沃的黑土地，都被皑皑白雪覆盖，圣洁而宁静。

作为全国冰雪特色学校，呼伦贝尔市中心城新区新海小学历年来高度注重开展学生冬季冰雪体育运动，紧紧依托丰富的冰雪资源，牢牢坚守"以爱育人、凭责任育人、用文化育人"的教育理念，严格遵循愉悦身心与素质技能提高并存的原则，深入推进冰雪进校园项目，持续开展系列特色活动，让孩子充分体会冰雪带来的乐趣，了解家乡的冰雪文化，释放孩子的童真童趣，培养孩子热爱运动、终身运动的良好生活习惯。

开设冰雪课程，强健学生体魄

课程是学生获取知识、提升能力的主渠道。新海小学坚持每天开展大课间活动，开设体育课程，让孩子们都能够充分体验冰雪运动的乐趣。

在形式多样的冰雪课程中，低年级的孩子们体验着抽冰嘎、拉爬犁、雪地足球等简单而快乐地运动形式，高年级的孩子们则挑战雪合战、速度滑冰、俯卧式打爬犁、自助力爬犁等有一定技术难度的项目。俯卧式打爬犁可是一项技术活儿，孩子们双手紧握爬犁两侧前端，身体俯卧在爬犁上面，抬头目视前方，用力一蹬，身体便和爬犁一起快速冲了出去，别提多过瘾了。再瞧拉爬犁的孩子们，男女生分好组，一声令下，拉着爬犁飞快地向前运送，团队协作精神得到很好的锻炼。严寒中，教师坚持带领孩子们学习，让他们在冰场上发挥特长、展示技能，参与课程的热情日益高涨。

草原的孩子爱玩雪，在自己喜欢的活动中更是玩得不亦乐乎，尽情体验着冰雪的趣味，同学间的团结协作能力也得到极大提高。一节节激烈的冰上课，让欢声笑语充满了整个冰场，为新海小学的校园增添了无限的生机和活力。

坚持冬季长跑，磨炼学生意志

坚持冬季长跑，能提高身体的各项生理机能。冬季长跑是新海小学开展校园大课间活动的重要项目之一，能够有效提高学生的身体素质和自我锻炼意识。

在正式组织长跑活动前，各班进行了摸底，确保孩子们能够安全有效地参加长跑活动，身体有特殊情况的孩子安排其他的活动方式。冬季长跑在校长下达"开跑"口令时拉开帷幕，学生们按照年段分布在足球场、篮球场和活动场地上，听从口令统一出发，师生同跑，班级间隔 5 米左右距离，确保安全有序。

在零下十几度甚至二十度的环境下，孩子们坚持每日长跑，既能有利于心肺功能和呼吸系统的发育，增强身体的免疫力，又能磨炼他们坚强、勇敢、不畏艰难的意志，让他们受益终身。

开展校园冰雪节，陶冶学生情操

玄律季冬，朔风封寒。每逢大雪如期而至，新海小学就会认真筹备多姿多彩的校园冰雪节，欢呼声、呐喊声此起彼伏，到处洋溢着激情的冰雪运动气息。

一年一度的校园冰雪节由全校师生一起动手装点校园，营造美轮美奂的冰雪世界。三年级的班主任老师带领学生拿着亲手制作的树挂，兴高采烈地装饰班级树，每个班级都展示出不同的特色和主题；四年级的孩子们自制的装饰冰块也别致独特，冰块里面冻结着各种各样精美的饰品，有的里面还添加了彩灯，到了夜晚一闪一闪的，构思巧妙、形态各异，即精致又可爱，为校园的夜景增添了一抹迷人的色彩，引得大家驻足欣赏称赞不已；五年级的孩子们在老师的带领下每个班级制作一个以民族团结为主题的雪人，六个班级分别制作的身着汉族、蒙古族和四少民族服装的雪人围在一起，就像一边唱着"五十六个民族，五十六枝花，五十六个兄弟姐妹是一家……"，还一边跳起了《爱我中华》的舞蹈；六年级的孩子们齐心合力在校园的一角建起了几座冰雪小屋，这也成了孩子们打雪仗时候的最佳阵地，孩子们时而冲锋，时而投掷，时而扬起漫天雪花，乐在其中。

这场冰雪盛会，不仅让孩子们感受到了北方冬天独有的魅力和无限的乐趣，也培养了他们的团结合作意识和实践创新能力，让他们真正从心里爱上了冰雪活动。

举办冰雪运动会，激发学生热情

趣味横生的冬季冰雪运动会，也是新海小学的一大特色。运动会赛事利用下午的两节课时间，持续三天，共设有双人拉爬犁、速滑和雪合战三个比赛项目，给全体师生带来了一场冰雪运动的视听盛宴，有效推动了冰雪运动的普及。

冰雪运动会期间，操场上一片热闹的景象，冰场和雪地上随处可见学生们比赛玩耍的身影，零下三十摄氏度的寒冷天气丝毫没有减弱学生们对冰上运动的热情，赛场上处处是笑声、呐喊声、欢呼声……特别值得一提的是雪合战比赛。什么是雪合战？其实就是我们

小时候玩的“打雪仗”，如今成了赛事级“游戏”，也有世界级的比赛联盟，拥有完善的竞赛规则与裁判方法，是一种新兴的雪上团体竞技项目。

冰雪运动会把趣味性、娱乐性两者融为一体，既有利于学生身心健康，又增强了学生素质，同时也让每一名学生享受着冰雪运动带来的健康与快乐！

组织冰雪定向赛，激励学生奋进

“寻找美丽中华”全国旅游城市冰雪定向赛海拉尔分站赛在海拉尔国家森林公园盛大开赛。新海小学代表队无畏严寒派出 41 组队伍共 80 余人参加亲子项目的比赛，包揽了该项赛事的前八名，这也是学校历年来参与规模最大的一次，体现出了师生、家长对开展定向运动的无比热情！

在比赛过程中，参赛家庭争分夺秒、奋力进发，整个活动场面紧张激烈、热闹非凡。家庭成员分工合作，配合默契，充分体现了团队合作的精神。爸爸领着女儿，妈妈牵着儿子，紧张激烈的比赛不失和谐、温馨，国家森林公园洋溢着欢乐的笑声。

冰雪亲子定向赛，让家长与孩子一起动脑想、动手做，使运动融入家庭，营造了和谐融洽的家庭氛围，共同培养孩子的创新思维及运动能力，增强了学生相互协作的团体意识，更将运动的快乐和精神传递给更多的人。

“冰消远涧怜清韵，雪远寒峰想玉姿。”冰雪是大自然赋予北方孩子们得天独厚的礼物，在极冷的天气下我们一样拥有着对冬天特殊的热情。新海小学全体师生用对冰雪无限的热爱，期待着新冠疫情过后“十四冬”在呼伦贝尔胜利开幕，我们张开热情的臂膀，等你来！安达，赛努！

（注：安达和赛努是第十四届全国冬季运动会的吉祥物，是一对俏皮可爱的蒙古族娃娃形象，体现了内蒙古地区深厚的民族文化底蕴，寓意和平与希望。蒙古彩娃有内蒙古鲜明的地域特征，男娃名为“安达”，是蒙古语“朋友”，女孩名为“赛努”，是蒙古语“你好”，名字组成“朋友你好”，传递了内蒙古人民对全国人民的诚挚邀请，对八方客朋的亲切问候，对冬运会运动员赛出佳绩的美好祝愿，体现了和平和友谊的体育精神内涵，彰显了内蒙古人民热情好客、健康快乐地良好精神面貌。）

红心向党育新人

山大附中实验学校　陈立军

山大附中实验学校在定陶区委、区政府和山东山大基础教育集团的坚强领导下，高举习近平新时代中国特色社会主义思想伟大旗帜，践行“立德树人”的根本任务，秉承“共享生命成长”的办学思想，坚持“教师发展的沃土，学生成长的乐园”的办学理念，始终做到党建引领，筑梦育魂，传承“红色基因”、打造“红色阵地”、塑造“红烛先锋”，全力办好人民满意的教育，努力实现党建与教育教学工作深度融合。

一、完善党组织架构，加强基层党组织建设

2020 年学校党总支升格为党委，党委配备书记、副书记和 5 名委员，1 名党务专员，下设高中、初中、行政 3 个支部，7 个党小组，选配党支部书记、组织委员、宣传委员和党小组组长，形成了完善的学校党组织架构，为我校党组织各项工作的顺利开展奠定了坚实的组织保障，增强了学校党组织班子凝聚力和战斗力。学校党委还聘请区委组织部副部长陈永安、区教育工委办公室主任黄复阁等同志为党建工作指导员，助力学校基层党建工作发展。

二、创新工作机制，加强组织保障

学校党委实行“3+4”工作法，构建管理、育人、量化三项机制，落实养心、育德、养根、育能四大核心素养，把党建与学校文化、人才培养相结合，努力实现党建与学校发展的深度融合。

三项机制：管理机制——践行“党组织领导、学术引领、行政服务、项目管理”的管理理念，落实全员育人、一岗双责、一专多能，建设学习型、服务型、创新型党组织。育人机制——围绕“立德树人”的教育使命，以“红心向党”为主题，以铸魂育人为主线，全面落实“经历即成长”的德育理念，让学生在活动中参与，在参与中体验，在体验中感悟，在感悟中成长。量化机制——推行党建工作责任制，发挥校党委与各支部的配合联动，创新“1+1+x”工作机制，突出细节，狠抓落实，科学评价，推动“红心向党”工程向纵深发展。

四大素养：养四心——红心、善心、孝心、信心，树立远大理想，红心献给党，善心奉献社会，孝心回报父母，信心留给自己。育四德——品德、美德、公德、道德，学校党总支围绕“经历即成长”的德育理念，注重个人品德、家庭美德、社会公德、公民道德的培养。养四根——育根、润根、护根、固根，学校党委围绕“养心育德、养根育能”的教育策略，力求教育回归本源，为孩子们营造共同的精神家园。育四能——体能、技能、潜能、智能，秉承百年山大“学无止境、气有浩然”的校训，使学生拥有健康的体魄，掌握生存的技能，发掘个人的潜能，培育发展的智能，做品格高尚、知识渊博、思维创新、奉献祖国的社会主义合格建设者和接班人。

三、强化政治引领，打造“红色阵地”

打造“红色阵地”，营造“红心向党”浓厚氛围。以党的发展史为主线，将红色精神融入学校教育精神根脉，高标准建设1000平方米“红心向党”教育馆，包括党史国史教育室、红色影视教育室、党员活动室、传统文化教育室、红色走廊等；红色书籍120余种800余册，师生红色作品60余类136册，党员教师自编“红心向党”校本教材62套；收集红色影视资料240余部；在校园红色广场区树立24块“红心向党”永久性宣传牌，形成了浓厚的学校红色教育氛围。自2019年9月先后接待省市区领导调研指导36次，菏泽市牡丹区、开发区、郓城县、东明县、成武县、鄄城县等县区的48个兄弟学校来我校参观交流党建工作，定期组织全校师生前往“红心向党”教育馆参观学习，进一步激发了广大师生“学党史，感党恩，跟党走，争做建设中国特色社会主义事业合格接班人”的奋斗热情。

四、开发红色课程，促进党建与教学深度融合

学校党委领导班子“围绕教学抓党建，抓好党建促教学”，充分发挥党员教师的先锋模范作用，以“红色教育”为主线，积极创新工作思路和工作方式，针对不同年龄段学生，按照“一个年级一个学期一个主题”原则，开设12年一贯制德育课程，扎实推进红色教育进教室、进教案、进课堂，把开展新时代中国特色社会主义思想和党史国史宣传教育活动融入学生日常学习生活全过程。将语文、历史、思政、美术、音乐学科的知识整合起来，设计以《红色歌曲》《红色诗文》《英雄楷模》《时代脉搏》《红色研学》5个育人主题。通过语文课的“吟诵红色诗文”，了解诗文背后的历史和故事，让师生跨越时空，感受到那段波澜壮阔的历史，体会共产党人不怕牺牲、追求真理的信念。在美术课堂上通过剪纸、版画、黑白画多种形式，刻画红色人物，以立体的方式全方位的去触动学生爱国情感。将“红色歌曲”融入音乐教学，通过学唱红色歌曲、红歌比赛等多种形式追忆那些为民族独立、人民解放、国家富强和社会进步而奉献青春热血乃至宝贵生命英雄的同时，激励人们奋发向上的感情，增进对党的热爱。将“英雄楷模”融入政治教学，通过开展讲革命故事比赛活动，讲述革命志士抛头颅、洒热血，赤诚奉献的故事，接受革命传统教育，学习他们英勇顽强的精神。通过观看《改革开放》《同心战疫》等纪录片，让学生了解国家发展历程，了解党的坚强领导，增进对国家对党的感情。“红色研学”将红色教育的课堂拓展到了校外的行走实践，定陶区革命烈士陵园、定陶区博物馆、定陶区非遗研究中心、菏泽冀鲁豫革命纪念馆等已成为我校每年必到的社会实践育人基地。通过组织“四十公里远足”、“红色骑行”等形式多样的研学旅行实践，帮助学生“走近历史”亲身体验“长征路”，了解党的历史和国家的发展，培养学生的家国情怀。在学校党委的领导下，党员教师自编“红心向党”校本教材62套，组织红色活动27项，极大地丰富了全体党员教职员工和广大学生的业余生活，极大地激发了广大师生的爱国热情、政治思想素质和对社会主义核心价值观的政治认同。2019年我校在首届菏泽市“红心向党”活动开展过程中被市委组织部评为全市第一位的好成绩。市电视台《关注》栏目和《新闻联播》栏目先多次来我校采访报道“红心向党”活动开展情况，极大地激发了广大党员教师的参与热情，得到了省市区领导和社会各界的一致好评。

五、开展系列活动，塑造“红烛先锋”

1. 学校党委要求各党支部每月中旬把开展新时代中国特色社会主义思想和党史国史宣传教育活动融入学生日常学习生活全过程，根据党员教师的工作特点、青少年成长特点和规律，举办了宪法知识竞赛、五四青年节演讲比赛、七一知识竞赛、十一征文大赛等一系列适合学校特色的红色教育活动，从而极大地激发了广大师生的爱国热情、政治思想素质和对社会主义核心价值观的政治认同。

2. 吸纳优秀青年教师入党。全校 436 多名教师中年轻教师达到 80% 以上，他们有知识、有朝气、有活力、有干劲，渴望进步。学校党总支始终坚持着眼长远发展，积极在优秀青年教师中发展入党积极分子，三年来先后有 106 名教师向党组织递交了入党申请书，经过党支部的全面培养，26 人被列为入党积极分子，8 人转为中共正式党员。

3.发挥优秀党员教师的引领示范作用。学校党委要求党员教师首先要发挥好带头作用。党员教师在各项工作和活动中走在群众的前面，处处给群众做出表率，成为群众学习的榜样，这样，党员就能真正成为群众心目中的带头人。其次要发挥好骨干作用。党员教师在各项工作中应当成为群众的核心和中坚分子。对于群众在工作、生活中的困难，要主动热情地帮助解决；对群众提出的各种问题，要正确地给以解释和回答；当群众的正当权益受到损害时，要敢于挺身而出，保护群众的利益。再次要发挥好桥梁作用。共产党员是党和人民群众保持密切联系的中介，要成为党组织与人民群众相联系的纽带。一方面，要经常向群众宣传、解释党的路线、方针、政策和主张，使群众真正理解它的意义、做法以及同自己切身利益的关系，从而自觉地为实现党所提出的各项任务而奋斗；另一方面，还要时刻注意群众的情绪，及时地、如实地向党组织反映群众对党和政府工作的意见，以便党组织能够经常听到群众的呼声，更好地改进工作，从而保证自己的决策能正确地代表群众的利益，进一步巩固和发展党同人民群众的密切联系。党员要以自己的模范的工作把党的指示和精神变为群众的自觉行动，又把群众的利益和愿望转化为党的政策和决策。学校党委有计划地在党员教师中开展“双报到”、“双亮双争双评”、“我是党员我带头”、“党员先锋岗”、“争做树人红烛先锋”、“青蓝工程”等系类活动活动，充分发挥党员示范作用，通过活动涌现出了一大批身边的榜样，近三年来教师有5人次获得国家级、60人次获得省级、177人次获得市级、223人次获得区级荣誉称号或奖励。16位同志荣获定陶区优秀共产党员和优秀党务工作者称号，2位同志荣获菏泽市优秀共产党员和优秀党务工作者称号。党员教师示范活动的开展有效地带动了学校党建工作和教育教学工作进入高质量发展时期，四年来中考成绩一直稳居全区第一名、高考本科上线率分别为79.5%、64%、72%、81%在全市一直处于领先行列。新时代新征程，我们坚信在上级党委的领导下山大附中实验学校的明天一定更加美好。

传承民间游戏，丰盈幼儿童年

山东省德州市宁津县相衙镇京城张社区幼儿园　周云霞

游戏是孩子们童年生活中最快乐地回忆，不可或缺。其中，民间游戏根植于社会文明，来源于艺术生活，生动有趣，雅俗共赏。我园自 2014 年建园以来先后被评为德州市一类幼儿园、宁津县最美乡村幼儿园、山东省示范性幼儿园等荣誉称号。2019 宁津县教体局提出“一校一品　各具特色”工作要求，这对我园来说，既是一种提升磨炼，又是一种考验。一所优秀学校的特色文化，应该是学校自身形成和发展的物质文化和精神文化的积累，想在短短几个月的时间里打造具有内涵的校园文化特色，于一所年轻的幼儿园来讲，有很大的困难。

幼儿园要实现特色办学，打造本园特色，首要之举就是要找准抓手。对于幼儿来讲，游戏是其基本而且是最喜欢的活动，抓住这一抓手，经过反复的教研和讨论，我园最终确定了从创特色游戏活动为切入点，打造园所特色。

一、集思广益，深挖细找

传统游戏大都流落民间，甚至有的已经失传，要想获取更多更原汁原味的传统游戏，需要集思广益、深入挖掘。首先我园给家长发放了调查问卷，让家长填写三到四种玩过的民间传统游戏以及传统玩具。　其次动员教师和家长的全部力量，走村入户，寻访老一辈人，回忆并讲述自己小时候玩过的民间游戏，广泛搜集，并加以文字和图谱记载，进而筛选出符合幼儿发展的民间传统游戏进行整理和归类。第三，广泛利用现代化途径寻求资源，教师通过网络、书籍等方式寻找更多的适合幼儿的传统民间游戏，将现代化和传统有效结合。

二、传承创新，打磨加工

民间游戏为原生态的东西，在玩法、规则、要求上都没有严格的规定，在我园运用民间游戏不是拿来就可以用的，应注意针对性、灵活性、适度性，根据幼儿的发展目标有目的、有计划、有选择地开展民间游戏。因此在确立了民间游戏的项目后，我园进行了全园教研，仔细研读民间游戏，共同商讨，制定各游戏的目标、玩法、规则、注意事项等，并对民间游戏进行深加工，使之能够在教学活动中充分发挥其中的教育价值，并根据幼儿的年龄特点和发展水平，将不同的民间游戏投入到相应的班级。

小班幼儿年龄尚小，动作发展较慢，因此选择一些配有童谣的游戏，如丢手绢、荷花荷花几月开，这些趣味性强的游戏再配上朗朗上口的儿歌，不但激发了幼儿游戏的乐趣，更是让幼儿感受到了韵律的美。

中班幼儿思维比较有独创性，活动量也有所加大，但是合作意识较差。针对幼儿的年龄特点将深入挖掘一些小型的户外民间游戏，如“跳房子”、踢毽子、“踩梅花桩”、丢沙包、飞流弹等。

大班幼儿自主性较强，户外活动时常常喜欢追踪打闹，活动精力旺盛，适合开展规则性游戏、竞赛性游戏、合作性游戏为主的民间体育游戏。游戏如跳竹竿、舞龙、跳绳、“地雷爆炸”、“冰棍”等游戏，在游戏过程中，教师为幼儿提供了极为宽松的环境，让幼儿进行合作游戏，极大地促进了幼儿社会性的发展，培养了幼儿的组织能力和合作能力。许多民间游戏以比赛的形式进行，如：摔元宝游戏，谁的技巧好谁就赢得多，孩子在游戏中不甘落后，极大地激发了幼儿的好胜心，培养了他们的进取心。

另外在同一年龄班中，针对不同幼儿的不同发展需要，选择不同内容的民间游戏，制定不同的游戏规则和游戏目标，随时随地地调节游戏的难易程度，以符合幼儿的个体差异和特点，使每个幼儿在其原有水平上得到发展。

三、因地制宜，创造条件

确定下游戏项目以后，我们还需要为幼儿游戏提供充分的场地及材料，首先是为幼儿准备活动的大量材料，坚持因地制宜，变废为宝的原则，和家长、幼儿共同制作了：高跷、沙包、飞流弹、铁环、花棒、橡皮筋等大量的体育玩具。并对传统游戏材料进行筛选与改良，如：将铁质的易拉罐制作成高跷；用废旧报纸和挂历纸做成的纸棒；用碎布头做成的尾巴等，为幼儿户外活动提供了充足的材料。其次是想尽办法扩大户外活动空间。利用走廊、操场轮流安排活动。如：在大厅上画上各种各样的格子，让幼儿自由地、三五成群地玩跳房子游戏等。再次打破原有的一日活动流程，将片段零散性的时间充分整合成一个大段的户外活动时间，在时间、空间上给予充分的保障，让每个民间游戏从开始到延伸，每一个环节都能够充分地发挥作用，让幼儿获得良好的发展。

游戏中，我们要求教师要做好观察记录，观察幼儿的表现，游戏材料的实用性，记录幼儿的发展，游戏的价值及游戏的推广部分，让游戏的价值表现得淋漓尽致，让幼儿在游戏中愉快学习，和谐发展。

在民间游戏实施的每一个阶段中，教师都要进行认真的反思，反思自己的教学方式、制定的游戏目标、准备的材料、幼儿的参与与表现、游戏价值的体现、游戏的闪光点等，通过反思，总结出游戏中具有推广价值的内容，从而汇集成册，奠定园本课程的开发。

四、特色整合，创造乐趣

游戏中，根据幼儿发展水平的不断提高老师们对游戏的规则及游戏材料的投放都要不断地进行调整，甚至可以让幼儿自己探索玩法以及制定规则，不但可以提高幼儿社会性能力，而且增加了玩游戏的长久性。例如在跳竹竿活动中教师为幼儿提供了各种花秆，让幼儿自由选择后自由玩耍，教师在一旁观察幼儿，幼儿会创造出各种不同的玩法，如：单脚跳、双脚跳、分合跳等。当幼儿尽情玩耍后，教师适度介入，幼儿又自主的探讨出了多人合作跳秆，如交错跳、转身跳、变队形跳、加音乐跳等花样跳。游戏的规则、材料、口令的内容等都有一定的改变，极大地促进了幼儿社会性的发展，同时孩子们的创造力得到了释放。

传统户外游戏建设中，通过场地规划、级部协同等将全园的民间游戏整合在一起，如小班的拉大锯、顶沙包跑，中班的跳房子、花样呼啦圈、揪尾巴，大班的跳竹竿、跳皮筋、跳大绳、敲堂鼓等，然后各级部整合，商讨确定一首节奏鲜明的音乐律动，在音乐的背景下，各班级通过依次一穿插一并列等形式同时进行游戏，游戏与音乐融合，游戏与游戏融合，游戏与幼儿融合，新的玩法、新的花样让孩子们不断的体味到创造的乐趣，让传统游戏更加的丰富和有趣。

五、回眸展望，未来可期

为丰富教育活动内容，培养幼儿尊重、热爱本土传统文化的情感，也为传承优秀的民族文化传统，在民间游戏的收集、整理、运用、开发、创新、再运用的过程中，我们灵活的运用民间游戏的特点发挥其最大的作用，丰富了游戏的内容，完善了游戏的规则，变化了游戏的玩法，通过民间游戏的实践和开展，探索出一套适合本园特点的民间游戏课程，将作为我园的园本课程来进行开发和运行。另外我们还在尝试将民间游戏与一日活动过渡环节的自然贯穿以及与区域活动的有效融合，民间游戏作为民间文化的一个部分，蕴涵着丰富的现代教育价值和发展潜力，值得我们重视和不断研究、探索与实践，让其能更好地发挥作用。幼儿也在多姿多彩的传统游戏活动中，获得了知识、体验了情感，让身体和心理都得到长足发展。

民间游戏是一代又一代中国人传承下来的朴素智慧与文化经典。传统游戏经历过时间的洗礼，有着多彩的趣味性、丰富的文化内涵和积极的教育意义。在幼儿园中开展民间游戏，不仅是一种尝试，更是一种需要、一种新的体验，不仅幼儿得到了成长，更使得民间游戏这一珍贵的文化遗产可以得以传承，让从民间来的游戏，重新回到民间，力求让中华民族传统文化在幼小的心灵中根植，并在我们民族的世代传承中不断发展和壮大，从而更好地促进幼儿身体健康和谐地发展。

弘扬中华优秀传统文化，让我们一起把经典传承下去，让“民间游戏”这朵魅力之花更加永恒、娇艳、璀璨！

美好教育大道上的“拓荒牛”

山东省东阿县第一中学　通讯员：杨存玉　记者：彭薇

教育不仅是教书，更重要的是育人。教育是“心”的事业，“心”的事业是最广阔、最富于创造的事业。做“有温度、有灵魂、有信仰的教育”是他的人生追求。他像老黄牛一样默默地在教育路上追梦、耕耘、开荒。他着力打造了“践行生本理念，相约幸福教育”、“四生育人体系，构筑美好人生”的教育品牌，他就是荣获“聊城市优秀共产党员”、“山东省十佳基础教育名师”、“聊城市十大杰出青年”、“全国教育课程改革先进个人”、“聊城市创新校长”、“水城名校长”、“山东省优秀共产党员”等荣誉称号，“中国教育学会第八届理事会中学教育专业委员会理事”、“首批水城名校长领航工作室主持人”，被誉为教育大道上的“拓荒牛”——韩峰。

韩峰，1992年聊城大学毕业，先后就职于东阿县实验中学、东阿县第一中学、东阿县实验高中、东阿县第四中学，现任东阿一中党委书记、校长。工作近三十年，他坚守立德树人的初心，牢记为党育人、为国育才使命，坚持“党建引领促教育，教书育人做先锋”，树牢“四个意识”，坚定“四个自信”，坚决做到“两个维护”，使党建教学同向发力，同频共振！

一、“严细实恒”出佳绩，创新引领谋发展

2003年，韩峰出任东阿实验高中首任业务校长，他勇于开拓，注重实干。在他的参与下，实高团队发扬“严细实恒”的精神，勤恳奉献，开拓进取，创造了高考成绩一个又一个辉煌。2012年，三所乡镇中学组建的东阿四中成立，韩峰作为首任校长，他带领着团队克服重重困难，重团结，谋发展；勇探索，求创新，使“幸福四中”成为品牌。

在东阿四中工作的七年里，他为师生们送出了73条幸福箴言，每学年他都会总结出学校发展的十大金句，以此来领航学校向前发展，用一句一句的幸福箴言影响和感染着四中的每位师生。

七年的漫漫征程，七年的锐意进取，生本改革在他的带领下大旗迎风飘扬，幸福教育的品牌越擦越亮。一位初三六班的学生小刘在《毕业生致校长的一封信》中这样写道：“感谢您！和蔼可亲、激情四溢的韩校长，微笑是您最美的特征。您的微笑感染了幸福四中的每一位师生，尤其感动了我，给了我战胜自己的勇气！您每天不辞劳苦地巡访每一个班级，您对紧张备战中考的我们关怀备至，我们倍感温暖。您以身作则的精神感染了我们，我们一定不负四中厚望，我们一定会用优异的中考成绩来回报您和我们亲爱的母校！加油！”

他是东阿四中“幸福教育”品牌的领航者，更是“幸福教育”的创新者、践行者和传播者，“幸福四中”这个品牌因他的带领下愈发闪亮而富有魅力。“全国十大最美书香校园”、“中国十大幸福学校”等落户四中。

二、深入一线勇担当，党建引领创品牌

2019年，他被调任东阿县第一中学任校长，上任之后，他深入一线，勤于思考，勇于担当，敢于创新，引领着学校不断向前发展。以习近平总书记“人民对美好生活的向往，就是党的奋斗目标”为指导，植根近七十年老校文化沃土，融入时代思考，他结合一中实际，在传承中发展创新，重构核心办学思想体系，唱响“美好教育”品牌，在他的带领下，学校确立了“以人为本，共享美好”的办学理念，实施“党建领校、文化兴校、科研强校、依法治校”的四大战略，制定了“格局影响未来，选择决定人生”的校训，逐渐形成了“团结、紧张、严肃、活泼”的新校风，聚焦“四生育人”，着力打造“四生育人体系，构筑美好人生”的特色，全面实施美好教育，描绘了“一座群星闪耀的教育殿堂，一幅和谐美好的教育山水画”的学校蓝图。

三、思政课程创特色，育人模式出新招

他借助社会、家长、学校三方力量，探索思政教学新方法，办出了特色思政课程——美好课程，实施美好教育，用美好课程开启美好生活，让师生真正做到放大人生格局，学会正确选择。新冠肺炎疫情是灾难，在实践中他把战胜灾难当作课程促进学生成长，2020年3月1日正式启动美好一中的线上美好课程，主要内容包括：感恩国家赞美党、居家学习指导、家校共育、学生心理调节、教学改革等，以此培养学生和家长“珍爱生命、勇担责任、报效祖国”的情感价值观。

发展才是第一要务，学校必须遵循教育规律和学生成长规律办学，这样才能促进学生更好地成长。他以“潜心研究学生，真心尊重学生，悉心依靠学生，全心发展学生”的学生观为立足点，以“循道而为、不教而教、自主管理、自我教育”的方法论为出发点，聚焦“四生育人”体系，打造基于思维导图的“双星四生”课堂，以生命激扬为着力点，以生活再造、生动表达为操作点，以生长自然为落脚点，进行东阿一中立德树人的机制建设与实践研究，目前学校已被确立为中国教育科学研究院“普通高中育人模式整体建构研究”的实验校。

四、示范引领树“标杆”，学习提升促成长

在每次的学校例会上他经常告诫老师们：“为公就是最大的为私”、“最好的教育莫过于感染，最好的管理莫过于示范”、“一级带着一级干，一级做给一级看”，他是这么说的，也是这么做的。

他深入教学一线，连续一周时间，每天参加学校两个学科的教学研讨活动，听研讨、讲意见、出思想、出方法。抗疫期间，他连续一个多月，每天晚6点，从学校下班后都到家属区值勤点，看望值班教师，了解值班情况，与教师交流网上教学想法。

“边实践、边思考、边阅读、边写作”，是他的工作习惯。他经常告诉老师们要学会让工作留痕，让生命精彩。每学期他都会记录自己四五本的心路历程，在他办公室的书橱里放满了一摞摞多年记录的笔记本。每每说到他的“宝物”，他都会如数家珍：“你看，这些可都是我的宝物啊，我要用一生去珍藏，走到哪里带到哪里，说不准以后就会成为我的‘传家宝’啦！”

有一种灯塔照亮学生的人生，有一种火焰引燃教师的辉煌，有一种传承绵延着世代的文明。他就是教育工作者。韩峰就是这样一位怀揣着教书育人梦想的追梦人。在教育的路上，他勤勤恳恳的开拓，用无私的奉献守护着一棵棵幼苗长成为参天大树。风好正是扬帆时，不待扬鞭自奋蹄。新时代新征程，不忘初心、牢记使命，筑梦未来，他是教育路上的追梦人，他是教育路上的远行者，他是教育路上的“拓荒牛”。他将一直行走在美好教育的大道上，用行动与奉献诠释育人的初心，用责任与担当坚守教育的温暖，开创美好教育新的格局和未来！

真情孕育成长，用爱滋润生命

山东省济南市历城区钢城幼教集团　高林　李少娟

“一年之计，莫如树谷；十年之计，莫如树木；终身之计，莫如树人。一树一获者，谷也；一树十获者，木也；一树百获者，人也。”这段话既阐明了人才培养的重要性，也揭示出人才养成的不易。百年大计，教育为本。教育是提高人民综合素质、促进人的全面发展的重要途径，是民族振兴、社会进步的重要基石，是对中华民族伟大复兴具有决定性意义的事业。尤其是幼儿教育，是生命培养和潜能激发的开端，只有保持充足的活力和创造力，才能推动社会向前发展。教育始于关心，是润物无声的陪伴，是浸润孩子们幼小心灵的甘泉，好的教育能让孩子从小就接触知识的天空，领略文化的魅力。一年来，在历城区教育和体育局的正确领导下，钢城幼教集团大力推进党建引领质量发展，秉承“用心养育，爱暖钢城”的品牌内涵，聚焦“有园上，上好园，服好务”的中心任务，充分发挥党员干部的先锋力量，有效推动疫情防控、品质提升等重点工作的顺利进行，成为历城学前教育发展的一面旗帜。近年来，集团园所先后被评为“历城区优质品牌园”、“美育教学研究示范基地”、“山东省中小学教师信息技术应用能力提升工程2.0实验园”；在济南市2020年线上亲子体育活动中，荣获“学校组织奖”一等奖。此外，在中国教育学会“十三五”规划课题结题活动中，也取得了非常优异的成绩。集团园所老师更是取得多项荣誉称号，为集团发展增添了光彩。

一、匠心若水，为幼儿成长创造健康安全的环境

园所文化是幼儿园的灵魂，是办园方向和办园思想的具体体现。集团园所通过幼儿园文化构建的实践，重塑教育环境，增强教育自信，让幼儿体验成长的幸福和快乐。办园以来，坚持以幼儿为主体，以建设优良的园风、教风、学风为核心，以优化、美化环境创设为重点，重师德、强管理、抓教研，以丰富多彩、积极向上的文化活动为载体，让幼儿在日常活动中感受幼儿园文化的熏陶和优美环境的感染，让所有参与到教育实践中的老师、孩子、家长最大限度地展现实践者生命的独特魅力。

教育的智慧是生命对生命的责任和承载。一切教育都建立在对生命负责的基础上。为此，集团园所始终把保护幼儿的生命和促进幼儿的健康放在教育工作的首要位置。严格落实触点式网格化管理，层层夯实责任，坚持每月一次集团内二级网格互查，每周一次园所三级网格自查，每天一次值班人员全方位排查，发现隐患立即整改，对全体教职员工定期组织安全培训和安全演练，持续用力做好疫情防控常态化工作，有效提升师幼的风险防范意识和应对突发事件的自救互救能力，确保幼儿健康成长，实现安全优质发展。一直以来，集团始终坚持秉承“用心养育，爱暖钢城”的发展理念，以“人格健全发展、身心共同成长”为目标，依托专业引领，促进品质提升。以遵循教育发展规律和幼儿发展特点为基，丰实园所办园内涵，积极开展课题研究，通过优课评比、早操比赛、区域角环境创设、教研课后反思、网上学习等教研活动，促进教师自身专业化的不断完善。教育教学活动中珍视游戏和生活的独特价值，重视幼儿学习品质的培养，让快乐与成长同行。

二、不忘初心，携奉献守望幼儿教育幸福未来

学前教育包括家庭教育、幼儿园教育与社会教育。家庭是人生的第一个课堂，也是幼儿园最重要的合作伙伴，家园合作对幼儿的成长和发展具有关键的核心性影响作用，为推动家园社合作携手共育，充分发挥家庭的教育效能，集团园所积极举办新学期家长会、早操活动展示、家长开放日、家长委员会、伙委会、家长讲座、家长座谈会、家长学校、志愿宣传队进社区、进家庭等活动，在活动中推动“教育合力”，实现了家园携手，共育成长的初心与使命。

“春风桃花红、雨润花更艳”。教育是温暖人生的阳光，它尊重、赏识每个个体，致力于孩子能力、品德等各方面素质的全面提升，服务于个体的健康成长，滋养每一个生命。而幼儿园则是哺育幼苗

的良田，老师们扮演着守护在田野旁边的勤匠，用他们毕生的文化知识和诚挚真情陪伴铺垫着孩子走过每一步。未来路上，钢城幼教集团将继续秉承“用心养育，爱暖钢城”的品牌内涵，聚焦“有园上，上好园，服好务”的中心任务，牢记习近平总书记提出的新时代教育工作要求，遵循教育规律，用心做好教育，默默坚守教育理念，用心培育，用爱浇灌，努力把最好的教育带给孩子们，让更多的孩子享受到优质、均衡的学前教育，办好人民满意的教育，让老百姓有更多的获得感、幸福感。

培根铸魂促发展，品质立校谱新篇

山东省临清市魏湾镇中学　张瑞忠

百年大计，教育为本。教育是提高人民综合素质、促进人的全面发展的重要途径，是社会进步、民族振兴的重要基石。学校作为教育事业发展的重要阵地，理应肩负起这一光荣而伟大的使命。

我校始建于1957年，位于“千年古镇、运河名镇、文化重镇和旅游强镇”的山东省临清市魏湾镇，坐落在古老的京杭大运河畔，历史悠久，地杰人灵。发展至今，学校占地总面积23976平方米，建筑面积7054平方米，建有教学楼一栋、综合楼一栋、餐厅楼一栋、宿舍楼一栋，整个校园教学区、运动区、生活区相对独立，分区科学，布局合理。现有21个教学班，在校生近1000人，有教职工54人，其中聊城市优秀教师5人，聊城市教学能手4人，聊城市优质课教师5人；临清市优秀教师18人，临清市教学能手18人，临清市优质课教师24人，优秀的教师团队保障了学校教育工作的顺利开展和教学质量的稳步提升。

回望来时路，走过了六十多个春夏秋冬，我校在发展历程中积淀了厚重的历史、丰硕的文化、深厚的底蕴和丰富的资源，形成了求实的作风、务实的校风、扎实的教风和笃实的学风——“严（严谨）、细（精细）、实（务实）、恒（恒久）”，这既是学校的优秀品质，也是中学教育人一贯的风格和独有的精神追求。我校的历史积淀、文化底蕴和思想传承源于几代中学人的孜孜以求和不懈努力，来源于几代中学教育人的自觉、自信与自省，使命、责任与担当，感染、影响与带动，执着、付出与拼搏。正是这种忘我的境界，无我的追求和整个团队的默默耕耘、无私奉献，才使得学校几十年来一直朝着正确的方向发展，始终在健康稳定的进步。

今天，在广阔的教育舞台上，所有的师生精诚团结、协作努力不断为学校的发展增添光彩，我校先后被授予“传统文化与语文教学实验学校”、“聊城市学校德育工作先进单位”、“聊城市规范化学校”、“聊城市平安和谐学校”、“聊城市校本教研先进单位”、“聊城市教学质量提升奖”、“临清市文明单位”、“临清市花园式学校”、“临清市规范化学校”、“临清市五四红旗团委”，连续十几年被临清市委市政府、市教育体育局授予“教育教学先进单位”等荣誉称号。这些荣誉的背后凝聚了所有人的汗水和付出，也印证着我校已经成为老师们探索教学、研究治学的“沃土”，成为孩子们愉快学习、幸福成长的“乐园”，是师生们编织梦想、放飞希望的“蓝天”。

一、创新管理，凝心聚力谋发展

我校面向未来，立足当下，围绕着“科学规范、高效有序、创新发展”这一目标，内抓管理，外树形象，全面做好各方面的管理工作。好的机制是做好学校工作的前提和保证，完备的制度建设确保学校的健康发展。学校始终坚持以科学的机制引领人，用完备的制度规范人。经过多年的积极探索与实践，我校建立起了较为科学完备、客观公正的评价激励机制，创设了“能者上，平者让，庸者下”的良好工作氛围，形成了一整套规章制度——师德师风的、教育教学的、安全管理的、后勤服务的，真正做到了用灵活的机制引领教师的专业发展，促进学生的全面进步，用科学的制度规范教师的教学行为、工作行为，用明确的要求指导学生的学习行为、生活行为，从而使学校事务有章可循、学校管理有法可依。

在学校管理方面，我校突出做好“人”的文章，重点强化“三支”队伍建设。在教师队伍建设方面，重点抓好教师师德师风的学习和业务水平的提升两方面工作，通过组织教职工深入开展“学师德，正师风，练师能，铸师魂”系列活动，坚定老师们的理想信念，丰富老师的道德情操，培养教师们的扎实学识，弘扬教师的仁爱之心；在班主任队伍建设方面，突出管理梯队建构，完善并实施了“青蓝”工程，充分利用老同志的“工作经验和管理智慧”，发挥老同志的传帮带作用，发挥中年班主任的工作有思路，管理有方法，教育有实效的中间力量，去催生影响带动青年班主任共同做好班级管理工作；而在干部队伍建设方面，我校重视抓好教育干部的个人修养、道德水平、思想境界和干好工作的意识自觉、政治自觉和行动自觉，强化内驱力，增强聚合力，提升战斗力，“看我的、跟我来、一起干”，充分发挥干部的率先垂范和模范带头作用，充分发挥干部的引领示范和标杆效应，创造性的做好本职工作。

同时，立足学校实际，我校也不断加强学校的教育教学常规管理工作，教学管理体现“四精”，暨“精心、精细、精致、精美”，所有的工作精益求精。教务处注重抓好教学的过程管理、细节管理和各项常规的落实，抓死抓实教学工作的每个环节，包括各种计划的制定与落实，早读、午休、晚自习的安排与实施，明确教师备课、上课、辅导、作业批改和阶段测试的基本要求，加强听评课和常规教学的检查等，确保教学的各项管理真正落到实处。

二、刚柔并济，深耕细作展新颜

打铁还需自身硬。一所好学校，不仅学校的教学管理具体精致，学科老师的教学与管理同样的严谨、细密。因此，我校安排每天的学生早读，各教学班都有明确的学习任务，有具体的时间安排和早读要求，有学生一定时间的自主读、背、记，有小组间的交流相检，有老师的巡视指导，整个早读有条不紊，完整高效；中午静校和晚自习也是这样，课堂教学更是准备充分，组织到位，安排具体，科学高效。

安全管理凸显“四全”，暨“全员、全时、全程、全面”，校园安全有序有效，扎实推进。我校安全科、德育处和团委通力合作，全面负责学生的安全教育、安全督查和安全管理工作。这里的“全员”指的是学校教职工全员参与校园安全值班，“全时”是每天24小时无间断值班管理，“全程”是学生在校期间的全过程陪护，“全面”是指学生的入校、早读、课间、课堂、就餐、午休、离校和就寝各个方面、每个环节都必须有值班干部和老师陪同陪伴的身影。师生安全工作是学校的基础性工作，也是重中之重的工作。我校牢固树立“安全第一”的思想，时刻绷紧“师生安全”这根弦，强化教育，突出管理，全面做好安全工作，确保任何节点、任何地点都有干部、教师值班在岗，真正做到学校安全时时有人抓，事事有人管，处处有人问。

后勤服务彰显“四熟”，暨力求做到“熟知、熟悉、熟练、熟娴，熟上加熟”，服务和保障工作热情周到。我校的水、电、暖，师生用的笔、墨、本，每一样都需要后勤的保障与服务，可以说，“服务好教学，保障教学所需；服务好师生，保障师生所求”是后勤工作的根本和核心。对于后勤人员来说，学校工作事无巨细，“大”到每一项工程、每一个项目建设，“小”到每一个灯泡、每一个开关、每一滴水、每一度电，都需要他们必须做好，做到位。平时，哪怕是老师们的一个电话、一个微信，后勤人员总是马上回复，立即办理。

我觉得这是学校所有教职工都应该持有的一种工作态度，更是我们应该拥有的一种责任追求、奉献精神和工作境界。

三、润心不殆，扬帆起航梦翩跹

勇立潮头风浪起，逐浪前行正当时。新时代，我校的总体工作思路和发展目标确定为“一、二、三、三”工程。“一”是一个中心，暨全面落实“立德树人”这个教育根本，全方位实施“爱”的教育；“二”是两个基本点，暨围绕学校教育教学这一中心工作大手笔、新作为，努力办好“人民满意的教育”，建设“群众放心的学校”；第一个“三”是着力抓好“三项工作”，即德育工作、安全管理和教学质量，不断开创我校教育教学工作新局面；第二个“三”是学校努力的方向和发展的目标——实施“三名”工程，倾力打造各级教育教学“名师”，培育各类优秀“名生”，创建乡村教育“名校”。

纵观历史、现在和将来，教育永远都是一项光荣而伟大的事业，教育工作者应该胸怀远大理想，不忘“立德树人”初心，肩负“为党育人、为国育才”使命，积极探索新时期教育教学规律，不断提升教书育人本领，用责任和担当为国家培养更多更好地德智体美劳全面发展的社会主义建设者和接班人。

新教育的蓝图已经绘就，新征程的号角也已吹响，我们坚信，魏湾教育人必将以崭新的精神风貌、饱满的工作热情，团结奋进、砥砺前行，用情怀和智慧、行动和汗水，铸就学校新的辉煌，谱写教育新的篇章！

践行和合文化　锻造教育之魂

山东省临沂第四十中学　刘峰

办学思想的真正落地，需要一种长远持久的力量支撑，才能使学校的管理制度、核心价值、发展愿景等得到真正的认同与落实，这种根本动力就是文化。“一种好文化就是一所好学校”。面对新的时代特征、教育要求和校情变化，校园文化也应与时俱进，推陈出新，不断丰富其形式和内容。根植校园，繁衍文化，历史才能传承，教育才能发展。

我校针对学校教育生存与发展的三大问题：办学理想（办什么学校）、教育思想（办什么教育）、人才愿景（育什么人才），在继承我国优秀传统文化“和合”思想基础上，创造性地深化和发展了以和合教育为核心的校园文化内涵。

精准定位　确定和合教育理念

和合教育是我校最核心、最上位的概念，是本校独特的专属文化符号。独特的校情、文化、办学追求、办学思想和时代特征，决定了我们必然选择“和合教育”作为办学定位这一正确而科学的决策。

作为一所十二年一体九年一贯制学校，我校是一所类似于“深圳式”的移民学校，生源和教干教师来源复杂，师资与管理结构薄弱。针对学校面临的包括家校、师生之间时有矛盾冲突、教师发展有待融合、管理结构和领导素养亟待改善、文化理念有待提升等关键性发展问题，必须寻找出一条对学校长期发展具有统领作用、鸟瞰功能、战略意义的规划路径，和合教育文化体系因此形成。

首先，我校以马克思主义关于人的全面发展思想为指导，全面贯彻新时代党的教育方针，创造性地吸收、借鉴和合文化的五大价值原理，用和合的方式营造和合文化，努力创办具有和合特色的优质教育。有了思想指导和方针的引领，学校创造性地吸收、借鉴和合文化的五大价值原理，以和合的方式营造具有和合品质的学校文化，以和合文化滋养每一个孩子，团结一切可以团结的力量，利用一切可以利用的资源，扎根本地化教育。

而在治校方略上，我校以“和合教育”为定位，设计与实施围绕促进学生个性全面发展的治校方略：“和而不同的风格，和衷共济的精神，和风细雨的教育，合法合情的规则，合作和乐的学习，和敬和畅的关系，和谐和美的成长。”通过该方略，尊重和允许不同部门、组织和教师的教学方式、管理方式和评价方式，以润物无声的方式滋润学生，打造师生合作学习、快乐学习、终身学习的目标和愿景，促进师生和谐和美地共同成长。

毛主席曾说：人要有点精神的。人如此，学校亦如此。我校结合学校办学特色和核心价值追求，提出了“和合为本　追求卓越”的学校精神—和实生物，同则不继；和而不同，方为大同；合美与共，各美其美；和合为本，追求卓越。和合文化是中华民族多元文化的思想精粹，坚持以和合为本的原则，就是倡导和合思想的五种意识：和爱意识、和生意识、共处意识、和立意识、和达意识，追求内在的和谐统一，包容和尊重差异，在丰富多彩的差异发展中实现共荣共达，实现立己达人。有了“和合为本”的精神底质，四十中每个团队和个人都有了不断超越和创新的底气与自信，大家都循和合之道，在追求每天发现问题、提出问题，解决问题的过程中臻和合之境，不断超越自我、超越他人、超越过去、超越兄弟学校，最终成就最好的自己。

思想引领　延伸和合教育文化

《中国教育现代化 2035》提出八个“更加注重”基本理念，即以德为先、全面发展、面向人人、终身学习、因材施教、知行合一、融合发展、共建共享。所有这些，都为学校教育哲学的构建，找到了科学依据和源泉力量。而一所拥有文化品位、品牌特色的学校一定要有属于自身理念、愿景、使命和目标等在内的教育哲学。为此，我校在该哲学思想指导下，扩充和延伸了和合教育文化的具体表现。

我校坚持以人为本办学，坚持民主办学，坚持一切为了共同愿景、共同理想、共同信仰、共同使命、共同信念和共同价值追求，确定了“和而不同　合美与共”的办学理念。尊重、支持和肯定教师、学生和家长的不同的建设性见解，坚持和挖掘每个人身上的闪光点，学会赞美人，学会成就人，美人之美，旨在培养能够担当民族复兴大任的时代新人。

在校风校训上，我校以一训三风的形式，使得校园文化积淀得以呈现。通过“美人之美　美美与共”的校训，反映学校的教育风貌和办学理念，激励学校的每一名师生员工，体现了整个教育活动的价值追求；通过“谦逊包容　担当合作”的校风，与校训一脉相承，是学校精神的重要体现；通过“和合立德　教学相长”的教风，以和合的方式实施学科德育教学和教学育德，用和合精神支撑起包含课堂组织、教研组织、班级组织的文化组织德育体系；通过“学思和融　知行合一”的学风，让学生“学以成人，学以成事”，倡导自主、独立、合作、创造性学习，鼓励学生形成学习共同体，言行一致，立说立行，积极营造良好的学习氛围。

同时，我校在办学愿景、学校使命、育人目标的确定上都将和合教育理念注入其中。我们所期望的学校到底是什么样？应该是兼具人性、人文、人气，因此“和合精神、和谐气质、和美风格的幸福家园”成了我校办学愿景。愿景体现的合美与共的情怀，和衷共济的情态，和悦自适的情操，合作互助的方式，给学校烙上了和合的元素，决定了属于学校的独特气质。我们学校要办什么样的教育？通过学校使命和育人目标我们回答了这个问题。一方面，教育的首要使命在于把每一个学生塑造成为“大写的人”，所以我们将学校使命定性为塑造具有现代文明素养的公民，是能体现中国文化、中国精神和中国风格的现代中国公民，便有了“培养有健全人格、有担当精神、有家国情怀、有国际视野、有创新活力的现代中国公民”的学校使命。另一方面，我们在吸收传统文化教育思想精髓，紧贴新时代中国特色社会主义教育目标的基础上，以“全面发展的人”为核心，围绕和真、和善、和美、和圣、和健、和富“一体六面”的素养结构，将党的教育方针转化为可实施、可观测的素养要求，明确了以培养“学问真、德行善、艺术美、信念圣、身心健、生活富的和合少年”为育人目标，体现出关于人的和谐发展、全面发展的哲学思想。

统筹构建　完善和合教育体系

为构建未来可期的以和合教育为主线的校园文化价值体系，我校从课程理念、教学理念、管理理念、德育理念、家校共育理念等多个方面入手进行了规划实施。

教育以课程为支撑，课程不仅是文化本身，也是育人的载体。我校明确“整体发展　多元共生”的课程理念，强调课程教育的完整性，并聚焦于生命的整体发展，倡导以多元化课程推动师生多元化发展，这既包括国家的、地方的、学校的课程管理，也包含师本的、生本的课程实施，共同指向时代新人的培养目的。

并且，我们坚持以生命力量为逻辑起点，利用一切可以利用的教育资源，以和合的思维和合的方式整体施教，分层教学，不受时空限制，打破学校围墙，以教学打开生命，促进学生整体学习，完成师生在身心、情感、道德和精神等的全面发展，让师生在交流研讨、合作互动中共同学习和成长，逐渐深化“和合施教　全人成长”的教学理念。

另外，在德育建设上，坚持以和合原理为指引，聚焦和合文化五大价值，用和合文化的精髓润育师生的品德，坚持“以和润德　以合化人”的德育理念，在合作、做事与实践中不断践履，不断检验，促进每个学生形成影响一生的美好品德和健全人格。

最后，在学校的管理理念上，我们明确“和而不同　合作成长　”。在重大决策、重大问题方面强调保持办学价值的高度认同，在此基础上充分尊重和积极鼓励不同组织、部门和个体提出的合理化建议，保证决策的正确性、科学性；同时强调各组织部门之间的团队合作，强调团队评价，以共同体协作的方式，共同实现预期目标，共同指向学生的和谐发展和全人成长，努力造成“既有自由、又有纪律，既有统一意志、又有个人心情舒畅的生动活泼的局面”。

教育是一项比任何事业都复杂的系统工程，社会上的所有人都是教育环境的重要组成，每个人都能对孩子一生的成长发生影响。教育好孩子先教育好家长、社区和部门的一切成员。审视教育的现实状况，我们必须形成教育合力。因此，在家校共育理念上，我校倡导“施教导民　上下和合”。我校以和合的价值理念，和合的精神，和合的文化教育引导社会公民，实行与民和合、与政府、与部门和合，形成包括学校、社区、家庭和政府部门在内的更大的教育发展共同体，形成和谐一致的最大教育合力，以和合的方式构建立德树人的“立交桥”。

文化是学校的灵魂，是师生和员工的精神家园，引领着学校的价值追求和行为导向，并以其与众不同的特质影响着一个地方乃至整个社会的核心价值和精神面貌。我校以和合文化构建的一个完整的以和合教育为核心的校园文化体系，为学校发展奠定了精神底色、文化基础、理论指南和言行准则，在文化与价值观、学校工作的主要领域明确了发展方向，为学校日常运行机制、开展教育教学工作等提供了文化引领，未来我们将继续让文化在校园生活中流淌，为中国教育改革和发展持续注入新的动力。

呕心沥血育英才，与时俱进办教育

山东省临沂市沂南县青驼镇中心小学　王仕清

扎根于沂南的这片教育沃土之上，我坚守教育教学一线，日复一日，年复一年，一眨眼就是三十余载。三十多年来，我以校为家，怀着一腔火热的教育情怀，不开拓进取，在我所挚爱的岗位上发光散热，我忠诚为校，挥洒汗水，用情用爱放声唱响了铿锵嘹亮的教育之歌。

一、三尺讲台终不悔，大千育界惟诚致

1990 年 7 月毕业后，我正式登上讲台成为一名人民教师。学习中，在那个信息落后的年代里，我认真翻阅着仅有的教育杂志。有时，学校里新来一份教育报刊、一本教育书籍，我总是想方设法地借阅来读，去反复琢磨，汲取新知。教学中，我是深入学生心灵的良师益友，成长中，我是虚心笃学的“大学生”，随时随地向身边的教师们取经，我所带的班级成绩一直名列前茅。学无止境，不懈攀登，后来，我利用闲暇时光自学考取本科。工作中，我多次获得县级优秀教师、市县教学成绩奖，被评为市级骨干教师、省自然教学先进个人。能力越大，责任越重，工作几年之后，我将工作之剑磨得锋亮十足，我先后担任学校的数学教研员、少先队总辅导员、教研室主任、副校长等职务。

尽全力，铸其成，力求完美是我工作时的导向标，甘心奉献是我成长中的忠品性。如今，在领导岗位上的我，统筹全校，扎根管理，跟进课堂，指点精当，深得大家的赞扬。

二、欲降大任于斯人，双肩扛担跃才思

2012 年 9 月，我被调到青驼镇高里中心小学担任校长。当时的

高里小学基础设施落后，仅有一座危楼与破旧的平房。我多方募集资金，竭力改善办学条件。短短三年，三座大楼与中心幼儿园拔地而起，校容校貌焕发蓬勃风姿。2014年高里中心小学获得沂南县教学质量金奖，学校安全、教研工作名列全县前茅。一人之力凝众人之能，他带领学校从无到有，从有到盛，实现了飞越式的大蜕变。

2016年3月，县教体局安排我到青驼镇中心小学担任校长。再次成为一所新校的领头人，我深知责任之重，立志做出成绩。我认真分析了青驼小学的优势和不足，明确了学校的发展方向，决定以党建工作为引领，积极打造均衡、素质、创新、平安、和谐教育，努力实现办学条件提档次、教学成绩上台阶、作风建设有突破、日常管理创特色的沂南名校的目标。

困难，亮眼观，行动克。河疃、石门两个联小位于青驼镇驻地的南端，地势低洼，学生活动面积有限，学习条件落后，校舍在村里面，学校扩建受限，为当地的学生学习、生活带来了极大地不便。经过多方考察，我决定申请将两处学校合并，实现异地重建。2018年，青驼石门社区小学正式筹建，新征地34.8亩，其中，农田30亩，未利用土地4.8亩。涉及河疃村及石门村60余户村民，内有房屋、养殖场、套院、移动公司信号塔、高压电线、树木、青苗、采石场等。当时，有人不理解，甚至有个别村民故意刁难，拒绝搬迁，我和镇领导多次召开村民大会，走村入户，耐心细致做老百姓的思想工作，让大家明白老校的局限，明确新校的意义，让人心服口服。历经三个多月，土地流转工作完成。土地流转完成后，由沂南县建筑设计院进行图纸设计。设计过程中，该设计院历经破产，在图审回复、取图等环节中找不到人、做不成事，一拖再拖，层层受阻。但我毫不松懈，天天跟进，仅要电子版图纸做预算，就耗尽整整一个月的时间。石门社区小学虽开工最晚，却成为全县工程施工速度最快的校区。

2017年，我积极争取发改项目中央预算内投资327万元，改建建筑面积3660平方米的中心小学老教学楼，并将学校操场进行了大规模改建。2019年将中心小学大门及保卫科进行了改造。2020年学校投资11万元完成灾后重建：重建了王家圈联小、山前幼儿园院墙，恢复硬化地面150平方米，更换损坏门窗12个；投资100多万元新建中心小学和石门社区小学两处塑胶操场，进一步完善了石门社区小学、中心小学、天使幼儿园的校园绿化；完成了石门社区小学、天使幼儿园的校园墙体彩绘工程；完成了中心小学、王家圈联小、青驼社区小学、红卫联小、苗嘴联小的消防管道施工，整修、更换了所有不合格的灭火器、应急灯、安全疏散标识；补办了所有楼房的消防验收资料，顺利通过消防验收验收，该项工作在全县启动最晚、施工难度最大、工作量最大的，赢得上级领导高度赞扬。青驼中心小学、幼儿园按照省级规范化标准建设，比起城里的学校建设也毫不逊色。

三、党建引领助发展，凝铸特色铸品牌

我始终坚持以党建工作为引领，从支部建设入手，打造党建阵地，提升党建文化，完善各项规章制度，加强党员政治思想理论学习，狠抓三会一课、组织生活会、民主评议党员等工作制度的落实，深入开展“两学一做”学习教育常态化制度化工作，引导支部党员做到自学有学习记录、交流有发言提纲、研讨有学习心得。另外，我定期带领党员们开展思想政治工作，与支部党员谈心交流，全面了解掌握支部情况，提升支部凝聚力，充分发挥党支部的战斗堡垒作用。

2018年6月，学校党支部被沂南县县直机关工委授予“先进基层党组织”荣誉称号、2019年6月临沂市先进基层党组织，我获得县级“优秀共产党员”称号。2020年7月学校党支部被中共沂南县教育和体育局党组授予“先进基层党组织”荣誉称号。2020年共有5名同志分获县级“优秀共产党员”、“党风廉政先进个人”、“优秀党务工作者”荣誉称号。

校园主打特色是学校成长的主动力。沂蒙地区是红色革命圣地，青驼镇是山东省战时工作推行委员会旧址。青驼小学的教育教学以红色为主旋律，我带领全校开发系列校本课程，以习惯养成、红色教育、安全教育为依托，让农村的孩子大开眼界，真正接受丰富多彩的教育。每年六月份的学校艺术节，成为孩子们放飞自我的靓丽舞台。

另外，红色教研系列活动也有条不紊地开展起来，包括集体备课、专业成长、名师课堂、师徒结对等活动，更好地帮助教师们业务成长，丰盈自我。近年来，青驼小学教师多次在市、县组织的教研教学活动中荣获一等奖，陈荣香老师荣获山东省首届班主任工作优秀成果一等奖，也是临沂市唯一的一个一等奖。全县综合视导中名列前茅，荣获教学质量、银奖、金奖；学校先后被评为沂南县教育工作先进单位、沂南县教学工作先进单位，荣获“临沂市智慧校园”荣誉称号等。

四、学前教育播育种，小学教育呵幼苗

我十分重视学前教育的发展，多次召开专题会议，商讨幼儿园的规划与发展。首先，学校下大力气狠抓幼儿园的硬件建设，先后投入九十多万元配齐配足各种设施设备，加快了现有幼儿园标准化建设步伐后，进而加大对各联小幼儿园的设备建设。其次，坚持内涵发展，继续推行幼儿园6S精细化管理，规范幼儿园内部行为，坚决去除学前教育小学化倾向，突出幼儿良好行为习惯的养成，为全镇入园幼儿提供快乐轻松的生活、学习、成长环境。青驼镇中心幼儿园先后荣获“临沂市一类幼儿园”、“临沂市学前教育先进集体”、“山东省省级示范性幼儿园”等荣誉称号，综合督导连续多年列全县前列。

五、披风沥雨路疫行，全力驰骋勇担当

疫魔来袭，风雨锻打，在教育一线，我全力驰骋领全校勇于担当，敢于逆行，倾尽力能、奉献大爱，投入到这场没有硝烟的“疫”战，筑起了青驼小学防疫的铜墙铁壁。疫情初期，防疫物资缺乏，为了在全校范围内做好消毒防控工作，我通过多种渠道采购防疫物资，投入10万余元购买防疫物资，组织党员教师每日对学校全面消毒、做好疫情期间师生健康状况统计上报。

疫情之中，我于2020年1月27日（正月初三）召开全体领导班子及学区校长会议，成立学校疫情防控领导小组，制定了《青驼小学疫情防控工作实施方案》，全面组织宣传员利用微信公众号、美篇、班级群等多种宣传手段向师生宣传疫情防治知识和防控要求，引导教师、学生与家长做牢做细居家防控工作，鼓励各学区打破逆境，专心致志做好线上教学。1月28日，我带领领导班子主动配合青驼镇政府工作人员进行搭班分组去各个村庄路口站岗值班，积极参与到抗疫防疫中去，他与大家一起走街串巷、登门入户发放新型冠状病毒感染的肺炎健康科普知识材料。2月份以来，全国疫情防控的形势依然严峻，为解决学生上课难问题多方筹措资金，我为贫困学生购买手机等，送去关爱和帮助，保障全镇所有中小学生都能正常上网课。

荣誉永远代表过去，再接再厉才是硬道理，多思多想，创巧法子，竭力让孩子在自己家乡的学校享受最优质的教育，这是我一直追求的目标。因为责任，我会一直坚守自己的教育事业，一直守护着孩子们成长！我将永远不会停下攀登的脚步，用无怨无悔织出自己最美的教育梦……

坚守教育本真，让生命幸福成长

山东省平度市李园街道门村中心幼儿园　谢雪梅

创建特色学校，是新形势下全面贯彻教育方针、深入实施素质教育、深化教育教学改革的一项重要工作，是优化管理、丰富内涵、提升品位的重要举措。如果说学校是百舸竞发的船的话，那么每一所学校的特色恰如迎风而立的帆。学校只有尽早扬起特色建设的帆，才能乘风破浪去远航。基于这一认识，山东省示范性幼儿园——山东省平度市李园街道门村中心幼儿园坚持以“倾心于孩子的今天，着眼于孩子的未来”为办园宗旨，以“用真爱守护金色童年，用智慧启迪幼小心灵”为办园理念，以“幼儿健康成长的摇篮，教师成就人生的舞台，家长收获希望的田野”为办园目标，以“特色引领，助推幼儿园内涵发展”为教学目标，高起点、高品位打造园所文化，实现了幼儿园内涵、优质、和谐的发展。

实施“三步曲”战略，锻造优秀教师团队

幼儿园要发展，教师是核心，师德是灵魂。为打造一支“爱岗敬业、勤于学问、勇于创新、团结协作”的高素质幼儿教师队伍，门村中心幼儿园紧扣“树师德，铸师魂”做文章，向全体教职工提出“启师德之航，铸文明之风，促团队发展”的要求，制定并实施了特色队伍建设“三步曲”。

第一步：以“传递正能量”为突破口，引领教师树师德之风。如今，阅读已经成为教师生活的常态。在日常教学中，教师会将自己在阅读中感触颇深的小故事进行分享，并在交流和沟通的过程中，宣传正能量，传递正能量。同时，学校要大力做好师德建设教育活动的宣传工作，营造积极的学习氛围，让正能量真正融入教师的思想中。

第二步：以“美在我身边”为抓手，帮助教师铸师德之魂。生活中不缺少美，而是缺少发现美的眼睛。幼儿园以“美在我身边”评选活动为抓手，引领教师从身边发现正能量、传递正能量、形成正能量，从而帮助教师铸造师德之魂。

第三步：以“做最好的自己”为助推，造就德才兼备的教师队伍。幼儿园积极开展“做最好的自己”名师讲坛活动，让教师们感悟到脚踏实地做好现在的每一件事情，就是做最好的自己。同时，幼儿园还通过开展“幼教新秀选拔课”、“骨干教师示范课”、“一课多研”、“同课异构”等多种形式的教研探讨，实施身边名师打造活动，着力培养具有自身教育特色、能够发挥骨干引领和示范辐射作用的学者型、专家型名师队伍。

学校的发展，离不开教师的发展。因此，幼儿园要视教师为宝，坚持教师第一的工作理念，落实教师队伍建设“三步走”战略，使教师真正成为教育事业的具体实践者和直接推动者，成为学生健康成长过程中的引路人，成为中华民族“梦之队”的筑梦人。

推进园本课程建设，凸显“田园”文化特色

幼儿园课程作为幼儿园教育的核心，是实现幼儿教育目的的载体。多年来，门村中心幼儿园一直致力于园本课程的探索和研究，

本着“教育遵循自然，自然来源生活”的精神，把贴近幼儿生活的实践性、操作性强的地方资源作为开发园本课程的首选内容，创建具有“乡村田园”特色的园本课程，引导幼儿在生活中感知、在感知中体验、在体验中发展。

利用幼儿园自然环境，创设富有本土特色的课程环境。在打造幼儿园教育环境过程中，幼儿园要尽可能地在有限的空间内融入绿色，彰显大自然的美，为幼儿打造天然的游戏乐园，使他们切实感受大自然的美。

发挥农村自然优势，创设具有田园特色的育人环境。一是开辟幼儿种植园地。幼儿园在后院开辟了大面积的种植园，各个班级根据幼儿年龄特点和课程需要进行种植、管理和收获，让幼儿参与探究的整个过程，亲身体验劳动的辛苦与快乐。二是创设富有本土特色的游戏屋。为满足幼儿园的需要，幼儿园充分利用本土资源和当地民俗文化，创设了“创意坊”、“特色面食店”、“农家饭庄”、“劳动坊”等游戏屋，让幼儿可以自主地表现和表达自己对现实生活和环境的认识与体验、想法和愿望。

“只有适合的课程，没有最好的课程。”幼儿园课程建设是一种不懈的追求，没有终点，只有行动。因此，门村中心幼儿园要积极探索，让幼儿在特色园本课程中体验童真、童趣，获得健康、快乐、发展！

精心打造自主游戏，让特色游戏绽放精彩

如何把真游戏还给孩子，让自由的游戏点亮孩子的生命，促进孩子的“真发展”，一直是幼儿教育的重点和难点。在“乡村田园环境”的基础上，门村中心幼儿园精心创设了本真生活馆和本真美术馆的公共游戏区，让孩子们在自由的探索环境中最大限度地满足他们通过直接感知、实际操作和亲身体验获取经验的需要。

精心打造本真生活馆，给孩子最大限度的游戏自由。生活馆是一个小型的“生活空间”，作为“日常生活”的缩影，内容应取之于幼儿生活，服务于生活，让幼儿可以在这里进行各种生活技能技巧的练习和各种实践活动的操作，最终达到“爱生活、会生活、乐生活”的目的。

精心打造本真美术馆，满足幼儿艺术创造的需要。多元文化美术馆不同于生活馆，是一个安静、多元艺术氛围浓郁的小天地，这里以幼儿独自创作艺术作品为主。美术馆从美术创造入手，为幼儿提供多种可供欣赏、体验、操作、探究、并蕴涵多元文化艺术内容的材料，使幼儿在这些区域中能够自发地欣赏多元文化艺术，从而产生对不同多元艺术的认同感和喜爱之情。

游戏教学是幼儿教育的重要组成部分，通过游戏教学能够使幼儿在活动中玩耍，在游戏中取乐，在快乐中学习。在特色游戏过程中，门村中心幼儿园回归生活本真，尊重幼儿需求，让孩子玩中学、乐中会，在自主发展中挑战自己，培养了习惯，增强了自信，铸就了品质。

开展书香校园创建，精心打造园所文化

幼儿园文化作为幼儿园教育的灵魂，是一种环境教育力量，是幼儿和教师茁壮成长的土壤，它对教师的健康成长起着深刻的影响，对幼儿的茁壮成长起着潜移默化的作用，对幼儿园的发展有着巨大的推动动力。为此，门村中心幼儿园在长期的探索和实践中，确立了以“爱”为主旋律的情感支持教育方式，以“用真爱守护金色的童年，用智慧启迪幼小的心灵”为办园理念，以“幼儿健康成长的摇篮，教师成就人生的舞台，家长收获希望的田野”为办园目标，以“民主和谐求实创新”为教学风格，以培养幼儿“学会生活、学会做人、学会学习”为立足点，逐步形成了园务管理科学化、目标管理网络化、园容园貌优质化、教育科研同步化的办园特色。

携手亲子阅读，营造书香家庭。2019年4月23日，幼儿园成功举行了第一届“浸润书香，快乐成长”亲子读书节启动仪式，推进了教师与幼儿、幼儿与家长共同畅游书海，共同享受读书快乐教育合力，进一步营造了浓浓的读书氛围，真正使师生体验到读书的快乐！

以传统节日为载体，让传统文化浸润童心。为弘扬中华民族优秀传统文化，传承中华民族伟大精神，幼儿园以传统节日为载体，充分挖掘传统节日的深厚文化内涵，积极开展传统节日进校园活动，引导幼儿和家长们认知传统、尊重传统、弘扬传统。

创新家园共育渠道，彰显家园共育特色。幼儿园大力推进“家校社”共育工作，成功举办首届家长节;定期进行“家长学校”授课、园长专题讲座，帮助家长树立正确的家教观。多渠道的家园共育营造良好了的家园共育氛围，激发了广大家长参与幼儿园工作的积极性，搭建了家园合作、交流的平台，全面提高了群众满意度。

特色学校的创建，特色活动的开展，改变的是学习方式，激发的是学习兴趣，培养的是实践能力，张扬的是个性特长，收获的是乐趣和自信。近年来，通过幼儿园特色建设研究，有效促进了教师专业发展和幼儿能力的提升，幼儿园办园质量有了质的飞跃。面对新的挑战，门村中心幼儿园将围绕新思路、坚定新理念、立足新发展，聚焦幼教内涵和质量提升，不懈探索，大胆创新，继续创建自己的办园特色，让其真正成为一所极具文化底蕴的乡镇特色名园。

构建劳动资源体系，创设三维融通空间

山东省青岛市城阳区第二实验中学　矫伟

培养学生的劳动素养、锤炼学生的劳动品行、强化学生的劳动能力，已经成为培养时代新人的必备内容。2018年全国教育大会上，习近平总书记强调，要培养德智体美劳全面发展的社会主义建设者和接班人。劳动教育成为当前教育工作者特别关注的内容。为了更有效地开展劳动教育、发挥劳动教育的价值，学校将劳动教育作为“一把手”工程，系统梳理已有的劳动教育经验成果，创新性地提出了“三维融通”理念，构建了学校、家庭、社会三位一体的劳动教育资源体系，促进“励行致远”劳动教育品牌再提升。

一、以文化为引领，打造教育品牌

学校以“和乐励行，智达高远”作为办学理念，取和谐、融合，快乐发展之意，旨在为每一名师生搭建愉快融洽，共生共乐的发展平台。“励行”强调脚踏实地，注重行动，将一切目标的实现落在提高执行力上。“智达高远”的“智”意为五育并举、全面发展的智慧，即重视培养学生适应未来发展的综合能力，而非单纯的知识、智力。为此，学校致力于为学生的个性、全面、终身发展奠基。

以此为基础，学校融合劳动教育思想性、社会性、实践性的基本特征，将“励行”、“致远”确立为学校劳动教育核心素养关键词：

“励行”的“励”与磨砺的“砺”谐音，既鼓励、激励学生积极参与劳动实践，又强调在真实的劳动过程中提升毅力、耐力，将奋斗目标的实现落实在实践行动中。

“致远”则是从学生终身发展的角度出发，帮助学生理解劳动创造价值的形式和本质，培养尊重劳动、崇尚劳动的观念，将劳动意识、劳动习惯带入未来生活，受益终生。

在“励行致远”劳动教育品牌的引领下，学校在“德、智、体、美、劳”五育并举的阳光课程群中突出劳动教育的纽带作用，开辟了教育综合馆、海洋文化馆、体育综合馆、阳光书吧、和乐农场、笼式足球场、沙滩排球场等活动空间，为灵活开展多领域的劳动教育活动，充分打开劳动教育空间，引导学生体验和感受劳动的多种样式、丰富价值奠定了坚实基础。学校确立了以课程学习、校内外实践为主体，个性化生涯发展为补充的育人模式，形成学校、家庭、社会的三位一体、全员育人的劳动教育资源体系，系统协调三方资源。

二、多元融合路径，落实劳动教育

学校顶层设计劳动教育体系，统筹安排劳动教育的师资、场地、设施、经费、课程等要素，借助有形和无形的资源，扩大和提升劳动教育的横向覆盖面与纵深参与度，发挥学校在实施劳动教育中的主导作用，带动家庭，影响社区。

校本整合，内涵生动。《纲要》指出，要在学科专业中有机渗透劳动教育。为此，学校以地方课程《劳动教育》为基础，建置整合资源库，使劳动教育融入课堂，扎根于学科资源之中。

自选课程，个性发展。《意见》指出，劳动教育应当遵循教育规律。符合学生年龄特点，以体力劳动为主，注意手脑并用、安全适度，强化实践体验，让学生亲历劳动过程，提升育人实效性。学校在实践中心开设共55项自选生涯课程。在内容方面，既包含了人工智能、城市建模、编程等现代科技领域的劳动教育，也囊括了陶艺、剪纸、丝网花、十字绣等传统文化领域的优秀遗产，还有渔网编织、贝壳加工、标本制作等与青岛本地海洋文化深度融合的职业技艺，以及烹饪、烘焙、面点、茶艺等生活技能。在师资方面，授课教师除了学校任课教师以外，还包括校工师傅、家长志愿者、校外综合实践基地专项教师，以及民间剪纸艺术家、中国海洋大学、山东师范大学等诸多行业专家、高校教授。在设备设施方面，配备了灶台、烤箱、窑炉、梭子、拉坯机等丰富的实践器具，学生可以根据自己的兴趣爱好进行选择，在老师的专业指导下投身真实的劳动过程，亲手制作美食、日用品，进行创新性的科技劳动，收获独特的劳动体验，用绚丽的劳动成果来装点学习空间，感受劳动的多种形式和深刻本质。

校内田园，农耕浸润。学校在300余平方米的“和乐”农场中根据作物种植区域进行责任划分，由班主任带领同学们顺应时节体验各类果蔬农耕种植，学生们在农场中经历翻地、播种、除草、浇灌、修剪、收获的全过程，体会其中的乐趣与艰辛；建造陈列传统劳动器具的“农家小屋”，让清新悠长的瓜果架成为缀满民谚的风味长廊，借助活灵活现的二十四节气展牌展示不同节令的诗文和知识，让学生充分感受到中华民族绵延传承的劳动智慧与深厚情感，随时随地领略劳动底蕴、浸润劳动气息。

项目创生，情感聚合。注重劳动价值体认，引导学生从现实生活中发现需求，选择和确定劳动项目；强化规划设计意识，充分发挥学生的主动性、积极性、创造性，引导学生对项目实践进行整体构思，综合运用所学知识、技术，不断优化行动方案，是《纲要》中指出的劳动教育的关键环节。

为了契合学生需求，切实提升学生的劳动能力，学校依据学生

兴趣开设了灵活的“小众项目”。例如，制作“未来科学家”科普视频，参与义演、义卖志愿者服务，担任“校园助理”，协助后勤老师管理公物等等，为学生搭建多元成长舞台。

三、深化家校共育，培养劳动习惯

作为学生学习生活的另一个重要场所，家庭也同样承担着重要教育责任。为了引导家长树立正确观念，支持学校开展劳动教育，发挥家庭在实施劳动教育中的基础作用，学校依托家委会、学校家庭教育服务站及家长，深化家校共育，推动劳动教育融入家庭生活，引导学生主动承担家庭责任，养成勤于劳动的自觉习惯。

制定家务劳动清单。学校通过制定家务劳动清单，将学校和家庭有机联系到一起，共同促进学生劳动习惯的养成。根据学生成长的阶段特点，邀请家长参与制定各年级“劳动自选清单”，其中既有学校和家庭都可操作的“定期大扫除”，也包括了集中于家庭场景中的洗衣、做饭等固定项目，还设置了学生主动提议申报的开放式项目，如家庭茶艺、打造“最美阳台”、储物间维护等弹性内容，充分调动学生参与家庭劳动，扮靓生活空间的积极性。

设置劳动教育特色奖章。学校将“劳动自选清单”中各项家务的完成标准详细列入“十个一”个性发展手册，结合《中学生素质发展手册》，联合家庭共同对学生的劳动情况进行评价，具体评价方式包含学生自评、互评，家长评价，学校评比等，向表现优秀的学生颁发“城阳区第二实验中学劳动教育特色奖章”。

其中“自理章”和“巧手章”引导学生做好值日、家务等力所能及的事情，争当劳动“小达人”；“服务章”、“爱心章”鼓励学生参加义务宣传、爱心义卖等志愿服务，争当社会“小公民”。劳动教育与争章活动的结合，借助榜样的力量以评促建，既丰富了学生的实践体验，又让立德树人的根本任务落地生根。

开展劳动教育时事活动。学校利用民族传统节日、重大纪念日开展家庭劳动活动，鼓励学生用手工劳动表达感恩，传递祝福，例如，春节包饺子、端午节包粽子、母亲节给妈妈送丝网花、教师节为老师做一张贺卡等，让学生在动手实践中感受和传承中华传统文化，增强对家庭、对他人的责任感。在疫情期间，开展“晒晒我的新技能”、“宅出新花样”、“劳动让假期更有温度”、“宅家小达人”等家庭劳动实践活动，学生将与父母共同动手制作的花样美食、大扫除等照片进行分享，增进了亲子感情，提升了学生的生活劳动技能。

培养崇尚劳动的家风。学校邀请家庭教育专家为家长进行家庭劳动教育讲座，通过“万名教师访万家”、“校长会客厅”、“名师会客室”等渠道引导家长有意识地培养学生的自理能力、劳动习惯，鼓励家长在植树节、学雷锋纪念日、五一国际劳动节等节假日以家庭为单位参加各种社会劳动活动，树立崇尚劳动的良好家风，带动学生热爱劳动，快乐劳动，体会劳动带来的幸福。

八年级9班一位学生的母亲对此深有体会，去年生日那天，她刚下班回家，一打开门就发现儿子做好了饭菜，摆好了水果拼盘，点上蜡烛，唱着生日快乐歌。就在那一瞬间，她热泪盈眶，她深有感触地说：从饭来张口、衣来伸手，到现在的懂事与孝顺，看似简单的劳动教育，带给孩子的独立、自信、自强是一生的财富。

四、打造实践基地，提升劳动技能

学校积极打造校外劳动教育实践基地，组织学生走进社会大课堂，参与公益活动，为自己未来的职业规划积累经验。

学农实践·果蔬培育。学校每年组织七年级学生到青岛学农基地开展为期5天的学农实践活动。茶艺、果艺、糖艺、酿酒、豆腐制作等劳动项目拓宽了学生的视野，而田间地头的泥土芬芳，与农民的调研互动，让学生在劳作中明晰了“早种三分收，晚种三分丢”的劳动经验，感悟到了“纸上得来终觉浅，绝知此事要躬行”的哲学智慧，引导学生正确认识劳动，理解劳动价值，尊重劳动成果。

学工实践·科技创新。学校充分发挥山东省人工智能实验学校的优势，依托中国海洋大学、青少年活动中心等校外实践基地，开展航模、创意编程、机器人、摄影等科技类的劳动教育课程，电烙画、电子光纤、模拟驾驶、专业3D打印等精彩纷呈的实践内容吸引学生打开科技世界的大门，关注国家前沿科技成果。同学们在校园科技节系列活动中展示自己的科技劳动作品，将浓厚兴趣转化为学习动力。

热心公益·劳动利他。学校成立“青春暖城”志愿者服务队，建立校团委、年级、班级三级志愿服务体系，各中队、团支部建立具有特色的志愿服务分队，每支队伍根据所选择的志愿服务类型开展活动，每月至少一次。志愿者们利用放学后或周末时间到街道、社区进行垃圾分类、交通安全专题宣传；协助居委会工作人员分发物资、统计信息；依托学校艺术社团，在传统佳节到养老院为老人送去表演与陪伴等。服务队每年还会配合学校团委开展爱心义卖活动，为学校有困难的学生提供学习及生活用品。在校内，志愿服务则会与学生会、少代会等学生自治组织相配合，由学生干部每周定期组织各班志愿者进行校园保洁护绿工作。

在打造区域劳动教育示范校的过程中，学校先后获得全国书香校园、全国家庭教育健康示范校、山东省文明单位、山东省文明校园、山东省“德耀齐鲁”道德示范基地、青岛市十佳德育品牌、青岛市五星级阳光校园等百余项市级以上荣誉。值得一提的是，就在昨天的全国精神文明建设表彰大会上，学校获得了“第五届全国未成年人思想道德建设工作先进单位”荣誉称号。《中国教育报》《中国德育杂志》、CCTV-5、大众网、凤凰网、山东电视台、青岛电视台等多家媒体对学校的办学特色进行了专题报道。2019年7月，在青岛市劳动教育成果展上，学生们生动精彩的作品得到了与会领导专家的高度评价，中央电视台《焦点访谈》栏目对这次活动进行了专题报道。

热爱劳动，勤于劳动，是中华民族的传统美德。劳动创造美好生活，为幸福人生奠基。携手迎未来，明智达高远，我校将沿着劳动教育的成长之路，为学生带去受益终生的坚韧品格，让学生以劳动者的底色不断积累智慧、焕发生命活力，拥抱精彩人生！

教育路上的行者，改革浪潮的勇者
——记城阳区名校长牛秀娟

彭薇

她酷爱教育事业，以火热的赤心、无尽的爱、默默耕耘，无私奉献撑起了一片教育的艳阳蓝天。一年又一年，在这片教育事业的沃土上，创造性地工作，留下了一串串坚实的脚印，谱写下了勤奋、谦逊、严谨、创新、求实、和谐、关爱的动人篇章。她是青岛市城阳区实验小学校长——牛秀娟。“把爱奉献给学生，献身教育事业”是她永远的追求。工作二十四年来，牛秀娟先后被评为城阳区名校长、城阳区中小学学科带头人、青岛市德育工作先进个人、青岛市教学能手、山东省优秀少先队辅导员等称号。

担任城阳区实验小学校长以来，牛校长带领干部教师勇于改革，大胆创新，坚持“以美养德、以美启智、以美促全、以美治校”的管理理念，全面打造“尚美教育”特色品牌，学校办学水平稳步提升，学生综合素养全面发展。学校先后获得全国少先队红旗大队、全国青少年校园足球特色学校、全国中小学舞蹈教育传统学校、全国创新教育先进学校、全国优秀家长学校、山东省教学示范学校、青岛市文明校园等多项市级以上荣誉称号。

一、以美启智，打造臻美课堂

自担当城阳区实验小学校长以来，牛校长充分发挥示范引领作用，带领学校领导干部教师，积极不断探索学校发展的新路径，在立足学生全面发展的基础，将课程作为学校文化内涵发展的重要组成部分，提出了“在这里，与美相遇”的课程理念，积极打造“臻美课堂”，构建“多元至美”校本课程体系。

围绕学生六大核心素养，开发了“六小”学校课程，包括艺术与审美的小达人课程、科学与探究的小牛顿课程、数学与思维的小能手、语言与交流的小博士课程、体育与健康的小健将课程、交往与合作的小天使课程。让课程成为孩子们生命成长的载体，让课程成为孩子们走向美好人生的旅程。

二、以美促全，强化办学特色

学校特色发展归根结底，就是要以学生发展为根本、以学校质量提升为目标、以教育资源的利用最大化为条件。在办学实践中，牛校长不断寻求突破，坚持从学生出发，一切为了学生的全面发展，在以美为基础的前提下，不断强化学校办学特色，提升学生的发展品质，塑造学校灵魂，使学校变得更具有特色。

打造足球教育名片，助力学生健康成长。学校坚持“育人为本、重在普及、面向全体、人人参与”的校园足球发展理念，确立了“以球健体、以球促学、以球养德、以球育美”的校园足球文化。探索实施“一课、多组、多队”的足球教学模式，校园足球特色彰显。学校连年获区长杯、市长杯足球赛冠军，已累计向国少队输送7名运动员，向省市足球队输送20多名运动员。

搭建各类平台，促进学生全面发展。学校深入推进大阅读活动，成立“海之帆”文学社，以读书节为引领，积极开展好书分享、图书置换、亲子悦读、名家进校园等活动，引领师生多读书、读好书。

全面推进“十个一”项目有效落实。在开齐开好艺术、体育课程的同时，学校开设艺术特色班，设立校园艺术节，成立“小海豚”艺术团、“海之魂”书画苑、“小海豚运动工场”、“小海豚儿童剧社”等学生社团，发展学生特长。学校合唱、民乐、舞蹈、健美操、足球等艺术体育项目多次在区长杯及全国省市比赛中取得优异成绩。

科技教育成果显著。学校设立校园科技节，积极组织学生参与各类科技实践活动。每年学生百余人次在区市科技节中获奖，头脑奥赛、建筑模型、未来工程师、机器人、航海航模等项目多次在全国乃至世界比赛中获一等奖。

三、以美治校，实理美的管理

作为一所学校的校长，牛校长始终相信教育是与美相遇的事业，以美治校，创建温馨优雅美的环境、以美促全，通过特色办学、校园节日、学生社团来促进学生全面可持续发展。

打造德育品牌，培养美德少年。学校坚持立德树人，打造“尚美扬善”德育品牌。积极创编德育教材，开好德育课程。结合重大纪念日和节日开展革命传统教育、劳动实践教育等系列主题活动，培养“有梦想、负责任、会学习、喜探究、博学识、懂审美、爱运动、乐生活”的美德少年。

实施五大工程，培养四有好老师。学校重视加强教师队伍建设，实施教师专业发展“五大工程”，即师德工程、读书工程、教学基本功提升工程、信息技术与课程整合工程、教科研工程，建设一支有理想信念、有道德情操、有扎实学识、有仁爱之心的“四有”好老师。

加强民主管理，建设阳光校园。学校鼓励教职工参与学校民主管理，执行重大事项校务委员会、教职工代表大会集体决策制度。注重家校合作，实施“3B1K”家长学校授课模式，定期聘请专家进行家庭教育讲座，邀请家长广泛参与学校教育教学活动。

“我不是老校长，也不是教育家型的校长，但我给自己订的目标就是做教育家型的校长，像教育家那样办学。”牛校长坦言道。

奋进新时代，筑梦新征程。展望未来，任重而道远，牛校长将带领着城阳区实验小学全体师生向省市一流、全国知名、走向国际的现代化特色学校迈进，奋力谱写新时代的育人新篇章，

借智赋慧，打造优质教与学

山东省青岛西海岸新区黄岛小学 王卫杰

伴随人工智能、大数据技术与教学融合的不断加强，智慧教育支撑的技术和资源将日益丰富。信息技术引领构建智慧课堂已成为课堂教学高效实施的有效途径。为提高学校课堂教学质量，我校通过《借智赋慧，打造特色 +e》课题研究，提升学校教育实效，促进学生全面发展。

一、借智先行先试，开启智慧教育

借“机”先行。2019 年 11 月，我校参与了西海岸新区教育和体育局组织的合肥智慧教育第二批培训，培训结束后，学校第一时间根据培训要求制定了学校智慧教育推进方案，确定了“学会—会用—用好”三步走智慧教育推进策略，以及课堂和工作室双轨发展推进路径。我们借区第二批培训的时机，早行动，早谋划，对全体老师进行了智慧教育关于理论和心理的提前渗透，让老师明确智慧教育势在必行。

借“培”促升。2020 年 3 月至 8 月，我校智慧教育的推进工作主要是“吸纳智慧”，前前后后围绕智慧课堂培训了十多次。9 月份，又进行了公共服务平台使用的培训和 6 年级全体师生的学生机培训。关于培训，前期我们是全员培训——充分了解和提升教师的信息素养，让每一位老师在智慧教育推进的历程中迈出“学会”的第一步！后期我们是精准培训——从精准技术和精确人员出发，让智慧教育的重拳发挥最大的力量。

借“研”践行。在探索智慧的教与学初期，我校从两个层面着手，一个是打造常态智慧课堂教学，另一个是通过工作室打造特色智慧教育，通过课堂和工作室双轨模式打造优质教与学。

举行智慧教育推广启动活动。2020 年 9 月 9 日举行了名师带动暨智慧教育推广启动仪式，我们邀请了科大讯飞驻校老师听课评课，有针对性指导。语文、数学、英语三科教研组长先行先试，分别进行了三节基于智慧课堂的教学研讨课例展示，三位老师的大胆尝试和可见的课堂实效震撼了听课的老师，也发挥了很好的示范作用。学校以此活动为契机，进行深入研讨，提出了基于智慧课堂的“备、讲、批、辅、考”五环节实施建议。

开展智慧教育研讨周活动。智慧教育推广启动仪式拉开了我校智慧教育研讨的序幕，我校开始了每周的智慧教育研讨活动。在第一个月里，每周两次研讨活动，一个月后每周一次研讨活动。周周有课，人人参与，成为智慧教研的常态。

借“评”助思。为加快教育信息化助推教育现代化，总结智慧教育推进过程中的教育教学经验，学校以教学设计、研究论文、教师经验三大专题类别开展了智慧教育成果评选活动，老师们结合学科特点有效融入信息技术，发挥智慧教育优势。评选活动的举行是智慧教育推进工作的反思和总结，为 2021 年智慧教育的再推进，提出了新的思考方向和前行目标。

二、创新智慧教育，打造特色+e

在智慧教育推进过程中，不但要注意“普适”智慧教育，让人人都智慧，感受到智慧教育的“有用”，更要让学校的智慧教育有特色，让有智慧教育想法的教师更精彩。我们听想法，理思路，变行动，走出了一条有特色的工作室智慧教育之路。

智慧教育助动漫更精彩。2020 年 3 月我校开始智慧课堂线上培训，对其认识也有了新的突破，我们发现智慧课堂本质上是一个动态开放的系统，借助于新兴信息技术和智能化的移动学习工具和应用支撑平台，使课堂系统超越了时空限制，动态的信息互通交流，教师与学生，学生与学生之间的沟通与交流更加立体化，实现了更为开放的教室、更为开放的课堂，大大提高了课堂互动能力和效率。这种发现和认识对动漫工作室的发展打开了新的大门，动漫工作室主持人孙宇老师决定把动漫教学和智慧课堂相融合，让学生用平板电脑制作动漫，解决设备进课堂的问题。

2020 年 5 月，孙宇老师利用下发的 1 台教师机和部分学生机做起了信息技术与美术学科的融合实验，将电脑软件安装到平板上，让学生在板上绘画，实验过程中，每一位学生都兴奋且投入，实验取得了初步的成果。

融合智慧教育的美术课堂，让动漫创作更便捷，更精彩。学生对自己的手稿进行拍照，利用动漫软件涂色再创作，形成系列作品。在这个过程中，每个学生可以对自己的作品进行反复创作，不怕出错，在不断创作操作中，学生的灵感更多地被激发，学生的创作欲望和潜能也最大限度地发挥出来。借助智慧教育，由传统的手绘转为现在的板绘教学，学生上传作品、教师在平板上审阅、批注，再即刻反馈给学生，教师批改作业的负担减轻，教学的效率提高，为课堂提供了更多创作的时间。

跨平台融合，助力人工智能教育。为更加规范有序推进网络学习空间人人通，切实加快教育信息化进程，建设好“三通两平台”，学校在 2020 年 8 月培训后，立刻着手针对网络学习空间的内容和模块化功能规划管理到各个部门，由部门带领教师创建和使用，实现点状辐射管理。在单个模块使用中，比如教师空间，则通过推送和展评教师优秀空间案例，带动全体教师创新网络学习空间，实现以点带面，全面提升。我校的网络学习空间案例和姜莉老师的个人网络学习空间案例均作为优秀案例被推送至山东省教育资源公共服务平台。

在人工智能教育推进事项上，姜莉老师一直有自己的想法，学校也全力支持，在 8 月份听取了工作思路汇报后，学校帮助其理清思路，明确在人工智能教育的发展规划。学校成立了姜莉老师的 STEM 工作室，投入 2 万多元购买了开源硬件。姜莉老师融合科大讯飞、公共服务平台、商汤学院等多家平台，编程出身的姜莉老师结合自己专业技能，借助网络学习空间，对 4—6 年级实施分层教学，普及拓展培优，落地人工智能教育，解决了现在人工智能教育落地难的情况。现在线上线下，课上课下，她的 STEM 工作室吸引了一大批有想法有兴趣的同学。

针对 1—3 年级的人工智能课程教学，借助智慧教育大环境，结合公共服务平台，科大讯飞智慧课堂，青岛市 e 平台，实行梯形规范化授课，这一阶段的视频课程以体验为导向，让学生体验从生活中来，到生活中去的理念，拓宽了学生的视野，增强了学生对信息技术的兴趣，提高了学生的创新能力。

三、推进智慧教育，开创未来+e

在智慧教育推进的过程中，课堂教与学正慢慢发生变化，优质已成为我们共同追求的目标，当然了教师与学生的整体素养也发生了潜移默化的变化。

在“乘风有你，共研共成长”科大讯飞首届全国线上教学风采大赛，我校张帆老师获二等奖；刘秀秀、王雯获优秀奖。在乘风破浪的老师们——课程 show 中，姜莉老师的课例获二等奖。

在 2020 年 6 月 24 日全区中小学智慧课堂观摩展示活动中，孙宇老师做智慧课堂美术经验交流现场经验分享；2020 年 6 月份，中国教育在线、科大讯飞教育、青岛西海岸新区教育和体育局分别对黄岛小学动漫智慧教育案例进行宣传报道；2020 年 9 月，中国日报网对黄岛小学智慧课堂教学研讨进行宣传报道；2020 年 11 月和 2021 年 1 月，学校网络学习平台案例和教师网络学习平台案例分别被推送至山东省教育资源公共服务平台宣传报道；2020 年 11 月底，孙晓老师录制了视频展示语文听写使用，该视频在全球中文学习平台落户青岛启幕仪式会议现场会上播放；2020 年小学信息技术与学科融合优质课（交互式电子设备类），高丽君老师获区一等奖；

在 2020 年度智慧教育推进过程中，黄岛小学被评为“优秀单位”，刘秀秀老师获智慧教学优秀成果奖；刘桂君、张俊老师获智慧教学优秀案例奖；在国家、省、市举行的机器人比赛、程序设计比赛、创客大赛中，我校学生也荣获了诸多奖项。

所有过往，皆为序章。新的时期，我校的智慧教育又有了新的目标。

下一步，我们会将信息技术与美术学科的融合，由工作室到年级，由年级推广到中高学段，实现由点带面，由面到体的全方位立体发展；TEM 工作室，基于项目式学习，跨学科融合教育，做好普惠教育、拓展教育、培优教育，全面提升学生的智能素养；基础学科教学，融合智慧课堂，打造学科特色教学模式，实现高效优质教与学。

创新释放活力，拼搏铸造辉煌，我校智慧教育与课堂教学的融合创新工作虽然才刚刚起步，但我们已经清晰地看到智慧教育的时代已经到来，看到智慧 + 教育大数据带给学校和师生的变化。今后，我们将继续秉承教育初心，打造优质教与学，实现弯道超车，让黄小的每一位师生因智慧教育更精彩更卓越。

从走近学生到走进学生

山东省日照市五莲县实验小学　刘树森

教育是一门艺术，撒下的是仁爱，收获的是智慧，体验的是幸福。

暑假期间，我每天在去学校的途中几乎都会遇到我们学校的学生，既有高年级的，也有低年级的，还有从我们学校毕业正在上初中的。见到我，他们大都会微笑着招招手，说一句："校长好！"我也赶紧招招手，微笑着回一句："你们好！真有礼貌！"

学生们在校内见到校长、教师主动问好，当属正常；而在校外，他们见到老师和校长也能够问好，则令人欣喜。无论在校内还是在校外，学生都大方、自然、有礼貌。在我看来，这就是学生应该有的样子。

每次跟学生打完招呼，我心里总会生出一种成就感、幸福感和自豪感。特别欣慰的是，我这个当校长的能够和教师们一样，赢得学生的喜欢和尊重。当然，我收获的不仅仅是这些，更重要的是从中获得了一种关于教育的感悟：走近学生，亲近学生，才会走进学生的心灵，赢得学生的尊重。而"走近"和"走进"的同时也是一种发现——发现教育，发现教育的秘密。

为什么学生会对我这么友好呢？

首先，应该归功于我们的拍手礼。每天早晨、中午入校时间，我都会带领学校领导、教师在校门口迎接学生，微笑着跟他们互相拍手、问好。时间长了，学生们都认识我了。无论我出现在校园的哪个地方，他们见了我都会微笑着说一句："校长好！"许多学生还争着跟我拍手。当我走进教室时，学生们会齐声喊："校长好。"最近，有位教师对我说，高年级一些调皮的学生私下里称我为"森哥"。

我想：正是因为天天跟学生们微笑问好，他们对我已经没有了距离感，取而代之的是亲切感和亲近感。这种亲切感和亲近感温暖了彼此，拉近了心与心之间的距离。可以设想：如果我只是每天站在学校大门口，表情严肃地看着学生，盯着教师，学生可能也会说"校长好"，但那可能是出于畏惧感，是一种机械的问好，而不会走心。

其次，我还坚持每天深入班级，接触学生，了解他们的想法。看到学生有哪个字写得不好时，我会在黑板上示范一下。学生们"崇拜"我写的字，有时留在黑板上不舍得擦去。每年的"庆六一音乐美食节"活动期间，我也会到各个班级跟学生们一起过节，送上节日的祝福。每一届六年级学生举办毕业典礼，我都会到每个班的教室里跟他们一起合影，给他们签名，与他们拥抱，送上最诚挚和最美好的祝愿。

唯有"亲其师"，才能"信其道"。从师生关系的角度看教育，可以说教育学也是关系学。好的师生关系的构建，需要校长和教师主动走近学生，走进他们的心灵，赢得他们的信任和尊重。好的师生关系本身就是一种教育，走近学生本身也是一种教育。

再次，我以"办学生喜欢的学校"的目标为导向，致力于学生文明素养的培养。正如我们经常听到的那句话"一千个人就有一千个哈姆雷特"，对于什么是"文明素养"每个人会有不同的认识。有人会说"讲话要文明"，也有人会说"排队要礼让"，还有人会说"不乱丢垃圾"，那这些文明素养的特点是什么呢？就在于他们都不是什么非凡成就和伟大壮举，而只是我们日常生活中的一些小事情，或者说是小细节，但有着很重要的作用。在学校，我们会要求学生不乱扔废纸，见到废纸要主动捡起来。去年秋天的一天上午，我在操场上巡查的时候，发现有一名学生在操场边上捡起一些废纸，便记下了这名学生的名字和他所在的班级。下午，我一上班便来到这个班级，当着全班学生的面奖励了那名学生一枚"学子星"，并号召全体学生向他学习。他们的班主任李老师非常有心，利用课外活动时间，以"小小的举动，大大的赞赏"为题召开了主题班会，对全班学生进行了好习惯和环境保护教育，收到了很好的效果。过了几天，我正在操场上走着，突然跑过来两名学生，对我说："校长，我们刚才在操场上捡废纸了。"我说："哦，你们真棒！"然后伸手就去摸口袋，却发现没带"学子星"奖牌，于是就对他们说："坏了！我今天没带'学子星'。"其中一名学生说："我们是二年级(3)班的，他叫×××，我叫×××。"我说："好！好！你们都是好孩子。"

看着两名学生走远了，我却陷入了沉思。这两名学生因为捡了废纸，专门来告诉我。我很明白，他们是想让我奖赏他们。他们的世界简单，做了好事就想得到肯定和鼓励，但是站在我们教师的角度，做好事是为了得到奖赏吗？我又找到他们的班主任李老师，跟她说了这件事。李老师坚决地说："这次性质不一样，我们不能再发'学子星'。"我说："孩子们给我们出了一道难题。看来，我们的故事还得继续上演。你好好设计一次活动，解决这个难题。"

于是，李老师围绕"弯腰捡废纸是为了什么"这个主题精心设计了一次班会，并给我安排了几项任务。班会由两名学生主持，设计了当小导游、采访、颁奖、情景剧、讲故事、唱《拍手歌》、发倡议书等诸多环节。这些环节的设计或引发学生思考，或引起学生共鸣。我的任务一是给"环保小卫士"颁奖，二是接受采访。在接受采访时，我对学生们说："为什么我会弯腰捡起一张纸？因为我看到地上有废纸就感到很不舒服，觉得这影响了环境卫生。学校是我们共同的家，学校的环境卫生需要我们大家共同爱护、保持。作为校长，我必须带头去捡。"接着，我引导学生们开展讨论：弯腰捡废纸是为了什么？在班会的最后环节，小主持人向全校师生发出了保护环境的倡议。这个倡议太好了！我们为什么不把它变成实际行动呢？我立即给学生们提了一个建议：专门搞一次签名活动，由他们来设计一个横幅，写上他们的倡议，然后签上他们的名字，并且号召全校师生都来签名。学生们愉快地接受了。一周后，由他们班发起的"你我弯弯腰，校园更美好"签名活动得到全校师生的积极响应，每个人都加入主动捡拾垃圾、不乱扔废纸的行列。

什么是不平凡？把每一件平凡的事情做好就是不平凡。要想在全社会都形成成科学、文明、健康的良好风尚，每个人都要从小处着手，从自身做起，养成良好的文明习惯，做高素质的公民。只要我们每人向文明迈出一小步，那我们的国家就向高素质社会迈进了一大步。同时，要想成为高素质的社会栋梁，不仅要求你今天践行好文明，而且需要几十年如一日坚持下去。"不积跬步无以至千里，不积小流无以成江海"。个人文明素养的提高是这样的，社会风气的向上向善也是这样的。

教育学生的过程，本质上也是一个教育者不断发现、不断思考并从中寻找教育机会的过程。作为校长，我意识到，要放下架子，走近学生，深入课堂，深入班级，乃至参加他们的活动，并且从中发现问题。"发现"教育，为学生创造更好地教育。

生命教育课程，唤醒内在力量

山东省荣成市第二实验中学　王华

生命因健康而美丽，而真正意义上的健康是一个人的身体健康、心理健康和较强的社会适应能力的综合，教育应以每一个人的后天的健康为最终目标，因此，我们在教育学生强身的同时，更要强调"强心"。2020年的新冠肺炎疫情，注定会在孩子们的一生中留下深刻印象，面对每天确诊病例、死亡病例的攀升，恐慌、焦虑、价值缺失等负面情绪在学生中蔓延，疫情给了他们最为深刻的体验。最好的教育往往来自亲身的经历和体验，危机时刻也是绝佳的教育契机，对学生来说这是一次很好的思考生命意义、发展社会情感能力、了解自然法则的机会。基于此，我校在原有的"一体双翼"生命教育课程体系的基础上进行重构，把现实生活与生命教育进行深度融合，构建渗透式生命教育、专题式生命教育、体验式生命教育的"ISP"三维立体生命教育课程体系，为每个孩子量身定做生命护照。

生命课程教育的实施，达到了让学生"认识生命、欣赏生命、尊重生命、爱惜生命"的目标，让孩子们在战"疫"中成长，明确生命的意义，把生命中的爱展现出来，焕发出自己独有的美丽光彩。

一、组建课程团队，推进课程开发

课程建设是为了给学生提供合适的土壤、阳光、养料和环境，让孩子自然地、更好地生长。为此，学校在充分了解学生的基础上，有序推进课程开发工作。

问卷星调查。学校借助问卷星，了解学生疫情期间的生活、学习和心理状态，了解学生的需求和兴趣倾向；各年级汇总后进行分类整理，并结合疫情防控工作重点和以往生命教育相关课程，确定课程重构的范围和内容，以此作为招募相应教师组建课程开发团队的依据。

构建测评体系。学校有效利用鲁东大学的PFF综合潜能诊断系统对全校所有学生进行疫情期间心理评估，依托专业测评软件形成的大数据，全面分析学生在疫情期间生命观和价值观的现状及其成因；并基于学情编写涵盖与生命教育相关的观察模式和评估量表，得出有评价信度和效度保证的测评结果，为课程体系的构建打下坚实基础。

组建开发小组。学校向全体教师发布"征集令"，公示学校拟定开发的课程方向，号召有特长、感兴趣的教师参与进来，明确自己的课题，所要达成的目标等；学校依据课程体系进行选择，确定最终课题后，由该教师牵头，成立开发小组，分工合作，进行课程开发。

课程审核定稿。学校组建课程审核小组，对各小组开发的课程进行严格审核。审核内容主要包含课程纲要、课程内容、课程评价三部分。经过多次修改完善后定稿印刷，为后续课程实施提供保障。

二、开展多彩活动，凸显课程特色

为促进课程的有效实施，学校通过多种途径开展学习活动，方便学生居家学习期间和复学后都能够适时参与。

每周一次主题课程。居家学习期间，学校每周五设定一节生命教育课程，由学校心育教育团队的教师进行线上教学，"新冠病毒微课堂"、"隔离不隔爱，三八动起来"、"宅家护绿，拥抱春天"等系列课程，有效帮助学生正确认识新冠疫情，以良好的状态投入学习，培养珍爱自然、保护自然的意识。

每周一次心理疏导。学校心育团队充分利用周一的班会时间，借助学校微信平台，推送心理辅导相关内容。“孩子，面对疫情请不要恐慌”、“疫情下的自我保护”等课程，有效帮助学生缓解紧张心理，以积极乐观的心态面对生活和学习；学校也积极通过家长课堂，发送相关学习资料，帮助家长提升认识，提升家庭教育水平。

开展艺体展示活动。学校通过开展演讲、朗诵、歌咏比赛，及身体素质、艺术素养展示活动，丰富学生的文化生活，营造积极向上、百花齐放、健康活泼的校园氛围；激发广大学生爱党、爱国、爱校和热爱学习的热情，促进学生生命素养的全面提升。

开展节日送祝福活动。疫情期间，学校借助元宵节、三八节、劳动节、端午节等重要节日，开展“我给白衣天使送祝福”、“妈妈辛苦了”、“劳动最光荣”等丰富多彩的庆祝活动，通过彼此间的问候与祝福，教育学生懂得感恩，知道负责，学会与人为善。

三、加大宣传力度，点亮学校品牌

生命教育活动的积极开展，有效增强了我校师生对于生命的意义和价值的深刻认识，他们积极参加各级组织的各类活动，推送强国优秀课例、优秀征文，参与各项比赛活动，均取得优异成绩，起到很好的宣传作用。

校园活动展示特色。学校举办的系列特色活动，赢得了各级报社、网站、新媒体的青睐，纷纷予以宣传报道。如：威海教育局网站报道了学校的“化疫情为契机，上好生命教育课”、“欢庆五一，秀我风采”等以生命教育为主题的活动8篇；齐鲁晚报报道了“爱，在家访路上延伸”、“珍爱生命，展示自我”等活动5篇；中国荣成、文明荣成、荣成市教体局等新媒体也转发了学校生命教育活动近20篇，给予学校高度肯定。

各类比赛凸显特色。疫情期间，我校推送的《直面挫折，珍爱生命》《向光而生，便是成长》《疫情居家，我和囧妈那些事儿》等20个优秀课例被“学习强国”山东省平台、威海平台刊载；强国征文《铭记历史 少年当自强》《我爱这五彩斑斓的生活》等27篇优秀文章被山东省平台、威海平台刊载；教师参与的“抗疫有我”演讲比赛，学生参与的“潮涌东方·诗意荣成”朗诵比赛，都取得了优异成绩，有效展示了学校生命教育的成果，也起到了很好的宣传作用。

每一场灾难都是一次生命教育，都是一种磨砺和考验，疫情给我们提供了一次对学生进行生命教育的机会。我们要培养学生用自己内在的能量，把这次危机当成升华精神的动力，当成一次人生洗礼，身处险境仍能顽强奋斗，心有目标又能脚踏实地，在往后的时光里，认真学习，好好生活，增长智慧，做一个负责任有担当的人，从而成就生命的崇高。下一步，我校将会继续研究开发生命教育新的课程体系，培养学生健康的心态，铸造学生健全的人格，让每一个生命都焕发出健康的光彩！

五育并举创特色　品质立校育桃李

山东省寿光市羊口中心小学　张金光　吴春国　徐全生　王同祥

少年强，则民族强！全面贯彻党的教育方针，落实立德树人根本任务，发展素质教育，推进教育公平，是每一所学校肩负的使命，也是在教育改革上的不懈探索。近年来，我校围绕立德树人的根本使命，坚持“五育”并举的办学思路，着力解决素质教育如何实现创新发展的实际问题。在突出德育实效、提升智育水平、强化体育锻炼、增强美育熏陶、加强劳动教育等方面提出了有针对性的创新发展，构建了德智体美劳全面培养新时代唯美少年的教育和育人新体系，着力办好人民满意的教育。培养德智体美劳全面发展的学生，是我校首要任务和永恒主题。为深入贯彻落实立德树人的教育目标，我校积极探索多种渠道，让每一个学生都能在“五育”并举中健康成长。一直以来，我校始终坚持“五育”并举，努力在学生心中播种下“五育”的种子，让每一个学生如小树舒展新叶一样，拥抱美好与阳光。如今，我校“五育并举”品牌仍在稳步推进，实行德育铸魂、智育固本、体育强健、美育浸润、劳动淬炼等五大“攻坚计划”，力求打造一所创建“五育并举”品牌的特色学校。

一、五育同耕，用心培养全面素质人才

近年来，我校依托乡土文化——非物质文化遗产“海神赐灯”，积极构建了学校德育体系：“家国情怀”的通识教育、课程思政、日常思政融会贯通，让思政教育、价值引领像“空气”一样无处不在；植根“社会主义核心价值观”的文化土壤，发挥课堂的主渠道、主阵地作用；积极引入乡土文化，培育学生助人为乐的优秀品质和乡土文化认同感。同时，扩大思政工作队伍，打造少先队辅导员、班主任、党员教师三支过硬的思政队伍，为学校创新发展保驾护航。另一方面，我校依托“五大评价体系”，创新教育体系，实施智育评价，使教育教学发挥应有的作用。我校智育评价从课堂表现评价、作业评价、单项能力测试评价、水平性评价和展示性评价五个方面进行，突出学生主体地位，注重保护学生好奇心、想象力、求知欲，激发学习兴趣。同时，学科教育上，重构“教”与“学”的关系，着力培养认知能力，促进思维发展，激发创新意识，培养学生的创新精神和创新能力。依托校园社团，我校也全面加强学生综合体质锻炼。我校阳光体育活动，以身心健康、锻炼习惯培养和校园体育文化为重点，建立体育社团，争取让每个学生都能掌握1～2项运动技能，引导学生天天锻炼、健康成长、终身受益。严格执行学生体质健康合格标准，健全国家监测制度。同时，依托体育社团活动，积极推进体育评价，从大课间两操活动表现、日常体育锻炼情况、体育运动能力、体育健康测试和各级各类体育赛事活动五方面进行评价。我校还以社团活动助推校园体育文化，培养学生的奋斗精神、团队协作意识、抗挫折能力，为学生的人生发展夯实基础。美育培养也是落实立德树人根本任务的重要一环。我校依托校园艺术活动，实施学校美育提升行动，广泛开展校园艺术活动，帮助每名学生学会1—2项艺术技能。制定学生美育素质测评评价细则，从基础指标、学业指标和发展指标进行评价。通过高地建设、审美教育、体验教育，提升了学生感知、享受和创造美的能力，引导学生热爱生活、追求美好，成为向善向好的好少年。近年来，我校还积极推进学校“慧园”劳动实践教育基地的开发建设，把劳动教将劳动教育融入“慧园”，从生活劳动、专业劳动实践和公益劳动三个维度，实现了劳动教育的三层次目标，即让学生具备生存发展需要的基本劳动能力和良好行为习惯，帮助学生系统掌握与专业相关的劳动知识与技能，培养学生具有乐于服务奉献的劳动精神，从德智体美劳真正实现“五育并举”全面人才培养。

二、勤耕细作，孕育五育特色教育品牌

“五育并举”创品牌，立德树人育新人。先进的办学理念和治学思想，是学校办学方向和发展路径的决定因素。我校的经验表明：在全面推进教育现代化的进程中，突出地体现了立德树人的发展战略，尤其是学校始终坚守“五育并举”的办学理念，落实立德树人根本任务，引领师生同发展、共成长，为学校的创新发展积累了丰富经验。

如今，人们走进我校精心打造的“慧园”劳动实践教育基地，就会看到一群群充满活力的学生以班级为团体，进行多种形式的劳动实践和岗位体验，形成了系列“劳动＋学科”通识教育类课程和“专业＋劳动实践”重点课程，丰富公益劳动实践，设立“劳动周”，广泛开展“慧园”实践活动，寓教于园、寓教于乐、寓教育人，真正走出了一条培养德智体美劳全面发展的特色道路。舍忘过去，怀着一颗教书育人的恒心，立足新起点，未来路上，我校全体师生会继续投身祖国的教育事业，以“五育并举”为引领，携手一心，为打造有生命力的教育，呕心沥血，共谋幸福。

用爱和责任，塑造有灵魂的教育

山东省泰安市岱岳区开元中学　王玉斌

爱就要爱得深，干就要干得好。从教二十余年的时间里，我全面贯彻党的教育方针，忠诚党和人民的教育事业，始终用爱与责任，践行着自己心中的教育理想，希望让幸福之花在校园每个角落精彩绽放。

勇敢挑战，开启教育新征程

四年前，我被任命为泰安市岱岳区开元中学。面对刚建成投入使用的新校园、匮乏的师资力量、家长不认可的眼神等重重困难，面临几乎一切从零开始的境遇，我一时有些不知所措。而就在此时，多所开出优厚条件的外地学校纷纷找到我，优厚的待遇、强劲的发展空间与眼前的一切形成了鲜明对比，但我丝毫没有动心。

是岱岳区这片沃土养育了我、培养了我，我的根在这里，我多年的教育理想也要在这片土地上生根发芽。如今，四年过去了，开元中学大变了模样，已经成了拥有近30门校本课程、31个教学班、办学质量显著提升、家长满意度百分百的口碑学校，也再次诠释了我的制胜法宝——爱与责任。

育人育德，树立德行新风尚

新时代，一所学校的发展一定要有“根”。只有找到了学校的“根”，学校才会有灵魂、有灵气，才能洋溢浓浓的生命气息，学校的发展之路才能越走越“宽”、越走越“远”。我认为，文化是一所学校的“根”，它既是学校的精神符号，也是学校发展最核心的动力。

到开元中学后，我聚全校师生之力，建构环境文化、制度文化、行为文化、形象文化、精神文化、创新文化等六大板块文化，为学生的道德成长营造了良好的育人环境。例如，学校将泰山文化融入课间活动，把课间操玩出新花样，既让学生们锻炼了体魄，为校园增添了一道亮丽的风景。

根据学生认知水平和发展规律，我组织全体教师制定出大量可供选择的育人课程，形成了由学科课程、活动课程、班本课程构成的育人体系；根据学生个性需要及兴趣特长，主张引导学生自选社

团项目，实现个性定制。目前，学校已开设朗诵、茶艺、头脑风暴、书法、篆刻、机器人、阳光心理等活动课程30余门，为学生搭建了才艺展示和情感交流的多彩舞台。

为全面落实立德树人根本任务，我还创新设计"主题教育"、"话题教育"、"仪式教育"、"即时性教育"、"线上教育"五个德育模块，为学生道德放飞插上翅膀。学校每年定期举办书香节、英语节、数学节、科技节、考察节、劳动节、艺术节和体育节"八大节 "活动，使德育教学常态化、实效化。

四心工程，助力教师新发展

视野决定高度，专业成就卓越。只有不断增强教师的核心竞争力，才能让学校更高位的发展。我坚持以教师发展为本，着力打造关注教师精神成长的"四心"工程，从"目标引领，阶梯发展；平台引领，技能发展；工程引领，分层发展；教研引领，共同发展"四个方面出发，为教师搭建展示的舞台与成长的阶梯。

目标引领，阶梯发展。学校不断创新培养模式，完善培育制度，积极架设"一体双翼三联六级"教师成长阶梯，有效地促进了师专、师德、师能的快速提升。"一体"，即德才兼备一体化校内发展，注重目标引领的作用，开启三年专业发展倒计时，从师德修养、理论学习、课题研究、教学实践等方面制定目标及保障措施；"双翼"，即请进来名师专家传经送宝，走出去开展"零距离对话"；"三联"，即联系校内结对、联系校外齐鲁名师结对、联系专家精准结对，多渠道、全方位、立体化完善教师专业化发展体系；"六级"，即着力打造开元达标、新秀、骨干、学科带头人、名师、专家型教师"六级"梯队。

平台引领，技能发展。学校坚持"走出岱岳看世界、开窗放入大江来"的教师培养策略，每年拿出60万专项经费支持教师参加各种层次的培训，要求外出学习的教师写学习汇报材料，并以专题讲座、经验交流、讲汇报课等多种形式对教师进行全员培训，实现了"一人学习，众人受益"的培训目的；邀请省内外专家隔周来校讲座，促教师专业成长；开展与全国名师"同课异构"活动、校内教师同台竞技活动，鼓励教师参加赛课活动，历经一次备课、二次修改、三次打磨，团队共研共改，实现集体成长。

工程引领，分层发展。学校大力实施"12345教师发展工程"，分类分层予以推进。"1"是青年工程，选拔和培养一批青年教师，把他们塑造成青年中的先进、优秀教师；"2"是青蓝工程，让青年教师与骨干教师结对培养；"3"是名师工程，学校成立1个齐鲁名师领航工作室、1个特级教师工作室、6个名师工作室，发挥名师的辐射引领和团队智慧，带动青年教师快速成长；"4"是师表工程，将优秀教师的师德先进典型精神变为全校教师共同拥有的精神财富；"5"是合作共体工程，构建跨学科、跨校际、跨地区的教师合作共同体培训成长。

教研引领，共同发展。学科教研组扎实开展"四个一"活动、"十个一"成长工程，以"读好一本书"、"讲好一节课"、"做好一个报告"、"悟好一段成长"为载体进行系列化的教研组内学习研究，并进行线上、线下混合式教学研究与展示，从而推动教师整体发展。其中，"十个一"教研组工程，即每人维系好一个公众号，每天撰写一段教育心得，每周撰写一篇主题观点，每周参加一次问渠活动，每月撰写一篇教育文章，每月阅读一本经典名著，每月展示一期专题讲座，每学期上好一次观摩课，每学期发表一篇美文佳作，每年编写一本自己的书，以自我发展促共同发展。

教学是充满智慧和创造力的事业，教师精神上的成长必定能引领他孜孜不倦、砥砺前行，前行路上的教育收获也必定让他的生命绽放出绚丽的色彩。拔节生命高度，助力专业发展，教师们一定会收获教育路上独特的幸福和满足。办学四年来，众多年轻教师脱颖而出，迅速成长为学校骨干，先后有20位教师在省市区级赛课中荣获一等奖，赢得了家长和社会的广泛认可。

家校合力，营造教育新生态

家庭是一个人文化形成中最重要的精神营养基地，唯有家庭教育得到完善，才能还孩子一个健康而理性的成长环境。为最大程度发挥家长作用，我高度重视家长的教育力量，多措并举，凝聚家校合力，共育校园文明花。

一直以来，我坚持每天邀请6—8名家长来校，围绕家长关心的教育问题展开交流，实现家校"零距离"对话；发挥学校、级部、班级三级家委会优势，定期举办家长节、家长义工义教、家校联谊会、家长观摩优秀课例展示等丰富多彩的家校共育活动；利用中国家庭报家校共育平台、家长空间等宣传媒介，定期发布学生优秀事迹和学生课堂良好表现，让"家长空间"成为开门办学的窗口；对部分外出务工不方便参与家长会的家庭，学校组织骨干班主任组成家庭教育讲师团，定期定点到社区开展家庭教育培训活动，引导家长养成健康的家庭育人环境；寒暑假期间，组织不定期的家访活动，极大地增强了家长对学校的信任度和满意度。

家校联合，让教育不再独行。经过四年的努力，学校在家庭教育和家长学校工作方面做出了大量的工作，进行了有益的探索和创新，得到了社会和家长的广泛认可，家校合力育人的氛围业已形成。

最好的教育莫过于感染，最好的管理莫过于示范与引领。在我的带领下，学校形成了顾全大局、服从安排、爱岗敬业、无私奉献、追求极致、精益求精的朴素校风，也使得开元中学迅速跻身当地名校之林。学校先后获评全国特色实验学校、全国青少年法制教育优秀基地、山东省创客教育示范学校、泰安市绿色学校、泰安市卫生工作先进学校、岱岳区文明校园等荣誉称号。

"治校如同'养壶'，循着茶香弥漫，配以水之包容，加以时光浸润，慢慢地，心就有了悟性，壶就有了灵性，学校也就有了品性。"我坚信，在未来的教育征程上，岱岳区开元中学定将做有灵魂的教育，办给予师生幸福的学校，鼓满前进之帆，再谱壮美诗篇。

激活语文课堂教学，提高学生语文素养

山东省郯城第一中学教科研中心 王伟

近年流行语中有一个词叫"接地气"，从管理层面说就是不脱离群众和基层；从个人修养角度看就是不高高在上，随和好相处；从物的角度看，就是贴近自然、贴近现实。希腊神话故事中的巨人安泰力大无穷，只要他脚踏大地，就不可战胜。联系到我们的语文课堂教学，如果授课者能接好学生的"地气"，课堂定会有生命力、吸引力。

著名教育家陶行知曾经说过："生活即教育。"从某种意义上说，语文学习的外延与生活的外延相等。这说明了语文学科教学的一个本质性特征就是生活教学。作为语文教师就应该利用教材，让语文课堂教学更加接地气，学生喜闻乐见，既提高课堂学生的注意力，又能培养学生的实际运用能力。下面就结合自己的教学实践，谈谈粗浅的看法。

一、生活处处有语文，世事洞明皆学问

我把这一问题叫作"生活中的语文"和"语文教学的生活化"。记得以前郯城鲁蒙莎西服有个宣传语"身穿鲁蒙莎，伴君走天下"，一年后又改成"身穿鲁蒙莎，潇洒走天下"，我让学生思考第一句的问题，学生知道这是犯了叙述主题不一致的毛病。三株口服液畅销走红时，电视台广告片中一位老太太说："三株口服液效果就是好，我喝了一个疗程，症状就恢复了。"学生一听我介绍，都笑了，该广告不符合逻辑和搭配不当的问题显而易见。有个走廊名言警句牌上写道："大行不顾细谨，大礼不辞小让。细节决定一切，我们注意了细节，就能……"前句说做大事要不拘小节，后句说所以我们要讲细节小节。前后矛盾，让人莫名其妙。这样的问题举不胜举，拿到课堂就变成了语文学习，能引导学生多观察、善思考。

课堂上有时会发生一些突发事件，能否妥善处理好，是对教师人际沟通基本功的考验，也是教师"教育机智"的体现，此为"急中生智"。咱们都有这样的经历，正上着课，突然狂风大作或者暴雨倾盆或者雪花纷飞，学生的注意力一下子就被吸引过去，这时我往往顺应时变，留下时间让学生宣泄和抒发，满足他们好奇的欲望，当然，我不会被他们牵着鼻子走。例如一次语文课时，突然窗外飘起了雪花，学生都惊奇地转视窗外，我趁机补充了"咏絮才"的典故，鲁迅"燕山雪花大如席"的夸张之说，让学生做了"雪"的飞花令，然后让学生课下搞个"雪文化"小专题研究。学生戏呼上了老天的当，但他们知道从中获益匪浅。

有时候我们会遇到上课学生突然摔倒、手机突然响铃、茶杯突然摔地等等意外事故，要能化尴尬为轻松，既让学生提神，又能集中学生注意力。有一次窗外施工场所突然机器轰鸣、震耳欲聋，无法正常讲课，如果老师皱起眉头，望着窗外开始埋怨："噪声怎么这么大？这样的环境里怎么上课？"学生听后定会发出共鸣，也在心里抱怨："是啊！教室的环境这么差，叫人怎么学得好？"我有一次遇到类似情况，信口吟出一句上联：轰隆隆，震天动地，竟似南山霹雳。让学生对出下联，教室立刻静下来，同学们的注意力完全被吸引到对对子上来，半分钟后一学生对曰："静悄悄，谈古论今，莫若老师讲课。"其余学生点头感佩，全体入静，课堂秩序井然。一副佳对，偶然天成，无形之中完成一道语用题。

二、栽花不为花，花香飘满园

俗话说"有心栽花花不开，无心插柳柳成荫"，说的是得到意外的收获；"踏破铁鞋无觅处，得来全不费工夫"说的是偶然的惊喜。猛一看似乎有不劳而获之感，其实，"有心栽花"、"踏破铁鞋"都表明这个惊喜的收获并非偶然，倒有"众里寻他千百度"的煞费苦心追寻的辛勤。把这些放在语文教学上，我觉得很契合。谈起语文都说是慢工，于是急功近利的人们就会想当然地认为："高一高二不要在语文上多花工夫，那是慢工；高三更不要多花功夫学语文，那是慢工。"呵呵，高考成绩出来不如意的时候再学吧，当然他在语文上吃了亏，他自己是不知道的，因为他是"牛听弹琴"、"牛嚼牡丹"。我认为以前所说的"工具性"、"思想性"，仍然有意义，现在提的"核心素养"更能概括语文的基础性功能，语文功底不扎实，对于各科的学习真的会"行而不远"。

2019年高考，全国一套试卷文学作品阅读考了鲁迅的《故事新编》

中的《理水》，是对前几年中学语文教材删减鲁迅作品的打脸；全国二套考的是世界三大短篇小说家之一莫泊桑的《小步舞》；全国三套考的是老教师、作家何士光1979年创作的《到梨花屯去》；天津考的是萧红的《呼兰河传》等等。我不再一一举例，明眼人都看出，题出经典，考你语文素养。吃猪牛羊肉多了，长出的是人肉，语文阅读、积累的功夫做到家，在语文的考场上才能得心应手运用自如。任何急功近利、立竿见影的思想都是不现实的，当然前段时间有的语文专家为了给语文程度较差的同学树立信心，提出"语文学科也是速效学科"的观点，单就应付考试来看，短时期的恶补能提高语文的成绩，笔者每届学生也都有恶补成功的例子，但更多是"功到自然成"的例子。读了几本《读者》《故事会》就说热爱文学，做了几套题就企望考高分，等于天方夜谭、痴人说梦。

今年中考结束，就有好几个学生跑来问我学好高中语文现在该怎么办，我欣然开列各类读物，颇有"李氏子蟠，年十七，好古文"体现的韩愈当年的情形。语文教学真的要体现"大语文"思想，考试需要的可能是一桶水，我们往往要给他们一湖水，对有的学科来说可能是超纲，但对语文来说却是有战略意义的，你分析文天祥《正气歌》中"人生自古谁无死，留取丹心照汗青"的名句，或者《渡扬子江》中"臣心一片磁针石，不指南方不肯休"这两句铿锵悲壮的诗句，或者刘禹锡的《再游玄都观》"种桃道士归何处，前度刘郎今又来"的经典句子等等，如果不把外围知识梳理清，则很难让学生悟透深意。例如笔者曾执教初中课文《得道多助，失道寡助》，我把孟子所处战国时代的社会状况、孟子的政治理想及体现其思想的名句揉进一节课，当然，这样做老师即使有知识储备，备课也很辛苦，但是学生的收获绝对不仅仅是学会了一篇课文。再如高中课文《说木叶》，如果照本宣科也就一节课讲完，实际上这篇课文大有挖掘的价值，课文引用丰富，要联系作者创作的时代、境遇，才能读懂所引用诗句的诗意，理顺层次，这更要调动诗歌鉴赏的诸多知识。

《道德经》说："大方无隅，大器晚成。大音希声，大象无形。"这是老子提出的中国古代文学理论中的一种美学观念，意在推崇自然的、而非人为的美。语文教学如果能达到这种境界那就是语文学习的大幸。不急功近利，不把一篇文章搞得断章取义、支离破碎，回归文本教学，收到的将是大功而非小分数。山师的沙莉教授给我们讲文学概论曾说，韩剧、琼瑶剧霸屏的时代，看到老婆孩子坐在沙发上看得鼻涕一把泪一把的，"我笑了，我说，你看场景的布局不典型，你看人物的语言风格不符合身份，你看演员的演技多么生硬……"老婆孩子说你不看一边去吧。一次带学生看电影《秋收起义》，正处于紧张动情之时，一个学生突然说：这个演员尖嘴猴腮，哪里像毛主席，我的表情一下子僵化了。太冷静太功利将排斥大语文学习。

三、诗情画意，创语文学习的境界

在新课程背景下的语文课堂，应该成为学生精神绽放的家园、情思飞翔的摇篮，让学生"诗意的栖居"，构建诗意课堂，让学生走进典雅诗意的语文课，体会语言文字的魅力，这也是高中新教材和新课程要求的，笔者关注到新增要求的"革命传统教育"中课内外阅读推荐篇目涉到毛泽东诗词，以及鲁迅、郭沫若、矛盾、巴金、艾青、臧克家、贺敬之、郭小川、周立波等一批作家反应革命传统的作品，同时鼓励有兴趣的学生精读一部无产阶级革命家的诗文专集，及长篇文学作品。这不只是思想教育，更有人文情怀的培养。我认为诗歌朗诵和创作就是一条让语文课上出文化味的途径和手段。

情动于衷，对讲授内容高度概括，一首诗升华情感认识。在学完《林教头风雪山神庙》后我用一首诗概括林冲的命运，其中有："关山万重／断雁一点／种植在你浮云般的心田／京都的繁华／遮蔽在高太尉的锦衣下／家是凋零的树叶／在好逆的鼻息中颠簸／一家老小瑟缩在高衙内的淫笑中……"听后学生动容，为之默然。学生观看完电影《罗马假日》我让学生写读后感，我是用现代诗评价：人生匆匆似云烟／罗马街头的喷泉如梦如幻／那一天的故事永恒不衰／犹如一卷童话／滋润我们鼓胀的心田……诗很长，把故事内容、人物性格、主题情感都概括出来了，是一次对诗歌创作与欣赏现身说法的教育。平常教学管理，像监考阅卷等工作实际上都有我们语文学习的契机，有一次语文测试前学生长时间不能进入状态，我立马写一首词责备和劝勉：慢腾腾蜗牛爬树／乱蓬蓬鸟窝乍乱／宋人议论未定／金兵过河夺关／……今日正春景／转瞬高考天／师傅痛心疾首问／汝果为猛虎／肯落平川。下课后师生分析诗歌的手法和思想，学生悔悟、激奋、振作，写在黑板报上，学生好几天都不让擦。对于经常讲然而学生却经常犯的错误，批阅试卷后，当场赋诗指出：……何须枉费回天力／清水一杯浊流间。运用反语、比喻等手法，既是当头棒喝，又有无限的关爱。许多学生都背下来鞭策自己。

有时候为了强化效果，我还让学生唱几句诗，像《短歌行》《虞美人》《渔家傲·秋思》《将进酒》等等皆可入唱。一次作文课讲到个人与祖国的关系，我打出两首歌词《我和我的祖国》和《祖国啊，我亲爱的祖国》，没有彩排，现场分角色，集体诵读，群情激昂，效果极佳，我私下认为，这就是有文味的语文课。学了《中国古代诗歌和散文》，我让学生每人创作一首古体诗词，汇编成册，流传欣赏，竟出现不少令人击节的佳作。

2019届送考，最后一节语文课，我没有说"你们看看书，我看看你们"，而是故伎重演，填词一首《清平乐·放飞》，表达对三年师生相处的美好时光的回忆，对明天上考场的期望和鼓励："那时初见，雏鹰花枝颤。穿越书山千千万，想来竟似梦幻。骤雨艳阳更替，郯国灵气氤氲。今日挥鞭所指，定当横扫千军。"我读的时候，学生鸦雀无声，解读完后，掌声雷动，有的学生和家长还有和词。我知道不是说这首词有多高的水平，而是珍惜那份真诚的情意，这最后一节语文课，以诗意结束，传递的是浓浓的激励、奋斗的情怀，还算是有文味的语文课。

这里，我只是单就语文应该接地气、有诗意的小角度，结合自己的教学实践，粗谈语文课的语文素养，其实语文的核心素养涵盖广泛，一般认为包括：必要的语文知识、丰富的语言积累、熟练的语言技能、良好的学习习惯、深厚的文化素养、高雅的言谈举止。如果我们能发挥自己的特长，认真研习文本，掌握学情，注重在教学内容上回归生活，教学方式上联系实际，教学过程上激趣互动，上出自己的特色，每节课想着使学生的语文素养都有哪怕是一点点量的累积变化，考试何愁考不好！这样的课就是本色的语文课。

立德树人守初心　特色兴校谱新章

山东省威海市文登区柳林小学　荣志华

百年大计，教育为本。教育是提高人民综合素质、促进人的全面发展的重要途径，是民族振兴、社会进步的重要基石，是对中华民族伟大复兴具有决定性意义的事业。我校地处文登城区柳林村北首，是一所城乡结合地带的学校，村子因柳树居多，故而得其名。随着城市中心的东移和发展，我校生源情况逐年复杂，学生学习能力、兴趣特长、行为习惯及家庭教育状况与兄弟学校相比，存在很大的差距。如何基于学生现状，让每个学生都得到最好的发展，成为摆在我校提升办学质量的一道难关。在经历理想信念教育、柳文化建设的历程中，我校决定借地域之名挖掘文化基因及精神内涵，以全面提升学生综合素养为办学目标，以学生未来发展为教育主导方向，大胆创新课程，构建多元化评价体系，通过大力开展丰富多彩的阅读活动，激发学生潜能，弘扬传统文化，为学生的幸福人生奠定宽厚坚实的基础，如竹拔节、如花绚烂。

一、深耕细作，孕育学校书香文化

苏霍姆林斯基曾说："让学生变聪明的方法，不是补课，不是增加作业量，而是阅读、阅读、再阅读。"结合实际，我校决定从读书入手，通过阅读改变学生的学习方式，以此提升学习效果和学习动力。

习近平总书记指出：中国有坚定的道路自信、理论自信、制度自信，其本质就是建立在五千多年的文明传承基础上的文化自信。文化自信是推动民族进步和发展的重要根基，传承中华优秀传统文化是我们的责任。为深入贯彻这一理念，我校大力创设一切条件让孩子尽可能多地接触适合身心特点的经典文化，打开属于自己的中华传统文化兴趣之门，以传统文化美育精神引导学生建立文化自信。我校开设阅读课，开放图书室、书吧，班级设有图书角，创设良好读书氛围，充分保证校内阅读时间。同时将每周三定为无作业日，全部进行阅读。学校为每名学生发放"经典阅读储蓄存折"，班主任老师负责开卡、记录，实行阅读考级制度，采用现场考核、老师评价、学生互评、自主评价相结合机制，以此激发学生广泛阅读的积极性。此外，我校定期开展比赛，为学生提供展示舞台。如："诵读经典百日行"活动：鼓励孩子坚持每天阅读，以打卡或阅读记录的形式，推进中华传统文化名言警句、中华诵等内容的学习，学期末进行等级评价，评选读书小名士；举行"诗词大会"活动：班级笔试初赛，选拔优秀选手进行现场决赛，进行诗词达人的评选；举行"经典诵读成果展示"、"重拾经典"课本剧表演、"朗读者"比赛、现场作文大赛等活动，引领学生在品味书香中陶冶情操，涵养心灵，提升人文素养，为终身发展奠基。

我校还将中华传统文化内容在象棋、书法、京剧、国画等社团活动中进行渗透，达到以美育人，以文化人，促进学生身心健康发展。

在广泛阅读中，为进一步帮助学生深入体会，我校将经典阅读纵深推进，开展全学科参与、多角度阅读。在全科阅读体系中，构建立体的阅读模式，弥合语文学科与其他学科的鸿沟，阅读主体上实现学生、教师、家庭三位一体，阅读空间从学校到家庭，阅读时间从课堂到课后，构建良好的全科阅读生态环境。全科阅读不仅仅让学生找到自己的兴趣点，让不同个性的学生在阅读中学会理解领悟、吸引和鉴赏。现在课堂上孩子们引经据典、自信表达已成为常态。学生们以全科阅读的姿态触摸各学科的文化灵魂，在阅读中建立自信，享受诗意的人生。

二、以课为本，创新课程教学架构

曾经以知识为核心的时代，在社会的发展历程中将逐渐被以核心素养为抓手的时代代替。如何提升学生的核心素养，关键在教师，落实核心素养的载体就是课程。我校校通过整合、补充、拓展、重构等方式，对国家课程进行二次开发，充分挖掘学校、社区、家长资源，形成适合学生发展、满足学生需要的校本课程，构建1+X课程体系，开发、编写“臻美”修德必修教材，《咏柳》为低年级教材，将40首相关歌颂柳树诗词纳入，引导低年级学生了解柳树文化；《赏柳》为中年级教材，着重介绍柳树的种类、价值及相关民俗，带领学生走进柳文化；《塑柳》为高年级教材，引导学生了解柳树价值，及具有柳树精神人物事迹，将柳树的臻美特性内化为自身品质。为培养学生审美雅趣，我校围绕文登非遗传承项目，开设以针绣美、以编塑美、以灯靓美、以艺示美共60余门选修课程。与周围的绣品集团建立基地关系，开设《掇绣》《立体绣》等8门课程，打造形成以针绣美课程，让学生在五年时间里，掌握一种绣艺，加深对鲁绣文化的感情和传承。我校还定期邀请柳编艺人到校指导开设柳编课程，并以此为牵头，形成麦秆画、绳编、草编为体系的以编塑美课程。以灯靓美、以艺示美课程即开设走马灯制作课程、民俗游戏、民俗文化课程，以特色手工制作，将传统、民俗文化带到课堂，让学生感受民俗之美。每学期学校举行校本课程成果展示，为学生搭建展示自我的舞台。多元的课程体系，让学生在自主选择中得以全面发展，享受成长的快乐。

创新是一个民族进步的灵魂，是一个国家兴旺发达的不竭动力。创新教育是素质教育的核心内容，创新思维的培养，要求教师对课堂教学进行深层次的思考与创造，冲破传统的课堂教学模式。为此，我校大力倡导教师在教学中尝试思维导图模式，采用学、用、研、赛四步实验法，推进问题化学习研究，促进学生深度学习，培养学生创新思维。教师通过学习，明确目标，以教研组为单位，采用集体备课、课堂展示等方式进行尝试运用。学校根据学科实际需求，以备课问诊、辩课沙龙检验教研效果。组织全体教师开展思维导图设计及问题化学习同课异构现场备课比赛，展示教师思维导图应用及问题化学习的研究成果，互相观摩，取长补短，影响借鉴，内化吸收。

三、多元评价，绽放生命无限魅力

爱因斯坦说过，“用专业知识教育人是不够的”、“要使学生对价值有所理解并产生热烈的感情，那是最基本的。他必须获得对美和道德上的善有鲜明的辨别力”。近年来，我校对学生实行多元评价，引领教师摒弃唯成绩论，多维度关注学生发展，善于发现学生的闪光点，以此赏识、鼓励、放大，为学生成功积蓄自信的力量。进行柔美、韧美、怡美、和美少年评价，让学生能够挖掘自己的潜能，形成优秀品格，树立展示自我的信心。让每一个孩子都能够在时代发展之中放飞梦想、成就人生。

教育，就是精神的唤醒，潜能的显发。它尊重、赏识每个个体，致力于学生能力、品德等各方面素质的全面提升，服务于个体的健康成长，滋养每一个生命。在特色学校建设历程中，立足新起点，我校会继续从文化底蕴、优秀品格、核心素养，为学校发展务实基础，提升办学品质，用情怀装点教育事业的百花园，用生命继续谱写一曲又一曲教育新歌。

建和谐温馨校园　办人民满意教育

山西省晋中市祁县东观初级中学校　郭履斌

山西省晋中市祁县东观初级中学校始创于1913年，是一所有着百年光辉历史的农村中学，在不同的历史时期为国家的建设培养了一批又一批的优秀人才。在新时代教育背景下，学校以乡村温馨校园建设为突破点，以“砺志 厚德 笃学 创新”为校训，立足“立德树人”的根本任务，挖掘底蕴深厚的校园文化，构建高效有序的课改模式，建设丰富多彩的艺体活动，实施互融互通的家校合作，努力为学生的个性发展提供平台，为学生的全面发展创造条件，为学生的终生发展奠定基础。

建设布局合理，办学条件优越

学校位于祁县东观镇商贸路西，是一所八轨制的乡镇所在地中学，建设布局合理，办学条件优越，学习环境清雅，为创建民主、温馨、和谐的育人环境提供了坚实的基础。

学校招生管辖范围涉及21个行政村，共24个教学班，在校学生1166人，教职工110人。学校占地面积32亩，建筑面积达一万三千多平方米。学校有图书室一个，藏书两万七千余册，物理实验室三个，化学实验室两个，生物实验室两个，理化生、数学、地理、美术、劳动技术、体育实验器材室各一个，实验器材按国家Ⅰ类标准配备，有单独的音、美、劳专用教室，微机室两个，心理咨询师、团辅室、泄愤室各一个，班班配备多媒体，充分满足了学生的多元化、个性化的学习需求。

学校非常重视校园绿化、美化、香化建设工作。按照“三化”建设工作规划，校园环境净化整洁，校园绿化面积达标，建设成效明显。校门口两侧有可供师生及对外人员休闲锻炼的小花园，有标准的200米田径场地，另外各年级楼前有活动场地；在2019年对学校东西楼进行了外墙粉刷，田径场地进行了塑胶跑道铺设。对所有室内室外厕所进行了水厕改造，对校园内灯杆上加装了社会主义核心价值观版面；校园围墙及楼道内文化按年级阶段设置……各项硬件设施均达到了国家标准化学校建设的要求。

教学管理规范，质量逐年提升

教学是学校的命脉，可是对于教学管理，我们不能墨守陈规，要遵循教育教学规律和学生身心发展的规律，敢于破与立，才能跳出教育看教育，促使教学质量的稳步提升。

明确职责，强化管理体系。学校认真贯彻落实《祁县中小学均衡发展指标评价体系》，梳理学校的教育教学管理现状，健全完善各项管理制度，汇编成册，进一步明晰各职能部门关系，简化管理程序，明确操作流程，加强团队合作，力求学校管理简明、实用和高效。同时，学校创新管理模式，确立了“校长抓总、副校长抓线、主任抓块、条块结合、指挥畅通”的管理思路，即实行年级校长负责制，中层领导除了分口管理之外还担任年级校长，每个年级设有教导处、政教处，强化年级部建设，充分调动教师的主动性、积极性和创造性，切实践行以教学为中心、依靠教师办学的思想，最大限度提高管理效益。

推进课改，建立高效课堂。在研究实践各地课改经验的基础上，学校大胆探索，多方论证，在七八年级推行课堂教学改革的基本模式——“学本课堂·四六”课堂模式。“四”，指一堂课的教学活动由自主学习、交流解惑、引导达标、总结拓展四个模块组成，每个模块都有具体的活动内容和活动方式，彰显了生本理念（以学定教）、合作理念（交流分享）、自主理念（独立建构）、有效理念（参与发展）四个理念；“六”，指根据学科的不同特点，把一堂课按照“自主学习——问题化、释疑导讲——探究化、尝试训练——应用化、梳理小结——整合化、达标检验——高效化、变式拓展——动态化”六个环节来开展教学活动，以确保四个模块内容的达成。

重抓质量，立足过程管理。在教学管理的措施上，学校积极开展常规管理创新活动，开足开全课程，定期开展教学常规检查，每学期教导处组织两次常规检查，制定严格的考试管理制度，考后组织老师分析总结，寻找差距和不足，使教师的教学质量意识大为增强。在毕业班工作中，学校力求做到目标明确、责任到人，多次分期分批召开不同层面教师会、家长会、学生会，统一思想，提高认识，确立毕业班总体奋斗目标，然后层层分解目标，落实各班级奋斗目标，使老师、学生、家长做到心中有数，在平时的工作中做到有的放矢。目前，在全校上下形成了既给毕业班加压又为毕业班鼓劲、服务的良好氛围。在班级管理中，学校积极提倡班主任蹲守制，推行班级合作学习小组管理制度，进一步强化了班级管理。

坚持立德树人，创设和谐环境

近年来，学校坚持贯彻党的教育方针，依法治校，规范制度，科学管理，以人为本，凭借祁县教育的又一轮改革发展机遇，围绕着“科学定位，注重质量，和谐发展”的办学思路，始终以德育教育为本，以把学校办成“德育工作的基地，精神文明的窗口，素质教育的摇篮，成为学生喜爱、家长满意、政府放心、社会认可的和谐名校”为目标，在环境育人、制度育人、创新育人、活动育人、以德育人上大胆实践，不断探索，形成了“科学、规范、精致、人本”的办学思想，努力把东观初中打造成和谐、阳光、特色的校园。

学校有各类标识牌，校训就在主楼门厅上张贴，并且给学生发放的奖品上都有校训和远景；学校电子屏内容按照节日或主题活动更换，校园广播站运行良好；学校周边围墙根据年级情况设计了文化墙，东面为七年级，墙上文化与楼内年级文化为行为习惯与养成教育内容，西面围墙与西楼为八年级，文化设计为国学与传统文化教育内容，九年级楼内墙面文化为目标方向与励志教育内容；操场内墙面文化为中国冠军榜与体育项目介绍。

打造和谐关系，办群众满意教育

用先进的理念激励、科学的手段管理、真诚的关怀感动对待班主任和年轻教师，提供老师发展和成长的平台，打造老师活动场所，添置老师需要用具，让老师们在工作之余有健身和休闲的场所。教师深入学生，和学生打成一片，了解学生的兴趣爱好和喜怒哀乐情绪的变化，时时处处关心学生、爱护学生、尊重学生，有的放矢地帮助学生，让教师在学生的眼中不仅是一位可敬的师长，更是他们可亲可近的亲密朋友。如今，师生关系和谐、感情融洽，能够兴趣盎然地进行工作和学习。

学校领导坚持做师生的贴心人，建立特殊家庭教师、学生档案，并细致入微的关心爱护师生。学校对贫困住宿生实行两免一补政策，由副校长专门负责，由财务室统一管理，有制度，有档案，评审过程严密，程序合理，公正公平。

学校充分认识到家校密切配合、共同管理的重要性，家长学校积极开展家庭教育培训，举办家长开放日活动，充分发挥家长委员会的职能，鼓励家长积极参与学校管理，推行家长驻校工作，加深学校与家长的沟通，共同推进学校的教学工作。在家校合作的推动下，提升了学校管理的质量，提高了学校工作的实绩。

加强安全管理，打造平安校园

学校开设安全课程，有专任老师上课，有教学计划，有教材，有课时有考核；每月一次安全演练，有方案，有记录，各类大型活动有安全预案；安全制度健全，安全职责分解明确，所有人员严格执行一岗多责制；安全日志填写规范；学校安全保障体系人防、物防、技防到位，无安全隐患；建立家校共管体系，落实安全工作家长会议制度，制度安全工作考核体系；开展中小学生应急避险能力达标考核活动。

学校安全隐患排查与卫生防疫常态化，对食堂、宿舍、校舍、活动设施设备、功能室、楼道、厕所等死角，校园周边环境、特殊人群、校园欺凌等进行每日定时排查。学校保持清洁的环境、个人卫生，定期对宿舍、教室、环境卫生检查评比，对宿舍、食堂、教室等学生活动场所定时通风、消毒、除害，保障师生生活、工作、学习等安全。

学校安全平台使用规范，教师授课率专题教育开展参与率、演练上报率每项达 100%，安全提醒到位；定期聘请公安、交警等系统人员对我校师生进行安全法制教育讲座；利用主题班会、黑板报、手抄报、征文、主题活动等形式进行各项安全专题教育。

建设温馨校园是贯彻落实习近平新时代中国特色社会主义思想，坚持新发展理念，坚持以人民为中心，坚持底线思维，实现学校可持续发展的重要举措，也是提升办学品质、突出办学特色、实现学校内涵发展的重要平台。全体东中人将不忘初心、砥砺前行，以更加坚定的信心、饱满的热情、昂扬的斗志齐心协力、奋勇向前，更好地为学生、为家长、为社会服务，把东观初中办成高品位、现代化的一所人民满意的学校。

强化教学管理，提升办学品质

山西省孝义市第九中学　于将

教育教学质量是学校的生命线，教学常规是落实学校教育教学任务的中心环节，是提高学校教学质量的重要保证，为实现教学常规工作的规范化、常态化和精细化，将教学质量的意识落实在学校各项工作之中，提升学校整体教学水平，我校近年来按照“向管理要效益、向管理要质量”的思路，本着“精细落实即管理、科学评价即管理”的原则，不断强化教学管理，有效促进了教育教学质量的提高。

一、加强制度建设，提升管理水平

为提升教学管理水平。学校建立了“条上决策、块上落实、条块联动”的管理机制，年级主任是教学管理的第一责任人，负责教学常规工作的管理与督查，教研组长负责教研教改的管理与督查，形成了“分工明确、各行其是、团结合作”的运行机制。先后出台了《教学常规实施细则》《教学常规工作量化考核办法》《绿色课堂评价标准》《教师绩效考核方案》《集体备课制度》《课例研究制度》《课堂教学改革三课制度》《“三三三”校本研训制度》《学情会诊制度》等教学常规工作的要求与制度，用制度指导、考核教师工作，并把考核结果纳入绩效考核之中，进一步完善了教学五环节工作的检查、评价与反馈机制，为提高管理质量提供了强有力的保障。

二、完善校本研川，促进教师成长

为建设一支师德修养高，业务素质良，具有一定专业能力的教师队伍，学校立足于教师专业成长，确立了现代教育技术应用能力、学情研究能力、课堂教学能力、教科研能力、课程开发能力、教学反思能力、班主任管理能力、教育教学理论水平八方面需求，以此形成了“三训、三研、三评价、一展示”的研训模式，“三训”指专业理论培训、专业知识培训、专业技能培训；“三研”指学情研究、课堂教学研究、课题研究；“三评价”指课堂教学评价、教学实绩评价、教研成果评价；“一展示”指研训成果展示。我校语文学科“教材解读与目标定位”研究，2017 年获得“山西省教科研成果一等奖”。把“学情分析”作为常规研训的着力点，形成了备课研究、课堂观察、课后反思、定期“会诊”四种形式的学情研究模式和策略，班主任和学科教师定期对学生从思想状态、学习状态、行为习惯等方面进行一次“会诊”式研究和个性心理特征研究，分析存在的共性与个性问题，研究问题背后的原因，制定相应的教育措施。2018 年 1 月 2 日，山西卫视新闻联播栏目对我校的学情会诊开展情况进行了深入报道。

三、构建“绿色课堂”，形成“四基”体系

依据学校绿色教育理念，我们提出了基本教学理念、基本教学流程、基本管理制度、基本评价标准“绿色课堂构建”思路。第一，确立了“让生命活力自然绽放”的课堂教学基本理念，明确了四个原则：创设民主和谐的课堂环境的原则，尊重学生差异的原则，凸显学生主体的原则，提升学生综合素养的原则。第二，研究出了课堂教学的基本教学流程，即：出示目标，提出问题——自主学习，尝试解决——小组合作，达成共识——展示交流，互补互鉴——应用知识，当堂训练。第三，制定了基本评价标准，即《绿色课堂“343”评价标准》。其具体内容是：三个维度—学生的学习状态与发展、教师的教学组织与引导、学与教的效果；十个要素—绿色学习方式、绿色学习习惯、绿色交流能力、营造绿色环境、顺应学生天性、促进绿色发展、彰显教学特色、知识与能力生成、过程与方法体验、情感态度价值观。绿色课堂建设推动了我校课堂教学的改革，涌现出了一大批具有课堂教学特色的教师，快速提升了我校办学水平，获得省、地、市三级教学能手的教师共计 78 人，在地、省和国家组织的教学论文、课件制作、教学案例等评比活动中，获奖教师达 183 人次，占到代课教师总数的 91.5%。《山西教育》“学校特色”栏目以《课改强校之路越走越宽广》为题，刊登了我校在提升教师素质和课堂教学改革方面的工作特色。

四、集中评价反馈，精准把脉问诊

学校将教学过程评价与教学质量反馈有机结合，利用过程评价，激励动力、点评指导；通过质量反馈，制定对策、解决问题。教学过程评价及反馈方面，教导处与年级组每学期依据《教学常规实施细则》《教学常规工作量化考核办法》，对教学五环节工作进行两次集中评价及反馈，一次随机评价及反馈。每次评价，除了进行量化考核，鉴定质量外，更重视对教师的激励与指导，客观认真地从“成绩与亮点”、“不足与问题”、“改进意见”等方面进行评价。进行“课堂教学”评价时，依据《绿色课堂“三四三”评价标准》考核外，填写《观课意见反馈表》反馈给做课教师，用于指导改进。实践证明，这些评价及反馈方式，很受教师欢迎，而且起到指导作用，使教师“努力有方向，改进有目标，工作有劲头”，收到良好的管理效果。教学质量评价及反馈方面，学校依据《教学质量评价方案》，对各班、各位教师的教学质量进行评价，将教学质量评价结果下发，组织教师通过试卷分析，收集教学过程的成绩、不足及问题等反馈信息；通过教学质量分析，收集分层优化、学科平衡等方面的反馈信息，制定合理、有效地改进措施。完善的保障机制，精准地把脉问诊，促进了教育教学质量的提升，学校连续十三年荣获孝义市办学水平评估“特别奖”或“先进单位”；连续十一年荣获孝义市教学质量评估“第一名”或“先进单位”。

教学质量永远是教师工作、学校工作的出发点和落脚点，是学校工作追求的目标。回首来时路，更知日后行。今后，我校将进一步推动学校教学各项工作落到实处，见到实效，坚持“向管理要效益、向管理要质量”的思路，完善教育管理机制、创新教育管理方法，收获更加丰硕的“绿色教育”成果。

构建“四趣”文化　开辟发展新径

山西省阳城县润城镇下伏完全小学　吉学峰

阳城县润城镇中心学校下伏完小位于润城北部，沁河西岸，阳城与沁水交界处，是一所地处县界边陲的农村寄宿制小学。近年来，教学成绩连年名列全镇前茅，在学龄儿童不断递减的情况下，学生数由 2012 年搬入新校舍的 120 多人发展到本学期的 375 人，吸收了沁水、泽州、晋城城区、阳城等非施教区学生 190 多人，这得益于学校在特色文化引领下的品牌效应。

近年来，润城镇中心校领导整体布局帷幄运筹，挖掘凝练出了学校的“趣”文化，并以学校教育特点为基础，依托润城厚重的地域文化优势，构建了“趣餐”、“趣宿”、“趣玩”、“趣学”四趣教育体系，走上了“以特色促发展，以文化立品牌”的“趣”文化特色发展之路。

趣“餐”：饮食探乐趣　动手益智趣

作为历史文化名镇的润城有着丰厚的饮食文化，“八八”筵席远近闻名，麦芽枣糕摆上了人民大会堂的宴会大厅。学校在扎实做好后勤餐饮工作，保障学生饭菜质量的同时，开设了“一周一菜品”、“一月一面食”趣味课程，与第二课堂实践活动有机结合，吃出了文化，吃出了趣味。餐饮兴趣小组的学生每周五参与厨房“润城八八”菜品制作，每月最后一个周四了解枣糕的制作流程，学习枣糕的制作方法。孩子们品尝着自己的劳动成果，不仅收获了无尽的乐趣，还传承了润城的特色饮食文化。

趣“宿”：宿寝寻生趣　生活明理趣

不仅吃有趣，孩子们睡觉也变得趣味盎然。楼道内结合润城地域文化和学生年龄，遵循“一层一主题”进行布置，一楼为自然风光，二楼为人文景观，三楼则介绍润城历史上的名士名流。学生回舍途中流连于家乡美景的同时，受到了爱家爱国和励志教育。

在宿舍的楼道间、楼梯下闲置空间，我们增设了趣吧、开心小屋等休闲区。低年级学生可以在这里堆积木、拼拼图……高年级学生则可以读书、下棋……在生活教师妈妈般的陪伴下，和着舒缓的音乐在睡前小小地放飞一下自我。

宿舍内，在家委会的大力支持下，我们依照学生年龄、性别特点，在不同年级的宿舍按不同主题创设环境，力求每一间宿舍都成为会说话的温馨有趣的"家"。比如：低年级学生以"奇妙的海洋世界"、"我运动·我快乐"、"我是快乐地小公主"、"美丽的星空"等作为主题，而高年级就是以励志、惜时、感恩等为主题。孩子们的照片点缀其间，以梦为马，不负韶华，形成了"让梦想在梦乡飞翔"的趣"宿"文化。

趣"玩"：强身蕴童趣　健体壮志趣

学校把阳光体育、少年宫建设和"体艺 2+1"活动有机结合，组建了"咚咚锵"铜鼓队、开设了舞蹈、美术、花样跳绳、呼啦圈等各种趣"玩"队组，第二课堂活动开展有声有色。同时，响应习近平总书记"要在学生中弘扬劳动精神"的号召，寓教于玩，在校园劳育基地为各班开辟了"趣种乐收农场"责任田，学生们当起了小"地主"，既感知认识，又参与劳动，别有生趣。

趣"学"：妙笔生意趣　诗文增雅趣

多年来，学校教研组针对精心设计的六年整体规划的必背经典和选背经典，采用节奏吟诵、打拍子朗诵、表演吟诵、配乐吟诵等多种形式增加趣味性，让学生在喜闻乐见的擂台赛、飞花令、情景剧表演中体验学习之妙趣，夯实了经典诵读这一学生健康成长的营养之源。

言为心之声，书为心之画。轻松的校园文化激发了师生对书法的兴趣。青年教师粉笔字每日一练，学生书法课每周一节，笔画在师生笔下变得灵动，师生们在比、帮、赶、超中学法得要领，实现了趣练书法，教学相长，师生共进。

此外，老师们开拓多种路径，引导学生从奇闻趣事感受生活之趣，从奇联妙对感受文化之趣，从奇思妙想认识知识之趣，学习变得趣意盎然。

在"趣"文化的吸引和熏陶下，学生数量连年增长，质量连年提升。"四趣"让下伏完小成为孩子们的幸福家园，也让学校距离成为一流的农村寄宿制小学更近了一步。全校师生正勇往直前，为"四趣"文化特色学校建设增添更丰富的内涵，在育人道路上开辟出更多样的路径！

聚力和美教育，为学生幸福人生奠基

山西省阳城县西河乡中心学校　石文龙

立德树人是教育的根本任务，是教育事业发展必须始终牢牢抓住的灵魂。党的十九大报告强调要全面贯彻党的教育方针，落实立德树人根本任务，培养德智体美全面发展的社会主义建设者和接班人。我校以学生行为习惯养成教育为突破口，以教师发展促进学校发展为重点，以课程改革为抓手，积极开展"体育节、读书节、科技节、艺术节"四节系列活动，促进师生健康快乐成长。

自建校以来，学校先后荣获晋城市养成教育示范校（市级）、学生行为习惯养成教育先进单位（市级）、校园安全稳定工作先进单位（市级）、汉字教育优秀学校（省级）、绿色学校（县级）、平安校园（县级）、校园课程《可爱的家乡》获省三等奖荣誉称号。

一、凝聚理念内核，引领学校发展

我校位于阳城县西六公里析城大道旁，阳演快速通道西侧，学校始建于 2006 年，占地 32342 平方米，建筑面积 16846 平方米，绿化面积达 55%，是一所环境优美的花园式寄宿制小学。学校内部设施设备齐全，有计算机教室、科学实验室、书法美术室、科技活动室等专用教室；有标准化的室内室外运动场、二级图书馆、多功能排练厅和多媒体阶梯教室，班班装有电子白板、校园广播系统；全校实现无线网络全覆盖，视频监控无死角。

在阳城县教育局"创设学校特色文化，加速建设教育名城"的理念引领下，我校立足校本实际，确立了以"和美教育"为核心的文化理念，即以"和"聚力，以"美"育人，以"和"促发展，以"美"育人生，最终实现"和谐施教，以美育人，为每一位学生的幸福美好人生奠基"。

学校紧紧抓住"和美"要义，从"和而不同"的原则出发，提炼出了"崇德启智 健体尚美"的校训、"和谐求真 向善向美"的校风、"仁爱谦和 博学德美"的教风和"勤学和乐 善思至美"的学风，时刻激励每一位师生与和相伴，与美相随。

二、构建管理文化，提升教育水平

聚力提师能，打造和美教师团队。强校必先强师。学校按照"有理想信念、有道德情操、有扎实学识、有仁爱之心"的标准，强化师德师风建设，加强专业能力建设。以"修师德、正师风、强师能、铸师魂"为主题，开展教师读书学习"六个一"活动，即上一堂公开课、命一套教学质量检测题、作一次教学质量分析报告、读一本教育专著、撰写一篇教育叙事或故事、撰写一篇教育案例或论文。以教师读书学习活动为契机，在全体师生中开展好书推荐会，通过教师读书影响并感染学生爱上读书，让书香浸润校园。

为教师成长搭建平台：对骨干教师、教学能手，开展"名师"打造工程，积极为他们创造条件、提供机会并施加一定压力，促使他们迅速成长为学校的中坚力量；对青年教师，开展"特色"培养工程，鼓励他们发挥自身特长，形成个人教育亮点和品牌；开展"青蓝"提升工程，通过师徒结对互助、观摩名师课堂、课堂教学学标达标等方式，打造和美教师团队。

聚力抓习惯，培养和美好少年。开展德育教育，传承文明之风。利用思政课、主题班会、升旗仪式、入队仪式、国庆节等开展德育教育，形成"讲文明、知礼仪"的新风尚；结合在校一日常规，培养学生良好的安全、礼仪、学习等习惯。重点强化"22111"生活习惯，即每天洗两次脸、刷两次牙、洗一次脚、每周洗一次澡、每月晒一次被子；开设爱国主义教育、生命教育、心理健康教育、科学教育等"四教育"课程，通过手抄报、微信群、电话、家访等形式，关注学生健康成长；拓展体艺 2+1，注重综合素养提升。根据学生的兴趣爱好，大力开展体艺 2+1 活动，在保证每天阳光体育 1 小时的基础上，让每一位学生都能学有所长，成长为德智体美劳全面发展的和美好少年。

聚力抓生本，实现和美高效课堂。深入践行《龚雄飞与学本教学》理论，在课堂中体现"以学生学习为本、以学生发展为本"，建构自学——互学——展学模式，围绕"三会三美"构建课程体系。三会即"学会互助互学、学会创新自我、学会展示自我"，三美即"德行美、语言美、字体美"。采用"低段渗透、中段体现、高段强化"的策略加以推进，即在低段培养学生的主动学习意识与能力，中段着力培养学生自主、合作、探究的学习能力，高段引领学生学会探究、学会思考、学会学习。每周围绕相应的主题开展一次集体教研，做到提前说课、集体备课、能手示范、集中听课、课后议课、再次备课，将教学研讨落到实处，切实推进课堂教学改革，实现和美高效课堂。

三、开展多样活动，实现多元发展

创设足球特色。学校把足球发展作为学校特色的重要举措，把足球运动作为立德树人的载体，以"点——线——面"辐射联动方式，全面创建国家级足球特色学校。"点"即在五、六年级选拔学生成立校足球队，并进行基础知识全员培训；"线"即以校足球队为创建先锋，举办班级足球联赛和校园足球基本功技能展示；"面"即面向全体学生开设足球课，并自创自编"足球韵律操"，全体学生人人参与，真正把我校"崇德启智、健体尚美"八字校训体现在足球运动中。2019 年我校足球社团获得了"晋城市少先队红领巾小社团"的荣誉称号。2020 年阳城县中小学足球赛中取得了第二名的好成绩。

开设多彩社团。学校开设了机器人编程、象棋、器乐、朗诵、书法、礼仪、农耕等 16 个社团，通过学校每年 3 月运动会、4 月读书节、5 月艺术节、9 月科技节、10 月校园足球文化节、11 月特色作业作品展等节日，推行课前展示一分钟、美文晨读半小时、午写 10 分钟、每周三晚上好书分享、"古诗文诵读"比赛、"经典红歌传唱"等校园文化活动，使"人人爱展示、班班有目标、天天有活动、月月有比赛"的校园文化氛围更加浓厚，让每个学生在参与中发现美、欣赏美、体验美、创造美，在美行善思、和乐共进中培养学生良好的和美品德和意志，实现多元发展。

如今，和美理念已深深植根在我们每一位西小人的心中，和美文化如一朵含苞欲放的花蕾，绽放出一缕幽幽的芳香。未来，我校将以"和美"为核，用爱心、信心和恒心，用理想、激情和汗水，在内涵发展、品质教育的新路上，坚定不移地走下去！

品质课堂彰显魅力深度互动引领成长

——灞桥区东城第二小学课堂教学改革纪实

陕西省西安市灞桥区东城第二小学　窦增强　于琳波

思者无域，行者无疆，创者无限。从 2010 年至今，陕西省西安市灞桥区东城第二小学已经走过了十一年的课堂教学改革研究历程。在这个过程中，学校秉承做可"持续性"课题研究的坚定信念和形成"发展性"课题成果的坚定决心，重过程，真研究，先后经历构建模式、深化模式、形成品质三个阶段，逐渐呈现出"边学边交，自主领悟"课堂教学模式、"智慧交流，品质提升"课堂交流模式、"7Y"品质课堂三项研究成果，演绎出了一曲铿锵激昂、催人奋进的育人之歌。

毫不夸张地说，"宝剑锋从磨砺出，梅花香自苦寒来"，就是"7Y"

品质课堂构建最真实的写照。

构建模式，形成“边学边交”成果

质量是学校发展的命脉，如何以质量求生存？2010年，东城二小开始了以提高课堂教学效率为主旨的课堂教学改革，进行了《“边学边交，自主领悟”课堂教学模式的理论与实践》的课题研究。“边学边交，自主领悟”课堂教学模式是以新课程理念为指导，以建构主义理论为基础，以教师的有效引发为主导，以学生的自主学习为主体，以新知建构为核心，以训练应用为主线，以“导、交、悟、用”为环节，以“三导、三交、三悟、三用”为步骤，以“四环三步”为操作要点，以达到“四基”为要求，以培养能力为目标，以交流互动为特点，以突出领悟为特色的课堂教学模式，旨在通过转变教师教和学生学的方式，努力为学生搭建一个自主、合作、探究、交往的学习平台，从而实现减负、提升质量、发展学生的目标。

导：创设情境，导入新课。该课堂教学模式的“导”以教育目标为方向，以教材内容为依据，以学生生活经验为基础，以学生兴趣爱好为形式，呈现出“导趣、导疑、导学”的特点，为以学定教奠定了坚实的基础。其中，导趣，即创设情境，引发自学；导疑，即找准切入，引导发现；导学，即根据特点，探究方法。

交：交流互动，探究新知。“交”环节是新知探究环节，是教学的重点部分。它以教师的指导引发和学生的自主领悟为特点，强调了生本之间、生生之间、师生之间的虚心交流。其中，生本交流，即生本对话，自主探究；生生交流，即生生对话，合作交流；师生交流，即师生对话，贯穿始终。

悟：总结规律，领悟方法。这一教学环节通过学生对探究新知过程的回顾、分析、对比、归纳、整理，让学生经历“感悟过程、体悟方法、领悟思想”的学习体验过程。感悟过程，即新知回顾，建构过程；体悟方法，即归纳整理，搞清规律；领悟思想，即类比分析，领悟思想。

用：训练应用，积累经验。这一环节是通过“基本应用、综合应用、拓展应用”步骤，对基本知识，基本技能的巩固提升环节。基本应用——掌握基础，加深理解；综合应用——培养应用，训练技能；拓展应用——创新培养，提升能力。

千淘万漉虽辛苦，吹尽狂沙始到金。通过不懈的实践探索，东城二小构建了“边学边交，自主领悟”课堂教学模式的基本理论，探究了“边学边交，自主领悟”课堂教学模式的操作程序，验证了“边学边交，自主领悟”课堂教学模式对促进课堂教学的有效性。研究至今，该课堂教学模式喜获“教育部首届教科研成果二等奖”，学校也被授予“陕西省课题研究先进单位”和“西安市小课题研究基地校”的称号。

深化模式，呈现“智慧交流”成果

虽然课题研究取得了阶段成果，但东城二小研究的步伐却从未停止过。在随后几年的实践中，学校发现“交”是“边学边交，自主领悟”课堂教学模式的核心环节，但如何让“交”环节在原有研究实践的基础上实现更高层次的提高，则成了全体教师需要迫切研究的新课题。为此，学校又进行了“智慧交流，品质提升”课堂交流模式的实践研究，让新知在学生的自我摸索、生生合作、师生交流中感知、探究、建构，让课堂交流达到更高层次，使学生人人成为课堂智慧者。

生本交流。“生本交流”是“智慧交流”的前提，通过学生课前“自主尝试、广泛搜集”两个步骤完成对新知的独立探究，是在为“智慧交流”蓄势。自主尝试，是学生在与课本交流的过程中，立足教材内容及教材中的单元训练、课后训练，对照交流单独立思考、自主探究，完成对所学知识的初步感知。广泛搜集，是要求学生广泛的搜集资料与资料对话，达到对所学知识的了解更全面、认识更深刻，从而为课堂“智慧交流”奠定了基础。

生生交流。“生生交流”是“智慧交流”的重要环节，通过课堂小组内“再次尝试、小组交流、班级交流”三个步骤完成生生间对新知的合作探究。它是学生对自我探究成果的展示，是“智慧交流”在课堂的展现，是学生交流品质的彰显。再次尝试，是指学生立足“合作探究”的任务，结合课前“自主尝试”经验再次进行自主尝试，其目的是为了深化课前“生本交流”，强化自主探究，以便增强小组交流的实效性，为小组交流再次蓄势。这是合作探究的关键。小组交流，是学生在“再次尝试”之后进行小组交流，旨在让每一位组员都参与学习，促使不同的人得到不同的发展。这是“智慧交流”的核心。班级交流，是学生小组合作探究成果的展现。展示由学生主导，小组长可根据知识点的难易程度确定展示人，讲解、回答、解释、总结等让不同的学生来进行，教师则退居二线，只做适时追问、点拨、启发、引导，对课堂进行有效调控。

师生交流。“师生交流”是对生本交流、生生交流的有效补充，通过课堂上师生间的“点评交流、教师点拨、拓展交流”三个步骤完成对新知的建构、巩固、拓展。它是教师课堂引导者角色的体现，是课堂“智慧交流”不可缺少的环节。点评交流，是师生交流的一种形式，由教师和学生共同完成，点评的内容要具有针对性、拓展性和补充性，不但要点评展示者对该知识点讲解得到不到位，还要对展示者的情感态度、过程方法、肢体语言、声音洪亮、语言表达等方面的优点与不足进行点评。教师点拨，是教师作为引导者，在学生困惑或者争辩没有结果时及时站出来，进行点拨，帮学生疏通、澄清知识。拓展交流，是学生对知识的学习不应只局限于课前与课内，还应拓展到课后更加广阔的领域，也就是在“智慧交流”的课后展现“拓展交流”，使学生可以对所学知识进行实践检验和实际应用，从而实现学以致用的目的。

通过“智慧交流”深化“边学边交，自主领悟”课堂教学模式以来，东城二小欣喜地发现学生的思维品质、交流品质得到了明显提升。

形成品质，呈现“7Y”品质课堂成果

“智慧交流，品质提升”课堂交流模式的形成，使“边学边交，自主领悟”课堂教学模式“如何‘交’”这一问题得到了解决，使“边学边交”教学模式更加完善。但是随着教师教学经验的积累，模式将幻化于每位教师的心中，课堂最终将走向高尚、本真、丰厚、灵动的“品质课堂”。据此，学校将“边学边交，自主领悟”课堂教学模式和“智慧交流，品质提升”课堂交流模式的操作要点内化为师生共同的愉悦课堂的学习体验，提出了课堂教学的七个“Y”。

激预。这里的“预”即包含学生课前对新知的自主探究，还包含教师对教学的预估、预设，从而使课堂教学的整个进程成为由教师指导预学方法、提示预学项目，学生交流各自的预学成果，有次序、有组织进行的师生共同活动的过程。

学鱼。这里的“鱼”指基础知识、基本技能，对学生的身心发展有着奠基性作用。“7Y”品质课堂在“生本交流”中，通过学生的自主探究，使他们掌握基础知识和基本技能，从而实现“学鱼”。

探渔。课堂教学不仅仅是一个传授基础知识、基本技能的过程，同时也是一个不断地培养学生的创新精神和创新能力的过程。学生通过“生本交流”得到鱼后，尝到了鱼的鲜美，就有了“渔”的欲望。“生生交流”的目的就是让学生探索发现、激发学生的创造能力，让学生自己找到“渔”，找到解决问题的方法，实现“探渔”。

启欲。只有激起学生探究的欲望，才能使学生的学习由被动变成主动，而有价值的探究有赖于教师的有效引导。“7Y”品质课堂通过“师生交流”唤起学生探究的欲望，从而激发学生的学习动机，点燃学生探究欲望，实现“启欲”。

品育。触动心灵的教育才是最成功的教育。“品育”环节旨在通过“三悟”使学生归纳整理、发现规律、体会情感、领悟思想，将立德树人这一根本任务融入教育教学全过程，把理想和信念这杆旗帜通过教学树立到学生的心里。

跨越。此环节通过“三用”让学生在训练应用中掌握基本知识、训练基本技能、领悟基本思想、积累活动经验，使人人都能获得良好的教育，不同的人得到不同发展。

达愉。通过“激预”、“学鱼”、“探渔”、“启欲”、“品育”、“跨逾”六个环节的实施，最终要达成的目标就是教师明晰“教什么”、“如何教”，学生明确“学什么”、“如何学”，从而实现真正的教师乐教、学生乐学。

数万桃李描绘杏坛斑斓，百度春秋铸就事业辉煌。十余年求索路，十余年奋进歌；十余年三阶段，十余年三成果。回首过往，东城二小人脚踏实地，锐意进取。展望未来，东城二小人还将沐浴课程改革春风，一路砥砺前行！

正因身负教育重任　更应满怀感恩之心

陕西省西咸新区泾华学校　朱德峰

“滴水之恩，涌泉相报”一直是中华民族引以为傲的传统美德，告诫我们做人一定要懂得感恩。古人云“一个不懂得感恩的人，即使家财万贯，他仍是个贫穷的人。”只有懂得感恩的人才是真正富有的人、真正快乐地人、真正幸福的人。感恩是一种高贵的人格品质、是一种高尚的道德情操、是一种崇高的思想境界。而感恩包含被感恩和感恩两个方面的含义，有主体和客体之分，正是感恩的这主客两个方面牵系着我们每一个人。

教师被誉为“人类灵魂的工程师”、“太阳底下最光辉的职业”，这种特有的责任和使命，赋予了教师这个职业崇高的荣誉感和自豪感，一批又一批优秀学子得以成才、学校得以日新月异蓬勃发展，都有赖于教师年复一年的辛勤付出。在这种特殊的情形下，当老师们把“感恩”与自己的职业相联系时，就很容易不自觉的形成对感恩的片面意识，只将自己置身于被感恩的这个客体之中：因为成就了一个个学生的未来、成就了一个个幸福的家庭、成就了学校的发展，理所当然应该被学生、被家长、被学校感恩！但作为教师，在被学生、被家长甚至被学校感恩的同时，决不能忽视自己也是感恩的主体。试问，一个自身不抱感恩之心的教师，如何能担当起教育重任，培养出有品德、有修养的时代英才呢？除了感恩父母、感恩亲友、感恩社会等人之常情外，还必须有更多的职业感恩。

首先我们要感恩学生家长

正是有了家长将子女送到学校的信任，才有了我们的学生和班级，才有了我们的这个岗位和这份工作。从这个角度来说，家长是我们的顾客，是我们的上帝，把握着我们的命脉。我们要感谢家长的信任、感恩家长给我们创造的这个教育教学机会，才能不辜负家长的殷殷期盼，不辜负作为教师的使命。对每位学生的真心善待、对每位家长的真诚相待，才是对家长最好的回报、最大的感恩。如果因为孩子的成绩问题抱怨家长、因孩子表现不好怨恨家长、因家校配合问题慢待家长，都是缺乏感恩之心、缺失职业素养的具体表现。从这个角度说，教师对家长的傲慢就是自我亵渎，对家长的无礼就是自我贬斥，对家长的不敬就是自我不尊！作为教师，家长将孩子交给我们、把希望托付给我们，我们必当对家长心怀感恩！

我们要感恩我们的学生

没有学生，再优秀的教师也会“难为无米之炊”。因为有了学生，才有了我们展示的舞台和空间，才得以使我们的聪明才智尽情展现；因为有了学生，才有了我们教师存在的意义和价值，才得以实现师生的教学相长；也因为有了学生，才有了我们丰富多彩的校园，才使我们的生活充实而幸福。是学生给了我们快乐、给了我们自信、给了我们成就，是学生的天真和纯朴不断地在感染着我们、激励着我们、鞭策着我们不断成长进步。所以，只有真心体贴、爱护每位学生，用心教育、培养每位学生，全心塑造、成就每位学生，才能对得起学生、对得起教师职业、对得起自己的良心。任何嫌弃、歧视学生，讽刺、挖苦学生，打击、报复学生，体罚、排斥学生等违规行为，都严重有悖于教师的良心和职业道德。作为教师，学生赋予我们职业上的价值、给予我们心灵的幸福，我们必当对学生心怀感恩！

我们还要感恩我们的同事

教育教学打的是团体战，教师中的任何一员都肯定同时处在学校的各个不同团队之中，教育教学工作过程和成效当然也离不开这些团队。因为有了年级组、备课组、班组（班级任课教师团体）之间的相互配合、密切合作，才有了我们潜心从教的条件保障；因为有了同事之间的相互支持、全力协助，才有了我们安心育人的环境保障。正是逆境时同事的每一个鼓励、每一个安慰，顺境时同事的每一句肯定、每一句忠告，懈怠时同事的每一次提醒、每一次督促，困难时同事的每一点关爱、每一点启迪，尤其是同事们曾经的批评、鞭策甚至是打击、责备等，才帮助我们提升了智慧、磨炼了意志、强化了能力、拓宽了心胸。都说“百年修得同船渡”，老师们有缘共同生活工作同一个校园，这又是多少年修来的何其深的缘分啊！作为教师，同事支撑我们从教育人、激励我们不懈努力自我提升，我们必当对同事万分珍惜、心怀感恩！

我们尤其要感恩我们的学校

如果说教师是小草，学校就是土地，如果教师是小鸟，学校就是天空，如果教师是鱼，学校就是海洋。学校给我们搭建广阔的教育舞台，才有了我们展现自己的机遇和空间；学校给予我们充分信任，才使我们有了这份工作和岗位；学校委以我们教育教学的重任，才使我们的意义和价值得以体现。只有学校才是我们教师的安居乐业之地、安身立命之所，我们只有以饱满的工作热情回报学校、以高度的工作责任心感恩学校，才对得起我们在学校的这份职业。

感恩学校，就要全心珍爱学校。我们每位教师成长和发展都离不开所在的学校，我们教师自己的前途和命运当然与学校发展和前景息息相关，所以我们一定要有“校荣我荣，校辱我耻”的荣辱观。俗话说“儿不嫌母丑，子不嫌家贫”，就是育你养你的学校并不是那么高贵、那么富有，你也不应该鄙视和嫌弃它，身为这个家庭的一员，你有责任和义务来发展它、推进它，要有“振兴学校 我的责任”的主人翁意识，要真心的把学校的事情当成自己的事业来做。只有这样，才能真正将自己和学校融为一体，才能在提升自己的同时促进学校的发展，真正实现“服务学校 成就自己”的双赢结局。

感恩学校，就要用心回报学校。我们的成长离不开学校，同样，学校的发展也离不开全体教师的共同努力。学校给予了我们每位教师不同的岗位和职责，也是基于对我们的充分信任和依赖，我们一定要牢固树立责任意识和担当意识，积极担当、勇于担当，坚决做到“在其位、谋其事、担其责”，坚决抵制“只想揽权不想担责、只想职位不想干事、只想出彩不想出力、只想收获不想付出”的不正习气。我们还要不断提升自己的职业素养和专业能力，让自己不但肯担当更能担当，不但能站好自己的岗更能履好自己的责，不辜负学校的信任和重托，用自己积极的工作态度和出色的工作成效回报学校、发展学校。

感恩学校，就要真心忠诚学校。学校这个大家庭，要让每位教职员工都百分之百满意是绝不可能的，大家或多或少有这样那样的意见、看法和不满也是不可避免的，在这种情况下，需要的是大家的相互理解，需要的是大家的顾全大局。身为学校的一员，生长在学校这片沃土上、站在学校这个舞台上、感受着学校的温暖、享受着学校的待遇，因一时的不满而怨恨和仇视学校、因一时的不快而诋毁和诽谤学校、甚至拿自己的资历作资本叫板学校，这不就成了“吃谁的饭砸谁的锅”？这就是对学校的感恩？例如电视剧《乔家大院》中的孙茂才，本是穷酸落魄的乞丐，后被乔家收留，为乔家的生意立下了汗马功劳，但随着他在乔家地位的不断攀升，感恩之心逐渐丧失、贪婪之欲日趋膨胀，最终被逐出乔家而无奈去投奔乔家的对手钱家，钱老板的一句“不是你成就了乔家的生意，而是乔家的生意成就了你”，值得我们每位教师的深思，它警示我们教师一定要忠诚于学校，切不要错把学校给你提供的平台当成与学校叫板的资本。

可能也有教师要说，我的成长是因自己的才智迎来的，我的职位是用自己的能力换来的，我的工资是靠自己的付出挣来的，我的奖金是凭自己的成绩赢来的，这一切的收获都是理所应当的。但是，没有学校哪来你这份工作？没有学校哪来你这个职位？没有学校哪来你这份工资？没有学校哪来你这笔奖金？作为教师，学校给予我们发挥的舞台、交给我们教学的重任，我们必当对学校的存在十分庆幸、百倍珍惜、万分感恩！

都说做人要有良心，要懂得感恩。试想一个没有良心、不懂感恩、不知好歹的人，如何能担起教育这一重任？如何能通过言传身教、身体力行来造就德智体美劳全面发展的社会主义建设者和接班人？所以，时代决定了我们教师更要懂得感恩、善于感恩。作为当代人民教师，能够实现教育理想，离不开家长、学生、同事和学校的帮助，我们教师正因肩负教育重任，更应满怀感恩之心！

加强校园文化建设，提高德育工作实效

陕西省榆林市第十八小学 李彦飞

要观察一所学校，最简易的办法就是看两张脸：孩子的脸、老师的脸。其中孩子的脸又是最重要的，她是这个学校的精气神，是这所学校最真实、最鲜活的写照。如何让这张脸永远焕发光彩，充满活力呢？叶澜教授曾阐述过“教天地人事，育生命自觉。”的教育目的，要关注学生的生命视角，把学生放在中央，适时适地地进行熏陶、浸润和养成，让学生在教育的阳光、雨露和空气下共同成长。下面就谈谈我校有关德育建设的一些做法。

一、校园文化建设为学校德育工作提供有效途径

（一）理念文化做引领

现在教育注重“以文化人，以文育人”的育人功效，我们锁定水鹰传统文化中的优秀品质，确立以“水”润德、润智、润体、润美、润心和以“鹰”砺志、砺淬、砺能、砺行、砺学的“润砺教育”，让“每一滴水都能折射太阳的光辉，每一只雏鹰都能飞向蓝天。”进而落实“成人之美，各美其美”的办学目标，体现“润泽生命，启迪智慧；诚砺行远，幸福人生”的核心价值。文化立校为学生的生命自觉奠基，为学生一生涂上亮丽的底色。

（二）建立德育教育体系

在校园核心文化的引领下，我们的德育工作更系统化，逐渐形成润砺教育体系：一是管理和润，砺志前行——提升管理智慧；二是课程丰润，砺学笃行——开发智慧课程；三是课堂涵润，砺能求索——构建智慧课堂；四是活动养润，砥砺锻淬——润育智慧学生；五是家校合润，砺行致远——培育智慧家长。

1. 管理润砺。管理者要有“管理是服务”的意识，倡导“自力而为”，调动老师们的“自觉意识”；创建“一、二、三”精致化管理模式的。即：围绕一个规范：《榆林市第十八小学学校管理规范》。抓住两个重点：一是“走动管理”；二是“过程管理”。 实施三大管理：一是制度引领管理；二是问题深化管理；三是文化提升管理。制定各项管理制度和考评机制，并整理编辑《“成人之美”制度集》，以校园制度为依托，充分发挥制度文化的激励、导向作用，使全体师生按照一定的准则自觉规范和约束自己的思想言行，师生才能健康发展。

2. 课程润砺。课程是学校教育的载体，培养创新型人才，课程的设置是关键。学什么比怎么学还要重要，教什么比怎么教更重要。设置什么样的课程，将培养什么样的人。其实课程文化就好比学校文化的“心脏”，影响和决定着学校办学品质的提升。

首先，严格落实德育课程。按照义务教育课程方案和标准，上好《道德与法治》课，围绕课程目标联系学生生活实际，挖掘课程思想内涵，精心设计，优化教学方法，发展学生的道德认知，注重学生的情感体验和道德实践。

其次，发挥其他课程德育功能。根据不同年级不同课程特点，充分挖掘语文、数学等其他各类课程的德育资源，将德育内容有机融入各门课程教学中。

第三，开发地方课程和校本课程。结合学校实际，整合教育资源，开发德育课程。课程文化，以课程育人，充分发挥课程的育人功效，实现立德树人的根本任务。主要开发了水鹰文化校本课程，还有艺体类（国画、舞蹈、器乐、足球、武术、腰鼓等）、生活技能类（陶艺、剪纸等）、学科素养类（经典诵读、趣味数学等）、思维训练类（魔方、象棋等）、科技类（魔幻小实验、STEAM科技小能手等）等课程，同时也研发了德

育体验课程（文明礼仪、诚信、研学旅行等）使学生在体验中内化自我教育，提升学校内涵，培养有个性、有特色、有特长的未来人才。

3. 课堂润砺。课堂就是通过教师的教育智慧，创建、激发富有生命的、有效地课堂，从而形成对生命的理解、关怀与尊重，提升教师和学生生命质量。形成“起承转合”四部曲若水课堂模式，构建“和谐•灵动”的课堂。凸显“幸福体验每一个，和谐发展每一个，成就梦想每一个”，培育学生核心素养。并以选拔学科首席教师为策略，以人人奉献精品课为载体，以教研沙龙为平台，以小课题、校本研修为依托，为课堂教学导航。

4. 活动润砺。

活动育人是立德树人的教育手段，校园文化活动是课堂的延伸，承担着不可替代的育人职能。设立水鹰系列文化活动。拓宽育人途径，使校园文化活动实现特色化、常规化。开展以“智慧、创新、灵动、润泽”为主题词的水韵系列文化活动以活力、个性、梦想为主题词砺鹰系列活动的学科文化节、读书节、艺术节、班主任节、体育节等12节，还有研学旅行、校园名人堂、校园十八星和美德少年评选活动等。让“水、鹰”融入校园生活，为孩子们全面发展和个性发挥提供广阔的平台。

学校以“文明行为和道德善举”为内容，以“榜样教育，日行一善”为途径，开设“美德银行”。教师根据学生日常美德行为表现发放不同面值美德币。为了实现美德银行存美德的效应，我们还制订《日行一善》记录本，要求学生每天记录自己的善言善行。同时开设美德商城分跳蚤市场、爱心驿站、失物招领、校园公益雨伞和美德超市五部分，由学生自主管理，周周开放。学生凭美德币在这兑换自己喜爱的物品。激励学生存好心、做好事、行善举，最终培养学生良好的美德素养和个人品质，同时实现美德币的使用价值。在参与“美德超市”的活动时，学生将学会自行管理“银行”、“超市”。

苏霍姆林斯基说过：“没有活动就没有教育”。新时代，我们还要不断探索新途径，研究新方法，凝聚新思路，让学生在活动中尽享乐趣、增长见识。做到活动育人，德育无痕。

4. 家校润砺。

家庭是孩子的第一所学校，父母是孩子的第一任老师，也是孩子成长中学习的榜样，良好的家庭教育对于孩子的一生都起着至关重要的作用。利用丰富多彩的家庭教育活动和日常学习做事来潜移默化地影响孩子。家校合作中，我们作了顶层设计，构建“校级、年级、班级”三级机构。校级家委会统筹规划，年级家委会传达安排，班级家委会具体落实，引领家长“开明谦和 协同育人”。建立微信群、QQ群，开展专题讲座、家长进课堂活动以及小手拉大手系列活动等发展智慧家长，为家庭教育注入智慧思想，形成以一个学生带动一个家庭，一个家庭带动一个社区，一个社区带动一座城市，一座城市影响整个社会的良好氛围。“星级评选”活动为家长们提供一个公平公正的舞台：书香家长引导孩子与书为友，墨香家长陪伴孩子全面发展，心香家长为孩子树立德行标杆。

二、校园文化建设为学校德育工作创设育人环境

校园环境对学生的影响是潜移默化的。充满诗意和美感的校园环境能使学生耳濡目染，促进其调节和支配自己的行为，提高文明程度。

（一）楼道部室显特色

楼道、部室文化是校园文化的重点，是人文关怀的突破口。我校打造非遗、科技、书画、教师风采、党建、十八般武艺样样精通等长廊，设立珍藏阁、养心阁、铭德轩、丹青阁、美术工作坊等30多个部室。既让楼道“动”起来，“活”起来，形成了涵盖精神文化、教师文化、艺术文化、科技文化、地方文化等五位一体的楼道文化，成为浓缩学校办学理念的一道清新的人文风景线，也让部室的命名与内置充满了浓郁的文化气息，是师生展示自我，认识自我的平台。

（二）小楼梯展风采

楼梯是师生经常走动的场所，我校以月美德少年、学期美德少年、校园核心文化水鹰优秀品质和“十八罗汉”的智慧团队等为内容，打造出个性文化墙，增强师生的荣誉感、自豪感和责任感。

（三）教室文化显温度

教室是师生共同成长的精神家园，教师文化是教室的灵魂，是一个班级的使命、价值观、愿景的集中整合与体现。我校借水鹰文化，将一至六年级分别命名为“思源、灵溪、清河、试翼、展翅、飞翔”，分别拟定一条专属标语，作为年级愿景，进而实现“以水润德，以鹰启志”的目的。每个班级依据年级文化的基调，自定班名、班徽、班训等专属于自己的班级形象符号系统，共同开启共读共写共同生活，拥有共同的生活密码。

（五）微景观蓄内涵

景观灵水飞鸢长10米，宽8米，代表我们学校。假山前面潺潺流水和假山顶上雏鹰展翅欲飞，蕴含着水的灵动、鹰的超越。它象征着在学校的精心培育下，每一个孩子如水如鹰，寄托着“每一滴水都能折射出太阳光辉，每一只雏鹰都能飞向蓝天”的美好愿景！这样的景观，既有“颜值”，又有内涵。

总之，一所好的学校，它的校园文化一定是深厚的，无论从哪一方面都会影响学生的发展。我们学校秉承成人之美的初心地利用水鹰传统文化内涵统领学校建设，并作为一项系统工程来投“资”建设，在德育教育中的渗透，为德育教育起到良好的作用，与德育教育相辅相成，互相协调，互相作用。所以，要想在德育方面教育好学生，离不开校园文化的帮助。

抓实德育教育，提升育人质量

陕西省榆林市横山区响水中学 武勇

民族的复兴，国家的强盛，学校教育是这一切的基础。而在推动国民素质的改造和提升中，思想道德教育更是国民教育的重中之重。在党的十九大报告中，习近平总书记明确指出：“要全面贯彻党的教育方针，落实立德树人根本任务，发展素质教育，推进教育公平，培养德智体美全面发展的社会主义建设者和接班人。”学校是培养人才的摇篮，课程是人才培养的载体，一所好的学校是有特色、有文化的学校。我校以“润育潜质，立德树人；培养习惯，全面发展。”为办学宗旨，抓实德育，学校在实践中不断引导学生，使得学校（班级、学生）充满正气、学生阳光积极、向善向美、热情活泼，学风浓、班风正，以五育并举开辟新的德育路径，促进学生全面发展。在校本课程开发中，学校结合当地特色和传统文化，形成响水中学“红、白、绿”三个主题文化教育德育课程。引导学生树立正确的人生观、价值观。

一、红色文化教育，陶冶爱国情操

现在的学生在优越的环境中成长，开始慢慢迷失方向，在物欲膨胀的今天，正值青春期的他们开始比吃穿、比家庭条件，肆意浪费，不懂感恩。而红色教育可以使他们了解中华民族和国家的苦难史和奋斗史，帮助他们形成良好的行为习惯和道德品质。

响水镇历来资源富集、人文荟萃，响水堡作为明长城三十六堡之一，享誉塞外。我校便将响水堡作为红色教育基地，成立了《畅谈响水堡》社团，通过学生自己讲述响水堡的红色故事《抗粮记》《送枪》等，让革命教育入心入脑。

本着“陶冶爱国情怀，培养担当少年”的宗旨，我校每学年秋季开学初开展爱国教育全员军训，观看红色电影（军训期间晚上和定期），开展新闻课。泰戈尔说过“只有经历地狱般的磨砺，才能练就创造天堂的力量”，多年的实践证明，通过军训，学生的组织纪律观念、集体观念、竞争意识、国防观念都得以明显的加强和提高。七天的训练是对学生身体素质、意志品质的一次洗礼和考验。在军训中结成的同学情、师生情，教官身上的军人素质和风彩，将成为孩子们一生中难忘的经历。

走进响水堡感受红色教育，探索响水堡那段辉煌的历史；去米脂杨家沟、李自成行宫研学旅行，让学生深刻了解中国革命的艰辛历程，感悟老一辈革命家的英雄气概和大无畏的革命精神，领悟中国共产党转战陕北最后一站所产生的丰富思想内涵和重要现实意义，汲取“红色营养”，传承“红色基因”，开展“传承经典 唱响五月”的师生歌咏比赛，清明节组织学生扫墓祭奠老红军。加之一系列的感恩教育、诚信教育活动，既让同学们身临其境感受先辈们艰苦奋斗的精神，磨砺了意志，更帮助他们树立了正确的人生观，价值观。

二、白色地域文化，培养行为习惯

白色地域文化教育（响水豆腐为学校地域特色教育基地）响水有这么一个顺口溜：响水的山响水的水，响水的豆腐就是美。冻豆腐可以说是响水的特色，以此实现新教育之聆听窗外声音

体验传统豆腐制作过程，感受非遗文化魅力有着得天独厚的优势。每年寒暑假组织学生参观响水冻豆腐的制作全过程，让学生学习一门技术。

学校成立做豆腐社团（羊肉和豆腐的典故），现在的实践基地还在校外，打算明年在学校空房子里安装一套传统制作豆腐的设备，让学生实实在在的从劳动中收获一项技能，人人都会制作响水豆腐。每学期进行一次豆腐宴，厨艺社团把做豆腐佳肴作为主要学习的内容来实践，实现育人功能，让师生能体会冻豆腐刚柔并济的特色精神，了解做豆腐的辛苦与之来之不易。

师生共写随笔，用作文、诗歌等形式写下对豆腐的赞美之词，从内涵上缔造完美教室，打造以红白绿为主题的教室；让地方课程在新教育的引领下落地生根。

三、绿色环保行动，提升文明素养

绿色环保生态文化教育（无定河湿地和校园劳动实践基地为学校绿色环保生态教育基地）美好的事物总会给人美好的感受。绿化校园时我们选择了无论什么环境中都可以生存的柳树，不仅可以美化校园，还可以引导学生学习具有顽强生命力的柳树文化，学习柳树默默无闻、无私奉献的精神和朴实无华的品质。

公益情怀之无定河净滩行动。每年6月5日（世界环境日）让孩子们在行走在无定河畔，弯下腰来捡一捡垃圾，孩子们听着无定河白天鹅的故事，前往无定河畔，河滩上有不少垃圾。看到此番景象，孩子们拿着钳子、提着袋子，捡拾塑料袋、塑料瓶、盖子和烟头等。孩子们争先恐后的弯腰拾着垃圾，有的用手抠、有的用手拽，还有的利用铁耙，铁钳等工具，对岸边的垃圾和杂草进行清理。孩子们提着一大袋垃圾，整整一个中午，头上沁着汗珠，但没有一个喊累。孩子们用一

双双灵巧手，守护无定河的干净，清除垃圾污染，防止水资源污染，为了家乡的健康水源做出自己的贡献。实践行动结束后进一步加强学生生态文明教育，自觉树立：长河落日圆的美景！着力提高学生对河湖保护、珍惜水源重要性的认识。实现了真正的从小爱到大爱的劳动教育。

徒步行。每年春季组织学生走进无定河湿地，来感受无定河的自然风光，通过写作、画画、拍照，写下、画下、拍摄下值得记忆的画面，并参加响水中学无定河湿地摄影大赛和作文大赛。春季踏青野炊烧烤、秋季看金烧洋芋是必不可少的一项家校共育活动。

蟹田米，稻田蟹，校园绿色劳动实践基地。在响水的稻田里，微风拂过，滚滚稻浪将无定河装扮的变化多姿。俯身望去，田埂四周的防逃网围栏随处可见“横行霸道”的螃蟹在觅食游荡，一派稻花香里说丰年的景象。正值春种的季节，我校带领学生深入稻田，体验插秧。在农民伯伯的讲解和示范后，学生们个个脱下鞋子，挽起裤腿，踏入稻田动手实践，“左手出秧，右手插秧”，学生们学的有模有样，稻田里洋溢着一片欢乐，学生的脸上浮现出劳动的喜悦。

四、暖心送教上门，打通教育扶贫

2019年秋季开学，我校通过摸排后发现家住南塔的小刘同学未能按时报名入学，我得知此事后，立即带领3名老师，不顾风雨和道路的崎岖，驱车赶往刘广婷家中。在与家长的亲切交谈后得知，小刘同学属于建档立卡贫困户，父亲患有心脏病和肺气肿、母亲智障、弟弟年幼，加之小刘同学智力轻微障碍，在这样特殊的家庭情况下孩子产生了辍学的念头。在倾听了孩子的心声后，我当即决定为酷爱唱歌的她采取送教上门方式帮她圆梦。同时，与我随行的老师鼓励家长不能泄气，因为一个孩子就是这个家庭的全部希望，学校会竭尽全力帮助孩子重拾信心，让她要学会坚强面对，学会更多自己应知应会的知识与技能，学校还为其家庭送上了一份秋日的关怀。

为了切实做好送教上门工作，我和我们学校的几位教师于2019年秋季开学后每周坚持送教上门一次，风雨无阻。为她的成长注入了新的能量，为她的生活打开了一扇新窗。2020年春季开学后，为了让她学会在集体中生活、学习，我和我们的几名老师多次出面与家长沟通，希望孩子能来学校学习知识，过上本该属于她这个年龄正常的校园生活。通过我们一周时间的苦口婆心耐心开导，家长终于同意小刘同学来校学习。返校后，班主任老师在其生活上时刻给予关注，我也多次过问其生活学习情况，代课老师教她融入集体，克服胆怯和自卑，同学邀请她共同游戏与她互动交流，让她树立自信，勇敢面对生活，渐渐地大家见到了不一样的小刘同学。

送教上门，只是我区着力提升教育扶贫的一个缩影。通过送教上门关爱活动，让残疾儿童也享受到了和同龄人同样的学习生活。在这场特殊的爱心接力赛中，“不落下任何一名学生”、“办人民满意的教育”是我的初心和使命。在爱心的召唤下，我们克服假日少、路途远、家务忙、压力大等困难，将“三尺讲台”搬进弱势群体的家里，让身残志坚的孩子们在运动康复和认知上得到一定的提高，用实际行动在检验着主题教育成效。

爱在左，责任在右。每一个孩子都是天使，都应该被温柔以待。对于弱势群体实施“送教上门”，打通教育扶贫“最后一公里”，擦亮智障儿童学习的星星，照亮他们的心灵，我们将一直在路上。

不忘初心，牢记使命。十四五期间，我校将在新教育思想的引领下，在“红、白、绿”的实践中不断增强德育的吸引力、感染力和影响力，让育人目的入脑入心，为学生核心素养的发展奠基铸魂。实现真正的一校一品，同时，将南塔老腰鼓传统文化也要融入社团，在改变教师的行走方式上下大功夫，落实构建理想课堂。

训育以本真，树人以知行

——上海市时代中学开展的特色活动

上海市时代中学　黄晓红

习近平总书记指出，教育是国之大计、党之大计。“十四五”时期，我们要从党和国家事业发展全局的高度，全面贯彻党的教育方针，坚持优先发展教育事业，坚守为党育人、为国育才，努力办好人民满意的教育，在加快推进教育现代化的新征程中培养担当民族复兴大任的时代新人。作为一所具有百余年办学历史的学校，我校在办学过程中，以办人民满意的教育为目标，坚持“求本真，善笃行”的治学思想，通过习惯养成教育、自治自理教育、行为规范教育、心理健康教育，成为上海市基础教育的优秀创新实践者。

一、历史文化，为发展保驾护航

我校创建于1874年，前身为圣芳济学院，雄厚的办学历史和深厚的文化底蕴，使学校成了一所名副其实的历史名校。长期以来，学校一直坚持“求本真，善笃行”的时代精神，谨守“善笃行”的自我要求，学以致用，在学习中、生活中、工作中不断践行自己的所学、所思，形成了学校独特严谨的学习、工作作风，培养了“学做真人、探求真知、实践真行”的“三真”时代人。

学校位于中心城区，是一所面寄宿制初级中学，学校以教育理念现代化、学校管理规范化、教育质量优质化、设施设备标准化，备受人民群众和广大学子的青睐。学校实行“封闭式管理，开放式办学”的教育管理模式，为青少年学子参与国际交流搭建了舞台。

据不完全统计，学校获得全国、市区竞赛奖项达上千项。学生先后参加全国中小学电脑制作大赛、中国青少年机器人竞赛、RCJ世界杯青少年机器人大赛、上海市家庭机器人选拔赛，均获得了优异的成绩。在国际奥林匹克机器人竞赛中，学校作为上海为数不多的参赛学校，获得中国香港区选拔赛初中组冠军；常规赛中学组机器人探险一等奖、创意奖二等奖，赢得了赞誉。

如今，学校在“训育以本真，树人以知行”办学理念引领下，通过开展各项课堂教学及教学科研活动，在习惯养成教育、自治自理教育、行为规范教育、学习规范教育等方面，打造出一所历史品牌名校。

学校荣获“上海市科技特色学校、市安全文明单位、静安区文明单位、区绿色学校、区中学行为规范示范学校”等多项荣誉称号，走出了一条“内强素质、外塑形象、打造品牌、全面发展”的特色办学之路……

二、管理文化，为发展提速加能

管理文化是校园文化活动开展的基础，是学校实现创新发展的前提条件。我校始终坚持校规、校纪、教学等管理文化要“全”，做到“事事有章可循、人人有章可遵、处处有章可依、时时有章可行”。文化内容要“细”，做到条例明确、操作性强、有的放矢、标准健全、内涵深邃、思想先进。执行文化要“严”，做到纪律严明、鼓励先进、共同发展。

近年来，我校以制度文化和管理文化，保障师生不断求真、不断笃行，体现出了以人为本的管理理念，使管理制度文化以更合理的方式，保障师生参与各类校园活动的地位，充分调动广大师生的积极性，真正做到了制度管人、制度育人，将做“三真”时代人落到了实处。

为实现更好更快的发展，学校党政工三大核心部门始终把“凝魂聚气、强基固本”作为基础工程常抓不懈，不断加强师德师风建设，以“训育以本真，树人以知行”办学理念为引领，建设“求本真，善笃行”的学校文化，做到针对中关注个性、有效中提升实效、推进中发展内涵。

特别是学校结合寄宿办学的特点，刚性管理与人文关怀有机统一，实现了从“管门”到“管心”的跨越，形成了一个团结向上的管理团队。“凝聚人心、推动发展、促进和谐、实现创新”的管理文化充盈整个校园，为学校的创新发展增添了源源不断的动力……

三、课程文化，为发展固本生基

校园文化精神是学校课程文化建设的精华所在，它体现着学校育人的目标与办学特色。近年来，我校根据校园文化的要求，重新规划布局校园环境，将硬环境的直观文化与软环境的精神文化有机结合，进一步诠释了“真人、真知、真行”的内涵。形成了“端正、诚信”、“尚学、明理”、“力行、有恒”的文化思想。

学校以“求本真，善笃行”为引领，引导教师全面完成具有时代特色的育人目标，建立体现校园文化的课程文化评价指标体系，构建学校课程文化新体系、新模式，将各类课程教学围绕校园文化这一核心主题，旨在培养出越来越多的“三真”时代人。

学校根据国家标准设置课程和学校的校本资源，为学生提供各类研究型、拓展型课程；组建成立多种学生社团，给学生提供更多展示空间。在课程文化建设中，学校始终坚持以“学做真人、探求真知、实践真行”为育人目标，精心设计每一个教学环节，使校园文化精神融入课堂。

特别是学校还将“课程教学”与“校本研训”结合起来，各部门分工合作、共同设计，实施校本研修，实现了研修行为主体化、研修主题专题化、研修内容系列化、研修形式多样化、研修科研一体化。广大教师在实践中，拓展思维与视野、全面成长，为学校的创新发展作出了积极的贡献。

四、“活动文化”为发展注入活力

活动文化是一所学校师生精神风貌和思想素质、品德修养的重要表现，是一所学校高层次创新发展的显著标志。我校的“活动文化”以“训育以本真，树人以知行”办学理念为核心，为培育“三真”时代人注入了活力。

近年来，学校推进“一班一品”创建，以文化特色促班级建设，优化育人环境。通过个性化的特色班级建设和富有特色的班级活动，形成了工作精细、突破创新的班风，使学生的个性与潜能在和谐的班级文化中得到了充分发展。

以德育实践活动为例，学校做好寄宿生活第一课、陕西北路人文一条街寻访、我们野营去、14岁生日、学生演讲比赛、志愿者活动、各类报告会、社区文化活动等，使学校的教育教学更具特色。在此基础上，学校还调整艺术节、科技节、人文周、英语周等传统活动，从活动设计到总体实施，鼓励更多师生参与到每一项活动中来，在活动中践行“学做真人、探求真知、实践真行”的重要性。

在校园活动文化建设中，广大师生纷纷拿出自己的绝活，强化原有的英语特色、科技项目、排球项目、陶艺教学等活动，探索出对学生有益的、紧跟时代步伐的新知识领域的活动项目，为学生的全面发展提供了支撑，为学生的成长成才奠定了坚实的基础……

五、“三真文化”为发展铸造品牌

同伴互助：从“行政学苑”到“时代讲堂”。办好“行政学苑”，领跑学校发展，是时代中学在多年“书香校园”的氛围中，不断丰富“行政学苑”的一大创新。所有行政人员同读一本教育教学或管理类书籍，利用每周行政例会，挤出一节课由一位行政人员主讲某一章节，以领学、导学，提高干部“管”和“理”的智慧与水平，使团队产生强大的共振。

拓展“时代讲堂”，激发职业理想。让更多的教师成为时代讲师，说办学、说教学、说愿景，多角度互动、多维度思考，激发工作与学习智慧，让教师们在共同的愿景中实现自我价值。

行为跟进：从大奖赛到专题研修的交融。任务驱动是教师发展的助推器，专家指点是前进的润滑油。时代中学在每年“时代杯”教育教学大奖赛或案例撰写比赛中，都要聘请学校“成长助力团”的专家做赛前辅导、赛中评委、赛后点评和教师全员讲座。以赛促学、以赛促培、以赛促建的接地气的形式，深受教师的欢迎和各方好评。

问题导向：从育人行动方案到论文撰写成果。“小步走，不停留”是时代中学对教师发展的要求，每年寒假教师有两项固定的作业：结合自己教育教学的某一点心得或疑惑写一个微行动方案；根据上一年的微行动方案，撰写相应的论文、报告、案例或小故事。学校通过分享、交流，强调“小目标”和“微行动”的递进方式，不断推进教育教学中关注反思生成性的问题，由更多地关注学生的学，逐步向研究型教师转变，实现由思到行，知行合一全面转变。

铸名校“训育以本真”，育英才“树人以知行”。用时代教师的话说，长期以来，时代人秉承“求本真”的教育理念，形成了不断求真的优良作风，为百年名校的创新发展平添了一抹新绿，为莘莘学子的成长成才插上了腾飞的翅膀。

目前，时代中学在甘肃“陇上行”、福建“建瓯行”和“萤光支教”乡村教师培训项目中，将学校的优质教育成果，盛开在了西北高原，深深地扎根于闽南教育的沃土之中……

新时代催生新使命，新使命开启新征程。未来，时代中学不断强化自治自理教育，进一步丰富学校文化内涵，助推学校高品质发展。

五育并举守正，三首育人创新

四川大学附属实验小学东山学校　廖旭　杨春　蔡露雯

德才兼备，学以成人。新时代对青少年提出了新的发展要求，成为德智体美劳全面发展的社会主义建设者和接班人。面对百年未有之大变局，要推动伟大事业，实现伟大梦想，团结青年、凝聚青年、引领青年，我校紧紧围绕“培养什么人”、“怎样培养人”、“为谁培养人”这个根本目标，始终坚持立德树人的根本任务，坚持德育、智育、体育、美育、劳育五育并举，通过思想引领、活动驱动，形成育人合力，致力于培养培养能够堪当民族复兴大任的时代新人。

一、规范行为习惯，塑造优良品格

人们常言“三岁看小，七岁看老”，说的便是在人生中一些重要时期所受到的教育和影响可能会影响人的一生。从开始上学到大学毕业，一般都要经历十三年的学校生活，而学生的生活习惯和学习习惯大抵也是此时彻底成型。为了规范学生的日常行为，养成良好的学习生活习惯，展示现代化学校良好校园风范，我校制定了德育十大常规——聚焦儿童一日生活养成。即：研究晨练、入校、早读、课堂、课间、午睡、用餐、午会、课超、晚自习、生活晚课的有趣性、有序性、有效性。

力求做到：晨练健身养心；早读书声琅琅；课间安全文明；午睡以逸待劳；午会歌声嘹亮；用餐文明礼让；课超陶情益智；晚自习温故知新；生活晚课娴熟技能。

具体内容：激情早炼投入：住读生早锻炼，走读生大课间跑步，做操精神饱满；礼貌入校阳光：学生进校礼貌问好，阳光迎接新一天的学习生活；升旗肃立敬礼：听到国歌，自觉肃立敬礼并高歌；书声琅琅全情：进教室即读书，慷慨激昂，全情投入；趣味课间安全：通过传承体验长辈的童年游戏，自创趣味安全的课间游戏；文明午餐静净：打餐有序，就餐安静，餐后干净，坚持完成“光盘行动”；自觉午休安静：午睡以逸待劳，或在教室，或在寝室，教师营造氛围，带领同学一同午休，为下午的学习生活养精蓄锐；课前歌声嘹亮：音乐组每周推荐一首与时令、诗词等有关的歌曲，在下午上课前5分钟播放，每周一歌，歌声嘹亮，唤醒头脑，心情愉悦开启下午的课程学习；有序路队整齐：放学路队整齐，口号响亮，向老师、同学、学校再见；规范校服整洁：周一、周五为校服日，着装整洁、阳光积极。

操作办法：十大常规操作以“日、周、月”为时间节点，以“学生参与、教师引导、部门反馈”为基本流程，以“关注全面、突出重点、评价激励”为基本原则，扎实有序推进落实。

“日”常态观察：每日值周生的观察打分，每周由一个班级承担值周工作，对全校同学的文明礼仪、三操、卫生方面进行评价，值周生既是监督者也是服务者。

“周”凸显主题：每周对一个德育常规进行观察反馈，例如第2周重点观察班级书声琅琅的表现情况，发现身边优秀的班级树立典范。

“月”反馈评价：抽取十大常规中的2～3个项目，进行全校跟进性评价，学校对班级实行教育现场观察，抽查方式进行三线考核，以评价促习惯养成。

二、构建三大课程，聚力培根铸魂

践行陶行知先生“生活教育”办学思想，我校秉承川大附小百年文化基因，本着让儿童“自信生活，尝试成功，健康成长”的教育追求，为生活的“向上向好”做全面而有个性的高质量教育，围绕学生核心素养，培养“勇敢·淳朴·灵动·文明”的小公民为目标，学校构建了“学科育人课程”、“个性发展课程”和“生活实践课程”三大类课程。

学校在开足开齐开好国家课程的基础上，又开出30多项菜单式课程科目供各学段学生个性化选择，为儿童个性发展提供了广阔空间和无限可能；而学校的生活实践课程更是丰富多元，涉及儿童与健康、儿童与社会、儿童与自然、儿童与自我、儿童与文明、儿童与科学、儿童与艺术七个方面，让儿童的生命在综合实践活动中经历、体悟，进而生长。从现实和未来的生活需要出发，激发儿童潜能，为其学科素养的生长和非智力因素等潜在素养可持续发展提供有力支撑。

德育工作通过育人课程的选择——围绕社会主义核心价值观以爱育爱，教育植根于“爱国、敬业、诚信、友善”，行知相悟，铸具有家国情怀的中国人的魂。

三、全域科学评价，激励师生成长

全员、全域过程性科学评价，不仅起到了导行的作用，而且极大地激发了师生的潜能，生长了可喜的文化。这一评价主要采用年级自治管理和综合评价相结合达成目标。

探索行政蹲点或挂职“年级治理委员会”推进学校现代治理，权利共享、责任分担，激发教师潜能，人人为培育出“活力而不失规范、自信而不失谦逊、个性而不失担当”的东娃献策献力。

研究（小学阶段）儿童，研究儿童教育规律。年级共同体需要共同策划、落实年级学生发展的目标；根据学生成长规律，年龄特征，组织年级教育以及综合实践活动，形成每个年级自己的独特的年级文化，又将这样的文化一年一年传递、传承、传习。

如：一年级的全：全面发展东娃茁壮，五育并举满庭芬芳。新入小学的孩子，在全科学习中，全程卷入，全面发展，全域成长。他们向阳而立，向善而行，向学而志，向思而悟；他们在五育并举的“新长征路”上，一路同行，心之所向，谱写新的华章。

二年级的善：修己，正身，明德，育人。向美向善。二年级的孩子学会友善、学会和善、学会从善，形成淳善的品格。他们课程融合，资源整合，齐心聚力，共同奋进。

三年级的阳：孩子们到了三年级，在童心童趣，智慧共育，同担同享，向阳生长的文化氛围中，勇敢、淳朴、灵动、自信、阳光。他们用精湛的教学艺术，深厚的人文素养，与学生风雨同行，一路成长。

四年级的美：做美的教育，见淳美的成长：学生在活动中，在课程里，获得“静美”、“勤美”、“力美”、“律美”、“声美”、“形美”、“洁美”、“动美”的品质。建机制，善调控，在治理生态中成长自己；融学科，活方法，在教育业态中成就儿童。

五年级的行：孩子们在彼此的陪伴中相互鼓励，一路同行，感恩这一路自己的努力，感谢这一路行走的力量。老师更是携手同行，呵护成长。他们同担共享，一路向阳生长！

六年级的和：天时地利人和，年级和谐发展。六年级，在“和美”的文化氛围中，和而不同，美美与共。生训石处有荷塘，银杏大道藏四季！天时地利人和，团队和谐发展。

随着年级的递增，每一个孩子在东山的成长过程中，都会系统性地享受这种文化的给养。年级自治，师生共同学习，相互促进，一起成长，彼此成就。

而班级共同体由班主任、副班主任、辅导员以及生活老师就是要为这个班级的向前发展负所有责任，荣辱与共。班级共同体在年级共同体的共同目标下，形成班级的个性文化，在班级发展过程中，需要确定班训，用孩子们听得懂的话进行表达。

家校共同体需要借助家长资源，与教师合力，遵循教育发展规律，在学校的办学主张思想引领下，为班级所有孩子的发展服务。

四、打造生态校园，优化育人环境

学校以生态的校园环境为依托，进行环境育人。一步一景，一景一育，汉唐风骨、庭院风景、大家风范的校园，植被茂密，绿树掩映，亭台楼榭，小桥流水，别有洞天。在这所校园里，建校时老师们翻遍中小学教材，精心选出了300多种植物，种植在校园内，整个校园就成了学生们实验的课堂。

这种隐形的教育细节，布局在校园各处，每一幅壁画，每一个角落，都是教育的痕迹。古朴的东学亭、靓丽的尚美轩、典雅的悦群榭、茂盛的芭蕉林、粉红的桃花园……处处洋溢着孩子们的笑声。校园里，总有探寻不完的“宝藏”。

不管是课程育人、文化育人、活动育人、实践育人、管理育人还是协同育人，我们用敏锐的视角捕捉教育的契机，用团队的智慧凝聚教育合力，谦逊中张扬个性，平和中充满阳光。这就是我们的德育——可见、可感，春风化雨却润物无声。

栉风沐雨不负韶华，笃力奋楫再谱新篇。站在“十四五”规划的全新起点，迎着中国共产党的百年华诞，我校将以习近平新时代中国特色社会主义思想为指导，全体教师发扬不待扬鞭自奋蹄的干劲，开拓前进、执着追求，办好人民满意的教育，构筑起新时代师生和谐成长的精神家园。

树科学理念，为幸福人生奠基

四川省安岳中学　杨琴　陈家武　曾玉萍　解超建　易小燕

“你的手中是许许多多正在成长的生命，每一个生命都如此不同，每一个都如此重要，全部对未来充满着憧憬和梦想。他们都依赖你的指引、塑造和教育，才能成为最好的个人和有用的公民”，这是新加坡新入职校长一段誓词，也是我们本课题研究的实践目标。

前期我们通过调研，发现：不少普通高中班级建设理念落后，教师对待学生个体生命成长缺少差异观、发展观、潜能观，而学生过度关注成绩，缺少对自我生命成长的关照，身心问题凸显。其实，在成绩、升学率的追求之外，我们还应该树立科学育人理念，关注“人”、“生命”的在场，做到五育并举。为此，我们探索出了普通高中“生命成长”班级文化建设实施的六大路径，为学生幸福人生奠定基础，为教师带来职业幸福感 。

一、普通高中班级文化遵循两大原则

主体性原则。普通高中“生命成长”班级文化建设以追求学生的发展为目标，班级文化建设的过程既是学生参与管理的过程，也是学生主动发展的过程。让每一个学生感到自己的发展和对困难的克服离不开班级的关怀和支持。引领学生追求发展，关注学生与班级的自主发展、个性发展、全面发展、可持续发展。

发展性原则。普通高中班级文化建设中，教师应始终牢记自己面对的是处在人生最重要时期的、具有奠基意义的“发展中的人”——青少年，他们是特征分明，充满无限可能的鲜活的个体。班级文化建设遵循发展性原则，应树立差异观、发展观、潜能观。不用功利和静止的眼光看待学生，相信每一个学生都是体内蕴藏着巨大潜能的个体。

二、课题研究实施方案

野蛮体魄，为“生命成长”夯基。利用闲散时间和固定时间相结合。利用体育课、班级活动课，切实开展各种活动：大课间操活动、各类球类活动；踢毽子比赛、跳绳比赛、拔河比赛等班间比赛。在活动开展时，可根据高中不同年级的特点，有侧重的开展集体体育活动。高三阶段活动主要以放松身心为目的，高二举行年级进行各种体育竞赛，高一开展以提高班级凝聚力为目的的各种游戏。有组织的课外活动让学身心放松，既达到锻炼的目的，又释放压力；既能增强体魄，又能焕发活力。

班会指津，为“生命成长”明向。主题班会指明常规：生命安全、个人卫生、礼仪、法制、道德、交友注意事项；主题班会指点迷津：开展校史文化、学科优秀与总体优秀学生学习方法分享、心理健康、生涯规划指导、网络安全、励志等主题班会，纠正习惯、盲区引导。

尊重个体，让“生命生长”向阳。主持好书推介会，每学期放假前，由值日班长担任好书推介会主持人，根据学习小组推荐的好书的情况，进行遴选，最终每组推荐两本佳作以供大家阅读；主持读书报告会，每个学期开学时，每位同学上交假期读后感，组员间相互阅读，每组再推荐 1 至 2 篇优秀的上交到班委，全班学生推选评委，评委组推荐读书报告会主持人。

参加多样场合，扮好人生各种角色。利用感恩至亲诗会，激发学生的感恩之情，以感恩之心回报父母、回报社会；引导学生德智体美劳全面发展同时，特别强调“以情动人”，即师生情、同窗情；架起学校通向社会的桥梁：学生周末或者做志愿者，体验作为社会人的价值；或者到工业园区参观学习，感受现代工业文明；或者到柠檬园参观，感受生态文明；或者拜访著名校友，与校友交流。

收藏生命点滴，重视其成长过程。一是同写日记，记录成长。上课期间，每天由一位同学以日记的形式记下班级活动的剪影，周末总结时，由学生值周班主任挑选写得有特色的片段，作者在班上宣读，其他同学点评；二是共录视频，收藏记忆。同学策划的班级活动，参与的学校活动，做好照相或录像工作，然后放在班级 QQ 群里，最为同学最温暖的记忆；三是电视散文，留下精彩。引导学生了解母校的文化底蕴，创写，让学生在创写中成长。学生写校园的文章，再制作成电视散文。李文静、罗志富分别写的散文《校园的春天》《安中春韵》均已制作成精美的电视散文。

正视差异，让生命个性张扬。选拔学生干部，自愿服务为基础，能力和成绩做参考，同时充分考虑学生的个性特征。通过观察，了解、分析学生不同的特征，知人善任，优化班干部工作分工，扬长避短。根据不同性格，因材委任，合理搭配，互相制约，使每个学生绽放最美的色彩。正视能力差异，展示独特禀赋。观察挖掘不同学生的不同禀赋，通过启迪，让其自我发现并且认同，进而在认同的基础上有所超越，释放别样的生命活力。

树立榜样，为“生命成长”领航。一是评感动班级年度人物。每学年结束前，由全班同学无记名投票选出感动班级年度人物；二教室外墙及时展示班级学生的特长，激励学生：展示学生的书法佳作、美术佳作、创意设计佳作、优秀作文；三是每个学期两次评选班级学习之星、文明之星、进步之星、活动之星，优秀学生干部、优秀学习小组，我身边的榜样，照好相，做成展板，张贴在教室外墙上。

激发潜能，为生命创造助力。学生作词作曲，创作出融入班级理念为班级成员喜欢的班歌。先由学生创写班歌歌词，再由全班同学参与修改，然后由语文老师修改，最后由省作家雨晓荷修改定稿。学生谱曲，请音乐老师修改。文娱委员试唱，最后全班同学学唱。

开展班徽班旗征集活动。由班委干部在全班动员，学生自己动手设计初稿。完成后，全班的展示评比，选出最能体现班级目标和班级精神的设计，然后再由广告公司制作完成班徽班旗。

编印诗集，彰显自信。同学诗意记下成长的感悟，小组合作修改，形成初稿。再组织原创诗歌朗诵会，展示交流。会后再将诗歌（每个同学至少一首）打印发至班长的邮箱，班长做好目录，然后请作家写序，或者自己写序，全班同学再为诗集取一个名字，形成班级诗集。近六年，学生们编写的诗集有：《沉淀的梦》《金色的翅膀》《微笑的向日葵》（省作家协会会员雨晓荷作序）、《成长的美丽》等。

三、课题研究实施效果

学生收获了美丽成长，感受到成长的快乐。在“生命成长”的班级文化建设中，学生身体素质提高，人生方向明确，对学习生活充满热情，阳光自信，真实地感受到自我生命的存在；学生逐步学会自主管理，理性面对生活学习，激发生命成长的活力。敢于表达，追求个性发展，以丰厚素质来提升生命成长的品质，优雅成长，收获成长的美丽；学生更懂得尊重生命，铭记点滴，感恩社会。高 2017 级学生付川询被北大录取后，带着喜悦感恩身边的亲人老师和朋友时，还特别对常常帮自己保管饭盒的门卫表示了深挚的谢意；实验班学生自信从容地走向高校和社会。尤其是 2017 年，周羿以全国排名第四的综合成绩考进空军航空大学，是当年西南三省一市唯一的女飞行员，也是资阳市恢复高考以来的第一个女飞行员。

教师转变了教育理念，体验到职业的幸福。在“生命成长”的班级文化建设中，课题组始终坚持以人为本，全人教育。把每个学生看成发展中的鲜活的个体生命，坚持发展观、差异观、潜能观。给学生自主发展的空间，培养学生自主发展的能力，繁杂的班级管理变得轻松愉快；理解生命个体的差异性，尊重每个学生的独特性，认识学生认知的多元性，以多样化的教育满足学生的个性发展，枯燥单一教育变得丰富多彩。教师对教育充满期待，教师幸福满满！四川省电视台科教频道专题报道课题主研陈家武，资阳日报也相继做了报道。

参考文献

[1] 张文质.《回到每一个人的生命化教育》[M]. 江苏：江苏教育出版社，2010.6

[2] 李德善.《神奇的教育场》[M]. 重庆：西南师范大学出版社，2011.7

[3] 施穆克.《班级的群体化过程》[M]. 廖珊等，译，北京：中国轻工业出版社，2005.11

[4]李镇西.《走进心灵》[M]. 成都：四川少年儿童出版社，1999.11

[5]冯卫东 吴联星.《让生命欢快拔节》[M]. 南京：江苏教育出版社，2012.12

人文泥中，不负韶华

四川省巴中市通江县泥溪中学　贾健维

著名学者朱永新说过：“在一定意义上说，一个人的精神发育史就是一个人的阅读史，而一个民族的精神发育水平，在很大程度上就是取决于这个民族的阅读史。”为积极响应全民阅读号召，营造浓郁的“悦读”氛围，四川省巴中市通江县泥溪中学立足“帮助学生养成良好的阅读习惯，全面提高学生的阅读品味，帮助学生立德树人、全面发展”的大教育理念，以“博读 明达 担当”为校训，践行“做有品质的教师，办有味道的教育”的发展理念，全面推动书香校园建设，致力于把泥溪中学办成一所适合农村学子生命成长的乐园，让每个农村娃成为最好的自己。

全面统筹提升，浓郁书香氛围

没有书的世界是无味的，没有阅读的人生是不完整的，没有阅读的生活也是苍白的。泥溪中学以“让每一个学生好读书、读好书，让每一个学生养成好的读书习惯，是我们每一位教师的责任”为抓手，以“阅读生活化、学习终身化”为阅读口号，顶层设计，全面统筹，稳步推进，探索出了一条书香校园发展之路。

抓服务，人文关怀促进教师成长。学校秉承“管理即服务，学校发展教师第一”的理念，发扬“求真务实、敢为人先、乐业奉献”的泥中精神，用贴心服务来温暖人、精心服务尊重人、细心服务成就人，全力建设一支勤学习、勇担当、讲团结、精业务、乐奉献的教师队伍。改建教师食堂、宿舍，新建教师厕所、书吧，增设办公桌椅、电脑、空调等，努力把校园建成老师们的温馨家园；集中观看名师讲坛、优秀课堂教学实录、新课改专家讲座，举办学校发展研讨会、班级管理论坛、老教师从教周年座谈会，落实教学基本功训练、集体电子备课、例会微课分享、全员推门听课制度化，积极搭建教师专业成长舞台。

抓细节，务实常规促进质量提升。学校务实常规管理，力求把细节做到极致。由校长室牵头实行“两周一小查，一月一大查，一月一考核，一月一公布”，严格落实班主任一日常规“三签四查五到位”(三签，即早操签、午休签、晚休签；四查，即查晨会、查鉴赏、查社团、查静读；五到位，即早餐要到位、晨扫要到位、大课间要到位、午餐要到位、晚餐要到位)，使教育教学秩序井然。同时，学校要用心预设，关注生成，按照学生学月常规评教要求，评选出好课堂、好老师、好质量。

抓课程，活动开展丰富教育内涵。学校每年举办一届阳光体育节、校园文化艺术节、生活实践体验节，常态开展兴趣社团活动，努力构建“实效课堂、活力课间、丰富课外”三大课堂，拓展培育路径，缩小城乡差距，让农村孩子和城市孩子共享一片成长的蓝天。

抓养成，良好习惯成就幸福人生。学校以不乱扔、不乱说、不乱为的“三不教育”为抓手，强力推行六大习惯养成教育；内务整理军营化，物品摆放“三点一线”，规范有美感，寝室温馨有特色；就餐和集会时，排队有序，安静文明。

细化阅读活动，浸润健康心灵

为提升学生语文学科素养，营造浓郁的“悦读”氛围，泥溪中学以“校园溢满书香、好书伴我成长”系列读书活动为载体，建构以“教师范读为导、学生自读为主、家长伴读为辅”的三级阅读体系，常态性开展“睡前静心阅读、午休前美文鉴赏、周三阅读日，周末带书回家”等系列共读、共享活动，切实让书成为师生的良师益友，勠力让读书成为师生的一种常态化的生活方式。

睡前静心阅读。每晚20：55—21：40为寄宿学生静心读书时间，学生根据大纲要求，选择书目针对性自读，班主任老师随生到寝指导、督促、伴读。

午休前美文鉴赏。周一至周五中午12：15至14：30为学生午休前美文鉴赏时段，学生按轮次选择文学类、新闻类等多个类型的经典美文，由班主任或语文老师指导、范读、品读。

周末阅读。每周五学校统一给学生发“书海拾贝”读书心得分享单，学生总结一周阅读情况，记录所读、所获、所感；周末学生自读为主，家长陪伴阅读为辅，每天阅读内容家长签字并评价。

周三“阅读日”。每期学校为教师购进新书200余册，每个学生每学期都要自购课外针对性书籍，每周三定为“阅读日”，15：10—17：40，全校学生由其语文老师在教室引导阅读，教师在学校书吧阅读，老师每月写一篇教育故事或随笔，每学期写三篇读书心得。

读书沙龙。学校成立“书香”文学社，每周开展两次读书沙龙活动。

国学经典诵读。每天课间操由语文老师和两名学生领读，全校学生一起诵读古诗词。

“一诗一文”。每生每周背诵一篇古诗、一篇文言文或美文，由教科室每周不定时抽测，期末举行背诵比赛，再次检测。

群文阅读。作为群文阅读示范学校，每期至少5位老师上群文阅读课，并常态开展研讨会议。目前，学校的所有语文老师对群文阅读驾轻就熟。

教师例会分享。每周例会时，一位老师例会上微课，一位例会发言，分享读书心得、人生感悟、风土人情、教育教学经验等。教师的阅读氛围越来越浓厚。

读书交流活动。我校多举措促进阅读活动的实效性。分班、分年级、全校交流，问答、抢答、好书推荐、表演、话剧、唱歌形式多样。在活动中，老师们循循善诱，同学们侃侃而谈。

抓出书香成效，丰盈美好人生

书籍是人类共同的精神财富，是人类进步的阶梯，是开启智慧的钥匙。人的品位和气质往往是通过阅读而来，一个书香溢满校园的学校才能成为师生美丽的精神家园。通过一代代泥中人的共同努力，学校教育教学质量节节攀升，中考综合素质评定连续三年位列全县前三甲，连续三年被教科体局表彰为“教育教学质量优胜单位”，连续三年被县委县政府表彰为“教育教学管理先进单位”，2019—2020学年度，获“巴中市法制工作先进单位”、“巴中市文明校园”、四川省大课间活动二等奖。

读好书，塑美德，立良行，泥溪中学要致力于让阅读成为师生的一种需要、一种乐趣、一种习惯、一种收获，把学习变成师生的自觉行动，让书香伴学生成功、成长、成才，让每个孩子更加充盈、幸福、有品位。

建设书香校园，培养阅读习惯

四川省巴中中学　彭中华　杨栋材

为全面贯彻落实习近平总书记“要提倡多读书，建设书香社会、不断提升人民思想境界、增强人民精神力量”等重要指示精神，以落实立德树人根本任务，围绕传承弘扬中华传统文化，激发广大学生的家国情怀、爱国情怀，培育和践行社会主义核心价值观培养和造就学生努力成长为德智体美劳全面发展的社会主义建设者和接班人。我校通过给学生创设书香飘溢的校园，让师生在阅读中润泽人生，成就美好。

一、学校总体概括

我校是巴中市教育和体育局直属事业单位，前身系公元1868年创建的云屏书院，民主革命先驱董修武、世界平民教育家晏阳初、无产阶级革命家刘伯坚、美国纽约科学院外籍院士彭承琳曾在我校学习或工作；1982年4月被确定为四川省首批重点中学，2001年9月被授予“四川省示范性普通高中”，2004年1月被评定为四川省国家级示范性普通高中，2013年12月复核确认为四川省一级示范性普通高中，现有云屏、龙湖、兴文三个校区，总占地面积370亩，校舍建筑面积15.32万平方米，在职教职工626人，教学班182个，在校学生9075人。

学校坚持社会主义办学方向，全面贯彻党和国家的教育方针，秉承“厚德载物，树人强邦”的办学思想，笃行“崇文弘道，砥砺自为”的校训精神，坚持立德树人，培养时代新人；坚持课程改革，落实五育并举；坚持科研立教，打造高效课堂；坚持精细管理，提升办学水平；狠抓未成年人思想道德和师德师风建设，积极开展形式多样的教育教学活动，促进学生全面发展，教育教学质量稳步提升，为高等院校输送大批优秀生源。

2005年以来，学校被授予“全国教育系统先进集体”、“全国青少年道德培养实验基地”、“全国学校体育工作示范学校”、“全国青少年校园足球特色学校”、“全国食品安全和营养示范学校”、“第五届和谐校园先进学校”、“空军青少年航空学校重点生源学校”等称号，被命名为四川省的“文明单位”、“2011—2013年度最佳文明单位”、“依法治校示范学校”、“阳光体育示范学校”、“校本研修示范学校”；被评选为“2014—2015学年度全国中小学校园文学写作大赛写作教学示范单位”、“四川省普法依法治理工作先进集体”、“影响30年·川东北教育标杆学校”、“朗读示范学校”。

二、创建工作目标

总体目标：学校围绕“书香校园、全民阅读”这一主题，有计划、有目的、有指导性地开展全校性读书活动，营造“读书好、好读书、读好书”校园文化环境，

具体目标：学校通过读书活动，激发师生尤其是全体学生的阅读热情，开阔视野，增长知识，发展智力，陶冶情操，充实学生文化底蕴，提高学生综合素质。

通过读书活动，大幅度提高学生的阅读量，使学生在阅读中提高兴趣，逐步养成阅读习惯。通过读书活动，师生一起体验生命的活力，提高生命境界，逐步形成我校特有的书香校园特色，不断提升我校的办学品位。

三、营造读书氛围

阅读需要氛围，这氛围需要营造。为了积极推动学生的课外阅读，学校准备从营造浓郁的校园阅读文化氛围做起。

校园挂条幅，在校园内的走廊、宣传橱窗、图书馆周边等阵地张贴宣传标语、宣传画、名人名言等，营造出一种浓郁的读书氛围，让学生明白读书的益处。例如：我读书，我快乐，我成长；多读书，读好书，好读书；读书破万卷，下笔如有神；营造文化氛围，创建“书香校园”、“一个人的阅读史就是一个人的成长史”等。

各班在9月中旬以“读书”为主题上一节主题班会课。研训部推出一堂示范课供班主任、语文老师观摩；各班设计一个班级“书香园地”，可以是教室外面的墙壁由班级定期张贴“好书推荐”“名人名言”“好书大家读”“读书感悟”、“读书心语”等文章，由同学们自己介绍自己看过的新书、好书，交流自己在读书活动中的心得体会，

在班级中形成良好的读书氛围；各班自行设计一个“图书角”，存放学校图书馆借阅图书（每月一换）、学生捐书、教师推荐书；各班选派一名图书管理员负责管理“图书角”及存书。

加强学校图书馆、阅览室建设，每个校区建设四个开放性的阳光书吧（阅览室），确保每个年级一个，以及单独的教师阅览室，全天向师生开放，分年级分班进入，由图书管理员、学生志愿者做好管理工作，保证校园内有安静、温馨的读书环境。各校区可以根据需要在教师中招聘兼职图书管理员，在学生中招聘志愿者，实行自主管理。各校区在合适位置，增设读报栏，让师生闲暇之余浏览，了解天下大事。

四、制定阅读时间

学校每周两节阅读课，一节由语文老师带进阅览室进行整本阅读，备课组指定书目，在半期和期末考试中以5-10分呈现，进行检测阅读效果；另一节由班主任在图书馆统一按班级人数借到教室放置班级图书角，供学生阅读，每一个月必须换一次，若有损坏，照价赔偿。

一天三读。诵读：每天早自习之前，3－5分钟学生起立齐声诵古诗、读经典或说名著，介绍内容、讲情节、讲心得等均可，由班主任或语文教师根据课标要求，灵活安排，推广此活动；默读：每天中午午休至预备铃（14：30）之前、下午放学后至上晚自习之前，学生自由选择班级图书角的图书进行阅读；睡前读：每晚一次的家庭阅读30分钟，兴文和龙湖两校区住校生由班主任与学生一起，进行“师生共读”，学校以校长的名义发“家校共读”倡议书。

五、开展阅读活动

开展阅读活动。学生读书活动：每学期开展至少一次读书主题班会，号召全体同学积极地投身到“建设书香校园”的读书活动活动中。每位学生有专一的读书笔记本，每一位学生要在语文老师的具体指导下制订科学的广泛阅读计划，并写在阅读笔记本的第一页。

班主任和语文教师要负责学生阅读书目的健康。在阅读课上，教师要教会学生掌握正确的阅读方法，并指导学生写读书笔记，学生每周至少写一篇，语文老师每周检查一次，学期最后两周进行学生读书笔记展评活动。

周末、国庆节、元旦、寒假等长假期间，鼓励学生在家读学校推荐的书，写读书体会，每学期进行一次优秀读书笔记评选活动。学校定期分年级组织学生开展有关的读书实践（社团）活动。“捐赠一本书，感念母校情”捐书活动。倡议全校师生捐一本自己读过的最喜欢的书，并留言“寄语再读者”。

教师读书活动。教师的学习应秉承“学高为师，身正为范”的原则，在全面学习、提高整体文化素养的基础上，重点学习教育名著、原著，通过学习教育经典理论，使教师登高望远，高屋建瓴，指导与反思自己的教育实践，激发教师的思维能力和对教育问题的批评性思考，努力转变思想观念、思维模式，进行教育教学创新。

要求教师读好四类书：读经典名著，增文化底蕴；读教学专著，强教学实践；读教育心理学，悟学生心理；读报纸杂志，知天下大事。教师在阅读中，以原理掌握、方法实施为基础，以专业拓展、学科纵深为发展，强调通过阅读激发老师们能持久坚守教育情怀，引发老师们可持续的思考，从而形成老师们终身阅读的良好习惯。

学校图书室每学期购买一批教育类书籍，丰富阅览室的藏书，全体教师每人每年至少读完两本，并完成读书笔记，写出读书心得。定时开放教师阅览室，鼓励教师利用课余时间进行相关教育理论的学习，鼓励教师阅读教育期刊，教研组长每月组织教师进行集体学习一次教育理论。

六、家庭亲子共读

家庭是学生课外阅读的重要支持者。我们要求家长要正确看待学生的课外阅读，不能认为课外阅读就是看闲书。同时，家长还要做到以身作则，主动带领孩子一起读课外书籍，培养孩子的读课外书的兴趣。

班主任或语文老师要求学生主动相邀家长共读完整的一本书，谈谈各自的感想。要求家长与孩子一起以文章形式完成一份亲子共读的感想和体会，内容既可以有父母的感想，也可以有孩子的感想和体会。向家长介绍积极健康的适合中学生的书籍，向学生、家长发倡议书。

七、阅读表彰奖励

评选“读书明星”和“书香班级”。表彰在阅读中表现较好与进步较快的学生，并授以“巴中中学读书明星”，同时，学校每学期还要在各年级中评选数个“书香班级”。通过评比，在校园中形成一种浓烈的读书氛围，让更多的孩子们与书籍走得更近，形成一种健康向上的阅读氛围。

开展读书结果评比活动。手抄报是培养综合能力的好办法。学校每学期组织一次各年级的学生读书手抄报比赛，把自己读到的好书、感想介绍给同学们。或手工抄写，或个人独办，或分工合作。获奖作品张贴于三校区图书馆、阅览室的长廊内，使读书、爱书的氛围更浓厚。

组织班级或年级读书会、读书节。定期推荐优秀书籍。学校将中学生必读书目张贴在学校显眼位置。教师组织“读书明星”定期向同学推荐优秀书籍，要写出内容概要、推荐理由，作为“向您推荐一本好书”向全校推出。学校定在每年9月“推普周”为学校读书活动推广周，每年4月23日（世界读书日）前后开展“读书节”活动。

风正帆悬，自当乘风破浪；任重道远，更需策马扬鞭。展望新时代，我校将以更加饱满的热情，明确新思路，谋求新发展，实现新跨越，不断提高学校的管理水平，提升学校教育质量，创办人民更加满意的教育。

国防发展创特色　德育同耕育栋梁

四川省成都市第三十六中学　任俊　鲍滢　林彧

教育是关乎民族兴衰的命脉所在，是影响国家未来的根基工程。只有在教育的土壤中深耕细作，做有特色的教育，办有意义的学校，才能切实发挥学校培养人格、孕育生命的作用。习近平总书记在十九大报告中强调“我们的国防是全民国防，要加强全民国防教育”。2019年，中共中央、国务院印发《新时代爱国主义教育实施纲要》，指出“要把青少年作为爱国主义教育的重中之重，将爱国主义精神贯穿于学校教育全过程，推动爱国主义教育进课堂、进教材、进头脑”。办好学校国防教育是新时期落实习近平总书记重要讲话精神和《国防教育法》《实施纲要》的重要举措。近年来，我校深入贯彻落实中央要求，以国防教育作为提升学校办学品质的切入点，持续加强学校国防教育，为此，学校研发了国防教育三维课程体系，多角度、多层面树立学生国防意识，增强学生国防理论素养，提升学生国防实践技能。通过多年的沉淀和努力，学校办学特色愈发鲜明，教育质量显著提升，先后获得“成都市优质特色高中项目创建学校”、“四川省国防教育基地”、“全国国防教育先进单位”，“全国国防教育特色示范学校”的荣誉称号。

一、明确国防教育目标，研发全新课程体系

国防教育是教育不可或缺的重要组成部分，是培养学生爱家爱国精神的有力途径。自2005年成为成都市第一所少年军校以来，我校国防教育已历经五个阶段。一是以国防活动提升学生综合素质。如国防“七个一”活动，即每天做一次军体操、每周上一节军体课、每月看一部军事影片、每期听一场国防讲座、每期学一首军歌、每年参加一次军训、每年评一批优秀学员。二是以特色课程形成少年军校文化。2018年课题《少年军校特色课程文化的建设》获四川省政府成果三等奖。三是以社会主义核心价值观提升学生道德素养。2019年课题《国防教育与社会主义核心价值观融合提升中学生道德素养创新实践研究》获市科研课题三等奖。四是以立德树人推进教学改革。2020年省级重点科研项目“立德树人导向下的中学思政课教学改革研究”进入成果推广阶段。五是以三维课程促进学生全面发展。2020年，在长期实践基础上，以多尔后现代主义课程理论为指导，学校探索建立了国防教育三维课程体系，即包含国防理论、国防技能、国防拓展的三大课程体系。这种国防教育三维课程采取内培外引方式，既用好校内教师资源，又整合将军、英模、军事博士等校外资源，建立一支高水平教师队伍。同时以全景式即“全程、全员、全方位、全学科、全内容、全生命周期”为理念，将爱国主义教育贯穿于三维课程始终。

这三种课程相互关联、互为依托，让学生形成爱学习、懂技能、敢实践的良好素养，不仅有利于突出学校的办学特色，提升学校的办学品质，更促进了学校国防教育理论与实践密切结合，加快了校内外国防教育资源深度整合，把学校国防教育与爱国主义教育融合推向更高层次。

二、坚守立德树人理念，凝练国防教育特色

在“立德树人”、“五育并举”的教育理念下，基于学生未来成长和核心素养的发展，我校提炼出国防教育三维课程基本理念，即“国防理论与实践相互结合，国防教育与学科教学高度融合，学生阶段性学习与未来发展相互贯通”。为了切实确保国防教育三维课程有力实施，充分发挥课程育人作用，我校确立了国防教育三维课程“以军养德、以军促智、以军强身、以军健美、以军培劳”的总目标，形成了让学生了解基本的国防教育理论知识，掌握必要的国防教育技能本领，参加丰富的国防教育拓展活动，浸润“全景式”爱国主义教育的具体路径。

课程内容体现五大特点：一是发展性。内容选择符合时代要求，利于学生多元智能开发。二是校本性。课程设置充分考虑师资优势、办学条件、校园文化。三是系统性。已形成包括校内外板块、10余门学科、40余门课程的完整体系。四是实践性。课程全面贯穿于学生的实践活动中。五是常规性。三维课程纳入课表，融入整体课程设置中。

1. 国防教育理论课程。在“国防教育与学科教学高度融合”理念指导下，秉承“以军促智”目标，在学科教学中融入国防知识，开

设军事地理、军事化学、军事心理、军事文学等国防理论课程。

2. 国防教育技能课程。在“国防理论与实践相互结合”理念指导下，秉承“以军强身，以军健美，以军培劳”目标，开发出人脸识别、战地救护、化武防护、海军旗语操、擒敌拳、匕首术、长短枪射击、舞龙狮等20余门国防技能课程。

3. 国防教育拓展课程。一是组织重大节日活动，如“八•一建军节”、“九•一八纪念日”、“全民国防教育日”、“一二•九军歌嘹亮”等活动。二是参加大型实践活动，学生先后赴北京、香港、广州、江苏、内蒙古、广西、陕西、黑龙江、云南、宁夏等地参阅、参赛。三是参观国防基地，如军事博物馆、革命烈士纪念馆、军事训练基地。四是重走长征路，组织军事夏令营。五是建立“少年军校之声”广播站。

为保证课程落地实施，学校成立国防教育品牌项目领导小组、工作小组和实施小组，设项目负责人。领导小组由4位校级领导组成，负责顶层设计。工作小组由教科室、教务处、军校办、信息中心、德育处5个行政部门组成，负责课程总体设计。此外，学校实行纵横交错的全员参与模式，由领导小组到工作小组，再到实施小组纵向推进。由国防课程教师团队向学科教师，再向全体师生横向辐射。我校还建立国防教育三维课程评价体系，将评价标准融入课程中，既提供课程教学的标准，也提供课程评价的标准。通过活动表现、摄像观察、家长访问、社会问卷等多种形式，对学生的国防理论知识水平、国防技能等进行测评，达到增强学生国防理论素养和国防意识的目的。随着国防教育三维课程全面实施，师生的成就感和荣誉感显著增强，学校教育教学质量稳步提高，国防教育品牌特色日益彰显。

三、立足教书育人阵地，助力国防教育发展

教育以提高受教育者综合素养为目标，除了要提高学生思想道德素质、学科素养、学习能力等方面以外，还要求挖掘学生特长，能够发展个性。一直以来，我校坚持“五育并举”，促进学生的全面发展。一是以军养德。数百名学生被评为省市区三好学生、优秀学生干部。二是以军促智。学生形成“敬学静思、德才兼备”的浓厚学风，在多个学科竞赛中成绩优异。三是以军强身。学生在市运会、省定向越野锦标赛和全国国防科技体育运动会中成绩显著。四是以军健美。国防美育使学生在全国少儿版画比赛，市级学生美术比赛中斩获佳绩。五是以军培劳。学生学会叠军被、升护旗、战地救护等多项劳动技能。此外，学校教师团队也在教育教学创新、特色课程开发、课题研究等方面取得优异成绩。近三年我校教师获省特级教师、正高级教师、省级优秀教师、市级优秀班主任、市级优秀教师、市级学科带头人、市级优秀青年教师等荣誉共计87人次，成立了两个区级名师工作室和一个市级优教联盟名师工作室。

如今，国防教育已成为学校一张靓丽的名片。以国防教育为特色，不仅提升了学校外在的精气神，也提升了学校内蕴的办学品位，更得到了越来越多家长和社会各界的认可。展望未来，我校会继续以国防教育三维课程为突破口，持续加强学校国防教育工作的实践和探索，为学生更深远的发展培根奠基，让更多生命绽放应有的光彩。

撬动五育并举，推进内涵发展

四川省成都市龙泉驿区柏合九年制学校　周先礼　黄玲英

教育兴则国家兴，教育强则国家强。教育是民族振兴、社会进步的重要基石，是功在当代、利在千秋的德政工程，是国之大计、党之大计。《中国教育现代化2035》提出了推进教育现代化的基本理念：更加注重以德为先、更加注重全面发展、更加注重面向人人……为此，我校立足区域五育并举教育体系的统筹规划，结合校情学情，在完善学校德育工作体系，深化课程、文化、活动、实践、管理、协同育人方面开展了诸多探索。

一、以文化为根基，构建顶层设计

我校是由始建于1903年的柏合学堂与始建于1957年的柏合中学于2003年重组新建，是我区第一所公办九年制学校，也是成都市首批义务教育阶段新优质学校。学校自2005年确定感恩教育为办学特色以来，我们立足实际，充分挖掘学生潜质，坚持感恩育人素质为先，力求通过人本管理文化浸润，实现学校特色发展，品质办学。2012年，学校通过专家引领、师生参与，架构完成学校理念文化体系，在区教育局的大力支持下，通过建设“三心四园”（三心：大爱之心、责任之心、感恩之心；四园：阳光书香校园、现代智慧校园、绿色生态校园、感恩和谐校园）进一步全方位实施感恩教育。2019年，学校在原有理念文化的基础上，完善校赋和校歌，并通过教师会、主题活动、红领巾广播站组织师生传唱学习，在感恩文化的浸入下，学校校风建设、教育质量，办学声誉等方面都收获了较好的效果。2019年，为了能进一步提升学校德育品牌，秉持“着眼学生未来，着力学生素质”的教育真谛，通过“专家引领、探索实践，总结完善”，初步提炼出了《柏合学校基于学生核心素养下的“三心+”德育体系》，并通过全力推进“三精三自”班级管理模式，全员实施感恩校本课程，全面落实家庭德育实践活动的途径来达成，推进五育并举，五育融合，不断培育和践行社会主义核心价值观，着力培养具有大爱之心、责任之心、感恩之心的新时代好少年。

二、落实立德树人，明确育人目标

2020年5月12日，龙泉驿区教育局印发了《关于落实“五育并举”推动龙泉驿教育高质量发展的实施方案（试行）》的通知，我校更加明确了“立德树人”根本任务，进而全面推进和落实德育为先，智育为重，体育为基，美育为要，劳育为本的教育教学观。同时，在原有基础上，我们以五育融合的理念为基础，再次对学校中“人”的发展定位和目标方向进行了梳理和完善，坚持面向全体学生的现在，着眼全体学生的未来，关爱每一个学生，发展每一个学生，最终形成了具有学校特色的“感恩”育人理念体系。

围绕学校“感恩”育人理念体系，在学校育人举措基础上，我们对质量内控体系进行了顶层规划，系统思考、统筹融合，体系化设计了“五育并举”质量内控体系，建立了一套基于核心素养、适合本校学生情况的学校育人目标和标准。这套育人目标和标准是严格依据国家中小学教育质量综合评价指标框架，按照：总体目标+具体指标+学生个性化发展预期的结构进行的标准构建。

总体目标，即：学校的培养目标，我们以培养具有感恩之心、责任之心、大爱之心的新时代好少年为总体目标。

具体目标，即：以品德发展水平、学业发展水平、身心发展水平、兴趣特长、劳动习惯和技能作为一级指标，然后结合我校学生特点进行二级指标和三级指标的细化，最终形成5个板块，20个方面，90条指标。

三、聚集五育并举，探索评价体系

以五育并举的育人标准为指导，探索形成年级育人评价体系。在学校育人标准的整体构建上，依据学生身心发展规律，我们利用每周班主任教研时间，开展专题研讨，积极探索，形成年级相对统一的育人评价体系。在构建年级评价体系的过程中，我们始终遵循三个“多元”的原则。一是评价指标多元。不同年段，结合校内和校外对学生设立德智体美劳不同的评价指标。二是评价主体多元。学校一直坚持评价主体多元化，构建学生自评、互评、师评、家长评组成的开放的多元评价体系，使评价更客观、更有效，评价结果更具说服力。三是评价方式多元。学校坚持量化评价和质性评价、过程性评价和结果性评价等评价方式，形成一期一次的学生综合素质评价报告。

以年级评价体系为指导，探索形成一班一制度的评价体系。在学校育人标准顶层设计的引领下，在年级的协同实施中，我们通过班科教师会、班会、家长会，开展班级专题研讨，积极探索，形成“一班一制度”的评价体系、实施细则和实施量表。值得一提的是，每个班级的评价体系和实施细则都是基于班情而形成的，并且不是一成不变的，它可以根据不同时期学生的变化和班级的发展做相应的调整。

以学生评价课为载体，促使学生评价落地生根。我校开展的学生评价课是在中学部原有的小组评价课的基础上，通过学校、年级、班级层层推进，实现了小组评价课到学生评价课的全面转型。2019年9月，小学部也正式开始常态化落实一周一节学生评价课，中学部同步跟进评价体系，完善班级实施细则，更新学生评价课。在学生评价课的全面推进和落实的过程中，学校多次召集班主任开展专题研讨，落实每日评价流程、干部培训细则、评价课流程、评价记录册更新等工作。通过不断完善，我校学生评价由原本单一的常规评价、德育评价拓展到五育评价，由原本的小组评价延伸到小组加个人的综合评价，学生每天学习和生活都涵盖其中，每周一节评价课的课时保障，规范学生行为，引导学生全面发展，更是在时间、空间上给予学生以评树德、以评增智、以评强体、以评育美、以评促劳，真正把班级还给学生，促进学生感恩有为。

同时，在学生评价课的推进和落实过程中，我校中小学班主任们课程开发能力也得到显著提升，大家不分学段、不分年级，都积极主动互听互评学生评价课，取长补短，各班根据学校五育并举育人标准，结合班级实际拟定了本班的评价制度、评价细则，突破了常规评价细则只针对日常行为为规范的局限。不仅于此，她们还善于反思和探索：通过“学习强国”APP的学习，她们发现国家有执政方针，班级为什么不可以有执行方针？于是，她们在班级确立“有法可依、有法必依、执法必严、违法必究”的十六字评价方针，要求学生严格按照方针执行，确保评价的效果。有些班主任还把足球比赛的规则跟评价相结合，把“红黄牌”的足球规则理念转化到本班评价理念中，在每周一评的基础上，增设了每天一评，采用“红黄绿牌”的方式进行评价：红牌，班长和老师使用；黄牌，分管班长使用；绿牌，人人可用。红牌直接扣分，黄牌积满两张扣分，绿牌只做提醒。实践证明，这样的类似于足球场上的“给牌儿”制度，可以很好地实现及时评价、及时反馈、及时自省，从而促进学生自我成长和全面发展，这是我校在不断探索学生多元评价机制过程中的一大亮点，也是我校以学生评价彰显五育并举、落实全面育人的创新点。

以五育融合的育人理念为基础，探索形成评价结果有效运用。学生评价结果的有效运用，可以激发学生兴趣、挖掘学生潜能，帮助学生认识自我、筑牢根基、确立自信。我们以五育融合的育人理

念为基础，通过每天学生干部加减分汇总，每周班级综合之星、感恩少年、学习标兵、运动达人、美育之星、劳动模范，优秀小组评价，每月、每期学校上述项目开展评价，真正做到以评价为导向，规范学生行为，真正引导学生全面发展。

著名作家张晓风在《当我交给你们一个孩子》里写道："今天清晨，我交给你一个欢欣诚实又颖悟的小男孩，多年以后，你将还我一个怎样的青年？"我们希望通过自己的努力，多年以后，交给社会一群具有大爱之心、责任之心、感恩之心的时代好少年。未来的目标，

需要我们汇聚满腔热情的蓬勃力量。新的征程，逐梦的帆船已经启航，我们将不忘初心、砥砺前行，在奋进中展现教育人的责任与担当！

务实耕耘，让"德"育"动"起来

四川省成都市双流区黄水小学　李春

教育的本质在于唤醒人的生命意识，启迪人的精神世界，实现人的生命价值。为深化课程改革，落实立德树人根本任务，四川省成都市双流区黄水小学秉承"生命如水　且歌且舞"的办学理念，以"动起来，遇见更好地自己"为行动指南，紧紧围绕育人目标扎实开展德育建设工作，全方面、多角度培育润泽教师、灵动宝贝、水聚家长，努力办一所生命灵动、水韵生动的现代化小学。

厘清文化和课程体系，立德育之"灵魂"

说教的德育只是纸上谈兵，最有效地德育是行动教育。黄水小学坚持通过德育活动课程化，引领孩子通过道德行动去内化道德认知，倡导"行动德育"，引导知行合一，让他们习得良好品格和养成良好习惯。这也正好契合"动起来，遇见更好地自己"的学校文化。

为此，学校根据《中小学德育工作指南》，结合学校文化体系，聚焦立德树人根本任务，通过校内教师讨论和专家指导的方式，细化德育课程内容和途径，构建了具有黄水小学特质的"三阶五灵"德育课程体系，为孩子健康成长助力，为孩子终身发展奠基。

加强环境氛围建设，拓德育之"路径"

环境虽然无言，但是其特性却无时无刻不在向人的潜意识渗透，从而影响人的发展和品格。黄水小学充分发挥环境育人的功能，按照"榜样力量、品格渗透、多彩童年、规则提醒"等系列主题，有规划地逐步完善学校德育环境，努力创设儿童喜欢、向往的校园环境，努力让校园成为一本立体、多彩的教科书。

黄水小学在校园环境建设上大做文章，教室内外、楼道走廊、"星光大道"、五艺展台、作品长廊、各种功能室外……学校正努力做到"每一个角落、每一面墙都和孩子们进行品德对话"，引导和激发孩子们正确的道德行为。

构健全员德育共同体，固德育之"抓手"

人人都是德育工作者，每一个和教育相关的参与者都应进入到育人这个大队伍中。黄水小学通过专家引领、集中研讨、专题活动、定期交流、经验分享等形式，抓好教师、班主任、辅导员队伍建设，甚至把保安、清洁工、食堂工作人员、家长全部纳入学校德育工作队伍，努力做到全员德育、全域德育、全时空德育。比如，学校紧扣德育目标设置教师德育课程，重点针对班主任、辅导员的引领、培育以及专业能力提升扎实推进，这也是学校教师专业发展阶梯课程的一部分。

全员德育表达的是人人做德育、时时做德育、事事有德育。黄水小学始终不渝地把立德树人作为整个教育过程中最重要的工作，让德育之花在校园竞相绽放。

务实创新多元课程，扬德育之"特色"

在"动起来"的行动理念下，黄水小学坚持走"常规务实、实践创新"的德育工作思路，扎实有效推进学校德育活动课程，让学校成为孩子健康成长的沃土。

以品为先，培养学生必备品格。学校将24个品格主题与育人目标进行整合和对接，校本化实施，确定了以"专注、有序、责任、友善、创意、主动"为重点培养主题，并借助品格教材，通过班会课、品格教育活动、家庭延伸等手段，全方位培养学生的良好品格。几年来，孩子的习惯、品格、素养得到了极大地提升，学校被评为成都市品格教育示范学校。

习惯入手，帮助学生适应学校。为让一年级新生更好地实现从幼儿园到小学的角色转变，适应从全科教育到学科教育的过渡，更快适应小学的学习生活，学校把以前的新生教育活动改变为始学课程来实施，通过"美丽校园我的家"、"我爱劳动我光荣"、"我的班级我爱它"、"专注学习我能行"、"学科适应我可以"五个不同的主题课程，为孩子的小学学习生活打下了良好的基础。实施几年来，学校不断规范和更新始学课程内容，收到了非常显著的效果，每年新生都能更快地适应学校生活和班级学习，特别是课堂学习习惯一年更比一年好。

节日为媒，丰富学生德育生活。在构建德育课程的过程中，学校将"体育、艺术、科技、国际理解、读书"五个校本节日与"端午节、植树节、立春"等传统节日相结合，构建了"5+X"学校节日课程体系，序列化推进学校德育活动，不断激励孩子"动起来，遇见更好地自己"。例如：每年4月、11月的校园体育节；每年5月、12月的校园艺术节；每年3月校园科技节；4月一年一度的读书节；12月国际理解节。

仪式为点，帮助学生拔节成长。必要的教育仪式在孩子成长中能起到拔节的作用。学校的每周升旗仪式、开学典礼"走红毯"仪式、一年级"走入学门"仪式、二年级入队仪式、中段10岁生日庆典仪式、高段毕业典礼等都是针对孩子成长的重要时刻，为他们提供的具有重要纪念意义的德育课程内容，引领孩子们热爱校园生活，激发学习热情，记录成长印记，引导理想信念，助力拔节成长。

服务为要，增强学生责任意识。近年来，为实现"负责任有爱心"的育人目标，学校按照"人人有岗位，个个有事做"的原则，把涉及学生服务他人、班级、校园、社区的内容整合起来，开展学校红领巾服务课程，极大提升了孩子们的责任意识和实践能力。低段主要集中为班级服务内容，包括班级常务工作、班级小干部任务、班级卫生、种植园管理等；中高段则拓展到每天校门口的迎送检查、"小手拉大手"班级联谊服务、全校漂流图书管理、午餐管理岗位、大型活动志愿者服务、社区服务等内容。

劳动为基，提升学生生活技能。学校从2019年1月开辟了"红领巾种植园"，开启了农事课程。课程实施分为准备阶段：包含区域划分及种植内容规划、聘请家长课程指导员；种植阶段：包含改善土壤、播种、管理分工、日常管理等；收获阶段：不仅收获了各种蔬菜瓜果，也收获了孩子们的快乐成长；评比阶段：根据各班开展农事课程的实际情况，评选出"农事课程实施"先进班级和"种植小能手"。特别是，收获后在校外售卖的过程、秋季的采摘节是孩子们最有成功感、幸福感的时刻。

创新为要，培养学生创新意识。针对"乐学习有创意"的育人目标，学校突出"创新"二字，开设了"五艺"德育校本课程，深受孩子们的喜爱。"食艺"，让孩子们在研究中华美食、制作美食的过程中提高生活技能；"布艺"，让孩子们在设计、制作、创意作品的过程中提升孩子专注力、动手能力；"陶艺"和"纸艺"，让孩子们在用纸张、泥土绘制心中美好的事物，传承我国优秀民族文化的过程中，增强民族自信，培养家国情怀；"综合材料创新艺术"，让孩子们在利用各种废旧材料合理创造艺术作品的过程中，激发无限创意，催生环保意识。

完善德育评价体系，导德育之"航向"

评价是教育教学的指挥棒。依据教育部综合素质评价改革实施意见，黄水小学结合文化体系和育人目标，从"化·智慧"、"微·习惯"、"达·他人"三个方面实施评价，基本实现了每天作业即时评、课堂表现坚持评、活动参与累计评、品格养成发展评、实践创新增值评，促进了学生道德素养的发展。

学校多层次、多角度、全覆盖的将素养与能力化为训练点，落实在学生学习生活中，对孩子发展水平进行客观评价。"化·智慧"，指向于学科学习、核心能力以及乐学习有创意的育人目标；"微·习惯"，针对个人修养、各种习惯，以及健身心有自信的育人目标；"达·他人"，指对他人、集体、社会表达的良好品格，以及负责任有爱心的育人目标。

此外，学校还以"动能加油站"（评价超市正在筹备建设中）为平台，用"动能币（水滴币）"作为评价手段，记录学生成长的轨迹，并在开学典礼"走红毯"仪式中表彰，从而激发和引导孩子们努力"点亮"自己，成为"五灵宝贝"（灵动、灵气、灵佳、灵慧、灵巧）、微习惯达人、达他人使者。

充分调动家长资源，增德育之"力量"

家庭教育既是学校教育的基础，又是学校教育的延续与升华。近年来，黄水小学针对农村家长家庭教育意识普遍不高、能力普遍偏低甚至不重视的情况，以"动起来，在陪伴中遇见更好地自己"为课程理念，重点强调"关注、陪伴"两个关键词，构建了包含"家庭教育、家长讲堂、家校共见、家长素养"四个方面内容的"水聚"家长课程体系，使家长这支队伍由教育的"旁观者"变成培养学生的"同盟军"，化"参观者"为"参与者"。

学校通过微信推送、专家讲座、校长讲堂等方式，提高家长家庭教育意识；通过育子经验分享、种植课程指导员等方式，整合家长资源，搭建家长之家的交流学习平台；通过家长开放日、仪式典礼、课程展示等渠道，与家长共同见证孩子的成长；通过开展亲子阅读、亲子锻炼等活动，促进家长素养的提升。每期根据以上四个方面情况，开展家长自己评、学生评家长、教师评家长的三种方式，评价出"四好家长"。

以"动"育"灵"，务实耕耘，成果丰硕。在全校师生和家长的共同努力中，教师爱生敬业、乐于研究，孩子灵动向上、生长快乐，家长积极配合、和谐共生，学校教育质量不断攀升，形象、美誉度逐年向好。这一切都在展现着黄水小学实施行动德育、践行"动起来"的行动理念的丰硕成果。

七彩课程，助力学生快乐成长

四川省达州市开江县实验小学　郝朝庄　杨梅

课程是学校的"心脏"，是学校育人的"蓝图"。课程改革是落实学生发展核心素养的一个重要措施，我校始建于1909年，是四川省首批建成的重点小学。学校目前占地面积85.64亩，在校学生3800余人，专任教师199人。在"发展终身教育，奠基阳光人生"办学理念的指导下，我校以课程改革为突破口，将国家课程、地方课程、校本课程进行内化和融合，突出"阳光教育"校园文化核心，以"爱"为基点，把"课"作为施教空间、用"程"去拓展，形成了"七彩特色课程群"，构建了"多彩绽放"课程体系，让孩子在七彩课程中快乐成长。

一、统摄课程改革，构建完善体系

我校将七彩特色课程的建设融入学校文化环境、课程建设、课堂教学及综合实践活动之中，七彩元素伴随着每个学子的学习成长。

健全机构，提升课程领导力。为了保证学校七彩特色课程正常有序开设，我们成立了七彩特色课程开发领导小组和特色课程开发小组。制订了《七彩特色课程实施方案》，包括课程定位、设置依据、指导思想、课程目标、课程开发原则、课程结构与内容、课程评价等内容。

同时学校大力加强教师队伍建设，以名师工作室建设发展规划为推进蓝图，积极培育高素质的卓越教师。目前，学校共有"智•趣"语文名师研修室、毛海勇美术名师工作室、张小艳音乐名师工作室，各名师工作室关注课堂，聚焦课堂，研究课堂，推动课堂教学研究高位运行，极大地丰富了课堂教学形态。

凝练理论，强化课程指导力。学校在"解读课标，通览教材，梳理脉络"的过程中，发现教材背后预留了不少课程提升的空间，以此为起点，基于教材，高于教材，设计满足不同学习层次的学生需求。

首先设定学校课程发展总目标。以学校原有的文化积淀为基础，通过实践研究，完善阶梯式课程系列，逐步形成特色课程体系。其次制定各学科课程发展具体目标。在学校整体发展目标的基础上，紧密结合学校课程愿景，制定出各学科课程发展的具体目标。最后设定学科课程发展分目标。挖掘学科特色，挖掘学科内容新的"生长点"，分学科按年段设计课程分目标。

策略实施，保障课程执行力。学校坚持：国家课程校本化、地方课程综合化、校本课程特色化的原则，拓展出七彩特色课程，即：红色家国课程、橙色尚美课程、黄色习惯课程、绿色健体课程、青色实践课程、蓝色创新课程、紫色艺术课程。

以社团的形式呈现，根据七彩特色课程打造四大核心社团：合唱、舞蹈、科创、课本剧；积极培育其他社团如：国学社、礼仪社、葫芦丝社、书法社、国画社、快乐英语社、篮球社、乒乓球社等，让我们的学生得到多元个性的发展。

学生可根据自己的兴趣爱好、意愿和学习状况在家长与教师的共同指导下填写申请表选报一项特长，学校根据学生报名情况，打破班际界限组团。

二、多维评价方式，激发学生潜能

学校从两个层面对七彩特色课程进行评价。

教师评价：教师实施七彩特色课程，要求有纲要、有计划、有教案、有考勤、有成果。通过社团成员评价得分、家长评价得分、学校评价得分、特色成果得分对教师考核，记入教师业务档案。

学生评价：学期末，将对学生所申报的特长学习及发展情况予以考核，并将该成绩纳入学生的综合评价里面，记入学生个人成长档案。

三、七彩课程成效，凸现育人特色

通过七彩特色课程的开发和实施，学校的育人特色更为突出，教师的专业水平明显提高，学生的求知欲望更加强烈，激活了学校发展的全局。

促进了学生特长的发展。2019学年度实小学子在省级竞赛中共荣获26个奖项，市级竞赛42个奖项，县级竞赛69个奖项。舞蹈《蹄声飞扬》节目曾荣登全国少儿春晚并获得金奖。《遥远的爸爸妈妈》应邀赴韩国演出，荣获金奖，学校荣获"中韩建交20周年大型交流活动优秀团队"称号。课本剧《武松打虎》荣获全国电教成果一等奖，朗诵《春》荣获四川省第九届中小学学生艺术节展演一等奖；合唱《麻雀闹林》《耍秋》荣获二等奖。小主持人黄一桁、李卓航等同学的作品在四川省第十五届校园影视教育成果展示中荣获二等奖。

促进了教师专业的发展。通过七彩特色课程的开发，实小涌现出了一大批个性化教师和创新性教学成果。2019学年度老师们在语文、数学、音乐、美术、计算机等学科的省市县展评活动中共计荣获12个一等奖、8个二等奖。2020年10月，参加省校园影视成果展，荣获4个一等奖，10个二等奖，10个三等奖，3个优秀奖。近年来共培养出：四川省特级教师1人，省骨干教师3人，市学科带头人16人、市骨干教师43名，开江县名优教师19人。2020年课题《小学生多元化体验式劳动教育的路径及策略》《小学儿童诗创作"三步学习策略"的方法研究》成功申报为省、市级课题。

凸现了学校的办学特色。近年来，我校先后获得"全国依法治校示范学校"、"全国语言文字示范学校"等国家级荣誉，获得"四川省艺术特色示范学校"、"四川省阳光体育工作示范学校"、"四川省校园影视特色学校"等省级荣誉十余项，获得市级荣誉二十余项。

灯火阑珊回望眼，处处春华秋实。目前我校的七彩特色课程成效斐然，硕果累累。但是我们不能停止前进的步伐，课程建设是学校内涵发展的灵魂和方向，是师生核心素养的不竭动力，今后，我们将继续探索课程改革新的方法，拓展新的思维，寻找新的路子，向着更高的追求而前进……

科研之光点亮教育梦想

四川省达州市通川区第一小学江湾城学校　冉东

"不搞教育科研的教师是没有前途的教师，不重视教育科研的学校，是没有希望的学校！在改革创新的教育大潮中，如果停留在传统的刀耕火种上，教师只能是个'教书匠'，学校也只能走向平庸！"

——国务院政府津贴专家、省王仕斌名校长鼎兴工作室领衔人王仕斌。

"教科研"对一所学校而言，是一种意识，是一种氛围，更是一种素养。这种素养的形成需要植根于一线工作的实际，在发现问题、解决问题的过程中逐步沉淀。这个过程的日积月累，就会促进师生、学校变得向上、向好。

一、谈教育随笔写作

写教育随笔是教师进行"心灵漫步"的一种极好的方式与路径。那么，什么是"随笔"呢？我们来看一本词典的释义：随笔是散文的一种，没有华丽的辞藻、严密的结构。形式可以不受体裁的限制，灵活多样，不拘一格，可以观景抒情，可以睹物谈看法，可以读书谈感想；可以一事一议，也可以对同类事进行综合议论。对此，我基本赞成。不过，我以为，它不必有却"可以有"华丽的辞藻，不必有却"可以有"看似随意实则严密的结构。在辞藻及结构两方面，应该没有什么理由完全拒绝华丽、严密，否则随笔之"随"反而会受到另一些不应有的拘束和限制。

基于此，我给"教育随笔"下了一个粗线条的定义：用散文的形式表达作者（关于）教育之经历、理解、情怀、胸襟、抱负等的一种文体。它往往较为短小精悍，较为自由舒展，也较为飘逸灵动。教师写教育随笔，是在"炼眼"——锤炼自身发现问题的能力；是在"炼"笔——锤炼自身表达思想的能力；也是在"炼意"——锤炼与提升自己的教育思想、教育情操、教育抱负。很难想象，一个经常写教育随笔的人，却对教育本身绝无理想、了无感情和毫无识见。也可以肯定，在其他条件大致相同的情况下，写或不写教育随笔，个人的教育境界一定会有较大的差异。

根据教育随笔所采用的主要的、具体的表达方式，我把它大致分为三种类型，即叙事随笔、事理随笔、论理随笔。论理随笔专擅议论笔法，更多的是理性的笔调、理性的内容、教育哲理的思想，如肖川先生的代表作《教育的理想与信念》。显见，它的写作手法是我们一般一线教师难以掌握的。

我个人写作与发表的几十篇教育随笔中也较少有纯粹论理的。所以我在这里只和大家谈谈前面两者。

叙事随笔：值得回味的教育生活。这是我对教育叙事随笔内在特质以及外在表现形式等的一种概括和揭示。

叙事随笔所叙之事应该是教师值得回味的生活。如果没有这样的生活却偏要去叙，那就是"硬写"（鲁迅语），是杜撰，是矫揉造作。另外，拥有如此生活的教师，也未必每一时段、每一件事乃至每一个细节都值得、都必须、都能够去叙述，他理应从总体上值得过的生活中优选一些尤其值得回味的片段、值得做的事情、值得把玩的细节加以叙写。

叙事随笔不只是对事情的叙述，也是一个转到事情的背后——对自我进行琢磨、反思和研究的过程。因此，它有一定的叙事研究的味道或性质。叙事研究是这些年来非常时尚、极具生命力的一种研究方法。

事理随笔：在平淡凡俗处看到风景。在叙事随笔中，我们赋予了有关教育的事物、事件以意义，这些意义可以通过夹叙夹议表现出来，也可以如盐溶于水，看不见却品得出。

但我也主张一线教师再向前跨出一步，写一写就事论理的教育随笔——事理随笔。它是指由某一个（些）教育事实生发开去，进行适度理性抽象、概括、提炼和升华，具有较强论理色彩或有一定理论价值的随笔。在这里，事实、事件不是主体内容，而只是诱因，是媒介，是基础。“理”才是写作的追求所在，也是最耗笔墨的部分。我们不能孤立地说，叙事随笔、事理随笔哪个更有意义，更具价值，但在目前教师普遍长于经验叙述而短于理性思考的现实面前，如能有更多人涉笔于后者，那么无论对提高个人的教育理解，还是对提升群体的教育品质都大有裨益。

如果说叙事随笔更多的是带着你回望来路，细细欣赏、品味一路上曾经被你忽略的风景，那么事理随笔除了兼有这些作用之外，更多的是让你在一路回望之后坐下小憩。静心去咀嚼、盘点、提升内在的收获、感受，进而让你的心灵变得更细、更加富、更有内蕴。它取之于事、品之于心，形之于行。我想。一个真正用心去写并且能写好事理随笔的教师，他的教育行为方式理应也能变得更为细腻、更加丰富和更有内蕴，他的教育生命理应能得到更为茁壮有力的拔节。

二、谈微型课题研究

微型课题是当前广大中小学教师开展研究的一种普适而又十分有效地途径和载体。它已成为广大教师自觉而不自觉地共同选择、共同行走的一条专业成长路径。

老子在《道德经》中说：“九层之台，起于垒土；千里之行，始于足下。”一是微型课题以自己为对象，为自己而研究；二是微型课题以行动为引领，为行动而研究；三是微型课题以经历为载体，为经历而研究；四是微型课题以表达为需要，为表达而研究。虽然微型课题开口小，仅能触及新课程的某一点，乃至教学过程中的某个细节，但这丝毫不影它的价值，因为它是在完成量的囤积。这是教师所需要的并能便捷操持的教育研究。

微型课题是教师为解决一个具体的、较为微观的现实问题而建构和确立的“具体而微”（具有一般课题大致体式而相对较小）的研究课题。它往往会用到常规课题研究中常用的一些研究方法，又相对简单，不追求方法自身的严密性。它与实践操作或行为改进紧密互动，又有机融合，更注重过程本身。它不强调研究的学术性、规范性，较为自由，是一种平民化或草根化的研究样式，未必需要学校行政或教科研机构的认定，倡导自主、自立、自为、自用。它服务于教育实践者的日常工作，又在实践反思、经验积累中养成理性智慧，以此指导和改进研究者将来的工作。

研究者完全可以有不同的套路和风格，但也要蕴含、体现或符合某些特性与内在特质。在研究推进的过程中，我们也发现了一些问题：尽管取得了一些成果，甚至已结题，却有着明显的认识或行为上误区。因此，我们有必要对微型课题的特质进行辨明和厘清。

三、谈规划课题研究

俗话说，“题好一半文”，它极言题目的重要性。是的，无论是写随笔，还是做课题，都要在选题、拟题上花大心血，下大气力。就课题研究而言，这一番心血、气力尽管不抵半文，作用仍很大，能决定全局：题选得好，未必能做出好课题；但题选得不好，则全盘皆输。

如果把全国、省级或市级规划课题研究视为一项工程，那么选题则兼有谋划全局、夯筑地基、建立框架、预设走向等作用。

选题好不好，不能孤立地、抽象地去说去评，而要把它与研究者自身的条件结合起来考量。基于此，可遵循以下三原则。一是“实际”，即要从学校及个人的实际出发，以实为本，要弄清“我”现在在哪里；二是“需求”，即要从教育教学的需要出发，以需为本，弄清“我”要到哪里去；三是“能力”，即要从自身的能力出发，以能为本，要弄清“我”能到哪里去。

申报文本呈现的是研究的核心内容，开题报告则是更具体细致的安排。各地规划课题申报文本有其固定格式，它们大同小异，而主要“构件”都不会少，如核心概念界定、同一或相关问题研究现状、理论假设、研究目标、主要研究内容、研究方法与思路、研究进程安排、成果预期及保障条件等。

对课题研究的价值，必须科学把握和精准定位。这里所谓“价值”是广义的，除了包括狭义所指，还涉及研究现状、研究目标、拟创新点等，它们都与“价值”紧密相关，或者说是“价值”的另一种表达。以研究现状为例，厘清它就等于弄清“价值”的生长点以及将来“增值”的空间。由此自然可以“折射”出研究价值的大小。

当下，我们很多一线教师理论素养较低，亟须提高，否则不仅本职工作难以做好，更不能很好地投入课题研究。因为，从某种意义上说，课题是理论的“孵化器”，其研究旨在“生产理论”。我以为，规划课题是一所“教师发展学校”，我们无妨利用它的“任务驱动”，“恶补”理论之不足，这既利于当下的研究，也功在长远的发展。

我就经常建议我们的一线研究者要多向专家请教，这常常最有助于破解“迷局”，厘清方向。平时多做积累，最好能对学到的各种理论进行分门别类的摘录、整理，并有意识地建构诸种理论之间的关联，使其在自我的思维世界里实现组织化、结构化。找准、锁定若干关键词，围绕它们进行专题阅读，同时搜集网上各种相关资料、信息。仅仅使用一般的搜索引擎还不够，建议借助“中国知网”等专业学术网站。总之，厚积才能薄发，课题研究应该有一个由厚返薄、由薄向厚的螺旋式上升过程，这也往往是教师专业拔节最为强劲之时。

这几年，我们江湾城学校尝试着进行“道德银行”建设的实践研究。所谓“道德银行”，其实是一种学生德行评价体系。学生做了好事，就把它记录下来，并奖励一定面值的江湾币。随着好事增多，江湾币也越来越多，学生就把江湾币存入“道德银行”并产生利息，需要时再取出，兑换奖品或要求老师、家长满足他们的一些小愿望。

几年来，我们在实践中也生成了一些“理论”：一是适度奖赏(理论)。奖赏过多、太滥，容易引发学生“奖赏疲劳”，进而导致其价值观偏误。奖赏必须适度，不适度的奖赏或许和没有奖赏一样，甚至比没有奖赏更坏，不利于学生成长。二是“负值预警”(理论)。在德行量化中得到的江湾币，可以换来各种各样的好处，所以一些“悟性”高的学生就想方设法获得江湾币，使品德修养由内在的精神追求变成外在的利益博取。学生出于对“好处”的追求而产生的“良行善举”，值得怀疑，我们必须对其可能导致的负面价值有所“预警”。三是愿望迁移(理论)。学生做好事，期望得到老师的奖赏，这种愿望如果不过分、不极端，可以理解并予以适当支持。但即便如此，我们还是要引导他们，使其早一点儿迁移开去，迁移到诸如做好事觉得快乐、幸福的感受之中，而不仅仅是获取江湾币兑换奖品或满足心愿。四是“信”、“誉”对称(理论)。它包括两层意思：一是学生在做好事

时的表现与教师给予他的评价要大致对称。一般情况下，不必夸张。二是要重视对学生在做好事过程中所表现出来的诚信品质的考量，告诫他们不要弄虚作假，不要为善而善……可见，形成和发展“理论”，其意义不只在于认识水平的提高、理性自觉的丰富，更在于行动方向的校正、实践价值的升华。

无奋斗，不青春。无科研，妄为师。让教育随笔在我们手中恣意绽放，让微型课题在我们心中蓬勃生长，让常态科研精神融入我们的教育教学实际，一同去感受教育科研的诗意与美好。

为教师人生增色，为学生幸福奠基

四川省大邑县职业高级中学　余治平

苏霍姆林斯基说：“理想的教育是：培养真正的人，让每一个从自己手里培养出来的人都能幸福地度过一生。这就是教育应该追求的恒久性、终极性价值。”近年来，我校紧紧围绕大邑县“十三五”产业规划产业转型升级，以“幸福都是奋斗出来的”为价值观，以“修业为幸、积善成福”为办学理念，以职业教育体系立交桥化、专业发展产业化、德育内涵特色化、社会服务中心化为办学目标，建构幸福职业教育“1128”理念系统。培养高尚情怀、强健体魄、尚善品格、精专技能的智能制造高端复合型技能人才和高端服务的实践者。

我校建于1952年，学校占地150余亩，系国家教育部1991年首批认定的省级重点职业高中，2011年1月，被国家教育部评为国家级重点职业学校，2012年12月被评为“四川省内务管理示范学校”，2014年5月被评为“全国教育改革创新示范校”，2015年11月被评为“成都市高技能人才培训基地”。还获得“省级文明单位”、“园林式单位”、“爱国卫生红旗单位”等荣誉称号。

一、德育立校，筑牢发展之魂

我校建立了领导班子思想政治工作、党政领导干部法治工作、“依法治校”常态化阵地建设工作、领导班子意识形态工作、党建工作区市)县及以上依法治校示范校建设等五项工作措施。将“修身善德”与现代职教工匠精神契合，结合学校的办学实际，提出幸福职业教育为学校办学特色。形成由物质幸福与精神幸福、个人幸福与社会幸福、幸福的目标和幸福的手段三统一所组成的幸福观。围绕教师队伍理想信念教育、课程育人、教师思想政治工作、学生思想政治教育、意识形态工作等重点环节，建立一支专业的教师队伍管理团队。发展“老带新、传帮带”，实现全程育人、全方位育人。让青年在学校职业教育教学工程中生动地实践中国梦，放飞青春梦想，在为人民利益的不懈奋斗中书写人生华章。

学校将忠、仁、义精神融入职高人的血脉，忠、仁、义是现代职教人所具备匠心精神的内在涵养，是积善的过程，学会做人，体现教育根本任务立德树人；智、勇、严是现代职教人所具备匠心精神的外在特质，修业的成果。学会做事，体现职业教育的职业面向。对学生而言，幸福是做健康快乐有为的职业人；对教师而言，幸福是做有觉有为有荣的教育人；对学校而言，幸福是树人育技服务社会的职教园。

积微成善、玉汝于成。从微小的事务经历积累，改变和指导学生逐步建立良好的思想道德修养，发展正能力，成为真正的职业英才。学校创建了“5育并进、活动育人的德育心理健康教育”新理念，建立了完善的德育课程体系：和谐心理课程、阳光体育运动、快乐社团、幸福力创业、创新活动节。建立了功能齐备、设施完善的心理健康辅导中心。

学校建立了“1+1+1智慧教师培育计划”，培育班主任向“专业心理辅导型班主任”转型。将德育活动、心理健康辅导、电影与人生发展、非遗文化传承与保护、日常行为规范、创业社团活动与学生发展结合，

建立渗透型德育教育。将学生的心理健康、艺术鉴赏、社会责任感、创新创业精神、实践能力与职业核心素养、心理学、哲学思考等有机融合，实施德育特色课程建设与活动育人特色项目建设发展 HWAC 职业教育特色品牌。以“校园社会中心化”为理念，以服务大邑县各类产业基地、开发区为载体，建设对外服务平台等教育平台。

二、质量优校，为幸福添活力

学校以奋斗基石为精神文化中心，以“传承、奋进、励志”三大文化主题，围绕“修业大道”与“尚善绿道”两条主要通道，建设“幸福广场”、“子龙广场”、“修业广场”等8个子文化主题园区，并建立学校文化展示厅、幸福大讲堂、工业文化展示厅三个文化教育功能厅。通过向全校师生有奖征集和会议大讨论，将学校“幸福职教”理念体现在全校功能室和建筑命名上，如教学楼：明德楼；实训楼：修业楼；培训大楼：精技楼等；各个功能处室：突出处室的职能和服务功能。

构建教学专业群体产教融合校企联动：我校以“聚焦人才、产教融合、校企联动”为指导思想，深刻理解成都市“西控”政策，围绕绿色经济产业中制造业升级和文旅产业发展，通过职业面向、行业发展趋势调研，将原八个专业整合为两大专业群，由机械加工（含数控加工技术）、计算机专业、电子与信息技术专业、汽车专业构成先进制造生产性服务专业群，服务“成都造”；由高星级饭店运营与管理专业、学前教育专业、中餐烹饪专业、服装制作与营销专业构成文旅服务专业群，服务“成都游”。实施专业融合：机械与电子专业转向机电一体化、结合中职生“后就业”趋势，修改人培方案，调整教学计划和课程设置，与北京数码大方合作，依托学校二产基地，建成智能装备制造公共实训基地；汽车新设新能源维保方向，建立新能源汽车维保人培方案，搭建课程体系，建立新能源汽车实训室。三级师资培养体系保障了专业调整。建设“讲师、工程师、培训师”、“三师型”教师队伍，搭建名师领航班、未来名师班、青年教师班形成三级师资梯度培养体系。成立成都市技能大师工作室1个，大邑名师3位，县学科带头人2人，成都市双师型教师8人。科研和竞赛促进专业发展：组织教师进行教学科研，派出师生参加各级各类竞赛，促进专业积极发展。完成市级课题1个、省级课题子课题1项，近三年，师生竞赛获得国家、省、市级技能竞赛奖项共计300余项。

社会服务中心为抓手整合资源。整合教育局和人社局的教师和管理岗编制，配足配齐职能处室人员。同时，将教育、人社、质监、安监等培训资源整合到学校。对接需求建基地，建立青霞分水社区、安仁古镇、东部新城等培训基地。

三、文化强校，培育职业英才

学校结合历史文脉、工匠精神与学校教育发展实际，展开了多层次、多维度的讨论，确立了幸福职业教育“1128”文化理念系统。以“幸福都是奋斗出来的”引领为一个价值观；以“修业为幸、积善成福”为一个的办学理念；以“学校办学目标和人才目标”为中心的两个工作目标；展开8条建设路径。多渠道、多形式、全方位地搭建中高职一体化立交桥。搭建“3+2”、“3+3”中高职一体化办学平台。分别与绵阳职业技术学院和成都农业科技职业技术学院签订了“3+2”五年一贯制招生培养的合作协议，合作的专业有：数控加工技术、电子信息技术。与四川职业技术学院开展“3+3”中高职一体化培养的合作试点，合作的专业有：学前教育专业和汽车运用与维修。搭建职教单招、对口高考的优质生源输送平台。与“北斗卫星及国产基础软件应用人才培养联盟”发起的学校电子科技大学继续教育学院合作招收企业英才定制班，打造“中职 + 电子科技大学继教本科”的办学模式。学生完成职高学习后，全部进入电子科技大学继续教育学院脱产学习4年，到企业开展1年的实训。2018年9月开始招生培养。积极对接区域发展产业，与中航国铁教育集团、成都智远教育咨询有限公司、四川加勒比远航企业管理有限公司合作共建专业，共享教学。

构建阳光体育、和谐心理、自信展示、快乐社团、奋发创业、法治教育六大幸福课程，形成和谐幸福的德育教育体系，推进“五育并举”。依托“成都阳光体育示范校”，建立专业心理咨询队伍，将心理教育纳入教学计划，形成课程，进入课堂，设置心理咨询常态化、个性化心理辅导、特需跟踪服务、心理社团4种心理健康教育教学活动。开展心理咨询与教育教学课程体系研究，完成多项课题研究。将和谐心理健康教育向学校外辐射，与大邑电视台合作录制系列家长课堂，多次承办成都市心理健康教育教研活动，应政府、工业区邀请多次为企业、社区、监狱提供心理援助。在今年防疫工作中对隔离人员开展线上心理疏导，取得了明显的效果。

为紧密配合成都市、大邑县经济发展方式转变，我校主动适应产业结构调整升级的需要，抓住成都市特色职业院校建设契机，坚持立德树人为根本，以服务发展为宗旨，以促进就业为导向，充分挖掘大邑地方文化和学校文化内涵。开展学校大转型，坚持产教融合校企合作，积极推行现代化学徒制培养路径。深度融入了当地社会经济建设和服务。先后邀请近4000余人参加学校活动，扩大了幸福职教品牌的影响，并列为大邑县2020年十大教育品牌工作之一，学校搭建的纸媒体、自媒体、流媒体、直播等多样化“幸福职教”宣传平台，取得了招生旺、出口畅的两大品牌效应。2019年，实现实际招生人数与两年同期相比，上升30%，升学人数达96.4%，专业就业对口率达95%。

沐时代风雨，育职教英才。今后，我校将继续围绕“幸福职业教育”体系的主旋律，进一步挖掘学校文化内涵，对接产业，优化专业布局，传承和发扬学校办学的亮点和特色，增强各条路径的建设。修业为幸，积善成福。沿着教育新高地，我们正一路前行……

航空科普，启航少年中国梦

四川省都江堰市玉堂小学　李群辉

航空科普教育不仅是知识的传达、趣味的体验、人生发展方向的探索，更是国家发展航空产业的重要步骤。它无论对成年人还是青少年，航空既神秘又充满魅力。航空科普教育是利用科学的、有效地教材教具，简单、有趣的方式让青少年了解基础的航空知识，如飞机构造、飞行原理、空气力学等。航空科普教育，更是集爱国主义教育 、国防教育 、科技创新、体育竞技等于一体的教育活动。

建设航空科普特色课程是对党中央关于“创新创造”的积极响应，是全面贯彻全国教育大会精神，培养德、智、体、美、劳全面发展的社会主义建设者和接班人的重要途径，是基础教育不可缺少的重要组成部分，是全面实施素质教育的具体实践，是提高学生创新素质的有效手段。《中国教育改革和发展纲要》指出：“中小学要由‘应试教育’转向全面提高国民素质的轨道……办出各自的特色。”办学有特色，学生有特长是推进素质教育的必然选择，是时代的呼唤。创建航空科普教育特色也是都江堰市教育局“一校一品”的发展要求。

一、打造航空科普文化环境

航空特色校园文化环境的打造，营造怡情育心的航空科普文化场景和空间，是航空科普特色课程不可或缺的部分。

我校根据“全国航空特色学校”的要求、在中国航空学会、四川航空宇航协会、成飞公司、成都飞机设计研究所的指导和帮助下，打造了具有丰富航空元素的航空教育环境，使学校的办学方向、办学思想物化出来，让“航空科普”全时空化，环境育人。

现已建成了体现学校办学理念和办学特色的求真理念墙、航空科普厅、航空书吧、智慧书角、航空文化走廊、航空广场。中国航空出版社捐赠了一千余册航空科普书籍，摆放在航空书吧，供学生随时取阅，丰富知识，开阔视野。走廊、楼道陈列着十大航空名人故事、航空英雄事迹画框，还张贴着飞机的构造、飞行的原理、学生创作的科学绘画作品等，走进学校，就能感受到浓厚的航空科普文化氛围。身处其间，必然受到熏陶和鼓励。

学校还专门配置了航模制作室、航空科普活动室，航空科普教育活动有了专门的场所。

此外，我校正在遴选部分班级为航空科普特色班，对这些班的教室进行航空文化布置，让孩子们在教室里就能感受浓厚的航空氛围。

二、构建航空科普课程体系

我校的航空科普特色课程体系，初步包括学科融合课程、航空文化课程、航空科普实践课程。

学科融合课程。各学科结合学科本身的特点和要求，将航空科普特色课程与国家课程整合。文学航空：语文学科利用学生参加的各种航空科普活动，描述活动的过程，抒发自己的情感，引发思考和感悟，确立理想信念等；数字航空：数学学科通过查阅资料，了解不同种类的飞机的参数，建立直观的印象，对比它们的大小，在大脑中确立前后左右等方位，建构长度、宽度、高度等尺寸概念，研究它们的造型，了解什么是对称，物体的多种形状，把数学和航空、飞机等直观的物体结合起来，体现数学在生活中的应用；礼仪航空：道德与生活（法制）学科要选择合适的方式让学生了解文明乘坐飞机的有关要求和注意事项，从航空的角度培养学生好公民的素养。向孩子们展示空乘人员礼仪方面的规范演示，对学生的礼仪能起到很好的启发，还能让学生提前了解空乘人员的职业特点，为未来的职业生涯规划奠定一定的基础；艺术航空：美术学科通过参观、欣赏丰富的航空艺术作品，体验航空艺术之美，创作航空艺术作品；安全航空：生命生活与安全学科以乘坐飞机的安全常识为基点，培养学生的安全意识。科学老师要在完成国家课程科学教材教学的同时，每月利用一定的课时专门用于普及航空科普知识。其余学科也要根据学科阶段要求、教材内容与航空科普课程整合，实现校本课程与国家课程的有机融合。

航空文化课程。航空文化课程的核心目标和形式：一通过听航空专家开展的航空科普讲座、和航空人士亲密接触等形式，了解航空的基础知识、航空发展历史进程等；二通过参观航空展厅、科研院所、飞机基地感受航空；三通过书籍、网络查阅与航空有关的信息，了解、收集与航空相关的传说、故事及航空名人事迹；四用自己的方式，讲述、表达自己对航空的认识，开展班级、年级航空分享交流演讲活动，能大胆地讲述或表演航空故事；五每期开展航空知识竞赛，以赛促学。通过各种形式的课程，感受航空文化、航空人物高尚的魅力，在潜移默化中起到榜样英雄激励的作用，激发孩子对航空的兴趣，树立航空理想。我校航空科普文化教育课程有三个共建单位，成都飞机设计研究所、成飞公司、都江堰市航空运动协会。学校依托三个共建单位定期开展“梦想蓝天”航空科普讲座、“爱祖国 爱航空 共筑航空梦”主题教育活动。共建单位的大力支持为我校航空文化课程增添了活力、丰富了内涵。

航空科普实践课程。课程目标：一通过飞行器展示与演示，了解飞机发展简史，飞机结构和飞机机型等基本常识，了解飞机在历史战争中以及日常民航飞行中的应用与发展；二通过互动实验教学平台，了解航空仪表的认读与使用、航空气象、机场与航空管制、飞行空间定向等基础知识;三了解飞行的原理，学习简单的模拟飞行;四培养学生爱国主义情感和国防意识，增强学生对现代科技的兴趣，同时提高其动手能力，创新能力与团结合作能力。

课程结构有三大模块，第一模块是理论基础知识，包括飞行器，飞机发展简史，战斗机的有关知识，直升机的有关知识，民航飞机的有关知识。第二模块是仿真模拟飞行实践，小学低段主要开展简单航空模型的组装与飞行培训；小学高段主要开展线控飞机、遥控飞机的飞行训练；兴趣拓展班开展模拟飞行器的体验、航空运动培训（无人机飞行培训）。第三模块是专家讲座及体验活动。邀请航空专家为学生开展讲座，到航空科研院所、企业等航空研发生产基地实地参访体验。

课程形式包括校内实践课程和基地实践课程。

每年开展一次航空科普读书活动及知识竞赛；每期组织学生观看一部航空科普影视片；每年开展一次航空科普自办小报、作文、科学幻想画创作、科技创新作品征集评选表彰活动；每期至少开展一次“梦想蓝天”航空科普讲座，并开展航模培训、航模飞行表演；每期开展一次“爱祖国 爱航空 共筑中国梦”主题教育活动；每期组织一批师生到成飞公司、成都飞机设计研究所去参观，开展主题实践活动。身临其境，参观祖国的航空事业，了解飞机的设计与制造，从小树立航空报国的理想；在各年级成立航空模型社团，由学校航空模型辅导员开展航模制作与飞行培训；开设航空运动培训兴趣班，由都江堰市航空运动协会志愿者对学生公益培训。主要开展航空运动培训（无人机飞行培训）。都江堰市航协3053场免费为学生提供训练场地。我校已有多名学生掌握无人机飞行技巧，成都电视台对我校航空运动进行了报道。

三、建立完善航空科普评价方式

为了确保每个学生在航空科普课程中得到最大的发展，需要制定和完善评价方式。学校确定了航空科普课程总目标：通过航空科普教育引导学生坚定理想信念，厚置爱国主义情怀，加强品德修养，增长知识见识，培养国防观念，增强动手动脑能力，提高综合素质。建立了学生、家长、教师共同参与的评价机制，围绕活动过程表现和能力发展状况两个方面展开评价，制定评价量表，促进学生形成正确的世界观、人生观和价值观。

习近平总书记指出:“科技创新、科学普及是实现创新发展的两翼，要把科学普及放在与科技创新同等重要的位置。没有全民科学素质普遍提高，就难以建立起宏大的高素质创新大军，难以实现科技成果快速转化。”我校经过航空科普特色课程建设的探索与实践，学校的办学理念和办学方向进一步明确，校园文化环境进一步得到了提升，学校的航空科普课程建设的框架已初步形成，学校的办学水平得到了整体提升。今后，我校将不断顺应时代潮流，配合国家人才发展战略、落实立德树人、增强我国航空事业的持续发展和国际竞争力，为中国特色社会主义建设培养有用人才，为复兴中国梦助力。

沐春风以化雨，施厚道而树人

四川省广安市广安区厚街小学校 雷雪松

《管子•权修》曰:“一年之计，莫如树谷;十年之计，莫如树木;终身之计，莫如树人。一树一获者，谷也;一树十获者，木也;一树百获者，人也。” 这段话既阐明了人才培养的重要性，也揭示出人才养成的不易。从根本上说，教育是一个民族兴衰的命脉，是国家强弱的心脏工程。只有在教育的土壤中深耕细作，做有特色的教育，办有意义的学校，才能发挥教育的主体功能。我校地处四川广安厚街，校名“厚街”因此而来。厚者，以之谓自然，则莫如厚重之山丘;以之谓人伦，则莫如厚道之德行。我校地处厚街，日日言必称“厚街”，月月行必过“厚街”，终日与“厚”相伴，自然化“厚”之蕴意，得“厚”之精髓，遂以“厚•道”为我校核心理念。办学以来，我校始终以“厚•道”为核心理念，提取其教育文化内涵，使之贯穿全校教育，成理念之核心。以课堂教学为平台，尊重差异，开发学生的潜能。把国粹文化传承作为学校特色发展的路径，深入开展“书法进校园”系列活动，弘扬传统文化。此外，立足学校深厚的文化背景和教学条件，大力实践“积厚行远”办学理念，培养学生传承川剧传统文化，为弘扬传统文化不遗余力。我们通过多年的努力，学校在川剧教育教学方面已经取得了良好的社会反响，新闻媒体争相报道。还被授予“广安区社会科学普及基地（川剧文化传承普及基地）”、“国家非物质文化遗产（川剧）中小学传习普及基地”。“川剧表演艺术团”、“川剧民乐艺术团”、“优秀传统文化艺术传承学校”、“四川省文明校园”等荣誉称号，真正成了一所以厚道树人的品质学校。

一、铸魂培根，凝练厚道

习近平总书记也指出，中华优秀传统文化是中华民族的精神命脉，是涵养社会主义核心价值观的重要源泉，也是我们在世界文化激荡中站稳脚跟的坚实根基。“厚•道”，是从厚街二字而来。“厚”，取其“厚”字;“道”，因其本义即为路街，故是从“街”字引申而来。这一核心理念，一方面其为传统文化推崇之德行，另一方面又因源出校名，发于街道，可谓自然天成，恰到好处。“厚•道”一为山陵之道，厚重深远，我校从中凝练出“厚重深刻”的德行见识，融入学校对师生的要求之中；凝练“沉淀积累”，将之与治学态度，为学方法两相联系，形成智力教育之理念。“厚•道”二为海洋之道，深厚宽广，我校从中提取“宁静深沉”，将之比附人之性情，以之为学校师生之气质；提取“包容宽广”，将之比附人之为人心境，处事态度，以之为我校师生之风神;提取“蕴藉丰富”,将之比附学校教育之底蕴，教师功底之深厚，孩子才干之优秀，以之为我校师生之涵养。“厚•道”三为大地之道，朴实无华。我校从中提取“承载生化”之才德，将之与教育理想、教育本质相联系，以之为我校教育之核心；提取“默然奉献”之精神，将之与品德情操相联系，以之为我校学校之精神!

书法乃国之技宝，根据教育部《关于中小学开展书法教育的意见》和《中小学书法教育指导纲要》等文件精神，结合市区“三进办”文件精神，我校自2019年春季开学以来，积极做好国粹文化传承工作，深入开展“书法进校园”活动，全校一年级至六年级都开设了书法课，每周安排一节书法课，配备专兼职书法教师，大大提高了师生联系书法的积极性，营造了浓厚的书香校园氛围。同时，通过创新载体、搭建平台、举办大赛、布设展览等多种形式，组织观摩活动，博采众长，提高广大师生的书法水平。我校专门成立了“书法进校园”活动领导小组，制定了具体的创建方案。将“书法进校园”活动作为推进学校文化建设、提高教育教学质量的一项重点工作，极大提升了师生的精神面貌和人文素质，也促进了教育教学及学校其他工作的共同发展。书法教育可以培养学生良好的书写习惯，使学生能规范、端正、整洁、美观地书写汉字，具备熟练的写字技能，具有初步的书法欣赏能力，全面提高学生的整体素质。为此，我校建立并不断完善书法教育教学的评价制度，充分调动师生学习书法的积极性，逐步形成书法教育的长效机制，确保书法教育教学质量。建立书法教学教师队伍，争创书法教育示范学校。我校面向全体学生，使学生养成良好的书写习惯，陶冶他们的情操。对有书法特长的学生进行重点培养，加强指导，培养一批优秀的“小书法家”。近年来，通过开设书法教师专题培训，学校书法专兼职教师的教学理论、课堂教学能力以及指导能力得到了明显提高。同时，学生书写水平和艺术素养也得到提升。学生的书写习惯得到了进一步深化，学生的卷面更整洁、书写更工整，促进我校厚道教育迈上了新台阶。学校“书法进校园”工作多次被“四川教育新闻网”、“广安在线”等媒体报道，提升了学校的社会形象和整体实力。

二、以课为本，寓教于乐

所谓乐道课堂，即经过“问道、论道、明道、品道”课堂四个环节，构建“积累、融汇、孕化、创新”的课堂。教育是培养人的社会活动。人和社会的复杂性决定了教育的复杂性。教学是教育的“子集”；课堂教学是教学的“子集”。教学必然是复杂的，没有哪一种教学模式可以万能到解决所有课堂的所有问题。所以，我校实施的“问、论、明、品”乐道课堂四环节，各学科根据学科特点有目的地进行了细化、组合、创新，进一步促进了教学过程的优化，更好地发挥了育人的功能。我校的乐道课堂以课堂教学为平台，尊重差异，引导学生积极参与教学活动，开发学生的潜能并接受鼓励性的挑战，逐步形成担当社会责任、参与社会事务的健康人格和素养。所以，实施“生本课堂”的关键就是要研究以学生为中心的新型课堂教学模式，体现教学的全过程尊重每一位学生，接受学生的每个方面，关照每一位学生的参与，真诚服务于每一位学生，形成一种师生共同学习的“乐道”氛围。唯有学生感受到学习的快乐，他们才愿意主动参与课堂教学;只有学生主动参与的课堂教学才能焕发活力，体现出以人为本。经过不断的探索，我校化“街”为“道”，形成了我们自己的特色——厚道教育。希望通过教育不仅培养学生厚道做人的品性，也希望孩子积累深厚的知识。我校希望能够在课堂这一主阵地上尊重学生的本性、维护做人的尊严、挖掘学生的潜能，使课堂教学成为立德树人重要渠道。几年来，我校在这一课堂教学理念的指导下，连续荣获广安区教学质量一等奖、二等奖。

三、兼容国粹，弘扬经典

川剧在中国戏曲史及巴蜀文化发展史上具有十分独特的地位，

同时也是我校特色教育的又一标杆，具有巴蜀文化、艺术、历史、民俗等方面的研究和认知价值。但随着经济的飞速发展，曾经的优秀艺术逐渐被多元化的娱乐方式所取代。曾经的艺术奇葩正逐渐走向衰落，传承发展举步维艰。为了拯救地方戏曲这一植根于广大人民群众的文化精华，我校从2011年开始着手构想将川剧文化引进课堂、引入校园，将川剧艺术融入学校艺术教育之中，进一步促进了学校“特色文化”活动的开展。不断探索让川剧艺术融入学校艺术教育的有效形式，将“川剧文化进校园”活动开展起来，激发学生对川剧的兴趣，为培养川剧接班人寻找人才。

通过川剧特色课程地开发，把继承弘扬本土川剧传统文化作为学校艺术教育和校园文化建设的突破口，用传统文化熏陶感染每一个学生，让每一个学生都能了解富有本土文化气息的川剧艺术，受到热爱家乡的教育，同时受到美的熏陶，从而提升学校的办学品质，让学生得到全面的发展。为让“川剧融入校园文化”真正落到实处，我校投入大量资金到川剧教学中来。按要求配备了川剧训练专用教室、艺术活动室等，为学生统一印制川剧校本教材，并筹集专项资金逐步配齐了川剧特色教育所需的音频视频资料、多媒体教学设备、摄像设备、各种乐器、表演服装等。同时在有关部门的支持下，我校增设校园传统文化剪纸、设川剧特色宣传展板、布置川剧脸谱展示墙和中外艺术名家介绍区等，形成厚道的川剧廊道文化和橱窗文化。如今，走进我们的校园，书声琅琅，戏韵悠长，传统文化与现代教学相得益彰。莘莘学子沐浴着朝阳，在传统文化的浸润中享受快乐，演绎精彩。此外，我校还以艺术教育活动为载体，将川剧课纳入教学计划，鼓励并带动学生学唱川剧（学校广播系统每天定时播放优秀川剧曲目）和学习有关川剧知识，在普及川剧知识和学唱有关曲目的基础上，加强特长学生和有浓厚兴趣的学生的培养和训练，抓好学校川剧表演社团的建设，努力提高学生川剧艺术水平。我校开设了川剧表演训练班、川剧民乐队、川剧绘画班、川剧剪纸班，从学生中选拔优秀的学生，组织训练。目前，我校川剧剪纸、川剧绘画作品已多次参展，打造的川剧节目《川剧童韵》《水漫金山》《碧波红莲》新编《金山寺》《战金山》等多次参加展演并在省市展演中获奖，更加坚定了学生的信心。

沧桑易使乾坤老，风月难消今古愁。唯有多情是青草，年年新绿满芳洲。未来路上，我校会继续以“厚道”推动学校行前发展，让厚道精神扎根到学校的每寸土壤，用奉献装点教育事业的百花园，用生命继续谱写一曲又一曲教育新歌。

传承文化记忆　培育狮舞新人

四川省广元市朝天区李家镇第二小学　陈正芳　舒三平

文化是一个民族之魂，是民族之根。尤其是中国这样拥有几千年悠久历史的文明古国，要把传统文化看作流淌在身体里的血液，承以使命，发扬光大。教育事业是传承经典、弘扬传统的主渠道，而学校又是传播文明的重要阵地，是文化知识传承的主要场所，是通过活动培育一代新人主要平台。学校应自觉肩负起弘扬传统文化这一使命，结合办学思路，把传承经典、弘扬文化扎根在学校土壤。“流水不腐，户枢不蠹。”生命的意义在于运动，而学校的生机在于活动。狮舞锣鼓是我国劳动人民的智慧之果。办学以来，我校把李家狮舞锣鼓纳入学校特色办学，保护乡土文化，积极开展非遗狮舞锣鼓活动进校园传承，打造乡土民俗文化精品，通过传承狮舞锣鼓文化，凸显学校立德树人，实践创新的办学思想，构建学生的精神家园。

一、多措并举，打造狮舞教学欢乐 课堂

广元市曾家山位于秦巴南麓、川陕结合部，是国内十大避暑名山，有“一山万餍”的美誉。属国家AAAA级景区，曾家山上的两乡三镇，号称“中国民间艺术之乡”，其民间乡土文化特色享誉中外。此有曾家山歌、麻柳刺绣、李家狮舞、平溪傩戏等民俗也值得观赏。曾家山的后花园——李家，旅游资源、乡土民俗文化特别丰厚。李家民俗资源丰厚，民主村的狮舞锣鼓，张家坝村的龙灯，卫星村的傩戏，青林村的山歌，老林村的篾编等。为了更好地立德树人，我校挖掘李家民俗资源，着力优化非遗李家狮舞、锣鼓文化，在传承中创新，在创新中传承。李家狮舞流传于李家乡一带，根植在李家乡民主村二组，起源于唐朝，是南狮的分支，属于民间舞蹈中的拟兽舞，常以引狮郎头戴一具笑面与狮逗弄，率舞而乐。狮舞队由13人组成，5人敲锣打鼓，两个笑面，一个猴头，两只狮子（每只狮子需2人），一位说吉祥话的“南门先生”。他们利用桌子、板凳、犁具摆阵，破阵，形成五子归根、天鹅抱蛋、大舜耕田等多种文、武典型阵式，表演融合了杂技、戏曲、故事、游戏、书法等多种艺术。2017年9月1日，我校购买了小学生“狮舞”所需的全部道具，并聘请了李家乡民主村狮舞的第四代传人刘超等师傅亲自到校授课，现已初步成型，狮舞文化正式走进了校园。李家狮舞表演有逗情，打滚，吐宝，打斗，高空炫技等单个动作，由单个动作组合成套路。狮舞表演尽兴之时，随着锣鼓队长一个暂停手势，南门先生根据当时情势，脱口而出的吉言，预示好主人家未来美好的发展，所有在场观众齐声附和“好”。李家锣鼓由大锣、马锣、冬锣（小马锣）、鼓、钹五大件组成。其中，鼓、大锣的构制最为奇特。鼓单面蒙皮，形似脚盆，俗称“脚盆鼓”；锣的正反面中心呈凸凹状，形似“脐”状，敲打面呈凸状。

2017年9月1日，我校聘请省非遗锣鼓传承人刘三佳为校外辅导员，进校传授锣鼓技艺。从2017年起，狮舞锣鼓校本教程的课时每周1节，进入学校总课表。在每天下午第7节规定为乡村少年宫活动。13个小组中，设置了1个狮舞组，由校外辅导员刘超和校内老师周德明负责。1个锣鼓组，有校外辅导员刘三佳和校内老师胡彪负责。学生3-6年级，分小、中、大三个班。每班10人，分层教学。制定了相应的管理制度。

二、以课为本，彰显传统文化无穷魅力

课本课程是教育实施的重要途径。为有效提升学生学习狮舞的理论课程。2017年起，我校根据编辑整理出的《李家狮舞锣鼓教程》，通过活动落实校本课程的开展。常规教学，一丝不苟。对于狮舞教学，老师们分工明确，层层严抓，认真把关。李家狮舞锣鼓作为校本课程不仅弥补了国家课程的不足，还更好地体现了儿童中心、兴趣中心的课程，有利于学生主体性的发展，与国家课程为互补关系。经过研究分析，我校决定狮舞组由校外辅导老师刘超教授狮舞的各个动作，每位学生把基本技能学到家。刘超和周德民老师督促练习，整体分解，细节把控，最后合成。先在舞蹈室看李家狮舞视频，学习理论，实际练习。查阅视频表演资料，深刻体会，化为我有。南门先生的吉令，由舒三平老师学习前辈的摹本，进行创作。摆阵，由舒三平老师跟李家老艺人刘三星学习。

摆阵主要是主客双方文人之间文化斗智，类似通过道器摆谱猜谜语。主要积淀了中国古代历史文化的典故。如阵图韩信点兵－多多益善、鸿门碎斗、姜公钓渭、七雄争霸、六国抗秦、四面楚歌、淮阴遇汉、精忠报国、结草衔环、五丁凿路、盐车困骥、赤壁鏖战、筑坛拜将、负荆请罪、苏秦背剑、韩信背水、五子登科、五戎归华、三英战吕布等108式。摆阵文化也要与时俱进，社会主义核心价值观、精准扶贫、抗击新冠疫情等都可入局。

锣鼓队由校外辅导员刘三佳老师指导，先在音乐室的黑板上写出锣牌子，分段分句讲解，简单的锣牌子背诵。并由音乐老师何睿根据音乐的要求讲解节奏、力度、表达方式等，大锣、马锣、冬锣（小马锣）、鼓、钹各种乐器的打法。最后，由刘三佳、胡彪老师带动合成。深入浅出，步步升高。小同学大锣拿不起，作了一些辅助架子支撑，在实际操作想尽办法解决。

今天，学生们个个已是狮舞小能手，每逢节日，大家身着演出服，认真演出，强化了技艺。2017年起，每年儿童节，建军节，建党节、国庆节、春节等季节性节日上文艺表演，成为压台节目。遇到外单位、农户婚嫁的邀请，节假日还让学生参与表演，艺术服务于社会，提高李家狮舞锣鼓的生命力。通过这些活动，师生的爱家乡意识，无形之中深入骨髓，化为血液。无论走到天涯海角，都有共同的曾家山集体无意识，都能勾起乡愁。李家狮舞锣鼓自然成了李家的乡土民俗文化符号之一。

李家狮舞锣鼓进校园传承4年以来，成绩斐然，学校办学品味得到提升。2017年9月，李家狮舞锣鼓被CCTV4《醉美乡音》节目报道。2019年4月，李家狮舞锣鼓节目《艺·韵》获朝天区第十届中小学艺术节一等奖；2019年4月，李家狮舞锣鼓节目《艺·韵》获广元市第九届中小学艺术节二等奖。2019年12月，李家乡小学被广元市教育局评为美丽乡村学校、省级传统文化传承基地、省级优秀少年宫。不仅老师的文化结构得到丰富，文化视野得以开拓，也成就了一大批学生。为他们今后成长奠定了基础，为狮舞锣鼓良性发展作了贡献。

三、匠心如初，守望传统文化浸润校园

乡土文化既是一方水土独特的精神创造和审美创造，又是人们乡土情感、亲和力和自豪感的凭借，更是永不过时的文化资源和文化资本。今天，李家狮舞锣鼓已广为人知。现在的李家狮舞锣鼓更多地融入了爱国、爱家、扶贫、抗疫等内容，赢得社会广泛的赞誉。李家狮舞锣鼓文化的传承与创新，不仅是一种对乡土文化的尊重和延续。更让在这所学校里成长的优秀儿女，拥有时代自豪感。不论岁月何许，李家狮舞锣鼓文化的传承与创新都将是我校永远坚持的事业，让它绽放应有的光彩，是华夏儿女应尽的责任与义务。作为教育的一员，我校将会始终如一，用诚恳热情装点教育事业的百花园，用青春奉献传承劳动人民的智慧结晶。

实施五好教育，成就幸福人生

四川省广元市利州区南鹰小学　李毅　杨凤秀　黄菊　黄梅　杨雯

全面贯彻党的教育方针，为党育人，为国育才，全面落实立德树人根本任务，培养德智体美劳全面发展的社会主义建设者和接班人

是学校育人的旨归，也是时代教育的最强音。我校从“以德养慧　成就幸福人生”的学校办学理念出发，以五彩教育为支点，以五彩之首“五好育德”为抓手，依据小学生的特点，建立了相应的经纬交织的静态与动态德育课程。在课程内容、实施、评价上形成有效地闭合系统，促进学生德育素养的大力提升。

我校始建于1940年，学校位于广元市利州区郑州街386号，她背倚南山，面临南河，吮吸着女皇故里厚重的历史文化，沐浴着青山秀水的无限灵性，七十多年来，风风雨雨，几经变迁，一路走来，学校已由一所村小成长为市、区规模最大的城市窗口学校。学校以党的十八大提出的“把立德树人作为教育的根本任务”为任务，根据小学生年龄特点，从习惯入手，建立了“五彩教育”的校本课程体系，“五好育德”作为五彩之首，肩负起立德树人的使命。

一、根植校园文化，建设德育课程

近年来，我校秉承了“以德养慧，成就幸福人生”的办学理念，以“乐学善思，做最好的我”为培养目标，以“五彩飞扬，幸福成长”为特色目标，以“展利州风采，创巴蜀一流”为发展目标，努力积淀校本“德慧”思想。以人为本，科学管理，夯实常规，关注细节，规范办学行为；坚持德育为首，强化养成教育，深化素质教育，狠抓艺体教育。

为落实校园文化，促进学校内涵发展，我校构建了文化课程，成立了“五彩课程”建设小组。“五彩课程”建设小组进行了以“五好育德”、“五爱养慧”、“五会健体”、“五能尚美”、“五学创新”的五彩课程的框架。

二、学校课程建设，力求立体多元

我们首先进行了“五好育德”之五好养成绘本课程的开发。《五好养成课程》是德慧五彩课程之首。为了使课程能体现学校办学思想，根植于学校文化，同时最为重要的是为学生喜欢，并从中获得教育的意义。

本套课程有静态课程与动态课程配套两类，两类又不孤立，而是相辅相成，相融合。

静态课程是《五好养成绘本课程》，共分为五本。五本分别呈现五好育德的五项内容，即：说好话、走好路、就好餐、护好绿、做好事。课程以南鹰吉祥物——小红鹰、南鹰形象南南为线索，串联起课程内容。

每册分为儿歌呈现、对话引领、绘本情节感悟三部分。儿歌是对内容的集中呈现，主要是押韵的三字经儿歌。如“红领巾，胸前飘，小红鹰，遵五好；见老师，道声早，见同学，微微笑，见客人，问声好。”对话引领是借助小红鹰和南南的对话对“五好”的三个维度进行提炼。如“南南，你今天怎么这么高兴呀？”老师说微笑是最有诚意的礼物，所以我以微笑待人。绘本情节感悟则是老师指导孩子们把生活中的“五好”所包含的内容通过绘本展现，这也是孩子们最喜欢看的部分。

动态课程是本课程的特色，包含动漫和课间五好韵律操两部分。

动漫是以南鹰校园特质为元素，进行以图为主，以文为辅的五好育德展现，如“说好话，真诚微笑脸上挂；走好路，交通规则常记住。”等，配以生活情景，使学生在观看欣赏中获得习惯的收益。

课间五好韵律操是把五好育德的儿歌以韵律操的方式展现，配上音乐与有节奏的运动，同时辅以朗诵，每天在大课间操的时候进行口、脑、身、心的全方位参与，受到习惯的熏染。

这样立体多元的课程避免了课程的标签化，固态化，而是立体而充满活力的。

三、扎实实施课程，促进师生成长

课程的开发不是为了开发而开发，课程的使用也不是为了使用而使用，其目的就是通过开发与使用促进学校教师与学生成长。五好养成课程在实施中力求扎实有效。

落实实施主体。人人皆是教育人，人人皆是课程实施者，为了确保课程的有效实施，让课程不只是一个人的事，我们制定了五好养成课程的实施主体。

给足实施时间。为了让课程实施实现长期生态的效果，我们给足时间，并且不是开学说一说，上一上，而是贯穿在整学期整学年，每天都有润物无声的熏染。

每学年初利用班会课运用动漫让学生感知五好育德课程的整体内容；秋季9月一年级新生学习五好韵律操，每天课间操在广播体操后全校进行五好韵律操展示；美术课上单月进行一次绘本课程的学习，同时能创作至少一幅这样的绘本。

四、以评价促实施，形成闭合系统

五好养成课程的建设是为了促进学生养成良好的习惯，为了形成课程实施的吸引力，我们以评价促实施，以评价促发展。

学校五彩评价大闭合系统。采取五彩银行、五彩币、五彩超市、五彩少年的评价闭合系统。

五彩币使用小闭合系统。五彩币的单位为“枚”，不另计算面值。五彩币全套共分五种：红星币、智慧币、健美币、才艺币、创新币。五彩币由学校后勤定制，五彩银行发行。

学生获取途径。各级各类表彰奖励，学校定期表彰的校级五彩少年、市区三好学生、优秀学生干部、学校表彰的各类竞赛获奖。市级三好学生优秀学生干部及一等奖10枚；二等奖8枚；三等奖6枚。区级三好学生优秀学生干部及一等奖8枚；二等奖6枚；三等奖4枚。校级德育表彰、读书表彰、教学表彰及一等奖5枚；二等奖4枚；三等奖3枚。班级奖励根据具体情况，由班主任奖励1-2枚。

各类好人好事，根据各部门方案执行奖励；任课教师将每学期获得总课时量10%的五彩币，班主任另再配发学科总量的平均数，即约20枚五彩币适时奖励学生；参与大队部进行五彩超市和五彩银行管理的大队委干部，根据管理时间及管理效果，奖励每人每次1枚五彩币。

五彩超市。五彩超市设在学校大队部。学生获取的五彩币可以到五彩超市兑换等价的商品。由负责管理的大队委员做好兑换登记，及时整理回收的五彩币，并上交到学校五彩银行，可继续进行发放流通。

五彩银行。五彩银行是五彩币发行、储蓄和回收机构，由项目负责人及大队委干部轮流管理。一、首次发行总量为1.5万枚，由此项目负责人对发放数量及人员做好登记。后续根据需要再另行发放；二、五彩超市要及时交回回收的五彩币到五彩银行，银行也要做好相应的登记；三、银行每期要及时做好表彰奖励使用的流通币；四、学生暂时不用兑换的五彩币，可以存到五彩银行，按照一定的利率给予利息；五、学生获得的五彩币可兑换商品，可与同伴团购，也可收藏。

商品的补充。五彩超市的商品由学校后勤负责采购，并根据学生兑换的情况及时补充或调整商品种类。“五好育德”养成课程在大小闭合系统中，以红星币为载体，促进学生的习惯养成。

五、在研究中思考，在总结中前行

课程实施几年来，我们看到，学生对课程（静态和动态）是非常感兴趣的，同时，老师也乐于实施并建设此课程，师生在此课程的浸润中得到思想的洗涤，智慧的成长。

究其原因，一是课程来源于学校文化，容易获得师生的认同感；二是课程实现了静态与动态的整合，改变过去僵化的模式；三是课程实施不是某几个或是某一科老师的事，而是全体老师皆有可为；四是课程的评价有学生乐于接受的方式，并呈螺旋式上升，有远目标（五彩少年等），也有近获得（五彩币）。

课程在2016年得到全省法律进学校现场会全体参会人员的高度认可，同时在省内很多学校竞相学习模仿的德育样态，重要的是实现课程让学生“五彩飞扬幸福成长”的目的，探索了小学“立德树人”根本任务落实的路径。

今后，我们将以更高的热情、更大的干劲投入到学校课程的研究与开发中，以特色课程促进学生成长，为实现学校教育教学高质量发展而不懈努力。

替代服务暖留守　幸福成长不落一

四川省广元市昭化区卫子初级中学　范明国　李强

“十分感谢你们对何敏的培养！感谢卫子中学的替代服务！”家长王秀清从广东写来感谢信。

“愿小弟弟小妹妹们在替代服务的春风里像我一样幸福成长！”已考入省一级示范高中的冯娇写来了感恩书。

“一年之计，莫如树谷；十年之计，莫如树木；终身之计，莫如树人。”这段话既阐明了人才培养的重要性，也揭示出人才养成的不易。教育始于关心，是润物无声的陪伴，是浸润孩子们幼小心灵的甘泉，好的教育能让孩子从小就接触知识的天空，领略文化的魅力。随着义务教育均衡发展由全面达标向纵深高质量推进，乡村学校更加美丽，可以说，城市学校所拥有的硬件设施，乡村学校一样不差。甚至在生均占有率上远远超过城区学校。不过，当前教育形势不容乐观，留守困境儿童的幸福成长，乡村教育的困境仍是摆在教育者们面前的一道难关。我校留守儿童几乎占到70%，其中困境儿童又占到留守儿童的一半多，有孤儿，有准孤儿，有残疾孩子，有父母离异学生等，这些孩子监管缺位、亲情缺失、心理障碍、孤僻过激、学习困难、习惯糟糕，成了乡村教育之痛。

一、无私替代，甘为留守儿童筑爱巢

就我校而言，留守困境儿童的现状令人触目，有一位女孩子父母均在外打工，她不仅在生活上要自理，还要照看婆婆，还要利用星期天料理家务和家庭应酬。有个女孩半山腰一幢楼伴着一条大黄狗。有一位男孩子每周回家后独自一人，每餐都是吃泡面。还有困境孩子在家用电取暖睡着了发生了火灾……

初中阶段是身体的变化期，性格的叛逆期，心里转化期，人生最困难最危险期，缺少监管和引导，将影响孩子一生，也将影响一个家庭，还将影响脱贫奔康和乡村振兴。这些孩子能否有效代管不仅是个体和家庭的问题，更是严重的社会问题。为让乡村学生幸福成长一个不落，我校走出了“替代服务暖留守”的特色教育之路。

在市区民政局和区教育局的指导下，成立了“未成年人救助”卫子服务站。实施了“2+2”朝阳计划，即留守困境儿童星期天、寒暑假可以不回家，由老师替代家长指导生活、辅导学业、疏导心理，开展社团活动。自2017年春开始实施，经过三年多的沉淀与探索。我校已形成了替代服务“三个四”的成果，即四块支撑、四项内容、四大成效。

“四块支撑”即思想支撑、队伍支撑、经费支撑和理论支撑。思想是行动的指南。学校为什么要开展替代服务，必须让老师、学生、家长认识到位。国务院《关于加强留守儿童保障工作的意见》（国发〔2016〕13号）指出要“构建起家庭、政府、社会、学校等全方位的服务体系。”、“寄宿制学校要完善教职工值班制度，落实学生宿舍安全管理责任，丰富校园文化生活，引导寄宿学生积极参与体育、艺术、社会实践等活动，增强学校教育吸引力。”国务院《关于加强困境儿童保障工作的意见》（国发〔2016〕36号），指出要“建立政府主导与社会参与良性互动机制。鼓励其参与承接政府购买服务。”说明学校替代服务是国家要求这么做。十九大报告提出，要“实施乡村振兴战略”、“努力让每个孩子都能享受有公平而又有质量的教育”。扶贫先扶智，学校教育是扶智的重要部门和场所，留守困境儿童是乡村教育中的弱势群体，是教育精准扶贫的对象，他们的生存现状和教育现状直接影响乡村振兴。由学校教师对他们进行专业的替代服务教育将为脱贫奔康、乡村振兴助一臂之力，是功在当代，利在千秋。二是队伍支撑。替代服务从上级领导层面主要有民政局牵头，教育局指导。为学生服务的人员主要是教师，专业性强的活动还有外聘志愿者。如果只购买校外社会服务，一般大多只能停留在让留守困境儿童生活生存无忧的人权基本层面。如何让留守困境儿童在替代服务中达到受教育并快乐成长的目的呢?实施学校替代服务是最好的办法。因农村寄宿学校生活设施、活动场所有保障，如果再加上专业的教师育人团队，这是购买任何校外社会服务组织都难达到的条件。这样的服务才能真正让留守困境儿童生活无忧、身体健康、习惯良好、学业上进、心理健全。体现学校替代服务的育人本质。如果学校替代服务只是满足有吃有穿有住，看管住不出安全，时间一长，这些孩子也会厌弃学校，唯有由专业教师承担服务责任，开展丰富多彩的教育活动，在活动中达到育人的目的，才能让困境儿童摆脱困境，健康生活，困而无忧，孤而不独，快乐成长。三是经费支撑。民政局每年有10万元的专门经费，用于解决留守困境儿童参加替代服务时的设施设备，补助服务教师及外聘人员的劳动报酬。参加替代服务的建卡贫困户学生全免费，其余学生每天只交10元生活费。市民政局每天给每位建卡贫困户学生补助生活费15元，其余学生补助5元生活费。四是理论支撑。《农村初中留守困境儿童替代服务校本实施策略研究》，2018年成功申报四川省普教类省级课题。使替代服务在实践中思考总结提炼，用理论成果助推替代服务实践。

二、尽心服务，乐为困境学生谋幸福

替代服务要干些什么呢？如何发挥替代服务的育人功能？服务内容非常关键。为此，我校坚决杜绝工作上的随意性，每周都会安排7名老师来做‘替代服务’工作，对留守学生进行生活指导、学业辅导、心理疏导和活动引导，变管住为教好，引导学生身心健康发展，从根本上解决在外务工人员的后顾之忧。学校探索并制定出了详细的活动安排学案，每周星期五将学案上报民政局和教育局，过程中做好记录，周一将活动图片及简报又上报。历经三年多的实践探索，三年多的改进提升，留守困境儿童孩子的教育成长取得了四个方面明显成效：习惯变好了、学业进步了、家长放心了、个个幸福了。替代服务改变了乡村教育“5+2”等于零的现状。从小失去父亲的何敏，成了学校的乖乖女，学习成绩一直名列前三；留守女冯娇不仅学习优秀，还成了篮球健将；离异家庭孩子肖婷学习进步了，还迷上了书法；成谜手游的单亲留守儿梁鑫，学会了做饭炒菜，学习进了前十；青川移民留守孩陈静数学得了满分；抑郁症孩子在小小银球中圆了示范高中梦；留守儿童的国学征文获国家奖；单亲孩子登上了市宪法演讲竞赛台；与外婆相依的外县区留守困境孩子杨双吉吹起了葫芦丝……特别是每年春节前夕，外出务工人员返乡之时，书法组学生走上街头，开展献春联文化扶贫活动，孩子们大庭广众之下挥毫泼墨，在社会上引起强烈反响，据广元书协主席马林讲，学生敢现场写现场送，在广元市的乡村学校里只有卫子中学！还有美术组的纸浆画、手工组的民间刺绣令家长们赞也不绝口。很多家长写来感谢信，很多孩子也把他们在学校的替代服务生活写进作文，抒发了留而不孤，守而不独的甜美。

“替代服务暖留守，幸福成长不落一”，替代服务不仅有效化解了留守孩子的安全风险，也解决了在外务工家长的后顾之忧。特别是丰富多彩的活动让乡村孩子享受到了公平而又高质量的教育，每个孩子在活动中快乐成长!

“春风桃花红、雨润花更艳”，教育是温暖人生的第一缕阳光，它尊重、赏识每个个体，致力于学生身体、品德、文化等各方面素质的全面提升，服务于个体的健康成长，滋养每一个生命。替代服务实现了让乡村孩子成长路上一个不落的目标。教育家苏霍姆林斯基说：“没有爱就没有教育。”。教育之爱如家乡的山伟大而坚定，如海博大而包容。作为坚守乡村教育的我们，时刻牢记习总书记“要有仁爱之心”的嘱托，敢于直面困境，浴火重生，把解决学生的问题当成无悔的使命，以赤忱和奉献开路，大胆创新和实践，坚守育人初心，着力为乡村学生更深远的发展夯实基础，让更多的“乡村娃”绽放出生命的光彩。

立德树人守初心　“竹韵”立校迎重生

四川省江安县大井镇中心小学校　陈伦洪　徐睿宏　曾晓洪　李寿刚　王治国

学校是传授知识和培养人格的场所，特殊的文化氛围和良好的校园环境，可以熏陶、感染学生，潜移默化的助益生命的成长。学校要提高教育教学质量，就需要从校园文化的研究入手，办出特色，彰显特色。校园文化要体现中华人文精神，就是要文以载道、以文化人。立足学校地质资源，我校就地取材，挖掘出竹韵特色文化的深刻内涵，提炼并确立“竹韵”特色校园文化建设方案，全面铺展实施。同时在习总书记“让竹林成为四川美丽乡村的一道风景线”指示和省委省政府“建设中国西部竹产业发展高地”的重量级助推下，学校顺势借风，积极探索、研究，大力开发《竹语》校本课程，让教师领略竹文化风采魅力，激励教师成长。2018年春，随着音体美艺劳“竹韵”活动相继展开，市、县级相关管理部门到学校考察调研，“竹韵”校园文化建设得到了各级领导的肯定，我校借此打造了寓意以“不忘初心，饮水思源”的“井”字形思源池，修建用于展示学生书法、绘画等作品的“颂竹亭”、展现学校“竹韵”特色文化发展历程的“闻竹廊”等直观建筑设施。至此学校进一步增大了“竹韵”育人的信息刺激强度，师生、家长及社会人士都不同程度地内化了“竹韵”，教师教育教学水平得到了提高，学生学业得到了发展，家长主动配合学校工作，社区群众理解支持学校工作，教育行政领导和镇县市行政领导对学校工作给予高度评价，营造出了尊师重教的社会氛围。

一、铸魂培根，立足“竹韵”发展焕发教育教学全新样态

西方反华势力的和平演变图谋无孔不入，“时代新人”的培养大计是当前横亘在我国学校教育面前的一个大课题，尤其是西部农村义务教育学校，在有限的教育资源制约下，“立德树人”更显严峻而迫切。我校地处竹资源十分丰富的长宁蜀南竹海与江安仁和百竹海之间，人们对竹子的基本认知是它的自然经济价值，至于苏轼为何“宁可食无肉，不可居无竹”，黄庭坚为何对苦竹笋情有独钟，在宜宾流杯池写下了韵文名篇《苦笋赋》？诸如此类有关竹的社会人文价值，人们知之甚少。这种“芝兰之室”效应现象在传统农业社会是常态，可是在已经接近数字经济时代，且人才竞争已成为国际竞争焦点的当下显然不合时宜。因此，“时代新人”的培养，须从“立德树人”的环境资源调研入手，在调研基础上制定培养方略，科学有序地施加教育影响，才能达成育人目标。

知人之明算聪明，而自知之明则是智慧。社会主义社会将为每个社会个体提供公平机会，但不可能让每个人都平均拥有物质与精神财富。与其抱怨，不如另辟蹊径追赶。为此，我校确立了“竹韵”为校园文化，占领“立德树人”高地，培育强化“情感”、“意志”等非智力因素，维持心理驱动力，在追赶中弥补素质上的一些缺失，持之以恒，将有望赶超。

经过四年多的有关“竹”的教育教学活动，逐渐引起了镇县市相关领导重视，再加习总书记“让竹林成为四川美丽乡村的一道风景线”指示和省委、省政府决策将宜宾市规划为“建设中国西部竹产业发展高地”的“川南竹产业集群”重点之一，这两大重量级推手助推，为竹资源补强了人文内涵，学校师生、学生家长、社区群众对“竹子”的漠然态度大有改观，教育教学质量也在不断提高。

一切资源都有能量。是能量就有人欲占有。资源本来有三种：原材料、能源和知识。知识是最可贵的资源，同时也是柄锋利的双刃剑，既可再生，又潜能无量，利弊共存。为了进一步推进竹资源育人探索，我校以竹韵校本课程为载体，彰显师生竹韵精气神。2019年6月23日，国务院印发《关于深化教育教学改革全面提高义务教育质量的意见》指出：要突出德育实效，完善德育工作体系，认真制定德育工作实施方案，深化课程育人。我校竹韵特色校本课程的主导价值在于通过竹韵特色校本课程展示我校的办学宗旨和特色。当今世界的竞争是综合国力的竞争，而综合国力的竞争归根结底在于高素质人才的竞争。立足于“五育并举”，在我校竹韵特色校本课程的逐步实施中，学生的认知得以拓宽、情感得以升华、行为习惯得以改善。同学们在校本课程学习中充分学习竹的“质朴、坚韧、虚心、向上”的精神品质，做一个真真正正的“竹韵人”。针对年级高低，我校课程分别设置，低年级课程主要从竹的种类、竹的美食、竹的用途三个方面开发识竹课程。而高年级课程主要从竹的诗歌鉴赏、竹的书法活动、竹的故事、竹编、竹雕五个方面开发竹韵特色课程。此外，我校还大力开展竹韵少年知识评选活动，每期评选一批“竹韵少年”并加以精神和物质上的奖励，激励全校学生学习竹的精神品质。不竹韵特色校本课程影响学生，也关乎教师，倡导教

师要以竹的“质朴、坚韧、虚心、向上”的精神品质规范自己的生活和工作，促进自身师德素养的提升，做学生的示范引领者，以竹韵师德育学生品德，以竹韵人格育学生人格，让竹韵精神品质深深扎根大井镇中心小学校的校园。

二、弥足根本，通过校园建设凸显学校特色办学品味

陶行知曾说过：“天然环境和人格陶冶，很有密切关系。”校园中的每一座建筑、每一处景点，每一片绿色，都成为一种思想的传递，一种文化的表达，优美的校园环境就像无声的老师，滋润着师生的心田，熏陶感染着师生，丰富净化着师生的灵魂，潜移默化地引导师生向着健康的方向发展。校园环境犹如一部无字的教科书，是德育课程的隐性资源。人的发展受多种因素制约，环境因素就是其中的重要原因之一。由于学生的大部分时间都在学校度过，学校就成了对学生进行德育教育的重要的场所，学校必须要秉持着“环境育人”的理念，加强校园的环境建设。我校在校园文化建设打造方面投入力度很大，比如每学期都会进行班级文化布置和评比，评比活动营造了生动活泼、洁净素雅、健康文明、催人奋进的良好育人氛围。

不论何时，德育教育永远占有重要地位，为提升学生的素养，塑造学生的新形象，形成学校良好风貌，我校坚持从一点一滴做起，学校少先队大队部把“竹韵争章”活动与德育常规工作相结合，而取得了较好的效果。结合我校学生实际，陈伦洪校长编写的《学生集章手册》把竹韵争章与学科评价结合在一起，作为我校学生的行为习惯与养成教育的重点与准则。我校还开办了“竹之声”校园广播站，开设了《美文共赏》《好人好事》《配乐朗诵》等栏目，陶冶学生的情操，规范学生的行为，使学生们在潜移默化中接受教育，真正发挥校园广播的作用从而丰富竹韵校园文化生活。为打造“竹韵校园文化”的发展需要，全面推进素质教育，促进学生的个性发展，我校开展了《竹韵伴我》校歌咏唱比赛、编排了课本剧《竹韵悠长》和舞蹈《竹雨思语》。通过展演的方式，向全校师生传递了竹的“正直方正，高风亮节”的精神品格，将“竹韵”品质根植于每位学生的心中。

三、以劳促教，通过特色办学理念助力教育深入发展

习近平总书记在全国教育大会上发表的重要讲话指出，“要在学生中弘扬劳动精神，教育引导学生崇尚劳动、尊重劳动，懂得劳动最光荣、劳动最崇高、劳动最伟大、劳动最美丽的道理，长大后能够辛勤劳动、诚实劳动、创造性劳动”。实践是检验真理的唯一标准。为构建德智体美劳全面培养的教育体系，加强新时代中小学生劳动教育。我校构建了“竹韵劳动实践基地”。 参与农业实践，主要特征是实践性，让学生走出课堂，走进田间，参与实践，使理论知识与实践操作相结合。学生在学校得到教师的理论知识指导，再到田间进行种植实践。在劳动实践活动中，师生之间、同学之间形成了良好的合作氛围，也促进了亲子关系的和谐。既培养了学生的合作精神，又培养了学生的劳动观念、劳动意识，从而在提高动手能力的同时又能培养学生的吃苦耐劳精神。每年的三月，我校都会举行一次笋香笋味厨艺大赛，其目的就是让学生了解竹子的可食用性，同时促进亲子关系，培养动手能力，培养学生的创新创造能力以及对厨艺的兴趣爱好。有利于鼓励学生把自己的新奇想法展现出来，促进学生创造力和动手能力的提高，培养他们的兴趣爱好。感受生活的乐趣，体验劳动的快乐。

工匠精神是什么？是对自己的工作和产品精雕细琢，是从业者对每道工序都凝神聚力、精益求精、追求极致的职业品质。正如老子所说，“天下大事，必作于细”。随着时代进步和社会发展，曾经的一些老手艺因与现代生活不相适应而逐渐消逝。在新的时代，需要充分结合发展现状，赋予工匠精神，并将之运用到我们的教学生活中。为此，我校成立竹编社团。聘请大房村民间手工匠人朱吕超师傅为学生讲学。朱师傅按照竹编工艺技能“应知应会”的标准要求，注重专业基本理论知识的传授，又突出竹编工艺技能的训练。在教学过程中加大了实操训练课，使基础理论课和实践操作课互补，绝大多数学生掌握了简单的竹编工艺，并编制了竹灯笼、竹篮、竹簸等共计100余件竹工艺品，获得了市、县、镇级领导的肯定及认可。学生在学习传统文化艺术的过程中，成了弘扬时代传统文化精神的主角，并成了工匠精神的践行者，在以后的学习生活工作中将工匠精神传承和发扬下去。

教育，就是精神的唤醒，潜能的显发。它尊重、赏识每个个体，致力于学生能力、品德等各方面素质的全面提升，服务于个体的健康成长，滋养每一个生命。经过多年的建设，毫无疑问，“竹韵”已经成为我校特色办学的兴校之路，学校教育者们着眼未来，思想同心，积极进取，顽强拼搏，敢于实践，默默坚守着育人理念，着力为学生深远发展夯实基础。未来路上，我校仍会深入探索“竹韵”品质，内化于形，始终如一，让更多的生命绽放出绚丽的光彩。

“本真教育”让生命焕发活力

四川省乐山市五通桥区佑君初级中学 张俊如

什么才是真正的教育、我认为只有遵循生命的内在发展，让生命持续不断地成长，让教育回归生命的本真，这样的教育才是真正的教育。那么何为“本真教育”？这里的“本”指根本、本质、本源，亦指中心的，主要的。“本”，还有自己的意思。“真”指自然的、固有的、实在的意思，亦指与客观事实相符合的，与“假”、“伪”相对。“本真”指本源、真相、本来面貌，或是事物本身所固有的根本的属性，亦指真实的、不加任何修饰的内心世界及外在表现，即回归自然、返璞归真或者真实情况、本来面目。

本真教育：指遵循教师发展及学生认知的自然规律做真教育，要求学校以教师为本，教师以学生为本，以发展教师为中心促进学生全面发展的教育。

我自担任校长工作以来，除了向他人学习，我也读了一些书，最后发现学校管理基本上就是两类：一类主张科学管理，就是把什么事情都设计得非常细致，特别注重标准，因此一切事情都是严格按照既定的逻辑和标准去实施；另一类主张人文管理，叫人文关怀。我试图把这两类结合起来，但始终不怎么理想。于是我想：能不能利用自己近三十年的物理教学经验、对教育教学的理解来管理学校？

一、提出“本真教育”

作为一名物理教师，我曾提出了“本真物理”的教学主张。本真物理，是以学生物理知识的本源经验为基础，以物理知识由来、生成、发展的自然过程为载体，根据学生学习心理认知的根本属性，结合物理学科的本质特征，经过科学融合而设计的真实的多元课堂。本真物理的内涵包括三个方面——在理念上主张：生活，生本，生态；在氛围上强调：自然，自主，自由；在效果上追求：真实，朴实，扎实。基于“本真物理”和校长管理经验，我提出了“本真教育”的办学思想。

二、“本真教育”的内涵

本，是教育规律的感性解读，是学校人性管理的人文表达；真，是教育规律的理性解读，是学校科学管理的逻辑表达。

本真教育的原理：教育是一个灵魂召唤另一个灵魂。著名的教育学家福禄贝尔说过的一句话：教育之道无他，唯爱与榜样而已。由此可见，教育是一种影响，是一种感染。要改变一个人是很艰难的，但学校校长可以感染、影响教师，教师可以感染、影响学生。

本真教育的理念：教师第一，学生第二。从学校发展的逻辑来看，学校应先有优秀教师，再有优质教育，才有学生更好地自我。所以，只有校长把老师放在第一位，老师才能把学生放在第一位。

三、担好校长的职责

校长作为教练：应努力让教师享受到职业的幸福！未来的教师一定是一个优秀的教练，校长的责任是做好老师们的教练。既然教育是为了美好的生活作准备，那么，教育本身就应该是美好生活。校长应引领教师在工作上实现全情投入，教师才能体验到工作带来的快乐与幸福。

倾听教师心声：善听比善说更重要。著名教育家狄波拉·玛雅有一句名言：学校最重要的是，倾听儿童的心声。教育如此，学校管理也如此。学校很多事，是可以听老师们的，跟老师们商量着一起来做，如：选中层干部，听老师们的；用中层干部，放权，听中层的（把控方向与原则）；教代会成员确定，听老师们的；完善制度，听老师们的……

校长内外兼修，唤醒．激励教师 。校长要努力做一个服务型、特长型、学习型、开拓型、追求型的校长。要不断加强自我修炼。

校长应公正公平，为人朴实，教师才可能敬重你；校长应平易近人，以诚相待，教师才可能亲近你；校长应勤勤恳恳，踏踏实实，教师才可能跟随你；校长应讲究艺术，感情沟通，教师才可能感激你；校长应尽心尽力，大公无私，教师才可能相信你；校长应博学厚积，修炼内功，教师才可能佩服你。

四、本真教育的核心

本真教育的核心是以学生为本。叶圣陶先生曾说过这样一句话：“教育是农业而不是工业。”当前教育，正在从工业革命的标准化走向数字时代的个性化。

本真教育的核心理念是以生为本，唤醒与激励学生主动学习、学会学习，形成积极的科学的学习态度与方法，培育创新精神，从而由学科兴趣走向学科情怀，激发学生终身学习的愿景、感受终身学习的快乐！

五、本真教育的路径

路径：校长影响行政，行政影响骨干，骨干影响教师，教师影响学生及家长。本真教育结果表现就是让大家动起来，让高效工作和深度学习真实发生！为此，校长不应是管理思维，而应是运营思维。

六、“本真教育”的实践

我们从凝聚核心、搭建脊梁，培育资源，架设跑道，联结外资五个方面来阐释本真教育的实践。

凝聚核心——行政团队 。一定位行政团队：行政班子是教师队伍的核心；二产生行政团队：民主推荐，个别谈话，组建行政班子；三培养行政团队：独当一面，协作互助—在做事中培养；寻找方法，改进方式—在建模中培养；责任担当，理想信念—在情怀中培养。

搭建脊梁——班主任和教研组长 。一定位骨干：班主任和教研组长是教师队伍的脊梁；二产生骨干：民主推荐，个别动员，搭建脊梁；三培养骨干：集体座谈与个别交流，在思想上重视，在态度上努力；梳理内容与交流方法，在实施中有效，在研究中提升；强化学习与榜样引领，在理念上指引，在主题中升级。

培育资源——教师是学校最珍贵的资源。百年大计，教育为本；教育大计，教师为本。教师，才是学校最珍贵的教育资源。在现实工作中，有不少学校出现教师厌教的现象，这应该是学校的动力机制缺失所致 。笔者所在学校的重要工作是培养教师。

架设跑道——课程建设助推学生发展。课程是学生成长的跑道，很多学校课程开发和使用都做得很好。这一话题笔者不作阐述。

争取外资——外部资源助推学校发展。把一个一个教育活动剥离开来，它本身就违背生命的真实存在状态。任何一个教育教学活动都是综合的，谁忘了这一点，就一定搞不好教育。

没有一所学校能够独立存在。学校应加强与行政部门、业务部门、课程联盟学校、家长团队、社区等的紧密联系，要充分获得他们对学校工作的理解、支持和帮助，这样形成的合力才能让学校实现既定的办学目标。其中，家长对学校工作的支持尤其重要，学校一定要让家长理解:孩子的成长，家长最重要;中国最需要教育的是家长，而不是孩子；家长学校开课先于孩子入学；从瞧瞧人家的孩子走向瞧瞧人家的家长；不是家长配合老师教育孩子，而是老师配合家长教育孩子；最难教育的孩子，爱才是金钥匙，这种爱，需要包容与坚持，才能最终见效等等。

七、“本真物理”的发展

我所在学校是一所以英雄命名的学校，学校努力打造英雄精神“庄敬自强，砥砺奋进”，逐步形成了教师精神“忠诚，奉献，刚正”、学生精神“勤奋，坚韧，勇敢”。

“天命之谓性，率性之谓道，修道之谓教”（《中庸》），教育，本来就是修道。“师者，所以传道授业解惑也”（韩愈《师说》），教师，本来就是传道。不传道，无师；不修道，无教育。

当前对师范生的培养，还有很多陈旧的观念，认为教师的基本功就是学点教学法，如普通话、三笔字、学点心理学。这些是必要的，但只是技能意义上的，对什么是教师职业更为根本的基本功，教师是谁，应该有怎样的品性与人格，还缺少研究。中国现代著名历史学家、思想家、教育家，国学大师钱穆说：中国之知识教育以德行教育为基本，亦以德行教育为归宿。教育如此，学校管理亦如此。笔者所在学校一直以“做人如水，做事如山”来鞭策师生，修道前行，升华师生。

问题不是问题，如何应对才是问题。应对问题不是目标，建构解决之道才是目标。学校管理者对教师的管理和引导，很多时候，不是看你做了什么，而看你是什么。眼中有人，心中就会有法。教育即修道，无时无处不道场；治学先为人，修道即修身。

总之，新时代的教育改革必须回归育人的初心，回归教育本真，确立人是教育的原点，坚持育人为本，唤醒主体生命自觉，激扬生命潜能，培育在全面发展基础上的“自由个性”。

锤炼腾飞羽翼　打造翱翔摇篮

四川省凉山彝族自治州德昌县南山国际学校　刘虎　蒋光权

2020 年寒冬腊月，全国网红村庄——凉山州昭觉县悬崖村处处却洋溢着浓浓的温暖和喜气。这是为什么呢？哦，原来是正在读书的孩子们一波又一波给家乡传回了喜讯:“阿妈！期末考试成绩出来了，我的综合成绩预测可以达到大学的二档线。”、“阿爸！我给全家报个喜，按照这学期我的期末考试成绩，老师们说明年能上北京的大学录取线。”……据了解，昭觉籍 56 名贫困学生期末考试成绩普遍比入学时提高了两个档次，这离不开结对学校——德昌县南山国际学校的辛勤培育和耐心教导。

坐落在堪称凤凰城的德昌县德昌南山国际学校，是凤凰翱翔的摇篮。2018 年 7 月，学校送走了第一批高中毕业生，221 名考生就是 221 只凤凰，全部飞进了祖国最高学府的殿堂；2020 年，应届生硬上本科线 214 人，其中重本线 168 人，分别占参考人数的 97%和 76%；截至目前，学校已连续三年取得了骄人的成绩，学生德、智、体、美、劳在教育部门综合考核评估中名列攀西地区的前茅。如今，学校生源已覆盖攀西地区，成都、雅安、眉山、乐山、攀枝花及云南省楚雄州等地区也有学子慕名而来，在校生人数已超 4500 人，预计今年秋季可突破 5000 人。

不负众望，不辱使命。德昌县南山国际学校仅用了五年时间，无论是办学规模还是教育教学质量，都创造了前无古人的“凉山速度”，进入了全国普教一流学校的行业。我们是怎么一鸣惊人、名噪大凉山的呢？

三方机制，聚合办学活力

一个好的愿景需要一个好的机制来支撑。德昌县南山国际学校不仅是国家普通教育改革催生出的“教育弄潮人”，也是少数民族地区教育发展进步的一朵希望之花。

历史不会忘记，2013年10月28日这一天，德昌县政府在全面实施脱贫攻坚、振兴德昌经济的战略中，形成了以发展教育事业为切入点的共识，以改革开放的姿态引进了全国一流学校——四川省绵阳南山中学，确定以“政府、学校、民企”三方股份制的形式联姻办学，即政府负责政策性的教育资源配置及营造良好的办学环境，绵阳南山中学负责教育教学的管理及师资队伍的建设，企业负责学校的资金保障及相关业态的经营管理。这种“1+1+1”的办学模式，为民族教育的首创，开辟了集体制新、理念强、规格高、方法活的民族教育新路子。

在教育教学步入正轨后，为稳定教师队伍，实现全面突围，学校迅速采取“待遇、情感、事业”三管齐下的措施，仅两年时间就投入 5000 余万元，用于新建教师周转房、学生公寓及教师福利房，增强了教师的归属感、责任感、使命感和幸福感。凡从绵阳南山总部派过来的教职员工，均住进了有宾至如归之感的“三室两厅”周转房，并每月安排一次探亲假，报销往返差旅费；凡与学校签订五年以上服务合同的教师可以购买一套商品房，学校每平方给予 2000—2500 元的补贴，现已有 105 名教师享受了这项福利；教师工资打破铁饭碗制，与绩效直接挂钩；凡考聘入学校是大学应届毕业生的，均送到绵阳南山中学总部学习培训一年。

毫无疑问，学校之所以能在很短的时间里取得超常的成绩，关键就在于“三驾马车”的同心同向。“顶着压力往前冲，开弓没有回头箭”，这是所有股东的共识。在保障教师乐教善教、教学质量稳步提升的基础上，学校还将围绕增强师生对德昌、对学校的认同感和存在感，继续在创造一流的工作、读书、生活环境方面增大投入，同时新建一座集学生劳动实践、德昌农特优产品研发、师生绿色食品供应的新型现代化农场，使德昌南山国际学校成为名副其实的凤凰腾飞与栖息之地。

三狼精神，铸造优秀团队

一个好的机制需要一个好的团队来执行，这是学校团队用行动证明了的真谛。在探索过程中，学校将校园文化确定为“狼文化”，从狼的敏锐、狼的坚守、狼的互助三种精神入手，对教职员工进行理想信念教育，倾力铸就一支具有勤学思辨、知识过硬、见识超群、品德正派的“狼性”队伍。

学校教学日志上的记录足以证明这个“狼性”团队的付出。刘虎校长元月 3 日工作记录：上午六点十分到运动场检查教师带操及学生出勤；九点至十点到初中部初一二班、初二九班、初三五班巡课；下午三点至四点到高中部毕业班听课，并检查教师对学生作业的批改情况；晚上十点至十一点到学生公寓检查班主任老师及公寓管理人员对学生休息的管理情况。而且，从校长到一般教师的日志记录格式几乎完全一致，尽管看上去有些乏味，但这也真实地反映了我们的敬业精神与工作态度。在不断内化、吸收、外显、固化的循环往复中，“责任、付出、奉献”已成为学校教师们大脑硬盘里的关键词。

毫不夸张地说，这个团队“狼性”十足，个个都是“拼命三郎”，每天有十五六个小时，都在围绕学生转。大家不仅喊出了“给我一个中等生，还你一个大学生”、“把世界带进课堂，让学生走向世界”等口号，而且用“自觉 + 时间 + 智慧 + 汗水”让这些口号变成了现实，赢得了学生的爱戴、家长的信任和社会的尊重。

三长情商，激活学生动力

“细节决定成败，奉献决定成果”是德昌县南山国际学校对教职员工的底线要求。基于生源来自不同地方且民族类别多达十余种的特性，学校要求全体教师不仅要管学生的学习，还要管学生的生活以及心理。

一个称职的教师必须具备“家长、师长、学长”的综合素质与品性，在生活上要像父母一样关怀学生，在学习上要有履行师者“传道授业解惑”的能力，在平时相处中要像学（兄）长一样与他们交朋友，消除学生的孤独感及生活学习中的心理障碍。被学生称为“吴妈妈”的吴庭苇老师，是 2019 年德昌县第一届劳动模范，现任初三年级的年级主任。2018 年，她接手初一七班时，班内就有 34 名来自石棉、冕宁、美姑、金阳等地的少数民族学生，这些地方小学阶段基本上没有开设英语课，与本校学生相比综合素质差距很大。于是，吴老师从照顾、关爱入手，整整一个学期没日没夜地陪伴着孩子们：课堂上孜孜不倦地讲解学习重难点，第二课堂上陪他们一起做手工、学书法、练口语，运动场上与他们一起做体操、玩游戏，晚自习耐心细致地为他们辅导作业，孩子们睡下后一间一间寝室地去问寒问暖，周末还要组织他们开展篮球比赛和登山活动……在这所学校里，老师们非常辛苦，夙兴夜寐，几乎每天都是早晨六点准时到达学校，晚上十一点前必须断了回家休息的念头，仿佛把自己“卖”给了学校和学生一样。不过也正是在这里，教师们用自己的心血和汗水托起“明天的太阳”。

甲拉杨飞是通过学校帮扶贫困地区昭觉县的人才培养行动计划，在初三开学时来到学校的，明年高中就要毕业了。刚到学校时，他由于语言障碍无法与同学一起交流，上课时只有“坐飞机”、打瞌睡，不到十天就开始厌学，想回家了。就在这个绝望的时刻，老师们送来了“温暖”——“私人订制”的学习方案。“晚自习给我补习语文、数学和英语，星期天和节假日教我说普通话，不仅帮助他找到了学习方法，还培育了他的学习爱好和信心。”甲拉杨飞由衷地表示感谢，并郑重承诺，“争取明年考上北京的重点大学，实现我祖辈的大学梦。”

办学成效如何，政府、社会、家长、学生的口碑就是最好的答案。短短几年间，学校就获得了全国青少年艺术人才培训基地、全国艺术人才培训基地、常青藤学生领袖培养计划项目学校、国学教育示范基地、青少年教育基地等诸多殊荣。从学校走出去的学生个个都怀有一颗感恩之心，刚进入新年，学校就已经收到了考入全国各地大学学生的300余篇问候和祝福的信函。

春华秋实，德昌教育初见成效；征途漫漫，唯有奋斗才能再续华章。作为孵化凤凰的摇篮，德昌南山国际学校期待有更多的金凤凰从这里起飞，飞往更蓝更广阔的天空，实现人生的美丽蜕变！

开展感恩品格教育，培养幼儿感恩之心

四川省凉山州机关第一幼儿园 彭芳 单成莉 邵尤群

“感恩”是重要的品格素养，现有各类节日蕴含深厚的感恩品格教育内涵价值。从2016年至今，我园依托节日为载体，充分挖掘节日的教育内涵，紧紧围绕以德为先立德树人的办学目标，以感恩为主线，从感恩亲人、感恩社会、感恩自然三个维度入手，从横向不同节日的感恩教育开展和纵向同一节日不同年龄段教育目标的递进，开展了幼儿园一系列节日感恩品格教育活动，在健全立德树人落实机制，有效实施感恩品格教育上积累总结了可供借鉴推广的“一条主线、两条路径、三个入手点、四类活动”幼儿园感恩品格教育实施策略。

一、以节日为主线，开展感恩品格教育

我园逐一挖掘每个节日所蕴含的品格教育价值，筛选确立了以一个个节日主题内容为主线开展各项与感恩教育密切联系的教学、游戏、区角、亲子活动，使节日活动不再是单个的零散的活动，而是多元指向、内容全面、连接家园乃至社会的整合性感恩品格教育活动。

我园将各类节日开展感恩教育的内容与目标梳理后，采用全园举行固定节日感恩活动与引导各年级灵活拟定年级节日感恩活动以及各班结合本班的孩子发展水平，拟定相关班级节日感恩教育活动预设主题与生成主题计划相结合的方式，构建“园级——年级组——班级”全覆盖分层实施模式，层层推进节日感恩教育活动，着力将节日感恩教育活动形成常态化的园本品德教育课程。

二、实施两条路径，深挖品格教育内涵

为帮助教师有的放矢的开展节日感恩教育，园所经反复研讨从与孩子生活密切相关感恩教育价值凸显的节日中确立了横向实施与纵向实施节日感恩教育的两条路径。

横向实施路径：根据大中小各年龄班幼儿认知特点和理解水平，横向筛选确定适合不同年龄段开展感恩教育主题活动的不同节日。

纵向路径：根据大中小不同年龄班幼儿认知水平的发展与生活经验的积累与提升以及活动中生成的兴趣、家长反馈等筛选同时适合小班、中班、大班年龄段的节日，从而确定同一节日在三个年龄段同时开展但目标递进的节日感恩教育主题活动的纵向路径。有：妇女节、端午节、儿童节、火把节、国庆节、中秋节、重阳节、彝族年……纵向路径中特别引导教师们根据各年龄班对同一节日分别提出逐渐深化、目标递进的感恩主题教育活动要求。横向纵向实施路径的确立，帮助教师缕清了思路，明确了同一节日不同感恩品格教育内涵的挖掘。

三、以三个入手点，培养幼儿感恩之心

中国传统的感恩意识是建立在血缘亲情的基础上的，中国人的感恩意识的形成是由里到外（家人到外人），由近及远（熟人到陌生人），同时《3—6岁儿童发展指南》中儿童的社会性发展也遵从了这样的原则。基于这一原则，结合大中小班孩子的认知特点，我们确定了有效开展节日感恩教育的三个入手点：

小班——从“感恩亲人”入手开展感恩教育活动。3—4岁的幼儿逐渐拥有了初步的生活自理能力，他们的认识能力、人际交往能力得到迅速的发展。同时他们也具备了基本的听说能力，能够运用简单的语言与人交往，这时的感恩教育内容要选择一些比较亲近的人和对自我表面的认知，能够让幼儿对自己的父母、长辈有初步的认识，学会用语言和行为上向父母及亲人表示感谢。如“妇女节感恩主题活动——甜甜的爱”：从了解妈妈的姓名、职业（做什么工作，有什么本领）、电话号码、生日入手，逐步扩展到关注妈妈的喜好（包括喜欢的颜色、食物等），再关注妈妈的情绪，最后延伸到身边的亲人，在节日主题活动中培养幼儿关心、爱护、感恩亲人的情感。

中班——从“感恩社会”入手开展感恩教育活动。4—5岁幼儿的人际关系发生了重大的变化，同伴关系的地位逐渐提升并开始冲破亲子关系和师生关系的优势，对周围的接触有亲近情感，能关心、同情他人。这个阶段感恩教育应由识恩知恩到关爱别人、报答别人转变，也就是要进一步教他们学会关心和爱护周围的人。如“劳动节感恩主题活动——劳动么么哒”，让幼儿从了解身边职业入手，通过了解与幼儿生活息息相关的职业名称、工作内容，逐步扩展到了解身边不同职业的人们给我们生活带来的便利，体会到身边的人给予自己成长的帮助，从而产生尊重的情感，学会感恩社会。

大班——从“感恩自然”入手开展感恩教育活动。5—6岁幼儿的心理活动已经开始形成系统，各方面的发展进一步成熟，出现了有意的自觉控制和调节自己心理活动的方法。对于这一阶段的幼儿在培养感恩亲人、感恩社会的基础上了解周围的物（大自然、动物……）给予人类的馈赠，要心存感激，爱护环境、爱护一切有生命的物体。如“世界水日感恩主题活动——一杯水的约定”，从引导幼儿关注与我们生活密切相关的水的作用入手，知道其现状（水资源的匮乏，水资源的污染、节约用水从哪里做起等），懂得如何加以保护，学会珍惜并附之行动。在节日主题系列活动让幼儿了解人与自然的关系，知道大自然给予人类的馈赠，学会感恩自然。

四、开展四类活动，力促养成感恩习惯

幼儿的生活离不开集体活动、生活活动、游戏活动、亲子活动，依托节日主题活动的感恩教育必须充分的开展这四类活动。集体活动、游戏活动、生活活动让感恩教育融于儿童的一日生活中，亲子活动让儿童在幼儿园建立起来的感恩意识、感恩情感、感恩行为在家庭中得到延伸和固化。家园共育两条主线、四类活动相辅相成，缺一不可。

集体活动中认知。依托重阳节开展的感恩亲人的主题活动“爱的传递从重阳开始”，通过集体活动XX爱吃、年轻时的爷爷奶奶、现在的爷爷奶奶、爷爷奶奶的本领等，让幼儿知道老人对家庭的付出和贡献，认识到老人的恩情，为培养尊重老人的情感奠定基础。

游戏活动中体验。在游戏活动中体验使幼儿能获得到最直观的、最形象的感受。如在依托教师节开展的感恩社会主题活动“最可爱的人”中我们发现，通过集体活动幼儿对各种劳动者的职业特征很了解，并能理解我们的生活离不开各行各业的劳动者，但在体验劳动者工作的辛苦方面存在浮在表面的现象，更多是觉得好玩，只感受到劳动者职业的有趣性，在对劳动者表达感谢时也仅仅停留在语言上。为了让幼儿的体验更真实，我们将班级设置成一个个分工很细的角色体验馆，幼儿在这里体验着各种劳动职业。如在“图书城”里体验着“图书管理员”工作时候的坚持性，“收银员”的认真、细致，“制作图书员”的合作、协商……幼儿在活动后进行分享，收获了要爱护图书、轻拿轻放、看后的书要归位等从自身行为做起就是对劳动者爱的表达。

生活活动中渗透。依托世界水日开展的感恩自然的主题活动“一杯水的约定”，在生活活动中渗透洗手时水管不开太大、打肥皂时关水；喝水时喝多少接多少；解小便用小按钮冲厕所，解大便时才用大按钮冲等将节约用水的行为。

亲子活动中巩固。依托节日主题活动开展的感恩教育都需要家园共育的亲子活动，如感恩亲人活动中“妈妈调查表”、“我给妈妈过节”、“超级妈咪秀”等，感恩社会中的“小记者采访”、“同去图书馆”、“走进军营”等，感恩自然中的“相约湿地”、“水厂见闻”等都是小手牵大手的亲子活动。内化幼儿感恩行为的亲子活动带动了家长感恩素质的提升。

我园在践行“以德为先立德树人”扎实开展感恩品格教育上，探索总结的“一条主线、两条路径、三个入手点、四类活动”已卓见成效，孩子们在各个节日中句句暖心的话语、大大的拥抱、呈送的自制小礼物、捶背端茶、食物分享、问候分担让家长不断感动泪奔，赢得家长社会的充分肯定和高度评价，未来，我园将继续沿着培养德智体美劳社会主义合格人才的培养目标，深入、持续、扎实、不断推进幼儿品德教育，助推幼儿健康快乐地成长。

学教有序壮心志，立德树人育“天骄”

四川省凉山州西昌天立学校 何梅

少年强，则民族强！全面贯彻党的教育方针，落实立德树人根本任务，发展素质教育，推进教育公平，是每一所学校肩负的使命。办学以来，我校始终把“做中国基础教育的创新者与引领者”作为教育使命，以“大雁精神 积极主动 学生为本 教师幸福 校社共育 传承融合 持续发展”作为核心价值观，树立学校特色课程理念，以兼具民族情怀与国际视野的课程，发现与培养每一个孩子的无限可

能。2019年，我校首次提出“成长命运共同体”的概念，将学生成长、教师幸福、社会认同作为重要办学目标，打造一切皆课程的校园文化。形成了“学生成长、教师发展、家长共育”三位一体的教育共同体。依托天立教育集团的办学理念与教育文化，一直以来，我校以“全领域课程，全维度发展”的课程体系为核心竞争力，利用小班化教学的优势，打造“攀西第一、四川一流、全国知名”的精英智慧小学。践行立身、立德、立心、立学、立行、立异、达人育人目标，用“正面管教”理念，培养自信阳光、智慧博学的天立少年。

一、育道铮铮，焕发树德立人办学精神

课程是一所学校的核心竞争力，打造一切皆课程的校园文化，建构“全领域·全维度”是深化课程体系建设的首要任务。为此，我校把课程作为落实素质教育最重要的途径。通过近20年的教育实践，初步构建了“天骄”立达课程体系，以培育时代的“天之骄子”为目标，将此贯穿于课程设计和实践应用的全过程。通过立达课程的深耕研发与具体实施，达成“天之骄子，立己达人”的育人目标。一路走来，我校以“一个中心、三层驱动”构建“全领域·全维度”的育人模式，把“教学质量”+“综合素质”+“兴趣特长”作为办学方向，坚持培养自信阳光、智慧博学的天立少年。

课程创新是推动教育发展的重要力量。我校从三个角度创新学生成长课程，严格落实国家必修课程、天立专修课程和骄子选修课程。先是通过3类国家必修课基础学科课程，培养智慧天之骄子。我校认真钻研国家部编课程，建设校本课程，构建了语文学科素养课程体系。通过精心设计，层层分析，通过各类丰富课程，达到育人目的。我校小学语文组深入解读部编教材，从小初高整体，到小学阶段，到对应年级，从整册教材到单元，最后到具体文本，双线梳理语文的“人文主线”与“语文素养”，横纵向螺旋结构让知识体系化，开展大单元整合教学，提升学生综合素养。如我校的《自主识字》课程，以右脑开发为启示，右脑具有把所见所闻用图像记忆下来，并用图像把信息原样重现出来的能力，对汉字、词语以映像的形式印在脑海中。学生自主利用碎片化时间，通过剪、折、拼等操作，让孩子在游戏中、亲子活动参与中、小组合作中，轻松掌握2500个汉字……《智慧悦读》课程引进《自主识字》课程，为学生扫清阅读障碍，激发学生阅读兴趣，培养学生阅读习惯。《经典诵读》课程，倡导使用《育灵童》国学教材，诵读国学经典，品悟中华文化，传承民族精神，继承民族智慧，涵养民族修为，将传统文化美丽的种子，种在孩子幼小的心中。还有《超级演说家》课程：每节语文课前3分钟演讲，体系化的与部编教材配套的演讲主题，每周交流活动等，培养小小演讲家，让每一个天立孩子练就一副好口才。通过这些课程让真正学生了解中华文化的博大精深，领略文字语言的美丽。数学是研究数量关系和空间形式的科学，并广泛应用于社会生产与日常活动的各个方面。通过学习数学，获得适应未来社会生活和进一步发展所必需的重要数学知识，以及基本的数学思想方法和必要的应用技能。我校把国家课程校本化，通过各类课程帮助学生智慧成长。为此，我校教研团队，深研国家大纲教材，从“数与代数”、“空间与图形”、“统计与概率”、“实践与综合应用”四大领域，解读并梳理双向细目表，涵盖“知识技能、数学思考、问题解决、情感态度”，建立《轻松学数学》学科课程。从学生的认知规律与心理特征，激发学生兴趣，培养孩子的数学方法和数学思想。我校的《让大脑更聪明》课程，培养小学生基础认知能力，从注意、记忆、思维、问题解决、想象与创造6个模块，促进小学生数学整体认知能力水平提升。《数学思维》课程，结合成绵师资编制《数学思维》教材，“思想方法研究专题+奥数专题”的结合，全面改善学生的思维品质。以“思维训练为主线，数学结构与数学文化为两翼”构建数学思维教育体系。通过分层教学，精准个辅，开发校本课程，推行探究式学习，建立数学文化阵地等，用思维文化呈现数学魅力，让孩子们从骨子里喜欢数学。三年级以上使用该教材。《数学学科习惯体系》课程，作为集团重点发展课程，我校制定出不同年级的分类标准，并有具体的实施“操作方案”和“评价体系”，每个期末还对相应的习惯在家长朋友的监督下进行检测，通过学科习惯的培养提升了学业成绩也带动了其他学科习惯。编制了校本练习册《天立小博士》，练习册的编制以提升学业质量、发展学生思维、促进学科习惯养成为设计理念。还有《超脑麦斯》《数学综合实践活动》等课程，通过新颖的教具，丰富的活动，让孩子们喜爱数学，感受数学。英语也是我校重点建设的课程。我校遵循儿童认知发展规律，根据语言输入原则，在宏观汉语环境下，帮助儿童汉英双语习得，从而感受国际文化。秉承“兴趣至上，听说为主，读写为辅”的思维，通过游戏、活动，注重学生的体验，创设课堂情境，以“HIGH课堂”为核心的教学模式，通过自学、互学、群学全面培养孩子英语思维能力，全方面提高学生看、听、说、写等表达能力，深化英语教学改革。如果说智慧是人类最有价值的财富，那身体就是用来保管这些财富的宝库。除了对基础课程设计，我校也十分注重学生个性、才艺养成。根据国家大纲体育课程与校本体育课程相结合，我校大力普及《人人足球》课程。同时制定出《小学生身体素质训练》校本训练和课程体系，每日晨练、阳光课间、阳光体育运动达2小时，组建校足球、篮球、乒乓球、田径、健美操、跆拳道社团，锻炼身体素质，培养体育精神。此外，我校的音乐课程也取得长足发展，《K12一体化烂漫音乐课程》面向全体学生，结合唱跳共育，致力于提高每个学生的艺术审美修养的艺术教育，并以感受力、鉴赏力、想象力、创造力成为艺术教育的四根支柱。课程通过重构课表内容，合理优化整合教学内容，并结合教学经验开发出“1+4”的西昌天立小学音乐校本课程：课标中优化过更适合孩子们美育培养和必须掌握的歌曲和乐理知识技能；四套自主开发的符合年段特征的K12校本课程体系：从易至难的乐器课程、以课标和电影相结合的鉴赏课程、以专业知识为基础的烂漫音乐创作课程、音乐综合素质培养的键盘一体课程。美术方面，我校结合四大领域“造型·表现”、“设计·应用”、“欣赏·评述”、“综合·探索”，开展美术校本课程研究，对国家大纲和小学美术课标要全面掌握，对孩子们在小学阶段要掌握的美术知识点渗透到位，对国家大纲内容进行选择优化提炼。把小学六年的课程分为横向和纵向交织的知识点，年段纵向向，学期横向，融合色彩、构图、造型、空间、点线面、欣赏、设计等方面的知识，围绕线描、水粉、国画、手工、欣赏等专业展开培养。科学信息课程也是我校课程建设的重点组成，通过科学实验操作培养学生科学素养，掌握信息科学，信息技术的基本知识，适应未来信息社会，培养孩子独立思考问题、分析问题、解决问题能力，培养学生的创新精神与实践能力。此外，我校也通过天立专修课程，通过丰富的德育课程，由浅入深，加强学生道德品质建设。如《校长妈妈的餐桌》《长大要做主持人——电视台体验活动》《天立·未来星》校园电视台，《水的净化旅程》等。滋养孩子的童年，引导孩子树立正确的人生观、价值观。为了培养学生综合素质，助力学生个性化成长，我校还开设精彩纷呈的跨年级选修课程，同时以专业化、特色化为标准进行“学院制”管理。成立“西昌天立小学骄子学院联盟”。成立“天立少年科学院”，培养学生对科学技术的兴趣，更重要的是在孩子心中埋下一颗科学探索的种子。

二、弥足根本，大力建设品质教育强师

“智慧的工作，幸福的生活”是我校的教师发展观。为打造学习赋能型教师团队，我校构建了“教师发展学院”队伍建设思路，通过教师人才工程的建设，使学校成为一座吸引杰出人才的大磁场，卓越的品牌加上优秀的人才，必将产生超乎寻常的生产力，在不断感受成功的过程中，让每一个教师创造生命的奇迹，充分享受教育生活的温馨、快乐和幸福。我校的教师发展中心着力从教师价值观、专业素质、业务能力等各方面培养教师，为每位教师建立职业档案，让教师享受幸福而有意义的教育人生，实现真正的“教师幸福”。在教师培养中，我校通过多种课程，强化教师培养，设计适合教师成长课程，丰富知识，定期开展活动，为教师提互相分享，交流经验的平台。如我校的《教研专业成长》课程，从质量组到学科组到学部，“雁鸣杯”赛课活动专业成长体系，为优秀教师发展搭建专业成长路径。《班主任课程》，定期开展优秀班主任、优秀辅导员经验分享会，每学年举行班会课、队会课比赛，鼓励教师向优秀班主任学习班级管理经验。我校还大力建设《青蓝工程》。发挥资深教师引领作用。努力建设一支高素质的教师队伍，全面提高教学质量及提升教师的班级管理能力。此外，我校的《教师发展研讨课程》《教师阅读工程》《课堂专业进阶》等课程，旨在打造小学部卓越教师团队，让教师在阅读中收获成长。通过教研集体备课研讨，使教师努力钻研业务，提高课堂教学质量，让老师了解本学科的发展趋势和前沿信息，从根本上提高学术水平，勇挑重担，在课程建设与教学改革中成长。本着“名师工作室要成为‘研究的平台、成长的阶梯、辐射的中心、师生的益友’”的宗旨，我校还成立了小学部七大名师工作室，树立为学生及教师服务的工作方针，完善自我，创新创优，全面推动我校教学教研和改革工作。

三、家校共育，携手创造天立教育蓝图

学校是学生的学校，也是老师的学校，是家长的学校，更是社会的学校。所以我校倾力打造家校“成长命运共同体课程”，倡导让每一位家长参与到孩子的成长教育中，形成家校共育联盟。实行班级家委会、年级家委会、校级家委会三级家委会制度，全方位了解孩子、家长的各项需要，打造金牌服务。我校构建的《成长命运共同体》，定期沟通交流互动，给家长提供做老师的平台，充分整合家长教育资源，让家长走进学校，走进教室，走上讲台，为孩子提供更广阔的空间与视野。每周我校会开设一次家长阅读活动，分享国际国内优质教育书籍，为家长提供专业的教育指导，帮助家长科学育儿，与孩子共同成长。如《叛逆不是孩子的错》《如何说孩子才会听》《如何培养专注力》《掌控习惯》等。还开办家长选修学院，为家长开设丰富的选修课堂。

今天，人类面临着新的挑战，技术带来新的变革，高考调整新的方向。学校也必将生成新的样态，学校的课程从单一走向多元，从封闭走向开放，从表层。走向纵深，已是必然趋势。激发人的禀赋，赋能人的成长，全领域全维度课程生态的构建是践行教育使命，培养天之骄子的必由之路。明德崇善乐笃行，幸福教育耀师生。我校全体师会继续心怀大志，仰望星空，虚心向学，脚踏实地，勇敢前行，在教育中不断创造、生成丰富的经验资源，在“教育”上用功，在“课程”上磨砺。以先进的理念引领学校发展，以严谨的态度探索教育规律，敢为人先，勇于创新，开启学校发展的新局面。

以德育带动学校控辍保学工作出成效

四川省凉山州越西县普雄民族学校　张兴浩　白拉古哈

摘要：近年来，与国家施行的“九年义务教育”政策不相协调的是农村地区特别是彝族聚集区中学生辍学现象。究其辍学原因多种多样，有社会层面、家庭层面、学校层面以及学生个人层面等多方面的原因。解决辍学现象需要学校、社会、家庭、政府以及学生个人的共同努力。同时，要充分发挥学校德育的力量，帮助学生树立正确的人生观、价值观，努力让德育成为控辍保学中“保学”的有益助力。

［关键词］：五育并举　控辍保学　德育

《国家中长期教育改革和发展规划纲要（2010—2020）》明确提出，“到2020年，全面提高普及水平，全面提高教育质量，基本实现区域内均衡发展，确保适龄儿童接受良好义务教育”。但很多彝族聚集地区九年义务教育范围内学生辍学问题成了他们向好发展的严重阻碍，也成了各项工作开展的一个难点。怎样让失学儿童不再是“义教均衡”和“脱贫攻坚”工作中的“拦路虎”，让他们既“回得来”又“留得住”，这既是这项工作的难点又是亟待解决的问题。基于此，文章以普雄民族学校为例，对学生辍学的原因进行分析，以德育角度阐述学校控辍保学工作开展的成功的经验，促进学生的全面发展。

一、家校共育与法制结合：劝得回

学校是教书育人的阵地，是青少年健康成长的摇篮，学校坚持开展法制教育，是青少年健康成长的重要一环。在学校各类德育工作中，对学生的法制教育是非常重要的德育内容之一。长期以来，因为受环境因素的影响，一些偏远山区的许多学生及学生家长法律意识淡薄，对《未成年人保护法》《义务教育法》等法律法规不了解，加之家庭经济困难，无疑加大了适龄儿童辍学的可能性。

李红是普雄民族学校九年级八班的一名学生，家住越西县中普雄镇优吾村。上学期开学期间，该生并未到校，在学校了解情况以后，迅速派出了控辍保学工作小组到该生家中实际调查走访，摸清辍学根本原因。通过走访了解到，该生父亲早逝，家中有母亲、弟妹三人，经济困难，加之该生自觉学习不好，无法跟上教学进度，因此萌生了把读书的机会让给自己的弟弟和妹妹，自己外出打工，帮母亲减轻负担的想法。

工作小组在了解情况后，积极与学生和家长沟通，在问及是否明白辍学是违法行为时，家长和学生都支支吾吾不能给出明确的答案。随后，工作组重点向学生宣传了国家《义务教育法》、教育惠民政策以及彝区“9+3”助学优惠等政策，对家长进行了法制教育，疏导学生怕学、厌学情绪，鼓励他继续努力，相信未来一定能取得好成绩。经过控辍保学工作小组和班主任多番劝导后，该生明白了读书的重要性，也清楚了自己辍学在家的行为是一种严重的违法行为。终于，该生于劝返工作结束后3日重返校园。

家长、学校、学生、法律四方就像泥土、阳光、种子和水的关系，而法律就是水，保障任何种子一旦没了水的浇灌即使再灿烂的阳光、再肥沃的土地也很难将它催生出来。促使家长、学生了解相关法律，养成良好的法律意识，坚决做到不能辍、不敢辍，才是控辍保学工作的根本。

二、思想教育的强化：留得住

强化对学生、教师的思想教育，是确保学生不再返“辍”的重要内容。“穷不读书穷根难断，富不读书富不长久”，读书使人明理，使学生在竞争激烈的社会中始终立于不败之地，能增长见识，提高个人修养。如何让已经劝返的学生“留得住”，又是学校将要面对的一项棘手的工作。

吉俄热古木是普雄民族学校八年级 6 班的一名学生，十五岁的她家住越西县普雄镇尔塞乡格依村布西组 66 号，学期开学时学校接到班主任老师反馈，吉俄热古木并未到校，学校高度重视，为了弄清学生辍学原因保证其按时到校上课，普雄民族学校立即组织教师成立控辍保学工作小组去她家开展劝返、动员工作。

工作小组驱车近 1 个小时、步行 30 多分钟山路后终于到了热古木家所在的格依洛村布西组，经过实地走访了解，该生父母早亡，后搬去与叔叔同住，目前已不在村中。工作组多方打听，辗转来到了位于普雄镇工务段上行 500 米左右的热古木的叔叔租住的出租屋，见到了吉俄热古木本人和她的叔叔。经了解，家中除热古木外只有叔叔和妹妹三人，而叔叔腿部残疾，为了方便照顾姐妹俩读书才租房于此。叔叔因身体原因无法下地干活，更没有其他的经济来源，只能靠国家“五保”政策勉强度日，妹妹年幼，需要人照顾。

开学前夕，热古木的叔叔身体不适加之家中已无力承担开学时需要交付学校的保险费和生活费（用于补足在校营养午餐不足部分），懂事的热古木狠心放弃了来校读书的机会，专心照顾叔叔和妹妹。老师在了解情况后，立即将其家庭情况与当地有关部门进行了汇报并与村委会协商，协同解决其叔叔生活上的困难，学校方面免除了热古木在校的保险费、部分生活费，还为她争取了一些福利救助，为她解决了后顾之忧。

经过学校和各部门的不懈努力，吉俄热古感受到了学校老师的爱与真诚，她终于放下一切顾虑重返课堂。返校后，老师对她落下的功课进了行专门的一对一辅导，并时常与热古木谈心，及时了解她的家庭情况，对她的生活予以一定的照顾。最终，天真、阳光的笑容终于又回到了她的脸上。

我校学生家庭情况复杂，留守儿童较多，在探索解决如何“留得住”这个问题上，也历经波折，走过许多弯路。经过很长一段时间的实践，学校终于定下了“教育学生教师先自省，要改变学生老师先以身为范”的路线，要求每一名教师以仁爱之心、包容之心、细心和耐心来对待每一个孩子，主动思考学生未返校原因，坚持劝返学生德育为首、文化教育为辅的原则，让他们真诚的感受到老师对他们的爱，再引导学生从厌学、厌老师、厌学校到适应、习惯学校的教学模式，并用这种爱时时提醒学生认真学习，做到坚持不懈、持之以恒。此外，学校还要求学校教师要主动发现学生身上的闪光点，了解每个学生的身体、心理以及家庭状况，有针对性的对其进行思想引导和实际的帮助，使学生的思想能有质的改变，将学生辍学思想扼杀在萌芽阶段。

三、校园文化的浸润：学得好

俄力尔古是学校九年级 2 班的一名学生，因为小时候突遭家庭变故，使得他的性格一直内向，不爱学习，也不爱讲话，升学至我校后班主任老师多番劝导也并没有将他内向的性格纠正，成绩一度非常糟糕。八年级时，他甚至萌生出了辍学外出打工的想法，此时的他，自卑和矛盾，未满十五岁的年少年，背负起了本不是他这个年纪能承受的心理压力。

学校在了解他的情况后，分派给了他一个任务，每天早上起床背诵学校的校训、校规，并向他讲解了学校校训自尊、自理、自立、自强的基本含义。一段时间以后，班主任惊奇地发现，他居然开始变得爱说话，也能够专心听讲一段时间。现在九年级的他是老师的骄傲，成绩一度上升到了全年级第 4 名。相信在中考时，他一定能考取自己理想的高中，改变自己的人生。

自尊、自理、自立、自强是学校的校训。所谓自尊，就是要求学生尊重自己的价值，维护自己的人格尊严，不妄自菲薄，自轻自贱，也不容许别人歧视、侮辱自己。所谓自理，就是要让学生树立自信心，相信自己是有能力的，能够履行相应的学习和生活义务，为自己创造财富，为社会作出贡献，并实现自己的人生价值。所谓自立，就是靠自己的坚持不懈努力学习奋斗实现自食其力，而不是依赖他人生活，成为家庭和社会的负担。所谓自强，就是引导学生乐观进取、积极向上，超越人生的种种不幸，努力磨炼意志，顽强拼搏，同各种困难做斗争，做生活的强者。

学校的校规、校纪、校训等作为校园文化的重要组成部分也是德育的重要内容，将校规、校纪、校风、学风等学校校园文化贯穿到日常教育教学工作中，真正让学生向的学校期望的那样对待学生和生活，树立自尊、自理、自立、自强的意识，让积极努力的思维习惯贯穿他们的整个学习过程，不再轻易放弃，而这种意识或许能成为学生的风向标，使他们终身受益。

学校的教育教学不能单单只向成绩靠齐，更重要的是要教会学生如何思考、如何解决问题，对有辍学倾向的学生更应该如此，让他们能真的学得好。

四、小结

总之，以德育带动学校控辍保学工作要从劝得回、留得住、学得好三个方面下手，施之以策，动之以情，晓之以理，以德育的角度从不同方面深度剖析学生辍学、厌学的原因，将学校常规管理、校园文化融合其中，多些细心与耐心，就能实现“一个都不能少”的工作目标。

以综合实践活动助力学生品格养成

四川省邻水县鼎屏镇第二小学　李志刚　甘艳梅

“培养什么人、怎样培养人、为谁培养人”是教育工作的根本问题，指明了教育工作的目标和方向，教育的基本任务就德立人，以德立品，注重人文素养和科学精神的融汇整合，促进学生是立德树人，把学生培养成德智体美全面发展的社会主义建设者和接班人。我校借用“玉”的精神来建设学校文化，把文化特色定位于“尚玉文化”，总结出“德化良器，智育人生”的办学理念，提炼了“尚玉立人”的校训，学校以德为立校之本，坚持以整体素质和个性潜能的协调发展，打造综合实践特色课程，以德育引领学生的全面发展，提升学生综合能力，为学生的良好品格和终身发展奠定基础。

一、发现问题

我们通过调查发现，学校小学学生受城镇化进程的影响，表现出了许多与时代要求不相符的新问题。在这些问题中，我们认为最严重的是学生的基本行为习惯问题及公民的道德责任意识。如：每天上学放学后，在通往学校的路上随处可见各种食品袋、塑料袋等垃圾，校门口外的马路上更是垃圾遍地。每次大型集会学生走后，操场上总是散落着纸屑、果皮等垃圾，需要老师提醒才会捡拾垃圾。有的孩子很多事情由父母包办，缺乏动手操作机会，自立、自理的能力极差，整理自己的房间不知从何做起，做起来杂乱无章，既浪费了时间，也没能把房间收拾整洁。除此以外，在公共场合，我们还经常看到个别学生张口讲粗话、随地吐痰、踩踏草坪、骑车带人、乘车争抢等不文明现象，还有个别学生无视校规校纪。因为习惯不好，没有养成或欠缺良好的品行，从而影响学习、实践的效果。

二、分析原因

学生原因。学生动手操作能力、自立自理能力薄弱，自我安排性差，责任意识、公民道德意识淡薄。

教师原因。为了迎合社会、家长的需求，很多教学活动过于应试化，重知识传导轻行为引导，还有许多老师本身自我综合实践能力不足和对品格教育认识不足，忽视学生良好品格的培养，从而导致在实践活动对学生品行培养的引导不够。

家长原因。随着农村城镇化进程的加快，虽然不少学生家庭衣食住行条件达到了城镇化水平，但是在生活意识上还局限在吃饱穿暖上，目光短浅，对孩子长远发展思考不够，未深层次认识到孩子的长远发展需要自身能力和良好品行，更没有意识到因为未来社会的发展需要让各种行业不断变化，很多行业逐渐消亡，而新的行业也在不断产生，这就要求我们必须具备过硬的综合能力和健康、乐观、向上的良好品格。另外，现在小学生多为独生子女，家长为了挣钱外出谋职，将孩子托付给父母照顾，对孩子的监管不够，留守儿童的家庭越来越多，隔代教育让独生子女的依赖性、惰性日趋明显。

三、解决问题

立足校情，创建促进学生品格发展的校园氛围。我校是一所有五十多年历史积淀的学校，也是一所典型的城镇内的袖珍学校，要想学校得到更好地发展，让德育更具实效性，就必须走特色德育之路，让学生在综合实践中得到身心发展，正是我们的思考。学校特色是需要文化作为支撑的。将学校特色上升为学校文化，既能改变学校的气质内涵，反过来又对学校特色进行有效地提升、修订和补充。基于此，我校借用"玉"的精神来建设学校文化，把文化特色定位于"尚玉文化"，总结出"德化良器，智育人生"的办学理念，提炼了"尚玉立人"的校训，并以"璞玉润底色，诗书蕴气华"的文化主题，提升学生综合能力，培养良好品格，学校以德为立校之本，坚持以德立人，以德立品，注重人文素养和科学精神的融汇整合，促进学生整体素质和个性潜能的协调发展，打造综合实践特色课程。

拟定思路，从学校层面针对性地拟定工作思路。在生活即教育、立德树人的理念和润德启智的校园文化理念指导下，为了让学生在综合实践中养成良好品格，让活动真正落到实处，学校成立了以学校主要领导为核心的课题研究小组，针对性地拟定了"654321"工作思路。

确定形式，在综合实践特色课程中落实以"五我"为主的品格教育。我们将品格教育活动综合实践化，将综合实践活动课程作为良好品格形成最重要的活动载体。具体实践中我们确立了以"五我"为主的品格教育，将品格教育实践活动分解为"五我"活动板块，分别是：品格知识我了解、品格榜样我学习、品格行为我实践、习惯形成我反思、良好品格我养成。在综合实践活动中融入"五我"品格教育，并将之落到实处。

在学科教学中渗透品格教育活动的内容。学科教学活动注重综合性，是开展综合实践教育的最有效地平台，这就要求我们的老师在学科教学中，注重学科知识的延伸与提高，注重学科知识与能力的转化，还要将课本知识与生活实际相连接。教师有目的的重复文中的内容，学生便会在这种"活动化"的课堂教学中，因体验而学习新知，因实践活动而培养品格。

在"一月一主题"中确保品格教育活动的实效。学校开展的"一月一主题"的道德实践活动就是让学生通过参与、认识、体验、发现、探究、操作等多种学习与活动方式，形成道德体验，发展实践与创新能力，进而为学生的终身发展奠基。由校长任组长，各部门各司其职，确保综合实践活动顺利实施。

在校外实践基地实践活动中拓展品格教育活动的内涵。我们整合各种资源，大力开展综合实践活动，将课堂搬出学校，把学生活动的触角伸向社会这个广阔的空间，为学生的内涵发展奠基。

家校合力，学校、家庭、社会三位一体合力培养做到"四个一"。学校开展了系列亲子教育活动。"亲子共读"，让学生在体验读书的乐趣中，带动家长读书，让家长与学生共同成长；"亲子电话"，学校留守学生比较多，学校要求留守学生必须与外出务工的家长通一次电话，联络感情，学会与长辈交流；"亲子逛街"，学校要求孩子在周末与家长（或临时监护人）逛一次街，增长社会见识，同时培养感情；"亲子调查"、"亲子游戏"、"亲子旅游"……我们主要以充满情感的家庭生活为着眼点，关注生活现状着手，进行一系列的亲子教育，使学生萌生亲切感、自豪感，并懂得爱惜和爱护；使学生经常留意身边的细微变化，关注身边的小事，学会灵活地运用自己的知识加以解决，从而掌握基本的服务本领，形成建立良好生活环境的情感和态度，让学生做生活的主人。

资源整合，将品格教育综合实践活动在多种平台上整合运用。结合学校和班级的实际，我们主动作为。比如在资源建设问题上，我们制作了一些跟有序品格有关的打扫卫生、叠被子、书包整理、路队放学、玩具收纳等小视频，搜集了学习、生活与交往等方面规范有序的图片成果，整理了一些代表性的有序品格学习故事和道德故事，将有序品格最大限度具象化。

多维评价，通过各种形式对活动全程进行综合评价。我们将个体评价与集体评价结合起来，学生自评、互评与师评结合起来，将诊断性评价、形成性评价与终结性评价结合起来，对活动的课程内容、认识体验、行为习惯、学习能力、创新思维等纳入评价之中，以评价促进反思，促使养成好的习惯，形成良好品格，最终达成学习目标。我们不只采用物质奖励，要采用多种适当的评价方法进行综合性评价，将无形的言语评价转变为实实在在的可观可触摸的有迹可循的记录式评价，从而有效地促进学生在活动形成良好的品格。

四、取得成效

学生方面：学生在活动中不但学到了相关知识和生活技巧，更多的是在实践活动全过程中，学生亲自动手，亲自实践，亲自感悟体验，其综合实践能力、探究与创新精神，以及社会责任感得到了培养；全面提升学生的德行修养，为学生们养成良好品格奠定了基础，符合了21世纪人才培养模式的多元化和新课程标准提出的立德树人的基本理念。

教师方面：促使了教师从多个学科领域中去挖掘品格教育，改变教师的育人观念和教学方式，促进自身专业成长。在综合实践活动的开展过程中，我们的教师扮演着活动的组织者、活动过程的引导者和活动的评价者的三位一体的角色，通过设计、组织、指导学生进行综合实践活动，从而做到关注学生个体差异，满足不同学生的学习需要，从而改变以往教学过程过于注重知识传授而忽视学生品行引导的教学方式。同时，教师自身的综合能力和专业素养也得到了提高。

学校方面：开发与整合资源，形成了教学与资源互动，形成了学校办学特色，提升了学校的办学内涵。我校课题研究是结合我校实际而设定的，我校地处主城区，是一个封闭的小场地"袖珍学校"，要想获得长足的发展，就要让学生多参加各类活动。如何突破场地限制，是我们的当务之急。因此，以实践活动为载体，开展品格教育成为我校办学特色，让学校办学向内涵发展。

学校每年都有10余个教育科研课题或校本课题在县级以上结题或获奖，现有县级在研课题18个，市级在研课题7个，还有在研四川省"十三五"课题的子课题《以群文阅读促进农村小学生悦读的实践研究》。近两年，学校获得了14项奖励，其中获得教育部关心下一代工作委员会授予的"新时代好少年"主题读书活动示范学校；书法报社授予的"全国硬笔书法实验基地"；选送作品《力在哪里》《咏柳》《空气的性质》获得四川省电化教育馆、四川省电视台颁发的影视教学三等奖；获得广安市"书法教育示范学校"、"第十四届青少年儿童书信文化活动先进集体"等荣誉称号，《光明日报》《新华网》等多家媒体先后进行过报道。

参考文献

[1]《教育部关于全面深化课程改革落实立德树人根本任务的意见》中华人民共和国教育部，2014.12.

[2] 余志芬，综合实践活动课中如何开展评价[J],中国科教创新导刊，2010,(21).

[3]《中小学综合实践活动课程指导纲要》，教育部颁发.

[4] 潘利若、姚梅林，美国服务性学习对我国中小学综合实践活动课常态化实施的启示 [J]; 2011,(2).

[5] 王伟晔，教师如何面对综合实践活动课程 [A].走进新教育：黑龙江省教育学会"十五"教育科学研究规划项目成果集[C]，2006 .

[6]《中国文库•哲学社会科学类：陶行知教育论著选》，人民教育出版社，2011.

[7]《国家中长期教育改革和发展规划纲要》.

[8] [美] 默娜•B•舒尔著，刘荣杰译，《如何培养孩子的社会能力》Ⅱ，北京联合出版公司，2012.

[9] 孙云晓，《习惯决定孩子一生》，北京师范大学出版社，2013年.

[10] [美] 威廉·戴蒙著，《品格教育新纪元》，人民出版社，2015.

以责任心促教育兴，以中国心助复兴梦

四川省泸县二中、泸县城北中学　陈如君

从外打破，是压力；从内突破，是成长。我校作为一所地处中国西部内陆，位于川南小城的农村高中，面对高考改革的形势和学校高品质发展愿景目标，学校在变革中寻突破，在危机中蕴新机，在奔中悟，在悟中奔。只有自身“突破”，才能实现区域边界“突围”，只有内涵“突破”，才能实现教育丛林“突围”。

我校2002年跨入四川省国家级示范性普通高中行列，2013年成功创建为四川省一级示范性普通高中，奋斗不止的二中人以振兴民族教育为己任，以开拓创新、追求卓越的精神取得骄人的成绩：自开展评估以来，学校连年荣获泸州市高中教育质量综合评估A类一等奖；学校综合实力位列全省前10位；责任教育典范、品质学校先锋、县城中学翘楚、中国西南名校……

一、以“责任教育”为引领，为高品质发展奠基础

爱因斯坦说：“教育就是当一个人把在学校所学全部忘光之后剩下的东西。”作为学校教育工作者，我们认为，教育的责任就是培养高尚的伟大的人格；教育的最大责任就是培养爱国主义的公民。责任，是教育的根本，而爱国，是最大的责任。同时也认为，建设高品质学校，一定要有对教育本质的学校思想定位、有自己的办学特色、师生认同的发展愿景等。因此，责任教育是我校的思想引领，也是我校的教育品牌，是我校办学思想、学校校训在新时期的现实表达与追求。

“因为专业，所以深刻；因为责任，所以卓越。”高品质学校建设以“责任教育”为核心，强化“责任就是我校教育哲学”的思想。责任教育有纵横之分。纵是指责任的内涵，即责任的教学、责任的德育、责任的管理。横是指责任的外延，办责任的学校，做责任的教师，育责任的学生。我校不断深化“责任教育”的内涵和外延，加强“责任教学十大工程”、“责任德育十大工程”，责任教师“十坚持”，责任家长“十应该”，责任学生“十必须”，打造有责任的课堂，有道德的教育，追求有良知的高效，创建有文化的校园，引领学校、教师、学生的内涵发展。

二、以“教学立校”为中心，向高效课堂要质量

教学质量是学校办学质量的重要体现。我校坚持教学立校，提出“三再”即教学质量再高都不算高，教学办法再多都不算多，教研力度再大都不算大。

教学的核心是“三课”，指课堂、课管、课程，基础是课堂。课堂是教育教学主阵地、主战场，是师生在学校生命成长的关键场所，课堂是国家安全。课堂的质量决定学校的质量，课堂的高度决定学校的高度。“教学立校”的根本就是课堂立校。高品质学校有别于“知识的搬运、传递场所”的传统学校，而是“从知识走向育人”。通过育人充分彰显、挖掘、提升学生的生命价值，课堂由“知识课堂” 转变为“责任课堂”，从而实现课堂就是“情感场”、“价值场”、“思维场”、“发展场”的功能转变，追求“生命分数”。

为此，我校提出了责任教学“1234”内涵 。即：“1”是追求一个目标，为中华崛起而教！为民族复兴而学；“2”是突出两个核心：立德树人、核心素养；“3”实现三个转变：实现“知识课堂”向“责任课堂”转变，实现教师由“传授知识”向“引导点燃”转变，实现学生由“被动学习”向“主动学习”转变；“4”是落实四项重点工作：责任教师、责任课堂、责任备考、责任评价。并制定和实施责任教学十大工程，即：高效课堂、高效备考、一生一研、学科特长培养、学科中心主任职责与考核、试题命制、积累本与小组建设、实验三开、书写阅作、作业布置与批改。结合教学理念和实践，制定了责任教师“十坚持”、责任课堂“十要素”等相关细则。

三、以“德育强校”为抓手，让立德树人亮特色

著名教育家杜威认为，“教育的本质为道德教育”，而道德教育的本质是责任教育。因此，我校始终坚持“三抓”理念即“抓德育就是抓升学率，抓德育就是抓课改，抓德育就是抓素质教育”；坚持“立德树人、五育并举”的教育方针和“责任、综合、自主”的培养理念；坚持教学、德育的双中心和“大德育”理念；坚持“系统德育”涵养学生：赢在高一，突出习惯与励志；搏在高二，强调科学与合作；胜在高三，重在感恩与责任。德育是方向、动力、保障，在小事中育大德，在无声中润有生，经过长期的实践探索，逐步形成了学校德育系列课程。

学校结合“三成两创”和“责任、综合、自主”的育人理念。以人为本、以学生为中心，关注学生的成才，追求生命的成长，提出了责任德育的“三个‘3’”培养模式。“三个‘3’”分别指“3”大内涵，即：为成人尽责、为成才负责、为成杰担责；“3大载体”，即：家庭、社会、学校；“3大形式”，即：活动育人、环境育人、课程育人。

人人有事做，事事有人做，时时有事做，个个是干部。学校创新德育形式，提出了责任德育十大工程。即：停课值日、典礼活动、激情教育、对话沟通、校园巡查、放假管理、契约作业、家访制度、家长学校、研学旅行等，形成了全面育人、全面发展、全员参与的“三全”德育新风尚。以“小红帽”为代表的“班级停课岗位值日制”，充分体现学校的“责任、综合、自主”培养理念和学生“四自”养成教育实践课程。《小红帽、大德育》研究案例在2020年获省教科院优秀案例。以国旗班、国防班、飞行员培养为代表的国防特色教育，成为学校的一道亮丽的风景线。以学生电视台、街舞社等49个社团构建的社团文化，为学生的综合素质发展提供了广阔的天地。学校将不断丰富和完善学校德育课程，为学校发展助力，为学生大成奠基。

四、以“精致管理”为保障，为全面发展促提升

学校之大在战略，学校之强在精致。办高品质教育，建高品质学校，用高品质的管理，培养出高品质的学生。“农村中学，城市管理；封闭管理，开放教育；县城教育，世界眼光；全球眼光，现代学校。”近年来，我校教育生态持续优化，办学水平持续提高，教学质量持续攀升，家长的认可度与社会的满意度也在持续提升。

管理决定质量，理念决定品质。高品质学校的核心是校长，要提升校长领导力；基础是教师，要提升教师执行力；目的是学生，要提升学生发展力。首先，领导是标杆；领导就是方向、灰度、细节；领导是理论的实践者，实践的理论者；要让决策发生在听得见炮声的地方。其次抓气氛、气势、气场，让管理成为学校的文化，形成精神、思想、制度、流程，要紧握生命线。质量是学校的生命线、教育的生命线、民生的保障线和幸福线。三要实行组织管理流程化，提高执行力，强化督查，抓常规落实。布置+检查+反馈+整改+评价+坚持=落实100%。抓常规就是在抓学校干部和师生的精神状态，抓常规就是在提振精气神。

创新管理模式，形成管理机制。学校责任管理三重境界即最高本质：感动与被感动；最高境界：信任与被信任；最高智慧：灰度与细节。学校责任管理模式：同心圆管理、组织流程管理。同心圆管理的内涵概括为四个“三”。“三圆”：学生（圆心）— 教师（内圈）— 行政干部（中圈）— 校长（外圈）；“三转”：二线围绕一线转，后勤围绕前勤转，处室围绕年级转；“三服务”：教师为学生服务，干部为教师服务，校长为全校服务；“三第一”：学生第一、教师第一、学校第一。泸县二中组织流程管理就是实现“六化”：思想制度化、制度规范化、规范标准化、标准细节化、细节行动化、行动常态化。组织流程管理就是落实“三识”：校长的见识、班子的共识、员工的常识。

五、以“集团建设”为突破，为品牌发展谋新篇

“一个人的努力是加法，学校的努力是乘法，集团的努力是乘方。”面对教育大环境和教育改革新形势，我校教育集团充分发挥集团学校公民办优势互补，高中、初中、小学一体化发展优势，形成了“139”集团办学模式。近年来，在县委，县政府的坚强领导下，谋求泸县教育高质量发展宏图巨篇，进一步加大了学校教育品牌发展的影响力，制定了以学校为品牌引领、泸县高中发展为联盟及学校教育集团中小学一体化发展的战略方针，为学校集团化发展奠定了新的高度、宽度及厚度。

学校集团发展提倡“四个四”。四个共同体：工作的共同体、生活的共同体、事业的共同体、信仰的共同体；四个一体化：教学一体化、管理一体化、课程一体化、招生一体化；四个共享：学术共享、资源共享、品牌共享、荣辱共享；四大支撑：师生第一、信仰共生、技术穿透、无我领导。

没有突破的突破不是真正的突破，不断超越的超越才叫真正的超越。我校八十年历史，就是锐意突破的光荣诗篇，学校三十一载连冠，就是不断超越的坚实证明！“处一隅之小，以忧天下之劳；值复兴之际，而思社稷之高。”教育的强大，就是民族精神的强大；教育的强大，就是中国的强大。教育兴，中国心；教育梦，中国梦。办责任的学校、做责任的教师、育责任的学生；用责任之心，办责任之校；聚责任之师，育责任之人，是我校的使命和担当。我校以“责任”二字建高品质学校，追逐教育梦，助力中国梦；一直在奔跑，一直在超越！

以“礼”育人，培养君子贤良

四川省泸州市第十八中学校 王位敏 宋琴 罗利

子曰：不学礼，无以立。“礼”是我国传统文化的核心。我校将校园环境礼仪化，将教师的教学常规礼仪化，将学生的行为规范礼仪化，形成了我校以“礼”为核心的校园文化特色。每一个学生言行举止文明得体、落落大方，是我校在文化育人方面的追求的目标。我校每学期开展的以“与礼相约，知书致雅”为主题的学生行为养成教育，着眼于全面提高学生的思想道德素质和文明礼仪素养，通过培养学生的“站、走、坐、读、写”五姿的训练，从而让学生真正做到“讲文明，重礼仪”，使他们能自觉按照社会和学校的要求，调节自己的言行，评价他人的思想行为，把他们塑造成为全面发展的新人。进一步树立社会责任感和历史使命感，培养有传统文化素养，居内知书致雅，行外彬彬有礼的小公民。

一、开展品牌活动准备

“与礼相约，知书致雅”五姿五礼品牌活动前期准备涉及多个系列活动，要求每个活动由德育处牵头，其他处室协助，在开展前组织筹备会，形成详细的活动方案，分工明确，具体开展工作，保证活动质量；注重活动主旨，突显活动特色；加强总结反思，形成活动案例并加以推广运用。

五姿五礼即：站姿、走姿、坐姿、读姿、写姿。学校开发设置礼仪校本课程、编写礼仪校本教材，打造校园礼仪文化，设置礼仪文明监督岗，开展网格化管理与评比，营造文明尚礼的浓厚氛围；以国旗下讲话、校园广播站、主题班团队课为平台，通过开展故事演讲、知识竞猜等形式，帮助学生了解文明礼仪知识；以新生入学的军训、开学第一周大课间的三姿训练、室内室外操的训练、每天中午的书法练习等活动为载体，对新生进行五姿五礼的培训教育；举行五姿五礼比赛，规范了学生站、走、坐、读、写的姿势，让学生逐渐养成良好的行为习惯，从而形成积极向上的班风和校风。

二、品牌活动实施阶段

美丽校园，典雅尚礼。一是入学礼，开学第一天早上7：30，全体七年级学生在班主任带领下在学校门口排队集合，校长校门口欢迎学生入校（分班进入，两列纵队），赠送书签。学生在孔子像前行拱手礼，继续沿成长脚印过彩虹门并留影。彩虹桥过后学子在签名墙上签名纪念，让学生感受中国礼仪文化的魅力；二是以班级为单位，一年级与七年级各班班主任认真组织学生学习我校自主研发的校本礼仪教材，了解我校礼仪文化，知道五姿五礼的含义，知道怎样做一个"知书识礼"的好少年、三是班主任带领学生参观校园"礼"文化景观。例如：孔子雕塑、"知书致雅"、"知礼做人"主题花园、文化长廊、孔融让梨雕塑等，让学生感受校园礼文化的氛围，从心理上得到升华。

五姿五仪，明雅知礼。每学期第一学月为我校礼仪文化月，通过以下一系列活动对学生五姿五礼进行常规训练：

一是以国旗下讲话、校园广播站为平台，通过开展故事演讲、知识竞猜等形式，帮助学生了解文明礼仪知识；二是在开学第一周，每天的大课间全校进行教室内的站、坐、读三姿训练，诵读具有文明尚礼等中华美德的经典名篇，让学生意识到良好的坐姿、站姿、读姿是认真学习的开始；三是在第一学月的第一周，开展七年级新生军训实践活动，通过军事化的管理，规范学生的站、坐、走三姿，让学生体验军人风采，增强学生集体荣誉感，让礼仪文明深入其心；四是第一学月的第二周，学校大课间进行全校室外操训练，对全校学生站、走、坐、蹲、握手、行礼问好等礼仪动作进行规范；五是每天的中午午休前，进行全校书法训练，规范学生们的写姿动作。

魅力竞技，优雅蕴礼。开展全校五姿五礼比赛，加强我校学生日常行为规范教育，培养学生良好的礼仪习惯，塑造学生优美的仪表与高雅的风度。

读书姿势：先坐好、头正、肩平、身要直、胸稍挺起，两肩自然下垂、两条大腿平放在椅面上，两条小腿并拢，双脚平放在地面上。然后，双手捧着书本，书本上端稍抬高，头稍向前倾，容易看清字体，还能避免颈部肌肉紧张和疲劳。

写字姿势：写字时，两腿分开，两脚平放地上，切忌一条腿架在另一条腿上；身体坐正，腰背挺直，头和上身稍向前倾，不要左右偏斜。两臂平放桌，左手按纸，右手执笔，纸要放正。

正确站姿：昂首挺胸收腹，目光平视，表情自然，能保持一分钟之内身体不晃，四肢不动。

正确走姿：摆臂自然，手脚协调，步调一致，保持排面整齐

正确坐姿：腰直，背展，头正，两肩放松，双臂重叠自然平放在桌面

与"礼"相约，致雅践礼。一是积极宣传，利用校园电视台、校报、宣传窗、校园网等阵地，及时宣传文明礼仪的典型事迹和典型人物，树立榜样作用，为全体推进文明礼仪推波助澜；二是在全校开展创办特色班活动，争创文明礼仪教育特色。将班级文化与文明礼仪相融合，深化文化内涵；三是学校团委和大队部组织值周教师和学生志愿者为"文明礼仪监督员"、设立"文明礼仪监督岗"，每天进行打分，并坚持每日晨间值日反馈，及时表扬文明礼仪教育过程中出现的"先进人物、先进事迹"，反馈指出"不文明行为"，便于学校及时正面教育典型和掌握教育过程中出现的问题；四是每学期期末，学校德育处将组织"十八中文明学子"的评选活动，各班推荐优秀学生10名，由学校进行表彰，颁发奖状奖品，并制成"文明学子"宣传栏，让争做"文明学子"的新风尚在十八中蔚然成风。

三、活动特色与效益

我校以五姿训练为载体，开展"与礼相约，知书致雅"的主题教育活动，思想教育与实践活动相结合，主要取得了几方面的效益：一通过五姿训练动，使我校广大师生尚礼之心蔚然成风，弘扬了中华民族的传统美德，使我们的学生更能体会礼仪的重要性，让他们在生活中有着良好的行为习惯，成为潇洒博学的才子，优雅睿智的才女，对他们健康成长很有益处；二将五姿五礼与日常教育教学相结合，例如：坐姿与书法结合，广播操与站姿结合。对于学生而言，这是一种潜移默化、寓教于乐的形式，更具参与性；三通过广泛多样的活动，让文明、学习、行为三者进行有机结合，避免了此类活动的贵族化，形式化，对此次学生思想教育的空间与时间进行了延展，使之成为一种长期的有效地品牌活动。另外，通过本次"与礼相约，知书致雅"五姿五礼主题教育活动，使得我校团委、大队部在对学生思想引领方面有了更清晰的认识。

中华民族自古就有"尚礼"之风，古往今来，中国都被视为礼仪之邦。"礼"是中华优秀传统文化的突出精神，也是中国古代伦理思想的基本概念，"懂礼"是中华民族的重要美德。我校通过广泛多样的活动，将五姿五礼与日常教育教学相结合，弘扬了中华民族的传统美德，让文明、学习、行为三者进行有机结合，延展了学生思想教育的宽度与深度，在环境中育人，校园尚礼之心蔚然成风。社会影响广泛，在"立德树人"教育活动中成为特色和亮点。

下一步，我校将继续深挖礼仪文化，丰富活动内容，进一步提升学生的文明礼仪素养，为中国特色社会主义文化的大繁荣大发展提供更多德才兼备的人才支撑。

立德树人强五育，新苗拔节助成长

四川省泸州市叙永县摩尼新苗实验学校　李修会

人以信立世，师以德育人。新苗实验学校地处海拔1280米的云贵川三省交界的高寒山区。自1986年办校以来，在各级党委政府和教育主管部门的大力支持下，我校逐步成为一所集幼儿园、小学、初中为一体，以留守儿童为主要教育对象的寄宿制民办公益性学校。基于我校留守儿童占90.5%的实际情况，我校秉承"一个也不能少，一个也不能差"的办学理念，坚持爱的教育，实施精细化管理，在"立德树人　五育并举"工作中取得显著成效，创造了生源由富裕地区向贫困地区倒流的奇迹。

开展禁毒教育，强化育人根基

众所周知，毒品对人类社会危害极大。由于特殊的地理位置和历史原因，叙永县曾是三省毒品贩运的中转站和消费的重要市场。据统计，叙永县累计登记在册吸毒人员5000多人，其中大部分都在外地务工，他们的子女大部分是留守儿童。

学生是祖国的未来和希望，同时也是新型毒品的"易感人群"。我们深感毒品的危害，明白"禁毒的关键在于预防，预防的关键在于教育"。为了抓好青少年的毒品预防教育，坚持把"让毒品远离下一代"作为重要的教学指导。

2011年，我校这个留守儿童占学生总数90%的民办学校成为叙永县留守儿童毒品预防教育基地，就此打响了一场保卫下一代远离毒品的阻击战。因毒品而破碎的家庭在摩尼镇不在少数，我校通过对全校学生家庭涉毒情况的收集和分析，制定了学校禁毒教育的方案，内容包括每日一次禁毒大课间活动、每周升国旗仪式上宣誓、每月让学生给父母写一封含禁毒知识的信，开设亲情电话和亲情视频室，鼓励孩子们向父母宣传毒品预防知识等。

学校坚持将系列禁毒知识融入课堂，让同学们深刻认识到毒品的危害，进一步提高同学们辨别毒品、抵制毒品的能力，营造了浓厚的禁毒教育宣传范围。经过近十年的毒品预防教育，现在，我校学生能从形形色色的"伪装"中辨别出不同的毒品，会给远方务工的父母写信提醒毒品危害。他们不仅防毒、拒毒意识高，还当起禁毒宣传的"小喇叭"，为构建无毒校园、无毒家庭奠定坚实的基础。

落实禁毒行动，助力健康成长

家庭是孩子成长的主要环境，家长是孩子的第一任老师。我校在积极开展禁毒教育，提高学生的禁毒意识之余还积极落实禁毒行动，帮助学生家长戒毒，为学生提供良好的成长环境。

对于染上毒瘾的学生家长，我校坚持"用爱感化"的方式介入家长的戒毒过程，鼓励学生经常给家长打电话宣传戒毒知识，让学生将自己制作的戒毒手抄报、禁毒手工作品寄给家长，最终成功帮助家长在孩子的鼓励下戒掉毒瘾。除了帮助学生家长戒毒，我校还不遗余力地帮助身边因毒品遭受不幸的家庭。我校幼儿园一名女教师的丈夫罗某不慎染上毒瘾，得知此事后，我校选择将罗某叫回了摩尼镇，让他参与学校的后勤工作，并对他时刻监督。通过家人的关爱和学校的引导让罗某成功戒掉了毒瘾，回归幸福家庭。

我校坚信只有做好青少年毒品预防教育，才能把我们的下一代从毒品威胁中抢夺过来，让祖国的'新苗'在阳光下茁壮成长，始终坚持"学校教育学生，学生影响家长，家长感染社会"的禁毒教育方针。如今的叙永县，中小学校师生对预防毒品知识的知晓率达到了100%，在校学生新增涉毒人员为零。基于出色的禁毒教育表现，我校实现了创建"无毒校园"的目标，先后获得了全国学校毒品预防教育工作先进单位、全国百强特色学校等多项荣誉，赢得政府和教育部门的好评。

关爱特殊学生，帮助筑梦圆梦

除了加强禁毒教育，我校在办学过程中还坚持以学生为本，一切为了学生的健康发展考虑，注重关爱特殊学生，鼓励学生充分发挥自己的特长，让学生敢于做梦，勇于圆梦。

一是重视"四差"学生，坚持因材施教。在我校存在很多入学时"思想差、学习差、卫生差、行为习惯差"的四差学生。针对这种情况，我校坚持"一个也不能少，一个也不能差"的办学理念，把"立德树人全面发展"摆在学校教育工作的首位，建好关爱服务阵地，用

爱感化学生，促进学生树立正确的学习态度，形成良好的生活习惯。面对令家人无可奈何的网瘾少年，我校老师坚信他们有改变的可能，耐心倾听学生的内心想法、细心引导学生，通过与学生谈心、带领学生到综合实践基地参加劳动等方式让学生得到锻炼和培养，让学生逐步改正自己的不良习惯，并帮助个别学生实现了在今年考上国家级重点高中的梦想，获得了家长的一致肯定。

二是关心留守儿童，挖掘学生潜能。我校学生绝大部分是留守儿童，这也就意味着我校的教育教学模式有别于一般的学校。在三十多年的办学历程中，我校教师坚持关心留守儿童，结合实际为孩子们创建丰富多彩的课程，发掘学生潜能，激发学生的学习兴趣。我校创建的新苗“银河少年艺术班”是坚持培养孩子们能歌善舞、全面发展的艺术兴趣团体。我校师生平时勤学苦练，攻坚克难，关键时刻积极把握参赛机会。在文化部、共青团中央和国家广电总局、教育部、中国教育学会联合主办的第八届“星星火炬”舞蹈比赛中，我校的留守儿童在没有比赛服装的情况下毅然坚持上台表演，以扎实的舞蹈功力让评委刮目相看。我校的舞蹈节目《春花》以第一名的成绩参加了成都复赛，在复赛中再次表现优异，获得了参加北京总决赛的资格，让学生们实现了“我要去北京”的梦想，并在北京荣获小组总决赛第一名、全国第三名的好成绩。功夫不负有心人，我校不断推进素质教育，发展学生潜能，学生得以从小山村走向北京的大舞台，这是我校素质教育发展中质的飞跃，也在学生心中播撒下梦想的种子，我校的留守儿童更加明确自己的学习目标，努力进取，在学习中更为自信，在生活中更为乐观。

三是关爱残障儿童，助力学生成长。在我校还有一批残障的孩子，我校老师对他们不抛弃、不放弃、不嫌弃，注重孩子身心健康教育，不断鼓励孩子们多尝试，突破自己。多年来，我校以不懈推进改革的扎实作为，积极探索提高残疾人教育质量的教学模式，制定符合学生自身情况的教学方式。我校老师不辞辛苦，陪伴残障儿童进行训练，对心理健康存在问题的学生细心开导，帮助孩子们克服心理障碍，为孩子们的成长注入活力。面对残障儿童，我校专职体育老师制定了多项符合孩子的体育运动，通过长期训练，我校一位左腿高位截肢的孩子参加了市、县组织的青少年残疾人运动会，成绩优秀。该孩子虽然生活坎坷，但在国家和学校的关心和培养下，他在2015年被选入国家队，成了一名优秀的国家级运动员，多次参加国际、国内多项运动比赛，获得了好成绩，现正在备战东京残奥会。这是我校残障学生教育成功的典型，也再一次证明了我校对于残障儿童教育的科学性。

惟其艰难，才更显勇毅；惟其笃行，才更弥足珍贵。三十五年来，我校强基固本，沉潜育人，硕果累累。8500名孩子受到完整教育，2500名孩子考上重点高中，3200名升入大学，18名出国深造，900余名受到资助，500余名残障孩子完成学业。特别是在全国青少年“五好小公民”主题教育读书活动征文中，我校荣获特等奖一名、一等奖两名、二等奖三名。我校坚持“立德树人五育并举”，先后荣获“全国百强特色学校”、“中国德育校本基地校”、“全国青少年毒品预防教育6.27工程示范学校”等国家级殊荣。

时间的车轮滚滚向前，日新月异。站在新的历史起点，我们将紧跟时代发展步伐，在新时代“立德树人 五育并举”思想的指引下，坚定育人信念，爱护每一位学生。以昂扬进取的精神状态，只争朝夕的豪迈干劲，厚德敦行，培成材之沃壤；沉潜钻研，拓未来之远景，让每一棵“新苗”在此茁壮成长。

立足教学实际，通过课题研究中浴火重生

四川省眉山市丹棱县城区小学校 何静 周璐 陈思颖 李存艳 黄萍 杨月

百年大计，教育为本。教育是提高人民综合素质、促进人的全面发展的重要途径，是民族振兴、社会进步的重要基石，是对中华民族伟大复兴具有决定性意义的事业。基于某一学科，通过对课题的深入研究引申出全新思考，成为许多学校提升办学品质的新路径。我校课题组自开题以来，围绕研究的目标、内容、策略，从教师、学生、课堂三方入手，有针对性地开展研究。强调用 “创新的眼光”推进课题工作。通过理论学习、编制问卷、资源整合和发表论文，使教师教育观念更新，加快数学文化融入课堂，推动数学文化的发展。

就数学教学的实际情况，我校采用了集体学习和分散学习相结合的方法，通过网上研讨、共读专著、阅读教育教学类刊物，学习有关数学文化的教育教学理论，写好教育随笔，积累教育智慧，用以灵活运用数学文化。通过学习，从理论层面上引导教师对数学文化的宏观认识和整体把握，实现教育思想、教育观念的转变。同时编制调查问卷，广泛进行调查，了解老师及学生认识数学文化的真实水平，分析整合，为后期的课题研究提供依据。课题开题以来，学校工作室积极开展研修活动数次。以“数学文化”、“构建高效课堂”为主题，开展各项活动，融入成都，与成都郑大明工作室交流研讨。对数学文化的认识形成带动性、辐射性、区域性，真正将数学文化融入课堂。此外，我校已完成多篇国家级学术论文。如《生活即教育一质疑促发展一小学数学教学分享式课堂的思考》《浅析数学文化在小学数学教学中的渗透》《小学数学文化渗透教学路径研究一基于数学价值观的教学课例解》等荣获国家多项大奖。

一、通过课题研究挖掘数学教学全新架构

基于数学教育的课题研究是我校近年来工作重点。此次课题研究，我校坚持以数学文化为抓手，以提升小学生数学核心素养为目标，引导学生探索数学中美妙绝伦的数学思想方法，领悟数学精神，唤醒孩子的研究者、创造者的角色意识，深切感受数学文化的魅力，获得终身受益的文化力量。课题立项以来，课题组始终坚持开放性地做课题，本着实践一提炼一推广一再提炼一再推广的研究思路完善课题策略，深化课题研究，取得认识性和操作性双层成果。既培养学生形成了“数学文化魅力的本质是数学思考”的新观点，也让充分认识到彰显数学文化魅力。提炼出有利于渗透数学文化的序列框架图和课堂教学结构流程图。

“教学有法，但无定法，贵在得法。”教学有法的“法”指的是教学的一般法则、规律；教无定法的“法”指的是某种特殊方法；贵在得法的“法”指的是最能体现规律，最优化的方法，我校探究课堂教学结构，就是指贵在得法的“法”。《数学课堂标准》指出：“数学是人类的一种文化，它的内容、思想、方法和语言是现代文明的重要组成部分。”在数学教育教学实践中，探究渗透数学文化的教学结构，有利于将数学文化有机地进行渗透，彰显数学的文化魅力，培养学生的思维能力，提升学生的数学素养。我校课题组在课题研究过程中提炼出了基于渗透数学文化的课堂教学结构。在新授课、练习课、复习课中，针对不同的课型，提炼出了不同的教学结构：新授课采用“三研”结构：研读——研学——研习的模式；练习课采用“三练”结构：练基础——练变式——练拓展的模式；复习课采用“三融”结构：融旧知——融体系——融提升的模式。

“三研”结构模式即研读——研学——研习。《数学课程标准》在前言中明确指出：“数学的内容、思想、方法和语言是现代文明的重要组成部分。”因此，作为人类文化重要组成部分的数学，在数学课程实施过程中就应该让数学文化回归数学课堂，体现出数学的文化本性，新授课的“三研”结构是指：在新课之前，研究所授知识背后所蕴含的人文的、文化的特性；在新课教学中，研究数学文化在思维方式、价值判断、思想观念是如何凝聚到数学定义、定理、技能之中；在新课练习中，研究学生在掌握知识与技能的同时，如何在数学课堂中演绎数学文化。练习课采用“三练”结构模式：练基础——练变式——练拓展。小学数学中的练习课占了整个小学数学教学时间的很大比重。教学练习课是以学生独立练习为主要内容的课型，它是新授课的补充和延续。心理学认为：一个正确认识的获得，总要经过由实践到认识、由认识到实践的多次反复，反映在教学规律上，学生要获得知识和能力，也要一个多次反复的过程。练习题的安排层次要清楚，由浅入深、逐步提高。“三练”结构是让学生初步认识后检查其对知识掌握的基本能力所进行的简单练习，其次通过从不同的侧面来揭示知识的本质，加深学生对知识的理解，以各种变式题促进学生从更多的角度去观察、理解、巩固所学的知识。最后通过拓展，将几个单项知识或几个知识点结合起来设计而成，帮助学生沟通知识间的内在联系，形成良好的知识结构，提高解题的灵活性，培养了学生的数学思维能力、数学应用能力，实现由基本技能到能力的转化，同时培养学生举一反三、触类旁通的能力。复习课采用“三融”结构模式：融旧知——融体系——融提升。指的是：在复习之前，指导学生自组复习，融入“旧知”；以“教材”为准绳，帮助学生进行系统整理，把分散的知识点连成线、织成网、组成块，揭示知识间的系统内在联系，整理知识框架图，融入知识“体系”；复习范例做到数量少、容量大、覆盖面广、启迪性强，最后关注本质，并学会变换和延展，融入学习能力的“提升”。

二、立足课题深度思考实现教学质量提升

课题自筹备立项以来，为了有效推进课题各项工作，我校鼓励老师群策群力，在开放中前行，在反思中成长。这种做法既加强了数学教师的文化修养，也培养了学生的“数学眼光”，拓宽了师生专业视野。通过本次课题的研究在课堂教学设计中，我校着重注意数学文化，优化教学手段，提升教学的针对性、有效性。打造高效数学课堂，克服传统教学结构的弊端，学生的学习主体地位得到有效回归，学生的参与意识、参与能力得到有效增强与提升。传统的数学文化课堂是通过教师精心准备，查阅资料有意渗透。课题研究主要是在提升教师素养的基础上，在课堂上伺机的渗透，对教师理论要求及知识面的拓宽有重要意义。此次课题研究不仅仅提升教师的自身素养及能力，更重要的是首先拓宽了小学生的知识面，大大激发对数学课堂的兴趣，抓住兴趣才能更好地提升成绩。同时挖掘了生活和课本中的素材，多角度地展示数学文化魅力，把现实生活中遇到的一些数学现象和数学问题，作为教学素材引进课题。

课堂教学结构的优化不是一蹴而就的，而需循序渐进，这是一个长期坚持的过程。数学文化与教学整合的深度、广度有待发掘、发展。我校课堂教学结构的创新研究主要任务是：激发兴趣，注重“引”字，低段小学生对数学文化感兴趣，调动其积极性；中段小学生主动查阅资料了解数学文化，展现其主动性；高段小学生讲述数学文

化，分享数学艺术，这些都是通过数学文化课题研究引发的教育思考，为下一步数学文化探索方向，创造条件。

三、凭借教育教学嗅觉精准把握办学方向

非知之艰，行之维艰。教育注定是一场没有终点的行程。数学文化的渗透是一个长期的内化过程，不是一朝一夕能够完成的，小学教材中关于数学文化方面的内容有限，基于此我校下一阶段的研究重点是探索数学知识与数学文化渗透相结合的体系。分阶段继续探索在小学数学课堂教学中，提炼小学数学知识点与数学文化相结合的模块体系的有效体系，让教师智慧的教，学生智慧的学。学校将在重视专题数学文化课教学的同时，更为关注挖掘现行教材中的关键例题，展开对教师、学生、教材、教学媒体等要素的研究，创新课堂结构，构建文化型数学课堂的有效途径。

开展研学实践，提升育人质量

四川省眉山市东坡区大北街小学　窦红霞

针对学校研学实践活动中普遍存在的活动目的不明和育人价值缺失，活动设计与学校课程脱节、逻辑性和整体性缺失，活动组织随意、效果不佳等问题，我校通过开展研学实践课题研究，促进研学实践活动规范化、课程化、优质化。解决了“怎样设计和实施研学实践以推进研学实践课程化、规范化、优质化”等问题。通过实践应用，开阔了学生视野，提升了人文素养，培养了学生实践能力和创新能力，提高了老师研学实践活动设计与实施水平，促进了教师专业发展，提升了学校研学实践活动的育人质量，推进了学校德育建设。

一、课题研究成果创新点

在全国范围内率先提出进阶融合型小学研学实践这一实施模式，构建了完整的实施体系框架；突破了传统教育的封闭，以真实生活世界为认知的源泉，解决“符号学习”与真实世界脱离的难题；构建了“进阶融合型”小学研学实践设计和实施策略，促进研学实践规范化、优质化发展；推进了研学实践课程化。研学实践活动入学校教育教学计划，入课表，编写了《进阶融合型小学研学实践》校本教材，研发了“读本＋手册＋教案”研学实操工具，形成了育人效果突出的“前置课程—实地探究—成果展示—评价提升”的研学活动教学模式。

二、课题解决的主要问题及过程方法

解决的主要问题。形成了“以发展核心素养为目标”的研学实践教育价值的理性认识，解决了研学实践目的不明和育人价值缺失的问题；系统建构了“进阶融合型”研学实践活动体系，解决了研学实践与学校课程脱节、逻辑性和整体性缺失的问题；构建了研学实践的“三有”实施策略，解决了研学活动组织的随意性、效果不佳的问题；突破传统教育的封闭，发展了学生综合素养，解决了学生实践能力差的问题。

解决问题的过程和方法。在实验研究过程中，采用了调查研究、文献研究、行动研究、经验总结等研究方法。

前期准备（2014 年—2017 年）。分析学校德育工作短板，分析学生的现状和存在问题及成因；深入学习国家制定的综合实践活动文件，结合生情校情开展综合实践活动；广泛查阅国内外研学旅行相关资料，了解研学实践发展现状，了解各地学校研学活动开展情况，分析其存在的不足，吸收先进经验。

启动立项（2017 年—2018 年）。对前期活动进行总结，针对学生普遍存在问题，确立研究的方向、目标、办法；通过查阅文献、邀请省市区专家到校指导，理解“研学实践”、“进阶、融合”等核心概念，借鉴已有的实践措施与经验，寻求推进改革的理论依据，明确课题研究的价值与意义，确立研学活动开展流程、方式。

实施阶段（2018 年—2020 年）。一实地察看与访谈，了解区域景点、场馆分布，分析市域内外自然资源和人文资源研学实践价值意义，结合生情、校情遴选研学实践资源，确定研学内容和目标，制定研学实践线路；二组织课题组编写研学读本、师生操作手册、评价量表；三定期组织开展研学实践活动，了解学生研学收获及困惑，分析原因，制定改进干预措施，推进研究；四收集研究材料，观察效果，对活动进行改进，逐步形成“进阶融合型”研学活动设计策略和“三有”研学实施策略。

总结提炼（2020 年至今）组织课题组总结提炼研究成果，撰写研究报告，邀请专家评议鉴定。

三、课题研究的主要内容

本研究在全国范围内率先提出进阶融合型小学研学实践这一实施模式，通过多年的探索，明晰了进阶融合型小学研学实践内涵，形成了实施框架体系。

进阶融合型小学研学实践的“进阶”指研学课程应根据学生年龄特征和认知水平，在研学目标、内容、方式、评价等方面，体现层次递进性，“融合”指研学活动的全过程应达成研学与五育融合、研和学融合；实施策略为行前有读本指导，行中有手册引领，行后有量表评价；最终目标为发展学生核心素养。

课题组结合校情、生情，整合区域内研学资源，分年段编写了一至六年级 12 册进阶融合型研学活动读本，每册读本都配备了相应的教案和研学手册，用于指导师生开展研学实践活动。

课题组紧扣研学实践教育属性，依据“进阶融合”理念，整合区域内传统文化、农耕文化、企业文化与红色文化资源，编写了“人间东坡”之《东坡与玩》《东坡与花》《东坡与茶》《东坡与竹》《东坡与菜》《东坡与诗》；“秋之韵”之《识秋》《尝秋》《赏秋》《探秋》；“寻美家乡”之《农业文化》《企业文化》，以及《红色之旅》《我是非遗小传人》系列进阶融合型研学实践读本（12册）。读本主要栏目有研学主题、基地元素、研学文化、学科知识、实践操作、活动流程等。通过读本学习，让学生了解活动主题相关文化、基地元素、学科知识、历史背景；明确活动流程和活动方式；讨论形成研学课题。

建构了进阶融合型研学实践活动设计策略。进阶融合型研学实践活动的设计要紧扣学生核心素养的发展，落实立德树人目标；在研学内容、研学目标、研学价值等方面的设置上根据学生年龄特征和认知水平，体现层次递进性；研学实践活动与学校五育课程融合，游中有学，学中有研，“研”与“学”两种学习方式紧密融合。

四、课题研究成果教育及社会效果

学生核心素养得到发展，特别是问题解决能力、创新实践能力得到极大提升。学生走进大自然和社会，开阔了眼界，愉悦了身心，了解了乡情国情。走进红军纪念馆、烈士陵园，传承红色基因，浸润革命精神；走进三苏祠，感受到东坡文化的独特魅力；在青神竹艺城、夹江古法造纸等地开展的研学活动中，了解了传统文化的美，提升了审美情趣；参观千禾味业公司、吉香居泡菜公司、现代农业庄园，感受了家乡改革开放伟大成就，了解了家乡历史和发展与祖国的关系，初步形成对家乡、对人民、对祖国、对中国共产党的热爱之情。

锻炼了体魄，学会了劳动技能，磨炼了意志。学校开展的研学实践活动，让学生在生产劳动、徒步远足中出力流汗，磨炼了体魄；参与农田、车间生产劳动，学会了蔬菜栽种采摘、工艺品制作、东坡泡菜制作、采茶炒茶、工艺泡茶、做饭等基本劳动技能，培养了不畏艰难的意志品格，初步养成尊重生命、热爱生活的态度。

培养了社会责任意识。学生在研学实践活动中形成了较强的自理能力、服务意识和服务能力；了解了自然环境、社会生活中存在的现实问题，逐步理解个人与社会、自然之间的相互关系，主动关心国家和社会的进步，关注人类与生态环境和谐发展，并积极行动，承担维护公平正义，保护生态环境的责任和义务。

形成了积极交流分享的良好习惯。通过参加研学实践活动，学生形成了积极主动地与他人交流分享的良好习惯。

提高了问题解决能力，促进创新实践。学生在教师的引导和鼓励下，自主发现和提出问题，小组合作设计解决问题的方案，多方面收集信息和证据，借助已掌握的学科知识多角度或不断变换角度去解决问题，并生成新的知识，发展创新思维，促进创新实践。

获得研究体验，培育科学精神。学生在类似科学研究的研学实践活动中，采用观察、实地考察、调查、实验等实证研究的方式探寻解决问题的方法和措施，获得亲身参与研究的体验，从中感受探索与发现的快乐，体验科研的独特魅力，逐步形成勤于思考、乐于探究的积极态度，养成不断追求的进取精神，磨炼勇于克服困难的意志品质。

促进了教师专业发展。通过研究，教师综合能力有了很大提高，综合实践教育工作能力也有了大幅度提升。一系列的研修活动，使教师充分认识到研学实践的价值和意义，积极组织开展研学活动以提升学生核心素养。

为区域小学研学实践活动提供参考。通过研究，学校形成了独具特色的进阶融合型研学实践活动体系：即两融合、四进阶研学实践活动设计策略，行前读本指导、行中手册引领、行后量表评价实施策略；编写了具有地域特色的系列进阶融合型研学实践读本，研发了“读本+手册+教案”的活动实操工具，形成了“前置课程+主题探究+成果分享”的课程实施模式。

领导重视：眉山市政研室主任对我校的“人间东坡”研学实践课程表示出浓厚的兴趣，要求学校提供研学实践活动详情；眉山市教体局廖仁均局长、东坡区教体局兰剑副局长等多位领导经常在各种场合表扬我校的研学实践活动；成都市郫都区教育局一位领导在观摩我校研学实践后说，大北街小学的研学实践才是有价值的研学实践，学生有实实在在的收获。

经验交流：2019年5月8日，课题组组长窦红霞代表课题组，在四川少年儿童组织与思想意识研究中心召开的少年儿童研究专题会上，以《行走大地，传承东坡》为题分享了我校《人间东坡》研学实践课程，受到与会专家的高度肯定；2019年11月15日，在四川省第26届小学教育教学改革研究共同体校长论坛学术活动中，窦红霞代表课题组，以《学科课程研学实践的校本探索》分享了我校研学实践的经验和成果；2020年8月1日，课题组陶黄燕在全省《四川研学实践系列标准》“贯标”学习会交流我校研学实践经验和成效；2021年1月26日，课题

组窦红霞在青神召开的全省劳动教育学术交流会上以《新劳动教育研学实践校本化探索》为题目发言，均受到与会专家好评。

媒体报道：眉山教育体育网以《采茶、制新茶、赏茶艺，大北街小学研学实践这样过》《像东坡那样热爱生活，大北街小学踏上东坡与花文化研学之旅》《人间东坡，胸有成竹——大北街小学研学之旅》《揭秘非遗，传承文化——大北街小学开展我是非遗小传人之旅》《行走的"活"课堂！眉山学子一起探索家乡味道》连续报道我校的研学活动，今日头条、四川新闻数字版、眉山新闻网、眉山在线等新闻媒体以《大北街小学校长登上省共同体第26届校长论坛》《探索东坡文脉 大北街小学开展文化研学之旅》《大北街小学研学实践在"贯标"学习会上交流》等文章多次报道我校研学实践活动成果等。

专著、文章发表：课题组负责人窦红霞主持了《研学实践在中国》（东北师范大学出版社，2019.10）一书的编写工作，该书在全国公开出版发行；课题组窦红霞、陶环宇老师撰写的《以进阶融合型课程提升研学育人价值》在《四川教育》（2020年第10期）发表；邓晓曼老师撰写的《开展小学数学研学旅行，提升学生问题解决能力》在《中国教师》（2020年第33期）发表；课题组编撰的"人间东坡"研学实践校本教材在《研学实践在中国》一书发表；陈利英老师撰写的《浅谈小学研学旅行与语文课程的融合》在《学习报》（2020年第26期）发表。

家长反响：活动得到家长的支持和褒奖。家长们纷纷撰写研学感言或对学校的活动报道争相留言表示赞赏，认为活动让自己的孩子学到了知识，增长了阅历，学习更积极更开心了，实践能力更强了，希望学校持续开展研学实践活动，以促进学生全面发展。

浅谈建构基于幼儿生活的高品质园本主题课程

四川省眉山市青神县实验幼儿园 吴霞

春天里，教室处于二楼的大四班的孩子们带来了小蝌蚪丰富自然角。偶然间，一楼班级的孩子发现地上躺着一只尾巴没有完全蜕变的已经死亡的小幼蛙，小幼蛙从何而来？为什么会死在这里？后来分析到原来是从二楼大四班自然角里跳出来的，有孩子不禁惊叹到"小青蛙跳楼了！"

"跳楼"？多么敏感的话题？小青蛙怎么会跳楼？这难道只是作为一个笑话吗？老师紧紧抓住这个来源于真实生活的教育契机，随机生成了对孩子们进行科普知识及生命安全教育的园本课程。经过老师系列讲解，孩子们知道了青蛙的生活习性：小蝌蚪只需要浅浅的水以便更好地透气和呼吸即可，池子里放一些小石头，可以帮助它们加速摩擦掉自己的小尾巴，更快地变成一只成蛙。但是随着小青蛙的长大，小小鱼缸已经不能满足小青蛙的需求。为了更好地保护小幼蛙们不再出意外，师幼思考做一些防护措施：调换大的鱼缸、给鱼缸罩上一层网、将栏杆缝隙之间进行遮挡……通过实践后得出都不是最理想的方案，小幼蛙还是逐渐死去。最后老师引导得出大自然才是小青蛙的家，我们应该把小青蛙送回大自然。这是站在科普知识层面的教育，那对于生命教育和安全教育呢？对于生活中身心脆弱动辄自杀跳楼的现象，怎么对引导？孩子身心健康发展是我们教育的首要职责！紧接着，班级老师开展了生命教育课程，从《小威向前冲》《一片叶子落下来》等绘本开始，让孩子们知道生命的由来与生命的珍贵……要爱惜自己的生命，要学会坚强勇敢的面对生活中的困难，在预设的主题活动中生成了来源于幼儿的园本课程，引导孩子们从中去探索、发现、思考、实践，让孩子在整个活动中，主动参与、自主学习、有效合作，享受到了学习成长的成就感。

"小青蛙跳楼记"，是发生在我园2019年春季真实的教学案例，是大班段"再见，幼儿园"主题课程下第二学月"我爱幼儿园"中"丰富自然角"中生成的一个园本课程。由一个小意外，老师有效地抓住了教育契机，让来源于幼儿生活的课程更加有血有肉，建构出了符合幼儿年龄特点的课程，其实，这就是我们学前教育所需要的。

目前学前教育的教育理念、课程系统繁多，从华德福、蒙台梭利、瑞吉欧到陶行知，从整合、建构到项目课程等，这些理念、课程都好，适合用于作为借鉴和指导，但是全盘照搬未必就是适合自己的！因为教育是农业，不是工业，每个孩子不一样，每个园所也不一样。园所所处的地理位置、社会环境不同，园所内教职工素养、幼儿发展水平、家长认知结构不一样，每所园形成的文化也就是独特的，这个文化也就包含了最主要的课程。对于从1968年开始办园，由一所乡镇中心园发展到如今的省级示范园，由几十个孩子发展到如今的一千多名幼儿……一路走来，我园深刻的意识到课程作为园所核心竞争力，对于幼儿、教师的成长起着关键性的作用。在对课程探索过程中得出的经验就是立足园本，围绕"温馨家 健康城"核心文化，以"挖本土资源，创建互育共进社群；融传统文化，营造儿童文化空间"为办园理念，以打造"儿童乐玩之城、教师乐育之家、家长乐进之群"为办园目标，培育"乐运动、乐交往、乐探究、乐创造、乐表达"的"五乐"儿童，从幼儿的兴趣点出发，立足于促进幼儿的终身发展、教师的全面提升、园所品质的提升，建构基于幼儿生活的"乐玩"园本课程，就是符合本园发展的高品质课程。

首先是对主题课程的认知

主题课程，又称"核心课程"，指在一段时间内，教师与幼儿围绕具有内在脉络或价值关联的中心内容（即主题）来组织教育教学活动，是开放式探索过程。是以儿童生活中的主题为轴心设计的课程。从主题活动的目标看，预设与生成目标共同构成了主题活动的目标体系。从活动内容看，教学内容是教师与幼儿在具体的、生动的、变动不拘的主题活动中共同建构、不断创造的结果，因此不断动态生成的主题活动目标与不断丰富的主题活动内容赋予了主题活动动态生成的特性。最主要就是让幼儿在探索活动中获取知识，在主动学习中学会社会交往，有效促进家园共育，有效地促进幼儿教师的专业成长。

其次是对主题课程的设计

第一是确定目标。主题课程活动目标是课程活动的目的和任务，是教师在充分了解幼儿身心发展状况和活动内容的基础上为主题活动设定的最终结果，它是活动的出发点和归宿点，也是最终反过来检验课程实施过程的检测工具。主题活动目标一般有3个层次构成：主题活动的总目标、主题活动各阶段目标、各阶段中具体活动的目标。

制定好总目标与阶段目标后，开始进行主题网络图的设计。主题网络是一种由许多与大主题相关的小主题编织而成的放射状的图形，在大主题中包含了小主题，小主题中还有一系列的探索活动。大主题是整个主题活动的一级主题，小主题是在一级主题下派生出来的二级主题、三级主题乃至四级主题。下一级主题必须是上一级主题的具体化，二者必须有上级主题衍生出来，并且下一级主题必须能够支撑上一级主题。其中二级主题和三级主题都有空白处，给生成新主题留有空间。

第二是适宜的主题切入。课程追随幼儿，这不是一句话，应该是在我们制定课程到实施的过程中时刻牢记的原则！比如我们在做《蛋》主题的时候，切入点就是从孩子们早餐时吃的鸡蛋开始，从孩子的兴趣出发！抛出问题：这是一个鸡蛋，那孩子们还知道有哪些蛋？（图片收集、绘画、网上查找等）怎么区分生鸡蛋与熟鸡蛋？（科学小实验）蛋有哪些用途？（调查统计）怎样制作盐蛋？（实践操作、记录、合作）怎样制作"恐龙蛋"、"茶叶蛋"？我们怎样保护蛋？一系列的活动开展下来，有效地将社会、科学、艺术、语言、健康领域有机整合，落脚于孩子们感兴趣的点，一个月、一学期孩子们都玩得不亦乐乎，小小的活动室随处布满了蛋的影子与孩子们学习的足迹。常用的切入形式还有由教师兴趣点出发、由创设情境切入、由设置问题切入、由实践活动切入等。在新课程观的指导下，我们做了一些有益的探索，更关注的是"难以忘记的学习"而不是"需要记忆的学习"，我们更关注的是以幼儿发展为本，师幼共同建构主题探索活动，把自理能力的培养渗透到教学活动中，使幼儿学习活动生活化。

第三是注重主题课程中的环境创设。"让每一面墙都会说话，让每一个角落都有教育价值"这句话耳熟能详。在《纲要》《指南》中也都强调环境在教育中的重要性。说到环境创设，传统印象中都是老师的功劳，熬夜加班剪贴画，精致的作品让孩子望而却步，这个创设只能看不能摸更不能玩。但是真正意义的主题环境是丰富幼儿园教育环境、优化教学手段、提高教育质量一个重要途径。环境是一种活的课程，呈现幼儿探索学习的轨迹。幼儿在与环境的互动行为中，丰富的内容深深吸引着幼儿，受到潜移默化的教育。他们自己参与布置、和同伴老师的看看讲讲，从很大程度上得到了认知上的发展和语言能力、动手能力的提高。总之，创设主题环境时，我们要以幼儿的兴趣为切入让幼儿以主人的身份参与、创设的环境要有利于培养幼儿的创新幼儿的创新能力、让幼儿参与其中实现互动。

比如幼儿园在开展"动物狂欢节"主题课程时，先发放调查表（绘画与文字相结合），让孩子们选择最感兴趣的动物进行主要研究（从科目、饲养等入手），在班级进行主题环境创设时，这个调查表就是紧随主题说明的第一板块；并且张贴出调查表后老师组织幼儿进行统计，选定票数最高的动物为本次研究对象。这样的环境创设来源于孩子，立足于孩子，是教学活动的延伸和补充，是幼儿展示自我的舞台，鼓励幼儿成为环境创设的"主人"，让幼儿体验创造的快乐，建构有利于互动的活环境。

第四是注重主题活动中教育资源的利用。在当前大力提倡大教育观的背景下，在开展主题活动的过程中教师应充分利用园内外的多种教育资源以高质量的实践主题活动的价值。首先是人力资源的利用，包括教师资源、家长资源、幼儿资源的利用，尤其是家长资源无穷，有效家园共育会让教育事半功倍。在大班开展"再见 幼儿园"主题课程时，邀请了在小学任教的家长进班，为孩子们讲解神秘的一年级生活，教会孩子们正确跳绳、整理书包；在医院工作的家长入园为孩子们揭秘牙齿的秘密，让小朋友们不再惧怕换牙；在交警队工作的家长为孩子们讲解交通安全知识，正确辨识各类交通标志……家长的积极参与也让家长更加了解幼儿园教育的意义，对老师工作的辛苦感同身受，更加支持与配合园所的工作。其次是环境资源的利用。环境资源是取之不尽用之不竭的只要你用心去寻找去挖掘适宜孩子发展的课程内容将源源不断地提供给你。比如以自然环境和社会环境为素材开展主题活动。我园在开展《我的家乡》主题教育课程时就选择了青神具有代表性的竹文化为主题，除了栽种十几种竹、打造竹玩具、引进竹课程，更是邀请云华竹编创始人及传承人入园为老师、家长、孩子开设讲座、进行竹编文化的熏陶，带着孩子们在春游秋游的时候走进竹博馆、竹林湿地公园感知家乡的竹文化，现场感受青神举办全国竹文化节的盛况，为自己是青神人感到骄傲与自豪，更有信心去传承青神文化；在开展《我是环保小卫士》主题课程时就利用社区教育资源生成主题活动，请在环保局、市场管理局的家长为我们当向导，带领孩子们走入垃圾处理站、污水治理厂等实地感知，为主题活动的深入有效开展提供了有力支持！

最后是主题活动课程的评价

作为非学术研究的普通一线老师来讲，通过有效地课程评价，能够检验或进一步完善原有的课程，有助于开发和生成新的园本课程；通过评价机制，有助于幼儿园行政管理人员以主管部门获得教育方面的信息，以便更好地管理课程，做出影响课程的各种决策。对于课程评价，主要分为教师自我反思、对孩子学习过程的评价、家长（社会）的反馈等。活动的评价内容主要从主题活动的目标评价（目标的指向性、综合性、可持续性）、主题活动内容的评价（整合性、适宜性、开放性、连续性）、主题活动的组织，策略评价（开放性、趣味性、灵活性、多样性）等几方面，形成评价机制（考核机制），也是作为幼儿园管理落实的有效载体。如我园大班段“再见 幼儿园”这一主题课程结束后，老师制定了孩子发展情况统计表，分类分家庭幼儿园为孩子做评估，最后得出孩子的自理生活、学习能力有了很大提升；对时间概念了直观的了解，学会了合理安排时间、珍惜时间；在跳绳、拍球、跑步等体能运动，在技巧掌握上进步很大，书包的收拾整理有条不紊，为升入小学做好了充分的准备。但是对于前书写训练认识不够，有些家长的“小学化”教育倾向比较严重，片面认为该教孩子写汉字、写拼音，对老师的评估提出了自己的意见，这些现象值得我们在以后的家长学校中加强对家长的培训指导。

爱育幼苗，家校联合助成长

四川省眉山市仁寿县文宫镇小学校　廖俊英　王根茂　潘燕

“学习不好是次品，品德不好是废品”。如何让问题学生转化，是一个永恒的话题。为此我在教学工作中，不断地探索和研究。让我班的问题学生“小博”转化是我近期在教学工作中遇到的一个课题。通过自己不谢的努力，让“小博”有了极大地转变。教学写无止境，我们转变问题学生的工作，一直在路上。

一、用心关注问题孩子

我现在所教的班级是四年级，都是十岁左右的小孩子，这些孩子都是我从一年级开始教的，不仅知道孩子们的学习状况，还知道他们的脾气和性格。但是这次疫情之后，我班有一个孩子的情况很特殊，连我都把他摸不透，认不清。我班有个小朋友叫小博，在一到三年级的时候比较正常，天真烂漫，喜欢帮老师的小忙，聪明机灵，喜欢听表扬的话，只是偶尔有点小脾气。

四年级上册偶尔有点狂躁，和同学玩耍时，同学有时的一句话或一个动作就会惹怒他，他会对同学大打出手，或一口气跑到教室摔饭盒，或者把教室里的桌椅全部掀翻，像一个炸毛的公鸡。遇到这种情况，我们教师一般都是把他带到办公室，先让他冷静冷静，等他冷静下来后，让他讲讲事情的经过，听他讲每次都是别的同学不对。这时我们客观公正地给他分析情况，再晓之以理，动之以情，四年级上册时还能听进老师给他讲的道理，还有所改变。

四年级下册经过了世界上最长的寒假，在家里宅了几十天，也可能在家里面耍惯了，或者打游戏打惯了不愿意上课。

二、分析问题孩子现状

上课“认人”。语数老师上课时他比较正常，其他年轻的老师上课，他就无法无天了，在下面大吵大闹，东蹿西跳，有同学制止他，他就跑过去和同学打架，卡着同学的脖子，把同学按在地上打，全班同学乱成一锅粥，任课老师根本无法上课，根本管不下。其他科任老师说，我们班的人多，调皮孩子多，最怕上我们班的课，劳神费力、胆战心惊，有一种焦虑感。上我们班的课有一大半时间在解决课堂纪律问题，教学任务根本无法完成，荒废了时间。有的学科调了几次老师，老师都不愿上我们班的课。

下课“炸毛”。下课后可能有同学指责、笑话小博同学，他就炸毛。他不会运用语言去还击，他头脑里只有一个字：打。只会抓住同学就打，到后来打红了眼，不问青红皂白抓住人就打。现在不管是我们班的同学还是其他班的同学，只要多看他一眼。他就认为别人在笑话他，在议论他，在瞧不起他，这时他特别敏感。他都会追上去打人家，打架成性。打架基本上每天都在发生。

不认“槽道”。原来他只是打同学，现在他不仅打同学，他还要打老师、打保安。当他和同学发生不愉快时，老师找他了解情况。他就把眼睛瞪起，两眼鲜红，颈子杠起，头昂着，两手捏成拳，冲着老师咬牙切齿地喊道：“你以为老子怕你？”或者说：“你不要惹老子”，“老子要打死你！”他作势要打老师，老师及时喝止了他，他才会收手。

三、研究问题孩子原因

我们多次和他的监护人爷爷和奶奶沟通。他的爷爷和奶奶大概六十多岁左右，在家务农。他们是乡里的人，为了这个孩子，专门在镇上租房子带小博读书。早上送走孩子后，奶奶再赶十多里路，回乡下和爷爷一起干农活，又要赶在放晚学时回家接孩子，小博的奶奶真的挺不容易。小博的爸爸是在广州打工时认识他妈妈的。他妈妈是广西人，生下小博时才十七八岁。孩子两岁时，他的妈妈和爸爸吵架分开了。她的妈妈回了广西，又另外嫁人生了孩子。

小博的爸爸继续在外面打工，又另外结婚生活。听小博的奶奶说，小博生下来就一直是爷爷奶奶带，爷爷和奶奶要干农活，要养活一家人。没有时间管，没有时间教，更缺少父母的关心爱护和管教。四五岁时孩子就特别的调皮，奶奶说，孩子有时调皮捣蛋，爷爷就是棍棒教育，有时用绳子捆着打，打得在地上滚，打过后要好几天。奶奶说，心疼孩子，有时孩子做错了，也不敢告诉爷爷。爷爷说孩子这种状况就是奶奶宠成这样的，在家要什么给什么，天天要钱，每天在家只知道看电视，打游戏。小博的爷爷还说，小博的爸爸也是他奶奶宠成这样的，不负责任，没有担当。

任何事物的形成总有它的原因。与小博的爷爷奶奶沟通后，我告诉小博爷爷用暴力去教育孩子是行不通的，现在孩子有暴力倾向，把家庭中受到的暴力带到了学校，可能以后会带到社会上，对他一生都有影响，这是一种很可怕的恶性循环。小博爷爷很通情达理，也认识到问题的严重性，非常积极的配合和支持我老师的教育。

四、家校联合解决问题

我一直认为，家是一个讲理、讲礼、讲团结、充满爱的地，家是教育孩子最重要的基地，对孩子性格的形成非常重要。现在无法指望父母的教育，只能把家庭教育寄托在爷爷奶奶身上。我对小博爷爷的建议是：

一是每天给孩子定目标、定规矩，每天爷孙俩一起总结孩子当天的优点和缺点。有进步的地方要表扬，做得不足的地方给孩子指出来，并告诉孩子该怎么改进。针对小博的性格特点要先扬后抑，他才容易接受。出现问题，用语言说服教育，千万不能再用暴力去教育孩子。

二是建议小博的爷爷和奶奶，在小博的教育问题上思想要统一。不护短，不溺爱。每天老人陪孩子谈谈心，聊聊天，陪孩子做作业。了解孩子的思想动向，发现有不好的小苗头时，就给以帮助，不要等到出现大问题时，就失去了教育的良机。

三是建议小博的爷爷有空时，看看我们学校发的《家长教材》，上面教如何做一个合格的家长，上面有许多教育孩子的理论和案例，可以借鉴。

三是建议爷爷带小博到专门的医院去看心理医生，希望心理疏导和药物双管齐下。

五是希望小博的爷爷和奶奶多与老师沟通，因为孩子都有两面性，让家长知道孩子在学校里面的表现。也让老师知道孩子在家里面的表现，让家庭教育和学校教育一致。

那么，作为教师的我们应该怎么做呢？我们目前是这样做的：

一是对小博狂躁起来骂老师的话、骂同学的话，不炸毛。我们尽量冷处理，下来后再给他讲道，如果热处理他有可能做出过激的行为，主要怕伤及周边同学。

二是严禁学生带危险物品到校，随时收缴危险物品，比如说管制刀具、石头、铁棒等。

三是针对小博喜欢课外活动，尽量多让他参加他喜欢的课外活动，把他的兴趣爱好朝积极的方向引导。比如说我们根据他的特点，安排他参加了科技兴趣小组、田径小组。他都很乐意参加，并且还分散了他的注意力。

四是他喜欢搞卫生，我们就安排一名优秀的学生带着他一起帮老师打扫办公室，或者擦教室的门、窗和讲桌，他认为这是老师对他的一种喜欢和爱。（但是不能单独让他干，他认为那是老师瞧不起他，在惩罚他，他在这方面特别敏感。在这个问题上老师必须要把握好度，才能起到教育的作用。）从另外一个角度看，他也是喜欢和优秀的孩子在一起。他也是想积极向上的。

五是小博喜欢跑跑跳跳、打打闹闹，不喜欢看书，喜闹不喜静，我就对他进行静的培养。我就把我的课外书借给他看，或者要求其他同学把优秀的课外书借给他，看完后，告诉我书的内容，并且说说这个故事告诉了我们什么道理。希望他静下来读书，静下来思考，把他朝书的方向引，发挥书籍的教育功能。

六是给他树立身边的榜样，把我们班学习好，纪律好，行为好，性格好，品格好，积极阳光善良的同学，安排在他的四周。希望他从这些同学的身上学会学习，学会管理自己，约束自己，学会做人。

七是和学校领导配合。我们老师向学校领导反映了小博这孩子的情况后，学校的少先辅导、政教主任和治保主任等学校领导都分别找过小博谈话，做过小博的工作。学校领导还请了县上专业的心理专家来专门做了心理疏导，还请了我们镇里派出所的工作人员来进行讲解法律法规知识，希望多方面的教育能帮助到小博同学。

我们相信，多方面，多层次，多角度的教育，小博在校的表现有一定的转变。我们相信只要大家坚持不懈，用爱心、细心、耐心、恒心去浇灌他，补上家庭教育缺失的这块短板，他一定会变成一个积极、阳光、善良的孩子。

重拾年画记忆　培育时代新人

四川省绵竹市清道学校　吴华富

教育是一个民族的命脉，是国家心脏工程。只有办有意义、有特色的学校，才能激发学生潜能，绽放学生生命。习近平总书记指出："中华优秀传统文化是中华民族的精神命脉，是中国人民的自信心，始终植根于中华优秀传统文化沃土，随着历史前进而不断与日俱新、与时俱进。"我校地处中国绵竹年画村，学生常年对绵竹年画耳濡目染。为响应习总书记号召，我校坚持立德树人，积极探索未成年人思想道德建设，把传承创新绵竹年画当作特色办学路径，提升学生美育能力，培养良好品格。2014年以来，我校大力开展内涵丰富的非遗传承活动。确立了"年画育人"的特色教育理念，积极倡导"人人会年画个个有特长"，着力打造年画文化特色校园，传承和创新绵竹年画"非遗+"文化，挖掘提炼绵竹年画的育人功能，发挥德育活动的育人功能。为更好地传承和创新绵竹年画这一中华优秀传统文化非遗瑰宝，我校竭力培养学生艺术特长、艺术审美和良好品格，对孩子们实施别具一格的特色教育，让孩子们的梦想从这里起飞。历经沧桑，几番沉淀，学校先后被评为德阳市中小学生艺术工作坊展示优秀学校、德阳市首批优秀学生艺术团、四川省首批文明校园、四川省优秀乡村学校少年宫、四川省中小学美育实践基地、四川省优秀传统文化艺术传承学校等。

一、多措并举，营造传统文化浓厚氛围

在绵竹市有关部门的领导和关怀下，学校确立了"绵竹市清道学校非遗进校园"活动领导小组，成立了绵竹年画艺术教育团队，切实把非遗进校园工作落到实处，初步确定了非遗进校园的长效机制。根据有关要求，我校制定了《绵竹市清道学校年画特色教育发展目标规划》《绵竹市清道学校"年画艺术特色学校"实施方案》《封书会绵竹年画艺术工作室三年规划（2019年—2021年）》《绵竹市清道学校"竹韵年画学生艺术团"实施方案》等，同时非遗进校园工作得到了绵竹年画非遗传承人的积极响应，使得绵竹年画这一有价值的非遗文化进入校园，相伴孩子成长。为了推进"非遗进校园——年画育人"主题教育活动的开展，我校行政、班主任团队、年画艺术团队定期召开专题研讨活动，在开学初由学生处统一安排部署活动开展要求，期末进行好做法及育人成果的交流分享。凸显"立德树人"之根本，促进了学校德育工作的进一步发展，德育团队工作能力得到提升。为打造"非遗进校园"特色品牌，我校还大力开展了形式各样的活动。创建了"清道教育年画文化"艺术特色教育体系，通过校本课程、图册等，激发学生学习兴趣，培养学生对传统文化的认识。我校的校本课程读本《绵竹年画》，分三段让学生了解年画，认识年画，通过学习和尝试培养学生对年画的兴趣，激发学生对家乡传统文化、地方民俗文化的喜爱之情。为确保校本课程充分发挥作用。

我校实施"四定"方案，即定时间，每周四下午1-2年级，每周五下午3-6年级各安排两节课统一进行年画教学；定教师，学校年画团队三位教师任教；定场所，分年段班级在指定特色功能室上课；定校本读本，我们根据孩子所在年级，为每位孩子准备了一本校本年画读本，且循环使用。此外，我校积极打造了年画特色鲜明的"四室两地"校园文化环境。四室即年画教室、面塑教室、年画剪纸室、和"竹韵年画"工作室。配备了多媒体、实物投影、专用桌椅、专用年画绘画工具等，为学生学习年画、接触年画提供条件。"两地"指的是年画文化园地和乡村少年宫绵竹年画实践基地。通过精心设计，把年画元素与学校文化融合，让学生时刻都感受到年画的味道。我校还定时带着孩子们走出课堂，走向年画基地，参观各个画室、绣坊，欣赏不同风格、不同品种的年画作品。让师生去发现、挖掘年画基地里取之不尽、用之不竭的年画艺术资源。

二、知行合一，立足年画建构全新特色课程

为了更好挖掘出绵竹年画的德育功能，形成了以绵竹年画教育为引领的德育活动方式和"三星育人"评价方式。我校在实施绵竹年画艺术特色教育的过程中，深挖传统绵竹年画的思想内涵，同时赋予其时代的精神，从绵竹年画中提炼出廉洁、守法、团结、友善、诚信等对小学生极具教育意义的内容。结合小学生的成长发展特点，我校以德育活动为载体，常态化开展讲绵竹年画故事比赛、一年一度的"年画放歌伴成长"主题艺术周活动、"我和年画的故事"征文比赛、和绵竹年画大师胡光葵先生在年画湖畔绘年画、"我和美德少年手拉手"绘年画体验活动、亲子现场绘年画、"我是小小年画传承人评选暨拜师仪式"活动等，形成了融合绵竹年画教育的德育活动方式，并建立制度，固化为学校特色德育活动，极大地丰富了德育教育资源。同时，依托绵竹年画特色教育活动，我校制定了"三星育人"评价方式。一是礼仪之星，学生在学习绘制绵竹年画的过程中，要做到内心安静、画面洁净、对画中的人物（如驱邪避灾的门神）要充满敬畏。以此我们结合绵竹年画教育开展了"三jing理念"（静、净、敬）教育活动。通过活动，教育和熏陶学生，实施品格教育，形成了良好的校园文明礼仪风尚。二是智慧之星。在绵竹年画教育活动中培养学生勤学精神。孩子们在听、讲勤学年画故事和画勤学年画过程中，懂得了勤学乐学，开启智慧。三是艺术之星，我校开展的绵竹年画教育活动，不仅让学生从中学到了一定的年画绘画技法，还激发其对绵竹年画这门传统民间艺术的兴趣。几年的绵竹年画能力提升，在各级书画、舞蹈、唱歌、体育特色操等艺术展示比赛活动中，绽放着孩子们独特的"艺"彩。从而增强了学生的审美意识，提高了学生的艺术修养。我校还依托绵竹年画教育制定了清道学校"三星"评价方式，每年6月1日评选、表彰一批"礼仪之星"、"智慧之星"，12月学校艺术节评选、表彰一批"艺术之星"。此外，我校探索出了两条绵竹年画传承与创新的美育实施途径。通过开设特色绵竹年画课，同时与其他学科课程相融合，达到美誉与教育的双重目的。我校将绵竹年画课列入课程表，每班每周开设一节绵竹年画课，由学校年画团队三位教师依据校本课程读本绵竹年画》授课。值得一提的是，我校编写的校本读本《绵竹年画》得到了国家文化部、四川省德阳市文明办，绵竹市宣传部、教育局、文体局及年画博物馆的一致好评，且在绵竹市、德阳市内逐步推广使用。另一方面，我校采取切实措施，积极构建"非遗进校园"传承平台。采取走出去、请进来等办法，邀请传承人走进校园与师生近距离教学指导，为师生讲述年画的相关知识，作年画技法指导。不仅如此，我校每季度都会带着孩子们走出学校，到学校外面广阔的天地学习绵竹年画。春季秋季定期到绵竹年画博物馆和我校乡村少年宫绵竹年画实践基地进行社会实践活动；夏季到绵竹市遵道镇棚花村的绵竹年画传习所参观；冬季到年画村各个画室、绣坊，欣赏不同风格、不同品种的年画作品。请绵竹年画博物馆工作人员讲解绵竹年画历史、年画故事、年画各种知识；到绵竹年画村请艺人们给孩子们讲年画的制作方法、着色的技能技巧……

三、弥足根本，助力非遗特色文化教育发展

传统的绵竹年画创作是画在纸上。但我校与时俱进，追求多元化发展，力求发挥艺术影响。在教师的指导下，孩子们将现代多元的创作方式与传统年画艺术进行整合，开发出了一些让人耳目一新的年画艺术作品，让年画与面塑、剪纸、刮画和棕编等艺术方式巧妙融合，成为孩子们喜爱的艺术项目。年画不仅可以在纸上呈现，还可以以多种形式呈现。孩子们将绵竹年画画在了石头、鸡蛋壳和衣服、布袋等其他生活用品上。具有一定手工操作能力的孩子们，将面塑和棕编民间工艺融入了绵竹年画艺术中，捏出了各种姿态的年画娃娃，捏出了各种花卉和小动物，用棕榈树叶编出了蚂蚱、蜻蜓、蚂蚁和蛐蛐等小昆虫，使绵竹年画由平面变成了一幅幅立体的艺术。孩子们自己动手，在切身体验中感受绵竹年画的魅力。在年画课堂教学中，我校不仅用传统的讲授式教学，还更新教学方法，让学生更易掌握教学内容。如体验观摩法、讲授模仿法、自我创意法、亲子创意法、生生创意法等，拉近学生与年画的距离。经过几年努力，今天，我校基本形成了以绵竹年画为特色，以绵竹年画为校本课程，"年画"特色教育活动内容丰富、形式多样的特色学校。非遗进校园活动的开展，对于绵竹年画非遗的有效传承和深度保护来说，无疑是最具潜力和效力的途径。青少年是祖国的未来，通过非遗进校园特色教育，不断丰富他们的非遗知识，增强他们的保护意识，让非遗在他们心中扎根。

非知之艰，行之维艰。教育是一项知行合一的事业。学校的内涵、品位和文化底蕴需要被全体师生牢记并践行，应如和风细雨浸润学校每个角落。下一步，我校将会进一步挖掘绵竹年画的独特内涵，传承优秀乡土文化，利用年画育人特色来建设美丽乡村学校，使其"美"得有特色，"美"得有亮点，不仅让学生从中受益，更让传统文化绽放它的绚丽光彩。

法治教育创特色，智变求新促发展

四川省绵竹市兴隆学校　罗辉　谭芳

少年强，则民族强！全面贯彻党的教育方针，落实立德树人根本任务，发展素质教育，推进教育公平，是每一所学校肩负的使命，也是教育改革的不懈探索。党的十八大以来，中央提出依法治国的战略，在全社会倡导践行社会主义核心价值观。为落实中央精神，更好地护航青少年成长，我校积极推进学校法治文化建设，认真贯彻依法治国战略，落实依法治校工作。我们秉持"明德明志　成人成才"的核心理念，根据小学生的身心发展特点，加强学生的文明礼仪、行为规范、尊法守法教育，努力拓展丰富法治教育的内涵。在

法治教育探索与实践的历程中，我校取得了丰硕的成果，影响深远。2015年12月承办了德阳市依法治校现场会。2015年被评为德阳市依法治校示范校；2017年6月，被德阳市委办公室、德阳市人民政府办公室授予“德阳市法治教育基地”；2017年10月被评为德阳市法治教育示范基地、德阳市“法律七进”示范点；2018年1月被评为四川省“法律七进”示范点。

一、多措并举，充分发挥法治教育特色功能

在绵竹市“关工委”的关心支持下，汇聚各方力量，创建“警校共育”德育管理模式，强化校园法治教育。“警校共育”是学校为预防和减少青少年违法犯罪，为青少年健康成长打造平安和谐校园而进行的卓有成效的探索，是学校孕育“法治文化”特色而播下的一颗种子。为此，我校大力整合课程、师资、时空等各项资源，坚持“四个落实”。成立“法治教育领导小组”；以法治校，分工明确，职责健全，落实责任，使学校法规工作取得明显成效。我校编写了校本教材《懂礼·遵纪·守法》《法治印记》。开展丰富多彩的法治教育活动，强化师生法治意识，丰富法律知识：开展模拟法庭活动，我们编排了校园偷窃、校园伤害、校园损害等多个剧本，进行模拟法庭，活动深受学生喜爱；开展交通安全知识飞行棋活动，学生们在下飞行棋的过程中，亲自感受、体验、学习交通法规知识，懂得要遵守交通法规、珍爱自己的生命；开展法治征文比赛、法治漫画比赛、法治手抄报比赛等系列活动……

教师作为学生的导师，更要发挥带头作用。我校选配责任心强、素质高的班主任进入法治师资队伍，由法治副校长、法治辅导员指导，开展法治教学。加强师资培训，以“请进来，走出去”为依托，创造条件，拓展途径，大力提升教师开展法治教育的水平，力争让更多的教师胜任法治教育。在推进法律进学校的工作中，为了提高法治教育的效果，我校结合小学生的年龄特点，积极探索将法治教育生活化、趣味化、寓教于活动中，建立了“法律伴我成长”活动中心，内设模拟法庭、法律援助工作站、交通法规飞行棋、法治教育谜语墙、未成年人保护法宣传区、阅读区、星级学生风采展示区等法治教育区。制作了交通十字路口体验区，打造了法治文化长廊，设置了优秀传统文化宣传橱窗。

二、知文明礼，贯彻落实学生良好习惯养成

文明礼仪教育是法治教育的基础，养成良好的文明礼仪习惯，将会对人的一生产生积极影响。为营造校园礼仪文化氛围，我校在校园的显著位置张贴了礼仪规范，在“法律伴我成长”体验活动中心悬挂了《学生家庭礼仪、学校礼仪、社会礼仪三字经》《弟子规》等展板。丰富的礼仪规范，不仅让学生们读起来朗朗上口，而且容易记住，使大家懂得在家要做孝顺的孩子，在学校要做懂礼、遵纪的学生，在社会要做文明、守法的公民。同时将经典诵读融入礼仪教育中，通过诵读传统礼仪经典著作来影响学生的行为，让学生们成为知书识礼的人。

遵纪就是对学生行为习惯的教育。孩子的心灵就像是一块神奇的土地，你播下思想的种子，就会获得行为的收获；你播下行为的种子，就会获得习惯的收获。我校在学生行为习惯方面主要从以下两个方面入手。一是抓好“一日常规十会”的训练。古人云：“勿以善小而不为，勿以恶小而为之。”培养学生良好的行为习惯必须要求学生从点滴小事做起，从最基本的生活、学习、卫生习惯抓起。根据本校实际情况，结合小学生守则，我校制定了“一日常规十会”要求，这“十会”包括学会问候、学会排队等，从文明用语抓起，教育学生养成良好的行为习惯。二是做好星级学生的评选。为鼓励学生养成良好的行为习惯，我校开展了星级学生的评选工作。每周由各班根据评选条件评选出星级学生，以此提升学生积极性，激发学生成长。为打造良好“法治环境”，陶冶学生情操。我校围绕“良好的文化能塑造崇高的品格”这一指导思想，积极有效营造了良好的校园法治文化氛围，紧扣学校发展主旋律和学生需要，利用展板、黑板报等对法律知识、典型案例、安全知识进行宣传，营造了健康、积极、向上的“校园法治文化”。要让学生建立起法治观念，就要让孩子学法、知法。我校各班也利用每周班队课、夕会课组织学生学习《国旗法》《未成年人保护法》《预防未成年人犯罪法》等基本的法律、法规。为了进一步让学生对法治有更深刻的理解。我还校建立了法律图书角，利用午休时间、课外活动时间组织学生阅读法律书籍，增长法律知识。通过举办法治手抄报和法治漫画比赛，增长同学们的法律知识。我校每学期都会邀请兴隆派出所的民警到学校给讲解法律安全知识。通过讲解，让同学们了解了《刑法》《义务教育法》等基本的法律知识。

三、知行合一，深入焕发法治教育全新样态

对于小学生的法治教育，仅靠单纯的说教和条文灌输效果十分有限，甚至还会使其产生厌烦心理，事倍功半。为此，我校将法治教育趣味化、生活化，寓教于活动中。在学校开展的模拟法庭、法律辩论、下交通法规飞行棋、法律谜语竞猜等活动中，学生们通过亲自参与和观摩，感受到了法庭的神圣、庄严和法律的严肃，也学到了更多的法律知识，有效地提高了学生的法律意识和遵守法律的自觉性。

特殊群体学生一直是我校的关注的重点。为解决学生乘车难的问题。市关工委老干部发挥政治优势、经验优势、威望优势协调交通、运管、公安等部门规划线路、联系公交车接送学生上下学，保障了学生的交通安全。我校还创建“留守儿童之家”。建有留守学生心理活动室、音乐室、美术室、书法室等，由专人负责，对留守学生开放。2013年12月我校“留守儿童之家”被共青团德阳市委、德阳市教育局评为“德阳市标准化留守学生之家”。2018年3月，共青团绵竹市委又划拨专项资金对“留守儿童之家”进行升级改造。此外，我校坚持开展特殊群体关爱活动。如“一对一帮扶活动”、“留守学生周末活动”、“留守学生夏（冬）令营活动”。让他们生活变得多姿多彩，感受温馨，带来欢乐。

在依法治国思想的引领下，我校紧密结合学生特点，充分利用校内外法治教育资源，根据小学生的生理和心理特点，结合学生身边典型案例有针对性地对学生进行法治教育，以体验活动为主，让学生亲自参与，激发学法的兴趣，培养守法的自觉性。孩子们通过查书籍、上网收集法律知识，增强了学法兴趣和法治意识；通过亲自体验，愉快轻松地获得法律知识，学生的法治意识和综合素质明显提高，进一步形成了良好的学风和校风，有力推动了学校的依法治校工作。学生通过观摩和亲自参与法治实践活动，实现从法律知识到法治实践的现场转化，做到“知行合一”。

教师的以身作则、孩子的成长变化、有意义的亲子体验……家长们对学校的教育赞不绝口，都表示以生动有趣的活动方式，让孩子们亲自去感受、体验法律法规知识，使其既明白要遵守法律法规、珍爱自己的生命，又增强了学法兴趣和法治意识。小小宣传员的做法使得家长们也提高了法治意识和遵纪守法的自觉性。

教育，就是精神的唤醒，潜能的显发。经过多年的建设，“法治”已然成为我校办学特色。教育注定是一场没有终点的行程。着眼现在与未来，我校会继续坚持以培育懂礼、遵纪、守法的学生为目的，以学生体验教育为手段，不断开拓创新，努力探索加强少年儿童法治教育工作的新途径、新方法。以法治教育引领学校发展，以严谨的态度探索教育规律，以担当的情怀推进教育改革，敢为人先，勇于创新，不断开启学校发展的新局面。

小初衔接课程改革，提升学校教育质量

四川省南充市江东初级中学　易鹏程　唐艳　屠欣

为深入学习贯彻习近平新时代中国特色社会主义思想和党的十九大精神，全面贯彻党的教育方针，落实“立德树人”根本任务，发展素质教育，我校于2016年9月开始实施基于融合的小初衔接课程建设改革，构建达真教育“556”课程体系，以此为突破口，把“立德树人”融入德育、智育、体育、美育、社会实践教育等各个环节，充分发挥课程、管理、文化、环境等育人作用。经过近四年的实践，我校学生逐步形成良好的健体、做人、学习、生活等基本习惯，发展了学生的综合素质，更新了教师的教育理念，提升了学校教育教学质量，扩大了学校的影响力及知名度。学校近年来分别荣获全国学习科学实验学校、全国校园足球特色学校、全国群文阅读示范基地、全国书画教学先进单位、四川省校风示范学校、四川省教育质量先进集体、四川省教育工作先进集体、四川智慧教育联盟成员学校、南充市校本研修先进单位、高坪区名学校等荣誉称号。

一、提出背景——溯根源破常规，解决时局之困

九年一贯制教育的特点在于一贯，一以贯之的教育理念、课程设置、培养目标，保持教育的整体性、系统性和连续性，有效解决择校热的难题。初中教育在整个基础教育中起着“承上启下”的作用，一方面初中阶段是学生自主学习能力、精神成长等的关键时期，要面向全体学生，促进学生全面发展，小学和初中比较，初中阶段相对较短，而课程门类、课业负担却远远超过小学阶段，从小学到初中的课程设置，不仅明显感到有一个较大的跨度和坡度，而且课程时间紧、学业任务重，初中阶段应予注重的综合课程，诸如文体课程、实践课程、校本课程等得不到有效地保证，影响了学生的全面发展和初中教育质量的提高。另一方面又是整个义务教育的收尾阶段，需要面对中考与升学的压力，为了赶课，学生长期在被动状态下学习，学习主动性的培养被弱化，因此，静待花开的理想与考试升学的现实并存，使初中教育具有了一定的特殊性。

从实际来看，部分学生升入初中后，由于课程过渡衔接不够紧密和及时，适应能力不强的学生容易沦为学困生，丧失了学习兴趣和自信，体现为学习基础不牢、学习习惯不好、学习内动力不足、主动性不强。

为孩子的自主发展提供足够的时间和空间，激发学生学习的主观能动性，必须在课程衔接设置上下功夫。

二、解决问题——构板块降坡度，焕发课堂活力

通过小初衔接融合课程建设解决从小学到初中的课程的跨度和坡度问题。小学一般主要学科有语文、数学和英语3门，经过一个暑假，到了初中，主要学科增加为7门，而且内容也拓宽加深，很多小学毕业生一时间适应不了，特别是主动学习能力不强的学生，

家庭教育没跟上的学生，于是产生了学困生，陷入恶性循环中。我们尝试着把小学六年级的小学课程和初中一年级的相关课程作一个融合，对现行教材进行校本化处理，对知识板块进行重新编排建构。

增强学生自主学习能力，激发主观能动性。教育从本质上讲是激发人的主观能动性，根据我们跟踪研究发现，大部分初中的学困生之所以产生，基础弱是一个原因，大部分原因还在于其他非智力因素的影响，集中表现在学习态度、计划、方法、习惯、意志力等五个方面。浇花浇根，育人育魂，紧紧抓住了这五个方面，就可以解决学习内动力不足的问题，而通过课程融合适当延长了学科教学时间，更新了老师的教育理念，课程更丰富，生活更多彩，教学时间不那么紧迫，教学过程不那么着急，重点知识板块可以有更多的教学时间和精力投入来保证质量，注重搞好衔接，通过各种方式，利用多种教育资源，让学生保持浓厚的学习兴趣，提高自主学习能力。

促进教师教育理念的更新。作为全国小初衔接教育联盟协会的骨干成员，我们与成都七中育才学校道分校结盟，我们采用了培训积分制和菜单式培训、跟岗影子培训等方式，实施翰墨飘香读书活动，举办教育论坛，一对一结帮扶对子，组建听课团，规范集体教研，开展学科竞赛，深化课题研究，加强校本教研力度，通过请进来和派出去，加大融合课程衔接班教师的培训，力促其教育理念的更新，以带来切实的教学方式的转变。

三、目标步骤——循规律促发展，生命诗意成长

从 2016 年秋季起，利用四年的时间，以实施融合课程建设为突破口，力求通过课程、课堂、文化、管理等方面的综合性的改革实验，努力达成如下目标：

总体目标：通过实施"小初衔接融合课程"，全面落实立德树人，扎实推进素质教育，大力实施教育创新，整体提高教学效率，促进学生的全面发展。

具体目标：编辑完整的学科教材、开发成体系的学校课程、形成高效的课堂教学范式、打造素质全面的师资队伍、培养全面发展的学生群体、创建雅致文明的和谐校园、建设内容丰富的教学资源库。

融合课程建设实施步骤：第一阶段：宣传动员，统一思想认识（2016.5）；第二阶段：制订方案，做好整体规划（2016.5—6）；第三阶段：编制教材，开发课程（2016.6—2020.8）；第四阶段：实施融合课程建设实验，有序推进（2016.6—2020.8）；第五阶段：总结成果，全面推广（2020.6—2020.9）

四、课程体系——分学科构体系，彰显课程魅力

我们构建达真教育"556"课程体系，"5"即学校课程类别分别是德育课程（含学习力课程）、智育课程、体育课程、美育课程、劳动教育课程，"5"即每类课程的类型分别是基础课程、拓展课程、发展课程、特长课程、实践课程，"6"即课程的目标是实现学生六大核心素养的提升和促进六个关键能力的发展。

基础性课程，是国家、地方课程，进入课程表，是必修课；拓展性课程，是对国家、地方课程的补充和拓展，由学校组织学科骨干教师开发，进入课程表，是必修课；发展性课程， 是由学校老师开发的课程，以年级为单位开展选课走班活动，是选修课；特长性课程，是由学校组织开发的课程，以校级为单位开展选课走班活动，是选修课；实践性课程，是由各班组织开发的课程，引导学生走进自然，走入社会，在实践中学习，以课程为载体，开展系列的游学活动。学科月活动将各学科知识与生活紧密联系起来，在生活中观察和发现学科知识，将学科知识应用于解决生活中的问题，培养孩子多方面的能力与素质。

学习力课程。学习力培养是我们教育的重要目标，学习力教育着力于学习动力（学习态度）、学习毅力（学习计划、方法、习惯、意志力）、学习能力（学习感知力、记忆力、思维力、想象力等）三个方面，特别指向五个影响学习力的非智力要素，通过典型引领强化学习态度教育，提供范式监督学习计划拟定，因材施教指导学习方法总结，结合实际细化学习习惯培养，多方打磨锤炼学习意志品质。

五、收获感悟——归初心抓关键，立足未来看现在

融合课程建设实验启动近四年，已经取得了初步成效，我们提出激发学生主观能动性，挖掘潜能，让每一个中等生成为优等生，赢得了家长和社会的信任与支持。

通过对我校融合课程小初衔接班学生和六年级学生在基础知识、自我发展、社会参与等方面进行调研、考评，在各方面衔接班的学生都有很大提升，特别是在学习专注力、学习成就感、学习自信心、思维灵敏度、独立分析和解决问题的能力、自我反思能力、合作交流能力、社会实践能力等方面优势明显，同时，优生率、达成率、平均分等指标也成效显著。

在近几年多次的期末质量监测中，我校小初衔接班均名列全区前三名，如在 2018 年秋期末质量监测中，有衔接班的七年级整体名列区第 2 名（其中衔接七一、二、三班分列区第 1、2、3 名），八年级整体第 3 名（衔接八一班区第 2 名）。在 2019 年春季全市抽考中，我校七年级衔接班名列全市第 3 名，高坪区第 1 名，八年级名列区第 1 名，全区前十名衔接班占四名。2020 年首届衔接班参加南充市中考，综合评比获全市第 1 名。

当然，在推进过程中我们也遇到了很多困难与困惑，但我们相信，在基于融合的小初衔接课程建设的路上，有你，有我，有大家，秉承着共同教育的理念，在追逐教育梦的征程中跋山涉水，一往无前，坚持不懈，终究会收获灿烂的明天！

立德树人，水润人生

四川省南充市西河路小学 汪莉萍 李丹 陈碧蓉

"一年之计，莫如树谷；十年之计，莫如树木；终身之计，莫如树人。一树一获者，谷也；一树十获者，木也；一树百获者，人也。"这段话既阐明了人才培养的重要性，也揭示出人才养成的不易。教育是使命，也是情怀，是责任，也是担当。少年强，则国强！当前教育必须为社会主义现代化建设服务，必须与生产劳动相结合，培养德智体美劳全面发展的社会主义事业的建设者和接班人。我校始建于1995年，坐落在风光秀丽的西山脚下，依山傍水，碧波荡漾，因此与水结下了不解之缘。故而，我校确立"水润生命，美行未来"的育人理念，提炼出"让每一滴水都能折射出七彩光芒"的校训，梳理出"三润三美"的课程文化顶层设计，构建了"水润生命"序列校本课程，从课程育人、文化育人、活动育人等方面，实现"上善若水、明智若水、坚韧若水、灵动若水、勤勉若水"五育并举，为学生提供丰富多彩的特色课程，培养具有水之灵性的德善智明美少年。经过不懈的探索和努力，如今，我校"水润生命"序列校本课程的创新与实践，已经引起社会新闻媒体广泛关注。人民日报、中国报道党建先锋、凤凰新闻、新浪新闻、南充新闻网等媒体竞相报道。学校也因此享获8项国家级、21项省级表彰，被评为"中华优秀文化艺术传承学校"、"艺术教育特色示范学校"、"2019年四川省优秀少先队集体"。种种荣誉不仅是对我校教学成果的肯定，同时也为学校下一步发展注入了一股一往无前的不竭动力。

一、铸魂培根，倾力构建特色校本课程体系

"一事一物皆教育，时时处处有课程"。我校的"水润生命"校本课程以国家统编教材课程为基础，以学校特色校本课程为依托，以社团兴趣课程为提升，以综合实践课程为运用，从单一的学科知识教学转向特色课程内涵育人，提升学生"六有品行"的核心素养，让学校校本课程与学校文化一脉相承，学校艺术特色教育与心理健康教育同步。

教师是教育教学的首要资源。我校"水润生命"校本课程的创新实践，需要锻造一支有高度、有广度、有深度的水之静美般教师队伍。因此，为培养更多具有专业水平的本校教师给孩子们更加专业的指导，我校根据校本课程的设置，先后聘请本地民间艺人和国家级教练来学校执教，把好校本课程教学的质量关，助推学校教师迅速成长，成为校本课程创新实践的主力军，让教师的文化品行如水：长流不息，泽被众生，荡涤万物；让教师的博爱胸襟如水：谦逊磊落，随圆就方，灵活公正。另一方面，我校大力开发教材内容，坚持每周二下午开展校本课程教学活动，组织团队制定并完善《校本课程方案》《校本课程教材纲要》《校本课程教师教学反思录》《校本课程创新实践评价体系》；指定美术教师开发《火绘纸艺》校本课程、编写《篆刻入门》校本教材，《二胡》《三国·智慧故事》等校本教材也相继投入使用。

此外，我校确立了"水润生命"校本课程顶层设计三大领域，所有校本课程的创新实践，在"品德与人文"、"科创与劳技"、"艺体与健康"三大领域中实现整合交融，以达成"立德树人，五育并举"的整体育人效果。一是"品德与人文"课程系列，包含主题阅读课程、经典吟诵课程、英语情景剧社团课程等，引导学生在人文学科的学习中感悟人性美好，逐步理解和体会"上善若水"的精神内涵，促使学生融古通今、中西合璧，既晓天下之事，又明家国之责，重点培养学生的文化意识及国际素养，让其明德而灵秀。二是"科创与劳技"课程系列，包含趣味数学课程、航模课程、种植养蚕课程、手工制作课程、机器人课程、篆刻课程等。这些课程突破传统观念上重学理轻育人的局限，强调要让学生在"说、做、用、创"中学数学、学科学，体验劳动创造美的价值，培育西河学子尊重劳动、尊重不同岗位劳动者的朴素情感，同时培养学生的创新意识和团队精神。三是"艺体与健康"课程系列，包含书法课程、二胡课程、花样跳绳课程、武术课程、体操课程等，这类课程旨在让学生感受美、鉴赏美、创造美、传达美，培养审美素养；关注学生身心健康，培养运动习惯，拥有健康心态。我校还根据学生所需，开设"水之三性"课程。通过多种丰富多彩的活动，滋养学生心灵，让每位学生成为谦逊、善良、坚韧和智慧的少年。

二、弥足根本，深化校本课程特色育人功能

为了适应学生的个性发展、主动发展、全面发展，我校课程小组打破年级班级的限制设置课程，学生根据自己的爱好和特长，选择自己喜欢的课程"走课"，提升学生学习兴趣，激发学生潜能。

通过“水润生命”三大课程体系领域和按需“走课”模式，我校逐步形成了课程实施的四大策略，解决了许多具体的专题性的难题。将学科教材与相关课程资源进行整合，在教学方法、教学内容、思维方式、知识背景等方面寻找契合点，进行有机融合，创造性地开展教学。在经典吟诵教学中，融体育、音乐于一体，创编了《千字文》国学校本操，让学习经典成为一种习惯，让运动成为一种生活；在数学教育中，通过“数学书签”、“数学小报”、“数学思维导图”、“数学制作”等方式融入美术教育，让孩子们体会数学王国中的形与色；还将体育教育融入音乐教育中，让孩子们在《太极琴侠》中领略太极运动与二胡的协调统一……这种跨学科整合教学，既能培养学生的核心素养，又能拓展相关能力的提升。

为实现博闻、强识、善思、乐创等能力素养，我校还推行“多元化”布局拓展性课程的策略，学校每周二下午开展校本课程，博雅礼仪、法治课堂、书法、竖笛、思维数学、心理健康等25门校本拓展必修课程，纳入课时计划，实行“双师多特色”课程认领制，提供给教师和学生更多的开发与拓展空间。

信息时代的成长环境下，学生个性化发展需求特别明显，为此，我校运用创建“个性化”自选课程策略，为学生投放个性化课程供学生选择，主要包括两类：(1) 个性化实践课程：田径、球类、手工DIY、数学游戏、趣味橡皮泥、科学小实验等16门课程。(2) 精品社团课程：合唱、二胡、篆刻、火绘纸艺、体操、花样跳绳6个社团，为有突出特长的学生提供学习、展示和交流的平台。我校还运用创建“全程化”综合课程的策略，提供了校园节日课程、地方特色课程和社会实践课程等综合课程，让孩子们有期待、有体验、有创造、有收获，充分感受劳动创造美的价值和与此带来的快乐。

三、放眼未来，铸写时代优质教育华丽篇章

科学评价是“水润生命”校本课程茁壮成长的保障。学校校本课程创新与实践，不但有利于学生的个性发展，还有利于促进教师的专业成长和学校文化高品位提升；更符合学校推行素质教育“全体性”、“全面性”、“主动性”的要求，体现了“一切为了人的发展”的理念。为了更好地完善创新实践过程的科学化、巩固创新实践效果的明显化，我校探索出序列校本课程创新实践的评价方法和评价流程。在学校校本课程的创新实践活动中，我校利用校本课程的丰富多彩，与学生创新实践活动相结合；选择的特长课程学习的效果与学生特长个性发展相结合；对学生的学习过程和艺术修养及品格的良性形成进行多元化评价，并把学生学习历程和丰富的情感体验，利用成长记录袋进行记录保存，让学生真切地体验“水润生命”序列课程的价值与意义。

经过不断创新与实践，“水润生命”课程孕育出了丰硕成果。“水润生命”三大课程领域——品德与人文（润德美行）、科创与劳技（润智美创）、艺体与健康（润艺美健），把艺术情怀与健康知识融入生活，成为艺术感悟与健康快乐地参与者。学生不仅学会自己喜欢课程中的创作技巧，还能学会欣赏美、发现美、创造美，从而更有力地张扬师、生的艺术特性和审美情趣，维护师生心理素质和阳光心灵，达到培养德善智明美少年的育人目标。在“水润生命”校本课程的教育语境里，教师有高度的责任感和敬业精神，以上善若水的态度对待自己的工作，让学生感受到校本课程里都蕴含“德智体美劳”的教育因子，创造教育价值。“水润生命”校本课程也让学校体操社团人才辈出，向国家跳水队、省跳水队、省体操队、市级区级业余体校输送了大量的运动员，涌现了如国际泳联女子10米台双人冠军贾童、全国跳水明星表演赛女子十米台季军邓琳丹等运动健将，学校有109名体育特长学生在国家、省、市、区级各类比赛中获奖或刷新纪录。一直以来，教师们用广博的爱心润泽孩子幼小的心田，在“水润生命”校本课程中编织自己的教育梦想，不仅找到了职业幸福感，还实现了人生的华丽转变。

教育是温暖人生的一缕阳光，它尊重、赏识每个个体，致力于学生能力、品德等各方面素质的全面提升，服务于个体的健康成长，滋养每一个生命。今天，既是我校展示办学成就的契机，也是我校继往开来、开始新征程的起点。面对新的机遇和更大的挑战，我校将继续以“水润生命”序列校本课程为学校发展的支撑点，不断探究在实施“水润生命”校本课程中如何做到“道与术、知与行”的合一，让每一滴水都折射出七彩光芒，让更多的生命绽放自身的光彩。

开展乡村精品教育　塑造未来精彩人生

四川省南充市仪陇县大风小学校　曹睿　黄忠诚

百年大计，教育为本。教育是一个民族兴衰的命脉，是国家强弱的心脏工程。唯有办有意义的学校，做有品质的教育，才能为实现中华民族伟大复兴梦贡献一分力量。学校是教书育人之场所，是精神、文化培养之重要阵地，我校现有学生703人，20个教学班，教职工51人。办学以来，我校从学校管理、文化建设、队伍提升等方面，勇于实践，敢于革新，不断挖掘学校内涵，提升学校品质。特别是近年来，在“通情达理、合情合理”即“两情两理”的管理理念的引领和推动下，我校全体教职工爱岗敬业，切实践行陶行知先生的“平民教育”思想，本着“花苞心态、花苞可爱”的育人理念，积极培养学生“知行合一”、“积极阳光、向上向善”的行为方式，努力打造教育管理、校园文化建设、教学质量一流的乡村学校。经过各位家长及全校师生的共同努力，学校的管理水平、教学成绩，逐步攀升，稳步提高，连续多年荣获各类奖项，先后被评为“仪陇县德育工作先进集体”、“仪陇县校本教研先进集体”、“仪陇县学生营养餐先进集体”、“仪陇县教育宣传工作先进集体”等。种种奖项和荣誉，不仅印证了学校办学思路的正确发展，坚定了教育信念，也为学校下一步更好发展指明了方向，奠定了基础。

一、凝心聚力，凸显乡村教育优秀品质

我校是一所乡村学校，拥有浓厚的乡村教育特色和文化气息。近年来，依据学校办学目标和办学理念，我校制定了2018—2022年学校教育工作发展愿景，在“合情合理、通情达理”的管理理念引领下，力争做有温度的乡村教育。为此，我校引导教师积极尝试陶行知平民教育思想，要求教师在教育管理学生坚持拥有“花苞心态”的育人理念，用花苞心态看待学生，只有两种情况“美丽的鲜花、可爱的花苞”，教师对待学生要学会赏识、静等花开，“花苞心态、才是真爱；花苞心态、缺点可爱；花苞心态、耐心等待；花苞心态，和谐时代。”这些理念无论是从管理的角度还是践行的角度，都引起了广大教职员工的共鸣，产生了较大的影响，为学校的发展注入了新的活力。

一所学校的品质与这所学校的教育管理有着密不可分的关系。学校教育管理水平的高低，一方面基于教师、学生的基础素养，但更重要的是管理的理念和目标的激励引领。对此我校根据实际情况给每一个年级、每一个学科、每一个学生都制定了可望更可及的全面发展目标，并以此制约、引导、激励全体参与者出色地完成各项发展目标任务。学校学年都会根据仪陇县教科体局和马鞍教育督导组下达的目标任务，层层分解目标，落实培养责任，签订育人目标责任书，待目标展开之后，就开始定责授权，学校管理者实行包级包班包人，层层落实，并认真检查督促，及时调控，最后考评成果，总结反思，严格兑现奖惩（包括调走了的老师）。由于目标明确具体，执行落实到位，奖惩激励机制有力，极大地调动了教师工作的积极性和创造性，学校形成了齐抓共管的全员育人、全程育人的良好氛围。

为了提高工作效率，提升师生凝聚力。一方面我校树立了一批骨干教师榜样，榜样的力量是无穷的、显著的。旨在吸引教师群体积极参与学校各项活动的巨大力量。榜样的工作态度、奉献精神及良好的理论水平将对其他教职员工产生“润物细无声”的正面影响。管理者的影响力由权力性影响力和非权力性影响力两方面构成。另一方面通过对学校管理者实施严格的要求和监督，规范办学行为，提升教学质量。学校管理者首先必须严于律己；凡要求教师做到的，自己先必须身体力行，并努力干出实绩；时时处处事事保持健全的人格，稳定的情绪，良好的行为，起好模范表率作用。有了荣誉，管理者要主动让给辛勤工作在一线的老师，让他们体会到他们的价值的实在性；有了活动、娱乐比如教师节的聚会、女职工运动会、“三八妇女节”节的郊游、“五四”欢乐大家唱、青年教师座谈会、教职工的健康体检，对优秀、困难教职工的关怀和慰问等。

除了学校管理者以其人格感染、激励教师们之外，优秀教师对群体的激励作用也是弥足珍贵的。我校在师德师风专项整治工作主题学习教育活动中，结合“寻找身边的好青年”和师德师风大讨论活动，认真发现和挖掘学校师德师风先进典型人物，提炼其事迹和精神，树立身边榜样，激励团队前行。如学校年近60岁的余雄、王朝领、林琳、刘箴文、罗兴和等老同志实践着一个老教师的模范作用，在三尺讲坛上耕耘了40多个春秋，他们关爱学生，用爱和责任心引领孩子健康成长。再如年轻教师郭丽平、许素蓉、张静、许丹、欧春燕、胡成欢、林威等虽然参加工作时间不长，本着做一名好老师，教一份良心书的信念，不仅工作精神可贵，而且教育有方、教学效果非常显著，使得学校的管理育人之路走得更稳健、更坚实。

二、多措并举，培养学生综合素质提升

学校是传授知识和培养人格的场所，要把立德树人作为根本任务，着力加强学校德育工作，激发学生爱国情怀，提升学生素质和技能，全面提高学生综合素质水平。为此，我校实施多种举措，通过一系列丰富多彩的主题活动，培养学生人人都成为积极进取、热爱祖国的优秀人才。一是强化思想政治建设，我校围绕每周一的升旗仪式、“青年节”、“儿童节”、“国庆节”等重大节日，组织国旗下演讲活动、才艺展示活动、入团入队宣誓活动、爱国主义征文比赛、演讲比赛，广泛开展思想政治教育活动。近年来，我校重点开展了“知党、爱党、颂党、跟党走”系列教育活动。组织了《历史的选择》《奋发向上、崇德向善》《牢记历史、勿忘国耻》等读书活动、征文比赛、演讲比赛、讲故事比赛、知识竞赛，同时开展了红色电影展播活动，通过活动学生体会到了中国共产党为民为国的艰辛与坎坷，感受到了今天幸福生活的来之不易。二是注重开展社会实践活动，培养学生良好的行为习惯。我校的学生大部分是“留守儿童”。特别是一些单亲家庭孩

子，行为古怪、个性偏狭、自私骄横，厌学情绪浓，自信心受到打击，学生心理承受能力弱，学习成绩差、行为习惯差。针对这一情况，我校充分利用"两德"故里"两德"精神，培养孩子的良好品德，组织开展了"弘扬两德精神，争做阳光好少年"的主题教育活动。组建学生志愿者服务队，清扫场镇垃圾、把自己的零用钱捐赠出来到敬老院献爱心、为社区和敬老院展现丰富多彩的文艺节目等，突出"扶贫先扶智、爱心献社会、真情暖人心"的活动理念，让学生接触了社会、了解了现实，磨炼了意志，养成了文明礼仪习惯，展现了青少年学生蓬勃向上、敢于实践的积极的精神状态。三是开展感恩教育活动。"让感恩故事无处不在，让感恩言行遍布校园"，现在很多学生不知道感恩、不懂得感恩。为加强孩子对父母、老师的理解，学校利用每年的母亲节、父亲节、教师节、国庆节、感恩节、妇女节等对学生进行必要的感恩教育，采取感恩故事演讲比赛、感恩诗词诵读、感恩歌曲大合唱、观看感恩教育视频、爱心捐款等多种形式。此外，我校"五•四"开展的国学经典诵读比赛（我校获得了县朱德诗词及国学经典诵读比赛县二等奖），"六•一"开展的亲子运动会、家校联谊会等活动，既丰富了学生们的课余生活，激扬了同学们的个性，更显示了同学们的感恩之情、回报之心。四是以乡村学校少年宫为依托，广泛开展特色文化教育活动。伟大的人民教育家陶行知说："学校以生活为中心，一天之内，从早到晚莫非生活，即莫非教育之所在。一人之身，从心到手莫非生活，即莫非教育之所在。"一所冷漠的没有文化的学校，不可能让学生学业有成、品行端正、全面发展。几年来，我校充分利用现有条件，紧紧依托"乡村学校少年宫"，根据学生的年龄特点和兴趣爱好，学校分设了22个课外兴趣活动小组，利用周二、四下午课外活动时间开展了丰富多彩的文化活动，取得了卓有成效的效果。多彩多姿的校园文化生活，不仅激发了学生爱国主义、集体主义精神，也培养了他们生活的情趣，陶冶了他们的情操，提高了学生个人审美修养和综合素质。

三、与时俱进，展望乡村教育美好未来

学生是学校管理育人工作质量高低的呈现者，学生的群体素质决定了一所学校管理育人水平的高低。为此，我校通过组织主题班会、住校生青春期教育会、家长会、微信公众号等方式做好学生心理辅导和家校联系工作；通过开学典礼、百日誓师大会、月考学情分析会、LED 显示屏、优秀学生大头贴、报喜单、月考红榜、喜报等方式，切实做好学生励志教育，营造比学赶帮超的学习氛围；我校还通过联系社会贤达人士和团队，比如哈尔滨理工大学山东荣成学院、成都燃煮堂书法培训部、深圳乐普旺捷贸易有限公司、仪陇县乡村协会、国网仪陇供电公司、大风农商行等，并相继成立俊林助学基金、大清教育基金对我校优秀贫困学生在经济上进行资助。受到资助的学生体会和感悟到社会的美好和爱心人士的善举，他们在心中油然而生敬意，学习干劲更强劲，坚持锻炼更用心，学习效果更突出。

非知之艰，行之维艰。教育是一项知行合一的事业。创学以来，我校始终坚守着教育理念，积极进取，敢于实践，让学校的内涵、品位和文化底蕴，渗透到学校各处角落，大力培养社会需要的全面人才。今天，既是展示我校办学成绩的契机，也是我校继往开来、开始新征程的起点。面对新的机遇和更大的挑战，我校会继续加强学校管理工作，不断增强学校凝聚，团结一致，以人为本，与大家同行，精细管理，真抓实干，坚守尽责之心，勤勉努力抓落实，以抓铁有痕、踏石留印的工作作风扎实工作，藉厚积之力，承求索之精神，志存高远，弘毅笃行，为建设革命老区教育强县、为乡村振兴贡献应尽的力量。

线上线下巧衔接　融创课堂共研讨

——营山县"国培计划"（2020）中西部项目新教师入职研修培训纪实

四川省南充市营山县教师进修学校　魏良平　肖俊华

时代在进步，教育在发展，教师也需要具备与之相匹配的能力和水平。教师专业发展是终身化的过程，学校应该积极引领教师独立思考，唤醒教师自我发展意识，促进教师教育实践、创新能力的提升和职业理想、人生价值的实现，着力打造学习型、研究型、创造型的教师队伍。

为进一步创新教师培养培训机制，有效推进新教师专业化发展进程，2020 年 12 月至 2021 年 1 月，四川省南充市营山县教师进修学校组织全体研训员采用钉钉直播课堂对 2020 年新入职义务教育段的 80 位新教师进行了"1+N"、"点对点"的远程跟岗培训，不仅开启了跨界、融创、混合的教师教育新模式，也为参会教师呈上了一场场精彩的课堂视听盛宴。

科技引航，跨界成新常态

"汝果欲学诗，功夫在诗外。"近年来，随着科学技术和互联网技术的快速发展，互联网与教育教学的融合已成趋势。在此背景下，"互联网 + 教育"这一新兴教育模式开始在中国社会崭露头角。而 2020 年初，一场突如其来的新冠肺炎疫情成了它的催化剂，以线上教学为代表的"互联网 + 教育"在广袤的中国大地上得以迅速普及。时至今日，中国疫情虽已渐渐退去，学生们也回到了校园和真实的课堂，但网上课堂的影响却没有远离，它必将作为线下教学的一种补充长期存续。

可以说，教育技术正在改变着我们的生活，也推动着教师教育的推陈出新。直播前，营山县教师进修校组织全体研训员学习钉钉、腾讯视频、CCtalk 等直播工具，为做"主播"打下了技术基础。全体研训员的"直播"，既是一次正常的教学活动，更是一次跨界当"主播"的过程。

教育强国，科技兴校。在线教学不受时间、空间等客观因素的制约，使人们获取知识的途径越来越便捷，教育变得更加个性化与人性化。营山县教师进修学校将坚定信念，开拓创新，形成合力，推动科技教育迈上新台阶，实现学校教育事业特色发展。

课程固本，融创成新方向

课堂走向融合与创生是我们研讨的重点，也是未来课堂的发展方向。学科融合不应是有意为之和牵强，而要做到一种自然的介入和参与。在进行学科融合时，学科本身的内在逻辑和连贯性大于学科之间的整合。为此，营山县教师进修学校积极筹划课程体系，在近 1 个月的时间里，全体研训员分时间、分学科开展了《从部编版教材看语文核心素养》《小学数学推理能力培养》《基于三维目标的化学教学策略》等 16 堂远程专题培训交流。从备课的技巧、上课的策略、实验的运用、管理的策略等方面对新教师进行全环节精心指导，助力解决新教师们在教育教学中的真问题。这其中，除了分科进行远程辅导外，初中英语、小学英语，音体美、书法，理化，初中语文、小学语文，初中数学、小学数学进行了融合直播。

同时，教师进修学校全体研训员全程观摩各学科教学直播。2021 年 1 月 13 日上午，全体研训员结合前期线上教学工作情况、针对在线教学的特点和直播感受，从教学课件、教学内容到平台的使用，进行评价反思，为下一步更灵活组织教学环节、设计课堂互动、提升在线教学吸引力做准备。会上，魏校长对学校接下来的线上线下教学任务提出了新的要求，也对今后教学计划和安排做了规划说明。这次培训项目的初衷就是把大家培养成学科的种子、专业的种子，最终成长为教育的种子。而这次培训也犹如一场"及时雨"，对学校开展名校长、名师工作室的研修活动提供了很好的指导和借鉴作用，也对提升县教师培训者培训项目规划设计与实施能力有很好的促进作用。

学科研修引入多学科的融合，全体研训员也全程参与非专业学科的观摩学习及线上指导，多管齐下，把教师教育资源用到了极致。这种基于网络、基于项目、基于问题、基于主题的教师教育，把不同学科的理论或方法有机地融为一体，培养和融合教师专业核心素养，最终实现教师教育质量的提高，在营山教师教育事业中结出丰硕的果实。

巧妙衔接，混合成新方式

线上线下巧衔接，开启混合式研修；融创课堂齐研讨，助推新教师培训提质减负。营山县"国培计划"（2020）新教师第二阶段开展的"远程跟岗培训"教育模式构建是营山县教师进修学校顺应当前疫情的变化，在"国培计划"中积极探索和推介的一种新的教师培训模式，利用先进的教学设备和软件工具的"介入"，"推翻"了传统集中研修模式。

混合式研修思维是教师在教科研的不同实施阶段，分别从线上和线下两个角度思考，并根据知识的特点，结合教师和学生的实际选择最优的实施方式的一种思维。以备课为例，教师要有利用线下教材、教师用书及练习册等资料进行备课的意识，也要有利用线上网络资源进行备课的意识，然后根据自己的实际选择最优的一种方式进行备课。若纸质材料较多可以采用线下备课，若自己擅长计算机操作可以采用线上备课，若两种条件都具备还可以采用混合式备课。

在混合式研修模式中，教师拥有更丰富的教研组织形式和资源呈现方式，也拥有更多的时间和精力来完成其研讨任务。通过混合式研修，丰富了学员的学习手段，打破了学习的空间限制，缓解了工学矛盾，畅通了学习反馈通道，优化了学员的学习效果，对提升我县新教师的执教能力，促进新任教师能力提升和专业成长，起到了积极的推动作用。

融创课堂，"学为中心"的应然要求；融创课堂，教师教育的行动方向。"研修"之路道长且艰，未来，营山县教师进修学校将继续以课堂为载体，合理调整，有效提升，为教师搭建发展自我、展示自我的平台，让教师在教研教学中体验最大的职业幸福。

与美相约，探索实践德育新路径

四川省南江县长赤镇小学　张元金　康东

为落实立德树人根本任务，促进德智相融、知行合一的有效德育，我校围绕学校德育的新路径新方法，开展了为期三年多的课题研究，构建了“导练励”三法相融的德育新路径，探索实践了“以学校、家庭、社会和师生共同参与”的全员育人，借评价、监督、少先队活动、品格训练和校园文化等各种教育载体的全方位育人，学生入校到毕业、校内到校外、双休日及寒暑假的全程育人，取得了实实在在的效果，赢得了家长的普遍肯定和社会的广泛赞誉。

一、探索德育新路径的意义

党的十九大指出：“落实立德树人根本任务，推进教育公平，这既是人民群众的迫切要求，也是教育工作者义不容辞的责任”。由此看来，实施好德育，是党和国家对学校教育的基本要求。

我校是顺应扩权强镇、长赤镇框架不断拉大、对周边乡镇吸附力不断增强的新形势，于2013年着手规划，2016年9月建成并开校的一所农村完全小学。刚一开校，面对着从多所学校分流组建的教师队伍和多校组合的学生群体，家长对新学校的质疑甚至不信任也蔓延开来。诚然，这些来源于多所乡村学校的学生：留守孩子、隔代抚养、离异家庭占有极大比重，家庭监管不到位或缺失，小小年年纪便沾染不良行为习惯。加之边远乡村“道德缺失”现象比较普遍，人际交往中的诚信危机存在，各种陋习几乎成为生活自觉，人身伤害事件时有发生。在这种背景下，实施好德育就显得尤其重要。

同时，在调查中我们发现，对传统的“说教”式德育，老师们普遍存在困惑，学生也普遍不感兴趣。它的惯用时机一般都是孩子们出现问题后的治病式惩罚，学生大多存在抵触或反感；育人方法往往重在告诉孩子们“什么不能做”，学生经常“就要那样干”；教学案例常用反面警示，学生在案例中感受“丑恶”多于感知“美丽”；育人过程重教不重练，学生在实操中知行分离、知行不一；把德育与教学人为分离的错误观念、唯分是图的功利思想，甚至使部分老师认为“抓德育挤占了宝贵的教学时间”。因此，探索实践更有效地农村学校德育新路径势在必行。

为此，我校于 2016 年 10 月引入了“品格教育”新理念，提出了探索实践“‘导练励’相融的‘正品成格’”德育新路径，旨在探索适合农村学校、易于被接受、更有效、知行合一、德智相融的一种新的德育更优路径，促进学生快乐成长，把德育变成美的教育，与孩子们相约：塑造最美自己，遇见最美自己。

二、实践德育新路径的方法

（一）构建品格文化，以美导行，让孩子们遇到“最美自己”。学校着力营造“品格”本位的“校园文化”，创造优质的校园环境，把品格教育融入学校整体文化和课程当中，使学生在品格、伦理和学习上全方位进步。

展板文化，引领校园德育氛围；连廊文化，明示品格修炼内容。用活校刊，使品格教育精彩绽放；展示解说，培养学生品格自信；榜样示范，引导学生向好向善。利用展板、连廊、墙面、解说、榜样等方面营造外显于形的校园文化氛围，指向学生内心，让良好品格得以内化。

（二）实践品格训练，以练为主，让孩子们塑造“最美自己”。做好计划，向师生明示育人内容。我们在每学期开学前就会制定学校品格训练计划书，在计划书中明确学期要训练哪几种品格，在计划书中指定训练方法和路径。制定的学期计划书一是在学校德育群下发，同时围绕学期训练主题设计张贴专题展板，师生对训练的内容就会明确清晰。

1. 校本课程，让品格教育教有方法。在课程设置上，设置了校本课程“品格教育”课，每周 1 课时（各班每周一节品格教育校本课）；二是让学生利用网络与家长面对面平等交流，三是用好典型案例、先进的人和事，从而激发内心的正能量（要求少用反面案例），四是公布或讨论学科课堂教学对各小组的品格币量化考核结论，促进学生互助共进、共同成长，五是借力少先队活动课和主题班会让孩子们在自己参与的活动中感受良好品格的魅力，在活动中谈感想谈收获，定计划，表决心。

2. 专题训练，使主题品格由知到行。我们凭借手势、眼神，用几秒钟的时间便能将队伍整齐划一。例如：老师跟同学们约定：用掌心的方向指示学生们应该面对的方向；牢记“音量分级表”，看老师的手势做出正确的反应。

3. 家校共育，借家庭训练跟进实践。一是建好平台，共享成效。各班利用网络加强家校联系。老师们利用 QQ 群或微信群与家长进行沟通交流。二是做好联系，具化任务。家庭训练任务用“周联系卡”的发放和反馈进行落实，联系卡就孩子在家周训练的任务和游戏做了详实安排，训练任务的落实用照片在班群反馈、游戏任务的记录清单实行纸质表反馈，让品格训练既有趣又有效。三是请进课堂，分享育人。我们会甄别出家长中的优秀人士，挖掘家长奋斗的感人事例，在“品格课”上，我们将某些家长请进课堂、用多媒体现场连线等方式，鼓励和安排家长进入我们的品格课堂，通过家长的分享，让我们的德育真实感人，富有智慧。

4. 德智相融，抓新德育助力新课改。2017 年春期，我校被确定为“课改实验学校”。我们在实施“五三七”乐学课堂模式的基础上，强调“小组合作学习”和“小组竞争机制”。为了把教学与品格教育有机融合，我们把小组竞争纳入了品格教育之中。各班级各学科对各学习小组实施学习情况记分，并实行周评月结。我们也要求各班把各小组德育进步情况实行周评月结，在评选“学习之星”、“品格之星”的同时，我们表彰“学习优秀小组”、“品格进步小组”。通过小组竞争既让学生实现了小组内外相互监督，也培养了他们的团结合作精神和集体荣誉感，让学生在成长过程中快乐学习，相互帮助，正品成格。

5. 实践活动，任务驱动寒暑假德育。我们在每学年的暑假和寒假，都会专门针对孩子的假期德行修炼，制定并印发假期活动安排，在安排中落实假期实践活动（例如：走亲访友、寻访家族名人故事等），对活动做出具体的安排。收假后都会对活动成效进行验收，搭建平台让孩子们以手抄报、讲故事等方式对实践成果进行展示。

6. 检查通报，用规劝促进知行合一。在新德育的实施中，我们构建了“检查通报”的规劝机制。校门出入督查岗、课间监督岗、食堂监督岗的检查通报等机制常态运行，学生的不良行为及时得到规劝和制止，规范了学生的言行，促进了学生的知行合一。

（三）评价多元表达，用励激情，让孩子们欣赏“最美自己”。多元评价强调的是评价主体、内容和方法的多元化，已经成为教育人的共识，而我们的“评价多元表达”强调的是“评价表达方式”上多元呈现，更多渠道、全方位、立体呈现孩子们的进步，使孩子们在欣赏自己和同学的进步中不断向上。

1.“品格银行”量化习惯养成。各班设立班级“品格币银行”，配备“行长（管理签盖印章）、纪检书记（监督统计学生获得的印章数量）、支行行长（统计小组学生应获印章情况，相关图片文字证明资料）、支行纪检组长（监督统计组内学生获得的印章数量）、设立网络管理员（收集班内学生应获印章的图片及文字依据和相关案例）、品格商店店长（依据纪检书记的统计结果，提出品格币消费建议）。鼓励老师们要让学生所获得的“品格币”实现消费（例如：兑换“当一天班长、换一次座位、和老师进行一次郊游等”），促进了学生品格修炼的积极性，从而达到良好的育人效果。

2.“周评月结”呈现进步点滴。我们推行了品格进步周评月结，在周评品格进步的基础上，每月评选“学习之星”、“美格之星”的同时，我们表彰“学习优秀小组”、“品格进步小组”。“期末表彰”美格少年示范。每学期，我们结合孩子们进步情况的“月结”结论，评选班级进步最大的“美格少年”。

3.“毕业典礼”根植品格希望。我们希望“修炼品格”能成为伴随孩子一生的习惯，在每届孩子的毕业典礼上，我们都会把“美格相伴”做为孩子们毕业仪式的重要内容。在毕业典礼中，我们不仅向孩子们颁发毕业证、表彰优秀毕业生、让孩子们留下“十年相约”的梦想瓶活动，更把当届孩子中的“品格之星”表彰作为活动的重要内容，在开启孩子们进入初中的学习生活的同时，把“向好向善崇尚美丽”的“品格修炼”种子悄悄根植入孩子们的灵魂深处。

4.“校园影视”助推品格教育。我们通过在校园 LED 屏、班班通上播放孩子们进步的照片和视频，把家长想对孩子们说而羞于当面表达的话在班内播放，使我们的品格教育不失生动而充满活力。

实践告诉我们，培养品格和习惯的新德育，是一种塑造美、展示美、欣赏美的教育。归结起来，我们用“校园文化导之以行、家校共育练之以行、评价多元励之以行”的“导练励相融”的德育新路径，能够取得传统德育方式下不能取得的实效，被省市电视台多次报道、被市内外各校现场学习，可以被借鉴实施，具有推广价值。

实施耕读教育，传承耕读文化

四川省南江县长赤中学　颜邦辉　魏伟

“耕以养身，读以明道”，耕读文化是中华优秀传统文化，内涵极其丰富，包含做人、行事、信仰等方面。从最初强调自食其力的自主要求，到“勤耕立家、苦读荣身”的耕读理念，再到“耕读传家”的人本精神，千百年来，耕读文化实现了一代又一代人的理想追求，弘扬了勤劳节俭、读书劳动的身体力行精神与报效国家、服务百姓的人生价值。我校校深挖“耕读文化”内涵，围绕‘耕读教育’，提出了生命、健康、质量的特色办学理念，让每一个农民子女健康成长、快乐成才。把学校精神定格为“自强不息、耕读励志”，形成了独具长中特色的“耕读教育”课程。学校从生活决定教育的观点出发，把学校教育和社会生活实践紧密结合起来，真正培养德智体美劳全面发展的优秀人才。既重知识传递、又重社会实践，让耕读理念进入校园、进入课堂、进入学生头脑，让学生接受爱学习、爱劳动、爱祖国、爱人民的思想熏陶，培养他们在读书中实践、在实践中读书，真读书、会读书、读好书，成为一个对社会有用的人。

一、围绕“耕读文化”，建构五种课程

将“耕读教育”纳入校本课程。耕读文化蕴含着不少值得传承的人文精华，通过耕读，塑造一代又一代有胸怀天下振兴中华的理想追求、自强不息勇于担当的奋斗精神的英勇儿女，以实现其报效国家、服务人民的人生价值。通过耕读文化形成乡村文明，演变为城市文明、中华文明，从此点亮了人类文明。我们围绕“耕读文化”，分年级、分学科，有目的、有计划地组织教师进行农耕校本课程开发，形成明德、启智、强体、尚美、精技五个系列。

建构五种课程。一是环境课程，围绕“耕读文化”这一主题，我们精心构建校园环境。如：莲池、柳塘、梨园、稻田、菜畦等绿化区的布置与精心管理，精心打造乡村美丽校园。同时，学校充分发挥自身资源优势，把校园的每一处做成一门课程，使学生生活在充满“农味”气息的“潜在课堂”里，每时每刻受到熏陶，达到润物细无声的效果。

二是特色课程，围绕“耕读文化”，进行农耕校本课程开发，课程渗透“耕读文化”教育，彰显“耕读文化”思想，详细解读“耕读文化”精神内涵，教师通过教学实验，论证，开发出适合农村学生个性特长发展的校本教材，如《巴山土鸡》《巴山农事》《麻饼与皮蛋》《稻鱼共生》等。

三是实践课程，配置实验基地全面育人。与教学活动有效整合。除了上好校本综合实践活动课程外，在其他学科教学中还应不断挖掘文化影响因素，有机渗透“耕读”，以形成教育的合力；与实践基地紧密结合。学校紧紧依托蔬菜、稻田、作坊、养殖四大教育实践基地，坚持做到理论与实践相结合，既让农村学生学到一技之长，又培养学生热爱农村、建设农村的情怀；与学校德育活动有机融合。

四是体验课程。我们开辟“巴山农俗文化陈列馆”，陈列正逐渐消失的劳动工具、生活用品。如锄头、犁巴、斗笠、蓑衣、竹箕等等“农俗文化陈列馆”的布置朴素而又能体现浓厚的乡村气息，平时都向全校学生开放，也作为各班开展地方课程、综合实践活动课、劳技课教学活动的现场教室。以“阳光体育运动”为支撑，依靠“激情两操”，强健学生体魄、历练学生意志、修炼学生品行。以“社会实践活动”依靠，“一人一技”，让学生在学好科学文化知识的同时，掌握1～2项基本的生产和生活技能，为学生升学奠定基础，为学生终生发展创造条件。

五是民俗课程，依托长赤文化资源，开展丰富多彩的传统文化活动，学生了解参加“泡汤节”、“红叶节”、“荷花节”、“抓鱼节”、“龙舟赛”等独具特色的节日庆典，知道说春、年画、皮蛋、麻饼等“非遗”文化，让学生在活动中学习传统文化知识，领悟传统文化精华，用文化提升学生思想内涵，用文化升华学生做人行为，让学生在文化中汲取营养，形成正确的人生观，价值观，从而弘扬社会正能量。教师通过教学实验，论证，贯穿在思想道德教育活动中，培育学生懂农村、知农事、爱农民的家国情怀。

二、深掘耕读文化，渗透学科教学

把耕读教育融入教学活动。除了上好校本综合实践活动课程外，在其他学科教学中我们不断挖掘耕读文化影响因素，培养学生的地域气质和民族自豪感，在地理课堂上让学生们了解家乡地理位置、地形地貌、自然气候，知道家乡的物产，领略家乡的山、水、湾、田的特色与美丽；留住家乡的老建筑、老味道、老物件等乡土记忆；在历史课堂上让学生了解从龙池十二景、石马坟、禹王宫，到近现代的红色岁月，从家乡历史的几度变迁中探寻本土文明，记住家乡那些熠熠生辉的历史人物；在政治课堂上让学生们了解新时代家乡的大交通、新农村建设、庭园经济、观光农业，生态农业，美丽乡村，为家乡发展成果而自豪。

将综合实践课堂延伸到校外，与耕读实践基地紧密结合。紧紧依托禹王宫、翡翠米、麻饼、皮蛋四大教育实践基地，坚持做到理论与实践相结合，既让农村学生学到一技之长，又培养学生热爱农村、建设农村的情怀围绕实践基地，开发系列校本教材，做到理论与实践的有效结合，学生在课程中，既学到农业知识，又掌握基本的农业生产技能，让学生的特长得以凸显。转变教学方式，丰富思想政治教育课程中的长赤耕读文化元素。根据实际，在课堂教学中开设与长赤耕读文化相关的课程，如积极开设以爱国主义为主题的课程，不仅可以帮助学生了解长赤耕读文化的发展轨迹和时代价值蕴含的同时，也可以使学生践行长赤耕读文化的思想精髓。

在课程设计上，科学安排思想政治教育课教学内容，重点突出长赤耕读文化的时代价值，要根据当代中学生的学习生活实际，重点提高思想政治教育的时效性。教师在进行课程内容设计时，可从当前与传统文化有关的时事热点事件出发，来引发学生们的思考，促进学生思考讨论，以增强思想政治教育对中学生的感召力和感染力。

三、以活动为载体，传承耕读文化

将“耕读教育”融入德育活动。开展传承耕读文化系列活动，切实加强耕读文化教育。以活动为载体，关注学生兴趣、个性，培养学生特长，开展多彩的耕读文化活动，为学生提供成长的沃土，促进了学生全面而富有个性的发展。

开展系列节日文化活动，传承中华文化，弘扬民族精神。在传统的节日到来前，学校提前安排和布置既体现节日内涵，又符合现实需要的各种形式的文化活动并成为常态。

开展社团活动和军训活动，组建学科类、艺体类、实践类和文学类学生社团。营造学生自主教育、自主管理、自我完善的育人氛围；利用军训让同学学会生存、学会合作、学会关怀、学会吃苦。

开展系列校园特色文化活动，举办“科技节”、“艺术节”、“生活技能大赛”大赛活动、演讲赛、辩论赛、汉字听写大赛等，丰富学生生活，为学生提供展示自我的舞台。

开展心理健康教育活动，促进学生的身心健康。学校建立了心理健康教室，以更加灵活的方式和形式及时对学生进行心理矫正和心理疏导。

开展生产实践活动。学生积极参与社会生产实践，在生产实践中掌握知识、受到教育。我们利用课余时间带领学生走出教室，深入生产实践基地，深入乡村田间，参加力所能及的劳动锻炼，让学生了解和掌握一些生产的基本常识和技能，培养他们的生产情怀。

开展生活实践活动。我们不定期地开展生活技能和生存技能大赛活动，让学生了解和掌握一些生活基本常识和生活，生存技能；促进学生相互交流和学习，培养他们高雅的生活素养，实现生活，生存教育的常态化。

开展自治活动。我们根据农村学校广大留守学生生活上缺人照顾、思想上缺人引导、情感上缺人抚慰的实际，建立健全学生自我完善的德育工作体系、自我教育的班集体建设体系、自我发展的探究性学习体系和自我管理的生活实践体系，引导学生学会热爱、学会求真、学会思考、学会实践、学会规范、学会追求、学会生存，启发学生自我教育。

开展社区活动。引导和组织学生志愿者参加建设美丽社区和美丽乡村活动，参加乡村孤寡老人和敬老院献爱心做好事活动。学生在活动中达到知行合一，成人成才，从而塑造农村学生自强不息、勤劳朴实和发奋图强的优良品质。

我校地处乡镇，是一所农村普通高中，担负着为高一级学校输送合格新生和为当地农业、农村、农民服务的双重任务。所以，我们实施耕读教育，传承耕读文化，提出了“生命、健康、质量”的特色办学理念和“植根长赤百年教育沃壤，创建巴蜀一流农村名校”的办学目标。今后，我们将进一步拓展和丰富学校的素质教育途径，促进学校办学特色的形成，着力提高农村普通高中的教育品质，为农村孩子探索有一条成人成才的道路。

参考书目：
[1] 邹德秀.中国的“耕读文化”[J].中国农史.
[2] 王维，耿欣.耕读文化与古村落空间意象的功能表达[J].山东社会科学
[3] 李存山.中国传统耕读文化的当代价值[N].光明日报.
[4] 夏邦水《永嘉耕读文化资源融入大学生思想政治教育研究》.
[5] 清代道光《南江县志》.
[6] 费孝通《乡土中国》.
[7] 王涵《中国古代书院学记》.
[8] 颜邦辉《雅韵南江》.

坚持“五育”并举，促进素质教育发展

四川省南江县正直小学　邓旭　孙丽华

深入学习贯彻全国基础教育综合改革暨教学工作会议精神、全方位推动高质量发展，既是落实党的十九届五中全会提出“建设高质量教育体系”的应有之义，更是四川推进教育现代化、建设教育强省的必然要求。我校坚持“五育”并举全面发展素质教育，在新时代新起点上，全面推进基础教育高质量发展。

一、完善德育体系，深化课程育人

学校不断完善德育教育管理体系，深化课程育人、活动育人、实践育人、管理育人，推进品格教育，开展班级五星评比，让学生通过参加具体活动提升自我认知水平，加强自我管理。

全校设立德育领导小组，下设活动部、就餐部、学习部三个管理部门，明确学校管理方案，推进品格教育学习，组织专人开展相关检查记录。德育处再定期对各班的检查情况落实评分考核，并纳入全校评比。

树立规矩意识。没有规矩不成方圆，教师在实践星级管理前，首先组织学生学习，为学生树立规矩意识。结合《小学生守则》《中小学生行为规范》《品格教育》等相关内容，孩子们在学习中先联系学校管理方案，再结合自身班级实际探讨设立——“专注星”、“勤俭星”、“礼仪星”、“卫生星”、“进步星”、“创意星”等班级之星管理，赋予班级之星以不同的含义，例如勤俭之星除了要求吃饭时遵守规则，不浪费，同时还必须做到不吃零售，爱护公物；专注之星首先要求学生上课专心听讲，同时还包括更多地去做好学习和生活中的每一件事：看课外书，完成作业，做到作业书写漂亮……

营造创星环境。在指导班级进行星级评比前，班主任老师首先要

为学生营造一种“自我教育”的最优化微观环境，利用班级朝会、午会和班队会课组织学生加强品格教育学习，开展课前1、2、3，课后1、2、3，放学1、2、3，就餐1、2、3训练，做到“物有定位，物归原位”：下课前学生为第二节课准备好学习用品，把凳子放到课桌下，捡拾干净自己身边的杂物再走出教室；放学时同学们有序排队，在任课教师的带领下走出校园；就餐时学生无声进入食堂，尽量保持安静；以及住校生的卫生洁具摆放有序、书柜里的图书摆放整齐、书包里的课本用具分类整理等。让学生认识 “自主教育”的方法，懂得自己该怎么做。

参与创星评比。各班采取学生自评、互评，班主任老师和家长参与共评的方式进行班级之星评比。班级内设立互助小组，每六人为一小组，学生之间进行共同讨论，互相监督，增进学生团体发展的共同意识。

二、提升智育水平，强化体育锻炼

近年来，学校严格按照国家课程方案和课程标准实施教学，确保学生达到国家规定学业质量标准；加强科学教育和实验教学；广泛开展多种形式的读书活动，引导教师自主阅读，开展亲子阅读，在读书活动中落实文化素养的滋润，接受优秀传统文化洗礼，享受阅读快乐。

坚持健康第一，实施学校体育固本行动，认真开展阳光体育活动。严格执行学生体质健康合格标准，健全国家监测制度，在开齐开足体育课的同时创建体育特色项目，每人一颗篮球，每期举行一次篮球比赛，每班评选一位篮球明星，并结合乡村学校艺体教育发展实际，进一步推广篮球、足球等球类文化，扩大球类运动的影响力，或就地取材制作竹竿，创设舞蹈，组织孩子们跳竹竿集体舞。

三、实施美育行动，加强劳动教育

实施学校美育提升行动，严格落实音乐、美术、书法等课程，结合地方文化、师资力量为学生设立剪纸、手工制作等艺术特色课程。全面整合县青少年活动中心活动站、乡村少年宫内涵建设，广泛开展校园艺术活动，提升学生赏析能力，帮助每位学生学会1至2项艺术技能、会唱主旋律歌曲，并参与学校、当地市县电视台举办的“唱歌节”、“我要上春晚”等竞赛活动。

结合当地环境、新农村的变化，学校进一步拓展学生的活动形式，每学期组织学生开展一次野外拉练吃苦实践活动；带领学生到当地地方产业发展基地一七彩林业有限公司学习林业苗圃培植、嫁接技术，或指导学生家长在农忙时带领孩子回家参与劳动训练，加强劳动教育，确保每月落实一次劳动体验。

四、建设班级文化，促进全面发展

班级文化建设是促进学生全面发展的重要组成部分，它作为一种特有的教育力量，渗透于一切活动之中。通过班级精神的导向、班级物化的熏陶、班级制度的管理等诸要素的相互作用，使班级文化有序运行，形成一种“社会心理动力场”，从而对学生心理素质的培养起到引导、平衡、充实和提高的作用。

为帮助学生养成良好习惯，落实学生的个性发展，体现学校“素养立人、志存高远”的教育理念，从而启迪学生形成“立志、勤学、奉献、创新”的优良班风。学校班主任，每接任一个新的班级，都会努力花较多的时间去了解班级内的学生情况，然后去发现每个学生的优点，给予学生自信，让学生们感受到学习的快乐。

如：学校会充分利用墙报树立起榜样作用，设立学生星、进步星、助人星等等栏目，在每周的班队活动中进行评选，让学生充分发现自己身上的优点，激励他们不断进取、拼搏，展示出自己成绩优异，乐于帮助别人，热爱体育运动，热爱劳动，对人有礼貌等等方面的优秀之处，让孩子们感受到自己就是一颗在班级中闪光的星星。

为培养学生的责任心，教师在走进教室上课前的第一件事是要在教室里走一圈，看一看教室是否干净；要么让同学们检查一下自己的桌椅是不是搭整齐了，脚下有没有纸屑之类的东西；要么让大家观察一下每个人的衣服纽扣是不是扣好了，上课的书本准备好了没有等，从一些日常的细节问题中做到来规范学生的行为，让他们明确一些简单的是非观念。

五、搭建展示平台，促进习惯养成

孩子们虽然能够按照老师说的去做，但真正养成习惯还是不容易，作为班主任得多为学生搭建“我有好习惯平台”，促进学生良好习惯的养成。

开展优秀作文、美术作品、作业书写的展评活动。在展评活动中，让学生把自己对学习，对生活，对朋友的关心等等方面的文字，画面写出来，画出来，说出来展示在黑板墙报上，既能做到让其他的孩子学习观摩那些表现优秀的孩子的表达方法，又能激发孩子们的兴趣，随时美化（我们的）教室环境。

配合学校开展好一切活动，调动学生对生活的热爱。活动是培养习惯的载体，通过不断重复，让学生的好行为形成好习惯。同时，各班加大家校联动，共同克服“2大于5”的困境，促进家校联动，做到老师与学生家长紧密联系，以掌握学生的动向

义务教育优质均衡发展任重而道远，下一步我校将继续坚持五育并举，打造“优质均衡”新高地，为更多孩子“上好学”而努力。

守护每一片绿叶，温暖每一颗心灵

四川省仁寿县特殊教育学校　刘明才　邓勇　孙江云

教育是上天馈赠的一份礼物，是一份关心，是一路陪伴。尤其是特殊教育，需要老师们用自己真切关怀与陪伴把这份礼物融进孩子心田。作为一所特殊教育学校，一直以来，我校始终秉承“真爱为本”办学理念，“有爱就有梦，执着梦飞翔”作为校训，始终把学生以后的自主生活、幸福生活、快乐生活作为办校的动力。自《第二期特殊教育提升计划》实施以来，残疾人受教育水平得到进一步提升，对推进教育公平、实现教育现代化起到了至关重要的作用，为千万残疾人家庭谋取福祉，送去温暖。其中明确提出落实“一人一案”，要求教师要必须根据特殊孩子的特殊需要，精准实施与孩子学习、行为、习惯等方面的对称教育，使他们在情感态度、知识技能等方面有最大的提升，从而增强他们获得感与被认同感。为此，我校针对孩子的缺陷，着力把工作重心转移到发现和探索孩子根本问题上来，积极探索解决方法，以爱启智，用心启航，为孩子幼小的心灵拨出一片蓝天！

一、以爱为路，陪伴学生成长

对于特殊教育而言，耐心和鼓励就好比是一把打开学生心灵的钥匙，可以潜移默化的不断影响学生成长。就如我校一名学生为例。小志是启智一年级一名9岁的同学，他在日常生活中和同学交往时很活泼好动，在课堂上也会积极举手，但是请他回答问题时很羞怯，有时站在讲台上发呆不动，有时会回答问题，但只能看到嘴唇在动，发出的声音非常小。在近期的一次语文课上，在他回答问题的过程中，老师采取了一些办法，帮助他在课堂上大胆地发言。课堂点名时，小志如之前一样不敢回答，老师就重复点了两次，在第二次点名前老师先鼓励他达到的时候大声一点，果然在他第二次达到时声音有变大，这时老师及时鼓励道：“小志答到的声音真响亮！”在教学过程中，有一个环节是抽学生起来听指令指点图片，因为小志是班里能力较好的B层学生，老师在其他学生完成指认活动之后才抽他。等到他独立正确地指点完图片之后，老师就带其他全部一起对他进行鼓励。接下来老师借此对他提出了新的要求，老师问：“小志能不能读一读这些图片？”，他点了点头，于是老师指着一张图片询问：“他在做什么？”而他仅仅是看了看图片又看了看老师，老师以为他是不会读，便下达了新的指令：“请小志跟着老师读一读‘洗手’。”他还是看着图片不发声，这是老师将头凑近他，用手指指着嘴巴读“洗手”，并再次鼓励他勇敢读出来，终于他的嘴巴动了动，但还是没有声音，为了给他鼓励，老师对其他同学说：“刚刚小志读了图片，但是声音有点小，同学们一起来给他加加油！”，说完所有同学都在喊：“小志加油！”整顿好纪律之后，老师再次带他认读了图片，这次声音明显比前面大了很多。

在后面另一个教学环节，是抽班上两组同学进行比赛，看谁读词语读得清晰又大声，在分组时老师将他和班里另一个声音比较大的学生分到了一组，为了调动学生的积极性，老师还采用了奖励机制，认读读片清晰并且声音响亮的同学可以获得一朵小红花，在竞争和奖励的双重激励下，小志积极参与活动，在认读的时候老师让另一个学生先读，在鄢志邦读之前先进行鼓励“鄢志邦能不能读得比他更响亮”，经过一系列的鼓舞士气之后，小志在认读时非常卖力，声音特别洪亮，最终得到了小红花。此后，在开火车认读图片的环节中，小志在没有提示的情况下，认读的声音也都比之前要洪亮。

二、春风化雨，浸润学生心田

毫无疑问，这堂课对小志的干预带有一定教学目的，并不完全随机，通过这一案例，我校对学生的语言表达情况做了简单的调研和分析。首先该生在与伙伴互动时，有较多口语并且说话音量正常，而在课堂上不愿意表达，一方面可能是害怕独立回答问题或者怕回答问题错误会得到惩罚，另一方面可能是故意不回答，在课堂上可以获得更多关注，因此为了验证第一种假设，老师设计在语文课堂上以激发该生口语表达为目的的一系列教学活动。在课堂上老师主要采用了鼓励、示范、强化等方法。首先是在点名环节，这个环节是常规活动，而且是全班参与，没有压力，在这个环节鼓励学生大声回答比较自然，学生也容易表达。在指点图片环节到认读图片环节，其实是简单问题到复杂问题的过渡，学生在指点图片环节回答全部正确，得到了全班同学的鼓励，这能在一定程度上刺激他勇敢地尝试下一环节。但是在进行认读环节时，他开始还是不敢开口，在经过老师的再次鼓励和示范下他终于勇敢地读出来了。在比赛认读图片环节，小志参与活动的兴趣比较高，因为有了旁边同学的示范，他认读图片时发出的声音也较大。至于最后开火车读的时候，有了前面活动调动的积极性，还有全班同学集体参与的因素，他在认读时声音也比较洪亮。经过对这堂课的实践与分析，由学生的表现可以看出他在课堂上主要是害怕独立发言，担心回答问题错误。在今

后的教学中，我校会鼓励老师经常采用鼓励性的语言帮助学生培养信心，多使用强化物鼓励他大声地发言，同时可以采用示范的方式让他习得正确的发音方式，减少回答错误的频率。

结合培智语文教学课程标准，低年级学生教学中倾听与说话是一大重点，要求学生能够听懂简单的日常用语并做出简单的回应，对于班上像小志这样有口语能力却因情景不同难以开口的学生，在教学过程中要多帮助其树立信心，获得成就感，感受学习的乐趣。这个过程不是一蹴而就的，需要循环渐进，需要老师充分调动教学资源，今后的教学中可以选择学生感兴趣的物品或活动调动学生积极性，让他们充分地投入到活动中去，这时的表达会更加自然大胆。此外，也不能排除学生会因为任课老师的不同而产生不同的表现，为此，我校会要求教师在今后的教学中除了树立一定的教师威严还要增加自身的亲和力。由于每个教学对象都有不同的需求，所以也会要求老师们要加强个别化教育的开展，因材施教。在生活中，要多多注意观察每个学生的特点与需求，加强家校密切联系，加强各科任老师之间的交流，充分了解学生的现有能力与最近发展区，在教学中设计合理的教学目标，采取具有针对性的教学措施，精心设计每个教学环节，在教学过程中还需要教师随机应变，及时合理地调整教学活动，才能帮助学生在课堂上得到更多改变。

著名教育家苏霍姆林斯基说："没有爱就没有教育。"仁爱之爱是本真的教育，是积极的教育。教育之爱如山伟大而坚定，如海博大而包容。尤其是特殊教育事业，是生命对生命的责任和承载。更需要老师们用爱感化学生，影响学生，用心培育，用爱浇灌，才能为学生成长带来温暖，绽放生命光彩。作为教育的一员，我校会坚定不移地走下去，含泪播种，含笑收获，用真诚奉献、关爱陪伴照亮他们人生起航的方向。

"八个强化"助推校长课程领导力的提升

四川省双流中学协和实验初级中学 罗明福

我国新一轮基础教育课程改革的推行使学校的教育教学观念有了很大转变，教师素质有了极大提高，学校的教学研究气氛空前浓厚，课堂教学异常活跃，学生的学习兴趣有了进一步提高，给基础教育带来了新理念、新方法、新尝试和新探索。在这新一轮课程改革的过程中，作为学校的指路明灯和精神支柱，校长应该怎样确定自己的角色，找准自己的定位，积极领导、推动和实施新课改呢？

我认为，校长的课程领导能力决定着学校课程改革发展的方向，决定着学校课程改革的成败。这就要求校长必须突出八个"强化"，方能切实提高校长课程领导能力，培养全面发展的新型人才。

强化课程建设理念，增强教育理论素养

苏霍姆林斯基说过："居于我这个校长工作首位的，不是事务性问题，而是教育问题。"办好教育是一个校长的主要责任，而一个优秀的校长可以办好一所学校的重要原因就在于这个校长具有先进的办学理念。同理，课程理念是学校办学思想的核心，是课程改革的具体表现，是课程与教学工作管理的灵魂、方向和旗帜，对整个课程与教学工作起着导向、约束、凝聚和激励的作用。校长只有强化自己对课程改革精神的学习和理解，具有与时俱进的课程理念，增强自己的教育理论修养，注重课程与教学工作的管理，加强学校课程与教学工作的领导，认真做好课程改革的规划，积极进行校本教材的开发，才能有效推动自身学校的课程改革。

强化课程设置管理，开足开齐国家课程

国家课程的设置，是全面贯彻教育方针、全面实施素质教育、促进学生全面和谐发展的基本要求，它体现着国家意志，具有法规性质。强化课程设置管理，就是要认真按照国家所提出的课程标准，保证科目的设置，保证教学的时间，充分发挥课程的整体功能。学校校长只有加强对国家课程科目设置的了解，正确把握国家课程设置的要求，强化课程管理，才能确保课程改革的正常进行。

强化教师培养力度，建立课程管理机制

瑞士著名教育家琼•皮亚杰说过："为什么这样庞大的一个教育工作者队伍，这样专心致志地在全世界工作着，而且一般都具有胜任的能力，却产生不了杰出的科学研究者，能够使教育学变成一门既是科学的又是生动的学问。"究其原因，就是教师缺乏对专业发展的继续追求，对学科素养和教学能力的继续提升。

教师只有深刻领悟课程改革的意义，加强学科专业的学习，不断提高自身素质，才能积极、主动参与课程改革。校长在对课程领导的过程中，应加强对教师的师德、专业、业务及课程理念等方面的引导，对课程与教学进行全面、全程、全员管理，建立新的课程与教学工作的管理运行机制；应在强化课程理念的基础上，建立学习型组织，构建学习共同体，将教师的集体培训、自我进修与读书活动等充分结合起来，推动教师的自学、培训、进修、赛课、继续教育和终身学习。

强化校本研修机制，助推课程改革发展

校本研修，是指以学校教育、教师工作中存在的实际问题为着眼点，以学校、教师的预定目标和学校、教师的发展规划为基本方向，以满足校内教师的专业发展需求为根本目的，以学校自身力量和资源为主要依托，在教师发展共同体的相互作用（影响）下，在教育专家的指导与专业引领下，由学校自行设计与策划，并具体组织安排实施的一系列、分阶段、有层次的教师教育与教育研究有机融合的促进学校与教师发展的过程与活动，其核心是学校教研、科研、培训一体化。在课程改革的过程中，校长只有深刻认识校本教研管理是整个课程与教学工作管理中最基础的环节，是课程改革发展的内在动力，是教师专业发展的根本途径，才能在课程领导中建立学习、反思、合作和引领的长效机制，并通过自我发展研修模式、问题解决研修模式、主题研修模式、课例研修模式、课题带动研修模式等形式，真正将校本研修落实到教师，从而推动课程改革的发展。

强化地方课程开发，认真编写校本教材

地方课程是国家为了给予学校更多的拓展空间，为了学校和学生的进一步发展而设置的必修课程，是对全国统一课程的重要补充。学校要开设地方课程，就必须要有校本教材，它是指学校按照《基础教育课程改革纲要》，根据本校发展需要和学生实际，由部分教师或全体教师、部分学生或部分家长及课程与学科专家，在分析本校外部和内部环境的基础上，针对本校特定的学生群体，共同开发和制定的一些有利于学校和学生发展的教与学的材料。校长的课程领导力中必须强化地方课程观念，增强课程资源意识，建立学校课程资源库，积极有效地开发与利用课程资源。校长要结合地方课程，积极开展研究性学习等综合实践活动；认真组织富有经验的学科教师积极开发校本教材，强化教师对校本课程的认识；遵循目的性、针对性、实用性、独特性、趣味性、拓展性、前瞻性、有效性和可操作性等原则，使校本教材真正体现出"本校"特色。

强化课程人才聚合，形成课程改革合力

只有加强课程与教学行政管理，明确职责，分工合作，才能保证课程与教学工作管理系统顺畅、高效运转。校长要在统一思想和认识的基础上，把教师中有干才、口才、笔才、谋才等人才放到课程改革恰当的位置上，人尽其才，人尽其能，才能形成各种最佳组合。校长要善于把教师的长处汇集起来，巧妙地组合起来，有声有色地发挥出来；要通过大力开展教学行动研究，促使教师主动投入到课程改革之中，为学校发展献计献策，形成课程改革的合力。

强化课程改革过程，转变"教"、"学"方式

课堂是教育教学的主渠道，课程与教学工作管理必须聚焦课堂。学校校长在对课程改革管理的过程中，要想真正领导课堂、管理课堂，就必须深入教学第一线，探索构建新的课堂文化，重视转变教师的教学方式和学生的学习方式，促使教师从传统教学的传授者转化为现代教学的促进者、学习者、发现者、引导者、组织者，不断提升学生的独立性和自主性。在这个过程中，校长应重视教师是否真正做到了：改变了师生关系，平等尊重学生；注重了教学过程，转变了教学观念；调动了学生学习兴趣，改革了教学方法；转变了学生的学习方式，倡导了自主合作探究；开展了丰富多彩的活动，促进了学生的个性发展；关注了学生的情感体验，注重了学生的持续发展。只有这样，学生才会真正成为学习的主人，课程改革也才能真正达到目的。

强化课程管理评价，完善学生发展机制

学校的课程管理评价工作对课程与教学工作的管理起着导向、约束、校正和激励等作用。为了使课程评价真实、科学、准确、有效，学校必须深入改革评价工作，建立比较完善的评价机制，全面考查教师执行新课程标准的教学情况和学生各学科、各方面的综合素质。如对教师的评价就不应该只注重结果，而是应该将过程与结果结合，行为与效果结合，量评与质评结合，终结性评价与发展性评价结合，实现固态的和动态的教学管理和评价。在对教师的课程管理评价中，可以采用"三级"评价模式（学校、年级、教研组）和"三位"（学校、学生、家长）等评价方式，全面、全程地对教师进行过程跟踪评价。这是因为在课程管理评价中，只有实施了对教师的发展性评价，才能调动教师参与课程改革的积极性，才能促进教师专业发展和学校的持续发展。

总之，校长的课程领导力不单指校长领导教师团队创造性实施新课程、全面提升教育的能力，还包括了校长自身的学科课程专业能力、决策和执行新课程的能力以及利用新课程发展学校的能力。学校校长只有按照新课程的标准和要求，不断提高自己对新课程的认识，亲自投身到课程改革的洪流中，才能真正推动学校课程改革的新发展。

转变德育教育理念，创新德育教学模式

四川省旺苍县高阳镇中心小学校　蒋斌

党的十九大报告明确要求各学校全面贯彻党的教育方针，落实立德树人教育目标，同时，习总书记也在多个场合强调要培育和践行新时代社会主义核心价值观，实现以德育人、以文化人的教育目的。作为教育初始的小学阶段，也是学生学习成长的关键时期，在“立德树人”的教育背景下，学校要将思想道德教育工作落到实处，要培养出有知识、有头脑、有品行、有道德的人，这样才能真正成为社会人才。我校与时俱进，开设了符合校情、学情的德育课程体系。学校转变德育教育理念，创新德育教学方法，德育教育课程化，渗透“立德树人”理念，培养学生全面发展。

一、强化育人主体，营造育人氛围

学校的办学理念，是靠教师的教育行为来实现的。教师，是学校生命叙事的主角。我校以“向阳花”为文化核心，以“笃实向上、我心向阳”的精神，“天成向阳、德赢未来”的理念，着力立德树人的“五大课程”体系，围绕成就学生、服务学生，营造“时时受教育、处处是课堂、事事求和谐”的育人氛围，以推进“教书育人、管理育人、服务育人”工作为抓手，使全体教职工人人参与育人工作，大大提升了育人工作的广度。

二、构建课程体系，落实课程育人

我校的德育课程主包含：智识课程、公民课程、艺体课程、特色课程、活动课程五大课程群。每一个课程群都是通过国家基础课程、学校拓展课程来分层实现。努力实现国家课程校本化，拓展课程多元化。

智识课程群。国家必修课程：语文、数学、英语；学校拓展课程：读写绘本、自主识字、群文阅读、整本书共读等培养孩子良好的理解、沟通能力和有涵养、谦和的性格；读写绘本课程：绘本是孩子童年最好的玩具，一本本绘本，在孩子们的童年播下一粒粒最美妙的种子，那是语言的种子、审美的种子、思想的种子；自主识字课程：自主识字是一种能够创新，能够大量提高教学效率。能够有效促进学生及早阅读，提早进行写作的作用，得到了全国教育专家的充分认可；群文阅读课程：教师在单位时间内指导学生阅读相关的文章，关注学生的阅读数量和速度，关注学生在多样文章阅读过程中的意义建构；整本书共读课程：师生共读一本书，是培养学生阅读习惯的有效策略。学校在统编教材规定书目的基础上，修订了整本书校本课程体系。

公民课程群。公民课程：人格课程、修养课程。我校通过少先队活动课、德育积分超市、研学旅行课程落实学生的六大养成目标（言行得体、协商互助、诚实守信、自律自强、勇于担当、尊重感恩），培养学生的德行修养和文明礼节，让学生养成良好行为习惯，为阳光人生奠基。

晨会是学校德育工作的重要载体，是学校对学生进行爱国教育、思想品德教育、日常行为习惯养成教育的主要载体。晨会的内容是以《德育活动安排表》为依据，突出《中小学生守则》《小学生日常行为规范》、社会主义核心价值观及八礼四仪教育，进一步加强班级管理教育，注重学生素质培养。

我校鼓励学生多参加比赛、演讲，加强对学生思想前途的教育，增强他们的自尊心和自信心，同时深入学生爱国主义、集体主义、社会主义的思想教育。德育课教师潜心改革教学方法，把德育课的重点由应试转到提高学生政治思想道德素质发方向，各科教师和全体员工应以生为本，把立德树人的教育思想放在各自课堂教育的首位，做到教书育人，管理育人。

例如，在大体育课程和体育节中发掘学生的潜力特长，帮助学生更好地发挥自己的实力。还要通过组织班集体的能量来激励影响他们，确定班集体的奋斗目标，逐步培养学生的集体荣誉感；组织学生看一场电影，题材要选择充满教育意义，展现爱国情怀和感恩父母为首要思想的电影。引导学生写观后感，自由地表达交流从电影中获得的感受与思想启发。

在德育方面，我校通过阅读书会知识竞赛环节，加强学生的道德文明意识。以班级为单位，通过举行推荐课外阅读书籍活动、举办知识竞赛活动，不仅推进了学校德育的研究工作，也使同学们扩展了文明道德知识，充分体验到阅读与竞赛带来的乐趣，养成良好的公平竞争意识，在比赛的同时建立友谊和合作。丰富学生的知识性和趣味性，提高学生的知识储备。此外，我校高度重视学生阅读习惯的指导和培养，为每个班级配备读书一角，学校图书室全天开放，课余时间鼓励学生去阅读室学习课外文学知识，通过阅读来培养学生的良好道德观、三观和正直的生活态度。

艺体课程群。我校通过体育、艺术、心理、道德与法治、卫生与健康等国家基础课程；篮球、足球、围棋等拓展课程；田径、啦啦操等个性化社团课程帮助孩子树立积极向上，正面、健康的生活观念，使孩子获得阳光乐观、坚强、团队合作的品质，从而塑造一个个更完整、更有生命力的人。

特色课程群。特色课程群：生命课程、健康课程、劳动课程。自然教育理念下的小学生命教育课程运用基于自然、回归自然、顺应自然和师法自然的策略，以课程的形式启发孩子。我校主要通过“生命长廊”，利用班队活动、社团活动、专题活动等形式让学生在不同生命教育主题下通过活动体验生命教育，从而达成对生命教育的认识。

班队活动以“理解生命之源”、“阅读生命意义”、“学会求生”等自我教育为主要内容，让学生根据生活中的事例讨论这些真实而典型的案例，对于人的生命的关注以及保护人民生命的措施。在社团活动课程中，学校组建生命教育活动小社团，以点带面，培养小学生参与、组织社会活动的能力，提高学生对自然、生命的探究兴趣，丰富学生对自然、生命的认识。

劳动、生活课程。学校倡导学生在小学六年时间要学会12个菜品，拓宽生命的长和宽，培养学生的生活、生存能力，为未来幸福生活奠定基础。劳动课程关注学生的兴趣、经验，从日常的四季季节农事活动出发，结合本地的教育资源，让学生通过参观、访问、考察等方式了解现代社会农业劳动以及二十四节气对于农业相关季节粮食，让学生亲自动手体验。

活动课程群。活动课程：两礼、四节。“两礼”包括开学典礼和散学典礼，在仪式中学生体会生命的存在和自身的价值，从而树立强烈的仪式感、人生的价值感。“四节”包括艺术节、体育节、科技节、读书节，让孩子在四大节日中充分凸显自己的才华，挖掘孩子们的潜在能力，达到在活动中立德、在活动中育人的效果，让孩子们在校过一种幸福完整的教育生活。

五大课程群根基于国家对幼儿青少年提出的六大核心素养，是落实育人目标的支撑，是六大核心素养实施培养的途径。德育课程最终形成以学生发展为核心的完整育人体系，培养每一名学生获得成功生活、适应个人终身发展和社会发展的能力。

育人为本，德育为先。小学是我国义务教育体系的基础，德育教育是学校教育的生命线，是社会发展进步的原动力。因此，小学教育中，不仅要帮助学生实现知识从无到有的转变，还应该引导学生逐渐形成积极健康的人生态度，促使学生成为有知识、有头脑、有品行、有道德的人。在立德树人教育目标下，作为小学德育工作者，我们更应坚定信念，不忘初心，砥砺前行，从日常的、琐碎的学生德育教育入手，让学生以知励志，以德立身，立足社会，立足未来！

参考文献

[1]杨立川.人际传播与社会主义核心价值观的培育[J].新闻知识,2018,(1).

[2]中共曲靖师范学院委员会.围绕立德树人根本构建“三全”育人格局[J].社会主义论坛,2018,(12).

[3][4][5]http: //jyj.gmw.cn/2018-04/08/content_28244049.html

[6]窦桂梅,汤卫红.核心素养的学校应答——以清华大学附属小学为例[J].中国德育,2016,000(001): P.32-34.

“生涯实践”创特色　品质立校育桃李

四川省新津中学　万远洪

百年大计，教育为本。教育是提高人民综合素质、促进人的全面发展的重要途径，是民族振兴、社会进步的重要基石，是对中华民族伟大复兴具有决定性意义的事业。2017年8月17日，教育部发布了《教育部关于印发＜中小学德育工作指南＞》，针对高中学段的德育目标明确提出，要教育和引导学生“学会正确选择人生发展道路的相关知识，具备自主、自立、自强的态度和能力，初步形成正确的世界观、人生观和价值观。”在这种环境下，教育者们纷纷意识到生涯规划教育对学生的终身成长的重要性，就开始把生涯规划教育作为探索新时代育人的路径。为切合时代要求，我校大力开展高中生生涯综合实践活动，自2016年起，紧紧围绕“立德树人　五育并举”的教育理念，开启生涯规划教育的探索之路，尝试研发相关校本课程，从单一生涯心理课程发展到知行整合多元课程群，从心理教师的单枪匹马到课题组研究介入，再到全学科渗透，不断丰富与完善，既强调生涯规划知识系统地学习，又重视学生的行动实践和情感体验，最终为学生未来发展奠基。生涯综合实践活动作为我校倾力打造的特色品牌活动，注重学生的精神成长，激励学生对生涯深入认知，培养并提升学生的生涯规划意识及能力，着眼于学生的未来发展。经过四年多的实践，我校的生涯综合实践活动已经取得显著成效，多次被央视网、中国网等国家级、省市县级媒体关注并宣传报道，这些仅仅是我校迈出的第一步，生涯综合实践教育这一特色办学思路，将始终是保障我校办学品质提升的鲜活力量，让我校教育教学如花绚烂、如节拔高！

一、知行合一，以生涯综合实践活动促进教育深层发展

生涯综合实践活动隶属于生涯教育课程的内容之一，以德育作

为教育核心，以智育、体育、美育、劳动教育作为辐射链条，注重体验性、开放性、自主性，从学生实际需要出发，以学识衔接为核心设计理念，以系列化螺旋式体验活动贯穿各年级，实现学生思维、情感与行为的协同发展，促进学生关注自我，提升交际能力，增强对社会的认知；通过师长指导帮助学生形成观察、反思、行动的闭环学习体系；配设多元动态化综合评价体系，在自我审视与反思中为未来的人生发展打下坚实的基础。

我校开展特色生涯综合实践活动以四字为核心骨架，即“知、行、合、做”

1、知——明晰实施理念，有机关联学科教育

一是明晰“五育并举 着力学生未来”为基点的实施理念。根据《中国学生发展核心素养》，高中阶段需着力于培养学生具备适应不确定未来的品质和能力，而生涯综合实践活动在“五育”不同路径中的整合呈现，即是为了搭建学生与社会之间的桥梁，引导学生认知自我、探索世界、了解时代背景下国家发展中的职业人才需求，树立正确的世界观、人生观和价值观，有意识结合职业倾向，关注当下自身发展，为一生幸福奠基。

二是全员德育，渗透学科教育。综合实践活动内容选择以学生的需求、社会生活以及跨学科的综合性、实践性、知识性为基础，学校统筹安排，德育处、教导处通力合作，通过制订活动育人目标、选择适宜的活动主题、创设多样的活动实践途径、设立多元动态活动评价体系，凸显活动的德育功能，融合文化学科的智育功能，提高活动的体育属性，整合活动的美育价值，弘扬劳动精神，保持五育各元素的关联性、协同性和一致性。

2、行——“听、学、做”三环相扣，丰富实践体验

听：整合优质的学生、师长、校友、社会人士资源，打造四位一体的听学模式，系统化为学生搭建生涯规划知识网络，凸显智育、美育下的德育影响力。该模式以讲座、访谈、专题学习为主，其中，慧成讲堂给学生提供展示舞台，而兴趣、思维碰撞，指向于学生综合能力的发展；职业分享会汇聚不同行业的社会精英，分享职业生涯故事，指向于唤醒学生生涯意识；家风传承活动联合家庭教育，追溯家族奋斗史和发展史，指向于激发学生学习动力；校友专栏精选历届优秀校友，树立榜样的力量，汲取人生经验，助力于学生未来成长。

学：跟学模式作为“知行”的桥梁，是“听”的基础上的模仿实践，是“做”的前提的反思提炼，是融合五育的实践初体验。跟学模式以单一实操为主，即活动目标集中，指向明确，诸如：生涯辩论赛、演讲赛均围绕生涯类主题展开，辩论赛旨在从根本上认识到生涯规划的重要性，锻炼逻辑思维；演讲赛则重在深入对生涯规划的认识，提高语言表达能力，提升综合素养；假期实践活动之父母职业体验日、走近大学、生涯访谈均是在初步了解职业类别的基础上，对职业的进一步认知，借力榜样人物的奋斗史，明确高中奋斗目标、有计划规划高中学习生活、找准人生前进方向。

做：实践模式是在系统听学、跟学后的多元化实践，是“行”中的重要环节。通过探究、服务、制作、体验等方式，以丰富的实践经验，帮助学生形成并逐步提升自我和社会间内在联系的整体认识，最终形成价值认同，实现培养“德智体美劳全面发展的社会主义合格公民”的目标。实践模式分门别类展开，校内实践活动侧重于人文类、艺体类、科创类，如戏剧节从剧本创作到角色选排、从舞美灯光到音乐背景，再如科创节、艺术节的方案撰写、分组排练、手工制作、成果展示等均依托于学生组织，在创新创造中探究，在实践体悟里成长；校外实践活动偏重于志愿者服务，鼓励学生积极参与社会公益活动，培养其服务意识和公益意识；研究性学习，重视高阶思维培养，鼓励学生关注自我和社会，探究两者间的内在联系，促进其思维发展和自我成长。丰富的活动体验和定向培养能帮助学生明晰兴趣、能力和职业之间的关系，有意识根据自身的职业兴趣提升相应的职业能力。我校旨在通过生涯综合实践活动，使得听、学、做三者呈纵向延伸、横向拓宽的方式层层加深，最终服务于“立德树人 五育并举”，指向于学生的综合素质发展。

二、内外兼修，以区域资源为生涯综合实践教育保驾护航

为给学生提供更好地实践服务，我校联合区域教育资源，推进生涯综合实践活动融通社会，搭建区域资源支撑体系，为学生生涯成长保驾护航。生涯综合实践活动的特殊性在于教育资源需求面大。学校场地、资源有限，需要学校、企业、社区联合形成三位一体的资源支撑体系。在区政府统筹协调下，以城区为中轴，北至四川新津工业园区、天府农博园，东达成都市智能制造产业功能区、新津物流园区，既有传统机械、食品加工产业，又有智能制造产业生态圈，不同的企业运行模式、发展方向、职业技术特点、职业能力要求，为学生提供了丰富的地域实践资源。同时，依赖县域社会实践教育机制，政府自上而下，统筹设计，全域协助学校开展生涯规划教育，下出政策推动各级各部门为学校创设社会实践场景、提供最基本的社会实践保障，并将社会实践活动纳入企事业单位、社区、学校的绩效考核评价中。企事业单位定期为学生提供参观学习、职业体验、跟岗实习的机会；社区设立社区服务岗，与学校签订志愿服务协议，寒暑假为学生开放服务平台；实践单位参与学校综合实践活动课程的开发与评价，串联实践岗位设置、课程内容设计，实践过程评价等多环节，与学校积极对话，携手打造精品实践活动课程，为定向培养新时代复合型人才献力。

家校共育也是生涯规划实践活动的中心力量。家庭教育是生涯规划教育的基础，家庭的社会地位、经济基础、受教育程度和价值观，都直接影响着学生的未来成长。一直以来，我校发挥和利用家庭教育资源并将其融进课程，形成家校共育双赢的良好态势，以问题为导向，以合作为途径，以学生发展为目标，深入思考与挖掘，寻求家校共育新途径。设立“校外辅导员”岗位，挑选优质的家长资源，组建为家长导师团，根据不同家长所处行业的不同特点，按照“听学做”活动模式，分类开展各学职类实践活动，如职业分享会，涵盖各行各业，帮助学生形成对职业类型的初步认识，培养其尊重劳动者的意识；利用家长学校，强化理念引领和方法指导，提高家长的育人能力，协助生涯导师开展生涯教育；寒假定期开展“走进父母职业”活动，感悟父母工作艰辛，形成正确的职业价值观；绘制家族职业树，还原家族奋斗史，在不同家族成员的职业选择中发现家族职业密码，在分享中加深情感交流，学会从他人的生涯中关照自己的生涯。同时，我校也积极完善实践活动评价体系，建立生涯导师评价机制和学生评价机制，结合学校发展性“生评教”，开展自评、他评、互评，并计入量化考核，既发挥了导师的引领指导作用，也提升了学生的积极性。

三、乘风破浪，以灼灼匠心为学生未来幸福人生搭桥奠基

绵绵之力，久久为功。教育是精神的唤醒，潜能的显发。它尊重、赏识每个生命个体，致力于学生能力、品德等各方面素质的全面提升，服务于个体的健康成长，滋养每一个生命。通过生涯实践教育，学生智慧不断得到启迪，潜能得以激发，不仅为学生实现人生梦想搭建了舞台，也为学生彰显生命价值铺平了道路。教育之路味苦，教育之果甘甜。未来路上，我校会牢记教育使命，把生涯规划实践活动作为学校特色办学路径，敢为人先，始终如一，用热情装点教育事业的百花园，用生命谱写一曲又一曲教育新歌。

传承“红专”精神，铸就特色名校

四川省宣汉县红专路小学　石娟

一个学生遇到好学校是人生的幸运，一个民族源源不断涌现出一批又一批好学校则是民族的希望。什么样的学校是好学校？每个人都有不同的解读标准，曾经一位专家这样解释，从教育内涵说，充满人文情怀，闪耀智慧光芒，洋溢成长气息的学校，是好学校；从质量标准说，既有学习质量，又有发展质量，更有生命质量的学校，是好学校；从外部评价说，孩子喜欢，家长满意，社会认同，同行佩服，教师幸福的学校，是好学校…… 我校正是这样的一所富有内涵极具人文情怀且魅力无限的好学校。2018 年 6 月 27 日，我从一所乡村小学交流到了东乡镇红专路小学，从那一刻起，我成了一名光荣的红专人，从那一刻起，所有的红专人影响着我、感染着我……从那一刻起，每位红专人都以最美的姿态给了我前进的力量！

一、传承“红专”精神，做最美奔跑者

坚守是红专人最美的样子！年满 57 岁的退休女教师李润立老师，本该颐养天年，2019 年 9 月，她听说《银龄讲学计划》的实施，可重返教学岗位，主动申请重返到她热爱的三尺讲台，担任六年级的教学工作。在她的引领下，小学六年级数学组形成了抱团式发展。

担当是红专人最美的样子！坚守在我校十多年的保安同志，他是一名共产党员，其工作看似平凡却很伟大，无论刮风下雨，烈日酷暑，他都挺拔有力地站在校门口为师生值守。

感恩是红专人最美的样子！85 岁高龄退休雷淑华老师。在 2020 年的新冠来袭，国家有难，武汉有难时，她慷慨解囊，爱心捐款 2000 元，还写了一首战疫诗鼓舞国人志气、增强抗疫信心。常怀感恩之心，感恩祖国，感恩社会。

奉献是红专人最美的样子！吃泡面成了最好的味道，加班成了常态。疫情防控，李枭老师坚守岗位，持之以恒；扶贫攻坚，主动承担，耐心细致；控辍保学，认真负责，毫无怨言！他是年青党员同志们学习的榜样！

敬业、拼搏、创新、奋进、团结是红专人最美的样子！这些党员同志们的写照是每位红专人的缩影，他们的精神就是红专精神！

奔跑是一种美的样子，作为一名教育人，我们应该在追梦的路上不断前行，做教育的奔跑者。

一制定目标：有什么样的目标，就会有什么样的教育人生。作为教育人一定要能回答这三个问题，为谁培养人？培养什么样的人？怎样培养人？“为党育人、为国培人”，培养德智体美劳全面发展的社会主义接班人是我们的教育目标。习近平总书记说过：作为一名人民教师，努力做到“有理想信念、有道德情操、有扎实学识、有仁爱之心”的四有好老师是我们教育人的奋斗目标；二对事业要充满干劲：

人要有股子激情，有股子干劲儿，教育事业是干出来的，干，就得干出个样子来。在干字上下功夫！在干字中寻找奉献的力量和幸福；三要有坚强的毅力：人要有毅力，否则将一事无成！教育事业是持之以恒的伟大工程。作为教育人，需要有长跑的毅力。乐于学习要有毅力。学政治、养正气；学理论，养志气；学业务，养才气；学新知、养灵气；作为我们党员教师要乐于学、勤于学习、善于学习。增强本领要有毅力。不断丰富学识，提高道德修养，掌握过硬的教学基本功，在教育教学中大胆改革，勇于创新，增强本领，做最好的自己就是您最美的样子！

二、抓好党建引领，开展经典诵读

我校以思想教育为抓手，坚持以党的十九大精神和习近平总书记系列讲话精神为引领，以党章为准则，以“两学一做”、学党史主题教育活动为载体，以“党员活动日”、“三会一课”活动为主阵地，深入学习贯彻习近平新时代中国特色社会主义思想，深入推进“两学一做”学习教育常态化、制度化，扎实开展“大学习、大讨论、大调研”为我校深化教育教学改革，提高教学质量提供了强有力的政治保障。充分发挥学校基层党支部的战斗堡垒作用和共产党员的先锋模范作用，积极响应精准扶贫奔小康伟大号召，扎实开展精准扶贫每周一次精准扶贫工作研讨会，每月一次贫困户走访慰问；每季度一次深入贫困户田间地头干农活体验日“三个一”活动，切实让贫困户感受到了党和政府的温暖。

不忘初心，牢记使命。学校以诵读经典为载体，创作了激情豪迈，彰显红小正气的《红专赋》：美哉，红专园，莫负时代尽写人生芳华；壮哉，红专园，无惧风雨敢登教学之巅……的铮铮誓言，有力彰显了红小教师不惧风雨，勇登教学之巅的豪情壮志。学校自编了国学经典校本教材《国学经典诵读读本二》《教师经典诵读读本》等读本，在每周升旗仪式、周工作会等大型集会活动中，全体师生诵读经典已成常态，真正做到让每位师生都会诵读经典、铭记经典，切实起到了弘扬高尚师德，用高尚的道德情操引领学生全面发展的作用。

三、加强内涵建设，提升教学质量

常规管理提内涵。教学质量是学校的生命线，学校始终坚持教学中心不动摇，通过举行月、期中、期末教学检测，定时检查教师教案、业务笔记、听课笔记及学生作业等精细化教学常规管理为载体，切实助力学校教学质量大攀升。在县教科局组织的六年级、三年级教学质量大检测评比中，我校均取得了全县团体第三的佳绩，其中三年级数学获全县第一的好成绩。

校本培训强业务。教师是一个学校的核心竞争力，学校从强化教师基本功，丰富教师理论素养，提高教师教学艺术为着力点，通过普通话、简笔画，粉笔字、毛笔字、钢笔字“二、三”工程教学基本功大练兵；本期校长石娟、副校长鲁凌云、教务处文才主任、袁娟主任亲自上“引领课”，同时举行“骨干教师示范课”、“新进教师适应课”、“成熟教师观摩课”等教学大比武；“小教研的随堂课”、“推门听评课”，大教研教学理论研讨会等教学大研讨系列全方位强师能，提素养的“红专杯”校本培训活动为载体，着力打造了一支“学生欢迎，家长满意，同行企盼，业绩突出”的优秀教师队伍。《城镇小学国学经典诵、画、演实践研究》等7项课题获市优秀成果三等奖；《小学数学课堂练习设计与实施策略》、等课题获县优秀成果三等奖。罗珍老师参加达州市信息化教学设计获“一等奖”。

专家引领明方向。学校把走出去学习取经与请进来强化充电作为提升教师综合素质的重要抓手。采取到定点帮扶学校成都高新区实验小学跟岗学习与到教育前沿学校针对性学习相结合，仅2019年就派出30余人次分赴浙江、成都、重庆等教育前沿学校学习取经；学校聘请通川区七小专家教师来我校上课，通过和专家面对面对话，在思维的碰撞中吸纳专家教育的精髓，打开了教育眼界，有效促进了教师快速成长。

四、推进素质教育，促进个性发展

为进一步推进素质教育实施，促进学生个性发展，学校以社团活动为载体，组建了非洲鼓、葫芦丝、绘画、陶艺、剪纸等丰富多彩的社团活动小组，为学生搭建了自我展示平台，极大地调动了学生的学习热情，丰富多彩的社团活动也成为校园一道道亮丽的风景。通过社团课的开展，在全面提升学生素质的同时，也极大地带动了学校德育与校园文化建设的良性发展。

为充分展示我校社团活动的丰硕成果，全体师生以红小建校以来取得的辉煌成就，教师爱岗敬业、无私奉献，歌颂伟大祖国繁荣昌盛等为题材创作了不同形式的剪纸、书法、绘画、脸谱、手工等艺术作品，这些作品被用来装点学校教室、功能室、走廊、楼道墙壁，为学校营造了温馨和谐、积极向上的校园文化氛围。

五、坚持特色办学，铸造学校品牌

坚持特色办学，学校以足球教育为支撑，以校园足球联赛为抓手，倾力打造川东北足球教育名片。学校成立了校园足球队，多次代表达州市、宣汉县参加省市校园足球比赛，均取得好成绩。2019年我校参加县“西商农博园”校园足球赛荣获小学甲组冠军。我校六年级学生，国家二级运动员修绪堞、杨米二位同学更是经过层层选拔，冲进“全国校园足球夏令营”总营的决赛现场，并将代表中国校园足球夏令营足球队到巴西比赛。2020年学校校园足球队荣获了县“新华文轩杯”小学男子甲、乙组“第一名”，女子甲组“第一名”，男子丙组“第二名”；荣获市校园足球比赛男子甲组“第二名”，女子甲组“第二名”，男子丙组第“第三名”。

科技创新作为红小的特色教育，学校将科技创新与社团活动有机结合，以举办校园科技节、为助力，积极培育学生科学素养及动手动脑能力。在达州市及宣汉县第34届青少年科技创新大赛活动中，我校科技作品成为最大赢家，获市特等奖作品2件，一等奖作品有4件，二等奖作品2件，三等奖作品3件；获市长奖2件，获一等奖4件、二等奖4件，三等奖5件。

“雄关漫道真如铁，而今迈步从头越”。新未来，新征程。我校将抢抓机遇，紧紧围绕“又红又专、全面发展”办学理念，以“质量求生存、以创新铸特色、以特色铸名校”为目标，发扬务实肯干的作风，乘风破浪，扬帆远航，奋力谱写红小“又红又专、全面发展”更加辉煌的篇章！

聚焦立德树人，构建阅读课程

四川省雅安市石棉县幼儿园　赵蓉　张敏

中华文明以其顽强的凝聚力和隽永的魅力，历经沧桑而完整地延续了下来。中华民族的传统文化博大精深、源远流长……为进一步传承和弘扬中华民族传统文化，感悟圣贤文明，我园以素质教育为核心，以德育教育为先导，以传统文化教育为龙头，以促进幼儿全面发展为目标，努力让校园成为幼儿放飞心灵、开启智慧、挖掘潜能、培养情怀、拓展格局、润泽生命的沃土。遵循儿童身心发展规律，努力践行“幼儿养性，童蒙养正；蒙养之始，德育为先”的育人理念，开发本土特色的园本阅读课程，在校园环境创设、大区域游戏活动、一日活动中融入传统文化、本土文化和国学经典元素，秉承“自然、生命、体验”的办园理念，坚持五育并举，德育为先，努力开展德育工作，彰显“品味传统、书香养德，让游戏点亮快乐童年”的办园特色。

一、培育阅读习惯，提升教师情怀

莎士比亚曾经说过：“书籍是全人类的营养品，生活里没有书籍就好像天空没有阳光；智慧里没有书籍就好像鸟儿没有翅膀。”一个孩子如果从小就能养成良好的阅读习惯，那么他的生活就会多一份乐趣，情感就会多一份高尚，成长就会多一份睿智，人生就会多一份精彩。

古人荀悦在《申鉴·政体》写道：善禁者，先禁其身而后人；不善禁者，先禁人而后身。阅读活动的有序开展离不开教师理论和实际教学能力的提高，鉴于此，园所购买了100本《静待花开》发给每位教师。这本书是上海龚敏老师从教多年立足于幼儿语言教育进行的理论和实践的精华展示，我们要求教师利用课余时间及暑假认真研读，做读书笔记，撰写阅读心得，使“读书—学习—反思—成长”逐渐成为每位教师的行为习惯。

二、开展主题活动，构建特色课程

“人生百年，立于幼学”，我园教师努力践行“幼儿养性，童蒙养正”，“蒙养之始，德育为先”的育人理念，从源远流长、博大精深的中华传统文化精神家园中、从绚丽多姿的民族文化和红色文化资源中、从多姿多彩的乡村和社区文化生活中，以儿童的视角大胆创新幼儿德育教育新模式，在教科所竹艳芳老师的指导下，创设编写了促发孩子社会、情感发展双驱动的“立足本土　浸润心灵”德育课程《石棉县德育读本——学前教育段》，分为“家乡篇”、“爱国篇”、“国学经典篇”、“品格篇”四个板块，突出体现了浓郁的本土文化、用经典指点日常、体现爱是德育灵魂这三大特色，切实落实了《指南》指出的“良好的情感教育是幼儿期德育教育的主要内容”，也切实体现了《幼儿园工作规程》指出的“萌发幼儿爱祖国、爱家乡的情感”，培养诚实、自信、友爱、守纪等良好的品德和行为习惯。

以“12345+N”德育提升工程为切入点，五育并举，开展以“品味传统、书香养德，让游戏点亮快乐地童年”为主题的系列活动，致力追求内涵发展，打造独具特色的校园文化。进一步让教师、孩子、家长传承和弘扬优秀传统文化、红色文化，让校园成为孩子学习、交流和体验中华优秀传统文化、红色文化的乐园，在教育教学中渗透“立德树人”的理念，同时增进亲子的情感交流，开展亲子阅读，营造温馨的亲子共读氛围，共同构建“书香家庭”、“书香校园”。从2017年到至今连续五年我园都开展了为期一个月的五届“书香校园”、“传统文化进校园”、“红色文化进校园，红色精神代代传”阅读月活动，举行了隆重的阅读月启动仪式，上级主管部门、全园师生与各班家长代表参加了主题活动。三个校区2000多名家长给孩子赠送了国学绘本、红色绘本等图画书；各班级组织开展了每日晨诵、好书推荐、“玉”见图画书、好书漂流、亲子阅读、阅读沙龙、经典“咏”流传、红色诗歌诵读等形式多样的活动，各年龄组进行的大型阅读月主题活动：如："红色文化进校园，红色精神代代传"红色诗歌诵读、"经典润心灵　书香溢校园"；"书香养德，经典雅颂"；"国学礼赞　浸润童心"、"书香飘满园，诗韵润童心"等。活动中，家长们纷纷许下"陪伴孩子重温历史，走进国学经典，每天快乐阅读"的承诺，把红色文化、传统文化融会贯通到校园内外、教育教学各个层面。让师生、家长铭记革命历史，传承革命精神，引导幼儿从小听党话、感恩党、跟党走。家园共育进一步升华。

我园400余名幼儿还参加了石棉县举行的"传承国学经典、弘扬优秀文化"德育提升工程启动仪式，"红色照我心，永远跟党走"石棉县庆祝建党100周年庆"六·一"文艺展演活动，师生、亲子共同演绎的《童心向党》《古诗新唱》，受到上级领导和社会各界的好评！家园合作为孩子们精心策划、组织了精彩纷呈的"六·一"文化周活动，有以年龄组为单位的"唱红歌　诵经典"、"绿色家园舞会"大型情景剧表演，也有以班级为单位的幼儿美术作品展、童话剧、趣味游园、美食制作、亲子才艺秀等。

通过系列活动，让我们重温了党的光辉历史、中华传统文化，尊敬长辈，诚信对人，而今如余音在旁；让孩子们认识到要读好诗，育美德，以诗为伴，书写诗意人生，从小培养爱祖国、爱家乡之情怀！

三、营造书香环境，创设区域游戏

让阅读成为习惯，让阅读无处不在。为了给孩子们创设更为良好的阅读环境，让他们在潜移默化中真正地爱上阅读，我们一直坚持分春、秋两季开展书香校园环境创设活动。我园以"品味传统、环创育德，让游戏点亮快乐童年"为主题来打造"原创绘本馆"、"经典绘本馆"，在两个校区的楼道、区域活动场地、班级室内室外的环境创设中融入传统文化和国学经典元素，让红色文化、传统文化融入一日生活，融入学习，融入游戏，融入幼儿园整个环境，并在区角游戏中不断延伸。让孩子们真正生活在绘本的海洋里，让阅读无处不在。幼儿的阅读兴趣、阅读能力、语言能力、阅读习惯得到很大的提高。德、智、体、美得到很好的发展。

创设独具本土特色的幼儿园大区域游戏活动。为践行"一日活动皆课程，一日活动皆游戏，一日生活皆教育"的教学理念，在遵循儿童身心发展规律，努力践行"幼儿养性，童蒙养正；蒙养之始，德育为先"的育人理念下，根据不同季节在幼儿园各区域环境创设中融入红色文化、传统文化、本土文化和国学经典元素，进行六大特色走廊大区域游戏创设：一楼大区域游戏主题为"印象山庄　幸福农家"和"熊猫乐园"。二楼大区域游戏主题为"石棉美果子甜　石棉风光"和"爱国主义教育基地　——安顺场"。三楼大区域游戏主题为"川矿记忆陈列馆"和"藏彝走廊"。

四、开展展评活动，拓宽课程资源

连续五年我园开展了以"传统文化"、"本土文化"暨献礼建党100周年"红色绘本"阅读为主题的优质课展评活动，活动全园参与，组织教师说课、听课、评课、反思，提高教师的研修能力。连续四年我园教师参加了市教科所组织的"雅安市幼儿园早期阅读互动教研暨名师工作坊研修活动"教学观摩展评、阅读经验分享。通过展评活动，力争做到：在学习中思考，在思考中研究，在研究中开发，在开发中运用，在运用中总结和反思，在反思中提升和发展；在发展中促进教师专业成长。培养了综合素质较高、有创新能力的教师。

除此之外，我园开展了为期三年的全园教师、亲子自制图画书展评活动。图画书展评共收到教师、亲子创作的图画书　500余本，参与人数1000余人。创作了一系列题材广泛、风格迥异，带有浓郁的石棉本土气息的自制原创图画书。同时，还参加了在雅安市三届自制图画书展评暨"早期阅读"、"五个一"活动成果展示活动，并做了交流发言。共获佳绩：集体成果2个"一等奖"，教师自制原创图画书获"一等奖"12个，"二等奖"17个，"三等奖"20个。通过展评活动，进一步引发了师生、亲子阅读的积极性和主动性，培养了幼儿爱阅读、主动阅读、持续阅读的习惯和能力。同时展现了我园教师的艺术水平和风采，教师的专业能力得到了进一步的提升，整体素质都得到了进一步提高，家园共育进一步升华。

我园有100余篇以德育为主题开展的各类主题活动的新闻报道，分别刊登在了学习强国、中国语言文字报、校长领导力与学校品牌建设刊物、省市县教育官网、雅安日报等官网上，受到了上级领导、广大家长、各区县同行以及社会各界人士的高度赞评，这是对我们的一种肯定和鼓励，同时也提升了幼儿园的内涵发展，凸显了我园"自然、生命、体验"的办园理念，彰显"品味传统、书香养德，让游戏点亮快乐童年"的办园特色。

经典浸润人生，书香伴我成长。我们将永葆初心，牢记使命，坚持以德正人、以智启人、以体健人、以美育人、以劳树人，落实好"立德树人、五育并举"根本任务，继续秉承"自然、生命、体验"的办园理念，让阅读拓宽学生生命的宽度，让阅读增添校园生活的色彩，让阅读浸润生命，更让阅读感染更多的生命。彰显"品味传统、书香养德，让游戏点亮快乐童年"的办园特色，以开放和整合的观念加强幼儿园、家庭和社会的良性互动，形成全方位的协同教育，在内涵中寻发展，在细节中寻突破，在沉淀中寻提升，在特色中寻创新，促进园所品质发展，办出人民满意的学前教育！

科技引领未来，时代造就英才

四川省雅安市雨城区第四小学　李斌　吕显萍

百年大计，教育为本。教育是提高人民综合素质、促进人的全面发展的重要途径，是民族振兴、社会进步的重要基石，是对中华民族伟大复兴具有决定性意义的事业。依据2006年国务院颁布《全民科学素质行动计划纲要（2006—2010—2020年）》的精神指示。我校提出了"以科技教育为载体的创新育人"改革主张。大力开展多种形式的科普活动和社会实践，增强未成年人对科学技术的兴趣和爱好，引导学生认识科学本质，培养社会责任感、综合运用知识解决问题的能力。学校一方面开展系统的科技教育活动，丰富学生课余生活，普及科学知识，培养学生科学兴趣，训练学生科学探究的方法，引导学生创新思维发展；另一方面拓展学科教学活动，开展"学科＋科技"的教育方式，把科技教育与学科教育相融合，以学科能力探究生活中的科技问题。充分发挥学科间综合育人功能，提高学生综合分析问题、解决问题能力，丰富学生知识，拓宽学习眼界，培养学生综合素质，为学生的幸福人生奠定宽厚坚实的基础。

一、多措并举，深化科技育人常态

科技活动，是走入学生心灵的全员科普。我校科技教育活动发端于从20世纪八十年代的"三小制作"活动，一开始只是班级自愿开展的第二课堂活动项目。教师在课堂上指导学生做做小制作、小发明，写写小论文，因为没有学习压力，学生普遍喜欢。为了进一步激励学生的积极性，培养学生动手动脑的能力，我校从2000年开始，每年寒暑假增加了一项作业，自主完成一件"三小作品"：小发明（小制作），科幻画，小论文。开学初学校组织评比，自此，以"三小制作"为载体的科技教育逐渐走入科技教育常态。放假期间，我校也紧扣社会热点问题，精心设计假期科技实践活动主题，为学生细致讲解，并通过网络平台推送给每位家长，明确家长指导的方法，随时解答家长、学生的疑问，为假期活动增添乐趣。此外，为适应学生发展需求，我校成立了"学雅科技社团"，每周一下午集中开展活动，创新方法讲解、科学家故事讲述、优秀项目分享、科技种植园实践、科学实验探究等。周二至周五下午最后一节课学生在教师指导下自主开展活动。学校与雅安市科技馆、四川农业大学、雨城区图书馆建立了馆校合作联系，定期到校外场馆开展科技体验活动，校外场馆每期进校开展科普教育活动。每年全国科普日、科技周，我校也会开展主题科普教育活动。

二、弥足根本，凸显特色办学品味

国家课程是学校育人的主要载体。学科的设置与学时安排是国家教育意志的体现。国家课程改革越来越强调素质教育、课程综合化、创新素养、立德树人、五育并举的主题。我校在长期实践探索的过程中，始终以国家课程为主体、学科育人为基础，深耕学科课程，重点解决创新素养在学科教学中融合、落实的问题，在学科拓展活动中融入创新素养培育的内容。我校坚持构建尊重、激发、共生的课堂文化，引导学生传承、审辩、创新、沟通、合作、情感深度参与，上好每一门课，让课堂更具课程融合意识，让学习、探究真实生成，学生的视野更开阔，学科思维更灵活，科学兴趣更浓厚、科学精神更凝练、科学方法更多样、科学知识更牢固，实现学科素养与科学素养双提升。"学科＋科技"基于学科、依于学科、从学科出发，从课堂出发，通过"融→拓→强→评"实施路径，把创新素养培育融入学科、融入课堂，融入学科拓展活动，强调创新素养培育目标，开展发展性评价进行激励引导。重视各学科本身的育人功能，聚焦学科素养培养，实现"学科＋科技"融合，落实国家要求。实施过程中，我校逐渐形成了以立德树人为导向、国家课程为主干、学科育人为基础，以"学科＋科技"为特征的课程综合化实施模式；构建了国家三级课程管理真实落地的系统解决方案；探索出创新素养培育的可操作、可借鉴、实现学科融合的行动路径。

为激发学生潜能，提升学生兴趣。我校大力举办各类丰富多彩的活动，鼓励学生在比赛中展示、交流、竞争，得到成功的体验，获取探究学习的自信，激发学生创新潜能，培育学生创新素养。如假期科技作品展评、亲子科技大赛、青少年科技创新大赛、机器人项目比赛等，通过这些有趣的活动，学生对科技知识的认知得到进一步巩固。教师队伍建设是科技教育实施的重要保障。为此，我校通过课题研究解决科技教育实践中遇到的问题，提升教师专业素养，深化教师对学科融合，创新素养培育的理解，促进学校科技教育的行为自觉。我校先后成立了科技名优教师团队、科技辅导员队伍和科技名优教师核心团队，加强科技教师队伍建设，团队领衔人李斌老师是四川省科学特级教师，两次被评为全国十佳优秀科技辅导员，2018年认证为全国高级科技辅导员，团内成员都是省市级优秀科技辅导员。此外，我校大力开展创新培育校本教研　以科技名优教师团队引领，常态开展研修、实践、竞赛、交流学习活动。学校开展科技教育专题研究。自2009年已承研了国家、省级科技领域课题12项，深入探究了科技教育活动资源开发、实施路径、创新实验室建设、学科融合、好奇心培育、长效机制构建、课程开发、科技教育评价等一系列问题。每一个问题的破解，都促进学校科技教育向前发展。

三、与时俱进，铸写品质教育篇章

课程是教育教学的重要体现，也是确保教学质量的强力手段。经过2至3次迭代，我校拟定具体的目标、具体的内容、细致的操作、科学的评价，提升为课程。一是通过课程组群结构化，让学生能以相同的学法探索相似的问题，循序渐进的学习。二是；立足模块构建系统化，把课程认知进阶分为四大模块，即“科学认知”模块、“体验探索”模块、“工程实践”模块、“创新创造”模块，模块中的课程从易到难编排。每个模块既相对独立，又相互联系。

回望来时路，三十五年的科技教育历程，我校始终把人的发展作为最核心的价值追求，关注每一个学生的全面发展，坚持不懈探究解决发展中遇到的难题，从机制层面进行引领，激发教师发展的内驱力，深化学校的教育功能，增值人生价值，成就人、发展人。我校共向学生推送出24项符合学生生活背景，富含区域文化、科技特色的科技体验、实践菜单；开展了12项基于学生科学素养培养、资源开发、机制建设、课程构建、科技立德等主题的教育科学研究；构建了《科学认知课程》，（包括《科学家的故事》《创新基本方法》）《一起来创新》《体验探究课程》《工程实践课程》《创新创造课程》《科学设计梦工厂》等系统校本科技教育课程；发展培养了一支热爱科技、乐于奉献、专业素养较高的科技辅导员队伍。学校一手抓团队，一手抓课程，通过问题驱动、目标导向和选点突破，边实践边总结、边深化边推广，在常态优质中实现师生及学校发展，破解了长期困扰基层学校的创新素养培养的问题。

科技特色教育创建不仅提升了学校的精气神，更提升了学校的办学品位，提高了家长和社会的认可度。长风破浪会有时，直挂云帆济沧海。未来路上，我校会继续带着教育的理想，追求理想的教育，在落实立德树人根本任务中创新“学科+科技”的理念、实践路径，扩大育人成效。不忘初心，迈着坚实的步伐，执着激情地走在教育改革的道路上。以先进的理念引领学校发展，以科学的方法强化学校管理，以有效地措施促进师生成长，以严谨的态度探索教育规律，以担当的情怀领跑教育改革，敢为人先，勇于创新，不断开启学校发展的新局面。

“分流·分层·融合”办学模式研究

四川省仪陇县第二中学　仪陇县翔宇科技职业学校　课题组

一、课题研究背景

时代发展赋予农村中学新的使命。2010年7月29日，国务院发布《国家中长期教育改革和发展规划纲要（2010—2020年）》，提出了“加快普及高中阶段教育，合理确定普通高中和中等职业学校招生比例，今后一个时期总体保持普通高中和中等职业学校招生规模大体相当”的目标。2019年2月13日，国务院发布《国务院关于印发国家职业教育改革实施方案的通知》，提出了“完善高层次应用型人才培养体系”，“完善学历教育与培训并重的现代职业教育体系”，“促进产教融合校企‘双元’育人”，“推动校企全面加强深度合作”，“打造一批高水平实训基地”，“多措并举打造‘双师型’教师队伍”。2019年6月19日，国务院发布《国务院办公厅关于新时代推进普通高中育人方式改革的指导意见》，提出了“强化综合素质培养”，“拓宽综合实践渠道”，“深化课堂教学改革”，“注重指导实效”

社会现实呼唤农村中学教育改革。农村普通高中和职业高中单一落伍的办学模式促使学校寻找新的出路。产业兴国，科技强国，实现民族伟大复兴梦需要大量的既有文化基础知识又有职业技能、职业道德操守和创新精神的复合型人才。广大农村中学必须彻底由精英教育转向大众教育，必须树立让学生“人人成才、人人成功”的育人观。

普职融通重构农村中学育人模式。培养人才仍然是新时代教育的根本任务，是学校教育的核心内容。以往农村高中教育以升学为目的，侧重知识文化的传授，以把学生培养成精英、栋梁作为学校教育目标，这样就导致了绝大多数学生无法找到成才、成功的成就感、荣誉感，甚至以成为某个领域、行业的普通劳动者而感到平庸或耻辱。而四川省仪陇县第二中学与仪陇县翔宇科技职业学校普职融通合作办学重构了农村中学育人模式。该育人模式不仅重视文化基础知识学习，还重视职业的规划、职业道德的习得和专业技能的培养，形成了“人人都可以成才，人人都可以成功”的新的人才观，能很好凸显教育部《关于全面深化课程改革落实立德树人根本任务的意见》等政策文件精神。

二、课题总的研究目标

调查农村高中普、职学校教育的现状；开展农村高中普职融通学生职业生涯规划教育；建立农村普、职学校普职融通校际合作办学交流机制；构建农村普、职学校普职融通“分流·分层·融合”合作办学模式；总结农村普、职学校普职融通合作办学模式的经验和不足。

三、课题总的研究内容

调查农村高中普，职学校教育的现状；开展农村高中普职融通学生职业生涯规划教育；建立农村普、职学校普职融通校际合作办学交流机制；构建农村普、职学校普职融通“分流·分层·融合”合作办学模式；总结农村普、职学校普职融通合作办学模式的经验和不足。

四、研究实施阶段

（2019.1—2019.12）指导生涯规划　研制分流方案。课题立项和开题以来，四川省仪陇县第二中学和仪陇县翔宇科技职业学校普职融通合作办学部着力发展方向，加大了对学生职业生涯规划的教育和指导力度，形成了“知己、知彼、抉择、行动”八字诀的工作方法。“知己”就是引导学生认识自我，通过自我分析、他人评价和测评等方式，引导学生根据自身兴趣、性格、能力、价值观，选择专业，确定职业方向。“知彼”就是指导学生通过互联网、书籍、调查等多种方式了解高校专业详情、职业详情和社会背景。比如微信公众号、教育部公布的专业职业大典。“抉择”就是指导学生在知己知彼的基础上综合分析，结合学生、家庭背景做出适合自身的选择。

实施分层教学　形成课程体系。自2019年2月以来，随着本课题研究的深入推进，两校进一步改进、优化了普职融通合作办学中体现教育培养关键的分层教学方式、环节。根据不同层次的学生和学生的不同层次需要，因人定策，因材施教；采取分班分组的教学开展形式；实行导师制培养模式，落实讲、练、学、训；建立学生成长、成才档案；推行家校共育共管。同时着力拓宽“普高升学、对口单招、境外升学、高职升学、毕业就业”五大出口。2019年7至8月，课题组利用四十多天的暑假时间，对两校普职融通合作办学课程体系进行了全面、深入的分析研究，并结合农村普、职学校实际情况和已经开设的专业，初步形成了较为实用的课程体系。

融合普职教育　构建办学模式。“融合”着力解决实施路径问题。通过“融合”，学校与学校，学校与企业，学校与地方区域之间的通道打通了，有利于创新农村普、职学校发展路径，构建新的办学模式。2019年3月、6月、9月、11月，两校先后四次召开联合会议，对“深度合作，共开新路”合作办学工作进行了具体部署。2019年6月，两校先后与成都艺术职业大学、南充职业技术学院签订合作协议，着力培训师资，实现资源共享，课程互研，专业共建。2019年9至10月，两校先后与广东惠州东京电子有限公司、上海网宿科技股份有限公司、广东索尼电子有限公司等签订协议，着力解决学生实训及毕业就业等问题。2019年12月两校先后与仪陇国德塑业、仪陇县亿冠生态种植养殖有限责任公司、仪陇县扶扬电子商务有限公司签订协议，着力解决区域专业人才缺乏和学生毕业就业问题，助力脱贫攻坚，助推乡村振兴。至此，四川省仪陇县第二中学和仪陇县翔宇科技职业学校“三导向、三策略、五路径”的普职融通“分流·分层·融合”办学模式得以构建。

五、研究成果

构建了农村公、民办中学普职融通合作办学分流模式。通过给学生解读党的《十九大报告》《国家中长期教育改革和发展纲要2010—2020年》等政策文件中关于职业教育发展的相关内容，让学生了解国家的教育发展形势，知道职业教育发展的趋势，懂得职业教育在社会主义经济建设中的重要作用，改变学生对职业教育的偏见。

构建了农村公、民办中学普职融通合作办学分层模式。分层主要体现在教学上。为了达到人人成才的目的，为了体现普职融通的办学优势，课题组根据农村中学学生基础差、底子薄、职业规划不明晰等现状制定了因材施教，因人定策的教学策略，最后形成了农村中学普职融通合作办学分层流程图。

构建了农村公、民办中学普职融通合作办学融合模式。融合是普职融通合作办学的表现形式。不同体制的两所学校扬长避短，发挥各自的优势，最后形成了集两种不同办学模式优势的普职融通融合模式。既发挥了普高、职高的优势又得到高校的指导，既加强了校企合作又服务了区域经济，使普职融通教学模式发挥出了最大的效果。

促进了学生核心素养的形成和发展，创新了学生培养机制，培养了一批一专多能的复合型教师，提高了教师的教育教学水平。

普职融通合作办学以来，注重教师专业的培养。通过外出学习、进修培训、自修自研、合作教学探究等途径，不断提高教师的专业素养和专业水平。普职融通农学专业教师李伟、章德波指导学生参加四川省职业技能大赛被评为优秀指导教师。运动与训练教师侯斌、刘洋、罗小安等指导普职融通学生参加南充市田径锦标赛、全国中学生举重锦标赛、南充市中学生运动会多次获“优秀指导员”、“优秀教练员”称号。美术与绘画专业教师聂敏、于扬敏指导学生参加南充市中小学生艺术节、南充市科技创新大赛、仪陇县中小学校暨少年宫文化艺术节多次获优秀指导老师。普职融通教师雷芬在南充市中职技能大赛获英语组二等奖，曹东获数学组三等奖，仪陇县翔宇科技职业学校获团体二等奖。

创新了农村公、民办普职学校办学路径，促进了学校的可持续发展。传统农村高中学校单一落伍的普高或者职高办学模式已经远远不能够适应农村学生的发展和社会的需要，学生普遍底子薄、基础差，厌学情绪浓，辍学率高，升学率低，甚至相当数量的学生因此流失，如果再继续进行传统单一的普高办学或者职高办学，学校办学举步维艰甚至渐渐走入死胡同。

本课题的实施为大量农村普、职学校的发展提供了崭新的机遇，也为众多学生的发展带来更广阔的空间，促进了农村普通高中和职业高中的双发展，提升了办学水平和品位，打造了农村中学学校品牌。

普职融通合作办学以来，学校办学水平不断提高，在区域内的影响力逐渐扩大。2018 年普职融通学生 526 人参加高考，有 51 人考上本科院校，其中 8 人被 211 高校录取，106 人被国家级示范、骨干高职院校录取，294 人被一般公民办高职院校录取，余下 75 人顺利就业，并有 3500—7000 元的稳定收入。2019 普职融通学生 538 人参加高考，有 65 人考上本科院校，其中 10 人被 211 高校录取，112 人被国家级示范、骨干高职院校录取，279 人被一般公民办高职院校录取，余下 82 人顺利就业，都被广东、江苏等经济发达地区独资或合资企业招录，月收入普遍在 5000—8000 元。2020 普职融通学生 560 人参加高考，有 76 人考上本科院校，其中 12 人被 211 高校录取，截至 9 月 6 日，121 人被国家级示范、骨干高职院校录取，272 人被一般公民办高职院校录取，79 人在上海、浙江、江苏、广东、四川、重庆等地顺利就业，月收入普遍在 4000—5000 元。普职融通学生升学率位于南充市第二，仪陇县第一位。普职融通办学成绩受到市、县教育主管充分肯定，2017 年 9 月 15 日，南充市普职融通推进工作现场会在四川省仪陇县第二中学和仪陇翔宇科技职业学校成功召开，四川省仪陇县第二中学校长李辉中及仪陇县翔宇科技职业学校校长肖建国作了经验交流发言，受到与会领导、专家高度评价。2018 年四川省仪陇县第二中学获南充高考教育质量评估一等奖，仪陇翔宇科技职业学校获“南充市职业教育先进集体”称号。2019 年四川省仪陇县第二中学获南充高考教育质量评估二等奖，仪陇翔宇科技职业学校校长肖建国获“全国卓越校长培训班先进个人”称号。两校合作办学的事迹和经验多次被新闻头条、仪陇电视台、仪陇在线等新闻媒体及网络、电台专题报道。

服务区域经济，助力精准扶贫，助推乡村振兴。农村公、民办普职融通合作办学培养了大批专业技术人才，为当地经济社会发展提供了人才支撑，服务了产业发展、推动了区域经济，助力了精准扶贫，助推了乡村振兴，提高了人民群众获得感、幸福感。还弘扬传承了三乡文化，坚定了学生文化自信。

打造特色课程，培养阳光少年

四川省荥经县严道第二小学教育集团 杨德华

习近平指出：一个人只有明大德、守公德、严私德，其才方能用得其所。新时代，立德树人是根本，五育并举育新人。为了实现立德树人，我校秉承“沁润每一颗生命的种子”的办学理念，围绕“温润识礼、立责于心、广趣良习的阳光少年”的培养目标，坚持“五育并举”，并设置了德、智、体、美、劳五方面的校本课程，其中，德育上的礼课程在立德树人方面起到了很好的效果。

“三典礼”仪式课程是我校开展的礼课程之一。此课程利用小学生三个重要的时间节点，开展特别的仪式活动，这种仪式作为一种文化或文化象征，它让孩子们通过经历被赋予一种特别意义的仪式活动，让他们体会到深刻的意义，这些仪式礼课程对孩子们的成长能起到关键的提点作用。根据学生发展的不同年龄，我校确立了一年级入学典礼、四年级成长典礼、六年级毕业感恩典礼为学校的礼课程。

一、入学礼——开学启智

“入学礼”是一种启蒙学习仪式，通过这种庄重的仪式，让刚入学的一年级小朋友真正感受到入学是人生中的一件大事，是开始学习、走向成才的起点，整个“入学礼”分七个篇章进行。

第一篇章“正其衣冠”。蒙童之学，始于衣冠；先正衣冠，后明事理。家长们在主持人的指导下帮助孩子们捋头发，理衣领，拉衣角，提裤子，检查鞋带。

第二篇章“朱砂启智”。在古代，学童入学前都有启蒙师长用红色朱砂在学子的额头正中点上红痣，称为“开天眼”，意为开启智慧。一年级十个班家长代表和老师共同为孩子轻点朱砂，开启孩子智慧，并用简单的话语祝福他们在以后的学习中勤奋努力，志存高远。

第三篇章“击鼓鸣志”。“鸣”通“明”，“鸣志”即“明智”，就是表明自己的志向。学生代表在一年级各班班主任带领下，带着心中的理想，庄重而神圣地敲击大鼓，并说出自己的志向。接着由学校校长敲击三声大鼓，以示学生从今启蒙。

第四篇章“开笔启蒙”。“人生聪明识字始”写字识字是学习文化的第一步。老师带领全体孩子共同写“人”字。家长大手握小手，教孩子用毛笔写出“人”字，在主持人的带领下孩子们高呼“脚踏实地，认真做人”，希望孩子成才先成人，脚踏实地做诚实的人，顶天立地做有担当的人。

第五篇章“拜师明礼”。孩子们向家长行鞠躬礼，感恩父母的辛勤养育；然后向老师行拜师礼，表达对老师深深地敬意，教育孩子做懂得感恩的人。

第六篇章“校长致辞”。校长用激情洋溢的话语道出了对孩子们殷切的希望，同时祝福孩子从此以后快乐学习，快乐成长。

第七篇章“放飞梦想，走向智慧门”。孩子们在家长的见证下在气球上写下自己的梦想，放飞气球，让梦想展翅高飞。最后，家长牵着孩子走过智慧门，希望他们乘着梦想的翅膀，在知识的海洋遨游，最后家长和孩子合影留下历史的见证。

这种以传统儒家文化为礼的仪式课程，对于激发孩子们求知、求学之心，启迪孩子们的智慧，熏陶并继承尊师重道、孝顺父母等儒家风范有着不容小觑的作用。孩子们在庄严的仪式中领略到了中华民族传统的勤学苦习、尊师孝亲、仁爱处世等文化精髓，把上学求知看成一个神圣的使命，增强了学习兴趣，进而从小树立正确的人生观、价值观和世界观。

二、成长礼——感恩明理

“成长礼”是学校为四年级孩子举行的以“明理、感恩、成长”为主题的一个重要仪式，旨在让四年级十岁的孩子走进古代礼仪风范殿堂，体会由儿童成长为少年的仪式感。仪式包括三个篇章。

第一篇章“明理篇”，有“奉匜沃盥”、“肃容正衣”两个环节。“奉匜沃盥”是一个清水净手的仪式，意指清水划过孩子掌心，带走他们成长中的烦恼与忧伤；“肃容正衣”是希望孩子们进入少年后从此注重自己的仪表，穿戴整洁，用整洁的穿戴说明自己已经开始明白事理。从此要做雄鹰在浩瀚的天空翱翔，要做骏马在广阔的大地驰骋。

第二篇章“感恩篇”，有“父母箴言”、“礼谢父母”、“师送祝福”、“礼谢老师”几个环节。“父母箴言”是孩子给父母送上自己写的一封信，父母读信，孩子再送上拥抱。此环节最让人动容，当孩子们拥抱父母、感谢父母赐予他们生命、养育他们、送他们读书时，家长们都觉得孩子长大了，幸福之情溢于言表，不禁落泪。“礼谢父母”和“礼谢老师”是孩子们给父母、老师行三拜礼的环节，三个作揖礼表达了孩子们对父母和老师在他们成长历程中付出心血的感谢之谢。“师送祝福”环节，全体四年级授课老师上台为十岁生日的孩子们献上生日贺词，祝福孩子们十岁生日快乐，今后成长快乐。整个第二篇章让孩子们懂得了感恩，知道恩从心来，报从体行。

第三篇章“成长篇”，有“聆讯受礼”、“学生宣誓”和“走成长门”三个环节。“聆讯受礼”是校长为孩子们十岁生日致辞，告知他们儿童和少年的区别，为他们今后的成长提出了殷切的希望；孩子们在表达了对父母教师的感恩和聆听了校长的训示后，他们深知自己由儿童迈入少年后，责任感增加了，要学会担当，于是宣誓：告别童年，迈入少年。珍爱生命，快乐平安。温润有礼，孝敬为先。立责于心，勇往直前。广趣良习，阳光少年！响彻云天的宣誓声表达了孩子们深感自身责任的重大和今后要努力学习、实现理想的决心。最后，在老师和家长的引领下，全体孩子们郑重地走过“成长门”，预示着他们实现了从儿童到少年的跨越，明白了成长的含义。成长仪式在学生们集体表演手语操《让爱传出去》中落下帷幕。

寓意深刻、庄重简朴的成长仪式，让二小学子感受成长，学会珍惜成长路上师长们的谆谆教导与真诚相伴；懂得感恩父母的无私付出，同时教育学生不仅要感恩家长、师长、同伴，也懂得要感恩学校、社会。成长礼成为孩子们心中最闪亮的记忆。

三、毕业礼——行远思恩

为了让学生铭记幸福童年，树立理想，励志前行，学校以课程的方式设置了以“逐梦少年行远思恩”为主题的毕业典礼，此典礼为六年级全体孩子及家长上了难忘的一课。为孩子们的小学生活画上一个圆满的句号。典礼分为“金色回忆”、“难忘恩师、感恩母校”、“成长足迹”、“班牌交接仪式”、“梦想启航”五个篇章。

“金色回忆”篇，孩子们以律动游戏形式进场。所有六年级孩子伴随着欢快的旋律，跳着优美的舞蹈进场，他们时而击掌、时而穿梭、时而携手前行，这些舞蹈动作象征着孩子们六年求知的不易、同学的相伴、探索的曲折、交友的快乐和成功时的欢呼等。

“难忘恩师感恩母校”篇，孩子们以《感恩的心》手语表演向母校、老师，甚至是保洁阿姨、保安叔叔、食堂阿姨表达了六年陪伴的感谢之情并为他们送上了鲜花和感恩的话语。

“成长足迹”篇，校长向全体学生致毕业寄语并亲自向每一位学生颁发毕业证书。每个同学依次上台接受毕业证书。

“班牌交接仪式”，五六年级各班班主任代表上台进行班牌交接。六年级学生代表发言，嘱托下一届学弟学妹，希望他们将责任与担当、拼搏与进取的精神传承并发扬。

“梦想启航”篇，六年级同学将自己的梦想装进心愿瓶并在家长、老师的帮助下，将梦想埋在心愿树下，希望汲取充足的养料，乘风破浪，扬帆起航。随后，全体毕业生高呼“我们毕业了”，奔向父母，将毕业证书交给父母，家长牵着孩子的手，走过毕业门。

“三典礼”课程是我校精心打造的具有学校特色的德育仪式课程，初衷是让孩子生命中的每一个日子都刻骨铭心，在学校文化的不断深化发展过程中，“三典礼”课程可以实现：留下文化印记，让孩子从身体到精神都有印记；传递丰富意蕴，帮助学生产生感恩情、责任感，拥有归属感、神圣感；穿越生命历程，真正关注学生生命成长的过程性、生命存在的丰富性。“三典礼”课程的每一个仪式都是鲜活的，灵动的，都是由一个个美妙的旋律，撼动心灵的仪式汇聚而成的，编织着学生美好的生活，增强了学校德育工作的实效性，也是我校“立德树人、五育并举”工作丰富内涵的展现。

打造创意空间　点亮创意童年

四川省直属机关东府幼儿园　黄润芳　刘莉萍　吴娟　易新

人的生命是教育的基石，生命自然应该成为教育思考的原点。每个生命都是天赐的礼物，教育其实就是一种守望。教育的出发点是人的生命，教育要达到促进儿童发展之目的，就要遵循儿童生命发展的内在逻辑，为顺应孩子的天性，还原教育的本真，我园经过深入探索变革了之前的教育方式。我们整合了幼儿园零散的区角，整体构建创意空间，全园幼儿打破班级编制，在创意空间中自由地开展各类游戏与探索活动。

一、给孩子足够的空间，让孩子自由创想

教育专家陶行知认为，孩子的成长和发展需要有一个宽松的、开放的、积极的环境，需要在父母与教师的热切期望和等待中来引导孩子的成长。孩子的发展，要遵循天性，不能任意抹杀孩子的创造欲望和玩乐心态，要给予孩子自由的空间，要让孩子自由地发展。

我园始建于1955年，是一所机关园，与许多老城区幼儿园一样，我园面临空间狭小且难以扩大的难题。幼儿园总占地面积不足5000平方米，户外活动场地不足2000平方米。

为了给孩子们加大空间环境，我园开始从班级门口的“自留地”进行改造。经过一段时间的改造尝试，我们惊奇地发现班级“自留地”的打造各有千秋，却有同质化和封闭性的问题，常规情况下，老师们很少跨班交流，从一定程度上来说，禁锢了孩子们的游戏和生活。于是在2015年，我园把每一个角落的场地资源进行了统筹，并创设了玩色馆、七色毯、涂鸦房、纸艺站等12个创意空间，在这些开放的空间中，孩子们能够自由地开展各类游戏与探索活动。

虽然空间很小，但是我们要给每一个孩子更广阔的天地。在我园，每周四的活动时间里，全园幼儿会打破班级编制，按照自己的兴趣选择创意空间进行创意活动，12个大大小小的创意空间，刚好能够容纳全园400多名幼儿。

创意空间是具有整体性、情境性、开放性和融合性的。每一个空间看似在物理上有所相隔，但整体而言却是一个系统，这些系统的空间，就将我园构建成了一个“创想的园子”。

二、给孩子选择的权利，让孩子自信成长

作为园长，我一直坚持一个习惯，每天在幼儿园里我总是会巡课。在一个班级开展某项游戏，我常常会看到有一两个孩子兴致不高或者游离在群体之外。每当这时我就在会想，为什么要让这么多不同的孩子做同一件事情？他们如果能自由选择该多好。

经过深思熟虑之后，我们便开始从第一个问题改起，就是开放空间。当幼儿园12个创意空间建立后，其丰富多彩的材料、别具一格的设计激发了孩子们的操作欲望，他们表现出了极大地活动参与性。然而，相对于传统集体教育活动，创意空间活动的组织形式在诸多方面有了改变：比如打破班级编制，全园幼儿自主选择空间；教师分工变化，从负责一个班级到负责一个空间，面对全园幼儿……这在实践中产生了许多新问题。

一个班上的幼儿出来，会去不同的地方，虽然刚开始老师心里会很慌，会担心幼儿的安全，会担心“场面失控”，甚至有个别老师会很抵触这件事。后来，我便告诉老师们，不要心慌，放心开展活动就好了，出了问题我负责。当老师们可以直面自己所担心的“问题”时，孩子们带给他们的却是惊喜。把选择权还给孩子们后，他们自然也就获得了更多。

三、给孩子主导的位置，让孩子自主创作

我认为老师们的心慌，归根到底还是理念的问题。当我们的老师习惯了“预设”，就害怕幼儿“自主”而带来的挑战，所以老师们需要走出舒适圈，改变观念。

我园的老师们在完善活动流程同时，也在着手“东府创意空间”的课程建设研究。我园的创意课程将12个创意空间分成“创•绘活动、创•做活动、创•享活动”三大类。我们常常说“儿童为中心”，但实际在生活或者游戏中，常常是老师处于中心位。要从根本上“把幼儿园还给孩子”，老师的角色必须发生变化，需要从“主导者”变为“支持者”。而创意课程的构建，是为老师这样的转变去助力，去提供科学的方法和支持。

例如，我园有一名从业三十多年的幼师。最初幼儿园开始创意活动时，她内心是抵触的。但一次偶然的班级活动，改变了她的想法。一次，这位老师带领孩子们用废旧纸盒进行创作，因为事先预设好了活动内容，她告诉孩子们可以在纸盒的各个面画上自己想要画的内容，涂上喜欢的颜色。活动开始了，但孩子们好像并不开心。老师便问：“你们怎么不开心呢？”孩子们回答：“纸盒用来画画不好玩，我们想用来玩别的。”这位老师心里咯噔了一下，随后对孩子们说：“那请你们教教老师，纸盒还能怎么玩，好吗？”瞬间，孩子们热闹起来，你一言我一语地讲了起来，而且迅速开始动手。一个活动下来，有些孩子将纸盒穿在身上模仿机器人，有些孩子用纸盒搭了各式各样的模型……教师对幼儿学习的最大支持就是放手。如今，我园的教师们会在创意空间，常常旁观孩子们快乐创作的样子，她们觉得这才是幼儿该有的样子。

这个时代给了孩子丰富的物质，但也换走了他们“玩”的童年。玩是孩子的天性，是孩子展现生机和活力、想象力和创造力的过程。孩子的自由成长过程本来就是需要快乐地，正如孔子说：“知之者不如好之者，好之者不如乐之者。”释放孩子们的天性，把幼儿园还给孩子们。我园通过打造创意空间，开展创意活动，促进了孩子们科学知识、能力及素养的立体融合，使孩子们的身心健康得到了全面发展。

德立天地养正气　功在社会育栋梁

——伍隍中学“立德•立功”校园文化培育策略

四川省资阳市雁江区伍隍中学　黄明　汪毅

校园文化是学校发展的灵魂，是凝聚学校人心、提升学校品质、增强学校“软实力”的核心要素。只有充满文化的学校才是有智慧、有活力的学校，只有充满文化的学校才是有灵气、有希望的学校。

我校是一所创办于1925年，历史悠久，底蕴深厚，曾经是一所以管理严格、教学方式先进的颇具农村特色而全省闻名的完全中学。面对新时代、新征程对人才提出的新要求，我们根据《国家中长期教育改革和发展规划纲要》中提出的“注重教育内涵发展，鼓励学校办出特色”的要求，在继承和创新学校传统文化优势的基础上，于2010年起正式启动“立德•立功”校园文化培育研究，不断丰富校园文化内涵，拓展学校发展路径，力求使学校办出特色，从而实现学校可持续、内涵式、跨越式发展。

一、“立德•立功”校园文化培育体系构建

育人是教育最根本的任务。自古到今，文化是育人之本。基于文化育人的导向、凝聚、规范、教育、激励功能，我校确定从物质文化培育策略、制度文化培育策略、精神文化培育策略三个方面进行实践研究，由后勤后负责校园内外环境的美化，工会负责制度文化策略的实践研究，政教处、教科室、教导处、安全处负责精神文化的实践研究，最终形成了学校的“立德•立功”校园文化培育体系。

“立德•立功”校园文化是以我校全体师生为主体，以校园为主要空间，以“立德•立功”精神教育为主要特征，以培育师生学会做人和做事为主要内容，以“爱、诚、勤、为”四字为价值取向，以“德功教育”为人才培养德育目标的群体文化。其中，“立德”为做人之根本，是公德，是人与社会的关系，是人与人的平等关系，具体体现为“爱和诚”。“爱”即爱祖国、爱校、爱他人、爱自己，指师生的大爱思想，在爱与被爱的体验中激发他们对祖国、对父母、对身边所有人的热爱之情；“诚”即诚恳、真诚、诚实、诚挚，指树立诚信意识，师生具有真诚待人、诚实做人、信守承诺等诚信品质。“立功”为人生之目标，就是在完成自己的学习工作中要根据自己的能力、环境、机遇完成自己的职责，战胜困难和挫折，确立自己在社会上的地位和价值，从而推动社会的发展，具体表现“勤和为”。“为”即人生奋斗目标、做事战胜困难、体现人生价值，指以全校师生为主体，有远大的人生规划，有无私奉献、积极进取的精神；“勤”即勤奋、勤俭、勤苦、勤勉，指师生做事尽力不偷懒，教师勤奋工作不懈怠，学生勤勉好学能吃苦，立志做有贡献之人。二者相互依存，相互影响，相辅相成，相得益彰。

可以说，伍隍中学的校园文化是综合的文化形态，是一个囊括校园全方位的文化场，旨在对学生进行多角度、全方位、全过程的培养。

二、“立德•立功”校园物质文化培育策略

物质文化是校园文化培育的必要条件。我校的物质文化培育策

略打破了常规的、一成不变的、静止的校园环境的建设，在原校训的基础上挖掘出“立德·立功”培育内容的新教育资源，以通过校园的绿化、香化、净化、园林化、知识化，让一景一物发挥校园文化的熏陶功能。

校园文化环境培育策略。我校围绕“立德·立功”基本内涵，完善校园内各种立德、立功文化标识的设计与建设，打造以“历史文化长廊”、“德功文化长廊”、“五心长廊”、“博艺长廊”等为主题的长廊校园环境文化，让师生在优美的文化环境中受到感染和熏陶，触景生情，因美生爱，从而规范自己在校的言行，养成“诚、爱、勤、为”的良好品质。

班级文化环境培育策略。班级文化建设对学生的教育、教学以及成长、成才起着不可估量的作用，我校进行宣传动员，要求各班在学校统一要求下积极参与班级环境文化的建设，如制作班牌、宣言、门牌、学习园地、梦想天地等班级文化形象，形成了各班既体现学校共性又体现班级特色的浓厚的“立德·立功”班级文化氛围。

办公文化环境培育策略。教师办公室文化环境是学校文化建设的重要组成部分，能够潜移默化地影响着教师的行为，进而影响整个学校的教育质量。在教师办公室文化环境培育过程中，我校要求老师们充分展现自身才华，每间办公室都由教师亲自参与命名，制定办公公约，设计办公物品布局，构建伍中团结和谐办公环境。同时，以“立德·立功”精神文化优化教师之间的人际关系，发挥校园文化的凝聚功能，形成了人人关心校园文化建设、人人参与校园文化建设的良好局面。

寝室文化环境培育策略。寝室文化培育是校园文化建设的重要组成部分，是“立德·立功”培育进宿舍的有效载体。在学生公寓走廊过道安装名人名言和格言警句，让学生目之所见即“立德·立功”教育内容，润物无声地教育学生、影响学生。同时，各级（班）要充分发动学生全员参与、群策群力，发挥学生的聪明才智，每期进行一次以“温馨寝室，幸福家园”为主题的“寝室美化大赛”，锻炼学生实践能力，提高学生审美情趣，培养学生综合素质，展示伍中学生风采；各班级根据班级情况采取多种措施，激励全体同学投身到寝室文化的建设中去，帮助学生养成规范的卫生习惯、生活习惯和行为习惯，培养学生正确的价值观，使“立德立功”校园文化培育的各项工作落到实。

食堂文化环境培育策略。学校食堂是师生们一日三餐必不可少的生活场所，它除了具有为师生们提供着生命机体不可缺少的物质食粮功能之外，更应具备为师生们提供精神食粮的功能食堂文化。我校在食堂的柱子上张贴关于节约、礼让、诚实、爱人的名篇佳句熏陶学生，着力建设“文明食堂”，打造“文化食堂”，让师生们在就餐的过程中感受到消费的是不仅是食品，更要感受到知识、享受到文化的熏陶。

本成果的校园文化、班级文化、办公室文化、寝室文化、食堂文化既体现共性，又各具特色，集中诠释了伍隍中学“立德·立功”校园文化内涵，让学校的每一处细节都会说话，每一个环节都充满文化气息，使校园的环境文化处处洋溢浓厚的育人氛围，师生在校园优美的文化环境中受到感染和熏陶，触景生情，因美生爱，从而激发广大师生热爱学校的情感。这些校园物质文化营造了独具特色的文化氛围，不仅潜移默化地影响着师生、愉悦师生，而且使学校成为一道亮丽的风景线。

三、“立德·立功”校园制度文化培育策略

学校制度文化是学校精神文化的转化器、激发器和推进器，对校园文化建设具有导向功能。在认识和理解学校传统制度文化的基础上，我校遵循教育规律，依据教育方针和教育法规，结合“立德·立功”培育内涵，建立健全具有传承性、操作性、包容性、体系性的学校管理制度，形成了自我激励、自我约束、自我管理的制度文化环境。

按照“全方位、精细化、严要求”的总体要求，我校认真研究国家教育发展纲要精神，充分征求师生的意见和建议，挖掘自身蕴含的习惯礼俗，从行政工作、党群工作、教学工作、科研工作、德育工作、安全工作、学生资助工作、后勤工作等八个方面全面收集整理学校的规章制度，汇集成现在的《伍隍中学规章制度汇编》，充分展示了学校的观念、心理、行为特色，最终形成了真正的“立德·立功”制度文化。

四、“立德·立功”校园精神文化培育策略

途径一：“立德·立功”课堂文化浸润策略

课堂是培育师生“立德·立功”精神的主阵地。我校回归教育本源，坚持以学生为主体，成立以校长为组长的教课改工作领导小组，形成以教科室、教导处为核心，以教研组、备课组为基础，以教师为主力的课改网络，积极构建满足学生差异需求的“立德·立功”三性教育特色课堂，让学校成为顺应学生天性发展的乐园，激扬学生生命灵性的阵地，适宜学生个性张扬的舞台。同时，我校注重将“立德·立功”精神理念同课堂教学教育相结合，在学科教学中挖掘“立德·立功”教育内涵，使“立德·立功”教育贯穿课堂教学，增强学生责任感和使命感，激励学生励志成才。

途径二：“立德·立功”体验活动策略

校园活动是校园文化培育的主要内容，能充分的使学生施展才能、发展个性。为此，我校积极整合构建二个体验活动平台，拓展“立德·立功”的体验内容。

我校充分利用“全国青少年文明礼仪示范基地”平台，积极开展以“德立天下，功在社会，爱在文明，美在礼仪”为主题的文明礼仪教育系列活动，帮助学生养成文明礼貌的行为习惯，争做优雅大方、豁达乐观、明礼诚信的合格公民。扎扎实实开展主题宣传和“立德·立功”文明礼仪知识的普及活动，全校师生参与率100%，知晓率100%，支持率100%；充分利用教师大会、学生干部会、升旗仪式、班级活动、周会、团会及其他集会组织全校师生学习文明礼仪知识；认真开展“文明礼仪进课堂”活动，做到有计划、有教材、有教师、有教案、有教学、有效果检测；聘请省文明礼仪普及办公室赵晓俊主任来我校指导工作，培训文明礼仪使者；利用《伍中教育》《绿溪》文学社社刊、网站、黑板报、宣传栏、校园广播、电视等宣传渠道，宣传介绍我校文明教育成果。

我校充分利用“国防生源基地”平台，在校园文化中融入国防教育，强化学生的国防意识。成立学校国防教育领导小组，切实做好学校国防教育统筹工作；制定国防教育相关制度，并将国防教育纳入教师的业务考核；图书馆订阅国防教育相关刊物，丰富学生阅读内容；设立国防教育专栏如宣传栏、黑板报、读报栏等，专栏形式灵活，内容丰富，定期更换，突出热点，创设学习氛围；利用大型纪念日、升旗仪式、团委、学生会对学生进行革命传统教育，培养爱国主义热情。

途径三：“立德·立功”主题活动策略

“爱校、感恩、责任心”三大核心专题活动。首先，通过班会、征文比赛、国旗下讲话、板报比赛等形式，使三大教育深入人心，形成共识，收到实效。其次，统一校服和校园卡，向师生讲述学校成功的历史，使学生自然而然地生发出强烈的荣誉感、自豪感、热爱母校的情感。最后，成立校史展览室，提高学校在学生心目中的地位，使学生自然生发出强烈的荣誉感、自豪感、热爱母校的情感，从而产生凝聚力，形成爱校精神。

“立德立功、励志成才、报效祖国”主题教育活动。我校认真落实“立德·立功”教育理念，逐渐形成良好的班风、校风、学风，帮助学生树立起“公德心”和“献功心”，提高师生的思想认识水平及明辨是非的能力，养成良好的道德行为习惯和勤为的做事能力。开展“立德·立功”校园文化主题月活动，旨在深化“刻苦学习、励志成才、立功立德、报效祖国”的教育主题，调动广大师生参加活动的主观能动性，形成拼搏向上、你追我赶、奋勇争先的良好风气。

“立德·立功”仪式文化活动。精心编写师生誓词，在开学典礼和重大节日活动中要求全体师生分别宣誓，使师生时刻牢记自己的责任和使命，在工作和学习中严格要求自己，进一步规范自己的言行。将常规性活动与“立德·立功”仪式主题活动结合起来，为学生搭建多种展示才华的舞台，使学生身临其境，充分认识自我、展现自我，施展才华、展现个性。

“立德·立功”艺体节活动。我校以班级为单位，面向全体师生，通过开展一系列文化、艺术、体育竞赛、竞技活动，如全校性运动会、艺术节、元旦歌咏比赛、器乐比赛、舞蹈比赛、校园课本剧比赛、绘画作品展示等，进一步激发广大学生爱党、爱国、爱校和热爱艺术、勤奋学习、努力成才的热情与动力，力争做到博学多能、快乐成长。

“立德·立功”主题班级活动。开展主题班会，由行政会根据“立德·立功”教育内涵和要求确定阶段主题班会内容，年级组和学校先后对班级开展情况进行评比，有奖有罚，促使每个班主任及学生都能认真对待；坚持每月月考后各班进行班级内学法交流班会，激发学生学习动力，提升学生学习兴趣，使学生更加坚定自己的学习目的，寻找到适合自己的学习方法，提高自己的学习能力。

“立德·立功”社团活动。我校社团贴近生活，百花齐放，灵活多样，不拘一格，涵盖学术类、实践类、文化类、艺术类、服务类、专业类、技能类等多种类型，如雅韵合唱团、绿溪文学社团、志愿者社团、体育社团，让师生在社团自治自理、健康发展的过程中增强了自身的文化素质、综合能力和自主意识，进一步实现了我校“立德·立功”育人任务，活跃了校园文化。

五、“立德·立功”校园文化培育成果显著

在“立德·立功”校园文化培育过程中，我校以培养全面发展又有特长的学生为目标，坚持面向全体师生，牢固树立“立德树人”的理念，创建了明荣知耻、积极向上、生动活泼、富有特色的立德立功的校园文化，丰富了和谐校园文化内容，取得了明显的效果，学校的办学特色得到了彰显。

制度文化纠正了部分师生偏离的“三观”。我校立足校情，构建了科学化、规范化、制度化和日常化的师德建设长效机制，引导广大师生牢固树立了正确的世界观、人生观和价值观。他们在教育教学中既做到了教书，又做到了育人，更成长了自己。目前，我校有省级骨干 7 人，市级骨干 66 人，并开展了多项课题研究。

精神文化促进了学生健康发展。我校利用“立德”中“爱诚”思想理念的引导，在环境文化和制度文化中强化爱诚的精神熏陶，在活动文化和精神文化中体现“爱诚”精神的外化，让学生的精神品质得到培养，道德情操得到陶冶。自本成果研究以来，我校校风纯正，学生违法犯罪率一直为零，学生操行评定优良率平均为 90% 以上；后进生得到明显转化，后进生转化率均在为 80% 以上；近三年共获得省级以上学科竞赛奖项 78 项，46 人次获中学生优秀艺术人才大赛各类奖项。

赢得了良好的社会声誉。在“立德·立功”校园文化的熏染下，学校办学成果显著，不仅多所兄弟学校到我校来参观学习“立德·立功”校园文化培育成果，学校也先后荣获“四川省示范性普通高中”、“四川省教育系统先进集体”、“四川省文明单位”等20余项国家级、省级殊誉。年年获得资阳市高三教学质量等级奖，办学水平督导评估获得资阳市一等奖，受到省、市、区各级领导的高度评价；历年来均荣获市、区德育工作先进集体、师德建设先进集体、高考先进集体、教育科研先进集体等荣誉。近五年来来共获得市、区级表彰100余项，教师获得省市区表彰800余项，学生获区级以上各种表彰1300余项，被社会各界称为“质量信得过学校”和“让人民群众放心的学校”。

夯实育人根基　引领文明新风

四川省自贡市汇东实验学校　周德华　舒毅　吴平

2020年11月底，中央文明委揭晓了第二届全国文明校园评选结果，四川省自贡市汇东实验学校名列其中。这个学校精神文明建设领域的最高奖项，既是对我们工作的认可与肯定，又是我们继续前行的动力。

多年来，我们坚持对标全国文明校园创建标准，大力营造文明和谐的育人环境，努力提升师生的文明素养和学校的文明程度，让文明之花在校园竞相绽放，成为校园最美的底色。

加强思想引领，夯实道德建设根基

加强未成年人的思想道德建设，对保证人才培养的正确政治方向，促进学生全面发展起着主导性、决定性的作用。在全国文明校园创建过程中，我们坚持“五育并举，五育互育”的育人思路，以社会主义核心价值观为内容，以“汇仁文化”为主线，践行文明，立德树人。

学校不断完善德育“五四三”管理体系，深化“课程、课堂、课题”建设思路，创新实施“1+B+X”六大特色“汇仁”课程，并在六大科目下开设特色节庆、团队、非遗、传统文化等50余种品牌特色课程超市；注重品格教育，以培养学生“六讲六习”为目标，深入开展“礼善”、“仁爱”、“乐学”三大主题德育系列活动；细化年段德育指标，以“二十四种品格”为抓手，扎实开展“我的中国梦”、“扣好人生第一粒扣子”等社会实践暨志愿者主题教育活动；完善心理咨询室建设，开放心理宣泄室，开展健康引导、拓展训练、“心理状态及维护”等教育活动；疫情期间，科学组织，精准摸排，措施到位，执行有力，成效显著。

强化组织建设，锻造优秀文明团队

搞好班子建设是各项建设任务中的首要任务之一，也是构健全国文明校园的重要一环。我们坚持以“博学汇粹、浸毓文明”为导向，成立以校长为组长的文明校园建设领导小组，完善党政工青妇齐抓共管建设机制，把文明创建纳入学校总体规划和各处室年度计划中，认真落实“五有四见”重要举措，有效保障创建工作健康、有序、可持续发展。

学校充分发挥党组织的战斗堡垒作用，党委围绕“立足教育抓党建，抓好党建促教育”的工作原则，创新“663我争先”党建模式，积极建设学习型党组织，开展创先争优、盐都先锋等活动，发挥党员示范岗的先锋模范作用；以“四有好老师”为标准，狠抓教师“六有六能”，抓师风，转作风，促行风；近五年来共投入资金200余万元，实施“基石工程”、“名师工程”和“蓝青工程”，通过“九大课堂”、汇东论坛、课题研究等途径，助力教师成名。

坚持文化培育，筑牢“汇仁”文化根基

校园文化建设是学校办学水平的重要标志，是学校精神风貌的具体体现，是学生文明素养、道德情操的综合反映。近年来，我们累计投入2000余万元，着力打造人文校园、书香校园和智慧校园，较好地发挥了校园文化的育人功能。

学校积极实施中华基因传承工程，通过“三爱”宣传、“五节一展演”活动、班徽设计大赛等活动，丰富人文情怀，提高才艺修养；通过“小手牵大手”志愿服务、暖冬公益、共战疫情等活动，倡导互帮互爱、团结向上；坚持阳光大课间、“爱眼护瞳”等活动，强健学生体魄，文明学生精神；先后投入1000余万元对两校区进行改造升级，做到雕塑、绿植和校舍交相辉映，相映成趣，实现使用功能、审美功能和教育功能的和谐统一；紧密配合交警、公安等职能部门，联防联控，定期开展法治、安全、防欺凌等教育，增强育人合力，营造优美育人环境。

狠抓阵地建设，增强育人塑魂实效

校园不仅是学生学习文化知识的课堂，更是树人树德之圣地。我们充分挖掘校内外资源，大力打造校园活动阵地，以素质教育为目标，以德育工作为先导，以日常行为规范为抓手，积极开展各种主题活动，让学生在活动中发展综合实践能力。

学校充分利用校园广播站、公众号、荣誉室等宣传阵地，弘扬主旋律，传播正能量；开展艺术节、读书节、读书沙龙、汇东讲坛等活动，拓展育人渠道和空间，陶冶学生情操，美化学生心灵，启迪学生智慧；开展“三出四进”活动，着力打造“绅士淑女节、感恩节、梦想节、创新节”四大创新品牌，培养学生学会学习、学会生活、学会思考、学会创造；统筹协调家校政社一体的育人模式，聘请法制副校长、关工委领导开设专题讲座，组织亲子活动、家长论坛等活动，增进亲子情感，密切家校联系，融洽政社关系。近年来，学校的共育经验在全国家长大会、全国“非常课堂”总结会、全国“后疫情时代家校共育”等大会上进行了分享。

千淘万漉虽辛苦，吹尽狂沙始到金。在二十余年的办学历程中，一茬一茬的汇东人情系教育、勤奋务实、接续奋斗，培养了大量的“五有”汇东学子，有世界青年科学家余诗孟、世界跳水冠军胡亚丹、全国青少年保龄球冠军李思辰、全国演讲比赛一等奖黄嘉怡等。学校共获得全国文明校园、全国巾帼文明岗、全国少先队先进集体、全国和谐校园先进学校、全国家长示范学校、全国青少年足球特色学校、四川省新成长型学校、四川省现代教育技术示范学校、四川省艺术教育特色学校、四川省首届初中课改名校、四川省实验教学示范学校、四川省少年空军优质生源学校、自贡市心理健康教育特色学校等100多项国家、省、市荣誉。学校及师生活动先后被中央台教育频道、四川科教频道、中国教育报、四川教育杂志、精神文明报、华西都市报等数十家官方媒体广泛宣传达120余次。

文明是校园最美的风景。如今，文明之花盛开在校园的每一个角落，体现在每一个汇东人言行举止的方方面面。站在“全国文明校园”新的起点上，汇东实验学校全体师生员工将在各级党委政府的坚强领导下，在市区教育主管部门的精心指导下，以饱满的精神、昂扬的斗志，凝心聚力，砥砺前行，乘势而上，高位求进，为新时代的自贡教育高质量发展贡献汇东人更多的智慧和力量。

聚焦教师团队式发展，赋能学校高质量建设

四川省自贡市蜀光绿盛实验学校　杨景华　宋世平　黄显清　林玉平　江雪梅　陈冬梅　张利

随着世界经济的发展和社会的进步，教育发展重点由加强普及转向提升品质。紧跟世界教育发展的大势，中国教育改革发展已经走出以扩大规模和加强普及为重点的历史时期，进入了一个以质量保障和品质提升为核心的新阶段。提高教育质量，坚持走以提高质量为核心的内涵式发展道路，是习近平总书记立足我国现代化的阶段性特征和国际发展潮流提出的深刻命题。建设“高品质学校”是一种具有全球视野和创新思想的理念，不仅是顺应人类未来社会发展规律的必然结果，而且是满足人民美好生活需要的社会基础性工程；建设“高品质学校”是四川教育改革发展战略在学校层面的具体表达，是学校教育推进改革的核心突破。

基于上述背景我们认为：作为一所诞生于21世纪初，高起点、快增长的新发展型学校，推进学校高品质建设，既是顺乎势的机遇把握，也是合乎规的理性选择；面对持续快速增长的规模和大量年轻教师激增，作为学校第一资源和生产力的教师队伍，无疑应当是学校高品质发展最关键和最活跃的力量，我们选择教师专业化团队式发展策略作为高品质学校建设的子课题研究，以此来促进学校发展。

一、课题研究问题考量

基于教师队伍发展问题的考量。学校教师队伍来源广、增长快、体量大、基础好，但由于大跨度的积累和批量化的稀释，教育观念差异纷呈、发展水平参差不齐、组织文化相对脆弱、成长动力后劲不足，难以成为高品质学校发展的强大专业支撑和推动力量，需要通过团队式的发展，凝聚教育共识、汇聚发展力量，提升专业素养。

基于教师队伍建设问题的考量。目前学校对教师队伍的建设呈散点式、功利性的趋向，缺乏前瞻性、系统性、针对性，团队文化还呈现出随意性和粗放型的特点，缺乏自主性、自我性和内生力量，教师教育的经验需要总结提炼和升华，需要通过课题进行系统的思考设计与实践研究，建设共生共赢的发展机制和成长生态。

基于高品质学校建设需要的考量。高品质学校建设需要从理论上创新，在实践中探索。总课题组已经在学前教育、小学教育阶段形成了丰富的理论成果和典型的实践案例，中学段也需要也必须做出相应的探索。从高品质学校建设的内容板块来看，主要从学校文化建设、队伍建设、课程建设、德育实践、教学改革、学校治理变革等方面着手。我们认为：教师是学校一切教育教学活动的设计者、践行者、创造者，是高品质学校建设的第一资源和动力，建设高品质教师队伍是高品质学校建设的首要和核心环节，尤其是作为一所大体量的学校，没有全体教师的参与，不发挥一线组织团队的智慧和力量，是不可能实现的。因此，选择高品质的专业化教师团队建设，

是我校高品质发展路径选择的“先手棋”。

二、课题研究创新点

着眼高品质学校建设。本课题研认为，高品质学校建设是学校科学发展的具体体现，高品质学校建设从高品位、高质量着手。探索遵循教育规律、落实立德树人根本任务、培育高质量人才、五育并举，低负高效、推进教育改革、追求创新的学校。

立足教师团队式发展。本课题研究在激发教师自身专业发展内生动力基础上，立足于教师团队式发展研究。提出了学校教师团队建设的基本框架和标准，设计出团队式专业化发展“学校场域、团队场域、社会场域”三维架构的动力模型，构建“以团队文化为核心，以研究创新、评价激励、管理规范、组织结构、行动能效为主要内容”的动力要素结构，并进行分析和论证，改进和优化。梳理中小学教师专业发展的基本要素，结合学校教师发展普遍问题和实际需求，建立了“3-18 教师专业化要素框架体系”。在教师专业化团队式发展研究中探索出了有效地方式。

着力提升学校发展力。本课题紧紧围绕教师专业化团队式建设策略研究，探索出了一些可操作性、较为科学的实践策略，唤醒和点燃了教师自主发展的内生力量，促进了教师专业知识与专业能力的提升，促进了学生发展质量的提升，促进了学校核心发展力的形成和提升，课题研究取得了社会效益和质量效益，对学校从长远发展起到了积极的促进作用。

三、课题研究意义

提升教师整体发展的专业内涵。通过本课题研究，进一步聚焦入职教师专业发展的核心要素，探索基于团队式发展的模式、策略、路径，形成教学研训一体化培养机制，以期对于凝聚团队智慧、建立发展机制、营造成长氛围，促进学校提高教师培养层次，提升教师培养质量，提升教师发展的专业化内涵，具有重要价值。

提供学校高品质发展的专业力量。总课题研究报告表明：“很多学校无法解决先进办学理念下的课程支撑、教学支撑、技术支撑、评价导向等核心问题，尤其无法解决教师这个第一资源的发展问题，所以往往只有分数质量，没有人的品质进步”。由此我们认为：高品质学校发展，必须塑造一批高品质教师队伍，才能实现从理论到实践、从理念到现实的成功转换。“专业化团队式发展”策略研究，以团队建设为抓手，让团队成为教师“品质进步”的沃土和熔炉，让个体汇聚成为集体发展的智慧和力量，可以最终成为高品质学校建设的人力保障和专业支撑。

四、课题研究目标

建立校本实践中的教师专业核心素养框架。课题组拟通过对中小学《教师专业标准》和国外相关文献的学习、研究、梳理，对照教师团队在教育教学实践中的专业需求和个人发展需要，遴选、提炼不同团队的核心专业要素，建构学校主要团队的教师专业发展共同的核心要素框架，提高学校教师培训的针对性、实效性、科学性、系统性。

探究学校教师专业化团队式发展的动力机制。拟通过对学校各类团队的调查分析和研究，对教师专业发展动力的文献研究和案例分析，提出并设计教师团队发展动力机制，选择具有代表性的团队和组织进行应用和验证，从而建构具有一定推广价值的教师专业化团队式发展的动力机制。

形成学校教师专业化团队式发展的实践策略。梳理本校教师团队建设的策略和举措，开展反思，借鉴国内中小学校教师发展的成功案例，进一步丰富、优化促进教师团队专业发展的途径和方式，根据相关的理论进行系统梳理和重构，形成具有可操作性的实践策略和机制。

五、课题研究内容

现状研究。组织学校各类团队、群体以的专业发展现状调研，开展不同层面教师个体成长访谈，学校名优骨干教师的成长案例研究，形成学校教师发展报告，为课题的研究提供鲜活、丰富的一手材料，通过对学校已经开展课题的相近课题反思，总结出经验和不足，为本课题研究提供借鉴。

政策研究。研究我国中小学《教师专业标准》《校长专业标准》《义务教育学校办学标准》等，国外教师专业标准，党和国家近十年出台的教师队伍建设和学校改革发展相关文件、政策，习总书记的重要讲话，梳理中小学教师专业发展的基本要素，结合学校教师发展普遍问题和实际需求，提炼职后教师校本教育情景下的专业发展核心要素，建立教师专业发展校本化核心指标体系。

文献（理论）研究。通过网络、专著、期刊等途径，查找、搜集关于中小学“教师队伍团队式建设”、“发展动力机制”、“专业化发展”、“校本研训”等理论文献和研究成果，分类编辑，为研究提供理论支撑。

模式（机制）研究。通过上述分析研究，提出学校教师团队建设的基本框架和标准，设计出团队式专业化发展的动力模型，并进行分析和论证，改进和优化。

实践（应用）研究。结合学校实践，吸收国内学校的成功案例和研究成果，提炼教师专业化团队式发展方式，建构学校主要团队的专业化发展策略，制定团队评价指标和机制（工具）。

六、课题研究方法、阶段

调查研究法：通过教师访谈，问卷等形式，分析现有教师专业化团队建设状况，探索教师专业化团队管理机制，研究教师专业化团队管理及评价制度等。

文献研究法：关注国内外相关研究发展动态，收集相关文献资料，借鉴先进方法，提高教师专业化团队建设水平。

比较分析法：在课题研究过程中，通过本校与外校，现在与过去的从横对比，发现管理机制的有利因素和不利因素，从而不断修改、完善教师专业化团队管理机制。

行动研究法：积极探讨教师专业化团队建设及运作过程中的问题，不断反思修正课题实施方案。在实践中研究，在研究中反思，在反思中实践，一边研究一边总结，一边调整，优化教师专业化团队设置和管理。

个案研究法：通过个案研究，由点及面，分析教师专业化团队的建设规律，及时总结研究成果，优化建设方案、加强过程管理，积累丰富个案。

叙事研究法：通过学习网站、团队博客，及时交流研究的信息、困惑及成果，通过“网络空间”平台进行开放式研究。

课题研究阶段。第一阶段：课题研究的准备阶段（2019 年 8 月—9 月）；第二阶段：课题研究实施阶段（2019 年 10 月—2020 年 8 月）；第三阶段：成果形成阶段（2020 年 9 月—2020 年 12 月）。

七、课题研究效益

促进了教师的个体专业成长。在教师专业化团队式策略的指导下，学校积极为教师们搭建专业发展平台，各梯级团队教师自主发展的意识被唤醒、自主发展的内生力量被激活，突破了教师专业发展瓶颈，教学技能明显提升、专业影响力不断增强，老、中、青教师互动发展、持续发展、一体发展。近两年，我校教师参加各级各类竞赛获奖面达到 95% 以上，其中，在优质课、微课、教学技能竞赛中有 7 人获国家级一等奖，8 人获省级一、二等奖，95 人获市一、二等奖。

加快了教师团队的优化发展。我们在教育教学实践中，根据不同梯级团队教师专业发展的特点，充分挖掘各教师团队的职业潜力，各团队之间互动激发、优势互补、协同发展，既弥补了团队的不足，又发挥了团队的优势，优化了团队的整体发展。

课题研究以来，学校涌现出了一大批高素质优秀教师，教师教育教育教学水平在同行中有显著影响。学校现有四川省名校长 1 人，省级名师 2 人，省级骨干 7 人，市级教育专家 3 人，市级名师 5 人，市级名师工作室领衔人 1 人，市级名师工作室导师 8 人，省市学科名师工作室成员 26 人；市级优秀教师 18 人，川派初中优秀学科主任 1 人，优骨干教师明显增多。

优秀的团队需要个人的努力助推团队的成长，个人的长足发展以必须以优秀的团队作为强有力的支撑，更需要团队成员间的相互协作、取长补短、互动发展。在 2019 年市级网络晒课活动中，我校有 28 个团队获市级集体备课奖、集体研修奖。

［案例］我校历史教研组以四川省普教课题《信息技术环境下本土历史资源主题性学习的实践研究》为突破口，努力提升全组教师专业水平。由于工作扎实、成效显著，该组先后被自贡市教科所评为“优秀教研组”，区“共产党员示范团队”；组长杜洪多次被评为“优秀教研组长”；沈鹏程被聘为四川省教科所第一届初中历史数字故事 PPT 评选活动评审专家，多次在市区级历史教研活动中开展专题讲座；连续三年，唐莉、汤茂、曾丽萍老师通过层层闯关，先后获得初中历史优质课竞赛区、市、省级比赛中均获一等奖。这既促进了个人专业发展，又实现了团队整体提升。

提升了教师团队的教育教学研究力。在梯级教师团队培养过程中，我们坚持问题即课题的研究方向，构建了多元、一体的课题研究网络，以科研引领教育教学改革的局面初步形成。教师的问题意识、反思意识增强，研究能力、成果水平提高。

我校现有立项在研课题31个，以《教师专业化团队式发展策略践研究》为代表的省级课题2个、以《课堂小练笔的策略研究》为代表的市级课题7个、以《教师在小组合作学习中的调控作用的实践研究》为代表的区级课题4个、市级微型课题10个、区级微型课题8个。近三年13个市级微型课题结题并参与市级微型课题成果评选，获奖比例和等次居全市同类学校第一。全校70%的教师参与到了上述课题的研究工作中，研究范围广、研究针对性强，研究成效好，教师研究能力不断提升。体现学校教育管理、教研教改、课程模式的《铺写绿色》《向课堂出发》《绿盛精品课堂》等学术专刊已先后刊发三期。

提升了学生发展质量。在教师专业化团队式发展策略的推动下，各团队教师专业水平不断提升，课堂教学改革有效推进，教师教学方式不断革新，助推学生面发展。

夯实了学生的文化基础。教师的专业发展推动了学校的课堂教学改革，构建了以学生为中心的“学思”课堂模式，丰富了学生获取知识的途径和方法，激发了学生学习的兴趣，提高了学生的学业成绩，学校教育教学质量稳步提高。近两年，小学部综合质量居区内第一，初中部教学质量水平名列自贡市属学校前列，初中2020届、2021届、2022届在2020年7月自贡市统考中分别取得第三、第二、第一的优异成绩，学生参与各学科知识竞赛，获奖等级和数量也居自贡市榜首。

促进了学生的自主发展。校本课程资源的开发，学生自主发展力量被激活，学习潜能被唤醒，促进了学生的自我发展。开设了足球、航模、小实验家、机器人等36门选修课程，丰富了学生的生活。连续三年获省青少年航模锦标赛第一名，连续三年获四川省小实验家比赛团体一等奖，足球、排球、篮球分获省市冠、亚、季军。

推动了学生的社会参与。学校依托各星级教师团队指导学生开展社会实践，组建了小记者、绿芽社、环保小队等学生社团。开展了关注大气污染、自然生物、水污染等主题式活动。让学生获得了积极体验，推动了学生探索自然、关爱生命、关注社会，培养了科学精神、创新意识与实践能力。

与此同时，各项实践活动所形成的研究成果也喜获各级各类大奖，近三年（2018—2020）我校累计有308名学生获奖。特别是学校连续在第九届、第十一届自贡市青少年科技创新市长奖中每届均有三个项目获奖（每届十个奖项）。

提升了学校的核心发展力。通过《教师专业化团队式发展策略研究》，学校建设了一支结构合理、品质优良、充满活力、业务精良、富有特色的教师队伍，为学校教育教学改革提供了有力的支持，促进了学校办学理念和目标的达成。在实践中，拓展了学校绿色教育办学思想与践体系的外延，两者互为支撑、相互驱动。初步形成了“绿色课程、绿色德育、绿色评价、绿色管理、绿色文化”为一体的改革态势，增强了学校的竞争力和发展力。近三年，在全市的教育教学综合督导评估中，学校年年获得一等奖。

抓好品格教育，实现自我超越

四川师范大学附属青台山中学　潘亦宁　庞鑫

我国自古以来就重视品德教育，早在两千多年以前，我国古代的著作中就出现了“道德”这个词语。司马光在《资治通鉴》中写道：“才德全尽谓之圣人，德胜才谓之君子，才胜德谓之小人。”我们品格教育专家杨霖所长说，德育就是此刻认真倾听别人的发言，这叫尊重；德育就是打开你的大包，看到你分门别类的小包，这叫有序，这些都是生活中实实在在发生在学生身上的体验。为培养学生良好的品德，使学生形成良好的性格，促进学生心理健康发展，引领每个学生成为最好的自己。在学校育人理念终身学习自助管理追求卓越的引领下，我们川师青台山中学确立了以“基于生活德育论的德育实践，用品格教育为抓手，让学生拥有对生命的主动权，最终实现人的自我超越”的德育理念，促进学生更好地成长。

一、实施品格教育意义

品格教育是基于契约精神的约定，是学生把握生命主动权的基石。它可以帮助解决学生生活中的真实问题，是学生把握生命主动权的内涵。为学生提供管理学校的平台，是学生把握生命注定权的重要途径。我们把杨霖所长提出的24个品格根据我们学校的实际需求选择了4个为这学期的品格教育目标，分在四个月的学习生活中，而观点：中学生和小学生的不同在于更多的内化这些品格的内涵，扩展其外延。

二、品格教育案例说明

我们把品格目标定为有序，有序是什么？我们定义的内涵是行为有序和思维有序。我拿吃饭举个例子。不知道有没有同仁跟我有同样的困惑，吃饭到底排不排队？对于中学生来说吃饭排队是否合适？不排是不是无序？队中途整顿队伍到食堂时间又差不多了？不排又有安全隐患，体育老实说上课生病的那个小伙子听到下课铃声啥事没有？学生浪费粮食怎么办？没有光盘怎么办？用餐后不清理现场怎么办？

关于午餐管理等，我们称作为服务性劳动教育，根据管理学大师戴明发明的管理闭环手段戴明环，分为计划、实践、检查、　再行动简称PDCA四个步骤，凡是劳动项目我们从以下几个步骤：制定发现服务岗位，制定服务计划，进行服务实践，反思分享与评价，最后再次服务形成闭环。第二步，我们首先做的是制定规则，引领学生思维有序。第一张是我们发到每班的纸质提案，分用餐前、用餐中、用餐后，让每班讨论提出可行建议汇总成午餐约定十条，凡是选中的都张榜公布班级姓名，人有了参与感获得感成就感就会有主动性。这样一来，本来学校里的午餐管理就成了基于契约精神的午餐的约定。管这个词我们用得太多，管意味着自上而下，意味着我要你你们怎么样，管久了会不会失去我们引领团队的愿景使命和价值观？而约定，是自下而上的，是我要我怎么样。针对学生是否排队这个问题，我们不再纠结，有了约定，排队与否不重要，大家有序行走有序用餐就解决是否排队的问题。在第四步，分享评价的时候，值周班初二6班的同学发现了以下问题：少量鸡蛋仍在教学区；纸质约定印象不够深；光盘行动是口号学生们还是会浪费，之前会用桶测量，后面值周班同学值守情况好很多，还是会有浪费。教给学生方法论，首先回到教育现场，了解真实情况：不喜欢；会过敏；吃不下，客观要承认，回收盆，或者换取一个其他食物；纸质规则化为可视规则，每班拍摄一个场景；菜品及时沟通，由学生会收集每班的信息反馈到意见栏，为培养正确合理逐层汇报的好公民。写信给校长，爱心驿站。

类似还有手机管理，自下而上的制定公约以后，放置在学校门口，非得要带这么处理，当然只有约定也是不够的，戴明环指引我们去分享去评价。每星期针对问题形成约定。

三、品格教育案例分析

学校新修的图书馆有以下一些问题：由于图书管理老师有限，学生等待借书时间长、个别学生在图书馆吃东西大声讲话等。学生发展部拟定一些应聘职务：通过报名、笔试、面试，配牌上岗为同学们服务及锻炼自己，管理员们开会讨论用字母排序法解决登记困难的问题，用重点岗位定人定岗解决了纪律问题，同时倾听其他同学的意见提出改进阅读书籍的时间。

元旦游园分班项目制：解决了疫情聚集问题资金问题——更多尝试，为学校活动开口奠基。

因传统元旦游园传统项目的缺点：经费；垃圾；招聘项目组，由每班项目负责人负责统筹安排，召集每班项目负责人开会，商量学生自己喜欢的活动。

四、品格教育德育体系

自主管理课程——班主任自主管理（校长提出，我们学校的开会文化是尽量少开会，不开会但是要达到比开会好的效果，埋的很深，人的很多潜力是掩埋的，需要被激发，校长一逼我就发现了自己的潜力，一月一次班主任会，其他时间换一种方式开会，个别辅导更有效，从教室有序常规 师生样态以及学生访谈三个维度去观察发现并制作成简报，班主任会复盘互相学习形成良好氛围，解放班主任，更多时间学习看书，一周一天早上自助管理，班主任可以送送自己的孩子，学生一样的尽然有序）——学生项目管理（参与学校管理）——学生代表访谈（热点问题进行访谈：手机使用，作业量以及教师惩戒权三个维度搭建学生和老师的沟通平台）——一学期一度的学代会（学生代表和部门负责人面对面沟通提议让学生感知自己参与学习管理，对学生代表提出的问题进行回答和改进引领，自己被学校感知和看见）。当学生的声音被听见，他们的困难被看见，他们的生命在青台山被赋予了主动权，也赋予了他们影响一生的品格。

良好的品格是学生发展的根基，品格的培养是教育工作的灵魂。路漫漫其修远兮，品格教育的创建工作任重而道远，下一步，我校将以高质量、新观念的教育模式，实施新的品格教育路径，让每一个学生都能把握生命的主动权，实现自我超越，实现生命的精彩绽放！

开展生态教育，畅享绿色家园

四川天府新区第十二幼儿园　欧阳冰洁　卢晓慧

幼儿园是教育正式开始的地方，是生命扬帆起航的第一个港湾，无私奉献的关爱和真情悉心的呵护，滋补着幼小生命的成长。我园于2018年9月正式开园，位于成都天府新区华阳街道德华路7号，是一所为实现区域优质教育资源配置而建立的现代化优质品牌幼儿园。目前，学校占地4502平方米，建筑面积4850平方米，全园开设小班、中班、大班15个班。校园环境宜人，绿化面积达到1000多平方米，园区布置美观而富有童趣，四季鸟语花香。为不断提升办园品质，让每位幼儿健康快乐地成长，办园以来，我园积极打造温馨和谐的人文环境，深入挖掘“微笑文化”内涵，持续开展生态文明教育，提出了“以情感铸炼师魂”，增进师生感情，加强学校凝聚力，彰显团队文化。同时形成了“三会四有五心”的德育服务特色、“家、园、社区三位一体”的教育特色、“乐观向上、团结平等、果敢创新”的园风园貌。近年来，我园办园特色鲜明，生态文明教育成果显著，先后荣获“全国生态文明教育特色学校”、“全国垃圾分类样板学校”、“成都市节水型单位”、“天府新区抗疫先锋集体”、“天府新区改革创新先锋团队”等荣誉称号。

一、通过温馨校园环境建设滋补幼儿生命成长

幼儿是一粒无瑕的种子，不论是外在的环境，还是内在的情感，都无声无息地影响着幼儿的成长。幼儿的一切教育要紧紧围绕身心健康全面发展为基础，关注幼儿的生命成长。根据3—6岁儿童的情绪特点与发展需要，我园创设了温馨、舒适、有效地班级环境，为幼儿提供了丰富、生动的游戏区域及游戏材料，让幼儿在互动中得到充分发展。同时，我园也从教师方面考虑，不断抒发教师情怀，让教师们都成为有“爱”的老师。为此，我园提出了“以情感铸炼师魂”，通过开展各类团队素质拓展训练，提升团队意识和凝聚力，激发教

师团队荣誉感和职业幸福感，增添幸福感，形成积极、有效、开拓创新的团队文化。

自然环境是最纯真、天然的课本，是滋补生命的最佳养料。为了充分发挥环境对孩子潜移默化的教育功能，我园利用每一寸空间，将儿童的户外活动场地规划为“四大功能区”——多功能沙池区、体能训练区、幼儿安全训练区、劳动种植体验区；规划建立了室内的“四大活动区”——建构区、博览图书区、生活体验区（含中医馆、茶馆、超市、银行、花店、剧院等）、五彩美术室。让幼儿在充分探索与自主操作中与环境互动，感受生活、学会生活，力争让幼儿园的每一个角落、每一处植物、每一堵墙壁都能充满教育意义，与孩子“对话”，让幼儿在生态环境中享受愉悦的童年。

为了不断拓展生态文明教育内容，建设和谐、温馨校园。我园还通过各类丰富多彩的活动，树立幼儿环保意识，提升幼儿教育品质。我园联合社区、家庭积极开展“垃圾分类”系列活动。如班级开展主题教学活动，垃圾分类进社区活动，同时通过家园共育，组织开展了亲子环保手工作品等活动，家长与幼儿积极利用生活中各种废旧材料制作出精美美术作品，在“变废为宝”的同时，培养了幼儿的环保意识与实践能力。另外，在不断的探究、实践、提炼的过程中，我园初步形成了《四川天府新区第十二幼儿园园本课程——种植课程》，引导幼儿观察各种蔬菜或作物的生长，让孩子们在亲近自然、亲身感知和体验栽培、管理、收获、喂养等简单的劳动过程中，提高观察、探索、表达、表现的能力，并初步理解人们的生活与自然环境的密切关系，知道尊重和珍惜生命，保护环境。生态文明教育的持续开展，不仅让我园的校容校貌干净卫生、焕然一新，也为幼儿的生命成长，提供了一个生态、健康、快乐地优美环境。

二、立足生态文明教育实施助力品质校园提升

文明生态教育要从学校的方方面面抓起，我园从自身做起，从细节做起，从小事做起，通过垃圾分类工作推进生态文明教育深入开展。为了做好幼儿园垃圾分类推广工作，我园成立了垃圾分类工作领导小组，党支部书记、园长欧阳冰洁亲自带头监督各项工作，以“积极开展垃圾分类，打造绿色生态优质园”的工作思路开展相应工作。同时，全园上下联动，各项工作分工到人、责任到人，在日常工作中认真落实、有效推进。我园将垃圾分类工作作为专项行政事务来抓。在幼儿园2号门口区域设置了“垃圾分类”宣传点，配置了标准化的垃圾桶以及宣传栏，在宣传栏上附有如何进行垃圾分类的内容，同时将孩子们参加垃圾分类活动的精彩瞬间，以及有关垃圾分类的作品，张贴出来，让该区域的宣传更加丰富多彩。

幼儿园环境是幼儿园课程的一部分，在创设幼儿园环境时，要考虑它的教育性，要使环境创设的目标与幼儿园教育目标相一致。为了引导幼儿了解和学习垃圾分类，我园在环境创设中结合垃圾分类的教育任务，每个教室都配置了幼儿教师自制的标准化的垃圾分类桶，同时根据本班幼儿年龄特点，设置了垃圾分类认知的主题墙。同时，在幼儿园游戏区域，投放了垃圾分类实例图片，让幼儿在游戏中体验和学习如何进行垃圾分类，从而提升幼儿对垃圾分类的认知能力。垃圾分类宣传教育不是单一的活动，而是“家、园、社”三位一体共同联动效应。为了扩大垃圾分类宣传覆盖率，我园还在2020年，与公益组织“自然之友”成都小组建立长期合作关系，由“自然之友”成都小组提供志愿者教师每学期2～3次到幼儿园，为孩子授课，和幼儿园一起走进社区，走进街道，开展垃圾分类户外宣讲活动，向市民普及相关知识。除此以外，我园还充分利用每周一次的“国旗下的讲话”，各班的主题教学活动，培养幼儿的垃圾分类意识，巩固他们的垃圾分类习惯。同时，组织亲子活动，结合家庭垃圾分类教育，不断强调垃圾分类的意义及垃圾分类方法，营造贯彻生态环保理念培养幼儿良好习惯养成浓厚的宣传氛围。通过这些有效地举措，可以很明显地看到幼儿园发生的一些变化，校园里的纸屑少了，地面干净了，就连微风也都夹着淡淡的清凉。

三、树立生态文明理念加快幼儿良好习惯养成

为了贯彻落实习近平总书记对制止餐饮浪费行为做出的重要指示，我园还大力实行“光盘行动”，开展了“光盘行动”主题活动，由垃圾分类领导小组组成检查团，每日对各班餐点情况进行跟踪检查，从源头上实现垃圾减量。同时，通过亲子活动落实“光盘行动”，开展垃圾分类减量系列活动，倡导节约、环保、低碳的生活理念，带动家庭、社区关注垃圾分类，并积极配合。除此之外，我园还带领幼儿走出校园，深入社会，参与更多垃圾分类实践活动，进一步加深幼儿环保意识，同时也提高了广大居民的垃圾分类意识，让垃圾分类融入社区居民日常生活中。办园以来，我园每学期会结合党员进社区、入园政策进社区等活动，组织幼儿、家长志愿者一起到社区、附近街道开展多形式的宣传教育，面向社区居民普及垃圾分类知识。早在2018—2019两年的进社区宣传活动中，我园就通过党员教师在社区利用宣传展板、资料等现场讲解，通过简单易懂的方式向幼儿和居民讲解垃圾的危害与分类知识，倡导广大居民群众积极参与到垃圾分类的生活实践中来。在2020年，我园联合了公益组织“自然之友”一起组织教师、幼儿，以及家长朋友参加更多的“走出去”活动。组织师幼走进社区，走到大街小巷，通过垃圾分类主题律动表演、现场普及垃圾分类的意义、好处、分类的标准，在街巷发放宣传单等形式，将绿色环保理念深入人心。特别是孩子们走街串巷发放宣传单时，“做好垃圾分类，我们一起保护地球”、“垃圾变为宝、分类不可少”等稚嫩的呼吁声，让行人驻足认真聆听、了解垃圾分类。

家庭是社会最基本组成单位，是孩子成长的摇篮。垃圾分类意识要从小树立，要从家庭这个源头做起，让更多家庭一起积极参与到行动中来。为此，我园深入开展了“小手拉大手，垃圾分类齐学习”的活动。活动中由各个家庭自行采取学习方式：有的是给爸爸妈妈“上课”，将幼儿园老师讲的环保知识讲给家人听；有的是爸爸妈妈教孩子唱跳有关垃圾分类方法的歌谣或绕口令；有的家庭利用家里现有的垃圾和分类垃圾桶现场教孩子如何投放；还有的和孩子一起利用可回收垃圾“变废为宝”。就是通过这样的方式，家庭也成为环保的一分子，为幼儿良好习惯养成创造了温馨条件。

幼儿教育是一份温馨的事业，生态文明教育更是需要持之以恒。下一步，我园会继续深入挖掘生态文明教育实施路径，继续把生活垃圾分类工作作为开展生态文明教育的支撑点，认真落实，切实推行。

利用多种有效举措，大力创设温馨、和谐的育人环境，促进师幼身心健康成长，为幼儿成长保驾护航，让幼儿生命光彩飞扬。

传承民间艺术　打造育人乐园

天津市北辰区芦新河小学　于红

优秀传统文化是中华民族的智慧凝聚，也是文化自信的坚实根基和突出优势，更是中华民族战胜种种艰难险阻而薪火相传的伟大精神瑰宝。作为优秀传统文化的重要传播场所，学校承担着弘扬优秀传统文化的重要职责。天津市北辰区芦新河小学始终秉承育人先育德的教育理念，高度重视传统文化教育，全面践行传承传统文化，根据校情校况和学生实际，选择以民间美术中的农民画、剪纸、传统手工艺为传承内容，让学生在学习中华优秀传统文化艺术和参与丰富多彩的美育活动的过程中增强民族情感、文化自觉和文化自信，也让每个孩子都能拥有更多的成长可能。

优化环境，陶冶师生艺术修养

苏霍姆林斯基曾说过：“学校的物质基础是对学生精神世界施加的手段。”融入“中华优秀传统文化因素”的育人环境，可以潜移默化地陶冶学生的高尚情操，塑造学生的美好心灵，培养学生的优良品质。

学校是专门培养人、教育人的地方，它不仅是一间教室，一个操场，也是一个环境，一个文化理念。为了充分发挥校园环境在民间美术教育方面的育人功能，芦新小学整体设计了以民间美术为主题的艺术墙——田间艺术，分别展示师生的剪纸、布艺制作、绘画等作品，既提高了艺术水平，又陶冶艺术修养。

开发课程，构建整合课程体系

课程是教育的载体，也是学生素养能力培养的基石。芦新小学以课程为主阵地，将传承活动纳入学校课程建设体系，设计专门的审美课程和素质拓展课程，涵养校本课程文化，培育学生全面发展。

首先，在开齐开足国家规定的艺体课程的基础上，学校充分发掘民间文化资源，将音美学科进行整合，以民间艺术为中心，精心设计审美与欣赏课程，构建了“田间艺术”系列校本课程体系。为保证课程实施，学校还编写了《田间艺术——农民画》《田间艺术——线描》《民乐欣赏》微课等校本资源。其次，将校本课程纳入教学计划，整合音美课程一节课上传统教材，另一节课上校本课程，让每一个孩子会听、会画、会剪、会做，从了解民间美术到爱上民间美术。再次，在普及的基础上，学校还选拔有特长的学生开设与民间美术有关的社团，如剪纸、布艺制作、绘画、古筝等，丰富了学生的课余生活，开阔了学生的视野，陶冶了学生的情操，锻炼了学生多方面的才能，为他们终身学习打下坚实的基础。

在学习的过程中，学生了解民间艺术，热爱民间艺术，在丰富多彩的表现形式中传承了中华文化基因。同时，发挥学校教育的辐射作用，让更多的家庭热爱民间艺术，热爱中华传统文化。

内强外引，拓宽教师成长渠道

艺术传承活动开展的是否成功，很大程度上取决于良好的师资队伍。芦新小学一直致力于打造校外学习和校内培训两个平台，锻造教师的学科教学能力、引领学生成长能力和教育科研能力，培植学校可持续发展的原动力。目前，学校有专职美术、音乐教师5人，其中研究生1人，名师1人，校级骨干教师1人。外聘专家1人，兼职艺术教师2人。

一方面，内强。学校采用“内培”的方式，文化课教师跟班学艺术，让每一名教师都能掌握一门技能。按照中华优秀文化艺术传承学校工作的有关要求，定期举办传承项目培训班、专题研讨会、成果展示以及典型推广等活动，并对本校传承艺术项目开展情况定期进行总结；成立学校文化特色建设领导小组，建设一支适应教育现代化

要求、具有较高艺术教育水平的师资队伍，积极探索，勇于改革艺术教学结构、模式、方法、手段，根据艺术教育的规律和学生生理心理发展的特点，创造性地组织教学；重视现代化教育技术的学习和应用，努力实现艺术教学形式的现代化和多样化，切实提高艺术教育教学质量。另一方面，外引。学校采用“外聘”方式，聘请专家、艺人到校进行指导；我校聘请了农民画家陈家岐、当代剪纸艺术家以乐老师担任学校的艺术指导，优质的师资保证了民间美术传承活动的质量；与北辰文化馆签订馆校共建协议，将文化馆作为北辰区芦新河小学学校美育实践基地；通过参观画展感受传统文化的魅力，并邀请家长来参观，让更多的人喜爱民间艺术，感受中华文化的魅力。

虽然芦新小学开展民间艺术进课堂的时间只有短短六年，但是在区里小有名气，多次在北辰区进行展示。陈金红老师 2014 年创作的农民画作品《妯娌姐妹》2017 年创作的《运河》获得北辰区农民画优秀奖，2018 年的《运河人家》获得佳作奖，作品分别编入中国、天津北辰现代民间绘画和北辰区第四届第五届新作品集 2019 年 6 月在全区小学美术特色教学活动中做了农民画《纹样设计》一节区级展示课。2015 年在“童心绘乡情”北辰区农民画学生作品展中荣获优秀指导教师奖。2015 年学被评为北辰区艺术教育改革农民画特色教育先进校。2016 年在区农村学校艺术教育成果展中获优秀指导教师奖。2016 年师生农民画作品被编入北辰区农村艺术教育实验区成果作品集。2016 年设计的农民画《舞动的线条》一课被编入印象农民画区本教材。徐淑琴老师 2017 年 1 月在第四节 CYNN 梦想杯，全国青少年儿童美术作品大赛获优秀指导教师奖、2017 年 6 月在北辰区“与非遗亲密接触”“指尖上的北辰”传统手工艺作品展览大赛中获优秀作品奖、2019 年指导的剪纸荣获区级文艺展演一等奖。

世纪耕耘弦歌不辍，百年育人薪火相传。只有给学生提供丰富的艺术培训门类，才能让学生“我喜欢，我选择”，从而培养学生艺术方面的兴趣、特长和能力，唤醒、发掘学生的个性潜能，促进学生的个性、全面、和谐发展。展望未来，芦新小学全体师生深切感到任重道远，必须不断努力，不断探索，辛勤耕耘，才能在弘扬传统文化这条路上，高歌进向未来。

以“合”为贵，走现代化创新之路

新疆生产建设兵团第五师86团第一中学　钱伟

人和国太平，家和万事兴。我校是一所九年一贯制的团场学校，有建校五十余年的历史。学校自 2011 年确定了办学宗旨“让师生过一种幸福完整的教育生活”、办学目标“创垦区一流，办兵团名校”，为了突出团场学校的办学特色，在管理中以“合”为中心，创设性的开展各项工作，成效初显。

近年来，学校全体师生同舟共济，在课堂教学、校园文化、阳光体育、德育教研、后勤管理等方面均取得了突出成绩，荣获全国教育系统先进集体、全国青少年普法先进学校、兵团教育系统先进集体、兵团“和谐校园”、兵团“放心食堂、文明宿舍、绿色校园”三个创建先进学校、兵团消防安全教育示范学校、兵团创意机器人大赛第三名，兵团机器人足球比赛亚军、兵团北疆第一片区校园足球冠军杯赛（初中组）第二名、兵团知识产权示范单位、兵团十佳青少年科技创新优秀组织单位、农五师德育、教研、体育、阳光体育、校园文化、规范汉字书写、民汉合校、多媒体课件制作、中考教研等先进学校的光荣称号，在第五师走在前列。

一、合署办公制，提升管理实效

86 团一中之前部门设立和大部分学校一样，分德育处、教务处、总务处，分工明确，各司其职，因为中小学合一，中学教务主任统管全校教务工作，又在小学配置了教务副主任，协助和主管小学教务工作。德育亦如此。从管理效果看，中学部门负责人都在中学带课，平时教学兼管理工作忙碌，名誉上负责全校教务或德育工作，实际基本没有渗透到小学工作中，管理面宽，精力所限，影响了全局效果。

为了构建一支团结奋进的领导班子。我校 2011 年在管理层实施了中小学教务、教研、德育分别合署管理的合署办公制，选 1 人总负责，其他人员分工合作，集中决策，互相监督，团结共进。如小学德育主任、教务主任、教研主任合署办公，平时班队会课、教师排课行课、教研工作等归属各位负责人，但庆六一、读书节等大型活动中，又统一策划合作实施，形成一个整体和一种合力，各项活动更加彰显集体智慧特色，确保了活动更加规范有序。当今社会提倡的是“合作共赢”，事实证明，合署办公实效的确彰显，推进了中层管理工作的能度、力度、效度，使学校近几年在德育、智育、体育、后勤管理等各方面全面开花、佳绩不断。

二、岗位聘任制，提升管理力度

86 团一中之前 100 余名教职工中，班主任只有 30 人，只占到四分之一，长年以来形成了一种习惯，课堂以外，学生的教育是班主任的事，校园卫生班主任操心，甚至学生在校园里打架，也是德育处和班主任的事，加之学校教师年龄偏大、职业倦怠感与日俱增，养成了大部分非班主任任课老师“事不关己、高高挂起”的惰性习惯。

为了更好地实现全员育人和全方位育人，培养全体教职工的岗位责任意识和工作主动意识，86 团一中 2012 年开始推行全员岗位聘任制，根据学校育人所需设置岗位和聘任条件；根据教师聘任岗位和绩效考核分配有效结合在一起，体现优劳优酬按岗位和工作实效分配。首先，根据教师的管理能力和经验由学校聘任第一班主任；其次，剩余人员根据个人申请聘任第二班主任和安全员，第二班主任由第一班主任根据班级管理要求选聘，实行自由组合双向选择，共同管理班级事务；第三，安全员岗位设置有楼层楼道安全员、校园设施安全员。管理津贴分配标准按岗位设置不同从第一班主任、第二班主任、安全员依次递减。每月根据班级管理实效考核分为优、良、中等第，作为第一、第二班主任的分配标准；安全员管理津贴则按照岗位执勤，安全检查，隐患处置等职责按优、良、中等第考核分配。

通过全员岗位聘任制管理模式的推行，我校班主任工作的岗位的责任意识和工作的主动意识有了很大的提升，提高了班级管理质量。为形成良好的校风、学风、班风发挥了积极作用。以德育人馨满园，86 团一中近年来基本连年荣师德育工作先进集体。

三、师友互助制，提升课堂质量

教学质量是办学的生命和主线，也是学校生存和发展的根本。为下活教学管理一盘棋，86 团一中本着因地制宜、行之有效、富有特色的原则，探索出一条适合学校发展的以研促教之路。

2011 年，我校推行了“以生为本，推行‘三有’（有趣、有序、有效）‘六环’（导入新课、自学讨论、展示反馈、评价交流、巩固拓展、小结收获）”主体教学模式，使课堂教学进一步规范和有效，并在湖北援疆教师的指导下，探究了小课题常态化出成果、小组合作化学习模式等。在“三有”不断推进过程中，2015 年，学校又尝试了课堂“师友互助”教学模式。这种模式是在班级中将学生分成 3-5 人为单位的小组，所谓三人行必有我师，这个小组课前共同完成学科预习（预习学习内容、收集资料等），课上小组探究教师布置的学习任务，课余共同完成复习和作业督查完成情况，这种小组协作学习达到了学习的精细化，学生强弱互补，互相监督，互相帮助，互相学习，互相评价，碰撞思维的火花，激发学习的兴趣，较大的扫除了学生中滥竽充数、跟着混不好好学的死角现象。经过班级试点和逐步推行，课堂教学效果较好。

此外九年级毕业班牵动着家长的期望、学生的未来、学校的质量。86 团一中大力改革毕业班工作，在毕业班实施捆绑制，即以班级升学率为主要指标衡量毕业班各学科老师的成绩，中考奖励对毕业班的评价更具导向性，倾向团体奖，注重团队合作精神的发挥，要求各学科均衡发展，旨在提高学生的综合能力。因为一切奖项必须以保住升学率为基本保障，这种奖励机制让各学科教师更好地发挥团队合作精神，齐心协力，努力提高升学率，共同达到各项指标。这几年运行下来，效果较为显著，大家都能齐抓共管。通过综合测评抓学生的短板学科，减少学生偏科现象，使得学生各门学科得以均衡发展。

不积跬步无以至千里，通过几年的实践证明，教师的协作 + 学生的协作，的确是提升教学质量的一眼活泉，学校中考综合考评录取率连续八年未低于全师前四；教师在农五师课堂教学大赛中佳绩不断、名列前茅，多名教师选派代表农五师参加兵团课堂教学大赛均荣获一等奖，并获全国一等奖三个，二等奖三个，创学校历史上最好成绩。四、综合实践：提升学生协作的能度

86 团是大西北一个边远的农牧团场，主要以种植棉花、红提葡萄、果蔬大棚和畜牧养殖为经济支柱，也就是说 86 团一中是一所农村学校，学生除上课以外，周末还需要下地帮父母务点简单的农活。随着团场经济发展、职工生活水平的不断提高和独生子女较多的现状，团场孩子现在大部分也娇生惯养。为了体现团场学校的办学特色，发扬“吃苦耐劳、艰苦朴素”的兵团精神，锻炼团场学生的综合素质，86 团一中注重学生的综合实践能力，2012 年以前每年有秋收拾花勤工俭学劳动，现在团场推广采棉机机械化采植后，学生失去了实践基地，学校在新建塑胶运动场时，克服各种说服拆迁户的困难，争取了一大块场地，争取到团党委的大力支持，投资 15 万元规划建设了一块种植园，该种植园总面积近 4200 平方米，栽种了苹果、李子、杏子等果树，修建了葡萄长廊，并将其划分成块状区域分给四年级以上的各班级。两年来，学生春种秋收，快乐学习体验了安装滴灌、翻地、平地、施肥、栽种等劳动过程，种植园里菠菜、芹菜、西红柿、茄子、辣子、豆角、黄瓜等硕果累累，成为学校一道独特的风景，得到来校的国家、兵团、师级领导及兄弟学校的一片赞誉，有的班级将菜分给学生品尝，有的将吃不完的菜卖给食堂，有的组织学生到集市去卖，不仅师生吃到了绿色放心蔬菜，作为学校的劳动实践活动基地，还让学生体会参与实践、学会种植、体会与农作物一同成长的乐趣，分享劳有所得的收获的喜悦，另外家长为了支持孩子，还免费送来了技术指导和肥料、种子等，巩固了家校联系，可以说是一举多得。

十年树木，百年树人，教育之路没有止境，教育方法没有最好，只有不断完善和探究，不能生搬硬套，只能因地制宜，因势利导，

因利乘便。站在新的起点，我校将进一步深化教育教学改革，以立德树人为根本，以创新型人才培养为重点，为建设教育强国作出更大的贡献。

多元发展谱新章，德育同耕奏强音

云南省澄江市凤山小学　孙文娇　付蕾

生命离开水源，就会枯竭；国家、民族的发展离开教育就会衰亡。教育是生命进步的新鲜血液，是时代发展的思想能源，只有保持充足的活力和创造力，才能持续推动人类社会向前发展。从根本上说，教育就是一个民族兴衰的命脉，是国家强弱的心脏工程。只有在教育的土壤中深耕细作，做有故事的教育，办有意义的学校，才能让教育的温暖浸润每个校园。

澄江市凤山小学坐落在高原明珠抚仙湖北岸，从古老的"凤山书院"一路走来，是一所有着百年沧桑历史的老校。学校始终以立德树人为根本任务，紧紧围绕德育六大育人途径，大力推进校园文化环境建设，营造良好优美的育人环境，提升学校办学品味。为进一步落实立德树人根本任务，发展素质教育，推进德育教育，学校组织开展丰富多彩的德育教育活动，因地制宜，因时制宜，让德育赋予新意、创出特色，引领学生汲取成长的力量，全面提升思想素质和道德情操。沧海桑田，几经蜕变，如今的凤山小学已经通过环境建设、课程建设、活动建设等实现了学校卓越发展的奠基，使这所百年老校焕发新样态。

一、营造优美环境，领略书香芬芳

踏着欢快激扬的校歌走进校园，绿树成荫，小桥流水，奇石镌刻点缀其中。学生书画充满走廊，诉说着"生命摇篮、山水澄江"的神奇魅力；孔子塑像温文尔雅，教育名言发人深省。走进教室，窗明几净，墙壁一尘不染，这是凤山小学校园环境的真实写照。学校每学期组织全校按不同年级、不同主题进行班级文化建设及评比活动，班级名片、班务栏、卫生角、图书角、绿艺廊、作品展示墙……布局合理、摆放有序，让"墙壁"成为"无声的导师"，让班级洋溢着浓浓的文化气息，以达到"润物细无声"的效果。每年的班级文化展演活动，各班结合实际，以人为本，设计了一个个富有特色的班级名称、Logo、口号、班风、班训、学风、班歌、班级公约、奋斗目标、班级文化衫，无不为这个"大家庭"赋予个性化的文化内涵和亮点特色。孩子们精彩的解说，再加上各种吹拉弹唱的才艺表演，72个班级，72种特色，真正意义上的"一班一品"得到了实现。"春有繁花夏绿荫，秋有硕果冬美景"，身处这样的环境中，孩子们是幸福的，老师是舒心的。

教育还是要以课为本。围绕课程目标，凤山小学校抓好课堂教学主渠道的育人作用，将德育内容渗透到各科教学全过程。学校深入推进"凤凰于飞"品质校本课程的开发与实施已有两年多的时间。目前两个校区共开设了83个课程，每个课程建设规范，有名称、标志、团训等鲜明的课程章程。每周三，在全体指导老师们的引领下，孩子们或实践，或观察，或表演，或制作……在这个展示的舞台上挑战自我、展示自我。

学校还开展多种诗诵活动，让学生聆听诗词的旋律，感受书香的芬芳。通过设计竞赛、网络投票相结合的方式自主设计制作了凤山小学吉祥物"凤娃"，并将其运用到学校推出的"凤娃吟诗词"活动的奖励中。以年级为单位，每周统一推出一首经典诗词，让孩子们在家长的帮助下吟诵、理解。然后每班赛出一名理解、吟诵比较好的孩子参与年级比赛，最后全年级优胜三名同学把吟诵音频、朗读者生活照片及个人介绍推送到学校公众号刊载，以供广大的学生学习、模仿。孩子们在吟诵、背诵、比赛、积累一首首美不胜收的中华古诗词的活动中，达到"益心志、雅气质、润人生"的目的。"世界读书日"来临之际，学校还积极倡导多读书、读好书的文明风尚，号召孩子们以书为友、以书为伴，组织"晒晒我的小书单"、"巧手制书签"、"分享我的读后感"等活动，让孩子们在父母的陪伴下汲取书中的营养，个个争当"红领巾小书虫"。每周四，组织学生、家长到澄江市凤麓街道党群服务中心举行"和爸爸妈妈一起读书"亲子阅读活动，学生、家长积极登台表演，各显身手，有的家庭共同朗诵，有的表演书中故事，有的向大家展示读书笔记……每个孩子，每个家庭都洋溢着快乐幸福的笑容，会场被浓浓的书香浸润着，孩子们被琅琅的诵读声激励着……

二、狠抓德育管理，注重活动平台

一直以来，德育工作始终是我校的重点工作。2019年9月开始，凤山小学"国旗下的思政课"教育活动全新开启。每周主持人会结合重大节日、节气、近期国家大事等采取吻合孩子年龄和见识的生动案例和解读，以教导学生厚植爱国心爱国情，帮助孩子们树立正确的人生观价值观。国旗下的"德育剧场"，每周由一个中队完成，孩子们身穿鲜艳的表演服，或演讲，或表演，或朗诵，或说唱……运用肢体语言，以声传情，以势动人，时而深情款款，时而慷慨激昂，用他们良好的精神状态、优雅得体的台风、娴熟到位的表演技巧，为台下的老师和同学们献上了一场又一场精彩的视觉盛宴。在疫情背景下，学校积极创新活动模式，采用"升旗台"为主会场和每班教室为分会场相结合的形式，带领孩子们在丰富多彩的活动中了解时事要闻，接受一次又一次的精神洗礼。

此外，学校把课间活动作为培养阳光健康少年的有效路径。广播操、乒乓球操、花球花环韵律操、红领巾操、花样跑、街舞等大课间活动，让孩子们随着轻松活泼的音乐，或跑或跳，在活动中增强体质，使身体得到有效地锻炼。特别是疫情发生以来，我校又开启"室内课间操"模式，编排了两套动作简单易操作、适合在教室内锻炼的课间操，孩子们不走出教室，坐在课桌前，就能跟着学校录制的室内课间操视频进行运动，达到舒缓身心、强身防疫的目的。

凤山小学还坚持以少先队活动为载体，以"养成教育"为主线，安全教育为重点，文明校园创建为辅线，培育和践行社会主义核心价值观。主题活动始终坚持"实、小、新"的原则，　"悠悠环保心"、"处处文明风"、"步步安全行"、"济济少年智"、"浓浓尊师意"、"深深爱国情"、"拳拳感恩心"、"切切遵法行"等系列教育活动，以"读、看、听、做、赛"等形式开展，让孩子们在丰富多彩的活动中促进各方面能力的同步发展。学校还把"八礼四仪"纳入教学计划，在每年秋季学期学校举行的开学典礼中，一年级帅气的爸爸们手牵着身穿汉服的宝娃们，井然有序地步入红毯，穿越"入学门"、"启智门"和"成长门"，亲自将自己的孩子送上了入学求知路。结合中国古代人生的首次大礼——开笔礼，古为今用、古今结合，让全校孩子们乘着一年级新生入学的东风，通过端正衣冠、朱砂启智、击鼓明志、开笔描红、敬拜师长等环节的体验，共同感受优秀传统文化的熏陶。

多年来，学校始终坚持以温情滋润孩子的心灵，以爱心点亮孩子求学的道路：自发援助困难学生，真切关爱留守儿童，对每一个孩子不抛弃、不放弃，以爱育爱，特教送暖。疫情期间，老师们一手抓精准控辍保学，一手抓提质线上教学，使出浑身解数，搬出十八般武艺，让线上教学扎实而有效。润物无声，师爱有痕。帮智优者优佳学案精益求精，助学困者蹒跚学步日有所得，对体残者关爱优先，教智弱者找寻快乐……路虽平凡，但每一次成长的守望，我们都有着阳光般的幸福收获。

三、深挖教育渠源，展望美好未来

为进一步构建德、智、体、美、劳全面培养的教育体系，凤山小学积极申报劳动教育示范学校，开辟了"校园种植园区"，组织学生开展实践活动，探索植物生长的奥秘。在老师的指导下，孩子们在这块来之不易的小天地里栽下了棵棵蔬菜幼苗，浇水、施肥、除草、捉虫……亲自参与蔬菜的种植、呵护、管理过程，在劳动中感受泥土的芬芳，沐浴阳光的柔情，在实践中学习，在汗水中成长。收获之时，我校还与其他兄弟学校一起分享丰收的喜悦，组织老师带着凤山小学全体师生的浓浓爱意，把刚刚采摘装袋的绿色健康有机蔬菜，运送至吉花、小湾、补益、龙潭、七江五所寄宿制小学，为这些学校的孩子们免费送上鲜嫩可口的"放心菜"。

每年澄江"立夏节"，我校鼓励学生化身小小售货员，站在摊位旁边，使出了自己的十八般武艺。孩子们用稚嫩的肩头、晶莹的汗珠以及四两拨千斤的无数创意给自己的班级带来了"丰厚"的"共享基金"。此外，我校还坚持用鲜活的场景、真实的故事、具体的体验来感染学生、引领学生。利用寒暑假期，组织学生走出校门，走进大自然，走向社会，参加各类主题研学活动，拓宽学习空间，在丰富的经历和体验活动中收获丰富的课外知识，培养自主、合作、探究的精神和实践能力。

学校是学生的学校，也老师家长的学校。"家校共育"一直是凤山小学的一大教育理念，学校家委会多次召开专题会议，方向明确，充分发挥家长委员的桥梁作用，弘扬正气，与老师协同合作；我校邀大咖，作专场，家长培训，训考结合，力求实效；家长开放周，全面展示教师课堂教学能力与学校开展素质教育的成果。为了提高战斗力，我校想方设法拓渠道、找资源，外聘志愿教师，线上线下齐头并进，绞尽脑汁突显"社会、学校、家庭"三位一体在促进孩子们全面发展所承担的育人担当。

非知之艰，行之维艰。教育是一项知行合一的事业。学校的内涵、品位和文化底蕴需要被全体师生牢记并践行，应如和风细雨渗透到学校各处角落，待春暖花开。我们坚信，只要遵循树德立人教育原则，贯彻办学理念，我校必将在这片广阔、绚丽的教育舞台上写下新的篇章，迎来灿烂的教育晴天。

文明创建共聚力 向上向善向未来

——普洱市思茅区第四小学创健全国“文明校园”工作纪实

云南省普洱市思茅区第四小学 马蓉

创建文明校园环境，涵养校园育人文化。近年来，云南省普洱市思茅区第四小学以《全国文明校园创建管理办法》为依据，按照《云南省中小学文明校园测评细则》文件的要求，坚持“让学生成才，让家长放心，让社会满意”的办学目标，将创建全国文明城市、文明校园建设与未成年人思想道德建设有机结合起来，以创建工作常态化、创建队伍常设化、创建思路品牌化为工作思路，用饱满的热情和高度的责任感投入到文明校园建设和提升工作中。

一、加强思想道德建设，深植文明创建之根

学校紧紧围绕全国文明校园创建标准，在师生中深入宣传学习习近平新时代中国特色社会主义思想、党的十九大精神、全国宣传思想工作会议精神和全国教育大会精神，让每一位师生了解创文的重要意义。

学校利用重要时间节点，强华师德师风建设，定期组织全体教师学习《教育法》《教师法》和《未成年人思想道德建设的若干意见》等法律法规，提高教师的教育理论水平，坚定教书育人信念。

落实社会主义核心价值观进教材、进课堂、进头脑，坚持从学生日常行为习惯教育入手，加强“雅言雅行”教育和社会主义核心价值观教育实践活动，充分利用寒暑假、升旗仪式、德育课程、少先队活动、主题班会等广泛开展思想道德建设活动，以丰富的教育实践“扣好人生第一粒扣子”，不断深化“我的中国梦”主题教育实践活动，组织开展向国旗敬礼、清明节祭英烈、童心向党歌咏展演、“爱学习 爱劳动 爱祖国”教育等活动，培养学生的责任担当意识和爱家报国志向。

目前，学校德育体系已经建成，全程育人、全方位育人的格局已初见成效：以孝敬、友善、节俭和诚信为主要内容的中华经典诵读，强化了中华优秀传统文化教育；通过少年评价体系建设及志愿服务品牌活动——“新时代好少年”、“茶特色活动”、“文明手册”等，全面提升了学生的道德素养。此外，学校定期开展心理健康咨询，培养学生阳光心态、健康人格。

二、抓好领导班子建设，夯实文明创建之 基

学校高度重视文明校园创建工作，以习近平新时代中国特色社会主义思想为指导，完善基层组织建设，成立以马蓉校长为组长的创建文明校园工作领导小组，制定创建文明校园方案，明确任务要求和工作职责，按照思想政治教育好、领导班子建设好、活动阵地好、教师队伍好、校园文化好、校园环境好标准扎实开展相关工作。

学校充分发挥党组织政治核心作用、堡垒作用和先锋模范作用，深化领导班子思想建设、组织建设、作风建设，坚持每周一次的行政会议制度，把文明校园创建工作贯穿于各项工作之中，形成学校党政主要领导负责、各职能部门各司其职、全校师生共同参与的长效工作机制。

从 2006 年开始，学校连续十四年被思茅区教育局评为教育目标管理考核一等奖；党支部连续十三年被思茅区教育局党委目标管理考核为一等奖。领导班子团结有力，每个人都有自己的专长，且班子成员中有 1 名云南省学科带头人、3 名市级学科带头人、1 名市级骨干教师。

三、加强教师队伍建设，砥砺育人育才初心

学校高度重视高水平、高素质、专业化的教师队伍建设，一支优质的教师队伍是学校可持续发展的不竭动力。

学校注重加强教师职业理想和职业道德教育，将师德表现作为教师考核、聘任和评价的首要内容。组织教师开展“教书育人、管理育人、服务育人”主题道德实践活动，把思想教育、纪律教育和职业道德、社会公德、家庭美德和法制教育有机结合。制定教师专业成长培养计划，实施“名师工程”、“青蓝”结对帮扶工程，组织教师外出培训，搭建教师交流展示平台，不断增强教师教书育人的责任感和使命感。

目前，一支师德修养高、业务素质精良、教学技能全面、教学基本功过硬的教师队伍已经形成，教师在各级各类比赛中成绩优异，辐射作用逐渐显现。

四、加强校园文化建设，打造文明校园品牌

自 2010 年以来，学校坚持贯彻“尊重生命 开放教育”的办学思想，践行“以学生发展为本，和学生共同成长”的办学理念，坚持走“师资强校、特色兴校、文化立校”发展之路，着力打造精品校园、文明校园的校园文化名片。

学校结合自身发展定位，以地方文化——茶文化为底蕴，不断丰富“茶香伴书香”的办学特色，提出以“茶”文化作为学校文化建设的核心理念，以与中国茶文化一脉相承的“雅、行”为切入点，以普洱茶文化和地方民族文化为核心开展教育实验。组织教师编写《茶读本》《走近石斛》和《咖啡时光》三本校本教材，并在一二年级开设《走近石斛》课程，三四年级开设《茶读本》课程，五六年级开设《咖啡时光》课程，全力推进了雅行教育。

此外，学校精心设计和组织开展内容丰富、形式新颖、吸引力强的劳动技能、科技体验、文娱体育等校园文化活动，把德育、智育、体育、美育渗透到校园文化活动中，使孩子们在活动参与中思想感情得到熏陶、精神生活得到充实、道德境界得到升华。

五、加强校园环境建设，营造文明教育氛围

学校不断加强校园环境建设，环境布置突出“雅行”特色，做实校园净化绿化美化工作，定期整治校园周边环境，维护校园周边良好秩序，实现校园环境干净整洁、优雅宜人。定期开展文明科室、文明班级等创建评选活动，营造文明校园的良好环境。

学校充分运用校训、校歌、校徽、校标等校园文化符号，广泛设置“禁止吸烟”、“爱护环境”、“节粮节水节电”等宣传标识，力求让每一面墙壁都会说话，让每一条通道都富有生命力，让每一个设施都具有教育功能。激励师生爱学校、爱学习、共建校园文明。

六、拓展活动阵地建设，大力传播文明之风

为落实党的十九大提出的“培养担当民族复兴大任的时代新人”要求，学校充分挖掘校内外资源，大力打造校园活动阵地，让学生在活动中发展综合实践能力。

学校充分利用每周的升旗仪式、清明祭扫活动、一年级新生入队仪式、“五老”进校园等活动，对学生进行爱国主义教育；组织学生开展感恩教育、少先队活动课比赛、手抄报比赛、体育舞蹈、国学经典诵读等主题教育活动，强化学生的文明礼仪教育，广泛开展新时代好少年评比活动，推出事迹突出的先进典型，引导广大学生见贤思齐。

经过全体师生的共同努力，思茅四小已经成为学生向往、家长信赖的学校，得到了社会各界的广泛赞誉和好评，社会美誉度不断提高，工作成绩受到上级部门的多次表彰。学校先后获得全国“红旗大队”、“全国手拉手联谊学校”、“国家级和谐校园”、“云南省一级示范小学”、“云南省文明单位”、“云南省文明学校”、“云南省绿色学校”、“云南省‘三生教育’示范学校”、“云南省语言文字规范化示范学校”、“云南省科普教育示范学校”、“云南省平安校园”、“云南省交通示范学校”等100余项殊荣。仅2019年，学校先后获得教育部“‘新时代好少年’主题教育读书活动‘我为祖国点赞’示范学校”、“云南省文明校园”等多项荣誉。马蓉等70余名教师分别荣获国家级、省级、市级、区级表彰共计228项。

文明校园不仅需要良好的管理，更需要每个人参与其中。文明校园创建，每位师生都是主角。未来，思茅区第四小学一定会牢记为党育人、为国育才使命，让文明的素养真正在生活中扎根、开花和结果。

实现多元联动 共创健康校园

浙江省杭州市富阳区湖源乡中心小学 王华根

浙江省杭州市富阳区湖源乡中心小学位于富阳区最南端、浙江省最美乡镇湖源乡境内，现有 6 个教学班，学生 90 人，教职工 23 名。这既是一所乡村微型小学，也是一所特色鲜明的艺术校园、创造奇迹的成长乐园。

在深化“一校一品”特色学校创建的实践中，湖源乡中心小学依托湖源地域民俗文化特色，秉承“健康第一、全面发展”的办学理念，将健康学校创建活动与学校教育工作深层次的相结合，以培养健康人才为宗旨，借助“石头花开”这一平台，把湖源的民俗民风、艺术教育和关心留守儿童的内心世界相结合，深入挖掘并培育山乡儿童的健康意识，全方位提升学生综合素质，着力打造一所大美“健康 +”学校。

健全组织机构，营造争创环境

健全组织，加强领导。学校领导充分认识到争创健康学校在实施素质教育中的重要地位，多次召开会议专门研究该项创建工作，并成立了完整的工作机构网络，不仅有以校长为组长、副校长为副组长的工作领导小组，还有卫生工作领导小组、德育工作领导小组、师德师风领导小组、膳管会等系列工作机构。各部门间相互协作，校长担任组长，直接领导工作的开展。

加强宣传，提高认识。每年新学期伊始，在教工大会上强调创建健康单位工作的必要性和重要性，学习相关文件，同时部署多项任务，分解落实到人，使创建工作做到全员参与、人人知晓。同时，学校

还充分利用墙报、宣传栏、校园广播、学校网页等宣传阵地，宣传创建健康学校的重要意义，形成良好的创建氛围。

落实创建措施，夯实争创工作

完善健康政策，认真贯彻落实。学校把健康学校创建工作纳入整个教育工作计划，规定学生每天不超过6个小时的学习时间，不得以任何理由加重学生负担，保证学生每天有一个小时的体育活动时间，促进学生身心得到健康发展；专门制定相应的应急措施，包括交通安全措施、体育活动安全措施和意外事故防范措施、安全演练工作预案等，充分保证学生的身心安全。

改善硬件环境，保证健康发展。学校建设了200米塑胶田径场、标准篮球场、室内羽毛球场地，大大改善了师生的运动环境。每年举办体育节、艺术节、科技节、读书节、心理健康活动月等，为学生提供运动、艺术等多个平台。积极组织教师参与各类趣味体育比赛，开展体艺社团活动，组建篮球队、乒乓球队、足球队等，培养学生的兴趣，增强学生的体质。重视食堂管理工作，不仅要求工作人员必须持有“健康证”和“培训证”，还要求膳管会人员定期对食堂的卫生状况进行检查，严格落实“五常化”管理，确保用餐过程中不出现安全问题，并成功创建2017年度“杭州市餐饮食品安全示范店”。

借助党建品牌，关注留守儿童

党员示范引领，落实留守儿童志愿服务。湖源乡中心小学地处偏远山区的湖源乡，现有留守儿童28人，占学校总人数的近三分之一。其中，部分留守儿童因为高龄祖辈照管，家庭教育完整度偏低，物质和精神生活双重匮乏，极易产生认识、价值上的偏离和个性、心里发展的异常。针对这一现状，学校秉着“同在一片蓝天下，共筑一条成长路”的育人理念，推出了“关注留守儿童、引领健康导读”活动，由党员分组落实留守儿童志愿服务的“六个一、三定期”关爱措施，让留守儿童能够注重自己的身心健康，拥有一颗不畏艰难、积极进取的心，乐观向上地面对学习和生活，从而安全快乐地度过美好的童年。其中，“六个一”，即一张爱心联系卡、每学期一次家访、一份健康导读计划、每月一次健康导读辅导、一次春秋游、一次书籍慰问；“三定期”，即定期找班主任或任课教师了解有关留守儿童在校表现情况，定期与留守儿童谈心并检查、辅导家庭作业，定期与其父母交流该生的学习、生活、思想状况并共商管理措施。

联合社会力量，对特殊学生采取帮扶、结对政策。学校党员志愿者组成小组定期上门家访、帮扶，六一节为每位儿童完成微心愿，春节送上新年礼物，一般为书包和书籍。对残疾学生、特殊儿童上下学进行背扶、送教上门，具体分工：尾数为“0、3、6、9”的周次由第一小组负责，尾数为“1、4、7”周次由第二小组负责，尾数为“2、5、8”周次由第三小组负责。今年学校还新装修资源教室一个，在做好送教上门的同时为特殊学生提供良好的教育环境，购置专用书籍，用于助学儿童阅读。此外，学校还充分利用社会资源，为每一位孩子准备了爱心书包、爱心校服、爱心手套、爱心文具、爱心鸡蛋等“物资”，让他们感受到社会大家庭的温暖。

强化健康教育，护航幸福成长

做好学生视力检测。针对“预防近视”这一工作要点，学校在创建过程中，根据要求调整了教室日光灯的排列位置以及课桌椅的摆放；设立了学生“视力档案”，开学第一天做好学生视力检测，之后每月一测，实时了解学生的视力变化情况，进行监控、预防和保护视力。根据 2020 年体检结果显示，学生的近视率与 2019 年体检结果相比略有降低。

落实“体育阳光一小时”。为进一步提高学生身体素质，学校从2014年1月开始，组织学生在每天下午进行“体育阳光一小时”大课间锻炼，并制定了相应的方案。学校每天一小时校园体育活动并非是一天活动时间的总和，而是真正意义上的连续活动一个小时，有规划、有内容、有目标、有导师，有效发展了学生与健康相关的体能，推动了学生身体素质的增强。一是调整校园课程设置，保障活动时间。为了保障“每天一小时校园体育活动”的时间，学校将原来“3+3”（上午3节+下午3节）的每日课时安排，改为“4+2+1”（上午4节文化课+下午2节文化课+下午1小时体育活动课）的每日课时安排，使每天一小时的体育活动时间得到了保证。二是规划校园活动地点，保障活动场地。作为山区农村学校，活动场地并不是很充裕，为此学校精打细算、有效规划，凡事能活动的地方全都利用起来，包括大树、墙体、花坛、走廊等，实现了小场地大作为。三是分配校园师资力量，保障活动组织。在一小时校园体育活动中，学校对全校教师进行合理的分配，明确其职责，在学生活动的同时也要求老师进行相应的活动，锻炼自身身体。四是以发展学生体能为核心，开发活动内容。体能指人体器官系统的机能在体育活动中表现出的能力，包括力量、速度、灵敏、耐力和柔韧等身体素质与人体基本活动能力。因此，学校在开发活动内容时从发展量、速度、灵敏、耐力和柔韧等发面去考虑，设置了以运动项目为基点的活动项目和以游戏活动为基点的活动项目。五是以了解活动效果为目的，构建评价内容。有效地评价对校园体育活动的开展有正面激励作用，能引导全校师生做得更好。为此，学校不仅以阶段测试为导向，进行活动质量评价，还以校运会为平台，展示个人风采。

开展健康主题活动。学校每学期各班都会开设健康卫生课程和相关主题班队会，从生理、心理卫生等方面着手，教育学生学习相关卫生健康知识。今年，学校已开展了青春期卫生讲座，学生营养知识讲座，夏季防雷电、防溺水、防蛇咬等安全知识讲座，使学生的安全卫生健康知识有较大的提高，从而形成了良好的安全卫生健康行为。

开展自救自护培训活动。学校定期开展学生进行自救自护知识讲座与培训，组织学生学习简单的包扎止血等救护实际操作，组队参加场口学区的自救自护比赛。

开展学生实践活动。学校积极开展参观、义卖、野炊、采摘文明果、阳光公益活动、反邪教活动等多种，培养学生的生活自理能力、社会参与能力和公民意识。

做好家校联系，形成三方合力

开展家长学校规范化工作。学校积极推进家长学校建设工作，组织召开各年级的家长会，既对学生家长如何对孩子进行安全、健康生活教育，如何与孩子心灵沟通，如何帮助关心孩子学业进步等方面的教育内容进行培训，又向家长汇报孩子在学校生活学习的情况，还向家长征求对学校管理、教学、发展等方面的意见和建议。

构建家校社协同育人大环境。在暑假寒假里向家长发放《告家长书》并进行家访，向家长宣传安全注意事项，特别是交通安全和溺水教育，主动争取学生家长对学校教育工作的理解、支持与配合。开展警校共建活动，在学校设立警务工作点，主动加强与辖区的民警联系，落实学生社会实践活动，争取共建单位的支持与配合，为学校提供一个良好的周边环境。

在近年来的实施工作中，学校领导高度重视，全校师生全力配合，共同参与，做了大量扎实的工作，取得了实实在在的成绩。学校先后被评为杭州市示范学校、科普教育基地、杭州市绿色学校、杭州市“十佳”健康单位、杭州市非物质文化遗产传承基地、海峡两岸交流基地、浙江省健康促进学校（金牌）、WHO健康促进学校等称号。兄弟学校多次来校参观交流，单单本学期就有萧山、淳安等31所兄弟学校前来指导交流，相关工作多次被《富阳日报》、富阳电视台，杭州日报、钱江晚报、《中国德育》等媒体报道。

健康学校的创建，有利于改造或者消除不利于健康信念，养成和营造有益于健康的行为习惯和生活方式的学习环境，完善学校的素质教育内涵。健康创建之路，任重道远，但湖源乡中心小学相信，每一个孩子都是一朵美丽的花儿，每一朵花儿都有一个美丽的梦想，每一个梦想都会一样美丽地绽放！

越剧办学创特色　品质立校育桃李

浙江省杭州市富阳区新登镇中心小学　沈学南

“一年之计，莫如树谷；十年之计，莫如树木；终身之计，莫如树人。一树一获者，谷也；一树十获者，木也；一树百获者，人也。”这段话既阐明了人才培养的重要性，也揭示出人才养成的不易。近年来，越来越多的学校开始投身于特色办学的探索和实践。立足学校特有的文化底蕴，背靠文化优势，我校大胆确立了以“越剧”为文化底蕴，推动学校发展，深化办学内涵，凸显特色办学品位，自觉承担弘扬、传承经典的光荣使命。越剧是中国第二大剧种，有第二国剧的美誉，是我国流传最为广泛的剧种之一。在浙江，有越剧“嵊州第一，富阳第二”之说，富阳越剧代表人物徐玉兰、吴月森、汪如亚、徐春凤等，她们有个共同之处——都是从新登镇碧沼寺的“东安舞台”走向全国。借得天独厚的越剧文化资源，我校始终坚持特色办学发展，讲好越剧故事，将历史悠久，名家荟萃，极具吸引力的越剧艺术发扬光大，让更多的玉兰学子了解中国文化，喜欢越剧艺术。

一、多措并举，焕发传统文化独特魅力

作为我国著名越剧表演艺术家徐玉兰的故乡，越剧艺术在新登镇广泛流传。2017 年 2 月，新登镇被浙江省文化厅命名为“浙江省民间文化艺术（越剧）之乡”。但是，该镇的越剧建设正面临着青黄不接、后继无人、听众群老化的情况。为保护传承这一经典国粹，我校自觉承担起这一光荣使命，通过活动开展、课程创设、文化建设，让越剧重新迸发旺盛的生命力。我校深知传承、弘扬越剧艺术需要从孩子抓起。为此，我校通过开设越剧拓展性课程，让学生学习越剧艺术，弘扬传统文化。在越剧传承工作中，我校采取“普及与提高相结合”、“课堂教学与课外活动相结合”等方法，通过组建越剧社团，使部分有兴趣、有特长的学生在课堂学习的基础上，再通过课外活动来提高越剧表演能力。为了让学生能学到最纯正的越剧，我校还聘请越剧名家董小青到校定期上课，为学生提供专业指导。学校开展越剧文化的传承与学习，一方面是为了保护好非物质文化遗产，另一方面是让学生从学习越剧的活动当中得到意志品质的锻炼。台上一分钟，台下十年功，学生的每一次训练，每一次展示，每一次表演，每一次竞赛都是一次学习与提升的过程。尤其是每练习一个动作都要重复几十遍方能领悟其中的要领与技巧。在学校推进越剧文化课

程的过程中，学生收获的是刻苦精神、学习品质的提升。在开发越剧文化课程的同时，我校还积极发挥学科互补优势，尝试将越剧文化与美术、书法学科相结合，同时大力宣传普及越剧知识，利用学校橱窗、校广播电台、学校微信公众号等，定期宣传学校开展的越剧活动及育人成果。

2015年我校撰写了《乡间戏曲——越剧》，课程由罗雁、凌莉两位教师撰写而成，在2015年被评为杭州市义务教育精品课程。两位教师在撰写拓展性课程之前已经做了大量工作，拜访了多位越剧名家，了解了大量有关越剧的基本情况，同时还积极收集越剧的唱腔唱法、角色分类等具体信息。

学校特色课程的创建和实施让学生对越剧文化有了更深的理解，切实感受越剧文化的历史悠久，同时也增强了民族文化自豪感。在实施课程中，我校根据学生实际，认真挑选越剧唱段。例如：《十八相送》《我家有个小九妹》《桑园访妻》《天上掉下个林妹妹》《兴冲冲奉命把花送》，通过学唱越剧选段，让学生充分体验越剧的艺术之美，激发学生对家乡戏的热爱之情。同时，我校也积极为学生搭建舞台，让学生有更多展示的机会，提升学生的越剧表演能力，提升学生吃苦耐劳、敢于拼搏的优良品质。另一方面，我校也会继续编写越剧文化课程，编写适合学校的教材。在《乡间戏曲——越剧》拓展性课程的基础上再进次行提升，使学生全面理解唱段的情境，从而使表演更具灵气。

教师是开展《越剧》拓展性课程的核心与关键，我校通过外聘越剧名家来校指导，加强本校越剧教师的培养，同时采用请进来送出去两步走战略，从而使越剧教师快速成长。学校还组建了越剧人才梯队，确保学习越剧的学生基数能够满足学校发展要求。为进一步激励学生学习越剧，我校还建立考核打分机制。制定更为科学有效地评价制度，每节课的学习态度、遵守纪律、回答问题、练习成效等内容都会一一予以记录，这样对学生的评价就会更为全面，使得学生能够查漏补缺，更好地进步。

二、创新课程，助力特色办学品质提升

《乡间戏曲——越剧》拓展性课程主要由三部分组成，即查找、走读、评价。走读又由谋划在先、边走边读两部分构成，边走边读三个主题分别为“体验唱腔”、“认识角色”、“走访名家”。“体验唱腔”又设计了“唱腔大舞台”、学“徐派唱腔”，“认识角色”又设计了了解角色分类、认识越剧服装、认识越剧化妆。“走访名家”设计了了解名家、采访名家两方面内容。通过《乡间戏曲——越剧》拓展性课程的学习，学生对越剧有了更为全面的了解，懂得了许多越剧基础性知识。

“玉兰操”是我校为纪念著名校友徐玉兰而创作的课间越剧操，它将越剧和舞蹈结合起来，并在蕴含越剧节奏元素的优美音乐引领下来跳动的操。玉兰操的一招一式里，不时出现越剧中手眼身法步、唱念做打舞等动作的影子。目前我校的“玉兰操”已经在1—3年级中普及并开展。每天上午，1—3年级学生齐聚操场，用30分钟时间学习，跟着音乐老师学习一些越剧基本动作，从而加深对越剧文化、玉兰的文化的理解。为渗透多学科合作，我校还将越剧与美术、书法、手工制作相结合，不断提升越剧学习的价值。以学生艺术游学的形式，打破学科围墙，开展基于学生兴趣的越剧饰品DIY制作活动，深受同学们的喜爱。学生们在活动中欣赏精美的越剧饰品，了解越剧饰品的工艺起源、发展现状，知晓饰品对越剧人物塑造的作用，并跟随专业教师实践饰品制作，体验非凡匠心文化，收获传统艺术技艺。为进一步宣传越剧文化，让越剧扎根在学校文化土壤中，我校大力创建了越剧广播电台，每周带领学生了解经典越剧作品的故事背景、欣赏传统越剧唱腔的动听旋律、聆听越剧名家们的台前幕后的动人故事、感受艺术家们因越而学，因越而寻，因越而成的艺术人生。此外，在我校开展的越剧展示活动、比赛，也都会利用学校的微信公众号予以宣传报道，提升学校越剧知名度，凸显学校越剧特色文化。

几年来，我校“东安剧社”培养了一大批出色的越剧小演员，有“小生”吴梓萱、吴若梵、袁迪艺，有“花旦”方心童、李诗蕴、沈奕含、张正尧等。学校也先后获得多项荣誉，如富阳区中小学生文化艺术节“戏剧曲艺”比赛一等奖、杭州市中小学生文化艺术节曲艺比赛二等奖，杭州市中小学生文化艺术节综艺大舞台比赛最受欢迎节目奖、第二十四届中国少儿戏曲“小梅花”荟萃最佳集体节目奖。种种荣誉，正是对我校特色立校、传承经典的莫大肯定。

三、不忘初心，唱响时代品质教育强音

今天的越剧文化是我校在秉承学校百年文化积淀的基础上孕育而生，它所肩负的责任是让更多的玉兰学子感受到祖国越剧文化的博大精深，继承和发扬民间非物质文化遗产，唤起社会对越剧的重视，让更多的人懂得去欣赏越剧艺术，让文化国粹永世长存。此外，2018年，我校式开启了为期三年的“玉兰芬芳 音艺传承”校园特色文化建设。结合新登镇打造音乐艺术小镇这一契机，将校歌艺术巧妙融入校园文化发展。将人文、历史、传承三者结合，以校歌的沿革为轴，根据东安、城阳、城郭、镇小四个时期校歌的发展历程作为为布景元素，设计了四组高端大气的校歌系列雕塑。2020年10月，越剧文化传承馆落成，内设展示厅、传习馆、衣帽间。该馆将集展示收藏、艺术交流、传承传播、课堂教学于一体，不仅为越剧传承创设一个良好的载体，而且还为越剧学子营造了更为温馨、舒适的学习氛围。

特色文化的创建不仅提升了学校的精气神，更提升了学校的办学品位，提高了家长和社会的认可度。几年来，在发扬越剧、传承经典的实施过程中，学校的校容校貌焕然新，精神风貌日新月异，办学特色越发鲜明，教育教学质量稳步提升。作为一所浙江省艺术（音乐）特色学校，我校将继续沿着以“越剧”为路径，推动学校特色，深入挖掘越剧文化，敢于承担，弘扬经典，让玉兰学子绽放生命的光彩，让学生走向幸福、灿烂的明天。

科学规划　优质发展

浙江省嘉兴市海盐县滨海中学　郁卫军

教学质量是学校发展的生命线。“质量立校”既是社会对学校提出的迫切要求，也是学校自身生存和发展的客观需要。作为一所具有较大规模的农村中学，浙江省嘉兴市海盐县滨海中学牢牢抓住“质量”这一学校发展的关键要素，在总结“十三五”规划所取得的办学成绩的基础上，高质量做好“十四五”规划，持续完善办学理念，创生教育资源，在深层次的问题和工作上下大功夫，开启了高质量、高品位发展的探索之旅。

理念导航，坚定质量提升方向

现代化教育的独特魅力就在于尊重每一个学生不一样的成长方式。搭乘校园迁建的东风，滨海中学立足面向大海、风光无限的地理优势，在继承和发展“尊重差异、涵养志趣、彰显特长”办学宗旨的基础上，将办学理念调整为“让每一叶风帆都远航”，力图从精神层面传达出海阔天空、直挂云帆、壮志远行的意象，指引每位师生充分挖掘自身蕴藏的发展潜能，各得其所、各展其长。其中，“每一叶风帆”既指学生，也指教师；“都远航”既指远航的意愿（要远航），也指远航的能力（能远航），象征每一位师生都怀揣梦想、脚踏实地、志高行远。

理念是行动的灵魂、先导、指南。基于“让每一叶风帆都远航”的办学理念，学校确定了差异化、个性化的教学策略，尽可能地为每一位学生的多元发展和个性成长提供平台和支撑，让他们能够体验到不一样的经历、不一样的快乐、不一样的成长。

锐意创新，拓宽质量提升渠道

依托华东师大合作联盟，提升办学品质。为充分发挥华东师大课程意识和课程能力强的优势，滨海中学从每门学科中选拔2名骨干教师与华东师大结成帮扶对子，通过课堂教学、课程设计、教学研究等全方面进行重点培养，以达到培养一个成熟一个的目的，同时以他们来盘活学校的校本培训，最终实现以点带面的效果。

践行五育并举，助力全面发展。学校的使命是以素质教育为导向，以立德树人为根本，坚持“五育并举”，促进学生全面发展。根据育人目标，滨海中学不断丰富社团内容，建设育人基地，开设特色课程，从而为学生提供更加宽阔的成长渠道，以此激活学生生命灵动生长的动力，并在不断地强化中使之具有持续的热情，形成自我发展的能力。如今，自行车队、排球队、啦啦操队等特色项目已经成为学校的精品社团；校园广播电视台（配无人机）、激光打印和木工坊、VR教室和科普实验室、小农夫种植园等一系列的学科教室和实践基地成了学生向往的地方；诸多的拓展性课程和研究性课程大大提升了学生的学习能力、实践能力、创新能力。

借助信息技术，构建效能课堂。随着“互联网+教育”的不断成熟，信息技术与网络教学已经成为一种不可阻挡的趋势。基于平板的网络教学，不仅可以实现学生的分层分类，而且能够最大限度地发挥学校名师的骨干引领作用，提升学校的可持续发展能力。本学期，滨海中学将以试点形式，从课堂教学、作业管理、课后辅导等方面，有计划、有步骤地开展分层教学，丰富师生教与学的方式，提升教学效果。

强化师资，奠定质量提升基石

教师是教育发展的第一资源，高质量学校离不开高质量的师资队伍。滨海中学坚持以学习为先导，以课题为引领，以活动来推进，以制度做保证，帮助教师专业成长，提升教师幸福指数。

学校着力提升每一位班子成员的工作执行力和学科话语权，以形成领导班子管理与教学的正面的积极的影响力；开展微讲座形式的滨海教师论坛，让更多拥有一技之长或某方面足够优秀的老师进行总结交流，激励和引领更多的老师朝着更高的目标发展；在每周三晚上，组织35岁以下的年轻教师和初三骨干教师，开展以中考试题研讨和专题讲座为主题的夜学专题研讨活动，促进教师加强试题研究，提升学科专业能力；成立以学校骨干教师张志英和贾洪永姓名命名的名师工作室，并以工作室的名义招聘学员开展相关活动，充分发挥大家心目中公认的名师的示范作用……这些活动的开展，

保障了学校潜心教学、全心育人的良好氛围，推动教师的教学思想和业务技能进入了高水平和新起点。

“求木之长者，必固其根本。”在砥砺奋进的道路上，滨海中学将用发展的眼光审慎均衡优质的内涵，强化问题意识，突出问题导向，革故鼎新，狠抓落实，因材施教，促进学校高质量发展。

创新德育载体，涵养达善少年

浙江省江山市贺村第二小学　何耀胜

为深入贯彻落实立德树人的根本任务，提升德育内涵，探索德育新路径，切实推进学校德育工作向特色化、品牌化发展。我校创建了“善小羊”微课堂，此课堂以系列微课的开发和实施为载体，基于学生自我教育，凸显面向全体和全员育人；通过专业化录制和常态化观看，将文明礼仪教育、社会主义核心价值观教育、中华优秀传统文化教育等贯穿于学生日常，着力夯实立德树人基础，初步实现了教育的校本化、系列化和持续化。

一、坚持立德树人，构建课程体系

立德树人是教育的根本任务，五育并举相辅相成共促成长。德育的有效实施必须整合和利用优质教育教学资源，完善育人机制，选择合适的切入点和突破口。

我校自建校以来，高度重视德育工作，学校围绕“善”文化核心，构建了“达善”德育课程体系，通过第二课堂实施。其中，“善小羊”微课堂是“善小羊”第二课堂的“子课堂”。

在中国传统文化中，羊有感恩的品质，也代表着公平公正，是礼仪的一种象征，是美好品行的代表，“善小羊”是贺村二小的吉祥物，是学校培养目标“达善少年”的形象参照。“善小羊”微课堂突出两个特点，一是学习方式新，以微课（微视频）的录制和观看形式开展学习；二是学习时间短，一般在5分钟左右，体现了微课程的特点。

“善小羊”微课堂的持续推进和有效实施，培养了学生爱党、爱国、爱家乡的信念，提高了学生对优秀传统文化的认识和传承，促进了学生文明有礼习惯的养成和综合学习能力的提升。

二、细化工作内容，落实德育任务

“善小羊”微课堂分两个系列实施，已录制系列微课80余节，初步形成了可反复观看的校本微课资源库。

值周播报。值周教师制作，周一集中播放，内容包括：历史上的上一周、上周要闻回顾、文明点赞台、一起来找茬四个板块，重在引导学生关注细节、持续强化学生文明有礼习惯的养成，兼顾丰富教育内容、开拓学生视野。

八个主题板块。师生共同录制，周二至周五轮播，内容包括：讲文明、安全行、展才艺、继传统、闻天下、享美文、家乡美、忆往昔。每个板块指向不同的教育重点，关照学生的全面发展。如“善小羊”讲文明主要围绕学生日常养成教育重点，引领学生关注身边的细节落实，养成良好的文明有礼习惯；“善小羊”展才艺引导学生在德智体美劳等方面充分展示自我、相互学习，相互促进；“善小羊”闻天下收录近期的国内外热点、焦点和本市的重大新闻，引导孩子们既读圣贤书，也闻窗外事，为孩子们拓宽视野，涵养家国情怀。

三、录制系列微课，开发德育课程

“善小羊”微课录制基本流程为：确定主题、整理素材、初录微课、学校审核、修改完善、上传下载、每日播放、师生观看、强化教育。“善小羊”微课堂系列微课的录制，遵循学生的认知规律，以学生为主体，以教师为指导，在实施中不断完善、深化和创新，不断增强课程的趣味性和育人功能。

按计划录制。由校长室提前确定主题并上传制作和发布安排表，教师带动学生一起策划、整理素材、后期录制，并于播放前一周周四前上传审核。

取材源于实际。引导师生多观察、多思考，通过随手拍或创设情境拍摄图片、微视频等积累素材，微课内容尽可能呈现学生的学习和生活实际，提高教育内容的同理心。

融入景点介绍。精心打造校园文化，提炼出学校10个景点及其蕴藏的教育内涵，要求在微课开头呈现30秒左右学校景点介绍，进一步丰富微课内涵，加强学生的爱校爱乡教育。

师生共同制作。微课由本校教师或师生一起收集整理素材共同录制，以“8090”教师为主，教师全员参与，注重制作过程的师生自我教育，着力提高微课教育内容的认同感。

专业化审核。为确保微课有较高的思想性、教育性及较好的画面影音效果，我们成立了微课审核小组，小组成员分工合作，对上传的微课提出修改建议及时反馈，教师修改后再次上传审核。

四、务实各项举措，打造德育品牌

秉持“先做起来、再做精彩”思路，我们边实践边思考，微课的开发录制在不断完善、深化和创新。先后历经了三个阶段，从开始的教师录制到师生共同搜集素材、学生参与录制再到学生收集整理素材、教师指导录制。为让更多的学生参与进来，我们成立了红传小队，通过开展培训，围绕微课录制开展项目化学习，强化师生制作过程中的自我教育，聚力提升师生收集整理和综合运用信息的能力。

常态化观看。每周一上午统一上传一周5节微课，班主任下载后，每天中午各班值守教师或指定学生点开播放，学生集中观看后，老师再作强化教育。同时，将微课上传各班电子班牌，学生课外可随时选择观看；另外，我们将微课上传班级群，并通过微信发布，学生和家长可随时观看，进一步扩大了微课的关注度和教育效应。

内涵深挖掘。针对微课短小精炼的特点，我们倡导微课要聚焦一点，根据主题和教育要点从小处切入，起到以小见大、见微知著的教育效果。如忆往昔专题，我们要求每节微课只介绍一个老物件或一个小故事，要深度挖掘其背后的教育内涵。

同课巧异构。同一板块，相同的教育点，可用不同的呈现形式，画面风格、媒介组合、素材内容的变化带给学生更多的新鲜感，更有趣味和吸引力。

内容再扩展。根据实际需要，增加各主题内容，进一步丰富教育内涵。如在“继传统”板块增加传家风家训的内容；在“展才艺”板块增加科技小制作、科学小实验展示，在“忆往昔”板块增加党史教育内容等。

五、做好评价激励，树立价值方向

为进一步激发师生创作、录制微课的积极性，我们采用多种形式肯定成绩、表彰先进、树立标杆，以评价促进师生提高制作技能，以评价树立微课的德育价值导向，激励师生开发出更多的精品微课。

研修提技能。抓实基于微课和导学单应用的“三四七”智慧课堂校本研修，通过外请专家、本校教师互研互学，不断提高师生的微课录制水平。

评选激动力。邀请专家、上级领导、家委会成员担任评委，评选年度优秀与精品微课，颁发证书，给予奖励，以评选激发师生参与的积极性。

发布扩影响。强化精品意识，将精品、优秀微课适时发布于腾讯、抖音、快手等平台，进一步打响“善小羊”微课堂品牌的知名度和影响力。

六、取得初步成效，制定后续措施

“善小羊”微课堂的常态开展，取得了初步成效，主要体现在以下方面：一是校本化录制：由本校师生加工制作，取材多为师生生活；二是系列化开发：已录制两个系列，九个主题，80余节微课；三是常态化实施：每日播放，时时可看可学；四是深入化挖掘：深挖内涵，以小见大；五是持续化推进：不断完善，持续实施。六是全覆盖育人：全员育人，提升全体师生全面素养。

“善小羊”微课主题鲜明、短小精炼、针对性强、视听结合，呈现形式丰富的特点提高了学生的学习兴趣和学习效率，受到了师生及家长的欢迎和好评。

后续推进举措主要有三个方面：一是强化培训、加强引导。进一步提高学生参与微课录制的主动性，引导他们及时关注、记录身边的发现，并以此确定主题，收集素材，点上突破，录制更多关注教育养成，受学生欢迎的微课作品。二是家长参与、家校共育。引导家长关注细节，利用随手拍等形式收集素材、捕捉教育契机，并一起参与指导学生制作微课，进一步扩大微课的受教育面和影响力。三是筹建校园电视台。可开展师生才艺展示、新闻播报等直播，进一步丰富微课的表现形式。

以微为媒，见微知著。以系列微课开发与实施为主要内容的“善小羊”微课堂，坚持改革创新，坚持五育并举，抓实五爱教育，不断深化党建种种子工程，着力夯实立德树人基础，深入推进“红韵青春、知礼明德”德育工程，在润物无声、潜移默化中涵养达善少年，引导学生知礼、明理、践礼，提升了师生的全面素养。

紧扣诗歌教育命脉，促进传统文化发展

浙江省金华市金东区傅村镇中心小学　金锡群　朱超群

有人说教育是一湾清泉，可以洗净心扉，赋予生命本真。在历史的衍变下，中国一直是教育起源的故土，一词一句都含着教育的芬芳。对于教育，从古至今，无数先辈贤士在教育的道路上，挥洒热血，为后世留下无数的文化瑰宝。在文化名城浙江金华的一角，有一所学园静静流淌着绵延不竭的文脉，这片土地上诞生的著名诗人艾青、历史学家吴晗等一代名人，无不在中国文化历史中留下浓墨重彩的一笔。我校就坐落在艾青故里、金华市傅村镇。作为教育之林的一员，办学以来，我校始终秉承“尊道、育德”古训，继承地方名人精神，以“崇学以自强，向善而厚德”为办学理念，构建崇学向善德育模式和课程体系，打造具有地方特色的崇学向善校园文化，坚定地传承文化自信。

经过一定的发展，如今我校不仅环境优雅，处处书香，更是成了一所以深厚文化底蕴为内涵的品质学校。在多年的努力下，我校先后获得全国优秀传统文化教育试点学校、浙江省教科研先进学校、浙江省诗教先进单位等荣誉称号，教育教学领域的不断创新，培育了诗性教育的肥沃土壤，为我校师生的全面发展平添助力。因而我们相信，未来在教育发展的号角声中，我校仍能奏响教育旋律，谱写出又一崭新篇章。

一、诗歌为泉，孕育传统文化之花

诗词歌赋是我国的特有名片，也是传统文化灿烂的代表。著名儿童诗人金波说：“中国是诗的国度，儿童诗是这个国度里的一朵奇葩，是天籁，是大自然赋予人类最美好的礼物之一。”近年来，我校以诗歌文化为载体，在“诗意环境、诗意课程、诗意活动”的研究与建设上下功夫，开展“诗歌少年”的特色研究，成立“双尖山诗社”，打造具有诗歌特色的“崇学向善”校园文化。2016年，艾青夫人高瑛女士亲自授予我校“艾青诗歌学校”称号。为进一步创建理想的诗意校园，我校汲取古书院厚重的文化积淀，注入“红领巾新书院”鲜活的生命力，将“尊其道、贵其选、约以礼”的教育理念融入育人行动中，养诗心、育诗意、培诗情，为学生的诗意人生奠基。如今漫步在我校的校园中，满园书香如风入耳，学校的每一处都是宣传阵地，校园的德育长廊、楼道的主题文化、班级办公室的文化布置以及心理辅导室的布置等，处处都体现了校园文化的宣传教育。从远古的《诗经》、屈原的《楚辞》，到李白的《梦游天姥吟留别》、白居易的《卖炭翁》、苏轼的《赤壁怀古》、岳飞的《满江红》，从《我是艾青说的那只鸟》《春的颜色》到《云和月亮》，我校的每一堵墙都会“说话”，每一块绿地都会抒情，每一个角落都有闪光，校园里“处处是课堂”，学生能“时时受教育”，形成了健康向上、生动活泼的和谐校园氛围。

二、立足课程，播种经典诗歌种子

诗歌校园离不开诗意课程，诗意课程离不开诗歌教材。我校围绕“以诗育德”核心理念，编写诗词校本教材，特别注重诗词的育人功能。在校本课程的开发开设上充分体现诗词文化的内涵。在此基础上，我校注重课题研究，《“诗歌点亮校园”拓展性课程建设的实践研究》课题有机地将学校特色与拓展性课程教育相结合，让所有老师、家长认识到诗歌艺术特色发展有着广阔的天地。我校把诗性、诗意渗透于教育活动中，努力将诗性思维、诗意创造融入各个学科，逐渐形成富有诗的精神、趣味的各科教学特色。同时，我校还提出了“让教学像诗一样灵动，让学生诗意的成长”的诗意班级文化建设口号，一方面，以优美的文字、图画、声音装扮学习环境，释放诗意情怀，建设充满诗意的班级环境，如黑板报开设“每周一诗”栏目，展示栏开辟“我的新诗”一角，照片墙展示“背诗能手”等，让教室成为美的乐园，给学生美的熏陶和享受。另一方面打造充满诗意的班级管理，如班主任利用主题班会，拟定“讴歌春天”、“感恩母爱”、“赞美祖国”等主题，为学生搭建日记交流和说一说、演一演、评一评的平台，让礼仪、守则自然地走进学生的心灵。

三、以诗为路，促进诗歌校园发展

为深入打造富有诗意的学校，我校坚持以诗意活动为引领，在各类实践活动中彰显办学特色。作为品牌活动之一，每年5月举办的艾青诗歌文化节诗韵十足，“诗 + 书、味更香”诗歌书写比赛、“用优美的声音赞美你”诗歌朗诵比赛、“诗词馨香润心田”积累大赛、“放飞梦想，诗意成长”诗歌创作大赛、“让诗心撒得更深更远”诗歌赏析课展示等活动丰富多彩，不啻于一场诗歌盛宴，为学生的成长增添了灵动秀气。此外，我校每学期坚持开展研学活动，艾青故居、山头下古村落、金华市博物馆等文化胜地留下了学生研学古典文化的足迹。坚持多年的新生入学第一礼“开笔礼”，通过“端正衣冠”、“参拜孔子”、“朱砂启智”等环节，不仅培养学生知礼、教育学生知恩，而且引导学生家长培养孩子更要注重高雅、以身作则。我校诗歌少年的活动基地“双尖山诗社”，将学生撰写的最灵动最优美的童年诗作编入《“双尖山”诗刊》，另一个校外学习和展示基地“潜溪诗画院”则为学生成长增添了更多诗意。五月体育节、六一拓展成果展示、元旦艺术节等，无不以不同的方式展示着学生们诗的故事，帮助他们培养对诗歌艺术的热爱，树立积极向上的人生态度和审美情趣，促进“书香童年”、“诗意人生”的校园文化建设。

四、书香育才，照亮传统教育蓝天

氤氲书香，惟楚有才，和雅东城，十年同辉。凭借悠久的办学历史、深厚的文化底蕴和鲜明的办学特色，未来路上，我校会继续挖掘诗歌文化，不仅让学生们领略到诗歌的风韵，也在他们心里种下诗歌的种子，让传统文化一代代传承，发扬光大！

传承龙精神，创文明校园

浙江省金华市婺城区白龙桥镇中心小学　邢丽君

中华龙文化是深厚的，龙的精神是伟大的。“富强、民主、文明、和谐、自由、平等、公正、法治、爱国、敬业、诚信、友善”，社会主义的核心价值观传承着中华优秀传统文化的优秀基因，寄托着中华民族的理想希望和追求，是中华龙文化流传数千年至今的时代凝练、传承和升华。我校建于1998年，是农村规模较大、设施一流的城镇示范小学。学校立足龙文化，传承龙精神，坚持以生为本，德育为先，“五育”并举，鼓励师生们与人为善，进无止境，成为最好的自己。

学校基于“龙泽”文化，开展“泽善”教育，构建了文明校园创建体系，建筑能传情，墙壁会说话，教师素质全面提升，学生素养逐年提高，文明之风在校园中绽放，善良之心在师生间流淌！

一、多元形式结合，促进文明创建

文明校园创建与全面育人契合。我们以培养灵气闪闪的小龙人为育人目标，希望孩子们经过六年的努力，具备龙娃七特质（爱国有梦、传承有新、文明有礼、乐学有法、个性有趣、灵气有光），以“乘风破浪的小龙娃”为开学第一课，牵上爸爸妈妈们的手，开启小学生活，而后通过“立龙德、强龙体、绘龙韵、学龙智、践龙行”特色龙课程，全面提高学生的综合素质。以活动丰富孩子们的体验：开展现场书画大赛、篮球争霸赛、跳绳比赛、汉字听写大赛、各类操比赛、天天阅读、约玩吧、足球节等活动；开设53项“龙姿凤采 魅力课堂”拓展性课程，凸显以人为本，张扬学生个性，培养阳光孩子。

文明校园创建与传统美德融合。学校积极开展师德师风专题引领活动：学期初“师德专题讲座”、每周一的时事新闻学习、每周值周点赞、每月夸夸我的同事、退休教师欢送；积极开展文明办公室、和谐家庭、最美白小教师、白小好少年等评选表彰活动。让更多的学生、教师、家长感受学校的精神文明建设，用文明的方式，传递美的真谛，传播正能量。

文明校园创建与家长学校结合。为了使家校协同，让学校教育辐射家庭教育，我们成立了龙爸龙妈成长学校，让家长与孩子同学习、共成长：“龙爸龙妈学前班”、“龙爸龙妈文明课堂”、疫情感恩“向阳生长”主题家长培训、网络授课畅谈“家校合作助成长”……每学年邀请学生家长走进我们的课堂，开展一系列特色“家长进课堂”活动，课程五花八门，课堂百行献身，增长孩子们的见识和才干，让学校与家庭零距离。

二、成立领导小组，引领创建方向

学校专门组建团队，增设创建浙江省文明校园工作办公室，成立创建工作领导小组，把创建工作作为“一把手”工程，从大局上抓紧、抓实、抓细创建工作，校领导班子倾情带队，激发了全体中层的责任感和归属感，人心所向，团队和谐，形成“文明创建，人人有责”的创建合力。

创建省文明校园需要上下一心，群策群力。党员冲在第一线，党员监督岗、中层服务岗、团员志愿岗，学校最重、最难的地方，领导上、党员上、团员上。志愿者活动在校班子和党员的以身作则下，真正成了自愿岗位，文明创建是大家一起努力的成果，创建的成果也人人共享。

三、打造教师团队，奠定创建基础

教师队伍是一所学校发展的根本，也是文明校园创建的中间力量。一方面通过“每日三问”来蓄积“天天阅读，天天锻炼，餐餐光盘”的好习惯，老师们以身作则引领学生；一方面通过师徒结对，集体备课，推门听课等形式打造优秀教师团队，向课堂要质量，达到“提质减负”的目标；一方面，狠抓青训班，通过读写结合、课题研究、团队助力，鼓励老师们静心、幸福成长！学校现拥有省、市级课题6个，学校年年被评为金华市教科研先进集体。传统游戏成了浙江省精品课程，约玩吧项目被列为疫情时期的创新成果。为辐射学校的资源，与“长山小学、白龙桥第二小学”结成白龙桥教育集团，借助课题，有效推进教研工作，开展集体备课，共享教学资源。

努力终有成效，我校口碑不断提升，拥有了一批德艺双馨的教师，其中：全国先进普法工作者1名；全国普法先进个人5名；市名师名校长培养对象3人；金华市教改之星4名；市、区级教坛新秀18人；市、区优秀班主任11人；区级名师、教学能手8人……区级以上优质课、各类技能比武一等奖有100余人次。

四、立足“龙泽”文化，丰富创建底蕴

学校立足“龙泽”文化、主张“泽善”教育，努力让孩子们成为灵气闪闪的小龙人。“和泽为校，人人善达”是我们的校风，和谐之风吹拂校园，善美之情润泽心间，使每一位师生都与人为善、达人达己；“德泽为教，循循善诱”是我们的教风，老师们以德润人，循

循善诱，向善而行；“乐泽为学，孜孜善创”是我们的学风，同学们勤于学习，善于创造，学有所进；“做最好的自己”是我们的校训，学生不断进取，挑战自我。“一训三风”融为一体，已深入每一个白小人的心中：大家日日与人为善，进无止境。

校园文化内化于心，外化于行，让每一面墙说话，让每一处景育人，天天在环境中熏陶，日日在文化中成长。学校集思广益，师生家长同参与，共努力，打造了“三园（呦园、觅园、泽园）两歌（青莲荷美、白龙腾渊）一古亭（问亭）”这六个景点。六个景点处处融合了我们的校园文化，“白龙腾渊”融合了办学口号“白龙腾飞向四海，童心筑桥达未来”；“觅园”蕴含着我们“和泽为校，人人善达”的校风；“青莲荷美”与教风“德泽为教，循循善诱”融为一体；“泽园”则代表着“乐则为学，孜孜善创”的学风，“问亭”则寓意日日反思，“进无止境”，“呦园”号召全体师生“与人为善，达人达己”。师生们天天处在这优美的校园内，感受着无处不在的文明，无处不在的精神，无处不在的文化，使学校的每一个人承龙志，泽善行，做最好的自己，更为我校创建浙江省文明校园丰富了文化底蕴。

五、营造优美环境，烘托创建氛围

学校积极营造清洁、卫生、舒适、优雅的办公环境，创造条件建成“一馆一吧三长廊”。“一馆”（传统游戏博览馆），陈列了各式各样的传统游戏，孩子们在玩乐中继承创新；“一吧”（白沙书吧），学校把最美的建筑给白沙书吧，还在各个楼层打造开放式书吧，班班建有读书角，家家设有读书架；“三廊”（科技长廊、生态长廊、艺术长廊），展示学生的作品，让它成为学校最美的风景。从科技到手工再到艺术，让孩子全面发展。

我校拥有校园教育网、多媒体教学网、交互式一体机、录播教室等现代化教学设施，美术教室、音乐教室、科学教室、多媒体教室、舞蹈房等专用教室。不断完善“教工乐吧”、“教工书吧”、“教工健身吧”、“教工茶艺吧”等教职工文化活动阵地，让教职工体验家的温暖，成为有品位、有境界、气质高雅的教育人。就连厕所和垃圾房都是艺术的天堂。

警校家手拉手，爱心护航文明行：学校建有全校视频监控安保系统，成立了家长志愿护卫队，社区民警参与学校执勤，警校家同心协力。

六、活动阵地建设，打造创建空间

少先队是孩子们成长的阵地，我校致力家校一体化、活动一体化，队伍建设一体化，引导少年儿童“红色”传承，向善而行。

家校一体化，家长、孩子天天向上。学校依据龙娃七特质，编制《亲子成长手册》，印发给队员人手一册。通过龙爸龙妈家长成长学校，引导家长与孩子“每日三问”，在阅读、锻炼和光盘三个方面一起“好好学习，天天向上”。手册每天见证着父母和孩子相互点赞的话语，激励着上千个家庭共同进步，传播真善美的种子。

活动一体化，魅力展示根植真善美。孩子的成长离不开榜样的力量，队员的成长需要党员、团员传帮带。学校借助每周的国旗下讲话，由党员、团员教师带领一个中队，根据节日主题，排练各种舞台小剧，通过舞台剧的展演，把真善美的种子根植在全体队员心中。

队伍建设一体化，党建引领，团、队共成长。党员服务岗、团员志愿岗、红领巾啄木鸟成了白小一道亮丽的风景。每天一早，啄木鸟小队啄出了长安街的文明、有序，日复一日、年复一年，服务之心永藏队员们心中；学校厕所监管、教师比赛智囊团、街头志愿者岗位……哪里需要我，我就出现在哪里，这是白小党员、团员教师的风采。与人为善，进无止境，是白小人的追求，每天这里都演绎着和美之歌、向善之曲。

前进没有止境，发展未有穷期。一直以来，我校以创建浙江省文明校园为契机，全方位创设创建氛围（打造“三园两歌一古亭”、“一门一厅三廊道”），全角度渗透创建意识，为培养灵气闪闪的小龙人不断努力奋斗。成功创建浙江省文明校园，离不开把创建工作与学校点点滴滴、方方面面、上上下下全面结合，全局落实：将社会主义核心价值观融入课堂教学、道德养成教育、道德实践活动、校园文化建设、家庭教育。今后，白龙桥小学也将继续发扬创建精神，不断进取，成为更好地自己。

“四红育人”，创新学校德育新模式

浙江省开化县华埠镇中心小学　罗贤龙

党的十九大报告指出：“没有高度的文化自信，没有文化的繁荣兴盛，就没有中华民族伟大复兴。”近百年来的实践证明，红色文化是推进中华民族伟大复兴的强劲动力。我校地处新四军一、二、三支队集结地——红色古镇华埠镇。学校创办于1904年，历史悠久，英雄辈出，是一所红色文化色彩浓郁的学校，拥有丰厚的红色文化资源。近年来，学校充分发挥地处革命老区的优势，走上了挖掘红色教育资源，打造特色品牌之路，用文化经营学校，用发展提升品牌，努力探索中小学德育工作新途径和新方法，取得了显著成绩。

一、“红色基地”互联，建立育人载体

如何让“红色”基因落地，这需要平台、需要载体。我校通过搭建育人载体将远去的、真实的历史事件变得鲜活化、生动化。从而找到新时代学生与革命人物进行时空对话的着力点。那么育人载体如何创建呢？通过“红基地”互联，建立育人载体。

红色基地建设从三个方面进行：充分利用革命老区的红色资源，创建英雄中队，充分挖掘英雄内涵，开展中队活动，建立红色教育主阵地；充分发挥校园墙壁的教育功能，通过红色文化上墙，使之成为校园红色教育基地；串联华埠镇新四军整编旧址、新四军集结地陈毅旧居、七七抗战纪念亭、黄山出入境边防检查站、江山火箭队96811部队成为校外红色实践基地。将红色教育主阵地、校园红色教育基地、校外红色实践基地进行互联，开展红色教育活动，提升红基地的活跃度。

二、“红色课程”搭桥，强化学生德育

红色文化课程，不仅仅在于红色文化理论的灌输，更要注重生活和精神追求上的满足。学校开展红色德育教育，不只是让学生认知、体验、还应该让学生的德育视野进一步提升，让红色革命传统渗入灵魂深处。我校的红色课程主要以红色教育理念为核心，立足本地红色沃土，开发完备的红色教育校本教材，让红色教育落地课堂，有效地让红色理想、红色情操和红色信念根植于每位师生的心田，让红色精神扎根校园，生生不息。

目前，我校已开发出《童心向英雄》《红色之旅》两套校本课程。其中《童心向英雄》课程入选衢州德育精品课程。学校还以课程为抓手，开设班队课，举行红色故事演讲比赛，创建红色社团、培育红色讲解员、红色引导员。

三、“红色实践”渗透，传承革命精神

学校非常注重将红色文化教育融入校园文化活动中，利用校本红色文化资源与重大节日结合，举行传承红色基因特色仪式；从培养学生开朗、自律、坚毅、勤奋、爱国五个维度优秀品质入手，开展系列主题活动；打破死板、僵化的传统方式，依托独具特色的红色研学育人方式，进行一次研学旅行，设计一条符合学生实践的研学路线，穿红军服、走红军路，唱革命红歌，在活动中追寻红色足迹，弘扬践行革命精神，传承红色基因。

别外学校还组织了研学活动。分别在华埠镇新四军组编旧址、开化革命烈士纪念馆、遂昌、黄山、江山。每次研学活动我们都做了精心的准备，以“问题探究”为活动理念，依托研学手册，开展研学活动。在华埠镇新四军组编旧址试点活动，活动前组织队员学习红色歌曲，阅读相关的故事，画一画研学路线图，并指导队员提出探究的问题，带着问题去研学。在开化浙西革命斗争纪念馆的研学活动中，我们思索如何将参观学习的感悟外化于行，将红色基因的抽象概念注入童趣性、实践性，如何拉近红色基因与队员的距离，让队员主动靠近红色基因。我们想出了“通关卡”来激发学生的活动积极性与实效性，以重走长征路为主要形式，在花山设置五个通关点，在各个点位匹配长征故事，设定讲解员讲解长征故事，在长征毅行的过程中不仅是在收获长征精神，并一路实践长征精神，最后在开化革命烈士纪念碑下进行庄严的宣誓，将活动中感悟的精神内化于心。长征路不仅在开化，我们还带领学生走进遂昌，这次活动很不容易，通过这次活动，学生的眼界变得更加开阔。三次系列活动吹响了我校“红色研学”的特色乐曲。

暑假期间，在黄山边防检查站、中国人民解放军96811部队（江山驻地），我们带领学生走进边防、认识作战枪械，提升红色基因的时代感、时尚感，传承红色精神，系好人口的第一颗扣子。

四、“红色队伍”引领，提升教育水平

红色德育特色不是一朝一夕就可以塑造的，也不是一两个人可以打造的，需要学校全体教师持之以恒的努力。从这方面来讲，“红队伍”的引领，尤为重要：一是成立以校长为组长的红色教育领导小组，全面指导和协调学校红色德育活动；二是充分发挥党员教师、骨干教师的先锋模范作用，每位党员教师、骨干教师都是一面旗帜，就是实施红色教育的行家里手；三是创建传承红色基因的育人组织。①培养一批讲解革命故事的年轻教师，值得一提的是，在2018年11月份举行的开化县“红色传承．绿色发展”金红音讲解大赛中，我校徐晋老师获得金奖。②创建“红色之旅——小小讲解员”社团，从三、四、五年级选取优秀队员，自主开发“红色之旅——小小讲解员”课程，编写适合社团教学的教材。通过近一个学年的培养，讲解员们在很多场合开始实践，（看图片）红色研学过程中，给队员们讲解故事。在校园来客人时，负责带领参观校园和讲解。这是在幼小衔接活动中迎接幼儿园的小朋友。这是在为青年干部培训班的老师们讲解校园的景点。为宣传和开展红色实践活动提供服务和保证；四是聘请一批老红军、革命遗属、社区志愿者担任红色教育校外辅导员，让广大师生近距离了解革命先辈的形象和事迹，提高红色教育的效果。

学校的立身之本在于立德树人，红色文化基因的培育与传承是学

校思想政治教育功能和社会服务功能的体现。创新学校红色教育模式，必须注重与立德树人理念相结合，注重与社会主义核心价值教育相辅佐，注重与学校红色文化教育师资培育相成长。要"动之以情"，重视红色文化对于学生的情感和心灵触动。"红色德育"是我校的一张亮丽名片。红色是我校的文化底色，"红色精神"是我校学子的主流意识，未来征程中，我校将一如既往，牢记"立德树人"的使命，力争把百年老校建设成为百年名校。

综合实践，让个性之花尽情绽放

浙江省乐清市虹桥镇第七中学　管云华

综合实践活动成为一门十分重要的课程，因为它充分体现了新课改开放性、自主性的特点。综合实践活动是新课程的核心课程，其强调的是学生的参与，重视的是学生的体验、感受，以学生兴趣和内在需要为基础，以主动探索为特征，以实现学生主体能力综合发展为目的。在活动中，教师要尊重每一个学生，发挥每一个学生的优势，挖掘每一个学生的潜力，促进每一个学生的个性发展。

一、启动课，让个性问题绽放

在实施综合实践活动时，应让学生开放、自主提出感兴趣、贴近他们生活和好奇心的活动话题。虽然这些问题表现出多、杂、乱、不成系统的特点，有些问题过于深奥或不具备研究的条件，有些问题过于浅显或不具备研究的价值。但这些问题都是来自学生最本真的想法，是他们内心最关注，最感兴趣的那部分内容。教师要发现其最有价值的问题，帮助他们一起把这个问题"挖掘"出来，并继续"放大"问题，帮助学生围绕这一问题去发现更多更宽泛的探究内容，引导他们更多的关注与思考。学生能对自己感兴趣的话题开展活动，会保持着浓厚的实践兴趣和活跃的思维状态，并产生强烈的求知欲望，从而达到活动的预期目的。

在《走进鲨鱼的秘密》活动中，教师想引导学生从鲨鱼的种类、鲨鱼的特点、鲨鱼的营养和鲨鱼的价值等几个学生较熟悉的话题去提问题。有一个学生居然提出出乎同学和教师意外的问题——鲨鱼的牙齿。同学们和老师认为这个主题操作起来有点困难，价值也不高。后来才知道，提出这个问题的学生家长是办鲨鱼加工厂的，平时这个学生就对鲨鱼的牙齿特别感兴趣，也非常了解。于是在这个学生的带领下，小组开展了活动。通过活动知道了各类鲨鱼牙齿的形状和大小、牙齿的作用、牙齿的价值等。成果展示时，小组还通过鲨鱼牙齿实物展示，让老师和全班学生都大开眼界，增长了不少知识。

在《欢乐运动会》综合实践活动中，老师让学生根据课题确定主题，学生能根据"各有所长，发挥特长"的原则将全班学生分为五个大组：策划组、运动员队、后勤部、啦啦队、通讯组。策划组：全面负责这次运动会的选拔运动员工作；运动员组：每个人根据特长按规定各报两个项目，以"更快、更高、更强"激励自己，努力拼搏，争取胜利；后勤部：负责运动会期间的后勤服务工作，包括分点心，拿衣服及对长跑运动员的保护工作；啦啦队：在运动会期间给运动员加油打气，以争取更大的胜利；通讯组：采访记录运动会的全过程，既采访自己班级的情况，也可以采访全校的情况；全班学生都能根据自己的特长和兴趣，选择自己喜欢的小组。由于全班学生齐心协力，在运动会中成绩当然非常显著。

二、指导课，让个性方法绽放

一般在指导课中，重点帮助学生解决几个问题：一如何搜集与处理资料；二如何撰写活动总结或报告；三如何开展小组合作学习；四怎样进行调查；五怎样进行访谈；六怎样进行实验；七怎样利用网络与计算机开展活动。教师要根据各个小组的主题内容、学生的自身素质帮助他们选择适合自己小组的研究方法，开展活动。

主题内容。主题内容是影响方法选择的一个很重要的因素。一般来说，若要深入了解某些知识，需要查阅资料法、收集资料法；若要了解周围人群对某一事物的看法和态度，则以调查法、采访法和问卷法为主。若要去验证某一个事物的真假、好坏，那当然以实验法最合适了。由此可知，方法服务于主题，必须根据主题内容来指导学生选择最合适的研究方法。

例1：收集资料法

在《身边的广告》活动中，收集资料法适合"广告知识知多少"研究主题，学生设计记录表收集广告。

学生从广告的方式、商品的名称、广告词摘录三个方面去记录，整理资料就非常方便。这些资料对于手抄报、幻灯片展示方式还有很大的用处。

例2：调查问卷法

"广告对人们生活的影响"研究主题适合调查问卷法，学生通过问卷，了解人们对广告的看法。

您好！这是一份有关广告知识的调查问卷，目的在于了解您对广告的认识和建议，对我开展《广告对人们生活的影响》研究有一定的帮助。请您根据实际情况认真填写，感谢您的合作！

例3：采访法

"广告利多还是弊多"研究主题适合采访法，学生列出了提纲进行采访。

学生采访后根据收集到的信息整理汇总，归纳出广告的优点：形式多样的广告让我们及时了解新产品、新事物和新信息，丰富了我们的生活；广告的缺点：一、广告存在很多虚假性，很难辨别，容易上当。二、有些广告太低俗，不适合学生健康成长。

学生状况。学生的状况包含性格和知识基础、能力、兴趣爱好、家庭状况等方面。每个学生的性格和知识基础状况均有不同，不同学生的兴趣爱好也有差异。因此，选择研究方法时，必须考虑学生的这些因素，指导他们找到最适合自己的研究方法。如性格外向的学生就比较适合采用调查法、采访法，而性格内向的学生往往更适合于采用收集资料法、记录法，探索能力比较强的同学可采用实验法。由此可知，指导学生选择的最合适的研究方法必须适宜于不同的学生。

综合实践活动倡导学生学习活动方式的多样化，教师必须相信学生，放手让学生利用已有的经验，自主参与各种实践活动。我们不要太在乎学生的"作品"、"成果"的质量高低，更应关注的是学生实践了没有，经历了没有；学生在活动过程中发现了什么问题，他们又是如何解决问题的；学生在实践中获得了何种体验；学生在实践中是怎样与他人交往和合作的；学生在活动中有哪些收获……只有这样才能真正体现综合实践活动课程以学生为主体的特点。

三、展示课，让个性发挥绽放

展示课是综合实践活动中的最后一个环节，学生将活动中的学习成果以一定形式加以表现，进行广泛的成果交流。只有通过成果的表达和交流，才能体现课题研究的价值，才能产生辐射效应。多样化的学习方法决定了综合实践活动成果交流展示的形式也是多样化的。教师要鼓励学生学会选择适合自己和本小组的方式展示。一般学生适合以下几种展示方式：

实物：手抄报、展板、小制作、宣传栏展示。这种方式适合全体学生，容易操作，也非常真实，具有很强的说服力

文字：文字类展示方式包括调查报告、实验报告及有关的倡议书、建议书，还有学生活动中的学习日记。爱好写作的学生就可以淋漓尽致地通过这种方法展示自己的才能。

表演：这种形式适合善于表现自我和多才多艺的学生，表演的形式有小品、相声、快板、唱歌等文艺手段。

幻灯片：对于家有电脑的学生来说，幻灯片（PowerPoint）是他们的首选。幻灯片展示能综合地、现代化地将以上各种展示形象地展现在同学们面前，方便又美观。这种方式适合对电脑感兴趣、电脑操作娴熟的学生。比如学生在《身边的广告》活动中，对"广告对生活的影响"研究主题进行问卷调查，制作了幻灯片，利用统计图将调查结果出示给大家，非常明了。

多样化的展示形式为个性不同、兴趣爱好不同、特长不同的学生，提供了多样的表现和展示的机会，既可以让学生扬长避短，也可以让学生取长补短。

我们通过深化有效课堂研究，提升学生的核心素养，有效促进学生知行合一，培养学生全面发展，不断促进学校教育教学质量的提升。加德纳曾这样说："对于一个孩子的教育发展，最重要最有用的教育方法是帮助他寻找到他的才能可以尽情施展的地方，在那里他可以满意而能干。"我们的课堂是学生活动的主阵地，教师要关注每一个学生，给每一个学生以发展的空间、创造的机会和展示的舞台，让每个学生都能在活动中成长，让学生的个性之花在综合实践活动中遍地绽放。

践行诗意教育，让书香丰盈乡村孩子的心灵

浙江省乐清市智仁乡小学　鲍贤会

冰冻三尺非一日之寒，乡村小规模学校的积弱也不是一年两年形成的。作为乡村教育的坚守者，亲眼见证了它的收缩过程：生源不断减少，年轻教师不断调离，对教育的信心不断溃散……

当时只觉得这是一种大势，一种无奈。踏上校长岗位后，却变成了沉甸甸的责任。怎么才能笼住这团寒意中的火光，让它照亮人心？

想起曹鸿飞老师的话：乡村学校才是真正立足教育的内核，可以做很多事情。这也是我所期待的教育：远离考试的压力，遵循学生的天性，让每一个孩子都能个性化成长，于是内心深处开始慢慢积蓄力量。

没有一位骨干教师，没有学生在学区一级比赛中获过奖，没有教师愿意参加各种教学比赛。如何破冰？

破冰，需要一把玻璃锤。又想起王丽老师曾经说过的一句话：当一个人身处困境，只要有一本书一支笔，他的心还会和世界在一起。

于是提议把阅读和写作列为学校的特色项目，作为蜕变的那把玻璃锤。学校慢慢有了改变……

一、让校园充满诗意

乐清市智仁乡小学位于温州市最北端，是一所乡村小规模学校。先后被评为温州市新常规示范校，温州市“小而优”示范校。学校风景秀美，翠竹环抱，春有樱花，冬有红柿，三树丹桂幽若红霞。

随着阅读和写作项目的开展，校园里开始弥漫书香气息，师生精神风貌也在逐渐改变，一股从未有过的活力重新凝聚起了人心。但在环境提升上一直缺乏经费投入，处处流露出岁月的沧桑痕迹。我们是幸运的，搭上了温州市全面推行“小而优”乡村学校再提质的快车，获得 82 万元改造资金。依托“本真写作”和“海量阅读”两个特色项目，重点打造了“三区两室一厅一带”，让校园充满诗意，让浓浓的书香气息陪伴着每一个孩子的成长。

“三区”是指种植区、诵读区、运动区。诵读区铺设了草坪和搭石，环境清幽，有三棵遮天蔽日的大丹桂树，丹桂下有木制圆凳，学生三三两两随意而坐，或诵读诗词，或诵读散文，也可以举办小型的朗诵比赛，让琅琅的书声和丹桂的幽香相得益彰。

“两室”是指学生发表作品展览室和本土作品阅览室。“本真写作”和“海量阅读”是我校的特色项目，经过几年的努力取得了不少成绩。学生发表作品展览室主要展出学生发表作品的杂志和获奖的荣誉证书，布置简洁雅致，既作为展览室也作为学生的写作指导中心，每逢有特定的赛事和征文，这里都会有指导活动。这些学长留下的荣誉，也将激励着后来者奋勇向前。

“一厅一带”是指小型多功能厅和围墙文化带。围墙文化带以“本真写作”和“本真阅读”为展示特色，呈现近几年来学校在写作教学上所取得的成绩，展出六位明星小作家作为学生的榜样，在校园里营造出浓浓的书香气息。从围墙过来，到三棵丹桂树，两棵柿子树，一棵柚子树和一棵樱桃树，我们打造出一个个诗意群落，让每一棵花草树木都成为学生成长的见证人和好伙伴。

二、让教育充满诗意

乡村教育虽然在不断没落，但它始终接近教育的最内核，是真正能够做教育的，因为乡村教育相对于城市教育它还保留着最难为可贵的东西——没有功利性。教育是为了一个人的个性化成长，而不是其他别的东西。

没有更多外化的追求和压力，我们可以有更多的时间去追求教育的内核，更能心平气和地关注每一个，发展每一个。

立足小班教学，做好小组合作。根据乡村小规模学校自然小班的发展态势，学校开展了小组合作学习研究，帮助教师能够熟练地适应小班化教学，关注每一个孩子的成长，提升农村教师的教学水平和课堂教学质量。

夯实教学常规，提升课堂质量。分层备课，制定双向细目表，把学习目标和教学目标落实到人，关注每一个孩子的成长。在教室设立办公区，落实作业面批和二次批改，增加学生和老师交流时间。推行“削底添峰”计划，给学生提供更多的个性化发展空间。建立全科评价体系，关注学生成长的每一个亮点。

拓宽学习空间，打造特色课程。利用教室边角和走廊闲置空间打造阅读吧，让阅读可以随时发生。利用校园花木打造诗意群落，让阅读和写作落地生根。利用本乡文化礼堂，阅读家乡，阅读乡贤。精心培育足下、万卷、觉浅和笔落课程，继续做深做强阅读和写作课程，让学校特色形成更大的影响力。

三、让课程充满诗意

课程结构——以诗为架构。根据学校发展趋势和办学特色，以诗意为核心，萃取它的重要组成部分诗形、诗德、诗风、诗神、诗韵，构建课程架构，建设课程群。诗意是一首诗歌的灵魂，是美的最高呈现方式，是最有内涵和最值得让人品味的精华所在，把它作为课程的内核，可以起到精神的统领性作用。

课程内容——以诗为内涵。遵循“在诗意中成长”的课程理念，再整合国家与地方课程的相关内容，从学校实际出发，重点打造阅读和写作特色课程，逐步形成万卷课程群和笔落课程群，让阅读和写作课程成为乡村孩子走向广阔天地的突破口。诗意课程的拓展性课程全部采用古诗词中的精华词汇命名，既有丰厚的文化内涵，又切合各自课程的侧重方向。

诗意课程的建设，进一步带动了学校阅读和写作项目的发展，让这两个项目成为落地的课程，泽披每一位学生。其中《童诗乐园》和《跟着习作看家乡》两门课程分别获得温州市特色课程一等奖和二等奖。

四、让发展充满诗意

关注教师个性成长。学校重视师资队伍建设，制定教师培训方案，关注三类教师的成长，临近退休的教师要求做到规范，人要退休质量不能下降，中间层的教师是学校的骨干，要求继续提升，参加三坛、骨干和名师的评比，让她们成为学校的中坚力量，鼓励年轻教师积极参加各类培训，开展联片教研活动，把各科特级教师请进校园上课、评课、师徒结对指导，给广大教师提供迅速成长的土壤。

重视教师冒尖成长。制定了骨干教师培养方案，在联片教研活动中给这些教师提供更多的上课机会和辅导机会，教师各类获奖较多，青年教师成长迅速，在 2 位教师评为温州市骨干基础上，又有 3 位教师被为乐清市骨干，师资力量得到进一步加强。

提倡教师抱团成长。学校对教师的培训方式主要有四种：依托温州市新常规示范校创建，提升全体教师的备课水准和上课能力；依托校本教研提升教师的教科研能力；依托学时培训开阔教师的视野；依托专家引领让骨干教师快速成长。这些成长路径都是外在的，虽然能够起到一定的作用，但缺乏持续性和内驱动性。为此学校组建了教师发展共同体，全体教师都参与。让每一个教师都深切体会到自己的发展不是一个人在战斗，而是有一个强大的团队在支撑。这样成长的路上才不会冷清，才不会泄气，毕竟我们全校只有14位老师。

五、让特色充满诗意

本真阅读——浸润诗心

结合“快乐读书吧”推荐“兴趣书”。推荐书目针对学生的年龄特点，兴趣爱好，结合他们的认知能力，选择一些学生喜爱、内容健康适合学生口味的书籍。

鼓励“亲子阅读”和“亲子共读”。阅读并不是孩子一个人的事情，也不单单是学校的事情，阅读是一个家庭的事情，应该从家庭中来，到家庭中去。我们建议低段“亲子阅读”，高段“亲子共读”，无论是对孩子阅读兴趣培养还是亲子相处方面都有诸多益处。

从“课内兴趣”到“课外兴趣”。教学课内阅读时，注重从课内向课外进行延伸，让学生把课内学习到的方法运用在课外阅读上。结合乐清市爱阅读推荐书目，分年级整理必读书目和选读书目，将其列为阅读的主要书目，丰富学生的阅读世界。

阅读检测多样化。课外阅读的目的是开阔学生的眼界，扩大学生的知识面，活跃学生思维，提高学生语文素质。为达到此目的，必须检查学生的阅读效果。可以通过小演讲、阅读交流会、赏读成诵、编辑手抄报等方式丰富学生的阅读活动。

本真写作——捕获诗意

本真写作实施策略。源于小班的分层优势：全面提升，重点发展。不是每一个孩子都有写作天赋，但每一个孩子都有表达的欲望。学校把本真写作列为特色发展项目，没有一刀切的要求，而是根据小班的分层目标要求进行全面提升，重点发展。源于小班的亲情阅读：关注性灵，有感而发。写作是一个系统工程，不仅仅几节写作课程能够完成的。本真写作强调写作时的真场景、真体验、真细节、真感情，拒绝虚假，拒绝矫情，我们利用亲情课堂唤起学生的情感体验，能够找到生活中更多的写作素材。源于小班的区块实践：回归生活，丰富积淀。写作不是空中楼阁，更不是无源之水。只有处处留心生活，才能写出具有生活气息的作品。只有经历过生活的浸润，孩子们才能写出接地气的作品。我们学生的投稿录用率那么高，和这一点是密不可分的。

本真写作投稿策略。专人负责，精挑细选。经过两三年的积累，学校形成了一条通畅的投稿渠道。投稿渠道既有发表率比较高的媒体平台，也有文学性非常强的传统刊物。多层次的投稿渠道，可以满足不同学生的需求。模块联动，形成合力。学生一篇作品的发表或获奖不是一个简单的过程，需要多模块的联动，只有大家形成合力，才能做得更好。

本真写作评价策略。鼓励性策略——在媒体平台上发表一篇习作或入选班级的习作展示。激励性策略——在纸质刊物上发表一篇文章或荣获教育部门举行的一次征文奖励。荣誉性策略：成为省少年作家协会会员。前瞻性策略：保持良好的写作兴趣，在国内重点文学类刊物上发表一篇作品。

特色项目所获成果。三年来学校在各类各级阅读和写作比赛中获奖超过600人次，发表作文200多篇，从地方报纸杂志到《西湖》《小学生时代》《中国校园文学》等大刊都留下了学生稚嫩又充满灵气的文字。有57人加入了浙江省青少年作家协会，占学生数的一半。

温州市小文学家提名奖获得者冯广森同学在《我的成长故事》中写道：我渴望拥有更好地命运，为此勤学不辍，刻苦钻研，尽所能求得一次又一次进步，哪怕事与愿违也不会有丝毫埋怨。一个孩子尚且懂得通过努力来改变命运，一座学校更应该成为他们精神成长的同行人。

从阅读项目实现破冰，到写作项目的推进，到诗意课程的构建和完善，我们始终秉持求真求实的做法，一点点改变，一点点发展，无数的光点凝聚成火热的光源，连成一片心的世界，温暖着曾经的积弱，激励每一位乡村教育的守望者……

成人学校开展“学院式”社区矫正教育的实践与探索

浙江省宁波市镇海区澥浦镇成人中等文化技术学校　刘奇华

我国各地社区矫正教育大多只做到了电话报到、思想汇报、公益劳动、请销假制度等监管方式，由于矫正专业工作人员、场地、经费、人力资源严重缺乏，作为矫正工作核心的谈话、引导教育在一些地区得不到落实，服刑人员的思想改造得不到充分检验，同时集中学习培训工作开展难度很大，公益劳动的时间和效果也得不到有力保障。因此在实践中矫正只是做到基本的“控制”，还无法实现较高水平的“教育”和“矫正”。“学院式”矫正教育就是为了解决这一问题。所谓“学院式”社区矫正教育：是指在成人（社区）教育学校（院）中，利用各种教育资源，对被矫正对象以学员的身份开展教育、培训、劳动、帮扶等工作，促进被矫正人员顺利回归社会的非监禁生活的教育活动。

一、主要做法

在实践过程中，我们从五方面进行探索。

（一）深入调研，探索科学可行的矫正方案

通过对几年来的矫正对象进行分析，从目标、内容、管理三方面入手制定矫正方案。

教育目标：“双证 +”。所谓“双证”，一个是解除矫正教育的证明，还有一个是能获得一本技能证书；而“+”则是其他方面的拓展。

内容要求：三层次。一是必修性课程。包括法律、法规、时政、道德、价值观等。二是辅助性课程。包括心理健康、心理矫治、团队协作等。三是拓展性课程。包括学历、技能、生活、礼仪、安全等。

管理要求：全程跟踪。为了让矫正对象能保质保量完成学习，培训实行专人跟班管理，全程跟踪评价。对每一个学员的每次学习，都分别从出勤（分准时、迟到、早退）、课堂纪律、文明公德（包括室内抽烟、乱扔垃圾、尊重老师、友好相处）与劳动态度等四个方面对本期学习进行评价，评价采取分数量化的形式，达到规定要求的学分，到期可以按时解矫；如果没能达到规定学分，则必须要通过补学习的方式补足学习，以此来保证被矫正人员对教育培训的重视，从而提高矫正管理实效。

（二）基于问题，探索切合有效地矫正教育形式

1. 集中教育。每年安排 7-9 期，以必修性课程为主。帮助他们增加法律知识、加强道德理念、提升人生观、价值观，增强自信心。

2. 技能学习。为了提高矫正对象的就业能力，帮助更好地融入社会。以“自主点菜的形式”，选择 1-2 项，融合在其他技能培训班级中，参加培训学习。考核合格发给相应的职业资格培训证书。

3. 心理矫治。即配合社区矫正工作，对社区服刑人员实施心理教育与心理矫正，矫正其犯罪心理与犯罪人格以及心理障碍。一方面邀请有关专家为他们讲解《犯罪心理》《压力管理》及《民法》等法律知识，另一方面专门与律师服务所合作，采取法律顾问式教育，邀请他们派法律工作团队为矫正人员开展面对面、一对一法律咨询，让他们把心理的心结说出来，然后由这些志愿者针对问题，从法律的角度向他们一一作出解答，为他们“打开心墙”，实现“心理矫治”。

（三）资源整合，探索科学有效地矫正教育保障机制

1. 组织保障。实现“校所合作、资源整合”。学校，主要负责矫正教育的组织与教学管理。包括教育计划的制订与管理、落实培训组织建立一人一档、公益劳动内容安排、设计技能培训菜单、指派一名联络员专门负责矫正培训班管理，并及时向司法部门反馈矫正对象教育情况。司法所。主要负责矫正对象的组织管理与思想教育。区司法局。对总体的矫正培训提出目标要求，对矫正教育的组织建设、制度建设与保障机制进行各方协调，同时在教育经费方面提供一定的投入，确保矫正教育过程中各项基本经费能得到有效解决

2.师资保障。组建三支队伍，一是利用公检法部门，建立专业性师资团队；二是借助法律服务团队；三是建立辅助师资队伍，主要是形势教育、价值观引导、礼仪与安全等方面教育的师资人员，来自四方面：一是区委党校及有关部门；二是学校内部专职教师；三是区域内有一定影响的有关人员；四是区域内有一定特长的专业人员（如草莓基地、蔬菜基地等）。

3.经费保障。经费主要可以从三个层面解决。区司法局，有专门的矫正经费，每年会下拨一部分专项经费；主要用于矫正教育的基本培训（如教师讲课费用等）。司法所，通过镇财政每年给予适当的基本培训经费补助外，对学校的设备建设也给予适当的支持。学校，教育管理人员的投入、学校培训过程中的各种成本支出，同时根据技能项目的需要，基地建设、设施设备的投入等。

（四）提升质量，探索稳步推进的矫正教育策略机制

着重从三个方面进行引导。

1. 注重人性，体现和谐

一是把他们当作学员，不是罪犯。平时管理以学员的身份进行，让他们觉得到成校来学习是一件轻松、平常、有收获的事，而不仅仅是来接受改造。二是学习内容丰富多样，让矫正人员通过定期矫正能成为一名受社会欢迎、家庭满意的合格归正人员。三是教育手段注重引导，不是强制训诫。

2. 合理引导，促进身心健康

为了更好地促进矫正对象的身心健康，主要从三个角度进行引导。一是正确的人生观教育。二是同等的公民对待。三是社会主义核心价值观。

3. 科学帮扶，提高自信

为了加强矫正人员对自己所犯错误的正确认识，着重从心理与法律两方面为他们提供帮助。

一是请专业人士讲座。为了帮助矫正人员减轻威力，我们邀请国家二级心理咨询师、浙江省公安厅心理健康专家团队成员、宁波市人民警察学校李浙东教官专门开展了《自我压力及管理》的专题讲座。教师通过游戏的形式让每个成员参与到互动活动中，并从生理、心理、行为等角度分析压力症状、压力来源以及如何解压。二是咨询团队面对面交流。为了加强对矫正人员的法律教育，我们在矫正教育活动中专门设计安排了面对面法律咨询主题活动。每期安排四名资深法律工作者和律师前来“坐堂”。以便让他（她）们了解更多的法律常识，做一名真正的合法公民。

（五）注重实效，探索科学合理的矫正教育评价机制

为了正确评价被矫正对象的教育成效，对矫正教育建立学分制（赋分制）。主要从三个层面来评价。

1. 集中学习的过程评价

为了保证集中学习的有效性，对矫正对象集中学习期间提出五方面纪律要求，如按时到课，不迟到、不早退，特殊情况必须经镇司法办同意后方可请假；上课专心听讲，不得相互聊天、做其他与听课无关事项；室内不准抽烟，上课时间手机必须关机；爱护公物，讲究卫生，遵守公共道德；每次上课后，值日人员要认真打扫教室及公共区域卫生。（值日顺序，按第一组、第二组、第三组、第四组并依次循环）

针对学习要求，每次集中学习后都要对每位学员进行评价，评价按如下四个指标衡量

序号	姓名	出勤	课堂纪律	文明公德	劳动态度	本期评价
1						
2						
3						

其中出勤：准时、迟到、早退；课堂纪律：优、良、中、差；文明公德：优、良、中、差；劳动态度：优、良、中、差；最后对本期的学习给予综合评价。每次学习基本分为10分，每次学习综合评价为优、良、中、差四个档次，分别给予记11、9、7、5分，没有参加者得0分。

2.引导学习的积极评价

这是从被矫正对象主动、自觉的层面进行的评价。考核主要方法：

自主学习的加分项目分技能、学历，在矫正期内自己参加技能培训（根据人社部门目录及学校的培训菜单），根据初、中、高级、技师不同等级，经考核取得合格证书的，分别给予5、7、9、11分的学分。学历学习为双证制高中，对矫正期限为1年以上，文化程度达不到高中的要求参加双证制高中学习，通过学习如期获得成人双证制高中毕业证书的将给予加10分。

3.自主学习的提升评价

提升评价其目的是要让被矫正人员通过学习不仅自己能认识违法犯罪的危害性，并在今后的工作、生活中更好地加强法律知识学习，同时要善于以身说法去开导、影响自己“三个身边”（如工作身边、生活身边、交往身边）的人。

社会公益奖励考核评价：

一是公益劳动。学校设置公益项目，如教室玻璃窗卫生，每擦干净一个窗加 1 分，擦扶手 2 分，拖楼梯 2 分。

二是公益活动。如主动参与交通维护（1 小时以上，有交警签字等依据）、敬老等活动，每次加 3 分。

对以身说教的情况，将组织评价小组进行效果评价，根据具体情况综合考虑奖励学分。

根据每次所获得的学分情况，若能达到基本分的则给予按时解除矫正，若达不到要求的，则每次学习根据所获得的总分，每差 1 分，则需另外安排时间到镇司法所学习 1 小时；若每次学习评价都获得优秀，则每学期可作为评选优秀学员的参考指标，给予精神鼓励（表扬、评优）或适当物质奖励（购书券）。

二、初步成效

学院式社区矫正教育通过近三年的探索，取得了一定成效，主要体现在五方面：

1. 道德观念增强、核心价值提升。通过社会道德教育和社会主义核心价值观教育，矫正对象学习兴趣增强。由于教员来自各个领域，教育内容丰富了很多，包括法制案例、心理教育、人生观和价值观教育等，课程的形式也丰富了许多，增加了互动交流环节。矫正对象学习兴趣有了明显提高，从被动学习转化成了主动学习。

2. 法律意识增强、犯罪心理减少。通过法律法规、大量的犯罪案例教育，矫正对象在刑意识不断增强，使他们认识到自己行为的错误，从而达到认罪、悔罪，最终回归社会的目的。

3. 技能知识增加，回归自信增强。通过对矫正人员开展技能培训，提升其技能，使矫正人员自我肯定的意识增强。

4. 辐射扩大教育，以身说法引导。在成校设立社区矫正基地开展教育，不像过去司法部门单一的思想汇报。既有大众化的普法知识，也有个性化的技能提升，还有促进家庭建设的“家长”教育（这些人大多数是有家庭的成年人，上有老、下有小），引导他们如何做好自己的角色对整个家庭的重要性。更可贵的是通过教育学员变成

了资源，有些酒驾人员解教以后以身说教，提醒身边的人“你要喝酒就千万不要开车，要开车就一定不能喝酒”成为常事。

5.设计集体项目，团队精神增强。为了增强他们的团队意识，每次培训结束，都安排一个合作项目，即分组共同打扫卫生，且重在共同完成，起到了一定效果，在一定程度上帮助他们形成团队意识。

今后，学校将和有关部门进一步努力，把学院式矫正教育当作一个重要项目不断推进，在标准化、规范化、课程化等方面作进一步探索。“学院式”社区矫正教育是一种新型的矫正模式，与我国现行的有代表性的“北京模式”、“上海模式”相比有一定优势，这种模式充分利用和发挥了成校整合教育资源的能力和作用，而且可操作性强，易复制，所以未来这一模式的推广价值值得期待且前景乐观。

“宁波帮•善”创特色 品质立校育桃李

浙江省宁波市镇海区中兴中学 周伟文

生命离开水源，就会枯竭。国家、民族的发展离开教育就会衰亡。教育是生命进步的新鲜血液，是时代发展的思想能源，只有保持充足的活力和创造力，才能持续推动人类社会向前发展。从根本上说，教育就是民族兴衰的命脉，是国家强弱的心脏工程。只有在教育的土壤中深耕细作，做有意义的教育，办有品质的学校，才能绽放学生生命光彩。我校创办于1904年，办学至今，学校培养了如世界船王包玉刚、影视巨擘邵逸夫、全国希望工程楷模赵安中等一大批宁波帮的爱国人士，被誉为“宁波帮摇篮”。目前，学校占地面积103亩，现有教职工70人，教学班22个，学生1018人。学校办学设施齐全，拥有生命安全体验教室、资源教室、心理辅导室、机器人教室等专用教室30多个，拥有550个座位的报告厅，400米标准跑道，现代化学校的办学硬件基础得到有力保证。我校始终秉承“中和致远兴德向善”的办学理念，以“培养勤学善思、知行合一、志许中兴的现代宁波帮学子”为育人目标，先后荣获全国中小学思想道德建设先进单位、全国青少年校园足球特色学校、浙江省绿化模范单位、浙江省红十字达标学校、浙江省心理健康教育示范学校、浙江省示范性资源教室等荣誉称号。

一、百年沉淀，一朝铸写品质教育传奇

1984年，邓小平发出号召：把全世界的“宁波帮”都动员起来建设宁波。影响百年之久的宁波帮传奇，其多出于我校的前身——叶氏义庄。在叶氏义庄创办人叶澄衷先生的雕像两边分别是“乐善好施”、“勇于为善”两块匾。这两块匾道出了宁波帮文化最核心的内涵——“宁波帮•善”。有了“宁波帮•善”才有了众多宁波帮人士捐资助学、反哺家乡的善行。我校梳理了千百年来的宁波地域文化和学校百年历史，探寻学校积淀的“宁波帮•善”，并根植到学校教育理念中，以“宁波帮•善”为魂来塑造学校良好的精神风貌。学校民主管理体系突出“宁波帮•善”特质，充分调动人的主观能动性，积极建立有效沟通渠道，在沟通中实现思想交流和友善交际，推动现代化管理的良性循环。我校大力加强“一章三制”建设，不断完善学校规章制度。即：以章程制定与实践为核心，建立一套依法办学、自主管理的制度体系；以校务委员会制、代表大会制和家长委员制为主要内容，构建科学决策、民主监督、社会参与三者相互制约相互协调的现代化学校治理结构。学校章程是现代学校制度建设的核心与起点，学校制度是章程的具体化和衍化。学校校务委员会主要协调学校与中兴校友会的关系。我校组建家长委员会，让家长充分参与学校管理。学校包容个性，积极进行团队建设，营造“自觉+团队”的教师职业氛围。利用大数据技术，通过“钉钉”智慧校园平台，为学校的管理提供智能支持，打造具有高度服务能力的现代化办学环境。基于学生发展需要，我校与宁波帮博物馆、江南第一学堂、包玉刚故居等联合成立校外教育基地。加强与上海澄衷高级中学、贵州罗汉中学、镇海爱心学校等合作与交流，优化育人模式。为了培养学生的全球意识和家国情怀，我校与香港罗杰承中学、台湾高雄翠屏中小学等结为姐妹学校，定期开展形式丰富的交流活动。

二、规范管理，凸显学校德育文化品牌

为健全立德树人根本任务，突出社会主义核心价值观教育。我校制定实施了德育工作方案，确定了扬宁波帮精神、建“宁波帮•善”校园，做厚德中兴人的德育特色。同时，进一步深挖“宁波帮文化”元素，对“勤朴肃睦”百年校训进行“善”育内涵的演绎。新添宁波帮特色楼宇群、宁波帮慈善大道和宁波帮标识等，提炼出宁波帮校园文化十景。目前中兴园透出浓浓的宁波帮气息，整个校园俨然成了开放式校史成列室。我校还为宁波帮校园文化十景添置二维码，架构起“善育目标体系”和“善育课程体系”，成立“崇正七彩工作室”，以适切的方式方法，帮助学生感知“宁波帮•善”，践行“宁波帮•善”，让师生体味蕴藏其中的“宁波帮•善”。德育品牌“微义工”荣获“浙江省优秀雏鹰假日小队”称号。基于“友善用脑”教育理论，以“宁波帮•善”为依托，与宁波大学合作构建中兴课程，力争为每个学生提供适合的教育，实现家校、师生、生生友善。我校开设了宁波帮特色课程群、足球特色课程群和自救自护特色课程群，邀请新西兰专家到我校进行STEAM与创客教育专题活动。紧随信息化发展，助力教学品质提升。为此，我校积极推动“互联网+教育”行动，推进“四五”课堂教学改革，开设“中兴教研节”。全面推行分层走班，满足学生个性化、多样化的需要。利用电子书包精准教学，时时能学，处处可学，个性化作业，让学习更智能。

三、立德树人，弥足根本打造师资强军

习近平总书记指出：一个人遇到好老师是人生的幸运，一个学校拥有好老师是学校的光荣，一个民族源源不断涌现出一批又一批好老师则是民族的希望。教师是教育发展的第一资源，要想实现一流的教育，必须拥有一流的教师队伍。一直以来，我校着力打造一支“以学定教，严谨善诱”的现代化教师队伍。我校教师具有强烈的使命感和责任心，尊重学生个性差异，重视学生身心健康与自主发展，对所有学生进行心理普测，开展全员家访活动，完善家庭经济困难学生资助体系，建立党员结对特殊学生制度，开展随班教学，进行教师满意度测评。为加快造就现代化教师队伍，我校成立“教师发展学校”，建立教师梯队发展评价机制，制定具有我校特色的教师激励机制，力争教师个性化、多样化发展。打破中小学界限，打破教研组界限，采用团队组合的方式，老师们自发组织了18个教师发展共生体，让有共同追求的教师，在共生体的引领下共同提升。教师教学研究能力强，2017年以来的三年，共有立项课题18个，其中省课题1项，市课题5项，2020年《“宁波帮传人”序列化校本课程开发与实施研究》成为宁波市规划课题，教师共有167篇论文发表或获奖。另一方面，我校以“宁波帮•善”为核心，打造现代学生。经过“宁波帮•善”的润泽，我校学子拥有树高不忘根的赤子情怀，不甘居人后的开拓精神，大海融百川的开明思想，至实而无妄的诚信品德，励业重义理的互助风格。乐善好施、自信阳光、健康向上，表现出浓厚的学习兴趣、强烈的好奇心和求知欲、良好的学习习惯，学生综合素养良好，个性特长充分发展。我校坚持“不抛弃不放弃每一个学生”的理念，有效教学建立在有效德育、有效体育的基础上，推进五育并举，用渗透“宁波帮•善”理念的评价引领学生终身发展，帮助他们不断树立自信。举重小将们获宁波市团体一等奖，模拟城市比赛获宁波市团体一等奖，刺鸟足球队获宁波市校园足球联赛第三名。近三年来被多家媒体报道近200次，“宁波帮•善”在社会各界已有一定的影响力。

绵绵用力，久久为功。教育是一项知行合一的事业。学校的内涵、品位和文化底蕴需要被全体师生牢记并践行，应如和风细雨渗透到学校各处角落，待春暖花开。作为教育的一名勤匠，我校将永远牢记教育使命，秉承“中和致远兴德向善”的办学理念，以抓铁有痕、踏石留印的工作作风扎实工作，藉厚积之力，承求索之精神，始终如一，用情怀装点教育事业的百花园，用生命继续谱写一曲又一曲教育新歌。

脚踏实地做教育 不忘初心筑未来

浙江省衢州市开化县第二初级中学 鲍军伟 程鹏英

新时代，新征程，更要有新作为。面对培养新型人才的要求，浙江省衢州市开化县第二初级中学如何在新时代扬鞭前行，谱写奋斗新篇，全面提升教育质量，全力推进教育现代化，办好开化人民满意的教育呢？

学校秉持“创建和谐教育生态，成就师生幸福人生”的教育理念，以“环境优美、师资雄厚、管理科学、质量上乘”的办学目标为导向，通过森林校园润师生、生态德育塑人格、多彩课程扬个性、幸福课堂提质量的规划、设计和实施，让学生、教师、教育环境等生态因子融为一体，给师生以尊严、自由与幸福，形成了“生态教育”的特色办学品牌。如今，学校俨然成为浙西大地教育界一张靓丽的名片，成为钱江源教育浪潮中一颗最璀璨的明珠。

深化党建一校一品

一个党支部，就是一座堡垒；一名党员，就是一面旗帜。在深入实施素质教育的过程中，开化县第二初级中学坚持以党建为统领，始终把加强党的领导作为教育工作的根本保证，充分发挥党支部的战略堡垒作用和党员的先锋模范作用，把党建引领贯穿到立德树人的各个环节，把思想政治工作贯穿到教育教学的全过程，切实向德育、管理、改革、智能和学习要效益。

建设学校党建一校一品。为进一步巩固学校党组织在教育改革发展中的政治核心地位，推进学校党建工作再发展，学校党支部深入开展“春晖暖新蕾”党建特色品牌创建活动，搭建城乡共同体、六校联谊、山海协作、学科教师集体走出去学习等培养平台，开展师徒结对、

党员帮扶、名师工作室引领、教研员带徒帮扶活动，不断提高教师教育教学管理能力，助推教师专业化发展。

发挥党员先锋模范作用。学校努力把党建品牌的创建与县教育局的“有礼园丁•情暖乡童”活动相结合，党员全员参与“园丁联生”活动，每位党员至少联系三位留守学生，让留守儿童也能感受到党和社会的关怀；党支部积极结合“微心愿”、“问题学生”帮扶及“德育导师制”活动，助力困难学生也能实现上学梦；积极发挥全体党员在各自岗位上的先锋模范作用，落实“一岗双责”，全面树立了党员教师的良好形象。

创建“清廉绿韵”品牌。结合“绿色、阳光、清风”的生态文化建设，学校提出了“清廉绿韵”的清廉学校建设品牌，从清明政风、清净校风、清正教风、清新学风四大方面入手，坚持标本兼治、惩防并举、改进作风、求真务实的实施思路，努力营造生态和谐的校园氛围，力求把校园建设成为立德树人的绿水青山。

创建生态立体网络

党的十九大中提出：“新时代的教育要更加注重以德为先、全面发展，更加注重面向人人、终身学习，更加注重融合发展、共建共享，齐心协力写好教育改革发展的时代答卷。”在社会多元化背景下，开化县第二初级中学确立分层次的德育目标、传统美德与时代精神相融合的德育内容，积极构建家、校、社会“三位一体”的立体化德育网络，形成了稳固的教育生态合力。

加强对德育队伍的管理和指导。学校采取导师制，健全“全员育人、全过程育人、全方位育人”的体制机制，构建学校、家庭、社会共同育人的大格局；加强对班主任的培训力度，着力打造一批品行好、能力强，工作踏实、乐于奉献的班主任队伍。

围绕特色项目丰富道德内容。学校围绕“有礼课堂”特色项目开展相应的活动，并将其贯穿整个学期的德育工作之中。突出养成教育、中华传统美德教育、行为规范教育，探索经典诵读、体验式德育、主题教育月等“生态德育”模式；拓宽学科渗透、艺术熏陶、体育锻炼、社会实践等德育途径，增强德育的体验性、实效性；开展垃圾分类、环保节能和志愿者服务等活动，让尊重自然、顺应自然、节约资源、保护环境意识深入师生脑海……

打造生态德育特色课程。着眼于学生未来的发展，学校探索构建“阳光•智慧——和而不同”课程体系建设，以课程的多样化和形式的多样性助推学校发展的特色化，使学生获得全面而个性的成长。同时，学校依托校本德育课程《原色德育》，创设各学科德育精品课程，努力夯实“红色精神、绿色生态、蓝色理想”三原色德育体系，全力助推“五育并举”的二中新局面，着力建设和谐幸福的校园文化。

架构生态活力课堂

教学质量是学校跨越式发展的生命线。开化县第二初级中学以“优化教学方式，进一步提升教学质量”为主旋律，凝心聚力，关注学生，聚集课堂，不断提炼教学特色，凝练教学品质，推进学校优质教育新发展。

“三环六步”集体备课制度。“三环”指的是组内集中、话题研修、集体备课三个环节，“六步”指的是“集体备课”环节中的个体自备、骨干主备、展示研讨、形成个案、二次备课、全面反思六个步骤。该备课模式实现了集体备课个性与共性的有机统一。在此基础上，学校成立教研组和备课组两大学习型组织，推进了优质教育的进程。

“三导五学”课堂教学模式。新课程实施以来，学校围绕生态文化特色办学思想，在总结目标分层教学课堂教学改革经验的基础上，制定了“三导五学”生态幸福课堂教学改革实施方案，并在全校各年级层层推进，提升了教学质量，发展了校园文化。“三导”指的是指导预学、引导发展、辅导作业，旨在变革教师教学方式；“五学”指的是预学、独学、对学、评学、群学，旨在促进学生主动学。该模式实现了教师与学生之间、学生与学生之间及其与教学环境之间的良性发展和动态平衡，促进了学生的生命发展和教师的专业成长。

目标分层教学（尤其是初三）。为实现各层次学生的最优发展，学校面向全体学生，实施分层教学，精选、精练、精评，最大限度地保持学生的学习热情，使优秀学生更优秀，后进学生有所进步。

新时代，新征程，更要有新追求。开化县第二初级中学将坚守教育责任与担当，聚焦学习、聚焦课堂、聚焦课程、聚焦质量，脚踏实地助推开化教育大发展，不忘初心共筑开化人民满意的教育未来。

提升教师幸福感，让教育回归本源

浙江省绍兴市上虞区长塘镇中心小学　徐光明

为教师减负，不仅是保障教师权益、促进教师成长的重要举措，更是推动我国基础教育内涵式高质量发展的重要举措。目前，在今日头条等社交论坛上，到处都是对教师不务正业的各种吐槽。农村中小学教师工作不合理负担较重，各类督查、检查、评比、考核工作名目繁多、频率过高，各种调研、统计、信息采集等活动多头重复、入校随意，基层学校和教师填表报告应接不暇。还有一些地方和部门随意抽调教师，干扰了正常教育教学秩序，影响了正常教育教学活动，

2019年12月16日中共中央办公厅、国务院办公厅印发了中小学教师减负二十条。由此，教师减负问题成为社会、教师关注的热点。我们通过对教师减负相关课题的研究，助力农村教师职业幸福感不断提升。

一、农村教师现状分析

教师编制缺乏。现阶段，农村学校的学生普遍向外流出。一个普通乡镇小学从原来的接近1000人规模，缩减到现在的不到300人。这就使得教师的编制大大减少，而此时使用的教师编制比与城区学校的教师编制比是相同的24:1。随着教师的逐渐退休，人员越来越少，因编制超标学校10年来就分配了1个新教师，在班级数不减少的情况下严重的增加了每个教师的工作量。

工作专业性要求增高。农村学校专业教师缺乏，尤其是音体美及科学教师的缺乏，让很多非专业科目教师不得不转到专业性要求较高的课程上来。如此一来，增加了教师在备考过程中的工作时间、降低了工作效率，也让学生不能达到有效地专业素养的熏陶。与城区素质教育的差距进一步拉大，不利于城乡教育均衡发展。

上班时间早。农村家庭出工时间早，不少家长在7点左右就把自己的孩子送到学校来了，与教育部规定的时间相差近一个半小时。这就要求农村学校的教师也提前到校。也让学生的在校时间超过了教育部规定的时间。中午，午休为确保学生的安全问题，又提出了教师不得脱岗问题，让本来的休息时间又变成了教师的工作时间。

二、农村教师的减负重担

教师减负，首先要清楚负担来自何处。本文主要从教育改革、学校管理、文化等外在因素以及教师自身对中小学教师负担过重进行了原因分析。

教育改革提出了新的要求。当前，基础教育课程改革的目标是改变课程过于注重知识传授的现状，加强课程内容与学生生活、现代社会的联系，关注学生的兴趣和经验，精选终身学习必备的基础知识技能。中小学教师需要根据新的课程改革目标提高自身的教学水平和文化素质。中小学教师既要努力将知识传授给学生，又要不断学习新的理念与教学方法。显而易见，中小学教师在教学工作中承受着双倍的压力与负担。新的教学技术的提升，要求教师跟上时代潮流，提高信息化应用创新能力。

农村教师编制比与城区学校相同，教师缺乏，每个人都有更多非教学性事务，美其名曰一岗双责，一岗多责。新设备的运用，逼着教师提高能力，3D打印机、多功能实验室、雕刻机床等新兴设备的配备对老师的能力提出了新的要求。需要花更多的、大量的时间去学习，更新知识储备。

非教学性工作增多。为体现每个学科的重要性，学校忙着分派老师外出公开课、听课、听讲座。每天都有许多教师外出参与培训活动，导致代课增大，严重影响了正常的教学进度。为配合乡镇工作，不仅要积极参与相应会议，还要组织学生参与表演。各种名目的督导检查太多，各种填表工作重复烦琐，网络满意度调查、网络考试名目繁多。

信息平台过多。随着，信息技术的提升，许多文件从纸质提升到了纸质加电子的双重要求。一个学校有近20个各级各类信息报送平台，光是密码就够头疼了。甚至要求每个教师的手机安装各类APP软件，还不能删掉，导致手机卡得不行，个别年纪大的老师用的老式机还要求他们更换新手机。要求每天都有点击，有数据、有流量。

三、农村教师工作减负对策

‘我只想安安静静教书育人。’一句话道出了我们很多教师的真实心声。减负，“减掉”的是中小学教师不应承担、与教育教学无关的事项。流于形式的培训活动，不仅占用了大量时间，也影响了正常的教学活动，给教师带来了一定压力。繁重的教学工作负担在一定程度上抹杀了教师的创新精神，教师的教学能力无法提高。降低了教师的职业幸福感，不利于高素质专业化创新型教师队伍建设。

国家进一步完善相关法律法规，将教师减负工作落实到位。国家亟须对现行的有关中小学教师的法律进行修订与完善，明确教师在教书育人、学习培训、课外休息方面的权利。在明确学校教育基本职责范围的基础之上，把与中小学教师不相关的事务清除，使中小学教师减负工作真正落实到法律层面。

师者，传道授业解惑也。不要在道德层面上对教师过于苛求。教师也是人，是人就有人的需求。人吃五谷杂粮，孰能无病？放在神坛上的教师是无法长久的。而应该与家长相互理解，加强沟通，降低教师的心理负担。正确看待教师职业，体谅教师在教学中的种种困难。给教师应有的职业尊重和信任，为教师营造一个舒适的工作环境。

提高农村教师的编制比农村教育有其特殊性，人少班级多。不能完全照搬照抄城区学校的文件。应该因地制宜，给农村教师配备足够的专业教师，合理的教师结构配置能更好发挥教师的专业素质，

满足老百姓对教育的迫切需求。

痕迹化管理从时间和内容上全方位，无死角的保留了教师相关的工作记录。但也在一定程度上增加了教师工作的负担。上面千根线，下面一根针，部门层层加码把压力和责任传导基层一线，干部人员

少，往往“一对多”身兼数职，总是疲于奔命应付各类督察和考核，精力和时间大量浪费，形成“工作不厚，资料补够”来凸显工作的成效；另一方面：个别干部工作作风不严和政治站位不高，认为拍照等方式留痕就是干工作，打着务事的幌子“拍照取证”，用工作“痕迹化”的名义来充当个人不作为、不担当的“保护伞”，大有形式主义“再抬头”之态，让工作流于形式。

牢记教师的初心和使命，始终坚持真抓实干，把心思融入勤恳工作之中，让教师从巡河、巡塘等不务正业中挣脱出来，给教师一个轻松的环境，让教育回归本源。只有这样，我们的教育者才能真正地抵达理想教育的彼岸。

教改提质引新泉，凝心聚力促发展

——“五分钟主题巡课”的实践与探索

浙江省温州市龙湾区第二小学教育集团　董彩霞　王少秋

秉承区域“品质教育•学在龙湾”的教育理念，为充分激发学校教师教书育人的积极性创造性，形成师生才智充分涌流、活力竞相迸发的良好局面，温州市龙湾区第二小学十年磨一剑，深创“五分钟主题巡课”品牌，努力实现“打造东部教育高地”的教育愿景。办学以来，学校始终坚持以“五分钟主题巡课”为抓手，把细节抓严、把常规抓好、把过程抓实，不断提升学校教育教学品质，推动学校向前发展。多年来，经过全校师生的奉献和努力，我校办学成绩卓越、硕果累累，先后荣获了浙江省示范性教师发展学校、温州大学教师发展学校、温州市第一批教学新常规示范校、龙湾区学本课堂示范校等荣誉称号。此外，我校的“五分钟主题巡课”项目使学校焕发了创新活力与发展动力，也让我校成为浙江温州市教育艺林的一张亮丽名片！

一、“双规”并举，深挖教学新突破

优质的教育离不开优质的管理，更离不开优质的课堂。我校的“五分钟主题巡课”项目从建校时便开始实施了。十年来，我校从“推门课”到“巡备课改作”，到中期的“巡学规”，再到最后的“巡学规教规”，前后共经历了6个版本。每一次改进，都是对问题的深入探究；每一次改变，都是一次管理细节的蜕变。最终挖掘出属于学校原生态纯本色的“学规48字”、“教规48字”的具体内涵。

最终，我校的“五分钟主题巡课”针对“学规、教规”两方面的管理内容进行有针对性、有主题的巡课管理。其操作方式为：在不通知教师的情况下，随机进入被查教师的课堂，听课时间为5分钟左右，在巡课过程中，有目的地通过“学规48字”、“教规48字”中的若干主题巡课，发现学习常规和教学常规中的亮点或薄弱点，并通过原因分析切中内核，探索教学行为发生的背后的行为，以“学规”和“教规”的落实，促进课堂变革，改进学习行为，提升教学艺术，提高教学质量。每一个“教规”和“学规”的背后，都含着丰富的评价引领，以评促学，以评促教，以此促进教规和学规的落地生根。

我校的“五分钟主题巡课”项目通过对“双规”的巡课观察，发现教学闪光点或薄弱点加以良性引导，突出以学为中心的课堂理念，促进学生、教师共发展，从而提升教学质量。

二、规范制度，学教有序促提升

制度，是落实的根本保障。为保证巡课质量，我校制定了《龙湾二小教育集团课堂常规歌》《“课堂常规48字”评价标准》《龙湾二小教育集团课堂教学巡查制度》《龙湾二小教育集团五分钟课堂巡课记录表》等内容，将教学常规巡查贯穿学期始末，做到“有巡视，有主题，有反馈，有提升”，使教学管理工作更加规范、有序。

在教学改革的进程中，我校不断探索，使“五分钟主题巡课”项目的巡课模式更加灵活。一方面，探索“不固定+固定”式巡课模式。“不固定”式巡课指在时间不定、人员不定的情况下，由学校领导及教务主任组成检查小组，不定时地组织随机突击检查。“固定”式巡课是指以固定班级、固定内容进行主题巡课，如针对“合作协调有序、写字清洁端正”这些需要特意检测的学规，将采用这种形式的巡课加以观察反馈。另一方面，为更好地提高巡课的效果，我校在实践中形成了巡课“五字诀”，即“听、观、查、评、改”。通过巡查步骤“五字诀”，对课堂中发现的问题进行把脉、诊断、整改，对课堂教学进行全方位地调控。

在“五分钟主题巡课”项目的具体操作中，我校将重点放在“巡妙招”和“亮妙招”上，若发现某个班级的“学规”或“教规”上有亮点的，或存在着薄弱点的，都可以突破5分钟的时长，延长时间进行观察并记录，并与相应班级的班主任及科任教师交流，探究其精彩学习或薄弱环节行为背后的深层原因，分析其教学管理及教学行为。精彩的“双规”行为，让执教教师或班主任提炼出形成精彩教学的“妙招”，在全体教师会议上进行“亮招”，在我校的“龙翔讲坛”中“亮招”分享，形成互动交流的学习磁场，促进教学思想的碰撞，达到共同提升的目的。反之，若存在特别薄弱的地方，巡课者将汇报学校，让有措施有经验的老师或管理者给予相应的改进措施及建议，进行“支招”。如若问题是属于教育教学的共性问题，将在全体教师会议上进行“支招”活动，以更好地为教学服务。

三、知行合一，双规并举显成效

绵绵用力，久久为功。我校“五分钟主题巡课”项目在教学常规管理中的尝试，带来了可喜的变化，取得了积极成效。“学规”的巡视，使学生在上课专注听讲，学习有效，甚至高效，保证听课质量，提升学习效能，学生不仅思维活跃，而且在常规方面做得更是令人称赞。这都归根于巡课管理举措的实施和教师的智慧教育。其次，通过巡视“教规”，基于“发现亮点、改进薄弱点”的理念，促进教师在备课、管理等实践层面的探索，更促进教师在提炼亮点、分析薄弱点等理论层面的思考，展开对如何构建以学为中心的课堂，如何设计有趣又有效地学习活动，如何让学生形成良好的学习习惯等问题的探索，从而倒逼教师去探索、去实践课堂教学变革，进一步提升教师的实践能力与反思能力，促进其专业发展的可持续发展。第三，“五分钟主题巡课”项目在教学常规管理的创新应用，让学规、教规双翼齐飞，有效地提升课堂教学质量的提高，营造出良好的“校风、教风、学风”。

非知之艰，行之维艰。教育是一项知行合一的事业。我校的“五分钟主题巡课”　为教改提质注入了活力之泉，为学校内涵、品位和文化底蕴提升奠定了基础。今后，我们将在教育中不断创造、生成丰富的资源，在“管理”上用功，在“课堂”上磨砺。未来路上，我校全体师生会继续携手一心，为打造有生命、有活力的教育，不懈努力，共谋幸福。

用小故事　做好“立人”大文章

——普陀小学德育品牌项目“故事养正”汇报材料

浙江省舟山市普陀区普陀小学　张伊　庄燕

“和”是中华传统文化的基本理念与核心，“美”是我们教育的品质与追求。普陀小学以“和美养正，普济立人”为核心办学哲学，扎实脚步，夯实行动，落实品质，通过“养正”，力图达到“和而不同，美美与共”的“立人”目标。同时，为实践“教育回归儿童，儿童回归生活，生活回归幸福”的三个回归，学校有了这样的愿景：新东方1001夜，一个有故事的学校。在此基础上产生了“儿童立场，生活眼光，故事表达”课程主张。

近几年来，学校以市德育品牌孵化项目“故事养正”建设为抓手，进一步推进养正课程建设力度，创新教育载体，以故事养正，丰厚11种品质内涵，以特色鲜明、体系完善的养正课程建设固立人之根本。

一、形成“一条主线”，让品牌有方向

普陀小学以“和美养正，普济立人”的“1种思想”作为办学哲学和思想引领，将我国优秀传统文化中的精神风骨，提炼调整为更切合社会主义核心价值观的“11种品质”：文明、爱国、探究、坚持、乐学、感恩、友爱、自信、勤俭、担当、自立，把作为德育总目标的这十一种品质设为主题学月，再将品质外化为具体的行为习惯，以“101个习惯”来表现，落实于每个学月中。围绕每月德育主题，配以我国传统文化故事、诗词名句、舟山海洋民间故事及孩子们的品质故事等，形成“1001个故事”，合编为《新东方一千零一夜》校本教材供孩子诵读学习。由此构成“思想—品质—习惯—故事”的德育课程主线。

有了主线，做德育就有了方向，有了目标。而在这条主线上的最终落脚点就是故事。

二、讲好“四个故事”，让品质更闪亮

坚守“儿童立场、生活眼光、故事表达”的德育理念，让德育品牌建设有声有色、有趣有味。在故事里，让学生的十一种品质、习惯潜移默化、生根发芽。

（一）活动课程讲好“梦想的故事”

以十一种品质培养为着力点，以草根舞台为载体，做精做细“一月一品质，活动促品质”的学月特色活动，提升养正课程品牌质量。十一种品质十一个特别，每个学月都是一个“特别”。在特别的学月活动课程中，孩子们在草根舞台珍藏起梦想的故事。上学期感恩、友爱、自信、勤俭、担当这五种和美品质让草根舞台魅力四射，海韵广场、开放式队室、爱莲池、一楼餐厅、美术馆、图书馆、体育馆、梦想剧场……随处可见孩子们自信、灵动的身影。缤纷草根舞台，展示的是精彩，放飞的是梦想。

2019年9月，在祖国70周年华诞即将到来之际，以舟山创建国家文明城市为契机，结合九月“特别讲文明”活动课程内容，学校以“我是小小护旗手 表白祖国庆华诞”——“献礼祖国七十华诞•争当新时代

好少年”之“Happy开学季”活动拉开了新学期的序幕。

文明第一礼：学校举行了“我是小小护旗手·我和国旗同框”合影活动启动仪式，举行了隆重的开学典礼：假日小队活动展示、先进表彰、新教师亮相、各年级段爱国歌曲互动……特别是“我是小小护旗手 我与国旗同框”仪式，每人手持小国旗，向祖国表白，祝福祖国繁荣昌盛！把活动一次又一次推向高潮，各级各类媒体多有报道。

文明第一餐：结合微视频进行用餐文明教育，开展了“节粮大侠、重出江湖”活动，倡导学生用餐安静、尽量光盘。

文明第一作：“大手拉小手，书本美美哒”活动，五六年级哥哥姐姐帮助一年级同学完成包书壳，二至四年级学生独立或小组合作包书皮，开启了新学期团结互助文明第一作。

文明第一课：组织全体师生收看了央视《“五星红旗，我为你自豪”——开学第一课》，引导孩子们以中华民族复兴为己任，以实际行动弘扬爱国主义精神。

文明第一游：组织开展第二届“小莲娃”杯游泳比赛，既是对学生暑期游泳学习的一次检验，也是不断提高学生游泳运动技术水平，调动孩子们参加体育活动积极性有效手段。

文明第一行：“大手拉小手 美丽校园行”五六年级学生结对一年级新生，开展了认识、熟悉校园活动，完成“校园行”争章任务。校园里充满了温馨的场面、洋溢着幸福的笑脸。

文明第一赛：我校举行了文明第一赛之体育嘉年华吉尼斯挑战赛，本次比赛设足球颠球、篮球投篮、立定跳远等十项比赛，由同学们自主选择参加，莲娃们个个都勇于挑战自我，能量无限。

每一次活动都因为草根而更贴近孩子，更承载了孩子向善向美的梦想。

（二）成长课程讲好“向往的故事”

成长是一树花开，是最有纪念意义的时刻。我们以家长开放日为载体，一个年段一主题，形成成长系列课程。一年级入队礼，爸爸妈妈共同见证孩子挂上红领巾的神圣时刻；二年级立夏蛋趣乐翻天。蛋王争霸赛、称重、编蛋套，在蛋上画祖国，挂在胸前最自豪。三年级“我十岁啦”成长礼，父母的养育恩，师长的教导情，给孩子们一种仪式感，一种责任感，更给予一份学会成长的自信；四年级家长七彩童年爱在普小，小手牵大手，走进校园，游历炫彩的童话世界，一起细数校园里留下的足迹；五年级情满校园，浓浓粽香。亲子一起裹粽子，裹出来的是老祖宗留给我们的文化，裹出来的是浓浓的亲情。六年级“恰同学少年”毕业礼系列课程，走进军营强毅力，写下梦想寄未来。为今后树立正确的人生理想奠定了基础。

成长，成于经历，长于领悟。孩子们用仪式见证对成长的向往，留下的故事如美好的脚印一串串。

（三）游学课程讲好“行走的故事”

“用开放的眼光看世界”，普陀小学拓宽、延展各类综合性实践体验基地，开发非遗传承类、海洋环保、自然探秘等7大游学课程内容，积极与海钓文化基地、海洋研究基地、少年宫、红十字会、消防队等校外综合实践基地对接，组织各年级开展丰富的实践体验课程，提升学生综合素养。上个学年，异地文化游学组织26位师生到香港开阔视野。海洋环保游学组织3次湿地环保行动，进行专业水质监测；组织4次公益净滩，近500人次参加活动，清理莲花洋海岸线1000米左右，捡拾垃圾150公斤左右，其中五（6）班多次参与活动，被评为“区十佳优秀班集体”。非遗传承游学多次组织学生参观鱼拓、渔绳结基地，一学年走出去6次，请进来80余次，学生非遗技艺得到提升。自然探秘游学组织春秋游两次，到8个基地参观，组织节气游学12次。红色印记游学组织“红领巾小小讲解员”、“走研学路线寻红色印记”活动，打卡舟山22处红色研学点，8位队员参加教育局组织的红色印记蚂蚁岛研学活动。安全体验游学分别到少年宫体验红十字急救，走进展茅食品安全检测基地，到区消防队参观访问。社会实践游学组织2次敬老院志愿服务，到凯虹广场进行英语快闪秀，组织191名免考生参加社会体验，组织小小啄木鸟为创城助力。孩子们走出校园，收获不一样的体验，更记录别样的课外游学故事。

（四）节气课程讲好“传承的故事”

开发二十四节气拓展性课程，整合语文、科学、音乐、美术等学科资源，通过STEAM项目学习的方式，全方位体验二十四节气的魅力，浸润中国优秀传统文化的精髓。从惊蛰春雷响，到夏至日久天长，四、五年级各个班级在探究节气拓展性课程的路上，融合语文、美术、科学、音乐等学科资源，浸润中国优秀传统文化的精髓。已有近15个班级组织召开了节气发布会，探究自然万物的底色，寻找“节气”的传统味道和舟山痕迹，把学科整合学习的成果向学校同学进行展示、分享，各班都把每个节气明显的特色凸显出来了。每个节气诗词推广会，则更多侧重探究诗词里的节气，文学中的诗词。孩子们在节气课程中绘制认知自然万物的时间坐标，沉淀出中华优秀文化的传承故事。

三、“梦想基金”评价，让成长有力量

（一）奖励开启梦想

对照品质养成目标，根据相应的得分及具体表现，获得相应的“莲娃卡”，10张“莲娃卡”可兑换1枚莲币。根据所得莲币数进行阶梯性评价：每周——习惯好少年；每月——品质好少年；每学期——和美好少年。同时选取和美少年典型，拍摄微视频，讲述微故事，将品质少年的故事补充到国学课中，成为同学们的品质榜样。同时，孩子们将所得莲币贴于自己的“梦想基金”中，可以用来兑换梦想。

（二）兑换实现梦想

从一张莲娃卡，到一枚莲币，再到满是莲币的小小梦想卡，它是德育激励性评价体系的直接表达。小小梦想卡是既能帮助兑换自己想要达成的心愿，同时也告诉孩子要实现梦想必须付出努力。

兑换主要分三类：(1)学月常态兑换。每学月末，推出“梦想基金兑换菜单”，包括爱上黄金屋、迷你电影院、作业免单等40个兑换项目。学生用自己努力所得的莲币选择兑换自己的学月梦想。(2)主题兑换。如植树节时，兑换不同种类的花种、多肉植物和小花盆，集中种植和养护。艺术节时，兑换各类演出门票等。(3)特别兑换。针对学生行为规范养成难，易反复的现象，推出“特别讲文明”卡。如为鼓励“光盘行动”推出的“吃饭香喷喷”奖励机制。每月评出“吃饭香喷喷”优秀班，奖励一只特大蛋糕，并邀请节粮大侠享受美食盛宴。

如今，“故事养正”已成为学校教育的一大品牌，师生的人文底蕴、道德情操、学校的办学成效广受赞誉，“故事养正”德育品牌建设经验分别在浙江省少队会、区德育工作会议、区教学现场会上报告，有了一定的知晓度，每年在家长对学校的满意度测评中，“满意”占了98%以上，学校的社会美誉度不断提升。

普陀小学将始终坚守教育初心，牢记育人使命，以和美、养正、普济三管齐下，立己达人，以“故事养正”建设为抓手，共赴“立德树人”根本目标。

倾注满腔热忱，建构特色教育蓝图

郑州外国语学校（集团）登封校区 登封市外国语高级中学 曹四清

生命离开水源，就会枯竭。国家、民族的发展离开教育就会衰亡。教育是生命进步的新鲜血液，是时代发展的思想能源，只有保持充足的活力和创造力，才能持续推动人类社会向前发展。从根本上说，教育就是一个民族兴衰的命脉，是国家强弱的心脏工程。只有在教育的土壤中深耕细作，做有故事的教育，办有特色的学校，才能让教育的温暖浸润每个校园。我校坚持以习近平新时代中国特色社会主义思想为指引，认真落实上级教育部门的各项要求，扎实做好立德树人和教育脱贫工作，加强学校文化建设，引领学校发展。2020年高考，我校实现了清北的突破，取得了首届高考的开门红：李晓慧同学以699分的优异成绩被北京大学录取；全市理科前7名（681分以上）占3人，前10名占4人，前20名占8人，600分以上99人；应届重点大学上线299人，本科上线871人。成绩的取得归功于上级部门的正确领导和社会各界的大力支持，归功于全体登外人的筚路蓝缕、默默奉献。

一、多措并举，凝心聚力谋发展

立德树人是发展中国特色社会主义教育事业的核心所在，是培养德智体美劳全面发展的社会主义建设者和接班人的本质要求。社会主义核心价值观是学校教育的灵魂。我校通过集中培训、学习强国、党建云、升旗仪式、班会、文明礼仪教育等形式，对全体师生加强社会主义核心价值观教育、爱国主义教育、德智体美劳全面发展教育。我校推进并完善了学校文化建设，构建了学校独特的学校文化体系，以文化建设引领学校发展。该体系包括核心价值观、办学理念、办学目标、育人目标、校训、校风、教风、学风、办学特色、文化认同等方面。我校采取的第一步就是深化课程改革。课堂教学改革的关键举措是全面落实“思悟”课堂教学范式，这种范式基于对教学本质的理解：教的秘诀在于度，学的真谛在于悟，悟的基础在于思，书读百遍义自见，题讲十遍能反三。每节课分为三个环节：学生课前5分钟展示，师生互动合作探究32分钟，最后3分钟总结反思质疑；五个抓手：板书设计，关键学生提问，小组探讨，思维导图，课后小结。

此外，我校以“一课一研一上一评”教研活动为抓手，提升教学质量。大胆实行领导承包制。领导承包学科组，按时参加教研活动，模拟真实课堂，全员参与教研，充分发挥教研组骨干教师、有经验的教师、老教师的引领作用，尤其注重鼓励青年教师认真参与教研过程，大胆探索实践，认真学习请教，反复思考总结，不断促进业务成长。

我校还充分利用“优教通”、“七天网”、“爱作业”、手机微信、校讯通、钉钉等现代教育平台，把线上与线下教学有机结合起来。学习内容包括思想教育、安全常识普及、学习生涯规划、教师答疑、课件回放、在线直播、周练周考等。新冠疫情防控期间，学校专门成立了网络教学调控中心，校长任总指挥，学校教学领导为成员，统一安排部署每天的网上教学工作。

为加快促进青年教师业务水平提高，我校也会定期进行青年教师业务素能测试。参加测试人员为青年教师，考试内容为近五年全国和地方高考真题，实行闭卷标准化考试，统一改卷，对成绩优异者进行表彰。为带动青年教师成长，我校全面启动学校振兴的“青蓝工程”。

具体内容包括：拜师结对子、读书活动、青年教师汇报课和示范课、各类优质课大赛、教科研工作、名师培养工程、专家来校指导、教师参加郑外校本部的培训、持续进行的学校校本培训。同时，大力开展特色教育。为保障全体学生的身心健康，我校开设了太极拳、八段

锦、少林拳与少林棍等特色课程，要求全员参与，人人学会；在每个年级的教学楼前装有单杠、爬梯、竖梯，以便于师生锻炼；坚持上、下午课间环形健步走活动各半小时；学校严格实行学生中午在宿舍午休制度；实行英语A、B班小班授课制度，开设了日语与俄语课；全面推进所有班级内的学习小组建设，对班级的后进生设立了导师制与“一帮一”小组；持续开展优等生拔尖和踏线生培养工作。

二、初心不殆，深耕细作暖人心

教育的智慧是生命对生命的责任和承载。著名教育家苏霍姆林斯基说：“没有爱就没有教育。”仁爱之爱是本真的教育，是积极的教育。有爱和温度的教育才是真正的教育。因此，我校认真落实国家资助政策，不论是高中生资助，还是高校助学贷款，只要是政策允许，学生所需，学校都会及时、认真地落实国家资助政策，保障国家政策落地，及时解答疑难，为脱贫提供大力支持，为学生提供便捷服务，把国家的温暖传递给家庭困难学生，保障这些学生的基本权利，助力他们健康成长，让困难学生充分享受公平的教育。我校逐一排查，详细了解家庭困难学生的基本情况，再按照家庭困难学生所在乡镇实行承包制，每一名困难学生都对应有一名包保责任人。包保责任人定期下乡入户，了解情况，宣讲政策，解决实际困难。线上线下融合教学，是现代教学形式的创新之举。我校充分利用这种形式，帮助家庭困难学生。尤其是在新冠疫情期间，为落实好“停课不停学”工作，学校及时联系移动、联通、电信等通讯公司，为困难学生安装宽带，赠送流量，提高网速，还为这些学生免费赠送平板、手机等学习工具，切实保障家庭困难学生的学习过程和学习效果。对于家庭困难学生，学校实行送课扶贫制度。学校领导带头，根据困难学生的学科发展情况分配老师，组建合作学习小组，对点发力，精准实施，确保效果。我校为部分困难学生减免学费，对于部分家庭困难的学生，减免学费，帮助他们渡过难关，顺利完成高中学业。我校对品学兼优的困难学生进行奖励，根据学生的综合发展情况，对品学兼优的困难学生，进行精神和物质奖励，为这些学生的成长搭建坚实的平台，落实好高考助学资助活动，助力他们圆梦高考，安心跨入大学门槛。

教育是温暖人生的第一缕阳光，它尊重、赏识每个个体，致力于学生能力、品德等各方面素质的全面提升，服务于个体的健康成长，滋养每一个生命。未来路上，我校将一如既往地抓好立德树人和教育脱贫工作，办一所温暖的学校，办一所中原名校，办一所健康灵动、彻悟智慧、“人文+个性”特色的学校，不负时代，不负韶光，勇立潮头，不辱使命！

构建音乐教学范式，培植学生学科素养

重庆两江新区博雅小学校　谢晓梅

“快乐歌唱”教学范式是随着新课标的出台和音乐教学范式转型而出现的新事物。以生为本，回归学习本质；以唱为旨，协调教学目标；以乐为根，培植学科素养；以美为基，变革教学方法；以创为魂，重塑育人价值是“快乐歌唱”教学范式的基本内容。其建构路径主要包括：教学目标以能力为导向；教学环境以兴趣为主题；教学内容以综合为特征；教学过程以学生为主体；教学方法以实践为引领；教学评价以素养为表征。我们从小学音乐学科核心素养出发，通过革新小学音乐课堂教学，深入探讨小学音乐教学价值共识、核心理念、具体操作和相应评价，建构小学音乐教学的“快乐歌唱”教学范式，以培养学生音乐表达能力和审美能力，进而提升其音乐学科核心素养。

一、快乐歌唱教学范式概念

在论述“快乐歌唱”教学范式之前，首先要明确范式和教学范式的概念。“范式（paradigm）”的概念和理论由美国著名科学哲学家托马斯·库恩提出，并在其著作《科学革命的结构》（1962年）中系统阐述。对于“范式”这一概念，库恩给过一个关于其内涵的描述性定义，“范式是一个特定社团的成员共同接受的信仰、公认的价值和技术的总和”。教学范式则是范式在教育领域的具体运用。

“快乐歌唱”教学范式与“文化理解”教学范式的关注点一致，都重视学生的情感体验和对音乐的理解与感受，两者是一脉相承的。“快乐歌唱”教学范式是研究共同体接受的有关小学音乐唱歌教学中的核心主张、基本要素、主要流程、教学策略及评价方式等，着重关注小学生音乐学科核心素养和艺术审美能力的发展，引导学生从乐趣、乐学、乐用到乐问、乐评、乐创。“快乐歌唱”教学范式以“学生之乐”与“教师之乐”为主要研究对象，探讨儿童是如何快乐地感受音乐、学习音乐以及表达音乐，教师是如何在教学过程中营造快乐地教学氛围，引导学生乐学好学，以提升学生的音乐素养和审美能力为其终极目标。

二、快乐歌唱教学范式内容

本研究以快乐教学为理论基础，依据“以学生为本”的育人理念，在唱歌教学中充分尊重学生的个性特点，释放学生天性，让学生充分地感受和体验音乐的美好，主动去探索和发现歌唱的奥秘，享受音乐表达和创造的快乐，为儿童提供多种自主选择的机会。

以唱为旨，协调教学目标。唱歌是一门艺术，其将音乐、语言、形体以及表现等有效融为一体。现阶段，随着新课程改革的持续推进，对于小学音乐教学也提出了新的要求和标准。学校教师应根据学生不同段的心理发展水平和音乐认知特点，分学段取设计梯度渐进的课程目标及相应的课程内容。

以美为基，变革教学方法。通常，人们愉悦的心情可以通过欢快的音乐进行表达，安静的感受可以通过抒情的音乐进行表达，悲伤的思绪可以通过伤感的音乐进行表达。音乐审美指的是对音乐艺术美感的体验、感悟、沟通、交流，以及对不同音乐文化语境和人文内涵的认知。“以美育人”的教育思想与我国的教育、文化传统一脉相承，是培养德智体美全面发展的社会主义建设者和接班人的教育方针的有机组成部分。因为我们需要以美为基基础，变革教育方法，培养学生的学科核心素养。

以创为魂，重塑育人价值。本研究提出的“以创为魂”，旨在让学生在音乐学习过程中不但勇于进行音乐创作的尝试，而且能够正确运用音乐创作的方法，创作自己的“产品”，充分体验成功的快乐，从而完成音乐学习由“兴趣”到“志趣”的转变，重塑音乐教育的育人价值。

例如，课题组的老师在执教小学三年级唱歌课《春天举行音乐会》一课中，并没有停留在通过音色的变化来表现春雨、春风、春雷、春水等春天景象上，甚至其重点也并不仅仅是在“唱”上，而是让学生发现作品旋律，在过程中采用“同头换尾”的创作手法及和弦音程，让学生运用1、3、5三个音创作8个小节、两个乐句的旋律，并进行小组交流展示。这对以往的唱歌教学中坚持“以唱为主”、“一唱到底”的教学理念来说是完全没法想象的。然而，当你看到学生有了自己的音乐作品那种兴奋的眼光和快乐地表情时，你觉得这样的尝试是值得的。这才是真正体现了音乐的“创造性”价值，这样的唱歌课才是真正“有趣的”。

三、快乐歌唱教学范式建构路径

我在多年教学实践中总结出“快乐歌唱”教学范式建构的基本路径，主要包括：乐学、乐思、乐情的目标取向；乐境、乐导、乐趣的教学环境；调动听、唱、奏、创、动、音乐和相关文化开展内容设计；实施启于境、游于艺、归于情的教学过程；融汇乐问、乐用、乐创、乐群、乐浸构成教学方法体系；形成指向唱准、唱会、唱美的学科指标和自主、合作、创新的育人指标的教学评价体系。

教学目标以能力为导向。教学实施的目标取向是对“快乐歌唱”教学的观念引领，是“快乐歌唱”教学实施的基础，基于“快乐歌唱”教学以生为本的核心理念，教学目标的设计首先要关注学生的态度，即乐学，学生愿意并能够在快乐中学习音乐。在音乐学习中培养学生的学习能力。其次要在教学过程中关注学生的思考，即乐思，让学生在“快乐歌唱”的同时乐于思考，具有创造力，培养学生的思考能力。最后，要关注音乐学科本质的特点，即乐情，音乐体验与表达的过程即是知情意的过程，培养学生感受音乐、理解音乐的能力。因此乐于感受情，表达情，是快乐歌唱的第三个目标取向。

教学环境以兴趣为主题。教学环境的创设需要学校和教师共同努力。学校要为学生创造让学生乐于学习、感兴趣的教学环境，如学校的基础设施、教室环境，都要根据学生的兴趣来设计。教师要创设构建轻松，富有情境的课堂教学环境。在教学过程中，教师要用学生感兴趣的方法导入新课，引导和指导学生进行创造性的学习进而促进其自主学习，同时关注教学中的乐趣，让学生在快乐中，趣味中体验、感受、表达、创造音乐。

教学内容以综合为特征。在设计音乐教学内容时，不能只关注音乐基本技能和基础知识的学习，还要将音乐与相关历史文化进行有机整合，以综合作为音乐教学内容的特征。在听、唱、奏、创、动丰富的音乐活动中综合音乐感知与表现的内容，使学生能够通过多感官的音乐活动，整体把握音乐本质特征及音乐与相关文化。在音乐课中遵循音乐听赏与表现的规律，设计、组织和综合教学内容。

教学过程以学生为主体。学生是学习的主体，以生为本既是新课程改革倡导的理念，也是“快乐歌唱”教学范式的主要理念。在教学过程中以学生为主体可以从以下几方面入手：

其一，启于境。教师在实践操作中要尽可能地尝试运用多种教学媒体和各种教学手段精心创设音乐情境，引导学生以境入学，以学共情，从而激发学生的学习兴趣，引导他们以良好的学习状态进入音乐学习；其二，游于艺。教师要充分运用音乐弥漫性的特点，以整体感知、小组合作的方式，引导学生自信演唱、快乐表现、自由创造，从而享受音乐歌唱的愉悦，感受音乐韵律、意向美的熏陶；其三，归于情。是课堂唱歌教学的最重要流程，它需要教师充分挖掘不同音乐作品所蕴含的音乐美、文化美。通过对教学媒体的合理运用，音乐教学情境的创设等，在作品、学生和教师之间共建一个情感共同体，以此激发师生间的情感共鸣，以美生情，以情生雅，进而在生活中拓展美、升华美。

教学方法以实践为引领。“快乐歌唱”教学范式下的教学方法要以实践活动为引领，在音乐实践中培养学生能力，提高学生素养。第一，需要教师善于、乐于提问，通过问题导向激发学生思考，鼓励学

生创造，引导学生学习。第二，教师专业示范也是音乐教学中的重要方法，规范且富有情感且能够传递美感的范奏、范唱是学生学习的重要参考，是教学中的必要环节，是学生学习心理的总动员。教师善于运用专业能力，适当地进行范唱、范奏，为学生提供真实的具有活力的音乐课堂，因此，乐用是“快乐歌唱”教学的重要方法之一。第三，小组互动，协作创造是学生在音乐学习中的重要方法，依据学法的需求，促进教法的改革。最后，沉浸式的音乐环境，即乐浸是音乐课堂的环境构建，教师应善于创设丰富的，沉浸式的音乐环境，为学生提供音乐学习的土壤和阳光。

教学评价以素养为表征。“快乐歌唱”教学范式的目的是为了更好地检验“快乐歌唱”教学效果、学生的学习成就，聚焦于学生音乐审美能力、音乐理解能力和音乐学科核心素养的培养与提升。从学生学科指标与育人指标的两个向度出发，评价学生是否能够在歌唱的过程中唱准、唱会、唱美，教师是否能在教学过程中实现音乐教学自主、合作、创造的育人目标。

“以生为本，以唱为旨，以乐为根，以美为基，以创为魂”的“快乐歌唱”教学范式，把“人文性、审美性、实践性”的音乐学科特质和“以人为本”的新课程理念融合起来，让学生在“快乐歌唱”中达到歌唱技能的进阶增长、音乐知识与能力的综合拓展、音乐学科核心素养的培植积累，促进学生身心和谐的全面发展、多元丰富的个性化发展、自主创新的可持续发展，最大限度地发挥音乐唱歌教学的育人功能。

学教有序壮心志，深思静想定乾坤

重庆市九龙坡职业教育中心　李巧玲　谢云峰　陈玲　黄琮

“一年之计，莫如树谷；十年之计，莫如树木；终身之计，莫如树人。一树一获者，谷也；一树十获者，木也；一树百获者，人也。”　这段话既阐明了人才培养的重要性，也揭示出人才养成的不易。教育是源于心的一种奉献和传递，像一双手一样，在生命的白纸上画出丰富多彩的世界。其不变的宗旨是立德树人，要以德为泉，浸润人格。教育的初心就是要培养一个优秀品德之人。而思政教育作为立德树人的灵魂工程，对于提高学生的思想道德素质和综合素养，培养合格的社会主义事业建设者和接班人具有重要意义。面对新时代、新要求。为更好地贯彻党的十八大精神，落实社会主义核心价值观教育，我校依托西南大学心理健康教育研究中心的优质教育资源，努力探索中职思政教育的新路径、新形式，终于架构出符合我校发展实情的思政教育“心”模式。这种“心”模式，它以立德树人为根本任务，以“加强社会心理服务体系建设，培育自尊自信、理性平和、积极向上的社会心态”为目标，将思政教育与心理健康教育相融合，以校园心理剧为载体，以在校学生为演出主体，通过音乐、舞蹈、诗歌等艺术表达手段，融合心理剧技术，真正激发学生的参与、体验、领悟、内省和成长，让社会主义核心价值观入眼、入耳、入脑、入心。通过努力，我校还探索出“三心主题，三步创作；三级导师，三级平台；三课载体，三方评价——六位一体”的实施路径，实现了润物无声，浸润心灵，增强德育合力，提高育人效果的目的和作用。几年来，我校这种以校园心理剧为实践平台的“心”模式得到了业内和上级领导的高度好评与充分肯定。学校接受了全国及市区级兄弟院校近千人的观摩学习。我校心理剧论文、课题、剧本等也获得国家、市区级荣誉15项。这些荣誉不仅坚定了全校师生的信心，感到满足，也照亮了我校未来要前进的茫茫大道！

一、凝心聚力，探索思政发展源渠

为了让“心”模式取得长足发展，我校的校园心理剧围绕社会主义核心价值观，立足学生文化，进行校园思政“心”模式的品牌建设，为学生设计了“三心”主题，即：爱心（爱国、爱校、爱己）建设系列、恒心（敬业、坚韧、执着）建设系列和信心（自信、积极、乐观）建设系列。通过校园心理剧，将学生培养成为具有爱心、恒心和信心的“大国工匠”。为增强学生的自主性，我校形成了三步创作模式：第一步，创编剧本；第二步，编排导演；第三步，演出分享。整个校园心理剧的编、排、导、演都来源于学生、形成于学生、创新于学生，极大地增强了学生的自主性和参与性。此外，我校借助西南大学、重庆师范大学等高校，组建了由“校内教师+校外教师+指导专家”组成的思政教育研究团队，对思政教育和心理教育的相关理论与实践进行专业把脉，为校园心理剧实践探索提供动力和支持。同时，调动多教育主体参与，打造三级平台。充分发挥心育教师、班主任、语文教师、艺术教师及家长等教育主体的积极性，搭建班级、学校、社会三级展演平台。从小到大，从少到多，从内向外，以点带面，全员辐射，全面覆盖。我校还以多样的课堂为阵地，构建三课载体。不仅采用心理沙龙、团辅等丰富多样的心育方法，还构建了以“学科课堂和班会课堂”为主的第一课堂、以“心理社团”为辅的第二课堂以及“校外社区课堂”的第三课堂，让学生积极体验，领悟成长。同时，为增强育人实效，努力实现三方评价。对学生成长的评价，注重过程性评价及以评价促发展。开发了一套师评评价量表、学生自评问卷和同伴互助评价体系。通过师评、自评、他评，切实强化了心理剧的育人效果。

二、立德树人，推动素质全面建设

我校“心”模式的校园心理剧实践，是对立德树人根本任务落实方式与途径的一种积极探索，在教育理念、实践形式、实践内容、实践动力等方面都体现了“新”和“实”。我校落实“以心为魂，思政育人”教育理念。以学生的思想品德、心理建设为出发点，以校园心理剧为载体，引导教师树立“凡是符合教育要求、有利于学生身心发展的活动都可以创造条件组织开展，凡是对学生有意义的积极影响都是教育”的教育观，遵循学生心理发展规律，满足学生心理需要，最终落脚于学生的思想品德、心理素质和匠心精神的塑造，以思政“心”模式达到并不断强化育人效果。我校的心理剧将音乐、美术、灯光、绘画、雕刻等多种艺术元素整合起来，增强了对学生的吸引力和影响力，营造了一种自主互助的氛围，能促进参与者人际交流能力和情感交流能力的提升，同时提供了安全的语言“审美场”，实现了审美的超越。此外，活动为学生提供了多种展示自身才艺的机会，增强了学生的信心，激发了学生的内在成长动力。同时以校园心理剧为载体的思政“心”模式，巧妙地“植入”思政教育和专业教育的内容。倡导教育实践生态、生动、生活和主动、互动，改变了教师“一言堂”和“为应考而教”的育人状态，为学生提供了感悟、交流、矫正的平台。学生解决的是自己想要解决的问题，体现了“思政无痕、潜移默化”的特点，从而促进了学生各方面能力的提升，实现了生命的成长和升华。以校园心理剧为载体的思政“心”模式，注重对学生内在需求的体察和满足，学生通过自助、自省，恢复生命应有的自发性和创造性，从被动听变为主动试，从而提升了人的创造力，使学生的幸福感更加鲜明和强烈。

三、放眼未来，搭建幸福成长平台

我校这种基于思政基础上的教育实践，不仅让学生德艺并修，也为学生搭建了自我表达、自我教育、自我成长的平台。它有效提升了学生的创造能力，增强了他们服务社会的意识。同时很好地激发了学生的内在动力，实现了“我的教育我做主”的教育效果。如今，我校学生通过自编、自导、自演，挖掘身边的人和事，围绕“爱国、敬业、诚信”等社会主义核心价值观，创作了40多部原创校园心理剧。《爱是亲情》《爱是友情》《爱是爱慕》大型心理剧累计已有20000余人观看演出。优酷网挂网校园心理剧点击量达到25700余次。心理剧社团到周边学校、社区公益演出20多场，受到了社会各界的广泛关注和赞誉。学生通过校园心理剧，自编、自导、自演身边的故事，感同身受，领悟道理，获得启示。持续的心灵浸润，激发了学生的内驱力。以良好的思想道德素质和心理品质为基，学生的综合素质全面提升。5年来，我校共获得231个奖项，370多名学生获奖。有2人当选全国最美中职生，9人获得国家奖学金。在体育类比赛、征文教育类比赛、技能类比赛等各类比赛中，多人获全国一等奖和市级一等奖。3人获高水平技术技能人才市级一等奖。再来，我校的这种思政“心”模式也促进了教师的专业发展，提升了教师的心育能力。为促使教师补己育人，提升心理教育技能，我校采取自上而下、全员学习心理健康教育的方式方法。定期“走出去”，随时“请进来”，通过各种途径，全面提升了教师的心育能力和水平。从2001年开展心理健康教育至今，我校成为西部首批“心理健康实验学校”、西南大学心理健康教育实践基地，心理健康教育形成了“起步早、影响广、效果好”的鲜明特色，推动了思政“心”模式的规范、有效实施。在校园心理剧创作过程中，语文、艺术、心育等各学科教师都积极参与进来，充分调动、增强了学校的思政合力，有效整合了教育资源。教师已出版《校园心理剧剧本集》《校园心理剧班会集》《心理剧在心理健康教育课程中的应用》等原创书籍117本。教师参加教育科研成果评比获国家级奖项3项，市级奖1项，在“中职教学能力大赛”中获市级一等奖3项，并在核心期刊发表论文多篇。一路走来，我校在思政“心”模式方面的探索实践，真正开辟了中职学校思政教育的一片新天地。这种贴心、齐心、走心的方式，切实打破了传统思政教育言语式、灌输式、结论式的模式，化解了传统思政教育不入心、不合心、不用心的弊端，使立德树人的根基更坚实，让社会主义核心价值观更落地。

四、德育同耕，共营生命美好未来

育人为本，德育为先。教育是滋养生命成长最好的土壤，让小小的幼芽得意光照，得以雨润。未来路上，我校会不断优化思政“心”模式的形式与内容，使其体系更完善，内容更丰富，形式更多样，让思政教育更为学生喜闻乐见，在潜移默化中培养学生优秀的道德素养和积极的心理品质，为学生的美好人生打下明亮的底色，使学校的教育改革创新实践不断走向新境界，取得新成果。

星光教育，照亮学子前行之路

重庆市南川区丁家嘴小学校　彭海峰

星星之火，可以燎原，星星之光，绽放光芒。每一颗星，似每一位学子，独具特色，耀眼夺目。群星相会时，便有万丈光芒四射，然则群生聚拢时，便有气势如虹之态。因此，我校依托星星之内涵，树立"颗颗星星放光彩"的办学理念，积极实施"星光教育"，促进学校内涵发展、特色发展。我们所提出的"星光教育"，就是希望我们丁小师生自信、阳光，就像星星一样绽放光彩，这集中体现在：一个中心——做星光灿烂快乐幸福的丁小人；两个基点——每天做最好，人人争最亮；三会教育——会做人，会求知，会创新。我们每一步都走地扎实、坚定，我们全心全意做教育，不断吐故纳新，力争另辟蹊径，给学生们创造一个更加适宜学习、适合成长的校园环境，使我们的学生在充满浓郁的文化气息中，享受最极致的教育，做最快乐地丁小人。

一、星星之光，熠熠生辉

环境对人有着潜移默化的作用，能够陶冶人的情操，浸润人的心灵。我们的校园环境文化形成了"一面墙二楼道三境界"。一面墙，即在校园主题墙开设"星光墙"，展示校园之星。二楼道，即楼道两边分别呈现金佛山导游文化和学生作品。三境界，即阐释星光、星光誓言、星光文化。

"星光课堂"启智慧，"星光课程"展品牌。学校通过落实"三个工程"，即精心阅读工程、精细培训工程、星光名师工程，培养时尚多元、激情乐教的"星光"教师，提高教师专业素养。同时，我们积极打造星光课堂文化。以"1+5"抓住"星光"课堂的魂。即一个理念：学生参与，齐放光彩。五个维度：生本、开放、互动、兴趣、有效；结合落实学生核心素养的要求，以小组合作学习为抓手，在德育与教学两个方面逐步建立立争星体系，以生命成长为本，建立课堂实践体系；结合《导出光彩——我是金佛小导游》课程，学生在课堂上画金佛、唱金佛、讲金佛、听金佛，在课外观金佛、照金佛、探金佛，提升综合素养。

"星光活动"育品行，"星光展示"树榜样。学校以"成为礼性、上进、创新的自信儿童"为目标，将学生的行为习惯、节假日活动、环境教育等内容与地方的风景名胜、学校文化相结合，融入学习习惯、文明礼仪、自信培养、模拟导游等内容开发校本特色课程，开展"星光活动"，在活动中育人。学校还设置了层次丰富的星光奖奖项体系：每周有"校园之星"、"班级之星"；学期有"学期星光奖"；还有"星级教师"、"星级学生"、"星级家长"、"星级课程"、"星级活动"；"进步星"、"文明星"、"礼仪星"、"健体星"、"科技星"；同时在围墙、廊道、班级设立"星光墙"，展示师生星级作品、星光明星，让校园的每一个角落都充满星光。

二、坚定理念，提升素养

我校星光教育以"颗颗星星放光彩"为核心，不只针对学生的当下，还关注学生的未来。"星光"是一种行为、一种人格，是一种需要长期培育，苦心经营的教育氛围。我校在教育教学过程中，不断提升教师的专业能力与思想素养，使"星光理念"在学校和老师的教育中潜移默化的渗透到学生的思想中，从而激发学生的学习兴趣与动力，促使学生们成为发光发亮的优秀者。

教育发展的脚步是从未停止的，需要我们不断革新自我，不断探索漫漫前路。办学以来，我校立足实际发展，坚持以立德树人为己任，紧紧围绕"星光教育"理念，在教学课程中开展"阅读超市"、"诗文读创"、"丁小之音"等活动，锻炼学生学习动手能力，丰富学生校园文化，使学生们深深地感悟文化的魅力，体怀动手实践的充实感。学校还开设以"星光课堂"为内涵的课堂文化，改进教学方式，让孩子们有"我要学，我会学，我乐学"的精神，培养学生良好品德，塑造其高尚人格。

追逐星光，追逐梦想的光芒。每一束星光，指引着我们向前奔跑；每一束星光，启迪着我们教育智慧的迸发；每一束星光，闪烁其光且不失芳华。作为教育者，我们始终坚持实施"星光教育"，始终坚信颗颗星星放光彩，我们希望学生们可以做像星星一样的人，用尽自己的力量，绽放出最耀眼的光芒，实现自己最美好的梦想。在未来的教育工作中，我们继续勇往直前，打造优质星光教育，开辟未来新征程！

阳光向上百花开，自主生长放异彩

重庆市南川区木凉镇中心小学　杨辉暇　王雅洁

生命是美好的，也是宝贵的。青少年是祖国的未来，青少年的健康发展，关系着亿万家庭的幸福，关系着国家民族的未来。教育是人生命活动的过程，学校是人成长的摇篮，是适宜生命生长与和谐发展的场所。在我校，随处都可见到阳光的老师，向上的孩子。学校在"生命　生机　生长"的办学理念影响下，积极践行"阳光向上百花开"的育人目标，用"天天向上　生生不息"的校训，时刻警醒全体师生自律、自主、自信、自强，大力加强　"生态教育"建设，鼓励师生在舒适、愉悦，充满生机与活力的环境中"自主生长"。

一、坚持立德树人，引导师生自主成长

我校坚持把"立德树人"作为教育的根本任务，不断加强领导班子自身思想和能力建设，把师生健康成长放在突出位置。"尊重、关怀、服务、领导"是我们的行动指南；"自律、自主、自信、自强"是校训"天天向上，生生不息"的深刻诠释。

"顺木之天，以致其性"。"智有短长，能有巨细"　"曲直长短，各有所施"。每一个独立的生命体，都是含苞待放的花蕾，他们有自己独特的个性，独立的思维，不论老师还是学生，亦有自己的长处或短处。先见人方可更好地做事。有温度的教育提倡尊重、唤醒、激励与鼓舞，应该传递温度与热量，应当充满温情，因材施教，因势利导，点燃激情，引导师生自主生长。

二、开设多样课程，助力学生向阳生长

"典雅课程"、"蓝天课程"、"智趣课程"、"尚美课程"、"健体课程"开阔学生眼界，丰富学生课外知识；"生态课堂"提倡民主、和谐的师生关系，让课堂成为生命体平等对话、共同生长的场所，倡导学生在活动中体验，在探究中生成，在互动交流中共享，通过创造充满生机的课堂教学环境，尊重每一个生命，巧妙处理课堂生成，实现每一个生态元素都自由、健康生长；"习惯与规则共生"是落实"四有八为"德育精品课程的重要载体，"五大常规"（文明习惯、学习习惯、卫生习惯、劳动习惯、锻炼习惯）助力学生向阳生长。

大气平整的塑胶操场活跃着学生们矫健的身影；宽敞明亮的教室是学生拓展真知的舞台；教室内外、走廊过道的名言警句、绘画作品陶冶着学生们的品行；生机勃勃的鲜花绿树在微风中向学生们点头微笑。

三、浓浓文化氛围，尽享童年美好时光

学生们披着朝霞在静园里看书，静静享受美文带给他们的知识与财富；迎着阳光在操场上学口风琴、玩魔方，幸福的体验校本课程带给他们的乐趣；学生们踏着余晖在运动场锻炼，尽情的挥洒他们的汗水与激情。

学校流动的"文化墙"、"神奇的小黑板"、"每日分享"，为师生提供了交流、沟通的平台；"请你来做校长"、"道歉日"、"小纸条"、"校长信箱"，深入了解了师生对学校工作的看法、意见，同时又培养了师生对事物的包容、大度和自身的反省；"特殊的三八节礼物"、"身边的榜样"、"最美教师评选"、"校长烹饪日"……让美好的童年生活在这里快乐生长！

四、立足地方特色，开发快乐盆栽课程

我校位于重庆市南川区北部的"生态农业大观园"园区内，周边生态条件优越，有着丰富的苗木资源，山坡上、树林里有着各种各样野生花卉和适合盆栽的苗木。基于这样得天独厚的条件，学校立足于地方特色与学生的发展需求，根据课程建设实际，结合"生机、生命、生长"的办学理念与"天天向上百花开"的育人目标，多学科联动，开发了"快乐盆栽"精品校本课程，以此实现学校的可持续发展、特色发展，力求让师生和校园的一切事物都充满生机，日日向阳而生。

快乐盆栽，多姿多彩。走进校园，操场边、旗台旁，总能随处可见多姿多彩的盆栽。素雅幽香的兰花、形态各异的多肉、苍劲挺拔的罗汉松……每周五下午，是孩子们的学习时间，学校特聘请了南川区盆景协会的专家和老师到校给孩子们上课。课堂上，孩子们主要学习盆栽的种植与养护、移栽与修剪技能。在老师的悉心指导下，孩子们每周都能感受到到不同的种植体验，收获不一样的盆栽作品，学生们总会给自己的作品贴上自己的名字标签，把它们摆放到校园里的各个角落，多姿多彩的盆栽，把校园装扮得像个大花圃，处处充满着蓬勃的生机。

快乐盆栽，以小见大。通过课程的实施，学生利用各种绿植，水培，泥土砂石，独特创意，亲手栽培，于一小盆之中塑造出微景观，亲身去体验种植、管理和收获。盆栽小小的形貌特点，和其特殊的表现方式，传递给了学生自然和艺术的双重美。

快乐盆栽，哺育未来。快乐盆栽校本课程，承载着学校对学生德智体美劳全方位的培养育人目标。快乐盆栽校本课程是一门集多学科于一身的综合实践劳动课程，它有机整合了课程资源，打破传统课程改革的课堂现状，通过实实在在的课程资源整合，充分发挥学科育人、课程育人的功能，实现由学生适应课程向课程适应学生的转变，促进学生思维整合和个性化培养，为开发课程资源和开发校本课程之间架起了一座桥梁，与此同时，盆栽课程与中国传统文化相融合，让学生在感受中国传统文化之美的同时，发展学生的综合素养和艺术鉴赏能力，在盆栽的种植与养护过程中，学生学会观察，学会劳动，学会欣赏，逐渐发展科学探究的意识和能力，提高劳动技能，让学生把每

一次制作过程当成创作和创新的过程，让学生用属于自己的想法去构建每一个盆景作品，让学生学会用艺术的眼光去欣赏每一个作品。

教育既要仰望星空，又要脚踏实地。国家的发展关键靠人才，人才的培养关键靠教育。作为学校教育工作者，我校全体人员将不忘初心，担当使命，为党育人，为国育才，促进学生全面发展，为实现“两个一百年”奋斗目标、实现中华民族伟大复兴的中国梦而努力奋斗。

铭记办学立校初心，奏响劳动教育强音

重庆市黔江区黄溪镇中心小学校　刘国华

“一年之计，莫如树谷；十年之计，莫如树木；终身之计，莫如树人。一树一获者，谷也；一树十获者，木也；一树百获者，人也。” 这段话既阐明了人才培养的重要性，也揭示出人才养成的不易。为贯彻落实《中国教育现代化2035》提出的“促进德育、智育、体育、美育和劳动教育的有机融合”和《关于深化教育教学改革全面提高义务教育质量的意见》提出的“坚持五育并举，加强劳动教育”。在市委宣传部、市教委的关心下，特别是在市未成年人工作处的悉心指导下，我校秉承明德全人教育理念，结合实际，狠抓劳动教育，把劳动教育当成引领学校发展的导向，积极开展具有地方特色的劳动教育，砥砺前行，始终如一。

我校是一所偏远农村寄宿制学校，距黔江城区62公里，建校于1936年。现有中心校一所，村校二所，教学班20个，学生639名，教职工57名。为使劳动教育落到实处，我校确立了“劳动引领、五育融合”的办学思路，即以“劳动教育”为引领，实现“以劳树德、以劳增智、以劳强体、以劳育美”，不断推进劳动教育走进新时代、再上新台阶。立足学校实际，结合品牌建设和办学特色，我校始终坚持以学校为主导、家庭为扩展、活动为载体，让劳动回归常态，通过学校、家庭、社会的通力协作，构建德智体美劳全面发展的教育格局。

一、铸魂培根，以课程活动为桥梁带动劳动教育发展

我校以“劳动教育”为抓手，夯实课程地位，把劳动教育纳入学校工作计划，做到“三进”：劳动教育进课程、进课表、进课堂，要求教师劳动教育课和其他学科课程一样需要备课、做作业。融合地方特色文化课程，结合土家族、苗族聚居地这一特性，在多年少年宫学生社团活动开展的实践基础上，我校编写了劳动教育校本课程《根脉》，持之以恒付诸实践。通过国家课程落实，校本课程活动开展，既树德又增智。因为我校地处边远农村，学生多为留守儿童，自然而然成了农村寄宿制学校，这就要求必须要培养学生的生活自理能力。我校在学校围墙外租用一块稻田，以QQ农场为模型开办现实版“梦想种植园”，学生利用劳动课动手栽种、施肥、管理……同时把收获的蔬菜供应到学校食堂，吃自己栽种的菜，收获劳动的喜悦。寝室内，孩子们自己整理清洗被子、衣物、鞋袜，布置寝室文化；食堂内，按需取饭菜、洗餐具、收拾餐厅；校园内，师生一道打扫环境卫生……通过劳动教育活动的开展，既培养了劳动技能，又锻炼了生活自理能力。另一方面，我校围绕乡村学校少年宫项目建设，确立了以“传承土家民族文化，弘扬中华传统美德”为主题的特色学校办学思路，并组建学生兴趣小组开展活动，诸如狮舞、唢呐、草编、十字绣等皆为土家民族传承文化劳动，聘请民族文化传承人和民间艺人进行教学，颇受欢迎，既强体、又育美。我校狮舞多次参加黔江区艺术展演并获奖，屡次参加市、区大型活动并获好评，多次被市、区级媒体报道。唢呐吹奏使校园充满生机与活力，既锻炼了肺活量，又陶冶了艺术情操，市文明网对此专题报道。草编项目的打草凳、编草鞋，让濒临失传的民族文化手艺得以传承，学生不仅通过劳动学到了手艺，更了解了一段艰苦的历史，让学生们理解美好生活来之不易，弘扬勤俭节约的传统美德。十字绣学习更是女生的挚爱，通过绣花让女生心灵手巧，体验劳动最美丽、最光荣。

二、多措并举，立足校园建设打造劳动教育优质品牌

除上述把劳动教育纳入课程、课堂外，我校还把其纳入生活日常，学校师生常态养护校园花草树木，整治校园环境卫生，教师言传身教，学生亲力亲为，让大家在生活中感悟到“勤劳朴实、止于至美、奉献社会”的意义，在劳作中体会“真、善、美”的真谛，师生共创共建美丽校园。在明德项目建设中，就在半个月前的11月12日，我校在区、市教委的推荐下，经明德项目办评审委员会初审、复审、终审，我校荣获“最美明德乡村学校”。成绩来之不易，明德项目办此次在全国只表彰了三个类别共十所学校。

基于黔江区创健全国卫生城市的基础上，我校师生积极响应区教委提出的文明校园、卫生校园“两个校园”建设，落实行动，经常性开展志愿者活动，清扫街道、清理河道，上门慰问孤寡老人，帮他们打扫卫生，周末、假期督促指导学生做好农村人居环境整治，助力城市品牌创建和乡村振兴建设。

习近平总书记从劳动的价值评判、目标追求、历史创造、审美活动四个层面作出了劳动最光荣、劳动最崇高、劳动最伟大、劳动最美丽的重要论述。我校将谨记总书记殷殷嘱托，在市未成年人劳动教育联盟的带领带动下，在“四子”方面绵绵用力、久久为功。一是摆准位子。在“五育并举”的人才培养体系中，准确理解劳动教育的政治属性、教育属性、实践属性，准确把握新时代劳动教育的丰富内涵和重大意义。二是立好柱子。围绕劳动教育体系的关键点，加快建设和完善，把“四梁八柱”立起来、目标树下来、课时定下来、内容选出来、评价硬起来。三是搭实台子。根据实际情况和学生兴趣、年龄特点，利用本土自然与人文资源，深入挖掘各种基地和活动场所的劳动教育元素，为学生搭建好各具特色的劳动实践平台。四是探索路子。结合黔江自然条件、经济状况和文化积淀，不断探索体现实效的劳动教育实施路径，在全社会大力营造劳动光荣、创造伟大的舆论氛围，让劳动教育的路子越走越宽广。

“教育之根味苦，教育之果甘甜”。教育如温暖人生的阳光，尊重、赏识每个个体，致力于学生能力、品德等各方面素质的全面提升，服务于个体的健康成长，滋养每一个生命。未来路上，我校会继续以“劳动教育”为引领，脚踏实地，勇敢前行，在“劳动”上用功，在“教育”上磨砺，让教育散发出馥郁的芬芳。

“点化教学”，提升课堂质量

重庆市荣昌初级中学　蒋中军

为进一步深化学校课堂教学改革，探索和研究新形势下学校课堂教学新样态，不断提高育人质量，近年来，在华东师大基教所专家的指引下，我校立足课堂，积极探索培养核心素养的策略和路径，提出 “点化教学”课堂改革构想，摆脱了只注重“教”忽略“学”和只注重“学”忽略“教”的两种极端，逐步构建出立足“学”、重视“教”的新型课堂——“点化教学”课堂模式。

一、“点化教学”理论背景

我们通过文献研究，探寻理论基础。中国古代有“不愤不启，不悱不发”、“君子之教，喻也”、“道而弗牵，强而弗抑，开而弗达”、“大道至简，推己及人”的古训；华南师范大学教授、博士生导师郭思乐提出的“生本教育”理论；林格伦、南京师范大学副校长吴康宁等提出的“课堂互动”理论；“有效教学”理论；“点拨教学法”理论。

现在，我们的传统的教学方式往往是以老师讲课为主，师生间缺乏交流，学生只是知识的接受者，使学生感受不到课堂的有趣性，从而使学生对课堂产生抵触心理。很多学生则是一味地学，课堂上发现问题，提出问题的学生也越来越少，如何既能让老师教与学并用，也能让学生在学中思考，激发学生的学习兴趣。为此，我们需要探索一种新的教学路径，开发一种新的课堂教学模式，来培养学生的核心素养，促进学生全面发展。

二、“点化教学”理论构建

核心概念。“点”：在情景中讨论、引导、启发。包括点燃激情、点通文脉、点醒迷失、点拨思维等。“化”：知识的共生。包括思想转化、行为教化、方法优化、知识内化、能力综合化、素养深华等。正如《礼记•乐记》中言：“物生谓之化，物极谓之变”。

“点化”：以“点”促“化”，通过对话的方式实现课堂由知识的灌输到情景体验生成知识，让学生核心素养的得到培养。

“点化教学”是指以学生为主体，让学生在自主、合作、探究的学习活动中，体验感悟、获得、生成知识，在此过程中教师针对学生存在的知识障碍、心理障碍、思维障碍等，用简明扼要的语言或图示等进行启发、引导，排除学生的各种学习障碍，指导学生寻找到解决问题的途径和方法，从而发展学生核心素养的一种有效教学方法。注重对学生的思想、思维的开导、启发、点醒，达到顿悟效果。

“点化教学”课堂的特点。尊重：建立平等的师生关系，让课堂充满师生之间生命的跃动；顺应：教育教学内容有趣、贴近实际、贴近生活；点化：在具体的活动（情景）中，通过对话的方式实现课堂由知识的灌输到情景体验生成知识，让学生核心素养的得到培养，始终让学生保持积极主动的学习态度；素养：面向2035培养人才，时时关注训练学生的必备品质和关键能力。

点化的时机。“不愤不启，不悱不发”。在学生心欲通而未达时，老师予以达之，在学生口欲言而未能时，老师予以言之。

点化的路径。点“背景知识”或“生活常识”。搭建支架，增加学生的知识的广度和深度，排解学生理解障碍；点“关键知识”和“核心概念”。应用概念，用“相关知识”来理解、解决相似的问题；点“思维方向”。抓关键词，运用想象和联想，通过类比和对比，进行推论，得出结论。

点化的艺术。“大道及简，推己及人”。化繁为简，将事情、理论、定义解释的简单易懂。换位思考，一切为了学生。

“君子之教，喻也”，“道而弗牵，强而弗抑，开而弗达”。引导学生，而不是牵制学生；创造性启发学生，激励学生，而不是压制学生；让学生自己去学会思考总结，而不是代替学生做出结论。

点化教学的关键环节。教师备课环节：非常讲究课程研读、提取学生核心素养培训资源、将资源作为学生素养的训练点，十分重视教学思路、将训练点转化为问题，时时关注“素养训练”，关键在于活动（情景）设计；课中教师点化环节：以点化推动学生学习的开展，完成知识的积累，能力的训练，核心素养的培养；课后学生运用和应用环节：梳理知识点，建构知识体系，运用和应用知识解决问题（练习与检测）。

点化教学的课堂架构。第1步：“吸趣，布置任务”（情景导入、明确目标）；第2步：“在情景中体验”（组织活动、亲生身体验）；第3步：“情景反应”（学生反馈、教师点化）；第4步：“运用应用”（情景变换、拓展提升）；第5步：“知识结构化”（课堂小结、点化归纳）。

点化教学的有效载体。导案：明确素养目标和达成途径；学案：落实深度学习方式和方法。

思维导图：一、《教学思维导图》——用知识结构来教；二、《学习思维导图》——知识结构化；三、《解题思维导图》——运用思维解决问题。

三、“点化教学”评价体系

课堂评价：构建《重庆市荣昌初级中学“点化教学”评价表》：关注学生的学习目标达成情况，观察教师的教学行为，观察学生的学习过程及学习的有效性，关注学生素养的养成。

学科+大数据评价：借助学校录播系统的“在线巡课”、“在线听评课”和“范尔大数据评价系统”功能，对教师、课堂教学、学业考试进行评估，实现了教师教学有效性分析，实现了试卷与试题资源的有效积累，实现了学生学习有效性分析。

路漫漫其修远兮，吾将上下而求索……课改之路任重而道远，我校将立足课堂，不断实践，扎扎实实地推进课改活动，让课堂改革真正落地，惠及万千学子。

铜梁龙舞铸品牌　“非遗”特色树自信

重庆市铜梁中学校　陈亮　刘道恩　刘思渝

在全国著名的龙乡铜梁，有一所“千年书院，百年名校”——铜梁中学校，其前身为北宋元符年间（1098—1100）知县梁俊民创办的巴川县学，清乾隆二十五年（1759年）改建为“巴川书院”，1907年举办新学后定名为“铜梁中学堂”。铜梁中学是原四川省首批重点中学，重庆市直辖后首批重点中学，自办学以来，为国家培养了数以万计的优秀建设者和接班人，先后获得“全国精神文明建设工作先进单位”、“全国现代教育技术实验学校”、“全国学校体育先进单位”等荣誉称号。

近年来，学校坚持以习近平新时代中国特色社会主义思想为指导，全面贯彻党的教育方针，坚持社会主义办学方向，落实立德树人根本任务，以社会主义核心价值观为引领，以服务学生全面发展、增强综合素质为目标，坚持“健康第一”的教育理念，推动青少年文化学习、优秀传统文化传承、体育锻炼协调发展，帮助学生在体育锻炼中享受乐趣、增强体质、健全人格、锤炼意志。学校根植铜梁本土国家级非物质文化遗产——铜梁龙舞，以建设重庆市普通高中课程创新基地为载体，以传承中国传统文化为目标，以培养有理想信念、有文化根基的铜中学子为目的，大力推行特色教育，取得了丰硕的办学成果。学校龙舞队先后应邀参加了北京奥运会开幕式前龙舞表演、上海世博会（重庆周）主题表演等，并多次受国家文化部委派分赴法国、意大利、韩国、卡塔尔等国进行文化交流活动。在各级竞技龙舞比赛中，学校龙舞队曾荣获国际比赛金牌2枚，银牌1枚，全国比赛金牌18枚，银牌10枚。特别是2019年全国首届青少年龙狮锦标赛上囊括“规定套路”、“障碍舞龙”、“竞速舞龙”、“团体总分”总计四枚金牌，极大地在全国展示了学校的办学成果，同时广大铜中学子在龙舞特色课堂上充分领略铜梁龙文化的独特魅力，学习并传承铜梁龙文化，树立起满满的文化自信。

传承铜梁文化，濡染龙舞精神

2017年，中共中央办公厅、国务院办公厅印发了《关于实施中华优秀传统文化传承发展工程的意见》，明确指出“把中华优秀传统文化全方位融入思想道德教育、文化知识教育、艺术体育教育、社会实践教育各环节，贯穿于启蒙教育、基础教育、职业教育、高等教育、继续教育各领域。以幼儿、小学、中学教材为重点，构建中华文化课程和教材体系”。2020年，中共中央办公厅、国务院办公厅印发了《关于加强和改进新时代学校体育工作的意见》更是明确提出了推广中华传统体育项目。认真梳理武术、摔跤、棋类、射艺、龙舟、毽球、五禽操、舞龙舞狮等中华传统体育项目，因地制宜开展传统体育教学、训练、竞赛活动，并融入学校体育教学、训练、竞赛机制，形成中华传统体育项目竞赛体系。龙舞是铜梁本地传承了六七百年、蜚声中外的民俗活动，既有深厚的民俗文化内涵，又有丰富的体育运动元素，是铜梁乃至巴蜀地区地方文化的“活化石”，是铜梁文化的根和魂，也是重庆文化的重要标志，一直在国内外各种舞台大放异彩，声名远播。然而，如今的铜梁龙舞传承却面临着后继乏人的尴尬境地。

作为百年名校，在铜梁龙舞亟须传承的历史时刻，铜梁中学积极响应新时代的召唤和文化自信的号召，以国家非物质文化遗产铜梁龙舞文化为切入口，充分挖掘龙舞当中的运动元素和文化内蕴，建设非物质文化传承课程体系，开发以龙舞为核心的系列课程以及配套的课程资源，打造多维的非物质文化遗产保护、传播和传承平台，实现传统体育与中华优秀传统文化进学校、进课堂，入脑入心，提高当代学生体育、美育核心素养，全面提升学生精神品质和文化内涵，实现育人目标与文化传承的紧密结合，让学生通过系统的学习认识龙舞、爱上龙舞、反思龙舞，进而实现龙舞文化的传承与创新。

每一种文化背后都蕴含着一定的精神内核。铜梁龙舞背后蕴含的是中华民族团结合力、奋发向上、天人和谐等龙舞文化精神。铜梁中学力求通过特色课程、教材编写和教学实践，使这些“绝学文化遗产”的龙舞精神得到更大程度的发扬，让学生在一次次的舞龙过程中感受龙舞魅力，濡染龙舞精神，进而成为中华民族龙的传人。

奠定文化基础，创建龙舞品牌

铜梁龙舞文化具有鲜明地方传统特色，早在唐代，铜梁龙灯便兴起，清代即享誉川东。铜梁龙灯，集彩扎、雕塑、音乐、美术、舞蹈、杂技于一体，多姿多彩，造型独特，色彩艳丽，气势磅礴，既富有传统的艺术风格和民族文化意蕴，又有浓郁的地方文化特色。为担当起文化传承的重要使命，铜梁中学多方使力，完善基础设施建设，搭建教学资源平台，加强课程研发力度，壮大名师专家团队，使龙舞从研发到教学再到实践都有了可靠、稳定且有力的支撑。

基础场地设施完备。学校拥有功能完善的各种优质的体育场馆和优良的体育器材，包括体育馆1个、舞龙综合训练馆1个、标准田径场1块、田径综合训练场1块、游泳馆1个、标准篮球场10块。其中，体育主馆面积1000平方米，龙舞综合训练馆800平方米，均为全天候开放，为学生自主练习创造了良好的基础条件。

教学资源平台成熟。学校搭建了协会、大学、企业、部队等各种教学资源开发平台，把中国龙狮运动协会青少年发展基地、铜梁龙文化产业发展基地等作为校外教学资源开发基地，并与全国部分重点资源开发场所建立相关联系，积极开展教学资源的系列开发工作。同时，学校图书馆和电子阅览室可供师生广泛查阅与教学资源开发相关的信息，方便教师有效快捷地开展教学资源开发的相关工作。自学校2012年被评为重庆市非物质文化遗产（铜梁龙舞）传承基地以来，承担了普及、推广传统龙舞运动和对外交流龙舞技能、民族文化的传承任务。特别是在2018年成功创建重庆市普通高中课程创新基地以来，学校在课程资源开发、师资力量建设、校本课程建设、教学科研建设、硬件设施建设上狠下功夫，目前成绩斐然。

课程研发成果瞩目。至1995年以来，学校组建了一支课程教学、实践训练、理论研究的专业团队，老中青结合，科研能力强。近年来，学校体育教研组经过教学实践和学术研究，先后有50余篇论文获得各级奖励或发表在相关专业报刊上，其中在国家级期刊发表论文16篇、省市级期刊发表论文34篇，论文获奖109人次；先后承担了多项课程开发任务，开发校本教材7本，其中已编撰出版的《龙舞基础》《龙文化简析》被铜梁区教育委员会选为铜梁区“龙舞进课堂”系列活动专用教材，完成了2门铜梁区精品课程建设。

名师专家团队强大。铜梁中学体育教研组拥有一支强大的课程教育、业余训练、教学科研的专业团队，为基地建设提供强大的师资力量。该教研组现有高级教师6人、中级教师9人、初级教师2人，其中高级教练8人、中级教练4人、初级教练4人。在龙舞运动项目中，有国际裁判员和教练员2人、国家级裁判员1人、一级裁判员3人，铜梁区非物质文化（铜梁龙舞）区级传承人1人。强大的舞龙教练团队能充分把握龙舞运动项目发展的前沿动态和科学理念，在龙舞运动的教学内容、手段、方式、负荷强度及对学生的身体变化控制等方面都拥有国内一流的师资和丰富的实践经验。

龙舞文化班班建队。学校生源多来自铜梁本地，不仅自幼观看龙舞表演，而且从小学开始直至初中阶段的课堂也都接触过龙舞，对龙舞有着浓厚的兴趣。学校每年列专项招生指标招生龙舞特长生（男女生），这些学生有龙舞基础，由他们组建的舞龙队必定产生极好的示范效应。同时，学校龙舞教学深入课堂，形成了“班班有舞龙队，人人会舞龙”的良好氛围。铜中学子毕业后多考取国内重点大学、一流高校，甚至遍及海内外，起到了传播铜梁地域民俗文化的作用，具有很好的文化辐射效应。

打造课程基地，实现教育创新

铜梁龙舞是“首批国家级非物质文化遗产”，龙舞运动是全运会表演项目。为实现龙舞文化的传承与创新，铜梁中学立足于传承，积极推行龙舞进课堂战略，大力建设龙舞运动体育课程创新基地，对非物质文化遗产、当地特色文化资源与学校教育进行有机整合，全面提升学生精神品质和文化内涵。

龙舞运动进课堂是传统优秀文化的教育创新。龙舞运动体育课程创新基地的建设，将突破传统龙舞只是作为一种校园文艺汇演舞台上流动表演的艺术观赏或文化交流的形式，不仅使龙舞从研发到教学再到实践都拥有了可靠、稳定而且有力的支撑，而且让学生更加深入、系统地认识龙舞、学习龙舞、体验龙舞、反思龙舞、创新龙舞，使龙舞能够完完整整地扎根在校园里。在突出学生的体验和发展的同时，通过龙舞文化、龙舞精神提高学生的核心素养，形成传承"国家级非物质文化遗产"和"民族传统体育"的结合，促成文化遗产不断传承的创新模式。

特色体育课程+传统优秀文化办学理念的课程创新。传统的体育课程仅仅是基本技能、基本知识的两基教育模式，而课程创新基地的建立不仅注重技能的传授、学法练法的指导、实践运用与交流、环境变化与应急处理、体能的提高，而且更加注重品德意识的培养、规则的理解和尊重、个人修为与接纳、团队的合作与对抗、习惯的养成，从根本上改变了单一的两基教育模式，让学生在更多的实践中体验文化，进而挖掘地域文化内涵，最终达到传承优秀文化的教学目的。

饱含龙舞元素的课程开发创新。创新基地将通过研究龙舞文化与龙舞体育功能的结合，创建龙舞运动教育资源开发中心、龙舞音乐创作教室、龙舞套路数字建模工作室、龙舞套路创新实验室以及龙舞道具研发工作室等龙舞特色环境，结合龙舞特点建构以公共课程、男生课程和女生课程为主要内容的龙舞特色课程体系采取走班、社团和运动队的模式开展教学，并搭建龙舞教学成果的展示平台，使整个"龙舞运动"体育课程开发都饱含龙舞元素。

研创——教学——实践三联动办学的教育模式创新。有别于传统的体育课程，创新基地的办学思路不再是教师教、学生学，然后参加比赛，而是将整个铜梁龙舞的研创都搬进基地，强大的师资力量将针对以往丰富的资料研创龙舞课程体系，然后将这些课程运用于教学，并将教学成果呈现在各种文化交流和竞技的舞台上。之后总结实践经验，实现进一步研创龙舞课程体系的循环。

开发龙舞课程，扩大非遗影响

为继续扩大铜梁龙舞的研创深度，铜梁中学以研发传承舞龙相关课程为中心，大力推广龙舞运动，成功签约4个推广点，把育人目标与文化传承紧密结合，从而达到传承地方民族文化、传播优秀传统"非遗"文化的目的。

按照课程体系建设的计划，铜梁中学在原有龙舞运动理论课程基础上，进一步开设龙文化熏陶、龙舞欣赏及龙舞基础等龙舞基础理论课程；在原有龙舞音乐、美术课程基础上，进一步完善龙舞艺术课程，包括龙舞音乐欣赏、龙舞音乐创作、龙舞彩扎工艺、龙舞工艺品等子课程；将原社团活动中的选修课与体育课程中的专业课整合，最终形成龙舞运动课程，包含以男生为主体参与的竞技龙舞、障碍龙舞、竞速龙舞等课程和以女生为主体参与的荷花龙舞、板凳龙舞、竹节龙舞等课程。如今，学校已经构建了以"龙舞基础理论课程"、"龙舞艺术课程"、"龙舞运动课程"为主干的特色的龙舞课程体系。

为配合课程设置，铜梁中学广泛收集资料，认真整理研究，在已编《龙文化简析》《龙舞基础教材》《龙舞欣赏》等教材的基础上，按照龙舞基础课程、艺术课程、运动课程三大板块规划新的校本教材，综合龙舞音乐、龙舞套路、龙舞道具、竞技龙舞规程等内容，最终形成了一套完整的涵盖龙舞运动和龙文化的校本特色教材，从而培养更多的"德、智、体、美、劳"全面发展的优秀学生。

在传统体育进校园中坚守中华文化立场，在艺术体育中全方位传承中华民族优秀传统文化，是学校与社会、传统与现代、民族与世界联动的应有之意，更是建设社会主义文化强国、增强国家文化软实力、实现中华民族伟大复兴中国梦的重要举措。实干、奉献、追求的铜中人必将承载着深厚的文化与信念，继续传播中华"龙舞"传统优秀文化，完善铜梁"龙舞运动"特色体育课程基地建设，多方联动，全面创新，砥砺前行，努力打造素质教育新标杆，让每一个铜中学子都绽放生命的光彩，龙翔天下，舞动九天!

学教有序壮心志，品质立校育桃李

重庆市永川区仙龙镇仙龙初级中学校　刘才麟　徐发懿　罗家云

百年大计，教育为本。教育是提高人民综合素质、促进人的全面发展的重要途径，是民族振兴、社会进步的重要基石，是对中华民族伟大复兴具有决定性意义的事业。近年来，我校紧紧围绕"开采幸福、奠基未来"的办学理念，努力打造"幸福教育"的办学特色，认真落实立德树人的根本任务，树立科学的人才观，塑造"坚毅自信感恩有为"学生品质，努力培养担当民族大任的时代新人和培养德智体美劳全面发展的社会主义建设者和接班人。在学校全体师生的共同努力下，我校先后被评为全国青少年足球特色学校；全国中小学篮球传统特色学校；永川区"幸福教育"特色学校，永川区校园文化建设示范校；学校的教育教学成绩一直名列乡镇初中前茅，获永川区教学质量一等奖，十学科获永川区学科先进奖，获永川区素质教育督导评估优秀等级。种种荣誉，既是对我校教育教学工作给予的肯定，也为学校更好发展注入了一股莫大力量。

一、铸魂培根，凸显学校特色育人文化

教育，就是精神的唤醒，潜能的显发，培养学生成为社会市场需要，有助国家建设的人是教育切实注重的问题。为此，我校抓住"培养什么人"这个教育的首要问题和根本任务，着力"培养担民族复兴大任的时代新人"，学校党支部将党建工作和教育教学工作紧密结合，以推进支部标准化建设为抓手，以理论学习制度化、主题教育常态化、师德师风建设长效化为保障，通过开展理论中心组学习、支部"三会一课"、党员示范岗等活动，号召全体党员教师把握正确的政治方向，每学年评选3—5名"身边的榜样"；30岁以下的年轻老师开展"争做仙中好老师"的主题演讲，让他们在全校教师会上讲自己的成长经历，充分发挥先锋模范作用，筑牢学校教师爱岗敬业、潜心育人的教师之魂。另外，我校以思政课为切入点，在各学科全面铺开思政课建设，创立思政课程体系，开发具有学科特点和时代特点的精品课例，关注学生学习方式和思维方式的转变，树立教师们"课程思政"的意识，全面落实"立德树人"的根本任务。充分发挥团支部组织的作用，突出政治启蒙和价值观塑造，坚持正能量正面灌输、聚焦红色基因教育、开展先锋榜样教育，通过"担复兴大任，做时代新人"、"我与祖国共成长"等系列活动，大力开展理想信念、社会主义核心价值观、中华优秀传统文化、生态文明和心理健康教育。加强爱国主义、集体主义、社会主义教育，引导青少年听党话、跟党走，落实立德树人的根本任务。在我校，有一张"大本领"的小卡片：除了有太阳花、蓝天、白云、鸽子等漂亮的图片以外，还记录着学生德智体美劳五大板块共计20余项发展情况以及自我总结和老师评语等，这就是我校推出的学生全面发展"成长记录卡"。我校在开展德育教育管理的过程中发现，要培养学生良好的行为习惯，从上而下由老师要求学生做，效果远不如从下而上激发学生主动的需要，于是学校设计出了"成长记录卡"。

培养学生良好的行为习惯，绝非朝夕，必须持之以恒地用学生全面发展实实在在的每件事、每个"点"，组合成学生全面发展的每一条"线"，然后转化成学生全面发展的"面"，从而形成学生全面发展的"体"。为此，我校从学生进校的第一年开始，要求学生每周填写一次记录卡，每月开展一次一对一的交流谈话，不仅记录了学生的成长，也充分激发孩子们完善自我的主动性，挖掘他们身上的个性化闪光点。为了让"成长记录卡"发挥更大的作用，学校各班每月评选一次班级"成长之星"，即"文明"之星、"好学"之星、"诚信"之星、"劳动"之星、"运动"之星、"尊师"之星……学校每半学期评选一次校级层面的"成长之星"，用以固化学生成长过程形成良好习惯。

此外，为进一步探索教学改革，提升教育教学质量。一直以来，我校积极开展"5431"幸福课堂的课堂教学改革，通过让学生养成"自习、自疑、自探、自测、自结"的课堂学习步骤，让学生拥有"自主、互助、高效、愉乐"的维度，上好学导课、拓展课、讲评课等三种课型，逐步提升学生可持续的自主学习能力。通过开展"5431"幸福课堂的课堂教学改革，逐步转变教师教学方式和转变学生的学习方式，让学生真正做课堂的主人，激发学生的学习动力，让学生体验成功的快乐，体味到做学习主人的幸福。2020年12月11日上午第四节，我校的"幸福课堂"政史生组赛课在初二（四）班举行。喻明芳老师围绕《细菌和真菌在自然界中的作用》这一课题，通过讲述细菌、真菌与植物和动物之间的关系等重点内容，以扎实的基本功、较强的互动性、自然生成的驾驭力，以及创新的教学设计得到了本组教师们的高度评价。

二、多措并举，助力学校品质教育提升

丰富多彩的校园活动，是德育工作的有效载体，是提高学生道德水平、实现学生自我教育的重要途径。一直以来，我校积极开展了丰富多彩、形式多样的20余项"课程辅助"活动，落实学生体、美、劳的技能特长发展。学校"舌尖上的幸福"课程项目组，20余名学生在刘阳杰老师的指导下，学会炒菜、蒸饺子；"多彩田径女子篮球"课程项目组，女子篮球队员们拍打着篮球一争高下；绘画课程项目组，学生正忙着用七彩画笔认真地描绘着心中美好的世界……

学校是学生的学校，也是家长的学校。为此，我校大力加强了家校融合，让家长走进学校、走进教室，对学生进行了立方体化管理，促进学生健康成长。为充分发挥学生家长在学生成长中的积极作用，我校每年都成立了校级家长委员会、班级家长委员会，让家长参与学校的管理，进入校园走进课堂。组建家长义务护校队，保障学生安全。

各班安排学生家长每天轮流到班级听课，了解班级学生学习情况、生活情况、纪律情况，及时与班主任、学科教师沟通交流，为学生的健康成长保驾护航。

非知之艰，行之维艰。教育是一项知行合一的事业。办学以来，我校时刻铭记"立德树人"的根本任务，开拓创新，带着教育的理想，追求理想的教育；不忘初心，迈着坚实的步伐，执着激情地走在教育的道路上。以严谨的态度探索教育规律，以担当的情怀领跑教育改革，敢为人先，勇于创新，不断开启学校发展的新局面。作为教育事业中的一名勤匠，未来路上，我校将会始终如一，用情怀装点教育事业的百花园，用生命继续谱写一曲又一曲教育新歌。

让学生站在教育的正中央

安徽省亳州市蒙城县逍遥路小学三义路校区 马丽 侯从礼

今天的孩子，有今天的孩子思维的敏锐；今天的孩子，有今天孩子看问题的视角。自2015年创办以来，安徽省亳州市蒙城县逍遥路小学三义路校区（原亳州学院附属小学南校三义路校区）经过多方讨论和审慎思考，果断提出"让学生站在正中央"的办学理念，时时刻刻把学生放在核心位置，积极开展未成年人思想道德教育，着力打造阅读、科技两项办学特色，大力实施三义育人工程建设，努力为学生打造一片蔚蓝的晴空。

建立"星级银行"，激励学生崇德尚礼

古人云："士有百行，以德为首。"理想的教育，必定以人为本，崇德尚理。在办学实践中，逍遥路小学三义路校区坚持处处体现以学生为中心的管理理念，摸索出"红领巾星级银行"的管理办法，主要从能力和品行两大方面12个小项让学生进行自主评价，实现了在精细中追求规范、在规范中彰显特色的办学追求。

结合"红领巾星级银行"管理体系，学校在一日常规管理中开展了自我教育、自能学习、自主发展的"三自"特色教育活动，要求学生切实做到一年级守规，二年级有礼，三年级能孝，四年级有责，五、六年级守诚；依托《班级公约》《课间规范》《教师规范20条》等规章制度，采用学生喜闻乐见的一日常规歌、写字规范歌、安全教育拍手歌等形式，培养师生的能力和意识，让每个学生都能绽放出属于他们自己的生命光彩。如今，学生人人手里都有一本"星级银行储蓄卡"，每班每周都评选出许多勤奋之星、阅读之星、创造之星、礼仪之星、劳动之星，学生参与热情空前高涨，"红领巾星级银行"构筑了学校德育的主阵地。

坚持国学经典立品，厚植学生人文底蕴

国学经典是我国民族文化的精髓，也是中华文化艺术宝库中璀璨的明珠。在阅读实践中，逍遥路小学三义路校区提倡与圣贤为友，与经典对话，培养师生立儒雅大气之品、感恩孝敬之品、诚信责任之品、仁爱友善之品、勤奋进取之品。

道德、情操、气质等不是教出来的，而是靠陶冶、熏陶、耳濡目染、潜移默化而来的。在书香校园建设上，学校倡导"人人都是阅读者，处处都是阅览室"，努力把学校打造成一个天然的图书馆，让学生在课余时间可以随时到"问学院"、阅读小屋随手翻阅，品味书香，快乐阅读；创新课程管理模式，积极开发全阅读课程，开设字理、诵读等特色课程，通过讲解造字故事、字形演变、成语故事、吟咏经典等方式，激发学生学习汉字、传承汉字的兴趣与热情。开展每日一词、每周一诗、每月一书等一系列的阅读活动，学生可以边读边画、边诵边写、边写边吟，且行且快乐。

生命惬意处，随意乱翻书，把最美好的童书送给最美好的童年。如今，"读圣贤书，立君子品，做有德人"已经成为学校的办学特色之一。2018年，学校经典诵读节目《我们的节日》在亳州市经典诵读比赛中获市一等奖；2019年，学校在安徽省校园读书创作活动中有20人次获省一等奖。

开展科技创新教育，培养学生科技素养

科技兴则民族兴，科技强则民族强。科技活动是让广大学生充分感悟科学魅力，培养学生科学素养、创新意识和实践能力的一种有益活动。为进一步推进学校科技教育工作，逍遥路小学三义路校区成立科技创新教育领导小组，积极组织爱好科技创新的教师参与其中，逐渐形成了学校的又一项办学特色——科技创新教育。

结合实践课和科学课，学校大力普及科学知识，广泛收集科技创意；充分利用科技社团活动，让广大科技社团的学生走进生活、融入社会，敢于突破，勇于创新；依托科技探究室和科技创新工作室等活动阵地，培养学生的动手能力和科技创新能力；开展"四小"活动，让学生在小发现、小创意、小发明、小制作里手脑并用，体验动手制作的快乐；鼓励学生积极参加各级青少年科技创新大赛，开阔学生的眼界，激发学生的热情……科技创新活动的开展，为学校文明创建工作注入了活力，为青少年健康成长搭建了平台，不仅营造了浓厚的学科学、爱科学、用科学的氛围，也展现了学生在科学素养大革新中汲取科学知识的无限可能。

构建幸福课程体系，促进学生全面发展

如何搭建起学生发展核心素养与日常教学之间的桥梁，让学校发展核心素养不再是"空中楼阁"？逍遥路小学三义路校区坚持以推进素质教育为突破口，积极构建以学生发展为中心的"幸福1+6"课程体系，让学生的多元个性在活动中日臻发展完善。

学校成立科技、诵读、字理、舞蹈、古琴、书法、英语、手工、电子琴、武术、乒乓球、合唱、足球等社团，多角度为学生提供"最适合的教育"、"个性化教育"和"扬长教育"，实现了学生个性化、多元化发展。学校按照课程计划开足开齐基础性课程、拓展性课程、主题性课程，为培养与时俱进的复合型人才打下了坚实的基础。教导处对各项活动的开展情况展开检查，灵活增减活动项目，对学生喜闻乐见的活动加强引导、加大投入，逐步形成了学校的校本课程特色，取得了显著的育人成效。2019年，学校合唱队在亳州市庆祝中华人民共和国成立70周年合唱比赛中获一等奖。

光荣与梦想同行，汗水与拼搏铸就辉煌。在全体师生的共同努力下，学校先后获评亳州市红领巾示范学校、亳州市教科研基地、亳州市语言文字示范校、亳州市经典诵读特色学校、安徽省卫生先进学校、安徽省健康促进校、全国文明校园、中华优秀文化艺术传承学校、全国德育工作典型经验学校等称号。

"我们的教育始终是为了孩子，所以我们必须向着一个方向——让孩子站在正中央。"教育之路漫长且艰辛，蒙城县逍遥路小学三义路校区将始终坚持让学生站在正中央，努力搭建多元化成长平台，为学生的全面发展和终身发展奠基，最终培养学生走向聪慧与高尚的人生！

教育路上的前行者

——濉溪县第一实验学校郭胜道

安徽省淮北市濉溪县第一实验学校 郑少平

教育是帮助人实现梦想的事业。教育之路是教育者将自己化为铺路石，让更多的人筑梦、圆梦的道路；教育之路是教育者为了别人的梦想而不断奋斗，拼尽全力的道路。郭胜道就是这样一位在教育之路上不断奔跑的追梦人，而这一跑就是二十多年。二十多年来，他全心投入教育事业，用自己的不懈的奋斗和努力谱写着教书育人的篇章。

1980年2月，郭胜道出生于教师之家，从小他就立志成为一名教师。1998年参加工作时，他在濉溪县孙疃镇偏远农村初中，深耕细作、精心育人；2007年，郭胜道被调至孙疃中心学校校本部，多岗位历练均取得优秀成绩，2011年任该校副校长，2014年全面主持管理工作；2017年濉溪县第一实验学校成立，他担任该校校长，曾获濉溪县第四届"教坛新星"，市、县级"教育先进工作者"，"安徽省基础教育课程改革先进个人"等荣誉称号。在他的带领下，濉溪县第一实验学校先后荣获"教育部网络空间应用优秀学校"、"全国足球特色学校"、"安徽省文明校园"、"淮北市平安校园"、"濉溪县教育系统先进集体"等荣誉称号，赢得了社会各界的认可与好评。

一、躬行实践，绘就学校发展蓝图

初来濉溪县第一实验学校时，加上郭胜道本人在内，这所学校只有11位教师，师资力量相对薄弱，教学环境简陋。面对这样的情况，郭胜道潜心研究，仔细思考，在大量实践调研后，为学校制定了增长型发展战略，围绕"倾注爱心，培育格局"的办学理念，布局学校的文化体系与课程体系，以阳光体育、序列读写、习惯养成作为学校管理的切入点，明确了"明道、借力、优术、育人"的四维发展思路；把培养综合素质优秀的学生、教学质量与科研水平具优的"双名师"、思想境界与团队执行力兼备的优秀管理者作为三维育人目标。

课程建设是学校发展内生力的重要支撑，一个学校要想有长远发展就必须有自己的特色课程。基于此，他提出了课程建设思路："守正出新"。体现在立足课堂、立足国家课程校本化的有效落实，围绕学校的育人目标让不同层次的学生在自己的起点上得到充分的发展，守正类课程的侧重点是学生智力因素的发展，出新类课程的侧重点则围绕学生的非智力因素的发展。学校逐渐形成了六大课程特色："教与学"改革信息化、安全课程情境化、体育拓展常态化、整本书阅读全员化、好习惯养成序列化和关爱课程精准化。

短短几年间，濉溪县第一实验学校发展到教职工170人，学生3000多人。同时，学校以项目化思维推进重点工作也取得了显著的效果：学校现为国际田联少儿趣味田径实验学校、全国体育联盟示范校、全国小学数学结构化学习实验校、国家社科基金重点项目实验校、安徽省校园飞行营地、北京师范大学毛振明教授工作室所在学校。

2021年，郭胜道带领学校班子总结之前发展的经验与教训，抓住"十四五"机遇，从多个维度广泛征求师生、家长对学校未来发展的建议，并在此基础上重新提升学校的核心文化体系。依据办学理念"倾注爱心、培育格局"提炼出学校的文化核心"大爱大格局"，明确了向阳花为学校的文化载体，提炼出"博学成才、博爱成人"的校训，基本构建出学校的文化体系，并赋予校本化的表达，为未来濉溪县第一实验学校的长久发展奠定了文化基础。

二、整合资源，塑造精研善教名师

作为校长，郭胜道不仅以带领濉溪县第一实验学校发展为己任，更积极整合优质教育资源，开展各类教科研活动，提升教师教育教学能力，塑造教学质量与科研水平具优的"双名师"，家长信赖的人生之师。

为了让教师获得更前沿的教学理念与更先进的教学方法，他邀请了全国顶级专家到校指导，安排教师外出学习、进修达400多人次，同时要求教师不仅要做个人科研，还要为学生塑造品行、提高成绩。为保障教育教学生命线，学校开展常态化质量评估，大数据分析结果，及时召开分析会，分析数据背后的问题，促进教师的教育教学水平和驾驭课堂能力快速提高。

他秉承群众路线，营造民主氛围，践行“走动式管理”，与教师的很多沟通都在校园的观察和走动中解决，用实际行动赢得了全体教职工的信赖和拥戴，在学校营造出积极向上、奋进拼搏、团结友善的良好风貌。濉溪县第一实验学校建校以来，在教学改革、课程建设方面迈出实质性步伐，一批年轻教师脱颖而出，获得国家级、省、市、县级优质课一等奖60余人次。

二十多年的教育教学经历，使郭胜道成长为一位有深厚教育情怀、有扎实学科功底、有高尚师德、有坚定理想信念的校长，但是他从未停止成长的脚步，他坚信最美的风景一定在前行的路上，他就像蜡烛一样永无止境的奋力燃烧着自己，点燃着教师辉煌的人生，照亮着学生前行的道路。

“希望有一天回首往昔，自己在教育岗位上经历的每一天都是值得回忆的，有对教育的思考，有坚实的步伐，带着欢笑与感动，诠释着一个人和一群人对教育的热爱与付出。”这是郭胜道对自己从事教育工作的期许。作为一名教育工作者，他一直行走在教育的路上，作为一名教育的追梦者，他将自己的青春和热血奉献给了自己钟爱的教育事业。“爱是教育的本色”。郭胜道倾注爱心，在为党育人、为国育才的道路上，他将做一名永远的热爱者、坚守者、前行者！

以文载道促发展　砥砺奋进谱新篇

——濉溪县南坪中心学校“朴雅”文化发展纪实

安徽省濉溪县南坪中心学校　朱森林　薛加民

文化是一个国家和一个民族的灵魂。习近平总书记强调：“没有高度的文化自信，没有文化的繁荣兴盛，就没有中华民族的伟大复兴。”安徽省濉溪县南坪中心学校——一所地处偏远的农村学校，砥砺奋斗几十年，取得了骄人的成绩，其原因归结为重要的一点，那就是——校园文化的力量！

文化传承，推动学校持续发展

南坪中心学校的发展壮大，绝不是无源之水，无本之木。学校始建于1958年，校名几度更易。其所在地南坪镇北临古老的浍河，素有“浍南雄镇”之称，有着深厚的文化底蕴：先秦祖先有诗颂曰“汴浍燎兮，月出皎矣；浍浦云腾，日之夕矣”；东汉末年，神医华佗在此行医，播撒了济世行善的种子，南坪中心小学院内曾有华佗庙以纪之；“浍仙牛”的传说传递出舍生取义的精神；“南坪阻击战”在淮海战役中也是关键的一战；中华人民共和国成立七十多年来，南坪大地更是涌现了许多灿若星辰的英模。南坪教育文化就诞生于这块英雄的土地。

南坪教育早期的文化理念是原始和零散的，直到20世纪80年代后期，才形成了“德育为首，教学为主，全面发展”的办学思想。20世纪90年代中期，教育改革的声音渐强，当时的南坪中学的“引、读、授、练、结”五步教学法曾于1996年获第三届苏步青数学教育奖提名奖，其后又融入了素质教育的元素。进入21世纪，特别是2004年中心校成立以后，南坪教育文化建设进入了发展的快车道，以黄渊为校长的领导班子，对管理、教学、后勤服务、基础设施建设和绿化美化等方方面面进行了系统的总结、提炼和升华，然后充实、完善和提高，逐步上升到了现在的“朴智勇雅”的文化层面：从生命教育的本质出发，坚持“以德促智，以德促建，以德促行”的发展战略，从“文化多品，文化多元”的视角，孕育出南坪中心学校“勤勉、日新”的校园精神，熔铸出“正心尽善、正行尽美”的校训，打造出“自立自强、求实求新”的校风、“敬业乐群、精研善导”的教风和“与美相伴、与责同行”的学风。

纵观南坪中心学校教育文化的发展轨迹，凸显了继承、发展和创新的特点，这种教育文化理念的形成首先根植于中华民族五千年的文明，立足于南坪这块古老的土地，得益于南坪中心学校全体师生的实践和思考、探索与创新。正是这种优秀教育文化的传承，才推动了南坪教育几十年来的持续发展。

立德树人，引领学校健康发展

南坪中心学校对师生思想品德的培育和引领是持之以恒的，是立足于“朴雅”文化的。

“立德树人”，强调的是先“立德”，而唯有先立师德，才能做好“树人”。首先，学校抓住“师德”这个“牛鼻子”，每周开展一次教师政治学习，学理论、学法规、析案例、树榜样，以形成上行下效的格局。其次，结合师德教育和行风建设，开展师德标兵评选、师德标准评价、师德论坛等活动，将每期评选出的师德标兵在文化墙上公布、在校报上报道，形成比学赶超的良好氛围。再次，成立由资深名师和退休领导组成的师德师风监督小组，进行日常巡查和考核，使各项工作落到实处。持之以恒的工作，使优良的师德师风内化为一种自觉、一种习惯，形成了一种师德文化——坦荡高尚，无私奉献。

在对学生的德育教育实践中，学校按照“朴雅”文化的内涵，从教育规律和青少年成长规律入手，把德育渗透到学校工作的方方面面，切实做到年年有规划、月月有主题、周周有活动、日日有展示。课堂是德育的主阵地，各学科业务学习和集体备课必有体现，每节课必有表述；荣誉墙提升学生的自豪感和荣誉感；社团活动开拓学生视野，培养学生的凝聚力和团队意识；国旗下的讲话，培养学生爱国主义情怀；餐厅文化提醒学生勤俭节约，珍惜劳动成果；宿舍文化唤起学生团结互助和自立自强等正是在这种氛围的熏染下，学生的社会责任感、社会公德意识、文明行为、顽强意志等优良品质悄然形成了。

立教育人，保证学校高效发展

南坪中心学校本部有教职工171人，其中高级教师36人。这个团队中，省级“优质课教师”5人，省级“优秀班主任”1人，省级“先进个人”1人，市级“骨干教师”6人，市级“优质课教师”17人，还有市、县先进个人和德育先进工作者23人，且每年都有数十篇论文在不同等级的报刊上发表或评奖……一所名不见经传的农村学校何以如此人才济济？答案就是南坪中心学校以“朴雅”文化立教育人，不断推进“名师兴校”战略的结果。

提升教师教研水平。学校开展青年教师与骨干教师结对帮扶，制定传帮带培养目标，保证青年教师一年过关、两年满意、三年成熟；搭建培养平台，把教研、教学和教改融为一体，缩短了青年教师的成长周期；以公开课为抓手，定期举办骨干教师示范课、青年教师展示课和汇报课、青年教师教学设计与教学大赛等，加快了青年教师的专业化成长；每年用于教师培训的公用经费占比达5%以上，参加国家级和省市级研讨会及培训会的教师达300多人次；鼓励教师进修和继续教育，提高学历层次，并先后有3位老师取得了研究生学历……这些措施的实施加快了青年教师的培养周期，使得青年骨干教师脱颖而出。

构建师生互动课堂。教师的舞台在课堂，学校以“朴雅”文化聚焦课堂教学前沿，着力构建生命课堂，实现了学生由被动学习到主动学习的转变。学校坚持以学生为中心，要求教师走下讲台，真正成为学生学习的合作者、引领者、鼓舞者和评价者，形成了生活课堂、研究课堂、个性张扬课堂和生命展示课堂等活力四射的课堂类型。

促进学生多元发展。学生的风采不仅仅是在课堂上，丰富多彩的社团活动是“朴雅”文化在南坪中心学校的又一种演绎。每周三的下午第三节课是社团集中活动日，绘画、书法、舞蹈、琴类、棋类、球类、机器人、航模、网络设计等18个社团活动精彩纷呈，参加活动的学生最多时达到600多人。这些社团活动不单单是课堂教学的补充与拓展，更主要的是开发了学生动手动脑、听说读写、互助合作和探求思考的能力，满足了不同层次学生的学习需求。据不完全统计，仅2020年就有116人次获得国家、省、市、县等各种奖项，可谓光彩夺目。

美化校园，培育学校绿色发展

校园环境是校园文化建设的重要组成部分，置身南坪中心学校的校园，给人最强烈的是“与绿色同行，和书香为伴，携经典共舞”的氛围。南坪中心学校的校园文化建设同样是“朴雅”文化的杰作，优美、灵动、智慧、鲜活是校园文化建设的总目标。

南坪中心学校的校园文化是有主题、成体系和不断创新的，处处透露出教育者的思想，流露出朴雅文化的气息。主题文化“雅”雕塑、《少年中国说》（节选）雕刻、校史藤廊等，催人奋进；以琴、棋、书、画为表现内容的小公园，陶情养性；怡然亭、读书亭和书吧，书韵悠远；教师月度人物、名人名言和共和国功勋事迹的路牌，励志向上；育英楼、思齐楼、启智楼、博雅楼、淑雅楼、雅馨园等建筑，寓意深远；一个个橱窗、一方方板报、一块块文化石、校园广播站、《浍南晨光》校报、走廊文化等立体文化宣传阵地，让师生在求美、求真、求善、求知、求乐的环境中徜徉……

文化的力量是无穷的。自成立中心校以来，在连续获得中考成绩位居全市第一方阵、连续获得市县表彰奖励的基础上，学校先后被评选为安徽省家教名校、全国教育系统先进集体、全国青少年普法教育零犯罪学校、全国青少年先进集体、全国体育工作示范校、全国校园足球特色学校……这一串串耀眼的成绩，无声地诉说着南坪中心学校的奋斗历程。

文化是塑造灵魂和启迪思想的钥匙。南坪中心学校持续发展、逐步壮大的关键，就在于南坪教育文化的传承。一茬接着一茬干，一代接着一代干，我们相信，南坪中心学校的明天一定更美好！

把教育表达为“增函数”

——记博实乐教育集团增城区域总校长李瑞

博实乐教育科学研究院 陈先锋

“20岁参加工作，在湖北安陆实验中学担任数学老师，28岁升任副校长；32岁放弃公职，到博实乐广东碧桂园学校；39岁到广州增城，先后筹建了两所学校。弹指一挥间，工作三十六年了，回顾起来没别的，也就做了这几件事！”每每有人问起李瑞校长的教育经历，他总是谦逊地这样说。然而，透过李瑞校长所说的“几件事”，我们仿佛能看到一位意气风发的教育人，带着一股锐气，为教育平添了几分“瑞气”。

找准发展经脉，画好“线路图”

2019年9月18日，教育部基础教育课程教材发展中心专家组走进博实乐增城碧桂园学校进行调研，在向专家汇报的过程中，李瑞校长拿出了几张图，并和专家们开玩笑：“老师们送给我一个称号——‘画图校长’。我做校长，最重要的事就是画图，天天画‘八卦图’！”这里的“八卦”当然不是指纷纷扰扰的小道消息，相反，这是真正合于大道的思想精粹，是学校发展的坐标系和路线图，全方位地展示出了学校的顶层设计。

学校课程图。学校课程体系包含四大板块：必修课程包括国家基础课程、剑桥英语、STEAM课程和游泳课程；选修课程建立以剑桥英语考级辅导课程和大量学生社团课程为载体的课程体系，旨在推动学生特长发展、个性化发展；拓展课程围绕“博爱、博览、博见、博艺、雅诵、雅言、雅行、雅志”八个主题开设，旨在扩大学生视野，增加学生见识，培养博雅学子；活动课程打造“博览读书节”、雅韵美育节、博思数学节、雅润语言节、博采科技节、雅健体育节六大校本节日，为学生提供展示自我、提高能力的大平台。

德育特色路径打造图。学校德育工作围绕博雅教育理念开展，以“学会生存生活，学会做人做事”为核心，以“健全人格，全面发展”为目标，以文明礼貌教育、理想信念教育、法制教育、公民意识教育、心理健康教育为主要内容，以养成教育、成功教育、赏识教育为三大重点实施策略，落实德育工作课程化、系列化、实践化，为学生的全面和谐发展、融于社会并能促进社会进步打下了坚实基础。

教师专业发展路径图。为培养造就一支“有理想信念、有道德情操、有扎实学识、有仁爱之心”的高素质专业化教师队伍，学校着力构建“三级教研”体系，将备课组教研、学科组教研和学校教研形成有梯度、有侧重点而又相互关联的教研网络，切实推动教师教研能力的提升；构建教师个人课题研究、教研组课题研究和学校课题研究的校本三级科研模式，成立“蓝青工作室”、“教学研究室”、“名师工作室”，不仅打通了学校、区域、集团三级培养通道，也搭建起来了校、区、市三级名师工作室平台。

“外行看热闹，内行看门道。”在专家的眼中，这些让人眼花缭乱的图其实暗藏玄机，这正是办学者的智慧结晶，是深藏在学校肌理中的“经脉”。面对专家的点赞，李瑞校长面带微笑：“不成熟、不完善！还望各位专家多多指教！”

抓住关键变量，绘制招生增长曲线

2003年，集团筹建博实乐凤凰城中英文学校，李瑞校长作为副校长参与了学校建设。筹建之初，可谓困难重重，尤其正值“非典”时期，全国上下都处于高度紧张的状态，且当时学校所在社区入住率并不高，对于新学校的招生极为不利。“只要想做成事，办法总比困难多！”正是凭着这种想做事、能成事的信念，李瑞校长打出了第一张牌——先进的办学理念——“保证基础、发展个性、服务社会”。博实乐广东碧桂园学校这十二个字办学方针是对素质教育的校本化解读，精准而深刻，完全可以复刻到博实乐凤凰城中英文学校。不出所料，此牌一出，得到了家长的普遍认可，招生局面逐渐打开。

2005年，程晋升校长掌舵博实乐凤凰城中英文学校，他创造性地提出了“博雅教育”理念，学校迎来了快速发展的新时期，学生人数迅速增加到2000多人。当时，李瑞作为副校长更是深入研究了“博雅教育”理念及其课程框架，并积极推动理念的落地实施，这也为他日后领军创建新校做好了储备、埋下了伏笔。

2013年，李瑞被委以重任，负责筹建博实乐增城碧桂园学校。建校七年以来，他始终高擎先进的办学理念，以“博学雅正”为校训，以培养“通情达理，与众不同”的学生为目标，构建起高效的管理机制，扎实推进前瞻而务实的教育科研，基本实现了“管理精细化、德育生活化、教研科研化、课堂高效化、竞赛获奖全体化”的办学目标。2013年9月，博实乐增城碧桂园学校在校学生仅有57人，如今在校学生早已突破1500人，达到了学校的设计规模。

招生虽然是关键任务，但也只是表象，招生增长曲线的变化归根结底是由办学水平决定的。在解答这道“增函数”时，李瑞校长直击问题核心，迅速抓住关键变量，于是，云开雾散，花开增城。目前，博实乐凤凰城中英文学校和博实乐增城碧桂园学校在校学生超过6000人，且都已跻身当地名校行列。

聚焦课堂变革，培植学生“成长力”

作为行胜于言的“行动派”，李瑞校长习惯于将自己的教育思想书写在办学实践中。回忆这些年的教育探索之路，他觉得一所学校最重要的事情就让学生拥有“成长力”，而这种至关重要的力量要在课堂上生成、集聚，并最终形成磅礴之势。

在李瑞校长的全面领导下，学校全面开展“魅力课堂”教学研究与实践，以体验式学习为突破口，建立小组合作学习模式，将学、思、研、教合而为一，引发学生探究学习的兴趣，培养学生解决问题的能力，真正实现了从关注教师的教学行为到关注学生的学习行为的转变；从关注教师的教学方法到关注学生的学习过程的转变；从关注教师教学的深度到关注学生学习的思维深度的转变。假如把办学实践比喻成一道数学题，那肯定是一道“增函数”题，我们要让学生因我们的努力而形成一条永远向上的成长曲线。李瑞校长由衷地期望着。

回顾李瑞校长的教育之路，可以说是始于安陆，起于顺德，成于增城。他用三十六年的心血与智慧，用数学老师的清晰思维，将教育的诸多要素融会贯通，将复杂的教育实践表达成了简洁优雅、内涵丰富的“增函数”——增者，增长也，增城也。

创建数字化示范校，推动家校共育发展

福建省石狮市大仑中心小学 林志恭 施幼藤

教育部部长陈宝生在全国教育工作大会上提出：“积极推动将家庭教育纳入基本公共服务体系，形成政府、家庭、学校、社会联动的家庭教育工作体系。”家庭是孩子们温暖的摇篮，给予孩子以启迪；学校是孩子们翱翔的天地，给予孩子以翅膀。为进一步深入推进家校共育工作，有效提高家校共育工作的实效，切实促进共育工作的专业化、常态化、系统化，我校于2019年申报了第一批国家教育行政学院“家校（园）共育” 数字化示范校创建工作，在国家教育行政学院及市教育进修学校德育室领导的指导下，我校开展了创建工作。

我校创建于1930年，学校占面积13310平方米，建筑面积9438平方米，绿化面积30%。现学校进行改扩建，规划建筑面积（含原有）33186.14平方米，学校现有24个教学班，现有教师72人，学生1306人。学校全面推进素质教育，把提升文明单位创建水平作为不懈追求的目标，努力营造“文明校园”、打造“平安校园”、建设“质量校园”、创设“文化校园”、塑造“书香校园”，工作扎实、成效显著。学校先后获得“省园林式单位”、“泉州市文明学校”、“泉州市文明礼仪示范校”、“泉州市绿色学校”、“泉州市诚信教育进校园活动先进单位”、“泉州市少先队先进集体”、“泉州市德育工作先进学校”、“泉州市书香校园”、石狮市“先进职工小家”、国家级“零犯罪学校”、国家级“‘双有’主题教育先进集体”、石狮市“无烟单位”、泉州市“实施素质教育先进学校”、“全国家长学校建设实验学校”、“泉州市青少年法治教育基地”等荣誉称号。

一、成立领导小组，确保工作落实

我校以“引领家教改革，打造石狮家教之城”为着力点，秉持“让每个家庭都成功”的愿景，充分认识到此次国家级家校 专育数字化示范及示范校旳创建工作对于提升我校家庭教育整体水平的重要意义。

我校成立以林志恭校长、书记为组长，施幼藤副校长、工会主席为副组长，行政、年段长及全体班主任、家委会组委会为成员的创建工作领导小组。建立项目实施制度，认真部署、加强督导、责任到人，充分发挥班主任和家委会的能动作用，广泛动员教师和学生家长积极参与，牢牢抓住此次创建机遇，制定学校的家校共育计划，将项目办的工作安排纳入常规工作，确保完成创建工作的各项要求和指标，从而促进我校家校共育的整体发展。

二、搭建沟通桥梁，形成家校合力

为了全面提高家庭教育的系统性、专业性和有效性，让学校教育和家庭教育能常态化开展，让“家校（园）共育”数字化平台，使用率达到百分百，我校建立班主任群，让国家教育行政学院“家校共育”数字化项目办负责人，对全体班主任培训，积极做好学生家长的注册工作。

学校构建了“四级管理、区域联动”家校共同体模式，形成了“学校家委会为引领、年级家委会为组织、班级家委会为核心”的三级管理网络，开展家校共育活动。运用家长学校APP公众服务数字化平台，采用网上录播、专家讲座、让家长进课堂等形式，架起学校和家庭网上互动、沟通的桥梁，形成学校、教师、家庭的教育合力，拉近了学校与家长之间的距离，为孩子提供良好的发展环境。

学校平时通过微信平台、微信群、安全教育APP平台，校长信箱实现家校沟通的及时化，成为交流学习的重要载体，形成温馨家校共育的大氛围。

三、建立常态机制，扩大宣传力度

注重家委会和家长学校的建设，加强班主任和家委会在家庭教育指导中的积极作用，积极提升学习能力与指导能力，对《中国家庭报——家长学校》（学校 版）指导读物积极面向家长宣传，通过发放《告家长书》、样刊赠阅等形式，引导和推荐家长本着自愿原则，积极订阅《中国家庭报家长学校》（家长版）、《青春期健康》（学生版）。今年订阅不理想，下学期我校会在创建的过程中对照《评估指标体系》排找差距，有重点、分步骤、分职责做好相关工作，在工作中积累资料，注重过程性指导和质性评价，建立常态学习机制，倡导学习型家庭建设，全面提升家庭教育工作的软实力，为我校创健全国“家校（园）共 育”数字化示范学校创造良好氛围和坚实基础。

坚持每学期召开期初、期末家长座谈会，开展“校园开放日”活动，让家长走进校园、走进课堂之中，使家长在了解学校教育教学管理的过程中形成教育共识、管理共识，达到学校工作与家庭教育的良好沟通。邀请部分家长代表到校检查和监督，使家长了解开展素质教育的新动向和对素质教育的见解，让家长参与学校管理、参与教学，增加学校与家庭之间的联系。

四、开展实践活动，创新品牌特色

积极组织学生开展社会实践活动，是家校（园）共育的有效手段，是贯彻教育部《中小学综合实践活动课程指导纲要》的常规要求，是围绕目标形成“教师指导、家长参与、学生主体”共育格局的有效途径，更是培养和提高学生综合能力和素养的重要保障。我校线下积极开展很多实践活动，如“书韵流香 家心传递——图书义卖”活动、“重阳伴茱萸，敬老我先行”重阳节与老人共度佳节活动、“传递温暖，为爱义卖”活动等，提高了学生的综合素质能力，新的学期我校会把平台线上这项实践活动作为创建工作的重要指标，按年级开展评比活动，作为评优秀班级的重要依据。

五、发挥家长职能，共促家校发展

学校有独立的家长学校办公室，学校定期召开家长委员会会议，成立家委会组织及对各部门职责分工，定期召开家委会组委会会议，研究学校的教育教学工作和家长工作；研究新时期学校家教工作的重点、难点问题，确立研究计划，实施过程，促进学校家教工作，推动了学校的各项工作。如我校家长志愿者参与学校管理卓见成效：家长参加石狮市移风易俗——“狮城新风”吹进千家万户主题巡回宣传活动，参加“百日千警进万家”防范电信网络诈骗志愿活动，校园门口、学校周边各重要交通路段协岗，为学生“保驾护航”，加强了学校安保力量；家长志愿者与孩子探望孤寡老人，关心孤儿，与老人共度佳节，为孩子做好榜样，让爱心得到延续；家长志愿者与孩子一起到“李子芳纪念馆”祭英烈、缅怀先烈，培养孩子们的爱国情怀；一年级家长参加孩子们的入队仪式，让他们一起见证孩子们的成长；家委们策划“防拐骗安全模拟演练”方案，精心设计了各种常见的骗术及演练的场景，在学校开展“防拐骗安全模拟演练”活动，在班级结合身边发生的事例或有关新闻报道中的案例，和孩子一起分析，强化孩子掌握有关防范拐骗的自我保护方法，提高学生的防拐骗意识和自我保护的能力；校运会时，图书义卖活动时，校园各角落都有家长志愿者协助安保工作……

六、开展教育讲座，提高家长素质

每学期组织家长参加家长学校的学习，提高家长对子女的管理和教育的素质，确保家庭教育与学校教育有机地结合起来，宣传家教知识，交流经验，使家庭教育与学校教育相辅相成发展。家长学校采取专家讲座、学校领导讲座、家长听课、家长经验交流、家长听课后感言等丰富多彩的形式达到同步教育。除了今年疫情，每年都开展“争做合格家长培养合格人才”家教进万家家庭教育公益活动。

日新月异的信息技术不断更新着人们的生活方式，也为教育领域打开了一扇全新的大门。站在着眼教育未来发展的高度，我们将继续立足学校教育这个制高点、重视家庭教育这个交汇点、抓好“家校共育”数字化项目这个拓展点，抓住这一教育现代化的推进器，认真总结经验、大胆创新，不断加强家校合作，实现数字化管理，助推教育数字化，为创办更优秀的学校不断努力。

德育同耕守初心　多元布局促发展

甘肃省定西市通渭县第三中学　岳秉乾

“一年之计，莫如树谷；十年之计，莫如树木；终身之计，莫如树人。一树一获者，谷也；一树十获者，木也；一树百获者，人也。” 这段话既阐明了人才培养的重要性，也揭示出人才养成的不易。教育的智慧是生命对生命的责任和承载。我校创办于2011年，学校占地面积80000平方米，学校现有50个教学班，学生2374名，有教职工239人。办学以来，我校始终秉承“明德博文”之校训，坚持“以德立校，促进学生全面发展；以质求存，争创市级示范高中”的办学目标；坚持“办有灵魂的教育、育有底气的新人”的办学思路；着力推进特色化办学，开创多元育人格局。近年来，我校基础设施建设不断完善，教师队伍建设不断加强，管理水平不断提升，教育教学质量不断提高，逐渐形成了“团结、勤奋、严谨、求实”的校风，“精研善导、敬业爱生”的教风，“乐学善思、合作进取”的学风，学校发展呈现喜人局面。尤其是进入中国特色社会主义新时代以来，学校发展步入了快车道，学校“争创市级示范校”的办学目标得到了更好地落实，取得了较大实效。今天，我校已成为一所有质量、有温度的优质学校，先后被授予“高中阶段教育教学质量先进单位”、“文明校园”等称号，不仅彰显了我校特色的办学质量，也为全校师生奋勇前行坚定了无与伦比的信心！

一、凝心聚力，大力建设优质特色校园

建校以来，我校始终坚持以“三个联系”、“三学模式”、“三带共建”、“三个目标”、党支部标准化建设等为抓手，切实发挥党组织的政治核心和战斗堡垒作用，充分发扬党员教师的先锋表率作用，对标“不忘初心，牢记使命”主题教育要求，结合学校实际，积极主动作为，坚持党建工作高起点谋划、高标准开展、高质量推进，并将主题教育精神与学校市级示范校创建等各项工作紧密结合，通过提高教职员工政治站位，聚焦学校管理中存在的问题，重视工作经验总结，建章立制、确保长效等策略，加快学校市级示范校创建工作，全面推进学校办学水平更上一层楼。另一方面，我校重视教育教学成绩，开展“一级一月一目标、一月一科一检测、一科一测有成效”的常规检测，抓课堂教学质量落实、抓教学知识点落细、抓教学效度落好，坚持推进学校教育教学，通过具体实施五个步骤，提升教学质量。一是注重学生考试成绩分析。学校依托信息化大数据库，对“三个”年级学生成绩数据分析均采用“两科综合、一统计、看及格、比差值、重评估”模式。注重三级学生的 “文科成绩与入口成绩综合评比、理科成绩与入口成绩综合评比”；注重“一统计”，即高一、高二学生期中、期末考试文理科成绩分段统计，高三级学生月考成绩文理科分段统计；注重“看及格”，即看文、理各科及格率；注重“比差值”，即比对高一、高二级期中、期末，高三级每次月考入口均分差值及排名情况，将大数据分析作为推进学生素质全面提升的有效依据和重要指标。二是推进分层教学落地见效。基于成绩分析比值，统考对标兄弟学校从中找差距，校考对标兄弟班级从中找差距，在差距中深挖教学问题根源，在对比中整改问题、不足，并对应教情、学情，制定可行、高效的“分层教学法”，明确施教对象，紧盯“优等生”、狠抓“中等生”、督促“学困生”，坚持从学校、班级层面，分类分层，出实招，因材施教，全方位、立体化、分批次推进教育教学工作取得实效，力求确保学习能力强的学生高收益、中等学生稳进步、边缘学生有收获，以教促改，促进教育教学质量稳步提升。三是坚持完善推门听、评课制度。学校始终重视听评课制度的建设和完善，让制度发挥功用。我校每学期安排教研组内公开课，每名教师每学年全覆盖，更加重视中青年教师的听课评课工作；学校领导班子的推门听课制度。每两周集中评课一次；安排教师的信息化教学技能大赛，提高教师的信息化能力。将学校领导的推门听课、评课，组内集中听评课活动与灵活、分散的临时性听评课活动有机结合，有利于教师紧绷教书育人之弦，谨记教书育人使命。四是加强常规教学的检查、督查力度。学校对于学生各科作业、配练，教师的教案检查督查都有较为完善的制度保障。每次检查、抽查均由学校主管领导安排部署，督导室牵头、教务处跟进、各教研组配合落实，着力强化教学质量评估，激发教师内生动力，盘活教育教学资源，完善学校管理机制的同时，为下一步教育教学计划的安排提供重要依据。五是进一步完善家长监考制度。为进一步加强家校合作力度，提升家校共育质量，让家长全面了解学生，学校从2018年10份开始实行家长监考制度。截至目前，家长监考已达500人次，举措拓宽了家校沟通渠道，增进了家校共育意识，提升了家校共育质量。

二、铸魂培根，书写时代教育辉煌篇章

德育教育是我校注重的另一重点。一直以来，我校不断探索德育形式，坚持不懈抓常规德育活动，通过多种途径实现以德树人的办学愿景。为了增进德育实效，我校利用开学典礼、班会、国旗下的演讲、家长会、法制报告会、校园广播、黑板报、宣传栏、电子屏等载体，积极开展内容丰富，形式多样的活动，切实保障德育工作取得实效。二是重视充实德育内容，关注学生心理健康教育。建校以来，我校始终重视、关怀学生的思想品德、心理健康教育，关注经济困难、单亲、留守儿童、孤儿等特殊学生的学习、生活、心理健康情况，制定特殊学生“教师帮扶”计划，利用主题班会、各种讲座等德育活动，对全体学生，尤其是困难学生，开展形式多样的帮扶计划，对其进行思想引导、学业辅导、心理疏导、生活指导，引领他们健康成长。三是结合重大节日，坚持在活动中育人。把每周星期一的升国旗仪式办成最重要的常规德育课；坚持每周由一个班同学主持升旗仪式，一个班领唱国歌的制度；坚持升旗仪式上的“两个演讲”。我校每学期都把师生演讲的材料辑录成《国旗下演讲》校本教材，并下放各班让学生阅读，增强演讲活动成效的持久性。四是探索交流管理育人经验。根据工作需要，

我校推荐优秀班主任、市县级名班主任举行交流讲座活动，并开展班主任班会公开课活动，全体班主任进行观摩学习。通过组织举办的班主任经验交流会，提升学校德育工作、强化班级管理，这不仅扩大了班主任视野，而且提升了班主任班级管理能力，更是增强了班级管理实效。五是安全教育，我校大力创建和谐校园。每学年我校均会开展法制、交通、消防安全教育讲座，组织人员进行校外寄宿生排查、责任书签订等安全排摸活动，这都为创建和谐校园奠定了坚实的基础。力求从学生的思想上、实际行动上，着力筑牢安全防线，全面保障学生安全“零失误”，为学生的健康成长、快乐学习、生活提供一个安全、和谐的环境。

挖掘学生潜能，培养学生个性发展是实现生命价值的又一途径。为此，我校紧密结合学校文化，通过特色艺体活动，拓展学生视野，增强学生体魄，激发学生潜能。一是开展“阳光运动1小时”活动。体育强则中国强，国运兴则体育兴。体育承载着国家强盛、民族振兴的梦想。为此，我校积极开展“三操一课”模式，即早操、大课间韵律操、眼保健操、体育课活动。早操、大课间韵律操实行“上下联动、全员参与”机制，合理安排学生进行体育运动，保证运动时间，为学生的身体健康保驾护航。二是整合体育资源，我校成立体育训练大队，以高一、高二体育生为潜力后备的体育训练大队，统筹协调、优化配置，推进体育训练特色发展。三是创建兴趣小组，完善功能室建设。本着培养学生爱好、发挥学生特长，彰显学生智慧，促进学生“德、智、体、美、劳”全面发展的目标，立足学校实际，满足学生诉求，我校成立了音乐、美术、舞蹈、书法教学等兴趣小组，有效开展学校“第二课堂”活动，作为学校文化课教学的延伸和补充，推动学校的特色化教学发展。学校兴趣小组现有各级各类学生150余人。为进一步美化、绿化校园环境，我校还设计打造了以“读书公园”为主，以中心广场及宿舍楼楼前园林景观小区为辐射的育人阵地。读书公园面积8960平方米，校园内配以200多米的报栏文化墙、600多平方米的月季园，整个校园呈现出一种“三季有花，四季有景”的园林效果，师生学习生活环境优美。

教育是一项知行合一的事业。学校的内涵、品位和文化底蕴需要被全体师生牢记并践行，应如和风细雨渗透到学校各处角落，待春暖花开。学校是哺育千万学子的良田，老师们日夜守护田野旁，用毕生的文化知识和真情陪伴学生的每一步，用心培育，用爱浇灌，为学生深远的发展夯实基础，让更多的祖国花朵绽放出生命的光彩。

办幸福教育，育幸福学子

甘肃省定西市渭源县莲峰镇第一中心小学　宋富强

新时代需要新的教育，从“办人民满意的教育”迈向“办人民幸福的教育”是我国教育事业发展的重大战略转型，“追求幸福”将成为我国新时期教育的核心主题，也是未来教育事业长期的奋斗目标。“全力以赴，办人民幸福的教育”，这将是中国乃至世界教育史上的一次壮举，将开启中国教育发展的新时代。　我校结合学校办学历史，坚持“忠孝、信义、仁爱、和平”的校训，确立了以“幸福教育——幸福育人、育幸福人”的办学理念，坚持“以人为本，以德治校”，确立了“正思、正言、正行、正气”的校风，“厚德、博学、精业、爱生”的教风，“尊师、守纪、愿学、善学”的学风。大力倡导以核心价值观为每个人的信仰。在全校范围内形成团结和谐、积极向上，既有压力，又有活力，各方面协调发展的新局面。

一、默默耕耘奉献，筑梦三尺讲台

1980年2月，我出生于甘肃省渭源县莲峰镇。1998年7月毕业于临洮师范学校，同年8月分配到渭源县莲峰镇第二中心小学任教。通过自考，2004年12月毕业于兰州大学汉语言文学专业，现任教于渭源县莲峰镇第一中心小学。在这二十多年的时间里，我始终铭记陶行知先生的“捧着一颗心来，不带半根草去”，在这小小的三尺讲台上，默默付出，辛勤耕耘，使这块沃土上的花儿茁壮成长，竞相绽放。

记得在上师范时，教学楼上高高悬挂的几个大字“学高为师，身正为范”，虽然那时还不能理解这八个大字的真正内涵，但却深深铭记于心。在走上教育岗位之后，才渐渐明白其深刻的内涵。作为一名教师身教重于言教。在日常的工作生活中，严格要求自己，努力使自己成长为一名有益于学生，有益于学校，有益于社会的人。

要给学生一杯水，自己要有一桶水。我深深体会到，作为老师，必须是不竭之泉，时时奔涌出清新的、闪烁着斑斓色彩的溪流。于是我坚持学习，以此提高自己的文化素养。教学中，我潜心钻研教材，反复研讨新课标，坚持业务自学，广泛汲取营养，及时进行反思，转变教育观念，大胆采用新的教学手段。通过努力，所带学科在历年的统测中，多次取得第一名的好成绩，赢得了领导的肯定、家长的认可、学生的爱戴。2000年9月被渭源县委、县政府授予优秀教师称号；2003—2007年连续六年被莲峰镇委员会、莲峰镇人民政府授予优秀教师称号；2007年9月被渭源县委、县政府授予优秀教师称号；2007年11月被渭源县教育体育局聘任为小学数学课大赛特邀评委；2010年9月和2012年9月被中共莲峰镇委员会莲峰镇人民政府授予优秀教师称号等各诸多荣誉称号。

2008年8月开始，承担学校教导工作，2013年8月起，任莲峰二小校长，2016年8月至今，任莲峰一小校长。随着职务的变动，感觉自己身上的责任更大了，所以时刻严格要求自己，更加勤勉工作，丝毫不敢懈怠。欣慰的是，学校发展，如我所愿！

二、打造教师队伍，助力教师成长

习近平总书记在北师大师生代表座谈会上说：“一个人遇到好老师是人生的幸运，一个学校拥有好老师是学校的光荣，一个民族源源不断涌现出一批又一批好老师则是民族的希望。”为了努力打造一支师德高尚、业务精湛、充满活力的教师队伍，近年来，学校经常开展“走出去、请进来、促成长”教育教学活动。

坚持“走出去”，开拓教师眼界。近年来多次组织选派教师出外学习培训。先后组织部分教师，赴临洮县参观金泽小学和第三实验小学；赴陇西县，参观安家门小学和首阳小学；赴五竹学区，参观五竹小学和渭河源小学；赴路园学区，参观路园小学、东锹学校和三河回民学校；赴蒲川学区，参观蒲川小学和选道小学；赴清源二小，观摩阅读教学。

学校还重视帮扶支教工作，先后派出音乐老师陈海军到菜子坡学校，语文老师袁黎润到古迹坪学校，数学老师张海林和杨兆兵分别去岔口学校和张家滩学校进行为期一年的支教活动，同时，每学期组织优秀教师到集团内各小学和教学点，开展送教下乡活动。他们不负重托，用智慧谱写新曲，为家乡和学校增光添彩。

为了给教师提供一个更好地学习平台，学校利用有限的经费，将专家们“请进来”指导，尽可能多地创造机会让老师们能够面对面聆听专家的教诲。同时，学校也非常重视青年教师的专业发展，努力为青年教师的专业成长搭建平台。通过“新老结对”、“同课异构”，“听评课活动”等校本研训，为青年教师搭建了成长的平台，拓宽了眼界，提升了教师的业务水平，促进了教师的专业化成长。

在学校管理上，根据学校实际，制定符合校情的规章制度。“无规矩，无以成方圆”，学校作为一个集体，为了实现既定目标，就离不开规章制度的有效约束，就要避免仅凭主观意志“管人”的旧习，让制度真正成为起“组织”作用的无形“领导”。同时要求领导班子以身作则、率先垂范。

为做好评价激励，学校专门成立了由班子成员和教师代表组成的考核组，征求全体教师的意见、建议，制定详细的考评细则，做到了考核公开、透明、公正。同时做到学校重大决策公开，包括学校的发展规划，重大改革方案的制定，教育教学奖励、评优选先等规章制度的制定修改。让老师参与到学校管理，成为学校的主人，增强其成就感、获得感。

三、挖掘现有资源，组建相应社团

我校现有602名学生，其中建档立卡户儿童171名，校外寄宿生283名，由于学校无住宿条件，他们只能租住在学校周边简陋的民房中，条件艰苦，但他们笑着面对生活。他们在学好文化课的同时，积极参与学校各项活动，提升自身综合素质。

学校充分挖掘现有教师资源，利用教师的特长，组建相应的社团，如篮球、乒乓球、独轮车、空竹、主持人、舞蹈、合唱、书法、绘画、剪纸、手工等。对于一些专业性较强的一些项目，如：陶笛、电子琴、武术、口风琴等，积极联系，邀请渭源四中和莲峰中学的特长教师进行指导。通过几年的努力，也取得了一定的成绩(2017年，由12个社团参加的综合类节目，获学区六一展演第一名；2018年，由电子琴、口风琴、古筝等器乐类社团合演的节目，获学区六一展演第一名；2018年，有主持人社团和经典诵读社团参演的节目，获渭源县经典诵读比赛小学组第二名)。

今年我们推出了一项人人会乐器的活动，预计阻力会很大，因为需要每位学生有一把口风琴，而学校财力有限，无法提供，需要家长们的大力支持。没想到当家长们知道这件事以后，热情很高，自发组织，为自己的孩子主动购买了口风琴，为活动的有效开展提供了保障。社团活动的开展，给孩子们提供了展示才艺的舞台，不仅没有影响到孩子们的学习，恰恰提高了他们的自信心，激发了他们的学习兴趣。近两年，学生成绩大幅提高。

四、加强合作交流，实现资源互动

近年来，我校积极与教育部门、家长和公益机构衔接，为学校和师生发展创造条件。如：2018年，积极争取薄改项目，对操场进行了硬化，校园大门、围墙和厕所进行了重新修建，绿化工作也正在进行中，校容校貌大为改观。2018年，邀请了县教体局教研室、路园学区、蒲川学区的部分领导，开展全方位的教学视导活动，为学校教育教学工作把脉。他们从不同学科，不同方面，给予我校教育教学工作专业指导。2018年，联系县博物馆，走进校园，让学生近距离地感受家乡的文化，了解家乡历史。2018年，与我镇五所小学结盟，定期开展教研活动，促进教师专业成长。2019年，我校留守儿童与甘肃财经大学学生建立一对一结对帮扶体系，为孩子们健康成长创造了条件。2019年，积极争取，成功与福州市晋安区日出东方小学牵手，使学校发展踏上快车道。同时，经常性地开展家校互动活动，让家长了解学校，了解老师，赢得他们的支持。通过不懈努力，教师教学水平有了大幅提高，校风得到根本扭转，教育教学质量稳步提升。

下一步，我校将坚定不移地坚持学校“幸福教育”的办学理念，采取以人为本的管理方略，树立文明校风，创建和谐学校。抓好学生养成教育，培养学生良好品质及行为习惯。以读书和体育为龙头，努力培养学生良好的读书习惯和兴趣，积极开展体育运动大课间活动，积极开展社团活动，以生为本，关注学生全面发展。在重视师德教育的基础上，不断采取有效形式提高教师的综合素质及业务能力。通过管理来促进校本教研、校本培训工作的深入开展，逐一实现学校教育教学质量的进一步提高，使学校真正成为学生们的求知乐园、成才摇篮。

关注幼儿心灵，构建温馨乐园

甘肃省嘉峪关市第二幼儿园　孙艺美　常旭辉

幼儿教育是一个人一生中最基础的品德教育阶段。古人云：头乃人之元，而孩子就是人生的开头，是人生的初元，有了好的开头，才能铸就一个精彩丰富的人生。多年来我园秉持“育人为本，德育为先”的原则，以“走进儿童世界，关注幼儿心灵，构建温馨乐园”的办园理念为宗旨，通过环境创设及系列富有特色、丰富多彩的德育活动，使幼儿园德育工作充满活力，成效显著，特色鲜明。围绕幼儿园精神文明建设的工作目标，不断提升校园文明，提高师幼素养，从而为幼儿的全面良好发展奠定坚实的基础。

一、注重教师管理培训，狠抓德育队伍建设

教师是幼儿的镜子，幼儿是教师的影子。在幼儿德育工作中，首先要加强教师自身修养，以身作则，规范言行，树立榜样，要求幼儿做到的事，教师要先做到。为此，我园制定了《市二幼教师职业道德规范》《市二幼教师职业道德规范细则之礼仪篇》，组织教师学习有关师德师风的法律法规和上级文件、明确幼儿园德育工作的重要任务、反馈教育一线开展德育工作的信息，及时交流经验、总结得失、分析问题、研究对策，确保德育工作有序开展。结合师德师风建设月、开学第一讲、教师节庆祝活动等，定期开展教师师德师风培训活动和“师德在我心”风采展示活动，进一步规范教师的言行，为孩子创造一个文明积极的环境，确保幼儿的身心健康发展。

二、养成教育常抓不懈，寓教于乐彰显特色

养成教育是品德教育的基石，我们通过一日活动中的常规训练，培养幼儿遵守纪律、诚实、勇敢、自信、关心他人、爱惜公物、不怕困难的品德和行为习惯。幼儿的一日生活各环节随时都有教育的契机，我们始终坚持从点点滴滴入手抓好幼儿的思想品德教育，在幼儿的一日生活中对幼儿因势利导、循循善诱。

对幼儿进行思想品德教育，教师要通过开展主题活动、节日教育引起幼儿的道德动机，激发幼儿的道德情感，培养幼儿良好的道德行为。我园在各种形式、不同内容的主题教育活动中，融合教育思想，让幼儿通过主题系列活动来愉悦身心，锻炼能力，获得品德提升，彰显教育特色。我园把“防震减灾，安全常在”、“文明踏青，绿色出行”、“小学，我们来啦”、“光盘行动”、“勤俭节约，从我做起”等，作为幼儿园每年常规主题教育活动；把清明节“缅怀先烈，感恩幸福”、端午节“与粽传爱”、五一劳动节“我是家务小能手”、国庆节“我和我的祖国”、重阳节“浓浓敬老情”等，归属于每年常规节日教育主题活动。

三、因人施教全面提高，家园合力落实德育

现如今的孩子普遍存在自私、爱发脾气、任性固执、抗挫能力差等社会性缺失问题。为此，我园确立了《家园共育促进小班幼儿社会性发展的实践研究》《区域活动中促进幼儿同伴交往能力干预策略》的省级课题。通过课题研究，有针对性地对性格和行为缺失的幼儿进行德育教育，针对不同幼儿年龄特点和个性特征进行有目的的干预，起到了良好的成效，从而促进幼儿德育全面发展的进程。

要培养幼儿的优良品德和行为习惯，必须要有家庭教育的配合才能达到预期的教育目的。因此，我园通过LED显示屏、宣传栏、网站、公众号等多种形式加强宣传，营造家庭、社会都来关注幼儿德育教育的浓厚氛围。开展“小手牵大手”系列活动，通过家园共育把德育理念传递给家长，丰富家长家教经验、指导策略，形成教育合力，从每一件小事做起、从一点一滴做起，共同落实幼儿的品德培养教育工作，以“小家庭”带动“大文明”，扩大幼儿园教育的辐射作用，形成全社会都来参与儿童品德教育的良性互动。

四、统一思想压实责任，创建文明和谐校园

我们建立了以支部书记、园长为组长，保教部门全体成员为组员的创建领导小组，制订了创建工作方案，并确立了“以促进幼儿园文明建设和提升师生综合素质”为核心的创建目标。围绕目标，全园教职工发扬传统，彰显特色，构建团结健康、奋进开拓，民主和谐的管理氛围和育人氛围，以和谐氛围促进幼儿全面健康成长，幼儿园工作稳步提升。

我园始终坚持“团结、奉献、求实、创新”的八字园风，始终铭记“努力把我园办成一所管理高效、师资精良、教育优质、环境优雅的现代化儿童乐园”的教育目标，充分利用丰富的传统和现代教育资源优势，不断丰富教学内容，不断创新教学方式，从多方面入手，开展以五大领域教育为主，传统体育游戏、感觉统合训练、创意美术教育和科学发现教育等为辅的园本特色教育，激发潜能，培养幼儿热爱自然、热爱家乡、热爱祖国的情感，从而真正实现幼儿的快乐成长和全面发展。

多年来，在各种特色教学活动中，幼儿园一直遵循幼儿的发展规律，根据幼儿阶段“一日生活即游戏，一日生活即课程”的幼教理念，开展与幼儿年龄相适应的活动，使幼儿在游戏化的活动中历练、在充满童趣的游戏中学习，让教与学真正“活”起来。

除此之外，我园作为首批省级示范性幼儿园，积极响应市教育局“划片帮扶、抱团发展”的幼教发展理念，成立“心手相牵”帮扶工作领导小组，对我市六所民办幼儿园进行对口结对帮扶工作。从办园理念、园务管理、教育教学、疫情防控等各项工作进行全面的督查与指导，并推广幼儿园的各项经验成果，提高了帮扶园教师的专业水平，促进了民办园办学质量的更新和提升。

为推进城市基层党建“互联共转”行动，我园积极参与学雷锋志愿服务、党建联盟红歌传唱、慰问家庭困难儿童、实战消防安全普及、文明礼仪培训、“迎七一”主题活动等。尤其是在抗击新冠肺炎疫情期间，我园志愿者们不怕困难，白天晚上坚守社区，做好了执勤、清扫、消毒、包户服务等工作。在创健全国文明城市期间，我园党员们利用工作之余，不辞辛苦深入社区挨家挨户向居民发放宣传资料，耐心引导居民填写调查问卷，带动广大市民当好城市的主人，履职尽责，为全面开展创建文明做出了应有的贡献。

近年来，我园获评省级文明单位，它凝聚着每一位二幼人的团结与付出，积聚着市委市政府、市教育局等各级领导的指导与期望，满载着家长朋友们、社会各界的支持与关注。今后，我园全体人员将继续不忘初心、满载阳光，尽心诠释立德树人的教育内涵，潜心乘风奋楫新的征程。

精心文化建设　倾力品质提升

甘肃省兰州市第五十五中学　蔡斌　丁南洲

当前，文化强校已经成为教育界的共同认识和一致行动。十九届五中全会明确提出，“建设高质量教育体系”的任务要求。显然，优质的文化是高品质学校的重要象征，也正日益成为高质量教育体系的重要组成部分。

兰州市第五十五中学，创办于1964年7月，历属兰州铁路分局管辖的一所完全中学，时称兰州铁路职工子弟第五中学。2004年8月移交兰州市政府管理，现为兰州市市级示范性完全中学。走过五十八年办学历程的五十五中，有披荆斩棘、筚路蓝缕之时，更有积极进取、昂扬拼搏之态。在一代代五十五中人的不懈努力下，积淀有深厚的办学底蕴。学校曾先后荣获全国优秀青少年维权岗、全国青少年校园足球特色学校、全国校园篮球特色学校、全国青少年计算机科技创新实践教育示范基地、全国软式垒棒球实验学校、全国“家校共育”数字化项目实验校、全国学校生涯规划教育研究实验基地、全国“亚运足球梦想学校”，甘肃省园丁奖先进集体、甘肃省德育示范校、甘肃省中小学生科技创新优秀组织奖、甘肃省快乐校园，兰州市学校文化建设示范校、兰州市阳光体育示范校、兰州市艺术教育特色示范校、兰州市校园足球项目特色学校、兰州市书香校园等荣誉称号。

新时代，新教育。学校应当顺应潮流，以教育现代化为突破口构建学校文化，厘清文化建设的新思路，实现学校文化建设的再出发。因此，我们提出了努力实现学校跨越式发展的“十大工程”：

一、基层党建提升工程

以习近平新时代中国特色社会主义思想为指导，以落实全面从严治党主体责任为主线，以规范党内政治生活为核心，以夯实党支部工作为基础，以思想建设、责任延伸、制度落实、能力提升和工作推进为重点，从组织学习、行政监督、参与管理、增强合力、示范作用、师德师风、发展党员等方面，服务全校大局，进一步发挥党组织的战斗堡垒作用，创新党员教师发挥先锋模范作用的新途径；创新党建工作平台和方法，构建“互联网+党建”工作新方法新举措，积极构建责任明晰、协调推进的工作格局和督查考评机制，为全面推进教育改革发展提供坚强保障。

我校党建工作的总思路：围绕发展抓党建，抓好党建促发展。我们深入推进党建工作与教育教学的深度融合，开展了常态化的“三督查两提升”活动，“督查教职工遵规守纪情况、督查教师规范教学情

况、督查班主任班级管理情况，提升全体教职工的师德师能，提升学校的管理效能”，用心培养“三支队伍”（党员队伍、骨干教师队伍、青年教师队伍），持续提高我校教职工政治思想水平和业务能力素质，持续促进教育教学工作再上新台阶。

二、师德师能提升工程

努力建设一支师德高尚、业务过硬、结构合理、善于协作、勇于创新、充满活力的科研型教师队伍。大力开展教育教学研究，形成个个搞教研、人人有课题的良好教科研氛围。大量培养各级各类骨干教师、学科带头人和教学能手，提升教育品质，增长教育智慧。

我们实施“中青年教师梯级培养行动计划”，即小荷、青蓝、领军行动计划，采取“走出去，学起来，请进来，长出来”的机制，创新教师成长合作共生机制，切实为学校的创新发展和教学改革发挥示范引领作用。在兰州市委开展的“三名人才”评选中，我校郭敬莉老师被评为“金城名班主任”，她带领的小团队为学校德育建设起到了很好地引领作用。目前，我校4名教师被聘为甘肃省教育科学研究院特聘教研员，9名教师聘为兰州市各学科中心教研组成员，21名教师受聘兰州市教育局名师在线。同时，每年有近十名教师受邀在全国和省市其他地方做讲座、示范教学，进一步抬升了专业素养，宣传了学校。在这个机制的培养下，尤其可喜的是，我校目前有42位青年教师获得兰州市教学新秀称号，这些新鲜的力量也是学校跨越式发展的强大基础。

三、课堂改造提升工程

努力构建灵动和谐的课堂文化，营造平等民主、和谐共处、互动合作、自主探究的课堂氛围，赋予课堂以生命价值。具体表现是：三声、三话、三交。“三声”指掌声、笑声、辩论声，“三话”指自己的话、真实的话、有创建的话，“三交”指交流、交锋、交融。搭建课堂教学提升的平台，促进教师教育品质不断提升。

我们致力于打造“灵动自主减负增效”的课堂总模式，各教研组积极探索适合本学科特点的高效课堂模式。如语文组的“先学后教，读写结合”，数学组的“三型五环”，英语组的“五阶认知”，政治组“六化生成”，历史组“三一一”，地理组“垫基引导—合作推理—实践反馈”，物理组“三型五环”，化学组“121”，生物组“先学后教，先演后做，先建后练”，体育组“男女分班授课”。在日常教学中，借助有效地课堂经营，引导学生主动学习，实现教学效率、效果、效益最大化，逐步形成各具特色的教研组文化，成功创建兰州市初中数学学科基地和兰州市中考英语听力测试考点。

我们制定了学校《教科研发展规划》，做到“四个五落实”。落实“五研式”教研模式：研课标、研考纲、研教材、研教参、研学情；落实“五分层”教学任务：分层目标、分层内容、分层学法、分层作业、分层辅导；落实“五培养”课堂思维：培养兴趣、培养习惯、培养学法、培养能力、培养意志；落实“五反思”课后形态：反思导入、反思问题、反思目标、反思能力、反思学生。同时，创新学校教案撰写格式，设立指导思想与理论依据、学情分析、教学目标、教学过程（设计意图）、教学拓展、板书设计、课后反思七大板块，强化新课标指导下的教学设计。

四、课程建设提升工程

全面落实课程改革方案，形成有本校特色的课程体系，优化课堂教学，提高教学质量，提升课程领导力和课程开发力，实现课程育人。成立课程建设中心和新高考研究小组，组织教师学习新中考、新高考政策性文件，组织教师对国家课程进行校本化研究，开设特色校本课程，构建丰富多彩的课程体系，统筹推进，精准发力。

根据《中国学生发展核心素养》三大模块“文化基础、自主发展、社会参与”，六大核心素养“人文底蕴、科学精神、学会学习、健康生活、责任担当、实践创新”，结合学校办学理念、校训、学校精神和育人目标，构建学校课程体系。包括三个部分：基础型课程（Earth）、延展型课程(Sky)、研究型课程(Study)。采用“1+X”的课程模式，即1门基本课程+X门延展课程或者研究型课程。E-课程，执行国家课程。S-课程，是校本和地方课程，总称“和·雅课程”，并根据校训分设四个系列，分别为明德课程、尚美课程、崇智课程、有恒课程。S-课程，主要用于研学课程和高中选修课程。目前，我校开设了英语听说课、阅读课、德育主题活动课、班会课、综合实践课、科技创新课、研学旅行课程、软式棒垒球课、校园篮球课、校园足球课等特色课程。

五、德育创新提升工程

以《兰州市中小学德育“134”行动计划》为指导，加强和改进德育工作，发挥教育、教学、科研、管理与服务的德育职能，逐步形成管理顺畅、队伍精良、方法创新、途径广泛、资源优化的德育工作局面，培养学生良好的道德品质、学习品质和行为习惯，进一步落实立德树人根本任务，为学生幸福成长奠基。

我们精心构建了“五个三”德育工作体系和《德育课程体系》，加强和改进德育工作，充分发挥教育、教学、科研、管理与服务的德育职能。我们开展“千人齐读《品质提升三字经》”，日常规范、习惯养成、品德塑造在诵读中得到耳融目染。我校制定并实施了未成年人思想道德建设“1234”工作思路，取得了卓有成效的收获。在兰州市未成年人思想道德建设工作专项督查中，我校被授予“骏马奖”（第1名）荣誉称号，也为兰州市成功创建“全国文明城市”做出了努力。

六、家校共育提升工程

家校共育是现代教育中一个重要组成部分，积极发挥广大家长沟通、服务、参与、管理四个作用，使家庭教育与学校教育、社会教育紧密配合，形成合力，积极构建家庭、学校、社会三位一体的教育体系，全面推进素质教育，培养德才兼备的社会主义事业建设者和接班人。

“家庭是人生的第一所学校，家长是孩子的第一任老师，要给孩子讲好‘人生第一课’，帮助扣好人生第一粒扣子。”习近平总书记在全国教育大会上对家庭教育的阐述，深刻地诠释了家庭教育的重要任务与目标方向。我校以全国“家校共育”数字化项目实验校建设为基础，积极探索和完善“学校、社区、家庭”三位一体的未成年人思想道德教育网络，形成了“学校抓平时，社区、家庭抓节假日”的全方位未成年人思想道德建设体系，健全和完善家长委员会制度，组建学校家庭教育讲师团队。同时，我校在兰州市中小学首创“诚信考试，无人监考”活动，建立了家长巡考制度，每年举行4次家长巡考活动，有800余名家长走进校园参观、巡考。在此基础上，我校参与的国家社科基金教育学重点课题子课题《家校共育数字化对家长家庭教育主动性的影响》成功立项，并成功创健全国“家校共育”数字化项目实验校。

七、管理能效提升工程

学校以满足学生、教师、家长、社会的共同利益为圆心，以尊重、服务为管理的价值导向，不断增加服务的广度和深度，提高服务的质量和效益，推进学校管理科学化、精细化、信息化、人本化，切实提高工作效率，实现学校教育的价值和意义。

根据教育发展的自身规律和教育现代化的基本要求，我校以构建政府、学校、社会新型关系为核心，建立系统完备、科学规范、运行有效地制度体系。我们非常重视加强现代管理制度体系建设，制定《课程实施方案》《教科研发展规划》，不断完善职称评定、年终考核、教科研奖励、评优选先、中高考奖励等方案，形成全面发展、尊重个性、终身学习、培育核心素养的办学氛围。

八、评价体系提升工程

及时总结、完善与课程体系相匹配的教师、学生评价体系。以“质量”为轴心，构建科学评价体系。建立良好的评价导向机制，在用人、评聘、评优问题上采取“公开透明、平等竞争、择优聘任”的评聘制度。做到分层考评、点面结合、公平公正，调动教师的工作热情与积极性，有效地营造管理评价的正能量。

根据《深化新时代教育评价改革总体方案》，我校适时改革教师评价，推进践行教书育人使命。在教师评价中，坚持把师德师风作为第一标准，始终坚持突出教育教学实绩，指向强化一线学生工作。在学生评价中，坚持德智体美劳全面发展的成才观，在此基础上，我校正在努力创建省级教育评价改革试点校。

九、文化品质提升工程

继承学校优良传统，进一步弘扬和培育具有学校鲜明特色的文化。增强文化精神的统领力，学校环境氛围、形象标识、运行机制、课程教学、实践活动、团队班级、家校共育等要以核心理念为引领，整体谋划，系统设计，做到“形散神聚”；增强文化层级的融合力，把精神力系统作为全校共同理想和价值追求，融合到环境营构、机制完善、课程建设、活动设计中，渗透在每一处视窗、每一人言行、每一个细节中；增强文化发展的创新力，坚定文化立校，在传承中创新，在达标中提升，不断赋予文化载体更新、更深、更远的实践意义，丰富学校文化内涵。

我校秉承“明德、尚美、崇智、有恒”校训，淬炼“和·雅”文化体系，不断完善“以德立校、依法治校、科研兴校、体艺美校、文化润校、质量强校”的办学方针，接续实施“双品质提升”，高效开展“十大工程”，深入开展立意高远、内涵丰富、形式多样、各具特色的校园文化建设，将校园文明和校园建设充分结合，形成良性互动、互相促进的长效机制，持续推动教学、科研、后勤服务和管理工作上台阶、上水平。我校也将在新的奋斗目标（全力打造兰州教育“南环明珠”）指引下，努力实现“三好”办学愿景（今天比昨天好，明天比今天好，一天比一天好）。

十、教育质量提升工程

在教师队伍中确立“一切为了学生、为了一切学生、为了学生的一切”的教学理念，树立学生主体观，构建民主和谐的师生关系；树立学生发展观，将学生的发展作为教学活动的出发点和归宿。以正确的办学方向为引领，精细化管理为后盾，教育方式整齐发力，多措并举，保持学校教育质量稳步提升。

我校连续十二年荣获兰州市高中教育质量优秀奖，12次荣获兰州市初中教育质量优秀奖，其中，2018、2019、2020连续三年荣获兰州市教育质量优秀奖初中、高中“双奖”。

所以，一群好老师辉煌一所好学校，一位好校长更能成就一所好学校。好老师应该是：有爱心，多智慧，能奉献，善表达。好学校应该是：好理念，好课程，好校长，好老师，好机制，好平台，好同伴，好氛围；有灵魂，有人味，有追求，有定力，有大师，有生趣。

世界百年未有之大变局正风起云涌，在推动教育高质量发展的时代“动车”上，新课程、新改革为学校再发展、再提升点燃引擎，而深邃、延续的文化更是学校内涵发展的根基。坐落在兰州城市南环路边的兰州五十五中，也将精益求精臻至境，创造适合学生个性发展的教育，创造适合教师共同发展的管理，创造适合学校长远发展的文化，全力打造兰州教育“南环明珠”，培养阳光向上的“南环明星”，潜心办社会认可、家长满意、教师幸福、学生发展的品质学校。在建设教育强国、科技强国、人才强国、文化强国、制造强国、质量强国、网络强国等社会主义建设新征程中做出中学应有尽有的新贡献。

阅读迎清风，书香润校园

甘肃省张掖市甘州区青年东街小学　马建国

“一年之计，莫如树谷；十年之计，莫如树木；终身之计，莫如树人。一树一获者，谷也；一树十获者，木也；一树百获者，人也。”　这段话既阐明了人才培养的重要性，也揭示出人才养成的不易。百年青东、百年梦想，作为教育的一员，我校始终坚持以立德树人为育人价值取向，秉持“为生命奠基，为梦想铺路”的办学理念，积极挖掘“青蓝”文化，内化“青东”精神，打造“精致青东”品牌。倾力　“四园”创建，把“四园”（“精细”、“舒心”、“人文”、“责任”为核心的平安校园；　“自然”、“和谐”、“健康”、“成长”为核心的绿色校园；“丰盈”、“和美”、“启智”、“发展”为核心的智慧校园；“典雅”、“诗雅”、“优雅”、“乐雅”为核心的书香校园）创建作为“精致青东”建设的支撑点和发力源。以行为文化提升师生品位，以环境文化陶冶师生情操，以学业文化开启师生智慧，以传统文化提升师生内涵。努力把学校建设成“管理精细、质量优良、课程丰富、特色鲜明、文化丰盈”的一所现代化优质学校。我校把“书香校园”建设作为学校特色教育和“精致青东”创建的底蕴基础，努力营造书籍世界、建立阅读制度、树立书香典型、开展丰富多彩的读书活动，为师生铺垫“与书籍相约，与快乐同行；与经典相约，与智慧同行”的书香人生，在阅读文化环境的浸润中实现道德品质的主动建构。

一、春风化雨，用书香浸润学生心田

古树参天，百花争艳，绿草葱茏，书声琅琅，结合我校“三风一训”和办学特色，我校精心设计，以国学为底蕴，以弘扬中国传统文化为主调，以培养学生良好行为习惯为切入口，形成“文化润心处处有，移步换景总是情”的精致校园文化。我校校史造型是一部展开的书卷，船身为载满知识的书籍。驻足楼内正厅，三字经、弟子规经典内容耳熟能详，舒适惬意的开放式阅读小屋让孩子们徜徉。流连楼道文化长廊，先贤的期待，名人的哲理，学生的书画，独具一格的地面文化，让学生在行走间沐浴书香。迈入教室，文化布置各具特色，令人陶醉，让学生作品上墙，让教室墙壁说话，让每个角落育人，散发着浓郁的书香韵味。此外，我校加强学校精细化管理，让读书成为习惯，让书声充盈校园。我校专门成立读书活动领导小组，制定《课外阅读实施方案》，把课外阅读课纳入校本课程管理，规定每周五下午为全校课外阅读指导课。为规范阅读内容，在学校教科室的指导下，我校各年级组编制“诵中华经典，读中外书籍，做书香少年”为主题的书香校园建设阅读手册，制定学期诵读计划：一二年级熟读背诵简单、易理解古诗16首，诵读《三字经》《弟子规》；三四年级熟读背诵经典诗词25首，诵读《论语》《大学》；五六年级熟读背诵有一定难度的经典诗词30首，诵读《增广贤文》《诗经》。为落实诵读计划，我校制定并启动“晨读午诵暮吟”制度。学生每天早晨、中午、晚上固定时间、规定内容、灵活形式地读书写作，日积月累，让习惯成就素养，让素质奠基人生。根据学生年龄特点，我校还为学生科学制定课外阅读书目推荐计划，要求低年级每生每学期必读书目6册，中年级8册，高年级12册。校教科室制定《课外阅读评价考核方案》，各年级自主命题，学校统一进行，对学生阅读效果客观测评，不断完善课外阅读实施措施与评价机制。我校建立的书香班级、书香家庭、书香教师、读书之星评价制度也为特色教育发展保驾护航。截至目前，有600多名学生荣获“读书之星”荣誉称号，有16个班级荣获“书香班级”荣誉称号，有50多名教师荣获“书香教师”荣誉称号，有40多个家庭获得　“书香家庭”荣誉称号。

二、弥足根本，以阅读引领教育新风

教育不分长幼，教育就是爱读书的校长和爱读书的老师带领学生一起读书！我校通过实施读书工程，搭建教师专业成长平台，在教师中形成积极进取、努力学习的氛围，努力提高理论和实践水平，推进课程改革，更新教育理念，改进教学方法，改革评价标准，优化教育品质。我校要求教师“每月一书，每月一文”。每天必须保证半小时以上的研读，每月至少阅读1本教育教学专著或文学作品，做笔记，写心得，著书籍，在线上进行“好书推荐”或“收获分享”，发表优秀文章，丰富教师文化底蕴，练就坚实教育内功。为加强教师读书成果展示交流，我校每周举办“教师读书论坛”，开展主题阅读沙龙、读书笔记展评、读书知识竞赛、经典诗文诵读、读书典范事迹宣讲等活动，交流阅读收获，激发阅读热情，引领阅读风尚。

拓展阅读课程，是润泽师生心灵另一途径。学生每周阅读课时间由我校教导处统一检查督促教师上好指导课、推荐课、欣赏课、汇报课等。好书推荐，让阅读有方向；导读领学，让阅读有方法；展示汇报，让阅读有力量。教师以课堂教学为主阵地，传授阅读方法，激发阅读兴趣，提升师生阅读水平。学校还开展“快乐星期”第二课堂活动，将读书工程纳入“青苗”课程系列，组建阅读、写作、朗诵、故事、表演等社团，营造满园书香，润泽师生心灵。我校还大力丰富读书活动，以书育德，以德促美，张扬学生个性，促进生命成长。每学期开校初，我校都将隆重举行“读书活动”启动仪式，激昂有力的倡议坚定学生热爱阅读的脚步。每年“世界读书日”、“孔子诞辰日”，我校都要举行“与经典同行”大型读书成果展示活动，孩子们用诵、读、说、演、唱等不同形式传递着对阅读的热爱与激情。定期开展图书漂流活动、故事比赛、演讲比赛，现场作文比赛、课本剧表演，读书笔记、手抄报、读书卡展评等活动，唤起全校师生读书意识，建设生命成长的精神家园。读书活动的开展，营造了浓浓的书香校园，也取得了丰硕的成果。我校连续三年被甘州区教育局授予“书香学校”荣誉称号，十多位教师在课外阅读评比课、读书心得评比中获奖，多篇读书征文在书刊报纸刊登发表，60多名学生在各级各类读书活动中获奖。

三、乘风破浪，用经典引领教育新航

氤氲书香，惟楚有才。我校着重发掘传统文化特质，将阅读的魅力传播到校园的各个角落，帮助孩子寻找生命的启迪，领略经典的风韵。教育家说：“书是智慧的钥匙。”。我们相信，与书相伴的人生，一定有质量，有生机；书香飘溢的校园，一定有内涵，有发展。未来路上，我校会继续引领阅读文化，以书海创造奇迹，用阅读幸福一生！

创语言艺术特色，育时代君子贤良

广东省佛山市顺德区均安中心小学　焦柏强

语言艺术是文化传承的载体，是国家繁荣发展的根基。语言艺术对一个人全面素质的提高，对一个人心理素质的养成也非常重要。通过会话、朗诵、演讲等，打开学生的心扉，在学习交流中寻找快乐，善于表达自己的思想和感受，让学生敢说话、会说话、巧说话，练就一副好口才。学习语言艺术不仅会让学生变得胆大、健谈，更会让学生在丰富的锻炼活动中学会享受舞台、展示自我。学生丢掉胆怯心理，充满自信地迎接今后的挑战！因此，我校大力发展语言艺术协会，创造机会让我校师生参与语言艺术协会发展的点点滴滴中，同时，也润物细无声地提升我校师生的语言艺术水平。

我校创办于1957年，屡易校名，几经易址，2002年重建于现址，于2003年9月正式投入使用。是直属于镇教育组领导的镇级品牌小学，佛山市一级学校。学校占地面积37000多平方米，建筑面积23600余平方米，校园各功能区域布局合理有序，各教辅场室设备配套齐全，是均安镇集约办学规模最大的小学。

一、深化素质教育，实现文化育人

为全面贯彻素质教育理念，营造良好的校园文化氛围和提高学生的语言艺术水平，打造“书香校园”，实现文化育人。我校通过开展各项活动，拓展学生的语言艺术水平，激发师生语言艺术表达的兴趣；培养语言艺术表达新秀，拓宽学生视野，丰富学生的课余生活，在实践活动中全面提高语文素养。

学校秉承“文武兼修，品才双馨”的双才教育理念，以博学勤勉的清代探花李文田，自强爱国的武打巨星李小龙为学习模板，以蓄素守中、心怀祖国的生命教育为培养主线，融诚信教育、财商教育于一体。不忘教育初心，以奋进之笔，书写高质教育，培养能促进社会发展，具有社会责任感的时代英才。

我们把语言艺术表达和文学欣赏结合起来，提高学生审美修养，定期开展活动，提高学生的语言艺术理论水平和对作品的欣赏能力。通过语言艺术表达培训及展示，建立师生自信心，大方展现自我，提高学生人文素养，提升教师专业水平。

语言表演艺术课程就是以语言为基础，加上表情、肢体动作，进行的一套完整表演的课程。在语言艺术协会培训中，我们的教师会精心安排以绕口令、童谣、诗歌、故事、快板、主持、演讲等题材为教学载体，进行口才训练的一门综合性课程体系。学员们在每次培训中都给自己设定了计划和目标，带着任务参加培训，在“时常切磋”与“实战演练”中，通过这些作品的演绎，达到正音（普通话训练）、胆量、自信心、表达力、理解力、记忆力、想象力、创造力等综合能力的全面提升。

二、多元形式育人，践行语言艺术

活动锻炼人，活动培养人，活动塑造人。为扩大语言艺术协会的影响力，为学生搭建展示语言艺术技能的舞台，我校开辟了“每周一

表演”主题升旗仪式、举行了“童心·童趣·童梦”读书节讲故事、小组朗诵比赛、绘本剧比赛、知识擂台表达大赛等。活动的开展使一大批优秀选手脱颖而出，他们或是优秀的主持人，或是出色的演讲者，或是深入人心的小小朗读者，或是生动活泼的演绎者。精彩纷呈，声动人心，他们成了我校语言艺术协会的优秀代言人！

另外，我们还开展了形式多样的社团活动。如新秀选拔：招募1—6年级语言艺术表现能力强的学生加入语言艺术兴趣社团；利用学校开展兴趣社团活动时间对学生进行语言艺术技巧的培训。

营造全校语言艺术表现的氛围，让校园充满琅琅读书声。一利用每节语文课前三分钟进行语言艺术的表达训练；二成立班级语言艺术兴趣小组；三借“国旗下讲话”班级表演活动，展示各班语言艺术的训练成果。

立足课堂，扎实开展教科研活动，针对问题精心指导语言艺术，强化语言艺术的训练。充分搭建平台，让学生各种语言艺术的表达训练落地生根；充分发挥教师示范的作用，让学生表达有样可依；努力激发学生语言表达的兴趣，营造良好的氛围；采取多种形式，指导学生多读多练；注重语言艺术的过程性评价，让每个学生都积极参与表现。同时，我们积极参加镇区市各项比赛，争取展示自我的机会，提升语言艺术的影响力。

三、创设艺术特色，收获硕果于心

学校的心育课程与家长学校课程都具有鲜明的时代特色。“戏剧+团辅”的心育模式影响深远。“面授+网授+送教”的家长学校建设策略深入人心，学校因此被评为全国规范化家长学校建设基地。经验曾于多个省市级的培训中被介绍推广。

学校构建了“品智·尚美”课程体系，以“高效课堂工作室”为载体，以课堂为阵地，以兴趣社团带动学科特色发展。其中合唱、葫芦丝、乒乓球、朗诵、科学、足球、篮球逐渐成为学校的特色项目，学校师生参加各级各类竞赛屡获佳绩。

书香浸润校园，语言润泽人生。我校语言艺术协会多次代表镇、区参加镇级以上的朗诵、演讲、讲故事等比赛获得了可喜的成绩。其中，语言艺术协会学员们代表顺德区参加佛山市教育局主办的“佛山市2019年课文与经典小学师生朗诵比赛”，荣获一等奖；邵秋桦同学和梁芷茵同学荣获顺德区教育局主办的“2019年顺德区少先队员讲故事大赛”优胜奖；杨托老师、欧阳妙诗老师荣获均安镇教育局主办的“2019年祖国在我心中朗诵比赛”特等奖等。

润物无声，育人有痕。几十年的励精图治，学校发展为“全国青少年校园足球特色学校”、“广东省第三批省级校园足球推广学校”、“顺德区乒乓球网点学校”，先后被评为“广东省巾帼文明岗”、“佛山市绿色学校”、“佛山市文明校园”、“佛山市平安校园”、“宋庆龄基金生命教育基地”等，连续两年在区绩效评估中被评为“A级”学校，多次被评为区、镇先进学校。在社会中建立了良好的口碑，是领导放心、家长满意、学生向往的窗口学校。

教育的目的是培养社会人，即培养热爱生活热爱祖国，于家庭社会有用的人才，我校丰富多彩的教育内容和教育方式体现的正是教育的社会性、前瞻性，这就是我们教育的初心，着重培养勇于创新的社会主义接班人。随着人们对语言重要性的认识，不久的将来，语言表达也必将且必须成为孩子们的必修课和基本功！下一步，我们将会推进语言艺术创新工作，让每一个生命都精彩绽放，为顺德区教育质量提升贡献自己的一分力量。

狠抓落实争一流 砥砺奋进正当时

广东省梅州市平远县城南中学 凌育双

十九大报告指出：建设教育强国是中华民族伟大复兴的基础工程，必须把教育事业放在优先位置，加快教育现代化，办好人民满意的教育。面对新时代的教育发展形势与教育诉求，广东省梅州市平远县城南中学全面贯彻党的教育方针，落实立德树人根本任务，全面推进素质教育，努力培养德智体美全面发展的社会主义建设者和接班人。

创设特色校园文化，营造良好育人环境

校园文化是一所学校的“根”，它既是学校的精神符号，也是学校发展最核心的动力。优秀的校园文化能赋予师生独立的人格和精神，激励师生不断反思、敢于超越。在校园文化建设中，城南中学从大局出发，围绕“幸福城南，精神家园”的设计理念，不断优化育人环境，推动学校朝着和谐发展、科学发展的方向迈进。

学校坚持从审美的角度统筹规划，精心打造了富有文化特色的“一区一路”。在学校中心区域，设置校园文化长廊、先进人物事迹展览、学校荣誉墙以及办学目标、理念、校风、校训及各项活动剪影等，让人一目了然，凸显文化核心区；在师生出入的林荫校道上，设置学生自己创写的励志格言，美名曰“励志路”，激励全校师生共勉共进，形成了一道亮丽的风景线。

学校不断创新校园文化建设途径和方法，丰富校园文化的内容。组织大课间跑操等体艺活动，举办“科技月”活动，举行“百人书写‘春’，城南早争‘春’”现场书法大赛，开展唱响校歌、红歌课外活动，丰富学生的校园文化生活；综合楼、教学楼、科学馆、饭堂、宿舍连廊、花池草地等处处装点着学生的书画作品和格言，学生们置身于这种文化氛围之中，耳濡目染、久而久之，定会成为一个有知识、有教养、有进取精神、有良好文化气质的学生。

通过校园文化的熏陶和感染，广大师生既提高了思想道德修养，又养成了良好行为习惯，真正起到了潜移默化的作用。

开展“双翼”培训，增强学校发展动力

在学校发展和教师成长的过程中，校本培训作为一个崭新的亮点越来越显示出巨大的作用，成为学校特色发展的突破点。城南中学坚持以“重在实效、团队科研、辐射引领、共同提高”为主旨，以“教师发展”为核心，以名师工作室、名班主任工作站为两翼，以曾获市级以上骨干教师、学科带头人、名班主任培养对象为成员，积极开展各种校本培训，为本校教师搭建了一个交流、发展的平台，不仅使骨干教师的示范、引领、辐射作用得到了更充分的发挥，也使学校教师队伍的整体水平得到了快速提升。

在各自的工作理念指引下，名师工作室、名班主任工作站均设立主持人1名、成员7名，制订了工作目标、工作职责、工作制度等一系列措施，保证其正常运转。工作室、工作站的成员工作积极，锐意进取，高质量地推动专业化成长，真正做到了有心、有效、有用，走出了一条教育科研的新路子，为城南教师团队素质的提升、教育教学质量的提高作出了贡献。

名师工作室、名班主任工作站的启动运转，标志着学校教育教研转向制度化、规范化、科学引领化，是学校的校本培训最实效、最有针对性的举措。“双翼”校本培训必将为城南中学的教育教学留下浓墨重彩的一页，具有划时代重大意义。

做好“六个一”工作，全面推进素质教育

为了适应教育新形势发展的需要，城南中学全面贯彻党的教育方针，结合自身特点，不断创新素质教育的着力点，努力丰富教育的形式和内容，提出了“做好六个一，会有好成绩”的新思路，将素质教育具体化，着力培养全面发展且具有独特个性的新时代少年。

练好一笔字。写字，可以表现一个人的性格修养。学校通过开设书法课，正确指导学生写好一笔字，这既是对中国书法艺术的认识和传承，又是调节学生心理素质、规范学生行为习惯的有效手段，更可以为学生今后的学习和工作练就一生受用的本领。

说好一席话。语言是学习工作交流的重要工具，说好普通话是一个人文化素质和文明素质的综合体现。学校长期坚持普通话教学，倡导文明语言交流，着力培养谈吐文明的合格好学生。

做好一举止。初中阶段是行为习惯养成的重要阶段。学校坚持以养成教育为切入点，通过《中学生行为规范》和《中学生守则》等校规校纪规范学生的一言一行，促使学生养成良好的学习习惯、行为习惯和生活习惯，努力做一个举止文雅的好学生。

解好一问题。问题是学生成长过程中的“导航仪”。学校积极开展有问题找老师活动，引导学生善于发现学习和生活中的各种问题，并在老师的指导下顺利解决问题，不断提高学生发现问题、解决问题的能力。

跑好一千米。身体健康才能心态阳光，体育锻炼不仅能培养人的意志力，还能培养人的自律能力、合作精神、规则意识和荣誉感。学校积极推进全民健身活动，坚持开展一课两操、跑好一千米等体育运动，既有助于学生锻炼好身体，又为中考体育考试中考出好成绩打下了坚实的基础。

修好一颗心。良好的心理素质、健康的心态是学生健康成长、用心学习的前提。学校通过班会课、团队活动、广播站等教育形式和阵地，加强心理健康教育，引导学生修好一颗心——培养上进心，树立信心，养成诚心，多一份热心，学习有恒心，多一份细心，学习必顺心。

为了保证“做好六个一，会有好成绩”活动取得显著成效，学校将各个活动贯穿教育教学活动各个环节，切实做到有计划、有落实、有评比，有奖励、有总结。

“征程万里风正劲，重任千钧再奋蹄。”面对新时代、新使命、新征程，城南中学将不忘初心、牢记使命，凝聚共识、提振精神，狠抓落实、争创一流，以实际行动扎实推进内涵式发展，努力办好人民满意的现代化教育。

传承陶艺文化 感知文雅之风

——广东省韶关市仁化县周田中心小学陶艺文化课

何静

相传，舜帝南巡经过韶石山下，登山而奏韶乐，乐曲之美令山石动容。蜿蜒曲折的浈江河恰巧流经此地，于是有了周田这样一个风景秀

丽、人杰地灵的地方。这里也是一代名相张九龄家族居住地之一。有着百年历史的仁化县周田中心小学就坐落于此。

在传统陶艺文化的耳闻目染下，中心小学的学生们似乎对“陶文化”有着与生俱来的亲切感。见陶品陶论陶，在我校的陶艺文化课上，每个孩子已然成了“陶文化的小达人”，不免让专业课的老师们，感叹“真是后生可畏呀！”说起陶文化第二课堂活动的构建和开展，还要着重感谢一下我们张清球校长，张校长是学校“陶艺文化”推广第一人，在他的支持和身体力行下，我们学校的陶艺课才提上了正式日程，最终发展成为学生们喜闻乐见的一门艺术课程。

一、塑造雅正之气，传承“九龄”品质

我们中心小学位于人杰地灵之地，“人杰”是为这里是一代名相张九龄的故居；“地灵”则为相传周田曾为舜帝奏乐祈福之地。依托于传统的历史文化，中心小学始终以“雅正”为办学发展的校园文化。在“张九龄”名相品质的渲染中，我校把把“正做人之本，养儒雅之风”作为办学理念，以“承九龄千秋风度，育新时代好少年”为培养目标，结合学校自身特点和实际情况，提出了“正雅”教育体系，正德树人，正品育才，雅风成美。在张校长的率领下，老师们集思广益，最终确定了每年在冬梅绽放的冬季，学校如期举办“冬梅艺术节”，传承名相张九龄的优秀品质，教育和培养具有“冬梅”精神品质的学子们，是我校办学理念精神的深化。

二、艺术课百花齐放，促进教育多元化

这所百年老校多年以来书风盛行，因此文化艺术的积淀也格外深厚。经过近几年全校师生的共同努力，陶艺、古筝、葫芦丝、书法、绘画、武术、民族舞、剪纸、摄影小屋……各式各样的特色教学相继开展，全方位打造多元化教学平台，在保证优质教学的基础上，给孩子们提供富饶的精神沃土，为孩子的成长可能拓宽道路。

“桃李不言，下自成蹊”。文化艺术的熏陶不能局限于课本，日常生活学习中的文化浸润也是构建孩子身心健康的主力军。从老师开始，以大手拉小手，文化氛围自然会深入人心，学生们的综合素质也能得到全面提升，进而实现“承千年风雅，习体艺文章”的育人目标。

张校长认真地说：“我们最大的希望就是让孩子各有所长，有自己的发展空间，为他们的成长提供一切可能。”所以只要有师资，张校长就会举双手赞成，和老师们一起加油干！

三、专业授课陈刘菁老师，慧心筑陶惹人喜

2019年的春天，周田中心小学迎来了一位优秀的美术老师，正是这位陈刘菁老师将“陶艺”文化带进了校园，走进了学生们的课堂上。

走进学校的陶艺室，一眼就能看到琳琅满目的作品，包括待干烧制区、学生作品区、教师展示区。有泥条盘筑的作品，有可爱的机器猫造型的作品，有老虎鞋造型的作品，有古典摆件造型的作品，还有特产瓜果造型的作品……宽敞明亮的教室干净整洁，现代化的陶艺设备齐全完备，孩子们在手捏体验区认真地进行着自己的艺术创作，忙得不亦乐乎。一如教室内的标语所言，“小小双手捏出无限想象，块块泥巴绘出五彩生活”。深受孩子们喜爱的陶艺课成了周田中心小学的一大特色。所以，学校以兴趣社团为主要依托，以特色课程为亮点，以陶艺活动为辅助，开展了丰富多彩的陶艺特色教学活动。

为了最大限度地发掘孩子潜力，调动学生积极性，学校在教学上大胆实践，把陶艺和语文、数学、思想品德教育等多门学科相结合，研发了《趣味陶艺》校本课程。课程分为三册，第一册以基础技能技法教学为主，第二册以当地特色丹霞文化为主，第三册以主题式综合创作课程为主，制作题材涵盖了生活中的方方面面。让孩子们通过学习和亲手制作，全方位了解传统陶艺的历史文化，真切感受陶艺独特的美和魅力。除了校内活动，学校还设立了校外陶艺教育基地——中国丹霞山博物馆和素质教育实践基地，定期组织学生到基地开展活动。学生的陶艺作品也在众多比赛中屡获佳绩。

四、结语

陶泥具有极强的可塑性，正如处于成长阶段的孩子们一样，拥有无限的可能性和广阔的发展空间。泥土历经千万年以来的历史变迁，沉积了数之不尽的文化故事。通过泥土，感受大地，感受艺术，感受文化之美，感受正雅风骨，这是陶艺带给孩子们最宝贵的财富。

中华文明历史悠久，传统文化源远流长。正如我们张校长所说，要做中华优秀传统文化传承学校，就要让孩子们在学习中培养正雅之气，感知文化之风，构建真正的精神殿堂。

巾帼校长放光彩，铿锵玫瑰绽芳华

广东省深圳市园岭小学　梅燕歧

她博学、专注、创新；她有思想、有个性，有情怀。她走进了学生的心灵世界，关注学生的生命质量，延展了园岭小学独特的气质。她就是深圳市园岭小学校园——梅燕歧

梅校长是一个温和平静的人，侃侃而谈的笑容中，弯腰捡起的纸屑中，每天于校门前迎送学生的挥手礼中，不厌其烦的温暖孩子受伤的心灵中，教孩子们制作面食的忙碌中，讲授全校师生出色的思政课中，慰问离退教师及探望生病老师的关怀中……她细心关注师生的健康成长。

一、用鼓励唤醒学生的自信

那是2019年的秋季，市里要举行德育小故事大赛。学校叶诗琪同学，在深圳市德育小故比赛中，她深情演绎的《我是一个女孩》荣获深圳市“最佳气质奖”、“最佳故事奖”、“表演特等奖”三项大满贯！殊不知，她的自信是来自于梅校长用心用情的鼓励和现场指导。

回忆过往，她曾经过学校的海选，顺利入围复赛，并代表班级参加学校的选拔赛。很快选拔赛如火如荼地展开了，同学们表现都很精彩，个个都是讲故事能手。轮到她上台的时候，习惯性的扫射了一下评委团，看见梅校长也在台下，这时候孩子的心不由自主的砰砰响，口中讲不出话了，手心也冒汗，腿好像也不太好使唤。脸红脖子粗-词也全忘了，不知如何是好？这时候只见台下的梅校长，似乎看出孩子的紧张，和蔼地看着我，并且示意她深呼吸，调整情绪——看见那和蔼的笑脸，鼓励的眼神，小女孩紧张的情绪顿时一扫光，又精神百倍，信心十足。马上又回到比赛状态中，这时候梅校长伸出了大拇指对表示鼓励！就这样小女孩在梅校长鼓励的眼神中，很精彩的结束了，也深深打动了在场的每一位评委老师、家长，更加打动了梅校长。赛后，她还特意拍拍孩子的肩膀对我说：“你的故事让我感动得流下了眼泪！非常棒！你一定要为我们园岭学校争取好的成绩！”

事后回到家，小女孩把选拔赛的事情告诉了妈妈，妈妈非常吃惊地说：“你们学校内部的这么一个小的选拔赛，梅校长都要亲自过问，还给你鼓励呀！校长真的流下眼泪了吗——你们的校长太了不起了，是真正干实事的好校长呀，你要用好的成绩回报你们校长对你的期望呀！”尽管事情已经过去了，当时的场景历历在目。

是呀！梅校长日理万机，可事后一直还关注，关心在市里的比赛，最后这位小女孩不负众望代表福田区参加了深圳市德育故事大赛，并代表福田区一举获得三项大满贯。回到学校，梅校长还亲自在升旗仪式上再一次亲自为孩子颁奖！从此，叶诗琪同学更加自信阳光了。当然，是梅校长一直跟踪、一直问候、一直关心的结果。

她就是这样，关心着每个孩子的健康和发展，她是孩子眼中的“好妈妈”。

有一年六一儿童节，“校长妈妈讲故事”、“与校长妈妈共进午餐”、“与校长妈妈合影”、“校长妈妈送好书”系列活动中，当她倾听孩子们的心声希望学校有“女子足球队”时，就克服重重困难，在校长杯足球赛中，追加了此项目，使得女孩子也和男孩子一样在宽阔的绿茵上展示园岭学子自信阳光的风采，深受家长们的一致好评。

二、用坚强诠释校长的担当

在日常管理中，学校党政领导班子分工明确，把控全局，能吃透上级文件精神，并能结合学校的实际，做到分析问题精明透彻，总结成绩客观全面，部署工作合理周密。对学校班子成员，提出“大事不独断，琐事不纠缠，难事不推诿，好事不抢先，失误不埋怨”。职责分明，团结协作，开拓创新，廉洁高效。

德育工作，以德为首，全面育人。她提出了积极构建目标鲜明化、内容系列化、活动课程化、方法多样化、过程自主化的德育工作体系，强调德育向生活回归，向家庭延伸，向社区拓展，并提出“信步方圆　幸福园岭”的德育理念。

教学工作，她主张坚持“立德树人”总目标，一手抓教学常规管理，一手抓教师教育科研，全面推进德、智、体、美、劳全面发展。

后勤工作，她提出“强化服务意识，明确服务对象，弄清服务内容，提高服务质量”的思想，推行24小时服务承诺制。

教师队伍，积极倡导以人为本的思想，推行刚性的制度管理与柔性的人本管理相结合的理性管理。

多年来，大年三十，梅校长都会亲自到校慰问留校值守的保安及饭堂女厨们；双休日、节假日加班加点从来未领过分文报酬；多年如一日，不顾小家顾大家，每天坚持早早到校，用悉心的呵护迎接孩子们的张张笑脸。

作为学校大家长，她殚精竭虑，尽职尽责，和班子成员一道带领全校广大师生顽强拼搏、奋力争先，创造一个又一个奇迹，抒写了一个又个唯一！

一分耕耘，一分收获。仅2020年，继学校蝉联“全国文明单位”后，又喜获深圳市唯一的第二届“全校文明校园”、她为校捧回福田区综合大奖，颁奖词为：素质教育的典范与楷、模——“红树林奖”，在曾荣获“深圳市家校共育典范学校”之后，又斩获“深圳市教育创新领跑学校”等，为老牌名校再谱新曲、再奏华章。

三、用呵护展现女性的柔美

女人是不是都有“第六感”？这当然是一种玄乎的说法。但我们不能否认，心思细腻的女人，通常会有一种特别锐利的直觉，能从细微之处发现鲜为人知的秘密。作为具有长期教学经验，统率一所校园的女校长，园岭小学校长梅燕歧练就了敏锐感知学生情绪的“第六感”。

每个上学日的清晨，深圳园岭小学的大门口，一个披着长发的身影会准时出现在那个熟悉的位置：挂着微笑、挥起手掌，为每一个孩子问好。这样简单而又温馨的仪式，已经持续了1000多个日夜。

很多人可能会觉得，这只是一个例行公事的招呼和问候，但在梅校长看来，这个“问好”，正是一次观测孩子们情绪的重要时刻。梅校长发现，自己以笑脸迎接孩子们的时候，他们的表情千差万别，有一些可能反映了某些精神状态。

互相问候，就那么一刹那的瞬间，有些孩子的表情，可能会反馈出非常重要的信息。对少年儿童心理有较深研究的梅燕歧，从不放过孩子们的消极情绪和负面情绪。据梅校长介绍，在校门口问好的那一刻，孩子们如果是微笑的、活跃的，就表示他们心理状态正常，这很好理解，但有些孩子也很善于隐藏自己的心事，问好的那一刻，有些孩子的表情有可能突然凝固，有可能似笑非笑，就这几秒钟的表情一定要引起重视，

时代呼唤巾帼，奋斗成就梦想。一位普通的女性，以她坚定的理想信念、强烈的责任担当、过硬的能力本领，在多姿多彩的教育实践创造中勇挑重担，展现出‘半边天’的别样风采，巾帼不让须眉，最美“铿锵玫瑰”！

向学习要智慧　向研修要能力

广东省湛江市遂溪县大成中学　陈华强

21世纪是学习的世纪，是学习化的社会，成长为学习型、研究型的教师是当今社会对广大教师的新要求。为适应当今社会对教师业务、素质的要求，广东省遂溪县大成中学抢抓机遇，以新课改为导向，以学生的发展和教师的专业化成长为宗旨，以提高教育教学质量和学校可持续发展为目的，立足校本，面向学生，聚焦课堂，多向反思，特色发展，积极完善以校为本的教学研究机制，加快教师的自我更新与综合发展，逐步成长为学习型、研究型、反思型、智慧型、发展型教师，以便更好地为学生提供高起点、优质化的教育。

完善组织机构，加强制度管理

为加强校本研修工作领导，学校建立了教师校本研修领导小组及工作小组，规范校本研修管理，确保校本研修质量，为教师的校本研修提供了有力保障。领导小组以陈华强校长为组长，为学校校本研修工作的第一责任人；袁守成副校长为常务副组长，直接领导和指挥校本研修工作，是校本研修的第二责任人；梁景旺副校长负责后勤保障。学校教研室是校本研修的职能部门（工作小组），直接执行学校的教师校本研修工作，责任到位，分工明确。叶小云主任负责校本研修的总体设计及管理，戚光义副主任执行校本研修的实施与跟踪，卢文锋副主任负责校本研修的考核与奖惩。此外，在年度考核及奖惩等方面，学校教导处、各教研组长以及信技科组随时配合校本研修的工作。

学校高度重视校本研修工作，激励教师努力提高理论水平，更新教育观念，深入教育教学实践。每学年初，根据本校实际需要，由学校校长、教研副校长牵头、教研室及教导处联合制定校本研修年度计划，计划包括学年校本研修的主体内容、具体实施方案、校本研修的学时学分、管理措施、考核标准、经费保障等内容，并召开各教研组长会议传达；学期中，学校正副校长召集教研室、教导处及各教研组长开会，对照校本研修工作的落实情况，总结经验与不足；学期末，召开全体教师会议，教研副校长总结一学期（学年）校本研修工作的得失，汲取经验教训，奖励校本研修中表现良好的教师，为下一学年的校本研修工作做准备。

评价是教师成长的催化剂。为形成比、学、赶、超的竞争氛围，学校教研室制定了《遂溪县大成中学教师教研活动评价方案》，在学期末，对每个教师、学科组长进行的教研活动以及校本研修的工作进行评价，将教师完成培训学分情况作为教师年度绩效考核、职务评聘、特级教师和骨干教师申报、评优晋级和教师资格证定期登记的重要依据和必备条件，促进了教师素质的整体提高。

优化研修资源，完善保障措施

良好的硬件设施是做好校本研修的必要保障。学校有四个机房（电脑教学室）300台电脑，一个精品录播室、三个常态录播教室，一个容纳350人的大会议室及新建落成的600人左右的学术报告厅，基本可以满足教职工校本研修工作的需要。除此之外，我县自2017底年起开始推广使用移动支持的“三通二平台”，电信支持的“校园网”、“湛江市学习空间”、《学科网》《橡皮网》、“正确云”，有效支持了本校的校本研修工作，使师生在学研方面有了更广阔的平台。

完善的规章制度是做好校本研修的根本保证。学校制定了科组教研及备课组集体备课制度，规定各科组每学年教研活动不少于12次，各科组公开课每学期不少于2次，备课组公开课不少于2次，且公开课必须有集体评课和评课纪录；充分发挥学科带头人、名师、骨干教师的传、帮、带作用，坚持实施“师徒结对”校本培训，让导师和学员结成师徒关系，促进青年教师“德、才、学、识”全面发展；与香港大成何郭佩珍中学结成姊妹学校，与雷州八中结成兄弟学校，与金太阳教育集团深度合作，通过资源共享实现了互相进步、共同提高；加强与省市名师工作室、名班主任工作室与省骨干教师的合作，创造条件派遣教师到全国各地名校参观学习，支持教师参加继续教育，开阔眼界，增长见识，更新理念，提升专业技能和业务素质。

有效地监管是做好校本研修的必要条件。在推进校本研修的过程中，学校不断健全教师培训学分管理制度，完善教师培训登记和信息化管理制度，注重强化教师培训的监管力度。教师校本研修培训实行学分制，由教研室负责业务指导、考勤、考核并认定学分、登记，经考核合格的每1学时可计1学分，每学年至少要达到60个学分才颁发结业证。

注重过程管理，确保研修效果

近五年来，大成中学认真贯彻落实教育部《中小学教师继续教育工程》及省、市县的有关要求，遵循注重实效、立足校本的原则，探索有效地提高教师素质的校本研修方法，形成了多样化、多层次、个性化的校本培训模式，营造了有利全体教师终生教育和可持续发展的良好环境。目前，学校申报并完成了1个市级课题和6个省级课题，开发了《高效课堂》《晓知习理》《走近儒学》等多个校本课程。

“三通二平台”培训使老师们提高了教师运用网络教学的能力，改进了教学效率，改善教师的教学理念；校本培训师徒“结对”活动先后培养了150多名青年教师，其中部分已成为学校的教学骨干和湛江市省级骨干教师培养对象；新高考理念系列培训加强了对新高考的认识与理解，利于科学高效运用新教材，提高了高考备考效率；“高效课堂”及“导案导学”大大提高了课堂教学效果，钉钉优教平台培训提高了老师远程教学的能力；“提升工程”促进信息技术与教学深度整合，转变了学生的学习方式，促进教师专业能力的发展。

“科研才能优师，优师才可兴校”。教师的专业成长关系着学生的幸福、学生的健康发展，同时也决定着能否成就祖国的未来。大成中学将继续狠抓校本研修，不断促使教师更新自己的教育理念，发展自己的教育眼光，拓宽自己的教育视野，完善自己的教育实践，实现专业成长和职业素养的双提升。

深化教育改革，力创品牌学校

广东省肇庆市怀集县实验小学　梁乃德　陈翠洁

随着社会的不断进步，我县城镇化的不断发展，人们对教育的要求越来越高。而学校也需要适应时代的发展，满足社会对学校需求，特别是中小学的基础教育的优质学位需求。2016年起，我县为了适应城镇化发展的需求，县教育主管部门打破常规的办学模式，提出县实验小学以集团化模式办学的要求。我校领导班子把这个变革，看作是学校发展的机遇，在县城经济不断发展，城镇化速度不断加快，优质学位紧缺的背景下，怀着发展教育事业的理想，我校在改革中砥砺前行。

我校创办于1905年，是一所芳菲远近，饮誉绥江的百年老校。目前，学校有158个教学班，学生8500多人，教职工410多人。学校的师资力量雄厚，有高级教师18人，中级教师275人，中级以上职务占71%以上，学历层次也较高，获本科以上学历251人，获大专学历57人，大专以上学历占98.7%。百多年历史的文化沉淀和优秀文化传统的传承，为国家培养了一批又一批的优秀人才，成为全县的实验性和示范性学校。

一、立足学校实际，勾画发展蓝图

根据县教育主管部门集团化办学要求，我校立足自身发展特点，在县教育主管部门的正确领导下，制定了学校近5年发展规划：以县实验小学为龙头，在县城合理布局3间分校，即北面有城北分校，东边有世纪明珠分校和南面塔山分校。

这三个校区的陆续开建，目的就是进行集团化办学的探索，以更好地实现优质教育资源共享，办人民满意教育。

学校的3个新校区的布局，惠及了全县城的东西南北城区，不但促进教育的均衡发展，而且满足了群众对优质学位的需求，更重要的是由原来的一间实验小学复制出多间环境优雅，设施完善，质量优秀的实验小学，满足社会对优质教育的发展需求。

二、打造团队精神，培养卓越队伍

学校要发展，人才是根本，打造强有力的班子和教师团队，才有学校发展动力。学校不仅需要先进的办学理念和务实笃行的校长，同时也需要有良好的、强有力的班子团队，没有优秀的班子团队队伍，就不可能办好集团化学校。我校为打造全新的优质品牌学校，打造面向世界、面向未来的现代化教育，不断地加强班子建设，以责任意识和目标意识提高班子的执行力，以科学管理和分工合作提高班子的工作效率，以互相学习、取长补短提升班子的管理能力。

为教师搭建成长平台，打造更优的教师团队。我校把建设过硬的教师队伍作为主要工作去抓，打造优秀的教师团队，为学校办学集团

化夯实基础。

首先，学校以原校教师带领新教师，帮助教师落实人格修炼、专业修炼、职业道德修炼的“三项”修炼；第二，通过教科研活动为教师提供了成长的平台，每年通过组织各校区骨干教师互相交流，为更多的教师提供了展示才华的机会。第三，充分发挥名教师、名班主任工作室的示范引领作用。我校以省名教师丘红慧工作室和市名班主任莫结结工作室为契机，定期为全校教师进行业务培训，让教师“在做中学”，“在学中成长”，采用“请进来，走出去”的模式，给教师搭建平台，以提升教师的教育教学能力，让教师同步发展，同步成长。近年来，丘红慧教师被评为全国优秀教师，莫结结等5位教师被评为省、市优秀教师，陈秋瑾等9位教师分别被评为市县优秀教师和优秀班主任。

用沟通机制增强教师的凝聚力，打造合力的教师团队。现在，我校分别形成了更具发挥合力作用的教育、教学、教研和高效管理的校区、年级 、科组团队，全体教工以身作则，兢兢业业，勤勤恳恳，形成了一个真抓实干、执行力强的团队，为促进学校的发展发挥了积极作用，更是学校集团化办学教师发展工程的重要举措。

三、规范制度建设，提升教育质量

有效地教学管理需要学校建立一整套校本管理制度，实行规范管理。我们先后修订了《怀集县实验小学教职工考核方案》等13个制度。在实施这些制度中我们坚持“五个做”的原则，即做什么、为什么做、谁去做、什么时间做、在什么地方做，确保“说到的要做到”、“做到的要及时检查落实”，为实施有效管理奠定了坚实的基础。制度建设有效地促进了管理质态的提升，形成了“讲规范，明职责，守程序、重实效、有反馈”的良好运行机制。

做到“四个突出”，向教学过程要质量。一突出“质量兴教、质量强教、质量立教”的战略意识。在教育工作中进一步强化教学中心地位，全面实施素质教育，注重教学研究和课堂教学改革；二突出课堂教学管理，提高教学效益。注重“两结合”、“三坚持”、“四注重”和坚持“五项要求”；三突出教科研工作的管理。建立校、级、科三级教研网络，结合课程改革，在开展常规教研活动的同时，积极进行课题研究，并将课题研究与教学实践紧密结合起来，强化学校教科研管理工作，推动学校教科研活动的开展；四突出信息化校园作用，提高教学质量。利用信息化教学平台，提升课堂效能，另外，对学生的学习成绩进行精准评价。

四、创新德育工作，提高育人实效

德育工作是素质教育的灵魂。学校坚持把德育工作放在首位，在德育团队带领下，多角度、多途径地创新德育活动。

注重氛围建设，营造育人环境。我校高度重视活动阵地和场室建设。今年年初，我校对道德讲堂、家长学校、少先队部室、心理辅导室等阵地进行升级改造，完善校园围墙文化、走廊文化、教室文化、读书吧等氛围建设，营造良好的育人氛围。

丰富主题活动，培养时代少年。学校每年都举行开学典礼、入队仪式、感恩教育等主题活动；通过安全教育、礼仪教育、诚信教育、廉洁教育等主题教育，培养有理想、有道德讲文明、守纪律的新时代好少年。

通过课堂渗透，促进全面发展。学校把传统文化、传统技艺、文学艺术、体育科技融入教育教学各环节，通过“欢欢乐乐闹元宵”、“学雷锋志愿服务月系列活动”等20多次主题教育活动，引导未成年人坚定理想信念，强化爱国情感，增强法律意识，自觉践行践行社会主义核心价值观。

学校开办合唱队、书画、美术、舞蹈、足球、科技制作等20多个文学、体育社团，既让学生的个性得到发展，又提升学生的综合素养，从德智体美劳，全方位培养德才兼备的新时代好少年。

构建联动机制，凝聚家校合力。我们积极构建学校、家庭、社会三位一体的教育网络，主动邀请学生家长、公安、消防部门等参与到学校教育中来，形成学校、家庭、社会教育合力，真正达到学校与家庭、社会携手共进、共同培养孩子的目标。

回顾百年的办学历史，我校曾为我县教育事业的发展谱写了光辉的篇章，曾培养出邓拔奇、徐少华、卢忠、徐添华等一大批优秀学子。近年来，学校曾获得“全国青少年科普创新示范学校”、“广东省依法治校示范学校”、“广东省信息化中心学校”、“广东省书香校园”和“广东省校本培训示范学校”、“肇庆市德育示范学校”、“全国文明校园”等荣誉称号；学校参与国家级和省、市、县各级课题研究48项，有6项研究成果获省级以上奖，18项获市县级奖；师生参加的各级教学和学科竞赛获全国奖41项，获省市级奖204项。历年被评为全国优秀教师5人，获省市级荣誉称号19人，学校教学质量一直保持全县前列。

多年的探索，我们已逐步走出了学校集团化办学的路子，一步一步地让学校发展壮大。今天，我们尚在路上，还需加大力度，落足措施，深化改革，努力突破阻碍学校发展的“瓶颈”。展望未来，我们定能把学校做大、做强，实现我们的发展目标。目前，我校正在筹划建设塔山校区，至2022年，学校将发展成有4个校区，约200个教学班，10000名学生办学规模的名学校。让学校更好地在全县乃至全市发挥实验性和示范性作用，有效地促进我们的教育事业跨越发展。

承思探路提高质量　精准发力做优品质

广东省中山市民众锦标学校　黄元感

当前，学校办学已步入规范化、标准化阶段，正走向内涵化、品质化的新阶段，实施学校品质提升工程正当其时。在推进学校高品质发展的实践中，广东省中山市民众锦标学校全面落实党的教育方针政策，以学习贯彻党的十九大精神为强大动力，以习近平新时代中国特色社会主义思想为指导，紧紧围绕“创优质精品学校，办人民满意教育”的工作目标，全面践行“一切为了学生全面发展，一切为了教师专业发展，一切为了学校和谐发展”的工作思路，规范学校管理机制，加强师德师能建设，深化教育教学管理，全面推进素质教育，稳步推进品质提升工程，整体提升办学效益，潜心办社会认可、家长满意、教师幸福、学生发展的品质学校。

加强管理机制建设

标准化、规范化的管理是推进学校品质工程的底线要求，离开标准和规范，学校品质将成为无本之木。民众锦标学校坚持深化改革，积极探索，敢于创新，勇于实践，稳步落实管理机制规范化、科学化，推动学校持续发展、师生和谐发展。

统筹规划发展。学校立足当前、着眼未来，以民众镇教育事务指导中心新学期教育工作意见为指南，结合校情、生情，科学制定学校办学规划和学期工作计划，实现人、财、物、事、时、空、信息等全面向教育教学聚焦落地。

完善党建工作。学校党支部以习近平新时代中国特色社会主义思想为指导，树牢“四个意识”，坚定“四个自信”，坚决做到“两个维护”，深入开展“不忘初心，牢记使命”主题教育，保证党员教师学深悟透、以知促行，做到知信行合一；进一步完善党组织发挥政治核心作用、校长全面负责、教代会民主管理三位一体的学校管理体制，切实加强党的领导，改进党的思想工作，最大限度地提高领导班子的整体效能，推进学校各项工作更好地发展。

落实教学常规。狠抓教学质量这个中心，打造小组合作的探究式高效课堂，营造平等民主、和谐共处、互动合作、自主探究的课堂氛围，努力实现“轻负担、高质量”，让学生想学、会学、乐学；扎实抓好各学科学困生的转化工作，早一点打算，多一点行动，少一点埋怨，尽一点爱心，花大力气提高合格率和优秀率；营造育人氛围，建立书香校园，让校园艺术节、体育节、读书节、科技节等制度落在实处；进一步落实学校“体艺2+2”项目工程，狠抓乒乓球、足球、篮球、田径、美术、书法等项目建设；发挥远程教育资源、互联网资源、实验室资源、图书室资源，充分让学生动手动脑，培养创新精神和实践能力。

加强师资队伍建设

教师是教育发展的第一资源，是提升育人质量的根本动力。高品质学校离不开高品质的师资队伍。民众锦标学校不断创新模式、搭建平台，大力推进教师职业素养提高、学科专业成长、教研能力提升和评价机制改革，锻造一支师德高尚、业务过硬、结构合理、善于协作、勇于创新、充满活力的教师队伍。

加强师德师风建设。组织教师认真践行社会主义核心价值观、《中小学教师职业道德》、教育法律法规，切实做到边学边思、边做边改，帮助教师准确地把握新时期教育方针的新内涵，以积极平稳的心态迎接教育改革浪潮的严峻挑战，真正做到热心爱教、廉洁从教、文明执教、优质施教；定期开展师德主题教育活动，铸师魂、扬师德、正师风、强师能；组织开展“优秀教师”、“十佳教师”等评选活动，以优秀师德典型影响和教育全校师生，坚定教师爱岗敬业、不忘初心的师德信念。

提升教师专业能力。大力实施“走出去，请进来”战略，稳步推进青蓝结对帮扶和“名师工程”工作，促进青年教师开阔眼界、增长见识，为名师优师的脱颖而出搭建平台、创建舞台；开展推门听课、评课、说课、集体备课、个案研讨等常规教学活动，组织过关课、优质课、创新课等评选活动，实现了教师教学技巧和科学能力的快速提升；开展小课题研究，创设个个搞教研、人人有课题的良好教科研氛围，促使教师在学习中实践，在实践中反思，在反思中提高，为学校培养业务骨干和拔尖人才奠定了基础。

完善教师评价机制。出台内容涵盖教育教学常规、奖惩条例、岗位职责、评优晋级制度、职称评聘方案、年度考核方案、奖励性绩效工资分配考核方案、教育教学教研成果等管理条例，切实解决干与不干、怎么干、干得怎么样的问题；建立激励机制，以宣传激励、集会激励、活动激励为切入口，努力挖掘教师亮点，让他们持续获得向上、向美、向善的力量。

加强课程体系建设

课程是学校教育的核心要素，是学校品质提升最重要的载体。可以说，有什么样的课程就有什么样的学校品质。民众锦标学校聚焦学生人文素养、实践体验、身心健康等因素，充分利用教师资源，探索开发融合性、活动性、体验式的多元课程，促进学生个性发展、多元成长。

学校要求音、体、美、科学、书法按照教学内容要点及完成教学任务的情况，确保学生德、智、体、美等全面发展，推进素质教育的全面实施；开设奥数、书法、美术、舞蹈、合唱、篮球、足球、乒乓球、田径等多个兴趣班及艺术社团，做到辅导教师、辅导时间、辅导地点、辅导内容四个落实，带领学生享受当下校园生活的自由和快乐；充分发挥德育基地及社会实践基地的作用，讲实效，重过程，力求每次活动都能让学生乐于参加、积极参加、获得体验、受到教育，促进学生形成适应未来社会发展所需要的必备品格和关键能力。

一分耕耘一分收获。在品质学校提升工程的推动下，学校的教育教学质量稳步提升，学生的综合素质全面提高，家长对学校的满意度不断提升，师生的幸福指数也不断提高。今后，民众锦标学校将不忘初心，锐意进取，开拓创新，不断探索学校品质提升的多种途径，谱写锦标学校更加辉煌绚丽的教育新篇章。

发展乡村民族教育，促进教育共同繁荣

广西贵港市港北区奇石乡寄宿制民族小学　廖国春

“实现中华民族伟大复兴的中国梦，就要以铸牢中华民族共同体意识为主线，把民族团结进步事业作为基础性事业抓紧抓好”习近平总书记在全国民族团结进步表彰大会上的讲话，明确提出了新时代推动民族团结进步事业的总体要求和工作重点，成为新时代民族教育工作和学校民族团结进步教育的基本遵循。我校坚持以习近平新时代中国特色社会主义思想为指导，全面贯彻党的教育方针和民族政策，深入学习领会习近平总书记关于民族团结进步的重要讲话精神，以《国务院关于深化改革加快发展民族教育的决定》和《学校民族团结教育指导纲要（试行）》为指导，全面实施民族团结进步教育，铸牢中华民族共同体意识。

我校创建于1985年9月，是一所农村寄宿制民族小学。学校坐落在蕴含着浓厚革命历史文化气息、风景秀丽、风土人情纯朴的马来江河畔，这里是太平天国翼王石达开的故乡，又是解放战争时期中秋起义策源地。学校占地面积10944平方米，总建筑面积8527平方米，校园布局合理有序，环境整洁优美，文化底蕴深厚，为学生提供舒适的学习、生活环境，是学生梦想起航的地方。

一、坚持德育为先，创建特色校园

学校贯彻落实《中小学德育工作指南》，以培育和践行社会主义核心价值观为主要内容，通过开展课堂教学、国旗下讲话、主题班队会、参观爱国主义教育基地、课外活动等加强对学生进行思想道德、爱国主义、革命传统、前途理想等教育，培养学生树立正确的世界观、人生观和价值观，立志为实现中华民族伟大复兴的中国梦而奋发图强。

打造特色校园文化，优化育人环境。学校以“和美教育”为办学理念，积极创建“书香壮韵”特色校园文化。学校因地制宜、精心设计，建设具有浓厚民族特色的民族文化长廊、民俗陈列室、“和美书苑”民族书吧、民族书法室、“壮芝源”草药园等文化教育载体，有知识宣传，有实践基地，有民族工艺绘画作品展示，使用功能、审美功能和教育功能和谐统一。漫步校园，给人一种强烈的视觉冲击和心灵熏陶，为学生创建一个良好的育人环境和文化氛围，每年吸引大量兄弟学校老师和社会人士前来参观。

二、落实国家课程，开展帮扶活动

我校坚持按照国家课程方案和课程标准实施教学，开齐开足课程，因材施教，注重个性化教学和针对性辅导，确保学生达到规定学业质量要求。同时学校积极开发地方校本课程，以民族优秀传统文化传承教育和民族团结进步教育为特色课程，在学生中开展民族政策、民族常识、民族文化的教育，通过“三月三”、“端午节”、“重阳节”等中华民族传统节日开展传承民族优秀文化传承教育活动，培育学生树立正确的国家观、民族观，增强学生的民族自豪感和使命感。

开展“特殊学生”关爱帮扶活动，营造和谐温馨的成长环境。我校是一所偏远民族地区寄宿制小学，留守儿童、三残少年儿童、家庭经济困难儿童等人数较多，对孩子的健康成长带来一定的负面影响。为此，学校完善机制，有计划、有措施做好“特殊学生”的关爱工作，给孩子营造一个快乐健康的成长环境：一是成立“留守儿童之家”和“青少年心理辅导中心”，通过开展留守儿童集体生日会、开通亲情热线和定期开展丰富多彩的书画、阅读、文体活动以及开展心理疏导教育活动，弥补学生因父母长期外出造成的亲情缺失和心理障碍；二是对三残少年儿童采取跟班就读或送教上门等方式开展教育活动，对有厌学、疑似辍学学生建立劝学帮扶制度，保证每个孩子公平接受教育的机会；三是对家庭经济困难学生切实做好资助工作，使所有的学生应助尽助，近年来为学生办理是资助近10000人次，资助金额500万元。同时广泛发动社会团体、爱心人士积极开展捐资助学活动，确保没有一个孩子因家庭经济困难而辍学。

三、营造温馨氛围，构建温馨校园

作为一所农村寄宿制小学，我们想尽办法给学生打造家的感觉。在学校里，老师给学生讲得最多话是“学校就是我们的家，同学就是我们的兄弟姐妹，老师就是我们的父母”。学校为老师提供良好的工作环境，学校共有教师公租房28套，所有的老师以校为家，视生如子，把所有的时间和精力都奉献给学生，既管孩子们的学习，又管出孩子们的生活，培养学生独立、团结互助的学习生活品质，学生有困难主动会找老师帮忙解决，学生生病，老师会第一时间把学生送去就医。学校在有限的伙食费中给学生提供牛奶、水果等，努力改善学生的伙食质量。

近年来，在上级党委政府和教育行政部门的正确领导和支持下，学校坚持以习近平新时代中国特色社会主义思想为指导，贯彻党的教育方针政策，坚持党建引领，落实立德树人教育根本任务，以办人民满意的教育为宗旨，全体师生同心同德，勇于创新，深化教育改革，积极开展“平安校园”、“和谐校园”、“文明校园”、“民族团结进步示范学校”、“书香校园”等创建活动，办学水平和教学质量得到不断提高，办学效益得到上级和社会广泛认可。学校先后荣获“全国青少年爱国主义读书教育活动组织优秀奖”、“自治区民族文化教育示范学校”、“自治区和谐学校”、“自治区民族团结进步示范学校”、“自治区文明校园”、“贵港市义务教育学校常规管理优秀学校”、“港北区教育工作先进集体”、“港北区师德建设先进集体”、“港北区我心中的最美校园”等荣誉称号，教学质量名列港北区前茅，连续多年荣获港北区教育教学成果奖；教师专业化水平成长较快，多名教师被评为“自治区民族团结进步模范个人”、“贵港市优秀班主任”、“港北区优秀班主任”、“港北区优秀教师”、“港北区骨干教师”、“优秀共产党员”、“港北区师德标兵”等，每年有多名教师参加各级教学技能大赛或课堂教学比赛并取得较好的名次，涌现出一批德才兼备的教师队伍；学生“五育并举”，综合素质发展全面，每年都有不少学生参加各级各类书画、体育、文艺、习作竞赛评比活动并获得优异的成绩。

展望“十四五”，建设高质量教育体系，谋划和行动已经在路上。加快构建新发展格局，满足人民对美好生活的向往，都对我国教育发展提出新的时代要求。不忘初心，勇担重任，我校将不断探索乡村民族教育发展新路径，深化教育改革，促进教育均衡优质发展，为当地的经济社会和精神文明建设做出应有的贡献！

回归自然本真，打造特色品牌

广西贺州市平桂区沙田镇中心幼儿园　叶贵珍

“一人一天地，一木一自然”，教育因人而生，学校因学生而生，人的生命是教育的基石，生命自然应该成为教育思考的原点。每个生命都是天赐的礼物，教育其实就是一种守望，守望花开，守望生命成长。2020年12月27日我园顺利通过了自治区示范幼儿园评估验收。这份殊荣的获得，既是上级部门对我园支持的结果，也是我园大力构建园本课程体系、发展园本特色文化的成果。自2012年9月正式开园以来，我园积极挖掘本地资源推进园本文化建设，取得了突出的办园成绩，先后获评为贺州市示范幼儿园、自治区卫生优秀学校、自治区普惠幼儿园、自治区示范幼儿园等。

一、构建“田园课程”，释放幼儿天性

我园地处乡镇，周边拥有丰富的农业资源。无论是在设置养殖区，还是建设“开心农场”，都是我园研发“田园课程”的重要途径。为了增加幼儿的生活常识，丰富幼儿的生活体验，园所近年来积极构建“田园教育”园本体系，旨在让幼儿在真实的体验中习得知识、发展能力。

幼儿园的“田园课程”内容丰富、形式鲜活，除了养殖区、“开心农场”、“传统农具体验区”，还设置食育坊，开设美食制作课程，主要是教幼儿把自己种植的劳动果实制作成美食。在幼儿园的食育坊里，摆放着很多小型石磨，幼儿可自磨玉米汁、豆浆，还有一副舂，那是教师教幼儿们学习舂米、舂糕粑的工具。孩子们不仅每天都能喝到纯天然的玉米汁、豆浆，还能锻炼平衡能力、动手能力，孩子们都非常喜欢这些课程。

幼儿园还把课堂搬到了田间地头，每到春耕秋收的时节，幼儿园便会组织教师和部分家长，带领幼儿走进园所附近的农田，学习收割稻谷、打稻谷。很多孩子从小到大都没干过农活，有些孩子连常见的瓜果蔬菜都分不清。现在幼儿园开设这些课程，既可以让孩子了解生活常识，又能让孩子锻炼身体。

除了开展春耕秋收活动，在平常的一日活动中，我园不定时组织幼儿走进田间，观察蔬菜、玉米、禾苗的成长过程，认识常见的益虫、害虫，学习如何除草、施肥。体验、实践是幼儿学习的重要方式，开发田园课程的目的，就是让幼儿走进大自然，让他们在亲身体验中学习和成长，并释放幼儿的天性。

二、成立创意工坊，放飞幼儿梦想

披围裙、戴手套，瞧！这是我园大班小朋友梁天齐做木工活前的必配装备。小朋友穿戴好后，从工具区里拿出刨子，开始熟练地给一块木板抛光，在老师的指导下，小朋友亲手制作了一张小凳子。孩子们非常喜欢做这些手工，他们认为做鸟笼，可有趣了，而且特别好玩。

在我园琳琅满目的木工作品中有迷你木马，有小型建筑，有各色创意的凳子，还有各种故工精巧的木制玩具，这些都是幼儿园的师生们亲手制作的。我园创意手工坊成立于2015年，在此之前，由于办园经费有限，为了满足幼儿的各种活动需要，我们便号召教师自力更生，自己动手制作各种玩具、活动用具，如攀爬柱、跷跷板、高跷等。当时，我园教师通过各种途径收集到了许多树枝、废旧木料，做好各种玩具、用具之后还剩下不少材料，丢弃十分可惜，于是我们便萌生了创建手工坊的想法。这个想法得到了广大家长的支持，而且家长们给园里又补充了一批木材。

创意手工坊成立后，幼儿们非常兴奋，都期待着手工课的到来。教师主要教孩子们做些常见的玩具、简单的家具等，还会适当引导孩子发挥想象力，做些新奇的物件。

幼儿园十分重视培养幼儿的想象力、创造力，不仅创建了创意手工坊，还建设了"绘画天地"。在"绘画天地"里、幼儿们可自由发挥想象，创作了许多充满童真童趣的艺术作品。经过幼儿和教师的巧手绘制，修剪下来的树枝、飘落的叶子、路边捡到的石头、竹壳、户外的野花等，摇身一变成了一件件"艺术品"。

另外，我园还鼓励教师在课堂中引导幼儿利用自然材料，制作各种手工艺品。《树叶变变变》是我园研发的一个针对小班幼儿的课程活动，目的是引导幼儿利用树叶制作各种物品。为上好这节课，我们的教师李丽宾首先引导学生观察树叶的形状，然后通过多媒体设备展示各种美丽的图案、播放相关视频。最后，幼儿在教师的指导下，用树叶做出了小狮子、小松鼠、长颈鹿、小鸟、金鱼、船等树叶画。

三、建设童话书屋，培养阅读习惯

童话小书屋可以说是我园孩子们的一个"秘密基地"，只要有时间，孩子们都会来到这里尽情享受阅读的快乐。

童话小书屋里放着各色各样的绘本，立足园本课程，投放《一棵大树的旅行》《蜗牛的日记》《好神奇的小石头》《小不点蝌蚪》等有关田园教育的绘本，和生活实际相结合，激发幼儿的阅读兴趣，从而养成良好的阅读习惯，对幼儿的成长具有深远的影响。建设童话小书屋，是我园培养幼儿良好阅读习惯的重要举措。童话小书屋是一个开放式阅览室，室内配备了各种适合幼儿阅读的绘本读物，幼儿随时可以来这里选择自己喜欢的绘本进行阅读。优美宜人的环境、轻松活泼的氛围，让这里每天都满员。

除了建设童话小书屋，幼儿园还举办了各种与阅读有关的活动，如亲子共读绘本、小故事演说家、"我有一本好绘本"分享等，丰富多彩的活动不仅激发了幼儿的阅读兴趣，还营造了浓厚的家庭共读氛围。我们的幼儿家长说道："以前，我的孩子胆小怕事，但参与幼儿园举办的阅读活动后，她变得越来越阳光自信了。吃了晚饭后，她经常会给我们讲绘本故事，还主动参加幼儿园举办的讲故事比赛呢。她的进步让我感到非常欣慰。"

办园以来，我园始终秉持"回归自然本真、凸显乡土特色、开展精彩户外体育活动"的办园理念，构建了内涵丰富的"田园教育"课程体系，形成了特色鲜明的园本文化。

创新特色，与时俱进；引领潮流，刻不容缓；优化现在，打造未来。"十四五"期间，我园将牢牢把握社会主义办学方向，在优化已有特色的基础上，继续追求高品质定位，积极打造特色幼儿园文化品牌，让每一个幼儿都能在这里有一个快乐地童年！

强化安全教育，创建文明校园

贵州省岑巩县第三小学　刘文平

安全是生命的基石。学校安全工作关系到学生的方方面面，关系到广大青少年能否健康地成长，关系到千千万万个家庭的幸福安宁和社会稳定。为进一步落实我校的安全工作，创建文明安全校园，提高师生的安全防范意识以及应对突发事件的逃生能力，保证全校师生的人身安全，近年来，我校高度重视安全工作，坚持"德育为先、安全第一、生命至上"的原则，秉承"在平凡与规范中走向优质，在坚持与创新中追求卓越"的办学思想，积极探索新的思路，寻求适合学校发展的新路子，从孩子的长远角度出发，为孩子终身发展奠基思考定位，确立构建了以"和美文化"为中心，"和美教育"为办学特色，"和美浸润、幸福奠基"为办学理念，"和谐校园、美丽家园、快乐学园"为办学目标，"培养'美德、美言、美行'三美少年、实现全面发展"为育人目标，"做最美的自己"为校训，"和而不同、美美与共"为校风，"和爱博雅、乐教乐美"为教风，"和乐文雅、尚学尚美"为学风的校园文化理念，营造了"学风浓、教风实、校风正"的育人环境。

一、成立领导小组，完善制度建设

学校高度重视安全文明校园创建工作，成立了由校长为组长的安全文明校园工作领导小组，设立安全文明校园创建办公室，学校党支部书记分管安全工作，抽派专人办公具体负责日常工作，制定创建规划、实施方案和考核办法。严格按照国家教育部制定的　《中小学校岗位安全工作指南》，把全校安全文明管理规划分为交通安全、饮食卫生防疫安全、设施设备安全等七大板块，将安全责任细化分解、层层落实、逐级包保，定期进行检查。出台和完善了《岑巩县第三小学安全教育制度》等十三个安全管理制度，制定了《校内大型集体活动安全应急预案》等9个安全应急预案，有效促进了校园安全工作不断开创新局面。

二、强化预防管理，构建和谐校园

学校规范设立校园警务室，按3‰的比例配备安保人员，配齐了警用保安器械"八小件"。校园内安装了出入人员人脸智能识别系统，400余个高清监控探头、校园监控达到了全覆盖，同时接入岑巩县公安天网系统，实现了县、校技防一体化对接。同时，定期邀请辖区派出所驻校民警及学校法制副校长开展安保业务培训，提升安保人员素质，实现门卫、警务室管理流程和操作规范。对学校重点部位规范设置灭火器、消防栓，为火灾事故发生做好了防范。学校还按时为学生购买了校方责任险及附加无过失险，覆盖率达100%。

三、建立安全机制，筑牢安全防线

学校组织成立了家委会，家委会成员义务投入校园周边安全治理工作近3000人次。学校、家委会、行业部门三位一体共同狠抓校园周边治安环境整治，与县级行业部门及家委会建立了治安联防联控工作机制，不定期开展安全巡逻检查工作，为师生保驾护航。定期开展家校联动安全整治活动，召开家长会议，与学生、家长签订安全管理责任书，针对特殊时段的防汛、防溺水等重点安全工作，通过组织发放《致家长的一封信》和安全责任倡议书，开展"安全宣传进社区"、"暑假防溺水宣传"、"消防安全教育暑假专项行动"、"学生食品卫生安全教育"等系列活动，坚决筑牢全校师生安全意识防线，提高防范意识。同时加强学校及周边安全警示标志标牌建设，杜绝校园场地从事危险品生产、经营活动以及其他可能危及师生安全的活动。

四、加大宣传力度，提升安全意识

为保证安全工作责任机制常态化运行，学校通过党支部会、行政会、教职工大会、班主任工作会、国旗下讲话、主题班队会、课间集中等多种形式，强化安全宣传教育，不断增强安全意识，提升预防、预警能力。常态化组织教职工学习《教师法》《预防未成年人犯罪法》《学生意外伤害处理办法》等法律法规，提高了教师依法从教的水平和安全防范意识，形成了安全教育天天讲、安全工作时时抓、安全责任人人扛的良好格局。

安全教育宣传平台齐头并进，利用校方微信公众号、黑板报、宣传栏、网站、校园广播等，及时发布相关安全预警提示和安全教育信息动态，多途径传递德育工作正能量。同时，还将学校安全工作经验提炼和总结，在黔东南日报、新华社客户端等县级以上媒体刊发相关信息200余篇，有效促进了成果转化和持续运用。

五、营造安全氛围，创新防御体系

学校将校园安全文化建设和文明创建活动有机融合，以创建"和美"校园为目标，营造浓厚的创建氛围。定期邀请公安、法院、消防等行业部门到学校开展安全、法治专题讲座，每月组织一次应急逃生疏散演练，让师生安全意识内化于心、外化于行。

学校自筹资金创新建设消防体验馆和红色文化教育基地，定期组织学生参观学习和体验，让红色基因、安全意识根植心中；通过开展扫黑除恶专项斗争，严格落实安全生产专项整治三年行动计划等，大力开展校园性侵、欺凌整治和教育；积极开展心理辅导，把《心理健康教育》纳入学校教育教学工作计划和课程设置中，定期对学生进行心理危机筛查，并有针对性地采取相应的干预措施，做到细致入微防患于未然。

办学四年来，学校先后荣获县零犯罪学校、禁毒征文优秀组织奖、消防绘画作文优秀组织奖、反邪教知识手抄报优秀组织奖、宪法知识竞赛优秀组织奖。连续三年荣获县课堂教学改革先进单位、教育目标考核评估先进学校等荣誉称号。2020年8月被中共贵州省委组织部命名为全省党支部标准化规范化建设示范点。

雄关漫道真如铁，而今迈步从头越。在各级党委、政府的坚强领导和行业部门的指导、关心和支持下，我校已构建起日臻完善的安全管理体系，致力于"预防比处理更重要和预防是最大的节约"安全工作理念，下一步，我们将不断深化安全稳定体系和机制建设，以更加饱满的热情、更加创新的理念、更加执着的精神投入到安全文明校园建设中，力争把我校建成一所更加安全、文明、和美的学校。

浅谈“病态”管理阻滞教育信息化发展

贵州省黔南布依族苗族自治州福泉市第六小学　冉儒祥

近日，笔者连续关注到几起关于学校违规乱收费的举报案例，绝大部分举报的事由都有一个共同特点，就是有偿购买教育信息化资源服务，家长表示不满。的确，作为学校不得以任何谋利为目的，强制家长购买相关资源和服务，这样做既违背公办教育的普惠性原则，也给普通家庭增加过重经济负担，滋生腐败的土壤。但是，有的举报人不是因为经济或其他原因，而是一种偏见式意见表达，其心态表现为义务教育就应该国家买单，只要涉及收费就应当被举报。试想，哪一场变革不是在供需矛盾的催生下实现的，若广大社会家庭都不重视教育信息化的变革和创新，只靠国家推动，无疑会丧失发展的巨大潜力；如果不能实现服务主体（教师、学生及家长）的需求化效应，仅仅依靠国家意志来推动教育信息化，其发展进程可想而知，是很难形成积极的效应的。

那么，何为学校“病态”管理呢？举个例子说，当下的学校管理往往会面临上级主管部门的行政压力和社会媒体的炒作压力，1000名学生中有999名家长希望得到某项信息化的服务，当有一名家长反对时，学校即会选择宁愿不能满足大多数家长的需求，也要屈从于极少数家长的反对声音。即使是分类区别对待也不可能。管理的潜规则在于宁可不为，也不要成为社会舆论评判的焦点，因为这样会让学校或教育主管部门陷入被动的指责中。可以想一想，一款智能手环、一部智能手机，只要你需求这个服务，难道不应该自己买单？哪一场变革不是基于人们真正的需要而去不断努力登攀的结果，如果没有需求，自然就不会有人去探索和研究。如果没有人愿意为教育信息化发展买单，教育信息化就只会裹足不前。所以说，有需求才会有供给，才能推动教育信息化发展。

那么，如何有效激发教育信息化供给侧改革，催生加快信息化发展，笔者认为可以从以下几方面来着手：

一、构建普惠性与选择性并存的信息化供给模式，为教育信息化发展注入新的活力

首先，国办教育要重视教育信息化的发展，以托底保障为前提，基本满足教育信息化发展需要，同时推动先行先试，鼓励有条件的地方不断探索“互联网+教育”背景下的信息化新路径，为教育提供宏观支撑。要鼓励民间资本融入教育信息化的开发与应用的研究中来，实现跨行业的深度融合，让IT精英与教育专家联手，开发更多有利于教育信息化的软件和资源平台，实现资源的共建共享。要给正当合理的教育行为松绑，鼓励一部分家庭力量整合到推动信息化资源的开发研究中来，扩大集资范围，助推教育信息化快速发展。

二、构建跨领域的融合机制，吸收社会力量推动教育信息化发展

教育信息化发展的桎梏在于跨领域的深度合作，一个是公益性非营利领域，一个是社会化自然竞争的营利领域。非营利领域给不了社会化营利领域的经济支撑，营利领域的专业人才自然就不会专注于投身非营利领域的研究。而要解决跨行业的深度融合，光靠国家的投入明显不够。引导社会家庭力量推动教育信息化发展，无疑是一条出路。要引入更多力量支持教育信息化发展，一是要解决选择性需求的供给，让有需求的群体为自己的需要买单，让有需要的群体可以购买到自己需要的产品和服务；二要净化教育信息化有偿服务环境，坚决惩治发生在校园的各类腐败虚假广告行为，保障家长的合理利益不受侵害，只有形成良性的供需链，教育信息化研发力量充足，供需刺激方能推动教育信息化良性发展。

三、引导教师形成“互联网+教育”的新理念，掌握新技术推动教育变革

教育信息化的关键服务对象是教师和学生，让教师实现更有质量的“教”和学生更有质量的“学”，离不开教育信息化。在当下的学校管理与评价方面，对教师的教育信息化应用操作水平缺乏规范的考评和认定，以至于教师学多学少一个样，学与不学一个样，教师个体的信息化素养程度参差不齐。有部分教师的观念陈旧，教育信息化应用能力较弱，不能运用多媒体教学，教学方法单一，工作效率低下，学生不喜欢。然而，现代中小学生是信息时代的原住民，他们对信息化手段的学习和需求程度远远大于数字移民，让他们在更加快捷和高效的学习环境中学习，需要提升教师的信息化素养。所以，将教育信息化应用能力作为教师的专业技能培训与考核的关键指标，有利于提升教师信息化应用能力，推动学校教育信息化建设。

其次，鼓励优秀的专业教师队伍参与教育信息化资源的开发与研究，解决供需脱节问题。在实际工作中，信息化专业人才研究的问题有时不是教育系统真正需要解决的问题，而真正需要解决的问题往往又得不到有效地技术支撑。让优秀的专业教师和教育专家团队发现真正需要解决的问题，再聘请专业的信息化研发精英参与研究研制出更多的信息化产品，才能促进教育信息化的高质量发展。另一个问题的关键在于如何去调动更多教育工作者的积极性参与研究。

四、鼓励学校特色优势办学，推动教育信息化发展

现阶段，国家义务教育优质均衡发展目标评价核心指标中，将学校拥有计算机台数和通网作为关键评价指导，这是远远不够的。如有的学校有相应的计算机台数但发挥的作用不明显；有的联网却找不到相关可用教育资源；有的学校教师根本不会用，计算机成了摆设等，办学评价方式对于教育信息化办学水平需要进一步优化。因此，教育主管部门需要出台更有操作性的评价指导方案，鼓励学校教育信息化优势特色办学，主动提升教育信息化应用水平。只有把教育信息化建设的内生动力激发出来，才能实现被动变主动的快速高质量发展。

教育信息化是未来教育的显著特征，谁把握了信息化的主动权，谁就有可能站到教育新未来的制高点。推动教育信息化进程，需要从观念、制度到保障机制上系统发力，才能实现教育在“互联网+”时代的先导作用，为国家培养出更多的新时代优秀人才。

以生为本，用爱倾注

贵州省黔南布依族苗族自治州长顺县白云山镇白云山中心校　程正才

农村义务教育学生营养改善工作是一项涉及学生营养健康和生命安全的系统工程。营养改善计划的实施，可以有效地改善农村学生的营养健康水平，提升学生的身体素质，带动地方经济发展，从而推动乡村教育振兴。我始建于1935年，是一所全日制公办完全小学，至今已有八十多年的办学历史。校园占地面积10617平方米，校舍建筑面积6036平方米，其中学生食堂720平方米。目前在籍学生826人，在校就餐人数826人，就餐率100%。学校在实施营养改善计划后，为将国家的惠民政策落到实处，给学生提供安全营养的“放心餐”，坚持追求“营养、安全、规范、优质”的管理理念和秉承“道德育人、文化育人、服务育人、环境育人”的教育理念，在实践中总结提升，初步建立起一套适合本校本地区的营养餐管理模式。

一、坚持以生为本，实施营养改善

我校自国家实施连片贫困地区营养改善计划及学校实施寄宿制以来，学校始终将这两项“惠民工程”当成“良心工程”来做，以“为农村孩子提供更优质的教育”为宗旨，坚持以生为本，用爱倾注，在探索中改进、在过程中完善、在规范中提升，逐步建立和形成了符合学校实际、与学校教育理念相融合、科学合理的营养餐及寄宿制管理体制，实现了营养餐及寄宿制管理规范化、精细化、人文化、特色化，初步取得了良好的社会效益，受到了上级主管部门和学生家长的高度赞誉。

学校在实施营养改善计划后，为将国家的惠民政策落到实处，给学生提供安全而营养的“放心餐”，坚持追求“营养、安全、规范、优质”的管理理念和秉承“道德育人、文化育人、服务育人、环境育人”的教育理念，在实践中总结提升，初步建立起一套适合本校本地区的营养餐管理模式。

抓管理及监督机构建设。实行自办自管供餐模式，建立健全管理制度，明确岗位职责，不断向管理要规范、要安全。成立食堂管理工作领导小组、膳食管理委员会，出台食堂管理、食品安全等一系列管理制度，增强检查监督力度，不断向管理要规范、要安全；

注重食品安全，强化安全意识。抓好食堂管理各环节监管工作，确保食品安全、营养。细化采购、接收、登记、入库、保管、出库、加工配发及学生用餐等环节的监管要求，严把“四关”（采购关、验收关、加工制作关、分发前检验关），杜绝“三无”食品，抓好“六防”（防鼠、防蝇、防火、防盗、防投毒、防尘），坚持执行餐具消毒和食品品尝留样制度；加强食品安全管理、环境卫生管理和设备安全管理，加强重点环节、重点食品的监控，实行食品安全责任追究制，建立健全学校安全防范和事故处理机制，制定日常安全防范措施和食品安全事故处理应急预案，促使实现了食堂管理工作制度化、规范化、精细化，逐步形成学校食品安全事故救助体系和运行机制，保障学生身体健康与生命安全；

注重食品营养，合理搭配膳食结构。讲求营养配餐、科学饮食，提高农村学生营养健康水平。学校根据小学生身理发展规律和特点，选择学生喜欢、营养丰富的食品提供给学生食用，每天保证“三菜一汤”，丰富食品供应品种，确保学生吃得安全、营养、健康、放心。食堂供餐力争做到食谱每周更换一次，五天不重样；并积极接受学校膳食委员会监督，定期征集意见，改进工作；

提升食堂从业人员整体素质。加强思想道德、法律常识、食品安全卫生知识，食品加工知识等职业内容培训，提高从业人员水平，提高服务质量；

注重营养健康知识教育和学生养成教育。充分利用利用各种宣传教育形式，向学生、家长、教师和供餐人员普及营养科学知识，培养科

学的营养观念，促使广大学生能够利用营养知识终身受益，促使学生养成科学的饮食习惯，规范学生就餐秩序和用餐习惯，同时培养学生独立生活、自主管理的能力；六是重视食堂净化、美化、文化建设，充分发挥"文化育人、环境育人"功能。

经过近几年来的努力，学校食堂管理逐步制度化、规范化、精细化，饭菜质量不断得到改善和提升，深受学生喜欢，也从未发生任何食品安全事故，达到"食品安全、营养，管理规范、服务优质"的目标。2019年4月9日，我校作为营养餐实施典型案例，入选中宣传部大型纪录片《中国向贫困宣战》拍摄点学校，是贵州省唯一被入选的拍摄点学校。基于几年来，我校在营养改善计划中取得的成效，特申请"中国学生营养与健康促进会营养与健康示范学校"。

二、提升管理内涵，促进学生成长

学校自实施寄宿制以来，根据贵州省"四在校园、幸福校园"标准化农村寄宿制学校要求，结合学校实际，在不断规范寄宿制管理的基础上，积极探索将学校的管理理念、教育理念融入寄宿制管理中去，促进学生良好生活习惯养成、自主管理能力提升和心理健康成长，全面提升寄宿制管理内涵。

完善寄宿制基础设施。改善寄宿条件，极力解决学生寄宿困难。学校统一配备了睡床、安装热水设备、购置饮水机，统一配发垫棉、铺盖等床上用品。

加强宿舍常规管理及养成教育。树立大课堂观，充分利用和发挥宿舍阵地作用，强化学生养成教育。学校在开展以"吃在学校解食忧、住在学校受关爱、学在学校长知识、乐在学校感幸福"为主要内容的"四在学校·幸福校园"创建活动中，充分利用和发挥宿舍、寄宿时间段活动场所等阵地作用，加强对学生的养成教育，促使学生养成良好的生活习惯、卫生习惯、品行习惯，提高独立生存能力，形成阳光积极的意志品质，为学生的未来发展奠定良好的基础。具体如引导和监督学生自觉遵守学校的《在校一日常规》《学生宿舍内务条例》等各种规章制度，培养学生养成良好的行为习惯和提高独立生存能力；通过开展讲座、报告会、交流会、餐前讲话等形式注重对学生的教育引导，教会学生如何与同学和谐相处、尊重长辈、尊敬师长，让其养成良好的品行习惯；通过开展丰富的校园文体活动，磨炼学生意志，培养学生积极的意志品质；

结合课改理念，拓展和延伸课程改革。着力提升学生自主管理能力，促进学生综合素质提高。学校将寄宿制管理作为课程改革的拓展和延伸，将"管理"还给学生，充分调动学生参与学校管理，搭建学生自主管理能力培养平台，促进学生综合素质提升。组建学生自主管理团队，建立卫生内务检查小组、学生行为规范监督小组、学生兴趣小组，以及选拔宿舍楼层长、寝室长、文明督导员，明确其职责，拟定相应管理制度，初步建立起科学高效的学生自主管理体制。同时由学校寄宿制分管领导、各班主任具体参与引导、监督，确保学生自主管理有序进行并取得实效。学校将活动组织、卫生内务检查、行为习惯监督等具体事务交给学生去管理、去组织、去落实，充分创造条件和平台，让更多的学生参与到自主管理上来培养和提高了学生自主管理能力，进一步促使了学生综合素质的提高；

建立科学合理的心理疏导机制。有效干预和矫正学生心理问题，促使学生身心健康发展。学校高度重视学生心理问题，特别是寄宿生中的"留守儿童"，着力建立科学合的理心理疏导机制，成立学生心理健康疏导工作小组，时时关注学生心理健康状况，确保学生出现心理健康问题时能够及时进行心理干预、矫正和疏导，实施因材施教，培养学生良好的心理素质，促进学生身心全面和谐发展和整体素质全面提高；五是营造舒适优美的生活和学习环境，增强宿舍文化氛围，丰富寄宿生校园文化活动，打造优质农村寄宿制特色学校。目前学校的寄宿制规范化、精细化、标准化管理水平正不断得到提升。

我校的营养餐及寄宿制管理工作在上级的领导下，在全体教职员工的共同努力下，已逐渐实现管理规范化、精细化、标准化，并得到了上级和社会各界的肯定。我们将一如既往，扎实做好各项工作，同时我们将不满足于目前"为管而管"的层次，着力解决如何利用营养餐及寄宿制管理，落实立德树人根本任务，提升学生核心素养，引导学生未学做事先学做人，培养学生良好学习、生活习惯，助推学校正规化建设和提升学校内涵发展。

面对"十四五"的新形势，我们将以生为本，用爱倾注，继续提高办学质量，加强内涵建设，为办好农村优质寄宿制特色学校而不懈努力！

家校共育促发展，携手同心共铸梦

海南省文昌市联东中学　莫文基　林紫

家校共育是家庭和学校本着教育学生、促进学生健康成长而开展的沟通交流过程。著名教育家苏霍姆林斯基说："只有家庭教育的学校教育或只有学校教育的家庭教育，都不可能完成培养人这样一个极其艰巨而复杂的任务。"、"最完备的教育是学校与家庭的合作。"这两句话都指出了家校合作，共同育人的必要性和重要性。我校通过创建家校共育新的路径，丰富教校共育方式，促进了学生更好地成长。

一、成立领导小组，完善保障机制

我校成立了以校长莫文基为组长、分管副校长为副组长、政教室主任及干事、各班班主任、家委会成员组成的"家校共育"领导小组。　定期召开领导小组会议，协调做好家长工作，发挥学生家长在教育实践中的智慧和才能。利用家校共育项目工作微信平台、校园网等现代媒体，形成一种网络时代背景下的家校合作新型方式，搭建现代家校合作的有效载体，让大家知道国家的教育方向以及家庭教育的重要性，让家校在教育互动中担负起各自责任，不缺位，不越位，给孩子营造良好的家庭环境和社会氛围。学校不断完善家校共育工作机制，将领导小组成员落实家校共育情况列入工作考核，并与职称评聘挂钩。进一步加强完善组织建设，加强领导机构的内在联系，每周一次班主任会议强调要提高重视家校共育。

二、重视宣传工作，开展共建活动

学校非常重视家校共育数字化项目的宣传工作，积极发动家长注册平台，特别关注新生的覆盖率，2010年秋季100%新生家长加入全国家校共育数字化服务平台。目前教师在校人数152人，注册人数151人，注册率99%；学生在校人数2830，注册人数2759，注册率97%。另外，学校定期组织家长在家校共育服务平台上收看讲座和文章，撰写心得体会，分享家教故事的平台。同时发动家长加入平台的公众号，指导家长阅读文章和观看视频；通过定期召开家长会、举办家长培训班，让家长了解、支持、督促学校各项工作，学习先进的育人经验，改善方法，为孩子健康成长寻找科学有效地途径；开展家校共建活动。家校共建活动是学校与家庭，教师、家长与学生共同参加的活动，其主要形式和内容主要有亲子活动、主题班队会、质量分析会、文化艺术节……家校共建融教师、家长、学生为一体，增进相互了解与合作，加深相互间的感情，有利于调动三方的积极性，达到共同成长的目的；树立榜样，表彰优秀家长。每学期评选一批优秀家长，颁发荣誉证书，制作宣传展板，表扬宣传育子之道，让广大学生家长从中汲取营养，同时也增强家长参与的积极性和荣誉感。

三、开展实践活动，促进家校共育

为进一步完善家长委员会的职责和功能，增设家长进课堂形式和内容，组织"家长开放日"活动，提高志愿者积极性和主动性。

学校一直关注平台中社会实践栏目，积极引导学生参与实践体验，一些学生也在平台上发布活动的心得体会，学生在动手的过程中提升了个人能力。2020年12月，在家委会成员的支持和配合下，学校开展了为期两天的参观、游览文昌社会实践活动，这也是学校和家委会为开阔学生视野、丰富学生课外生活的一项社会实践新举措。为了保证此次社会实践活动顺利进行，学校会同家委会全体成员召开专题会议进行筹备、部署。从安全出行、文明参观，到活动选址、后勤保障一一进行了细致的规划和详尽的分工，为活动的圆满进行奠定了坚实的基础。此次实践活动非常顺畅、非常圆满，学生从参观中了解到了文昌本地传统文化的源远流长在文化中接受熏陶，孩子的自我控制能力、团结协作以及适应环境的能力得到了极大地锤炼，也证明了家长有和孩子共同进步、共同提高的信心和决心。

四、邀请专家讲座，开展课题研究

学校家校共育项目负责人会在第一时间转发专家讲座的相关信息，要求各班主任及进转发到各自家长群，并截图发回归档，作为年终考核的依据。在班主任的引导下，2020年家长收看专家讲座近80多期共30场，收看率90%以上。家长在如何培养乐观的孩子、做智慧父母、建立和谐的关系、教育孩子消费等方面的能力有了很大提升。班主任加强专家讲座的宣传和引导，家长观看讲座是为了更新教育观念，丰富家庭教育方法，从而提高讲座收看率。

课题参与推进。学校家校共育领导小组开展《家校（园）共育模式的探索与研究》的课题研究，本选题研究的侧重点在于以下两个方面：其一，在实践中研究，以学校的家校共育实践为平台进行发展、创新；其二，从对案例的研究出发，站在理论的高度，探索新时期我国家校共育的内涵、特点和实践模式，获得具有推广性的普及经验。在开展研究过程中，一方面通过家长的调查，了解家长对孩子做事态度以及影响孩子做事态度的家庭教育因素分析。另一方面对家庭教育实行动态跟踪指导，并进行在家庭教育中培养孩子的行为习惯的评价体系和评价方法的实践研究。三是探索学校、班主任进行家庭教育指导的途径和方法的实践研究，收集师生中与此研究相关案例资料。四是利用家长委员会、家长沙龙等将学校和家长的资源进行整合，发挥家长委员会在目前学校教育中的功能和作用，正面引导家长在培养孩子养成好习惯中发挥大的作用。目前已经形成家校（园）共育现状的调查研究报告，并收集编制成家校（园）共育的案例集，正在开发校本家庭教育指导教材。学校已建立课题组，明确课题分工，收集课题资料，计划以家校共育项目申报省十四五规则课题。学校领导高度重视，邀请专家对课题研究进行指导，营造良好的家校共育科研氛围，确保优秀结题。

家校共育是促进学生健康和谐发展的一个重要手段和途径。家校共育意味着家校建立平等的互相尊重的合作伙伴关系。家庭是学生重要的合作伙伴，它强调了我们要与家庭双向互动，既要帮助家长提高教养素质，又要请家长配合我们的教育与管理。今后，我校将进一步加强家校之间的沟通、统一思想、密切配合、步调一致，共同促进学生发展。

兴学惠民，奋力犇腾

河北省承德市承德县第一中学 王占民

新时代、新使命、新担当，作为教育战线的工作者，理应担当起为党育人、为国育才的重要使命，要努力兴学惠民，引领社会风尚，助推学让健康成长，精心培育时代新人。

从一名激情满怀的数学教师到一名桃李遍天下的教育工作者，我已经在教育战线上奋斗了三十五个春秋，我以扎实的工作作风和出色的工作业绩，得到了社会各界的一致好评，先后荣获“河北省教育工作先进个人”、“省政府教育技术装备先进工作者” 市级“优秀党务工作者”等荣誉称号，多次被承德市委、政府授予二等功，被中国教育报聘为高级顾问。

一、革旧鼎新 振兴一中

2011年8月，我以校长的身份重新站在一中全校师生面前时，心情非常沉重。因为当时的县一中是这样的状况：大量优秀生源外流，高考成绩在全市被戏称为“八九不离十”；大量优秀师资外流，教师职业倦怠，人心思动；沉重的债务压身，欠外债2千余万元。

看到那么多百姓的孩子为了自身的发展无奈地背包握伞远离家乡外出求学，看到社会、家长、教师无奈的眼神，我暗暗下定决心，一定要振兴一中，让一中的师生活的有尊严，让全县老百姓的孩子在家门口受到优质教育。

经过深入思考后，我大胆地提出了“卧薪尝胆、脚踏实地、步步为营”的一中精神及“一年起步、两年突破、三年腾飞”的奋斗目标。

口号一经提出，“大胆”、“狂妄”等质疑声、打击声接踵而至，一位退休老教师指着我的鼻子说吹牛。但我没有因此退缩，我恪尽职守，努力工作，不断改革，勇于创新，抱着不实现目标决不罢休的信念，带领一中全体教职工一步步跋涉，一点点积累。从2011年二本上线86人到2020年的近1200人，一本由20几人到736人，本科上线率已经达到99.9%。一中人用汗水创造了“低进优出”的奇迹。2014—2020连续七年承德市高考综合排名第一。2015年结束了三十四年没有清华的历史。2016—2019连续四年分别摘取了承德市理科和文科状元桂冠。优异的成绩获得了各级政府和社会各界的普遍赞誉。

二、深化改革，狠抓落实

社会上谈起一中这几年的变化，最多的一个词，就是“严”字。严格要求，严格管理，严格检查，严厉惩处，就是一中发展到今天的法宝。

在一中校门口的电子大屏幕上，固定显现着两句话：“让制度成为习惯，让习惯润泽制度”。目的是时时刻刻提醒师生，一切必须按制度去做，让制度成为习惯，习惯成自然，习惯决定命运。一中4000多名学生、300多名教职工、60多个教学班同时运转，之所以能够井然有序的进行，主要就是所有的工作都有依可据，有章可循；忙而不乱，项项落实。严格时间、 严格制度、严格秩序、严格要求。

有人说，没有检查就没有管理。再好的制度，再严的要求，如果不检查、不落实，都是纸上谈兵，如同竹篮打水一场空。因此严格要求的背后，就是严管、严查、严处。在我的安排下，一中专门成立了四个督查组：专门查纪律、查行为规范、查教学、查卫生。事事有人管，项项有人查，天天有通报。无论你是学生还是老师，只要违规违纪，就铁板一块，该通通，该批批，该退退，毫不留情。

教学改革是提升质量的关键。我带领一中人深思广义、精心谋划，提出了“双教研”及“两案八环节”教学法，深化课程改革，打造高效课堂，开创了教学新局面，以高效课堂提升教育成绩大超越。

三、以身作则，无私奉献

一个好校长就是一所好学校。我在承德县一中任校长后，为充分调动师生积极性，开展激情教育，开展“四个一工程”，即“打造一个激情校园，打造一支激情教师队伍，打造一批激情学子，打造一种激情文化”；追求四种文化：奉献、拼搏、竞争、追求。

激情教育的首要因素是奉献精神。我要求教师做到的，首先我自己必须做到，九年如一日，每天最早来学校的是我，走得最晚的仍是我。我身患高血压、糖尿病，医生劝我多休息，但为了学校，为了学生，我一刻也不敢休息。别人上班我在工作，别人休息我仍在校园内工作，师生都说我与校园形影不离。2018年我右臂腋下神经受损，医生要求我住院治疗，我央求医生在上班前输液，下班后理疗。看着我右臂无力地书写工作，看着我日渐消瘦的身影，全校师生无不为之感动。节假日和寒暑假，我更是牵挂着学校的平安，一心扑在学校的工作上，用心血和汗水抒写着自己的工作业绩。

我无私奉献、艰苦奋斗、为人师表、开拓创新的精神和品质让我在全校教工中产生出很强的向心力和凝聚力。在我的影响下，学校的全体教师不仅是老师，还充当父母、保姆、保安甚至是医生。寒风中最先站在操场上的是他们，月光下最后离开学校的是他们；学生病了，陪孩子去医院的是他们；学生烦了，与孩子谈心的是他们，学生进步了，给他们买奖品的还是他们……

正是我的这种奉献精神引领，承德县一中创造了“低进优出、高进杰出”的奇迹，使得一大批学生，尤其是那些中考成绩一般、一度缺乏信心，甚至产生厌学的学生，潜能得到充分的激发释放，承德县一中在竞争中快速发展。

四、敢于担当，乐于助人

对教师的困难疾苦，我热情帮助，关怀备至。教师有病住院，我亲自到医院探视；学生生活困难，我掏钱资助；教工生日，我送上真诚祝福；年节看望退休和家庭困难教工。哪个学生家庭有困难，我总会热心帮助；哪个学生在纪律上有不良表现，我总会耐心教育。在2020年的新冠肺炎疫情防控工作中，我更是身先士卒，始终站在抗疫一线，以教育工作者的担当守初心、战疫情。

古人云：“不以规矩不能成方圆。”我上任后，制定完善了一系列规章制度。有的老师说，这些制度在县一中不可能执行下去，我就是不信这个邪，坚持制度面前人人平等，制度对事不对人的原则，克服种种阻力。在执行制度的过程中，多次挨骂，受威胁，有的教工家属到学校无理取闹，但我坚持制度不让步，靠依法制校，把承德县一中从死亡线上拉回来，并使之成为蒸蒸日上、全市领先的一所学校。

我的引领重塑了一中形象，家长满意了，争相把孩子送来就读；社会满意了，上级政府、主管部门及社会各界普遍赞誉。近几年，承德县一中先后荣获“全国消防安全教育示范学校”、“全国中小学生全面发展与成长教育示范单位”、“河北省文明校园”、“河北省教育工作先进集体”、“省级思想政治教育先进集体”、“河北省优秀青少年维权岗创建单位”、“国家安全教育实验学校”、“河北省防震减灾科普示范学校”、“省级争先创优先进基层党组织”、“园林式单位”、“依法治校示范校”、“五四团委”，承德市“文明单位”、“普通高中推进素质教育先进单位”、“普通高中推进素质教育教学进步奖”等荣誉称号。2016、2017、2019、2020年承德县委、县政府授予承德县第一中学“集体三等功”并在全县开展“向承德县一中学习”和“弘扬一中精神”的活动，2016年授予承德县第一中学“道德模范群体”光荣称号。2018年县人大常委会授予“人民满意单位”称号。

在巨大的成绩面前，我没有裹足不前，没有满足于取得的成绩，而是提前谋划，大胆创新。为民服务孺子牛，创新发展拓荒牛，艰苦奋斗老黄牛。立足新起点，我将卯足犇劲，迎接新挑战，为描绘学校未来新蓝图奋力犇腾！

劳动励心志，实践促成长

河北省承德市丰宁满族自治县土城中学 齐九生

劳动是人类创造物质财富或精神财富的活动，包括体力劳动和脑力劳动。劳动是推动人类社会进步的根本力量，是财富的源泉，也是幸福的源泉。习近平总书记指出：“要在学生中弘扬劳动精神，教育引导学生崇尚劳动、尊重劳动，懂得劳动最光荣、劳动最崇高、劳动最伟大、劳动最美丽的道理，长大后能够辛勤劳动、诚实劳动、创造性劳动。”我校是一所农村寄宿制初中，服务区域为三乡一镇。学校在抓好教育教学的同时，十分注重对学生的劳动实践和技能教育，利用劳动实践课把校园内的空闲地通过师生动手开辟成小菜园，打造成学生的“劳动实践基地”。学校坚持“启迪心智、奠基人生”的核心办学理念，确立了“品德与学业双修”的办学宗旨，坚持“管理求效益，改革谋发展，创新办特色”的治校方略，以“崇德尚学”为校训，确定了“明礼、诚信、合作、创新”的校风；“勤勉、爱生、务实、高效”的教风；“尊师、善学、互助、自强”的学风，把“德行合一”确定为学校的核心主题文化。

一、精细人文管理，提升办学品质

我校园占地23600平方米，建筑面积9500平方米，现有教学班12个，在校生536人，住宿生451人。现有教职工54人，其中专任教师52人，学历达标率100%（本科学历42人）。中级以上职称教师占72%。

学校在管理上以“刚性制度”为本，以“人文关怀”为魂，确定了“制度+情感”的人文管理理念，形成了“抓班子、带队伍、抓建设、促条件、抓纪风、提质量”的良好氛围。教学上，认真落实“先学后教，以学定教，自主学习，当堂达标”的教学策略，推进“生本”理念下的“模块导航”课堂教学改革模式。为学生搭建民主、平等、和谐、自由的展示平台，让课堂尽显生命活力。采取“物质、精神、榜样、成功”的激励措施，充分调动了师生的积极性。

近年来，学校被确定为河北省教育学会“十二五”重点课题学校；承德市“教育科研先进单位”；市级“德育工作先进集体”；“学校工作先进单位"；"教学工作先进单位"；"控辍保学先进单位"；"安全工作先进单位"；"学校文化建设先进单位"和"优秀基层党组织"等。近五年中考成绩名列前茅，2010年和2013年中考成绩均位居全县农村中学第一名，2014年位居全县第三名。2015年获得承德市五四红旗团委称号。2019年荣获职教招生特别贡献奖，2020年荣获丰宁首届"家风、家训、家教"组织优胜奖。

二、开发学校菜园，建设劳动基地

在我校的东北角有一块600多平方米的空闲地，现在它可是全体师生的乐园。在过去的几年间，由于缺肥少粪，疏于管理，加之东墙一带堆放费木。偌大的园子里，冷冷清清。春不见花，秋不见果。特别是暑假开学，更是草里寻苗，投入的少，产出更不会多。

2020年10月，我任校长的时候，那会正是"草盛豆苗稀"的时候，在做校园整体规划的时候，我将小菜园建设纳入校园规划重点。"把小菜园好好利用一下，种下时令蔬菜，建成学生实践劳动基地，既让学生参加劳动实践锻炼，等蔬菜下来学生还能品尝自己的劳动果实，一举两得!"我的提议得到了学校领导班子的一致赞同。

2021年春季开学，又是一年春草绿，学校的小菜园也迎来了自己的春天。学校先从治理土壤入手，我亲自联系农家肥多车，然后又用拖拉机细耕。土壤板结情况得到缓解、肥力增加。学校聘请有经验的"农家把式"利用劳动课时间示范带领学生进行整地、打垄。学校总务处还为小菜园安装自动喷灌设备，实现了小菜园自动喷灌。定位于创建综合实践劳动基地，土城中学总务处统一规划，把小菜园管理责任到班，实行班级负责制，班级自主管理，班主任是第一责任人。各班同学积极参与，热情很高。都为自己的责任田起了好听的名字：轩圃园、蔬果园、蔬乐园、桃李园……一个个美好的名字里寄予了学生美好的愿望。

3月末，在老师的带领下，同学们认真种下了希望的种子。每天的浇水，施肥；每天的期盼，成了同学们不言的秘密。种子也在同学们的期盼中偷偷地生根，发芽。不几天就破土而出了，孩子们还没来得及高兴，小苗已将菜园装扮得春意盎然。在同学们精心呵护下，小菜苗茁壮成长，水萝卜、生菜、茼蒿、香菜、油麦菜……你追我赶，争先恐后。经过一个多月的细致管理，现在的小菜园已是生机盎然，绿色满园。小菜园喜获丰收，一盘盘纯天然无污染绿色蔬菜端上了师生的餐桌，教师和学生都品尝上了自己的劳动果实，脸上写满了幸福。

小菜园丰富了师生的业余生活，培养了孩子们的劳动习惯，美化了校园环境，同时也提高了师生的蔬菜品质和数量，小菜园做出了大文章！ 今后，我们将在小菜园美化、育人作用和实用性上入手，建成学生综合实践劳动基地，让学生获得力所能及的劳动技能，培养德智体美劳全面发展的学生。

"劳则思，思则善心生"，劳动是财富的源泉，也是幸福的源泉。热爱劳动是中华民族的优秀传统，绵延至今。劳动教育是中小学教育的一个重要组成部分，是贯彻落实社会主义教育方针的重要内容。"以辛勤劳动为荣，以好逸恶劳为耻"。劳动中有体验，体验中有成长，最终收获的是一种习惯，养成的是一种品格。十四五期间，我校将继续把劳动教育融入学生的成长与习惯养成中，为学生提供更多体验实践的机会，真正落实劳动教育，助力孩子的健康成长与全面发展。

绽放教育色彩，温暖绿色心灵

河北省怀安县左卫中学　高崇

生命离开水源，就会枯竭。国家离开教育就会衰亡。教育是生命进步的新鲜血液，是时代发展的思想能源，唯有保持充足的活力和创造力，才能持续推动人类社会向前发展。作为教育的一员，我校现有21个教学班，在校生1058人，寄宿生730人，教职工101人。办学以来，学校始终坚持"德育为首，教学为中心，面向全体，全面发展"的办学思想，确立了"让农村孩子就近享受优质教育，为每一名学生的可持续发展奠基"的办学理念，明确学校的发展目标和育人目标，规范"绿色教育四季德育课程体系"，以创建文明、和谐、环保的绿色生态文明校园为切入点，全面营造整洁优美、格调高雅、积极向上的育人氛围，让绿色教育文化渗透到校园每一个角落，让绿色教育理念融入每一位教工的心中，让积极向上的文化引领绿色左中不断向前发展。近年来，通过全校师生的团结协作，学校的校容校貌焕然新，精神风貌日新月异，教育教学质量稳步提升，各项工作再上台阶，校园特色逐渐彰显。学校还被命名为河北省绿色学校，张家口市校园绿化百强校，被中共怀安县党委、怀安县政府命名为文明校园和第二届"怀安名校"荣誉称号，被怀安县教体科局评为学校文化建设先进单位。

一、强化德育教育管理，成就品质教育强师

德育教育是实施素质教育的重要分支，是促进学校不断发展的重要保障。一直以来，我校坚持五育并举，强化内涵发展，以素质教育为导向，注重学生德、智、体、美、劳全面发展，克服困难，开全课程，开足课时，做强劳动技术教育传统品牌。我校重视德育教育的实效性，注重安全防范的前瞻性，以军训、远足、运动会、艺术节、毕业典礼、纪念庆祝等文、体、艺活动为载体，以周到的生活服务和严格的学生管理为保障，实现教育管理的规范化、精细化和常态化。学校在教育部挂牌的劳动教育示范校的基础上，今年被市教育局又命名为素质教育示范校和安全管理工作先进单位，以优质高效的管理赢得了社会的认可，多次被评为市县学校管理先进集体。

教育发展在乎学校，学校发展的根本在于教师。习近平总书记指出："一个人遇到好老师是人生的幸运，一个学校拥有好老师是学校的光荣，一个民族源源不断涌现出一批又一批好老师则是民族的希望。"优秀教师是学校最宝贵、最紧缺的资源。教师的师德水平决定了学校的温度，教师的业务能力和教育水平决定着学校的高度。一直以来，我校十分注重教师师德建设，加快教师专业发展，全面实施"人才强校"战略。我校积极倡导绿色一家人理念，制定了共同遵守的《绿色左中文明公约》。团结一心，和谐共生，敬老爱幼，扶危济困，努力办有温度的教育和温暖的学校。2019年教师节学校表彰了首届感动左中十佳教工，两年来，他们起到了良好的榜样与示范作用，有效促进了我校精神文明建设和校风、教风的好转，广大教职工的整体素质显著提高，涌现出了许许多多爱校如家、爱生如子、勇挑重担、甘于奉献的优秀教工，今年学校拟评选第二届感动左中教工，在教师节进行表彰，用身边的榜样激励左中全体教工不断进步。

为了教师业务能力的提升和青年教师的快速成长，我校制定了教师专业发展规划，设立基金，搭建平台，培训学习，师徒结队，充分把握杨宋中学结队帮扶契机，充分利用市区近水楼台资源，有效促进了教师专业水平和教学能力的快速提升。现在学校有县骨干教师13人，市级骨干教师16人，怀安县首席名师3　人，市首席名师2人，市级优秀教师11人，省优秀教师、优秀教育工作者2人。冀芬老师被评为2019届马云优秀乡村教师。高崇校长成功入选2020届马云乡村校长计划。在全市"一师一优课、一课一名师"活动中我校被评为市级优课突出贡献先进单位，2020年我校被张家口市教育局评为张家口市师德建设先进集体、学校思想政治教育先进集体，被张家口市委、教育工委评为全市学校"一支部一品牌"创建工作先进基层党组。

二、明确科研兴教目标，注重体能教育发展

课堂教学是学校教育的核心要素和重要载体。课堂教学的质量决定了教育的质量。为此，我校通过不断加强教学科研工作，通过找准定位、规划纲要、制定方案、落实实施等举措，推进课堂教学改革。从2014年全县推进课改实验以来，我校认真落实教学常规管理，积极探索以"自主、合作、探究"为主要学习方式的新型课堂教学改革，强化学生自主学习引导与管理，加强合作学习小组建设，推进导学案进课堂，努力提升课堂教学质量。加强课题研究与教学研究的一致性，让科研服务教学，促进教学。抓好集体备课环节和以"整体建构、四环节循环教学"为基本模式的课堂改革研究；加强信息技术与各学科教学的整合研究。尤其是疫情防控线上教学期间，我校一边安排集中培训，一边进行线上教学，理论和实践高度统一，使得老师们运用现代教育技术的能力得到快速提升，较好地完成了线上教育教学任务。近年来，学校教学质量不断提升，教科研成果十分显著：有1项国家级课题、3项省级课题、10多项市级课题结题并获奖；近三年教师有40多人次在市级以上作课、说课活动中获奖；学校多次获得省、市、县教学管理先进集体荣誉；多次荣获张家口市现代教育技术装备先进单位、张家口市电化教学先进单位、张家口市教研教改先进单位等荣誉称号。

教育不仅是让学生学习知识，也要注重学生体能发展。在传授学生知识的同时，我校大力提倡体教融合，以足球和冰雪运动为支撑点，锻炼学生听那个，练就一副好体魄。自2015年冬天我校评命名为全国青少年足球进校园"足球特色学校"以来，为不断彰显学校体教融合的教育特色，我校大力培训师资、开设课程、编制教材、组建班队、校队，积极训练，多方筹集资金进行场地建设，曾多次代表怀安县参加"市长杯"比赛，取得较好名次，学生参与率普遍提高，足球教育形成鲜明特色。为助力冬奥的胜利召开，我校积极开展冰雪运动活动，申报冰雪运动特色学校，组建冰雪运动队，坚持日常冰雪运动训练，成功协办了怀安县第一届、第二届冰雪运动会，我校冰雪健儿们取得了优异的成绩。四次代表怀安县参加全市冰雪运动会，获得多枚单项奖牌，取得3次团体一等奖、1次二等奖的好成绩。2020年，我校被张家口市教育局、张家口市体育局命名为"张家口市（首批）奥林匹克教育示范学校"；被教育部命名为"国家青少年（首届）校园冰雪运动特色学校"、"北京2022年冬奥会和冬残奥会奥林匹克教育（首批）国家级示范学校"和"全国青少年校园足球特色学校"。

三、坚守教书育人初心，提升时代教育品质

非知之艰，行之维艰。经过多年的建设，学校已走出了一条农村学校特色兴校之路，不仅提升了学校的精气神，更提升了学校的办学品位。教育者们着眼现在与未来，懂得传承与创新，敢于改革和实践，默默坚守着"成人、成才、成功"的育人理念，用心培育，用爱浇灌，着力为学生更深远的发展夯实基础。舍望过去，面向未来。下一步，我校会继续找准农村学校发展的新形势，鼓足干劲，抢抓机遇，发挥优势，以先进的理念引领学校发展，以科学的方法强化学校管理，以有效地措施促进师生成长，以严谨的态度探索教育规律，以担当的情怀

领跑教育发展，不断提升绿色学校品味，挖掘学校绿色教育内涵，用情怀装点教育事业的百花园，用生命继续谱写一曲又一曲教育新歌。

立足乡土文化，做有情怀的教育人

河北省晋州市第五中学　曹志威

乡土文化振兴的意义，不是简单的经济价值所能衡量的，它对于提升社会文明程度、厚植“中国特色”、深刻理解中华文明、助力中华民族伟大复兴的价值难以尽述，是坚定中国特色社会主义文化自信的基石之一。乡土文化教育是基础教育的重要部分，对农村中小学教育意义尤其重大，然而随着农村城市化的推进和农村教育价值导向偏颇，部分地区教育中的乡土元素逐渐遗失。为此我校以“培养学生乡土认同感和爱国情怀”为目标，在推行乡土文化教育方面进行了有益尝试。通过深挖乡土文化教育的价值，学校开展了以乡土文化促进教学的改革探索，将教学内容与乡土文化有机结合，满足学生多元的发展需求。

一、强化乡土文化，弘扬民族精神

引入专家指导，强化乡土文化教学理念。我校围绕立德树人根本任务，把中华优秀传统文化和本社区优秀乡土文化全方位融入思想道德教育、文化知识教育、艺体教育和社会实践教育各环节。为推动乡土文化教育，学校邀请乡土文化研究专家和教育专家，面向全体教师进行培训；丰富拓展校园文化，开展戏曲、书法、乡土文化、传统体育等进校园活动；开设乡土文化公开课，抓好乡土文化教育成果展示活动。

编写乡土教材，开设校本课程。基于晋州市的“梨乡文化”，立足乡土，编订了校本教材《梨花文化与五中精神》，传播梨乡文化知识、经典故事及诗词名篇，不断拓展学生的知识面，使其接受民族文化的熏陶，吸收民族精神的营养，培养学生热爱家乡、勇于奉献的精神。同时，学校以“传承乡土优秀文化，弘扬民族精神；养成良好习惯，拥有健康身心”为主题，创设了“梨花文化与五中精神”、“文明、礼仪”两门校本课程，以求全面落实素质教育，让师生共同成长。校本课程主要在初一、初二年级开设，纳入课时计划。每一专题学习结束后，教师组织对学生进行考核，并提交课程实施总结。此外，还对评价模式进行创新，采用测试、小论文、实验、设计、竞赛等多种方式进行考核，成绩折算成学分，纳入学生学期评价之中。

二、立足乡土实际，打造特色环境

以学校为主导，打造社区文化空间。通过改造校园设施，对内部空间进行整合，加强校园文化建设，做到“使每一堵墙都说话”，营造有乡土特色的文化环境。100多米长的“梨花文化墙”，介绍了梨的历史、特性、文化典故；《梨花赋》诗碑以“传播芬芳、奉献甘甜”为主题，弘扬梨乡子弟的敦厚品格，勉励师生勤奋学习，报效故土。“国学校园”在教学楼及实验楼内打造国学文化廊道，沿着学校甬路建设古典成语围栏；“五中校史馆”分九个专题总结回顾学校的辉煌历史，通过缅怀先贤，激励师生砥砺奋进。

通过抓好校园的净化、亮化、绿化、美化、教育化，着力构建一个布局合理、整洁优美、宁静有序、生机盎然、蓬勃向上的校园环境，使每一个角落都成为学生学习、探究、实践的园地，用富有内涵的文化设施熏陶、教育学生。

立足乡土实际，弘扬传统体育特色。晋州市有多种非物质文化遗产留存，民间有丰富的文体活动形式。我校是石家庄市内首批“体育传统项目学校”之一，坚持走特色体育教学之路，同步开展“足球、田径、象棋”三大课程。学校将传统体育训练和足球训练相结合，2017年获批教育部“全国青少年校园足球特色学校”。此外，田径队也在历届石家庄市中小学田径锦标赛中取得优秀成绩。

学校教育要以学生为本，在和谐的氛围中挖掘和释放学生的潜力。在学校文化建设中引入乡土文化教育，将学科课程与乡土文化资源相结合，培育学生的乡土情结和亲情观念，让学生理解家国情怀的真正内涵。充分利用乡土文化资源，有助于实现国家课程、乡土课程以及学生德育的共赢，让学生在学校的摇篮里孕育蓓蕾、惊艳绽放。

三、加强文化建设，改善办学条件

2013年以来，我校贯彻“育人为本、德育先行”的办学思想，遵循教育规律，狠抓学生养成教育；从校园文化建设、体育教育特色、社团活动等方面展开育人，各项工作面貌一新，稳步发展。

学校大力改善办学条件，累计投资2039万元，进行一系列建设：建设综合实验楼（建筑面积4300平方米）、学生餐厅（建筑面积3200平方米）、教学楼（建筑面积3800平方米）。

2014年前后，投资70多万元，建设了“杏坛”花园、校史系列展览橱窗、梨花文化墙、《梨花赋》诗碑、以“心怀桃李，德才双馨”为主题的名师风范橱窗。2015年，投入2.3万元余元打造“国学校园”，在教学楼及实验楼内打造国学文化廊道，沿着学校甬路建设古典成语围栏。2018年，投入25万元建设了“五中校史馆”，馆内按照历史沿革和资料性质，布置了“学校概况”、“校徽校花校旗”、“历任校长”、“毕业剪影”、“旧貌换新颜”、“关怀与期望”、“杏坛群芳”、“传播芬芳、奉献甘甜”、“春华秋实”九个展区，以生动的画面和翔实的资料，展现了学校六十三年的辉煌历史。

“梨花文化墙”、《梨花赋》诗碑，记录了梨乡美景，回顾了梨乡子弟的敦厚品格和不朽功业，意在勉励五中师生继承和发扬“传播芬芳、奉献甘甜”的梨乡文化精神，好好学习，努力工作，报效家乡。

近几年来，晋州市第五中学连续被评为“晋州市教育工作先进单位”、“晋州市初中教学质量先进单位”、“晋州市教科研工作先进单位”；学校领导集体被考核为“晋州市模范领导班子集体”。2014年5月，被石家庄市体育局、石家庄市教育局命名为“体育传统项目学校”。2015年12月，经过严格考核，晋州市第五中学被认定为“石家庄市级素质教育示范学校”；2015年底,被评为“石家庄市级文明单位”。2016年，学校又通过评估验收，被认定为“石家庄市级现代化学校”。

四、明确发展定位，创新办学内涵

学校始终以“立德树人”为办学宗旨，坚持“以德育人、以质立校”的办学思想，以学生养成教育为出发点，以提升教学质量为落脚点，努力建设区域内领导、师生、家长认可的学校。

经过学习党的十九大精神和习总书记给保定学院西部支教毕业生群体代表的回信，学校决心秉承“厚德修身、博学致远”的校训，踏实践行“团结、勤奋、求实、创新”的校风，继承和发扬“传播芬芳、奉献甘甜”的五中精神，“走内涵发展之路，办特色精品初中”；以“学校有文化、教师有特点、学生有发展、教育有内涵、办学有特色”为学校发展整体目标，遵循“学会做人、学会做事、学会学习、学会合作”的育人理念，把学校建设成为“学生成才、家长信赖、教师幸福”的教育乐园。

学校还设计制作了校徽、校旗，创作了校歌，将校园内外烂漫开放的梨花定为校花，建立了学校网站，申请开通了五中微信公众号，打造家校交流平台。

五、努力提升自我，增强管理能力

在五中工作的漫长岁月里，我一方面紧跟教育形势，了解教育动态，投身新课程改革，成为中学政治学科教学的行家里手；另一方面，不断加强理论素养，参加各种提高培训，增强教育管理能力，理论与实践相结合，努力探索教育管理的新思路。

在学校领导岗位上，我仍孜孜不倦地钻研教育理论，积极参加培训，探寻教改方向。2013年，参加了教育部—中国移动中小学校长培训。2014年，在石家庄市中小学校长任职资格培训期间，成绩优异，被评为“优秀学员”。2015年10月，参加了教育部—中国移动中小学校长影子培训。2016年，参加了教育部“国培计划——河北省乡村中小学教师省外研修骨干校长（初中）培训”。2017年，参加了河北省第五批中小学骨干校长培训。2018年，参加了河北省组织的北京中小学校跟岗培训。

我力求成为学者型校长,每学期坚持精读一本书，粗读五本书，深入研究两所名校。几年来我先后参加了教育部和石家庄市教育局组织的各项培训，阅读了很多教育名著，做了15万多字的笔记；带领领导班子及老师们，收看《榜样》《教育是什么》等视频，深入学习《习近平谈治国理政》《深入学习习近平关于教育的重要论述》《教育人生》《学校教育的本质》《合作解决问题》《与大数据同行：学习和教育的未来》等教育书籍。每次读完一本本名著，我的心里就充满了力量和激情！

作为一名学校教育工作的管理者，我丝毫没有懈怠，也不敢懈怠，我深知后面的路还很长，在今后的学校管理工作中，我将立足实际，做一名有情怀的教育人，积极探索乡土文化振兴之路，弘扬中华文化，通过引导师生不断学习，唤醒文化自觉，形成文化习惯，为乡土文化积蓄力量，为民族复兴助力。

唤醒内驱力量，释放生命潜能

河北省唐山市曹妃甸区第一中学　郑福民

党的十九大报告指出，建设教育强国是中华民族伟大复兴的基础工程，必须把教育事业放在优先位置。我校认真落实“立德树人”根本任务，实施素质教育，积极开展学生综合素质评价，探索出一条培养学生自主能力的成功之路，努力使学生“从被管理向主动成长转变”，促进了学校办学水平的提升。

一、确立办学理念，营造文化氛围

为贯彻“立德树人”的教育根本任务，围绕“为谁培养人，培养什么人，怎样培养人"，以及结合党的教育方针，参考教育学、心理学、管理学等方面的理论，我们逐步确立了"尊重•激励"的办学理念。让广大师生成为有理想信念、诚实善良、正直担当、身心健康、具有正能量的人。

学校把"尊重人格，尊重教育的本质及事物的发展规律，尊重社会及学校规范的理性文明，实现学校的优雅和谐；激励奋进，激发积极向上的热情与潜能，激励人生追求卓越的可持续发展，实现人格的精神升华"作为学校层面的理念解读与践行标准，从精神文化、制度文化、环境文化、行为文化、课程文化等方面，给予师生文化熏陶和正能量传递。例如：学校修建"知行园"，一石一景都寄希望于师生成为有良知、懂知识、勤实践的"知行合一"的人；"庠澄湖"，寄希望于师生心如湖水，清澈明透、正直善良；"仁智之境"，取"仁者乐山，智者乐水"之意，寄希望于师生既要有水之柔，又要有山之坚；"明德亭"，寄希望于师生能够明德修身，志存高远有担当；一座石桥，两座木桥，分别命名为"时桥"、"经桥"、"权桥"，意为珍惜时间，与时俱进；尊重规律，改革创新。等等。丰富的校园文化，富有内涵的环境美化，使师生从中汲取个人成长的正能量，提升文明素养，激发个体努力向上、积极进取的自信心。

在教师层面贯彻"尊重·激励"，就是以学生为主体，尊重学生人格，尊重学生个性发展的差异性、多样性；激励学生积极向上，激发学习热情，开发学生潜能。在学生层面，要求学生"尊重师长，尊重同学，尊重学校和社会规范；激励自我提升，明确学习目标，积极进取"，使学生具备良好品德，养成良好的行为习惯。在家长层面，学校引导家长做到"尊师重教，尊重学校管理，尊重孩子；激励孩子善良、感恩，激励孩子健康成长，激发孩子向往美好生活的动力。"通过家校共建，全面落实学校的办学理念。

在"尊重•激励"的办学理念的指导下，学校努力为教师的专业化发展搭建平台，为学生德智体美劳全面发展创造条件，努力培养德行高尚有智慧、人格健全有能力、志存高远有担当、勇于创新有魄力、全面发展有特长的新时代合格人才。

二、建立管理体制，转变管理方式

我们结合"新课改"的要求，实施"班改、课改一体化"改革，也就是以"班级部委制"改革为核心的学生自主管理机制改革和以"疑探课"为主要形式的课堂教学改革。我们认为，培养学生自主能力，由学生的被管理向主动成长的转变，是对学生品格和能力形成的关键。所以，"教改"不仅仅是"改教"，更重要的是改"学"，让学生想学、会学、学会。要让学生想学、会学，首先要培养学生良好的行为习惯和文明素养，这是提升学习习惯和自主学习能力的基础，也是立德树人的重点所在。

建立基于"班级部委制"的班级管理机制。将原来班长、团支书及若干委员的班委会组织形式的"人治"模式，改革为以组织建设和责任落实为核心的"自治+共治"模式。即每班设置行政部、学习部、行为部、生活部、活动部五个部委，其职能对应素质教育的思想道德品质、纪律与行为习惯、学习习惯与能力、生活与卫生习惯、活动与实践能力五个方面。班委会成员为班长、团支书、行政、学习、行为、生活、活动5位部长，通过推选、竞选、评议等形式产生。每个部均有若干委员，相当班级具体的办事员，其工作对应学校相关处室。

各班以"六人组合"的形式，建立若干合作组，在学习形式上可以实现"二人对学、三人合学、六人群学"的合作学习形式。根据目前高考的六个主要学科，也考虑新高考改革"3+6选3"的要求，每人可以负责一个学科。我们又根据班级日常管理的事务，分别赋予六名同学行政、考核、学习、行为、生活、活动组长的角色。每个人既是组长也是组员，这样有利于任务均衡和合作。各组的组长除行政、考核组长归属行政部外，其他组长分别归入相关部委，并从中产生各委员。

建立学生学校自主管理体系。为了实现学校、年级、班级管理一体化，由班级部委制扩展到学生会部委制，使学校学生自主管理体制必须与年级和班级学生管理体制相适应。为此，按照"部委制"建立年级学生会机构，使学生会各部委和班级部委制有机结合。各年级学生会成员由各班班长、团支书和各部部长构成，通过年级部推荐候选人，学生会成员选举，产生年级学生会主席、副主席、各部长、副部长，协助年级部实行年级学生自主管理。学校学生会以年级学生会为基础，试行过渡制和"传帮带"，提升了学校学生会的管理效果，更重要的是锻炼了学生的组织协调和做事能力。

用"规范"引领，促进学生自我认知。学校自2009年基本完善了各项学生管理制度，并编印成《学生手册》，经过多次完善，现改版为《学生成长指导规范》，全体师生人手一册。学生教育管理怎么做，学生应该怎么做，做好怎么奖励，什么不该做，做错的怎么教育处罚，清晰地告知每一个学生。

三、健全评价机制，提升学生素质

为鼓励学生自我管理，我们将对学生各种能力的培养与学生综合素质评价相结合。河北省普通高中学生基础素质评价包括道德品质、公民素养、学习能力、交流与合作、创新与发展、运动与健康、审美表现七个维度、22个要素。为了便于操作，我们采取了"合、分结合"的方法，按思想品德、行为纪律、学习态度、生活习惯、活动表现五大项进行整合。整合后，将学生的评价内容，列为日常的学生管理内容，并将归类分解的各大类由相应部门的学生及部委负责，增强了学生的责任意识。为保证评价结果客观、公平，我们形成了"校评班、班评组、组评生"，团队评价与个人评价相结合的科学有效地多元评价体系，每个层次的评价均按品德、行为、学习、生活、活动五项进行评价。

"校评班"即文明班评比，是学校文明建设的重要抓手，每项达到一定分数记"★"，同类班级某类排名前50%的班级记"★"，最高每项可获两"★"，所以，我们也称之为"十星级"文明班评比，各班每月获"★"情况与学生素质评价结果相关。

"班评组、组评生"，通过"日点评、周小结、月反思"来完成班内对各组的评价。每学期末进行汇总，评出学生各方面的等第。通过评价，促进了学生的综合素质不断提升，近两年学期全A学生达到在校生的30%以上，并逐年提升。

四、落实激励措施，促进学生成长

学生每学期素质评价"全A"的学生由政教处颁发素质评价优秀证书，并作为优干、三好等评选必备条件，同时记一星级学生，每学期积累"星"，作为评选青年标兵的条件，到毕业只要有"星"就要发一个素质评价优秀等级证书，获星多少意味着学生的优秀等级。每学期除了优干、三好等综合表彰外，还要进行单项表彰。学生荣誉不是单纯的评议出来的，而是同学们平时做出来的成绩，通过平时的点滴积累，潜移默化地促进了学生的成长。

为体现学生自主管理的责任意识和荣誉感，学校将学生职务（班长、部长、委员等）和综合素质评价获"星"情况印制到学生的胸卡上，让学生时刻想着自己的责任，还有利于老师和同学监督，激励学生自我提升。

面对新形势，新契机，我校将继续抓好教学改革，多渠道加大教师培养力度，创新学生自主管理模式，释放生命潜能，培养学生健康成长，促进学校高质量发展。

问津国学　少年可为

河南省开封市汴京路小学　程瑞红

"国学浸润校园，文化滋养心灵"。在大力弘扬传统文化、倡导文化自信的今天，河南省开封市汴京路小学基于"办一所让美德散发馨香的学校"的办学理念，早在2007年就以创建"书香校园"为契机，把"国学教育"作为办学特色常抓不懈，让学生从小树立"读圣贤书、立君子品、做有德人"的思想，形成优秀的品德、健全的人格、高尚的情操，奠定一生为人处世、幸福成功的基础。

环境创氛围，书香满校园

环境是无言的老师，有"润物细无声"之功效。在建设校园环境时，汴京路小学以"文化熏陶　环境育人"为宗旨，从整体环境布局设计上营造国学教育气氛，突出国学教育特色，力求使校园文化传承经典文化精髓。

学校大门侧墙上"温故而知新可以为师矣"、"己所不欲勿施于人"、"三人行必有我师焉"等经典语句浓缩了儒家文化"诚信、谦和、仁爱"　的核心理念，学生细细品味，对今后的学习、生活、做人有良好的启迪作用；主题鲜明的国学专栏，形象生动，图文并茂，系统介绍国学知识，拉近了学生与经典的时空距离；32米的《弟子规》、26米的《二十四孝》长卷环绕校园墙壁，楼梯脚踏的《三字经》别具特色；醒目位置的"仁、义、德、礼、智、信"等字画引人注目；教学楼各层楼梯横梁上一句句经典名言跃然其间，时时荡涤学生幼小的心灵；班级学习园地上一幅幅名言领悟配以色彩明快、意境深远的图画，让学生举头间便可感受名家风范；红领巾广播站每天早晨播放经典古诗词的诵读，每周一的升旗仪式上进行国学大宣讲，课间铃声设计成优美的《弟子规》音乐，让师生一走进校园就知道学校崇尚的文化内涵是什么……如今，校园里处处洋溢着和谐的书香氛围，国学经典气息无处不在。

活动促发展，书香蕴内涵

活动是传承和发展经典国学的重要载体。为实现丰富知识底蕴、规范学生行为、弘扬民族精神的国学教育目标，汴京路小学以经典诵读、书法艺术、礼仪教育、主题活动为载体，教育引导学生从多种形式的活动中汲取优秀传统文化的精华，培养学生成为中华文明火炬的继承者和传递者，让古老的中华优秀传统文化焕发出更加蓬勃的生机！

以经典诵读夯实道德基础。为使"经典诵读"活动落到实处、取得实效，学校采取多种方式拓宽诵读途径。规定每天早上20分钟的晨诵时间，采用教师领诵、学生自由诵读等多种形式，让学生读出声、形、情、味、神，在潜移默化之中开启智慧、培养天性；每节语文课前两分钟，让学生诵读古诗一首或美文佳句一句，坚持不懈，积少成多，聚沙成塔；每周开设一节国学校本课，侧重对学生进行入情入味的吟诵指导，以利于学生进行大量经典名篇中字、词、句、段的记忆积累；

鼓励家长和孩子同读经典，使家长见证孩子的学习成长历程，督促孩子知行统一；每月举办一次全校范围内的“古诗擂台赛”活动，激发学生背诵经典的兴趣。

以书法艺术陶冶学生情操。学校坚持全员书写，每天下午的第一节课是全体师生集体书写时间，即使是寒暑假也不间断，使书写成为学校师生一种浪漫的生活方式。同时每周一节的书法课，每周三和周五下午书法社团的书法练习，每月一次的书法竞赛和书写展示，不仅能提升学生的审美能力，还能培养学生良好的行为习惯。

以礼仪修养搭建践行平台。学校把礼仪教育搬上课堂，在周末班会让学生对照经典反思言行；在全体师生中推行鞠躬礼，时刻告诫自己做一个谦卑的人、仁爱的人；进餐前吟诵感恩词，感谢农民的辛劳、感谢父母的养育、感谢老师的教诲，用一颗虔诚的感恩之心感激着世间的万物；开展“礼仪伴我行知礼、明仪”主题班会和“将礼仪进行到底”主题活动，让学生用自己的实际行动表现出谦谦君子的风范；启动“校园之星”评选活动，不断增加学生体验成功的机会……通过多种活动，力求让礼仪之花开遍校园的每一个角落。

以主题活动激发道德情感。学校将现代教育理念与传统文化活动结合起来，抓住孩子们好奇心强、爱玩的天性，创造条件让他们跟传统文化“亲密接触”：元宵节的灯谜，不仅令学生兴奋，也“迷倒”了许多家长；清明节的扫墓，让学生懂得了追宗溯祖、缅怀先烈；“感恩九九（久久）”活动，教会学生懂得了感恩；“观星大比拼”活动，开阔了学生的视野；“寄语中秋月”大型文艺活动，给学生的综合素质展现提供了一个舞台，为弘扬传统文化搭建了一个平台。

经典入课堂，书香齐飞扬

设立课程和开发校本教材是推动国学教育最有效地途径。为进一步深化国学教育，汴京路小学根据学校实际情况，结合学生年龄特点和身心发展规律，认真编写国学校本教材，让学生在传统文化的教育与熏陶中，养成良好的行为规范和高雅的审美情趣。

学校遴选国学典籍中的精华，创编了三套国学校本教材——《四季的天空》《燕燕于飞》《采薇集》，旨在让学生浸润其中，感受诗词之美，让身心得到愉悦，让智慧得到提升。国学校本教材的编写完成，使学校的国学教育工作又上了一个新台阶，提供了国学教学的有力依托。

学校针对学生的年龄特点，开设了相应的校本课程。一年级的《围棋》课程，锻炼学生的思维，激发他们对国粹的喜爱，从而产生强烈的文化自信；二年级的《晨诵》课程，让诗词里美好的情感浸润学生的心灵；三年级的《生态语文》课程，把学生的目光引向母语中的名著经典，培养他们的文学情怀；四年级的《农历天空下》课程，让学生透过中国二十四节气抵达先人诗歌和文化的道路；五年级的《绽放的中国汉字》课程，让学生了解中国文化的博大精深。

几千年的优秀传统文化浩如烟海、博大精深，她打开的是一片广阔的天地，绽放的是一种永恒的魅力！路漫漫其修远兮，要想真正了解、领悟，汴京路小学还需继续探索前进，创特色，铸品牌，使国学教育不仅成为学校工作中的闪光点，更成为学校教育中一道永远靓丽的风景线。

二十年的印记

——内乡复兴学校书写民办教育新传奇

河南省南阳市内乡复兴学校 蔡新国 张进朝

在美丽的内乡县湍河水畔，坐落着令家长和学生神往的一所学校——内乡复兴学校。该校成立于2000年，风雨二十载，潜心于教育事业，倾情培育英才，走出了一条民办教育发展的成功之路。

回眸这二十年，该校在内乡县教体局的支持下，在创办人符明涛、校长符侃的示范引领下，秉承教育家陶行知“生活即教育”的思想，践行“为孩子一生的发展奠基，为孩子一生幸福奠基”的理念，以培养“主动求知、健康活泼、向上向善的学习者”为办学宗旨，该校成为师生心中成就梦想的家园。

这二十年，从开班时的6名教师，60多名学生，发展成现在初中和小学部88个班，358名教师，4300余名学生的办学规模。

这二十年，从一个原来砖瓦房教室，水泥台课桌的复兴初中，发展成为占地200余亩，建筑面积70000多平方米，功能配套完善的现代化校园。

这二十年，从一个村级初中发展成为远近闻名的九年一贯制知名学校，成为内乡乃至南阳民办教育的一张靓丽的名片。

这二十年，中考升学率、中考综评成绩稳居全县前三名；2012年以来连年获得教育教学工作先进单位，多年受到县委政府嘉奖，多次被授予“内乡县高考质量贡献奖”，并被授予河南省民办教育先进单位、河南省优秀民办学校、南阳市民办教育先进单位等荣誉称号。

这二十年，内乡复兴学校，从一个小不点长成大个儿，桃李芬芳，实现了完美蝶变。

20载矢志不渝
全家上阵，呕心沥血办教育

漫步美丽的校园，谈及复兴学校校名“复兴”的由来，校长符侃娓娓道来：“一是学校的原址是村办的‘东符营初中’，‘东符营初中’1991年被撤点合并后，附近的孩子们得跑十几里路到乡中上学，乡亲们看在眼里急在心里，父亲就决定在原校址上恢复原来学校建制，让家乡的孩子能在家门口读书。二是与符姓谐音。三是教书育人，为实现中华民族的伟大复兴而努力奋斗。”

出生于教育世家的老校长符明涛，从小就有一个教育梦。“我这一生最欣慰的事儿，就是把孩子们都带到教育事业中来，全家人共谋教育、相亲相爱，我们很幸福。”现年79岁的老校长符明涛自豪地说。1965年从内乡高中毕业后到东符营学校任教的符明涛，又先后到邓县九中任教、黄石庵林场子弟学校担任校长，2000年春天，怀揣着对教育的执着和情怀回到家乡，开始缔造他的“复兴家园”——内乡县复兴初级中学。

投资办学需要资金，在举家出资四方支援的情况下全家人开启了内乡县复兴学校的征程。

20载以情融教
铸造师魂，构建有担当教师团队

心中有梦想，肩上有责任。

在复兴学校，营造“捧给学生一颗心，不用扬鞭自奋蹄”的良好氛围。

“教育是一个良心事，匆匆应付了事培养不出好老师，只有调动起教师的主动性和积极性，才能让大家真正全身心地投入到教学中。”校长符侃告诉记者，他们在助推教师成长方面，学校制定近期、中期和长远教师发展目标，引进“北外国际”外语特色教学和北京四中网校“龙之门”语文大阅读课程，并与郑州市七中合作，为学校提供长期的师资培训和教育教学管理专家顾问团队。为提升教学水平，复兴学校采取师徒结对“传帮带”和组织教师外出参观听课等方式，着力打造出一支业务精湛的教师队伍。正是有了这样一个优秀的教育团队，复兴学校在教育教学中一步一个台阶，取得了突出的成绩。在2014年至2015年中招考试中，复兴初中取得了全县中考文化课成绩总评第三的好成绩。

为每一位教师营造一种和谐的教书育人氛围，该校坚持走“亲情兴校”之路，张建华、曹春兰、甘霖、赵占英、赵丽侠、刘汉林等等教师在复兴初中一干就是十几年，虽然被其他民办学校“挖”过多次，但他们都不愿离开复兴初中这个温暖的大家庭。在他们的感召下，已有20多名复兴的学子学成归来，也在这里从事教师工作。

20载孜孜以求
育人育心，着眼学生的一生发展

“我们一直以一颗坦诚之心，对待每一位孩子”。这是复兴学校教师们的心声。

复兴学校的校长办公室，可以说是整个学校里最忙碌的地方，时不时有老师、家长和学生过来交流、谈心。

“复兴学校靠质量赢得家长的口碑”。孙新潮老师告诉记者，复兴学校不掐尖招生，不驱赶差生，义不容辞地招收周边5个村的适龄学生。同时，还接纳一些外乡转来的“学困生”。为促使这些孩子成长成才，复兴学校采用“学队管理模式”，每班把学生化分若干小队，每个小队之间按实际自定学队管理条例，小队内采用学生自省和互相监督的方式进行行为记录，班主任每天对各学队进行总评，让学生逐渐养成好习惯，提高自身素质和学习生活能力。

多彩的社团活动，丰富的校园生活，引导学生自主发展、快乐成长。该校开展有综合体能训练的篮球、排球、足球、田径等；有激发学生的艺术潜能的舞蹈、合唱、绘画等；有开发学生智力的象棋、跳棋等；另外，学校还增设了日语等小语种选修课程。这些社团活动，为校园文化生活平添上一笔靓丽的色彩。

20载完美蝶变
政府支持，校企携手新校区拔地而起

随着复兴学校在百姓中的口碑日盛，慕名而来的学生越来越多，百人的大班额“撑破”了校舍。校舍不足，已成了严重制约学校发展的瓶颈。

2019年9月，在内乡县政府、内乡县教体局的帮扶下，内乡复兴学校与河南树人科技有限责任公司牵手，合作办学。从去年11月份开始征地200余亩，投资超过1.7亿元，从开工到今秋开学，仅仅用了5个多月时间，十余栋教学楼、宿舍楼拔地而起，改造老校区、新建初中部、教职工幼儿园和教师公寓住宅区，建筑面积70000多平方米的新校区投入使用。

2020年今秋开学前，为保证教学质量，学校在原有90多名教师的基础上，新招聘100多名教师补充新鲜血液。8月底，改扩建的复兴学校开始招生，周边学生蜂拥而至，4300个学位很快便招满了。新学期，新气象，9月2日开学，崭新的校舍，优美的环境，让这些乡村的学生、家长大开眼界，家门口也能享受到优质的教育资源。学校设立了初中部48班，小学部40班，小班化教学，每班不超过55人。

"我校综合楼、教学楼、宿舍楼、餐厅楼与各学部运动场所相得益彰，教学区、生活区、活动区疏密有致；图书室、阅览室、音乐教室、美术教室、舞蹈教室、科技活动室、心理咨询室、多功能报告厅等教育教学设施功能齐全；理化生实验室、计算机教室、直录播教室、触控一体机等现代教育技术装备一应俱全；标准化塑胶跑道（两个）、排球场、篮球场、足球场、乒乓球场、羽毛球场等运动场地设施先进，教室和宿舍全部装配空调和饮水设施，为教育教学活动的开展提供安全、有效地保障。"小学部校长刘志坚欣慰地说。

同时，该校初中部、小学部各有一个食堂餐厅，一次可容纳所有学生用餐，餐具统一由生活老师洗刷、消毒，卫生、便利、省时。学校食堂直营不外包，严把食材入关口，配有专业营养师为学生精心定制食谱，一日三餐荤素搭配。关注学生饮食的科学性、合理性，保证营养均衡。

如今的复兴学校，在学校新一届理事会的带领下，已成为师生共同成长的家园。这里的教师敬业爱岗、科学施教，学生热爱学习、刻苦努力，处处呈现出和谐向上、拼搏进取的良好局面。

二十年一个轮回，二十年春华秋实，二十年新起点再出发。全新的内乡复兴学校，正在向着县内一流、享誉南阳的现代化品牌学校迈出坚实的步伐。

聚焦文化内涵，引领生命成长

河南省濮阳市濮阳县实验小学　高志强

优秀传统文化是中华民族的基因，植根在中国人内心，潜移默化影响着中国人的思想方式和行为方式。习近平指出："一个国家、一个民族的强盛，总是以文化兴盛为支撑的，中华民族伟大复兴需要以中华文化发展繁荣为条件。文化的繁荣发展是一个国家最深沉的软实力，是一个国家综合国力的重要组成部分。"坚持以文化人的初心，让"为中华之崛起而读书"的思想深深植根于每一个孩子心中，是学校教育应尽的责任和义务。我校以"知书达理、知行合一"为校园文化核心价值理念，以"让每一个孩子成为最好的自己"为培养总目标，提炼出实小"知行"教育文化主题，凸显文化内涵，引领生命成长。

一、坚持"五育并举"，培养时代少年

我校始建于1953年，是一所具有六十多年历史的老校，具有丰厚的文化底蕴和办学经验。学校以"教育报国守初心　立德树人担使命"为依托，秉承"让每一个孩子成为最好的自己"的办学理念，坚守"五育并举　固本铸人"的核心价值观，努力营造"笃信至美"的环境和氛围。以"让每位学生都能充分发展，每位教师都能充分施展才华，每位家长都能收获希望！"为己任，坚持在内涵上下功夫，在特色上做文章，致力学校成为一所充满智慧和活力的现代化小学。

以"知行"为文化主题，从领导到学生、从课程到活动、从课堂到课下，从校内到校外具体落实并践行，外化于形，内化于心。从德、智、体、美、劳五育入手，知为始，行为标，美为果，最终以"诵经典诗词　做儒雅少年"为切入点，以智高德厚行"美"为落脚点，激发爱国情怀，开拓国际视野，培养有中国灵魂、世界眼光、社稷担当的新时代少年。

二、以环境为抓手，打造文化内涵

学校从环境入手，精心设计，逐步完善，把"知行文化"之美充分体现在学校环境建设中，逐项落实达成，从而达到以文化人，人文统一的目的。

一种韵味儿——全校教学楼外墙均选用赭红色系，稳重、大气。校园文化环境主色调是诗意灵动的蓝色、书香儒雅的木色、阳光活力的红色，传统、现代、人文，和谐共生。校园绿化全用梅兰竹菊、银杏、桂花、木瓜、枇杷、芭蕉、女贞、樱花、紫薇、木槿、石楠等极具诗意美的"文化符号"花木，精心设计，四季常绿，曲径通幽，清雅宜人，处处充满浓浓的"文化韵味儿"。

一个色彩——蓝色。学校把深邃、梦幻、诗意、浪漫的"蓝色"作为校色，从校徽、师生校服、宣传版面，各类标识都统一为蓝色主调，色彩都和谐相融，端庄而不失活泼，让学生走进校园，就会在色彩的感染下变得沉静、安稳。

五样标识——进门即见办学理念石："让每一个孩子成为最好的自己"，左边行知楼（知为行始　行为知成）彰显学校精神："教育报国守初心　立德树人担使命"，正面行启楼（启而行之　方乃少年）凸显学校校训"知书达理　知行合一"；穿过集雅廊，来到沁心园：一本石书"为中华之崛起而读书"映入眼帘，校徽"雏鹰展翅"充分体现关爱、服务、文化的育人理念。这五大"文化标识"将实小"知行文化"的理念诠释得淋漓尽致。

连廊文化。精心打造以"知千古文化、行不变真理"为主题的"连廊文化墙"。文化墙每层一个主题，一楼主题书香诗韵，展示中华文化源源流长，让学生在历史文化长河中汲取力量；二楼主题是传承经典，赏析古今诗词名句，体味中华经典之美；三楼是科技之窗，开阔眼界，激发创新意识；第四层创新求真，历数中华先哲智慧思想，涵养性灵，追求真理；文化长廊展示知行教育主题，激励学生刻苦学习、奋发向上，从小树立以天下为己任的担当和抱负。

秉持"五育融合，立德树人"做好体系化的顶层设计，把"以德化人"、"以智育人"、"以体强人"、"以美润人"、"以劳塑人"理念,有机融入富有中国韵、文化美的环境中，诗意实小，让学生精神上得以熏染、濡养,形成独特的育人特质。

三、和谐育人环境，促进全面发展

让每一个孩子享受到最优质教育，成为最好的自己。学校在教育教学中不仅注重从"知识、能力、素养"三个维度引导学生全面发展，还注重对学生进行特长培养：校园足球队、红黄蓝美工坊、七彩舞蹈团、妙笔生花社等二十多个团体组织。团队训练扎实有序，系列活动开展有声有色，为每一个孩子搭建平台，让每一个孩子全面发展，让每一个孩子个性张扬，让每一个孩子都能达到"合格+特长"，让他们成为最好的自己。

学校环境优美、风景如画，竹石喷泉上彰显着办学的理念文化：让每一个孩子成为最好的自己！听，集雅廊下四季书声琅琅；看，音乐室内舞姿婀娜多样；探，科学实验室里思维飞扬；瞧，风雨操场上常常英姿飒爽；望，口才讲坛上舌灿莲花……和谐的育人环境，浓厚的学习氛围，成就了团结奋进、砥砺前行的实小人。

校园主题文化凸显内涵，"公、勤、严、廉"的领导文化，"走出校门树形象、走进校门树榜样"的教师文化、"三管好"的学生文化，"三化合一"融入"德育为首、教学为主、素质为重、育人为本"的办学宗旨，坚持"五育并举，全面发展"的核心价值观，培养崇德、尚美、乐学、善思的高品质人才。

近年来，我校在推动教育质量均衡发展，促进教育公平，强化规范管理，维护和谐稳定，实现质量提升等方面成绩显著。学校先后被评为：国家级"课题实验基地学校"；河南省"足球示范校"、"语言文字示范校"、"卓越家长学校"；濮阳市"文明校园"、"校本教研示范校"、"首届核心价值观示范点"；连续荣获濮阳市、濮阳县"教育教学质量先进集体"、"素质教育先进学校"、"教育系统先进集体"、"安全教育先进单位"等称号。

站在"十四五"的起点上，新的梦想正在启航。我校将秉着在传承中创新，在创新中发展的精神，不忘初心，牢记使命，为出彩龙乡教育继续谱写新篇章！

革故鼎新求质量　知责于心创辉煌

河南省新乡广播电视大学　李瑞睿

习近平总书记多次强调"高质量发展"，党的十九大也擘画了高质量发展蓝图。根据国家开放大学的综合改革和转型发展要求，按照新乡市委、市政府、新乡市教育局关于新乡教育高质量发展的一系列部署，已经形成了成人教育、高职教育、中职教育、社区教育、普职融通五业并举、融合共享的发展格局的新乡广播电视大学（简称"新乡电大"），准确认识新变化、全面把握新形势，围绕使命再定位、主动担当重出发，梳理出了"三新四有"的办学指导思想和"三从四德"的实现路径，全力打造爱心电大、公益电大、平安电大和文明电大，树立电大新形象。

主动求变，担责于身，刀刃向内推进发展变革

教育高质量发展，必须树立问题意识、坚持问题导向，敢于直面问题，勇于正视困难，以刀刃向内的勇气和自觉开展自我革命。近年来，新乡电大在电大开放教育、中职及社区教育等方面进行了大刀阔斧的改革。

由"订餐"到"点餐"，满足学员个性化需求。为满足学员的个性化学习需求，新乡电大不断深化成人教育教学改革，将传统职工餐厅式的"订餐制"改为商业酒店的"点餐制"，从过去的"我教什么你学什么"转变为"你学什么我教什么"，其中国学欣赏、演讲与口才、"四史"研读等自选课程和司法资格、会计师、造价师、教师资格证等考前辅导，深受广大学员喜爱。

由"粗放"到"精细"，做优做特中职教育。为全面提升中职教育质量，打造中职教育优质品牌，学校确立"123"人才培养目标，即培养学生一个特长、获取两个证书、掌握本专业的三个技能模块，以最优的性价比迅速适应了市场对职业教育人才的需求，实现了培养高质量的技术技能人才目标和用人企业的高满意率；不断升级"有用、有趣、有效"的"三有"课堂教学模式，增值赋能，提质培优，实现了中职课堂教学的高质量发展；实行弹性学制"1+1+1"模式，即第一年在校学理论，第二年到企业见习实习，第三年返校继续进行理论学习，以此方便学生针对实践发现的岗位知识欠缺进行再次充电；全面实施"军事化"管理和素质教育，着力培养有自信、有目标、知感恩、懂礼貌的时代新人。

由“普职”到“融通”，办好高中满足需求。2018年，学校积极响应新乡市教育局号召，主动担当，开办普职融通高中班，为更多学子点亮了希望之灯。在前不久进行的全市“三模”中，7名学生成绩达到本科线。

由“滴水”到“汪洋”，社区教育迈入全国第一方阵。新乡电大主动为政府分忧，为社会担责，为群众服务，坚持“纯公益、全免费、无门槛”的办学思想，积极统筹和引领全市社区教育资源，健全和完善市县乡村四级社区教育办学体系的发展思路，走出了一条“先校内再校外，先线下再线上线下相结合”的社区教育创新之路。

科学应变，履责于行，融通共享破解发展瓶颈

“五业并举”说起来容易，做起来很难。经过不断探索发现，新乡电大发现，融通、共享是解决多层次办学、高质量发展与实际困难之间尖锐矛盾的唯一途径。

校内资源融合共享。课程方面，围绕“大思政”课程体系建设，推进思政、德育和劳动教育、感恩教育、礼仪教育、生命教育、研学等有机融合，补足精神之钙，打好中国底色，培养德智体美劳全面发展的社会主义建设者和接班人；师资方面，中职的教师既可以承担高中的课程，也可以担当电大开放教育和社区教育的课程；设备方面，中职教育的实训室同时也是开放学员和老年学员的专业教室，社区教育的教学设备也可以与中职教育共享。通过这种方式，完成了各种教学层次的有机融合与共享，各美其美，相得益彰。

社会资源融通共享。实行“校企共建、产教融合”的办学模式，既弥补了我校管理和师资力量的不足，又改善了办学条件，加强了校企合作的黏合度，提高了育人质量；充分利用自身资源，打造全市首家爱心公益长廊，与文化街办事处党工委共同创建新时代文明实践所，使其与学校的社区教育、志愿服务、中职教育有机融合，资源共享，形成了1+1+1>3的效果；当前正处于从脱贫攻坚到乡村振兴的转型期，新乡电大先行一步，主动深入对口帮扶村调研旅游资源开发和社区教育开展情况，发挥所帮扶的平原示范区桥北乡在发展黄河生态旅游方面的区位优势和巨大潜力，以融合共享的理念助力乡村振兴。

强力促变，尽责于实，全面彰显社会责任担当

学校除了教书育人，还有承担社会责任的义务。作为省级文明校园，新乡电大主动承担社会责任，以自己的文明行为主动服务社会、回报社会、影响社会，以真心真情真行动赢得社会认可。

“纯公益、全免费、无门槛”的老年教育深受社会好评。不断健全的学习网络和老年教学的有效供给提高了服务重点人群的能力。除了智能手机应用、摄影、茶美生活等16个专业特色课外，学校还专门为教育系统退休的干部职工打造了一个“树蕙”合唱团，后又与市文明办组建成立了新乡道德模范、身边好人“滋兰”合唱团。

“爱心公益长廊”连创多个第一。爱心驿站是我市第一家专门为户外劳动者提供爱心服务的驿站；诚信公益书屋是我市第一家纯公益、全免费向广大市民开放的集图书、电子书和报纸杂志与一体的综合性学习场所；新时代文明实践所是我市第一家校地共建的新时代文明实践所；心理咨询服务中心是我市唯一一家既服务校内师生又为社会人员提供免费心理咨询、诊疗的爱心站所；“小荷”工作室是我市教育系统第一家具有观护帮教功能的检校合作新模式；志愿者服务站是我市第一家按河南省文明委制定的标准建设的志愿者服务站。

潮平两岸阔，风正一帆悬。教育高质量发展永远在路上，新乡电大的实践与探索才刚刚开始，仍然需要以教育者的情怀和担当，始终做到知责于心、担责于身、履责于行、尽责于实，再创新乡电大新辉煌，让政府省心，让社会放心，让群众舒心，以优异的成绩喜迎中国共产党建党100周年！

创建文明校园　培护文明根基

河南省镇平县雪枫中学　张立富

文化与文明，浸润着一所校园的人文气韵，标注着它的精神高度，也决定着它的育人广度。在深化校园文化建设中，河南省镇平县雪枫中学以文明校园创建为契机，以社会主义荣辱观为导向，以学生为主体，以建设优良的校训、校风、教风、学风为核心，以优化、美化校园文化环境为重点，以丰富多彩、积极向上的校园文化为载体，让学生在日常学习生活中接受先进文化的熏陶和文明风尚的感染，构建了一个管理科学、安全稳定、环境优美、文明向上的文明校园，提高了学校的发展层次，培护着学生的文明根基。

加强思想道德建设，弘扬新时代“雪枫精神”

成才先成人，树人先树德，必须把育人树德看作学生教育工作中的头等大事。为强化学生的思想道德建设，帮助他们“扣好人生第一粒扣子”，雪枫中学围绕“立德树人”根本任务，结合学校特色和优势，积极开展“扣好人生第一粒扣子”主题教育实践活动、“传承红色基因”系列教育活动、“新时代好少年”系列学习活动、“爱国与励志　梦想与担当”主题演讲比赛等丰富的教育实践活动，引导青少年培育和践行社会主义核心价值观，逐步成长为担当民族复兴大任的时代新人。

加强领导班子建设，构建文明校园工作格局

搞好班子建设是构建文明校园的重要一环。在推进文明校园创建的过程中，雪枫中学建立健全工作制度，深化学校内部管理，着力打造一支创新、高效的领导班子。

学校推行党总支领导下的校长负责制，严格落实民主集中制原则、集体决策制度、党务校务公开、教职工代表大会制度，共同谋划引领学校的发展。加强党风廉政建设，提升领导班子政治业务素质，加强能力水平建设，打造高素质干部队伍。实行“校务公开、民主管理”的管理策略，采取“定岗定责　量化考核”的管理方式，建立科学有效地教职员工评价体系，充分调动教师的积极性和主动性，勇于争当文明先锋。稳步推进素质教育，不进开齐课程、开足课时，还积极开展创新实践活动，培养学生的社会责任感、创新精神和实践能力。坚持校级领导联系师生制度，设置家长接待日，每位校领导联系一个年级、一个处室、一个班级、一个寝室，实现家校合力育人的最大化。

加强教师队伍建设，打造专业化教师队伍

一支优质的教师队伍是学校可持续发展的不竭动力，雪枫中学高度重视高水平、高素质的教师队伍建设，大力加强师德师风建设，促进教师专业化成长，增强教师教书育人的责任感和使命感。

加强教师的师德建设。学校利用周前会、教研会等时段，组织全体教师开展法律法规和校纪校规学习，引导教师转变教育思想，更新教育观念；定期召开党风廉政建设和师德师风建设专题会，扎实开展《新时代教师职业行为十项准则》签名宣誓活动，提升教师思想道德素质；大力提倡“依法治教、爱岗敬业、为人师表、教书育人”的师德规范，强化中小学教师职业道德“十不准”宣传教育，完善师德师风考评制度，努力铸就一支忠于教育事业、热爱本职工作的教师队伍。

提升教师的专业技能。学校坚持把校本研修作为促进教师专业发展、全面提高教育教学质量的突破口，逐步形成了“以人为本、注重过程、多元评价、引领激励、自主发展”的校本研修指导思想，规划了教师从“教坛新秀”到“骨干教师”再到“名优教师”和“专家型教师”的四级成长目标，建立健全了教、科、研管理运行机制和分层负责的校本研修管理机制，提升了教师的自主教育科研能力；强力推进“师德工程、青年教师培养工程、名师工程”教师队伍建设三项工程，形成了以“学案导学”为载体的校本教研品牌，以学科基地、与河大附中教育一体化校际结对为载体的区域教研平台，逐步建立了一支学科齐全、专业结构合理、教学方法独特的专业教师队伍。

加强校园文化建设，营造和谐学习氛围

校园文化是学校教育的重要组成部分，是全面育人不可或缺的重要环节。雪枫中学高度注重校园文化氛围对学生的熏陶和感染，始终把加强校园文化建设、优化立德树人环境作为一项重要的工作来抓。

在校园规划和环境建设中，学校坚持以优良学风为核心，以优化宿舍、班级环境为重点，大力推进“三大步励志教育”，形成了美化、绿化、净化、亮化的学习环境，营造了安全、整洁、舒适的生活环境，创建了怡情、励志、奋进的文化氛围，激励广大学生在日常学习和生活中接受先进文化的熏陶和文明风尚的感染，在激情澎湃的校园人文、自然环境中陶冶情操，勇创辉煌的“雪中精神”。

加强校园环境建设，促进绿色平安校园

安全是学校工作的重中之重，是学校的生命线，是一项需要常抓不懈的基础工程。作为镇平县唯一实现“人防技防物防三位一体”、“线上+线上”双保险的平安校园，雪枫中学经常教育全体师生必须牢固树立“安全第一”的思想意识，充分利用教师会、国旗下讲话、校园广播站、宣传栏等各种宣传阵地，强化安全主体责任；聘请专职法制副校长、法律顾问项仁学定期举办法制讲座，增强学生的法制意识和安全意识；落实校园安全各项管理制度、工作流程和应急措施，层层签订安全工作责任书，切实做到领导落实、岗位落实、措施落实；强化校舍、教育教学设施、师生外出活动、化学危险品等安全工作，强力打造平安校园，推动学校特色发展。

加强活动阵地建设，丰富文化活动载体

为使文明创建活动内涵更丰富，雪枫中学坚持“让操场热闹起来，让校园活跃起来，让生活多彩起来”的指导思想，以学生发展为根本，以校园文化活动为载体，开展丰富多彩的社团活动，为学生提供多元发展的路径和空间。

追风赶月创未来，春华秋实誉杏坛。成功的教育收获必是教育的成功，全体雪中人追求质量、追求发展、追求梦想，必将铸就花繁叶茂、硕果满枝的雪枫中学的明天。

弘扬红色文化　打造红色校园

——驻马店市第三中学红色文化校园建设发展纪实

河南省驻马店市第三中学　盛世靖　蒋亚娟

中华民族的文化源远流长，在革命历史长河中凝结成的厚实的红色文化板块，激励着一代又一代的中华儿女为祖国的繁荣发展而自强不息、不懈奋斗。作为文化传播的重要阵地，学校理应承载传播红色文化的历史使命，挖掘和弘扬内蕴丰富的红色文化，宣传和扩大红色教育，引导青少年学生勇担强国使命，努力成长为保卫祖国、建设祖国、发展祖国的强大后备军。

一、借助本土优势，确立红色文化发展主线

杨靖宇将军是在驻马店这片热土上诞生和成长起来的历史革命斗争和战争考验的伟大抗日英雄、优秀共产主义战士、杰出的人民军队领袖，是驻马店人的骄傲。为扩大杨靖宇将军在家乡的影响，增强学习、缅怀、纪念杨靖宇将军，宣传、弘扬、光大杨靖宇将军的伟大爱国主义和革命英雄主义精神，进一步提高驻马店的知名度，2004年我市成立"靖宇研究会"。为迎接2005年杨靖宇百年诞辰，"杨靖宇研究会"向市委市政府提出了"五个一"工程，即建一处靖宇广场、塑一尊杨靖宇将军雕像、以杨靖宇将军的名义命名一条街道、建一处公园（置地公园）、成立一所学校（市第三中学新址，同时冠名），至此我市"五个一"工程全部落实到位。

2018年4月，经区委、区政府、市区教体局同意，我校正式冠名"驻马店市杨靖宇中学"，这是三中的荣耀，也是三中的责任。基于这种得天独厚的教育优势，我校遵照习主席"把红色资源利用好，把红色传统发扬好，把红色基因传承好"的重要指示，结合学校实际，依托地域特点，积极整合资源，拟定以红色文化为主线的特色校园打造，大力开展弘扬红色实践活动，将红色精神牢牢刻在学生的心灵深处，融入他们的血脉里，不仅提高了他们的爱国意识，激发了他们的爱国信仰，更把民族情怀的种子播撒到他们心田，夯筑起他们一生发展的人文根基。

二、加强思想引领，坚定红色精神启航人生

为认真学习贯彻习近平新时代中国特色社会主义思想和党的十九大精神，进一步培育和践行社会主义核心价值观，进一步加强未成年人思想道德建设和新时代党的建设，我校以提高教育教学质量为中心，以红色文化校园建设为载体，积极推行爱国主义教育，增强红色文化的吸引力和感染力。

统一思想，提高认识。红色文化校园建设是坚持以人为本、落实十九大精神、构建和谐社会、实现中华民族伟大复兴的客观需要，是红色资源与革命传统教育的无缝对接，是新形势下拓展校园舆论宣传新渠道、占领青少年思想道德建设新阵地的一项重要举措。我校坚持以打造弘扬社会主义核心价值观，塑造崇清尚俭的社会新风，发掘红色资源和红色传统的时代价值，传承红色基因，为广大青少年健康成长提供精神养分的校园节目为己任，弘扬主旋律，传播正能量。

加强领导，形成合力。我校成立以盛世靖校长为组长的红色文化校园建设领导小组，以红色文化校园建设为德育工作重点，坚定信念，认真筹划，精心组织，开展形式多样的红色教育活动，深化革命传统教育的各项具体措施，使红色主题教育入耳入心。

完善机制，夯实根基。红色文化教育是学校教育的有效载体和补充，我校要把红色文化校园打造作为建校之基，兴校之本。一是常年设定杨靖宇中队、杨靖宇团支部、杨靖宇志愿者服务队三个组织，做好学校品牌和亮点。二是利用杨靖宇生日和牺牲日、"清明节"、"七一"建党节、"八一"建军节、"九·三"抗日战争胜利纪念日和"十一"国庆等节日，开展"清明祭英烈"、"红歌献给党"歌咏比赛、"忆党史、学榜样、畅未来"演讲比赛等形式多样、丰富多彩的爱国主义主题教育活动，开设"观看红色影视、传唱红色歌曲、讲述红色故事、阅读红色书刊、办写红色板报、"等一系列丰富多彩的红色文化进校园活动，让学生在潜移默化中增强师生爱党、爱国的坚定信念，确保红色文化的教育实效。三是结合学校特色办好党员入党活动、新团员入团活动和少先队组队活动，打造活动示范模板，在活动中体现红色文化教育和红色文化传承。四是每年新生入校，把杨靖宇将军生平事迹等红色文化教育作为新生入校的必修课程，常年保持不断丰富内容。五是在学校教育教学中的各个环节精心植入红色元素，如每年校园足球区长杯、市长杯之前，举行校内"靖宇杯"足球赛，今年4月举行了"靖宇杯"朗读比赛，9月举行了"靖宇杯"抗日战争胜利74周年红歌比赛等，营造了良好的红色文化校园氛围。六是建设红色文化教育阵地，除以设定项目外，拟在建设综合楼时开辟红色文化展室、阅览室、创作室，不断提升红色校园文化建设水平。

三、采取多种举措，依托红色教育夯实新路

教育是附着在活动上的灵魂，活动是培养学生身心品质的最佳途径。为夯实红色文化教育根基，我校依据学生的发展阶段和思想实际，有的放矢地开展蕴含红色文化和红色精神的各种有益活动，发挥红色文化武装人、引导人、塑造人、鼓舞人的特殊功能和作用，让广大青少年了解革命历史、感受革命传统、砥砺理想信念，做到爱国爱党跟党走，将红色精神代代相传，让红色文化成果助力"中国梦"的实现。

营造红色文化教育氛围。我校设计的"杨靖宇文化园"布局在教学楼和实验楼之间，面积300㎡，杨靖宇将军塑像矗立在正中央，规划有长廊和方亭，每一个廊柱、每一块石刻都是红色教育的内容。同时，我校在教学楼南北围墙上布置有中国共产党从一大到十九大的光荣历程和伟大变迁，有为革命和新中国建设的抛洒热血的元帅和十大将军，英雄人物的生平事迹，每一个画面、每一个版面都是红色文化的体现。杨靖宇将军等一批先烈的生平事迹无时不影响着每一个学生，激励着每一位学生，引导着每一位学生奋发图强，为祖国的建设时刻准备着。

打造红色文化特色课程。初中是未成年人健康成长的重要阶段，正是世界观、人生观、价值观形成的关键时期，而统编教材还没有设置专门课程对红色文化知识进行系统的、正规的、循序渐进的教育。为此，我校依托思想政治教研组，编写一套适合七、八、九年级使用的红色教育读本，每学期不少于四课时的教学，真正做到红色文化进教材、进课堂、进头脑。

办好红色文化主题活动。读红色书籍，借助我校语文教学的改革和实践，在阅读教学中有目的地选择一大批红色书籍，让学生通过阅读感受中国历史，体会美好生活的来之不易，培养爱国主义情感；讲红色故事，通过班会、故事会等方式，让学生对杨靖宇将军等老一辈无产阶级革命家有个深刻的认识，感悟他们无私的革命情怀和为国为民的伟大抱负；看红色影片，采用灵活的形式，结合重大节日有条件地在家长的陪同下在家观看规定电影，配合教育局组织的专项观影活动，确保每生每学期不少于2部规定影视片，推荐选看3部影视片；唱红色歌曲，每学期完成5首红色歌曲教学任务，2首选修红色歌曲，并提倡课前唱、会前唱、升旗前唱、放学路队唱、课间广播唱等；走红色路线，每年组织开展"追寻红色足迹，传承革命精神"研学活动，到竹沟革命烈士陵园和杨靖宇纪念馆等红色教育基地，重踏革命足迹，感悟红色精神，传承红色基因；办红色教育活动，围绕红色文化校园建设，强化政治意识、责任意识，大张旗鼓地开展红色主题教育，如党支部每年组织党员和积极分子到红色教育基地学习，团员入团宣誓地点就在"杨靖宇将军"塑像前，开展红色主题演讲、板报、征文等多种形式的活动，让学生、老师、党员在活动中感受红色文化，接受红色教育熏陶。

英雄驻我心，红星照我行。习近平总书记强调，红色基因必须传承。中华民族从站起来、富起来到强起来，经历了多少坎坷，创造了多少奇迹，必须让后代牢记，方可不忘初心，坚定前行的方向和道路。三中人正抓住机遇，真抓实干、锐意进取，阔步前行，努力把驻马店市杨靖宇中学办成一所人民满意的学校，成为西区一所耀眼的窗口学校。

用大爱撑起"折翼天使"的一片蓝天

河南省驻马店市西平县特殊教育学校　艾喜勤

他们是地球上的星星，他们是被上帝咬了一口的天使。因为有爱，他们的天空开始变得明朗，他们的世界变得更灿烂。而我就是这些被称为星星孩子的领路。朱自清先生曾说："教育的水是什么？就是情，就是爱。教育如果没有了情和爱，就成了无水的池。"我从事特殊教育工作已经有十余年来，多年来，我始终秉持最初的信仰，在特殊教育的道路上砥砺前行。只因为，这份事业，这些残疾孩子，是我一生所爱。

十年前，一纸调令，我义无反顾，走上了特教岗位；十年来，百折不挠，我无怨无悔，与孩子们不离不弃；十年后，功夫不负有心人，我成为孩子们心中的"艾妈妈"。我从1995年8月参加工作，2010年8月到特殊教育学校任校长，我用关心、耐心、细心、悉心、恒心去润泽残疾孩子的心田，用奉献来托起培养残疾孩子成为"残而不废、残而有为"人才的重任，用大爱撑起"折翼天使"的一片蓝天。

一、坚定理想信念，投身特教事业

"人活着必须有追求，必须乐于奉献，不论是作为普通教师还是管理者，都要深爱教育事业，扎根教育事业，奉献教育事业。"我是这样说的，也是这样做的。

2010年8月底，我拿着调令，怀着复杂的心情来到了西平县特殊教育学校。走进校门的那一刻，我的心一下子沉了下去。以前曾经听说过、遇见过聋哑孩子，可是今天，面对的竟是一群这样的孩子，有口不能说、有耳听不见；有的目光呆滞、有的行动迟缓。我的心霎时颤了、碎了；眼热了、模糊了。从这一刻起，我的心中一种从未有过的责任感油然而生：我一定要留下来，呵护这些孩子们，为他们开辟一条人生的坦途。从那天起，我就投身特教事业，勤奋耕耘，从校园建设到安

全管理，从教学到教师业务提升，不管干哪一项具体工作，我都亲力亲为，尽心尽力做到最好，这一切，都是为了当初无怨无悔的选择，为了这些有残缺的孩子。

二、用爱守望成长，点亮生命花开

特殊教育学校的孩子属于社会中一个特殊的群体，他们大多数是住校生。这些孩子远离父母、亲人，没有了父母的呵护，没有了亲人的关怀，他们常常不适应，甚至彷徨、失落。教育他们成人成才，需要付出常人难以理解的艰辛。

“教育无他，唯爱而已！教育好这些孩子不仅仅是对一个个孩子和家庭负责，也是对社会负责。”我用自己的行动践行着自己的诺言。有学生病了，无论多晚，我都亲自带孩子看病、吃药；孩子想家了，我似母亲般安慰孩子，哄着孩子入睡；孩子失去了亲人，我紧紧地抱住孩子：不怕，有艾妈妈在；周末到了，左邻右舍都是家人团聚的欢乐时刻，而我却来到无法入校上学的特殊学生家里，教他们识字认数、教他们做人的道理，给他们洗头剪发、修理指甲……

为爱付出、终待花开；大爱铸伟业，深情结硕果。我经常对老师说：“一个人，肢体可以残疾，但是，心不可以残疾。只要我们都给他们一点帮助，他们就会有希望。”特殊教育不同于普通教育，面对特殊的学生，不需要“溺爱”，他们更需要科学的施教，科学的施爱。自从事特殊教育教学以来，我非常注重孩子的个性发展，根据孩子的自身实际情况，制定了切实有效地个别化培养，给所有孩子搭建发展平台，为所有的孩子谋划发展前景，让每一个孩子特别是智障孩子学有一技之长，踏入社会能够自食其力，很好的生活。这也是我对学校提出的发展目标。

我带领着老师认真研究新课标，积极探索并有效实施“康教结合”一体化教学模式，大胆提出了新的办学目标：教师——“德、慧、术、知”同兼备；学生——“德、心、行、能”齐发展；完成了智障学生“四育”课程的构建体系；形成了“育德、育心、育行、育能”的办学特色。通过锲而不舍的努力和持之以恒的教导，自闭症的学生会主动问老师好了；聋哑的学生会随音乐跳舞了；智障的学生会认真写自己的名字了；看不见的学生能使用盲文了；毕业的20多个聋生，已经有五人考入职业院校，其余全部就业。

三、搭建成长平台，助力学生高飞

也许在别人眼中，特殊教育学校的孩子都是有缺陷的，可我始终坚信：是木头，就可以刻成家具；是泥土，就可以烧成瓷器；是石头，就可以铺路筑基。在我心中，每一个孩子都是最棒的，我要用爱为折翼天使们插上一对隐形的翅膀，让他们飞起来，并且越飞越高，越飞越远。

在为助残日准备节目表演时，我遇到了从教以来的最大难题：音乐声再悠扬，学生们听不见；节拍再鲜明，学生们感受不到。看着老师们排练舞蹈，也就是手语组合而已，没有舞动、没有灵性。老师们也对我说：“他们听不到，只能排练这简单的手语舞，原来的节目表演咱们都是这样，所有人也都能理解。”可我就不信这个邪，我亲自参与排练创作，把所有的舞蹈术语都翻译成肢体语言，所有的节拍和口令，用手势传达。一个节拍、两个节拍……排下去、坚持下去……在我的全程参与指导下，特殊教育学校聋生第一个真正的舞蹈排练成功，在助残日节目表演上得到了参会人员一致认可，大家纷纷表示如果不是看到舞蹈老师指挥的身影，还真就感觉是一群正常的孩子随着优美的音乐翩翩起舞。从此，孩子们笑了、自信了、阳光了，走上了县里组织的活动舞台，参与了市里的演出，拿到了到省里的奖项。

为了锻炼孩子们坚强意志，我请来专业的乒乓球教练来到学校指导学生学打乒乓球，每到训练的时候，我都陪在旁边，鼓励孩子们不能半途而废，告诉他们要做事要持之以恒，不怕苦、不怕累，要做一个坚强的人。功夫不负有心人，在2018年全省第七届残疾人运动会上，学校的孩子们获得了两金、两银的好成绩。看着拿奖牌的孩子们，家长们都激动地流下了眼泪，“艾校长，孩子交给你们，我们一百个放心。”

三年来，我获得了很多荣誉称号，2018年12月，被县委、县政府授予“全县残疾人脱贫攻坚先进个人”荣誉称号；2019年1月，被驻马店市教育局授予“德育工作先进工作者”荣誉称号；2019年4月，被县政府授予“全县残疾人工作先进个人”荣誉称号；2020年8月，被县教育局授予“教育宣传工作先进个人”荣誉称号；2020年8月，被县委、县政府授予“县脱贫攻坚工作先进帮扶责任人”荣誉称号；2020年9月，被驻马店市人社局、市教育局联合授予“优秀教育工作者”。

大爱无言，誓言无声！我在平凡的岗位上做着不平凡的工作，年年岁岁、无怨无悔，默默无闻用自己的真心、真爱、真情浇灌着每一株特殊的花蕾，牵引着他们的人生。虽然未来的路坎坷而艰辛，但我无怨无悔，我会好好地坚持下去，用心做好每一件事，用爱为特殊孩子撑起一片理想的蓝天。

办精品高中，育精英人才

黑龙江省黑河市延寿县第二中学　张世祥

习近平总书记在全国高校思想政治工作会议上强调，高校立身之本在于立德树人，只有培养出一流人才的高校，才能够成为世界一流大学。学校要坚持把“立德树人”作为中心环节，把思想政治工作贯穿教育教学全过程，要使各类课程与思想政治理论课同向同行，形成协同效应，实现全程育人、全方位育人，努力开创我国高等教育事业发展新局面。为提升育人质量，促进教育优质发展。我校以“办精品高中，育精英人才”为办学目标”，以“理性思维，勇于探究，实践创新，责任担当”为办学理念，以“以精细管理为保障，以优质课堂为依托”为办学方针，致力培养胸怀理想、品德高尚、行为高雅、学识渊博的精英人才。

我校是经县委县政府17届49次常委会议批准成立的公办普通高级中学，2019年成立并招生200人，2020年继续招生200人。学校的成长发展离不开各级领导的亲切关怀，2020年，县政府将筹资3500万元新建12000平方米的教学实验楼。

一、克服诸多困难，开启办学历程

在全国人民奋力脱贫攻之时，为精准落实国家政策，让贫困地区的学生也能得到更好地教育，提高贫困地区高中生入学率，作为哈尔滨市唯一一个国家级贫困县，延寿县委、县政府、县教育局积极筹措，于2019年成立了延寿县第二中学。为保证首届新生按时入学报到，在新校舍尚未完工之时，我带领全体师生，克服诸多困难，开启了艰难的办学历程。

作为一所公办寄宿制普通高中，我校实施封闭式管理，标准化要求，针对学生的实际情况，注重培养良好的生活作息与学习习惯：早5:40起床，洗漱后跑操20分钟，午睡、午读规范有序；晚自习学生自主管理。课堂中，不断探索“六步教学合作学习”新模式，大力推进特色课程，开设“军乐社团”、“棋艺社团”、“健身社团”、“解忧杂货铺——心理协会”等17个学生社团，冰球训练特色鲜明，学校被评为全国优秀冰球训练基地。

二、坚持特色办学，助推教育发展

坚持特色化办学，让每一所学校都有自己的特色和品牌，是推动义务教育从基本均衡向优质均衡发展的创新举措。我校全体师生充分发扬爱校如家、艰苦创业、团结一心、迎难而上的优良作风，教师秉承“师者，人之楷模”的理念，“做学生生活中的亲人，生命中的贵人”，创办一年来，形成了鲜明的办学特色，学生自身发生了可喜的变化，深得全体家长好评

所有在校生实行封闭式住宿制管理，半月休息一次，每天早晨进行2公里跑操，培养学生形成良好的生活习惯和坚韧的毅力。圆桌集体就餐，每餐6—8个菜，荤素搭配，定期更新菜品，充分保证全体同学吃饱、吃好。住宿军事化管理，八人一寝，被子叠成“豆腐块”，生活物品摆放成点成线，定点起床、洗漱、整理备品、就寝，校领导每人一班亲自参与寝室管理。

学生在校期间统一穿校服，校服包括春秋装、夏装、冬装。严禁佩戴手机、吃零食、化妆、吸烟等不良现象发生，严禁校园内出现打架、欺凌事件，一经发现，立即开除。任何时候，学生在校园内行走必须站成一路纵队，严禁大声喧哗或出口成“脏”。课间操“鬼步舞”成为校园内一道亮丽的风景。

“月考制”：月考采取高考模式，严肃考风考纪，确保每一次考试成绩真实有效，违纪考生取消单科成绩、记过并全校通报。社团活动：学生根据个人兴趣组建社团，单周六下午学校统一组织开展丰富多彩的校园活动。

在教师配备方面，我校面向全国招聘优秀大学毕业生；面向全县高中招聘教学、管理经验丰富的在职优秀教师；从现高一学年调配部分优秀教师充实到新高一管理团队中。招生方面，学校按照县招考委规定，与一中、朝中、职中平行招生，学生根据个人意愿填报志愿，第一志愿填报我校的同学优先录取，录取名额出现剩余时再考虑第二志愿，没有剩余名额时将不再录取第二志愿考生。

办精品高中，育精英人才。坚持党的教育方针，落实立德树人的根本任务。我校全体教师将不忘初心，砥砺前行，以更加求真务实的态度、脚踏实地的作风，着力提升教育教学质量，扎实推进教育内涵发展，努力让学校的每一位孩子都能享受公平的、有温度、有质量的教育，让教育真正成为使人进步的事业。

“亲情驿站”桥梁，师生并赴见真情

湖北省恩施土家族苗族自治州鹤峰县第一高级中学　李鑫林　周祥媛　黄莉婷

2020年一场突如其来的疫情不仅让人类陷于水深火热之中，也让教育直面严峻的考验。每天不断播报的新闻、不断闪现的镜头、不断

变化着的数字以及不得不采取的封闭性措施，让不少青少年学生心理负担加重。尤其复学后的毕业学子，在面临着全球大考与人生大考交汇的关键时刻，承受着更多的心理压力，需要更多的关心、关爱与关怀。如何减轻疫情带给学生、家长的巨大压力和心理创伤，成了很多学校切实关心的焦点问题。4月27日，恩施州委教育工作领导小组召开全州统筹推进疫情防控和教育工作会议，传达了州委州政府的复学要求，其中特别强调：抓好疫情防控常态化下复学复课工作的同时，要注重高三学生隔离备考期间的心理健康，要为高三学生家长设置探视便利。鹤峰县委县政府主要领导和学校领导班子高度重视，鹤峰县第一高级中学“亲情驿站”，应运而生。

一、坚守疫情防线，架起亲情桥梁

新冠肺炎疫情发生以来，我校以高度的政治敏锐性和强烈的责任意识，扎实做好联防联控，全面落实各项防控措施，全力以赴应对新冠肺炎疫情。我校深刻领悟会议精神，会后立即召开专题工作会议，就如何迅速贯彻落实视频会议相关精神做出了系列工作部署。复学后，我校对高三学子实施封闭管理，并提出要创新管理模式，高度重视新冠肺炎疫情对学生、家长心理健康的影响。为此，我校紧紧围绕“隔离病毒，不隔离爱”的主题，于全州范围内率先打造“亲情驿站”，架起爱的桥梁，及时接受学生、家长心理咨询，有针对性地对学生做好心理干预和关爱帮扶工作，坚持从早、从小、从细、从实，让学生真正体会到心理关怀，促进学生心理健康发展，致力做到防疫和教学“两不误”，办人民满意的教育。

4月28日，恩施州委主要领导在我校调研复学复课准备工作时指出，复学复课事关千家万户、备受社会关注，除了做好疫情防控措施，筑牢每一个学生的心理防线更是至关重要。主要领导对我校“亲情驿站”人性化服务高度肯定，并专门对“亲情驿站”提出了更加具体的优化方案。在随后的工作中，我校逐步完善“亲情驿站”建设、管理、维护等各项制度，力争相关服务工作及时更新并稳定运行，使“亲情驿站”真正发挥其应有作用。

二、规范岗位制度，内化责任于心

为切实发挥岗位作用，我校紧贴实际，因时制宜，组织召开心理健康工作会议，就“亲情驿站”工作展开了谋划布局，精准部署。会议统一思想，明确任务，提高认识，落实责任，推进我校“亲情驿站”落地见效，为师生的健康幸福做好服务，为家校联合筑好桥梁，为家庭教育提供援助，为学校的稳定、和谐、健康发展助力。

“亲情驿站”成立专项工作领导小组，落实管理和服务工作责任制。为确保实践过程中的安全性和科学有效，工作小组特拟定了翔实的预约来访方案，合理计划亲子交流时间，进一步规范预约来访流程，切实保障来访活动的顺利开展。随后的几个月时间里，学校严格按照流程服务了145组家长来访，得到了社会的高度关注和肯定。

“亲情驿站”有固定场所、有统一标识、有基本设备、有专项制度、有专人管理、有定期使用记录。三面无阻通透而宽敞的场地空气自然流通，间隔一米安全距离的谈心桌搭配温馨提示牌与免洗消毒液，确保疫情防控绝不马虎；印有“亲情驿站”标题的背景墙设计，加之以两侧栏杆上的暖心图片直击人心，柔软舒适的沙发椅和健康温馨的盆栽植物让学生和家长更切实感受到学校的关怀与温暖。校团委主要负责“亲情驿站”设计建立和多方面协调工作，日常预约和服务则由学校“微光”志愿服务队、门卫协同完成。在学校党支部的领导下，我校铭记艰难时刻，凝心聚力利用好“亲情驿站”平台，积极引导广大团员青年和“微光”志愿服务队更好地服务于学生、家长与老师，用勤劳汗水、团结友爱创造新的辉煌。

为充分关注学生的心理状况，及时发现问题，对可能出现的心理危机苗头做到早发现、早预警、早联动、早干预，我校通过观察、调查、评测、访谈等多种方式了解学生的苦恼、困难和想法，摸排发现学生宅家几个月后返校，回到集体生活环境，可能会出现“怕感染”的恐惧心理、“怕掉队”的焦虑心理、“怕束缚”的逆反心理。为解决这一系列问题，我校找准学生面临的问题对症下药，竭力为学生打造“亲情驿站”，根据学校和学生的实际情况组织了对话与交流等多种减压措施，观察学生表现，帮学生打开心窗，摆脱不良情绪的影响，提供健康成长的助力。针对特别需要帮助的学生群体，驿站选准个别学生，及时做好与老师、家长的沟通，形成教育合力。联系心理教师，进行心理辅导、音乐释压、运动释压等；联系班主任，密切关注学生在校学习与生活的情绪与状态，加强信心教育，尤其是作息习惯、学习习惯的调整和优化；联系家长们，做好家校共育，有针对性指导家长和学生进行面对面有效、顺畅的沟通，耐心倾听孩子的心声，尊重孩子的情感需求，多向孩子传递温暖与支持，赋予孩子心理正能量。此外，我校还加大宣传力度，以多个媒体平台为载体，全方位、多角度地宣传“亲情驿站”，及时发布驿站工作的最新信息和动态，切实加强舆论宣传，以典型引路，不断壮大“亲情驿站”力量，使“亲情驿站”的建设活动深入人心，成为一中的一张亮丽名片。

三、携手共克难关，温情守护未来

“亲情驿站”是我校在疫情期间为学生特别构建的心灵港湾，是联通学生与家长、学校沟通的桥梁，更是帮助学生走进自己内心世界的通道，它经受住了疫情和教学的双重考验，用实际行动帮助新时代青少年成长得更加坚韧无畏。疫魔犹在，难能松懈。我校会继续通过“亲情驿站”实施更深层次的探索，深挖师生与家长的潜在需求，力争多层次、多领域、全方位开展交流合作，精准帮扶有困难的家长及师生，以加强“亲情驿站”的管理和使用为手段，潜移默化激发正能量，多方合力打造“雷锋驿站”创新特色服务，提升服务品质，推进新时代文明实践真正落地生根。我校也会通过建立微信公众号、QQ群等信息技术平台，不断壮大亲情驿站的“朋友圈”，全力以赴为大家营造温馨、安全的交流环境，拨出供学生成长的蓝天。

线上课堂展风采，快乐学习你我他

湖北省荆州枫叶国际学校　王丹

线上教育是科技时代发展的产物。学校线上课堂就是网上授课，让学生足不出户地学习知识。可以说线上教育对传统教育的冲击较大，打破传统模式下教室讲台的模式。为此，我校通过尝试线上课堂教学方式，来创新教学模式，能过实录课堂教学内容，总结不足，更好地提升线上教学质量。

一、线上课堂前期引导

老师问好+作业点评：同学们，大家下午好！我又来陪你们畅游数学王国啦！大家有没有注意到我身后的背景呐！能看出来这是哪里嘛！对！就是咱们枫叶校园，老师现在就站在咱们枫叶校园的草坪上，同学们在家待你这么久了，想必也都很怀念并期待咱们的校园生活吧！那今天就跟我一起，想象一下咱们已经在咱们的校园里了，雨后的草坪还是湿漉漉的，时不时还会飘来一阵阵草的清香和各种花香，那既然咱们已经在这么舒适的环境下啦，老师就想随机抽取一名同学来说说，你在观看了四位小主播的思维操之后有哪些收获和感想呢？（每天上课前的学生课前演讲，是帮助孩子们复习、预习的有力助手）

【学生】大家好！我是安安。

【老师】你好！安安同学，很高兴能见到你。你能说说，在观看了四位小主播的思维操之后，你有哪些收获和感想嘛？

【学生】好的，老师！首先他们都讲得非常好，尤其是小恺同学，我觉得讲得最棒，思路很清晰，一下子就听懂了；另外，通过他们的讲解，我还学习到了一个长方形沿着一条边旋转可以得到一个圆柱体，一个三角形沿着一条直角边旋转可以得到一个圆锥体，并且只要知道了它们的半径和高就能求出它们的体积，以不同的边为轴旋转，得到的圆柱体和圆锥体的体积也会有所不同。

【老师】非常棒！感谢咱们安安同学细心的点评，说明刚刚在播放小主播们的视频时，咱们安安是在边听边思考！老师也想说说我的一点小感触，其实每次收到大家的讲题视频，都会感到很意外，因为每次大家都会给老师带来惊喜与感动。说心里话，你们讲得比老师都要好，抑扬顿挫地，感情非常丰富，很赞哦！

【课后反思】（孩子们每天都会把会做的题型录制成视频，发送到班级群，通过这种方式，从“会做”到“会讲”，在一遍遍讲解录制的过程中，不断地突破自我，从不肯定到充满信心，最后发出一句“原来我也可以做到！”的感慨！相信通过老师的不断鼓励，后期一定会有更多的同学能加入到小小主播当中。）

二、线上课堂教学环节

【老师】我们先来看看第一个圆柱和圆锥的自我介绍环节，由请咱们小蕾同学给我们大家带来的圆柱的自我介绍。

【老师】下面由请小煜同学给我们大家带来的圆锥的自我介绍。

【老师】非常感谢咱们两位同学对圆柱和圆锥声情并茂的自我介绍，那么考验大家的时候来喽，请一位同学来完成下表，看同学们有没有认真地听咱们“小蕾和小煜的自我介绍”。

【老师补充】那请问，小怡，圆锥只有一条高，它的这条高是指从顶点到底面圆上那个点的距离呢？

【学生】圆锥的高是指顶点与底面圆心的距离。

【老师】感谢小怡同学的回答，给她加两分，说得很精准哈！圆锥的高指的是圆锥顶点到底面圆心的距离，可不是底面圆周上的点。

【课后反思】（这节复习课也让我们感受到，孩子们每一个故事、每一个回顾的呈现，都让他们经历了观察、思考、交流、探讨的过程，最后的教师点评，及时、中肯的评价，给予了学生莫大的鼓励，较好地发挥了我们教师的主导作用，这也是复习课应该达到的目标。）

三、线上课堂引入故事

【老师】接下来是咱们的第二个环节——圆柱和圆锥的故事分享，很荣幸地邀请到了咱们圆柱的扮演者——小淑，长方体的扮演者——小凝，圆锥的扮演者——小梓，九章算术爷爷的扮演者——小楚，当然老师也不能缺席啦，老师就扮演旁白。

故事内容：有一天，大家都像往常一样去公园散步，忽然听到吵架的声音，走近一看，原来是圆柱和圆锥在吵，而且吵得挺厉害的。

它们是好朋友啊，怎么吵成这样呢？原来事情是这样的：一天，圆柱、圆锥和长方体在草地上玩耍，长方体随口说了声：“你们觉得在数学王国里，什么图形的体积最大？”圆柱马上说：“这个嘛，不用比，当然是我啦！”圆锥听了可不高兴了，连忙说：“凭什么，你比我的体积大？”圆柱说：“你看你自己，那么瘦，还想和我争。”……圆柱和圆锥就这样你一言，我一语，吵得不可开交。这么吵下去也不是办法，圆柱嚷嚷着说：“你不信，咱们就去‘九章算术爷爷’那里评评理。”、“去就去，谁怕谁！”圆锥气鼓鼓地说……

【课后反思】（日本作家河合隼雄说：“绘本实在是神奇的东西。从零岁到一百岁的人都能从中获得乐趣。即使是小小的，或薄薄一本书，里面所包含的内容都极为深广。只要看过一次，它就会一直留在记忆中，如果被偶然想起，就会使人心神摇荡。”如果有关于本节课的绘本就好了，没有怎么办？咱们可以自己画！对，孩子们就是通过自己画的绘本，并且分角色演绎，让绘本故事在本节课熠熠生辉，发挥了串联全课的主导作用。）

四、线上课堂例题分析

如果有一天圆柱和圆锥它两萍水相逢…

【老师】好！通过前面两个环节咱们同学们的技能已经储备完毕，接下来我们来看看，如果有一天圆柱和圆锥它两萍水相逢，我们该怎么办呢？

例1：等底等高的圆柱和圆锥的体积之和是52立方分米，圆锥的体积是多少立方分米呢？

【老师】给同学们1分钟时间思考，有思路的同学就可以举手或在聊天区回复数字“1”哦！

【老师】非常不错啊！说明刚刚那道热身的题目大家都听懂并掌握了，例1才能做得又快又准，这道题目用份数或者方程都可以解决，其实两种方法的本质都是一样的哈！

【老师】那倘若它俩这么撞上了呢，我们又该怎么解决呢？我们来一起看看：

例2：小哪吒和太乙想一起做陀螺，当圆柱与圆锥的体积比是4:1时，陀螺会转的又快又稳，当圆柱底面直径是6厘米，高8厘米时，圆锥的高应该是几厘米呢？

【老师】果然有很多同学又一次掉入了老师的小陷阱当中，老师想从回答2厘米的同学中随机抽取一名同学回答。

【学生】老师，我在！

【老师】嗯，很迅速！你能说说你的2厘米是怎么算出来的嘛？

【学生】小哪吒说圆柱的体积与圆锥的体积之比是4:1，太乙真人又告诉我们圆柱的高是8厘米，所以圆锥的高就是8除以4，就是2厘米。

【老师】哇，有同学在不停地举手，说明他有不同的答案和我们一起讨论呢

……

【课后反思】（课堂需要不慌不忙，给学生留白；课堂还要与学生进行有效地沟通，虽说上这节复习课时间紧，复习内容和知识点多，但我上课舍得把时间给学生去交流思考思路、去讲解解决问题过程；充分放手让学生自己动手、动口，只需稍稍引导点拨，就使学生主动获取知识，在潜移默化中领悟知识，使学生完全成为课堂主人，达到知识学习与能力培养的统一。）

五、课后总结

上完的这节课之后，我认为，这是应该一节非常有挑战的课堂，做到了：设计新、想法新、表现新、有耐心、很用心！

在课堂上，小小主播课前讲题，不仅体现了学生在课堂中的主体地位，更有利于培养学生自主学习的能力，“很用心”；六年级光荣榜持续性正强化，有利于培养学生的学习习惯，这是一个长期性、反复性的过程，需要持续不断的帮助学生树立良好的学习习惯，摒弃不良学习习惯，“有耐心”；用学校当背景图片的设置，创造性建构出教育情境，“设计新” ；课堂重视家校共育，作业点评中用不同颜色的名字呈现作业效果，还展示出了家长参与的成果，调动家长的积极性，提高家长的参与感，“表现新”；在故事分享环节里，自己动手做绘本，师生合作进行角色扮演，通过特殊教育情境，加深学生对知识点的认识，“想法新”！

本节课环节紧凑、流畅，由易到难，层次分明，知识梳理清晰，既有对集体备课形成的教学案的使用吸收，又有个人的创新、独到之处，注重了基本数学方法的培养与基本数学思想的渗透，让学生从整体、系统的角度领悟复习要求，从整体上处理教材复习内容，从系统上把握复习要求，整个设计把教学过程变成学生对知识的回顾过程，变成了学生自己探索提升的过程，让学生的能力得到再提高。

本课通过典型例题的教学，进一步夯实了双基，明确了各知识点的能力要求，熟练了通性通法，再加上各个例解决后的总结，让学生的思维品质有了提升；例题后的变式与拓展，不仅加强了学生对所复习的知识运用、对常用解题方法的深刻理解，而且更让学生解决问题的能力有了提高，特别是从例1、2的的几个变式和问题的延伸，由学生交流讨论后给出的解答都可以看出：教学设计都落实在了学生学习能力和思维能力的发展区上。

线上教育是一种新的教育模式，我们要边探索，边实践，边反思，边改进，这样才能确保教育教学质量。在以后教学中，我们将不断探索中，实现教学设计的创新、理念的更新，引导数学课堂的革新。

校长“三实”助推好课堂

湖北省潜江市马家台小学　邵玉宝

【摘要】课堂是培养学生核心素养的主阵地，好课堂才能培养好人才。好课堂除了教师素养、学校文化、家庭配合等因素，校长是助推好课堂的第一责任人，落实好“三实”，不仅完善课程体系、促进教师专业发展，还会凸显办学文化，促进学校的内涵。

【关键词】　实德　实理　实效　好课堂

众所周知，一所好学校无非是三好：学校硬件好，教师队伍好，教育理念好，但真正作用于学生身上的其实是课程。课程改革的深化呼唤着校长课程领导力的提升并有效实施：课堂改革中的“实德”、课程环节中的“实理”，公平评价课堂中的“实效”三个环节。如此，学校的好课堂会如雨后春笋，其发展也会健康有力。

一、做课堂改革“实德”引领者，助推“灵”课堂

（一）课程理念，体现德育为先。课程是学校德育的主渠道，课堂是培养学生核心素养的主阵地，正确处理好“教学为中心”与“德育为先”的关系，把握其中可行度尤为关键。校长要以强烈的责任感、使命感，把“育人为本、德育为先”的理念与任务落实到具体的课堂之中。校长不仅要准确了解当前国内外课改的动态，在此基础上，更要分析自己学校的系列教育资源实况，才能逐渐建立起本校的课程体系，使其让教师乐于接受，切实可行。

（二）课程实践，体现同心同德。确定好课程体系后，就是课堂实践环节了。实践证明，只要得到大多数教师认可，这校的校本课程一定是有效课程。如我校经过几年认真探索的《马家台小学“五一”开心课堂模式》经过全体老师共同修订通过，集体实施，效果明显。“五一”即：静一静、学一学、乐一乐、秀一秀、评一评。这套模式的亮点有两个：一是针对小学生的特点，动静结合、师生互动、突出学生为活动主体，教师讲解少而精，学生们在轻松的活动中落实知识点。二是它有较大的空间让学生自主表现与发挥，深受小学生们喜爱。此外，学校通过上课、观课、评课、反思的“2+X”形式进行课例研究，对提升课堂教学水平颇有实效。如今年刚分来的6名新老师通过系列课程锤炼后，不仅迅速进入优课的方阵，而且对这个课堂模式使用自然。

（三）评价机制，体现积善成德。美国心理学家斯塔西. 亚当斯说过：“公平感是人类的一种基本需要，如果人们在与别人的比较中感到自己得到的报酬合理. 就会获得公平感，就会对工作充满热情”。制订一套与教师的贡献、业绩与绩效完全对等的评价制度，同时，配以恰当的精神奖励。如：评价体系包括教师的职业道德、德育方法、教学能力、科研水平、协作精神、工作成效等方面让每个教师明确考核标准，使教师的创新劳动得到有效激励。此外，合理尊重教师的意见表达、无论教师意见正确与否，切忌公开批评，即使不能采纳，也要肯定其主动性。这样才能积善成德，让教师情绪饱满，激情高涨，课堂才有活力。

二、做课堂环节的“实理”参与者，助推“活”课堂

校长的课程领导力，是促进师生发展、构建学校特色品牌的前提与基础，这就要求校长不但要对五环节（备课、上课、作业、辅导、评价）有自己独到的见解，还要微观地深入课堂听课，取得第一手资料，拥有更多的发言权。

首先：要多听“家常课”、“推门课”，准确了解课堂教学的实际情况。不管新老教师，教学内容基本一致，在教学方法上可以“百花齐放、百家争鸣”。如此，教师才不被上纲上线所束缚，较好地发挥自己的教育效果，校长也能真实地了解教师所需所想，采取有效措施提高课堂效率。

其次，要落实“四关”，为好课堂做保障。校长要经常了解教师们的常规情况。一是备课关：主要检查教案内容是否通过教师认真钻研教材写出来的。二是授课关：主要通过“推门课”的形式检查教师授课情况。三是作业关：对布置的作业要及时检查、评判、纠正。四是辅导关：查作业的内容是否是教师精选的，让不同的学生留不同层次的作业。这样，好的过程管理才能有好的管理效果，才能让好课堂有备而上，有力可行。

三、做评价课堂的“实效”沟通者，助推“实”课堂

好课堂需要好老师，而好老师的成长却非一日之功。有针对性地积极推进教师专业化成长，这才是提升实课堂的有效措施。

（一）私人订制：第二次听课。听课后一定要与教师面对面及时沟通，指出优缺点，指出整改方向及措施，最关键的是要落实“第二次”再听课的时间和要求，让教师带着目标和压力去成长。多年来，我们采取第一次听课后，给教师整改时间，自己订时间订内容，亲自找校长提出第二次听课的时间，由于是校长亲自听课，再加之也想尽快丢调“不合格”课堂的帽子，让很多教师带着压力和动力去整改，这

样的速度和效率也很实在有效，多数在第二次听课时问题整改到位，课堂效果明显提升。校长这种“私人订制”式的听课措施，对助推教师成长非常有效。

(二)文化熏陶：《小故事大智慧》。好教师需要好的师德，多年来，学校坚持每周一的例会，要求教师演讲自己的教育故事，与全体教师分享。这种措施，简单易行。不仅强化了教师的工作责任心，净化了教师师德，而且统一教师思想，使教风纯正，效果明显。

众所周知，课堂教学改革是一个动态的不断循环往复的过程，需要我们不断实践，不断总结，不断巩固深化所取得的成果。校长“三实”助推好课堂也仅是笔者实践中的一点小尝试，要想好课堂常态化，必须将课堂教学改革作为一项长期任务来抓，校长要对教育事业倾注无限的热爱，努力探索新时代人才培养的普适规律，努力提升教育的智慧与魅力，才能扛起起时代赋予的教育重任。

构建梦想教育，让梦想触手可及

——谈如何有效开展“梦想教育”

湖北省咸宁市咸安区双溪初级中学　朱祖开　陈静

梦想并不遥远，只要肯追逐，就如习大大在新年致辞中的感言“撸起袖子加油干！”习近平总书记指出，中国梦的本质是国家富强、民族振兴、人民幸福。只有每个人都为美好梦想而奋斗，才能汇聚起实现中国梦的磅礴力量。“少年强则国强，少年智则国智，少年富则国富”，中华民族伟大复兴终将在广大青少年的接力追梦的奋斗中变为现实。“梦想教育”铸就学生探索未来之路，我校追梦的脚步丝毫没有懈怠。

一、创建“梦想”文化校园：润浸师生生活起点

“梦想教育”不只是一种理念，更是一种教育方向。初涉“梦想教育”的开展阶段，我校紧贴“梦想教育”的本质：让教育滋养生命，让教育放飞梦想。随着“梦想教育”的铺开，青年教师的成长，梦想少年课程研究，教与学的“有效”已成为静心研究的焦点。“学”的长足有效是我们工作价值的核心体现，也是“梦想教育”对我校教育提出的挑战。面对挑战，我们没有退却，稳步推行各项工作，守住发展学生“梦想”素养的基质不懈怠，学校教育教学工作做了一些尝试。

双溪中学围绕“梦想教育”，确定了学校的教育愿景，通过浓郁校园文化、完善特色课程等路径，“打造梦想飞扬的精神家园和成长乐园”。学校珍视每个学生的个性化梦想，致力于在校园环境布置上融入梦想主题教育，润物细无声，形成隐形教育资源；在校园文化活设计中为学生埋下梦想的种子，鼓励学生个性发展，在课程学习中建构个体生命发展的通道实现人的发展的多种可能性。

二、推进“三个一”教学管理模式：一机制一模式一特色

在长期的办学实践中，双溪中学认真落实咸安区相关教育文件精神，始终坚持以教学为中心，精心制定并实施教学发展规划，不断强化教学管理改革创新，努力促进教学发展，使学校教学管理目标明确、组织有力、程序规范、保障到位。近年来，结合“梦想教育”这一办学追求，我校进一步聚焦教学管理，通过建立结构合理、责权清晰、运转高效的教学管理机制（以下简称一机制），构筑“梦想教育树形结构研究模式”的教学研究平台（以下简称一模式），精炼“抓细抓小，抓常抓长，精细管理”的管理技能特色（以下简称一特色），基本形成“梦想教育”常规教学管理模式，为全面培养梦想基质人才提供切实有效保障。

（一）创新“一机制”，稳固教学管理基础

双溪中学结合“梦想教育”的理念追求与自身实际，通过重构教学推进组、教学规划组、教学实践组、科研督导组、教研组、备课组等教学管理部门和基层管理组织，成立各科教学指导团，制定并实施《双溪中学教学管理规程》《双溪中学教师集体备课制度》《双溪中学教师听课评课制度》《双溪中学教育教学工作过程性督查制度》《双溪中学教学工作的办公会例会制度》等相关教学管理制度，实现了教学扁平化管理。

（二）着力“一模式”，搭建教学研究平台

课题研究上，进一步加强对梦想教育内涵的解读，强化师生对梦想教育内涵的认知，将梦想教育研究与生本教育研究有机结合，人人申报三年微研究项目，人人有学期微成果。并推选经验教师进行微课题研究策略指导，在期末时组织微课题成果分享活动，积累点滴成果。课堂教学研究上，重抓“梦想教育”课堂自主性策略研究。对青少年的教育提出了明确的培养目标，“自主探究，合作发展”成为梦想教育教育的核心价值追求，旨在实现一种平等的，深层的课堂对话教学模式。课题研究的内容重在培养学生自主性学习能力的方法、途径。充分发挥师生之间在教学中的主动性和创造性；激励学生的学习兴趣，培养学生的自主学习的意识和习惯；构建“自主、合作、探究”的学习方式。课堂展示路径研究上，教研组听评课统筹安排，落实到位，潜心研讨，彰显梦想教育内涵与特色。做到一次活动一个主题，解决一个问题，形成一点策略。借听评课锤炼课堂水平，新教师尽早入门，青年教师尽快提升课堂水平等级。

（三）精炼“一特色”，提升教学管理效能

三维共举，优化教师队伍建设。教师队伍建设是提升教学管理效能的核心要素。学校以健全师德建设长效机制为前提，着力教师研学、教学督导、教师培训、教师比赛四个方面，构建并运用三学、四导、三训、三赛的“四维共济”师资队伍建设模式，持续优化师资队伍结构，全面提升师资队伍专业素养，努力打造师资队伍建设新高地。双管齐下，深化教学模式改革。教学模式改革是提升教学管理效能的关键环节。我校“梦想教育”聚焦文化基础课程和专业核心课程实施教学模式改革。文化基础课坚持“以学生深度学习为本、以学生素养发展为本”的理念，形成了以“核心问题解决”为主线、学生“自学”、“互学”、“评学”三种学习方式灵活组合的“先学后教”模式；专业核心课以“组级-校级-片级-区级-市级”、“五级赛制”为抓手，构建了教学目标与课程标准对接、教学内容与文本内容对接、教学方法与学情分析对接、教学评价与梦教基质对接的“四对接”　实践性专业教学模式。“四导并行”，强化教学评价管理。教学管理评价是提升教学管理效能的重要抓手。学校不断完善教学诊断与改进工作常态化机制和人才培养质量年度报告制度。结合，建立教师年度教学考核制度，强化教学常规巡导、课堂教学指导、教研活动督导和集体视导相结合的“四导”，并最终将其结果分项纳入年度考核。同时着眼教师全面发展，按照比例综合鉴定，形成了基于岗位能力，过程性评价与终结性评价相结合的多元评价体系。

三、深化师生发展：奠基幸福人生

于老师，紧紧围绕教师专业成长“十个一”，争做研究型“梦想教师”，提升教师专业水平。“十个一”落实与课堂展示、师徒结对、校本研修等活动相结合，学期末逐条结账验收，记入考核。以教研组、备课组、师徒对子为主阵地，进行细节引导，示范引领，落实过程。以教研活动为载体，专业培训、经验交流切实服务老师，服务新教师、青年教师。围绕“梦想课堂精彩”自荐、评选、录制等活动，在平时落实成果累积。开展新教师、新跨科教师培训会，从教学常规、专业发展、组织教学方面进行培训指导。学校积极推荐愿意进步、愿意做事的教师优先参加各级各类培训，做好汇报分享，辐射他人。让名师、骨干教师、优秀青年教师、教坛新秀等梯队群成型。提高学习笔记质量，内容包括业务摘记、学习体会、反思、论文、随笔等，期末评优，纳入考核。

于学生，素质评价同步跟进，初步成型体系。梦想教育学生素质过程性评价推行四次，小组化评价单位与评价方式试行初步成型；创新梦想教育综合素质单项评价项目及操作方式，开展了不同学科组的综合素质评比，如语文组的质疑、表达、朗读能力测评，数学组的速算、创新能力测评、以及英语组的演讲、速译能力测评，促成了有一定实力的梦想少年；

课程建设同步实验，厚积薄发。梦想教育活动课程围绕“班班有特色、科科有特点、人人能展示”这一设计思路，集中一定人力、物力、财力、规划设计全校性活动课程，在此基础上组织梦想少年教育活动课程开放活动；拓展校外实践活动，开发研学旅行、文明伴我行、生活自理等课程；同时启动我校办公区文化、教室文化建设；组织德育主题性活动，评选优秀班队会、班主任、梦想之星；有效积累活动课程教学中学生动态生成的有效信息，定期汇集《学生作品集》。

“梦想教育”的就是要认识梦想的生成性与动态性，认识追梦过程的意义与价值，引导学生生成积极的梦想，并提供孕育和实现梦想的教育环境，促进学生全面发展、个性发展。构建“梦想教育”的环境和平台，让学生离梦想进一步，再进一步，触手可及，实现梦想。我们不想只做追梦人，我们要与梦想并肩前行。

强特色创一流，助推内涵发展

湖北省襄阳市第二十中学教育集团　雷俊　江漫

韩愈子在《师说》中，对教育者提出“传道、授业、解惑”的要求，他将传道列为授业、解惑之首，传道即告诉学生为人处世的道理，与当今教育提出“立德树人”的教育方针恰恰是充分契合的。事实证明，人只有品德端正，才能为人接纳，也才能获得成功之匙、幸福之源。我校围绕“崇德尚雅、启智健体，为学生幸福人生奠基”的办学理念，以“轻负高效”的教育模式赢得了学生、家长和社会的一致赞誉，在连续多年的中考中，“A类成绩考生比例”和“省重点高中录取比例”均位于全市前列。

一、锐意改革谋进取，跨越发展谱新篇

我校教育集团隶属于襄阳市樊城区教育局，始建于1979年，是全市义务教育阶段唯一一所省级示范学校。学校校园面积3.68万平方

米，校舍2.73万多平方米，校园布局合理，教学区、绿化区、活动区划分清晰，两栋教学楼，一栋行政楼，104个媒体教室。学校设有科学实验室、物理实验室、化学实验室、生物实验室、音乐教室、美术教室、计算机教室、心理咨询室、卫生保健室、体育保管室、400米跑道的操场，2018年进行了教学楼翻新改造，新建一栋5层（地下1层）教学楼、地下停车场，新增能容纳375人的多媒体报告厅，最大化满足教育教学需要。学校教育集团有学生6875人，教职工384人，聚集了一批教有特长的著名教师，有高级教师54人、省、市级学科带头人、骨干教师84名。

四十二年来，学校不断改革创新，大胆尝试，在办学条件、师资队伍、学生素养、综合成绩、社会效益等各个方面取得了跨越式的发展，成为一所历史悠久、文化底蕴丰厚、师资队伍优良的樊城名校。

学校教育集团先后被评为“国家级语言文字规范化示范学校”、“湖北省示范学校”、“湖北省文明单位”、“湖北省园林式学校”、“湖北省双拥服务基地”、“湖北省艺术教学先进单位”、“湖北省少先队工作示范学校”、“湖北省科技教育工作先进单位”、“初中课程改革实验工作先进单位”、教育部中央电教馆授予“全国网络空间应用优秀学校”荣誉称号。

二、课程改革促成长，特色活动强德育

大力推进课程改革，科研先导教科研是学校课程改革的“助推器”，是引领教师专业成长的重要平台。近年来，学校完成55个省级课题结题、85个市级课题结题，目前有9个省级课题、12个市级课题研究已经进入结题阶段。在优质课竞赛中获国家级一等奖25个、省级一等奖58个、市级一等奖105个、区级一、二等奖410多个，有72名教师在区教研室组织的“一师一优课”活动中获奖；各层次“五优”获奖近600人次，荣获奖励720余项。在各级部门组织的论文评比中有696篇论文获得省、市、区奖，在各级刊物发表文章629篇。

在德育建设方面，我校始终坚持立德树人的根本任务，围绕“队伍建设、习惯培养、有效沟通”三个重点进行。为实现“有效沟通”，学校定期向家长开放，每年举办大型“家长开放日活动”，成立了家长委员会、让家长多方位参与学校管理，积极建言，共同育人。学校将对学生正确的世界观、人生观、价值观的教育和引导放在育人之首，着力开展“扣好人生第一粒扣子”主题教育活动，培养学生良好的学习习惯、生活习惯、行为习惯，提高文明程度。学校以“自我教育、自行管理、自主学习、自信成长”为内容的“四自”教育已取得丰硕的成果。

开展丰富多彩的特色活动。学校通过主题活动和社团活动两大途径将爱国主义教育、养成教育、感恩教育、成人教育、礼仪教育融入德育工作的各个环节，依托德育实践活动，发展学生核心素养，增强了德育教育的实效性。学校在班级兴趣小组的基础上，建立了年级和校级两级社团组织，形成了以田径、篮球、足球、人工智能、围棋、轮滑、舞蹈为代表的11个特色社团，社团活动形成常态化。近年来，在襄阳市足球中学组联赛、“龙舟乒训杯”乒乓球比赛、襄阳市“百千万”全民健身跳绳比赛、襄阳市五项棋联赛、襄阳市青少年科技节3D创客设计、湖北省中小学电脑制作等比赛中学生获奖达800余项。

三、高雅文化塑内核，九雅教育育英才

学校经过多年的实践和提炼，逐步形成了以“九须五十四字箴言”为主要内容的“雅文化”，为了让“雅文化”教育有抓手，有方向，提炼出了“雅文化”的三个关键词“规范、和谐、高尚”。“规范”是校园“雅文化”的最基本的要求，不仅要求学校须规范办学行为和方向，也要求学生每日须有合乎规范的言行举止，做到有礼有节、知书达理；“和谐”是在规范基础之上更高层次的追求，是指学校在规范、高效运转的前提下所呈现出的一种自然、和谐的教育生态环境，不仅有学生与学生之间的自然、和谐，也有师生之间的自然、和谐，更有校园内外一切活动的自然与和谐；“高尚”是学校推行校园“雅文化”所要达到的终极目标，即以校园“雅文化”引领师生践雅、行雅，不断完善、提升自我，努力做一个有高尚道德情操和有健康审美趣味的人。

同时，我们也提炼出了学生、教师、学校三个层面文化建设的九个关键词。即培养“举止文雅、品德敦雅、志趣高雅”的学生群体，塑造“仪表和雅、胸怀宽雅、知能儒雅”的教师队伍，建设“活泼清雅、秀丽幽雅、大气典雅”的校园环境。培养“举止文雅、品德敦雅、志趣高雅”的学生群体。三个关键词分别从学生的言行举止、思想品德、情趣志向等层面进行了规范，要求学子勤勉精进，日有所长，月有所进，情有所爱，慧有所托，志有所远，体有所健，行有所美，达于最大可能的高度。塑造“仪表和雅、胸怀宽雅、知能儒雅”的教师队伍。三个关键词分别从教师的外在仪表、内在胸襟、专业技能等层面对教师文化建设进行了限定，要求教师内外兼修，要有学者的风范、智者的明察、仁者的宽厚；情牵学生，其身正堪称楷模；专业学养，其广博可润身心；心系教育，其良知勇担重任。建设“活泼清雅、秀丽幽雅、大气典雅”的校园环境。三个关键词分别从校园的硬件环境、艺术底蕴、文化氛围等层面使校园每一处的设计与布置都匠心独运，处处弥漫着清雅、幽雅、典雅的气息。一草一木，一砖一石都成为“雅文化”最好的注解。

我校是一所九年一贯制学校，对于学生而言，这个时段正是他们知、行、情、意这一认知过程发展与形成的关键时期，为此，我们结合九个年级学生年龄不同、身心特点不同的实际，分学段、分年级推进校园文化建设，由此正式提出了“九雅教育文化”的概念，即“说雅言、养雅行、育雅趣、品雅文、健雅体、感雅情、勤雅业、炼雅志、成雅才”教育，为便于有序推进，我们又以“九须五十四字箴言”模式设定了每个阶段的教育主题与目标，形成了较为完整的“九雅教育文化”体系，具体推进目标与步骤如下：在小学低段，按一至三年级的顺序，依次进行“说雅言、言须真，养雅行、行须正，育雅趣、趣须尚”系列教育，力求学生在经历小学低段教育后，能够做到善讲真言、品行端正、志趣高尚。在小学高段，按四至六年级的顺序，依次进行“品雅文、文须美，健雅体、体须健，感雅情、情须诚”系列教育，力求学生在经历小学高段教育后，能够做到品评美文、身体健美、情真意诚。在中学阶段，按七至九年级的顺序，依次进行“勤雅业、业须专，炼雅志、志须远，成雅才、才须实”系列教育，力求学生在经历中学阶段教育后，能够做到学业广进、志向高远、成人成才。

迈向新的征程，在中国共产党建党100周年时期，我校教育集团将以打造樊城区“三红校园”品牌为引领，以“高质量内涵发展”为主题，以“强特色创一流”为主线，以昂扬姿态抓好“十四五”规划起步开局各项工作，奋力推进学校事业高质量飞速跨越式发展，以优异成绩庆祝建党一百周年！

融创评价创特色　品质立校育桃李

湖北省宜昌市长阳土家族自治县实验小学　赵爱华

成就有品质的教育要依赖于每一所学校，成就一所好学校则依赖于每一名优秀的教师。素质教育以提高受教育者综合素养为目标，除了要求提高学生思想道德素质、学科素养、学习能力等方面以外，还要求注重教师培养，要多层面、多角度实施教师评价，实现师生共同成长。习近平总书记在全国教育大会上指出：“有什么样的评价指挥棒，就有什么样的办学导向。要坚决克服唯分数、唯升学、唯文凭、唯论文、唯帽子的顽瘴痼疾，从根本上解决教育评价指挥棒问题。”多年以来，我校紧紧围绕“东风和韵，实验花开”办学理念，以“做有温度的教育，办有品位的学校，育有素养的公民”为办学目标，凝练出学校“和韵文化”，坚持以人为本，立德树人，不断不善“三自”德育课程体系，致力于培育“会做人、会学习、会生活、会创造”的“和雅少年”，同时以学生综合素质评价为切入点，发挥评价的导向功能，促进学生德智体美劳全面发展。近年来，我校以习总书记的重要讲话为遵循，大力开展融创评价，通过融汇多方理念，融合多元主体，融通多个环节，创新评价体系、评价路径和评价方式，引领学校教育回归根本。

一、坚持特色评价，提升学校品位

校园文化是一种无形的精神力量，是学校的立校之魂和向上之根。一直以来，我校坚持“和韵文化”立校，推行“流风传韵”管理，通过团队捆绑评价，构建“和美班级”、“和美办公室”、“优秀研修组”、“和韵学校”四个层面的共同体，增强学校师生的凝聚力，绽放师生生命。以“和美班级”的评选为例，我校开展了班级量化考核，从“行为习惯”和“个性特长”两个板块对班级进行评价，每学期分期中、期末评选两次“和美班级”。每天对各班学生行为习惯进行考核记载，每周汇总积分，评出一周的“和美班级”，期中、期末时，再根据每周的积分按比例进行折算，计入总分。同时，统计学生的个性特长发展成果，折算分值计入总分。终评总分95分及以上的为“和美班级”，90至95分之间的为“和谐班级”。“和美班级”的创建把师生凝聚到了一起，链接了班级每一个人、每一天的行为习惯表现，拉近了师生与班集体的距离。

为了切实落实德育为首、安全第一、全员育人理念，我校还实行办公室管理，一个楼层为一个办公室，推行楼层值日制度和办公室组长负责制，办公室所在楼层的所有班级管理都与“和美办公室”评选挂钩。通过这种办法，让所有老师切实把学生安全、行为习惯放在心上，把每个班级的管理当作自己的事情，才能孕育更多的“和美班级”。“和美办公室”的评选有效营造了意识形态坚定正确，工作任务圆满完成，工作环境整洁优美，言行举止文明规范，人际关系和谐融洽的办公室文化，形成“团结、敬业、和美”的共同体意识。为激励教师成长，增强学校凝聚力，我校每年都开展优秀研修组评比，把优秀研修组评比与组内教师群体的专业生活捆绑评价。通过这样的捆绑评价，把研修组成员凝聚成了专业发展共同体。在共同体内，有困惑共同释疑，有问题共同解决，有任务共同分担。在研磨过程中，真诚对话、交流、分享、协作，形成了一种“文化归属感”。

我校倾力打造的最大共同体便是“和韵学校”。学校的工作都要依靠全体教职员工，学校的荣誉也惠及每一位教职员工。在学校《绩效考核方案》里面，工作业绩占30分，其中绩效成果奖12分，学校设置了专门的“工作效益情况”一项：凡涉及全校性工作接受上级评估验收并达标，或者获得表彰与奖励，根据国家级、省级、市级、县级不同的级别，校级干部分别得2分、1.8分、1.6分、1.5分，教职工分别得1.8分、1.6分、1.4分、1.3分；若是部门工作接受上级评估并达标，或者受到表彰与奖励，根据省、市、县不同的级别，部门负责人分别记1.5分、

1.2分、1分，教职工分别得1.3分、1分、0.8分。有的学期，学校荣誉成果非常多，老师们基本上都可以得到12分的绩效成果奖，也就是说，哪怕教师个人没有任何其他的教科研成果，但根据学校的"工作效益"一项就可以得满分。如今，为校增辉，以校为荣，是长阳实小人共同的价值追求。

二、坚持立德树人，培育和雅少年

一名好校长可以成就一所好学校。担任校长以来，我始终牢记办学宗旨，全面贯彻党的教育方针，坚持为党育人、为国育才，发挥评价的导向功能，通过《学生成长记录册》评价学生综合素质，促进学生德智体美劳全面发展。学生综合素质评价由思想品德素质、文化素质、身心素质、美育素质和劳动素质五个方面构成。对于学生的文化素质、身心素质、美育素质、劳动素质评价，我校又融合了学生、家长和教师三个维度的评价，从而使自评与互评相结合、生评与师评相结合、形成性评价与终结性评价相结合，实现了评价主体多元，评价方式多样，评价目标多维。

在思想品德素质评价中，我校坚持"三自德育"综合考核与道法课程学习相结合，其中综合考核涵盖政治素质、道德品质、法治意识和行为习惯，占比70%，道法课程学习占比30%。综合考核根据《学生成长记录册》里面的"三自德育"考核细则，分学校和家庭两部分一月一评，期末再进行总评定等。在学生文化素质评价中，坚持形成性评价与终结性评价相结合，关注学习过程和学习习惯，禁止单纯以期末考试成绩决定学生文化素质等级，要求过程评价的比重不得低于50%。对于学校考核考查学科的"期末考核"，则按照《长阳实验小学学生期末素质评价方案》进行。比如音美、校本、地方、科学、信息技术等，由学校统一组织期末检测，再根据平时的过程性记录（占40%）和期末检测成绩（占60%）两方面综合评定学科素质等级。学生综合素质采用等级呈现，80分及以上为A等（优秀），70至79分为B等（良好），60至69分为C等（中等），59分及以下为D等（一般）。此外，我校注重评价结果的应用，对于品德素质非优者和体育测试不达标者，综合素质不能评为"优秀"，也不得推优表彰。但对于通过学校考评的学生来说，分别给予表彰。如每月行为习惯考评，表彰"和雅·自立少年"；学期学习成长评价，表彰"和雅·悦读少年"；学期综合发展评价，表彰"和雅·卓越少年"、"和雅·先锋少年"、"和雅·进步少年"、"和雅·自治少年"。另外，还根据学生寒暑假实践活动的表现，评选表彰"和雅·清江雏鹰"。

三、坚守育人初心，打造和馨教师

习近平总书记指出："一个人遇到好老师是人生的幸运，一个学校拥有好老师是学校的光荣，一个民族源源不断涌现出一批又一批好老师则是民族的希望。"教师的品德和素养决定了学校的品德和素养。对于教师评价，我校把师德师风作为教师评价的第一标准，突出教育教学实绩，把认真履行教育教学职责作为评价教师的基本要求。建立教师荣誉制度，发挥典型示范引领作用，着力打造有格局、有情怀、有素养、有作为的和馨教师团队。一是创优评价方式。我校全面贯彻教育方针，严格落实国家课程计划。每门课程都有独特的课程价值和育人功能，学生要德智体美劳全面发展，教师也应被同等对待。在学校，教学成绩评价从来不分学科，任教小学科的教师，只要学校考核为优秀等级，教学成绩均记满分。学校对所有课程一样重视，对各学科教师平等对待，鼓励教师把小学科的教学与研究作为自己专业发展的抓手。创新专业荣誉评审办法，把上级分配的推荐指标按学科骨干研修人数进行分配，即根据该学科的研修组人数在全校总人数中的占比来分配名额，在同一学科之内再按分数排名。二是导向合作研修。学校对承担语数英教学的教师的教学成绩实行年级组捆绑评价，即个人P值只跟年级均P值比较。低段教师任教P值在年级均P值以上以及低于年级均P值0.5以内、中段低于年级均P值1.0以内、高段低于年级均P值1.5以内，教学成绩均记满分。只有个人P值与年级均P值的差值超过了上述区间值，才适当扣分，而且最多只扣3分。同时，我校开展增值评价，肯定进步，设置奖励分值。教学成绩需要扣分的教师中，如果所任教的班级P值与年级均P值的差距明显缩小了，则给予奖分，奖分以获得教学成绩满分为限。这样改革避免了恶性竞争，老师们都能放下顾虑开展集体备课，共享资源，共研互学。三是关注工作实绩。我校在绩效考核方案中，专门设置了班主任和教龄两项附加分。班级连续两次评为"和美班级"，则班主任加4分，助班加0.8分；连续两次评为"和谐班级"，班主任加3分，助班加0.6分。教龄以年为单位，每增加1年教龄就增加0.3分。通过这种评价方式，不仅激励了教师成长的积极性，也潜移默化地培养了教师的责任心与担当。

看似寻常最奇崛，成如容易却艰辛。融创评价的创建不仅提高了学校的精气神，也增强了学校凝聚力。学校的融创评价在促进教师成长、提升学校品质上切实发挥了重要作用。立足新的起点，我校会继续大力探索多元评价在教育领域的深藏作用，承求索之精神，不忘初心，砥砺前行，力争绽放师生生命，唱响教育凯歌。

扎根红色教育，构建"渔·洋"课程

湖北师范大学附属渔洋关小学　尹开海

人无精神不立，国无精神不强。在新时代，大力弘扬红色文化和红色精神，意义深远。习近平主席讲，要把红色传统发扬好，红色资源利用好，红色基因传承好。党的十九大报告中指出：中国特色社会主义文化，源自于中华民族五千多年文明历史所孕育的中华优秀传统文化，熔铸于党领导人在革命、建设、改革中创造的革命文化和社会主义先进文化，植根于中国特色社会主义伟大实践。我校是一所百年老校，学校办学史中流淌着红色基因。2019年12月，在湖北省宜昌市五峰县政府部门高度重视和支持下，学校升格为"湖北师范大学附属渔洋关小学（简称湖师附小）"，多年来，学校扎根红色教育，弘扬红色精神，致力培养能够担当时代大任的新人。

一、打造红色文化，培育时代新人

1937年，我校较早成立地下党组织，点燃革命星火。因此，我校的办学史中流淌着红色基因。"蓬生麻中，不扶而直"。学校的"一墙一区一廊一馆一场"都极具教育价值，有助于培育有红色烙印的时代新人。

我校校门右面的围墙是"烽火渔洋"浮雕墙，浮雕重现了师生抢运弹药、英勇抗战的事迹，驻足于此，爱国情萦绕心怀；校门左侧的画屏区与浮雕墙交相辉映，主要内容为"五峰风景名胜"、"渔洋十景"，培育"小学校大五峰"的家国情怀；"晴川神韵"文化走廊布满了学生社团活动的优秀书画作品，学生们在行走间与中华优秀传统文化亲密互动；宜昌市首个红色纪念馆有"植杏渔洋、烽火渔洋、书香渔洋、筑梦渔洋、民族渔洋"五大板块，宛若神奇的校园历史文化隧道，师生穿越时空造访历史展望未来，感受扑面而来的红色气息和顽强不屈的民族精神……

因为多年扎根红色教育，我校也收获了颇多"红色殊荣"，校本教材《红色湖师附小》获湖北省学校文化建设年度成果奖；音乐舞台剧《红色记忆》参加校园文化成果汇演，《湖北日报》等媒体争相报道；校史剧《烽火渔洋》参加"第十一届全国青少年艺术节"比赛获一等奖，在央视综艺频道展播，赴延安演出摘取"金像奖"；学校获"湖北省百强文化学校"、"宜昌市爱国主义教育基地"、"宜昌市课程建设先进学校"等荣誉称号。

二、构建"渔·洋"课程，丰富文化内涵

学校深谙课程、耕耘课程等理念得到了湖师大特派校长陈笑萍的大力支持。2020年5月26日，陈笑萍校长作了"以'点·趣'课程建设引领学校内涵发展"专题讲座，明确了学校教育就是"领导有事可为，教师有梦可追，学生有志可立"。2020年7月6日与10月11日，他带领专家团队深入附小，反复推敲课程建设问题，在交流与讨论中碰撞出灵感，带领班子成员确立了"渔·洋"课程主题的研究方向。11月7日，我校与陈校长团队欢聚一堂聊改革，深耕教育话未来，找到了原课程碎片化、不成系统等缺陷，提出丰富课程体系的方法、形成了结构化课程群、积淀了独特的课程文化，基本完善了"渔·洋"课程体系。

为何命名为"渔·洋"课程？主要是多方查证的结果。我校紧靠渔洋河，河中多鱼，尤其盛产娃娃鱼，流水不腐，户枢不蠹；渔洋关四面环山，早有"山不在高，有羊则灵"的传说；"鱼"、"羊"相生即为"鲜"，《说文解字》认为该字本义为新鲜味美，引申为新鲜、鲜明。基于此，附小萌生了"渔·洋"课程的初步设想。古代时，"渔"还泛指猎取与寻觅，也可指方法，如"授人以鱼不如授人以渔"。在《现代汉语词典》中，"洋"指"比海更大的水域"，有"广大、众多、丰盛"之义，后泛指"一切现代化的事物"。

综上所述，"渔"讲究过程与方法，"洋"注重心态与价值观，适用于校本课程的开发。于是，涵盖"三级课程"的"渔·洋"课程体系新鲜出炉，包括国家课程、地方课程和校本课程，其中校本课程下的"渔·洋"课程形成了"洋洋得意"谐音铺开的非遗、德育、自然与社会、艺术、科技五大板块，而除此之外，体系下还涵盖了"渔·洋"课程模式和"渔·洋"课程多元化评价体系。

校本课程中，校本教材《红色渔小》是我校红色文化育人落地落实的载体，该书分六册三篇章。第一篇章"红色传承"，介绍本土革命故事、英雄人物，引导学生学先辈、敬英雄、负责任、勇担当；第二篇章"红色传人"，生动活泼讲述修身养正的故事，进行讲诚信、懂规矩、守纪律教育；第三篇章"红色传颂"，收集本土红色歌曲、非遗文化，学子传颂经典，传承中华优秀传统文化。

学科融合上，我校以学科为载体，融入红色素材，探寻红色育人路径，在语文课上，教师要求学生读红色经典、讲红色故事、写方块汉字、赏经典诗词等；音乐教师谱写新歌，教唱红歌、扭秧歌、打腰鼓；美术课画国画，办"红色风"画展；信息技术课制作红色文化网页；书法教师组织练写革命诗抄……

三、多元评价体系，促进全面发展

在我校，德育处处体现着精心设计的匠人精神。红色文化润童心，多元评价助成长。德育处推出"德慧卡"、"红星章"、"礼品墙"，形成"红星学子"评价体系。

"德慧卡"设计精巧，寓意深刻，不同颜色、不同面值意义不同。绿色，珍爱生命；蓝色，爱护环境；黄色，健康成长；紫色，高贵儒雅。

教师全员持卡，及时评价发放，构健全员、全程、全方位育人格局。“红星章”，校徽、长城、学校代表性建筑交相辉映，激励学子志存高远，胸怀祖国。“礼品墙”，陈列丰富的学习、体育、生活用品，还有“免作业卡”、“班主任助理”、“校长助理”、“选座位卡”等“精神礼品”……

学校规定，十分“德慧卡”才能兑换一颗“红星章”，一月一汇总，“红星章”最多者为月度“红星学子”，颁发“红星学子”勋章，佩戴一个月。学期联评，“红星章”最多者为学期“红星学子”，可自选“礼品墙”礼品。

2020年，抗击新冠肺炎疫情时期，我校并未停止德育活动。学校充分依托互联网平台，开展线上德育。3月，为了加强学生的心理健康教育，教师们广泛收集资料，结合学生的实际情况录制了10节居家新冠肺炎疫情防控心理辅导微课堂，通过“空中课堂”，让这期间发生的一切，成为学生们人生的精神“疫苗”；4月进行了线上“缅怀英烈、感恩幸福、争做红色小传人”清明祭典活动；5月，结合全国爱国卫生运动，组织全体学生开展了“线上劳动教育，线下劳动实践”活动……

踏寻先辈足迹，弘扬革命精神。今后，我校将继续传承红色文化，不忘初心，砥砺奋进，让红色“渔·洋”课程愈发枝繁叶茂、红色味道愈发醇香。

用最真诚的服务，成就生命的精彩

湖南省郴州市明星学校总校 雷建文

办学质量是学校安身立命之本。习近平总书记在全国党校校长会议上指出：“要坚持质量立校，把高标准办学作为党校各项工作的重要抓手。”党的十八大以来，习近平总书记多次强调质量立校，要求学校高质量教育培训干部，高水平服务党和国家事业发展。近年来，我校围绕“服务至上、质量立校、特色强校”的办学方略，从教育教学到设施设备，从校风校纪到服务沟通等各方面取得的不俗成绩，学校的教育质量也得了稳步提升。

一、聚焦‘三牛精神’勤耕耘扭乾坤

“百年名校”梦圆前路漫漫。这就需要我们全体师生“牵‘三驾马车’扬强项补短板·聚‘三牛精神’勤耕耘扭乾坤”。

2021年是中国共产党百年华诞。全国人民跟随习近平总书记，一起回顾中国共产党百年奋斗征程永葆初心。2021年也是我国实施“十四五规划”的第一年，明星人也正处在创“百年名校”的路上，机遇与挑战如影随形。在教师开学工作动员会上，我们向全体教职工提出：我们要发扬二十八年来一代代“明星人”留下的宝贵精神财富，甘做爱生如子悉心服务于家长、学生的孺子牛；积极投身教育教学改革，推进学校创新发展的拓荒牛；不畏困难、艰苦奋斗，乐于奉献的老黄牛；勇敢智慧面对新时期的各种挑战，不负韶华，走向新辉煌。

学生是教育培养的对象，也是学校的主人。一个学校能否办好，学生们的表现才是各界的聚焦点，是否能实现习总书记“立德树人”的办学目标，学生的成长状况才是衡量的主要标准。在每次开学典礼上我都会与学生们分享几部书的名字，希望能给学生启吉。我分享的书名有《余生很贵，请勿浪费》《你的努力终将成就更好地自己》《你不努力谁也给不了你想要的生活》《别在吃苦的年纪选择安逸》《将来的你一定会感谢现在拼命的自己》《你若不勇敢，谁替你坚强》《别在该动脑子的时候动感情》等。我以书名为脉络，勉励学生们树立远大目标，珍惜当下的美好年华，以勤奋赢在当下，以坚持博取未来。

二、向上铸就崇高，拼搏成就未来

向上(善)的灵魂铸就崇高，自律的身心孕育未来，拼搏的青春成就美丽，坚守的理想静待花开！新的时代已开启，新的未来已向我们招手。让我们团结一心，奋勇拼搏，去创造美好的明天！

我希望，我们明星学生能在老师的谆谆教育和帮助下，用聪明的智慧与美丽的心灵书写下未来新的篇章！取得2021年高考大捷！天其实并不高，海其实也不远。高考的舞台已经搭建，冲锋的号角已经吹响，荣誉和鲜花就在前方！让我们行动起来！带着满腔豪情像雄鹰那样直冲云天，像水手那样乘风破浪，以汗水浇灌，用智慧耕耘，夺取六月的桂冠！让我们不负学校重托，不负家长厚望，不负青春梦想，再给学校美丽的脸庞增添无上的光荣！

习近平总书记说过：‘实现伟大梦想的道路，绝不是平坦的。’我们要敢于奋斗，克服困难。我们更要全力以赴，勇往直前！”从现在开始，以新学期为起点，开启希望；认真学习，承载梦想；踏实地走好每一步，以崭新的面貌迎接每一个崭新的开始！

理想信念是精神之柱、力量之源。历史和现实表明，坚持共同的理想信念，任何时候都是我们的显著优势所在，都是我们前进的根本动力所在。回首过去，我们满怀欣喜，展望未来，我们充满期待。怀揣着美好的教育梦想，我们又一次在春天起航。风雨兼程向远方，携手奋进赢未来。初心凝聚力量，使命催人奋进。新的未来，让我们一起奋力“犇”向前！不忘教育初心，勇担教育使命。我校将用最真诚的服务，最严格的管理，最出色的成绩，让理想照进现实，实现师生的奋斗梦想，成就每个人的生命精彩！

学校简介：

郴州市明星学校是“湖南省十佳民办学校举办者”李湘郴先生于1993年创办的湖南省第一所寄宿制民办学校。学校占地面积4.8万平方米，建筑面积6.83万平方米，在校学生3000余人。是一所享誉省内外，融学园、家园、花园、乐园于一体的高品质、现代化民办学校。学校以“服务至上，质量立校，特色强校”为办学宗旨，教育教学质量一直名列前茅。现已形成了幸福多元的幼儿教育、快乐启智的小学教育、规范和谐的初中教育、圆梦高效的高中教育四大教育品牌，成为享誉湘南教育的一面旗帜。

打造特色学校，办人民满意的教育

湖南省怀化市人民路小学 瞿海勇

党的十九大报告明确指出，“建设教育强国是中华民族伟大复兴的基础工程”。教育，必须倡导“以人为本，求真务实”的科学精神。为推进素质教育均衡优质发展，提升育人实效，我们始终践行“以人为本，全面发展”的育人理念，不断提高学生的文化基础、实践创新能力，使学生们学会学习、健康生活，把学生培养成为具有社会责任感，有国际视野、能担当大任的时代新人。

一、树立大教育观，坚持质量兴校

创新教学特色，我校以“学生喜爱，家长满意，社会认可”为目标，树立“大教育观”，强化“教研立校、质量强校”的责任意识，紧密结合教育教学及教研教改实际，不仅关注学生的学科成绩，更关注学生的人格培养，促进学生的身心健康、和谐、全面发展。

积极参与快乐高效课堂的构建。我们要求教师勤学善思，提升素质；研读教参，把握教材；重视课堂教学，构建高效课堂；注重从培养学生兴趣入手，精讲多练，切实减轻学生课业负担，让学生在学习实践中感受快乐。

管理人员听课常态化。学校领导在分管年级的基础上，深入教学一线，坚持听评“常规课”、“汇报课”、“推门课”，了解教学动态，倾听师生心声，服务课堂，服务教学。

整合课程，丰富社团。学校充分发挥教师特长，传承学校文化。人民路小学有着丰富多彩的社团活动。我们学校的孩子在2019怀化市“红领巾小主人”鼓号队风采大赛中，以99.3的高分获得全市第一名。刚刚举行的怀化市“红领巾小百灵”红歌合唱比赛，我校以全市第二的成绩进入总决赛。

注重学生的养成教育，通过课堂教学和活动指导学生正确的行为，培养学生良好的习惯等，为孩子的健康快乐成长打下了坚实的基础。

二、打造特色教育，促进学生发展

传承中华优秀传统文化，以书法教育为切入口，学校自筹资金近60万元，创建了一系列书法教育基地，如“兰亭苑”、“雏鹰斋”，以及涵盖八大版块、囊括历代书法名家名篇、长132米的书法文化长廊等，增添了浓浓的家国情怀与鲜明的育人底色。

邀请知名书法家李再湘教授到校指导工作，学校还着力培养自己的书法教师，储备力量，一大批优秀青年教师脱颖而出。同时，学校还采取了派出去、请进来和校本培训等多种形式加大对教师的书法培训。目前学校有5位专职书法教师，致力于师生书法教育。

学校书法课是一周开一节，一个专职书法教师负责一个年级。每个年级孩子学的内容不一样：如一二年级的孩子，主要是正确书写姿势的培养、基础笔画笔顺的讲解、间架结构、如何看字帖等，到了中高年级，就开始练软笔，训练动笔技巧、墨色章法、练习书法技法等。近四年以来，学校的先后被评为“湖南省书法教育联盟实验校”。第二届、第三届“米芾杯”国际青少年书法大赛优秀组织单位。并成功挂牌“全国书法教育示范基地”。教师李映兰、学生应嘉彤、刘雅诚、曾浩等200多人次获国家级书法大赛奖。《中国家庭报》《书法报》《书法报·书画教育》开辟专栏刊登我校师生作品。《新湖南·教育》栏目对我校的书法特色进行特别宣传报道。这是对我校书法特色教育工作的充分肯定，也与学校全面实施素质教育紧密相连。

打造篮球校园，增强师生体质。我校也是全国篮球特色学校，学校秉承“每天锻炼一小时，健康工作五十年，幸福生活一辈子”运动理念，充分利用体育课，课间及课后服务，积极发展体育运动。小小的篮球，承载大大的梦想，极大地丰富了学生课余生活，增强了学生体育锻炼的意识，提高了身体素质，一次次的比赛中孩子们积极向上的进取精神得到深度培养。

学校体育组经常组织开展丰富多彩的篮球运动，传球、运球、对抗赛、小组赛等活动，充分发挥资源优势，确保每一位孩子参与、每一位孩子受益。在篮球特色方面，学校先后获得2019、2021湖南省小篮球联赛怀化赛区U12女子组第一名、2019年湖南省小篮球联赛总决赛U12女队亚军、鹤城区第二十一届中小学生篮球赛女子组冠军等荣誉。

三、抓好基础教育，夯实育人根基

基础教育是万丈高楼的地基，抓好基础教育，我校主要从三方面抓起。一培养队伍。人小不乏优秀老师，但十个、二十个、三十个，无法让四千学生都受益。近年来，我校集中精力探索培养教师新模式。我们深入一线，为青年教师课堂问诊把脉，从教学和班级管理两个路径进行帮扶，采用多种形式，让青年教师学有榜样，行有目标。赛课最能成就人，为获得最佳效益，我们往往采用捆绑式赛课，如师徒捆绑、学科组捆绑，让所有老师都出来打卡赛课活动。

二创设活动。活动育人，无论是德育还是学科活动，我们都会进行整体设计，让每个年级不重样，使人小的孩子六年能够全程参与几十个不同的大型校级活动。秉持这样的理念，我们利用校内外一切可利用的资源，开设了92个，四十多种类别的兴趣班，如书法、篮球就是人小两张散亮丽的名片，现在陶艺吧、合唱队、乐高搭建、科学小课堂、播音主持等正为我们培养出越来越多的小能人，也即将为人小打造出第三张、第四张闪亮的名片。

三重视习惯。好习惯成就好人生。每年新生入学，我们有入学教育周的评比，学习队列、就餐、就寝等生活常规，培养自理和独立生活的能力。还有为时一个月的课堂常规训练，让孩子们养成课前准备学习用品，下课先整理学具、如厕后再玩耍的习惯；养成课上认真倾听老师和同学讲话，大胆而礼貌表达自己见解；以正确的双姿进行规范美观的书写，在规定时间内独立完成练习等习惯。一个月后验收，不合格者继续，直至合格。严格把关，只为让老师们思想上高度重视，并且在协同配合中反复抓、抓反复中将正确行为固化为良好的习惯，以助力孩子未来更好地学习与生活。

四、做好家庭教育，培养良好习惯

我们都知道，良好的教育离不开家庭、学校和社会的共同努力，作为家长，应时刻关注孩子们的学习状况，尽可能地抽出时间来陪伴孩子学习，就算有个别家长因特殊原因无法做到时刻陪伴，也要让孩子意识到你是时刻在关注着他的学习，从而促使他更加努力！家长应该为孩子创设一个良好的家庭学习环境，保证孩子在家里能静心地学习，不受其他因素的干扰，提高学习效率。

小学阶段要养成的习惯很多，各个学段的重点及标准也各有不同。对于孩子的学习习惯，低年级段，作为家长要首先要关注孩子正确的读书和写字姿势，使其养成独立按时完成作业的习惯。这些学习习惯也是低段老师特别注重和强调，并且会专门进行训练的，我们的家长需要做的就是和老师保持一致的要求，不停巩固、强化这些正确的行为使之成为习惯。

中段需要培养孩子预习、独立学习和思考问题的习惯。对于孩子的学习，家长无须再全程陪同，只需每天花上十来分钟看看孩子的作业是否工整，错题是否改正是否明白错因，如不会则鼓励他自行探究。高段，孩子应学会自主学习，课外读物的选择要拓展到科普读物和各种文学作品。可和孩子一起探讨家事国事天下事，鼓励他发表自己独到的见解。

生活习惯与学习习惯息息相关，密不可分。作为孩子的家长，我们一定要像关注孩子的学习成绩一样，高度关注生活习惯的养成。低段，首先要让孩子养成自己能做的事情自己做的习惯：如每晚准备好第二天的学习用品，自己穿衣、系鞋带、洗小内裤，如果可能的话还可以让他自己设置小闹钟，安排自己的休息和起床时间。中段开始，可以尝试让孩子自己安排自己的时间，家长给孩子一些建议，最终达成能合理又有效地时间安排。到了高段，家长只需悄悄关注，偶尔提醒，孩子自然就有一个良好的生活习惯了。

良好交友能力和交友习惯对于孩子的自我认同感和能否在学校快乐地学习生活具有极大地影响。而低段的孩子更需得到家长们的言传与身教，此时家长可以教孩子如何与同学相处的具体做法，如讲话有礼貌，不打架、不骂人，不欺负比自己弱小的同学，乐于帮助他人等。到了中段则要教会孩子学会辨别是非，能欣赏身边朋友的优点，并主动向他们学习。到了高段，让孩子们意识到交友除了热情大方，还需要友好真诚，要和积极向上的人做朋友，关心帮助朋友。最重要的是家长也应该成为孩子最好的朋友，与他们交心，才能对孩子的一切情况了然于胸。

下一步，我校将继续创新课题研究，完善学校教育质量提升的顶层设计；聚焦课堂质量，强化课堂主阵地作用；按照“四有”好老师标准培养高素质队伍；落实“五育并举”，加强课程建设。努力培养学生的核心素养，办好人民满意的教育，培育更多有责任的公民。

践行“三实三严”作风，让校园管理变成一门艺术

湖南省溆浦县祖师殿镇中心小学　向县华

管理是一门学科，也是一门科学，更是一门艺术。由“一个好校长就是一所好学校”这句教育界的名言可以看出，校长是一所学校的灵魂，其办学思想和管理境界关系着一所学校的发展潜力。只有校长切实做到以身作则、以身示范，寓管理于无痕，内化于心，外化于行，才能如春风化雨、润物无声般一点点浸入师生的心田，潜入、流注和运行于学校良性循环的血脉中。

在五年副校长、三年多校长的管理实践中，我坚持以创建品牌学校为目标，严格按照“三实三严”标准要求自己，努力提升自己的管理境界。

一、思想政治要实，廉政自律要严

思想政治工作要实。习近平总书记在全国教育大会上强调：思想政治工作是学校各项工作的生命线。由此可见，校长加强思想政治工作的重要性。一是校长要牢固树立正确的世界观、人生观、价值观，坚定理想信念。校长在思想政治上要时刻与党中央保持高度一致，自觉加强政治理论学习，自觉提升党性修养，把抓政治思想工作变成自觉行为，贯穿于日常工作始终，做到全心全意为师生服务。为此，我每天都会花费一定的时间在学习强国平台上学习，以及阅读《习近平谈治国理政》等理论书籍，保持思想的先进性。二是抓实学校思想政治工作，就要抓实学校党建工作。学校各项工作的开展都要与党建工作紧密联系起来，以抓党建促队伍管理，以抓党建促质量提升，加强党支部五化建设，党建活动做到不走过场，不搞形式；努力把优秀教师培养成党员，把党员教师培养成优秀教师。现在，学校教师入党积极性高涨，且每年都会发展新党员。几年来，学校连续被评为县基层先进党组织。三是抓实学校思想政治工作，就要加强对师生的思想政治教育，提升师德修养，规范学生行为。每次行政会、全体教职工大会，我都会抽时间开展思想政治教育，宣传党中央及各级党组织的工作会议精神，落实相关工作要求，学习优秀人物的先进事迹，提升教师的思想政治认识；通过开展国旗下讲话、主题班会、路队建设、课间规范行为、特色课程建设等形式多样的活动，促使学生养成良好的行为习惯；每期都开展师德大讨论活动，评选出师德标兵，积极开展优秀学生干部、三好学生、文明礼貌之星等评选活动。经过不断的努力，现在学校教师思想政治意识强，学生行为习惯良，校风、教风、学风风清气正。

廉洁自律要严。作为校长，我始终对自己高标准、严要求，做到廉洁自律、以身作则。一是校长要做好表率工作。校长要管理好学校，就要以自己的模范行动去影响和带动教职员工，事事处处做好表率，要求教职工做到的，自己首先做到、做好。二是校长工作、生活要做到廉洁朴素。任校长三年多来，我所有的工作随时接受全体教师的监督，以“实实在在为学校做点事”的心态，务实地为祖师殿镇教育做点贡献；我从未多报一分差旅费，不乱开支学校一分钱，学校每期都会组织工会成员进行财务审计，并及时向教职工通报，由于校长在财务上过得硬，其他行政也没话可说；学校临聘教师开支近60万元，严重挤占了公用经费，我通过向局里申请、向当地党委政府汇报、发动爱心人士捐赠等方式，获得社会捐赠资金近50万元，改善了办学条件，使学校没有出现亏账。三是校长要带头遵守校纪法规。除了开会、生病外，我从不迟到早退，主动承担毕业班教学任务。由于工作认真务实，在我的带领下，大家工作积极负责，工作效率和工作质量明显提升。

二、落实工作要实，检查督导要严

落实好工作就是讲政治。习近平总书记在全国脱贫攻坚总结表彰大会上强调：一分部署，九分落实，可见落实工作的重要性。一是校长落实工作意识要强。对于督学办、教育局及上级各部门安排的工作，我首先想到的是如何落实好，绝不做两面人，否则其他行政或者教师的工作质量就会大打折扣。二是校长落实工作方法要活。校长落实工作要讲究方式方法，结合学校实际，认真分析，周密考虑，统筹安排，这就需要校长持续学习，具备做好工作的信心和能力、过硬的专业知识、开拓进取的精神、较高的领导艺术及较强的社会活动力。几年来，在校长的工作岗位上，我从未间断过学习，抽时间向书本学，向名校长学，特别是在宋跃庆名校长工作室里，大家相互学习、取长补短，受益匪浅。三是工作落实的责任要明。校长要将学校的工作分解到行政、教师，让大家明确内容，团结协作，完成标准。

事实上，在落实工作过程中，我的工作经验在不断积累，工作水平在不断提升，学校也得到了很好的发展。在县教育局的正确领导下，在花桥督学责任区的指导下，在全体师生的共同努力下，我出色完成了上级安排的各项工作，学校先后评为县工会工作先进单位、县德育工作先进单位、县教育扶贫工作先进单位、县教学质量优胜单位、县先进基层党组织、县书香校园、县文明校园、县五好关工委、市关工委先进集体，并荣获了县防溺水工作一等奖、县合唱比赛一等奖、县绩效目标考核一等奖等荣誉。承蒙组织的信任和厚爱，我本人也有幸连续三次评为县优秀校长。

检查督导要严。我充分发挥督导室的作用，完善检查督导制度，凡安排的工作必须要检查督导评比。对行政人员分管工作的检查督导，做到谁分管谁负责。无特殊情况，行政具体工作一周一安排、一周

一督导，对敷衍了事或者完成较差的要严肃批评，及时改正，绝不姑息。对教师工作的检查督导，除了常规工作外，学校及分管领导安排到教师头上的其他工作也要确定好完成时间和标准，做到及时指导、检查，绝不讲情面。三是科学运用好检查督导结果，每期的绩效考核、评优评先都会把平时督查成绩作为重要的参考依据，确保学校各项工作做到公正公平。

三、关爱师生要实，管理队伍要严

关爱师生要实。局里选我当校长，我当校长为学校。只有教师对校长认同了，教师工作积极性才能充分发挥。同样，只有校长对教师厚爱了，学校工作环境才能和谐统一。在关爱师生方面，我主动做到：一是尊重教师，以诚相待。工作中尊重教师人格，维护教师声誉，多赞美，多肯定，认真听取教师的意见，做他们可亲可信的朋友。二是关心师生的成长。学校工作依靠教师，教师工作培养学生。我主张通过开展教师读书活动、师徒结对活动、外派参观学习、教学比武、校本主题研修等系列活动，促进教师专业快速成长，从而使得学校教育教学质量稳步提升。而为了满足学生个性化、多样化的发展需求，在我的主张下，建立了以“校本体育，课程育人”为主题的独具特色的课程体系，形成了以舞龙、武术、篮球、健美操为主体的校本体育课程，让学生在运动中享受乐趣、增强体质、健全人格、锤炼意志。三是要关心教师的生活。作为校长，要对学校教职工的生活状况要有一定的了解，对于他们的家庭等情况要略知一二，方能及时帮助老师们解决好工作、生活中的一些困难。针对年轻教师居多，特别是外县教师较多的师情，通过举办每月集体生日会、野游活动、教师联谊等系列活动，丰富教师的业余生活；对家庭有困难或生病住院的教师，我都会亲自过问看望。在潜移默化中，整个校园洋溢着浓浓的大家庭般的温馨之情，学校工会年年评为县工会先进单位。

管理队伍要严。学校发展靠教师，作为校长，我对学校行政、教师两支队伍的管理是“严”字当头。一是做到制度管人。学校制度一旦制定出来且教代会通过后，一定要亮在最前面，严格执行，“制度面前人人平等”。二是加强行政班子管理。校长在学校管理中承担的主要任务是出思想、明思路。在工作中，我要求行政领导必须做到带头学习，带头研究教育教学工作，带头遵守学校规章制度，着力培养一支具有较强执行力的队伍。三是强化教师管理。要求全体教师遵守教育局颁发的“七严禁、三追任”制度；强化对教师的考勤管理，严格请假制度，规范请假手续；强化教学常规管理，加强对教师备课、课堂教学、作业批改、学生辅导，教师参与教研活动等检查力度；强化对教师的师德师风管理，严禁教师非法上访、越级上访，严禁教师说有损学校的话、做有损学校的事，违者给予绩效扣分、师德考核基本合格或不合格，移交上级部门处理的决定；在用人机制上，严格遵循量才使用、用其所长和人尽其才三个原则。

用一言一行启迪智慧，用一点一滴铸造辉煌。由于在管理过程中践行“三实三严”作风，我校近几年在师德建设、安全维稳、教学成绩、学前教育、基础建设、党建、教育扶贫等方面取得了较好的成绩。作为学校的校长，我也有幸在关键岗位上工作，有沉甸甸的责任，也有实现人生价值的喜悦。我坚信，只要我心系学校、心系师生，践行“三实三严”作风，严谨治校，一定会奏响学校管理工作的美妙乐章。

创新美育渠道，打造学校品牌

湖南省益阳市实验小学　莫莉辉　钟国滨　何思慧

美是丰富、净化人类精神世界的重要源泉。学校美育工作对于塑造人格健全、道德高尚、全面发展的新时代青年具有重要意义。习近平总书记强调，“要全面加强和改进学校美育，坚持以美育人、以文化人，提高学生审美和人文素养”。“十四五”规划纲要指出，“要加强社会主义精神文明建设，培育和践行社会主义核心价值观，推动形成适应新时代要求的思想观念、精神面貌、文明风尚、行为规范。建立健全教育评价制度和机制，发展素质教育，更加注重学生爱国情怀、创新精神和健康人格培养。”近年来，我校紧紧围绕“办学有特色，教学有特点，学生有特长”的办学理念，以创建品牌学校为抓手，以培养具有中国魂的德智体美劳全面发展的新时代好少年为目标，着眼顶层设计，坚持突出“美育”教育，力争把我校办成一所“受人尊敬的品牌学校。”

一、抓好顶层设计，推进美育工作

工作之初，我校就组织行政班子与教师代表围绕学校办学理念进行了深刻剖析，制定了《益阳市实验小学品牌学校创建规划》《益阳市实验小学美育教育实施方案》，并将“美育”教育深度融合在这些规划、方案之中，保障“美育”教育的落实有专人负责，有落实措施，有推进步骤，有经费保障。

工作启动以来，学校高举“美育”教育工作大旗，全面实施“二推进一提升”工程。即一稳步推进学校美育文化建设。学校以“构建品牌实小”为主题，以构建“艺术校园、魅力校园、文化校园”为目标，将美育文化融入校园理念文化、视觉文化、制度文化、行为文化建设中，打造美育校园；二大力推进学校艺术品牌建设。认真办好一年一度的艺术节，学校已连续成功举办十七届艺术节。开设各种红领巾小社团：剪纸、创新绘画、书法、声乐、管乐、民乐、戏曲、足球、武术等社团，重点培养一批好的艺术苗子，从而提升他们的美育素养。积极提供展示平台，让学生有精彩绽放的机会。同时有序实施学校“美育”文化建设方案，积极争取各方支持，集中有限的办学经费，不断改善办学条件。

二、打造精品亮点，提升美育内涵

（一）打造以剪纸为主的民俗品牌。剪纸是我国传统的也是最具大众性的民间艺术形式之一，与民族民俗的关系十分密切，而且剪纸是一项手脑并用的实践活动，孩子们通过构思、绘画、剪刻、粘贴创造出各种剪纸作品，在培养学生的创新思维、逻辑思维、动手能力等方面具有独特的魅力，为此学校大力推进以剪纸为主的民俗文化建设，让学生在剪纸中培智强能，让学生的审美情操得到质的飞跃。

1.构建平台。为了系统地开展剪纸民俗教育，让学生接受科学系统的训练，学校把《我来教你剪纸》列为校本课程，学习内容由浅入深，使剪纸落实到了日常教学活动之中。

2.培养能手。学校在3-6年级学生中重点培养剪纸爱好者，使一批学生成了“剪纸小能手”，很好地带动了学校剪纸文化的普及与推广。

3.深化成果。学校以推进传统文化教育为契机，组织师生创新路子，设计编著了国内首本《少儿诵读-剪纸版弟子规》；又结合市创建文明城市要求，组织师生创编了以“交通安全”为主题的剪纸音像读本，获得省级一等奖、国家级三等奖。

（二）打造以校园足球为主的时代品牌。2015年8月，学校有幸成为全国“校园足球试点校”之一，从那时起，足球就在实验小学生根发芽。

1.奠基，创建社团。为确保此项工作在学校的顺利开展，学校领导和体育老师精心谋划，将切入点放在数量少、质量精的运动员身上，组建足球梯队社团建设，社团不仅注重学生体能素质、足球技巧的训练，更关注学生学习、思想道德、美育教育的培养，从而点燃了学生学习足球的激情，学生纷纷踊跃报名参加社团活动，“足球风”日渐弥漫整个校园。

2.联动，规划课堂。为使足球运动在校园内普及，在管理上，学校采取教导处、教科室、体育组三方联动的管理方式，同时确定了课堂普及、活动推进、社团提升逐步深入推进的实施策略。

3.创新，活跃课堂。足球运动不仅能够体现力与美，更能体现人的智慧与坚韧的品质。因此，在课程的实施过程中，体育教师团队不断探索动、静两种不同的课堂模式，通过游戏激发学生对足球的热爱，培养学生坚韧、执着的体育精神，感受足球带来的力与美的和谐统一。

4.检验，足球联赛。随着足球氛围越来越浓，学生参与的积极性越来越高，学校连续三年举办了校园足球联赛，并组织优秀选手多次参加市、区中小学生足球联赛，为学生提供了足球展示和交流的平台，促进了学生足球战术的提升，培养了学生顽强拼搏的精神和良好的道德规范和素养。2016、2017年，在益阳市中小学生足球联赛中，我校足球分别获市小学组一、二等奖；2019年，学校女子足球队参加足球联赛获资阳区第一名，益阳市一等奖；2020年，学校女子足球队获省青少年校园足球夏令营比赛一等奖。

三、成立领导小组，制定活动方案

为实现“健康师生、活力校园”的教学目标，实验小学成立了大课间活动领导小组，制定了翔实的“每天一小时”大课间活动方案。

学校充分挖掘现有教学资源，师生全员参与，因地制宜，并在活动内容、组织形式上进行了大胆的挖掘和创新，学生自主参与，自我管理，既满足了学生的运动兴趣，又提高了学生锻炼的积极性：校园广播体操让学生强身健体；口号声声的跑操师生人人参与，　已成为校园一道亮丽的风景线；中华武术、太极功夫扇等特色体育项目让力与美得到完美结合；小苹果、兔子舞等流行元素走进大课间，简单动感的节奏深受师生喜爱；乒乓球、羽毛球、跳绳、踢毽子、呼啦圈等一些传统体育活动成为他们展示青春风采的舞台；《中华经典》《三字经》《弟子规》等经典手语操的展示，让阳光体育与经典文化同行，与快乐校园同行，整个校园其乐融融，生机盎然，充分彰显了学校美育建设的丰硕成果。

教育是永无止境的，社会主义美育是为建设社会主义精神文明和培育学生心灵美、行为美服务的，并能广泛而深入的影响着学生的情感、想象、思想、意志和性格。而我校坚持以美育人就是培养学生全面发展。以美育人也并非一日之功，尤需脚踏实地、久久为功。在今后的发展中，我校将进一步加大美育管理力度，增加资金投入，创新美育渠道，提高美育教育水平，使美育教育在实验小学开花、结果，并辐射、引领资阳教育的新篇章。

城乡携手促发展，均衡教育谱新篇

湖南省永州市东安县教师进修学校　宋和明

百年大计，教育为本。教育大计，教师为本。深化教育改革，加强乡村学校教师队伍建设，促进城乡教育的均衡发展，不断满足人民群众对优质教育资源日益增长的需求，振兴乡村教育，刻不容缓，时不我待。而乡村教育的振兴，关键在教师，加强乡村师资队伍建设，提升乡村教师专业能力，是当务之急，重中之重。

一、担当使命，践行初心

党的十九大报告强调，推动城乡教育一体化发展，高度重视农村义务教育，努力让每个孩子都能享有公平而有质量的教育。

农村教育现状：经调研，全县有49所乡村学校，有教师2216人，其中，特岗教师420人，县域新招教师380人，临近退休老教师400人，临时代课教师200人，这些教师占农村学校教师总数的63%，农村学校教师队伍的整体素质令人担忧。

如何让农村孩子享有公平而有质量的教育？如何提高农村薄弱学校教师的专业能力？如何提高农村学校的管理能力和教育质量，已成为东安教育急待破解的一大难题。

为落实立德树人，促进城乡教育均衡发展，办好东安人民满意教育。2019年初，东安县教育局高度重视，英明决策，决定在县域内，构建城乡教育共同体，实行集团办学，捆绑评价。将全县67所中小学校，采取城乡结合，组建为6个责任督学区，构建6个教育共同体，并将教育共同体中的县城优质学校确定为该教育共同体中的牵头学校。将学校管理、教学质量实行整体评价，以此促进教育共同体中的城乡学校共同进步，均衡发展，助推城乡教育一体化。

东安是全省首批国培项目县。2015年至2017年实施了三年的国培；2017年至2019年，我县又是市县教师培训机构转型发展试点县，继续开展国培项目。五年来，我们锐意进取，开拓创新，努力探索县域教师培训新模式、新方法、新思路，形成了我县县级教师培训的新特色，取得了实实在在的效果，全县教师感同身受，有目共睹，有口皆碑。

国培不仅给我们积累了宝贵的培训经验，同时为我们培养了一支数量充足、素质优良的教师培训者团队。我县建立了220人的县域教师培训专家库和县域教师培训课程资源库，为县域教师培训的科学化、常态化、规范化、精准化的有效开展，奠定了坚实的基础。感谢国培，为我们春风化雨，感谢国培，为我们县域教师培训指明前进方向。

二、城乡携手，初见成效

两年的手拉手送教活动，参与送培教师650人，受培教师820人，参培教师总人数达1470人。一是受培教师的教育教学能力得到了明显提高，逐渐成为乡村学校的教学骨干，受培学校的管理，日趋严谨规范，乡村薄弱校不断发展；二是赠人玫瑰，手留余香。送培教师在培训他人的同时，也提高了自我，铸就了自我。部分送培教师成长为市县学科骨干教师或学科带头人，有的在成长为优秀的培训教师，送培效果，一举两得，成绩斐然。

三、回望总结，砥砺前行

迁移智慧，借石攻玉。2019年初，我们将国培项目中的名校牵手乡村薄弱校的项目模式迁移到县域培训项目中，形成东安模式即集团优质学校（园）牵手乡村薄弱校（园）。由各优质校自主申报，教师管理中心和教师发展中心根据送培学校的师资力量等条件，进行综合评估和审核，最终确定了送培的优质校（园）和 牵手的乡村薄弱校（园）项目，并严格按照“国培手拉手”项目的四个环节和要求，开展送教帮扶活动。两年的实践证明，被帮扶学校的领导、老师反响特别好。我们力争在5年内，让所有乡村薄弱校都能得到帮扶，真正实现城乡教育均衡发展。坚信：该项目一定会成为我们东安县域教师培训工作的又一道靓丽的风景！

聚集课堂，精研细磨。“手拉手”送培项目实施模式分为四个阶段：第一阶段：问题诊断（2～3天）；第二阶段：示范教学（2～3天）；第三阶段：研课磨课（3～4天）；第四阶段：总结提升（1天）。

课堂是提升教育教学质量的关键，因此我们始终聚焦课堂，把研课磨课作为核心、关键。这个阶段我们采取“三研四磨”法。即：个人自磨——指导研磨——小组互磨——集中研磨。由最初的初建课，在送培团队或专家的指导下，生成了合格课；再通过小组的互磨，进而生成优质课；最后经过集中研磨，打磨成精品课。生成教学资源，形成教学范式。

多元引领，精准帮扶。乡村学校的薄弱环节很多，又各具其特性，除了教师的课堂教学技能外，还有学校的管理，校园文化建设，师德师风建设，师生心理健康教育等，因此，我们的“手拉手”项目，还涉及学校教育教学的方方面面，通过培训需求调研，掌握薄弱校需要什么，优质校就送培什么。真正实现多元引领，精准帮扶。

捆绑评价，共同成长。我们在项目评价中，将送培学校和接培校捆绑在一起进行综合评价，对优质校的送培活动进行实时全面综合考评，对被帮扶学校的进步，一年后进行综合考评，跟踪培训效果。用以奖代补的方式下拨每个项目组经费5至6万元，这样实现了相互促进，共同成长的目的。

全程跟踪，扎实推进。为更好地加强对本项目的监督管理和指导，每个子项目，我们从教师发展中心和教研室派出两位能力较强的领导，对项目的实施进行跟踪指导和督查。确保了项目的每个环节扎实、有序开展。

复合考核，全面客观。在项目考核中我们采取看书面成果材料，现场听展示汇报和活动现场考评三者相结合的方式，并按3∶3∶4比例进行综合评价。尤其注重过程评价，这样更加全面、客观，确保了培训效果。

四、升级锐变，亮点纷呈

帮扶内容更“广”。我们的“手拉手”项目，除主要聚焦课堂“送教”之外，我们还设计师徒结对；校长与校长、副校长对副校长、主任与主任、教师与教师、班主任与班主任、学生与学生、“一对一”结对，架起友谊的桥梁。让帮扶活动，持久延续，进一步延展培训效果。

示范教学更“实”。我们要求送教学校每个学科都要精心准备一至两节示范课，全方位示范教学，让每个学科参培教师都能参与课堂教学的研磨，全面落实培训效果。

研课磨课更“细”。通过三研四磨，让每一位受培教师都能磨出一堂精品课，并形成自己的教学范式，生成教学资源，拓宽帮扶面，增强培训的实效性。

成果展示更“新”。成果展示，不仅有书面成果展示，还有现场汇报展示，更有平时活动现场展示。这样更加全面、客观，确保了公平、公正，深受大家喜爱，也更加令人信服。

教研氛围更“浓”。每次送课活动，集团内的相关学校都安排相应学科教师参加，带动了片区教研；同时，又促使各学校校本教研活动有序开展，全县的教研氛围更加浓厚，可以说手拉手活动带动了全县的教学教研活动。

城乡教育均衡发展是推进教育公平、办好人民满意教育的基本要求。展望未来，我们信心百倍，我们将继续守望培训者的初心，正视存在的问题和困难，进一步加强研究，积极探索，总结经验，虚心学习，以更加昂扬的斗志，去开创振兴乡村教育的新局面，谱写东安教师培训的新华章，让教育成为东安县老百姓感受真切的“幸福工程”。

情系乡村教育，助力乡村振兴

湖南省永州市东安县明德学校　席丽萍

民族要复兴，乡村必振兴。乡村振兴不仅是乡村和乡村产业的振兴，也应是乡村教育的振兴。只有办好乡村教育，才能更好地助力乡村振兴。我校是2016年9月在原教师进修学校的旧址上筹建。自建立起就担任明德教育集团的牵头学校，在促进城乡教育一体化、区域教育均衡发展的探索之路上，学校不断深化教育改革，推进教育优质均衡发展，

一、聚焦教育本质，确立办学理念

我校现有教师60名，学生1149人。我们将教育的视野聚焦在教育的本质上，确立“做最好的自己”为办学理念，打造“知书有礼，明德正心”的校园精神。我们有一支觉悟高、业务精、能力强，积极健康、勤奋务实的教师团队，在短短五年时间里，我校在生态文明教育、心理健康教育、书香阅读、集团办学、学校管理等多方面获得了省市乃至国家级荣誉。2017年我校被授予国际生态校绿旗荣誉（是永州市唯一一所获此殊荣的学校）；2018年申报了湖南省“十三五”规划课题《提升边远地区小学生生态文明素养》，研发了生态文明教育校本教材；同年省妇女联合会关心留守儿童心理健康的“知心屋”项目落户我校，我校被评为永州市妇女儿童工作先进集体；2019年我校还获得“书香永州”优秀组织单位；2020年被评为全国绿色教育创新学校。我也多次代表学校在论坛、培训活动中分享学校的管理经验和特色教育。自2019年我县开展“手拉手”项目以来，我校“牵手”大江口小学、荷池小学、白沙小学，不但将“做最好的自己”办学理念带入乡村学校，更是将“简约课堂”模式带给老师，让乡村学校有活力，让乡村教师的课堂更高效。

二、特色引领发展，谱写“送教”华章

为了充分利用学校的优质资源，实现城乡教育的共同发展，在县教育局和教师进修学校的领导下我们开始实施“手拉手”项目。项目启动之前我们精心部署，成立了一支由专业培训师、骨干教师、优秀班主任和教学精英组成的专家团队，并制定相关方案和考核制度。项目中我们采用问题诊断、示范教学、研课磨课和总结提升“四段式”模式，每一个阶段目标清晰明确、步伐坚定有力。

第一阶段"问题诊断，精准把脉"。乡村学校的孩子们大都是家庭教育缺失的留守儿童，学校里老师不是年龄大的老教师，就是年轻的刚从师范院校毕业以及特岗教师。我们采取进课堂走班级、问卷调查、现场座谈和找学生交流等多种形式了解接培学校的现状和需求。我们了解到乡村学校办学理念滞后，管理松散，教师缺乏教育激情，课堂教学经验不足等问题，针对学校和老师们的需求，我们定好各种送培内容和教学主题，安排团队内的部门科室和老师们进行"一帮一"的师徒结对。

第二阶段"示范引领，多元辐射"。根据上级要求我们多方面引领、全方位辐射，将学校的先进经验和高效课堂带入到乡村学校。

简约课堂走前沿。学校教育离不开教学，而教学又聚焦在课堂。作为一所年轻的学校，我们勇敢尝试、大胆创新，进行课堂教学改革，提出了"简约课堂"六简模式，即教学目标简明、教学内容简约、教学环节简化、教学方法简便、教学媒介简单、教学用语简要。"简约课堂"教学模式也颇具成效，因此我校的教学质量一直名列全县前茅。我们的示范课也涉及各学段、多学科，且主题不一。

我校蒋晨老师示范低年级识字课《树之歌》，她将枯燥的识字教学设计成情境教学，孩子们接到"树之歌"晚会邀请函，闯关成功才能抵达晚会现场。识字目标就在这简化的闯关环节中实现，孩子们不但掌握了形声字的特点，还能运用形声字的特点识字。雷雅芳老师的示范课概念教学《千米的认识》，创新了用朗读的方法区别1000米=1千米。这些细节的考虑，体现了"简约课堂"的精髓，那就是让孩子们更快捷、更简单地学会新知。我们专家团队准备的简约课堂，充分体现了以人为本、简约又不简单的高效实质，为乡村教师送去了一场"简约课堂盛宴"。

与此同时，我们邀请了县师训专家宋和明校长作了《教师创新意识的唤醒》的专题讲座，让老师们接收到更前沿的教学理念，鼓励老师们多学习，提升自己的专业素养，改进自己的教学能力。另外，在提升课堂教学水平的同时，我们还进行了城乡学校的文化共建。示范引领阶段各项活动的开展，使城乡学校的关系更紧密了，也拉近了城乡老师们的距离，对教师教学能力、专业素养的提升起到了引领作用。

第三阶段"研课磨课，破茧成蝶"。课堂是教师专业成长的主阵地，我们要求参培教师每人研磨一堂精品课。研课磨课过程我们严格遵守四步研磨法，让学员和师傅进行线上研、线下磨，然后小组研，最后团队磨，让每一位学员的原生课逐步生成"合格课，优质课，精品课"。结对教师们开始了为期一个月的线上、线下相结合的研磨过程。

白沙学校秦文双老师的数学课《分数的初步认识》，原生课教学设计环节繁多，导入设计让学生分苹果和饼干。结对老师雷雅芳给她建议，导入改成只分圆形饼；小组研课时建议秦老师简化教学环节，由自己分、自己说改为让孩子分、孩子说，学生自己动手兴趣浓，得出的结论也更深刻；第三次研磨时针对板书设计重点不够突出、不够精简的问题，又改成用一个分数代表……精品课的呈现，让我们体会到了蜕变的艰辛，也感受到了蜕变带来的喜悦。

第四阶段"总结提升，萃取经验"。"一个人可以走得很快，一群人才能走得更远"，这就是我们手拉手项目活动的意义。三个月的短暂时光，我们的项目团队成了教师专业发展共同体，无论是送培方还是接培方都获得了历练成长。我们的教师教学水平和教研能力整体上升了。"简约课堂"教学模式也在乡村学校落地生根，大江口小学在我们的帮扶下，2019年学业测评上升了19个名次。受培教师陈静说："这次活动让我开始了思考怎样才能教好自己的学生？"刘鸿俊老师说："活动让我知道了老师上好每一堂课、认真做好每一件事就是做最好的自己。"我校蒋芳、魏秋月老师获得市骨干教师称号；年轻教师魏雅婷、蒋晨在县优质课竞赛中获得第一名和第二名。老师们凝聚在一起，同学习，共成长。

三、助力提质增效，携手走向远方

城乡教育的共同发展已成为当下教育的一个必然趋势，虽然项目结束了但师徒之间的交流不会结束，因"手拉手"项目建立起来的友谊桥梁将伴随我们共同成长。我们的教学之路任重而道远，我们的帮扶之路仍在延续，我们会从这两年的活动中总结经验，制定集团内学校帮扶的长期计划，开展"手拉手"项目的有关课题研究，辐射教育集团内所有教师素养的提高，这将是我们项目今后努力的方向。

"十四五"擘画的宏伟蓝图正徐徐展开，巩固脱贫攻坚胜利成果，谱写乡村振兴崭新篇章，正成为崭新的历史使命和时代责任。作为教育者我们应该永葆教育初心，应该拥有"路漫漫其修远兮，吾将上下而求索"的不懈追求，应该拥有"预支五百年新意，到了千年又觉陈"的大胆创新，这样我们的教育才会放光彩。

助力乡村教育振兴，为乡村孩子们提供优质的教育保障。我们将继续深入研究城乡项目发展新的路径，为夺取全面建设社会主义现代化国家新胜利再增助力，添砖加瓦。

以体见长育英才，五育并举促成长

湖南省长沙市岳麓区望月湖第一小学　危维

强化体育教育是实施素质教育、促进学生全面发展的重要途径，对于促进教育现代化、建设健康中国和体育强国，实现中华民族伟大复兴的中国梦具有重要意义。自毛泽东1917年在《体育之研究》中提出"欲文明其精神，先野蛮其体魄"已百年有余，文章指出，体育锻炼有着强健体魄，增长知识，调节感情，增强意志之好处。2020年年初以来的疫情，打乱了很多人的生活轨迹。在疫情的背后我们看到了祖国之强大及白衣天使之伟大，同时我们对"健康第一"的理念有了更为深刻的认知。为此，我校牢固树立"健康第一"的教育理念，学校利用全国科学健身普及活动试点的契机，在国家体育总局和湖南省体育科学研究所的支持下，以强大的科研和工作团队为支撑，通过身体形态、身体素质、脊柱形态、骨质健康、机能健康、心理健康六个维度的监测和干预体系，为增强学生体质、建立健康生活模式打下坚实的基础。

一、基于传统优势，确立办学方向

我校是一所有着三十四年办学历史的城区传统老校。学校曾获全国"双学双有先进集体"、全国"争当环境小卫士先进集体"、全国"青少年科学健身普及活动试点学校"、省"绿色学校"、省"红领巾示范学校"、市"示范性学校"等荣誉。因为十年前与长沙市体操学校合作成立了区级的体操特色基地，经过几代教练员和师生的共同努力，体操、蹦床、健美操已成了学校三张靓丽的体育名片，健儿们在全国、省市比赛中争金夺银，学校也成了湖南省体操后备人才重点基地学校。

近年来，乘着"岳麓区沿江教育风光带振兴计划"的东风，学校硬件环境焕然一新，"地铁口"的交通优势和厚积薄发的办学特色不断凸显，基于学校的传统优势，以及国家提出的"德智体美劳全面发展"的教育方针，我们提出办一所"体育见长、五育并举"的美好学校，并通过一系列活动让这一理念深入人心。

我们还组织全体老师学习生命健康、营养保健、疾病防治等讲座，反复强调"每天锻炼一小时、健康生活一辈子"、"切实减轻学生过重的课业负担"等育人理念，通过体质监测数据的统计分析，来进行各班学生体质状况的对比，以此激励班主任、全校教师把学生的"身心健康"放在我们心中最重要的位置。

家长也是教育的重要同盟军，我们在家长会中宣讲"运动改造大脑"、"让学校的体操特色转化为每一个孩子的体育特长"等观点，并把学校在学生体育方面的做法与成绩向家长传播，定期评选"智慧父母"、"优秀家长"，请他们做育儿经验介绍。

二、依托四大平台，落实办学理念

没有合适的时间和载体，理念就没有抓手，难以真正化作学生的素养。我校通过五大平台，让孩子们真正实现了"快乐出汗、科学出汗"，让"体育见长、五育并举"的办学理念得以落地生根。

一是抓好常规体育课的质量。我们开足每周四节的体育课时，着力推进体育教研组的建设，设置每节课的运动量和教学目标，通过听评课活动、教学竞赛、师徒结对等加以落实，确保学生在每节体育课内身体素质训练和专项技能训练都有成效。学校体育老师们还积极探索体育课堂教学改革，在三、四年级进行"体育课走班"教学，孩子们可根据兴趣选班和选课，目前课内可选的项目为篮球、羽毛球、健美操、乒乓球等。

二是优化体育大课间的内容。学校每天上午十点进行全校大课间，全校师生一起参与锻炼，每次30分钟，包括中长跑、集体操和各班自选项目各10分钟，且定期对集体操和分班大课间内容进行调整。这也成了孩子们最喜欢的时刻。其他的课间，校园"共享体育器材"也对全天开放，方便孩子们便利使用，"篮球小子"、"乒乓球达人"、"羽毛球高手"在课间的操场上随处可见。

三是开设丰富的体育类社团。我校有篮球、羽毛球、乒乓球、田径、趣味运动选修社团供同学们自主报名；也有体操、蹦床、健美操三项通过选拔组织专门的训练队；还有结合学生体质检测的结果进行的肥胖、脊柱侧弯干预。这些社团活动的时间都安排在每天早上7:30—8:30或下午课后服务时间。学生参与体育类社团的人数也达到了全校总人数的50%。

四是体育家庭作业打卡。今年学校学生体质监测优秀率达到32.21%的高水平，也得益于体育家庭作业营造出来的家庭体育锻炼的良好氛围。有很多住在同一小区的家庭，每天晚上做完作业后在小区内相约锻炼，不仅锻炼了身体，也在交往中增进了相互间的了解和感情，为班级构建学习成长共同体注入了强大正能量。

三、提炼体育精神，发挥育人功效

习近平总书记在全国教育大会上对学校体育的目标做了深刻论述：要树立健康第一的教育理念，开齐开足体育课，帮助学生在体育锻炼中享受乐趣、增强体质、健全人格、锤炼意志。作为一所体育特色项目学校，我们也特别注重在体育中挖掘育人的价值。

我们构建了从"德、智、体、美、劳"五个维度对全体学生进行动态的综合评价体系，在各项教育教学活动中，老师们按一定比例对表现优秀的学生进行不同维度的"二维码"贴纸奖励，如体育课或体育活动中表现优秀，即可获得"橙色活力少年"的贴纸一枚，孩子们可把二维码贴在成长手册里，家长通过手机扫码即可为孩子积分，后台自动生成的数据就是学校每月进行的"五彩少年"和"单项奖励"表彰的依据。

学校体操特色项目推进十年以来，学校体操健儿在全国比赛中获奖的达30余人次，向上级专业队和学校输送优秀体育人才80余人。今年全国青运会中就有毕青青同学获得个人全能冠军，另3名队员组成的蹦床队获得全国比赛第八名。

学校适时提出"勇攀高峰"的体育精神，勉励全校师生勇攀体育的高峰、科学的高峰、文化的高峰，也共同创造个人发展和学校发展的新高峰。我们以"至诚楼、至善楼、至美楼、至勇楼"分别给学校的教学楼、综合楼和体育馆命名。涵养"诚、善、美、勇"的校风以及"自主、自律、自信、自强"的学风。这些都为学校从特色项目到特色学校的发展起到了积极的推动作用。

四、擘画未来蓝图，实施美好教育

美好教育即美好教育是美好生活的重要组成部分。学校有着很好的历史积淀，随着望月湖小区的老化，本地生源减少，省内各地进城务工子女占学生人数70%，家长和学生怀着对省会长沙美好的教育期待而来，"让每一位师生做越来越美好的自己，让每一个家庭因教育更美好"是我们努力追求的奋斗目标。

"让每一位师生做越来越美好的自己，让每一个家庭因教育更美好"具体来说，就是要实现学校的"三美三化"，即我们的学校课程美、体系化；教师美、专业化；环境美、现代化。要追求学生的"三好"，即我们的学生身体好、品行好、学业好。他们身心健康，"四肢很发达，头脑不简单"；他们自主自律、言行一致、知行合一；他们文理兼修、感性思维与理性思维协同发展。他们是德智体美劳全面发展的美好少年。

我们通过学校的"三美三化"，促成学生的"三好"，提升学生综合素养，最终实现学校发展的特色化、优质化，培养培养身心健康、全面发展、自律自主的望一美好少年。

我们的教育教学改革目标：发挥校长课程领导力，构建国家课程、校本课程、个性化社团课程三位一体的课程体系。打造"轻负担、高质量"的优质课堂，促进学生感性思维与理性思维协同发展；身体、品行、学业等综合素养不断提升。

我们的校本教研的目标：通过校本教研提升教师学科理解力、课程理解力和专业能力。充分激活每一位教师的最大潜能。建设一支学习型、研究型、合作型教师团队。

我们的特色发展目标：提升学校体育特色知名度和开放办学水平。优化体操生培养模式，力争早日培养出世界冠军。

我们的校园文化建设目标：基于学生视角，强调互动与体验，让校园更加精致精美且充满浓浓的教育味道。让校园成为适宜于学生释放天性而不是压抑他们个性的场所。形成与之配套的学校制度文化、精神文化和外显的物质文化。

硬件设施现代化目标：设施齐全、安全舒适、智能便利。实现硬件设施的现代化、人性化。积极建设智慧校园。

基于六大目标，我们制定了四个方面的三年发展规划，即：学校课程的体系化、教师队伍的专业化、学校发展的特色化、校园环境的现代化。并且通过学校发展委员会和全体教师，共同商定了各项活动完成的时间节点和相关负责人，明确了所需人力、经费等相关资源。

体育的魅力，从来不止于体育本身。终身发展，也离不开终身体育，更不能让从小养成的运动锻炼习惯和掌握的运动技能缺位。在孩子们身心成长的黄金阶段，我们将以更清醒的认识和更扎实的行动，秉承办学宗旨，继续深化学校办学特色，进一步普及发展校园体育运动，强化校园体育特色建设，提升运动水平，让每一个学生都能拥有强健的体魄、坚定的意志，促进学生"德智体美劳"全面发展。

面向未来，让我们齐心协力、凝心聚力、高质量编制学校"十四五"发展规划，为学校"十四五"时期的内涵式高质量发展奠定坚实基础！

劳动砥砺心智　实践助力成长

——浅谈洛阳初级中学劳动教育在语文教学中的融合

江苏省常州市武进区洛阳初级中学　陆卫刚

著名教育家苏霍姆林斯基曾指出，"离开劳动，不可能有真正的教育"。"劳力劳心，亦知亦行"，劳动教育是国民教育体系和中国特色社会主义教育制度的重要内容，是学生成长的必要途径，直接决定社会主义建设者和接班人的劳动精神面貌、劳动价值取向和劳动技能水平。洛阳初级中学，始终秉承"综合劳动、实践育人"的教育思想，积极探索创新劳动教育课程，将劳动教育与语文教学完美融合，开设《阳光农场》劳动教育校本课程，荣获市优秀校本课程殊荣，学校获得常州市劳动教育示范校荣誉称号。

开发劳动主题的实践课程

洛阳初级中学充分利用校园内20亩地农场、校园外10亩地农田，专门开辟了阳光农场教育实践基地，投资建设了"农耕文化馆"，同时积极利用社会资源建设教育基地，或者是劳动教育社团，比如"未来工匠社"、"农耕社团"等，为劳动实践提供了可能，也为语文教学提供了劳动素材。

实践出真知。开展语文综合实践活动，组织学生走进劳动教育基地，亲身体验劳动，例如种菜、浇水、除草、施肥等，通过做一些简单的体力劳动，让同学们深刻体验劳动的过程，并记录下劳动心得和收获。再通过劳动主题班会，进行交流，让同学们在积极参与中，感受到耕作的辛苦，增强珍惜粮食的意识；或者开展与企业合作的工匠之旅，组织学生打磨具、接线路、开车床、玩数控，让同学们能更好地把知识与实践相结合，提升动手能力，然后通过活动总结，进一步加深对劳动的认识。让学生在劳动中学会观察、学会发现，学会思考。

开发劳动主题的阅读课程

鸟欲高飞先振翅，人求上进先读书。英国哲学家培根说过："读史使人明智，读诗使人灵秀，数学使人深刻，伦理学使人庄重，逻辑修辞学使人善变，凡有所学，皆成性格"。同样开发劳动主题的阅读课程，也是增强学生劳动意识，提高学生劳动技能的有效方法。洛阳初级中学，将劳动教育融入语文课堂，对开发劳动主题阅读课程进行了不断的探索。

语文课堂上，一是延伸课文阅读。老师充分利用教材中收录的关于劳动的文章，带领学生进行延伸阅读，比如在学习《植树的牧羊人》一课时，设计课堂互动环节，让同学们根据课文内容，谈谈自己对劳动的认识，然后从辛勤劳动和妄想不劳而获正反两面列举例子，让同学们说出自己身边有哪些勤劳的人，逐渐引导学生发扬不怕苦、不怕累的劳动精神，培养学生"劳动光荣，懒惰可耻"的荣辱观。二是改造课文阅读。创新教学方法，不拘泥于教材，灵活教学。比如将书中关于劳动的课文提炼出来，组合教学。让同学们领略人们在各行各业中的劳动风采，通过取得的劳动成果，让同学们明白，只有付出就会有收获。三是拓展课外阅读。信息时代，知识更新加快，课本知识已经远远不能满足学生全方面发展，引导学生利用寒暑假拓展以劳动为主题的课外阅读，比如《平凡的世界》《钢铁是怎样炼成的》，开学后，组织学生讲自己心中主人公辛勤劳动的模样，让学生在主人公身上得到启发，自然而然地接受劳动教育，潜移默化的引导学生培养正确的人生观、价值观、劳动观。

开设劳动主题的写作课程

写作与阅读一样是语文教学中一个重要的部分，阅读在于吸收外部的知识，写作在于将吸收到的知识内化后再转换成自己的知识表达出来，两者相辅相成。洛阳初级中学，在语文教学中，将劳动教育落地生根，开发劳动主题阅读课程的同时，开发劳动主题的写作课程。

人类天生需要表达，巴金在《我和文学》中曾写道："我正是因为不善于讲话，有感情表达不出来，才求助于纸笔，用小说的情景发泄自己的爱和恨，从读者变成了作家。"写作是一种很好的表达方式。通过写作可以让作者更加清楚认识自己的本心。在教学中，老师有意识地将劳动主题融入作文写作中，为同学们开发更多的关于劳动的作文，比如"工匠精神"、"做一个热爱劳动的人"、"我心中（身边）最勤劳的人是谁"等，然后组织作文分享课，不但锻炼了同学们的写作能力，也内化了同学们对劳动的认识，让同学们接受劳动教育的洗礼，从而强化劳动意识。

开发劳动主题的德育课程

育人为本，德育先行。立德树人是教育的根本任务，要完成这样的任务必须在德智体美劳各方面教育中下功夫。洛阳初级中学将劳动教育视为提高学生综合核心素养与学业能力的突破点，近年来学校积极推进劳动教育的探索和创新，不单单停留在思想教育上，更将劳动教育践行在实际行动上。

劳动教育融入德育。语文教学中，老师积极开展劳动主题故事演讲活动，比如开展课前三分钟"每天讲一个今天的劳动故事"活动，然后鼓励学生积极承担家务劳动，在家里，发挥自己的爱好，为家人做美食，将劳动精神贯穿到学生的日常生活起居中，生活劳动，拉近亲情，还让学生学会感恩与担当；社会志愿服务劳动，义务植树活动、图书馆志愿者活动、争当小河长、帮助环卫工人清扫街道、走进公交公司、进社区写春联送春联等义务劳动，并写心得体会，进行班级分享，发扬奉献、友爱、互助、进步的志愿精神等。激励学生争做新时代积极向上的有为好少年！

高尔基说："劳动使人建立对自己的理智力量的信心"。幸福存在于生活之中，而生活存在于劳动之中。劳动教育是国民教育体系的重要内容，是学生成长的必要途径，具有树德、增智、强体、育美的综合育人价值。洛阳初级中学语文教学义不容辞承担起这个责任，为不断提升学生的劳动精神而奋进！

扬南田文化，育灵动学生

——述江苏省常州市武进区马杭中心小学110周年教学成果

江苏省常州市武进区马杭中心小学 张卫平

江苏省常州市武进区马杭中心小学（以下简称“马小”）始建于清宣统二年（1910年），建立在常州画派宗师恽南田先生的故里。马小在这方文化沃土之上，百年砥砺，桃李芬芳。如今，百年马小深入挖掘南田文化资源中蕴涵的教育元素，将其融入学校文化理念中，形成了以“从幸福走向幸福”为核心，以“有度”为学校整体价值追求，以“培养初具传统文化底蕴和现代文明素养的人”为培养目标的核心价值理念。

教育有度方幸福

在全国宣传思想工作会议上，习近平总书记提出了“兴文化”的使命任务；在全国高校思想政治工作会议上，习近平总书记强调高校要更加注重“以文化人、以文育人”。学校肩负着人才培养、文化传承创新的重要使命，是弘扬、传承和发展中华优秀传统文化，推进以文化人、以文育人的主阵地。马小植根于马杭地方文化，尤其是对南田先生的精神解读，用行动诠释什么是“从幸福走向幸福”。

学校秉承“毓德、修文、务本、铸新”的教风，努力打造一支有高度、有深度、有角度、有广度的教师团队，引领教师从幸福的职业追求职业的幸福。新教师通过汇报、提高、示范的成长“步行道”，建立学科教学规范；骨干教师则通过名师工作室力促形成自身教学风格等。学校按照领域、年段、参与率等指标，建构德育活动内容体系。如一年级的“知福礼”，学生感知幸福，快乐启航；三年级的“惜福礼”，学生珍惜幸福，拥有梦想；六年级的“行福礼”，学生践行幸福，扬帆远航。学校还抓住教学目标有度、教学方式有度、练习安排有度、学习评价有度四个要素来实施“有度课堂”。秉承“为了幸福的承诺”的理念，开设可供学生选择的各项活动课程，完善学生幸福成长的课程体系，提升人文素养。

改变教育格局，提升办学水平

党的十八大以来，党中央高度重视教育工作，召开全国教育大会，印发《中国教育现代化2035》，全面加强各级各类学校思想政治工作，推进教育领域综合改革，强化教材建设国家事权地位，教育面貌正在发生格局性变化。为进一步加快区义务教育学校优质均衡发展，让教育格局焕然一新，2017年，学校成立了马杭中心小学教育集团，以“扬南田文化，育灵动学生，做幸福教师，办老百姓家门口的好学校”为办学理念，以“文化共生、管理共情、课程共融、教师共行、学生共进、资源共享、家校共赢”等方面为抓手，努力提升办学水平。

集团旗下的三校（马小、城东小学、采菱小学）都彰显以南田精神为核心的文化素养，同时又有各自和而不同的文化诉求。马小进一步落实“从幸福走向幸福”的办学理念和“有度”校训；采菱小学以学生核心素养培养体系为指导，提出了“灵动教育、精彩人生”的办学理念和“努力共向前”的校训，创新了学校文化体系；城东小学以“自然成长”为核心理念，以“诚•晓”为校训，注重让文化落地。

立德树人，以文化人

多年来，学校不仅注重教育格局的改变，也始终坚持落实立德树人的根本任务，深入推进课程改革。学校着眼于提高课堂教学效益，在准确把握命题方向上发力，提升教育教学质量。2016年，习近平总书记在全国高校思想政治工作会议上指出，要更加注重以文化人以文育人。这一重要论述，既深刻阐明了中华文化发展繁荣对于中华民族伟大复兴的重要意义，也为坚定文化自信，落实立德树人根本任务提供了基本遵循。

因此，马小特别注重培养学生的文化底蕴。十年来，学生的多幅书画作品在区、市、省乃至全国获奖并在武进博物馆、武进文化馆、刘海粟美术馆、常州红荷文化艺术中心、江苏省美术馆等展馆展出。学生连续十年参加常州市青少年书法现场比赛，表现出色，获得社会各界一致好评。

历经百年风雨沧桑的马小，正焕发着新的朝气。马杭中心小学教育集团总校长张卫平曾说，教育是国之大计、党之大计。敬教劝学，建国之大本。未来，马小将会积极响应时代号召，紧跟时代步伐，建设高素质教师队伍，培养更多一流人才，改变教育格局，提升办学水平，坚守立德树人根本要务，继续植根南田文化沃土，切实培养中国特色社会主义合格建设者和可靠接班人。

融汇中西教育　培育未来精英

江苏省苏州市昆山经济技术开发区国际学校 甘乃仁

教育兴则国家兴，教育强则国家强。习主席高屋建瓴地指出，百年大计，教育为本。今年是中国共产党成立100周年，我国开启了全面建设社会主义现代化国家新征程。党和国家事业发展对高等教育的需要，对科学知识和优秀人才的需要，比以往任何时候都更为迫切。我们的教育只有把培养德智体美劳全面发展的社会主义建设者和接班人作为根本任务，才能为实现第二个百年奋斗目标、实现中华民族伟大复兴的中国梦、推动人类文明进步作出新的更大的贡献。我校始建于1996年，是一所环境优美、校风学风纯正，集幼儿园、小学、初中、高中于一体的现代化全日制与寄宿制学校。学校采取中西融合教育方式，致力于培养具有中国情怀，国际视野的现代新人，走出了一条中西融合的特色道路。学校先后获得“苏州市双语示范学校”、“江苏省实验小学”、“江苏省示范初中”、“优秀国际预科中心”等荣誉。学校现有78个教学班，约2880名学生。

一、深扎中国土壤，注入国际理念

我校自创建以来，坚持以培养有中国情怀、国际视野的现代人为教育目标，以崇尚科学、弘扬人文、发展个性、创造卓越为核心理念。在保留国内基础教育的同时，融入国际化思维，走出了一条既有中国特色、更有国际特征的中西融合道路。

在担任校长之前，我经历了最基层的教师岗位。这种经历使我对中西教育有了更深的认识。我认为，要建设一所有生命力的国际学校，就要深深扎根于中国的教育土壤中，在注入国际教育理念的同时，平衡与传统教育的关系，兼顾国家基础课程，实现中西教育的互补融合。

为此，我校做出了三方面的探索尝试。一是教学内容，坚持双语教学，并开设与传统教育升学路径相接轨的课程，实现基础教育学段的学生在参与初中毕业升学考试中取得优异成绩，形成国内升学，国外留学的双通道。二是师资构成，聘请多名外籍专职教师担任教学工作，并着力打造本土名师团队，拥有省级、苏州市级优秀教师、教育工作者、班主任等35人，苏州市、昆山市学科带头人、优秀教师和班主任等68人。三是办学策略，学校坚持实施以“爱”为原则，以学生的身心健康发展为重点，精心构建适合中外籍学生充分发展的个性化、全面化、国际化教育体系。在抓实教学质量这个主体的同时，深化好英语特色，建设好语文特色。近年来，学校更是以书香校园为主线，开设了一系列“跟着课文阅经典，伴着书香润童年”的经典诵读活动，让传统国学文化的甘露浸润校园，泣润学生心灵。

二、规划长远发展，实现自在成长

教育学理论认为，学生的成长是一个连续的、系统的、连贯的、发展的过程，因此在基础教育阶段接受的教育应该是系统的、连贯的、不可分割的。我校作为一所集幼儿园、小学、初中、高中于一体的十五年一贯制学校，始终走在探索幼小中教育教学管理一体化的路上，以促进学生的可持续发展。

我校的教学方向根据学段而各有侧重，幼儿园将蒙特梭利教育和主题式教学相结合，并以科技探索和英语活动作为辅助。中小学以国家课程为基础，并适当融合拓展能力的英语课程和特色校本课程。高中以全球认可的GAC国际预科课程、美国AP课程和ACT考试中心，以及港澳台侨课程为升入国内外知名大学准备。十五年一贯制的模式，为学生的长程规划培养提供了天然的土壤，让孩子的天性在教育的过程中显现并得到及时调整，实现自在成长。

高质量的教育培育出高水平的人才。近年来，学校初中部的各学科质量位居昆山市前列，高中港澳台及侨外国留学生班100%升入国内知名大学，80%升入双一流名校。美国课程班和国际预科班100%申请进入国外大学或中外合作大学，70%进入世界百大名校。其中，有数百名优秀学生从这里出发，跨入北京大学、复旦大学、南京大学等国内一流殿堂或美国、加拿大、日本及欧洲、澳洲名校。

三、多元教育方式，绽放生命华彩

在我校的教育理念中，每一种特征都应该被包容，每一种绽放都值得被肯定。我们眼里的学生无优劣之分，只有个性之别。我们根据学生的不同特长，选择不同的教育方式。

多元化教育成了我校一道独特的风景。学校现有足球队、田径队、软式垒球队、啦啦操队、舞蹈队等数十个校队和社团，构建多元化育人模式，为人才培养奠基。艺术节、科技节、外语节、体育竞赛、中外节庆、慈善公益活动、海外交流活动使得校园文化生活内容丰富、形式多样，熏陶了一批批学子。

除基础课程教学外，我校还开设了灵活多样的选修课程，以趣育德、以趣引思、以趣导行、以趣展才，让更多的学生在这里找到了施展才华的舞台，找到了学习的兴趣，找到了个性发展的机会，更找到了自信和理想，进一步促进了学生德智体美劳全面发展。

每一个生命都是独一无二的，其人生都应该是色彩斑斓、异彩纷呈的。立足新的历史起点和新的发展机遇，我校将继续实施多元发展的路径，中西融合，创新教育新的模式，恪守初心，勇担使命，肩负起

"培养国家合格建设者与国际视野的现代人才，培养具有使命感和担当精神的中国国民"的使命，促进学生的全面综合发展、多元发展、优质发展，让每一位学生都精彩绽放。

赤诚情怀育桃李　博雅教育绽芬芳

江西省高安市第七小学　熊秀英

今年的两会上，全国政协委员、江苏省锡山高级中学校长唐江澎"火"了。"好的教育应该是培养终身运动者、责任担当者、问题解决者和优雅生活者"，唐校长的这段论述契合了很多教育人心中朦胧却一直无法表述清楚的感觉，大家自然会情不自禁地欢呼点赞了。

是啊，教育应该"培根、铸魂、启智、润心"，我们应该给予孩子们健全而优秀的人格，促使他们赢得未来的幸福，造福国家和社会。作为一所学校的负责人，我在教育战线上已奋斗三十余载，心中自然也存有一个教育梦：于大处，胸中荡涤着"为天地立心，为生民立命，为往圣继绝学，为万世开太平"的豪迈之气；于细处，做"人本"教育，做有温度的教育，用情用心地为学生的终身发展奠基，这便是我的初心和使命。为实现这一美好愿景，我始终坚守"做博雅教育——为幸福人生奠基"的办学理念，对学生、对学校、对教育投入全部的真心和热情。

"博闻博雅"彰显文化有品

人无个性，泯于众人；校无特色，千校一面。办学理念是学校发展的战略核心，唯有做有特点、有特色、有灵魂、有品牌的教育，学校才能焕发出无限生机。

基于精神文化引领人、物质文化默化人、制度文化规范人、行为文化养成人的文化育人作用，我们以"为幸福人生奠基"为办学追求，提出"博雅教育"的校园文化建设内容：树立教职员工的"博雅"形象，启蒙学生的"博雅"意识；营造环境布局的"博雅"氛围，陶冶学生的"博雅"情操；创建校园生活的"博雅"特色，培养学生的"博雅"情趣；创设学科教学的"博雅"风格，引领学生的"博雅"追求。

于是，我们博观约取，提炼"一训三风"，共振"七小声音"；博采众长，打造人文景观，形成"七小物象"；博约相辅，制定规矩章程，履行"七小规则"；　博弈竞彩，引领行为模式，推行"七韵七节"。

"传承经典，开拓创新"是我们的发展轴，我们将围绕"博雅"一体展开"两翼"臂膀，助力七小学子蓄势腾飞。

"七韵七节"做到活动有序

围绕"博雅"文化这一核心主题，我们开设"博雅大课堂"，拓展"博雅大课间"，践行"博雅大生活"，并以"七韵七节"活动为载体，使校园特色落地生根，滋养壮大。

"七韵七节"，即三月好人文化节、四月读书节、五月校园文化艺术节、六月毕业感恩礼、九月祭孔·开笔礼、十一月体育文化节、十二月迎新会，月月有主题，节节有特色，让七小学子发现身边的美好，逐步成长为有博雅之心、博学之才、文雅之行、高雅之品的博雅少年。

"争星争章"实现评价有方

"成长"是一个色彩斑斓的字眼。在学生成长的路上，会有神奇的变化，会有惊喜的收获，会有知识的累积，当然也会有偶尔的迷茫与烦恼……但这一切都是珍贵的经历，我们决定将它们一一记录，并据此创制了《学生成长评价手册》。

数年来，我们一直致力于未成年人思想道德建设的研究，在原有的"星级评定"和"道德银行"的基础上，又创新提出了"基础章+N章"评价体系，希望可以牵引七小少年乘风破浪。

如果学生"红领巾心向党，文明礼仪记心上"，"向阳、传承、立德、立志"，就能获得一枚"红星章"；如果学生"爱祖国，有梦想"，"向上、守纪、团结、健体"，就能获得一枚"红旗章"；如果学生"独立自主，美德奉献"，"善举、勤劳、勇敢、节约"，还能争夺一枚"火炬章"这种"分级激励"，正是遵照共青团中央、教育部、全国少工委联合印发的《关于构建阶梯式成长激励体系增强少先队员光荣感的指导意见》之精神，从而增强了少先队的光荣感和组织归属感。

当然，如果学生成长的路上有烦恼，他可以在"心灵沟通"中倾诉；如果学生成长的路上有收获，他可以在"获奖纪录"中记载；如果哪一次研学旅行令他印象深刻，他可以在"实践活动"中用照片、绘画或文字的方式完美定格……用情用心，一切只为做有温度的记录。

教育的终极目标是促进人的幸福。老百姓真正想要的好的学校，一定是既要能够让学生有良好的学业表现，又能够让孩子获得全面的发展。如何兼而得之，是我们教育工作者一生的追求。我庆幸，我一直在路上……

关注单亲家庭，守护孩子成长

江西省南昌经济技术开发区新庐小学　黄竹生

我们中国的传统家庭观念是很重要的，人们得益于家庭合力的方式来实现更好地生活，随着社会的发展，这牢固的结构受到前所未有的挑战，人们对所有的不同和个性化的包容性整体提高了，离婚也就不再被另眼相看了，所以这些年离婚率持续上升，出现了不小比例的单亲家庭。2019年，民政部公布我国离婚率高达38%，且近两年这个数据还在逐年增加。离婚率的增加，必然带来单亲家庭的增加。

在这种情况下，我们需要重点考虑到单亲家庭的孩子，在教育和心理方面所需要的注意和帮助。尤其是现在离婚的夫妻年龄越来越小，也表明他们的孩子可能从小就会生活在单亲家庭之中。青少年的孩子心理和生理都不成熟，不完整的家庭结构容易让孩子缺乏对世界和情感正向的认识，而这些孩子容易产生心理问题，是因为缺乏父母的关爱和陪伴，导致心理需求和心理感受得不到关注，使得他们极易产生焦虑、易怒等行为甚至心理缺陷。无论什么原因导致的单亲，孩子在父母的婚姻中是最无辜的，父母应该确保孩子在父母离异后也能积极面对生活，要给孩子以积极生活引领，时刻关注孩子孩子的身心健康发展。

一、关注孩子身心发展

家长首先应该当好"自己的主人"，必须正面面对离异这个事实，用合适的方法让孩子意识到父母离异这件事，并迅速调整好自己，面对孩子始终保持笑容，让孩子感受到自己乐观的心态；

其次，孩子在父母离婚事件中需要时间调整自己，这段时间家长应该多关爱、陪伴孩子，引导孩子舒缓压抑，并在孩子面前维护好对方在孩子心中的形象，消除孩子的心理焦虑；

最后，家长应该下好"精准棋"，黄校长建议家长密切关注孩子的心理变化，提前疏导孩子，并且及时告知学校老师家庭的变故，这样孩子才能够受到家长和老师的双层保护。

二、做好与孩子的沟通

家长首先需要明确地告诉孩子，"爸爸妈妈要分开，不在一起生活，这个决定不会改变"；然后明确告诉孩子这不是他的错，和他的表现没有关系，完全是父母间的事情。

家长还需要告诉孩子，近期生活上可能会发生什么变化，比如孩子暂时和祖母生活、姑姑来短期帮忙、暂停钢琴课等等，注意只告诉与孩子有关的安排，不用涉及其他方面。

家里的事要学会和孩子商量，孩子是家庭的一员，家长应该把自己的想法和孩子讲，让他理解，并以此培养孩子面对问题和解决问题的能力。

三、学校做好加减乘除

为促进单亲家庭孩子更好地健康成长，我们学校有一套行之有效地"单亲孩子加减乘除"工作法。

"加"指的是加关注、补关爱，学校针对每个单亲孩子，建立特殊的关爱档案，通过心理疏导、学业辅导、鼓励参加活动等措施增加对孩子的关怀、关爱。

"减"是指减少孩子二次伤害，做好孩子隐私保密工作，保护孩子心理，鼓励同学相互陪伴、帮助，避免他们受到再次伤害。

"乘"就是借势，学校借力整合社会一切资源，鼓励单亲孩子参与社会公益活动，让孩子感受到社会的关爱。

"除"是将孩子受到的负面影响消除到最低，学校老师会和父母达成"父母离婚，不缺关爱"的共识，与科任老师共建形成"关注的高地"，让孩子能够在学校找到温暖。

"加减乘除"工作从家庭、学校和社会这三个维度，给孩子提供了各种各样的机会参与到社会活动当中，增强孩子的成就感，提高孩子的积极性。

四、搭建家校交流平台

家校合作才能更有效地引领孩子成长，为此我校在对促进家校合作上做出了很多努力。

教育的发展除了要注重教师的培训、学生的成长外，还需要强化对家长的培训。为了能够让学校家长更加重视家庭教育，学校邀请了专家开设100多场专题培训，受训人次达到近3000人次，帮助很多家长解决了在教育孩子上的一系列问题，也让家长和老师形成教育孩子的共识。

家访是家校沟通的最好方式，我校每年都会组织学校老师认真开展线下线上相结合的家访，深入了解学生家庭情况和家长的教育方式。加深和家长的沟通，学校每年都会有家访活动，针对一些在家庭教育存在重大缺失的家庭，学校还会采取一对一、长期跟踪、专题解答的方式与家长沟通，形成良好的家校互动，帮助解决孩子成长问题。

每学期学校会组织家委会会议、家长会，介绍学校、班级近阶段开展的工作，通过座谈会、问卷调查等形式与家长进行沟通，听取意见建议。

我校的学生家长有进城务工人员，也有来自市区的，在孩子教育方面重视程度不一致，这就对学校展开家庭教育培训的课程内容要有所针对性，并且采取线下线上、上课与家长会相结合、个别指导与咨询相结合等多种授课，做到有的放矢，真正做到全面落实家庭教育工作。

为了搭建好家教交流平台，做好家教宣传工作，学校建立了家校联系制度，开展家长课堂，实施感恩教育和设立“好人工作室”，构筑家校联系桥梁，鼓励家长学习家庭教育知识，增加学生和家长的感情交流。

宋庆龄曾说过一句话：“孩子们的性格和才能，归根结底是受家庭、父母的影响最深。”等孩子长大成人以后，社会就是锻炼他们的环境，但他们身上永远能看到的是家庭教育对他的影响。

孩子的教育不只是学校教育，家庭教育也同样重要，只有家长和学校相互积极配合，才能更好地实现家校共育。为了更好地引领孩子成长，我校将继续积极携手家长，合力守护孩子成长。

特色共育民族花　师生共圆团结梦

内蒙古鄂尔多斯市康巴什区第三小学　王跃

窗明几净，书声琅琅。民族团结筑梦想，文化自信谱诗章。

鄂尔多斯市是一个以汉族为主的多民族聚集地区，在市府所在地康巴什区，各民族逐渐形成了你中有我，我中有你的稳定团结局面，民族团结进步工作在这片热土上开展得如火如荼。康巴什区第三小学是一所汉授完全小学，成立于2011年，目前有29个教　学班，1390名学生，其中来自蒙古族、满族、藏族、白族、土家族等少数民族学生198名，约占总比14%；有教师92名，其中少数民族14名。在教学中，康巴什区三小以“赏识，让每个生命更精彩”为办学理念，以“发展优势、唤醒潜能、开启智慧、成就自信”为基本思路，将民族团结进步教育作为学校教育教学的重要内容，通过“1课程3活动1环境”的系列举措，让民族团结进步的思想进课程、进活动、进头脑，通过活动渗透、寓教于乐、美学教育等方式营造出特有的民族文化特质，实现了重点突破与整体创新，成为康巴什区民族团结教育的典范学校，被列为全市区域民族学校培训点。

“民族团结进步教育要从娃娃抓起”。在康巴什区三小，习近平总书记的殷殷嘱咐正化作民族团结进步工作的磅礴动力，一所民族团结进步教育的窗口学校在鄂尔多斯高原熠熠生辉。

课程为根　以教学增强民族团结“感召力”

“牧羊姑娘放声唱，愉快的歌声满天涯……”清晨，师生们在合唱班学生悠扬的歌声中开始了一天的学习生活。语文课上，老师正带领他们前往五光十色《葡萄沟》，去领略维吾尔族人民的热情好客；课下，他们正在排练《文成公主进藏》的课本剧，品味千年之前汉藏兄弟间民族团结友爱的感情……将民族团结进步融进学、说、创、演、绘的教育中，在每一名同学心里播下民族团结进步的种子。这只是近年来康巴什区三小民族团结进步工作的精彩一笔。

学习是学校的主流文化，三小从第一课堂入手切实抓好民族团结工作的“牛鼻子”。自建校起，就很重视民族团结进步教育工作，牢牢把握“共同团结奋斗，共同繁荣发展”的民族工作主题，突出创建重点，力求新突破、新实效，让党和国家民族工作的政策落地，让民族团结花开校园。

注重顶层设计，一言一行为教师“层层加码”。对学生开展民族团结教育，师资培训工作是关键。为此，三小一方面定期组织教师开展政治理论学习，将民族理论政策列为必学内容，以教师的言传身教影响学生，以学生影响家庭，以学校辐射社会。另一方面积极开展业务培训，通过开展年轻教师课堂教学考核竞赛、优质课评选活动、教学经验交流、不同民族的教师间开展传帮带等活动，使教师队伍的团结力、凝聚力进一步增强。

注重量身定做，“一班一品”与学生“无缝对接”。各年级进一步细化学科、年级的民族团结教育的渗透点、结合点，适时融入、补充和延伸，把民族团结教育内容有机融入课堂教学之中，各班级又根据自己班级文化特色创造性开发了各自的班级班本课程。如在《文成公主进藏》的课本剧排演中，感品味千年之前汉藏兄弟间民族团结友爱的感情；在学习写信时，组织学生同新疆、云南等地的少数民族同学通信，加强同各民族的深度了解和互动，让民族团结的种子落地、生花；还通过校本《光影·成长》课程，通过各时期民族电影赏析，了解国家的、民族的文化。

注重立体推进，稳扎稳打让文化“多维渗透”。在学习国家教材民族教育内容的过程中，还通过“主题探究汇报”、“信息技术融合”等形式，让民族文化在“互联网+”时代焕发出新的光彩。同时，学校还提供讲民族故事、诵民族诗篇、演民族课本剧等平台，增进学生了解少数民族文化，传承和弘扬中华民族优秀传统文化，学科活动的融合、渗透，使民族团结教育更加丰富、立体、全面，充分加深学生的民族情感体验。

活动为源　以研学凝聚民族团结“向心力”

走到成吉思汗广场，去了解草原母亲、一代天骄这些雕塑所表达的故事；走到图书馆，知道图书馆的造型代表的是蒙古族三大历史名著，并体会其中两部就来源于鄂尔多斯的自豪感；走到湖区广场，去聆听鄂尔多斯七旗两区的蒙汉民族团结一心，向前走去的故事……康巴什区三小以六年的时间教会学生在家乡的山水中，增进对家乡和家乡民族的了解与感情，得到实际有效地民族团结进步教育。

为了增进学生对民族团结的深层理解，康巴什区三小将筑牢和谐民族关系作为维护学校稳定、推进学校发展、提升教育教学质量的基础工作，常抓不懈、持续创新。创造性推出以研学活动，成为凝聚民族团结向心力的强大磁场。

主题活动，常抓常新“不打折”。每年9月，依托学校“民族团结进步主题教育月”契机，开展各类民族团结进步宣传教育活动，如开展党员教师国旗下“两个共同”、“三个离不开”、“五个认同”、“五个维护”的宣讲活动，举办各类手抄报、板报、知识竞赛，通过民族师生校际交流、主题队会知民情、民族小报诉情深、实践活动探民俗等形式，使“各民族谁也离不开谁”的思想深入师生心中。

创新活动，相辅相成“不断档”。学校要求“年级有主题，班级有特色”，让民族团结精神中积极、健康、上进的一面成为孩子们的成长动力。比如结合康巴什区国家4A级景区这一地域特色，设计“爱我鄂尔多斯”主题综合实践活动，开展小眼睛看世界、家乡美食我来做等系列实践活动，带领学生了解家乡建筑背后的故事与文化，爱上家乡独特的蒙元底蕴并以之为自豪，树立爱家乡、爱祖国、热爱中华民族的情怀。同时，不定期组织学生回家收看有关民族优秀传统文化的宣传片，了解各民族优秀传统文化，丰富民族团结教育内涵，提高学生民族团结意识，促进各民族共同繁荣发展。

常规活动，落地落实“不缺位”。把社会主义核心价值观教育和民族团结教育“打捆”推进，融入传统文化教育文明习惯教育、感恩教育、安全教育、法制教育、心理健康教育与学科教学等教学活动中，形成了譬如画说社会主义核心价值观的版画课程，传统节日、中国结制作课程，年画娃娃系列、书法、国画等一系列丰富多彩的课程。同时，扎实推进蒙汉学校间的校际交流活动，自2016年起，先后接待了20余所、300余人次的民族小学干部和骨干教师进行挂职学习，大大促进了蒙汉学校双方的交往交流交融。

文化为魂　以美育激发民族团结“凝聚力”

国画课上，一起赏析《昭君出塞》这段流传不衰的民族团结佳话；古筝课上，一起演奏《嘎达梅林》里的勇敢光芒和凛然大义；合唱课上，一起唱出《美丽的草原是我家》的自豪；纸浆画课上，孩子们齐心协力，完成源于鄂尔多斯地区的、国家首批非物质文化遗产《鄂尔多斯婚礼》的制图……立足丰厚的传统文化底蕴，以美育为突破点，康巴什区三小全面开启民族特色教育，培养热爱各民族热爱大祖国的情感。

康巴什区三小，以文化为载体，以美育为手段，以实践为依托，不断丰富完善民族团结教育环境的文化创设，民族歌舞、民间技艺、民族文化在学校都得到不同程度的体现。在第二课堂学、说、创、演、绘的教育中创造性践行和弘扬社会主义核心价值观，让80%的孩子在民族文化美育中获得一技之长，20%的孩子在科学技术领域里开展具有民族元素的科技小发明、小制作、小文章和科技实践活动，100%的孩子走出校门走遍家乡山水，成为民族团结的“活名片”和全区青少年育民族情、塑民族魂的一方沃土。

入园上墙，构建民族文化“小家园”。在校园里，布置了一个个民族文化主题园，融了很多优秀的中华传统文化的思想进去；设计了民族团结艺术走廊，挂有五十六个民族图画，不光有各个民族的常识介绍，更醒目的书写了“民族团结”；在一条条廊道，悬挂了师生用不同的笔体书写的民族团结教育语录。以浓厚的氛围告诉学生，中华民族之所以生生不息，靠的就是各民族的团结友善。

尚美识真，打造民族团结“大未来”。围绕“尚美识真”的校训，在美育课程与课堂中，设置民族团结教育板块内容，以“小小乌兰牧骑”、国画课、古筝课、合唱课、纸浆画课等十多门美育课程为载体，让学生在学习技法的同时，认识了解少数民族的文化，得到民族精神的熏陶，传承中华民族的品格与气节，构建起“以美育德，以美启智、以美习性、以美修身”的尚美育人体系。同时，学校将民族团结教育课程的美育成果布置到学校各处，营造出特有的民族教育环境文化，最大限度发挥具有民族特色的教育环境的育人作用，为民族团结进步培养接班人。

每一个学生都是一粒种子。从浓郁氛围到一校多品，从特色教育到民族团结，康巴什区三小以一系列创新举措，让“种子”破土而出，开出的民族团结之花已在校园内外馨香四野，不同民族学生能懂得相互理解、相互尊重、相互帮助、相互谦让、和谐共处，使学校不同民族间呈现出其乐融融的良好景象。而结出的民族团结甘美果实更获得无数的荣光与赞誉。学校先后获得文明校园示范校、养成教育示范校、未成年人思想道德建设先进集体等众多市、区及荣誉。有8名教师在自治区基本功大赛获得一等奖，有16人是市级及以上"教学能手"、"学科带头人"。

昨日种种，皆成今我；今日种种，皆成新我。

山花烂漫更芳菲，民族团结无懈怠。习总书记说，各民族要像石榴籽一样紧紧抱在一起，共同团结进步，共同繁荣发展。站在新时代再启新征程，康巴什区第三小学牢记嘱托、砥砺奋进，这朵民族团结之花必将绽放得更加绚丽多彩！

创建家长学校，促进学生成长

内蒙古自治区科尔沁右翼中旗西日嘎中心校　杨秀荣

任何一所学校，任何一个班集体的建设都离不开家长的理解和支持。家长是教育因素中不可忽视的力量，"水能载舟亦能覆舟。"如果把学校比作"舟"，那么家长就是水。他们无时无刻不在关注着学校的发展。家长学校的产生是家庭的需要，社会的需求，也是学校的需求。家长学校"培养"的对象是家长，教育的最终目的是培养学生，可以说家长学校就是促进学生成长的催化剂。基于此，我们通过创建"家长学校"，助力学生幸福成长。

一、家长学校创建背景

近几年，习近平总书记关于家庭教育多次发表重要讲话，习主席站在新时代坚持和发展中国特色社会主义的战略高度，深刻阐明了教育在党和国家的工作大局中的战略地位，阐述了家庭教育的重要性，要充分发挥家庭教育的重要作用，讲话中强调"注重家庭、注重家教、注重家风"的重要性，为加快推进教育现代化、建设教育强国、办好人民满意的教育，指明了前进方向、提供了根本遵循。

我国教育方针的核心内容是坚持教育为社会主义现代化建设服务、为人民服务，把立德树人作为教育的根本任务，全面实施素质教育，培养德智体美全面发展的建设者和接班人。那么怎样培养好全面发展的建设者和接班人？单靠学校的教育教学力量是远远不够的，必须做好学校、社会、家庭三位一体共同合力才能培养出有素质的接班人，这里不可或缺的重要组成部分就是家庭教育。

为贯彻落实中央《公民道德建设实施纲要》精神，以国家教育部提出的对家庭教育的讲话要求，以提升家长综合素质为目的，全面提高素质教育质量，充分发挥"家长学校"在社会、学校、家庭一体化教育中的重要作用，充分发挥家长在新世纪提高素质中的积极作用，为学生创造良好的学习、教育和生活环境，旗教育局多次举办教育系统"家庭教育"培训班，参加培训人员对"家庭教育"有了新的认识，更深层次地理解了"国家教育部提出的对家庭教育的讲话"精神，为我校顺利开展"家长学校"工作指明了方向，打好了理论基础。

二、家长学校创建基础

在旗关工委、旗教育局、巴镇关工委的正确指导下，我校自2019年开始，高度重视"家长学校"工作，针对新时代孩子的特点，努力构建"家长学校"的新模式，健全"家长学校"的班子建设，提高了家庭教育的实效性，取得了显著的效果。

起初我校在校内学习好"家长学校"的理念，并做好了开展实际工作的计划，每一位教师以习近平总书记的"有理想信念、有道德情操、有扎实学识、有仁爱之心"的好老师的要求严于律己，用心与心的交流的诚恳态度，带着一份感化交融的心，全身心投入到"家长学校"工作中。

从2019年暑假开始，筹备"家长学校"的创建工作。2019年8月10日，我校组织全体教师分成18个组，深入西日嘎学区八个嘎查19个自然屯，通过进村入户走访形式，与学生及其家长零距离沟通，目的有三：一是了解学生的暑期生活；二是对我校进行外宣；三是接触学生家长，了解家长对教育孩子方面的能力、思想认识等，同时增进教师与家长之间的友谊和情感。走访结束后，将收集到的信息，以嘎查为单位，整理成册，为创办"家长学校"奠定了基础。

我们把"家长学校"的工作纳入学校的整体工作中，进行部署和安排。投入大量人力、物力、财力，具体工作中在旗关工委、旗教育局、巴镇关工委的大力支持下精心筹备两个月，2019年11月12日，校委会召开专门会议，研究部署创建"家长学校"揭牌仪式的相关事宜，会上研究决定定于11月15日进行"家长学校"揭牌、开班仪式。

三、家长学校创建时间规划

为创建"家长学校"发挥其应有的作用和效应，为提升家长综合素质和推进学校教育与家庭教育有机结合，提高家庭教育水平，积极构建家庭、学校、社会一体化的教育体系，按照创建"家长学校"工作计划，西日嘎中心校"家长学校"第一期培训班分别于2019年12月4日到杜锡恩格热嘎查、12月9日到乌逊嘎查、12月10日到杜日本格热嘎查开班培训，创建"家长学校"。

因2020年初发生新冠肺炎疫情，"家长学校"培训延期，2020年11月13日到西日嘎嘎查、11月17日到巴彦温都尔嘎查、11月18日到嘎担扎拉嘎嘎查、11月25日到查干奥瑞和罕乌拉嘎查等不同嘎查圆满完成了第一期培训。

"家长学校"培训内容丰富，切合实际，深入人心，效果显著，真正发挥了"家长学校"的作用，达到了预期目的。

四、家长学校创建措施方法

在我校关工委常务副主任六十三同志负责对"家长学校"管理、教学业务讲授课程，联系嘎查书记（"家长学校"副校长），开展活动、建档、归档工作，"家长学校"工作稳步推进。

机制与方法：在巴镇关工委常务副主任哈斯巴根同志的引领下，创建"家长学校"完善各种制度。定期进行"家长学校"授课纳入学校工作计划中，家长学校不断改变形式，开展各类活动，形成三位一体的教育网络。

学校通过家长会和家访的形式，共同承担起教育孩子的任务，把家长会和家访作为班主任和其他老师的一项重要工作来抓。我们每学期至少召开一次较大型的学生家长会，力争95%以上的家长参加。在家长会上由校长汇报全面工作，家庭教育专家老师进行讲座，还安排实践经验丰富的家长代表发言，丰富家长会的内容，提高了家长会的效应。

各嘎查为单位的"家长学校"教学班级，八个嘎查书记为该嘎查"家长学校"的班主任，每月至少进行一次培训，开展家长联系会，以便家校联系。

采取措施：举办家庭教育讲座。通过讲座帮助家长确立新的理念，确立新的质量观，全面发展的高素质人才观。根据不同情况召开小型座谈会。召开部分学生家长会，指出培养学生高尚的情操、坚强的意志、良好的习惯、健康的心理、健全的人格等综合素质，家长是具有不可估量的作用。

平时及时与家长联系：一方面鼓励家长校访，一方面将学生在校情况通过书面联系、电话联系、微信联系及时与家长取得沟通，得到家长的积极配合和大力支持。

校方邀请有说服力、有经验、有能力、有影响力的镇政府有关领导、关工委工作人员、嘎查书记以及相关教师向学生家长宣传党的教育方针政策、法规，家庭教育的重要性，帮助家长树立正确的家庭教育思想和科学育人的方法观，宣传介绍为人父母应有良好的表率作用，家庭应有良好的育人环境等。

设家长开放日活动。我们将每周五定为家长开放日，为家长提供方便。因为学生的家都在农村，离学校较远，学生放假时，只有周末家长都才能来接学生。家长开放日当天，家长可以在校可任选科目，任选班级随堂听课；可以和学校领导、班主任、任课教师进行直接交流；可以向任课教师提出意见和建议。开放日，学校的一切都向家长开放，这样就形成了家长、老师、学生零距离的和谐学习氛围。

设立家长信箱。我们专门为家长设立一个"家长信箱"，家长对学校、老师、学生有什么意见或好的建议，都可以通过"家长信箱"向学校反映。学校定期对"家长信箱"中提出的合理意见和建议进行整改。

通过"家长学校"对家长进行全方位培训，家校之间已达到互相沟通、互相理解、互相支持的目的。通过"家长学校"，架起了学校与家庭的桥梁，使家长充分认识到家庭教育的重要性，学校教育、家庭教育、社会教育的有力结合，学校家庭融洽配合已经翻开一个新篇章。

五、家长学校创建成果

创建"家长学校"后，本学区生源原有的基础上增加了117名学生和幼儿，2019年我校六年级统考成绩获得全旗第二名，年终考核被旗教育局评为"实绩突出学校"。2020年小升初英语单科排全旗第二名的好成绩。

家长认可学校，家长放心送孩子，使家长提高了对学校对社会的满意度，体现了社会主义核心价值观微观体现和具体展示。我校学生全员住宿，住宿率达到100%，教育教学管理模式更上一个台阶，得到了上级主管部门的一致好评。

实践证明，通过近两年的坚持和努力，"家长学校"的创建对提高家长的素质起到了积极作用，对我校整体发展和教学成绩的提高起到了不可估量作用。家长的素质提高直接影响了家长重视家教的力度、重视德育教育态度，以身作则、总结经验，家庭教育被越来越多的家长所关注、所重视，"家长学校"真正起到了学校教育、社会教育所不可替代的重要作用。

点滴收获，信心倍增，创建"家长学校"使我校整体工作更充实，更完备了。今后，我校将继续围绕家庭教育主题，开展一系列教育名家讲座，继续加强家校育人合力，家长起到表率作用，让孩子学会学习、学会生活、学会做人，为孩子的成长营造良好环境，为孩子的幸福奠定基础。

浸润红色教育雨露　静待活力之花绽放

——鄂尔多斯市乌审旗乌审召镇查汗淖尔学校办学特色侧记

内蒙古自治区乌审旗乌审召镇查汗淖尔学校　冯志富

查汗淖尔学校坐落于毛乌素沙地昔日闻名全国的"牧区大寨乌审召"，马兰花盛开的查汗淖尔湖畔，是一所农村牧区九年义务教育一贯制汉授学校。我校是全国国防教育示范学校，自治区美育特色学校，自治区教学研究基地学校、中国教育学会"十三五"科研规划课题实验学校、自治区乡村学校少年宫，市级中小学实验教学先进集体。

学校秉承历史，继往开来，牢牢把握"立德树人"党的教育方针，在"让每一个生命都精彩绽放"办学理念的引领下，努力践行"活力教育"思想，塑造活力教师、培育活力学生、开发活力课程，建设活力校园。在日常办学过程中，坚持以传承牧区大寨精神为抓手，以弘扬红色文化为切入点，不断加大学校改革创新力度，把爱国主义教育国防教育作为德育教育的特色活动，有机融入各科教学过程中，彰显了我校在家国情怀方面的积极探索。现已建成为布局科学合理的标准化校园，安全管理稳定的平安校园，健康文明的绿色校园，书声琅琅的书香校园。学校占地面积6.5万多平方米，建筑面积1.3万平方米，运动场面积2.4万平方米。教学楼、功能楼、宿舍楼、餐厅楼、400米塑胶操场应有尽有，功能齐全。学校接入百兆光纤，教室安装了触控一体机，建有标准理化生科实验室，拥有艺术类、语言类、体育类、棋艺类、军事类、科技类、社会实践类等32个专业教室。初步形成能够充分彰显学校个性魅力和办学特色的校园。

创设充满活力的书香校园文化

让校园成为滋养师生学习的学园生活的乐园。学校按照《查汗淖尔学校章程》《查汗淖尔学校活力校园文化建设方案》创设了别致高雅的自然环境和人文环境。其一，按照"春有花、夏有荫、秋有香、冬有绿"的思路扩大绿化面积，全校师生亲自动手种植了海棠、金叶榆、龙桑、丁香、竹子等百余种树品；为开设生态教育课程而精心打造了"北方干旱地区珍稀濒稀植物园"，栽种培育沙漠地区保护植物百余种。校园草坪、灌木、乔木、假山错落有致交相辉映，松青柏绿，园林气质活力无限。其二，精心布置了励志大气的校园文化。按照"一楼一式，一廊一品"的思路精致雕刻楼宇文化，布局以校花马兰花为核心的"百花园"。五栋主体建筑分别命名为"兰馨楼"、"兰璞楼"、"兰雅楼"、"兰思楼"、"兰芝楼"，主教学楼悬挂办学理念"让每一个生命都精彩绽放"和校训"精彩每一天"以及社会主义核心价值观。办公楼楼道分别以梅兰竹菊花中四君子为主题布置隐喻教师的高洁品格。宿舍文化餐厅文化布置各有特点。每个班级都创设了以花命名的班级花文化。校园宣传栏则全面展示了学校的办学理念、办学愿景、爱国主义教育德育特色、课改特色、国防教育特色、乡村学校少年宫特色活动、校园之星等内容，常常成为访客和师生驻足的地方。将精心提炼的"查汗淖尔学校学生精彩人生三十个好习惯"内容刻在学校院子黑色大理石装饰砖上，悬挂在教室的墙上，让学生俯仰之间时时提醒好习惯的养成，可谓细节决定成败，习惯成就未来。其三，按照学校建设书香校园的要求，开辟了图书室阅览室拥有藏书近3万册。分年级每周开设了一节校本阅览课，开展丰富多彩的读书活动。每年开展一次读书节，经典诵读比赛，开展书香教师、书香班级、书香家庭、学生阅读之星等各类评比活动。打造校园阅读工程、建立激励机制，实施学生阅读币积累奖励制度，让师生读书成为习惯。其四，广泛开展吟诵古典诗词，把国学经典诵读与少年宫日常活动相结合，潜移默化的激发学生对中国传统文化的喜爱之情，帮助学生树立正确的人生观、价值观。通过书法课培养学生在长期的熏陶中养成"心端字正、心美字秀"的内在品质，通过创建书法教室，开设每天40分钟的书法课程，分别从硬件设施、时间保障、技术培训等方面对书法特色教学活动进行了强化要求与持续发展规划，确保"书法进课堂"活动的有序进行。国学经典诵读课程及写字课程的开设，使学生从经典中汲取传统文化的丰富营养，让学生学会端端正正做人的道理。

学校自编校本课程《国学启蒙读本》，囊括156首学生必背古诗词，以及《三字经》《弟子规》《千字文》《百家姓》等必会篇目。并把《三字经》和《弟子规》作为全校学生长期必背必会篇目。要求全校各班每日一读，每周一背，每月一会，每期一赛，每年一评。其次，全校开展写字课程，每天早晨课前20分钟为写字时间，每周都开展一节写字课程。特别是2018年我校引入书法名家周本刚先生书法公益进校园活动，有力地促进了我校师生的书法水平。

开展爱国主义教育德育特色的活动文化

首先，在学校德育体系的架构下，常态化开展"二育三节五活动"。即以爱国主义教育和好习惯养成教育为主线，每年定期开展体育节、读书节、科技艺术节，以及爱国主义教育国防教育主题系列教育活动、法制安全廉洁文化主题系列教育活动、绿色乌审低碳环保主题系列教育活动、好习惯养成主题系列教育活动、中华传统美德主题系列教育活动，通过活动对学生进行深度的德育渗透和文化浸润，以此厚植学生优良品质和塑造健全高尚人格。其次，另辟蹊跷创建校内爱国主义教育基地，夯实德育教育阵地。开设了红色影院，组织师生观看百部爱国主义影片；开设百部红色教育图书专架，组织师生阅读百部爱国主义图书；校长利用自己多年收藏的600多台国产老收音机开设收音机博物馆，组织学生定期参观，让学生通过"看、听、读、写、唱"等方式全面接受红色教育的浸润。（看：看百部爱国主义教育影片、参观牧区大寨乌审召博物馆、国产老收音机博物馆、北方干旱地区珍稀濒稀植物园、乌审召治沙造林景区等；听：听老红军讲革命故事、每周国旗下的讲话；读：读百部爱国主义教育书籍、长征抗日战争等红色书籍；写：写爱国主义影片观后感、红色书籍读后感、红色革命之旅游记、革命故事心得体会；唱：每班学生必会十首红歌，每年举办一次童心向党红歌大赛。）尤其是从收音机博物馆里直接体味到"中国制造"，从馆藏500多台国产老收音机里领略到民族轻工业发展的历史自豪感，激发爱国主义精神，旨在使学生从小对"中国制造"充满认同感和荣誉感；建立"北方干旱地区珍稀濒稀植物园"种植培育沙漠保护植物，让学生得到有效地生命教育生态教育；此外，学校还在积极筹建"爱国主义教育主题园"和"国防教育展览室"，进一步扩大只有在大都市学生才能享受到的"饕餮盛宴"。第三，开展国防教育系列活动，促进学生爱国情怀。开展国防教育课程，国防教育主题展览室，主题板报，主题班会，军训，建军节抗战胜利纪念日主题活动，参观军营等活动。始终坚持国防教育和爱国主义教育相结合，国防教育与各学科相结合，国防教育与校内外活动相结合，国防教育与养成教育相结合的原则，开展"五个一"活动，即：每班每周唱一首爱国主义歌曲，每班每学期办一期国防教育主题板报，每班每月上一节国防教育课，每学期邀请部队官兵讲一次国防教育知识讲座，每年参观一次军营活动，以此提高学生国防意识振奋民族精神培养爱党爱军情怀。

通过这些举措对提升孩子们的思想道德有着潜移默化润物无声的作用，真正让孩子们在活动中成长，在成长中活动。使学生油然而生出强烈的荣誉感、自豪感、热爱母校的情感，从而产生凝聚力，形成学校精神。爱国主义系列教育实实在在地增强了学生爱国主义情感，学生的家国情怀进一步提升。将学校办学理念校园文化和乡村学校少年宫活动的有机融合，让学校的特色办学更加得以顺利实现。

制定科学和谐的制度文化成为激励师生的动力源泉

学校制定了《查汗淖尔学校章程》《查汗淖尔学校三年发展规划》《查汗淖尔学校教职工激励制度》等二十多项制度，共同构成学校制度文化的"四梁八柱"。初步确立"管理有章法、工作有规范、考核有细则、奖惩有力度"的管理架构，围绕学校育人目标、任务和要求所确立的规章制度，所形成的校风、教风、学风，是校园文化的长期积淀和集中体现，是校园文化的内在机制和保障系统。精细的管理措施，促进了学校的民主化管理。使我校步入科学、规范、高效的教育新台阶，有力促进了学校教学质量的提高和人文素养的提升。

极力推进课堂改革，构建活力课堂，促进教学文化的形成。构建以"为学而设计"为基础，灵活运用"读、议、展、点、练"五种学习策略，采用"四目标"、"五环节"基本模式，多元开放、科学高效、自主探究、合作分享、激情灵动的活力课堂。形成探究、互动、体验成功的活力课堂文化。结合活力教师的成长目标，新老教师的"青蓝结对"工程，校内名师工作室的建立，集体备课制度，年轻教师三年培养成长计划措施，使教学研精神逐步形成，比学赶帮蔚然成风。

学校办学特色的形成并非一朝一夕、一蹴而就，而是要按照本校办学章程和办学理念以及科学厚重的校园文化软实力的影响，还需要科学民主法治现代化校园制度的保障，才能让师生在特色校园的温馨环境中受到熏陶、感染、磨炼，才会收到文化育人环境育人春风化雨滴水穿石的效果。随着不断发展，学校特色建设必须与时俱进，不断探索新路径，不断总结新经验，才会使教育效果更明显，高品质特色文化品位才能走向至善至美润物无声之境界。

"问渠那得清如许，为有源头活水来"，我校以爱国主义教育为特色的办学探索之路刚刚起步，有深厚的敢吃苦耐风雨的马兰花文化精神的查校人的智慧和努力，有政府和社会各界的襄助，查汗淖尔学校的特色办学之路必将繁花似锦，盐碱之地的这朵马兰花必将精彩绽放。

不忘初心，启航新征程

内蒙古自治区伊金霍洛旗第二小学　韩俊琴

2021年是中国共产党成立100周年。坚定不移走中国特色社会主义道路，夺取中国特色社会主义新胜利，中国的蓬勃发展，所作出的优异成绩回答了由中国共产党的领导是新时代领航向前的不竭动力，是领导中国特色社会主义事业的核心力量。为更好地激励师生们坚定理想信念，继承和发扬党的光荣传统和优良作风，我校通过回望总结学校发展历程，激励学生们好好学习，逐梦未来，开启学校教育新的征程。

一、回首过去，着眼当下

行走在路上需要奋斗，奋斗才是人生中最美的篇章。心若所向，奋斗不息，满载着梦的航船，我校逐梦启航。

过去的一学年，我们硕果累累，新的未来，我们将砥砺前行。过去的一学年是不平凡的一学年，我们历经了抗击疫情的磨砺，历经了不同平常的工作和学习，收获了平凡中的感动，收获了不一样的成长。我们全校师生齐心协力、满怀激情、尽展所能，圆满地完成了各项工作学习任务。学生们认真学习、团结守纪，在德、智、体、美、劳各方面有了新的进步，学校各项工作取得了可喜的成绩，社会声望越来越高。每一份成绩，饱含了全体师生的聪明与才智，体现了我们每一位师生团结进取，顽强拼搏的良好风貌。

二、展望未来，再谱新篇

新的起点，新的开始，意味着我们要走向新的征程，追逐新的梦想，迎接新的目标和挑战。2021年，我校将继续践行快乐教育的办学理念，聚焦立德树人的根本任务，总结经验，改革创新，积极探索适应新形势新要求的学校教育教学工作的新途径，充分挖掘学校各方面办学潜能，努力将我校打造成一所学生自我教育、教师主动发展、教学理念新、教育质量高、文化氛围浓的现代化、高水平的一流学校。使学校成为师生成长的乐园、幸福的家园。

面向未来，我希望学生们牢记习近平爷爷提出的“今天做祖国的好儿童，明天做祖国的建设者，美好的生活属于你们，美丽的中国梦属于你们”的殷切希望，牢记二小“我勤奋、我成功、我快乐”的校训，勤奋学习、团结友爱、明理守规，全面发展，学会学习、学会生活、学会劳动、学会感恩，与学校同成长，共进步，用自己的实际行动来证明。我能，我行！我是最棒的二小人！

百年大计，教育为本，新的征程，希望我们的每一位老师都能时刻牢记自己的神圣职责，在今后的工作中自觉加强师德修养，努力提高业务水平，谨记“敬业、爱生、博学、乐教”的教风，继续发扬脚踏实地、求真务实的工作精神，心中有阳光，脚下有力量，不惜汗水，努力前行，幸福工作，和学生一起成长，努力成为无愧于党和人民的人类灵魂的工程师。

“十四五”期间，我们将以习近平新时代中国特色社会主义思想和党的十九大精神为指导，全面落实立德树人根本任务，创特色牌，持续推进学校内涵建设，载梦启航新征程，奋力谱写学校高质量发展新华章！

学习新课标，明确新方向，推进教师专业成长

——伊金霍洛旗新街小学开展线上新课标学习活动

内蒙古自治区伊金霍洛旗新街小学　高平

随着科学技术的迅猛发展和经济的全球化，人类社会的物质文化生活水平从整体上有了很大提高，人类的许多疾病得到了根治，健康状况大为改善。但是，现代生产和生活方式造成的体力活动减少和心理压力增大，对人类健康造成了日益严重的威胁。人们逐渐认识到，健不仅是没有疾病和不虚弱，而且是在身体、心理和社会发展方面都保持完美地状态。人类比以往任何时候都更加关注自己的健康状况和生活质量。由于国民的健康对国家的发展、社会的进步和个人的幸福都至关重要，而体育课程又是增进国民健康的重要途径因此，世界各国都高度重视体育课程的改革。

《中共中央国务院关于深化教育改革全面推进素质教育的决定》指出：“健康体魄是青少年为祖国和人民服务的基本前提，是中华民族旺盛生命力的体现。学校教育要树立健康第指导思想，切实加强体育工作。”《全日制义务教育普通高级中学体育（1—6年级）体育与健康（7—12年级）课程标准（实验稿）》（以下简称《标准》）正是在这一思想的指导下制订的。《标准》突出强调要尊重教师和学生对教学内容的选择性，注重教学评价的多样性，使课程有利于激发学生的运动兴趣，养成坚持体育锻炼的习惯，形成勇敢顽强和坚韧不拔的意志品质，促进学生在身体、心理和社会适应能力等方面健康、和谐地发展，从而为提高国民的整体健康水平发挥重要作用。

一、课程性质

（一）课程性质

体育与健康课程是一门以身体练习为主要手段、以增进中小学生健康为主要目的的必修课程是学校课程体系的重要组成部分，是实施素质教育和培养德智体美全面发展人才不可缺少的重要途径。它是对原有的体育课程进行深化改革，突出健康目标的一门课程。

（二）课程价值

体育与健康课程对于提高学生的体质和健康水平，促进学生全面和谐发展，培养社会主义现代化建设需要的高素质劳动者，具有极为重要的作用。

1. 增进身体健康

通过本课程的学习，学生能够提高对身体和健康的认识，掌握有关身体健康的知识和科学健身方法，提高自我保健意识；坚持锻炼，增强体能，促进身体健康；养成健康的行的生活方式。

2. 提高心理健康水平

通过本课程的学习，学生将在和谐、平等、友爱的运动环境中感受到集体的温暖和情感的愉悦；在经历挫折和克服困难的过程中，提高抗挫折能力和情绪调节能力，培养坚强的意志品质；在不断体验进步或成功的过程中，增强自尊心和自信心，培养创新精神和创新能力，形成积极向上、乐观开朗的生活态度。

3. 增强社会适应能力

通过本课程的学习，学生将理解个人健康与群体健康的密切关系，建立起对自我、群体和社会的责任感；形成现代社会所必需的合作与竞争意识，学会尊重和关心他人，培养良好的体育道德和集体主义、社会主义、爱国主义精神学会获取现代社会中体育与健康知识的方法。

4. 获得体育与健康知识和技能

通过本课程的学习，学生能够掌握体育与健康的基本知识和运动技能，学会学习体育的基本方法，形成终身锻炼的意识和习惯；学生可以根据自己的兴趣爱好和不同需求，选择个人喜爱的方法参与体育活动，挖掘运动潜能，提高运动欣赏能力，形成积极的余暇生活方式；学生可以提高体育运动中的安全防范能力，获得在野外环境中的基本生存技能。

二、课程基本理念

（一）坚持“健康第一”的指导思想，促进学生健康成长

体育与健康课程以促进学生身体、心理和社会适应能力整体健康水平的提高为目标，构建了技能、认知、情感、行为等领域并行推进的课程结构，融合了体育、生理、心理、卫生保健环境、社会、安全、营养等诸多学科领域的有关知识，真正关注学生的健康意识、锻炼习惯和卫生习惯的养成，将增进学生健康贯穿于课程实施的全过程，确保“健康第一”的思想落到实处，使学生健康成长。

（二）激发运动兴趣，培养学生终身体育的意识

学校体育是终身体育的基础，运动兴趣和习惯是促进学生自主学习和终身坚持锻炼的前提。无论是教学内容的选择还是教学方法的更新，都应十分关注学生的运动兴趣，只有激发和保持学生的运动兴趣，才能使学生自觉、积极地进行体育锻炼。因此，在体育教学中，学生的运动兴趣是实现体育与健康课程目标和价值的有效保证。

（三）以学生发展为中心，重视学生的主体地位

体育与健康课程关注的核心是满足学生的需要和重视学生的情感体验，促进全面发展的社会主义新人的成长。从课程设计到评价的各个环节，始终把学生主动、全面的发展放在中心地位。在注意发挥教学活动中教师主导作用的同时，特别强调学生学习主体地位的体现，以充分发挥学生的学习积极性和学习潜能，提高学生的体育学习能力。

（四）关注个体差异与不同需求，确保每一个学生受益

体育与健康课程充分注意到学生在身体条件、兴趣爱好和运动技能等方面的个体差异，根据这种差异性确定学习目标和评价方法，并提出相应的教学建议，从而保证绝大多数学生能完成课程学习目标，使每个学生都能体验到学习和成功的乐趣，以满足自我发展的需要。

三、课程标准的设计思路

（一）根据课程目标与内容划分学习领域

体育与健康课程改变了传统的按运动项目划分课程内容和安排教学时数的框架，根据三维健康观、体育自身的特点以及国际课程发展的趋势，拓宽了课程学习的内容，将课程学习内容划分为运动参与、运动技能、身体健康、心理健康和社会适应五个学习领域，并根据领域目标构建课程的内容体系。

（二）根据学生身心发展的特征划分学习水平

《标准》根据学生身心发展的特征，将中小学的学习划分为六级水平，并在各学习领域按水平设置相应的水平目标。水平一至水平五分别相当于1—2年级、3—4年级、5—6年级、7—9年级和高中学段学生预期达到的学习结果。

考虑到学校和学生各方面的差异性，《标准》在各个领域设立水平六，作为高中学段学生学习体育与健康课程的发展性学习目标，其他学段的学生也可以将高一级水平目标作为本阶段学习的发展性学习目标。

（三）根据可操作性和可观察性要求确定具体的学习目标

为了确保学习目标的达成和学习评价的可行性，学习目标必须是具体的、可观察的。在心理健康和社会适应两个学习领域，要求学生在掌握有关知识、技能的同时，强调学生应在运动实践中体验心理感受并形成良好的行为习惯，这使情感、意志方面的学习目标由隐性变

为显性，由原则性的要求变为可以观测的行为表征。这既便于学生学习时自我认识和体验，也便于教师对学生的观察和评价。教师可以通过对学生情感、态度和行为习惯表现的观察，判断教学活动的

（一）获得运动基础知识

［水平目标］

水平一：

说出所做简单运动动作的术语

达到该水平目标时，学生将能够：

说出所做身体各部位简单动作的术语，如转头、侧平举、体侧屈、踢腿等；

说出所做简单的全身动作的术语,如蹲起、踏步、滚动、跳跃等。

水平二：

知道所练习运动项目的术语

达到该水平目标时，学生将能够：

知道球类运动技术术语，如投篮等；

知道体操动作术语，如前滚翻等；

知道武术动作术语，如马步冲拳等；

知道舞蹈或韵律活动动作术语，如舞蹈中的跑跳步等；

知道田径动作术语，如起跑等；

知道地域性运动项目中的技术或动作术语，如滑冰运动中的蹬冰等。

观看体育比赛

达到该水平目标时，学生将能够：

观看现场体育比赛和表演；

观看电视中体育比赛和表演。

水平三：

了解所学项目的简单技战术知识和竞赛规则

达到该水平目标时，学生将能够：

了解基本技术的知识；

了解简单战术的知识；

了解所学运动项目的竞赛规则。

观赏体育比赛

达到该水平目标时，学生将能够：

观看并讨论现场体育比赛和表演；

观看并讨论电视中的体育比赛和表演。

水平四：

认识多种运动项目的价值

达到该水平目标时，学生将能够：

讨论竞技运动与健身运动的区别；

认识多种运动项目对身体健康、心理健康和社会适应的价值。

关注国内外的重大体育赛事

达到该水平目标时，学生将能够：

阅读报纸、杂志中有关重大体育赛事的报道；

收听或收看有关体育节目；

对重大体育赛事作出评价。

水平五：

了解国内外重大体育事件

达到该水平目标时，学生将能够：

对某一重大体育事件有所了解，如申办奥运会等；

写出有关重大体育事件的文章。

坚守初心开拓创新，深耕细作务本固根

内蒙古自治区准格尔旗蒙古族学校 熊掌权

党的十八大以来，习近平总书记对教育事业特别是培养社会主义建设者和接班人工作高度重视，强调“学校立身之本在于立德树人”、“要坚持把立德树人作为中心环节，把思想政治工作贯穿教育教学全过程，实现全程育人、全方位育人，努力开创我国教育事业发展新局面”我校党支部始终以习近平新时代中国特色社会主义重要思想为指导，深入贯彻落实党的十九届五中全会精神，在旗教体局党委的正确领导和关心支持下深入推进学校党建工作，以建设高标准、高素质的党员队伍为目标，以提高党员干部职工队伍素质能力为重点，坚持全面从严治党，充分发挥学校党组织的战斗堡垒作用和共产党员的先锋模范作用。扎实开展“两学一做”主题教育，深入学习了党的十九届五中全会精神，以推动了学校党建工作和教育教学工作的顺利开展，促进了学校稳定和谐发展。

一、夯实基层团建，发挥引领作用

我校团总支全面贯彻党的教育方针和团的十八大精神，以引导学生树立正确的世界观、人生观、价值观为重点，以开展“歌唱伟大祖国”大合唱比赛、“歌颂祖国”诗歌朗诵比赛、纪念“九一八事变”89周年、召开主题团课等多种健康有益的活动为载体，以强烈的使命感、责任心和对学生高度负责的精神，充分发挥团组织的政治敏锐性和先锋模范作用，全面提高团员学生的思想道德水平，充分调动他们的积极性和主动性，扎实有效地搞好共青团工作，通过评选优秀团支部、最美好声音班级等，树立一批先进模范群体的典型，打造基层团建的鲜亮旗帜，带动优良学风创建，提升德育工作水平，更好地动员和激励团员青年、团干部刻苦学习、勤奋工作、自觉奉献，成长成才。

我校以促进学生全面发展为目标，将研学夏令营、社团评比汇演、青年教师基本功大赛、教师信息化培训、师带徒等特色活动常态化，切实落实教学常规管理，推广各教研组集体备课以及常态化的听评课活动（优秀教师示范课、青年教师汇报课）。学校教育教学工作坚持以新课改为指导，以有效教学为抓手，积极构建高效课堂。

二、提升教师素养，加强民族团结

我校共有教职工105名，其中包含中共党员20名，共青团员27名，专任教师91名，市级先进教育工作者、学科带头人和教学能手15名，旗级教学能手、学科带头人、拔尖教师和骨干教师17名。教师是教育事业的第一资源，是办好学校的根本和基石，一所学校的核心竞争力，关键就在于教师素养的提升。为迅速提升教师素养和专业化水平，我校投入大量的经费供老师们外出学习，目前参加培训已达200余人次，累计经费达二十万元。

民族团结教育

党的十九大报告指出：“进一步做好新形势下的民族工作，不断加强中华民族大团结，根本在于建设各民族共有精神家园，积极培养中华民族共同体意识”。为进一步加强学校民族团结教育工作，引导学生树立正确的国家观和民族观，树立中华民族大家庭的思想，培养德智体美全面发展的中国特色社会主义的建设者和接班人，我校将爱国主义教育和民族团结教育融入日常教育教学环节中，并通过升旗仪式、唱国歌、朗诵比赛、大合唱比赛等方式，潜移默化地把爱国主义和民族团结相结合的种子埋入每个孩子的心灵深处。以丰富多彩的教育形式，不断铸牢家校有效合作

三、携手家校共育，强化安全管理

家校合作共育是教育现代化、民主化、科学化的必然要求，也是教育和社会发展到当今信息时代的必然选择。教育如同是一首美妙的音乐，只有家庭和学校共同参与，才能奏出一曲天籁之音。为加强家校之间的沟通，促进学校与家长的合作，形成教育合力，也为了让家长更了解孩子在校园的生活，我校通过召开家长会、组织老师家访、邀请家长座谈等方式促进家校有效合作。

校园安全稳定

我校高度重视校园安全工作，加强疫情防控工作，强化学校安全管理，尽早发现并排除各类安全隐患，多举措推动学校疫情防控常态化管理，全力维护广大师生身体安全和生命安全。完善安全制度，细化校园管理，实行相对封闭的管理措施，提升防控氛围，突出长效化、常态化宣传，利用黑板报、家访、致家长的一封信、班级微信群、举办知识讲座、家长教育讲坛、召开主题班会等宣传阵地，多渠道，多形式进行宣传校园安全工作。

四、加大文化建设，打造德育高地

校园文化是学校发展的灵魂，是凝聚人心，提高学校文明程度的重要载体，校园文化对学生的人生观，价值观产生着潜移默化的深远影响。健康、向上、丰富的校园文化对于提高学生的人文道德素养，拓宽同学们的视野具有深远意义。我校把校园文化作为思想品德教育的大课堂，重置楼道文化建设、张贴积极的宣传标语、悬挂名人警句、布置温馨教室、将完善的校园设施作为师生开展教育活动的重要阵地。

德育是学校实施素质教育的重要组成部分，它贯穿于学校教育教学的全过程和学生日常生活的各个方面，渗透在智育，体育、美育和劳动教育中，对青少年学生健康成长和学校工作起着导向、动力和保障的作用。我校把德育工作摆在重要的位置，认真学习德育工作政策文件，树立教书育人、管理育人、服务育人的思想，为了确保学校德育工作的顺利实施，我们还加强了学校德育管理工作的研究。

坚守初心创新发展，深耕细作务本固根。今后，我校将以更加坚定的信心，开拓创新，砥砺前行，坚持把“办人民满意教育”的思想拿在手上，放在心上，落实在行动上，以更加饱满的精神状态投身于党的教育事业，以更加温暖的教育服务、更加优质的教育资源、更加快乐地成长环境，更加睿智的教育过程，让孩子们得到更加有力的成长，让家长更放心、社会更满意！

立德树人求发展 崇真尚美建名校

山东省菏泽市牡丹区南苑小学 毕爱云

牡丹区南苑小学位于山东省菏泽市牡丹区。我校在区教体局的正确领导下，认真贯彻党的教育方针，严格落实立德树人根本任务。我校坚持“道德立校、质量兴校、文化强校、特色名校”的办学理念，以“崇真尚美，追求卓越”为校训；以“和谐、自信、求实、创新”为校

风；以“自主自觉，善思善言”为学风。重德育、抓质量、兴教研、创特色，着力培养“诚信知礼，博才多艺，富有潜力”的文明小学生，在开拓进取的同时取得了相当的成绩。

坚持德育为先，道德立校

党的十八大报告指出，要把立德树人作为教育的根本任务。我校以立德树人为中心，以常规管理、课堂渗透、活动体验、环境熏陶为主线，确立德育策略。

一是坚持常规管理。我校抓德育的特点是从大处着眼，从小处入手。我校德育工作由级部和班级监督实施，每周一评比，每月一总结，有效促进年级、班级之间进行良性竞争。

二是重视德育渗透。我校全体教师从本学科教育的道德要求出发，采用体验式教学手段，把传授科学知识与育人有机结合，潜移默化在课堂中渗透德育内容，避免了空洞说教，使德育可知可感。

三是注重体验感悟。“教会学生做人、生活”是我校德育工作的出发点和归宿。我校逐步形成了国防爱国主义教育、节日和纪念日主题教育、社会实践教育、文明礼仪教育、体育艺术教育五大系列德育活动，确保德育工作有序开展。

四是强化和润德育。我校坚持实施“三化教育”，以行为养成为抓手，帮助学生形成良好的性格。“三化教育”主要包括三个方面的内容：一是模块化教育润童心。我校的德育分列成礼仪、励志、感恩、劳动、责任五大主题模块，每个模块教育从知、情、意、行几个层级逐步推进。二是故事化教育润童真。我校通过宣讲英雄人物和科学家的故事，让学生们从小树立信仰，形成良好的品德。三是系统化教育润童行。我校利用每周一的国旗下讲话，进行系统化教育，规范学生言行举止。

我校遵循“宣传发动提要求—班级落实谈过程—深化展开提建议—总结表扬提希望”的实践思路，在逐层厘清行动要领的过程中，使学生进一步明确每个主题德育的内涵及行动准则，养成良好行为习惯。

同时，我校坚持家校合作，在实践中培养学生的情商和逆商。我校家校合作坚持按学校提出倡议、家长监督指导行动、班级进行总结、学校进行综合评价四个步骤展开，让学生亲历过程、感知生活，价值观得到升华，实现学生的自我成长。

夯实教育根基，质量兴校

教学质量是学校的生命线，是学校发展的根本。师资力量是教学质量的重要影响因素，因此我校将加强教师队伍建设作为首要任务。

一是加强教师培训，提升执教能力。我校现有在编教师70名，年轻教师居多，教师队伍富有活力。我校本着“走出去、学进来”的理念，积极指派老师们参加区教体局组织的各门学科培训会和听课学习活动，让老师们在学习中开阔眼界，增长见识，提高执教能力。我校实施走动式管理，及时性培训、适时性提醒的策略，坚持“帮一把、送一程”，现在我校“青蓝工程”已成为传统教学研究活动。

二是开展听评课活动，提高执教水平。我校多次开展听评课活动。我校5名老师参加区级优质课评选，全部被评为“牡丹区教学能手”。单倩、王会茹两名老师获得了菏泽市教学能手。单倩老师还在山东省第一届思政课比赛中取得了一等奖的佳绩。

三是加强课题研究，提高专业水平。在当今教育教学教研不断推陈出新的形势下，课题研究也成了我校努力打造科研人才，走科研兴校的必经之路。我校大力提倡教师们进行课题研究。我本人的班级管理课题、张华副校长的古诗词教学课题、刘美英老师的音乐学科课题都已结题，并获得了区级课题荣誉。

四是严抓教学质量，收获良好声誉。常言道，出水才见两腿泥，一分耕耘一分收获。我校不仅向课堂四十分钟要质量，更向学习习惯要成绩。今年我校毕业班的初中摸底考试成绩在前三年排名第二的基础上更上一层楼，获得了第一名的佳绩。

推广和乐课程，文化强校

针对区教体局抓质量、抓管理、抓素质的精神要求，我校继续加大校本研究力度。我校共开发了皮影、手操、花样篮球、戏曲等30余门学校课程，组建了32个学生社团，编制了校本教材，构建了学校、班级纵横双向课程体系。同时，我校努力缔造“一班一特色，一班一文化，一班一课程”的完美教室，构建了和雅文化、皮影文化、戏曲文化三大课程体系。

我校还对阳光体育进行了创新，创办了一球、两操、四舞。通过一学期的研究和探索，我校的课程建设取得了丰硕的成果。市文旅局充分肯定我校的发展，主动派出专家老师走进我校，无偿进行培训指导。这一举措为我校进一步打造戏曲、皮影特色校园注入了活力。

2019年春，我校积极响应上级精神，启动了“创建书香校园4321工程”。“4321工程”即依托学校、班级、家庭、社会四位一体，“晨诵、午读、暮省”三种形式，汉英双语阅读，实现一个“书香飘满校园”的大目标。

我校不断深耕书香校园建设，遵循“17步走”的步伐，以书香校园建设为支点，辐射并带动“推进每月一事”、“师生共写随笔”、“缔造完美教室”等活动的开展。读书成长手册、读书之星评选、书香班级评选、教育叙事演讲等活动都彰显了我校书香校园建设的力度。南苑的“和”文化课程，因为书香校园的加入而更为丰富。

“岁月如歌声声急，事业如棋局局新”。回顾我校多年来的办学历程，始终秉承立德树人之责，不断夯实基础、创新模式，获得了政府和教育部门以及广大人民群众的充分肯定。征途漫漫，唯有奋斗。未来，我校将进一步规范师德师风建设，提升教师专业技能，五育并举、思行合一，进一步构建“高质量、有特色”的双优校园。

注重综合素质培养，促进幼儿健康成长

甘肃省清水县永清镇育苗幼儿园　张娟

人生百年，立于幼学。学前教育是终身学习的开端，是国民教育体系的重要组成部分，是重要的社会公益事业。我园是一所民办幼儿园，创办于2018年8月。近年来，幼儿园秉承“育苗以爱、树苗以德、培苗以道”的办园理念，坚持“幼儿快乐、家长放心、社会认可”发展目标，注重幼儿综合素质的培养，促进了幼儿的健康快乐成长。

一、拓展游戏活动，打造优质环境

幼儿园的教学以游戏为基本活动，让幼儿在玩中学、学中玩，在集体教学的基础上，增加分组教学、个别教学等形式，最大程度调动幼儿的兴趣爱好，使每一位幼儿都能体验成功的快乐。

近三年来，我园先后投入180余万元，加强园内基础设施建设，设有科学国学室、图书阅览室、生活体验馆等功能教室，多媒体一体机、钢琴等现代化教学设备齐全，配有大型游戏滑梯、钻洞、拱门、手推车等玩具和体育器材1000余套，建有幼儿跑道、戏水池、种植园、文化长廊等活动区，教学楼楼道间铺设了地胶，对楼道内墙体进行了软包，幼儿活动区域铺设了草坪，教学楼楼道内设置了经典绘本故事，在各班教室根据幼儿的年龄特点和兴趣爱好创设的“美工区、表演区、建构区、编织区、图书区”和种植区等特色区域，为幼儿健康成长提供了优质的生活学习环境。

二、遵循幼儿特点，开设特色课程

我园注重不同年龄、不同群体特点的孩子，精心育苗，让幼儿在快乐中成长。面对幼儿园留守儿童多，隔代培养普遍的问题，我园根据全日制幼儿园的特点，充分利用入园早、课前课后、下午户外活动时间多的特点，组织幼儿自由活动，让孩子们自由选择玩具，自由结伴，按自己的喜爱和意愿进行游戏。欢声笑语荡漾在幼儿园上空，孩子们开心地笑了。

课程设置除开设教育部规定的五大领域课程外，我园还开设了奥尔夫音乐、礼仪教育、幼儿绘画、花式篮球、经典国学、创意木工等寓教于乐的课程，通过唱歌、舞蹈、绘画、手工、表演游戏等形式融入教学全过程。我园的国学室，重点以传统文化、古典礼仪讲授学习为主；木工坊则重点以培养幼儿动手、操作能力和创新能力为主；非洲鼓室重点以训练幼儿节奏感、身体协调能力、团队协作精神为主。同时，定期举办美工作品展、大型文艺汇演、早期阅读评比等活动，让孩子们在快乐健康的氛围中成长。

三、强化安全工作，做好安全防范

我园成立了安全工作领导小组，认真履行园长第一责任人职责，按照“谁主管，谁负责，谁在岗，谁负责”的原则，将各项安全管理工作细化分解，具体到人。实行“层层把关，定人定岗”的安全工作管理模式：由分管园长主抓，年级组长和各部门负责人具体负责，与班主任、教师、保育员、食堂人员、门卫层层签订《安全责任书》，明确职责范围，完善管理体系和工作机制，推动责任落实，为育苗幼儿园高质量快速发展提供了坚强的环境保障。

多年来，我园实行安全责任制、“一岗双责”制，定岗定责。一是组织开展安全第一课，制定了安全工作计划和应急预案，定期开展全园消防演练和地震逃生演练，做到每月全园一次不定时安全演练。二是每周进行安全隐患大排查，对园内设施设备、活动场地，报警装置定期检查，邀请甘肃省政安防火知识宣传中心教官开展校园防火安全知识讲座、防溺水安全教育宣传，加大对幼儿安全自救能力的培训，做到安全事故防患于未然。三是邀请清水县交警大队的民警进校园为师幼讲解交通安全法律法规、应知应会等知识，教孩子们认识标识标牌，并带着师幼体验红绿灯下的行走、斑马线上的规则等活动，提高了孩子们的自我保护意识。四是在每周一按时召开例会，对安全情况进行总结分析，每月召开安全工作专题研讨会，发现隐患及时整改，并认真做好安全检查记录，通过培训、学习和实际演练强化了安全意识，提高了全体教职工对突发事件的应急能力，为幼儿园保教工作的顺利开展提供了安全保证。

四、家园携手同育，共促幼儿发展

我园学生来源复杂，进城务工子女和留守儿童多，家长对子女教育重视程度差异大，为此，我们成立了家长委员会、家长膳食委员会，

给家长上好“安全第一课”，和家长签订安全目标责任书，做好家园共育。进一步完善家委会建设，畅通家园联系渠道，在日常工作中，和家长做好沟通。开学初，开好幼儿家长会，明确安全管理重点；通过视频连线，召开留守儿童家长会，对孩子在幼儿园的表现及时进行反馈；每学期开展一次家长开放日活动，让家长深入到幼儿园，参观幼儿的一日活动，体验幼儿生活饮食情况，从家长角度对校园安全建设提出意见建议；每次节假日放假之前，召开教职工安全工作会议，通过发放告家长的一封信，做好假期安全防范。每学期对部分幼儿进行一次家访，通过努力，形成家园合力，提升了家长对我园的认可度。

另外，我们把对幼儿的关爱和对社会的爱心高度融合，积极主动承担社会责任，用实际行动回馈社会。2014年，我加入了清水县“一对一、献爱心”资助贫困儿童协会，从此，我和我的团队开启了幼儿关爱之路、公益之路。2018年以来，我园教职工先后资助留守儿童和家庭有困难的孩子180名，先后捐款3.5万元和价值5万元的衣服和学习生活用品，在脱贫攻坚战中，为36户贫困户捐款捐物，帮助其脱贫。多次在山门镇开展送教下乡手拉手活动。

办好学前教育，关系亿万儿童健康成长，关系社会和谐稳定，关系党和国家事业未来。未来，我园将牢固树立与时俱进的思想，持续传承和发扬育苗人“敬业、团结、务实、创优”的良好园风和“真诚、挚爱、追求、奉献”的优良教风，立足实际，不断改善办园条件，创新办园模式，不遗余力为办好人民满意的学前教育不懈奋斗。

打造立根教育，培育家国情怀

山东省临沂第三十三中学　王永

“立根教育”是我校确定的育人目标--“人文精神、科学素养和家国情怀”落地的一种教育形式，是围绕初中生打根基的角度提出来的。人文精神、科学素养、家国情怀分别对应做人、能力、民族，通过“立做人之根、立能力之根、立民族之根”三个维度的教育实施，系统实现我校的办学特色，提升育人质量。

在“立做人之根”方面，对健康教育、德育工作、情感教育、学科德育、规范训练等方面的推进内容进行构建；在“立能力之根”方面对专业方案、专业化实施、专业化跟进、综合学习等层面的具体推进内容进行设计；在“立民族之根”方面，从传统文化、沂蒙文化以及家乡文化的学习与实践等层面构建育人体系。通过系统的构建与分解，合理规划出可持续的育人推进机制、分工和管理措施，培育家国情怀。

一、围绕立根教育，确立办学理念

为此，我校结合沂蒙地域文化特点和学校实际，围绕打造立根教育主题，确立了我校的办学理念，即文化引领，内涵发展，打造立根教育，突出情感育人特色。具体说，文化引领，即树立“理念文化助发展、环境文化浓氛围、管理文化强质量、行为文化砺品行、课程文化显特色、传统文化强根基”的校园文化建设方略，以孝行文化引领教育发展，大力实施塑魂工程，开展特色学校文化建设，将特色文化建设贯穿于学校建设的始终。通过校园文化建设工程，以丰富多彩、积极向上的校园文化活动为载体，立体化推动校园文化建设，为师生的学习、成长创造健康和谐的校园环境。内涵发展，即以教育教学实践活动作为载体，让墙壁说话，办板报、出橱窗，开辟文化广场，开展校园广播，办校报、出校刊，大力开展“内强素质、外树形象”的系列活动，加强学校文化建设，培育一种激发学校前进的精神力量，让它成为师生取之不尽、用之不竭的精神源泉，成为升华学校教育品位的内在力量，并最终转化为推动学校改革发展的驱动力，以此引领学校走向高尚，形成理想的教育理念和境界，真正树立起学校的良好形象。突出情感育人特色，即重视基础教育阶段育人质量和育人体系的构建已成为推进教育改革的重要手段。随着学生发展核心素养的提出，家国情怀、素养、公民、品德以及诸多的关键能力被重视，围绕这些目标的实践，展现学校的特色。以人为本，坚持教育者用心去关怀被教育者，用善良的、美好的、温暖的、正面的、积极的引导方式，在心灵、道德层面给与指导与帮助。通过以理育情、以智育情、以导育情、以情育情、以教育情、以境育情等方式，给被教育者营造一个健全、正确、正面、积极的道德情感思维方式，使学生拥有善良、温暖、懂得体恤他人、不自私、不骄傲、有礼貌、有修养、积极向上的人。情感教育的核心是尊重，尊重教师，提升教师职业幸福感；尊重学生，提升校园生活的快乐感。尊重一切生命，营造和谐的社会关系。情感育人细化为：环境育人、文化育人、科研育人、心理育人。情感教育既是教育途径，也是目标，我校旨在培养有血有肉，有情有义，知书达礼，情系家国的人。

二、顶层设计教育目标体系，培育家国情怀

重视基础教育阶段育人质量和育人体系的构建已成为推进教育改革的重要手段。随着学生发展核心素养的提出，家国情怀、素养、公民、品德以及诸多的关键能力被重视，围绕这些目标的实践，展现学校的特色。所以，总体目标上，我校坚持“文化立校、科研兴校、质量强校”的工作方针；追求“课堂教学改革、学校特色建设、文化建设、教师专业发展、教育教学评价”的高标准；围绕“一年见成效，两年上台阶，三年显特色，五年大发展，十年成沂蒙名校”的工作目标；全面细化学校的各项管理工作，努力朝着“制度化、规范化、人文化、特色化”的办学方向迈进，着力打造幸福校园，培育家国情怀。

三、创设育人氛围，引领师生幸福成长

1.树立三种意识，让师生感受到尊重和信任的幸福

在工作中，我们大力发扬和推崇关怀、尊重的人文精神，让教师人人体验到被尊重和信任的幸福，并把这种快乐、幸福传递给学生。

①树立教师发展学校的意识。我们坚信：教师发展是学校可持续发展的永恒主题。在工作中，坚持做到以教师为本，充分信任、尊重、关心每一位教师，用宽广的胸怀、长远的眼光对待教师，加深理解与沟通，营造宽松和谐的校园氛围，从而推动学校的持续发展。

②树立全心全意依靠教师的意识。坚持把学校作为教师幸福成长的乐园来建设，既全心全意依靠教师办好学校，培育新人，又全心全意做好教师发展和成长的服务者。通过教代会、校长信箱、座谈会等途径听取教师的意见和建议，改善教师生活、工作环境，关心教师身心健康，帮助教师形成健康、平和、向上的良好心态，在全校营造干事创业的良好氛围。

③树立人人都能成为名师的意识。学校坚持开展名优教师评选活动；对取得各类荣誉的教师优先安排外出学习，优先参评各类先进，优先晋级聘任，还通过校报、校刊、校园网络和其他媒体广泛宣传其突出业绩和先进教育教学经验；开展名师讲座、名师展示课、名师汇报课等一系列“走近名师”活动，从而激励教师走近名师，成长为名师，在全校营造出教师发展的良好氛围。

2.搭建四个平台，引领教师幸福成长

牢固树立为教师服务的思想，积极为教师成长搭建平台，为教师的工作提供精神支柱和物质保障，促进教师自身发展，让教师在成长中感受到幸福，进而把这种幸福传递给学生。

①搭建自主学习的平台。坚持开展“班主任论坛”、“教师论坛”活动，引领教师多读书，勤反思。充分利用社会教育资源，定期邀请学生家长来校座谈，为学校发展及班级管理献计献策，共建学校、家庭、社会共同参与的教育体系。

②搭建专业引领的平台。实施“文化富脑工程”，每年定期邀请省市教育专家来校讲课、做报告，帮助教师“富脑”；选派教师奔赴全国各地观摩或学习，以及参加各级教育教研活动或培训工作，不断促进教师的理论素养和专业素养的提高。学校鼓励并帮助优秀教师参加各级讲课比赛，申报科研课题，参加学术研讨会，努力形成了竞争激励机制，培养名优教师。

③搭建结对帮扶的平台。学校充分发挥骨干教师“传帮带”的作用，为每一位青年教师配备导师，制定了青年教师分期学习、分期达标等制度，建立青年教师成长档案，把青年教师的成长成绩计入对导师的量化评估。这样，通过培养名师，带动引领，各个击破，整体推进的循环式发展，切实提高了教师群体素质。

④搭建师德建设的平台。学校重视师德建设，建立了以师德教育为基础、以制度规范为约束、以师生和家长评议为监督的师德建设体系。实行教师自我评价与教师相互评价相结合，学生评教评学与家长民主评价相结合，通过问卷调查和网络测评等形式，科学地评价每一位教师的师德人品；在期末总评中，学校测评小组根据每位教师的师德档案材料以及教师评价分数和学生、家长的评语，做出一个全面的评语式评价，帮助教师指出优点及不足，明确今后发展的方向和目标。

3.体验三个快乐，引领教师幸福育人

人是靠精神站立，又是靠业务行走的。一个教不好书，当不好班主任的教师不会幸福。师生关系融洽，课才上得精彩，人生才精彩，才可以体验到教书育人的幸福和快乐。

①体验教学改革的快乐。学校立足于优化教学策略，提高课堂教学效益，积极实施“352课堂教学策略”，构建学为主体，师生互动的情感课堂，师生关系融洽，学生学习兴趣和特长得到保护，教师的教学水平得到大幅度提高。重视“草根式研究”：每个教研组、每个教师立足课堂、班级，把困惑凝聚成问题，把问题升华成课题，形成人人有课题、人人搞科研的局面。

②体验师生共读和写作的快乐。学校大力倡导师生共读。鼓励师生写读书反思、心得体会。我们还充分利用校报、校刊刊载师生的文章，编辑《三月三》《朝阳地》《教学通讯》等材料，帮助师生获得读书写作反思的快乐。

③体验多元评价的快乐。学校对教师发展与特长进行多元评价，引领教师全面发展。将教师工作进行全面评价，即从师德修养、工作表现、教学常规、专业发展、工作实绩、工作任务、育人效果等方面全面评价。在评价的主体上，更加强调教师的自我评价、相互评价以及学生和家长的民主评价。学校力求通过教师多元评价，引领每一位教师在自我激励、相互帮助、认真反思的基础上，走出“备课一上课一批改作业”三点一线的传统、单调、周而复始的教学模式，让他们踏上生动、美丽、宽广的教育生活舞台，让他们去领略、体验教育的崇高与幸福，就像火炬传递一样，再把这种崇高与幸福传递给学生，让我们的老师和学生一起幸福的成长。

初心点亮童心　爱心照亮未来

山东省聊城市冠县第四实验幼儿园　郭鹏飞　张文婷　张秀俊

教师教学高起点、低重心、接轨前沿、特色鲜明；学生学习有兴趣、有动力、融入生活、寓教于乐。这是山东省聊城市冠县第四实验幼儿园给人们的第一印象。之所以会令人产生这种印象，既是我园始终坚持先进教学理念的结果，也离不开对幼儿成长的关爱与呵护。

"孩子在幼儿园的每一天都应该是快乐而有意义的，我们要关注幼儿的幸福感，办一所师幼眷恋的幼儿园。"自2018年10月建园以来，我园一直秉承"阳光下成长，爱心中前行"的办园理念，依托区域活动，以游戏为载体，渗透养成教育，使幼儿在快乐地活动体验中养成良好的学习和生活习惯，促进幼儿全面、健康、和谐发展。

行为训练，让"养成"成为习惯

著名的教育家叶圣陶曾说过："什么是教育，简单一句话，就是养成良好的习惯。"拉开孩子差距的往往不是智商，而是从小养成的各种良好习惯。基于这一认识，我园强调，"只有从孩子们的行为训练入手，全面提升孩子们的'知、情、行、意'，才能形成良好的行为习惯，才能让孩子们都成为小先生。"

幼儿园一日生活皆课程。我园坚持把养成教育渗透在幼儿的一日生活中，将习惯培养中的每一个细节内化为幼儿的自觉行为，让习惯在细致入微中逐步养成。例如，我园细化日常习惯，锤炼各年龄段幼儿能达到的行为标准，让"上下楼梯有秩序"、"不打人不骂人"、"见面要主动问好"、"自己的事情自己做"等小习惯融入孩子们的日常行为。

自主游戏，让"快乐"伴随成长

《幼儿园教育指导纲要(试行)》中指出："幼儿园要因地制宜，充分并合理利用自身条件和现有资源，支持幼儿的游戏和各种探索活动。"围绕《纲要》精神要义，我园积探索并打造共享模式，多方面创造条件开展支持幼儿多样化、自主化和互动性的自主游戏，促进幼儿在游戏中成长和发展。

自由选择、自主开展、自发交流，把游戏的时间还给孩子，是我园"自主游戏，点亮童年"教育理念的基本内涵。非洲鼓、奥尔夫音乐、足球、国际象棋等一系列特色校本课程在园内推广，给孩子们带来热情与自信；消防安全活动进校园、地震消防演练、亲子运动会、"粽"情满满等主题活动，让孩子们自由、自主、积极地在游戏中获得成长。

当然，在幼儿进行游戏的过程中，我园还要求教师们做到"闭上嘴，管住手，睁大眼"，信任幼儿是有能力的个体，鼓励和支持幼儿去探索新高度、新思路、新想法。我们坚信，只有创造充足的机会和条件，鼓励和支持幼儿自主游戏、快乐游戏，才能预防幼儿出现"小学化"、"成人化"等倾向。

区域活动，让"个性"成就未来

区域活动是幼儿一种重要的自主活动形式，它是以快乐和满足为目的，以操作、摆弄为途径的自主性学习活动，是幼儿主动寻求解决问题的一种独特方式。我园根据幼儿身心发展特点，开辟多个区域活动场所，以便满足幼儿活动和游戏的需要，更好地促进幼儿自然、自由、快乐、健康地成长。

为丰富孩子们的区域活动，我园分别购进和添置了适合各年龄段幼儿的区域活动材料，每个班开放5—7个区域，涵盖了美工、建构、图书、益智、表演等不同艺术项目。同时，区域活动的设置是自由的、开放的，孩子们可以根据自己的喜好选择相应的艺术区域活动，这也为他们进行探索、求知、交往、合作创造了机会和条件。

小小的区域也有大大的精彩。可以说，每一个区域，都是经过精心打造的"城堡；每一个区域，都有孩子们无数的小秘密；每一个区域，都能激发孩子们的个性潜能。

幼儿园是幼儿生活和学习的重要场所，幼儿园教育是人生的启蒙和终生学习的起点，让孩子们度过一个快乐而有意义的幼儿园生活，按照自己的发展规律慢慢长大，在孩子一生中意义重大。今后，我园还将继续践行"阳光下成长，爱心中前行"的办园理念，在实践中不断学习、探索和创新，帮助幼儿实现全面又幸福的发展。

培育家国情怀　塑造价值人生

山东省临沂市莒南县板泉镇中心小学　王彬　闫静

十年树木，百年树人。教育是生命升华的重要途径，是人性的塑造和培养。唯有深切领悟教育的真谛，才能让生命绽放灿烂的光彩。我校始建于1913年，是一所历经百年沧桑历史的老校。学校现有教职工72人，在校学生1308人，现有班级28个。作为一所有着丰厚文化底蕴的百年老校。办学以来，我校自觉承担起传播红色文化的历史使命和担当，全面落实国家教育方针，全面实施素质教育，树立学校特色办学思想体系，致力创办学生健康成长的乐园、教师幸福工作的家园、家长满意、社会认可的校园。近年来，学校还将新教育实验理念与学校原有特色工作相融合，积极打造"润泽教育"特色品牌，以"让每一个生命都拔节生长"为办学宗旨，以"润育潜质，惠德泽文"为核心办学理念，将"爱心润泽生命，知识开启智慧"作为办学愿景，大力创建特色学校，推进"一校一品"建设，从课程浸润、活动滋润、文化涵润、社团丰润四个方面，开展丰富多彩的活动，促进学生德智体美劳全面发展，提升学校特色办学品位。

一、知行合一，大力营造浓厚书香氛围

千里始足下，高山起微尘。新教育的实施与实践的十大行动，落到实处，即是教育的日常。我校自上而下，日新笃行，力争将每一项行动都做深做细做好。学校投资40000余元购置了大量图书，开展"共读一本书"活动，积极倡导师生阅读和共写随笔。通过好书推荐、经典诵读、读书征文、亲子共读、书香班级评选等活动，推动读书活动在学校大力开展，积极营造浓厚的书香校园氛围。2020年6月份举办了包括读书分享、诵读、演讲在内的"红崖毓秀　悦读润心"系列主题活动；9月30日举行了"爱我中华"经典诵读比赛；12月份开展了"我爱读书"演讲比赛。另外每月举办一次教师读书交流分享会。为营造浓厚的书香氛围，提升学生阅读兴趣。我校还通过晨诵、午写、三分钟演讲等方式，给予学生展示的平台，树立学生信心，帮助学生领悟阅读的快乐。晨诵：每天早上到校后20分钟，是学生晨诵的时间段。诵读时，老师要给学生读法上的指导，内容的解读和延伸。诵读内容以新教育晨诵教材（学校统一购置）为主，辅以《莒南县小学生古诗文诵读》规定的经典诗文。语文老师按年级进行定期晨诵课程展示，相互交流学习提高。另外，为更好地传承红色基因，学校采取分年级分层诵读的方法（一二年级诵读红色故事、三四年级诵读红色诗歌、五六年级诵读红色经典课文）循序渐进，由浅入深地提高朗读水平，进而提升语文素养。午写　：我校以"书写中国"项目为抓手，培养师生良好书写习惯，提高师生书写水平。全校每天中午半小时的固定练字时间，以年级为单位，按照"书写中国"的教程推进此项活动。日练，每天上交一张练字作品；周评，每周评出"书写小达人"，班内张贴；月展示，每月底，各班选出优秀作品参加学校展评，优胜者被评为"书法小明星"。人人参与，层层推进，师生的书写水平得到了极大地提升。三分钟演讲：每节语文课前让学生进行三分钟演讲，结合"每月一事"来具体实施：每个月有相应的演讲主题，每一个主题下又有子话题，学生结合自己的生活体验和认知水平，分年级分层次进行演讲训练，充分发挥学生的能动性和主动性，培养他们的卓越口才。例如一月份是"节俭"主题，低年级以"节约"为关键词进行演讲；中年级的关键词是"节制"；高年级的关键词是"简朴"，学生依据关键词搜集相关资料和素材，课前进行演讲展示，师生共同点评总结。每月一次由班内到全校范围内的演讲比赛。通过晨诵、午写和三分钟演讲，学生不仅积累了知识，丰富了语言，更重要的是，他们得到了丰富的情感体验，生命的灵性得到了丰盈，语文素养在潜移默化中扎下了稳固的根基。

二、弥足根本，助力教育教学品质提升

校园文化是一种无形的精神力量，是学校的立校之魂和向上之根。为进一步彰显学校特色文化品牌，我校以教室环境、班级文化、班歌展示为抓手，致力将教室打造成为童趣盎然，滋养心灵的温馨港湾，使每一间教室布置优雅，生机盎然；每一个班级精彩纷呈，别具一格，充满活力；每一面墙壁都多彩斑斓，切实发挥育人的作用，各种栏目应有尽有，让班级每个角落都充满美好和幸福的芬芳。

课程是学校教育的核心要素和重要载体。为了切实发挥课程育人功能，我校通过找准定位、规划纲要、制定方案、落实实施等举措，力争建设原创性、科学性、可推广性、综合性的精品课程，开发出对学生发展真正起到积极引导作用的校本课程，一撇一捺地把学生真正培养成一个大写的"人"。我校积极推进"1+n"深耕计划，成立课程开发团队，制定《板泉镇中心小学课程开发方案》。老师们以学生核心素养为落脚点，以关注生活、关注社会为原则，以"衣、食、住、行"为切入点，研发了"六润课程"（红色课程——润肩，达成责任担当素养；生命课程——润体，达成健康生活素养；消费课程——润脑，达成学会学习素养；劳动课程——润手，达成实践创新素养、美育课程——润眼，达成人文底蕴素养、编程课程——润心，达成科学精神素养）。此外，还有很多老师在学校六润课程的基础上，开发了自己的班本课程，促进了学生的个性发展和可持续发展，让学生在丰富的课程中，生长兴趣、爱好，培养特长，生成智慧。

依托"润泽教育"，构筑"六润课堂"。我校致力于让每一个学科的每一位老师都能从六个方面把握课堂动态，提升业务水平，提高教学质量。六润课堂的内涵是：兴趣温润、习惯渐润、方法沁润、素养潜润、情感滋润、道德浸润。课堂教学以学生核心素养的培养为中心，以"三维目标"为切入点和落脚点，激发学生兴趣，培养良好习惯，习得方法，潜移默化，形成素养。学校多元、新颖的课堂形式，展现了我校在理想课堂项目上立体、扎实的探索，以及在踏实行走中展示出来的自信，使学生更好地适应学习，助力学生全面发展。

三、立德树人，全面促进学生个性发展

鹰的上升姿势，是飞翔；蝶的上升姿势，是轻扬；花的上升姿势，是芬芳；而新教育的上升姿势，是师生的幸福成长。一直以来，学校老师门始终用最美的微笑陪伴学生，用温暖的爱心培养学生，用自身的成长激励学生。为不断提升教师的素养和技能，绽放教师生命，我校采取“走出去，请进来”的方式，将线上培训、线下培训相融合，分批次派骨干教师赴海门参加新教育实验培训。同时积极参加全县组织的新教育实验专题培训会，实现对全镇200多名教师的全员培训。疫情期间，学校“停课不停学”，积极参与新教育研究院、新教育培训中心组织的各类培训，不断深化教师对新教育的理解。此外，我校也全力为教师搭建实现价值的舞台，莒南新教育公众号启用以来，我校教师共有80多篇文章在公众号上发表，且有13名教师创作了自己的个人文集，多名教师在比赛中荣获各类奖项，为学校增添了亮丽的光彩。学校孙凤举老师获得“新教育实验”全国优秀种子教师、最具学习力教师、县优秀教师。通过这些内容，学校教师的职业素养不断提高，办学特色愈发鲜明，越来越多的教师被唤醒，点燃了教育的信心与激情。

活动是体现学生综合素质的最好方式。它可以开阔视野、陶冶情操，可以培养学生的集体荣誉感，增强班级的凝聚力。为此，我校大力举办形式多样，内容丰富的各类活动：如我们的节日、诵读比赛、游学、运动会、校园舞比赛、书法比赛……依托我校党建品牌“红色基因 从小传承”，还特别开设了“红崖好少年”的评选活动。通过这些活动，促进了孩子的个性成长，实现了学生素养的全面提升。我校还设立了涵盖书法、古筝、文学、扬琴、口才、机器人、足球、七巧板、合唱、绘画等十多个学生社团的“新禾社”，新禾，寓意刚刚生长出来的禾苗，柳州客家民间也有一个新禾节，又叫吃新节，象征五谷丰登。它既贴合了我校“润泽教育”的内涵，又象征了社团激发兴趣、尝试新事物、发展特长的本质。新禾社的创立不仅丰富了学生课余生活，促进了学生个性化发展，更成为学校培养全面发展人才的重要载体，为学生实现生命价值夯实了基础。

四、不忘初心，奏响品质教育高昂金曲

长风破浪会有时，直挂云帆济沧海。教育注定是一场没有终点的行程。学校的内涵、品位和文化底蕴需要被全体师生牢记并践行，应如和风细雨渗透到学校各处角落，待春暖花开。新教育的实施和创建使得学校精神风貌焕然一新，课堂教学充满活力，不仅促进了学生德智体美劳全面发展，更提升学校特色办学品位。未来路上，我校会继续带着教育的理想，循立德树人教育原则，领悟“润育潜质，惠德泽文”的办学理念，并行之贯穿于教育教学中，以严谨的态度探索教育规律，以担当的情怀领跑教育改革，敢为人先，勇于创新，不断开启学校发展的新局面，为莒南新教育的蓬勃发展贡献应尽的力量，使学生收获终生幸福。

打造智慧校园 推动教育现代化升级

山东省临沂市平邑县第二实验小学 华艳萍

新时代的变革，不断鞭策着教育变革；新科技的变化，对现代教育提出了新要求。随着人工智能、物联网、5G网络等技术的迅速发展，使用信息化技术获得更多的教育资源，进一步丰富教育手段，已成为所有教育人的共识。

为提升智慧化信息水平，加快信息技术与学校管理、教育教学的深度融合，山东临沂市平邑县第二实验小学立足特色、生存、发展的办学思路，按照“改革创新求突破，质量立身创品牌”的发展布局，围绕“主责主业”，以实施精致管理、创建特色校园为指导思想，全力打造“智慧校园”，为师生乃至区域的高质量发展赋能。

顶层设计，把脉全局

互联网已经叩响了“万物互联网时代”的大门，这无疑给教育领域注入了一剂新鲜血液。针对教育发展新形势和学校实际情况，平邑县第二实验小学及时决策，制定智慧校园创建实施方案，搭建教育信息化综合平台，为师生提供完善的智慧教育应用服务支撑，实现了信息技术与教育业务的有机融合。

加强组织领导。学校成立“智慧校园”建设领导小组，由校长任组长，分管校长任副组长，负责制定学校信息化发展规划。各服务中心明确职责，分工协作，系统推进“互联网+教育”的稳步实施。

完善制度管理。学校先后出台《平邑县第二实验小学智慧校园创建方案》《平邑县第二实验小学智慧应用评价方案》《网络中心管理制度》《校园网站管理、维护制度》等一系列文件，以制度保障创建工作有效推进。

强化硬件，坚实保障

现代学校的建设，离不开现代教育理念、教育手段以及现代教育设备的更新。近年来，平邑县第二实验小学持续加大硬件投入，引进多个信息化管理与教育教学平台，不断优化学生学习环境。

加大智慧党建管理系统。学校通过智慧党建平台系统，将党的路线方针政策、中央有关精神、学校党建动态、教学培训，及时发布给党员同志，让广大党员第一时间了解党情、民情、提高资讯的阅读量，随时随地学习。建立一套自己的党建工作绩效考核系统，采用积分制管理及重点工作考评的方式，实现党员、党支部的智慧化管理，从而实现“阳光”管理。

健全教育教学管理支撑系统。校园安装9部智慧班级展播系统，打造特色班级文化，提升班级管理效率，促进班级管理共同体的形成。利用“智慧校园”平台，以各种应用模块为载体，为学校的管理、教科研、家校互动提供智慧支撑。利用学校微信公众号、班级微信群等平台，进行家校互通，让家长了解学生作业完成情况、学生在校表现等，加强了家长与老师之间的沟通交流，家校携手，共同促进孩子成长。

加强数字化图书室建设。学校引进数字图书、电子期刊，为读者提供了图书检索、自助归还等服务，不仅增强了图书馆的便利性、高效性和自主性，也大幅度提高了工作人员的工作效率，减轻了图书管理员的工作负担。此外，作为对智慧阅读的补充，线上智慧阅读平台还可以为学生提供更多的图书资源和丰富的阅读活动，更好地营造了良好的校园阅读氛围。

健全智慧安保系统。为筑牢校园“盾牌”，学校建立智慧安保系统，包括面部识别一体化、智慧访客安全化、口罩测温一体化、考勤管理数字化等多个方面。教师、学生可以通过面部识别进入学校学校，家长实时掌握学生在校的动态信息，也能通过手机APP第一时间了解孩子在校情况，接收各类安防提醒。下一步，学校还将与公安系统联网，遇到一些通缉人员、危险物品可以实现一键报警，确保社会与学校的治安。

智慧教学，快乐成长

未来的社会是一个信息化的社会，离开了信息技术整个社会将难以运转，而未来的教育也将是建立在信息技术的平台之上的教育。平邑县第二实验小学充分发挥信息技术优势，以学科为切入口，以微课为载体，实现了教师之间、师生之间、课上课下的教学翻转。

学校开设智慧课堂，打造语数英三学科“336”教学模式，促进信息技术与教育教学深度融合。学校以创建融智课堂为教育教学质量突破口，实施生本课堂教学改革，充分利用拓普学堂和学测星教育资源，落实小组合作学习，改革评价方式，体现学为中心，让学生站在课堂的正中央，培养学生关键能力和高阶思维，实现论文学生素养、快乐、成绩三丰收。

学校打造以“机器人”教室和“3D打印”为龙头的创客教育空间，让学生从一块简单的积木拼装开始，从而迈出“创客”人生的第一步，让学生用“自由的双手表达智慧的头脑”，推动学校创客教育活动的全面展开。在课堂中，学生自己动手操作，用实践去发现问题，然后找到解决问题的方法，培养了学生解决问题的能力。“创客教育”为学校带来了更加灵活有趣的教育方式，增加学生获得成长的有效途径，为教育模式创新提供了新的可能性。

对于学校而言，智慧校园平台可以实现区域数据适时监管、资源共享，为学校、教师、学生提供招生管理、行政办公、教学管理、教务教研、教工考评、学生事务、德育管理等一站式教育大数据校园信息服务；对于老师而言，可以一站式完成导学备课，师训资源共享，课表、作业、学生评价以及班级管理和课程规划，在减轻教师工作的同时，全面实现信息数据化，灵活的平台架构，可根据学校需求进行快速调整随改随用；对于学生和家长而言，则可以在线完成考勤、缴费、消息通知、作业等，让家校互动更加密切。

科技点亮校园，智慧成就梦想。平邑县第二实验小学将积极探索信息化对教育教学的影响，探索如何借助网络学习空间改变教学方式和学习方式，努力增强教师和学生的信息素养和提高学校的信息化水平，促使学校教育教学管理跨上新台阶。如今，学校正阔步前行在通向未来“智慧之门”的路上。

营造书香校园，拓展生命高度

山东省临沂市莒南县板泉镇第二初级中学 徐淑坤

书籍是最廉价的奢侈品。所有读过的书都会成为我们身体的一部分，精神的一部分，气质的一部分，都会在未来的某一个场合帮助我们表现得更加出色。阅读是最美好的生活方式。著名教育家苏霍姆林斯基提出“要让学生从书籍里受到教育，并且生活在书籍的世界里。”他的一生的教育成就最杰出的便是“书香校园”的建设。那么，踩在巨人肩膀上的我们，在学校教育中，给学生创设书香飘溢的校园，让师生在阅读中润泽人生，便成了教育人的永恒责任和追求。营造书香校园，是新教育实验的“十大行动”之首，它强调要通过创设浓郁的阅读氛围，整合丰富的阅读资源，开展多彩的读书活动，让阅读成为师生最日常的生活方式。因此，我校决定把“营造书香校园”作

为践行新教育的起点与深耕项目。

结合新教育实验对书香校园的解读、我们的理解以及我校实际，我们希望通过“营造书香校园”，最终能够达到“让书香涂抹人文底色，用阅读拓展生命高度”这样一种效果。

一、加强内涵建设，浸润新的精神

朱永新教授认为，学校文化建设问题，是需要从整体上、根本上思考学校发展的主要问题，学校应该透过独有的文化，重新发现生命的意义和文化的价值。我们领悟其内涵，并想把新教育精神浸润其中。

“三风一训”显风骨，学校文化定乾坤。我们以“尚德勤学，明理致远”的办学理念为指导，构建了以“厚德教育”为主题的“三风一训”，以“开放、融合、尽责”的行事风格力求将学校建设成读书圣地和成长乐园。这“三风一训”是我校新教育学校文化的精神之窗，它体现了我校的理想追求和精神境界。通过对“三风一训”的学习，让学生深入理解厚德可以养正气，博学方能蕴雅行，在“自信　勤学　善思　志行”的学、思、行结合中实现“正思　正言　正行　正气”！

路石建筑有深意，凭名传语彰德行。诗人海子为了过上“面朝大海，春暖花开”的生活，决定要“给每一条河每一座山，取一个温暖的名字”。而我们也给学校的每一条路取了富有深意的名字，并把它们的名字和解读做成路牌，使之成为破译文化内涵的密码和学校风景的点缀；学校的每一座建筑也都有自己的名字，以“德”命名，与我校厚德主题两相呼应。不论学生在楼前、在路上，这些路石建筑都能如清风明月一般涤荡心灵。我们坚信，一个人心中若有皓月，胸中就有乾坤，眼前就有高远的天空，脚下就有坚实的土地！

草木不语深深绿，一枝一叶总关情。花草树木虽不能语，但我们知道，享日月精华的它们一样与我们同呼吸，因此，校园里很多花木的身上都承载着我们的美好寄托，如学校“蓉李园”，芙蓉树与紫叶李相守相望。借其谐音，取意孔融让梨的故事，寓德于物，让蓉李园承载德育内涵，润德无痕。栽植年级情怀树，为母校留下风景，为学子留下足迹，为学校与学生种下共同青春的记忆；呵护校园母子树，让师生倾听她们的故事，了解学校发展历史，共祈椒二美好明天，续写美好新篇章。

校园的一草一木，一砖一石，莫不浸润人的情致，莫不濡染人的性格，我想，这应该就是新教育所强调的文化的力量。

二、营造读书氛围，培养阅读习惯

众所周知，一个班级是否能够不断向上前行，与整个班级的氛围息息相关。同理，我们认为，想要建设书香校园，读书氛围是关键。为了让阅读成为我校师生的生活常态，我们通过多种方式，助力其不断成长。

充实图书馆。学校通过购置，向扬帆计划申请等方式增添充实更新图书储备，图书室现有图书约4万余册，全部向师生开放。学校有专门图书管理员，筛选推荐学生适合阅读书目。学校还鼓励个人购买、学生自带图书，涓涓细流，汇聚书海，便于师生逐浪远航。

让教室长成图书馆。学校希望，每一间教室都是图书馆，于是我们在每间教室里定做书架，把图书馆搬进了教室；每班设立专门的图书管理员，规范借阅制度与学生阅读记录。

让每一处空间都充满书香。学校加强打造班级图书角、校园图书驿站、楼道图书平台，优化德馨园读书长廊、草坪读书角等，让师生处处有书读，处处可读书，成为一个自由而幸福的阅读者。

让每一面墙壁开口诉说读书的力量。我们还在楼道的墙面上张贴读书的益处、方法、读书名人故事等与阅读相关的常识，为学生树立榜样，教学生读书方法，培养学生良好的读书习惯。

三、以活动为依托，促进阅读悦美

读书，自古就是中华民族的优良传统。一座书香弥漫的城市，是富有内涵，底蕴深厚的；一个书香弥漫的校园，是静谧安全、快乐欢畅的；一个书香弥漫的家庭，是和谐温馨，幸福美好的；一个热爱阅读的人，是文明高雅，富有智慧的。

为激发广大师生阅读兴趣，我校以活动为依托，在师生间先后开展了新教育形势下教干叙事、班主任论坛等活动；还有读书启动仪式、“书香伴我成长，梦想永驻心间”主题演讲比赛、学生读书分享会、古诗词默写比赛、手抄报大赛、书法比赛、班级文化墙设计、餐前三分钟背诵弟子规、课前五分钟演讲、每周国旗下的演讲等一系列活动。

我们利用活动刺激师生持续保持阅读的兴趣，感受阅读的魅力，促进我校阅读悦美！我们相信新教育，更相信书香校园的力量，只要我们向着明亮那方，播撒一路书香，就一定能收获满庭芬芳！

“最是书香能致远，腹有诗书气自华”。书香校园建设任重而道远，我们将在营造香校园的建设中，积极探索，勇于创新，以新颖活泼、形式多样的读书活动为载体，努力营造书香校园，塑造内涵丰富、特色鲜明的校园文化，让师生生命在浓郁的读书氛围中享受无尽的快乐，促进师生人文素养的不断提升。

四雅润心·艺文同修

——牟平育英艺术中学“立德树人落实机制”案例

山东省烟台市牟平育英艺术中学　曲有强　王世川

加强特色建设，是学校内涵发展的必然要求，是提升学校品位、增强社会影响力、提高学校知名度的重要举措。在办学过程中，我们秉承“德育为先，美育凸显”的办学理念，强化艺术特色教育，注重提升全体学生的艺术和文化素养，倡导“言谈文雅、举止优雅、品行端雅、志趣高雅”的“四雅”品行，培养内在修养深厚、外在气质典雅的新时代合格高中生，努力打造“四雅润心·艺文同修”特色美育品牌。

一、指导思想、目的和意义

全面贯彻党的十九大精神和十九届二中、三中、四中、五中全会精神，落实党的教育方针，大力培育和践行社会主义核心价值观，以《中小学德育工作指南》为指导，以人为本、德育为先，以培养学生形成“四雅”品行为重点，坚持学校教育与社会实践相结合，坚持学校教育与家庭教育相结合，努力探索艺术与学科教学、艺术与德育相融合的德育课程一体化工程，推动我校美育和德育工作同步推进，协调发展。

二、学校背景

我校是胶东地区唯一一所以艺术教育为特色的公办全日制普通高中，现有30个教学班，其中美术班6个、音乐班3个、普通班21个，在校生1452人，拥有一支老中青结合、教学思想先进、文化课和专业课教学经验丰富的骨干教师队伍。近年来我校办学条件日益改善，教学质量稳步提升，已累计为清华大学美术学院、中央美术学院、中国美术学院、中央音乐学院、上海音乐学院等全国重点艺术院校输送了四千多名优秀毕业生，艺术教育工作一直走在全市前列。

因教育教学工作突出，我校先后被授予“清华大学美术学院优秀生源基地实验学校”、“北京林业大学体育人才培养基地”、“山东大学（威海）音乐学院优秀生源基地学校”、“山东省体育传统项目学校”、“山东省艺术教育示范学校”、“山东省消防安全教育示范学校”，烟台市“高中教学工作先进学校”、“艺术教学明星学校”、“优生培养先进高中”、“教师专业发展先进高中”、“文化工作先进集体”、“安全文明校园”、“艺术特色学校”等荣誉称号。

三、内涵和要求

我校注重把艺术活动作为思想传播的载体，着重发挥音乐、美术学科的专业特点，与其他文化学科互通共融，艺文同修，构建具有艺术特色的德育课程一体化工程。在内容上，以“言谈文雅、举止优雅、品行端雅、志趣高雅”为尺度；在方法上以环境陶冶、启发引导、活动体验为核心；在载体上，以团队活动、美术课堂、音乐课堂、文化及社会课堂为依托，用艺术之光引领、照亮学生心中的真善美，以美育人，以文化人，使校园德育的每个环节都充满浓浓的艺术气息和人文气息，使校园育人工作均围绕在审美的视角里进行，让整个校园在艺术的空气里呼吸。

四、组织保障

为加强对“四雅润心·艺文同修”美育特色品牌创建活动的组织领导，我校围绕“创美育特色、树一流品牌”工作思路，分步推进，保证活动效果，推动学校美育特色建设发展和教育内涵提升，成立创建活动领导小组，完善组织网络架构。

组　长：曲有强

副组长：孙旭东、孙武、谭富政

成　员：刘虎建、夏清愈、于善霞、李积武、王世川、王世东、李传宙

为保障创建活动有效开展，学校每年从行政事业经费中，拿出专项资金用于美育特色品牌创建工作，确保创建工作扎扎实实取得实效。

五、实施程序与方法

在实施中，我校发挥党委的引领作用，构建“一个牵头，四条主线”的实施路径，围绕团队活动、美术课堂、音乐课堂、文化及社会课堂“四条主线”，用“四雅”的核心理念对学生进行熏陶和培养，使学生在雅境中共同经历与成长，培育内涵修养丰富、外在气质优雅的君子之风，夯实学生的幸福人生之基。

具体从以下几方面着手：

（一）重视“四雅”教师的示范引领，精心打造品牌团队

教师对学生的影响根深蒂固，其言、行、品、趣是否“雅”，不仅影响学生当下，而且影响终身。学校高度重视“四雅”教师的培养，积极打造“四雅”教师团队，充分发挥教师的示范引领作用。

1.选拔“四雅”文化优秀党员，打造“四雅”文化育人团队。学校党委通过在学科教师、班主任、后勤人员等不同层面的党员中开展“争创党员‘四雅’文化示范岗”活动，层层选拔优秀党员组成精干团队，引领学校“四雅”育人。

2.党员率先垂范，充分发挥模范带头作用

党员教师以身作则，率先践行“四雅”文化，不断提升“四雅”文化素养，以自己的“雅言”、“雅行”、“雅品”、“雅趣”来感染学生、熏陶学生，充分发挥先锋模范作用。

3.众措并举，提升学生“四雅”文化素养

团委通过定期为学生作报告、组织学生参加相关团队主题活动、参加相应社会实践等方式，使学生在潜移默化中得到熏陶，“四雅”文化素养不断得到提升。

（二）以艺术社团活动为载体，培植“四雅”文化沃土

社团建设是教育教学的延展、连接和深化。知识，通过社团而得以印证；能力，通过社团而得以加强；个性，通过社团得以丰富；创造力，通过社团得以丰盈。我校以艺术社团活动为载体，助推“四雅”教育，先后成立了合唱、民乐、管乐、戏剧、舞蹈、书法、手工画、摄影、书法、朗诵、演讲与口才、足球、排球、篮球等17个艺术社团。如：

1.“海之声”诵读社团——以诗词楹联活动为载体，开展国学经典教育。社团定期开展诵读活动，浸润学生心灵。建立了诗词诵读角，校园广播每周定期播放诗歌朗读；利用活动课对学生进行诗词楹联的书写、朗诵、鉴赏等训练；开展诗词吟诵、创作、默写等比赛活动。为传播国学经典，创建书香校园，培育现代“四雅”君子，提升师生文化素养，陶冶师生情操，起到了润物无声的育人作用。

2.民乐社团——以中国民族器乐为载体，使学生品韵方晓丝竹之雅，了解我国民族器乐悠久、深厚的历史文化。音乐中的器乐演奏可以在增强学生的美感、乐感的过程中，提高学生的音乐感受力和表现力，培养学生的团队意识和集体观念，开拓学生的音乐视野。社团集合了校内爱好民乐的学生，给大家提供一个自由发挥的舞台，让大家能够尽情展示自己的才能。

3.书法社团——以练习书法、欣赏佳作为载体，激发对书法艺术的浓厚兴趣。书法社团秉承“传中华国粹，扬书法精神”的宗旨，以教授硬笔书法为主，坚持每周组织学员上书法课，旨在丰富校园文化生活，让同学们自我展示风采，发挥自己的一技之长，让书法爱好者齐聚一堂互相交流学习。促进学生在弘扬中华传统文化精神的同时，感悟书法艺术的形式美，借古开今、以艺交友、以技载道。

这些艺术社团利用活动课、自主学习以及周末等时间开展活动，成员面向所有班级，不论文化班还是专业班，不分年级、班级、人人都可参与，根据学生的个性特征和爱好，为他们提供均等的艺术实践机会，为全体学生艺术素养的提升夯实了基础。

（三）搭建平台，充分展示“四雅”文化风采

1.开展形式多样的艺术活动，助力提升学生“四雅”文化素养。围绕迎接新生、教师节、国庆节、中秋节、元旦等重要节点，学校每年都举行文艺汇演、技能大赛、歌咏比赛、书画展、征文比赛、演讲比赛、速写活动日、设计周、风景写生等艺术活动。学生全体参与，在活动中充分展示自己的才华，学校对活动中表现突出的班集体和个人予以表彰奖励。

2.举办校园艺术节，营造浓厚的校园“四雅”文化氛围。在社团建设的基础上，我校定期举办以“博雅”、“笃行”、“慧美”、“崇真”为主题的校园艺术节，为学生提供交流的舞台，让每个艺术社团的学员充分展示自己才华和成就，大大激发了学员的兴趣，提升校园的艺术氛围。

3.举办社区“四雅”文化会展，积极参加社会实践。一年一度的育英“四雅”会展进社区、上春晚、进敬老院义演，是提升我校办学品位的重要举措。每年我们将师生在各级艺术节比赛中的佳作，在区中心最繁华的地段进行展出，同时为广大家长和市民进行现场表演。通过这些活动加大了学校的社会影响力、提高了学校的知名度，在社会实践中提升了学生的责任感和使命感。

（四）科学评价，以量化考核促进“四雅”目标达成

1.落实全科育人制度，加强教研，深挖文化课程中的美育和德育因素，实行课堂巡检评价制度，每周进行小结，每月进行评比，评比结果纳入班级目标管理考核。

2.学校建立“四雅”创建工作台帐，认真填好创建活动记录，每月不定期对学生仪表，班会课等开展进行检查，结果纳入班级考核。

3.完善班级目标管理考评，班级实行量化管理，把每日常规检查与临时抽查结合起来，进行客观评价。

4.搞好每学期的文明班（先进班）评选。从班级日常管理、参加学校艺体活动及文明礼仪等三大方面进行考核和考评。

六、创建成效和影响

近年来，我校学生的艺术素养和人文素养得到极大提升，以艺术之雅促进品行之雅的德育实践不断深化，艺术社团建设成绩斐然，合唱团排练的《雪花的快乐》、音乐剧《大风的烦恼》、民乐合奏《丝竹新韵》等作品多次在省市合唱大赛、艺术展演中获一等奖，美术手工社团的仿铜装饰画、设计作品等多次获市艺术展演一等奖。通过参与这些文艺活动，培育了“向真、向善、向美、向上”的校园文化特质，进一步促进学生的“四雅”文化素养不断提升。

教育的内涵是“教”和“育”，“四雅润心·艺文同修”这一美育特色品牌，教的是“四雅”文化，育的是“四雅”品行。以美育打底，以“四雅”为全体学生的人生奠基，是我们教育的梦想和追求。

在后续的工作中，我们将以创新求发展、以特色增实力、以环境育人才、以合力创佳绩，扎实推进特色美育，促进全科德育融合，为培养德智体美劳全面发展的社会主义事业建设者和接班人，为烟台教育高质量特色发展作出新的更大的贡献。

做教育的深耕者，当好学校引路人

山东省平度市开发区小学　王道鹏

古语说：为官一任，造福一方。教育承载着推动人类社会前进的责任，校长肩负着兴一方教育的使命。因此，校长要有教育人的情怀，既要仰望星空追寻教育理想，又要脚踏实地办理想的教育。校长要热爱教育，应当视教育为终身的事业，全心全意地去投入，用整个心去做整个的教育。“做好校长是一件幸福的事情，尽管做好校长很难，但我一直努力去做。”这是我的心里话。从教30多年来，我的脚步遍及基础教育各个阶段，教师、班主任、中层干部、高中业务副校长、初中校长、小学校长，我把人生中最美好的岁月奉献给了基础教育。

自到任开发区小学以来，我应朝霞送日落，冒酷暑顶严寒，天天坚持站在校门口迎接每一位教职工和学生，和每一名学生击掌，给他们新的一天注入满满的正能量。

一、冲在教育一线，注重实干担当

在学校每天清晨6点40分之前和下午放学，我都会准时出现在学校门口，开始自己每天的“必修课”。学生们排队进入、走出校园，依次和我问好、击掌，阳光与自信写在学生稚嫩的的脸上

我经常想校长要以什么样的状态出现？又要怎么发挥校长的影响力？答案是冲到一线，站到前台。让学生喜欢上学、喜欢学校，从而喜欢学习、喜欢老师，是我坚持每天迎接学生上下学的又一个目的。一想到校长每天在这里等着他们，迎接她们，这成为学生们的一个期待。

在学校门口，我还能关注到一些特殊情况，发现受伤的学生，了解一下情况，再辅以殷切的叮咛；看到流眼泪的学生，询问原因，再送上温暖的劝慰；碰到拄着双拐的，爸爸陪同背书包，我便会联系分管干部和班主任，安排学生轮流帮助这名同学，这是互相帮助的教育机会，不用家长再送进校园，我要让学校门口成为家长放心的安全地方。与此同时，对于关注到一些不太听话的、自制力比较差的学生，我就隔几天提醒一下，帮助班主任做好工作，帮助孩子尽快转化和改进。

在我的影响下，孩子们越来越阳光自信大方，不仅仅在课下，在课堂上的状态也不一样了，敢于大胆质疑提问，敢于积极回答问题，敢于动手参与实验，更敢于表达自己的观点。

有的家长，偷偷的将我接送孩子的视频发送到网上。虽然也有网友的质疑言论，但很快被明白真相的家长们反驳。“王校长不是在作秀，他一直这样做着，是个好校长！”、“孩子回家说今天又跟校长击掌了，一天下来信心满满。”、“这个校长很阳光，站在一线更可敬！”……

二、坚持以德育人，行动诠释责任

有人说，一所学校是否底蕴的丰实、文化氛围浓厚关键取决于校长的素养，一个校长的思想、态度、价值观接决定一所学校的品质，我用实际行动诠释着自己的角色。从事教育工作多年，我有了自己的一套思想和经验，用总结为十字箴言：“育人先育德，育德重责任”。

自2018年9月以来，我校便开始了每日举行升国旗仪式，以小行动培养爱国大责任。每当清晨7：30国歌响起的时候，教室里的学生齐刷刷地起立、保持立正、行队礼，校园各处正在清理卫生的孩子们放下手中工具，面向国旗方向立正行队礼，正在上下楼梯的孩子们停住脚步立正行队礼，正在进入大门口的孩子们停下脚步立正行队礼，整个国歌响起的46秒时间里，全校一片安静、一个动作、一种心情，此时此刻孩子们已经把热爱祖国当成自己的神圣责任，全体学生内心升起一种努力学习、报效祖国的强烈责任感。不仅如此，我们还创造了“童心向党颂长征”德育品牌，在传统基础上进行创新，在基础教育中加入红色教育，通过10首红歌向孩子们灌输不怕苦、不怕累的“长征精神”，现在我们学校的学生每个都会唱红歌。

三、尊重个体差异，促进学生发展

学生在哪里，校长的教育阵地就在哪里。“全面发展，各有特长”是我校的育人目标，更是我对教育最深切的追求。

“全面发展”有四层含义：首先德智体美劳全面发展，不能顾此失彼；其次全部学科统一发展，为学生打下扎实基础；第三要学生身体和心理以及思想品德要全面的健康，积极向上；最终让全部的学生一个不掉队，全校师生一起进步。而“各有特长”有两个层面含义：一是教育不能用一把尺子量，学生各有差异，要适应学生的个性发展，学校要努力满足学生的个性需要；二是教育和引导学生人人要有一个或多个伴随一生的特长项目，让自己的人生更加丰富精彩，更有意义。

为了促进学生个性发展，我校进行了因材施教。我通过带领教师读书学习，再结合实践研讨，也逐渐丰富了教师对个体差异的认识。我率先垂范，将自己的课堂遍及学生出现的任何地方。与学生共成

长，是我所乐此不疲的追求，孩子们的每一场比赛都是我的课堂。

从我校毕业的学生很多都非常优秀，中青创奥青岛实验赛，屡创佳绩；乒乓球、手球、习武不辍，传承文明，捷报频传；和谐阳光，少儿春晚，展示了多才多艺的精神面貌，市长杯足球赛突破学校历史最好成绩；书香校园诗意重阳专场演出；首届戏剧节课本剧、素质教育积极响应青岛十个一项目，成为范本。

教育路上，我辛苦付出，无怨无悔，我先后荣获平度市德育工作先进个人、平度市骨干教师、平度市优秀共产党员、平度市高考突出贡献奖、青岛市基层理论宣讲先进个人、省级骨干教师、平度市 “优秀志愿者”等称号。

“让学生茁壮成长，奋进路上除了成绩还有诗和远方”。这是我的教育之梦，它被我30余年来一步一脚印、一点一滴充盈起来，汇聚成为今天的教学之道。做好校长是件幸福的事，尽管很难，但我一直努力去做。新的时代，新的征程，我将继续带着我的梦想，深耕教育事业，破霭腾飞。

构建“学导课堂”，点燃生命成长

山东省青岛市即墨区温泉中学 黄义东

我们当前的课堂学习中，以传授为主的教学方式仍然大量存在，知识碎片化、零散化现象仍然较为严重，学生的学习仍然面临着“机械学习、虚假学习、浅层学习”等困境。想要改变这样的现状，就需要不断推进课堂变革，课堂变革是全面提升育人质量的关键。近年来我校通过课堂改革，激活了每一个孩子的潜能，促进了师生的成长，让课堂真正成为师生展示自我成长的舞台！

一“学导课堂”构建背景

温泉中学曾经几度辉煌过，但是因为很多历史原因，温泉中学前几年的发展已经走入了低谷，教学质量在全市一直处于倒数的局面。因为学校所处的区位优势高，从教体局党委、当地政府和家长对学校的期望值很高，学校的教育质量已经不能够和当地经济发展相匹配了。 2018年8月17日，根据即墨教体局党委安排，我来到了即墨区温泉中学，在倍感压力的同时，又有一种想干事创业的冲力。

经过摸排和调研，我发现有三座大山摆在我的面前：一学生基础薄弱，优质生源流失很大；二家长的教育意识淡薄，家校沟通不到位；三教师结构性缺失，教师的年龄老化严重。

2005年，温家宝总理在看望钱学森的时候，钱老感慨说："这么多年培养的学生，还没有哪一个的学术成就，能够跟民国时期培养的大师相比。"钱老又发问："为什么我们的学校总是培养不出杰出的人才？"

钱老的话语经常萦绕在我的耳边，我在不断地思考：应如何培养孩子良好的习惯，让其一生受益？怎样更新教师的教育观念，加快教师的专业成长？如何提高家长的教育意识，家校携手，形成教育合力？怎样结合实际情况，全面提升教育教学质量？怎样实现立德树人，让核心素养落实落细？如何点燃学生个体生命的成长，成就美好人生？…

如何在危机中育先机，于变局中开新局，经过研判，我们清醒的认识到，课堂形态决定着学校的形态，只有改变课堂模式，教师才能变，学生才能变，学校才能变。我们决定，工作的突破就从学校课堂改革开始吧，尊重每一个孩子，激活每一个孩子的潜能，让课堂真正成为师生展示自我的成长舞台！

课改名校带来的启发。新课程标准颁发以来，高效课堂改革迅速风靡全国，涌现出像杜郎口中学、洋思中学、东庐中学、即墨二十八中等课改名校。他们的很多做法值得我们回味和借鉴。如洋思中学通过“先学后教、当堂训练”的思想，让学生自主尝试在先，启迪学生思维，教师引导探究在后，培养学生解决问题能力，完全颠覆了传统教学中“教和学”的顺序而实现自己的课堂改革；即墨二十八中利用“和谐互助”教学策略，通过便于操控的同桌2人小组合作互助，凸显“合作、展示”两个环节，取得课堂改革的巨大成功。这些名校改革的经验都是把课堂作为突破口，以课堂模式为载体，以小组互助为内驱动力，把“兵将”思想和“小先生制”引入到课堂教学，通过自主探究、合作交流，台前展示等给学生提供各种素养（自主学习、独立思考、语言表达、归纳总结、合作解决问题的能力、自信和兴趣）发展的平台，进而全面提高学校教育教学质量，并由课堂模式理念进行辐射到学校管理的各个方面，形成自己的学校文化，建立学校教育教学一套完整体系，成为当下教育的领军学校。

孔子讲过，吾道一以贯之。高效课堂中的这个“一”是指： 自主、探究、合作，这是高效课堂改革的六字真经。借鉴名校的优秀做法，可以让我们少走弯路，减少风险，降低成本，成长更快。

二、“学导课堂”构建阶段

“学导课堂”的构建我们经历了三个阶段：小组建设、规范课堂、提升再出发。

“学导课堂”小组建设之方术。独学而无友，则孤陋而寡闻；高效课堂的内核就是小组教学；课堂模式是高效课堂的招式，而小组建设就是高效课堂的内功。

小组建设中组内成员越少，越便于教师课堂实操、组织管理和监控评价，课堂互助也就越有效。由于各个班级弱生太多，精挑细选仅仅不足四分之一的学生基础不错。因此我们把各班学生根据成绩、性别、性格、兴趣、责任心等划分为A、B、C、D三类，每类12个孩子，然后根据A、B、C、D结合的原则进行分组，每个小组设定为4各成员（个别班级最后一个小组可能是3或5人）。A是1号，B是2号，都是小师傅；C和D分别是3号和4号，是小学友.最后班级形成三个队（每列一个队），每个大队包含4个小组，形成竞争对抗。

“学导课堂”的三步六环。教育工作要根植于课堂，课堂模式是载体。为了规范教师和学生的课堂行为，加快教师专业的成长，提高课堂效益。我们采用一以贯之的策略，不分学科和课型，构建了“学导课堂”三步六环教学法。在模式的建构中要充分体现学生的主体地位，要多给学生搭建交流、合作和展示的平台，实现学生个体生命的成长，帮助孩子形成正确的人生观和价值观。为了让教师尽快掌握“学导课堂”，我们要求每个备课组提前一周按出好导学案。导学案的实施，让学生更加明确预习的任务，有利于教师检查落实，课堂上教师更加从容，课堂效率大大提高。

三、“学导课堂”实施方法

自主尝试。学生根据导学提纲自主学习或教师提前分配的任务进行自主学习。

合作交流。学生要积极主动向同位或小组之间交流自主学习过程中存在的疑惑，完成第一次质疑。

汇报展示。教师通过课件或投影呈现本节课的导学提纲或学习任务，首先让师友之间或小组之间进一步合作交流，教师巡视点拨，完成第二次质疑。然后让不同层次学生起来或到台前讲解、汇报展示学习成果。

探究质疑。教师根据小组汇报和巡视发现的共性问题、典型题目、易错点和方法等，采用启发诱导、问题设置、点拨讲解等方式引领全班同学合作探究、总结归纳，完成第三次的质疑解惑。

达标巩固。因材施教、分层次设置与本节课教学目标和例题相关题目，让学生自主完成，达到巩固新知。学生完成以后，根据教师出示答案同桌或小组之间进行纠错讲解，对于个别题目教师要进行点拨和强调。

梳理总结。教师先让同桌或小组之间交流本堂课的收获，然后再找几对师友在班级展示，最后引导学生画好思维导图，并布置课后作业。

四、“学导课堂”取得成果

通过“学导课堂”学生的精神气质有了明显提高。培养了学生合作互助、文明礼仪、接纳分享、身心健康、自学独立、领袖包容、热爱学习等精神品质

教学质量有了飞跃发展。经过艰难的课堂改革和模式推广，我校在教学方面的成绩有了翻天覆地的大变化，在近三年的学业质量检测中，我校教学成绩均列即墨区兄弟学校前列。

促进了教师的发展。学校教师队伍正态气象逐渐形成，正能量正在发挥；教师的职业幸福感和归属感日益增强；教师的业务素养在不断攀升。两年来，我们教师成长很快，前年优质课比赛拿了5个一等奖，8个二等奖；举行青岛市公开课3节，即墨区公开课10节；青岛市教学能手3人；即墨区联组组长3人。上学期有7名教师出示即墨区级公开课，4位教师获得即墨区教学能手；3位教师师获青岛市优质课比赛二等奖；2名教师获青岛市青年教师基本功比赛二等奖；宋连萍老师今入选第四期青岛名师培养工程。

学校的满意度和美誉度声望日隆。三年来，学校先后荣获“青岛市文明校园”、“青岛市德育先进单位”、青岛市示范家长学校“、“即墨区教育教学工作先进单位”、“即墨区校本培训示范学校”、“即墨区学雷锋先进单位”、“齐鲁诗教先进单位”、“全国生态文明建设先进单位”等30多项荣誉称号。

我校正处于发展的青春期，我们正走在发展的阳光大道上。征途漫漫，唯有奋斗。面对新时代新形势，我校将不断创新课程改革新的路径，抓住机遇，变中求进，不断推动学校蓬勃发展。

文化引领 生长绽放

——学校文化建设及课堂教学改革的探索

山东省寿光市圣城小学 韩高波 李政 张海艳 王建军

习近平总书记说：“优秀传统文化是一个国家、一个民族传承和发展的根本，如果丢掉了，就割断了精神命脉。”中华优秀传统文化是

我们国家的根，是中华民族的魂！

学校文化是一所学校的身份证，学校文化是学校发展的根基，是师生成长的精神引领。顾明远教授曾说过："一所学校要有一个文化的蕴涵，文化的蕴涵越深厚，学校的基础越深厚。"学校文化是学校的生命和灵魂，是学校教育的重要支撑，是学校在长期办学实践中不断积淀的精神力量，更是推动教育创新和学校发展的强大内驱力。

我们管理团队认为，学校文化的培育一定要根植于学校的地域文化，一定要找到学校文化的根，然后才能真正发挥文化的引领作用，才能真正潜移默化影响师生的成长。山东是孔孟之乡，孔子、孟子等古圣先贤的思想影响深远；寿光因为有文圣仓颉、农圣贾思勰和盐圣夙沙氏而被称为"三圣之城"或"圣城"；学校紧邻仓圣公园；学校名称为圣城小学。基于这些地域文化，我们管理团队紧紧围绕一个"圣"字，确立了做"圣贤教育"的顶层设计，提炼出了"崇圣向党"的红色德育品牌和基层党建品牌。

一、文化先行　立德树人

结合学校"圣贤教育"的顶层设计，我们用了长达两年多的时间进行学校文化建设，从学校的精神文化，到外显的校园文化，到制度文化和师生的行为文化，我们一直在行进中。"你们学校的校园文化很有个性，很有特色，让孩子站在学校中央的理念，孩子们动手创作校园文化，都让我们的校长们开了眼界。"河北省石家庄市井陉县教育考察团的赵局长来校观摩时评价说。

我们站在学生的视角来精心设计校园文化，校名由六年级刘承志题写，楼顶上大字校训"每天做更好地自己"由五年级刘奕暄题写，校风"诚信明礼、博学笃行"由五年级李文清题写，校园内有300多处学生书画作品来装扮校园，让学生时刻感受到他们是学校的主人，是学习的主人。在校园内设计了精致的"崇圣向党"主题雕塑和"新时代文明实践长廊"。以学生的视角，让学生们动手制作了"崇圣向党·圣贤少年"、"崇圣向党·践行价值观"、"崇圣向党·爱我中华"、"崇圣向党·孝德先行"、"崇圣向党·落地生根"五大主题校园文化。师生们每天浸润在"崇圣向党"的文化氛围中，在潜移默化中受到教育。

学校外显文化要变为师生的自觉行动，要变成师生们"根植于内心的修养"，要变成师生们身上独有的气质，不仅需要学校文化的精细打造，还需要特色课程的构建和特色课堂的实践。

二、德育课程　体验成长

围绕圣贤教育的顶层设计，我们团队构建了"圣贤·全息"课程体系。圣贤是基点，就是将德育整合到各学科课程和实践课程中，达成"立德树人"的根本任务。"全息"一词传承于圣城小学几年坚持做的"全息活动育人"。我们又进行了新的解读："全"，从纵向上来解析就是指"完全生命"，即一个人生命的完整历程；从横向上来解析就是指学生的全面发展；还引入了"全课程"的理念，就是学校、家庭、社区时时处处有课程，一事一物皆教育。"息"的本义是人或动物自由进出的气，这里是指像呼吸一样自由生长，自然成长。用"圣贤·全息"课程命名学校的课程体系，就是期待构建一整套"适合学生全面发展、自由生长"的课程体系。我们把整个的课程体系分为德课程、学课程和行课程。

在德课程实施层面，我们重点实施了经典诵读课程，每天早上师生诵读，晚上亲子共读，每周升旗仪式和班队会都有优秀传统文化的内容；从2016年起，我们开办了公益的圣贤学堂，引领学生、家长、教师及社区人士来圣贤学堂诵读经典、分享读书心得，传承中华优秀美德，已举办了65期，有10000多人次来圣贤学堂学习；寿光市关工委王茂兴主任曾十多次走进圣城小学，他常说："圣城小学的师生身上有股圣贤味儿！"

我们实施感恩教育课程，每天餐前感恩，每周布置孝亲作业，每年母亲节组织大型感恩活动，让感恩成为一种习惯；实施主题实践课程，组织红色研学活动，请老干部做优秀传统文化报告，请老党员讲党史，请老教师讲国史，让孩子们汲取红色营养，当好红色基因的传承者；实施多彩民族课程，56个班级，56个民族，每个班级研究一个民族，民族课程展示活动培养了孩子们的民族意识和家国情怀。

2019年全国优秀传统文化样板市现场观摩研讨会举行，圣城小学代表教育系统提供观摩现场，中华炎黄文化研究会文化传承理事长吕明晰老师评价说："圣城小学让孩子站在学校中央的理念很好，优秀传统文化的传承工作做得好，孩子们肯定受益！"2019年4月，中国关工委主任顾秀莲来校视察时，说："圣城小学的德育工作和美育工作做得很好，孩子们很棒，学校的做法值得推广学习！"

学校在圣贤文化的引领下，注重优秀传统文化的传承，被授予中华优秀传统文化教育基地学校，被确定为孔子学堂，获得山东省家庭教育示范基地学校和山东省第一届文明校园。学校圣贤教育和立德树人工作先后在北京、福建等地举办的全国性会议上作典型发言。

三、学本课堂　生长绽放

教育部陈宝生部长指出"课堂是教育的主战场，课堂一端连接学生，一端连接着民族的未来，教育改革只有进入到课堂的层面，才真正进入了深水区，课堂不变，教育就不变，教育不变，学生就不变，课堂是教育发展的核心地带，只有抓住课堂这个核心地带，教育才能真正发展。"

我们团队不忘"成长学生、发展教师、成就学校"的教育初心，牢记立德树人的教育使命，学习借鉴了中国教科院学本课堂项目组的理念，结合校情自主开发了课堂的落地技术，积极推进以"小组合作团队学习"为特征的"学本课堂"改革，坚持做到"学生主体，学情主导，教师助推"。我们改变了教与学的关系，由教师"讲授式"、"满堂灌"为主，变为了师生为"大小同学"关系，教师是平等中的首席，让学生真正站在了课堂中央，成为学习的主人。

在学本课堂的推进实施中，师生实现了精彩的生长绽放。学生的状态变了，由原来的坐着听到站着讲，由被动听到主动学，由个人学到伙伴学，由不敢讲到争着讲，学业成绩和综合素养大幅度提升，实现了"打工子弟"登上"北京舞台"的梦想；教师的神态变了，青年教师由害怕出丑到争先出课，中年教师由职业倦怠到迸发激情，学校涌现出一批成家的教师，有110多人次以名师或专家身份到江苏、河南、山西等地做新课堂的培训师。

学校坚持开放办学，学校的样态变了。五年多来，江苏、河南、重庆、黑龙江、福建等70多个省外教育考察团入校考察学习；连续三年，在寿光市特色学校创建评选中均获第一名，2020年在山东省办学满意度测评中，学校的满意度达到100%；中国教科院主办的全国"学本课堂"创建研讨会暨寿光实验区成果展示会在寿光举行，圣城小学是小学的主场校；"学本课堂"创建项目获山东省基础教育成果奖，并在潍坊市小学教学工作会议上进行典型推介。

2019年11月6日，潍坊市小学"基于课程标准的教学改进行动"研讨会暨齐鲁名校长工作坊入校观摩研讨活动在圣城小学举办，全方位推介圣城小学课堂教学改进的典型做法，潍坊教科院孙俊勇科长点评到"我看到圣城小学学本课堂改革，在孩子们的素养上反应出来效果非常显著，学本课堂的流程非常适合，能促进学生的学习。"

在学校文化的引领下，学校文化建设与课堂教学改进走向精细化、精准化，教师真正把学生放到主体地位，教师团队在研究中不断成长，我们的师生就一定会生长绽放出精彩！

守正创新，让阅读激发办学活力

山东省泰安高新区房村镇中心小学　陈树娟　王兆辉　倪延平

生命离开水源，就会枯竭。国家、民族的发展离开教育就会衰亡。教育是生命进步的新鲜血液，是时代发展的思想能源，只有保持充足的活力和创造力，才能持续推动人类社会向前发展。从根本上说，教育就是一个民族兴衰的命脉，是国家强弱的心脏工程。只有在教育的土壤中深耕细作，做有故事的教育，办有意义的学校，才能让教育的温暖浸润每个校园。一直以来，我校深知教师培养是教育发展的重要资源，所以向来重视新教师的培训，组建了青年教师工作室，专门对新入职教师进行指导，努力提升学校品质，绽放教师生命。壮大教师力量的同时，积极探索特色办学路径，确定以"语文主题学习"为抓手，以专业成长和自我实现为支撑点，撬动教师队伍的发展，提升教学品质，使这所农村学校焕发了全新样态。

一、实践创造可能，尝试才有突破

语文教学方面，青年教师有很多前辈教师指导，通过语文主题学习引发教师思考，帮助教师把课文内容分析透彻。起初，很多年轻教师讲课时追求面面俱到，在基础字词方面花费了过多时间，抓不住文章的重点，更没有找相应的主题丛书中的内容进行拓展阅读训练。这是不少年轻教师的通病，为此，我校通过帮助教师对语文主题学习的不断探索学习，使他们懂得如何让有效地利用课堂。大力实施"1＋1"，"1＋x"模式，让教师更好地融入课堂，熟悉掌握教学方法。此外，我校深知阅读的重要性，经过深入研究和分析，确定了"让阅读像呼吸一样自然"为方向。通过不断把语文主题学习的精华向学生展示，让学生们越来越爱上阅读，有效提升学生思考能力。

2014年，镇教育办公室根据《如何参加"语文主题学习"实验研究》的报道，结合房村镇教育实际情况，最终决定全镇11处中小学全面开展"语文主题学习"实验，刚开始实验可谓举步维艰，从校长、业务领导、语文老师、家长层层召开会议，认真研究，解决实验过程遇到的问题，为实验开展奠定了良好的基础。

不过，因为我校身处农村，很多同学家庭有一定的困难，还有一大部分家长认识不到阅读的重要性，都给实验工作增添了难度。学校、老师们费尽周折，真情劝说，才让越来越多的家长了解了读书的重要性，更懂得了读好书的重要性。

二、探索源于思考，真知出于实践

"语文主题学习"实验的稳步进行，取得的成绩是显著的。对于乡村学生来说，上小学前基础阅读偏差，主题丛书中的文章显得有些难度略高，起初孩子们只是完成老师布置的阅读任务，但是经过老师的引导与阅读的积累学生们逐步适应。孩子们在语文课堂上表现的自信与惊艳，令人真切地感受到语文教学的魅力。比如在一次课堂上，老师提问了一个需要独立思考的读后启示，一名平时很少发言的学生竟然慢慢地举起了手，老师及时捕捉到了这一细节，马上微笑着，并用一个请的手势，鼓励他站起来谈谈自己的看法。这位学生是一个学习基础不太好的学生，问最基础的生字词时都没主动发过言，这次问到比较难的阅读理解他竟然勇敢的举手了。当他怯怯地不太通顺的说出自己的理解时，同学们早就纷纷举起了手要给他指出缺点。有个急性子的男同学甚至已经喊了出来："他意思对了但是还不够通顺。"当这个胆小的孩子认识到自己将要成为同学们批评的对象时，是那样的局促不安。这时，老师没有急于让同学们对他的回答给予评价，而是先走到他的身边，抚着他的肩膀，用眼神示意他坐下，并亲切地对大家说："在同学们评价他回答问题情况前，老师要先表扬小浩同学。"这时同学们满脸的疑惑，呆呆地看着老师。"小浩同学勇敢地站起来发言并且这个问题有一定的难度他都能把意思说对了，大家觉得他是不是该表扬呢？"老师的话音刚落，教室里响起一阵热烈的掌声。这时老师看到他虽然满脸通红，但是他悄悄地把身子坐直。接下来当同学们真诚地为他指回答问题的不足时，他已没有了刚才的难堪，很愉快地接受了同学们的帮助。最后老师又不失时机地鼓励说："有这么多同学的热情帮助，再加上小浩同学自己的努力，老师相信，他一定会进步得很快，下次他一定会回答地更好。"果然，在接下来的这些日子里，这位同学不但在课堂上回答问题积极了，课下也活泼了许多。

后来有一次，那老师找到他悄悄问他为什么现在语文提高了这么多，他说在学期初他已经把主题丛书都读完了一遍，现在已经开始读第二遍了，通过这个案例，我校也更坚定了教学思路，切实把阅读当成了一把金钥匙。到了今天，学校最大的变化就是学生越来越爱上阅读，能够主动趣阅读，更能带动对语文的爱。不只是这一位同学有了改变，现在家长们每天都争先恐后地把孩子们读书的画面、视频晾晒在班级群里，各校再在镇交流群里展示本校孩子读书场景，每天都好不热闹。拿某个班的读书视频来说，有的在摇头晃脑的读故事，有的在与家长进行亲子共读，有的同学旁边还坐在一个全神贯注听故事的弟弟妹妹，读书声音组成了一首首优美的交响乐吗，大量阅读的好习惯在影响着每一位同学影响着他们的家庭。

三、信念胜于疲倦，任重不畏道远

主题学习不光给学生带来了变化，老师们的业务能力也有了很大提升并且教育理念也逐渐转变。语文主题学习给语文课堂教学带来革命性变化，教师驾驭语文课堂教学变的高效与灵动。通过观摩、研讨，尤其是听课活动，老师们对语文主题学习有了更加深刻的认识，那就是所有的课堂教学均能以教师指导为主线，打破文本、文体、单元，甚至年级的界限，通过主题阅读学习的方式表达出来，突破传统的教学模式，提高课堂容量，扩大学生知识面。德国教育家第斯多惠说"教学的艺术不在于传授本领，而在于激励、唤醒和鼓舞"。课堂上的面面俱到分析每一字每一句的单纯"传授"教学模式已经不再适应现在的要求，而唤醒学生们对阅读的需要与热爱才是语文教师不断摸索前进的方向。我校也会鼓励师生不断学习不断进步紧跟主题学习的新理念，争取让每一位学生都能够真正的做到让读书像呼吸一样自然。

总而言之，教育的智慧是生命对生命的责任和承载。它尊重、赏识每个个体，致力于学生能力、品德等各方面素质的全面提升，服务于个体的健康成长，滋养每一个生命。作为教育事业中的一员，我校会继续秉承立德树人德根本任务，以语文阅读为支撑，使学生收获终生幸福。在我校的努力下，明显得可以看到，全校师生精力充沛，书香的气息弥漫在校园的每个角落。

聚焦课堂改革，建构幸福学校

山东省滕州市东沙河街道中心小学　徐永

在急剧变革的21世纪社会中，学校教育的目标应指向"21世纪型能力"。除了单纯的知识与技能的习得，新时代的新人需要拥有"在特定情境中，能够运用包括知识、技能与态度在内的心理的、社会的资源，应对复杂问题的能力"。培育这种新型能力意味着课堂教学需要改革转型，从"知识本位"的"被动学习"转型为"素养本位"的"能动学习"。

我校总投资7500万元，占地面积42.13亩，总建筑面积2.13万平方米，设计规模48个班。2020年9月1日正常投入使用，共有教学班33个，在校生1629人，教职工90名。教职工中，高级教师3名，一级教师23名，枣庄市教学能手2名，枣庄市骨干教师7名，滕州市学科带头人3名，骨干教师31名。基于对学校内部条件和外部环境等影响要素的分析和个人的教育思考，我校确定了"聚焦40分钟，培植精品社团，推进读写育人"的工作路径，致力于课堂改革，建构一所有未来感和幸福感的学校，让教师有活力，有情怀，让学生会思考，懂情趣，促进学校的高速、高效、高质量发展。

一、以课程促改革，打造阳光教学

在夯实教学常规的基础上，我校围绕"学期课程统整"展开教师研修。课程纲要定位学科课程目标，只有课程目标导引下的工具撬动教与学，才能实现教师教学行为和教学方式的改变，更让师生、生生的思维得到了碰撞，心灵得到了唤醒。学期初，在教研组长带领下，由备课组集体讨论完成《学期课程统整指南》，确定学科课程目标。基于教师学期课程统整的学校课程领导，教研活动围绕学期课程统整来进行，以引导教师实施《学期课程统整》为抓手，实现课堂教学各个环节连贯一致。管理能级下移到教研组，　实行能级管理，加强一线监管。开展教师教学能力的诊断，推进"评价-反思—改进—实施—评价"的教师教学能力发展性评价方式的实施。

强化教研功能，确保活动实效。在每个学年初排课程表时预留各个学科的集中教研活动时间，积极开展学科的教学研讨，周一、周二教师轮流上研讨课，周三下午的学科教研活动时间，教师交流评课，共同参与，着力解决我校在学科教学中存在的一些问题，提高了课堂教学质量。教研活动情况纳入教师个人量化，每学期评选一次先进教研组。同时，扎实开展常态课"推门听课"活动，举办的"人人最佳一堂生本课"活动，将薄弱学科作为必讲科目，要求每位教师每月至少有一节薄弱学科的听评课。同时，我校还开展了学科示范课活动，承担了街道音体美教师参加的大教研活动，有力地促进了这些科目课堂教学的探索、尝试、实践工作。

二、优化教学模式，打造阳光课堂

学校一方面建立阳光生本课堂评价的五个标准：激励的策略、积极的参与、温暖的氛围、成功的体验、目标的渗透。另一方面规范课堂教学流程，实施生本课堂阶梯式教学模式，遵循"前置学习——小组合作——展示汇报——巩固提高"生本课堂环节，明确了生本课堂"生命的课堂、生活的课堂、生态的课堂、生动的课堂、生长的课堂"等五大生本目标，着力引导老师们从认定目标到达标检测，从课堂评价到课堂教学都围绕目标进行，实现教、学、评的一致。各学科在这个流程的基础上，研究本学科不同课型的流程。

学校通过开展人人一堂生本汇报课、生本教育论坛、课堂技能大赛等活动，鼓励教师建立网校博客，开展网络教研，编撰了生本教育叙事和生本感言，助推了生本课堂改革的深入发展。现在的课堂，已凸显了生本课堂教学的六大效果：民主、平等、和谐、融洽的师生关系；关爱、呵护、温暖的阳光情怀；尊重差异，激励扬长的教学方法；舒展心灵、充满情趣的开放氛围；体现学生主体的教学活动；每个学生都能完成的力所能及的学习目标。

为优化课堂教学，学校争取专项资金580万元，为各班配备了高端教学一体机设备，建设三个高标准实验室和录播室。同时研究制订了《教学成绩提升方案》，分别采取实行教学挂靠、细化教学常规和团队提升奖励制度等措施，着力提升学校教学效益。

三、依托特色活动，培养阳光少年

依托特色社团建设，培养阳光师生。立足于学生发展的需求，开发了书法、剪纸、口风琴、竖笛等26个门类的校本课程，实行选课走班制，学生每周五最后一节到自主选择的校本课程教室上课。本学期以来，我校把甲骨文课程纳入校本课程，由教导处牵头组织，语文老师参与，编写了《甲骨文大讲堂》教材，分学段开展认读、书写、诵读、研学等传承活动，学生走进甲骨文的世界，感受古老文字中散发的新魅力。目前，我校甲骨文实验学校创建已通过了枣庄市教育局的验收，拟申报山东省甲骨文特色学校。2020年十月下旬，学校投资3万元建立了"知墨坊"，专门开设了葫芦烙画、国画社团。知墨坊由我校德育处侯成强主任主教，吸收社员49名，学生在宣纸、瓷盘、纸浆托盘、葫芦上作画。今年开春后，我们将利用教学楼顶的开阔地带，新辟学生综合实践园，种植葫芦和其他农作物，既观察葫芦生长过程，又能在葫芦上进行创作。学校还组建了"古筝社团"，投资3万元购置古筝11台，同时投资5万元组建了48人规模的鼓号社团。

重视阅读教学，创设良好的师生阅读习惯。学校制定了《全科阅读与写作衔接育人行动方案》《语言教师笔耕计划量化细则》等制度。每周四下午第一节课，全校语文教师同上阅读课。积极引导学生把家里的图书充实到班级图书角，互换阅读。学校计划在一楼门厅投资30万元，建设"静心园——阅读书吧"。在其余三个楼层设立"读书角"，开展图书漂流活动。同时"上引下挂"，升级建设"小荷书屋"，目前已争取爱心人士陈庆理老先生的大力支持，为学校捐献20万元的图书。

另外，学校还强化了教师基本功训练。为教师配备了小黑板、一本楷书字帖，印制了硬笔书法训练专用纸，教导处确定书写内容，每周进行检查量化，学期末进行基本功测试。

四、实施创新管理，形成"阳光管家"

实施"暖人心、聚人心、育人心"的"耕心文化"和以"情感+制度+人格"的管理模式为特点的"家"文化，形成了其"阳光管理"的独特意境。我们是新建校，老师们之间不太熟悉。要赢在课堂，融合教育是我们凝心聚力的首要工作。我们充分利用新年来临之际，开展了迎新春联欢会、师生趣味运动会等，让老师拥有了学校的归属感、幸福感和自豪感。

多层面开展家校联谊活动。学校建立了家长护学岗和助学岗，招募家长爱心志愿者，在上下学时段疏导交通和进班级活动，协助班主任做好班级管理，并对学校工作进行日常监督，真正把学校教育做到

"横到边纵到底"，学校满意度得到有效提升。

面向未来，新机的遇、新的挑战。我校将以改革创新为根本动力，建设高质量教育体系立柱架梁，为社会提供富有个性和文化品位的阳光教育的小学教育服务，真正做到阳光办学、文化引领、科学发展。

创办优质教育，成就精彩人生

山东省滕州市木石镇中心小学　黄　毓

当前，文化已经成为民族凝聚力和创造力的基石，成为综合国力竞争的主要内容，成为国家和民族的根。作为为国家培养人才的学校，更是肩负起了使国家强大的历史使命。学校文化建设是提升我国文化实力的重要支撑因素之一，而学校精神在学校文化建设中又是核心、灵魂、力量。我校地处"科圣"墨子故里，于2019年9月建成使用，基于对优秀华夏传统文化的传承和师生文化素养的提升，学校在广泛征求意见的基础上，定位诵读经典全面育人特色，确立了"传承墨学文化，奠定人生基石"的办学理念，实施"习墨子以正心，尚生态以化人"的治校方略，积极开展"诵读经典·读写育人"工作，深入推进"诵读经典·读写育人"与学校的教学、管理、科研有机地融为一体。

一、弘扬墨学精华，提升育人环境

木石镇是墨子的出生地，学校依托这一得天独厚的优势，秉承历史，以博大精深的墨学文化作为学校文化的核心，并以之贯穿校园文化建设、日常教学管理及德育实践活动。学校用墨学思想和墨子名言完善充实凤祥楼、凤仪楼和凤阁楼走廊文化，因势利导的设立校园宣传栏目、遵德守礼提示牌，力求保持校园文化布局的整体性、统一性。

开辟墨子广场，设立墨学宣传走廊。利用凤仪楼和凤阁楼的西连廊，在门厅区域树立墨子塑像，开辟墨子文化广场，并顺势在连接走廊处设立墨学文化长廊，在这里集中宣传墨学思想"救世济民"的十大主张，弘扬墨子兼爱、非攻的人文思想，展示他在光学、力学、形学、数学、逻辑性等领域的光辉成就，让师生浸润其中，耳濡目染。

开设班墨工坊，指尖阅读传承科技。高标准建设班墨主题工坊，集中展示墨子从生产和生活实践中概况出小孔成像的光学原理。展示墨子可与鲁班媲美的木工技术，包括他制作的可飞上天空的木鸢，能守城防御的车梯，辘轳、桔槔、滑车等简单机械。通过读文字、看图解、摸模型让师生亲身体验，了解到许多科技的奥秘，感受到科技给人类社会生活带来的巨大变革，从而感受到墨子神奇而又深邃的想象力。另外，我们适时在学生中间开展"四墨"（墨画、墨写、墨讲、墨动）活动。

二、强化活动引领，打造书香校园

增加投入，加强读书阵地建设。学校在已有图书室、阅览室的基础上，再建一个集藏书、读书与一体的大型师生读书空间，购置更多的图书，有效改善师生阅读条件和环境，满足师生阅读需求。为教室和办公室添置书架，把图书搬到教室、办公室，把书送到教师和学生的手边，让读书成为一种随时随处可为的事情。

源头活水，促进班级图书交流。采用个人买、家庭献、学校借的置书渠道，家校配合、师生共建，设置各具特色的班级图书角，让图书"走出"图书室，让班级充满书香，构建多元化的读书网络。学校定期组织"跳蚤书市"活动，在学生之间进行书籍的交换，使学生"手有一本书，可看千本书"。

巧用空间，灵活设置读写阵地。利用走廊墙壁开设读书文化长廊，布置著名作家介绍、古今中外好书推荐、名家读书故事、读书方法介绍等专栏。利用好连廊、楼道拐角等空间开设读书吧，定期放置更换适合不同年级段孩子的图书，课间时间也能牵住孩子们的目光，锁住他们疯跑的脚步，享受悠悠书香。

在校园内建设高标准的宣传栏，开设学生读写专栏，把学生日常的读书心得、优秀作文、读写小报等作品进行集中展示，让更多的孩子感受成功，品位书香，在读写中得到收获、受到教育。

利用重要节点或者定期举行读书征文、主题演讲、诗词大会等活动，开展亲子共读活动，让学生在活动中感受到读书和写作的快乐。利用好榜样的示范引领作用，通过评比"读书之星"、"书香班级"、"书香家庭"等，树立一批表现优异的学生、班级和家庭，用身边的榜样感染学生，让学生和家长在共同读写中感受亲情、体验成功。积极开发校报《墨香》，以德育处、少先队牵头组建编辑部，依托学校写作社团、小记者团等，组织广大少先队员开展阅读、积极撰稿，设立校园短讯、教学叙事、优文选登、童心无限、少年心事、家校信箱等特色栏目，为学生提供展示的平台，激发他们的读写兴趣。

三、实施读书工程，引领师生成长

我们认为，一位优秀教师必须具备三个板块的知识结构：精深的专业知识、开阔的人文视野和深厚的教育理论功底，这一切都需要教师在书中积蓄专业的底气和从教行走的力量。

分享品读，聚焦每月读书讲演。5月份，我们定为教师的"徜徉书海，同享幸福"读书月。教师结合自己的读书历程和感悟，写出"我的读书故事"，经过团队、校级层层选拔，最终确定优秀的教师代表进行演讲。老师们从不同角度畅谈自己的读书收获、体会和感悟，也让教师分享读书带来的充实和快乐。

主题读书，把握个人读书计划。寒暑假期间，鼓励教师利用好闲散时间开展读书活动，为自己充电，学校提前安排每次的阅读主题，并将最先进的教育理念和精彩文章打印出来与老师分享，教师各自选择书籍，制定读书计划。开学后，学校组织专题的读书沙龙活动，并对在活动中表现突出的教师进行奖励表彰。

札记心得，落实开展读书交流。在"读"这方面，除了落实教研中心每年推荐给教师的阅读书目外，还要从"读专业、记精彩"这个点来引领。认真落实撰写教育教学札记，鼓励教师及时记录教育教学体会、阅读心得等，不仅写读后感撰，更要将最打动自己、最符合自己专业成长的理念、思想及时摘记下来，为他们的专业成长增添助力。

我们在与全体语文老师们商讨后，创建出适合学生的"螺旋序列化"立体阅读模式，以促进全体学生读书习惯的养成。

经典推荐，精选必读选读书目。我们在向学生推荐书目时，以小学生的年龄段为经、以新的阅读核心价值和理念为纬，组织语文教师共同研制，参考了国内外近50个儿童文学奖项和100多种推荐书单，精选那些能够为学生精神打底的基础图书。推荐学生阅读书目分：必读书目及选读书目，按6个年级段，分别精选出文学、科学、人文类各若干本，并在家长会上将读书单公示给家长，确保每位学生人手一本必读书目；选读书目则让家长根据学生自身兴趣爱好和阅读能力来确定。

晨诵午读，品诵中国经典华章。我们根据学生的年龄特点，将经典诵读纳入学生日常必诵必背内容：一年级的《弟子规》；二年级《三字经》；三年级《千字文》；四年级《论语》；五年级《笠翁对韵》；六年级《增广贤文》。在黑板上设计"每日一读"栏目，将每天诵读内容板书到黑板上。同时每个年级还推荐30多首最美的古典诗词供孩子们诵读。

海量阅读，巧设假期读书活动。假期是学生海量阅读的黄金时期，我们鼓励孩子既要玩的开心还要读的充实。所以在寒、暑假前，学校都会根据学生的年龄特点、读书需求，向学生推荐"假期年级读书目录"，提倡"亲子共读一本好书"。

读写结合，用活读书记录卡片。根据年龄特点，设计了低、中、高三个阶段的《读书记录卡》，当孩子读完一本书后，把书名、主要人物、书中美词佳句、读后感等记录下来，既是对知识的积累，又能增强学生的成就感。内容从"阅读书目、美词佳句摘抄、自我评价、一句话感悟、家长寄语"等方面着眼，鼓励每位孩子每天将自己的读书内容及时记录在卡上。

展示激励，实现自我润泽。一是确立每年的五月的第二和第三周为"校园读书节"，组织学生全员参与，根据不同年级设计讲故事、演讲、读书交流等动口类活动，设置猜灯谜、做书卡、答问题等益智类活动，组织征文、办小报等书写类活动，深化读写教育。二是开展班级展演活动。定期开展班级内的读书展演活动，学校统一主题：六年级的古诗词积累；五年级的亲子读书；四年级的课本剧；三年级的读书演讲；二年级的分角色讲故事；一年级的古诗吟唱等。

四、丰富社团活动，开发校本资源

以尊重学生需求精心组建学校社团。根据学生年龄特点，结合读写育人行动需要，组建以提高学生自身素质为目标的校园社团，还开设演讲与口才、经典诵读、小记者团等读写类社团，结合中小学国家课程知识体系拓展延伸，紧扣学科特点，开展学科拓展型社团，如趣味数学社、英语角等，不断促进学生课堂内外读写能力的提升。

以弘扬先贤文化编印特色校本资源。我校地处墨子诞生地——落凤山下，在充分挖掘有关墨子出生的传说和墨子学术方面知识的基础上，组织师生通过搜集资料，编印符合不同年龄段学生的校本教学资源，并与学校课程及社团做好结合。在编资料、读墨子、写墨子中规范师生言行，让学生通过讲墨子故事，了解墨子生平，进而发扬墨子精神，树立正确的人生观、道德观，学会做人、学会生活。

新时代，新目标。站在新的历史起点上，我校将继续深化读写育人行动，进一步探索构建读写评价机制，通过抓日常管理，抓特色建设，逐步夯实学校的底蕴，促进学校的内涵发展。坚持"创办优质教育"的初心，让更多的农村孩子茁壮成长，成就精彩人生!

打造红色校园，培养红色少年

山东省滕州市羊庄镇中心小学　王伟

十九大报告明确指出，要传承红色基因，弘扬红色文化。中国特色社会主义的文化就是党领导人民在不同历史阶段创造出来的先进文化，这些文化不仅是革命文化，同时也是时代文化，它对于脱贫攻坚具有深远意义。红色教育就是对学生进行爱国主义教育、爱党教育、革命传统教育，弘扬民族精神，培养学生积极向上的学习情趣，把红色文化引进校园、走进课堂、走入学生的心灵，积极营造红色氛围，把红色资源转化为教育资源，用红色文化引领学生健康成长。我校地处鲁南地区的革命老区，羊庄镇号称鲁南地区的小延安，是红色圣地；学校是滕县早期共产党员培训基地，是鲁南地区红色播种地。根据羊庄镇得天独厚的资源，结合党的十九大精神、习总书记系列讲话精神与党的教育方针，学校深入挖掘红色教育资源，传承红色基因，积极探索以红色教育为主的特色办学之路，以红色文化为重点，以发展学生核心素养为目标，进行"红色羊庄中心小学"课程建设，打造红色校园。厚植广大师生爱党、爱国、爱家乡的情怀，培养学生"树远大理想，行团结奋斗，力勤俭节约，倡谦虚谨慎，践自强不息，扬乐于助人"的精神，大力培养新时代红色少年。我们努力营造红色文化教育氛围，积极组织红色研学课程、红色教育系列课程，大力实施红色教育在其他课程中的渗透，做实红色教育与传统文化教育的结合文章，真正将红色文化基因通过体验的方式融入他们的血脉之中。

一、培养"红色教师"，营造红色氛围

加强师德建设，营造向上氛围，培养"红色教师"。学校认真分析学校目前的形式及羊庄镇传统文化、风土人情，将红色精神奉为铸造师德师魂的核心，开展师德承诺、师德宣誓、师德标兵评选等活动，制定《学校建设红色教育特色方案》《红色文化管理制度》《红色教育课程研发开设方案》等制度，清晰学校的管理流程，使开展红色教育有章可循，做到有计划、有落实、有特色。

倡导"团结合作"的红色精神，增强发展力量。学校大力倡导"团结合作"的红色精神，通过一系列的教育教学活动，创造教师合作机会，结合我市开展的"一课一研"活动，结合我校特色的"备课-说课-讲课-评课-小结"教研活动，分工合作，增进友谊；举办联欢晚会、茶话会、座谈会、教职工趣味运动会等活动，融洽关系；加强沟通，增进团结和合作。学校以养成教育为抓手，从学生的行为细节入手，规范学生的日常行为，培养学生的合作意识，推动学校素质教育的发展。

二、开发红色课程，培养红色少年

为解决学校留守儿童多、家庭教育差、没有好习惯、缺少纪律意识、文明意识等难题，提高"红色教育"的效率，提升学校德育水平。我校结合学生德育水平实际，成立"红色德育研究小组"，研发开设《整合红色教育资源，培养学生良好习惯》《羊庄中心小学红色少年》的德育课程，促进学校红色精神的培育与光大，推动学校教育教学改革，为打造学校教育鲜明的特色和卓越的品牌服务。

红色故事会课程。我们开发了受学生欢迎的《红色故事会》课程，一是请老英雄、老战士到学校红色大讲堂为广大师生讲述红色故事；二是让学生收集红色故事记录下来，在红色故事会课堂上讲述自己收集的故事，并且还可以在学校开设的红色小舞台与红色大讲堂上讲述。

红色歌曲课程。音乐教师可教唱红歌，我们的红色歌曲社团也在传唱创编红色歌曲，如《铁道游击队队歌》《弹起心爱的土琵琶》《没有共产党就没有新中国》《东方红》等，让红色文化的声音响遍校园。

红色研学课程。开展红色考察活动，让红色文化融入学生的学习与生活，羊庄镇红色资源非常丰富，具有丰富的、大量的和开放的课程资源，对培育学生的红色精神和思想品质具有独特的价值。因此，学校组织红色教育研学活动，以满足学生不同学习方式的需要，创造条件让学生积极参与挖掘红色资源的社会实践，有序地引导学生走出校园，走出课堂，走向大自然，以"中共滕县县委、滕县抗日民主政府旧址纪念馆"、"洪振海烈士墓"、"孟昭煜烈士墓"、"庄里水库"等爱国主义教育基地为课堂，让学生体验生活，使学生获得多方面的信息刺激，激发兴趣，使学生的个性得到张扬，心灵得到放飞，生命得以舒展，时时处处能感受到成长的气息和快乐，树立了学生的自信心，展示了风采。

学习"红色校友"课程。我校创办于1913年（民国二年）。1927年，迁至山西会馆内（现镇政府大院），1935年初，地下党员张开文、王右池先后来校到羊庄小学任教。1936年春，王右池和张学周、特支成员李淑铭三人自发成立了中共五所楼懋臻小学党支部（滕县第一个党支部），同年秋，共产党员燕遇明来羊庄小学任教，并参加五所楼懋臻小学党支部的活动。此时，学校的党员们以教师职业身份为掩护，秘密进行革命活动。他们充分利用学校这个场所，对学生进行政治形势教育，灌输革命思想，宣传抗日救国道理。培养了一批优秀学生，并从中发展了朱广泉、孟昭煜、李瑞、侯以谋等人为中共党员，扩大了党的队伍，充实了新生力量。我校是滕县革命思想启蒙地，被誉为"红色播种地"名副其实，我们引导教师、学生寻找我们的英雄同事、英雄校友，学习他们的革命精神，研发实施《寻找红色校友》课程，弘扬红色文化，传承红色基因，培养新时代红色少年，培养德智体美劳全面发展的社会主义建设者和接班人。

学科渗透红色教育。让红色校园文化深入细致得到落实。学科教学中实施活动渗透红色文化理念，积淀丰厚红色校园文化。语文课诵红色经典、读红色文章、讲红色故事、写方块汉字；音乐课唱红歌曲、跳红色舞蹈、演红色话剧；体育教师可在每节课按照革命军人的标准对学生实施队列、跑步、形体、仪表、速度、纪容、耐力等六项训练，让红色的革命种子穿透岁月茁壮成长；美术课画国画，办"红色风"画展；信息技术课创红色文化网页，看红色电影；品德与社会课堂主阵地对学生进行革命传统教育和理想教育，让红色的革命种子穿透岁月茁壮成长，让红色文化开满校园，花香果美。

与传统文化融合的红色教育。我们将传统文化与红色教育有机融合，让孩子们在喜闻乐见的传统文化活动中自然而然地收到红色教育。开展特色社团活动，快板、相声社团，创编以红色教育为主题的红色曲艺节目，如《七律·长征》《铁道游击队》《红色播种地——羊庄中心小学》等；面塑社团，创作了《庆祝建党一百周年》大型面塑作品，还有《火炬》《星星之火可以燎原》《铁道游击队英雄群像》《我们的新时代》等作品；糖画社团创作了《生活甜如蜜》《红色圣地》等；书法社团创作的红色作品更是丰富多彩。

三、打造红色环境，渗透红色文化

红色文化是学校教育的底色与永恒主题，为了让学生能够随时随地地和红色文化亲密接触，学校采取了一系列的措施：

在教室、走廊、宣传栏等醒目之处，布置大量具有红色教育为主题的宣传牌，建有"红色教育专题墙"、"红色羊庄长廊"等。乘中国共产党百年华诞的东风，在党员活动室设置"百年党史教育墙"，校园内设置永久的"百年党史展"专栏，大力进行党史教育、新中国发展史教育等。在德育展室建有红色教育专栏，特别是在校史展中，突出加强红领巾校园广播台建设，在广播台中广播红色故事，传唱红色歌曲。

学校红色教育特色创建是一种尝试、探索，是一个农村小学文化建设与课程建设的新课题，学校将继续探索红色教育与课程整合、特色品牌创建的路子，力争走出一条科学而独具特色的教育新路，打造"红色小学"，建设"红色教师"队伍，开展"红色教育"，培养新时代"红色少年"。

今后，我校将继续引导广大青少年学习红色文化，传承红色精神，锻造高尚人格，砥砺激情斗志，牢记神圣使命，培养他们成为有理想，有抱负，有追求，有担当的新一代。

立足德育规范，培养素质人才

山东省威海经济技术开发区皇冠中学　苗延亮

少年强，则民族强！全面贯彻党的教育方针，落实立德树人根本任务，发展素质教育，推进教育公平，是每一所学校肩负的使命，也是在教育改革上的不懈探索。学校是教育发展的第一阵地，也是"以文化人"和"立德树人"的灯塔，指引着孩子找寻未来人生的正确方向，照亮他们的心田。

办学以来，我校一直坚持德育为首，坚持"抓好常规，突出重点，体现价值"方针，以爱国主义、集体主义教育为主旋律，以学生日常行为规范为抓手，重细节，抓落实，促规范。开展了系列教育活动，采取丰富多样的载体，让学生通过反复的德育实践逐渐提高学生的思想道德水平，养成良好的习惯。坚持以学生管理自主化为目标，遵循知与行、实与活、自律和他律、学校社会家庭紧密结合的原则，努力打造文明校园、创建文明校园，构建具有我校特色的中学生行为教育模式。

一、弥足根本，彰显素质办学品味

初中生处在生理日趋成熟，心理相对幼稚，人格个性和行为习惯尚未完全定型的特殊时期，具有较强的可塑性。根据这一特点，我校首先确立了狠抓常规教育这一基础目标，通过反复的规范训练和行为实践，使学生自觉用规范来调节自己的行为，养成良好的行为习惯。根据《中学生守则（2015年修订版）》和《中学生日常行为规范》，结合学校实际，我校制定了《皇冠中学学生一日常规》，对学生在学校、家里、社会上的言行、仪表等做了明确的规范并加以落实。为学生牢固树立良好的观念起到了关键作用。

行为习惯培养的关键是使学生的不良行为得到矫正。为此，我校始终把改正缺点作为工作的重点，引导学生边学规范边自查互查缺点，以告别不文明行为和树一个目标，改一个缺点活动为载体，成立互助小组，公布张贴要改正的缺点，一月考核一次，并与期末思想品德和先进评比紧密挂钩。通过一个个缺点的改正，不同层次的学生都有所进步，校园的总体文明不断得到提高。　此外，我校也通过加强课余时间管理，进一步凸显规范作用。习惯是一种经历较长时间形成的较为稳定的行为，状态或趋势。和成年人相比，中学生仍然存在着明显的情感型倾向，缺乏坚强的意志。针对这一特点，我校加强了课余时间对学生的管理，监督组织成员以学生为主，分成学校和班级两个级别，校内设立学生会文明监督岗对学校分区划片管理，班内设立文明自律小组，加强班级自律，保证学生课余时间的利用更加规范、科学。

结合时代要求，立足学校实际。我校遵循教育规律和学生身心特点，采用通俗化、浅显化及可接受性、激励性的表述方式，深入开展"三爱六美"主题系列活动，分年级设定学生德育总体目标、阶段目标、过程目标、特色目标，丰富德育内涵，构建德育目标体系，让学生在实现一个一个目标中体验成功，感受成长的幸福与快乐，彰显美的

价值追求。另一方面，我校通过不断加强尚美德育体系下主题班会序列化建设。结合主题月系列活动，主题班会活动，由浅入深、层次递进、螺旋式上升，形成序列，效果显著，让学生不仅学到很多道理，也促进了自我教育和自我完善。此外，我校也紧紧抓住节庆日、教育时间节点，广泛开展各种教育活动和社会实践活动，让“美”展示在社会的每一个角落。如开展月“尚美少年”评选活动；在家庭，开展“感恩父母”亲情体验活动；在社会，开展“尚美实践——学雷锋志愿活动”等，有效提升了学生意识和积极性。我校还在东西教学楼后、餐厅前俑路和楼梯上设置了安全文明引导线，旨在让学生的举止更文明、更规范。如今，这条“线”已经成为学生做人的一条准线。它规范学生的言行举止，引领学生健康文明成长，指引学生做一个有道德的人。

二、铸魂培根，深化特色办学内涵

德育工作是一项既深且远的工作，需要全面深化落实各项工作开展。我校完善“全员育人”机制。树立“人人都是德育工作者”的理念，倡导每个教职工认真履行教书育人、管理育人、服务育人的职责。通过多种举措，不断完善德育机制。一是推行“学生成长导师制”，建立每个教师“带”2—4名学生的制度，完善帮扶成长档案，通过谈心、辅导、家访等途径，促进学生全面发展。二是开展“听课观班”活动，要求每个教师认真组织教学，注重课程德育渗透，促进三维目标的达成，同时每个听课者，对教师教学情况、班级风貌进行综合评定。三是坚持“责任家访”活动，督促教师担着责任，怀着爱心，进行快乐、有效地家访，通过教师走访、科任教师联访、适时约访等形式，树立师德形象，提升教育效果。四是在教职工中开展“十要十戒”活动，发挥师德引领作用，倡导教师在学生面前看到垃圾主动捡，学生问好必回礼，从点滴言行之中践行高尚师德。此外，我校还完善班主任常规管理考评机制。树立“幸福快乐地班主任”理念，完善班主任选聘、培训培养、关爱、考核评价和工作保障等五方面制度，倡导班主任做学生成长的精神引领者、美的传播者，促进班主任专业化成长。一年来，全校班主任16人次获区级以上优秀班主任或师德标兵荣誉称号。近年来，我校深刻认识到德育工作必须抓实德育常规，实现教育与管理的动态互补，真正将“美”融入学生心灵，渗透到学生学习生活的一点一滴之中。为此，我校大力加强班级文化建设，打造尚美班级名片。起班名、设计班旗和班徽、文化墙、班级公约等，组织家委会开展丰富多彩的活动，培育良好班风和学风。强化一日常规管理评比活动，将学生考勤、课堂纪律、文明课间、两操、卫生保洁、班会、集体活动等纳入常规管理，每天一反馈、每周一小结、每月一考评、每学期一总结。其次是完善“三位一体”育人网络。建立家长学校，提高家庭教育水平，广泛开展家校的联系和沟通，构建“融通、合作、和谐”的家校文化。以“优秀父母养成教育”为抓手，让家庭教育理念落地，家长通过一学期的学习和践行，真正实现自我改变与成长，带动家庭学习改变，促进家庭和谐幸福。我校已连续三年在初一新生全体家长中举行“优秀父母养成计划”启动仪式，引领家长自主自愿学习家庭教育知识。事实证明，参与的家长经过一学期的学习和实践有利于形成“5+2>7”的教育合力，极大促进了孩子的健康成长、提高家庭的幸福指数、推动社会的和谐发展。我校还以“交流成长”为主题，注重家教经验和读书体会学习与分享。要求各班家委会每月至少一次组织家长开展读书沙龙活动，邀请本班优秀家长针对阅读的家教书目，结合自己的家教案例现身说法，既讲述自己孩子的成长案例，又融入家庭教育的理念，告诉更多的学生父母家庭教育的重要，家庭教育方法的多变与坚持。我校推行“服务式”家访，老师与学生家长零距离对话。一改过去“告状式”家访为“服务式”家访。由班子成员带队，班主任和部分科任教师参加，深入学生家庭，与学生父母促膝谈心，了解学生思想情绪和家庭生活状况，了解学生父母的家庭教育状况，向学生父母推介未成年人心理健康教育方法，调节和稳定学生们学习情绪和心态，帮助学生解决实质性困难，鼓励学生充满信心地走向课堂。

三、匠心不殆，奏响素质教育强音

非知之艰，行之维艰。教育是一项知行合一的事业。学校的内涵、品位需要被全体师生牢记并践行，应如和风细雨渗透到学校各处角落，待春暖花开。在教育事业开花结果的黄金时代，我们坚信，只要遵循德育教育原则，领悟树德立人办学理念，并行之贯穿于教育教学中，我校必将在这片广阔、绚丽的教育舞台上写下新的篇章，迎来灿烂的教育晴天。

玉兰花开香满园

——记枣庄市薛城舜耕中学党委书记胡涛

山东省枣庄市薛城舜耕中学　于宝明

山东省信息技术与教学融合优质课一等奖、山东省中小学优秀德育工作者、山东省未成年人思想道德建设工作先进个人、枣庄市优秀教师、枣庄市第四届“思想政治工作先进个人”、枣庄市优秀班主任、“薛城区十大杰出青年”提名奖……一个个荣誉，一个个称号，都属于他。他追求事业的成功，默默耕耘，励精图治；他追求奉献的快乐，公而忘我，心底无私。他深深热爱自己的工作岗位，多年来，始终站在教育这一块精神高地上，守望着自己的理想，谱写着一曲人生平凡而华美的乐章。他，就是薛城舜耕中学党委书记胡涛。

落实责任、勇于担当，增强抓好党建工作的使命感

近年来，以胡涛为核心的舜耕中学党委带领全体党员干部全面学习贯彻落实党的十九大精神，坚持以习近平新时代中国特色社会主义思想为指导，持续推进“两学一做”学习教育常态化制度化，扎实做好“不忘初心、牢记使命”主题教育各项准备工作，进一步巩固“创先争优”和“大学习、大调研、大改进”活动成果，坚持党对教育事业的全面领导，紧紧围绕学校党建工作中心任务和教育教学中心工作，严格党的组织生活各项制度，认真贯彻落实“全面从严治党”要求，落实责任、勇于担当，扎实工作、务实创新，以高度的使命感和责任感，全面提升学校党建工作。

在学校经费非常紧张的情况下，改造建设标准党建文化展厅，积极探索创建“卓尔不凡、志耕天下”的党建品牌，夯实党建阵地，不断提高党建工作新活力，增强党组织的凝聚力和创造力，统一思想、凝聚人心，进一步激发全校党员干部干事创业的热情，引导全体党员教师立足岗位“弘扬爱国奋斗精神、建功立业新时代”，充分发挥学校党组织和党员在惠及学生终身发展、服务教师专业成长、促进教育科学发展方面的战斗堡垒作用和先锋模范作用，抓实抓细“立德树人”根本任务，发展素质教育，促进学校内涵发展和特色发展，为学校新时期的跨越式、可持续发展奠定基础，为办好人民满意教育提供坚强有力的政治、思想和组织保证。

突出重点、真抓实干，催生提高课堂效率的紧迫感

质量是学校发展的命脉，是教育品牌的核心，是赢得声誉的关键。胡涛认为他们所追求的质量，应该是全面的质量、发展的质量、绿色的质量。全校上下务必落实好“立德树人”的根本任务，牢固树立起“教学为中心、质量为核心”的意识。必须牢记教育教学质量就是学校的生命线，教育教学质量的好坏直接关系到学校的兴衰与社会影响力；要牢固树立居安思危的观念，谨防前进中落伍，与自己的纵向比，与兄弟学校横向比，要有事业的紧迫感、危机感，才能求得舜耕的新发展。

经过走访调研，胡涛高屋建瓴地提出了“一个中心、两个保障、三个不动摇、四支队伍建设、发扬五种精神”的工作思路。他认为，首先要强化教学常规管理。“细节决定成败”。教学常规是教育教学工作中需要把握和落实的具体细节。各类计划要具体、实用，要改变固有思维，采用灵活多样的形式，真正把教学常规的各项要求落到实处，提高管理效率。其次要提高课堂效益。积极探索有效课堂教学研究，确保教学工作精、细、深、实，达到人人参与，课课高效的目标；积极探索创新“小组合作学习”模式，进一步完善《小组合作学习评价表》，努力形成有效、高效的课堂教学模式。第三要完善质量监控和创新教学评价机制，充分发挥评价的导向、引领和激励作用，灵活调动教师积极性；要加强过程性质量监测研究，及时诊断教学的不足，强化反馈和改进，努力提高教学目标的达成度。

心无旁骛、砥砺前行，强化提升队伍建设的意识感

一支结构合理、素质优良、爱岗敬业的教师队伍，是立教之本、强教之基。胡涛立足学校教育发展实际，扎实推进思想作风建设，着力抓好“四支队伍”建设，打造德艺双馨的“四有”好老师队伍，塑造新时期教师的丰满形象。

一是德能并重，建设高素质教师队伍。师者之基，师德为重。胡涛始终把师德师风建设作为教师队伍建设的首要任务，认真贯彻落实教育部《中小学教师师德长效机制建设的意见》和《全面加强教师法制教育工作的通知》精神，强化师德师风对教师的“一票否决”制度，提高教师职业道德修养和依法执教的意识，树立敬业奉献、关爱学生、教书育人、为人师表的良好师德形象和职业风范。

二是双重激励，建设高素质班主任队伍。作为一名从基层出身的领导，胡涛理解、尊重、依靠、信任班主任，既在工作中严格要求他们，也积极为他们创造机遇，支持他们的专业发展，提高班级管理专业化水平；既鼓励班主任发扬奉献精神，也不断改善班主任的政治和生活待遇，进行物质和精神双重激励。倡导班主任和家长通力合作，在培养学生的“三大习惯”上下功夫，在加强对学生的“六大教育”上下功夫，做好“十二好”标准的执行与落实。

三是突出能力，建设高素质教科研队伍。胡涛注重专业学习，努力掌握教学改革发展的最新动态，积极参与专业建设、学科建设和课程改革，树立创新意识和提高教科研能力，鼓励教师们发表论文、论著和参与课题研究特别是校本教材的研发与使用，以此促进学校教育教学质量提高。他把塑造名师作为提升学校形象、提高学校核心竞争力的重要战略常抓不懈，坚持“梯次培养、引领示范”的原则，着力构建五个梯队建设，让优秀教师领跑，让全体教师优秀。一是青年教师培养（3—5年）培养计划；二是骨干教师，确立第一年占总人数的40%，第二年增加20%，第三年达到70%；三是学科带头人，业务干部和教研备课组长是主力军；四是名师，打造校级、区级、市级乃至省级名

师；持续启动拜师结对的青蓝工程，充分发挥名师的传帮带功能，迅速提升新入职教师的业务水平和执教能力，使青年教师迅速成长。五是特级教师、专家，发挥特级教师、专家的示范、引领、指导作用，实现以科研带动教师成长。

四是强化管理，建设高素质干部队伍。学校的领导班子是学校管理的核心组织，直接反映学校的面貌，体现学校的精神，推动学校的发展。加强干部队伍建设，乃是抓住了学校管理工作的关键。干部正则校风正，干部优则群体优，干部强则学校强。胡涛经常要求各位领导干部要牢记职位是一种责任，要处处以身作则，事事率先垂范，要沉下心、蹲得住，带头任课、听课、评课，随时发现学校管理、班级管理和教学中存在的问题，及时认真加以解决。

凝神聚力、百花齐放，营造创建特色学校的荣誉感

按照市区教育局“抓实教学提高质量”的决策部署，全面落实学校领导干部全员任课、领导包学科包级制，抓常规、抓落实、抓提高、树形象。经过舜耕人共同努力，中考质量连年在薛城区保持领先位次。2017年八中彩虹招生150人舜耕考取88人，自主招生151人考取88人；2018年八中彩虹招生150人舜耕考取98人，自主招生360人考取198人，八中中考正榜2000人考取1040人；2019年八中彩虹招生120人舜耕考取84人，自主招生240人考取167人，八中正榜2000人考取1068人；2020年年八中彩虹招生80人舜耕考取59人，自主招生2人考取288人考取179人，八中正榜2400人考取1052人；2021年年八中彩虹招生100人舜耕考取56人。以绝对实力持续占领薛城教育高地。

近年来，以“文化治校”为主线的一种大气、雅气、灵气的校园文化悄然而生，教师的智慧被点燃，学生的内涵越来越丰富。舜耕中学的师生在省市各种比赛中大显身手，获取了累累硕果。学校近几年先后荣获全国教育系统先进集体、中国基础教育百家名校、全国教育创新示范学校、全国首届初中质量建设先进学校；山东省首批教学示范校、山东省花园式单位等众多重量级荣誉；学校还多次荣获枣庄市中学教育质量先进单位、薛城区教学工作综合评价先进单位等荣誉称号。

玉兰花开香满园，仿若昨日；风吹雨打忆初心，砥砺前行。28年的风雨历程，胡涛始终耕耘在教育这块热土上，坚守着自己的教育理想。面对过去的成绩，胡涛深知前面还有许多的路要走，因为荣誉只属于过去，未来还任重道远。我们相信，舜耕中学在这样优秀校长的引领下，高举文化治校的旗帜，坚持“安全为天，质量第一，管理提升，规范至上”的十六字方针，以追求卓越精神为引领，走“科学规范、绿色健康”的精品特色办学之路，舜耕的明天一定会更加美丽辉煌，全国一流品牌学校的舜耕梦一定会实现！

好习惯银行，存储孩子一生发展的“财富”

——邹平市开发区第三小学开展“养成教育”的探索与实践

山东省邹平市开发区第三小学　成建中　杨兆九　赵方正

好习惯是孩子一生的财富。因此，建立一套完善的养成教育评价体系，促进学生良好行为习惯的养成，进而影响孩子正确人生观、价值观的确立，为孩子一生发展奠定坚实的基础，值得每一个教育人进行深入探索和研究。作为山东省养成教育联盟学校和省养成教育实验基地，这更是我们不可推卸的责任。

我校是2011年初经县委县府根据开发区经济社会发展形势批准建设的一所完全小学，现有教学班75个，在校学生3428名。学生大多来自企业职工子女，许多家长受教育程度不高，往往只重视孩子学习成绩的提高，而忽视良好行为习惯的培养。基于这样的校情和生情，我校结合“家国情怀，情智共生”课程体系，以《新时代阳光少年习惯养成教育实践与研究》和《家校合作的政府职能与对策研究》两个课题为依托，采取学生形成性评价与终结性评价相结合的方式，建立并完善《好习惯银行》综合素质评价体系，促使学生在“评价”过程中不断认识自我、发展自我、完善自我。

一、建设“好习惯银行”评价体系的工作目标

道德和好习惯是学校最靓丽的风景。为培养出具有“好思想、好品行、好习惯”等优秀品质的新时代少年，我校坚持以促进学生德智体美劳发展为目标，充分发挥评价的导向激励功能，突出学生良好习惯养成和基本素质培养，促进学生全面和谐发展，为学生的终身发展奠基。

养成教育是管人一辈子的教育。基于十九大、教育工作会议、《教育现代化2035》都提出“要培养好习惯，对学生进行写实记录和综合评价”的要求，我校高度关注学生的成长历程，以学生养成教育为突破口，采取定性与定量评价相结合的方式，不断探索完善“好习惯银行”综合素质评价体系，充分调动学生的积极性、主动性和参与性，肯定成绩，表彰先进，树立榜样，激励学生发扬优点、改正缺点，让评价成为激励学生不断发展的有效方法，实现学生德、智、体、美、劳诸方面素质全面提高。

二、制定“好习惯银行”评价体系的基本内容

养成教育涵盖学校各个方面的工作，可作为主线统筹现有日常工作。与之相适应的，我校的“好习惯银行”学生综合素质评价体系由操行表现评价、学业发展评价和个性特长评价三部分内容构成。

操行表现评价。对照《小学生守则》《小学生日常行为规范》《山东省中小学生养成教育评价标准》等行为规范和标准，结合学校德情课程实施，循序渐进地培育和催生学生心中对“个人意识——家庭观念——国家责任”的人格认知和建构，包括学生养成的道德品质与公民素养、学习习惯与生活能力、个性品质与情感态度等个人操行表现。

学业成绩评价。对照各学科课程标准中列出的学习目标和各学段学生应该达到的目标，学生学业达成与发展的状况，对学生做出相应的评价激励。

个性特长评价。通过开展艺术节、读书节、创客节、书画赛、运动会、演讲比赛、手抄报比赛、英语竞赛、作业展评等活动，了解学生的参与情况，对有特殊表现的学生及时发放习惯币进行评价激励。

三、完善“好习惯银行”评价体系的实施路径

习惯培养贯穿整个德育、智育（思维和学习）、体育、美育、劳育的全过程。好习惯银行是写实的学生成长记录系统，是实施过程性评价的有效工具，是落实立德树人根本任务、发展素质教育、推进教育公平、培养德智体美劳全面发展的社会主义建设者和接班人的有效途径。我校在实施“好习惯银行”评价时，坚持以好习惯养成教育为统领，通过发放“习惯币”、阶梯晋级、表彰奖励等方式，推动学生由传统的被动管理转变为主动的自我管理，在学校里迅速构建起人人争夺习惯币、人人争做习惯好少年的良好氛围，大大提升了学校的精神风貌。

根据学生表现及时评价发放“习惯币”，五种颜色分别代表五个不同方面的习惯。蓝色即行为习惯币，包括文明、社交、规则、礼仪、安全等方面的习惯；橙色即学习习惯币，包括守纪、课堂、作业、复习、阅读等方面的习惯；红色即生活习惯币，包括卫生、起居、饮食、劳动、锻炼等方面的习惯；绿色即思维习惯币，包括规则、计划、成功、想象等方面的习惯；粉色即综合习惯币，包括以上不能涵盖的其他方面的习惯。

以阶梯晋级方式作为学生激励措施，运用多种元素、从多个角度进行评价。教师根据学生各方面习惯养成表现，考核评价后发放“习惯币”，集够10枚“习惯币”到班主任处兑换1枚“习惯小达人”；集够3枚“习惯小达人”到级部兑换1枚“好习惯标兵”；集够3枚“好习惯标兵”到德育处兑换1枚“开发区三小习惯好少年”奖牌，“开发区三小习惯好少年”奖牌归获得者个人所有，不再进行循环。

“习惯币”、“习惯小达人”、“好习惯标兵”和“开发区三小习惯好少年”发放数量及循环使用方法。开发区三小“好习惯银行”总部设德育处，“支行”设在级部，班级为好习惯银行代办存储点；学期初德育处将“习惯币”、“习惯小达人”、“好习惯标兵”奖牌发放至级部和班级，在每周一班会时间统一兑换；级部将“习惯币”发至任课老师，分发数量级部自行调控，“习惯小达人”发至班主任，“好习惯标兵”奖牌级部保管并奖励学生；德育处、级部、班级建立“好习惯银行”台账，对习惯币、奖牌循环兑换情况做好登记，学期末将台账上交德育处存档。

表彰奖励。每周利用升旗仪式对上周获评“三小习惯好少年”的同学进行表彰；每月召开一次“好习惯银行”阶段总结表彰，对涌现出的优秀同学集中奖励；期末每级部评选好习惯银行优秀学生进行表彰；利用宣传橱窗对获得“开发区三小习惯好少年”的学生进行宣传展示；组织“习惯好少年”研学旅行、与校长共进午餐、参与元旦师生联欢等；好习惯银行获奖情况作为评选学校“十佳百优”好少年及优秀毕业生依据。

四、践行“好习惯银行”评价体系的初步成果

好习惯银行综合素质评价体系的建立和施行符合学生良好习惯日积月累、循序渐进的规律，便于将学生各项文明习惯落细、落小、落实。

自好习惯银行综合素质评价活动开展以来，学生各项良好行为及学习习惯逐步形成，精神面貌悄然发生着变化。现在校园中赢取习惯币、兑换小达人、争做好习惯标兵、勇攀习惯好少年荣誉巅峰的风气蔚然形成。截至目前，全校百分之九十以上学生获得过习惯币奖励，数百名同学登上了好习惯银行最高领奖台，获评开发区三小习惯好少年荣誉称号。我校“好习惯银行”综合素质评价体系获评山东省优秀德育实施方案，在滨州市优秀德育工作案例评选中获得一等奖，先后被邹平市融媒体、滨州日报、滨州网等媒体报道，引发越来越广泛地关注。

当然，好习惯银行综合素质评价体系取得一定成效的同时，也存在一些问题。运用习惯币激励学生养成良好习惯的标准较难把握，运行过程中存在奖励习惯币过于随意化和过于谨慎化两种倾向，分寸难以拿捏；班级间存在不平衡现象，老师运用习惯币激励学生时因标准不统一，各班获评“习惯好少年”数量差别较大；习惯币储存保管存在一定难度，如何使储存和兑换更加科学方便需要进一步探索；如何使其不断规范，上升到理论层面，使活动更具推广价值还需在实践过程中继续探索研究。

好习惯银行是正强化法、赏识教育、代币制等多种教育模式的生

动展现，记录着每一个学生的成长进步。它现在存储的是孩子的好行为、好习惯，未来就是孩子们生存和发展的必备品格和能力。我们相信并且坚信，通过好习惯银行综合素质评价体系的施行，文明的种子必将在孩子们的心中落地生根，托举起他们美好的人生和璀璨的未来。

坚守初心，扎根职业教育

山西省晋中市职业中专学校 侯企强

习总书记说：“奋斗本身就是一种幸福，只有奋斗的人生才称得上幸福的人生。”晋中市职业中专学校的侯企强校长就是一位奋斗在教育前线的幸福教书匠。他扎根职业教育，潜心育人，播撒希望，用爱心和汗水践行着教育工作者的初心，书写出一幅充满温度教育画面，用实际行动诠释着教育人的责任与担当。

侯企强，中共党员，出生于1971年4月，1991年7月参加工作。

历任晋中公安处驾驶员培训中心教师、平遥县职业学校（后更名为“平遥现代工程技术学校”）汽修专业教师、理工系主任、政教科长、实训科长、技术系主任、平遥县综合职业技术学校校长、党支部书记。

现为晋中市职业中专学校党委书记，校长。教育部“1+X”证书制度试点专家、1+X智能制造系统集成应用职业技能等级证书标准修订委员会主任、山西省职业院校“1+X”证书制度试点工作专家委员会副主任委员、山西省职业教育专家库成员、山西省产教融合促进会专家库成员、山西省产教融合试点企业建设培育评审专家、山西省职业教育汽修类专业教学指导委员会副主任、山西省专业带头人、山西省机械电子工业联合会职业教育分会副会长、山西省装备制造集团副理事长、常务理事、太原师范学院特聘校外专家教师、晋中市标准化技术委员会委员。

一、坚守教育初心，积极作为担当

自参加工作以来，侯企强扎根职业教育工作一线，牢记“为党为国培育德技并修的高水平技术技能人才”初心，严守师德师风、谨遵党纪国法，在专业教学、德育工作、学校治理和职业教育内涵研究等工作中立足实践，勤勉敬业，积极担当作为，勇于改革，大胆创新，受到同事和领导的一致好评。

专业教学。他严格对标对表“四有”好教师，刻苦钻研专业教学，精心打造“自主式”课堂，培养了大批专业技术人才。2018年指导学生获全国职业院校技能大赛专业赛项三等奖。2018年编写教材《汽车发动机构造与维修》，由机械工业出版社出版。近年来，在国家级杂志上发表教育教学及学校管理论文十多篇。2019年，指导学生代表晋中市和山西省备战国赛，没日没夜钻研赛程、磨炼技术，经过3个月封闭集训，使学生从底子差、水平低一跃获得“一带一路暨金砖国家技能发展与技术创新大赛”二等奖，这是我省历史最好成绩。

二、坚持立德树人，加强党建领导

侯企强从事班主任工作20余年，主抓学校德育工作近10年。

本着“立德树人”的教育初心，尊重学生的主体地位和个性差异，从学生实际出发，与学生深入交流沟通，真正做好学生的良师益友。

他组建了“班主任名师工作室”，用心打造一支身正为范、纪律严明、素质优良的班主任队伍。在平遥职业学校打造的全校课间操受到教育部、省教育厅领导的高度肯定。

学校治理。在党的建设上，以党建为引领，不断加强党对学校工作的全面领导。侯企强开创性地提出并实施了党员干部“一带三”活动和“三亮三比”活动，实现了对全校教职工学习、思想、行动、作风、工作五个带动全覆盖，形成了良好的教育生态；在学校管理上，提出了“把常规做成习惯，把习惯做成精品”的精细化管理目标和“学校无空处，处处教育人；学校无小事，事事教育人；学校无闲人，人人教育人”的精细化管理要求；在队伍建设上，要求全体领导干部要狠抓落实，做到“精明强干”，提高执行力；在教学上，提出优质课标准，明确阶段性工作绩效输出和考核指标，在全校树立了良好的党风、校风、教风和学风。

三、潜心职业教育，探索课题研究

侯企强全身心投入职业教育改革发展创新事业，以问题为导向，主动参与关注、支持职业教育发展的各行业协会和团体，积极思考、探索和研究职业教育内涵发展相关课题。两次担任省中等职业学校教师高级职称评委；多次参与教育部、省教育厅教育改革发展调研工作；多次参与和主持山西省教育厅、人社厅、财政厅关于职业教育改革发展、产教融合相关政策文件的起草工作和星级学校、实训基地、重点专业等的评估验收工作；多次参与省产教融合型企业评审工作；主持1项、参与1项省级职业教育课题，主持市政府课题1项并结题。

他主动参与职业教育各行业协会、团体，多次参与教育部、省教育厅教育改革发展调研和省产教融合型企业评审工作，主持省教育厅、人社厅、财政厅关于职业教育改革发展、产教融合相关政策文件的起草和星级学校、实训基地、重点专业等的评估验收；2017年11月，参与了山西省教育厅、人社厅、财政厅《关于开展省级中等职业教育改革发展示范校建设工作的通知》（晋教职[2018]4号）文件及相关附件的起草工作，并任起草组组长；2018年1月，参与了山西省人民政府办公厅《山西省促进产教融合实施方案》（晋政办发[2018]38号）文件的起草工作；2019年3月，参与了《山西省推进职业教育改革发展行动计划》（晋政发[2020]19号）的起草工作；2019年10月，参与修订了教育部《关于加强职业院校办学质量考核工作的意见（征求意见稿）》；2019年11月，组织专家组编写了晋中市委《晋中市校地融合十五条》；2019年12月，组织编写了《山西省产教融合型企业建设培育方案》，并于今年完善了《山西省产教融合型试点企业建设培育遴选标准》和《山西省产教融合型试点企业建设培育专家评审工作制度》；2020年5月，参与起草了《山西省中等职业教育高水平实训基地\重点专业验收标准》；2020年12月，参与了山西省教育厅、人社厅、财政厅《关于实施山西省高水平中等职业学校建设计划的通知》（晋教职成〔2021〕3号）文件及相关附件的起草工作。

多年来，他先后获得诸多荣誉。2009年3月被评为山西省中等职业学校专业带头人；2010年4月在山西省第四届职业院校技能大赛中，荣获“优秀指导教师”；2018年5月，指导学生在全国职业院校技能大赛中职组“亚龙杯”电梯维修和保养赛项比赛中荣获团体“三等奖”；2021年4月被晋中市委、市政府授予“晋中市劳动模范”荣誉称号等。

侯企强用自己一颗赤诚的心铺就学生的成才之路，用自己不懈的努力带动和培养一支优秀的教师团队，用自己的爱心和奉献为晋中市职教事业的发展贡献自己的力量。

书香润智，厚德育人

——上党区荫城学校办学纪实

山西省长治市上党区荫城学校 郭丘

长治市上党区荫城学校位于上党区南部山区荫城镇，2017年9月投入使用，现为新建农村九年一贯制寄宿学校，我校生源主要是荫城周边23个行政村的孩子。目前，我校有教职工159名，教学班37个，学生1448人。

近年来，我校围绕中共中央关于教育教学改革的有关意见精神，积极落实长治市十大行动要求，努力打造农村寄宿制标准化学校。我校坚持五育并举，深化教学改革，狠抓特色发展，强化后勤管理，推行县管校聘，最大限度满足当地农村孩子就学需要，深受社会好评。

优化资源配置，落实硬件建设

我校基础设施完善，硬件设施齐全。我校教学区有教学楼两栋，可容纳40个教学班。教室统一配备了数控一体机，集各种现代化教学设施于一体，加上网络资源教育平台和班级图书角的有效利用，让我校学生在小课堂上也能见识到外面的大世界。综合楼内设图书阅览室、法制资源教室以及各社团活动教室。生活区有“悯农餐厅”三层，每层可容纳600余人用餐。宿舍区有男女生公寓楼各一栋，可同时容纳2000余人住宿。学校运动区有400米标准环形跑道的运动场，保证孩子们各项体育活动的充分开展。

深化教学改革，厚植办学内涵

课堂是教育教学的主阵地，深化教育改革对于提高教学质量意义重大。2017年底，“中国好课堂”走进上党区，推动了我校的课堂教学改革。近年来，我校在实践中探索，在反思中成长，不断深化改革。

一是推广先进教学模式，规范教学行为。在实践和摸索中，我校秉承“书香润智 厚德育人”的办学理念，创建润智课堂“任务导学”教学模式，深入推进课堂由“以教为主”向“以学为主”的转变。

根据教学流程，我校加强小组建设，注重启发式、互动式、探究式学习，并积极推广思维导图，帮助孩子们梳理知识。我校的“任务导学”教学模式可归纳为“三环五步一反思”。“三环”为“预习、展示、反馈”，“五步”为“第一步：独学；第二步：对学、群学；第三步：组内小展示；第四步：班内大展示；第五步：整理学案，达标反馈”，“一反思”则为课后反思。通过多样课程，我校学生的自主学习、合作探究、语言表达等能力都有很大提升。

我校还通过日常的听推门课，教研活动的集体磨课、研课等实践流程，推广教学模式的运用。我校于2020年9月承担了上党区新入职教师课堂教学培训任务，培训效果显著。与此同时，我校老师还进行了多项校级课题研究，并积极参与省级课题的研究。

二是积极开发多样课程，激发学校活力。在课堂改革的同时，学校依据各年级学生学情“润智课堂”系列课程。内容包括一年级简笔画教程、二年级看图写话教程、经典诵读教程、劳动教育实践课程等。

除了开发丰富多彩的课程，我校还非常注重五育并举，重视社团活动的开展。我校目前共有戏曲、古筝、快板、手工、舞蹈、国画等16个社团。这些社团极大地丰富了我们的校园文化生活和校内课后服务。

去年9月份以来，我校开展免费校内课后服务，通过答疑解惑、社团活动、图书阅览、科普宣传等形式，满足学生及家长对课后服务的需求。我校的社团活动教室全天免费向学生开放，学生的社团参与率达到100%，实现每个学生至少参与一个社团的目标。

强化师资建设，关注教师成长

除了每周的各学科教研活动外，我校还通过“走出去、请进来”的方式组织老师们到北京师范大学、浙江师范大学、运城学院等地进行培训学习，并把先进的理念带回来进行二次培训。此外，我校还积极与片区内兄弟院校进行联片教研，共同学习与交流，促进教师们的成长。

我校切实提高教师各项福利待遇，让教师安心工作、踏实留校任教。我校在规划初期，根据国家有关要求，配建教师周转房，满足离家远的教师住宿需求，切实提升教师工作的幸福感，为孩子们获得优质教育提供人才支撑。

细化后勤保障，打造温馨校园

后勤工作是学校工作不可或缺的一部分。我校食堂所用食材从市定采购目录中选购，厨师由政府购买服务方式按50：1配备，实行一年一体检一培训两考核，持证上岗。食堂“明厨亮灶”全覆盖，食堂管理按照区教育局提出的“三个八”标准，实行流程化管理，确保一日三餐安全、营养、健康。

我校有严格的班主任陪餐制度，保证学生吃饭时井然有序。校内餐桌的每个餐牌都附有古诗词，让孩子们时刻感受古诗词的美！

我校学生宿舍设施齐全，能够满足孩子日常生活所需。在宿舍管理上，我校按照区教育局制定的“22111”要求并加以落实，让孩子们养成良好的生活习惯。宿舍每层都有“儿童之家”，孩子们可以在这里自由的看书、写字……留守儿童还可以在生活老师的安排下及时跟家长视频通话、交流感情，让远在外面的家长放心。宿舍还配有图书，时时培养孩子们爱读书的好习惯。为了确保孩子们的安全，学校在每个宿舍都安装了紧急无线呼叫装置，一旦遇到突发情况，孩子们可以第一时间通知宿舍管理员。

落实“县管校聘”，促进均衡发展

“县管校聘”政策使得教师编制和岗位实现了“总量控制、动态调整”，教师由“学校人”变成了“系统人”。教师管理实现了由闲变忙、由惰变勤、由被动变主动的“三变”，有效调动了教师的工作积极性和能动性，初步实现了教师的有序流动和师资的高效调配，在全区教育系统形成了浓郁的干事创业氛围。

我校认真贯彻习近平总书记关于教育工作的重要论述精神，落实“县管校聘”借全国基础教育综合改革暨教学工作现场会的东风，扎实工作，深化改革，进一步提升寄宿制学校办学水平，真正把农村学校办成学生学习的乐园、成长的花园。

国无德不兴，人无德不立。过去几年，我校致力于完善校内基础设施，落实德育工作，不断为学生的健康成长提供有利条件。未来，我校将继续勇往直前，稳步前行，让一批批德智双馨的荫城少年在这里茁壮成长，迎接美好、光明、幸福的未来！

教学有路才为径　育人生涯德做舟

陕西省西安市高陵区鹿苑中学　李金龙

锻造真正能肩负起民族复兴重任的希望一代，更好地构筑中国精神、中国价值和中国力量，离不开立德树人。在德育实践中，陕西省西安市高陵区鹿苑中学全面贯彻马克思列宁主义、毛泽东思想、邓小平理论、“三个代表”重要思想、科学发展观和习近平新时代中国特色社会主义思想的指导思想，坚持遵循“以德立校、以德树人、时时树德、事事育德”的德育原则，牢固树立为未成年人健康成长夯实思想道德基础的教育理念，强化理想信念，深化德育内涵，创新德育方法，开展德育实践，以社会主义核心价值观体系塑造一代新人，为他们的多彩人生打下了丰厚的底色。

健全德育组织机构

没有一个强有力的工作班子和健全的组织机构，德育工作是很难开展的。为此，鹿苑中学成立了由校长李金龙全面负责的德育工作组织，形成了完善的德育工作网络，促进了学校德育工作扎实有效地开展：行政会——政教处——年级组——班主任的德育管理线，负责德育工作的规划、重大事项的决策、德育目标的制定和德育工作计划的实施，充分发挥指导、检查、协调作用；党支部——团支部——各班支部的德育活动线，具体实施各项德育活动；教导处——教研组——课任教师的课堂渗透线，由班主任和任课教师具体实施德育工作计划，根据课堂特点和需要创造性地开展德育教育活动；家庭——社区——德育基地的社会实践线，形成了全方位、全过程育人的新体系。

在整个德育品牌创建过程中，鹿苑中学在遵循全员参与、全员管理、全程负责、多管齐下的原则下，牢固树立“人人都是德育工作者，学校无小事，事事都育人”的责任意识，坚持“维护德育核心不动摇，执行命令不含糊，落实指示不走样，上到战略精心谋划，下到一线落地生根”的实施策略，真正做到了“教师行为无小节，一言一语总关情”，实现了用爱点亮“以德育人”这盏心灯的美好愿景。

锻造德育工作队伍

培养一支充满活力的高素质的班主任队伍是做好德育工作的基本保证。

在校领导的支持下，鹿苑中学开展了以“敬业奉献、勤业爱岗、乐业爱生、精业钻研、创业开拓”为主要内容的系列教师培养活动，充分发挥班主任的表率作用，努力提高教师的整体工作水平；组织开展班主任德育工作交流和研讨活动，激发他们做好德育工作的自觉性和责任感；班主任每学期至少和家长面访一次，给留守儿童、贫困生和学困生更多的关爱，并提出有针对性的建议或意见；建立学校、家庭、社会三结合的德育网络，促使学生能够自学遵守社会公德、校规校纪，形成了良好的校风、教风、班风，赢得了家长和社会的一致好评。

推进素质教育发展

德育是素质教育的灵魂。为提高学生的综合素养，鹿苑中学积极开展丰富多彩的教育教学活动，努力为学生搭建展示自我、提升自我、发展自我的平台，营造了绿色健康、积极向上的成长氛围。

学校成立绘画、书法、泥塑、声乐、围棋、乒乓球、篮球、科技、天文、电脑设计等多种兴趣小组和社团组织，努力挖掘学生多方面的潜能，形成了“团结、奉献、勤奋、进取”的校风、“敬业、爱生、笃学、创新”的教风和“诚实、刻苦、守纪、尊师”的学风，促进了学生全面而个性的发展。

加大德育科研力度

德育科研是德育工作改革和发展的标志，是德育工作科学化的保证。课堂是实施德育的主阵地，为充分发挥德育的核心辐射作用，教师在教学过程中努力挖掘德育资源，把德育教育渗透到各学科教学之中。

在教学中，教师充分挖掘教材中的思想美、意境美、人物美、语言美等因素，提高学生分辨“真善美”与“假丑恶”的能力，使教学过程也因德育的渗透而变得更有趣味性。同时，加强教师师德修养，做到语言美、行为美、仪表美，从而以高尚的道德情操陶冶、净化学生的心灵，引导他们树立正确的荣辱观及道德观。

建立班会德育课堂

班级是学生成长的摇篮，又是学生具体参与各项活动的基地；是陶冶学生的熔炉，也是学生自我教育的课堂。学生意志品质、道德修养、行为习惯都要受到班级文化的熏陶和浸染，可以说，主题班会课是班主任施展才能的大舞台，是德育教育的主阵地。

为充分发挥班会课的主阵地作用，鹿苑中学坚持做到“月月有主题，周周有重点”，通过大量生动有趣的活动内容和活动方式，激发学生的积极性和主动性，从而有效提高德育工作的效果。三月是学雷锋爱心奉献活动月，组织学生在家帮助长辈做力所能及的家务，校内开展同学“手拉手”活动和“爱绿护绿，从我做起”活动；四月是革命传统教育月，组织学生学习革命先烈的事迹，开展“继承先辈的遗志”主题征文活动；五月是艺术活动和感恩教育月，通过文艺演出、书画比赛等活动，以美和艺术育人；六月是为理想奋斗活动月，利用班会课开展“我的理想”演讲活动；九月是常规训练月和尊生爱生月，开展庆教师节“师恩难忘”板报比赛活动，增进师生感情；十月是爱国主义教育月，开展“祖国在我心中”征文活动、“我为祖国添光彩”书画展览等爱祖国、爱家乡、爱学校教育活动，对学生进行爱国主义教育和理想信念教育；十一月是法制安全教育活动月，开展安全教育活动，对学生进行法制安全教育；七月和十二月则是奋飞达标月，激励学生努力学习文化知识，以优异的成绩汇报父母与老师。

开展多元德育活动

皮亚杰指出：“一个学生的高尚的道德品质不是教出来的，而是学生在参与实际生活及各种有计划、有目的的公益活动以及与他人的合作与交往中逐渐积淀出来的。”教育不能靠强制灌输，应该通过创设良好的德育活动情境，开展多彩的校园文化活动，充分发挥学生的主体能动性，变他律被动教育为自律自我教育，从而提高校园文化的激励效能。

“中华诵”经典诵读和“中华魂”读书教育活动。学校大力推进“中华诵”经典诵读和“中华魂”读书主题教育活动，通过开展晨读、征文比赛、朗诵比赛、主题班团活动、“经典诵读”比赛等丰富多彩的活动，在诵读经典中继承传统、明理修身，引导青少年学生增强民族自豪感和爱国主义情操。

新生军训活动。每年新生入学，学校邀请教官对新生进行为期三天的军事化训练，包含走步、做操和《鹿苑中学学生日常行为习惯》学习等内容，并在结束时安排学生汇报表演，不仅使学生熟悉了学校生活，学习了校规校纪，而且增强了集体主义观念，培养了吃苦耐劳精神；开展《中小学生守则》和《中学生日常行为规范》学习活动，规范学生言行，为他们今后在学校好好学习和快乐成长打下了坚实的基础。

重要节日节点活动。节日和纪念日是对学生进行心理健康教育的最好时机。学校在“五·四”青年节、国庆节、元旦、世界爱眼日、地球日、无烟日、反毒品日等节日开展形式多样、内容丰富的主题活动，不仅开拓了学生的视野，增长了学生的知识，培养了学生的能力，更提高了学生的思想道德水平。

学生自主管理活动。为促进学生自主发展与参与学校管理，学校自2016年起成立“鹿苑中学学生自主管理委员会”，学生通过竞聘演讲的公平方式选拔成员，班级的日常工作由学生自己考核、总结。实行“值日班长”活动，制定班级一日常规，每位学生挂牌轮流管理班级，锻炼学生的管理能力；实行“校园文明岗”和“校园安全岗”上岗活动，培养学生的民主意识、社会责任感和自主管理能力；创建“校园气象站”、“校园广播”、“历史上的今天”、“温馨提示”等栏目，以班为单位轮流展示，极大地丰富了校园信息和校园文化。

德育工作是一项系统工程，是一个长期的、反复的、循序渐进的、逐步发展的过程。新的形势对德育工作提出了新的更高的要求，鹿苑中学将始终坚持以强化德育工作作为实现素质教育的切入点和突破口，牢固树立“育人为本、德育为先”的观念，继续深入推进丰富多彩的课内外、校内外实践活动，拓展德育空间，创新德育方法，丰富德育形式，强化德育实践，增强德育体验，撑起学生的幸福人生。

推进“名校+”工程，促进教育均衡发展

陕西省西安市蓝田县焦岱中学　王力武　龚小龙

蓝田县焦岱中学始建于1956年，是一所省级标准化高中，历代焦中人励精图治、奋发有为，为社会培养了一批又一批优秀人才。为深入推进教育均衡发展，提高教育发展水平，深化推进“名校＋”工程，在蓝田县教育和科学技术局的周密部署下，2020年10月29日，我校正式成为西安市田家炳中学的“＋校”。自田家炳中学与我校“名校＋”联合体揭牌以来，田家炳中学的名师团队先后多次来我校开展送教活动，并对我校的教学、教研工作进行指导。而我校教师也走进田中观摩、学习，在交流中进步，在研讨中成长。如今，我校在名校的引领下，处处焕发生机，如雨后春笋节节绿、节节长。

有一种情怀，叫不忘蓝田60余万人民的期望，把一批又一批优秀学子从这里送到全国，甚至漂洋过海的赤子之情；有一种担当，叫“名校+”，学校联盟等举措稳步推进，新的办学思路激活了教育发展，态势如初生婴孩，虽然娇嫩，但美好可期；有一种信仰，叫高度自觉地遵循科学发展观，实现“精英教育理念化，教师队伍专业化，安全管理常态化”的三化一体模式。

一、实践学习促提升

2020年11月7日，西安市田家炳中学和我校成功举办了“走进古道，触摸历史”的研学旅行活动。师生们行走在岑寂蜿蜒的蓝关古道上，感受祖国的大好河山，体验蓝田的壮美历史，开阔眼界，磨炼意志。通过身体力行的实践，两校师生充分感受到，“名校+”教育联合体不仅是教师间的互相切磋，亲密交流，更是两校学生活动交流，实践学习的创新。

研学旅行结束后，我校高二级二班学生栗典雯在《不平凡的旅途》一文中这样写道：

我的体力渐渐透支，步伐也渐渐缓慢　，双腿似乎是灌了铅似的沉重与酸软。我想放弃，但当我看到穿着蓝校服的田家炳学子扛着旗帜拼命向前冲时，我的内心又燃起了希望的火焰，似乎看到了希望的曙光，积极暗示自己‘加油，往前冲’！

在徒步行进的古道路上，我们两校学生自发提议举办了歌舞比赛；田家炳中学的老师还精心为我们准备了一套文化大餐——我们饶有兴趣跟着老师一起吟诵着中唐诗人韩愈的诗作，明白了‘溶洞地貌的成因’‘阴阳脸的形成’‘狭管效应’‘人为开山修路对岩石风化和成土过程的影响’等许多地理知识，　触摸到了古栈道遗迹清代摩崖石刻……这样上课我们很喜欢！

二、名师引领促成长

在名校的引领下，我校教师如拨云见日，解开了教学中的很多谜团；在名校的引领下，教师们有幸与更多的名师相遇，有了更多的学习机会。“名校+”工程极大地提升了我校教师的业务能力，推动我校教育教学再上新台阶！

我校语文组新教师在得到“名校+”的帮助后非常激动，真实地记录了自己的听课感受：

作为一名进入高中不到两年时间的语文教师，“名校+”的每一次活动对我来说都是一次难得的学习机会。每一次的学习都让我如沐春风，如饮甘泉。

清楚地记得，2020年11月17日下午，田家炳中学姚玉民名师工作室成员来我校开展送教活动。整整一个下午，三节示范课，一节交流研讨，安排地扎实有序。韩丽华老师执教《故都的秋》，一张张优美的幻灯片令人陶醉其间；方言形式解读文本使课堂充满乡土气息。龚小龙老师高屋建瓴，通过对《荷塘月色》中月下荷塘美景多角度、多思维探究，使学生熟练掌握鉴赏优美语句的技巧，真正做到“授之以渔”。李乐乐老师从称谓的变化来探究氓的形象，角度新奇，令人折服。三节课听下来，真的是三次视觉、听觉盛宴。苏辙《墨竹赋》中有“庖丁，解牛者也，而养生者取之；轮扁，斫轮者也，而读书者与之”。听三师之言，余亦得教之道也。

三、专家指导促发展

有情怀有信仰的教育人都会用新思想凝聚共识，西安市田家炳中学为了打造精英教育砺器成才，不惜代价聘请了九大学科的专家来校莅临指导教学工作。而“+校”焦岱中学不仅有送教入校研讨学习的机会，更能走出来加入“名校”的阵营，亲自聆听专家的指导。

老师们如是说——“语文阅读教学就得从高一抓起，阅读课和硬笔书法有机结合这是田中的创新之举。以前做梦都没想到语文组和美术组就这样奇妙的联盟了。这是一种先进的理念。我们常说学生阅读理解能力差，却不知道如何抓。多次赶往田中备课、听课、评课，让我知道了如何找到教学的切入点和支点了。”

“周老师特别强调在指导学生做数学题时，重在质量而不是数量，要有选择地做题；要在规定时间有针对性监督学生去做，而不是泛泛留当课后作业；对不同层次的学生要提出不同层次的目标要求；重视试卷讲评的有效性，不能只局限于对与错。”

“无论是专家指点还是听同行的课堂教学，化学试卷讲评时应做到讲一题带一类，讲一法提一能，着意培养学生的抢分意识，抠分意识，独立思维能力和认真书写能力。”

“就地理教学中具体的问题，赵老师与我校的教师进行更深层次的沟通与交流，手把手教教师如何在课堂中激发学生的学习积极性，告诉老师们不要轻易将答案告诉学生，要相信学生的能力，要学会大胆放手，把问题交给学生，让学生自己发现问题并通过自身努力尝试来解决问题，这样学生的逻辑思维能力才能建构，知识才能牢固掌握，才不会出现前学后忘的现象。”

点石为金，至真至诚！谁能不为上面的话语感动？专家引领是田中的创新之举，也是面对教育发展不均衡选择的捷径。而我们“+校”也同样尝到了甜头，找到了教育可以发展的多条道路。

知其可为而为之，是一种生存的智慧；知其不可为而为之，是一种勇气，更是一种担当！走出去，请进来，我们毅然在“名校+”创新之路上奋然前行！

白居易《养竹记》中有“竹心空，空以体道；君子见其心，则思应用虚者”。自“名校＋”联合体成立以来，我校师生在学习中成长，在成长中蜕变，感叹我们像竹一样“节节高生”。在名校的引领下，我校定会潜心悟道、开拓创新、奋力拼搏，为蓝田教育事业做出更大的贡献！

追梦幸福教育，成就美玉学子

陕西省西安市蓝田县教师进修学校附属小学　房日宏

“蓝田日暖，良玉生烟”。蓝田县坐落于秦岭北麓灞水河畔，是闻名遐迩的“美玉之乡”。玉，石之美者也，有五德：仁、义、智、勇、洁。玉，以它温润含蓄、由内而外的美，影响着我校1千8百多名师生。立足地方特色，我校借斑斓之玉色，悟德育之精髓，发掘了以“玉”为主题的校园文化，确立了“ 追梦幸福教育　成就美玉学子　”的办学理念，大力弘扬社会主义核心价值观，教风正、学风浓。“开璞成器　琢玉生辉”的校训深深印刻在每一位附小师生的心底。形成了“温润典雅方正有致”的校风、“点石成金　琢璞成玉”的教风、“精雕细琢　博学笃志”的学风。以玉之五德教化影响师生，使每一位附小教师都成长为新时代的“四有”好老师；为每一位附小学子系好人生第一粒扣子。

学校坚决落实立德树人的根本任务，大力发展素质教育，实施“文化立校”、“文化铸魂”、“文化传承”、“文化育人”工程，以“玉”文化为核心载体，种“玉”附小，构建了独具特色的校园文化。让师生身临校园，如在芝兰之室，耳濡目染，沁润玉之品质，感受玉之高洁，成就美玉学子。

一、文化立校，发掘玉之精神

学校两侧的文化墙诠释着“玉”之品格、“玉”之内涵、“玉”之厚重。“蓝田生美玉，未琢价连城”。以文化立校，我们将玉文化根植在校园的每一个角落，发掘玉之精神，建设师资队伍，培养莘莘学子，让玉文化成为师生的精神食粮，让校园文化有持续的生命力，根深叶茂，杆壮枝强。

从科研兴校，到特色强校，是我校实现教育发展的主要手段，美玉老师人人有课题，2019年至今，获省级科研课题6个，市级教科研课题一个，县级课题14个，校本课题151个。琢玉课堂文化更是润玉名师成长的摇篮，润玉名师+研修共同体的成立，三级三类名师的培养计

划，都让琢玉文化彰显特色，凸显成效，熠熠生辉。在蓝田县小学教学质量评估中，我校连年名列全县前列；多次荣获市县级先进集体。

二、文化铸魂，融注玉之品格

“蓝玉种成耘自获”。我校深入贯彻落实省市教育大会精神，认真学习领会总书记对教育工作的相关论述，发扬“工匠”精神，弘扬师道师德，坚持以过硬的“师德师风”，琢璞为玉，无私奉献。坚持开展“不忘初心　牢记使命”主题教育活动，开展党史教育学习，缅怀革命先烈，重温入党誓词。在坚定的理想信念下，促进了“党建+教学”、“党建+教研”、“党建+扶贫等工作全面开花，花香四溢，有效推动了附小各项工作的新跨越。

疫情期间，学校组织全体党员积极投身抗疫第一线，全体教师积极响应号召，利用疫情期间涌现的典型事迹，采用多种形式向美玉学子及家长传递正能量。我校教师刘红朝的《与子同裳　振兴中华》抗疫特别班会、《红烛有爱，教育报国》抗疫文章被《教师报》《陕西传媒》进行了广泛报道，取得了很好的社会反响。

“三寸粉笔，三尺讲台系国运；一颗丹心，一生秉烛铸师魂”，附小人肩负“三传三塑”的时代使命，传承文明，启智求真；廉洁从教，弘扬正气，以“四有”好老师的标准，做好学生锤炼品格的引路人、传播知识的引路人、创新思维的引路人、奉献祖国的引路人。

润物无声，大爱无言，美玉老师正用自己昂扬的斗志，组建“润玉”团队，追梦幸福教育，成就美玉学子。

三、文化传承，诠释玉之胸怀

我校以其得天独厚的地理条件，以其“温润典雅”的校风，“点石成金”的教风，“博雅致学”的学风；以其博大的胸怀，包容疼惜所有美玉学子。随着城区人口的不断递增，“上学难、择校热、学位紧”等问题也一直是困扰学校发展的突出问题。但附小人以干事创业的担当精神、为民解难的服务精神，深入社区、村组，摸排、摸清区域内适龄学生底数，严格落实《蓝田县进城务工人员随迁子女入学工作实施方案》，做到不打招呼、不批条子，确保学校生源稳定、学位保障。为实现优质教育资源均衡发展贡献力量，更为进城务工人员解决了后顾之忧，想他们所想，及他们所及，用我们的惜玉之心，温暖了千万颗心。

在脱贫攻坚战中，附小人“以功成不必在我，功成毕竟有我”的态度和决心，全面落实政策，扎实开展“一对一”帮扶工作，向家长宣传资助政策，控辍保学、资助政策全面落实到位。

惜玉文化让所有美玉老师重塑形象，以多重身份做好新时代的“店小二”，服务教育，服务家庭，服务社会。

四、文化育人，成就玉之英才

“有田皆种玉，无树不开花”。附小人坚持落实党的教育方针，培养德智体美劳全面发展的社会主义建设者和接班人。始终把校园文化建设和德育工作紧密结合，与创建文明校园紧密结合，实现了时时育人、处处育人。

学习党史主题教育活动，“红色之声”广播站，“十个一”系列革命传统教育活动，每周一次红歌传唱，“弘扬红色文化”国旗下的演讲，每学期一次的红色文化文艺汇演，全校师生的红色故事演讲比赛……实现了红色文化和美玉文化的有机融合。美玉师生正在用自己的智慧和行动，弘扬民族精神，赓续红色基因。

一场场活动的开展，一次次震撼和收获，涌现出了乔南曦、刘易萌等蓝田县好少年，出现了闻名全省的附小“智慧班”。

2021年3月6日习近平总书记在看望参加政协会议的医药卫生界、教育界委员时指出：“教育是国之大计、党之大计。要从党和国家事业发展全局的高度，坚守为党育人、为国育才，把立德树人融入思想道德教育，培根铸魂、启智润心。”

殷切关怀、谆谆嘱托激励着每一位教育人不断前行，附小正以其“琢玉、润玉、惜玉”文化为引领，琢玉之诚促管理，修身如玉促师德，慧眼识玉促评价，精心琢玉促成长，爱玉之心促发展，坚持以过硬的“师德师风”，传承文明，启智求真，廉洁从教，弘扬正气。

党的十九大报告指出，“文化是一个国家、一个民族的灵魂，文化兴国运兴，文化强民族强”。放眼新时代、拓宽新领域、力求新突破。我们附小人将继续实施文化立校、文化铸魂、文化传承、文化育人工程，进一步增强师生的文化自信，全方位形成附小特色校园文化育人体系　培根铸魂、启智润心，润物无声，芬芳桃李。

三星新姿照前行　繁星点点劲争辉

陕西省西安市未央区三星小学　刘春利

崭新的教学楼，美丽的操场，现代化的教室，32个教学班，1680余名在校学生，80多名辛勤园丁……在陕西省西安市未央区政府、区教育局的大力扶持下，三星小学立足本土丰厚的教育资源和深厚的人文底蕴，紧紧围绕“星”文化全面推进素质教育，在落实西安市三年教育质量提升计划、办好“家门口的学校”的目标中奋力书写着未央教育的新篇章。如今，这所生机勃勃、充满活力的学校正散发着独特的光芒和别样的魅力。

“贞观路旁，朱红学堂。经典润泽，溢满书香。春风化雨，教学相长。美丽三星，乘风起航。”这是三星小学办学最好的表达，也是最美的期待。

星光璀璨：让每一颗星星都闪光

走进校园，一棵精心设计的造型树映入眼帘，枝繁叶茂，繁星密缀，阳光洒在上面，熠熠闪光。这就是三星小学的标志性建筑——“星光树”，它承载着学校文化、办学理念、学校历史。“让每一颗星星都闪光”，更代表着每一个三星人的追求目标。

为感受祖国文化的博大精深，让优秀的中华文化熏陶和滋润学生的心灵，规范他学生的言行，国学诵读成为三星小学一道传统的靓丽风景线。晨读午写，伴随着悠扬的古筝乐曲，《弟子规》《三字经》《笠翁对韵》《老子》等国学精粹浸入学生的灵魂。15年的坚持和熏染，让每一位三星学子懂礼仪、博学识、高情操。

为激励学生向善、向真、向美，三星小学少队部围绕“星文化”，自主设计了“文明之星”、“劳动之星”、“艺术之星”等7个类别的“闪闪小星”奖章，要求学生全员参加，每做一件好事就能获得相应星章，学期末统一参加学校“闪闪小星”争章评比活动，获得者在全校进行表彰。通过这种形式规范了学生的言行举止，提升了学生的品德修养。

为丰富学生的课余生活，三星小学定期举办学雷锋活动、跳蚤书市交易、亲子趣味运动会、祭奠英烈、艺术节、六一素质展示、体育节、音乐节等内容丰富、形式多样的教育活动，在潜移默化中激发了学生的兴趣热情，提升了学生的综合素养。春风化雨，润物无声，这些活动已经成为学校的传统特色。

为使每一位“星星”都闪烁自己独特的光芒，三星小学建立儿童画、拉丁舞、跆拳道、合唱、舞蹈、腰鼓等18个社团，为学生的多元成长和个性发展搭建了一个广阔多彩的舞台。近几年，多名学生参加各级给类活动和比赛，均取得了可喜的成绩。

五育并举，全面发展。“星文化”，是鼓励，也是欣赏，更是追求。

星光争辉：让教师散发耀眼星光

要想“让每一颗星星都闪光”，教师首先得成为那颗最闪亮的星。三星小学期许，每位老师都能像星星一样找到自己适合的位置，为点缀学校这片蓝天散发出自己独特的光辉。

为整体提升师资力量，三星小学常态化开展教育教学管理与活动，有效调动全体教师的成长内驱力，努力造就一支有理想信念、有道德情操、有扎实学识、有仁爱之心的教师队伍。每学期的校本研修计划，使老师成为科研型的教师；教师个人成长计划，使老师有了明确的目标；EEPO教学模式探讨，使教学质量大大提高；每年的“青蓝工程”徒弟结对，使年青老师快速成长；每学期的“星光灿烂教学节”课堂教学技能大赛，使教师的业务水平显著提升；《课程标准》学习和检测，使老师对整本教材有了清楚的认识；、工会组织的各项活动，使老师有了更强的凝聚力。目前，三星小学有市级以上教学能手2人，获未央区优秀教师、最美教师、优秀班主任称号的教师共7人。2020年9月，三星学校迎来7位有着研究生学历的新老师，又为学校增加了新的活力。

向着更高、更强的名校发展是全体三星人的殷切期望。淡泊名利、心系学生、业务精湛、教书育人、默默奉献，这群最耀眼的园丁助推三星小学大步迈向了更高的台阶。

星光照耀：让科研星辉洒满校园

“五育并举，教研兴校”，这是三星小学的办学理念。学校要想实现可持续、高品质发展，教师就要成为专业化、科研型教师，不断改革课堂教学方法，努力提高课堂教学效率，着力打造高效课堂。

学校积极构建有效课堂和教育教学活动研究常态机制，建立“信息化智慧课堂”平台及平台教学资源库，使三星小学的老师真正成为集专业化和科研化于一身的现代化老师。同时，学校要求每位老师每学期都要进行校本研修，积极申报各级各类课题研究。目前，学校已经结题国家级“十二五”科研规划重点课题1项，市级“十二五”规划课题2项，市级小课题26项。此外，学校近三年共定出51个校本小课题，122人次参与了研究。

学校教育教学整体水平的发展，使她步入未央区教育名校的行列。2020年，三星小学荣升“名校+”工程中的名校。为切实增强“名校+”工程带动效力，三星小学将带领“+校”在教学理念、教学质量等方面实现共享，和“+校”一起进步、共同发展，为加快推进义务教育均衡发展做出应有的贡献。

在全体三星人的无私奉献下，三星小学以领先的教育质量擦亮了“星文化”的金字招牌，真正做到了让学生骄傲、让家长满意、让社会认可。学校先后获得“全国双有先进集体”、“陕西省示范家长学校”、“陕西省文学创作优秀校园”、“陕西省平安校园”、“西安市艺术示范校”、“西安市智慧校园”、“未央区316工程优秀学校”、“未央区素质教育优秀学校”、“未央区健康教育示范校”等多项荣誉称号，连续五年被未央区教育局评为年度考核“优秀学校”。

坚信，不远的将来，我们的校园定会更加美丽，充满着活力，散发着温馨，让每一个身在其中的三星人都努力成为最好的自己、最亮的星星，既照亮自己，也照亮别人！

探索未来课程，点亮未来之星

上海宏润博源学校　陈文国

未来需要什么样的人才？我们现有的课程体系能否培养与未来发展匹配的人才？这是我们需要不断追问的话题。面对时代趋势的日新月异，身处未来已来的迭代更新。近十年来，苹果发布了划时代的iPhone，小米、美团、微信等超级物种诞生，从此彻底改变了人们的生活方式，也席卷着我们教育工作者的原有认知。知识暴发式增长、颠覆式创新、5G、人工智能……让我们的教育面对前所未有的冲击与挑战。因此，我们需要从学习者需求出发，从未来人才素养内涵出发，重新思考教育，重新理解课程，重新设计学习模式，点亮学生的未来之光。我们要让孩子具有全球胜任力，即在国际与多元文化环境中有效学习，工作和与人相处的能力。全球胜任力提升是一个持续的，终身学习的过程，需要在认知，人际与个人三个层面不断地探索发展六大核心素养：世界知识与全球议题、语言、开放与尊重、沟通与协作、自觉与自信和道德与责任。

一、点燃孩子兴趣，培养幸福的人

我们已经看见了利用无人机和机器人的趋势，但教学和学习的未来并非全部与高科技设备有关。在学习与观察社会情感学习上所带来的好奇心和乐趣，这些都将对教学和学习产生重大影响，而且不依赖于技术。

通过发现、欣赏、引导，把孩子美好的内心点燃，把孩子学习和探究的兴趣点燃，把孩子无限的想象力点燃，培养孩子的兴趣，树立孩子的自信。这些会让孩子真正成为一个完整而幸福的人，而不是一个被动学习机器。

我们应花更多的时间来训练孩子们艺术素养，包括绘画、表演和舞蹈。这些创造性的能力让人类不用担心被机器取代。电脑只有芯片，人有心脏，这是智慧的源泉。

《学会生存》这本书提出了终身教育的理念、学习社会的理念。1972年，联合国教科文组织提出了“学习化社会”和“终身教育”两个基本观念。1996年，又提出了四大支柱，即学会认知、学会做事、学会合作、学会生存。

数字传播媒介技术的时代，教育目标是要实现终身教育，人人皆学、处处可学、时时能学。教育方法是突出个性化，强调因材施教，实施学习方式的混合、教学内容的整合和学习空间的统整。学校的教育要为未知而教，为未来而学。

努力培养孩子们成为“知书达理”的、会发现问题提出问题的人。所谓“知书”，就是通过教学让孩子学习书本知识、生存技能、生活常理，提高生命的质量。所谓“达理”则是通过教育让孩子们懂得做人的道理，提高综合素养，有责任、守礼仪、懂感恩。

二、以孩子为中心，构建课程体系

教导孩子们“跳出思维定式”(think out of the box) 。当学会了跳出思维定式，你就会一直向前看，开始学会思考科学技术的新步伐，开始看到世界未来发展的趋势，寻找开拓新时代的路径。

加拿大在线学习专家斯蒂芬•唐斯说：“在未来教育系统中，教学的核心不是课程中所定义的内容，而是在于教师如何帮助学生从熟悉事物以及新事物中发现新的可能性。”

“真正的教育，是自由的精神、公民的责任、远大的志向，是批判性的独立思考、时时刻刻的自我觉知、终身学习的基础、获得幸福的能力；真正的教育不传授任何知识和技能，却能令人胜任任何学科和职业。”--前耶鲁校长 理查德•莱文

未来不仅仅是会考试的学生，还是创造实践者、跨领域合成者、高情商合作者、高效能沟通者、热爱工作者、积极主动者、乐观向上者。因此在进行课程设计的时候，需要六个超越：第一就是课程体系建设方面，要超越基础技能，走向必备的能力和品质，第二个要超越对学术内容的掌握，思考与课程内容相关的现实世界，第三个是超越规定的内容，提供多样的选择，第四个是超越各学科的分裂，促进跨学科的主体和问题。第五个是超越传统学科，形成新兴的综合的有差异的学科，第六个是超越区域的观念，要有国际的视野。

三、基于课程核心，探索培养领域

秉承以学生终生发展为本的理念。培养拥有健康人格和扎实学业基础及探究精神的学生。

学生未来所需要的职业技能与个人发展技能中的很大部分，将无法在高中、大学阶段从通识课程和专业基础课程中获取，大量的学习必然发生在“后学校”时期，并大多通过非传统形态进行。摒弃以应试为主导的氛围；允许学生在大的框架下选择课程以及课程的难度；以多元化、过程性的评价方式替代考试成绩作为衡量学生的方式；设计大量的学生课内外活动等等。独立自主的学习能力，将成为奠定他们将来竞争力的重要基石之一。

独立自主的学习能力，由三个重要层面构成：一基于学科领域的核心概念及其联接的理解形成的基础学力；二基于各类学科领域以及跨学科领域的探究力、审辨思维力以及创新思维力，基于元认知的自我管理、自我规划、自我评估和自我反思能力；三学生的品德与品格及人文精神的培养，让学生成为负责任的世界公民。

借由这三个层面的能力所形成的一种学生能够掌控自己的学习，充分利用基础学力，不断探究获取新知以解决未来问题的综合能力，我们即称之为“独立自主的学习能力”。

基于这一课程的核心，我们探索了三个学习者培养的子领域：核心课程、兴趣发展与素养类课程、创新体验与实践课程。

在三个子领域的课程之外，我们通过我们的个人成长课程、青少年发展课程和P&B等课程以及在学术类课程中的教育与渗透，着力于培养学生独立自主的学习能力中基于元认知的自我管理、自我规划、自我评估和自我反思能力。

另外，学校还鼓励学生作为主导者去举办社团活动，从策划到实施，越来越多地让学生挑起重担。无论是主导还是参与的学生，都可以为如何让活动的更加精彩纷呈而积极思考，带来自己的创见。

我们为学生的发展规划了三个维度的发展领域，他们分别是：

个人领域：个人自身的品格与品质发展。成为一个拥有诸如以下品格特质及能力的年青人：正直、诚信、尊重、关爱、有适应力、坚毅、负责、自我管理、勇于承担风险等等。

社会领域；与他人交互中所需要的认知与能力。发展在和他人交互中需要的认知与能力，包括：团队合作、有效地沟通技能、同理心、冲突解决能力、领导力等等。

全球领域；与跨地域与文化交互中所需要的认知与能力。建构全球化与国际化意识与能力，例如：中国文化浸润、跨文化理解与交流、多角度探求全球化问题、有效参与各类本地与跨区域的真实情境事务等等。

我们遵循针对不同年龄阶段学生，综合运用三种教育方式，它们是“习惯养成”、“行动学习”和“服务性学习”。让学生们在不同的情境下，逐步进行学生的品格与品德意义的自我建构，并在多样的活动与服务过程中，不断地自我完善和自我发展。

我们先后获得交通大学“STEM教育全国名校工程 成员单位”；交通大学“智能机器人课题研究实验基地市级示范单位”；校宝在线教育“优秀典范”50强；2019国际学校发展大会中，获得“2019年度新锐国际学校”称号；2019腾讯新闻国际学校年度盛典中，总校长陈文国获得“中国人气名校长”，获得“中国口碑影响力国际学校”。在2020年BEED亚洲大会上被授予“亚洲明星校长”。

面向未来的课程体系不仅要关注未来社会发展，更要立足于当下社会存在，在现实的基础上有效培养适应未来社会发展速度的新型高素质人才，使其在适应未来社会的同时更具想象力与创造力，并在面对未来变革时能够重塑自身角色，进而成为未来社会的参与者和塑造者。作为学校教育与教学的核心，学校课程将是一个动态的系统，我们致力于将未来对人的期望与需求和今天学生的发展匹配起来，让课程与教学的一切为了未来。

优化第二课堂，成就多种发展可能

四川省阿坝州马尔康市第四小学　三郎斯基

教育的核心问题是“育人”，而育人的核心就是“全面”。习总书记提出我们新时代的教育必须着力培养“德智体美劳”全面发展的社会主义建设者和接班人。而如何落实“五育并举”则是新时代教育的发展命题。这一命题不单单是民族地区教育的短板，也是整个教育亟待突破的发展瓶颈。经过很长一段时间的不断实践、总结、提炼，我们找到了一条能成就这一命题的前进之路——充分挖掘学校“文化”内涵的丰富性和多样性，促使学校的办学目标、思路和角度做出相应的改变，从而实现教育有新内涵，学生有新发展。

在学校中如何落实“五育并举”这一举措呢？这就需要根据不同地区、不同类别的学校做自我的梳理和总结。结合我校的办学实际和实践经验，我认为优化学校第二课堂是强化“五育并举”的有效举措，是提升学生综合素质、促进学生全面发展的最佳方式。

立常规，夯实“五育并举”工作基础

一切发展的基础就是制度，学校各方面的工作都必须在建立科学、合理、可操作的制度为基础。很多学校对教学、德育、人事、后勤、安全、财务等管理制度特别完善，但对学生发展管理体系常常忽视，而“第二课堂”的管理恰好就是对学生管理体系的完善。为此，我主张在学校形成“第二课堂”常态化的课程设置、常态化的学生管理、常态化的时间保障、常态化的学生评价机制，为落实“五育并举”工作奠定坚实的组织保障和制度保障。

落实常态化的课程设置。“第二课堂”的课程设置必须根据学

校教师的专业专长，以及学校的办学特色，设置可供学生选择的合理的课程。根据“五育并举”的要求，学校可以在当前教育薄弱的“美育”和“劳育”方面创设新的课程，甚至可以将“美育”和“劳育”结合在一起，使学生的审美能力、实践能力、创新能力得到了显著提升。例如，我校开设的“第二课堂”中的“石韵文化工作室”让学生在生活的秀美山水中采集“石头”，又将家乡山水之美镌刻在石头上；“民族舞蹈馆”鼓励学生深入体验劳动生活，感受民族舞蹈的生活气息；“剪纸创作室”引导学生以生活为素材，剪出不一样的“剪纸”。

落实常态化的学生管理。让每个孩子都能自信、从容、有尊严的成长，是“五育并举”最终的目标，而要达到这样的目标就必须强化学生的管理。我校开展“第二课堂”就是关注学生主体作用的发挥，要求学生展示的常态化和学生展演机会的均等化，让每个孩子都有机会展现自己，让每个孩子每天都有不同程度的变化。同时，我校建立以信息化为基础的动态的学生管理机制，让每个学生都能随时看到自己的课堂收获，家长随时可以关注学生“第二课堂”的学习过程，激励学生自主学习、自主发展。

落实常态化的时间保障。没有常态化的时间保障，就没办法保障“第二课堂”的效果。我校提出从周一到周四每天下午最后一节都是“第二课堂”，这样时间固定有保障，此外，一周四节课的课时也能满足学生兴趣的培养和能力的提升。

落实常态化的学生评价。其实，学生的学习效果就是教师教学能力和教学效果的最好佐证，这就要求学校要把常态化评价教师的视角转向评价学生。我校从学生需要出发，每学期开展两次大的学生评价，采用“展演”、“游戏”代替评价的方式，让学生评价充满趣味性和成就感。

育活动，彰显“五育并举”特色魅力

第二课堂”的育活动，是建立在立常规的基础上。学校开展丰富多彩的“第二课堂”活动，引领学生在活动中寓教于乐，不仅能培养学生良好的综合素质，更能锻炼学生的坚强意志，养成的良好习惯。为使学生的能力得到提升、见识得到增长，我校的“第二课堂”必须摒弃以前课堂教学中教师喜欢的“灌输式”的教学方式，坚持以活动为载体，贯彻“课堂是小活动，展评是大活动”的思想，切实做到无论是大活动还是小活动都围绕“学生关键能力的”的培养。

为实现上述目标，我校首先梳理出每个“第二课堂”小组学生不同的关键能力要求，各学段学生的心理、认知和年龄的特点，科学设置活动目标。同时，每学期开展两次固定的大型活动，作为承接文化和教育导向的宣传平台。例如：我校的“自然七彩节”和“我秀我风采”，一个安排在期中、一个安排在期末，通过动态、静态两种方式来呈现。

小活动，丰富“第二课堂”。在整个学校管理中，我们要认识到：最好的教育是主动参与的教育，所以学生在学校的学习活动都必须是以活动为主线。因此，我们的课堂教学是活动，课间游戏是活动，第二课堂更是活动，而我们的教育正是由一个个小活动串接起来的学生认知和感悟，它是学生乐于参与的自我发展。

大活动，提升“第二课堂”。我们以小活动为基础，学期以大活动作为学生展示风采的平台，让师生每天、每周都有忙不完的事，但却乐此不疲地做。因为他们都知道自己是在为每学期靓丽的展现自己做好积极的准备。有归属感、有成就感、有认同感的教育是在师生不断实现自我价值，不断超越自己的平台上得以成就的。这样的校园不仅充满了活力，更让人感觉到生命的勃发。

提课程，激活“五育并举”发展动力

新的时代需要新的教育，新的教育需要新的理念。随着课程改革的不断深入，校本发展显得尤为重要，它是最好的内生动力源。而学校的校本课程就应该基于学校发展需要，寻找学校可持续发展的新动力源泉。

完善课程，实现第二课堂多元化。第二课堂的设置不仅是对国家课程的补充，更重要的是通过第二课堂让课程实现多元化，是学习的目标性弱化，是更加强调学习的兴趣，以满足不同学段、不同学生的学习需求。为此，我校杜绝具有社会共性的第二课堂，以培养学生兴趣和个性发展的需要为出发点，开设多样趣味盎然的第二课堂，既训练了学生的思维能力、创新能力、实践能力，也活跃了校园氛围，丰富了学生课余生活，展示了学生风采，坚定了学生信心，促进了教学管理。例如：我校开设了“奥数”、“写作”、“英语”、“足球”、“篮球”、“武术”、“石韵工作室”、“民族舞蹈”、“电子琴”、“钢琴”、“小提琴”、“诗词赋”、“智创手工课”、“剪纸”等课程，为落实“五育并举”创造了良好的氛围。

课程教材化，夯实第二课堂的持续发展。有校本教材才有教学质量，也才能让第二课堂持续发展。第二课堂是学生发展的重要平台，但如果只把第二课堂当作是学校改变教育行为和管理体制的一种方式，那仅仅只是短暂的改变，并没有扎根的生命源泉。只用从形式上要求，方式上固化，内容上显化，才能将第二课堂长期、有效地开展好。我们可以借助校本研修平台做好“校本教材”，通过在教学实践中运用，在运用中不断完善，从而形成特色鲜明、内容丰富的第二课堂校本教材。

天空的无边是用鸟儿的翅膀在丈量，高山的巍峨是树木的绿荫在延伸，自然的多彩是鲜花的绽放在装点，而教育的生命是无数耕耘的教师在书写。其实，学校的教育管理有许多可以突破和创新的地方，只要我们有总揽全局的“大”者胸怀，潜心思考的“静”者心态，不畏艰难的“勇”者闯劲，精雕细琢的“勤”者韧劲，那么一切都会因为时间而改变，因付出而改变。

温馨启心智　生态归本真

——南江县下两镇小学“温馨校园”创建工作综述

四川省巴中市南江县下两镇小学　赵晓樯

四川省巴中市南江县下两镇小学始创于1937年，占地50余亩，现有24个教学班，85名教职工，1200余名学生，是南江教育的窗口学校。在本真教育理念指引下，学校品牌效应正在形成，是孩子们快乐地学园、健康的乐园、育人的公园、温馨的家园、启智的创园。

在新时代教育背景下，学校围绕温馨校园创建，恪守“明德至善、读书致远”校训，以全面推进素质教育为主线，大力落实立德树人根本任务，积极完善求本真、育真人的校园文化，致力营造“学园、乐园、家园、公园、创园”的育人环境，逐步形成了自己的办学特色。

精细课堂，打造快乐“学园”

课堂是学生成长的主阵地，也是教师专业提升的主战场。学校坚持以教师发展为本，持续精细课堂，打造快乐学习园地，让学生更好更健康地成长。

形成机制。为推动教师梯次成长，上好“六课”，即新入教师上好见面课、1-2年教师上好合格课、3-5年教师上好风格课、6-10年教师上好优质课、骨干教师上好示范课、老教师上好经典课。

落地研讨。落实“三学三备”，形成特色。“三学”，即学教材，做实浏览全套教材，通读某一册教材，细读某一单元的教材，精读即将上课的教材；学课标，了解执教学科的实施重点与要求，应该培养的能力、素养；学教参，研究教学用书、教案、查询疑难点，便于课程内容有准确的把握。“三备”，即主备人初备、集体研备、二次创备。

生动课堂。为改变传统的“填鸭式”、“注入式”和“满堂灌”的教学方法，让学生“主”起来。语文着力打造“三读一练”参与式教学模块：第一模块，初读，进行范读、试读、读通等活动；第二模块，精读，进行疑读、美读、选读等活动；第三模块品读，进行悟读、研读、导读等活动；第四模块，练习，进行凝练、课练、拓练等活动。数学着力打造“引探练”体验式模块。这些模块的落地，逐步将教材文本演绎成一个个学生喜闻乐见、积极参与的小活动，课堂就在这看似无形的活动中达成了教学目标。

在精细课堂的过程中，教师的业务能力和专业技能显著增强，如今教师个个有教学风格，科科有教学模式，教学质量稳步提升。近几年，南江县下两镇小学教师在各个学科的赛课、技能大赛中，每年均获得市县级一、二等奖，达近30人次获奖。其中，李攀足球课堂教学获得教育部优秀奖，张晨老师获得县教科体局赛课一等奖。

夯实活动，营造健康“乐园”

活动是培养学生身心品质的最佳途径。离开了实践体验活动，学校教育也就失去了载体和活动。南江县下两镇小学从课内、校外、课外活动三个维度出发，探索构建“课堂教学活动化、课外活动课程化、育人活动特色化”的立体育人体系，让学生在活动中体验、获取，最终形成综合素养。

依据学生个性特点和发展水平，学校建立16个大类35个固定班级，实行“走班制”，提炼出了“练、赛、展、评”活动模式，稳步推进人人会踢足球、人人会一样乐器、人人一件美术作品、人人读一本好书、人人写一手好字的“五个一”活动，力求让学生经过6年的学习后至少拥有适合自己的兴趣特长。

作为国家级足球示范校，学校坚持以快乐足球为主要切入点，实行三级培养模式，要求学生全员参与、全面发展，让足球影响孩子一生。初级班主要是培养兴趣，喜欢足球，爱上足球，尝试踢足球；中级班主要是培养技能技术；高级班主要是培养竞技的战略战术能力，形成独特的校园足球文化。

借力环境，构造育人“公园”

文化不能强加，也不能硬生生地赋予。水有源，树有根。如果没有根的文化是漂浮在空中的、落不了地，师生不接受、不认同，更没有内涵和底蕴。为此，学校通过挖掘历史、紧跟社会层面、紧贴政策层面、紧扣地域地名等方式，进行文化寻根，营造了一种良好的文化氛围、艺术氛围、学习氛围，让学生在耳濡目染中受到熏陶，呈现出健康活泼、文明向上的精神风貌。

校园文化是学校的根与魂，其提出不仅要回溯学校发展的过往，还要结合当下教育哲学、时代精神，更要探寻本校发展特质和未来学校发展趋势，来自师生生活，为了师生生活，提升师生生活。以学校

的“本真”文化为例：一是学校名字下面的“下”即低，底也，底色本色；二是所在地域，造真境，即农户农耕留住乡愁、赋予生命留住乡音、造出乡境留住乡情；三是陈宝生谈教育改革发展，提到回归常识、回归本分、回归初心、回归梦想；四是“千教万教教人求真，千学万学学做真人”，真人是陶行知的培养目标，真人就是真善美的人，真人就是德智体和谐发展的人。

校园文化同时也外显于环境，以特有的形象向师生灌输着某种观念、思想和价值倾向，更以特色的形象符号感染着学生。校门208步阶梯，寓意勇攀高峰到知识殿堂必经一番努力；绿茵场上足球迅猛有力必需顽强拼搏；青少年宫里可以徜徉书海、拨弄丝竹；缤纷舞台、百米画廊、书法展示等个性释放，“一笔一画写好字，一生一世做好人”等经典语录，启迪着学生的思想；读书林依照原势稍加修造，成为育人的圣地：翠笔立书冲天劲，石龟引吭奋前行；老牛侧耳聆听书，石碾石磨泛古韵；双豚园中来戏水，脚踏方舟畅想情；石象憨卧细听歌，雏鹰仰头展翅轻……读书园里，学生或读或歌，春有花，夏有荫，秋有果，冬有绿。桃李园里，学生或吹或奏，花草说话、树木成文、亭园养生、湖泊生情。这些顺势打造的景点，让学生们自然而然的融入其间，乐此于不疲、教化于无形。去年12月全国政协教科文卫委员会来校调研，给予高度评价。

后勤保障，建造温馨“家园”

学校营养餐工作是一个社会敏感，也是家长关心的焦点问题。学校着力打造明厨亮灶，专人负责食堂工作，严格采购，荤素搭配，健康合理，营养美味。食谱天天不同样，早晚自助餐。同时，学校由纪检组长牵头成立监督小组，由工会成立内审小组，对营养餐工作从采购到出入库无缝监管，并形成完整的管理台账。“阳光校餐”平台随时接受社会各界监督。家长纷纷表示。“孩子在学校食堂吃饭很舒心，我们也很放心。”因为营养餐工作出色，学校在2018年度上半年就接待县级及县以上检查交流10多次，县级交流3次，平昌教育局及学校交流学习3次，市教育局及后勤交流3次，2018年4月底成功承办省后勤工作现场会。

此外，学校基于校情和生情，高度关注留守儿童问题，不仅建立了“留守儿童活动之家”，还积极推行关爱留守儿童“四个一”工程，即每天一次辅导，每周一次谈心、陪伴，每月一次与父母视频通话，每期一次活动展示。学校的老师担当“爱心家长”，积极开展针对留守儿童的各种志愿帮扶活动，如为留守儿童提供心理疏导、一对一作业辅导、生活帮助等服务，弥补其家庭教育的缺失。学校有计划有步骤地对留守儿童开展公益讲座，对临时监护人开展心理健康知识、家庭教育知识培训。学校还积极组织动员社会力量对留守儿童进行救助。省、市、县各级领导也高度重视农村留守儿童关爱工作，多次莅临学校调研留守儿童工作，进一步推动了留守儿童关爱工作的落实。通过这些活动，留守儿童们爱校园胜家园，在校园找到了归宿，行为习惯得到矫正，逐渐形成良好品行，成绩不断上升。2017年7月，上海东方卫视曾以《四川南江县：让留守儿童吃上营养午餐》专题报道下两镇小学。

信心重拾，首造启智“创园”

下两镇小学是巴中市第五批科技教育示范学校，学校通过科创活动、绘画等丰富多彩的科技实践活动，激发学生的科学兴趣和科学探究，让他们感受科学的魅力，进而产生学科学、爱科学、用科学的欲望。

为顺应网络时代大众创业、万众创新的趋势要求，学校从创客空间、创客课程、创客活动、创客师资等维度全面推进创客教育，促进学校特色建设向纵深发展。一二年级学生体验为主，进行一些简单的手工制作、拼装实验；三四年级学生操作为主，进行电子科技产品如无人机、机器人、3D打印机等操作，让学生感受科技的魅力；五六年级学生培养思维能力为主，接触简单图形化scratch编程知识的应用，提高学生逻辑思维能力和探究能力，培养学生的信息素养，形成学生可持续发展的能力。

筑梦本真教育，成就温馨校园。南江县下两镇小学以“造真境、培真情、践真行、育真人”为具体方略，以“县内树旗帜、市内能示范、省内争一流、国内有声音”为办学愿景，坚持“五大工程、四大特色”办学思路，脚踏实地，求真务实，锐意创新，砥砺奋进，实现了学校发展的大跨越。学校先后获得南江县十佳学校、南江县十佳领导班子、南江县特色文化建设五星级学校、南江县素质教育示范校、巴中市文明单位、巴中市科研基地校、四川省教师继续教育工作先进单位、四川省校园文化建设典范学校、四川省铁路爱路护路示范学校、全国青少年校园足球示范学校等诸多荣誉称号。

打造艺体特色教育，促进学生全面成长

四川省成都市金堂县隆盛小学 卿勇

众所周知，艺体教育是素质教育不可或缺的重要内容，对青少年提高审美修养、丰富精神世界、培养创新意识，促进全面发展具有其他教育学科所不可替代的作用。近年来，教育改革不断深入，素质教育全面推进，办好特色教育已成为当下各中小学校谋求发展的必经之路。为此，我校依据当前教育改革发展趋势，结合自身特点，打造出一条艺体文共同发展的特色办学之路。

我校建于1936年，是一所有80余年悠久办学历史的农村小学，校园环境优美，文化氛围浓厚，教师素质优良，学生习惯良好，是县内教育教学质量一流的农村小学。近四年连续获得县教育局教育教学综合评估“优秀学校”、分等定级考核“一等奖”。学校秉承“全面育人，为孩子终生发展奠基”的育人理念，坚持国家的教育方针，立足学校的文化底蕴，做有特色的德育教育。从无中做到有，从有中提炼优，从优中拔高特，努力营造“让体艺走进学生，让校园充满活力”的良好氛围，以“跳绳”作为学校体育活动的特色项目，开展科创活动，促进了学校快速发展，成为教学质量领先、科创体育特色显著的全县农村小学“领头羊”。学校先后被评为成都市青少年科技活动基点学校、传统体育项目学校（跳绳）、阳光体育示范学校、新优质学校，四川省“爱路护路”示范学校、跳绳运动推广先进集体、一校一品特色示范学校。

一、创新艺术教育，促进学生发展

我校非常重视学生的全面发展。为了填补之前体育项目上的空白，学校不但要求认真上好体育课，还积极开展阳光大课间活动，开好运动会，开展丰富多彩的课外体育活动，确保孩子们每天有一小时的体育活动时间，让他们在丰富多彩的体育活动中既锻炼身体，又陶冶情操，又学有特长。通过这些活动，培养孩子们的集体主义精神、合作精神，竞争意识和坚强毅力。

学校以跳绳这项古老的娱乐性体育活动为抓手，培养孩子们进行体育锻炼的好习惯，建立长效机制，促进体卫工作再上新台阶。并从优化时间安排、教师队伍、梯队训练、资源配置、内容编排和评价机制几个方面对跳绳活动进行了周密的安排，根据近三年的实践经验，自编了一本适合学生身心发展规律的跳绳校本教材《跳绳基础训练》。

在跳绳活动中，孩子们得到了锻炼，也收获了自信。其中有一个女孩给我们留下了深刻的印象，她小小年纪就失去了双亲，和爷爷奶奶相依为命。原本阳光可爱的孩子一下子失去了生气。后来她加入了跳绳校队，每次训练都全情投入，流下的汗水仿佛就是她哭不出的泪水。渐渐地，她就像是一朵绽放的向日葵，不仅学习成绩优秀，跳绳比赛中更是屡创佳绩，还被评为成都市“美德少年”。

体育与艺术本就相生相伴，相得益彰。学校不断挖掘跳绳运动的艺术价值，不仅增强花样跳绳的观赏性，拓展艺术陶冶情操的宽度，还将跳绳运动与其他学科教学进行了有机融合，比如融入美术课堂，融入习作课堂等。学校开展了丰富多彩的乡村少年宫活动，成立了球类、科创、跳绳、合唱、舞蹈、棋类等多个兴趣社团活动，培养学生广泛的兴趣爱好。

我校孩子们经过跳绳训练后，体质明显增强。近年来我们学校在全国中小学生体质健康检测中一直保持百分百的合格率，优秀率也大幅提升。孩子们的精神面貌也越来越好，教学成绩也年年提升，学生各方面的素质都有明显的提高。学校连续三年蝉联成都市跳绳比赛小学组全部三项团体“一等奖”，并获总团体“一等奖”，2020年还获得了四川省第五届跳绳锦标赛团体“一等奖”，在跳绳方面可以说是硕果累累。在跳绳运动的带动下，学校的办学质量逐年上升，教学质量也连续保持全县同类学校领先水平，连续两年被评为四川省跳绳运动推广“先进集体”、“一校一品特色示范学校”，逐步成为农村优质教育学校。足球、篮球、排球、田径特色活动都有了新突破，屡获县一、二等奖佳绩。尤其是女子足球队，在2019年还获得了全县的冠军。

二、利用科教资源，开展多彩活动

我校的科创活动在全县农村学校中独树一帜，是成都市青少年科技活动基点学校。学校充分利用科教资源，开展了丰富多彩的科技教育活动，取得了不俗成绩，多次获得市县级科技活动奖励，形成了农村小学科技教育的特色。学校开发了《科技小制作》的校本课程，着重发展学生科技创作的动手能力。学校每年都会举办科技节，也多次承办县科技展评活动，并获得了四次全县科技活动“优秀组织奖”。每次校内和县级的科技展评活动，都是孩子们欢乐的盛大节日。学校借此机会全面展示孩子们的科技创作成果，让孩子感受到成功的喜悦，进一步激发了对科学创作的兴趣。

学校从简单易做的小实验开始，逐步培养孩子们对科技的兴趣，开发孩子们的想象力和创造力，锻炼孩子们的动手能力。让孩子们大胆创想，努力探索，小心实践，培养他们能发现问题、解决问题的能力。在老师的带领下，学生们组织成立了科学兴趣小组，孩子们利用课余时间，完成了无数个优秀的创作作品。比如：孩子们用废旧材料做成的飞机，用易拉罐做成的帆船，会爬坡的瓶子等。随处可见的普通材料在孩子们手中焕然一新，变成了精美有趣的创意。孩子们在活动中得到了锻炼，启迪了智慧，开拓了思维，也收获了自信，享受了成功。汪霆伟同学获得了成都市科技创新大赛“英才奖”，2020年在全县科技创新展评中，一名教师和五名学生获得了科技创新“县长奖”。

学校秉承着全面育人的办学理念，为学生的终生发展奠定基础。学校的发展目标就是让学生全面发展、教师专业成长、学校品质

办学，为实现“五育并举”而不懈努力。学校以跳绳运动入手，带动了“科创+体育”的办学特色，以绳健体、以绳增智、以绳促德，让跳绳为孩子们的童年增添一些欢笑，让孩子们在快乐中健康成长！

在今后艺体教育工作的发展中，我们将在实践中继续不断总结，逐步探索新的艺体教育路径，办争把我校艺体特色教育打造成金堂县一张靓丽的名片，推进我校素质教育进一步发展。

开设乡土校本课程，深化民族团结教育

四川省马尔康市第三小学校　方英　姚文英　胡秀

习近平总书记在党的十九大报告中明确指出：“要全面贯彻党的民族政策，深化民族团结进步教育，铸牢中华民族共同体意识，加强各民族交往、交流、交融，促进各民族像石榴籽一样紧紧抱在一起。”促进民族团结进步的举措很多，基于文化认知的教育是其中很重要的一项。对此，我们充分挖掘地域文化和民族文化，开发乡土文化课程，牢牢抓住课堂教学这个民族团结进步教育的主要载体，通过各种活动增强学生对伟大祖国的认同、对中华民族的认同、对中华文化的认同、对中国共产党的认同、对中国特色社会主义道路的认同，从而在课堂教学中栽下一棵棵“同心树”，培育出美丽幸福的“团结花。”

一、构筑民族共有的精神家园

马尔康，藏语意为“火苗旺盛的地方”。藏、羌、回、汉等15个民族在这里生息繁衍、共同发展，组成了一个5.98万人生活的和谐家园。自实施民族团结创建进步工作以来，马尔康市始终把全国民族团结进步示范市创建作为引领和推动马尔康跨越发展、解决马尔康发展问题的重要抓手，不断巩固和发展平等、团结、互助、和谐的社会主义民族关系，谱写了各民族人民群众“热爱伟大祖国、建设美好家园”的新篇章。作为承担民族团结创建的重要阵地，学校非常有必要开展民族团结进步教育，让少年儿童从小就有民族团结意识。

学校的中心工作是对学生的教育工作，课堂中的教学实施则是深化民族团结教育，促进各民族共同发展，实施良好素质教育的重要途径。为深入推进民族团结进步教育，我们在日常的地方课程乡土文化课中，从学生的学习生活实际出发，从他们最关心的问题入手，利用体现民族精神的丰富资源，用学生喜闻乐见的方式融入民族团结教育活动，引导各民族学生之间相互尊重、友好相处，使学生认识到各民族的生活习俗及各民族的独特文化，从小就在心灵中塑造我们各民族是大家庭的意识和民族团结的精神，进而构筑各民族共有的精神家园。

二、写好民族团结教育的篇章

民族团结教育是校园和课堂不可或缺的重要内容，是我们必须向孩子们提供的人生必修课。民族团结教育的核心内容应当包含比较系统而全面的关于历史文化、地域文化和民族文化的“三重认知”，而我们的乡土文化课程中就有相关的课程内容。

在对学生进行民族历史文化认知教育时，我们可以结合《嘉绒，我们美丽的家园》一课，引导学生通过活动探讨“我是谁？”和“我从哪里来？”，让学生知道尽管自己是藏族、羌族、汉族、回族，但我们都是中华民族大家庭中的平等一员，是中华民族大家庭中不可缺少的一员。我们生活在四川省阿坝藏族羌族自治州，我们祖祖辈辈生活的家园是中华大家庭中不可分割的一小部分。结合《洛让家的房名》一课，引导学生从家族的来源切入，让学生理解家庭是国家的细胞，理解“家”与“国”的关系，从而为民族团结教育提供认知基础，为中华民族共同体意识的形成提供重要支撑。在认识我们的家园活动中，我们设计了让学生观察祖国的地图、家乡的地图的活动，让学生通过识记地图动手完成祖国地图的拼图和家乡地图的拼图活动，增强学生的国家版图意识。

在《神奇的碉楼》一课中，在了解了嘉绒藏族地区基本的民居造型和结构特点，找到嘉绒各地区房子的共同点和不同点后和学生们一起欣赏了我们国家其他民族的房屋，展示了苗族的吊脚楼、汉族的四合院、蒙古族的蒙古包、客家人的土楼、彝族的土掌房、羌族的石砌房等，让孩子们感受到我国各个民族建筑蔚然大观，丰富多彩，多民族的融合，使之呈现多元化，是中华文明的宝库，让孩子们领略了不同民族的文化瑰宝，从小在心中树立“中华民族一家亲”的主体意识。在本课的教学中，我们还引导学生诉说家乡的变化，以前自己祖辈的房屋大都建造在高山上，现在都搬到了河坝边，生活更方便；以前是泥巴路，现在柏油马路修到了家门口，家家户户都买上了小汽车；幸福美丽家园的建设，让我们的村庄变得更加的美丽了……随后引导学生思考，是谁让我们的生活发生了翻天覆地的大变化，是中国共产党。在中国共产党的领导下，我们的国家发生了翻天覆地的变化，一座座高楼拔地而起、一条条铁路修到了祖国的大江南北、一个个美丽的村庄坐落在青山绿水间……我们各民族的人们生活蒸蒸日上，人们的生活幸福、快乐。这所有的一切都让我们深刻体会到党是多么伟大，也坚定了孩子们永远跟党走的信念，从小要听党的话，长大要做党的人，培养学生对中国共产党的认同、对中国特色社会主义道路的认同。

在《嘉绒藏家茶香浓》一课中，让孩子们讨论了“马茶”一词的来历，和孩子们一起认识“茶马古道”，知道早在一千多年前，藏区就和内地有了茶马交易。通过这些活动，我们有意识地向学生传授汉族地区和少数民族地区相互依存的理念，中华民族是一个血脉相通的共同体，是一个温暖的大家庭，在这个大家庭中，“汉族离不开少数民族，少数民族离不开汉族，各少数民族之间也相互离不开”。

三、催开美丽幸福的团结之花

实现“两个一百年”奋斗目标、实现中华民族伟大复兴的中国梦，需要各民族像石榴仔一样紧紧拥抱在一起。在日常的乡土教学中，我们教师在教学中还要注意达到一定的教学目标。

首先，“乡土文化进校园”是实现“传承民族文化，弘扬民族精神，把学生培养成为热爱祖国的建设者和接班人”的德育目标。其次，学生通过乡土知识充实和丰富教学内容，通过乡土情感激发实现热爱祖国、热爱家乡的思想教育。再次，通过乡土文化课程更好地将民族文化融入教育教学，让学生更深入了解本地丰厚的文化底蕴，提高学生人文素养，促进学生对祖辈的敬佩之情，明白今天的幸福生活来之不易，有助于学生以实际行动担当保护和传承少数民族文化的责任，培养学生对中华文化的认同。

教育的根本是要帮助学生成为具有人性的人！在我们的乡土课堂中，我们将认真贯彻国家和党的教育方针，紧扣丰富的地域文化资源，持续推进民族团结创建工作，让民族团结教育“润物无声，暗香永留”，让民族团结的精神深入每一位师生的心中。

德才兼备育君子　特色兴校谱新章

四川省眉山市东坡区百坡初级中学　肖平

“一年之计，莫如树谷；十年之计，莫如树木；终身之计，莫如树人。一树一获者，谷也；一树十获者，木也；一树百获者，人也。”这段话既阐明了人才培养的重要性，也揭示出人才养成的不易。学校是传授知识和培养人格的场所，特色的学校文化不仅是推动学校发展的动力，也能潜移默化影响学生的品质、陶冶学生的情操。百坡中学是2019年眉山市委、市政府顷力新建的一所全日制公立初级中学，设计规模36个班，校名“百坡”，出自苏轼《泛颍》中的诗句“散为百东坡，顷刻复在兹”。今年是第二年招生，学校教师75人，其中研究生学历3人，省级骨干教师2人，市级骨干教师15人，区级骨干教师30人。“君子”是几千年中国优秀传统文化塑造和推崇的人格典范，办学以来，我校以打造“三苏文化”为内核的“君子文化”为办学精神；以“博文、习礼、弘道、明德”为校训；以培育出千千万万的像先贤苏东坡一样的“德才兼备、明礼诚信的君子”为办学愿景，秉承“博文、习礼、弘道、明德”之校训，“守一持正，书香致远”之校风。“雅正立范、精勤育秀”之教风，“乐学善思、知行合一”之学风，切实把“君子之风”贯穿到教育教学的各个层面，大力培养知识渊博、明德守正的谦谦君子，创建书香校园，激发学生潜能，让学生从美好品德中感受人生，领悟道理。

一、树德立人，大力培养德才兼备之君才

近年来，我校对教学风范，严抓严管，促廉从教。要求全体教师以君子的标准严格要求自己，以君子的风范着力塑造自己，以君子的内涵全面提高自己，成长为有理想信念，有道德情操，有扎实学识，有仁爱之心的四有好教师。同时认真落实党的十九大报告中提出的“加强师德师风建设，培养高素质教师队伍，倡导全社会尊师重教”的要求，塑造清风正气，为学校的发展创造良好环境。立足学校文化，我校以培养象苏东坡一样德才兼备的当代君子为德育核心，以“君子之礼”、“君子之德”、“君子之忠”、“君子之乐”为教育内容，通过课程育人、文化育人、活动育人、实践育人、管理育人、协同育人等方式实现德育目标，培养担当民族复兴大任的时代新人。君子之礼既包含礼仪，也包括行为规范。我校以行为规范养成教育为基础，加强校纪校风建设，通过积极开展系列活动，让师生亲身参与实践礼仪，注重情感体验，逐步将礼仪行为规范转化为学生的文明礼仪素养。如开学典礼，学生行拜师礼，以示尊师重道，升旗仪式时全校师生着正装出席等。此外，我校也十分重视德育教育，通过“传承美德，践行礼学”教育活动，结合本地东坡文化，形成本校特有的德育模式；我校通过晨读午练、开设了国学社团品经典、话经典、写经典、演经典；通过研学活动，让学生亲身体验仁爱孝悌、精忠爱国、勤俭诚信、见利思义、谦和好礼等中华民族优秀传统美德，增强对中华优秀传统文化的认知、认同，提高文化自信。

爱国主义是一面具有最大号召力的旗帜。为此，我校认真规范学校升降旗制度，增强爱国的仪式感，在教室悬挂五星红旗，每天向国旗宣誓，表达对国家的忠诚和热爱。并结合国庆节、九一八等重大节日重温党的历史，缅怀革命先烈，进一步激发爱党爱国之情，坚定理想信念，传承和弘扬革命精神。

君子坦荡，唯有宽阔的胸襟和健康的心理，才能在逆境中坚定信

念，健康成才。我校深知中学生正处于身心发展的关键时期。因此，开展学生心理健康教育、青春期教育尤为重要。为此，我校积极做好学生心理的疏导，让他们切身感受生命的美好与温暖。此外，我校还与福利院为邻，组织志愿者关爱帮助福利院孩子，感受他们乐观豁达，积极向上的生活态度。

二、铸魂培根，倾力推动学校品质之发展

教师是教育发展的第一资源，要想实现一流的教育，必须拥有一流的教师队伍。为加强师资队伍建设，提升青年教师专业技能和素养，我校通过多种形式促进教师发展。积极开展"青蓝工程"师徒结对，充分发挥骨干教师、老教师的传帮带作用，安排有发展潜力的新教师担任班级副班主任，使新教师尽快成长。其次，通过"优质课堂工程"。全力打造优质的常态课堂，通过"好课共享"、"同课异构"等活动，发挥优秀教师示范课的引领作用，强化新教师汇报课制度，促进青年教师的快速成长。借助"教师读书工程"，创造有利于新教师读书的文化条件，营造浓郁的读书氛围。通过建立"读书沙龙"、"教育专著解读"、"经典朗诵"等活动，提高新教师的综合素养和精神追求。此外，我校还通过"平台搭建工程"，进一步加快青年教师培养，积极搭建学习平台和成长展示平台，通过专家讲座、名师观摩课等形式，引领新教师实现教育教学理念的新跨越，推选青年教师参加各级各类的教学比赛，激励他们学习进取的决心。

教学管理是学校正常教学秩序的保证，一所新学校，教师的工作热情和主观能动性将是学校向前发展的重要力量。我校以优质的服务感动人。学校各部门牢固树立"管理即服务"的意识，对老师们生活中、工作中的困难给予热情的帮助，让所有教师体会到"百坡大家庭"的温暖，因"我是百坡人"而幸福。同时，我校健全管理制度。建章立制，依规治校，并开展广泛的宣传学习，使广大教职工明确并熟悉我校教学管理的工作程序，管理内容及管理要求。建立公平、公正的教师评价制度及绩效考核制度，充分调动教师的工作积极性。

学校发展与老师成长切实相关。我校以贴切的职业规划引领教师发展，学校在充分了解每个教师的性格、特长及教学特色的基础上，作好教师职业规划的引领、督促其学习提高，并为教师的职业发展提供必要的帮助和平台。有效地家校合作是打造优质教育的必由之路。我校积极搭建家校互动平台。学校家长委员会，是学校联系广大学生家长的桥梁和纽带。我校在开学第一周就成立学校、年级、班级三级家委会，并制定各项家委会制度，定期召开会议，研究解决家长学校工作的重大问题和难点、热点问题。为增强学校对家长学校的指导性，我校定期对班主任、家长进行培训，班级定期开设"家长课堂"并推荐优秀家长到学校"百坡讲堂"开讲；定期邀请专家到我校举办家庭教育的专题讲座。此外，为促进家校实现和谐共赢。我校还通过举办"校园开放日"活动，让家长走进学校，走进课堂，参与评价，感受学校环境及校园文化氛围，感受学校良好的教风和学风。邀请家长参与学校监考等班级事务，实现学生成才，家长满意，学校发展。后勤工作也是我校工作的重中之重。学校秉承一切以服务学校、服务师生、服从大局为宗旨，及时、热情、周到地为教育服务，为师生服务。严守"四把关"、"两落实"强化对学校食堂的管理。以"三个制度"落实对学校财物管理。同时做好安全预防和卫生工作，确保学校安全，不留死角。

三、初心不殆，静心守望品质教育之未来

沐浴春风桃花红，雨露滋润花更艳。教育的品质在于它尊重、赏识每个个体，致力于学生能力、品德等各方面素质的全面提升，服务于个体的健康成长，滋养每一个生命。君子文化的创建不仅提升了我校的精气神，更提升了学校的办学品位，提高了家长和社会的认可度。未来路上，我校会继续以君子文化建设为依托，创新开展教育教学工作，精心规划学校发展，领悟"君子之风"的办学理念，贯穿于教育教学中，在"心"上用功，在"事"上磨砺，用奉献装点教育事业的百花园，用生命继续谱写一曲又一曲教育新歌。

践行立德树人，创建文明校园

四川省眉山市洪雅县致远学校　杨会平

全面贯彻党的十九大精神，围绕立德树人的根本任务，我校把培育和践行社会主义核心价值观贯穿创建活动始终，把握文明校园标准，积极发动、广泛参与、强化措施、注重实效，营造安静、整洁、有序、和谐的文明校园，致于力把我校建设成为弘扬社会主义核心价值观，传承中华传统美德，培育中国特色社会主义事业建设者和接班人的坚强阵地。

一、健全组织机构，促进内涵发展

学校对创建文明校园工作十分重视，将创建工作摆上学校工作的重要议事日程。为了使我校认真、扎实、全面、有效地开展创建工作，我校成立了"文明校园创建工作领导小组"。明确工作目标，落实责任。校领导靠上去亲自抓，协调和安排整个学校的创建工作，使创建工作的各项任务层层落实，任务明确。学校要求各个机构及相关人员严格按照制定的计划开展工作，做到有目标、有计划、有检查评比、有总结表彰，同时将工作责任落实到每位教职员工。

通过开展和推进文明校园创建活动，进一步健全学校工作机制，切实带动学校的内涵发展和品质提升，使得师生思想道德素养和文明程度显著提高，校园文化生活质量不断优化，校园秩序环境进一步改善。

二、加大宣传力度，营造文明氛围

文明校园创建工作是一项社会性很强的系统工程，只有把全校师生真正发动起来，形成全面动员、全体师生员工齐动手的态势，营造良好的氛围才能从根本上保证创建工作的落实，保证创建工作的持续发展。为此，我们采取了多项措施和做法来加大宣传力度，让广大师生能了解创建工作的重要性、必要性，并积极参与到创建活动中来。

多方位宣传。学校利用召开家长会、家长开放日、新学期开学礼等时机，校园网、电子显示屏，校园展板等宣传阵地，向广大师生和学生家长宣传创文工作的重大意义，促使师生及家长养成良好的文明习惯。

举办各种形式的创建实践活动。创建文明校园关键要见行动。每月通过组织开展争创"卫生习惯之星"、"文明礼仪之星"、"学习习惯之星"、"文明班集体"等校园实践活动，更扎实深入的进行创建宣传活动，取得了良好的教育效果和社会反响。

分发创建知识宣传材料。如"致全体家长的一封信"、创建文明校园调查问卷，意见征求表等等。通过这些宣传活动，使广大师生和学生家长对创文工作有了更深入的认识，自觉地参与到活动中来，同时又把这些知识带入家庭，影响他人，积极助力徐州市创建文明城市活动。

三、制定规章制度，采取有力措施

为确保创建工作有序、有效地进行，规范广大师生的行为举止，我校创建工作领导小组充分考虑了本校的具体情况，在广泛征求群众意见的基础上，制定、完善了多项规章制度，对广大师生行为的要求规范化。学校把这些制度纳入于日常管理工作中，与评先评优工作结合起来，对创建文明校园工作起到了有力的促进作用。

学校德育处牵头开展"文明班级"评比活动，内容涉及环境保洁、文明礼仪、学生仪容仪表检查等。要求学生穿戴整洁，仪容仪表合乎要求，不讲脏话，不乱丢垃圾，不随地吐痰，养成良好的卫生习惯。每月评比颁发"文明班级"奖状，树立典型，以促进学校的德育工作跃上新台阶。

积极组织学生参加社区、居委会的创建活动，清除"小广告"、公交站点宣传创建知识、参加交通执勤志愿服务等，提高学生及家长文明出行、遵章守纪的意识。在校园内成立"学生自律委员会"组织，由纪律检查小组每天定时检查、督促各班级及包干区卫生清洁情况。

四、打造优秀班子，引领发展方向

积极建设学习型、服务型、创新型党组织，加强教师党员队伍建设，发挥战斗堡垒作用和先锋模范作用。落实党建工作责任制和"三会一课"等制度。完善校长负责制，实行班子例会、支部例会、全体教职工例会、部门例会、年级例会以及家委会、教代会等管理制度，定期举办"家长开放周"和"校长接待日"等活动，不断完善科学民主决策机制。设立校务（党务）公开栏、校长信箱、电话等沟通机制，充分体现民主、开放办学。落实党建工作责任制和"三会一课"制度，扎实开展"两学一做"、"重效率、勇担当、做表率"、"十九大精神学习"等党员教育活动，以"党员领航行动"为载体，全体党员面向师生亮身份、立承诺、树旗帜，在课堂教学、教育科研、德育创新、文化建设等方面担当领航员，凸显党员的先锋模范作用。

积极开展和实施教师读书学习、大教研组研讨、集体备课、远程研修、教师论坛、建立"名师工作室"、参加各类教研活动，进一步提高教师的理论水平和业务水平。实施和推升名师工程。学校建立"学科带头人"和"骨干教师"的聘任制度。开展评选"教坛新星"、"教坛英才"的活动，全面提高学校的核心竞争力，为创建学生喜欢、家长欢迎、社会满意的精品学校起到积极的促进作用。

五、丰富活动阵地，拓展育人渠道

学校大力加强校园文化阵地建设，设有学校微信公众号、家校微信群、宣传栏、广播站、展板、班级校园文化墙等文化宣传阵地。学校加强管理，定期评比，面向师生、家长宣传学校教育、文明校园创建等工作，陶冶学生情操、美化学生心灵、启迪学生智慧。积极开展社会实践活动，开展研学旅行、素质拓展等励志体验活动，让学生走进自然、社区，开阔视野，提升文明素养。

建设优良校风、教风、学风，运用校训、办学理念、办学宗旨、办学目标等校园文化符号，倡导"励精图治的拼搏精神，尽心竭力的奉献精神，极致完美地追求精神，锲而不舍的创新精神"，激励学生爱学校、爱学习、共建校园文明。浓化班级文化建设，开展多彩的班级文化活动，形成良好班风。精心组织好常规的开学典礼、升旗仪式、毕业典礼等教育活动，举办好读书节、文明礼仪月、科技节、金秋艺术节

等活动。结合传统节日，开展主题教育活动和综合实践活动。营造创建氛围，开展文明出行、文明交通、文明礼仪等教育活动，积极参与文明校园创建工作。

六、聚焦立德树人，打造德育环境

加强社会主义核心价值观教育实践，制作24字核心价值观、中国梦等展板，积极推动社会主义核心价值观进课堂、进头脑。充分利用重要时间节点开展"我的中国梦"等主题教育实践活动，引导学生从小立志向、有梦想，爱学习、爱劳动、爱祖国。加强学校德育体系建设，科学设置并落实德育课程，深化学科德育研究，改革教学内容，改进教学方法，改善教学手段，把思想道德教育融入学校教学各个环节，融入学生学习生活各个方面。

实施"学生成长导师制"，使全体教师既教书又育人，既管教又管导。开展心理健康教育。健全心理健康工作制度，建立心理咨询室、活动室，配备专兼职心理教师，建立健全《学生成长档案》，完善使用好"学生成长记录袋"，对问题学生进行跟踪辅导。

加强设施管理，做好校园美化、绿化工作，实现环境育人。校园教学、住宿、体育、科技、宣传等活动场所布局合理、整洁有序。抓实节水、节电、节粮教育，师生健康的消费理念和节约意识正逐步形成。校园安全机构、制度健全，配有专门的安防控制室，安装监控探头，实现校园安全全覆盖。

以立德树人为根本，以学生为中心，加强师德建设，提高学生素质。以贯彻党的教育方针，我校坚持"三个面向"，培养"四有"新人，促进学生德、智、体、美、劳全面发展为宗旨，全面推进素质教育，全面提高教育质量，使学校成为本地区深受学生喜欢、家长欢迎和社会首选的一流品牌学校。

校园因文明更美丽，生活因文明更精彩。今后，我校将继续以文明校园创建目标为标准，深化推进创建文明校园活动，把文明的种子植根于师生心中，让文明成为师生的自觉行为，让文明之花盛开在每一个致远人的心中。

岗位体验重实践　三方聚力促发展

四川省绵阳南山中学　杨周建　李耿

劳动教育是中国特色社会主义教育制度的重要内容，直接决定社会主义建设者和接班人的劳动精神面貌、劳动价值取向和劳动技能水平。然而，近年来，一些青少年中出现了不珍惜劳动成果、不想劳动、不会劳动的现象，劳动的独特育人价值在一定程度上被忽视，劳动教育正被淡化、弱化。这就要求学校要以习近平新时代中国特色社会主义思想为指导，全面贯彻党的教育方针，把劳动教育纳入人才培养全过程，贯通大中小学各学段，贯穿家庭、学校、社会各方面，与德育、智育、体育、美育相融合，实现知行合一，促进学生形成正确的世界观、人生观、价值观。

为全面构建体现时代特征的劳动教育体系，牢固树立劳动最光荣、劳动最崇高、劳动最伟大、劳动最美丽的观念，四川省绵阳南山中学在新课程改革浪潮中，认真思考，积极探索，依托学校、家庭、社区三方平台，初步形成了有效地德育教育模式——岗位体验，让劳动教育更有深度、广度、高度，让学生"走出"教室，"走出"课本，进行"行为体验"和"内心体验"，通过行为体验和内心体验的相互作用，让学生在体验中成长，提升德育教育实效性。

一、常态化开展学校岗位体验

了解劳动教育现状。学校通过纸质问卷、网络问卷等方式，了解学生对劳动的态度，对劳动的情感以及对劳动法规的认识。结果显示，学生对劳动认识存在片面化，即劳动就是体力劳动，对劳动的情感不积极甚至漠然视之，且大多数学生不了解劳动法规。为此，学校利用校内LED展板宣传劳动法，制作劳动小册子，扩大学生对劳动的认知以及储备应有的劳动情感——尊重劳动者，爱惜劳动成果；通过《南山中学学生职业生涯规划》，让学生系统了解自己的职业倾向，明确职业特征及职业具备的劳动技能。

创设平台及流程。学校专门成立岗位体验活动领导小组，并根据学校实际，研究设立了校园保安体验岗、膳食中心体验岗、图书管理员体验岗、生活老师体验岗、校园保洁体验岗、校园医务室体验岗、校园园艺体验岗等七大岗位。该项工作由党委书记、校长徐勇亲自牵头，政教处负责组织协调，各职能部门积极配合，全体班主任和科任老师为主导，高一高二全体学生为参与主体。

首先，拟定南山中学岗位体验活动方案。在每学期体验教育开始前，面向全体学生及家长印发《绵阳南山中学关于开展学生体验教育活动的倡议书》，告知学生及家长体验教育的活动形式、开展方式以及教育意义。同时，以海报、展板等形式公布岗位体验方案，方案中明确了岗位设置、体验流程以及安全注意事项等重要内容，确定了老师、学生及家长在体验过程的职责和任务。

接着，做好岗位体验活动宣传、动员。家长代表、高一高二全体学生、全体教师认真学习活动方案，做好岗位体验的准备。每个班级开展体验活动前，由政教处负责老师到班宣传动员，讲解注意事项，七个不同体验岗位的负责人召开培训会，就岗位体验过程中的注意事项再次进行交流磋商，并由各岗位负责人拟定本岗位的体验流程以及工作要求，在每天开展岗位体验之前印发给学生，并组织学生进行学习，让学生对自己参与的岗位有基本的了解，然后再由专人负责组织开展岗位体验。这样便做到了有的放矢，使学生在岗位体验中更能体会到工作的艰辛，使学生懂得体谅和感恩。

再次，积极参与岗位体验活动实践。每天7:30，值日班级全体同学由班主任老师带领到达指定位置，根据学生个人意愿分成七个体验小组，由七个岗位指导老师带到指定位置进行具体体验分工。体验开始前，指导老师首先进行安全教育和岗位工作情况讲解，接下来才是具体的岗位体验。半天的工作时间，指导老师随队监督，做好体验岗位的指导和安全保障工作，并针对学生的表现做好评价和信息反馈。需要特别说明的是，在岗位体验中，学生要真正进入角色，在体验时自己就是该岗位的工作人员，要服从安排、听从指导，认真做好本职工作，这样的体验才能真正收到实效。第四节课，由该堂课的科任教师将学生带回教室，组织各岗位学生代表交流体验心得，分享体验收获，并督促认真完成体验教育总结表，对自己的体验活动进行总结反思，各班汇总后将记录表交到学校政教处存档。

最后，做好岗位体验活动的巩固。将岗位体验活动的照片、分组情况以及学生的总结表等信息及时反馈给家长，做好家校沟通，让家长了解学校德育活动的开展情况，鼓励家长在更多的时间、更广阔的空间为孩子提供更多的岗位体验。家校携手，努力发现学生在岗位体验中呈现出的有价值思考和正向的生活情感，引导其发现生活、领悟生活。

自主体验及创新。一是唤醒心灵，涵养生命之花。引导学生审视自己的体验，积累积极正面的体验，使心灵得到唤醒与改善。把学校岗位作为唤醒和改善心灵的"教育场"，唤醒学生对世界的真实情感，优化学生的生命样态，提升学生的人生境界，最终实现尊重劳动、尊重劳动者、尊重劳动成果的目的。同时，这也促使学生主动了解社会生态，对自己以后的奋斗方向有所触动。二是启迪智慧，洞开创意之门。在岗位体验活动中，面对未知或者模糊的世界，学生的求知欲望被激发，会有意识地将知识在实践中自然综合起来，获得新知，产生创造的快乐。如在体验校园保洁体验岗中，学生发现地板上口香糖较多，难以处理，就用冰块冰冻口香糖，口香糖变硬后，清除非常便捷；在体验生活老师体验岗中，针对生活老师提出的学生浴室镜子水雾擦不干净导致扣分的情况，学生利用化学原理，在镜子上打上一层香皂，再用干毛巾清理，效果异常明显；在校园医务室体验岗位中，针对小面积皮肤出血同学较多而医生较少并且程序复杂的情况，学生利用牙膏止血止痛，方法便捷，程序简单，效果使用，受到医生的好评；在膳食中心体验岗中，针对学校厨房纱窗油烟较重，学生利用洗衣粉和吸剩的烟头溶解，擦洗纱窗，效果非常好。这是学生在实践活动中利用所学知识产生的创意，这些生活小知识和生存技能会影响他们的一生。三是触摸社会，奠基成长之路。传统教学过多地强调概念、原则的掌握，过分地强调对知识的记忆、背诵、模仿，这只会导致学生走出校门之后茫然无措。岗位体验活动，从某种意义上说是对学生社会性的展示，也是学生触摸社会的一种方式，让学生感受成长、理解成长。在成长的过程中，学生实际上需要学会认识自己，学会认识生活，学会学习，学会处理好自己和社会、自己和他人之间的关系。

体验教育的效果评估。体验教育践行陶行知"生活即教育"的理念，符合陶先生的"生活即教育"、"社会即学校"、"教学做合一"三大原理，能够唤醒学生道德意识，实现人格自我修补和完善、开启智慧新天地、构建开放式综合能力的目的。生命因为体验而真实，道德因为体验而提升，智慧因为体验而深刻，能力因为体验而构建。通过实实在在、发自内心的话语充溢于学生的反思总结中、老师的反馈表中、家长的建议书中，学校深切感受到了体验教育给学生、老师、家长带来的巨大惊喜。比如：图书馆岗位体验，学习最新的检索方式；清洁工岗位体验和校园绿化、园林艺术设计等相结合，让学生了解最新的设计理念；医务室岗位体验让学生学习和了解一些医疗急救常识等。

二、科学化开展家庭岗位体验

亲子厨艺交流。主要通过具有仪式感的家庭成员厨艺交流沟通亲子感情，缓解亲子紧张关系。学校要求每个假期必须上传学生亲自为家人制作的菜品以及全家分享菜品的照片，鼓励家长通过网络平台宣传介绍孩子的菜品。

家长大讲坛。学校定期邀请不同职业的家长到校分析本职业现状，本职业应该具有的职业技能，交流自己创业史或者职业感受，激发学生的创业斗志，让学生深刻了解劳动意义。

三、规范化开展社区岗位体验

公益服务。走出学校，走向社会，让动手更有针对性。学校要求学生积极参加社区养老院公益活动。如针对清理社区街道小黄车出现的问题，要求学生提交的"关于合理利用小黄车的议案"入围团中央全国优秀提案50强。

整合优化资源。学校推动将体验教育走出校园，积极探索与政府、企业、街道社区等合作，丰富体验岗位，完善体验过程，将体验教育与学生生涯发展规划相结合，提升学生学业规划能力，明确今后发展方向和职业规划，积极应对新高考。

劳动体验教育关系社会主义建设者和接班人的劳动精神面貌、劳动价值取向和劳动技能水平。近几年来，通过学校、家庭、社区的共同努力，学生对于劳动的情感认识、对于劳动技能的掌握都有了一定程度的提高。但在在具体劳动教育操作中，学校明显感觉规范的劳动课程教材欠缺，系统有深度的劳动教育理论欠缺严重制约目前劳动教育的发展。下一步，南山中学将在现有的实践基础上进一步深化岗位体验活动，探索体验教育的理论研究，丰富体验教育的内涵，让体验式岗位劳动教育绽放它更加绚丽的魅力，释放更多的正能量，力争形成南山教育特色、南山劳动教育品牌。

创新亮点添动力　提升品质育英才

四川省绵阳市仙海水利风景区中心学校　何林

“仙海泛舟，逐梦杏坛”。掩映在湖光山色之间的绵阳市仙海水利风景区中心学校本着教育立国强国的宗旨，以昂扬奋进的精神，服务乡梓，承载着这一方热土发展的希望和兴盛的梦想。

在国家迈向新时代的征程中，学校紧紧抓住课程改革的契机，全面贯彻和执行党和国家的教育方针、政策，立足提升学生未来发展和社会需要的核心素养和关键能力，聚精会神抓质量，聚焦质量促发展，立足发展创品牌，竭尽全力服务于学生成才、教师成长、学校发展，努力办出人民满意的教育。

德育为先，育人为本

立德树人是教育永恒的课题，绵阳市仙海水利风景区中心学校始终不渝地坚持以人为本、德育为先的教育理念，按照实践育人的要求不断开拓德育工作的新途径。学校认为，德育的源泉在于实践，实践中的德育教育才是活的教育，才能起到润物细无声的效果。因此，学校少先队大队部辅导员、各班班主任在学校总体规划下，精心设计和组织开展内容鲜活、形式新颖、吸引力强的综合实践活动，努力探索学生良好习惯的养成教育，形成了鲜明的德育特色。比如，在重阳节到来之际，为了培养学生敬老孝老的美德，学校于节前组织学生参观当地敬老院，让学生全方位了解敬老院老人的日常生活状况。回到学校后，各班组织学生讨论，敬老院老人活得快乐吗？我们是否可以为他们带去快乐？同学们讨论后，要求各班准备重阳节慰问活动，慰问活动的主题是“为老人送快乐”。学校要对各班组织的活动进行评比，现场请老人为优秀班级颁发奖状。这样的德育教育活动，已经成为学校德育工作的常态。

让德育回归本源，培育学生核心素养，是落实德育教育的着力点和新航标。学校充分利用走廊、板报、窗文化、红领巾广播站、主题队会等宣传阵地，开展时事政策、小公民道德规范、学校好人好事的宣传教育，提高学生自我服务、自我管理、自我教育的能力；深入挖掘各学科教材中的德育因素，对学生进行多层次、多方面的爱国主义教育、思想道德教育、中华民族优良传统教育，帮助学生树立正确的人生观、价值观和世界观；坚持以少先队、团委、党总支工作为主阵地，精心设计符合学生身心发展的特色综合实践活动，让学生在一系列的活动中发现问题、分析问题并解决问题，不断发展学生的实践能力和创新能力；开展“美德少年”主题活动，塑造学生美好品德；构建社区教育阵地，主动协调社会教育力量为学校的发展出谋献策，形成了学校、单位部门、社区之间的鱼水关系。

健全师培机制，提升专业素养

习近平主席在2021年政协教育卫生代表团讲话指出，有高质量的教师才有高质量的教育。教师是学校教育的脊梁，教师的专业素养决定着教师教育理念和教学水平。从小的方面讲，教师水平关系着学生发展质量；从大的方面讲，关系着民族复兴的进程。绵阳市仙海水利风景区中心学校全力为教师搭建发展自我、展示自我的成长平台，创造一切机会让老师们体验职业幸福，在成长自己的同时成就学生，努力实现教师、学生与学校共成长。

以校本研修为主阵地，多角度开展教师技能提升活动，促进教师专业发展。学校以“岗位大练兵”活动为载体，以教师基本功、学科素养、专业能力为主要内容，开展教师培训常规工作。学校每期开展校长论坛、教师论坛、集体备课、示范课、研讨课、教学成果展示等活动，促进教师相互学习，最大限度地调动教师学习积极性；制定教师听课评课制度，促进课堂教学研讨常态化和规范化；制定“青蓝行动”工程和“卓越教师”工程，为不同年龄段教师规划发展目标与方向，促使全员学习与提高；开展“魅力年级组”评选工作，充分调动年级层面的教师培训主动性；完善教育科研管理办法，从经费上支持教育科研，将教育科研纳入评职晋级，激励老师以研促学，以研促教，为学校培养业务骨干和拔尖人才奠定了基础。

“走出去，请进来”，是学校提升教师专业素养的有力手段。每学期，学校均请有一定区域影响力的知名教师和专家到学校举办专家讲坛，开阔老师们视野，让我校教师始终紧跟教育改革步伐。学校还积极组织全体教师参加国家、省、市组织的学科培训，跟踪培训过程，确保培训质量。选派教师参加上级业务部门组织的各种培训活动，并组织培训回校后专题汇报会，努力将外出培训效益最大化。与周边名校“结对子”，开展教学交流，拓展教师学习提升空间。

学校编制了《教师成长手册》，促使每位教师剖析自己的专业素养状况，规划自己三年发展目标，记录教师成长中的点点滴滴，反思教育教学中的得与失。

近年来，学校在国家、省、市级组织教学竞赛中，有十多人次获一、二、三等奖；在全国、区、市教学科研论文评奖中，有近50篇分别获得一、二、三等奖。

建设多元课程体系，夯实学生发展根基

课程是学校可持续发展的重要支撑，课程的丰富性决定着生命的丰富性，课程的卓越性决定着生命的卓越性。绵阳市仙海水利风景区中心学校聚焦学生核心素养提升，立足学生个性发展，本着“以学生为本，以提升每一个孩子学习生活品质”的核心理念，以“夯实基础、突出特色、多元发展”为教学目标，以学校少年宫活动课程建设为抓手，充分尊重和满足学生的课程选择权，有序落实国家课程校本化、校本课程特色化、选修课程多样化，为学生提供丰富的课程资源，为学生创设快乐地校园生活，力争把学校建成文化知识传承的学园、道德情操提高的花园、益智怡情健体的乐园。

关注孩子的幸福与快乐，立足孩子的成长和完善，才是基础教育追求的目标。基于这一要求，学校将课程规划为书香课程、活动课程、实践课程、自主课程四大类，希望从学习生活、日常生活、精神生活、身心健康多个方面的学习、体验中，一点一点为学生的人生奠好基，让学生未来的生活质量能有所提高。书香（学科）课程由基础学科课程和学科拓展课程组成，是学校的必修课程；活动课程以校内活动为主，分为主题活动课程、节日活动课程、常规活动课程、其他活动课程；实践课程重视学生的生活体验，侧重于校外生活实践，包括综合实践课程和游历实践课程；自主课程分社团课程和自选课程，由学生依据自身的兴趣爱好在家长和老师的指导下自主选择。丰富多元的课程成为学校持续健康发展的源泉和动力。

建好用好少年宫，拓展学生发展平台

特色就是质量，特色就是品牌，特色就是发展。绵阳市仙海水利风景区中心学校全面推进素质教育，打造学校特色品牌，构筑创新人才培养模式，逐渐形成了个性化、特色化的内涵式发展格局，让每个学生都能在温馨的校园中幸福快乐地成长。

为激发学生的智慧潜能，发展学生的个性特长，学校充分发挥教师特长，以乡村少年宫活动为载体，精选活动项目，凝练特色项目，形成了自己的素质教育特色活动。学校以动态静态结合、室内室外结合、传统与现代结合为原则，以琴棋书画、诗词歌赋为内容，共开设足球、篮球、书法、科技创新、风筝、川剧等活动项目小组50余个，力求让每个孩子在学习的同时都能拥有至少一门艺术特长和两项体育技能，极大地丰富了学生的课余生活。学校少年宫的活动被中央电视台《焦点访谈》以《少年宫乐了乡里娃》专题播报。

作为由联合国教科文组织、教育部教材发行中心命名的“中国水学校”，学校以少年宫为主阵地，密切联系社会、家庭，全面开展了丰富多彩的“中国水学校”实践体验活动。开通“中国水学校绵阳仙海”微信号，参观绵投经济循环产业园、污水处理厂，开展二氧化碳轮盘游戏了解碳足迹等活动，旨在培养学生低碳生活意识和行为，为天加蓝，为地加绿；“小手拉大手”，组织学生针对芙蓉溪流域的污水排放写调研报告，并送沿线乡镇、党委政府“审阅”。芙蓉溪科技实践活动获得了教育部、共青团中央、国家科技部科技二等奖。

学校是培养人才、孕育希望、创造奇迹的地方。近年来，绵阳市仙海水利风景区中心学校始终贯彻“以人为本，办最适合的教育”的办学追求，与时俱进，开拓创新，发挥正能量，发出新号召，寻求新思路，取得了令人瞩目的成绩，不仅满足了学生的多元需求，也实现了从特色项目到多元教育特色学校的转化。学校先后被联合国教科文等组织命名为“中国水学校”，被教育部授予为“全国青少年校园足球特色学校”，被中国书协命名为“兰亭学校”，荣膺四川省创先争优先进基层党组织、四川省防震减灾科普教育示范学校、四川省文明校园、绵阳市文明校园、绵阳市义务教育先进单位、绵阳市素质教育优秀学校、绵阳市办学质量综合评估先进单位、绵阳市最佳文明单位、绵阳市示范家长学校、绵阳市未成年人思想道德建设先进集体、绵阳市特色学校少年宫、示范学校少年宫等100多项荣誉称号。

仙海湖畔，逐梦教育。绵阳市仙海水利风景区中心学校将继续以中华民族伟大复兴为己任，以科学思维与理念引领学校发展，将生命教育与使命教育相结合，将学生个体发展与民族振兴相结合，将学校建设为绵阳教育乃至四川教育的一颗璀璨明珠。

立德行之本　绽五育之花

——推进“课程育人”的创新实践

四川省南充市西华师范大学附属小学校　彭钰桢　刘思宏

西华师范大学附属小学创建于1952年，位于四川省南充市顺庆区，现有莲池、凤鸣两个校区，占地总面积约35亩，是川北地区一所特色鲜明的示范性窗口学校。为了建设高质量的教育体系，学校按照“办人民满意的社区精品学校”的办学目标，贯彻“校风好、校园美、质量高、有特色”的办学方针，坚持“抓队伍、强管理、兴科研、促质量、重德育、做示范”的工作思路，践行“自由、宁静、生命力”的办学理念，以“立德树人”为根本任务，以学生自主发展为核心，以“五育并举”为途径，持续深化教育改革，积极推进素质教育，探索建构创新实践课程体系，着力打造具有附小特色的校园文化。

确立育人课程目标，奠基文化沃土

对学校来说，立德树人根本任务的落实最终还是要通过校园文化的落地来实现。为丰富学校文化内涵，奠定学生发展之基，西华师范大学附属小学重塑办学理念，精心设计育人环境，构建特色课程体系，推动学校教育迈向新的里程碑。

校园文化内化于理念。“十年树木，百年树人。”学校依托见证附小近70年发展历程的三十多棵大树的校园符号，将“树木”与“树人”有机结合，提出了“自由　宁静　生命力”的办学理念。自由，即独立的姿态，以师生心灵的自由、个性的独特为追求；宁静，即平和的心态，以校园的安静、环境的干净、师生的心静为目标；生命力即积极的状态，以富有生命力的外在环境和充满活力的内生文化为常态。同时，学校将“自由　宁静　生命力”的办学理念进一步转化为培养具有“独立姿态、平和心态、积极状态”的附小学子的育人目标，并在此基础上生成了以“博学、尚美、善思、笃行”为校训，以“务实、创新、进取、友善”为校风，以“爱生、乐教、精进、善导”为教风，以“乐学、勤勉、求真、向善”为学风的具有相对稳定性和指向性的理念体系，生成了附小吉祥物“西西果”以及校旗、校歌等学生认同的文化标识，建立了“我的校园生活”学生综合素质评价体系。

校园文化外显于环境。学校依托省级课题《走廊美术馆与校园文化建设相结合　打造绿色自然生态的校园环境》，对环境与文化的关系进行了深入研究和精心设计：漫步校园，古朴的文化浮雕墙展示着悠久的办学历史、深厚的文化底蕴；生机勃勃的绿植墙，用滴灌技术演绎着现代文明、环保理念；操场边的社会主义核心价值观宣传栏，洋溢着时代气息；楼道边、拐角处的师生书画作品，诉说着教育的情怀……美丽的校园环境营造了一种良好的文化氛围、艺术氛围、学习氛围，真正成了无字的诗、无声的歌、立体的画，让学生在耳濡目染中受到熏陶，呈现出健康活泼、文明向上的精神风貌。

校园文化形成于课程。学校以校园文化为基础，经过精心规划和探索整合，从“人文底蕴、科学精神、学会学习、健康生活、责任担当、实践创新”六个维度出发，逐步构建起“西西DIY”五育课程体系，将“立德树人　五育并举”转化到课程里，落实到行动中。

系统构建课程体系，灌溉生命活水

学校是发展学生核心素养的关键，课程是发展学生核心素养的根基。2015年，西华师范大学附属小学着眼于学生长远发展，以课程为载体，以活动为途径，开始构建“立德、启智、健体、尚美、爱劳”五育并举的“西西DIY”课程体系，主要包括“主题实践课程”、“春秋研学课程”、“心理拓展课程”、“兴趣社团课程”、“亲子实践课程”五大课程板块，旨在鼓励学生主动参与，亲自实践，从而获取知识、锻炼能力、增长自信、收获快乐、健康成长。

“主题实践课程”是以年级为单位的实践活动，以主题的形式对课程资源进行整合，主要包括树立环保意识的“生态环保”主题系列活动、培养良好行为习惯的“八礼四仪”主题系列活动、传承优秀传统文化的“经典诵读”主题系列活动等，引导学生用自己的眼睛观察生活，用自己的心灵感受生活，用自己的方式去研究生活，旨在提高学生对自然、社会和自我的内在联系的整体认识，发展学生的创新精神、实践能力、社会责任感以及良好的个性。

“春秋研学课程”将智育、德育培养从课内延伸至课外，不但丰富了学生课外知识，还帮助孩子们用脚步去丈量世界、用心去感知远方。学校开发了一系列校外研学实践基地，如沪顺起义旧址、广安邓小平纪念馆等爱国主义基地，南充宋代白塔、阆中古城、西山万卷楼等历史文化基地，龙腾庄园、成都都江堰水利工程、大唐开心农场等生态环保基地，凌云山素质拓展营等素质拓展基地；开发了研学手册，确定了研学目标，以前置课程、行中课程、后续课程贯穿全程，以“研学活动评价”进行反馈总结；成立《培养小学生生态意识的主题研学实践》省级课题小组，开展深入研究，进一步完善了研学课程。

“心理拓展课程”是以生命教育为主要内容的课程，主要依托“沐阳心理工作室”，通过心理团辅课、心灵驿站等途径开展活动，促进学生心智健康发展。学校分年级开展不同主题的讲座和培训，如一年级交通安全，二年级防性侵，三年级爱眼护牙，四年级自护自救，五年级青春期知识，六年级法制知识和毕业心理疏导；根据不同年龄特点孩子对生命的不同认知程度，编写《男孩and女孩》生命教育校本教材，并制作配套课件，利用班队活动进行讲授，使学生了解了生命的起源、生命的意义、生命的成长，从而懂得尊重生命、善待生命、珍惜生命；聘请教育专家杨言洁等人，分领域开设家长假日学校，分年级实行菜单式培训，丰富家长家庭教育知识，提高家庭教育能力，让家长成为学生心理健康教育的助力。

“兴趣社团课程”是以发展学生兴趣为主的课程，共设立了53个兴趣社团，其中校级社团23个，年级社团30个，于每周二下午集中开展活动，不仅让孩子获得一技之长，更让他们的兴趣得到满足、专长得到发展，学习起来更加自主和愉悦。

“亲子实践课程”是家校合作开展的实践活动。学校组织成立家委会，并推选出校级家委48名，校家委常委6名，参与并协助学校管理；充分挖掘家长校外教育资源，组织开展多项亲子实践活动，如与警察、消防合作的“参观消防队、参观禁毒基地”活动，与市图书馆合作的“悦读越美”活动，与自来水厂合作的“参观废水处理厂”活动等；鼓励孩子们在家进行绿植栽培、自理能力培养，并借助家委会的力量，利用假日组织孩子们到郊外、到田间地头去种树、劳作，让孩子与大自然亲密接触。让家长参与到校外实践活动中来，不但保证了学生安全，加强了亲子关系，而且丰富了劳动教育内容。

通过“西西DIY课程”的开展，孩子们从多种途径获取了丰富的课外知识，培养了动手操作、观察实验的实践能力以及积极思维、驾驭知识的综合能力。如今，“西西DIY课程”成了附小一道独具特色的“风景”。

全面推进课程建设，搭建展示平台

爱因斯坦曾说：“一个人的成功，不只取决于他的智力因素，更重要的是取决于他的品德修养等非智力因素。”西华师范大学附属小学始终坚持“五育并举，德育为先”，践行知行合一，打造一班一特色的班级文化，构建“知、情、意、行”的德育体系，让学生成为生活和学习的主人。

学校以培养学生社会主义核心价值观为目标，长期开展“经典诵读定段升级”、“古诗赏析”、“中华情常忆　经典咏流传”展演、“诗香蜀韵”诗词背诵大赛等活动，积淀中华优秀传统文化，促进智育发展；以培养家国情怀为目的，结合本地三国文化，研发校本课程《三国风云》，编排《三国风云》音诗画节目，推进德育发展；以　“阳光体育”为载体，让附小娃享受运动乐趣，增强体质，锤炼意志，积极为学生提供专业训练，提升体育水平；以特色工作坊为主导，成立火绘剪纸社、彩粽坊、合唱队、小荷花舞蹈队等艺术团队，发展学生兴趣、陶冶高尚情操、怡养优良品性，渗透美育意识；以“独立自主”为发展目标，遵循从生活入手、从小事做起的原则，在学校争当“公区卫生员”，在家庭争当“自理小能手”，在社区争当“服务志愿者”，形成家校社互为补充，丰富劳育模式。每年春季、冬季运动会、校园篮球联赛、足球联赛以及校园艺术节、文化节更是成为孩子们展示才华的舞台，孩子们在活动中感受成长，在实践里收获快乐。

在文化育人与课程育人的共同努力下，西华师范大学附属小学的办学品质日益凸显，美誉度逐步提升，先后获得国际生态学校、全国雏鹰大队、全国红旗大队、全国青少年文明礼仪示范基地、全国优秀家长学校实验基地、全国校园足球特色学校、全国小河长小湖长试点学校、全国生态教育示范学校、四川省校风示范学校、四川省绿色学校、四川省文明校园、四川省艺术特色学校、四川省体育传统项目学校、南充市垃圾分类示范校等光荣称号。

立德树人，任重而道远。忆往昔，附小坚守传统，岁月峥嵘；看今朝，附小大胆创新，砥砺前行；望未来，附小奋勇争先，前途光明。在今后的工作中，西华师范大学附属小学将继续扎根“立德树人”的教育初心，让“五育之花”常开不败！

党建引领育栋梁　红色文化孕宏志

四川省内江市第六中学　程梅

习近平总书记说过，“要把红色资源利用好，把红色传统发扬好，把红色基因传承好。”中国共产党在领导广大人民群众一起革命、建设和改革的长期实践中，培育了红船精神、井冈山精神、长征精神、延安精神、抗战精神、雷锋精神、“两弹一星”精神、抗洪精神、载人航天精神、北京奥运精神等一大批蕴含红色基因的伟大精神，我们要自觉地把红色基因传承下去，发扬光大。

传承红色基因，坚定文化自信，厚植爱国主义情怀，是落实立德树人这个根本任务的重要实践。在长期的探索与实践中，四川省内江第六中学始终坚持党建引领，充分发挥实践育人功能，在践行和培育社会主义核心价值观的同时，将红色文化和党建工作、现代教育相结合，积极构建"思想治校　文化育人"的校园文化价值体系，大力弘扬爱国奉献、严谨务实、自强求真、追求卓越的六中精神，纵深推动红色基因深入人心、落地生根，为培养社会主义合格接班人提供精神支持。

坚持党建引领，完善发展机制

学校党建是一项关系到学校党组织生机与活力，关系到教育干部培养与选拔，关系到教育事业兴衰的重要工作，对学校的持续发展具有至关重要的作用。在学校党委的直接领导下，党、政、工、团、队齐抓共管，充分发挥党、团、队的思想性、先进性、自主性、实践性优势，有效利用校本资源、家长资源和社会资源，建立了党委主导、校长负责、群团组织参与、家庭社会联动的德育工作机制，共同构建育人文化。

全员参与为育人。学校党委不定时召开党委会，每个月党员参加党支部民主生活会，团员参加青年大学习，队员参加少先队活动。定期开展党课、团课、队课，召开教职工大会、学生集会、班会、队会、家长会，利用qq群、微信群和各种活动，搭建多种育人平台。每年聘请法治副校长、卫生副校长和校外志愿辅导员，为每个新中队聘请中队辅导员，积极挖掘社会资源，拓展学生的学习、活动空间。

协同培养育人才。党员同志发挥传、帮、带的作用，或走出去，或请进来，或以会代训，或开展各种学习、比赛、论坛，努力提高师生们的自身素质和管理水平，使之成为团结、服务、培养青少年的重要途径和校园文化建设的重要力量。完善各项自主管理规章制度起交流，促进党、团、队组织的凝聚力和战斗力，培养师生的集体主义精神和团队精神，加强广大师生强烈的归属感和认同感。

换届竞选促自律。校团委和大队委在学年初举行换届竞选活动，各班、各中队在学期初举行班委、团支委、中队委换届竞选活动，培养学生自主管理、自我教育能力，增强学生主人翁情感和意识。学生干部已经制定修改了政教处、德育处、学生处、团委、大队委部门职责，修改了值周班（中队）工作制度，还制定了相关的德育管理制度，用以规范、引导学生自我教育、自我管理、自我发展。

传承红色基因，构建育人文化

传承红色基因，坚守优秀传统，是每一代年轻人的历史使命。校党委坚持开展红色教育活动，组织党员群众到重庆红岩村和渣滓洞、宜宾赵一曼纪念馆、内江范长江故居、内江革命烈士陵园等地参观、学习、祭扫等研学，接受革命传统教育。开展党员先锋工程活动、创先争优活动、精神文明建设活动，要求老师们学之、思之、教之，更多的红色精神食粮让学生学有劲头。

挖掘红色资源，梳理红色精神。立足内江是众多红色人物诞生地的丰富资源，将红色基因的根脉转化为红色教育的生动教材。组织学生走进范长江纪念馆、成渝铁路筑路民工纪念馆、内江市革命烈士陵园、喻培伦大将军纪念馆等爱国主义教育基地，开展学习考察活动，深入挖掘红色资源，梳理收集长江精神、革命精神、长征精神等，创新传播载体，使红色基因活化为可观看、可聆听、可阅读、可持续的文化产品和精神粮食。

继承红色传统，深挖六中精神。内江六中于1939年秋建校，中华民族正值抗日救亡的革命中。新中国成立前夕，教师们积极参加反内战、反压迫、争民主、迎解放的战斗，在内江工运史上描绘了光辉的篇章。80年来，光荣的革命传统使六中人自觉传承红色基因，为教育事业作出了应有的贡献。"爱国奉献、严谨务实、自强求真、追求卓越"的内江六中精神成为诠释和传承红色基因的重要精神载体，为红色基因的时代传承注入了六中特质。师生们还自主创编了教师誓词、学生誓词，并经常诵读牢记，使六中精神深入人心。

加入红色联盟，建立长效机制。内江六中与范长江纪念馆、成渝铁路筑路民工纪念馆、内江市革命烈士陵园、喻培伦大将军纪念馆、内江市革命烈士陵园等红色教育基地开展合作共建，成立红色联盟，保证了红色基因的"无缝链接"。

聚合德育合力，突出实践育人

实践育人是实现立德树人的重要环节。内江六中积极搭建红色教育实践平台，整合各种红色资源，形成德育合力，构建了实践育人的常效工作体系，使红色文化成为学校发展的根基和底色。

建设实践活动阵地。一是建好校园文化宣传阵地。利用网站、微信、校刊、橱窗、宣传栏、黑板报、广播台等阵地，营造优雅、活泼、趣味与知识并存的文化氛围，既发挥其宣传作用，又让学生得到展示、锻炼，促进其全面发展。二是利用好升旗仪式竞选、演讲阵地。每一次的升旗仪式，都精心准备升旗仪式材料、国旗下讲话稿等，力求让学生"听一个故事，晓一个道理"。设置各种服务和管理岗位，组建文明礼仪监督岗、国旗护卫队、主持团、演讲团等，让更多学生参与到实践中来，提升了综合素质，增强了自身能力。三是重视文化教育阵地。定期更新文化墙和班级学习园地，通过课堂、班会课、团课、队课、团校、艺术团、学生社团等阵地，大力宣传社会主义核心价值观，使教育有情感、更形象、更榜样化、行动化，并入耳、入脑、入心。四是利用节日实践阵地。依托春节、学雷锋纪念日、妇女节、清明节、劳动节、儿童节、端午节、建党节、建军节、抗战胜利纪念日、国庆节、中秋节、重阳节、毛泽东诞辰日等重大节日、纪念日，组织开展主题教育实践活动，引导学生做好社会主义接班人。

开展红色主题实践活动。一是课堂教学育人全员化。充分发挥学科课堂教学主渠道作用，在教学全过程融入渗透德育内容，形成了"教学重互动、实践重体验、行为重养成、考核重知行"的教学特色，着力培养学生自主学习、独立自强的意识，为学生未来奠定坚实的基础。二是"传统文化在身边"活动系列化。开展校园诗词大会、北京研学旅行综合实践活动、华东五市研学旅行综合实践活动、行走课堂•青春行动主题研学活动、内江城市规划展览馆研学活动、戏剧大舞台研学活动、社彩缤纷•逐梦青春社团文化节活动、传统文化代代传活动等系列活动，让学生在学习、探究、研读、了解、表演等过程中，增加对中华优秀传统文化的感知与认同，拓宽了眼界，增长了知识。三是"红色基因代代传"活动定时化。根据相应时间节点开展活动，如3月"学雷锋活动月"、5月"纪念五四运动月"、9月"民族精神教育月"、10月"爱国教育月"、每周一"升国旗仪式"、暑假开展"寻访红色足迹"、寒假开展"我们的节日"等活动，让学生们筑牢信仰之基，增强民族自信。四是"我的中国梦"活动多元化。开展名师讲坛、团校实践活动、新时代好少年活动、小手牵大手宣传活动、国防教育训练营活动、模拟联合国大会、毕业生跳蚤市场、科技在腾飞•创新伴成长学习交流活动等活动，教育引导学生学习历史、传承文化、追寻梦想、向往未来。五是文体实践活动丰富化。开展社会主义核心价值观传唱传诵活动、校园艺术节、合唱比赛、情景剧比赛、辉煌八十载演讲比赛、主持人风采大赛等活动，组织油纸伞创意画、书画摄影、手抄报等比赛，让学生在实践中用手用脑，培育了发现美、创造美、传播美的能力。六是实践育人协同化。学生在专家志愿者的带领下前往内江师院、市农业科学院、汇宇制药厂、市水务局、气象局等地参观、考察、学习，在志愿辅导员的协同下开展应急疏散演练、消防安全教育、模拟法庭、校园艺术节等活动，学知识，明道理，受益无穷。七是志愿服务系列化。成立小红帽、甜城好少年等志愿服务队，开展老少牵手•温暖童心•暖冬行动、军民鱼水•共度新春、师恩不忘•花即我心、志愿先行•温情六中等志愿活动，活跃学生身心，健全学生人格，发展学生特长，提升学生综合能力。八是红色教育常态化。运用信息技术，创新宣传载体，开辟网站专栏，开展网上活动，组织师生或学习党史、国史和英模事迹、或向先贤先烈献花、或抒写感言寄语、或在线学习诵读革命诗词等，使红色教育常态化。

文化育人工作的开展，直接影响学生的价值观、思想观的形成，关系学生的成长、成才。内江六中人将牢记教育初心和使命，坚守立德树人初心，坚持实践育人路径，不断发扬红色文化德育功能，着力塑造有崇高温暖的情怀、广博精深的学识、科学艺术的方法、和谐健康的身心、追求卓越的精神的教师形象和志存高远、品德高尚、文明守纪、勤奋求实、勇敢坚毅、身心健康的学生形象，最终实现"育创新人才，建西南名校"的高远目标！

以德育德，成其久远

——宁南县民族初级中学创建大型育德活动案例的泛谈

四川省宁南县民族初级中学校　李长江（彝族）

为了让良好的行为习惯在实践中内化为学生的自觉行动，促使学生的思想道德观念在实践中得到升华，让学生得到自我综合素养的提高，宁南县民族初级中学在全面贯彻党的教育方针的前提下，立足学校实际情况，牢记总书记"立德树人"的宗旨，在特色德育上多方思考和借鉴，紧紧围绕"以德育德，教学生三年，成就学生三十年"的目标，把育德作为一个根本任务回归到学校教育的中心，大力创建育德中心，开展常态化大型育德活动，把"大德"分解成"小行"，让学生真正在"行"中育"德"，用"德"去润"行"。

一、立足根本，把握脉搏

宁南县民族初级中学有41个教学班，共2655名学生，彝族学生占99.9%。这些孩子的家庭大多数在海拔1800米以上的高寒山区，土地高陡、贫瘠，生活条件相比河谷、平坝地带很困难，经济条件很差。在这样的环境下生长的孩子会产生以下几个方面的缺失。

缺失家庭之爱导致情感有缺陷。因为一个家庭要正常运转或者相对的富裕一点，主要劳动力就要外出打工，很多孩子被迫成了留守儿童——情感的"孤儿"。同时，由于爷爷奶奶隔辈亲，对孩子的照料自然缺少了应有的惩戒和管束。

环境因素造成孩子规矩意识缺失。山上的空气好、草坪多，大自然近在咫尺，出门便可大声的相互呼唤，一路的山歌悠悠，路边就是垃圾场，森林是自由天地。孩子在这样的环境中长大，无拘无束已种在了自己的潜意识里。一到街道井然、处处有规则的县城和学校，学生的自由天性和纪律约束就产生了对抗，学生在校表现出来的是文明素养极差，个人卫生、行为、学习等习惯中有很多"顽疾"，导致学校管理工作"压力山大"。

文化差异造成"共同体"认识的缺失。一是有些家长"本位思想"

严重，大脑里只有彝族文化，张口闭口皆是彝族规矩。在这样环境中长大，孩子对其他文化的排斥自然而成，学生到了初中后心智更一步成熟，自我意识膨胀，对立的情绪就越来越烈。二是没有扬弃思想，对一些错误的人生观、世界观和价值观津津乐道。很多家长出门打工，由于自己知识局限，只见花花世界，不见努力和付出，不切实际的追求“高大上”，造成“盲从”的认识现象。孩子看在眼里记在心上，耳濡目染之后，人生观、世界观和价值观正在潜移异化，没有脚踏实地、感恩与实干精神，只有随心所欲，对学校的管理有厌烦抵触情绪。三是有些老师对彝族文化了解太少，为教书而教书，忽略学生主体思想，导致学生不认同，便开始在内心积存不满，在背地里报复性的做一些违反校纪校规的事情或者当面和老师起冲突。

“人无德不立”，道德是人的内涵，更是“衣服”。如何培养国家之栋梁，如何用德行抚养他们，培养时代之合格的人才？这个问题变成学校头等大事，钻进学校领导的“骨髓”。“民中行，宁南彝族就行；宁南彝族行，凉山彝族就行；凉山彝族行，全国少数民族就行；全国少数民族行，中华民族就行”。这是宁南县民族初级中学领导朴实而充满深情的话语。“心系民族纵横求知，志存天下笔直做人”这十六个大字的校训是在这样的情怀下应运而生。

二、以生为本，育德落地

《道德经》云：“道生之，德畜之，物形之，势成之。”意思是说：天道使他们生，德行抚养了他们，外物使他们成长，形势使他们有成就。所谓“物形之”、“势成之”，怎么去做？考虑到学生们的生活环境、家庭环境、教育环境的因素，宁南县民族初级中学有了初步的育德中心“文化”打造思路。

坚持一个中心、两个基本点：以“德”为中心，以“重视中华传统文化”和“重视彝民族传统文化”为基本点。中华传统文化和彝民族文化关于德的理解、描述以及相关的故事、图片、视频的收集和展示；本校学生在围绕“德”所表现出来的一切优秀的言行举止以及所做的一些积极向上的事迹的收集和展示。

坚持一个宗旨、两个目的：以培养合格的社会有用人才为宗旨，着力实现“能够在学生心中种下“德”的观念”和“能够在实践在展示出学生对‘德’的运用”的两个目的。兼顾州、县、我学校的具体情况做的有关育德的人物、故事、图片、视频的收集和展示；结合实际，赋予特色理念，做“怀德润行”的铜板浮雕，精心设计育德标志和育德班级自管服装。

2015年到2017年，从酝酿到成形，领导殚精竭虑，可“心有足乐者”不知疲倦。学校因地制宜，最大程度的节省开销，开始着手打造“育德中心”。

三、德育领航，学生自管

为实现在“行”中育“德”，用“德”润“行”，宁南县民族初级中学将“大德”分解成“小行”，把校园布局分为教室、寝室、食堂、校园这四个区域，把学生当做老师、政教员、保洁员、食堂管理人员、宿舍管理人员、门卫来用，把他们放在各个岗位上去管理、去监督，从而实现学生自管的目的。

准确定位，确立机构。在“物形之、势成之”理念下，组建一支富有情怀、态度端正、雷厉风行的领导团队，由校长总负责，育德主任执行，政教员和各班主任为责任人，保证育德管理制度的畅通实施和具体落实，对学生反映的问题做到“三个一定、两个及时”，即一定受理、一定明察、一定处理；及时通报和表扬，及时改正和指导，从而营造一个良性的育德大环境。

周密思考，制定方案。方案包括育德计划、育德流程、育德评价细则、育德奖励条例组成。根据计划制定思路，即以培养符合中国特色社会主义合格接班人为指导思想，以养成学生良好的行为习惯为重点，以逐步提高学生的综合素质为目标，以班级管理为主渠道，以正面教育、活动推动、环境熏陶、行动感知为载体，注重育德工作的连续性和系统性。加强队伍建设，成立育德领导小组，校长为组长，育德主任为副组长，政教员和各班主任为成员，各司其职，形成合力，积极探讨、论证学校育德工作经验果，确保育德自管活动按时按质按量开展。规范自管班级管理，加强“语言讲文明、行为讲规范、学习讲刻苦、生活讲卫生、活动讲参与、集体讲团结、待人讲礼貌、处事讲歉让、在校内讲形象、在校外讲安全”十讲宣传，通过具体的自管实践规范学生的行为习惯，要求各班做好记录，写好反思总结，并做好育德活动图片的收集、整理和归档工作，塑造规矩学生意识。完善育德中心硬件打造，如打造特色文化室、心语室、荣誉堂，营造育德浓厚氛围。每月确立主题，开展趣味游戏、演讲比赛、书法绘画比赛、育德作文大赛、九月感恩月、十月歌颂月等主题育德活动，力求育德从细处思考实处落地。开展育德讲坛，侧重文化的相互了解、渗透，通过传统文化、民俗文化、党文化、团文化等等多种教育方式，使全体师生认识到文化“共同体”。加强校园文化建设，通过规范班级文化、寝室文化、走廊文化建设，利用宣传栏、LED、墙报、手抄报、文化长廊等宣传阵地，开展“优秀育德班”、“文明标兵”、“育德名师”、“优秀育德团员”等评比，营造浓厚的育德氛围，巩固学校的育德特色。

完成流程，实现自管。常态化的落实行动与自我激励、自我促进流程，是学生自我提升、自我发展、自我评价反思的过程，这是一次“细致入微”耗时费力的“道德雕刻”。学校要加强育德活动的自管流程，让学生在自管中发现别人的优点自己的缺点，在实践中比较差距，在内心进行德行完善，实现“外物使他们成长，形势使他们有成就”。其一，41个班级，从周一至周五，每天一个班停课轮流自管，轮完一次分年级进行评比。各班分为十个小组，每组男女搭配 5—7人，安排一名小组长，负责实施各项工作。其二，学校精准落实半军事化时间安排：早上 6：30—7：10 行政楼大厅宣誓，按分组协助管理员查男女寝室卫生、内务、出操，分别负责查教学楼、综合楼不出操学生和违纪学生，查 7.8.9 年级出操纪律、出勤、仪表、班主任到位情况；7：10—10：15，分组负责食堂就餐纪律秩序的监管以及校园其他区域的监管，监督和记录违纪违规的学生，清扫校园各个角落的卫生，监督并记录教学楼各个班的上课情况；10：15—11：00，到育德中心听育德专题讲座；11：00—11：55，负责监督教学楼各个班的上课情况，每节课查两次，并做好违纪学生的记录；11：30，全班就餐；下午重复上午7：10后的流程，育德主题活动安排在15：50—16：40分钟；17：50—18：30为空挡时间，全班十个组全部分散在校园，进行各方面监督；晚上22：30分，学生在完成关教学楼的灯和水，催学生回寝室后，全部回寝室睡觉。在活动的过程中，学校重点落实，抓实抓细。自管班级每天的卫生检查，学生文明督查，课间纪律巡查，先反应后记录再解决。在整个过程中，体现学生是主体，班主任、政教员、值周行政只负责对自管班级进行监督、指导、解决问题，真正做到了师生“共同体”，共同参与学校育德工作，筑牢学校育德体系。

量化考核，强化保障。制定自管班级的考核细则，量化打分，具体的打分人员由行政值周、宿管员，食堂管理员，政教员组成，使全校形成一股合力，共抓共管，为育德活动可持续发展提供保障。同时，考虑财政预算和投入，健全育德奖励制度，为“立标杆”、“树模范”，为打造特色育德夯实基础。一轮一评比，真正的依循“外物使他们成长，形势使他们有成就”，把育德评价做到有律可依、有方可行。

志存高远，笔直做人；不负青春，立德立行。育德工作要做到“立德树人”，一定是一场“持久战”，尽管宁南县民族初级中学在这一方面已经取得了一定的成效，但是面临的困难仍然很大，需要积极创新的工作还有很多，需要论证的理念还很多。我们相信，心有情怀步步为营，困难会迎刃而解，民中育德教育势在必行，行必有果。

“三育”带“五育”，还孩子缤纷多彩的世界

四川省雅安市天全县第二初级中学　熊燕

党的十九大明确提出党的教育方针：落实立德树人根本任务，发展素质教育，推进教育公平，培养德智体美劳全面发展的社会主义建设者和接班人。要培养合格的社会主义建设者和接班人，就要在教育教学中破除“唯智”的不良倾向，促进学生德智体美劳全面发展。

四川省雅安市天全县第二初级中学是“4.20”灾后重建新校，位于天全河西侧，滨江大道与318国道交汇处，是一所年轻的全寄宿管理学校，于2015年秋季开始招收第一届学生。学校招收的学生大多来自农村，不仅学习基础相对薄弱，在劳动、艺体发展等方面也基本处于空白状态。为突破这种教育困境，学校坚持党建引领，在秉承“办全纳明德教育，育和逸知慧新人”的育人理念下，不断推动“立德树人，五育并举”的办学实践，积极探索劳育、体育、美育“三育”策略，并以此带动德、智、体、美、劳“五育”全面发展，加快推进教育现代化建设，给孩子一个缤纷多彩的世界。

搭建劳育桥梁，引导学生抵达“五育”彼岸

劳动教育是国民教育体系的重要内容，具有树德、增智、强体、育美的综合育人价值。它是“五育”并举中的一座桥梁，建好这座桥就可以抵达“五育”的彼岸。近年来，天全县第二初级中学紧紧围绕“立德树人”中心，注重从学校课程课时设置、社会氛围营造入手，在综合实践活动主题中专门设计日常劳动活动，力促劳动教育常态化、规范化。

学校将劳动教育与科技创新活动有机结合，利用摄影社团、绘画社团和手工制作社团开展一系列活动，引导学生从观察走向思考，明白劳动能创造价值的道理。邀请国画老师指导学生学习描绘心中的鸟类，制作鸟类图案和鸟类知识的工艺品扇子，并向社区居民发放，宣扬爱鸟、护鸟理念；聘请摄影师对学生进行摄影指导，利用周末和节假日组织摄影爱好者用相机找寻祖国美丽山川，用相片记录家乡的变化和发展；开展“一木环保”废旧物品回收利用等活动，将劳动的理念融入科技创造中，让学生明白劳动才能创造价值。

学校注重正面宣传引导，强化学生传统劳动观念的养成教育。每个周末和寒暑假，老师都会布置作业，让学生在家每日完成“一次家务”、每期学做“一道菜肴”，努力营造热爱劳动、崇尚劳动、尊重劳动的良好氛围。

开展体育活动，夯实学生“五育”发展基础

体育强国梦与中国梦紧密相连。除了培养学生顽强拼搏、团结协作的精神外，体育教育更要引导学生对体育产生兴趣，提供他们参与

体育锻炼的机会，督促他们养成体育锻炼的习惯，提升他们的身体素质。近年来，天全县第二初级中学坚持以“立德树人”为根本，牢固树立“健康第一”理念和“大体育”观念，有序推进体育课程改革，强化学生体育锻炼意识，提升学生体质健康水平，为实现学生“五育”全面发展奠定坚实的基础。

学校实施多样化体育课程改革，确保开齐开足体育课程，积极推广体能训练课程，切实减轻学生课业负担。学校坚持每年春季举办一场足球联赛，把一些原本不懂足球的同学也培养成足球爱好者；冬季举办一届田径运动会，提高学生的体育竞技水平；按日开展体育大课间活动，落实学生每天一小时校园体育活动，落实“绳采飞扬”家庭体育作业，进一步增强学生体质。

学校充分发挥体育中考“指挥棒”作用，强化体育锻炼意识，进一步提升学生体质健康水平。如今，校园足球、篮球、排球和其他运动蓬勃发展，全校体育运动氛围越来越浓，学生户外体育运动锻炼时间增加。全校学生体质健康优良率、合格率逐年上升，不及格率逐年下降。

学校按照“四位一体”的体育工作思路，坚持以课题研究为载体，重塑新学校体育工作建模，设计新的应用型课程结构，拓展新的练习内容和方法，有效促进体育教育作用的全面发挥，强化学生综合素质，着力培养一大批乐学、善思、笃行、致雅的阳光少年。

学校引导全校教师牢固树立“大体育”观念，努力克服惯有的偏重技巧技能的教学思想和方法，把学生的身心健康和全面发展作为核心，为学生今后走向社会、享受健康充实的人生打基础。学校始终秉承“面向全体”的原则，要求全体学生积极参与；不断创新教育教学方式，运用游戏、比赛等多样化方式提高学生兴趣；加强家庭、学校、社区“三联动”，共同探索并完善学生体育锻炼机制，增强学生体质。

加强美育熏陶，助推学生“五育”全面腾飞

美育是以陶冶学生情操为目的，使学生不仅具有美的理想、美的情操、美的品格、美的素养，更具有欣赏美和创造美的能力。天全县第二初级中学在实施美育教育过程中，大力开发校本课程，积极搭建美育平台，引导学生在生活中发现美、欣赏美、创造美，使其日常生活得到美化，思想受到熏陶你，素质得以提升，以此助推学生“五育”全面腾飞。

开发校本课程，丰富学生校园文化生活。为了改善寄宿学生略显单调乏味的生活状态，学校充分发挥音乐室、舞蹈室、美术室、运动场、图书馆、和计算机室等功能室的作用，开发出篮球、足球、乒乓球、羽毛球、音乐、舞蹈、美术、书法、播音、手工、辩论、阅读、摄影等十余个校本课程。这些课程全部由学生根据兴趣特长自行选修，聘请有特长的老师或者校外的专家进行指导，在每周一至周四下午的课余时段开展，学生们由懵懂到略知再到娴熟，逐渐把兴趣变成了特长，在省、市、县组织的活动中屡屡获奖。当然，教师在校本课程教学中还善于发现“苗子”，挑选可塑性较强的学生成立“4队1组1团”的兴趣特长团队。“4队”是篮球队、足球队、羽毛球队和舞蹈队，“1组”是书法组，“1团”是合唱团，利用周末开展相关训练，使有特长的学生得到了再提高，有兴趣的学生得到了再挖掘，有潜力的学生得到了再激发。

搭建美育平台，引导学生创造美、欣赏美。学校积极创造条件开展特色主题活动，为学生搭建多样化的美育教育平台，从多个方面教育引导学生学会创造美、欣赏美。一是以各类节日、纪念日等主题教育活动为载体，通过黑板报、手抄报、演讲比赛、微视频、快闪制作等方式，为学生提供展示的平台，锻炼学生自编、自导、自演的能力。二是开展感恩教育，如在母亲节来临之际，让孩子们亲手做贺卡送给母亲，既锻炼了他们动手操作的能力，又提升了他们的审美能力，更强化了他们的感恩意识和责任担当意识。三是组织学生积极参与大型庆典活动和各级各类活动，培养学生多方面的能力。如组织学生参加“雅安市未成年人经典诵读”和“少年宫活动成果展示”，其中学校原创的文艺作品《五月，我与屈原对饮》和群舞《多彩花溪》，均获市优秀组织奖、优秀创作奖和综合一等奖；在“献礼祖国70周年”中，学校策划推出由师生自导自演的爱国主题MV《我和我的祖国》，由全体教职员工和60余名学生代表共同参与了拍摄任务，视频播出后在天全引起巨大反响，15万人的小县城的传阅量一度达到70万人次，激起了广大人民的爱国热情。四是与时俱进将美育教育不断升华。当人类受到新型冠状病毒侵袭时，学生开学延迟，学校开展了“抗击疫情，我在行动”活动，组织学生积极参与“苍劲书法写疫情”、“诗歌、快板咏怀”、“自拍微视频”、“自办手抄报”等系列活动，引导学生从新闻中捕捉焦点，用眼睛观察世界，用情感体验生活，一方面缓解了学生宅家恐慌、焦虑、不安的情绪，达到了心理自我调适目的，另一方面也教给了学生必要的疫情防护知识，让学生受到了美育熏陶。在疫情基本控制后，学生复学复课，为了丰富校园文化生活，促进学生身心健康，营造高雅的校园文化环境，学校开展“魅力课间，唱响校园”活动，全体学生利用大课间和晚餐后的课余时间共跳一支舞，同唱一首歌，进一步缓解了学生的心理压力，疏导了他们由于新冠肺炎疫情和长时间在校所带来的不良情绪。活动展现出了学生奋发向上、朝气蓬勃的精神风貌，有效地促进了学生健康心理的形成，保障了学校正常的教育教学新秩序。

立德树人，“五育”并举，培养德智体美劳全面发展的社会主义建设者和接班人的任务是全体教育人的共同目标。天全县第二初级中学狠抓劳育、体育、美育不放松，一路探索，一路走来，累并快乐着；学生在“三育”带动下，“五育”全面发展，创造了缤纷世界，演绎了属于自己的精彩人生。

探索国学双语　助力文化传承

——唐山东方国际学校从双语教学到国学双语的积极探索

盛忠诚长春师范大学教师、唐山东方国际教育集团国际交流中心校长

张硕颖系唐山东方国际教育集团副总校长

人之初，Man on earth，
性本善。Good at birth.
性相近，　The same nature，
习相远。Varies on nurture.
……

这是上海大学教授、国学双语研究会执行会长赵彦春先生翻译的《三字经》。2020年以来，这样朗朗上口的国学双语诵读，几乎每天都在唐山东方国际学校的校园里回荡。

唐山东方国际教育集团，创建于2004年，下设唐山东方国际学校和唐山实验学校两个12年一贯制校区、4所幼儿园，生源涵盖全国17个省70余个市。“从幼儿园到高中，除了语文学科，我们学校全部实行双语教学。”盛忠诚校长颇为自豪地说。从一开始的家长不理解、怕影响成绩，到现在学校将双语教学这一传统做出了品牌、做出了特色，做到了全国领跑，中国民办教育协会中小学专业委员会征求当地民办教育协会中小学专委会意见，中国民办教育协会中小学专业委员会2012年12月20日决定授予唐山东方双语学校全国“办学特色示范学校”荣誉称号；并于2020年10月23日，被授予基础教育领域第一个且唯一一个国家级“国学双语研习基地”，成为屈指可数的响当当名校。

科学教研，打造一流队伍

师者，所以传道授业解惑也。教师队伍素质和能力的高低，直接决定着教学成果。在双语教学探索的道路上，学校率先从长春师范大学引进一批专业的双语教师，并且高度重视教师队伍的建设，每年都会召开双语论坛暨双语工作总结大会，坚持在三个方向上促进教师发展。

一是学校鼓励双语教师自发组织培训，互相启发学习；同时积极组织联合教研，包括公开课、教案评比等等，给优秀老师充分发挥才能的舞台。二是设立教学督导岗位，专门选拔权威专业的督学，负责双语教学版块，时时推门听课，全面监督课堂教学、教师培训、成果产出、培养后备力量。三是专项双语基金的支持。学校每年坚持拨款，主要用于教师培训、外出学习、教学互访、成果奖励等。

在2020年双语教学总结大会上，董事长张国富强调：“在未来双语教学将面对更多的机遇与挑战，希望老师们坚持我们的特色与传统，迎难而上、创新求索！”

双语教学，促进思维发展

“两种语言的结合实质是两种思维的结合。”盛校长认为，“在课堂上，老师能在两种语言和两种思维之间自由切换，这个过程提高的不只是学生的语言能力、学科知识，同时也是锻炼学生的思维。坚持下去，老师和学生整体素养都能提高，实现全面发展。”

很多专家来校考察，印象最深的就是学校双语教学资料档案。“师生成长档案、双语教案、双语词汇、成长计划、授课计划”，每一年、每一班详细规整、系统具体。就是在这样一点一滴的积累和坚持下，原本不被家长看好的双语教学特色，成为立校之本。

目前，学校的双语教学经过十余年的专业化建设，已经形成完善的课程融合体系、教师培养体系、教学督导体系，成绩斐然。数学、科学、音乐、体育，甚至美术课堂，通过双语教学、多元表达，呈现出别样的生命力。多年来，双语教学不仅没有影响教学成绩，反而起到了明显的促进作用。2020年小学毕业会考，唐山东方国际学校成绩斐然，实现地区英语第一、数学第一、语文第二、综合成绩第一。

国学双语，打造国际视野

唐山东方国际学校坚持“中国灵魂，国际视野”的育人理念。“对于优秀传统文化，不传承就没办法传播。”盛校长解释这一理念时说，“学科双语教学，在一定程度上是在潜移默化教孩子‘做世界人’，打开孩子看世界的眼界和思维，成就学生的国际视野；而‘中国灵魂’，则是学校课程建设文化内涵，是育人之根本。”为此学校大力发展全球课程和国学双语特色课程，为打造国际视野而努力。

全球课程是一门既要形成“中国灵魂”，又要拓展“国际视野”的课程。学校从小学到高中设计适合不同年龄学生身心特点的研学课程和UOI(Unit of Inquiry)课程。UOI课程以建构主义和多元智能理论为基础，以培养学生综合能力和核心素养为目标，以单元主题为核心进行探究性和服务性的学习，确定一个中国文化主题、开展项目合作学习，中外教师和学生针对这一主题进行知识拓展，资料搜集、现场调研、交流讨论、成果展示。并且在语言教学中融入国际理解教育，运用中英文两种语言学习、两种思维思考，通过专题化教学引导文化传承和文化传播。

盛校长认为：“单纯用中文思维解读中文，在对外输出时会有障碍。用英语语言文化的角度理解中国古诗、传统文化，既有意境美，还有词句美，符合国际思维，更有利于文化传播。”近一两年来，学校得到赵彦春教授的专业指导，重点建设国学双语课程体系，在多年CBI课程基础上，初步实现了全学科双语教学。从2020年开始，学校全面开展国学双语诵读课程，贯穿幼儿园、小学、初中。国学双语入校后，全学科都实现了双语教学，语文课里涉及的古诗，既教中文版，又教英文版。

传承国语，全面走向世界

正如唐山东方国际教育集团国际交流中心盛忠诚校长所言：“先做好文化传承，才能做好文化传播。未来的教育国际化和教育开放，不单纯是引导中国学生出国留学，更是要将中国的教育品牌、教育价值观、教育体系、教育模式从中国推向世界。”如果说，唐山东方国际学校的孩子们“从这里走向世界”，成为一颗颗“小火种”落地全球；那么位于俄罗斯圣彼得堡市中心的圣唐国际中文学校——中国唐山东方国际学校圣彼得堡分校则是学校走出国门的“大手笔”。

“我们看到，海外教育市场的汉语学习需求真的在与日俱增。”集团副总校长张硕颖介绍道。顺应海外市场的汉语需求，圣唐国际中文学校联合中国总部唐山东方国际学校共同为俄罗斯公立或私立学校创建了汉语学科课程方案，促进汉语走出国门，走向世界。而依托总部集团成立的圣唐汉语实验室，将是唐山东方国际教育版图中从事汉语语言教学、对外文化和教育交流工作的“网络”。对俄罗斯而言，是俄罗斯人民了解中国、认识中国的一个窗口，是促进中俄人民和平友好的一项事业；对世界朋友而言，学校通过介绍有关中国文化，社会以及生活等方面的信息，展现一个丰富多彩的中国形象。

目前，圣唐国际已在全球范围建立了分支机构，和国内外多个名校合作，并将于未来3年继续扩大服务网络。学校在走向世界的探索中远不止于此，积极与英国伊丽莎白公学、美国南里海高中结为友好学校，成为“美国麻省国际学院”、“美国威斯康星国际学院”生源基地，与德国、芬兰、俄罗斯、韩国、马来西亚等10多个国家的50多所世界前500名的大学合作，开设小语种班，建立大学“直通车”，成为国内开设小语种班最全的国际学校之一，100%考入世界前500名大学。

出国留学，变留下为归来

学校坚定双语教学探索、传承和传播中华文化双规发展，在新的发展规划中，集团的学校站队计划增加以高标准、国际化学校设计的“两员大将”：2021年，学校将于唐山生态旅游文化村合作，全权负责筹建幼儿园、小学、初中、高中一体化的国际学校；2022年，学校在广州中山的15年一贯制加盟学校将正式开学。

“这两所学校的高中，集团打算完全规划为国际部，学生的发展方向主要是出国留学。但是，出国留学不是为了留在国外，而是为了学成归来。”盛校长说，“念念不忘，必有回响。相信只要坚持‘中国灵魂、国际视野’的办学宗旨，我们培养的人才一定会怀揣感恩的心‘归来’，成为对唐山、对河北、对中国发展有益的人。”

12月31日下午，一场“中国梦东方情”的双语诗会，以山河颂、家国情、东方梦三个篇章，更加深刻地诠释了唐山东方国际学校“中国灵魂、国际视野”的人才培养目标。十余年的努力和探索，“让伟大的东方之子在这里诞生成长。”不再只是一个梦，而是在一点点地落地、实现，让唐山东方国际学校，成为唐山的一座教育里程碑。这也更加坚定了我们走“国学双语”教育之路的决心，未来走出去和引进来的需求必将是大势所趋，唐山东方国际的“世界之旅”一定会走得更快、更广。

引源头活水，成就学校跨越式发展

西安高新区第六高级中学　吴钊
西安高新第十八初级中学　穆卫强

西安高新区第六高级中学（简称“高新六高”）是一所创办60余年的老学校，自2018年划归高新教育统一管理以来，在高新一中的倾力扶持和帮扶下，从高新教育引入源源不断地“活水”，并从中汲取强大养分，使学校从内到外焕发着勃勃生机，实现了“三年迈出三大步”的发展目标。

深化机制改革，配置发展“机芯”

理念是学校发展最核心的“机芯”。在高新教育局和高新一中的指导下，高新六高大胆推进机制改革，落实教师绩效分配、中层竞聘、全员岗位竞岗等制度，为学校装上了高端“芯片”，极大地激发了教师的工作热情。

在这三年中，高新一中校长王淑芳前后30余次实地调研、指导高新六高稳步发展，副校长刘江涛做了“信念成就梦想”报告，校长助理李俊英做了班主任管理报告，杨明春老师做了学生心理健康及生涯规划讲座……随着一次次的讨论，伴着一次次的交流，高新理念如同润物无声的春雨落入高新六高每位老师的心中。

要换“机芯”，不仅要坐而论道，更要躬身实践。2019年9月，在高新一中的指导下，高新六高首届“高新班”成功开班，担负着“蹚路子、闯经验、成模式”的重任。王淑芳校长持续关注“高新班”工作，从教育教学、课程设置、班级管理、团队建设、学生发展等方面作出全面系统部署，实地指导，实现了高新理念、高新管理和高新教育实践的深度融合。目前，“高新班”特色逐渐彰显，在鄠邑地区产生了较大的影响力。

为实现强大新“机芯”的强劲输出，高新六高探索制定配套机制，发挥杠杆撬动作用，深化人事制度改革，建立科学规范的绩效奖金考核评价体系，实施全员竞聘上岗制度，做到“尽其才、尽其用、用所长”，真正实现了不拘一格“升”人才。在新机制的催生下，学校工作好分配了，人人抢活干，人人想干活，危机意识明显增强。

强化环境育人，打造发展“学园”

如果说理念更新、机制升级让高新六高具备了快速奔跑的“软实力”，那么全面改善教育设施、全面升级育人环境则为高新六高迎来了发展的新契机，让农村孩子同样能享受家门口的优质教育。

学校不仅改造宿舍、安装空调、提供直饮水、配建浴室，改善生活条件，还创设书吧、开放图书馆，营造书香氛围；不仅添置体育设施，增加活动时间，让学生动起来，还开设校园诗词创作、武术鼓舞、三星“CSR”课程、社团特色活动、劳动综合实践等多个项目，助力学生多元发展，把快乐还给学生。

除关注学生全面发展外，学校还高度注重教师专业提升，积极构建激励成长平台。组织教师赴浙江交流学习和高新一中交流学习，增长见识，开阔视野；常态化开展读书分享会，参与教师900人次以上；设立教师发展中心，让教师在专业的培训中提升教研能力、感受职业幸福。

推进课程建设，强化教育“核心”

课程建设是学校实力的综合体现，也是教育的“核心”。高新六高借助高新一中得天独厚的平台，充分发挥“名校+”教育联合体模式优势，紧抓核心不放松，持续强化不松懈，逐步形成了具有六高特色的多种课程，促进了学生的全面发展。

学校相继开设农民画创作室和劳动实践基地，为学生提供丰富的劳动实践机会，形成了“基地+生物教学、基地+美术教育、基地+文学创作”的素质教育模式，拓展了学生的发展空间；以与名企——三星集团合作为契机，开设CSR特色课程班，开展多种综合实践活动，让学生的学习平台更高端，职业生涯更明晰；与横渠科技有限公司联谊，设立“横渠奖学金　”，为学生提供赴国家级重点实验室、研究基地学习参观的机会，激发了学生的社会责任和担当；与西安美院达成合作协议，开设美术教育实验班，给学生成才提供更多的选择机会。

一切过往皆成序章。面对“十四五”的新征程，高新六高全体师生将围绕“立德树人”主线，瞄准“陕西省普通高中示范学校、陕西省普通高中特色发展学校、家长满意学校”三大目标，以问题和目标为导向，努力提升治校能力和办学水平，办出家门口的好学校，为提升高新教育品牌、推动乡村融合发展作出自己的贡献。

创足球特色品牌，走体教融合之路

新疆昌吉州昌吉市第十小学　于贵阳　许彩虹

少年强则中国强，体育强则中国强。长期以来，青少年体育工作一直都是国家非常重视的领域。足球运动作为全球体育界最具影响力的单项体育运动，可以说是风靡世界，牵动着亿万观众尤其是广大青少年的心。我校把体育工作摆在突出位置，充分运用足球的魅力培养青少年们的足球兴趣，促进青少年学全面发展。学校着力构建德智体美劳全面培养的教育体系，不断更新教育理念，深化教学改革，打造体育特色品牌，走出了一条体教融合之路。

我校始建于1966年，是一所管理规范、师资雄厚、设备完善的全日制小学。2011年学校被评为“自治区足球示范学校”，2011年—2019年男子足球多次获得州、市级冠亚军，女子足球队连续八年获得昌吉州小学女子组冠军，女子足球队曾获得2013年“自治区校园足球联赛（总决赛）亚军”；在2016年、2017年、2018年、2019年连续四年获得

"自治区校园足球联赛（北疆片区）冠军"；并在2016年度"自治区校园足球联赛（全疆总决赛）获得冠军"；2016年、2017年连续两年获得"自治区青少年足球联赛暨年度赛女子组亚军"。

一、健全工作机制，营造足球氛围

为进一步加强学校足球创建工作，我校及时适应新的要求，健全工作机制，成立了由我负责，分管副校长主抓，各科室主任、班主任、体育组全体老师参加的学校足球工作小组，全面负责学校的足球工作。将足球工作纳入到学校发展规划、课程建设之中，不断加强对足球训练设施的建设，学校现有七人制人造足球场1个，五人制标准场地4个；同时配齐配足训练服装、足球、训练器材等；每年度拨付8—10万元保障足球训练及比赛费用。为教师订购体育、足球方面的相关杂志，鼓励和支持教师们外出学习。

在我校足球无处不在，学校每个班都有足球架，架子上摆满了足球；操场上到处是足球筐子，框子里装满了足球；连校园两边的建筑雕塑也是足球状的；走进教室，墙壁上有学生们亲手制作的足球文化版面。走到操场，足球更是在孩子们脚下飞旋……

除此之外，我校还通过各类足球趣味体育项目、校际间足球比赛等形式，激发学生足球运动技能的主动增长意识。真正营造人人会踢球，人人爱踢球，人人懂足球的良好氛围，提升学生足球运动水平，增强足球运动的信心。

二、注重文化教育，提升足球水平

为全面贯彻落实全国教育大会精神，牢固树立健康第一的教育理念，帮助青少年在体育锻炼中享受乐趣、增强体质、健全人格、锤炼意志。我校将足球课纳入常规教学课程，1-6年级每周一节足球课，分年级对学生进行运球、传球、带球、头球、射门、比赛等基本技能的训练，并通过游戏将足球基本技术的教学融入其中，不断提高学生参与足球活动的兴趣。在足球课中，学校要求教师不仅要注重学生的足球运动技能的提高，还要对学生进行足球文化相关的教育，进而培养了学生的团队精神、协作能力、与人交往的能力和耐挫能力。引导学生形成敢于拼搏、乐观向上的价值取向及豁达阳光的生活态度。

目前学校已成立学校、年级、班级三级男、女足球队，形成班级向年级输送优秀球员，年级向校队输送优秀球员的模式。学校根据低、中、高段学生的年龄特点分别由不同的教练制定训练计划。为了夯实学生足球运动的基础技能提高每个学生的身体素质，学校每年坚持开展一至六年级校园足球班级联赛，组织全校班级联赛192场，比赛历时37天。在这一个多月的竞赛中让学生充分享受足球运动带来的喜怒哀乐，体验团队相互依赖、相互关联、同体合心，共同合作的重要性，品尝攻坚克难、迎难而上、百折不屈的滋味，以此提升学生整体的足球运动水平。2019年，学校开通网上直播足球赛平台对各班比赛进行直播，让不能到场观看比赛的小球员可以看赛事直播。

三、深挖足球内涵，创新体教模式

足球运动不仅有利于增强体质，培养良好的个性品质，还有利于振奋民族精神。为激发学生对足球的兴趣，我校在师生中倡导"校园足球文化"，扎实开展足球社团活动，突出趣味性、参与性为活动定位。一围绕"足球文化"这一中心，组织开展系列活动，在周一至周四课间游戏"动起来"；二阳光健身"强起来"。组织学生进行冬季足球赛，鼓励他们不怕寒冷，磨砺意志，强健体魄。让每个人的身体素质都"强起来"；三每周四下午，"快乐足球"社团准时开起来。学校足球社团社团吸收了300多名热爱足球的学生参加足球训练。在训练中，将学生的基本功训练和足球技能重点、难点突破提高有机结合，让学生在体验足球的快乐地同时收获成功与成长。

2019年学校围绕足球开展了系列活动写足球、画足球、摄足球在班级足球联赛期间进行展示。2020年随着校园足球各项工作稳步推进，根据学校校园足球走内涵式发展道路的规划，研判分析目前校园足球发展的瓶颈，我们设立了"以校园足球为核心的多学科融合提高学生综合能力"的课题研究。"以校园足球为核心"整合语文学科核心素养"学会表达"、数学学科核心素养"解决问题能力"，还有音乐、美术、道德与法治等学科特点，通过"写足球"、"算足球"、"画足球"、"摄足球"、"培养足球精神"的课堂教学等多种方式形成合力，达到提升学生的综合能力促进学生全面发展的目的。

足球与数学融合点是赛事中运用的运算能力。4-6年级的数学老师结合数学学科特点设计教学，设计了"计算比赛场次"、"求场次"、"场次排列"等类型的课，引导学生学会用数学思维解决足球运动中的问题。

足球与语文融合点是结合语文学科不同年级的语文单元要素运用多种表达方法"写足球赛"。二年级采取看图说话的形式；三年级结合童话单元的语文要素指导学生写想象类作文，把足球当成核心想想足球的世界是什么样。四年级结合学会修改习作这一语文要素，指导学生修改"写足球"作文。五年级结合写人写事记叙足球赛；六年级结合点面描写和场面描写的方法刻画足球赛的激动人心。

足球与音乐融合点是啦啦操表演。每一场足球赛间歇时刻就是各班啦啦操助阵表演的时间。1-6年级，每个年级一个主题"音乐律动啦啦操加油鸭"、"活力律动啦啦操加油"是低年级啦啦操主题；"向快乐出发"、"足球万万岁"、"快乐地歌"是中高年级的主题。

学校还大力开展青少年女子足球活动，鼓励广大女学生积极参与形式多样的趣味性足球活动，让更多女性青少年体验足球活动、热爱足球运动、享受足球快乐，吸引更多女同学投身足球活动，不断扩大女足群众基础。充分激发学生对足球运动的兴趣，形成以足球运动为中心，辐射阅读、写作、艺术创作、综合实践、思想道德建设等方面的更加丰富的、立体式的、动静结合的校园文化氛围。

四、凝聚家校合力，提升教育实效

学校利用校园橱窗和新闻媒体广泛宣传校园足球运动的开展情况。请家长参与、观看学校足球活动，让更多的家长给予支持。还通过家长委员会会议、家长开放周、社团展示日、男、女足球班级联赛、运动会足球亲子项目比赛等方式邀请家长进校参观学生训练、召开座谈会等形式，听取家长对学校足球训练及社团活动的意见及建议，取得了广大家长的理解和支持，家校携手，形成合力，以校园足球为辐射，形成了较为浓厚的学校足球文化特色。

从娃娃抓起，从基层抓起，从基础抓起，从群众性参与抓起，夯实人才根基。这是习近平总书记指出的振兴中国足球的治本之举。走教育与体育相结合的道路，创建足球特色品牌。我校将进一步在足球校园文化建设上动脑筋、精布置，积极引进专业足球教练到学校指导足球训练；在足球特长学生训练上想对策、出成绩；继续在足球运动内涵上下功夫，以校园足球为龙头带动学校各项育人工作发展，把体教融合之路越走越宽。

打造德育品牌，培育时代新人

浙江省江山市第五中学 周远兴 康祥超 张宏刚

德育是构建德智体美劳全面培养的教育体系的重要组成部分，在落实立德树人、培育时代新人中发挥着举足轻重的作用。我校是一所历史悠久的学校，是江山市唯一一所自建成以来没有更换过校区的高中学校，具有非常浓厚的文化底蕴。在德育工作实践中，我校深刻地认识到：德育工作只有摆脱空洞乏味的说教才能切实走进学生心中，只有将德育内容打造成学生内心的需求才能具有生命力，只有让德育形式、德育思想丰富多彩才能使德育植根学生于心灵。

因此我校提出"崇礼尚贤，实践育德"的德育品牌建设理念，先后创建了"国旗仪仗队"、"劳动教育基地"、"校园电视台"、"业余团校"、"高三成人礼活动"、"美丽系列"、"心理咨询室"、"校园十佳才艺"等德育亮点工程。这些学校特色项目的有效开展，不仅使我校特色教育生机盎然，更为我校有效开展"尊重个性、启迪心灵、培养人格、和谐发展"的德育工作奠定了坚实的基础。

一、成立领导小组

为更好地推德育品牌创建工作，我校成立了工作领导小组，由我任组长，负责此项工作的导向定位，内容定位，管理定位。张宏刚德育副校长任副组长，负责学校各项德育亮点工作的具体落实以及德育工作质量的管理与评价。成员有政教处主任康祥超、科室助理和各班班主任，负责德育内容、德育内涵、德育特色工作的渗透、整合与更新。

二、品牌建设措施

为了让"崇礼尚贤，实践育德"的德育品牌切实走进学生心中，学校对每一个德育亮点工程都精心组织，全员参与。活动前首先对班主任进行工作动员，通过召开班主任会，对开展这项工作的意义和现实价值进行全面阐释，力求使班主任老师都能真接受，真拥护，真参与；再次，召开班长会和学生座谈会，在倾听学生心声的前提下，让他们解放思想，并带头投入到此项工作中，力求达到师生都产生心灵上的共鸣的目的。

三、品牌建设项目

向劳动敬礼，育勤俭品质——劳动教育基地。我校一直重视学生的劳动教育，并于2019年5月与江山瑞丰家庭农场合作，在学校附近的农地里开辟了一个劳动教育基地。真实的田间劳动，多彩的劳动生活，激发了学生的劳动热情，增强了学生的劳动观念，提高了学生的劳动技能。同时使学生的思想作风、意志品质、组织纪律、行为习惯都有了很大改观。

向国旗敬礼，育家国情怀——国旗仪仗队。我校国旗仪仗队，隶属于校政教处，是我校重要的爱国主义教育阵地。国旗仪仗队分别聘请学校、政教处领导担任顾问和指导员，并由指定指导员具体指导队内工作。国旗仪仗队秉承着江山五中"求学五中，受益终身"的校训，拥有军队的严格和校园的朝气，经过时间的磨炼与考验，逐渐形成了"热爱祖国，奉公守法，团结一致，正直刚毅"的行为准则。

向科学敬礼，育创新精神——校园电视台。江山五中校园电视台依托我校技术中心，挂靠校团委，选拔有传媒兴趣爱好的同学组成WZTV团队。借助江山市电视台的技术力量，定期为我校提供技术支持。校园电视台的建立，一方面可以作为很好的对外交流窗口，实时记录校园文化精彩时光，展现优秀教职工与朝气蓬勃的学生精神面貌。另一方面，校园电视台是学生第二课堂的舞台，是实施素质教育的载体，是迈向教育现代化的新台阶。为学生提供了一个自我表现、自我发展的大舞台，学生在这个舞台上锻炼成长，既可培养收集信息、分析解决问题的能力，又能培养合作能力和团队精神，更能学会应对突发事件，学会独立地做事。

向管理敬礼，育反思品格——业余团校。与一般的业余团校不同，我校业余团校隶属于校政教处管理，既是加强优秀青年思想教育的阵地也是违纪学生思过改过的平台。江山业余团校现已标准化运作，班主任、年级段、政教处三个层面的学生管理力量，在巡查过程中，一经发现有学生违纪，根据违纪程度进行相应时长的业余团校学习。团校的学习时间都安排在课余时间，学习内容涵盖思政课，党史课，作业课等。业余团校的建立既能宣传党团知识，又以一种学生容易接受的方式惩戒了违纪学生。

向成长敬礼，育责任担当——成人礼活动。我校自2018年以来，每年都为高三学生举办十八岁成人礼活动，十八岁是成人的标志，是新的征程的开始。在学生即将成人之际以及马上迎来人生大考（高考）之时。学校精心策划，力求将每一个活动环节都走进学生心里。十八岁正是树立自己人生观价值观社会观的关键时刻，学子们通过庄严的成人礼，心灵得到洗礼。

向规范敬礼，育自律情操——美丽系列评比。我校美丽系列包括五美——"美丽学生"、"美丽跑操"、"美丽教室"、"美丽寝室"、"美丽办公室"。这是我校学生常规管理的重要抓手，以五美评选的过程中，学校建立了一套科学、完善的评价体系和良好的激励机制，以促进学生的健康成长。学校为学生建立的合理进取空间，一部分学生或团体得到激励和荣誉，其他学生或团体受到挫折教育，培养学生健全的人格，激发学生高远的追求。

向心灵敬礼，育健康心理——心理咨询室一聆心社。我校心理咨询室拥有专任心理教师一名，持有心理咨询师A证，并以专任教师为核心，吸纳持有心理咨询师证书的本校教师成立心理教研组，以团队的力量来为五中学子心理健康保驾护航。心理咨询室自成立以来，已经规范化地面向全体学生做升学指导和心理咨询，在使学生充分认识自己的个性能力特点的基础上，帮助学生和家长做出适度、理性的选择。 同时在班主任、教师遇到有心理问题学生的时候，可以帮助校内的教师更好更科学的开展工作，学校及有关部门提供学生心理健康状况的信息，进而提出改进学校工作的建议或预案，不断优化学校教育方式方法，使学生可以健康全面发展。

向艺术敬礼，育美学素养——校园十佳才艺。我校在努力提高学生学习成绩的同时，也在努力提高同学们的综合素质，丰富同学们的课余生活也是其中的一项重要内容。文艺活动作为同学们课余生活的重要组成部分，一直是我校德育工作的亮点之一。自2018年以来，江山五中已连续两年举办"十佳歌手大赛"、"十佳才艺大赛"。学生紧张的学习生活需要缓解与调适，这些大赛的举办，使学生校园生活中留下了浓墨重彩的一笔。"一张一弛方为文武之道"，校园文化活动展现的这一片天地可以让他们心理得到放松、心态得到调整，从而保持良好的心境，反过来促进学生的课堂学习。

四、德育品牌实施预期

德育就是有目的、有计划、有系统地对对学生进行政治、思想、道德和心理品质的教育，是中小学全面发展教育的重要组成部分，对青少年学生健康成长和学校工作起着导向、动力和保证作用。

著名教育家诺尔特说过："如果孩子生活在批评里，他将学会谴责；如果孩子生活在敌意里，他将学会暴力；如果孩子生活在嘲讽里，他将学会害羞；如果孩子生活在羞耻里，他将学会罪恶；如果孩子生活在鼓励里，他将学会自信；如果孩子生活在赞美中，他将学会欣赏；如果孩子生活在公平里，他将学会公正；如果孩子生活在安全感里，他将学会信心；如果孩子生活在肯定中，他将学会自爱；如果孩子生活在接纳和友谊中，他将会喜爱这个世界。"因此，学校教育必须走出只关注教学成绩，只关注铁的纪律约束，轻视学生健全人格的培养，轻视学生自信品质、积极情感、坚强意志培养的教育误区，才能成就鲜活的教育环境。我校学子在德育品牌系列活动的熏陶在，必能有积极向上的生活态度，并促进学业水平的提升。

"春风化雨勤润物，桃李芬芳香满园"，五中人将自己的积存与才能全面服务于学校的发展和学生的成长，在学生自主发展、个性发展与多元发展的教育浪潮中，用热情与执着去谱写一个又一个绚丽的华章，用辛勤和奋争去创造一个又一个辉煌。

深化课堂教学改革，促进学生幸福成长

浙江省丽水市莲都区括苍中学　艾小俊　尚丽松　颜建胜

课堂教学改革是教育教学改革的重要内容，是实现人才培养目标的主渠道，是保证教育教学质量的关键环节。我校创建于1985年，是浙江省标准化学校、浙江省绿色学校、浙江省生态文明教育实践基地、丽水市现代化学校。学校秉承"让每一位孩子都成为奔跑者"的办学理念和"求真致远"的校训，以德育为基，激发学生心有孝、胸有志、行有法、学有长；以课程为径、以技术为辅，积极寻求学校发展的突破口，深化课堂教学改革，努力实现素质教育，促进学生幸福成长。

一、重构自主学习模式，提高微课课堂实效

我校1000多名学生中七成以上为外来务工人员子女，学困生约占50%，学生学习自信不足，家长参与度低，学业发展不均衡。近年来，学校积极探索"基于微信平台的微课开发与课外精准辅导"，着力解决学生课外作业辅导难的问题。

"括苍微课八点整"即教师通过制作作业典型错题微课、单元主要知识回顾微课、疑难问题解决微课等，因人定制，定人定时发送，为学生自主学习提供辅导。为有效开展"括苍微课八点整"，着力解决教师观念与技术问题，学校邀请专家开设微课讲座，转变观念理念，开展微课技术全员培训，师带徒、兵助兵，同伴互助，团队比拼，熟练掌握微课制作技术。同时，组织教师"走出去"参观考察学习，借鉴先进经验，做到学以致用。

为提高微课的针对性和实效性，教师会制作两类微课。一类是预见学生可能不会做的题目，做成疑难作业解答微课，帮助学生解决无人辅导的问题；另一类是在批阅前一天作业的时候，用手机随手拍摄一些典型错题做成微课，帮助学生回家有效订正作业。这样的微课往往成为学生的"救命稻草"，成功解决了学生家庭作业中的各类疑难杂症。

从2018年1月以来，学校已经总计推送2100多个微课，学生观看已经超过5万人次，家长欢迎率达98.4%。

抗击新冠肺炎疫情期间，得益于扎实的微辅导基础，学校线上教学工作顺利快速开展，在线教学工作多项数据位居全区之首。"括苍微课八点整"的实施，不仅解决了家长辅导难的问题，更是顺应互联网时代学生学习和教师教学方式的改变，让学生零距离、无限制聆听、观看视频，直到理解和掌握知识为止，有效解决了学困生课堂中听不懂的"焦虑"。这种线上学习补充线下教学、线上线下教学融合的模式，改进了传统教学方式，便于针对学生需要开展个性化、选择性的学习。

为提高微课质量，教师针对班级学生学情制作的原创微课，聚集真问题、真智慧、真策略，这种真实的、具体的、典型案例化的教学情景，实现教学观念、技能、风格的模仿、迁移和提升，从而促进专业再成长。同时，学校还开展微课评比，以评促改、以评促优，提高微课质量。尽管学校的教师年龄偏高，平均年龄已达到46.2周岁，但教师在各级微课大赛中频频获奖。近两年，学校教师微课大赛获奖的国家级别1人次、省级7人次、市18人次、区66人次。

为提高微课效益，学校还定期向家长、学生进行问卷调查，反馈学习效果，听取整改意见建议；对教师发布的微课质量、数量、教学效度评估结果作为教师年度考核的重要依据。近几年，学校中考增量评价效果明显，综合平均分得到提升。

二、全面实施精准教学，引入数据统计分析

运用微课重构学生自主学习模式，实施家庭作业精准辅导的同时，学校非常注重基于教学实情，利用数据实施精准教学。全面引入数据统计分析，分析教师教学和学生学习的情况，精准找出教育教学的阻力点、用力点和支点，齐心聚力，精准发力，教育效果非常显著。如利用调查问卷，精准寻找学习阻力点，如家庭学习环境较差、学生学习状况令人担忧、学生学习基础较为薄弱等，精心设计微课，实施精准教学。

学校以学生无记名投票的方式，统计出班级中作业总量情况，再与学业成绩情况进行匹配对比分析，得出好成绩作业不能少、布置太多成绩也好不了的结论，要求教师学会科目之间的协调与合作，根据学生的需求和能力布置作业，分层布置作业让每一名学生都能做完。教师在布置作业时，经常筛选一些题目让学生进行科学的训练，创造机会发挥学生丰富的潜能，体现学生的独特理解和要求进步的愿望，让每个人都体验成功，让一次次作业训练成为前进的动力。

注重每一次教学质量监测的数据分析，学校力求让每次教学质量监测后获得的数据发挥更大的功效，挖掘数据背后带来的教育价值，也让教师清楚自己教学的薄弱环节（优秀率、合格率、平均分横向纵向对比分析）和深入了解学生的学习状况（学科知识点掌握程度、影响学生学业发展因素分析）。经过多次研讨和勾画，制作了一个监测、分析、行动的循环流程图，指引教师的"教"和学生的"学"。

部分学生，特别是临界生，他们的学业成绩不稳定并且波动大，争取临界生不掉队就显得极为重要。学校选取优生的后5%（A）、中间生前面的5%（B）、中间生的后5%（C）、关注生的前5%（D）作为临界生，予以特别的重视，通过谈话交流、自我解剖、师生结对、同伴互助等方式，帮助他们进步。做到了A生、C生不退步，B生、D生有进步，通过3年的努力，优生人数不断增加，重点高中升学人数超过预定目标，降低了关注生的比例。

三、注重科技创新教育，提升学生综合能力

学校注重科技创新教育，编写科技类课程，开设科技教育必修课、选修课，提升学生动脑动手能力，培养良好的学习品质。自2016年开始，学校创建3D打印室，组成科技创新教育团队，成立“3D创客空间”，先后开发了“3D打印趣味入门”、“无人机飞机”、“我的小小航天梦”、“电子百拼趣味入门”等省市级科技类精品课程，让学生在实践中边学边研，创新能力得到了显著提升。

自2017年以来，学校连续4年获“莲都之光”科技比赛冠军，获丽水市第三届、第四届“绿谷之光”科技大赛初中组冠军，获得浙江省建筑模型全部一等奖。学生在“中天杯”浙江省青少年航海、建筑、车辆模型教育竞赛中获2金、1银、2铜；在“白马湖号”遥控航行比赛中获得单项第四、第五名；在全国青少年航海、航空航天、车辆建筑模型比赛中获得6金、5银、3铜，且夺得团体总分冠军；航海模型国际邀请赛包揽冠亚军，5名队员进入国际前8名。

巍巍括苍，福荫着届届括中学子。创新课改促发展，砥砺奋进新征程。今后，我校将立足校情，锐意创新，不断提升学校教育质量，办好人民群众满意的学校。

聚焦核心素养，培养时代贤良

浙江省丽水市遂昌县金竹小学　雷陈华

“培养什么人、怎样培养人”，是我国社会主义教育事业发展中必须解决好的根本问题。党的十八大报告提出：　“坚持教育为社会主义现代化建设服务、为人民服务，把立德树人作为教育的根本任务，培养德智体美全面发展的社会主义建设者和接班人。”聚焦核心素养，深化课程改革，我校围绕核心素养确立了办学理念，学校通过打造童梦文化，实施个性教育，培养学生全面发展。

一、“核心素养”为学校文化立心

“核心素养”主要是指学生应具备的，能够适应终身发展和社会发展需要的必备品格和关键能力。因此，我们围绕核心素养，提出了“为学生的终身幸福奠基，为学生的一生梦想导航”的办学理念，建立了以“童梦金竹，幸福成长”为框架的童梦文化建设蓝图，以“三梦”成长、“三力”管理、“三心”服务、“三色”德育、“三自”课程、“三学”课堂、“三化”安全为落实要点，扎实落实核心素养，开启生命教育、生涯规划教育，努力让师生有梦、让家长有梦、让学校有梦、让乡村有梦。

二、“核心素养”为学校教育立志

我校通过打造童梦文化，来实施个性化教育。童梦，即童心、童真、梦想，我们的老师和学生都要有童心，也要有童真，更要有梦想，有梦想的童年，才是幸福的童年，才可能筑就他的未来是幸福的。有梦想的教师，才能带出有梦想的学生，才可能让学生的成长之路是幸福的。所以，我们学校以“三梦”成长为立足点，通过启梦、追梦、圆梦三个不同层次的举措，让师生个性化开启生涯规划。

启蒙：一给自己一个目标。每学期初，老师和学生都要制定本学期要努力达成的质量或学习目标，学生制定的目标同班主任签字画押，老师制定的目标同校长签字画押，一半装入小灯笼，自己挂到教学楼前的桂花树上，一半自己留存，期末达成目标，校长颁发礼品。二给自己一个梦想。在我们的生命里，总有一些事情会影响着我们的一生，谁也不愿意错过或遗失，谁都想将时间抓住，而抓住时间的前提就是要学会珍藏时间维度里的每一次成长的脚印。学生如此，我们亦如此。我们通过开设童梦时光邮局，以“记录成长，助力圆梦”为理念，用来寄存我们最初的梦想，记录我们的成长印迹。每学年初，分别组织师生梦想分享会，让师生说一说自己的梦想、谈一谈自己的未来，或者分享自己的从教体会，然后将自己的梦想写进信封，投进邮箱，寄给下一年的自己。待下一年，重启信封，看一看自己的梦想是否实现，我们将六年级学生毕业晚会变成了“相约十年后，共话童梦情”启动仪式，谈一谈自己的未来，然后将这些写下来，寄给十年后的自己。我想待十年后，他们重返母校，打开童梦信封，一定会自豪地说：“看，我已经实现了自己的梦想！”

追梦：追求梦想的核心在于树立正确的方向，很多时候，方向比努力更重要。而学校要树立方向，最主要的在于评价。于是我们改进了对师生的评价方式，变被动评价为自主选择评价，只有自己真正想要的，才有动力去努力追寻。

对教师的评价。制定《童梦教师成长自选表》，分成德、能、勤、绩、奖五块，23个小点，每小点分成ABCD四个等级，制定详细的选择标准。每年初，让教师自选成长等级，年终，将教师自选成长同实际成长相比较，纳入教师年度考核。

对学生的评价。建立“童梦荣耀评价体系”，践行多元成长评价方式。我们将学生在学校的表现分成“五爱、五会、五善”三大块，15个小块进行评价，每一小块，只要学生有好的表现就可以获得相应的积分，学生在某一小块的积分到达一定数目后，就可以得到相应的表彰。每个小块分成七个等级，每个小块都有机会获得童梦最强王者。每个学生自己那里都有一本“童梦荣耀”存折，学生平时的表现，登记在存折里，每周由班主任统计，并进行奖励。

所以，方向明确，师生的动力才足，我们的未来一定可期。

圆梦：圆师生的成长梦、圆学校的发展梦、圆乡村的振兴梦。一每月，学生带上存折，到童梦超市，兑换积分的实物奖品，让积分看的见，摸的着。让学生体会到，实现梦想的过程就是快乐地体验；二每学期，举行目标达成颁奖典礼，表彰一学期以来，目标达成的师生。通过跳一跳，实现小目标，最终向大目标迈进；三每年，举行全镇颁奖典礼，对一年来的优秀家长、优秀老师、优秀学生进行表彰，并在全镇各村的宣传栏进行宣传。让我们的梦想可以被羡慕的；四每学年，组织师生的成长分享会。让师生的梦想有梯度、可持续；每十年，正在策划“相约十年后，共话童梦情”的活动。

三、“核心素养”为学校品牌立行

核心素养要真正落地，就要在课程上下功夫。近年来，我们在扎实落实国家课程、地方课程的基础上，深入挖掘和建设校本课程体系，我们以三色德育课程建设为切入点，努力创建学校特色品牌。

绿色，中药健康课程。绿色代表健康，没有健康，就没有一切，我们从2018年开始，通过“本草园”建设，努力打造中草药文化特色学校，主抓“四药四心”建设。“四药”即“药基地打造”、“药展厅建设”、“药教材开发”、“药活动开展”。“四心”即“爱国之心”、“自爱之心”、“仁爱之心”、“健康之心”的培养。让师生树立健康的人生观、价值观、生命观，让学生养成爱自己、爱家乡、爱社会、爱祖国的健康品格，通过加强生命教育，增强健康素养，让中华民族传统文化和美德薪火相传。

目前，本草园已初具规模，成为丽水市劳动教育基地。实施的中草药健康课程，也先后被人民日报、人民网、学习强国等多家媒体报道。2019年12月，省中医药管理局长谢国建在李建霞副县长的陪同下到校参观指导，给予了充分的肯定。

蓝色，乡贤理想课程。挖掘乡贤文化，凝练理想信念金竹民风淳朴，人杰地灵，历代乡贤辈出。而身边的榜样是最容易学。乡贤教育同我校的办学理念相符。我们建成了乡贤文化长廊，开展了以“知乡贤，明事迹”、“赞乡贤，悟精神”、“齐乡贤，树新风”等一系列活动。在具体的实践活动中见贤思齐，树立自己远大的理想。

红色奋斗课程。有健康、有理想，不奋斗，那就是一句空话。而红色就是奋斗的颜色。金竹镇的红色文化资源非常的丰富，浙西南革命的四个第一，我们独占三个，我们充分利用本土的红色课程资源，结合党史学习，建设红色文化长廊，编写红色教材，举办了一系列的红色教育活动，形成我们的红色教育课程体系。我们的三色德育课程归成一句话就是：在健康的前提下，为了理想而努力奋斗。

纵观学校的发展之路，我们更加清楚地认识到课程建设在学生核心素养的提升中，发挥着无法企及的特殊作用。同时也看到课程建设给我们学校带来的蓬勃活力，可喜的成绩。

今后，我们将更加深入研究核心素养的具体落实路径，进一步深化课程改革，扎实推进素质教育，坚持党建引领、以人为本、“五育”并举，用梦想起航，分享我们生命成长中的快乐，努力让我们的师生眼中有光、胸中有志、腹中有才、心中有爱，促进师生健康幸福的成长。

让公益的种子厚植在每个孩子的心里

——百年庄小之百年公益思想的传承与实践

浙江省宁波市江北区庄桥中心小学　冯海红　施展

浙江省宁波市江北区庄桥中心小学作为一所百年老校，前身叫集成小学，兴办于1912年，由私塾改建而成，为社会各界人士集资兴办，其初衷是为了服务一方土地，造福当地人民。1947年，曾因多年战乱，办校经费欠缺，在风雨飘摇中面临停办的危机，在校教师自减薪资全力相助，时任校长四处奔走，在宁波商帮的鼎力相助下，历经几番波折，终于募集到经费，使学校得以继续办学直至今日。

庄桥中心小学成于公益，也始终将公益精神的传承作为德育的契机和切入点，以“责任担当、家国情怀、集成于学、审美雅趣、学会改变”作为学校五大学生发展核心素养，尤其将“责任担当”放在首位，将公益教育作为学校德育的生长点，以榜样引领、活动体验、传承辐射等多种方式，在学生的心头根植下公益意识的种子，让每个孩子都能将责任放于心间，使善良在童年萌芽生长，从而绘就其责任担当的人生底色。

榜样引领，让公益力量传递

要开展公益服务行动，首先要树立公益服务的意识。那么，树立“我想帮助你”的公益意识，是教师直接灌输给学生吗？不。公益行为是一种自觉行动，服务意识的实现是建立在学生自觉、自愿的基础上的。那么，该怎样去渗透这种意识呢？古语有云：“教，上所施，下所效也。”对于小学生而言，公益意识太过于抽象，也难以理解。小学生善于模仿的天性决定了身边的榜样更能给予直观的导向，他们更容易从看得见的行动中去理解何为“责任担当”，什么是“赠人玫瑰，手有余香”。近年来，庄桥中心小学不断创新榜样教育的途径和载体，从小处着手，让榜样影响孩子心灵，传递公益力量。

首先，充分发挥教师示范引导的作用。教师作为全员德育的主体，是最适合学生学习和模仿的对象，从他们的身上，学生能够汲取到榜样的力量。一直以来，学校教师身先士卒，在各级各类公益活动中从不落人后。疫情期间，教师志愿者积极参与抗疫活动，近30位教师曾在小区、村口卡点值岗，默默奉献“小我”的力量；创建全国文明城市，党员老师主动请缨，随处可见他们在小区、街道忙碌的身影，用实际行动诠释奉献的意义；推进垃圾分类工作，耐心劝导，仔细分拣，躬身而为，将公益劳动做得有声有色。老师们对于公益事业的奉献，通过学校微信报道、晨会故事等方式触动、影响着学生的价值观，也使得他们对于公益活动有了初步的认识和了解。

其次，充分发挥同伴的榜样引导作用。身边的小伙伴是学生日常就能接触到的，在学校里树立学生榜样，让孩子们能以他们的言行为范本，并加以学习和模仿，这是将公益意识转换为实际行动的一种途径。同时，学校还通过“集成好少年”评选，发掘校内典型事例，树立身边的榜样，影响孩子的心灵。

再次，充分发挥新时代榜样的激励引导作用。学习新时代榜样，让孩子去了解、认识社会中那些心怀大爱且有着善行义举的典型人物，能使学生对于公益服务有更为深刻的认识，对于公益的内涵也会有更为宏阔的理解。在平日的班队课上，学校系统地引入“新时代楷模”系列人物故事、“中国青年志愿者”系列节目等，借助榜样的力量引导学生向真、向善、向美。

活动体验，让孩子心中有爱

传统的学校公益服务形式“走过场”的成分居多。通过研究，庄桥中心小学把目光放在了一个更宽广的视野中，用层层递进的三个公益活动模式，将传统的公益形式变成了人人可参与的“平民公益”，使公益服务不再仅仅只着眼于公益行为本身， 而是将个人的社会道德价值诉求内化于公益行为之中， 使公益成为一种生活方式、一种社会责任，并牢固地根植于孩子的心中。

“体验式”公益活动模式解决“是什么”的问题。一种责任意识的形成是一个比较复杂的过程，更何况是对于认知水平有限的小学生。于是，学校让体验成为公益精神的启动点，并选取了“劳动教育”和“助力文明城市创建”两大载体进行实施。例如，在劳动节前夕，每一个孩子都挽起袖子，开始仔细清除杂草，为一个干净秀丽的校园努力着；暑期里的夏日炎炎，抵挡不住孩子们助力宁波市争创文明城市“六连冠”的高涨热情，大家或配音宣传垃圾分类知识，或为社区环境卫生加油出力，或走上街头学习维护交通秩序……用自己的亲身实践，将文明的种子播撒在宁波的角落。一次接地气的体验好过十次徒劳的说教，由“体验式”的公益活动产生的幸福感，让学生对公益服务有了基本的认知和情感。

“支架式”公益活动模式解决“怎么做”的问题。学校采取线上线下联动的方式，为学生的公益服务活动提供阵地、帮助，并发挥指导老师的领头带队作用，高品质地完成公益服务活动，树立起了活动品牌的好形象。在班级里，采取“集成中队”的形式，形成了以中队为基础的公益团队。每个中队公益服务的主题不同，例如405中队以“运动”为主题，在中队辅导员和体育老师的带领下开发了一日运动套餐，从早操、体育课、阳光大课间、运动训练等多个方面为全校同学提供了相应的运动内容和建议。在学校层面，成立“小小主人”团队，由冯海红校长亲自挂帅，建立了校长小助理工作制度，让每一位庄小学子都能有机会成为校园管理者，为建设美好校园出谋划策。截至目前，学校已经开展了文明校园创建、就餐管理等多次系列活动，从确定目标到制定任务，从落地实施到工作总结，这个全校性的公益组织已然有了广泛的影响力。

相对于简单的体验，“支架式”的公益活动让学生们对于“公益”二字有了更加深刻理解。同时，这样的活动模式，指导老师要进行项目审查，完善项目的运行机制，规避可能出现的意外情况，为下一步“扔掉拐杖”打下基础。

“造血式”公益活动模式解决“我要做”的问题。庄桥中心小学希望公益服务能够成为学生日常生活的一部分，让公益精神的传承脚踏实地，发自肺腑。几年前，我学校欣喜地发现学生们自发组织了一个义务维修点，专门为同学修理文具。这是一个可贵的现象，“义工小站”应运而生。在三年多的发展过程中，义工小站的服务项目越来越多：失物招领、教科书借还、文具修理、共享雨伞……公益由此有了生命力，成为引导学生向美向善、提升社会责任意识的集散地，而不仅仅是一处风景。在学校对口援助的贵州省册亨县秧坝镇民族中心小学和冗渡镇中心小学有这样一群孩子，由于家庭贫寒，在寒风凛冽的日子还穿着单薄的衣服，没有一双合脚的鞋子过冬。在学生关注到支教老师发的朋友圈图片时，一场温暖行动正在酝酿，百名贵州贫困学子的新年微心愿被全校学生积极认领。这些自发形成的公益活动与学校倡导的公益思维、公益习惯理念不谋而合，在促使社会责任意识提升的同时，又反过来促进公益行为的发生，形成了可贵的双向互动。

传承辐射，让公益教育延展

公益思想教育给一所学校带来的影响无疑是巨大的。庄桥中心小学所倡导的公益思想，指向学生发展核心素养，既走在科学化之路上，又充满着教育的艺术和智慧。站在新时代，庄桥中心小学不断赋予公益服务以新的时代内涵，使之成为学校培育和践行社会主义价值观的重要载体和途径。

在社会主义核心价值观内核的观照下，公益服务与砥砺岁月的庄小精神相呼应，与儿童发展规律与特点相适合，引领着庄小学子们终身发展，践诺一生的责任，成就着美好的少年梦。而当我们成就孩子的个人价值时，这所学校必定迈向卓越。至今，学校共举办“家庭教育公益活动”36期，每期活动都在深入调查、契合家庭和学生实际需求的基础上，确定讲座内容、活动方式，并邀请教育专家、心理咨询师、儿科医生等社会各界人士作为志愿讲师，为家长们义务宣传、普及家庭教育知识，开展咨询指导等公益服务。“公益”、“志愿者”以及“责任”总是在潜移默化地感染人们的思想，让家长们在享受学校公益服务的同时，自己也转身成为公益活动的践行者。他们有些成了校园“安全员”，每天上、下学时间，准时在校门口协助保安、老师维持秩序，确保学生安全；有些成了活动“导航员”，为班级活动出谋划策，优化、丰富活动内容；有些成了特色课程“助教员”，充分发挥自身职业优势，为班级乃至学校提供最佳的教育教学资源……学校公益服务正在影响着家庭，让家庭成员一同走向责任，走向善良，走向行动，走向美好的生命发展。

公益服务，应当成为中小学生发展的重要途径，应当成为学校德育的重要领域。庄桥中心小学从立德树人的根本任务出发，以公益服务教育为抓手，通过榜样引领、活动体验、传承辐射等方式，将百年老校的公益思想映照小学生的内心，提升学生公益意识、公益能力和公益信仰，绘就了学生责任担当的人生底色。可以说，庄小的公益服务样本，既具有独特的校本意义，又具有广泛的普遍意义。各级各类媒体曾经广泛报道《庄桥中心小学圆百名贵州学子新年微心愿》《庄桥中心小学募捐援助贵州册亨冗渡中心小学吴**老师》等学校公益活动，并在各级交流会中分享学校公益服务活动经验。庄桥中心小学让公益引领成为自觉的探索和追求，并形成了广泛、积极的社会影响。

创新德育路径　培养良好德行

——浙江省衢州市江山市第二中学“微时代·好少年”主题德育微电影活动

浙江省衢州市江山市第二中学 祝春华　郑超龙　郑伟

随着“微电影”产业的出现，使得过去曲高和寡的摄影艺术殿堂回归到了真正具有互动和体验特点的、人人皆可参与的“全民秀”时代。为顺应这种时代潮流，浙江省江山市第二中学本着立德树人的初衷，将微电影与德育工作相结合，以社会主义核心价值观为载体拍摄系列主题微电影，倾力打造“微时代·好少年”主题德育微电影品牌，旨在反映中学生校内校外的凡人善举，唱响时代主旋律，传递社会正能量。

一、主题德育微电影的实施意义

校园微电影是指以校园为背景，以展现学校师生精神风貌传播正能量为目的，以学校学习、生活等相关方面为题材创作的微电影。将校园微电影融入学校德育教育这种新型的方式，对于深化学校的德育内涵有着重要的理论意义和实践价值。

彰显立德树人的教育服务价值。当今信息化时代，一些弘扬主旋律、传递正能量的校园微电影备受关注。通过搜集、挖掘师生身边的故事，以微电影的形态展示出生活化的道理，能够很有效地渗透到学生的内心，并影响着他们的行为习惯。也正因为如此，将学校中的德育内容制成微电影，并让师生参与微电影的创作中来，能够起到引发学生思考、讨论的作用，进而最大限度地提升学生德育内涵的发展。

提高学生的判断能力和学习能力。由于学生的意志力薄弱、个性较偏执、耐挫能力较弱，通过校园微电影这个载体传播师生身边的正能量，让学生主动参与、亲身体验，能够促使他们在创作、观影、交流等活动环节对自己的行为进行不断地检查和调整，从而形成完善正确的学习观，提高自身的判断能力和学习能力。

二、主题德育微电影的实践过程

“微时代·好少年”是以弘扬和培育社会主义核心价值观为重要载体的系列主题微电影。在实践中，让学生参与到相关校园微电影的创作、拍摄、观看、交流等环节，在实际行动中体验德育，在交流中畅谈德育，在发展中学习德育，在潜移默化中内化德育，最终达到会自主、能参与、重体验、有感悟的德育学习效果。以《爱国，从心出发》微电影为例，在整个拍摄流程工作中先后组建了6个创作团队，各团队分别完成剧本创作、演员选拔、场务监制、视频拍摄、后期编辑、宣传策划等相关工作。

剧本创作：2019年寒假，学校开展了一项实践活动——微剧本创作大赛，学生可选择24字核心价值观中的任意一项进行剧本创作。在创作过程中，参与的教师和学生一起交流讨论相关细节，以融洽、平等对话的形式，注重从学生的角度去呈现故事情节，并逐步教会学生认识自己、学会思考。本活动共收到48位学生参与编写的微电影剧本，经过学生会学习部和学校语文老师的评选，评出了一二三等奖。

演员选拔：一部好的作品需要好演员的演绎。为了达到更好地德育效果，创作团队从报名的学生中选取了和剧中人物性格共通的学生参与拍摄。在表演的过程中，团队成员也能对他们进行无批评——“润物细无声”的评价。

视频拍摄：学生的拍摄设配和水平是有限的，为此，学校特邀请校外团队对学生进行辅导和全程跟踪。扛摄影机、举录音棒、拿场次牌，学生们在拍摄过程中不仅学习了摄影知识，也获得了德育体验，逐步树立了正确的世界观和价值观。

宣传策划：作品的宣发也是一项技术活。比如，安排师生和家长观看、与同学们交流身边的故事、谈谈拍摄心得等一系列活动，以微电影为纽带将教师、学生、家长联系起来，不仅创设了和谐融洽的氛围，也增进了他们对德育内容的认知。

三、主题德育微电影的显著成效

截至目前，学校师生共创作了5部校园微电影作品，均获得不错反响，起到了立德树人的宣导作用。其中，爱国主题微电影《爱国，从心出发》入选2020年度浙江省校园影视资源名单；法治主题微电影《迷途青春》获评浙江省法治微课大赛二等奖，入选浙江省未成年人法制教育精品网课；和谐主题微电影《衢州有礼》获在教育局大厅屏幕播放。

实践证明，校园德育微电影这一德育新形式，有一股滋润学生心灵、培养学生健全品格的力量。它不仅让学生发现、尝试、开拓校园新生活，更让学生在实际参与过程中发现一个全新的自己，成为一个更好地自己。今后，江山市第二中学的“微时代·好少年”德育品牌工作将继续开展，边实践、边探索、边完善、边总结，让二中学子人人争做践行社会主义核心价值观的好少年！

弘扬阳明文化　推进城市发展

浙江省绍兴市阳明小学　马士力

五百余年来，以“知行合一”、“致良知”、“心即理”等为精髓的心学思想影响了一代又一代人，其创立者——明代著名思想家、政治家、军事家、教育家王阳明，堪称儒学发展史上的一代宗师。王阳明的一生虽然短暂，但他留给世人的财富却是无穷的。阳明文化是中华传统文化的主流，所焕发的思想光芒超越了时间和空间，也深深地影响着中国乃至世界。

近年来，作为王阳明故里的浙江，在研究阳明思想、保护阳明遗迹、弘扬阳明文化方面取得了良好成效。宁波、绍兴等地以研究好、传承好、弘扬好阳明文化为历史使命，通过一系列举措，推动阳明文化“飞入寻常百姓家”。阳明文化博大精深，其中体现了顶天立地的独立人格精神，自信、自强、自立、自尊的“四自”精神，自我反省、自我认识、自我完成的道德修养精神。今天，阳明文化依旧影响着我们每一个人，我们要弘扬阳明文化，在促进自身发展同时，推动社会更好地发展。“知之真切笃实处即是行，行之明觉精察处即是知。”习近平总书记指出，于实处用力，从“知行合一”上下功夫，核心价值观才能内化为人们的精神追求，外化为人们的自觉行动。

一、保护文化精髓，引领城市风尚

一脉心学彰自信，　一盏心灯耀古城。在古城绍兴西小河边的王阳明故里，原伯府第的三柱石砌门槛、“天泉证道”的碧霞池、观象台、“伯府大埠头”及假山弄、王衙弄、船舫弄等，以及宁波余姚的王阳明故居、中天阁王阳明讲学处、龙泉寺等，都在静静地诉说着5五百年前王阳明的故事。丰厚的阳明故址遗存，成为浙江城市挖掘、传承、弘扬阳明文化取之不尽用之不竭的“富矿”。

保护文化遗存，充分挖掘文化价值，这是城市建设与发展的一个重要内容。宁波余姚自20世纪80年代就开始传承弘扬阳明文化，恢复布置王阳明故居等文保单位，修建阳明公园等文化地标，启动“阳明故里·阳明古镇”项目。2017年起，绍兴市举行王阳明祭祀活动并将祭祀仪式固定化，修复王阳明的观象台，启动绍兴阳明故里项目，将王阳明墓地拓展为占地581亩的阳明园……

以“城市论坛”为中心，持续推出形式多样的研究成果和系列活动。为了弘扬阳明文化，宁波、绍兴和余姚分别组建了国际阳明学研究中心、宁波市王阳明文化研究促进会、宁波市王阳明研究院、浙江省稽山王阳明研究院、绍兴市王阳明研究会等研究机构与社会组织，开展课题研究，编撰系列图书，举办高峰论坛，深化阳明学研究。

为了让“阳明心学”这一优秀传统文化深入群众，充分发挥当代城市文明的精神价值。从2015年开始，余姚在阳明先生的诞辰日（10月31日）举办“阳明文化”系列活动，自2017年开始升级为宁波（余姚）阳明文化周，每年开展阳明文化“进机关、进村、进社区、进学校、进企业”的“五进”活动，至今已活动500余场。余姚还将阳明文化传承弘扬和产业发展相结合，开展以阳明文化为元素的文创产品设计，创作了“阳明故里这些年”手绘纪事卷轴、《阳明文选青少年绘本》、动漫《少年王阳明》等百余件文创产品。

2014年诞生的绍兴市阳明小学，成为城市传播阳明文化的教育基地。我校将“续写知行合一的新传奇”作为办学理念，将“致良知”的种子植根于孩子的心中。通过“一静二悟三思四行”四步法，探索“阳明晨诵、阳明午读、阳明静悟”的一日学习模式。以阳明诗词晨诵、“微德育课”——静悟课、“阳明学堂初体验”入学仪式、评选“传奇大奖”为主要内容的“1445阳明心学万里行”课程成效显著，让学生在丰富多样的活动中学习阳明文化。另外，学校还引导学生走阳明路，做知行合一的人，在小处见贤思齐、择善而从。全校800多名学生，人人知阳明，个个能讲阳明故事。师生、一起接受阳明文化的熏陶，形成了学校、家庭、社会一起互动学习阳明文化的新气象。

在城市的基层，纷纷创办“阳明文化培训中心”大讲堂，组建企业阳明文化志愿者队伍，成立以中高层管理人员为骨干的“致良知”星火会。绍兴的帅康集团、舜宇集团、江丰电子等企业，将弘扬阳明文化与企业建设相融合，推动了企业高质量发展。余姚的阳明街道、阳明社区的一批文化工作者编撰刊印了《阳明史脉》，累计出刊43期，约460万字，传承了文脉，留住了乡愁。富有深厚内涵的阳明文化铸就了余姚人“文明崇德”的优秀品质，近年来涌现出一大批敬业奉献、敢于担当、追求卓越的先进典范，其中包括76位“宁波好人”、24位“浙江好人”、10位“中国好人”。阳明文化还走进了社区和乡村，通过开展阳明文化系列专题讲座，宣讲阳明文化内涵、讲述阳明故事等方式，将阳明文化的精髓传播到老百姓中间，提升了社会整体文明素养和道德水平。阳明文化不仅成为塑造幸福家庭、和谐社会的一把标尺，更为基层精神文明建设添砖加瓦。

二、化育公民精神，点亮城市明灯

借鉴历史，是为了创造更美好的明天。阳明文化对于城市发展具有重要的价值和意义，如何将其中的“知行合一”运用到各项工作中，推动社会发展呢？习近平总书记早已给出了答案：“要牢记空谈误国、实干兴邦的道理，坚持知行合一、真抓实干，做实干家。”在2019年春季学期中央党校（国家行政学院）中青年干部培训班开班式上，习近平总书记突出强调了在摸爬滚打中增长才干、在层层历练中积累经验对于干部成长的重要性。近年来，浙江各地干部群众以脚踏实地、坚持不辍的工作劲头，谱写了践行“知行合一”理念的新曲。

阳明文化，是先贤留给后人一笔宝贵的精神财富。只有不断学习，才能从中体悟到阳明文化的当代价值。“传承弘扬阳明心学应以学术为基础，以历史为背景，以人民为中心，以创新为化古。”中国文化院院长、中国阳明心学高峰论坛组委会主席许嘉璐认为，当今时代要有新气象、新作为。首先，如何在不断深化研究的同时，润物细无声地把王阳明的思想渗入大众心中。食古而化之，实现话语转换，并在转换中创新。此外，在各地越来越重视阳明心学的形势下，建议打造一批以展示、传承、弘扬阳明心学为宗旨的城市基地或中心。

文化引领着城市的发展，也体现着公民的基本素质。余姚通过打造王阳明故居等清廉教育基地、上演姚剧《王阳明》、推出《王阳明家规》宣传片、出版《王阳明廉政思想与行为研究》等，已形成了以清廉为主题的教育路线，为社会治理提供了“余姚样板”。绍兴市稽山街道永胜新村将“致良知、知行合一、问政于民”等王阳明思想体系与党建工作、小区管理、居民自治等相结合，开设“少年阳明班”和“良知学堂”，分别为青少年和成年人传授阳明文化，构建专属于绍兴独特的文化自信。

“国家之魂，文以化之，文以铸之。”文化是民族的血脉，是人民的精神家园，是一个国家、一个民族的灵魂。阳明文化作为中华传统文化的精髓，也是增强中国人文化自信的切入点之一。习近平总书记在党的十九大报告中指出：“没有高度的文化自信，没有文化的繁荣昌盛，就没有中华民族伟大复兴。”弘扬阳明文化，践行“知行合一”，只有坚定的文化自信，才能推动中华优秀传统文化的繁荣兴盛。我们期待，宁波、绍兴将继续整合传统文化资源，把传统文化作为城市未来发展的战略资源，推动文化事业和文化产业的发展。“随风潜入夜，润物细无声。”一定要让阳明文化成为点亮城市与人心的明灯。

坚持质量兴校　振兴三门教育

浙江省台州市三门县心湖小学　章宏艳

课堂是实施素质教育的主渠道，是学生成人、成才的主阵地。课堂教学改革是深化基础教育课程改革的核心环节，对于有效落实国家课程方案，提高课堂效率，提升教育教学质量，推进素质教育，具有十分重要的意义。为深化课堂教学改革，全面落实新课程理念，切实提高常态下的课堂教学效率，我校乘着县委县政府“振兴三门教育”的东风，坚持“内涵发展、质量兴校、特色立校”的办学理念，倡导“我的微笑是最美的”育人思想，构建“学习共同体”教学模式，改变教师，改变学生，改变家长，改变学校，砥砺奋进、赶超跨越，推进学校高质量发展。

一、拉开改革序幕，推进课改进程

2015年冬，我参加了北师大全国小学骨干校长培训，遇见了全国著名特级教师林莘，邂逅了“学习共同体”。从此，我们也正式拉开了静悄悄“革命”的序幕……

2016年秋，“学习共同体”课堂得到全校语文教师的初步认可，认为此法有利于学生的发展，促进学生学习力的提升。于是，我们组织全体语文老师南下福州，开启全校语文课堂实践“学习共同体”教学之路。

2017年春，在县教师进修学校的支持下，承办浙江教师培训平台的“三门县小学语文、数学学科教师90学时”培训，邀请福建林莘校长及其团队、上海陈静静博士后及其团队、台湾学习共同体推广人张郁捷老师等来校讲学和指导；组织全校语数教师南下福州，学习福州教育学院四附小的课改经验；并多次组织“学习共同体课堂”专题教研，接着，“学习共同体”课堂改革在学校全面铺开。

2017年夏，我校与绍兴秀水小学、嵊州逸夫小学结成“学习共同体”浙江联盟校，携手推进课堂改革。同时，与全国13所中小学校一起成为北京师范大学“中小学学习共同体建设研究项目校”。

二、协同互助发展，助力学生成长

基于学习共同体的课堂，是以学习和学生为中心的课堂，以同伴间倾听协同为主要学习方式。通过教师探究式的教学引导和介入，学生在“协同、倾听、分享、内化”中共同学习，在“伸展跳跃式学习”中共同发展。

创建和谐文化，打造安全环境。在学习共同体的课堂中，首先要构建民主、尊重、互助的共同体课堂文化，形成平等的生生关系、师生关系，使来自不同家庭、不同资质的学生，包括随班就读学生都能够平等交流。培养学生安静倾听、轻声交流、尊重欣赏的良好素养，让所有孩子都能感受到民主平等。这样的学习环境是安全的、安心的、安定的，让学困生也可以勇敢说出“我不会”。它更能激发学生学习的主动性，让他们学会求助互助、提出问题、解决问题，不断挑战高品质的学习。

改变课堂空间，促进协同学习。学习共同体以改变课堂学生座位编排方式为切入点，课桌椅由原来“秧田式”变为“U字型”，学生举目即可看见老师或者同伴，也能轻松建立面对面联系。学生结对也更为容易，转过头就能形成两两同伴关系；转身还可以和后面的两位同学形成四四关系。使交往互动更深入、更细致。教师可以在U型座位中间走动，与学生零距离互动，教师不再成为课堂的中心，而是学生学习的设计者和伙伴，随时随地以身体、表情和少量的口语引导、鼓励学生自我学习。

营造润泽课堂，形成倾听关系。“学习共同体”的课堂，强调倾听重于表达。首先，要求教师善于倾听，听学生间的思维碰撞，听学生心底的真实困惑，确保了解每个学生内心的真正诉求。再者，提倡学生安静地倾听，细品同伴的表达，思考对自己的启迪，也可探究同伴错误背后的原因，提出自己不同见解与困惑，并敢于向同伴求助或乐于帮助同伴，进而为深入学习奠定基础。同时，学生也要认真倾听教师对问题的指导与串联，并及时与教师对话，纠正错误思路，形成系统的知识经验。

转变教师角色，翻转学教方式。学习共同体的学教翻转，教师的角色转变是关键。教师要从做好高品质的教学设计入手，在备好三单（预习单、学习单、作业单）的同时，重点设计导思导学且有一定开放性的核心问题，让学生围绕核心问题协同、探究、学习。在学生协同学习时，教师要管住自己的嘴和脚，给予学生充分的个人思考和协作交流时间，认真倾听，理清不同观点并进行串联、归纳，将其与文本相关内容、学生已有经验、社会现象等关联起来，最终回归到学科知识点（或能力训练或思维拓展点）。最后，留下三分之一的时间进行挑战性学习，先学生个体学习，再倾听同伴，反思自己的观点，把同伴的观点作为跳板，逐步达到最近发展区，既完成对挑战性课题的学习，又对前面的知识进一步内化，从而实现高质量的学习。

三、坚持实践初衷，提高课堂实效

我们在“学习共同体”的课堂实践中，难免磕磕绊绊，甚至有老师想终止实践。但学校坚持“学习共同体”实践的初衷毫不动摇，通过省课题《基于“学习共同体”重构校本研训的研究》的研究，创建“学习共同体”教师团队，让教师成为学习的专家，促进专业成长，改变课堂教学，达成学生高效学习。

以构建幸福校园为愿景，重塑教师团队的归属感。创建幸福心小，是我校学习共同体教师团队的共同愿景。因为它既是教师的家，也是引领教师专业发展和获得尊严和职业幸福的场所。团队中的每一个人彼此平等，都是学习者、分享者和指导者的角色。大家采用互动的方式进行交流反思，进行答疑或者寻求建议；团队的智慧极大地丰富了个人的思想，促进教师成为专家型教师，最终实现教学相长。

以筑造协同文化为导向，激发教师学习的内驱力。学校从管理创新入手，变革领导制度，打破等级关系，实施扁平化管理。适当弱化竞争，实施柔性管理。把民主、对话、讨论、协作、创新作为管理基本方式。改进传统以学生成绩为主的评价模式，以过程管理和绩效检查为形式，建立发展性评价机制，将教师在学习团队中的贡献和团队协作能力列为绩效考核的重要指标，采用多种评价方式相结合，促进教师自主发展。树立“协同才能发展”的理念，通过“目标的共同性”、“过程的共享性”、“个体体验的独特性”，来激活教师向高层次需求而学习的内驱力。

以促进教师成长为目的，探索教师共同体的实效性。我校团队组建以学科组为基本形式，结合一师多徒、名师工作室、年级组、集团教研组、联盟校等多种形式共同推进；学校周前会以专业培训为主旋律，以读书交流、案例分享、共同研讨、浸润式培训以及工作坊等为主要方式。变革备课制度由“个体”向“协同”转型，实行“个人初备、集体研讨、课案生成、个性彰显、课后反思”的集体备课过程。变革教研制度由“研教”向“研学”转型。教师以观察员身份“坐在学生身边”，观察学生的学习过程，或用录音、录像等方式详细记录学生真实的学习状态，了解、分析学生的学习特点、难点、困惑点，反思、改进自己教学，促进专业发展。

以解决教学问题为抓手，激活教师的实践智慧。以“改进教学”为目的、“解决问题”为主线开展课例研究，激活教师的实践智慧。活动形式多样，既有全校教师开放课堂的随堂听课，也有齐聚一堂的课例研讨。课例研讨既有“学情分析”和“文本解读”的对话研讨，又有“同课异构”和“新课接龙”的对比分析，还有“楔形突破”和“同类聚焦”的定向观察。每次课例研究分两个阶段进行。第一阶段主要是教师直面个人课堂经验，第二阶段是教师选择具有实际意义的教学困惑，进行“我的教学故事”叙事表达，通过集体讨论和比对分析，或者借鉴外地先进经验，找出问题，进行改进，从而内化为自己的实践智慧。

实施“学习共同体”，提升教育质量，这是课改的最终目标。虽然我校团队迈出了可喜的一步，但前面的道路还很漫长。今后，我们将进一步深化课堂改革，聚焦核心素养，探索课堂改革新的路径，大力实施素质教育，全面提升学校教育教学质量，促进学校内涵发展。

实施创客教育　建设智慧校园

中央民族大学附属中学海南陵水分校　魏立功　仇春辉

随着互联网信息技术的发展，我国在人才培养方面也提出一系列新的目标与要求。“创客”是近年来最流行的词汇之一，而“创客教育”即创造、创新性的教育。因此，创客教育在中小学教育教学中的实施，能够从根本上改革原有的教学内容、教学模式。学校信息化建设已成为未来学校教育发展战略的制高点，成为学校现代化的重要特征。学校信息化建设和信息技术的应用，为教师的专业发展，终生学习和学生的成长提供了技术支撑。2019年，我校入选海南省中小学教育信息化应用示范校培育工作名单，为实现这一目标，提升信息化在办学中的重要作用，进一步推动我校教育教学工作，学校通过开展多学科整合、校本实施创客教育，提升学科课堂培养学生发展核心素养的育人功能与质量。

一、培育工作落实情况

培育工作目标任务完成情况。已投入使用的创客教室为海洋科技创客空间，作为校本课程，于2020年10月开课。通过1个学期的课程实施，学生的计算思维和逻辑思维能力明显提升，学生善于发现问题，从解决简单问题到复杂问题，全面提升了学生的知识，知识涉及光学、电学、工程学等，初步实现了多学科融合，带动了其他学科尤其是理科学科的进步提升。海洋创客课程除了平时的学习，我校还组织参加每年的全国中小学信息技术创新于实践大赛，12月6日，我校带队参加的水中机器人协同竞技项目获得国家级一二三等奖。

培育工作组织与管理情况。我校共有创客教育实施场所3间：海洋科技创客空间、创客空间•初中、创客空间•高中。目前的授课任务均有技术科老师兼任。其中培育资金全部投入到海洋科技创客空间，作为校本课程实施和开发，以海洋技术作为创新科技教育载体，把海洋技术与文化融入中小学科学素质教育体系中，立足学生核心素养提升，结合国家战略及产业趋势，打造具有深海技术特色的创客教育，培养学生的海洋梦。

培育资金使用情况。2019年海南省中小学教育信息化应用示范校培育工作专项资金100万，我校全部投入到海洋科技主题创客空间的建设。海洋科技主题创客空间目前已完工并验收，其中基本装修工程款为13万，创客空间设备采购资金87万。

二、培育工作评价结论v

我校成立了教育信息化示范校培育工作领导小组，由校长和书记担任组长，科信处、教科研室、教导处主任和所有教研组组长担任组员，定期召开会议，解决创客课程实施中遇到的问题。培育工作的具体实施由科信处工作人员和教科研室指派的骨干教师共同承担，科信处工作人员的专业均为计算机或教育技术学等相关专业。

学校每年都将培育工作纳入到学校年度重点工作，严格按照项目实施计划书执行。在经费管理方面，我校全部投入到海洋科技创客空间建设方面，资金使用规范。培育期间我校全体教师积极参加各类部门举办的信息技术应用能力培训，学校也邀请了希沃讲师给教师们开展了信息技术应用能力提升培训，由记录、考核和奖励。在亮点工作方面，我校建设了以创客教育为主题的校本课程，面向4个年级开放，此外，我校还建设了数字化历史地理教师、VR教学实验室、智慧平板教室、电子书法教室等信息化教学场所，在信息化教学方面投入大量的人力物力财力。在培育期间，积极组织参加对外交流，我校校长在海南省校长专题培训会上作了以“信息技术融入，课堂教学变革”为主题的讲座，向全省推广我校教育信息化的成果。我校积极参加各级教育行政部门举办的教育信息化应用评比和课题研究并取得一定成绩。

三、培育工作创新方法

创客教育是不同于传统教育的新型教育方式，一直受到很多人的质疑，推广创客教育首先面临两个实际问题：一是经费问题，很多学校没有能力建设创客实验室；二是教师问题，教师不知道如何开展创客教育。因此，我校特制定了具体的工作方法和制度，其核心要素是学校支持、课程设置、师资培养、场地与器材、成果出口和宣传报道。

学校支持：争取学校的支持并组建创客教育教师团队，在学校进行广泛宣传，形成合力，制定合理的目标和实施措施。

师资建设与培养：组建创客教育教师团队，挑选喜欢创客并且肯付出的教师组成，根据实际情况以3-5人为宜。最初可以兼职的方式，随着教育的做大做强逐渐扩大团队，并且专职教师要占到一定比例。中学可以将信息技术、研究性学习、通用技术纳入到团队中来。教师不一定必须是信息技术教师，但必须有相应的信息技术素养。

对创客教师团队进行及时有效地培训，让教师熟练掌握数字化工具的应用、创造学的基本理论和在中小学开展创客教育教学的方式方法，并且在不断实践中提升能力，包括上课、辅导学生创客作品、甄别优秀作品、推荐参加创新比赛、在学校开展创客活动、研发教材、课程等能力，逐渐走向专业化和团队化。创客教师应该积极参加正规的创客师资培训活动，多开阔视野，结识同行、名家、大家、专家，积极虚心学习，努力提升自身水平。鼓励教师参加教育行政部门组织的与创客教育有关的课题活动，通过课题研究来提高教师科研水平。

课程建设：引进或研发创客教育课程，以信息技术、校本课程或是与研究性学习、通用技术相结合的方式进入课程，每周至少上一次课，通过课程来培养学生创新思维和实践能力。硬件搭建的课程1节课往往时间较短，建议一次2节课连堂的方式；课程内容可以设置电子控制类（包括机器人，创意智造等）、编程类（Python编程、Scratch编程等），3D打印类等。

创客空间与设备：创客教育必须有专门的创客空间，创客空间中必须有包括电脑、软硬件、机器人、3D打印机等基本的设备，有条件的可以多设几个教室，如3D打印工作室、机器人组装工作室，无人机工作室，创意智造，创意编程教室、手工工作室、成果展示厅等。

成果出口：积极参加教育行政部门组织的创新创客比赛活动，指导学生获奖，通过比赛激发学生参与创客活动的积极性。

宣传报道：通过公共网络平台如学校网站、微信群、公众号等方式及时报道学校创客活动，引起重视并获得的支持。

四、培育工作成效及经验

经过1个学期的创客课程实施，我校创客教师队伍总结出了创客教育实施过程三部曲，即知识学习过程、模仿过程、创造过程。

根据实践发现，创客教育视域下的机器人教学的知识学习过程，不同于传统课堂，并非教师讲、学生听，教师操作演示完，学生进行模仿操作的形式。在学习过程中，教师与学生是平等的角色，学生以小组的形式集中在一起，教师在学生中间，边讲解边操作，学生的动手做与教师同时进行，学生具有自主权，自己决定如何学习。

在知识学习过程中，教师是学生学习的引导者，教师讲解结束之后给学生充分的时间自己动手操作，教师则在各个小组之间观看学生操作，帮助学生解决遇到的问题，在这个过程中帮助学生巩固所学内容。学生是学习过程的主导者，学生自己把握学习的节奏和步调，自己选择学习方式，可以自主探究，也可以与小组同学共同学习。

模仿和尝试错误，是学习的早期阶段，学生的创新过程以模仿作为起步。模仿过程中，学生并非跟着教师的操作进行模仿，而是进行模仿型项目学习，教师提供有目标的模仿项目以及具体操作流程，学生据此进行模仿练习。在这个过程中，学生通过小组协作的形式进行学习，不断尝试，在错误中通过同伴互助或教师帮助来完成整个项目。模仿过程的目的在于，让学生通过模仿操练成熟的学习项目，来深化机器人相关的基本知识，了解机器人原理如何应用到实际机器人设计与制作中。

创造过程，是整个教学模型的核心部分，在创造过程中，学生根据自己的想法，进行方案的设计，再根据设计的方案，发现完成机器人制作，在制作的过程中，学生需要通过协作，探究并解决各种问题，当问题解决后，进行机器人的制作，机器人制作完成后与同伴、教师进行分享交流，最后教师对作品以及整个过程进行评价。这个过程完全放开让学生自己去做，培养学生的动手能力与创造力，让学生在自己动手、解决问题的过程中感受到创造的快乐和成就感。

创客教育是新型教育理念，是科技和创新教育有机结合的实践显现。今后，我校将以海南省中小学教育信息化应用示范校和海南省中小学知识产权教育试点校为契机，以“智慧教育激发潜能，科学技术铸造英才”为最高目标，继续在智慧环境、智慧学习、智慧管理、可持续发展与保障等方面不断探索和研究，结合学校的办学特色，在教育教学工作中创建具有自主探索信息化的典型应用案例，并有明显成效，为社会培养科技创新人才，逐步将我校在科技和信息化方面打造成海南省教育系统的一张崭新名片。

立足品质教育　孕育精彩人生

重庆两江新区人和小学校　杨敏

“一年之计，莫如树谷；十年之计，莫如树木；终身之计，莫如树人。一树一获者，谷也；一树十获者，木也；一树百获者，人也。”　这段话既阐明了人才培养的重要性，也揭示出人才养成的不易。我校创建于1922年，是一所久经历史沉淀的百年老校。办学以来，我校坚持高起点办学、高标准配置、高水平育人，聚焦“和雅少年”人格素养，打造“和润课堂”教育特色，造就“时雨春风，润物无声”的“和润教育”，推进新时代“课堂革命”。近年来，秉承教育初心，我校不断加大教育投入力度，学校建设按下“快进键”，优质资源集聚“加速度”，教育教学体现“高质量”。通过大胆创新课程，培养学生多元发展。校长杨敏信信慢慢地说：“培养适应社会需要的、全面发展兼具个性发展的人，在建校之初就成为学校的特质，一直传承至今。”今天，我校办学品质不断提升，教育成果显著，学校教师凝聚一心，为学生增添幸福。学校先后被评为重庆市科技特色学校、全国校园足球特色学校、全国校园网球特色学校。种种荣誉，不仅是对学校教育的莫大肯定，更为学校未来踏步前行坚定了信心。

一、德育为先，和雅悬空育英才

“校长妈妈早上好！”、“小朋友早上好，你今天真精神！”。我校的校园里，经常发生着这样的对话。在校长杨敏眼中，学生就好像自己的孩子，文明礼仪则是师生彼此尊重的开始。在我校的“和雅人格”培养内涵中，重点涵盖培养学生学会学习、责任担当、人文底蕴、健康生活、科学精神、实践创新的全面、完整、和谐发展的“和雅少年”。具体而言，就是形成雅言、雅行、雅体、雅趣、雅怀、雅思相统一的“六雅”人格素养。养成重于说教。我校编制了《在校一日常规》视频，编写了《六雅少年行为规范》，制订了进校、问好、集会、课堂、课间、入厕、就餐、待客、放学等行为要求，并针对学生校外行为编制了《人和少年校外礼仪》，让学生潜移默化接受教育。“我是人和小学生，今天来做礼仪操。进校！背好书包上学校……”在每天的大课间活动里，全校1500名学生整齐划一，说唱做好《人和小学“和润育德”礼仪操》。就是在这样的日常中，我校将“和润育人”理念内化于心、外显于形。潜移默化的把学校《和雅少年人人亮》德育实践活动打造成了两江新区著名德育品牌，我校也因此成为两江新区第一批德育品牌示范校。

人和九秩，情汇百年。我校不断探索涵养“和雅少年”素养的教育路径，经过数代推陈出新，“和润课堂”理念体系趋于大成。《基于学校核心理念的“和润课堂”建设与实践》研究成果荣获重庆市政府基础教育改革成果一等奖，初步形成“和润课堂”特色教育品牌。

在“和润课堂”里，教师不再是高高在上的绝对权威，而将自己变成学习的引导者，重视“平等对话”。“和润课堂”教学管理讲究“四维”策略，即以“和雅伦理”开展课堂伦理管理，以“对话交流”开展课堂语言艺术管理，以“学会学习”开展课堂　“五学”管理，以“学会创新”开展课堂资源管理。同时，我校研制出“导学-自学-互学-展学-拓学”的“五学五润”教学模式，制订出“以情润德、以道润智、以规润行、以创润能”的“四润”教学准则及评价机制，建构了“雅言、雅行、雅体、雅趣、雅怀、雅思”相统一的“六雅”人格素养模型及养成教育的校本课程体系。“课堂革命”让全校教职工的育人理念发生了根本性的变化。管理人员人性高效更重规范，教学人员授业传道更重育人，后勤人员服务奉献更创新……这有效地激发了学校“全员育人”功能，让教育无时不在、无处不在，深度内生驱动学校办学活力。

二、多元发展，铸魂培根促养成

“蝉，发声很高，有脚三对，又有翅两对，能飞；雪，是白色的冰屑，落在地上能除灭有害的虫，所以冬末多雪，就是丰年的预兆。”在20世纪二三十年代，我校使用的自然教科书上就用很直白的语言阐述了蝉、雪等动物和自然现象的概念。在当时，我校就开设了多项课程，开启学生全面发展培养的百年历程。从建校之初的全面发展和“谋求个性发展之需要”，到20世纪90年代“人人进步，和谐发展”理念，再到20世纪20年代的“人化自然，和润于心”理念，我校始终坚持对学生全面发展和个性培养，从未停止对适应社会需要人才培养的追求。在“和润课程”设置中，除了学科课程校本化的“基础性核心素养课程”、活动课程课辅化的“发展性核心素养课程”外，我校还设置了实践课程社会化的“个性化核心素养课程”，全面发展和个性发展并重。在全体学生必修课程以外，个性发展课程也扎实开展。在学生综合素质能力考级中，涉及诗、书、礼、乐、画、魔方、汽模、编程、人工智能等20多项技能学习，学生由一级向十级晋升，每进一级，都有发至内心的成长喜悦。例如在学校一年一度的“十佳和雅少年”评比中，从自荐为班级候选人开始，凝练理念、设计宣讲海报、开展全校宣讲，到最后的全校竞选演讲，全校学生深度参与。这与现代社会人才竞争无限接轨，形成了人才预演模式。我校的农业种植基地，也带给学生们更多的体验和成就感。学生们吃着自己种的小葱，看着手中紧握的梦想蝴蝶积分卡，乐开了花。在学校，像这样的班级农业种植基地共有30个。农业种植基地实行班级自主管理，采取积分制，蔬菜有成，食堂就来收购，并做成菜品供全校师生食用。劳动教育深入人心，在一定程度上还归功于我校的梦想积分制度。“梦想积分”是“和润课堂”的一种评价机制，它形似蝴蝶，面值1分—3分，由班主任和学科老师根据学习和品行发放，可兑换十级梦想。每级梦想不同，有的是学习用品，有的是与校长合影，这些都备受学生们的期待。此外，我校还设置了校内社团组织、创客协会、课内学科兴趣小组、课外实践活动小组开展各类拓展提升活动，实行学习免费、学习自愿、完全公开的原则，向全校学生开放。同时也积极引进社会、家长优质资源，开展涉及人工智能、汽模、茶艺、乐器、舞蹈、发明创造等课外提升培训作为有效补充。

三、立德树人，德育同耕铸国梦

“春风桃花红、雨润花更艳”。教育是一缕温阳，尊重、赏识每个个体，致力于学生能力、品德等各方面素质的全面提升，服务于个体的健康成长，滋养每一个生命。未来路上，我校全校教师必用一生的文化知识和诚挚真情，日夜陪伴学生迈出的每一步。用心培育、用爱浇灌，让他们的生命得以绽放绚烂的光彩。

绽放尚善之花　成就生命之美

重庆市巴南区全善学校　查慧　李平

重庆巴南，一座山水之城，三千年厚重的巴文化孕育了这片古老而又年轻的土地。1907年，巴县部分开明乡绅在滚滚长江之滨、巍巍云篆山下捐资助学，兴健全善学堂。115年风雨砥砺，全善学堂薪火相传，培育了一代又一代莘莘学子。115年文化传承，全善学堂华丽蝶变，成为重庆市知名初级中学，是重庆市实验中学教育集团的龙头学校。

精心灌溉勤耕耘，百年老校吐芬芳。在新时代，全善人继续秉承教育初心，依托百年名校深厚的历史底蕴和高质量的办学水平，聚焦学生发展核心素养培育，以培育和发扬“尚善教育”办学特色为抓手，以“让每一个学生适应时代发展”的教育哲学为核心，构建并不断完善涵盖基础课程、特色课程、活动课程和拓展课程的“尚善教育”课程体系，为每一位学生的成长开拓更广阔的发展空间，用心、用智、用情续写学校教育的新篇章。在这里，不仅是传递知识的学堂，更是造就完善人格、构建美好灵魂的精神殿堂。

校园文化：润物无声，育人自然

全善学校前身是20世纪巴县开明乡绅集资兴建的全善学堂，捐资办学乃流芳善举，故取名为“全善学堂”，后更名为全善学校。在新时期，基于全善学校发展的历史沿革，学校从“善”的本质出发，初步构建了“尚善教育”的校园文化体系，提出了“上善若水、止于至善”的校训、“尚善扬善，以善致善”的校风、“善教善导，善启善答”的教风和“善思善问，善学善行”的学风。这与校名、校史以及学校一直秉承的“用优秀传统文化作学生生命底色”的育人理念、学生发展核心素养的要求相契合。

为了找到“尚善教育”的落脚点，全善学校着力进行“尚善”教育隐性文化和显性文化的构建，以期让“尚善”教育之花绽放在校园每一个角落。学校在校园广场筑起彰显校园文化的“尚善”长江石，标明了学校特色发展方向；校内各处设立校徽、校训、教风、学风、办学理念、学校荣誉、教师风采等橱窗，为传递“尚善”文化起到了潜移默化、润物无声的效果；教学楼以及显眼的围墙挂上名人名言或优秀的师生书画作品，充分发挥“于无声中寓教育，于点滴中教化人”的环境教化功能；根据“尚善”主题，各年级结合年级特色打造了年级文化展示橱窗，各班则在年级的统领下创建班级“尚善”文化，班级名片、班训、荣誉角、小组评价、展现自我等栏目一应俱全；认真实施“尚善”广播文化，每天中午和下午放学时间，学校广播室都会播放《中学生古诗文鉴赏》《感动中国人物介绍》《道德模范在身边》《校园正能量之星》等节目，使整个校园沉浸在浓厚的“尚善”氛围中。

以环境为媒，全善学校重新打造了以“尚善”教育为主题的校园文化，力争让校园时时处处都能散发“尚善”文化气息，让“尚善”的文化浸润每一个全善人的心灵。

队伍建设：团队研训，共同提升

师徒结对带新人。以老带新，“师徒结对”，是促使年青教师快速成长的有效途径。学校扩展了师徒带教的内容，赋予这传统的形式以新的内容——相互拜师，能者为师；调整了过去的教学业务指导的单一模式，为新教师配备了学科教学指导教师和班主任指导教师，分别从学科教学和班主任工作两方面进行指导，加快青年教师成长的步伐；专门建立培养青年教师的1369培养工程、督促高级后教师的名师工程等，解决老教师“想干”的动力问题，指导青年教师“会干”的能力问题，着力培养一支教学水平一流、作风优良的高素质教师队伍。

专家引领促提升。“走出去”学习先进学校的办学经验，“请进来”邀请名师大家传授提升教育理念，是更新教师教育理念、提升教育教学技能的重要途径。学校经常带领老师到西安爱知中学、北京十一学校、上海向明中学等课改成效显著的学校交流学习；全体班主任历时三年分三批次在华东师范大学接受班主任高级班培训，打造出了一支思想素质过硬、专业水平一流的班主任队伍。不仅如此，学校还邀请全国教育专家、市级学科名师、高校教授、名校名师等到校进行指导，让教师们能够近距离聆听专家、名师的授课、讲学，开阔了教育视野，对提高教学水平和促进专业成长具有深远的意义。

“每周共读”学理论。每周备课活动定时间、定地点、定内容，除了研讨教学内容以外，还要开展共读活动，要求教师阅读最新的教育教学理论，了解教学课改的新动态。通过教师共读、专题发言、教师共研，解决了教师在教学中的困惑；与同组教师分享自己的教学案例，促使其不断进行自我反思、自我总结、自我发展；对于共读材料选得好的小组和个人进行加分，并在全校推广学习，营造出了全校教师爱读书、爱学习的浓厚氛围。

主题教研增实效。学校每学年围绕教育教学中急需解决的实际问题开展主题校本教研，有目的地组织教师尤其是中青年教师听课、评课，学习骨干教师教学经验，并对优秀课例进行分析、模仿、借鉴，从中学到一些新的教学方式，继而运用到自己的课堂教学中去。

课题引领促反思。学校着力打造学习型和研究型教师团队，组织了一批中青年教师定期参加教师（班主任）沙龙，进行“尚善”特色学校创建工作的学习、讨论；通过教师团队建设，让参与的青年教师了解相关理论，明确当前特色发展现状，同时结合学校实际提出学校特色发展的问题、意见、建议，为学校发展提供智力支持；坚持以骨干教师和青年教师为主，组建了学科教师教育教学科研团队，采取学校课题和教研组课题层级审批和推送模式，分“校级——区级——市级——国家级”四级课题严格审查、逐级推送，最大限度地把科研成果转化为教育实践，力图引领更多的老师成为学者型教师。

联合研训共提高。学校积极搭建初中“四校联盟”教研平台、重庆市实验中学教育集团和共同体学校的联合教研平台，定期开展同课异构、教学研讨、经验介绍、专家视导等丰富多样的活动，促进教师队伍水平的提升，起到了区域引领辐射的作用。

通过联合研训，一支师德高尚、业务精良、善教善导的优秀教师群体逐渐形成，为学校的“尚善”教育提供了强有力的师资保障。

德育品牌：课程引领，主题渗透

立德树人是教育永恒的课题。全善学校以“尚善”特色教育为核心，以“德育教育全员化、德育活动系列化”为导向，以社会实践活动和主题班会为主阵地，以“育善心、讲善言、践善行”为主要内容，积极开展“尚善”德育主题系列化活动，培育“尚善、美好”心灵。

以课程载体为媒，全面渗透。学校立足“尚善”德育核心内涵体系，以“育善心、讲善言、践善行”为主要育人目标，制定了“尚善”德育教育课程，具体划分为体现优秀传统文化元素的普及类课程、辅助类课程和其他常规类课程三个系列，贯穿于学校德育教育的始终。

以主题活动为媒，强化培养。学校围绕德育总目标精心制定了“尚善”德育教育活动实施方案，各年级则根据“尚善德育”学生培养目标定期开展“尚善”德育系列化活动，并将其具化为12个品格月主题活动，每月辅之以相应的教育活动都有活动方案和活动评价。

以家庭教育为媒，巩固培养。学校多渠道拓宽家校联系平台，及时向家长宣传学校的德育特色，通过给家长的一封信、家长会、家庭教育讲座、“我当一天家”等多种形式，让家长了解“尚善教育”内涵及要求，达成教育共识，使学生的“尚善”品德培养在家庭环境中得以延伸。

在“尚善”系列德育活动中，全善学校始终把学生作为德育的主人，奉行“实践带动德育”的方针，通过“让学生做德育活动的主人”主题式体验激发学生参与德育活动和学习活动的积极性、主动性，让学生变被动教育为主动，为“美善学生”培养工程打下了良好基础，使全善学生初步体验到习善、行善、扬善的快乐。

多样课程：兼容并蓄，创新实践

如果说尚善德育给了学生一颗天使的心灵，那么特色课程便给了他们一双翱翔蓝天的翅膀。“尚善”课程是学校引导学生追求德行淳厚、智慧圆满、才干卓越而创建的课程体系，主要包含基础课程、特色课程、活动课程、拓展课程四大类，旨在培养学生善思善问的习惯、善学善行的能力，最终实现“成就生命之美”的办学愿景。

在基础课程方面，学校连续多年着力打造以小组合作学习为载体的“四四互动问题探究式”卓越课堂。“四四”既包含学生课堂知识生成的四个环节——自主、合作、展示、提升，也包含教师课堂教学设计的四项标准——激情、启智、践行、创新；“互动”指学生“主”动、教师“带”动、生生“互”动、 师生“互”动；“问题探究”强调以问题贯穿课堂，通过创设特定的问题情景，激发学生质疑探究的欲望，进而引导学生在解决学习问题中主动获取和运用知识，发展其学习的主动性和自主学习能力。自该课堂教学模式实施以来，学生在教师的“主导”下“自主、探究、合作”学习，教师“教”得轻松，学生“学”得快乐，课堂变成了师生交往、积极互动、共同发展的舞台，不仅学生在学习中培养了合作、友善、奉献、帮扶等良好品质，课堂教学效益也明显提升。

在特色课程方面，学校共开设《四驱车》《动漫设计》《机器人制作》《中国古诗词唱诵》《书法》《茶艺》《图片处理》《烹饪》《趣味心理》等80余门特色课程，多方面培养了学生素质，拓展了学生视野，提升了学生能力，陶冶了学生情操，深受学生喜爱。

在活动课程方面，学校定期组织传统节日活动、升旗仪式、尚善品格月活动、艺术节、科技节、主体运动会、多彩社团达人秀等活动，多方面培养学生的素质和能力，取得了良好效果。

在拓展课程方面，学校开设了入校课程，如走进尚善门新生系列教育；体验课程，如远足拉练、研学旅行、社会实践等；励志课程，如走进毕业门宣誓、生涯规划，梦想大舞台、拓展训练等。通过拓展课程，对学生感悟美好人生、培养坚强意志、增强自立自信、成就学生生命之美起到重要作用。

培养机制：着眼趋势，重点培养

从2012年开始，全善学校依托重庆市实验中学，积极探索适应新时代人才要求的人才培养机制，实施“雏鹰创新人才培养计划”。

针对部分品学兼优、学有余力的学生，学校开设专门的培优课程，和新高考接轨，补充高初中的衔接知识，对学生进行生涯规划指导；邀请北大状元走进学校，向学生讲述自己的成长故事、指导学习方法；带领部分优秀学生走进西安古城，感受十三朝古都独特的历史文化；走进西安交大的课堂，感受现代先进科学技术和理念，深入了解交大的“西迁”精神，感受老一辈教育工作者无私奉献的宽广胸怀；参观中国飞行试验研究院，飞行员面临弹射的生命危险、功勋教练危机时拯救整架飞机时的忘我精神，让所有的学子对航空人和航空精神肃然起敬。对于未来的“雏鹰”，倾全校之力，全方位对学生进行培养。

“雏鹰计划”实现了学生成才、学校发展的双赢，已逐渐成为学校作为优质教育的拳头品牌，是全善学校全体师生在新时期课程改革以来，遵循教育规律和人才培养规律，创新教育教学方法，探索培养拔尖创新优秀学生的成功实践。

互助平台：开阔视野，交流合作

学校积极促进与其他学校之间的交流，加强与兄弟学校的交流合作，落实定期互访学习制度，促进教育资源共享，加强校际交流合作。如与重庆市綦江中学、南川中学、大足中学、城口中学、贵州安顺民族中学的校际交流互动，研讨新课程的实施经验与教训，研讨新课程的课堂教学的模式和教学方法的创新工作；积极参加“巴南区卓越课堂共同体”活动，建立工作交流关系，落实交流的具体项目，并互派教师学习锻炼；积极开展对口帮扶工作，如帮扶巴南区龙州湾中学、巴南区姜家中学、潼南柏梓中学、石柱县西沱初级中学、万州塘坊初级中学，促进被帮扶学校的内涵发展、可持续发展。

另外，全善学校还重视加强国际间学校交流合作。作为重庆市教育国际交流协会基础教育专委会会长单位，学校通过“走出去、请进来”的战略，打造“国内一流、国际知名”的中华名校。学校依托重庆市实验中学，先后与英国迪克斯学校、德国舒尔兄妹文理高级中学等学校结为友好学校，每年进行师生交流活动；定期组织师生到韩国、日本、英国、德国等国进行互访学习交流活动，拓展交流空间，为学校“尚善”特色学校创建提供国际视野。

回顾过去，全善学校桃李满园、硕果累累；展望未来，全善学校正昂首阔步，围绕“尚善”教育特色学校创建这一发展方向，行进在致力于师有特点、生有特长、校有特色的发展新征程上。在新时代，重庆市全善学校将继续传承百年名校精神血脉，不负历史的使命与担当，以“尚善教育”引领每一个生命走向美好的未来，培育能担当民族复兴大任的时代新人。

课改中校长的角色定位的实践与思考

重庆市城口县明通初级中学 杨文波

摘要：积极推进教学改革与创新既是《义务教育学校校长专业标准》的专业要求，也是校长课程领导力的回归，是课堂领导力上的具体体现。在课堂教学改革中，校长是关键，课改中，校长的角色应该是课改坚定的执行者，校长的执行力来源于自身的理论高度、专业高度、哲学高度和组织高度；校长应该是师生共情者和参与者，校长要主动走进课堂、走进一线教师和学生，与课改共情与师生共情；校长应该是课改携手的同行者和成果的分享者，校长要与课改一同成长，做一名课改的赋能者，做到在审视中不断完善，在完善中不断前行。

关键词：校长角色，执行者，共情者，同行者，分享者

积极推进教学改革与创新既是《义务教育学校校长专业标准》的专业要求，也是校长课程领导力的回归，是课堂领导力上的具体体现。我校的“学本”课堂改革，随着培训学习持续深入开展，随着广大教师对课改内驱力的不断增强，无论是在学本课堂组织的形式，还是对学本课堂核心思想的理解和运用上以及育人的成果上，都取得了成效，得到大家的高度认可。今年11月3日，全县的“学本”课堂推进会在我校成功举行。在课堂教学改革中，校长是关键，我把校长与课改的关系确定为一同成长。校长推行课改，课改成就校长。课改中，我把校长的角色定位为坚定的执行者、共情的参与者、携手的同行者和成果的分享者。

一、强信念，做一名坚定的执行者

现代管理学认为，一个成功的组织，30%靠正确的战略，70%靠正确的执行。三年前，我们县教委已经从战略的高度，把学本课堂改革作为六大行动之一，制定了《学本课堂改革三年行动计划》。靠什么来坚定我们实施课改的信念和执行力呢？力量从何而来？可以从以下四个方面来寻求力量。

（一）寻求理论的力量

“问渠那得清如许，惟有源头活水来。”学习是不竭的动力，我一直以为学理论的目的有二：一是在你动摇的时候，坚定你的信念。二是在你只知道是什么的时候，他会告诉你为什么。加强教育理论学习，悟透学本课堂理念的核心要素以及架构富有本校特色的课堂理论框架，用理论武装头脑，找到学本课堂的理论支撑是坚定课改信念和执行力的关键，老师需要，领导者更需要。这种力量赋予我们的是方向。

（二）寻求专业的力量

“闻道有先后，术业有专攻。”校长是老师的老师，对本校推行的课堂改革模式，如果我们自己一窍不通，就无法去指导我们的老师进行课改。这里的专业的力量，主要指校长对本校课改模式的指导力。对于校长来说，你对课改研究的程度有多深，教师对课改的认同度就有多深。尤其是，相对于师资较弱的农村中小学而言，更是这样。以学本式课堂为例，校长必须对学本课堂的组织架构、小组建设、导学案开发等有所研究，在这个方面力争要取得发言权。这种力量赋予我们的是底气。

（三）寻求哲学的力量

任何一种改革都不是一帆风顺的，学本课堂改革也同样如此，作为一种新事物，它的发展不是一次性完成的，是一个螺旋上升的过程。其中有困难、有阻力、有矛盾、有曲解，这个时候，唯物辩证法的“三大规律”（对立统一规律、质量互变规律、否定之否定规律）和“五大基本范畴”（原因与结果、必然性与偶然性、可能性与现实性、现象与本质、内容与形式）是帮助我们正确看待学本课改中遇到困难时的哲学力量。这种力量赋予我们的是定力。

比如：否定之否定规律告诉我们，事物发展的过程，新的事物替代旧事物是历史的必然，但我们对待旧事物要做到“取其精华，去其糟粕”。它告诉我们对传统教学与“学本”教学的认识要辩证来看。再如：关于内容与形式的论断，内容决定形式，形式为内容服务，内容必须通过形式表现，形式对内容具有反作用，内容和形式存在于统一体中，不可分割。它告诉我们要正确地看待“模式”问题。

（四）寻求组织的力量

军人以“执行命令为天职”，学校要以贯彻落实党的教育方针为己任，成为政策方针坚定不移的执行者，上级主管部门要求的落实者。学本课堂改革是我县教育六大行动之一，作为全县教育系统的一项重大举措，是课程改革的重要组成部分，是提高教育教学成绩的重要抓手，执行上级文件精神是管理的本职。在贯彻执行中，在强力推进中，需要借助政策、考核等组织赋予的力量。这种力量赋予我们的是后盾。

二、进课堂，做一名共情的参与者

共情指的是一种能设身处地体验他人处境，从而达到感受和理解他人情感的能力。课改初期，由于受诸多因素的影响，比如教育的整体评价机制，教师对学本课堂的不认同、不了解以及一些错误的归因，成为课改初期阻碍的最大内因。

一些课改中遇到的问题和担心，如果不能得到及时有效地矫正，就会直接关系到课改能否顺利推进。这个时候，老师最需要的就是我们的帮助，我们的参与。校长必须走进课改，走进课堂，切忌只做理论的教父，只知道坐而论道，只知道喊“号子”不懂得拉“绳子”。相反，我们应该与课改共情，与参与课改的老师共情，与课改的学生共情，校长不能成为课改的单相思。共情的最佳途径就是一同走进学本课堂，让课堂成为共情场。

进课堂的方式有五种，一是上课，践行课改，纸上得来终觉浅，绝知此事要躬行。二是听课，感受课改，旁观者清，当局者迷。三是议课，积极参与教研活动，教而不研则浅，研而不教则空。四是写课，把自己的感受用文字记录下来，反思课改。五是访学（学生），反馈课改。

在课改实践中，我以"学本"理论构建之路、"学本实践探索之路"、"学本"听课反思之路为线索，三年下来，撰写近6万字的《我与学本》小册子，与老师们一起分享"学本"的点点滴滴，力争最大限度地与一线老师共情于"学本"。

三、切蛋糕，做一名成果的分享者

希望的力量是强大的。同样，榜样的力量也是强大的。身为管理者，我们一定要懂得及时分享课改成果，分享成功案例，充分发挥成功案例的榜样作用。让榜样发挥聚合效应。用成功来激励，用榜样来带动，用希望来点亮。2018年我校何佩洁老师，运用学本教学模式，荣获重庆市英语赛课一等奖，今年，我校李肹老师和张羽老师又分获城口县学本课堂语文、生物大赛一等奖，其中李肹老师将代表城口参加全国群文阅读重庆市赛区的比赛。这些身边的榜样、成果极大地鼓励了其他教师。

四、赋能量，做一名携手的同行者

学本课堂改革是在国家课程改革这个大背景下做出的一种积极的、富有成效的一种课改实践。它不是孤立的、静止的、一成不变的。它有自身的生命力，有自己的规律，有传统教学不可取代的优势，但它也不是"葵花宝典"，不可能包治百病，不能求全责备。在践行的过程中，需要浇水、培土、施肥、捉虫。需要不断地完善和审视。尤其是那些只追求形式，课堂过于追求"表现"，学生展示时载歌载舞、精彩纷呈，但展示的内容却浮于表面，缺乏深入思考，更缺乏思维层面的"假"学本课堂，做到在审视中不断完善，在完善中不断前行。

在课改路上，我们务必要坚定课改道路的自信，防止课改方法的僵化，强化问题导向，从加大培训力度、研究力度、推行力度、骨干培养力度等多方面给课改赋能，给老师赋能，给学生赋能，做一名与课改一同成长，携手课改同行的实践家，同行者。让我们对课堂的追求从"上好一堂课"到"要育好一代人"的华丽转场！

参考文献：①《义务教育学校校长专业标准》
②《龚雄飞与学本教学》

推进学本课堂改革　让课堂焕发生命力

重庆市城口县明通小学　刘多勇

课堂本是一滴水，借之以照应整座大海的星汉灿烂。在新时代背景下，为更好地促进课堂教学改革，提高教师课堂教学水平，促进学生全面发展。我校以积极、主动、务实的态度开展学本课堂改革推进的各项工作，重点围绕教师教学中的困惑进行"反思"和"行为跟进"；大力开展全员参与的"草根教研"活动；着力解决学本课堂改革中的瓶颈问题；确保学本课堂落地；助力学校办学质量提高，提升学校内涵发展。

一、学本教学的认知

自全县推进学本教学以来，在大大小小的培训和观摩学习中，我们大家对学本教学的理念都有了深刻的认识。学本教学，我认为是在新课程理念下的一种呈现形式，顾名思义就是把学习的主动权还给学生，让学生成为课堂的主角，把培养学生学习兴趣、学习习惯和学习能力作为课堂教学的关注点，要求课堂以学生为中心，教学逐步走向民主，注重为学生创设一种自主学习、自主体验、和谐的环境。学本教学既是一种教育理念也是一种教学模式，它的核心就是以人为本，自学、互学、展学是与新课程的核心理念自主、合作、探究一致的。应该说学本教学对新课程的核心理念阐述更清晰明确，更具体可操作性。按照学习金字塔，我们的课堂就是要尽量想办法让学生有学习体验、运用，让知识的留存率最高，让课堂真正变革。

二、课堂变革的意义

课堂变革是践行国家相关法律法规的需要。《中共中央国务院关于深化教育改革全面推进素质教育的决定》《基础教育课程改革纲要》《教育部关于全面深化课程改革落实立德树人根本任务的意见》《中共中央国务院关于深化教育教学改革全面提高义务教育质量的意见》《中共中央办公厅国务院办公厅印发关于深化新时代学校思想政治理论课改革创新的若干意见》《教育部等九部门关于印发中小学生减负措施的通知》《教育部关于加强和改进新时代基础教育教研工作的意见》等文件都明确指出落实课改，推进素质教育的要求。十八大提出党的教育方针：坚持教育为社会主义现代化建设服务、为人民服务，把立德、树人作为教育的根本任务，全面实施素质教育，培养德智体美全面发展的社会主义建设者和接班人，努力办好人民满意的教育。我认为推行课改就是国家行动，势在必行。不搞课改，大的方面讲，就是没有执行国家的教育方针、政策，是违法行为；小的讲，不履行教师职责，对学生不负责任。对于自己来讲，太宽容自己，事业上要求不高，随波逐流。

课堂变革是学校发展的需要。当前我们学校都还存在方方面面的薄弱，纵观每所名校的发展轨迹，都是以教育质量为中心，都做过同一件事——就是课改，都是以课改为突破口，统领学校的其他工作。例如沙区推进学本课堂造就了沙区许多的名校。因此，我认为推进课堂变革是一所学校发展的需要，是一所学校蜕变的需要。

课堂变革是自我突破的需要。当今社会信息大爆炸、知识大爆炸，以人们无法想象的速度在增加和更新，我们若不想被淘汰，就必须不断学习、终身学习。这就是说，我们培养的学生在将来拥有学习的方法，具备学习的愿望、兴趣，比记住一些知识更为重要，授人以鱼不如授人以渔。真正对学生负责的教育，应当是能够促进他们全面、自主、有个性地发展。

三、课堂变革的做法

加强理论学习，从意识上改变。认真组织学习新课程标准和有关教育文件精神，认真研读"龚雄飞与学本教学"一书、认真收看龚雄飞学本课堂教学讲座，了解学本教学理念和实践方式，更重要的是让教师真真正正认识实施学本教学的好处让老师们明白为什么要改，在要改的问题上达成共识。

抓好校本培训，从行动上改变。抓好"学本式课堂"全员通识培训和校级培训，主要领导亲自抓，校领导带头轮流给老师们作培训讲座，老师们轮流作专题交流。教师办公室每天不间断地播放沙坪坝区学本课堂课例录像，让老师们受到启发从而让教师的课改意识悄悄地发生改变，有效地带动了学校教师的素质提升，极大地开阔了老师们的视野，更有效地激发了老师们潜在的课改意识。

抓学生培训，从信心上入手。一是我们以课前三分钟、小组合作学习培训为突破口，重点在学生开口说、会说、能说上下功夫。二是班级自行组织学生进行培训，内容包括小组的建设；前置性学习；互学的方法、交流发言；展学的组织、发言；在这个培训中培养学生质疑、思维、倾听、表达、讨论、讲解、辩论、提问、评价的能力；以提高学生课堂表现展示交流的自信心。三是学校每周组织一次对小组长培训，内容为小组的建设和组长的职责，可以印发资料及观看视频等内容，培训人员由学校老师轮流。四是学校每学期要在各班随机抽取2个小组进行小组合作学习的效度测评，我们在测评中发现问题，针对性地找到解决问题的办法。

抓实践创新，从示范上引领。校领导带头参与学校教研、带头参与教学沙龙、带头参与备课、上课、评课。提出了"每天改变一点，每天进步一点"的口号，学校领导跟教师一起进步，切实转变教师的观念，由教师被动接受变成主动实践。注重培养校级骨干，每期都要让骨干教师上示范课，其他老师上合格课，实行师徒结对互助，让老师们用身边的课例做示范，用身边的老师做榜样。

抓常规管理，从制度上保障。按照县教委出台的学本式课堂改革三年行动计划要求，每年初学校都会制定翔实可操作性的方案，建立健全组织机构和推进措施和考核制度，按照方案有序推进。在推进过程中我们坚持在课前导学案的撰写上下功夫；坚持在课前学生的预习上下功夫，坚持在课堂中学生的互学、展学上下功夫；坚持在课后的反思总结上下功夫。我们注重过程的管理，有记载、有考核、有兑现。坚持联系实际，学以致用，不盲从，不浮夸，因地制宜、因人而异、因势利导，创造性地开展教学改革实践。

四、分析出现的问题

我们的教学中把主要精力放在了研究教师如何去教，对学生如何去学忽视了，学生如何去学可以说我们从来都没有去研究过。这样就导致了教是服务于学生的学观念落实不到位，学变成了服从和接受，学生的主体地位没有显现。

老师们教学的功利主义思想严重，老师们总想用最短、最直接、自认为最有效地方式去教学，有时为了一节课目标迅速达成经常给孩子吃"压缩饼干"，忽视了孩子知识体验的过程，结果造成学生的创造力丧失、对学习兴趣的丧失，对学习效率的低下、对学习的冷漠，甚至厌学。

老师们总喜欢把时间放在课上和课后，忽视了课堂40分钟背后的工作，忽视了备课环节，我在调研中发现，老师们常规的备课，一节课的有效时间几乎不足50%，其余的环节都很随意，可以说一节课浪费了50%的宝贵时间，没有紧紧围绕目标，想办法带着孩子一起突破重难点，忽视了孩子情感世界的构建，在一些课堂中，让孩子感受不到学习的快乐，成功的自信、期待的温暖。

五、解决问题的方法

加强教师的培训、鼓励教师小课题行动研究，组织专家入校指导，组织教师集体研读教材。加强教师专业能力提升，阅读专业书籍，观看学本的随堂课例。

研究学生的学习状况。组织学生培训，交给学生自学、互学、展学的方法，构建小组合作学习文化，对小组合作学习进行效度测评，提升学生的自信心。

深入推进课改，有自我突破需求的老师组织在一起设置教改实验班，用示范引领，用榜样引领，逐步探索，逐步总结，逐步辐射。

加强与共同体学校线上线下教学研究，以共同体教研带动学校教研，取长补短，互助共进。

定期举办教学沙龙，教学研讨，坚持在思想的碰撞中提升。完善考核制度，抓好常规教学管理。充分征求和采纳教师意见的基础上，制定本校绩效考核方案。对教师的德、能、勤、绩等方面进行考评、奖惩、晋升、调配。对搞课改的教师开绿灯，提高积极性。

国运兴衰，系于教育；三尺讲台，关乎未来；改之路，我们从未放慢追求的脚步，今后，我们将继续认真扎实推进学本课堂改革，常态化地开展学本课堂实践研究，不断提高教育教学质量，加快学校内涵发展的步伐，办好人民满意的教育。

家校深度融合，共促学生成长

重庆市垫江县坪山小学校　刘国权

教育的根本在家庭，重点在学校，关键在个人。为深入贯彻习近平总书记在全国教育大会上讲话的精神，切实加强学校对家庭教育的指导服务，健全学校家庭教育指导服务体系，促进教育多元化，深入推动家长学校工作的顺利开展，了解学生在家、在校的实际情况，做好家长和教师之间的沟通交流，培养孩子良好的学习习惯，营造全社会协同育人氛围，促进学生全面发展和健康成长。我校在家校共育中，为家校共育提供科学的方案指导，为家校共育提供了有益的探索，切实提高家校合作的效率。

一、健全组织机构，规范管理制度

学校成立"家校共育"领导小组。学校成立以党支部书记、校长为组长，分管领导为副组长，班主任为成员的领导小组，负责学校家校共育工作。

成立家长委员会。成员由班主任通过家访掌握的家长情况，每班推荐两名责任感强，有教育热情的家长，在德育处的组织下成立学校家长合作委员会，成为家长深入了解、参与、监督学校日常教育教学工作的有效途径，使学校的工作家长看得见，家长的意见学校听得见，进一步加强了家校联系，助力"家校共育"

形成制度考核保障。为认真落实全国家校共育数字化试点校工作，经学校研究决定，将全国家校共育数字化试点校工作纳入班主任考核，具体实施办法：每周的专家讲座班级收看率60%以上为合格，90%以上为优秀，班级收看率低于60%的每次扣0.5分，高于90%的每次加0.5分；每周的社会实践活动班级完成率60%以上为合格，90%以上为优秀，班级完成率低于60%的每次扣0.5分，高于90%的每次加0.5分。

二、深入挖掘资源，引导教师学习

学校积极邀请全国"家校共育"入校指导培训，为全校班主任进行理论的指导分享，以及现场与老师们交流并答疑解惑。

教师培训积极参与。学校在2020年暑期，安排了两名教师参加了"全国高级家庭教育指导教师专项培训"（网络研修）；2020年秋期开学时，两名参加培训的教师先后面向全体教师召开"家校共育"微型讲座。讲座结束后，再由班主任老师分班向家长传达科学有效地家庭教育方法，保证"家校共育"的科学有效。

课题的参与和推进。学校申请的重庆市教育科学规划重点课题"农村小学'盘中餐'劳动课程的开发与实践研究"成果申报，并顺利开题。

三、以活动为载体，抢建家校桥梁

引导参与实践活动。学校教师及时提醒家长积极指导孩子按时完成每期社会实践活动，并在每期选出完成的特别好的孩子公开表扬，以提高积极性，每次社会实践活动完成率都在60%以上。

引导观看专家讲座。学校教师按时将平台发布的直播讲座通知转发到班级群里，并督促家长按时收听，每次收听率都能达到80%以上，基本保证大部分家长都能有所收获，让家长为孩子的成长提供科学的家庭教育，改变家长错误的家庭教育观念，进一步夯实"家校共育"成果。

引导建立学生记者站。学校根据推荐与自愿并行的原则，从每个年级选取5名小记者建立学生记者站，收集整理学习生活、社会实践活动中的优秀人物和先进故事，通过信息报道展示给全体学生和家长，树立榜样和模范，进一步增强家校信息互通，促进"家校共育"。

订阅《中国家庭报刊》《青春健康杂志》。学校为广大师生订阅杂志，鼓励学校为家长学校兼职教师、家委会提供基本专业配　备，并积极向家长宣传，提倡学习型家庭建设。引导教师专业化成长引导学生自主阅读、自我教育、自我成长更是"家校共育"工作的重要目标。充分发挥青少年专业读物的作用，引导学生提高辨别是非的能力，培养学生自我教育的能力，增强学生社会综合实践能力。

开展学校课程。为了让更多的家长关注学生的学习活动，学校开展了系列亲子活动，比如亲子阅读，家长在教师和学生的共同邀请下，利用在校在家的时间共同完成学习任务，充分拉近了家长与学校、教师间的距离，也是家校合作模式的良好探索。召开全校学生家长会，把家长请进来，与孩子、老师一起面对面交流孩子的教育问题。家长们从不同角度提出了学校教育方面的建议，学校领导解答了家长的困惑。选择身边的有良好家风的家庭，邀请家长在每周一升旗仪式做分享，并且学校利用各种平台，向全体家长推出优秀孩子的家庭故事，用身边的故事感染带动更多的家长重视家庭教育，进而形成更强的家校合力。

四、家校创建工作，取得成效显著

通过家访活动起到沟通家长和学校的作用，维护学生身心健康，加强学生的修养，培养学生良好的行为习惯、学习习惯、文明礼貌习惯和卫生习惯，使学生将来有能力解决纷繁复杂的问题和困扰。

解放思想，转变观念，树立了正确的学校与家庭的联系观念，扭转了在家校联系中的"单纯电话联系"，以及向家长"告状"的不良倾向，提高了家庭联系质量，推进家校合作教育的实施。重视德育教育的同时，加强能力的培养，达到"育分又育人"的目的。学生养成教育融入各学科教学之中，　习惯养成与能力培养齐头并进。

在推广家校联系新的教育管理模式更进一步，学校挖掘教师潜能，不断发挥教师的主动性、创造性，促进了教师的专业化成长，培养了更多研究型、改革创新性的教师。

加强学生的德育管理，从教学、管理、生活各个层面提高了学生的整体素质。促进了学校良好教风和学风的形成，逐步形成教风正、学风浓、积极自主合作学习，积极进行研讨的良好风气。

教育家苏霍姆林斯基说："若只有学校而没有家庭，或只有家庭而没有学校，都不能单独地承担起塑造人的细致、复杂的任务。"家庭的温暖给了孩子成长的动力，学校的学习赋予孩子成长的能量，家庭与学校的密切配合才能给孩子一片更广阔的天空。后期，学校将不断加深家校之间的交流，紧抓住家校共育这条路径，让家长在与学校的配合中，增加对学校教育的信任，改善家长盲目焦虑的心态，共同为青少年全面、健康发展创造良好的教育环境，营造良好的家校共育氛围，为学生的成长成才助力。

以特色促发展，办好农村教育

重庆市江津白沙中学校　杜廷平

乡村教育不仅是现代乡村建设的基本要求，也是乡村文明复兴的根本手段。党的十九大明确提出"实施乡村振兴战略"的重大历史任务，强调要"推动城乡义务教育一体化发展，高度重视农村义务教育，办好学前教育、特殊教育和网络教育，普及高中阶段教育，努力让每一个孩子都能享有公平而又有质量的教育"。我校作为一所农村初中学校，学校依托农村大环境，通过打造高效课堂，解决了教材和教师教学实践中存在的一些问题，提升了学校的教育质量。

作为乡镇学校，我们已经享受到和城区学校平等的教育资源。2019年5月，区政府和教育部课程教材发展中心签订了课改实验区协议，我校有幸成为实验区种子学校，并深度参与其中。我们以教育部课程教材发展中心及区教委主导的"学校文化建设"、"学校课程建设"、"深度学习教学改进"三大项目为抓手，全面实施课程改革，积极探索适应白沙中学发展的课改经验。

一、以质量为导向，开发校本课程

学校以提高质量为导向，着力实施基于课程标准的国家课程，开发了文化类、艺体类校本课程，"白沙抗战文化融入校本课程的实践研究"被列为教育部课程教材中心第四批校本课程专项课题。我校校本教材具有多样化特点，如：艺术课程，包括体育、音乐、舞蹈、美术、书法等类别；技能课程，包括生物、物理实验、地理、科技航模、创客、计算机等各兴趣小组；专题课程，包括心理辅导、青春期教育、德育主题活动、礼仪等；文学类，包括播音主持、写作、话剧、图书阅读等。在实施学生特长教育的过程中，我校注重了分层次、定目标的原则：初级目标是让所有学生都选择培养一个高雅的兴趣爱好，特别是让学困生也动起来，由此提高他们的学习兴趣；二级目标是在兴趣班学生中选取特长突出的学生，由指导教师进行培养；三级目标是以特长生班为依托开展学生社团建设，打造校园文化建设。

二、实施"三名工程"，培养优秀教师

在"走出去，与同行共舞；请进来，与名家对话；推出去，在竞争中磨砺；沉下来，在研究中成长。"的指导思想引领下，学校积极实施"三名工程"，通过聘请专家学者，举办专题讲座；坚持名优结对，传帮带齐成长；开展读书活动，引领自主学习；参与学术交流，教学互助互帮；加强校际联合教研，共研共享共进等措施，努力培养"名、优、特"教师。学校在经费紧张的情况下，积极投入教科研经费，各级专项培训能及时为教师解决交通、食宿补贴。凡有价值的培训都尽可能

让教师参加，受训老师回校后在教学中加以运用，并向教研组推广外出的学习经验，取得了较好的效果。

三、以课堂为载体，强化活动育人

学校以高效课堂为载体，落实“四字”常规。抓学案反思，突出“实”字；抓课堂教学，突出“改”字；抓作业反馈，突出“精”字；抓听课评课，突出“促”字。坚持“六个一”活动，即教师每期看一本教育理论书籍；搞一项科研教改专题：上一节汇报课；写一篇教学论文；组织一次学生活动；转化一个后进生。通过以上措施，提高教师教育教学能力。

为了彰显“品学兼优，全面发展”的办学理念，学校强化活动育人，开展了田径运动会、排球运动会、校园十佳歌手赛、征文演讲、书画大赛、校园艺术节等丰富多彩的活动。2015年、2017年、2018年均获江津区中学排球比赛男女队一等奖的优异成绩。在江津区第29届田径运动会中获团体总分二等奖，第30届中获团体总分一等奖、金牌总数第一名的好成绩。

学校结合校情，打造出“以艺术为载体，以排球为突破口”的办学特色。艺术以舞蹈为主，学校成立舞蹈兴趣小组，有专、兼职指导教师指导培训，并设有专门的形体训练室，学校还根据具体情况，聘请校外专业人员到校指导。目前，学校成功举办了43届校园艺术节，并多次组织学生参加江津区“滨江之夏”、白沙镇文艺专场演出，连续5届参加了白沙镇政府举办的“抗战文化节”。2017年，学校舞蹈特色教学通过了区教委的校园文化建设验收。

在排球方面，学校提出了“弘扬拼搏精神，打造排球名校”的发展目标。早在1983年，学校就组建了第一支排球队，每年举行一届校内学生排球运动会，参加各级排球比赛。学校确立了排球教学发展从创建、强化到特色的三个阶段，把排球由单纯的运动，指向为具有持续性的、恒久的一种拼搏精神文化。学校荣获江津区排球A级特色示范学校、重庆市排球特色学校，2017年9月获赠“邓若曾排球学校”。

我们认为，艺术濡养美好心灵，体育锻铸顽强意志。艺体特色的打造，是实施素质教育的重要内容和途径，对促进学生全面发展具有不可替代的作用，它有利于学生陶冶情操、启迪智慧、增长知识、培养情感及意志品质等，对学生人生成长具有深远的意义。近五年，中青年教师参加优质课竞赛、基本功大赛、优秀论文评比等活动，有80余人次获得各级各类奖励。学生在科技模型制作、创新作文、绘画以及演讲、征文竞赛中获得奖项300余人次。学校连续十二年被评为江津区教育教学质量先进单位，连续三年学校年度考核、绩效考核被评为“优秀”。今年，我校升入江津中学96人，名列乡镇中学第一名。

风劲潮涌自当扬帆破浪，任重道远更需策马加鞭。今后，我们将继续深入贯彻习总书记对教育的重要指示精神，全面深化教育综合改革，促进教育优质均衡发展，在“人文江津·美好教育”的蓝图指引下，为办人民满意的教育而不懈奋斗！

打造文化内核，落实立德树人

重庆市江津区龙门初级中学　黄昌伟

教育的根本在于立德。落实立德树人根本任务，是我国高等教育事业不断取得新发展的关键所在，也是实现高质量发展、建设教育强国的必然要求。我校自1918年建校，在百余载风雨兼程的办学中着力打造以“鱼”为内核的学校特色文化，彰显集时代性、人文性、生态性为一体的特色文化魅力，逐步形成“鱼跃龙门，龙腾寰宇”特色学校文化品牌，落实立德树人根本任务，助力学校全新发展。

一、依据地域特色，挖掘文化精髓

我校地处浩瀚长江上游的龙门镇，这里有横亘于长江的龙门险滩，也有自古以来关于龙门滩巨石下的龙门传说。为回应龙门百姓对“鱼跃龙门”的期盼和对“美好教育”的需求，学校遵循历史发展，依据地域特色，挖掘文化精髓，结合时代要求，下好思想引领、深度调研、实践完善三步棋，围绕“鱼”清浊皆宜的习性、刚柔兼济的塑性、荣辱与共的品性、兼收并蓄的秉性、超越自我的韧性，不断丰富“鱼”文化的内涵和外延，深入挖掘“鱼”文化精髓，聚焦“鱼跃龙门，龙腾寰宇”办学追求，搭建了学校文化四梁八柱，构建了办学核心理念系统。通过精神文化建设，夯实情感根基，重点培育“无微不至”的关怀之情、“校兴我荣”的主人翁情、“鱼水情深”的师生之情、“风雨同舟”的同窗之情、“结草衔环”的感恩之情，润泽师生生命成长。

“鱼文化”包含的教育管理学理论有：励志教育、信念教育、愉快教育。鱼跃少年核心素养即：爱国、崇德、尚学、有为、笃志、自信。

学校的核心办学理念“鱼跃龙门　龙腾寰宇”其意为为师生提供良好的育人环境，激发学生学习的内生动力，坚定学习目标，不畏艰难、持之以恒，积小跃为大腾，着眼世界、放眼未来，放飞梦想。

二、统筹规划格局，建设学校文化

学校通过健全“统”的格局，发挥“聚”的作用，做好“引”的工作，结合声光电等视听特效，建成了“一纽带一广场一厅两苑两墙三廊三石六楼全覆盖”文化系统工程。“一纽带”即由“水”为纽带，贯穿整个学校；“一广场”即位于教学区域的“鱼跃广场”，有高12米的“鱼跃龙门”大型雕塑坐落在直径5米的圆形水池上；“一厅”即多功能厅“喻闻厅”；“两苑”即“愉悦书苑”和励志文化展示厅“喻志苑”；“两墙”即在教学楼分立两幅25*3米的励志标语书画文化墙；“三廊”即鱼文化长廊、风雨长廊和博物长廊；“三石”即篆刻鱼跃龙门四个大字的“标志石”、诠释学校发展成就的“校赋石”、雕刻鱼跃少年核心素养12个红色大字、重达16吨的“素养石”；“六楼”即教学楼“鱼跃楼”、办公楼“授渔楼”、实验楼“鱼趣楼”、教师周转房“鱼智楼”、女生宿舍“鱼雅楼”、男生宿舍“鱼轩楼”。

通过深度调研、公开征集、反复打磨，系统设计了彰显“鱼”文化核心理念的学校文化标识。在此过程中，全校自上而下全员卷入，师生主动参与、热烈讨论，充分发挥集体智慧，有效整合家校社区优质资源，优化融合鱼水文化符号，在设计校徽、校旗，创作校歌、校赋、誓词，征选校树、信物、吉祥物等过程中统一了思想，达成了共识，共同营造出教学相长、鱼水情深的人文氛围。

学校校徽的主体色彩为红底白字，醒目、简洁、大气。红色在中国传统文化中象征庄严、尊贵、权威；在日常生活中，它象征阳刚、热烈、浓郁、美好。中心主体色彩红中偏黄发亮。黄色是至高无上的象征，中国传统的文化中黄色也代表龙，和图案主体字“龙”互相映衬，显得高贵、庄严、肃穆。中心发亮象征龙门中学美好的前景。中心图案：构图主体是一个篆书“龙”字，以古体字（篆书和甲骨文）为主体图案，象征龙门中学悠久的办学历史和丰富的文化底蕴。整个标志把我校的校名、地名、历史、以及龙中人的精神和龙门中学新的办学理念（鱼文化）融为一体，是人文、地理的统一。

三、构建课程体系，实施四“鱼”课程

在国家课程、地方课程和校本课程三级课程基础上，进行统筹整合和拓展创新，构建四“鱼”课程体系，包括：鱼系列·基础课程、渔系列·拓展课程、愉系列·特色课程、跃系列·专项课程。

一是做强基础课程，标准化实施国家课程，促进课程育人。比如，在严格按照课程标准实施《语文》课程中，巧借七年级上册《中国古代神话四则》等教学契机，把深入挖掘的“鲤鱼跃龙门”神话传说的教育意义和文化内涵渗透其中；组织师生共同选编100则励志成语故事读本、300则励志名人名言读本等作为课程资源的有益补充，发展学生核心素养，促进课程育人。

二是做实拓展课程，多元化建设校本课程，发展素质教育。比如，依托“鱼乐圈”，成立“棋之舞”、“书之香”、“画之美”、“行之雅”、“动之律”、“子昂诗社”、“晨曦文学社”、“愉诵亭学校广播站”等学生社团，为象棋、书法、绘画、合唱、舞蹈、诗词、文学、播音等爱好者搭建平台，多元化建设知识拓展类、职业体验类、社会实践类校本课程，通过组织研学旅行、综合实践、“春·语、夏·乐、秋·娱、冬·跃”等主题活动推进活动育人、实践育人，发展素质教育。

三是做优特色课程，品牌化打造传统项目，践行五育并举。比如，结合“特色排球”传统项目，建设符合学校体育工作需要和师生发展需求的特色排球课程，通过创编“千人快乐排球操”、组建班级-年级-校级“三级梯队”排球人才队伍等途径，师生全员参与排球基础知识或竞技技能学习，充分发挥排球“以球育德、以球促智、以球健体、以球修美、以球益劳”综合育人功能，践行五育并举，培育时代新人。

四是做精专项课程，精品化推进德育课程，落实立德树人。比如，围绕“鱼跃龙门，龙腾寰宇”学校特色文化，建设鱼跃励志专项课程。以“讲励志故事、写励志征文、辑励志语录、跑励志早操、呼励志口号、唱励志歌曲、做励志标兵”等丰富励志课程实施形式，以“鲲鹏立志节、鲤鱼励志节、鲶鱼激励节、孝鱼感恩月、渔翁丰收节”、“新生授鱼符仪式、学月鱼跃表扬大会、年度鱼跃颁奖典礼、鱼跃龙门毕业仪式”等主题教育巩固励志课程实施效果。近年来，龙门中学励志课程立德树人成果产生广泛影响，多次受到新华社、中国网、中国教育报等媒体专题报道。

四、创新教学模式，完善激励机制

探索“双导五步”课堂教学新模式，“双导”即教师引导、学案导学，“五步”即“导—悟—辩—评—思”五个教学环节。构建“自·助”型师生共同教学体，即培养“双自五跃”型鱼跃少年（自学自育，跃德、跃智、跃体、跃美、跃劳）；培育“三全双助”型导师（全员、全过程、全方位，助德助学）。授人以鱼，规范教学常规，夯实基础；授人以渔，注重素养教学，倾传技艺；授人以欲，让学生求知若渴；授人以愚，让学生谦卑若愚；授人以愉，让学生好学乐学；授人以遇，创造展示机会，助力成才；授人以誉，坚持尊重激励，自我实现；授人以宇，培养家国情怀和世界眼光，海纳百川。

以文化人，完善“鱼跃龙门”激励机制：寻找“最美”教师，树立精神标杆。通过学生问卷、座谈等形式，在学校掀起“争当孩子和家长心中的好老师”主题实践活动，设置“新人奖、精英奖、最受欢迎奖、创新奖、奉献奖、团队奖”等，让老师们争做新时代“四有”好教师，龙中“助跃”好教师。

评选“鱼跃”少年，发挥榜样力量。每学年开展“鱼跃龙门”大型励志特色主题活动，邀请社会各界人士、学生家长等与学生们穿越“龙门”礼，表彰年度“十佳鱼跃少年、学习之星、进取之星”等，发挥榜样效应，营造树榜样、学榜样、追榜样的良好氛围。

强化梦想教育，助力龙腾寰宇。泱泱中华，历经风霜，孕育了博大精深的民族文化，创造了巨龙腾起的民族奇迹。屹立世界，面临变局，现代教育当培养具有家国情怀和世界眼光，能担负起民族复兴大任的时代新人。为此，龙门中学把学生的人生梦想同“中国梦”、“世界梦”、“宇宙梦”联系起来，让学生在任何一个地方都能成为有能力、受欢迎的人。开展“中国梦·青春梦、我心2035”主题活动、参观科技馆活动等，通过信息化手段、互联网技术等，把梦想教育融入课程建设和课堂教学中去，延伸到活动育人、实践育人、环境育人的各个方面，引领全校学生奋进筑梦，龙腾寰宇。

“鱼跃龙门”提高了我校的美誉度。学校所提倡的“八鱼”教育管理理念融合了梦想教育、励志教育、目标教育、快乐教育、信念教育、激励教育等核心内涵，尤其是“励志教育”为主的系列教育为大量的留守儿童、学困生、后进生提供了强大的精神扶贫，让留守学生在身心协调发展、精神素质提高等方面起到了良好推动作用，成为学校进行留守学生、学困生、后进生“精神扶贫”的有力举措。近年来，区内外20余所学校到校考察交流，学校所提倡的以“鱼水之情”为情感先基的教育理念受到同类学校的好评。

不忘初心，牢记使命。今后，我校将进一步提升德育教育实效性。不断探索新的教育路径，不断增强学生文明素养、社会责任意识、实践本领，培养德智体美劳全面发展的社会主义建设者和接班人。

“德能教育”洋溢馥郁芬芳

重庆市江津区双槐树小学 李永权

教育着眼于学生核心素养的全面发展、长远发展，从知识能力、学习体验、健康生活的培养需求，上升到注重培养有理想、有本领、有担当的全面发展的人。创办怎样的学校、培养怎样的学生、走怎样的发展道路，这也是指引学校长远发展的参考坐标。按照全国教育大会提出的要在增强综合素质上下功夫，教育引导学生培养综合能力、培养创新思维的要求，坐落于重庆市江津区白沙镇的双槐树小学遵循“心怀天下立德，情怀巴渝树人”为办学宗旨，以“让所有的美与孩子相遇”为办学理念，培育“德能教育”品牌，在不断探索中努力实现了“培养素质全面、有家国情怀适应社会发展的未来人”的办学追求。

潜心探索积淀深厚文化底蕴

党的十八大报告首次提出“把立德树人作为教育的根本任务”，党的十九大报告指出“要落实立德树人的根本任务，培养德智体美全面发展的建设者和接班人”，全国教育大会强调要把立德树人融入思想道德教育、文化知识教育、社会实践教育各环节。这些都为新时期教育工作提出了更高的要求。

双槐树小学始建于1934年，几经易址，历经80余年的风雨洗礼，形成了优良的办学传统和深厚的文化底蕴。学校根植家乡这方沃土，传承着白沙的教育文化、抗战文化、非遗文化以及崇文情结，形成了优良的办学传统，培育了一大批优秀学子，为学校德能教育提供了厚实的土壤。按照“立德树人”的基本要求，学校坚持育人为本，在传授基础知识、基本技能的同时，深入探索课程育人、文化育人、活动育人、实践育人、管理育人、协同育人的方法与途径，不断构建“槐美课程”为基础的“德能”教育模式，遵循“立德强能，日日增新”的校训，发扬“上上上，天天向上，行行行，日日践行”的槐小精神，“为未知而学，为未来而教”，培育学校德能教育品牌。

近年来，双槐树小学先后荣获江津区首批示范学校、中国特色教育理念与实践学校、全国基础教育特色名校、国家农村中小学远程教育实验学校、全国少儿书画百强单位、重庆市教育科研基地学校、重庆市电化教育示范校、重庆市家长学校先进学校、重庆市巾帼文明岗、重庆市中小学特色学校战略研究先进集体等荣誉称号，成为地方教育界“以槐美之名，育德能之人”的名牌学校。

“三德”、“三能”筑牢坚实教育根基

双槐树小学的“德能教育”是指以道德能力和能量、做人做事观念和能力为培养目标的教育。德能教育关注人的能力、素质、才能与品德的相关联，专注于从学生在家、出外、待人、接物、为人、处事等日常生活中培养和提高学生的道德素质。在教育实践和总结摸索的基础上，学校结合双槐树这一名称中的两个槐（怀）和一个树，确立了“心怀天下立德、情怀巴渝树人”的新时期办学宗旨，着力培养具有“三德”、“三能”品质的学生。

“三德”教育是“槐美课程”的基石。双槐树小学德能教育中的德，重在培养具有良好个人品德、家庭美德、社会公德的“三德”学生，培育读好书、写好字、唱好歌、做好操、扫好地的“五好”品质，积极打造书声琅琅的校园、欢歌笑语的校园、干净整洁的校园、生命律动的校园、温馨和谐的家园这“五园”，着力培养讲诚信、重孝道、懂礼度的新时代学子。

“三能”教育是“槐美课程”的目标。学校德能教育中的能，核心在于培养具有自主能力、自省能力、自新能力的“三能”学生。学校通过特色活动、地方文化育能，针对不同年龄段学生的特点，开展了“晨歌午享暮省”（晨间集体高唱一支歌提振精气神、午间学生轮流分享读书心得培养自主自信、回家给家长自省一天优缺点在反思中自悟自新）、升旗雄风、校定教育日、“德能杯”等不同类型的系列活动，让学生在参与体验的过程中，培养能力，享受成功，增强自信。

创新模式打造“德能教育”主阵地

作为“德能教育”的重要组成部分，双槐树小学的槐美课程是以江津区“三空间活力课堂”基地学校为契机，体现“三空间活力课堂”设计理念和学校价值追求的德能教育的主阵地。在德育过程与方法、德育资源的开发与应用等方面，学校开发并形成了具有社会主义核心价值观学校特色的“启业课程、诚信教育、家庭美德、社会公德、毕业课程”五大特色的育人系列主题校本德育课程体系。学校在追求好学校样态的过程中，根据学生实际情况，不断丰富多元校本课程，初步形成了包含德、智、体、美、劳“五育”并举的课程体系，主要包括槐德、槐能、槐智、槐雅、槐健五个方面。

为推进教学相长，学校既注重教师职业精神的培养，又注重教师业务能力的提升，通过分析师情、加强领导、理念渗透、以老带新、竞技比武、选贤任能、助燃激情，大力实施教师成长计划。为发挥骨干教师的示范带头作用，学校成立了槐花工作室，形成了教研共同体，规划了新入职教师“五个合格”、入职第二年教师“三个入门”、入职第三年教师“三个入格”的培养考核标准，促进教师专业成长。学校着力“抓好前五年”，即落实青年教师“一年入门、二年达标、三年创优、四年冒尖、五年成才”的具体目标，帮助教师由职初教师向有经验教师、专家型教师成长。经过不断地锤炼，学校培养了一支业务精良、师德高尚、爱岗敬业的教师队伍，最终形成各个学科百花齐放，课程建设自成体系的良好局面。

此外，形式多样、培养科学精神的社会实践活动，以“让知识成为智慧、让知识促进能力”为目标的拓展学习型、实践应用型、主题研究型、展示体验型、学科整合型等多形态课辅活动，以及门类丰富、精彩纷呈的兴趣小组活动，成为“槐美课程”的有效拓展和延伸，进一步突出了品德与行为、文学与创作、艺术与审美、运动与健康、科技与创新的相得益彰，最终推动学生人人有特长、个个有发展。让双槐树小学的每一朵槐花静静开、朵朵香、团团放。

让教育更温暖 让孩子更精彩

——重庆市教科院巴蜀实验学校探索“生活养育”育人新实践

重庆市教科院巴蜀实验学校 戴向平

一座城市的文明程度，取决于对弱势群体的关爱，取决于带给弱势群体的幸福程度；一所学校的成功，在于教育人的情怀和温度，在于他们用心、用情、用智带给孩子的幸福成长。

成立于2003年的重庆市教科院巴蜀实验学校，作为一所为数不多的义务教育阶段城市寄宿制学校，一直以缓解城市“留守”儿童教育难题为己任，逆势而上，勇于担当，创新探索“生活养育”特色育人模式，将爱的阳光洒向城市角落中更多需要关怀的孩子。

立足自理自立自强，践行生活养育模式

城市留守儿童现象，是经济社会快速发展过程中，不少城市家长因工作繁忙或岗位流动大无暇顾及孩子教育，从而使孩子缺少正确的引导和关怀，以致于成为城市中的“留守”。这类学生在生活自理能力、行为习惯培养等方面亟待加强，需要得到家庭、学校、社会的关心与关怀。为此，巴蜀实验学校率先提出“生活养育”的特色育人理念并付诸实践。

“生活养育”，源于陶行知先生“生活教育理论”中“生活即教育，社会即学校，教学做合一”的理念主张，强调以生活教育为路径，以学生在校集体生活为契机，采用认知、体验、活动、实践、评价等多种形式，尝试系统化、序列化培养学生生活习惯，促进学生自理、自立、自强，从而实现全人教育的发展目标。

“生活养育”理念的提出和实践，为新时期解决城市“留守”儿童教育短板问题提供了积极的思路，体现了教育人的责任和担当。

坚持用心用情用爱，补齐家庭教育短板

“爱是学生成长的基石，是实施‘生活养育’育人模式的重要前提，让学生感受到爱比他们掌握知识技能更重要。”巴蜀实验学校始终坚信，“‘留守’学生家庭教育的短板往往需要得到更细心的关怀。”目前，学校建立了完善、科学的生活老师制度，每个班级均配备

一名经专业化培训后的生活老师，专职陪伴学生起居，培养学生独立生活的能力，其他老师则作为兼职陪伴孩子成长。此外，学校落实全员育人制度，每位教职工点对点关注1-2名学生的学习、生活成长，并纳入日常考核评价。每逢重大节日，校领导都会走进教宿舍、食堂、操场，关心还留在学校的孩子，陪他们一起包饺子、开晚会、庆生日等，让他们时刻感受到学校大家庭的温暖。

生命的成长需要爱的温度，也需要爱的智慧。除了用爱温暖每个孩子，巴蜀实验学校还长年聘用多名专业心理咨询老师，针对不同年龄段的学生组织开展不同的主题课程，帮助孩子们解决人际交往中遇到的困难，教孩子们基本的生活自理能力，遇到常见疾病的预防和处理方法……通过专业化的心理辅导教育，学校为孩子们的健康成长撑起了一把保护伞。

爱心+专业的辅导，让这里的老师不是亲人胜似亲人。好几次，值班老师在假期接到家长电话，孩子和自己闹别扭，向老师"求援"。这时候，值班老师往往只需要举重若轻的几句劝导，就让孩子与家长和好如初。这体现出了学生对老师的充分信任和依赖。

"选择巴蜀实验学校是我一生最正确的选择！"在小学六年级学生毕业典礼上，一位孩子家长激动地拉着老师的手吐露自己的心声，也说出了大多数家长的心里话。一直以来，巴蜀实验学校的老师用心用情用爱呵护孩子的健康成长，在家长中有着很好的口碑。

构建系统化课程，让好习惯落地生根

"生活养育"目标的达成，离不开系统化的课程支撑和坚持不懈的行为训练。为推动学生良好行为习惯的落地，巴蜀实验学校不仅出台了《中小学生生活养育课程指导纲要》，明确了生活养育的课程性质、课程目标、课程内容、课程实施、课程评价、课程管理等内容，还构建了"一核心四模块"的课程规划，让学生一点点完成蜕变。其中，"一核心"指一个核心目标，包括"养身心、养感情、养习惯"的"三养"目标和"育品格、育能力、育情趣"的"三育"目标；"四模块"指四个方面的养育内容，包括"身心健康、习惯情感、生活礼仪、生活技能"。

在具体实施过程中，学校以"化美"为目标，建构了整理、手工、烹饪、种植、交往等五种生活能力的课程体系，涵盖美化教室、厨艺养成、手工贴画、蔬菜种植等多方面内容。如今，走进学生寝室，每个房间整洁有序，床下鞋尖一律朝外，排成直线；毛巾统一悬挂在走廊，标注个人姓名；连桌上的洗漱物品，也要排列整齐成直线……凡是参观过的家长、来宾都对孩子们日常的内务管理赞不绝口。

除开设专题生活养育课程外，学校更重视将生活习惯、自立能力培养与各学科深度融合。如与语文、思品等学科融合，促进学生对生活及劳动的理论认识；与数学、科学、物理等学科融合，加深学生对劳动的宽泛理解；与体艺等学科融合，升华学生的人文情怀。

此外，生活养育课程的落地实施还离不开科学的评价激励。目前，学校针对好习惯养成编制了《好习惯手册》，建立了"点面结合，层级申报"的整体激励体系，通过日评、周评、月评、期评以及自评、生评、家长评、教师评等方式形成综合评价，作为学生评优评先的重要依据，激发学生的学习积极性和集体荣誉感。

2020年12月2日，中国教育学会中小学整体改革专业委员会组织全国会员单位会议在学校召开，北京、沈阳、武汉等地的协会领导、专家以及100余所中小学校校长共200多人齐聚巴蜀实验学校，参观师生的劳动现场。看着孩子们熟练地包抄手、择菜、和面、叠军被、扎染、插花、种植蔬菜等，客人们纷纷竖起大拇指，盛赞"生活养育"育人实践既贴近生活又勇于创新。

推行家校社一体化，让阳光少年更阳光

有了丰富的课程体系做支撑和评价体系做保障，还需要整合资源形成多方合力。为此，巴蜀实验学校以校园活动为载体，积极探索"学校—家庭—社会"一体化的生活习惯培养模式，循序渐进地推进学生生活养育习惯培养计划。

班级菜园成为学生劳动习惯培养的热土，学生积极参加蔬菜耕种、除草、收获的全过程，每次劳动都忙得热火朝天；厨艺大比拼活动上，学生做面包、包饺子、自制串串、水果拼盘，技艺娴熟，丝毫不输家长……日常活动课程给了学生展示的舞台。

此外，学校还利用升旗仪式、朝会、班会等时间，开展"十个好习惯"主题教育活动；利用常规课堂教学活动不断渗透习惯教育，如语文课重在培养"喜爱阅读"的习惯、数学课重在培养"做事专注"的习惯等；每年传统的"绅士淑女工程"、"体育文化艺术节"、"生活技能大赛"等趣味体验活动，大大促进了学生好习惯的养成和自立能力的提升。

学校教育再好，家长不理解，"5+2"也会等于"0"。一直以来，巴蜀实验学校高度重视家校共育，通过家长课堂、校园开放日、亲子运动会等方式，让家长了解生活养育理念，达成生活习惯培养的共识。同时，通过家庭作业的评价引导，让好习惯在日常家庭生活中固化。如布置"我给妈妈做的晚餐"作业，培养学生"讲究卫生、做事专注、热爱劳动"的习惯。

家庭、学校、社会三位一体，才能形成育人合力。为此，学校积极鼓励学生参与社会活动，在体验中意识到良好习惯的重要性。如在主题为"劳动体验"的研学旅行中融入"遵守规则、善于合作"习惯培养，提醒组员遵守各项规则，分工合作，有序参与。

经过多年探索，巴蜀实验学校已从创办之初的不足200人发展到现如今的2000多人仍不能满足需求，且先后有来自海南、山东、四川、西藏等二十余省市近4000人次慕名前来学习"生活养育"育人实践特色以及城市义务教育寄宿制学校办学经验，并获得全国青少年艺术人才培训基地、重庆市中小学安全教育示范学校、重庆市首批立德树人特色项目实践研究基地等众多荣誉。毫无疑问，巴蜀实验学校"生活养育"特色育人模式，为城市留守儿童的幸福成长，探索出一条有温度、有担当的创新之路。

归原教育本真，培养未来人才

重庆市九龙坡区第一实验小学　何军　涂敏

教育的核心是育人，让每一个孩子成为一个充满快乐、富有智慧、担当使命、努力奋斗、对社会有用的合格人才。归原教育本真就是回归到教育原点，坚持以立德树人根本，培养学生全面发展。我校始建于1988年，位于杨家坪上游村，原名西郊小学。学校以"理念立校、文化治校、良师兴校、课程强校"为发展目标，构建了"归原"文化体系，旨在回归本真，回到根本去探索研究学校和教育的问题，努力让教育贴近生活、关注生长，让生命更加自由舒展，看见远方，遇见未来。

一、实施"归原"文化，提升核心理念

"归原"文化的核心理念是筑基每一个人的美好未来。即：关注每一个人的发展，兼顾个体与群体的协调性和一致性，让学校的管理者、教师、学生和与学校教育相关的任何一个人，都有美好未来。

在落实理念立校、文化治校目标上，学校实施"九九归原"文化建设规划。提炼了核心理念、办学追求、办学目标、学校精神、校园文化、课程理念、教学理念、人才理念、管理理念九大理念作为精神力文化，提出了思想建设、制度建设、课程建设、干部锻造、教师提升、学生发展、资源保障、机制保障、评价保障九项实践为执行力文化。"九九归原"文化建设统领学校各项工作，推动着学校高品质发展。

"打开一扇门"是学校的文化主题，是文化建设的呈现方式。引导学生对内打开自我认知之门，与自己对话，学会自我规划、自我肯定。对外则要打开通向世界之门，需要储备能力，涵养智慧，打开友善之门、自信之门、阅读之门、思维之门、实践之门……每一扇门都是一次成长的体验。而与之相应的校园外显文化随处可见，比如以外形为琮、内刻阳文九叠篆字的壹和阴文的门，作为校徽，喻义九龙坡区第一实验小学的文化主题"打开一扇门"；七彩阳光的辅助图案，则是学校传承多年的阳光理念，以色彩丰富的太阳鸟作为吉祥物，喻义生命向阳而生，多姿多彩。看得见的文化发挥着校园环境的育人功能，实现了环境育人。

在"归原"文化引领下，学校课程建设、干部教师队伍培养、学生活动等工作具有明确的目标和方向，形成了统一的价值认同和行为趋同。围绕校徽、吉祥物、校歌、文化主题等开展的共话学校文化活动，让全校师生对学校文化体系有了从认识到理解再到多元呈现的过程。学校所有管理部门、学科、班级都提炼了独特的部门文化、学科文化、班级文化，成为看不见的文化，发挥着文化育人功能，滋养着九龙坡区第一实验小学的师生。

学校系统的办学理念体系，显性的环境文化，隐性的管理文化、教师文化、学生文化、课程文化、学科文化、活动文化、班级文化……形成了显著的办学特色，浸润着师生的校园生活，成为凝聚干部教师团队、促进学生发展、推动学校前行的隐性动力。

二、深化课程改革，培养未来人才

"归原课程"旨在"适应学生，适应未来"，立足学生的需求和发展，助力学生成长成才。学校把课程建设作为一条重要的工作主线贯穿各方面，教师们积极参与归原课程体系建设，形成了5层框架、10个部分的课程结构，也深入研究出"晨韵朗朗"、"我行我秀"、"小创客，大创造"3个精品课程，所有课程聚集学生的"五体发展"培育目标，即：让学生拥有强健的体、灵巧的手、聪慧的脑、明亮的眼、温暖的心。学校制订了详细的课程实施计划，保障了学生全体、全面发展。课程改革成果和经验多次在区市级平台交流。

为未来而教、为未知而学是学校的教学理念。站在未来的视角思考当下的教育，引导教师们在教学中以一种更具有未来智慧的教育视角，在复杂多变的世界中培养学生的好奇心、启发智慧、增进自主性和责任感，引导他们积极地、广泛地、有远见地追寻有意义的学习。

学校把学生当成一颗颗不同的种子，用适合他们的方法去呵护培育，让他们向下扎根，向上生长，人人成才，个个精彩。调动一切可利用资源成为学生发展的有力保障，让教育的领域和途径更宽阔。如邀请世界冠军进校园宣讲，冠军的事迹与鼓励成为学生前行的更好动力；和动物园共建生态基地，请科学家团队为学生们上课；请重庆民间艺术家为学生上剪纸课、面塑课等。搭建学生展示自我的舞台，让他们释放潜能、激活天赋、舒展个性。

全国优秀少先队集体、全国啦啦操冠军、连续14年获市区游泳比赛之冠、市青少年光电射击冠军、柔道队晋升市运会、两届科技创新区长奖、全国篮球项目学校、全国青少年校园足球特色学校、艺术团频频登场市区舞台……莘莘学子正在努力为自己打开一扇自主成长之门，成为自己更好地样子，也正实现着学校的育人目标：培养走向世界的中国人、开创未来的现代人。

三、锻造教师团队，提高教育品质

办有境界的教育，做有格局的教育人，是学校的办学追求。在“九九归原”行动的统领下，学校以教师团队建设为切入点，建立研究团队，加强了教师队伍建设专业发展。赛课研究团队、学生活动课程研究团队、小课题研究团队、学科工作室研究团队、实验项目研究团队、青年人才发展研究团队……各类团队的成立、日常研究工作的投入使学校研究氛围更加浓厚，教师专业化发展成效明显。在九龙坡区赛课、班主任基本功大赛、青年干部选拔等比赛中屡获嘉奖。

“尊重生命，尊敬教育”的管理理念，让学校非常重视教育生活品质。教师校园生活的体验感和职业幸福感是团队建设的重要内容。学校每年组织教师迎新活动、学期团建活动、年度总结活动、教师节庆祝活动，有教师职业形象展示、有家人的神秘祝福、有从不同的视角对每一位教师给予充分肯定的隆重表彰。每次活动主题不一、风采不同，但相同的是提升团队凝聚力和教育幸福感。教师活动形成了独特的品牌文化，凝聚着教师团队，践行“立足脚下，力争上游”的学校精神，追求有境界、有格局、有品位的教育生活。

教育是一项事业，事业的意义在培养完整的人；教育是一门科学，科学的价值在于求真；教育是一种艺术，艺术的生命在于创新。我校的“九九归原”文化育人行动，让学校回归本真、回到常识，客观理性地审视学校教育，心平气和地办学，从而有效落实立德树人根本任务，为培养全面发展的社会主义建设者和接班人而筑基。

构建“三位一体”格局，激活学校发展内驱

重庆市九龙坡区歇台子小学　牟映　徐佳　陈林

学校是青少年成长的重要阵地，而家庭是青少年成长的第一个环境。学校和家庭这两个主要场所对青少年的影响是至关重要的。学校与家庭担负着引导儿童全面健康成长的重要责任，构建和谐的家校关系、融合社会资源助力学生的成长和学校的发展，形成合作共育的大教育格局，是儿童获得并提升综合素养的根本保障，也是现代教育的基本观念。我校作为具有80余年办学历史的区域示范窗口学校，具有深厚的历史底蕴、优秀的师资队伍、优质的家长和社会资源。学校一直以来对学校、家庭和社会形成三位一体的教育合力非常重视。为了进一步激发学校办学活力，助力学生成长和学校发展，近年来，紧紧围绕“歇台赋能　鹏程致远”的教育理念，通过建立三级联动机制，构建“三位一体”大教育格局，激发学校办学活力，促进学校内涵发展。

一、健全各项制度，助力学校发展

成立学校校务委员会，合力推动学校发展。校务委员会是我校治理的重要机构，是教师、家庭、社会参与学校管理的主要渠道。校务委员会主要担负咨询和建议、宣传和协调、审议和决定、评议和监督职能。校务委员会成员由校级班子、教师代表、家长代表、共建友邻单位代表组成。校务委员会设主任1名、副主任2名，主任由校长担任。校务委员会实行例会制度，每学期集中召开会议一次。

成立校级家委会，让家长真正地参与到学校管理之中。学校在已为每个班级成立了班级家委会的基础上，班级家委会主任自动成为校级家委会委员，下设执委会、联组部、服务社和义工团四个职能部门，每学期召开例会，学校校长定期向家委会代表汇报学校工作，收集家委会代表意见和建议，探讨学校发展途径，并参与学校管理和重大事项的集体决策。进一步发挥家长主体作用，加强学校规范化、制度化和精细化管理。

直选教代会代表，让每一位教师树立主人翁意识。我校始终坚持民主监督的底线。充分发挥学校教代会的作用，让其真正能够代表教师心声的，想教师所想，急教师所急。2019年学校按照学科比例，直接选举产生教代会代表。在支部的领导下，正式会议前选举产生大会主席团，并决定中心议题和会议议程。教代会代表组织教师收集意见并提交提案，大会主席团会议听取意见并起草决议草案。教代会原则上每年一次定期召开，近年来，我校通过教代会修改完善了《歇台子小学教师工作量的核算办法》《歇台子小学绩效考核方案》《歇台子小学延时服务工作方案》《歇台子小学延时服务经费管理办法》等与教师息息相关的重要工作方案。让教师真正成为学校的主人，主动为学校发展出谋划策。

改革学校中层干部岗位设置，让每一位干部深入一线扁平化管理。2019年6月，学校出台了《歇台子小学校级干部分工及中层干部岗位设置》的文件，每年竞争上岗，建立校务部、课程部、保障部和督导室“三部一室”，蹲点分布各年级，实施扁平化管理模式，充分落实学校决策中的有效分权，明确各部门管理权限，让学校各部门、各责任人明确自己的职责和权利范围，真正完善学校内部治理结构。

学校行政部门与以教师、家长、社区不同人员构成参与学校治理的平行机构：教职工大会、学术委员会、家长委员会、校务委员会、少先队大队委员会等共同管理理学校。分权的同时我们建立健全并完善学校的决策机构、执行机构、监督机构，使“三轮马车”各司其职、各自行使自己的权限，做到相互制衡和相互协调。

二、融合社会资源，提升教育格局

联动家长资源，开展家长课堂，扩展学生眼界。利用家长不同职业的特点，定期开展家长开放日活动，不仅深入课堂听课，走进食堂检阅，还根据自己的职业特点，站上讲台为学生授课，扩展了学生视野。

融合共建部队资源，打造学校国防特色课程。学校毗邻中国人民解放军78169部队、中国人民解放军陆军勤务学院、预备役高炮师等国防单位，具备得天独厚的国防双拥教育工作的地域优势。学校在80多年的办学历史中，学校一直延续着优良的国防双拥工作传统，与周边部队关系密切、情谊深厚，开展了一系列富有成效的国防教育和双拥共建工作。

作为被国家教育部命名的“全国中小学国防教育示范学校”，我校按照“遵循教育方针，突出爱国使命，强化拥军情怀，紧扣校本文化，形成自身特色，体现示范作用”的工作总基调，探索出歇台子小学“960　国防教育”模式。

“960国防教育”从“文化浸润、课程浸润、活动浸润”三个维度采用层级教育模式，培养孩子们的爱国情怀。我们为培育每一颗红色的种子，不懈努力。学校与共建部队签订共建协议，定期召开国防特色推进会，进一步完善了国防课程框架图，修订实施方案、研制课程标准，修改完善《红领巾心系国防》校本教材，开发并实施“十个一”国防教育主题课程项目，开设国防讲堂、参观国防基地，合力打造一年级雏鹰启航课程、六年级毕业季国防课程周等方式促进国防教育的深度开展。数十年来，我校积极热情地为周边部队官兵解决子女就读问题。并积极开展“爱我中华　健康成长”　爱我中华　健康成长”——“960　国防教育”国防周系列活动等众多形式多样的国防主题实践活动，在区域内形成了良好的示范影响效应。2020年12月，我校被重庆市委、市府和重庆警备区授予“拥军优属示范单位”。2021年9月，我校还将在此基础上，建立“少年军校”，组建国旗护卫队、开展珠心算技能培训、开展国防教育系列活动等方式，深入打造国防教育品牌，形成国防教育特色。

依托社区资源，为师生心理健康保驾护航。我校关注儿童的心理健康状况，依托渝州路街道相关资源，建立了心灵加油站，每周二为师生免费提供心理咨询。多次邀请心理专家，为师生开展专题讲座。

引进党校资源，开设师生思政大课堂。思政课是落实立德树人根本任务的关键课程，是青少年的第一课，思政课程是培养师生正确的人生观、价值观的重要课程。学校在建立全员、全时、全科“课程思政”系统的基础上，从2019始，进一步完善了我校与重庆市委党校的共建内容，定期邀请市委党校的教授和专家到校授课，依靠友邻单位重庆市委党校的专家力量，深入打造学校大思政课程。

依靠政府力量，助力学校环境发展。为了进一步改造学校环境，2019年暑假，在九龙坡区教委的大力支持下，学校对所有公共区域进行了改建，给师生营造了美丽的校园环境。我校积极响应上级号召，我校在九龙坡区教委的指导下，积极争取九龙坡区城管局、重庆市环卫集团的支持，按照课内外结合、校内外结合、家校社区结合及知行结合等“四结合”的工作思路，成立“小蜜蜂环保志愿者”服务队，开展了形式多样、内容丰富、特色鲜明的垃圾分类主题教育实践活动。并以此开展了垃圾分类知识学习、完善管理制度、培训分类流程图、强化课程教育、开展主题教育活动等。2019年我校被市委宣传部、市文明办等13个市级部门联合命名的“重庆市垃圾分类志愿服务市级示范岗”，2020年被重庆市团委、教委、文明办、宣传部、环境局、城市管理局、文化旅游局授予“无废校园”称号。

整合校外资源，打造学生成长服务新平台。2020年，为进一步贯彻落实教育部、市教委、区教委关于做好中小学延时服务工作的相关文件精神，学校通过做好“四个统一”，开好三个会议，拟好四个文稿来组织课后延时服务工作，我校不仅解决了家长“三点半”接送难的问题，还在学生能在校完成作业的前提下，开设由本校教师执教的适合班情、学情的70余门特色课程。

2021年，在进一步调研作业完成时长和问卷家长、学生需求的基础上，学校再次改革延时服务方式，由以往的两节作业辅导+一节校内教师特色课程，升级为两节作业辅导+一节专业教师特色课程。进一步整合校内外优质资源，加强市级团属公益性青少年校外教育活动场所与我区学校在青少年学生五育融合教育中的协作联动，共同搭建助力学生全面发展的成长服务新平台，推动优质校外教育服务的均衡共享，满足学生和家长对高质量课后服务的需求，我校与重庆市少年宫协作共建重庆市少年宫（歇台子）校园活动中心。开设舞蹈、语言、美术、体育、科技等13个类别，37个社团，为学生全面发展打造成长服务新平台，这为共建共享课后服务新格局、新路径提供了新的视野。

歇台赋能，鹏程致远。我校通过构建“三位一体”大教育格局，激发学校办学活力，促进学校内涵发展。为孩子们梦想插上光芒的翅

膀，让孩子们焕发出生命的光彩。立足新时代教育，我们将进一步提升教育理念，提升教育格局，培养学生全面发展。

崇德弘文聚奎筑梦 激活动能续写辉煌

重庆市聚奎中学校 戴海军

马鞍双峰对峙于前，驴溪清流环绕于下，重庆市聚奎中学就坐落在江津白沙镇AAA级风景区黑石山的青山绿水间。这所创建于1870年的百年老校，经历几代热心教育的创业者和几代聚奎教育工作者备尝艰辛的努力耕耘，行经义塾时代、书院时代、学堂时代、学校时代，由小学、初中到高中，由私立到公办，由寥寥数人到"奎星永耀"，在不断地探索、跨越中逐渐蜕变为一所办学基础坚实、教育特色鲜明、享有良好声誉的江津区办学规模最大的基础教育窗口学校之一。

崇德弘文，创校园文化品牌

遍布校园的名家诗刻、联刻，鹤年堂、七•七纪念堂等抗战遗址，以及鹤年堂、川主庙等古建筑，历经百年积淀形成了聚奎厚重独特的文化氛围。如何用活、用好这份"先天优势"，打造特色校园文化品牌？聚奎人一直在思考并实践着。

2017年，学校提出了"立足自身建构特色校园文化"的五年规划发展思路，以实施中华诗教作为特色文化建设的突破口，充分发挥中华诗词的育人作用，整体推进诗教景区和诗教名校创建工作。学校将诗教与语文学科教学深度融合，进行课程开发；常态化开展"每周一诗"、"诗教进课堂"、"升旗诵读"、"格律诗习作"等诗教活动，开辟多块诗教专栏，建构起氛围浓厚的诗教立体空间；与江津诗词学会、白沙诗词学会等联合，培养专业化诗教师资队伍；成立吴芳吉研究会，激发师生的创作兴趣与热情……系列举措让师生将中华优秀传统诗词文化、楹联文化入脑入心，使诗教工作得到全面推进，逐步成为学校的办学特色。

事实上，诗教只是聚奎中学构建"崇德弘文"德育品牌，落实立德树人根本任务的其中一步。近年来，学校结合新时代立德树人的总要求，系统化重构校园文化，将"培养品德高尚、学识渊博、心理健全、身体健康的时代新人"作为总目标，创建了"崇德弘文"文化品牌。以传统经典和诗词为载体，发挥熏陶功能，开展提升学生学养的"学养教育"；立足于为学生成长发展的方向和方法，弘扬校友正能量，开展提振学生精气神的"激励教育"；搭建多样化的发展平台，践行让学生在行动中体验、在体验中创新的"力行教育"；充分发挥制度文化的约束和激励功能，落实让学生养成良好的行为习惯和思维方式的"乐成教育"。四个维度相互联系、相互作用，促使学生不断向上发展。

课程是学校文化乃至办学主张的重要载体。为此，学校坚持用"崇德文化"统领课程，用新课程的理念设计德育活动，形成了以注重实践与体验的"五大系列德育活动"课程，促思教、育人心，致力把立德树人融入思想道德教育、文化知识教育、社会实践教育各环节。

翻转课堂，领课改潮流之先

时代的车轮永远向前。面对"加快推进教育现代化，办好人民满意的教育"的新时代教育强国的新要求，普通高中办学同质化竞争严重的趋势，以及学校发展受地理位置、办学条件等因素制约的现实难题，聚奎应该如何"突出重围"书写教育新篇章？"翻转课堂"成了破题的关键。

时间拨回到2011年，在经历了诸多尝试却并未达到课改预期后，聚奎中学总结原因，寻求突破，由学校信息技术教师张渝江带领教师团队将"翻转课堂"这一源自国外的新课程理念率先引进国内，并结合实际进行了本土化实践。课前，学生利用平板电脑等移动智能终端访问互联网获取优质教学资源进行自主学习，教师根据学生的学习大数据进行分析和针对性的备课；课中，教师对学生进行个别化答疑解惑并指导其应用知识解决问题；课堂和课外，都有大量的自主学习时间，同时也增加了师生、生生互动的机会。教学形式的翻转不仅激发了学生的主动性和积极性，更满足了不同层次学生个性化学习的需求。

从2016年开始，聚奎中学利用丰富的在线学习资源和大数据互动学习平台进行教学，又开启了"互联网+翻转课堂"新尝试。在此教学模型的基础上，学校又设计了"在线环境下的走班教学"，克服了师资和教室不足的难题。

不断升级的"翻转课堂"大幅提升了学生的学习能力和学业成绩，推动了学校办学水平的提升，不仅收获了家长、社会与的认可，也为普通学校实施翻转课堂和"互联网+教育"探明了新的道路，成为教育同行学习的典范，成为重庆市课改的"窗口学校"。据统计，从2013年到现在，到校观摩考察翻转课堂的教育同行达一万人次，单位800余家。学校教师应邀到全国各地作翻转课堂报告、给教师们作相关培训和上示范课共计300余场次，其中还有两名教师应哈佛大学教育学院和英特尔公司总部邀请到美国作经验介绍。2018年9月，聚奎中学翻转课堂案例更入选翻转课堂创始人乔纳森•伯格曼的演讲稿，在全球知名的TED平台得以展现。

志高行远，育未来时代良才

随着"崇德弘文"德育品牌的落地实践，"翻转课堂"影响力的日益扩大，聚奎中学逐步探索出了一条特色办学的路径，并收获了国家级绿色学校、全国和谐校园先进单位、全国国防教育特色学校、中华诗教先进单位，"小平科技创新实验室"学校、重庆市德育示范学校、重庆市教育信息化先进单位、重庆市诗教名校、重庆市文明礼仪示范学校，重庆市政府教学成果二等奖、重庆市教育综合改革成果三等奖，连续十年获得区级教学质量先进单位等称号和荣誉。

弦歌不辍，薪火相传；高山景行，奎星永耀。站在"十四五"规划的新起点上，聚奎中学将秉承"做最好的自己"的办学理念，以"学生终生受益，教师幸福工作，学校和谐发展"为抓手，抓住江津大建设、大发展的契机，以城乡教育统筹、促进教育均衡发展为指导，继续以优美的环境熏陶人，以悠久的校史激励人，以厚重的文化哺育人，创"崇德弘文"文化品牌，以"翻转"改变课堂，培育更多的时代良才，全力书写学校未来发展的奋进篇章。

海棠花意浓 民族情更深

重庆市南岸区海棠溪小学校 唐雅渝 杨玉玲

"加油，加油，六（2）加油！"这此起彼伏的加油声相汇交织在一起，校园里人声鼎沸，群情激昂。双方队员互不相让，个个面红耳赤，铆劲拉绳。咱班的队员无论是汉族学生，还是新疆学生，大家的劲往一处使，心往一处聚。前两场双方打平，最令人惊心动魄的决胜局即将揭晓。力大无比的队长李杰与他旁边的新疆同学——高大魁梧的沙拉木击掌助威，沙拉木目光炯炯，一边击掌回应一边大喊："奥利给！"拉拉队员们也齐声高喊："沙拉木，加油！"一声哨响，比赛开始。红布起初向我们这面移动，慢慢又移向了对方。我们哪里肯放弃，红布又争气地移了回来。就这样，红布一会儿移向我们，一会儿又靠近对方，僵持着。一次次的拉动，不仅拉动着我们与胜利之间的距离，也在无形中拉动了班级的凝聚力，拉动了民族团结与进步。一直在为几位"大力士"助威的陈老师扯着嗓子喊："马上就要赢了！大家不要怕，尽情释放，勇敢吼出来。"沙拉木和"大力士"们小宇宙暴发，张开大嘴，歇斯底里大吼，震耳一声！这一吼，竟吼出了胜利！沙拉木欢欣雀跃，伸出双臂与同学们相互拥抱，亲如一家。这条麻绳不仅演绎了奋斗与拼搏，还凝聚着民族团结的力量！

看着眼前这位活力四射的维族少年，我心情澎湃，思绪万千！一年级新生入学典礼上，高年级姐姐牵着他步入操场，黑黑的皮肤，浓密的长睫毛下一双大眼炯炯有神的他，可爱却略显羞涩。姐姐赠送亲手制作的祝福卡给他，因言语交流障碍，他只能微微一笑表示感谢；南滨路研学，他能勇敢地为同学表演新疆舞；教师节，他捧着从家乡带来的香甜哈密瓜送到我跟前祝老师节日快乐；语文课讲到《和田的维吾尔》，他主动接受老师邀请，落落大方地用流利的普通话给邻班同学介绍家乡和田，开心地与汉族同学互动交流；期末，捧着学习进步的奖状和礼品的他早已笑得合不拢嘴，还不停地感谢大家对他的鼓励和帮助……往昔的一幕幕像放电影一样在我脑海里浮现。六年来，在海小大家园里，正因为有了温暖的关爱，有了不分民族的爱，他才会如此和谐地与汉族同学相处，才会如此豁达自信、知礼文明，积极向上。我想，这与我们海小人共同的努力离不开。

一、学校领导高度重视民族团结教育

自2015年起，我校为维护祖国统一和社会稳定，弘扬民族团结，先后接收了7名少数民族学生，把他们均安排到有较好政治觉悟的中共党员班主任带领的班级，给予他们更多的关爱和帮助。利用国旗下讲话、班队主题日等加强师生民族团结教育，经常性地开展日常行为规范教育活动，如具体到要求每位师生一言一行中要做到尊重少数民族风俗习惯，不能有任何言行的冲犯。同时，把尊重民族风俗习惯的观念具体到每个细节。如每天中午，汉族学生集体在校就餐，支持少数民族学生回家就餐。学生外出研学活动时，为了充分尊重维族学生的风俗及饮食习惯，将维、汉学生分民族集中安排在一起，特地给维族同学准备一桌营养午餐。学校在发放贫困学生助学金时，对少数民族家庭贫困学生优先照顾。

二、利用教材，充分发挥课堂主渠道作用，加强爱国主义、民族团结教育。

我国是一个多民族的国家，历史赋予不同民族不同的风土人情，创造了中华民族丰富多彩的文化。要让学生了解我国56个民族的历史文化，让它们的历史文化的光彩唤醒学生的民族自豪感。老师充分利用教材资源，利用课堂教学主阵地，在传授知识的过程中加强爱国主义、民族团结教育。如，一年级语文第一课《56个民族是一家》，引领学生在地图中寻找中华民族大家庭的56个兄弟姐妹，以视频方式让孩子们了解身边的民族团结小故事，在幼小心灵种下中华民族是一家

的种子;《和田的维吾尔》《北京的春节》引导学生了解各民族特色习俗和我国国情,从小就在心灵中塑造我们各民族大统一的国家意识和民族精神。

三、互帮互学结对子,促进民族团结

民族团结不是口号,而是我们甜甜的微笑,民族团结不是要求,而是我们不经意的牵手。为了让民族学生在海小快乐学习幸福成长,我带领班级干部同学和他们结对子,互帮互学,同学习共成长。沙拉木汉语基础知识薄弱,在学习中经常遇到不懂的题和许多生字词听写不了,作业出现许多文不对题、词不达意的情况。这时候我们的汉族同学可帮了大忙。各种习题,汉族同学都会热心给他解答,让他们能渐渐熟悉汉语、理解汉语,能准确流利的使用汉语,提高学习成绩。有些对舞蹈感兴趣的汉族同学也会向他这小行家学习维吾尔族舞蹈。互帮互学,让他们增长了知识,共同的学习生活增加了彼此的信赖与默契,构建了我们的和谐校园,真正体现了休戚与共,风雨同舟的新型民族关系。

四、家校携手,共绘民族之“和”

“家和万事兴”,每个家庭都理解支持学校,学校的教育就一定会日趋强盛,所以,我校将中华传统思想、民族团结教育融合到亲子活动当中,联合社区、家委会,邀请民族学生家长参与到“中国传统节日”、“献爱妈妈”、“学雷锋”、组织志愿者服务队宣传环保节能、“六个不一样的六一儿童节”、“黄桷古道就在我们身边”等亲子活动来,知道我们家乡的民族特色,了解我们本地区民族经济文化发展,关心学校发展特色,尊重各民族的风俗习惯,理解支持学校各项工作。

家委会是家长、学校和老师沟通交流的纽带,也是为学校教育教学工作顺利开展提供服务和支持的桥梁。新冠肺炎疫情防控学生返校复课之际,所有学生都需按疫情防控要求准备“两码一表”。我明白,复课材料的填写对于汉族学生家长来说很容易,可对于民族学生家长来说比较困难。急人之所急,想人之所想。我微信告知沙拉木妈妈不着急,我会帮她想办法。她妈妈操着生硬的普通话回复“谢谢老师”。后来,我特意安排离沙拉木家比较近的家委会会长曹妈妈与民族学生家长联系,一对一地帮扶。曹妈妈耐心地给沙拉木妈妈讲解相关政策,细致地帮助准备复课材料,孩子得以顺利复课。老师及时的解忧,曹妈妈的热心帮扶赢得了民族学生家长的感激与信赖,用实际行动为孩子做了民族团结的表率。

五、以“润物细无声”的方式关爱民族学生

学校领导、老师在学习上、生活上对民族学生无微不至的关心,平等地对待他们,热爱他们,民族学生才愿意将内心世界敞开,他有话才愿意和你交流,有困难才愿意请你帮忙,有苦闷才愿意向你倾诉。你的“爱”他能领悟,你讲的道理他能理解,你指出的缺点他愿意改正。真心换真情,亲其师才能信其道!今年因新冠疫情防控需要,各地鼓励就地过年。咱班几轮排查,沙拉木寒假打算回新疆。我和沙拉木妈妈沟通后了解,孩子因当地民族习俗寒假得回新疆一趟,学校老师也表示理解。在下一轮排查发现,沙拉木家长表示孩子寒假不回新疆了。这是怎么回事呢?我很诧异地问沙拉木同学。原来他在班会课上,了解了顾全大局、鼓励大家就地过年的国家政策,知道了因一位老人隐瞒病情,27人被无辜感染,封城封校,几乎“毁”了沈阳城的报道,深受教育。为了给重庆一片净土,为了民族团结,他回去给妈妈商量了,做了这样的决定。同学们纷纷为他的举动表示赞赏,用重庆方言夸他:“重庆人就是耿直!”他豪爽应答:“谁叫我也是生活在这里的半个重庆人呢?”

家是一个家,国是大中国;家国万事兴,有你也有我。海棠花开花意浓,海棠满园红似火。让我们共同行动起来,秉承“海棠花儿齐绽放”的办学理念,让民族之花在海棠溪校园里美丽绽放,使维汉民族情万古长青。

培养自理能力 助力孩子成长

重庆市沙坪坝区汉渝路小学校 彭伟 何琴 于瑞娟

一、案例分析

情景一:老师,我今天没带语文书,我妈妈昨天忘了给我装在书包里了!

情景二:书包里乱七八糟,玩具、零食、水杯什么都有。找本书要费很长时间,作业本被塞得皱皱的。

情景三:值日生还没扫完地,校外的家长就陆陆续续挤进教室,有的在帮孩子扫地,有的在擦黑板……

情景四:每节课后,黑板总是忘记擦拭,粉笔经常没有准备。

为何今天的学生会缺乏最起码的生活自理能力?主要原因有三:一是家庭教育的偏差。“重智轻能”现象客观存在,父母只关注学生成绩,忽视劳动能力、生活技能等培育,学生的责任感和自理能力逐渐淡化和消失。二是学校教育指导缺失。学校缺乏主动、系统、具体的生活教育实践操作指导内容体系,教育培养停留于浅表化、碎片化和随机化,学生生活自理能力培养效益低下。三是漠视学生成长发展的潜能。小学生自理能力较差,缺失必备的生活知识和能力,是普遍存在的客观现实,也是学生成长发展的客观需要,更是学校教育的有力契机。

二、教育对策

(一)构建体系,增强教育科学性

采取“问题聚焦、发展导向”的基本思路,遵循从“问题转向发展、个体转向群体、控制转向自觉”的基本原则,针对学生自理能力意识较差的具体现实问题,探寻学生成长发展的教育实现可能;透过个别学生的问题表象,探索学生群体发展的教育实践空间;变革行为训练主导的传统模式,重点关注学生自理能力培育的价值自觉。参照区域价值准则教育目标内容体系,组织全校教师按照“低、中、高”三个学段,从班级、学校、家庭、社会等多个维度分析学生发展环境,系统思考学生成长发展潜能,建构学生自理能力意识发展分层目标内容体系,明晰学生自理能力意识培育分年级教育实施主要路径。以一年级为例:

问题表现:粗心大意、丢三落四、注意力维持较短、时间观念淡薄等。

发展目标:从课前准备、上课习惯、写作业习惯、读书写字习惯、整理文具习惯入手,培养学生良好的学习、生活自理习惯;引导学生发现班级岗位、认识岗位职责、参与岗位体验,培育学生自我教育、服务的主动意识。

实施策略:采取儿歌创作、行为训练、榜样激励、岗位锻炼、活动引领、家校协进等多种策略,培养学生良好的学习、生活自理能力和自我教育意识。

通过制定分年段教育目标内容体系,改变传统教育的单点、碎片思维,进一步增强学生自理能力培育的系统性、科学性和实效性。

(二)多维跟进,增强教育实效性

1.课程开发,培养“自理”能力

“知是行之始,行是知之成。”学生良好自理意识的培养,需要教师的主动指导、实践。紧扣学生自理能力意识发展分层目标内容体系,开发学生自理能力发展培养班会课程,并利用每周班队会课时间讲解、示范,引导学生掌握必备的学习、生活自理的基本知识。例如,一年级结合学生直观、简洁的年龄思维特点,采用学生喜闻乐见的教育方式,重点针对课前准备、上课习惯、读书习惯、文具整理、作息安排、楼道行走等具体学习、生活内容要求,分别编制儿歌,并配以相应图文说明,或设计成饶有趣味的故事情节,引导学生树立良好的自理意识,养成良好的基本学习生活能力。

2.岗位建设,增强“自理”意识

学生自理能力的培养,是让学生在学习生活中主动承担相应的社会责任,树立自我管理、自我服务、自我教育的价值自觉。以民主型班级建设为目标,立足班级建设需要,关注学生成长需求,引导学生将班级事务性工作转化为自我服务管理岗位,按照“岗位设置、岗位竞聘、岗位实践、岗位评价、岗位轮换”等基本环节,从学生学习、活动、服务、行为规范等方面内容入手,构建班级学生自主管理岗位网络。通过引导学生观察、寻找、发现班级岗位需求、讨论岗位任务、明晰岗位职责,激发学生自我教育管理服务意识。指导学生任职多个岗位、扮演多种角色、拥有多份体验,不断促进学生社会性发展和综合能力的提升。

3.榜样示范,树立“自理”信心

发挥榜样示范激励作用,通过组织学校、班级系列自理标兵评选表彰活动,努力营造积极上进的教育氛围。另方面,利用班队会开展整理书包、穿衣服、叠衬衣、系鞋带、削苹果等比赛,每周一个比赛主题,对比赛的前十名学生进行全班表彰,并代表班级参加学校的家务劳动比赛。让学生通过竞赛增强责任心,并付诸日常生活之中。看着学生手捧一张张“叠衣服小能手”、“家务劳动小明星”的奖状开心的样子,和盼望在下一次家务比赛中大显身手的神情,我们深深知道孩子们在平时真的动手实践了。

(三)家校协进,达成教育共识性

培养学生的生活自理能力,需要学校与家长密切配合,让学校学的在家中得到延伸,因为家里才是学生施展“才能”的最好“阵地”。充分利用家长会或平时家长接孩子等时间与家长进行沟通,达成共识,要求家长在家中要改变孩子的依赖性,让孩子在各种活动中亲自参与,充分给予孩子生活自理锻炼的机会,如让孩子自己叠衣服,自己洗红领巾,自己洗碗等,并每天设立家务劳动作业。通过这些教育与锻炼,使孩子意识自己的事情自己做,从而达到生活自理教育的目的。

三、教育成效

我们坚持以培养孩子“负责任、敢担当”的社会主义价值观行为准则为己任,学校教育与家庭教育形成教育合力,达到整体教育效应,从而取得事半功倍的教育效果。在家长和老师的共同努力下,孩子们的生活自理能力明显提高。经过两年的培养,孩子们能积极主动地料理自己的生活,努力做到自己的事情自己做,不会做的事情学着做,家里的事情帮着做,集体的事情争着做。

墨香书法润心田，竹韵品格育贤才

重庆市铜梁区侣俸镇斑竹小学　胡静　蒋伟

中国书法是中华民族文化的瑰宝，是具有中国特色文化艺术的智慧结晶，鲁迅说过：视文字为美观，是华夏之独特。继承与弘扬中华优秀文化，提高国民素质，加强学校书法教育是势在必行的事情。我校历经数百年沧桑巨变，在沉淀的历史文化底蕴中厚积，于新时代的改革潮流中薄发。在悠久的办学历程中，学校一班人在深挖学校历史文化内涵的基础上，结合地域特色，着力打造竹韵书法特色的校园文化建设，逐步走出一条以“书法润心，竹品育人”特色之路。

一、寻根学校文化，重塑办学思想

俗话说得好：“水有源，树有根”，文化，亦然如此。2016年我校动全校师生寻找斑竹小学历史、找寻“斑竹人”的活动。据铜梁县教育志记载：斑竹小学是由清嘉庆二十四年（1819年），乡绅刘玉藻创立于斑竹场。道光三年（1823年）命名为“玉堂书院”，后也曾分别以“玉青”、“玉堂”、“玉瑶”、“用光”、“青藜”、“竹园”、“斑竹”，数度易名。2007年起，学校鲜明提出了“练字练心，立字立人”的办学理念，确立了书法特色。

2011年，学校的书法特色办特色更加彰显，成功创建“重庆市书法实验学校”。2014年市书协命名为“重庆市书法特学校”。同时，找寻“斑竹人”——历届“斑竹师生”、“斑竹名人”、“红色斑竹革命者”，领悟斑竹魂。寻找老校长、老教师座谈，了解学校历史；邀请战士书法家回母校演讲等。通过寻找研究发现我校与“竹”和“书法”颇有渊源，将学校校园文化定位于“传承与发展”，以“书法润心，竹品育人”为学校办学思想。

2007年，学校开始实施“书法润心竹品育人”的书法艺术教育，以竹韵书法特色校本课程研发为载体，编写了《竹韵之花校本教程》，全年级开设硬笔软笔书法课，高年级增设竹韵美术课。

二、强化管理工作，健全书写制度

学校成立了以校长为组长，分管教学工作的副校长为副组长，各部门领导为成员的斑竹小学书法特色学校创建工作领导小组。领导组下设办公室，由教务主任任办公室主任、教务副主任和教研组长任副主任，具体负责书法特色学校创建工作的实施。每个班级又成立了规范汉字书写教育工作领导小组，由班主任担任小组长，负责活动的落实，成员由班级任课教师组成。“层层抓，抓层层”的规范汉字书写教育工作网络，为规范汉字书写教育工作的开展提供了组织保障，使每项工作落到实处，形成了“齐抓共管，全员参与”的良好局面。

健全书写有制度。学校高度重视语言文字规范化工作，把规范语言文字，提高语言文字应用能力作为推进素质教育，提高教学质量的一项重要内容来抓，学校制订了《斑竹小学写字（书法）教学实施方案》《斑竹小学写字过关考核实施方案》等一系列制度。将普及普通话和规范汉字书写教育列入学校议程并纳入培养目标、管理常规、基本功训练，真正做到有机构、有队伍、有目标、有计划、有措施、有特色、有成效。

三、落实常规教学，开发校本教材

抓课程落实。上足上好每周一节写字课、一节书法课。学校建立各级兴趣小组：组建班、年级、校三级兴趣活动小组，让学生全员参与，自由活动，各得其所。学校兴趣小组和书法课教师全部由参加区书协的8位教师担任。

抓课堂教学。课堂主要抓好五个方面的工作：A、集体备课，吃透教材。B、以“师”带“生”，导练结合。C、因材施教，精讲多练。D、加强学生“双姿”，随机监测、督导。E、开展写字优质课评比活动，研究不同课型的课堂教学模式，优化写字课堂教学。

动态管理。实行学生写字质量“三个一”动态管理，即“每天一张写字作业批改；每月1次写字作业达标评价；每学期一次书法水平考级”。

激发兴趣。每周各班向学校报送“写字小能手”。并在下周一的红领巾广播台进行公布，激发学生的写字兴趣。

学校把“书法特色校园文化建设研究”与“以竹文化为核心校本课程开发”相结合研究，形成多元的特色艺术课堂实践。以课题研究的方式来指导学校特色发展，学校相继编写了《竹韵书法硬软笔》《竹韵脸谱》《竹尖上的精彩》《竹韵之花校本教程》等校本教材。同时学校通过搭建美术、语文、音乐、科学、劳技等特色课程和定期举办书法比赛、文化交流等活动来促进特色教育的蓬勃开展，从而使书法等艺术教育真正取得实效。

特色课程之书法——在传统书法教学之基础上，进行创作；开发竹根篆刻、竹简雕刻、扇面、横幅、竹子面印刻作品研发和创作。

特色课程之美术——美术课上收集乡村“竹制品”美术手工、雕刻、绘画作品；在竹制品上绘制书法、美术作品。

特色课程之语文——以古往今来与竹有关的诗词歌赋为基础，编写校本教材，融入语文学科中，诵读竹的诗词歌赋、写竹的品格的诗歌和文章。

特色课程之音乐——大力培养我校师生葫芦丝吹奏技术，让葫芦丝、竹笛等竹乐器走进音乐课外活动，精选有关竹的曲目、音乐进行打磨。

特色课程之体育——利用我校石柱籍贯土家族教师彭秋菊的优势，将土家族摆手舞和竹竿舞溶于一体，打造体育特色项目，从而丰富我校大课间活动。

特色课程之科学——让学生在科学课上了解竹的整个生长过程及其特性；利用家长义工和学校家长委员会的指导，利用已有花园，科学、精当地栽种各类竹；鼓励学生养竹，形成浓郁的竹韵文化。

特色课程之劳技——利用学校绿化地，种植各类观赏竹，打造竹韵校园景观；装饰具有竹韵特色的校门；打造设计制作“竹韵文化走廊”——书法、竹文化作品展示区；修建“竹韵心灵小屋”——心理咨询室；教学生煮竹筒饭，编制竹篮、竹扇、竹玩具等竹工艺。

特色课程之综合实践——建立“竹韵之声”校园广播站，每周二播放关于竹的诗词歌赋的录音，周三播放用竹笛、葫芦丝演奏的音乐，周四朗诵学生写竹的范文，周五总结当周特色学校创建的成果。

四、打造环境文化，发挥育人功能

俗话说：“红花需要绿叶配。”环境是叶，特色是花，所以环境非常重要。学校定位于“传承与发展”。“传承”学校“练字练心，立德立人”的书法特色传统；“发掘”斑竹“竹”的历史和学校发展历程文化，以“竹韵”文化为主题，凝练“竹”之“高风亮节”之品格，统领学校文化精神，融合书法特色，在校园环境的美化、校园文化和班级文化的建设中，宣扬“书法润心，竹品育人”育人环境。

学校以提升文化的品位为突破口，以发挥文化的育人功能为出发点。通过张贴有关书法方面的名言警句，安排专门的书法兴趣教室，书法展厅、设立书法墙等，让校园每一寸空间都蕴含书法艺术之美；构建起优美、和谐、具有书法气息的墨香校园，推动“书法润心”环境的提升。同时，学校利用绿化地，种植了各类观赏竹，打造竹韵校园景观；装饰了具有竹韵特色的校门；打造设计制作了“竹韵文化走廊”——书法、竹文化作品展示区；修建了“竹韵心灵小屋”——心理咨询室；利用已有花园，科学、精当地栽种各类竹；鼓励学生养竹，形成浓郁的竹韵文化，形成“书法润心，竹品育人”的浓厚氛围。

五、制定考核标准，促进师生成长

制定书法评比标准。教师的平常备课，学生的书写实况的检查均将纳入评估范围。每个月都组织教师普查学生的作业，查学生的书写质量及教师的指导情况，进行客观的评价并记入教师业务档案。

对教师的课程实施评价。主要是对教师教学过程的评定，包括：教学准备、教学方式、教学态度等方面评价，这样有利于促进教师自身专业的发展。

对学生成长的评价。我们特别关注学生在学习过程中的表现，如态度、积极性、参与状况等，由教师综合评价，对学习的客观效果由教师采取适当的方式进行评价。

建立学生写字达标验收考核、学生参加各级书法比赛获奖考核、教师辅导书法特长生考核、各科教师对作业书写要求及工作实绩考核等一系列考核制度。举行写字教学评优课评比活动。

近年来，学校始终围绕“书法润心，竹品育人”特色建设做文章，取得了辉煌的成绩。学校以书法之美携手学校文化之魂，赢得了社会、家长的好评。我校每年春节，还组织学校部分师生参加送写春联的活动，在广大群众中享有较高的声誉，区电视台、重庆电视台还专门对我校特色教育进行了报道。学校研究的“农村学校书法特色建设研究”和“竹文化为核心校本教材开发”两个课题分别获区科研成果二、三等奖。学校先后获区文明单位、语言文字示范校、教育教学先进集体、科研先进集体、区级特色学校，重庆市十佳校园、重庆市综合特色学校、重庆市书法特色学校等荣誉称号。

墨香缕缕，竹韵浓浓。望未来，任重道远；树信心，再创辉煌，我校将持之以恒做好书法特色建设工作，以书法教育为特点引领学校的发展，使学生从小接受汉字书法传统文化的熏陶，丰富师生文化底蕴，增强文化自信，让艺术之花绽放得更加灿烂。

以劳融德，培养时代精英

重庆市万州区龙沙中心小学　张明星　谭军　吴永祥

劳动教育是全面贯彻党的教育方针，落实立德树人根本任务，全面发展素质教育的重要内容，是培育和践行社会主义核心价值观的重要途径。我校自2017年3月以来，将劳动教育与德育教育融合，构建起了“以劳融德”教育机制，开发了相关校本课程，开展常态化教育实践活动，探索出了“基地+”育人模式，形成了“以劳融德”实践教育活动评价体系，取得了初步成效。

一、成立领导小组，制定工作方案

为切实搞好“以劳融德”实践教育活动，补齐劳动教育短板，促进新时代教育理念的贯彻落实。一是学校成立了“以劳融德”实践教育活动工作领导小组，制定了工作职责和工作方案，加强劳动教育管理，做到课程完善、资源丰富、模式多样、机制健全；二是课题引领，学校开展了农村小学科技综合实践有效示范研究——以种植、养殖为例的课题研究；三是目标管理，加强劳动教育评价，以劳动观念、劳动意识、劳动习惯、劳动技能、劳动情感为评价标准。同时领导小组下设：活动开发研究小组；活动实施监督小组；活动评价小组。

另外，我校建立了一支包括教师、家长、农技人员在内的师资队伍，他们知理论、懂业务、有技术，为“以劳融德”实践教育活动提供强有力的保证。在此基础上每年投入约4万元用于基地建设、教师培训、外聘教师、劳动工具的添置的经费。

二、多样实践活动，营造劳动氛围

落实课程发。3-6年级每周开设3课时综合实践活动课，并在学科教学中融入劳动教育内容。以学校为点，充分利用区域劳动资源优势，开发区域性、多样性、融合性校本课程。我们着力开发校内“以劳融德”实践教育活动，有序开展常态化劳动教育实践活动，积极营造良好劳动教育氛围。

结合校内占地3亩的“梦想种植园”，占地0.5亩的“玉兔养殖园”，占地20亩的“劳动实践基地”，常态化开展“以劳融德”实践教育活动。学校以乡村学校少年宫为平台，积极构建以德育处、大队部为主的 “以劳融德”实践教育活动体系，充分利用手工、编织、烹饪等小组，提升学生技能，陶冶学生情操，锤炼吃苦耐劳精神。

实践性是我校“以劳融德”的鲜明特性。我校以劳动教育为依托，推进“以劳融德”实践教育活动中注重了五个结合：一是校内外结合。二是课内外结合。三是课标与教材结合。四是传统农业和现代农业结合。五是学校、家庭、社区结合。弥补了学校德育资源的不足，使学生在实践过程中积累劳动经验，对促进学生“五育”发展具有重要价值。

学校充分利用区域优势，借助同鑫农业园、江沐农业发展有限公司、阔丰农业园、龙沙镇敬老院等校外平台，有序推进“以劳融德”实践教育活动工作，形成龙沙小学“以劳融德”实践教育活动体系。

校内课程活动。学校组织师生对学校花园、操场、下水沟、教室玻璃及各个死角处卫生进行认真清扫、整治。师生们积极参与校园公益活动，以饱满的热情投身到校园清洁中，以实际行动创建和呵护我们的校园，共同谱写着动人的劳动乐章。通过大家辛勤的劳动，全校环境卫生更加整洁、干净，为我们营造了一个良好的学习环境，同时也提高了学生们自觉劳动的意识，更重要的是培养了学生们爱护环境的良好习惯，明白了劳动就在我们的身边。

校内实践活动。利用雷锋活动月，我校开展了“雷锋精神伴我行”活动。孩子们身体力行，用自己的实际行动向我们作出了最好的证明。通过开展学雷锋活动，不论是“大孩子”还是“小孩子”都有更大改变，孩子们把言辞表现为行动，在劳动中感受快乐，懂得劳动人民最光荣。同学们传承了雷锋精神，亦会让雷锋精神继续发扬光大。另外，每年举行一次劳动教育主题月活动。

校外实践活动。开展“以劳融德”实践教育活动。通过“以劳融德”实践教育活动，使学生们的环保意识、绿色意识、人文意识等得到熏陶和感染。开展研学旅行工作融真知。根据学校工作安排，每学期组织学生参加研学旅行实践活动，在校外实践基地，孩子们积极参与实践基地安排的各项活动。2017年以来，学校总共组织学生到“同鑫现代农业园”开展“以劳融德”实践教育活动达10余次。

利用3月雷锋日，到社区、街道参加志愿者服务。2018年春，我校以“小手牵大手，文明在行动”为主题开展了学雷锋志愿服务活动。我校组织全体学生走进社区，走进街道，劳动者的足迹遍布了整个龙沙镇的每个角落：有的在树空里耐心地翻捡垃圾；有的在打扫环境卫生，有的在努力宣传 ……活动过程中，孩子们干劲十足，不怕脏，不怕累，没有一个同学面露嫌弃的表情，只要见了垃圾，都会毫不犹豫的捡起来，不仅陶冶了集体情操、增强了劳动意识和集体观念，而且还感受到捡到一片垃圾，就像捡到一份快乐地环保理念，积极的将践行雷锋精神和实际行动结合起来。

开展“敬老孝老 与爱同行”实践活动。为培养学生敬老爱老意识，学校每两周组织学生到居委会养老院开展“与爱同行”社会实践活动，在德育处和班主任的带领下，志愿服务小队学生到养老院为老人打扫卫生、晾晒被褥、整理屋子，与老人们聊天拉家常，为爷爷奶奶们唱歌跳舞，陪他们度过愉快的时光，受到老人们和当地群众的好评。

开展家庭教育活动。我校积极组织学生开展校内劳动服务，鼓励学生参与家务劳动等活动。2019年1月4日。我校参加重庆市首届“劳动小能手”典型选树活动取得了优异的成绩，何丽君同学被评为生产生活类“十佳劳动小能手”。学校近年来，先后评选了125名校级“十佳劳动小能手”，评选种植养殖小能手40名，评选自理小能手200名。

开展特色项目活动。一是每周星期五下午学校认真开展乡村青少年宫活动的实践，让学生在少年宫项目活动中得到锻炼，受到教育；二是通过学生在梦想种植园，校外实践基地，家庭劳动中得到的成果，开展丰收节农产品交易会。让学生通过买卖自己种植的蔬果，不仅体会了劳动的快乐、收获的喜悦、提升了班级的凝聚力，培养了学生热爱劳动、尊重劳动、珍惜劳动成果的品质。

三、“以劳融德”实践，取得显著成效

通过“以劳融德”实践教育活动的开展，学校自主开发了《综合实践种植、养殖》校本教材，在开展的“学一门技术、写一篇体会及征集”、“劳动小窍门”、“劳动金点子”以及每年举行的“以劳融德”知识与行为比赛中，夯实了“以劳融德”实践教育成果，被万州区西南部学校学习借鉴，提升了学校办学成效，彰显了学校特色。

近年来，学校被各级命名为“劳动实践教育先进单位”、“ 德育工作先进集体”、“留守儿童工作先进单位”；20多篇教师相关论文获市、区级等级奖；何丽君同学在重庆市劳动技能比赛中获“十佳小能手”称号；评选校级劳动能手125名。2020年区级课题“农村小学综合实践有效示范研究——以种植、养殖为例”成功结题，收到专家组一致好评。学校在“以劳融德”实践教育活动中先后有中央电视台、市区级电视台、三峡都市报、华龙网等多家媒体报道。市、区两级领导多次到校检查与调研，对我校“以劳融德”实践教育活动给予高度评价。以劳融德”实践教育活动中，学生不仅丰富了校园生活，还得到了素质提升。

我校自2017年以来，开展的“以劳融德”实践教育活动，将劳动教育融入德育工作实处，提高了“以劳融德”的时效性，形成了“以劳融德”实践教育年段和年级清单项目，并开展了实效性评价。

劳动教育课程是推进劳动教育在新时代再发展的“支点”，亦是撬动新时代德智体美劳全面发展教育体系的“重点”。我校以劳动教育为依托，将劳动和德育、学科知识与劳动实践相结合，使我校德育工作很“接地气”，在实施过程中，学生不仅是受教者、受益者、更是劳动精神的弘扬者、引领者。下一步，我校将把劳动教育贯穿于人才培养的全过程，让劳教育渗在不同的学科，培养适应国家发展需求的时代精英。

践行关爱教育，培育一方沃土

重庆市酉阳土家族苗族自治县民族小学校 邓廷福

青少年是祖国的未来，民族的希望。新时代背景下，酉阳民族小学校刻苦奋进、博学笃行，深入贯彻习近平总书记关于教育教学改革总体方针，积极实行素质教育，紧扣新课标要求，大力推行关爱教育。励精图治，用心打造“4+1”培养模式；砥砺奋进，努力传承时代文明，为当地教育教学质量拔尖争先、培良培优、树立模范典型计划做出了突出贡献。

近年来，我校积极组织师生连续参加四届国家关工委、中央政法委、国家司法部、共青团中央等部门合力组织的“关爱明天、普法先行”青少年普法教育活动。累计20000多名学生参加，其中200余人次获奖，教师指导获奖达50余人次，学校先后于此活动中多次获得全国、全市先进单位荣誉。

立德树人，践行关爱教育

多年来，我校始终把关爱未成年人的健康成长摆在首位，以立德树人为根本任务，以全面践行社会主义核心价值观为根本统领。始终秉承“为师生的发展和幸福奠基”的办学理念，努力探索未成年人思想道德建设工作机制；以学生良好行为习惯的养成为重点，把爱国、守法、安全、文明等渗透到学校德育工作的各个层面；以学校办学特色为突破口，把民族、科技、足球、武术、艺术等作为强校之基，找到了一条适合农村基层学校未成年人思想道德建设的成功之路。

我校坚持弘扬与培育相结合、继承与创新相统一的原则，坚持“民族科技、武术艺术、传承创新”的办学特色，持续推进民族文化“六个一、六走进”工作。即组建一个团队，走进土家文化发祥地；编印一套教材，走进校本课堂；成立一个民族艺术团，走进文化传承；确定一个主题，走进校园特色文化；建设一个中心，走进科教研究；建立一套机制，走进教师考核评价。目前已获得国家“民族文化进校园示范学校”市“民族团结进步模范集体”、“民族文化进校园示范校”。

以人为本，打造“4+1”培养模式

为认真贯彻落实酉阳教委关于切实培养和照顾好全县农村留守儿童，解除外出务工群众后顾之忧的文件精神，根据《重庆市关爱农村留守儿童行动计划》（渝委办发〔2010〕41号）文件精神，我校特制定2021年留守儿童“4+1”培养模式工作计划。

做好农村留守儿童工作，是贯彻市委五届九次全委会精神、促进民生改善的重要内容；是推动教育均衡发展、促进城乡统筹的有效举措；是加强未成年人思想道德建设、促进农村儿童健康成长的迫切需要；也是强化社会管理服务、促进社会和谐稳定的必然要求。学校全体教职工心往一处使、劲往一处用，开拓进取、改革创新，积极把思想和认识统一到上级的决策部署上来，切实增强做好农村留守儿童工作的责任感和使命感，把推广留守儿童“4+1”培养模式作为加强留守儿童教育管理工作的首要任务和重要抓手。结合学校德育工作，切实做足、做全、做好了对农村留守儿童关爱和培养。

厚德载物，加强思想教育

留守儿童“4+1”培养模式的主要内容包括“思想政治、人格品质、心理情感、行为习惯加营养健康与安全”等五个方面，酉阳民族小学校把“4+1”培养模式与学校关工委工作、德育工作、团队工作紧密结合，创新实践。

高质量开展传承中华文化活动。通过开展读经典、讲故事、传箴言等主题活动等方式营造氛围，让孩子们在潜移默化中埋下爱党、爱国、爱人民的种子，树立远大理想。每天课间操集体唱“五歌”——《国歌》《我和我的祖国》《队歌》《守则歌》《校歌》，拓展课间操活动，增强学生人文素养，提升学校精神风貌。

其中，在“六•一”、“国庆”、“一•二九”、“元旦”等节日中庆祝开展“永远跟党走”的综合演唱会、故事会；为加强传统文化教育，倡导每人背诵一句孝亲敬老名言、格言；督促全体师生学会演唱《孝亲敬老歌》《世上只有妈妈好》《我祝愿》《感恩的心》四首歌曲；有效利用课余时间或传统节日节点举办书画创意比赛；每月9日“孝亲日”和每年10月“孝亲月”联合社区为长辈、老人、老师敬孝道；结合关工委《光辉的旗帜》读本，组织留守儿童学党史、颂党恩、跟党走，积极参加读书征文实践活动。切实有效地提升了学生思想认知高度，加强了爱国主义教育，强化了树立远大理想抱负的决心。

工匠之心，拓宽教育形式

教育改革历程中，我校积极响应国家号召，努力推进素质教育。以工匠之心强加钻研，利用一切可利用之条件，拓宽教育形式，提升学生综合素养。

针对留守儿童的特点，每月开展一次情景模拟活动，让孩子们更加团结和热爱集体；开展各类文体活动，组织学生利用课外活动开展趣味足球、武术、篮球、书画、歌舞等比赛活动，培养团队协作精神；根据各自不同的兴趣爱好，为留守儿童提供合唱、舞蹈、乐器演奏、书画等课外社团，培养广泛的兴趣爱好，陶冶性情，锻铸意志。

针对留守儿童心理情感问题，我校采用多种方式温暖、健康孩子们的心灵。拟建 “亲亲坊”心理工作室，对学生进行专业地心理疏导；开通亲情电话，分班级安排学生与在外务工的父母通话，保证每个孩子每个月与在外务工的父母通话两次以上；每月给爸爸、妈妈写一封家信，密切亲子关系；各班主任针对心理情感问题及时对学生心理进行疏导，建立好心理情感健康档案；以班为单位，每个月过一次集体生日，让学生们切实感受到来自学校和班集体深切而又温存的关怀。

教育的本分是关爱，教育的源泉是发展。多年来，酉阳民族小学校始终秉持行业本分，践行教育使命、紧跟时代潮流、快速适应变化、筑牢发展基石，呕心沥血、竭尽所能地去为孩子们营造充满爱与温暖的学习环境；为教育教学的长远发展埋首躬行、奋力开拓，努力打造教育界具有独特魅力的一方沃土。

构建多元育人模式，为学生健康成长奠基

重庆市酉阳土家族苗族自治县桃花源街道中心小学校 白兴江

“人无德，无以立。”德育对学校保证人才培养的正确方向、促进学生的全面发展起着决定性作用，是素质教育的灵魂。自建校以来，重庆市酉阳县桃花源街道中心小学校牢固树立立德树人的育人思想，围绕“培养什么人，怎样培养人”这一主题，大力践行社会主义核心价值观教育，多层次、多渠道、全方位开展育人工作，为学生的健康成长奠定了坚实基础。

开展美丽校园建设，落实文化育人

近年来，学校在师资匮乏的情况下，以美丽校园创建为契机，因地制宜，积极营造浓郁的文化氛围。漫步校园，草木葱茏，鲜花绽放，地面干净整洁；楼道间的墙壁上挂着学生的书画作品，既是教学成果的展示，又是楼道间一道美丽的风景；教学楼的墙壁上悬挂着古色古香的育人楹联，教室内的墙壁上张贴着发人深省的名言警句，激励学生刻苦学习、尚善尚美、奋发上进……

优美怡人的环境和浓郁的校园文化氛围，对学生进行“润物细无声”的教育，时刻提醒着广大师生学会做人、学会做事。其中，楹联文化是学校一道亮丽的风景线。这源于学校充分利用有限的教育资源，坚持“以楹联为中心，打造校园文化；以楹联为重点，营造诵读氛围；以楹联为抓手，促进校本教研”的特色文化创建思路，开辟楹联文化长廊，形成了人人读楹联、创作楹联、书写楹联的良好氛围。

组织丰富多彩活动，落实实践育人

清明节前夕，全体学生们在德育室、少先队大队部的带领下，来到底蕴深厚的龙潭古镇赵世炎故居开展研学活动，通过参观烈士遗物、珍贵图片、文献资料等方式重拾红色记忆，激发了爱国热情，坚定了理想信念，得到了社会各界的一致好评。这也是学校开展德育活动的一个缩影。

体验才是最好的传承。学校还通过看革命书籍、讲红色故事、唱革命歌曲等形式多样的校园活动，让学生接受红色文化教育，增进爱国主义情感，培育更多有文化、有品德、有担当的新时代少年。

开展多种帮扶举措，落实情感育人

桃花源街道中心小学地处城郊结合处，所吸纳的学生大多为进城务工随迁子女，留守儿童和贫困学生占有不小的比例。为了更好地做好留守儿童、贫困学生教育、监护和服务等工作，学校不仅要求教师们在教学之余要关注孩子的学习、生活以及心理方面存在的问题，还积极发动社会各界力量对困难学生及留守儿童开展关爱活动，帮助这些孩子解决学习和生活中的困难。

每个月，老师们定期开展“送教上门”服务，为辖区偏远学生上门送教；每个学期，学校都会对学生进行心理健康问卷调查，并从学生日常学习生活中发现问题、解决问题；去年11月份，学校联系广东佳宝亿鞋业有限公司，为50名留守儿童捐赠了爱心物资……通过学校的情感育人，老师们不仅为孩子们的健康成长撑起了一片蓝天，也为打赢脱贫攻坚战助了一臂之力，更让孩子们感受到了温暖，懂得了感恩。

学校是教育的主阵地，立德树人是学校教育的根本目标。今后，桃花源街道中心小学还将继续制定和完善学校的德育教育顶层设计，努力构建高效立体德育工作体系，扎实有序地开展育人工作，引领学生“扣好人生第一粒扣子”。

让“美丽教育”开出最绚烂的花朵

重庆市忠县永丰镇中心小学校 张晓平

教育是美的，因为它始终是在童话的世界里绚丽生长。

教育是什么？德国哲学家雅斯贝尔斯在他的论著《什么是教育》一书中给了很好的诠释，“教育就是一棵树摇动一棵树，一朵云推动一朵云，一个灵魂唤醒另一个灵魂。”这句打动心灵的话是对教育本质的思考，也时刻感染着作为教师的我。我认为美的教育是温暖的，是充满诗意的，是具有情怀的。

当暖阳拂过大地，家乡的田间地头早已满园春色、姹紫嫣红，风光如画铺霞光，十里菜花映笑颜。当清风吹过橘海，连天碧绿如同万顷碧波翻滚，橘香飘过三峡，花果溢满库心。青山绿水、七彩大地、小桥人家、花果飘香、牛羊遍地、繁星点点，这就是我眼中的“美丽乡村”。

一、我期许的“美丽教育”

近年来，国家大力实施乡村振兴战略，“美丽乡村”装扮了美丽中国。“美丽乡村”必然孕育“美丽教育”，“美丽教育”必然辉映“美丽乡村”。

现代教育的尽头就是美。乘着“美丽乡村”的东风，以《中国教育现代化2035》为愿景，以“美丽乡村”为依托，将“乡村”与“现代”融为一体，在乡村振兴的时代洪流中折射出最明亮的光、展现出最出色的彩，丰润乡村教育尽善尽美，这就是我期许中的“美丽教育”。

“美丽教育”就是童话里的教育。校园就像童话世界，闪闪发光、美轮美奂，孩子就是白雪公主，善良宽容、快乐勇敢，全校师生每天在我们的校园里，用童真的快乐时光演绎着美丽动人的童话故事。这些教师与孩子们一起成长的故事，都是在我校这个童话世界里生长的，每一则故事都是那样饱含期许，每一则故事都是那么美丽动人。美丽故事、美丽心灵、美丽行为、美丽事业、美丽成长，乡村教育美啦美啦，这就是我期许中的“美丽教育”。

二、我打造的“美丽教育”

我崇尚校园环境美，校园文化美。为此，我们非常注重儿童视角，让校园绿化、美化、亮化契合孩子心灵，适合孩子视觉，符合孩子感知，让校园里每一个角落、每一面墙壁、每一根花草都能跟孩子进行对话，用鲜活典雅灵动的文化氛围浸润涵养每一个孩子，让孩子生长天性，彰显灵性。

塑造教师（去掉教师二字）有爱心和有激情的教师。我用激情和诗意去点燃教师的梦想，用理想和信念去塑造教师的灵魂，以心摇动心，以爱传递爱，用最美好动听的语言，用最真诚温暖的情感，把校园缔造成童话里的乐园，把孩子天天当公主，捧在手心里时时呵护着，温暖着。

培养孩子品德美、行为美、责任美。“美丽教育”旨在把校园还给孩子、把生活还给孩子、把大自然还给孩子，让孩子有健全的人格、高尚的品格、果敢的风格，从衣着到形象、从行为到习惯、从外表到内心，成为校园的“最美的风景”。

打造学校特色美、内涵美、声誉美。我校持续通过学“丰收本”，积累劳动知识；进“丰收园”，体验劳动乐趣；唱“丰收歌”，歌咏劳动光荣；跳“丰收操”，感受劳动激情；鼓“丰收劲”，丰富劳动意蕴等系列的劳动实践与文化培育，让我们的“丰收牌”劳动育人办学特色

流光溢彩呈现在忠州大地“美丽乡村”中。

行走在乡村田间地头的德育实践，“目中有人”教育教学成果的实践探索，“笔耕砚田·永恒丰收”的办学理念，“态度对了，幸福就来了”的学校校训，让我校腹有诗书、内涵丰润、声名远播。

童真的歌声、灿烂的笑脸、琅琅的书声、优雅的步履、高雅的情趣、向善的灵魂、向上的风采、丰沛的情感，“美丽乡村·美丽教育”就这样徜徉在我校那些花开四季的方寸角落里，流连在故土乡野中那云卷云舒的朝朝暮暮中。

三、我塑造的“美丽教师”

习近平总书记在全国教育大会上强调：“人民教师无上光荣，每个教师都要珍惜这份光荣，爱惜这份职业，严格要求自己，不断完善自己。做老师就要执着于教书育人，有热爱教育的定力、淡泊名利的坚守”。

育人先育德，教书先树人。教育是长期而细致的育人过程，只有拥有高尚的师德，教师才能把从教作为职业来选择，作为事业来追求，才能以不竭的精神动力默默耕耘教坛，无私献身教育，才能用美好的人生彩笔描绘祖国的明天。

教师教育学生之目的，在于促其所长，去其所短。为此，对学生须既知长，又知短；既问长，又问短。“知”和“问”的过程就是架起师生心灵桥梁的过程。热爱学生，是教师人生交响乐的主旋律——为学生倾注的点点心血，即人生交响乐的个个音符，而培养学生的辉煌成果，则是教师人生交响乐的高潮。

教师带进课堂的不只是教学艺术，更重要的是师表和人格；教学艺术可以给学生真、善、美的感染，师表和人格则会影响学生的一生。

做“最美”教师，干“最美”事业。“美丽乡村·美丽教育”要求教师懂生活、有情调、富诗意。学校从对教师的考核评价入手，整合重构学校评优、晋级、晋职、绩效、遴选、调动等方案，实行《永丰小学学期基础分及综合运用办法》，从体制机制上全面保障和调动教师工作积极性；从对教师的培训入手，全力促进教师专业成长；从教师的专业发展规律入手，为教师搭建成长阶梯；从开展丰富多彩的活动入手，让教师体验职业美、形象美，做“美丽教师”。

“美丽乡村·美丽教育”美在自然，美在本真，美在鲜活，美在当下，也美在未来。建设“美丽乡村”，打造“美丽教育”，我校将立足乡村实际，面向未来，致力于让每一个孩子美丽起来，让每一个孩子都快乐成长，让每一片花朵都芬芳绽放。

不忘初心，一切为了孩子

珠海英华国际教育中心　杨晓峰

改革创新是推动教育事业发展的根本动力。40多年来，我国教育事业发展之所以能够取得举世瞩目的成就，根本上靠改革创新；办好新时代中国特色、世界水平的教育，更需要改革创新。为深入推进教育改革创新，培养德智体美劳全面发展、能够担当民族复兴大任的时代新人，我校深度挖掘办学特色，学校管理团队根据中国本土学生的实际情况，融汇中西教育的优势，将剑桥学校先进的教学理念与中国扎实的基础知识教学优势相结合，全面提升学生的学业成绩与综合素质，将数千名学子送入全世界30余个国家的名校。

一、建校初衷，一切为了孩子

2010年，我到深大附中国际部做部门负责人。当时深大附中国际部开设了A-Level课程，应该说是除深国交之外最好的。但即便我们拿到了一些牛津剑桥录取，可我还是觉得有些遗憾。因为一些孩子的专业方向选择并不一定是他们深思熟虑之后的，我发现很多孩子为了冲牛剑，为了上名校而改专业。因此，虽然我们做得很好，但还是存在遗憾。后来我到其他国际学校，又担任过部门负责人、创校校长、招生办主任、留学申请负责人等职务，这种遗憾就越来越清晰。一句话，当下的国际高中名校跟我理想中的国际高中都还有差距。2016年，一个很巧的机会，我决定回到珠海成立一家国际高中。

建校初衷有两方面，一是因为我对珠海这个城市很有感情。出来的第一站，就在珠海这边做了五年的私立学校负责人，参与创建了一所私立学校，并在2008年拿到市政府的表彰。另一方面，2014到2015年期间，在对全国多个城市调研之后，我曾确定了五个很有潜力的城市做国际高中，包括厦门、长沙、宜昌、太原和珠海。最后综合考量各种因素，2016年我决定回到珠海，踏踏实实地创办一所符合办学团队理想的国际高中。秉持着很简单的初衷，即一切为了孩子，创办一所能实现办学团队教育理想的国际高中。

二、核心文化，给予适合教育

我们的办学初衷是一切为了学生。一切为了学生，是从学生成长的角度出发，帮助他们更好地接受更适合的国际教育，而不是盲目地全盘引进或者生搬硬套地融合课程。在学校建设、学校管理等方面，我们坚持一个核心理念，坚持办学团队的教育理想和初衷，办我们理想中的学校，不希望有其他的外力干扰。

打造核心课程特色。我们团队十一年来一直在做A-Level课程，形成了一个比较完善的体系。国内的绝大部分国际学校，没有开设发掘学生职业兴趣爱好方面的课程。我们在2017年开学之初，就选定了两个“很大胆”的课程，一个是STEAM课程，另一个是艺术与设计课程。很多学校至今都没有开设，而在我们学校，STEAM和艺术设计(Art and Design)都是必修课。

STEAM课程更注重让学生动手，主动发现他们的兴趣爱好所在，即对一些事物到底感不感兴趣，比如3D、VR、航空航天、木工、激光切割、编程等。我们希望学生去体验各种各样的项目，在这个过程中，了解自己的方向在哪里，或者说学生虽然不知道自己喜欢什么，但是通过课程，至少可以知道某一个方向是自己不喜欢的。艺术与设计课程(Art and Design)则更偏重艺术内涵培养与发掘。这门课涵盖有多种方向，包括时装设计、摄影等。还有西方音乐课、高尔夫课和网球课，培养对音乐体育感兴趣的学生。

我们的孩子们能够在2～3年的学习过程中，找到自己的兴趣所在。这是我们与其他的国际学校区别非常大的地方。

三、核心领导，引领学校发展

校长领导力对一所学校来说毫无疑问是至关重要的。业界流传着一句话：“一个好校长就是一所好学校。”这句话一点都不夸张。中国有句老话：“一个篱笆三个桩，一个好汉三个帮。”一个好校长，便是一个优秀的团队。因为一个好校长必然有他的人格魅力、管理艺术，有愿意跟随着他的教育理想前进的一群人，不管是教务还是学生管理乃至各个方面。所以我觉得校长领导力是至关重要的，对一所好学校的意义毋庸置疑。

校长的责任，我认为最重要的一点就是赋予这所国际学校核心理念和学校文化。没有核心理念和文化的学校是走不远的。第二点是在激烈的国际学校竞争环境下，除了懂管理，校长必须要懂经营，他对学校生存、对学校发展、对学生都负有重大责任。

对一所新建学校而言，我觉得投资团队也好，办学团队也好，一定要对品牌有认知，要高瞻远瞩，提出契合时代发展的、符合现代教育主流观念的办学理念。老牌的学校，不能故步自封，要推陈出新。理念不变，但一定要与时俱进，赋予它新的内涵。故步自封，会很快被这个时代淘汰掉。

四、改革创新，打造学校特色

珠海英华最大的优势在于学校新，但办学团队资历深。虽然创建时间较短，但创办团队是华南区第二批从事国际教育的。团队成员在深圳、广州多所国际学校办学创校，参与各个部门工作，还有在北京、上海以及内地其他学校的办学工作经历。

英华的校训，核心是三个关键词：自信、责任和荣誉。我们的管理对象大部分是普通的学生，二十多年的教育工作中，我发现大部分孩子普遍缺乏自信。因此，我们首先要帮助他们树立自信。这种自信包含很多方面，如民族自信、文化自信、个人自信等。在自信的基础上，希望这些孩子能够勇于承担责任，直到自我价值实现。当然，对于牛娃，我们的校训照样引领着他们的发展轨迹。正是在这种理念的指导下，我们创校即开设了STEAM课程和艺术设计课程。

路漫漫其修远兮，我们将上下而求索！正如我们的办学初衷，一切为了孩子，让孩子们接受更适合的国际教育，培养现代社会发展的综合型人才，我们将坚持不懈，教育的明天也必定会百花齐艳！

夯实德育之基，创建品质之校

安徽省合肥市庐江县罗河镇中心小学　许林森

优美的环境，涵养着优秀的英才。“春有花、夏有荫、秋有果、冬有绿”，进入我校犹如步入花园。近年来，我校科学筹划，精心组织，大力开展德育教育工作。众所周知，“德育教育是当今中国社会思想政治教育的基础，对学生进行良好的德育教育是我们作为教育工作者所肩负的使命，对学生未来良好的发展起到了奠基作用”。因此，我校特别注重对于学生的德育培养，通过开展一系列校园德育文化活动，丰富学生的课余生活、陶冶学生的情操；制定一系列的规章制度，规范学生的言行举止；培养一流的师资队伍，提升德育的教育质量；加强领导班子建设，打造优秀的管理团队，进一步加强学校的德育工作，促使我校在未来的发展中走得更加稳健、更加豪迈。

一、明确奋斗目标，打造示范学校

百年大计，教育为本。我校以习近平新时代中国特色社会主义思想为指导，以“学生行为规范养成教育活动”为重点，以创办特色学校为动力，以“一切为了师生和学校的和谐发展”为办学理念，以办人民满意的教育为宗旨，坚持“德育为首，质量为本”原则，切实加强学生的安全教育、法治教育、思想道德教育、社会实践、安全自救与自我保护知识教育，促进学校德育规范化建设，努力打造和谐校园，实现教师、学生、学校共同发展的奋斗目标。

学校德育工作以中华优秀传统文化做积淀，确立以人为本的理念，为孩子的终身发展负责。努力为孩子营造一个有丰厚内涵的、宽松、和谐、奋进的成长环境和有利于他们健壮的身体、健康的心理、健全的人格发展的广阔空间。我们特别注重培养孩子的自主学习、实践和创新能力，内化习惯，使孩子长大后能自强自立、贡献社会。同时，积极创设和谐、愉悦的环境，最大限度地调动全体教职工的能动性、主动性、积极性和创造性，让教师与学生同进步同发展。

我校致力于培养文明、勤奋、求真、向上的学生。培养学生成为解并继承中华传统美德和中华优秀文化艺术，同时兼具现代文明修养的"基础扎实、全面发展、敢于创造"的健康人。培养笃学、敬业、爱生、做表率的教师。建设一支师德师能不断提升，积极践行"以德为先、以学为伴、以生为重、以师为友、以校为荣"的教师队伍。我们倡导弘扬孝道文化，努力打造全国冰雪运动示范学校。

二、建设生态校园，营造文化氛围

以各项活动为载体，丰富校园文化生活。我校注重全方位的挖掘校园文化活动的途径，例如，把升旗仪式、校会、晨会、班会、专题教育作为校园文化生活的常规活动；把各种活动作为校园文化生活的有效载体；把家长会、家长学校、社区实践活动作为校园文化生活的延伸部分；把艺术节、体育节、文化节、读书节、合唱比赛、两操比赛等作为校园文化活动的有机组成部分。各类活动做到班班行动，人人参与。

以班级文化建设为载体，营造人格培养的良好氛围。校园是学生学习生活的主要场所，班级是学校教育教学的基本单位。校园文化建设离不开班级文化建设和班级特色的创建。班级文化和特色，深刻地影响着师生的思想观念、道德品质、人格特征、生活方式、知识技能和行为习惯，发挥着教育、导向、激励的综合功能，产生了整体育人的最佳效应。

三、增强品行素质，培养个性化发展

搭建养成教育平台，注重学生良好习惯品行的培养。我校以校本课程、主题班会、报告会、专题讲座、演讲比赛、行为习惯教育周等形式宣讲行为规范；在全校开展学习《小学生日常行为规范》，修订学校校规细则，集体制定学校《一日常规》，在学生中开展背诵等活动；继续将养成教育与各学科教学有机整合，通过课堂教育主阵地来对学生进行养成教育渗透。学校积极开展多样的养成教育活动，做到活动常规化，每月开展班级《一日常规》遵守情况评比；每学期开展文明之星评比，每年举行一次校园艺术节、举办一次运动会，组织学生积极参加省、市、县举办的各类竞赛并力争取得较好成绩。

搭建多元发展平台，促进学生个性化发展。长期以来，我们开设的书法、绘画、舞蹈、手工、轮滑、足球、乒乓球等兴趣特长班，有效地促进了学生有选择、有个性、有特长地发展，深受学生及家长们的欢迎。尤其是近年来开展的大课间活动和阳光体育活动，更彰显出悦心健体、陶冶情操的艺术魅力。

四、促进教师培养，提升师资质量

深入开展师德教育，塑造师德高尚的教师队伍。我校根据上级指示精神和要求，进一步加强教师职业道德教育。以学校各项活动为载体，从小事入手，从小处着眼，推进教师精神家园建设，推进和谐校园建设，以和谐促发展，以质量铸品牌。引领全体教师严格依法治教、依法从教，规范职业行为。强化师德考核，并把考核结果与教师岗位竞聘等挂钩，加大对违反教师职业道德行为的处罚力度，对师德考核不合格者，在职称晋升、评优评先等方面实行"一票否决"。加强班主任队伍的专业培训，推进专业化建设，打造庐江县农村小学一流的班主任队伍。

切实抓好师资培训，全面提高师资质量。我们以精细化管理为切入点，规范学校各项工作的管理，努力发现师资队伍建设的新亮点。我们认真抓好校本培训工作，进一步贯彻落实教师工作目标和要求，在全校范围内营造良好氛围；加大对教师工作情况的检查力度和密度，做到定期与随机督查相结合，建立资料跟踪机制。继续开展教师特色活动，坚持每周教工例会专题发言，充分发挥学校骨干教师的引领作用，推动教育反思走向深入。

坚持"走出去"与"请进来"相结合。学校聘请县教体局和省、市、县兄弟学校的领导、专家、学者来校讲学，有计划地对教师进行专业培训，每学期专家来校讲学活动不少于四次；每学年聘请教育专家来校讲学，组织全体青年教师进行外出观摩活动，开展与本县兄弟学校及外地友好学校的协作交流活动，创造一切机会，让更多的教师走近名师。

实施"名师"培养工程，加快骨干教师队伍建设。我校加大对青年教师的培养力度，推动全体青年教师在生态课堂构建方面积极实验，深入研究，不断总结，不断创新，有所建树。同时，学校加大督查力度，细化教学过程管理的形式，优化教育教学行为，构建和谐关系，增强合力；通过校际协作交流活动，提高课堂教学研讨的质量，发挥典型引路作用。

构建高效课堂，优化育人环境。在课堂教学中，我们将德育工作渗透各科教学中，紧紧抓住主体与主导有机统一的核心；努力突出师生关系民主、平等、融洽，教学方法直观、形象、有趣，教学过程完整、流畅、生动，教学结果激情、益智、悦心；充分体现主体性、直观性、激励性、趣味性、生动性；切实加强课标、备课、目标、预习、反馈、反思、作业、检测等常规；认真做好课前教学准备、课中师生互动、课后个别辅导三个流程，最终达到师生和谐相处、快乐共进的目的。

五、关爱留守儿童，创建温馨家园

我校现有学生1276人，其中留守学生336人。为了给这些留守学生营造一个健康成长的良好环境，从实际出发，在全校范围内启动了"关爱留守学生温暖工程"，教育留守学生要学会自理、自立、自强、自律，锻炼他们的意志，培养坚韧、独立的个性，形成健全的人格，促使他们健康茁壮地成长。

学校设有两间留守儿童之家，内部设施齐全；设有心理咨询师，且配有专职老师3人；在各班设立"图书角"，让学生阅读大量书籍。

建立健全留守儿童之家的各项规章制度；对留守儿童的详细信息登记造册；完善留守儿童成长记录袋；每天活动安排值班人员，校班子成员轮流值日；动态与静态管理相结合。

建设一个和谐、轻松、团结、友爱的良好人际关系环境，我们要求全校师生员工处世待人都应以关心他人为主，培养学生先人后己、乐于助人、团结友爱的精神。我们教师要以身示范，为人师表，堪为学生的榜样、良师与诤友。我们力求彼此之间相互关爱、相互激励，共同进步，使整个校园形成团结和谐、轻松愉快的良好气氛。现如今，学校成立德育工作领导组，实施组织保障。落实教师专业发展的学习制度和各项培训制度，建立目标管理考核评价机制，将目标按年度分解给各部门，由各部门负责落实，定期检查目标达成度，以有效建立制度保障。我校认真做好品德评定工作，使全体教师充分认识到，品德评定是德育过程的一个重要环节，通过评定可以衡量学生品德所达到的实际水平，引导他们学习正确评价自己和别人，激励他们不断进步。

教育为本，适度超前、质量立校，争先创优。多年来，我校全面贯彻党的教育方针，提升学校德育工作水平，深入落实立德树人的根本任务，积极推进素质教育，创造有利于我校学生健康成长的学习、生活环境，全面加强学校德育工作，努力推进学校"以德治校"、"以法治教"的进程。展望未来，我校会继续紧抓德育工作，不断为社会主义建设输送栋梁之材！

创乡村温馨校园，办人民满意学校

福建省龙岩市永定区培丰中学　张豹开

乡村振兴的基础在教育，实施乡村振兴战略必须优先发展乡村教育事业。近年来，我校立足校情，抓住机遇，奋力拼搏，努力美化校园环境，完善学校办学条件，丰富教育教学资源，更新教师教育教学理念，提升教师专业素养，促进学校内涵式发展，努力创建"乡村温馨校园"的新优质学校。

我校位于培丰镇长流村出水口，办学历史悠久，前身是培风学堂，始建立于1904年，至今已有110多年的历史，是永定办学历史最为悠久的学校之一。学校占地面积118亩，校园青山依偎，绿水萦怀，环境清幽，得自然之美景，享文化之气息，是教书育人、求知治学的理想之所。现有教职工118人，其中龙岩市名校长1位，市名师2位，市学科带头人2人；有教学班级24个，学生1157人。

一、合理规划布局，创建优美校园

我校校园规划科学，布局合理，校园建设与自然之美景合二为一，浑然一体，天人合一。根据学校地理位置依山傍水的特点，因势利导，打造一河两岸之校园美景：校园依山傍水，一条清澈的河水蜿蜒从校园中间穿过，南岸为教学区，北岸为教工生活区，东面为运动区，西面为学生生活区。各活动区布局合理、错落有致；河两岸均建有栈道，栈道两边绿树成荫，芳草茵茵，花团锦簇，空气清新，走在栈道上，如在画中游。校园周边环境干扰少，交通既便利，环境又僻静，是办学的"风水宝地"。

学校办学条件日趋成熟，2019年8月培丰镇进行教育资源整合，培才中学合并至我校，我校以此为契机，争取上级资金拨款和社会捐助，现已完成了新教学楼、办公楼、学生宿舍、新教工宿舍、学生食堂、运动场等工程，总投资近五千万，一座焕然一新、功能齐全、环境优美的校园展现在大家的眼前，很多社会贤达人士看了，无不为之感叹震撼。

为了解决学生用水没热水的问题，学校筹集资金，建起了地源热热水器，解决了学生没有热水洗澡的难题。引入企业资金，于教学楼兴建直饮水系统，方便学生喝水。除此之外，电信光纤入校园，到每个班级，方便老师授课，智慧校园已初具规模。两座食堂，新教工宿舍的建成，沥青跑道的完工，这些都极大改善了师生的生活环境。

二、狠抓教学管理，提升教育质量

为了稳步提升我校教学质量，学校狠抓教师专业成长.制定了"教师专业发展规划与实施方案"，成立全区首个"校级名师工作

室”。工作室成立后，迅速制定研修活动方案、工作计划和规章制度，组织引领校本研修活动。

狠抓教学常规管理，把常规抓成常态。学校行政率先垂范，以身作则，对于上级工作要求或学校的工作布置，马上执行落实，马上就办，绝不拖延。从学校老师口中听到的最多的就是如何反复抓常规、抓反复，把常规抓成常态，每位老师教案的编写、作业的批改、公开课的开设、评课、听课等常规工作，自觉按时完成，无须经常督促，因为这是常规；考试在周五举行，批改试卷绝不拖到下周，晚上或周末加班也要及时改完，这也是常规——在这些常规中，学校的执行力不断加强，许多工作变成一种自觉的行为，所以在培丰，你看不到抱怨，看不到萎靡，看不到散漫，有的是一种朝气，一种活力，一种向上，在这样的环境中，有谁不受感染，谁不奋发前行？良好的校风、学风和教风自然而然地形成。

近年来，我校传承着老一辈革命家的红色基因，努力拼搏、砥砺前行，在长期的办学历程中积淀了“中流砥柱”的培丰精神，教学上取得了优异的成绩.教育教学质量稳居全区前列。2018年以来，我校教师个人参加技能比赛或指导学生参加比赛获得区级及以上奖励200多人次，各学科老师受邀请在区级及以上学科会议开设公开课和专题讲座50多人次，其中赖天浪老师在省初中化“壮腰”工程培训班中开设专题讲座2次。2019年中考，培丰中学“五率”评比居全龙岩市农村中学第二，永定区第一；学科平均分语文、数学、英语、物理居全区第一，政治、化学居全区第3名；达普通高中录取线以上有113人，占我校考生数72.6%，居全区第2名。2020年中考，培丰中学“五率”评比居全龙岩市农村中学第二，永定区第一；学科平均分语文、数学、英语等七门学科成绩进入全市前十名。连续几年的教学成绩优良且质量稳定，得到上级主管部门和广大社会贤达的高度认可。2019年学校荣获龙岩市教育工作“成绩突出单位”、“龙岩市义务教育阶段教育科研基地学校”、福建省“读写教学研究基地学校”等荣誉称号，2020年张豹开校长获得龙岩市教育系统个人记功的表彰。

三、依托红色基因，打造特色文化

我校是一所百年老校，前身是培丰公学，是红色摇篮革命圣地，邓子恢、张鼎丞、郭滴人等老一辈革命家曾经在这生活、战斗过.我校根据校史，依托红色基因，兴建了培丰中学校史陈列馆，拟兴建游梅耀纪念馆和培丰中学校园文化展厅，弘扬革命文化，传承红色基因，打造特色校园文化。

学校成立“培丰中学文学社”，办有“培风而上”刊物，在微信上创建了“培丰中学公众号”，在这些平台上，不但可以了解学校新闻，而且可以阅读很多老师学生的文章，了解国内外大事，平台内容丰富，信息量大，拓展了师生的视野，丰富了学生的业余生活。

开展形式多样的文体活动，丰富校园文化生活，培养同学集体荣誉感。学校重视校园艺术节活动和校运会，2019年获得永定区中学生运动会第一名的好成绩.党支部、政教处、团委会结合每年“三八”妇女节、“五一”劳动、“五四”青年节、“六一”少先队活动、“七一”纪念建党系列活动、教师节、国庆节、纪念“一二•九”运动、庆元旦系列活动，举行青春迎面接力赛、篮球赛、师生书画展、手工制作比赛、诗朗诵、故事演讲比赛、猜谜语、联欢晚会等活动，寓教于乐，进一步加强对学生的社会主义、爱国主义、集体主义教育。

四、营造和谐氛围，筑牢安全屏障

学校本着构建和谐温馨的校园既需建立和谐温馨的师生关系，也需建立和谐温馨的同学关系。学校树立”全面教育”质量关，教育面向全体，不歧视差生，对学困生进行“师生结对”、“学生结对”的一对一帮扶。学校成立“家委会”，一些重大决策，都征求家长的意见，构建“学校、社会、家庭三位一体”的教育网络。倡导“爱生如子”的奉献精神，也注重尊师重教的感恩教育；既倡导春风化雨的助人品格，也注重宽以待人的良好心态，用一颗真诚的心去换另一颗真诚的心，同事间守望相助、同学间友好相处，从而打造出和谐温馨的人际关系，2020年学校荣获永定区“巾帼文明岗”、龙岩市“五好基层关工委”等荣誉称号。

近年来，我校始终把安全工作放在首位，大力开展创建“平安校园”活动。通过开展“平安校园”的创建活动，形成维护广大师生人身安全和学校财产安全的长效管理机制，牢固树立安全第一的思想，完善安全制度，明确安全职责，落实安全责任，努力营造一个稳定、安全、温馨，和谐的教育环境，抓实抓细校园安全。一是强化责任意识。学校以创建平安校园为目标，以《中小学校岗位安全工作工作指南》为指南，每学年坚持与各岗位、处室层层签订安全岗位责任书，把安全工作落实到岗、到位、到人。二是规范过程管理。充分发挥国旗下讲话及晨会、班团队会等教育平台的作用，常态化开展法律法规学习，并着力加强安全检查、督促、评比。进一步协调学校与派出所、家长的关系，形成“立体式”安全教育网络。严格落实值班领导、值日教师日检查、日反馈制度，坚决杜绝脱岗、责任不到位的现象。三是完善保障措施。完善、修改、制定了一系列《学校安全工作制度》，建构完善纵深的安全防御体系，学校安全管理制度和工作机制健全，严格执行安全隐患日查周结月报制度，常态化开展安全隐患排查整治。有完善的突发事件应急预案，师生了解应急预案的基本内容。在校园内安装全球眼视频监控系统，校门口及重点位置安装了20个高清摄像头，对学校实施24小时不间断监控；配齐安保人员，现有保安人员2名，保安器材配备完整。学校设有安全保卫处，组织责任心强的教师担任保卫干事，充实保卫科，协助开展各种安全教育管理工作。四是深化教育活动。组织收看安全专题教育片，按时完成安全平台专题教育活动，开展防震紧急疏散演练和突发事件应急逃生演练，开展法制宣传活动、防溺水等主题专题教育活动。

创建“乡村温馨校园”，办人民满意学校，是我校不懈追求的目标.学校将以优良的校风影响学生，以高尚的师德熏陶学生，以优美的环境陶冶学生，以丰富的活动提高学生！今后，我们将继续坚持科学发展，落实人本理念，弘扬先进教育文化，打造优美教育环境，提高教育教学管理水平，为把我校建设成为高质量、高标准、有特色的温馨学校而不懈努力奋斗！

打造学术型高中，培育创新型人才

——厦门双十中学打造“学术型”高中育新时代英才

福建省厦门市教育科学研究院　熊杰

福建省厦门双十中学建校百年来，一代代双十人牢记“勤、毅、信、诚”的校训，秉承“追求极善，勇为最先”的双十精神，为打造学术型高中，培育创新型人才而努力，让学校发展成为闻名全国、享誉海外的福建省名校。

顺应新时代需要，创建学术型高中

未来国与国的较量，是科学与技术的较量，马克思、恩格斯说“一个民族要想站在科学的最高峰，就一刻也不能没有理论思维”。学术型高中应时代发展而生，致力于为国家培育一批在科技领域、稀缺领域的“特种兵”。为此，　双十中学着眼于教育大局与学校实际，确立打造“学术型”高中的目标，努力发展学生的综合素质，培育学生的学术品质。

双十中学多年来实施“百年英才计划”，并效仿高校，实施书院制和导师制。引导学生在个性化教学、精英学生组队的环境下，进行思想交流与碰撞，并给予他们更科学有效地指导，让他们在高中就“熏出”学术意识。

学校现设九章书院、鸿羽书院、求阙书院、鹿洞书院及薛定谔的猫书院五个书院，授予学生“软”技能。英才计划的全体成员按照兴趣和特长分别进入不同的书院，学生也可以按意愿申请书院或转院。

学校在全校遴选各学科名师，组成导师团队，并把选择导师的主动权留给学生。让学生根据自己的优势科目、兴趣点、未来发展方向，来匹配合适的导师。导师除了关心学生学习、生活、心理等各方面的问题，还要辅导学生以学期为单位进行一项研究性课题，并完成论文的写作。

建设学者型队伍，培育学术型人才

师者所以传道授业解惑也。教师队伍的质量直接影响着教学成果。双十中学在打造“学者型”教师队伍上做到不遗余力。

一是学校引导教师在“学术上”多下功夫。学校引导教师把教育教学工作的探索与成功的经验，以学术的形式固定下来。同时，引导教师学习教育改革的新理念、新成果、新经验，激发教师开展课题研究、撰写学术论文和学术专著的积极性。

二是学校组建名师工作团队，建立多个学习共同体，让教师在共同学习中提高专业水平。学校发挥这些名师作用，让他们带领教师进行“校本研修”，通过开展实践的反思与评论、交流与分享实践经验，从而培育教师洞察学习的能力。实现“从技能训练”走向树立“学术意识”，真正达到教师发展改革的目标。

三是学校让教师在课题研究中提升学术水平。学校借助福建省教科所、厦门市教育学院的专家的力量，指导名师工作团队开展科研工作。通过课题研究，学校形成了一个个教育教学实验研究的群体，这些群体在课题研究过程中，形成了各学科、各主题的教师学习与发展的共同体。在教育教学改革、实验、研究的过程中，教师的专业水平得到发展，教学能力得到提升。

个性化通识教育，激发学生想象力

爱因斯坦曾说“想象力比知识更重要，因为知识是有限的，而想象力概括着世界上的一切，推动着进步，并且是知识进化的源泉”。人类世界许多著名的科学发明，正是科学家们靠其丰富的想象力和卓越的新思想来实现的。双十中学在建“学术型”高中过程中，引进一流大学培育创新型人才的方式，注重学生通识教育，并把培养“强烈的好奇心”作为一项重要任务。除了通过课堂渗透，还做了以下努力。

一是开展专家讲座。双十中学邀请大学教授、社会知名学者进驻学校，开展专家讲座。内容涵盖理工科、文学、历史、时政等学科知识，也有学习方法、沟通方法等具象的内容。学生可以根据自己的兴趣爱好参加讲座。通过参加这些专家讲座，激发了学生对学术的无限奇思妙想。

二是组织社团活动。学校为了激发学生“奇思妙想”的天性，为他们未来的发展种下“创新与创造”的基因，大力组织种类繁多的社团活动，为学生提供实施舞台，帮学生在动手与动脑结合中，实现自己创造与创意的活动，并且取得显著成绩。比如有“双十之声”广播站、科技创新协会、天文社等社团。

三是实现学生自主实践活动。校长欧阳玲说，科学研究本身就是一个“试错”的过程，“试错”是“学术型”人才应该具备的能力，一些重大活动，之所以要交给看起来“不靠谱”的学生来做，目的是要让他们在实践中“试错”，在实践中进行通识教育。因此学校放手让学生自主开展实践活动，比如组织学校的校庆演出、自己录制“每周TV”等活动，让学生们在参与中不断提升自我眼界和创造力。

构建一体化德育，锻造学术好品质

教育为本，德育先行。人们普遍认为道德是人类的最高目的，因此也是教育的最高目的。俗话说做人先做事，育人先育德。双十学校把“立德”放在首位，构建“一体化德育”新格局，从思政教育、劳动教育多个角度入手，构建“家校社”一体化德育体系，努力培养学生自律精神与过硬的思想品质。

一是学校成立思政研究室，未来将要建设思政“课程群”，开设《时事与哲学》《时事政治》等校本课，形成一套横向覆盖全体学生、纵向贯穿学习始终的思政课程体系。

二是实行实践育人。学校组织学生参加社会调查、采访、访问等活动，以此增强学生对国家、社会的认识；组织思政宣传、宣讲、演讲，并开展讲思政故事、拍摄思政微视频等活动，通过多种育人方式，提升学校思政工作水平。

三是打通家长教育通道。学校引导家长与孩子建立共同体和共同发展的关系，共同面对成长的各种复杂问题，引导孩子自主，积极成长。比如开展“以书论心”的智慧家教活动，建立家长读书微信群等，让家长一起交流育儿感受。同时请专家开设讲座，为家长出谋划策。

四是开展劳动教育。学校开设特色劳动教育课，培养学生自主的劳动意识和劳动素养，帮助学生树立正确的劳动观念。同时因势利导地开展家务劳动、校园劳动、校外劳动、志愿服务等形式多样的劳动，不断为学生搭建实践平台，让应用和实践深入人心，让劳动教育成为激发孩子学习动机、巩固学习成果、理解学术真谛的重要渠道。

五是注重劳动教育和科技教育相结合。让学生了解科学知识在现实生产中的应用，让他们树立学术为生产和社会服务的意识，也让他们能够体悟劳动的智慧与快乐，从而更好地支持他们的个人成长。

畅特色生涯教育，寻学术职业方向

学生终有一天会离开象牙塔，踏上社会，因此认识未来的学术和职业方向，可以帮助学生少走许多弯路。双十中学十分重视学生的“生涯教育”，把学生认识自我、认识未来的学术与职业方向、找到适合自己发展路径这三项工作，作为生涯教育的出发点，成立学生发展指导中心，全面负责学生生涯教育工作。

一是开设生涯必修课。课程的内容围绕生涯与生活、社会、国家多方面展开，每学年约为12个课时。

二是开展生涯体验研学活动。比如学校为学生提供生涯体验的研学线路，由学生根据自己的兴趣进行选择。让学生体验不同专业的工作工程，增加学生对行业的理解。

三是多方位指导学生认识学术与职业方向。比如邀请大学的专家教授和社会知名人士讲座；学校内部开展选科指导会；为学生提供多元升学指导，帮助学生提前规划自己的院校定位，并有针对性准备强基计划、夏令营等院校相关活动；通过导师、心理教师辅导，班主任谈话形式，让学生了解自我，认识自我；组织学生进行“霍兰德职业测试”，让学生了解自己的职业兴趣与特长所在。

双十中学基于百年积淀，立足厦门，为党育人，以为国家育学术型、精英型人才为己任，在统筹规划“学术型”高中建设的道路上乘风破浪，大胆探索，成绩斐然。但是追逐教育的梦想，是一个在不断探索中深化、在不断实践中发展的过程。未来双十中学会以严谨的态度，务实的作风，锐意的实践，朝着建立更加规范、有效地学术型高中持续前进。

育才先育人　育人先育德

甘肃省金昌市第一小学　许永成　付连红　王德军

小学德育是社会主义精神文明建设的基础，是提高全民族思想道德素质的基础性教育，是培养造就中华人民共和国合格公民的起点。小学德育是基础教育，它要在德智体美劳诸方面为学生的成长与发展打好基础，要为学生步入社会做人打好基础。基于这一认识，甘肃省金昌市第一小学认真贯彻落实上级教育主管部门全面实施德育管理工作的精神，把德育工作摆在重要位置，并认真学习德育工作政策文件，树立教书育人、管理育人、服务育人的教育思想，探索构建一体化德育工作体系，深入推进中小学德育变革，引领孩子“扣好人生第一粒扣子”，立志读圣贤书、立君子品、做有德人。

健全工作机制，营造育人氛围

加强组织领导。学校建立以校长—德育副校长——政教处——班主任——一线教师为序的校内德育工作体系，树立人人都是德育工作者的意识，让每一位教师都肩负起育人的职责，言传身教，为人师表，形成全员参与德育工作管理的大德育格局。完善班主任的竞争考核机制，切实把工作能力强、思想素质好、工作热情高、关心爱护学生的优秀教师吸收到班主任、德育导师队伍中来，增强德育工作的针对性和实效性。

优化育人环境。学校设置和更新宣传标语牌、警示牌，楼内悬挂名人画像、学生书画作品，建立校园文化墙，教室里张贴《守则》《规范》，窗台摆放鲜花，定期布置更换学习园地，加大对校园环境的美化、绿化、净化工作。

创建宣教平台。学校通过红领巾广播站经常性地对学生进行理想信念、爱国爱党和养成教育，传播各种科学文化知识和生活小常识；创办校园报，面向师生和家长发放；利用学生展板、图片展览等对学生进行各种宣传教育；少先队每周一早晨组织升国旗仪式，对学生进行爱国主义系列教育。

完善制度建设，构建和谐校园

努力建设良好的校风、教风、学风。学校加强科学管理，逐步完善各种规章制度，健全领导、教职工工作职责和专业技术人员考核奖惩机制，努力建设文明、和谐、优美的校园育人环境。

创建和保持省、市、区级精神文明单位。学校继续加强教师职业道德修养，树立良好的教师形象，发挥党团员在学校工作中的先进性作用。

打造平安校园。学校制定各种安全机制和预防措施，加大对学生安全教育的力度；重点对学生放学安全、进出楼门安全、食品安全和防治疾病等工作进行督查落实；加强校园安保工作，学生放学和上学时段学校保安人员坚持在校园周边进行巡查，严防和杜绝校园暴力事件的发生。

开展主题活动，拓宽育人途径

深入开展理想信念教育行动。为了加强中国特色社会主义理论体系、习近平新时代中国特色社会主义思想、核心价值观、革命传统等教育，学校扎实推进习近平新时代中国特色社会主义思想、核心价值观“三进”（进校园、进教材、进头脑）工作，开展“不忘初心牢记使命　缅怀先烈砥砺前行”——清明节烈士陵园扫墓、社会主义核心价值观演讲比赛、征文、手抄报等活动，引导学生深入了解中国革命史、中国共产党史、改革开放史和社会主义发展史，树立正确的世界观、人生观、价值观；引导学生将远大理想与个人理想相结合，自觉把个人理想融入国家和民族事业，以高远的志向砥砺奋斗，把献身国家、服务人民作为人生追求，在人生道路上刚健有为、自强不息。活动丰富多彩、形式多样，进一步提升了理想信念教育的亲和力、实效性。

全面开展爱党爱国行动。学校开展党的基本知识和党史教育，让学生深入了解中国共产党波澜壮阔的客观历史和气势磅礴的风雨历程，深刻认识到没有共产党就没有新中国的真理；深入开展爱国主义教育、国情教育、国家安全教育、民族团结教育，用新时代中国特色社会主义思想铸魂育人，引导学生增强中国特色社会主义道路自信、理论自信、制度自信、文化自信，树立崇高理想，勇于创新创造；厚植爱国主义情怀，讲好中国故事、传承红色基因、培养爱国精神，把爱国情、强国志、报国行自觉融入坚持和发展中国特色社会主义事业、建设社会主义现代化强国、实现中华民族伟大复兴的奋斗之中；利用“六一”开展“唱响新时代和祖国共成长”合唱比赛，利用“七一”开展“习爷爷教导记心间　争做新时代好少年”主题队日，利用“十一”开展讲爱国主义英雄故事、唱爱国歌曲、“我和国旗合个影”等活动，积极发挥学校少先队组织作用，不断推进实践育人。

着力实施主题德育行动。学校加强《中小学生守则》《中小学生日常行为规范》教育、文明礼貌教育，培养学生良好行为习惯；利用春节、清明节、端午节、中秋节、重阳节等中华传统节日，开展“我们的节日”、文化习俗等校园文化活动，增强传统节日体验感和文化感；利用植树节、劳动节、儿童节、教师节、国庆节等重大节庆日开展“学雷锋　树新风”志愿服务活动、“小手拉大手　清洁我家园”主题教育活动、民族团结教育主题班会等主题教育活动、庆教师节等活动；利用学雷锋纪念日、“七一”、“八一”、国庆、国家公祭日等重要纪念日，设计开展主题鲜明的教育活动；举办好学生入学仪式、毕业仪式等有特殊意义的仪式活动；深入实施未成年人思想道德建设“金种子”工程，开展“我的中国梦”、“做一个有道德的人”、“红色基因传承行动”主题教育。

扎实推进“书香校园行动”。学校加强校园文化建设，深入推进书香校园、书香班级建设，引导学生把阅读作为生活的基本方式。积极开展“阅读工程”、“朗读者”、“读书笔记展评”等活动，积极向学生推荐阅读书目，倡导学生多听少儿广播、少看电视动画，多读有字之书、少看卡通动画，多读百科全书。加强中华传统文化教育，引导学生诵读经典、书写经典、感悟经典、表演经典，积极弘扬传承发展中华优秀传统文化，增强文化自觉，坚定文化自信。

广泛开展“实践体验行动”。为了不断增强学生的社会责任感、创新精神和实践能力，学校将研学旅行纳入教育教学计划，精心组织好社会实践和研学旅行等校外活动，如开展“圆梦蒲公英”暑假研学活动、“进军营　爱国防”国防教育活动、参观金昌市示范性综合实践基地等研学活动，促进研学旅行与学校课程、德育体验、实践锻炼有机融合；利用革命纪念地、烈士陵园等开展革命传统教育，引导学生缅怀先烈、崇尚英雄、敬畏英雄、学习英雄；开展环境保护教育和全域无垃圾教育，增强学生环保意识；积极倡导“奉献、友爱、互助、进步”的志愿精神，不断强化传统美德和公民道德教育，培养学生关心社会、关心集体、关心他人的美好品质。

着力开展“体育、艺术、科技‘2+2’项目行动”。学校通过学生社团、课后服务、专项竞赛等，扎实开展体育、艺术、科技教育，不断培养学生运动技能、艺术素养和科技意识。组织好阳光体育大课间、班级（年级）单项体育比赛，开展好校园足球联赛；加强学生舞蹈、器乐、合唱、绘画、书法、剪纸、科技创新等社团建设，培养学生高雅情趣，促进特长发展；持续开展好戏曲进校园活动，提高学人文素养。

切实开展好“家校协同行动”。学校引导家长注重家庭、家教、家风，遵循青少年成长规律和教育教学规律，尊重孩子禀赋、兴趣、爱好，让家长遵循规律、尊重孩子、尊崇学校；统筹家长委员会、家长学校、家长会、家访、家长开放日等家校沟通方式，认真听取家长对学校的意见和建议，构建和谐家校关系；开展家庭教育主题宣传，帮助家长树立正确的教育观念，合理安排孩子学习、锻炼、休息时间。

积极开展“阳光成长”心理健康行动。学校牢固树立“健康第一”理念，加强体育、美育、劳动教育和心理健康教育，做好学生体质健康监测，强化近视防控责任制，降低近视率，控制肥胖率；引导和吸引学生到体育场、健身房、大自然锻炼身体，确保每天体育活动至少1小时；重视心理健康教育，将心理健康教育纳入学校整体发展规划和年度工作计划，加强人文关怀和心理疏导，培养学生健全人格、积极心态和良好个性心理品质；加强改进学校卫生与健康工作，开展好生态环保、绿色低碳、全域无垃圾教育，积极引导学生树立生态文明意识，着力培养学生健康、阳光、向上、尚美、向善的美好品质。

俗话说“十年树木，百年树人”。教育不仅要教书，更要育人。在今后的工作中，金昌市第一小学德育工作将坚持以素质为根本，以活动为载体，以社会为舞台，努力营造一个良好的育人环境，让学生在良好的环境中更健康、更全面的发展。

深化内涵铸品牌，特色育人创一流

甘肃省武威市凉州区发展街小学　高清远

文化建设是学校发展的软实力、内驱力、生命力。加强校园文化建设，促进学校内涵发展，优化育人环境，具有深远的影响和重大的现实意义。我校始建于1924年，学校以立德树人为根本任务，以“为学生幸福人生奠基，为教师专业发展助力”为办学理念，以“轻负担，高质量，有特色，创一流”为办学目标，通过“针对性实效性较强的课前准备；师生互动扎实有效地课堂教学，及时认真严谨务实的作业批改，耐心细致查漏补缺的课外辅导，讲究方法常抓不懈的养成教育，丰富多彩日臻完善的社团活动”等举措提升办学品位，形成了“明德、团结、诚信、奋进”的校风和“敬业、爱生、务实、奉献”的教风，致力于创建一所学生喜欢，教师自豪，家长满意，社会认可的高质量发展的品牌学校。近年来，我校狠抓未成年人思想道德建设，努力营造“文明、和谐、健康、快乐”的校园文化。

一、加强队伍建设，规范学校管理

学校积极建设学习型、服务型、创新型党支部，加强党员教师队伍建设，发挥战斗堡垒作用和先锋模范作用。严格落实党建工作责任制和“三会一课”等制度。实行校长负责制，遵循以人为本，率先垂范的办事作风，努力建设一支团结和谐、有凝聚力和战斗力的领导班子。要求教师做到的，自己首先做到，禁止教师不做的，自己坚决不做，在重大问题和决策面前，都坚持从学校的发展、师生的利益出发，一切按制度办事，按规矩办事。

为确保学校管理过程的规范化、科学化和制度化，学校通过自下而上的方式，本着为学生、家长、教师服务的宗旨，广泛征集意见和建议，多方讨论，共同商议，制定了一系列的规章制度并不断修订完善，汇编成册。形成了较为完善的制度文本、计划文本和评价文本。通过制度文化建设，进一步规范了学校行政管理、办学行为，提升了学校办学水平。

二、强化教师培训，提高教学质量

学校坚持组织全体教职员工深入学习习近平重要讲话精神和党的十九大精神，认真贯彻落实《公民道德建设实施纲要》，组织学习了《教师职业道德规范》《未成年人保护法》《教育法》《教师法》等一系列与教育教学相关的法律法规。扎实开展“两学一做”教育活动，积极开展“不忘教育初心，做‘四有’好老师”为主题的师德师风教育活动。每学年评选“三优”教师，调动了广大教师加强师德修养的紧迫性和自觉性。

以课堂教学为突破口，学校全面落实《新课程标准》，对教育教学进行精细化管理。一是坚持做好候课制度，每节课提前1分钟进入教室，做好上课准备。二是狠抓课前准备，要求备课资源“五要素”缺一不可，上传的备课资源中必须包含教学设计，教学课件，教学素材，教学练习，教学反思（课上完后上传），切实提高备课质量。三是分管领导坚持推门听课，每学期不少于30节。四是做好教案作业的常规检查，每月一次，做到有检查，有反馈，有整改，有提高。

学校把课题研究作为学校教研工作的主线，围绕课题把教学、教研、科研三者整合起来，形成了我校特色校本教研模式。积极倡导“教学即研究，问题即课题，成长即成果”的教研模式，鼓励广大教师做科研型教师。截至目前，我校共有2项国家级课题、12项省级课题通过鉴定验收，其中有3项课题获甘肃省基础教育科研成果一、二、三等奖，10项课题分获市、区一、二等奖，1项国家级课题、13项省级课题正在研究之中。

三、狠抓行为习惯，开展多彩活动

学校认真落实《中小学生守则》，制定了《凉州区发展街小学养成教育实施方案》，举行了以“好习惯点亮精彩人生”为主题的行为习惯教育活动，“感恩励志教育”宣讲大会和“激发孩子持久的学习动力”为主题的家庭教育讲座等。充分发挥红领巾监督岗的作用，监督全校同学的行为习惯，让孩子们监督自己，自己管理自己。通过一系列的活动，使孩子明理，家长得法，形成了家校共同来强化孩子们的养成教育，学生的行为习惯有了明显的改变。

组织开展丰富多彩的主题教育活动。学校少先队根据重要的时间节点，开展了　“社会主义核心价值观教育实践活动”、“我的中国梦”、“做一个有道德的人”、“感恩教育”、“未成年人思想道德建设‘金种子’工程”、庆“六一”校园文化艺术节、“学雷锋志愿者活动”、“清明祭英烈”等专题活动，既丰富了校园文化生活，又进行了思想品德教育。

重视心理健康教育，培育学生健全人格。学校建有心理咨询室4个，有兼职心理教师3名。每学期联合班主任对各班学生进行摸排，及时建立健全学生心理健康档案。每学期能根据不同年龄段学生身心成长特点与规律，针对学生实际需要，有效开展多种形式的心理健康教育活动，每周五下午，及时对有心理问题的学生进行有效心理疏导或提供心理咨询服务，并做好记录。

落实课程标准，挖掘校本课程。严格落实课程计划，开足开齐各类课程。进一步提高和优化学生的综合素质。学校以乒乓球、篮球、足球、排球、合唱、器乐、舞蹈、朗诵、英语、书画、信息、体操、围棋、机器人等社团活动为载体，逐步开发出了《阳光体育》《乒乓球》《信息技术》《体操》等校本教材，全面提高孩子们的综合素质。学校根据布局特点，开辟了党员活动室、少先队大队室、红领巾广播站、校园之窗、学习园地等宣传阵地，这些阵地主题突出，特色鲜明，图文并茂，充分发挥校园文化资源的育人功能。与此同时，学校大力推进建设“书香校园”进程。学校的宣传栏、花栏、操场、楼道等处不乏通俗易懂、贴近学生实际的文明礼仪提示语和激励性标语，与校园文化墙上的家乡古诗、古今名言、寓言故事、名人故事等相得益彰，切实实现了“一墙一窗会说话，一草一木能育人”文化氛围。

四、弘扬传统文化，营造和谐校园

我校以经典诵读活动为载体，全面打造书香校园；以课题研究为抓手，打造科研型校园；以“三通两平台”建设为目标，打造数字校园；以努力提高教育质量为核心，打造质量校园；以加强学生文明行为习惯的养成教育为重点，打造礼仪校园。通过这“五园”打造，促进校园文化的内涵发展。学校注重发挥学生特长，让孩子们的闪光点在班级文化建设中充分展示。每个班级创出自己的班级文化特色，落实“校园文明之星”和“优秀班级”评比制度，各班制作个性化的班级名片，注重教室布置，制作学习专栏，并定期更换。

学校十分重视图书室建设，以此推动书香校园的创建。学校制定了图书借阅和管理制度。科学安排时间，满足全体师生的阅览需求。图书室实行全天候全开架开放，采取集体借阅、个人借阅、推荐阅读等多种方式提高图书的使用率，力图让每一个孩子多读书、读好书、好读书。把学生的书法、绘画作品悬挂、粘贴在各个楼层走廊墙壁上，使学生既受到美的教育，又获得成功的喜悦。让走廊成为文化艺术长廊，

为给师生营造良好的学习环境，近年来，学校购置盆栽200余株，教室内摆放盆花700余盆，因地制宜，种植金叶榆、国槐、针叶松、丁香、月季及灌木等500余株，种植草坪面积1500平方米，绿化率达到了35%。学校始终把安全工作作为重中之重来抓，在安全方面，我们首先建立健全了校园安全领导组织机构，制定了校园安全防范制度和应急预案，并跟学校各位老师签订了安全责任书，针对可能存在的安全

隐患，出台了一系列安全措施，严格执行“四制（路队制、护送制、接送制、交接制）”、“三检（晨检、午检、课课检）”、“一清（放学后清场）”制度，利用安全平台、国旗下讲话和主题班队会进行安全教育，每月进行一次安全应急疏散演练，让全校师生把安全记在心上，落实在行动上。

行路难，上下共克艰；风正劲，杨帆正当时。近年来，学校先后获得甘肃省文明校园，甘肃省德育示范学校、甘肃省语言文字规范化学校，甘肃省快乐校园示范校，甘肃省科技创新示范学校，武威市示范性小学，武威市教科研工作先进集体，武威市教科研先进集体，武威市校园文化建设示范校，武威市信息化示范校，武威市文明校园，凉州区文明校园，凉州区教育工作先进集体，凉州区先进党支部，凉州区课改工作先进集体，真爱梦想课程示范校，凉州区标准化学校，凉州区特色示范学校，凉州区校本教研示范校，凉州区教育信息化示范校，凉州区法制教育示范学校，凉州区文明校园等多项荣誉称号。

成绩属于过去，在新时代的育人路上，我校将继续以文明校园的创建这条主线来引领学校的各项工作，塑造富有生命活力的学校精神，丰富学校的文化内涵，提升学校的办学品位，打造学校文化品牌，引领学校不断走向卓越辉煌！

创建书香校园，提升阅读素养

广东省佛山市三水区西南中学　蓝翠芳

书能慧人，好书值万金。培根曾说过一句话：读史使人明智，读诗使人灵秀，数学使人周密，科学使人深刻，伦理使人庄重，逻辑修辞之学使人善辩。书籍是最廉价的奢侈品。所有读过的书都会成为我们身体的一部分，精神的一部分，气质的一部分，都会在未来的某一个场合帮助我们表现得更加出色。我校自创办以来就非常重视书香校园建设，近年来，更是通过语文课程整体改革，突破书香校园发展瓶颈，实现学生阅读纵深发展；通过跨界融合，创建书香满溢的校园阅读环境；通过开拓多元的阅读渠道、开展多彩的阅读活动，不断提升学校的阅读素养，培养学生全面发展。

一、创建书香校园背景

我校创办于1981年，原名佛山市三水区西南街道第二中学，是广东省一级学校。学校以“悦志行，成大观”为核心理念，致力于培养培养博文明理、志行合一的卓越少年，培养有大格局、大视野、大情怀、能担大责任的大观学子。学校因读书评书活动的开展先后被评为“广东省书香校园”、“广东省朝阳读书活动”先进集体、“广东省振兴中华读书活动”先进集体、广东省“少男少女”读书标兵学校等。

读书评书活动的开展对于推动学校文化内涵的发展起到了重要的作用。但随着时间的推移，活动越来越流于形式，许多学生仅仅是为了完成书评任务而阅读，真正喜欢阅读、能够深层次阅读的并不多，学生的文化内涵、语文素养也没有因读书评书而得到显著的提升。究其原因，我们发现主要有四点：一是学生缺乏阅读时间；二是学生缺乏阅读方法；三是阅读缺乏深度；四是阅读渠道过于狭窄。这成了制约学校书香校园进一步发展的瓶颈。

二、打破传统进行改革

从2015年起，我们打破传统，从课程入手，对语文学科进行整体改革：以阅读为核心，整合当前语文教材，重组单元教学内容，优化课堂教学结构，构建多元阅读课型，实施“一单元五课型四统一”的大单元教学法。

课型一：单元导读课。用自行编写的“单元自学导航”引导学生整体阅读单元文章，整体感知单元主题，向学生推荐与本单元主题相关的必读文学作品，从而建设自主阅读课堂，实现教师为主导、学生为主体的统一。

课型二：课内精读课。抓住每单元每篇课文的最佳阅读点、最佳能力点、最佳发展点，对课文进行精读教学，突出问题、突出主题、突出方法，建设思辨性阅读课堂。

课型三：比较阅读课。结合单元主题，教师挑选两到多篇系统性强、关联性高、补充性大的课外文章，让学生从选材、构思、语言、写法等方面进行比较式阅读，拓展课外阅读资源，深度培养学生的思辨性思维，从而建设阅读拓展课堂，实现课内阅读和课外阅读的统一。

课型四：读写联动课。在学生阅读课内文段或课外文章的基础上，选取其中典型突出的写作手法，指导学生进行练笔、互批、互改、互评，建构读写互动课堂，实现阅读与写作的统一。

课型五：阅读成果展示课。要求学生在规定的时间内把必读的名著读完，并把自己的阅读感悟和收获通过诵读、赏析、创编、创演等不同的形式在课堂上与同学们分享、展示，从而建设阅读分享课堂，实现篇章阅读与整本书阅读的统一。

通过课程整体改革，以往一单元需18个课时才能完成的课本内容，现只需9个课时便能完成，其余2个课时用于单元知识过关，7个课时均用于课外阅读拓展。以上五课型中的比较阅读课和阅读成果展示课也均为课外阅读。由此，学生的阅读时间得到了有力的保障，阅读方法到了系统的指导，阅读兴趣也因此大大激发。逐渐地，阅读成了学生的期待，成了校园的常态，学生的阅读也逐渐向纵深发展。

三、开拓多元阅读渠道

在大力提升校园阅读空间的建设的同时，我校还组织开展了丰富多彩的阅读活动，通过跨界融合和校本投入的方式，为孩子创建书香满溢的校园阅读环境，开拓丰富多元的阅读渠道，建设新机制新模式下的“书香校园”。

携手新华书店，共建智慧图书馆。2016年9月，在三水区文化局的引荐和支持下，广东省新华发行集团在我校注资约300万元建成了新华书店•西南中学智慧图书馆。馆内包含藏书区、电子阅览区、阅读吧、机器人创客空间、小型报告厅，设置了中小学阅读平台、数字图书馆、图书查询系统，进行了精致的文化氛围设计。

携手三水区图书馆，共建“馆校”阅读基地。在学校诚挚的邀请下，自2016年9月起，三水区图书馆与我校联手，在我校建立“馆校”阅读基地，在学校图书馆开辟区联合图书馆图书借还区，并每年实施“师生借书，区图书馆买单”项目，使我校师生在校不仅能借阅本校图书馆的藏书，也能借阅佛山市联合图书馆的藏书。

升级校本图书馆，营造醇厚的书香氛围。根据广东省校园图书馆的装备要求，结合学校智慧校园建设和书香校园建设的整体规划，升级改造了校本图书馆：每年添置新图书10000册；定制先进的图书馆智能化管理系统，开辟了自助借阅区，安装配有5000多种电子图书的数字图书馆，配置了阅读终端一体机，同时还进行了馆内软饰装修。之后，学校再投入260多万元提升学校的书香文化建设：建成了国学馆、书法馆、师生书画作品展厅、教师书屋、阅读长廊等。

借力广东省新华发行集团，建设醇香的书香班级。在广东新华发行集团的捐助支持下，我校53个班级安装了书柜，开辟了班级阅读空间，学校则通过组织学生参加悦叮网的相关读书活动、出台书香班级评比方案等途径建设醇香的书香班级，同时学校图书馆的藏书也以班级集体借阅的形式向班级漂流，学生自己的藏书也成了图书漂流的重要组成部分。

邀请名师名家进校园，掀起浓郁的阅读风潮。与广东省新华出版集团携手，共同举办名师名家进校园系列活动。通过名师名家的现身说法，使学生受熏陶感染，从而进一步激发阅读热情。

携手三水社区学院，共建国学课程。与三水区社区学院携手，在学校开设“思贤讲坛”，着力打造国学课程。

开展丰富多彩的阅读活动，搭建绚丽宽广的展示舞台。我们以“将阅读依托于课程、植根于课堂、拓展于课外”为核心思想，建立了“每天阅读半小时，每周一篇阅读笔记、每月一节阅读分享、每学期一份阅读规划、每年一次悦读节”阅读活动常规化机制，同时积极探索建立线上线下融合的中小学生阅读活动体系与阅读推广机制，建立书香班级评比、“阅读达人”评选等竞争与奖励制度，并通过国学经典诵读、古诗词擂台赛、书签创作比赛、诗歌创作、诗经图文创作比赛、主题写作与硬笔书法比赛、主题演讲比赛、讲故事比赛、课本剧创编、优秀阅读笔记线上线下展评、经典电影欣赏与优秀影评评选、现场作文大赛等“悦读节”活动，为学生创设丰富多彩的阅读活动，搭建绚丽宽广的展示舞台。

四、收获满满硕果累累

通过课程改革和跨界融合的书香校园建设，我们欣喜地看到孩子们的变化：爱阅读的学生多了，课余时间，学校的图书馆总会坐满同学；阅读渐成习惯了，每晚晚修的前半小时，无须教师管理，全校同学都能快速地投入到经典阅读中去；阅读更有深度了。

近几年，我校组织学生参加各类与阅读相关的比赛也是总是佳绩频传，如：荣获在第十八届全国青少年五好小公民“少年向上，真善美伴我行”主题教育活动示范学校；经典诵读《朝天阙》获佛山市金奖；师生创编的情景剧《永不飘逝的红头巾》获佛山市一等奖。更可喜的是，师生们在阅读氛围的熏陶下，不仅个人的人文素养、文化内涵提升了，对语文课程的实施、研究和学习的能力也明显提升。近三年中考，我校的语文成绩也尤为突出，稳居佛山市前列，尤其是阅读和写作板块，呈现出骄人的优势。学生参加各类作文大赛也屡获佳绩，基于学校书香校园建设的创新举措，2017年5月，学校的智慧图书馆被评为全省唯一的“全国最美校园书屋”。2018年8月被广东省教育厅评为广东省中小学“最美阅读空间”。2018年11月本人受省教育厅教育装备中心邀请参加广东省中小学图书馆（室）发展论坛，并作主题为《新机制新模式下的“书香校园”建设》案例分享，该案例获首届中小学教育装备新技术应用创新案例一等奖。2020年10月学校因突出的书香校园建设成果被评为第二届广东省文明校园。2020年11月，本人受教育部教育装备研究与发展中心邀请，在全国“中小学书香校园与中小学校长、教师阅读素养”首期培训项目中作主题分享。

书香校园建设任重道远，我们永远在路上，我们将一如既往地探索创新，不断把创建活动引向深入，努力营造书香校园，塑造内涵丰富、特色鲜明的校园文化，让师生生命在浓郁的读书氛围中享受无尽的快乐，促进师生人文素养的不断提升。

立足学校发展，绽放生命光彩

广东省化州市第七小学　廖庆东　朱方伦　张诗宁

国之大业，教育为重。教育是一扇强国之门，是实现民族复兴的重要渠道，任何时候都要切身实地的践行和探索。我校坐落于化州市下郭街道办梅桔小区，学校占地面积14000平方米，2014年9月正式开学招生。办学伊始，我校就确定以“培养人才，发展学校”为使命，确立了“办合适的教育，让孩子健康、快乐、全面地发展”的办学理念；注重四大体系的建设；形成“党建引领，四一一”管理模式；构建“一四八”德育模式；打造“构建幸福课堂，成就幸福人生”的教学理念；凸显足球与阅读写作特色；弘扬信文化和感恩教育；力推实在教育、实惠教育。几年来，学校教学成果显著，办学特色鲜明，先后被评为全国青少年足球特色学校、广东省足球特色推广学校、广东省实验学校、广东省重点课题实验研究学校、茂名市义务标准化学校、化州市文明校园、教育教学先进单位、化州市教育系统宣传工作先进单位、化州市学生资助先进单位等，2020年我校还成为广东省支援（优质）学校之一。种种荣誉既是对学校办学成绩的肯定，同时也让所有师生对未来发展充满了信心！

一、铸魂培根，推动学校办学品质发展

人无德不立，国无德不兴。终身之计，莫如树人，育人之本，莫如铸魂。一直以来，德育教育始终是我校工作的重点内容。为此，我校把立德树人作为中心环节，把思想政治工作贯穿教育教学全过程，实现全程育人、全方位育人。着力构建“全员育人、全过程育人、全方位育人”长效机制，形成了特色鲜明的“一四八”德育模式。“一”是一节卓有成效的德育主题班会课，固定在每周星期二举行。“四”是四个主题活动：节日主题、阅读主题、养成活动主题、体育文化艺术节主题。“八”是八德八礼。我校以学年度为单位，根据月份及节气的特点，拆分成每月一德一礼进行教育。此外，我校也十分重视感恩教育和“信”文化教育。每学期初都会举行隆重的拜师礼，教师布置学科作业的同时，更额外增加“特殊”作业的设置，让孩子每天回家帮助父母做一件力所能及的家务，通过每学期进行“我是家庭小能手”活动的评比，在孩子幼小的心灵播下感恩的种子。

为进一步突出“信”文化教育，我校在校园内矗立着一尊巨大的“信”文化石头，成为校园一道亮丽的风景。在倡导传统“诚信”文化的基础上，我校也着重培养学生的“自信”。每周的升旗礼皆由学生主持，升旗仪式完毕后，会有各个社团或班级进行特色表演，从而培养学生的自信心！《学校德育创新工作研究》荣获广东省中小学教育教学创新成果三等奖，学校更编辑出版了校本德育课程《实施一四八模式，培养时代新人》。多年来，在“一四八”德育模式培养下，学生个性得以全面发展，学校师德师风彰显，氛围和谐。陈远、苏运勇、叶伟明等一大批老师被评为化州市德育工作先进者，既彰显了学校德育取得的成果，也提升了办学品味。

二、弥足根本，迸发课堂教学全新活力

教育的实施终归是要回归课堂，学校要切实抓好课堂教学内容，深化课改实施，不断提升教学质量，让课堂迸发活力。为此，我校坚持走课改兴校、教研强校的办学之路。以“构建幸福课堂，成就幸福人生”为教学理念，通过自主学习、小组合作、导学案、信息技术与教学深度融合为四大抓手，深化课堂教学改革，成效显著。近年来，我校在市、区的质量监测中，成绩一直名列前茅。学校陈文希、陈欣婷、温俊佳等8位同学在全国“清玄杯”朗读大赛荣获优秀朗读者奖，朱建铭、杨思慧、陈洁瑜等同学在广东省征文比赛中获奖，语文科组、数学科组、英语科组组织学生参与省、市级学科比赛，多人获奖并获优秀组织奖。不仅学生取得巨大成绩，老师收获也斐然。在省、市、区级教学技能大赛及论文评比中，学校获奖教师达40多人次。其中，朱方伦、梁康贵的教学论文获得广东省三等奖！李翁辉获得广东省优课奖励，梁康贵获得茂名市优秀课例奖，张诗宁获茂名市班主任专业能力大赛三等奖。曾一晓、李兴云、曾德珍等一批教师获得茂名市微课大赛奖励，王冬梅、王剑平、陈海娟、苏笑莹等大批老师获得化州市微课大赛奖励。杨燕、黎华容等二十余位教师在化州市2020年“双融双创”教育教学技能信息文化交流展示活动中获奖。

特色教育是一所学校品味的直观体现，也是这所学校的办学亮点。一直以来，我校非常重视学生的特色发展，大力倡导“快乐足球，全民足球”，并与富力足球青少年培训俱乐部合作，培养了大批优秀的足球特长生。2020年，学校足球队成员杨家豪、黄国炀等7名同学代表化州市被抽调到茂名参加茂名市“市长杯”青少年足球联赛。我校被评为全国青少年足球特色学校、广东省足球特色推广学校，学校足球队多次在“市长杯”足球比赛中名列前茅！此外，我校也提倡学生阅读，在教学楼每层设立图书吧，每天坚持半小时的阅读时间，一学期4～6本书的阅读量；设立了阅读与写作的第二课堂社团，鼓励学生积极写作。2019年，在茂名市举行的五年级语文写作素养测评中，我校取得了七人参赛，六人获奖的好成绩！自去年成立小记者站以来，学生们多次参与征文活动，积极投稿到茂名日报或晚报，陈虹静、陈洁瑜、黎城泽等一大批同学作品被茂名日报、晚报刊登。我校还成立了化七小文学社，并成功连续出版了9期刊物。抗疫期间，学校不仅出版了《师生抗疫作品集》，朱方伦、张诗宁、张萍、李静、李志玲、李镇伶、曾德珍等一大批老师相继在《茂名文苑》《茂名晚报》《粤西文苑》等报刊发表了大量的文学作品，以笔抗疫。

社团是激发学生潜能，张扬个性生命的重要平台。自立校初期，我校就建立了足球、篮球、排球、跳绳、阅读与写作、美术、电脑、奥数、口琴、舞蹈、演讲与口才、象棋等一系列社团，学生在活动中掌握了技能，阳光了心态，培养了信心！我校社团还组织学生参加广东省中小学生创客大赛茂名赛场小学组，获得奖励的20余份，组织学生参与自制学具展评活动荣获奖励的有5名，其中一等奖获得者2名。学校美术团队组织美术科学员在市小学组“与绿色同行”青少年绘画比赛中获得茂名市奖励的有4人，化州市奖励的5人；参与茂名市中小学践行社会主义核心价值观主题活动荣获美术比赛奖的有2人，参与化州市教育局组织的“预防溺水、交通安全”手抄报中获奖的有6人……

三、不忘初心，书写品质教育华丽篇章

一所有品质、有特色的学校，必然有一支优质的教师团队。教师的专业技能和职业素养是决定学校品质的重要因素。办学以来，我校坚持把培养高素质人才作为学校发展的核心使命，始终不渝地把人力、物力、财力和精力投入到人才培养中去，始终不渝地把人才辈出作为学校不懈的追求。学校先后输送了陈新风、钟月兰、李翁辉、李兴云、马碧妍、张平、何仲思、杨婵丹、李小容、王剑平、卢建国等一批教师到珠三角等先进地区进行学习培训，汲他人之所长，克己之所短。其中，李翁辉成为省名师工作室学员，梁康贵成为茂名市区域教研团队成员，蒙誉成为化州市德育联盟工作室成员，张诗宁、陈观连成为市德育联盟工作室学员，李兴云成为下郭科协副主席。学校领导班子更是在“做什么？为什么做？怎样做？如何做得更好？”的思考、反思、实践中，不断成长、成熟。此外，我校也大力推动课题研究，以研促教，鼓励教师积极参与各级课题研究。多年来，我校教师参加3个省级课题11人次，7个市级课题49人次。教师以研究促发展，以发展促成长。各科组通过集体备课、同课异构、兵带兵的方式，集合全体教师的智慧，很好地构建了幸福课堂，成就了师生的幸福人生。

近年来，教师们的市级优秀课例、微课和优秀论文获得奖励累计逾百次。

非知之艰，行之维艰。教育是一项知行合一的事业。学校的内涵、品位和文化底蕴需要被全体师生牢记并践行，应如和风细雨渗透到学校各处角落，待春暖花开。未来路上，我校会继续怀揣着阳光的梦想与激情，不忘初心，牢记“培养人才，发展学校”的使命，砥砺前行，始终如一，用心培育，用爱浇灌，着力为学生更深远的发展夯实基础，让更多的学生生命绽放绚丽的光彩。

“名校+新校”　擦出“新火花”

广东省江门市紫茶小学　谭国池

2011年，顺应城市建设和市民对优质学位的需求，广东省江门市紫茶小学在发展势头正盛的北新区新建了北校区，让这所百年名校从老城区的“蜗居”中“松绑”，在此后的发展中得以大展拳脚。

2018年，紫茶小学教育集团成立，新建不久的丰泰小学加入“紫茶阵营”，同发展，共进退，让新建学校借助名校资源得以“高起点发展”，紫茶小学也从“单兵冲锋”变成“集团军作战”，发展势头更猛、更可持续，演绎着“1+1>2”的精彩。

2020年，紫茶小学教育集团再添“新兵”，里村小学正式成为该集团成员学校，在集团化发展的道路上逐步形成了“1+1+1>3”的新局面。

“名校+新校”，不是将名校的经验简单地“复制粘贴”，也并非简单地贴牌、冠名，最重要的是教育理念和管理方式的输出以及资源的共享、融合。正是意识到这一点，在集团化发展之路上，紫茶小学教育集团通过党建引领、文化培植、教培联动、课程融合等方式，让成员学校不断吸取优质教育的养分，在龙头学校的引领下实现融合、共生、发展。如今，紫茶小学教育集团汲取着百年名校的“养分”，乘着集团化发展的“东风”，以更加坚定的姿态、蓬勃的势头向着阳光茁壮成长。

“三个三”党建工程，打通集团发展“经脉”

思想是行动的先导。要使全体师生做到政治上的坚定、行动上的自觉，就必须拧紧思想的“总开关”，而紫茶小学教育集团的“总开关”就是“三个三”党建工程。

在党建课题引领下，集团在成立之初就在紫茶小学南北校区以及丰泰小学三个校区开展党建规范工作，筑牢三个“红色堡垒”。

在课程融合方面，集团通过“三个融合”，推动思政课的教学创新。首先，将红色课程与课堂教学相融合。2019年，紫茶小学教师周丽娜将思政课搬到五邑大学轨道交通基地，让学生体会“交通强国，铁

路先行”，其思政课的创新做法还登上了“学习强国”平台，并受邀到各地进行思政课的教学经验介绍，把思政教育的“紫茶经验”辐射到更大范围。其次，将红色课程与课内外活动相融合。2020年10月和11月，开展集团红色故事宣讲活动，邀请战斗英雄马灼庆连长为四个校区的学生讲自己的英雄事迹，为青少年注入红色基因。最后，将红色课程与家庭教育相融合。如组织亲子家庭一起参与到文明城市创建的志愿活动中，让家长和孩子共同践行社会主义核心价值观。

三个校区形成的三门“红色课程”（北校区“红色+科技创作”、南校区的“红色+诗歌创作”和丰泰小学的“红色+绘本教育”），也是紫茶小学教育集团一抹亮丽的底色。如今，新成员里村小学也将以科技特色为亮点，加入紫茶小学教育集团一校一品一特色的“战队”当中。

一网五平台，实现集团内部共融共赢

“让最优秀的人培养更优秀的人。”在教育集团里，龙头学校和成员学校的关系应该是怎样的？紫茶小学教育集团给出了“参考答案”——通过“一网五平台”打破校际壁垒，实现集团内部的共融共生、共创共赢、优势互补。

“一网”，就是实现千兆网全面覆盖全集团，实现网上平台管理一体化；“五大平台”，包括信息共享平台、教师成长平台、学生发展平台、课程开发平台和文化建设平台，旨在推进各校区的联动发展、相互支持、相互促进，实现共同优质发展。例如，在文化建设方面，紫茶小学教育集团内部可谓是同气连枝、一脉相承。丰泰小学在校徽、校服、宣传栏、标语片、班级文化建设中，融入了紫茶小学的元素和风格，增强了集团每一位师生的归属感和荣誉感。在活动方面，集团内的校园文化宣传、师生会议、学生集体活动（科技活动、入队仪式、体育比赛、红色故事宣讲活动等）、教师集体教研交流及工会活动，犹如一个个活跃的“红细胞”，在集团的“血液”中流动，滋养着集团内的每一位师生。目前，紫茶小学正在谋划建设一个统一的网络管理平台，将现有的五个平台进行融合，使集团管理更便捷、更“智慧”。

教培一体化，实现集团资源最大化

诚然，教育质量是每所学校、每个教育集团的“生命线”。本学期以来，紫茶小学教育集团尝试打破教师“一校所有”的格局，探索以校区为基本单位的教师交流模式，为学校发展带来了新的火花。张家莹是丰泰小学到紫茶小学交流的两名教师之一，如今担任学校的音乐教师和副班主任工作。短短一个学期，她就逐渐上手，成功组建了三年级合唱团，并组织学生参与了学校2021年元旦汇演的表演。

同时，集团内部也积极共享优质的教育资源。全国少先队张俊标名师工作室 、广东省陈晓琼名师工作室、广东省丁玉华名师工作室、广东省梁婉清名师工作室、江门市市名班主任区卫芬工作室……在紫茶小学教育集团，这些名优教师就是集团的“共同财产”。通过名师工作室、名师大讲堂、名师示范课、名师师徒结对等形式，该集团实现了师资共育。

在学科教研培训方面，紫茶小学集团也紧紧“抱团”。邀请广东省微课教学专家曹本为全体老师作《微课的制作与应用》专题培训；邀请广东省名班主任杨青兰、江门市教育研究院陈晓琼和丁玉华老师为集团全体老师进行学科专业培训；举办青年教师教学技能大赛和青年教师基本功大赛……每次邀请专家走进集团，每次老师们的专业较量，都会在集团内掀起一股教研的热潮。

面对各级比赛，紫茶小学教育集团也充分发挥优势，打造学科集体备课共同体，成立各学科集体备课团队，共同开展研讨备赛活动，成效显著。近两年，集团教师参加省市级的教学比赛，有8人获得市第一名，获省教学比赛一、二等奖各3人，其中紫茶小学陈国柱老师获得第二届全国青年教师教学技能大赛全国一等奖，取得历史性的突破。

75个拓展课程，量身定制“成长套餐”

紫茶小学的每周四下午以及丰泰小学的每周五下午，都是孩子们的“狂欢时刻”。第一节课下课铃声一响，全校学生“倾巢而出”，纷纷找到自己兴趣班所在的教室，进行拓展课程的学习。

紫茶小学有着良好的课程基础，形成了诸多突出的特色课程，如科技课程、国学课程、三球课程等。各校区在龙头学校的带领下，共同开发出语言与交流、科学与探索、运动与健康、艺术与审美、逻辑与思维、社会与人文六大类75个拓展课程，为学生的全面发展和个性发展量身定制了“成长套餐”。

各校区在致力于课程改革的同时，也将拓展课程中的核心课程流动到其他校区。如，紫茶小学北校区的科技、国学、葫芦丝特色课程辐射到南校区和丰泰小学，丰泰小学的心理特色课程也走进了紫茶小学南北校区……紫茶小学教育集团通过把各校区特色课程有效融合，把已有课程、师资、校本资源合理统筹，让集团课程共建，通过跨校送教、名师指导、活动支撑等措施，促进优质课程与特色资源共建共享，打造了紫茶小学教育集团的品牌课程。

“让每一朵茶蕾尽情绽放”是紫茶小学教育集团的核心育人理念，其终极目标是培养“全面发展的人”。近年来，集团全面育人成效显著：集团学生参加各项活动，共获区级以上奖项1419项。如紫茶小学崔琬滢队员代表广东省参加学生“学宪法 讲宪法”全国总决赛的演讲比赛获得小学组一等奖第一名；紫茶小学学生参加2019年江门市国学比赛取得团体“三连冠”，参加2019年江门市科技创新大赛获一等奖4项；丰泰小学虽然只有低年级年级，却在各级绘画比赛中获得27个奖项；里村小学叶欣彤《一种可回收易拆装的环保纸芯》获第35届广东省青少年科技创新大赛专利申请获得者……集团学生在德智体美劳等方面得到了全面发展，真正实现了五育并举。

光荣与梦想同行，汗水与拼搏铸就辉煌。如今，“让每一朵茶蕾都尽情绽放！每一个园丁皆享受职业幸福”！的紫茶小学办学宗旨得到大家的认同，并成为集团全体师生一种自觉的共同追求。

尊重学生发展规律，助力学生诗意生长

广东省深圳市宝安区清平实验学校 辛禄高

陶行知先生曾说：“我们必得会变成小孩子，才配做小孩子的先生”。只有“读懂学生”，才能够实现保护儿童的天性。因为，学生的成长、发展是有规律的，不同年龄阶段的学生身心特点不同，每个学生的个性特点与家庭教育环境也不同。只有遵循规律，了解学生的发展特点和影响因素，才能提出、实施科学的育人策略，这样的教育才能具有真正的生命力。我校秉承“汇融并蓄 择善求真”的办学理念，遵照校训“源清志平”，全面关注每个孩子的个体差异和个性发展，引导其中的精英者，初步树立治国平天下的远大志向。以完整的课程体系，激发并培养每个学生身上专属的100分，使他们尽情绽放。

我校是一所九年一贯制公办学校，创办于2018年1月，2018年9月开始招生（借址新桥小学办学），2019年8月新校启用。校园占地34001.09平方米，总建筑62569.64平方米。办学规模为72个班（小学48个班、初中24个班），现有一、二、三、七年级共22个班，2021年9月将招收一年级8个班，七年级4个班。2020年，学校被评为宝安区“教育工作先进单位”、在深圳教育改革创新论坛颁奖典礼上，荣获“年度家校共育典范学校”称号、被评为宝安区“中小学依法治校示范校”、“文明校园”、荣获宝安区“国际象棋特色及推广学校”称号。

一、着眼生命成长，设计特色课程

我校自2018年开办以来，坚持以“诗意地生长”为课程理念，突出“人文与责任”的校本课程特色关键词，以全面实现“生命的三感六维”课程目标。

“诗意地生长”是着眼于孩子作为生命体的生长，拒绝将他们看作知识的容器和知识的机器。之所以在生长前加上了“诗意地”三个字，缘于强调人类应拒绝物质文明中的消极部分对人类心灵的腐蚀异化，应该保持人性精神层面的丰盈与纯真。在此理念之下，针对当前孩子比较突出的“空心症”、“妈宝症”，并对照教育部颁布的六大核心素养中的“人文底蕴和责任担当”两大素养，开出两道药方“人文教育”、“责任教育”，从而设计学校课程特色关键词为“人文与责任”，以全面实现“生命的三感六维”的课程目标。其中的三感即生命的质感、动感、美感，分别对应六维中的有德（健全社会人格）、有才（扎实知识储备）、有胆（坚强意志品质）、有为（创新实践精神）、有爱（自然人文素养）、有趣（优雅审美情趣），与“德、智、体、美、劳”五育并举，与“人文与责任”对应。

学校课程结构是一个金字塔体系，从核心课程、拓展课程到个性课程，配之以学科传授型、项目研究型、活动体验型三种主要课程类型，相互交融，并有侧重的落实主要价值倾向，形式多样、生动活泼，为学生的身心发展提供丰富的选择性和无限的可能性，让学生们释放自信，体验潜能被唤醒的过程，

二、创设多彩课程，落实自主学习

我校在完成国家、地方设置的必修课程之外，根据学校文化理念、地方历史、生源特点，在广泛征求学生、家长意见基础上，开设丰富多彩的校本课程，这些课程，重在引导学生不唯书本知识，而是跳出教材，在生活中学习，在实践中学习，体验、探究、反思、总结、提高，真正落实自主学习。

《论语》是学校特色的校本课程，不同于课本上的片段化学习，而是整体性思想体系的学习。学生们通过老师讲解，参与知识竞赛，戏剧展演等多种形式领悟中华民族先贤的智慧，学习做人准则。在此基础上产生的作品《圣人之思光耀千年》获得了宝安区校园短剧大赛特等奖。

清平校园“四节”已成了学校品牌，每学年上学期开展人文读书节、文化体育节，下学期开展科技艺术节、诗歌戏剧节。根据学生的年龄特点安排内容，每个节一年一个主题，循序渐进，九年九个主题，开阔了学生视野，展示了学生特长，挖掘了学生天赋，树立了学生自信，获得诗意的生长。2019年6月，清平实验学校（当时借址办学，仅招一年级4个班）举办首届校园戏剧节，当时孩子们上演了一场戏剧狂欢，《疯狂动物城》《狐假虎威》《狮子王》《咕咚来了》，全校二百多名孩子在戏剧的殿堂中放飞童年的梦想。

生物、地理、科学、语文的“项目研究型课程学习”成学校的一大特色。学生走出课堂，通过调查、采访、汇编、展演，培养了自身的合作能力、领导力、沟通力、表达力、设计思维能力和动手能力。

我校的项目研究型课程，是根据不同年级孩子们的认知，推出相应的主题，比如“养蚕小博士”、不同大洲的旅游线路大比拼等。比

如：学校在七年级学生中开展的“清平古墟旅游规划方案设计竞投”研究课程。学生们通过探访古墟、收集资料、思维碰撞、交流探究、成果分享，实体模拟了旅游公司的竞标大赛。这样的课程不仅让学生们调动起知识体系，还学会了怎样从学中做，再从做中获取知识和经验，去实践未来的学习生活。带队老师看来，这项课程实现了对学生科学素养、人文素养、研究能力、创新意识的全方位培养。与此同时，又让本土的宝安传统文化深入孩子们的心灵，让传统和未来在年轻人的智慧中激荡。

同学们在课后留言谈收获：“‘留得住古墟，才能忆乡愁’。古墟是过去人们美好生活的象征。通过旅游规划方案项目让我们感受到了当地人民对古墟的深厚感情，知道了现在政府和社会各界对古墟保护所做的努力，也感到未来古墟保护需要我们这代人来接力。”

三、尊重学生差异，促进全面发展

今年3月，学校成为宝安区首批国际象棋特色学校。中国国际象棋协会主席、国家队总教练叶江川出席揭牌仪式表示，学校将国际象棋作为核心课程，不仅契合学校的办学理念，还有助于推动孩子学会优雅地生活，享受美和感受美。

学校从不公布考试100分的学生，而是尊重学生的发展规律，肯定并打造每个学生不同的100分，全体教师达成共识，承认个性差异，平常心对待每个学生，通过各种拓展课程的教育教学活动去发现孩子的天赋，挖掘孩子的潜能，使每个孩子都能自信学习、快乐生活。学校开设了“为适应学生兴趣”的36门拓展课程供学生自由选择，另外还开设了旨在培养特长的10门个性课程，其中包括诗歌、戏剧、生命教育、劳动、思想史5门特色课程，以及国际象棋、足球、围棋、国学、健美操5门校本课程。学校老师通过“校本课程特色化，特色课堂精品化”的不断探索，让教育回归本真，因材施教，让每个学生都能享受成长的快乐。

我校的拓展课程面对在校所有学生，采用走班制的授课模式，分年级进行，学生自主进入相对应教室上课，课程涵盖了语言、体育、艺术等拓展课程活动。去年校本拓展课程中，体现美感的艺术类包括西方油画艺术启蒙、绘本阅读与绘画、创意线描、儿童英文戏剧表演、古筝、小提琴、书法、油画，还涉及本土非物质文化遗产的舞龙和醒狮。这些拓展课不仅极大地丰富了孩子们校园生活，也让他们感受到了传统文化，得到了艺术和美的熏陶，全面提升了社会责任感、创新精神和实践能力。课程受到了孩子们的普遍喜爱和家长们的大力认可。

拓展课程让孩子尽情绽放，宝安区第六届学校艺术节班级合唱、舞蹈专场展演活动，学校合唱曲目《唐老伯有个小农场》和《春晓》，荣获小学组一等奖；应深圳保利剧院的邀请，学校学生赴保利剧院参演“童”唱一首歌——剧场艺术进校园的活动，展示学校风采。学校洪翊恬同学在第三十五届全国青少年科技创新大赛宝安区选拔赛青少年科技发明比赛中，揽下五个奖项；学校健美操队获2019年宝安区中小学健美操、啦啦操大赛二等奖；曾芮淇同学获宝安区第六届校园艺术节校园歌手展演小学乙组三等奖……

凡是过去，皆为序章。今后，我校将继续深化教育改革，拓宽学校课程新的路径，促进学校内涵发展，夯实学校根基，让每一个学生都诗意地成长。

弥足根本促发展，立足均衡造名师

广东省深圳市布心中学　晏清

“一年之计，莫如树谷；十年之计，莫如树木；终身之计，莫如树人。一树一获者，谷也；一树十获者，木也；一树百获者，人也。” 这段话既阐明了人才培养的重要性，也揭示出人才养成的不易。教育好比是生命进步的新鲜血液，是time代发展的思想能源，只有保持充足的活力和创造力，才能持续推动人类社会向前发展。从根本上说，只有在教育的土壤中深耕细作，做有特色的教育，办有意义的学校，才能让教育的光辉照亮学生心田。学校是学生的学校，也是老师的学校。办学以来，我校一直致力于教师队伍梯队建设，涌现出大批优秀骨干教师，其中黄海青成为2019年罗湖区唯一一名全国优秀教师、戴英成为全市中小学“我最喜爱的班主任”。同时我校还有南粤优秀教师4人，省市区名师工作室4个，组建了由30余名青年教师组成的“青年先锋队”，为学校今后教学发展提供了有力保障。此外，在推动罗湖教育高质量发展方面，我校也不遗余力，通过各种途径提高教学质量，从课堂、课程、课题三方面大力建设，实施课改，使教育教学充满活力。通过新课改让研习课堂成为师生课堂实践的乐园，让学生在学习过程中，实现自主、合作、探究，共同构建“师生学习型共同体”。

一、多措并举，培养优秀教师进步成长

成长取自经验的总结和积累，为培养年轻教师取得进步，今年以来，我校“青年先锋队”活动频频。相隔一周便举办“青年教师先锋队”研讨会，开展教育教学交流分享、比赛等项目。此外，我校还邀请全国著名特级教师余映潮、“广东省名班主任”钟杰、“市名师工作室主持人”胡江平等名优教师到校讲座，分享优秀教师成长秘籍；同时为提升我校教师专业技能和素养，组织青年先锋队成员赴广东省重点中学之一的中山市纪念中学开展交流学习活动，助推“青年先锋队”在良好环境和土壤中，不断积累和成长。“思乐课堂”是我校根据教师教学的实际情况自主设计的课堂模式。在研习思乐课堂展示活动中，数学、英语、道法等学科的7节展示课精彩纷呈，教师听课人数达156人次，掀起一股听课评课议课的研讨热潮。黄海青、刘蕊、胡婷、郑丽嫦、严婧瑶、宋宇林等优秀教师相继精心设计课堂上的“前置研习”、“小组合作”等，推动“师生互动”和“生生互助”。

二、以课为本，推动课堂品质卓越发展

教育总归要回到课堂上来，课堂实践丰富了，课程建设亮点自然就多了。我校的“发现学科美的五育融合体系课程”为学生乐学、善学提供了扎实的课程模型。教师喻娥的课程《遨游法海》被评为罗湖区第三届中小学优质课程资源，入选“品质课程”。诸多课程中，最为亮眼的是“五心课程”。在今年罗湖区中小学一校一特色创建工作推进会上，我校副校长晏清作为两所典型学校之一发言，分享了“五心”课程。其中，“布爱于心”即社会角色教育。“布孝于心”主题为家务分担、沟通交流、爱心速递等。“布志于心”即人生与理想教育，由9个主题的活动课程和班会课程组成。“布智于心”则着眼于努力推行学生实现自主、合作、探究的学习方式。“布美于心”为着力打造积极向上、格调高雅的校园文化。“五心”课程以特色课程推动学校发展和育人模式的转型，促进学校办学质量和竞争力的不断提升。立足教研课改，我校已取得了丰硕的成果。2020年全市青年教师基本功比赛，我校体育教师赵龙祥获得一等奖和全市微课比赛一等奖；2020年深圳市劳动教育青年教师基本功比赛，我校道法教师李欣欣获得第三名；今年罗湖区青年教师基本功大赛，我校陈绿瑶、黄海燕分别获得语文、历史学科比赛一等奖第一名，张紫和李欣欣获英语学科、道法学科一等奖。在2019年罗湖区青年教师教学技能竞赛中，我校12人参赛有9人获得一等奖。此外，我校的课题研究也逐步深入，从2017年到2019年，纳入罗湖区重点资助的课题越来越多。2019年，我校教师课题有23项立项，3项为罗湖教改专项课题结题，10项课题中有5项被评为罗湖区第三期“智慧课堂小课题研究”优秀课题。2020年，历史教师贾彦宏的《初中历史教材中历史人物对塑造学生价值观的影响研究》，副校长晏清《布心中学“五心”课程体系开发研究》均被评为罗湖区优秀小课题。校长张汉亮表示，“我们愿为每一个学生的幸福一生营造全面发展的人生基础，打造自强不息的人生追求，为终身教育做好充分准备。”

三、初心不殆，奏响时代教育铮铮强音

春风桃花红、雨润花更艳。教育是温暖人生的阳光，它尊重、赏识每个个体，致力于学生能力、品德等各方面素质的全面提升，服务于个体的健康成长，滋养每一个生命。而学校则是哺育千万学子的良田，教师扮演着日夜守护在田野旁边的勤匠，用毕生的文化知识和真情陪伴铺垫着学生走过每一步。带着教育的愿景，借着罗湖教改东风，我校会继续以打造独具特色的育人课程体系为建设中心，为建设一所人文优势明显、多元发展特色突出、个性特长张扬的学习型精品学校而奋斗。

以美立校创品牌，以美育人创特色

广东省深圳市美术学校　肖江明　吴向前

爱美是人的天性，在我们社会主义祖国里，美的事物、美的行为、美的心灵到处都有，但是生活中美好的东西，并不是所有人都能看见，都能感受到的。正如著名的法国雕塑家罗丹说的一样美是到处都有的，对于我们的眼睛，不是缺少美，而是缺少发现。因为，感受美，创造美的能力和正确的审美观，并不是生来就有的，也不会自然而然地产生，需要经过教育和训练才能获得。我校简称“深美”，是深圳市罗湖区属公办艺术类普通高中，拥有1600多名师生员工。我校是深圳市普通高中里唯一一所全部学生都学习艺术专业的学校，是名副其实的艺术高中。学校坚持以立德树人为根本，以美创品牌，以美育人，用美的艺术滋养学生的心性，培养学生全面发展。

我校是在深圳市行知职业技术学校（以下简称“行知职校”，行知职校创办于1986年）美术专业基础上发展而来。2005年经深圳市教育局和罗湖区人民政府同意，行知职校加挂“深圳市美术学校”的校牌，开启了“一校两牌”的发展模式。原先的行知职校各方面基础薄弱，在此之后，学校盘活既有资源，驶入美术特色学校建设的快车道。

一、人才纳新破机制，搭建平台促成长

美术专业是我校的主打专业，随着学校对美术教师专业素质要求的不断提升，奔赴师范类高校招聘应届生和面向社会公开招聘已难以满足本校高水平教师的需求。要想“抢”来美术专业人才，就必须

求变。

学校在招揽人才时采取“特殊手段”：瞄准具备顶级师资潜在成长性的人才，学校带领专家团队直接前往中央美术学院等顶级非师范院校招聘优秀应届毕业生，这些毕业生有更系统、更高水准的美术专业学习，在艺术视野、创造能力和动手示范能力上更胜一筹。虽然非师范院校的毕业生没有教师资格证，但是调研后，我们认为这样的人才更加切合学校的用人标准。我们放宽招聘条件，允许他们在临时聘用学校的一年内考取教师资格证，为学校新形式人才纳新破除机制障碍。在得到市、区人事部门和主管部门授权的前提下，我校成为在全区中小学中唯一可以开展美术教师自主招聘工作的学校，采用“先面试后笔试”的招聘考试方式，从而招收了多名既有较强美术专业功底又具备动手示范实操能力的技能型教师。

持续留住人才还要让教师有获得感。在为教师提供专业教学和生活方面的保障之外，学校还为教师搭建成长的平台。近5年，在校内外为师生共举办18次实体展，观展人数约1.8万人。2016年在关山月美术馆举办了师生作品展，我校作为一所基础教育学校因能够在国家级美术馆为师生办作品展，受到社会的广泛关注和好评。此外，学校举办师生网络作品展38次，在线观赏共计17.1万人次。同时通过鼓励专业老师举办个展、外出观展、参加比赛和培训等形式。让老师们博采众长、开阔视野，提高自身艺术素养，促进专业成长。

学校鼓励教师加入各级美术协会， 与美术同行切磋交流，期望始终站在专业和学术领域的最前沿。目前，学校有中国美术家协会会员2名，广东省美术家协会会员3名，深圳市美术家协会会员15名，罗湖区美术家协会会员35名。

二、专业课程显特色，因材施教扬个性

学校以“培养素质全面的创新型、发展型艺术人才”为教育目标，构建了符合学生可持续发展的特色课程体系。课程体系包括四个方面：一是规范扎实的美术基础技能课程。《素描》《色彩》和《速写》三门美术基础技能课程有严格的教学标准，并以多种形式的教学评估作为教学质量的保证。二是富有发展性的美术理论课程。学校开设了透视、素描基础理论、色彩基本原理等基本美术理论课程。开设“美术鉴赏”课程，旨在提升同学们的审美方法和审美能力，提升同学们的审美品位和高度。三是丰富多彩的专业拓展课程。设计类课程，旨在提升同学们的艺术思维能力和艺术创新能力；中国传统书画艺术课程，全面丰富学生的艺术素养；举办各种类型的艺术讲座，不断地开阔学生的艺术视野；特别是户外风景写生课程，遵循艺术教育规律，聚焦学生终身发展。学校坚持每年组织300多名师生赴江西、安徽等地开展写生实践， 是华南地区唯一连续十五年组织学生外出写生的学校。

开展美术和文化课跨学科教研。陶行知先生认为“和谐发展”即是“善、美和真”的统一，即道德、艺术和科学的统一。基于这种大美育观，学校艺术教务组和教研室引导美术教师和文化课教师合作，设立跨学科的研究课题，促进教师科研水平的提升，也带动学校的教育教学走上顺应时代发展要求的道路。

通过分层教学落实课程。本着因材施教的原则，高中三年学校实施分层教学法。美术专业课随着课程进度的开展， 难度不断提升，学生专业水平也逐渐发生变化。学校根据每位同学文化和专业的差异，合理分配师资和指导学生学习方向，使专业课程的进度与学生的能力 水平、接受的难度准确对应。

三、高端平台助发展，成全文化挚大爱

三十多年来，我校在美术教育领域默默耕耘，为重点美术院校输送了大批学生，与顶级美术院校建立了良好的互动，架设起了师生发展特别高端的平台。

我校是两所国内顶级美术专业院校的生源基地实验学校。早在6年前，学校就成为中国美术学院首批生源基地实验学校。2020年1月4日，我校与清华大学美术学院正式签约，成为广东省唯一的清华美院生源基地实验学校。全国仅有20所清华美院生源基地实验学校，我校能成功位列其中，意味着学校近三年来连续有学生被清华美院录取，同时也说明了学校的美术教学、教研水平达到了清华美院对生源基地校的要求。多年来，清华大学美术学院利用假期，为我校的美术教师提供专业培训，提高专业教师的专业水平和艺术素养，提升学校的核心竞争力。

“成全”是我校的校训，是师生共同的追求。陶行知先生以高尚的思想境界和超然情怀，擎起教育“爱满天下”的精神旗帜。因为爱所以成全，成全与爱一脉相承，有着相同的文化基因。2010年，学校确认了学校的文化基因——成全，明确了学校文化的精神内核，并把“成全、发展、健康、幸福”确立为校训，学校开始了践行“成全文化”理念的教育实践。由校长亲自为学生开设成全精神的校本培训课，让每一个学生入校时就开始了解成全理念，积聚自身成长的精神力量，主动参与成全教育实践。

我校与慈善组织合办的助学项目连续五年向品学兼优的81名学生捐助了人民币近百万元。另外，还有区财政的学费减免资助、“爱心午餐”资助等多渠道、多层次的助学帮困，成全和关爱学生。

经第三方教育机构历时三年的测评反馈，我校是罗湖区家长满意度最高的高中学校。在最近两年罗湖区人民政府教育督导室开展的学校满意度测评中，学校是罗湖区学生和家长满意度最高的高中学校。

艺术教育以美育人，以文化人。未来，我校将继续坚定不移地贯彻党的教育方针政策，以美立校创品牌，培养新时代高端艺术人才，为新时代中国美育事业的发展贡献我们深美教育的一分力量。

聚力奋进创佳绩“普职融合”育英才

广东省深圳市盐港中学 谢红越

盐港中学是一所公办探索性综合型高中，位于深圳市盐田区，地处大梄湾畔，紧靠美丽的梧桐山，依山傍水，环境优美。学校教学设施先进齐全，书香气息浓郁，教育特色鲜明，是广大学子求学之良地。

自2008年建校以来，十余载初心不改，我校始终坚持以“眼中有学生，心中有学生”，“唤醒学生天性，开掘学生才智”，“尊重学生天赋，赋能量与学生”的正向价值追求为人才培养观，以全面实施个性化教育，培养学生“求真知，学真技，做真人”为目标，全方位助力学生健康成长，保持着多出人才、快出人才、优出人才、低进高出的良好发展态势。

我校学生基础偏弱，中考招生位列深圳市第二批次，以职高生的生源打通“普职”界限，为一部分有天赋、有特长、有更高的发展层次需要的学生提供了就读普通高中艺体专业生的通道，让学生的未来不被限定，让无数的学子走进北京师范大学、中央美术学院、中央音乐学院、武汉大学等国内双一流名校，实现他们的青春梦想！

学校办学成绩显著，在2019年12月举办的第二届广东省中小学青年教学能力大赛总决赛中，我校教师林琳力压群雄，荣获高中教育组总决赛第一名。在2019年第五届深圳改新改革论坛上，我校以扎实的办学业绩、专业的体育素养、出色的竞技成绩、全员体育的校园理念，荣获素质教育改革创新大奖：年度体育范学校。今年，又在深圳教育年度盛世——年度改革大奖评选中，喜获“年度美育典范学校”。2019年，我校普高艺体专业生以卓越的高考升学率（重点上线率65%，本科上线率94%）及突出的艺体特色，荣获深圳市2019年高考工作特色奖。

潜心育人，“普职融合”模式深入推进

我校于2008年由当时的深大师范学院第二附属学校和田东中学高中部（职高）合并而成，自创办以来就承担着盐田区普及12年教育的社会重任，学校在现任校长谢红越及各级领导班子的努力下，积极践行“求真知，学真技，做真人”的校训，因材施教，潜心育人。

“学校高中教育不应当只是培养和造就踏上高考这条独木桥的学生，而应想措施缓解和疏通由拥挤造成的激烈竞争局面。”是学校坚守的办学理念。因此，我校致力于为不同知识层次的学生实现人生理想，满足他们成才愿望，为他们开创直达“罗马”的“条条大路”。

从2008年起，我校就一直在职高批次招生。为突破生源限制，我校又以个性教育为着眼点，突破职高限制，打通“普职”融通通道，探索综合办学模式，大力发展艺术特长生教育，为不同天赋的孩子搭建适合他们发展的专业平台。

2019年6月，国务院办公厅印发的《关于新时代推进普通高中育人方式改革的指导意见》中提到“鼓励普通高中与中等职业学校课程互选、学分互认、资源互通，促进普职融通”。11月，全国职业教育现场会在深圳召开，会上也提到要打破“普职”融合通道，积极探索创办“综合高中”。而我校的“综合高中”办学模式，正符合“普职”融合办学模式，充分展现育人理念的创新性和前瞻性，对于推进区域“普职融通”具有重要作用。

奋勇向前，办学业绩逐年攀升

目前，我校学生专业训练科学有素，文化学习紧张扎实。在新时代，我校坚持以习近平新时代中国特色社会主义思想为指导，紧跟时代潮流，结合自身特色不断改革创新。我校在坚持“以赛促学”的基础上，不断为学生提供实践机会，充分发挥学生的积极性和创造性。通过“普职”融合办学实践，我校在教学方面成效突出，办学业绩逐年攀升，育人实力有目共睹，获得教育部门的充分肯定。历年来，我校先后获得“深圳市办学效益奖”、“深圳市高考工作进步奖”、“深圳市教育工作先进单位”等奖项，成了“广州美术学院优秀生源基地”、“广州美术学院就业实习基地”。2019年，我校以鲜明的办学特色、卓越的高考成绩获评“深圳市2019年高考工作特色奖”，这是自2009年以来第9次获此奖。

在深圳致力建设社会主义先行示范区，深圳教育朝着先行示范目标前进的当下，盐港中学打通“普职”融通通道，率先探索“普职”融合的实践模式，为深圳促进普职融通发展先行先试，为深圳教育提供了可供借鉴的盐港经验。

立德树人，学校师资力量日益雄厚

教师是学校实现教育高质量发展的核心要素，我校坚持倡导“教师在自信中教，学生在自信中学”、“不比基础比进步，不比成绩比未

来”等理念，坚持“尊重教师的专业特长，因师施教；遵循学生的成长规律，因生施教”的工作方针，积极促进教师专业发展，精心打造学校高素质的专业教师团队，希望通过追求个性教育，成就每位师生。

我校积极促进教师专业发展，精心打造出了学校高素质的专业教师团队。学校体育教师团队拥有国家知名度的教师和教练，每个学科拥有市、区级骨干教师和学科带头人，艺体专业教师团队精干，教学经验非常丰富。“深圳市谢红越劳模创新工作室主持人”、“深圳市五一劳动模范”、“深圳市十佳校长”谢红越、“南粤优秀教师”、“深圳市中青年骨干”宫照石、“南粤优秀教师”、“深圳市优秀班主任”陈梦心、“深圳市优秀教师”张蔚薇、广东省青年教师技能大赛高中组总决赛冠军林琳、省体育教师技能大赛特等奖闫正旭、省体育教学课一等奖获得者卢宏图、广东省心理教师技能大赛第一名获得者李洁仪、广东省数学教师技能大赛一等奖获得者李霞等都是优秀教师代表。多年来，全体教师不断克服生源起点低等困难，以艺体特色、职高品质专业为推手，“为每一位学生量身定制符合他们发展的方向”，成果显著。

回首过去，我校不断加强基础设施建设和教育教学改革，已成为学生成长的沃土，全体师生奋力前行，取得了可喜的成绩。展望未来，在学校各级领导的带领下，学校将继续紧抓机遇，与时俱进，再谱新章！

做有思想的校长，办有文化的教育

广东省深圳市远恒佳少年宫学校　温东娇

梦想承载未来，“中国梦”关乎着中国未来的发展方向，凝聚了中国人民对中华民族伟大复兴的憧憬和期待，每个中国人都是中国梦的参与者、创造者。作为一名教育工作者，我怀揣着自己的教育之梦，在教育事业的这片沃土上已耕耘二十余载，将自己的无悔青春奉献给了伟大的教育事业。

二十几年弹指一挥间！回首在远恒佳成长的日子里，太多的感动让我铭记于心。曾记得1998年5月18日那天，我走进了远恒佳教育集团第一所幼儿园——公明二幼，从那天起我便进入了教育队伍行列，怀着那份热情那份自信和执着，促使我一口气在幼教路上一干就是二十二年。在公明二幼工作的日子里，我们行政和老师们共同经营着那一片洒满我们辛勤汗水的净土，为了每个家庭的幸福，为了孩子美好的未来我们努力工作着、辛苦着、享受着、成长着、快乐着，常常被幼儿园的事迹一次又一次地感动着。2016年8月28日被调入远恒佳少年宫，跨入新的岗位，感觉更多的是在我肩膀上沉甸甸的责任，这个特殊的群体中，我是教师的教师，是一位特殊乐队的指挥员，用人的心灵来演奏和谐的乐曲。在“环境影响人、活动锻炼人、文化改变人、平台成就人”的育人理念感召下，我带领全体教职工认真学习教育理念，扎实开展营造舒适校园氛围，打造校园文化品牌，努力办有文化的教育，做有思想的教师。

一、赤诚热爱，无惧困难

当教师必须具有爱心。爱心是人格的一个重要组成部分，它是一个人外在和内在道德的有机统一体，是评价一个人精神境界的标尺。爱是无法用语言来表达，因为它是隐形，看不见的，是要用行动去感染她。爱是灵魂的粮食，爱是一朵非常娇嫩的花儿，它必须要保护、要照顾、要呵护，只有那样，它才能强壮成长。署名作家马卡连柯曾说过：爱是一种伟大的感情，它总是在创造奇迹，唯有爱，老师才会用伯乐的眼光去发现学生的闪光点，才会把辛苦的教育工作当作乐趣来从事，它使老师感觉到每个儿童的喜悦和苦恼都在敲打他的心。引起他的思考、关怀和担心，这就是教育的爱。爱其实没有定义，爱就像你呼吸，是一种自然的运作，当你爱上这份职业了，你的智慧是无穷。困难也是可以找到解决方案。

我爱这份职业，爱这份岗位，更爱这份工作，在这个岗位上工作了二十二年，爱这个职业让我挖掘自己所有的潜能，发挥自己所有智慧。办法是想出来的，潜力是逼出来的。一代先圣孔子在两千多年前就教诲我们：仁者有爱。教育是一种爱的艺术，是一种宽容，一份鼓励，一句提醒，一个鼓励的眼神。

二、爱校如家，勇担使命

家是温馨的集体，是我们停靠的港湾，我爱远恒佳就像爱自己的家一样！把自己扮演成“当家人”的角色。一个学校的成败，都与其中的教职员工是否具有爱校如家的思想有着密切不可分的关系，一个洋溢着爱校如家的思想，每一个人都以“当家人”姿态，视学校如家，视事业为己任，勇挑重担，无私奉献，那么，学校将会获得强大的凝聚力，号召力、和创造力。

孔子说“人无远虑　必有近忧”　一个人没有危机意识，就看不清自己的处境，没有忧患意识，就看不清与别人的差距，没有使命意识，就没有前进的动力，作为远恒佳人，我勇于担当，恪守初心，用责任诠释我对幼教事业的无限热爱之情。

三、以身作则，率先垂范

一个人的成长不是百米冲刺，人生之路永远是马拉松式的赛跑，在一个人的成长过程中，没有最好只有更好。在成长路上，经过岁月的洗礼，有奋斗有欢乐、有汗水也有泪水，有感动也有收获，让我最感动最深的是，公明二幼给予我发展自我的机会，集团董事长宋远标先生给予的栽培，让我懂得了作为一名执行领导，在执行方面应该怎样才能起到表率作用。

我要求下属做到的自己首先要做到；要求下属不做的自己坚决不做。同时要肯定下属的工作，所谓说：事业留人，待遇留人，情感留人；情感也很重要，须多听取一些教职工的心声，让每个人敞开胸扉表达自己的想法，理解下属的内在需求、相信下属的道德品质、认可下属的工作态度、明白下属的工作方法、肯定下属的工作才智、信赖下属的工作责任感，这样会激励每位教职工更加努力工作。

四、默默奉献，努力耕耘

作为一名教师是应该具有奉献精神，奉献是教师的天职，一直以来教师被比喻成“人类灵魂的工程师”。曾记得我刚来少年宫时，不知道有多少天连续上班、加班加点、不计报酬的付出，到了学期末我的假期累计达21天。掐指一算，一个学期五个月，可想而知，我们整个学期基本上是没有休息过。有人说：“一分耕耘，一分收获”，但我认为“一分耕耘，未必有收获，但你不努力耕耘，那一定没有收获”。作为教师的我们要有奉献精神，一切奉献的核心是爱，只有对工作的“爱”，才会心甘情愿地去奉献自己的智慧和力量，才会不计报酬地去做自己应该做的事情，才会任劳任怨把自己有工作做好。

教育本来就很平凡、很普通，要想出色，就必须做好平凡的每一件事。做事需要有一种精神，一种自始至终坚韧不拔的精神，一种朝气蓬勃奋发向上的精神，一种充满活力挑战极限的精神。作为一名教育管理者，我将带领全体教职工在逆境中求生存、谋发展，凭借远恒佳教育集团的科学管理、优质服务的理念，不断提升远恒佳少年宫品牌，努力打造远恒佳少年宫的社会影响力。

21世纪是中华文明崛起的时代，民办教育的春天已经来临。新形势下，作为一名教育工作者，我将与时俱进，始终带着一颗感恩的心，热情澎湃地工作着，努力着，力争把学到的一切传递给更多的教育人，带动一方为深圳教育的发展增红添绿、添砖加瓦。

儒雅教育入脑入心　优品优行落地生花

广东省湛江市第八小学　吴彩凤　杨政

《荀子·荣辱》曰：“君子安雅”，并注“正而美德者谓之雅”。可见，博学多才、温文尔雅自古就是人们追求的目标。尽管时代在发展，但如何培养根植于传统、着眼于未来的儒雅公民的教育目标不仅不应该被摈弃，反而更应该成为学校需要积极思考并努力探索实践的重要课题。

在办学实践中，广东省湛江市第八小学围绕立德树人的根本任务，以促进学生“全面发展，学有特长”为根本目标，将“弘扬学校精神，传承儒雅文化”贯穿于学校教育教学的全过程，大力推行“儒雅教育”，精心打造儒雅校园，全面落实素质教育，走出了一条立意高远而又脚踏实地的特色发展之路。

提炼指向明确的儒雅理念

先进的办学理念，是促进学校持续发展、提高教学质量的先导，是指导全体师生前进的航标。湛江市第八小学针对生情、校情、社情实际，深度思考和把握，将学校的发展选择定位于秉承儒雅文化根脉，提出了“承启办学、厚德育人、精益求精”的办学理念，形成了独具特色和魅力的儒雅教育，增强了校园文化的影响力、渗透力和核心发展力。

学校本着“以学生发展为本”的教育宗旨，以儒雅教育为主导，以传承和弘扬儒家文化为切入点，将儒家经典文化元素有机融入学校教育之中，积极探索儒家文化与现代学校教育相结合的教育模式，初步构建了富有个性的儒雅教育文化体系，涵盖精神文化、环境文化、制度文化、课程文化、行为文化以及课堂文化、班级文化、家校文化等多方面内容，成为引领学生发展、教师发展、学校发展的巨大推动力。

学校儒雅教育理念着眼于学生终身发展，遵循少年儿童身心发展规律和成长需要，着力培养学生的核心素养。这一目标与践行社会主义核心价值观高度契合，符合《国家中长期教育改革和发展规划纲要》精神，既植根优秀传统文化的蕴蓄，又体现时代发展的要求，更凸显湛江市第八小学的文化特质，为全校师生指明了共同愿景和价值追求。

建设内蕴丰富儒雅环境

如果说办学理念是学校之魂，那么校园景观就是学校之体。只有魂体载道、融为一体，才能推动办学理念的进一步深化。湛江市第八小学坚持“秉承传统文化，彰显学校特色，打造儒雅校园”的文化建设主题，努力建设儒雅教育的外部环境，引导学生“胸蕴儒雅，心存天下”。

大环境由学校统筹打造，24字核心价值观人人皆知、入脑入心，并将其内化于心、外化于行；“儒雅八景”（八匙广场、本土文阁、校园文化长廊、八小精神文化山、孝道壁、三立圆、六艺廊、幸福之家）、水写台、竹语文化、“一坊一屋一室”（教师工作坊、儒雅书屋、心理咨询室）等校内文化景点，富有深厚的文化内涵和浓郁的人文情怀。小环境由班级自主打造，班级图书角让班内书香洋溢，门口设“班级名片”，后墙张贴班徽、班规，细心雕琢，玲珑别致，文化味洋溢。这些校园文化风貌，既有本土特色，又体现儒雅教育理念，呈现了启迪智慧、润泽生命的壮美画卷。

设计高效和谐的儒雅课程

课程是教育的主阵地。湛江市第八小学始终坚持大课程观，打破原有课程设置，将国家课程、地方课程、校本课程与学校的学科教学、社团活动、文化熏陶、环境影响等多种元素进行统整融合，分别面向全体学生、个体学生和特殊需要学生三个层面，构建了以基础课程、拓展课程、个性课程为主要内容的“儒雅”课程体系，为学生的儒雅人生奠定了多元素质基础。

基础课程主要由国家课程组成，包括语数英、图音体、思政、科学、信息技术、综合实践等学科，重在学生基础知识与基本能力的培养；拓展课程主要由地方课程和校本课程构成，包括经典诵读、每周一诗、礼仪之行、儒雅爱孝之行、悠悠古埠赤坎情、趣味数学、趣味英语等，重在知识的运用、拓展与强化；个性课程主要通过社团形式来开展，有舞蹈、书法、国画、古筝、围棋、网球、跆拳道、快速阅读、创客、编程、少年军校班等，重在让不同程度、不同性格、不同爱好的学生都有展示的平台，都能获得全面而有个性的成长。

开展缤纷多彩的儒雅活动

活动文化是儒雅教育的一大亮点。湛江市第八小学坚持以学生为本，充分尊重学生的性格特点和发展需求，以活动育人为切入点，有计划地开展内容丰富、形式多元的儒雅活动，让师生在参与中发展特长、绽放风采，从而使学校真正成为提升全体师生生命质量的成长乐土。

如今，学校已经形成了“三礼”（入学礼、成长礼、毕业礼）、“三行”（儒雅阅读行、儒雅书法行、儒雅非遗行）、“三乐”（儒雅扑克乐、校本阳光乐、亲子家校乐）、七彩雷锋日、文化八小儒雅秀、诗礼童年、小志愿者成长营、禁毒进校园、生活垃圾分类进校园、重阳情•诗韵长、亲子经典诵读、儒雅杯篮球赛、端午文化秀、儒雅堂辩论赛、校长小助理竞选、大队委竞选、每月例会（固定主题）、每周国旗班升旗仪式等固定活动，这些活动充分尊重学生个性发展，真正做到了让学生在活动中践行社会主义核心价值观，让学生通过体验、实践来促成品格养成。

打造技精业专的儒雅教师

教师是教育工作的组织者和实施者，是学生成长与发展的引领者，是学校进步与发展的基石和保障。湛江市第八小学高度关注教师的专业成长，坚持以教师发展为本的理念，以工作室为引领，以“现代教育理论学习日”活动为载体，建设一支学习型的教师队伍；以“走向新课程教学”活动为抓手，建设一支研究型的教师队伍；以“重品行、树形象、做榜样”活动为平台，建设一支和谐型的教师队伍，努力培植学校可持续发展的原动力。

学校提出“问题就是课题，反思就是研究”的教研思路，围绕“课题研究，主题教研，理论学习，集体备课，反思交流”五大块内容，开展了丰富多彩、卓有成效的系列校本教研活动，努力创建校本教研特色。截至目前，学校已经开展了《对分课堂在小学中高年级数学教学中的应用和研究》《小学英语高年段引导式写作教学的研究》《思维导图辅助小学高年级学生英语写作能力的行动研究》《“儒雅乐系列扑克”校本课程实践研究》等十几项省、市、区级课题研究，力求形成以小见大、由点及面、水滴石穿的发展态势。其中《儒雅教育——转型期提升学生品德素养的关键》《基于信息技术的互动式学习的探索与研究》被确定为广东省教育科研“十三五”规划教育科研重点项目，为全市的课程改革发挥了引领作用。2019年，戴远丝老师、蔡航妙老师参加第二届广东省中小学青年教师能力大赛均获一等奖，多名教师在湛江市举行的各科大赛中分获一等奖，多名教师在各级各类活动中提供公开课并获奖。

构建互融互通的儒雅家校

践行儒雅教育，既需要儒雅之师、儒雅学子，也需要儒雅的家长。把儒雅的教育理念传播给每一位家长是十分有必要的。如今，湛江市第八小学形成了校级家委会——年级家委会——班级家委会的家校三级管理机制，家委会实行自主管理，有完整的管理机构和组织章程，有效提升了家长的家庭教育水平，成绩显著，被评为全国优秀家长学校实验基地。

在打造“儒雅教育”、实现五育并举的过程中，湛江市第八小学先后被评为全国文明校园、全国优秀家长示范校、全国科普实践基地、广东省文明校园、广东省语言文字规范化示范校、湛江市先进单位等称号。

“树儒雅之风，养浩然之气，做博学之人，成有用之才。”作为一所传承儒家优秀传统文化的儒雅教育特色学校，湛江市第八小学始终秉承“取其精华，去其糟粕”的原则，教育学生传承中华民族的优秀文化和优良品质，培养学生“孜孜以求，彬彬有礼”的优秀品质和健全人格。未来，学校将继续把儒家经典融入学校素质教育的每一个细节之中，坚持走儒雅教育特色发展之路，让厚重的文化底蕴不仅要在教师个体身上得以体现，更要在学生点滴成长中得以展现，从而为他们绘就更美、更新、更好地人生画卷！

奋而有为再扬帆　行稳致远新征程

——广东省肇庆高新技术产业开发区龙湖小学中长期发展规划侧写

广东省肇庆高新技术产业开发区龙湖小学　李广

在中国特色社会主义新时代背景下，广东省肇庆高新区龙湖小学迎来了前所未有的发展机遇和挑战。在充分调研的基础上，学校根据《国家中长期教育改革和发展规划》纲要和上级部门的文件精神，结合学校目前实际情况，特制定学校中长期发展规划(2021—2028年)，为学校今后的发展指明了方向。

摸清校情校况，精准把握发展方向

2004年9月，龙湖小学因园区教育布局调整的需要，由原大旺区大良岗小学、罗湖小学进行合并，2008年更名为肇庆市大旺区第四小学，其后，大旺区一村小学、东风小学等学校陆续并入，学校办学规模随即逐年加快，2013年更名为肇庆高新技术产业开发区龙湖小学，是一所全日制公办小学。可以说，龙湖小学是伴随着国家级高新技术产业开发区同步发展的学校。目前，学校拥有30个教学班，在校学生1426人，在编教师67人。未来，学校计划办学规模为60个班，将会提供2700个优质学位。

了解学校现状。一是学校发展优势。区域优势，学校位于园区北部，东傍龙皇庙水库，北靠广东信息工程学院，南邻珠江三角洲外环高速大旺出口，西接郎潮田园，交通便捷，环境优越，同时学校纳入园区军民共建镇范围，该镇规划在近十年内打造成为集休闲旅游高端商贸于一体的，容纳5万人口以上的园区生活区；教师队伍优势，学校已逐渐形成一支敬业爱岗、默默奉献的教师队伍，教书育人氛围良好，师资队伍发展有潜能，学校发展有保证；干部队伍优势，学校新一届领导班子、学校中层干部敢于创新，工作有条不紊、有板有眼、肯学肯干，工作中分工合作、齐心协力，学校发展有保障。二是学校在问题。基础设施方面，教室、各种功能场室不足，不能满足学校发展配套需求；管理水平方面，“以人为本”和“管理即服务”的思想意识需要进一步增强，管理的机制还需要进一步健全，管理的方法和手段还需要进一步创新；师资整体水平方面，教师对确立教育教学工作新理念、实施新课程改革的紧迫性认识不足，教师专业成长的主动意识不够强烈，教师的教育方法和手段有待进一步更新和加强；学生来源方面，异地务工人员子女占绝大部分，其中新留守子女较多，给教育教学带来较大的压力，生源质量有待提高；是办学特色方面，学校的办学特色不够鲜明，特色项目不特别强。

明确指导思想。学校坚持以新时代党和国家的教育方针为指导思想，以立德树人为根本任务，以教育政策法规、现代教育管理理论为管理依据，以新课程标准为理论指导，以改革创新为动力，以培养孩子们的核心素养为追求，全面实施素质教育，办好人民满意的教育。

凝练办学思想。学校在“培养有大旺情结、家国情怀、民族脊梁、世界眼光的新一代”办学思想的指导下，坚守“引领孩子走向创新的王国，奠基孩子构筑美好的人生”的办学使命，提出“学做真人　学做善事　各美其美”的校训、“自强不息　臻善臻美”的校风、“厚德　善导　科学　严谨”的教风、“自信　善思　合作　求新”的学风，全力构建师生共生共长的发展共同体，打造“本真教育”特色，努力实现“努力造就人格健全有抱负、善于思考有个性、言行端庄有礼貌、勇于创新有魅力、阳光自信有正气、感恩社会有善念、终生发展有梦想、国际视野有远见的新公民”的培养目标。

中长期发展目标。学校充分发挥教育信息化投资效益，促进信息技术与课程整合深入开展，全面推进教育信息化在学校工作中的应用，积极推进教师研修网的使用，转变教师教研、科研理念，提升教师网上教研、科研的应用水平，提高教师信息素养以及在学科教学中应用信息技术的能力，以信息化带动教育现代化，开创教育信息化工作新局面，创造区域优质教育品牌，以未来大数据、人工智能智慧校园的建设为导向，经过十年的努力，把龙湖小学建设成为孩子喜欢的、社会认可的现代化、国际化学校。

强化德育工作，筑牢思想教育阵地

所谓“十年树木，百年树人”，科技的发展在人才，人才的发展在教育，在当今社会发展的新形势下，德育工作是社会主义精神文明建设的尊基工程。龙湖小学坚持以“习近平新时代中国特色社会主义思想”为理论指导，深入贯彻教育部2017年制定的《中小学德育工作指南》，深入贯彻落实立德树人根本任务，切实将党和国家关于德育工作的要求落细落小落实，切实提高德育工作的针对性和实效性，着力构建方向正确、内容完善、载体丰富、常态开展的学校德育工作体系，努力形成全员育人、全程育人、全方位育人的德育工作格局。

学校建立健全德育相关规章制度，规范教师教育教学行为，着力打造一支信念坚定、业务精湛、师德高尚的教师队伍；重视文化育人，使校园内一草一木、一砖一石都体现教育的引导和熏陶，让校园处处成为育人场所；抓好课程育人，充分发挥课堂教学的主渠道作用，将德育内容细化落实到各学科课程的教学目标之中，融入渗透到教育教学全过程；开展理想信念教育，进行社会主义核心价值观教育，深化中华优秀传统文化教育，注重生态文明教育，加强心理健康教育，培养学生的政治认同、情感认同、价值认同，不断树立为共产主义远大理想和中国特色社会主义共同理想而奋斗的信念和信心；落实常规管理，严抓路队、集队、走姿、坐姿及课前准备的行为习惯的养成，促进孩子们良好行为习惯养成；出台学校社团活动、一班一品活动管理办法，严抓“阳光体育”活动质量，丰富阳光体育内容，举行校园广播体操、武术操、眼保健操、写字操、手语操比赛，开展年级篮球、足球联赛，举办“七节一会”，促进学生全面而有个性的发展；利用重大节庆日、纪念日精心设计、组织开展主题明确、内容丰富、形式多样、吸引力强的教育活动，促进孩子们形成良好的思想品德和行为习惯；建立健全学生安全事件处理机制，强化学生和教师双重安全意识；规范家长委员会制度，建立家长义工机制，搭建社会育人平台，建立多方联动机制，发挥家校合力的正向发展机制；健全奖励机制，开展表彰大会并颁发相应的各种荣誉称号，通过激励点的扩大来扩大德育面，深化榜样的德育功能。

创新教学工作，实现教学质量提升

教学质量是学校的生命线，是学校的立校之本，是教育工作永恒的主题和不变的中心。“质量立校”既是社会对学校提出的迫切要求，也是学校自身生存和发展的客观需要。龙湖小学深入贯彻党的十九大精神，以现代教育理论为指导，以课程改革为核心，以教育教学质量为中心，围绕“内抓管理，外树形象”目标，坚持育人为本，创新管理机制，强化质量意识，加强教育教学管理，完善目标和评价体系，落实考核奖惩制度，强化教学安全工作，在教学成果上谋求新成效，在激发教育活力上谋求新突破，在教学质量上谋求新进步，在教风学风上谋求新变化，逐步提升学校竞争力，使学校教育教学工作再上一个新台阶。

加强常规管理。认真抓好常规管理，明确各种教学常规要求，严格执行课程计划，开齐、上足、教好各类学科，严把“备课、上课、作业布置和批改、辅导、教学质量监控”五关，有针对性地改进教学工作，全面提高教学水平与质量。备课主要抓“三看”，即一看教学理念是否符合新课改精神，二看教学设计是否贯彻新标准要求，是否有创意、有特色，三看教后反思是否具有针对性、指导性。上课主要抓“七有”，即有比较充分的教学准备，有比较科学明确的教学目标，有循循善诱的魅力和鲜活的教学氛围，有充足的教学资源和形象的教学媒体，有足够的练习时间和宽松的学习舞台，有互动共享的教与学方式的转变，有明显的实效和积极的学习兴趣。作业主要抓“六严”，即严格要求作业布置精心合理，严格要求作业批改及时正确，严格要求作业反馈纠错即时显效，严格控制教辅用书的使用，严格要求作业本整洁规范，严格控制孩子们家庭书面作业数量和作业质量。辅导主要抓“两率两分”，即大力加强培前三分之一，补后三分之一，拉中三分之一，确保优秀率，确保平均分。质量监控主要抓“一定一不定”，即对各学科进行定时和不定时的质量抽查，以促进教学质量的提高。

深化课堂教学改革。全面优化课堂教学过程，促进孩子们综合素质和个性协调发展。全体教师积极参与，通过理论学习提高认识，结合自己的教学实践，开展丰富多彩的教学改革活动，尤其是中高年级要在合作交流、探索教学方法方向上要有深入的研究。教研组要紧紧围绕教研主题开展教研活动，如公开课、示范课、听评课等，通过合作交流、探讨反思等方式使各科教师在活动中得到锤炼。学校行政人员深入教学第一线，广泛深入地了解教师的日常教学情况，对课堂教学能力相对薄弱的教师，尤其要加强指导与交流，帮助他们找出存在的问题，提出改进建议，促使这部分教师迅速成长。

强力推进课题研究工作。针对实验中遇到的难点、疑点、突破点，学校充分发挥集体智慧，开展以“总结、交流、反思研究情况，进行课例评析，思考、研讨下次研究内容”为重点的研课题讨活动，提高了课题实验的实施水平。课题组成员通过定期开放研讨课、示范课等方式带动课题研究的深入，参加实验的老师每人每学期上1次公开课，依托“典型引路”来提升课题研究的水平。

推进课程开发与建设。学校将校本课程日常活动融入校本教研中，以研究为抓手，以课堂教学为重点，推动校本教研活动的深入开展。为此，学校积极进行“满足孩子们核心素养发展需要”的课程研发，建构丰富的校本课程体系，让课堂因此变得更加丰富多彩，让师生生命的成长更加丰盈，构建了师生共生、共长的发展共同体。

大力建设书香校园。学校加快学校的图书室、开放式书吧、教职工之家的建设，做好每天教师的阅览和孩子们的阅读工作。抓好孩子们回校的晨读午读工作，上好每周一全校同步的经典诵读课及各班每一节经典诵读课，指导孩子们阅读经典，提高阅读水平，让琅琅读书声充满校园。

积极推进一班一品教学活动。学校按照《国家学生健康标准》，推进学生卫生行为习惯养成和身心健康发展促进行动，广泛开展以班级为社团、以体艺活动为主要内容的“一班一品”活动，杜绝挤占、挪用现象，不断促进学生全面发展。

完善保障机制，夯实学校发展基石

内部保障。一方面是完善制度保障，进一步完善各项规章制度，使制度管理规范化、经常化、制度化，发挥学校中共党支部、教代会的作用，使党支部、教代会真正成为审议、监督、决策学校重大事项的主要机构；另一方面是资源保障，即加大经费投入，完善软硬件设施建设，使学校每一项设施都服务于、服从于学校，改善学校办学条件。

外部保障。一是政策保障。通过上级对学校的政策优惠和倾斜，改善学校办学条件。二是经费保障。学校加大资金投入，保障教师培训、三科教师培训、新课程改革等工作的顺利开展。三是队伍保障。学校的主动发展关键在教师，教师的配备至关重要，期望能得到上级领导对本校教师结构的特别关注，配足配好教师，使学校始终处于良性循环状态。

新时代新征程振奋人心，新形势新目标催人奋进。龙湖小学将继续以“习近平新时代中国特色社会主义思想”为指针，以求真的态度、创新的精神，明确目标，团结一致，扎实工作，认真完成肇庆高新区龙湖小学发展规划制订的各项任务，行稳致远，开创肇庆高新区龙湖小学教育事业的新辉煌。

以智慧教育打造“未来路线图”

广东省中山市纪中雅居乐凯茵学校　王健

新时代科技的发展正在重塑教育。在无处不信息的互联网时代，各种非线性、超链接、跨感官的多媒体信息融合的认知环境，已然打破了人类线性序列的思维方式，呼唤着未来学校教育的变革。在传统的基础信息化教学已经不能满足学校教学发展的背景下，我校于2017年3月引进睿易云教学平台，经过一个学期的试验之后，2017年9月初一年级的12班中设置9个云班和3个非云班。面对家长的顾虑和社会的质疑，学校一直致力于“基于智慧教育下小组深度学习双模合一”的教学改革研究。教师不仅在课堂上使用平板，让学生借助信息技术，拓展了课堂的广度和深度，而且在课前和课后，通过科学准确地学情诊断和精准的反馈追踪，将云课堂的教学效果最大化，力求为学生量身打造个性化课堂，让学生获得最大限度的成长发展。

一、学校转型背景

未来学校就是数字化、智能化时代的新型学校。为进一步满足数字化、智能化时代（简称“数智时代”）基础教育改革创新需要和未来学校实验区建设需求，教育部学校规划建设发展中心构建了未来学校的基础框架内核——“未来路线图”实验学校，以此为基础，基于高维时空的智能数据架构，逐步推动一批学校向数智时代的未来学校转型发展。

“未来路线图”实验学校是以“未来学校研究与实验计划”核心理念为引领，基于灵巧学习和智慧运行的体制机制，以数智时代学习者发展为中心，基于人工智能一一大数据和区块链等技术手段，构建高维学习空间，建立“人工智能一教师一学习者”三维结构的智慧系统，以全面性、融合性、多样性、穿透性的课程为载体，建设科学、全面、可信的教育测量和评价体系，构筑集成智慧因变的学习场景，并基于开放融合的生态架构，打破边界，建立具有广泛连接和互动服务等特点的基础教育未来学校形态变革的内核平台。“未来路线图”实验学校具有新场景、新课程、新学习、 新技术、新流程“五新”属性，培养符合数智时代要求的高素质人才。

打造“未来路线图”实验学校从五个方面着手：校长与教师发展、课程与教学创新、学习场景重构、学习生态融合、测量评价建设。而纪雅学校的理念：培四博导师、创四博课程、夯四博课堂、建四博乐园、育四博少年，与这五个方面不谋而合。

二、用好各种平台

在我校的云班中，学生人手一台平板，所有老师都能熟练使用睿易云平台或者易教系统进行教学。学生可以利用屏幕共享，截屏笔记，课堂回看，课前预习推送，课后作业反馈，在线答疑等功能，突破时空限制，最大限度地拓宽自己的学习空间。

在2020年网课期间，除了大家所熟知的钉钉直播、腾讯会议，学校全体师生还借用ZOOM创建网络教室，不仅实现了课堂的师生即时互动，而且突破时空限制为学生营造了更好地学习氛围，使学校的“停课不停学”真正落于实处。

学校课室桌面的摆放，是按小组式的，全班学生被分为几个小组，课室门口贴有每个小组的成员介绍和小组愿景。同时，给每个学生配一个平板，打造以学生为中心的小组智慧课堂。

以上课堂教学模式是基于我对"学习场景的重构"的思考而至。学校引入互联网云平台，师生人手一台平板，给学生构建数字空间。在我们纪雅的课堂，每个小组都要当小老师备课，小组成员分工找资料，做课件，讨论课堂重点难点是什么，课堂要达到怎样的目标。备好课后，课件就可以马上推送给老师，老师能看到所有小组的备课情况，并进行二次备课，思考第二天的课程应该如何上。

在第二天的课堂上，全班同学都可以通过云平台，看到其他小组的备课课件，拿来与自己小组进行对比，互相学习。老师会选择相对好的备课蓝本，让小组派出成员到讲台讲课。最后老师进行点评总结。

三、把科学搬讲台

未来学校课程上肯定和现在有所不同，包括我们现在讨论的跨学科融合，不仅是语文老师只上语文课，数学老师只上数学课。一篇语文课文里，不仅是语文知识，还可能有历史地理知识或者科学原理等，这个时候若靠一个语文老师把跨学科的知识很好地阐述跟学生进行互动，是很难做到的。

这个时候，我们就需要学科融合，跨学科教育。我们可以安排历史或者地理老师，一起来上这堂课。这个时候，拓宽了学生的知识面，把语文学习融入环境、人文、甚至科技里。这对学生的综合素养作用是非常大的。

学校制定了目标，要打造跨学科的课堂。当然，要做跨学科课堂，我们必须要改变老师们教学的意识，就如我们做小组智慧课堂一样。在提升教师能力方面，纪雅学校一直在实践。

首先从我自己做起。引入平板，打造智慧云课堂之初，我首先面向全校上数学公开课，亲自示范智慧教育环境下的小组合作课堂如何上。在他的带领下，全校老师开启上比赛课，公开课，以赛促教。2020年，我校还被列为广东省中小学教师信息化教育能力提升2.0工程试点学校。对此，学校成立了由我担任组长的信息化能力提升工程领导小组，成立专项能力点考核小组，考核小组负责对全体老师进行对应能力点的培训、指导和考核测评。此外，学校利用信息化能力提升为抓手，以课题研究为依托，建立了校级课题、科组课题、个人课题三级课题。

四、研发评价平台

学校逐步探索记录师生成长轨迹的评价体系，一线教师、学生代表与驻校的技术人员共同组成评价体系研发小组，力争在本学期内研发出师生成长轨迹的测量评价平台。

目前我校老师对于学生的评价，很大程度上是期中或者期末，由老师写一段评价的话语。这是结果评价，没有过程评价。而建立了评价体系，则利用大数据，对学生学习过程、行为习惯养成等进行收集，用量化的手段，记录师生成长轨迹，形成成长的数据库；建立后，引进平台进行数据分析，评价采集数据，根据数据情况，给学生评价，以评促成长。

今后，我们将加大对学生评价的正面导向，形成正面评价体系。比如，在学生日常，好人好事，遵守纪律，做班干部，做公益，获奖，参加活动等，通过平台全部记录下来。届时，每个班会设立数据采集员的岗位，类似于班干部的岗位，家长也可以参与到评价之中。

2020年中考，我校重点上线率高达50.2%，普通高中上线率94.1%。交出靓丽成绩单。这也是基于学校坚持智慧教育而达成的，尤其在疫情影响下，智慧教育优势就更为突出。

五、引进智慧系统

囿于原来的睿易通平台的局限，学校从2020年9月起又引进了易教平台，为学校实现用大数据记录师生的成长轨迹这一信息化教学实践奠定了深厚基础。目前，学校所有班级都有电子班牌和录播监控系统，初一年级还配置了智慧黑板。老师们不仅可以利用该系统在课堂上快捷地完成尺规画图、课堂录课等教学活动，而且可以进行课堂考勤，学生表现评价。这些举措为教师的教学提供了许多便利，也为班级管理提供了切实基础。学生出勤、课堂表现情况，班主任和家长以往需要打电话、家访、面对面交流才能了解学生在校情况，现在只需要打开平台反馈数据和基本情况就可以一目了然。甚至，还可以通过平台，了解具体某一时间点内某位同学的具体状况。除此之外，班主任和生活老师还可以通过智慧校园卡的记录，了解学生学习和生活动态，方便及时有效地反馈处理问题。

不仅如此，家长可以在视频开放时段通过这个平台了解学生在学校的情况，也可以积极主动地参与到校园管理活动中。学生在校园内的消费记录，生活记录，学习记录家长都能通过平台了解并进行管理。可以毫不夸张地说IS智慧系统为家校共建搭建了一条无限广阔的桥梁。

六、巧用专业APP

目前很多学科都有自己专门的教学APP，这些APP不仅是一种便捷的学习工具，还可以为师生学习提供海量资源。此外，学校很多班级，在学校微信公众号之余还开发了自己的班级公众号，通过推文的形式，让家长了解班级动态，促进家校共建。为了解决微信班级群的一些局限，学校还鼓励各班使用晓黑板，发布班级动态，进行班级管理，帮助学生在家也能顺利进行学习活动。老师们的教学活动，始终坚持家校共建的原则，因此，学校会定期针对各种教学情况，利用金数据、问卷星等工具，开展针对老师、家长或者学生的问卷调查，利用信息技术，确保学校的各项活动公开透明。

在信息技术飞速发展的今天，技术的屏障会越来越小，关注的重点会更聚焦于教与学的人，我校在信息化教学改革的路上从来没有迟疑过，未来我们也必将以更坚定的步伐闯出一片绚烂辉煌！

开展心理教育活动，呵护学生健康成长

广东省珠海市第十中学　谢晟　谢万胜　王立国　张君妹

教育的首要目的是培养良好而健全的人格，而良好的心理健康状态是形成学生健全人格的重要基础。拥有健康的心理，是学生成长成才的关键，更是社会发展的需要。为不断强化心理健康在学生心目中的重要性和趣味性，促进学生健康成长，持续推进学校心理健康特色建设，我校举办了第六届心理健康活动月。全体师生齐聚学校操场，隆重举行以"关爱心灵，阳光成长"为主题的心理健康教育活动月启动仪式，谢晟校长作主题讲话，区教育局李云副局长在启动仪式上致辞，启动仪式受到多家媒体关注。在学校心理室的精心安排下，开展了形式多样、内容丰富的活动，包括全校教师心理健康与心理疏导培训、家长学校心理讲座、生命教育"交换人生"心理体验课、心理剧赏析、"心灵成长树"绘画心理体验、心理健康知识宣传等活动。

一、专题讲座学习

学校邀请了珠海市心理学会会长马绪老师为全体班主任、德育线领导开展题为《教师心理健康建设与心理辅导基本技能》专题培训。马老师深入浅出的语言、丰富的案例分析、欢乐的互动环节，让在座的老师听得津津有味，令听课听课老师受益匪浅。马老师的精彩讲座吸引了很多科任老师前来学习。

教研员朱红老师面向全体教师开设了《用"心"守护，从"融"育人》讲座，专题探讨了融合教育过程中的典型问题，教师们收获良多。

开展家长学校心理讲座。我校邀请了来自广州的鲁丽芳讲师开设了初一年级《好家长胜过好老师》讲座、梁杏玲讲师开设初二年级《家校同心、中考同行》讲座，两位专家为家长们分析孩子从初一年级至初二年级阶段的"成长期"、"分化期"、"关键期"和"危险期"四个特点，鼓励家长们做一名优秀的父母！

二、特殊课堂体验

学校专职心理老师张君妹为初一、初二学生上了一节特殊的生命教育课，让学生们在游戏中体验"交换人生"的感觉。活动现场学生积极配合，感悟良多。在书写完自己的人生卡片，三大"高光"事件和三大"低谷"事件后，学生通过猜拳进行自由交换卡片环节。在张老师的引导下，学生拿着新的人生卡片进行故事分享。无独有偶，大多数学生都更加满意原本自己的人生，有学生感慨道，原本总是会羡慕别人的人生，殊不知，别人的人生同样会有烦恼或许比自己更糟糕，也有手中都拿着"高光"事件的学生感慨到"有苦有乐的人生才是完整的人生，难过的事件感觉印象更深刻，让人成长"。张老师总结到，我们不能交换人生，但是我们可以交换人生的经验，也许是一次教训，也许是一次成长的记忆，都值得我们珍藏！

三、心理委员培训

我校学生的心理健康状态有赖于师生上下的相互配合，我校心理室定期会给心理委员进行专业培训，本次会议张君妹老师让各年级心理委员汇报班级典型的心理状态，各年级之间互相了解。会议中，张老师告知心理委员如何排查和汇报班级的心理"特殊生"，并且及时向心理室汇报班级特殊状况。分享过后，会议对心理健康活动月进行工作安排。

四、心理剧的赏析

学校心理室在阶梯课室开展了"心启航，共成长"心理剧赏析活动。整个活动分为四个阶段：一、心理剧介绍；二、心理剧赏析；三、演员亮相；四、观众互动。报名参与活动的学生有400余人，场面火爆，积极讨论参与互动，同时工作人员协助老师管理现场纪律，整场活动进行较为顺利。主讲张君妹老师在赏析心理剧前先向在场的观众们普及了一些心理剧的相关知识，让学生了解校园心理剧，将知识与生活相结合，从而吸引学生对其的关注。本次心理剧赏析活动共欣赏了两部心理剧《成绩风波》和《成长蜕变》，由十中师生参与演出，耗时一个多月，演员们舍弃午休时间排练，最终将其成果在舞台上展现给大家，两部心理剧都获得了在场观众的认可及热烈的掌声。在现场互动环节，张老师向在场观众提问"你印象中最深刻的画面是什

么？”学生们积极踊跃举手发言，其中有同学说“剧情很贴近我们的生活，让我感同身受，生活中也有过相似经历，同时知道了如何正确面对困难”。

五、绘画心理体验

学校心理室在阶梯课室开展“心灵成长树”绘画心理体验，由马莎老师主讲、张君妹老师组织，初一、初二、初三各年级200余名学生有秩序地参与现场活动。

学生们在阶梯课室画“心灵成长树”，作画完毕后到心灵绘画分析区找老师们解读。在活动中，学生能够以绘画“心灵成长树”为切口，认识到自己在家庭与校园生活中存在的环境适应、情绪、学业等问题，老师们以绘画的形式表达情感，鼓励学生。活动中，以艺术表达的方式传播心理健康知识，提高学生心理健康意识。

本次活动的亮点是邀请了我校10名非心理学专业的科任老师作为绘画心理分析师，特别是德育处王立国主任、初一年级何肖南主任也积极参与其中。活动提前进行“绘画心理分析特训”，心理室对几种典型的树木画特点进行解析并且探讨如何利用树木画鼓励学生。其中一名分析师提到，“感谢心理室两位老师的课前培训，让我们有更多学习的机会，也让我们了解学生的实际困惑。今天来咨询的很多都是自己带的学生，这次活动拉近了彼此的距离，希望下次有机会进一步学习走进孩子的内心世界。”

初三进入中考备考前最后的冲刺阶段，不少学生担心考试会因为心态不好而影响最后的结果，为了帮助初三学生从容应考，香洲区心理教师们精心设计了中考加油站系列心理辅导微课，从设立适合的目标、提升自制力、科学用脑、正确对待分数、压力管理、放松方法、资源利用、考前焦虑调节等方面，帮助同学们调整心态，轻松“赢”中考。我校初三班主任，利用心理班会课时间播放微课视频给学生讲解，不少班级结合具体情况，邀请家长录制对孩子想说的真心话，给学生加油鼓劲。

六、心理知识宣传

为了更好地普及心理健康知识，学校针对“后疫情”阶段的学生目前面临的主要心理困扰，进行知识宣传，其中包括《什么是心理健康》《生活中的心理美容》《如何面对挫折》《考试焦虑的防治及学习时间管理》。另外，为了让学生更好地了解自己，在宣传区还设置了学生自评测试《学习动力自我测试》《考试焦虑自评量表》《人际交往能力测评》《心理健康小知识竞赛》，方便学生利用课余时间学习和交流。

在升旗仪式上，学校进行了心理健康活动月的总结和表彰。心理健康教育活动月活动主要是向全体师生宣传心理健康教育理念，普及心理健康知识，培养积极乐观的心理品质，提升学生自助能力，促进学生健康成长，有效地推进学校心理健康教育工作上新台阶。本次活动月的顺利开展有赖于十中师生的积极响应，同学们广泛参与，活动月取得圆满成功！

学生是祖国的未来，因此，对学生进行心理健康教育是全社会都要重视起来的事情。我校通过开展系列主题活动，对学生进行心理健康教育，让学生学会调适自我，从而减少学生过激行为现象的发生，减少学生的心理问题的出现，减小家庭矛盾、师生矛盾……培养学生良好的心理素质，促进学生健康和谐发展。下一步，我们将会更多的组织开系列心理健康教育活动，加强对学生心理健康的关注和引导，为学生营造一个阳光健康美好的学习环境，为学生的成长保驾护航。

让经典诵读在校园生根开花

——加强学校课程建设，落实国学经典诵读的实践探索

广东省珠海市香洲区第十二小学　唐琼

五千年中华文化，如滚滚长河，滋养了一代又一代华夏儿女。诗经楚辞、史记汉赋、唐诗宋词、明清小说等国学经典，深蕴着中华民族的文化命脉，存续着整个中华民族的文化基因。在大力提倡中华优秀传统文化进校园和全面提升学生语文素养的今天，让国学经典走进学校，丰富与提升学生的生命内涵，是时代发展的必然要求。

那么，如何才能更好地实施国学经典诵读，让经典诵读更加规范有序地在学校开展，并为学生所喜爱呢？笔者认为，要想“渠水清如许”，就得从根本入手，做好学校的课程建设。要以课程改革为源头、为抓手，积极推进传统文化“进课程、进教材、进课堂、进头脑”，使国学经典诵读落到实处，成为“有源头之活水”。在实践和探索过程中，我们将国学经典诵读与学校的必修课程、地方与校本课程及特色课程的建设有机整合，取得良好的效果。

一、必修课程巧渗透，经典诵读有实效

必修课程是学校课程的主干部分，要想传统文化教育落到实处，就必须加强必修课程的建设，在必修课程的教学中巧妙地渗透经典诵读。

首先，语文学科是渗透经典诵读的主渠道。语文教材所选取的文章，有许多本就是文质兼美的经典文章。十分利于引导学生开展诵读，比如教学小古文《杨氏之子》及教材中的古诗词，课上就应该自然地融入经典诵读的指导。同时，通过一篇加多篇的“1+n”教学模式，引入多篇相关经典文章的诵读，使诵读更加扎实有效。

其次，艺术类课程也应该有机渗透。音乐课可以让学生吟唱经典诗词，学习为经典谱曲，将经典戏曲表演引入课堂等；美术课可让学生诵读经典并为古诗词配画，根据诗词想象作画等。如美术课《在盘子上作画》引入了古诗词的元素，让学生在有感情地诵读古诗后，想象诗中的画面，然后在纸盘上作画题诗，孩子们们自然兴趣盎然，创作也会十分精彩。

第三，充分挖掘其他必修课程，使国学经典在课堂上与学生不期而遇，也会产生令人意想不到的效果。

比如数学《用字母表示数》一课，教师将古诗引入教学，在让学生齐诵“两只黄鹂鸣翠柳，一行白鹭上青天”后，相机提问：“孩子们，诗中黄鹂有多少只？那白鹭呢？”、“一行。一行是多少只呢？数学上可以怎么表示呢？”看，由古诗诵读巧妙地引出问题、导入新课，设计新颖而贴切，学生们很感兴趣。这节课也因而很有新意，获得2016年一师一优课评比教育部优课。

又如思品、综合实践等课程，也可有机开展经典诵读。如教学思品课《呵护我们的身体》时，让孩子们收集有关好的生活或卫生习惯的谚语、诗句并诵读；开展《寻找春天的诗意》的综合实践活动、组织学生收集诵读有关春天的诗句、编写手抄报活动等。

二、地方与学校课程有融合，经典诵读有抓手

在地方与学校课程的建设中，将经典诵读与之深度融合，是开展经典诵读最重要的途径与抓手。

（一）经典诵读融入学校德育，打造学校德育课程体系。

1.将学校德育主题教育与经典诵读相结合，建设学校《德育主题教育》课程，使德育教育的主题更加鲜明，德育教育系列化、常态化。

首先，巧用三字经的形式，明确学校每月德育的主题。这样既便于学生们诵读记忆，也能引导学生自觉参与德育主题教育的课程活动。比如：

一月份：勤学习，惜光阴　二月份：养习惯，有诚信
三月份：讲文明，守纪律　四月份：懂感恩，敬双亲
五月份：爱劳动，有干劲　六月份：树理想，促奋进
七月份：勤锻炼，健身心　八月份：重实践，知艰辛
九月份：尊师长，遵法纪　十月份：爱国家，知古今
十一月：爱家校，友近邻　十二月：爱社会，服务新

其次，在开展主题教育时，也可以将经典的诵读融入其中。如将《弟子规》《孟子》《大学》等经典中涉及礼仪教育、行为规范教育、爱国主义教育、孝敬父母、诚实守信等方面的内容，与专题教育相结合，效果就很好。以四月开展“懂感恩，敬双亲”专题教育为例，我们让学生们诵读《游子吟》“谁言寸草心，报得三春晖”，《礼记》“孝子之养也，乐其心，不违其志”，《论语》“父母之所爱亦爱之，父母之所敬亦敬之”等诗句，学生们在读中感悟、读中成长，潜移默化地受到了教育。

2.将德育活动、团队活动等与经典诵读相结合，打造经典诵读活动课程，使活动更有特色与成效。

学校要加强管理，抓实经典诵读活动课程计划、过程、评价的管理，使学校经典诵读常规活动更有实效。

以我校为例，在实践过程中，我们逐步形成经典诵读活动课程的“四级活动”：一是班级黑板报每周刊登一首诗或一句经典文句，让学生反复诵读记忆，鼓励多诵多背；二是班级内每月要开展一次古诗文或经典文章诵读或背诵比赛，评选班级诵读星；三是年级每学期要组织开展一次主题诵读活动比赛，采用说、读、演、唱、画等个人或集体形式来进行表演比赛。在实践中，我们将其与德育专题教育内容结合，鼓励学生集体参与、团队活动，如班级小组比赛、年级班级对抗赛等，活动内容与形式精彩纷呈，增强了德育的效果；四是学校每学年组织一次大型经典诵读的集体展示活动，激发师生亲近经典的兴趣。

在实践中，我们还将经典诵读与学校《首次教育》课程相融合，在一年级新生入学教育、每学期第一课等首次教育课程开课时，充分利用国学经典的内容开展相关教育，也取得了很好的效果。

3.经典诵读与德育评比挂钩，评选诵读星、书香学生、书香班级、书香家庭等，推动经典诵读的深入落实。

经典诵读活动要想深入开展，离不开家庭、社会的支持。学校应主动与家庭联系，发动、指导家庭并联系社区参与“诵读经典诗文”活动。比如倡导各个家庭制定“亲子共读”计划，每天抽出10至20分钟，每周双休日抽出一个小时，家人集中在一起进行诵读活动，形成家长和孩子一起阅读经典的浓厚氛围。学校还应主动承担指导开展亲子诵读活动的任务，安排亲子经典诵读内容，鼓励家长陪伴孩子进行诵读，开展“我为孩子读经典”等活动，养成了诵读习惯。

为了营造良好的诵读氛围，形成诵读社区环境也十分重要。学校

可积极与社区沟通，争取社区相关部门及人员的帮助。学校的诵读展示活动，也可以邀请家长及社区代表参与；同时学校也应积极参加各社会组织开展的经典诵读活动，形成良好的社会影响，让经典诵读成为共识。

（二）经典诵读融入书法课、阅读课等地方课程，课程活动更有特色。

现在，许多学校都有开设丰富的地方和校本课程，如书法课、阅读课等。这些课程，可有计划地将经典诵读融入，使课程内容更加多元化。

比如我校结合书会课，开设经典诵读指导课，指导学生开展有效阅读，让经典诵读走入课程，学生也更加重视；结合书法课，我们将诵读融入学生的规范写字活动中，读与写并举，学生的兴趣也更高；我们还将每天中午的阅读时间改为读与写时间，不仅重视学生经典诗文的读，也重视学生汉字书写能力的提高，培养学生良好的读写习惯，让学生在读与写中感受经典语言的魅力，感受汉字独特之美。

（三）将经典诵读融入学校社团活动及第二课堂等校本课程的建设中，打造优秀传统文化主题课程。

加强校本课程的建设，突出优秀传统文化为主题的课程建设，是学校开展经典诵读的最有效途径。

比如我们学校社团及第二课堂以“最爱传统文化”课程超市的形式出现。学校按年级学生身心特点，确定每个年级不同的传统文化学习主题，分别是趣味传统游戏、爱上传统节日、浸润传统艺术、参与传统体育、亲近国学经典、探秘传统智慧等，六年形成一个传统文化教育的系列。而每个主题又分学期开设不同的专门课程，如六年级探秘传统智慧主题下开设的《论语》赏析、中华科技与四大发明、水浒智慧、传统教育与科举等课程。学生们通过必修与选修，自主选择不同课程，主动参与传统文化学习，亲近经典。通过六年十二个学期的传统文化系列学习，学生们的传统文化素养自然得到提升。

以2017—2018学年为例，学校社团及第二课堂提供近五十个与传统文化有关的课程供学生选择。课程丰富多彩，贴合学生实际，为学生所喜爱。

2017-2018学年度“最爱传统文化”课程超市安排表

年级	主题	序号	活动项目	类型	辅导老师	人数	上课地点
五年级	亲近国学经典	1	经典诗词欣赏	必修	班主任		各班教室
		2	中华动物诗词诵读	选修	黎润球		五（1）班
		3	经典绘本故事		马琪		五（2）班
		4	经典影视欣赏		曾莹彬		五（3）班
		5	《红楼梦》诗词诵读		曾小红		五（4）班
六年级	探秘传统智慧	1	《论语》诵读与赏析	必修	班主任		各班教室
		2	中华数学的摇篮	选修	毛婉果		六（1）班
		3	文字与艺术		王娟		六（2）班
		4	兵法三十六计		蓝和平		六（3）班

由于有了多元的选择，学生们学习传统文化的主动性与积极性被调动起来，学习的兴趣也高涨，保证了传统文化教育由课内向课外的延伸更具实效，经典诵读的活动也更加常态化、多元化。

三、特色课程讲创新，经典诵读有亮点

在地方与校本课程建设基础上，学校可根据实际优中选优，创新开展经典诵读活动，着力建设打造学校特色课程。

比如我校在“最爱传统课程”课程超市活动基础上，选取学生最感兴趣、也最有利于学生成长的课程定为必修课及社团活动课，花大力气进行打造。我们确定“古诗词诵读”为特色课程，成立了学校特色社团。社团从诵读入手，创造性开展表演、创编、歌诵等活动，取得了良好的效果，学生先后多次在市区经典诵读等比赛中获奖。如不久前我校社团表演的《木兰行军辞》就荣获2017年中小学中华经典诵读大赛珠海市香洲区二等奖。我们还确定“三十六计学与用”为特色课程，组织学生开展讲三十六计、演三十六计、用三十六计等活动，让传统智慧融入孩子的心灵。在传统文化的学习中，孩子们实践、创新、发展，快乐成长。

问渠哪得清如许，为有源头活水来。学校要更好地开展优秀传统文化教育、落实国学经典诵读，就必须从课程建设入手，让经典诵读与学校各类课程建设有机结合、深入开展。只有这样，国学经典才能真正为学生所接受、所喜爱，也才能够真正走入校园，在学校生根开花，源远流长！

用心用情，“温馨”自成

——那坡县城厢镇深龙小学“温馨校园”创建工作纪实

广西百色市那坡县城厢镇深龙小学 黄丽宇

孩子是家庭的希望，是祖国的未来。教育孩子，关心孩子，让孩子健康成长，是所有教育人共同的责任和义务。

广西百色市那坡县城厢镇深龙小学始建于2017年12月，是深圳市龙岗区对口帮扶援建的易地扶贫搬迁安置点的配套建设项目。为了让这个偏远的边陲小镇的孩子也能享受到公平而有质量的教育，学校以“温馨校园”创建为契机，坚持以“用心用情用爱办教育，为每个孩子提供适合的教育”为目标，不断学习、借鉴先进的教育理念和教学方法，根据学校的实际情况进行调整和完善，着力打造有温度、有质量、有幸福感的教育，真正做到让偏远地区的每个孩子享受到和城区孩子一样的优质教育。

以人为本，全面发展

随着时代的发展，素质教育成为学校教育追求的目标。近几年，深龙小学在各级领导的关怀和指导下，坚持以“以人为本 以德立校”为办学理念，以“读书改变命运 习惯成就人生”为校训，以“求真务实 团结创新”为校风，以“敬业爱生 为人师表”为教风，以“尊师诚信 勤学慎思”为学风，着眼于培养学生德、智、体、美、劳全面发展。尤其学校不断加强小学科的教学，开足开齐课程，在全面实施素质教育上正逐步探索出了一条立足学校实际、全面发展、特色兴校的新路子。

制订课程实施方案，开足开齐开好课程。要通过课堂教学主渠道实施素质教育，就必须按照国家课程计划开齐开足课程，任何时候都不能有轻重之分、主副之分。这是进行素质教育的前提和先决条件。深龙小学根据《基础教育课程改革纲要》《义务教育课程设置实验方案》的精神，以及百色市教育局、那坡县教育局有关课程改革实施意见的要求，结合本校的实际情况，制定了《学校课程实施方案》，明确了课程的门类，对全年的教学时间进行了安排，设置了课程表，落实了每周的教学活动的总量。同时，学校还强化了过程管理，要求每一位教师都要贯彻落实。

重视艺术教育，全面提升学生素养。以艺术教育为突破口，全面实施素质教育，是学校发展的可行之路。艺术教育在整个学校教育中有着举足轻重的作用，这也坚定了深龙小学高举艺术教育旗帜、全面实施素质教育的办学方向。一方面，学校重视艺术课老师的配备和培训，在分配教学任务时，配备专任教师担任音乐、美术课教学，杜绝把艺术教育课挪作他课使用；另一方面，学校建立篮球、足球、音乐、舞蹈、美术、书法、舞龙、朗诵、科技等社团活动课，每周周四下午第五、第六节课开展活动课，学生根据自己的爱好、特长自愿参加，满足了兴趣爱好，发展了健康个性，提高了艺术技能，增强了艺术修养。

严细实抓教学常规，全面提高教学质量。教学质量的提高，关键就看教学环节抓得怎样。为此，学校每学期开始各学科组按计划开展集体备课、听课、评课，每月进行一次例行检查督导，每学期期中、末进行综合评估，根据评价细则对每一位教师的教学常规落实情况进行量化打分，与教师的评优评先挂钩，做到分工明确，项目到人，及时公示。

爱心助学，精准帮扶

作为一所偏远地区学校，深龙小学校园环境有待改善，教师专业水平有待提升，教育教学方法有待调整，要想实现快速发展，离不开教育同仁和社会各界的关注和帮扶。

深圳市龙岗区在人力、物力、财力上给予学校大力的支持，先后派出两批优秀教师、教育专家到学校支教，指导学校教育教学管理工作，支教老师兢兢业业、爱校爱生，为深龙小学引进龙岗区先进的教育教学管理理念。深龙小学年轻的老师每次参加赛课，总是离不开龙岗支教挂职的老师们精心指导课件的制作，陪同磨课并认真点评，因此每逢赛课，老师们总赛出好成绩。2019年11月13日，深圳市龙岗区

委书记张勇一行到深龙小学考察，在了解到深龙小学学生的实际困难情况以后，张勇书记当即表态要给该校学生捐赠校服每生4套，龙岗区委还捐赠价值16万余元的图书。来自龙岗中学支教的刘孔老师引进“舞龙”体育项目，对学生的影响更是深远，为此龙岗中学党支部书记龚剑平一行亲自到该校开展舞龙道具等文体用品捐赠和“爱心屋”心愿卡交接活动。2020年7月，深圳大学师范学院附属学校龙岗区花城小学捐赠给深龙小学价值4万元的一批体育用品。深龙小学得到深圳市龙岗区仙田外国语学校的结对帮扶，仙田外国语学校和花城小学多次来送优质课和讲座，给深龙小学送来先进的教育教学管理理念。

在那坡县委政府的带领下，各部门也都相继到深龙小学看望慰问学生。那坡县关工委，关心支持学校建立关心留守儿童“爱心屋”；2019年11月29日到学校举行“新时代讲习所”挂牌仪式；同时资助4500元的资金，于11月17日邀请深圳鲲鹏教育集团专家饶晓华到深龙小学讲学；于12月5日，出资邀请百色市一小何耀平校长为深龙小学进行《班主任管理》《教师的文化气质》知识讲座；那坡县科协和那坡县青少年活动中心支持深龙小学开展科技艺术节活动。

温馨校园，成绩显著

付出总有回报。办学一年多来，深龙小学的发展稳中向好，办学条件最大化改善，办学思想更加成熟，管理制度日趋完善，办学质量稳中有升。

办学目标精准明确。学校建立校训、校风、教风、学风，配齐配强学校班子成员，建立各处室、班级、食堂的管理制度，明确工作职责，合理分工，与全体教职工签订工作安全责任状，出台了学校《评优评先试行制度》《评优评先试行方案》《文明班级评比方案》《那坡县城厢镇深龙小学常规管理50条》规定，逐步完善特色性的校园文化长廊、班级文化、食堂文化。

学校硬件逐步改善。学校设有行政办公室、党员活动室、教师办公室、少先队活动室、体育室、广播室、教学仪器室、实验室、音乐室、美术室、电教室、录播室、心理辅导室、卫生室、图书室、室内外阅览室等专用室，各班教室里的图书角，初步成立舞龙、足球、篮球、鼓号队、舞蹈、音乐、美术、书法、科技、朗诵等社团活动，2020年12月启动“无声阅读”活动，培养学生的阅读能力、积累好词佳句。那坡县关工委，关心支持学校建立关心留守儿童“爱心屋”，那坡县教育局关心支持学校建立特殊教育资源室，这一切设施为推进优质教育发展，为学生全面发展提供了良好的物质条件。

领导班子团结协作。学校领导努力成为更新教育观念的先行者，领导班子敬业勤政，分工明确，团结协作，有强烈的事业心和责任心，在工作中善于学习、勇于创新、敢于改革，在教职工中威信高，在社会上有很好的声誉。抓教师队伍建设，促进教师队伍专业化发展。倡导年轻教师多听课，落实“老新教师结对帮扶”活动，对青年教师进行培养，达到共同进步、共同提高的目的。通过继续教育和培训、走出去引进来的办法，提高教师的专业化程度，有效提升师德修养、教学能力、敬业精神。

德育教学成效显著。学校逐步健全德育网络，建立了以校长为首的德育领导小组，强化以班主任(中队辅导员)为主体的德育队伍，充分发挥少先队红领巾监督岗齐抓共管作用。2020年9月与城厢镇派出所达成警民共建学校的协议，努力构建由学校、家庭和社会组成的一体化德育网络，初步形成了多方参与、齐抓共管的德育格局。重视校园文化建设，实现文化育人，加强民族团结教育，2020学校如期举行了两次少先队员入队仪式，顺利开展了第一届体操比赛，举办了以“红色传奇进校园、民族团结教育、教师才艺展演、科技活动展演、庆祝中国共产党成立100周年”为主题的晚会，着重打造“龙文化”为主脉，以“感恩文化、爱心行动”为主题文化熏陶学生。

教育教学质量提升，狠抓教学常规，教学成果丰收。学校选派到市里、县里参加各项比赛的老师和学生都取得好成绩，为学校争了光。2020年，学校荣获百色市教育基金会授予2019—2020学年度中小学校常规管理标准化建设三等奖；那坡县委政府授予2020年小学毕业质量调研测试学校集体（双科）三等奖；那坡县教育局授予青少年科技创新大赛优秀组织奖；那坡县城厢镇党委政府授予2019—2020学年教育工作先进集体；2021年5月，那坡县教育工委、那坡县教育局授予“传唱红色经典弘扬民族精神”主题歌咏比赛活动（小学组）三等奖；荣获“广西优秀少先队大队集体”奖。

弘扬优秀文化，创建特色学校

广西大化瑶族自治县新城小学　黄文猛　覃巧霞　黄惠敏　韦艳艳

几千年来，中华民族始终追求团结统一。少数民族古籍蕴含着丰富的民族团结进步思想，是铸牢中华民族共同体意识的重要资源。少数民族文化是中华文化的重要组成部分，做好少数民族优秀传统文化保护传承发展工作，是推动地方民族团结进步，促进地方经济社会健康和谐发展的重要措施之一。我校少数民族居多，瑶族、壮族等少数民族学生占93.7%，学校以“创民族特色学校，争一流教学先锋”为办学理念，以人为本，走特色道路，深入挖掘民族文化资源，传承优秀民族文化传统。在课堂教学中渗透乡情教育，让学生通过唱家乡歌、游家乡景、绘家乡画等，了解家乡的风土人情、人文景观。结合壮族“三月三歌圩节”、瑶族“祝著节”等重大民族传统节日，让学生在打陀螺、敲铜鼓、唱山歌、碰彩蛋、抛绣球、跳竹竿舞、品五色糯米饭等富有情趣的民俗活动中，接受传统民族文化的熏陶，激发学生爱校、爱乡、爱国之情，促使学生身心健康发展。

一、依托帮扶优势，助力脱贫攻坚

我校位于大化县易地搬迁生态民族新城内，是国家东西部扶贫协作援建项目之一，2017年4月动工兴建，2018年8月建成投入使用。学校占地面积50亩，校舍建筑总面积1.132万平方米，总投资5325万元。现学校办学规模45个教学班，在校生2346人，教职工129人。专任教师112人，本科学历71人，中高级职称66人。校园宽敞大气，布局合理，教学设施设备先进、齐全，建有校舍7栋，包括3栋教学楼、2栋多功能综合楼及学生食堂、教师办公楼各1栋；有多个篮球、羽毛球、乒乓球场地和1个五人制足球场等运动设施；校内网络全覆盖，配有45间白板教室，云教室、自动录播室、多媒体会议厅各1个。

自建校以来，学校得到了深圳市和深圳市宝安区党委、政府的大力支持，先后投入资金2258.02万元支援学校建设（其中，深圳市资金1943.5万元，深圳市宝安区资金315.52万元单独援建一栋教学楼及相关配套设备）。同时，深圳市宝安中学（集团）外国语学校与我校签订了对口帮扶协议。我校依托深圳(宝中集团)外国语学校的帮扶优势，多次开展了师资交流培训、送教、教学设施支持、学生交流学习等活动，提升了我校教师能力，开阔了学生眼界，促进了山乡教育事业健康、快速地发展。

学校的建成有效解决了大化县易地搬迁贫困户子女的入学难问题和县城周边学校大班额问题。建校两年多，共接纳了建档立卡贫困户子女上千人，为我县义务教育保障战役打下了坚实的基础，为助力我县决战决胜脱贫攻坚工作起到了功不可没的推动作用。

二、开展主题活动，弘扬传统文化

为增进民族团结，丰富师生文化生活，激发学生的民族团结和睦热情，在民族传统节日“三月三”到来之际，我校举行了以“喜迎建党一百年，欢庆壮乡三月三”为主题的庆祝活动，为中国共产党建党100周年献礼。

出席本次活动的领导嘉宾有：大化县教育局蒙妮副局长、大化县民宗局民语中心主任韦向升、大化县关心下一代工作委员会常务副主任韦景伦、我校黄文猛校长、深圳市南山区华侨城学校钟玲老师、深圳市宝安中学（集团）外国语学校李珑珮老师、大化镇中心小学韦启宏副校长、江南乡中心小学黄锦校长、羌圩乡中心小学谭文龙校长，以及我校谭义田副校长、韦春芬副校长、韦艳艳副校长。

伴随着雄壮的国歌，鲜艳的五星红旗冉冉升起，少先队员们面向国旗庄严敬礼，参加活动的所有人员高唱国歌，嘹亮的歌声响彻校园上空。

我校开展此次活动主要是为建党100周年献礼，号召师生们铭记校训“饮水思源，勤奋进取”。不忘初心，牢记使命，在活动中，我校校长表示：我们无论何时都不会忘记帮助过我们的人，我们要不断努力、不断进步，不辜负家长和社会的期望，交上一份更满意的答卷。

随后，大化县教育局蒙妮副局长发表讲话。她充分肯定了我校举办这一次活动的意义，并说明了“三月三”是我们广西特有的节日以及“三月三”的一些习俗，同时也强调“三月三”假期大家一定要注意安全，最后预祝大家节日快乐！

韦璐璐同学正在声情并茂地讲述革命故事：少先队的创立者和领导者是中国共产党，少先队员们要听党话，学党史，感党恩，跟党走，好好学习，努力成为担当民族复兴大任的时代新人，做共产主义事业的接班人。听完革命故事，同学们齐声高唱《中国少年先锋队队歌》。

经过全体师生的共同努力，本次活动取得了圆满的成功。开展“三月三”庆祝活动，同学们从不同角度、不同层面感受到了壮族传统文化的魅力，懂得了更多的壮族传统文化知识，增强了同学们的文化自信，让民族魂、爱国情在每一位新城学子的心中牢牢扎根。

文化是一个民族的魂，是一个民族立世之根基。传统文化的保护与传承的重要性我们可想而知。保护和传承少数民族文化有利于加快构建社会主义和谐社会。少数民族传统文化是中华文化的重要组成部分，弘扬和保护少数民族优秀传统文化是建设中华民族共有精神家园的重要内容。“十四五”期间，我校将以深化教育综合改革为契机，继续提高办学质量，以改革创新为动力，以文化建设为重点，以提高质量为核心，以特色发展为亮点，办有灵魂、有温暖的教育。

握粉笔亦要执毛笔，立足过去亦展望未来

——书法教育的主要经验与未来展望

广西壮族自治区桂林市第十九中学　蒋文荣

"书法是中华文化瑰宝，包含着很多精气神的东西，一定要传承和发扬好。"习近平总书记对于书法传承工作高度重视，多次在文艺工作座谈会上作出重要指示。教育，是传承和发扬的基础性工作，学校，是教书育人的重要载体，让千年笔墨书香悠久飘香，是每一位教育工作者的使命。

为了更好地做好书法教育，近年来，我校秉承"新理念、创特色、促改革、新未来"理念，将书法教育引进课堂，探索普通高中育人方式改革，在"立德树人"德育实践活动中拓宽了教育教学的空间，让翰墨飘香、让书艺育人。

强化领导，明确学创定位

书法教育需采用大量教育理论，博采众家之所长，从中汲取优秀成果。为了进一步推进理论和实践融合，让实践建立在科学的理论支持上。我校创建了校长挂帅、中层干部为中坚力量的"桂林市第十九中学创建书法特色高中领导小组及高中工作小组"。出台了《桂林市第十九中学创建书法特色高中渗透制度》《桂林市第十九中学书法活动、比赛、参赛制度》《桂林市第十九中学创建书法特色专项资金保障制度》等一系列教学教育制度，保障教学工作高效开展。

小组成员通过文献研究法厘清了教育发展与书法传承之间的必然联系，也进一步明确了"以书法特色创品牌"，通过三年创建，实现文化、艺术教育双轨道健康发展，以生本教育推动课堂教学改革，提高文化教育质量，以书法教育为旗帜带动音乐、美术、播音、主持、编导、舞蹈等艺术教育发展的特色定位。以及按照"夯实基础、鲜明特色、突出个性"的教育理念。致力于培养学生笔直、心正，文博的品质，打破学创特色前一直面临的生源基础薄弱藩篱。

家校共建，明确激励机制

现代教育学认为，谁获取知识谁就是课堂的主体，以生为本，就要因材施教，正视学生存在的差异性，个性化教学。我校适应时代发展需求，重视学生的课堂主体地位，建立简洁高效的教育教学运行机制，大力推进突出学生主体地位的书法课堂教学改革和培养良好习惯。出台书法课程开发实施的运行机制，强化学生书法艺术测评认定和管理，书法午练评比和奖励机制等一系列激励机制，相信每个学生都有无限的潜能，用外因变化影响内在结果，尊重学生，引导学生向正确的方向发展。

对于学生来说，课堂只是教学的一部分，家庭的教育环境和教育理念同样重要。因此，我校在思想上进行统一，形成全体师生、家长合力，全方面打造学校文化特色品牌。只有让师生、家长从内心认可教学理念和教学方式才会营造良好教育生态，扭转不科学的教育评价导向，克服唯分数、唯升学、唯文凭的顽瘴痼疾，从根本上解决书法教育评价指挥棒问题。

博采众长，明确团队建设

纵观韩愈的《师说》全篇可以发现，师和"道"是密切结合、不可分离的，"道之所存，师之所存"。因此，我校历来重视团队建设的重要性，努力创建一个互相尊重的平台、倡导"为师为校"之道，让每一位老师都心情舒畅，排除隔阂，更好地投入到书法教学之中。为此，我校培养本校一专多能的书法教学师资力量，逐步达到学校书法辅导老师的30%以上。为了增强教师团队的整体教育实力，我校还组建了针对"书法教育"创建工作的外脑团队，为学校创建工作提供专业指导。

骨干教师是"排头兵"，是一面旗帜，更是一种力量。我校积极组织书法专职教师、书法特色创建小组成员参加各级各类书法研讨会、公开课、培训、教研活动。以"比赛"为手段，以"展示"为途径，让教师变"倾听者"为"参与者"，充分调动教师的参与面、参与度，并进行分析和研究，找出优点和不足，从而扬长避短，协作学习，大大提高了教师的书法执教水平，为教师从职业走向专业、从管理走向学术，做一个专家型教师打下了坚实的基础。

特色氛围，完善教材编制

由学生题写校名面向全校征稿，入选作品雕刻成牌匾悬挂校门展示。与群众艺术馆建立基地、与书法报建立基地，建设校园书法文化长廊、营造教室连廊书法特色文化、设立书法特色宣传栏、放置校园书法水写石桌，同时，组织全体师生每日练字，教师积分式管理，学生周周进行书法拉力赛，营造了浓厚的书法学习氛围。

以课题研究为载体，借助高校科研力量，整合学校内外资源，联合专家和本校教师的力量，开发和编写一套适用于我校并有我校特色的校本教材《临池八卷》，分为《基础篇》《进阶篇》《修身篇》。目前高中临池一卷、初中临池一卷初稿已编辑完成，初高中必背古诗词摘抄练字帖已投入使用。《基础篇》主要讲解基本笔画和偏旁部首技法。按笔画繁简和偏旁相同相似的原则编排常用汉字，有利于学生练字由易而难、循序渐进，由写好一个字然后掌握一类字的写法。《进阶篇》注重进一步掌握书写基本技能。《修身篇》则精选了经典著作中对学生修身有益的段落，并有历代古典小楷辅助且附有书法大家学习的心得体会。由于精选了历代人生哲理格言，书写经典语句时，引导学生在练字过程中理解哲理格言，领悟其精神意蕴，启迪智慧。

特色课程，明确实施路径

把书法教学融入日常教学课程，寓教于乐。全校班级及保障每周一节书法课，书法进课表，课程化。全校班级每日20分钟书法午练，班主任进班落实，专人专项巡堂小组，任何人不得占用午练时间。印发全校寒暑假书法练习摹本练习，利用假期勤加练习。校级晋唐书法社社团活动课程化，增设制笔、宣纸、篆刻、拓碑选修课。

此外，我校还开展每日一写、每周竞写、每月一展、笃学讲坛、翰墨研学、十九中师生"书法"作品展、十九中学生"立书德题校名"、名家进校园书法笔会、名家进校园书法讲座、全校师生规范汉字大赛、书法誊抄录取通知书、百人写福，千福迎春活动等丰富多彩的书法文化活动，参加桂林市中小学书法教育论坛、桂林市教育系统书法篆刻作品展等展览，集中展示学生书法成果，同时，还建设与书法报校企合作示范基地、与桂林艺术馆学生实践基地等教学基地，为书法教育加强硬件教学基地建设。

特色成果，明确教学意义

2020届被广西师范大学书法学专业录取的谭乐辉同学，是我校2017年秋季学期学员，入学成绩为四等生源，于书法上为零基础，入学后主动报名参加学校晋唐书法社各项活动，逐渐喜欢上书法，在学校主推的每日书法午练上勤于练习，硬笔书写水平显著提高，并申请作为书法特长生培养，后成功考入广西师范大学书法学专业。像谭乐辉同学这样的优秀学员还有很多很多，近年来，我校毕业生凭借书法专业成果，被广西南宁艺术学院、广西师范大学、河北美术学院、渭南师范学院等众多高校录取，开启了人生的新阶段。

"辛勤耕耘收获自来"，教师与学生在教育过程中为完成一定的教育任务，以"教"和"学"为中介而形成的一种特殊关系，教学成果如何，最终的体现还是在学生身上。除了凭借书法特长生身份被高校录取，我校师生连年在桂林市第十届校园文化艺术节现场书画比赛、桂林市"花坪银杉"杯书法比赛、广西第八届"八桂画童"杯书法比赛、教育厅第三届"园丁杯"书法比赛中斩获佳绩，很好地对外展示了我校教学成果。

叶圣陶先生在他的故里苏州大学的校训说道：一切为了学生，为了一切学生，为了学生的一切。"德育树人"是现代化教育的趋势、是新课程改革的需求、是新时代新发展的核心力量。教育是人生之大事，国家之大事！作为新时代的校长，作为学校的"领导者"，让书法教育更有内涵，让书香更加绵长，是我过去的重心，也是未来的课题，辛苦付出，甘之如饴。

坚持厚德育人，传承文化精髓

贵州省荔波县瑶山民族小学　韦广宁　汪永雄

党的十八大以来，以习近平同志为核心的党中央和习近平总书记全面肯定中华优秀传统文化的历史地位及价值，同时重视少数民族文化的发展传承。少数民族文化发展需要顺应时代发展的潮流，尊重发展的多样性，同时，我们也要根据时代变化，不断创新与发展少数民族文化。多年来，瑶山民族小学秉承"传承精髓·厚德育人"的办学思想，以"发展学生、成长教师、提升学校"为办学理念，提炼出"做最好的我"为校训，形成了"团结、奋进、文明、守纪"的校风，"敬业、爱生、求实、创新"的教风和"勤学、博学、乐学、善学"的学风；以"四瑶文化"（即瑶（歌）语、瑶刺绣、猴鼓舞、陀螺）为办学特色，着力推进瑶族民族民间文化进校园。始终全面贯彻落实党的教育方针，不断提高依法治校水平，规范办学行为，重视师德师风建设，推行民主管理制度，形成"全员参与，团结协作，推进素质教育"、"齐心协力，扎实工作，提高办学质量"，传承民族文化的教育特色。

一、挖掘民族特色，传承民族文化

瑶山民族小学以精细化管理为切入口，以教师专业化培养为着力点，以生态课堂构建为增长点，以提升教学质量促发展，以民族文化传承铸造品牌。以"成为一所民族特色、文化浓郁又不缺乏现代先进的学校"为办学目标，致力培养学生成为身心健康，学会做人，学会感恩，学会学习，学会自信，并且能主动发展、自我完善的小学生。

瑶山民族小学位于荔波县南面，距县城32公里，坐落于小七孔景区旁，伴随着荔波县全域旅游的发展，瑶山古寨已打造成了4A级景

区，学校坐落于景区内，基于“四瑶文化”的定位，为了传承和繁荣少数民族优秀传统文化。近年来，学校充分挖掘当地白裤瑶族文化特色，把瑶歌、猴鼓舞、陀螺、刺绣等极具浓厚的瑶族元素作为“四瑶文化”引进校园加以传承和发扬。

在开展民族民间文化进校园工作中。学校不断挖掘地方的特色资源，使民族文化在学校有系统有规模地传承下去，形成“制度化、科学化、规范化、精细化”管理规划，着力打造“一条龙”式的特色品牌，使民族文化在学校的传承得以发展。

在白裤瑶族民间文化特色凝练、教育教学创新、特色办学等方面学校所取得了不俗的成绩：舞蹈《苗瑶情》参加黔南电视台2019年青少年网络春晚，并到广西南丹县里湖瑶族乡作汇报演出；舞蹈《祭鼓》荣获贵州省第九届“贵青杯”一等奖（贵州省）；“瑶汉双语和谐环境建设省级示范点”（教育厅）、“优秀乡村学校少年宫”（贵州省）、“全省中小学生‘祖国好·家乡美’主题系列活动优秀组织奖”（贵州省）、“民族团结进步模范集体”（黔南州）、“餐饮服务食品安全示范单位”（黔南州），“推进义务教育均衡发展合格学校”（黔南州），“教育工作先进单位”（荔波县）、黔南州“文明校园”、黔南州“脱贫攻坚先进基层党组织”、荔波县“脱贫攻坚先进基层党组织”、全省文明校园（贵州省）；教育科研项目《少数民族地区瑶族陀螺课程文化开发实践》2017年8月在第三届中国教育创新成果公益博览会参展，2018年荣获贵州省第四届中小学、幼儿园教学成果二等奖。

二、规范管理制度，促进学校发展

在新时代中国特色社会主义思想的指导下，瑶山民族小学依法治校，以德立校，实行校长负责制，充分发挥党支部的监督堡垒作用和工会组织的民主管理职能，结合奖励性绩效，学校制定了一套健全的教育教学评价制度。在“统一领导、全程管理、分部负责、分权赋职”的管理机制下，重视纵横层次的协调性，强化室、组、班级的全局意识，全员意识、民主意识，明确干部岗位职责已基本形成学校的组织文化和团队精神，能体现科学和人文相融合的现代管理趋势。

师资队伍建设专业化。学校一直重视教师政治学习和师德教育，强化学政治，修师德，正师风，强师能，建设一支听学校指挥，有理想信念，有道德情操，有仁爱之心，有扎实学识，作风优良的教师团队，已逐步形成一个师德水平较高、业务和科研能力较强的教职工群体，并有一批在县内有较高知名度的优秀教师，为学校的可持续发展奠定了基础。

文体活动多样化。学校以传承民族民间文化为本，为学生全面发展、传承民族特色文化发展创造条件，搭建广阔舞台，校园开展特色运动会、大课间、陀螺、猴鼓舞、瑶刺绣、瑶纺织、瑶靛染、粘膏绘画等民族民间文化活动，激发了学生的创造力，形成浓郁的校园文化氛围，取得了良好的成果。

校风学风教风优良化。学校坚持“优良的校风塑造人”的思想，狠抓校风、学风、教风教育，狠抓各类常规的落实，使一个明志向、守纪律、勤学习、勇进取的优良学风和乐于奉献的教风初步形成。

三、强化德育工作，塑造优良素质

完善“文明班级评比”等各种常规管理途径，有效强化学生日常行为习惯的养成。重视班容班貌建设，开展净化、绿化、美化“三化”合格班、示范班工作，倡导班级建设美好学习家园。进一步完善《卫生值周生制度》，充分发挥学生教育学生的功效，提高学生自我教育、自我管理的能力。

开展各项教育活动，塑造学生优良素质。以“传承民族文化，推进素质教育”为契机，从利于学生终身发展的角度出发，积极创设各种德育活动平台，进一步加强爱国主义、民族精神、集体主义、法制安全、生命安全教育、绿色环保等主题教育，做到主题教育系列化，定主题、定时间、定人员，切实提高主题教育的计划性、规范化、实效性，切实加强学生思想道德建设。

大力开展校园文化活动，充分为学生搭建各种施展才华的舞台，培养学生健康文明的兴趣爱好，创建和谐温馨的校园文化氛围。举办运动会、演讲比赛，丰富校园生活，展示学生风采，提高文化品位。另外，开展阳光体育活动，改革课间操方式，尝试实行民族特色课间操加跑操的大课间锻炼制度，积极开展课外活动，指导每位学生拥有体育特长或爱好等，提升学生综合素质和实践能力，为选择健康生活方式打下良好基础。

精心构建德育阵地，积极推进社会实践。我校将延续传统，充分发挥德育阵地的教育功能，推进素质教育，鼓励“小手拉大手”活动，重视实践体验、情感提升，帮助学生树立正确的世界观、人生观、价值观，提高德育工作的实效性。

重视学生心理健康，建立学生心理档案。我校将陆续安排所有班主任参加心理学教育培训，扩充心理咨询教师阵容，争取心理咨询教师更趋专业化，使心理健康教育工作更有实效性。

完善“三位一体”教育网络，形成有效教育合力。加强学校与家庭联系，通过致家长的公开信、钉钉、微信、电话通知等多种途径和家长沟通，帮助家长树立正确的教育理念，提高对素质教育的认识水平，抵制社会环境对学生的不良影响。

四、狠抓科研教学，提升教育质量

建立科研网络系统。建立学校、教研组、教师三级组织领导系统。学校成立由校长担任组长，分管校长担任副组长，组员由在学校教育、教学和教研领域内具有一定威望及研究成果的教师组成的科研领导小组。坚持教科研与教研组工作、班主任工作以及师资队伍建设相结合原则，在教研组长的带领下开展工作，成立课题研究小组。

强化教科研管理。教育科研管理的科学化、规范化是提高教科研效益的保证。为保证教科研工作的落实，学校制定一系列科研管理制度，如《教科研奖励制度》《教师职称评定制度》等，使教科研工作的各项措施落实到位。建立教科研激励和保障机制，积极鼓励和支持教师参加各种形式的学习和培训，将教师参加教科研活动的表现和成果，作为教师考核、评优晋级等的重要因素，并与奖励性绩效工资挂钩。

积极鼓励教师参加各类培训。将省、州、县培训和校本培训有机结合，并列入学校教师继续教育计划。坚持重点项目培训和教师分类培训相结合的策略，将教师的科研培训纳入到学校基础性实践课程培训，引导教师加强教育理论学习，加强研究方法指导，定期开设专题讲座或举办教研研讨活动。每学年每位老师至少上一节公开课，上交一篇案例、教学反思或论文，每学期听课10节以上，校级领导每学期听课15节以上。

加强中青年教师的队伍的建设。想尽一切办法，为中青年教师学习搭建平台，鼓励他们参加培训学习，组织他们外出教研活动，努力提高中青年教师教育教学能力，使他们在未来的发展中发挥中坚作用。学校力争培养州级骨干教师，县级骨干教师。

开展课题研究提高学校教育教学质量。开展课题研究是教师个人成长的必然要求，强化课题研究的过程管理，建立严格的立项审批、过程管理、结题鉴定和成果奖励制度，指导各课题组的申报、立项、论证、研究等工作，对课题研究进行跟踪调查。

不忘教育初心，砥砺奋发前行，彰显教育新风貌。瑶山民族小学将坚定不移地以习近平新时代中国特色社会主义思想为指导，坚持以素质教育为核心，牢牢抓好提升教育教学质量和传承弘扬优秀民族文化两个目标，强化内部精细化管理，努力提升师资素质，不断优化教学设施，不断提升办学水平，为办好瑶乡人民满意的教育而努力奋斗！

学教有序壮心志，深思静想迎重生

河北省保定市泽龙实验中学　王东　田丁丁

生命离开水源，就会枯竭。国家、民族的发展离开教育就会衰亡。教育是生命进步的新鲜血液，是时代发展的思想能源，只有保持充足的活力和创造力，才能持续推动人类社会向前发展。

2020年是我校全面升级衡水名校模式，实现超常规跨越发展的一年。在过去的2020年，我校深入学习贯彻习近平新时代中国特色社会主义思想和党的两会精神，落实立德树人根本任务，全力做好教育规范提升，努力为新时代中国特色社会主义事业培养合格建设者和接班人。全体教职工表现出超强的向心力、凝聚力、战斗力、创造力，校园处处有新作为、新气象、新变化、新风貌，学校各项事业再上新台阶。

同年，学校还成立了初中部，开创了学校初高中并行发展的新纪元。一直以来，我校始终坚持“五育并举”，围绕落实立德树人根本任务，以加强思想政治工作为引领，以培育和践行社会主义核心价值观为主线，始终把学生终身发展作为育人的价值追求。

沧海桑田，几经蜕变，如今我校办学品味、教学质量显著提升，被新华社、中新社、辽宁卫视、河北卫视、湖南卫视、福建卫视、澎湃新闻、北京电视台、安徽电视台、辽宁电视台、《河北青年报》《燕赵都市报》、中国网、搜狐、腾讯等网站，各大主流媒体纷纷报道，微博话题总阅读量过3亿。#老师割麦子送高考生#话题阅读总量超1.3亿，微博热搜榜42位，要闻榜34位，引起广泛关注。老师开学前老师帮学生晒被子的新闻微博话题近7000万；学校老师立冬给学生包五色水饺的活动广为人知，微博话题荣登热搜榜第15位，阅读总量近4000万。《保定晚报》还为我校老师开辟“泽龙实验中学暖心老师”专栏，发表系列文章报道泽龙老师的暖心故事。一封封感谢信、一面面锦旗纷至沓来，学生对学校的喜爱度、家长对学校的满意度、社会对学校的认可度持续攀升，学校因此喜获“中国民办教育优秀学校”荣誉称号。以上种种，不仅是对我校工作的肯定，更为学校下一步发展坚定了信心。

一、铸魂培根，智变求新促发展

“我们做家长的真不敢想象，孩子能在短短的两个多月里变化这么大，真真应验了开学时校长说的话，‘一定让所有的家长两个月后看到孩子们的巨大变化’。学校做到了，我们不知道怎么表达这份感激之情，太感谢太感谢。”高三尹相博同学的妈妈说。

2020年秋季开学，学校升级衡水名校模式，校长王东带领学校革故鼎新、务实求索，开启了全新的发展征程。正如家长所说，令人不敢想象的正是这开学的仅仅100天，我校由原来一所普通校变成了校风学风纯正、师生昂扬向上、文化氛围浓郁、校园环境整洁的优质校。除了家长、师生直接鲜明的感受，学校教育质量也稳步提高，2020年11月获评“中国民办教育优秀学校”。2021年5月，我校荣获“中国民办教育先进学校”、“中国十佳特色示范学校”。

教育是精神的培养，潜能的激发。一颗赤忱爱国之心是学生必备的品质。为了切实培养学生爱国情怀，我校大力开展“红色爱国”主题教育，激发学生的爱国情、强国志、报国行。在喜迎中华人民共和国成立71周年活动中，百余名学生手手持五星红旗，用身体摆出“中国”和“71”字样，为祖国献礼；“我和我的祖国，一刻也不能分割……”，师生共同唱响爱国主义的动人旋律，浓浓爱国情激荡校园。11月，我校邀请参加过抗美援朝的老兵米喜荣老人为同学们分享了他入朝作战的感人故事，老人和全校师生一起重温那段艰苦卓绝的战争岁月……筑牢德育基础。

师者，不止传道授业解惑。师者匠心，一个拥有良好品格的优秀教师，才能成为学生精神生活的榜样，才能承担起教书育人的职责。精良教师团队是我校的“硬核”实力，始终立于学校发展的“C”位。清苑区组织的班主任技能大赛，教师刘富荣、张美杰夺得第一名。最美板书、最美备课本，暖心作业评语，老师们苦练教学基本功，打造高效优质课堂。常规管理精细化，引导学生养成良好的生活和学习习惯，塑造好的行为品质。

二、立德树人，深耕细作育栋梁

全体教师践行“爱的教育”育人理念，“课堂是老师课下是父母”的师爱画面无时无刻不在上演。我校的张士禄老师，背起生病的学生往医务室跑，心里念着“一刻也不能耽误”。虽是男老师，生活中的他还会为学生理发、缝衣服、补鞋子。寒冷冬日，张曼和刘博宇老师为学生包第一碗立冬的五彩水饺，被学生称赞“饺子真香的N次方”。潘晓青老师专门制作了生日日历标记学生的生日，为的是提醒自己在每位同学过生日的时候送上生日蛋糕和祝福。王策老师过生日时收到了学生们送上的百余个鸡蛋，他把鸡蛋重新加工制作成美味的茶叶蛋又送了回去。高考前夕，王东校长和高三老师为高考生割麦子，希望金黄的麦穗能为他们带去高考丰收的硕果。泽龙老师的赤诚关爱，换来了学生的喜爱和真心相待。教育的创新是源于思考和实践。为此，我校积极探索德育新方法，创新德育新形式，拓展德育空间。一年来，我校邀请激情英语创始人祁国芳老师为全校师生讲学。新生军训、趣味运动会、爱国主题辩论赛、中秋做月饼、元旦文艺汇演……活动效果好。还组织学生研学实践，参观保定军校纪念馆、全国名校衡水二中等，参观学习、感受体验、跟踪调研、统计分析，做到学思践悟相结合。

值得一提的是，抓住“嫦娥五号”发射成功的机会，我校举办了“隔空探月”活动。让学生通过交流、分享、总结，了解航天知识，感受知识奥秘。初中部的学生在体育课上以游戏的形式copy了这个土味科普视频，通过这种形式对嫦娥五号取土的过程有了初步的了解。初一（1）班班主任崔帅强老师利用班会时间组织学生观看了嫦娥五号升空视频，并为大家讲解了火箭升空的专业物理知识。虽然初一的孩子们还没有学习物理，但在心中已经埋下了投身祖国航天事业的种子，有学生表示，自己未来的梦想就是成为航天科研人员，去探索宇宙的奥秘。

在科技日新月异的今天，科学知识是一种“刚需”。12月2日，我校高中部也举办了航天知识科普讲座和航天知识竞赛。在主讲人祖焕新老师的讲解下，同学们上了一节中国人从仰望星空到“嫦娥五号”之间跨越千年的科学课，祖老师也运用物理专业知识，利用嫦娥五号的简单模型和结构图，为孩子讲述了航天发展史和航天器的飞行原理等。之后的航天知识竞赛中，大家纷纷抢答，现场氛围十分热烈。

毛主席有词曰：“可上九天揽月，可下五洋捉鳖”。科技兴国、探索宇宙，是中国人世世代代以来的梦想。随着“神州”、“飞天”、“蛟龙”等试验的成功，这次庆祝“嫦娥五号”登月的系列活动，不仅激发了师生们极大地爱国热情，也坚定了全体学生立志报国的决心和信心。

非知之艰，行之维艰。教育注定是一场没有终点的行程。未来路上，我校会继续以“五育并举”为学校发展路线。带着教育的理想，不忘初心，迈着坚实的步伐，执着激情地走在教育的道路上。以先进的理念引领学校发展，以科学的方法强化学校管理，以严谨的态度探索教育规律，以担当的情怀领跑教育改革，敢为人先，勇于创新，不断开启学校发展的新局面。

齐心共筑冰雪强国梦

河北省衡水市永兴路小学　王彬　刘新

按照党中央国务院关于发展冰雪运动的总体部署和要求，为积极贯彻落实《国务院办公厅关于强化学校体育促进学生身心健康全面发展的意见》（国办发〔2016〕27号）和《教育部国家体育总局北京冬奥组委关于印发<北京2020年冬奥会和冬残奥会中小学生奥林匹克教育计划>的通知》（教体艺〔2018〕1号）精神，河北省衡水市永兴路小学抢抓历史重大机遇，全力推进冰雪运动进校园活动，助力营造浓厚的冰雪运动氛围，着力培养和储备优秀的冰雪运动人才，加快冰雪体育运动的发展。

一、牢固思想，健全组织

为进一步加强和发展我校体育、艺术教育工作，全面推动素质教育发展，我校牢固树立“优先发展、改革创新、育人为本、促进公平、提高质量”的指导思想，遵循“德育为先、能力为重、全面发展”的基本要求，以先进教育思想为引领，以深厚文化底蕴为支撑，以核心竞争力为保证，以社会广泛认可为追求，以点带面，分类实施，逐步夯实青少年冰雪运动人才根基，努力形成具有中国特色的校园冰雪运动教育体系，持续加强和改进冬季上冰雪特色教育，不断提升学生的冰雪运动素养和提质健康水平。

为加快推进冰雪运动进校园，　全面助力北京2022年冬奥会，我校在冰雪知识进课堂、冰雪知识竞赛、冰雪运动会、冰雪作品展等冰雪系列活动筹备阶段，全校行政就给予了高度的重视，投入了大量的人力和物力，并且成立了以校长李静为组长、主管副校长刘新为副组长、音体美组成员、各班主任和党委书记张晓红、政教主任王丹为成员的学生冰雪进校园活动工作领导小组，形成了一个强有力的领导核心，负责全校学生冰雪进校园活动活动的组织、协调和落实。同时，在活动之前，领导小组做了大量的前期筹备工作，召开多次会议，组建工作机构体系，制定“冰雪进校园”活动计划和方案，完善定组织管理、课余训练和比赛、运动安全防范等方面的规章制度和工作制度，不断推广校园冰雪运动的普及发展。

二、协调配合，分工落实

活动前期准备工作事项繁多、内容繁杂，整体贯彻“早安排、早布置、早落实”的精神，对筹备工作有充分的估计和计划，制订了详细的活动方案，特别是为每个工作组规定了详细的工作任务、职责，并规定完成期限，同时随时对新出现的问题进行协调解决，从而使各项筹备工作有一个较系统与严密的组织体系。其中，组织工作是本次活动最重要的一个环节，所有工作相互联系、互相协调、缺一不可。组委会各工作组互相之间协调、沟通联系，既分工又协作，每位组长与成员及时沟通。工作时认真执法使整个工作系统井然有序。

培养兴趣，提升技能。充分发挥冰雪运动的育人功能，遵循教育和体育规律，以兴趣为引导，不断丰富教学内容，改革教学方式，着力培养学生冰雪运动习惯，提升冰雪运动技能，畅通优秀人才成长通道，打牢后备人才基础。

因地制宜，稳步推进。立足当地自然条件和经济发展水平，积极创造条件，宜冰则冰，宜雪则雪，通过室内外相结合大力发展校园冰雪运动。

特色引领，重点发展。以申报特色学校为引领，充分利用现有资源，挖掘潜力，不断创新，形成校园冰雪运动发展的集聚区。

三、周密安排，细化内容

做好奥林匹克知识进校园、进课堂工作。自11月份起，我校将依托体育课程、实践活动课、地方课程等，保证各年级每学年不少于4课时的奥林匹克知识系列授课学习。同时，通过广播、校报校刊、校园网络等多种渠道，广泛普及奥林匹克知识，进一步加深青少年对奥林匹克精神的理解。通过“小手拉大手”、“小手教大手”方式，带动更多家庭参与其中。

积极开展奥林匹克主题文化教育活动。利用队日时间，各班开展以奥林匹克教育为主题的演讲、奥林匹克知识竞赛等活动，11月份组织校级绘画、征文比赛。

积极开展社团活动并成功组建运动队。按照教育局“2019年年底前举办我区首届冬季冰雪运动会”的要求，我校挑选出学生参加首轮轮滑社团活动，后期再挑选男女各10名组成速滑校队，进行为期一个月的集中训练，代表我校参加桃城区首届冰雪运动会。

积极开展具有传统和地域特色的冰雪和户外体育活动。活动要与正常教育教学工作有机结合起来，做到周密部署、协调监督、注重质量、突出特色。

强化安全机制。我校高度重视安全问题和意外伤害处理，广泛开展冰雪运动安全教育，增强学生安全意识，提高学生自我保护能力，制定切实可行的安全防范措施和应急预案；教练员要认真参加上级教育部门组织的冰雪知识和技能培训，培训合格后方可组织学生训练和参加比赛，避免和杜绝意外伤害事故的发生。

四、全员参与，屡创佳绩

“冰雪运动进校园”文化是奥林匹克教育文化的传承，不仅使中国传统文化与奥林匹克教育文化再融合，也是冬季运动文化进一步推广。此次活动得到了各位班主任和同学们的高度重视，并在各项活动中积极参与、认真准备、严格落实，逐步提升自己的综合素质。

召开多种形式的主题班会。以理论知识讲解为主，图片介绍、视频资料为辅的教学方法，让学生了解冰雪文化、掌握运动常识，了解冬奥知识，懂得观赛礼仪、体会拼搏向上的体育精神。班会结束了，大家却意犹未尽，有的同学说：我对冰雪运动其实没有什么兴趣，通过班会课，我特别想去尝试一下。播下一颗冰雪梦的种子让有活力的生命长成期许的样子。冰雪知识进课堂

举行冰雪知识竞赛活动。在这寒冷的冬日里，同学们认真学习，

积极储备冬奥知识，各班选派代表进行了冰雪知识答卷。小选手们专心致志，监考老师认真负责，竞赛进行的紧张有序，展现了我校师生对冬奥的热情。

举办校冰雪运动会。为进一步推动冰雪运动的发展，给孩子们一个自我展示的舞台，带动其他学生爱上轮滑运动，体验轮滑的魅力，我校举行了轮滑比赛，让轮滑小将开展大比拼，在比赛场上展风姿。

参与各级各类冰雪运动赛事。我校运动员秉持“边学边练，以练促赛，以赛促练”的训练原则，积极参加桃城区首届冰雪运动会，并取得了优异成绩。赛后，学校对全校师生提出了殷切希望，希望学生们积极参加“冰雪进校园”活动，强健体魄，培养顽强的毅力和拼搏的精神，并用行动去实践“更高、更快、更强”的奥运精神。

扩大冰雪知识宣传。校领导召全体师生积极学习相关知识，用绘画、手抄报等方式展示冰雪文化学习成果。“小手拉大手”带动家长和身边更多的人，共同参与到冰雪运动中来，营造“人人参与冰雪、人人支持冬奥”的蓬勃发展态势。

“冰雪运动进校园”为我国冰雪事业埋下了种子，通过丰富学校体育各项活动等形式，从而使冰雪运动发展在我国生根发芽。它让学生们在线上、线下、户内、户外都能感受冰雪激情，尽享冬奥热情。使奥林匹克精神传播与德育工作相结合，既了解了形式多样的冬奥文化，又为学生提供体验冰雪运动的平台，深入的奥林匹克教育旨在引导中小学生强健身体、拓展爱好、提升素质、完善人格，并用实际行动助力国家办好2022年冬季奥运会，传播好奥林匹克精神和爱国主义精神。

对民族的美好未来负责，为学生的幸福人生奠基

河北省石家庄市第六中学　王宪军

自1982年步入教坛，至今已经整整三十九载了。三十九年来，我从激情澎湃到两鬓微霜，一路风雨兼程，一路桃李芬芳，一心忠诚于党的教育事业，三尺讲台绘就无悔青春！一直以来，我努力用心做老师，做最好的老师，爱而不宠，严而不苛，春风化雨，风乎舞雩，感染学生灵魂，塑造学生灵魂！为教育者，定其身要正，其心有爱，对民族的美好未来负责，为学生的幸福人生奠基。

抱朴守真，笃学敏行

爱就要爱得深，干就要干得好，当教师，就要当最好的教师！我由衷的热爱教育，从1982年至今，我一直没忘从教之初立下的誓言：忠诚于党的教育事业，热爱党的教育事业！算不得豪言壮语，确为真心所想。

三十九年如一日，不忘初心，抱朴守真，执着坚守。说到底，我没有做过什么轰轰烈烈的大事，有的只是教育领域中一点一滴的坚持和感悟。

踏上从教之路并不是一帆风顺。18岁那年，我以17分之差高考落榜，回到了生我养我的小山村，开始和父辈一起到田间劳动，但我心中的教师梦并没有破灭。我一边劳动，一边挤时间复习，准备来年再续高考。那天，我们乡中龙泉关中学的校长陈道祥找到我家里，诚恳地说：“宪军，眼下学校缺一名外语教师，你就来学校当代课教师吧！”就这样我当上了一名外语代课教师。

作为一个20世纪60年代出生在大山里的孩子，要教外语，听起来总会让人觉得不可思议。走上讲台的那一刻，我兴奋不已——我的教师梦成真了。望着讲台下一双双求知若渴的眼睛，我暗暗下定决心：爱就要爱得深，干就要干得好，当教师，就要当一名学生心目最好的老师。

说说容易，但真正成为一名学生心目中最好的老师，对只有高中学历的我可谓关山重重。要想群雁相随，必须头雁先飞。为了提升自己的英语水平，我除了上课吃饭睡觉外，几乎把全部的时间和精力都用在了学习上。钻研教学大纲，自学大学教材，《心理学》《教育学》《大学英语》……还订阅了十几种英文书刊，购买了大量录音磁带，添置了一台小型收录机，听英语讲座，练英语发音，想尽办法收集一切跟英语有关的资料。当时，我心里只有一个念头，不顾一切地学习，当好一名教师。

一分耕耘一分收获，老天不负苦心人！任教第一年，我就以97分的成绩成为阜平县第一批考取了《教材教法合格证》《中学教师专业合格证》的老师，外语教学工作也第一次受到县里的表彰和奖励！之后十年，无论是我的外语教学，还是班主任工作，年年都受到省、市、县各级教育部门的表彰和奖励，我也从一名代课教师成为阜平县的初中外语教学骨干。

打铁还需自身硬。作为一名教师，任何时候都不能忘记初心。1988年8月，我从龙泉关中学被调入全县最高学府——河北阜平中学，教了四年初中、三年高中；1995年8月，我又从阜平中学被调到河北省重点中学——石家市第六中学；我始终没有间断学习充电，全面充实提升自己。1995年，到石家庄后的第一件事就是跑到河北师范大学花了在当时也算数目不小的300多元报名参加了夜大培训。我利用所有能挤出的时间到大、中学校听课。只要听说哪个老师讲课好，不管距离多远，有多少困难，我都会千方百计地去聆听求教。不到两年，我就跑遍了22所大、中学校，聆听了50多位教师的100多节课。有志者事竟成，从山里人对英语一窍不通，到讲课时全英语教学，我的所有辛苦付出终归没有白费。

不畏艰难，尽心耕耘

“敢于面对前进道路上的任何考验、困难，任何大川、高山都挡不住我前进的脚步”。这是我走上讲台以来的一贯准则，也是我作为一名教师的座右铭。

1995年，我刚调到石家庄市第六中学，便接手了高一年级的一个“后进班”，当时一些好心的同事提醒我说：“这样的学生只要能管住，不出事就行了。”我淡淡地笑了笑：“终归一样都是还没有真正长大的孩子，我尽力试试吧，争取不丢人。”心里暗暗给自己鼓劲，绝不能只做个“好保姆”。通过和学生越来越多越来越深的接触和一次又一次的家访，我渐渐对每个学生的情况有了更加清晰的了解，发现这个班级确实存在一些问题，但我坚信“亲其师，信其道”，把握住恰当的教育时机，找到最佳突破口，这些孩子大有可造之处。

那年学校秋运会上，我们班的成绩惨不忍睹，学生们垂头丧气，斗志全无。我明白，这对学生来说是一个不小的打击，对老师却是一个施教的良机。回班总结时，我拿了一包沙子、一包水泥和一块凝固的水泥放在讲台上，对无精打采学生说，这沙子和水泥都是建筑材料，他们没有凝结在一起，永远是沙子和水泥，但加上一定量的水就会凝结，变得坚硬无比了。其实我们这个班现在缺的就是这“水”。几天后，班长和体育委员找到我说：“王老师，听了您的话，同学们的情绪一下子高涨起来，咱们班要水，要团结一起，要有凝聚力，明年运动会上一定要拿奖状！”我很是感动，和他们一起制定训练计划、一起训练，第二年运动会上我们班成绩跃居全年级第三，同时还获得“体育道德风尚奖”，第三年我们不但体育成绩跃居第一，而且学习成绩、劳动、卫生、纪律、班风、学风等各项评比在全校都名列第一！

我笃信：“一滴水也是浇灌的开始，一支笔也有无尽的力量，一句话也能影响学生的一生，一件事也能改变学生的命运。”一个好教师要善于捕捉教育时机，但教育时机不是随时想有就有的，想捕捉就能捕捉到的。所以，一个好老师还要善于创造教育时机。比如，我注意到小雅同学特别爱看武侠言情类小说，我把握时机把班里“板报主编”的“大权”郑重其事地交给她，让她知道有选择性地看一些有益书籍，不动声色的教育使得小雅那一年竟在全国作文比赛中获得一等奖。

教育的最高境界就是无形，看似无形，却润物无声。教师既是学问之师，又是品行之师。师爱要有德，以德树人，以德立人，以德修身，以德施教，让学生在潜移默化中受感染，时时进步，日日提高。这得从一个烟头说起。

那是一个冬天的早晨，我早早来到学生宿舍，不经意间看到地上有一个烟头，一下子愣住了。再三盘问，始终没有人肯站出来承认抽了烟。盛怒之下，我没有控制住自己的火气，使出了当时我认为最狠的一招“停课反省，叫家长”！从那以后，我没有见到过烟头，但他们再也不到我办公室里来了，看见我也躲得远远的，上课也不如以前活跃了，学习成绩大不如以前，甚至有个孩子还想辍学打工！我急了，跑到他家里，细心耐心地做思想工作，终于说服了那个孩子，他还说出了一个小秘密：“其实我吸烟还是跟您学的。”我心里一惊，反思自己，其实平时并不抽烟，偶尔抽一支还比较注意场合，可还是不知道什么时候被学生看见了。于是我心一横：我开始戒烟。两年后，原本想辍学的那个学生考上了河北师范大学，现在已是光荣的人民教师了，他给我写信说“王老师，您身教重于言教，言行一致、说到做到的师德感染了我，促使我成功，谢谢您！”一个烟头，可能是引导孩子学坏的导火索，也可以是教育孩子学好的火花塞！

教育无小事，事事是教育；教育无小节，节节当楷模。三十九年的教师生涯，我认为做教师就要用心：用心捕捉和创造教育时机，抓住学生的闪光点，走进学生的内心世界；用心追求高尚师德、高强师能、高超师艺；用心尊重每一个学生的特质，挖掘每一个学生的潜质，培养每一个学生的品质。正是这样的理念，才使我把一批又一批的学生送上了健康成长的幸福之路！在乡镇、县城教了十年初中，连送了8届毕业生，获得了中考成绩“八连冠”，在县城、省城教了十年高中，连送了4届毕业生，高考成绩连创新纪录，在河北师大外国语学院兼任十年硕士生导师，课堂教学成效颇受好评。因此，先后被评为河北省优秀园丁、河北省特级教师、全国教育系统劳动模范、全国优秀教育工作者、全国五一劳动奖章获得者，2000年9月，被评选为全国优秀教师师德报告团成员，在北京人民大会堂受到李岚清、陈至立等党和国家领导人的亲切接见，先后赴北京、福州、厦门、宁波、上海、杭州、武汉、西安、哈尔滨等地做了为期一个月的师德报告，在全国教育界引起了强烈反响！

执守初心，多元发展

做教育就是要做学生的引路人，做学生学习知识的引路人，做学生锤炼品格的引路人，做学生健康成长的引路人，做学生多元发展的引路人。三十九年来，我一直用心做教师，做“四有”好老师，为每一名学生架起了成功桥梁，让每一名学生实现自己的幸福朝向。

2008年，我成为六中校长后，就提出“对民族的美好未来负责，为学生的幸福人生奠基”的办学宗旨，也是我们的育人方向。尽管已是一校之长，但我还是俯身一线，率先垂范，坚持学习，不断修炼。多年来，我一直坚持学习、工作同频共振。我常年订阅多种学习读物，紧跟时代步伐，把握教育脉搏，扎实专业知识，提升专业素养；我还积极参加各种国内外学习培训，先后两次赴美国学习，多次赴北京、上海、天津、广州、杭州、西安、成都等地学习，每年撰写学术论文、读书笔记5万字，每年听课100多节，汲取先进理念，拓宽教育视野，积聚有益经验，提升育人效能，连续十年兼任着河北师范大学外国语学院硕士生导师及河北省高级教师、特级教师评委，2018年5月，又被聘任为国家教材委员会专家委员会委员，受到教育部陈宝生部长接见，2020年底，又被遴选为首届教育部基础教育英语教学指导委员会专家委员。

我始终坚持用好“四面镜子”：一是拥有望远镜。端正办学思想，确立办学特色，做好顶层设计，全面贯彻党的教育方针：肯定前任、干好在任、传承下任，代代相传，行稳致远。二是善用显微镜。学校工作千头万绪，大事难事都需处理。所以，作为初高中兼有、文理艺并存、音体美俱全且拥有60个教学班、3000多名师生的省示范性高中、省艺术特色学校的校长，我不敢有丝毫懈怠，时刻把师生放在心上，把责任扛在肩上，把要求讲在嘴上，把落实抓在手上；时时事事处处都多长一只眼睛，多长一只耳朵，多动一些脑筋，善用显微镜，把任何问题都要抓小、抓早，防微杜渐，确保安全。三是多用放大镜。校长每天面对的人群纷繁复杂，既要安内又要平外，既讲原则又得灵活。所以，我总是把每个管理和教育对象的优点放大，用其闪光点攻克其缺点，做到敢碰硬、不硬碰，走直路、拐活弯，真着急、假生气。凝聚向上的力量，铺平向前的道路，筑牢向善的根基，成就向好的事业。四是常照平面镜。三十九年的教坛生涯中，两年副主任、四年主任、三年副校长、十年校长、三年校长兼书记的经历告知我，我永远是一名人民教师，永远是一名园丁！我始终没有离开过也舍不得离开教学一线！当我忘记是谁的时候，我便照照平面镜，还原本真，不忘初心！

当然，在新时代背景下，我们必须坚定全面育人信念，为每一名学生架起成功的桥梁，让每一名学生实现人生的幸福朝向！“教育不能搞世界杯，教育要办奥运会”，教育不能搞单项比拼，我们六中教育的奥运会，就是琴棋书画球，吹拉弹唱舞，培养多元化，多样化，特色化、全方位的人才；“教育不能用催长剂，教育要施复合肥”，就是要尊重学生的个性发展和成长规律，不能拔苗助长，急功近利；“教育不能忘主旋律，教育要奏交响曲。”学生思维的培养是逻辑思维与形象思维的和谐统一；学生的发展不仅仅是某方面的专、精、尖，更应该是全身心的博、广、善。我们六中是要培养德艺双馨、文艺兼优的学生，近几年来数以千计的学生以合格加特长的优异成绩步入了清华大学、中央美术学院、中国美术学院、中央音乐学院、中国音乐学院、中央戏剧学院、中国戏曲学院、中央民族大学、中国传媒大学等全国名牌高校；学校先后被评为“全国学校艺术教育先进单位”、“中华传统美德教育先进单位”、“全国青少年校园足球特色校”、“河北省艺术特色高中样本校”、“河北省素质教育先进学校”。

念初心，回望来途，堪言山高路坎，沥血挥汗，终无悔憾；担使命，瞻看前路，直迎惊涛骇浪，高树云帆，一往无前！

用文化“根”铸发展“魂”

河北省邢台市柏乡县第二中学　白东霞　魏世杰

校园文化是一所学校的“根”，它既是学校的精神符号，也是学校发展最核心的动力。作为一所年轻的现代化学校，应该选择怎样的文化内涵，才能脱颖而出，实现高质量发展呢？

河北省邢台市柏乡县第二中学（简称“柏乡二中”）从办学历史、地域文化、价值观体系、办学理念、风尚体系、育人环境等多个角度给出了自己的回答。

探寻办学足迹

2012年，在激烈的教育竞争和县域教育大调整中，柏乡二中应势而生。

建校之初，施工还在继续，遍地的建筑垃圾，到处都是坑洼泥泞……凭着“办法总比困难多”的坚定信念和满腔赤诚，二中人自力更生，团结一心，在开学前的70多个日夜里扎根学校，制定规章制度、办学理念、办学目标、“三风一训”、校徽设计、宣传招生、铺路、清杂、安桌椅、抬床铺、栽花种树……9月，“二中之家”　终于开始了同舟共济的教育之旅。

这段创业史奠定了柏乡二中“勇于拼搏、甘于奉献”的优良作风和“敢为天下先”的开拓创新精神。

深挖地域文化

柏乡被誉为“中国汉牡丹文化之乡”，闻名遐迩、蜚声海内外的汉牡丹正是柏乡的文化象征。千百年来，柏乡人民一直在这块土地上繁衍生息，书写了“可歌可泣”的历史故事，创造了灿烂的汉文化和汉牡丹文化。

柏乡二中是一所新建学校，无文化积淀。经过反复研讨，学校确立了以地域特色的汉牡丹文化为学校特色文化建设的思想，并组织“学校文化创建团队”深挖汉牡丹文化内涵，建立以汉牡丹品质——“冠、雅、奇、和、梦”为核心元素的汉牡丹特色文化，引领学校高品质、内涵式、特色化发展。

构建价值观体系

现代学校已经进入到一个新的发展时代，唯有通过提升组织活力和凝聚力才能实现学校的可持续的内涵式发展。在实现学校内涵式发展的过程中，二中人认为，打造作为组织灵魂的学校文化是一个极为重要的方面，而价值观建设又是重中之重。

核心价值观：“冠、雅、奇、和、梦”五大元素，既相对独立又相辅相成，既相互促进又和谐统一。梦是家国情怀，和为身心和谐，奇乃创新智慧，雅显美德风范，冠为国际视野，共同构成了学校特有的核心价值观体系。

教师观：教师要做“育花有道的好园丁”。学校坚持“立德树人”根本任务，要求教师首先要有良好的师德，其次要有培养人的师能，最终要奉献师爱、铸就师魂。

学生观：学生是潜力无穷而又尚显娇弱稚嫩的花朵，不同天赋和个性特征的学生就是姿态各异、潜质不同的奇花异卉，必须坚持因材施教、百花齐放的教育，共同描绘祖国未来的美好春天。

管理观：花儿会生长，花儿需呵护。学校管理既要体现“生长”——学生自育、自学、自我管理，又需要“修枝剪叶”——严格的监督和管理。学校要坚持文化育人，以“质量为本，健康发展”为原则，努力提高管理水平，创建教师幸福工作、学生快乐学习的乐园。

凝练办学理念

办学理念是学校办学的出发点，具有明确的价值取向，体现着学校的办学宗旨和目标等。柏乡二中扎根历史，立足现实，着眼未来，凝练了“以人为本，打造阳光校园，奠基幸福人生”的办学理念。

“以人为本”，是科学发展观的核心。学校坚持把以人为本作为发展的最高价值取向，把促进人的全面发展作为根本出发点。

“打造阳光校园”，用爱的艺术和智慧去创造公平、有序、安全的氛围，为学生创造和谐发展的阳光校园，培养“举止文明、体魄强健、心态阳光”的一代新人。

“奠基幸福人生”，这是教育目的——力争使每个孩子养成良好习惯，具备扎实学识和优秀品格。学校通过“学科教学渗透、设计主题活动和学生个人实践”开展初中生涯规划课程，让学生学会认识自我并悦纳自我、自治自育、自我生涯规划，为学生幸福人生奠定基础。

提炼风尚体系

“三风”作为一把标尺，不但是一所学校办学思想的集中体现，而且是其文化积淀的具体体现，是学校品牌和形象的象征。柏乡二中的“三风”建设，展示着一群又一群的师生励精图治、开创未来、追求光明前景的坚定信念。

校风：风清气正、心齐事成。出自习近平总书记在党的群众路线教育实践活动总结大会上的讲话“风清则气正，气正则心齐，心齐则事成”。“风清气正”是凝聚力，强调奉献担当；“心齐事成”是共同理想、团队精神，强调团结合作。

教风：德艺双修、立己达人。“德艺双修”出自《国语·周语》的“其德足以昭其馨香”，形容人的德行和技艺都具有良好的声誉。这要求教师不仅要持之以恒地修习，提高教育教学水平，还要坚持做到为人师表，加强师德修养，让学生又敬又爱。“立己达人”出自《论语·雍也》“夫仁者，己欲立而立人，己欲达而达人”，意为为仁的人一定是自己要站稳，也要让别人站稳，自己要腾达，也要让别人腾达。这对教师提出了明确的自育及育人目标，不仅要成就自我，更要帮助学生成才成功。

学风：德才兼备、全面发展。这要求学生品德和才能都要好，既重科学文化素养和特长能力培养，更重习惯养成、立德树人。

优化育人环境

健康优雅的校园环境文化能彰显教育的无穷魅力，在潜移默化中滋润学生心田。柏乡二中以打造省市名校为目标，高起点定位，高标准设计，严要求落实，切实做到统一规划与个性化设计相结合，做到“校园无闲处，处处皆文化”。

学校组织教师以史事典故、经典古诗文、柏乡名人故事为内容，设计制作了集“汉代文化、汉牡丹文化、中国传统文化”为一体的汉牡丹文化墙；根据汉牡丹特色文化五要素把整个校园划分为五个主题文化区，给每个区域的亭台楼阁冠以名称，分别为其教育功能定位，使之相辅相成；编写二中德育校本教材，以《中小学德育大纲》为依据，以“阳光大课间活动”为抓手，以“心理健康活动”为载体，分年级、分阶段开展德育教育工作……结合文化定位，学校坚持建设“花园式”学校，打造“书香校园”，努力形成“安全有序、阳光向上、温馨和谐”的育人环境，真正做到“时时育人、处处育人”。

披荆斩棘方为拓，迎风破浪正当时。柏乡二中人将继续创造条件，建设更加丰富生动的校园文化，为造就时代的栋梁之材提供更加优质的养料。

夯实养成教育，精耕细作引领成长

河北省雄县朱各庄镇第一小学 李卫东

行为习惯养成教育是学生基本素养和关键能力形成的重要途径，是培育和践行社会主义核心价值观的重要抓手。近年来，我校始终秉承“播种一个习惯，收获一种美德”的办学理念， 着眼于学生的发展需要，多方面注重学生养成教育；倡导“慧学绘行汇成长”的育人目标；紧紧围绕“三风一训”建设，朝着“环境优美、管理有序、质量优良、特色鲜明”的办学方向前进，积极营造良好的育人环境，力求让每个孩子得到最好的发展，让每个教师实现最优的价值，让每个家庭享有最大的幸福。

一、探索“慧学”课程，打亮学校发展底色

为促进学生全面发展、学有所长，我校尝试构建了多元课程体系——“慧学”课程，分三个层面实施，依托养成教育，对现有国家课程、地方课程和学校开发的个性化课程进行整合、拓展、改编、再创造，力求学生的培养目标靠课程去体现，靠课程去实现，以期实现学校的办学理念和育人目标。

第一个层面的“慧学”课程，主要以基础性课程为主，满足学生全面发展，体现国家对公民素质的最基本要求。实施过程中我们严格执行课程标准、规范教学常规，开全课程、开足课时，积极创设自主、合作、探究的教学模式，培养学生自主学习、主动探究、合作交流的学习能力。

第二个层面的“绘行”课程以丰富性课程为主，注重学生的自主发展，以培育学生的主体意识、完善学生的认知结构、提高学生自我规划和自主选择能力为宗旨，着眼于培养、激发学生的兴趣爱好，开发学生的潜能，促进学校办学特色的形成。

第三个层面的“汇成长”课程为发展性课程，以此满足不同兴趣学生的个性发展。如整合社会资源开设主题式综合实践课，每周用一课时来实施，把社会变成我们的课堂，让孩子们参与大量的社会实践，帮助每一个孩子挖掘自身潜力，学有所长，同时搭建综合实践平台，提升学生的综合素养和实践能力。

在课程建设中，我们主张教师“1+X”培养模式，所有教师除讲授国家课程外，还要为学生提供一门自主课程，比如主题式阅读课、空竹、围棋、羽毛球、手工……以促进教师综合多元发展。

二、落实校本研修，提升教师专业素质

针对教师专业发展，我校实行师带徒、徒拜师学艺的“同伴互助”教师专业发展方案，形成老教师带新入职教师、课改示范教师带优秀教师、卓越教师带骨干教师的三级互助机制，落实“一、二、三、五”人才工程计划。即：一年成长（成为优秀教师）；二年胜任（成为学校与家长满意的骨干教师）；三年示范（成为在县域内业绩突出的示范教师）；五年卓越（成为省、市、县域外有影响力的卓越教师）。

为了让全校教师人人参与新课程改革，能把先进的教育理念尽快应用到教学实践中，研训处积极落实听课、评课、说课、研讨等活动，学期初以教研组为单位，把上展示课的教师及教研活动安排提前公布，让教师充足的做好准备，带着问题听评课，引导教师紧紧围绕“学生参与度高、参与面广、自主学习时间长、教师有效地指导点拨”四个方面进行评价，及时发现课堂中存在的问题，分析课堂教学的现状并对其进行会诊，分析制约课堂教学的因素，现场进行点评，并跟进指导。

近两年我校教师分别到北京、重庆、石家庄、成都等地参加上级组织的各类培训达30人次，选派教师参加上级组织的优质课评比、教学基本功、教学观摩、研讨达22人次，教师们带着困惑出去，满载收获而归。学校要求每个外出学习的教师回校后及时开展二级培训，以公开课、专题讲座、培训小结等形式汇报学习内容，实现全体教师资源共享、共同提高。

我们还邀请县教研员来学校给教师们传经送宝，深入学生课堂把脉问诊、释疑解惑，让教师们不出校门就可以接受到先进教学理念，得到全方位的指导和点拨。

三、深化养成教育，夯实学校发展根基

学校提出“播种一个习惯，收获一种美德”的办学理念，旨在培养一种精神促使学生自我意识的觉醒；建立一种仪式感促使学生德行修养得以提高；进而由内到外、以点带面，促进校风、学风的改变。

环境熏陶，培养行为习惯。学校克服种种困难，大力筹措资金，加大校园环境改造力度，使校园中每一处景点，都成为一种思想的传递，一种文化的表达，让一草一木能传情、一砖一瓦能说话、一墙一壁能育人，发挥校园文化凝聚人心、愉悦身心、传承善心、传递爱心的育人功能，让师生在环境熏陶中学会做人、学会做事、学会学习、学会生活，真正实现润物无声、教育无痕的效果。

制度约束，促进自主管理。我们坚持把学习、生活习惯细化为一项项具体的事情，并切实落实到每个学生身上，每学期开学第一周，以四年级新合并学生和一年级新生入校为契机，加强学生入学教育，利用学生入校离校、早操、课间操进行为期两周的入校礼仪、队列整训活动。把每周一升旗仪式，作为爱国主义和理想信念教育的必修课，并长期坚持。通过周会、班会等形式组织学生学习《小学生守则》《小学生日常行为规范》《学生安全管理制度》，规范学生的日常行为。

学校出台《师生在校一日常规》，对每天升旗、大课间、卫生、纪律、上下学进出校门、教师值班、上下楼梯、教师课堂教学等方面都做出明确要求，使师生有章可循，有据可依。同时建立小组捆绑评价为基础的班级量化管理模式，形成班班有人管，组组有人查，人人约束不良行为的氛围。另外加大学校督查力度，做到日日有检查，周周有总结，发现问题及时纠正。

活动参与，引领多元成长。学校坚持“慧学绘行汇成长”的育人目标，教导学生智慧学习，引领学生描绘绚丽人生路，汇集德、智、体、美、劳多元化成长历程，不求事事皆成功，只求天天能成长。

学期初开展“从小事做起，俯身拾垃圾”、“入校不跑，入室不吵”和“小书包，大形象”等内容丰富的养成教育活动，规范学生的行为习惯。利用春节、元宵节、清明节、端午节、中秋节、重阳节等中华传统节日，开展介绍节日历史渊源、精神内涵、文化习俗的校园文化活动，增强传统节日的体验感和文化感；利用植树节、劳动节、青年节、儿童节、教师节、国庆节集中开展爱党爱国、民族团结、热爱劳动、尊师重教、爱护环境的主题教育活动；利用学雷锋纪念日、建党纪念日、烈士纪念日、国家公祭日等重要纪念日，以及地球日、环境日、国家安全教育日，设计开展相关主题教育活动。鼓励学生参与校园卫生、课间纪律、安全意识等项目的检查，全权负责安排体育节、读书节等大型活动。

为学生建立多元化评价机制，把高效课堂、德育主题活动融入其中，采用规范化的评价流程、多元化的评价主体，以自评、组评、师评、互评、家长评等方式，结合定量评价和定性评价，对学生日常言行举止进行客观公正的评价。

四、强化质量意识，带动学校品牌发展

教学质量管理的关键是管理教师的“教”。我们以“六个认真”为抓手，提倡教师认真备课、认真上课、认真及时批改作业、认真个别辅导、认真组织测试、认真进行质量分析。

为了把六个认真落到实处，我们坚持抓好“反馈调节”这个管理的关键环节。深入了解和掌握师生教学活动的实际情况，做好指导、检查、督促工作，再根据实际情况进行“调整”，即对计划、措施做必要的修正、补充，使教学活动既按原定轨道与目标前进，又能适应已起了变化的客观实际。同时，要求领导班子成员要成为执行“六个认真”的楷模，不但全员兼课，而且每周参加自己所负责教研组的集体教研活动，每周至少听评课两节，及时推广教师的优秀做法，发现问题及时帮扶整改。

以新课程理念为指导，通过教师基本功大比武活动，以比促学：进一步更新教师教学理念，适应新课程需要，提高教师教学水平和综合素质，不断提升课堂教学质量；以比带训：将校本培训推向纵深，积极开展教师间的相互质疑、相互探讨、相互沟通，促进教师群体共同进步；以比择优：将一批在教学中全面适应新课程改革、效果明显的各层次各学科教师，培养成一支具有示范引领作用的专业指导团队。

几年来，在全体教师的共同努力下，我校教师队伍的凝聚力、战斗力、奉献精神一直被兄弟学校羡慕，学校综合成绩在我中心校一直遥遥领先，作为窗口学校多次代表朱各庄镇参与县教学教研、德育安全等多项评估活动，总评成绩均名列前茅。学校被评为教育教学先进单位、雄县课改示范学校、保定市安全稳定工作先进集体，保定市师德建设先进单位，保定市学校劳动实践场所建设达标单位，保定市优秀少先队集体、雄安新区规范化学校等荣誉称号。

站在新的历史起点，我校将继续认真落实“凝练养成教育理念，引领师生共同成长”这一奋斗目标，把功夫下在学校目标的制定上，把温情洒在师生的共同成长上，把汗水流在理念文化的创建上，把真心用在学校的内涵发展上。以质量立校，以课程强校，以理念兴校。充分挖掘学校的办学优势，团结进取，奋力拼搏，实现学校的跨越式发展。

传承裕禄精神　凝聚发展正能量

——兰考县裕禄小学践行焦裕禄精神系列活动

河南省开封市兰考县裕禄小学　李克英　郑艳艳　李琳　李艳红　孟飞

在开封大地，矗立在亿万百姓心中。兰考县裕禄小学就是1994年河南省委、省政府在兰考现场办公会上决定以“县委书记的榜样”——焦裕禄的名字命名的一所公办小学。多年来，学校在各级党委政府的正确领导下，在兰考县教体局的指导下，紧紧围绕“发扬裕禄精神，全面提高办学水平，打造兰考特色学校”这一中心任务，坚决把传承和弘扬焦裕禄精神作为永恒课题，扎实开展一系列卓有成效的实践活动，让焦裕禄精神渗透在教育教学和日常生活之中，使焦裕禄精神一棒接一棒、一代接一代传下去。

在党建中渗透裕禄精神

焦裕禄同志是在社会主义建设时期涌现出来的党的优秀领导干部，焦裕禄精神代表着党员领导干部在社会主义伟大实践中所秉持的精神信仰、所践行的优良作风，是引领广大党员干部全心全意为人民服务的不朽精神旗帜。在兰考县教育体育局党委的领导下，兰考县裕禄小学13名党员充分发挥其政治核心作用，将亲民爱民、艰苦奋斗、科学求实、迎难而上、无私奉献的焦裕禄精神融合至学校党建活动中，以“三会一课”和“固定党日”为抓手，严格“四讲四有”标准，扎实开展“两学一做”活动，号召全体党员、广大教师“树党员形象，做‘四有教师’，促全面发展”，不断加强党的堡垒建设，加强党对教育事业的引领作用，全面贯彻党的教育方针，办人民满意的教育。

党员教师利用空闲时间帮扶留守儿童、学困儿童和孤儿，关心他们的学习和生活；疫情期间，开展“停课不停学”活动，在教务处及时统计和了解学生网课收听情况后，由领导和党员干部亲自为无设备、不能参加网课学习的学生送上教科书；随着复工复产时机的到来，多数学生又成了留守儿童，网上学习无人监管，多名党员便开启了钉钉直播为学生解惑答疑以及一对一线上辅导……此类活动，把焦裕禄精神融入广大党员教师及干部心中，在以后的教育教学工作中定会进一步增强“四个意识”，坚定“四个自信”，不忘初心，努力奋进，更好地做好各项工作，努力办好人民满意的教育。

在校园文化中渗透裕禄精神

校园文化根植于传统文化，而红色文化又是传统文化的重要组成部分。兰考县裕禄小学勇担传播裕禄精神的时代使命，紧扣“立德树人”根本任务，在校园文化建设中充分融入裕禄故事、裕禄精神等相关元素，将裕禄精神牢牢刻在学生们的心灵深处，融入他们的血脉里。

学校精心设计校园文化环境，一走进学校，首先看到的是好书记焦裕禄的生平事迹，往里走是习近平总书记所概括的焦裕禄精神，再往里走便是文化长廊，且每个教学楼道里到处可见经典诗句，让广大师生每天都可以读经典、品精神；设立雏鹰广播站，让师生聆听美妙的声音，从而更近地品味裕禄精神；整编校本教材《焦裕禄的故事》，分别从奋斗历程、伟大精神和传承弘扬焦裕禄精神的具体做法三个方面介绍焦裕禄同志的事迹和焦裕禄精神，让每位学生更深入地了解焦裕禄精神，进而传承焦裕禄精神。

在多元活动中渗透裕禄精神

活动是传承和发展焦裕禄精神的生命力所在，离开了实践体验活动，焦裕禄精神也就失去了载体和活力。兰考县裕禄小学坚持把弘扬焦裕禄精神与多元活动相结合，不断创新活动形式、丰富活动载体、拓展活动领域，引导广大学生学习并感受焦裕禄的感人事迹，激发他们的光荣感、使命感和责任感。

成立裕禄宣讲团。每个班各成立一个宣讲团，宣讲团成员用生动的语言讲述了焦裕禄同志的简介、苦难童年、成长历程和工作经历等方面的内容，既锻炼了孩子们的表达能力，又把焦裕禄精神切实融入教书育人的实践中去，让孩子们从小在心里埋下裕禄精神的种子，争做焦裕禄精神的传承者。

实地参观红色教育基地。学校组织学生参观焦桐公园，瞻仰焦裕禄同志亲手种下的泡桐树，并在老师的讲解下了解焦书记带领全县人民种植泡桐树力战风沙、盐碱、沙丘的英明决策和决心。清明期间，组织党员干部、教师及学生到焦裕禄烈士陵园祭奠革命先贤，开展廉洁文化和革命传统教育，进一步增强了严格遵守党纪党规的自觉性。党员教师重温入党誓词，进一步强调发挥党员先锋模范作用，争做学科带头人，立足本职岗位，按照习近平总书记的要求做“有理想信念、有道德情操、有扎实学识、有仁爱之心”的四有好老师。少先队员重温入队誓词，参观焦裕禄烈士纪念馆，了解焦裕禄同志的生平、战斗经历和工作事迹，涤荡学生的心灵。

开展少先队主题队会。学校利用周一国旗下讲话、黑板报、主题班会等形式，大力弘扬焦裕禄书记的好思想、好品德、好作风，让焦裕禄精神代代传承。

开展“五星少年”评比。学校以培养“有理想、有道德、有文化、有纪律”的“四有少年”为目标，特开展“文明之星”、“学习之星”、“感恩之星”、“科技之星”、“才艺之星”的“五星少年”评比活动，以焦裕禄同志为学习的榜样，切实提高自身修养、树立良好作风。

瞻仰英姿，追思英魂。“焦裕禄同志是我们永远学习的好榜样”，兰考县裕禄小学将始终牢记初心、不忘使命，坚持用焦裕禄精神武装师生的思想，不断加深师生对焦裕禄精神的理解，从而真正把焦裕禄精神融入自己的教学和生活之中，从而书写出新时代更加出彩的新篇章。

在秀实教育中放飞科技梦

——谈汝阳县第五实验小学科技教育

河南省洛阳市汝阳县第五实验小学　林孝伟

汝阳县第五实验小学位于汝阳县杜鹃大道西段，兴荣路西侧，交通便利，钟灵毓秀，是一所县政府倾力打造的现代化学校。总占地面积26312.24平方米，　总建筑面积11330平方米。学校设有48个教学班，学生2160人。教职工113人。校园布局合理，区域分明，教学楼掩映在绿树丛中，环境优雅宜人。功能室按照标准配备，多功能报告厅、书法教室、录播教室、创客教室等特色教室一应俱全。是“河南省数字化校园标杆校”、“洛阳市学校管理先进学校”、“洛阳市足球特色学校”、“洛阳市平安校园”。随着科技兴国精神理念的不断深化，在教育教学中，我校顺应社会发展趋势，创新性地提出了“科技兴学”的教学理念。以下，我浅谈一下我校开展的科学文化教育。

一、以“秀实教育”精神进行科学文化教育

学校秉承“让学校成为孩子们吐露芳华的园地”的办学目标，以“秀实教育”为办学理念，追求“春华秋实，秀美生命”的教育理想。坚持种子的学生观，要为每一粒种子创造开花结果的幸福体验，让每一粒种子充分体验成长的快乐，经历春芽夏芳秋实冬蕴，最终结出丰硕果实。重视四季主题的运用，把讲好四季故事作为教育主题：春天故事的主题是——播种梦想；夏天故事的主题是——绽放梦想；秋天故事的主题是——实现梦想；冬天故事的主题是——升华梦想。强调“美美与共，天下大同”的和秀精神，以打造“和美”教师团队，培养“秀美”阳光少年为抓手，提出“六个一”的学生素养标准：养成一个好品行、养成一个好习惯、会写一笔好字、会写一篇好文章、会一项艺术技能、会一项体育技能。大力实施秀实教育，打造　“七秀六实”教学体系，构建“六正五立”德育体系。

为加强中小学科技教育，落实十九大“创新驱动，放飞科技强国梦想”，汝阳县第五实验小学结合学校可持续发展规划和科学课程标准，确立了科学文化特色建设的整体工作目标，致力于科学特色文化建设，开启科学特色文化校园的打造。旨在培养学生不断探求知识，独立思考，勇于创造的科学精神；引领教师关注科学素养，丰富科学文化教育内涵，培养学生的科学思维意识；拓展育人环境，着眼科学文化素养提高，建设科学教学制度化、科学氛围浓郁化、科学活动常态化的科学文化特色校园。

二、着力打造具有科学概念精神的校园硬件环境

目前学校已经形成了　“一楼一廊两翼”的科学化校园格局。

首先，秋实楼是我校专门的科教辅助楼，投入200多万设置了科学实验室、科学仪器室、创客教室、编程教室、3D教室五个设备丰富、建设规范的科教辅助用室。各室装饰有浓郁科学文化氛围，每楼层布置了　“科普书吧”。漫步秋实楼，仿佛走进丰富的科学殿堂。

其次，“科技长廊”是我校集中打造科学主题景点。长廊里的吊牌文化、廊柱文化都是　结合古今中外的科学家的名人名言、科学知识进行布置的。学生们在课余时间，徜徉廊中，感受到浓浓的科学味。

再次，“两翼”校内环境与校外基地。校园文化是一种隐性课程，对学生的成长起着潜移默化的作用。每一面墙壁，每一个画廊，每一块展板，每一处楼道，每一处园景我们都围绕科学文化进行精心布置，追求环境育人、文化育人的良好效果。　精心打造班级的文化，我们以科学为主题的黑板报每月更换一次，班级的图书角定期更换科普书籍，课外活动时组织学生阅读。学校在柏树、上店镇建设了学生活动基地，主要是以种植蔬菜、瓜果为主。每个季节都会组织学生去参观、学习、动手实践，使学生走进田间，亲近自然，了解科学知识。

三、构建与科技化硬件环境相对应的课程文化

(一) 创新科学教育操作模式，“五个一”科学教育模式

具体为：每天一条科学小知识（每天，每班，常态化推送一条科学小知识）；每周开设一组科学课（按照课表上好一节科学课、一节素养课）；每月进行一次科学活动（内容　包括参观科教基地、科技进

校园、开设科普讲座等）；每学期组织一次科技知识竞赛；每学年开展一次科学知识考核，评选科技小标兵。我们还形成了一套科学使用的评价体系。我们将科学考核纳入师生教学考核，形成了 “三个五”的科学教育评价体系。

评价管理做到“五个有”：科学教育有规划，科学教育有制度，科学教育进课表，科学教育有检查，科学教育有考核；

评价内容做到“五个一”：每天写一条科学名言警句，每周讲一个科学小故事，每月看一本科普读物，每学期至少参加一次校外实践活动，每学年至少做一件有技术含量的科技小制作；

评价形式做到“五个展”：科学实践操作展示，科学作品鉴定展示，科学知识竞赛展示，科学标兵评比展示，科学主题演出展示。科学教育评价采用自评、互评和师评相结合的形式进行，坚持学生过程性评价与发展性评价相结合的原则，实现了评价主体多元化，评价手段多样化，评价形式过程化。

（二）与中国青少年科技素养提升计划携手推出素养课程

通过征求科学教师的意见，并结合学校实际情况，我们最终确定每周上一节科技素养课，每两周完成一个实验，每两个月进行一次成果展示，并且定期组织老师进行线上线下培训。随着项目的推进，青少年科技素养项目组给我们学校资助了一大批的科学实验包，让学生把AI带回家，同父母度过一起度过有科学内涵的美好时光。

为了激发学生对科学由衷的热爱，让学生多了解，我们跟随科技素养提升计划项目组的脚步参与各种科学活动：2020年春节突如其来的疫情，我们积极响应“为你加油，未来有我”的抗疫号召，隔空组织学生用绘画，视频等形式为祖国加油，为白衣天使加油。植树节，组织学生种下一株绿植，陪伴他们一起成长。地球日，组织学生制作“生态瓶”，初步了解大自然的生态系统。航天日，组织学生制作“飞机火箭”，在孩子们幼小的心里立下探索宇宙的鸿鹄之志。

四、“科技兴学”初见成果，成绩斐然

学校以班级为单位，学生全员参与科学文化活动，针对学生不同的年龄特点，分别提出不同的要求。积极参加各项科学活动和比赛；举行学校科技节、选拔学校优秀的科技辅导员，保障资金投入、师资上配备；科学兴趣小组活动特别强调立意新颖、形式 多样。航模、创客、机器人等极大地激发了我校师生参与科学研究的兴趣与热情；针对性地开展了 “五个一”活动，即每人做一件科技小制作，画一张科幻画，讲一个科幻故事，读一本科普书刊、演示一个科学小实验。内容和形式贴近学生生活，吸引了很多的学生、越来越多的学生家长也参与了进来，“学科学、爱科学、讲科学、用科学”在我校已蔚然成风。

学校的科学取得了一定的成绩，并得到认可，2019年底，学校被选中参加了在深圳平安大厦举行的关心下一代青少年基金会举行的年度总结大会，会议有顾秀莲副委员长参加，校长林孝伟作为2000多名学校的唯一代表在大会上发言。学校与深圳龙华区第二实验学校，深圳东方英文书院成为结对帮扶学校。一年来，学校被授予“中国科学素养提升项目平安智慧校园”，一名教师申报成功中国希望乡村科技教师支持计划，一年有活动经费4万元，同时学校申报为“中国科学素养提升样板校”，在全国2000多所学校中仅有的12所之一，每年由中国青少年关心青少年下一代基金会提供25万元的资金设备支持。

在“科技兴学”教学精神的指引下，我校的科学文化教育体系不断完善优化，彰显科技内涵的硬件环境，更是实现了学生与科学的近距离“体感”体验和学习。

科技梦想在“秀实教育”中放飞。我校以“人为本，重品质”的管理文化，“法自然，陶性情”的环境文化，“有美度，新而成”的教师文化，“秀自秀，实打实”的学生文化，“重灵动，倡共生”的课堂文化，“生为本，启自能”的课程文化，打造出春华秋实，秀美灵动的五小。

打造科艺双馨品牌，为教育注入科技动能

河南省洛阳市汝阳县上店镇下店小学 张豪誉

少年智则国智，少年承载着祖国的希望，担负着科技强国的重任。作为未来科技人才的摇篮，学校是科学创新的发源地，科技节就是少年们梦想的舞台。为响应国家建设创新科技人才强国号召，进一步提升中小学生科学素养，普及科学教育，培养科技创新精神和求知探索意识，激发孩子们爱科学、学科学、用科学的热情，我校以打造“科艺双馨”为特色品牌，开展“书香校园”活动，全面推进学校内涵发展，全面提高教育质量，创办乡村优质特色学校，提升农村孩子学习素养。

一、科艺双馨，共促乡村教育发展

我校一所朴实无华的农村小学，她没有诗一般的校园，却承载着生活在这片沃土上父老乡亲的希望。这里承传着辛勤园丁光华璀璨的智慧和躬耕教坛的理想。这里激荡着“以美立校”的追求和“扬美树人”的情怀。通过建构“以美养德、以美启智、以美促行、以美健体”的小学教育模式。

剪纸是中华非物质文化遗产，组建剪纸社团开展剪纸活动，经过两年的努力，我校学生的剪纸已初具规模与成效，形成了五大系列作品《十二生肖》《五十六个民族一家亲》《社会主义核心价值观》《中华二十四孝》《二十四节气》《抗疫》《廉洁》《脸谱》系列作品等，传承了非物质文化遗产，开发了学生的特长，培养了学生的耐心、认真与专注力，更重要的是学生的品德得到了良好的熏陶与养成。

科技是第一生产力。我校学生的科技作品受到了大家的一致肯定。2020年10月23日，河南省汝阳县第五届“平安杯”中小学科技节活动在汝阳县外国语小学圆满举行。在此次科技节举办前期，全县80%近160所小学积极开展校科技节活动，展示学生们的科技作品，通过课堂成果，竞赛比拼等形式，将科技节活动落实到每位在校生，并通过校科技节活动，选出优秀作品，参与到此次县科技节活动的展示和竞赛环节中。

其中，来自我校孩子们的“科技新农村”作品吸引了不少目光。在学校的支持与老师的技术指导下，他们利用青少年科技素养提升课程教材与配套实验包中的实验材料，将科技农场、智能灌溉、巡逻机器人、智能家居融入作品里，还参与了2019年“我是山里娃，有个科技梦”活动。2020年科技节，孩子们觉得作品内容还不够丰富，提出改进，把3D打印笔作品融入进去，给广场打印了“埃菲尔铁塔”，又制作了地下水循环“自动灌溉系统”，受到了学生们的围观赞叹，得到了领导的好评与肯定。

二、人工智能，激活乡村教育变革

中国平安“AI不孤独”科技素养提升项目为我们下店小学送来了科学实验包与教材，让我们农村娃有机会享受科学实验，这种亲自动手获得知识，增长智慧的课堂给农村娃插上了科技的翅膀！

让乡村学校的科技教育不再孤单！乡村教师有了科技教具，学生有了学习的“科技玩具”。科学课堂上瞪大着好奇的眼睛，动手体会着科技的魅力！高年级孩子们更是感受到人工智能的神奇，特别是自动灌溉、巡线机器人让他们想象连篇。

2019年学生和老师商量想制作一个“科技新农村”，把科技农场、智能灌溉、巡逻机器人、智能家居融入新农村！辅导老师为他们的想法叫好，学校给他们提供材料支持，老师也给予技术指导，他们创意性的把太阳能电池板也加装在巡线小汽车上，让它巡逻村庄！设计了池塘、大棚、赛道、游乐场、农场等，利用课下时间经过一个星期的制作，一个漂亮科技感十足的新农村终于闪亮完工！这个《科技新农村》作品参与了2019年“我是山里娃 有个科技梦”活动，成功入选北京“科技冬令营”。

2020的科技节，孩子们觉得作品内容还不够丰富，提出改进，于是把3D打印笔作品融入进去，给巡线小汽车制作了漂亮的车篷，给广场打印了“埃菲尔铁塔”；农村少不了灌溉，又制作了地下水循环“自动灌溉系统”，同时在后山上安置了“太阳能悬空水壶”，一系列改拆重建动作后，我们的新农村科技更足了，景色也更迷人了！

2020年我们还改装了气动火箭，课堂上我们的气动火箭是利用挤压矿泉水瓶让火箭飞行，由于孩子们手臂力量不强，火箭飞行效果不佳，一次在淘宝上发现类似的脚踏气动火箭，就拍了一个回来研究，收到货后，我就和学生一起用脚踏气囊试飞，发现火箭飞行真的很高，但是脚踏这个发射器和我们实验包里的气动火箭不配套，我们的气动火箭无法发射，于是我和学生们就一起尝试用大可乐瓶子试一试，瓶子放倒，用脚猛踏，结果暴发力很强，火箭飞得很远，只是贴地飞行，无法高飞，于是我们有尝试把发射管改弯，改变发射方向，没想到没有改成直角弯的发射管居然由于踩踏瓶子，使瓶子发生向上弯曲，发射管居然在发射瞬间变成垂直向上，火箭直飞三楼房顶，虽然下落时意外掉在房顶，但火箭的高飞让孩子们欢呼不已！我也没想到居然一次成功，完全是意外之喜。再后来的尝试中发现瓶子无法平稳放置地面，瓶体是圆柱体容易偏滚，就在前面加装了平衡脚，每次发生直冲蔚蓝天空！废旧可乐瓶加上简易的改造，一个强大的气动火箭发射器诞生了，不仅开源节流，更重要的是给孩子们带来了不一样的乐趣，课间几个孩子同时发射，看谁的飞最高、谁的最直，发射的是火箭，放飞的是飞向蓝天、宇宙的梦想！

我从教二十年一直在乡村一线从事教育教学工作，2016年我辅导学生研制“自由缓降”作品在县科技节比赛中获得一等奖！2017年县科技节比赛中我辅导学生研制的“纸传乒乓”、“三级联动”再次获得一等奖，2018年我辅导学生研制“手指搬运”、“机械蠕虫”、“铁丝运球”三个项目获得县科技节比赛一等奖，2019年手指搬运代表县参与市科技节比赛获得一等奖！

在2018年我们接受了国家教育均衡创建检验，学校的科技、剪纸活动得到了国检组的肯定与好评！2019年积极申报参与中国平安“AI不孤读——科学素养提升计划”，积极在学校开展科学素养提升五大课程：“航空航天”——让乡村孩子展翅高飞；“智能制造”——让乡村孩子尽情制作；“农业科学”——让乡村孩子融入希望的田野；“人工智能”——让乡村孩子触摸奇妙的智能；“生命科学”——让乡村孩子播下人类发展的种子。这五大主题课程彰显现代科技与特色，给我们乡村学校的孩子带来的不仅是关注生活中的农具、研究含羞草，更难得的是能够学会让机器人学说话，自行设计启动火箭，让农村孩子体验最新科技的发展，让农村孩子们科技学习不再孤单。

科技创新关键在人才，学校是培养人才、普及科学知识的重要阵地。今后，我校将进一步加强科技创新教育工作，使学校形成爱科学、用科学的良好氛围，使科技成为学生梦想起航的摇篮，为学生插上科技的翅膀，让学生振翅飞上理想的蓝天。

“和融”求进取　“共美”享人生

河南省周口市淮阳县外国语实验小学　李耀文

淮阳，中国文化发祥地之一，文化积淀深厚，先贤圣人孔子曾三次讲学于此，有弦歌余韵绕梁不绝之美誉。自2003年9月创办以来，河南省周口市淮阳县外国语实验小学始终遵循教育教学发展规律，深入挖掘本土深厚文化内蕴，不断规范学校管理，确立“和融”教育思想，弘扬“和融进取”的学校精神，秉承“为学生成长奠基、为教师发展搭台、为社会进步服务”的办学宗旨，践行“夯实基础，培养习惯，启迪心智，发展个性”的办学理念，形成“博学善教，尊重差异”的良好教风和“自主合作，勤学乐学”的优良学风，全力培养有根、有志、有识、有度的具有民族精神和现代意识的优秀少年。

聚焦内涵发展，推进“和融”战略

创建“一流名校”的办学定位，需要学校坚持走“内涵发展”之路，而一所学校的内涵取决于课程的质量。新课改要求教师应是生命的牧者，而不是拉动学生的“纤夫”。为构建以学生为本、充满生命活力的课堂教学模式，淮阳县外国语实验小学从2013年开始在北京师范大学楚江亭教授的指导下，深入开展自主尝试、合作探究、分享交流、归纳提炼、练习反馈、体会质疑“六环节”课堂教学的实践和探索，至2014年12月，全校教师基本掌握了“六环节”教学的流程和方法，在教师中形成了“博学善教润无声、尊重差异扬个性”的教风，在学生中形成了“自觉自信、勤学乐学”的学风，锤炼出了一支学习型、科研型、创新型、奉献型的高素质教师队伍，为学生的健康成长奠定了坚实的基础。

在教育专家团队的指导下，淮阳外国语实验小学以中原地区特别是淮阳传统文化为基本底色，将欧美主流文化分层次、有重点地有机融入，彰显了淮阳县外国语实验小学的文化特色，体现了中西文化“和融进取”的学校核心理念，提出了具有前瞻性、感召力和一定特色的高端办学理念与文化系统。班级文化借助学校新课程改革实验的契机，通过参观学习和广泛借鉴名优学校的文化建设经验，以班级为单位，大力打造以教师教学文化、学生学习文化、师生交往文化为核心的“小组合作、自主管理”的行为制度文化。教学文化将主体性、生命性、人文性等特征渗透到学校行为文化的方方面面，教学过程从知识传授走向知识建构、从封闭走向开放，教学方法从“注入式”走向“参与式”，教师教学方式从过去的单一走向多元，师生交往文化形成了对话、合作与探究的方式。

由于课改工作开展得扎实有效，学校先后承办了全国小学数学问题解决及教师专业化发展研讨会、全国教育科学“十二五”规划教育部重点课题交流研讨会、河南省民办教育管理现场会等活动，多名教师先后应邀到北京、山东、陕西、辽宁等地讲学，展示“六环节”高效课堂的教学风采，受到了教育专家的高度认可。

凸显形象符号，打造“和融”校园

校园环境是一种有形和无形的精神氛围，弥散在师生之中，以特有的形象向师生灌输着某种观念、思想和价值倾向，更以特色的形象符号感染着学生。淮阳外国语实验小学十分重视校园环境文化建设，科学合理布局教学区、活动区、生活区等区域，营造温馨和乐的校园氛围，让每一个学生都能善其性、美其行、健其体。

漫步校园，典雅儒韵扑面而来，香樟银杏繁茂苍翠，亭台假山幽径通达。文化景观园中，精忠报国、不耻下问、闻鸡起舞等中国传统文化雕塑掩映在绿树芳草之中，牛顿、达尔文、居里夫人等世界名人塑像熏陶着孩子们的成长。置身园中，会让学生们感受到中西文化的巧妙融合，校园楼内的艺术走廊、名人名言时刻感染着学生。每个班级都创设了富有象征意义的班名、班歌、班训和班级标识、班级公约、班级愿景等，温馨的班级环境编织着师生的幸福生活和快乐时光。科学的食宿管理有利于构建和谐校园，学校建立了食宿部，实行“三级管理制度”、“家长代表观察制度”和“明厨亮灶”工程，由专职教师辅导、学生自治管理，酒店式的生活环境确保了孩子们的安全健康成长。

建设特色课程，彰显“和融”名片

课程文化是现代学校文化建设的核心内容和根本途径，有什么样的课程就有什么样的教育。为培养具有“中国根、国际范”的学生，淮阳外国语实验小学以国家课程为基础，以校本课程为依托，以英语节、艺术节、体育节、读书节为平台，把科技、艺术、体育、传统文化等有机融合在一起，形成了“和融”教育的张力。

为给孩子们打开一个五彩缤纷的世界，学校成立足球、创客、钢琴、舞蹈、书画、合唱、管乐等社团，开设数学思维、高效阅读、斯坦福英语和经典诵读等特色课程，让每个孩子都能在活动中找到学习的乐趣、体验到成功的喜悦。由于多年的坚持和积淀，“和融”课程已初具成效。学校曾获得中国青少年语文风采大赛团体金奖、河南省英语技能大赛一等奖、河南省最美大课间一等奖，该校创编的《百家姓》在全省经典诵读大赛上荣获第一名，足球队获得第三届“市长杯”足球赛亚军，钢琴队员获得“国际青少年艺术盛典”比赛一等奖并应邀参加了中央文明办举办的全国少年宫优秀成果展演活动。

经过十几年的发展，淮阳县外国语实验小学已初步形成了“基础教育扎实，外语特色凸显，多元和谐发展”的“和融”教育品牌。学校先后荣获“全国文明校园”、“全国优秀少先队集体”称号、获评国家级语言文字规范化示范校、全国艺术教育特色校、全国青少年足球特色示范校、全国中华民族传统美德教育百佳示范校、中国少年科学院科普教育示范基地、中央教科所作文个性化课题研究先进单位、河南省卓越家长学校、河南省全民阅读先进单位、河南省优秀少先队集体、河南省优秀家长学校示范校、河南省安全管理先进单位、河南省消防安全教育示范校、河南省中小学一级餐厅、河南省体育传统项目学校、河南省卫生工作先进单位、河南省书香校园、河南省首批“创客教育示范校”等300余项国家、省、市、县荣誉称号。

大鹏展翅，必志在千里；仰望星空，更脚踏实地。淮阳县外国语实验小学正在由教育大校向文化强校转变，面对新的机遇与挑战，全体师生将以海的心胸、山的信念，和谐共进。

搏击长空振翅飞，勇立潮头写风流。未来，淮阳外国语实验小学将遵循“和融进取”的精神，以弘扬优秀传统文化、践行民族文化自信为基础，以本地区非物质文化遗产的有效传承，努力拓宽特色办学之路，在中原大地上谱写出时代最动人、最绚丽的教育华章。

“习五艺”发展核心素养　“成五养”润泽幸福人生

黑龙江省哈尔滨市宾县第五小学　马诚吉

生命离开水源，就会枯竭。国家、民族的发展离开教育就会衰亡。教育是生命进步的新鲜血液，是时代发展的思想源泉，只有保持充足的活力和创造力，才能持续推动人类社会向前发展。所谓“养国子以道，乃教之六艺”。从古代儒家起，便十分重视学生的全面发展，练就综合型人才。作为教育的一员，我校经过多年的教育实践逐步形成了“五艺五养”的教育特色，面向全体学生，培养新时代合格公民，有先进性、全面性、可推广的特点。“五艺五养”是我校全体师生经过多年的教育实践总结出的“绿源教育思想”的具体表述，符合学生的发展特点。“读、写、术、健、艺”称之为“五艺”，“智、真、慧、和、美”称之为“五养”。“以读养智”、“以写养真”、“以术养慧”、“以健养和”、“以艺养美”，形成了我校的“五艺五养”特色教育。“五艺”、“五养”相辅相成，光辉互盈。办学以来，我校建构“三风、一训、一宗旨以及特色学校创建理念”，始终以“为学生的终身发展奠基”为学校办学宗旨，培养一代又一代“智善敬俭，礼义和谦”的君才，也使我校成为哈尔滨市教育艺林中的一张亮丽名片！

一、艺养同耕，引领人才培养全面发展

“五艺五养”相辅相成。我校在“五艺五养”特色学校创建过程中，通过建章立制，合理配置人力财力，逐步完善和创新“五艺五养”特色学校建设项目，把“以读养智”、“以写养真”、“以术养慧”、“以健养和”、“以艺养美”落到实处。把外在“读”、“写”、“术”、“健”、“艺”的习练过程，内化成为学生的“智”、“真”、“慧”、“和”、“美”的优良品质。提升师生的核心素养，逐步形成“务实、求真、崇善、尚美”的学校风气。

就“以读养智”而言，我校通过阅读、研读、品读等课程及活动的开展，使学生逐步形成睿智、才智、福智等优良品质。2012年以来，我校加强图书室建设，提倡资源共享。我校图书室为孩子们的阅读提供了基本保障。充实各类图书3万余册。建立健全图书借阅制度，有计划地开展借阅活动，保证学生每人每学期平均借阅图书15本。其次，我校还把读书纳入校本课程计划。每两周开设一节课外阅读指导课，教师有计划、有目的地进行课外阅读指导，带领学生潜心阅读经典美文，品读中外名著，吟咏古今诗文，强化国学教育。

为了倡导师生同读，实现师生共进。我校积极在教师间开展读书交流、读书知识竞赛、经典诗文诵读、读书故事讲述、读书成果展览等活动，激发教师读书热情。通过开展师生同读一本书，同背一首诗，同过一个读书节的“三同”活动，达到师生共同成长的目标。同时开展多种活动，有计划地开展阅读活动，如举办读书故事会、佳作欣赏会、人物评论会、读书看报心得交流会、优秀诗文朗诵赛、读书辩论赛、读书笔记展评等课外阅读活动，让学生在活动中感受阅读的快乐和幸福。丰富多彩的“亲子”共读活动也作为我校拓展阅读空间的重要组成，使读书活动由校内延伸到家庭、延伸到社区、延伸到社会，提高了书籍的使用率，激发了学生的读书热情，在“以写养真”方面，我校通过写字、写文、写志等课程及活动的开展，使学生逐步形成真情、真诚、真性等优良品质。写字是实现我校特色办学的突破口。我校通过“四工格”的确立、“四工书法”校本教材的研发、“四工书法”进课堂、“四工书法”系列活动以及“四工”文化的打造，演绎成了独树一帜的“工具”、“工整”、“工艺”、“工程”的“四工文化”，培养学生从写字的好习惯向做人的好品质迁移，走工工整整写字到堂堂正正

做人的由写字到做人的学生培养途径。今天，“四工格”已经成为我校特色教育的一面旗帜，不仅让更多孩子掌握学习书法，也为更多学校开辟了一条新的教学之路。此外，我校还实施作文教学改革，培养学生的真诚、真情、真性确定了“兴情”作文作为作文教学改革的途径。“兴情作文”即：“兴”指引导学生从兴趣出发，“情”指为学生创设情境的平台。这种作文的关键在于“真”。教师要通过作文指导课指导学生眼中有物、嘴中有物、笔下有物。防止学生抄文、造文。通过作文说真话、写真事、抒真情，培养学生的真诚、真情、真性。如：通过调研、实践，我校总结出小学中年级“兴情作文”初级阶段的几个步骤：①开发话题，引发兴趣。课前关注适合本学年孩子的热点话题或活动，为学生快乐作文作准备。②创设情境，激发兴趣。带着学生一起快乐游戏，引导学生进入作文情境。③媒体辅助，提升兴趣。抓拍精彩、关键细节，再现场景，回味玩趣，为有条理的写文做铺垫。④回顾过程，落笔成文。教师引导学生有顺序的回顾，有重点的强调，合零为整，让学生理清作文思路，有条理地写出文章。通过这些步骤真正让学生感受作文的魅力，掌握学习方法。

二、魂骨同炉，促进综合人才智慧养成

立足课堂，实现学生智慧、技能培养是记“以术养慧”根本目的。我校通过数学、科学、综合实践等课程及活动的开展，将“术”的灵魂渗透于每一节课的教学和课外活动之中，以激发学生“慧”的潜能。使学生逐步形成智慧、颖慧、灵慧等优良品质。我校积极改革数学教法，把数学和生活紧密结合，课堂进行精心设计。通过感知、动脑、动手，帮助、激励、引导学生在已有经验的基础上，注重联系实际，通过合作探究的方法，力争做到“思想、方法、知识、能力”的有机统一，使学生的判断力、逻辑思维能力得以提升。

结合综合实践活动课可以促进学生智力发展和培养各种能力。在我校的活动课中，学生在绘画、泥塑、剪纸、折纸及废旧物利用，手编、布工等丰富多彩的创作活动中，加强了动手能力的培养，从简单的模仿逐步走向动脑动手创作的过程，体验着操作成功的喜悦。在“术”的培养过程中，激发学生的“慧”。不同学生对于“术”的研习不同，对于“慧”的激发也会不同，每个孩子都有不同的收获。同时，我校鼓励教师利用各种趣味科学游戏，结合大自然，进一步实现“以术养慧”。教师通过科学实验、科学游戏活动，开发学生喜欢的校本课程，如：春天的小植物种植认领的课程，扎风筝、放风筝、风筝节系列活动课程。让学生在轻松愉快的环境中认识事物，在与自然材料和玩具反复接触的过程中发展他们的动手操作能力，通过一些简易的操作、演示，对某些简单的科学理论的验证，使孩子们获得直接经验，培养他们动手做科学实验的兴趣，唤起他们对一些科学现象的好奇心，学会探索科学的方法。古人的“童孙未解供耕织，也傍桑阴学种瓜”的诗句正是对儿童在接触大自然中一些活动的写照。俗话说：授人以鱼，不如授人以渔。“术”的研习是过程，“慧”的生成才是我们需要的结果。“术”使学生受益一时，“慧”将使学生受益终生。

三、纵横齐力，建造特色学校发展舞台

再好的灵魂也需要一副健康的躯体。我校通过体育课、阳光体育活动，学生的德育实践活动课、心理健康指导课，以及特殊学生的心理干预使学生身心健康、和谐发展。我校以建构“身心两健”特色项目为契机，重点抓好两支队伍的建设。构建一支有较高的体育文化素质、艺术修养和有一定心理健康知识和有一定心理健康辅导经验的教师队伍。结合学校特色，我校构建了阳光体育、心理健康课程体系，将体育与音乐、舞蹈相结合，构建课堂教学和课外活动相互配合、学校教育和社会教育相互融通的特色体育课程体系。构建以班主任为核心的心理健康教育课程体系。为了彰显我校活动特色，我校确立学生心理健康的共性与个性的辅导课程。让每一个学生都能选择符合自己的兴趣、爱好适合自身素质特点的体育活动项目，培养学生良好的习惯和健康的生活方式。加强学生体育素养修炼，培养学生健美意识，促进学生个性发展。同时形成学校特色项目。把学生“烦躁的心理”和“浮躁的行为”作为共性的研究课题。把单亲子女、留守儿童以及特殊家庭学生的心理辅导作为个案纳入到班主任和心理健康教师的包保范畴，优化心理健康教育与课堂教学、课外活动、校外活动、家庭教育的整合。使这些特殊的孩子能快乐成长。打造学校“五艺五养”的学校楼廊文化。创建良好的育人环境。以艺养美。我校以音乐课、美术课、艺术校本课以及学校的各种艺术活动为平台，以提高学生艺术素养和审美能力为宗旨。努力营造学校的艺术氛围，使学生从外在的表现、表演等艺术形式逐步培养学生发现美、体验美、表现美、创造美的优良品质。首先，我校校以创建艺术特色学校为契机，建设了一支具备较高的科学文化素质和艺术修养的教师队伍。

其次，结合我校现有艺术教育实际，积极构建了艺术校本课程体系。将音乐与美术相结合，构建课堂教学和课外活动相互结合、学校教育和社会教育相互融通的艺术校本课程体系。以艺术活动为平台，动员每一个选择符合自身素质特点的艺术活动项目，培养学生良好的习惯和健康的生活方式，加强学生艺术素养修炼，培养学生审美意识，陶冶学生艺术情操，促进学生个性发展，彰显特色，打造“以艺养美”的学校文化品牌。为进一步丰富了学校文化的内涵，我校在特色学校创建中，既有对传统特色的传承，又有在传统基础上的创新，不断丰富其内涵，不断注入新的活力。通过一系列节日活动和文化活动将学校特色建设与学校文化建设有机融合，全面提升教师队伍专业素质、提高教育教学质量、促进学生个性发展和核心素养的提升，提高学校特色发展的水平。

四、初心不悔，勇创五艺五养教育辉煌

绵绵用力，久久为功。教育是温暖人生的阳光，尊重、赏识每个个体，致力于学生能力、品德等各方面素质的全面提升，滋养每一个生命。创建“五艺五养”特色学校以来，我校不断突出了人的情感、性格、意志，通过营造宽松和谐的环境，为师生的全面发展提供空间。如今，“五艺五养”特色学校建设已经成为我校未来发展的名片。未来路上，我校不仅会继续探索“五艺五养”教育之路，也会全心全意发挥示范辐射作用，把推动区域学校的均衡发展作为应尽的职责，带领更多学校，协同发展，共谋福业。

关爱新机制教师成长，为农村教育增添活力研究报告

湖北省南漳县东巩镇太坪完全小学 王培好 徐文文

东巩镇太坪完全小学规模小，位于南漳县西南边陲，是荆山深处的一所寄宿制农村小学，校园面积小，建筑陈旧，因其距离县城遥远且多盘山公路致使大部分有能力的青年老师望而却步。

近几年来，我校教师队伍面临老龄化，学科断层化，我抓住招录教师向农村倾斜机遇，争取10名新机制教师，为教师队伍增添了新的活力。

在学校教师管理方面，我把无情的制度和有情的管理结合起来，树立以德治校的方略，以身作则，为教职工做好表率的同时，还与全体教师同甘共苦，想教师之所想急教师之所急，竭尽所能解决困难，做老师们的贴心人。作为农村寄宿制学校，教学生活环境相对比较艰苦。为了让半边户教师、新招录教师节假日能回家团聚，每逢法定假日及寒暑假我都一马当先，担起值班工作，确保学校财产安全的同时，做好环境卫生保洁工作。

为了留住这些优秀的新招录教师，我抓住教师的思想工作不放松，加强他们的奉献服务意识，政治引导，生活关心，以此来稳定教师队伍，把教师的精力转入到教学工作中去。思想上，我努力和老师们达成共识、形成合力；工作中，我引导全体教师职工心往一处想，劲往一处使，团结协作、相互支持、形成风气纯正，团结向上的教师队伍，为学校各项工作的顺利开展奠定坚实的基础。

一、生活上关心新机制教师，做个“贴心人”

古人云：仓廪实而知礼节，衣食足而知荣辱。只有先解决新机制教师的生活困难，免除后顾之忧，才能调动他们的积极性，把全部精力付诸教育事业，因此，我把关心他们的生活放在首位，从吃、住、行等各方面给予关心。记得他们在刚搬进周转房时，由于当时一些设施还不完善，有些房间的电灯出现了故障，而这些新机制教师大多为女教师，个个束手无策。当时正值周末，学校空无一人，为了不影响他们的生活，我就带上工具亲自为他们维修，并且还手把手的教年轻教师党少鹏学习简单的电路排查与整修。几位年轻教师的门窗坏了，水管坏了，我都是第一个给予帮助，帮着想办法解决。他们大都离家很远，周末回不了家，每每这个时候，我都会招呼他们在家吃顿便饭，或是给他们一些自家的土鸡蛋，我家的菜地也永远为这些年轻教师敞开着。在生活上，无论何时，只要他们遇到了困难，我总会尽自己最大的能力来帮助他们。有人说：“他们都是成年人了，何必这么尽心关怀？”我总是摇摇头：“他们不是本地人，对这里人生地不熟的，周末放假学校又空荡荡的，难免心生落寞孤寂，我是这些年轻人的长辈，既然他们选择了太坪完小，我就有责任有义务让他们在这里吃得好，住得好，让他们的父母放心，让他们自己安心，就算离家千里也能感受到家的温暖。”

二、政治上关心新机制教师，做个“育心人”

在政治上，我时刻引导年轻教师增强争先创优和看齐意识，要求他们以镇内先进教师为榜样，激发她们积极加入党组织的热情和信念。近几年来，我先后培养了徐文文、党少鹏、尹玲三名共产党员。

三、业务上关心新机制教师，做个“真心人”

作为校长，我深感要办好学校，关键在教师。在我看来，每个教师都是宝，必须要识才，爱才，用才。每当评先表模时，我也总是会想到他们，总是向他们倾斜，目的就是要增加他们的成功指数。对教师的提拔任用，不论关系亲疏，感情好恶，资历深浅，着重看个人实际工作才能和潜在能力，多看教师之长，多记教师之优，多忘教师之过，知人善任，用其所长。为他们所想，为他们所言，为他们所行。

对于年轻教师的课堂，我经常突击听课，不是为监督，而是帮助发现问题，并在课后耐心地给他们讲解，提建议，历练他们使其快速

成长。有一次徐文文老师正上课，我推门而入，课前没跟她打招呼，当时把徐老师吓了一跳。一堂课下来，徐文文老师惊出一身汗，小心翼翼地问我这堂课她表现如何。虽然这堂课问题较多、不尽完善，但我首先给予的是肯定和鼓励，看到她松了一口气，露出笑容后，才耐心告诉她哪里不足需要改进，并建议她多去听听学校资深教师杜老师的课，并让她们俩结对子，新老教师一帮一。在这之后，徐老师更加认真地去钻研教学，还经常主动邀请我去听她讲课，经过几年的磨砺，2016年徐文文老师所录制的科学课《月相成因》喜获部优。当她知道这一喜讯时，非常激动地跟我说："谢谢校长这几年的耐心指导和悉心栽培！我才有今天的成绩，还好没有让校长失望！"听着徐老师的话，我深知自己平时对他们多一分耐心，这群新机制教师就有可能多一份成长，我的努力最终也换来了他们的认可，这种结果也激励我更加爱惜这群优秀可爱的教师。

对于新机制教师，我一碗水端平，不论是谁，只要有时间有精力，我都会耐心给予指导。新来的曾婷老师，除了上课还要照顾未满周岁的孩子，虽然曾老师已经很辛苦了，但我对她的要求很高，经常组织有经验的老师去听她的课，听完就评，而且还要找缺点，说问题，每次面对老师们的评价，她都是眼泪水直打转，但正因为不断地打磨，曾老师的课在短短的几个月的时间就取得了很大的进步，受到了老师们的一致肯定。刚休完产假的焦焱老师，一来到学校，我就要求她录制一节优课，刚开始她不以为意，说没兴趣，不想录，了解原因后我不断地做思想工作，最后终于想通和其他老师一同参与了录制优课活动。在录课打磨的过程中，她知道了自己与其他人的差距，也从录课过程中体会到教学钻研的乐趣，还多次对我说："多亏了王校长积极鼓励我录课，感谢校长为我提供的这次机会。"

为了使新机制教师的业务水平不断提高，我并不满足于学校内部的交流学习，还给他们积极争取外出学习的机会，搭建更优秀的学习平台。只要有培训，我首先考虑的就是他们新机制教师，并要求他们培训回来分享学习心得，完成一节汇报课。渐渐地，他们在一次次培训中体会到了外出学习的重要性，都争着抢着要外出学习，看着老师们积极进取的精神气儿，我由衷地感到欣慰和快乐。我愿意继续帮助他们，让他们尽快成长起来，在大山深处的三尺讲台上闪耀出独属于他们的炫彩光芒。

四、精神上关心新机制教师，做个"热心人"

俗话说："人之相知，贵在知心"，帮人要帮心。对于新机制教师，我不仅从工作上、生活上关心，还从精神上对他们进行关爱，甘做他们的知心和知己。不管他们是处于顺境还是逆境，是情绪高涨还是消极低沉，是奋进向上还是颓废回落，我都能耐心倾听他们的心声，并认真分析，给予充分的理解。时间长了，他们只要遇到有解不开的心结，都愿意向我倾吐，求取理解。我校的尹玲和党少鹏两位新机制教师因为婚姻问题闹得矛盾重重，为此他们两个先后来找我，向我诉说他们各自的烦恼与担忧。为了使这对小年轻能牵手成功，我利用周末休息的时间来到党少鹏家了解情况，和他的父母沟通，向他们反应两个孩子在学校的工作和生活情况，以及他们的顾虑，希望二老能够理解他们，体谅他们。然后又分别跟尹玲和党少鹏做思想工作，让他们体会做父母的辛苦，最后他们终于执手相伴，走进婚姻的殿堂，而如今他们都有了自己的小宝宝，俩人在学校工作生活的每一天都很幸福，我也为他们感到开心。

"一个教师一本书，一个员工一个世界。"对于每一位新机制教师，我都细心观察，了解他们的需求，一有空闲就找他们谈心，了解他们的内心需求。在大是大非上讲原则，在小是小非上讲人情，对其合理的要求尽力满足他们。和风细雨，润物无声，把关怀下一代教师工作做到他们的心坎上。

"捧着一颗心来，不带半根草去"。这是著名教育家陶行知一生献身于教育事业的真实写照，也是我奋斗在教育战线上的座右铭。老骥伏枥，壮心不已。三十多年来，我始终站在教育这一块精神高地上，守望着自己的梦，那个甜美的教育梦想，把心化作美妙的音符，谱写出一曲平凡而又卓越的人生乐章，回荡在这荆山山脉之中。

瞩目儿童视角育人，提升社会影响超越

湖北省武汉市洪山区第五小学　段守林

我校前身为洪山区李桥小学，是一所郊区完小，始建于1949年至今有着七十多年的办学历史。2009年区域内资源重组，洪福小学撤销建制与李桥小学合二为一，2015年因三环线改造，学校拆除整体到板桥中学过度四年。现在武汉市洪山区第五小学于2019年8月建成并投入使用。现代化的教学设施设备、优美的校园环境、浓郁的人文氛围，赋予了学校精致、秀美、大方、典雅的学校气质。

近年来，学校围绕"抓质量求生存，显特色求发展，瞩目儿童视角育人，提升社会影响超越"的办学思想，秉承"一切从发先开始"的办学理念，践行"发现自我探索未知"的校训，以学生综合素养培养为重心，开启发现教育的新航程，积极深化素质教育，成效显著。

一、"发现教育"的提出

20世纪90年代末，由于多种原因，优秀教师大量向市中心学校流动，师资力量开始减弱，生源逐年减员，学校竞争力、声誉下降，区域内学校开始资源重组，学校发展缺乏明确方向，发展的内驱力不足，处于在夹缝求生存的困境。改变困境需要借势借力借智而为。

21世纪初开始的我国新课程改革，确立了"生本教育"理念。"为了每一个学生的发展"的思想深入人心，课程改革如火如荼，积极围绕教育观念的转变、教学方式的创新、师生角色的转换、评价手段等多维度进行卓有成效的实践探索。然而遗憾的是，生本教育理念还没有从教育方式创造适合每一个学生发展的生本教育。就小学阶段而言，要究其原因，既有受中高考体制影响带来的弊端，更有教育者自身的根本问题，教育管理者、教师受传统教育思想的影响很深，传统意识、行为还实施出现在学校、出现在课堂，有的认同生本教育理念，也积极探索自主、合作、探究的学习方式，但做得不到位，形式上创新多，真正引导学生主体性学习还不够。现实中学生负担重、教师主体现象依然盛行导致学生学的不主动、不快乐依然存在。所以，如何真正引导教师教学方式的转变，依然是课程改革、深化素质教育的关键。这更加需要学校在教育实践中智慧探索。

区域发展的要求。2009年，洪山区教育局以"人人享受教育"的理念，提出"堂堂学好学会、个个乐教成功、校校发展提升"发展要求，加上2010年以后，教育现代化的到来，一批新建学校、小区配套学校如雨后春笋，

学校文化的传承与创新。十二五期间学校总结"合格+特长"育人模式取得的经验，进一步提出"灵动童年，阳光成长"育人理念，其目的就是为了促进每一少年儿童快乐学习、健康生活，以七彩的童年底色去适应、成就自己未来幸福人生。十三五期间，学校秉承灵动、阳光教育文化和特质，结合时代精神，按照关键能力、必备品格的培养要求，提出更具时代意义的"发现教育"。

二、发现教育文化的发展阶段及舒展路径

第一阶段：诊断办学现状，研究历史沿革，挖掘文化要素，培植文化土壤。

第二阶段：确定理念体系，科学规划实施，积淀文化底蕴，形成发现文化。

第三阶段：加大建设投入，开发多元课程，实施发现教育，收获文化成果。

第四阶段；总结实施经验，完善发现文化，凸显人文思想，彰显办学成果

路径：人→{环境、德育、课程、活动、制度}→人

三、发现教育的文化理念体系

在实践中我们认为，发现教育的提出既传承了学校教育文化，也利于学校独特的生态文化场域的建设，更有利于营造充满儿童智趣的校园生活，它尊重儿童天性，有利于激发五小少年善于发现、主动求知；它尊重教育规律，有利于促进五小园丁因材施教、各以类进；它顺应教育改革，有利于推动五小学园三品（品行、品位、品质）提质、内涵发展！

切合教育价值取向及校情、学情，以"发现"为教育重要切入点，着力点，全面实施素质教育，努力培养学生创新精神、综合素质，促进学校师生共同发展，从而打造具有前瞻性、实践性、延展性、独特性的学校教育文化。

发现教育的意义。顺应时代要求。"创新是民族发展的灵魂"，改革创新是时代精神的核心，"建设创新型国家"是我国战略目标；而"发现"是创新的重要元素和必要环节；新时代世界大变局，国家间创新力、发展力、实力竞争更趋激烈；时代需要创新，创新需要不断地、新的发现。

体现教育宗旨。培养学生创新精神和实践能力，是全面实施素质教育的重要内容之一；发现教育主旨即促进学生创新意识与能力的培养。

推进人的现代化。现代化建设的核心是人的现代化；发现教育促进师生观念意识更新和能力素养提升，推进他们现代化进程，从而带动和实现现代化学校建设。

补齐教育短板。针对学校、家庭及社会教育中较普遍存在的忽视中小学生乃至国民创新意识与能力培养，以及对教育对象缺乏深入细致了解、理解，教育缺乏针对性、适切性、实效性等问题、弊端，以发现教育为主轴，推进学校教育改革创新，并对家庭、社会教育发挥辐射影响示范作用，具有重要意义。

四、发现教育的实践探索

"发现教育"给孩子一个灵动的童年，善于发现充满自信地拥抱未来。

特色定位。发现的核心定义。"发现"—Discover/find—看到或找到以前不知道的事物或规律。发现是人类对于自我的内在、具体性的自然及整体的认知，也是一种再加工的行为，人从动物世界的自发状态发展到人类的自觉状态，包含人类实践行为中具有的发现及创新

两大核心能力。哲学的思辨最初表现为“诧异，诧异就是好奇心，就是发现”。

建构德育工作模式。通过“发现德育”模式的建构，凸显五大育人路径。落实“发现德育”具体措施。推动落实课程育人，在课程中培养学生的发现素养。充分发挥课堂教学的主渠道作用，上好德育课程，强化全科德育理念，充分挖掘各门课程蕴含的德育资源，让学生能在课堂教学中发现问题、寻找解决方法、培养发现素养，培养学生的审美情趣、健康体魄、意志品质、人文素养和生活方式。

积极拓展实践育人，在实践探索中发现。认真开展校外实践教育，将学校教育与社会实践相结合，将社会实践教育纳入教育教学计划，分学段落实国家规定实践课时，有计划地安排不同学段学生走进社区、实践教育基地，开展以参观、劳动等多种方式的实践教育活动，帮助学生发现国情、民情、社情、校情等，培养学生的社会责任感、历史使命感和实践能力、创新精神。

切实突出活动育人，在活动中发现自己的特长。开展好仪式教育，做好国旗下讲话、主题班（队）会等经常性教育活动，广泛开展入学仪式、入队等仪式活动。开展好节日纪念日活动，利用春节、端午节、中秋节等传统节日，儿童节、劳动节等重大节庆日，学雷锋纪念日、中国共产党建党纪念日等主题纪念日开展主题教育。根据学生不同的年龄阶段，因时因地制宜，组建各类有益的兴趣小组活动，通过丰富多彩的兴趣小组活动，增进师生间的学习交流，培养学生自我教育、自我管理、自我服务的意识和能力，让学生发现自己能力方面的特长。面向社区、校园弱势群体，组织学生开展帮扶活动和志愿服务，在帮助奉献他人的过程中，培养小学生的公民意识和责任担当意识。开展先进典型评选表彰活动，大力宣传弘扬先进典型事迹，用先进事迹感召、激励、教育学生。

努力构建协同育人，发现家校共育、社会共育新模式。积极争取家庭、社会各方力量参与和支持学校德育工作，有效提高家校共育、社会共育水平，建立家校共育、社会共育新模式，努力形成学校、家庭、社会各方力量协同育人格局。

发挥网络德育功能，利用现代化技术，发现德育新方式。积极探索网络背景下小学德育工作，教育引导学生正确对待网络虚拟世界，增强信息甄别能力，树立网络责任意识，有效利用校园网站、QQ、微信、公众号和APP等新兴媒介和多媒体，创新网络德育方式和途径，搭建网上宣传交流平台，积极推进小学德育工作信息化，探索发现德育新方式。

五、发现教育成果初现

学生素养提高（兴趣/状态/效率）近年来，我们从小处着眼，印制发现三册，引导学生从阅读、写字、计算三方面，走稳学习的每一步，打好基础，并由此向生活延展养成发现习惯。让五小的孩子具有独特的样态。学生在五小发现教育的乐园，积极发现生活中的真善美，在老师的陪伴、指导下，养良习；善于发现大自然、生产生活中的奇特新，勤于动手，乐于探究，在课程文化的滋养下，陶冶情操，学会审美、学会生活、学会学习，在学校搭建的活动舞台上练能练技，个性发展，阳光成长。学生在各级各类活动中捷报频传：珠心算硕果累累，校园足球特别是女足市区小有名气，科技比赛、体育比赛、楚天作文比赛、艺术小人才比赛、英语绘本比赛、戏曲比赛等活动中，尽情绽放，表现出五小发现少年积极向善向上的发展良好态势。

教师专业水平提升发现教师培养初露锋芒。从2017年至今，教师队伍的规模不断扩大，教师学历水平呈不断上升之势，学科结构不断均衡合理，在五小校园教室文化的熏陶下，干部教师爱岗敬业，积极进取，投身课堂教学改革，专业能力稳步提升，学科带头人、市区优秀青年教师从无到有，不断增多，三年来有区级学带3人，市区优秀青年教师2人，12人次被评为区级管理能手、教学能手、杏坛新秀、四有教师，二十多人次在各级各类教育教学比赛中获奖，一支具有竞争力的队伍崭露锋芒。

积极对外开放社会效应日益彰显。学校与周边社区积极开展共建，将社会资源引入学校，如驻地部队教官进学校参与社团活动、开设家长课堂、家长护路队、每年与社区开展“情暖夕阳”活动，向社区开放校园场馆、会议室联合开展文艺、手工等活动，密切了社区、家校合作关系，社会反响好。

三年来，我校事业计划完成率100%，学生完成率100%，辍学率为零，校园安全事故率为零，无投诉无举报无有影响的负面舆情，校园和谐和美。三年来我校教育教学质量显著提升。2019年评为洪山区教育教学管理立功单位；洪山区语言文字示范学校，洪山区文明单位、综合治理先进单位等荣誉，社会满意度不断提高。

今天，我们回眸走过的“发现教育”历程，累并快乐着，看校园一石一花一小路、观校园一字一壁一廊道、睹校园一课一动一笑脸，如春风拂面，让我们执念于发现教育的坚定！

站在“十四五”发展的起始年，带着一份“发现教育”的稚嫩，保持一份教育者的豁达于宁静，坚守我们的良知与初心，继续求索！一是进一步完善办学理念，丰富“发现教育”内涵，彰显个性。

生态教育创特色，家国情怀育英才

湖北省宜都市陆城第一小学　何玉美　杨五洲　曾莉

少年强，则民族强！全面贯彻党的教育方针，落实立德树人根本任务，发展素质教育，推进教育公平，是每一所学校肩负的使命，也是在教育改革上的不懈探索。湖北省宜都市陆城第一小学地处悠悠清江与滚滚长江交汇之处，始建于1905年，迄年已有116年历史。学校环境优美，处处体现着育人特色。办学以来，我校坚持“全面发展打基础、培养个性育人才”的办学思想，以发展学生的核心素养为目标，传承先辈精神，营造生态和谐校园，努力培养有生命力、学习力、创造力的时代新人。为了更好地落实立德树人的根本任务，培育学生的家国情怀和人文精神，让学生在绿色、童真、审美、快乐生活中生态成长，进一步提升学校的品牌品位，推动学校内涵式和可持续发展，架构“生态大视野”、“生态大实践”、“生态大课堂”、“生态大课间”四大育人维度，以“情怀两江”为活动着眼点，凝练出生态童年之“情怀‘两江’生态成长”德育品牌的创建思路，不断丰富学校师生素养和能力，努力提升学校品质，以专业成长和学校文化为支撑点，提升学校凝聚力，如竹拔节、如花锦簇。

一、铸魂培根，立足校园文化建设绽放师生绚丽

课程教学，是学校教育中最基本、最重要的形式。学校的育人职能，在任何时候，是不能脱离课程教学的状态下来获得完美实现的。我校发挥课程教学的育人功能，在实施各科教学的同时，将家国情怀和人文精神的培养有机地融入各学科之中，重点围绕“乡愁教育——家乡的变化与发展”这一主题，充分挖掘道德与法治、语文、数学、科学、艺术等学科中的乡愁内涵，通过实地调查、劳动体验、参观访寻等方式收集资料，开发出适合宜都娃的乡愁教育校本课程，作为课堂学习的延伸与拓展。我校积极引导学生主动走出家门、走进生活，去体验、感知家乡的一草一木、风土人情，去深入了解家乡的发展与变化，激发学生的忧患意识和公共参与意识，培养学生热爱家乡，长大后立志建设家乡、报答家乡的情感。其中，特色校本课程方面，我校研发完成了“生态童年”系列校本课程纲要，同时编印了“生态童年”之《图说绿色生活》《诗吟绿色生活》《歌唱绿色生活》校本教材。整个内容编写以学生的践行为主，在学生践行绿色生活的过程中，引导学生从小树立新时代的自然观、生态观，自觉做生态文明和绿色生活的宣讲者、践行者和传播者。教材以学生发展为导向，彰显特色课程的育人文化。

陶行知曾说过：“天然环境和人格陶冶，很有密切关系。”校园中的每一座建筑、每一处景点，每一片绿色，都成为一种思想的传递，一种文化的表达，优美的校园环境就像无声的老师，滋润着师生的心田，熏陶感染着师生，丰富净化着师生的灵魂，潜移默化地引导师生向着健康的方向发展。校园文化是指校园内一切能体现出文化氛围的各种因素构成的体系，它作用于学生的思想、观念、一切精神世界，它对学生的影响具有整体性、深层性。我校校园“小、巧、洁、雅”，但文化丰蕴，通过厚植学校文化资源，让学生生态成长，文化育人，为学生的成功人生奠定基础。校园内每栋楼、每间教室均以绿植命名，“青柚楼”、“红叶长廊”、“牵牛花中队”等，生态和谐，蓬勃盎然；以校园广播、橱窗专栏、网络宣传等为阵地，让学生全面了解学校的发展历程，传唱校歌《长风万里正扬帆》，德育主题曲《生态童年之歌》，大课间齐跳《生态童年之绳操》，既展现了百年老校的文化底蕴，又能充分体现现代的人文气息，感召和激励着全校师生。

二、多措并举，活动践行焕发品质教育全新样态

活动是体现学生综合素质的最好方式。它可以开阔视野、陶冶情操，可以培养学生成长，增强学校凝聚力。它是师生之间的情感纽带，也是家校联系的桥梁。活动育人就是从实践到体验，再到感悟的过程，我校的“五乡”之“乡愁”活动，就是一个以“感受家乡的变化与发展”为主体，以“激发学生的忧患意识和公共参与意识”为突破口，以“培养学生爱家乡、与家乡共成长”为终极目标的践行过程，让学生形成科学的世界观、高尚的人生观和正确的价值观，从而传承乡土文化，促进学生和谐发展。研究内容方面，从纵向上分为基础级（一、二年级）、渐进级（三、四年级）、卓越级（五、六年级）三大级；从横向上，按照小学生的年龄特征由浅入深分为用眼观察、用心感悟、用手实践。建构对象方面，分为学生与自我、学生与他人、学生与社会三个方面。通过各种活动参与，让学生给自己设定发展的轨迹和奋斗的长远目标。通过活动让学生学会如何与同学、朋友、邻里、家人和谐相处，知晓自己在学校、家庭、社会等扮演的角色，学会宽容、彼此尊重、乐善好施；让学生走出去，利用学校周边的自然和人文资源环境，以培养爱家、爱国为核心，学研结合、德能并重。时间和空间上，我校以校内活动、校外活动、常规活动、节令活动及专题活动进行划分。利用升旗仪式、少先队活动课、各种课程教育等进行实时育人、事事育人；围绕一定的问题走进社会、走进生活，通过参加“长江大保护”、慰问军烈属等社会公益活动，参与社区建设、文化体验、德育实践基地活动等等，感知家乡的系列变化，拟出种种不同，在学生心中从小播下长大建设家乡的种子。通过思政教育、养成教育、心理教育、法制宣传等系列教育活动，由学校德育处牵头、各班主任齐抓共管，逐一落实到常规活动中，常中出新；利用传统节日，挖掘节日里的“乡愁”

元素，更加激发孩子爱家乡的热情，进而上升到爱国家的情感；此外，我校专门针对“乡愁”德育研究活动而开展的专题教育实践活动，让学生融入“乡愁”意境之中，为将来肩负家乡的建设打下坚实的基础。

实践育人贯穿人才培养的全过程，立足于学校教育，发展于社会教育，辐射到家庭教育，是学校进行德育工作的主要方式之一。我校充分挖掘各种教育资源，拓宽育人途径，引导学生走出教室、走出校园、走向社会，在各种实践体验中感知家乡的变化与发展，感受家乡的美好与和谐，感悟家乡的安居与乐业，进而激发学生做家乡的主人，从小热爱家乡，长大建设家乡的责任与担当意识。组织学生走进学校“树蕙”种子区，开展“寻找我的小主人——种子展销会”、“我带种子去旅行——种子招募会”、“我和种子共成长——生命呵护季”、“乐在金秋——丰收喜乐节”等活动；走进学校“认领小站”，组织学生开展“我是学校小主人”活动、“我让学校更美丽”班队会，培养学生的责任意识。带领学生走到长江、清江边，感知山水一色，人与动物和谐相处的美好画卷；走进爱国主义教育基地，领悟校友胡敌、刘真、苏震的红色精神；来到街头巷尾、工厂农村，感知时代的变迁，新农村的发展。教育是一个系统工程，为了更加充分进行生态童年德育品牌创建工作，我校还积极开展管理育人和协同育人工作。在开展“五乡”教育中，积极争取家庭、社会共同参与和支持，引导学生注重家庭、注重家教、注重家风，营造积极向上的良好氛围，让学校德育品牌创建工作在社会、学校、家庭的共同努力下不断调整和完善。

三、奋楫笃行，氤氲生态奏响宜都未来教育强音

教育的智慧是生命对生命的责任和承载。它尊重、赏识每个个体，致力于学生能力、品德等各方面素质的全面提升，服务于个体的健康成长，滋养每一个生命。学校的内涵、品位和文化底蕴需要被全体师生牢记并践行，应如和风细雨渗透到学校各处角落，待春暖花开。“春风桃花红、雨润花更艳”。未来路上，我们坚信，只要遵循“全面发展打基础、培养个性育人才”的办学思想，领悟“情怀‘两江’生态成长”的品牌内涵，并行之贯穿于教育教学中，我校必将在这片广阔、绚丽的教育舞台上挥写新的篇章，迎来灿烂的教育晴天。

用心、用情、做有温度的教育

湖南省怀化市中方县芙蓉学校　杨再成　杨司友　毛洪进

责任与爱是教育的内涵，无私奉献是教育的真谛。从教四十年来，我用爱心与热情培育满园的芬芳桃李，用奉献与坚持守望着教育这片纯净的沃土，用努力与拼搏筑起莘莘学子的美好未来。

我是中方县 “教育工作突出贡献奖”获得者；十七载校长岗位，我以研究型、专家型、实干型校长成为“怀化市优秀校长”；六所学校蝶变升华，我走到哪里，哪里就是一所好学校。现如今，我是湖南省怀化市中方县芙蓉学校第一任校长杨再成，我矢志不渝用心用情用爱做有温度的教育。

一、柔性管理传递教育温度

有人说，教育是春风化雨、润物无声的心灵对话，校长就应是引领方向、服务师生的行家里手。四十年的教育实践，十七年的校长管理，我对此有着深刻的感悟和理解。

为了让学校凡事有规范、有负责、有程序、有监督，我赋予冰冷的制度以若水柔情，学校各项规章制度均“从下而上”由教师参与拟定，每次会前五分钟按部门播放近期工作视频，刚性约束内化为教师的自我要求，教师感觉不是被监管，而是被尊重，自己是学校的主人，应该这样做。校务会成员，因为被信任，职责明确，干劲十足；学校建设之际，原校暂时分三地办学，教学活动依旧井然有序；为降低新冠肺炎疫情影响，我和教师们一起“停课不停教不停学”，得到家长高度认可。很多人这样评价说我，这是杨再成作为校长闪耀着人性光芒的管理的力量与智慧。

真情最能感化人心。我倡导并践行“要工作，也要身体；　要学校，也要家庭；要学生，也要孩子”的工作理念。课余时间组织教师们户外爬山，并邀请家属参加，小孩子还有小红包；教师配偶过生日，给半天假，以便教师为爱人准备丰盛晚餐；教师孩子有家长会，准假；教师过生日，我会送上鲜花和蛋糕；教师生病住院，我会第一时间登门看望；教师退休，我会操办隆重简朴的仪式……点点滴滴人格尊重、人性关怀、人文关爱、人本关照润泽入心，让教师心里暖乎乎的。

学生时代是人生“拔节孕穗期”，最需要精心引导和栽培。　我力推“静、净、敬、竞”养成教育，结合各类节日、纪念日和晨会、主题班会及各阶段学生身心特点，厚植学生爱国主义情怀。“学习小组评价手册”涵盖了学生在校的方方面面，六人一组，积分晋级，在争获“芙蓉勋章”的过程中，让学生懂“敬”，会“静”，爱“净”，求“竞”，把立德树人落到实处，成为“全省文明美德学校”。

“教育无小事，积善成大德”，带着这样的信念，我每天最早来校，最晚离开，和值班教师一起在校门口微笑着迎接学生，护送学生。事虽小，日复一日的坚持，为师生做出了潜移默化的示范。

当你行走在我校，你会感悟到静美而深厚的校园文化，迎面扑来的学生主动礼貌问好，师生上下楼梯自觉轻声的慢步靠右行……

二、幸福课堂提升教育温度

课堂是教育的主战场，一端连接老师和学生，一端连接民族未来。我爱教育、懂教育，“阳光校园•幸福课堂”的构建，可以说是我的得意之作，旨在让教师教得有效，学生学得愉快，让校园的阳光充满活力，让课堂成为学生幸福成长的摇篮。我常和教师讲，一辈子做教师，要一辈子学做教师。教师上好一堂课，要作毕生的准备；教师上好每一堂课，成为毕生的追求。我是这么说的，也是这么做的，秉持“少指令、多指导，少空话、多参与”原则坚守三尺讲台、躬耕教学一线，带头磨课、研课、评课，带头上公开课、过关课、示范课。一切都是为了学生幸福学习，为了提升教学质效。我参与的省级课题《中小学信息技术教材教法及教学模式研究》获省“十一五”现代教育技术科研成果。

教师是课堂教学的执行者。如何带出优秀的团队，我一直用心经营。“教师素质提升工程”严师德、精业务，一批批教师先后“走出去”学习培训，一批批教育专家“请进来”传经送宝。“青蓝工程”搭平台、结对子，“传帮带”助力青年教师快速成长，校园比学赶超氛围浓郁。“名师工程”育名师、塑品牌，戴碧涛、杨吉香、袁丹华、丁亚琴、胡兰兰、周小花等一大批教师在省市赛课勇夺一等奖，杨妍、杨司友、杨小娟、杨宗有等一大批教师成为市县级名师，学校声誉节节高。而最受益的，还是学生，名师出高徒。

课程改革，我称之为课堂革命。我带领全体教师从零起步实施三轮新课改，坚持“问题即课题、教学即教研、成长即成果”理念，立足于学生个体、课题教学和教材挖掘，课堂教学紧扣“自学质疑、合作探究、展示交流、达标测评、自主反思”五元要素，突出“课后反思、单元反思”两个反思，引领教师发现、探究、解决教育教学中的种种问题。看似简单，但背后的繁杂和艰辛我最有发言权，千言万语凝成一句话：“用老师的辛苦换学生的课堂幸福。”而今在我校课堂上，教师教学个性得到充分展示，学生思维碰撞十分活跃，课堂换发了新的生命活力。学校获评全市课改样板示范校、全市教育科学研究基地。省级课题“五步教学法培养学生自主学习能力”、“湖南省中小学生实验能力测验与评价研究”顺利结题。语文教研组被评为全省第二届优秀教研组。

三、阳光活动释教育放温度

有爱，才有教育，才能站在师生的角度去爱他们，才是真正有温度的教育，这是我对“教育植根于爱”的理解，因地制宜、因时制宜、因材施教，用系列阳光活动陶冶学生情操、张扬学生个性、温润每位师生。

学校在发展中，只有立足校情，在特色教育上寻求突破，　才会有活力、有内涵、有品位。我经过与教师们的会商，决定将大课间活动作为打造特色教育的突破口。十年磨一剑，九次推陈出新。从七彩阳光广播体操到手语操、韵律操、跑操、朗诵、武术，设计不断创新升级，精彩从不缺席，本是平淡的日常课间成为学生酷爱的运动，成为校园靓丽的风景，吸引周边兄弟学校纷纷来校观摩交流。

泰戈尔说“教育的终极目标是培养学生面对一丛野菊花而怦然心动的情怀”。这种情怀，是要在教育教学过程中精心培养的，要靠身体力行的教育感染熏陶的。

在我校，有定期举办的艺术节、读书节、体育节、科技节，每天最后一节课是各类兴趣小组活动，每位学生都亲密接触书本上没有的才艺，不断发现生命中更多的美好。研学路上，学生欢呼着亲近大自然、走进社会，梦想、感恩、快乐、勤奋、坚强等种子在脑中自然而然生根发芽。推行值日生制度，给每位学生搭建了劳动平台、创设了服务岗位。作为全省家长示范校，家校合作有声有色，有让学生扫地、煮饭、炒菜等训练科目，学生得成长，家长很欣慰。为了让学生读懂家乡、热爱家乡，几易其稿倾情主编校本教材《印象中方》。千方百计筹建录播室，通过远程网络将本校的优质课堂分享给薄弱学校的师生同步观看。把简单的事做正确，把容易的事坚持下来，这是我的坚守。我的坚守里，有对工作的敬业奉献，有对校园的挚爱深情，有对学生健康成长的包容和期许。这一坚守，就是几年、十几年、几十年。这一坚守，就从青春年少，到了两鬓微霜。

三尺讲台，辛勤耕耘；披星戴月，收获满怀；教书育人，神圣使命；兢兢业业，燃烧青春。我始终坚信和恪守：用心做教育，用爱做人师！让教育有爱、有温度，让师生都笑起来，这是我内心深处最朴实的愿望，也是他我毕生追逐的梦想，而今，我仍携着深厚的教育情怀奔跑在追梦路上……

守护乡村文明，托起乡村教育的明天

江苏省东台市唐洋中学　史俊

民族要复兴，乡村必振兴。乡村振兴不仅是乡村和乡村产业的振兴，也应是乡村教育的振兴。只有办好乡村教育，才能更好地助力乡

村振兴。我校是一所乡村学校，学校立足乡村，扎根乡土，以“成长至上”为学校的办学理念，以丰富的校本课程为载体，以课程基地建设为路径，创新学校管理机制，激发教师内在驱动，致力于为每一位乡村学生找到适合的成长方向，走出了一条乡村普通高中优质发展之路。

一、大力改革转型，破解发展之羁

以基地建设为依托，促进办学生态多样化。学校通过课程基地建设，为学生学习方式的转型升级提供了平台。课程基地建有四个体验中心、一个校园广播台、一个学生剧场和一个开放阅读区。依托基地，语文学习从教室延伸到校园，从课内拓展到课外，从听、说、读、写走向思、辩、演、行。学校鼓励人文学科的教师把课开到课程基地，鼓励自然学科的教师把课开到实验室。

以平台搭建为媒介，促进办学业态多面化。建设校友讲堂，学校定期举办“校友讲堂”，努力拓展师生视野。结成九校联盟，学校与泰州民兴、蒋垛、美校、田家炳，南通李堡、南莫，东台时堰、一中等九所学校结成跨市联盟。开展智慧教研。学校与南京博墨教育研究院合作，组建了智慧教研中心。

以课程建设为抓手，促进办学载体多元化。学校着手构建了以“成长”为统领的课程体系，整个课程体系分基础型、拓展型、研究型三个部分，有基础学科、科学素养、人文素养、多元艺体、成长干预、社团活动六大类，共二十四个模块。2021年，学校自主开发了《沙画与诗歌》《美术鉴赏》《律动青春》《播音主持》《影视欣赏》《日语选学》等近20门校本选修课程，并以选修走班的形式在高一年级全面实施。此外，学校将德育活动全面提升为德育课程，以提高实施的规范性、实效性、高效性、持久性。德育课程有三个系列：成长干预系列、自主成长系列、实践活动系列。成长干预系列涵盖“长大未成人”、“八礼四仪”、“做最好的自己”、“听名家说名著”等校本德育课程；自主成长系列包含了“生活·生涯·生命”、“爱心·信心·责任”、“姿态·状态·心态”、“自尊·自律·自觉”等主题教育内容；实践活动系列以“做一个有故事的唐中人”展开实践活动，通过暑假游学项目，讲中国的故事；通过亲情采访，讲父母的故事；通过团队合作，讲同伴的故事；通过成人仪式，讲自己的故事。

二、创新工作机制，打造“金字”招牌

完善创新机制，才能激发办学活力，唐中人深谙其中的道理。筚路蓝缕六十五载，栉风沐雨一路走来，唐中人的勤奋、敬业与创新，创造出了属于自己的“金字”招牌。

过程化监督抓实效。唐中人始终认为坚持做真过程、抓实常规，这是提升教育教学质量的关键。因此，在常态化的工作中坚持做到“四落实”。一落实教学常规检查制度。各年级实施“一月一督导，一周一检查”管理方略。月督导以督导教师业务为主，督查科任教师的课堂、教案、听评课，坚持“督”、“导”结合，“督”、“研”结合，提高教师教学水平，引导教师自主成长。周检查以检查学生学习习惯养成为主，抽查各班学生的作业、课堂笔记、学习资料整理等。抓住师生两条线，强化教与学的规范性、养成性、常态化。二落实课堂监控机制。通过全天候巡课制、校长室例行检查制、教务处月督查制等，及时了解全校的课堂教学情况，发现问题及时整改纠正。实行“推门听课”，强化听课、评课工作，增加青年教师听课次数；三落实教情、学情跟踪。坚持开好“三会”：择期召开师生座谈会，掌握教与学的实际情况；定期召开班主任、备课组长例会和年级专题培训会，及时解决管与教的实际难题；月考、联考后及时召开质量分析会，有效调控教学。四是落实班纪班风检查制度。年级组织学生自律会和班主任队伍对班纪班风检查评比，全天候对各班纪律、卫生、跑操、就寝等进行检查，发现问题，及时解决。

数字化管理创活力。学校在现有多媒体教学设备的基础上，升级了有线视频系统和无线上网设备，让“空中课堂”、“远程教学”、“数字化教学”成为现实。同时，还整合“云尖教研”、“好分数”、“学科网”、“智慧教育”，形成了立体化智慧教学科研系统。学校积极建设媒体播放中心，编播音视频节目，丰富师生文化生活。开启学生电子阅览室，建设智慧教室，开放创客中心。此外，学校完善了录播教室使用管理机制，及时将优质课进行录像保存，支持校本教学资源的建设，重新整合监控设备，实现全网连接，多设备整合。

校本化实施促转型。学校对基础类课程实施了校本化管理方略，努力实现学生学习方式的转型。基于学校校情，找准学生最近发展区，激发学生学习兴趣，引导学生主动高效自主学习，学校提出了“把握学情，吃透课程，找准起点，精心设计，让学引思，分层作业，清单过关，个别辅导”的教学要求。经过多次研磨、讨论，“三型四段”导学课堂模式应运而生。“三型”即三种课型：新授课、复习课、讲评课。“四段”即基于不同课型的教学流程范式，如新授课型：情境设置→建构活动→互动提升→清单过关；复习课型：唤醒记忆→知识重构→重点强化→分层过关；讲评课型：整体点评→规范强化→重点错例→满分重做。不同课型导学课堂须始终坚守“五让三有”，“五让”指的是让读、让讲、让议、让找、让写，“三有”指的是有情境、有设计、有检测。努力构建校本品质课堂，夯实基础的同时促进学生思维品质的提升。

三、提出成长策略，促进学生发展

对于高中生而言，其最大的成长烦恼，莫过于想知道自己是谁，想干什么，未来能干什么。为了学校提出的学生成长“三自经”，策略，就是要通过三年的高中生活，让学生认识自己、了解社会、知晓职业，从而在成年之前，理智地完成人生的拐点抉择。

自主对话学校，表达合理诉求。学校给每位学生印发了《校长面对面》的小册子，在这本小册子中，学生可以与校长、年级主任等进行书面交流，表达个人的想法，从而畅通学生表达意见的渠道。只要是学校管理、校园生活等各方面的事务，学生都可以提出自己的想法。客观上，通过这样的举措，学生参与学校以及班级事务的积极性提高了，主人翁意识也增强了。

自主参与社团，彰显学生个性。学校设立了科学素养、人文素养与多元艺体课程，学生根据自己的个性特长，选择喜欢的课程进行走班学习，志趣相投的同学可以从不同的班级来到同一个课堂，一起开展探究活动。如“趣味数学”吸引了30多名学生参与，让他们在数学学习上化被动为主动；“影视欣赏”让选择该门课程的学生，以超出同龄人的视角对影视作品进行深层次探究，激发了他们语文学习的热情。学校还根据学生的自主选择，由学生会社团部组织设立了50多个学生社团，组织开展各种各样的兴趣活动。

自主选择组合，规划未来方向。学校在学生选科上，既提供常规组合供学生自主选择外，又针对部分学生英语较弱的情况，设置了小语种（日语、西班牙语、俄语）课程，让学生自由选择。学校作为国家中小学篮球特色学校，其中女篮拿下东台市、盐城市女子篮球比赛共26个冠军。

四、激发内在驱动，打造乡村名师

做“有理想信念、有道德情操、有扎实知识、有仁爱之心”的好老师是习近平总书记对广大教师的殷切期盼。唐中人坚持“成长至上”的办学理念，充分激发教师的内在驱动，努力打造一支以德立教、为人师表、精于教书、善于育人的乡村“大先生”。

在课堂教研中深耕。学校致力于打造生本课堂，积极探索“以人为本、激扬生命”为特征的生本课堂教学模式。通过申报项目进行专题研究，邀请专家到校指导、名师来校示范，派遣教师外出学习、开展集体教研活动、督促教师自学等多种方式，帮助教师确立生本教育的基本理念，领悟生本课堂的基本精神，探索引导学生自主学习、激发学生主动发展的课堂教学模式。生本课堂要求教师上课做到“先学后教、以学定教、师生互动、生生互动”，坚持“三必、四不、五让”课堂教学操作原则。“三必”指教师授课时间必须控制，学生自主学习必须体现，学生互动交流必须充分。“四不”指学生无自学不新授，无思考不交流，无探究不点拨，无反思不点评。“五让”指书本让学生读，见解让学生讲，重难点让学生议，规律让学生找，总结让学生写。生本课堂的实践探索，极大地提高了课堂教学的效率，尤其培养了学生积极动脑、深入探究、解决问题的能力。

在校本培训中蜕变。学校高度重视教师培训工作，不断健全校本培训工作管理制度。成立校长总负责，分管副校长具体负责，各科室主任、教研组长参与的教师培训和考核领导小组。学校制定了《唐洋中学校本培训制度》《唐洋中学校本培训年度计划》等管理制度，确立了《唐洋中学教师校本培训考核评价表》《唐洋中学教师教学常规考核办法》等评价激励制度，保证教师培训工作的制度化、常态化。近三年，教师参加各级各类培训，每年人均近100学时。此外，学校注重自我学习和集中培训相结合、校本培训和上级培训相结合、师德培训和素养培训相结合、集体研讨和专家讲座相结合，采取名师指导、专家讲座、教研组活动、集体备课、教师论坛、教学观摩、经验交流、考察访问、课题研究、自我研修等多种形式，保证教师培训工作丰富多彩又深入细致。

在成长场域中跃迁。通过师徒结对，进一步发挥学校现有骨干教师、名优教师对青年教师和培养对象的专业引领作用。学校大力实施“走出去、请进来”的教师发展战略，借助教科研部门和兄弟学校的人才资源，对教师加强专业培训和专业指导，让教师拓宽视野，转变观念，改进教学方法，进而带动学生转变学习方式，实现学习效能的提升。此外，学校还积极推行教师“四个一”（每天学习一小时、每周开放一节公开课、每月撰写一篇教学论文、每学期参与一项课题研究）成长方略。学校作为“全国师德建设实践与创新”基地，2021年将接受全国师德伦理协会建设验收。依托“师德基地”，学校着力通过优秀的作品陶冶人，先进的思想引领人，榜样的力量激励人，温暖的活动凝聚人，科学的项目培养人，努力培养新时代幸福的乡村人民教师。

“百年大计，教育为本”唯有切实把教育摆在优先发展的战略性地位，持续加大力度推进乡村教育优质均衡发展。才能实现乡村振兴的伟大蓝图。为乡村学生点亮一盏前行的心灯，为乡村教育托起一片梦想的蓝天，我校将会一直在优质发展的道路上笃定前行……

从"小"入手，让小学德育更智慧

——学校德育精细化管理的思考与研究

江苏省淮安空港贝思特学校　李广林

古人云："士有百行，以德为首。"理想的教育，必定以人为本，崇德尚理。但是，由于学生自身成长过程具有复杂性和长期性，身处社会转型期，面对文化和价值多元化的猛烈冲击，未成年人的道德教育问题正面临着许多新的挑战，这就要求我们从新的视角去研究小学德育，解决少年儿童在道德素质、法纪素质、心理素质等方面存在的一些基本问题。

德育是培养学生品德的教育，小学德育则是为孩子的品德修养打基础的教育。针对小学德育儿童化、基础化、校本化的特点，我们遵循少年儿童的道德发展规律，从"小"处着眼，从生活细节入手，从行为习惯做起，将企业文化中"每天进步一点点"引入到学校德育工作之中，引导学生每天启迪一点点、每天体验一点点、每天思考一点点、每天感悟一点点，从而使德育充满灵动、充满情趣、充满智慧，力求让孩子们在学习和生活中更勤奋、更聪明、更快乐。

课程："智慧园"里"智慧行"

孩子的道德生命犹如一颗颗种子，需要广阔的田野、肥沃的土壤，德育"课堂"是孩子道德生长的第一空间。

"品德与生活"、"品德与社会"等国家德育课程实施的根本目的是引导学生选择和建构有道德的生活方式。在智慧教育的引领下，我们深入研究德育课的课堂教学，引导教师关注孩子的生活，尊重孩子的体验和认识，整合各种教育资源，为他们形成积极的生活态度和实际生存的能力打下良好的基础，形成健全的人格和正确的"三观"。在德育"智慧型课堂"的实践中，我们进行了"课堂提问"、"课堂评价"、"合作学习"、"促进后进生"等专题的调查与研究，深入探讨如何提高德育课堂教学的效率。《让孩子自信，给自己自信》《"欣赏"让你我变得如此美丽》《幸福其实很简单》等一篇篇感人的智慧教育小故事，"宽容是爱，更是一种智慧"、"我在不知不觉中将教师这一职业变成了我的事业，为之努力，为之奋斗，为之痛苦，为之快乐"等一条条睿智灵动的"智慧论语"留下了教师们的教学反思。德育课堂焕发着生命的活力。

计划开发、实施校本课程是德育课堂建设的另一举措。立足于独特的德育资源和学校文化，我们计划组织骨干教师编写了德育校本读物。"课内•课外"篇中"健康童年"，包含了体育与健康两方面内容，让学生在各种游戏活动中了解各种健身方法，增强体质；"追寻历史"带领孩子参观、访问淮安的历史遗迹，对学生进行历史唯物主义、爱国主义和革命传统教育。在一次又一次的调查、参观、访问中，学生的社会生活能力一点点地得到提高。

德育课程的建设，让孩子们在"智慧园"里栽种、培养、劳作、种植新的智慧树，"智慧树"上结满了智慧果，智慧果里充满了童心童趣，智慧园里的"智慧娃娃"更快乐、更健康。

队伍：用"爱"铺就幸福路

班主任是学校德育工作的中坚力量，是学生教育工作中的"首席"。建设一支敬业、专业、充满职业幸福感的班主任队伍，是提高德育工作效能的前提。

为了贯彻"教育就是播种爱"的教育理念，让班主任"热爱每一个学生，会爱每一个学生，让每个学生感受到爱"，我们利用《中欣班主任工作守则》《班主任工作考核意见》《中欣班主任评比细则》等制度，来规范班主任的教育行为。

班主任工作需要"爱"，但仅仅有"爱"是不够的，班主任需要走自主发展的专业化成长道路。在区教育局的领导下，我们着力打造小学班主任名师工作室，以特级教师的名字来命名，以合作、创新、发展为工作室的理念，通过《阳光语录》《班主任创新艺术20招》《班级管理直通车》《阳光小贴士》等项目研究来带动、提升班主任自身的专业水平、综合素质，使之成为优秀班主任人才的培训基地，使每个班主任在工作室的研修中能逐步做到敏于发现、善于反思、敢于创新、精于积累、勤于写作，从而加速优秀班主任群体的成长。

在制定班主任工作的规范要求之后，我们还通过班级常规管理积分统计、民主测评推荐、问卷调查、家长访谈等形式，综合评定产生"中欣明星班主任"、"中欣明星班级"、"中欣阳光班主任"、"中欣阳光班级"，继而总结他们的先进教育经验，研究他们的教育模式，组织他们牵头承担项目研究，并向全校辐射，进而形成特色管理的品牌。

同盟："我和你"手拉手

电子邮件引发的思考。自学校开通网上"信箱"后，我们收到了几封来自家长的电子邮件。这些内容至少从一个侧面说明了这样一个问题：家长们越来越关心学校教育，越来越强烈的争取知情权。学校的任何一个教育行为都会引起高度关注，家庭教育正在以自觉与不自觉的形式主动向学校教育靠拢。

面对社会的发展，我们开始重新认识学校教育和家庭教育的关系：做好、做实家校沟通工作成了现代学校教育发展之路上的必然选择。要办让人民满意的教育，首先是办让家庭满意的教育，家长的认可度、家庭的需求度成为衡量学校教育的重要标尺。因此，我们办学的思维有了新的角度：学校不仅为少年儿童的学习提供智力支持与帮助，还要运用优质丰富的教育资源，形成家庭教育的资源网络，建构家庭、学校、社会的教育共同体——"社会教育"。

服务是教育的基本功能。学校具有服务功能，指的是为孩子服务，为家长服务。为孩子服务是本职工作，为家长服务也是本职工作，教育即服务，满意即服务。为孩子服务，我们立足于"使每一位孩子更勤奋，更聪明，更快乐"；为家长服务，我们定位于"使每一位家长放心，让每一个家庭满意"；并对家长作出"微笑暖人心"五承诺——对家长真诚微笑，与家长平等对话，为家长真心着想，替家长分忧解难，与家长和谐共进。

家庭是天然的合作伙伴。对于6+1的家庭的"1"，家长需要的不仅仅是关注，可能是参与，可能是"当家做主"。有这样的天然合作者，学校何乐而不为呢？

传递"智慧心约卡"。"智慧心约卡"是我校班主任的一个创新，老师们借助一张小小的卡片与家长心灵相约，通过无声的形式交流关于教育的见解与看法，架起了沟通的桥梁。小小的"智慧心约卡"得到了家长们的热烈欢迎，于是，《时代在变，当好现代父母》《"月亮船号"，心约之旅》《爱的教育》《努力培养孩子的独立性》《让每个孩子爱上阅读》等一篇篇精彩的育儿文章在老师和家长之间传递。教育的热心和爱心相约，形成了最大的教育合力。

活动："谁的童年谁做主"

"在家做文明小主人，在学校做文明小学生，在社会做文明小市民"，自创立之初，我们一直注重调动学校、家庭、社会"三位一体"的参与意识，强化养成教育。我们围绕周六下午趣味活动，开展了丰富多彩的活动，让每个孩子为自己的童年描绘最美的图画，让孩子们在活动中受到潜移默化的教育，提高儿童的素质。

活动一：清晨故事会。校园的空气需要爱心律动，爱同学，爱老师，爱家长，爱学校，爱班级……我校的广播站"清晨故事会"栏目由班主任老师倡议设置，为孩子们娓娓道来一个个充满绚丽色彩的故事，本学期至今已讲述了5个小故事。如《花婆婆》为世界做一件美丽的事情；《胖宝宝呼噜》懂得人与人之间要相互关爱、彼此宽容；《石头汤》拿出自家的好东西真开心……这些就是校园里最美的旋律，要常唱常听，常唱常新，荡涤孩子的心灵。

活动二：校园节日。校园文化节是我校实施智慧教育、构建学校精神文化的重要举措。围绕促进学生全面发展的主题，我们规划设计"1+1"创造节、"大嘴巴"英语节、"六一"艺术节等大型年间活动。"大嘴巴"英语节，让学生们大胆说，积极做，努力唱；"1+1"创造节，使同学们树立人与自然和谐相处的意识；通过航模、车模、机器人等比赛项目，培养学生的科学素养、发展其创造能力……让五彩的灯光为孩子们留下了难忘的童年记忆。

活动三：小干部竞聘。我校开展了"小干部竞聘上岗"的活动，让孩子自己走上讲台，勇敢而大声地表达自己内心的愿望。小到自主选举班级"幸福岗位"、学科"智慧星"、管门的"门长"、管灯的"灯长"、管黑板的"板长"等，大到竞选"中欣礼仪局长"，每次竞选都让孩子们经历了一次自我民主权利的新体验。

活动四："绿色接力"日记。"绿色接力"就是通过每一位班主任、每一个家庭的不懈努力，实现学生的可持续发展。每个班集体都有一本特殊的"绿色接力日记"，由班主任、学生和家长"接力"完成。家长特别想知道孩子的学校校园生活是什么样的，通过写日记则不仅能了解自己孩子的情况、班集体的发展状况，还能将自己的家庭教育做法拿出来与班主任和其他家长交流讨论。"绿色接力"日记，让家庭和学校合成了教育团队，从多个角度记录了学生动态成长的轨迹，为学生的发展架设绿色桥梁。

德育，是培养学生品德的教育。每天思考一点点，每天启迪一点点，每天体验一点点，每天感悟一点点，我们的德育越来越灵动，越来越充满情趣与智慧。合理开发、运用德育资源，构建开放性的德育体系，从"小处"着眼，从实处着力，让我们的学生每天进步一点点，让我们的德育教育品牌每天响亮一点点。

红星教育放光芒　立德树人担使命

江苏省连云港市班庄中心小学　谭鑫之

多年来，江苏省连云港市班庄中心小学围绕以"爱与责任"为精神内核的"和你在一起"的校训，以培养"学而思，知以行"的学生为目标，依托赣榆区丰富的红色资源，探索构建"红星教育"德育课程体系，开展系列校园红色教育行动，真正让立德树人课程体系融入赣榆元素。

学校积极建设“红星教育”德育课程，立足于区域红色文化，依托国家课程“道德与法治”，系统开发校本课程和活动课程，通过物型场景的打造、德育课程的改革、序列活动的开展、育人范式的建构以及评价机制的跟进诸方面，实现培养学生既有“家国情怀”又有“责任担当”的整体目标。

除了聚焦“道德与法治”，整合国家德育课程外，学校还积极开发红星校本课程。一是聚焦“国家认同”开发“红色人文课程”，编印《红领巾心向党》《抗日山英雄谱》《红歌赏析》等校本教材，出版《朱月华将军》口袋书，培育学生的家国情怀，增强他们的国民认同感；二是聚焦“社会责任”开发“红星知行”课程，编印《走近绿色》《安全在心间》《文明你我他》等校本教材，培养学生面向未来的社会生活能力。

建设红星活动课程，以其自主性、实践性和多元性满足学生品格提升需求。学校根据教师特长，进行活动课程的师本化开发，有机地拓展了国家课程和校本课程，进一步系统规划、整体建设好红星活动课程。

“人文课程”类：开展祭扫抗日山烈士陵园的红色德育活动、“红歌嘹亮”，以及“重走长征路”、“寻访抗战老兵”的远足等活动，感受革命历史，继承优良传统；以“中国梦•我的梦”为主题，开展“红星中队”建设活动；以教室文化建设为切入点，以英雄各不相同的精神价值为统领，开展班风、班训、班歌、班旗等文化符号的创设活动，培养健全人格。

“知行课程”类：以创建省市级“书香校园”、“绿色校园”、“依法治校先进单位”、“生态文明校园”、“节水学校”为契机，开展形式多样、内容丰富的班队活动。如开展“读书沙龙”，培养文化自信；开展“我为家乡增光彩”综合实践活动，培养“爱绿护绿”的健康意识和“遵守交通规则”的自律意识。建立“争章达标”（红星章）评价机制，全面提升学生的道德素养。

为了保证德育课程的有效实施，班庄中心小学以省级“一校一品”党建文化品牌项目“红色基因代代传”为统领，厚植党性教育，抓好班子建设，注入源头活水，着力建设一支德艺双馨的教师队伍，永葆育人活力。

“两个到位”引航发展。创新“三会一课”形式，开辟“走会”、“走课”路径，把会场和课堂从室内搬到室外，从中心校搬到村小，从学校搬到社区，做到核心引领到位。健全监督协调机制，完善党员、教职工定期评议学校领导班子制度，开展党支部领导下的“青年文明号”、“巾帼示范岗”、“志愿服务队”等活动，以党建促团建带队建，以党风促师风带校风，做到党群共建到位。

“两处融入”正本清源。融入师德师风建设，设立“党性大讲堂”，组织党员参观红色教育基地，撰写心得体会，以实境教育提高学习教育成效。开展“八反思八转变”活动，坚持问题导向，边学边做边改。融入校园文化建设，布设家训文化和楹联文化，将国学经典与廉政文化有机结合，充分挖掘“红色乡贤”——原广州军区副司令员朱月华将军事迹，建成校内红色教育基地“月华馆”，用家乡英雄的事迹教育人。

“两项活动”守正笃实。开展入户走访活动，以党员教师牵手特殊学生为抓手，定期资助帮扶特殊学生家庭，实现留守学生、失亲学生、家庭经济困难学生家访全覆盖。开展岗位争先活动，以“3+1”德育课程实施工程为抓手，争创“课堂教学示范岗”、“敬业奉献示范岗”、“廉洁从教示范岗+德艺双馨先锋岗”，充分发挥党员教师的示范引领作用，全面培育红星少年。

在育人实践中，班庄中心小学彰显“仁爱”教育底色，积极创新德育实践形式，不断丰富完善德育工作路径和活动载体。

一是建设“两社两站一讲堂”。“两社”是指红星剧社、红星报社。红星剧社体现了学生立场，是戏剧与道德相结合的德育实践创新，将戏剧表演这种崭新教育样式给予所有参与的学生心灵的感染和陶冶，让他们体验心理上的满足与成就、精神上的愉悦与舒适，从而提升学生品格。学校引导学生自主组建各级各类的剧社，形成多维的剧社体系，最终搭建起“一大平台”——剧场展演活动，从班级、年级、学校3个层面展开，让每一名学生都有所思考，让每一次的道德行动都能惠及校园的每一个人。学校将围绕“传承中国精神，放飞童心梦想”主题，紧扣社会主义核心价值观教育进行年度公益汇演。红星报社是面向学生的创作、表达、展示的阵地，目前《红星报》已出版70余期。

“两站”是指红领巾广播站、“红星闪闪”校园网站。广播站和校园网站是媒体类学校红色德育实施平台。学校结合实际精心建设两站，把原有的校园网站升级改造为“红星闪闪网”，调整、增加“教师博客”、“BBS论坛”、“周星、月星、年星”等栏目。“红星大讲堂”是促进学生品格提升的有效载体，每周一个论坛主题，每月一个主题报告，拓展学校育人形式，深化学校育人内涵，提升师生人文素养。抗日老战士、荣誉校友、优秀学生、骨干教师、专家学者、社会名流等都将是聘请的对象，讲课的内容涉及革命历史、时事政治、人物榜样、天文地理、文化艺术等，其中将特别邀请朱月华将军的亲属、朱月华将军生前所在部队的官兵莅临学校进行宣讲。通过讲坛活动，让师生思想更加理性和睿智，涵养更加厚实和儒雅。

二是设立“红领巾志愿者”先锋岗。道德认识必须通过道德实践才能内化为自觉行动和道德品质。学校将建立校内服务基地“月华馆”、“瞻圣书院”、“红星剧场”、“希望来吧”等，拓展校外服务基地“敬老院”、“市民广场”、“烈士陵园”等，建立学校志愿者和家长义工云平台与帮扶对象资源库，发布信息，招募志愿者。开发微信公众号，为社会、家庭、学校搭建志愿者活动的沟通桥梁，定期评比“志愿之星”。

江苏省连云港市班庄中心小学以“红星教育”建设作为德育工作的切入点，真正实现把立德树人融入思想道德教育、文化知识教育、社会实践教育各环节，身体力行地践行“把红色资源利用好，把革命传统发扬好，把红色基因传承好”的重要指示，为即将到来的建党100周年献出更好地礼物！

崇美立校壮心志，深耕课改迎重生

江苏省如皋市磨头镇磨头小学 李国瑞

少年强，则民族强！全面贯彻党的教育方针，落实立德树人根本任务，发展素质教育，推进教育公平，是每一所学校肩负的使命，也是在教育改革上的不懈探索。学校是教育发展的第一阵地，也是“以文化人”和“立德树人”的灯塔，指引着孩子找寻未来人生的正确方向，照亮他们的心田。办人民满意的教育是最大的民生工程，办人民满意的教育是国家实施科教兴国的重要的保证，办人民满意的教育是实现中华民族伟大复兴的基石。办学以来，我校始终秉承“教育就是让师生的生命焕发异彩”的办学理念，用“以人为本，以美育人”为载体，以“崇美磨小、科技磨小、书香磨小、毽球磨小”为突破，立足课堂教学改革。不断丰富我校师生素养和能力，努力提升学校品质，绽放师生生命，以专业成长和自我实现为支撑点，撬动教师队伍的发展，提升我校师生的凝聚力，增添幸福感、获得感、存在感，如竹拔节、如花绚烂。

一、花香浓如水，文风润满园

校园文化是学校可持续发展的动力，是学校综合办学水平的重要体现，也是学校个性魅力与办学特色的体现，更是学校培养适应时代要求的高素质人才的内在需要。校园文化互动性、渗透性、传承性、自觉性的特点，决定了每个生活在校园中的个体，都会烙上学校特有的文化印记。我校一直致力于“崇美”文化的建设，其文化建设理念是“顺应童性，向善向美”。“崇真”、“崇善”、“崇美”组成了“真善美”的教育品牌；“崇正”、“崇德”组成了“正德”的教育品格；“崇博”、“崇雅”、“崇馨”组成了“博雅馨”的教育品位。

学生一进校门，就能看到冒炳国先生题写的两个大字“崇美”；我校建筑物也是围绕崇美文化命名，如“崇真楼”、“崇美楼”、“崇善楼”……构成了独特的“崇”字牌儿建筑景点的文化名称；运动场命名为“崇美运动场”；这样的命名不仅体现了我校以儿童的终身发展为目标的育人理念，更散发出其独特的文化魅力！陶行知曾说过：“天然环境和人格陶冶，很有密切关系。”校园中的每一座建筑、每一处景点，每一片绿色，都成为一种思想的传递，一种文化的表达，优美的校园环境就像无声的老师，滋润着师生的心田，熏陶感染着师生，丰富净化着师生的灵魂，潜移默化地引导师生向着健康的方向发展。营造一个和谐优雅的校园环境，一直是我校的不懈追求。我校对各室进行了文化设计和布置：教室布置很有特点，不仅追求清晰美观；也富有个性的班风。我校还张贴不少二十四史宣传画，布置了“冠军墙”。力求让每一面墙壁都说话，让每一棵草木都含情，让一砖一瓦皆育人。今天，走进我校校园，仿佛走进了一座设计精美的园林，一树一草都成景，可以看到垂柳依依，松柏挺立，鲜花常开，小桥流水，可以看到河边围栏上各种卡通、植物形状的学校宣传牌，可以看到融个性、美感与童味儿一体的专用教室布置，可以看到“崇美•课堂”上师生那一张张绽放的笑脸……因我校独特的校园人文环境，获得了“江苏省绿色学校”称号，铸就了“团结拼搏，迎难而上，不达目的誓不休”的校园精神，也形成了“积极向上，达观开朗，自信自强”的文化气质。

二、百花丛中绽，书声照心田

教育家苏霍姆林斯基曾说过，没有自我教育的教育，就没有真正的教育。书香校园的建设能够提升学生自主阅读能力，发展学生的自我教育。自主阅读就是学生最好的自主教育载体，提升学生的阅读能力不仅是建设书香校园的要求，与学校的语文教育也相辅相成，相得益彰。我校一直致力于孩子的课外阅读，读书活动如火如荼。学校每年举办春季、秋季跳蚤书市活动。统一安排，分班级摆设书摊，各班同学把自己看过的闲置书籍有序摆放好，或打折出售，或用于交换。书本丰富多样、种类繁多，有学生喜爱的童话故事、绘本读物，还有学生热衷的各种名著，可谓货源充足。活动的举办为学生提供了一个资源共享的平台，让他们博览群书，享受到阅读带来的乐趣，同时营造了浓郁的读书氛围，推动了书香校园的建设。

我校还定期添置新书，推动诗文晨读，开设午间书场，举行图书漂流活动。每学年都举行大规模的“磨头小学崇美杯经典诵读比赛”，“磨小人为你读书”公众号推荐的各班优秀诵读音频，读书征文比赛、手抄报评比等一系列行之有效地创新举措让我校学生读书蔚然成风，硕果累累，学生习作发表及获奖400余篇。在各级各类诵读比赛中载誉而归。数年如一日，本色显芳华，“书香磨小”已成为我校最为引以为荣的学校特色。此外，我校还坚持以人为本，以素质教育为重点，注重道德教育、养成教育、体验教育和实践教育，以动手动脑为主要手段，引导全体学生积极参加丰富多彩的社团活动，促进学生良好个性的形成和个人素质的全面发展。为让每一位教师都能发挥所长，让每位学生都能学有所长，我校提出了“人人都参与，个个求特长，班班有特色”的要求，努力把社团办成孩子们心仪的学园、雅园、艺园及乐园。开设了毽球、篮球、舞蹈、朗诵等二十多个特色社团，所有的活动项目既贴近少年儿童的年龄和爱好特点，又彰显学校传统及亮点。其中，我校一直将毽球作为特色项目打造，将“毽球飞扬，快乐成长”作为学校阳光体育运动的宗旨，将“做好人、读好书、踢好球”作为毽球社团成员努力的方向。截至目前，我校毽球队已经连续六年蝉联全国少儿毽球锦标赛团体计数赛冠军，获得全国奖牌数36个，各项荣誉达62个；省级奖牌数178个，各项荣誉多达405个。成功举办了“南通市首届地方特色（毽球）推介”活动，“毽球磨小”名副其实。“科技磨小”是我校的另一张闪亮名片，我校组建了一系列的科学活动社团，如创客社团、科幻绘画、科普话剧、科技小发明等。学校先后组织师生参加了国家、省市级教育主管部门举办科学竞赛活动。两名同学参加“乐聚杯”第一届中国青少年人工智能及创客大赛创客挑战赛获得小学组一等奖；在科幻画比赛中，多名同学获省一等奖。缤纷的社团活动让校园充满欢声笑语、丰富了学生的校园生活、促进了学生的全面发展。

三、青蓝同成长，家校心连心

教师专业成长是学校发展的内涵，我校十分注重教师的专业成长，主要思路是给年轻教师洗脑子、结对子、压担子、搭台子。我校每年都举行“青蓝工程”结对仪式，尽可能发挥更多骨干教师的示范和辐射作用，促进新教师快速成长。让教师带着信心、带着思考、带着收获在专业成长的道路上大胆实践、奋力前行。我校也把精力投入到教育科研和课题研究中。鼓励教师多读书，丰富自己，铸梦未来。我校也着眼常态课，加大随堂课的督促力度，依据随堂听课所了解的常态课教学情况，分析判断教师日常课堂教学的现状，指导教师改变教育理念改进教学行为，促进教师专业成长。

几年来，我校承办了南通市首届“龙游金磨”教研活动，承办了如皋市小学“活动单导学”教学模式专题研讨活动，承办了如皋市小学科学青年教师教学风采展示活动，以及磨头镇“崇美杯青年教师课堂教学比武”等一系列活动。想方设法为教师提供展示风采的舞台，教学研究的平台，促进教师专业成长。

人文情怀决定着一个学校的辐射力、影响力和凝聚力，对促进学生的全面发展和教育教学的和谐发展有着重要的意义。我校从多方面强调人文情怀，从小事出发，让师生感受真切关怀。就餐食而言，我校餐厅加强“智慧食安”建设，提出“烹有温度的菜肴，办有温情的食堂”，饭菜质量不断提高，花色品种不断增加；彰显了我校浓厚的人文关怀。课堂上，我校要求教师要饱含情意，充满人文关怀，师生之间要情意绵绵。教师上课热情洋溢，激情似火，就能点燃学生心中求知的火焰。只有教师自己真正动情，才能传之以情，以情激情，感染学生。这种情是真挚的、高尚的，学生会耳濡目染，就会受到熏陶。教师的人文情怀还体现在班级活动上。比如，每逢有学生生日，班主任会给学生送上写满祝福的贺卡。就是通过这种以人为本、人性化的关怀，我校教师在事业中才能感受到生命的价值和幸福，学生才能感受到生活的温馨和快乐。

四、匠心照明月，园业铸辉煌

真正的教育，从来就不单单是学校的事情，更是家庭、学校和社会的共同责任。多年来，我校在家庭教育指导实践中，探索出一条“家校平台生长、最美教育生态”的特色之路。建立家长委员会，共谋学校发展大计。充分发挥学校主导下家长委员会的主体作用，让家长们畅所欲言，最后形成家校共识。我校也借助多种网络平台，如微信、QQ等，对家校相关事情进行宣传、商讨，受到广大家长的一致欢迎。为了能更好地为家长答疑解惑，我校还开通了“家校电话热线”。及时接听和处理家长问题。利用“家校热线”定期和特殊儿童家长联系，彼此了解孩子的情况，给他们以特殊的关爱。

绵绵用力，久久为功。教育是一门既深且远的学科。今后我校会继续凝聚师生智慧和力量，以人为本，以美育人，追求崇美，勇立课改潮头，谋划学校发展，始终如一，用奉献装点教育事业的百花园，用生命谱写一曲又一曲教育新歌。

凝心聚力　共赢未来

江西省吉安市峡江县实验小学　涂正生　邓小红

家校社合作是学校教育的新途径、社会共育的新桥梁。江西省吉安市峡江县实验小学一直以来高度重视家校社合作教育，从2013年开始便成立学校、年级、班级三级家委会及常务委员会，建立《家长委员会章程》，制定《家校合作工作实施方案》，成立“家校之桥”工作组，设立家长志愿服务站，全力打造家校社“三位一体”共育平台，形成了一张有口皆碑的教育名片。

家长是影响孩子成长最关键的人

为唤醒家长对家庭教育的重视，峡江实验小学自开展家校合作以来，邀请相关专家对家长进行家庭教育讲座累计20余场，每月举办家庭教育沙龙，开展“新时代•好家风”家长演讲及“家校合作”征文比赛，向家长推荐家庭教育丛书，编写《家校社合作使用操作手册》，使家长真正明白：教育孩子不仅是学校和老师的事，更是家长的事，自己才是孩子的终身教师，是影响孩子成长最关键的人。

要改变孩子，家长首先要改变自己，而要教育好孩子，必须坚持家校合作。正如学校第四届家委会常务委员，也是一年级的家委会会长吴辉在座谈时所说：“家校合作开展得如火如荼，我也从不放过任何一次家庭教育讲座和培训。通过参加讲座和培训，我明白了，孩子的成长不仅是学校、家庭的事，也是全社会的事。家校合作的深入开展，让我感受到了两大变化，一是改变了家长观念，改善了家校关系，化解了一些家校教育的分歧；二是建立起社会各层面一起说教育、思教育、谋教育的大育人格局。”

让家长和孩子共读、共享、共同生活

阅读是人类获取知识、增长智慧的重要方式，是一个国家、一个民族精神发育、文明传承的重要途径。峡江县实验小学以大阅读为背景，通过举办“亲子阅读竞赛”、组织“读书交流会”、开展亲子阅读展示活动、评选“书香家庭”等方式督促家长和孩子共读、共享、共同生活，改变了家风，影响了民风，把很多家长从麻将桌上拉到了书桌上，让酒架变成了书架。

正如一位母亲在谈亲子阅读的体会时说道：“以前我的主要任务就是照顾孩子生活起居，至于孩子的学习和心理成长，不会管也不愿管。学校倡导大阅读后，老师推荐我买来不少书，每天等孩子写完作业，就陪孩子一起读书。我和孩子在阅读中感受到从未有过的快乐，今年我家还被评为‘书香家庭’。”

又如在2020年疫情期间，学生线上学习三个多月，为了保证学习效果，各班家委会配合老师将本班学生分成若干线上学习互助小组，每个小组由一个家长义工负责检查作业，同时开展亲子共读活动，进行国学经典诵读打卡。开始只有30多个全勤打卡，后来增加到50多个，这都是父母陪伴和督促的结果。

志愿者行动让学校和班级工作一呼百应

为缓解校门口上下学时路窄人多的拥挤问题，从2017年下半年起，峡江县实验小学每天由年级组家委会自行安排家长志愿者开展家校护学行动，帮助学校维持上下秩序、环境卫生、交通安全，极大地改善了校门口拥挤、脏乱的现象。据统计，近两年共有3000余人次家长参与了志愿者行动。

参加学校志愿者行动，也成为每个家长非常乐意做的事情。正如有位家长在座谈时说道：“我觉得义工活动是一项非常有意义的工作，虽然我牺牲和奉献了一点时间和精力，但也收获了很多。一是收获了可贵的友情。我们这些义工年龄不同、工作不同，可为了孩子，大家不约而同地走到了一起。二是收获了快乐地心情。家长之所以能够聚到一起，是因为我们关心和爱护孩子。三是收获了爱。这种关爱学生、服务学校、服务家长的崇高境界和持之以恒的爱心行动时刻感动着我、激励着我，也感染和带动着每位家长，使护生护校活动成为校门口一道亮丽的风景线。”

学校每年还与社区联系，组织学生开展“用心点燃希望　用爱撒播人间”的爱心公益活动，开展“保护环境　从我做起”的“环保小卫士”志愿活动，开展“相约周日　情暖童心”的关爱留守儿童行动……在这些丰富多彩的活动中，真善美充盈着每个孩子的心田。

家校社合作使教育生态得到改善，实现了同心、同向，家长和社会也更加理解、支持、配合和尊重学校工作，真正成为教育正面宣传的代言人和正能量的传播者。由于家校合作特色鲜明，峡江县实验小学也成为全国家庭教育创新实践基地、全省家长示范教学点、江西省家校社合作试点学校、吉安市家校社合作特色学校。

实施阳光教育，提升办学品位

江西省万年县第一小学　刘领永

百年大计，教育为本；教育大计，教师为本。老师是立教之本，兴教之源。理想的教育依赖一流的教师队伍，教师的高尚师德、精湛的业务能力决定着学校发展的高度。然而，受社会不良风气的影响，学校的师德师风问题饱受诟病。有相当一部分教师热衷于补课、推销教辅资料，甚至有些班级排关系座位，把家庭条件好的、参与了补课的学生安排在前排就座，导致家校关系极度紧张，信访件“满天飞”。为

了让每一个在校学生享受公平公正的优质义务教育，我校实行阳光教育，促进家校和谐，提升学校教育水平不断提高。

一、实施阳光教育，促进学校发展

实施阳光排座，杜绝教师的微腐败。校园应是最公平公正的，为维护公平公正，学校实行“阳光排座”：开学初，教师和家委会根据学生身高、视力等多因素综合考量，共同排座并将座位表交由党支部、家委会签字备份，班主任只能左右调整学生的座位，前后调整不得超过一桌。学校校长、工会、党员教师和家委会不定期抽查各个班级，如发现私自变换座位，则该教师年度考核不合格。“阳光排座”避免了人情座位、金钱座位，杜绝了教师队伍中的微腐败。

推行阳光分班，化解择班择师的现象。为了化解择班择师的现象，我校将一年级的新生随机分班，任课教师均衡搭配后，抽签决定自己任教的班级。防止了分班过程中家庭条件好的家长特权现象，维护了教育的公平。

布置阳光作业，减轻课业负担。我校规定，凡是布置的作业，教师都要批改，倒逼教师尽量少布置作业；一至三年级不留家庭作业，四至六年级的作业不超过一个小时；教师不得要求家长批改作业；多布置动手操作类型的作业，少布置机械抄写类的作业。

坚持阳光辅导，禁止教师强制补课。学校禁止教师通过打电话、暗示家长让学生补课的行为，坚持学生自愿参加延时服务的原则，充分用好延时服务政策，辅导好学习有困难的学生。学校储备一批语、数、英三科备用教师，产生震慑作用。一旦发现教师有强制本班学生参加补课行为的，一经查实，聘用教师直接辞退，公办教师待岗跟班

学习，同时启用备用教师顶岗教学。通过阳光辅导，减轻了学生家长的经济负担，提高了家长对教师的满意度，提高了师德水平。

建设阳光课程，培养阳光学生。我校以“教孩子六年，为孩子着想六十年”为核心思想，以“六〇德育课程、学科拓展课程、才艺特长课程和稻作文化课程”四个部分为框架开展研究。为达到培养全面发展的学生，让每个学生既学得好，又学得开心的目标。学校开设了三十多门校本课程，每周开课两节，免费让学生参加学习培训。

二、打行阳光团队，促进内涵发展

“一个人走得很快，一群人会走得更远。”我校将以“六〇”文化为基本价值取向，建立起由高级教师、名教师、学科带头人、教学能手和教科研成果突出者组成的学术委员会，成为学校发展的评议方、审定者和孵化器。

参与学校重大决策的评议方。坚持“六〇”的价值取向，在学校管理中充分发挥学术委员会的作用，使之成为学校重大决策的评议方、教师发展的审定者、校本研究的孵化器，切实提升学校管理水平，促进学校内涵发展，达成教育的理想追求。

促进教师专业成长人审定者。学校一切重要的学术评价工作，如教师职务聘任、新聘教师、骨干教师考核、课题管理、各种学术奖励和学术推荐等，都必须通过学术委员会。学术委员会注重引导教师通过自主学习、自我规划、自我实践实现自我发展，通过撰写教学日记、同行交流、行动研究等加强教学反思，同时加强专家引领、同行合作、在职培训和进修等培养途径的综合运用。

提升科研内涵品质的孵化器。我校学术委员会在开展学术素养和学术能力现状调查的基础上，立足自身角色定位和职能定位，主要进行两个方面的尝试：一是开展教研活动，提高科研技能。通过开展常规性的精品教案、精品课件、精品课例等评选活动和“青蓝工程”、公开课、对外交流展示课等课堂展示活动，以及学术咨询日、专家讲座、学术沙龙、学术年会等校本培训活动，切实转变教师的教学方式和学生的学习方式。二是加强课题研究，明确发展方向。学术委员会着力完善校内课题研究管理规章制度，确保一线教师都参与到课题研究中去，使学校的课题研究工作走上制度化、规范化的轨道。

推行阳光评价，成就阳光师生。为了充分发挥评价的导向性作用，我校改革以分数作为唯一指标评价师生的依据。学校制定学生阳光学生评价标准，借助睿教育APP，强化过程评价，坚持能力加特长相结合。评价教师时，我们采用教师自评与校评相结合，从德能勤绩四个方面、注重教师专业发展、专业引领方面的评价。让每一个教师看到自己的不足和进步，发挥评价促进发展的作用。

阳光教育的实施，促进了家校关系的和谐，维护了教育的公平，提升了办学的品位，成就了阳光学生、阳光教师、阳光校园，得到了家长、社会的认可。“雄关漫道真如铁，而今迈步从头越。”今后的工作任重而道远，我校将不断总结经验，创新机制，在已有的基础上找准外部需求与自身发展的结合点，在实施阳光教育的探索之路上不断前行，提升学校办学品位。

创绿色学校，促和谐发展

江西省寻乌县城南小学　陈治权

生态文明是衡量一个国家和民族文明程度的一个重要标志。爱护地球、维护生态、保护环境，树立“垃圾分类也是新时尚”观念，是社会进步的体现，是每一个公民义不容辞的责任。为贯彻落实习近平生态文明思想和党的十九届五中全会精神，进一步践行绿色发展理念，提升师生的环保意识，近年来，我校紧紧围绕“创建平安、文明、和谐校园”，促进学生、老师、学校可持续发展这一总目标，带领全体教师积极推行素质教育，深化教学改革，教育教学成果丰硕。学校先后被评为：全国青少年校园足球特色学校、亚运足球梦想学校、省优秀学校少年宫、市级文明校园、全市教育系统党建示范校、市级优秀少先队大队、县平安建设先进单位，无烟学校等。积极开展“实施环境教育，创建绿色学校”活动，采用多种形式把环境教育纳入素质教育的轨道，加强校园绿化、美化、净化，积极创建“三化”学校，发挥环境育人功能，做好做深“人文环保”这篇文章，全校师生共同奏响绿色环保的美妙乐章。

我校创办于2012年8月，学校占地面积达30015平方米，建筑面积达12600平方米，现有44个教学班，在校生2252人，教职工120人。

一、成立领导小组，规范管理工作

我校对创建“绿色学校”十分重视，建立健全了学校绿色环境教育保障体系。成立了“城南小学‘三化’建设领导小组”，校长任组长，分管副校长为主管领导，各处室主任和年级组长、班主任共同参与的领导集体，形成上下齐抓，内外共管的创建合力。制订切实可行的学校环保规章制度、文明环保公约和环境教育计划，抓好过程管理，定期研究，落实措施，平时加强检查督促，搞好评比总结，重视资料建设。

环境教育是一项科学的工作，只有不断提高教师对环境教育的认识，才有可能提高学生对环境教育的正确认识。因此，环境教育的队伍建设尤为重要。近年来，学校以校本培训为基本途径，组织全员学习，致力打造一支热爱环境教育事业，观念领先的教师队伍，通过学习《“绿色学校”创建标准》，增强了教职工环保责任意识，通过观看专家讲座和环保宣传片，让教职工了解环保知识，通过举办各种环保活动让教职工重视环境教育。

二、打造环境文化，构建绿色校园

校按照绿色校园标准进行规划设计，除了教学区和办公区，运动区，其余区域都进行了绿化。校园内有4299平方米的草坪，有542平方米的灌木，并且有种类繁多的乔木421棵。

学校的环境整体布局合理，连廊式的教学楼，整洁明亮的办公室，教室布置得各有特色，班级都有盆栽绿化，既美化了环境，又培养了学生护绿意识和爱心。形成了四季有鲜花，终年可见绿的绿色校园。

在校园文化布置上，讲究简约大方、主题鲜明，分区域设置不同主题的文化内容。学校凝练了以“礼乐”为核心的校园文化，通过推崇礼，倡导谅解宽容、与人为善，让孩子怀揣明理之心、敬畏之心、谦恭之心，在“尊重、遵守、适度、自律”的原则中乐教乐学。在校园的楼梯等醒目地专门布置了这些文化，让学生在浓厚的文化氛围中接受环保教育。

校园环保要求达标。学校建立了“每天两扫，一周一大扫”的卫生制度，垃圾实行分类后统一清运。整个校园干净、教室宿舍整洁，厕所清洁无味。师生消费观念科学合理，学校实行严格的门岗制度，严禁师生将严重污染环境和能耗高的商品带入学校。

三、开展多样宣传，增强环保意识

在课堂教学中渗透环保教育。学校要求各学科以教材为本，充分挖掘教材中的环境教育因素，选准切入点和结合点，对学生进行渗透式教育，并与最新科技发展、社会经济可持续发展、环保生态资源等内容联系起来。比如科学课讲绿色食品，思品课讲节约资源和变废为宝，语文课教孩子写保护环境的文章，美术课交给学生用纯真的绘画语言表达爱我家园的情感，这样把环保教育作为素质教育的重要内容来抓。通过学科的渗透，让学生知道要节约能源，不浪费水电、粮食，保护环境：要爱护动植物：要会变废为宝，重复使用，节约资源，减少污染；还要知道吃东西要选择绿色食品等。

在日常管理中培养绿色意识。政保处每学期在全校开展节水、节电、节约资源等活动，从小就树立资源节约意识。办公室向全体教师发出“绿色办公”的倡议，提出“绿色办公室”准则，如多使用电子文稿，做到双面用纸，充分利用用过的纸张进行反面再打印。总务处要求全校师生合理使用电器、节约用水等这些绿色行为。各年级开展“绿色行动承诺”、“不使用一次性筷子”、“垃圾科学分类”等倡议活动，在各班设立了“环保小卫士”，负责监督本班的环境卫生。教育学生在校内外不乱丢杂物、不乱倒垃圾、不乱吐痰、不乱画书桌、墙壁、不高声喧哗、不破坏绿化，学生环保意识的增强；通过“小手拉大手活动”也影响了学生家庭和周边社区环保，同时提高了学校的素质教育质量和办学水平。

在多彩活动中开展环境教育。少大部充分利用周一的升旗仪式，对学生进行环保为主题的演讲如《如何养成良好的卫生习惯》《水是生命资源》《善待地球妈妈》等专题演讲，其次在“植树节”、“地球日”　“世界环境日”、“爱眼日”等节日，开展丰富的主题队会活动，如“学雷锋，争做环保小卫士”、“我和小树共成长”、“低碳生活，从我做起”、“善待地球，保护环境”、“垃圾分类，你我先行”等，号召学生走进生活、走进社区，共创绿色校园，共创绿色家园。

一分耕耘，一分收获。自开展“实施环境教育，创建绿色学校”活动以来，学校师生从身边做起、从自己做起、从小事做起，不仅培养了“爱绿、护绿、育绿”的意识，还让校园更绿、更净、更美了。

创建“绿色学校”是一项长期工作，只有起点，没有终点。今后，我校将在学校教育教学中加强“生态文明”和“绿色环保”知识的渗透，以创建绿色校园为契机，严格按照绿色生态校园标准，科学规划，稳步推进，使学校的绿化工作再上一个台阶，让绿色充满整个校园，让绿色浸润师生心间。力争把学校办成家长满意、学生喜欢的绿色家园！

坚定信念谋发展　教学相长争一流

江西省鹰潭市第十一小学　叶小明

作为一所新兴的现代化学校，江西省鹰潭市第十一小学自2016年创建之日起，就与时间赛跑，同困难较量，始终以立德树人为核心，以“为每一个学生的幸福人生奠基”为办学理念，不断创新教育管理制度，努力提升素质教育力量，走出了一条特色发展、内涵发展之路。

坚持立德树人，筑牢思想根基

立德树人是教育永恒的课题。让德育回归本源，培育学生核心素养，是新时代学校教育的着力点和新航标。鹰潭市第十一小学全面贯彻党的十八大和十九大精神，深入学习习近平总书记系列重要讲话精神，制定并完善德育教育顶层设计，努力构建高效立体德育工作体系，扎实有序地开展育人工作，帮助学生“扣好人生第一粒扣子”。

经典故事、寓言、科技文化名人宣传等在校园里随处可见，让爱国主义、传统文化成为校园文化的重要元素；美术展览、校园广播、故事会、演讲比赛、室外展板及文化长廊让“社会主义核心价值观”入耳入眼、入心入脑，引领学生立志学习、境界高远；研学旅行让学生“健体、会学、明理、尚美”，既加强体育锻炼，拥有健康体魄，又享受学习乐趣，养成高尚品行。

由于德育成效显著，学校先后获得江西省文明校园先进学校、鹰潭市文明校园、鹰潭市思政德育工作先进集体、鹰潭市廉政文化进学校示范点、鹰潭市中小学安全综治先进单位、鹰潭市优秀少先队大队、优秀少先队中队等荣誉称号。

坚持素质教育，绽放个性风采

素质教育以提高受教育者综合素养为目标，除了要求提高学生思想道德素质、学科素养、学习能力等方面以外，还要求教师挖掘学生特长，能够发展个性，促进学生的全面发展。鹰潭市第十一小学始终坚持素质教育的办学方向，以学生发展特长为引领，将学生的爱好特长发展成为本领。

学生有朝气，学校就能发展。学校将“健体”作为学生培养的基础目标，全面建设运动场地，开齐开足体育课程，开展多种体育活动，重视体育特长生培养，取得了初步成效。近年来，作为江西省校园足球联赛分赛场，鹰潭市第十一小学成功承办了鹰潭赛区的比赛，陆续获得鹰潭市校园足球女子比赛第二名，男子比赛第四名，2020年获得“全国青少年校园足球特色学校”的称号。

人之美，美在心灵。学校始终将心灵美放在首位，为学生塑造美的思想、铸造美的灵魂。学校提倡树立正确的审美观，包括以知书达理为美、以遵纪守法为美、以奉献社会为美、以做一个有责任和有担当的小学生为美等多个方面；成立足球、篮球、珠心算、舞蹈、美术、书法、古筝等二十多个社团，在发展学生个性的同时陶冶学生情操，培养学生兴趣与爱好；坚持开展校园文化艺术节系列活动、校园足球文化节、读书节活动等，让名不见经传的“小人物”也有春天，为每一个学生提供绽放舞台。

凝聚发展共识，助力学校腾飞

一校之发展不在乎一人而在乎全校之人，一校之强大不在乎一人之智慧而在乎全校之智慧。鹰潭市第十一小学特别重视选人用人和教师队伍建设，完善管理机制，凝聚发展共识，不断激发教师发展的内生动力，为学校的可持续发展提供保障和支持。

加强师德师能管理。学生的未来在于学校，学校的未来在于教师，好的教师是学校长久发展的关键要素，是学校内涵式发展的基础。学校有好的教师就有前进的动力，学生就有进步的希望。学校十分注重教师的素养提升，在师德、专业素养等方面进行强化培训，让教师成为将学生培养为栋梁的贤良志士。加强自主学习，加大骨干教师培养力度，加强科研力度，努力形成一支政治思想和师德表现良好，具有一定文化和专业水平的在省、市、区有影响力“名师”成长的梯队；建立科学有序的管理体系，健全鼓励先进、操作性强的教师评价体系，完善岗位责任制和考核评价制度，充分调动教师的积极性，在良性的流动中稳定队伍，倡导形成竞争、合作、互助的团队氛围；大兴教科研之风，以教务处为核心，以各学科教研组为阵地，定期举行研讨课、示范课、优质课、复习课、课题研究等活动，以教研促科研，以科研促教学，推动教师由“教书型”向“科研型”转变。目前，学校有教职工148人，其中专职教师138人，包括高级教师5人，本科学历教师达90%以上，具有研究生学历1人，市级以上骨干教师6人，区级骨干教师4人，教师队伍建设得到教育主管部门的认可。

加强班主任队伍管理。班主任是学生的守护者，班主任要有担当、要守住初心和底线，让学生在爱与呵护中成长。因此，学校十分重视班主任工作，努力培养合格的教育者。有计划地开展班主任培训活动，通过学习、培训，帮助班主任树立全面、科学的育人观，掌握班级管理工作的理论与方法，提高班主任的管理能力和育人水平，促进班主任的专业发展，同时提高班主任的工作技能；举办主题活动设计、主题班会、养成教育、班级环境管理、班风建设等班级常规工作达标创优活动，从而达到交流提高、优化工作之目的，构建教师专业成长与学校协调发展的学校生活愿景，提升广大教师幸福生活的指数，进一步激发教职工的责任感与担当精神，激发其创造力；完善班主任聘用、培养、考核奖励制度，优化班主任年龄结构，大力培养年轻班主任，实现规范化管理和人性化管理相结合的管理模式，更大限度地调动班主任工作的积极性和主动性，培养有担当的班主任团队后备力量。目前，学校有县区级以上优秀班主任20人，获得县区级以上综合表彰的教师达65人。

加强高效课堂建设。一是高效课堂质量有了提升。教师对高效课堂从不接纳到喜欢，从重流程操作到重理念提升，从不同年级不同学科进展不均衡到基本趋于均衡，得益于高效课堂质量的提升。到目前为止，学校完全有能力承担全区示范教学的教师达到一半以上。二是高效课堂保障措施得力。教务处、教研组协同工作，优质高效地落实了全员赛课、评课、月主题研讨活动等常规性活动，为深化课程改革提供了坚强的保障。通过各种方法和渠道，不断提高队伍的整体素质，努力培养一批名师骨干，始终保持有一支素质过硬的干部、教师队伍。

坚持以生为本，鼓励自主发展

学生是教育的主体，是一切教育教学工作的出发点和落脚点。鹰潭市第十一小学秉承“以人为本”的教育理念，构建自主探索的高效课堂，突出学生的主导地位，引导学生学会学习，能够独立自主思考问题、提出问题，并在与他人合作学习、探究学习的过程中最终解决问题。

在十一小的课堂上，能见到教师导入情境生动传神、引人入胜，学生听得聚精会神、凝神思考、跃跃欲试，小组活动、合作探究、见仁见智的课堂之盛景比比皆是。同时，学校制定的课堂教学评价标准，不仅转变了教师传统的“满堂灌”思想，也培养了学生主动学习的意识，突出了学生为主体和教师为主导的地位。自主学习，更能够体验知识习得过程的辛苦与快乐，体验成长中的汗水与幸福。现在，会学习、能学习已然成为学校各学科核心素养的重要课题，自主学习与快乐学习也将成为一种能力，与学生终身相伴。

看似寻常最崎岖，成如容易却艰辛。从艰难困苦中走来，在风霜雨雪中跋涉，五年来，鹰潭市第十一小学风雨无阻，大力推进课程改革，坚持教师队伍建设，含泪播种，含笑收获，一路艰难一路歌。今后，学校将紧紧围绕“三提升一考核，创建省市一流名校”两大任务，创造更加辉煌的成绩，为学生的快乐人生奠基！

三年磨砺赴征程　雏鹰展翅冲高飞

——蓬勃发展的凌源市第二高级中学

辽宁省凌源市第二高级中学　王月新　陈景祥

校园书香满，荟萃人文地。“教育部高中技术教育创新实验室项目学校”、“全国航空特色学校”、“国家科技教育创新优秀学校”、“全国重点大学暨211工程大学生源基地”、“辽宁省文明单位”、“辽宁省科技特色普通高中实验学校”、“辽宁省科技教育创新优秀学校”、“辽宁省雏鹰计划推广校”、“辽宁省普通高中学生社团工作先进学校”、“朝阳市教育工作先进单位”、“朝阳市科技特色教育示范校”、“凌源市模范学校”……凌源市第二高级中学今日的声名鹊起，得益于历年教育前辈的呕心沥血和几十年厚重的岁月积淀。尤其近年来，学校按照习近平总书记“办人民满意教育”的发展要求，高度重视素质教育，践行特色办学思路，大胆探索教育新理念、创新教育新方法，以“博雅兼修、知行合一”为校训，以“尊重和发展学生的个性和特长”为宗旨，以“因地制宜、学用相长、多元发展”为总体思路，坚持走“校有特色、师有特点、生有特长”的办学之路，在培养“合格+特长”的学生、培育“专业+专长”的教师、创建“规范+特色”的学校的办学之路上高奏凯歌，用青春和汗水谱写了中华民族伟大复兴的美好篇章！

创设良好育人环境

蓬生麻中，不扶自直。道德、情操、气质等不是教出来的，而是靠陶冶、熏陶、耳濡目染、潜移默化而来的。凌源市第二高级中学始终秉持“环境育人”的理念，精心设计，科学规划，让每一座建筑、每一处景观都彰显文化内涵，使校园环境和文化氛围成为培养人才的丰厚土壤。

进入校园，映入眼帘的是余秋雨先生“知行合一”的亲笔题词，昭示着学校的科学育人要求；内容丰富的科教长廊，多姿多彩的特色教育展示厅，充分体现着环境育人的良好效果；翠绿的草地、盛开的鲜花、恬静的树林、曲折的甬路、整齐的橱窗、励志的语录，琅琅的书声，构成了一幅意境深邃、书香沁人的优美画卷……整个校园精巧的文化创意设计，使每一面墙、每个角落都对师生起着良好的熏陶作用，引领师生形成了平等公正、团结合作、勇于创新的良好品质。

坚定立德树人方向

优良的道德品格是一代新人全面发展的底色。凌源市第二高级中学始终牢记为党育人、为国育才的使命，坚持把立德树人、提升品质贯穿于学校各项工作之中，以制度为保障，以活动为载体，形成了既有系列制度的约束、激励，又寓德育教育于活动之中的德育工作格局。

多年来，学校坚持开展主题班会、升旗仪式、晨读、每日一歌、跑操、大课间等常规德育活动，使良好的学习习惯和行为习惯能够深入学生的心灵，并逐渐成为一种自觉的行为；开展运动会、科技艺术节、读书节、创客节、书画赛、演讲比赛、手抄报比赛等艺体活动，多形式、多层次为学生搭建展示自我、快乐成长的舞台，让学生的兴趣特长和个性风采得以彰显；组织学生开展青年志愿服务、社会实践活动、社团活动、劳动教育、心理健康教育、生涯规划教育等体验性实践活动，增强德育的可接受性，提升学生的综合素质，培养学生的社会责任感；坚持开展班级量化考核评比活动，对班级的班风、学风、纪律、两操、卫生等常规项目进行认真检查，狠抓“两个规范”和“一个常规”的落实，真正做到了“博雅兼修、知行合一”……在丰富多彩的德育活动中，凌源市第二高级中学充分挖掘活动的思想教育功能、素质拓展功能、团结凝聚功能、调节自律功能，使德育成为实施素质教育、培养学生道德品质的重要载体。

立足师本发展之基

教师是教育发展的第一资源，是提升育人质量的根本动力。没有教师的幸福，就没有学生的快乐；没有教师的发展，就没有学生的成长。可见，只有坚持以教师发展为本，不断增强教师的核心竞争力，才能让学校更高位的发展。为适应当今社会对教师业务、素质的要求，凌源市第二高级中学围绕办学航标和育人方向，以新课改为导向，以学生的全面发展和教师的专业成长为宗旨，全力为教师搭建发展自我、展示自我的成长平台，力求让每个教师都能积极发展，让每个学生都能愉快学习。建校四十多年来，学校为国家培养了数以万计的合格人才，打造了一支师德高尚、学识渊博、爱岗敬业、锐意进取的教师队伍。

学校多角度、多方位开展教师技能提升活动和教学研究活动，促进教师专业发展，提升学校教学质量。学校通过走出去、请进来、以老带新、名师工程、青年教师大赛、学习培训等形式，促进教师专业化的发展和教学水平的提高；教学管理工作以重实际、抓实事、求高效为原则，以培养学生学习能力和应用能力、发展学生特长为重点，从备、教、留、批、考等方面入手，认真落实课程计划，深化课堂教学改革，坚持“抓典型、带一般”策略，努力培养各学科带头人，打造典型课改骨干团队；引导教师树立“教育科研是学校与教师发展的第一推动力”的理念，帮助他们从日常工作中选择课题，开展研究与实验，积累资料与数据，推进教师由传统的经验型、勤奋型、粗放型向科研型、学者型、专家型发展。

一分耕耘，一分收获。经过近几年的不懈努力，教师教学改革、教育科研已蔚然成风，学校教育教学质量也明显提高，高考一本上线率连年提升。如今的二高中，教风纯正、学风浓厚、和谐文明，已成为区域性一流高级中学，正向着更高层次迈进。

优秀没有终点，梦想仍在远航。人民满意、校有特色，已成为时代对学校的呼唤，更是二高人奋进的目标。面向新时代，面对新机遇，凌源市第二高级中学全体师生将进一步继承和发扬二高中优秀的文化传统，以质量求生存，以改革强实力，以创新铸特色，以特色创名校，锐意进取、追求卓越，为凌源的教育事业发展作出新的贡献。

传承广外精神，培养走向世界的现代人

梅州市广东外语外贸大学附设梅州实验学校　曹旭飞　李彩华

教育不仅是知识内容的传授，还包括生命内涵的领悟、意志行为的规范和灵魂的启迪。教育的过程是让学生在实践中自我操练、自我学习和成长。为进一步推动学校文化建设，提升学校教育内涵，促进学生们全面成长，我校以传承广外精神，重塑广外品牌为办学愿景，树立“培养走向世界的现代人”的办学目标，坚守“全面发展、文理并重、特色鲜明”的办学理念，提出“注重文化内生、落实全人教育、着力未来发展”的办学主张。学校与广州广外附设外语学校、广州广外附属中小学无缝对接，以政府支持、昌盛投资、广外运营的模式，致力于创办一所为梅州人民提供优质教育服务的，融小学、初中、高中、国际部为一体的新生态、高品质学校。

一、尊重个体差异，激发生命活力

我校重视环境育人理念，以一流设施设备为依托，以超省一级标准建筑而成。学校倾力打造以“学生为中心、学为中心”的成长环境，为学生构建融“平安校园+美丽花园+书香学园+温馨家园+成长乐园+儒雅校园”为一体的成长综合体。在融创校园文化的引领下，学校精心营造了园林设计、空间构建、智慧校园、泛光照明等优良的育人环境。

“教雄鹰搏击长空，让猛虎啸震山林”。在我校管理团队看来，孩子之间没有本质的差距，只有个体间的差异，每个人都有自己擅长的方向，重点在于如何挖掘和培养。因此，学校提出了十六字办学策略：尊重差异、创设空间、提供选择、个性成长。

“让孩子考得好试题，拿得下成绩，上得了舞台，Hold得住人生。”学校管理团队认为，应试能力是素质教育的一部分，关键在于如何激发学生强大的内驱力。当学生的学习兴趣、学习主动性被激发的时候，分数和升学的获得只是“水到渠成”的副产品。在广外基础教育五十年、民办教育二十年的育人征程中，培养了一批批走向国内外世界名校的学生，他们除了获得更有含金量的毕业证书，更拥有了终身学习、可持续成长的能力以及比同龄人更多的价值认同感和幸福感。

我校管理团队将在广外积淀的丰富而宝贵的基础教育经验上，借助国际品质、开放办学、集团规模、大学资源、教学教研资源等优势，在快速优质融入梅州的同时，办出特色，办出风格，形成良好的社会口碑，创新性地做出适合梅州家长并影响未来的教育，同时用团队的力量，用创新的方式，让广外在梅州落地生根。

二、宽高融合课程，奠基生命底蕴

立足梅州、广梅同城、面向未来，以“为每个孩子构建适合自己成长的多维空间”为指引，我校管理团队凝结丰富的教育经验和团队创造性，设计并实施“宽高·融合”课程体系。

“向宽处延伸，为每个鲜活生命奠基；向高处生长，让每个独特的梦想成真”是学校课程体系的诠释与延伸。课程体系根据学生的性格特点、思维方式、成才需求、未来发展等方面，分别设置了五个层级：

面向全体学生，开齐、开足国家及地方必修课程，为学生的全面发展奠定坚实基础，为未来成长赋能的基础课程；本着多样化、层次化的原则，以知识传授为载体，以加强学科素养为目的，让学生养成终身学习的品质的拓展课程；以培养兴趣、发现天赋为立足点，以满足学生对不同学科及兴趣方向的选择性需求为出发点，以社会实践与道德长跑并行为落脚点的自主课程；根据学生的个性化需求、为学生量身定制，以培养学生的研究素养和学术能力，促进学生对知识的深度理解和恰当运用能力的定制课程；打破学科边界，促进学科间相互渗透、交叉而灵活地组织各种形式的主题活动，让学生真正实现学科大融合的主题课程。

我们办学的目的，不仅仅是一所学校的发展好，而是希望带着我们的办学经验、办学优势，以学习和融入的心态、以成长的姿态，参与到梅州当地教育系统的良性发展中，成为梅州教育均衡、特色、优质发展的重要参与者、实践者及引领者。我们深知，只有整体的教育生态良性发展，个体的发展才能走得更远。为此，我们提出了融合的理念，以资源换取资源，以经验分享经验，以成果汇报成果，在博采众长、为我所用的同时，实现资源共享、美美与共的美好局面，最终实现教育的共赢。

三、以爱育人育己，成就幸福人生

一个团队，如果每个老师都是怀抱积极向上的工作态度，他们身上释放的能量会无形中影响到身边的孩子，久而久之，学校就形成一个有积极回响的地方，学校里每个人都是成长的状态。只有教师站起来了，学生才能拥有平等对话的权利，拥有互动生成的课堂，拥有积极表达的空间。

在教师团队的成长引领上，我校提出了“以爱育人、身体力行、知行合一、修己达人”的教师价值观，同时，学校鼓励教师带着创业者的心态做人和做事。

永远记得自己是教育者，同时也是创业者。在工作的过程中我们要求教师要时刻提醒自己：要为自己的成长负责，要在学校搭建的平台上积极发展自己，在成长孩子的过程中努力成就自己。我们学校从起步到走向美好的未来，离不开团队每个人的专业付出和无私奉献，教育者们只有把自己当作创业者，才能保持乐观的心态笑对工作，才能有成人达己的阔达胸襟，才能拥有向阳而生的源泉和动力，才能培养比我们更优秀的未来人。

四、创适合真教育，培养优质新人

探索适合且优质的教育，帮助孩子优质地走向未来。我校结合办

学定位及地区特点，围绕困扰当前教育的八大难题提出了有效地解决方法。

做到独立思考。首先要明白思维才是我们的终极追求，知识只是我们培养能力、发展思维的载体和话题；其次要让学生敢于表达不同的想法，做到真民主真讨论；最后要让课堂成为学生合法犯错误的地方，让学生在试错中总结、领悟、成长。

做到自立自主。要明确学生在课堂的定位：既是学习的接受者，也是学习的发起人，更是学习的传授方。未来，学校将实行如：作业不允许家长签字、错题不允许家长辅导、课程选择与走班选课、项目学习和主题探究等措施。

做到轻负高质。既要明白学校一直以来坚持的教育观点：教师不是纤夫，而是学习的牧者；而且也要懂得实现轻负荷、高质量的原则：开展生本思维生成课堂。学校将采取如：学生作业天天清，教师下海、学生上岸，激活学生潜能、带着学生生成知识，导师团的组建等措施。

做到全面发展。用不同的评价标准评价不同潜能的孩子，让孩子的潜能和天赋得到挖掘；学科学习、素质培养、作业辅导均由学校老师提供帮助，更有针对性地实现学生的个性发展；根据教师专业特长，针对学生成长需求，以“生选师”的方式，开通数十门免费二课；开设广外附校传统的五大节，未来还将开设如农耕节、亲子节等活动。

做到身心健康。学校提出了“每天锻炼两小时，健康工作五十年，幸福生活一辈子”的口号，通过“活动育人”、“轻负高质”、“以学评教”、“心理课程”、“六一好儿童”五大措施，实现学生的身心健康发展。

走向世界。在立足中国，立足梅州的基础上，学校将通过广梅同城、集团交换、海外研学、国际联盟、融合课程五大措施，以及双师课堂、慕课和翻转课堂的开设来培养学生的多元化思维以及跨文化的理解能力。

实现个性成长。小班化、导师制、英才教育、弹性学制、个性档案、走班选课等方式的落实，为每一个孩子提供更多元化、人性化、自主化的教学模式，让孩子都能成为独一无二的最好的自己。

建立家校融合。亲子节的开展、国学馆的开设、家长学校及家风中心的建立、家长开放日的举办、家校讲堂的开讲……将使家校合力更加紧密高效。同时，智慧家校的投入使用，将以学生为中心，以智慧校园为依托，以每位家长一个账号的方式，提供学生在校信息一号尽晓、校内生活一号通、AI精准教和学的实验、作业和辅导同步呈现等支撑。

我校是2021年梅州市省级重点工程，得到当地政府的大力扶持。我们将以学习的姿态、融入的方式参与到梅州基础教育中的理想学校：在集各兄弟学校之长，凝自身经验的基础上，充分利用民办教育的灵活机制，因地制宜，创新管理和育人模式，精准教学，在满足梅州家长对优质教育的需求上，进一步赋予广外品牌在梅州全新的内涵。

乘风破浪，扬帆远航。面向未来，我们将着力打造国际品质教育，培养具有世界眼光的现代人才；弘扬传统文化，培育具有中国灵魂的当代君子；以科技赋能，打造智慧教育，培养具有创新力的复合型人才；实施全人教育，尊重人的多元潜能，激活每位孩子的潜能，践行“全人和生本”的理念，还原每个孩子的天生学习能力，最终实现每个孩子自立、自强的现代人品质与素养。

品悟诗意教育内涵，书写人生精彩未来

内蒙古赤峰市松山区大庙中学　刘玉文　侯云霄

“利器也，复以锻之以去钝，锋其筋骨，锐其根本，育人之道亦如是也，国之重器，功在当代，利在千秋……”教育是一个国家、民族强大的根本，唯有在教育的土壤中深耕细作，才能真正创造生命的价值，绽放人生的光彩。我校始建于1970年，地处赤峰市松山区西部，校园环境优美，教学设施齐全。目前学校现有在校学生663人，生源主要来自大庙镇和大夫营子乡，其中留守儿童103人，单亲家庭子女98人。办学以来，立足学校深厚的文化底蕴，我校始终秉承“办老百姓家门口的好学校，教育理念先进的现代学校，令人尊重的乡村学校。”办学宗旨，以“合格公民，诗意少年”作为人才培养目标。严守校风、教风、学风，确定了以“诗教”作为学校教学特色，提炼出“办诗意教育，让生命诗意成长”。教育理念，致力于探索学校色办学路径，倾力打造特色课程，提升办学品味。学校曾先后被评为松山区、赤峰市、自治区诗教工作先进单位，2014年被评为中华诗教先进单位。

一、铸魂培根，领悟学校文化内涵

2018年7月，本着“在继承中发展，在发展中创新”的原则，我校全面总结分析多年来办学历程，结合学校现实情况，从学校诗教特色中提出“诗意教育”构想，同时提炼了学校诗教课程文化宣言，即“妙悟诗道，大气大成”。所谓诗道是指诗歌的艺术规律和创造技法。妙悟诗道，就是学诗者在掌握诗歌的艺术规律和创造技法的基础上，还要对境观心，对境炼心，使自己变得大气，大气才能走向大成，大气大成，也是破解人生出路的第一密码。

德国哲学家海德格尔说：“人生的本质是一首诗，人是应该诗意地栖居在大地上的人。”诗意地栖居，就是以一种积极乐观、诗意妙觉的态度应物、处事、待己。所谓诗意教育，是根据学生的身心发展特点，以情感、审美、创造和言说能力培养为主要策略，丰润其生命的互动过程（周兆伦语）。也就是在培养学生一般能力的基础上，重点培养学生的情感、审美、创造和言说能力，为学生的幸福人生奠基。为此，我校提出了诗意教育的校园观、课堂观、教师观、学生观。其内涵是：诗意的校园应该是文明、有序、充满活力的；诗意的课堂应该是智慧、审美、充满情趣的；诗意的教师应该是大气、睿智、富有激情的；诗意的学生应该是阳光、灵动、志趣高雅的。

为了不断彰显学校特色办学品牌，提升教学质量。我校在开足开齐国家规定的课程的基础上，还大力整合地方课程和校本课程，从诗意教育的情感、审美、创造、言说四大领域入手，确定并开设了诗教课程、音美课程、心理健康教育课程、机器人课程、围棋课程等校本课程，加上学科渗透以上课程内容，形成了学校诗意课程图谱，构健全员全程的诗意育人体系。同时我校积极完善诗意德育体系。认真研究并不断完善诗意德育体系，诗意德育是以促进学生道德素养全面发展为目的，让学生在诗意文化熏陶下涵养诗意情怀，发展诗性智慧的德育。其内涵包括六大体系：抓实学生行为习惯养成教育（管理育人）；开设全校性和年级性德育课程（活动育人）；构建班级文化体系（文化育人）；发挥学科的育人功能（课程育人）；实施学生六维评价（评价育人）；加强家庭教育指导（协同育人）。为此，我校紧紧围绕以上六大体系的构建和运行，切实抓好常规管理、德育课程体系建设、校园文化熏陶、一个都不能少班集体创建、文明校园创建、研学旅行实践体验等系列教育活动，收到较好的教育效果。此外，我校还构建了“六维创优”学生评价体系。制定了《大庙中学学生六维评价实施办法》《大庙中学学生六维评价重要观测点评分标准》，从“身心健康、行为规范、学业成绩、读书积淀、社会实践与体验、特长素养”六个维度对学生进行评价，每个学期评价一次，评价结果作为指导学生成长的依据和学生参加研学旅行的条件。同时充分利用六维评价手册，过程与结果并重，参与评价多元，本学期初，学校组织上学期六维优秀和五维优秀学生去蒙森薯业参观学习一天。参加本次活动的，收获满满，没有参加的非常向往，在六个维度上不断创优，形成了良性循环。

二、弥足根本，打造品质课堂阵地

课堂是教育实施的首要阵地，其发挥的实际作用无可替代。我校通过深入课堂发现，学校的学生基础较差，直接把“先学后教，合作探究”的自主课堂模式搬进课堂会产生严重的水土不服！　有部分孩子由于有良好的学习习惯，不能很好地独立学习和合作学习，小组建设、过程评价等环节又占用了大量的课堂时间，既不能取得良好的教学效果，又延误了教学进度。为此，复旦大学张学新教授基于心理学原理创立的“对分课堂”教学模式，正好能解决上述问题和困惑。

所谓“对分课堂”，就是培养学生乐学善思、批判质疑、勤学反思、实践创新等核心素养的有效尝试。为切实解决学校问题，2019年3月，我校的刘玉文校长及教师对张学新教授的对分课堂做了深入了解和学习。最后确定了先实验后铺开的思路，成立了课改先锋团队。经过反复研讨，最终确定　“精讲留白——独学内化——讨论交流——对话小结”四环节的对分课堂模式，预示对分课堂在我校全面的实施。为了确保课改成效，2019年10月，我校成立了课改中心组，中心组成员负责对分课堂的推广和改进工作。刘玉文校长还应邀视频参加了“全国对分课堂教育创新联盟”成立大会，我校加入了“全国对分课堂教育创新联盟”，刘玉文校长被聘为首届联盟理事会理事。5月14日，我校被评中“全国中小学对分课堂示范校”。此外，我校积极举办“工会杯”对分课堂教学大赛，以赛促改，全面提升。为了充分发挥课改效果，张学新教授应邀与我校全体教师线上交流，培训指导“对分课堂”课改实践。在张学新教授的悉心指导下，萦绕在老师们心头的疑惑，横亘在老师们课改路上的困难迎刃而解，极大地推动了学校对分课改的进程。2020年10月，在刘玉文校长的努力下，我校语文教研组与新疆克拉玛依市语文教研员邱逸文老师所带领的克拉玛依六中语文教研组线上进行校际教研。2020年9月，经过两年来的课改经验与沉淀，我校提出了诗意课堂　2.0版，即：起——创设情境，呈现目标；承——精讲留白，独学内化；转——小组讨论，展示评价；合——师生对话，总结提升。如今我校的教学课堂，教师和学生的作用都得到了充分的的发挥，课堂结构富有诗意的美。

三、不忘初心，守望人生美好未来

梁任公言：“变者，天下之公理也。”事物都会随时间的推移而千变万化，时代在进步，要想不被淘汰，必然要与时俱进。课堂改革是实现“办学理念先进的现代学校、令人尊重的乡村学校”办学目标的突破口和关键环节。为此，只要深入研究才能焕发教学的全新样态，让课堂教育迸发旺盛的生命力。今天，经过近两年的实践探索，我校的诗意教育文化已深入人心，成为师生们的行为准则和理想追求。学校给学生搭建了习练和展示的平台，促进了学生德、智、体、美、劳全面发展，校容校貌焕然一新，办学特色鲜明，教学质量连年提升，学生们变被动学习为主动学习，全面培养了学生能力素养；减轻了教师的教学负担，带来了轻松、愉快的教与学。

绵绵之力，久久为功。教育注定是一场没有注定的行程。当前，我校的诗意教育虽然在文化、课程、德育、课堂四个方面全面落地，成绩斐然，但距离理想期许还有很大的距离。未来路上，我校会继续立足学校文化底蕴，以“诗意”教育引领学校发展，迈着坚实的步伐，执着激情地走在教育改革的道路上，敢为人先，勇于创新，不断开启学校发展的新局面。

体验科学趣味　玩出科学素养

——内蒙古根河市阿龙山小学第一届校园科技节巡礼

内蒙古根河市阿龙山小学　霍英

2020年的今天，我国在落实“科教兴国”发展战略的道路上对于科技教育备受重视。1月5日，由中国下一代教育基金会和中国平安举办的“青少年科技素养提升计划”项目总结暨研讨会中，发布了南京师范大学教育科学院院长顾建军等教育专家集体完成的《中国大中小学生技术素养发展的年度报告》和对“青少年科技素养提升计划”项目的跟踪调研成果。根据调研结果显示，科技素养教育备受乡村师生的欢迎，对中国不同地区学生综合素养和学科能力的提升有着显著的帮助。

科技兴则民族兴，科技强则民族强。科技活动是让广大学生充分感悟科学魅力，培养学生创新意识和实践能力的一种有益活动。为进一步推进学校科技教育工作，提升师生的科学素养和实践能力，我校于2020年6月举行了第一届校园科技节活动，“科技筑梦，创新成长”为主题，积极开展一系列相关活动，不仅营造了浓厚的学科学、爱科学、用科学的氛围，也展现了学生在科学素养大革新中汲取科学知识的无限可能。

落实方案，推动科技活动蓬勃发展

早在6月7日，阿龙山小学便开启了科技节的预热，举行了一次别开生面的废弃物手工作品展示活动，孩子们通过自己丰富的想象力，体现了“生活中没有绝对的废弃物”、“废弃物也是一种资源”的科学环保理念。

6月19日上午，全体师生聚集在国旗下，正式举行了以“科技筑梦，创新成长”为主题的第一届校园科技启动仪式。在仪式上，校长致开幕词，号召全体师生积极踊跃地投身到科技节的各项活动中去，用智慧的大脑、灵巧的双手去创造，做一个善于思考、乐于尝试，敢于创造的人。教导主任冯国玲宣读了阿龙山小学“第一届校园科技节”实施方案，本届科技节以“科技筑梦创新成长”为主题，分“宣传发动、组织实施、评比总结”三个阶段进行，历时一个月时间。在活动期间，学校根据各年级孩子的年龄特征将开展科技小制作、创新小发明、科学幻想画、科普手抄报、科普知识竞赛等内容丰富、形式多样的科学探索主题活动，每个孩子都积极地参与进来，了解身边的科学，锻炼学生的动手能力，激发学生主动探索、发现科学，实实在在地感受现代科学技术的魅力，进而收获快乐，提升科学素养。为了活跃科技节的氛围，各年级班级也召开了“学科学、爱科学、用科学”主题班会活动，以“讲科学故事　学科学知识”、“做科学实验　追求客观真知”、“科学改变我们的生活”三部分为主题，带领孩子们开启了奇妙的科技学习之旅。

6月30日，我校举行了“科技筑梦、创新成长”科学幻想画大赛，学生们一共创作了160多幅科技幻想画，大家以科技创新为主题，展开了丰富的想象力。

7月6日下午，全校一至六年级同学观看了由中国下一代教育基金会、平安公益基金会主办的“青少年科学素养提升计划系列情景大师课”，并在活动中进行了配套实验，激发了学生们对科学技术的向往和兴趣。

7月10日下午，四至六年级的学生开展了“创新引领时代　科学点亮生活”科技知识竞赛，每个班级推选出5名学生组成班级代表队参加，共设五个小组进行角逐。小选手们沉着思考，冷静回答，展现了成长的无限可能。

此外，校园科技节活动中开展的《趣味小实验》，培养了每一位孩子的观察力、探究力、善于思考、乐于合作等基本的科学精神。孩子们可以根据个人喜好和特长，以小组或个人为单位，结合青少年科技素养提升课程配套实验包亲历实验过程，进行有趣的实验制作，慢慢形成探索精神，以理性思维解决生活、学习上遇到的问题。

7月15日，在第一届校园科技节闭幕式上，受到获奖、表彰学生人数共计300余名。校长在闭幕式上也做了重要讲话，衷心希望同学们把此次比赛当做新的起点，在学习中勤学知识、苦练本领，努力把自己锻炼成为学校的知识储备小能手，争做新时期的学习型、知识型学生，将所学知识运用到生活技能里，做科技素养提升的小达人和先锋队。

12月31日，以“科技创造梦想　科技伴我成长”的校园科技周闭幕式隆重举行，为期一周的科技活动画上了圆满的句号。在此期间，我校开展了科技小制作、科技征文、科技手抄报等内容丰富、形式多样的活动，全面展示了学生们的科技素养和学校的科技教育成果。本次活动共设5个奖项，共有277名学生获奖。

善用方法，提升科技活动实施效果

为了让科学的种子在学生幼小的心里生根萌发，老师们八仙过海，各显神通，努力营造浓厚的科学氛围，掀起了学科学、爱科学、讲科学、用科学的高潮。

“打铁还需自身硬，无须扬鞭自奋蹄”。科学组全体教师虚心好学、努力奋进，她们深知“问渠那得清如许，为有源头活水来”的道理，不断研读课标、钻研教材，反复做“下水”实验，线上和线下学习相结合等多种方式，创新课堂教学，提高课堂效率。

她们用各种各样的方法激发学生学习科学的兴趣，“小魔术、谜语、生活情景再现”，让学生如身临其境。特别是小魔术“瓶子吹气球”、“蜡烛在水底燃烧”等，学生一下子就被吸引住了，这到底是怎么回事呢？是怎么做到的呢？学生的探究欲望一下子就被激发出来了，学习兴趣浓厚，达到了预期的教学效果。

为了全面开设探究活动，让学生经历探究的过程，主动获取知识，让科学课不再是“纸上谈兵”，学校领导支持网上购买相应器材，同时科学教师们也想方设法寻找适合实验教学器材的替代物品，与学生一起观察、一起动手探究设计实验，让学生们既感受到了实验成功的喜悦，也品尝到了实验失败的苦涩。

一个人可以走得很快，但一群人会走得更远。放眼世界，面对未来，我校科学研究团队将在科学筑梦的路上乘风破浪、扬帆远航！

科学筑梦，勇敢开启魅力科学之门

科学从来就不是一蹴而就的，一定要踏踏实实、规范严谨、坚持不懈，只有这样才有可能登上科学高峰。做中学，学中做，经历是一种体验更是一种成长。科学带给孩子们的不仅仅是知识，它是一门有魔力的学科，把孩子们带入一个神秘的世界，让每个孩子都能体验到收获的乐趣。

正是这种孜孜不倦的学习态度和求真务实的精神，教研组硕果累累，获得多项荣誉。其中，呼伦贝尔市小学科学带头人1人；呼伦贝尔市小学科学教学能手1人；自治区级优质课二等奖1人；全国教学设计一等奖1人；呼伦贝尔市小学科学教师基本功竞赛一等奖2人；呼伦贝尔市教学示范课1人；人民日报全国党媒信息平台组织的“乡村科技好教师”2人；呼伦贝尔市中小学实验说课三等奖1人；呼伦贝尔市信息技术应用能力大赛创客教育案例1人；自治区级建党90周年征文比赛二等奖1人；呼伦贝尔市中小学教师信息技术应用能力大赛交互式多媒体设备应用案例二等奖1人、三等奖1人、微课三等奖1人；根河市教学示范课1人；根河市小学科学基本功竞赛一等奖2人；呼伦贝尔市第三届青少年科学影像节阿龙山小学学生作品获奖6个，其中优秀辅导老师4人。

校园科技节，给学生们提供了一个扣响学科殿堂、探索未知世界的平台，促使他们自己寻找科技的钥匙，勇敢开启那新奇、神秘而又充满魅力的科学之门；校园科技节，也为学生们提供了一个观察美、欣赏美、体验美、表现美、创造美的广阔天地。整个活动中，学生们纯真、坚定的眼神，专心、专注的操作，分享、协作的精神，让我们看到了一批即将诞生的另类学霸，看到了未来一批批创造创新的大国工匠。科学梦想从此开启……

浅谈新时期学校内部治理的实践与思考

内蒙古自治区赤峰市第二实验中学　张国祥

无论是幼儿园、小学、初中、学区中心校、职业高中，还是普通高中，在学校内部管理上其实都有异曲同工之妙，其管理的核心都是对人、财、物、信息等诸要素的理顺与整合，是对学校政教、教务、科研、后勤处室进行计划、组织、协调和控制的活动。众所周知，常规的管理思路是基于教育理论自上而下进行设计，也就是在办学理念的指导下画出美妙的图纸，然后再进行施工，而我的“另类”管理思路则是基于问题解决，在客观、理性地剖析和解决实际问题中形成理念，进而推动学校发展。下面我将简单介绍一下自己关于学校内部治理的探索历程。

承思探路，谋划新策略

管理具有科学性和严谨性，唯有找出制约学校发展的“瓶颈”，对症下药，制定出切实可行的策略，凝聚“人心”，理清“人事”，提升“人力”，才能实现学校的有序发展。

问题是我们永不满足的动力！到任后，我通过外听内观、沟通交流、深度调研后，在方向定位中确定了学校发展的新思路：一切从本校实际出发，遵循教育发展规律，以成就每一名学生适应未来社会发展为目标，以服务教师先行发展为核心，以充分调动师生员工形成主动、有序的合力机制为主体，以人的组织与物化资源配置机制为基本手段，以争取家长及社会的支持为辅助，探索走出一条适合本校特点的特色发展之路。

创设机制，增添新动力

有人说，一流校长抓文化，二流校长抓成绩，三流校长抓纪律。从表面上看，这句话说得很有道理。因为只有文化，才具有恒久的生命力，才会潜移默化的影响每一个人；只有成绩好，才能满足新时代家长的愿望。但如果我们冷静思考，不难发现，人的一切行为都是文化，抓纪律、抓成绩都属于文化范畴。但是，如果没有铁的工作纪律作保证，成绩就无从谈起，优秀文化也会失去生存的土壤与发展空间。为此，我们明确路径，在结构调整中理清“人事”，从抓机构、抓考勤、抓调整、抓机制四个方面吹响集结号。

抓机构，吹响组织集结号。加强党总支的领导，下设校务、党务、工会、共青团、妇委会、关工委、意识形态办等组织机构，增强履职能力，落实决策部署。完善“决策层——组织层——操作层”三级组织机构，从岗位职责、安全职责、分管人员、档案管理等方面明确岗位职责，增强校务班子成员的岗位意识、服务意识、协同意识、创新意识，确保执行力度。

抓考勤，吹响教工集结号。制定《教职工考勤工作管理制度》，考勤方式由每天上下班“指纹签到”改为“刷脸签到签退”与办公室“不定时抽查坐班”相结合，做到“日统计、周汇总、月通报”，控制住了想来就来、想走就走、不安心工作的人员。下发《关于特殊情况人员的考勤管理公告》，明确产病假人员、哺乳期送奶女教工等特殊人员的考勤要求，让每一位教职工都感受到学校的人性化管理的温度。下发《关于严格治理“吃空饷”的紧急通知》，划定重点管理对象21人，实施“天天查岗、周周考核、月月汇总”的公示制度，彻底根除“吃空饷”现象。

抓调整，吹响岗位集结号。为了解决教职工岗责与薪酬不匹配的问题，我校决定改变现行的管理机制，从教师关注的工作量是否公平公正这一显性要素着手，加强对无课或工作量不足人员的管理，使他们明白“既然拿着国家的工资，就应付出相应的劳动”的道理，减少诸如“干多干少一个样、干好干坏一个样”的论调。

抓机制，吹响合力集结号。只有建立良好的制度体系，把学校内部科学的治理结构、完备的治理体制和协调的运行机制统一并明确规定出来，才能得以实现“长治久安”。我校通过实行班子队伍的扁平化管理机制、教代会的民主管理机制，以及《校务班子目标化管理考核实施方案》《教学常规汇编》《班级管理工作考评办法》等各类制度的约束机制，为开创学校发展新局面提供了坚实的组织保障和制度支撑。

抓住关键，创造新亮点

追求公平而有质量的生命教育是一种过程，是理想境界，给予教师尊重，助力教师成功，是最基本、最基础的教育管理前提与动力。这也是校长们追求的境界。所以，我校在选拔干部、评先评模、评职晋级上牢牢把握这一原则，公开程序，透明管理，以教育教学质量为标准，在评价激励中提升“人力”。

评先评模公开。学校认真对待年度评优评先工作，通过“下发通知—个人申报——公开述职——现场投票——当场唱票——宣布票数——及时公示——填表上报”八个环节的实施，确保评优评先工作公平、公正、公开。

综合评价公正。我校进一步完善教师工作考核评价机制，对全校教职工在考核周期内意识形态、行风建设、教案书写、课件制作、作业批改、教研活动、课堂教学、考勤情况、工作实绩等方面情况进行赋分考核，结果晾晒，并与奖励绩效工资、评优评先挂钩，破除了教师“吃大锅饭”、“干多干少一个样”、“干与不干一个样”的消极因素。同时，教师在考核中通过总结经验教训，听取他人评定意见，切实做到肯定成绩、找出差距、明确方向，不断激励自己发奋向上、钻研业务、努力工作。

任课班级公平。推行优秀教师和普通老师混班教学，并以抽签的方式将部分中考分数较低的普通生安插在珍珠班、实验班，打破了所谓的“优秀教师”对学苗较好的班级的垄断局面。每次考试后都召开质量分析会，不仅对每个学科教师教学的平均分、及格率、优秀率进行对比分析，还要对进行抽签进入上一层次班级的学生成绩与普通班级学生的成绩、同类班级学科成绩进行对比，同时进行班与班对比分析中考“高分”录取的学生成绩。对考试“三率”过低和学生增值性评价末位的教师进行约谈，为开学季困扰的“选班择师热”降温。

为教师发展搭桥。优秀师资是学校发展最宝贵的资源，一支素质优良的教师队伍是学校发展的核心力量。我校坚持“走出去、请进来、借外力、练内功”的原则，实行“菜单式”培训模式，落实教师培训层次化和系统化，促使教师更新教育观念，提高专业水平，开阔教育视野，提高教学能力；发挥教研组、备课组、骨干教师在研究学生学习、改进教学方法、优化作业设计、解决教学问题等方面的作用，聚焦课堂，指向问题，深度研课，同伴互助，专业引领，提高教师的教学能力和科研能力；实施干部任用转岗机制，鼓励年龄大、身体状况欠佳、工作精力不足、创新管理不强的干部通过自愿申请、学校同意、申报教育局批准后转入非领导职务岗位，既给年轻干部提供了进步机会，也给学校整体工作带来了新局面。

规范财务保生态。良好的财务管理对学校健康、可持续发展意义重大。我校严肃财经纪律，本着“量入为出、收支平衡，保证重点”的原则，实施“谁经手谁负责，谁管理谁负责”的责任追究办法，所有支出一律事先填写“采购申请单”，由分管主任、分管校长、校长三人以上签字审批，确保审批流程规范，极大地改善了学校财务管理现状。

欣绘愿景，定位新方向

投我以木桃，报之以琼瑶。如今的学校旗帜飘扬、人文沉淀、精神凝聚；校园清新、整洁、有序、昂扬；党史教育、禁毒教育、防校园欺凌长廊及木板雕刻墙醒目夺眼；教职工工作积极性、职业幸福感超强；学生课内课外活泼生动、青春灵动。

春华秋实，我的“另类”管理初见成效；征途漫漫，唯有奋斗才能再续华章。今后，我将紧紧围绕“教学理念、课程建设、教学内容、教学模式、学习方式”进行变革，以“实干兴校、合作兴校、科研兴校、管理兴校”为内涵的提升质量运行机制，以“最大限度挖掘每一个学生的内在潜质，成就每一名学生适应未来社会发展”为目标，以“走优质特色多样化发展之路”为办学定位，以“精细化管理”为创新手段，构建“两抓（抓课堂效益，抓个别辅导）、一验收（验收教学质量）”的管理体系，做精致教育，办品质学校。

打造心理健康教育的航母

内蒙古自治区通辽实验中学 周玉 鲁晓峰 管艳鹏 隋鹏

有一位教育家曾经说过：“教书先育人，育人先育心。”所谓“心”，指的就是心理健康教育，它就像学生的一双隐形翅膀，让学生更好地在蓝天中飞翔，这也是育人工作中永恒的目标。为给学生营造更加阳光、绿色的成长环境，通辽实验中学从2005年开始，以“以人为本，育人为本，教育为主，预防为先，发展为重”为教育理念，以“积极心理学”为导向，探索性地推出六大品牌心理课程，对初高中不同年龄阶段的学生进行心理健康教育和指导，帮助学生增强抗挫能力、提高心理素质、发展健全人格。

经过十多年的实践与探索，通辽实验中学心理健康教育从无到有，从小到大，从弱到强，从摸着石头过河到开创出系列课程，从顶着困难尝试到形成完善的心理健康教育体系，如今已经成为各级各类心理健康教育的一个模板。2017年，学校被评为全国心理健康教育示范校。

品牌课程之一：中高考考前心理放松训练课

减缓压力、平和心态、优化考前情绪的中高考考前放松训练课，是在高三学生面对高考之前开设的一门专门减压调整心态的课程。课程一坚持就是十多年，由最初的自愿报名的班级参加，到后来的全员参加，大面积铺开，至今接受训练的初高三学生近4万人。

在十多年前，当学生和家长还把着眼点更多地放在关注分数上时，通辽实验中学的心理团队已经凭借逆流而上、敢为人先的精神，大胆实践与探索，通过户外心理训练、活动体验等方式，引导学生释放压力、忘却烦恼，赢得了学生、家长、班主任发自肺腑的认可。例如，2009届高三19班学生刘宏伟参加了考前放松训练课后这样描述：“以前每次考试之前那根弦都绷得紧紧的，晚上经常失眠，考前频繁去厕所。经过放松训练课，这些症状出奇地消失了。我非常感谢心理老师为我们上这样精彩的课程。”2013届高三毕业生王洋参加了考前放松训练课后这样描述：“高考越来越近，我不知为啥吃不下饭，睡不好觉，情绪很焦躁。上了放松训练课后，真的给我心里拨云见日，让我用轻松愉快的心情步入了考场。”2018届学生李敏参加了考前放松训练课后这样描述：“对于即将参加高考的高三学生来说，这种放松训练课实在是太难得了，它放松了我们的心情，舒缓了我们的压力，是一种全新的调节情绪的非常有效地手段。不仅我自己受益，我们全体高三学生都会受益的。”

事实和效果是最好的佐证。通辽实验中学完整的课程设计、完善的课程组织让同行纷纷前来学习和效仿，并在全市中学范围内推广。

品牌课程之二：感恩成长动力训练课

“激活感恩心理，助推成长动力”感恩动力训练课是通辽实验中学心理课程的又一大创举。针对部分学生只图索取、不愿感恩的现状，通辽实验中学的心理团队研创完整的感恩训练课程，通过两个小时的室内封闭训练、体验与互动，把学生的行为、认知、训练紧密结合在一起，牢固树立正确的世界观、人生观和价值观，从而不断调整行为、落实行动，真正实现了知恩、感恩、报恩的目的。

感恩训练课程是初一、高一年级的必修课程，到目前已经进行到第60期，经过训练的学生和家长近35000人。经过训练后，很多同学自愿将“感恩誓言”贴在了书桌最显眼的部位，就像当年鲁迅先生的“早”一样，能够看出学生们参加活动后那股积极向上的力量，能够感受到他们想要改变、蜕变的决心；家长反应孩子回到家里发生了出奇的变化，能够体谅父母的辛苦，不再和父母顶嘴了，也愿意主动干活；班主任也反映学生回到班级后与往常不一样了，他们都能静静地坐在座位上，全身心地投入到学习中去。

品牌课程之三：中高空户外拓展训练课程

通辽实验中学户外中高空心理拓展训练基地创建于2014年，这一设备也是国内中小学里唯一一家中高空拓展训练设施。如今，中高空心理拓展训练课程已经成为通辽实验中学一项常规选修课程。

中高空拓展训练具有极大地挑战性和刺激性，这些设施设备的建设对于学生突破自我、认识自我、合作共赢具有非同一般的意义。此项课程是由高中三个年级学生自选参加来完成的。2013级高二年级李浩参加完户外拓展训练课这样描述："这些中高空拓展项目非常好玩，充满刺激。我从害怕到超越，真正体验到了突破的快乐，特别是信任背摔让我实现了人生的第一次巨大的突破，让我更加深刻地感受到了团队的力量和温暖，对我一生都很有意义。"2015届高三年级王爽参加完户外拓展训练课后这样描述："充满挑战的户外拓展训练课对我一生都很重要。在高空挑战项目尤其是高空横板桥时，我抓着安全带不敢松手，后来老师鼓励我'放低重心，双手平伸，快速通过'，果然很顺利地完成了项目。我非常开心，觉得自己更勇敢啦！从害怕到勇敢，突破了我心中的恐惧。这种体验让我更加充满了自信。"

其实，生活也如拓展训练的过关，当遇到困难和挫折时，学生要相信自己，满怀勇气和力量，找到方法和技巧，去解决困难、战胜挫折，方能取得最后的成功。

品牌课程之四：元认知心理辅导课程

元认知心理辅导这项课程在通辽实验中学可以称得上是一项创造性工作。从2010年开始，学校引进辽师大金洪源教授研究的国际认证的先进的元认知心理干预技术，经过近八年的探索，实现了技术的更新、研发和超越，受益的学生已经达到12000多人。

由七年多的个案运用、团体辅导的探索到现在的全面推行，通辽实验中学形成了高三年级班级必修这一课程的局面，在解决了学生因学习、家庭、情感、人际等带来的困扰的同时，也让学生在高效的状态下实现了学生发展的最佳化。凡是用过此项技术的同学，没有不发自内心而为之感动的。例如，2009级高三学生孙慧明学习了元认知心理技术，睡眠质量较以前明显提高。从成绩上看，第七次模拟考试的372分到4月20日的405分，再到5月20日的422分，明显看出成绩显著提高；从效率上看，语文阅读题较以前阅读速度明显提高了很多；从心态上看，自从做了元认知后，积极情绪冲散消极情绪，面对高考也表现的淡定平静。希望元认知技术为高考学子学弟学妹们创造一个良好的心态，奠定坚实的心理基础。

品牌课程之五：家长心理辅导课程

家长心理辅导课程是通辽实验中学运用心理教育推进家庭教育的一项重要举措，此课程主要针对的是家长。这也是入校的初一、高一新生家长必修的一课。

课程以"构建和谐亲子关系，助推孩子健康成长"为主题，从家长观念、家教方法、家长心理健康等方面入手，帮助家长实现理念、方法和态度的转变，促进了孩子的健康成长。到目前为止，通辽实验中学的这项课程已经进行了十年，共开展了30期，接受培训的家长高达50000人。

品牌课程之六：生涯规划教育课程

2016年12月，生涯规划教育通过了通辽市教育教学研究院立项，成为通辽实验中学的特色办学项目。至此，通辽实验中学生涯教育拉开了新的序幕。

生涯教育是唤醒人生内在动力和追求未来梦想的教育，也是为了适应2018年新高考需要而应时而生的教育。对于这个教育，通辽实验中学无疑是走在了教育改革的前沿。其实早在2009年，通辽实验中学就开展了人生规划的课题研究与实践活动，围绕人生规划开展系列活动，实现了人生规划与心理教育和德育的有效对接，拓宽了心理教育的深度和广度。

圆梦要育人，育人先育心。六大品牌心理课程的推进与发展，是学校办学理念在实践层面探索性的突破，不仅解决了教育是什么的问题，也回答了教育为什么、教育怎样做的问题。教育就是育人，就是培养人、塑造人、发展人，培养全面发展的人，为幸福的人生奠基。经过十多年的潜心实践与探索，这六大课程现已成为通辽实验中学的品牌课程，让心理教育走出了死板的说教，走进了学生内心需求的深处，如春风雨露般滋润着他们的成长。

建温馨校园　办温暖教育

宁夏回族自治区固原市西吉县马建乡九年一贯制学校　陈常荣

作为一所寄宿制乡镇学校，为营造一个优美、舒适、和谐、温馨的校园环境，宁夏回族自治区固原市西吉县马建乡九年一贯制学校围绕"办人民满意的教育"的办学目标，以美丽温馨校园建设为抓手，进一步优化教育管理，丰富办学内涵，提升学校品位，努力为学生的个性发展提供平台，为学生的全面发展创造条件，为学生的终生发展奠定基础。

依法治校，完善学校管理制度

加强依法治校是一项重要的战略任务。长期以来，西吉县马建乡九年一贯制学校始终坚持依法治校、以人为本的办学方针，根据更稳定、更安全、快提高的工作目标，坚持以人为本、以德育人、依法为准、依法治校的管理理念，在学校管理制度建设方面不断摸索和探讨，从制度的宏观规划到具体操作流程逐渐完善，增强了学校管理的针对性和有效性。

近年来，学校依据有关法律法规，结合学校的实际情况，不断修订完善了《马建乡九年一贯制学小学部教师量化管理奖惩办法》，其中包括《教学质量评估奖惩办法》《文明班级评比细则》等内容；成立了校委会、安全工作领导小组等组织，校领导班子成员及教职工代表各司其职、各负其责；坚持民主决策、共同管理学校的原则，使学校各项工作阳光操作、公开透明。如今，学校温馨校园创建管理工作关系理顺了，大家层层负责，劳而不累、忙而不乱，各项工作有条不紊地、卓有成效地开展。

党建引领，营造风清气正风气

随着教育改革不断深入，学校党建工作也面临着新机遇、新挑战。为使党建工作与时俱进，西吉县马建乡九年一贯制学校充分发挥党支部的核心堡垒作用和先锋模范作用，紧紧围绕"教学抓党建，抓好党建促教学"，引领党员教师担重任、树典范，为推动教育教学发展助力。

在习近平新时代中国特色社会主义思想引领下，学校党支部开展"三进"、"思政课建设"、"不忘初心，牢记使命"主题教育学习，组织"担当新使命、展现新作为"、"双培双带"等实践培训，强化学校党建领导力，提高教育教学水平，激励教师树立　"四个意识"，坚定"四个自信"，做到"两个维护"，努力营造风清气正教育教学环境。

德育为首，加强思想道德建设

思想道德建设关系到民族的精神支柱和精神动力问题，这就要求学校要紧紧围绕立德树人根本任务，深入实施思想政治工作质量提升工程。近年来，西吉县马建乡九年一贯制学校在以校长为首的校领导班子的带领下，确立了"德育为首、教学为主、创新为本"的治校方略，并身体力行地贯彻到日常工作中去。

利用每周的教职工政治学习和校本培训时间，强化教职工的职业道德教育。每周一的政治学习，除引领教职工学习《义务教育法》《教师职业道德规范》等法规外，还结合实际学习全国、全区优秀教育工作者的先进事迹，学习其献身教育、积极探索、甘为人梯的理想和孜孜以求的敬业精神，激发广大教职工献身教育、争做名师的工作热情。

政教处开展多种形式的精神文明教育，使学生精神面貌焕然一新。加强对学生的思想道德教育，是社会发展的必然要素，党中央多次下发文件，要求加强未成年人的思想道德建设，尤其是在当今留守学生日益增多的今天。为此，政教处利用橱窗、黑板报这一窗口，表扬师生中的好人好事，树立榜样，起到了很好的示范引领作用；每周一的升旗讲话，大力宣传、弘扬中华民族的传统美德，使广大学生耳濡目染、乐于践行，争做"文明学生"的风气蔚然成风。

以"加强师德师风建设"为契机，打造一支"学为人师、行为世范"的教师队伍。学校注重师德师风建设实效，积极组织教职工认真学习《师德师风建设学习手册》《教育法》《教师法》等教育法律法规，组织教师认真学习《中小学教师职业道德规范》和全国、自治区教育工作会议精神，要求教师每学期至少写一篇政治理论学习心得体会，把提高师德师风建设工作落到实处；学校把思想政治教育活动作为学校工作的一个重要环节，在全体教职工中进一步加强理想信念教育、爱国主义、集体主义、社会主义教育、艰苦创业精神教育，引导教职工树立坚定的理想信念，树立正确的世界观、人生观、价值观；学校继续推进以师德建设为核心、青年教师为重点的师资队伍建设，认真组织教职工开展"依法治教，以德治教"的理论思考，深化群众性师德建设；学校不定期举办次教育教学经验交流会，把师德建设交流作为其中的一项重要内容，树立典型，突出重点。

质量立校，推进综合素养教育

教育教学工作是学校的中心工作。西吉县马建乡九年一贯制学校按照量化管理的规定狠抓教育教学不放松，以轻负高效为目标，以善教乐学为导向，探寻、把握教学规律，推动高效课堂真正落地，取得显著的教学成果。

立足校本培训，培养新时代教师。学校积极按照省、市、县的要求，结合校情师情，成立校本培训领导小组，制定培训制度，鼓励教师参加自考、函授提高学历，指导教师参加教研，撰写教研论文并纳入量化管理，还利用校本培训时间集中学习，撰写读书笔记、反思案例等，纳入量化管理。学校高度重视青年教师培养，通过新教师上岗"结对子"培训计划，开展"传、帮、带"活动，使青年教师在教学实践中能够迅速地成熟起来。

检查作业、教案注重实效，不搞形式。学校对各项工作的检查从来都是规规矩矩、认认真真地按质和量两个方面的量化要求，随机查，深入课堂查，月查，并且不定形式地召开学生问卷调查，征求学生的意见。

立足发展需求，切实全面推进创新素养教育。除抓好课堂教学、注重学生道德建设外，学校还尤其注重培养学生其他方面的素质，对学生的前途、对学生的一生高度负责。学校坚持“劳动养德、劳动促智、劳动益美、劳动强体”理念，建设学生劳动综合实践基地，提高学生实践水平；开展经典诵读、乒乓球、手工制作、绘画书法比赛等课外兴趣小组活动，挖掘学生的潜能，培养学生的特长；聘请西吉县非物质文化遗产传承人施满义进课堂指导学生剪纸、折纸，不仅提高了学生的观察力、动手力、协作力，还激发了创新意识、增强了民族文化认同感自豪感。

美化环境，奠定坚实育人基础

物质文化是一种直观性的文化，它直接反映出学校的办学水平。从2016年起，西吉县马建乡九年一贯制学校借助“教育均衡项目”，抢抓发展机遇，进行校园硬化工程和校园文化建设工程，进一步加大校园环境美化力度，力求绿中求美、美中求乐。

为给师生创设一个安全、优美、和谐的学习生活环境，学校秉着“让每一块墙壁都会说话，让每一棵花草都能传情，让每一幅图画都能会意”的环境育人理念，精心设计、制作每一块展板、每一个画面，使得色彩、内容融为一体，相得益彰，整个校园文化生活的品位显著提升。

目前，学校实现了一人一桌，杜绝了大班额现象；住宿学生达到一人一床，实行6人住一间宿舍；通过明厨亮灶工程，学生能在舒适、干净明亮的环境中就餐；微机室也正常使用，使师生都能学习电脑；充分利用“方正书法”平台，扎实推进书法教学，努力打造书法教育特色示范校。

多年来，西吉县马建乡九年一贯制学校坚持以人为本的发展理念，大力提倡社会主义精神文明建设，形成了“团结合作、共同奋斗，校兴我荣、校衰我耻”的共识，爱护公物、助人为乐蔚然成风。优美的育人环境，成功的办学经验，大幅度攀升的教育教学质量，深受各级领导及社会各界的一致好评，先后被教育部、区、市、县人民政府和教育主管部门授予“全国首批百所温馨校园创建典型案例学校”、“安全示范校”称号，荣获“教育教学质量进步奖”、“教育质量优秀奖”、“先进集体”、“先进基层党组织”等奖项。

风华正茂新征程，奋勇拼搏新时代。回顾过去，在上级主管部门的领导下，西吉县马建乡九年一贯制学校全体师生“不忘初心　奋勇拼搏　”，终有“全国首批百所温馨校园创建典型案例学校”；展望未来，学校将始终紧紧围绕“做温润教师　建温馨校园　办温暖教育”理念，携手并肩，再创马建乡教育新辉煌。

树德立人暖心人，家校共育志更坚

宁夏银川市灵武市第五小学　刘华　孙瑞

百年大计，教育为本。教育是提高人民综合素质、促进人的全面发展的重要途径，是民族振兴、社会进步的重要基石，是对中华民族伟大复兴具有决定性意义的事业。我校建于2009年3月，占地面积38416平方米，建筑面积11639.6平方米，现有教师84名，学生1623名，31个教学班。创学以来，通过不断对学校文化深入挖掘。我校凝练出了秉承“德育为首”，践行“出彩教育”，全面发展，学有特长，为孩子一生的发展和幸福奠基”的目标，以“每天都做最好的自己”为校训，努力营造“让每一个孩子学习蜜糖般甜蜜，生活像阳光般灿烂”的育人氛围，打造高品质的绿色校园、书香校园、智慧校园、快乐校园、文明校园。另一方面，贯彻习近平总书记关于“注重家庭、注重家教、注重家风”的重要指示，落实《关于指导推进家庭教育的五年规划（2016-2020）》《全国家庭教育指导大纲（修订）》《中小学德育工作指南》等精神，把家校合作纳入推动学校发展的规划中，高起点谋划家校共育工作，合理规划组织机构，精心安排共育内容，为家校共育工作的良好开局创造良好的条件。今天，经过全体师生以及家长的精诚协作，我校已成为一所有温度、高质量的优质学校，先后获得“灵武市家庭教育先进单位”、“灵武市优秀家长志愿者服务团队”、“银川市素质教育示范校”、“银川市校园文化建设示范校”等多项荣誉称号。种种荣誉既是对我校过往工作的褒奖，更让我校对学校下一步发展充满了信心。

一、铸魂培根，孕育学校特色办学理念

学校是学生的学校，也是老师的学校，是家长的学校，是社会的学校。学校和家长的共同心愿始终都是“为了孩子们的健康成长和全面发展”。为了这个共同愿景，我校成立了家庭教育领导小组和家庭教育指导委员会，积极发挥各级家庭教育指导委员会的作用，协同做好学校家庭教育工作。2017年以来，根据家庭教育工作发展的要求，我校精心打造了“修身齐家”家庭教育指导中心和“中华精神”家风馆。“修身　齐家”家庭教育指导中心从“读历史　汲精华”、“传思想　扬正气”、“忆家训　立家规”、“诵故事　修己身”、“蒙学常识”五方面，展示了家庭教育从古至今的发展历程及现状，将著名的颜氏家训、曾氏家训等十大著名家训、古代蒙学教材、古代著名家风故事雕刻于墙面，与习总书记提出的“家风家训”遥相呼应，充分展现了我国家庭教育的一脉相承。在此基础上，2019年5月，我校又建设了“中华精神”家风馆。家风馆以“传承中国好家风，建设中国好家庭，培育中华好儿女”为核心，从独特的中国家文化、家文化与家风、传统家文化的核心精神、家风与家训家规四个方面阐述了中国家文化的深远影响。此外，我校也注重家庭教育师资队伍建设，通过参加上级培训、校本培训等途径，培训培养大批优秀骨干教师。目前，学校已经形成了“银川市——灵武市——学校——家长”四级讲师体系，在家长培训、专题讲座、读书沙龙等工作的开展中发挥了极大地作用。

家长素养的高低是决定家校合作水平的重要因素之一。我校紧紧围绕教体局提出的“两抓一平台”，切实加强家庭教育的指导性服务，开展家长读书活动，组织读书沙龙。此外，我校积极引导家长在微信群展开读书讨论，撰写心得体会，畅所欲言，共开展专题讨论300余次。同时，我校将学校家庭教育指导中心的布展资料电子化，选择家长关心的、对家长进行家庭教育有帮助的家庭教育知识编辑成电子书卡推送给家长，以便了解学校家庭教育开展的具体情况。亲子活动是我校深化家校关系的又一有效途径。为此，我校实施多种措施增进家校关系，维护家校和谐。一是与上级部门、职能部门、社区、共同体学校联合，如：与灵武市团委组织开展了“雏鹰争章——快乐周末，与爱同行”主题教育活动，与西昌社区联合开展了“我和小树共成长”亲子活动等，进一步加强了学校与社区的教育合力和凝聚力。二是与中华传统文化紧密结合。如结合春节、清明节、端午节、中秋节、重阳节等重大传统节日，及时开展亲子活动，即对学生进行了爱国主义教育，同时拉近了父母与孩子之间的距离。三是与季节、节日紧密结合。如春天开展放风筝、踏青等亲子活动，秋天开展采摘、秋收等亲子活动；另外结合“三八”妇女节、“五一”劳动节、“十一”国庆节、元旦等节日，开展相应的亲子活动。一系列亲子活动的开展，让亲子关系日益亲密，家长把更多的时间放在陪伴孩子上。四是成立“爱心志愿者护学监督岗”，家长自愿组成志愿者服务队伍，保证学生上下学乘车的安全，同时监督节假日学生在校外的行为。同时，学校的大型活动，家长志愿者们都会参加并维持秩序参与到活动中。如今，不管是清晨还是傍晚，每一个乘车点上都是认真值守的“红马甲”；不论是清扫校园积雪，还是学校组织的大型文体活动，到处都能见到灵武市第五小学家长志愿者忙碌的身影。五是特殊群体的家庭教育。在“五送两带一帮——千名教师访千家万户”活动中，我校把特殊家庭作为重点，为这些家庭送去温暖，带去家庭教育知识，认真聆听他们在教育孩子中的困惑，并针对这些困惑，我校家庭教育讲师，制作家庭教育微视频，定期推送到家长群里，供家长学习参考，解决家长家庭教育中的难题。我校还时刻关注特殊家庭学生的心理健康教育，开展心理健康教育讲座，推送心理健康教育微视频，疏通他们的心理，让他们有一个健康的心理。

几年来，通过家校合作常态化开展，我校各方面都已经取得一定的成绩。家长读书热情高涨，亲子关系日益亲密，家校矛盾日益减少，家长对学校、教师多了理解，少了埋怨，家校矛盾基本上在班级家委会层面就得以解决。更多的家长自觉自愿地加入到志愿者服务行列中，家校联系日益密切，素养逐步提高，真正让家校合作成为推动学校发展的核心力量。

二、弥足根本，竭力推动优质教育发展

一所高质量的学校有特色，才有卓越的品质。“出彩教育”就是我校追求办学品质的重要理念。“德育之道，开心为上”。现在教育者大多强调教育的基础性，重视“知识的获得”，较少关注“人格的形成”。我校的“出彩教育”则是以培养“阳光、出彩”的向阳好少年为出发点的教育，为学生“人格的形成”奠定了基础。

爱是教育的灵魂，是沟通师生心灵的桥梁。我校的“出彩教育”首先就是爱的教育。为此，我校鼓励教师积极多元地评价学生，用爱呵护学生从自然人走向社会人。一直以来，我校的“出彩教育”坚持以“向上、向美、向善、求真”的“阳光品质”培养“阳光自信，卓尔不群”精神的人才，用阳光的心态培育具有阳光心态的学生。以让“阳光自信，卓尔不群”的五小精神熠熠生辉，让“向上、向美、向善、求真”的“阳光文化”源远流长为支撑点。以养成教育、主动教育和幸福教育为三个核心，深化课程改革，开展综合实践活动，促进内涵发展。

课程是培养学生核心素养、实现育人目标的有效载体。因此，我校也通过优化学科课程，强化活动课程，构建出独居特色的“出彩向阳”课程体系。除严格按照课程标准开齐开足国家课程并保证课时外，我校通过课堂教学改革，实施“352”教学模式，提高了学科课程的教学质量；而活动课程以“出彩向阳大课间活动”、“出彩向阳社团活动”、“出彩向阳综合实践课程”为主，为学生提供多元化的学习内容，满足不同兴趣爱好学生的发展需求，使每一个学生都能在学校找到适合自己的学习内容，发现自身“出彩”的地方，让自己“卓尔不群”，为实现自己的人生价值而储备能量。

教育，就是精神的唤醒，潜能的显发。我校的“出彩教育”不仅是一种理念、一种文化，更是“五小”人渗入骨髓、融入灵魂的精神。如今，我校在打造“出彩教育”品牌的征途中，已扬帆起航。在“阳光自信，卓尔不群”的精神引领下，用执着的信念书写着理想教育最美的诗行。未来路上，我校会继续坚守育人理念，用心培育，用爱浇灌，为学生深远发展夯实基础，让更多的生命绽放光彩。

以立德树人为本，家校共育聚合力

山东省滨州经济技术开发区第一中学　马学锋　李传宏　胡延生

少时养正鸿鹄之志，长成方可高飞远翔。家庭是人生的第一所学校，家长是孩子的第一任老师，家庭教育是孩子成长的港湾。学校是教育的主体，肩负着培育栋梁的责任，担负着国家发展的使命。深入贯彻习近平总书记关于“注重家庭、注重家教、注重家风”的重要指示精神，我校高度重视家庭教育在孩子成长过程中的重要作用，2019年1月，整合学校家庭教育资源，成立了开发区一中家长学苑，牵头成立开发区家长委员会联合会及家校社政研育人共同体，借力政府主导，在专家引领下，以“家校共育，立德树人”为目标，以家长学校为阵地，以家委会活动路径，以“家长沙龙”、“一中家长报”、“家长空间”等为载体的家庭教育实践基地逐渐形成。

一、创新管理机制，提高家校共育水平

开发区一中的家校社共育工作随着开发区教育局与“三宽”的合作开始的。2019年1月，开发区一中牵头，由山东省教科院、开发区管委会、开发区家长委员会联合会、滨城区秦皇河社区、各学校幼儿园成立“家校社政研育人共同体”，建立起各方协同育人新机制。2019年3月，学校成为《家校合作的政府职能与对策研究》科研实践校，逐渐探索协同育人的对策与机制。

创新保障机制。学校一是推进家校协同育人工作队伍建设。培育以优秀校长（园长）、骨干教师为主体的家校协同育人专业队伍，建立家校协同育人名校长、名师工作室，发挥示范引领、辐射带动作用。开发区一中积极参与各个层次的培训活动，培养了一批家校协同育人优秀校长和骨干教师。二是完善家校协同育人考核评价体系。开发区教育局将家校协同育人工作纳入对各中小学幼儿园德育一体化实施评价，纳入教育综合督导，将各中小学幼儿园实施情况作为学校评先树优和校长绩效考核的重要依据。开发区一中将教师“大家访”、教师参与家校协同育人指导服务计入工作量，纳入绩效考核。

二、广开多方路径，夯实家校共育根基

推进家长委员会和家长志愿服务规范化发展。学校、级部、班级家委会分层设置，家委会委员值班驻校办公，家委会章程、工作制度健全，家委会委员驻校办公。家长委员会和家长志愿服务经验全区推广。

“家长护学岗”，在每天接送孩子的高峰时段，配合执勤人员文明引导；“家长助教团”，配合教师共同设计，组织家长体验活动；“家长进课堂”，发挥职业优势和兴趣特长，为孩子们带来别开生面的教学活动；“家长志愿者”，为红色研学、社会实践活动提供人力支持和安全保障。

推进家长学校的规范化和专业化建设。制定家长学校标准，推进家庭教育的规范化和专业化建设。三宽家长学校线上课程、山东省《家庭教育指导课程丛书》线下课程定点定时开课，心理咨询师、家庭指导师定期开讲，“秦皇河大讲堂”成为家庭教育论坛知名品牌。开发家长资源，以家长微课堂为切入点，多方位、多角度鼓励家长参与家长学校的教育教学实践。我们将家长学校课程纳入学校课程体系，借助“家长空间”APP，根据学生班级建立家长班级，推广以班主任为指导教师、以家委会为组织机构、以家长班级为基本单位的互助式线上学习模式，家长参与率达到95%以上。

推进家庭教育渠道全方位拓展。丰富家校沟通渠道，创刊内部刊物《一中家长报》，利用自媒体，发挥微信公众号、网站、班级QQ群、微信群、电子班牌等的便捷方式，通过多种形式与家长交流沟通，使得线上线下资源得到共享，家庭教育问题可以及时得到解决。特别是本年度我校成为全国家庭教育创新实践基地，成为山东省“家长空间”APP首批实践校，为实施家长教育拓展了重要路径。

三、开展特色活动，凝聚家校共育合力

开展丰富多彩的文化活动，促进学生成长。学校充分利用节假日、家长开放日、家长接待日等机会，开展家校携手、亲子互动、教师家访、家长讲座、家长同学会等丰富多样的共育活动，创新家校共育模式。特别是书香共建活动，激发了家长、学生和教师的读书热情，读书已蔚然成风。一系列的亲子活动，增进了师生、家长感情，提升了家校共育水平。

家长走进课堂，挖掘家庭教育资源。家长从事于社会各行各业，有着丰富的社会教育资源，我校充分整合家长资源，实现家校共育。让家长走进课堂，做老师，做讲师，分享自己的社会体验和行业知识，拓展社会资源为教育资源。这一活动已经成为学校家委会活动的常态。

教师走进社区，家庭教育一站式服务。在区妇联支持下，我们帮助秦皇河社区建立了社区家庭教育服务中心，教师走进社区开展家庭教育服务，为家长提供有针对性的家庭教育一站式服务。现如今，学校家校协同育人经验得到广泛认可，广东、河北、内蒙古以及省内的多个地市纷纷到学校考察交流，产生了积极的影响，带动周边学校家校共育工作的开展。

在家庭、学校、社会、政府、科研部门等多方力量交响共鸣中，借助山东省教育科学研究院继续教育研究所力量，利用《家庭教育指导课程丛书》等教材，结合三宽线上课程，培训指导教师、开展家长教育，推进家庭教育活动向纵深发展。初步建立起各方协同育人新机制，丰厚了“家校社共育”滨州模式的内涵。

学校在取得佳绩的同时也获得了诸多荣誉2017年学校申报山东省教育学会家庭教育专项课题《家校共育的典型案例研究》，该研究拓展了家校合作教育的新渠道、新内容、新方法，形成典型案例，现已结题。2019年成为国家社会科学基金教育学“十三五”规划课题“家校合作中的政府职能与对策研究”科研实践校。2019年全国家长大会上，学校获“三宽家长学校优秀实践学校”称号，实践报告入选中国家长大会优秀课题科研，10余名家长获区级以上表彰，500余名家长参与“家风家教家训”论文评选。2020年8月全国妇联办公厅、教育部办公厅联合下发关于命名“全国家庭教育创新实践基地”的通知，山东省10家单位入选，滨州经济技术开发区第一中学（开发区一中）入选。

家庭、学校教育是一种多元互动的关系。二者既要各司其职、独立作战，又要重视沟通交流，联合作战，形成教育合力。展望未来，我校将继续认真落实、开展家校合作共育教育教学模式，形成教育合力，同心携手共育社会英才，让每一个学生都拥有健全的人格，都能健康地成长，为教育生态的优化改善，打通家长教育“最后一公里”提供“滨州智慧”。

以质立校，培养高素质人才

山东省东营市胜利锦华中学　高兴连

党的十九届五中全会以更高远的历史站位、更宽广的国际视野，对建设教育强国做出了总体部署和战略设计，开启了我国由教育大国迈向教育强国的历史新征程。学校作为党和国家培养高层次人才的主阵地，更是责无旁贷。我校以习近平新时代中国特色社会主义思想为指导，不断深化教育教学改革，坚持“绿色生态教育”的办学理念，坚持“以质立校，文化育人”，以培养“身心双健创造性人格特征的高素质人才”为办学目标，在课堂上开拓创新。

我校现有23个教学班，938名学生，在编教职工76人，其中，市特级教师1人，市最美教师1人，市教书育人楷模1人，市名师2人，市教学能手4人，市名师工作室和名校长工作室各1个。

一、挖掘内外资源，构建特色课程

每个成长中的学生都存在不同可能，教育应该为学生更好地发展赋能。近年来，我校紧跟国家创新发展人才战略，以立德树人为导向，在学校课程建设方面积极探索、努力实践，构建了极具特色的课程体系，全面推进学生综合素质的培养。

特色课程打造特色学校，创建特色学校提升办学品位就要改变过去单一的课程模式。我校充分挖掘校内外资源，结合校情，积极向师生、家长征求意见和建议，深度了解教师和学生特长发展需求，构建出锦华特色的“预学•释疑•达标”课堂模式，开设“选课走班”，加强课程的丰富性、多样性，落实学生对课程的选择权。选课走班，满足了不同学生的发展需要，保证每个学生在达到共同基础的前提下，发展各自的潜能，自主选择人生的发展方向。

除了特色课程模式，我校还开设了人工智能课程，培养学生的创新兴趣和实践能力。中小学人工智能教育要注重“寓教于乐”，其中“教”的质量很重要，人工智能教育的目的并不是要向高深、专业的方向发展，而是要让学生明白其中的道理，从而提升他们的逻辑思维能力。

青少年是国家的未来和民族的希望，青少年身心健康、体魄强健、意志坚强、充满活力，是一个民族旺盛生命力的体现，也是社会文明进步的标志。而体育教育是培养青少年综合素质的基础，对学生提升社交能力、塑造拼搏精神、健全人格品质等方面都起到至关重要的作用。强化体育教育是实施素质教育、促进学生全面发展的重要途径，对于促进教育现代化、建设健康中国和体育强国，实现中华民族伟大复兴的中国梦具有重要意义。为此，我校把传统体育文化带进校园，增强体育文化在校园内的发展，让学生找到适合自身的体育发展之路，使阳光体育运动更加丰富多彩，形成学校、年级和班级特色。为学生全面而有个性的发展搭建舞台，让课程文化引领学校特色发展。

二、加强教师培训，打造名优教师

“国之本在教，教之本在师。”教师的好坏决定着学校理念的落实与否，学生教育的优劣，自然也就决定着一所学校的好坏。随着时代的发展，教育发展到今天，其内涵和外延都有了非常大的变化，对

教师的要求就越来越专业细致了。教师是立教之本、兴教之源。在教师队伍建设上，坚持教师培养与队伍建设，是学校落实立德树人根本任务时永远不变的重要工作。基于此，我校深化实施“教师专业化发展”引领工程，推进实施“青蓝工程”，加快青年教师专业成长，新老相促，不断为学校输送活水。同时勉励教师要为学生成长引路，实现自己的人生价值。

教师是教育发展的第一资源，师资队伍建设是提高教育质量的关键，伟大时代的教育，必然呼唤一流教师培养造就一流的新时代学生。为激励教师更好地成长，近年来，我校深入开展优秀教师评选表彰活动，致力打造一支支撑学校未来发展的名优教师群体。组织开展系列主题教育活动，成效显著，先后涌现出了“市教学能手”、“市最美教师”等优秀教师。同时，学校注重示范引领教师专业发展，持续培养教师的综合素质，不断提高师资团队的业务能力，以充满爱与温暖的陪伴助力孩子快乐学习、茁壮成长。

办学三年来，我校先后荣获“全国青少年网球特色学校”、“山东省青少年校园足球特色学校”、“全国‘家校共育’数字化项目试点学校”、“东营市文明校园”等荣誉称号。在东营市第二届传统文化教育成果展评活动中，获得“优秀组织单位奖”。

不谋万世者，不足谋一时；不谋全局者，不足谋一域。站在“两个一百年”的历史交汇点，“十四五”期间，中国教育正在中国特色社会主义道路上，向着“中国特色、世界水平的现代教育”目标阔步前行。未来，我校将继续坚持“绿色生态”的教育理念，更加注重管理创新、特色创新。我们将以更加饱满的热情，在新时代的浪潮下，不断开拓、奋力探索、不忘立德树人初心，牢记教书育人使命，致力于将锦华中学打造成为一所东营经济技术开发区居民满意的学校。

立足生态文明建设，落实时代育人目标

山东省济南高新区长清湖实验学校　宋婷　张汉文　贺润苗

“树因叶而盛，鱼乏水所亡”，这句话既体现了生态环境的重要性，同时也是对人类的一句警示。办学以来，就教育而言，济南高新区长清湖实验学校把握重心，在知识教育的基础上，以生态文明作为特色办学的鲜明旗帜，培养学生树立文明意识，养成良好习惯。生态文明教育是一项全民教育，近年国家在各项文件中都强调生态文明建设的重大意义，为此，我校紧跟生态文明教育的步伐，在生态环境意识、公共安全与道理、良好的卫生习惯等方面进行系统主题教育，不断探索创新开展活动，为持续深入开展中小学生态文明教育注入新内涵。作为学校，环境教育多渗透到各学科的教学设计中。有条件的学校会设置专门的环境教育课，但通常重视程度不够、管理不够规范、教师不够专业，使此学科地位处于边缘状况，甚至有形同虚设的情况。同时学校环境教育课主要侧重知识宣传和行动倡议方面，忽略了学生价值观念的养成教育，所以在面对诸多环境问题上，学生的意识及行动应对更多是被动的、浮于表面的、流于形式的。例如，近几年，学校积极响应上级号召对学生开展垃圾分类教育，无论是校园还是教室标配分类垃圾桶，可渐渐的，能够坚持做到垃圾分类的越来越少，分类垃圾桶又沦落为普通垃圾桶。所以，进一步加强青少年环境宣传教育，提高全民族的环境意识，是当前一项十分紧迫的任务。

一、深化文明建设，推动学校发展

2020年春季，一场疫情让所有人始料不及，止步家中。它的到来，让每一个中国人都牵扯其中，它改变了人们原有的生活状态，居家隔离、佩戴口罩、延迟开学、甚至阻断交通、封锁城市，当这些事件与人们发生切身联系，人们这才开始深思疫情背后的人为因素，人们面临着前所未有的生态危机，才认识到人与自然唇亡齿寒的利害关系。立足学校工作实际，从观念上，我校构建后疫情时代学校生态文明教育的新理念和新内涵；从策略上，探索行之有效地环境教育实施策略；从行动上，以班队会为基本单位，构建与实施行之有效地后疫情时代系列生态文明主题活动；从成果上，提炼总结经验，深化生态文明教育的成果。我校通过养成、感知、实践、塑造和内化五个层面，培养学生树立文明意识，提高素养。近几年，随着上级教育、环保部门对学校开展生态文明教育的重视程度不断增强，教育效果有了显著提升。但是，不同学生的环境意识存在明显差异，生态环境知识掌握到环境保护行动的落实上存在巨大落差。究其缘由，还是生态价值观念没有真正养成。没有正确的价值观念，一切生态环境知识难以转化为具体的环保行动，而环保行动也往往会走形式主义路线。为此，我校借助此次疫情，引导学生思索有关个人与自然的一体性关系，激发对自然的热爱、对生命的敬畏，明确自身的生态责任和义务。

当前，学生对环境知识的掌握是不系统的、零散化、碎片化的。面对此现状，一方面，我校把环境方面的知识有机地融入学生日常生活中，以学生身边发生的环境事件为素材进行生态文明的教育；另一方面，把生态教育与学科教学相结合，将环保知识渗透到多学科的学习中。通过多途径让学生学习有关保护环境、珍惜资源、爱护生命、环保生活等方面的知识。

生态文明教育不能仅仅停留在知识层面上，更需要行动去支撑。我校大力创造条件开展形式多样的环保活动，鼓励学生以自己的实际行动为环境做好事、做实事。同时发挥社会大课堂的作用，通过社会实践活动，带动身边人加入环保行列，形成全民共环保的良好氛围。

生态文明教育培养学生感知、体验、欣赏和感悟自然美的能力。生态审美教育不能浮于表面，而要深入到天人合一的精神层面。为此，我校激发学生的生态审美意识，使学生从内心深处去热爱自然、敬畏生命。学生的生态文明教育职责在学校，更在家庭。借家校合作共育之力，我校积极开展“绿色家庭”创建评比，把生态文明观念从学校延伸到家庭，最终达到“教育一名学生、影响一个家庭”的目的。

二、搭建活动平台，树立环保理念

为进行有效地疫情防护，根据世界卫生组织（WHO）推荐的新型冠状病毒防护建议，我校通过正确洗手来保护自己和家人远离疾患。组织学生开展家庭正确洗手教育活动，学生通过视频学习教爸爸妈妈洗手，与爸爸妈妈一起制作“洗手七步法”家庭小报、唱不同形式的《洗手歌》、做一做有趣的《洗手律动手指舞》等。此外，我校也积极组织一系列以文明、绿色为主题的活动，让学生化身成绿色的小精灵。如植树节带领学生种植蔬菜；号召学生拒食野味；组织学生开展“我是戴口罩宣传小卫士”活动，学习正确佩戴口罩；开展“环保包书皮活动”等，发挥学生动手能力，提高学生环保意识，体验劳动快乐。

作为第四批中美“千校携手”项目合作校，我校还与美方学校联合开展“变废为宝”大创作。结合当前都市摩天的钢筋水泥不断对环境施压，激发学生向往自然的天性，中美学生发挥想象力，合作利用身边废弃旧物品创作美丽生态家园。

为了让学生了解城市污水处理过程，提升用水节约意识。我校组织学生开展“污水流倒哪儿了”活动，学生可实地考察、调查研究，并对知识进行整理，并探索其中奥秘，动手实践完成科学小实验。　同时，与社区联合开展学生进社区公益宣传签名活动，将活动与实际行动相结合，学生制作环保袋与居民分享，倡议居民签名，让环保接近生活，深入人心。

绿，是一种颜色。当它以特有的方式在这个世界中绽放出它的魅力时，它就再也不是一种颜色了，它独特的美给了地球生命，给了人类希望。每个人心中对它都有着不同的感受。一直以来，我校始终坚持学生以“保护生态环境，守护美丽家园”，守护这片共有的家园。

三、紧随教育潮流，争作时代先锋

“读万卷书，行万里路”。我校深知唯有在实践体验和书本知识的融合中，才能懂得人与自然和谐共存的意义。为此，我校积极开展“生态阅享”读书活动。鼓励学生利用图书馆、互联网等，阅读有关环保书籍，如：《十万个为什么》《鸟类大观》《神奇的大自然》《万物笔记》等，摘抄书中精彩片段，记录、整理成读书笔记。我校还通过设置“绿色生活”家庭情景剧，将绿色生活转化成一个个具体场景，从普及地铁知识、倡导绿色出行、绿色消费等方面进行录制。为倡导更多的学生、家长参与进来，我校大力开展开展“绿色家庭”创建评比活动。倡导每位学生家庭积极参与各种环保活动和生态建设，从家庭做起，倡导科学文明健康的生活方式，积极参与学校的“绿色家庭”评比活动，围绕“节约行动”（节水、节电、节粮）、“拒绝一次性用品”、“学会垃圾分类”、“不食野味”、“绿色出行”五方面积极践行，主动申报。学校进行达标评选，对当选的“绿色家庭”予以大力表彰和宣传。

教育，就是精神的唤醒，潜能的显发。经过多年的建设，生态文明教育已深深扎根在我校的土壤之中，成为一门既深且远的学科，着眼现在与未来，我校会自觉肩负起培养文明人才的伟大使命，坚守文明育人理念，扬帆起航，逐梦前行。

匠心永耕，绽放光彩

山东省济南市济阳区垛石街道办事处唐庙小学　李宽山　姚振

“一年之计，莫如树谷；十年之计，莫如树木；终身之计，莫如树人。一树一获者，谷也；一树十获者，木也；一树百获者，人也。”　这段话既阐明了人才培养的重要性，也揭示出人才养成的不易。学校是传授知识和培养人格的场所，特殊的、固有的文化氛围时时刻刻都在熏陶、感染学生，促进师生身心健康以及自身发展。我校坐落于美丽的徒骇河畔，是一所文化浓郁、氛围和谐、特色显著的乡村小学。学校包括中心校校区和三个教学点，其中中心校教学班15个，最小班额27人，最大班额42人，在校生562人，教职工40人。办学以来，我校始终坚持“以德为本，以爱为源，因材施教，质量强校”的办学理念，以“打造老百姓家门口交口称赞的温馨学校”为目标，以“夯实基础，浓郁文化，融洽氛围，提升成绩”为框架，学风、教风鲜明，教育教学成绩优秀，学校特色花样跳绳运动成绩突出，大力做好创建“温馨校园”工作，形成“教学严谨，文化浓郁，管理和谐”的良好氛围。近年来，学校办学成果显著，先后被评为“山东省教育系统先进单位”、“山东省

温馨校园”、“济南市文明校园”、“济阳区特色学校”、“济阳区综合发展先进单位”、“济阳区教学质量先进单位”，这些成绩不仅是对学校办学质量的肯定，也让全校师生对今后发展充实了信心。

一、铸魂培根，凝心聚力谋发展

回望来时路，办学伊始，学校办学条件落后，教学设施缺乏。通过国家“义务教育均衡发展达标”工作，我校教学条件得到不断改善，校容校貌焕然一新。目前学校中心校区占地面积 23142平方米，教学建筑面积4500平方米。教学楼、综合楼各1幢，15个教学班均配备了先进的触控一体机，连接互联网，无线网络校园全覆盖。综合楼实验室、图书室、舞蹈室等各功能室齐全，篮球场、排球场、羽毛球场、乒乓球场等活动场地健全。教室设计符合国家8级抗震标准，通风采光良好。此外，我校也投入大量资金和精力，改善学生生活条件。学校学生公寓面积1500平方米、餐厅面积656平方米。学生宿舍共计28间，能满足300余人住宿。学校餐厅可同时满足350余人就餐，就餐环境干净卫生，并定期接受食药局检查，确保就餐安全。学校设有充足的教师周转宿舍，满足路途遥远教师住宿需要。各班各室都配置了灭火学校配备了保安，24小时值班，安装了38个摄像头，做到校园监控无死角。校园内绿树成荫，花草葱茏，环境宜人。

教师是教育发展的第一资源，要想实现一流的教育，必须拥有一流的教师队伍。为此，我校按照义务教育均衡验收标准配置师资，教师配备数量足，学科教师配套，学校各级各类课程开设齐全。为不断提升教职工的工作精神。我校大力发展“本色课堂”，摒弃花样展示课堂，深耕求真务实的课堂。提倡老师备课要“实”，知识点要明确、清晰。老师讲课要“实”，熟悉课程标准，抓好考试要求，讲出重点，讲得清楚；课堂效果更要“实”，要让学生实实在在听得明白，做得正确，考得要好。在近三年的区教学质量检测中，我校多次获得优秀成绩。2018年学校被评为济阳区综合发展先进单位，2019年学校被评为济阳区教学质量先进单位，垛石街道教学质量先进单位。综合学校的工作，2020年学校被评为山东省教育系统先进单位、山东省温馨校园。

二、弥足根本，以文化人育桃李

校园文化是学校可持续发展的动力，是学校综合办学水平的重要体现，也是学校个性魅力与办学特色的体现。为此，我校大力营造红色文化氛围，打造“长征文化”走廊，系统地向学生宣传长征的历史，讲解长征中蕴含的革命精神。大力建设“爱国文化”走廊，展示祖国70余年来的建设成就，增强学生的民族自豪感。建设“少年队文化”走廊，帮助一、二年级的学生，更多地了解少先队知识，增进集体归属感。为培养学生爱国情怀，感受红色文化精神。我校还定期组织全校师生“同唱一首歌、同读一本书、同诵一首诗”活动。全校师生共唱《爱我中华》《我和我的祖国》等红色歌曲，一起诵读“社会主义核心价值观”，朗诵《少年中国说》《七律·长征》等爱国诗歌，充分感悟爱国精神。我校编写了红色文化校本德育教材《自立自强》，组织全校师生共同学习阅读，感悟红军不屈不挠的可贵品质。

花样跳绳大课间活动是我校的一大亮点。期间全体学生参与其中，“热身操”、“韵律操”、“两人一绳操”、“竞技操”、“集体绳操”、“放松拉伸操”，科学合理的六大环节，让学生既锻炼了身体，又提升了团队协作的能力。2018年我校跳绳大课间，荣获全国大课间展示三等奖。校跳绳队也为学校增添光彩，在参加全国跳绳联赛中，获得“四金六银”的优秀成绩，代表济阳区参加济南市跳绳联赛，连续两次获得赛事最高奖“特等奖”，并获得“优秀表演奖”。特色跳绳节目《鸡猴闹春》《跳跳糖》，多次登上济南市和济阳区少儿春晚的舞台，获得社会好评。

为了让跳绳文化根深蒂固，让学生耳濡目染，我校还精心建设了花样跳绳文化墙，让校园处处可见跳绳文化。进入校园，首先便会看到，南侧的墙壁上记录着跳绳的历史变迁；西侧墙壁上，展示着花样跳绳的等级要求；东侧的墙壁上，向学生们展示着学校花样跳绳历年获得的成绩和荣誉。今天，花样跳绳特色体育活动，已经成为学校师生最喜爱的体育活动。学校人人参与其中，人人乐在其中，人人得到发展，人人得到提高，形成浓厚校园花样跳绳文化氛围，促进了学生全面发展。

学校留守儿童一直是我校关注的焦点。自2018年以来，为更好地关爱学校内留守儿童，我校组建由学校留守儿童组成的“快乐童年合唱团”。在歌唱中，学生的音乐素养得以提升，情感情操得到陶冶。在师生的共同努力下，学校合唱团先后多次登上山东省会大剧院的舞台。留守儿童们在济南市民面前放声歌唱，赢得了观众的热烈掌声，市民们爱心捐赠，更是让留守儿童们，感受到了来自社会的爱心。与此同时，我校还积极开展留守儿童结对帮扶活动，组织教师同留守儿童结成帮扶组，教师定期进行家访，切实关心学生的学习和生活。

三、家校共育，特色兴校谱新章

学校是学生的学校，也是老师的学校，是家长的学校，更是社会的学校。在济阳区教育体育局的统一领导下，我校自2019年开始，学习先进经验，创建家长学校。一方面定期召开家长会，增进学校和家长之间的了解，增进信任；二是邀请家庭教育专家，通过线上或是线下，为家长们授课，提升家长的教育意识，改进教育方法；三是邀请家长组成志愿服务小队，主动参与到学校的日常管理中来，通过实际的体验，了解教师的辛苦，感受教育工作的不易。我校还以少先队为载体，积极发展“自主管理”体系。队员们在辅导员的指导下，参与制定学校日常纪律要求，由队员组成检查队伍，按照纪律要求，对课间纪律、大课间纪律、上下学秩序进行检查。辅导员在其中，主要起到指导的作用，维持队员们集体的团结，形成良团结友善的整体氛围。家庭和学校间相互理解支持，家校关系紧密；学生珍惜老师的教育和帮助，师生关系和谐，为学校的教育教学工作开展，打下了良好基础。

教育是温暖人生的一缕阳光，它尊重、赏识每个个体，致力于学生能力、品德等各方面素质的全面提升，服务于个体的健康成长，滋养每一个生命。而学校更像是一片肥沃的育人土壤，它的内涵、品位和文化底蕴需要被全体师生牢记并践行，应如和风细雨渗透到学校各处角落，待春暖花开。未来路上，我校全体师生会继续立足新的起点，把大力创建“温馨校园”当作奋斗目标，把让每一个学生都能在“教学严谨、文化浓郁、管理和谐”的温馨校园里快乐地成长”当作一生的教育愿景，积极热情的投身祖国教育事业，携手一心，为打造有生命力的教育，不懈努力，共谋幸福。

优化教育方式，打造德育品牌

山东省济南市历城区北全福小学 曲洪亮

当今社会“教育必须为社会主义现代化建设服务，培养德、智、体、美、劳全面发展的适应未来社会发展和能为未来社会发展服务的合格的新型人才。”这不仅是对教育的要求，更是为当今教育的导向提供了精确的指南。习近平总书记指出，教育对提高人民综合素质、促进人的全面发展、增强中华民族创新创造活力、实现中华民族伟大复兴具有决定性意义。为更好地落实国之大计、利在千秋的德政工程，我校经过多年探索，形成了以“实践”为特色、以“活动”为载体的六年德育课程体系。在坚持德育“一体化”、“立体化”的基础上，学校借助社会资源丰富课程内容，优化教育方式，服务学生发展。

一、深挖课程内容，实现德育“全覆盖”

立德树人，以德为先，只有筑牢思想道德根基，才能确保青少年健康成长、社会发展进步、国家长治久安。学校承载着培养有理想、有文化、有道德、有纪律的社会主义建设者和接班人的重要使命，学校把培养“尚美学生” 为学生的终生幸福奠基作为办学目标。因此，发挥其教育的实效性，以提高学生的思想道德素质是重中之重。学生的主要时间在课堂，那么育人的主阵地就是课堂，课堂借助的“媒介”是课程。学校对每位教师提出要求，充分挖掘国家、地方和学校三级课程的德育内容对学生进行“尚美教育”。

学校办学融入时代精神，追求立德树人的高层次和新境界。自2016年以来，学校坚持开展“国学经典诵读”活动，把国学经典诵读活动与学校德育工作相结合，2019年成功申报了省级课题《小学传统文化教育整体规划与实施研究》，2021年准备结题，结题材料已上报。

在国家课程中，我们提炼出人与自我、人与社会、人与自然、科技发展几大主题，要求在课堂教学中深入挖掘勤学与智慧、坚毅与勇敢、爱国与友善等思想内涵，促进学生的情感价值观发展。在地方课程中，我们以《中华优秀传统文化》为依托，强化学生崇德修身、砥砺品学、孝慈齐家、仁爱乐群、公忠报国的中国传统美德修养。在校本课程中，我们注重体现七个教育主题：突出以“忠”为主的国家意识，以“孝”为主的家庭伦理，以“律”为主的集体观念，以“俭”为主的生活信条，以“信”为主的交往准则，以“礼”为主的行为规范，以“勤”为主的学习状态。

“尚美教育”逐步形成《尚美课堂》，在内容上注重体现以上七个教育主题。具体到常规落实方面，重点抓好文明习惯养成教育，落实好点位管理，促进德育工作日常化、规范化、持久化。

加强行为规范养成教育，认真落实《小学生守则》《小学生日常行为规范》，每周每班评选出一名“好习惯之星”，每月进行一次行为规范的量化评价，每学年评选“行为习惯标兵”。 坚持每月一次主题班(队)活动。认真开展三好学生、优秀学生干部、校园之星、进步显著学生的评选活动，用榜样引领，促进良好校风、班风建设。认真开展打造书香校园活动。学校图书室做好图书借阅工作，为学生的阅读提供方便。学校将各班开展读书的情况纳入文明班级考核之中，以鼓励学生积极阅读。通过教育，引导学生用美德去影响指导自己的基本行为，逐步由“他律”到“自律”，“ 外教”到“内化”，最终促进形成“忠于国家、孝敬父母、遵守纪律、勤俭节约、诚信交往、礼仪待人、勤奋学习”的人格修养风范。 学校每学期都评选七彩“尚美少年”，对星级学生进行奖励、表彰，引导师生见贤思齐，共同进步。

二、多元活动育人，构建德育“立体化”

如果说德育“全覆盖”是站在广度的角度来说的话，那么德育的“立体化”则是通过全科育人、全员育人，调动学生成长过程中的一切环节协同育人。因此，德育不应仅仅寄托于“道德与法治”课，还应注重在知识技能、情感态度、学习策略和文化意识培养中潜移默化、点滴浸润，实现“尚美”教育。

习近平总书记说过“人无德不立，育人的根本在于立德”，完成对各类学生的教育任务，就需要我们不断将德育教育深化于学生的日常生活中。为此，我校依据社会主义核心价值观，形成了以传统文化为主线的《尚美课程》体系。从“以人为本、立德树人”出发，进一步确定了学校德育课程范畴，确立了活动德育课程、实践德育课程与学科德育课程等三个部分。其中，活动德育课程主要指校内非学科德育，包含校园课程、仪式课程、传统节日课程、纪念日课程、社团课程、班级文化课程、班级管理课程与专题报告课程等七个方面；实践德育课程主要指校外实践性的德育，包含志愿服务课程、主题实践课程、劳动实践课程、家校课程、参观访问课程与游学课程等六个方面。

节日活动课程主要有：3月5日开展学雷锋活动，组织学生读雷锋日记，讲雷锋故事，学习雷锋精神，做新时代的小雷锋；清明节组织缅怀革命先烈的活动，如请老前辈讲长征故事、抗战故事，观看爱国主义影片，牢记今天的幸福生活来之不易，从而懂得珍惜；“六一”组织庆祝活动，展示个人特长，感受老师、父辈的关爱；“七一”组织庆祝党的生日活动，让学生了解党的光辉历程，激发学生对党的热爱之情；“十一”组织国庆歌咏会，感受祖国巨变，增强建设祖国的责任感；元旦组织迎新年游艺活动，感受生活的幸福，增添进步的动力。

实践活动课程。探寻文化渊源：生肖故事、春节习俗、元宵节等活动；品悟翰墨魅力：写春联、写福字、画花鸟等书法、绘画活动；体验民俗风情：蒸花馍、剪窗花、陶艺、做中国节等手工技艺作品；玩转民间游戏：七巧板、九连环、抖空竹等游艺游戏；展现自我风采：唱京剧、练武术、诵读古诗词、吹葫芦丝等。

活动德育课程与实践德育课程并非相互独立，而是根据学生年龄特点，结合不同学段的德育目标，广泛利用社会资源，对主题德育活动课程进行整体设计，使它们相互关联、层级递进。目前学校“冷盘大比拼”、“秋天的收获”、“志愿者服务队”、“齐鲁文化游”已形成学校特色。在活动中，培养了学生善于动脑、自主学习、合作精神等良好思维习惯。

三、坚持全员育人，打造德育“品牌化”

教育不是一张又一张的成绩单，更不是黑色墨水换红色分数的鏖战，小学教育应是引领学生把目光从窄小的教室转向自然、社会，在真实的经历中成长。

我校一直以来非常重视全员育人，一岗双责（教学、育人）。经过多年的德育探索与实践，形成了一系列品牌德育课程，其中“我上学了系列活动”、“国学展示活动”、“有缘牵手一、六年级家校共育活动”、“我是小巧手冷盘大比拼活动”、“秋天的收获”、“志愿者服务队”、“齐鲁研学游”、“竞选大队委”等德育课程，已经成为学校德育活动的一个个品牌、一面面旗帜。

学校在多年的德育课程实施过程中，初步形成学校、家庭、社会“三位一体”的德育评价体系，强调德育评价的过程化、科学化、显性化。该评价体系将评语性评价和等级评价相结合，将过程性评价与结果性评价相结合，引导学生全面发展。增强学校、社会、家庭的教育合力，真正做到全员育人。学校寻找和利用一切可行的机会，如家访、家庭教育报告，对学生家长进行个别指导，介绍家庭教育的成功做法和先进经验，提高家庭教育的科学性。学校还组建了二级家委会，通过家长学校及家委会，定期给家长传播家教知识，帮助学生养成良好的习惯。利用各级家庭教育平台，为家长创造学习、交流的机会。着力培养学生的社会责任感，引导学生服务社会、奉献社会。充分尊重学生的差异和特长，让学生在各种体验中、在激励中成长。

生活是本无字书，回归生活是当前德育课程改革的主要形式。教师作为学校德育课程的主要实施者，要成为学生的引导者和学生的好帮手。我校建立了德育教学一体化机制。切实增强全员育人意识，发挥班主任的引领作用，强化全体教师的育人责任，切实把德育工作贯穿到学生学习成长的方方面面，真正做到全员育人、全程育人、全面育人。

用优秀的文化和时代内涵引领学生，激发文化自觉，增强文化自信，树立文化追求，培育良好的品德和健全的人格，今后，我校将继续创新开展德育工作，努力培育新时代好少年，努力办好人民满意的教育。

创新劳动教育，助推乡村振兴

山东省济南市历城冶河小学　赵伟立

劳动教育是“立德树人”人才培养目标的重要内容，也是对学生进行思想政治教育的重要途径。立足新时代，加强劳动教育是国家发展的必然选择。劳动教育不仅能够促进学生树立劳动价值观、掌握劳动技能，而且有着树德、增智、强体、育美的重要作用，是促进学生树立远大理想、提升综合能力、锻炼强健体魄、形成健全人格的重要路径。近年来，我校充分挖掘身边的红色资源，大胆创新课堂形式，将红色教育、劳动教育巧妙融合，引导学生走出校园，走进“田间地头”，从知识与实践的双重视角中树立爱家乡、爱劳动和乡村振兴之志。

一、立足乡土资源，开展参观学习

1981年，“香玲核桃之父”王俊毅赠送给曾兆芳10棵核桃芽，通过绿枝嫁接技术，从此以后这些核桃树就从冶河扎根发芽，1989年，农业部命名为“香玲核桃”。现在，我们冶河村已经成为香玲核桃嫁接苗木繁育基地。

在历城区冶河核桃协会的展室里，展示着香玲核桃的历史。我们经常带学生来这里参观上课。听着展馆负责人的介绍，看着墙上的一幅幅图片，学生们逐渐由最初的好奇到熟悉再到面露喜悦之色。我在一边默默地观察着学生们的反应，一边快速在手中的教案上记录着。

“我家周围种着核桃，但还是头一次听说我们香玲核桃的由来。”、“我今天认识了很多核桃品种，增长了很多与核桃相关的知识。”、“我知道了香玲核桃的特点是皮薄仁饱满、一捏即开。”经过了一番参观了解，在提问环节，学生们争先恐后地表达着自己的收获。此次参观上课的28名学生都是冶河村的孩子，但他们很小的时候村里的土地就流转出去了，很多孩子对香玲核桃的了解并不多，也没有真正的种植经历。作为这片土地上哺育的孩子，我认为孩子们必须先了解自己的家乡。

“大家可不要小瞧这小小的核桃，咱村里乃至附近村庄发家致富都靠这小核桃呢。”展厅负责人告诉学生们，随着香玲核桃的名声越来越大，2008年4月成立了历城区香玲核桃合作社，是全国建成的第一个基层党建与经济林同步发展，“支部+协会+合作社”三位一体的运作模式。

展厅负责人话音刚落，几个孩子争着举起小手示意要发言。“我听爷爷说过，咱冶河就是中国的核桃之乡，咱这里种的核桃就是好吃。”、“我也听家里人说过，周围很多村庄的人都来咱这里学习核桃育苗嫁接技术。”孩子们的脸上洋溢着满满的自豪感。

二、田间地头开课，激发学习兴趣

告别了核桃展厅，学生们挥舞着队旗，向此次的课堂地点——冶河核桃红色产业园大步走去。一路上，28名孩子边走边唱《中国少年先锋队队歌》《没有共产党就没有新中国》《祖国祖国我们爱你》三首歌曲，歌声嘹亮，在近500亩核桃园中回响。

虽然是在田间地头，但我们的老师和学生们还是精心布置了这个特殊的课堂：小路两侧整齐地摆放着木质画架，上面别着孩子们亲手绘制的核桃宣传画；30个小马扎围成一个半圆，每个马扎上为孩子们准备了一面鲜艳的小红旗；孩子们穿着干净整洁的校服围坐树下，深吸一口气还能闻见泥土和青草的气味。

“同学们，谁知道咱村里老一辈是怎么种核桃的？”我开始向学生们提问，打开了不少学生的话匣子。一名学生说姥姥告诉我，以前采摘核桃要爬到树上一个个用手摘，麻烦还效率低，给核桃去皮的时候，手指甲都是黑色的，而且还污染水。另一名学生马上补充说，小时候和爸爸去干活，用锄头锄地好辛苦。

听完学生们的讲述，我指着身后的核桃园说：“同学们，这是470多亩的核桃园，如果还像以前那样种地，我们得多累啊！”观察着孩子们望着密密麻麻核桃树时脸上露出的畏难情绪，我着请出了讲师曾老师。

花钱种草，养虫吃虫，种蚯蚓……曾老师为学生们讲述了现代农业的种植技术和手段，一个个新名词和新技术让学生们颇感兴趣。课堂外响起一阵机器轰鸣，曾老师指着一台形似于超大号除草机的机器说，这是一台田园管理机，能犁地，能锄地，能翻土，关键是不用人力，只需要拿着一按遥控器，自己就能干活。“以前一个人一上午锄不完一亩核桃地，这台机器一个小时就能干完一亩半，一个工人可以同时操控三四台没问题。”曾老师一边介绍，一边领着孩子们到地里去亲自体验遥控机器，现代农业的神奇和高效率让孩子们大呼神奇。

“老师，我觉得现在种地和我想象中的不太一样了，我们不但要辛勤劳动，还要善于学习各种先进技术，这样才能更好地发展我们香玲核桃产业。”听到学生主动谈起劳动体会，我奖励了他一张心形卡片，并对如何感悟劳动如何发展农业的问题给出了自己的答案：“老一辈村民通过劳动创造了美好生活，所以你们从小就要树立劳动光荣的观念，通过劳动播种希望、收获果实。同时你们还要好好学习科学技术，发展我们家乡的产业，建设伟大的祖国。”

三、忆往昔看变化，布置学习任务

“同学们，课前我给大家布置了一个任务，让大家观察了解家乡的变化，你们准备得怎么样了？”有了前面参观核桃展厅的铺垫，面对我的问题，学生们都显得非常有发言欲望。五年级的小高同学有备而来，她一边拿出自己提前打印好的照片，一边代表小组第一个到前面介绍。“你们看，这边的是以前的旧房子，土墙矮趴趴的，夏天漏雨，屋里蚊虫还多。你们再看现在的新房子，高大宽敞明亮，住起来舒服极了。”小高同学的介绍引起了同学们的共鸣。随后，五年级的小王和其他几名学生不等老师点名也纷纷走到前面介绍自己小组的调查结果，他们用人工推磨碾压粮食，到古井边排队打水等家中长辈曾经的经历对比现在安全便捷的校车，自动化洗衣机和净水器等交通工具及家用电器，形象地说明了家乡和村民生活的变化。

听着学生们热烈地讨论和展示，我告诉他们，火车跑得快，要靠车头带。党的领导是国家发展、人民致富的根本保证。创新是发展的动力，冶河村“支部+协会”的运作模式，探索出了农村发展、农民致富的新路子。

核桃树下的思政课接近尾声，但学生们针对家乡发展和乡村振兴的话题又掀起了一轮发言高潮。四年级一班的两位同学说，未来想当一名广告设计师，宣传家乡的核桃。他们还带来了提前绘制设计的广告海报，“种下核桃七八亩，农民腰包撑得鼓”，自创的广告词形象生动。六年级一班的小刘以击掌为节拍，现场表演了一段自编快板，未来她的梦想是当一名解说员，让更多的人了解自己的家乡。

“我想当像袁隆平爷爷一样的科学家，研究更多的农产品。”、“我想当一名园艺师，打理属于自己的核桃园。”孩子们围绕着我，热烈地分享着自己的理想和对家乡的热爱。

劳动教育是丰富学生精神生活、提高精神境界的重要载体。劳动在为人们提供丰富精神生活素材的同时，也使人们拥有丰富的精神体验。苏联教育家苏霍姆林斯基曾经写道，劳动的欢乐是任何其他快乐所无法比拟的。这种快乐如果没有美的感受是不可思议的。孩子们生活在这片土地上，让他们热爱自己的家乡，坚信劳动致富这是人生必修课，再由此立志，好好学习锻炼本领，未来振兴乡村经济，建设伟大祖国，这是远大的理想。我们相信不断加强劳动教育，坚持学知识与劳动实践相结合，不仅仅是提高学生的自我服务能力和劳动技能，而且能培养出一代有知识、爱劳动的高素质学生，助力雏燕健康成长！

聚焦立德树人，合力构建“大思政”育人格局

山东省济南市天桥区滨河左岸小学　牛春华

为贯彻立德树人的根本要求，培养中国特色社会主义事业合格建设者和可靠接班人，我校在习近平总书记思政思想和山东省教育厅德育工作要求的指导之下，坚持立足小学生年龄特征，确保德育工作深入人心；注重把握小学阶段与中学、大学阶段德育工作的衔接性、递进性，努力为德育工作的下阶段展开提供良好基础；融合多种德育资源，使德育工作“润物细无声”学致力于打造小学德育生态共同体，探索一条思想性与亲和力统一的德育路径，既凸显德育工作的阶段性特征，又兼顾大中小学德育工作的衔接与递进，特制定本方案。

一、分析校情学情

我校始建于2018年9月，是经教育部批准的拥有48个教学班建制的公办小学。自建校以来，学校在德育工作方面已经具备了一定的基础和特色。

打造思政育人平台。学校以做触动儿童心灵的思政教育为突破口，创建了济南市首个学校思政教育基地，从“师资培育、课程研发、环境熏染”三方面开展思政教育，形成大思政育人格局。

丰富思政育人手段。学校构建了校内外三级思政教师体系，制定了思政教师首选制度，搭建了红色朗读亭、思政教育长廊文化阵地，开展了丰富的思政教育主题活动和特色课程。

推动思政育人研究。学校思政课题——《依托“三融合”课程资源开发提高小学思政课有效性的实践研究》，被山东省十三五规划课题立项，项目正在有序推进中。

取得阶段性成果。作为全市唯一的小学在济南市思政教育工作会议上进行工作经验分享；国家、省、市多家媒体对学校思政教育工作进行了专题报道，思政基地中“红色朗读亭”在济南市教育局校园“一校一Show”活动中作为第四站重点宣传报道；兄弟县区多次到学校考察思政教育。

二、构建共同体德育目标

总体目标。打造良好的小学德育生态共同体，实现育人资源互补，育人优势叠加，确保理念准确、目标清晰、方式多元，通过实施思政教育，重点教育引导学生在思想情感、学习求知、文明礼仪等方面养成良好品行和习惯。为培养大批中国特色社会主义事业合格建设者和可靠接班人打好基础。

学段目标。低年段：言行得体、协商互让；中年级段：诚实守信、自律自强；高年级段：勇于担当、尊重感恩。

三、构建共同体德育内容

理想信念“种子”植入教育实践活动。组织学生走进博物馆、人民英雄纪念馆，走进社会大课堂，培养学生对党的政治认同、情感认同、价值认同，不断树立为共产主义远大理想和中国特色社会主义共同理想而奋斗的信念和信心。

行为习惯养成教育实现“知行合一”。落实好新《中小学生守则》《小学生日常行为规范》等集中学习、宣教活动，逐步完善《养成教育要求与评比标准》的各项内容。开展“文明礼仪小使者”、“最美劳动少年”等荣誉称号评选活动，为行为养成赋能。

传统美德教育拨动学生“心弦”。结合传统节日，通过主题班队会、社团活动、社会大课堂等途径，开展人格修养和社会关爱教育，引导学生理解、认同中华传统美德和优秀传统文化的精神内涵，形成良好道德品质和行为习惯。

四、构建共同体德育实施途径

德育工作的展开有多个层次，德育工作必须首先确保多个层次形成合力，有机统一，防止各自为政，相互掣肘。要更好融汇德育多种途径。

以“课程育人”为抓手，“1+3”课程体系引领方向。学校贯彻小学思政课建设“一体化”理念，针对不同学段学生特点、思想政治理论教育规律和学生成长规律，开发“1+3”思政课程体系，作为构建德育工作的重要内容。“1+3”思政课程体系，“1”是指国家课程道德与法治处中心地位；“3”是指学校围绕思政教育开发的学科渗透型校本思政课“培根铸魂点亮学生心灯”、主题活动型思政课、文化浸润型思政课，是对“1”的支持和补充。

“培根铸魂点亮心灯”校本思政课程从德育的角度出发，横向结合一至六年级学生认知特点和身心发展规律，纵向贯通道德与法治、语文、数学、英语、音乐、体育、美术等各学科涉及的德育思政内容，分为一至六年级的衔接课程，通过低中高年级段课程，构建出六大主题养成目标。校本思政课程涵盖经典阅读、体育健康、创新实践、艺术熏陶、阳光小筑等板块内容，通过做亮点、做出特色，带动整体课程质量的提高，强化课程育人，提高德育实效性。

以“文化育人”为支撑，构建浸润式德育生态。围绕学校“特色党建、特色思政”的实施，依托思政教育基地，全力营造学校思政文化育人氛围。打造少年党校、思政长廊、习爷爷小屋等，通过点点滴滴的文化浸润，让德育自然发生。

以“活动育人”为载体，构健全员参与机制。通过主题活动，调动学生进行自我教育的内在驱动力。以学校《德育活动指南》为指导，制定《班级德育活动手册》，梳理感恩课程、校园四大文化节等活动类课程，引领班级有计划、有创新的在各节点开展，通过活动情况记录、活动效果、学生提升、学校评价等关键要素指引，助力德育成果入脑入心。针对各学段培养目标，依据尊重、责任、体验、自主的原则，设计学生喜爱的主题活动，促成培养学生关键价值取向落地。通过争创“文明左岸星”、“自律左岸星”、“担当左岸星”，让学生实现自我教育、自主成长。

以“实践育人”为燃点，打开学校德育的时间和空间。深入挖掘地域资源，引导学生通过“观世界”来建立自己的世界观。把德育与校外“红色实践基地”、“特色地域两河文化”等内容相结合，打造“行走的德育”课堂，燃起德育新引擎。

通过线上研学和实地研学相结合，拓展实践方式，学生自主参与设计《社会实践活动手册》，实现“一人一册”，定期评价，最大程度提高学生参与度和获得感。以“研学小达人”、“智慧研学家庭”的评选鼓励学生了解国情、开阔视野，全面激发爱党爱国爱人民爱家乡的情怀。开展家庭志愿微公益实践活动，将德育效果外显化。积极开展心理品质养成教育，引导学生自尊自立自强自律。

以“管理育人”为辅助，促进学生参与热情的提升。推动学校治理现代化，制定完善的管理制度；制定班级民主管理制度，形成学生自我教育、民主管理的班级管理模式；关心弱势群体，维护班级的团结协作风气。

开发德育参与力量，构建协同发展模式。健全学校、家庭、社会协同育人机制。把立德树人融入思想道德教育、文化知识教育、社会实践教育、心理健康教育等各个环节，以良好的学校环境、家庭氛围、社会风气培养每一名学生，注重家校合作，把思政小课堂和社会大课堂结合起来，形成融入式、嵌入式、渗入式的立德树人协同效应。

发挥班主任的“中转站”作用。以班主任为纽带连接家庭、社会和学生，为学生德育搭健全方位的生态环境，保证学生的品德建设在不同社会环境中保持一致性。

带动家长共同参与。开展评选“十大左岸好家风榜样”活动，借助微信等载体传播好家风故事，用良好的家风熏陶和影响学生，组织开展家长教育经验交流会，最大限度地激发家长主动性，复制家庭德育的优秀经验。

发挥新媒体的积极作用，借助网络上的积极因素教育青少年如何正确、高效利用网络。

五、构建共同体德育组织实施

加强组织领导，把德育教育摆在突出位置。学校建立由校长、德育处、少先队、年级组、学科组组成的德育领导小组，在学校德育实践活动中发挥引领、示范、辐射作用。组建由年级组长、教研组长、班主任为骨干，科任老师协作的全员育人队伍。

保障经费投入，寻求公益支持。学校高度重视德育工作，将德育工作经费纳入学校年度预算。

调动一切力量，发挥全校优势。我校全体教师对于德育工作热情度高，能全身心投入到德育工作之中；我校家委会对德育工作的支持度高，家长愿意为我校德育工作建言献策、出人出力；我校经过两年的思政建设，全体学生已经具备了比较高的思想修养，有助于我们对德育工作提出更高要求。

恰得东风吹正劲，扬帆千里向未来。今年是“十四五”规划启动之年，我校将迈入新的征程。站在新的历史起点，我们将不断创新教育改革，落实立德树人根本任务，以实干之力、拼搏之劲，创新之心，谱写学校教育高质量发展新的篇章。

开展精品教育　温馨未来人生

山东省济宁市兖州区颜店镇中心小学　马昭勇　张安运　吕铜新

“利器也，复以锻之以去钝，锋其筋骨，锐其根本，育人之道亦如是也，国之重器，功在当代，利在千秋……”教育是一个国家、民族强大的根本，唯有在教育的土壤中深耕细作，才能真正创造生命的价值，绽放人生的光彩。我校创建于和圣故里，屹立于千年古镇。洸流嵫秀，文韵郁浓；嵫山脚下，书香怡人；居和圣故里，和风四溢，是一所砥砺百年自强不息的老校，有着深厚的历史、地理、人文环境。学校占地面积2万多平方米，现有27个教学班，在校学生1182名，专任教师56名。学校布局合理，校园环境优美宜人，绿树红花交相辉映，花草绿树葱郁成荫，俨然成为一方育人沃土。近年来，我校以美丽温馨校园建设为抓手，不断深化学校文化内涵，通过对学校文化多角度、多层面建设，着力提升学校办学品质，以生为本，提高学生道德素质、学科素养、学习能力。充分发挥学校育人主体功能，促进教师成长，引领学校教育教学走向品牌发展之路，为学生幸福人生奠定宽厚坚实的基础。

一、大力营造温馨和谐的育人环境

陶行知曾说过：“天然环境和人格陶冶，很有密切关系。”校园中的每一座建筑、每一处景点，每一片绿色，都成为一种思想的传递，一种文化的表达，优美的校园环境就像无声的老师，滋润着师生的心田，熏陶感染着师生，丰富净化着师生的灵魂，潜移默化地引导师生向着健康的方向发展。为此，我校全面布局，精心设计，以廊厅文化、班级文化、办公室文化为平台，以美化、绿化、净化、香化为标准，旨在“让每一个墙面都能说话，让每一个空间都有灵性。”达到潜移默化、陶冶情操的效果。廊厅文化主要突出体现“本土”文化信息，展现师生固有才华，彰显师生文化内涵。适当引进名人字画，楼道、走廊的墙壁上，展示古今中外美术、书法经典，让广大师生在艺术的殿堂中陶冶情操、净化心灵。为突显“本土”文化信息，我校还在楼道、走廊的墙壁上，留出空间展出本校师生的美术、书法作品，让更多有兴趣、有才气的师生利用这一空间施展才华，张扬个性，使有才气的师生成为其他师生的偶像，让更多的师生以他们为榜样，学有所长、技有所专，提高学生的艺术品位，升华个人涵养。

班级是师生每天花较多时间用来学习和交流的场所。我校也通过对班级环境认真布置，充分发挥其教育和引导的作用。每个班级内布置有“三表一简介”（时间表、课程表、值日表、班级简介）展示在显眼位置上，便于师生查看。在黑板上标写了班训，教室前后墙角设有开放式书架和卫生角，主墙面为“学习园地”，学习园地的名称布置要各有不同，富有吸引力。还可以设置表彰栏、评比栏……由各班主任负责个性化、人文性设计，凸显主题，个性鲜明。此外，学校的办公室文化体现了严肃、安静的特点。我校根据各科室室工作职能，张贴了相关的规章制度及相应的有品位的室内标语，便于工作，引起重视。

二、着力创设浓郁科学的文化氛围

立足传统文化的滋养，背靠百年文化的沉淀，我校创造性地理解和运用教材，充分挖掘学科教材中的文化内涵，探究并打通学科间的传统文化知识相关点，打破过去各学科间的孤立教学模式。充分挖掘不同学科教材中的育人素材，组建各教研组集体备课的沟通模式，系统、全方位、多角度、多元化开发学生情商、智商，挖掘各学科在传统文化上育人新着力点，培养传统文化教学的创新精神，不断提高传统文化在学科联合教学中的实践能力，使之在常规教学中具有更强的生命力和活力。为了充分发挥课程育人作用，我校以校本课程为载体，深入研究中华传统文化对学生德育的有效途径。探究经典诵读活动高效开展的策略和方法，让师生与圣贤同行，与经典为伴，让中华优秀传统文化的光辉照亮校园的每一个角落。

在传统文化基地创建过程中，为确保传统文化教育在我校扎实、有效开展，确保基地建设有特色、有底蕴、有发展，我校制定了“五项结合”计划：与校园文化建设相结合；与学校特色创建相结合；与课程计划相结合；与德育教育研发相结合；与日常行为教育相结合。

此外，我校也大力开发校本课程。组织师资力量深入整理、探究“千年古镇.和圣故里”的乡土文化，研究“百年颜小”校史文化，积极开发校本文化资源。同时，深入发掘、研究、弘扬传统文化对应的校本教材，结合我省的历史和人文资料，确定适合学校教育发展的校本教材。

优质的教育离不开一支优秀的教师团队，师资力量建设是品质教学的有力保障，为了提升学校教师的专业技能和素养，我校也着力教师培养，绽放教师生命。组织教师开展“中华优秀传统文化”培训活动，选拔出一批具有一定国学基础和特长的老师，作为学校传统文化特色社团的储备辅导老师，为下一步教学发展奠定基础。此外，我校也倾力打造传统文化特色社团，培养学生个性发展，为学生搭建实现梦想的舞台。学校的书法、棋类、古筝、国画、刺绣、舞蹈等传统文化特色社团，让学生们在活动中体验中华优秀传统文化的魅力。我校也会经常开展经典诵读活动。一至六年级各班均开展了以古诗文为主的经典诵读活动，每天早晨三十分钟的诵读活动，提高了学生的国学修养。

三、倾力创建品质学校的特色品牌

为进一步凸显学校办学特色，深化学校文化内涵，我校打造了以“和”为核心理念的校园文化，构建传统文化特色系统理论体系，倾力建造独具“和”文化理念特色的校园文化，激发学生热爱书法，热爱国学的激情。同时组织“和美学子”、“和美教师”等评选活动。以全面实施传统文化特色校园文化建设为学校发展为战略举措，使学校逐步形成独具“和”文化个性魅力的理念体系，充分体现传统文化之大美，并使之成为我校的立校之基、兴校之本、强校之魂，成为学校永恒不灭的精神之火、信仰之灯。结合学校地域文化的特点，我校还充分利用“千年古镇•和圣故里”丰富的人文、地理、历史优秀传统文化，根据不同年龄段学生的心理特征和成长发展规律，由浅入深，循序渐进，培养学生的家国情怀。充分挖掘“千年古镇•和圣故里”这一地域文化资源，深入研习“和圣”思想，探寻我校　“和”文化之根；深刻体验“洸流嵫秀”之神韵，收集歌颂嵫山、洸府河的诗词歌赋，乡土风物；倡导师生开展“一山（嵫山）一水（洸府河）一圣人（和圣）”地域文化寻根工程，让学生在潜移默化中获得中华优秀传统文化的滋养和熏陶，在生活中体验传统之美，从而培养学生的“家国情怀”。

特殊儿童教育是我校向来重视的工作。为让残疾儿童享受到和正常儿童平等的教育和发展，使特殊教育和普通教育有机结合，互相渗透，共同提高，形成全体师生理解、帮助残疾儿童少年的氛围；为使特殊学生在德、智、体、美等方面得到发展，为今后自立、平等地参与社会生活打下坚实基础，我校近几年高度重视针对残疾儿童的“送教上门”工作。深入残疾儿童学生家庭，为无法正常到学校就读的残疾学生提供上门教学和爱心资助服务，用实际行动和真情奉献为学生带去一份温暖。

立足学校历史文化优势，一直以来，我校注重挖掘和传承传统文化，充分发挥红色教育基地优势，加强学生爱国主义教育，做好校园净化绿化美化工作，学生每天按照各自区域清扫环境卫生和教师卫生，重在保持，校园四季翠绿，树木葱郁，环境干净。我校还将社会主义核心价值观喷绘上墙，利用楼道、走廊和立柱等空间，喷绘有关科技、人文、教育、诗词等方面的喷绘壁画，展示校园文化底蕴，晨读、午读长期坚持，建设优良校风、教风、学风，精心组织开展校园文化活动。　此外，我校坚决贯彻国家和省关于学校安全管理工作的规定，定期开展安全风险排查和安全减灾演练。制定突发事件和宿舍管理应急预案，实行24小时值守，定期消毒，按时通风；有健全的食品安全管理和追溯制度，实行班主任配餐制度，营养午餐膳食配置合理，营养均衡，真正为学生成长创设了一个安全和谐的环境。

总而言之，教育是一份温暖的事业，也是一份纯真的礼物。经过多年的建设，我校已走出了一条温馨发展之路，教育者们着眼现在与未来，懂得传承与创新，敢于改革和实践，倾力打造特色校园文化，以高尚的师德影响学生，以优美的环境陶冶学生，以丰富的活动提高学生，默默坚守着育人理念，用心培育，用爱浇灌，为学生更深远的发展夯实基础，让更多生命绽放出绚丽的光彩。

立德树人守初心　品质立校育桃李

山东省莱西市姜山镇绕岭小学　于训成

“一年之计，莫如树谷；十年之计，莫如树木；终身之计，莫如树人。一树一获者，谷也；一树十获者，木也；一树百获者，人也。”　这段话既阐明了人才培养的重要性，也揭示出人才养成的不易。我校成立于1946年，坐落于莱西市姜山镇绕岭村，是一所农村完全小学。学校前身是绕岚岭完小，几次更名，最后确定为莱西市姜山镇绕岭小学。目前，学校占地15060平方米，现有8个教学班，在校生265人，教职工31人。近年来，我校认真贯彻习近平新时代中国特色社会主义思想和党的十九大精神，深入落实全国教育大会精神，紧紧围绕习总书记提出的“为谁培养人、培养什么样的人、怎样培养人”这一根本问题，根据当地实际，按照立德树人这一基本原则，经过认真规划设计，从学校办学条件、学校管理、教育教学改革、校园文化建设等方面，对学校的育人环境进行升级改造，让美丽校园更加温馨和谐。历经沧桑，几经蜕变。因此，我校先后荣获“莱西市规范化学校”、“莱西市优秀家长学校”、“青岛市现代化学校”、“青岛市中小学平安和谐校园”、“青岛市智慧校园”、等多个荣誉称号。

一、铸魂培根，建设优质文化育人家园

陶行知曾说过：“天然环境和人格陶冶，很有密切关系。”校园中的每一座建筑、每一处景点，每一片绿色，都成为一种思想的传递，一种文化的表达，优美的校园环境就像无声的老师，滋润着师生的心田，熏陶感染着师生，丰富净化着师生的灵魂，潜移默化地引导师生向着健康的方向发展。为了让学生对学校文化耳濡目染，我校将三层

教学楼设定三个文化主题，每一个主题、每一段文字、每一张图片都经过认真选择、精心设计，让每一面墙壁不仅成为亮丽的风景，更成为启迪学生健康发展的老师。一楼是“爱国主义”主题，让热爱祖国的信念可知、可感、可信、可行。习近平总书记指出“爱国，是人世间最深层、最持久的情感，是一个人立德之源、立功之本。”为激励学生从小树立爱国主义价值观，我校在整个一层设置了六个版块：一是习近平总书记谈“爱国”的经典论述，通过总书记的教导，让学生牢记爱国主义是中华民族民族精神的核心；爱国不是一句口号，而是一种情怀和担当。二是通过有关数字让学生了解我们伟大祖国的悠久历史和灿烂文化；三是用具体的事例，让学生了解国家与个人的关系，只有祖国的强大做后盾，人们才有平安幸福的生活；四是选取典型的先烈事迹，讲述中华儿女为国家抛头颅、洒热血的英雄历程，让学生知道当国家需要时应该有不怕牺牲的勇气；五是选用钱学森等老一辈科学家，放弃国外优越的条件，冲破重重阻力回归祖国的壮举，让学生树立同祖国共命运的高尚情操；六是选取钟南山、屠呦呦等科学家的事迹，告诉学生科学事业的发展与祖国有着密切的关系，科学事业要发展，需要从小养成脚踏实地、刻苦钻研的学习态度！二层是“教育目标”主题，让国家的教育目标落地、生根、发芽、成长。“培养德、智、体、美、劳全面发展的社会主义建设者和接班人”是国家教育的根本目标。为把这一目标落地、生根，在学生的心中发芽、成长。我校在整个二层布置了“见贤思齐，我要做一个品德高尚的人”、“博闻强记，我要做一个学识渊博的人”、“强身健体，我要做一个身心健康的人”、“感悟美好，我要做一个审美高雅的人”、“崇尚劳动，我要做一个勇于实践的人”五个版块。用具体的事例和文字，把每一项目标进行细化分解，让学生明白，我要做什么，我应该怎样做。三层是“十个一”主题，让学校的办学特色鲜活、精彩、持续、发展。为促进学生全面和谐发展，我校认真贯彻落实《青岛市促进中小学全面发展的“十个一”项目行动计划》，多措并举成立各种社团，开展丰富多彩的校园文化活动，取得了丰硕的成果。为展示学生的成长风采，推动“十个一”活动持续开展，在三层以“十个一”活动为主题，以学生的活动成果为背景资料，从“学会一项体育技能”、“掌握一项艺术才能”、“精读一本书”、“记好一篇日记”、“参加一次劳动”、“演唱一支歌曲”、“诵读一首诗词”、“进行一次演讲”、“参加一次研学”、“参与一次志愿服务”十个方面，展示活动成果，提出发展要求，提供成长建议，整个走廊如同一幅“十个一”活动的指导图册，引导学生认真践行“十个一”行动计划，努力成长为更加优秀的自己。

二、知行合一，助力品质教育纵向发展

习近平总书记指出：“一个人遇到好老师是人生的幸运，一个学校拥有好老师是学校的光荣，一个民族源源不断涌现出一批又一批好老师则是民族的希望。”教师是教育发展的第一资源，要想实现一流的教育，必须拥有一流的教师队伍。为落实习近平总书记关于“教育者先受教育”的指示，切实提高教师政治素质和专业能力，让教师更好担当起学生健康成长指导者和引路人的责任，我校对整个行政区进行了教师文化环境创设，把“对教师的定位和要求”、“教师的工作目标”、“四有教师的标准”、“学校文化”等内容进行精心设计，做成条幅、看板，因形式精美吸引老师的注意，因内容新颖引领教师的行动，在潜移默化地促进教师的专业水平提高和师德、师风建设。同时将习近平新时代中国特色社会主义思想作为教师培养培训的重要内容。持续开展“四个自信”专题教育，引导教师守好阵地，站好讲台。

校园环境是学校外在形象的综合表现，是育人的重要组成部分，其不仅体现出学校的文化底蕴和思想品位，而且有利于营造浓郁的科学文化氛围，帮助师生净化心灵，陶冶情操和形成正确的审美观与价值观。我校尽管是一所农村小学，但校园环境布局合理、整洁优美，校园的一草一木，一花一卉，无不充满着生机与活力。师生置身其间，时刻感受着美的熏陶、美的启迪、美的激励。整个校园生机盎然，宁静有序，动感活泼，处处彰显着蓬勃向上、健康和谐的学校特色。此外，我校十分注重学校办学条件，为打造温馨校园，我校先后投入20多万元，对教学设施和教学设备进行了改造。微机室、网管中心、图书室、阅览室、科学实验室及其他教育设施设备配备不低于省定办学条件标准，能满足教育教学需要，为学生终身发展提供了优良的条件，其中计算机室1个，配备学生机45台，满足最大班额教学需要；网管中心及多媒体资料库配备先进，多媒体资料满足教育教学需要；学校图书室拥有图书14258册，生均图书46册。教师用计算机人手一机，学校所有教室完成了班班通，实现了校园无线网络全覆盖，全面开展数字化校园建设，实现优质资源共享，装配了同步课堂教室，为师生提供先进的数字化网络平台。设立了音乐教室、美术（书法）教室、体育活动室，室内音体美器材均达省定办学标准。我校还建设高标准科学实验室、多功能室、科技活动室、图书阅览室（学生）和教师阅览室各一个；又设立了一个设施齐全的卫生保健室一个；布置了温馨雅致的心语小屋，为学生提供了倾诉心声、发泄情绪的良好场所。学校重视校本课程的开发于实施，成立了书法、篆刻、舞蹈、足球、乒乓球、跳绳、美术、科技等十几个社团，为学生的个性发展提供了广阔的舞台。

三、初心不殆，静心守望教育幸福未来

总而言之，教育就是精神的唤醒，潜能的显发，是一项知行合一的事业。学校的内涵、品位和文化底蕴需要被全体师生牢记并践行，应如和风细雨渗透到学校各处角落。经过多年的建设，我校的个性魅力与办学特色不断彰显，学校教学品质得到提升，赢得社会广泛肯定。未来路上，我校会继续领导学校老师们，着眼现在与未来，用心培育，用爱浇灌，默默坚守育人理念，为学生更深远的发展夯实基础，让更多的生命绽放出绚丽的光彩。

依托本土资源，拓展实践课程

山东省莱州市郭家店镇中心小学　郑伟　郑振祥　吕莉娜　贾正庆

学校教育是立德树人、提升学生综合素质的基础工程，对于弘扬社会主义核心价值观，培养学生爱国主义、集体主义、社会主义精神和奋发向上、顽强拼搏的意志品质，实现以体育智、以体育心具有独特功能。我校地处风景秀美的莱州市东南山区，是一所典型的乡村小学，学校紧紧围绕“立德树人”根本任务，始终坚持“为学生发展和终身幸福提供帮助”的办学理念和“质量立校、科研强校、特色兴校”的办学思路，全面实施和深入推进素质教育，学校先后荣获中国青少年创新教育实践基地、山东省科普教育实践基地、烟台市科技教育先进单位、莱州市教科研工作先进单位、莱州市师德建设工作先进单位，莱州市艺术展演活动先进单位等荣誉称号，2017年成为山东省心理健康教育研究会会员单位。2018年和2019年连续两年均被授予国家教育部、科技部等举办的全国青少年科学调查体验活动特色学校称号。

伴随着课程改革的全面实施和深入推进，我校充分依托本土资源优势，在优质实施综合实践活动课程的道路上不断探索，从开展多彩的主题实践活动到建设校内外实践基地，再到综合实践拓展课程的校本开发与实施，不断地总结、优化、整合，逐步构建了主题实践活动、校内外实践基地和综合实践校本课程三位一体的综合实践活动课程实施模式，努力追求综合实践课程育人效益的最大化，取得了明显的育人成效。

一、丰富实践活动，搭建实践桥梁

实践活动只有紧密联系学生的现实生活，选取让学生“心动”的实践主题，才能充分激发和维系学生的探究兴趣，保持探究的积极性和主动性。在主题实践活动的开发和实施中，我们充分利用校内外资源，统筹课堂、校园、家庭、社会等阵地，有目的选择和开发实践活动资源，带领学生走出校园，走近社会，亲近自然，为学生搭建起多彩实践的桥梁。一个个特色鲜明的主题实践活动如雨后春笋般脱颖而出，并在市、区、省各级各类评选比赛中获奖。通过开展丰富多彩的实践活动，不仅促进了学生素养的全面发展，也促进了教师学科专业能力的提升。

二、建设实践基地，提升育人实效

综合实践活动基地是学生进行实践活动的重要场所，是学生走向社会、了解社会、服务社会的桥梁，是促进学生综合素养全面发展的重要途径之一。

依托本土优势资源，拓展校外实践基地。我校所辖小草沟村是山东省旅游特色村、全国生态文化村，并被誉为中国苗木第一村，是我们郭家店镇新农村建设的一面旗帜，蕴含着具有本土特色的育人资源。学校领导班子通过多次实地考察和专题会议研究，积极争取小草沟村委领导的支持，于2017年5月正式挂牌成为我校的校外实践基地。我们依据小草沟村的资源特点，开发了“小草春声”和“小草秋韵”2个基地活动主题，每年的5月和10月定期开展基地实践活动，并邀请家长志愿者共同参与。到今年，校外基地实践活动已经开展了3个轮次，成为全校孩子们最喜欢、最期待的基地实践活动，取得了良好的育人效果。莱州电视台、烟台水母网和齐鲁少年报均对我们的基地实践活动情况进行了报道。

依托本土特色资源，建设校内实践基地。仅靠有限的几次校外实践基地活动，无法充分满足学生自主实践和个体发展的需求。我们从学校的育人目标和学生发展需要出发，在对本土特色资源进行精心遴选和对育人价值进行充分论证的基础上，合理利用学校土地空间，先后进行葫芦、中草药、太空种子、果树等4个种植研究基地的规划和建设，力求融知识学习、动手实践、科学探究、科技创新、品性养成等多种育人价值于一体，为学生提供丰富多彩的实践园地。校内实践基地与校外实践基地相互补充，丰富了学生的实践内涵，最大限度地满足了学生进行实践活动的需求，也取得了很好的育人效果。

三、开发校本教材，构建实践课程

《基础教育课程改革纲要》指出：“学校在执行国家课程和地方课程的同时，应视当地社会、经济发展的具体情况，结合本校的传统和优势、学生的兴趣和需要，开发或选用适合本校的课程。”

自2017年7月份开始，我们开始着手综合实践特色校本课程的开发，为学生量身打造多彩的“个性化”实践课程。

调研论证，构建课程。依托主题实践活动、校内外基地实践活动中积累的课程资源和教师的自身特长，我们针对课程内容的开发和设置充分地征求师生和家长的意见，结合我校办学理念和育人目标多次地深入调研和论证，并聘请专家杨超到我校进行校本课程开发的

专题讲座和具体指导。在充分做好校本课程开发准备工作的基础上，骨干教师示范引领，全校教师人人参与，按照不同年级学生的认知背景和发展需求，从编制《校本课程纲要》到教材开发，遵循“在开发中学习，在开发中完善”的基本原则，先后开发建设了《山乡草艺》《神奇的中草药》《智力七巧板》《小小发明家》《创客大本营》等18种校本课程。在课程开发的过程中，每个教师都是课程建构的研究者和课程实施的指导者，最大限度地发挥出教师的自主性和创新性，教师的才能与特长得以充分的施展，学科专业水平得到了极大地提升。

选课走班，实施课程。我们将一至五年级的综合实践活动与校本课程的课时进行整合，上课时间统一调整为每周四下午的一二节，本着“人人参与，自主选择”的原则，实行选课走班制。从选课结果来看，每个课程都对孩子们产生了极大地吸引力。多彩的校本课程在选课走班的模式下焕发出了无限魅力，极大地满足了不同年级学生个性发展的需求，引领着孩子向着他们的梦想飞翔。

科研引领，优化课程。为保证综合实践校本课程开发和实施的健康优质实施，我们申报了烟台市十三五规划重点课题《山区小学综合实践课程校本化开发与实施研究》和山东省十三五规划课题，让课程与活动并进，以课题研究引领教师对课程开发与实施进行科学的和深入持续地研究。学生在课题实践的过程中提升了科学素养，又在实践中历练了能力，培育了学生的良好品质与创新思维。

初见成效，异彩纷呈。经过几年的探索，现在十余种综合实践校本课程齐头并进，在课程建设、氛围建设、学生活动成效等方面均呈现出蓬勃发展的良好态势。特别是2017年8月农村特级教师杨红梅到我校支教以来，她不仅亲自参与了《跟老师学发明》课程的开发和实施，还充分发挥她在科技实践创新方面的特长，为教师、学生和家长开展综合实践、发明创新方面的专题讲座，组织师生参加科技创新比赛，极大地促进了我校校本课程开发工作的深入开展，取得了显著的成绩。自2017年到现在的青少年科技创新大赛中，我校每年均有《便捷免沾防滴漏多功能滚筒刷》等十多项作品获得山东省科技创新大赛优秀成果一、二等奖，获奖的数量及质量均居全省学校之首，创学校历史最好成绩！打破了原来学校获奖零的记录。还有两项申请了国家专利。在“全国青少年十万个创意梦想”作品大赛中，我校学生作品得到了专家评委们的充分肯定和认可，从参赛的7000多项作品中脱颖而出，一举夺得5个一等奖、7个二、三等奖的好成绩，并收到了到广州参加颁奖典礼的邀请，其中5件作品还被编入了《中国青少年十万个创意》一书。在全国未来科学家创新大赛中，先后有63项作品获全国一、二、三等奖。仲院小学的科技实践活动《走进蘑菇世界》作为山东省唯一的项目被评为“全国农村中小学科普基金资助项目”，并获得一万元项目奖励基金。多名教师执教综合实践活动优质课，并分获烟台、莱州优质课奖。

总之，我校在综合实践活动课程实施的过程中，虽然初步构建了以特色校本课程为主体，以主题实践活动和校内外实践基地为两翼的“三位一体”的综合实践课程体系和实施模式，取得了较好的成效，但我们深知，在优质实施综合实践课程的道路上我们刚刚起步，今后我校将继续不断创新开拓，努力前行，为学生开辟更加多彩的综合实践活动空间，谱写山区小学综合实践课程更加灿烂辉煌的篇章！

打造科技特色，培养创新人才

山东省莱州市郭家店镇仲院小学　刘志发　刘斌　王正清

习近平总书记在北京考察新冠肺炎防控科研攻关时强调：“人类同疾病较量最有力的武器就是科学技术，人类战胜大灾大疫离不开科学发展和技术创新。”创新之道，唯在得人，提升孩子们的科学素养和实践能力，已成为广大教育工作者刻不容缓的使命和责任。我校地处莱州市东南山区马山脚下，是一所典型的山区完小，学生来自23个自然村。学校结合实际，充分利用“山区地域”课程资源，抓住一切带有“想象”和“创新”的元素，尽量多的给孩子们创造动手实践的机会，让他们持续迭代自己的认知储备和“实践创新”技能，显得意义重大而深远。

一、课题研究意义

在西方，创新教育已有近百年历史，如美国20世纪80年代就提出并开始了创造教育研究，苏联从20世纪60年代开始就将培养学生的创造力写入宪法，日本从20世纪80年代初开始，已在各级各类学校中引入创造教育，并进行普及性实践。近年来，美国又发起了STEM教育和创客教育，在全球引起了广泛的关注和影响。

在我国，进入新一轮基础教育课程改革以来，部分地区的中小学校对科技创新教育也进行了一些有益探索，推出了一些可供借鉴的案例，但从总体上看大多还是以城市为中心，农村小学被有意或无意地冷落，对偏远山区乡村小学科技实践活动进行研究者更是甚少，尚未见相关报道。

随着经济条件的富裕和形势的发展，一些山区小学教师盲目追随城市学校，认为农村孩子基础差，家长不重视，学校设备简陋，没有条件开展科技实践活动。实际上，乡村是一个很好的“没有围墙”的科技实践课堂，有其独特的原始性、真实性和完整性，是一个取之不尽、用之不竭的“资源宝库”，是孩子们进行实践探究的最佳场所。因此，通过本研究将探索出山区小学科技实践活动的内容模块，家校合作指导策略，为乡村小学综合实践活动的区域推进提供可复制的经验和借鉴；在学生能力培养与科技实践活动评价上形成可行的操作体系，进一步丰富“课程开发，素养落地”顶层设计理论提供经验和技术借鉴。

二、课题研究内容

研究对象。以我校一至五年级全体学生、班主任老师和学生家长为研究对象。

总体框架。通过“互联网+科普知识润养、家庭科学实验、发明创新实践”等系列科技活动，探索适合山区孩子的“润养体验”式科技实践活动内容模块；通过“教师指导、案例引领、学生体验、家长辅助、总结反馈”等环节，探索教师与家长有机结合的指导策略；通过在班级群、学校活动竞赛平台，开展“分享共同收获”、“竞争促进成长”等形式，探索以“思维生长、能力生长、情感生长、快乐参与”为指标的学生评价体系。

重点难点。重点：本课题研究的重点是山区小学科技实践活动的内容模块开发、指导策略、网络调控与评价体系的构建等。难点：如何做好家校配合，对学生进行有效指导，确保可行性、普惠性，使学生兴趣长久不衰，是本课题研究的难点。

三、课题目标思路

目标：通过研究，在对山区小学地域性科技实践活动内容模块上，形成清晰的思路和步骤，探索“润养体验式”实践活动的操作流程；通过研究，探索教师指导与家长协助有效指导策略；通过研究，形成山区小学科技实践活动的评价指标与操作体系；通过研究，转变教师课程观念，提升教师的课程开发意识和开发能力。

思路：科普润养，激发科学兴趣。通过宣传科普知识的方式，向小学生们推送科学文化知识，大自然的奥秘，科技对生活的影响，科学家、发明家的系列介绍，以及对国家的贡献等等；科学实验，培养创新意识。为孩子们精心挑选设立《科学小实验超市》，让他们选取身边可用的瓶瓶罐罐进行黄豆生芽、瓶子吞鸡蛋、乒乓球潜水实验等来进行；动手发明，提高实践能力。在科技活动中，充分给予学生动手的机会，让他们做自己想要做的东西，把动手看成一种快乐地活动。

四、课题研究方法

行动研究的教师指导方法。一、放手给孩子。科学小实验从准备到操作、观察、记录及归纳结论等都由孩子自己完成；二、简约不简单。“简约”主要是指科学实验的仪器、发明创造的材料由家长和孩子自己动手解决，厨房中的瓶瓶罐罐，醋、盐、糖、洗洁精等生活用品都是实验的设备和药品，可以拿取日常用品，尽情设计富有创意的科学小实验；可以利用家里的扳手、钳子、斧子等工具，以及布料、铁丝等进行发明创造；三、到位不越位。在进行科学实验和发明创作的过程中，对于孩子先是给予理论与方法上的点拨，然后让孩子自己去实践探索，实时通过网络进行答疑解惑，做到推动不替代，到位不越位，协助不包揽，在此基础上让孩子进行深入探究，提升实验创新的价值。

运用文献资料研究法。查阅国内外有关文献资料和最新研究成果，全面掌握相关的研究情况，寻找本课题实施的理论依据以及可借鉴的先进经验，为课题研究提供借鉴。

运用调查、访谈法。通过调查问卷、谈话等方式，采用重点调查、抽样调查和个案调查相结合的办法，掌握课题研究推进过程中学生遇到的困惑，以及学生兴趣、能力等素养所发生的变化。

运用经验归纳法。通过总结与提升，最终完成《山区完小科技实践活动实施策略与评价的研究》课题研究报告。

五、课题研究措施

了解山区小学开展科技实践活动的现状，调查开展效果差的原因。随着经济条件的富裕和形势的发展，一些山区小学教师盲目追随城市学校，认为农村孩子基础差，家长不重视，学校设备简陋，没有条件开展科技实践活动。实际上，乡村是一个很好的“没有围墙”的科技实践课堂，有其独特的原始性、真实性和完整性，是一个取之不尽、用之不竭的“资源宝库”，是孩子们进行实践探究的最佳场所。

进行科技文化的渲染、倡议科技创新之风进校园。通过开展校园“科技节”，进行科技氛围的渲染，同学们通过启动仪式、开展科技节班会、观看科技电影、科技手抄报、科技节演讲、科技小制作、黑板报、宣传栏等活动。同时向家长发出倡议，共同重视科技实践活动对学生们成长的帮助和作用。

邀请科技专家进校园，进行科技讲座。邀请山东省十大科技教育校长、省科普专家团专家、正高级教师杨超等作为指导专家，以及齐鲁名师、科技专家杨红梅老师定期给学生进行科技讲座，让学生更专业地接触科技的内涵、开阔了科技创新取得成效的眼界、了解了科技创新在生活中的重要作用、提高了对科技创新探索的领域。

进行科学家庭小实验，培养创新意识。为孩子们精心挑选设立

《科学小实验超市》，让他们选取身边可用的瓶瓶罐罐进行黄豆生芽、瓶子吞鸡蛋、乒乓球潜水实验等来进行。通过一些切实可行的小实验，与探究学习融合，对孩子们进行科学思维训练，使他们获得知识，形成技能。

鼓励创意小发明，提高实践能力。在科技活动中，充分给予学生动手的机会，让他们做自己想要做的东西，把动手看成一种快乐地活动。从动手做的数量、质量、新奇来培养学生动手能力；还可利用居家的优势，观察爸爸、妈妈生活中使用的物品或工具有哪些不方便之处进行发明改进，服务生活，提高动手实践能力。

打造科技特色，发挥师生能力特长。我校注重科技创新的理念，充分利用校本课程和综合实践活动课程的开设和实施，整合学校教育资源，提升学生文化底蕴，培养学生的创新精神和实践能力。给师生搭建平台，参加各种科技创新比赛。

六、课题研究成果

学生层面：通过课题的实施和研究，学生的科技兴趣提高了，不再望而生畏，而是发自内心的欢喜，甚至是期待。从思想上对科学的热爱，提升了科学素养；通过课题的实施，学生的科技创新能力提高了，能够在家长和老师的指导下进行科学小实验，参加科技征文比赛，创意金点子、利用小发明进行科技创新比赛并获奖；越来越多的学生喜欢上了科技活动，感受到了科技的魅力，激发起崇尚科学的理想信念，不追崇演艺明星，而是立志为科技强国做贡献。

教师层面：转变教师的课程观念，提升教师的课程开发意识和开发能力。作为学生科技创新活动的开拓者和领路人，在课题的实施和研究，提升了科技实践活动校本化的转化，提升了校本资源的开发。科技创新能力得到激发和提升，通过指导与组织学生科技实践活动，教师本身的科技创新发明能力也得到大幅度的提升，并获得烟台市、山东省和全国科技创新大赛奖励，取得了良好的科技创新成果。

学校层面。学校注重科技，建造劳动实践基地，促进活动开展。建设“葫芦长廊”、“校园植物园”、“梦想科技苑”、“开心农场”等实践基地，以此来带动学校的科技活动开展，引领科技课题的研究，为教师科研提供资源，丰富校园文化。2019年我校先后被评为青少年科学调查体验活动优秀实施学校；山东省少年儿童科技发明教育基地。并着力打造一支过硬的科技教师队伍。

总之课题研究是一项系统工程，今后我校将进一步探索科技创新课程新的研究路径，以助力学校创新科学教育教学方式，培养面向未来的创新人才。

扬绝代风貌，育崇德少年

山东省莱州市实验小学　祝明鉴

教育是一个国家、民族强大的根本，是实现伟大民族复兴的重要途径，任何时候都不能有缺失，唯有在教育的土壤中脚踏实地，深耕细作，才能真正创造生命的价值，绽放人生的光彩。我校始建于1904年，坐落于宋代文庙旧址上，承载着千年文脉、百年书香。创学至今，为落实《中小学德育工作指南》要求，我校始终坚持以“德智少年”品牌建设为抓手，实施学校德育工作一体化，整体构建起“放飞孩子童心、铸造教师匠心、引领家长同心”的“心教育”工作体系，明确“为了孩子健康快乐成长”的办学理念和“培养崇德明智、笃行向善好少年”的育人目标，结合新时代“立德树人、五育并举”的要求，对学校德育工作进行整体规划，深入挖掘、提炼文化基因，让孩子的童年充满童真童趣，绽放生命色彩。

一、以文化人壮心志，德智并举育英才

我国是一个有着几千年传统文化的文明大国，历史悠久，礼乐昭彰。从历史文化中沉淀下来的道德文化影响着一代又一代的儿女。“孝诚爱仁”就是根植于莱州大地的道德文化基因。为此，我校从中提取出“德”和“智”两个关键要素，培养“崇德明智、笃行向善”的好少年。本着德育课程一体化原则，我校精心打造“德智少年”，将德育课程、学科德育、传统文化、实践活动等进行整合、融合、提炼，聚焦为“六有六会”核心素养，即：有孝心、有自信，有诚心、有责任，有爱心、有梦想；会表达、会欣赏、会健体、会合作、会阅读、会探索。通过文化浸润、课程融合、活动整合、家校协同等路径，将“德智少年”品牌贯穿到教育的全过程、全方位。

校园文化是学校可持续发展的动力，是学校综合办学水平的重要体现，也是学校个性魅力与办学特色的体现，更是学校培养适应时代要求的高素质人才的内在需要。为此，我校把握学校整体布局，通过对校园环境精心设计，让学校弥漫浓郁的文化气息。“崇德明智”校训蕴藏在两座教学楼的楼牌中，走廊文化每层一个主题，以经典名言、名人故事、地域文化、莱州典故、师生文化建设成果的形式全面诠释“崇德”与“明智”的内涵。如崇德楼一层主题为“孝行天下”，解读为：“‘夫孝，德之本也，教之所由生也’。学校传承中华民族优秀传统美德，通过文化浸润、课程引领、活动践行，在教育实践中感悟孝德、践行孝德、崇尚孝德、弘扬孝德。‘孝敬父母、尊敬师长、知恩感恩’成为每位学生的道德品质。”我校的走廊横梁上，也刻印着关于“孝”的国学经典，墙壁两侧，悬挂关于“孝”的人物和故事以及实小师生践行孝德的活动图片。二层、三层的主题分别是“诚之为贵”、“仁者爱人”。一至四层的文化分别是红、绿、黄、蓝主色调，意喻着“沐浴阳光、扎根生长、收获希望、放飞梦想”。另外，“三风一训”、“六有六会”、德智少年LOGO等镌刻在学校宣传栏，张贴在教室门外，设计在文化产品上，处处可见，营造积极氛围，让学校文化时时浸润师生心灵。其次，我校全面建构“德智少年”课程群，让学生在课程学习中放飞童心，绽放生命。一是指向校本化实施的基础课程：将经典悦读、甲骨文探秘等融入语文学科，将趣味数学、益智器具等融入数学学科，将绘本故事、趣配音等融入英语学科。以道德与法治学科为统领，整合地方课程中的智慧、德行、文化、法治元素，初步构建起一体化实施的“综合思政”课程。二是指向个性发展的拓展课程：开发了“人文素养、科学创新、运动健康、艺术审美”四大领域三十余门校本课程，满足学生个性发展需求。目前，柔韧操+力量操、童真童趣寒暑假、益智数学、悦读经典等已经成为学校特色课程。三是指向实践创新的综合课程：将德育主题教育、常规教育等与实践活动深度融合，在有意思的活动中凸显教育意义，张扬生命色彩。此外，我校还将主题教育、仪式教育、常规教育、传统节日、班队教育、劳动教育、实践活动等进行一体化设计，贯穿学生学习、生活的全过程、全方位，实现了学校、家庭、社会教育活动全空间全覆盖。依托“汉语文化节、趣味数学节、英语文化节、多彩实践节、趣味体育节、艺术风采节、劳动成果节、科技创新节”八大文化艺术节进行集中展示，将教育内容与实践活动深度融合，让孩子留下童年美好记忆。

二、家校携手共成长，守正创新铸辉煌

学校是学生的学校，也是家长的学校。为此，我校大力发挥家校协同作用，搭起家校沟通的桥梁。学校开展了“父母100天成长计划”，家长每周到校集中学习家庭教育理念、参与体验实践；每天诵读《亲子承诺文》，用正能量鼓舞自己；每天坚持写《父母日记》，反思自身的问题与不足；每天在学习群中值日、打卡、分享，团队学习克服惰性。定期集中学习与每天践行，让家长持续学习、知行合一，科学的家庭教育理念根植于心中，成为家长自觉的行为和习惯。我校以“父母100天成长计划”为引领，智慧父母微课程、公益父母课堂、特色家长会为支撑的家校共育体系，实现了孩子在校五年，对家庭教育的“点线面”、立体化、全过程、全覆盖，将家庭教育工作真正做小、做细、做实。

建立健全学校管理制度是提升教育质量的有力保障。为了规范学校管理，提升学校办学品质。我校从多个层面考虑，规范制度，编制了《实验小学德智少年评价办法》，制订了“六有六会”评价标准，完善了《德智少年每日自评手册》《实小学生必做50件事》《“每周一星”推选办法》等评价载体，明确了“学生自评、小组互评、家长评、教师评、社会评”等多元评价方式，采用达标晋级的方式，让每个孩子在不断升级达标的过程中体验成功、树立信心、找到榜样、挑战自我、全面成长。如学生使用《德智少年每日自评手册》每天省思五个具体问题，每日“五问”正面引导、正向激励，每周全面小结、反思提升，“德智少年”每天晨诵、午写、暮省、夜读的修身笃行方式更加具体、落实。学校管理方面，我校建立了“管理督办、教学督导、家校协同”的管理督导机制，形成关注细节、做实过程的管理风格，建立起行为规范、任务清晰、运转协调、低耗高效的管理体制。在学生层面，充分发挥学生自主管理、自我教育作用，日常卫生、纪律督导均有红领巾值勤岗负责，升旗仪式、红领巾广播站、学生集体活动等由大队委小干部策划、主持。在教师层面，推行《发现孩子的精彩》每日一记，教师用欣赏的眼光每天发现孩子的闪光点、发现孩子的进步、发现孩子的潜力，释放教师爱的能力、激发工作活力。在家长层面，家委会作用得到充分发挥，成立了“星火志愿团”，负责学校大型活动的组织、日常路队监护；组建“家长讲师团”，定期为学生进行讲座；学校的公益父母课堂、茶韵书吧等完全由家委会负责运作。通过这些举措，不仅提升了学校的精气神，更提升了学校的办学品位，提高了家长和社会的认可度。

三、不忘初心今犹在，春风化雨润良园

风雨沧桑励壮志，春华秋实著华章。“德智少年”品牌创建让我校“心教育”体系更加丰富完善，校容校貌焕然一新，办学特色逐渐彰显，教学质量稳步提升，真正实现了全员育人、全方位育人和全过程育人，为学校发展铸写了崭新篇章。今天，既是我校展示办学成就、弘扬优良传统的契机，也是我校继往开来、开始新征程的起点。面对新的机遇和更大的挑战，我校将以抓铁有痕、踏石留印的工作作风扎实工作，藉世纪厚积之力，承求索之精神，志存高远，弘毅笃行，继续唱响莱州教育高亢的时代凯歌。

生命为基　美丽蝶变

山东省临沂市册山中学　鲍圣峰

这是一所农村中学交出的教育答卷：2019年中考，学生李一鸣以690分的高分位居临沂市罗庄区第一，总成绩前10名学校占3名；2020年，中考近300人升入公办高中就读，600分以上达121人；2020年期末质量调研，三个年级位居罗庄区前列，九年级成绩尤为突出。

这是一所农村中学演绎的创新实践：近年来，学校先后获得罗庄区办学水平评估模范单位、区课程实施水平评估一等奖、临沂市智慧校园、山东省教育信息化示范单位、国家级特色足球学校等20余项荣誉称号。

这就是山东省临沂市册山中学。润泽生命，启迪智慧，具有63年历史的册山中学始终坚持以"生命教育"为特色，围绕课堂、课程、学生成长、教师素养四个方面强力推进"四品"建设，在办学过程中激发智慧、务实求真，不断提升办学水平、壮大学校规模，演绎了一所农村学校提档升级的美丽蝶变。

植根生命课堂　共生教育智慧

如何根据学生的特点、需求和学情，对课堂进行精心设计，让课堂教学充满活力，一直是册山中学探索人才培养新模式的努力方向。

立足立德树人与高效课堂相融合的教育教学理念，册山中学大力发展生命课堂，形成生命关怀的语言样态，呈现开放生成的教学过程，建立互助同行的学习共同体，努力构建和谐互助的生命课堂范式。

在一堂语文课上，几名被叫到名字的学生大胆走上讲台，做起例题示范，并以颇为专业的口吻向大家讲解，由浅入深，有条有理，台下的学生们聚精会神，认真做着笔记。这是临沂册山中学实施"生命课堂"教学以来的其中一个场景。

与知识课堂相对而言，生命课堂在重视知识与技能的基础上，更加关注师生的生命发展，重视学生情感、意志和抱负等健全心灵的培养，使学生的可持续发展有了可持续学习愿望作为其基础和保证。过去，教师负责教，学生负责学，以教为中心，学围绕教转，教学的双边活动成了单边活动，教学由共同体变成了单一体，不仅弱化了学生的主体意识，学习的主观能动性也无法充分发挥出来。实施"生命课堂"教学后，师生共研，生生互助，小组讨论探究，三五成群爬黑板，优秀学生多板演……通过这一系列"小先生"帮扶机制打造和谐课堂生命场，不仅能让学生"学会"前人积累下来的各种经验与规则，还能发展学生的智力和能力，让学生变得更"会学"。

"课堂'活'起来了！"谈起生命课堂，八年级（4）班学生石承岳的感触很大。之前，他对语文这门学科总是抱有偏见，认为语文非常枯燥，冗杂的文字和长篇的语段经常使他心烦意乱，这导致他的语文成绩变差。"自从实施'生命课堂'以来，学校开展了一系列活动，更好地走进我们的心灵，引导我们感悟生命。渐渐地，我对语文产生了兴趣，文字中的韵味常常使我如痴如醉，语文成绩也得到了大幅度提高。"

教育是引导人心灵的事业。册山中学创新实施生命课堂教学，在积极倡导传授知识、发展智能的同时，更加注重走进学生的心灵，去实现生命与生命的对话。

盘活课程资源，发展核心素养

人才培养规划如何落实实施？课程是重要的载体。

围绕"培养什么人、怎样培养人、为谁培养人"这一根本问题，册山中学始终坚持以课程建设为载体，以"润泽生命、启迪智慧"为校训，站在生命角度发展文化，站在文化角度发展教育，站在教育角度发展教学，形成了德育类课程、艺体特色课程、科学探究课程、阅读写作课程、教学延伸课程、教师发展课程等六大类课程，开发了《生命教育》《爱国教育》《励志教育》《感恩教育》《礼仪教育》等20余个校本特色课程，构建起了集学校课程、家庭课程、社会课程于一体的生命教育课程体系，做到了优秀传统文化课程与国家课程的有效衔接、有机融合，不仅丰富了校园文化生活，培养了学生创新实践能力，还促进了学生综合素质全面提升，为学校的课程建设注入新鲜活力。

八年级（11）班学生王琪之前由于学习压力过大，一直闷闷不乐，像汪洋中的小帆船，迷失了方向，而一堂校本课程却为他指明了前进的方向。"那是一节关于爱国教育的课程，题目是《我亲爱的祖国》，本着好好学习的心态，我认真听了整节课，当老师眼含热泪、饱含情感地朗读完诗篇后，我也随着老师流下了泪水。课程结束后，我对爱国主义精神有了更深的理解，并暗下决心为实现中华民族伟大复兴而好好学习！"王琪说。

关注孩子的幸福与快乐，立足孩子的成长和完善，才是基础教育追求的目标。能力比成绩重要，成长比成功重要。除了丰富的校本课程外，围绕学生的兴趣爱好，册山中学还设置了篮球、排球、足球、葫芦丝、创客等一系列异彩纷呈的社团活动，让每一位学生有目的、有组织、有计划、有内容、有评价地根据自己的兴趣爱好选择参加社团活动，充分发挥学生的主动性，给学生充分的自主学习空间，让学生的兴趣、爱好和特长得到充分的发展。

一寸山河一寸血，一抔热土一抔魂。新中国是无数革命先烈用鲜血和生命铸就的。为庆祝建党100周年华诞，册山中学组织开展了"261"活动，也就是教师和学生"2"个主体都要做到"6"个"1"，具体内容是组建1支红色宣讲团、讲好100个红色经典故事、编1本红色经典校本课程、进行1次公益性的祭扫活动、举办1次革命歌曲比赛、组织1次论文征集……通过一系列活动，激发了全体学生的爱国主义热情，陶冶了他们的爱国情操，增强他们的历史责任感与使命感。

国学经典是中华文化的精粹，学习经典，诵读经典，品味经典，就是在与智者对话。"自天子以至于庶人，壹是皆以修身为本。其本乱而未治者否矣，其所厚者薄，而其所薄者厚，未之有也。"在册山中学，每周一的升旗仪式，每天上下午的课间操时间，放学后的三分钟都会响起琅琅书声，这是临沂册山中学教学素养亮点之——经典诵读活动。当然，在每周五的时候，学校也会把下一周经典诵读的材料，包括材料的释义下发给学生，让学生利用课余时间背会。而且，每个星期的材料内容都不一样，有《大学》《论语》《中庸》《孟子》等。

优秀的品格养成为孩子的未来奠定了良好的基础，也是孩子成长过程中的一项必修课。册山中学高度重视养成教育、传统文化教育和文明习惯教育，从细节入手，通过开展经典诵读活动、加强学生书法和写作训练、强化选课走班教学、重塑学生的学习习惯和行为习惯等方式，进一步提升学生的综合素养，着力培养会学习、能自立、有气质、高品位的中学生。同时，学校还设计了富有层次的楼道文化，形成了富有特色的校园文化氛围，使学生在潜移默化中受到熏陶和教育，逐步提高人文素养。

家校共育是现代教育中一个重要组成部分。册山中学积极发挥广大家长沟通、服务、参与、管理四个作用，使家庭教育与学校教育、社会教育紧密配合，积极构建家庭、学校、社会三位一体的育人机制，拓宽了合力育人的渠道。例如，通过家长进课堂、班主任寒暑假大走访等活动，不仅拉近了教师与家长的距离，增强了家校之间的感情，还极大地提高了临沂册山中学的社会声誉。

即使处于乡村山野，也绝遮不住学校的前进创新梦。站在中国共产党建党100周年与"十四五"规划开局之年的历史交汇点上，临沂册山中学将凝心聚力，继续发扬"特别能吃苦、特别能奉献、特别能团结、特别能合作"这四种精神，打造"有理想信念、有道德情操、有扎实学识、有仁爱之心"的教师队伍，形成罗庄区有特色、可复制、可推广的"册中经验"，打造初中教育的"册中样本"，为新时代临沂教育作出新贡献。

幸福追梦　众行致远

——临邑师范附小行远班主任工作研究室发展侧影

山东省临邑县师范附属小学　柳明　佟化玮

有这样一个团队，怀着对教育事业的美好憧憬，自发地走到一起，在班主任研究的道路上潜心求索；有这样一个工作室，躬耕不辍，砥砺前行，成为教师专业化成长的品牌阵地。这就是山东省临邑县师范附属小学的行远班主任工作研究室。

巧妙结缘，开启探索之旅

行远班主任工作研究室成立的初心是打造一支优质的班主任团队，提升学校在教育教学工作中的核心竞争力；成立的使命是把班主任工作研究室打造成教师专业成长和素养提升的重要舞台，努力把行远班主任的品牌树起来，成就自己，点燃他人。

2010年9月，临邑师范附小这所普通县城小学的六位班主任带着向专家汲取治班之道的渴望，参加了首届全国班主任技能培训班，在聆听了丁榕、齐学红、丁如许、高金英四位知名专家的专题报告后，大家深深被丁榕、高金英老师爱生如子的高尚情怀、齐学红老师的专业视野、丁如许老师的魅力班会课所深深折服。回来后，当六个人把自己的一份份感动汇报给全体老师，上百人的会场变得格外安静，大家第一次明白：原来一个小小的班主任可以活得这样精彩，不起眼的班主任工作竟然可以这样触动人们的灵魂。接下来，在学校的大力支持下，经过一个月的紧张筹备，19名青年班主任教师组建了临邑师范附小班主任工作研究室。从此，这群附小人开启了班主任专业成长的探索之路。

上下求索，探寻治班之道

成立伊始，研究室制定了第一份研究工作规划，确定了打造一批特色鲜明的优秀班集体、建立一支高素质的班主任工作队伍的工作目标，和以读书、培训、论坛、课题研究为主要途径的工作措施。但是经过一段时间的试验，效果并不明显，很多疑难问题也不能找到满意的答案，工作室迫切需要专家的引领和指导。于是，工作室成员先后赴济南、北京、西安、南京、上海、苏州、大连等地培训学习，汲取前沿理论知识，在学习中探索治班之道。

为探索网络环境下家校联系的新途径，研究室创建了班级博客，包括知心小屋、一路花香、悄悄话等板块，为学生们提供了自我展现和自我管理的网络舞台。从孩子们的留言中看得到他们的自信，在家长的关注中感受得到他们的信任，一次次的点击，一条条的回帖，心与心的交流，共同奏响了班级发展的“同一首歌”。

为使班级成为师生共同的家园，研究室尝试开展班级文化建设活动，为学生的发展打开了一扇窗。室外，有特色的班级名片，包含班徽、班主任寄语、班训和班规公约，再加上书香若兰、古韵飘香，成为走廊橱窗一道亮丽的风景线。室内，小小智慧树、巧巧手等板块让学生秀出自信，在潜移默化中起到了润物无声的教育。班会课，根据学生的年龄特点和教育目标，精心选定班会主题，采用座谈、辩论、演讲、歌曲、情景剧、家长故事等多彩方式，点燃了孩子们的梦想。

这么多的活动如何汇集在一起呢？研究室商量着建立了专属班级和个人的“班级资料库”，封面上有班级合影和班队名片，档案盒里记录了学生的成长历程，有《班级一页》《考勤簿》《光荣簿》《活动风采》……丰富多彩的班级生活将成为孩子们永恒的回忆。

且行且远，积蓄发展之力

在第一个研究工作规划的基础上，研究室制定了第二个发展规划，并形成了听、说、读、写、研的工作思路。然而，研究室成员在实践、总结、反思的成长过程中发现了学校教育和班级教育的局限性，于是找到班级家长委员会这一有效载体，通过开展系列主题活动，最大程度向家长借力。

在家长百家讲坛活动中，电视台的家长讲怎样做优秀小记者，交警队的家长讲交通安全，环保局的家长讲环境保护，法制办的家长做普法讲座……家长讲师们把五彩缤纷的大千世界搬进了课堂，不仅拓展了孩子们的视野，也打开了一扇扇思想之门。

在家长读书活动中，各班级成立家长读书小组，定期开展“读书•分享•辩论会”和亲子阅读交流展示会，引导家长与孩子一起智慧成长。

在励志游活动中，研究室成员和家委会共同策划出游方案，选择出行地点，制定详尽计划，开展红坛寺森林公园的绿色之旅，来到交警大队感受作为小小交警的自豪，走进临邑档案馆了解祖国和家乡的历史变迁……30余次励志游活动，化解了班主任不敢、不能组织校外活动的难题，放飞了孩子们的七彩童年，成为学校教育资源的有益补充。

家校互动活动的过程是精彩的，孩子们翱翔梦想，家长们交口称赞，触动了成员们心底最柔软的那根弦。基于此，研究室又举办班主任论坛，每位成员如数家珍地说着自己的经历，从计划到实施，面面俱到。白天，他们在活动中经历着，幸福着，快乐着；夜晚，他们更乐于提笔，把所得所感写进《班主任》每期的讨论话题，品味着属于班主任职业幸福的滋味！

经过十余年的尝试与探索，行远班主任工作研究室以一个团队的姿态，从无到有，由模糊到清晰，积累了大量的第一手资料，汇编了《阳光的味道》《诗意与幸福》《向阳花开》《预约春天》等十四本论文集，几十篇论文获国家省级奖项，四十余篇文章在《班主任》《德育报》《山东教育》等专业刊物发表，“全国优秀教师”、“首届全国班会课一等奖”、“山东省优秀班主任”、“德州市小学班主任论坛一等奖”等荣誉纷至沓来。学校也在行远班主任工作室的促进下发生了许多变化，成为中国教育学会十二五课题“现代学校制度中家委会研究”实验校、山东省家委会工作典型学校，多次承办全县德育工作现场会，被评为德州市中小学德育工作先进集体、教师教育工作先进集体。

现在，行远班主任工作研究室已成为学校一张靓丽的名片，为提升学校教育品牌、打造一流名校注入了新的活力。“独行快，众行远。”在一步步的前行中，这群追梦人和他们的研究室，正在岁月的磨砺中携手并肩，循梦而翔，一起收获着临邑师范附属小学的桃李与芬芳！

思维导图“点亮”绘本教学之光

山东省平原县第一实验幼儿园　李连英　邱霞

绘本阅读是幼儿认识世界与自我的一种方式，能引发幼儿的阅读兴趣，促进幼儿想象力和创造力的发展。而思维导图则是表达发散性思维的有效思维工具，是一种将思维形象化，将知识可视化的工具。思维导图与绘本有相通相融之处，两者都是充分运用色彩和图像传输和表达信息。我校将两者相结合，进行基于思维导图的幼儿园绘本教学改进研究初探，通过了解研究思维导图在幼儿园绘本阅读教学中的可行性、意义、运用及需要注意的问题，寻求适合幼儿成长成才的学习方法，提升我们的整体教学水平。

一、聚焦认识，深入研讨

思维导图，是指运用图文并重的技巧，把各级主题的关系用相互隶属与相关的层级图表现出来，把主题关键词与图像、颜色等建立记忆链接。运用思维导图可以清楚地表现出绘本内容的结构、层次，把抽象的逻辑问题具象化，使幼儿绘本阅读进入深度阅读阶段，使幼儿思维由低阶思维向高阶思维迈进。

我们幼儿园绘本教学有8种常用的思维导图。圆圈图（Circle Map），主要用来对一个事物下定义，也可以用来总结一个事物包含的范围。气泡图（Bubble Map），用来描述一个事物的特征属性。双重气泡图（Double Bubble Map），用来总结特性，但它用来总结两个事物的相同与不同，适合用来作比较。树状图（Tree Map），用来帮助孩子学会归类。流程图（Flow Map），适合用来分析事物的发展和结果。多重流程图（MultiFlow Map），也可以叫做因果关系图，帮助孩子梳理清楚事件的因果。括号图（Brace Map），可以清晰地表示事物的部分与整体之间的关系。桥状图（Bridge Map），是用来做类比的好帮手。

二、明确意义，有机结合

理清阅读思路，激发幼儿阅读兴趣。将绘本阅读与思维导图相结合，通过观察、填涂和绘制思维导图，利用可视化的方式将绘本内容系统化、结构化，帮助幼儿理清阅读思路的同时，使幼儿的阅读变被动为主动，唤起幼儿阅读的欲望，在幼儿精神获得满足和愉快的同时，真正培养他们的阅读习惯和阅读兴趣。

提升阅读能力，促进幼儿全面发展。利用思维导图阅读开展幼儿园绘本教学，幼儿的观察细致全面，理解能力强、记忆时间短，语言表达连贯。同时思维导图在绘本教学中的应用有利于幼儿的逻辑思维从零散到整合、又从整合到发散，丰富幼儿的想象力，实现幼儿的思维从低阶思维向高阶思维转化。

打破传统模式，打开绘本教学新思路。将思维导图运用于幼儿园绘本教学，能克服我们传统绘本教学中存在的弊端，构建思维导图应用于幼儿园绘本阅读教学的新模式，为我们幼儿园教师的绘本教学提供了新思路、新方法，开拓了新的教育思维，促进了我们教师团队专业化的成长。

三、活学活用，贯彻落实

借助思维导图帮助幼儿理解绘本故事。我们进行绘本教学时，运用思维导图把绘本中零散的情节片段进行归纳，帮助幼儿通过比较、分析、概括，加深幼儿对绘本故事的理解。例如：在绘本教学活动《跟屁虫》中起初孩子们对于“跟屁虫”一词的含义了解不透彻，我们教师运用“气泡图”和幼儿一起把绘本中零散的情节片段进行归纳，加深了幼儿对绘本故事的理解，知晓“跟屁虫”是什么意思。

借助思维导图帮助幼儿形成对故事的系统认识。我们将思维导图运用到幼儿绘本教学中帮助幼儿理清故事线索，形成对故事的系统认识。例如：绘本故事《七只瞎老鼠》，借助多重流程图将故事的关键信息按照情节的发展呈现在一张图上，可以帮助幼儿理清故事主线，抓住故事的核心内容，实现对故事的系统化和可视化。

借助思维导图帮助幼儿挖掘绘本故事中的教育价值。我们利用不同形式的思维导图能很直观地将同一绘本中需要幼儿了解的教育价值呈现出来。例如绘本故事《好饿的毛毛虫》，在开展这一绘本教学时，我们既可以利用流程图直观的让幼儿了解毛毛虫变蝴蝶的生长过程，也可以利用括号图引导幼儿了解毛毛虫的身体结构。

借助思维导图归纳同系列绘本中的内在联系。思维导图能巧妙地将系列绘本连接起来，直观系统的向幼儿呈现它们之间的关系。例如系列绘本《我爸爸》《我妈妈》，幼儿在分别阅读绘本后，我们引导幼儿用思维导图中的双重气泡图来概括、比较、归纳爸爸和妈妈的相同点和不同点，提高幼儿归纳推理能力。

借助思维导图拓展幼儿的思维。我们除了借助思维导图分析、归纳、理解故事外，还要善于选取绘本故事中的教育价值点，让幼儿进行发散式想象、创造。例如：绘本故事《大脚丫跳芭蕾》，针对幼儿日常生活中的情绪表现，引导幼儿讨论、交流，尝试用圆圈图和括号图梳理自己生活中高兴和不高兴的事，找出表达和疏解情绪的方法。

操作思维导图促进幼儿能力的全面提升。操作思维导图是由“动态”转为“静态”的一个环节，在此环节幼儿注意力集中，积极思考将纸上的关键词、图画与故事中原本的内容、形象连接起来。我们通过操作，幼儿逐渐将思维导图这种抽象的工具内化为具象的学习方法，在积极用脑的过程中不断用到想象与迁移能力，进一步加深了对故事内容的整体把握。

绘制思维导图引导幼儿多方式表现绘本。在幼儿能逐渐脱离教师的支持，自主完成整张思维导图时，我们要鼓励幼儿用不同的思维导图图示和技法表现绘本故事，从而拓宽幼儿的表现思路。例如绘本故事《逃家小兔》，可以鼓励幼儿选择自己喜欢且适合的气泡图和桥状图表现逃家小兔和兔妈妈之间浓浓的爱意。

依托思维导图提高幼儿的叙事表达能力。将思维导图运用于幼儿的绘本阅读教学中可以更好地帮助幼儿发展叙事表达能力。幼儿在经历了对故事的初步感知、根据导图梳理、自己动手完成思维导图的一系列过程后，以自己的思维导图为依托，利用思维导图其逻辑清晰、线索明了的特点，能做到有据可说、有备而讲、有话可讲。

四、关注问题，助推成长

注重幼儿读图，帮助幼儿理清故事。思维导图将故事的关键信息按情节的起承转合呈现在一张图中，能帮助幼儿轻松地理清故事主线，抓住故事的核心内容，实现故事的可视化。思维导图的读取是建立在幼儿对故事有了完整了解的基础上，读图一方面帮助幼儿了解思维导图这一工具，另一方面引导幼儿梳理故事内容、理顺故事的逻辑结构。因此在读图的过程中，我们教师要注意提问的针对性和有效性，不要总停留在“这里有谁，在干什么”之类的表面问题，应提问故事起承转合类的问题，帮助幼儿理清故事情节，形成系统认知。

关注个体差异，引导幼儿绘制思维导图。幼儿运用教师提供的思维导图，进行绘本阅读掌握较好，而让幼儿根据绘本故事绘制思维导图时，幼儿对一些文字的图像表征有困难，这时我们教师需要根据幼儿个体的差异多给予不同支撑。对于思维敏捷的幼儿提供的思维导图框架多一些需要自己表征的事物；而对于表征能力差的幼儿则可以选取部分故事情节让幼儿进行绘制，也可以让其模仿教师或其他幼儿绘制的导图，逐步提升绘制导图的能力。

示范引领，鼓励幼儿大胆讲述绘本故事。在日常学习中，作为教师，我们应多鼓励幼儿看着自己的思维导图慢慢讲述。同时，引导幼儿在区域活动、日常生活活动及自己的家中借助思维导图进行讲述，增强幼儿完整叙事的自信。幼儿在讲述过程中对于一些连词、转折词的使用比较生疏，我们在其讲述时，要及时关注，除了提示，也可以直接示范，让孩子在模仿学习中逐步掌握一些书面词汇的运用。

一张图描绘故事脉络，一张图胜过千言万语。运用思维导图，能让幼儿从各种不同的角度去阅读、思考和理解绘本，同时，从绘本出发，拓展出许多创新性的思考方向。将思维导图与绘本教学相结合，符合当前幼儿园绘本教学的现状和需要。我校会继续深入研究两者结合的新途径、新思想，不断创新思路，打造更适合幼儿发展的教学模式，使幼儿教育充满生机与活力，朝着更加优质化、精品化的方向迈进。

沐和美之风　绽教育芳华

——栖霞市翠屏中心小学和美教育校本课程的开发与实施

山东省栖霞市翠屏中心小学　刘旭光　李淑娟

“校本课程”是学校课程体系中的一个重要组成部分，它与国家课程、地方课程共同组成了在学校中实施的“三级课程”的结构。开发校本课程是基础教育课程改革的基本内容之一，是学校层面实施素质教育的一个新的焦点。

为了贯彻落实《中共中央国务院关于深化教育改革全面推进素质教育的决定》和《国务院关于基础教育改革与发展的决定》，我校在教育教学中坚持以“和美教育”理念为指导，立足当下，着眼未来，积极开发并实施和美教育校本课程，培养学生兴趣，发展学生素养，提升教学质量，最终实现学生、教师、学校的共同成长。

一、迁址新校，和美校本课程迫在眉睫

2015年，对于我校教育改革与发展来说，是具有划时代意义的一年。这年9月，翠屏中心小学整体搬迁，一切工作百废待兴。同年10月，我调任翠屏中心小学校长，新一届教育领导班子高瞻远瞩，集思广益，齐心协力谋发展。

面对空荡荡的校园文化，我校结合实际，因地制宜，因时而宜，与时俱进，改革创新，创立了“和美教育”的教育理念，倾情打造了以“大地、人文、碧海、蓝天”为背景的四个楼层的校园楼道文化。这种情况下，迫切需要编写一套与之匹配的和美教育校本课程，在解读校园文化的同时，又将和美教育发展完善，形成体系，让全校师生浸润和美，感受和美，践行和美。

二、立足校情，和美校本课程势在必行

立足校园文化需求。以“大地、人文、碧海、蓝天”为背景的校园文化的精美画廊逐渐落成。面对着大气磅礴、沉稳厚重的校园文化，老师、学生们在啧啧称赞，陶醉其中的同时，却鲜有人能够理解并说出其独特的文化内涵。校园文化只是成为一副静态的画面，没有起到其独特的以文化人的作用。为了使每一面墙壁会说话，使校园文化成为动态的有血有肉的动态场景，发挥其应有的润人作用，彰显和美教育的魅力，我校决定开设一门富有学校地方特色的校本课程，深入解读与贯彻实践和美教育的理念。

立足学生需求。独特优雅的校园文化吸引了学生一时的惊羡目光，那一刻学生徜徉其中，流连忘返。开始，思想上受到了熏陶，喜爱上了新学校。但这只能是一种短暂的感觉，很难转化为学生自主感受理解校园文化的意识，进而成为学习、生活上的动力。璀璨精美的校园文化终有一日会在学生面前失去新鲜感，出现审美疲劳，继而熟视无睹，视而不见。再则，从瓦房到教学楼，对于教学环境的变化，学生有一个适应的过程。楼道的安全、学习秩序、学生的日常行为习惯都需要好好培养，从头开始。因而，从学生的长远发展出发，从全面提高学生的核心素养出发，迫切需要编写学校自己的校本课程。

立足学校需求。对于学校发展而言，一个学校要想谋发展、求生存，就必须有自己的核心教育理念引领学校的长足发展。有了和美教育的核心理念，还要有配套的校本课程将这一理念发扬光大，把这一理念贯彻到教育教学的过程中。为了引领学校的发展，解决学校层面无理念、教师层面无思想、学生层面无规矩的混乱局面，校本课程的设计开发就迫在眉睫。

立足校本课程资源评估。我校独特的教育理念、博大精深的校园文化氛围以及家乡的地域文化，中国科技的发展都是进行校本课程开发的好资源，是提高学生“人文底蕴、科学精神、学会学习、健康生活、责任担当、实践创新”的好教材。

立足师资力量评估。我校拥有一支师德高尚、业务精良、锐意进取的和美教育团队。团队教师对校本课程的开发充满了极大地兴趣，认识到位，工作热情高，可以说在校本课程开发方面具备了优秀的师本资源。

三、规划合理，和美校本课程有序推进

在校本课程开发、实施过程中，我校坚持以师生为主体，以人的发展为核心，以“陶冶学生情操，完善学生人格，丰富学生文化底蕴，提高学生核心素养”为目标，切实做到贯彻“科研兴校”与创建“特色学校”相结合，丰富“和美教育”文化内涵，完善“和美教育”课程开发体系，在进行课堂授课、研讨的同时，积极组织学生参与校本课程实践活动，引领他们亲近校园文化，传承和美理念，使“和气、和谐、和善、和美、和睦”成为一种校园风尚，让和美之花处处绽放，让师生与课改同成长。

组建课程开发小组。我校设立以校长为组长的课程开发小组，校长宏观调控学校校本课程开发及指导，担任“和美教育”校本课程系列丛书的编委会主任；教导处全面负责校本课程的教研管理和教材编写指导和组织协调工作，指导校本课程的开发；和美团队的各年级教师研讨，确定校本课程开发主题及内容，具体负责校本课程的设计与实施，全力促进课程的形成。

提升教师课程开发能力。我校立足学校课程课堂教学的主阵地，充分发挥教师的引领作用。在课堂教学过程中、日常学习生活中、课程活动中，教师要把握学校校园文化的内涵，增强课程开发意识，整合课程资源，并有意识地在任教学科中进行渗透，从而与学生一起感受和美、践行和美，提升学生的“人文底蕴、科学精神、学会学习、健康生活、责任担当、实践创新”的六大核心素养。在这个过程中，教师也通过不断地学习、反思、创新，成为实践的研究者，专业素养不断提升。

编写课程训练丛书。我校结合“大地、人文、碧海、蓝天”为背景的独具特色的校园楼道文化，依据不同年龄段学生的特点，精心编写“和美教育”的校本课程训练丛书，全面提升学生的道德文化素养。一年级《人生从这里起步》契合一层“敬畏大地”的主题。内容包括“爱在校园”、“和谐自然”、“壮丽山河”、“珍爱生命”、“保护自然”等六个单元，意在培养学生对学校、自然、生命、祖国的热爱；二、三年级《数风流人物》、“揽人文底蕴”反映了二层校园文化的人文主题，内容包括古今中外的历史名人、一代伟人、中华传统文化与西方文化诠释和美教育中西贯通、兼容并蓄的丰富内涵；四年级《探秘海洋》描绘的是三层的“海洋文化”，内容包括“美丽的海底世界”、“蛟龙号”、“钓鱼岛”、“梦想起航”等六个单元，意在让学生了解祖国热爱祖国，树立保卫祖国领海的爱国强军梦；五年级《探秘星空》反映的是四层的星空文化，内容包括“探秘星空”、“航天员风采”、“飞向蓝天”等六个单元，意在让学生了解宇宙，激发学生的爱国情怀及探秘宇宙的热情，激励学生逐梦太空，为维护世界的和平与安宁不懈奋斗。

开展综合实践活动。我校积极组织丰富多彩的综合实践活动，如“翠屏小学　我的家”、“和美校园　美丽的我”演讲比赛，“我是小小宣讲员”、“校园文化小使者”、“和美少年在行动”、“我爱祖国的蓝天”等，在活动中培养学生动手、动脑及逻辑思维能力，提升创新意识与综合素养。

四、成效初显，和美校本课程前景广阔

以和育人，以美化人。和美校本课程实施一年多来，效果显著，获得了学生家长、学生和社会各界的交口称赞。

让学生爱上了校本课程。学校课程的开设为学生打开了一扇通向大千世界的窗口，开阔了学生的眼界，丰富了学生的知识，提升了学生的人文底蕴。在这里，天南地北，海阔天空，学生可以自由驰骋，在栅栏有他们感兴趣的话题，享受到了学习的愉悦，感受到了和美校园的文化内涵。

提升了学生的能力。创新意识与研究能力在逐步增强。在讨论、质疑、拓展及活动过程中学生学会了自主上网，到图书馆搜集资料、整理资料，并对感兴趣的事物进行自主研究，动手操作实践。

增强了学生的责任与担当意识。学生回家懂得关爱、感恩父母，在校爱护环境、言谈举止文明，爱上阅读，树立了“少年强则祖国强”的担当及报效祖国、发奋读书的远大理想。

不忘初心谋发展　砥砺奋进谱新篇

山东省青岛第九中学　马志平

山东省青岛第九中学创建于1900年，是一所“名重齐鲁学界”的百年名校，开创了岛城新式教育的先河。一百二十一年来，薪火相传，学脉赓续，毕业生中人才辈出，各界知名校友荟萃，曾培育出两院院士8名、美国微生物科学院院士1名，素有“学在九中，院士摇篮”的美誉。可以说，青岛九中在青岛教育史上具有特殊的地位。

2018年，新校址的变更又为困囿于老城区的青岛九中注入了大气开阔的新基因，迎来了变革新生的难得契机。近三年来，全体九中人用默默的坚守、无私的奉献，为书写青岛教育奋进之笔贡献了礼贤智慧、九中力量！

优化顶层设计，擘画发展目标

改革是教育事业发展的根本动力。青岛九中坚持把改革创新作为鲜明导向，扎根中国大地、聚焦中国问题、立足中国国情，围绕党中央关心、群众关切、社会关注的教育热点、难点问题，把“改”字贯穿始终，通过革故鼎新激发创新活力。

2018年，面对推动教育高质量发展的需要，学校主动应变，打破原有规划周期，广泛调研，集思广益，出台了《青岛九中新时期战略发展规划》，明确了工作思路，完善了育人目标，丰富了外语特色内涵，统一了思想观念，实现了目标引领，开启了建设教育强国历史的新征程。

2019年，学校对标阳光校园创建体系，将9个A级指标、38个B级指标、60个C级指标分解到处室、年级，列入工作计划、融入教育教学。这样清晰可视的方向和目标，减轻了学校迎检工作的负担，增强了创建工作的实效，引领学校平稳度过了迁校过渡期和适应期。

随着各方面工作进入良性发展轨道，学校风清气正，齐心向上，步入了提升品质、打造特色、创建品牌、又快又好发展的新时期。

坚持立德树人，促进全面发展

品德修养是立身处世之基，只有学会做人，才能真正走得远、成大业。青岛九中紧紧围绕立德树人根本任务，认真贯彻落实习近平总书记提出的“六个下功夫”要求，聚焦人才培养体系薄弱环节，有针对性地抓重点、补短板，加快构建德智体美劳全面培养体系。

构建德育体系，丰富教育内容。学校以学生为教育主体，以每月一个教育主题活动为载体，通过全校或年级大会、主题班会、社团活动、研学实践等多种方式，开展体验式德育活动，增强教育的实效性。

促进全面发展，提升综合素养。学校将“十个一”项目行动与教育教学有机融合，开展36个学生社团活动，组织体育节、艺术节、科技节、读书节、外语节等大型活动，搭建学生培养兴趣和特长的平台，促进学生全面而个性的发展。

立足终身发展，培养深厚底蕴。学校每年邀请一名诺奖得主进校园、一名外交官进校园、多名优秀校友进校园、多名著名学者进校园等，让学生在与这些大咖、专家面对面的交流中，心灵受到震撼，精神得到激励，思想获得启迪。

强化自主管理，培养良好习惯。学校以行政值日、少先大队值日和文明劝导员执勤等制度突出检查督促，实行文明劝导员无缝覆盖，促使学生自主管理、共同进步、自我完善，真正实现了天天有活动、周周有主题、月月有内容。

聚力教学改革，实现提质增效

教学质量是学校发展的生命线。青岛九中始终以高质量为统领，持续创新教育教学模式，注重启发式、互动式、探究式教育方法，全面提高课堂教学效率和质量，推动教育向高质量迈进。

深化教改研究，提升培养成效。学校建立教学过程监控和质量评价机制，完善符合新时期要求的教学管理制度和管理模式；推进分层次教学，落实培优补弱；特设“王大珩院士班”和“同济大学苗圃班”，搭建学生成长的“快车道”；开设六门小语种课程，拓展学生的“二外”选择。

落实课程标准，提升核心素养。学校加大对新课标、新教材的研究力度，以“先学后教，以学定教；自学探究，合作交流；夯实基础，培养能力”为基本原则，积极开展课堂教学研究，探索教学模式，体现学科特点，彰显教师风格，提高课堂效率。

推进教学改革，提升学习效率。在“互联网+教育”的背景下，学校大力推行Pad应用，打造智慧课堂，提升学生的自主学习能力。在同济大学的支持下，学校成立了“人工智能实验班”和“中德工程班”，满足了学生的前沿学习需求。

凝心聚力变革，提升品质内涵

教育是培养人的事业。一直以来，青岛九中注重内涵发展，教学质量稳步提高，教育成果节节攀升，知名度和美誉度也大大提升，真正成了老百姓心目中的好学校。

师生全面发展，迈上发展快车道。在学生方面，综合素质明显提升，斩获多项荣誉：2018届学生王桂夫参加第34届全国物理奥赛，获山东省第二名，在全国决赛中获铜牌，被中国科技大学录取；在第33届全国化学奥林匹克竞赛中，王竞同学入选山东省队，在全国决赛中斩获金牌；2018—2019学年度，在学科竞赛中，学校有300多人获得国家级、省级奖项。在教师方面，学校以“三梯队三层次”教师发展方案增强教师专业发展的内驱力，推动了教师专业素质的全面提升。2019年，有46名教师次获评“山东省教育系统优秀党员”、“青岛市劳动模范”、“青岛市优秀教育工作者”、“青岛市优秀教师”等省市级荣誉称号，以及“青年教师基本功大赛一等奖”等奖项。

坚持稳中求进，质量平稳提升。学校教学质量稳步提升，获得山东省教育系统先进集体等荣誉称号，连续两个学年度获得直属学校绩效考核优秀等级，近七成的中加班、中美班学生升入美国、加拿大、澳大利亚等国家的名校。

荣誉之下，不忘初心；追梦路上，永不停歇。在未来的3-5年里，青岛九中定会抓住发展机遇，变压力为动力，按照《青岛九中新时期战略发展规划》，稳步推进推进集团化办学，推进教育现代化，落实立德树人根本任务，让老师们的“关心爱心责任心”充盈礼贤，让学生们的“歌声笑声读书声”萦绕九中，把学校打造成有特色、有品位、精致化的阳光校园，开创学校更美好的明天！

墨韵书香，让师生诗意乐学

山东省青岛市即墨区北安后戈庄小学　王贤芳

五千年的优秀传统文化浩如烟海、博大精深，它打开的是一片广阔的天地，绽放的是一种永恒的魅力。为充分发挥传统经典的浸润和熏染作用，山东省青岛市即墨区北安后戈庄小学从2018年起大力开展诗教进校园、诗教进课堂活动，推进以诗教人、以诗育德，让校园充满书香和诗意，让优秀传统文化灿烂的光芒沐浴孩子们纯真的心灵，努力开辟出一片星光灿烂的国学天空！

顶层设计，健全诗教工作机制

为促进师生诗意成长，学校全面开展“诗意校园”创建工作，并将其纳入学校重要工作日程，使学生在求知、求美、求乐中受到潜移默化的启迪和教化，乐有其所，健康发展。

重视诗教领导班子建设。学校成立以校长为组长，副校长为副组长，教导主任、语文教研组长为组员的领导小组，多次召开会议，明确“以诗教人、以诗育德”这一工作目标，将诗教工作纳入教学日常管理中，定课程、定教师、定制度、定方案，分工明确，责任清晰。

提供诗教项目经费保障。学校设立诗教专项经费，用于诗教活动开展及课题研究工作，为诗教活动的开展提高强有力的支撑。

明确诗教工作思路。学校坚持抓好“六个一”的工作思路，即抓好“一组”（一个诗教领导小组）、“一社”（“北安”诗社）、“一刊”（《北安》诗刊）、“一站”（红领巾广播站）、“一课”（诗教校本课程）、“一栏”（各班黑板报辟有诗歌专栏），现在这“六个一”在诗词教学中发挥了重要作用，已经比较完美地架构起学校的诗教工作体系。

健全诗词创作培训制度。学校参考学习实验学校举办诗社的活动制度，结合我本校活动实际情况，翔实制定了相关的诗社活动制度和诗词创作培训制度。

重视诗教团队建设。学校高度重视诗教特色创建，在24个班级开展“诗教”进课堂活动，制定了翔实的诗教教学计划和诗教教案，使“诗教”能够真正渗透到各学科、各课堂。

扩大宣传，增强诗化校园力度

为切实推动诗教工作的落实与发展，学校十分重视硬件诗教载体和相关设施的建设，确立以诗词文化教育为校园文化建设主题，努力构建“处处是教育之地，人人是教育之师”的诗意环境，使学生能移步换景沉浸在浓郁的诗意氛围中，受到潜移默化地教育。2019年，学校顺利通过“即墨区诗教先进单位”验收。

建设古诗词长廊和北安诗词墙。2018年，学校投资3万余元，因地制宜将办公三楼通向北安诗社的一段走廊，建设成为“北安诗词长廊”。诗词长廊上集中展示了30余首古代伟大诗人创作古典诗词，诗词墙上集中展示了我校师生创作的三十余首诗词佳作，孩子们可以随时利用课间、课余时间在古诗词长廊（墙）上、感受古诗词独特魅力。

开辟诗词作品专栏。学校高度重视师生参与诗词的学习和创作，大力倡导师生学习诗词，鼓励师生创作诗词，在学校掀起了浓浓的“吟经典、写诗词”热潮。班级板报、校宣传栏都设有“诗词专栏”，定期更换内容；红领巾广播站开设古诗赏析栏目，提升学生鉴赏水平；每天入校和放学期间，学校播放“古诗”歌曲。仅2020年，学校就出版了6期“北安诗刊”，刊登师生作品近百首；一大批师生的优秀作品先后在《即墨诗词》《杏坛诗丛》《中华诗词》等刊物上发表。

进一步做大做强“北安诗社”。学校制定了较为完备的组织机构、诗社章程和管理制度，并以此为依托，将其建设成为学校诗教活动的核心阵地，不仅极大地促进了"诗词进校园、诗词进课堂"工作的开展，更为学校诗教创作、校园文化的深入发展插上了腾飞的翅膀。

编撰诗词校本教材。学校组织专门人员，历时一年编写了《我们的诗词格律》这本关于古典诗词欣赏与创作的校本教材，推动诗教工作走向了规范化、课程化、校本化。此书包括平仄、对仗、诗韵、古典诗词赏析示例等五大部分组成，为学校开展诗词校本课程教学提供了范本。

此外，学校还将诗教工作与校园文化建设、创建市级文明单位相结合，进一步拓展诗词进校园的深度与广度。现如今，校园的每一处花坛、每一块石韵、每一条长廊，每一间教室都具有诗词教学的特色，大处着手，小处落笔，整个校园都洋溢着浓郁的诗化氛围。

活动多元，提高诗教工作效度

为充分发挥诗词对学生的陶情、益智、美育的功能，学校以活动为载体，强劲推动诗词进校园工作，逐步实现活动教育化、教育生活化，为校园增添诗的气息。

诗教与学科教学相融合。学校按照新课标要求，大胆开展诗教工作和学科教学相融合的研究工作，努力探索出一条适合我校的诗词教学新路子。学校力图让诗词这一文化瑰宝走进了学生的课堂，让诗词与学科知识相融合，与各科教学相融合，通过诗词配乐、配画将诗词的吟诵、品味、聆听、体悟融入语文、音乐、美术等学科教学中，让学生从传统文化诗词中汲取养料，塑造良好的品德，弘扬民族精神。如：与语文学科相融合。将诗词经典诵读纳入语文教学常规中，每年级都设立诗词教学课程，纳入师生考核量化中，有要求、有考核、有评价。同时，还可以通过赛诗会、诗词小达人评选等形式来展现，不仅深受孩子们的喜欢，也促进了语文教学的提升。与音乐学科相融合。音乐教研组根据要求制定诗教计划，每学期每个学生至少学会一首古诗歌曲，艺术节至少要有一个诗词吟唱节目。与美术书法课相融合。美术老师在美术教学中通过诗配画、画配诗等形式，将诗教与美术教学相融合，让孩子们通过绘画、书法的形式加深对诗词的理解。

开展诗词社团活动。学校从2018年开始成立诗词社团，按年级设置课程，分别是低年级的诗词吟诵、中年级的诗词鉴赏和展演、高年级的诗词赏析和创作。每周五下午两节课，有冯瑞芬、董佳、刘欣、吴立平等多位教师进行指导上课，有教材、有教案、有活动。诗词社团活动不仅带领学生在诗词艺术的殿堂里尽情欣赏了美不胜收的诗词艺术精品，还为学生的诗词创作提供了指导和帮助。通过这些活动，不少学生对诗词产生了浓厚的兴趣，也初步掌握了近体诗词和现代新诗的创作规律，如张图男、刘楠、栾佳怡等一大批诗词爱好者，创作了不少佳作。

积极开展诗词创作培训活动。学校近年来以"北安诗社"为依托，采取走出去、请进来等形式，精心地组织一些诗词创作培训活动，极大激发了全校学生特别是诗词爱好者读诗、学诗、写诗的热情，培养了他们的想象力和创造力，提高了他们的诗词鉴赏水平和写作水平。

搭建诗词传承舞台。学校充分利用国庆节、教师节、儿童节等节日，采取多种形式搭建诗词传承平台，进一步弘扬中华民族优秀传统文化，激发学生诵读"中华经典诗文"的兴趣，营造浓厚的诵读氛围，培养学生良好的读书习惯。学校每月都要进行"诵读经典·传承文明"经典诗词诵读大赛，以班级为单位集体背诵经典诗文；组织学生开展"舞文弄墨"古诗创作活动，让学生走近经典，传承经典；开展"中国梦·我的梦"诗歌创作、古诗词软硬笔等比赛活动，举办诗词交流沙龙，让师生在诗词创作与交流的活动中体验了诗词的情感魅力，体味诗词创作的快乐，体味诗词交流的快乐，体味诗词进步的快乐。

功夫不负有心人，短短三年多时间，学校就拥有了以校长王贤芳为首的"校园诗人"团队10人，创办了自己的诗社——北安诗社，创作了自己的诗刊《北安诗刊》，开发了自己的校本教材《我们的诗词格律》；全校师生已经陆续在《即墨诗词》《中华诗词》等刊物上发表诗词50余篇。随着诗教工作的开展，学校的语文教学水平又上新台。2019年5月，经典传承节目"花木兰"获区艺术节一等奖；2019年12月学校被评为"即墨区诗教先进单位"、"青岛市阳光校园"、"青岛市文明校园"，受到领导们的一致好评。

小荷才露尖尖角。回顾过去，春华秋实；展望未来，任重道远。诗教工作的成功实践，让学校品尝到了收获的喜悦。今后，即墨区北安后戈庄小学将继续传承和发扬中华传统文化，进一步做实做好诗教工作，在校园中形成"学生会吟诗，老师能教诗，师生爱写诗"的良好氛围，让师生一同走进诗词海洋，弘扬传统文化，演绎经典人生，创建诗意校园！

立德树人守初心　智变求新促发展

山东省青岛西海岸新区大张八小学　孙加温

少年强，则民族强！全面贯彻党的教育方针，落实立德树人根本任务，发展素质教育，推进教育公平，是每一所学校肩负的使命。我校位于青岛西海岸新区宝山镇大张八村，始建于1952年，2003年迁入现校址，占地面积20亩，建筑面积2535平方米。学校现有7个教学班，135名学生，28名教师，生源主要来自周边15个自然村。办学以来，我校始终坚持"关注发展，将爱与责任贯穿始终"的办学思想，"让自觉成为一种习惯"，打造"诚信铸就未来"品牌，通过环境建设、课程建设、文化建设等多角度、多层面使学校焕发全新样态。近几年学校先后被评为 "黄岛区教育建功集体"、"青岛西海岸新区重大活动、重点工作先进单位"、"青岛市信用应用实践创新成果优秀单位"、"青岛市四星级阳光校园"、"青岛西海岸新区教书育人先进集体"、"青岛市高水平现代化学校"。

一、铸魂培根，助力学校办学品味提升

教育是最温暖的事业，为了激发老师们爱与责任，我校持续贯彻落实"关注发展　爱与责任"办学理念。立脚点上求平等，不让一个孩子掉队！鼓励教师爱岗敬业，由制度管理向自觉行动发展；教育学生诚实守信、讲文明懂礼仪，重生活习惯养成；校园文化建设重环境育人，"润物细无声"。另一方面，我校凸显诚信教育的办学品质，营造诚信文化氛围，潜移默化成就学生的习惯与气质。通过校园院墙文化、黑板报、宣传栏等文化宣传阵地凸显诚信特色，打造"四真"、"四爱"校园文化，酝酿诚信的文化氛围。此外，我校创新开发学校特色课程——校本诚信课程。在各门知识课程中渗透诚信教育，班队会、主题班会中也加强诚信教育。我校还特别开发诚信课程，融入专门的地校课程间周教学。阅读是学习知识有效地途径。为此，我校借助社会捐赠的图书设立"爱心图书室"；在班级设立"诚信书屋"，让学生自主管理、诚信借阅，在阅读体验中养成诚信习惯。

习近平总书记指出："一个人遇到好老师是人生的幸运，一个学校拥有好老师是学校的光荣，一个民族源源不断涌现出一批又一批好老师则是民族的希望。"教师是教育发展的第一资源，要想实现一流的教育，必须拥有一流的教师队伍。近几年来，区教体局高度重视乡村小学师资队伍建设，着力为我校注入新鲜血液，注入源头活水。青年教师教学水平和教学质量一流，都成长为学校骨干教师。一直以来，我校始终坚持人文关怀，潜心关注老师的需求，创设良好的工作环境，发扬正能量，力求形成集体合力，打造出一个有温度的校集体。立足老教师的立场，我校通过换位理解唤醒老教师的教育情怀，给予老教师们足够的尊重和理解，让老教师们自觉做到"三个对得起"（对得起孩子、对得起家长、对得起职业）。同时，积极营造信任、包容的工作环境，学校相信教师的职业素养、能力和经验。老教师们虚心向青年教师学习现代化教学理念和手段的同时，也让高尚的师德和教学经验得以传承。如果把学校比喻成一个大家长，那老师也是学校的学生。村小老师大多是民转公教师，辛苦了大半辈子。我校用真心真情解决老教师的实际问题，尽量照顾年老体弱的教师，让他们安心工作顺心生活。赢得了老师们的主动工作和大力支持。对于老教师在工作生活中的点滴进步，我校都会不失时机地给予肯定和赞扬。久而久之，赞扬潜移默化地产生了集体效应，带动其他老师更加积极工作。诚信教育面向学生，也回馈了教师。孩子好习惯的养成提高了老师们工作成就感和幸福感；老师在教育孩子诚信自觉的过程中，与学生联动、共享、同学、俱进。此外，我校也会经常组织集体劳动，小到修花剪草、搬搬抬抬，大到栽树铺路、修修补补，都有老师们的欢声笑语。每一个老教师在即将退休前都恋恋不舍，这里有家的感觉。

二、多措并举，确保教学质量稳定提升

教学质量是每一所学校办学的基本保证。近五年，我校紧紧围绕提高教育教学质量这一主线，"捧着一颗心来，不带半根草去"，　打牢语数英科基础性学科，深化音体美信息技术学科，促进学生全面发展。2017年7月至今，全区小学共组织了5次教育质量抽测，我校综合成绩一直名列全区所有小学前列，两次在暑期教育质量分析会议上受到区教体局的高度评价和单独表扬。一直以来，我校大力加强学校规范管理，扎实推进"让自觉成为一种习惯"管理策略，狠抓常规管理，把工作落小、落细、落实、落地。充分发挥榜样的力量，实施典型带动。推动教学行为和效能奖励规范化，让更多的孩子得到鼓励，体验成功。推动养成教育和校园仪式规范化，加强学生的自主管理，让仪式成为锻炼学生乐观向上、自尊自信品格的重要途径。

好的教育环境可以让教学效果达到最大化。为此，我校通过多种渠道，大力改善办学条件，努力实现教育公平与均衡发展。2016年争取资金156万元配套建设了综合实践活动室、书法美术室、微机室、食堂餐厅、微型消防站，进行了屋面维修、线路改造，进行了操场校园文化建设。2017年争取资金458万元修建标准化操场、修葺文化墙、安装护栏、进行了运动场地护坡绿化和教学楼粉刷、教学楼顶防水和院墙美化、新建功能楼后置楼梯。2018年争取资金84万元配套建设了教师活动室，新购学生课桌椅、师生阅览桌椅、空调、储物柜、直饮水机、升级数字监控系统1套，整改了水电暖。2019年争取资金73万元配套建设了班班通、同步课堂、科学实验室、舞蹈室，新上无线覆盖系统1套，对各教室铺设了防滑地砖，对会议室、音乐室铺设了地坪漆。2020年争取资金55万元打造智慧教室2个，配备50台华为学生机、27台教师机，整修了学校东西主路的溢水沟和路面，进行了教室内外墙面以及教室文化建设。区教体局还投资建成市标准化校食堂，乡村孩子从此吃上了营养可口的午餐；区统战部携手同心基金让学校墙壁会说话、墙壁会育人；青岛红十字微尘基金成立大张八博爱小学，改善

学校办学条件。在政府的大力支持下，我校还通过丰富多彩的社会活动，提升办学质量，培养学生成长。如北海舰队"主题团队日"、裕阳公益爱心辅导站、雪佛兰乡村红粉笔教育计划等活动，为学生拓展课程，用他们的眼界，改变学生的视界。

青岛早报、市红十字会、华仁世纪集团、阳光义工等爱心组织和企业纷纷向学校捐赠图书、学习用品等，浓浓书香进一步激发孩子们的学习热情，助力学校教育。维幼基金、区卫健局、关工委、浦发银行、交通银行、"爱十方"等爱心企业人士、公益组织和爱心群捐赠走访，帮助贫困学生逐步解决教辅费、午餐费、班车费等。今后，我校将注重扶智与扶志相结合，加强对学生的心理辅导和对家长的教育理念引导，从上源扶贫扶智。

三、斗志昂扬，奏响品质教育卓越金曲

"雄关漫道真如铁，而今迈步从头越"。教育注定是一场没有终点的行程。未来路上，我校将继续秉承"关注发展，爱与责任，让自觉成为一种习惯"的办学理念，以"提升教育教学质量"为主线，以凝心聚力创办优质乡村教育为目标，　坚持人文关怀全面打造充满活力的农村教师队伍，全面调动教师的工作积极性，和老师们携手俱进，扎实推进课程建设，用热情装点教育事业的百花园，用生命继续谱写一曲又一曲教育新歌。

抓内涵促发展，强管理创特色

山东省泰安市岱岳区祝阳镇第二中学　赵玉磊

2021年是"十四五"规划的开局之年，为全面提高教育教学质量，提高办学水平，努力打造百姓满意、学生喜欢的学校，在新的机遇与挑战面前，我校全体师生大胆开拓、勇于创新、心往一处想，劲往一处使，鼓足干劲，共同携起手来发展二中、壮大二中，并从学校实际出发，确立了走"抓内涵促发展，强管理创特色"的发展之路和最终成为"省内名校"的发展目标。

一、营造良好环境，创建学习成长乐园

近年来，在各级领导的帮助下，学校先后投资近90万元修建870平方可容纳700余人的学生餐厅；投资10万元更换1300套学生桌椅；投资近30万元为师生购买办公微机，达到人手一机；投资近50万元组建班班通多媒体教室25口。2012年9月投资400余万元建综合楼一栋，投资近70万元硬化路面近8000平方。投资100余万元配备理化生、音体美等功能室。2014年暑假，投资120万元新建4000平方米塑胶运动场。2017年投资460万元新建学生公寓楼，改造升级学生餐厅。2018年投资260万元改造升级了教学楼、音美教室、图书室、阅览室、厕所；投资30万元为学生教室、宿舍安装了空调。学校面貌焕然一新，为师生提供了更加优越舒适的办公学习生活条件。

二、实行精细管理，促进学生行为养成

学校制定了一套详细周密的学校、级部两级值班制度。学校值班采取"六人制24小时"值班制度，白天六名值班教师分布在传达、教学楼前后、操场、食堂、洗刷处几个学生集中区域，值日校长巡查。夜间有四名男教师、两名女教师，分上半夜、下半夜两班，每隔半小时巡查学生宿舍一次；级部值班教师每天早上6点到校，主要是组织学生早读、就餐及班空饭空时间各年级教室内、走廊内学生安全。每晚在下晚自习学生准备就寝时，各楼梯口、厕所路上、宿舍路上都有相应值班教师，防止学生踩踏事件；每到下午放学学生回家时，各楼梯口、宿舍区、楼前楼后、大门口、各主要路段均有教师值班。真正做到只要有学生在，就有老师在。

在德育管理上，我校制定了"18项德育管理检查及考评细则"，内容涉及纪律、卫生、学习三大方面。在班级管理上，采取学生自主管理，成立学生自主管理委员会、实行班级事务承包。真正做到事事有人管，人人有事做。从学生一入校老师自己开始军训，从手把手教整理床铺、洗刷餐具、扫地到靠右行、排队，狠抓学生的行为养成。通过这些管理制度及措施的落实，学生文明礼貌了，校园干净整洁了，自习安静有序了，学习成绩提高了。

三、搭建发展平台，提升教师专业成长

我们提出二中的教师应必备的四种精神即——勇于面对、开拓进取的创业精神；　团结协作、荣辱与共的团队精神；爱生如子、爱校如家的奉献精神；永不服输、誓夺第一的拼搏精神。经过几年的不懈努力，我校拥有了一支团结奋进、无私奉献的教师队伍。

加强师德师风建设。首先实施"聚心工程"，教师生日发一条祝福短信；圣诞节给每一位老师写一封信，送一件精致礼物。学校也先后组织了"二中是我家"、"我心目中的好同事"、"学生在我心中"等系列演讲比赛，举办"教师卡拉OK大奖赛"；在老教师群体中，举行"看这边，风采依旧"活动。活动的开展，加强校本研究，提高教师素质。坚持集体备课和每周三的"教师专业发展课"。每位教师每周在学校网校发表一篇教学随笔；并实施"青蓝工程"，并进行了"1+1"教育教学高效管理模式的课题研究，及一师一优课活动，以促进全体教师教育教学水平的提高。

开展好校本培训，实行研训结合，以研促训制度。学校为教师专业成长继续搭好三个平台：一是学习交流平台——"岱岳区祝阳镇第二中学"的网上博客；二是专业带动平台——采用"走出去"、"请进来"的交流办法。学校先后聘请著名教育专家陶继新、阚兆成，全国十大创新校长董春玲等名家学者来我校进行讲座、做报告。三是教学展示平台——学校举行了教师演讲、教师赛课、普通话、书法、课件制作等教学技能的比拼展示活动，以充分挖掘教师的专业特长。近几年来，先后有数十名教师的优质课在省市区获奖，也有十几名教师被评为市区级教学能手、名师。

四、开展多样活动，办学生喜欢学校

学校着力打造"自主、合作、探究"主导的快乐课堂。本着"师生共建幸福课堂，不断提高教育教学质量"的理念，全面落实课堂教学尊重学生主体地位，倡导小组合作的学习方式，充分发挥师生的主动性、积极性，充分开发和利用各类教学资源，让学生主动学习，主动发展，让教师享受教学，专业成长。

从实际出发，积极开展各类学生社团活动，开发和培养学生特长。学校现有前沿音乐社团、凤飞艺术社团、雏鹰文学社团、神州科技社团、祥云体育社团、小农家六大活动社团，下设42个子社团。通过社团活动的开展，学生特长得以培养发展。在我区历届艺体节上，我校学生在书法、绘画、演讲、师生同题作文比赛中多次取得优异成绩。我校排球队多次在省、市、区各级比赛中取得优异成绩；2011年5月，学校被省体育局确立为"山东省体育传统项目学校"；被泰安市体育运动学校挂牌为在"排球训练基地"和"摔跤训练基地"。鼓号操队在全区鼓号操比赛中，取得了一等奖的优异成绩！学校合唱社团在全区校歌红歌比赛中发挥出色。学校舞蹈队表演的舞蹈获区一等奖。学校摔跤队多次在全市比赛中获第一名好成绩。连续三年中考我校共有22名特长生被英中提前录取。2014年、2015两年暑假，我校排球队代表泰安市参加山东省联赛均取得第六名好成绩。2016年学校被授予中国排球协会初中部会员校，2020年被评为全国青少年排球项目特色学校。

定期安排组织各级各类比赛或表演，促进阳光体育活动开展。紧紧围绕每天一小时体育锻炼，学校每学期都开展拔河、跳绳、乒乓球、羽毛球比赛、垫球团体赛，以及鼓号操、腰鼓队、少年拳、韵律操、抖空竹等表演，每学年召开春、秋两次运动会。通过这些活动的开展，既培养了学生的情趣，又提高了身体素质。

积极开展各类学习比赛活动，培养学生学习兴趣。为培养学生学习兴趣，教学管理中心积极开展语文节、英语节，先后组织了学生的书法比赛、演讲比赛、经典诗词诵读、作业比拼、语文百词听写、英语百词听写比赛及优秀试卷、优秀实践作业展评等。通过这些学习活动开展，在全校范围内掀起了踊跃参与学习活动的热潮，学生学习的积极性更高了。

关注贫困留守儿童、少数民族学生，促进和谐发展。随着经济发展，留守儿童问题凸显，积极开展"帮扶四个一"工程。即：每星期谈一次心，每学期送一本书，买一件衣服，吃一次饭。此外，针对困难学生，在校免费就餐及假期送温暖活动；各级家委会积极吸收少数民族家长，让其参与学校管理，成立回民食堂，从生活上积极关爱少数民族学生，每学期召开少数民族学生家长培训会。

五、拓宽教育资源，构建"家校共育"机制

苏霍姆林斯基说："教育的效果取决于学校和家庭教育影响的一致性。如果没有这种一致性，那么学校的教学和教育的过程就会像纸级的房子一样倒塌下。"随着现代教育的发展，越来越离不开社会、家庭的关注和参与。学校要让学生喜欢、家长满意，也要积极探索家校共育新模式。为此我们积极引导家长参与学校教育工作，使学校教育、家庭教育、社会教育三教形成合力，共同承担起对学生健康成长的责任。

我校自2009年积极探索构建"二三三"家校共建体系，成立了学校、级部、班级三级家长委员会和家长理事会，每个学期初开好家长会。邀请"中国关心下一代委员会公益文化中心"家庭教育等专家在全体家长会上做"如何激发孩子持久学习动力"的专题报告。每学期学校都实施"家长委员会驻校轮值"方案，每天都有家委会成员到校轮值，与孩子共同学习、吃饭、活动，与教师一起值班，参与学校教育和管理，极大促进了学校的发展。

另外，学校还积极开展"家长义教、助教和义工"活动，效果显著。通过开办家校互动课堂，让各行各业的家长教给学生丰富多彩的知识和经验，开阔了孩子们的眼界，丰富了教育资源。学校家委会利用寒暑假成立了"校外学习共同体"，以村为单位组织学生假期集中学习，家长轮流值班，包村教师负责定期通过入户和电话家访等形式辅导学生学习，极大提高了学习的效率，更提高了孩子们的安全意识；而家长进课堂上课更是给孩子们的课堂带来新鲜的体验与感受。通过师生共同努力，学校成为山东省家委会研究基地，并承担了一项国家级课题，被评为泰安市留守儿童工作先进单位，连续两年在山东省素质教育论坛上作典型发言。

天道酬勤，经过学校师生们的共同努力，无论是教师还是学生在

市区级各类比赛中更是硕果累累、百花齐放，学校也先后被评为山东省教育系统先进集体，山东省健康教育示范学校，山东省体育传统项目学校，泰安市文明单位，泰安市德育管理先进单位、教学工作先进单位、区教学工作先进单位、教科研工作先进单位、教书育人先进单位和书香校园等荣誉称号。

潮起海天阔，扬帆正当时。在基础教育改革创新的征程上，我校教育工作者将以勇做新时代泰山"挑山工"的使命与担当，用真情与责任，奋力书写"办人民满意的教育"的岱岳答卷。

场馆沉浸式教育，实现学校教育前沿发展

山东省威海市实验高级中学　徐春晓

什么是校园场馆教育？又怎样实现教育教学沉浸式？这要从20世纪钱学森他老人家哪里说起。

20世纪，"人民科学家"钱学森提出了著名的世纪之问——"为什么我们的学校总是培养不出杰出人才？"引起广大教育工作者对人才培养的深刻思考。钱老的"大成智慧"教育思想倡导，科学与哲学的结合，科学与艺术的结合，逻辑思维与形象思维的结合……这提示我们，高中教育需打破现有格局，创新办学模式，实施全面学习、全人格教育，培养全才通才、创新型杰出人才。

威海市地处山东半岛东端，是"一带一路"与韩国商贸往来的前沿，因而培养具有国际视野、科学技术、人文素养、爱国情怀的拔尖人才堪称区域教育具有战略意义的行动研究。2018年，威海市委、市政府投资约10亿，兴建威海市实验高级中学，旨在打造一所在全市具有领军地位的现代化寄宿制优质品牌高中。学校面向钱老的"世纪之问"，以"养正融新"为办学理念，以"培养具有品正、行正、言正、开放、包容、创新品质的民族复兴人才"为育人目标，着眼于学生个性发展需求，打造特色课程基地，建构尝试以课程为载体，推进体验式教育，探索优质高中教育发展路径。

一、先进的场馆建设，旨在深化体验式教育

学校依托校园场馆打造课程基地，加强资源整合、学科融合，深化体验式教育。场馆教学既能发挥场馆资源教育的优势，又能符合国家课程标准和教育目标的育人需求。建构主义者认为，以学生参与者为中心，创造真实或模拟虚拟的学习环境，激发学生的主动性、创造性、积极性，进而提升学生发现问题、探究问题、解决问题的能力。美国心理学家、教育家大卫•库珀认为，体验是领悟的基础，领悟又是创新的前提，创新源于领悟，领悟源于体验。个体只有通过质疑、实践才能成为真正的人。

学校联合航天十二院，建设了钱学森（威海）航天科技馆，展示钱学森人物历程和中国航天成就；建设航天育种科普基地，与百草园、百果园连在一起，为学生提供生态课程体验环境。

与中国甲午战争博物院合作，建设中国甲午战争博物馆校园展厅，介绍参战船舰、英雄人物、历史研究成果。

此外，学校还重点打造大成、博雅、毓美、青春特色课程基地。其中大成基地建有智慧创客空间、奥赛实验室、学科实验室等；博雅书院拥有1000平方米校园书房及30个漂流图书柜；毓美课程基地建有艺术中心、雷雨剧场、特色工作室等；青春课程基地建有国际化标准的篮球馆、游泳馆。

二、依托多元化场馆，开设针对性课程

（一）依托大成课程基地，选修科学类课程，体验研究乐趣

1.钱学森（威海）航天科技馆，陈展了空洞和飞行体验设备、VR虚拟体验、趣味物理实验仪器等，开设航天科普、趣味物理、校内研学等课程。借助虚拟环境，体验地理、物理、化学、航天等科学知识。

2.航天育种科普基地主要研究植物育种栽培。邀请航天十二院专家指导种子培育，指导学生进行小课题研究，撰写《封闭环境下，黄瓜开花不结果的秘密》等小论文。开设无土栽培、蔬菜种植等课程，通过组织学生施肥，浇灌，搭架，套袋，采摘等，在劳动中体验生物科学。

3.创客基地开设机器人、3D打印、奥赛等课程，建构STEAM课程体系。机器人课程综合信息、数学、物理等学科知识，开发程序，应用于垃圾分类、创新设计等项目。舌尖上的生物课、化学魔术师等课程，融合生物、化学等学科知识，制作米酒腊八蒜和创意手工皂等。

（二）依托博雅课程基地，选修文化类课程，体验人文教育

1.中国甲午战争博物馆校园展厅陈展参战舰船、甲午英雄及考古成果。联合中国甲午战争博物院，成立工作室，驻校授课，开设社会历史写作、口述历史、刘公岛研学等课程。成立口述历史社团，招募学生志愿者，学习钱学森人物传记和甲午英雄人物，并利用空余时间进馆公益解说，并计入学校综合实践与信用积分。

2.博雅书院开设学术研究类、思政研究类、史地考察类等校本课程。其中，生命美学阅读与写作课程面向强基计划，融合语文、历史和政治等学科知识，指导专项竞赛、论文写作及名校答辩模拟。模联模协课程综合政治、英语、语文等学科知识，组织国际事务辩论、民生项目考察和建议报告写作等。

三、文化课之外，场馆基地兼顾学生第二课堂

（一）依托毓美课程基地，选修美育课程，体验艺术教育

开设版画与藏书票、扎染、合唱、管弦乐和钢琴等课程。其中版画与藏书票课程结合学生整本书阅读，指导学生刻印《红楼梦》人物图。扎染课程应用书法、剪纸等技艺，尝试使用校园内植物提取颜料，印刷校徽等图案。外聘专家指导学生感受传统文化，修习中国书法。

（二）依托青春课程基地，选修体育课程，锻炼健康体魄

青春课程开设外教网球、武术、健美操、环校园越野跑等校本课程。聘请外教，进校授课，既指导学生网球技术，也增加了英语口语练习机会。武术课程强体又育魂，引导学生了解神秘的中国功夫。健美操融合舞蹈、柔道、音乐、美术等多种元素，与学生一道体验实验高中健康之美。

四、结语

综上所述，学校的场馆沉浸式教育，实现了学校教育前沿发展，对学生综合学习能力发展具有积极的促进作用。每个学校的师资力量不尽相同。但其共同的目标，都是为了学生成为更好地人。

学生就像一棵棵物种不同、风格迥异的大树，有的直上云霄，有的秀丽和美，有的低调从容……他们生于各处，哪怕偶尔因为风而会聚云霭，但也为成就不同的风景。学校教育所能做的，就是培植符合学生个性化成长需求的全人格教育环境，让每一位学生都能够在其中找到适合自己的土壤，长成自己喜欢的样子！而这正是威海市实验高级中学基于场馆建设推进体验式教育所践行的教学探索！

开展"六品"德育实践，促进学生全面发展

山东省潍坊高新区北海学校　袁月娥

伟大的教育家陶行知先生说过："智育不好是次品，体育不好是废品，德育不好是危险品"非常形象地说明了德育的重要性。"德育为首"绝对不能成为一句口号，而要切实落实到教育教学的每个方面。习总书记在2018年全国教育大会上，提出坚持把立德树人作为根本任务，培养德智体美劳全面发展的社会主义建设者和接班人。当前，国际社会日益成为一个你中有我、我中有你的"命运共同体"，在这样一个激烈竞争与合作共赢并存、国际形势错综复杂的社会，面对多种价值观的冲突和多元文化的冲击，如何引导学生形成正确的世界观、人生观和价值观，是德育研究者面临的时代课题。十余年来，我校对这一问题进行了系统思考和规划，学校在"全天生活皆教育"办学理念的引领下，遵循全员、全时空、全学科、全脑的原则，创造性地开展了"六品德育"探索与实践。

一、"六品"德育内涵

所谓"六品"，即律、爱、信、和、忠、容六种品行，分别对应人与自我的关系、人与家庭的关系、人与社会的关系、人与自然的关系、人与国家的关系、人与世界的关系。我们认为，教育应该教会学生通过处理这些关系，建立自己的世界观、人生观、价值观。

"六品"概念的提出，让学校德育有了"总抓手"，连同已落地的"六艺"（礼、乐、射、御、书、数）课程，构成了完整的"品艺"课程，为学生成长为未来社会所需要的复合型人才赋能。

"六品"不是简单的六个字，而是一个德育理论体系。"六品"概念提出以后，我们发动全校师生进行"六品"课题研究，进一步丰富"六品"内涵，并对其进行了总结提炼。

律：古人慎独，律己严，待人宽。"律"体现的是修身立德、自我克制、敬畏生命、体现价值。我们希望通过"律"的教育，让每个双语学子严于律己、宽以待人，眼中有戒尺、心中存敬畏，有所言、有所不言，有所为、有所不为。

爱：古人云："入则孝，出则悌。"、"老吾老以及人之老，幼吾幼以及人之幼。"我们希望通过"爱"的教育，让学生能够孝敬父母、友爱兄弟、推己及人、宽厚爱人。

信：古语云："人而无信，不知其可也。"、"言不信者，行不果。"、"信"体现的是诚实无欺、信守诺言、言行相符、表里如一。我们希望通过"信"的教育，让双语学子做到抱诚守真，树立规则意识、诚信意识和理想信念。

和："和"是人口和粮食的结合.象征人民对美好社会的向往，体现的是遵循事物发展客观规律，追求人与自然的和谐统一。我们希望通过"和"的教育，使双语学子能够敬畏生命、顺应自然、和衷共济、各尽其能。

忠：林则徐言："苟利国家生死以，岂因祸福避趋之。"顾炎武言："天下兴亡，匹夫有责。"、"忠"体现的是忠诚爱国、忠贞不渝、捍卫尊严、忠诚无私。我们希望通过"忠"的教育，引导学生树立使命意识，热爱国家、忠于国家、报效国家。

容：《老子》有言："敦兮其若朴，旷兮其若谷。"、"容"体

现的是包容大度、海纳百川、容以待人、从容发展。我们希望通过“容”的教育，让双语学子志存高远、融入世界、兼容并包、创造未来。

研究的过程本身也是践行德育的过程。我们通过研究，使师生们形成了共同的价值观和“六品”德育观。

二、深度开发课程

“六品”概念提出以后，在全体师生形成价值认同的基础上，我们把“六品”提升到德育课程高度进行了深度开发，并通过小学六个年级“一级一品”的形式落地实施。

一年级学生刚入校，没有规矩，管不住自己，为此，我们将“律品”设置为学生的起点课程。立足“律品”培养的目标，一年级教师结合学情开发丰富多彩的活动：远足活动，在学生心里埋下坚持、守规、互助的种子；绿色出行，让学生学会自理；亲子运动会，让学生深刻地理解集体责任感。通过一系列活动，引导学生正确认识自己、接纳自己、喜欢自己，教会学生遵守纪律、自我约束。

二年级立足“爱品”，将“爱”注入文化标识、文化墙、级部歌等文创设计中，形成“个人+学校+家长+社会”四位一体的行走链条，通过“爱”文化研究，引导学生构建与父母、兄弟姐妹和家庭的和谐关系，拓展“家”的含义，做一个心向善、行向善、乐向善的好少年，学会奉献爱、表达爱、创造爱。

三年级以“信品”为切入点，引导学生构建自己和当下及未来社会的关系。从历史出发，学习关于诚信的言论和故事；与校园活动融合，在学生心中播撒诚信的种子.让学生体验诚信的关德；连接家庭，家校合育诚信少年。

四年级立足“和品”，引导学生构建与自然的和谐关系。教师充分利用国家、地方、校本三级课程，开展跨学科融合活动，课堂、校园、家庭、礼会处处渗透“和”文化元素，引导学生遵从规律、尊重自然，师生在和顺和美的相处中构建起对“和”的认同。

五年级立足“忠品”，融合其他五品元素。培养学生的爱国情怀和民族精神。学校集各学部智慧，搭建平台，借助国庆节、入队日、雷锋日、端午节、清明节等创新性开展文化活动，加深学生对国史、党史、队史等相关知识的了解，帮助和引领学生正确认识自己的成长及与国家的关系，忠于集体，忠于学校，忠于国家，师生在探究中形成“做大写的中国人”的价值认同。

六年级以“容品”为团队文化核心。“六品兼容，德才兼备，君子少年，心怀国家，志向远大，立足世界，兼济天下”是六年级立足“容”文化所立的目标。学校各项活动充分融合学科文化、地域文化。以《伯牙绝弦》为例，语文学科进行吟唱、书法练习，音乐学科欣赏乐曲《高山流水》，美术学科开展主题绘画，多学科联动将学习内容横向丰富化。另外，学校还会在情明节带领学生前往潍坊市烈士陵园、潍县战役纪念馆，后植故土情结，引导学生吸引外来、不忘本来，面对未来，乐在“容”中、“容”在心中。

每个年级各有侧重又相互贯通，“六品”贯弃学生的全天生活。在高新双语学校，德育不再是空洞说教，而是见人、见物、见事，真实可感，具体生动。

三、“六品”德育成效

“六品”和“六艺”构建起我校完整的“品艺”课程，其作用表现为文化功能、情感功能和智力功能，并最终指向学校的培养目标：品艺双修，德才兼备。

“品艺”课程的文化功能主要通过学生喜爱的节日活动实现。这些活动让每一个孩子都能站在舞台中央，成为最亮的星，缤纷了孩子的童年，让他们找到了自信，享受了快乐。形成了开朗、乐观、阳光、自信的双语气质。另外，“品艺”课程还大力弘扬和培育爱国精神与民族精神，能很好地引导学生形成正确的世界观、人生观和价值观。

“品艺”课程为学生提供了多角度的情感体验，让学生在实践中丰富情感、提升人格，做好从自然人向社会人过渡的必要准备。学校针对“品艺”课程的节日全年不断，融入校园的角用落落、师生生活的点点滴滴，成为校园文化不可或缺的一部分。学生们在潜移默化中受到民族文化的浸润和熏陶，努力汲取各种情感精华来充实自己的人生价值。

学校将品德与能力相结合，在全面参与中培养了学生的协调能力、表达能力及沟通交往能力，同时也激发了学生的学习动力：学生在思想品德、身心健康、学业水平、艺术素养、社会实践等方面的能力和素质得到了长足发展，德智体美等综合素质明显提升。

“十年之计，莫如树木；终身之计，莫如树人”。《管子》中的这段话说明立德树人也是我国历代教育共同遵循的理念。如何更好地“立德”，实现全员、全程、全方位育人，实现有效德育、精准德育、高效德育，这是我校全体教育工作者一直努力探寻的方向，也是时代对教育出的“问卷”。未来的世界需要具备核心素养、内方外圆的人。我们希望通过“品艺”课程体系的构建，完成面向未来发展学生核心素养的路径设计和落实策略，最终实现培养目标的落地，促进学生全面发展。

基于学生发展核心素养　培育幸福阳光少年

山东省潍坊市坊子区坊安街道南流小学　刘之华　刘美芹

“行是知之始，知是行之成。”陶行知先生的名言影响了一代代教育人。我们南流小学以“以人为本、润泽生命”为教育理念，以培养“志向高远、品格高尚、基础扎实、身心健康、个性鲜明”的现代少年为育人目标，确立“健体、生存、发现、欣赏、表达、合作”为学生发展核心素养。我们立足学校实际，在生命、生长、生态、生机四大要义上深入领会育人目标，在文化、课堂、课程、团队四个领域深入实施素质教育，走出了一条特色发展之路，以规范和品质赢得了家长，以质量和特色赢得了社会。现将主要工作成绩总结如下：

一、营造书韵芬芳的“校园文化”

学生核心素养的发展离不开校园文化的熏陶。学校把最能代表中华民族五千年文化精髓的经典《弟子规》《千字经》《论语》等著作列为学生诵读内容，组织教师精心挑选若干经典名句制作成牌匾悬挂于走廊、楼道等处；各班展板设有“古韵飘香”专栏，为不增加学生课业负担，确保每天读书不少于半小时，学校规定每周一节语文阅读活动课，同时，晨读时间也安排了不同形式的诵读。每学期举办丰富多彩的诵读活动。在经典诵读中实现人文的提升，增加自己的文化底蕴，感悟人生，感悟生命成长。

二、高校课堂，合作探究的内涵探索

学生核心素养的发展离不开课堂教学。我校以“润泽生命”教育理念为指导，积极探索实施高效教学法，通过整体构建教学活动知识体系，在课堂上关注学生的生命主体，让学生自主学习、合作学习、探究学习。比如，数学课堂上，教师用趣味故事和思维游戏拓展学生的思维广度，通过“读•画”、“读•说”、“读•算”结合，提升学生的思维品质。语文课堂上，教师引领学生确立牵一发而动全身的对话主题，让学生在自读自悟、认真批注中与作者对话，在交流中实现学生、教师、文本之间的对话，让学生获得学习的乐趣。

三、校本课程，形式多样的能力培养

落实学生发展核心素养，需要以课程为依托。课程的品质影响着学生的素养，课程的结构影响着学生的素养结构。为贯穿育人教育的基本理念，我们南流小学开发了丰富多彩的校本课程。

（一）探究课程的开发使孩子拥有丰富经历。我校依据学科特点及学校实际，开设了语文、数学、科学、品社等主题探究课程。根据学生特长合理分组，合作探究。课堂上，学生通过主题探究，归纳知识内容与结论；课余时间，学生通过小课题研究，延伸知识的广度和深度；牵手假日，学生奔向大自然，走工厂，进村庄——学生亲身探究、亲身实践、亲身体验，达到了学用合一，形成了健全的人格。

近年来，由我校六年级学生研究的《村庄的变迁》获区一等奖，四年级学生调查报告《啄木鸟在行动》获区二等奖；连续三年，我校学生在潍坊市中小学生实验技能大赛中分获一、二等奖，并连续两年获得潍坊市实验技能奖政府成果奖。

（二）依托社团课程彰显孩子个性。为真正发展学生的个性美，依据学科基础课程及学生兴趣爱好组建社团，开发活动课程。如合唱团、腰鼓队、篮球队、武术队、科幻画、手风琴、七巧板、轮滑、书法、萌芽文学社等涵盖艺体、科技、人文、实践四大领域30多个社团活动课程，为了保障社团活动顺利进行，学校将每周二、周四下午最后一节定为社团活动时间，提供专门活动场地、安排专门教师进行指导，学生可以依据自己的兴趣爱好，选择自己喜欢的社团开展活动，做到人人都有适合自己的社团活动，让孩子在参与中体验快乐，张扬个性，发挥特长。孩子们的潜能由内而外溢出。

2017年12月份，坊子区电台对我校的社团活动进行了录像，并在全区进行了播放和报道，受到社会人士的一致好评。

（三）综合课程，展现孩子别样风采。为使综合活动与学科教育融为一体，学校创设了内容丰富、形式多样的综合课程，积极培养“南小幸福学子”，做到每月一节日。如体育节，通过篮球、跳绳、武术操等各种比赛，让学生在玩中体验运动之美，达到健康之美；读书节，通过“情景剧表演”、“图书义卖”等活动，促使学生外表优美、内涵博美、气质高美；采摘节，通过对学校果园果实成熟时的采摘，培养孩子劳动之美，在参与中学会生活，学会相处，学会合作。科技节，通过科技小制作、科幻画比赛、“七巧科技”、头脑风暴等活动，寓教于乐，寓创寓用，激发孩子的探究之美、创新之美；数学周、英语周，一周一主题，一周一文化，学生们在博览、博学、博思、博用中“游历”古今中外——内涵丰富的经典课程让孩子们博观约取，厚积薄发，不断超越自我，达成梦想。

我校学生在上级组织的各类素养展示活动中，均取得了优异成绩，有1名学生制作的“易清洁滤茶垃圾桶”在第七届全国中小学生劳动技术教育创新作品展评中获金奖，连续两年我校学生在山东省青少年“七巧科技”系列活动中获一、二等奖，我校篮球在坊子区中小学生篮球联赛中连获女篮7连冠。

（四）德育实践活动，培养孩子良好习惯。我们把“立德树人，德育为先”，作为学校教育工作的出发点和落脚点。为此，学校开展了“学雷锋”志愿服务活动。刘祥庆老师指导的学校“演奏队进敬老院”，让雷锋精神温暖人心。组织小志愿者参加“清洁学校”活动，在校园周边街道和社区开展捡拾垃圾、清理非法小广告等公益志愿服务活动。同时还开展了义务植树、护花种草等活动。让学雷锋活动由校内走向校外。

四、组建学生自主管理团队，增强责任意识

为了培养学生参与学校管理的能力，增强学生的主人公意识，大队部修订完善了《红领巾监督岗制度评分表》《红领巾监督职责》，实施红领巾监督岗轮流执勤机制，引导学生明确责任、自主管理，促进学生主动修身、主动参与，保证学生的常规管理和养成教育落到实处。几年来，我校学生文明守纪、秩序井然，到学校检查的领导及家长都给予了良好的评价。

“枝借东风发春蕾，育得大树铸长天”。我们南流小学在上级主管部门的指导下，在教育理念的涵养下，必将展现无与伦比的教育魅力，引领师生精彩的生命成长。

随班就读区域巡回指导模式的实践与探索

山东省潍坊市奎文区辅读学校　崔芳　王致龙　王超

山东省潍坊市奎文区自2011年开始随班就读工作以来，各方面工作取得了显著成效，目前随班就读学生高达165名，除了有国家规定的智力、视力障碍等7种类别外，还有30多名需要特殊服务的多动症、病弱学生。但是，随着工作的深入推进，区域特色、地方教育体系、普通学校缺乏专业支持和保障等各方面因素，严重制约着随班就读工作的开展和随班就读质量的提高。如何在有限的资源中解决随班就读中的瓶颈问题，找准突破口是关键。

在实践中，我们发现巡回指导在专业支持和随班就读工作开展中起着至关重要的作用。基于这样的现实，我们开始在实践中探索有效巡回指导的经验，并逐渐提炼形成了具有区域特点的“指导—同建—共享”巡回指导模式。

健全机制，助力巡回指导

所谓巡回指导，主要是指为了推进残疾儿童随班就读，由具有深厚特殊教育专业知识或康复训练知识的教师，对随班就读的残疾儿童和承担随班就读的普通学校提供指导、咨询与帮助的重要支持方式。基于指巡回指导专业性和灵活性的特点，我们着力健全巡回指导长效机制，力求为普通学校教师与需要学生提供专业支持，为随班就读学生享有适宜教育创设条件，进而从总体上提高随班就读的质量。

明确职责定位，为建立巡回指导机制提供保障。2011年5月，特殊教育研究中心对上直接联系奎文区教体局，对下直接联系各学校幼儿园，这样随班就读工作从一开始就在结构上实现了点面结合、专业整合的工作模式。在具体实施过程中，随班就读工作以巡回指导为核心，辐射全区所有普通学校，力求帮助这部分特殊学生了解自己、接受自己、发现自己、发展自己，最终成长为能够独立生存、自理自立、依存社会、反馈服务社会的完整意义上独立的公民。当然，为使巡回指导工作有效开展，我们基于区域随班就读的现状，首先定位了巡回指导教师的职能和职责，不仅承担着融合教育理念的输送任务，更承担着专业经验的支持职责。其中，初期主要是随班就读教师、资源教师对随班就读学生营造环境的专业支持上，后期主要是将工作重点由对学生的直接支持服务转到质量提升上。明确的定位和持续的保障，为后期形成有序的巡回指导长效机制提供了基础和保障。

以资源教室为轴心，让巡回指导常规成为常态。目前，奎文区28所学校都已建立了自己的资源教室，并有序开展各项指导工作。一是以资源教室为轴心，完善学生评估程序。我区的学生评估分为筛查与学期评估书写个别教育计划两部分。筛查主要针对在学校未被及时发现却有特殊需求的学生而进行，每年5、6月，学校教师根据自己的观察上报中心，巡回指导教师会同其学校的资源教师、班主任、任课教师及学校相关部门管理人员一同会诊，筛查结束后与家长会谈，家长同意并带其去医院进行诊断后向学校提交需要特殊服务申请。7月底，部分特殊儿童携带残疾人教育专家委员会出具的入学安置建议到自己所在学片学校报到。9月底，学校确定随班就读学生名单，巡回指导教师参考残疾人专家委员的评估结果指导资源教师完成学生的学期评估，写好个别教育计划。二是以资源教室为阵地，构建随班就读学生成长档案袋管理。巡回指导教师指导随班就读教师为随班就读学生构建复合式档案袋，以达到对学生进行多元评价和对随班就读教师开展有效评价的目的。

盘活资源，共建巡回机制

因为特殊学校自身人员本就短缺，所以全面负责全区28所学校165名随班就读学生随班就读和巡回指导工作的只有1人。如何盘活区域内现有资源，从根本上解决巡回指导时间与频次不足、指导内容与操作形式无法全面落实等问题，我们在实践中主要采取以下措施提高巡回指导效果。

化整为零，优化教师资源。28所学校是一个整体，我们以区域远近为单位把全区28所学校划分为5个学片区，安排老资源教师担任组长，组内成员按月活动，每所学校轮流做主持人。整个教研活动分两部分进行：第一部分，学片内老师简述本校本月随班就读的情况以及需要的支持，巡回指导教师将其记录下来，这样在开展巡回指导工作时就能做到有的放矢，科学制定巡回的目标和内容；第二部分，确定教研主题内容，说白了就是巡回指导需要解决的主要目标和问题，这是巡回指导教师在前期调研随班就读学生和提取资源教室汇报学生情况的基础上形成的主题内容。组长和主持人结合本校随班就读学生情况，通过课题或主题汇报的形式，结合实践汇报自己曾经采取的解决问题的方法和策略，然后大家根据案例共同讨论解决问题的方法。我们通过学片教研的形式把巡回指导化整为零，这样就相当于每次5名巡回指导教师提出自己的巡回指导内容和方案，28名巡回指导教师进入学校进行每月巡回指导，从而间接地实现了对每一个随班就读学生的特殊服务，也在无形中解决了由于巡回指导人员紧张而难以顾及巡回工作的问题。

化零为整，提供专业支持。融合教育是一项整体性工作，就当前随班就读工作开展情况来看，巡回指导的职责概括起来无非就是面对教师、面对学生、面对家长、面对学校四个方面提供专业的支持服务，但需要清楚的是这四个方面专业支持服务的核心要素是教师，最终的落脚点是学生。对此，我们采取了化零为整的“普及、提高、加强”三步统一的教师专业支持模式：一是把普通学校教师化零为整，采取“普及”全员特殊教育通识知识的培训。所谓的全员培训就是全区28所普通学校每学年举行一次特殊教育知识全员培训，地点在本校，时间由本校自行决定，培训时间一般1.5小时，培训内容和主题由巡回指导教师根据学校的需求和实际情况协调培训人员确定，培训考核记入普通学校每年的综合督导中。近几年，为我们提供培训的教师主要是高校教师和资源中心资深特殊教育教师。二是把资源教师化零为整，统一采取“提高”的培训方式。每年9月，28所普通中小学的资源教师和巡回指导教师一起外出培训，如今已经成了常态。三是对有专业特长的资源教师化零为整，进行团队专业的“加强”培训。我们依据全区28名资源教师的特长，将其分成两大团队——心理辅育队和十年以上班主任育人队。我们协调学校对这两个团队的成员进行专业提升，不仅帮助他们承担起引领其他教师成长的任务，也有效解决了教师培训的任务。目前，以市实验集团、育才集团、德润集团为首的心理辅育团队已经形成了自己的康复训练特色和系统，而以宝通街新华集团为首的班主任特色育人工作室也在有序开展中。

加强反馈，共享巡回成果

每次教研或巡回指导教师到校巡回结束时，我们都会要求他们根据巡回情况撰写巡回心得和问题解决方案，这样当随班就读学生的问题行为解决后就会形成个案案例。巡回指导教师把这些个案编订成册提供给随班就读教师进行参考，这样当遇到同样问题时老师们就可以直接借鉴或改进形成新的教育方法。这样不停地积累总结，大家就可以一起共享巡回指导的成果了。

我们区在实践基础上形成的区域巡回指导模式，从根本上解决了以随班就读学生需要为本的巡回任务和内容，形成了相对成熟的巡回指导方式，保证了巡回指导的连续性，使巡回指导步入了规范化的轨道。自巡回指导开展以来，我们先后在各学校开始成立以巡回指导教师、资源教师、班主任、任课教师、家长等的个案研究团队，探索随班就读学生个案研究案例，到目前为止已探索出不同类型个案20多个，以课题形式完成个案研究16个，汇编个案案例60多个。随班就读教师也获得了如“教师妈妈”、“最美教师”、“感动奎文”等不同奖项，人民日报、大众日报等多家媒体也多次报道了我们的做法。

自理自立　美丽绽放

——智障儿童《生活与劳动》校本课程的走班实践研究

山东省潍坊市奎文区辅读学校　王致龙　李树梅　刘阳

对于一所学校而言，想要培养什么样的人，就需要有什么样的课程。当前，围绕培智学校智障儿童的生存和发展需求，山东省潍坊市奎文区辅读学校以适应生活为核心的校本课程正在重建。2018年6月以来，学校通过问卷调查及与部分家长代表进行访谈的形式了解学生需求，从实际出发，对《生活适应》和《劳动技能》课程进行整合，开设了《生活与劳动》校本课程。2019年，学校申报立项了《智障儿童〈生活与劳动〉校本课程的走班实践研究》课题，探索该课程目标、内容及课时设置、教学模式等，以最大限度的满足当前和未来一段时间内智障儿童生活和发展的需求。

该研究是国家课程校本化的具体实施。它是立足于新课程标准，根据当前培智学校在校生的能力特点，弱化了《劳动技能》课程中“强调技术的要求”，强化了《生活适应》课程中“适应生活的要求”，而对两门课程进行的整合。它依据学生身心发展规律和课程设置目的制定目标，采取分层走班的教学方式，从生活自理、自我服务、家务劳动、公益劳动、简单的生产劳动等方面入手，对学生进行“适应生活的技能训练”，切实提高学生适应生活和适应社会的能力，使其实现最大程度的自理、自立。

一、确定课题研究的重要意义

近年来，随着融合教育的开展，轻度智障学生进入到普通学校随班就读，培智学校的在校生则变为以中、重度智障和多重障碍学生为主，这些学生因为智力功能和社会适应行为等方面的障碍，导致他们在自理能力、家务劳动和适应社会等方面的能力极低，也迫使培智学校课程面临着教育对象的巨大变化及教育理念的重大转变。

2007年国家颁布的《智学校课程设置实验方案》提出：“在课程实施中，各地在使用国家课程方案时，可根据当地的社会、文化、经济背景、社区生活环境及学生在这些环境的特殊需求，开发校本课程。”从中、重度智障儿童认知发展规律来看，他们很大一部分人不能通过日常生活自然习得基本生活能力，并且大部分家长对孩子的生活起居总是全部包办，学生缺少训练的机会。因此，必须依托课程进行强化而实现这一目标。而如何开展课程，最大限度地挖掘学生潜力，成为当前培智教育亟待解决的问题。本课题就是基于我校学生的现状及其生存和发展的需求，以适应生活为核心，所进行的实践研究。

二、开展课题研究的理论依据

陶行知的生活教育理论。“生活教育”是陶行知教育思想的核心，它包括“生活即教育”、“社会即学校”、“教学做合一”等内容，体现了立足中国实际，去“谋适合、谋创造”的教育追求。

维果茨基的最近发展区理论。即学生的学习内容必须置于学生经过努力可接受的区域内，超出该区域的学习是无效的。

个别化教育理念。它是一种以适应并发展学生的差异性和个别性为主旨的教学策略与设计。在教学过程中，教师根据学生的能力、需要、兴趣、身体状况等设计不同的教学计划或方案，采用不同的教学资源、教学方法和教学评价手段进行教学，从而使班级中的每一个学生都能得到合适的教育，并取得最大限度的进步。

因材施教原则。即教师应尊重学生的差异，尊重学生作为学习主体在学习过程中应有的权利，从而创造充分发展学生潜能、张扬学生个性的环境；教师应帮助学生了解自己、接受自己、发现自己、发展自己，为学生将来在社会上生存提供基础支持。

三、推进课题研究的实施过程

本研究以我校《生活与劳动》校本课程为研究对象，围绕学生当前和未来的发展需求，科学设置满足学生独立生活、生存需求的课的教学内容，采取生活化的走班制管理的课堂教学模式，并建立以学生发展为落脚点的学生、教师、家长多元课程评价标准，以此来研究智力障碍儿童《生活与劳动》的校本课程化。

筹划准备阶段（2018年6月—2019年10月）

多渠道了解学生需求，论证学校课程。我校成立学校专家委员会，结合学生的实际情况，论证课程的适切性。通过召集家委会成员和部分学生家长座谈，以及面向全体家长发调查问卷等多种方式广泛征求家长意见，了解学生的发展需求；初步进行课程整合，开设《生活与劳动》课，加强学生的生活技能训练；重新装修生活与劳动功能教室，面点室、烹饪室、盥洗室、缝纫机室等功能教室，保障课程实践的顺利实施。

组建课题研究团队，确定实验教师。我校成立课题研究团队，制定研究实施方案；调查论证、落实课题研究的组织实施技术路线，明确了成员的分工与职责：组长王致龙全面负责课题研究工作；副组长李树梅负责全面把关调度课题；教导处主任刘阳负责人财物的安排和调配、各种报告的撰写、各种数据的收集运用等具体工作；特教研究中心崔芳主任针砭研究路径，保证实践研究少走弯路；劳动教研组组长王梅凤，负责课堂实践研究，注意发现问题、撰写反思、收集数据，为研究提供直观可见材料。

撰写开题报告，组织开题，明确后期的研究方向和研究路径。

实施阶段（2019年10月—2020年4月）

专家引领，高屋建瓴。聘请潍坊学院特教系教授为课题研究的顾问和专家。一是负责对教师进行培训，利用专家的前沿理念，提高教师对课程的认识；二是在实践研究过程中负责把脉问诊，对出现的问题和产生的困惑及时纠偏和解答；三是巧借专家资源到省内兄弟学校取经，学习先进的做法和成型的经验，让实践研究少走弯路。

多轮方略，研究课程。为满足不同层次学生的学习需求，周一到周四下午将62名在校学生按照能力和认知水平重新搭配、同质分组，双线并行，实施“二、三、四”式走班制教学。双线是指以“生活与劳动课”为主线，训练学生适应生活的技能；以“特色课”为辅线，补充、照顾能力低下需要康复和能力较好、有特长的学生。“二”是指每天下午两个特色课班级。“三、四”是指低、中、高三个年级段的四个班级上“生活与劳动”课。年龄小且有康复需求的进行康复，某方面有特长的选择上相应的特色课，其他学生全部上生活与劳动课。学生相对固定又不完全相同，随着每天下午特色课的变化，生活与劳动4个班的学生也是变化的，平均班额约10人。走读课程教学内容动手操作性强，为增强训练效果，安排2名教师同上一节课。根据教师的专业、特长、个人爱好安排任教班级，2人协作考虑年龄、个性等方面的搭配。

紧扣三个点，适时调整课堂和课程。第一个点：学生需要什么、能学什么，我们就教什么。在选择教学内容时，我们依据课标和学生的实际需求，把学生的一日生活的各个环节都搬上课堂，确定了生活自理、自我服务、家务劳动、公益劳动和简单的生产劳动五个主题，分别按年级段设置相应的训练内容，每个主题不同的年级段所设置的训练内容又由低到高难度递增，以更好地服务于生活。第二个点：学生能以怎样的方式学会，我们就以怎样的方式去教。一是推行走班制的教学模式。打破原来的行政班级界限，根据学生的能力水平、兴趣特长、个性特点等将水平大致相同的学生重组而进行教学，力求所设置的教学内容都能符合学生的最近发展区，促使学生的学习潜能得到有效地开发和提升。二是开展生活化的课堂实践。课程所谓生活，非常重要的一个方面就是为智障学生提供生活化的课堂，把教学还原到具体的生活环境中。比如：教学生坐公交车，最好的方法就是带领孩子去坐一次公交车，让他们在实践中体会和学习如何过马路，如何刷卡、付款，如何安全上下公交车，什么情况下该让座等。三是实行“小步子，多循环，手把手”进行教学。智障学生训练存在相当大的难度，为此，我校根据学生的实际情况，要求老师对学生做到由手把手训练，到辅助学生完成，再到半辅助，最后逐步放手让学生自主训练的过程，保证每一个孩子都能参与课堂，得到不同程度的提高。同时，在具体教学中将技能训练尽可能结构化，根据学生的接受能力拆解训练的步骤，并进行反复强化训练，直至大部分学生能够掌握。第三个点：多元评价，调整课程。教师对每一个学生的学习都进行形成性的评价，根据学生平时所参与的课堂活动、学习态度、学习策略、操作能力以及学习效果等多元、多角度评价学生，并收集了学生部分成长过程资料。这样不但有利于了解学生的发展变化，还有利于教师及时调整课程和教学方法等。

边研究边培训，提高课程驾驭水平。校本课程开发工作在我校已经有了一定的基础，但是存在断层现象，尤其是年老的和刚刚参加工作的教师都没有与校本课程开发相应的智能准备。针对这种现状，我校首先开展教师全员培训，在课程认识和专业提升上下足功夫。以“奎文特教面向未来”项目组为依托，邀请邢同渊、王淑荣等专家为我们开展课程论的相关讲座；多次派骨干教师外出学习取经，派课题组成员参加国家层面的培智学校义务教育课程标准培训；分批次派教师参观课程开发较好的杭州杨凌子特教学校、苏州工业园区特教学校、徐州特教中心、上海浦东新区辅读学校、天津河西区启智学校以及省内的淄博张店区特教中心和博山区特教中心，为课程开发做足准备。

家校合作，聚力发展。生活技能的训练最终还是要服务于生活，因此，家校共育，形成合力，对于该课程训练具有非常重要的作用。一是从评估到制定个别教育教学计划到课程的实施，要及时通过家长会、家长开放活动、亲子活动、亲子互动等形式对家长进行课题研究的宣传，要求家长全力配合学校。二是通过组织形式多样的亲子活动，宣传展示课题研究的效果。三是拓展家庭课堂，给学生提供练武和展示的平台，还原生活。尤其在2019——2020学年第二学期疫情防控居家期间，对于生活与劳动的训练，我校采取了“居家指南推送”的方式，老师提前备课，推送居家训练内容，并对家长进行必要的指导，让家长辅导孩子进行技能训练。

总结交流阶段（2020年5月—2020年6月）

《生活与劳动》校本课程初具模式，纳入教学应用；在课堂教学中接受老师的检验监督，并及时进行反馈和调整；制定课程目标、梳理教学能容、形成走读管理办法、初步以学生的发展变化对课程进行评价；召开家长会、教师会，总结汇报实践成果；撰写研究报告，请专家鉴定，进行研究成果交流汇报。

四、探求课题研究的阶段成效

目前《生活与劳动》校本课程的研究基本告一段落，课程设置和教学内容基本成形，课程实施状态良好。在这一课题的研究带动下，我校的教学工作以及科研工作都取得了明显的成效。

《生活与劳动》校本课程设置成型，满足了智障学生的发展需求。学校实践过程科学而严谨，整个研究过程严格遵循“编订——实践——评价”三个步骤，形成了培养目标、设置原则、课程设置、设置要求及课程评价五大课程方案，以及“边实践边评价——改进——再实践再评价”的整体性评价机制。

补充、完善了学校“一体两翼”的课程体系。我校在实施好一般性课程的基础上，不断丰富校本课程，构建了“一体两翼”的课程体系，使学生的权益得到了充分的保障。其中，“一体”指国家规定的必须开设的一般性课程，如生活语文、生活数学、生活适应、运动与保健、唱游与律动、绘画与手工。“两翼”之一是以开发潜能和补偿缺陷为主的校本特色类课程，如康复训练、鼓乐、舞蹈、信息技术、创意手工；另一翼是校本实践活动类课程，如德育课程和本次实践研究的生活与劳动课程。

促进了学生的发展，焕发起生命的光彩。教育的出发点和最终落脚点是学生，学生的发展是能够证明学校课程的最有力的证据。课程训练的内容对于学生的基本生活而言无不涉及，既拓宽了学生的视野，又具有极强的针对性，为他们将来走向社会能自食其力提供了可能；学生能够投入到自己喜欢的课程中认真学习，大大提高了学生参与课堂的积极性和主动性；适切的内容和教学方式，让每个孩子都在学习中能享受乐趣并收获体验成功的快乐，其精神面貌焕然一新。

提升了教师的专业素养和学校的科研水平。随着校本课程的开发与实施，一系列的自学、集体学习、培训交流带来了我们教师思想观念的转变和课程意识的提升，他们开始由课程的最忠实的“执行者”向课程的“决策者”过渡。同时，在这一过程中，教师不断反思、摒弃、重组，使得教师驾驭课程的能力不断提升，学校的科研的科研氛围也愈加浓厚，教师的科研能力得到进一步的提高，两年来共梳理了7项区级小课题和3项校级小课题。

家校共育促进学生成长初见成效。从最初的课程的设计到内容选定再到最后的课程评价，《生活与劳动》校本课程无一不凝聚着家长的心血和支持。家校合作达到了前所未有的密切，老师和家长的联系也从单一的教师教、反馈到家长，发展成为家长参与、家长也教，教师与家长双方共同反馈交流促进，这种并肩而战的状态让家长真正感觉到了从内而发的交流平等，这种平等直接促使了家校共育的最佳状态。例如，“居家指南推送”的方式，促使家长成了学生真正的老师，很多学生在家务劳动上有了质的飞跃，家长获得了成就感，学生得到了自信。

苏格拉底曾经说过：“教育不是灌输，而是点燃火焰。”对特殊教育而言，如何让学生快乐地享受学校生活，轻松地融入社会，就是特殊教育工作者的奋斗目标。为了特殊儿童的融合之路，为了课堂教学的创新进步，我们将努力前行，不断更新课程理念，推进多学科融合，凝聚多种教育力量，更好地服务于学生的成长与进步，使之成为能够独立生存、自理自立、依存社会、反馈服务社会的完整意义上独立的公民。

推进家长学校建设，实现教育和谐共赢

山东省烟台高新技术产业开发区实验小学　战丽娜　吕守萍

家庭教育是教育系统工程中的重要组成部分，家长学校是指导家庭教育的重要阵地，对实现学校、家庭和社会的教育合力的形成发挥着重要的纽带、桥梁作用。烟台高新区实验小学积极推进家长学校建设，以“和美教育”理念为引领，以“提升家长素质、提高家教水平”为目标，积极协调学校教育与家庭教育的关系，努力构建家长学校的新模式，在打造和美育人环境、创建和美团队、创新家庭教育活动等方面做了大量有益的尝试，使家校教育合力不断增强，营造了和谐共赢的育人氛围。

一、统一家校教育意识，完善家长学校体系建设

（一）秉承和美理念，统一教育思想。我校一直秉承“善由和聚，美由和生”的教育理念，精心打造和美校园、家校合一的教育境界。学校高度重视家长学校建设工作，确定了“密切家校联系，共谋教育发展”的建校宗旨。我们首先从思想认识入手，通过《致家长的一封信》、召开座谈会等方式，让家长们深入了解学校的“和美文化”理念，引领家长群体以“参与、悦纳、宣扬正能量”的积极态度，参与到学校教育工作中来，形成教育思想的统一。

（二）构建三级网络，实行分层管理。学校遵循“家长自荐、班主任推荐”的工作原则，逐级成立了班级、年级、学校三级家长委员会，实行分层管理的模式，为家长参与学校管理搭建了平台。为了更好地发挥家长委员会的职能作用，学校每学期召开家委会会议，为家委会成员颁发聘书，组建家委会工作“和美团队”。

（三）细化管理制度，明确工作职责。完善的制度建设是保证工作正常运转的关键。学校成立了由校长、副校长、教导主任和年级组长组成的家长学校工作领导小组，负责每年计划的制订和教学活动的组织落实。学校还制定了《高新区实验小学家长委员会章程》，明确了家长委员会的职责、权利和义务，各职能部门做到各司其职，各尽所能，通力合作，保障家长学校各项工作的有序开展。

二、加强沟通交流，提高家教水平

（一）适时召开家长开放日，让家长更好地了解学校。为更好地了解学校，了解教师，了解自己孩子在校学习、生活情况，每个学期，各班家委会都会应家长的要求，向学校家委会提交召开家长开放日活动的申请，经学校家委会与学校协商后，再确立一个合适的时间召开家长开放日活动。

每个家长开放日，我们都会请家长参观学校以“兴趣社团”为组织形式的“和美校本课程”。随着学校领导的引领介绍，家长们感受到孩子们在各类探究学习过程中的快乐，看到那一个个花开实小的精彩瞬间。“油画、国画、烙画、书法”等书画社团中孩子们妙笔丹青；“服装设计、陶泥、烘焙”等社团中孩子们兴致盎然；“创客、航模、魔方、围棋，益智课堂”等益智社团，3D打印、灭火机器人、计算机编程、无人机操作等，更是让家长们赞不绝口，大家纷纷感觉孩子在这样的学习活动中，能力和素养都得到了长足的发展。

不仅如此，我们还让家长与孩子一起亲身经历在校的学习和生活：观摩课堂教学，了解语、数、英，音、体、美等不同学科的课堂常态；体验学生午餐，与孩子一起享受美食的同时，增进亲子关系；参与学生的课间操活动，和孩子一起感受运动的快乐……这样的活动即使家长了解了学校，又使家长在参与学校管理中感到自己的重要，在监督评价学校中得到尊重和信任，拉近家长与老师的距离，家与校的沟通呈现了一种无障碍的和谐与顺畅。

（二）定期开展家长会，传播最新的家庭教育资讯。每个学期，我校都会召开家长会。召开家长会之前，学校会综合家委会提出的建议，确定好每次家长会的主题。将传统的“批斗会”式家长会改成多种形式的家庭教育培训会。不仅向家长介绍孩子在校学习及参与活动等方面的表现情况，也对家长进行家庭教育理论培训，向他们传达最新的教育观念，传授合适的教育方法。我们还邀请了家庭教育专家以及优秀的家长做家庭教育方面的经验交流，如《拒绝语言暴力，构建和谐的亲子关系》《做智慧型家长，激发孩子内驱力》《怎样和孩子说话》等。我们还会针对不同主题，向家长发放问卷调查，了解家长在家庭教育方面最需要什么帮助，以便有的放矢地开展家长学校教育工作。

（三）互联网+促进家校沟通的高效化。随着网络普及，进入了互联网+时代，在以往电话、短信方式保持家校沟通的基础上，各班级家委会还组织建立了家长QQ群、微信群，搭建起家校互动的新平台。我校现还开通了微信公共平台，老师和家长有接近三千人关注。在这个平台上我们开通了专为家长设置的“家校互动”、“有问必答”等栏目。通过这些平台，家长能够时刻关注我们学校的教育教学动态，再通过家委会提出自己的意见和建议。学校安排专人负责整理、沟通和交流。而且第一时间向学生家长宣传一些科学的家教方法，实现家校互动，助推家庭教育水平不断提高。

三、开展特色活动，强化教育效果

（一）主题教育活动走进家庭。

我们结合学校德育工作的开展，精心设计了许多有意义的主题教育活动，帮助每一个家庭营造和谐、快乐地氛围，优化家庭教育效果。如，开展“大手拉小手，共建碧海蓝天”活动，家长和孩子们在行动中感受到珍惜资源、环保节约的意义；开展“优良家风家训践行”活动，征集了“好家风故事”、“好家教案例”、“好家训家规”，“诚信传家”、“书画传家”、“勤劳传家”等优良传统，在孩子和家长心中刻下了深深地烙印；开展“和爸爸妈妈一起读”亲子共读活动，进行“书香家庭”评选，营造了浓厚的家庭阅读氛围，使孩子和家长都能养成良好的读书习惯，同时在读书活动中受益；开展“弘扬孝道文化”活动，结合“妇女节、母亲节、父亲节、重阳节”，引导孩子们“给父母洗脚”、“给爸爸妈妈写信”、“敬老爱老看行动”等，让孝道文化在每一个家庭弘扬传播。

每一项主题活动的开展，学校都会和校级家委会进行商讨，制定出活动方案，再通过家长学校把活动布置下去，使家长明确活动要求，并指导家长配合好学校开展活动，我们还会结合优秀评选活动对家长和孩子进行表彰激励，从而达到最佳教育效果。

（二）研学实践活动走向社会。

我校家委会成员多是社会各界、各行各业“精英人士”，他们热心教育，社会关系宽泛，在他们的精心组织下，我们开启了各项“研学”精彩之旅。如“自然之旅”，走进辛安河公园、海边，亲近大自然；“文化之旅”，参观自然博物馆、北京研学旅行、毕业研学旅行等；“科技之旅”，参观核电科技馆、参观航天五一三所等。我们引领家庭教育同社会教育相结合，通过开展社会实践活动，使孩子们开阔眼界、锻炼能力，同时也使家长和孩子在实践活动促进了交流，增进了理解。

我校家长学校工作的开展，促进了学校教育特色的形成，实现了家校教育和谐共赢。今后，我们还要积极探索新思路、新做法，寻求更为有效地融合点，为进一步完善家长学校工作，密切家校合作，为素质教育的深层推进，为学生的全面、健康发展贡献力量。

唱响教育金曲，诚育未来骄阳

山东省淄博市高青县常家学区中心小学　段恒英　王利学

少年强，则民族强！全面贯彻党的教育方针，落实立德树人根本任务，发展素质教育，推进教育公平，是每一所学校肩负的使命，也是在教育改革上的不懈探索。我校于2011年9月正式建成办学，是一所省级规范化学校，占地面积19亩，处于城乡接合部，地理位置优越。办学以来，我校始终坚持以，“以爱心教育育有爱心之人，以习惯培养塑可发展之才”为核心理念，以“爱溢育才，习优成器”为校训，实施

“爱心培育+习惯养成”相结合的教育模式，办适合学生成长、有特色文化（习字立人）氛围的幸福学校，培养心中有爱、行中有规、可持续发展的学生。学校现有11个教学班，386名在校生，教职工43人，教师队伍结构合理，办学设备完善。一直以来，按照上级要求，我校通过严格抓党建，保安全，提质量，对标先进，真抓实干，努力改善办学条件、完善设备设施，丰富内涵建设、提升特色文化，效果显著。2017年学校被山东省书法协会表彰为“山东省书法教育示范学校”，同年被教育部命名为“全国青少年校园足球特色学校”，2018年被评为淄博市“平安校园”，2019年被县教体局分别评为“教育工作综合考核先进单位”、“校园安全工作”、“学生资助先进单位”、“教学质量先进单位”各项工作实现了新提升、新跨越。

一、凝心聚力，营造优质校园环境

2014年，学校开始标准化建设，办学条件进一步改善，建有200米跑道和塑胶篮球场、塑胶排球场，为师生锻炼提供了活动场所；为老师提供了休息宿舍；建有高标准数字书法教室、录播室、创客室、科学实验室、计算机室等13个功能室。2018年争取镇政府资金93万余元，对教学楼内、办公室及功能用房重新装修，使整个校园面貌焕然一新。

一直以来，我校始终把学校管理当成工作重点。根据班级数和学生年龄进行合理分工，我校实施分区域管理，把对学生的劳动教育渗透到日常管理之中。平时采用“日检查”、“周反馈”制度，管理到位。此外，我校对校园环境也精心设计，校内苗木花草品种多，有专人进行修剪维护，还利用校园土地资源栽种了柿子、海棠、樱花、竹林等植株，分区域种植，有层次、有主题；学校入校口设置2个立体花箱，真正实现了“三季见花，四季见绿”的校园美化目标，这些景致不仅为学校平添了不少情趣，也大大提升了校园品味。

校园文化只有以社会主义核心价值观为内涵并精耕细作，才能涵养学生的心灵，才能让学生“脚下有根”、“心中有梦”，才能为学生的发展打下深厚的人文底色。陶行知曾说过：“天然环境和人格陶冶，很有密切关系。”我校把核心价值观和教师职业道德标牌矗立在学校广场醒目位置；花园草地处处有童真童趣的警示语标牌；教学楼内设置了不同楼层的主题文化，一层以励志教育为主题；二层以习惯养成为主题；三层以爱心教育为主题、四层以书法教育为主题；一层到三层楼梯长廊是“诚心向党·书墨润心”党建品牌文化，拾阶而上是我校的足球文化和温馨提示语；走廊内还设立了定期更换的班级文化长廊，处处都是孩子们的作品展示……校园中的每一座建筑、每一处景点，总是以“无声胜有声”的方式，熏陶感染着师生，丰富净化着师生的灵魂。

二、多措并举，深化特色办学品味

教育总归还是要回归课堂课程。我校严格按照国家课程方案和课程标准，结合劳动教育和特色课程，有效提升教学质量。我校的种植课程、劳动体验课程开设到位，自主研发劳动教育、学科教学和思想教育三位一体的劳动课程，在校园里为学生开辟了“开心农场”让同学们锻炼劳动技能，提升学生的综合素养。师资力量是一所学校向前发展的基础。为了提升教师专业技能和素养，我校积极申请承办连片教研和交流研讨活动，让全校老师不出校门就能参与高水平的教研活动，实现专业自我提升；抓实集体备课培植一种交流、合作、研究的学术气氛，利用校内现有的教育资源，推广学校优秀老师的教学经验，缩短年轻老师的成长周期；组织骨干教师示范课，青年教师亮相课、汇报课，课堂教学研讨会，在这些活动中，不同层次的教师都得到了不同程度的提升，让教师在工作中获得了“学生的爱戴感、教学的胜任感、探究的新鲜感、成功的愉悦感”。我校张苗苗老师入围2020年乡村优秀青年教师培养奖励计划人选，翟梦甜、张文文两位老师分别在音乐教师专业课和美术教师专业课经验交流中，执教市级公开课。在“一师一优课”评选中，1名教师获得部级优课，1名教师获省级课奖，5名教师获市优课一、二等奖。在高青县2020年“百灵”艺术节活动中，2个节目获得音乐类一等奖，3幅作品获得绘画组一等奖。通过这几年的精心培育打造了一支诚心向党、痴心从教、爱心育才的教师队伍，得到了家长的一致好评和认可。

为继承和弘扬优秀中华民族的传统文化，促进学生素质的全面发展，2010年，我校确立了“翰墨飘香　习字立人”的办学特色，历经十年的摸索，进一步理清了办学思路和方向，让学生从小规规矩矩写字，通过“习字”而立德高之人、立智明之人、立体健之人、立美鉴之人，立勤劳之人。我校充分发挥“一笔一画练字，一言一行立德”淄博市德育品牌的示范引领作用，打造了“书法+德育”、“书法+党建”、“书法+美育”等特色品牌。

此外，作为“全国青少年校园足球特色学校”，我校每周每班均开设足球课，定时开展班级足球联赛，形成了“人人能踢球、班班有球队、周周有活动、月月有比赛”的良好局面，快乐足球风靡校园，拼搏、超越的文化基因潜移默化融入师生血液。在书法、足球两大学校特色的引领下，学生不仅学得了技能，还陶冶了情操、锻炼了身体，拓展丰富了“爱溢习优”文化特色的内涵。

立足学校文化，我校德育工作也不断提升。利用每周一的升旗仪式和主题班会对师生进行理想信念、习惯养成、传统美德、心理健康、社会主义核心价值观教育。通过开展丰富多彩的活动，教育和引导学生树立正确的世界观，人生观，养成高尚的道德情操，把立德树人根本任务、社会主义核心价值观培育和践行落在了实处。同时，我校创建了阅读社团、剪纸社团、球类社团、科技社团和绘画社团等十几个社团，让学生根据自己的兴趣爱好自主选择，提升学生核心素养；每月开展一次新时代好少年评选活动，每学期评选模范干部、好学生、习惯之星等各类模范学生，使每一个学生都有一种成就感、自豪感，感受到大家庭的温暖和集体的力量。

三、匠心如出，成就学生精彩人生

学校不仅是学生的学校，也是家长的学校。为充分发挥家校共育功能，我校成立校级——级部——班级三级家长委员会，完善学校、家庭、社会三位一体的教育体系。开展“万名教师进万家”活动，建立家校联系卡，开设校长接待日、课堂开放日，定期开设家庭教育课程、父母大讲堂，共享家校育人的好做法、好经验。密切关注特殊群体学生，严格落实上级资助政策，采取一系列措施保障困难学生的学习生活。这一系列活动搭建了家校沟通的桥梁，广大教师走进千家万户，为自卑的学生说自信话、为胆怯的学生说壮胆话、为懒惰的学生说鞭策话、为学困生说鼓励的话……

为解决父母下午放学不能按时接送孩子的实际问题，我校在充分调研的基础上，本着“倾心奉献，服务至上”的原则，为149名孩子提供无偿课后服务，让孩子们不仅收获知识和技能，更多的是感受到了同学间的团结友爱、校园这个大家庭的温暖。

“教育之根味苦，教育之果甘甜”。教育是温暖人生的阳光，尊重、赏识每个个体，致力于学生能力、品德等各方面素质的全面提升，服务于个体的健康成长，滋养每一个生命。教育注定是一场没有终点的行程。在教育发展道路上，我校会不断继承、发扬坚苦卓绝、自强不息的精神，向着“让每一位学生享受公平而有质量的教育”目标奋力迈进，以“功成不必在我”的精神境界和“功成必定有我”的历史担当，以“踏石留印、抓铁有痕”的韧劲和抓落实的“钉钉子”精神，推进学校教育高质量发展，用热情装点教育事业的百花园，用生命继续谱写一曲又一曲教育新歌。

学教有序壮心志，品质立校育桃李

山东省淄博市临淄区凤凰镇梧台小学　胡光福

“一年之计，莫如树谷；十年之计，莫如树木；终身之计，莫如树人。一树一获者，谷也；一树十获者，木也；一树百获者，人也。”这段话既阐明了人才培养的重要性，也揭示出人才养成的不易。教育是国家之命脉，是国家的心脏工程，办有意义、有品质的学校，是学校应尽的使命与义务。我校坐落在古齐大地运粮河畔的临淄区。学校占地69亩，总建筑面积11988平方米，现有15个教学班，在校生462人，教职工49人，专任教师46人，服务学校附近的33个自然村。在区教体局优质、均衡指引下，我校作为乡村学校，近些年办学条件不断提升，配备齐全。建设了科学实验室、图书室、阅览室、舞蹈室、音乐室、微机室、书法室、美术室等一应俱全，还建有独立的艺体馆，标准的塑胶篮、排球场和塑胶田径场，助力学生体质发展。迎着信息化建设快速发展的雄风，我校大力推进教育现代化建设，开通校园网，专任教师人手一机，所有教室安装了电子白板或多媒体一体机，实现了网络终端进教室，满足了信息技术与课程整合的需求。此外，还以创健全国义务教育优质均衡发展区为契机，努力提升办学条件，改善校园环境，扎实开展教育工作，激发教育活力，推进现代学校建设。

一、规范管理，凝心聚力谋发展

为切实提升学下办学质量，我校不断加强学校管理标准化建设，以《山东省义务教育学校管理标准》为抓手，坚持素质教育导向，推动学校建立健全现代管理制度，提升学校管理水平。进一步加强学校章程建设，完善学校内部结构治理机制，推进现代学校建设。我校秉承孔子“有教无类”的教育思想和“因材施教”的教学原则，坚持“让鲜花和小草都能获得阳光和雨露”的办学理念，以立德树人为根本任务，积极构建了“尊重教育”文化建设体系。学校始终坚持“问题化”生本高效课堂的探索与研究，切实抓好“教师专业发展”，扎实搞好新基础教育改革工作；在加强精细管理，构建实效德育，促进内涵发展等方面做了有益的尝试和探索，借助普法教育、社会实践、主题活动，积极探索“模拟驾照　相伴成长”的学校德育社会生活化的研究；构建学校、家庭和社会三位一体的“生命教育”体系，努力打造平安和谐校园，学校教育教学质量得到较大提高。此外，我校坚持“立德树人”根本任务，贯彻落实《中小学德育工作指南》，加强社会主义核心价值观教育。落实“一岗双责”，实行“全员育人导师制”，既教书又育人，形成全员育人、全程育人的德育工作机制，把德育工作渗透到学校工作的各个领域和各个环节。将学生良好的行为习惯教育纳入课堂教学评价和班级考评，培养学生学习习惯和日常习惯。一直以来，德育工作都是我校提升办学质量的工作重点。为此，我校大力加强德育课程建设，构建面向每一名学生的课程体系。结合我校开设的道德与法治、传统文化课、镇域推广的《血脉传承》校本教材，开展中华优秀传统文化教育、爱国主义教育、革命传统教育、理想信念教育等，组织开展“我们的节日”、“三爱三节”、“中华经典诵读”活动，引导学生树立正确的世界观、人生观和价值观。我校实施德育创新项目“模拟驾照相伴成长”。学生学习规则考取“驾照”，并接受如“教学区内大声吵嚷按禁止鸣笛路段违章鸣笛”、“随手乱丢垃圾属向车窗外抛掷物品的危险行为”等21条违章处罚规则的约束，将现实生活中的汽车驾驶证和交通规则引入校园。我校先后被评为全国德育科研工作先进实验学校、全国新教育实验优秀实验学校、山东省规范化学校、山东省交通安全示范学校、淄博市交通安全示范校、淄博市文明单位、淄博市依法治校先进学校、淄博市优秀家长学校、淄博市校本培训示范学校、淄博市数字化校园、临淄区平安和谐红旗学校、临淄区少先队工作先进单位、淄博市优秀少先队集体、临淄区教学工作先进单位等荣誉称号。

二、多措并举，品质立校育英才

规范学校管理是优质办学的保障。为此，我校规范办学，严格落实国家课程方案，开全课程，开足课时，上好地方课程，自主开发校本课程；落实教学常规各项要求，实行周查、月查、日常巡课制度，严格执行教育部减负“三十条”和《山东省中小学教学基本规范》要求，规范教师的教育教学行为；提高办学质量，加强学校“周半日”教研活动，研究教法，分析学情，不断总结反思，提升教师业务能力。同时，根据《凤凰镇梧台小学综合素质评价方案》对每一个学生实行等级评价；关注学生个性发展，构建“互动生成式”课堂，实行分层教学，做到因材施教，建立培优补潜兴趣小组、社团活动小组，开展自主选课日活动等，进行个性化教学和有针对性辅导。立足乡村环境和自然独特优势，我校还创新开发丰富乡村田园课程《劳动最光荣》。将闲置的土地改造成劳动实践种植区，供学生进行劳动实践，确保每个班级都有自己的“责任田”。

尊重教育强调既要尊重人的发展，又要尊重社会的发展；既要尊重学生的个性人格，又要尊重教师的主导作用，师生在相互促进、相互切磋、相互激励中形成教学相长、和谐民主的氛围，从而使教育教学活动收到更好地效果。因此，我校在学校文化的目标定位上，坚持以高举弘扬人性，张扬个性的旗帜，以立德树人为根本任务，努力构建具有梧台小学特色的“尊重教育”，促进学校师生在相互尊重的氛围中生动、活泼、愉快、自由地发展为办学目标；以让鲜花和小草都能获得阳光和雨露为办学理念；以尊道崇德尚智为学校核心价值观；以“尊重自己，相信自我，塑造人生”的个性发展为基础；以“尊重他人，学会感恩，创造和谐”的中华美德为筋骨，以“尊重知识、乐学好学、享受美好人生”的传统文化教育为血脉，以“尊重生命、学会生存”的生命教育为灵魂，力求打造一个有根有本的具有浓郁人文气息的经典校园。

教育的背后是一群可爱敬业的人们。近年来，乡村教师待遇得到提高，学校教师享受到了近些年来国家省市推出的乡村教师职称及农村补贴等各项待遇；教工之家环境优雅，是老师们在闲暇和劳累时最想去的地方，我校工会每年还会结合教师节、三八妇女节等节日组织教师健体娱乐和业务技能等比赛活动，大大提升了教职员工归属感。此外，我校完善特殊群体关爱机制，加强对农村留守儿童、孤困境儿童、残疾儿童、建档立卡低保贫困学生等特殊群体关心关爱工作，积极做好控辍保学工作。

保障外来务工人员随迁子女就学，使外来务工人员随迁子女同等享受义务教育是我校不可推卸的责任与义务。为此，我校健全留守儿童关爱服务体系，建立留守儿童安全保护预警与应急机制，促进农村留守儿童健康成长。建立健全家庭经济困难学生资助工作机制，帮助学困生顺利完成学业，确保适龄儿童少年不因家庭经济贫困、学习困难而失学。完善特殊群体关爱体制，加强对农村留守儿童、孤困儿童、残疾儿童、建档立卡低保贫困学生等群体关心关爱工作，积极做好控辍保学，努力为特殊群体解决后顾之忧。

三、初心不殆，德育同耕铸国梦

教育是一项知行合一的事业。学校的内涵、品位和文化底蕴需要被全体师生牢记并践行，应如和风细雨渗透到学校各处角落，待春暖花开。经过多年的建设，我校校已经走出了一条乡村兴校之路，学校老师们着眼现在与未来，敢于改革和实践，默默坚守着育人理念，用心培育，用爱浇灌，着力为学生更深远的发展夯实基础，让更多的生命绽放出属于自己的光彩。

教研为本，筑教师发展之路

山西省太原市杏花岭区杏东小学校　耿凤红　罗利萍

师德教育和制度改革是学校对教师工作的正面引导和动力激发，但要真正提高教师队伍整体素质和教学水平，仅靠这两项是远远不够的，对教师的素质和能力进行综合培训才是教师队伍建设的核心。为此，山西省太原市杏花岭区杏东小学高度重视教师的培训工作，关注教师队伍的成长，扎实推进教师队伍的建设，促进教师的专业化成长。

健全培训机制，促进教师专业成长

教师的专业成长关系着学生的幸福、学生的健康发展，同时也决定着能否成就祖国的未来。杏东小学坚持“以人为本、相互尊重、自我管理、共同成长”的理念，积极开展互动、共享为核心理念的教师培训活动，不断更新和发展教育教学理念的吸收、内化和实践，发展自己的教育眼光，拓宽自己的教学视野，并将全新的理念运用到自己实际的工作中去，产生智慧的火花，点燃学生的激情，促进教师专业成长和职业素养的提升。

师徒结对，保障共同成长。青蓝工程、师徒结对是学校培养新教师的一种重要途径，对学校的教育教学有着积极的意义。学校通过老带新、强带弱的形式可以让新教师在较短的时间内熟悉教育教学业务，尽可能地让新教师少走弯路，从而形成共同制定计划、共同开展研究、共同进步的良好局面。

注重学习，提高理论水平。教师只有不断学习，才能扩充自己的知识面；只有不断充实自我，才能适应社会与教育的需求。学校通过经验交流、资源共享、网上研讨、案例分析、话题讨论等多种形式，组织教师进行思维碰撞，促进教师吸收内化，转变教育行为。同时，鼓励教师自主学习，平时多阅读各类教育杂志、专业书籍，通过个人研读、教研组讨论，帮助教师将理论转化为实践，为自身的教育教学添砖加瓦。

加强培训，提升业务能力。学校以“尊重”为基础，充分挖掘教师的自我专业发展意识，激发教师的内在生命价值和生命活力，实现教师发展模式的变革，进而推动教师个性发展、主动发展。如学校采用“外引内联”的方式助推教师成长，一方面，鼓励成熟骨干教师自主申报培训内容，并有计划地开展培训工作；另一方面，通过“请进来”和“走出去”等方式，积极为每位教师创造各种外出培训的机会，达到“一人培训，人人同训”的辐射学习效果。

分层教研，形成研讨氛围。课堂教学是实施新课程教学的主渠道，也是检验教师质量的主标尺。学校努力为每位教师提供可持续发展的空间，让他们获得更多、更加系统的完善提高自我的机会。如学校通过“新教师过关课——赛课堂”、“青年教师特色课——亮品牌”、“成熟教师展示课——呈内涵”等不同的课堂形式，为老师们提供了一个尽情驰骋的大平台，极大地发展了教师实施新课程能力，加大了教师研训的战略性、实效性和针对性。

坚持科研兴师，提升教师科研素养

“科研才能优师，优师才可兴校”。杏东小学狠抓校本研训，把“开展自己的教研，发表自己的见解，解决自己的问题，改进自己的教学”作为教师自身提升自身教研能力的目的，以教学实践中的共性问题和突出问题为切入点，引导教师积极卷入校本教研，在学习中研究，在研究中提升，在提升中发展。

教学即研究，问题即课题。学校坚持以问题为突破口，形成“人人有课题，时时讲探究”的工作氛围，让教师在实践中反思，在反思中实践。学校引导教师建立“参加培训是最好的福利”的新风尚，实行“科组——备课组——互助组”三级校本教研管理制度，大力推行校本教研，有力地保障了教师的专业成长，为全面提升教师的专业素质起到了催化剂的作用。在此基础上，学校特别重视教师团队的梯级结构建设和梯度发展，建立“优秀教师——骨干教师——名师”的梯度培养机制，制定《青年教师培养方案》《骨干教师资格认定实施方案》，实施“名师培育”工程，骨干教师继续发展，并从目标推动、经验分享、问题解决等方面对传统的校本研究和培训活动作了系统梳理，逐步形成教师发展课程。

实施网络教研，拓展教师教研模式

传统的校本教研活动类似于传统的会议，只能在特定的时间、特定的地点进行集中学习，教师出现需要调课或外出学习，整体难以集中，无法实现全员教师整体互动的目标。而基于网络开展的教研活动，提高了教师的教研效率和参与热情，促进了教师与教师之间的合作与心得交流，提高了教师的专业素养，提升了教师的信息素养。

尤其是2020年新冠疫情突发，学生被迫宅家学习，这更是倒逼教师积极开展卓有成效的网上教研活动，积极探讨网上教学的新方法、新思路，解决遇到的新问题。全校教师积极规划，上下联动，形成了坚强的战斗堡垒，尽全力做到让孩子们安心、让家长们放心。积极研究探索新冠疫情下的教研，指导教师开展形式多样的教学研究、备课上课、如何预防卡顿的问题等；通过学科微信群等开展教学备课指导，与教师在线上开展教学教研计划制定，研课、磨课活动，教材培训指导等，助推一线教师教学水平提高；进行特殊的教研活动——关于教师网络授课的问卷调查互动交流，便于全面掌握教师在疫情期间的教学情况和身心情况，对进一步指导优化教师网络教学、提高教师教学有很强的指导意义，体现出高效、便捷、及时、防疫的特点。网络教研活动，不仅是全体老师在疫情时期进行教研途径探索的创新尝试之一，而且还借助现代网络信息技术，开展了多方面的突破性的教研工作。

教师是教育发展的第一资源，是学生健康成长的引路人，是提高教育教学质量的关键。未来，杏东小学将继续全面推行人性化管理，增强教师主人翁意识，为教师搭建发展自我、展示自我的平台，让教师在教研教学中体验最大的职业幸福。

宝剑锋从磨砺出　梅花香自苦寒来

——记述幼儿园十年成长改革发展

陕西省富平县庄里镇中心幼儿园　张小玲

2010、2020，两个既平凡又不平凡的数字，平凡于我们每个人都在这两个数字的交接进程中默默地经营着自己的人生；不平凡在于它一步步见证了富平县庄里镇中心幼儿园从孕育到壮大的发展历程。2013年富平县庄里镇中心幼儿园通过市级一类园评估，2020年被正式命名为陕西省示范幼儿园。十年里我们经历了艰辛的耕耘，得到了丰盈的收获，更享受到了成功的喜悦。

一、同舟共济渡难关，凝心聚力促发展

2010年7月，富平县庄里镇中心幼儿园由原来的南午初中改建而成，成为庄里镇第一所公办幼儿园。建园初期，幼儿园只有3位教师，一切从零开始。仅仅一个多月的时间，园所的设计规划、教师招聘、设备添置、新生报名等千头万绪的工作都得有着落。眼前的一幕更是让人心酸：破旧不堪的活动室，设施设备几乎空缺，教师缺口大，专业水平差异也很大，严重制约着幼儿园的发展。即使这样，同志们也毫无怨言，心里只有一个目标：按时完成任务，如期开园。

我们制定明确的工作目标和具体的实施方案；细化人员分工、明确职责；营造积极向上的工作氛围，上下及时有效沟通，达成共识，提高工作效率。在我们园长的精心安排下，大家白天外出参观学习，晚上查阅资料；有时间就开班子成员碰头会、阶段工作小结会……大家凝心聚力，共渡难关，各项工作有序开展，2010年9月顺利开园。2011年5月，渭南市学前教育现场会在富平县召开，我园有幸被列为参观点之一。

六年多的时间，我们摸爬滚打，从无到有，从有到优，全体教师刻苦钻研、熬过了无数个日夜，一点一滴成长积累，最终形成了自己的管理、保教模式。2014年，在富平县教育局、庄里镇政府的大力支持下，富平县庄里镇中心幼儿园新园经审批开始建设。经过三年工期，坐落于庄里镇祥云小区的标准化幼儿园得以建成。先进、环保、卫生的设施设备、丰富适宜的活动空间、平等关爱的人文气氛，处处充满童真、童趣。2017年5月24日，庄里镇中心幼儿园举行开园仪式，农村的孩子也享受到了优质的教育资源。

二、优化提高师资水平，实现高标准保教

幼儿园硬件设施已不是问题，但保教理念和水平亟待提高，教师专业化成长成为首要问题。

（一）加强师德教育

为进一步提高教师师德水平和职业素养，我园定期开展师德师风朗诵比赛、案例评选等活动，并签订师德承诺书。

我们依据《纲要》和《指南》精神，通过集体与个人学习相结合的形式，更新观念，科学育儿，同时，也通过园内外培训，专家引领等方式，提高业务能力。

（二）优化教师队伍

作为乡镇农村园，聘任教师居多，队伍极不稳定，骨干缺乏，不利于幼儿园的可持续发展。为此，我们制定了一系列教师成长提升计划，开展了师徒结对、以老带新、骨干引领等形式的活动，形成了适应型——成长型——骨干型的教师梯队管理模式。

（三）成立教研团队

由园长主管，业务园长主抓，骨干教师担任成员的教研组迅速组建，在实践中培养了一支强有力的教研队伍。王丹等老师获得县级教学能手、县级骨干教师、教学新秀等殊荣。我们的教研团队也率先开始了课题研讨，其中1个市级课题，4个县级课题、10个园本课题都已结题。从此走上了一条“以研促教”的探索之路。

（四）示范引领

作为富平县第五学区学区长幼儿园，我们也发挥着示范引领作用。组织课题指导、“问题式”教研沙龙、环境创设指导等活动，带领同片区幼儿园不断提高教师的专业素质和保教质量，达到资源共享。

三、挖掘依循幼儿兴趣，开展快乐教育

（一）文化启迪教育

文化是幼儿园的灵魂。我们结合本土资源，确立以庄里地域特色“柿子”为文化主线，将柿子花作为园徽。柿子花很平凡，没有花语，但庄里的“合儿饼”举世闻名；这正如我们的幼教事业，默默无闻，但桃李满天下。

我们秉承“爱育童心，乐启童趣”的办园理念，围绕“静待花开，浸润无声”的科学育人观，坚持“爱心保育，让生命逐渐丰盈灵动；快乐教育，让生命彰显童真童趣”的工作作风，着力塑造园所文化品牌和形象。“一班一品”特色区域，廊道文化，把五大领域有效地整合，真正做到“把环境交给幼儿”。我们的门牌、花草牌等都由幼儿设计制作，班级区域让幼儿打造，充分培养了幼儿的自主意识和自主能力。

（二）科学安排“一日活动”

我们一直坚持“一日活动皆课程”的教育理念，挖掘一日活动所蕴藏的教育价值，注重习惯培养。我园以“123”原则为指导，即：“一个中心”--以幼儿发展为中心；“两个共育”--保教共育、家园共育；“三个坚持”：坚持快乐入园（老师每天清晨给孩子一个爱的拥抱），坚持快乐用餐（轻音乐伴随，让幼儿乐享用餐时光），坚持快乐游戏（让幼儿自主选择游戏的内容、材料和伙伴）。目前，全园幼儿都能做到自主入园，礼貌习惯和良好生活习惯已经养成。

结合园所文化，我们开展了一系列特色活动：

每天一次园本凳子操、红扇操，根据各年龄段身体发展的特点编排不同的动作，锻炼身体协调性、灵活性；一周一次“柿宝水墨社团”让幼儿接受国粹文化的洗礼，培养审美情趣；一月一次“柿宝电台”使幼儿在轻松愉悦的环境中锻炼语言表达能力；一年一次“最美柿子娃”摄影大赛让幼儿走出校园，亲近自然，发现美、感受美；“又是一年柿子红”实践活动，通过参观柿子园和柿饼加工基地，亲手制作柿饼，锻炼幼儿动手操作能力，激发热爱家乡的情感。

一系列丰富多彩的特色活动和亲自然活动，从幼儿兴趣出发，让幼儿学会认知、沟通、分享。

四、开展家园共育，蜕变之路获得认可

乡镇农村幼儿的家长大多不能接受现代的幼儿教育理念，只重视“知识”的学习，不重视能力的培养。为此，我们开展了丰富的家园共育活动。

定期开展“爱的互动”家长进课堂活动和家长学校活动，为家长和幼儿提供了更广阔的认知平台；定期召开家委会、家长会，举行“家园开放日”活动，邀请家长观摩幼儿一日活动，拉近了彼此距离，家园有效协作，促进幼儿全面发展；积极开展爱心家访和丰富多彩的亲子活动。增强了亲子关系，达到家园共育的目的。

在活动中，家长看到了孩子们的活泼、阳光、自信、勇敢的一面，对幼儿园的关注度，认可度大大增强，我们也收获了家长的信任与支持！一分耕耘一分收获，我们也多次获得了社会和上级的高度认可！为了使幼儿园向更具内涵的高层次发展，我园从2018年开始着手省级示范园创建工作，我们很快理清了思路、带着目标迈向了蜕变之路。历经千辛万苦，只为破茧成蝶。我们积极、阳光、自信的团队经过无数个日夜的奋战，无数次的磨炼，2020年3月富平县庄里镇中心幼儿园被正式命名为陕西省示范幼儿园。2020年8月，在富平县校园长培训会上，张小玲园长作为农村幼儿园的代表，分享了十年来富平县庄里镇中心幼儿园发展的心路历程，受到了大家的高度称赞。

“忆往昔峥嵘岁月，看今朝重任在肩”，我园在十年的光阴发展中，犹如从一个懵懂无知的幼儿，一步一个脚印，成长为今天英姿勃发的少年。“宝剑锋自磨砺出，梅花香自苦寒来”，十年是短暂的，十年又是漫长的，这是我们理顺办园思路，明确办园目标，历练办园特色打拼的十年。在路上的我们，还很稚嫩，要探索的道路更是漫长，我们将秉承“幼吾幼以及人之幼”的幼儿教育观，携孩子们的手，一起迎接崭新的未来。

因材施教，激发办学发展新活力

陕西省榆林高新中学　高玉峰

德国哲学家莱布尼茨说过：“世界上没有完全相同的两片树叶。”尽管每一个学生的基础、个性、智力差异以及对未来生活的憧憬都各不相同，但他们都有自己独特的长处。如何正确认识学生个性特点，如何发掘学生优势潜能，如何绽放学生独特风采，这是每一个教育人都应该去探索和研究的课题。

开展千人千面的个性化教育才可能培养出多元化人才，打造小组合作的探究式高效课堂才可能培养出创新型人才，践行体验式的学生培养模式才可能培养出大国工匠。基于这一教育思想，陕西省榆林高新中学立足提升学生的未来发展和社会需要的核心素养和关键能力，放大格局，放远眼光，以“夯实基础、突出特色、多元发展”为办学追求，以“质量提升，特色发展”为双轴心，以课程改革为突破口，坚持因材施教、精准施策的教学策略，全方位构筑创新人才培养模式，逐渐形成了个性化、特色化的发展格局。

摸清校情　准确定位

榆林高新中学创办于2014年，是政府投资近七亿元筹建的全日

制公办中学，按当时国家高标准配置，设施设备堪称一流。在近二百名一线教师中，有资深国家级、省级名师及学科带头人10余位，省市级教学能手、教坛新秀26位，211、985等国内外知名大学硕士研究生27位，英美外教5名，名师总数占全体教师的60%以上。尽管学校硬件强、师资强，但生源却不理想，第一批高一学生成绩最好的都没有达到榆林中学的最低录取线。在这样的情况下，如何实现"规划高起点、建设高标准、办学高品位、工作高要求、教育高质量"的办学追求？

教学质量是学校发展的生命线。"质量立校"既是社会对学校提出的迫切要求，也是学校自身生存和发展的客观需要。榆林高新中学牢牢抓住"质量"这一学校发展的关键要素，从零起步，开始了课堂革命的探索之旅。

分析学情　对症下药

好的教育要为每一个人的终生幸福奠基。尽管榆林高新中学的学生文化基础比较弱，但他们在个性、情商、体育、实践能力等方面的表现并不差，他们同样渴望发展成长，同样希望拥抱成功。

"不能只用过往唯分数论的单一思维模式、评判标准、教育方式来衡量教育00后。"这成为榆林高新中学所有教育人的共识。经过反复调查和研讨论证，学校确立了"以人为本，因材施教"的教学策略，充分尊重学生的个性差异和发展需要，采取多样化的教学方法和教学手段，从而真正走进学生的内心世界，感知学生的所思所求，尊重学生的判断选择，激发学生的智慧潜能，发展学生的个性特长，"以未来的方式教育今天的孩子"。

因材施教　个性发展

因材施教是关键。深入考察北京十一学校等课改名校后，榆林高新中学本着用心呵护学生、用情感染学生、用智启迪学生、用力发展学生的"四用"教育精神，研究确立了"一旨引领、两课施教、三导立人、四轮驱动、五环提质"的治校策略，促进学生多元化成长，推动学校特色化发展。

一旨引领。"一旨"指的是"尊重个性，提供多元选择；发展特长，塑造完美人格"的办学宗旨，它基于学生个性需求的多元化和未来发展的个性化，旨在为所有学生找到突破口，让他们都能在各自的跑道上同时起跑，并驾齐驱，互不干扰，追赶超越。一旨引领是学校因材施教的总纲领。

两课施教。"两课"指的是"分层走班"和"选课走班"两种教学形式。针对高考必考科目，实施分层走班的策略。学校将学生能力差距较大的数、理、化、英分为两层或三层，差距较小的语、政、史、地、生不分层，并根据学生自愿、学科成绩、老师建议分成学科班和行政班，分层的课在学科班开展，不分层的课在行政班开展。同时，学校每学期会根据学生成绩、个人意愿、老师建议调整一次层级，争取让每个学生都有自己相适应的位置，让每个学生都有公平竞争的机会，让每个学生都有跳一跳够得着的奋斗目标。针对非考试科目、素质课、素养课，采用选课走班的方式。学校按照培养目标，构建了人文素养、科学素养、身心素养、艺术修养、生活技能、信息技术六大类60多个教师主导社团和8个学生自主社团，编印了校本教材，开设了课程超市，由老师加以适当引导，让学生自由选报。每个学生在高一、高二四个学期内可以选报2-4个社团，可以将自己感兴趣的1-2项技能发展为个性特长，不仅实现了人人有技能、个个有特长的发展目标，也为他们适应未来竞争奠定了坚实的基础。两课施教是学校因材施教的左右翼。

三导立人。"三导"指的是"心理健康疏导"、"学业生涯规划"、"生活交往指导"三种人生导师。由心理老师担任心理健康疏导导师，通过心理课程、心理讲座、心理社团、心理咨询、心理访谈等活动，疏导学生的心理；120余位学业生涯规划导师担任学生的生涯导师，从日常生活、文理分科、职业规划、人格培养等方面，指导学生的人生规划；所有学科教师担任生活交往指导导师，采用学科素养渗透、研究性学习、集中授课、个性帮扶等方式，助力每个学生得到最大化的发展进步。三类指导是学校因材施教的润滑剂。

四轮驱动。"四驱"指的是两微教研增后劲、家长培训强后盾、智慧课堂加速度、合作办学促跨越。一是增强教育教学的针对性。学校要求每个教师以问题为课题开展微课题研究和微论文撰写，通过年级组会、教研组会、备课组会研学情、备学生，通过《五三》《新课标》《中国学生发展核心素养》《高考评价体系》等研读与考核提升教师的专业素养，通过专家讲座、外出培训更新理念和方法，通过技能练兵、过关汇报、公开示范、同课异构、参加竞赛增强教师的业务技能，培养了一支心中有纲、心中有生、因材施教的好队伍。二是发挥家庭教育的后盾作用。学校积极开展家校沟通，通过举办文理分科专题指导、分层走班通识培训、青少年心理健康教育、智慧课堂推介会、期中期末家长会、高考志愿填报咨询会、校园开放日、成人仪式、毕业典礼等活动，增进了家校沟通，促进了家长与教师的同频共振。三是发挥信息技术的助推作用。学校全面推广智慧课堂，推动平板电脑进课堂，极大地丰富了课程资源，拓展了学习时空，增强了选择自由，教与学、问与答的效率明显提高。四是实现教育资源的互融互通。学校与西安高新一中等十余所中外名校签约合作，为学生交流互访、对口升学打开便捷通道，有力地促进了学校的跨越发展。四轮驱动是学校因材施教的助推器。

五环提质。"五环"指的是"五环六步"高效课堂教学模式。该模式强调突出学生的主体地位，以导学案、电子白板以及黑板为载体，由教师的"导课设问→自主学习→展示交流→合作探究→达标拓展"五个环节和学生的"课前预习→自主质疑→自主学习→展示交流→合作探究→达标拓展"六个步骤构成，最大化地尊重、培养、发掘学生"学"的能力，让学生资源对教学效益提供最大化的贡献。"五环提质"是学校因材施教的突破口。

办学无止境，创新无终点。七年来，榆林高新中学改革创新，破立结合，不懈努力，持续完善，推动教育教学赢得了较为明显的成效。教学质量稳步提升，连续三年高考二本及以上升学率从44.42%到47%再到96.8%，产生了低进高出的教学质量品牌效应；各类竞赛捷报频传，如航模社夺得省级冠军奖杯，生物社喜获国家级奖，机器人社捧回国际大奖等；各级创建成功，助推学校迅速崛起，两年创市标，四年创省标，第三方评估稳居榜首，政府、社会、家长的认可度迅速提高。

教为国而兴，人为国而育，才为国而用。在砥砺奋进的道路上，榆林高新中学将以"高标准、高节奏、高质量"发展为追求，革故鼎新，因材施教，继续探索、完善办学模式，为实现人才大国向人才强国的战略跨越而共同发力！

深耕教育之品，独尝德学以序

四川绵阳市绵阳富乐国际学校　董爽　李凤　杨娥　张峰铭

"一年之计，莫如树谷；十年之计，莫如树木；终身之计，莫如树人。一树一获者，谷也；一树十获者，木也；一树百获者，人也。"　这段话既阐明了人才培养的重要性，也揭示出人才养成的不易。基础教育是万石之基，培养学生高尚的道德修养，形成良好的行为习惯，做有品位的教育，办有秩序的学校，才能体现教育的内涵，发挥教育的价值。

从2016年开始，市区教体局大力推广品格教育，在区教体部门的关怀和帮助下，我校2019年正式引进品格教育课程，校领导高度重视，以学生发展部牵头，从六大学科中挑选优秀教师，组建12人的专项品格教育教研团队。团队明确分工，各展所长，分组外出学习，

结合我校育人理念，团体研课，实中创新，定制适合我校学生发展的专属品格育人模式。每周召开总结会议，品格团队、班主任积极分享育人心得，在交流中总结经验，不断完善，共同进步。如今，我校的办学品质不断提高，以学校规范教学和学生习惯养成为支撑点，撬动学校的发展，提升学校教师的凝聚力，增添幸福感、获得感、存在感，如竹拔节、如花绚烂。

一、树德立人，沐以春风

没有规范的课堂，就没有规范的教育。杂乱无序的教学不可能形成学生终生学习的能力，因此提高课堂教学的有效性是我校必研究的课题。针对不同学科，我校采取不同的教学思想，提升学生兴趣，激发学生思维活力，积极培养学生成为德艺双耕的好学生。语文课上，老师们积极引导学生专心听讲，认真思考，踊跃表达，规范书写，做到言之有序，落笔有序。数学课上，趣味数独的排列，草稿演式的工整，数学公式的运用，告诉学生思维要有序、演算要遵序。英语课上，学生们认真倾听指令、认真拼读、积极发言，做到书写有序、课堂有序。美术课上，指导学生发挥创想、积极创作，做到线条绘制有序，工具摆放有序。体育课上，仔细观摩、认真学习、规范动作，做到两操整齐，列队秩序。音乐课上，专注聆听、深情演唱，音符有序排练，童声清脆嘹亮。此外，我校也从老师方面着手，让教师潜移默化地影响学生健康成长。在班会课上，老师们用一个个有序的小故事，以个个深刻的道理，早把有序的种子深深地播撒在学生心间，绽放出绚烂之花。在美术老师的帮助下，做手工、绘徽章，用可爱的花栗鼠妆点美丽的教室。在活动中，让学生们感知到"序"的美。老师们鼓励学生在家里多去做力所能及的家务，整理好个人小天地，和爸爸妈妈一起做有序小游戏。叠笔叠杯，多骨诺牌，沙子的家等趣味游戏，让学生跟"有序"这位好朋友的关系更近了一步。在校园里，处处可见"五优"少年的身影，他们用一言一行，感染着每一位同学。每周每月的"品格之星"，都是其他学生学习的榜样，更是我校今后奋斗的目标。通过各类活动的开展，学生的习惯养成已取得显著的成效，每一位学生都成为自己生活的小主人，在能照顾自己的同时，也给学校和家庭带来了阳光。

二、深耕细作，乐味无穷

"细节决定成败，习惯成就人生"。针对学生情况，我校常抓细节，不仅从学生的课堂表现，也通过学生生活的方方面面，培养学生养成健康良好的习惯，成就精彩的人生。学校领导主动带队，深入班队，落实常规，从细节抓起，注重教师学生品格养成。另一方面，注重教室环境布置，做到桌椅有序摆放，对齐行列，营造舒适的教学氛围。我校对食堂就餐也做出严格的要求，要求各班学生按班就座，避

免吵闹，规范秩序，从点点滴滴培养学生的卫生习惯。此外，进校离校，我校也采用了按点按线，依次进出，秩序井然，既保障了学生的安全，也彰显了我校对素质教育的严格要求。

观一木，可知春之蓬勃，赏一叶，可览秋之尽美；察一言，可见胸中秋壑，观一色，能知人生修为。学校教育的品质要如春风化雨般浸润到学生的方方面面。我校以“品”作为提升学校办学品质的中心思想，带动学校健康长远发展，用“序”培养学生习惯养成，彰显学校素质教育不断提升。如今，漫步我校的校园内，已是处处能看见最美的队礼，处处能听见最暖的问候，处处能感受到富乐人最好的热情，有序品格已是我校最美的风景，更是富乐国际最靓丽的名片！“品”富乐人生。未来路上，我校会持之以恒“序”国际华章，积粒粒“序”之金沙，成富乐巅峰之塔！

塑造美好人性，培养美好人格

四川省成都市青白江区祥福中学校 魏林 艾永俊 沈自强

柏拉图曾说过：理想国度的实现赖于实施良好的教育，教育的任务不是向不是向灵魂中灌输知识，而是促使灵魂转向美好。多年来，我校以“面向全体，全面发展，快乐成长”为办学思想，以“和谐发展、快乐成长”为办学理念，以“帮助所有学生健康发展，让学生做成长的主人，为学生终身发展奠基”为办学目标，秉承“修学储能，德才兼备”的校训，践行 “和谐、快乐”的办学理念，坚守“朴实严谨，开拓进取”的校风，“修德 修能 求善 求真”的教风，以“诚实 勤奋自信 创新”为学风，以“塑造美好的人性，培养美好的人格，让学生拥有美好的人生”为教育的最主要任务，以建立“平安校园、文明校园、书香校园、阳光校园、和谐校园”五大校园为目标，营造良好校园文化氛围，为师生发展搭建了积极向上的平台。

一、规范安全管理，建立平安校园

我校前身为金堂县祥福乡中心国民学校。1950年改名祥福乡小学。1958年改名金堂县祥福公社小学校。1969年12月，更名为“祥福公社中学”。1970年2月祥福中学正式成立。1981年祥福中学改为初级中学，划归青白江区教育局，更名为“青白江区祥福中学校”。

为切实贯彻上级精神，学校加强规范安全管理，健全以安检办、德育处、教导处、总务处、班委会为主体的学校安全检查、监督、教育、防范和应急处理机制，防患于未然，杜绝了重大安全事故的发生。

学校充分利用教师例会、升旗仪式、师生集会等时机，组织学生学习相关安全知识，强化安全教育，增强安全意识。在管理上实行“一岗双责”，明确各自安全职责，并与年终绩效挂钩。

二、坚持德育为首，营造文明校园

为德育工作多彩高效，学校丰富多彩的校园活动。开展争创“最佳‘班风班集体’活动；举行以田径运动会、书画作品展、文艺晚会为主要内容的校园艺体节。举行“幸福人生——感恩我们要行动”公益讲座活动。组织学生参加区市级艺术节、运动会。

多年来，学校的德育工作不仅着眼于学生现在，更关注孩子终身；不仅是班科老师的事，更是所有教职员工的责任。学校以《祥福中学德育量化评分细则》为准则，对学生进行的综合素质评价；以《祥福中学班级评比方案》为依据，对各班进行评价打分，评优奖勉。学校切实落实各部门、学科德育功能及管理职责，逐步完善了“全员育人、全方位育人”的双全育人的德育机制，统一全员育人认识，形成齐抓共管的良好局面。

学校还定期组织教师到名校参观学习，借鉴他人，改进自我；定期家长会，随时家访，了解情况，及时采取教育措施；和兄弟单位建立共建单位，维护校园周边安全，聘请校外法制辅导员，定期进行法制教育，形成了学校、家庭和社会“三结合”教育网络。

三、以读书为主导，创建书香校园

营造读书氛围。在校园内的走廊、宣传橱窗等阵地张贴宣传标语、宣传画、名人名言等，营造浓郁的读书氛围。加强学校图书馆、阅览室建设，年年更新，定期开放。建设班级文化墙和移动图书文化长廊，让学生在浓郁的书香文化氛围受到感染，得到启迪。

开展阅读活动。要求全校开好读书主题班会，号召全体同学积极地投身到“建设书香校园”的读书活动中。首先，教师教会学生正确阅读方法，指导学生写读书笔记，定期开展读书实践活动，举行学生读书笔记展评活动。同时，学校明确要求教师读好经典名著、教学专著、教育学、报纸杂志四类书并完成读书笔记，写出读书心得，促使教师对自己每天的教育、教学、理论学习、生活感悟、学生成长进行反思。

四、抓牢四个重点，打造阳光校园

健全管理机构，明确职责到位。为推进新课改、打造学校品牌，学校借鉴棕北中学等学校的管理经验，在保留教导处、德育处、总务处、学校办公室、工会等职能机构的基础上，改革级部主任管理制，实行教导副主任直管年级制，细化教导处、德育处职能，增设教师专业发展室，由教导处教科室负责；增设住管部，由德育处负责。各部门各处室专人负责，细化工作，岗位到人，明确职责，确保各项工作落实到位。

按照上级要求，规范办学行为。学校严格按照上级规定的课程标准设置，开齐开足课程。保证学生体育锻炼时间，不补课赶课，不占用学生节假日休息时间。学校坚决贯彻《四川省教师职业八不准》和区教育局《关于深入开展廉政文化进校园活动的实施意见》等文件的要求，规范教师教学行为，规范收费，严禁违规补课、有偿服务以及违规使用教辅资料等行为。

实行民主管理，健全规章制度。学校实行教职工代表大会制度，坚持依法治校、依德治校，把人文管理与法制约束紧密结合。实行民主管理，形成了科学有效地竞争激励机制。组建学生会，培养学生干部，实现学生自主管理、自我发展的长效机制。

以“三公”为原则，创建领导班子。学校领导班子坚持民主集中制，开展了“三评”、“四会”制度。学校实行领导班子工作公开制度，分工及职责公开，民主评议公开，待遇、评优、晋级公开，重大决定公开从而增强干部的危机感和责任感。为了更好地培养学校领导干部，学校把政治理论学习与岗位目标责任制有机结合，努力提高他们的业务能力。

五、落实四项工作，共建和谐校园

提高教学质量，科研教学共发展。学校充分利用教学开放周，上好转转课，推出优质课，展示评比，检验科研效果；组织教师外地学习交流，与专家同行联合教研，不断完善优化“三、二、四”小组合作学习模式。

鼓励教师自主研修，在此基础上，利用毗河讲坛，邀请专家到校做专题讲座，形成了自主研修——专题发言——组内交流——组际反馈——专家点评的教师校本培训模式。积极申报各级教学科研课题，并将结果与绩效挂钩，形成“人人想问题，组组有课题，成果有特色”的教科研氛围，更有力地推动教学科研，提高了教学质量。

严管经费，人力财力相互促进。加强财务管理，坚持开源节流、勤俭办学的原则，规范健全财务制度，切实做好了农村义务教育阶段学生免杂费工作，做到专人负责，严格把关，及时填报，认真落实；专人管理学校资产，充分发挥资产效益，做到物尽其用，确保不流失、不闲置。

更新技术设备，硬件软件密切配合。学校通过多种渠道，争取资金和设备，加大投入，充实教育教学设备；利用一切机会，组织各种培训，提高教育技术能力；完成学校网络改造，建立校园网站，配备班级交互式电子白板，将手提电脑配备到每个教师手中；学校成立技术教育中心，专人负责网络维护、设备管理，确保高效运转。

加强培训，教师学生共同提升。以“师德”为核心，规范职业道德，提高岗位职责认识，树立德育典型，增强了广大教师教师的责任感和使命感。

严格教师的职业道德考核制度，在考核、评聘、晋级、奖惩时实行一票否决，坚决杜绝体罚现象，坚决取缔乱办班，滥订复习资料，乱收费行为。学校推动“三、二、四”课改不断深入，学校将校本研修、科研、师培和继续教育有机整合在一起，组成了学校的教学视导团和校本研修的讲师团。建立骨干教师、学科带头人轮训制度，分期分批组织外出培训研修，大力实施“青蓝工程”，认真安排结对活动，促进年轻教师迅速成长。

我校始终坚持“以人为本、以德树人、以质立校，以特色求发展”的办学思想，以课程改革为突破口，取得良好效果，学校自1994年以来获得国家、省、市、区级以上表扬、表彰、奖励480余次，先后被评为省级“绿色学校”、“档案管理达省一级标准学校”、省“现代教育技术示范学校”成都市第一所合格的乡村初级中学、市“文明单位”、市“校风示范学校”、市“依法治校示范校”、“成都市课改先进集体”、“成都市教师发展基地学校”、市首批“新优质学校”、市“心理健康教育实验学校”、“全国校园足球特色学校”、“市阳光体育示范校”、“成都市环境友好型学校”，顺利通过2015-2018年成都市传统体育项目学校命名、审核。近两年被评为“景中教育数学四川创新实验区先进工作单位”、“农村初中‘教育数学’特色项目学校”等荣誉。

立足新时代，基于新实际。今后，我校将不断谋划新策略，不断深化改革创新，提升学校教育质量，塑造美好人性，培养美好人格，为学生的终身幸福夯实基础。

完善多元评价体系 释放学校教育活力

四川省成都市双眼井小学 刘芳菲

为加快推进教育现代化，教育质量评价已成为深化教育综合改革的关键环节，事关培养什么人、怎样培养人、为谁培养人的根本问题，事关国之大计、党之大计。改革教育评价制度，是推动中小学全面贯彻党的教育方针、实施素质教育的重要举措，是引导社会和家长树立科学的教育质量观、营造良好育人环境的迫切需要，是基本实现教育现代化、加强和改进教育宏观管理的必然要求。相应地，如何建立和开发科学高效的素质教育质量综合评价与反馈体系，成为亟待解决的重点难题。

我校为进一步贯彻党和国家加强中小学生综合素质评价改革进程的要求，立足实施素质教育、落实立德树人根本任务的目标，结合本校“传承善水文化，润泽自然生命”的教育理念以及“科学、人文、健康、和谐、可持续发展”的五个核心教育要素，深化和创新了学校素质教育综合评价体系。

关注顶层设计　突出评价导向功能

首先，学校始终把促进每一个学生平衡与充分发展放在首位。对于学生的评价，既要检查知识、技能的掌握情况，更要关注其过程和方法，以及与之相关联的情感态度与价值观形成。评价是为学生发展服务的，其目的是关注每一个学生的成长和进步状况，并通过分析、指导，提出改进计划来促进学生发展。这种发展性评价要求把形成性评价和终结性评价有机结合起来，使学生的成长过程成为评价的组成部分。通过评价，获得有关学生的学习能力和以往的经历、性格、智力水平等多方面信息，以可观、可查、可思、可比、可导的方式为学生的发展导航助力，从而实现更具导向性、更具差异化、更适合的教育。

其次，从过分关注结果逐步转向对过程的关注，特别是关注学生在真实学习情景中的投入状况。关注结果的终结性评价是面向“过去”的评价；关注过程的形成性评价则是面向“未来”，重在发展的评价。发展性评价体系，提高了被评价者的地位，将评价的重心转向关注学生求知、探究和努力的过程，要求重视学生在过程中的转变，强调在形成评价结果之前，教师要及时了解学生在发展中遇到的问题、所做出的努力、获得的进步和情感体验，从而对学生的持续发展和提高进行有效地指导和帮助，并提供多次改正的机会。这种充分重视了过程的形成性评价，会使得学生的终结评价成绩更出色。

最后，评价机制也要为学生的个性发展留出自由的空间。随着社会各领域突飞猛进的发展，学生仅仅掌握知识与技能已远不能适应社会对人的发展要求，所以说要在关注学生学业成绩的同时，更关注其个体发展的其他方面，如积极的学习态度、创新精神、分析与解决问题的能力以及正确的人生观、价值观等。评价的标准既要体现对学生的基本要求，也要关注学生的个体差异及发展的不同需要，提高学生的综合素质，实现评价目标的综合化、多元化。

创新活动载体　强化评价形式路径

“课堂小社会，社会大课堂”，这句话很好地诠释了“教育即生活”和“生活即教育”的素质教育观。在该思想指导下，我校创造性地开启了“水精灵W城”模拟社会特色活动，以W指向活动关键词：we（我们）water（水精灵）world（世界）worth（价值）window（通向世界的窗）warm（温暖的）。学校大队部分别设立了财政部、交通部、环保部、公益邮局、新闻部、健康部、娱乐部、文化部，开辟了了水精灵超市、水精灵银行、水精灵电影院等活动场馆，通过竞聘和招募志愿者的方式，选拔出学生小城主，组成各部门成员，推行全员化身小市民，全员感受模拟人生，全员参与W城管理。学校创造的“水精灵W城”模拟社会管理模式将学校教育的触角深入社会生活实践，是体验式教育、形成性式评价的勇敢尝试。

在“水精灵W城”中，所有孩子都可以根据自己的爱好、特长确定自己的“择业方向”，找到适合自己的“职业”，通过劳动实践获得报酬，感受美好生活。为了在“岗位”上有所作为，孩子们必然会积极主动地了解岗位性质、职业特点、工作流程和方法，变着法子做好自己的“本职工作”。在“工作”中，他们能够学会交往、组织和管理的技巧，学会理解、宽容和担当。可以说，通过游戏化模拟社会生活，搭建多层次、多样态的实践平台，我们更好地培养了学生适应社会的能力，促进学生的全面发展，让双小的学生们，不断走向自主发展，不断提升成为未来公民所需具备的核心素养。

除此之外，我校还通过完善评价奖励路径，创新了活动内容载体，借助争章换币的奖励机制，物化精神收获，长效短期共同激励。

学校按照班级每月每人一枚币统一发放，各班将奖励币与章融于班级现行奖励机制，以章换币。一般采取两种实践方式，一是积分制，多少章换一个币；二是评比制，每周评选得章最多的几个小组或成员，直接兑换发币。在章的设置上，分别以不同类别的章引导学生良好习惯的养成和核心素养的提高，包括向阳章、立德章、团结章、劳动章、消除章、奉献章等。另外，各班还可通过每周水精灵活动和每月德育常规主题检查评比额外获得相应的币数。

深化评价要素　促进全面和谐发展

学生素质评价体系是教育体系中不可忽视的重要一环，要实现“立德树人”根本任务，需要在更高层次上关注教育功能的变化，深化和创新评价要素，将构建的综合评价体系形成有效闭环，促进学生全面和谐发展。后期，我校将继续优化评价指标，以大数据、云平台为技术支撑，增强评价机制的科学性、公平性和可操作性，以更合理的教育评价体系，激励学生的正向行为，激发其内在潜力，调动其积极性，从而真正引导学生成长为德行俱佳、思创敏捷、体心健康、艺美高雅、热爱劳动的清亮学子。

以“三棱五色”课程，育生命教育之花

——“三棱五色”生命教育实践探索与思考

四川省都江堰市七一聚源中学　付存涛　何永康　彭兰　代丽莎

都江堰市七一聚源中学是一所由中共中央组织部特殊党费援建的学校。凝聚着每一位中国共产党党员的爱心与牵挂。沐浴大爱的七一聚中在成都七中的倾情领办下，以“让生命之河成有源之水生生不息”为办学理念。秉承“审是迁善、自强不息”的校训，融入“顺应生命本性，关注生命质量”的思想，形成“以生命教育为核心，立足学生终身发展，构建幸福课堂，创一流名校”的办学目标。十年来，学校走内涵和特色发展之路，教育教学质量一直名列都江堰市前茅。中考体育连续十年居都江堰市第一名。学生学业水平与综合素质发展相得益彰，良性互动，一届届具有成就感、幸福感的七一聚中学子顺利升入高一级学校。学校先后获评全国党性教育基地、全国团工委心理健康教育示范校、成都市首批新优质学校、成都市心理健康实验学校、成都市阳光体育示范学校。在聚爱汇源中，我校成长为享有较高美誉度和知名度的学校，得到广大市民的信赖和支持。

2008年“5.12”汶川特大地震让聚源中学遭受重大伤亡，触动每一个人的心灵。作为大地震的亲历者和灾后重建的参与者，我校全体教师开始深思：对教育，对家庭、对社会来说，什么才是最重要的？——是生命！那又该如何让生命之花绽放。因此我校探索出了“三棱五色”生命教育校本课程体系。现将具体实施方法汇报如下：

一、目标明确，建构“三棱五色”两大目标模型

2016年，我校确定了“培养与发展学生生命意义感”的生命教育目标。以此设计了“三棱五色”特色校本课程。希望生命课程作为学生个体生命意识唤起之启源，生命个体意义感获得之源泉，热爱生命，积极生活。成就人生的能力自聚中而始，并伴随整个生命历程。

（一）三棱目标模型

根据朱永新教授、冯建军教授和台湾地区生命教育相关理论，我们将数学中的三棱柱图形引入校本课程目标构建中，形成了生命教育的三维目标。三棱柱上、下两面分别代表个体完整的生命历程即从出生到死亡的历程。三棱柱三个顶点分别代表生命课程的三大主题“呵护自然生命——热爱生命；发展社会生命——积极生活；升华精神生命——成就人生”。自然生命是指个体的物质存在，如身体、组织、器官等身心系统。社会生命是指个体与人、自然、社会形成的交互关系。精神生命是指个体的情感、观点、思想、信仰等价值体系。从三棱目标中任意一点发散出的长、宽、高三个维度即作为生命课程的活动目标。如在校本课程《生命之源》第一章“生命的历程”这一板块中，我们开设了三门课程分别为《生命的奇迹》《青春秘语》和《构筑生命的防线》，主要目标为认识生命、保护生命，热爱生命。落到我们的三棱模型中就应该是小红点的位置。

（二）五色花主题模型

根据“三棱目标模型”和不同色彩的搭配，确定了生命教育五大主题内容即“五色花目标模型”。生命的历程（橙色），生命的认识（蓝色），生命的发展（红色），生命的呵护（绿色），生命的升华（金色）。五色主题内容是对三棱目标的具体发散且自身又相互融合，相互发展。当五色主题转动，形成五色花，生命个体的生命意义感将会启动与发展。

橙色主题——生命的历程：代表温暖与爱，主要实现认识生命、热爱生命目标

蓝色主题——生命的认识：代表理性与科学，主要实现认识自己、积极生活目标

红色主题——生命的发展：代表发展与可能，主要实现积极生活、成就人生目标

绿色主题——生命的保护：代表自然与和谐，主要实现热爱生命、尊重生命目标

金色主题——生命的升华：代表超越与尊重，主要实现认识死亡，升华生命目标

二、具体实施，践行“三棱五色”生命特色课程

（一）科研引领，滋养生命力量

在四川师范大学戴艳教授多次培训与指导下我们丰富了生命教育理论基础。在成都七中优质教育资源的引领下，我们扎根课堂，潜心研究。在我校独立承担的全国教育科学“十二五”规划课题《初中阶段生命教育的实践与研究》的研究中，我们积累并丰富了生命教育经验。目前，我校共独立承担生命教育课题研究两项，参与课题研究三项。近三年内，我校教师共15篇与生命教育相关论文获成都市、都

江堰市教育成果表彰。

（二）课程建构，开好四类课程

在“三棱五色”校本课程目标的指引下，我校参考优质生命教育资源，编写了校本教材《生命之源》。校本教材分为两大板块——生命教育特色课程和生命教育特色团辅。根据“五色花主题模型”特色课程分为五大部分，每一部分用3-4节具体课程来实现“三棱目标”。根据“三棱目标”，特色团辅分为三大部分，每一部分又通过三节具体的团辅活动来实现目标。在此基础上配合社团活动课（目前我们通过资源整合，共计开设23个社团，每周一到周四下午一节课专门开展活动）、学科渗透课，如“三棱五色”班会课、禅绕画课程和体育大课间运动等构成了我校“三棱五色”四大生命教育校本课程系统。

（三）机制保障，发展生命意义

1.建立危机“三预”工作机制——呵护自然生命

“三预”即预防、预警和干预。根据危机“三预”工作方案，成立了校长任组长、成员广泛、职责明确的心理危机干预小组。首先心理老师通过危机三大表格（班级心理健康月报表、班级心理“晴雨表”、需特别关注学生情况表），建立学生心理档案，筛查出每月需要特殊关注学生名单。其次工作组确立预警级别，根据不同级别分层管理。通过工作小组电话上墙，确保危机事件发生时有制可依，有情可援，有人能管。最后工作组通过开展危机评估、制定干预方案、实施干预措施、评定干预结果四步对我校出现危机事件的学生进行干预辅导和转介。

2.发展校内外生命教育联动机制——发展社会生命

校内开展初中三个“一”活动——为家人做一次饭（初一）；安排家人一天生活（初二）；规划家人一次旅行（初三）。落实“跑到钓鱼岛”计划（通过晨跑、体育大课间、体育课，每生每天完成3公里长跑。三年共跑1800公里，即聚源中学到钓鱼岛的距离，除了帮助学生养成体育锻炼的习惯外，更在于传递担当责任与使命感，培养爱国情怀，以此丰富学生的生命意义感）。每年举行一次的研学活动（三个年级以德育三大主题教育“生命、红色、感恩”分别开展）、红色教育感恩活动、艺术节体育节（创新提出全校师生人人参与）、三月敬老活动，植树节活动三大园林（“生命、红色、感恩”园林）建设：今年3月，我们整体规划，发动学生种植梅花。高洁、坚强、谦虚的梅花，让人立志奋发，我们取名“幸福梅林，生命之园”，接下来我们种植“桃李芬芳，感恩之园”、“紫荆绽放，红色之园”，以物化的形式传递生命的意义），学雷锋活动，教师节感恩活动。校外邀请社会有利资源到校进行讲座、培训、演练。如邀请消防员、警察对我校学生进行安全教育，邀请卫生院为我校学生做健康教育。邀请法院、检察院同志对我校学生进行法制教育。邀请职业中学老师对我校部分学生进行职业选择与职业体验培训等。通过校内外，课内外的有机结合，学生们收获的不仅仅是知识，还有对生命内涵与外延的体验和思考。

3.创新红色教育课堂机制——升华精神生命

作为特殊党费援建的学校，我们将红色教育内容引入了日常教学。如美术课开展的图说革命雕刻板画课程。音乐课上，原创并演绎了红色革命歌曲《迈步新长征》，该曲目前在网易音乐上累计播放量超万余次。我校还创新开展了“红色大讲堂”活动。红色教育进课堂旨在传播我党红色文化精髓，强化学生价值认同、民族认同和国家认同感。以此培养学生的生涯使命感、生命意义感和家国情怀。

三、展望未来，以“三棱五色”课程育生命教育之花

展望未来，我们要继续沿着生命教育的道路前行。课程内容方面，我们将引入园艺疗法，继续丰富“三棱五色”校本课程的内涵。实践研究方面，我们将在《农村中学生生命意义感的培养研究》课题研究的指引下继续丰富“三棱五色”校本课程内容的外延。经验推广方面，我们将继续走进课堂、走进教师、走进社区，提升“三棱五色”校本课程社会区域辐射力。

生命如花，各美其美。有了对学生生命意义的唤醒，生命结构的优化，生命境界的提升，才能不断提高学生的生命质量。作为承载着生命教育重任的教育者，我们也将一如既往的秉持着“让生命之河成有源之水生生不息”的理念，继续在生命培养的道路上不断前行！

创建国家语言文字推广基地　传承弘扬中华优秀语言文化

四川省绵阳广播电视大学　敬良斌　张兴明　罗静

语言文字是文化传承的载体，是国家繁荣发展的根基。绵阳广播电视大学是绵阳市人民政府主办、市教体局主管的办学机构，也是绵阳市语言文字工作的实体机构。从21世纪初开始，学校就全面参与全市语言文字工作，连续二十年未曾间断，与语言文字工作有着浓得化不开的情结。2009年，绵阳市普通话培训测试中心落户学校，市语委在批复中明确将“配合市语委办在全市开展推广普通话、推行规范汉字”列入中心工作职责。语言文字工作成为学校的主业主责之一，开启了推广国家通用语言文字、构建和谐健康语言生活、服务经济社会发展大局的崭新征程，经过不懈努力，已逐步成为中华优秀语言文化区域性传承推广中心，为创建国家语言文字推广基地奠定了坚实的基础。

一、创建国家语言文字推广基地的基础条件

十年磨一剑，砺得梅花香。绵阳广播电视大学积极协助市语委开展国家通用语言文字推广工作，在宣传贯彻国家语言文字政策法规、规范标准，推广普通话、规范社会用字，开展中华经典诵读、社会应用研究，推进国家二、三类城市语言文字工作评估、国家通用语言文字普及攻坚、推普脱贫攻坚等生动实践中担当主力军，组织专业人才团队，足迹踏遍城乡各地、各行各业，受到社会大众广泛好评，树起了的全社会语言文字规范化建设的示范标杆。教育部语用司原司长姚喜双、语用所副所长容宏等业内专家先后到学校实地调研，充分肯定学校持之以恒、久久为功、以一域之光为全局添彩的做法和成效，激励学校立足本地、带动一方、辐射周边，持续书写推广国家通用语言文字、传承中华优秀语言文化的奋进之笔。

2018年，国家、省启动语言文字推广基地创建工作，绵阳市率先响应、主动作为。市政府副市长、市语委主任蒋丽英多次听取相关情况汇报，主持研究创建规划，要求市语委各成员单位拓宽视野、积极配合，支持学校整合资源力量，打造特色优势，创建国家语言文字推广基地，推动全市语言文字事业由“基本普及”向“整体提升”转变；省教育厅厅长李江，副厅长彭翊、古丽帕丽、总督学傅明及省语委办负责人王运芳、蔡存明等多次到绵阳调研指导，强调要发挥语言文化传承传播优势，突出语言文字教育培训重点，当好“服务基层、服务社会、服务发展”的榜样；市教体局、市语委将创建国家语言文字推广基地列为年度工作目标，给予大力支持；学校多次召开专题会议研究部署，并与市语委成员单位、语言文字行业协会等主动对接，达成“汇聚战线之力、统筹行业资源、实现共建共享”的共识，凝聚了争创国家语言文字推广基地的强大合力。

二、创建国家语言文字推广基地的基本保障

固本强基，方能行稳致远。学校以创建工作为载体，不断完善语言文字工作制度，争取专项支持经费，加强基础设施建设，壮大专业人才队伍，拓展社会服务领域，不断强化创建工作基础保障。

打造权威测试平台。着力推动普通话培训测试中心建设，在全省率先实施标准化、规范化、智能化测试，建立健全规章制度，完善网上在线报名预约方式，实施网上报名平台与政务服务平台对接，全面运行信息采集与防作弊系统。目前，已有语言文字工作专用场地近3000平方米，建成大中小型专用培训教室6个，语音培训及模拟测试机位120个、标准测试室20间，候测室、备测室等各类配套设施齐全，能较好地满足培训和测试工作需要。有效提升了普通话水平测试的公信度和考生的满意度。

争取专项资金支持。2018—2019年，连续争取国家语委、省语委提供的全国推普周重点支持地区专项经费31.36万元；市级财政拨付80万元专项资金建设计算机辅助普通话测试系统，市教体局（市语委）年均拨付工作经费30余万元，学校年均提供配套经费30余万元，有效保障了语言文字工作顺利开展。

组建专业人才团队。学校将普通话培训测试中心作为单列实体部门，设专门管理班子和人员队伍，现有管理干部6人、专职工作人员11人。同时，秉持“不求为我所有、但求为我所用”的人才理念，广揽优秀人才，在全省率先建成市（州）级语言文字工作人才资源库，入库成员达到363名，建立了联席会议制度和统筹协调机制。

拓展社会服务领域。先后举办普通话培训200余期，培训2万余人次，测试9万余人次，培训和测试总量全省市（州）前列；组织专家团队指导各级党政机关、学校、媒体、公共服务行业等领域语言文字规范化建设100余批次；帮扶北川、平武两个民族县提前完成推普脱贫攻坚任务，顺利实现贫困县“摘帽”；建立县（市、区）普通话普及情况调查点9个，协助完成语保工程调查项目4个；参与承办中华经典诵读等主题活动100余场次，指导绵阳代表队获四川省“中国汉字听写大赛”冠军等集体荣誉20余项，发现和培养了央视新闻播音员王言等一批优秀语言人才；助力绵阳在全省率先完成国家二类城市语言文字工作督导评估、三类城市语言文字工作督导评估、普通话基本普及县域验收、学校语言文字工作达标验收走在了全省前列。

彰显创建特色优势。突出行政推动优势，市委、市政府及其相关部门对语言文字事业发展重视程度高、支持力度大、工作要求严，市语委授权学校整合全市语言文字工作资源和力量，明晰职能职责，拓展业务领域，延伸服务范围，使学校由普通话培训测试机构逐步转变成为区域性语言文字工作“发动机”。省教育厅、省语委大力支持学校创建国家语言文字推广基地，指导学校成功承办或协办全省语言文字工作会、推普脱贫攻坚推进会、全国推普周重点活动等系列重大活动，并组织全省语言文字战线的同行现场观摩、实地考察，总结做法经验、推广成果模式，有力推动了学校语言文字工作不断创新发展。做优社会服务特色，学校始终围绕“推广国家通用语言文字、传承中华优秀传统文化”根本任务，创造性开展工作，创新性推动发展，已逐步构建起比较完整的语言文字教育培训体系和语言文化传承传播体系，并在全省首创建立语言文字工作人才资源库，汇聚全市区域内有资历、有实力、有影响、能奉献的语言文字优秀人才，推动学校语言文字服务领域由最初的普通话培训测试，逐步扩展到语言文字法规政策诠释、语言文字社会应用研究、中华经典诵读系列活动、中华优

秀语言文化传播、语言文字应用能力培训、社会用语用字综合执法监管等多个相关领域，形成了全方位、多层次的语言文字社会应用服务格局，为当地经济社会发展提供了强有力的语言文字支撑。

近年来，学校相继承办、协办省、市语言文字重大项目、重点工作、大型活动，取得丰硕成果，一些做法和经验在全省推介，并被央视《新闻联播》、中国教育报等媒体报道。

三、创建国家语言文字推广基地的规划

咬定目标不放松，攻坚克难再向前。学校将创建工作纳入总体发展规划，列入重要目标任务，深入贯彻习近平总书记关于语言文字工作的重要指示精神，落实党中央、国务院加强新时代语言文字工作的决策部署，牢牢把握新时代国家通用语言文字推广普及工作的新目标新任务新要求，坚持问题导向、目标导向，注重精准施策、创新发展，努力创建“发展方向明确、运行管理规范、特色优势突出、示范引领明显”的国家语言文字推广基地。

强化条件保障。新增专用场地500余平方米，总计达到3500平方米，完善配套设施，基地预算经费增加到50万元，建成集普通话培训测试、汉字应用水平测试、中华经典诵读、语言文字应用研究以及活动推广、会议培训、合作交流等于一体的推广普及基地。

充实人才团队。提升管理团队和人才团队水平，通过上送语委部门挂职锻炼等方式，增配专职人员5名，基地管理团队人数增加到16名，提高管理干部业务指导水平。积极稳妥地扩充语言文字工作人才资源库，重点吸纳语言文字政策法规、规范标准研究以及中华经典研究阐释、教育传承、创新传播等方面专业人才，使入库成员达到400名。深入研究国家通用语言文字学习规律和教学规律，加强教师国家通用语言文字核心素养和教学技能培训，不断提升团队的业务能力和服务水平，更好地满足“引领全市、带动全省”的发展需求。

做强特色优势。以教育培训和语言文化传承传播为主攻方向，发挥基地“行政推动力强、合作部门（机构）多、业务领域宽、服务范围广”等优势，创新管理体制和运行机制，主动对接各地各行业系统发展需求和社会大众多元化需求，大力推广普及国家通用语言文字，积极传承弘扬中华优秀传统文化，将语言文字工作横向推广到行业，纵向深入到基层。力争3年内，基地服务对象覆盖城市80%以上行业并延伸到农村乡镇。

服务发展大局。牢固树立“融入发展求发展”理念，紧扣《国家语言文字事业“十四五”发展规划》和省、市实施要求，上连国家、省决策部署“天线”，下接市、县应用服务“地气”，以各地各行业系统最关心、最急切、最期盼的语言文字社会应用服务为突破口，积极推动基地各项服务融入经济社会发展全过程，实现共融发展。认真完成国家、省、市教育部门和语委部门的交办的工作任务，加大“对上争取、对外交流、对下指导”力度，承担语言文字重大项目、重点工程、重要活动，开展跨市（州）业务合作交流，重点抓好对口支援甘孜、阿坝、凉山三州推普助力乡村振兴行动，推动绵阳语言文字工作持续走在各市（州）前列，为全省语言文字事业发展提供可复制、可借鉴、可推广的经验。

路虽远，行则必至；事虽难，做则能成。我们坚信，有上级教育部门和语委部门的大力支持，有各位领导和专家的悉心指导，有基地管理团队和专家团队的共同努力，有社会各界的热心参与，绵阳广播电视大学一定能够在创建国家语言文字推广基地、助力语言强国建设的路上走得更远、更好。

扬“实”文化大旗　筑教育发展高地

四川省绵阳实验高级中学　贯清仁

学校文化既是一种氛围，更是一种内涵、一种精神，是学校培养现代化人才、实现和谐持续发展的根本和灵魂。只有充满文化的学校才是有智慧、有活力的学校，只有充满文化的学校才是有灵气、有希望的学校。

在二十余年的办学历程中，四川省绵阳实验高级中学始终不渝地坚持党的教育方针和社会主义办学方向，以学生为本，以发展为纲，不懈探寻适合学生发展的教育，确立了“实验型、特色型、示范型”的办学目标，提出了“唯实唯生、重德重能”的办学思想，全面建设和践行“实”文化，打造特色教育项目，推进素质教育进程，培养具有高尚的道德情操、扎实的科学文化素养、健康的身心素质、良好的审美情趣的社会主义建设者和接班人。

建设“实”文化，夯实思想根基

“实”文化，就是以学校发展积淀为基础，以“唯实唯生、重德重能”办学思想为指引，以躬行实践的工作态度、实事求是的工作路径、实验探索的创新精神、诚实守信的道德品质为核心内涵的校园文化。在多年办学经验的基础上，绵阳实验高级中学因地制宜，多措并举，挖掘提炼，从制度、环境、活动等方面努力建设校园实文化，奠定了师生坚实的思想基础。

制度内驱，激活发展动力。制度作为一道靓丽的文化景观，决定着校园文化建设的方向和品位。学校成立校园文化建设领导小组，制定了《绵阳实验高中实文化建设规划》等制度，建设了责任机制、监督机制、激励机制等一系列制度文化，凝聚师生共识，规范师生行为，激发了师生发展的内生动力，为学校的可持续发展提供了保障。

环境彰显，营造育人氛围。环境是重要的教育资源，是学校文化的外在体现。学校全方位营造育人氛围，设计“实”字校徽，建设实文化广场，布置实文化陈列室……如今，学校清雅明净，书香满园，人文景观和自然景观浑然天成，蕴藏着深厚的内涵美，展现着高雅的情趣美。

活动陶冶，提升文化品位。学校创校刊《秋实》传播实文化，“教德之苑”开设实文化论坛，“动人秋韵”报道实干领军新人，“激扬文字”倾听求真学子心声；举办“春晖之歌”校园艺术节和“秋实颂”校园合唱节等活动，让学生受到高雅实文化的熏陶……活动文化，以实立人，使校风朴实、教风务实、学风踏实。

渗透“实”文化，构筑发展高地

“工欲善其事，必先利其器。”绵阳实验高级中学坚持以实文化为引领，践行求真务实、实干实效的核心理念，融合时代教育需求，强化队伍建设，坚持服务育人，构筑了引领学生发展的教育高地。

开拓进取，凝练求真实干的管理文化。学校高度重视干部队伍建设，加强党风廉政建设和干部作风建设，保持思想的先进性和纯洁性；加强管理制度建设，保持制度的科学性和公正性；加强管理机制建设，增强管理的自觉性和有效性；构建以教师为“点”，年级组为“线”，备课组、教研组、各处室为“面”的多层次、立体化的管理体系，提升教学的针对性和高效性。

求真务实，打造活力四射的教师团队。好教师就是好教育，学校全力打造具有创造活力的高素质教师队伍，高度重视师德建设，倡导四个“注重”，建立师培机制，强化学科组职能，开展多样化培训，实施“1+1”帮扶工程，规范管理科研课题，加快教师由“教书匠型”向“研究型”和“学者型”转变，推动教育教学质量不断提升。

笃实育人，创建服务一流的后勤品牌。后勤是学校的重要部门，承担着不可或缺的服务育人职能。近年来，学校后勤渗透实文化教育理念，铸造优质队伍，打造品牌食堂，加强标准化建设，创新感动式服务，努力开辟文化育人的新领域。今年，学校“厉行节约、杜绝浪费”的先进事迹得到央视《午间新闻》专题报道，省内外数十所学校纷纷来校参观、学习。

践行“实”精神，拓展育人路径

高中阶段是学生个性形成、自主发展的关键时期。基于“躬行实践、德能并重、个性尚扬、全面发展”的“实”文化精神要义，绵阳实验高级中学高度重视学生品德和能力的培养，大力推行仁爱教育，实施智慧教育，开展社团活动，探索多元办学，努力开辟适合学生发展的育人路径。

施行仁爱分段教育，铺垫品德发展的基石。儒家先贤创立的“礼义忠信”等仁爱思想影响了中国几千年，至今仍发挥着重要作用。针对当下学生多以自我为中心、家庭意识和感恩意识淡薄等实情，学校根据高中学生成长的阶段特点，提出并推行仁爱分段式教育，即高一实施以自律为重的修身教育，高二开展以友善为怀的感恩教育，高三进行以天下为志的爱国教育，层层推进，铺垫品德自我发展的基石；实行仁爱课程教育，开发仁爱教育校本课程，编写仁爱教育读本，推行两课一活动，探究仁爱课程教育艺术，展示仁爱教育成果，增强品德自我发展的能力；建立多向评价机制，强化品德自我发展的意识。

实施智慧教育，促进学生学习的终身发展。智慧教育就是以因材施教、以人为本的教育理论为指引，以智慧课堂模式为主体，以智慧人生校本课程、智慧网络平台为主等为辅助的智慧教与学，培养学生智能和学习基本品质，促进学生终身学习和发展的教育。在践行“智慧教育”的过程中，学校严格遵循学生的智能发展规律，尊重学生的学段差异。高一创设学生起点发展的基准线，重视学法指导和学习习惯培养，引导学生学会学习；高二蓄积学生发展的认知基础，重视思维训练，培养良好的思维能力；高三强化学生的成才意识，引导学生直面人生的现实选择，培养健康的学习心态。这种分学段提升学习品质的方法，为学生能力的持续发展创设了必备的条件。

构建“531”课堂模式，培养自主学习能力。为培养学生的学习能力，促进学生主动学习，学校根据新课标精神和学生实际，结合教师多年卓有成效的课堂教学实践，提炼并推广“531”智慧课堂教学模式。“5”是教学流程的五个步骤，即情景导入、自主感知、合作探究、成果展示、当堂检测，其核心是通过创设情境、发现疑难、探究创新、形成方法提升学生的核心素养，最终完成学生智慧生成的目标；“3”是三种学习方式，即自主、合作、探究；“1”是一个主旨，即教学始终以学生为主体，教师角色转变为组织者、引导者、合作者、评价者。“531”模式的实施，提升了学生的主动学习能力，促进了教师的专业成长。

研发校本教材，尊重学习选择。为适应教育新常态，学校依据国家课程计划，充分整合教师资源，敏锐捕捉学生智能特点，研发“智慧人生”校本课程，广泛涉猎生活领域，探究生命内涵，尊重学生选择，引导学生发展优势智能。学校构建起以生活智慧、人文智慧、学习智慧、实践智慧、艺术智慧、德育智慧6大板块36门课程的“智慧人生”校本课程，由学生自愿选择科目，按年级安排走班上课，不断发展适合自身个性特点和智能特长的能力。

先进的教育理念，鲜活的校园文化，优良的教育团队，一流的教育质量，显著的办学效益，广泛的社会影响，使绵阳实验高级中学饮誉全川，有着较强的示范性。高考本科硬上线连年突破2000人大关，姚志蓉、黄礼凯、李承洋等一大批同学被北大、清华、香港中文大学等名校录取，钟琴以优异成绩考入空军航空大学并成为女航天员后备人选四川第一人。学校先后获得"全国素质教育示范校"、"全国特色建设示范学校"、"全国公共机构能效领跑者"、"全国文明校园"、"四川省校风示范校"等诸多荣誉。

豪迈征程风更劲，扬帆远航正当时。绵阳实验高级中学将继续弘扬"唯实唯生、重德重能"的办学思想，践行"科学发展、特色发展、多元发展"的治校方略，努力创设适合学生发展的教育，竭尽全力把学校办成四川强校、中华名校，为我国的基础教育发展和民族的伟大复兴作出更大的贡献！

坚守育人初心，助力教育发展

四川省昭觉中学　袁官玉

"利器也，复以锻之以去钝，锋其筋骨，锐其根本，育人之道亦如是也，国之重器，功在当代，利在千秋……"百年大计，教育为本。教育是实现中华民族伟大复兴的重要途径，承载了千万华夏儿女的复兴之梦。昭觉县位于四川省凉山彝族自治州东部、大凉山腹地，是全国较大的彝族聚居县，也曾是全国"三区三州"深度贫困地区脱贫攻坚主战场之一。我校便坐落于昭觉县境内，景致奇秀，人杰地灵，是全省仅有的一所地处高寒山区和民族聚集地区的省级示范性普通高级中学。学校成立于1958年，目前有教职工420人、学生6589人。办学以来，我校始终秉承学校"培养身体健康人格健全，培养基础牢靠能力较强的人，培养合乎时代要求具有创新意识的人"办学宗旨，大胆探索少数民族特色之路，以人为本，不断丰富学生知识，拓宽学生眼界。近年来，学校深入贯彻落实国家关于民族地区教育发展的一系列指示要求，以党建引领，精心谋划，努力实现学校跨越式发展。学校以"乾元昭中"为主题，深入打磨昭觉中学的特色校园文化，塑造"乾元昭中"民族教育品牌，从教学环境改善、知行合一精神培养入手，将中华优秀传统文化和汉语言魅力贯穿于育人过程；聚力教学科研，积极将"走出去"与"请进来"相结合，开展校际交流；加强艺术体育课程活动，全面推进素质教育，为学生人生夯实宽厚的基础。通过学校师生的协作努力，教育质量显著提升，办学特色愈发鲜明，先后被评为"全国零犯罪"学校、"四川省最佳文明单位"、"四川省二级示范性普通高中"、"四川省卫生先进单位"、"四川省文明标兵学校"、"四川省体育工作先进学校"、"凉山州四好班子"、四川省脱贫攻坚先进集体等荣誉称号。

一、规范党建管理，丰富文化内涵

党建工作是实现学校跨越式发展的重要保障。一直以来，依靠学校深厚的民族文化背景，学校持续深入贯彻落实全国教育大会精神，发挥党建引领保障作用，牢牢把握教育改革发展的"九个坚持"，紧紧围绕"培养什么人、怎样培养人、为谁培养人"这一根本问题，把脉学校现状，抓住发展机遇，提升各项短板，不断提高教学水平和育人管理能力，一是加强思想政治建设，牢固树立"四个意识"、不断强化"四个自信"、坚决践行"两个维护"。二是加强班子队伍建设，建设一支忠诚、担当、务实、奉献的班子队伍，引领学校实现跨越式发展。三是加强廉政文化建设，塑造风清气正的校园廉政文化，建设一支廉洁自律的班子队伍。四是加强教师队伍建设，锻造一支有理想信念、有道德情操、有扎实学识、有仁爱之心的"四有"好老师队伍。五是加强立德树人建设，守牢校园思政阵地，培养德智体美劳全面发展的社会主义建设者和接班人。此外，为进一步加强学校党建建设，我校还成立纪律检查委员会，狠抓党员干部及教职员工的作风建设和自身建设，以身作则、以上率下，积极作风优良的校园环境。

校园文化是一种无形的精神力量，是学校的立校之魂和向上之根。学习中华优秀传统文化是学校教育的重要任务。为此，我校以"乾元昭中"作为主题，倾力打造特色校园文化，大力、传承、发扬传统文化。通过对学校环境精心设计，让校园处处充满文化的气息。学校重新命名教学楼知行楼，其命名的内涵是理论（知）和实践（行）要合而为一，不可过分偏重一边。慎思楼，其命名的意思是必须广博地学习，审慎地询问，慎重地思索，明晰地辨析，踏实地履行，才能真正达到理想的学问境界和人生境界。学校还有格物楼、明德楼、章贞楼等。各教学楼内都悬挂有"自强不息"、"格物致知"等名言警句，切合学校的学风、教风和办学理念，体现了积极向上奋发拼搏的内在精神。此外，我校大力加强校园绿化建设，实现树人树木的紧密衔接，构建和谐、质朴的校园环境。栽植银杏、雪松、梅花、樱花等植，取其寓意，陶冶学生情操，提升学校文化品位。

书法是古代六艺之一，"龙跳天门、虎卧凤阁"、"入木三分、笔走龙蛇"等都是对杰出书法作品的描述。为激发学生对中华优秀传统文化的热爱之情，培养学生正确的书写习惯，我校初中语文教研组举行初中生硬笔书法比赛，各年级评选一、二、三等奖及优秀奖，对学生的努力给予肯定和鼓励。通过提倡硬笔书法，增进学生对汉字书法的了解，引导学生把汉字写得正确、端正、整洁、美观、规范，丰富学生的校园文化生活，进一步传承和发扬中国书法文化。此外，我校也大力举办诗歌朗诵比赛。在初赛、复赛、决赛的赛诗台上，学生以美妙的诗歌及饱满的激情给观众带来一次次精神上的洗礼，赢得了一次次热烈的掌声。

二、明确教育目标，提升教学质量

教学是学校的中心工作，教学质量是学校的生命线。一直以来，我校党委重视提升教学质量和推进科研活动。定期召开的各年级期末测试质量分析报告会，根据学科特点和课标要求对上学期期末检测作全面、细致的分析，使所有教师对自己所任教学科的现状有更深入、全面的认识。通过总结分析，为后续教学工作顺利推进、提升教学质量指明方向和路径。

办学以来，我校十分重视教科研的优良作风，采取切实有效地措施，强化教科研一体化意识，为教师开展教科研活动创设更广阔的空间，使科研带动教研，促进教育质量提高。学校建立了完善的科研工作管理体制，形成由"教科室、教研组、备课组"组成的三级科研网络。以课堂为依托，加强各教研组和课题组的教研活动。严格执行学校工作计划和本室工作计划，坚定不移地贯彻上级教育教研精神，发挥教研在教学中的先导作用，积极为教学质量进步建言献策。学校确定以"优化课堂，提高课效"为主题的课堂教学研究目标，积极稳妥地开展公开课、优质课比赛以及各学科教学观摩课活动，形成教师深钻教材、改进教学、取长补短、互相学习的良好局面。学校高方华副校长牵头的课题"彝族地区薄弱学校分层教学的实践探究"获得省级立项，地理教研组的"全国高考新课标卷下的地理高考解题技巧研究"获得州级立项。

我校还以校际交流为契机，不断挖掘学校自身潜力，提升教育教学质量。2020年，我校先后与北京一零一中学、佛山三中、天府七中结为友好学校。邀请北京一零一中学和佛山三中的教师来校示范讲课。请佛山三中的骨干教师到校支教三个月，13个学科的教研组长到校献课并指导学校教研组和备课组工作。通过主动"走出去"，丰富教师眼界，提升教师专业技能和教学水平。同时，我校还与佛山三中签署的结对帮扶协议，双方建立协作机制，搭建协作平台，帮助提升学校教育教学和管理水平。为充分发挥学校骨干教师的影响力和辐射作用，加大对青年教师的培养力度，我校还通过实施多种措施，促进新老教师之间相互学习，共同提高教学水平和业务素质，增强学校教师队伍的综合实力。

三、聚焦个性培养，激发学生潜能

活动是体现学生综合素质的最好方式。它可以开阔视野、陶冶情操，可以培养学生的集体荣誉感，增强学校的凝聚力。为提升学生综合素质及适应新中考、新高考需要，我校于2020年成立体卫艺处，专人专任，推动素质教育。学校建立足球、篮球、武术、绘画、书法、播音主持等兴趣小组，组建合唱、月琴、葫芦丝、吉他、萨克斯、舞蹈等各类社团，开展丰富多彩的体育、艺术活动，丰富学生校园生活，培养学生对体育、艺术的爱好，并形成学校特色。同时，有计划地对体育、音乐、美术特长生辅导训练，使他们的特长水平得到显著提升，艺体升学率达90%以上。2020年秋季，学校举办主题为"我运动、我健康、我快乐"的第四十七届运动会，全校6500多名学生、教师参加。国庆期间，我校举办了迎国庆文艺汇演和绘画比赛。激发了师生对绘画的兴趣和爱好，检验了学生的音乐艺术特长水平，丰富了学生的课余文化生活，培养了学生认识美、发现美、创造美的能力，营造了文明高雅、奋发向上的校园文化氛围。通过这些艺体项目和活动的实施，不仅丰富了师生的文化生活，也有力地促进了学生素质的全面发展，提升了全校师生的精神风貌。

作为山区少数民族特色学校，要矢志不渝的把脱贫攻坚作为自身任务，积极投身到攻坚任务中去。2020年是脱贫攻坚战收官之年，我校认真贯彻上级部署，以实际行动助力脱贫攻坚。2020年以来，我校累计投入224万元资金，帮扶昭觉县齿可波西乡6个村464户、大坝乡一个村80户、柳且乡6个村239户贫困户，用于解决车辆租赁、村委会活动室维修和贫困户入户路、厕所、厨房修建和帮助贫困户购置设施设备，开展人均收入补短及暖冬行动。学校还组织40余名党员深入异地移民4号安置点依乌社区开展移风易俗宣讲活动。党员结合自身经历及身边事例，深入浅出地向贫困群众介绍了移风易俗工作的重要性，宣讲厚养薄葬、嫁娶不收高价彩礼、讲卫生、爱护社区环境等内容。引导广大群众摒弃不良社会风气，拒绝铺张浪费，践行移风易俗有关规定，树立文明新风。学校办公室吉克尔杰同志用彝语从四个方面通俗易懂地向在场群众进行宣传：要有组织纪律，听从社区工作人员安排；革除陋习、讲究卫生、爱护社区环境，养成良好习惯；重视教育，按时送适龄子女上学，树立"教育改变命运，教育成就未来"的思想观念；常怀感恩之心，自力更生、艰苦奋斗，靠自己的双手勤劳谋幸福……经过一个月的大力宣传，依乌社区环境卫生、群众生活习惯得到改善，思想观念得到提升。此外，学校的青年教师和学生志愿者也组成"彩虹行动"志愿队伍，积极投身脱贫攻坚，既丰富了自己的人生阅历，也服务了社会，提升了生命价值。

风雨沧桑励壮志，春华秋实著华章。通过全校师生的团结协作、奋斗努力，学校民族品牌不断彰显，精神风貌焕然一新，学校综合实力得到了显著提升。今天，既是我校展示办学成就、弘扬优良传统的契机，也是我校继往开来、开始新征程的起点。面对新的机遇和更大的挑战，我校会继续坚守教育理想，迈着坚实的步伐，执着激情地走在教育的道路上。认真贯彻落实全国教育大会精神，以党建引领抓手，深耕民族教育，始终如一，用情怀装点教育事业的百花园，用生命继续谱写一曲又一曲教育新歌。

文明育桃李　德行润校园

天津市滨海新区大港第五中学　刘焕兰

文明校园创建是在教育系统深化改革背景下加强和改进学校工作，创建学生良好成长环境的重要举措。抓好文明校园创建，对于贯彻党的教育方针，坚持立德树人任务、塑造美好心灵、养成良好行为习惯、培养基础文明具有重要意义。天津市滨海新区大港第五中学在“着眼于师生的健康发展，为学生的幸福人生奠基”的办学理念指导下，以培养“秉承诚信为人、勤韧做事为人生信条的温文尔雅、励精更始的学子”为目标，围绕“立德树人”根本任务，高度重视校园精神文明建设工作，把创建“文明校园”作为学校的重要任务，大力营造安全文明和谐的育人环境，提升师生的文明素养和学校的文明程度，让文明之花在校园竞相绽放，成为校园最美的底色。

抓领导班子建设，争当文明校园“排头兵”

重抓领导班子建设，打造坚强有力的好堡垒。大港第五中学领导干部带头树牢“四个意识”，坚定“四个自信”，把文明校园创建活动作为学校发展的重要内容，成立领导小组，制定实施方案，创立“六线”管理体系，定期开展各项活动，将文明校园创建纳入到学校常规工作中，受到了广大师生的普遍认可。

学校不断加强组织建设和教师党员队伍建设，充分发挥各党支部战斗堡垒作用和先锋模范作用，认真落实党风廉政制度，推进党风廉政建设和反腐败教育经常化、制度化；认真落实素质教育，坚持立德树人、依法执教，严格贯彻落实《义务教育学校管理标准》，建立科学评价制度，尊重学生个性差异，促进学生德智体美劳全面发展；通过实行党组织领导下的校长负责制，领导班子贯彻民主集中制原则、“三重一大”决策制度以及校务公开制度，不断提高决策的科学性和民主性。

抓师德学风建设，打造诚信校园“风向标”

优化教师队伍建设，奏响专业成长的新乐章。大港第五中学认真落实师德建设要求，以新时代教师素质要求和国家课程标准为导向，把思想教育、法制教育、纪律教育和职业道德、社会公德、家庭美德有机结合，突出新课程、新教材、新方法、新技术培训，强化师德教育和教师基本功训练，不断提高教师课堂教学、实验操作和家庭教育指导能力，按照“四有好教师”标准，着力建设一支高素质、专业化教师队伍。

学校创新师德讲评方式，树立师德典型，一大批优秀教师以良好的形象、高尚的师德、精湛的教育艺术赢得学生爱戴和家长信赖；连续开展十二期“蓝青工程”，与天津外国语大学附属外国语学校建立合作关系，为青年教师成长搭建平台；组织青年教师第二届(删掉)基本功大赛，促进青年教师教育教学水平不断提升。

由于学校既注重骨干教师成长，又重视青年教师培养，使一大批教师迅速成长起来，在全区教师“大比武大练兵”活动及天津初中教育委员会年会论文征集、青年教师学术论坛、天津市“教育创新”优秀论文评选等活动中屡屡取得优异成绩。

抓思想道德建设，画好理想信念“同心圆”

重视思想道德建设，凸显文明校园的主题曲。大港第五中学全体教师认真学习贯彻习近平新时代中国特色社会主义思想和党的十九大精神，全面贯彻落实党的教育方针，积极培育和践行社会主义核心价值观，围绕立德树人根本任务，引导师生结合民族复兴宏伟目标，坚定理想信念，厚植爱国情怀，培养奋斗精神。

学校结合校情、学情及疫情防控，切实发挥课堂主渠道作用，对学生进行爱国主义教育、生命教育、责任感教育和感恩教育；积极开展法制宣传教育活动，引导学生学法、知法、守法；探索心理健康辅导线上线下相结合，引导学生正确调节负面情绪，积极面对生活；和历史、道德与法治、语文、地理等学科课程紧密结合，将社会主义核心价值观深入课堂，积极探索课程建设一体化，强化学科德育的育人功能；将“文明学生”、“文明班级”评选贯穿始终，将志愿服务、微善行动常态化；结合重大历史事件、重要历史人物和中华民族传统节日文化内涵，定期推送爱国主义教育资源和中华经典学习资源，从而加强活动育人、实践育人、文化育人的功能，全面提升学生的道德素养。

抓校园文化建设，凝聚学校发展“精气神”

强化校园文化建设，演绎文化育人的主旋律。大港第五中学不断涵养优秀的校园文化，深挖“诚信勤韧”的校训内涵，用“一训三风”浸润师生心灵，各班向班风正、学风浓、习惯好的文明班级努力。

“诚信为人，勤韧做事”的五中人道德宣言引领学生成长，从入学教育到毕业典礼，从每周的升旗仪式到节日庆典，响亮的《五中人道德宣言》回荡在校园，引导学生将文明有礼内化于心、外化于行；按照创建文明校园要求，逐步完善硬件建设，开展丰富多彩的文体活动，积极营造浓厚的文化氛围不断优化育人环境。目前，每年一次的主题体育节和“校长杯”足球赛、篮球赛已成为学校特色品牌。

抓活动阵地建设，筑牢意识形态“护城河”

创新活动阵地建设，织密活动育人的阵地网。大港第五中学充分挖掘校内外资源，大力打造校园活动阵地，发挥团队阵地的育人作用。

学校通过五中校园之声广播站宣传校内外正能量，传播好声音；在少先队员、团员过好主题队日、团日的基础上，开展各种主题体验和社团活动，让学生在实践活动中发展综合实践能力；通过道德讲堂、升旗仪式、党员大会、教职工大会、主题班会、思想政治课、宣传栏、黑板报、图书馆、微信平台等活动阵地，开展丰富多彩的文明校园创建活动，激励学生真正成为文明生活的践行者。

抓优美环境建设，营造绿色校园“优生态”

创意校园环境建设，营造润物无声育人氛围。大港第五中学的校园不仅是学生的学园，更是学生的乐园、家园。

走进大港第五中学，校园的宽敞和干净，无不显示着校园的主人——全体师生的爱校如家；楼道内的文化布局层次分明并有着丰富的育人内涵，无论是一层的古今科技文明，还是二层的学生基本道德规范，再到三至五层的世纪伟人、世界著名风景、世界名校等，教育内容逐级而上，一层一个主题，层层都有新意；要让墙壁会说话，借助环境来育人，用班级内的“天天都有好心情，日日都有新进步”的文化装饰激励着每一位同学快乐成长；定期开展“文明校园”创建成果展，为校园环境再增靓丽风景。如今，学校自然景观、人文景观错落有致，环境干净整洁，管理精细，秩序井然。

现在，浓厚的文明校园氛围不但感染着五中师生，更带动了家长以及周边社区居民。师生入校、离校“有序、有距、有礼”成了校园门口独特风景；“争当文明学生，争做文明教师”蔚然成风；遵守《天津市文明行为促进条例》，小手拉大手共建文明城、志愿服务、垃圾分类，一项项活动成为大家追求的时尚。丰富多彩的校园生活，不断提升校园文化品位，全面提高师生文明素质，让学生、家长满意度及学校社会美誉度不断提升。

“不积跬步，无以至千里；不积小流，无以成江海”，对照文明校园创建“六个好”标准，大港第五中学还存在创新工作不多、学校特色不突出等不足，尚需不断学习和改进，为进一步提升文明校园创建工作而努力。

凝聚家校育人合力　共促学生健康成长

新疆巴音郭楞蒙古自治州第二中学　马德忠　曾毅　李刚

习近平总书记在2018年全国教育大会上的讲话提出，办好教育事业，家庭、学校、政府、社会都有责任。家庭作为孩子人生的第一所学校，家长作为孩子的第一任老师，担负着帮助孩子“扣好人生第一粒扣子”的重大使命。然而面对日益激烈的社会竞争，很多家长遇到了“望子成龙心切、教子成才无方”的困惑，甚至将学生教育完全当作学校的责任，此类缺乏家庭教育知识的家长直接制约了学生品行和人格的健康成长。

为将立德树人工作切实落到实处，我校依据《全国家庭教育指导纲要》《关于进一步加强家长学校工作的指导意见》及《关于建立中小学家长委员会的指导意见》等文件精神，结合学校实际情况，不断完善学校、家庭、社会三位一体的教育体系，开展丰富多彩的家庭教育知识普及活动，积极推进家庭教育工作的落实，努力形成家庭教育的“合力”，为孩子的健康成长保驾护航。

一、设立家长委员会，激励家长参与学校管理

为更好地发挥家长的作用，我校设立校级家长委员会、年级部家长委员会和班级家长委员会三级家委会，定期开会商讨家庭教育的有关事宜，充分调动他们的积极性和主动性，让他们主动参与到学校的管理中并为其出谋献策。

每学期初修订、完善家校联系及家庭教育方面有关制度，完善三级家长委员会工作，使其规范化、常态化。设家长委员会办公室一间，作为经常性活动场所，各年级家长代表轮流值班，代表全体家长参

与学校民主管理，支持和监督学校做好教育教学工作。提高学校依法办学民主管理水平，特别是事关学生和家长切身利益事项的出台要听取家长委员会的建议，确保家长的知情权和监督权。全力开发家长资源，建设家长导师团队（班级家长委员会），组建家长学校家庭教育讲师团，做好“家长进课堂”活动，进一步落实社会实践活动，凝聚共育合力。

二、建设家长学校，使家校教育工作更精准

为丰富家长的教育理念、提升家长的技能，我校每学期初制订家长学校工作计划，并在日常教育教学工作中得以落实，期末对家长学校工作情况进行总结，积极求实地反思并拟定奋斗目标，使家校教育工作更精准、更有效。

加强家长学校队伍建设。一是邀请致力于家庭教育或有丰富家庭教育知识的教育工作者定期到学校开展各类主题的讲座，在指导我校老师的同时也为有需求的家长带来更为专业的经验分享。二是加强家庭教育班主任队伍建设。班主任队伍是家庭教育的中坚力量，与家长接触最为直接。学校结合家长学校工作开展的需要，各年级班主任、首席班主任组成家长学校班主任队伍，定期开展班主任培训，渗透家庭教育知识，班主任再以家长会等形式普及、落实到家长。三是成立家长学校教师讲师团队。2016年10月，我校有志于家庭教育的老师侯新武、李刚、宛子能、李锐、母润萍、刘星提、刘璠、吴琴共8人，组成了家长学校校内讲师团队，每人精心准备一到两个讲座，经过集体备课、广泛研讨之后打磨成精品讲座，保证初高中每学期8个课时的教学目标。2019年，为继续深化家庭教育知识学习，打造更加专业的师资力量，李刚、宛子能等7名教师加入自治区家庭教育主讲教师的学习队伍中。四是建立家长学校家长讲师团队。学校在学生家长中挑选代表不同民族、职业、年龄的优秀家长组成家长讲师团队，积极参与到家长学校授课中，利用家长学校集中授课、家长会等契机，让优秀家长交流分享自己在家庭教育实践中好的经验和做法，逐步形成家校合力育人。

坚持网络化培训不松懈。在教师层面，学校自2015年3月以来坚持组织参加自治区教育系统家庭教育知识网络普及培训，老师们通过视频零距离聆听专家讲课和面对面的互动交流，提升了对家庭教育的思想认识、理论高度和实践水平；在家长层面，学校也让各级家长委员会成员参与“兴家+教育平台”网络培训，取得家长委员会成员网络培训结业证书，以求获取更加专业的知识，更好地陪伴孩子的成长；在培训形式方面，学校利用“空中课堂”和“钉钉”课堂开办家庭教育指导，近两年来已通过平台开办名师心育课堂讲座十余场，同时通过家长群和家庭教育公众号打通家长随时想和老师沟通交流的渠道，有效地对家庭教育进行指导。

推进“落地式家长学校”常态化开展。学校从2016年新入学的初一年级开始，积极推进“落地式家长学校”，通过年级部家长委员会组织管理策划和班级家长委员会具体落实工作，家长围绕《不输在家庭教育》及《家庭教育中学读本》，结合自身家庭教育遇到的问题开展学习交流活动。

三、家校形成合力，促进三位一体交流沟通

为加强学校、教师、家长三者间的沟通交流，我校以“办好人民满意的教育”为宗旨，常年开展各种家校活动，努力改进完善，实现了家校间的深度沟通，拓宽了合力育人的渠道。

建立“一主二导”管理办法。班级以6-8人为单位设置成长小组，家长角色转变为家长导师，携手教师导师共同陪伴学生成长。在“亲子共学”、“亲子共读”、“亲子沟通”、参观巴州二中社会实践基地等活动的过程中，导师们相互配合，对学生的帮助督导具体落实到学习、生活、住宿、用餐等各个层面，不仅增进了师生、父子、母子间的了解，也融洽了彼此的关系。

鼓励家长进课堂。为了给家长提供更广阔的平台，我校自2014年起开展了独具特色的“家长进课堂”活动，每班每学期共计开展8次，一年就有近一千节涉及各方面主题的精品讲座课程资源留于学校。家长朋友们来自各行各业，充分发挥自己特长，利用职业和性格特点，给孩子们带来许多课本之外的知识，内容涉及人生、励志、感恩、环保、心理健康、生涯规划等诸多方面，这无疑是我校的又一笔宝贵财富。家长走进课堂，给孩子们上课，讲课本上学不到的生活知识与技能，不仅让孩子们学到了知识，更让他们遇见了和平时不一样的父母，尊敬和爱戴之情油然而生。

创新家长会模式。我校每学期至少召开两次家长会，且一改传统的“老师说，家长听”模式，创新形成了“非常6+1”家长会模式：把家长会办成一个学生学习生活展示会、一个学生成果介绍会、一个使家长正确认识孩子的评价会、一个科学育人的提高会、一个家长和家长交流的讨论会、一个增进家长和学生感情的交流会，力求将家长会创新求精，使家长会成为沟通学生——家长——教师心灵的桥梁。

支持家长积极参与到学校教育教学活动中。我校定期举办家长开放日，邀请家长听课、提建议，邀请所有家长观看军训汇报演出，邀请部分家长参加学校体育文化节、运动会、科技节、成人礼、毕业典礼等大型活动，让家长走进学校、走进课堂参与活动，帮助家长树立正确的教育思想，融洽了家校关系，形成了对学校工作支持的良好局面。

由此可见，教育形式应是多样的，只有在多样的活动中，彼此有了切身的体验和感受，才会达到教育的有效性，最终提升育人的能力。

家校联合，让教育不再独行。经过几年的努力，我校在家庭教育和家长学校工作方面做了大量工作，进行了有益的探索和创新，得到了社会和家长的广泛认可，家校合力的育人氛围业已形成，但我们也清醒地认识到工作中还存在一定的困难和不足，还需我们进一步努力并破解。今后，我们将围绕“立德树人”的根本任务，坚持科学、务实、创新的原则，不断总结教育经验，创新工作方式，以未成年人思想道德教育为核心，以更新家庭教育观念、提高家长素质和教育能力为重点，以《新疆维吾尔自治区教育系统家长学校工作督导评估指标体系（试行）》为依据来规范我校家庭教育和家长学校工作，全面推进我校家庭教育和家长学校工作迈上一个新台阶。

家校共育成长，幸福助跑未来

新疆福海县第一小学　莫伦丽　范淑娟

学校是学生的学校，也是老师的学校，是家长的学校，是社会的学校；学校既培养学生，也培养老师，更要培养家庭！我校以习近平总书记关于“注重家庭、注重家教、注重家风”的重要指示精神为指引，以全国妇联、教育部等部门印发的《全国家庭教育指导大纲（修订）》《中小学德育工作指南》《关于指导推进家庭教育的五年规划（2016—2020年）》等部署要求为指导，以多年探索总结的“1239”家庭教育模式（一个任务：立德树人为根本任务；两个理念：“静心聆听、健康同行”的理念和“服务学生、服务家长”的理念；三支队伍：领导队伍、教师队伍、家长队伍；九个行动：家教讲座专题化、研学讨论网络化、亲子辅导常态化、个案分析定期化、德育科研深入化、基地建设标准化、评选表彰多样化、志愿服务自觉化、家长助教专业化）为主线，扎实开展家庭教育工作，积极构建家校社协同育人格局。经过全校老师多年的努力，到了今天，我校的教育方式和办学理念已经硕果累累，先后获得“关心下一代工作先进集体”、“家长学校示范校”等荣誉，不仅赢得了社会的广泛认可，也为我校下一步发展奠定了有力基础和条件。

一、多措并举，孕育家校携手发展新风

家校携手要以学校引导为主，家庭就像学生一样，要悉心教导，认真负责。为此，我校以打造家庭教育基地为载体，以家长学校为主阵地，积极联系社区，多位一体，做到积极引领开展家庭教育工作。我校成立了以党支部书记为组长、校长及社区负责人为副组长、相关科室主任及家长代表为成员的工作领导小组，同时明确职责分工，认真根据学校及家庭需要组织开展家庭教育相关工作；同时，我校建立家委会，成立了校级、年级、班级三个层面的家庭教育指导委员会，并严格按照规程与家委会共同协商开展相关工作。在开展工作过程中，我校深刻认识到，一支高素质家庭教育指导师及讲师队伍是发展家校关系的有力保障。为此，我校自2012年起就着力打造一支高素质的家庭教育家庭教育指导师队伍，先后派校长阿依古丽、副校长付艳红、德育主任范淑娟及各班主任参加了上级教育行政部门组织的家庭教育指导师及讲师培训，目前已培养家庭教育高级指导师4名，家庭教育讲师4名。2019年范淑娟老师被聘为“自治区教育系统家庭教育讲师团成员”。我校还十分注重提升全体教职工家庭教育素质，积极组织全校83名教师参加了自治区家庭教育知识普及培训。同时先后派出20余名家庭教育骨干教师赴克拉玛依市等地实地观摩学习，返校后面向全体教师进行再培训，提高全体教师对家庭教育的认识。该校多名教师多次在自治区优秀论文评选及国家课题组的论文评中获奖优异成绩。2014起，我校开始紧抓教育宣传，让家庭教育深入人心。我校为家长们精心制作《家庭教育小报》，包括：亲子沟通、感悟、阅读、家教名言、经典故事、经典语录、警示钟声、家校沟通等丰富的栏目，通过上传至家庭教育群里和家长们进行分享以唤醒家长们学习家庭教育的积极性和热情。此外，我校从2013年开始面向新生家长进行专题家庭教育讲座，形成长效机制，做到新生入学后家长培训立即启动。如《做合格的家长你准备好了吗？》《家长怎么听，孩子才肯说》等专题讲座，让家长从孩子一入学就认识到了家庭教育的重要性。我校每学期也会定期召集班主任针对因家庭教育引发的个案问题进行全校性梳理汇总，制定防范预案，开展专题教育。比如经班主任会发现部分家长对孩子要求过高、过于挑剔，则由学校家庭教育指导师和班主任共同分析挑剔行为背后的成因，由家庭教育指导师分年级有针对性地对家长进行《不做挑剔型的家长》的专题讲座，得到家长们的一致好评。为拉近学生与家长之间的距离，我校利用重大节假日开展丰富的亲子团体辅导课程。通过团体辅导的方式让家长和学生参与其中，来拉近亲情，体验彼此的成长，做到互相学习。如：2018年以来，学校相继开展了母亲（父亲）节专题团体辅导课、为梦想助力亲子团体辅导课、你的眼里有什么团体辅导课、父母如何管理情绪团体辅导课等。2016年我校还承担了教育部《新时期中小学家庭教育立德树人的综合研究》的子课题《西部地区家庭教育中亲子沟通的问题与策略研究》，被课题组命名为“骨干学校”，在2018年课题结题时被评审为

"精品课题"、"优秀组织奖"，课题负责人范淑娟、施晓东荣获"杰出贡献奖"。

二、知行合一，搭建家校共同成长平台

家庭教育活动是增进家长和学校老师感情的钥匙。为此，我校积极组织各项家庭教育活动，来增添家校之间的感情。在我校的热亲感召下，学生家长自发组建了一支热心热情的家庭教育志愿者团队。他们自发自愿自觉地积极带动其他家长认真开展家庭教育的学习，同时以志愿者的身份积极参与到学校的各项活动中，为学校的各项工作出谋献策、增光添彩。我校也充分利用家长在各行业的优势，组建了魅力家长助教团队。他们带领孩子走进主题班队会、走进社区、走进边防大队、走进胡杨林、走进电视台，他们在课堂上为孩子们进行专业的知识传授，在升国旗仪式上对全体师生进行爱国主义的教育，在学校微信群成为亲子诵读的主持。为紧跟信息发展，我校也把网络作为家长学习平台。我校引导学生家长积极主动开展网络学习，其中学校家长在"自治区兴家佳家庭教育云平台"注册人数达到1015人，覆盖率达到99%，有效解决了家长学习困难的问题，也为家长们提供了系统学习家庭教育的平台。我校也充分利用微信群，广泛开展研讨学习活动。组建了"好家长加油站"微信群，该群已有家长近500人，持续开展活动425天。该群重大节日有《说读就读的诵读会》，日常时间有"家长百日诵读"活动，每天清晨有"一小妈咪阅读在线"活动。通过各种方式的学习分享，家长们欣喜地感受到了学习家庭教育带给自己的改变和育子的力量。

为进一步提升家庭教育工作，我校还制作了家庭教育志愿者队旗、队徽、家庭教育志愿者队服，同时专门建设了以"家国情怀"为主题的家庭教育基地。基地包含60平方米的"家风家训家教"研讨观摩室和50米的"家风家训"长廊。发挥学校引领作用，为家校发展搭建平台。此外，我校也通过多种表彰方式帮助学生家长，树立自信，转变态度。从评选"优秀家长"到如今评选"优秀家庭教育志愿者"、"魅力家长"、"优秀分享家庭"、"优秀评论家庭"、"最美家庭"；学生家长参与学校活动实现了从"要你来"到"我要来"的转变。真正把学校和家庭融合成了一个温暖的家园。

三、初心不殆，静待家校携手幸福腾飞

绵绵用力，久久为功。学校不仅是学生的学校，也是家长的校学校，这是我校开展家校携手建设以来，对教育事业的诚挚回答和不懈探索。学校是育人之地，家庭也是立人之所，如果把学校看作是影响学生人生的路标，那家庭就是点缀在路标上的红花青草，让学习更丰富多彩，让人生如香扑鼻。未来路上，立足发展，我们会继续坚守"家校携手，共育栋梁"的信念，在"心"上用功，在"事"上磨砺，让教育散发出馥郁的芬芳。

让快乐植根在教育的土壤中

新疆精河县第一小学　蔡英春

教育始于关心，是润物无声的陪伴，是浸润孩子们幼小心灵的甘泉，好的教育能让孩子从小就接触知识的天空，领略文化的魅力。而教育的另一要旨是快乐。快乐地教育不仅能维持学生对学习旺盛的激情和兴趣，也能让学生获取健康成长的精神营养。因此，长期以来，我校都非常重视学生的身心健康，注重创造一种积极、乐观、向上的氛围，在这种氛围中展开各项教育活动。通过多种教育手段，尽可能选择能让孩子快乐接受的方式，实现我校的教育理想。经过探索，我校逐渐建立了"乐健、乐学、乐群、乐立、乐美"的学生培养目标，并积极探索快乐教育手段，让教育在无形中帮助学生健康地成长。此外，我校教师队伍历来都有一种共识，即教育的本质是将学生内心深处的善良、智慧等最美好的人性因子激发出来，加以培育和升华。教育就是要最大限度地开发每个人不同的既有生命潜能和共通的人类美好本质。也就是说，在实践中，教育应该尽可能地与每个学生的内在需要和自主发展方向相契合。到了今天，我校已经在快乐教育的道路上，渐行渐远，学生们遨游在快乐海洋的同时，也沉淀了知识的积累。

一、以"快乐"为源渠，引领学校良好发展

基于快乐教育的理念，我校不断提出新的想法。我校以健康自我理论为基础，有了一个"让学生学会快乐"的提法。快乐有了两种内涵，首先，人的外在环境不可能永远都是顺利的，学会快乐，不是苛求环境赐予快乐，正相反，而是让学生意识到人的一生都是在应对不断挑战中度过的，在遇到任何困难的时候，要拿出积极的心态去面对，不逃避不作弊不推卸，在勇于克服困难、不断提升自己能力的积极态度与战胜困难后的快乐心境间建立更多的心理联系，有勇气有能力有自信，才是真正的快乐之源。其次，快乐也来自美、和谐与健康，在日常生活中，懂得在锻炼、交往、学习、生活和艺术欣赏与创造中，在勤奋的行动中收获健康、友谊和美，这些日常中的美好也是快乐地另一个来源。有了两种快乐之源的认识，我们感到这种快乐教育是全面的、深刻的，不只是表面化的。我校在办学方面秉承的快乐教育理念是："快乐教育既是一种教育理想，更是一种教育实践"。经学校领导、教师、家长反复讨论，初步形成了我校培养目标：乐健（乐在锻炼　健康为乐）、乐群（乐在交往、友谊为乐）、乐学（乐在学习、勤奋为乐）、乐立（乐在生活、行动为乐）、乐美（乐在艺术、审美为乐）。我校积极构建、开发校本课程——"快乐课程"，结合各类社团，使"快乐课程"建设成为一种动态的、创新的、整体的教育实践，通过"快乐课程"建设，为学生提供更多的学习资源，让学生享有不同的学习体验，进而丰富、深化"快乐教育"。新疆是多民族聚居地区，精河县又是东归故里、长调之乡，因此我校以民族团结、爱国主义教育为主线，根据学校师资及家长资源开设了马头琴、空竹、刺绣、朗诵、足球、剪纸、口风琴等四十六个社团。要求学生每人自备一把口风琴，将口风琴的学习融入音乐课中。之所以选择口风琴，是因为它简单、便宜，易于学习和普及，同时它也能产生美妙音色，可以演奏大部分的独奏乐曲，我校期待每个学生至少都掌握一样乐器，培养学生对艺术的兴趣，滋养学生乐观主义的精神。运动是人的天性，也是孩子们的快乐源泉之一，拥有健康的身体也是一个人自信的基础，而运动本身也能带来好心情，因此保证每个孩子都有一定的运动量就成了我校的一个小小追求。经过一段时间的摸索，我校选择了跳绳，这件运动道具便宜、简单，运动易学，学生每人一根跳绳，坚持每个孩子每天都要跳跳绳，这是为孩子们的运动量保底的，除此之外，每天还有阳光运动一小时，也是我校必须要保证的，孩子们可以选择自己喜欢的运动，再有，我校的体育课也从没有被占用过，因此，学生的运动是充足的。对每日运动量的重视也让孩子们收获了健康，孩子们的体质普遍得到了加强，要知道健康和快乐是联系在一起的，健康是快乐地基础，其实，它也是快乐地重要组成部分，健康的身体也是健康心灵和健康生活方式的基础。此外，我校也积极加强课堂建设，构建"快乐课堂"，提倡"学会快乐"。校长做快乐课堂的"指导员"，指导课堂教学。在课堂上，教师充分挖掘知识背后的价值和意义，把学习知识的过程视为建立学生积极心理的过程，低年级时，教师会通过设置"跳一跳能够得到"的目标，让学生在气馁和放弃之前获得成功，学生在克服困难中发现了乐趣，在努力和成功间建立了联系后，随着自信心和意志力的加强，学生能付出的耐心和努力也会提升，最终就可以放手让他们自己去挑战知识的自然难度。学习是学生积极心理状态和人生态度最好的建设方式，它在努力与成功之间建立了坚实的联系，而有了努力做后盾的孩子会更自信更坚强，生活态度也更积极、乐观，这对学生终生都有益，也让快乐教育理念进一步扩展。

二、以学校为阵地，奏响快乐教育强音

在学校中，要想让学生拥有不肤浅的快乐人生，教师首先要做表率，教师必须是一个充满勇气、自信且积极的人。我校在教师队伍中树立这样一种信念：每个教师都应该是教育幸福的创造者和享受者。教师的一言一行、一举一动，甚至一个小小的眼神，都是学生的榜样，因此，我校也非常强调教师的身心健康和快乐。为教师制定了"五乐"的目标：乐健（乐在运动、健康为乐）、乐教（乐在善教、启迪为乐）、乐新（乐在吸纳、创新为乐）、乐群（乐在分享、共进为乐）、乐爱（乐在关爱、奉献为乐）。跟学生们一样，教师的快乐之源也有两个：一是来自不断钻研业务后的自信，来自不断挑战自我达成目标后的成就感；二是在日常教学工作中不断发现美、和谐、健康的东西。近几年我校也开始了对家长的正向影响，因为"家庭是最好的学校，父母是孩子最好的老师"，我校也给家长提出一个"五乐"目标的建议：乐健（乐在运动、健康为乐）、乐爱（乐在服务、关爱为乐）、乐学（乐在学习、共进为乐）、乐行（乐在生活、实践为乐）、乐通（乐在交流、共育为乐）。期待我校的教育同盟者也赞同我们的快乐理念。

教育是温暖人生的阳光，尊重、赏识每个个体，滋养每一个生命。快乐就是那一缕缕融进叶片的光辉，带着温暖，带着希望。我们相信，用快乐引领教育发展的乐章才刚刚开始，未来路上，我校会继续以"快乐"为教育阵地，不断开启新的征程！

追求卓越品质，创设成长空间

云南省昆明市呈贡区第三小学　杨文水

教育的出发点是人，教育的归属也是人。"以人为本"的教育，就是要把人的发展置于教育的核心地位，把尊重人、关爱人、培养人、发展人贯穿在教育工作的全过程。我校坚持以人为本的教育理想，不断追求卓越，为学生的成长创设发展空间，促进学生健康成长。

建校六年来，我校创建为"全国青少年校园足球国家级特色学校"、"云南省省级体育特色学校"、"云南省平安校园"、"云南省语言文字示范学校"、"云南民族团结示范学校"、"云南省性别平等教育示范学校"、"昆明市防震减灾科普示范学校"、"昆明市语言文字规范化示范校"、"昆明市绿色学校"、"昆明市优秀少先队集体"。学生参加各级各类比赛成绩斐然，荣获第九届云南省青少年学艺大赛团

体一等奖、昆明市中小学大课间比赛一等奖、昆明市第三届民族民间歌舞乐调演“传承奖”、昆明市A级鼓号队、呈贡区体育大课间比赛一等奖、呈贡区“十九大”知识竞赛一等奖。

一、锻造教师队伍，建设品质校园

教师是学校教育的主力军，教师的综合素质成为学校发展的关键。我校自建校以来非常重视学校教师队伍的建设。一是引导老师们学习，每年给老师们推荐阅读书目。二是每一批外出学习的老师，都要进行学习交流，在交流中所有老师都能听到经典、积极、颇富哲理的话语，更能听到发自老师们的肺腑之言。三是结合各种节日，开展主题团队建设活动。四是外请专家为老师们开展思想道德讲座。

学校高度重视学科带头人和骨干教师的培养、认定、考核、奖励的管理工作。学校按照市、区关于学科带头人骨干教师管理考核相关文件，制定了《呈贡区斗南学校校级学科带头人、骨干教师管理考核制度》，定期对我校的各级学科带头人、骨干教师进行管理考核。学校每年以5%～10%的增长率提高学科带头人、骨干教师人数。昆明教学名师1人，市级学科带头人1人，市级骨干教师3人，区级学科带头人5人，区级骨干教师20人，市级教坛新秀6人，区级教坛新秀5人，校级学科带头人7人，校级骨干教师11人，占教师总数的45%。

学校积极走科研兴校的道路，在课程改革中不断推进教学改革，开展校本研训。一是每学期全校老师都进行教学大练兵；二是学科带头人、骨干教师上示范课；三是学校已经形成以代伟、李昭君、李艳萍为核心引领语文课堂、以杨文水为核心引领数学课堂、以施艳芬为核心引领英语课堂的教学研磨团队，老师们在团队的督促下不断成长和进步。

自建校起，学校就开展了教师培养“青蓝工程”，通过中青年教师“传、帮、带”活动，促进教师间的相互学习和交流，不断提高我校教师的业务水平。学校围绕教学质量，抓实教学常规。一是教研组每两周检查、教导处每月检查一次学生的作业、教师的备课情况，每学期抽查《素质教育评价手册》，建立学生成长手册，给予学生鼓励性评价。二是学校积极做好导优辅差工作，对优秀教师、薄弱教师和薄弱学科进行成因分析，制定措施、形成方案。三是班主任、学科教师对考试成绩、学生试卷作全面的质量分析，找出不足，确定帮扶对象，制定《导优辅困计划》，做好导优辅困工作，并全程跟踪，填写导优辅困跟踪表。

二、优化育人环境，建设绿色校园

校园的整洁、美观是最好的育人环境。每天各班级学生都对自己班级的卫生区域进行打扫，专职人员又专门针对卫生死角、公共区域进行二次清洁，对损坏的设施进行修理、更换。德育处通过对班级的卫生评比、学生的文明习惯评比，促使学生养成良好的行为习惯，校园内无吸烟，乱丢纸屑果皮，无乱吐痰，无乱涂乱画现象。

加强绿化美化，为师生创造良好的学习环境。我校毗邻闻名遐迩的斗南鲜花交易基地——花花世界，学校将“鲜花”作为学校特色，将“绿色”作为学校品牌，开展了学校的创建工作。

依托“绿色学校”创建，打造低碳环保校园。2016年至2017年，我校以低碳环保为主题，创建绿色校园。一是在师生中开展绿色环保教育，让每个斗南人都知道“绿色”的内涵；二是组织孩子们用废弃的物品制作手工，变废为宝；三是倡导孩子们爱绿护绿，认领小树；四是将校园内的垃圾进行分类，有效减少垃圾数量，提高垃圾的利用率；五是开展环保征文，让孩子们通过收集文字信息来真正感悟环境保护的作用。

三、弘扬传统文化，建设非遗校园

自学校建校起，我校就开展了“花灯进校园”活动。我校组建了花灯兴趣班，由学校的音乐老师负责管理，校外的老师进行指导，每期学员不少于30人，三年来共培养近百名的花灯爱好者。

为把花灯普及到每个孩子，我校依托校园大课间活动的平台，以花灯为题，依据学校自身特点，编撰呈贡花灯“金扭丝”唱腔的“斗南赏花”，让孩子们在大课间活动中，舞动扇子、扭动身子，品味花灯的无穷魅力，“花灯校园”是我校的又一个代名词。

四、打造阳光体育，建设体育校园

体育是我校的优势，也是我校的特色，更是我校的品牌。我校有标准化塑胶足球场、篮球场、排球场等基础设施，有按云南省一类配置配备的各种体育器材，还有5名优秀专职体育教师，这些都为我校的体育教学、体育活动奠定了坚实的基础。

我校严格按照国家颁布标准，一、二年级每周开设4节体育（含1节足球），三至六年级每周开设3节体育课（含1节足球），大课间30分钟，保证每个孩子每天锻炼1小时。此外，每个班组建了班级篮球队、足球队，学校组建了校园足球队、篮球队、田径队，为体育上有特长的孩子搭建平台。

三年来，体育工作在各级比赛中获奖：昆明市体育大课间比赛一等奖、呈贡区体育大课间比赛一等奖、呈贡区第一届“新区杯”校园足球赛道德风尚奖和优秀组织奖、呈贡区第二届职工运动会“跳大绳”比赛第一名等诸多荣誉。

五、强化语言文字，建设书香校园

我校每年坚持订阅《蜜蜂报》，孩子们人手一份，爱不释手。报纸上的学生作文、科普知识、教育信息、学习方法都给孩子们提供了借鉴的经验，我校也被云南省蜜蜂报报社评为优秀订报单位。读好书让孩子厚积而薄发，每年学校都给孩子推荐相应的书目：《日有所诵》《青铜葵花》《狼王梦》等书籍都在孩子们手中传阅。每一届“阅得乐杯——读一本好书活动”，每个班级都获得一、二、三等奖，受到了阅读鼓励。

我校引领教师进行阅读，提升教师的语言文字素养。工作日，学校的图书、阅览室全天开放，方便老师们借阅，让他们养成读书的好习惯。2017年，学校给每位老师购买了两本书籍《如何做一名出色的班主任》《激情是成就好老师的基础》，让他们从专业上、思想上重新定位自己的职业，同时在阅读中感受语言文字的魅力所在。

六、狠抓常规管理，建设平安校园

十年树木，百年树人，常规管理是学校管理工作的出发点和落脚点。因此，我校以“一切为了孩子，为了孩子的一切，为了一切孩子”为学生管理的指针，狠抓常规管理，建设“平安校园”。

开展思想品德教育。利用国旗下讲话、班队课、专教课、黑板报、宣传栏等一切有利的教育阵地对学生进行爱国主义教育、思想道德教育、低碳文明教育、行为习惯教育和生命、生活、生存教育。同时，通过征文、演讲、手抄报比赛，升华孩子们的爱国情感，陶冶孩子们的爱国情操。

规范学生日常行为。没有规矩，不成方圆。我校以《小学生守则》《小学生日常行为规范》来规范学生在行为举止，并创建出学校自己的教育范本。

培养学生的法治意识。我校坚持在日常的学科教学中渗透法治教育，文道结合，培养学生的法治观念；利用主题班会或队会组织学生学习法治知识，提高学生的法治意识；利用学校的板报、橱窗宣传法治教育内容，增强学生的法治观念。

积极开展安全教育。我校成立了校长为第一责任人、副书记为主要负责人的安全工作领导小组，实行安全网格化管理。

2016年，我校成功创建为“昆明市平安校园”、“昆明市防震减灾科普示范学校”；2017年12月，顺利通过“云南省平安校园”创建。

七、培养学生特长，建设快乐校园

我校有多个兴趣小组：舞蹈、合唱、书法、足球、篮球、花灯、滇剧等，在兴趣小组活动中，培养了孩子们的特长，让他们有了发展的空间。我校的合唱队在呈贡区合唱比赛中荣获二等奖；少先队鼓号队连续两年认定为昆明市A级鼓号队。

学校积极贯彻落实《中小学体质健康条例》，开展丰富多彩的体育大课间活动，把原来单一的做广播操丰富为跳课间集体舞和玩孩子们喜闻乐见的游戏，受到了师生们的欢迎。三年来，我校的大课间参加各级比赛荣获云南省二等奖、昆明市一等奖、呈贡区一等奖。

成绩属于过去，面向未来，作为一所有追求的学校，有生命力的学校，还有更高的理想和更远的目标，我们将以现代化的理念引导办学思想，以现代化的管理规范办学行为，以现代化的手段促进办学实效，以现代化的设施保障办学水平，努力为孩子们创设一个充满希望和活力的空间，把健康与美献给孩子们，让进入三小的每一个孩子拥有一个七彩斑斓、梦一般的欢乐童年，让孩子们的童年成为一生中最美好、最幸福的金色时光。

九个“融合”奏响学校民族团结教育“交响曲”

——江城县民族小学开展民族团结教育综述

云南省普洱市江城县民族小学　李春荣　姜云丽

江城县民族小学创建于2000年，是一个哈尼族、彝族、傣族、拉祜族、瑶族、布朗族多民族融合的大家庭，现有师生1421人，其中教师72人（少数民族教师67人），学生1349人（少数民族学生1165人）。多年来，学校一直坚持以人为本，结合本着“办特色学校，创示范性校园”的原则，以九个“融合”抓好民族团结进步模范校的创建工作，奏响了边境学校民族团结教育的“交响曲”。

民族团结教育与办学方向相融合

针对民族学生众多的特点，学校积极探索适合少数民族学生的教育方法，让少数民族学生“进得来、留得住、学得好、上得去”。学校做到：对贫困的少数民族家庭的学生重点关照、重点扶助、重点培养、让少数民族学生“进得来”。尊重民族学生的生活习惯，优化育人环境，让民族学生既“进得来”，更“留得住”。做到认真贯彻“两免一补”政策，对民族同学加大帮助的力度，同时学校在开展各种形式民族团结教育的同时，发动师生为民族学生献“爱心”活动，为困难的民族学生捐款献物，将关爱民族学生之心体现在爱心行动上，鼓励民族学生自强、自立、自信，坚决做到“一个不能少”。做到根据少数民族学生学习基础和心理特点，深化教育教学改革，结合江城民族构成开展了哈尼族、彝族“双语”课外教育。

民族团结教育与德育相融合

学校通过教职工大会、家长会、红旗下的讲话、黑板报、举行知识竞赛、悬挂横幅、张贴标语等形式，加强“反暴力、讲法制、讲秩序”民族团结专题教育；以“三个增进”为抓手，“三个人人”为载体，把民族团结教育活动和马克思主义“五观”和“四个认同”宣传教育结合起来，教育引导全校师生牢固树立“团结稳定是福、分裂动乱是祸”、“三个离不开”和“两个共同”的思想。大力营造了和谐相处、和谐稳定的良好教育环境。每年，学校发放民族团结宣传单300余份、出黑板报23期、悬挂横幅6条、举办民族团结知识讲座2期，受教育师生、家长达4000余人次。

民族团结教育与学科教育相融合

学校把民族团结教育作为工作重点，将民族团结教育课程列入教学计划，纳入各类学科中。如在语文课上，教师可根据课文内容进行民族知识渗透，让学生了解民族历史和民风民俗，如在教学《难忘的泼水节》一课时，就可以进行傣族的民风民俗教育；在品德社会课上，有民族团结教育的内容学习，教师就可结合课本内容及县域民族构成进行专题的民族区域知识、少数民族知识进行教育；在音乐课上，组织学生一起学唱民族团结歌曲、学跳民族舞，让音乐成为各民族的共同语言；在美术课上，教师相关民族的服装、工艺品、图案等作为美术教学的范例，指导学生在实践中去了解各民族的风土人情，文化内涵。比如，手工课上，让学生制作民族娃娃，用各种卡纸制作民族工艺品。绘画课上，让学生画出家乡美景，边疆村寨。体育课上，组织学生学习民族课间操……“春风化雨，润物无声”，学校把民族团结教育渗透于各学科教学过程中，让学生在潜移默化中接受民族团结教育，真正把民族团结教育落到实处。

民族团结教育与校园文化相融合

学校努力挖掘少数民族文化的特色，积极营造“同唱一首歌、同建一个家、同是一家人”团结友爱的校园文化氛围，让学生了解到江城就是一个多民族的大家庭，增强师生的民族自信。利用校园橱窗、墙壁、布标、广播，通过书画展、黑板报、每周升国旗、国旗下讲话和校园广播等平台，进行民族团结教育的宣传。特别把民族文化、知识、政策、法律法规和国学经典文化融合起来，营造了浓郁的宣传氛围。利用学校正门口76米的墙壁展示了江城县21种少数民族的服装、生活习俗的人物绘画，利用学校侧门60米的墙壁展示了学习、毅力、孝道等国学经典文化浮雕，利用校园内107米的墙壁展示了学校开展民族文化进校园的创建活动。现在，无论是校园内外的民族文化长廊，教学楼道上当地少数民族文化橱窗，还是校园双语广播，处处都彰显出民族小学是一个多民族融合的、团结的、和谐的大家庭。

民族团结教育与课外活动相融合

学校依托少先队组织努力抓好民族团结教育与民族传统节日、民族体育、艺术之间的结合，各中队组织广泛开展了学唱一首民族歌曲，学跳一个民族舞蹈，画一幅民族风情画，讲一个民族英雄故事，看一部民族故事片，做一件民族工艺作品等，聘请我县民间艺人及县文化馆教师为学校民族文化活动班授课教学师生学习彝族烟盒舞、彝族花鼓舞、独具民族特色的课间操，体验民族舞蹈的魅力，同时增强学生的身体素质，给校园文化生活增添了色彩。每年学校开展“民族团结一家亲”的主题绘画、手工作品和“红领巾相约中国梦”演讲活动以年级为单位进行比赛，对获奖的作品和个人进行了奖励，进一步营造了民族团结教育活动的良好氛围。利用主题班队会开展讲民族英雄故事活动。结合学生对英雄人物的崇拜心理，先从少数民族英雄人物的故事讲起。如康熙皇帝大有作为，成吉思汗驰骋疆场，图尔扈特决心东归，马本斋英勇抗敌。结合学生对新知识的好奇心理，向学生介绍极具特色的少数民族文化、生活风情。

民族团结教育与社会实践相融合

学校积极组织学生走出校园，进村入户下地，到敬老院、五保户家中开展帮扶服务，帮他们打扫卫生、整理床铺，弘扬中华民族“尊老、爱老、敬老、助老”等传统美德；组织到社区、各自家乡开展社会调查、社会实践等活动，让学生接触社会、认识家乡、增强社会责任和使命感；组织师生去参观烈士陵园、县民族文化馆等民族团结基地参观学习，使得广大师生充分认识我县历史文化传统，深入了解各族人民大融合，不断增强广大师生民族自尊心、自信心和自豪感。通过开展民族团结教育社会实践活动，不仅激发了大家热爱家乡的感情，更重要的是学生增长了见识，了解了社会，提高了社会适应能力。

民族团结与本地民族特色相融合

学校积极开发民族常识校本课程，2018年学校编印了《江城哈尼族彝族自治县少数民族歌曲选编》和《知我民族爱我民小》校本教材。并整合整合哈尼族、彝族、傣族等的民族文化资源，创新学校民族课间操，依托学校音乐、体育教师创编了一套哈尼族舞蹈《阿米车》、彝族舞蹈《嘟哩类果哩》和傣族歌舞串烧的课间操活动，把烟盒舞、火把舞、孔雀舞等当地少数民族音乐的精髓融入课间操，结合学校一年一度的文体艺术周进行民族课间操评比，民族团结与本地民族特色得到了融合。2000年至今学校共获得县级、市级、省级、国家级荣誉称号45个，特别是2017年学校被云南省教育厅授予“云南省中小学民族团结教育示范学校”的光荣称号。2019年，赵坤教师代表江城县参加云南省第四届民族团结说课比赛，取得省级第二名的好成绩。

民族团结教育与法制教育相融合

学校以“四五”、“五五”普法为工作重点，不断加强依法执教、依法治校，充分发挥进校合一的作用，聘请校外法制副校长和辅导员，每学期对师生开展《宪法》《刑法》《未成年保护法》《反家庭暴力法》《预防未成年人犯罪法》《反校园欺凌法》《禁毒法》等各种法律、法规宣传教育活动，同时也积极组织勐烈派出所、县司法所、县民宗局、县关工委联合对民族政策、法律法规常识讲解，让学生感受法律的威严，了解党和国家在民族团结方面的相关法律规定。同时学校制定了《关于开展“民族团结进步法治宣传周”活动实施方案》，编印了民族宗教政策法规知识宣传资料7386余份，通过家长会、课外阅读等活动做好宣传教育。并通过“互联网+”法制宣传增实效。利用微信、美篇等平台，发布民族团结相关信息7316余条，发布民族团结进步宣传短信7316条，提高了广大师生、家长学法、用法、知法、守法的自觉性和实效性。

民族团结教育与抵边教育相融合

学校根据江城与老挝、越南毗邻，“一城连三国”，国境线长183公里。居住着哈尼族、彝族、瑶族等24种少数民族，有6个跨境民族，1个直过民族，少数民族约占全县总人口的80.6%，是云南省27个深度贫困县和宗教工作重点县之一的基本县情，积极开展抵边教育。抓住重大节日、纪念日等如六一儿童节、国庆节、建党节等契机，根据小学生不同特点，大力开展地方党史、军史、革命史、社会主义核心价值观、江城县情等教育，同时结合目前县上开展的争创美丽县城、卫生县城、民族团结示范县、疫情防控、扫黑除恶、禁毒防艾等工作，教育学生爱国、敬业、诚信、友善、守边兴边稳边及自觉主动参与各项活动就是爱祖国、爱家乡的表现，就是为保卫祖国和家乡尽了自己的一份力。

江城县民族小学九个“融合”抓好民族团结教育工作取得了显著的成效。现在，学校教职工之间、教师和学生、学生和学生之间互相尊重、互相帮助，大家在一起互相学习共同进步，教育教学成绩也日益提升，近年来，一至六年级语文、数学学科参加全县统一监测，成绩排名都能名列前茅。2019年六年级语文、数学参加全市统测，语文、数学的总平均分88.7分，居全县第一名；2020年六年级语文、数学参加全市统测语文、数学的总平均分88.1分，居全县第一名，全县语文、数学总分双科排名前20名，民小占了10名，全县数学100分有7人，民小有6人，罗茸同学语文、数学总分196.9分，全县排名第一名，杨柠语文成绩98.5分，单科排名全县第一名。各族人民是一家的画面在这里得到了真正的体现，社会赞誉之声日渐增高。在今后的工作中，学校将一如既往，继续将民族团结工作作为学校的重中之重，创新方法方式做好民族团结工作，以促进学校教育事业及各方面工作的开展。

做温暖教育，办有故事的学校

云南省曲靖市第二中学 李舜荣

教育是把一个人的先天潜能激发的过程，让一个人的潜能得到最好发展的教育就是最好的教育。教育是塑造人的外观形象和内在气质的一种活动。“做有温度的教育，办有故事的学校，育有品质的学生，当有品位的教师”是我校的教育追寻。“做有温度的教育”就是学校管理是科学严格规范的，是温暖智慧人性化的，是为学生的最大、最好发展设计的；“办有故事的学校”就是在“做有温度的教育”中，将学校的常规管理、学生生活学习、教师教育教学等学校教育以故事性、文学性、正能量的文字形式记录下来，每年出版一本“办有故事的学校”的二中文化传承之书；“育有品质的学生”就是在教育有温度、学校有故事的教育中，培养高品质的世界公民和高素质的国家建设人才；“当有品位的教师”就是在教育有温度、学校有故事、学生有品质的教育中，教师要做有品位的教师。

我校以“科学制度+精细管理+人文关怀+智慧育人”开展立德树人工作，按照“面向世界，着眼未来，厚积薄发”立德树人的育人目标，为学生未来幸福人生的温度、宽度、高度、厚度发展奠基，培养走向世界、为实现中国梦而奋发读书的新时代建设人才。

一、做温暖的教育，育有智慧的人

温暖的教育，是教师要学会宽容学生，但宽容不是不讲原则，而是要辩证看待发展中的学生，允许发展中的学生犯错改错。学生在成长中所犯的错误大多数是“美丽的错误”。

温暖的教育，是教师会欣赏学生，看到学生发展的差异性和种种可能性，是教师学会与学生沟通，走进学生的心灵，以温暖的心点燃学生向善向上的激情，融化其拒绝和抵触的坚冰。温暖培育温暖，温暖带动温暖，从而温暖地走向温暖与反哺温暖。学生的幸福生活、智慧成长，温暖是前提，自己暖和，让别人感到温暖，这才是温暖教育。

做温暖的教育，是德行与修为，是鼓舞与召唤，是情怀与力量。做温暖的教育，要欣赏每一个学生的曼妙风景，教师要带上智慧，带上责任，带上热爱，带上温暖，带上真诚，一起以温暖教育培育温暖智慧的人。

生命是有差异的，教育要顺势而为；生命是有节律的，教育要顺时而为。教师如果不打开学生的心结，即使走遍了世界，也只是当了回邮差。淡泊才能宁静，才能致远，才能带给学生一个心灵美好的世界。

“教育即生长”，离开人的成长，离开人的生活就等于离开教育的本真，教育就失去了根本，所以，温暖教育的本质是人性关爱。

教育的情怀应该是一种激情、一种热爱、一种对教育的执着与投入，乃至一种狂热与追求。爱是教育的基础；没有爱就没有投入、没有坚守、没有奉献，更谈不上创新。

二、优化课堂教学，做到精准施教

温暖智慧教育，教师要激情满怀地投入教育教学，在课堂上，教师能够放下师道尊严，变换角色，能够耐心等待学习慢一点的那个学生，让学生成为课堂的主人，大胆热情讲解，同学友好互动交流，人人处于主动学习、积极思考的激情学习状态，教师不再是占领课堂制高点、完全占据课堂主动权的人，学生听课味同嚼蜡、恹恹欲睡。

发挥教材的智力因素，促进知识转化为能力。课堂上教师要发掘知识的智力价值，使学生在理解运用知识的同时，学习和掌握凝集于知识之中的方法和智慧；寓能力的培养于学生探求知识的活动之中，课堂学习的每一步都能调动思维，将知识转化为能力。

挖掘教材内在思想性，教书育人。课堂上，教师要把教材内在的思想教育内容都要挖掘出来；在传授知识的同时，有机地渗透思想教育，关注学习目的、学习态度、学习意志、学习习惯的培养。

主体主导相统一，调动学习积极性。课堂上教师要诱发学生学习内因、激发主动性；对学生的自我表现给予公正积极的评价，调动学生的学习积极性；教师设置“障碍”，引导学生活跃得恰到好处，满足求知欲，提高学生学习自觉性。

面向全体学生，注意教学健康。课堂上设置的疑难问题最好能广泛地调动学生思维，采取恰当形式，因地因人因宜，分层次提问，给不同学生以展现的机会；教师耐心启发，及时化解思维障碍，悉心捕捉学困生的思维闪光点，予以鼓励。关心学生的健康，不增加学业负担，注意教学卫生。

教学目的明确，重点突出。教师确定的教学目的切合实际，把教学目的明确地交给学生；课堂环节、教学手段能明确体现课标要求；尽快进入重点内容的教学，教学时间得到保证，重点知识和技能得到巩固和强化。

教学内容合理，难易适度。课堂上教师分清主次，抓住重点，把握关键；注意知识的系统性、连贯性；对教材的分量、广度、难度、进度和训练强度要达到的程度都有全面考虑，通盘安排，要求适度；教学思路清晰，前后衔接紧密，突破难点、疑点的方案有效，练习、提问的设计科学，富有计划与梯度，针对性强。

教学方法多样，驾驭艺术。教学方法灵活，启发探究。课堂上教师运用的方法恰到好处，引人入胜；把握学生发展的最大可能性，引导学生观察分析、主动探究，体现一定的思维力度；善于指导、点拨，引导学生带着问题独立钻研，顺利释疑；学生敢于质疑问难，提出的问题抓住要害，具有普遍性；学生主动发言、讨论积极，思路清晰。

联系实际因材施教。课堂上既要根据学生实际安排教学内容，又要根据学生的个别特征和现有可能，适当增删教学内容，提出不同要求，采取不同的方式方法，布置不同的作业，使每个学生在不同的起点上都有收获和提高。

三、智慧人文制度，促进师生成长

良好的学习习惯，是一个人一生走得远、走得高的品质之一，《曲靖市第二中学学生学习习惯20条》从课前预习、课堂学习、课后复习、考试能力等四个方面指导、引领、培养学生的良好学习习惯，为学生的幸福发展、智慧发展打好坚实基础。

曲靖市第二中学关于学生做错事教育的最终目的：以温暖智慧的教育，不让一个二中学生在校学习期间受到处分（如记小过、记大过、开除学籍处分等）而得到最好的教育，成就学生的一生幸福。

根据《曲靖市第二中学“双优教师”评选方案》要求，教师不但要尽全力教好学生（这是教师一生的事业），成为优秀教师，还要用最高的智慧教育好、爱护好、陪伴好自己的子女，成为优秀家长（这是家庭幸福的最大保障）。

按照全国将培养“数以百万计的骨干教师、数以几十万计的卓越教师、数以几万计的教育家型教师”的要求，学校未来的教师培养，分四个层次进行培养和考核：第一层次，“骨干教师”；第二层次，“卓越教师”；第三层次，“首席教师”；第四层次，“教育家型教师”。学校计划用5-8年时间，全面建成曲靖市第二中学的高素质、高品位“百人名师团队”教师队伍。

《曲靖市第二中学“文明家庭”评选方案》从父母评分、爱人评分、子女评分三个维度各10条评分标准进行评价，每个维度满分100分。从生活中的细小、真实事件开展评分，如一月之内，是否回家与父母吃一次饭（或打一个电话或发一个问候短信）；一周之内，是否在家做一次家务（如打扫一次卫生、做一次饭、洗一次衣服等）；是否与子女吃一次饭（或一次贴心交流或一次体育活动、读书活动等），平均得分在95分以上的家庭才能评为曲靖市第二中学“文明家庭”。

《曲靖市第二中学高考质量“双向双责”考核方案》规定：一是班主任、科任教师对学生的教育要科学、高效、严格，出质量。二是学生对教师的教学活动要尊重、参与、主动，出成绩。三是分管教学的副校长关于高三的高考质量与年级主任实行严格的目标管理责任制，奖励和处罚同责。四是实行年级主任与班主任对学生健康安全、心理安全的双向奖惩责任制，让学生在和谐、平安、文明的二中校园中幸福地学习、生活。

《曲靖市第二中学教学大数据管理办法》将二中人在教育教学工作中积极、主动所做的每一件事、每一项工作，所取得的成绩和成果，都以一定的权重和量化分记入各人的教学大数据库，每月公布一次，每年进行一次表彰奖励，分别设一等奖10名、二等奖10名、三等奖10名。让每一位二中人在曲靖二中的优质发展史上，都能找到自己的智慧贡献，都能为曲靖二中“温暖教育，智慧育人”的特色教育，做出个人的主动奉献。

《曲靖市第二中学教学成果奖励方案》实现了“123”工程。“1”是指：在全校形成以教育教学为中心的学校管理和发展特色。“2”是指两项措施：一是重奖优秀者，突出教师教学工作个人研究的重要地位；二是推出优秀团队，打造曲靖市第二中学高品质“百人名师团队”。要想走得快，一个人行走；要想走得远，优秀的人组团走。“3”是指三个成果：一是推出一批新课程新教材“课堂教学改革成果”，形成几种独特的课堂教学模式（如“大单元学历案”课堂教学）；二是巩固一批经典教学成果（如课题研究奖、校本教材开发奖、论文著作奖等）；三是建立好学生、好教师、好机制、好学校的特色发展制度。

教育有温度，不仅可以温暖学生，也可以温暖家长。好的教育，不仅学生获得成长，家长同样获得成功。教育者可以平凡，但不可以平庸；可以有穷气，但不可以有俗气。做有温度的教育是快乐地，拥有温暖的校园是幸福的。一所真正的好学校，其实就是一个温情的校长带着一群温暖的教育人做有温度的事，干着一件既普通又伟大的事。

十四五期间，我校将以百年办学特色为基础，以立德树人为目标，培养一大批具有曲靖二中特色的“五星班主任、卓越班主任、模范班主任”，以全体二中人的温暖教育智慧培养具有家国情怀、人文厚重、高雅品质、智慧人生、较强能力的世界公民和国家优秀建设人才。

百年历史，一世乐章

云南省曲靖市会泽县工农小学 张丽

学校是一方育人沃土，是以文化人、授业解惑的场所，引导着生命扬帆起航的方向。千年铜都，古乐悠扬。我校坐落于在国家级历史文化名城——会泽古城中心，金钟山脚下，是一所历经百年积淀的老校。目前，学校占地10273平方米，教职工66人，校园环境优美，师生氛围和谐。办学以来，我校始终秉承“教师成长、学生成才、学校发展”的办学思路，坚持立德树人根本任务，致力学校文化建设，狠抓学校管理，打造了一支业务精湛、品质优良的师资队伍，不断推动学校发展。近年来，我校还大力进行学校建设，办学条件得到极大改善，有教学楼、办公楼、足球场等设施，为学校教学提供了保障。学校先后荣获“全国红旗大队”、“全国青少年文明礼仪教育示范学校”、“全国青少年科技教育示范学校”、“云南省文明单位”等100余个荣誉称号。种种成就，不仅鼓舞了全校师生的信心，也为学校未来发展提供了保障。

一、不忘历史，铭记于心

来到学校大门前，古朴别致的大门非常吸引眼球。大门上有一副对联，上联书：雏凤学飞万里风云从此始；下联写：潜龙奋起九天雷雨及时来。在大门的左边，是我校刚刚建成的校史馆。校长张丽说：“值此学校一百一十年华诞之际，我校设馆纪念，缅怀先贤；展现成果，追怀荣光；鼓励后学，继承传统；深自砥砺，开拓新境”。这所校史馆，沉淀着我校最为深刻的历史，走进其中，让人仿佛穿越了一样，一百一十年的沧桑历史吸引着人们去解读和回味它的昨日和今天，去遥想它曾经的风雨和沧桑……校友代表邱其茸和她的家人对那段岁最有感悟。学校四年级4班的邱其茸于2017年进入我校读书，她的爷爷李顺阳于1973年从工农小学毕业，她的妈妈李艳萍于1996年从工农小学毕业，像李顺阳一家三代人先后在工农小学上过小学的例子还有很多，有的甚至是四代人先后在工农小学上小学。对这些人而言，工农小学就是他们真正的家，给予他们温暖和关爱。

当然，随着时代的变迁，学校已不再是土墙砖瓦堆砌的样子，如今，学校集人文和自然于一身，融古朴和现代于一体，校园每个角落都流淌着文化韵味，散发着勃勃生机。在这里，不仅可以嗅到诗词歌赋的清香瑰丽，可以听到器乐歌曲的婉转悠扬，可以看到艺术画室的个性张扬，还可以感受到文体活动的丰富多彩。白驹过隙，时光荏苒。虽然学校的面貌发生了翻天覆地的变化，但昔日留存的记忆，已经永远留在这个地方，化作源源不绝的精神力量，融于土壤，绽于天际！

二、书香浓郁，文以化人

校园文化是学校可持续发展的动力，是学校综合办学水平的重要体现，也是学校个性魅力与办学特色的体现。学校有了文化，文明就有了深厚的土壤。为此，一直以来，我校紧紧围绕"琴棋书画"不断加强校园文化建设，建设了琴棋书画四个梯角书吧和走廊书吧，建设了班级图书柜，建设了琴棋书画等课外活动教室，让教室里的每位学生在富有文化气息的校园中接受传统文化的熏陶。同时，我校积极开展丰富多彩的校园活动，琴棋书画、吹拉弹唱、艺术与体育、科学与思想、知识与实践，每一项都精心设计，让学生在丰富多彩的活动中潜移默化地全面发展。德育课程精品化，开笔礼、成长礼、志学礼如今已成为学校德育教育的精品课程，学生身着汉服，在庄重的儒家传统仪式中，感受传统文化的魅力。活动的开展，培养了学生勤学苦习、尊师孝亲、仁爱处世等优良品德，在学生心中根植文化基因，让工农学子面孔洋溢着文化自信。

教育是一份伟大的事业，而教师则是一群伟大的人。我校的教师是一群甘于吃苦，勇于奉献的人，他们为实现工农梦想，义无反顾的奉献了自己的青春年华，满头银发仍躬耕于课堂，始终把教书育人作为人生的最高追求。用他们的青春和热情续写着工农的辉煌，全身心付出，成就他们心中的教育梦。此外，我校还有一个开拓进取、团结拼搏、能抓会管的学校领导班子。他们精诚团结、勇于开拓、锐意进取，狠抓过程管理，使学校管理工作更加民主、科学、高效。正是他们用自己的智慧和汗水，才让学校不断获以发展，走向美好的明天。

记得副县长李晴在谈起我校时深有感触地说："工农小学是乌蒙大地培育出的一所百年名校，更是千年文化名城孕育出的一颗教育明珠。工农小学始终坚守在古城闹市中，见证着会泽县城快速发展的历史进程和会泽教育的不断崛起壮大。"

三、沧海桑田，万世流芳

2020年12月26日，我校举行了建校110周年校庆活动，以"家园梦、工农情"为主题，演出了丰富多彩的文艺节目。演出现场，几位校友带来歌曲连唱《那些时光》。朗诵《工农志》的琅琅书声在耳边传响。《我们爱劳动》讲述了劳动最光荣，勤奋出智慧的道理。今年，学校创作的苗族舞蹈《苗娃沐党恩》登上了中央电视台少儿频道，充分展现了学生综合素养全面提升的情况。情景剧《回首百年、未来可期》展现了工农小学薪火传承，正披荆斩棘，以全新的姿态，为会泽教育事业书写新的篇章。歌伴舞《我们的新时代》演绎艰难坎坷的过去，永远铭记曾经的苦难，用凌云的气魄开创新时代的辉煌。"金钟山下，百花齐放，美丽的校园孕育希望，走近工农，编织梦想……"大家唱响工农校歌《梦想起航，共筑荣光》。活动期间，所有人都陶醉在优美的歌舞中，感怀那段艰难岁月，同时也为今天学校的成就而自豪。演出现场，一些优秀校友还通过视频方式，表达了对母校的祝福。2007级1班的曹栩现在在澳大利亚昆士兰大学攻读学士学位，他说："欣闻母亲110周年校庆，向母亲致以最诚挚的祝贺！百年树人，人才辈出，愿母校和积历史之厚蕴，宏图更展，再谱华章！"2003级3班的肖亚宇现在在清华大学攻读硕士学位，他说："桃李不言满庭芳，弦歌百年今又始。愿母校继往开来、再创辉煌！"

白驹过隙，沧海桑田。一百一十年前，学校经受住了从无到有的挑战，不仅用心血和汗水打造了一所教育园圃，还为后世留下了一曲华丽的乐章。今天，立足新的起点，我校将继续身怀教育的理想，不忘初心，迈着坚实的步伐，执着激情地走在教育的道路上。大力发扬传统，开拓创新，以德育为本，以学生为先，和谐共进，翱翔未来，承载着一百一十载的深厚文化与历代工农人的宏伟梦想，以担当的情怀领跑教育发展，敢为人先，始终如一，用情怀装点教育事业的百花园，用生命继续谱写一曲又一曲教育新歌。

做有思想的教育，创乡村温馨校园

云南省昭通市昭阳区苏家院镇双河小学　陈云　叶琼

乡村教育，关系着乡村振兴，关系着全面小康，关系着民族复兴。

农村要真正实现现代化，首先要办好乡村教育。实施乡村振兴战略，就要优先发展农村教育事业。为深入贯彻中央脱贫攻坚战略和乡村振兴战略，认真落实全国教育大会、全国基础教育工作会议精神，贯彻《中共中央国务院关于深化教育教学改革全面提高义务教育质量的意见》要求，根据《教育部办公厅关于推进乡村温馨校园建设工作的通知》精神和创建条件，我校立足实际，多方面打造灵动特色学校，着力创建乡村温馨校园，

一、合理规划布局，创建温馨校园

我校修建于双河村中心地带，地域空旷，依山傍水，交通便利，无地质隐患，属苏家院镇双河村村级完小。

光绪初年由迟姓兴办义学，民国二十年（1931年）开办初等小学，1952年正式更名为双河小学，占地8.8亩，1996年征地3亩，对学校进行了绿化，建起了球场、围墙、大门等配套设施。2012年9月新征地35亩，进行了改扩建，2014年6月建成。学校现有教学班15个，学生694人，教师38人，师生比1：18.3，教师学历达标率100%。校园占地面积46.8亩（31212平方米），生均45平方米；建筑面积6155平方米，生均8.86平方；绿化面积4934.7平方米，绿化率为15.8%；学校图书室现有图书47639册、阅览厅藏书21172册，共计68811册，生均图书达到99册。学校教育教学设施齐全，办学条件超过省定标准。学校立足高起点规划、高标准建设、高质量达标的发展思路，把学校合理规划为教学区、运动区、生活区三部分。

学校教学区，有教学班15个，还设有图书室、音乐教室、美术室、舞蹈室、科学实验室、书法室、少先队活动室、计算机教室等和面积534平方米的可供学生阅览、室内体育、学校开展文艺活动、大型会议等功能的综合活动大厅。

学校运动场占地19429平方米，其中配备带跑道足球场1个、篮球场3个、羽毛球场1个、其他体育设施2个，生均达28平方米。

学校生活区，食堂和餐厅建设标准，能满足全校师生就餐，实行规范管理，干净整洁。

二、实施全面育人，沐浴温馨教育

我校通过多年的艰苦探索与不断实践，根据现代教育理念和地方文化特色与几任校长的哲学思考，形成了学校特有的办学思想即：做有思想的教育、办有特色的学校。学校以"一切为了学生的习惯好、品行好、学习好、身体好、才艺好"为办学宗旨，确定了"把学校打造成学生健康成长的乐园、教师技能提高的舞台、师生共同成长的世界"的办学目标，形成了校训：好习惯成就幸福人生；校风：诚实守信、文明和谐；教风：敬业爱生、循循善诱；学风：自主学习、合作探究。

在教育教学中，学校始终全面贯彻国家教育方针、政策，以素质教育为核心，以一训三风为引领，2015年开始，我校探索出"三步六环节"课堂教学模式，以学生自主学习为主，让学生在课堂上充分张扬个性，释放潜能，着力打造温馨、灵动的课堂。2016年根据《云南省教育厅关于义务教育课程设置试点工作的通知》申报并被云南省教育厅认定为义务教育课程设置试点学校。同时，还开设了拥有70台平板电脑的电子书包课堂，使学生拥有更加灵活多样的学习手段。

在充实学生文化活动的同时，为了提升学生的身体素质，学校早上第二节课后设置了30分钟的大课间活动，大课间分为两部分：前十分钟是学生跑操；接着是20分钟的以班为单位，以兴趣为导向的武术操、竹竿舞、呼啦圈、跳绳、羽毛球、滚铁环、踢毽子、舞蹈等特色活动。

如今我校的学生个个阳光自信，人人活泼可爱，多数老师也被市区教育主管部门评为优秀教师、骨干教师、教学能手、教学新秀、学科带头人，师生们正沐浴着温馨灵动的课堂一起快乐成长着。

三、铸牢安全屏障，营造和谐氛围

我校始终把安全工作放在各项工作之首，认真贯彻落实各级安全工作文件、会议精神，制定和完善了《门卫制度》《消防安全制度》《防震安全紧急疏散演练方案》《防校园欺凌》等制度和方案。每学期邀请法制校长为师生作相关专题讲座；通过国旗下讲话、宣传橱窗、广播站、主题班会等形式，普及学生自护自救安全常识，增强学生的法制意识和安全防范意识，做到遵纪守法，做文明学生，同时结合禁毒日、消防宣传日、交通安全宣传月等开展教育活动。近年来没发生一起安全事故。

学校绿化成阶梯分布状，把教学区、运动区和生活区分隔开来，学校周边绿树成荫，花香鸟语，学校和周边环境融为一体、相辅相成，把学校点缀得温馨、和谐，让校园处处发挥出强大的育人功能。校园内有"文化墙"、"一训三风"等宣传栏及警示标语，立足学生发展需要，人文色彩明显，处处洋溢着浓厚的校园文化氛围。宣传橱窗内容丰富，更新及时，师生关注度高。班级文化时时处处对学生进行熏陶。校园整洁，校貌优雅，环境美观，凸显了环境育人的特色。

学校成立"留守儿童关爱之家"，聘请了专业的心理教师为留守儿童及部分特殊家庭的孩子定期做心理辅导。定期为残疾儿童送教上门、送温暖等活动；在寒暑假，组织冬夏令营活动，让留守儿童感受到家的温暖，丰富了他们的假期生活。春秋两季，组织师生运动会，促进了学生与学生、学生与老师、老师与老师之间的互动与合作，形成了温馨和谐的校园氛围；每当有老师退休，学校都要为他们举行欢送会，以表达对退休教师的感谢与关怀。

四、加强课程开发，凸显特色育人

我校在开齐课程、开足课时的同时，加强校本课程资源开发，凸显特色育人。借助"乡村少年宫"项目及"全国青少年足球特色学校"

项目多方位培养学生的特长与技能。利用周末、冬令营和夏令营开设了足球、篮球、美术、趣味英语、书法等15门特色校本课程，多方位培养学生的特长。特别是足球队得到了上级领导的高度赞扬和社会的高度认同，近年来，向云南师范大学附属中学等多所学校输送了足球特长生；学生在汉字听写大赛、朗诵比赛、征文比赛等活动中，取得了优异的成绩。校本课程的开发与使用为双河小学学生提供了更多展示自己的机会，发挥了自己的特长，多渠道打通学生的成长发展之路。

近年来，学校从硬件和软件上都在不断着力打造着特色校园、文化校园、温馨校园、文明校园，相继得到了省教育厅、市区教体局等各部门肯定和表彰。

2014年被评为内涵发展项目市、区级示范学校；同年11月全市学校内涵发展现场观摩会在我校举行；同年被评为“市级现代教育示范学校”；2014年至2016年春多次成功接待了各县（市区）内涵发展项目学校的参观学习；2015年5月中国西部地区教育综合改革“中国好课堂万里行”昭通站观摩活动分会场设在双河小学，同年学校的办学经验被刊登于《未来教育家》杂志，9月被昭阳区教育局评为“区级名校”；2016年成功申报为“全国青少年校园足球特色学校”同年获云南省中小学校体育大课间活动二等奖，被昭通市教育局评为“昭通市文明学校”；2017年4月被云南省教育厅评为“全国青少年足球特色学校先进集体”，5月被云南省教育厅列为云南省教育信息化应用试点示范学校。足球特长生代表昭通市分别参加了2017年和2018年“云南省校园足球四级联赛总决赛”并获得第八名和第六名，并向云南师范大学附属中等多所学校输送了足球特长生。

温馨相伴，幸福守望。我校始终以“把学校打造成学生健康成长的乐园、教师技能提高的舞台、师生共同成长的世界”为办学目标，实现“师生携手成长”的办学理念，多方面打造灵动特色学校。下一步，我校将紧紧抓住大有可为的历史机遇，积极探索新时代教育发展新样态，继续推进乡村温馨校园的建设，努力为全区农村教育的高质量发展增光添彩。

线上教学，教师课程领导力的新挑战

浙江省杭州市富阳区春江中学　章建春

2020年新年伊始，面对一场突如其来的新冠肺炎疫情，教育似乎按下了“快进键”。一时间，全国多地多校纷纷引入线上教学，数十万教师成了“网络主播”。用“线上教学”全面替代“线下教学”真的是全新的挑战，但不管是“线上教学”还是“线下教学”，教学的本质属性不变——通过有目的的认知活动培养人。

突破短线性思维，建立新常态模式

由于突发疫情，教师们被迫接受“线上教学”，但期间一些学校、一些教师强烈期盼复学，因此对在线教学在认识上明显表现出应急短线思维，在行动上也出现短期行为，自然很少对在线教育进行深度研究。尽管互联网已经深入社会生活方方面面，深刻地改变着人们的生产生活方式，但在学校教育方面，教育技术的应用显然不够。

就像在线购物、在线支付一样，可以预见在线教育定会成为未来学校教育的日常。高质量的在线教育不仅可以解决师生不能到校的应急之需，还可以化解当下学校乃至区域优质师资资源不足、师资不均衡、教师结构性缺编及教师外出学习难等问题。因此，教师必须突破短线思维的教育思路，能理解新技术对改变学校教育的必然趋势，能运用先进技术来改变和提升教学，从而使新技术运用及深度探索成为新常态。

突破现状性思维，确立“屏前”有人

在线下教学中，最先进的技术运用还只是辅助性作用，让枯燥的知识形象化、空泛的问题情境化、抽象的思维可视化等。而在这次的居家学习中，先进的技术运用依然停留在表面阶段：只是简单地把线下教学搬到线上进行，把教室的内容搬到网络上讲授，而教学模式没有本质的改变，录播课只是把课放完，缺少互动性和针对性；即使是钉钉直播课堂，教师也缺少吸引学生的方法与手段，只是简单地知识传授，教师眼前只有“屏幕”而没有学生。针对上述问题，教师开展线上教学要突破现状思维，真正做到“屏前”有人。

针对录播课教师与学生共同听课，教师要成为学生学习的陪伴者。一方面，有利吸纳别人的长处，提升自己的专业水平；另一方面，能对学生的课后问题进行针对性的答疑，并根据学生的实际情况作必要的课后补充。由此可见，教师成为学生学习的指导者和陪伴者，符合未来学校教师的角色定位。

针对教师自己开设的直播课，更加有条件通过“屏幕”看到自己的学生，增加课堂的互动性，实现师生交流和生生交流。在直播课教学中，教师可以通过预学单，引导学生自主学习有方向；通过痕迹单，引导学生认真记录，实现学习思维可视化；通过自评单，引导学生内化自主学习、监督学习的过程；通过问题单，引导学生培养问题意识，指向深度学习；通过反馈单，引导学生自我检测，审视学习效果，提高学习动力。

突破传统性思维，培养学生个性特长

“线上”教学的最大特点是学生可以充分利用网上资源，自行选择听课方式，实现了特色化、多样化、个性化的学习目标。当然，其缺陷也是显而易见的，网上教学互动性差，学生难以掌控。同时，有学者提出中小学生线上教学不适合新课教学也是有一定科学依据的，尽管各地各校出于学生视力等因素考虑，已经把一节课的教学时间缩短到20-30分钟，但实际上学生可以有效专注利用的时间更少了，这导致一节完整的新课教学目标达成非常困难，它只能是片段式、碎片化的教学，很难形成完整的知识体系。因此，线上教学内容的安排需要突破传统思维，不能进行单纯的灌输式的教学，需要重新设计教学内容与作业。

在“线上”教学设计中，教师应以学生已有的学科知识和技能为支撑，以丰富的网络资源为依托，采取探究性、问题式、话题式等教学方式，让学生可以利用知识和技能来解释问题现象、开展新知寻求、进行相关设计、找到解决方案、提出新的问题等，逐步培养学生的自主学习能力和思维创新能力。

在“线上”教学目标设计中，教师应将关注点放在学生的活动过程能否完成、自己的观点与结论能否形成、能够与他人分享自己的成果等方面。基于此，学校在进行线上线下融合教学的未来关注点应放在：线下教学侧重于基础知识、基本技能的掌握；线上教学在于线下教学的拓展，发展学生的个性化学习能力，培养学生的问题解决能力。

突破固定性思维，正确处理好几对关系

在线下课堂教学中，教师已从“关注自己的教”向“关注学生的学”转变，这体现了以学生为中心的理念。面对全新的线上教学，教师更加有必要处理好几对关系。

自创优于拿来。疫情期间，尽管各地组织了当地最优秀的教师团队开展录播课，但这也只是大众化的，并不一定适合自己学生的学情，也不一定纳入得了自己的教学体系。因此，教师在“拿来”许多素材的同时，仔细修改是非常重要的。

组织重于上课。在直播教学时，由于学生听课环境变了，从眼皮底下到了屏幕的另一端，怎样组织好课堂和关注学生听课远比如何上好课更加重要。

网上交流重于书面作业。通过网络传送、递交作业是线上教学的书面反馈的唯一途径，所以作业成为教师最为头痛的事情，不仅眼睛吃不消，精力更跟不上。因此，在精减作业的同时，教师应增加基于学习后的成果分享交流，并将交流反馈作为学生学习评价的重要依据。

疫情期间，在“停课不停学”思想指导下的线上教学，让教师们真切感受到了网络技术给学校、教师、学生学习等带来的变化，从以前的无法想象到现在的亲身经历，也让他们有更大的空间去畅想未来：未来学校一定是以新技术的最大运用为依托，打通校内外资源；学校以“育人”为核心任务，重构教学关系；学生学习打破时空界限，线上线下教学融合发展，给学生以课程更大选择权。面对未来，对教师课程领导力而言既是机遇又是挑战，若能超前一步、提前规划，在线教学将为学校实现弯道超车成为可能。

疫情背景下“五生”线上课程的架构与实施

浙江省杭州市明德小学　袁红强

在抗击疫情期间，为积极响应“停课不停教，停课不停学”的号召，浙江省杭州市明德小学根据办学特色和师生实际情况，依托网络平台，以班级为单位，遵循“德育为先、智育为重、体育为本、美育为根、劳育为荣”的原则，积极探索并构建以“生蒙课程、生态课程、生命课程、生存课程、生长课程”五大子课程为核心的“五生”线上校本课程体系，让学生在学习过程中通过自主建构知识、理解知识内涵建立起自身经验与知识的有意链接，从而内化知识，实现文化成长和精神成长的并驾齐驱。

一、基于学校特色，架构“五生”线上课程整体框架

为保证“五生”线上课程的顺利开展，明德小学从课程目标、课程内容、实施举措等方面进行整体的架构，培育学生的核心素养，让学生的个性得到成长，实现学生的全面发展。

基于儿童发展特征，确定“五生”线上课程目标。对“五生”线上课程目标的定位，是开展线上教学的起点。在确定课程目标前，学校结合自身办学特色、师生教学实际情况，从课程建设、教师发展和学生培养三个方面着手制定了“五生”课程目标。课程建设目标，即建构

“五生”线上课程体系，探索并架构有学校特色的线上教学模式，建立特色课程、特色活动实施的范式；教师发展目标，即通过“五生”线上课程的开展，促使教师转变传统的教学观念，以学生为中心，科学设计教学活动和学习评价，提升其课程建设能力与课程领导力；学生培养目标，即以儿童道德发展与人格发展为出发点，通过“五生”线上课程的有效开展，引导学生在课程学习与实践体验中“修养品德、启发心智、康健体质、追求美好”，逐步成长为“阳光励学、德智双优、身心两健”的明德阳光学子。

基于学校办学实际，设置“五生”线上课程内容。“五生”线上课程践行了学科整合，做到了“教”、“育”并举，实行了五育融合，保障了疫情期线上学习的轻负高质。其一，生蒙课程，保底智学。“生蒙课程”依托网络，进行语、数、英、科四门国家课程的在线教学，不仅采取直播+微课+在线答疑、微课+在线辅导、学习任务单+在线交流等多种教学方式，有效保证教学质量，还立足学科拓展性课程，为学生拓展教学知识、开阔眼界架起知识间的桥梁。其二，生态课程，分段导学。“生态课程”立足自我成长，通过自主学习、综合实践活动、志愿者讲堂、线上学习小组、微信语音、汇编小报等学习方式，让学生懂得敬畏自然万物，领悟自然之道的道理。其三，生命课程，抗疫融学。“生命课程”包括爱国教育、生命教育、感恩教育、卫生健康教育、心理健康教育等方面的内容，主要采取线上口语交际、编辑微信语音、小征文、小报汇编等丰富多样的学习形式，不仅帮助学生上好学科的“小课”，更为其上好人生的“大课”。其四，生存课程，宅家践行。“生存课程”以社会和家庭为课堂，通过开展“我是宅家小主人”、“全家动员共抗疫”、“美食大比拼”、“有趣的宅家生活”等丰富的活动，让学生学会生活、学会劳动、学会生存、学会担当。其五，生长课程，自我涵养。“生长课程”主要针对在抗疫期学生的身体锻炼、文艺修行和精神成长，以“线上学习+自主学习+学思融合”的方式，通过室内操、眼操、绳操、自创锻炼、晨诵古诗文、午读经典篇、暮观影视片、自修音美艺等学习与活动，保证学生的学习成长和精神成长同频共振。

基于疫情大背景，统筹规划“五生”课程实施举措。为让线上学习有意义，学校坚持以学生为中心，科学引导，精准施策，让学生在体验中学习、在感知中收获。创新教学理念。结合当前疫情的实际，教师要树立分离教育的理念，基于自身专业特长，研究行之有效地教学方法。主要利用“钉钉”直播功能，创新教学平台，同时鼓励教师自觉创新，发挥“钉钉”、“微信”的最大教育功能。创新教学组织。鼓励教师因材施教，创新教学组织形式，增强教学的针对性和可操作性，提升学生的自主探究意识。创新教学形态。学校基于学生的素养提升，创新多元主体参与的开放式教学形态，积极开展课堂教学、活动教学、项目教学，着力培养学生的学习力、想象力、探究力、创造力。

二、基于学生学情，寻求“五生”线上课程推进策略

在“五生”课程实施过程中，明德小学通过微学案、主题项目活动、单元统整学习、成长记录袋、成果分享台等策略，保障课程的顺利开展，锻炼学生的综合能力。

微学案：构建线上课堂新常态。为保证线上学习的质量，学校借助“微学案”，采取精心设计、情境感知、分层评价等方式，为学生提供新旧知识间的连接，以便建立起线上课堂的新常态，确保每个学生在线上学习期间都能学有所得。

项目俱乐部：激发学习的无限潜能。学校通过“项目俱乐部”的形式，组织学生开展主题项目活动，变被动学习为主动学习，让学生在自主感知中产生情感共鸣、在实践活动中内化知识体系、在探究中提高自身能力。

单元统整专列：在深度思维中提升品质。“五生”课程的规划设计与在线实施引入了单元整体教学和整体性学习的思想，设计了不同的单元专题，旨在实现课程内容与知识文本的有效传达，实现疫情在线学习这一特殊情境下学生核心素养的培养。

“五生”成长袋：记录线上学习点滴过程。为了实现所有学生在“五生”课程下的学习发展，并以量化手段检验考察不同儿童的发展进步过程，学校在课程实施过程中创设并实践了“五生”成长袋的方案设计，通过自我监督、家庭助力、教师引导和小组合作的方式，记录和考察每个学生在课程中的发展进步过程，也让宅家学习变得更加高效。

成果分享台：大胆展示学习成果。在疫情期间，为了实施有效地教学沟通，实现师生间与学生间的分享与联络，“五生课程”在课程实施过程中设计了“成果分享台”这一策略平台，以便学生学习成果的交流与展示。而在成果分享中引入挑战任务、开放问题以及延展学习内容，则会进一步促进学生对学习的注意投入，进而增进学习与分享的质量。

三、基于学习过程，构建“五生”线上课程评价机制

为激励学生自主学习，促进学生多元发展，明德小学在尊重学生个体差异的基础上建立多元有效地评价机制，帮助学生有效调控自己的学习过程，进而获得成就感、增强自信心。

“五生”线上课程评价手册。学校结合“五生”课程中各门子课程的特点，设定了具体的评价标准，以一周为期限，让学生、家长和教师在学习任务结束后分别根据标准对学生的学习情况展开评价，并将评价结果记录在《“五生”线上课程评价手册》中。

“五生”奖章。根据学习情况，学校对每月学习较好的学生颁发奖章，并对获得的奖章数量提出了具体的要求：生蒙奖章，积星数每周不少于8星；生态奖章，积星数每月不少于32星；生命奖章，积星数每月不少于32星；生存奖章，积星数每月不少于32星；生长奖章，积星数每周不少于8星。

“五生”线上课程积分银行。在“五生”实施的过程中，学校还设计“积分银行”，学生在各门课中所得的分数都可兑换成相应的积分，并被存入到明德小学可视化评价系统中，达到一定积分数还可以进行兑换。通过积分评价，提升学生的综合素养，达成学校的育人目标。

在抗击疫情这样特殊的背景下，明德小学通过校本“五生”线上课程体系的构建，不仅让学生学到了学科知识，也让自身能力得到锻炼，从而真正实现了居家学习的有“趣”、有“味”、有“效”。

向善创美　玩乐童年

——构建“水南·儿童剧”特色课程浅见

浙江省青田县水南幼儿园　张双琴

青田县水南幼儿园坐落在风景秀丽的瓯江之畔，创办于2013年9月的一所县教育局直属的一级公办幼儿园。青田县水南幼儿园秉承“向善、灵动”的办园理念，以“做向善灵气儿童”为培养目标，来进一步推进“建灵动温馨家园”办园目标的实现。

我园以浙江省《幼儿园体验式学习与发展课程》为基础课程，将课程进行园本化探究，形成了“水南·儿童剧”特色课程，该课程提倡追随幼儿兴趣，自主预设主题、随机生成教育内容，立足幼儿已有经验促进幼儿发展新的经验。课程自主性强，为教师提供更广阔的课程选择空间。我园提倡“玩中学、学中玩”的教育思想，该课程以一个剧目为线索，追随本班幼儿学习与发展的脚步，衍生出丰富的教育素材与内涵，为我园“一班一品”校园文化建设提供了有力的支持。

“水南·儿童剧”特色课程是基于本班儿童经验的主题化教学课程。课程内容来源于幼儿生活，以师幼熟悉的经典绘本、动画，故事为素材为载体。深入挖掘故事内涵，延伸故事教育要素，把握语言领域核心经验，渗透艺术、科学、健康、社会等五大领域教育内容。围绕本班幼儿核心经验预设主题，针对幼儿生成的活动积极导引，满足幼儿的个别化发展需要。既有集体活动教育目标，又满足幼儿的个体学习与发展。

该课程以学习活动、表演活动、生活活动、家园社区活动为合力，创造适宜的环境，支持幼儿的学习与发展。创设“一班一剧场”课程环境文化。为幼儿社会、情感、知识、技能发展提供丰富的选择空间，支持幼儿与环境的对话，实现师幼、家园对课程的共建与充实。

“水南·儿童剧”特色课程提倡“玩中学、学中玩”的教育理念，教师的教育要激发幼儿兴趣，追随幼儿脚步，支持幼儿探究，让幼儿在活动中主动积累经验，有效推进德智体美全面发展。抓住教育契机，发挥创造力，积极主动构建班本化课程。

“水南·儿童剧”特色课程是教师立足本班幼儿身心发展特点与生活经验，以《幼儿园教育指导纲要》《3-6岁儿童学习与发展指南》为指导，参照浙江省《幼儿园体验式学习与发展课程》预设儿童剧主题系列活动，作为儿童剧班级特色课程的教育内容。以“故事”为核心元素，分为感受活动、体验活动、创造活动三个主要板块。课程组织以“主题”的形式展开，内容来源于幼儿生活，具有生活性、经验性。该课程在实施的过程中取得了以下几方面的效果：

一是幼儿的能力得到了全面均衡的发展。课程来源于幼儿的生活，儿童剧课程的开展丰富了幼儿对剧目文化内涵的理解。对幼儿音乐、舞蹈、语言、交往、社会认知、科学探究方面进行助推，关注幼儿学习兴趣，丰富幼儿的学习经验，推动幼儿全面发展。这些经验包括身体、认知、社会、情感，纵横交错，具有相关性、连续性，对幼儿的发展有整体推进。

二是建成了“一班一品”班级文化特色。在儿童剧的实践过程中，老师把剧中教育元素纳入日常的教学管理中。以剧目深化科学、艺术、健康、社会、语言五大领域内容，再实施课程的同时，彰显了独特的班级文化。幼儿整体能力水平得到了有效提高。为幼儿园“一班一品”文化建设提供了适宜的空间。

三是提升了教师专业化发展。在课程开发的过程中，全园教师集中精力开展教研、课程实践活动，加深了对课程的理解。认识到课程需要均衡实施，在主题活动预设的过程中，教师意识以一个主题开展多领域活动的探索，这些活动涉及一日活动的方方面面，既有明确的目标，又有隐含的价值；丰富了儿童评价方式：以作品、语言、社会交往能力评价幼儿，并自觉开展个体发展性评价。提高了创新能力：无论的演出活动还是教学活动，创新思维是课程开发的动力，老师们集思广益，在课程实施过程中调试自己的行为，让课程更加精彩。从主题预设、教学实践，幼儿的评价，老师在理论和行动方面提高了自身的课程执行力。

四是创新了“家园共育”活动。在家庭社区活动中，家长和老师以儿童剧为载体开展了丰富的活动。如“送教上门”、“亲子主题模仿秀”、“亲子剧表演等”，家长对儿童剧课程也感悟深刻，在参与课程的同时加强了亲子沟通。2017年，我园原创儿童剧在县五水共治儿童剧大赛中获得了优异的成绩。

“水南·儿童剧”特色课程丰富多元的教育内涵既满足了孩子的发展需要，又提升了教师课程实践能力与创新能力，在家长及社会上都取得了良好的反响。

创特色教育，建阳光乐园

浙江省嵊州市剡湖街道中心学校　潘孝良

一校一品即一校一特色，一园一品牌，这是在新形势下全面贯彻党的教育方针，深化教育改革的一项重要工作。创特色校园文化，让师生阳光快乐地成长，我校以“让每一个校园人都健康快乐成长”为办学目标，努力打造：一个底蕴深厚文墨飘香的书香校园，一处校风淳朴学风纯真的阳光乐园，一方关注民工子弟成长的爱心家园。

学校先后获得全国青少年校园足球特色学校、绍兴市平安校园、绍兴市消防安全示范学校、绍兴市学校德育工作先进集体、嵊州市孝敬教育示范学校、绍兴市“五星三名”达标学校、绍兴市“诗画剡溪”党建示范带学校、绍兴市现代化学校。

一、改善办学条件，优化育人环境

我校办学历史悠久，其前身可追溯到1913年创办的“里坂初级小学”，几经变迁，于2010年异地新建到此。学校环境优美，占地31612平方米，建筑面积14480平方米，校园绿化面积9483平方米，校舍设计别致，教学区、办公区、运动区、生活区分布合理，教学楼、综合楼、行政楼之间连成一体，教育教学设施配备标准。学校现有9个年级27个行政班，在校学生959名，教职工84名，教师学历合格率100%。学校有高级教师8人，一级教师52人。拥有浙江省春蚕奖、学科带头人、教学能手、教坛新秀、十佳教坛新星等8人。学校领导班子团结进取，教风学风优良，孝敬教育、校园足球、快乐烘焙、小笼包制作等特色显著，办学水平处在全市同类学校前列，是一所家长满意、社会认可、富有特色的美丽幸福学校。

近三年来，学校共投入了100多万元，配备云机房、录播教室，改造了学校大厅，重修学校围墙及过道天棚屋顶，对学校广播、电视播放设备进行了升级改造等。2020年7月，投入28万元对每个教室安装空调、装修创新室、校史长廊、整理校园绿化。2020年10月，又投入36万元对全部走廊进行粉刷，所有门、窗栏进行油漆，面貌焕然一新。2017年被评为嵊州市校园文化示范学校。

二、注重教研活动，提升教学质量

学校鼓励教师在职学习和提高，采用“请进来，走出去”的办法，千方百计为教师创造再学习的机会。2020年10月中旬，德育线教师带全体班主任赴台州参加为期4天的“全国中小学班主任专业能力提升研修”活动；2020年11月赴杭州参加浙江省第八届“名师优课”观摩活动。引导教师争做研究型教师，近三年来，我校有70篇论文分别在省、绍兴市、嵊州市评比中获奖，其中一等奖14篇；23个课题在嵊州市及以上立项，并有11个课题获奖；素质比武29人获奖；新增嵊州市学科带头人1人，嵊州市十佳教坛新星1人，嵊州市教坛新秀2人。在2020年暑期教体局组织的全市教师专业素养测试中，我校获团体平均分一等奖、团体优秀率一等奖。学校曾被评为“群体师德创优”先进学校、绍兴市学校德育工作先进集体。

作为城郊接合部学校，我校外来务工子弟占比百分之五十多，学生基础薄弱，但全校教师坚持“尊重学生，关爱学生，不放弃一个学生”的育人理念，充分发挥团结协作、克难攻坚的精神，营造融洽和谐的师生关系，充分挖掘学生潜能。在2017年、2018年、2019年、2020年初中质量综合考核中获三等奖和进步奖，居同类学校前列。

三、构建快乐课程，开展多彩活动

学校以培养“向上、睿智、崇美、阳光的快乐少年”为育人目标，实施“快乐课程”。快乐课程分为快乐学习、快乐展示、快乐实践三个方面。让学生尽可能地从中找到自己的喜好，发挥自身所长，从而健康快乐地成长。学校已编制了《学会关心》《小笼包制作》《快乐烘焙》《孝德读本》等校本教材。教师教科研论文和学生在各级各类比赛的获奖情况逐年提高，特别是《城郊留守儿童小笼包制作的拓展与有效研究》《城郊初中学校烘焙社团的实践与探究》《农村小学音乐教学中深入开展“人本教育”的策略研究》等课题立项获奖。2018年小小美食团教室被评为绍兴市示范学科教室。

另外，为促进学生全面发展，学校开展了丰富多彩的田径运动会、元旦迎新汇演、广播操比赛、阅读节、“小手拉大手”文明建设、法制教育、咏唐诗朗诵比赛、描剡溪绘画比赛、诗画剡溪书法比赛、思维风暴比赛等活动，引导学生参与各项活动，有效提高了学生综合素质。2017年嵊州市中小学生篮球联赛初中男子组获冠军，小学男子组亚军，2018年嵊州市中小学生篮球联赛小学男女组均获亚军，2019年嵊州市中小学生篮球联赛小学男组获亚军，2018年和2019年获绍兴市“梦想杯”校园足球特色学校比赛三等奖，在第十一届中小学幼儿园艺术节获得多个奖项，在各类思维风暴比赛中获奖10个，2019年获绍兴市青少年科技创新成果二等奖。

四、创建特色教育，打造阳光乐园

学校开展以校园足球、小笼包制作、快乐烘焙、孝敬教育为特色的教育，其中学校被评为全国青少年校园足球特色学校，小笼包传承活动被嵊州电视台、央视七台等多家媒体宣传报道，《快乐烘焙》《德美余粮》获得嵊州市精品课程一等奖。《美食文化的延伸——烘焙走进校园》，《传承非遗创造美好生活》获嵊州市中小学生研究性学习成果一等奖。

目前，我校在校学生959名，其中外省籍生501人，占52%，他们来自全国云、贵、湘等18个省、市、自治区，含彝、苗、土家等11个少数民族。学校始终坚持“四海一家，共享教育同一片蓝天”理念，对外来民工子女学生采用“免费教育、平衡班级、爱心帮扶、家校互动、校企联动”的工作措施，要求教师授课做到有教无类、一视同仁。考虑到他们之前受到的教育参差不齐，行为习惯、学习习惯与本地学区生会有较大差距，从而引起自卑心理等诸多因素，学校要求教师们利用课余时间家访外来民工家庭，经常与外来学生及其父母谈心交流，与孩子们建立多方位沟通渠道，及时了解他们的学习生活状况，适时进行教育、关心、帮助。专门开设外来民工子女学生行为习惯教育讲座，经常召开外来民工子女学生座谈会、家长会；对家庭确实困难的外来民工子女学生给予爱心营养餐补助及结对帮扶。做法吸引了众多如《浙江日报》《浙江教育报》《绍兴日报》《今日嵊州》等媒体的宣传报道，吸引了更多的外来民工子女前来就读，有力地缓解了附近企业的招工难，为开发区经济发展作出了应有的贡献。

下一步，我校将继续从教育理念转变、育人质量提升上下功夫，强化“为党育人、为国育才”的责任担当意识，内强素质外树形象，进一步提升学校综合实力，努力打造嵊州市教育强校，办好人民满意教育。

加强校园文化建设　铸就学校特色品牌

安徽省滁州儒林外国语学校　薛必洲

滁州儒林外国语学校是2014年经滁州市教育局审批的一所十二年一贯制民办学校。学校坐落于全椒县城襄河镇千佛庵村，地理优越，交通便利，环境优美。承载着悠远厚重的人文积淀，传承着人类的文明，播撒着科学的精神，孕育着无限的希望，收获着幸福的未来。经过数载的栉风沐雨、心血浇铸，学校傲然屹立于全椒教育热土之上，不断聚焦着世人关注的目光。

回眸学校由小变大、由弱变强的发展历程，我们深切体会到，加强校园文化建设，是学校铸就特色品牌，走向成功的必由之路。

一、以校园文化建设的为抓手，助推学校发展

校园文化建设是以师生为主体，以校园为主要空间，以校园精神为主要特征的一种群体文化。校园文化建设是学校教育教学工作的重要组成部分，是全面育人不可缺少的重要环节，是展现学校个性魅力与办学特色的重要平台，是学校的办学思想、办学理念和综合办学水平的重要体现。

为提高学校文化品位，丰富校园文化生活，充实校园生活内涵，提升师生人文素质，营造健康和谐文化氛围，建设一流的特色品牌学校，我校采取了一系列有效措施。

（一）建立组织，加强领导。学校成立了由校长、年级主任、部门负责人组成的校园文化建设领导机构，建立了学校文化宣传中心，充实调整了学校宣传队伍，改版了学校官网，搭建了校园文化建设的组织架构。

（二）制定方案，形成体系。通过整合教育资源，凝聚学校成功经验，融合时代校园文化精华，吸收健康和谐文化因素，研究制定了《滁州儒林外国语学校校园文化建设实施方案》，形成了具有特色的校园文化体系。

（三）分工负责，齐抓共管。将校园文化建设的主要工作内容分解到各职能部门，做到责任到人，措施到位，监督到岗，检查应时，改进彻底，形成了执行有力的校园文化运行机制。

（四）全员参与，形成合力。师生是学校的主体，是校园文化的受益者，更是校园文化的建设者、传播者、弘扬者。通过全校师生参与与配合，培养师生集体荣誉感和凝聚力、向心力，形成了校园文化建设管理、保护、提升机制。

二、精心提炼校园文化内涵，打造儒林特色文化

学校的校训、校风、教风、学风，是学校精神、办学理念和办学特

色的标志性体现，是学校文化的高度概括。根据我校的文化积淀和办学实践，我们凝练出儒林外国语学校的校训、校风、教风、学风。

（一）校训：知行合一，大气大为

校训是广大师生共同遵守的基本行为准则与道德规范，体现了学校办学的思想，是规范师生行为的准则和行动指南，是校园文化的核心。

知行合一即知行统一；大气大为是做人做事要有大气魄，大格局，大目标，大作为。“知行合一，大气大为”是要求每个儒林人将科学知识和道德修养与日常行为相融合，理论与实践相结合，立大志，干大事，创大业，成大器，为国家富强、民族振兴做出大贡献。

（二）校风：求真、务实、团结、创新

校风是全体师生在工作、学习、生活中长期共同努力而形成的的思想行为作风，全面地反映出一个学校的精神面貌和办学水平，是校训的拓宽、延伸和具体化。

求真是探求真知真理，不作伪作弊；务实就是讲求实际，实事求是；团结是集中各种力量为实现共同理想而联合起来；创新就是与时俱进，超越自我、永远向前。“求真、务实、团结、创新”是要求全校师生要树立尊重科学，追求真理的志向，涵养脚踏实地，实事求是的工作作风，培植团结合作，善作善成的工作氛围，弘扬与时俱进，锐意创新的价值追求。

（三）学风：励志、勤学、善思、践行

学风是学生在学习过程中应该养成和遵循的风气，是取得良好学习效果和成人成才的保证，是衡量育人环境的重要标志。

励志即磨炼意志、砥砺志向；勤学是指勤奋刻苦地学习；善思就是善于思考；践行是指将所学得的知识付诸于实践的行为。“励志、勤学、善思、践行”是要求儒林学子志存高远，励志成才；勤学好问，孜孜以求；善于思考，勇于探求；学以致用，学用相长。

（四）教风：敬业、爱生、博学、善导

教风是教师团队的工作作风，是教师在治学态度、教学育人、科学研究等方面形成的良好风气，是教师职业道德的具体体现。

敬业就是要求教师用恭敬严肃的态度对待自己的工作；爱生是关心热爱每一位学生；博学为学识广博；善导是善于引导学生学习。“敬业、爱生、博学、善导”要求儒林教师敬岗爱业，坚持操守；关爱学生，倾心奉献；知识渊博，教法精湛；教书育人，为人师表。

（五）儒林愿景：让学生成才让教师成功让家长放心让社会满意

学校愿景是一个学校的师生共同持有的对未来希冀的景象。儒林愿景是实现“培育一代学生，造就一群名师；教好一名学生，振兴一个家庭；办好一所学校，造福一方百姓”的办学目标。共同的学校愿景可以提高学校成员共同的使命感，使全体成员共同拥有愿景、信念及价值的追求，发展出学校的强势文化，促进学校的可持续发展。

三、创新校园文化建设的途径和方法，提高综合效益

（一）物质文化建设

物质文化是校园文化的硬件，物质文化建设是校园文化建设的重要组成部分和重要途径与载体。完善的设施、合理的布局、各具特色的建筑和场所，将有助于陶冶师生情操，塑造师生的美好心灵，激发师生的开拓进取精神，约束师生的不良风气和行为，促进师生的身心健康发展。

1.进一步绿化、美化、净化校园。校园内除水泥路面外，就是绿化带、草坪，校园干净、整洁、地面无垃圾、无卫生死角。各种树木花草挂上了“身份证”，每块绿地都设有温馨的提示牌，都散发出知识的芬芳。做到“春有花、夏有荫、秋有果、冬有绿”。给人赏心悦目之感。营造出幽雅、恬静、健康、温馨的文化氛围。

2.校园建筑风格协调，浑然一体。校园内各楼堂馆所建筑功能区域分明，井然有序。酱红色墙体，中式建筑风格统一，由长廊连成一体，独具匠心的“树人楼”、“凌云楼”、“飞鸣楼”、“方塘斋”、“践行楼”、“旭日馆”、“思源阁”、“三省斋”等命名和名言语录，用字规范，个性鲜明，彰显特色，散发出高雅的文化品位和文化底蕴。

3.精心打造校园文化景观。校园内的连廊、楼梯口都布置有学科知识文化橱窗，名人名言展板、经典诗词语录，展示学生各类作品与活动照片等，精心设计、主题鲜明，资料丰富、形式多样，形成各具特色的走廊文化、教室文化、办公室文化、操场文化、餐厅文化、寝室文化等，美观又富有教育意义，体现浓厚的校园文化特色。

（二）精神文化建设

校园精神文化是学校群体所共同具有的思想观念、价值取向及其行为方式，是全体师生员工认同的一种群体意识，是一所学校的整体精神面貌，是校园文化建设的主要内容。通过校园内多种文化载体及其行为主体的活动，春风化雨，润物无声，让受教育者得到心灵的净化和情感的熏陶，体验精神文化独特的感染力、凝聚力、震撼力。

1.加强宣传教育，抓好舆论建设。定期开展以形势政策、爱国主义为主要内容的各种报告、讲座、媒体宣传等，创办好宣传橱窗、和校广播站；设立阅报栏，每日更换；开放图书馆、阅览室，让同学们在知识的海洋里遨游，去探索科学知识；要求学生在一定时间内读一本好书，唱一首好歌，背一首好诗，看一部好电影，说一句格言，发挥正确的舆论导向作用，增强学生自觉抵制“消极文化”、“角落文化”、“垃圾文化”的能力。

2.开展各种健康向上，生动活泼的体育比赛和文娱活动。定期开展重要节日、纪念日和学校重大集会的主题庆祝纪念活动；举办不同形式不同内容和规模的辩论赛、讲演赛、各种征文比赛等文化展示活动；定期表彰奖励“文明班级”、“优秀学生”、“优秀学生干部”、“十佳学生”等；设计制作体现学生精神风采的校服、班服、班旗；坚持大课间跑操活动等。使校园文化生活呈现多样化、系列化、规范化的繁荣景象。

3.开展丰富多彩的学生社团活动。根据学生兴趣爱好，自愿组织如读书会、记者站、广播站、文学社、篮球队、田径队、乒乓球队、象棋、围棋队、合唱团、舞蹈队等社团，在学校有关部门指导下开展丰富多彩的活动。学生社团丰富了学生校园生活，培养了学生兴趣爱好，成为学生身心发展、拓宽兴趣和开阔视野的主要阵地，校园文化的重要载体。

4.走出校门，融汇校外文化活动。定期开展社会调查、社会服务等社会实践，外出参观、旅游研学及交流活动，参加社区为单位组织的各种文化活动等。把校内外文化教育有机结合起来，不断探索参与、体验、互动式的活动方式，创新活动载体，满足社会、学校、家长和学生的发展需求。

（三）制度文化建设

学校制度文化建设是学校文化建设的关键一环，是实现学校规范化管理的捷径，是管理科学化的重要标志。建立并完善学校各项管理制度，规范师生的行为，以保证学校建立正常的教育秩序，形成良好的校风、教风、学风，提高教育教学质量，全面推进素质教育。

1.领导管理体制。一是校长负责制。校长负责学校全面工作，依法独立行使教育教学和行政管理职权，形成高效、简捷的行政决策力。二是年级主任负责制。精简管理层级，明晰年级主任的职责与权限，实行扁平化管理，提高管理效率。三是充分发挥党组织的政治核心作用、战斗堡垒作用和教育工会维护教职工合法权益作用，为民主治校、规范管理奠定基础。

2.各部门管理制度。建立健全了学校的年级组、学科组、图书馆、实验室、办公室、财务、公寓、食堂、超市、门卫等各职能部门的管理制度，责任到人，形成封闭的回路管理系统。

3.教师管理制度。建立了教职工人事管理制度，完善教师岗位设置、职称评聘、考核评价和报酬待遇的保障激励机制，充分发挥薪酬管理制度的导向作用。同时关心教师生活状况和身心健康，做好教师后勤服务，保障教师合法权益，积极筹建教师公寓，让广大教师安居乐业，甘于奉献。

4.学生管理制度。一是精细管理。制定了《日常行为规范》等一系列规章制度，针对不同年龄段的学生特点，从小处着手，把“管”与“育”密切结合起来。二是准军事化封闭管理。让学生自我约束，学会学习、学会生活，学会做人，逐步养成良好的行为规范和学习习惯。三是学生品行学分管理。根据学生日常行为的表现给予加分或扣分，作为学生奖惩的依据。培植学生言行有度、举止有礼的良好行为习惯。

5.安全管理制度。根据有关安全工作的法律、法规，学校建立健全了学校设施、食品卫生、消防、用电、危化品等各项安全管理制度和安全应急机制，落实学校岗位安全工作职责，及时消除隐患，预防发生事故。定期开展应急演练，提高师生应对突发事件和自救自护能力。

通过校园文化建设，彰显办学特色，优化校园风气，营造良好的育人环境，弘扬校园文化的主旋律，为学校发展提供强大的精神支撑和合力，从而进一步提升办学水平与效益，构建和谐校园、文明校园、平安校园、绿色校园、书香校园，促进学校健康、和谐、可持续发展。

疫情期间如何引领教师专业发展

安徽省阜阳市第五中学　苗维爱

新冠疫情席卷中国大地，你我都置身其中，被迫卷入这场没有硝烟的战争。一时间，全国多地多校纷纷引入线上教学，坚守三尺讲台的教师瞬间成了“网红”。然而，随着网课直播频繁翻车、线上线下教学衔接不畅等问题的出现，暴露出教师专业发展面临的诸多新挑战。

在“疫情”时期，广大教师如何快速适应新变化，提升自己的专业发展水平？校长又该如何引领学校教师的专业发展？

直面线上教学问题，迎接新挑战

突如其来的新冠肺炎疫情对我国经济社会发展造成了前所未有的冲击，对教育领域也产生了较大影响。

首先，疫情发生、发展的全过程暴露了很多的价值观问题，广大教师有责任也有义务引导学生正确认识疫情，不断提高价值认识、价值分析和判断能力。

其次，疫情让“云教学”从“少数”变成了“多数”，让此前大多数未接触过线上教育的教师、学生、家长都成了“云上人”，这促使教师要与时俱进，及时转变育人方式。

再次，在新的教育方式下，师德师风建设也面临着诸多问题，有部分教师言论不当，工作态度敷衍塞责，甚至寻求直播打赏等。此外，新冠疫情下的全国线上教育，也反映出教师信息化素养不高，课程建设和课堂改革还需要不断发展等一系列问题。

教师练就"六手"，助力新发展

对教师来说，线上教学是一次全新的尝试和挑战。面对全新的线上教学，教师应该提升哪些能力，从哪些方面入手，才能使学校弯道超车成为可能呢？

做价值观教育的"先手"。疫情就是一本生动的"教科书"，每个学生都是这次疫情的经历者、体验者，这些体验和经历对于处在人生关键期的中小学生的影响更是非同小可。因此，教师应充分挖掘疫情背后的故事，运用鲜活的案例，不断丰富生命教育和价值观教育的内涵和外延，扩大教育的深度和广度。

做育人方式改革的"推手"。线上教育的发展促使教师快速适应育人方式的新变化，积极主动地参与到新的教学（或育人）方式中来。在线上教学期间，教师积极探索，运用"云班会"、钉钉直播等形式，为高三学生开展百日动员大会，"云"端班会课形式也被许多班级所采纳。在此基础上，学校还进一步形成了"云家长会"，实现了疫情期间的家校共育。可以说，"云"端教学方式也为全面而有个性的教育教学提供了可能。

做师德师风建设的"旗手"。"学高为师，身正为范"，教师在任何时候都应该努力成为道德方面或育人方面的楷模。比如，疫情期间，物理老师段文娟为了达到最佳的教学效果，将黑板搬到了自己的家中；滞留老家的语文老师尹良续，克服重重困难在深山中寻找最佳的网络信号，坚持给孩子们上课……面对这些感人事迹，学校在校园微信平台开辟专栏，宣传他们的典型事例，弘扬他们的奉献敬业精神。

做校本课程建设的"高手"。疫情为课程建设和课堂改革提供了非常丰富的资源，这就要求教师要将疫情中的一些典型案例和模范事迹融入现实的课堂教学中，不断优化自己的课堂资源。例如，学校历史组教师根据疫情信息，整合学科专业知识，开发出了《中国古代瘟疫与社会制度》和《瘟疫与人类社会》两节疫情教育课。

做教育信息化应用的"能手"。疫情暴发后的线上教育离不开熟练掌握信息技术的教师。在整个教师队伍中，年轻教师熟悉和接受信息化教学的速度比较快，年龄稍大的教师实践起来就相对困难一些。在此情形下，年轻教师自制了钉钉直播操作视频课程，帮助全校教师快速适应线上教学，有力地保障了线上教学的顺利开展。

做心理健康教育的"捕手"。疫情期间，学生和教师都承受着一定的心理压力，既有学业和教学方面的压力，也有疫情防控的压力，更有长期禁足带来的压力。在这种情况下，班主任在进行线上辅导的同时，更需要采用多种方式有针对性地对学生的心理进行调适。如，高二班主任王丽华老师就采用亲笔信的方式，用文字与细腻情感与学生真挚地交流沟通，从而缓解学生焦虑、压抑的情绪。

校长把握"五点"，引领新方向

教师个人专业成长需要自身敏锐的洞察力和持之以恒的创新力，但要想推动教师团队的整体进步，则需要学校及校长层面的引领和推动。

抢占教学"制高点"。这个制高点可从两个角度来说，一是思想引领高站位。面对突如其来的疫情，校长应该目光如炬，及早谋划，提前布局，才能在时局变化中寻得一席之地；二是健全信息化建设的软硬件设施。完善的软硬件设施是有效实施线上教学的前提，也是教育未来发展的方向。在疫情暴发之初，学校迅速成立了疫情应对小组，及时开展线上教学，全力保障线上教学软硬件设备的正常运行，积极引领教师思想观点的转变，促使更多的教师参与到线上教学中来。正因为提前谋划和布局，我校开展线上教学的时间比全市绝大多数学校提前了整整一个月。

找准教育"切入点"。面对线上教学，教师不能仅仅停留在适应它、掌握它的层面，而是应清晰地认识到"云"课堂的根本目的都在于传授知识。在集中实施空中课堂两个星期后，学校及时利用信息化手段收集学生网络教学的学习情况及意见建议，并根据分析结果进行针对性的调整。除此之外，"停课不停学"不仅仅面向学生，也面向教师。在疫情期间，学校组织全校班主任参加升学在线班主任培训课程，与名师专家共同探讨特殊时期的班主任素养提升问题；针对疫情期间暴露的问题以及后疫情时代教育发展趋势等热点，以教研会议的形式进行深入的探讨和交流，做到停课不停研。

撬动课程"着力点"。疫情终究会过去，但是疫情期间给课程建设和课堂改革带来的思考和挑战还将继续。疫情暴发以来的典型案例以及由疫情引发的一系列国内国际问题，都可以成为教师课程资源的重要组成部分。学校层面应积极引导教师精心收集整理相关素材，以此丰富自己的学科课程资源、德育资源，积极推进课程改革。疫情期间，学生离开了正常的学校教育环境，除了与父母交流外，其他近距离社交几乎全部被切断。返校后，学生需要建立及遵循跟疫情相配套的新的人际关系模式，相处过程会有各种不适应，这就提醒教师必须掌握一定的心理学知识，积极主动地对学生进行心理调节和调整，帮助他们平稳度过这段特殊时期。

融合协同"交汇点"。一是要做到线上线下的融合。疫情暴发以来，线上线下的教学融合运用已成为一种新的趋势。虽然学生已经返校，但并不意味着线上教学方式的废弃，相反教师应该把传统的课堂教学与在线教育相结合，使两种教学方式的优点达到最大化。二是要做到家庭、社会、学校共育的融合。学校教育的成功离不开与家庭的合作，疫情期间的教育运转经验更加印证了这一点。在实施"停课不停教、停课不停学"背景下，家庭变成了临时学校，家长成了助教，家庭教育发挥了重要的支撑作用，这不仅说明家校合作意义重大，也说明家校共育潜在空间巨大。因此，在后疫情时期，教师更应该注重家校合作，进一步增强教育合力。

夯实育人"落脚点"。不管教育的方式如何变化，最后都要落实到立德树人这一根本任务上来。疫情暴发以来，学校把"大美五中，大爱五中"这种核心价值取向落实到了具体的行动中。4月7号，高三学生返校后，在组织好正常的教学的同时，学校采取向学生发放"爱心包"、对班级和宿舍所有空调进行集中清洗等一系列措施，让学生能够真切感受到来自学校和教师的关爱。

时代在进步，教育在发展，教师也需要具备与之相匹配的能力和水平。教师专业发展是终身化的过程，校长应该积极引领教师独立思考，唤醒教师自我发展意识，促进教师教育实践、创新能力的提升和职业理想、人生价值的实现，从而助力学生走得更好、走得更远、走得更美。

打造德育特色，润泽生命成长

安徽省全椒县古城小学　周兵

古人言："大学之道，在明明德，在亲民，在止于至善。"国无德不兴，人无德不立。德何其重要。学校是德育的重要场所，也是孩子正确道德观形成的重要时期。在新形势下，为进一步贯彻落实习近平总书记在思政课教师座谈会上的讲话精神，落实立德树人根本任务，我校通过打造德育体系，用德育文化的力量提升学生的现代素养，助推学校不断发展。

一、做好五个保证，用好德育教材

习近平总书记说：青少年阶段是人生的"拔节孕穗期"，最需要精心引导和栽培。我们办中国特色社会主义教育，就是要理直气壮开好思政课。小学阶段《道德与法治》就是小学生德育建设最直接、最有效地载体。如何上好上实《道德与法治》课，我们努力做到五个保证：一是师资保证，专职和兼职齐上阵，全力保证班班《道德与法治》课有老师上；二是课时保证，开齐开足《道德与法治》课时，不挤占不减料不缩水；三是培训保证，不断让教师"请进来，送出去"进行培训，提升素养，增强技能；四是设备保证，《道德与法治》课需要的资料、音像等全力保证。五是评价保证，制定科学评价体系对教师的教学效果及学生的学习效果进行评价。

二、发挥平台作用，挖掘德育元素

德育是一个系统的、复杂的、长期的工程和课程。除了用好《道德与法治》课程之外，更要发挥语文、数学、科学、音乐等所有学科的大德育平台作用，科学做好学科整合，建立强大的德育教学体系，牢固树立德育"处处有、时时讲"的意识。如，在小学一年级语文《小猴子下山》一文教学中，老师与孩子们共同学习完文本之后，不忘语文学科的育人功能。教师提问：学了这篇课文，我们知道了小猴子从一开始的西瓜到后来的芝麻，最后却空手而归，可以看出他是一个怎样的人？从而引导学生要脚踏实地，不能像文中的小猴子一样面对眼前的果实三心二意，最后空手而归、一无所获。这样的品德教育自然而然、秩序渐近，如小溪流水滋润着孩子们的心田。

三、建立德育课程，促进全面发展

德育课程是学校管理和学生成长的重要手段和载体。根据学生培养"五美目标"德、智、体、美、劳，对应设置："德美课程"、"智美课程"、"体美课程"、"美美课程"、"劳美课程"。"德美课程"开学典礼、入学礼、最美古城人、毕业大课堂、文明之星、国旗方队（乐手、出旗手、伸旗手）；"智美课程"阅读文化节、数学节、阅读之星；"体美课程"大课间、升旗仪式、艺术节、体育节；"美美课程"研学课堂、主题班会、家长课堂、走进厂馆、法治课堂、消防课堂、交通课堂；"劳美课程"卫生区、植树节、志愿服务、节日课堂、家务课堂。

四、营造德育氛围，强化德育实效

近朱者赤，近墨者黑。浓郁的德育氛围是学校德育教育的有效课堂。基于学校实际，我们将德育有机融进校园文化建设之中，突出办学特色；突出地域风情；突出育人主旨；突出办学理念；突出办学目标；突出幸福元素。品德是核心，知识是希望，健康是基石。具体细化为：长廊文化，文明礼仪，传统经典，家教知识等；石文化：仁、义、礼、智、信、孝、感恩等立于校园各处；标语文化，"今天，你文明了吗？"、"今天，你阅读了吗？"、"今天，你锻炼了吗？"、"今天，你快乐吗？"；绿植文化，那攀凳在栏杆上的月季，那如哨兵似的铁树，那四季苍翠的竹子，那郁郁葱葱的香樟，那忽如一夜春风来的海棠，让校园如花海，如绿洋；充分利用图书载体，要让学生与书做朋友，与书对话。除此之外，我们通过挖掘身边人、身边事，用鲜活的教材激励孩子们树立正确的价值导向，从而健康、茁壮成长。充分利用现有的网络平台，公众号、微信、美篇、QQ等，推送身边的“三好学生”、“优秀队干”、“优秀少先队员”的先进事迹，以此来影响和带动全体学生。比如：2020年的疫情防控中，我校周虹老师主动请战，值得赞扬、值得学习。“校长，为什么学校宿舍楼疫情防控值班表上没有我的名字？我就住在附近，工作起来更方便。如果需要，请让我上。”这是我校一位叫周虹的女老师在看到学校在微信群中发布的学校宿舍楼疫情防控值班表之后，发现没有自己的名字给我的留言。作为一名被疫情宅在家中的小学生，抗“疫”做点什么呢？刘梓涵同学为抗“疫”频出手。她先是从自己平时积攒的零花钱中捐赠一百元给武汉。接着，绘一张画为武汉加油，为中国加油！再是将剩下的钱都捐给武汉，给他们鼓劲、加油！这样的师生就是我们全体老师和学生学习的活教材、好榜样。

如今，重智育轻德育现象依旧存在。我们在抓智育的同时，往往忽视或轻视德育的提升能够促进智育的发展。学生的教育以德为先，作为学校，将德育课程化，以“五育”为目标，全面细化德、智、体、美、劳课程的挖掘和开设。抓智育促德育，抓德育促智育。今后我校将继续把德育工作放在首位，构建德育体系，培养学生全面发展，通过德育课程及丰富多彩的德育活动潜移默化地将德育理念渗透到教育过程中，引导学生增强爱国情和强国志，立下报国志，发挥德育阵地的作用，筑魂育人，培养立志为中国特色社会主义事业奋斗终生的有用人才。

以生为本，提升学生学习质量

安徽省芜湖市城北实验小学　严慧

在教育日益强调内涵式发展的宏观背景下，提高质量特别是提高人才培养质量成为社会各界共同关注的话题。习总书记在描绘中国特色社会主义现代化强国建设的蓝图时多次浓墨重彩地突出“全面提高人才培养能力这个核心点”。课堂是提高教育质量的主阵地，为提升学生的课堂学习质量，促进学生全面发展，我校于2012年初开始进行《“生本课堂”的理论与实践》课题，探索实践，同年11月被安徽省教科院立项为安徽省教育科学规划课题，2013年6月在安徽省芜湖市教育局、安徽师范大学科研处、教科院等诸多领导、专家的指导下正式开题，至今已有四年多的实践研究历程。课题组及全校语数英学科教师在郁培林校长的带领下，以相关理论的学习和建构为前提，以课堂教学的实证和分析为依托，我们经历了完整而丰富的课题研究过程，开展了一系列理论学习和实践研讨活动，形成了理论，积累了成果，基本实现了预期的研究目标。

一、课题研究背景

日本教育家佐藤学提出“学习共同体”理论，更是主张通过学习者彼此间的“合作与交往”来进行交流、分享、“互惠”，从而实现对知识建构的“挑战与冲刺”，达成真正的学习。我国以陶行知先生为代表的教育家们更是明确地表达“教的法子要根据学的法子”，“教师的责任是教学生学”等观点，并用大量的实践论证其科学性。

课程改革虽然已经推行了十多年，“一切为了学生”的理念已深入人心，大量的实践案例也反复证实“以生为本”、“以学为本”的必要性和可能性，但是以陈述性知识学习为目的的教学依然主宰着我们的课堂，以教师为中心的教学方法设计和策略手段依然是小学各学科教学的主流；我国《基础教育课程改革纲要（试行）》期待解决的“课程实施过于强调接受学习、死记硬背、机械训练”问题并没有得到很好的实践回应，新课程积极倡导的“学生主动参与、乐于探究、勤于动手”的课堂学习仍旧难以实现；学生中自主意识淡漠，合作能力欠缺，探究水平低下，不会学、厌学的孩子不乏其人。这与我国“坚持以人为本、全面实施素质教育”的教育改革发展战略主题和方向严重相悖。在我校的课堂，以上问题也不同程度地存在，并深刻地影响着我校教育教学质量的提升，影响我校师生的发展进步。

鉴于此，深入探讨和学习“以生为本”的理论，建构起有助于学习发生的教学框架和策略，促进教师队伍整体理论与实践水平的提升，优化学生课堂学习的效益、效率和效果，便成为我校推进课题研究的基本立意和方向目标。

以学生发展为取向，将“面向全体、全面发展、尊重个性、自主学习、合作探究”作为我校“生本课堂”的教学思想。生本课堂的核心追求在于学生发展，在于让学生真正参与到课堂，让学习在学生身上真正发生。我们确立这样的教学思想，就是想从根本上保证课堂教学的方向不偏，目标不乱，措施有效。其中，面向全体是前提，全面发展是目标，尊重个性是要素，自主学习和合作探究是路径和保证。

以结构变革为切入点，为有效实现学生的学习提供教学逻辑和路径上的支撑，将“课堂”真正变成“学堂”。我校在推进“生本课堂”的过程中，逐步摸索出以“先学后教”为表征的教学结构，突出学，围绕学，成全学。在这个教学结构里，课堂教学推进的基本逻辑是：由教师或者由师生共同确定学习目标，在目标的引领下，先由学生对相关内容展开自学和合作，学生能自己学会的教师不讲，能通过合作学会的教师也不讲，在学习的基础上无法解决的问题，则由老师进行点拨、指导，最后通过相应的练习进行检测，以了解当堂课目标达成的情况，从而对教学有一个客观的评价，并为进一步辅导和深入学习提供依据。这样的课堂，为老师推进“以学为本”的教学提供了抓手，能够使教学基本运行在“为学而教”的轨道上，学习的有效性能够得到基本的保证。

二、课题研究核心

“以生为本”是教学的基本理念，也是实施教学的基本原则，如何使理念具体，使原则落地，是教学“生本”化改造的关键。为此，在郁培林校长的带领与指导下，我校以“自学”、“合作”、“当堂检测”为核心要素建构了“生本课堂”的教学结构，亦即“四步七环节”的教学框架。

我们所说的“四步”是：明确目标，学生自学，分享表达，检测达标；“七环节”则是对“四步”的细化操作：明确目标，引导自学，独立学习，小组合作，分享表达，当堂检测，测后导学。

第一步，亦即第一环节：明确目标。这里所说的目标，指的是课堂学习目标。它是一节课的出发点和最终归宿。高效的教学应该首先有适切的目标定位，而不是贪大求全，虚张声势。

第二步是自主学习，其中有三个环节：引导自学、学生自学、小组合作。“生本课堂”是交给学生自主学习的课堂，教师的作用是什么呢？——引导！引导，是“教”对“学”的引领、引发，是“教”给“学”的向导、指导。

第三步为分享表达，同时也是第五环节。经过前面的自学、合作，为学生创造一次分享表达的机会，不仅仅是汇报答案，更是指向学生语言表达水平和思维水平的提升。

第四步是检测达标，主要有当堂检测和测后导学两个环节。教学“是否到了那里”常常为我们所忽视，而“生本课堂”格外看重，这就需要检测。

三、课题研究收获

经过四年多的实践研究，综合来看，立体、丰富的课题研究实践为教师拓宽视野、促进思考、转变观念、优化教学提供了机会，为课题组深入探究“生本课堂”的理论和实践效果提供了机会；而教师的改变很自然地影响着课堂的变革，学生也在这项课题的研究中收获了有价值的变化和成长。

教师经历了课程理念大洗礼。四年来，课题组带领语文、数学、英语三个学科及三个校区（含碧桂园分校和凤凰城分校）老师进行了多个轮次、多种形式、多项内容的培训和研讨。“生本课堂”课题研究引发了我校教师新一轮课程理念的头脑风暴，为大家学习提升带来了契机和动力。

教学改革持续推进，影响深远。根据“生本课堂”的研究方向，我们从教师的教和学生的学两个维度研制了《安师大附小“生本课堂”教学观测、评价标准》，依据“标准”研制出了《“生本课堂”观测与评价表》，为科学观测、评价课堂提供了具体角度、方法和指标。与此同时，我们还通过组织教师论文评比、学科教研、备课组互听互研、国培授课、市级以上赛课等方式推动课题研究，不断积累实践和理论思考的成果。这样持续深入的教学改革行动，为我们的课堂注入了新的思维，为我们的教研提供了新的视角，在很大程度上正悄悄改变着教师的教学思想和行为。

教师队伍在研究中快速成长。我校教师特别是青年教师在这样高密度的培训、赛课、研讨中，对“生本课堂”的基本理念和操作路径有了深刻认识，课堂教学的面貌普遍有了变化，学生在课堂的主体地位更加凸显，课堂教学的效率、效益、效果有了较大的改观。

教学质量稳步提升，值得研究。我校推进“生本课堂”的一个重要背景就是南迁之后学生结构的变化，家庭教育的整体水平低于南迁之前，要想继续保持良好的教学质量水平，就必须提高课堂教学的质量，向四十分钟要效益。“生本课堂”就是力求变革传统课堂的低效高耗，追求课堂时间里的有效学习，提升教学质量。我们要求老师立足40分钟，不强求预习，还时间给学生，追求当堂检测巩固，主张少留课外书面作业，在学生课业负担有所减轻的情况下，实现学习成绩的提升。从质量监控的数据分析来看，在全面推行生本课堂研究的几年里，我校学生的学习质量不仅不低于南迁之前的水平，还稳中有升，这从一个侧面证明：“生本课堂”是真正有益于学生学习的课堂，是能够有效提升学习效益的课堂。

课题研究形成了一定的辐射影响。在各级教研活动中，面向长三角名校长、全市相关学科教师、长三角“玉兰花开”结对校、全省部分语文教师展示了我校“生本课堂”的研究成果，受到好评；在各级各类比赛中，因为成绩出色，我校“生本课堂”的教学面貌引起了同行专家的高度关注和认可，安徽省小语会更是将“生本课堂”作为“徽派语文”推进的一条路径加以肯定和推广，引导全省小学语文教育工作者进行关注和研究。

道阻且长，行则将至，“生本课堂”研究还在路上，今后，我们将认真总结经验得失，不断吸收教育科学研究的最新成果，继续探索“生本”理念与教学实践的契合点和路径，并在其他各科教学中尝试、实践“生本课堂”，甚至在教育管理中进行渗透、运用“生本”思想。在未来的“生本课堂”研究中，我校将从学生发展视角出发，以学生核心素养的培育为目标，深入探索课堂有效学习发生的机制。

以生为本，不应休止；以生为本，我们还在路上……

理想教育成就学校发展新样态

北京市星河实验学校国美分校 李玮

北京市星河实验学校国美分校建校于2007年9月，位于城乡接合部地区，是一所年轻的普通小区配套小学。随着新时代教育的发展，为更好地适应区域内教育资源调整的需要，国美分校立足学校发展基础、地域特点、生源构成等分析，以理想教育文化课题理念为切入点，以课堂教学、单元备课为载体，全力展开行动研究，积极探索学校教育发展的新样态。

经过不懈努力，学校办学影响力不断提升，迅速成长为北京市奥林匹克教育示范校、北京市冰雪运动特色校、朝阳区素质教育示范校、朝阳区学年度综合考核优秀校等。2019年—2020年，服务范围内及分配到国美的学生98%以上选择在本校就读，学校办学品质得到社会的认可。

一、从研究方式看，形成了教师发展指导型教研

对于普通教师而言，学习什么，研究什么，取决于他自我成长的需求；对于任何学术研究而言，有意愿的参与远比强制参与有效果。基于理想教育文化“科学、民主、责任、科学”的核心要素，国美分校在参与课题研究的方式上紧紧围绕“尊重教师意愿，提供发展指导，回归教育本质”的基本思路展开课题研究，实现了教师专业技能和育人观念的提升。

回归教师需求的课题参与方式。理想教育文化课题组的建立，不像以往从建立组织开始，而是从松散的自愿参加开始，即从邀请老师们参与课题活动开始，不固定活动参与人数。课题下校专家团队由数学、科学学科专家组成。然而随着课题活动的深入，教师从4人、到8人、到20人……学科从数学、科学到语文、英语、美术……虽然两个月后课题组正式组建，但是每次活动都有非课题组成员参与，课题组老师的日常课堂也被邀请开放。因此，课题组成为教师被指导需求而非任务的存在，这也大大提高了研究的实效性以及指导的被接纳性。

回归学生原点的教研方式。如何为学生提供学习经历与体验，这是不同阶段教师发展都面临的困惑。在专家的指导下，学校课题组紧紧围绕改变学生的学习方式，通过“抛出问题—集体实践—归纳梳理”的方式开展研究。如抛出问题：如何给学生提供教师“退场”的课堂？如何让学法更具开放性与探索性？转变传统的一课一备构建大学科观后如何备课？如归纳梳理：四式学法——自主式学习、合作式学习、探究式学习、对话式学习；三步备课法——梳理单元大目标、搭建学习支架、设计有深度的对话等。通过这种研究方式，力求做到有目标、有实践，大大提升了教师研究的可操作性。

回归教育本质的样态呈现。任何课题研究的指向一定是提高教育的质量。经过近三年的深入研究，学校从学生到教师，从育人方式到学科成绩，都有了显性的变化。课堂呈现出多维对话的灵动性，学生自信勇敢、大胆质疑，教师尊重学生、关注对话。其中，最显著的莫过于促进了学校内生的育人方式的呈现，不仅通过仪式教育激活内生动力、学程建设激发内生行为，还通过构建大数据落实科学育人、构建目标管理体系落实全面育人、构建自助管理模型落实自我管理。

二、从研究内容看，促进了学校教育理念的转变

一所学校的真正发展是学校文化的进步与发展，理想教育文化能给学校带来发展的助力和动力。国美分校以理想教育文化带动学校立德树人、办学治校的全面进步，带动育人质量的大幅提升，由单纯地追求知识教学向育人价值追求的转变，由培养学生解题能力向培养学生问题解决能力的转变，由统一的标准教育向尊重人性教育的转变，力求实现社会主义核心价值观真正落地、学生成长核心素养真正落地、减负真正落地。

以追求“育人教育文化”为核心取代以“知识教育文化”为核心。理想教育文化的“一个价值观、两个方法论、十二种教学策略，实现三个真正落地、四大能力培养”的体系，给国美分校带来了发展的助力和动力。在研究实践中，学校始终围绕“扰启、内省、质疑、实践”的教学方法论和“独立、追求、养控、审美”的学生成长方法论，充分利用自主—合作—探究的课堂策略，力求把复杂的内容直观化、把深奥的道理简单化、把抽象的原理概念形象化，让学生切实掌握并灵活运用知识，努力夯实学生的思维能力、空间想象力、操作能力、表达能力，不断提高他们解释和解决生活实际问题的能力。同时，通过课堂教学节奏的张弛有度、思维情感的聚焦投入，师生、生生的倾听思考、互动交流、思维碰撞以及成果的分享、方法的借鉴，实现了学生个体发展和核心素养的提升。

以创设对话时空情景为导向助推师生共同成长。创设问题情境，拟定对话主题，引导学生深度对话；设计问题链条，创设多元对话时空，实现师生共同成长；设置课堂留白，引申对话思考，促进深度学习。总之，师生在真诚平等的合作对话中碰撞智慧，在质疑实践中深度内省，真正实现了师生的共同成长，呈现了良好的合作对话式样态。

三、从研究结果看，完善并优 化了学校教育文化

理想教育文化理念对国美分校干部教师的影响是深远的，它带来的不仅仅是对学科理念的思考，更重要的是促进了学校文化建设的优化。通过对理想教育的课题研究，使国美分校这所年轻学校的校园文化尤其是管理文化逐步呈现出基于尊重、指向生命、走向人本、内生发展的积极变化。

管理理念：认知•变革。管理观取决于一个组织的人性观，而理想教育文化提出的成长共同体概念，让学校的管理制度、管理行为从“制约——防范”走向“共生——引领”。同时，组织的价值观决定着管理者的认知，制约着管理者的行为，而学校于2013年提出的“适合的才是最好的”办学理念，如今基于课题研究的不断完善逐渐演变为学校的教育价值追求——成为自己，成就自己。

管理行为：变化•成效。其一，以“尊重引领”为核心的师生管理，形成了管理行为导引体系：对于干部，提出无边界管理，意在清晰管理职责，模糊管理边界，避免推诿；对于骨干管理，提出领跑30米，这源于年轻的教师团队需要经验的引领；对于教师群体，通过尚书养德、工合润心两个导引体系，实现教师能与德的培养；对于学生管理，提出唤醒内生力、优化外驱力的导引系统研究，即国美学程建设——学分银行项目。其二，以“价值导向”为核心的课程管理，形成了课程观脉络体系：在“成为自己、成就自己”的价值观指导下，学校立足“适合的才是最好的”的办学理念，提出了“只为你的春暖花开”的课程理念，并探索构建了“基础课程+唤醒课程”的唤醒课程体系。其中，基础课程（国家课程）高质量实施的课堂管理，提出了理想课堂中教师行为是模糊身份（学习共同体）、清晰方式（导学促研）、追求高效（减负提质）；与其相应的学法为自主探索、合作对话，教法为尊重个体发现、引导群体研究；课堂教学流程为教师“扰启—发现—梳理—点拨—迁移”，学生“质疑—实践—内省（质疑）—思辨—提升”。唤醒课程回应生命个体差异性的需求，构建了唤醒生命觉知的行走课程体系、唤醒性别差异的男女生课程体系、唤醒运动潜能的八大球类课程体系、唤醒成长感悟的年级必修课程体系的国美唤醒课程体系。其三，以“时空育人”为核心的空间管理，不再单一的把育人环境定位在物理空间上，而是同时关注了物理空间的人文性设计，通过延续校园内已有的私语空间、共享空间、澄园空间等，关注使用空间个体心理需求的迥异，完成了人与空间、人与人、人与资源的对话，实现了空间育人的最优化。

课题实践让星河国美分校相信：在理想教育课题的引领下，作为基础教育的小学教育定能成为唤醒和发现每个生命“成为自己，成就自己”最初的美好模样，也更加坚定了他们要把学校这样办下去，用以验证理想教育文化的必然性和可行性。

真爱“6+1”，情暖留守儿童

福建省建宁县客坊中心小学 江德龙 谢国财

随着中国社会政治经济的快速发展，城镇化建设进程的大力推进，越来越多家庭的主要劳动力远走他乡，离开年迈的父母和年幼的孩子，外出务工，用勤劳获取更高的家庭收入，让家里过上更好地日子。不可否认，他们为我们国家的经济发展和社会稳定作出了贡献。但是，他们的外出也造就了两个弱势群体：“留守老人”和“留守儿童”。这两个因人口流动引发的特殊群体，他们产生了一系列当下不可忽视的社会问题。我校在长达四年不断地探索、研究、实践、总结，形成了符合我校留守儿童关爱工作的模式，在农村留守儿童关爱服务方面初具特色体系。

一、课题研究背景

建宁县客坊乡，地处闽赣两省三县六乡结合部，距县城50公里，属建宁县最为偏远的乡镇，典型的“八山一水一分田”地貌。作为建宁的一个主要劳务输出乡，乡里大部分青壮年劳力外出务工、经商，造成庞大的“留守儿童”队伍，隔代抚养监护现象十分普遍。客坊中心小学目前在校生276名，留守儿童就有170名，占学生总数的61.6%。

这群“留守儿童”队伍里的孩子在老人、亲戚的监护下，较少数因自强自律变得更坚强、懂事，但更多的由于教育上的缺失而产生一系列的问题，主要表现为：一是自卑。没有父母的关爱支撑，缺乏安全感，思想感情较脆弱，产生自己不如别人的想法；二是孤僻。由于父母长期在外打工，缺少亲情和家庭温暖，情感相对冷漠，人际交往能力差，不愿与人交流，对周围的人、物、事都有不信任感；三是厌学。心灵上的孤独，性格上的孤僻，影响到他们在学校的表现，有的学生产生厌学的现象，甚至染上不良的坏习惯；四是叛逆。他们认为父母

不关心自己，在心里埋下了埋怨父母的种子，加上监护人因为能力、精力、方法不济而放任溺爱，造成了大批留守儿童不同程度的心理行为叛逆。

习近平总书记高度关心留守儿童问题，2015年他在贵州调研时强调，要"关心留守儿童、留守老年人，完善工作机制和措施，加强管理和服务，让他们都能感受到社会主义大家庭的温暖"。我校作为一所边远的山区乡村学校，承当起自身学校留守儿童因关爱缺失而引发的问题，是我们义不容辞的责任。

二、课题研究目的

留守儿童的问题，是家庭问题也是社会问题。学校敢于担当、勇于作为，就是为了孩子们的留守童年多一些温暖，不再像荒草般生长。我校几年的积极研究、探索、实践，目的在于：首先是去破解因留守儿童这一特殊群体而形成的诸多困扰教育的难题；其次是维护社会稳定的需要，留守儿童的教育出了问题，他们未来的道路就会走偏，甚至走向歧途，必然会影响社会的和谐稳定；再次是为家乡新农村建设贡献力量，将来的家乡新农村建设，他们是后备军，是主力军，留守儿童在当下不能健康成长，就承担不起将来的重任；四是减轻留守儿童家庭的负担，谁都不愿背井离乡，关爱留守儿童，也是学校向这些敢于去闯、去拼、去改变的家庭最直接的支持。

三、课题研究具体举措

面对多年困扰学校发展的情况，我校立足校情，努力实践探索，总结出学校留守儿童"真爱6+1"关爱模式即：

晓真情：摸清每个留守儿童的真实情况，全面掌握留守儿童第一手资料，建档立卡，一人一档。由客坊乡党委、政府干部，学校党员教师担任留守儿童的"代理妈妈"、"代理爸爸"，进行一对一关爱帮扶。

绘真景：主要针对学生对外出家长的误解，学校收集家长在外辛苦务工、生活的图片和立体影像资料，在学校"留守儿童之家"通过励志墙的形式展示、播放出来，并附上家长们的寄语。让留守儿童明白父母务工的艰辛，体会父母远离孩子出外务工，不是抛弃他们，而是对他们更深的爱。

系真爱：通过构建以学校"扶智"，客坊乡党委、政府领导干部带头"扶志"，家长、社会共同关注的"四位一体"的心形关爱网络，多途径、多方式去关爱留守儿童。

吐真言：每个人都有自己的梦想，留守儿童更有许多心里话和自己的愿望无处诉说，"代理爸爸妈妈"就鼓励他们大胆说出自己的心愿（微心愿，很小短期能实现的愿望；大心愿，短期不能实现的愿望），把他们的"微心愿"在学校的心愿廊中亮出来，努力去帮他们实现。

懂真规：加强学校法制副校长、校外辅导员工作，强化学校学生法律法规知识和宣传，积极进行学生良好行为习惯养成教育，让学生从小树立法律意识，养成遵规、守纪，知法、守法的好习惯。

育真人：结合学校实际情况，以乡际民间俗语"读好书，做好人"为校训，努力践行"为孩子一生奠基"的办学理念，扎实做好"快乐阅读、端正写字、文明做人"三大工程，通过"让每个孩子都捧着奖状回家"的"九星评选"表彰激励，依托"红土地·客坊小学耕读园"实践活动，教育孩子学真知、说真话、做真人，真正让每个孩子自信、从容、有尊严地成长。

"1"指学一项体艺技能：几年的实践我们深深感受到，要使留守儿童在学校能够安心学习、快乐成长，只有关爱是远远不够的，还必须培养学习的兴趣爱好。于是学校结合体育、艺术2+1工作，将体艺教育作为关爱留守儿童"6+1"的重点，拓展第二课堂，目前主要开展葫芦丝（每生必会）、书法、少儿编程、趣味科学、绘画、黏土、体育类等12个兴趣小组少年宫活动，让孩子们学有所乐、学有所长。

学校在"真爱6+1"实施过程中，发挥"宜心怡艺"中"1"的作用，让农村留守儿童走出大山、跨出了县城，更赢得了自信与从容。

四、课题研究成效

学生方面：通过课题研究关爱活动的开展，极大地促进了留守儿童的成长，他们当中中涌现一大批的积极向上、自立自强、勇于拼搏的先进典型。

教师方面：通过留守儿童关爱模式，提高了教师的教学技艺，改进了以往的教学方式，提升了教师的理论水平，教师素质得到了提高，教师的教学水平和能力也得到了提高。

家长方面：沟通畅顺了。无论是在家监护的爷爷奶奶、外公外婆、亲戚朋友，他们都乐意和学校老师沟通了，家长会出勤的人数逐年增多。交流面广了。在外的家长变得有空了，电话、微信经常联系老师，交流的内容也不仅限于学习成绩了，他们会跟老师探讨教育孩子的方法，与老师一起分享孩子成长的快乐。

社会效应方面：近年来，人民日报、中国教育频道、中央新闻移动网、福建日报、福建电视台、新浪网、三明日报、三明电视台等新闻媒体报道了我校留守儿童"真爱6+1"关爱模式。三明市委副书记、市长余红胜到校对精准扶贫、留守儿童工作开展情况进行了调研，对我校关爱留守儿童工作给予了充分肯定，并与我校留守儿童到厦门大学开展了结对关爱活动；福建省教育厅副厅长李迅到我校调研，写下《闽赣交界处有所令人动荡血脉的小学》的随笔，全体师生倍受鼓舞。

"真爱6+1"实施以来，校园处处可见师生一起阅读，一起锻炼，一起交流，一起实践的亮丽温馨的画面。2020年12月，我校入选教育部第一批"乡村温馨校园"典型案例学校。学校综合质量在县域乡村学校评比中，名列前茅。留守儿童群体行为习惯养成良好，学业成绩显著提升。六年级邹勇新同学获2019年度市级"新时代好少年"提名奖；五年级2班谢海华同学被评为2020年三明市"新时代好少年"。学校葫芦丝队参加市、县文艺比赛，均获较好成绩。

少年儿童是祖国的花朵，是祖国未来的建设者，是中国特色社会主义接班人。关心少年儿童，就是对祖国的关心；对少年儿童负责，就是对党和国家的未来负责。下一步，我校以更加有力的举措，更加务实的作风，做好农村留守儿童关爱保护工作，继续秉持"家长放心，社会认可，师生幸福"的办学目标，对留守的孩子严慈相济，用爱去滋润，用心去呵护，用情去温暖，让"留守儿童"在客坊中心小学这个温馨的"家"里走出心灵的荒漠，走进温暖的亲情绿洲，去实现他们心中的梦。

践行适趣教育，为学生终身发展奠基

福建省宁化师范学校附属小学　李泽华

"适趣教育"是一种教育指导思想和理念，不是某一具体的教学方法或手段。其思想核心体现为：根据学习者因自身的差异性而显现出来的不同的兴趣爱好，有选择的、差别化的教育。"适趣教育"顺应时代要求，目标指向立德树人，在五育并举、各有所长中实现全面发展、终身发展。通过因材施教发掘学生的优势潜力，引导学生发现自我价值，体现学习发展的自主性，实现自主发展、个性发展、差异发展、最优发展。

传统文化中的教育之道告诉我们，教育要因材施教，不能超越受教育者的才能和年龄特征而进行教育。这告诉我们，实施适趣教育是对中国传统教育的继承与发展。冯恩洪适合教育理论指出，教育要注意受教育者的差异，尊重学生的情感，释放学生的潜能。要有"人皆有才，人无全才，扬长避短，个个成才"的观点，发现人的强势智慧，让人的强势智慧充分发展。郭思乐生本教育理论指出，教育必须一切为了学生，高度尊重学生，全面依靠学生。教育要给人以自由，好让他们用自身的内存、自身的自然物，去获得外部的知识、外部的自在物。要研究学生的内部自然，喜好认识规律，既有经验，要创造适合儿童的教育，而不是选择适合教育的儿童。我校推进"向学生提供适合的教育"课题研究，确立"让学生快乐成长，让教师幸福工作"的办学理念，学校将适趣教育作为关照学生普遍特点与个性差异，促进学生自主、全面发展与差异、最优发展，兼顾学生当前学习与终身发展的教育思想与教育实践适时提出。

一、适趣教育意义

学校观。学校是促进学生成长的场。在这个特殊的场中，学生是群体与个体的结合体。作为"群体"，我们要了解儿童的天性，掌握儿童的普遍特征；作为"个体"，儿童具有独特的个人世界，是唯一的"这一个"，我们要研究"具体的个人"，帮助孩子在集体之外成长。

学生观。每个学生都有学习的愿望。苏格拉底"产婆论"告诉我们，儿童是天生的学习者，他们有着强烈的好奇心和求知欲。对学生来说，没有兴趣就没有学习。没有积极的情感体验，就没有持续的学习。每个学生都有学好的潜能。

教师观。教师是学生学习生活的组织者。一是规划学生文化发展路径。引领学生把学科学习与生活结合起来，达到二者互相促进、共同提升的目的。同时在此基础上从培养人的世界观、方法论、科学态度等方面学生的成长。二是帮助学生顺利地进行自主学习。从改造课程，选择学生喜爱和有效地活动，指导学生学会学习等方面组织学生自主学习。三是组织学生学习生活。要以多种适合学生兴趣爱好，符合学生身心发展规律的方法，指导学生的校内外学习与生活，促进学生全面发展、个性发展。

学习观。适智学习——"适智学习"解决学习行为的实施问题。按需学习——"按需学习"解决学习动机和学习内容的问题。

课程观。课程校本，将国家课程与地方课程、学校课程有机整合，成为校本化实施的课程。课程融合，各学科课程有机融合，成为互相关联的综合课程。课程选择，提供丰富的适合学生兴趣爱好的特色课程，供不同学生选择。

教学观。关注情感力。一个有效地课堂教学环境应该让学生的学习经历更加愉快，更有价值。注重"情感推动注意，注意推动学习"。以宽松的课堂氛围、积极的情感体验促进学生主动地学习。关注思维力。学习就是学习者建立神经网络的过程，用联系产生意义。让所获取的信息转化成有意义的知识，进而在问题情境中转化为智慧。教学的目的是引导和促进学生的大脑形成神经联结，而改善工作记忆的容量和保持时间，是提高思维品质和学习质量的生理密码。关注实践力。课堂教学应该充分调动学生多方面的感官，让学生产生身体与大脑的联运，进而发现学生在某些方面的学习优势潜能，顺势而教，促进学生的最优化发展。

质量观。五好目标：一是有好品德，学会做人。二是有好习惯，学会做事。三是有好身体，学会健体。四是有好学习，学会求知。五是有好技能，学会生活。合格特长：适应学生优势潜能，考虑学生整体特点，提出学生发展最低目标，即合格目标。同时也对不同学生潜能，着力突显其优势潜能转化为优势实践能力，是为特长目标。

评价观。参与式评价：在师生共同学习过程中领会评价原则与基本方法，然后主动参与评价。发展性评价：在心理沟通、榜样激励、指导说理等方式中引导学生自评、互评、参评，以发现、发展彼此的优点与长处。形成性评价：通过具体描述原因、过程、结果的形式，以指导式、谈心式、激励式评语评价学生取得的成绩。

二、适趣教育实施

（一）确立办学目标

学校以“让学生快乐成长　让教师幸福工作”为办学理念；以“我以附小为荣，我为附小争光”为校训；以“爱生　博学”为教风；以“乐学善思　自主创新”为学风。最终实现让每个学生都成为最好的自己的办学愿景。

（二）建构学校文化

“五好”学生文化。一是有好品德，学会做人。二是有好习惯，学会做事。三是有好身体，学会健体。四是有好学习，学会求知。五是有好技能，学会生活。

“五有”教师文化。有品格，有高尚人格魅力。有童心，有坚定儿童立场。有梦想，有远大理想信念。有课堂，有生动灵活课堂。有情怀，有和谐师生关系。

“四同”管理文化。信念认同，服务学生。心理认同，关注发展。机制认同，合格特长。行为认同，主动作为。

“四生”课程文化。生本的课程。课程主体、课程内容、课程空间、学习方式、评价标准等充分考虑学生的身心理特点与成长需要。

“三美”环境文化。学校环境必须遵循“美的原则”，按照“美的规律”来建造，使其具有审美特性和审美意义，在社会公众中树立起个性化的审美形象。做到整体诗意美、内容生态美、形式包装美。

（三）建构成长课程

融合的学科课程：学科课程将国家、地方、校本课程隔合成三大类：心灵美、学业优、身心健，每门学科均分为学科课程、拓展课程、个性课程，并有必修与选修之分。在提出集体的保底学习要求的同时，对特殊学生予以特殊的学习关照。

丰富的活动课程：构建“幸福树”德育课程，以幸福成长为主干，分为幸福学习、幸福活动、幸福自理。制定相应的课程目标，让学生开展丰富的适趣实践活动，从中体验什么是幸福，学习创造幸福，与人分享幸福，在幸福的环境中不断成长。在活动中锻炼学生的实践能力与创新能力，呈现学生个性特点。

（四）建设教师队伍

实施共同体发展模式。共同体成长机制作为适趣教育教师队伍建设的一个方面，从组织性质来说，它是一种非行政性组织，成员主要以共同的兴趣与使命而组合，但又隐含着行政的因素，因为学校会以评价等形式对其进行关注，是二者的结合体，兼具二者优势。从结构来说，它是一个金字塔结构，顶层名师、中层骨干、底层青年教师，不同层次的教师在实践中发挥的作用不一样，所取得的成就也不一样，符合人才梯队建设规律。从实践情况来看，每个共同体有不同的任务要求，便于各个成员根据共同体性质进行经验更新、再现实践、合作交流、理论提升、创生重建，形成学习、设计、践行、反思、重建的变革链和研讨的教研氛围。

（五）开展学校活动

适趣教育的学校、班级活动以满足和提升学生的个性成长、差异发展需要为核心。在主题确定上，一是要考虑学生与外部世界相关的认识的需要，如与自然、环境互动，与社会物质、文化交流，与多元价值、信息世界实践等。二是要考虑和学生自我发展直接相关的问题，从认识、情感、意志、价值观等方面促进学生健康人格和丰富内心世界的成长。在具体开展上，坚持在教师指导下，从主题选择、方案设计、组织分工、准备活动、活动开展等都吸收学生参与，让活动成为学生自己的事，从而实现活动价值最大化。

（六）构建评价体系

适趣评价体系在坚持科学性、民主性、人文性的前提下，我们尝试在师生中进行增值性的自我评价以强化师生自我发展意识，启动自比自的生成体验。同时，以“合格+特长”的评价方式，保证学生在合格的基础上，充分展示个性特长，呈现独一无二的自我。

三、适趣教育展望

实施适趣教育，校园更加充满了童趣，学校成了学生最喜欢的场所；课堂更加充满了自主，每个学生都能在课堂上畅所欲言；学习更加充满了快乐，每个学生都能在学习中收获不一样的成功。同时，学校老中青教师都得到良好的发展。

学校被评为第二届全国文明校园、全国书法教育示范学校、书香校园、青少年足球示范学校、数字化示范学校，连续七届获省文明学校，是省教改示范性建设学校，市艺术教育特色学校。办学成绩陆续在中国教育新闻网、福建教育通讯、福建日报、福建基础教育研究、三明日报等媒体报道。

未来，任重而道选，今后我们先是要在理论上进行更深的、更全面的探索，在育人目标上根据立德树人要求，深入研究学生的普遍特点与兴趣差异，更精准地提出促进学生自主发展、终身发展、个性发展的方法与途径，让学生全面发展、最优发展；其次是在激发学生兴趣，促进学生认识、挖掘自身潜力，发挥优势能力上作更多的尝试，求得每个学生都获得个性成长、特色成才；第三是在创设丰富多彩的教育环境，提供适合学生兴趣的可选课程建设与课程评价上下功夫，让学生在五育并举中经历多种选择，学会学习、学会创新、学会成长，让学生的兴趣、天赋得到充分发展。特别是要在提供适合学生实践、创新的课程上多尝试，以培养学生的科学素养、创新精神。

树善美文化品牌　创优质寄宿学校

——合作市第五小学理念文化的解读

甘肃省甘南州合作市第五小学　华高才让

学校理念文化是学校文化的生命与灵魂，是学校发展的命脉，是学校社会形象的根本，它对学校发展具有价值引导、观念整合、情感激励、规范调节等作用。只有站在学校理念文化建设的高度，才能驾驭学校的战略性发展；只有学校的发展战略都因文化的浸润和引领而提档升级，一个学校的教育才会更加欣欣向荣。

2015年，甘肃省甘南州合作市委市政府为缓解合作城区小学规模小、学生日益增加的压力，决定在原南木娄小学扩建一所全日制寄宿制小学，于是合作市第五小学应运而生。在新时代背景之下，合作市第五小学居安思危，深入思考推进学校文化建设，努力构建具有独特魅力与个性特色的学校文化，全力打造精神文明的校园、培养人才的学园、发展个性的佳园、陶冶情操的花园、幸福成长的乐园。

一、“善美”文化品牌的理念确立

理念是行动的灵魂、先导、指南。合作市第五小学科学审慎分析现状，把握新的发展方向，充分结合生情（大部分为外来务工人员子女）、师情（由不同的学校调动而来）和校情（校舍建于二十年前且校园面积小、现规模扩大）等特殊情况，确定了以人类基础情感表达为主线，打造公平博爱、没有偏见的、阳光的“善美”教育。

“善美”即阳光，本质属性是一种复合的光能源，与地球适当距离实现了适合的温度，实现了水的“三态”，孕育了生命，滋养了万物，形成了生生不息的生态系统。因此，“善美”教育可以简单表述为“阳光的教育，用阳光实施的教育，使人变得阳光一样灿烂的教育”，它是以大爱为核心，立足学生幸福，关注社会需求，有尺度、有温度、遵循本然规律、适合人发展的真教育；是一种生发、汇聚、传递正能量的正教育；是一种全面、系统、生态的大教育。

二、“善美”文化品牌的内涵解读

办学理念：以爱为行、以真为本

办学理念又叫办学思想，是校长基于“办怎么样的学校”和“怎样办好学校”的深层次思考的结晶，是一定的教育思想、管理思想与学校实际的有机结合。从某种意义上说，办学理念就是学校生存理由、生存动力、生存期望的有机构成。

“以爱为行”，即以“爱”为行动的指南，老师关爱、呵护学生，学生之间互相关爱、文明礼让、结交朋友，使学生的心智得到健康的成长；“以真为本”，即以“真”为教育的根本，从品性上要求学生做人要真诚，从行为上要求学生要有真本领，以培养华夏真正的栋梁之材为学校的职责。

校训：求真、明辨、至善、尚美

校训是学校文化精神的最好表现，是办学理念的凝练表达，具有鲜明的精神内涵和学校个性，通常借助简洁而富有哲理的语言形式表现出来，它言简意赅、朗朗上口、易于把握，具有极高的文化宽容度，为学校每一个成员展现自己独有优势和风格提供了空间。

对于五小来说，“求真、明辨、至善、尚美”是一种学习态度：崇尚真理，修养道德，为阳光人生奠基；是一种治学态度：传授真知，关爱学生，培育与时俱进的人才；是一种治校理念：以真治校，以善育人，收获硕果累累；是一种育人理念：追求真理，关心社会，在自我探索中树立并实现人生理想。

育人目标：怀家长之心为师，培育有信仰的人

塑造善美品质、培养善美能力、奠基阳光人生育人目标是在一定教育思想影响下形成的，反映了一定的教育思想和教育要求，是教育思想的结晶。育人目标在形成和实践过程中，不仅体现为具体的教育预期和标准，而且也逐渐演变为一种教育思想或教育理念，成为整个教育实践活动的理论指南，决定着教育实践活动的性质、形式、内容和方向。

教师精神：动真情、传真知、做真师

教师精神就是教师在治学态度、科学研究、教书育人等方面形

成的精神。正如陶行知先生所说，教师的职务是“千教万教，教人求真”。富有真情的教育才是幸福的教育，教师要用对教育的赤诚之情，不断丰富和更新自己的知识储备，传道授业，幸福从教，做一个用真情关爱学生、用真知教导学生、用真师风范引导学生的榜样和育人者。

学生精神：明真理、求真学、做真人

学生精神是学生在学习过程中应该养成和遵循的精神，是凝聚在教与学过程中的精神动力、态度作风等，它表现出独有的特色和丰富的内涵，并通过学校全体成员的意志与行动，逐步地形成和固化，成为一种传统和风格。多年来，中国传统教育奉行唯书唯上主义，凡圣人之言、权威之论均被定为金科玉律，不敢越雷池，再加上中国文化的大一统观念又使我们的教学缺少多元思考问题的方式，容易使道德判断追求思维的统一、答案的唯一。“明真理”正是在这样的教育背景下督促学生不要盲从，而是要有正确的是非判断和价值观；“求真学”督促学生在学校里要脚踏实地的学习真本领、真知识，不要贪玩逃学、浪费光阴；“做真人”在学识上要求学生有真才实学，在品性上要求学生真诚待人。

三、“善美”文化品牌的发展方向

对学生来说，学习是学生的天职，求真是学生的方向。无论何时，学生都要信守“求真、明辨、至善、尚美”的校训，秉承“明真理、求真学、做真人”之精神，努力成为具有“善美品质、善美能力”的阳光少年。阳光下，学生定会快乐成长！

对教师来说，教书育人是教师的天职，求真是教师的方向。无论何时，教师都要信守“求真、明辨、至善、尚美”的校训，秉承“动真情、传真知、做真师 ”之精神，以培养具有“善美品质、善美能力”的阳光少年为己任。阳光下，教师定会一起成长！

对学校来说，21世纪的学校要在教育竞争中脱颖而出，就必须实施文化强校战略。这种使命感呼唤学校行动起来，以高屋建瓴的境界和审时度势的智慧，高举以“善美教育”为办学特色的文化旗帜和以“真”为核心的理念大旗，坚强不屈，敢为人先，用理想的教育去实现教育的理想。

抓精细管理，创特色学校

——学校管理工作经验

甘肃省甘南州夏河县科才镇中心小学 东知

学校管理关系到一个学校发展的方向，优秀的管理方法可以快速提升学校的发展。校长是学校发展的引领者，也是学校发展的领路人。现代教育的学区化、集团化办学，促进了教育均衡发展。校长的多元化交流可以在众校中形成自己的治校思路。

抓好学校管理，提高学校教育教学质量，是一名校长最基本的工作职责。而如何完成这项工作，把这项工作做到位、落到实，并起到校长在学校工作中引领者和主导者的作用，融入自己的管理理念，全面推进素质教育，大力培育践行社会主义核心价值观，将义务教育阶段学校特色创建和内涵发展作为主线，重视挖掘本土文化资源，努力创建特色鲜明、师生认同、社会满意的特色学校。与此同时，也为学校培养出一批能干事、会干事、干好事的优秀管理人员，打造出务实、求真的教干团队。而在当前的学校管理中，如何提高校长管理水平，怎样做才算是高水平的学校管理？根据自己几年来的学校管理经历和借鉴他人的成功经验，我认为应从以下几个方面去做：

一、以身作则，率先垂范

校长是主持学校全面工作的重中之重，一位管理者的成功，5%在策略，95%在执行。在具体的工作中，认真落实过程管理，是提升校长执行力的重要保证，而校长要时刻跟进督办所制定计划的落实情况。规章制度出来以后，让所有人去自觉执行它、履行它、维护它，而在执行规章制度方面，校长必须首先带头执行，是执行制度的垂范者。作为校长需严格要求自己，以身作则，允许别人发表不同意见，善于求同存异，以此才能带动广大师生实现教育目标，创出最佳教学效益，提高教学质量。

二、加强领导班子建设，完善管理制度

（一）领导班子建设。担任本校校长后，大胆选拔任用一批敢作为、有作为、敢担当的优秀教师充实到学校领导班子中来，优化了班子结构，充分调动所有教师的积极性，真正达到人司其职、人尽其力、人负其责、物尽其用，从而提高效率。并实行集体领导与个人分工负责制，其他班子成员接受行政集体领导，坚决执行班子决策，落实分管岗位职责，两名副校长分管教育教学和后勤工作，做到责任明确，分工合作，领导到位，职责到位，管理到位，人人有事管，事事有人管的新局面。

（二）制度建设。学校的管理制度是学校管理的关键所在，只有以制度管理，才能使学校各项工作做到有章可循、有规可依。所以，我非常重视学校各项制度的完善和制定。学校先后出台并完善了《科才镇中心小学教育教学质量考核方案》《科才镇中心小学常规教学工作量化细则》《科才镇中心小学教师绩效工资分配方案》《科才镇中心小学班主任量化考核方案》《科才镇中心小学宿舍管理规定》等一系列目标管理制度，使各项工作都有章可循，有据可依，使学校目标管理逐步规范化、制度化和科学化。学校领导班子的工作能力和管理水平已经得到了广大教职工的一致认可。

几年来，学校的每一位中层领导成员廉洁自律，率先垂范，不论是负责教育教学还是从事学校管理，每个人都能独当一面，展现在老师们面前的都是正派、积极、坦诚、讲究原则、乐于奉献的崭新风貌，为全校老师做出了表率，赢得了全校师生的一致赞誉。

三、以人为本，加强教师队伍建设

（一）在管理中，坚持以人为本，管理经验的交流，管理制度的进一步完善，文化立校、制度立校的理念能够得到进一步加强，校长能够更好地落实“以人为本”的原则，发挥所有教师的积极性、主动性，让学校各方面朝着良性发展的轨道前进。对教职工校长宽容以待，尊重教职工的人格，培养优秀的教师群体，使每个人的才能得到充分的发挥，人尽其才。校长和教师多交流，培养感情，关心爱护每一个教师，用情感调动教师的积极性，帮助教师解决困难，树立为教师服务的意识。了解掌握教师的心态，充分调动教师的主人翁意识。校长与教师关系融洽，合作愉快，则能更好提高管理效能，增强凝聚力，提高自身领导力，提升学校软实力。

（二）进行多种形式的教研教改活动，切实提升教师的教学能力。一是研讨课展示活动，同年级组以新授课课列为重点展开研究，做到“一课多上”、“一课多议”，形成合作教研的氛围，提高课堂教学的实效性。要求各年级每周安排1-2人上课，同组教师互相听课，利用集体备课时间对课堂教学中的精彩之处或存在问题进行讨论和交流。二是专题教研课活动。围绕某个专题研究问题进行教学设计，并以所确定的教学内容进行课堂教学展示活动。如课堂上如何落实学法指导、现代化教学手段在课堂教学中的合理运用、如何让学生的自主学习更有效、如何上好作文评讲课等。每次教研课后，教研组要及时组织教师评课，在研课、上课、反思的过程中，促使广大教师互相取长补短，提升教材分析把握能力，提升课堂教学驾驭能力，掌握现代教育技术。

四、营造优雅的文化环境

（一）校园文化建设

每一所学校都有自己的特色，教育均衡并不是要“千校一面”，而是要倡导“和而不同”，让所在的学校走出特色发展的道路。在传承和弘扬主流文化的基础上，按照“一校一特，一校一品”的思路，文化立校，特色立校。

近年来，我校围绕“坚持本色，解放智慧，追求真理，学做真人”的本真教育理念，注重营造优雅的校园文化，形成了我校校园文化建设的鲜明特色。无论是体现我校师生风采的橱窗，还是走廊墙壁上一幅幅栩栩如生的画；无论是一块块简洁明快、意蕴深刻的警示牌，还是凝聚师生智慧的班级文化；……学校的每一处角落都是一张无声的画，一首无言的诗，都成为师生信息交流、展示自我、体会成功的“快乐驿站”，都彰显着无尽的教育内涵，无不启迪着学生的心智，陶冶着学生的情操，起到了“润物细无声”的教育魅力。

（二）校本教材编写

近年来，为提升学校校本教研水平，发挥民族学校特色，我校组织学校教师，经过坚持不懈的努力，编写出了《科才小学校本教材系列》《藏语文小学阶段必背知识点》等校本教材，并发放给学生使用，给学校教育教学起到了很好的促进作用。

五、建设平安校园

在安全防范上，常规工作措施到位。学校加强了门卫的管理，加强了学生进出校园管理，学校领导教师二十四小时值班。安全教育常抓不懈。我们做到了以会代训，逢会必讲。组织师生学习安全教育工作文件，进行安全知识专题讲座和宣传，定期进行安全演练，提高师生的安全意识和防范能力。

由于高度重视、制度保障、措施得当、常抓不懈，管理到位，学校、老师无任何违规办学行为；安全工作管理规范，责任到人，多年来没有发生一起安全责任事故。

面对学校管理工作的多元化和复杂性，保持良好的意识形态水平，在教学理念的更新和改革过程中发挥更重要的作用，通过不断地努力达到一定的校风、教风、学风建设。只要我们深刻领会教育方针政策，紧跟上级领导的步伐；只要我校的每一位领导者、每一位教师心中充满爱、铭记担负的责任，不断摸索，不断创新，我校的管理工作定会日臻完美，办学水平定会日渐提升！

如何让"教"更显魅力，让"研"更有实效？

甘肃省合水县职业中等专业学校 慕海涛

教研活动是提升教师专业水平的有效途径，也是推动教学改革的有力抓手。教研活动是以促进学生全面发展和教师专业成长为目的，以学校课程实施过程和教育教学过程中教师所面对的各种具体的教育教学问题为研究对象，以教师为研究主体，以专业研究人员为合作伙伴的校本实践性研究活动。因此，我校非常重视教学研究，学校通过对教研活动的深入分析与研究实践，找准动原因，让"教"更显魅力，让"研"更有实效。

一、分析效果，找准原因

从教研活动的组织开展和实际效能来看，我们的教研预期与实际开展的结果大相径庭，活动实效性较差。究其原因，主要有以下几个方面。

第一，从教研活动运行态势上看，学校组织开展的每一次教研活动，虽然都能按照规定程序和环节有序落实，但实际上还是被动的、机械的、凌乱的、浅表的，参与的部分老师根本不能打开彼此的隐蔽区和盲区，年复一年日复一日地持续着这种无为状态，自欺欺人地浸泡在消极、应付、虚伪、吹捧、等待、煎熬的气氛中……这样的教研活动简直可以说是在消磨时间毫无价值意义可言。学校与其如此这般煎熬开展这样的校本教研，为什么不能审视教育现状对教研活动加以变革创新呢？为什么参与者不能以开放、吸纳、借鉴、包容发展自我的胸襟和态度，打开彼此封闭的学科壁垒和隐蔽区，真正实现知识的短兵相接和思维方式的智慧碰撞，扩大视野，收获发展呢？

第二，从教研活动的探讨交流上看，很多教师都固守在自己划定的"圈子"里，相互"搔皮摸肤"、"隔靴搔痒"，轻描淡写地说着言不由衷无伤大雅的话语，丝毫不触及问题症结，只是优雅地在原地"打转"，对待别人出现的教学问题，批驳的是头头是道，对自己存在的问题却巧妙掩饰，避重就轻，虚晃一枪，草草收兵，毫无实际意义。

第三，从教师专业成长及发展的角度看，纵观大部分年轻教师的成长史，我们不难发现：一个读了四年本科或者接受更高学历教育的教师，毕业后走上讲台开启教师生涯，承担几年某一学段的专业学科教学，就基本定型成了某一学段的水平。这是因为，他们在自己相对独立的专业学科教学中，更多的视野和更多的精力大部分时间都基本停留和关注在自己专注的"专业学科"上，甚至是专业学科中的某一学段，没有构建一个真正的"大学科观"，当然，也就教不好自己的专业学科了。

第四，从教研活动合作探究上看，很多教师缺乏团结协作的教研精神。在具体的教学实践中，大多数教师教学功底扎实，教学手段先进，教学效果良好。可是，美中不足的是，他们常常是自我陶醉、孤芳自赏，自认为经过多年的锤打磨砺，自己就是这一学科的行家里手，即便不与时俱进学习他人也可以独步天下，从而缺乏团结奋进的胸襟和合作探究的精神，不想、也不屑与同行合作交流，一项教育心理学实验研究表明，成年人在体力上的合作要比智力和精神上的合作容易得多，但在智力和精神的合作上却比体力合作困难，就是好的证明。所以，广大教师要以宽广的胸怀，包容的心态，相互学习，相互扶持，共同接受多元文化的冲击，真正达到"海纳百川有容乃大"的境界，就可以彻底避免知识和个性的"窄化 现象"，真正实现从"教书匠"向"教育家"转化。

二、对症下药，解决难题

如何组织开展有实效有意义的教研活动，真正助推学校的教学质量提升和科学发展？我人认为应该主要破解以下难题：

第一，教研活动要千方百计打开老师彼此的隐蔽区和盲区。到底如何打开？这是我们首先必须解决的问题，它需要一定的能力和良好的习惯，这就为一线教师提出了更高的要求：一要必须具备扎实的理论功底，较强的教学能力和良好的思维习惯，这是教研活动参与者必备的自我素养。教师只要专业、博学、精进、敬业，认真，爱研究，教研就已经成功一半了，否则一切都是空谈。二要拥有一双善于发现的"慧眼"。教师要始终做有心人，善于捕捉教育教学背后隐藏的教育信息和教学资源，然后加以分析研判，探究产生这些问题的原因，积极探寻解决问题的方法途径，才跟更好地指导教育教学实践。三要有"尺有所短寸有所长"的自我觉醒和向他人虚心学习的精神。"认识你自己"是一个永恒的哲学命题，也是一个人一生都在探索的终身课题，一个人只有清醒地认识自己，了解自己，才能反过来认识他人，认识世界。只有这样，才能在别人看不到问题的地方看出问题，在别人认为不是问题的地方找寻出别人忽略的问题，然后以问题为导向，探索、研究、行动、反思，就大大地前进了一步，就已经开始了真正的教研。

第二，教师要有勇于解剖自己的精神。作为一名新时代教育工作者，时代赋予了我们伟大的教育责任，这就要求每一位老师每过一个教育阶段，都要对自己的"心路历程"进行"回头望"，梳理盘点自己这每一阶段的成绩、问题，科学地研判分析问题产生的根源，加以破解修正自救。同时要定期不定期"格式化"自己，适时对自我实施"清零行动"，放下一切包袱和压力，重新启动，勤于学习，勤于探索，勤于研究，要敢于揭短亮 丑暴露自我，积极寻取同行伙伴问症把脉，对照反思，查缺补漏，虚心学习请教，不断修正完善，凤凰涅槃，开始新生。如果一味自鸣得意，自以为是，迷失自我，就会坐井观天，夜郎自大，故步自封，自毁长城，贻笑大方。

第三，找准教研活动的"突破口"。教师首先必须牢固树立"问题即课题"的教研意识，以教育教学中出现的问题作为教研活动"突破口"，善于把教育教学中出现的一个又一个的有实际意义的"微问题"，经过认真思考提炼为富有个性特色的教研 活动课题，不断研究、攻克、破解，从而用来指导解决教育教学问题，不断提升教学质量。

第四，新时代已不是一个孤军奋斗的时代，新教育更需要团结协作的团队精神。一位教师仅仅通过个人努力追求个体的优秀，实际上很难取得更大的进步个更多的成绩。"要想走得更快，一个人走，要想走得更远，一群人走"。所以，每一个教育工作者必须抛弃"同行冤家"这一传统的行业观念，把同事伙伴当成自己真正的朋友，相互学习，相互扶持，才能共同走向成功。因为——同行的质疑和挑战是我们自身不断进步的源泉。苏联著名教育家马卡连柯说过"如果五个能力较弱的教师团结在一个集体里，受一种思想，一种原则，一种作风的鼓舞，能齐心一致地工作的话，那就比十个各随己愿地单独行动的优良教师要好得多。"因此，教师首先要树立群体意识，抓住课堂教学，抓好集体备课，抓好校本教研等群体活动，边教学边研究，在不断模仿中完善，在不断完善中创新，在不断创新中发展，与时俱进，不断超越，才能真正推动教师专业发展和生命成长，才能成为真正的"高端"教师。

第五，全员参与，重心下移。教学研究是一种深层次的人文活动，需要集思广益，群策群力，才能方显神功。这就要求：首先，校长一定要亲力亲为，积极营造良好的教育环境和有效地教研环境，引领教研组长、备课组长精心组织，带动专业教师以开放的心态，全身心地参与进来，共同学习，不断探索实践，破解教学难题，形成最佳教学方案。其次，教研活动要以问题为导向，从问题出发，反复追问反思，彻底实现教研工作模式的重心下移。在教学空间上，要关注学校和课堂教学的有效性，要对所存在的问题进行诊断，研究、指导。在教学要素上，要把重心从关注教师的"教"下移到关注学生的"学"，包括从教师到学生，从教法到学法，从教材到学材，从课前到课后，从课内到课外。在教学环节上，要从教材教法等上游环节下移到有效作业和有效评价等下游环节，把学生学习能否全面掌握知识、巩固应用和形成技能作为教研活动的落脚点。再次，学校要积极采取多种激励机制，鞭策鼓励教师永远保持一种"行走的状态"，走出自己的"学科本位"，走出自己专业的"误区"。这样，上下一心，全员参与，我们的教学研究才能走得更好，走得更快，走得更远！

教育的情怀源于对教育的痴爱，达于信仰，根却在教学研究上。所以，学校教研的基本点必须放在课堂教学和课程改革实施中教师所遇到的实际问题上，着眼点必须放在理论与实际的结合上，切入点必须放在教师教学方式和学生学习方式的转变上，生长点必须放在促进学生发展和教师自我提升上，在全面实施的基础上深度推进教育教学质量的提升。

德育似水，厚润学田

甘肃省合作市卡加道中心小学 旦知草

教育始于关心，是润物无声的陪伴，是浸润孩子们幼小心灵的甘泉，好的教育能让孩子从小就接触知识的天空，领略文化的魅力。为了不断深化学校教育教学改革，提高学校的教学质量。我校以国家新课改理念为指导，以"德润文化"为方向，结合实际，以全面提升学生综合素质和学校的教学教学水平为目的，加大工作力度，推进教育教学改革和语言文字发展。学校文化是学校在各项教育教学活动中长期积淀下来的精神财富，它的核心是学校师生共同的价值观念、价值判断和价值取向。为了加强学校文化建设，有力促进学校特色化办学，根据我校为农牧村寄宿制小学的现状，结合解决"为谁培养人、怎样培养人、培养什么样的人"这一问题，并充分结合学校的历史渊源，我校确定了德成于训，育德之润为核心的"德润文化"这一核心文化。力求通过坚持不懈的训练和培养，以春风化雨般耐心和坚持滋润学生的心灵，从小养成良好的道德品质，厚植"爱党、爱国、爱家、爱校"的情怀，竭力培养学生成为道德高尚、学识渊博的全面发展的合格社会主义建设者和接班人。

一、师生齐携手，阅读共提升

根据教育改革的要求，我校对学生的阅读能力提出了更高的额外要求，尤其是"三科"统编教材推广后，学生在阅读方面的短板就尤为明显，为了补齐学生阅读方面的短板，我校结合学生实际，开设了 "德润之声"、"一日三读"等活动，在学生中营造浓郁的读书氛围，增强学生的阅读素养和阅读能力。良好的阅读素养离不开日积月累的熏陶。为了增强学生的阅读素养，我校通过开设“德润之声”栏目，营造良好的语言学习氛围，培养学生终身学习的习惯，开拓学生的眼界，以潜移默化的方式实现“文化育人”的目的。根据学生的心理特点，我校围绕促进学生全面发展的目标，精心选择传播正能量的优秀文化经典，分别在学生每天起床时和入睡前进行播放，让学生感受到“德德熏陶、美德享受、智的启迪”。鉴于我校学生阅读基础薄弱，与统编教材要求学生具备一定的阅读能力之间存在差距的现实，我校结合实际，利用每天早晨、中午、和下午各抽出十分钟时间，根据各年级不同的年龄特点和需求选择适合的朗读内容，由教师指导学生进行朗诵。以提高学生的朗读和阅读能力。俗话说“学生是老师的影子，老师是学生的镜子”，要让学生喜爱阅读，那么他的教师必须是一个热爱阅读的教师。为促进教师与学生同步成长，我校开展“最美朗读者”和“读书分享会”活动，进一步营造良好的读书氛围，每一周安排一名师生选择一个篇目进行朗读，通过美篇在全校范围进行分享。同时鼓励教师终身学习，以书会友，享受阅读的乐趣，分享自己的读书心得。

二、书香浓如雨，课改迎重生

一切好的教育都要从课堂出发。因此，除了正常的教育教学课程外，我校专门开设了写字课程，和书法兴趣小组。安排教师从汉字的笔画、笔顺、间架结构等方面对学生同时进行指导。让学生在达成“规范、端正、整洁”书写的基础上初步具备书写、欣赏书法的能力，有效地提高了师生写规范字的意识。同时，为了加大普通话及规范汉字的使用，我校除了在课堂教学中严格要求教师使用规范的汉字及普通话外，还要求教师将使用和推广国家通用语言文字渗透到教学各个环节，在道德与法治课堂，要求教师积极宣传使用国家通用语言文字的重要意义，同时要求教师在日常的教学中，要鼓励学生用普通话进行朗诵，并注意纠正学生的发音，从音调到字到词再到句篇都要进行系统的指导和专门的练习。此外，我校还积极开展丰富多彩校园内活动。在全校范围内开展的国旗下讲话、学生中组织的各种演讲比赛和“作业之星”评比活动，精心组织和安排各种主题演讲比赛、绘画比赛等活动，在学校各种活动中充分发挥学生的特长，努力为每一个学生创设展示自我的平台。社团活动也是我校丰富学生生活的重要途径，我校结合实际，开设了大量的兴趣社团，供学生选择。如花式篮球社团，通过将舞蹈和音乐的元素融入篮球运动，更加淋漓尽致的发挥学校团结协作、奋勇拼搏的篮球精神。五子棋、跳棋、围棋社团，让学生在下棋的过程中，感受中国传统棋文化的魅力，进一步提高学生的思维逻辑能力，舞蹈、音乐、美术等艺术社团，对学生进行美育教育，进一步提升学生体验美、欣赏美、创造美的能力，陶冶学生的情操，促进学生的全面发展。

面对新一轮的课程改革，教师对于教材的理解是上好一堂课的关键。我校从学期初开始安排教师按照任教学科分批次深入研读统编版教材；同时组织全体教师认真研读读道德与法治教材，要求每一位教师通过研读对统编教材的教学理念、教学目标及统编教材下提倡的核心素养等内容都了然于心。还开展集体备课活动。面对教材改革，转变教师的教学理念就显得尤为迫切，为了提升我校教师的教研教改能力，快速的吃透新教材的课程标准和理念。我校在本学习按照“五定六备三统一”的原则开展集体备课活动。“五定”即定时间、定地点、定参加人员、定内容、定主备教师。“六备”即备理念、备教材、备教法、备学生、备学法、备教学过程。“三统一”即统一进度、统一目标、统一重难点。在集体备课后立即安排主备教师按照集体备课的教学设计进行展示课活动，通过展示课进一步发现问题，并进行优化和调整。为了培养年轻教师快速成长，我校还开展“师徒结对”活动帮助年轻教师成长，进一步的提升我校教师统编教材的教学能力，依托合作市“城乡结对帮扶对口交流支援”活动，我校在语文学科安排合作市一小的张亚丽支教教师作为我校赵苗苗教师的指导教师，同时数学学科安排教学经验丰富、教学成绩突出的老教师作为年轻教师的指导教师，并对于指导教师和被指导教师学校都提出了明确的要求。此外，为了清晰掌握学生的学习情况，我校也以单元为单位，通过对学生学业掌握情况进行扎实的摸底，分析问题，调整策略，积极探索解决办法。

三、匠心久为力，花开香更浓

绵绵用力，久久为功。教育是知行合一的事业。学校的内涵、品位和文化底蕴需要被全体师生牢记并践行，应如和风细雨渗透到学校各处角落，待春暖花开。未来路上，我校会继续以“德润文化”引领学校发展，照亮学生心田，始终如一，用生命谱写一曲又一曲教育新歌。

抓管理　谋发展　求未来

甘肃省合作市勒秀镇中心小学　丹正道吉

管理质量是学校发展的动力之源，决定着一所学校不竭的创造力和竞争力。近年来，在上级领导的正确领导和帮助下，甘肃省合作市勒秀镇中心小学全体教师认真贯彻执行党的教育方针和政策，始终坚持以认真做事、踏实做人、潜心育人为教育追求，以成为最好的教育人为支点，撬动教育管理的杠杆，努力打造最好的学校管理，锻造最好的教师团队，成就最好的学生教育。

坚持党建统领

如果说学校是正在茁壮成长的参天大树，那么党建工作就是这棵大树的根。根扎得牢不牢，直接关系着学校的发展大计。勒秀镇中心小学一直以来深入贯彻党的教育方针，以党建统领教育教学全过程，将力量凝聚在鲜艳的党旗之下，思改革、谋发展、识大体、讲奉献，努力营造干事创业的浓厚氛围，探索出了基层党组织建设与学校教育工作深度融合、互促共成的发展之路。

落实党建主体责任。始终把加强党的领导作为教育工作的根本保证，充分发挥党支部的战略堡垒作用和党员的先锋模范作用，把党建引领贯穿到立德树人每个环节，把思想政治工作贯穿教育教学全过程，切实做深改革、做细管理、做优发展、做强队伍。健全党内规章制度，完善党建工作责任制实施办法，签订责任书，明确班子成员职责，确保党组织对学校各项工作领导，推进学校党建工作规范化、制度化、科学化建设。

加强党员干部思想建设。坚持把学校党员党性教育放在最突出的位置，坚持用党的最新理论成果武装头脑，组织党员认真学习党章党规、习近平总书记系列重要讲话和治国理政的新理念新思想新战略，巩固思想基础，提高政策水平，增强党性修养。把理想信念与民族团结教育同思想政治建设结合起来，与解决师生实际问题结合起来，增强理想信念和民族团结教育的实效性。利用班会、国旗下讲话、讲座、民团读本学习和撰写笔记、心得的方式，在师生中广泛开展民族团结教育，帮助他们正确理解党的民族宗教政策，牢固树立“三个离不开”和“五个认同”思想，筑牢维护校园和谐稳定的坚实思想基础。

严格落实“五个一”学习制度。扎实推进“五个一”学习教育制度化常态化，增强党员政治意识、大局意识、核心意识和看齐意识，坚定中国特色社会主义道路自信。每年初根据上级党委的党建工作重点，结合学校实际制定有针对性、全覆盖性、系统性的学习计划，合理统筹规划学习时间，采用走出去与请进来相结合、学习与研讨相结合、集体学习与自主学习相结合、理论与实践相结合的“四个结合”学习模式，运用理论学习材料、党务知识书籍、专题片、典型案例等多种学习路径，进行深入学习研讨，以新思想、新方略武装头脑，努力造就一支素质较高本领过硬的党员队伍。

认真开展党建自查。组织全体党员认真学习党的精神，统一思想，提高认识，认真梳理、总结学校党建工作，并形成自查报告、典型案例和创新做法，高标准迎接党建专项督查。切实开展党员基本信息采集工作，各类信息按时汇总上报。自觉做好党员发展工作，积极做好入党积极分子的培养和管理。定期举行党章党规知识测试，做到以考促学、以考验效，增强全体党员干部贯彻执行党章党规的自觉性。

加强师资建设

由于课程改革和社会的快速发展，对教师素质提出了更高的要求。这就要求教师必须在原有经验的基础上不断创新、反复实践，才能形成符合时代要求和符合自身能力及水平的教学方法，最终成长为先进思想文化的传播者、党政建设坚定的支持者、学生健康成长的指导者！

坚持以学促做，助推以做践学。通过不定期组织党员干部、教师参与教研教改活动，要求全体教师在上课、听课、评课活动中逐步深入理解新课程理念，提升自我教育理论高度。开展与市级小学、幼儿园的“教研联片”活动，着力解决教师教学、科研和学生学习等方面的实际问题和困难。

打造致用课堂团队，营造幸福快乐校园。以一人一岗、一人一联、一人一帮、一人一带、一人一课的“五个一”活动为载体，开展帮教活动，促进“后进生”朝着积极向上的方向发展。利用“三培三带”和“青培计划”工作，实行“结对”工程，促进青年教师教育教学能力的全面、协调和可持续发展。采取新教师岗前培训、新老教师结对、独立体内教师帮扶等多种途径，支持并鼓励新教师学习学校先进的教学理念、教学思路、学生管理方法等，加速他们的专业成长，促使他们快速融入学校。坚持组织教师开展评优课、预约课、观摩课、示范课、汇报课、达标课、推门课、二次培训课和精彩一课等学科教研活动，让教师们在课堂教学实践中不断进行总结、改进、加工、学习，努力创新出更适合自己的教学方法，提高自己的教学质量，为全面提高学校的教学质量打下了坚实的基础。

坚持岗位大练兵，提升专业技能水平。根据教师学科结构，开展教学技能大赛，使教师间互学互进，实现教学上相互评比、教研上相互促进，切实提高教师的执教能力，缩小平行年级教学差距。把提升教师队伍思想觉悟水平与提高教学业务水平相结合，积极派出骨干教师参加国家、省、州、市组织的相关培训与观摩学习，使骨干教师思想觉悟和教育教学水平同时得到提高，并及时为青年教师做好二次培训工作，极大地调动了广大教师教育教学的积极性。建立动态更新且日益完善的激励机制，让教师始终保持对知识的追求，并把主动学习、终身学习作为自身价值和职业生涯的一种呈现方式。

凝练“秀”文化

学校文化是攸关学校生存与发展的问题，是一所学校办学的理想和信念，是学校办学的灵魂，是学校可持续发展的精神支柱。结合勒秀镇人民政府全力打造的“灵动勒秀，德碌氧吧”品牌建设，勒秀镇中心小学以学校依山傍水、四面环山、绿意葱葱的周边环境为出发点，以“以德立校、教师兴校、质量强校、依法治校”为办学思想，以“做好身边小事，成就快乐人生”为办学目标，以“快乐、仁泽、博爱、秀雅”为核心价值观，以提高素质教育为核心，以创建学校文化为抓手，以促进学生德智体美劳全面发展为保证，以创造“素质化”教育为主题，以办人民满意的教育为目的，积极创建校园“秀”文化，着力培养胸有壮志、脚踏实地、怀抱梦想、自律自强的灵秀学子。

构建学校精神。学校精神是学校永远的生命追求，是教师精神自由成长的指示航灯，是集体力量聚合的黏合剂。在“秀”文化的基础上，学校以山水文化为载体，以“乐于奉献、精于钻研、敢于争先、勤于学习、臻于品位”的“五于”精神为引领，让教师知道自己是学校的一分子，是自我生命的驾驭者，生命价值就在点亮奋斗心灯的过程之中，教育人生获得完美地展示。具体来说，就是教师要以“秀”文化为导向，教育引导学生做人要效法水的精神，刚柔并济、执着坚定、一往无前、宽容团结，争做有素养，有文化，有爱心，懂合作的人；做事要具备大山的品质，胸襟宽广、成熟稳重、不折不挠、坚韧不拔，学会尊重、学会自律、学会独立、学会优雅、学会稳重。

打造精品社团。教育的艺术不单在于传授本领，还在于满足兴趣爱好，更在于激励、唤醒和鼓舞。为活跃学校学习气氛，提高学生自治能力，丰富学生课余生活，学校在保证学生完成学习任务和不影响正常教学秩序的前提下，不分年级、不分班级地将兴趣或爱好相近的学生组成兴趣小组及社团，如瑜伽、花样篮球、国学经典诵读、舞蹈、剪纸、书法等社团，让各成员之间交流思想、切磋技艺、互相启迪、增进友谊，在充分提升学校素质教育的同时也彰显了学校“秀”文化中快乐、仁泽、博爱、秀雅等优秀品质。

强化学校管理，是教育工作永恒的主题；全面提高管理水平，是我们不懈的追求。展望未来，勒秀镇中心小学将继续凝心聚力，干事创业，把学校管理工作做得更实更好，努力办人民满意的学校。

加强校园文化建设，创建文明和谐校园

甘肃省临潭县回民中学　马德全　张小平

临潭县回民中学地处临潭县城关镇西河大桥西端，创建于1989年。学校占地面积34898平方米（约52.4亩），建筑面积19636平方米，主要服务于临潭县城关、卓洛两乡镇约2.5万人。学校现有教职工149人，党员78人，高级职称21人，中级职称64人，本学年在校学生1097名，一共设有30个教学班，其中汉族学生占38%，藏族学生占30%，回族学生占30%，其他民族学生占2%.

近年来学校牢固树立科学发展观，不断深化内部改革、细化内部管理，巩固“两基”成果，提高“普九”质量，教育规模不断扩大，教学质量明显提高。学校先后被授予“甘南州民族团结进步模范集体”、“州级文明单位”、甘南州教育系统“教育整顿工作先进单位”、2010年度临潭县“教育工作综合考核初中部第一名”、“两基工作先进单位”、“接受省人民政府教育工作督导评估先进学校”、2014年度“甘肃省语言文字规范化示范性学校”、2015年度甘南州“五四红旗团委”、2017年度临潭县“学校党建工作综合考核先进基层党组织”等40多项光荣称号。

一、加强组织领导，完善机构建设

学校成立了创建领导小组，由党总支书记权小刚、校长马德全同志担任创建文明校园领导小组组长，张喜恒、安永平副校长担任领导小组副组长；成员有：张小平、丁勇刚及各位班主任。领导小组职责分明，从校长到教师进行责任分工，促进创建合力的形成。

二、重视道德教育，营造文明校风

坚持以班子会、教师例会这“两会”学习贯彻有关教育法律法规，重点学习《公民道德实施纲要》，《中小学教师职业道德纲要》，使教师牢固树立“三个面向”、“以德育人”的思想。“以德治校，质量强校”的办学宗旨；同时加强教师的思想素质培养。利用每周一下午的教师思想政治和业务学习时间，通过优秀教师上台介绍教育教学的经验，例如“班主任经验交流”、“优秀教师讲座”等，使先进的、典型的案例成为教师实施德育的参照，为教师坚持依法执教、依法治校、以德治校，奠定良好的基础。

三、强化师德建设 打造文明教师队伍

学校积极组织开展校本培训工作，教师们提升了教育理念，学到了教学方法，提高了现代教学技术的使用水平。坚持以教学常规管理为基础，对教学的各环节实行全过程管理，牢固树立“向四十分钟要质量”的思想，优化教学方法，提高课堂教学效益。

为规范教师职业道德行为，全面提高教师师德修养，打造文明教师队伍，组织全校教师学习《中小学教师职业道德规范》《公民道德实施纲要》，进一步形成“爱岗敬业，乐于奉献”的风气，使《中小学教师职业道德规范》等成为每一位教师的自觉行为。接受学生及家长的监督，全体教师逐步树立起正确的教育观、质量观和学生观，提高教师的整体素质。

四、深化德育工作，促进学生文明养成

（一）利用好晨会、班会组织学生认真学习贯彻新《中小学生日常行为规范》，结合我校《五育积分评价表》充分发挥学生争做“文明少年”的主观能动作用，使良好的行为习惯内化为自觉的行动，让学生终身受益。以政教处、年级组、班级管理为一体，形成一个良好的校风。加强值日领导、值日教师和值周学生常规检查反馈、督促作用，使常规管理特色化、精细化。

（二）加强共青团工作，形成制度化、常规化，做到有目的、有计划、有措施、有记录，健全组织，定期开展活动。发挥好共青团阵地的作用，坚持软件建设和硬件建设并举，着力加强团员自身建设。发挥校园文化载体和活动阵地作用，组织好升旗仪式、国旗下讲话，报道校园内外活动中涌现出来的优秀的同学的事迹，指引正确方向，传递正能量。

（三）开展节日活动。如学雷锋日、清明节、五一劳动节、端午节、建党节等，以中华传统美德和革命传统为重点，集中开展民族精神宣传教育活动，让学生在活动中接受教育，促使学生爱国、友善等品质的形成，弘扬社会主义核心价值观。

（四）开展校园文化节活动。通过开展丰富多彩的社团活动及社团活动汇报演出，努力把德育过程还给学生，使学生自我教育，让他们快乐成长，使学生的文明修养在不断丰富和深化的实践活动中得到完善和提高。

五、加强校园文化建设 以文明理念培育学生

学校坚持“健康校园”的校园文化建设，坚持以文化定位，文化育人的政策，推动学校各项工作的高位发展。

（一）学校校园文化建设以“素质教育”理念为指导，全面设计楼道文化，让每一面墙都说话，变外显的环境文化为内在的人文文化；全面设计教室文化，让学生浸润在特色的文化氛围之中；

（二）营造班级文化，建设文明班级。各班通过晨会、班队会深入学习绿色环保理念，围绕学校提出的文明班级建设要求，为班级的创建设计献计献策，努力把班集体建设成优秀文明班级。把建设文明班级同学生的文明行为习惯结合在一起，让我们的校园更加文明。

（三）加强食堂就餐文明管理工作。优选每班监督员，通过他们对同学进行监督。配合餐厅管理人员的管理，养成学生的就餐文明。同时在餐厅内张贴用餐要求，培养学生爱惜粮食、文明就餐的行为。

（四）加强学校安全教育工作。学校把安全教育和法制教育作为创建文明校园工作长期坚持的重点。主要以安全知识为内容，针对师生特点，有计划、多形式开展安全法规、安全常识教育、道路安全教育；每学期开展防震减灾消防演练；加强教师值日工作，做好学生上学放学时的安全护导工作。

总之，我校要将坚持一手抓教育教学，一手抓精神文明建设，为建设管理规范、校风严谨、环境优美和谐的文明校园而努力奋斗！

向着太阳奔跑　做教育路上乐行人

——赴广州参观学习交流之生本篇

广东省东莞市黄江培英小学　范正君

12月的南粤省城花都广州仍暖日洋洋，鲜花娇艳，芳香扑鼻。早晨，东莞市教育局黄江镇教育管理中心袁耀明主任、语文教研员黄芳华老师、数学教研员卢俊老师、英语教研员叶素梅老师等领导兴致勃勃地率领黄江镇中小学领导和学科带头人、骨干教师近50人迎着温馨的朝阳，带着满腔的企盼乘车奔赴广州参观学习交流，这是一次快乐之旅！两天的紧张而又充实的学习，来自全国各地的学员可谓是“亮眼、悦耳、明脑、怡情”。“生本教育”就像那冉冉升起的太阳，有“高度、深度、厚度、温度、亮度”，吸引着我们师生“向着太阳奔跑”！

笔者有幸成为这次“全国生本教育理论与实践研讨班”的一员，心情无比愉悦，积极参加参观学习交流，耳濡目染，心潮澎湃，受益匪浅！

一、他，就是“太阳”

全国“生本教育”创始人华南师范大学博士生导师郭思乐教授做了题为《生本教育带来教育改革的大策略——向大自然寻找力量》。郭教授知识底蕴厚实，著书立说，享誉海内外。在讲座上，他高屋建

领，从理论的角度阐释了什么叫“生本教育”？为什么要进行“生本教育”？又从实践的角度阐述了怎样进行“生本教育”？实施“生本教育”带来的学生效益、教师效益、家庭效益、社会效益、国家效益等。翻开郭思乐教授的光辉履历，深为一名教育家迷恋“生本教育”的情怀而崇敬、赞叹！聆听郭教授的为学之道，乃有“朝闻道，夕死可矣”之感。

我们教师从事教育教学工作，首先要认知什么是生本教育？郭教授指出：“生本教育就是为学生好学而设计的教育。生本教育也是一切为了学生，高度尊重学生，全面依靠学生的教育。生本教育也是依托学生生命的本能、潜能和天性，借助大自然的力量来进行的教育。”郭教授告诉我们，生本教育的深层意义是：人、自然与教育的和谐，缺一不可，不得违背。“四圣”之一孔子之孙子思的《中庸•第一章》中说，“天命之谓性，率性之为道，修道之为教”。它的意思就是说，人性其实就是天赋的（大自然演化的结果），只要得到充分自由的发展，无拘无束，表现出来的就是合乎大道的，道本原出自然而不可改变，所以让人去求索以得到所要的提升，就是教本身的含义。“生本教育”遵循了“性、道、教”的思想，闪耀着人性的光芒。

我们教师从事教育教学工作，要明白自己的角色定位行为。郭教授指出：“教育的本质——是(在教师帮助下的)儿童发展”。从这句话中可以看出郭教授对于教师这一角色的重新定位。教师的职责就是帮助，帮助的意义在于激发和引导。郭教授引用苏霍姆林斯基的话说：“只有能够激发学生去自我教育的教育，才是真正的教育。”、“生本教育”思想，不是要求教师有超出专业多么高的知识水平，而是要有激发学生产生学习的动力，指导学生掌握学习的方法和能力，老师应该学会恰当的方法去引导孩子、帮助学生，并不是说教师什么都不讲，而是要把握好一个度，教师的这种对学生学情的驾驭能力，需要老师在平时教学中不断学习摸索，积累经验，研究反思，“解放学生、利用学生、发展学生”，激扬学生生命，每天绽放新精彩。

郭教授的“生本教育”思想犹如熠熠生辉的太阳，我们做教师的首先自己要“向着太阳奔跑”，才能引领学生一起“向着太阳奔跑”！

二、美好课堂，需要“太阳”的“高度、深度、厚度、温度、亮度”

郭教授着重谈了“生本教育”的教育教学问题，要求教学顺应学生的知行本能，挖掘学生的学习潜能，提升学生自我发展的天性，把教育教学的阵地延扩到家庭、社会，课前、课后，特别要抓住课堂主阵地。联系到我们黄江培英小学的课堂教学，我们认识到要以生为本，把学生对美好课堂的向往作为教学奋斗目标，赋予“美好课堂”的深刻内涵：“美好课堂”是生命相遇、心灵碰撞、对话展示的舞台；是自主学习、合作交流、探寻真理的天地；更是孩子们愉悦分享、学习修心、快乐生活的“一方乐土”。

（一）美好课堂，需要“生本教育”的“高度”

“生本教育”光芒万丈，站在培养人的综合素养、促进人的主动发展的高度，指明了我们的教育教学方向。郭教授启示我们，要实现教学方式的改变，由教师的教到学生的学的转变，由教知识到教方法的转变，由教考试到教素养的转变。因此，我们黄江培英小学牢固树立生本教育教学思想——“一棵树摇动一棵树，一朵云推动一朵云，一个灵魂唤醒一个灵魂”。“摇动”：摇动孩子们天真活泼的幸福童年；“推动”：推动孩子们走上快乐学习、健康成长的道路；“唤醒”：教师用真诚爱心的灵魂唤醒孩子们学会做人、学会学习、学会生活，渴望走向美好未来的灵魂。德国教育家第斯多惠：教育的艺术不在于传授知识和本领，而在于激励、唤醒和鼓舞，也提到唤醒。我们要求一堂课有“摇动、推动、唤醒”教学思想的统帅，有“生命、爱心、智慧”教学理念的引领，有“三维”教学目标的方向，这样的课就有了高度，就可以让学生像雄鹰展翅，博览蓝天，而不是让学生似井底之蛙，只方寸之得。有“高度”的老师，才能上出有“高度”的课，才能培养有“高素养、高能力”的学生。

郭教授的“生本教育”思想与陶行知先生“千教万教教人求真，千学万学学做真人”的教育思想非常合拍，强调学生的自我发现、自主思考、自主求知、自律自强、自我发展。郭教授的“生本教育”并没有否认德育的育人功能，他从立德树人的高度，强调德育是生本教育中的德育。郭教授在《教育要走向生本》一书第192页《生本教育中的德育》一文中明确指出：“在生本教育中，智慧的生成和人格的建树其原理是一样的——都通过儿童的内化去实现。”郭教授多次谈道：“留根、阳光、雨露、空间，根加空”，并出示了“发财树”的生动、启思的故事。郭教授说，一颗花的种子要生根、发芽、开花，需要空间、土壤、阳光、雨露、搀扶、除虫、等待。其实，每个孩子就像一颗花的种子，需要学习的乐土，需要自由地发挥（智慧生成的留空），需要爱心的光芒，需要真情的渗透，需要摇晃的帮扶，需要犯错的纠正（人格建树的留空），需要静静地等待。

（二）美好课堂，需要“生本教育”的“深度”

郭教授指出，“生本教育”就是为学生“好学”而设计的教育。怎样深度设计才能“好学”？这是一线教师最大的困惑。我们平时要求教师注意学生学习方法的深度引入，注重学习方法的习得，注重主动学习能力的培养。学生的知识不能只靠教，关键是要引导学生学。达尔文说得好，教给学生最好的知识，是教给学生方法的知识。学生有了方法，就会举一反三，由此及彼，触类旁通，主动积极地学习，探究智慧地学习，创新愉悦地学习，这就是学习方法深度带来的效果。为了学生“好学”，在经历了“山东杜郎口模式、翻转课堂、五步三查”等模式的基础上，我们黄江培英小学摸索、实施了语文阅读“以生本阅读语言文字——四读悟一说写段块切入”步步读悟说写“好学法”，语文习作“生本感悟鉴赏迁移板块切入” 悟写“好学法”，数学“生本问题思维——自主合作探究分层切入”步步探究“好学法”，英语“生本情境活动——看听说读写悟思评演玩情境切入”视觉听觉感觉纵横深入“好学法”，实践证明，这些都是良好的生本深入“好学”学习方法，引导学生一步步迈向知识内容的深度，学深学透，引导学生掌握运用深度的学习方法，既得“鱼”，又得“渔”，这是“生本教育”课堂金标准。

“生本教育”要求教学要引导学生深度阅读、深度思考、深度感悟、深度拓展、深度实践、深度表达。学习和研究好比挖井，不能东挖挖，西挖挖，浅尝辄止，结果哪里都不出水，因为没有挖到深度。有“深度”的课，就要求教者在内容学习上引导学生不断迈向深处，由知识低层的记忆积累层次迈向知识中层的理解感悟层次，再迈向高层的迁移运用层次，最后到达最高层的拓展延伸层次，步步深入，这样的课，内容上就有了深度，学生的学习能力和素养就会得到提升。举个简单例子，比如，“高兴”一词，学生会读会写会记，这就是记忆积累；“高兴”意思是指人的一种心情状态，面部会露出笑容，说话和做事很开心，这就是理解感悟；今天，老师表扬了我，我很高兴，老师批评了小明，他不高兴，这就是迁移运用；下午放学，我背着书包高兴地回家，路上叔叔阿姨高兴地说说笑笑下班回家。晚上，我很高兴，爸爸高兴地送我生日玩具礼物，妈妈高兴地送我生日蛋糕，我高兴地吃蛋糕，我高兴地唱歌、跳舞，这就是拓展延伸。

（三）美好课堂，需要“生本教育”的“厚度”

“生本教育”要求一堂课，除了注重知识积累的厚度外，还要有意识地引导学生把书读“厚”、知识“加空”，课堂因厚度而坚实！比如，能抓住有价值的内容不放，既能理解其丰富的蕴藏含义，又能开拓宽广的外延，教者引导学生从不放过一个有价值的点，哪怕一个时间、一个作者、一幅图画、一个汉字、一个词语、一个句子、一个题目等；哪怕一个规律、一个公式、一个单位、一个图形、一个小数点等，加以挖掘发散，由点到线，由线到面，由面到体，构建丰厚的立体知识网络，这样纵横交织，就形成了知识的厚度。“厚度”一是指知识积累沉淀形成的厚度。《老子》“千里之行，始于足下；九层之台，始于垒土。”《荀子》“不积跬步，无以至千里；不积小流，无以成江海。”这些说的都是实现目标要靠积累。人们总羡慕那些“满腹经纶、学富五车”的人，其实他们开始的“腹、车”也是空的，是“头悬梁，锥刺股，凿壁借光，闻鸡起舞”一点点刻苦学习积累起来的，没有人一口能吃个胖子。知识来不得半点虚假，要靠勤奋积累。比如，语文知识，没有平时的一点点积累，没有知识储备量，怎能出口成章、下笔成文呢？语文为“王”的时代已经到来，文理分科将为成为历史。教育部要求中小学生阅读量为140万字以上，学生阅读能力如果不强，高考连题目都读不完。要重视学生古诗词的积累，高考古诗文增加了五倍。要加强学生字词句篇章的积累，积在本本，记在心头，灵活运用。“厚度”，二是指知识发散收结形成的厚度。比如，六年级语文《穷人》这篇课文有这么一句话“桑娜拉开了帐子”，有的老师讲到这里一晃而过，而有的老师紧抓这句话不放，观听王琴老师上这课时，要求学生说一说、写一写“桑娜拉开帐子后，渔夫会说什么？会做什么？最后西蒙的两个孩子怎样？”这就把书读厚了，学生的想象能力、刻画人物描写能力、口头表达能力、书面写作能力得到锻炼，同时对人物的命运增强了情感。文本有一些空缺，引导学生联想、想象、实践“加空”，夯实厚度。

（四）美好课堂，需要“生本教育”的“温度”

郭教授指出，“生本教育”借助人的天性，营造温情，情感育人，有“温度”的课堂才能打动学生。一场电影，催人泪水，感人肺腑；一部电视，扣人心弦，荡气回肠，是什么原因呢？是因为演员能深入剧情，演艺高超，入境入情，淋漓尽致地把角色形象凸现出来，通过屏幕，辐射出强烈的正能量，一股股温情感染了观众的视觉、听觉、感觉，观众睁大眼或紧闭眼，呼喊或屏息，心跳或静胸，这就是温度的效果。举个例子，电影《妈妈再爱我一次》每到一个班级播放，总能感动学生，有的学生边看边默默地流眼泪，就是因为剧情和演员精湛的表演辐射出一股股感染人的能量，融化了学生的心灵。同样，课堂也需要温度。毋庸讳言，当今的一些课堂，缺乏温度，教者冷冷冰冰，学者无精打采，课堂死气沉沉，阴森可畏。可想而知，这样的课堂怎能激发学生的学习兴趣？怎能迸发学习智慧学习的火花？又怎能实现学生与文本情感的融通？一堂有温度的课，首先需要教者有“温度”，眼光注视有严慈度，神态表现有松紧度，语言表达有吸魂度，肢体行动有引导度，教师就是“纵火者”，点燃学习强烈的学习欲望，点亮学生智慧学习的火花，点融学生寒冷情感的流泄。有温度的课，并不是说课堂时刻要热热闹闹，你说我言，激情澎湃。这里的“温度”有高温、中温、低温，教师要控制好火候，该升温时升温，该降温时降温，要根据文本内容、发展需要和学生学习状态调节。有时要高潮迭起，轰轰烈烈，战鼓擂擂；有时要跌宕起伏，花开花落，云卷云舒。举个“高温度”的例子，彭金莲老师辅导的经典诗文《满江红》朗诵之所以能获得黄江镇小学比赛一等奖，就是因为彭老师能平时引导学生阅读朗诵大量的经典诗词，“最是书香能致远，腹有诗书气自华”，学生比赛时把这首气壮山河、传诵千古的名篇朗诵出了灼热的温度，朗诵铿锵有力，壮志豪情，再现了岳飞抗击金兵、收复故土、大无畏英雄气概，轰轰烈烈的朗诵和栩栩如生的表演、活灵活现的场景深深地打动了评委，使全体观听者涌动着一股强烈的爱国情流，这就是“高温度”的热效。举一个“低温度、中温度、高温度”切换的语文例子，唐兴涛老师五年级《草船借箭》语文课参加黄江镇民办小学优质课比赛荣获一等奖，就很好地调控了课堂的温度，一开始，唐老师多媒体出示课文主要人物的图像，让学生评价，也可以评价《三国演义》的其他人物，你喜欢谁就评价谁，煽风点火，这是“低温度”的熏陶，接着让学生回顾起因、经过、结果，起因：周瑜妒忌诸葛亮的才能，用十天内造十万支箭的任务来为难他。“这怎么可能呢？”唐老师的表情突然一转，愁容满面，此刻，师生的心情一起掉进了冰窟，都为诸葛亮的命运捏一把汗，这是“低温度”的冰心。机智的诸葛亮一眼识破周瑜设的是一条害人之计，却淡定地表示“只需三天”，学生的心情有些转暖，这是“中温度”的消融。结果：诸葛亮神机妙算向曹操“借”到了十万支箭，此刻，学生表情笑逐颜开，再现场境，振臂高呼，摇“船”呐喊：谢谢曹丞相的箭！师生被诸葛亮的神机妙算（会识天文、会识地理、会识人心）所折服，敬佩之情心中翻涌。这是“高温度”的炙烤。结果：周瑜自叹不如诸葛亮，诡计失败。学生扮演周瑜，说：“诸葛亮神机妙算，我真比不他！”、“周瑜”的心彻底掉进了冰窟窿。这是“低温度”的刺骨寒心。当下，需要“生本教育”辐射有“温度”的课堂，老师需要充盈“温度”，学生就会释放出“温度”，文本就能燃烧出“温度”，学生就会在“春夏秋冬”、“温度适宜”的大花园游赏！

（五）美好课堂，需要“生本教育”的“亮度”

一个人要给别人留下美好的深刻印象，他必须要散发出自己的亮点。郭教授指出，同样，一个老师的课堂要给别人留下美好的深刻印象，不在于看老师如何表演高超，而在于看学生的触碰点、暴发点、亮光点。课堂有高度，有深度，有厚度，有温度，能使学生小眼发亮、小嘴常开、小手常举、小脸通红、小笔妙写，说明这节课的亮点点拨了学生的小脑，点亮了学习的小眼，点开了学生的小嘴，点动了学生的小手，点红了学生的小脸，学生终生难以忘怀，这就是亮度的奇效！一堂有亮度的课，会使学生眼前一亮，如沐春风，心旷神怡，照耀起学生的心志，会使学生受益匪浅，这是亮度的光芒！一堂有亮度的课，似蓝天白云，高出流水，如健起曲飞乐了，余音袅袅，言尽而意无尽。“生本教育”，是明亮的太阳，照耀着课堂，照亮了学生心录！

天行健，君子以自强不息。“生本教育”似行健的太阳，生生不息，万丈光芒，照耀我们快乐前行！

把握新时代幼儿园师德师风建设内涵

——端正价值追求　弘扬师德　纯正师风

广东省广州市增城区金港湾幼儿园　李红妙

幼儿园教师质量决定着学前教育的质量，高素质专业化的幼儿园教师队伍是高质量教育儿童健康发展的重要保障。《礼记》言：“师者，教之与事而喻诸德也。德之不修，学之不讲。”可见，教师自身的师德修养对教育事业的发展是至关重要的。幼儿教师作为孩子人生旅途的启蒙人，在教育中的言行举止都将直接影响到孩子的一生。幼儿教师师德师风建设有必要根据新时期师德发展的社会文化背景，时代特征以及新的内涵，以社会主义核心价值为指导，完善职业操守和德行，提升教师群体的道德风貌。师德建设是兴教兴园之本。是以优质的幼教服务，为广大家长解决后顾之忧的源泉力量所在。

一、与时俱进，深刻领会幼儿园师德师风建设新时代特征和文化内涵

师德永远的不断发展，不断创新的。现代师德是对古代师德的继承和发展，知识经济时代赋予师德新的内涵，幼儿园教师哪位工作对象是身心发展迅速，可塑性大，易受伤害的幼儿，因此需要告诉的责任感和奉献精神，更需要高尚的师德师风。党的十九大胜利召开，提出了“中国特色社会主义进入了新时代，这是我国发展新的历史方位”。习主席在十九大报告中明确提出：“优先发展教育事业。建设教育强国是中华民族伟大复兴的基础工程，必须把教育事业放在优先位置，加快教育现代化，办好人民满意的教育。”教育部于近期首次下发《幼儿园教师专业标准（试行）》中明确提出：幼儿园教师应牢固树立的教育理念是：“幼儿为本，师德为先，能力为重，终身学习”，这是对新时期幼教老师综合素质的新阐述，新概括，指出了形势下加强师德师风建设的新目标，新要求。

师德是教师的思想道德和人格品质的集中反映，师风是教师长期以来所形成的行为习惯和行为倾向表现出来的一贯性的风范。师德师风体现了教师个人，教师群体与社会主义教育事业的一致性，具有鲜明的时代特征和文化内涵，加强师德师风建设，是学前教育的内在要求和幼儿教育的应尽职责。2018年11月，教育部下发的《新时代幼儿园教师职业行为十项准则》赋予幼儿教师师德建设新的新特征和新的内涵，对新时代广大教师落实立德树人根本任务提出了新的更高要求，是当前幼教管理和发展应有的态度和追求——即为进一步增强教师的责任感、使命感、荣誉感，规范职业行为，明确师德底线，引导广大幼儿教师努力成为有理想信念、有道德情操、有扎实学识、有仁爱之心的好老师，着力培养德智体美劳全面发展的社会主义建设者和接班人，制定了：一、坚定政治方向；二、自觉爱国守法；三、传播优秀文化；四、潜心培幼育人；五、加强安全防范；六、关心爱护幼儿；七、遵循幼教规律；八、秉持公平诚信；九、坚守廉洁自律；十、规范保教行为。十项幼儿园教师职业行为准则。

二、明确方向，确立《新时代幼儿园教师职业行为十项准则》在幼儿园教师师德师风建设中的指导地位

坚持正确的政治方向是师德师风建设的灵魂。幼儿园的有序运行，需要有明确的价值支撑和引导。构建幼儿园的核心价值体系，发展主流意识形态，是教育系统得以正常运转的基本途径。为此，确立社会主义核心价值体系教育对幼儿园师德师风建设中的指导地位意义重大。社会主义核心价值体系包括马克思主义指导思想，中国特色社会主义共同理想，以爱国主义为核心的民族精神和以改革创新为核心的时代精神。

三、发挥党支部工作优势，积极落实《新时代幼儿园教师职业行为》教育活动

《幼儿园教师专业标准》要求幼儿教师梳理终身学习的理念，紧跟当代知识和技术的步伐，做一名优秀的幼儿教师。党支部应该发挥思想政治工作优势和社团工作优势，组织工会，共青团把开展师德建设活动不断引向深入，积极打造《新时代幼儿园教师职业行为》教育活动平台。

第一、广泛开展“争做学习型园所，争做知识性教师”。

加强扁平化组织建设。

第二、宣传、教育、考核、奖惩与托底五大措施并举。

聚拢五措施，发力于一点。

四、端正价值追求，进一步增强弘扬师德的使命感和责任感

当前，我们的一些年轻老师对于教师职业的理解不够深刻，对教师职业的崇高性和艰苦性认识不够。另外、社会转型，主流价值观的迷失造成了社会各领域伦理道德的混乱，这种混乱也一定程度上影响了教师群体的职业认知，造成老师一些心理上的变化。一些师德不高的老师在这些主观和客观因素面前，容易出现事业责任心不强、工作倦怠、精力不集中、往往在岗不敬业、安心不尽心。因此，我们必须以时不我待，只争朝夕的使命责任感弘扬师德践行师德，更加自觉，更加勤奋地投入到我们所从事的教育工作中去。

一是要有良好的人格魅力。师德的魅力主要从人格特征中显现出来，历代教育家提出的“为人师表”、“以身作则”、“循循善诱”、“诲人不倦”、“躬行实践”等，既是对师德的规范，也是教师良好人格的品质特征的体现。教师要以自己的真诚去换取孩子的真诚，以自己的纯洁去换取孩子的纯洁，以自己人性的美好去描绘孩子人性的美好，以自己高尚的品德去培养孩子高尚的品德。

二是要有一颗博爱的心。“爱满天下”是对教育的最好诠释。塑造人是一项长效工程，如果没有爱贯穿，是无法走进童心世界获得良好教育成效的。成功的教育首先是一种“目中有人”的教育，是充满人情、和人性的教育。“爱孩子”是教师人格的灵魂，也是师德的核心，“师爱”能营造出和谐、温馨的师生关系，一个充满爱心的老师，必然有积极的人生态度，爱生活、爱家庭、爱孩子、爱所从事的工作。

三是要无私奉献。老师是一种特殊职业，一直与“高尚”挂钩。“无私奉献”、“蜡烛精神”、“为人师表”是社会衡量教师的标尺。我们要始终牢记自己是这个队伍中的一份子，不计名利所困，不为钱财所惑，不为享乐所诱，甘心俯首案边，用一片赤诚之心培育孩子，回馈社会，为人民教育事业鞠躬尽瘁。

五、从我做起，自觉弘扬师德纯正师风

“师有百行，以德为首”。师德，犹如教师的生命，微小中蕴含着博大，短暂中孕育着永恒。怎么样才能以时不我待，只争朝夕的使命责任感弘扬师德呢？主要体现在以下几个方面：

（一）注重学习，强化道德素养。要注重道德理论的学习，认真学习中华民族优秀的传统道德理论，吸取其精华来武装自己；也要加强师德规范的学习，帮助我们区分是与非、对与错、正确处理个人与集体的关系。更要注重向身边的师德模范学习。他们是新时代教师具体化、形象化了的代表，聆听的先进事迹和优秀品质，既能帮助我们提高师德认识，又能够诱导和激发我们的美好师德情感。

（二）反省自我，加强个人约束。内省和慎独，是教师师德修养的方法。内省就是自觉进行思想约束，内心实时检查反省自己发的言行。孔子说“见贤思齐焉，见不贤而内自省也”。教师以师德规范为准则，以品德高尚的人为榜样，实时反省自己。“慎独”就是在无人监督，有做坏事可能的时候，不做坏事。“慎独”一词源于《礼记·中庸》，古人尚知内省和慎独，作为新时代的教师，更加应该加强自我修养，强化自己的道德意识，磨炼自己的道德意志，并实践转化为道德行为。

（三）振奋精神，彰显师德魅力。“百年大计，教育为本；教师大计，师德为先。”教书不仅是传授知识，更重要的是育人。作为新时代

背景下的教师，我们要坚持以人为本，以德立教，爱岗敬业、为人师表，紧紧围绕新时代师素养要求和师德规范，切实转变工作作风，以高尚的情操做一名让人民满意的教师，做一名全心全意为人民服务的教师。

深化生本教育研究　探索素质教育创新之路

广东省鹤山市古劳中学　徐国卫　黄辉海

伴随教育形势的不断发展，伴随社会、家庭对教育期望值的不断提高，伴随我校周边学校不断蓬勃兴盛，伴随课程改革的深入推进，如何实现教育质量的全面提升？如何实现学生全面、生动、活泼的发展？如何增强学校的向心力、凝聚力、影响力，培养一支高素质的教师队伍？如何让学校在强烈的竞争中独领风骚？创特色、树品牌，已成为学校发展迫在眉睫的首要任务。生本教育以生为本，是为学生好学而设计的教育，也是以生命为本的教育，它既是一种方式，更是一种理念。为此，我校积极开展生本教育实践研究，探索素质教育创新之路。

一、生本教育研究背景

近年来，均衡教育的推进给我市教育教学工作带来了一些影响，但是，教师们的工作强度依然沉重、工作责任心依然没有懈怠，声嘶力竭地讲，筋疲力尽地改，学生呢，拼命地听课，拼命地写作业，作业压得学生喘不过气来，结果呢？依然绝大部分与优生绝缘，付出与收获的不协调让老师们抱怨，更让学生们苦不堪言。能否让老师的身心得到一点解脱，能否让学生在过程中得到一点尊严和快乐？换一种方式，力求把教师从苦教、学生从苦学中解放出来。这是我们期待扭转的教育学状。

我校生源素质变化较大，但是，教育主管部门、社会家长对古中的要求和期望却一点也没有降低，面对这一矛盾，苦苦思索，我们选择了生本教育的学生观。学校通过很多种形式和渠道探究发展的新路子，力求在教育教学质量稳步上升的基础上，不断更新教育理念，把学校办出特色。通过对山东即墨二十八中和青岛三十四中、广州香江中学、港侨中学等多所生本名校办学理念和操作模式的考察、比较、鉴定、论证，决定以“生本教育”为依托，走出古中特色的办学新路。

二、生本教育研究实施目标

学校通过实施生本教育，转变教师观念，提高教师特别是中青年教师的教育教学研究能力，把教师从繁重琐碎的事务中解放出来，改变教师的工作状态，增强教师的职业幸福感，提升教师的生命质量。在教师的帮助引导下，通过实施生本教育，我们的学生能逐渐养成勤学善思、严谨治学的学习态度，养成善于观察，学会发现、分析和解决问题的学习方法和思维方式，从而走上学会、会学到乐学的自我发展与提升的良性循环的道路。

通过生本教育的研究和开展，提升课堂教学效益，形成具备生本特色的课堂模式，进一步提升教育教学质量，创建一所学习快乐、素质发展、成绩优异的“生本教育”特色学校，全面推动学校的教育改革，为学校发展寻求新平台，力求使学校成为生本教育研究的窗口学校。

三、生本教育研究主要措施

学校成立了“生本教育”实践领导小组，进行宏观筹划，技术指导，确保实践顺利推进。领导小组成员认真学习生本教育理论，把握生本教育发展动态，及时调控实践开展的进度，同时在自己的课堂上率先垂范，确保生本实践过程中少走弯路并做好生本教育的宣传与报道工作。

制定相关政策制度。学校给实践教师松绑减压，对开展生本教育实践的老师从“教学进度、课程内容、学生评价、管理模式、课堂组织”　等方面给予足够的自主和各方面倾斜。

成立学校生本教育研究课题组。学校举办“生本教育理论与实践研习班”。积极实行“走出去，请进来”的学习策略。多次邀请全国生本教育创始人、总课题组专家郭思乐教授、优秀实践学校的校长、学科教师到我校做专题报告，对全校行政领导、学科教师进行理论培训和实践操作示范。

在“生本理念”的统领下，以课堂教学改革为主阵地，以课程改革为核心，以课题研究为引领，加强生本集团学校交流研讨活动，古劳中学在发展中讲拼搏，在前行中谋提升，在管理中求实效，逐步形成以“合心、合力、合拍”的“合”文化为特色办学主题，打造“梁赞咏春、古劳水乡”的教育明珠的“合”文化教育特色，全力打造以咏春、龙舟、足球、醒狮四位一体的办学特色团队运动项目。

四、生本教育古中文化初成

学校课堂改革在“善待差异、激发潜能、生本发展”理念指导下，营造民主、宽松、和谐的课堂环境，突出知识形成的参与性、探究性和体践性，营造浸润着民主、平等、激励、和谐的人文课堂环境，逐渐形成“学生有特长、教师有特点、学科有特色”的“生本课堂”新形态。

学校成立生本教育研究课题组，现学校已有生本教育国家级课题一个、江门市级生本教育、德育课题两个、市级课题八个，全校教师共研生本。2020年学校共有五个课堂改革研究课题顺利完成结题。

为进一步深化我市教育领域综合改革，积极推动教育优质均衡发展，我市在2019年2月成立了六个教育集团，其中古劳中学与鹤山三中、古劳镇中心小学等相关学校结对成立“鹤山市古劳中学生本教育集团”，推动形成集团内学校合作共建机制，整体提升办学质量，致力打造具有规模优势和品牌效应的教育集团。

五、生本教育研究取得成果

经过数年的辛苦探索和积极实践，生本教育，使我校逐渐形成“学生有特长、教师有特点、学科有特色的”课堂生态。2016—2020学年度，我校开展了多次生本课堂展示、特色课堂展示等实效性活动，充分展现生本实践理念。生本教育课堂改革全面提高学生素质，学校教育教学综合实力全面提升。中考成绩连续21年居鹤山市同类学校第一，先后获得“2018年江门市初中阶段协同教育先进学校一等奖”、“2018年江门市侨乡武术操大赛一等奖”、“2018年鹤山市文明校园”、“鹤山市2018年首届诗词大赛初中组一等奖”、“2019年江门市初中阶段协同教育先进学校一等奖”。2020年学校荣获江门市初中阶段协同教育先进学校二等奖，被评为江门市初中教研联盟先进集体和鹤山市文明校园示范校，学校数学科组荣获鹤山市2020年初中先进教研组展示交流活动评比一等奖。

六、深化生本教育研究

面对取得的卓业成绩，我校生本探究的步伐不曾停止。结合全国著名特级语文教师于漪老师“学生主体、教师主导、训练主线”的三主教学风格。我们发现现在的生本课堂，“学生主体”，我们基本能够很好地实现，但教师在课堂上的主导作用、课堂和课后训练的巩固效果却遭到不同程度的削弱。课堂学生讨论问题的选择，对于一堂生本课的生成深度有至关重要的作用；课堂和课后学生练习的精选和评讲对于生本课堂的实效和考试备考也是不可或缺；面对学生课堂讨论时五花八门的答案，教师的即时引导和精当的点评更是对教师基本功的极大考验。

面对这些生本课堂的难题，学校鼓励老师多阅读教育教学文章，为每位老师购买教育教学杂志提供一定的资金补助，鼓励老师们平时尽量将自己的教育教学感想和体会形成文字撰写论文。另外，学校积极推行、完善集体备课制度。集体备课实行“三定”：定时间、定主题、定主备人。

选择生本，就是把学校抛到了教育改革的潮头浪尖。我们愿意做一群教育改革的革命者，用生本的理念构建我们的课堂，让学生感受成长的幸福与快乐。新的时代已开启，新的鼓点已响起。我们将继续发挥集团化办学的聚合优势，更好地构建合作共进机制，围绕德育提升、课程建设、课堂教学、师资培养方面的研究，实现集团学校理念、资源、方法、成果和利益共享、优势互补，全力推进集团学校教育教学改革，实现集团学校学生素质、教师队伍、教学质量、办学内涵的均衡发展，全力提升生本教育教学质量、办学水平及社会的满意度。在“鹰击长空，鱼翔千里”的时代，古劳中学将一如既往，秉承古劳人“上善若水”——求真、求变的特质，迈出矫健的步伐，在聚合与吞吐之间，古中的个性魅力持续彰显；在发奋与昂扬之间，古中综合实力持续提升！我们正以一往无前的气度和开拓进取的精气神，铸造更加辉煌的未来！

党建领航，师生齐发展

广东省江门市棠下初级中学　黄国尧　夏应红　廖伦安

教育是培养中国特色社会主义建设者和接班人的主要渠道，也是党的意识形态工作的重要阵地。加强党对教育工作的全面领导，牢牢把握社会主义办学方向，是关系到教育事业发展的首要问题。为进一步深化办学体制改革，推动教育质量快速发展，广东省江门市棠下初级中学党总支部在蓬江区教育局党组《构建学校党建“多元融合，多彩发展”生态模式研究》总课题引领下，立足学校实际，以《抓实学校支部党建，助推党员教师发展》课题研究为契机，深入研究学校支部党建，助力教师专业发展、学生素养提升，推动学校步入了健康持续发展的快车道。

抓实党建，多角度助推教师专业发展

以理论学习为支撑，提升党员理论修养。党总支部坚持“两学一做”常态化、制度化，规范“三会一课”工作，每月进行一次主题党日活动，组织党员有计划地开展党章党规学习，认真贯彻落实习近平总书记重要讲话、指示精神等，巩固“两学一做”成效，提升党员理论修养。

以多种教育形式为载体，坚定党员理想信念。党总支部在组织党员集中开展理论学习的同时，采用观看纪念五四运动100周年大会直播、观看正能量影片、参观红色教育基地、观览廉政警示教育展等多种形式相结合的方式，落实意识形态教育，坚定党员理想信念，践行敢闯敢拼、敢为人先的改革精神，开阔新思路，探究新方法，开拓学校教育发展的新天地。

以形象和行动为示范，发挥党员先锋模范作用。党总支部开展“亮身份、树表率”活动，以满身正能量感染同事，促使他们在教育教学道路上积极探索，创新方法，做出成绩。党员教师在关键时刻要冲锋在前，做好引领。如疫情期间，自愿报名组建抗疫宣传义工服务队；创文期间，组队进入社区进行创文宣传、创文清扫保洁工作；临近中考，利用课余时间为学生答疑解惑。

以校内外培训学习为路径，提升党员教师专业素质。党支部注重组织教师外出跟岗学习，到潮汕、惠州、南海等地聆听专家讲座，参观新课程改革示范校，吸收先进的教育思想、教改方法；注重深挖自身资源，积极开展“新时代讲习所”主题班会观摩课、科组推荐课、教学研讨课及师徒结对“青蓝工程”观摩课等系列校内教育培训活动，搭建平台，助力教师尽快成长为思想过硬、业务精湛的教育教学能手。

以“帮、引、带”活动为抓手，发挥党员教师辐射作用。“帮”，指学校党总支部建立党员帮扶制度，通过“结对子”、“带徒弟”、“一带一”、“一带二”等方式，帮助师生解决实际困难；“引”，指学校党支部贯彻落实党的要求，通过积极推荐优秀党员参与学校行政管理的方式，发挥监督作用；“带”，指学校党支部以党建带团建，以党风带校风，促使学校形成乐学、向上的良好风气。

系列助推党员教师发展的党建工作，促使全体党员教师积极向上、拼搏进取，不断提升党性修养、专业素养。近两年来，学校共有9位党员教师被评为区优秀共产党员、先进教育工作者和“最美班主任”的荣誉称号；全校教师在市、区级教师技能大赛中获特等奖、一等奖、二等奖等奖项共41人次，其中党员教师31人次，占比76%；全校教师论文获国家、省、市、区级奖项有46人次，其中党员教师40人次，占比87%；全校教师开展国家、省、市、区级课题立项或结题的有20个，其中由党员教师主持的课题研究有16个，占比80%。

追求卓越，全方位提升学生综合素养

依凭“三动”载体，开展“三立”教育。学校立足“让每个学生健康成长”的办学理念和“为造就未来公民奠基”的办学目标，以“立规知行、立德修身、立志成长”的“三立”序列为内涵，以“劳动、运动、活动”的“三动”践行为载体，以社会、家庭、学校的“三结合”网络为外延，以“常规教育+专题教育”为手段，落实学生行为规范养成教育，形成有理想、勤学习、守法规、重安全、知荣辱、懂感恩、讲文明的良好风尚。

搭建多元平台，落实素质教育。学校以“立足素质，全面发展”为办学宗旨，以体育教育为特色，实现文化教育、创客教育与体育教育的相得益彰；以中国节日、纪念日、宣传日为契机，以校园、家庭、社区为主要阵地，通过实践、体验、交流、互动等途径，为学生学习、实践搭建多元平台；开设体育特长班、美术班、创客班、书法班、鼓乐班、石刻社团等兴趣班，发展学生特长，促进学生全面发展，有力地推动了学校素质教育的有效实施。

致力课堂改革，助力终生发展。学校聚力课堂改革，大力推行“导学案+小组合作学习”教学模式，以学生为主体，以教师为主导，以训练为主线，以思维、表达等能力提升及和谐互助等品质培养为目标，在追求学生知识能力阶段性发展的同时，注重素质专长的培养，奠定学生终生发展的基础，不断提高办学效益。

多措并举下，学生品德修养、能力素质显著提升。近两年来，学校有8名学生分别荣获蓬江区“三好学生”、“优秀学生干部”、优秀共青团员和优秀少先队员等称号。2018年，在江门市“第五届国学小达人之经典诵读展演节目录像大赛”中，学校经典朗诵节目《满江红·少年中国说》《茅屋为秋风所破歌·卖炭翁》分别荣获一等奖、二等奖；2019年，在广东省第十届中小学规范汉字书写大赛中，学生作品荣获蓬江区一等奖；2020年，在第三届江门市青少年机器人竞赛中，学校创客团队作品荣获一等奖第一名……

多措并举，搭建多元平台，助力师生发展，是学校发展的工作重点；由点及面，全面落实师生发展，提升办学质量，是学校教育的工作思路。师生取得的众多荣誉，也验证了学校办学思路的正确性和学校工作的实效性。未来，江门市棠下初级中学将继续以党建工作为引领，完善、创新学校各项工作，奋力谱写教育新篇章！

精心打造校园文化，营造健康育人环境

广东省茂名市电白区旦场镇红花小学 冯登

校园文化是社会主义先进文化的重要组成部分，是学校高质量发展的动力，也是学校个性魅力与办学特色的体现，更是学校培养适应时代要求的高素质人才的内在需要。随着素质教育理念的不断发展，加强校园文化建设、营造良好的育人环境、促进学生的全面发展已成为学校教育教学的总方针，为全面贯彻党的教育方针，提高办学水平，努力营造积极健康的育人环境，为学生的终身发展奠定基础。我校结合实际通过探讨校园文化建设理念新路径，让学生受到美的熏陶和感染，培养学生良好的道德品质和行为习惯。

一、以花卉文化育美的人

我校位于红花村，地处亚热带，气候宜人，花卉资源丰富，因而取名为“红花小学”。由于当地“花文化”历史悠久，因而我校以花文化为依托、面向时代，提出“以花为媒、以美育人、育美的人”的响亮口号，凸显本土文化特征。同时学校十分注重弘扬国学文化，让国学文化鲜活在校园中，让学生更好地继承和发扬传统文化。

学校提出“让每个孩子都像花儿一样美丽绽放”的个性化办学理念，面向全体学生，不放弃每一个学生，相信每个学生都是含苞待放的花朵，只是花期不同，照顾不同程度学生的学习需要，进行分层教育，使每个学生都能找到属于自己的定位，践行生本理念。

二、以环境文化净化心灵

依据学校的建设理念，我们有计划、有步骤地规划和建设校园环境文化。用花的美影响和感染学生，如我们将教学楼名为“蓓蕾楼”，寓意深远，希望小学生如蓓蕾一样富有朝气和活力；将综合楼名为“繁华楼”，希望小学生如繁华一样多才多艺，成为新时期社会发展需要的综合人才。除此之外，还有“绿叶楼”、“熏花草室”、“蝴蝶兰室”等。为了培养学生广泛的兴趣爱好、促进他们的全面发展，学校设置了“花品廊”，让学生品析花文化、咏花诗。“花艺作品展示墙”将学生的美术作品、手工作品等展示出来，既美化了环境，还让学生体验到成功的乐趣，树立积极的学习态度，培养良好的情绪。我们在创设环境文化时，着眼细处，使校园内的一草一木、一砖一瓦都能开口说话，让学生浸润在浓郁的文化氛围中。

三、以制度文化激励师生

传统的校园制度强硬冰冷，缺乏温度，虽然能够确保学校各项工作的稳步前进，但让学生觉得沉闷压抑，不利于身心的健康发展。

为了营造一个宽松、和谐、向上的氛围，我校秉承“以生为本”的管理理念，注重服务管理，在原有制度上加入花文化元素，使制度闪烁着人性的光辉。如：我们评价教师和学生分别以“绿叶奖”、“杜鹃花讲”、“文明之花”、“阅读之花”、“学习之花”等进行多方面评价。这样既有纪律约束，又有“人情味”，更好地鞭策和激励师生。

四、以精神文化提升内涵

精神文化是校园文化的最高形式，是一种隐形的文化形态。如果说把学校比作一棵参天大树，那么，优美和谐的校园环境和完善的硬件设施就是这棵大树的繁枝和密叶，良好的行为、活动文化则是树的枝干，全面规范的制度就是树的茎脉，而学校精神文化则无疑是大树的根，它虽然根植地下，表面上未必看得到，却依然决然地为枝、干、茎、叶提供养分，是树的灵魂所在。

以学校发展传统、素质教育理念和时代精神为参考，我校在充分尊重学生的基础上，提出“让每个孩子都像花儿一样美丽绽放”的核心价值观。关注学生的个性发展，同时还关注共性，彰显新时代小学生的精神风貌，体现新时代小学生积极向上、努力进取、勇于承担的责任感和时代感。如我们的校训是“学花品、休美德、做新人”、校风“明礼、守信、乐学、尚美”，让学生辨美丑、立形象，知荣辱、严律己。校歌《花儿正当红》更是将小学生的朝气蓬勃、努力向上的良好风貌淋漓尽致地体现出来。还有花的校训、花的校徽、花的校旗、花的教风等。多途径、全方位向学生渗透花的精神品质，提升学生的思想道德，让他们获得科学知识的同时，还学会做人、学会做事、学会感恩、学会自立……。

五、以文化活动促进发展

活动是教育的载体，丰富多彩的校园活动不仅可以丰富学生的课余生活，还为他们的个性发展提供了机会和平台，让学生能够尽情地释放自我、展示自我，将新时代小学生积极美好的一面展现出来。结合花文化我校开展了“花儿朵朵向阳开的经典诵读”活动，学生读名著、品经典、吟诗词，感受到经典文化的浑厚的文化底蕴，直击人心的渗透力，激发学生热爱经典文化、继承经典文化的美好感情。“画花画、唱花歌，跳花舞”的“杜鹃花开、光彩绽放”艺术节活动中学生有唱、有跳、有画，他们载歌载舞、肆意泼墨，用歌声、图画表达对生活、对学校、对祖国的热爱。在活动中学生的个性得到张扬、兴趣得到培养、能力得到锻炼，获得健康积极的情感体验，提升学生的内涵与修养，丰富校园文化的同时，还让学生在活动中体验学校生活的快乐，感悟国学文化精神。

不仅如此，我校还鼓励师生利用假期自己养花，假期结束后将自己种植的花卉带回学校，并由此举办“百花争艳展览”，对这一活动进行评价。师生将自己种植的花卉放到办公室、教室，既美化环境，还培养学生热爱劳动、珍惜劳动成功的美好品德。

校园文化建设是一项复杂的系统，包括物质文化、行为文化、精神文化，从不同的角度对学生进行行为习惯、意识形态、道德品质

的影响和教育。作为学校领导人，要结合当地的风土文化，建设富有特色的校园文化，让文化的种子在学生的心理落地生根，绽放一路花香！

未来，我校将在适应新时代新要求的前提下，丰富新内涵，寻求新路径，以全新的理念加强校园文化建设，为增强文化自信和文化竞争力、推动学校内涵式发展作出应有的贡献。

浅谈混合式思维在初中语文教学中的有效落实

广东省深圳市龙华区教科院附属外国语学校　彭泽运

随着科学技术和互联网技术的快速发展和国家对素质教育的大力倡导与教学改革的不断深入，单一的传统教学或线上教学已经难以适应新时代的环境与要求，一种新的有效地课堂教学模式亟须被开发。针对这一问题，我基于“互联网+教育”的背景，以建构主义学习理论为基础，以学生学习为中心，通过线上教学和线下教学相结合的尝试和研究，结合具体的初中语文教学案例，总结出一套初中语文教学“混合式教学”的思维，力求达到初中语文线上线下教学双向互补、扬长避短、“1+1>2”的教学效果。

一、实施混合式备课

传统教学的备课主要包括备教材教法、教学生等，而混合式教学的备课除了备教材教法、备学生外，还要备平台。具体来说，运用混合式思维备课要有以下几种意识：

混合式备教材教法意识。教师经过线下资料的研读、线上资源的筛选研究，加深对文本的理解，确立高效可行的教学目标和重难点，进而形成教学设计的混合式过程。比如九年级语文《出师表》一课，教师既可利用教材上单元主题、教学用书上名家建议及练习册的题目进行研读，加深对文本的理解，也可以利用网络搜索专题性的资源进行研究，从而对课文内容和教法有新的体会和发现的过程。

混合式备学生意识。混合式思维备学生就是不仅要在现实世界里了解学生的知识水平和学习方式，更要通过不同的途径关注学生的信息化水平和条件。比如，对于只有台式电脑而没有平板电脑或手机的初中学生，让他录制一段简单的《出师表》朗诵都是很难实现的。

“进出”意识。所谓“进”，既指教师利用线下材料和线上网络资源对教学内容进行的筛选、整合，形成教学设计的过程，也指学生利用线下材料和线上网络资源对所学知识的习得；所谓“出”，既指教师利用线下真实课堂和线上虚拟课堂相结合的方式将所备内容对学生进行的双向输出，也是学生习得知识以后通过线下真实课堂和线上虚拟课堂进行的双向反馈。比如教师备《出师表》一课，教师的“进”指对教科书等纸质材料的相关备课资源和线上网络相关资源进行筛选、整合，然后形成《出师表》教学设计的过程；学生的“进”是指学生根据教师的安排，利用线上虚拟课堂对《出师表》进行预习，利用线下真实课堂教师的讲解来解决预习中遇到的疑难问题，再利用线上虚拟课堂进行巩固的过程。教师的“出”指根据教学设计，利用线上和线下进行教学的输出；学生的“出”是指学习巩固知识以后，利用线上和线下两种方式向老师反馈的方式。

搭建混合式“空间”意识。混合式思维下“平台”意识是指教师在备课之初有意识地通过直接或间接手段搭建不同的学习空间，包括平台学习空间、生态学习空间和互联网学习空间。仍以《出师表》为例，教师首先直接搭建平台空间。教室内的班级授课就是线下平台学习空间，在腾讯会议、企业微信或钉钉等软件上组建班级学习群或主题性的学习群就是线上平台学习空间；为了让学生能够理解文中重点词语的意思和简单的疏通文义，教师印发纸质专题性的导学稿和制作专题性的微课用于学生自学，就是搭建生态学习空间；为了激发学生的学习兴趣和获取广博的教学知识，教师引导学生去图书馆或浩瀚的互联网世界里探索与《出师表》内容相关联的师者、课程和学习方式，就是搭建互联网学习空间。

二、开展混合式预习

教师在运用混合式思维备课和搭建好学习平台后，就进入到学生自主预习阶段。在这一阶段的教学实施中，教师通过学习平台布置相应的任务，学生根据相应的任务利用教师发布的学习资源，或查找相关学习资源，或观看学习视频，或阅读专题性学习材料，提出疑问，通过不同的学习平台互动完成相应的自主学习任务及在线测试内容，并将相关的测试结果和疑难之处反馈给教师的过程。

通过混合式平台空间发布导学任务。教师根据教学设计的内容，通过线上线下的方式发布学习任务，利用线上线下优势互补推动学生自主预习。比如，教师在布置预习任务前，先制作《出师表》线下预习导学稿，内容主要包括重点词的解释及重点句的翻译，同时制作线上预习导学视频，连同预习要求一起上传相应的学习平台，然后请同学根据导学稿的要求，在学习平台上自主观看《出师表》导学视频，并完成导学稿上面的自主学习任务。

通过混合式生态平台推动学生自主探索。教师可以利用混合式思维，根据学生的学习需要和实际条件，寻找或搭建一些适用的线下和线上生态学习空间，并通过这些空间，为学生提供方便的可选择的学习资源，以推动学生不断进行自主预习探索。比如在自主预习《出师表》一课中，语文老师本身也是一个有用的生态学习空间，学生在预习过程中遇到的疑难问题可以通过直接询问教师解惑，教师也可以收集与《出师表》有关纸质资料，让学生通过阅读来解决自主预习中的疑惑，还可以让学生去图书馆或书城去阅读与《出师表》有关的书籍来解惑，这些都可以看作是线下的生态学习空间。同时，教师还可以在企业微信、腾讯课堂、钉钉等班级学习平台上以及博客、知乎、微信公众号等个人空间里，上传关于《出师表》相关的微课视频或图文类专题性的讲解资料等，供学生自主学习时有选择性的使用。此外，教师还可以根据学生的学习和兴趣需要，向学生推荐相关的网络在线教育平台，引领学生借助这些平台上丰富优质的学习资源，在已知的基础上自主探索未知。

通过混合式学习平台答疑解惑。学生可以线下通过询问教师、图书馆查找资料解决疑惑，也可以通过班级学习平台发布疑难问题、分享学习心得，通过这种方式，教师和学生可以打破时间和空间去解答别人的疑惑或阅读别人的学习心得，以达到帮助别人提高自己的目的。

混合式检测自主探索的学习效果。学生可以通过完成线下纸质测试材料或在线检测试题，自主检测自主探索的学习效果。线下纸质测试时效性较差，需要教师或学生评改后才能了解学习效果。而线上自主检测发挥了互联网的优势，时效性较好。完成检测的同学，学习平台能够即时反馈正误，起到诊断与激励学生自主探索和学习的作用。此阶段，教师的主要职责是辅助学生学习，并根据学生学习疑问、心得和检测结果等信息调控学生的学习方向和进程。

三、推行混合式协作研讨

协作研讨阶段主要采用的是线下教学模式，这一阶段的教学基于学生已完成自主预习探索的任务，教师与学生都参与了深度的信息传递、交互和反馈。因此，教师会在这一阶段重点解决学生在自主探索阶段遇到的疑难问题，使得教学更具有针对性，转变了传统课堂教学大都依靠教师经验讲课的状况。

此阶段，教师先重点摸排学生在自主探索阶段的学习情况，可以通过线上检测、课堂提问及组织学生对其所学内容进行汇报等多种方式，将学生自主学习内容分为已理解的知识点、未理解的知识点和可发散的拓展延伸点，并和学生一起在有限的线下课堂时间内各个击破。对于学生已理解的知识点，教师略过不讲；对于学生未理解或理解错了的知识点，教师可针对性地设计情境或活动，引导学生高效思考并发表见解，通过追问、补问等方式激励学生进行深度思维，并通过生生互评、教师点评等活动对未理解的知识点及时指导和巩固；对于重难点和易错点，教师可以直接讲解，以简单直接的方式让学生及时获得新思路、掌握新知识；对于发散性的拓展延伸点，教师可以适度开展小组合作式学习，通过生生、师生协作研讨，让学生在自主学习、准备材料及相互交流的过程中获得知识与进步，从而促进学生从被动学习向主动学习的转变。最后，教师根据课堂状况及时进行总结，并针对性地布置课后作业。

这一阶段的学习充分体现了线上课堂与传统课堂互相弥补的优势，这不仅是知识与技能的培养，也是群体协作能力的培养，更是情感态度与价值观的熏陶。

四、落实混合式巩固拓展与反馈

知识巩固训练是克服遗忘的有效手段，是混合式教学不可或缺的环节。教师可以根据《出师表》的教学目标和重难点，结合协作研讨阶段学生对《出师表》知识点的掌握情况，布置相应的线上线下混合式作业。学生可以利用在线学习平台，有选择性地无限次重复使用网络平台上关于《出师表》的视频、文本、PPT等学习资源，对未完全掌握的内容及遗忘内容进行复习，以强化认知。同时，学生可通学习交流平台提出自己在完成作业过程中遇到的问题及疑惑，教师或同学及时答疑解惑，从而保证学生获得较好的学习体验与学习效果。

在此阶段，教师还可以设计一些学习活动引导学生进行拓展发散性的学习，激励学生向更深更远的知识世界探索，增加知识的深度和广度，激发学生学习的兴趣和主动性。比如，在学习《出师表》过程中，学生对哪些与文章有关的人、事、物或方法感兴趣，就可以引导他们通过互联网搜索资料，在学习的同时做一期主题性的电子版手抄报，在学习平台上分享。学生可能会对我国诸葛亮及文中的有关人物感兴趣，也可能对“表”这种文体或古代的政治体制感兴趣，还有可能对三国故事或兵器等感兴趣，这些都是极好的知识发散点。

最后，教师可以通过网络平台发布形成性测试，对学生整个混合式学习的效果进行形成性测评。学生在无形中通过巩固知识阶段的疑难，拓展学习时的主题和形成性测试的成绩，向教师反馈了整个学习的状况，教师可据此安排下一阶段的学习方向和学习内容。

混合式教学是传统教学与在线教学的互补、融合和创新，而不是简单相加。这种模式为师生提供更多教与学的可能性，赋予学生自主、探究的机会与空间，使学生的兴趣及个性得到更多的发展。在初中语文的教学中，线下教学是提高学生语文核心素养的基础，线上教学是提高学生语文核心素养的催化剂。如果我们在整个教学实施环节，利用混合式教学思维，将线下教学和线上教学巧妙地结合起来，进行深度融合，让两种教学优势互补，就会产生“1+1>2”的效果，从而更好地提高语文课堂教学的实效性，更好地提高学生的语文素养。

智能时代培养面向未来的终身学习者

——以M园创客教育为例

广东省深圳市梅林一村幼儿园　姚艺

［摘要］：人工智能时代到来，引发了新一轮教育变革。学前教育是国民教育的开端，也是培养学生AIQ的重要阶段。深圳市梅林一村幼儿园以创客机器人为载体，从环境创设、教师培养、家园共育三个维度形成了在幼儿园阶段渗透人工智能教育的实践路径。

智能时代呼唤新的教育模式，需要培养学生的终身学习能力、创造力、问题解决能力、沟通合作能力等。其中，培养面向未来的终身学习者尤为重要。

一、智能时代呼唤新的教育模式

2016年，人工智能AlphaGo战胜世界围棋冠军李世石轰动世界，开启了“人工智能元年”。既互联网、信息技术之后，人类迎来了人工智能时代。

人工智能（Artificial Intelligence）引爆新一轮工作革命，促使许多行业发生了深刻变革，并引发了相关行业的布局调整和转型升级。工作革命必然引发教育革命，英国学者安东尼·塞尔登从人类历史发展的角度，将教育领域的变革划分为四个阶段，他认为以人工智能、增强现实和虚拟现实等为主要内容的个性化教育构成了第四次教育革命。未来已来，学校必须变革传统的教育模式才能培养出人工智能时代需要的人才。

二、政府政策引领智能教育方向

面对人工智能的快速发展，我国政府相继出台多项政策文件，与时俱进，积极应对时代变革提出的挑战。

2017年7月，《新一代人工智能发展规划的通知》构建包含智能学习、交互式学习的新型教育模式体系，推动人工智能在教学、管理、资源建设等全流程应用，中小学设置人工智能教程、推广变成教育。

2018年4月，《教育信息化2.0行动计划》大力推进智能教育，开展以学习者为中心的智能化教学支持环境建设，推动人工智能在教学、管理等方面的全流程应用，利用智能技术加快推动人才培养模式、教学方法改革，探索泛在、灵活、智能的教育教学新环境建设与应用模式。

上面两个关于人工智能的国家文件都涵盖了两方面，一是建立关于人工智能的教育内容与模式，二是推动人工智能技术在教育领域的应用，即智能+教育。无论是哪个层面，都将引发一场关于培养什么人的教育变革。

人工智能时代对人类提出了更高的要求，包括终身学习能力、创造力、跨界能力、沟通合作能力等，此外，还要求人类具备更高的综合素养，如科技素养、数据素养、人文素养。还有学者认为，让每个孩子成为人工智能时代的原住民具有非常重大的意义，即让儿童从小与机器一起玩耍，培养儿童的AIQ（利用人工智能技术的能力）。

三、幼儿园智能教育的实践路径

幼儿教育是整个国民教育体系的开端，也是终身学习的奠基阶段，幼儿即未来。早在20世纪80年代，邓小平就提出“计算机普及要从娃娃抓起”，如今，智能时代来临，AIQ的培养也要从娃娃抓起。

依据3-6岁幼儿的身心发展规律，幼儿的学习是“玩中学”、“做中学”、“生活中学”。因此，在幼儿阶段引入人工智能教育也应遵循幼儿的学习方式，激发、培养幼儿对人工智能的兴趣，在动手操作中亲身体验，获得直接经验，成为人工智能时代原住民。深圳市梅林一村幼儿园（以下简称M园）以创客机器人为载体开展的创客教育是为未来智能时代做准备——创客文化与教育相结合，基于幼儿的兴趣，建构创客机器人，倡导造物，鼓励分享，培养幼儿的跨学科问题解决能力、团队协作能力和创新能力。M园从环境创设、教师培养、家园共育三个维度入手，让幼儿在操作创客机器人的过程中对智能产生初步体验。

（一）环境创设：激发创新动力

建构主义理论认为，幼儿是在与环境互动的过程中主动学习，建构自己的知识经验的。环境是重要的教育资源，创客机器人教育活动的开展同样需要依托适宜的环境，物质环境包括丰富的操作材料、能够支持幼儿主动操作的环境布置及操作空间、诱导幼儿操作兴趣的作品陈列等，心理环境包括开放、包容、尊重、接纳的游戏氛围，环境创设的目标是激发幼儿的创新动力。

M园创客机器人操作区的环境创设经历了封闭到开放的过程，引发这一变化的最根本原因是转变了环境创设的思路，遵循儿童视角、儿童为本的原则，材料的存放由原先的封闭盒装变为开放的盘装，材料摆放位置及高度考虑不同年龄段幼儿的兴趣与需要，操作空间由定点定位变为幼儿自主决定等。由此，师生关系也发生了转变，教师由指导者变为观察者、倾听者、参与者、欣赏者，支持幼儿自由探索，鼓励幼儿大胆尝试，引导幼儿个性表达。

（二）教师培养：提升智能素养

教师是学校开展智能教育最重要的因素，智能时代要求教师具备智能素养，如数据素养、科技素养。M园通过教研、培训、实践的方式提升教师的智能素养。

培训层面，邀请专业的创客机器人的导师进园培训，为教师科普人工智能领域的知识；帮助教师了解当前人工智能发展态势及未来趋势，引导教师思考未来智能时代需要什么人才，以及当下如何培养未来所需的人才；指导老师们认识创客机器人材料分类及学习创客机器人操作手册和三大元件（模块元件、电子元件、主板元件）的使用方法；现场亲自演示机器人编程的过程，帮助教师了解机器人背后的原理。

教研层面，组建专门的创客机器人教研小组，通过亲身操作、同伴合作、展示分享等形式研讨如何激发幼儿操作创客机器人的兴趣？如何通过创客机器人培养幼儿适应未来需要的素养，如创新思维、沟通合作能力、问题解决能力。

实践层面，在小中大三个年级中分别选取创客机器人实验试点班级，为试点班级提供专门的操作区域与材料，幼儿在区域游戏时间进入创客机器人操作区自主游戏，教师观察幼儿如何操作，获得了哪些学习经验，需要怎样的支持，并总结如何培养幼儿未来所需的能力。

（三）家园共育：整合家长优势

学前阶段，家庭教育对幼儿的发展发挥着比学校教育更重要的作用，M园采取家园合作，携手培养幼儿成为智能时代原住民。具体策略为整合家长优势，尤其是男家长在科技方面的优势，参与幼儿园的智能教育。班级层面，设定常规活动“科技爸爸”；幼儿园层面以“爸爸温暖周”的方式邀请男家长入园为幼儿科普人工智能、与幼儿共同搭建创客机器人、用表演的方式想象未来情景等，有效提升了幼儿对人工智能的经验与兴趣，实现家园同步一体，发挥智能教育的最佳效果。

四、对未来智能时代的教育思考

（一）智能时代教师面临的危与机

人工智能将引发一场工作革命，许多工作都面临淘汰的风险。未来教师会被人工智能取代吗？这是关乎所有教师“命运”的问题。学者们比较共识的观点是，未来一些教师会被人工智能取代，特别是只能进行重复、统一、标准教学的老师，不远的未来就可能被人工智能取代。因而，教师应当有充分的危机意识和变革意识，努力发展“AI无能，人类擅长”的能力，如观察、解读、支持儿童；给予儿童充分的爱，走进儿童的心灵，建立与儿童的情感联结；引导儿童社会性发展，培养儿童的沟通合作能力、人际交往及社会适应能力。此外，教师应努力提高自身的科技素养、信息素养、数据素养，学习使用人工智能产品。

（二）培养面向未来的终身学习者

教育的本质是培养人的问题，智能时代变革教育模式，但不变革教育本质，人工智能所引发的教育变革其本质依然是培养什么样的人的问题。未来必然是高速发展，瞬息万变的社会，只有具备终身学习意识与能力的人能够在大浪淘沙中生存下来。因此，我们认为，智能时代所需要的问题解决能力、沟通合作能力、创新能力等都需要以学习力为基础，尤其是终身持续学习的能力，而这一能力的培养应从学前教育开始。

科创发展创特色　以课为本育桃李

广东省深圳市南山外国语学校（集团）高级中学　冯大学　郑书海　刘静

百年大计，教育为本。教育是提高人民综合素质、促进人的全面发展的重要途径，是民族振兴、社会进步的重要基石，是对中华民族伟大复兴具有决定性意义的事业。我校是南山区教育局直属的公办寄宿制高中，办学以来，始终秉持“让每一个生命都精彩绽放”的育人理念，坚守“德育为先，五育并举”办学目标，旨在通过精致化的学校课程体系，精准实施教学模式，精心打造教育活动，精益求精地完善管理规程，将学校打造成一所以“课程精致、教学精准、教育精心、管理精益求精为办学特征”和“以人文和科创教育为办学特色的新时代精品高中”。为国家和社会培养兼具“文通世界”和“理明自然”能力的新时代卓越高中生。历经十几年的沉淀和发展，学校办学成果显著，先后获评深圳市教育改革领跑学校、深圳市教育改革先行示范学校、深圳市课程特色示范学校等荣誉，冯大学校长被评为深圳市年度教育人物；2018年广东省名师工作室落户南外高中，2020年深圳市劳模创新工作室授牌，迄今共有深圳市名班主任工作室等“五育”教研工作室15个；2018年至2020年，学校高考综合实力及中招录取分数线持续攀升，稳居全市前列，办学质量实现新的飞跃。种种荣誉，印证了我校已真正成为一所信息化、国际化品牌学校！

一、深耕细作，通过特色课程创新助力优质教学发展

特色办学是学校旺盛生命力的彰显。为此，立足学校课程，我校将“人文和科创教育”作为办学双特色，构建“国家课程、拓展课程、特色课程”相结合的“三层N向”课程体系，既注重全面发展的核心素养又充分发挥学生的兴趣与特长。国家课程强调校本化实施和全面落实；拓展课程旨在可持续培养学生学科深度学习能力和跨学科的实践创新能力；特色课程以人文课程和科创课程为主，旨在前瞻性地培养学生的国际理解素养和科技创新能力。一直以来，我校着力提升国家课程校本化的实施品质，全面提高学校准确实施国家课程的能力，高质量完成国家课程的育人任务。认真落实提升核心素养的有效措施，有序开展国家课程校本化实施工作，针对学生的学习可能和学习需要，实施弹性化的走班制、分层化的导师制，精准提供培养学科思维品质发展的辅助措施。

此外，我校组织研究国家课程的新课标、新教材和新教法实施落地的教科项目，加强质量管理。例如，教改实验班的数学、物理、化学、生物等学科都由相应学科老师依据国家课程标准，并结合科创人才培养目标来实施校本课程教学。博士工作室开发了《像数学家一样思考——数学史与数学文化概述》《中学生学做科研》等启发式课程；物理组开发《高中物理中的电子设计》探究式课程；英语组通过国家级科研课题开发出《英语电影听说分级教程》《伟大原著阅读精析》等体验式课程……这些校本课程，极大地提升了学生思维力和实践力。

拓展课程的延伸注重拓展学科学术类课程或学科生活类课程，注重学生学术能力培养或应用性训练。为此，我校构建满足不同需求的拓展课程体系供学生选择：一类是专家老师指导的精品学术类拓展课程，如语文的“潮生”文学社，设置了文学鉴赏、写作、辩论、戏剧课程，英语的同声传译课程，信息技术的机器人课程、体育的垒球课程等；另一类是特色社团课程，如深受学生热爱的Rap、摇滚、茶文化、无人机等。同时，依托腾讯智慧校园标杆示范校的优势，我校大力建设了一批融项目合作、个性学习、团队展示、讨论交流、实验探究等功能于一体的超级教室，搭建了我想、我有、我行的“我行我秀”学生展示平台。在“小课题研究—小教师讲堂—STEM大赛—强基计划延伸课程”培养实施模式中，用多层次的“秀场”让学生体验、展示和获得荣誉，既锻炼老师能力又拓宽了名校录取途径。

二、多措并举，立足学校丰厚资源培养德智优秀人才

为探索拔尖创新人才培养途径，我校成立六大学生发展指导中心，形成了“大师引领、名师指导、国际合作、个性化培养”的培养模式，为学生张扬个性、发展特长、完善独立人格奠基。六大中心依托清华北大教授和新秀教师资源，立足于学生的实际需要开展指导，帮助学生在表达能力、写作能力、创新能力、逻辑思维、学科竞赛等方面得到系统的训练和显著的提升。同时，学校建立“优才计划”培养体系。设立理工科创教育实验班、人文教育实验班、清华北大示范实验班、艺体美劳特色实验班，立足国家课程，围绕“强基计划”，开设相关课程及拓展课程，选拔培养有志于服务国家重大战略需求且综合素质优秀或基础学科拔尖的学生。以化学科组为例，目前学校化学科既有以提升动手实践和实验探究素养为目标的化学爱好者社团，也有由北大博士后领衔打造的化学竞赛辅导课程。此外，我校的创客中心大力开展针对“核心能力课程培养体系”的创客教育，结合创新教育、体验教育、项目学习等思想，采取“玩中学”、“学中做”、“做中创”的特点，以课程为载体，融合了物理、数学、信息技术等各学科知识，培养学生创新、动手、实践能力，凸显了学校科技教育特色。为激发学生潜能，规划学生生涯发展。我校成立生涯发展指导中心，以“培养学生为自己的将来负责”为目标，挖掘学生潜能，尊重学生个性差异，融合各级资源对学生进行系统化的专业指导，在对学生生涯规划能力进行培养的同时注意培养学生职业理想，引导学生进一步树立远大理想，从而明确学习目标、激发学习动力和增强学习信心。

我校还成立了思维培养中心，通过“逻辑学通识课”、“高中学科逻辑提炼”、“演说与辩论训练”、“门萨俱乐部”以及“科学史的天空”五大版块的内容，帮助同学们系统的提升自身的思维能力。让学生们不仅可以更轻松应对高中各学科的学习，更能将凝练出的智慧用于今后的学习和生活中。成为“爱思考、常思考、会思考”的南外人。

我校的写作与沟通训练中心，秉持“沟通能力与思维能力并举、全面提高学生口头及书面表达能力”的理念，通过生动、多样、有效地沟通、演讲、写作训练，提高学生的写作表达能力、沟通交流能力，并着重训练逻辑思维和批判性思维能力，实现将价值塑造、能力培养和知识传授等目标贯彻和融合。国际教育中心以“世界观、民族情、中国心”为原则，开设全球化背景下中国的定位、角色与责任认知的特色国际素养教育课程，培育学生爱国价值观的认知、认同与践行。搭建与国外友好学校的多元人文交流渠道，共同参与游学项目以及公益实践项目，培养学生在全球顶尖高校学习必备的全球合作与竞争的良好素养。

三、放眼未来，坚守育人初心绘就品质教育宏伟蓝图

教育是一门既深且远的学科。立足学校文化、课程建设，为了培养出社会综合人才，我校紧紧围绕立德树人根本任务开展工作，在创新人才培养、艺体美劳教育等新时期党对教育的新要求具体落实上进行综合改革。首先，做好“德育为先 五育并举”的顶层设计，搭建“一项课程渗透五种教育，五种教育指向同一目标”的鲜明特色课程体系。我校德育处充分利用中华传统文化与南山区优秀企业家精神的文化资源，并与社会实践、课题研究等多种实践手段相结合，开展读好“无字书”德育实践活动，践行文化自信。团委开发了服务社会弱势群体的慈善公益项目“公益微电影大赛”、“慈善音乐会”和“国学公益课堂”等项目课程，弘扬社会公益的创新精神。其次，强化对学生自主管理的指导，推进学生自主管理的科学化进程，依托“德育走出校门”校本课程，在社会实践中锻炼学生创造、执行、表达等能力，全面提高学生自律意识和整体提高学生自主管理能力。艺体科创教育方面，我校实施了“普惠+精英”创新人才培养模式，创新创客培养机制，开展创新创业课程、创新实践、校企合作、创业孵化等活动，打造高中与高校、企业联合培养创新人才的实践基地，鼓励学生创造社会价值和实现个人梦想。推行艺体教育“导师制”，为学生量身定制健康成长与艺术发展方案。依托智慧校园和体育导师，我校还实时监测学生动态和静态健康数据，培养适合学生体质的两项体育技能。同时实施导师分项选修的美育课程，开设以审美和人文素养培养为核心、以创新能力培育为重点、以中华优秀传统文化传承发展和艺术经典教育为主要内容的公共艺术课程。在劳动教育方面，我校把握新时代劳动教育的基本思路，开展日常生活劳动、生产劳动、服务性劳动。学校开发感知社会分工和社会责任的校本课程，开展校园模拟“上岗”劳动教育。依托南山区尤其是深圳湾的生态资源优势，扎实开展劳动实践、社会调查和生态公益。我校紧跟时代步伐，借助南山区高新企业优势资源，开展现代科技条件下劳动实践新形态、新方式的体验课程。

教育，就是精神的唤醒，潜能的显发。它尊重、赏识每个个体，致力于学生能力、品德等各方面素质的全面提升，服务于个体的健康成长，滋养每一个生命。经过十几年的建设，我校已在特色办学的路上渐行渐远。今天，既是我校展示办学成就的契机，也是我校继往开来、开始新征程的起点。面对前路，我校将继续以人文和科创教育为办学特色，以课程创新和学校管理为抓手，藉厚积之力，承求索之精神，志存高远，弘毅笃行，唱响南外教育高亢的时代凯歌。

立足社会发展，培育时代新人

广东省肇庆市华南师范大学附属肇庆学校　易法兵

十九大报告指出，建设教育强国是中华民族伟大复兴的基础工程，必须把教育事业放在优先位置，加快教育现代化，办好人民满意的教育。要全面贯彻党的教育方针，落实立德树人根本任务，发展素质教育，推进教育公平，培养德智体美全面发展的社会主义建设者和接班人。当今正处于中华民族伟大复兴和世界百年未有之大变局的大时代，今年又适逢开启全面建设社会主义现代化国家新征程的第一年，教育作为百年大计、千秋大业，自然被提到了前所未有的高度。在全国两会上，教育成为仅次于就业的热门话题。全国政协委员唐江澎提出，好的教育是培养终生运动者、责任担当者、问题解决者、优雅生活者。我校从建校开始就致力于结合校际区情，给孩子最好的教育，培养为民族复兴而努力学习的时代新人。

一、秉承先进理念，打造优质队伍

我校是由华南师范大学、肇庆高新区和广东东颢教育投资有限公司联合创办的一所高品质规划、高标准建设、高水平管理的十二年一贯制民办学校。学校由华南师范大学派出专业团队进行管理，我们以“传承华附，特色发展”为办学方向，以“培养为民族复兴而努力学习的时代新人”为育人目标，秉持“滋养天分，赋美赋能”办学理念，构建“赋美赋能”特色课程，创设成长平台，发展个性潜能，着力培养“素质全面、特长突出、人格健全、适应性强、家国情怀、世界眼光”的时代新人！

我校的育人目标和校训与华附本部一脉相承，华师附中语文、数学、英语等九大学科名师担任肇庆华附教学督导，全程倾力指导，肇庆华附师生可共享华师附中、附小和“华附联盟”优质的教育教学资源。和华附一样，肇庆华附不仅追求学生学业成绩的优异，更重视学生的全面发展和终身幸福。

教师是学校的核心竞争力之一，有高质量的教师队伍，才可能有高质量的教育。我校的教师岗位是没有关系户的，只有专业对口、学历达标、能力突出的优秀者，才有可能成为我们学校的教师。

学校的教师都是由华南师范大学选派和面向社会公开招聘而来，经验丰富的优秀在职教师占比将近60%，应届毕业生多数毕业于东北师范大学、华南师范大学、华中师范大学、湖南师范大学等全国重点师范大学，研究生比例达32%。学校对于优质教师队伍的打造，不仅是提高招聘的门槛，更重视在职的培训。学校实施“青蓝工程”，开

展师徒结对，强化以老带新；通过“引进来”，聘请省、市和华附专家到校指导，开展同课异构，强化集体教研；通过“走出去”，有计划分批次派教师到华南师范大学、华南师大附中、华南师大附小和“华附联盟”学校等跟岗学习或进修培训，全方位，多角度促进教师专业发展，让教师享受职业的幸福和快乐。

为了留住人才，学校坚持“事业留人，待遇留人，环境留人，感情留人”理念，多管齐下，全方位为教师营造舒心、安心、暖心的工作和生活环境。除了可提供高达50万元的年薪外，舒适的教师公寓，为教师提供了所有生活设施设备，教师可拎包入住；高端的教师餐厅，为教师工作日提供免费餐食。除此之外，学校工会还积极建设教职工文体团队、举办各类趣味团建活动和开展教职工庆贺、慰问活动，给教职工“家”的温暖。

二、构建特色课程，创设多元平台

在我校，学生学习的不只是学习；学校创设多元化的发展平台，力争让每一个学子都能找到自己人生的精彩！学校秉承“滋养天分，赋美赋能”办学理念，在开齐开足国家课程之外，融合构建了“赋美赋能”特色课程，尊重学生差异，发展个性潜能。目前，学校烹饪室、礼仪室、创客室、陶艺室、击剑室、音乐室、美术室、书法室等70多间特色功能场室已全部投入使用，三个学部共开设了90多门特色课程。同时，学校还开展国防教育、研学旅行、体育节、科技节、艺术节、读书节等丰富多彩的校园活动，让学生在活动中体验，在体验中感悟，在感悟中成长。可以说，学校的每一个角落都是学生参与、展示、成长的平台。

“无德育，不华附；无体艺，不华附！无社团，不华附；无义工，不华附！”学校积极让学生“走出去”，开展研学旅行，进小鹏汽车，访国家能源（肇庆）公司，入肇庆市大华农生物科技有限公司等企业，了解时代的发展，与时代同步，激发学生的思维开发和创造力。

赋美德育　激励成才。学校围绕学生核心素养，精心构建“156”赋美德育模式，全员育人，全程育人，全方位育人。学校以课程为载体，以激励为手段，把学生放在学校的正中央，尊重学生个性差异，创设多元发展平台，组织序列德育活动，构建自主成长机制，让学生在活动中体验，在体验中创造，在创造中发展，在发展中成长，在成长中成才。

赋能课堂　优质高效。围绕学科核心素养，学校精心构建“156”赋能课堂模式，独研质疑、合作探究，充分发挥学生主体作用，着力打造优质课堂和高效课堂。学校以课堂教学为主阵地，实施双师指导、分层教学、分类培养等因材施教策略，引导学生主动学习、高效学习，发展科学思维，收获绿色成绩。

特色课程　赋美赋能。在开齐开足国家课程基础上，学校融合构建“156”特色课程体系，开设“美能”课程，广泛培养学生爱好，全力发展学生特长，促进学生全面发展和终身发展。目前小学、初中和高中三个学部共开设有礼仪、烹饪、管乐、古筝、书法、创客、武术、陶艺、攀岩、文学写作、播音主持等92门特色课程，供学生自主选择，免费学习。

三、创佳绩收硕果，擦亮学校品牌

近年来，我校的教学成绩也是非常亮眼的，家长满意度非常之高。在肇庆市教育局组织的2020—2021学年第一学期高一年级期末统一考试中，该校首届高一年级560名学生全部参加考试，取得了优异成绩。语文、数学、英语等九个统考学科总分平均分和单科平均分均居高新区和四会市所有高中第一名，九科总分平均分位居肇庆市所有高中第四名和所有民办高中第一名，多名同学勇夺单科成绩第一名。

勇夺九科总分全市第5名的小谭同学，经过一个学期的学习后，收获了很多。他说：“学校有良好的配置，赋美赋能课程让我得到多方面发展，还有优质的教师团队，让自己的成绩得到突飞猛进的进步。”

勇夺九科总分全市第6名的小梁同学也表示，学校是一个很好的发展平台，从入学时的中考全市三百多名到高一第一学期期末全市统考第六名，除了成绩得到提高，在校学习过程中，丰富教学资源和多元化的学习平台，使自己不断开阔了眼界，树立了正确的价值观。

“钰栋的变化很大，自理自律能力提高了，专注度也提高了，这得益于肇庆华附优质教育，让我放心把孩子托付给学校。”上个学期获得省发明奖的小周同学的母亲说道，孩子在肇庆华附读书，天性和个性得到了很好的发挥。而学校注重学生的全面发展，特别注重挖掘学生的兴趣爱好和特长，对学生的培养理念是全新的，与新世纪国家人才培养理念非常契合。

除此之外，我校创办半年多来，师生获得国家、省、市、区荣誉奖项已多达160人次。2020年全国生态文明教育特色学校、易法兵总校长和何海燕执行校长双双被评为“2020全国生态文明教育创新人物”。

何为最好的教育？我认为只有遵循教育规律、适合学生发展的教育才是最好的教育；着眼全面发展、奠基终身发展的教育才是最好的教育；立足社会发展、适应未来需求的教育才是最好的教育！

习总书记指出：教育是提高人民综合素质、促进人的全面发展的重要途径，是民族振兴、社会进步的重要基石，是对中华民族伟大复兴具有决定性意义的事业。新时代，学校教育必须促进学生全面发展，培养面向时代的新人。不忘初心，牢记使命。我校将以获评“全国生态文明教育特色学校”为契机，继续以习近平新时代中国特色社会主义思想为指导，牢固树立“创新、协调、绿色、开放、共享”五大发展理念，坚持走新时代生态文明教育特色之路，以高水平生态文明教育助力学校高质量发展，不断擦亮华附特色教育品牌。

力耕精品教育　绽放精彩人生

广西博白县龙潭镇第二初级中学　李鹏程

生命存在的意义与价值始于人性，而人性的塑造和张扬则要依赖于教育。教育就是启发智慧，赋予人性纯净灿烂的光辉。我校始建于1998年，位于博白县龙潭镇南，校园占地面积66000平方米（近100亩）。目前，学校有1464名学生，27个教学班。在编教职工109人，现有教学楼2座。体育方面，学校建有标准400米塑胶跑道、足球场、篮球场等场地。教学方面建有物理实验室、化学实验室、生物实验室、图书室、心理辅导室、体育室、卫生室、音乐室、美术室等，校园环境优美宜人，教学设施先进齐全。学校在完善硬件设施的同时，也着力于学校内涵发展，贯彻落实“以人为本，全面发展，个性见长，人文特色”办学宗旨，以“千教万教，教人求真；千学万学，学做真人”作为办学理念，倾力为师生描绘一个求真务实的奋斗目标，提升教育品质，彰显学校品牌。此外，我校从客家文化中提炼出“家•和”学校特色校园文化，让“家•和”文化，在龙潭二中扎根、发芽、开花、结果。严守校风、教风和学风，力求用先进的教育思想，科学的组织管理，现代的教育手段，全面推进学校的发展，全力加速实现品牌特色学校的战略目标。近两年，学校先后被评为“博白县教育工作先进单位”、“玉林市科研工作先进集体”、“博白县基础教育课程改革工作先进单位”、“博白县教育宣传工作先进单位”等。

一、从严峻考验中浴火重生，奋勇前行

办学伊始，学校条件艰难，生源较少，师资力量薄弱，只有一栋教学楼，一栋学生宿舍楼，几间简陋的瓦房就是师生食堂，连最基本的安全保障设施围墙都没有。接下来几年，学校才陆续新建一栋教学楼，一栋教师套间楼。第一届学生321人，学生素质不高，教职工也仅有23人，教育教学质量令人担忧。

2008年，我校抓住发展的契机，从硬件设施、学校规模和教育教学水平几个方面，齐力并进，取得了重大的突破。学校围墙、水塔、食堂、第二栋教学楼、第二栋学生宿舍楼等建筑纷纷建成，学校硬件设施初具规模。此外，教师队伍不断壮大，招生规模得到扩大，至2012年，教师人数83人，学生约1200人。为提高教师业务水平，我校开创了“走出去”的学习改革之路，学校组织教师远赴他省学习杜郎口教学模式，在不断地学习和实践中，教育教学改革取得了长足进步，教育教学质量得到进一步提高。2013年到2017年，五年来学校的硬件设施得到进一步完善：教师周转房建成入住；标准五人足球场建成使用；功能室综合楼项目落地建设。办学规模得到进一步壮大，全校达到20个教学班，在校学生1300多人，教师职工总计100人。课堂教学改革由“走出去”学习经验，转为“静下心”来研究、探索、创新，开创了“四环三步”课堂教学模式改革之路。

二、多措并举，焕发学校办学全新样态

2018年，是义务教育均衡发展攻坚的一年。这对我校来说，既是重大的挑战，又是发展的机遇。这一年，为完善学校硬件设施建设，在上级主管部门的关心下，我校功能室综合楼建成投入使用；校门口及校道得到硬化；以“家•和”文化为主题的客家名人文化墙、客家农耕文化长廊及客家农耕文化展览室相继建成；教学楼内外墙翻新；宿舍楼内墙翻新；学校用电线路得到重新规划治理；校园文化进一步规划完善；2018年底，学校义务教育均衡发展工作顺利通过自治区的评估验收。此后两年，学校在硬件设施及师资队伍建设方面均得到更大的完善。400米标准塑胶跑道和足球场准备完工，篮球场硬化工程也已经结束。装修了学生宿舍楼。此外，我校还得到了10000平方米的校园硬化项目。目前，学校已经硬化了1000多平方米。

师资队伍配备方面，近两年学校得到县教育局许可，新招进或调入24位教师，进一步充实了教师队伍，目前在编教职工104位教职工。学校也充分发挥各方面积极因素，更换了学生宿舍门窗；自筹资金3万多元建设校园小花园凉亭；教师加班和组织学生劳动，平整校园小花园及两栋教学楼之间的草地；自筹资金约5万元建设校园“和韵”书吧；按照县教育局相关文件要求，开辟校内“家•和”劳技教育基地。自2020年秋季学期开始，为适应义务教育均衡发展的需要，龙潭镇党委、政府调整初中招生分配方案，我校由原来的划区域招生改为全镇统一均衡分班，再由各所初中按比例抽签决定所招学生。

通过多年的努力，在各级党委、政府及上级主管部门的高度关注和大力支持，我校实现了“华丽转身”，学校在“家•和”文化的浸润下，团结奋进，自力更生，努力拼搏。

三、特色兴校，助理教育品质全面提升

校园文化是学校可持续发展的动力，是学校综合办学水平的重要

体现，也是学校个性魅力与办学特色的体现，更是学校培养适应时代要求的高素质人才的内在需要。我校在硬件设施逐渐完善的同时，也着力于对学校内涵的发展。经历近二十年的摸索，学校办学特色日益显现，学校从客家文化中提炼出“家•和”学校特色校园文化，彰显了学校特色文化品牌。

陶行知曾说过：“天然环境和人格陶冶，很有密切关系。”校园中的每一座建筑、每一处景点，每一片绿色，都成为一种思想的传递，一种文化的表达，优美的校园环境就像无声的老师，滋润着师生的心田，熏陶感染着师生，丰富净化着师生的灵魂，潜移默化地引导师生向着健康的方向发展。为此，我校积极为学生创设干净、整洁、美丽的校园环境，坚持开展创建“美丽校园”活动。全面实施博白县义务教育学校教育质量提升“1236”工程，坚持开展创建“美丽校园”活动。在创建“美丽校园”活动中，学校以政教处牵头组织，制定创建“美丽校园”活动实施方案，出台“美丽校园”评比细则，形成多层次、全方位的检查评比体系，让“美丽校园”工作落到实处，做到细处。在检查评比前，学生先自己组织打扫整理卫生及宿舍内务，接着副班主任到位检查，有问题立即整改。然后值周班干部检查、责任区域领导检查及党员领导检查，检查结果进行“红榜”和“黑榜”公布，检查出的问题立行立改，做到问题不隔夜。

为给学生创设一个丰富多彩的学习平台，营造更加活跃的校园氛围，我校积极探索，创建社团，搭建学生个性特长展示平台。学校结合实际，在原来兴趣班的基础上，创建武术社、舞蹈社、美术社、音乐社、文学社、广播社、书画社，成立校园足球队、校园篮球队、国旗护卫队，形成了“七社三队”的学生社团活动体系，开展丰富多彩的课余文化活动，展示学生个性特长，活跃学校学习氛围，丰富课余生活，为学生的均衡发展创设环境，搭建平台。书画社团的艺术老师把课堂搬出教室，带领学生到学校操场、校道、凉亭等地进行写生活动，与大自然亲密接触，激发学生学习画画的兴趣；书法社团，书法老师们带领爱好书法的学生到室外平地上书法课；舞蹈社团、音乐社团及武术社团的教师每天晚上定期组织社团学生进行训练；校园广播的声音每天中午和傍晚两个时段会如约而至。为给学生创设“家•和”的轻松学习氛围，我校还翻新“和谐”小花园，打造植物园，开辟“家•和”劳技基地，建设“和韵”书吧，把客家人的“耕读”文化传承下去。

四、不忘初心，守望品质教育幸福未来

非知之艰，行之维艰。教育是一项知行合一的事业。学校的内涵、品位和文化底蕴需要被全体师生牢记并践行，应如和风细雨渗透到学校各处角落，待春暖花开。多年的特色创建不仅提升了学校的精气神，更提升了学校的办学品位，提高了家长和社会的认可度。2018年以来，学校教育教学质量逐年提升，中考成绩不断实现突破，连续多年获得县教育教学综合成果奖，得到了县、镇两级党委、政府的充分肯定。

教育注定是一场没有终点的行程。在今后的工作中，着眼于学生的终身学习和未来发展，我校全体教师会继续目标一致，思想同心，紧抓历史机遇，紧跟时代步伐，以新思想、新观念、新姿态迎接新的挑战，带着教育的理想，追求理想的教育，不忘初心，迈着坚实的步伐，执着激情地走在教育改革的道路上，以先进的理念引领学校发展，以严谨的态度探索教育规律，以担当的情怀领跑教育改革，敢为人先，勇于创新，不断开启学校发展的新局面，用生命继续谱写一曲又一曲教育新歌。

坚守教育初心，守望美好明天

广西桂林市永福县实验中学　李元生

百年大计，教育为本。教育是一个国家强大的根本，功在当代，利在千秋，唯有切实把长远的目光放到教育上来，才能让这个国家强盛发展，生生不息。就我国的教育情势而言，普及九年义务教育是我国的一项重大战略决策，它关系到整个中华民族素质的提高及国家的繁荣富强。“优先发展教育事业，建设教育强国是中华民族伟大复兴的基础工程，必须把教育事业放在优先位置，加快教育现代化，办好人民满意的教育”，这句话将是我国教育事业取得长足发展的重要方针。纵观我国农村基础教育现状，农村教育依然还很落后，教育资源不足、师资配备匮乏、教育投入低、教育理念落后等因素制约了教育的了展。针对农村教育现状，如何找到一条行之有效地发展之路，成为很多学校认真思考的方向。一直以来，我校以自我发展为突破口，深化教育改革，创新教育方式，从团队建设、课程开发、活动开展、劳动教育、教师培养、教学教研等方面进行创新与发展，把素质教育和特色教育并行发展，让农村教育焕发了全新样态，使学校成为一所有特色、有内涵的优质教育学校，

一、明确学校发展目标，助力教育品质提升

农村教育情势严峻是多方面造成的。经济落后、人才落后、观念落后等诸多因素导致了农村学校发展缓慢，办学方法单一，不能真正落实素质教育，而要想改变这一现象，学校就需要全面落实育人功能，从德智体美劳多方面进行推进工作，打破唯分数论的传统观念，树立全面发展和全面育人的理念，大力开发课程，积极开展多样化活动，丰富校园文化，实现活动育人、文化育人、课程育人的目的。

地理环境的差异、经济上的差异加剧了教育发展的不平衡。久而久之，县城农村初中滑向薄弱已势不可挡。另外，基础教育的财政支出在区域间、城乡间、学校间配置不均衡都直接影响着学校教育的均衡发展。其次，教育观念落后，也制约了县城农村教育的改革和发展。县城农村地区经济文化落后，信息闭塞，教育工作者思想认知不到位。在办学理念上不能与时代接轨，满足不了现代的需求。教学过程中，教师也不能及时改变传统教学模式，仍沿用灌输式教学模式，甚至有不少初中教师认为素质教育只适合城市学生，县城农村学生则要多学习文化知识。此外，还有学生家庭仅仅看中学校升学率，认为只有升入好学校，才是子女通向美好未来的唯一出路。这种主观思想也挫伤了农民投资教育的积极性，并制约了县城农村教育的改革和发展。

面对农村教育的困境，如何才能破而后立成为众多学校岂以思考的方向。为此，我校因地制宜，大胆革新，根据学校实际，从团队建设、课程开发、活动开展与劳动教育、教师培养、教学教研五个维度开展工作，深化教育改革，转变教育观念，提升教育质量。首先，学校不断加强团队建设，打造一支务实、进取、战斗力强的行政团队，增强部门之间的配合协作，形成强大合力，推动学校发展。其次，创新工作思维，改变工作方式，开辟新道，积极探索适应现代教育发展的特色之路，以特色部门为基础来打造特色学校。此外，明确学校领导职能，不可当甩手掌柜，每一件事都要在掌控中，既要清楚明白，更要为部门做规划，做安排，同时还要全程监管与推进工作落实情况，有问题及时整改，以达到求真、务实之根本，方能实现卓越的高度。

师资力量是学校发展的有力保障。学校要发展，教师必须先行发展。为此，我校以培养教师的专业技能和素养位切入点，做好教师培养工作，务实不务虚，开展菜单式培养计划，围绕读书、课题、论文、班主任、课堂教学、信息技术、教学反思等方面进行自觉学习与培训学习，充分利用措施引导青年教师不断学习与成长，不断增强学校的凝聚力，倾力打造一支专业素质强、讲团结、乐于为教育奉献的教师团队。

二、丰富课程教学活动，彰显学校文化魅力

教育是精神的唤醒，潜能的激发。为促进学生个性发展，弘扬传统文化，我校将书法课纳入课程体系。建学生书法室，开启书法教育新篇章，每学期定期开展两次书法大赛并展示优秀作品，组织学生积极参加上级各类书法比赛，营造浓厚书法氛围，着力于培养学生书法习惯和书法能力。同时，学校自行组编校本教材，开展以读书、国学、爱国、感恩、励志、心理、习惯全方位育人教育。以学生为主体，采用学生给学生教学的方式，一是解读教材某一主题内容，二是发表个人感想，通过边学边体会，边讲边感悟方式全面培养学生正能量，能量足更能促进学生全面发展与快速成长。此外，我校还将阅读课纳入语文教学范畴，每周开设一节课，由语文老师全面负责，指导、监督学生阅读情况并要求进行阅读分享，每周要撰写读书心得，着力于培养学生良好的阅读习惯。

教育绝不是一次枯燥乏味的体验，应该是一次有趣多彩的旅程。为此，我校将活动开展与劳动教育相结合，拓宽学生眼界，丰富学生知识。首先，学校以活动为载体充实学校育人功能，大力开展了学生活动。一是丰富上下午大课间文化：采用手语操、兔子舞、开心舞蹈、跑操、红歌拉歌、成长宣言六种方式来营造浓厚大课间文化，改变了从前单一单调的跑操方式，让学生乐于参与到其乐融融的校园课间文化中，达到了健身与健脑的双重育人功能。二是丰富专题活动内容，大力开展演讲、朗诵、歌咏、文艺、体育、科技等活动，让学生在活动中受启发、受教育，感受学习的乐趣，陶冶情操。

为全面落实培养学生德育体美劳全面发展的要求，学校大力开展家庭劳动教育。开展学生周末在家劳动自我教育，鼓励学生主动参与家务，内容包含：煮饭、做菜、洗衣服、扫地、拖地板及适当参与家长的谋生劳动。要求学生每周将自己参与的家务内容记录在专门的笔记本上，并简单撰写心得体会。以此培养学生劳动习惯和劳动能力，更能从劳动中得到体验，从而激发努力读书斗志，坚定读书改变命运的理念。

教学教研是助力教育质量提升的重要路径。一直以来，我校采取多种举措，不断推进学校教研力度，挖掘教学深度。一是借名校力量。我校充分发挥名校力量盘活本校教学教研工作，自觉学习示范校先进有效地办法促进学校发展，同时与优秀学校建立长期帮扶合作关系。二是加强教研组、学科组团队建设。学校大力落实集体备课制度，要求统一教案、课件上课，备课方式：先分内容个人备，再采取互备，最后交组长审核定稿，然后组员共用。充分发挥团队力量，避免单打独斗，使工作形成强大合力。三是进一步加强教学常规管理，从多方面对教学进行监控，围绕课前准备、课堂效率、课后作业、课外辅导、学生自主等方面下大力气进行检查和督促。四是加强校本课题研究。从管理、教学两方面进行对学校工作的反思与改进，通过做校本课题推动学校各项工作迈向新台阶。

三、坚守特色教育信念，铸写优质教育华章

绵绵之力，久久为功。教育是一项既深且远的工程，只有切实立足校园阵地，以人为本，推行素质教育，办好特色教育，引导学生走向正确的人生方向，才能彰显教育的生命和价值。着眼未来，我校会持续深入分析教育问题，始终以“育人”作为学校终极目标，敢于实践，勇于探索，通过自我发现、自我提升，推动学校持续健康发展。我们相信，只要坚守教育初心，大胆的创新，不断改革，学校发展终将昂扬至上，续写崭新的华章。

行动学习，让生本之花绽放异彩

广西柳州市第十四中学　杨矗

学习是生命成长的过程，它是人自身的一种需要，而不是外在压力的结果。教育的一切行为都应该是为了满足学生的这种需要，从而使他们内在的生命力、潜能得到充分的发挥。我校作为课改示范先进学校积极实施生本教育，坚持生本理念，开展自主合作探究的学习模式，在前期的课改中成绩斐然。学校校风、校貌显著改观，教育教学成绩迅速提升，整体综合实力不断增强。当然学校在发展中也存在着一些潜在的问题，如：学校一部分教师对新型学习方式的内涵、原理、实施策略等方面理解很不到位，对学生的学习引导也仍处于识记和理解的浅层思维阶段，课堂教学的有效性还有较大的提升空间。面对这些问题，我校不断改革创新，打破现存的瓶颈，为学校的教育教学发展再次注入新的活力，实现了学校教育教学水平的二次飞跃。

一、专家高位引领，教师借力成长

今年年初，中共柳州市委组织部下发《关于开展“行动学习进支部”活动的通知》，中共鱼峰区委组织部下发《关于推行党支部行动学习“问题归零法”的实施方案》，而通过前期了解，我们意识到文件推行的行动学习法正是最适合用来打破瓶颈，实现教育教学水平二次飞跃的“新武器”，这无疑是给处于生本教育瓶颈期的我们送来了一剂良方。学校党支部立即行动起来，迅速引进行动学习理念，带领全体在职党员、骨干教师成立功能型党小组，用行动学习助推我校“生本教育”的创新和发展，让学校教育教学迈上新的台阶。

为了让支部党员和骨干教师了解行动学习理念，学校支部特聘请了行动学习专家、市委党校韦利如教授来校进行《行动学习助推学校“生本教育”特色的创新和发展》专题培训。通过系统学习，教师们对行动学习的过程、核心、方法等有了初步的了解——行动学习是“四位一体”的工作方法，即学习知识、分享经验、创造性集体研究问题、实际行动四位一体；过程为“行动——反思——改进的计划——新的行动”的循环；工具有头脑风暴法、团体列名法、鱼骨图法、六顶思考帽法、三步归零法等。

二、创新发展思路，破瓶颈补短板

为紧跟教育改革方向，更好地实现学校生本教育特色的创新和发展，我校迅速开展了“行动学习助推生本教育特色的创新和发展”的主题活动，学员们用行动学习经典工具“头脑风暴法”和“鱼骨图”法就主题分组展开讨论，找出问题并、归纳分类并进行深入分析。

经过激烈的讨论、分析及分享交流，各小组运用“团体列名法”进行原因剖析，最后明确学校生本教育创新和发展的瓶颈之所在。就学校层面而言，生本文化氛围不够浓厚、生本培训不够重视、生本落实监督不到位、制度不完善；就教师层面而言，对生本理念和理论不够了解、对生本班级管理和生本课堂操作流程不熟悉、对生本学案不会设计。

随后，依据确定的原因与问题，学校理清行动思路，积极寻找解决措施。

我们一致认为可以从科研、德育、教学三方面切入，对学校教育教学工作进行剖析、定位和创新发展；辅之以各领域骨干教师为促进师，立即组建行动学习功能型小组，建立“行动学习之科研促进组”、“行动学习之德育促进组”、“行动学习之教学促进组”；且各小组运用行动学习法分析问题、查找原因、寻找解决措施。

三、开展特色活动，强化生本教育

行动学习理论进校园，学校党政领导高度重视，积极组织全体党员及骨干教师参与学习并付诸实践。学校党支部带领各行动小组，深入探讨钻研，进一步制定具体措施，开展特色活动，打造更加精品化的生本教育。

依托我校“四个三”党建品牌阵地，我们开展了“党员进课堂，进党员课堂”、“生本读书沙龙”、“生本班级展示大赛”、“青年教师赛教课”等特色活动，使教师们进一步理解并认同生本教育理念，掌握生本教育方法的精髓，坚定了其继承和创新生本教育理念的信心与决心，更进一步地推动了我校生本教育课改的前进步伐。

以生本激扬生命，让教育充满阳光。教育的发展总是伴随无限的可能，只有敢于勇立潮头，迎接挑战，我们才能紧紧抓住机遇，向前发展。生本带着创新而来，载着和谐而归。行动学习，是我校生本教育突破瓶颈的助推剂，是创新生本教育发展途径的金钥匙。今后，我将迎着课改的新风，立足学校实际，不断探索，将行动学习相融合，持续推动生本教育的深入发展，让生本教育之花绽放异彩！

打造童谣文化，推进童谣课程

广西柳州市柳江区壮语文学校附属小学　覃勤珍　韦微

党的十八大、十九大明确提出，要全面贯彻党的教育方针，落实立德树人根本任务，发展素质教育。全国教育大会对教育工作进行了全面部署，对新时代深化普通高中课程改革提出了新的更高的要求。为发挥好课程育人功能、推动人才培养模式改革创新，我校根据《柳州市提升中小学幼儿园课程领导力三年行动计划（2016-2019）》等文件精神，秉着为学生“开启一段‘壮美’之旅”的课程理念，为促进“立足壮乡壮韵，打造民族文化融合传承的典范”办学目标的达成，我们对童谣进学校进行了分析，认为把童谣纳入“启美课程”的兴趣、拓展课程，覆盖“美心课程、壮智课程、壮身课程、美技课程”四大领域，利于发挥学校童谣创作师资丰富，创作基础好、氛围浓的优点，利于推进学生对语言和民族文化的学习，丰富思想道德建设的途径。

我们尝试运用“大分层+六结合”的形式来推进。大分层即从学校层面出发，制定面对全体学生的基础目标和针对部分学生的提高目标，并通过丰富多彩的活动落实。“六结合”即童谣教育与学科教学活动、校园文化建设、阳光体育活动、主题教育活动、“壮美”社团活动和中心工作相结合。我们从学校层面，围绕儿童童谣表达常用的方式——“诵唱编创”，把“诵唱童谣”作为对全体学生的基础要求，把“编创童谣”作为提高要求，并按年段进行细化。

一、落实基础目标，凸显童谣特色

落实面对全体学生的基础目标，我们主要采取以下做法：

一是把“诵唱童谣”有机融入“壮身课程”领域的阳光体育大课间中。整套民俗大课间活动有三个地方出现了诵童谣：诵柳江传统经典的《壮族劝训歌》：为人在世要知道，父母恩情比天高；十月怀胎娘辛苦，一朝分娩更难熬。带仔夜晚苦了娘，屎屎尿尿赖满床；左边湿了右边放，右边湿了放胸膛。养儿育女不简单，不知父母几为难；从头到尾算一算，用去钱财堆如山。　　从小抚养到如今，只望长大快成人；当官发财不指望，就望成人有孝心。让学生体会父母的艰辛，从而孝敬父母，感恩父母，达到感恩教育之目的。诵跳融入师公舞、民间游戏、石琴等元素编创的校本操《板凳龙》：跳起春牛舞，舞起板凳龙，拉着春天走，不做小懒虫；跳起春牛舞，舞起板凳龙，跟着春天走，长大要成龙。让学生在充满童真、童趣的氛围中，愉悦的参与锻炼。诵四（1）班韦玥伊同学创编的《颂价值观》：“富强民主大中华，文明和谐你我他。自由平等人人夸，公正法治顶呱呱。爱国敬业戴红花，诚信友善品质佳。努力学习牢记它，长大齐力建国家。”让我们欣喜看到，社会主义核心价值观“二十四字”已经植入孩子们的心中，孩子们正用童谣践行着社会主义核心价值观。

二是把“诵唱童谣”融入“壮智课程”领域的学科教学活动。开设专门的童谣学习课，让一、二年级学生在诵童谣校本教材《童眼看民俗》中，感悟做人的道理，加深对地域民族文化的感性认识；对于三至六年级的学生，则教给他们一些本地山歌常用的曲调，让他们尝试用不同的曲调去表现童谣。学科教学活动中，对童谣教育的渗透，则注重凸显童谣具有陶冶儿童的情操、扶植儿童的个性，健全儿童的人格的育人功能。比如，在黄春丽老师执教的思品课《我的爱是什么》中，爱是理解的微笑这一环节，创作了“好娃娃，真不赖，妈妈批评我接受，有了错误及时改，家人误解我不怪，长辈苦心我明白，理解万岁乐开怀！”童谣起到了“润物细无声”的效果。

三是把“诵唱童谣”融入“美心课程”领域的“壮美乐园”。“壮美乐园”是介绍我们“壮美”校园文化的一门课程，是全体学生的必修课。为了落实学校环境建设“处处有景，景景育人”的要求，我们赋予学校的每一景每一物校本化的文化内涵，并用童谣来帮助学生理解。比如，校门口主题文化墙，我们用童谣“领导专家有智慧，‘壮美’文化来定位；围绕特色来打造，壮校附小必腾飞”。来告诉学生，学校以“壮美”为核心文化，然后围绕达成“壮美”的六个方面（“礼、诚、孝、智、善、健”）组织童谣创编活动，并从中择优确定为“六字”的阐释在学生中传唱，像“礼”字的阐释为“要做壮美好少年，传统美德礼为先；知礼明礼和守礼，规范礼仪我表现。”此外，我们还把创编的优秀童谣作品配上图，形成手绘童谣廊；将家乡美景与幽默的本土童谣结合，制作成班级特色窗帘……让学生时时目睹童谣，天天诵唱童谣。

二、“三管齐下”方式，实施童谣课程

针对部分学生的“编创童谣”目标的落实，则通过“三管齐下”的方式来实施：

教给方法。按照学校“编创童谣”目标的要求，分年段利用童谣课，从童谣的形式、选材、押韵等方面进行写作指导，让学生掌握一定的创作方法。

创造平台。学生感兴趣的事、物，才能真正激发学生的创作激情，创编出更多的佳作。为此，我们结合学校的办学特色和中心工作，组织童谣赞美食、童谣赞民运会、童谣赞社团、童谣赞“义均”等深受学生喜爱的活动，为学生提供丰富多样的平台，选择感兴趣的题材进行童谣创作。比如，结合学校开展的石琴、解说、足球等二十多个社团活动课程，我们鼓励学生亲身参与社团实践，结合自身的感受创作赞社团的童谣，张誉文同学为解说社团创编的童谣：“解说社团顶呱呱，壮壮美美本领大。壮语普通话都不差，精彩解说成佳话。接待客人礼到家，领导嘉宾人人夸。”覃已轩同学赞足球社团写道：“绿茵场上踢足球，壮小少年展英姿。射门防守真激烈，进球得分乐开花。小小球儿脚下传，奋勇拼搏真骄傲！”……同学们，用童谣为我们的社团在城区、市、自治区、全国扩大影响力，打造了一张独特的名片。又如结合 “义均”督导评估工作，学校师生纷纷用童谣来赞“义均”：“教育均衡来发展，督导评估人人参；学校今昔变化大，教育凯歌高声赞。”、“教育均衡促发展，优质资源如花绽；特色教育有平台，‘壮美’师生齐称赞。”

营造氛围。学生持续的创作热情需要良好的氛围支撑，我们充分发挥教师的带头作用，以教师的创作热情带动学生的创作热情。如，民族美食节课程上，我们开展现场创编赞美食童谣换美食品尝券的活动，并用广播进行现场播报。老师们积极把自己创编的童谣介绍给孩子们：“壮乡食品美名扬，齐聚壮小来品尝；酸甜苦辣任你选，家乡美味不能忘。”……在老师们的带动下，同学们也纷纷投身到童谣创作中，莫一楠同学写道：“香糯米呀白花花，壮家娃娃做糍粑。你来春呀我来拉，团结协作乐哈哈。”……整个校园里掀起了一股童谣创作的热潮。

文化兴校，促使学校向优质方向发展。童谣课程的实施，让童谣走进了校园生活，走进了孩子的心灵，既促进了学生文明习惯的养成，促进了学生的健康成长，又进一步提升了校园的文化品位，让我们的“壮美”校园更具民族特色，更有活力。今后，我们将继续打造“童谣文化”，为孩子的童年增添光彩，让童谣成为童年生活不可分割的一部分。

“三磨三育”党建品牌助推学校内涵发展

广西隆林各族自治县新州第三小学　韦德华

［摘　要］ 学校基于加强中小学校党的建设工作需求，依托地域红色文化、民族文化资源，结合学校教育教学工作实际，把红色文化和民族文化化为教学资源，丰富党建工作活动形式，培育“三磨三育”党建品牌，让党建文化引领学校文化，党建工作促进教师发展和学生成长，助推学校内涵发展。

一、品牌创建背景与提出

中共中央组织部、中共教育部党组联合印发《关于加强中小学校党的建设工作的意见》指出：中小学教育是国民教育体系的基础，担负着培养德智体美全面发展的社会主义建设者和接班人的重要使命。近年来，中小学校党建工作取得明显成效，但也存在着不少薄弱环节和突出问题，一些学校政治功能弱化，党员教育管理松散，思想政治工作薄弱等。《意见》明确提出：要把抓好德育和思想政治工作作为中小学校党组织重要任务等系列要求。要使德育工作融入学生日常学习生活，促进全员、全过程、全方位育人。通过引导教师争做有理想信念、有道德情操、有扎实学识、有仁爱之心的好老师。坚持全面贯彻党的教育方针、保证社会主义办学方向、落实立德树人根本任务、办好人民满意的教育。为此，通过党建品牌创建激活党组织活力是进一步改善学校党建工作现状的迫切需要。

二、品牌创建理念与思路

理念：贯彻党的教育方针，落实立德树人的根本任务，创建学习型党组织，勇于开拓，树立人人争当先锋的理念；心系教育、真情奉献。

内涵：磨砺党员之志、磨砺组织之能、磨砺办学之品，培育德才兼备能师、培育品学合格学生、培育办学特色品牌。

思路：学校以“抓特色党建，办特色学校、促内涵发展”为目标，创建“三磨三育”党建品牌，以党建工作与教育教学相融合为抓手，以办好家门口的好学校为落脚点，以问题为导向，以活动为驱动载体，着力打造美丽校园、建设美丽班级、构建美丽课堂、培养美丽老师、培育美丽学生。致力打造学校办学特色品牌，努力提高育人质量。

三、品牌创建方式与方法

以问题为导向，以活动为驱动载体，开展系列活动促进品牌创建。

（一）品牌创建的活动内容

1.发现身边的榜样活动

把党小组建在教学第一线，设立文秀先锋岗，树立身边的榜样。通过板报或专题系列视频LED展播与微信公众号信息分享转发等方式，用图文讲好学校奋斗发展故事、讲好党员榜样故事、讲好育人榜样故事、讲好先锋少年故事，以身边的榜样来影响师生员工。每年定期组织评选优秀教职工和先锋少年。

2.建立研修工作坊

根据学校内涵发展需要，学校成立6个工作坊（党建工作坊、校长工作坊、教学科研工作坊、教学新秀工作坊、信息技术工作坊、非遗文化工作坊），党员骨干任坊主，负责组织工作坊的工作，有具体的工作目标、措施和固定的活动日程安排。并组织编写系列校本研修教程，制定研修评价机制，以此促进促进教师的专业成长及学校教育教学质量的不断提升。在深化教育改革的新形势下，鼓励引导党员教师带头投身教学改革，转变教育观念，科学合理设计，精心安排组织，争做教育教学的学习者、创造者、引导者，积极推动教学改革的深入开展。

3.红色传奇系列活动

坚持立德树人、德育为先，做好思想政治工作和意识形态工作，开展社会主义核心价值观教育，加强学校文化和精神文明建设，推动形成良好校风教风学风。学校实施三色德育工作法：“红色”为信念德育；“绿色”是行为德育，“蓝色”为励志德育。用“红色”谱写生命之歌，用“绿色”净化学生心灵，用“蓝色”描绘美好未来。坚持党带团、队系列工作深入开展“红色传奇”等系列德育工作，分别将国歌、队歌、校歌、社会主义价值观、红歌等分别依次每周每天的课前必唱歌曲，丰富德育的载体，提升德育实效。

4.非遗与学科融合传承活动

作为“全国中小学中华优秀文化艺术传承学校”，学校坚持以“党建红”为底色，着力在“兴文化、育新人”上下功夫。依托自治区级非遗文化传承建设基地，不断深化课程改革，积极探索：将民间音乐与语文课程融合传承，用学生耳熟能详的当地的山歌曲调来唱古诗词，开展语文实践活动，激发学生多元化学习的兴趣，提升学生综合素养；把民间美术与数学课程融合传承，以生活实践为依托，将生活经验数学化，把民间民族纹样作为学习数学图形的素材，激发学生的学习积极性；将民间舞蹈与体育课程融合传承，培养学生热爱民族文化，增强民族意识。把当地的戏曲动作改编成特色课间操，改变传统的广播体操模式，使得课间操民族风浓厚，活泼而生动，丰富体育教学内容，激发学生的运动热情；开展双语教学与音乐课程融合传承，因地制宜进行民族双语教学，开展壮语童谣、壮语读唱古诗、苗汉双语音乐微课等教学实践活动。逐步建设完善“非遗与学科融合传承”特色课程，创新开展民族文化进校园、进讲堂、进头脑的“三进”活动，逐步形成“支部引领党员、党员教给学生、学生影响家长、家长影响社区、社区影响社会”的传承民族文化模式，有效促进民族民间文化薪火相传。

（二）品牌创建的主要措施

1.师发展方面

主要措施：三磨三带育骨干，磨砺培育德才兼备的能师。

以培养“四有”好教师为目标，通过“三磨”（磨砺基本功育新秀、磨砺师德培优师、磨砺教育科研培能师）校本培训研修提升教师综合素养。通过“三带”（经验传授以老带新、先锋示范以党带群、引培并举以点带面）传帮带打造师资团队。精心打造“朴实、真实、扎实”、“正气、大气、灵气”的智慧型教师队伍，加强师德修炼，磨砺课堂教学，全面提高教师教育教学潜力和水平，“无私的奉献精神、扎实的课堂教学、上乘的教学质量”成为学校教师的价值追求，以教师的发展达成学生的最优化发展。

2.学生发展方面

主要措施：三色三树育新人，磨砺培育品学合格的学生。

以立德树人为总目标，以活动为驱动载体，分学段制定不同的德育目标（一年级：迈好学习第一步——以“养成教育”为德育目标。二年级：迈好成长第一步——以“守纪教育”为德育目标。三年级：迈好文明第一步——以“环境、礼仪教育”为德育目标。四年级：迈好理想第一步——以“爱国主义教育”为德育目标。五年级：迈好人生第一步——以“感恩教育”为德育目标题。六年级：迈好成才第一步——以“成才教育”为德育目标），用“红色”德育（信念德育）谱写生命之歌、用“绿色”德育（行为德育）净化学生心灵、用“蓝色”德育（励志德育）描绘美好未来。树立学生爱党爱国意识、树立少年先锋榜样、树立新时代少年形象。

3.学校发展方面

主要措施：三抓三融促发展，磨砺培育办学特色的品牌。

以打造学校特色为目标，以创建为驱动，通过“三抓”（抓教育教学质量促发展、抓民族优秀文化促传承、抓民族团结进步促和谐）和“三融”（一是把党建工作融入教育教学工作，把党小组建在教学第一线，设立党员先锋岗，树立身边的榜样；二是把党建工作融入师资队伍建设，思想培训与业务培训相融合，培养入党积极分子与培养教学新秀相融合；三是把党建工作融入学校德育工作，坚持党带团、队系列工作）打造学校办学品牌，提升育人质量。

四、品牌创建过程

第一阶段：分析研判，拟订方案。以问题为导向，进行校情分析，着重对党建工作、德育创新、教师专业发展、师德师风建设、特色教育等方面进行优劣势分析，梳理问题清单，设立近期目标与中远期目标，结合改进措施制定创建方案。

第二阶段：组织实施，多措并举。成立工作领导小组，党政合力齐抓共管，切实加强组织领导，按照预设的活动内容分板块多措并举开展系列活动。以月为周期，通过学校微信公众号等方式动态展示可视化阶段性成效，激励促进创建工作的进一步开展。

第三阶段：总结巩固，辐射推广。对党建品牌创建工作中的好办法、好经验进行梳理、总结、提炼，找出规律性和普遍性，塑造亮点，创新载体，逐步形成学校党组织具有较强影响力、凝聚力、战斗力、号召力。并联合学区学校开展党建品牌创建工作经验交流，相互促进。

五、品牌成效与创新

近年来，学校结合新时代党的建设总要求，全面贯彻落实《关于加强中小学校党的建设工作的意见》，紧紧围绕现代小学教育发展需要，创建"三磨三育"党建品牌，在工作创新上下功夫，将党建文化、民族文化、校园文化、教育教学相融合，工作颇有成效，助推了学校内涵发展。学校先后获得广西壮族自治区学校治安综合治理模范单位、素质教育示范学校、市级党建工作示范学校、市级民族团结进步示范学校、市级文明学校、市级科技示范学校、市级教学质量一等奖等荣誉。学校入选广西壮族自治区第三批教师教育实践基地，广西壮族自治区文化厅授予自治区级非物质文化遗产代表性项目隆林壮族山歌传承基地和隆林壮族八音坐唱传承基地。学校融合传承非遗项目教学成果显著，形成鲜明的特色和品牌。成就了充满活力的民族文化特色学校，学校入选全国中小学中华优秀文化艺术传承学校。学校办学特色及办学成果得到社会各界的广泛认可。

六、思考与展望

立足教育成果，展望育人未来。学校将进一步坚定理想追求，筑牢品牌意识。发挥党建品牌在学区内的标杆效应，推进基层党建工作在改革中加强、在创新中提高。进一步丰富活动载体，让党建工作发挥核心作用，引领学校文化。进一步深入探索党建文化与教育教学深度融合，提升育人质量，助推学校内涵发展。

逐梦品质教育 迎接精彩人生

广西罗城•深圳实验小学 蔡蘐琳

如果说生命是曲折蜿蜒的大路，那教育就如萤萤灯塔，指引着人类进步的方向。教育的作用是推动社会不断向前发展，传授知识，培养为人品格，实现人生价值。我校位于云贵高原苗岭山脉九万大山南麓，背靠元宝山，前瞻成龙湖。校园内环境优美宜人，亭台楼榭错落有致，书声琅琅，朝气蓬勃，是一方育人乐土。截至2021年春季学期，总人数1448，男生754，女生694，留守108，随迁子女26，建档立卡929，易地搬迁761，残疾9（含送教上门1人），非建档立卡农村低保6人，28个教学班。学校建有教学综合楼、运动场及围墙、学生食堂、录播直播室等，教育教学设施先进齐全。办学伊始，为了彰显学校文化内涵，体现粤桂两地之情谊，学校经过反复思考，最终确定学校冠名深圳和实验，以"沐•新"为文化核心，其中"沐"谐音仫佬族的"仫"，代表仫佬族、罗城，更是因为学校是培养孩子心性的阵地，沐人为心，沐心为性，沐性为德。"新"是创新，代表注重科技与创新的深圳。"沐•新"寓意沐浴雨后阳光的新生，代表着希望，正是有了粤桂帮扶，深圳援建，才有了这所新学校的诞生，于九万大山间拔地而起，怀揣教育的希望，纵梦高飞！

一、立足校园环境，彰显文化内涵

簕杜鹃是深圳的市花，在我校的校园内随处可见簕杜鹃元素，引人注目。我校在校园环境设计方面，融入大量簕杜鹃元素，教学楼架空层墙顶上，一长串吸顶灯连接成了一个"时间轴"，灯的造型有野生毛葡萄和簕杜鹃花，前者是罗城地理标志植物，后者是深圳市花，灯罩上印着年份，记录着深圳、福田和罗城的重大事件；每个教室门口悬挂的班级牌，以仫佬族崇尚的蓝色为底色，再衬上几朵大小不一的簕杜鹃，簕杜鹃包围着的豁然是学校的校徽，寓意深圳关爱罗城教育和贫困山区的孩子；就连教室里的窗帘，也采用了簕杜鹃常见的粉红色，体现了对安置小区学校学生的关心，让人倍觉温暖；大堂处的爱心墙，以汉字演绎的方式呈现从甲骨文到今文"爱"字的不同，表现出各级各类对学校和学生的拳拳爱心；教学楼环形转角处的一片空地取名"梅园"，一棵棵由支教老师捐助、专门移植过来种植的簕杜鹃树已长到一层楼高，玫红色的簕杜鹃花正盛情绽放。学校里上墙的文化都是师生依据学校的办学内涵和深圳、罗城两地的情谊精心原创设计的，用簕杜鹃元素来装点校园，目的不仅是希望学生像簕杜鹃一样朝气蓬勃地茁壮成长，更重要的，是希望教会学生懂得感恩，感恩深圳支援建设的这所学校，给他们学习、生活乃至精神上带来的变化。学生们从偏僻的山村搬迁到仫佬家园居住，在深圳援建的校园里，在学校组织的系列文体、研学、教学活动中愉快学习，从过去的羞涩、拘谨，到现在变得落落大方，谦逊有礼，变得自信，综合素养真正得到了提升。

二、师生携手共进，助力品质提升

为强化粤桂两地教育教学交流，提升学校办学理念，丰富校园文化生活，学校校长唐玉宏用心用情多方奔走，搭建起粤桂协作的彩虹桥，一番番不远千里往返于鹏城与罗城，一次次协调深圳送教到学校，一回回为孩子们开展爱心捐助。一是"请进来"。 2018年11月，我校开展了送教讲学交流活动，邀请了广东省深圳市福田区教育局出席活动。广东姚铁龙名师工作室通过"数学游戏化教学"、《数学可以如此游戏》两场数学游戏化精品课例的专题讲座，给全县的数学骨干教师们带来全新的数学课堂教学认识，体现了数学游戏化教学寓教于乐的真谛。深圳大学张文俊教授做了《数学的志、趣、用》的数学文化主题讲座，荔园外国语小学柳中平校长就学校管理做了专题报告，罗城的教师们热情高涨，受益匪浅。2019年3月，学校作为主会场面向河池市11个县市区举办"深圳2018年度教师巡回报告会"，主会场300多人参与，分会场千余人与会；邀请香港、深圳知名礼仪培训师、专家到校举办正面管教、教师素养礼仪等专题培训，辐射到仫佬山乡其他兄弟学校300余人。2019年5月，深圳特区窗口学校——园岭小学申戈副校长一行7人赴罗城与罗城•深圳实验小学签约结对帮扶协议，并开展了三场送教活动，与学校共商教育帮扶、教学提升等事宜。两所学校将在学校管理、校园文化建设及信息化支教方面开展深度帮扶与合作。2019年6月，深圳市梅丽小学校长一行5人，到学校开展爱心捐赠数学用具、图书和送教活动，粤桂帮扶让两地的情意更加深厚。二是"派出去"。自学校开办以来，先后派出校长、副校长3人，赴深圳参加校长研修班，通过进名校、看实地、听介绍、观课程、感学生等多种形式，接受先进发达地区的办学理念学习，返回后把所见、所思、所得、所感用在学校管理上，更好地把深圳元素融合办学行为中，让"沐•新"教育更具内涵发展。学校刘凤珍老师入选广西教育厅"双师"录课教师；廖昕怡老师代表自治县参加河池市小学数学教师信息技术深度融合比赛获三等奖；李海梅老师代表自治县参加河池市"七彩"杯小学语文教师技能比赛获二等奖；教师代表参加自治县经典诵读"扶贫推普"比赛获二等奖；蓝福军在河池市小学教师信息技术课堂比赛中获二等奖……教师专业素养得到了提升。三是"常态化"。我校肩负着传承仫佬族文化的历史使命。在教育教学管理上，我校非常重视学校日常教育常态化、过程化、精细化管理，确立德育为办学之首、教学为教育之本、创新为发展之源的新时期学校发展指导思想。在教学工作上，不定期组织听课、评课、"推门课"（即不打招呼，推开门就听课）等活动，为教师搭建一个充分展示自我，交流经验的舞台。在教师结构优化方面制定了"以老带新，以优补拙，奖勤惩怠"的人才培养模式，积极开展校本培训，引进先进教学理念，使教师整体素质迅速提高。在德育工作上，充分调动学校少先队组织的活动优势，以生动活泼的主题活动弘扬社会主旋律，丰富和活跃校园德育氛围。坚持开展"良好行为习惯养成"教育和"文明伴我成长"等主题活动促进师生素质的提高；积极推进学生综合素质评价工作，坚持了评价要体现导向性和教育性，以促进学生发展为目标。一系列丰富多彩的校园文化活动不仅促进了学生综合素质的发展。同时也盘活学校教师资源，在深圳四点半课程的启发下，依据地域特点，我校还把富有仫佬族特色的民族精品课程引进校园，开展艺术、体育、综合实践等活动，让学生多角度接受美育，提高审美标准。此外，依托二小学区管理、辐射，学校狠抓教师校本研修，营造浓郁的教师学习、读书氛围，扎实开展教研活动等，为促进教师专业化提升搭建了平台，迅速成长。

三、不忘教育初心，守望幸福未来

习近平总书记指出，坚定文化自信，是事关国运兴衰、事关文化安全、事关民族精神独立性的大问题。我校的孩子多来自贫困家庭和易地搬迁户，想拥有文化自信，首先要让他们感受到自己是校园的主人。"我的校园我做主"，基于这样的思考， 我校胆让孩子去动手、动脑，充分发挥创新意识。校园里每一处文化设计都源自学生、家长、老师，具有标识文化。孩子们看到自己的作品由平面成为立体或悬挂到墙上的时候，觉得特别自豪，每天都会早早来到花园式的学校欣赏自己的付出。老师看到了，不时地鼓励孩子，久而久之孩子就形成了自信，并在心底扎根，学习成绩和品格也在一次次锻炼中得到了质的飞跃。

乘着粤桂帮扶的东风，很多贫困户从各乡镇搬迁到仫佬家园居住，随迁子女优先入学享受优质教育。经过近两年在校的学习生活，孩子们一个个从刚开学的胆小害羞、畏首畏尾，变得落落大方、彬彬有礼，综合素养得到了良好发展。很多家长和学生充满感激之情地说："这真是让我们不敢想象，能进入这样的学校就读，是一辈子的幸福！"

风雨沧桑励壮志，春华秋实著华章。多年的实践和努力，不仅提升了学校的精气神，更提升了学校的办学品位，提高了家长和社会的认可度。学校的校容校貌焕然新，精神风貌日新月异，影响力不断扩大，先后接待了各级各类参观考察团到访百余批次；承办"数学文化节"、"新雨计划送法制教育"等一系列活动。此外，我校还在"特区牵手老区2018年度十佳扶贫项目评选"活动中，获得了前十佳的好成绩。2019年百色市教育考察团组织常委副县长、教育局长、深圳市援建项目学校的校长等一行近50人到学校考察学习，被学校文化和理念惊叹。同年，我校有多名学生赴深圳参加“山海交融·东西互相 爱心陪伴·点燃梦想”研学活动，带领学生置身书的海洋，享受阅读乐趣。不过，教育注定是一场没有终点的行程，着眼于现在与未来，我校会继续坚持以校园文化为阵地，融入浓浓情怀，让簕杜鹃在校园中生根、绽放，促进学校发展，用心培育，用爱浇灌，着力为学生更深远的发展夯实基础，让更多生命绽放灿烂的光彩。

加强生态文明教育，创建绿色文明校园

广西南宁市秀田小学　张萦　米开敏

生态文明教育是一项面向全体国民的终身教育，是一项需要融入育人全过程的系统性教育。习近平总书记提出：“要加强生态文明宣传教育，把珍惜生态、保护资源、爱护环境等内容纳入国民教育和培训体系，纳入群众性精神文明创建活动，在全社会牢固树立生态文明理念，形成全社会共同参与的良好风尚”。建设生态文明，是中华民族永续发展的千年大计，是实现中华民族伟大复兴中国梦的重要内容。我创建于 1924 年，前身名为“三圣学堂”。“行圣善之事，造圣洁之地，塑圣贤之人”成为创校人的办校宗旨，也成为后来的秀田人代代追求的目标。学校秉承“德润校园，奠基多彩人生”的办学理念，充分发挥国际生态学校和全国绿色学校的优势，积极创建生态文明校园，构建立体化生态环境教育网络，将生态文明的理念深入教育的方方面面。

一、打造文明校园，营造德育氛围

为更好地落实立德树人根本任务，营造优美的校园环境和良好的学习氛围。我校以“环境优美、生态优化、文明和谐”为目标，将人与自然和谐共生的理念融入校园文化建设。在我们的校园里，可以看到“会呼吸的植物墙”与“德之润　花之彩”花径，绿意盎然的“桑蚕园”与价值观二十四字相互融合的“清风翠竹墙”，文化长廊上和谐生动的　“鱼趣池”，以及屹立在花坛中的象征锦绣前程的“绣球雕塑”。校园里果树成排，花团锦簇，不仅让我们的校园芬芳迷人，还无声地向学生传递多样化的生态文明理念。生态文明与“德润文化”的校园建设交相辉映，萦绕在亭台广场间，渗透在学校每一个师生纯净的心灵里，彰显了校园生态文明特色。

二、创设绿色课堂，提升环保意识

爱护环境，人人有责！为引导学生树立环保意识，让学生们更好地了解“垃圾”对环境的危害，了解如何对“垃圾”分类，珍爱地球，倡导低碳生活。我校将生态文明教育纳入课程体系，课堂教学成为生态文明教育的主阵地和主渠道。一是在课堂教学中充分挖掘各学科的生态环境教育资源，在各年级都开设环境教育课程，在语文、数学等学科的课堂教学中渗透生态文明教育。二是开展家长特色课。在每周二下午进行班级家长特色课上，围绕大气污染、天气测温、植物种类、节能减排等各种主题，邀请环保专业工作的家长为孩子们讲授形式各样的生态环保特色课，课程深受学生们的喜爱，取得良好的教育效果。

三、构建教育体系，落实环保实践

环保教育，从中小学生抓起，只有不断提高他们的环保意识和生态道德素养，对大自然心存敬畏，将环保教育纳入实践中来，在实践教学过程中来渗透环保教育。我校积极构建学校、家庭、社会、网络“四位一体”的生态文明教育体系。一是将生态环境教育由学校延伸至家庭，指导每个学生建立《垃圾分类践行日志》，记录下学生在家（社区）进行生态环保的点滴，并通过家长、教师、小伙伴的评价和寄语等多种评价方式，作为每年评选“环保小卫士”的依据；二是学校和社区联手推进生态文明教育，学生以“动感中队”的形式在节假日走进社区传播环境保护意识，以实际行动带动更多的人保护环境；三是通过用网络宣传的辐射效应，在公众号、微博上报道和宣传，通过网络知识问答等多种形式普及生态文明知识。“四位一体”的生态教育体系将生态文明具体实施落地生根，使学校成为学生学习环保知识的殿堂，家庭成为践行环保行动的快乐港湾，社区成为学生辐射环保行动的乐园，网络成为学生开阔生态文明视野的绿色通道。

每年学校抓住环境日、地球日、生物多样性保护日等契机，倾力打造“环保秀场”主题校会活动、“环保先锋”环保生态科技探究活动、“环保达人”社区生态环保体验活动，以及“环保使者”可回收银行活动四大生态文明教育品牌活动。通过这一系列品牌活动引导全校师生从我做起、从现在做起、从小事做起，营造节约、绿色、文明的校园文化氛围。

我校高度重视生态文明教育，以生态文明建设为指导，重视可持续发展战略；师生拥有良好的生态文明理念，人文素养高；重视生态文明教育的投入，经常性地开展形式多样的生态文明教育活动；生态文明教育普及率高、生态文明教育成绩突出。谱写绿色环保教育之曲，唱响生态文明教育之歌。学校在各项比赛中屡获佳绩，先后被评为“全国文明校园”、“全国绿色学校”、“全国校园环境管理项目成员学校”、“国际生态学校”、“广西中小学发明创造示范单位”、“南宁市先进单位”等荣誉称号，连续多年获得南宁市节水征文比赛优秀组织奖、南宁市节水漫画比赛优秀组织奖。生态文明教育的硕果在秀田小学这块沃土香飘满园！

绿水青山就是无价之宝，我们要深刻把握习近平总书记构建生态共同体的时代意义，将生态文明教育从娃娃抓起！生态兴则文明兴，生态衰则文明衰。教育是促进可持续发展和提高人们解决环境与发展问题的能力的关键。道阻且长，行则将至。生态文明建设需要我们持之以恒地坚守，需要青少年用生态文明素养去践行。今后我校将进一步大力加强生态文明教育，不断提升师生文明素养，促进人与自然和谐发展，为建设美丽中国贡献力量。

神奇养育，家校合育之桥梁

广西玉林市玉州区英才小学　李智慧

遇见神奇养育，遇见最好的自己。神奇养育，是构建家校关系的重要桥梁，使家长与孩子共情，与学校共情，使家长拥有更加接纳、包容的心态，与孩子的关系变得更加和谐美好。我们当前教育成功的主要因素在于家庭环境。协调与调动来自家长的教育力量，是我们的一项重要工作。我一直在思考，如何有效推动家庭教育，如何做到高质量的家校合育。目前我们所学习到的教育内容种类繁多，派系较多，为了让家长们能够更清晰、更有效地了解家庭教育，我们学校不断尝试、不断探索。经过长时间的观察、学习、研究和体验，我校有幸遇见了神奇养育，遇见了值得我们学习的教育方法与特色。

一、有幸结缘，深入剖析

我一直跟随周老师学习，去了以色列游学2次，亲眼见到他们的慕课，体验了他们安息日的家庭教育，也有幸结缘shai老师的神奇养育。我深有感知，不容置疑的是他们在做课程和家庭教育方面独具特色。

接触神奇养育之后，我发现这的确是一个很好的教育之道，值得我们借鉴学习。神奇养育从孩子的需求角度去剖析、去探明孩子行为背后的原因。每次孩子制造麻烦制造困难，并不是坏事，而是他在提醒我们，他的某个需求没有被看见。神奇养育让父母深度倾听、接纳并理解孩子行为背后7个层次的需要，同时从父母的不解中深剖父母的内在过去，从父母的小时候的伤痛中去共情和理解孩子的现在，最后帮助家长和孩子内心连接，增进亲子关系。

在以往的教学过程中，学校发现学生有问题，大多数是跟家长反应情况，叮嘱家长多加关注配合学校教育。然而我发现，家长知道有问题，但是不知道如何对症下药，如何因材施教。因为家长不明白孩子制造困难的原因，或者也跟自己的过去有关系。我理解家长接到老师打来投诉电话时，那一刻，家长是担心、烦躁、或许还有生气，更深层次的或许会有伤心、难过、焦虑。家长可能会焦虑孩子出现的问题如果不及时改正，长此下去将来可能会无药可救，于是我们的家长便会给孩子贴上了标签：懒惰、不合群、成绩差、一无是处等，完全没有看见孩子偏差行为背后真实的需求。

有些时候，老师是告知者，把问题告诉家长，让他们回家教育孩子，家校配合工作，家校合力来帮助孩子。可是不能给出什么实质性有效性的家庭教育建议，毕竟每个原生家庭不一样。唯有提醒家长深度倾听孩子内心想法、关注需求和接纳情绪。特别是大部分家长忙于工作无暇学习家庭教育，不知“如何说孩子才会听”，不会“正面管教”，更不懂“神奇养育”。孩子回到家可能会迎来一顿劈头盖脸的骂和责备，家长会说一些让孩子焦虑难过的话，更甚者还有惩罚。家长与孩子之间若是长期是这样的教育模式，那么孩子很容易会经历二次伤痛，会造成孩子心理上难以愈合的伤疤。

二、引进校园，全面学习

学习了神奇养育后，有遇到学生制造困难时，我们先深度倾听孩子的需求，分析孩子是因为家的安全感亲密感缺乏，还是独特性没有被看见，还是不快乐，不能自由表达。然后我们约谈父母，我们尽量用父母亲能感同身受的语言去传递神奇养育内容，让他们易于理解和接受。

例如，上周有一个家长来找我，讲不知道怎么办，孩子没有特长不优秀又懒惰。于是，我便问她，孩子做了什么让您得很生气？您的感受是什么？经过询问，这位家长因为孩子不写作业、懒惰拖拉散漫而生气，觉得孩子不争气，再这样厌学下去真的会无药可救。我接着深挖她情绪，想了解她生气的背后隐藏的是什么，结果是焦虑、担心和伤心。我问她是否愿意接纳这个您认为调皮捣蛋、拖延厌学一无是处的孩子，她毫不犹豫地说愿意。当她接纳孩子的时候，等于给孩子打开了一扇窗，让阳光照进来，于是我让她说出孩子的十个优点，让我们重新认识一下我们的孩子。当她说孩子写字好看、孝顺、有爱心、会照顾弟弟、长得真帅、善良，越说越看见这位妈妈刚刚还焦虑的脸上有了笑容，眼里多了慈爱。我想这一刻孩子在她心里就是天使般的模样。我再次问她，您小的时候有没有和孩子类似的经历？这位妈妈顿时醒悟，忆及儿时因贪玩被揍，父母没有看见她的快乐，而且一直在说自己的缺点与不足，当时的自己活得特别压抑，还觉得要争气证明给家里人看。我接着说，如果您眼前的这个孩子就是曾经的你，您会改变您父母对待您的方式去改变孩子吗？您是否愿意去看见孩子对家的需求，快乐地需求及独特性的需求。这位妈妈当时就流泪了，讲到她与自己的童年和解，用适合的方式与孩子交流、陪孩子成长。

其实，今天我们大多家长跟以前老一辈父母的教育方式都不太一样，现在的家长会学习，就算经历了很多坎坷，今天依然事业生活精彩。懂孩子心理的父母，会调整自己，给予孩子更多的关爱。我们不必担心孩子因一时的叛逆、行为偏差而走向失败。神奇养育，让家校沟通更顺畅，我们就是用神奇养育的方式帮助了一些父母和孩子做亲子关系修复。当父母理解孩子，做好心理补给，孩子便能更轻松愉悦的在学校里专注的学习和生活。神奇养育给我们的家校关系一个强有力的助力，让家长觉得更信任学校，也觉得学校可以给予孩子安全的心理环境，同时更明白作为家长，应该如何跟孩子进行神奇养育。

对于学校来说，我们有责任去帮助孩子，以及家长得到更好地成长。虽然我们的学校教育只占30%，但是学校教育和学校氛围对孩子的成长也是非常的重要。我们愿意不断努力、不断探索、不断分享，让好的适合自己的教育方式让更多的人认识到。只有我们大家一起合力，每个人，每个学校改变自己一点点，那就是推动教育改革和发展向前一步了。

神奇养育走进家校，教会了我们老师和家长很多的教育相处之道。神奇养育，使我们的家长成为“开明的领袖”，即使有困难也要和我们的孩子保持亲密关系，当真的遇到困难，要探究困难的深层根源；在遇到与孩子发生冲突时，我们要在不伤害孩子的情况下做出深刻的改变。在教育孩子，陪伴孩子成长的过程中，我们需要明晰孩子的7个深层次需求：家的安全感、快乐、独特性、亲密感、自由表达、自由想象力、神圣不可侵犯。同时也要做到深度倾听的5个步骤：定位、接纳、观察、选择、延伸。更进一步聆听孩子的心声，知晓孩子的需求，使孩子们积极阳光地成长。同时，通过神奇养育，拉近了我们学校与家长的距离，我们家校合育，一同为孩子们的成长奠基，培养出令学校骄傲、家长自豪的优秀之人。

成就品质教育，笑迎幸福明天

贵州省修文县扎佐第二小学　周波

生命离开水源，就会枯竭。国家离开教育就会衰亡。教育是生命进步的鲜活源泉，是时代发展的精神能源，只有保持充足的活力和创造力，才能持续推动社会向前发展。学校作为教育实施的首要阵地，要深刻认识到学校的文化涵养和办学理念影响着学生成长的每一步。我校始建于1974年，位于贵阳市修文县扎佐街道、景阳街道交界处（原扎佐镇）。目前，学校占地面积14061平方米，校舍建筑面积11383平方米，现有教学班43个，学生2290人，教职工115人。校园环境优美宜人，办学设施先进齐全。一直以来，我校始终秉承学校“幸福教育，致善至美”的办学理念，以“善”为先，大力推行良知教育，不断拓宽学生眼界，丰富学生知识，促进师生身心健康发展。近年来，立足学校深厚的文化历史，我校紧紧围绕办学条件、文化建设、德育活动、教学质量、安全管理等方面，着力打造温馨校园。在倾力建设优美品质校园的同时，注重师资培养，实施多种举措，来提升教师的专业技能和职业素养，力求绽放师生生命。在全校师生的共同努力下，学校校容校貌焕然一新，教育质量稳步提升。学校先后获得贵阳市首批德育示范校、省级安全文明校园、贵阳市文明校园、市级语言文字规范化示范学校、市级基层“五好”关工委、市级心理健康示范校、省级餐饮服务A级单位、国家级校园足球特色学校等荣誉称号。

一、规范学校管理，绽放教师生命

无规矩不成方圆，学校也应如是。多年来，我校建立健全学校章程，不断推进了依法执教、依法治校。近年来，学校建立健全了《“三重一大”制度》《教学常规管理制度》《学校教师专业技术岗位竞聘上岗工作方案》《学校绩效考核工作方案》等规章制度，切实解决了教师关心的热点问题，有效形成了合理竞争、奖勤罚懒、优绩优酬的良好工作氛围，不断提高了干部职工的主动性、积极性和创造性。我校深知教育的立足点在于教师。一只作风优良的师资队伍是品质教育实施的有力保障。所以，为营造良好的教育生态，我校强力推进师德师风建设。通过设置校长信箱、建立校长接访制度、行政人员进班级群等形式，拓宽、畅通与学生、家长的交流沟通渠道，通过思想上重视、行动上落实、行为上震慑，从源头上杜绝了问题的发生。结合校园文化建设，我校还打造了一条师德师风文化长廊，通过鲜活的案例、直观的图片、浓厚的氛围，让广大干部职工始终保持着一颗敬畏之心、纯洁之心、崇高之心，做到不出格、不越位、不失职。此外，我校大力开展师德师风系列活动。将每年九月定为师德师风活动月，扎实开展专项培训、挖掘先进、塑造典型、演讲比赛、知识竞赛、成果展示（学习心得、书法作品、案例征文）等系列活动，真正做到了入脑入心，知行合一。

为了让师德师风建设深入人心，潜移默化提升学校品质，我校制定了一套师德师风评价体系。每月至少开展两次政治学习。每学年至少与全体干部职工开展一次“一对一”谈心交流。积极推行约谈机制，真正做到了咬耳扯袖，红脸出汗。学校还将师德师风纳入年度考核、绩效考核、评优评先等，让学生、家长、同事、领导通过多角度、全方位的评价，客观、准确、公正地量化打分，并建立职工个人考核档案，让广大干部职工进一步认识了师德师风的重要性，从而将有形的制度化为了无形的约束。

在工作中，我校也积极为教职工搭建成长平台，通过开展寻找身边的好老师、学校最美教师等评选活动，积极营造了尊师重教的浓厚氛围，有效形成了比学赶超的良好机制，通过制作学校光荣榜、网络推送先进事迹等形式，唱响了师德主旋律、发出了教育好声音，先后有教师被评为贵阳市“四好”老师、“贵阳市教书育人楷模”等。

二、培养优质教师，彰显文化活力

年轻教师培养切实关乎学校之发展，为了帮助年轻教师尽快成长，我校大力拓宽年轻教师培养渠道。一是建立特色带教制度，指定骨干教师或有经验的教师对青年教师进行传、帮、带，制定切实可行的特色带教计划；二是设立骨干培养目标，切实发挥骨干的带头作用，引领了教师专业成长；三是采用“抱团成长”的教研模式，分学科、分小组开展教师技能大赛，以赛促练，以练提质。此外，为持续抓好教师继续教育培训工作，我校还专门成立工作领导小组、保障学习培训经费，不仅为教师提供学习培训的机会，同时也让广大教师增长了见识，提升了业务素养。

“先师而后学”。意思是有什么样的教师就有什么样的学生。教师的文化涵养潜移默化地影响着学生的成长。一直以来，为不断提升教师文化涵养、丰富教师知识，我校为教师提供了阅读书目，每学期阅读一至两本，不断融入国学经典、阳明文化等内容，通过记录读书随笔、撰写心得体会、组织交流活动等形式，大力提升教师的文化涵养，效果显著。另一方面，我校还依托科研团队引领，进一步提升了教师素质。学校每学期组织教研组长召开教研例会，针对学校教学中的问题或困惑，确定好每期教研活动的主题，将全校教师进行合理分组进行教学研究活动，根据每次活动的需要，学校组织教师开展集体备课、校内示范课、教学研讨、同课异构等多种教学模式的校本教研活动，不断提升了课堂教学效果。

校园文化是一种无形的精神力量，是学校的立校之魂和向上之根。陶行知曾说过：“天然环境和人格陶冶，很有密切关系。”校园中的每一座建筑、每一处景点，每一片绿色，都成为一种思想的传递，一种文化的表达，优美的校园环境就像无声的老师，滋润着师生的心田，熏陶感染着师生，丰富净化着师生的灵魂，潜移默化地引导师生向着健康的方向发展。为此，我校通过对校园统筹设计、精心布置，让学校处处散发浓厚的文化气息。走进校园，假山亭台、朱檐碧瓦颇显古韵；喷泉洒落的一道道白练不断冲刷着“诚实做人、踏实做事”的校训，愈发呈现夺目的光彩；“阳明思想”花岗岩浮雕述说着致良知、知行合一新的内涵；书香亭、春晖亭、静思亭呈鼎立之势，不断唤醒全校师生对学习、对生活、对人生的思考与追求。孩子们在学习之余，掩映在红花绿树中廊道书吧便是他们流连之处。身处其间，恍然有“庭院深深深几许”的错觉，自然景观、人文景观错落有致，使用功能、审美功能和教育功能和谐统一。

此外，我校还从制度文化、楼道文化、行为文化等积极营造优美校园。

一是学校进一步建章立制，明确工作职责，让干部职工更加坚定教育信念，不忘初心，牢记使命。二是充分结合办学体系，合理布置文化廊道，体现一楼一特色。三是从乡村学校少年宫兴趣小组活动、祖国好·家乡美系列活动、六一节艺术活动、校园运动会、关爱留守儿童、关注心理健康、志愿者服务等方面，深入扎实开展系列德育活动，不断丰富师生课余文化生活，培养阳光健全的人格，陶冶情操。如今，优美的楼道文化、健全的制度文化、生动的行为文化、浓郁的精神文化，汇聚成了校园整体文化体系，我校因此也被评为贵阳市文明校园。

三、立足丰富活动，成就精品教育

活动是体现学生综合素质的最好方式。它可以开阔视野、陶冶情操，可以培养学生的集体荣誉感，增强班级的凝聚力。为此，我校通过多角度、多层面开展系列活动等举措，大力推出了阳明文化、软笔书法、校园足球三张名片。现在的校园，足球联赛如火如荼、阳明文化随处可见、书法作品精致典雅，充分体现了“动”、“静”结合，有声有色。在2017年，学校被评为国家级青少年校园足球特色学校。除此之外，我校还大力开展丰富多彩的校园系列教育活动，让学生努力学习，不断提升；通过召开大小班会，小组研讨等形式的活动，让学生敢于正视自己的问题、善意提醒同学的缺点、激发追随圣贤的学习意识、养成了文明有礼的行为习惯，真正做到知行合一。

绵绵用力，久久为功。教育注定是一场没有终点的行程。今天，既是我校展示办学成就、弘扬优良传统的契机，也是我校继往开来、开始新征程的起点。面对新的机遇和更大的挑战，我校仍会不断继承、发扬坚苦卓绝、自强不息的精神，以“幸福教育，致善至美”作为办学理念，敢于改革和实践，用心培育，用爱浇灌，为师生身心健康发展夯实基础，让更多的生命绽放绚烂的光彩。

领悟时代教育真谛，深挖“卓越”文化新泉

河北省保定市定兴三中实验学校　文瑞春

学校是传授知识和培养人格的场所，是激发潜能、滋补生命的神圣之地。随着社会的发展，全国各类学校大量涌现，呈现出百舸争流的大好情势，然而事实并非如此，有些学校深陷固有的教育模式，未能与时俱进，错失发展时机，更有甚者岂以教育谋利，违背教育初心，最后导致的结果只能自断前程，沦为历史。雄安和河北乃至全国情况大致相同，近十几个年头，民办学校生存愈发艰难，仅有极少的学校焕发着向上的活力。众多逝去的学校，主要有三种情况即教育家办学、企业家办学和战略家办学，不论是哪家单一办学，皆是偏向一隅，缺乏合力，实难走到最后。当今社会正是“世界多极化”和“中国经济转型教育必须随之转型”的特定历史时期。在这种特定时期，民校的任何单一的“家”大多不能适应快速发展。不懂合作合成，再专业也难大成。因此，“教育家、企业家、战略家”合成为“大家”，应成为学校高层领导的代名词。中美贸易大战开始，香港占中事件发生后，有识之士提出“教育是最廉价的国防”给人以深刻启迪。教育是政治，政治是不流血的战争，因此，“大家”内涵又有拓展。不但包含教育家、企业家、战略家，更应包含政治家。

一、领悟教育质量内涵，建构课改全新理念

大笔写大字，大人办大事，“一家”成“大家”，“大家”成百年，是新时代对学校高层的要求。一位哲人讲：如果我们不生长在未来，那么未来就会生长在今天；机遇只适于有准备的头脑。那么怎样成功地生长在未来，而不是未来失败地生长在今天，又怎样把握机遇，成为“有准备的头脑”。结合我校近十几年的改革与实践，决定通过对“四家合一”的管理模式深入探索，岂以有所感悟。通过总结过往经验可知，教育家的内涵是质量，主要包括三个方面：一是立德树人的育人质量；二是德智体美劳全面发展的综合质量；三是教学质量。其中育人质量是根本任务，全面发展质量是基础，教学质量是核心和重点。“德育为首、教学为主、全面为基”就是上述内涵的注脚。

对于任何一所有品质的学校而言，教育质量就是学校的生命，为学校发展提供源源不竭的力量支撑，而学校生命的保证则是改革创新。梁任公言：“变者，天下之公理也。”事物会随时间的推移而千变万化，时代在进步，要想不被淘汰，教育必然要改革创新。国际教育界一直重视微观改革，即课堂层面的改革，“课堂不变，教师不变；教师不会变，学生不会变”。意思是教学质量的提升离不开革新改变，而“变”就是建立在课堂改革的基础上。首先课堂改革要有明确的目标，简而言之，就是从以往教学模式中，革新教学思路，运用更为有效、自由教学方式改变课堂结构，改变教学关系，最终走向改变教学意义。为确保课堂改革的有效实施，我校以“六种理论”作为课堂改革的指导理论。即人本主义、建构主义、多元智能理论、矛盾论、“核心算法”理论、掌握习惯理论。“六种理论”从意识、思想、方法到措施，鲜明地诠释了课堂改革的方向、目标及做法。宏观上指导了学校要“以人为本，生本教育”；中观上指导学校“学本课堂，法本自学。”；微观上指导学校“抓住关键，核心算法、大量重复，每天改变”。最终形成“生本课堂”、“学本课堂”、“关键课堂”和“微变课堂”。

“六一一”绿色课堂就是我校课改实施以来的重要成果。它由“六个环节”、“一个关键”、“一个改变”组成。六个环节由“导学、自学、互学、展学、练学和测学”组成。环节构成模式。在“六环节”一堂课的整体中，其中一个环节是最关键环节；关键环节中，又有一个“核心细节”，对于核心细节，要“核心算法，乘以大量重复动作”进行1%的改变，从而形成“改变一点点、到一点点改变”和“小改变引来大变化”的发展过程。“六一一”绿色课堂模式，意在课堂程序环节化、环节过程关键化、关键过程核心化、核心过程持续化，持续过程改变化。在这种课堂教学模式下，我校的中考成绩始终保持在全县前100名学生中我校占90名以上的优势。最好的年份，雄安新区前10名中，我校占9人，全县全100名中我校占97人，前200名中，我校占192人。“六一一”绿色课堂创建与实施，不仅让我校教学课堂焕发全新样态，提升了教育教学质量，同时也印证了学校课改理念的正确性、合理性，为下一阶段教学创新奠定了有力基础。

二、规范健全规章制度，打造优质师资强军

课堂教学实际上既是教学，又是教育。课堂教学中的“知识与能力，过程与方法、情感态度与价值观”的三维目标，既是教学目标，又是教育目标。这样，教育目标中的立德树人就落实到课堂教学这一细节中。立德树人大目标是由一节课一节课构成。一节组成一天，一天组成一周、一月、一年，“三年奠基一生，六年奠基一生”的教育目标，于课堂教学中完成，这就是课堂教学改革的内涵和意义。诚如是，课堂质量既是教学质量，又是教育质量。基于此，我校对教育质量进行“全面”、“全员”、“全程”的“三全管理”，即“德、智、体、美、劳”全面发展的管理“学校、社会、家庭”三结合的全员管理，时间上全过程的管理，将“立德树人”、“全面发展”提高“学习力”形成一个有机的管理整体，进行体系化建设。以“质量”为“体”，以“三全”为系，以“提高学习力”为“化”，进行程序过程和质量的标准化。此外，通过对教育家、企业家、战略家的逐一分析。可知，企业家的核心目标是效益，效益的前提是质量，质量的保证是管理。而管理的内涵是“定制度走流程”、“胜在制度、赢在执行”由此看来，制度是效益和质量的核心内涵。我校制度建设，主要包括两个方面的内容：一是制度思想，二是制度机制。制度思想包括“六个方面”的内容。一是优秀队伍，优厚待遇。优质教育是学校发展的生命，保证优质教育的核心是一只优秀稳定的教师队伍。而保证优秀的教师队伍，首先要有优厚的待遇。优厚的待遇是优秀教师群体的先决条件。因此，我校把优质教育、优秀教师队伍、教师优厚待遇作为学校发展的“三要素”。二是人才立校，待遇立人。“人才立校”，按照人才研究理论，人群中只有20%的人成为优秀者，也就是说人才不是人群，而是人群中的佼佼者和引领者。他决定着队伍的走向和高度。“待遇立人”，用经济待遇和人文待遇保证人才队伍的稳定性。这样就形成了学校“人才立校”；高质养校，高人养质，高薪养人，高效养薪的思想。三是科学发展，科学分配。分配是学校的生命，分配问题一解决，所有问题迎刃而解。学校最棘手的队伍流动，执行力低下、效益不高，均是分配问题。四是教师工资越高，学生成绩越好。一项国际研究表明：教师的地位和工资与学生在国际测试中的成绩存在直接关联。赋予教师的地位越高，孩子们和未来的结果都会越好。诚如是“好民办学校，就是教师待遇高的学校；最好的民办学校，就是教师待遇最高的学校”。五是优胜劣汰，优质优酬。学校予优质教师以优酬，予劣质教师以淘汰，胜者为将军，败者为平庸。六是精神文明、物质文明。即强化优质优酬，又加强师德建设，强化奉献和团队精神，强化整本和大局意识，做到精神文明和物质文明双丰收。我校的制度机制主要有：分配机制、定编机制、竞争激励机制、目标管理机制、学习培养机制、自我批判机制、改革创新机制和文化育人机制。其核心机制是竞争激励机制和文化育人机制。其核心内容是“多劳多得，优质优酬”、“卓越文化，顺昌逆亡”。实际工作中，我校主要通过“四定”即：定编、定量、定标和定奖，规范教师教学行为，激励教师不断成长。

三、坚守全面育人信念，确立学校战略思想

“教育必须为无产阶级政治服务”，因此，教育必须坚持正确的办学方向，坚持立德树人，培养德智体美劳全面发展的社会主义建设者和接班人。而政治是统帅，是灵魂，是一切经济工作的生命线。教育工作者不但要做教育家，还要做政治家，把政治建设提在首位，保证正确的办学方向，方向比努力更重要。为此，我校鲜明地提出了办学宗旨，即办让人民满意的教育，落实立德树人根本任务，培养具有“感恩心”、“智慧脑”、“世界眼”的社会主义建设者和接班人。为党育人，为国育才。在此基础上，我校大力强化党的领导，充分发挥党组织的政治核心作用，多层面、多角度深入开展工作，创建“四合一”管理模式，实施交叉任职，通过开展各类活动，发挥组织作用，形成典型引路，助推学校发展。

建校十五年来，不论是教育教学、还是社会效益，或者办学规模，我校都取得了令人瞩目的成绩。更主要的是学校形成了浓厚的校园文化，且这种文化形成了“顺者昌，逆者衰”的态势和趋向。为了不断提升学校办学品味，我校进一步明确战略首脑人物的职责与关系，确立学校发展的战略思想，战略方法和战略文化。旨在建立一个和谐的人际关系，层次分明，各司其职，不断改善办学条件。

特色立校，人才兴校，研修强校是我校发展的战略思路。优质教育是学校的生命线，而优质教育的内涵是长期是优质，短期是特色，结果是优质，过程是特色。优质的过程就是特色+特色+特色……的形成过程，就是由学校特色发展到特色学校的过程。同时，优质教育也是学校发展的生命，而保证这一生命的核心是建立一支优秀稳定的教师队伍。优质的教师资源，才能确保学校的长期发展，才能为学校科研和校园创建提供可持续发展的动力和源泉。

四、深挖学校文化特质，培育时代卓越人才

校园文化是学校可持续发展的动力，是学校综合办学水平的重要体现，也是学校个性魅力与办学特色的体现，更是学校培养适应时代要求的高素质人才的内在需要。“卓越”是我校文化的核心。“向上向善，大定兴盛”是其思维定式。仁者、智者、勇者、勤者四者合一的“大师”和教育家、企业家、战略家、政治家四家合一的“大家”文化是其思想内涵。顺卓越文化者昌，逆卓越文化者亡是其行为导向。我校卓越文化体系主要由三项内容构成：一是董事长文化，二是学校核心价值观，三是校园文化。总而言之，就是落实教育任务，从政治、思想、精神方面，为党育人，为国育才，办好让人民满意的教育。

院墙齐整谓之校，净化绿化谓之园，挖掘内涵谓之文，以文化人谓之化。为凸显学校文化，我校校园建筑追求整体美，绿化净化营造环境美，橱窗文苑营造艺术美，人际和谐营造文明美。学校建筑在整体美的基础上，将其划分为教学区、运动区和服务区，并将每个独立的区域冠名，如“德兴苑”、“智兴苑”、“美兴苑”、“艺兴苑”、“文兴苑”、“星兴苑”等。我校还以“卓越”为主题，每个苑中结合自身主题内容，分解成若干子题目。同时，在苑中创造班级文化、宿舍文化、餐厅文化等。我校的校园文化建设以“为党育人、为国育才”为宗旨，以光荣为教育思想，以学校核心价值观为主题，建立学校的环境文化和精神文化，形成校园文化、教室文化、宿舍文化、餐厅文化。建立“文化育人”机制，强化学校良好的校风和社会正能量，形成浓厚的“顺文化者昌，逆文化者衰”的价值趋向。

教育家、企业家、政治家和战略家，其中的任何一家都不能适应当今民校的科学发展，四家合-的“大家管理模式”是时代应运而生的必然产物。单一的“一家”是很难生存和发展的，四家合一的“大家”是时代的要求，此乃“合成者为大家”、“大家者兴”、“单一家者衰”。

风雨沧桑励壮志，春华秋实著华章。不论如何，办学的目的总归是提高教育质量，使之成为一所有特色、有品质的学校。因而，唯有不断投身到学校自身发展的探索，深入发掘办学精神，敢于改革和实践，才能为学校更深远的发展夯实基础。下一阶段，我校会继续以创建个性化、特色、高端学校作为办学目标，为党育人、为国育才，以抓铁有痕、踏石留印的工作作风扎实工作，藉厚积之力，承求索之精神，志存高远，弘毅笃行，唱响教育高亢的时代凯歌。

让阅读点亮孩子的童年

河北省保定市高阳县庞佐乡庞佐联小　韩月强　许会敏

读书是我们更新知识、获得智慧的基本方法，是国家和民族传承、发展的基本途径。国民阅读力和阅读水平在很大程度上决定一个民族的基本素质、创造能力和发展潜力。朱永新教授曾说过：“如果我们的孩子在十多年的教育历程中，还没有养成阅读的兴趣和习惯，一旦他们离开校园就将书永远地丢弃在一边，教育一定是失败的；相反，一个孩子在学校的成绩普普通通，但是对阅读产生了浓厚的兴趣，养成了终身学习和阅读的习惯，一定比考高分的孩子走得更远。”《语文课程标准》也明确提出：要培养学生广泛的阅读兴趣，扩大阅读面，增加阅读量，引导学生“读整本的书”。可见，课外阅读不可小觑。的确，也只有抓住“阅读”这个根，才能根本解决“学语文难，语文难学”的问题。基于此，我总校积极采取措施，大力推广儿童阅读，倡导儿童读书，让儿童与书香为伴　，与经典为友，让阅读点亮孩子们的童年！

一、保证学生阅读时间

拓展学生阅读空间，营造读书氛围，创设读书环境，激发学生阅读的兴趣和阅读欲望

（一）保证学生课上阅读的时间，营造读书氛围。

学校明确规定：每班要利用每节语文课的前五分钟、每日晨读、每天最后一节课的20分钟有计划地组织学生读课外书、读报纸、杂志，任何人不得挤占时间做与阅读无关的事。并且每班每周不少于一节图书阅读分享课，每月不少于一节图书阅读指导课，让学生分享读书所得，对学生进行阅读方法的指导。课上读课外书，营造读书氛围，既有助于培养学生读书读报意识、兴趣和能力，又有助于学生阅读习惯的养成。

（二）拓展学生阅读空间，创设优质的读书环境。

经典的诗词、优秀的作品充溢在教室、功能室的墙壁上，学生耳濡目染，在潜移默化中被熏陶；图书室、阅览室布置温馨，环境优雅，全天开放，学生随时都能借到自己喜欢的图书，在书海里畅游，与同伴分享读书心得；班级图书角有学生们从家里带来的自己曾经读过的好书，有小书虫们组织的“我与xx书的故事”讲解推介，让学生走近图书，让图书靠近学生，为同学们提供良好的课外阅读园地；后花园里、致远亭下、小石凳上、曲径旁、树荫处……学生们在恬淡优雅的环境中呼吸着书香，与文本中的主人公对话，怡然自得，陶醉其中，流连忘返。

二、为学生推荐优秀的课外读物

小学生年龄小，阅历浅，不知道什么样的书才是好书，什么样的书可以读，什么样的书不可以读。因此，教师要根据学生的年龄特点、兴趣爱好向学生推荐合适的课外读物。推荐课外读物时，我们以文学为主，兼顾其他方面的书籍，以经典为主，兼顾其他优秀作品。一些偏深偏难的作品最好不要推荐，免得孩子一开始就呛水，进而产生畏难排斥心理，从此拒绝读书。

小学低年级课标要求阅读浅近的童话，寓言故事及浅近的古诗。于是我们推荐了：《猜猜我有多爱你》《爷爷一定有办法》《逃家小兔》《母鸡萝丝去散步》《活了100万次的猫》《大卫，不可以》《好饿的小蛇》《我是霸王龙》《精灵鼠小弟》等一系列经典绘本童话，还有《声律启蒙》《笠翁对韵》《星星小时候》《灯把黑夜烫了一个洞》，《日有所诵》等儿童喜欢的读物。

小学中年级的学生知识面儿有所扩大，阅读能力有所增强，可以推荐一些儿童小说、科幻故事、儿童诗歌等。我们推荐了：《柳林风声》《火鞋和风鞋》《爱心树》《木偶奇遇记》《窗边的小豆豆》《夏洛的网》《绿野仙踪》《时代广场的蟋蟀》，《爱丽丝梦游仙境》和《上下五千年》……

小学高年级学生的阅读能力进一步增强，生活知识进一步扩充，就可以给他们推荐一些历史故事，反映现实生活的散文小说，同时还可以推荐一些社会自然科学方面的读物。我们推荐的读物是：《草房子》《青铜葵花》《根鸟》《鲁滨孙漂流记》《钢丝网上的小花》《去年的树》《狼王梦》《汤姆叔叔的小屋》和《小王子》……

当然，还可以结合课文的内容或是根据《语文课程标准》中的推荐书目指导学生去选择课外读物，如《城南旧事》《唐诗三百首》《安徒生童话》和四大名著等。也可以向学生推荐《少年素质报》《智力开发报》《小学生必读》《快乐作文》等报纸杂志。

另外，我们也可以让小书迷推荐好书。如：每个学生向班级图书角存入自己看过的书籍，并写下自己推荐的理由，谁存的书籍借阅的人最多，就给予表彰。这样一来小书迷看书的热情奇迹般的高涨。

推荐优秀课外读物，庞佐联合小学做的尤为突出。她以校园文化建设为契机创设了“木简文化”，“书香校园”让每一面墙体都充满诗情画意。依据《小学生古诗词必读70首》《唐诗宋词》和《现代诗词选》等资料，借助木简向学生推荐适宜的、经典的文学作品。推荐的诗词既符合五六年级学生身心特点，励志明理，情趣盎然，贴近自然，能让学生体验到自然之美和生命之美。又是中华传统文化里面最直接，最根本的核心价值观的反映。除了一首首优美的木简诗词散文：《早春》《竹石》《滁州西涧》《石灰吟》……范仲淹的《岳阳楼记》、梁启超的《少年中国说》、毛泽东的《沁园春·雪》也被选进了校园木简词文中推荐给学生。增大了学生的阅读面，让学生在儿童时期就大量记诵中国优秀的诗词，涵养学生精神底蕴，价值养成。

三、自主读书，激发阅读兴趣

对于阅读刚刚起步的孩子，推荐一本好书之后，我们没做过多的要求，老师也不提问，而是让孩子径直走进去，完全自主地去读，无拘无束地去读，轻轻松松地去读。持之以恒，兴趣自然就会产生，兴趣一旦形成，学生的阅读能力会获得难以置信的提升。

四、教给学生阅读的方法

有了好的书籍和阅读兴趣，读书不得要领也会徒劳无功，所以要对学生进行阅读方法的指导，帮助学生掌握正确的阅读方法，提高阅读效益。

（一）学会精读与略读。

教师要指导学生根据阅读的内容和阅读的需要来决定哪些要略读？哪些要精读？例如，知识性的读物可以用略读的方式，而优秀的文学作品要品味其优美的文字、动人的情感，就要精读。

精读就是逐字逐句，精研细读，咬文嚼字，体会作者想要表达怎样的思想感情，用什么语速、语调、语气朗读最能体现这种感情，还要领会那话中的话，字里行间的言外之意。精读可以有效地培养学生的阅读能力和阅读习惯，帮助学生牢固掌握知识，提高思维能力和认识水平，增强语言修养，提高语文能力。

略读就是大略的读、翻、看，先看序言目录，后看开头结尾，然后从头至尾的浏览，力求迅速。在略读中，对某些难点只要不影响对整体的把握、大意的理解，就可以跳过去，不在一处多耗时间。略读可以用较少的时间浏览大量的书刊，从而扩大自己的知识面。也可以在很短的时间内知道一篇文章或一本书的基本内容，从而确定他是否需要精读或哪些地方需要精读，进而把精读和略读结合起来，取得最佳读书效果。

（二）养成“不动笔墨不读书”的好习惯。

读书时要边读、边想、边记，养成不动笔墨不读书的好习惯，学生才会从书籍中汲取更多的营养。阅读自己的书籍时，可随时在书的重点、难点、精彩，疑问之处批一批、圈一圈、画一画，做上各种不同的标记。遇到疑难词句，还要再查字典或请教别人，后加上注释。在文章的天头、地脚和其他空白处，随时写上批注、书评和自己的一些看法、感受或疑问。还可以把自己体会最深刻、最有意义的部分写成心得体会。当遇到一些语言优美内容精彩的句段篇时，要摘抄下来，还需要在读的基础上，吟咏甚至背诵下来，丰富自己的阅读积累。

五、倡导亲子共读，师生共读

倡议教师、家长先要做个读者，选择好书，然后把书中最精彩的地方读给孩子们听，和孩子们一起围绕故事人物、故事情节交流讨论：你觉得这本书好看吗？哪里最好看？书里哪个人物你最喜欢，哪个人物你最不喜欢，为什么？……培养孩子热爱阅读的兴趣和习惯。

六、读写结合，以写作深化阅读

学校要求学生每周一篇读书笔记，学生想写什么就写什么，想怎

样写就怎样写，长短不限，内容不限，写法不限，只让真情实感从心底流出。

七、以活动为载体，激发学生阅读的积极性，推动阅读深入开展

各校开展以读书为背景，内容丰富、形式多样的趣味活动、比赛活动，进行及时有效地阅读评价，激发学生的读书的兴趣和热情，巩固和扩大阅读效果。

每个学期末，对学生一个学期的阅读时间、阅读数量、阅读篇目读书笔记进行评价，并从学生的读书笔记中发现亮点，选出范文，在讲评中真诚赞美，热情鼓励，顺便做一点读写指导。在班级、全校开展读书笔记、手抄报、墙报的评比交流展示活动。班级、学校还通过“经典诵读比赛”等，定期开展“诵读大王”、“阅读小明星”、“书香班级”、“书香家庭”的评选。

与书香为伴，童年生活在阅读的陪伴中变得愈加丰富多彩；与经典为友，生命的韵味在书香的濡染中变得愈加醇厚自然。时光流逝，岁月不言，唯有书香能沁入心扉经久不散，唯有书中获取的知识能永远留存伴随一生，让阅读点亮孩子的童年，让阅读照亮人生前行的道路。

扬国防教育之风，育国家建设之才

河北省保定市清苑区第二小学　段新占　高　健　张春艳

国防教育是国防建设的重要组成部分，是对全体公民进行的一项基本教育，是关系到国家生死存亡的社会工程。增强公民国防观念，提高公民国防素质尤为重要。少年智则国智，少年强则国强。加强青少年学生国防教育，始终是党中央、国务院和中央军委高度重视的一个战略问题，也是学校教育的基本内容，是学生成长必不可少的养分。2020年是中华人民共和国成立71周年、中国人民抗日战争暨世界反法西斯战争胜利75周年、中国人民志愿军抗美援朝出国作战70周年。作为国防教育特色学校，我校根据上级文件精神，以“弘扬爱国主义和革命英雄主义精神”为主题，本着“经常教育与集中教育、普及教育与重点教育、理论教育与行为教育”相结合的三大原则，认认真真、轰轰烈烈、富有成效地开展了系列国防教育活动，使国防知识深入人心。

一、加强领导，制定实施方案

国防教育，是国家为防备和抵抗侵略，制止武装颠覆，保卫国家的主权统一和领土完整，对全体公民进行的具有特定目的和内容的普及性教育活动。学校的国防教育是全民国防教育的基础，是加强学生素质教育和思想道德教育的有效形式，是实施素质教育的重要内容。持久、深入地开展国防教育是对学生进行爱国主义、社会主义和集体主义教育的有效途径。为此，我校高度重视国防教育工作，成立了以校长为组长、班主任为成员的国防教育工作领导小组，下设办公室，全面负责学校国防教育工作的开展。

为切实提高学生国防意识，将国防教育落到实处，我校积极学习先进学校的经验，并结合我校实际，充分吸收各方面意见和建议，制定了切实可行的实施方案。方案明确了指导思想、学习内容、活动形式、课时安排、考核评价等，内容翔实具体，具有很强的操作性。同时，我们在工作中，及时发现问题和不足，不断补充完善，收到了良好的效果。

二、开展活动，增强师生意志

我校根据国际国内形势需要，利用班会课、德育课等全校统一作息时间的课程资源优势，集中统一收看国防教育专题片，突出国防形势的宣传教育。同时，聘请国教办的专业同志和在职或退役的军人，分专题、从不同角度讲解国防知识和国防形势。通过专题宣传教育活动，使学生了解当今的世界政治、经济、军事格局，认清维护国家安全、稳定、统一的紧迫性和艰巨性，深刻认识国防强弱与经济发展、社会安宁、人民幸福的重要关系，增强学生长大后关心支持国防建设、自觉履行国防义务的意识。

当前，我校正以与时俱进的科学态度开展国防教育，大力推进学校国防教育的改革创新，不断充实和完善教育内容，以普及国防基本知识、加强基本技能训练为目标，开展丰富多彩的学生综合实践活动，让国防教育寓教于乐。比如：我们组织学生观看优秀爱国主义影片；组织学生阅读有关国防教育的文章和故事；以班级为单位举行爱国歌曲和红色歌曲比赛；开展校级国防教育征文和演讲比赛；10月1日开展“百米长卷绘中华”活动；增设“爱国主义——国防教育”专题课程，做到了“四有”——有老师、有教材、有作业、有考评；我们组织学生全员参与国防教育知识网络学习和答题竞赛活动；举办“爱我中华，强我国防”主题演讲活动；利用班级家长微信群推送国防教育知识，“小手拉大手”让学生及家长了解《中华人民共和国国防法》、“实行积极防御战略，坚持全民自卫原则”是自卫型国防；利用班会讲抗日英雄、抗美援朝英雄故事，让学生明白，生活在和平年代的我们，应该珍惜来之不易的幸福生活，努力学习；利用每周一国旗下讲话，结合历史、国内外重大时事，对学生进行有国必有防、落后就挨打的教育；定期放映革命战争题材的影片，提高国防教育的吸引力，增强学生对国防的感性认识；开展“拥军爱民”小卫士活动，组织高年级学生成立拥军服务队，帮助周边地区军烈属义务劳动等。

我校通过这些活动，让学生了解国防教育的重要意义，帮助学生树立忧患意识，培养学生国防观念。同时，培养了学生的组织纪律观念和英勇顽强的意志品质，使学生们懂得今天的和平来之不易，应当居安思危，有备无患。

三、学科渗透，开发校本课程

国防教育不仅是实施素质教育的有效手段，更是培育全面发展社会主义合格建设者的重要内容。我们把课堂教学作为国防教育的主阵地，在学校学期(和学年)计划中增设国防教育的内容，并要求教师全员参与，最终取得了较好的教育效果。如我校利用语文课描绘大好河山的诗词、句篇进行国防教育的渗透；利用品德与社会课渗透祖国的疆土、国界线、边界线，让学生初步了解“三防”知识；音乐课通过教唱《义勇军进行曲》等军歌，歌唱人民军队，讴歌英雄人物进本国策；在体育课上增设基本的军事技能的训练和培养等。我们将国防教育知识有效地与各学科相结合，并把它作为课堂教学目标和学生学业成绩考核目标之一，纳入年终考核，以致有效地提高师生积极性、自觉性。

为扎实推进国防教育，我们开设了校本课程《红小兵》，同时编写了《红小兵》校本教材。学校聘请退伍军人胡亚洲来校当教官，对学生进行准军事化训练，有效提升了学生国防意识和身体素质。经过几年的实践证明，我校《红小兵》课程的开设，培养了学生爱祖国、爱人民、爱党、爱科学、爱解放军的思想感情和良好的道德品质，促进了学生团结奋进、文明守纪的行为习惯，增强了学生的集体荣誉感，锻造了学生自尊、自爱、自信、自立、自强的意志和不怕困难、英勇顽强奋斗精神。一分耕耘，一分收获，经过这几年的军事训练，我校学生的身体素质明显增强，精神风貌积极向上。在今年我区举办的运动会队列比赛中，我校荣获小学组第一名。

国防教育是建设和巩固国防的基础，是增强民族凝聚力、提高全民素质的重要途径。国防安全是国家安全、民族利益的灵魂。国无防不立，民无兵不安，国泰才能民安。今天的中小学生是明天国防建设的中坚力量。近年来，我校作为国防教育特色学校，不断加强对学生的国防教育，使学生知晓未来的反侵略战争不仅仅是军事力量的较量，也是综合国力乃至民族凝聚力的较量。在今后的教育工作中，我校必将继续多措并举，扎扎实实开展国防教育工作，不断提高学生对国防教育的认识和理解，有效增强师生的国防教育观念，努力打造一支支合格的、优秀的国防后备军！

强化安全意识，创建平安校园

河北省唐山市玉田县实验小学　薄兴　张春伶　刘丛荣

党的十九大报告指出，要加强国家安全教育，增强全党全国人民国家安全意识，推动全社会形成维护国家安全的强大合力。加强大中小学国家安全教育，使广大学生牢固树立国家安全意识，是立德树人的重要任务，是全民国家安全教育的重要内容，是党和国家的一项基础性、长期性、战略性工程，事关人民安居乐业，事关党和国家兴旺发达、长治久安。我校是一所百年老校，现为全国现代教育技术实验校、全国英语教学实验校、全国阅读教育先进单位、全国规范汉字书写教育特色校。学校以“珍爱生命”为安全文化核心理念，通过“横到边，纵到底”的校园安全双控机制和网格化管理，实现学校师生处处讲安全、时时讲安全、事事讲安全。全方位营造安全文化氛围，在理念渗透、长效机制构建、优化教学环境上下功夫，创建“品质校园、文化校园、平安校园、和谐校园”。

一、成立领导小组，夯实安全责任

为进一步深化安全风险分级管控和隐患排查治理双重预防控制机制建设，我校以“分级管理、层层履责、一岗双责、责任到人、横向到边、纵向到底”为工作原则。成立了以校长张建军为组长，主管安全的副校长薄兴为副组长，各部门主任为成员的安全工作领导小组。每周一查，每会必讲，做到制度上墙，责任到人。全校上下形成了校长负总责，分管校长主管，各处室主任、班主任、重点安全项目和区域责任人具体负责，全体教职工人人参与，层层签订《安全责任书》，人人立《安全责任状》的校园安全工作网络。

二、完善管理制度，保障双控机制

为加强安全管理工作，学校成立了常规管理办公室，同时制定了

"双控"实施意见、安全风险辨识分级管控指南、岗位安全责任及各个岗位的操作规程，使全校的安全工作有章可循，有规可依，为双控机制建设提供了有力的保障。

学校从实际出发，重点从防火、防电、防盗、伙食管理、交通和日常行为规范管理六个方面制定和规范了安全管理制度。下发到各个教研组及相关工作人员手中，并要求相关工作人员按规定严格把关，从而使安全工作制度化、常规化，使各项安全要求得以不折不扣地落实。学校把各层人员履行安全工作职责情况纳入目标考核，考核结果与评先评优相结合。对因工作失职造成不良后果的坚决落实责任追究。从而使安全工作有较强的针对性和可操作性。

三、实行网格管理，构建安全之门

学校积极探索安全工作的新路子，使校园安全风险辨识工作向科学化、规范化迈进了一步。以安全第一要素的人为对象，落实安全责任为重点，建立上下级责任人，各司其职。双向检查、双向反馈、双向整改的运行机制。安全隐患网格化责任布满整个校园每个角落。

加强门禁制度，把好安全第一道关。我校现有专职保安6人，主要职责：一是负责车辆出入，要求无特殊情况机动车不准入内，出入车辆必须控制在无学生在室外活动时段内，保证师生安全；二是检查所装货物，防止财务流失；三是实行来人登记制度，严格控制不明身份的闲杂人员入内。四是来人进行测试体温，并出示河北健康码。有发热或无健康码的人员一律禁止入内。五是加强夜间值班。教学楼内每天有1—2人值夜班外，还有1人常年走动巡夜，负责整个校园，防破坏，防被盗。学校先后安装了监控系统、一键报警系统，做到人防与技防相结合。

加强隐患排查，把好安全第二道关。学校把基础设施安全及安全隐患的排查工作，纳入常规管理工作之中。另外，学校安全工作领导小组于学期初、期中、期末组织三次全面性安全检查，各处室在分管校长的组织下每月对分管范围内的安全隐患进行一次彻底排查，摸清学校可能存在的安全隐患和潜在的矛盾，发现问题，及时解决。

加强路队管理，把好安全第三道关。为加强学生升旗、集会、上操、上学、放学安全管理，学校各班级组建了路队，确定了路队长和路队护送教师，及时反馈掌握学生途中安全情况。学校还给2700多名学生家长印发了安全管理警示信，禁止未满12周岁的学生骑车上路，动员家长配合学校做好孩子往返途中安全教育和管理。

加强安全教育，把好安全第四道关。学校按照《义务教育课程设置》要求，开全开齐安全课，每学期不少于4课时，做到了计划、教材、课时、师资、考核"五落实"。为切实增强师生的法制观念和安全意识，学校围绕"与安全同行，创和谐校园"这一主题，开展了一系列行之有效地安全教育活动。通过旗下讲话、主题班会、宣传栏、专题讲座、报告会、观看录像、文艺演出等形式进行安全教育；学校制定20条"安全规范"训练点；利用红领巾广播站宣传安全行为；聘请县公安局、县交警大队、县消防中队、镇派出所等同志来校为全体师生讲解安全知识；每学期还开展"七个一"活动，即召开一次安全专题会议、组织一次安全知识征文，出一期消防安全板报、开一场消防安全主题班队会、举办一次安全讲座、开展一次安全知识竞赛、每月开展一次应急疏散演练。充分利用家长座谈会、微信群等形式与学生家长进行沟通交流，把家庭作为加强学生自我保护和安全教育的第二课堂。这些做法保质保量地完成了义务教育课程设置的安全教育。

校园云之盾，把好安全第五道关。校园"云之盾"系统，能建立学生安全信息通报制度，将学校规定的学生到校和放学时间、学生非正常缺席或者擅自离校情况，以及学生身体和心理的异常状况等关系学生安全的信息，及时告知其监护人。同时，根据《学校卫生工作条例》相关要求，需对师生实行晨午检制度。为此，学校安装刷卡拍照安全卫士及红外线体温检测设备——即"校园云之盾"。在学校门厅两侧、善学路和健体路南端，共安装了六台"云之盾"设备，提高了安全系数。

加强心理咨询，把好安全第六道关。学校心理咨询师持证上岗，联系电话张贴在学校醒目位置，家长学生有问题可以及时打电话咨询，或者面对面进行心理健康疏导。

四、开展应急活动，完善应急机制

我校认真贯彻落实国务院《国家突发公共事件总体应急预案》的文件精神，根据县委、县政府及县教育局的要求和部署，建立了应急预案体系，积极开展应急培训及预案演练，取得了显著成效。

为妥善应对和处置各类突发事件，学校专门成立了应急管理工作领导小组，校长张建军亲自担任组长，负责组织和领导全校的应急管理工作。二是工作到位。学校建立了运转高效、反应灵敏的应急管理运行机制，对重点部位重点领域有针对性地采取应急措施，突发事件一旦发生，各处室、各部门都能够各司其职，协调一致，密切配合，妥善处置。

为了防患未然，学校完善预案，确保人尽人知。结合实际，学校严格依法编制了总体应急预案。为切实提高总体应急预案的科学性、指导性和可操作性，学校还成立了总体应急预案工作小组，统筹安排总体应急预案的制定工作。另外，学校以总体预案为指导，制定了《传染性疾病应急预案》《学生食物中毒应急预案》《消防事故应急预案》《学生紧急疏散预案》等10个专项应急预案。

为使应急预案更合理，更具有操作性，学校对应急预案实行动态管理，根据应急演练的实践进行修订、补充。四是应急预案全体教职工人手一份，做到人尽人知。

加强应急演练培训，提高处置能力。学校建立了应急演练制度，每年组织开展大规模专项演练活动，每月组织应急疏散演练。通过演练，不仅锻炼了师生应急避险能力，还提高了各部门快速反应能力和协调配合能力。

除此之外，学校非常注重加强应急管理科普宣教工作，利用会议、橱窗、调查问卷等多种宣传形式大力普及预防、避险、自救、互救、减灾等知识和技能，组织专业老师及专业家长进班级举行应急知识和技能讲座，发放各类宣传单，力争达到尽人皆知的效应。学校在三号楼全力打造了"安全文化长廊"，从法律意识到行为安全、从预防避险到应急外置，全面提高了师生维护公共安全的意识和应对突发公共事件的能力。多种形式的宣教让孩子们知晓了生命安全的重要，懂得了生命的可贵，提高了应急能力。孩子们在校园安全文化的滋养下，安全意识悄然增长。

教育无小事，事事皆教育。安全无懈怠，细微之处见功夫。强化安全教育，创建平安和谐校园，我校从大处着想，从小处入手，切实做到防微杜渐，防患于未然，真正确立学生视角，时刻为学生着想，用心、用情将校园安全工作做到万无一失。

创新管理理念，促进学校高质量发展

河北省张家口市蔚县白乐镇初级中学　吴献

著名未来学家约翰·奈斯比特曾说："未来的竞争是管理的竞争。"校长，作为学校管理的领头羊，在学校的发展与培育人才方面发挥着重要作用。校长的管理与教学理念决定着学校的办学方向、办学风格、办学特色等，对学校的发展起着至关重要的作用。在新课改的背景下，学校的管理工作面临着诸多机遇与挑战，作为校长，我们应该积极发挥带头作用，开拓进取，不断健全和完善管理制度与理念，努力实现学校管理工作的稳定推进，从而促进学校的科学发展，使学校在争先创优中脱颖而出。

一、提升校长管理素养，发挥带头引领作用

校长的先进管理理念与学校科学发展是相互影响、相互协调的关系。这种关系十分明显的体现在学校的管理过程中。在学校建设和发展初期，校长的管理理念影响学校的管理制度，以及学校的近远期发展愿景的制定。校长，作为学校工作的领军人物，是一面镜子，是执行力的表率，对校内的教职工进行管理，对教学工作的全过程进行领导。校长是学校领导的灵魂之所在，对于学校的精神与办学理念的形成具有十分重大的影响作用。办学初期，频繁地更换校长，很有可能因为不同的校长持有不同管理理念和管理思想，而使学校的办学与发展都处在一个不稳定的状态，对学校的科学发展起到阻碍作用。因此，如果学校校长频繁更迭，则需要校长保持科学、理性的管理理念，以系统发展为主，秉持学校一贯的办学理念，为学校科学发展提供物质基础和环境支持。

校长的科学管理理念，虽然对学校的发展起着至关重要的作用，但是学校的工作更需要校长依据科学的管理理念进行实际的管理，将科学的管理办法落到实处，严格管理学校中的教职工工作与教研活动，从而其管理理念与学校的管理办法相结合，形成学校科学发展的内在管理体系，引领学校的科学发展。

在乡镇中学管理中，对于学生的管理更有难度，劝辍保学为工作重点。校长要根据学校教职工的现状和学生实际情况来转变管理理念，使其更加适合乡镇中学的发展。而在学校实际运作发展中，学校的办学理念与核心价值也会对校长的管理理念产生一定的影响，促使校长制定更加符合学校未来发展的方针与管理办法。校长的管理理念与学校的发展，这二者之间需要相互协调。学校要针对现阶段的发展，制定合适的学校管理规则，不断革新管理思想，不忘初心，与时俱进，在改革中求变，在求变中提升，在学校办学实践中科学、合理地利用管理理念来带动学校的科学发展。

二、改进校长管理理念，促进学校科学发展

校长及时改进学校管理理念，能够增进校长对学校教育工作、办学现状的了解。校长在学校工作中需指明学校的办学方向，贯彻相关的教育方针，对教职工进行合理、高效的管理，协调校内人员的人际关系，在素质教育的推进及新课程标准改革的背景下，进行管理理念的革新。同时，校长对于创立良好的教学环境，形成良好的教学风气，提高教师的教学效率等方面起着很重要的导向作用。

校长创新管理理念，创建校内人文气氛。校长对学校的管理理念要不断地根据校园实际，校园发展，国家相关政策进行改革与完善。在校园中，校长应加强对教职工的人文关怀，创建和谐的校园人文环境，使教师在具有良好的人文关怀、心情愉悦的环境中工作。这样对

教师的工作具有一定的促进作用，同时也能够使教师感受到教学管理中的温暖，从而更加配合学校的管理，达到教师、学生、校长在工作中的和谐统一。而且在现代学校管理理念中，人文管理将教学制度与人文关怀有机结合起来，从而满足教职工的心理需求，满足师生的发展需求，不断地提升教师的教学驾驭能力，帮助教师树立终身学习观念，促进其专业高质量发展。

提高校长自身管理能力。校长是学校科学发展的领军人物，推动乡镇中学的健康发展，校长不仅需要更新自己的管理理念，还要提升自身的管理能力，将科学的管理理念应用在实处，在实践中贯彻先进的管理理念，从而促进学校科学发展。校长应提升科学决策能力，对学校的管理细则进行科学决策，对学校的发展进行科学、合理、务实地规划；校长需要提升自身管理的执行力，公正公平的对待学校的教职工。在管理方面刚柔并济，励精图治，迎难而上，全方位提高管理水平。同时，校长要提升科研能力，在学校中，教学和科研是最重要的任务，因此，校长要亲自参加科研活动，提升自身的科研能力，激发教师进行科研与教学的积极性，在校内创建浓厚的学习氛围。

三、落实乡中发展任务，谱写学校教育新篇

乡镇初中教育的发展是全社会扶贫攻坚的主阵地，机遇与挑战并存。发展永远是硬道理，乡镇初中教育任重而道远，其生存与提升直面挑战，需落实三大任务。

强烈的使命，无私奉献的精神，这是乡镇初中最真实的写照。通过广泛的宣传，走门入户的走访调研，获得全社会的关注与支持，重塑形象，制定学校近远期发展目标与规划，因地制宜，因校制宜，因人制宜，这是一个重塑信心的过程，是一个漫长而细致的艰难过程，是一个如何站稳脚，挺直腰，求提高的过程。通过一系列扎实、卓有成效的举措，推动农村教育科学发展，以科研带动，走出一条适合乡镇初中发展的正确轨道，这是我们当前应该高度关注，认真落实的任务之一。

控辍保学，是乡镇初中生存下去的又一中心工作。教育的无序竞争，优质生源的严重流失是制约乡中发展的最大瓶颈。上级各级领导虽出台严格的划片招生、就近入学政策，但全社会人追求更加优质的教育社会现象，我们无法改变。我们只有通过更细致的工作，去落实国家义务教育赋予我们的使命，坚持办好一所学校，造福一方百姓。控辍保学负重致远，我们要确保农村每一个适龄学生能够享受相对应的九年义务教育，使其能够在乡镇发展的这片热土之上，体验到教育带来的充实感。

培养合格加特长的学生，是促进乡镇中学发展的有效途径。乡镇中学在确保开全开足课程的同时，校本教研非常重要。我们创建了“低起点、小坡度，精讲多练，讲评结合”的课堂教学模式。实践证明这是乡镇中学行之有效地举措，分层次教学，确保了每年乡中教学合格率的提升。同时学校积极开展丰富多彩的社团活动和兴趣小组，让每一个孩子发展一至两项适合自己的个性特长，爱我所爱，充分调动其热情与活力，使孩子们进得来，留得住，学得会，成绩优。

陶行知先生曾经说过：“校长是学校的灵魂，一个好校长就是一所好学校。”校长对学校的发展具有非常重要的影响，校长的管理理念对学校的管理制度和科学发展起着决定性的作用。作为农村中学的校长，我们应与时俱进，迎难而上，时刻铭记校长的管理理念对学校科学发展的重要作用。我们需要不断地根据国家政策、社会发展进行管理理念的革新与完善，因校制宜，以科学高效的管理办法，促进学校的科学发展。我们要不断提高学校的办学质量，办学生喜爱、家长放心、社会赞誉的教育，使县域教育充满希望之光，普惠更多学子！

雨露润花蕾，温馨满校园

河南省灵宝市故县镇中心小学　姚建军　郭苗苗　李香香

巍巍秦岭，滔滔黄河，中州名镇，温馨校园。

故县镇中心小学以“创建和谐健康发展的乐园”为办学理念，以“五自教育”（生活自理、学习自主、行为自律、安全自护、信心自强）为办学特色，全面贯彻党和国家的教育方针，大力推进素质教育，关注每一位师生的发展与成长，着力打造温馨校园。

学校环境优美，布局敞亮，在乡村学校建设中属于佼佼者。校园文化建设依照“环境陶冶人、环境塑造人”的原则，力争让校园每一寸土地，每一面墙壁，每一棵花草都能给人带来温馨的感觉，艺术的熏陶。学校占地面积27300多平方米，校舍建筑面积9000平方米，绿化面积3500平方米，四季有花，三季有果，有着7000平方米的标准化操场。学校设备先进：录播室、图书室、仪器室、音乐室、古筝室、美术室、舞蹈室、航模室、科技室、心理咨询室、健身房等一应俱全。

环境陶冶人，环境塑造人。宽敞整洁的教室充满人文书香气息，班级文化墙简单又漂亮，楼梯文化独具匠心。“星光大道”见证着孩子们践行一米责任区、争做五自好少年的成长足迹；艺术长廊色彩缤纷，呈现着学生的美工作品，营造典雅的艺术氛围。成长路漫漫，五自来相伴。学校着力于学生学习、生活、交往、心理等各方面习惯的养成教育，培养新时代好少年。

孩子们书声琅琅，迎着朝霞认真阅读，沐浴着阳光尽情锻炼；傍晚，孩子们伴着月光抱着书本进入甜甜的梦乡。每一个走进校园的人都会感到校园处处别具匠心，似乎每景每物都在说话，打造温馨校园，“用环境育人，以美德育人”的教育理念已悄然形成。

近年来，学校领导班子充分发挥党员先锋作用，勇立潮头，运筹帷幄，务实求真，开拓创新，围绕 “创建和谐健康发展的乐园”的办学理念，形成了一套完善、科学、规范、系统的管理制度，培养了一支敬业、爱生、严谨、笃学的师资队伍，造就了一个勤学、善思、活泼、向上的学生群体。

“知识渊博，教艺精湛，乐于奉献，关爱学生”是故县镇中心小学教师的真实写照。这里汇聚了一支德才兼备、素质精良的教师队伍，全校50余名教职工中，学历达标率100%，中高级职称教师占近一半，故小的教师始终把教师誓词作为人生的最高追求，他们忠于教育事业，用爱心对待每一位学生，为他们构筑迈向成功的基座。在工作中他们是战友，齐心协力争创佳绩，在生活中亲如兄弟姐妹，互相体谅关心照顾，团结友爱的故小教师在这学校这个大家庭中幸福工作，快乐生活。

温馨校园，更是书香校园。诗词吟诵、学生每天书法练习、阅读积累、随身携带的口袋书，让师生亲近书籍，与好书为友，与经典对话，与博览同行；书法比赛、讲故事比赛、成长日记展评等活动，开阔学生视野，陶冶学生情操，积淀文学底蕴，提高文学修养。

故县镇中心小学坚持立德树人的根本，进行常规教育、主题教育，点燃德育活动，净化育人环境，塑造美好心灵，为学生成才奠定了坚实的基础。

故小舞台展风采，五自教育助未来。丰富多彩的文艺演出、运动会、体育联赛、少先队活动、志愿者服务活动、关爱留守儿童活动等，给学生搭建了参与展示的平台，让乡村孩子真正体会到“心有多大，舞台就有多大”。

乡村少年宫，助力成长梦。学校充分利用少年宫活动阵地，将校本课程分为花样社团和口风琴特色两大类。花样社团是学生根据个人爱好自选项目，具体分体育、音乐、美术、益智及手工制作五大项，开办有非洲鼓、古筝、尤克里里、电子琴、篮球、足球、乒乓球、各类美术、主持、趣味英语等40多个项目；口风琴特色要求全校师生共同参与，由音乐教师教老师，老师再教学生，逐渐达到人人都掌握此音乐技能。多彩的社团活动丰富着学生们的校园生活，助力农村孩子健康快乐成长。

学校本着“用美术提升品位，用音乐陶冶灵魂，用体育锻炼身体”的宗旨，大力开展特色体艺活动。除了开足开齐体音美学科的课程，还确保学生每天一小时的锻炼时间。创编了适合学生年龄特点的啦啦操、足球特色操、五自教育操等，增强了体育活动的趣味性、健身性、艺术性，让故小校园里龙腾虎跃。

春风化雨、浓情厚爱，各级领导和兄弟单位的关怀与帮助为该校的发展注入了不竭的动力。多年来，魅力故小在特色创新、质量创优、品味提升中一路求实稳进，辛勤耕耘换来了硕果累累。学校先后获得了县市级“养成教育示范校”、“平安校园”、“书香校园”、“特色校园”、“师德师风先进校”等荣誉称号，教师、学生在各级各类竞赛中屡获佳绩。

回眸昨日，枝繁叶茂，笑看今朝，老树新花，展望未来，任重道远。雨露润花蕾，温馨满校园，故县镇中心小学全体师生将乘着落实科学发展观的春风，阔步前进，踏着新时代中国特色发展之路让温馨校园的旗帜迎风飘扬！

奋勇前进提士气　扬帆起航续辉煌

河南省南阳市内乡县第三高级中学　刘占锋　谢长豪　王宾

连续六年刷新高考本科升学纪录，一举斩获河南省卫生先进单位、南阳市文明学校、南阳市平安校园、内乡县教育系统先进党支部等称号……这是河南省南阳市内乡县第三高级中学（简称“内乡三高”）克服各种不利因素，持续夯实高标准、高节奏、高质量的工作要求，严格落实强管理、扬特色、重实效、促提升的发展思路，扎实推进内涵式发展的办学之路所取得的新成绩，也是学校在“十三五”收官之年交出的亮眼答卷。

党建引领，补足精神之“钙”

无论是在地域上、硬件设施上，还是在生源质量上，偏居豫西南山乡的内乡三高都毫无优势可言。但全校师生憋着一股不放弃、不抛弃、不服输的劲头，凭借“初生牛犊不怕虎，三千越甲可吞吴”的气势，立足实际、着眼未来，党建引领、营造氛围，埋头苦干、综合提升，点燃了教师的育人激情，提振了学生的学习状态，不断推动着学校各项工作连上新台阶、实现大跨越。

不断加强自我学习、自我完善、自我革新、自我提升，从而带动领导班子和教师队伍主动学习、自我充电、不断进步，并纷纷参加“管好团队带好人”、“干在执行赢在沟通”等专题培训，领会先进理念，做到学以致用，形成三高特色，为学校高效有序运转提供了磅礴力量。

明确工作目标，党员干部带头，补足精神之“钙”，是内乡三高的一大鲜明特点。学校党支部坚持把领导班子建设放在首位，增强“四个意识”，坚定“四个自信”，做到“两个维护”，为学校高效有序运转提供了磅礴力量；党支部利用“三会一课”和中层干部会、全体教师会等一切机会，认真落实“第一议题制度”，学理论、学党史、学党章、学党规，谈体会、找差距、明措施、看实效，真正补足精神之“钙”；党支部对申请入党的同志进行全方位严格考核，择优推荐，保证党员队伍的纯洁性、先进性；通过评选优秀共产党员，设立党员示范岗，号召“一切工作看党员，一切党员看优秀”，真正发挥党员特别是优秀党员的模范引领作用，使大家“工作有标准，眼中有党员”，工作起来更加有的放矢、积极主动。

在去年的年度考核中，学校的党建工作位列全县教育系统前列，得到广泛赞誉，领到了一枚高含金量的奖牌。

坚守初心，发扬“三牛”精神

“发扬‘三牛’精神再接再厉，赓续三高辉煌人人有责……”在今年的开学工作会议上，学校向老师们提出了更高的要求：勉励他们充分发扬艰苦奋斗的老黄牛精神，不断提升思想水平和业务能力；充分发扬创新发展的拓荒牛精神，奋力开创工作新局面；充分发扬为民服务的孺子牛精神，紧紧依靠学生，一切为了学生。

教育教学能力是教师的基本功，内乡三高通过“走出去、请进来、深挖潜”等策略，采取周赛课、月赛课、期赛课制度与领导推门听课制度相结合的方式，把深层次的问题挖出来、亮出来，并运用批评与自我批评的武器，“采人之长，补己之短”，促使学校整体教学水平提升再提升。与此同时，学校坚持把赛课工作与每年的“十佳教师”评选相挂钩，使真正优秀的教师成为标杆和大家学习的榜样。此外，学校还坚持“每日一研”，每天上午专门拿出一节课让老师充分研讨，各课程组确定一个主备人、一个说课人、一个评课人，针对知识难点、疑点、重点，进行充分、反复交流研讨，为讲好每节课打下了坚实的基础。

面对近年来新进教师明显多于以前的现实状况，内乡三高坚持把加速新教师成长成作为教育工作的重要内容。学校主动搭建“蓝青工程”平台，实行新老教师“拜师结对”，有效消解了青年教师“上手慢、管理乱、问题多、无人教”的困惑，实现了新老教师的无缝衔接、代际传承。除“一对一辅导”外，学校还借助青年教师业务提升会、班主任培训会等专题培训，组织有经验的优秀老教师对青年教师进行“集体教学”，坚定教育理想，传授育人策略，提升教学技能，为“三年备考、教师循环”打下了良好的基础。可以说，“传帮带”使老教师有尊严、新教师有业绩，互为促进，相得益彰，其乐融融。

德才兼备的好教师还必须具有“爱生如子”的博大情怀，只有当师生关系融洽、气氛和谐、渠道畅通之时，一切的教育活动才能取得良好的成效。学校充分尊重学生的自主性和个体差异，大力营造充满欢乐、和谐、合作和互动的课堂氛围，积极建立一种民主、平等、尊重、温暖、理解的新型师生关系，让学生真正“亲其师、信其道”，课堂效率自然就能提高了。

砥砺奋进，点燃成才斗志

作为一所农村高中，生源基础差、底子薄，如何提振学生的精气神，激发学生的学习积极性，并把自己的人生追求与国家的前途命运有机衔接起来，让学生心中有梦、眼里有光、脚下有劲，是学校领导和老师们一直在思考和探索的现实问题。

“立足学生终身发展，塑造学生健全人格”，这是内乡三高一以贯之的德育工作目标。为更好地引领学生修德立志、胸怀天下，学校扎实开展一系列卓有成效的活动，如日常的思政课、主题团课，每月的主题教育活动、文化艺术活动及每学期的励志教育等，让学生真正参与进去，让教育内容入脑入心，进一步增强学生爱祖国、爱社会、爱父母、爱学习的意识，塑造学生拼搏奋斗、积极进取、团结协作的健全人格。尤其在历经疫情冲击后，学校通过开展“激情早读”、“激情跑操”、“激情班呼”等系列活动，从清晨起床到午后进班，从课堂到大课间，引导学生生发和释放激情，做到激情无死角、无处不青春。在潜移默化中，学生的精气神为之一变，“试看天下谁能敌”、“敢教日月换新天”的斗志被激发并产生裂变效应。

培根铸魂，打造校园文化

“民主、平等、尊重、理解、激情、进步”，是内乡三高校园文化的主题词。除引领学生用知识改变命运之外，学校还致力于打造激情校园文化，努力让健全人格和终身发展成为学校的标签，使学生终身受益。

内乡三高不只让学生读好“圣贤书”，更让学生知晓天下事。每天下午放学时间，校园电子屏前都站满了观看节目的学生。学校通过这个文化阵地，对学生进行党史教育、国情教育、国际形势教育、励志奋斗教育、爱国主义教育、理想信念教育等，激发学生为中华之崛起而读书、为民族富强而学习的激情。

高中阶段正是学生世界观、人生观、价值观形成的关键时期，内乡三高深入贯彻立德树人教育思想，通过营造激情文化来引领学生，让学生明白为什么学习。教室是学生学习的主阵地，加强班级文化建设始终是学校文化建设的重中之重。各班通过起班名、做班旗，引导学生从爱班旗衍生到爱国旗，从爱集体到爱学校、爱国家；打造课桌文化，引导学生把自己的短期目标、长期规划、优点、弱势、励志标语形成文字，时时提醒自己勿忘目标方向；寝室里突出“文明、和谐”的文化特色，张贴寝室公约和励志标语等，让寝室成为德育工作的另一课堂。在潜移默化中，一些别人眼中的“问题学生”正由内而外散发出一种自信、阳光、上进的气息，在追梦路上勇敢前行。

在内乡三高，教师坚持发挥学生的主体作用，努力改变传统的教师一味教、学生被动学的教学方式，充分调动学生的积极性和参与性，使学生在激励、鼓舞和自主中学习。同时，发挥学习小组的作用，让学生互帮互助、互比互学，一起进步，共同成长。

这是青春洋溢、活力四射的校园，这是激情燃烧、奋勇争先的岁月，这是点石成金、梦想成真的圣地。战鼓已经擂响，梦想正在起航。站在“十四五”开局的历史节点上，内乡县第三高级中学将继续扎根山乡，探索创新，因材施教，用情、用爱去激发学子的精气神，用心、用力去浇灌学子的梦想种子，让他们更好地向着心中的梦想和人生的目标搏风击浪、奋勇前行。

以孝行铺就底色　用优势照亮人生

河南省汝州市有道实验学校　姬有道

作为“优势教育万里行”的首发站，河南省汝州市有道实验学校凭借何种魅力得到众多教育界专家和社会各界人士所认可？

这源于学校始终坚持“以孝治校、经典诵读、优势教育、主体课堂”的教育理念，倡树“让优秀成为习惯，使卓越成为必然”的校训，着力培养学生“自主、自律、自省，自立、自信、自强”六种精神。

孝行文化，让多方实现共赢

在与学生和家长的接触中，我发现了一个不容忽视的社会问题：当下家庭独生子女较多，几代人围绕一个孩子转，过多的溺爱和骄纵导致了部分学生不知道尊老爱幼，不懂得感恩父母，一点小事就对家长大发脾气。加之父母工作繁忙，电子产品就成了学生的陪伴工具，学生与家长之间缺少应有的沟通，导致部分学生养成自私、冷漠的习惯。看到这种现象，我在痛心之余，便开始琢磨变通之路。

其实，孝心是每个孩子都具有的，关键是要把它唤醒。于是，我首先从习近平总书记提出的“国以人为本，人以德为本，德以孝为本”的讲话中得出思路，接着从《孝经》中“夫孝，德之本也，教之所由生也”的先贤论述中悟出本质，大胆提出了“以孝治校”的办学理念，并在实践中不断加以完善。

孝是中华民族的魂，是中华民族的根！把孝作为教育的并行者，可以起到相辅相成的作用。为了在学生中推行孝道，我可谓是煞费苦心，既要避免流于形式，又要让孝文化根植于每个学生的内心。

为了让学生身处浓郁的孝道文化氛围之中，我充分利用现有的校园空间建设宣传阵地，让校园的每一面墙壁都诉说仁孝，每一个角落都育人向孝：在校园内设立“孝”文化石和孝道文化长廊，积极营造孝文化氛围；亲自带领师生开展经典诵读活动，利用早读和课余时间诵读《弟子规》《论语》《孝经》等，用经典的力量潜移默化的影响师生，让孝文化的意义深入人心；除了在理论上引导，学校更在践行方面下足功夫，如每周布置孝行作业，包括在春暖花开的时节发动学生陪父母走进公园踏春赏花，在暖和的日子里鼓励学生帮父母晒被子，天冷的时候让学生为忙碌了一天的父母打来洗脚水，每次活动推出后，我都带领大家积极参与，并将活动的视频上传学校的家校共育平台，以榜样的力量来带动全校师生和家长效仿；为了更好地推行孝文化，我们还会定期组织师生观看以孝为主题的影视宣传片，开展以孝文化为主题的演讲比赛，并在学校开展“十佳孝亲尊师好少年”评选活动，通过身边人、身边事为广大学生树立榜样，让孝的种子在学生心中生根发芽。

久而久之，践行孝道、孝顺父母家人、尊师亲友的风气在有道实验学校传播开来，并惠及社会其他群体。其中，影响最为深远的就是跪拜父母礼。从践行孝文化开始，我便在每年的大年初一带头跪拜父母，跪谢父母的养育之恩。刚开始推行时，曾受到了社会方方面面的质疑，在一片作秀的评论中，我坚持自己的言行，并以榜样的力量带动更多的师生来效仿学习。开学后，许多家长找到我，开口第一句话就是“感谢姬校长，这个年我们家过的最有意义，不但孩子懂得了感恩父母，我们也懂得了父母的不易，媳妇也不和公婆吵架啦，家里的气氛越来越和谐”。还有一位年过花甲的老人拉着我的手一个劲儿地道谢，感谢学校的教育让小孙子懂得了尊老爱幼，让曾经不孝顺的儿子也浪子回头开始关心起父母。

从推行过年跪拜父母开始，至今已是第五个年头，在这五年里，从学校师生对父母亲人的跪拜，逐渐延伸到汝州市社会各界对父母亲人的跪拜。一时间，跪拜父母恩成了汝州市大年初一最隆重的仪式。在这一跪一拜间，低下的是谦虚的态度，感谢的是父母的养育之恩。“推行孝文化，我们学校即是践行者，又是受益者。”这是我最大的感受。甚至小伙子找对象都喜欢找有道实验学校的女老师，因为她们贤惠、孝顺、知书达理！姑娘找对象也一样！光我知道的就有好几对都是因为孩子或亲戚在汝州市有道实验学校上学认可这里的老师而结亲的。类似这样的例子数不胜数！

百善孝为先，孝乃德之本。“孝文化”是中华传统文化中道德品格的核心要素，会感恩就会正确认识自我，清晰自己的人生定位，为幸福人生奠基。自从把以孝治校作为教育核心在学校践行以来，师生的精神面貌大有改观，管理成效显著提升。

优势教育，让优秀成为习惯

作为一校之长，我经常要面对教师和家长为学生的教育而产生困惑的问题。每位老师都不想让班级有学生拖后腿，每个家长也都盼望孩子能够积极主动的学习。但人分百色，如何让学生均衡发展，找出自己的优势所在，从而对学习产生浓厚的兴趣呢？这不但是我的困惑，也是当下社会的大难题。

在这种情况下，我开始了多方探索和学习，在机缘巧合的情况下，结识了优势教育理论的创始人弘济老师，通过优势教育的三大法宝——优势教育理论、HJ-脑能测平仪、甲骨文“抚字问根”训练法，在学生中展开训练，找准学生的优势所在，发掘学生潜能里的优势基因，因势利导，帮助学生实现人生价值，走向人生巅峰。

自从推行优势教育以来，因为找准了学生的优势所在，学生变得更加自信和乐观了，对学习成绩的提高也有很大的帮助。如今走在校园里，观察迎面走来的每一位学生，你会惊喜地发现，在他们的脸上，看不到木讷和害羞，只有张扬的自信。

天生我材必有用，每个人都有自己的优势，发现优势，找到自尊，树立自信，让生命更加精彩，我们要学会用优势教育的理念和思维去武装自己的头脑，发现自己优势，遇见更好地自己，发现别人的优势，遇见更好地别人！正如弘济老师所说：“人的缺点像星星，优点像太阳，当太阳出来时，星星就不见了。”

主体课堂，使成绩逐年提升

学生是学习主体，学校的所有教学和实践环节必须突出学生的主体地位，引导学生自发学习，培养学生的自主精神。这是我们学校的又一大特色——主体课堂模式。该模式包括经典诵读、书法社、演讲与口才社、美术社、舞蹈社等系列活动，有助于学生树立家国情怀，培养兴趣爱好，从繁重的作业堆里解脱出来，绽放出自己精彩的一面。

我们的主体课堂旨在让大家养成自主、自觉的良好习惯，记住我们的六自精神——自主、自律、自省，自立、自信、自强！自主是一个人走向独立、走向成熟的标志，自主精神是一个人成长、成才、成功必须具备的基本素质。自律是自主的高级形式，是克制人的劣根性最有效地办法。自省能力是一个人境界、格局的体现，是一个人内求、内敛的写照，它决定着一个人成长、提升的速度，自省精神就是进步的精神，优秀的人和普通人的区别很大程度上来源于自省能力。自立是蜕变的开始，是成长的宣言，是成人的表现，是中学生走向成熟的标志。古往今来的成功人士都有一个共同的特点那就是自信，有了自信才能产生勇气 、力量和毅力。自信就像空气，它存在的时候你感觉不到，但一旦它不存在了，你就立刻会感受到窒息。自强是一个人活出尊严、活出个性、实现人生价值的必备品质，是我们健康成长、努力学习、将来成就事业的强大动力。

为满足大家对优质教育资源的渴求，2018年有道实验学校设立了汝南校区；2019年又设立汝州市有道实验小学。如今，我们学校已经送走了五届毕业生，他们均以优异的成绩向社会和家长交了一份满意的答卷。拿2019年中招来说，学校考生500人，有3人取得汝州市前十名的好成绩，在汝州市前100名考生中，有道实验学校就有33人。

一路走来，汝州市有道实验学校经过八年的磨砺，已经形成了自己鲜明的办学特色，在这片有着五千年历史的土地上，非凡的教育理念正在结出累累硕果！

劳动教育促成长，文明家庭绽新风

河南省郑州航空港区领航学校　马俊

劳动教育是学生德智体美劳全面发展的主要内容之一，是中国特色社会主义教育制度的重要内容。近年来，习近平总书记多次强调新时代劳动教育的重要性，指出劳动教育被淡化弱化的状况不仅影响立德树人根本任务的实现，而且与新时代对培养担当民族复兴大任的时代新人的要求不相适应。为弘扬中华民族传统家庭美德，深入贯彻落实“立德树人”的根本任务，把郑州航空港实验区“上善共生”的德育理念落到实处，我区开展了培育“新文明家风”，建设“新文明家庭”活动，提供了“优良的家庭环境”、“家务劳动新风尚”、“召开家庭会议”等六个抓手，有效地推进活动的不断深入。

我校是建成区最大的学校，也是生源较特殊的一个学校，90%的学生是周边村民的孩子，家长普遍文化水平不高，教育意识淡薄，教育观念和教育方法落后。基于此，学校立足实际，真抓实干，以家庭会议为媒介，从看似小处实则要处的家务劳动为切入点，拉开了“新文明家庭创建”活动的序幕。

一、做好宣传教育，奏响劳动乐章

习近平总书记指出：“劳动是财富的源泉，也是幸福的源泉。劳动最光荣，劳动最崇高，劳动最伟大，劳动最美丽。”为培养学生的劳动素养，提升学生的劳动技能，让学生热爱劳动，感受劳动的快乐。

我校通过向全体学生和家长发出《我是爱劳动的领航“善娃”》的倡议书，明确了各个学段家务劳动的具体目标和要求，以各学段目标为例，来落实劳动教育。

一、二年级：做力所能及的自我服务劳动，使学生认识劳动光荣，初步培养学生爱劳动的观念，争做爱劳动的好孩子。

三、四年级：做力所能及的家务劳动、公益劳动、简单的生产劳动，进一步认识劳动光荣，培养学生关心集体、爱护公物的品德，基本上做到自己的事情自己做，家庭的事情主动做，集体的事情积极做。

五、六年级：做简单的生产劳动，初步认识劳动创造社会财富，劳动没有高低贵贱之分。培养学生正确的劳动观念，良好的劳动习惯，热爱劳动、热爱劳动人民的思想感情和勤劳俭朴、珍惜劳动成果的品德，树立环境保护意识。

通过倡议书与家长达成共识，让家长们认识到参加家务劳动不仅仅是孩子全面发展的需要，更是民族复兴的需要。

二、召开家庭会议，护航学生成长

家庭会议是促进家庭成员相互沟通、营造民主气氛、实现家庭成员亲情和谐的重要载体，也是家庭优秀文化的酿造池，正能量的发源发声地。

为更好地召开好家庭会议，学校首先通过班主任专题会议，讨论形成家庭会议的基本流程即：以互相感谢，表达爱意为开始，以圆满解决问题，达成共识为结束，会议过程人人发言，最好三代人共同参会。拟定会议流程，搭建框架，便于家长和学生实际操作。

学校在本校教师中征集家庭会议小视频，推选出优秀案例供大家评议、参考，使家庭会议更加形象化，便于从未召开过家庭会议的学生和家长进行模仿操作，以规范家庭会议的形式，避免实施过程中走过场，无实效。

在班主任的具体指导下，每个家庭在两周内先后召开两次“家务劳动”主题家庭会议，一次是认识家务劳动的意义，进行劳动前的分工，制定劳动计划；另一次是经过一周的实践，对劳动效果进行反馈，家庭成员分享自己的劳动收获。

在家庭会议开展情况汇报中，我们发现了不少家庭会议中的闪光点：有的家长从老师推荐共读的《鲁滨孙漂流记》讲起，启发学生认识到，流落荒岛的鲁滨孙正是靠着创造性劳动才得以生存；有的学生从学过的课文《朱德的扁担》引出话题讨论，让家庭成员从伟人的身上感受到劳动的伟大；有些家庭劳动分工采取的是承包制，每位家庭成员根据能力承包一项家务劳动：有些家庭采取的是轮班制，根据家庭成员人数平均分配当班时间；有的孩子在谈感受时，破天荒地感谢爸爸妈妈常年的默默付出；有的孩子在分享时，把自己从劳动中得到的经验告诉弟弟妹妹；有的家长在总结分享时为孩子能把承担的劳动专项坚持到底而感到高兴；有更多的家长表示，看到了孩子的变化和成长……

通过“家庭会议”这种新的交流形式，每一位家庭成员都学会了互动沟通，学会了包容理解，学会了分担分享，加强了家人之间的亲密感和家庭的和谐度。

三、劳动磨砺心智，实践促进成长

思想意识的转变。之前有部分家长溺爱孩子，不舍得让孩子动手做家务，也有部分家长担心家务劳动影响孩子的学习。实践证明，家长手把手地教孩子收拾碗筷、整理书桌、洗衣服、拖地、做饭等基本技能，让孩子参与到家务劳动中来，不仅能增强孩子的体魄，发展其观察力、记忆力、注意力、创造力，还能培养孩子的义务感、责任感和吃苦耐劳的精神，形成家庭成员的自豪感。现在，所有的家长都非常支持学校开展“家务劳动”活动，按时召开家庭会议，全家总动员开展劳动，积极进行评价，“新劳动风尚”已经在领航学校的每个家庭里落地生根。

行为习惯的改变。由于原生家庭对劳动教育理解的偏差和教育方法的欠缺，相当一部分学生存在不珍惜劳动成果、不想劳动、不会劳动的现象。学校从小处着眼，通过班队会进行教育，借助拍摄劳动小视频示范引领，讲道理，教方法，培养学生的劳动意识和劳动技能。

教育一个学生，带动一个家庭。学校由在校的“整理书包”、“整理个人仪表”活动，拓展到“整理家庭书桌”、“整理床铺和衣物”、“我的家庭我美化”等家庭活动，通过打卡、分享、评比等方式，促进劳动教育长效化，进而养成良好的卫生习惯。通过小手拉大手，全家总动员，家长和孩子的卫生意识不断提升，家庭环境美观温馨。在孩子的带动下，很多父母也变得勤快起来。而父母又是孩子的老师，二者相互促进，共同成长，家庭关系也变得更加和谐。

家庭环境的改变。在家访中，我们无意发现，爱读书的学生其家庭有一个共同的特点，那就是“家家都有图书角，人人都有小书架”，而且书柜摆放有序，书桌干净整齐，通常还有一盆精神焕发的绿植。孩子们在这样美观、整洁的环境中身心俱安，很容易唤起读书学习的愿望。学生和家长在书房或亲子共读，在班级共读群里打卡；或读着各自喜欢的书，然后分享读后感；或共同录制一篇配乐朗诵作品，积极参加学校微信公众号“领读者”的投稿活动。

四、树立大教育观，深化劳动教育

学校、家庭、社会在学生劳动教育中发挥着各自应有的作用，彼此之间既相对独立，又要紧密联系，相互融合。

学校是劳动教育的主阵地，以班主任为主，全体教师都应结合学科课程适时地对学生进行劳动教育，培养学生劳动光荣的意识。通过每日的保洁区打扫和自留地管理，德育处和班主任给予相应的评价，培养学生爱劳动、会劳动的能力。

加强沟通协作，对家庭教育进行适时、适当的指导，是家校共育的缘起和初衷。构建班级网络互动平台，定期召开线上家务劳动主题家长会，组织入户进行新文明家庭验收，等等，旨在提高家长重视孩子劳动教育的程度，提高家务劳动的质量，不断增强家校凝聚力。

全区开展“培育新优良家风，建设新文明家庭”的活动以来，尤其是在疫情期间和后疫情时代，我校树立大教育观，积极走进社区，尝试探索建立新型学校社区合作伙伴关系，为学校与社区之间的良性互动，促进学校全面发展奠定良好的基础。新冠肺炎疫情期间，学校、社区联合评选“听党话　抗疫情”新文明家庭；在学校印发的《新文明家庭创建手册》上，把社区评价与学校评价、家长评价、学生自我评价相结合，打通社区内家庭互评的通道，探索多维度、多角度的综合评价体系，让评价变得精彩而丰富，促进学生劳动教育的深入发展。

我校通过国旗下讲话、主题班队会、定期评选劳动“善娃”、五一劳动节举行系列劳动比赛等形式，加大对劳动教育的宣传力度，让“劳动最光荣、劳动最崇高、劳动最伟大、劳动最美丽”的道理深深扎根在每一个领航“善娃”的心中。

正如著名教育家苏霍姆林斯基所说：“劳动是有神奇力量的民间教育学，给我们开辟了教育智慧的新源泉。”一年来扎扎实实的劳动教育让我们欣喜地看到，在领航这片“以爱为翼、以梦作马、以和润心、以悦成长”的沃土上，一个个充满智慧的花蕾已含苞待放，假以时日，必将迎来百花齐放，姹紫嫣红的春天。

“德育无浅处，春风化雨润无痕”。展望明天，我校将立足于劳动教育，着眼于社会文明，通过构建和悦共同体，培养自爱、自律、自信、自强的“领航善娃”，带动培育新文明家风，绽放文明家庭新风采，从而推进社会和谐发展。

对话新思政　培养奋斗者

黑龙江省佳木斯市第六小学　才春海

2017年10月18日，习近平总书记在十九大报告中指出，在全党开展“不忘初心、牢记使命”主题教育，“初心”体现本质属性、价值追求，“使命”体现历史担当、奋斗目标。办好思政课，则是全面贯彻党的教育方针，解决好“培养什么人、怎么培养人、为谁培养人”这个根本问题的重要途径。

为把握新时代教育的新方向，我校以思政课教学为立足点和落脚点，深入开展“不忘立德树人初心、牢记大国良师使命”主题教育，切实做到与主题教育对话，与特色党建对话，与课程实施对话，着力培养担当责任、肩负使命的奋斗者。每一次对话就是一次思考，每一次对话就是一次践行，旨在探寻教育本源，发展学生素养，培养有理想、有本领、有担当的新时代少年。

一、直面初心使命，做“心心相印”的思政课

“心心相印”是指思政课要走心。好的教育，一定是走心的教育。

卢梭说过：“认识儿童，研究儿童，走进儿童，温暖儿童，这才是我们思政课要做的事情。”所以“心心相印”，是指师者心与学生心印在一起，滋养心田，润物无声。这就要求老师们在儿童的拔节孕穗期，更要将思政课与立德树人的初心相结合，精心引导，用心栽培，帮助学生筑梦、追梦、圆梦，为学生埋下一颗真善美的种子，引导学生扣好人生的第一粒扣子。

二、结合六有六好，做“息息相关”的思政课

“息息相关”就是思政课采用双轨并行的方式，结合党建，双线组元。具体来说，党建是主阵地，思政课是主渠道；党建是方向，思政是基础。二者如鸟之双翼，车之双轮。我校精准党建特色是“六有六好”，“六有”是有初心、有忠心、有实心、有诚心、有爱心、有信心，“六好”是思想好、校风好、班组好、家风好、教师好、学生好，旨在将理想信念、道德情操、价值引领、人才培养、文化传承等都高度结合，开启协同育人模式，培育时代新人。

三、精准课程设计，做“源源不断”的思政课

在国家课程中显性呈现。小学思政课《道德与法治》教学能够帮助小学生树立正确的价值观和人生观，增强小学生抵制各种不良诱惑的能力，促进小学生更加健康的成长。学校思政教师团队选用优秀的专职教师和德育主任兼职教师，采用周教研、月培训，学期论坛的方式，加强对国家课程的解读，确保实施中全面体现生活性、活动性、综合性、开放性的课程性质。

在地方课程中隐性呈现。小学道德和法治教学和其他学科比起来，更具有一定的灵活性和自由度。学生往往对于带有浓厚中国传统文化特色、地方文化特色的内容和形式有着更高的亲近感和认同感，有着对于祖国和家乡自然环境和文化遗产的自豪感，因而我们在思想政治教育中要善于利用各种乡土资源，延伸和补充国家课程，从小培养学生热爱家乡、热爱劳动、热爱祖国的思想情感。

在校本课程中实践呈现。任何知识的学习都来自于实践，最终也将指导实践。因此，在进行小学道德和法治教学时，老师们可以将教学的课堂拓展到实践中去，让小学生在切身参与中去感受、去体验，这样才会真正使他们明白这些知识的真正意义。例如，我们的学生大多是独生子女，平时在家里都是“小皇帝”和“小公主”，都是爷爷奶奶服务他们。基于这一现实，我们可以开展“感恩”教育，组织孩子们一起去附近的敬老院看望老人，为爷爷奶奶捶捶腿、唱唱歌、聊聊天，使他们感受一下平时父母的不容易，从而学会感恩，做一个独立、孝顺的孩子。从课内到课外，从学校到社会，让思政教学走入更好地课程发展空间。

四、推动课堂转型，做“津津有味”的思政课

关注知识生活化。基于小学生思想政治教学实践要立足于学生日常实际的新课改要求，我们从学生的视角入手，注重从学生已有的生活阅历和知识经验来开展体验教学，将知识与生活结合在一起，保证教育的生活化，而不是一味地说教教育。

优化方法活动化。只有不断产生出认知的兴趣与新鲜感，才能提升学生的思想意识与实践能力。在这一背景下，教学留白式和教学活动式被提了出来，并成了一种比较有效地教育方法之一。在教学中，我们留给学生充足的思考和实践空间，使他们从传统的思维模式中解放出来，明理、循情、导行，将思想教育融入活动中，教学无痕，润物无声。

实现“微思政”开放化。“互联网+教育”的发展为小学思想政治教育开启了全新思路，思政课可以通过教育理念的转变和教育路径的拓展，尝试从微观视角出发即时渗透思想品德教育的“微思政”模式。“微思政”微小简单，看似随机，实则是精心设计，其内容会涉及思想、道德等教育的方方面面。它更加关注细微处，更加体现人文关怀，以学生实践体验为教育的核心内容，使学生看到、听到的内容更加生动、丰富、多样，从而极大增强了思政教育的感染力和实效性。“微思政”直指问题，关注学生身边小人物、小现象、小故事，主题突出，用身边事教育身边人，带动学生主动关注成长过程中的每个节点，彰显其道德实践魅力，从而培养学生健康积极的生命气质和良好的道德品质。“微思政”关注体验，而体验教育是一个道德认识的过程、道德实践的过程、道德情感升华的过程。例如，每天早上全体学生的课前誓言就是我们在这个领域做的一些尝试和探索，用微时间、微表达为学生提供道德体验的平台，以此来熏陶和启迪他们，把基本的做人做事的道理通过自身的主动参与转化为内在品质。

五、培养责任担当，做“代代相传”的思政课

一批批第六小学的思政教师，用自己的理想信念人格来培养一代代建设者和接班人。2019年10月16日，在佳木斯市第一中学，有1000多名校长和骨干教师参会学习，为佳木斯市统编版思政课做引领和示范。课堂以学习活动为核心，通过三大主题活动，即联系生活实际，以游戏教学引入德育点；细化教学目标，以体验教学突破学习做事、学习做人两条线；开展擂台活动、榜样活动、辩论活动等多样有效活动，以互动教学厘清知情意行，直指价值导向，帮助我市小学《道德与法治》教师更全面、更准确地了解“部统编”教科书的具体内容、编写思想、编写体系、结构特点，提高教师使用新教材的执教能力和研究能力，解决一线教师共同问题；研究新教材，领悟新理念，探究新思路，让学生自觉德育，体会本课价值导向；引领全市教师对新教材有了更深入的理解，起到了示范和辐射作用。其中，我校樊琪老师在市教育局举办的思政教学方法变革推进会中做了一节《道德与法治》的观摩引路课《这些事我来做》，本课教学聚焦儿童生活和成长，落实核心价值观，培养有爱心、有责任心的儿童。

本学期的教师事迹报告中，多位教师从不同角度讲述了自己和身边人的教育故事，用奋斗和爱心书写了第六小学教师的别样精彩人生。纪春岩老师的事迹，被主题教育巡视指导组推选到全市宣讲，并在抚远、同江、富锦、汤原、桦南、桦川进行了巡讲，她用坚韧和大爱为四川大凉山贫困山区的孩子们送去知识和温暖，她假期自愿支教的事迹，感动了现场所有人。

教育是一棵树摇动另一棵树，一朵云推动另一朵云，一群人唤醒另一群人的代代相承的事业。对话新思政，培养奋斗者。我们还要继

续探索，做到思政与核心素养对话，思政与五育并举对话，思政与家庭共育对话，让思政教学成为培养新时代好少年的重要力量！把思政小课堂和社会大课堂结合起来，教育引导学生立鸿鹄志，做奋斗者！

深化教学改革，提升教育质量

黑龙江省克山县西河镇中心小学　张占生

“十四五”时期是开启全面建设社会主义现代化国家新征程、向第二个百年奋斗目标进军的第一个五年，各项事业发展都进入了新阶段。义务教育也处于由普及发展向全面提高质量转变、由基本均衡向优质均衡迈进的新阶段。为了全面贯彻党的教育方针，全面提高教学质量，深化教育改革，努力推行素质教育，认真落实教育局的课改精神。在克山县教师进修学校的指导下，我校自开展自主互助探究型课堂以来，贯彻落实县教育局的工作思路，积极推行自主互助探究课堂教学改革经验，极大地提高了课堂教学效益，解决了课堂教学中高耗低效问题。

一、加强理论学习，引进源头活水

学校要求教师不断加强理念学习，开展教师教育学习活动，就是要通过教师的发展来促进学校发展，因此，校本研修的目的是要促进教师群体的发展，进而达到促进学校发展的目的，这也是校本研修的初衷和特性。

我校积极组织校本研修，加强理论引导实践。要构建自主互助探究课堂，教师最重要的“充电”应该是理论上的提升。所以我校精选科研骨干教师成立课堂改进行动研究课题小组，课题组成员通过先行学习，为课堂改革提供理论支撑，引进源头活水，以此带动全体教师，提高整体教师素质水平能力。

盘活学习内容，理论深入实践。课改组成员定期组织教师开展理论学习活动，通过理论学习寻找课改的生长点，及时组织教师听、评课，对听课时发现的主要问题展开讨论研究，交流自己教学过程中的得失与困惑，取长补短，智慧共享。

二、创新校本教研，名师引领发展

教而不研则浅，研而不教则枯。课堂是校本教研的主阵地，只有聚焦课堂，才能“研而有物”。聚焦课堂，我们通过采取多种方式，准确把握课堂教学改革新趋势，不断提升教育专业发展能力。

骨干师范，名师引领课堂。我们充分利用“名师工作室”和其他的校本资源，充分发挥骨干教师的示范作用和辐射作用，带头上示范课，研究课。以名师效应带动和影响广大教师积极参与课改研究，为教师的专业成长搭建平台。

带教引领　，师徒结对帮扶。为了加速青年教师的成长和发展，学校实施“青蓝”工程，让骨干教师和青年教师结成对子。师傅手把手的指导徒弟备课、上课，坚持互相跟踪听课、评课，开展“师徒同上一节课”活动，师徒共同交流设计好一个教案，师父给徒弟上示范课，徒弟通过试教磨好一堂课等步骤，让青年教师的迅速成长。同时还制定了“一课一评，一周一议，一学期一小结，一学年一总结”的帮扶模式。总结评比的内容不仅限于所任学科的成绩，还包括听青年教师上课，检查青年教师的备课、听课笔记和教学心得，看师徒听课评课记录以及学科成绩。不仅要总结师徒结对的经验。还及时总结教训，以启迪后人，少走弯路，并努力把它们上升到理论和高度去认识。

另外，我们通过采取“走出去、请进来、外学内赛”等多途径，给青年教师提供学习、展示机会，让青年教师尽快向学习型，研究型教学个性化发展，通过多种形式教师培训，教师专业技能得到有效提高。

三、成立教研小组，提高课堂效率

教研组是学校实施教学管理和教学研究的基层组织，是各学科教师进行教学研究的阵地。加强教研组建设，是学校实现教育目标的重要举措，是提高教师业务水平，促进课程改革和素养育人的需要。教师的成长如能与学校的教学管理、人事管理结合起来，使其形成机制，即制度化、经常化，就能从根本上保障和促进教师的成长。

为了调动学生参与课堂的积极性，我们鼓励老师为学生准备课堂奖励礼物；为了更好地引导学生自主互助，我们以教研组为单位，成立科研小组，根据本学科的特点专项研究教学中哪些环节可以自主、哪些地方可以互助；怎样引导学生自主学习，怎样让师生之间、学生之间有效互动起来，为教师搭建一个自我认识，反思教育，自觉提高的平台。促进自身教师专业发展水平的提升，使课堂教学研究形成一定成果，结合教学实践开展有效地教学研究，努力促进自己教育教学特色的形成，成为一名适应时代发展要求的合格教师。

同时我们出台了《西河镇中心小学高效课堂评价标准》，从学生的角度来评价课堂，主要从学生对课堂学习的参与率，师生、生生互动情况、学生自主学习时间，回答问题的创意性，学生知识的达标率等方面进行评价。对教师的评价主要看教师的引导，发挥得如何，这样课堂评价就由评价教师为主，转变为评价学生为主。

四、推进教研改革，提升教学质量

为了更好地推进教科研改革，进一步落实县教育局和教师进修学校的工作安排。克山县小学第五片区教研共同体开展“自主互助探究课堂”此次教研活动采取线上线下同步进行的形式，由我校承办。

活动中，课堂展示环节上，五年级语文课上，随着汪老师的引导，同学们通过自主互助学习，不知不觉走进了圆明园往日的辉煌之中，感受到圆明园的毁灭是世界历史上不可估量的损失。教学过程通过情境创设，协作学习，问题探索，深化认识等环节达到以学生为主体的自主阅读过程，更好地促进学生的全面发展，主动发展和个性发展，学生情感态度与价值观的高度融合，达到了语文课程标准的要求。

三年级的数学课，在刘老师的指引下，小朋友们通过刘老师创设的大量的学生用眼观察、动手操作、动口表达的实践活动，有效地提高了学生主动探索、解决问题的能力，探究验证了长方形和正方形的特征。学生们不仅体验到探究方式的多样化，感受到数学知识之间的密切联系，更体现了数学学习以学生为主体的课程理念。

三年级的英语课在陈老师的带领下，同学们和老师一起闯关，在快乐与挑战中学习了本节课的单词和句型，最后，通过小组合作表演对话的形式把本节课的知识进行巩固，既调动了学生学习英语的积极性，又达到了知识与技能相结合的教学目标。

展示课结束后开始评课议课，先是三位讲课教师进行课堂反思，接着现场听课的老师们把这三节课的优点、不足、需要改进的地方一一指出。最后进修学校的领导对这三节课做出了非常客观的点评。

最后在总结会上，我校副校长李兆祥做了“自主互助探究性课堂”的经验汇报，并与大家一起分享了参加本次教研活动的感受。本次教研活动已经扎根在每一位教师的心里，她像春雨，似明灯，在她的滋润下，在她的照耀下，我们的教研之花会越开越美，我们的教学质量也会芝麻开花——节节高！

五、自主互助探究，取得显著成效

在构建自主互助型探究课堂的研究过程中，我们收获的不仅是学生素质全面提高，还成就了一支富有激情，功底扎实、敢于创新，追求卓越的教师队伍，大大提高了课堂效益。在今年的第八批骨干教师评选中，我校的赵丽莉、李兆祥被评为县级骨干教师，孙喜华被评为市级骨干教师。我校汪庆丰、孟繁梅、陈琦等多名教师在自主互助探究课堂建设的初级阶段，为全县教师做了示范引领课，优秀教师的努力与成就，为我校的长远发展打下了坚实的基础。

孙喜华老师、陈琦老师、赵丽莉老师的三节研究性示范课：《解决问题》《植物妈妈有办法》和《Unit2 What's your hobby?》。三堂课以师生的共同活动为主，形式多样，以“锻炼学生自主互助学习为基调，培育学生追求卓越的态度，培养学生发现问题、提出问题、从而解决问题的能力”为基本目标；在教师指导下，学生以自主互助型学习方式开展学习内容。

自主互助学习型课堂，改变了教师的职业观念和职业行为。在每一节课堂上，教师总会面对数十个学生大脑的思维碰撞，随时都会面临智慧的挑战，课堂始终充满着活力，大大改变了教师的生活状态。教师的职业不再是简单地重复，而是不断地创新；不再是乏味、无奈和重负，而是始终充满激情。我们在学习状态下工作，在研究状态中提升。

课堂是实施素质教育的主渠道，课堂教学改革是提高教学质量的有效途径，今后，我校将一如既往地发扬求真务实的作风，不懈探索，深入研究，创新课改新的发展路径，让学生更自主，课堂更有实效。

丁家营镇小学文明校园创建工作总结

湖北省丹江口市丁家营镇小学　雷金贵　柴春梅

丁家营镇小学位于丁家营镇丁家营村火星庙沟，学校用地面积18881平方米，校园建筑面积2100平方米，校园绿化用地面积3500平方米。现有学生522名，14个教学班，教职工34名，其中专任教师34名，专任教师学历合格率为100%，岗位合格率100%。

近年来，在市文明办和教育行政部门大力关怀支持下，学校坚持“立德树人，质量强校”的办学思想，坚持以十九大和十九届四中全会精神为指针，依法治校，认真抓好学校各项管理工作，努力构建文明校园、平安校园，较好地完成了各项工作任务。一年来，我校先后荣获丹江口市“综合治理先进单位”、“文明校园”、“平安校园”、“教学质量优胜单位”等荣誉称号。教育教学质量位居全市前列，产生了良好的办学效益和社会效益。现将相关工作总结如下：

一、加强组织领导，高度重视文明校园创建工作

学校领导班子对文明校园创建工作高度重视，成立了由校长雷金贵为组长、支部副书记张继敏为副组长的创建工作领导小组。把创建工作列入年度工作计划，纳入目标管理，实行任务分解，各负其责。学

校与各部门、各班级层层落实责任，签订责任状，从而充分调动全体师生员工的积极性，形成全员参与，齐抓共管的良好局面。

大力宣传文明校园创建工作。学校利用校园宣传栏、橱窗、班会、教师例会等大力宣传创文工作，使创建工作师生知晓率、参与率达到100%，满意率≥98%。全体师生积极参加各项志愿者活动，教师经常利用节假日佩戴志愿者服装标志进村入户开展小手拉大手活动，上街开展文明习惯劝导活动。

二、圆满出色地完成了上级疫情防控指挥部交办的各项工作任务

在来势汹汹的疫情面前，丁家营镇小学34名党员干部挺身而出，用各自的方式，无怨无悔地参与到工作所在地或生活所在地的疫情防控工作中。

根据丁家营镇党委安排，通过周密部署，我校二十余名同志参与了全镇的防疫防控工作。所有参与防控人员能够听从指挥，哪里需要就到哪里去，能出色完成防疫防控任务。杨海波同志身体不好，主动请缨，在街道社区负责"外防输入，内防扩散"防疫防控工作。疫情刚发生，党员教师陈朋响应市防控指挥部号召，主动到所居住社区报到，后加入水都花苑小区临时支部，参加所在小区的防疫工作。防控值班期间，他一边照顾怀孕的妻子，一边担起小区疫情宣传、门口值守、发放临时通行证等工作，尽职尽责，毫无怨言。正是有了我们的付出，为全国疫情防疫阻击战的胜利奠定了坚实的基础。

三、"停课不停学"期间，在线教学扎实有效、教学秩序井然有序

(一) 全体教师政治思想素质有所提高。

全体教师在抗疫工作上达到了前所未有的认识高度，真正做到了事事有安排，事事有人做，怨言少，完成质量高。通过一系列抗疫优秀事迹的学习，激发教师的工作热情，树立正确的教育观、人生观。教师教育教学的团队意识、合作意识明显提升。

(二) 学生的养成习惯有所提高。

通过家校结合，学生的学习习惯，生活习惯都得到了有效地保持和提高。在学生教育工作中，以养成教育为重点，强化对学生的教育工作，把思想教育融入网络教学中，融入团队活动中。开展了"小组写字展评"，通过每天一小组，一展示，大大提高了孩子的书写兴趣，对规范学生的写字及提高高年级的写作能力，取得了明显的效果。

(三) 重视家庭、学校、社会"三位一体"，积极组织师生，带动家长，参与文明乡风活动，促进美丽乡村文明建设。

注重全员育人，通过学校、家庭、社会教育的有机结合，配合镇文明办，开展"教师廉洁书画展"、"好家风家训展示手抄报"、"传承好家风乡村演讲"等活动，各小组进村入户，以"小手拉大手"的形式，影响家长、邻居，促进乡村文明。各班通过网络各班召开家长会、教师大联访促进家庭教育与学校教育的融合。

(四) 加强了教师队伍建设。

加强了教师队伍管理。加强了全体教师特别是党员干部线上线下的政治理论学习，完善学习制度和计划，全面提高教师政治素质。加强教科研工作，开展好网络教学工作。完善教学评价办法，疫情期间制定了新的《丁家营镇小学绩效考核办法》完善教职工绩效工资分配方案，科学合理配置教育教学岗位。加强了师德师风建设，全面提高教师的教师质量意识，端正全体教师的教风。加强了志愿者活动的力度，教师佩戴志愿者服装标志积极下村开展小手拉大手活动，上街开展文明习惯劝导活动等等。

(五) 规范办学，开齐、开足、上好国家规定的各类课程。

虽然在网上教学学校要求督促教师特别是班主任利用空中课堂，利用湖北教育云平台尽所能的开展《心理健康》《生命与安全》；根据学校情况开发校本课程，严格按照文件要求减轻学生课业负担；积极落实教学。

(六) 加强教科研工作，开展好网络教学工作。

抗疫特殊时期，积极提高教师的教科研水平和能力，开展富有特色的校本培训，落实教师"四个一"活动（计划、总结、优质课、教案）；每月检查一次所有教师的教案和作业，并有档案记载。各项教研活动加盖公章并签署意见，每月评出优秀教案；对不合格教案及教师发出整改通知书，限期整改。开展2次各学科的素质考核，并组织教师写出高质量的学科试卷分析。积极组织老师参加市级教研活动。

(七) 大力开展阳光体育运动。

我校积极利用教育云平台上好体育课，教师到校办公后利用下午四点一五点一小时要求教师在校运动一小时，积极踊跃参加气排球运动，提高了全体师生的运动积极性，师生训练对阳光体育的热爱度大大提高。

四、停课不停育，通过活动对学生进行德育教育

为阻断疫情向校园蔓延，确保师生生命安全和身体健康，认真落实党中央提出的"立德树人，五育并举"的教育方针，丁家营镇小学政教处特别为孩子们制定了居家学习的德育课程，学生在老师的指导下开展各种学习活动，合理安排作息，培养良好的习惯，真善美的性格，健康的心理，增强体魄，健康成长，把这段居家时间变成快乐、充实的成长时光。班主任每周根据政教处、少先队定的主题，自行进行活动，以钉钉班级圈，美篇等载体周六、周日集中展示，班主任给学生、家长进行指导，家长根据班级提供的主题进行班级圈建设，全校14个班级建立了"抗击疫情、心理健康、生命安全、防溺水、我运动、我健康、老师来到我家、小手拉大手、清洁家园、劳动教育、爱学习"等钉钉班级圈话题，不断完善和丰富学生的生活，要求每个主题每个学生都要参与，使用图片、视频并适当配备文字。学校根据展示内容，共评比出优秀学生50名，优秀家庭30个。为我校的创文工作奠定了坚实的基础。

五、师生安全管理是底线，落到实处，重在细节

我们要求老师要强化责任心，消除一切侥幸心理，关注细节，把工作做到前面。为了防患于未然，我们每周都会在教师群、班主任群里强调师生的生命安全教育和心理健康教育，学校和班主任老师在每次对学生进行疫情防控、防溺水、交通安全、防网络成迷等安全教育后做好教育记录。

在特色指标方面，我校积极参与所在街道、社区各类文明创建活动，加1分；积极配合本地文明城市创建工作，加2分；在省主要媒体宣传报道，加1分。我校文明校园创建得分为104分。

总之，创建文明校园，全校师生高度重视，取得了显著成效，促进了各项工作的圆满完成，2021年1月，我校被评为"十堰市文明校园创建先进单位"、丁家营镇小学志愿者小队被评为丹江口市创健全国文明城市优秀志愿者小队。但是我们还有很多需要注意和改进的地方，创文工作永远在路上。今后我们将以创文为契机，促进学校各项工作又好又快地发展。

多元发展创特色　品质立校育桃李

湖北省房县城关第四初级中学　王德勇　张琼

时值姹紫嫣红的季节，四中文明之花的大花园里已百花绽放。四中人始终秉承多元发展创特色理念，立足品质立校育桃李之行，在文明创建的路上迎来了芳香四溢的新气象，开创了蓬勃向上的新局面。

房县城关镇第四初级中学创建于1984年，是一所正在奋进发展的初级中学。学校先后获得"十堰市安全文明校园"、"十堰市综合治理先进单位"、"十堰市示范性家长学校"　、"房县园林学校"、"房县教育教学先进单位"荣誉称号。今日漫步四中校园，树木苍翠，景色宜人，设施齐全。图书室翰墨飘香，运动场宽广整洁，楼苑间绿草如茵。处处有修葺的佳木，有盛开的鲜花，悦人耳目，怡人性情。徜徉清雅秀丽校园，聆听琅琅书声，细闻袅袅雀语，一种灵台明净、神清气爽之感油然而生。

近几年来，我校坚持"育人为本"的办学理念和办学宗旨。一方面把"多元课程引领，促进全面育人"作为德育工作的出发点和落脚点，确立了以"立德树人，全面发展"的德育文化理念，大力开展以"习惯养成"和"节假日活动"为抓手的系列德育教育活动。另一方面，学校也着力文明校园创建，通过学校文化、校园环境、师资队伍建设等，不断深化办学内涵，提升教学质量，让生命绽放绚丽的光彩。

一、铸魂培根，倾力课程创新彰显特色办学品质

"初心如磐，使命在肩"。习近平总书记明确指出："思想政治理论课是落实立德树人根本任务的关键课程。"多年来，我校一直高度重视思政课的建设，德育处成立了"以德育人，思政首领"的课程课题，校长亲临一线，监督各项工作开展。学校通过思政集体备课、教研活动以及专门的思政育人专题研讨活动，提升教师素养，倡导教师给学生心灵播下真善美的种子，引导学生扣好人生第一粒扣子。为了提升思政课教学效果，一直以来，我校积极创新思政课教学方法，要求思政老师自觉把课堂讲授、核心素养导向的"1235"课堂教学模式、小组合作探究、课下作业四大要素统筹起来，引导学生从课堂的客人变成课堂的主人，充分发挥思政课的引领作用。

在实际教学中，我校各科老师都结合身边的现实例子来进行教学，以触动学生心灵，引导他们树立正确的世界观、人生观和价值观，让社会主义核心价值观在学生的心中扎根发芽、开花结果。

"他山之石，可以攻'育'"。我校以课堂建设为突破口，以小组合作为平台，构建核心素养"1235"课改高效课堂。通过学生的激情展示，让快乐地思绪得到自由地释放，让德育的精神之花在各科课堂上得到灿烂绽放。特别是语文在经典课文中让学生感受亲情、感恩社会等，数学、物理中探究内容，引导学生树立积极向上的"三观"，注重对科学精神、科学态度等的培养，促进学生培养勇于创新、求真求实的思想品质。

魅力四射的社团课程是学校的一大特色，是培养学生个性化发展的有力途径。我校开设各类社团课程，促使学生快乐成长。2019年秋季，我校开设了篮球、乒乓球、排球、足球、合唱、棋类、美术、舞蹈、书法、手工共十个社团课程，既培养了学生的个性特长，实现学生多元化成长，也加快实施素质教育步伐。

二、多措并举，致力校园创建营造和谐育人氛围

校园文化是学校可持续发展的动力，是学校综合办学水平的重要体现，也是学校个性魅力与办学特色的体现。为加强校园文化建设，学校着力打造"文化育人，育文化人"的特色校园。 2014年10月学校确立"知行文化"为学校文化主题。鲜明的办学理念和风格独特的墙壁文化、走廊文化、处室文化、班级文化构成特有的校园风格。校园内悬挂了"一训三风"、校徽、规章制度、职责、名人名言、励志美文；更新了安全常识、知识天地、师生书画作品和获奖成果，丰富了文化橱窗内容；制作了文化宣传牌；开展了班级文化建设和五星级班级评比活动；设置了爱护花草的文明言行标志牌。此外，我校也通过校园环境建设，积极开展卫生、环保、综合治理等工作，广泛开展"洁校"行动，教室卫生、走道、楼道每周拖洗一次，切实做好校园绿化美化净化工作，校容校貌焕然一新。我校还联手公安食品监局对校园周边商店，"四类人员"进行治理，用坚实的脚步，履行学校创建文明校园的决心。

一切教育都以学生安全为重，让学生在安全和谐、健康快乐地学习氛围中成长是任何一所学校不可推卸的责任与义务。学校把学生安全教育和心理健康教育看作生命线一样，严守不殆。为了进一步增强学生的安全意识和自我保护意识，提高学生对生命意义和价值的认识，让学生学会珍惜生命，健康成长。近年来，我校将《生命安全》和《心理健康》两门地方课程设置于课程表内，每周一节，有专职教师上课，有教案设计并有作业检测。同时积极开展各类以安全为主题的系列活动，严守学校安全的第一道防线，帮助学生树立生命安全意识，掌握必要的安全知识，培养学生积极乐观、健康向上的心理品质。

城关四中地处城乡接合部，为了让各种类型学生切身感受到学校的温暖，培养健全人格，我校德育处深入各班，针对双留守、单亲家庭、网瘾、身体有重大疾病及自残、抑郁、自闭等特殊学生进行一一摸排，建立一生一档的台账；开放"咨询室"，落实《特殊学生关爱实施方案》。通过展开地方课程，让学生对生命的意义有更深刻的认识，帮助学生正确认知生命、珍爱生命、尊重生命，树立正确的生存、生活观念。为了助力于和谐文明校园的创建。我校也大胆创新，致力于课程创新和探索。经过认真分析研究，结合经典诗歌、文学，精心编写了《经典诵读》和《经典品读》两本文化课程，让这些特色课程进课表、进课堂，经典文化得以传承，培养了学生的阅读习惯，拓宽了学生的知识面，提升了学生核心素养。

三、弥足根本，立足教师发展助力办学质量提升

优质的教师团队是提升教学质量的重要基础。一直以来，学校鼓励教师进行学历进修、继教培训、校本研修，坚持实施"青蓝工程"和"名师、名班主任"两大工程，采取以老带新"结对子"、教学练兵"搭台子"的办法，引领青年教师、学科组、备课组及年级的发展，促进教师的专业成长。疫情期间，我校还以专题培训、疫情演练为载体，广泛开展"向抗击疫情英雄学习，塑造高尚师德，展现时代教师风采"主题宣传教育活动，用"四有好老师"标准、"四个引路人"、"四个相统一"和"四个服务"等要求引领教师成长发展。努力建设一支师德师风优良、师生关系融洽的教师队伍是我校不懈的追求。

班主任是课堂教学的核心力量，是影响教育品质的重要因素。为了不断提升班主任的综合素养和专业技能。我校一方面大力开设了班主任成长课程，提高班主任的责任和安全意识，加强常态化、规范化、精细化管理。学校每两周召开一次班主任例会，开设班主任论坛、师徒结对，优秀班主任的先进做法点滴体会运用PPT展示，其他班主任点评，形成相互学习交流的局面。另一方面，我校也把目光着眼于学生行为习惯养成方面，积极研发"养成"课程，加强行为习惯养成教育。编写以"养成教育"为主题的《良好行为习惯养成》校本教材，加强学生各种行为习惯的养成教育；开展每月一次班级小组德育"五星级"量化。"星级小组"、"星级班级"、"星级明星"的评比活动；坚持开展阳光体育运动，倡导课间活动师生一起跑步、做眼保健操；每学期组织"元旦、五四"文艺汇演、秋季运动会及研学旅行，延伸了课堂，展示了才艺，学生体验到了满满的成就感。此外，为进一步深化德育教育工作，我校也会经常利用节日主题，让学生作为节日活动的主人，引导学生树立正确的英雄观和历史观，厚植学生的爱国情怀。近年来，我校先后出现了一大批"学雷锋美德好少年"：王喆伟2013年先后被市、县委宣传部授予"十佳文明青少年"的称号，被评为"湖北省美德少年"。2014年戢飞翔被评为"房县美德少年"；2016年余柳漪被评为"十堰市美德少年"；2017年罗雯被评为"房县美德少年"；2018年杨一鸣被评为"十堰市美德少年"。这些荣誉都是学生用亲身体会和自觉遵守所得，为学校增添了光彩。学校是学生的学校，也是家长的学校。为充分发挥家校的共育作用，我校成立了"学习型家长学校"和"家长委员会"，每学期通过家长委员会、家长座谈会，倾听家长对学校的意见和建议，加强家校联系，形成德育合力。

教育，就是精神的唤醒，潜能的显发。文明校园的创建，不仅提升了学校的精气神，也提升了学校的办学品味。经过多年的建设，我校已在品质办学的道路上愈走愈远，学生们在这片乐土上成长，幸福的笑容洋溢在他们脸上。展望未来，任重道远。立足新起点，我校会继续坚守育人理念，用心培育，用爱浇灌，用情怀装点教育事业的百花园，用拼搏书写四中教育新篇章！

五育并举壮心志　鹏魂楚韵定乾坤

湖北省黄石经济技术开发区·铁山区鹏程小学　黄文龙

"一年之计，莫如树谷；十年之计，莫如树木；终身之计，莫如树人。一树一获者，谷也；一树十获者，木也；一树百获者，人也。" 这段话既阐明了人才培养的重要性，也揭示出人才养成的不易。我校伫立在大冶湖畔，北依黄荆山，南邻武黄城际铁路大冶北站。占地面积28亩，建筑面积4929平方米。校园环境优美，人文底蕴浓厚。鲲鹏有一飞冲天的意象，我校校名便是从种取意。以"鹏程万里"的凌云壮志为主题，以"大鹏"、"祥云"为主要图案，以"志存高远，拼搏有为"精神文化为主轴，以"鲲鹏展翅，图文并茂"的物质文化和"有抱负、有担当"制度文化为两翼，如同展翅的雄鹰，翱翔于教育的蓝天之中。一直以来，基于校名的文化基因，我校始终坚持发掘乡土文化，弘扬传统文化，以文化立校，特色强校，打造"鹏魂楚韵，四声和畅"的"四声校园"，促进学生"五育并举，和谐发展"。经过几十年的沉淀，我校凝聚了"胸有远大理想，行能脚踏实地"的核心价值，坚守"为实现美丽的梦想打下坚实的基础"的办学理念，秉承"志高行远，好学向善"的校训，全力营造"积极向上"的精神面貌、"文明和谐"的校园环境，打造"书声、歌声、笑声、掌声"、"四声校园"，围绕"鹏程"二字铺开美丽的画卷。通过学校所有师生的协作努力，我校先后获得了"湖北省校园文化百强校"、"黄石市现代化学校"、"黄石市十星级学校"、"黄石市文明校园"等荣誉。如今，通过恪守"鹏魂楚韵，四声校园"的办学方针，我校已经开辟出一条"以梦为马、文化立校、特色强校"的新路径，真正做到了把校园建成学生精神的家园、学习的乐园、成长的摇篮。

一、铸魂培根，立足均衡促发展

校园中的每一座建筑、每一处景点，每一片绿色，都成为一种思想的传递，一种文化的表达。基于我校文化基因，我校把鲲鹏之精神彰显在学校的各个角落。一进我校校门便能能见一幅硕大的浮雕，有展翅翱翔的大鹏和静心阅读的学生，还有"学做鲲鹏飞万里，不做燕雀恋子巢"的谚语。左面面教学楼取名"筑梦楼"，意为胸有远大理想，行能脚踏实地；右面综合楼取名为"翔宇楼"，意为追求卓越，自由翱翔。两楼之间的绿化景点有一文化石，题名"稚鹏苑"，寓意校园是学生成长的摇篮，梦想在这里起步。走进校园，目之所及，祥云送瑞，鹏鸟扶摇，主次呼应，人景相映。让每一面墙会呼吸，让每一寸土地能说话，如春风化雨，浸润心灵，启迪智慧。

古人云：蓬生麻中，不扶自正；白沙在涅，与之俱黑。儿童的读书成长离不开环境的熏陶与影响。为让阅读成为人生的加油站，让书籍成为师生进步的阶梯、理想的沃地，我校推行了"开放式阅读"营造浓厚的读书氛围，让浓郁的书香沁满校园。通过开放阅读空间、开放图书来源、开放图书管理多个方式，鼓励师生交流，激发阅读兴趣，规范阅读秩序。我校还成立了"书香校园"领导小组、读书指导委员会，各班成立了"小书虫读书小组"、"小作家读书小组"、"小读书推介员小组"、"小经典记录小组"，小组成员之间相互合作、相互监督。强调"每天阅读半小时"，以教师阅读带动学生阅读，以亲子阅读推进社会阅读。此外，我校定期举办"读有所得、读有所说"的读书沙龙，定期举行读书论坛、读书竞赛活动。结合传统节日，我校还积极开展经典诵读和讲故事活动，近年来学生在区级以上读书竞赛活动中获奖达32人次，在"古诗词背诵大会"、"汉字听写大会"、"经典诵读比赛"上多次获得区、市级优秀奖，我校因之被评为"黄石市最美校园书屋"。

学生的成长不应是知识的积累，更要综合素质的螺旋上升。为此，我校以体育艺术活动（即"歌声"）打造"律动校园"，点亮特色课程，促进学生的全面发展和个性化发展。我校积极开展学生感兴趣、能参与、有活力的体育艺术教育活动，使学生人人有"琴棋书画"四雅，个个有"唱跳诵舞"四能。依托课堂上好音乐课，传授音乐知识，培养音乐素养。我校通过聘请会器乐的学生家长给学生上兴趣课，鼓励学生双休日参加器乐、舞蹈类的培训。利用学校教师特长设立书画室，开设书法和绘画课程，让学校再添一缕墨香味、丹青情。

根据学生的需要，我校还专门成立了歌唱队、舞蹈队、田径队、足球队、龙狮队、威风锣鼓队。推广校园集体舞、韵律操、健美操，鼓励师生就地取材自制道具，开展喜闻乐见的容易普及的融合体育与舞蹈相结合的活动，如滚铁环、沙锤舞、竹竿舞、袋鼠跳等，让学生舞起来、跳起来、动起来。

体育艺术活动的开展即丰富了学生的学习生活，也融洽了师生关系，发掘了学生潜能，增强了学生的自信。我校的花样皮筋《快乐童谣》获湖北省黄鹤美育节优秀节目，有20多人次获市中小学学生个人才艺比赛和田径运动会的一、二等奖。在湖北省舞龙舞狮锦标赛中，舞龙获省三等奖，舞狮获省一等奖，被评为"湖北省舞龙舞狮锦标赛最佳人气奖"。此外，我也通过精心打磨传统项目，使之成为特色品牌，如舞龙舞狮、花样跳绳、扇舞操《楚韵》、羽毛球操、威风锣鼓等，让学校遍布艺术和体育的气息。最让学生开心的是我校采取"走

学”的方式，让学生自主选择参加科学、艺术、棋类和劳动技术等兴趣小组活动。在创客室里，开设了3D打印课程、scratch编程课程，WER挑战赛课程、创意构建课程、物联编程课程、智慧电子编程课程等。学生可根据的兴趣报名参加培训，充分享受创新与分享的快乐，真切感受到现代信息技术的魅力，提升信息技术的素养。另一方面，我校也通过精心打磨传统项目，使之成为特色品牌，如舞龙舞狮、花样跳绳、扇舞操《楚韵》、羽毛球操、威风锣鼓等，让学校遍布艺术和体育的气息。最让学生开心的是我校采取“走学”的方式，让学生自主选择参加科学、艺术、棋类和劳动技术等兴趣小组活动。在创客室里，开设了3D打印课程、scratch编程课程，WER挑战赛课程、创意构建课程、物联编程课程、智慧电子编程课程等。学生可根据的兴趣报名参加培训，充分享受创新与分享的快乐，真切感受到现代信息技术的魅力，提升信息技术的素养。

二、寓教于乐，孕育特色立校新气象

“微笑是活跃课堂气氛的润滑剂；老师带着微笑出现在课堂上，就会在教与学之间架起一座情感交流的桥梁，就能让学生和蔼可亲的愉快的气氛下喝下科学的乳浆。”笑声就是推行微笑教学和合作学习。为此，我校积极营造适合学生学习的氛围，引导学生学会学习，体验学习的快乐，打造快乐地校园。每一个孩子都不可能是完美无缺的，以微笑面对孩子的失误和偏颇，用宽容使孩子的每一次挫折都成为成功的经验，宽容会使教育的每次都充满快乐。除笑声之外，还有掌声。“掌声”最暖心，也最励志，是我校励志文化的形象体现。给他人以掌声，感谢和感动，是最好的激励；给自己掌声，自信和自强，是最好的鞭策。我校以“大鹏展翅”定位人生的追求，引导学生从雏鹰展翅和鹰之重生中获得“积极进取”实现人生远大理想的励志动力。一是开设道德讲堂的对学生进行励志教育。每学期开展两次全校性的道德讲堂活动，每次的活动主题不同，有携手黄石市百姓宣讲团“我和我的祖国”的百姓宣讲，有学习黄石好人故事的讲解，有感恩教育的宣扬。二是通过诵读古今中外的励志名言、警句和名人故事，化为学习的动力。通过组织学生学习身边的榜样，化为自觉的行动，成就人生的梦想。三是精心组织周国旗下的讲话，讲好励志的故事。四是每次主题班队会要对学生进行日常行为习惯的养成教育，以榜样为标杆，从小立下奋斗的雄心壮志。五是发行《稚鹏》校刊，每季一期，搭建师生写作和交流的平台，传递励志精神。六是每期期中和期末开展校园明星评选（评选出学习明星、管理明星、道德明星、进步明星、礼仪明星、才艺明星、劳动明星），举行隆重的颁奖仪式，宣读颁奖词，赏识每个学生的进步，多方面激励师生的积极进取，每天进步一点点，积小步、跨大步、成大业。

“合作学习”是我校一直以来贯穿在教育教学的核心理念。我校坚持“以学定教、先学后教、当堂训练当堂练习”，构建适合学生学习的课堂，让学生善于学习、乐于学习。通过“兵教兵、兵练兵、兵励兵”，充分调动学生学习的主动性，用最少的时间、最简单的方法让学生掌握最有意义的知识。各班根据学生性别、能力、个性差异的不同分成若干个实力均衡的小组，展开竞赛。为激发学生合作思想，我校还大胆打破传统的前后排的座次，采取环形座位，方便成员之间的沟通与交流，效果显著。

在信息化飞速发展的时期，教育的发展同样离不开信息化建设。我校抓住教育信息化2.0的机遇，大力推进教育信息技术与教学的深度融合，走现代化强校之路，做现代化育人之师，培育具体“中国心、世界眼”的现代人。老师们积极探索线上线下混合教学，因材施教地选用微课、翻转课堂和电子交互白板教学的信息化，对学生进行个性化的教学，让学习更便捷、更容易，让教师、学生都能灵活运用现代化信息技术快乐学习，形成了适合鹏程小学学情的学习模式，打造充满快乐地智慧校园。

三、拨云见月，谱写鹏魂楚韵新篇章

非知之艰，行之维艰。教育是一项知行合一的事业。学校的内涵、品位和文化底蕴需要被全体师生牢记并践行，应如和风细雨渗透到学校各处角落，待春暖花开。未来路上，我校会继续遵循“五育并举，和谐发展”的教学原则，领悟“鹏魂楚韵，四声和畅”的办学思想，并贯穿于教育教学中，迎接灿烂的教育晴天。

践行质量强校，构建和谐校园

湖北省荆门市东宝区栗溪镇姚河小学 张友权

教学质量意味着一所学校的生命。无论是学校的管理工作、德育工作还是教学研究、师资队伍建设，都要围绕教学质量来开展。教学质量是实现教育事业跨越发展最重要的保证，是学校所有工作的出发点和归宿。党的十九大报告指出，人才是实现民族复兴、赢得国际竞争主动的战略资源，强调要“聚天下英才而用之，加快建设人才强国”。学校作为人才领域的重要阵地，在思想上要把人才队伍视为学校的第一战略资源，在行动上把人才工作摆在更加重要的位置，大力实施人才兴校、质量强校的战略，推动新时代教育事业的新发展。

我校始建于1949年，1987年行政体制改革成立新校，正式创建姚河乡中心小学。2001年行政体制改革，更名为姚河小学。校园占地12.7亩，总建筑面积2301平方米。学校服务范围1个居委会及12个自然行政村。学校坚持“德育为首，以人为本，质量强校”的办学思想，以教学常规管理为切入点，坚持科学发展观，依法治校，认真抓好学校各项管理工作，着力构建和谐校园。

一、加强队伍建设，培养优秀教师

教师的素质直接影响着学风和校风，教师的形象直接关系着学生素质的培养。因此，师德不是简单的说教，而是一种职业精神体现，一种深厚的知识内涵和文化品位的体现。

我校非常重视教师的思想教育，要求教师在平时的教学工作中时时严格要求自己，时时自我反省，做学生的表率。为了塑造教师为人师表的良好形象，学校有针对性地提出了几点要求，一是要求全体教师爱护关心学生，蹲下走近学生的心灵，和学生做知心朋友、和学生的家长交朋友，不准冷嘲热讽伤害家长，更不准教师训斥家长；二是严禁教师体罚和变相体罚学生；三是禁止教师私自为学生乱订刊、乱收费补课。

二、抓实教育科研，促进内涵发展

教育科研是学校发展的第一生产力，为强化学校教育教学工作，我校狠抓教学常规管理。在教学管理中，学校要求教师认真备课、讲课、布置批改作业、单元测评等各个环节。曾集镇中心小学对任课教师从这几方面进行必要的引导和严格的检查。每月进行教学常规检查，并将情况在例会上进行通报。通过全体老师的相互交流，极大地促进了教师的教学水平。

近年来，学校不断提高教育教学质量；树立质量兴校、质量强校的意识，紧扣教学中心，强化科学管理，竭力打造规范校园、和谐校园。从1986年实施《义务教育法》以来，1988年被团省委、省教委、文化厅授予“家乡改革小功臣”先进集体。1991年、1992年被评为市德育工作先进单位。1998年被中央教科所授牌为“国家重点科研课题活动教学与小学生素质发展实验学校”，1997年、1998年、2003年、2005年、2006年 、2016年被评为区教育教学质量综合评估先进单位。

三、注重德育管理，提升德育实效

加强学生会干部队伍建设。在每学开学之际，为了进一步规范学生日常常规行为，让学生明确学校德育常规要求，使学生尽快地融入新学期的校园生活当中来，学校德育处开展了“常规行为训练周”活动，为德育工作的顺利开展做好了良好的铺垫。以创建平安校园为契机，全方位，多渠道，强化了养成教育。以班级教育、自我教育为主，帮助学生养成良好的行为习惯，收到了良好的教育效果。

学校每年清明节开展手抄报活动，劳动节进行体验劳动美活动；端午节让学生感受祖国传统节日的独特风情。通过开展这些丰富多彩的活动，陶冶了学生们的品质，锻炼了学生们的能力，使学生们积累了知识，开阔了眼界，提高了素养。

加强学生环保教育，学校通过主题班会、宣传栏、集会等形式积极宣传环保的重要意义，教育学生从身边做起，从小事做起，从我做起。组织开展以“爱护校园环境，共建美好家园”的主题班会，学生和老师一起清扫卫生死角，树立了良好的环保意识。

四、强化安全管理，紧绷安全之弦

学校始终把安全工作放在学校工作的突出位置，从增强师生安全意识、强化学校安全管理入手，通过各项制度，明确责任，落实安全措施，为学生创造一个安全和谐的校园生活环境。

门岗制度。坚持门卫按时值班，做好外访登记，严防闲散人员进入校园。做好上课期间师生外出登记工作，以免有人员在上课期间走失或出意外。确保校园治安安全，维护正常教学秩序。

实行值勤制度。值周教师提前半小时到岗，进行课前、课间、午间巡视，及时把偶发事件消灭在萌芽状态。上学、放学时间值周教师坚持在校门口协助保安值勤。

课课点名制度。学校每堂课的任课教师必须做好学生的出席点名工作，发现问题及时与家长联系。

签订责任书、告家长书制度。学校对班主任及任课教师明确各自的岗位职责。学校在学期初与学生家长明确学生安全责任意识，明确了家长应做的工作和应负的责任。贯彻“谁主管，谁负责”的原则，做到职责明确，责任到人。长假前与家长签订告家长书。

建立学校安全意外事故处理预案制度。结合学校本身的实际，制定校内突发事件工作预案、地震应急疏散预案、火灾事故应急预案、预防与控制传染病应急预案，做到人员职责明确，信息渠道畅通，程序科学，实施便捷。

教育工作是一项打基础、立长远、惠民生的千秋工程。我校坚持以人为本，以质量强校，强化学校教育教研工作，促进学校内涵发展，转变育人方式，不断提高学校教育质量。在逐梦前行的路上，我校全体人员将不断向前奔跑，不断超越更好地自己，以燕子衔泥的韧劲、滚石上山的拼劲、持之以恒的干劲，汇聚起聚沙成塔、汇江入海的磅礴力量，在勇毅前行中开创东宝区教育高质量跨越式发展的新局面！

践行初心使命　书写璀璨青春

湖北省荆门市龙泉中学　张金兵

巍巍象山东麓，悠悠文明湖畔，矗立着一所文化底蕴深厚、现代化气息浓郁的百年学府——湖北省荆门市龙泉中学。走在新时代教育的大道上，学校沿着“规范、安全、质量、精致”的办学目标，定位干部队伍有能力、教师队伍有追求、学校发展有品位的“三有坐标”，聚力奋进，步履坚实，抓管理，强素质，优服务，提品质，不断书写着新的教育篇章。

近年来，学校高考学子问鼎省文理状元，学生素质教育屡获国家级大奖；学生获评“全国最美中学生”，教师荣膺全国“改革开放40周年教育改革与创新优秀教师”、省劳模、省有突出贡献中青年专家、市“最美教师”等称号；学校先后摘得全国优秀科技教育创新学校、湖北省绿色文明校园、全市学校十佳团组织等荣称。

党建引领聚合力

唯有听党话、跟党走，全面贯彻党的教育方针，不忘初心，牢记使命，方能永远坚持正确的办学方向。龙泉中学一直以来深入贯彻党的教育方针，以党建统领学校教育工作，将力量凝聚在鲜艳的党旗之下，思改革，谋发展，识大体，将奉献，努力营造干事创业的浓厚氛围。

学校严格按照“坚持标准、保证质量、改善结构、慎重发展”的方针，扎实开展主题活动，严格落实规定工作，创新开展自选工作，夯实党员干部队伍建设；开展“党员争先进 岗位做贡献”、“一名党员 一面旗帜”、“红旗党支部”评比、“五星党员”评比等活动，组织全体党员学习政治理论和习近平总书记系列重要讲话精神，在学校官方微信公众号上推出党建微课堂，开设“做新时代的优秀教师”专题党课，扎实推进“十进十建”宣传教育，营造出风清气正、学习拼搏的良好政治生态；开展党风廉政建设宣传教育月活动，召开党风廉政建设暨“两整”、“两打”活动专题会，学习党风廉政法规发条并进行知识测试……

学校切切实实将党建工作做在细处、落到实处，着力打造一支思想先进、作风过硬、业务精湛的党员干部教师队伍，他们率先垂范、心装师生，成了学校创新发展的“先锋军”、优质教育教学的“领头雁”。

强化师能激动力

教师是办好教育的第一资源。面对推动教育高质量发展的需要，龙泉中学全体教师深刻领会习近平总书记重要寄语的重大意义和精神实质，切实把思想和行动统一到重要寄语精神上来，不忘立德树人初心，牢记为党育人、为国育才使命。

定位“五讲”，有为才有位。学校着眼学校发展大局，突出教师专业精神和教育教学基本能力培养，坚决以讲人本、讲秩序、讲担当、讲操守、讲业绩的“五讲”标准规范教师队伍，为高质量、高品位的教育教学提供保障。

以赛促教，课堂求实效。为锤炼教师教学基本功，提升教师专业素养，学校推出青年教师推门课、骨干教师示范课、新进教师汇报课等多种系列公开课，分层次、全覆盖，基本实现了每个教师每年上一节优质公开课的目标。截至目前，学校共推出公开课百余节，听课达800余人次。

创新科研提实力

搭好台子，铺好路子。学校采用“走出去”和“请进来”相结合的方式，为教师搭建专业研修平台，引领教师术业有专攻、做事有追求：先后派遣近50名教师参加了华东师范大学学科教学培训班、高中化学课堂教学展示和观摩活动、荆门市高中选课走班课程操作设置培训等活动；举办了新高考、新课改专家学习讲座，邀请武汉大学副校长周叶中教授为全校师生作专题报告；开展了教育信息化专项培训，提升教师的网络技术应用能力；充分发挥“名、优、特”教师的示范带头作用，开展师徒结对活动，以名师带动教师团队的全员发展。20余名教师先后荣获湖北省有突出贡献中青年专家、湖北省三八红旗手、荆门名师、市直教育系统五星党员等表彰。

研有所获，研有成果。学校发挥教研组的教学质量提升功能，加强学科建设，深化校本教研，立足教师专业所长，自我申报，教研组统筹，将教研组教师分成几个小组，每组指定一个组长，每个小组只研究一到几个知识模块，按照教学讲义、典型例题、经典考题解析、课时练一（基础）、课时练二（拔高）、单元练习等结构编写校本教材，既发挥了集体力量，又减轻了个人负担，博采众长，集思广益，成效显著。截至目前，教师在各级各类刊物上发表论文60余篇，4人主编参编著作，14个国家级、省级或市级课题在研，8个市级小课题结题。

特色育人显活力

立德树人，春风化雨。学校坚持育人德为先，以养成教育为切入点，优化“三风”建设，使之外化于形，内化于心。政教处、年级组和学生会三管齐下，对学生着装、球类活动、自习纪律及手机问题等方面进行规范和整治，让学生自觉做到入室即静、入座即学；利用宣传橱窗、黑板报、校园网站、校园广播等阵地，宣传和谐健康、积极向上的育人文化，在潜移默化中聚合正能量；结合“行为习惯规范月”、“学雷锋，树新风”等活动，教育、引导学生养成良好的行为习惯，提高文明素质；组织志愿服务队前往街道路口开展以文明出行劝导、禁烟控烟劝导、路面垃圾保洁以及创城知识宣讲为主要的志愿服务，在实践活动中增强学生社会责任感和奉献意识，涵养学生高尚品德。

特色花开，香满龙泉。学校创新特色教育格局，以活动为载体，组织了“朝读经典”、书法教学、演讲比赛等学科活动，举办了朗诵比赛、趣配音比赛等文化节系列活动，开展了秋季田径运动会、“红五月”歌咏赛、元旦文艺晚会等群众性文体活动，让学生尽享开阔视野、启智励志的精神盛宴。

国家和民族的梦想要靠青年一代来实现，青春之花的绽放则需要学校和教师来托举。伟大精神推动伟大实践，伟大理想感召接续奋进，焕发着蓬勃生机的龙泉中学，正以昂扬的姿态书写着无愧于时代的壮丽篇章！

构建和谐校园　护航学生成长

湖北省荆门市沙洋县马良中学　刘凯

教育是国之大计，党之大计。习近平总书记提出“坚持把服务中华民族伟大复兴作为教育的重要使命”，将教育的地位和作用提高到了一个全面的、综合的、体现新时代中国特色的新高度。深化教育改革创新，以立德树人为根本，我校坚持精细管理，精心服务，提升教学质量。学校常年以精心管理为抓手，课堂改革为中心，教师成长为重心，全面推进学校教学质量的提升。学校终以党的教育方针为导向，以课程标准为准绳，以《中小学生守则》为行为规范，以“修德勤学砺志笃行”为校训，以“让教师在发展中分享幸福让学生在成长中收获快乐”为办学理念，大力推行素质教育，努力培养优秀人才。近几年来，在建设“和谐校园”工作中，成绩斐然，学校先后被评为“省绿色文明学校”、“沙洋县教学质量先进单位”、“沙洋县教育科研先进单位”、“教育科研先进单位”等多种荣誉称号多次评为“文明单位”、“安全工作先进单位”和“教学先进单位”。

一、创建和谐环境，营造文明氛围

一位哲人曾说：“对学生真正有价值的东西，是他周围的环境，”学校的校容校貌校园环境表现出一个学校精神的价值取向，是具有强大引导功能的教育资源。优秀的校园环境文化能赋予师生独立的人格、独立的精神，激励师生不断反思、不断超越。我校有着良好的育人环境，优美的绿化环境，进步的文化环境，清洁的区域环境，文明的交往环境。学生们在和谐统一的校园健康成长，快乐学习。

以优美的环境承载和谐校园。我一直注重花草树木的养护，景点的设置，以丰厚的人文环境养护和谐校园透到了学校文化的各方面。

学校每学期开始，让学生学习《中小学生守则》《中小学生日常行为规范》、自觉践行规范。以规范为准绳，每期开展日常行为规范月活动，用活动来激励学生，用先进、榜样引导学生。常规行为做到“日评、周结、月清”，规范育人，学生易于接受。长期的文明规范教育，学生形成了文明的习惯，学校形成了良好的校风。

人本管理是和谐的基础，学校实行人本管理，构建了和谐的人际关系，学校真正做到了民主治校。民主公平的管理使教师的主人翁地位得到保证，人性化的管理使教师的人格得到尊重，从而和谐了干群关系，激发了教师的工作热情，促进学校办学质量的提高。

二、坚持教育公平，致力教学相长

学校教育教学活动是教师与学生的双边活动，师生关系的疏密与优劣，直接决定教育教学的成效。

我校坚持教育公平、平行分班。教师做到了公平公正地对待每一个学生，用亲切和的态度关心每一位学生，用正确有效地方法引导学生，用积极典范的言行影响学生，不仅言传，更重身教。学始终坚持把师德考评放在教师考评的首要位置。每学期在期中期末时进行学生满意问卷调查，结合教师平时的表现，多层次考评教师的师德，结果张榜公示。

留守学生的教育是学校教育的新课题。对于留守学生，我们要求科任教师特别是班主任要心中有数，要有专项笔记，从心理上、生活上、学习上、行为习惯上及时发现变异苗头，有的放矢地予以诱导矫正。要求教师每周与孩子的父母通次电话，及时与家长交流学生的在校表现。对于学生中出现的不良习性，个性顽劣等现象，我们要求教师要有耐心和信心，在帮助与诱导中下功夫，采用个别谈心、心理指导等教育方法，取得了一定的成效。

学校有专职心理教师，设有心理咨询室，咨询箱、咨询电话。学校对班主任进行了心理教育培训，使班主任成为心理健康教育的第一责任人。每学期学校还开展了一次心理教育经验交流会，进行一次心理健康教育讲座，每月至少一次心理健康教育班会。

三、加强教风建设，提高教学质量

学风和教风建设事关教育的成败、学校的兴衰，是学校工作的主旋律。要提高教学质量必须有良好的教风和学风。教风影响学风，教风促进学风。教师要用严谨、认真、进取、有序的教风促进学生爱学、勤学、乐学、会学的学风。教与学两方面风气和谐，效率与效益就明显。长期以来，我校始终在形成良好的教风上下功夫。

培养教师。学校采用教师三年循环制，强化教学责任，要求教师有目标、有规划不断学习提高，三年磨一剑。注重教师培训学习，安排教师参加市县组织的新教材培训和教研活动，学习新理念、新方法，强化对新课程的理解和认识。

加强常规管理。注重过程管理，学校领导随堂听课，听推门课，课后查教案；不定期抽查，查教案、查作业、组织学生座谈；认真抓好教学常规检查。

扎实开展教科研活动。学校大力开展群众性教研活动，落实校本教研。落实每周常规教研活动，教师积极性高，每次都涌现一批优秀教师，学校给予表彰奖励，极大地促进了教师教学水平的提高。

百年大计，教育为本，教育兴则国兴，教育强则国强，发展具有中国特色、世界水平的现代教育，努力办一所让人民满意的现代化学校。展望“十四五”，我校将继续以“让学生在成长中收获快乐”为办学理念，不断深化改革，改善办学条件，改革教育体制，落实立德树人根本任务，构建和谐校园、推进教育均衡化发展，为我县经济社会发展提供有力人才保障和智力支撑。

弘扬石油传统，塑造品质教育

湖北省潜江市江汉油田油建学校　赵秀丽　徐俊辉

少年强，则民族强。教育是社会发展的源泉，是培养优秀人才的主渠道。全面贯彻党的教育方针，落实立德树人根本任务，深入探索特色教育路径，推进教育公平，是每一所学校的使命和义务。作为教育实施的重要阵地。办学以来，我校始终秉承“健康　快乐　成长”的办学理念，践行“为学生的成长奠基　为学生的终身发展尽责”的办学宗旨，以“同心协力谋发展，笃学敬业争一流”学校精神为引领，践行“135”德育工作模式，以社会主义核心价值观和优秀传统文化教育为核心，以青少年关爱中心为依托，从小、从细、从实开展核心价值观教育活动，加强道德实践，营造良好氛围，培养学生“爱国、敬业、诚信、友善”的价值准则，形成学校“双促进”的办学特色，促进学生健康成长。近年来，学校的办学事迹及成果被湖北卫视教育频道、江汉油田电视台、《江汉石油报》《教学实践与研究》等多家媒体报道。先后荣获“全国青少年五好小公民主题教育示范学校”、“全国励志教育示范基地”、“湖北省依法治校示范学校”、“湖北省校园文化建设百强校”、“湖北省教育系统关心下一代工作先进集体”、“湖北省示范家长学校”、“湖北省健康教育示范学校”、“潜江市第一届文明校园”等荣誉称号。

一、立足石油优秀传统，守护学生幸福成长

教育就是培养，就是引导。要以学生未来成长为导向，锤炼为人品格，掌握生活技能，学习丰富知识。一直以来，我校始终以人为本，贯彻素质教育理念，帮助学生从内心感受生活的温暖，积极向上，勤奋学习。留守儿童教育是我校切实关注的焦点，让学生感受生活的温暖和学习的乐趣是学校义不容辞的义务和使命，为此，我校积极开展丰富多彩的教育活动，给学生搭建绽放生命的舞台。在学校“践行核心价值观　传播社会正能量　争当优秀好少年”表彰中，有4名企业留守儿童备受关注。他们在经历道德实践活动后，尤其是接受系列石油传统教育后脱胎换骨，成长为诚信友善明理奋进的好公民。

“我爷爷、我爸爸是我的好榜样，是我前进的动力！”会后当记者采访获奖的留守儿童时，他们不约而同地回答。他们不是官二代、富二代，他们大都是传承“三老四严”石油精神的油二代、油三代。从父辈的经历中他们懂得爱国、敬业，不是空洞无形的口号，不是遥不可及的理想，而是实实在在的引领和激励。热爱祖国从热爱自己的家乡，热爱自己的亲人长辈开始。学生层面的敬业就是以亲人长辈身边人为榜样，当老实人说老实话做老实事，从学习中实现个人的抱负和价值。身边石油人的事迹极鼓舞了学生们，校园呈现一种向真向上向善的精神风貌。

作为油田矿区最大的九年一贯制学校，我校常年开展“传播石油文化，培育石油英才”主题教育活动，让石油传统文化江汉精神进校园、进教材、进课堂、进大脑，引领学生知晓父辈创业历程增进对油田热爱和对亲人的感恩。在江汉油田勘探开发50周年之际，学校举办了“铁人精神代代传”图文资料征集、“江汉情”主题班队会、“忆传统　话未来”石油前辈与学生座谈会、“弘扬石油传统　培育江汉精神”报告会等活动。尤其是离退休管理处关工委徐启银、刘则刚两位银发讲师团成员到校做报告引起强烈反响。两位老石油讲述油田大会战的不平凡经历，为同学们上了一堂生动感人的思想道德教育和爱国主义教育课。同学们深受鼓舞和启发，纷纷表示：以父辈为榜样做激励，拼搏进取，勤奋好学，为实现中华民族伟大复兴梦做贡献。

二、开展温馨教育活动，搭建家校情感桥梁

“孩子在油建学校读书，我们两口子在外工作一百个放心！”这是前线石油工人的心声。

“哪里有石油，哪里就是我的家”石油行业的特殊性导致职工们常年走南闯北地奔波。这也导致一批新留守儿童——企业留守儿童的诞生。为此，我校成立关爱留守儿童工作领导小组，学校关心下一代工作委员会和政教处联合牵头具体实施关爱工作。成立留守儿童问题研究会，开设“心灵小屋”。结合培育和践行社会主义核心价值观工作建立《留守儿童档案建设制度》《留守儿童结对帮扶制度》《油建学校与临时监护人联系制度》《留守儿童课外生活管理制度》。组织党员教师、优秀班主任实施“一对一”帮扶，做到留守儿童行为习惯有人规范，心理障碍有人疏导，学习困难有人辅导，生活困难有人帮助。学校对留守儿童家长随时开放，只要他们一回到油田，就可以走进课堂听课，翻阅孩子作业，与老师交流。同时每学期向在外会战的孩子家长传送孩子在校学习生活的视频资料。

小萌是我校的一名优秀学生，他的父母投身在涪陵会战的工作中。小萌由奶奶照看，向来活泼开朗的小萌近期课上萎靡不振，要么迟到要么奶奶发来请假短信。局模范教师、集团师德标兵朱慧芳老师在一天放学后，悄悄跟在小萌后面。发现小萌进入一家网吧，她自己转身去了小萌家，见到孩子奶奶扭伤腰，留了张“我带奶奶去医院”的字条。回家的小萌看见字条，疯了似的赶往医院。他刚进门诊大楼，碰见缴费完毕的朱老师。朱老师告诉他奶奶需要做理疗。朱老师送他们回家并做好晚饭，约定每天接奶奶去医院，嘱咐他先不要告诉父母免得他们担心，由我们两人负责每天接送奶奶去医院做理疗。连续两周的接送，朱老师和小萌同学密切接触，多次聊天交流。小萌同学被温暖被感动！主动承认错误：前段时间他迷恋网络游戏，一边假借奶奶名义请假，一边瞒着奶奶上学。并制定三条自律：决不说谎话做欺瞒事；每天按时上学、回家；每天跟父母电话交谈学习生活情况。在老师和同学的监督提醒下，他找回原来诚实守信好学的自己，光荣地加入共青团，也成为学校“诚信十大明星”之一。

“油建学校颁发的家庭美德微视频大奖堪比我的劳模奖章啊！”手捧奖杯的五一劳动奖章获得者江汉油建工程公司的鲁爸爸自豪地说，“刚才在台上的感觉比我在人民大会堂领奖时还激动呢！油建学校不仅教育我的孩子，我的家庭也受到核心价值观熏陶啊！”

让鲁爸爸如此兴奋的活动是学校开展“核心价值观”主题教育系列活动中之一。“人之初，性本善”家庭教育是培养个人的善心善举的基础，学校开展视频长度为3～8分钟《家庭美德微视频》征集活动，旨在挖掘家庭成员之间的积德行善片段，增进学生对家长、对家庭的热爱。学校还开展“做一个友善的人”活动，引领学生多参与有意义的活动、多帮助需要帮助的人、多阅读正能量书籍；开展“寻找身边友善”实践活动，引领学生学习、挖掘身边的正能量。这些主题活动的开展，在校内外引起了极大反响，既培养了学生的荣誉感，也增强了学校的凝聚力。

三，坚守时代教育初心，成就未来精彩人生

绵绵之力，久久为功。教育是温暖人生的阳光，它尊重、赏识每个个体，致力于学生能力、品德等各方面素质的全面提升，服务于个体的健康成长，滋养每一个生命。石油文化的创建不仅提升了学校的精气神，更提升了学校的办学品位，提高了家长和社会的认可度，学校的校容校貌焕然新，精神风貌日新月异，教育教学质量稳步提升，各项工作再上台阶，校园特色逐渐彰显。今天，既是我校展示办学成就、弘扬优良传统的契机，也是我校继往开来、开始新征程的起点。面对新的机遇和更大的挑战，我校会继续带着教育的理想，追求理想的教育，不忘初心，迈着坚实的步伐，执着激情地走在教育的道路上。坚持继承、发扬石油文化传统，以“健康　快乐　成长”作为办学理念，以石油文化建设为支撑，倡导学校、家庭、社区三方协力，切实促进青少年身心健康发展，关爱留守儿童幸福成长，实现教育品质提升，推动学校更好发展，使学生收获终生的幸福。

加强语言文字应用，提高学生综合能力

湖北省武汉市蔡甸职业教育中心学校　王德华　胡德昌

语言文字是文化的重要载体，也是文化的重要组成部分。一个社会的语言文字，是这个社会文化的表现方式，也是这个社会文化的一个方面，它既传承着文化与文明，也是国家和民族的象征和标志，关系到国家的统一、民族的团结。要增强文化自信，就必须加强文化认同，也就必然要重视语言文字在铸牢中华民族共同体意识中发挥的重要作用。语言文字教育，就是指培养具有理解能力和表达能力的教导行为与学习行为。语言文字教育是通向“人之所以为人”必由之路和传承知识文化不可或缺的方式。

一、分析当前语言文字的教育现状

在当前的语言文字教育中，义务教育阶段和高中阶段比较注重语言文字教育教学，其原因在于，义务教育（小学、初中）阶段注重的是字音字形的识记，而高中阶段更注重语言文字的运用。在中考、高考两个选拔性考试的指导下，学生必然注重语言文字的学习。这既是教学大纲对教学内容指令性的要求，也是学生自己面临选拔性考试自主追求的要求。所以，语言文字教育在义务教育阶段和高中阶段，总体而言，是做得最好的。

但在现今的教育序列中，中等职业教育是一种职业技术教育，培养的是初等、中等技术人员。就读中职学校的学生（即中职生），目前总体上处于一种较为尴尬的处境：大多数学生是因为考不上高中，只好选择中职学校。正是因为初中阶段学习成绩普遍落后，学习自主性相对较差，这些因素也就决定了他们进入中职学校后，在语言文字学习运用上，能力普遍比普通高中学生要差，这是他们在中职学校语言文字学习的起点问题。所以，加强对中职学校学生语言文字的培训是至关重要的。

二、加强中职学生语言文字能力的必要性

中职生将来的去向，一般有两个：一是走上生产一线，做一名技术工人；二是升入高等院校继续深造。不管是哪一种去向，对其语言文字运用能力都有较高的要求。从语言文字的交际工具性而言，掌握日常生活和职业岗位需要的现代文阅读能力、写作能力、口语交际能力，是基本要求。我们谈语言文字在中职生成长过程中的重要性时，往往提到语言文字的人文性、工具性。所谓人文性，即借助语言文字这一载体来培养中职生健康的人格、高尚的品质，使其成为高素养技术人才。而语言文字的工具性，对中职生的专业成长、技能培养，其实是一个前置性条件。中职生学习内容最主要的是专业技术知识。娴熟的语言文字理解、运用能力，有助于他们对专业学科知识的理解，有助于更好地学习专业技能。甚至在将来的生产一线，语言文字对技术人员更快熟练使用生产设备说明、熟悉操作流程、进行技能创新等方面有决定性的作用。在生产科研的一线，说明性的语言文字，最显著的特征就是准确性、严谨性。生产流程中的每段指导性语言文字的准确把握，显得非常重要，关系到每一个生产环节的持续性、技能实现的高效性和生产成果最终的完成。

既然语言文字在中职生和其将来工作中如此重要，那么培养中职生的语言文字运用能力就成为中职教育重要的内容。

三、提高中职学生语言文字能力的方式

在中等职业教育中，语言文字教育可以从强化语言文字识记这一基础性能力培育和语言文字运用能力培养两方面着手。

字音、字形、词义，作为语言文字的基础，在中等职业教育语文教学中必须继续坚持。前面我们提到，中职生语言文字基础较差，那么基础性的东西就不能放弃。可以采用的方式，就是在阅读写作课文分析教学中，以掌握字音为前提，同时渗透字形和字义；在理解文本时，了解字义，巩固字音，渗透字形；在文本理解的基础上，拓展词义，并学会词语运用。这些基础性语言文字教学，时间不必花的过多，我们可以把重点放在语言文字的运用上。考虑到中职生将来一般是技术工人，基本的应用文阅读能力和写作能力必须具备。可以从最简单的请假条、借条、通知、启事等常用应用文体出发，培养中职生准确运用语言文字传递信息的能力。在这些基本字词语句等语言文字能力有所提高的基础上，可以开始诸如感谢信、欢送词、求职信、申请书等具有一定情感色彩的文本练习。这种具有情感色彩文本写作练习，可以有效提高学生的语文素养，实现语言文字更高阶段的能力培养。

中职生语言文字运用能力的最高境界，应该是懂得欣赏美、鉴赏美，享受语言文字的艺术美。我们所谓的语言文字运用能力的培养，不仅仅是训练学生分析和运用语言的能力，实现将来成为合格的技能人才，更高层次的目标，应该是通过语言文字（形成的文学作品），陶冶学生情操，提高学生的生活情趣，逐步形成良好个性和健全人格。从这个角度来说，语言文字教育是一种美的事业，教师要引导学生在审美中获得知识。美的具体性、情感性决定了我们在教学中，必须调动学生的生活经验和知识积累去创造美，指导学生从语言文字作品中的人和事，鉴别生活中的真、善、美。所以，语言文字教育的本质就是审美教育。学生审美能力的高低不仅对其审美观有直接影响，也影响其人生观和世界观。

语言文字是教育的基础，是信息社会发展的基本要求。下一步，我校将深入学习习近平总书记有关讲话指示精神，坚定不移地贯彻新时期语言文字工作方针政策，加强中职生语言文字运用能力，把学校学科建设与语言文字工作结合起来统筹推进，为我国中等职业教育事业的发展做出应有的贡献。

立德树人守初心　品质立校育桃李

湖北省武汉市黄陂区第七高级中学　黄明华　刘卫平

“一年之计，莫如树谷；十年之计，莫如树木；终身之计，莫如树人。一树一获者，谷也；一树十获者，木也；一树百获者，人也。”这段话既阐明了人才培养的重要性，也揭示出人才养成的不易。我校是一所古朴美丽的学校，坐落于明代修建的宋代理学大师程颢、程颐书院南侧，生机盎然，美如画卷。目前，学校占地5.28万平方，教职工148人，1600余名学生。自2001年以来，我校抓住发展机遇，深入挖掘“二程文化”文化内涵，始终坚持以立德树人为核心，以“健体、会学、明理、尚美”为目标，以艺体特色立校，坚持“快乐成长”的教育理念，通过大力推进课程改革，加强教师队伍建设，积极打造高质量高级中学，走出了一条学校特色鲜明的发展之路。为此，我校连续两年被评为“黄陂区德育常规工作先进学校”，在2017年、2018年、2019年连续3年荣获“黄陂区文明单位”荣誉称号。

一、铸魂培根，着力提升特色办学品味

一直以来，我校坚持立德树人发展思路，并利用“二程文化”的天然优势，注重丰富学生的精神世界，强调学生的德育。校园文化标语时时昭示着师生德育为教育之根本，旨在让学生在丰满的精神世界中汲取营养，让学生在温暖的人文世界中快乐成长，从而建成内涵式高质量发展的强校。校园里，程颐、程颢的经典立志诗作不绝于耳，“云淡风轻近午天，傍花随柳过前川。时人不识余心乐，将谓偷闲学少年。”二程的诗作又处处入眼。此外，我校通过美术展览、校园广播、故事会、演讲比赛、室外展板及文化长廊，让“二程文化”入耳入眼，从而学生能够入心入脑、立志学习、境界高远。同时，我校以开展二程书院远足研学活动为契机，让学生走至双凤亭、目睹二程书院、重游定远公园，寻根黄陂地域文化，深悟“二程文化”，胸怀世界。今天，学校校园里，二程经典故事、寓言在校园里随处可见。为进一步让学生对经典文化耳濡目染，我校不断挖掘“二程文化”中的精髓与当下教育新理念的契合点，例如“二程文化”中“程门立雪”的刻苦求学的精神，程颢在《春日偶成》等作品中体现的人与自然和谐共处的理念，开门办学、旅行研学的新课改精神以及在朴素的物质生活中执着求学问道的“孔颜之乐”，让学生“健体、会学、明理、尚美”，既热爱运动，拥有健康的体魄，又能享受学习和校园生活的快乐，养成高尚的情操和美德。

素质教育以提高受教育者综合素养为目标，除了要求提高学生思想道德素质、学科素养、学习能力等方面以外，还要求教师挖掘学生特长，能够发展个性，促进学生的全面发展。我校始终坚持素质教育，以学生发展特长为引领，将学生的爱好特长发展成为本领，让名不见经传的“小人物”也有春天，为每一个学生提供绽放舞台。此外，为强健学生体魄，助力学生体能成长，我校将“健体”作为学生培养的基础目标，开齐、开足体育课，开展多种体育活动，重视体育特长生培养，全面建设运动场地。近年来，我校有近百名体育生考取重点大学。学生们深情地说：“黄陂七中是我人生的起航站，永远是我的精神家园。没有我的高中母校的栽培，我也许永远无法知道自己的潜力会将自己带到什么地方。”如今，黄陂七中的学子仍在奔跑，前方不断延伸的地平线勾勒出他们梦的形状。

人之美美在心灵，我校始终将心灵美放在首位，为学生塑造美的思想、铸造美的灵魂。提倡学生树立正确的审美观，包括以知书达理为美、以遵纪守法为美、以奉献社会为美、以做一个有责任和有担当的中学生为美。我校还成立乐队、学生吉他社、书法社、篮球队、足球队、美术社团等，在发展学生个性的同时陶冶学生情操，培养学生的兴趣与爱好。多年来，艺术类学生的高考成绩名列前茅，多名美术生考入理想的重点大学。11名艺体类教师均为市区骨干，为学生个性发展提供重要保障。

二、多措并举，大力建设优质教师强军

积力所举无不胜，众智所为无不胜。一校之发展不在乎一人而在乎全校之人，一校之强大不在乎一人之智慧而在乎全校之智慧。教师是教育发展的重要资源，要想实现有品质、有特色的教育，必须拥有强硬的教师队伍。因此，我校特别重视选人用人和教师队伍的建设，实行“双向选择，逐级聘任”，定编定岗定量，优者上、劣者下，并探索制度化管理和人性化管理相结合的管理模式，通过各种方法和渠道不断提高队伍的整体素质，努力培养一批名师骨干，始终保持有一支素质过硬的干部、教师队伍。另一方面，我校也十分重视班主任工作，努力培养合格的教育者。有计划地开展班主任培训活动，提高班主任的管理能力和育人水平，促进班主任的专业发展，大力培养年轻班主任，培养有担当的班主任团队后备力量。

除了教师专业技能，教师的素养提升更为重要。无德不为师，我校在教师师德、专业素养等方面进行强化培训，让教师成为将学生培养为栋梁的贤良志士。一是加强自主学习，加大骨干教师培养力度，加强科研力度，努力形成一支政治思想和师德表现良好，具有一定文化和专业水平的在省、市、区有影响力“名师”成长的梯队。二是建立科学有序的管理体系，形成有效地质量保障机制。建立鼓励先进、操作性强的教师评价体系，完善岗位责任制和考核评价制度，充分调动教师的积极性，在良性的流动中稳定队伍，倡导形成竞争、合作、互助的团队氛围。

三、不忘初心，谱写品质教育崭新篇章

为了促进学生健康成长、快乐成长，我校守正创新，依托源远流长的“二程文化”和制度激励机制，建成校园“文化工程”、“名师工程”、“质量工程”、“特色工程”体系，全力打造“快乐学习”为特质的“三主三步”课堂教学模式，让学生快乐学习、享受学习，从而养成爱学习、会学习的好习惯，为学生的终身学习打下坚实基础。同时，我校制定了教学预定目标、教师行为、学生行为和教学效果等20条课堂教学评价标准，从而转变教师传统的“满堂灌”思想，既培养了学生主动学习的意识，也突出学生为“主体”和教师为“主导”的地位。学生在这样的“三主三步”模式下有了自主学习的空间，能够激发自主学习的兴趣，更能够体验知识习得过程的辛苦与快乐，体验成长中的汗水与幸福。

为让学生感受学习的快乐与幸福、提高学生自主学习积极性。我校以“规范教学管理，提高教学质量”为目标，根据学生和学校的实际情况提高学生的学习效率，并通过理论研究和实践经验总结，成功应用了适用于学校的“三主三步”教学法，“三主”即以学生为主体、以主要问题为导向、以实现主要目标为目的；“三步”即问题的提出、问题的解决及问题的拓展。“三主三步”教学法既符合新课程理念，又能够提高学生学习质量和效率，得到了学校师生的广泛认可，为打造滠水河畔优质示范高中奠定了坚实基础。

教育，就是精神的唤醒，潜能的显发。经过多年的建设，我校已在特色兴校之路上渐行渐远。“二程”文化根深蒂固，意味深远，学校教育者们着眼现在与未来，懂得传承与创新，敢于改革和实践，默默坚守着育人理念。作为教育事业中的一名勤匠，立足深厚的文化底蕴。未来路上，我校会继续带着教育的理想，追求理想的教育，不忘初心，迈着坚实的步伐，执着激情地走在教育的道路上，始终如一，用情怀装点教育事业的百花园，用生命继续谱写一曲又一曲教育新歌。

深化育人内涵，传承书道文明

湖北省武穴市第二实验小学　桂国强　周洁　何华婷

习近平总书记指出：“没有文明的继承和发展，没有文化的弘扬和繁荣，就没有中国梦的实现。”为弘扬传统文化，夯实学生的书写基础，培养学生对祖国传统文化和书法艺术的热爱。多年来，我校全面贯彻教育方针，以促进学生全面发展为宗旨，积极推行素质教育，倡导“班班有特色、生生有特长”，使学校百花齐放、生机盎然。站在“传承民族优秀文化，促进学生全面发展”认识高度，学校扎实开展“诵经典美文，习中华书法”活动，让学生在翰墨书香中立德、怡情、启智、健体，进一步丰富了学校的育人内涵，传承了书道文明。

一、营造书香氛围，培养儒雅学生

要培育儒风雅韵的学生，就必须打造出书声琅琅、翰墨流香的书香校园环境。正如教育家苏霍姆林斯基所说“学校环境建设不是建筑、景点、绿化的堆砌，而是文化积淀的物质表现”。校园文化是一种无声的语言，她充满了无穷的魅力，蕴涵着催人奋进的巨大动力。

我校推行书法教育，首先注重的就是氛围的营造。学校以中华书法元素为基因，对校园文化进行了革新，精选适合小学生传学的内容，让校园文化映射着独特的翰墨书香气息。通过师生作品展台、琴棋书画广场的建构、多功能室书法展厅与训练室的精心布局，学校逐渐形成了书法史览、书法景苑、书法大道、书法展厅等板块文化布局。校园不仅有花香、树香，更飘着浓浓的书香和墨香。环境的优化，引领师生感受书写的独特魅力，将“书法传承”意识深入到每位师生的心中，让书韵雅风融入生命成长。

二、强化师资培训，突破教育瓶颈

师资队伍素质的高低直接决定着学校书法教育的质量、效果和成败，提高全体教师的书法水平是实施特色教学的当务之急。师资不足甚至严重短缺，一度曾是学校书法教学的“瓶颈”。通过长期摸索总结，学校形成了“改”、“训”、“请”、“学”、“比”、“聘”等师资培训方式，培养出一支优秀的书法教师队伍。

为实现“人人是教练员，字字是活字帖”的目标，学校动员有书法特长的其他学科教师改行当书法教师，组织了多轮教师培训学习，先后拜访了许多书法名流，先后邀请了100多位名人来校作客，请他们为学校写字教育指点迷津，传经送宝，对师生进行现场培训讲座。“书法讲堂900秒”、“三字”过关比拼、师生优秀写字作业展、“亮丽的每周一晒”……为老师自我提升提供了一个宽广的舞台，培养了教师们强烈的书法学习兴趣和责任意识。借力专家提供专业支助，使全校教师迈入了专业成长的快车道。

三、狠抓课程落实，提高书法实效

为提升师生书法水平，学校狠抓课程落实，坚持贯彻“全面普及，学科渗透，三字并举，整体提升”的工作思路，在课程设置上落实两个“必须”：每周的两节书法专项课（写字、特色活动）必须坚持；每天的20分钟“天天练”必须坚持，强调软硬（笔）兼修，将书法练习与作业书写有机地结合起来。通过“五进四个一”全面启动“练字”活动。“五进”指：书法教育进计划、进课堂、进校园网主页、进素质考评、进家庭；“四个一”指：师生每天一份作业、各年级每周一次展示、教研组每月一次现场展演、学校每学期一次全员过关竞赛，真正使书法教育成为常规。

在多年的教学实践中，学校逐步探索出了“写字课堂五步教学法”：一是激趣，主要是引导学生读“写字歌”，听书法家的故事，欣赏名家名作，调动学生的学习兴趣。二是指导，着重从三个方面进行指导，即指导学生观察、指导学生运笔、指导学生辨析。三是示范，学生在老师讲解指导的基础上，观察老师或学生的范写，验证书写知识。四是临写，这一环节是写字课的主要部分，要求学生在老师讲解示范的基础上，对照字帖进行临摹练写，做到用心仿、仔细比、认真改。五是讲评，讲评以采取自评、互评与师评相结合的办法进行，以激励为主，促进学生自我分析、自我提高。“五步课堂教学法”突破了书法教育的难点，由观察感知——实践体验——分析感悟，使学校书法教育更为规范实用。

在推进书法教育的过程中，仅靠几节写字课是很难达到理想效果的。因此学校倡导一种大的书法教育观，鼓励各科教师积极探索出各具情趣的教学法：语文教师指导学生编创书法小品、校园剧，边练书法边学习经典诗文；音乐教师和书法教师合编书法歌，把笔法、结构、章法用传唱歌曲的形式表达，破解了记背写字要领难题；体育教师和书法教师联手，创编了书法操，强化书法规则的同时，拓展了阳光体育；信息技术教师和书法教师合制名帖欣赏和书法部件教程视频，学生在家里就可以自主学习，提高了书法教育的实效。

四、搭建展示平台，激发学习兴趣

关注书法课程落实的同时，学校积极地为师生们搭建宽广的展示平台，举办丰富多彩的书法活动，以赛促学，让学生在竞赛中体验成功的愉悦，享受书写的精彩、艺术的精妙。

每学期，学校都将举办一次大型的校园文化艺术节。现场书法比赛、书法接龙等丰富多彩的形式，使兴趣爱好各异的学生才艺都得到了充分的发挥和展示，吸引了家长和社会各界的观摩指导，扩大了学校书法教育的社会效益。

另外，学校通过作品展示、达标验收，评选出校园的“书法星”及“小小书法家”，将孩子们的作品和个人风采照悬挂于“星光大道”，学校用榜样的力量极大地鼓励着每位孩子。利用每年的寒假，组织学生走上街头，为市民们义务写春联。学生们的精彩书写，赢得了城乡居民们的一致称赞，《黄冈日报》《鄂东晚报》等多家报刊进行了专题报道。

通过书法教育，家校更为紧密地联系在一起。学校开展“书香家庭”评选活动，让家长与孩子同台献艺，在孩子的牵引下，很多家长对加强写字教育十分认同，对书法倍感兴趣，成了书法迷。

五、巧妙文化渗透，凸显育人功效

书法艺术是教育的有效载体，学校开展书法教育，不是单纯从指导学生写好每个汉字的角度去思考，更重要的是结合学校“生命教育”办学理念，进行巧妙渗透，凸显书法育人的功效，对学生的世界观、人生观进行潜移默化地正确引导。

发掘书法的育人功能：“规规矩矩写字，堂堂正正做人”、“字如其人，心正则笔正”，这是学校每天20分钟天天练前的班级口号。所谓书品即人品，书能言志，亦能观人。在理念指导下，学校强调“练字即练人”，做到了“三注重”：注重训练学生的坚强毅力、注重培养学生的儒雅气质、注重提高学 生的人格修养。

培养学生的综合素质：推行书法教育并不是孤立单一的，更着眼于对学生多种素质的培养。通过“书诗结合”，在组织书法教学时，让学生做到边诵边写、每诵必写、每写必诵，用毛笔将诗句写成一幅书法作品，使两种练习相辅相成，共同提高；实现“书文结合”，对照书法作品中优美的古文作品和古汉字，为学生讲清相关的典故，借机提高学生的语文素养。让学生在写字活动中陶冶情操，逐渐养成了严肃、认真的习惯，德、智、体、美等综合素质得到了全面发展。学生在全国“双龙杯”、全省“黄鹤”杯书法大赛中共有六百余人获奖，六十余名教师获优秀辅导教师称号……呈现出“书法教育特色明，翰墨园里雏鹰飞”的良好局面，让翰墨之花在这所生命的校园竞相绽放！

书写汉字是精神家园的守护，是民族文化的传承；书写汉字更是一份心灵的修养，是一种内心的宁静。今后，我校将进一步传承经典文化，创新书法特色，让学生们继续沉醉墨海，书写精彩人生。

乘国培强劲东风，扬教师成长风帆

湖北省咸宁市通山县实验小学　翟爱青

教育要发展，教师是关键。任何一个文化的推广，其最核心的人力资源就是教师。百年大计，教育为本；教育大计，教师为本。建设一支高素质的教师队伍，是推动教育改革发展，提高教育质量的关键举措。近年来，我校借“国培计划”的东风，在推荐老师外出参加各级各类培训的同时，还扎实开展校本研修培训活动，高密度、高频次、高数量的研修培训，为学校教师的专业发展注入了强劲动力。

一、借力国培新风，助力教师提升

线上与线下结合，推进工作坊网络研修。学校教师舒思川先后赴西安和荆州参加培训后，担任语文教师工作坊坊主、工作坊辅导老师，带领全校语文教师入坊学习，开展网络研修。为时一年的网络研修过程中，语文老师在线上学习交流，学习课改理念；线下开展集体备课、课堂展示、说课评课等活动，将理念更新与教学实践相结合，让网络研修既通天线又接地气。

研课与磨课结合，提高送教下乡活动实效。作为全县小学窗口学校，我校理所当然承担了送教下乡的重任。学校成立了“送教下乡”活动领导小组，组建了学科带头人和教学骨干为成员的送教团队。送教团队先是通过诊断示范，对农村学校教师的教学进行诊断，找准存在的问题后，由骨干教师执教示范课，引导农村学校教师确定研修任务。然后送教团队中的学科带头人指导农村学校教师进行研课，学习他人先进经验；之后再反复磨课，不断优化改进教学设计，基本成熟后进行课堂展示。研课与磨课结合，让农村教师对新课程理念把握更准确，对教材研读更深入，对学生学情了解更透彻，同时也使他们的点拨引导能力、临场应变能力、教学创新能力得以提升。

信息技术与学科教学结合，提升信息技术应用能力。组织教师参加全国中小学教师信息技术应用能力提升工程远程培训，教师在观看教学视频、撰写研修日志、上传个人资源、发表研修反思、提出疑难问题、发起讨论话题、参与互助研讨及特色活动的过程中，更新了教学理念，丰富了教学经验，把握教材、驾驭课堂的能力也得到了锻炼，更重要的是，不光教师的信息技术应用能力得到了提升，他们应用信息技术促进学科教学的积极性和主动性也大大提高了。学校还加强对全体教师的信息技术培训和应用能力考核，促进信息化教学融合发展和创新发展。

二、加强校本培训，完善校本机制

在组织教师参加国培计划的同时，我们借鉴国培经验，在加大校本培训力度，完善校本培训机制上下功夫，努力打造一支师德高尚、理念先进、素质过硬的教师队伍。

以班主任工作室为引领，带动班主任共同成长。学校组建了以杨家茂老师为负责人的班主任工作室。工作室成员每两个月研读一本教育教学专著并撰写读书心得；每月开展一次主讨论，研究班主任工作，交流经验和体会；建立工作QQ群和微信群，加强班主任之间的日常交流；加强与县内外学校的联系交流，为工作室成员提供更广阔的交流平台；开展课题研究，工作室成员每学期围绕课题主讲一节微型班会，每学期完成一篇班级管理论文或工作案例。工作室开展的系列活动，使工作室成员对班级建设、班级管理有了新的认识，也学到了很多班级管理的新理念新方法，一个优秀的班主任团队正在成型。

以书法培训为基础，全面锤炼教学基本功。学校组建了以吴敬之老师为负责人的书法工作室，书法工作室除了定期组织全校教师开展硬笔、毛笔字培训外，还经常邀请县内外书法名家来校作专题讲座，为老师们讲解练习书法应该掌握的方法要领，以及小学书法教学应注意的相关问题。学校每年组织教师基本功大赛，对三字（硬笔字、粉笔字、毛笔字）、普通话和教学设计等教学基本功进行现场比拼，对表现优秀的教师进行表彰并优先评优表模，有效提高了学校老师苦练教学基本功的积极性。

以科技活动为抓手，推动科学教育创新发展。学校成立科学名师工作室，由学校资深科技老师程先平任负责人。近年来，工作室先后邀请两名全国知名科普专家为全校师生作专题科普讲座，还组织了一系列科学调查体验活动：如七巧科技、种植太空植物、开设小创客空间、开展科学调查体验活动等，开阔了师生的科学视野，激发孩子们对科学的热爱。在工作室老师们的指导下，多篇学生作品获国、省、市级奖项，程先平、阮玉龙被评为湖北省优秀科技教师，更可喜的是，学校科学教育创新获得各级教育部门好评，学校被评为湖北省“全国科普日活动”优秀组织单位、全国优秀科技示范学校、中国“少年问天”优秀活动基地校、全国首批“北斗科普基地”学校。

以送教下乡为契机，培养青年教师团队。学校通过送教下乡活动，让青年教师主讲示范课，并参加研课磨课活动，使他们得到了很好的锻炼，数学学科的余晶老师，语文学科的夏曼婷老师，英语学科的成玉燕老师等，迅速地成长为送教下乡团队主力军。学校还积极完成县教育局安排的联校网教任务，邢盼、张学政、夏宛瑄等三位教师承担着5个教学点的英语、艺术等学科的联校网教任务，每周要为教学点的学生讲6节联网教学课。我校教师的网课教学准备充分，教学设计合理，充分关注教学点学生的学情和适时表现，教学质量受到县教育局领导的好评。

三、实施青蓝工程，师徒共同成长

近年来，由于老教师不断退休，学校每年都会补充新教师。为帮助新教师快速成长，我校从2015年起实施青蓝工程，充分发挥骨干教师的“传、帮、带”作用。

领导重视。学校一贯重视青年教师的培养培训工作。学校领导总是抽出时间听新教师上课，听指导老师给新教师上示范课，也听他们的分析指导课，查看他们的备课笔记和教学心得，及时给出合理的评价和建议。学校领导的关心和督促，有力地鞭策青年教师不断学习进步。

精心安排。每年开学初，学校青蓝工程领导小组及时制定工作实施方案，精心选择有敬业精神，态度严谨，有帮带能力，教学经验丰富的35岁以上教师担任师父，要求担任师父的老师，要在全面接触了解青年教师教学能力状况的基础上，制定指导计划。同时要求青年教师，在学期初制定个人发展规划，对自己本学期的发展定出明确的目标，以及为达到目标的具体实施方案。

加强管理。在实施青蓝工程过程中，我们既强调要严格规范教学程序、教学要求，更强调要给青年教师传带新的教学思想，要求指导老师要站在新课改的高度去认识现代教育，要从素质教育、培养学生能力的高度指导年轻教师。同时要求青年教师坚持跟班听课，每学期最少做20节听课记录，基本掌握教学技巧和教学思想，熟练掌握一个教学小循环的各个环节，基本形成自己的教学风格。在平时的教学中，做到认真备课，钻研教材，遇到教学中的难点、重点、疑点，主动向师傅请教，与师傅共同钻研教材和备课，主动让师傅指导教案，虚心接受师傅的建议，修改不足，更好地吃透教材。

总结评比。为了确保青蓝工程落到实处，我们注意做好总结评比工作，以总结促提高，以评比促干劲。总结评比的内容不仅限于所任学科的成绩，还包括听青年教师上课，检查青年教师的备课、听课笔记和教学心得，看师徒听课评课记录。学期末，青年教师要写出本学期的学习反思，认真总结在学习过程中收获到的经验和方法，还要总结教训，为以后学习提高提供经验积累，并努力把它们上升到理论的高度去认识。

“国培计划”实施以来，我们坚持“走出去”与“请进来”并举，网络研修与校本培训相结合，为学校教师搭建成长平台，创造发展机遇，教师队伍整体素质得到明显提升，青年骨干教师团队基本成型。展望新时代，奋进新征程。我们将继续组织教师参加“国培”和其他各级各类培训活动，采取切实有效地措施，促进教师队伍专业成长，为办好人民满意的教育不懈努力奋斗。

弘扬慈孝文化，落实立德树人

——鄂坪乡中心学校慈孝文化建设工作汇报

湖北省竹溪县鄂坪乡中心学校　周光明　赵作文

鄂坪乡中心学校因避灾搬迁至小汇教学点后，囿于环境限制，学校硬件一时无法改变。在这样的条件下，怎样提高学校声誉？如何扩大学校影响？这些现实问题一直萦绕于鄂坪教育人心间。历经六年，通过不断地发展充实，我们最终确立了“质量立校、文化兴校”的办学理念。学校除了用连续多年获得“全县小学调研考试优胜单位”的骄人成绩来让家长放心、社会满意外，我们还提出了通过提升文化软实力、积极开展校园文化创建，来助推鄂坪学校的全面发展。

学校现在的所在地——大河湾，与闻名遐迩的国家级文物“采皇木摩崖石刻”所在地——慈孝沟毗邻，仅一桥之隔。经过一番思考和探索，我们利用学校得天独厚的地域条件，结合学校实际，提出了开展“慈孝文化”建设的思路，自2015年开始，几经修改，敲定了鄂坪乡中心学校“慈孝文化”建设方案，然后按照建设方案逐步开展系列活动。学校的“慈孝文化”建设自开展以来，得到了教育主管部门和县乡等行政部门的大力支持和肯定，也取得了实质性进展和阶段性成果，今天我将从我校慈孝文化建设的活动背景、主要做法、取得的成效和困惑反思四个方面做如下汇报。

一、活动背景

（一）现实意义

子曰：“夫孝，德之本也，教之所由生也。”、“慈孝文化”历来是中华民族传统文化的重要组成部分。学校结合实际创造性地把慈孝文化细分为“做慈师、当孝子”两大方面的内容，具有深远的现实意义。一是倡导教师做“慈师”，在全县教育系统开展“师德师风建设”活动之际，我们提倡做慈厚、慈善、仁慈的“慈爱之师”，这符合加强师德师风建设的活动要求，符合做人民满意教师的发展目标，符合习总书记提出的“四有好教师”的殷切期望。学校号召教师以真情、真心、真诚教育影响学生，让每一位教师成为学生健康成长的指导者和引路人。二是倡导学生“当孝子”。党的十八大提出的“把立德树人作为教育的根本任务，培养德智体美全面发展的社会主义建设者和接班人”，时值全县中小学开展以安全教育、经典教育、感恩教育、文明教育、健康教育为主要内容的“五项教育”（孝文化就是经典教育、感恩教育、文明教育的主要内容之一）活动之际，我们提倡做孝顺、孝敬的“孝心少年”，可以构建学校、家庭、社会三位一体的德育体系，培养学生正确的世界观、人生观、价值观，形成积极向上的健康心态和健全人格。

（二）有利条件

学校地处龙王垭山脉南麓的鄂坪乡，乡内有闻名遐迩的采皇木摩崖石刻，而摩崖石刻的所在地名曰“慈孝沟”。公元1558年，明代宫廷第二次修复故宫时，曾在竹溪鄂坪大量伐用楠木，因此，慈孝沟被人们称为皇木谷。1986年，慈孝沟采皇木摩崖石刻被确定为省级重点文物保护单位，2005年被确定为国家级文物保护单位，现已列入竹溪县皇木谷旅游开发重点项目。自古以来，鄂坪乡境内就有孝老爱亲的优良民风，“身处慈孝沟、争做慈孝人”已成为人们的共识和价值追求。

二、主要做法

（一）制定一套方案

我们成立了慈孝文化建设领导小组，广泛征求教师意愿，制定出一套科学有效、内容翔实、切实可行的实施方案。以“落实教育关爱、践行上慈下孝、打造慈孝文化、构建和谐社会”为目标，引导教师慈爱善导，教书育人耐心细致，关爱学生无微不至；教育学生自觉接受并践行孝道准则。

（二）营造一种氛围

学校利用现有的德育阵地，对师生进行孝道方面的宣传教育。利用国旗下讲话、政训、班会、少先队活动和校外文化墙、校内橱窗、班级黑板报、走廊挂图等媒介宣扬、普及“慈孝文化”知识；通过慈孝歌曲教唱、慈孝知识进课堂、慈孝知识讲座等形式让慈孝知识深入人心。

（三）开展多样活动

1.号召我们的教师当慈师

我们提倡做慈厚、慈善、仁慈的“慈爱之师”，号召教师以真情、真心、真诚教育影响学生和后辈，成为学生和晚辈健康成长的指导者和引路人；我们先后开展了全体教师参与的“如何做慈师”演讲比赛、慈孝歌曲教唱、慈孝知识人人讲等系列活动；评选出一批师德标兵、师德先进个人、最美乡村教师等典型模范。

2.激励我们的学生当孝子

秉承“小孝持家，中孝敬业，大孝爱国”的传统，要求学生做孝顺、孝敬的“孝心少年”，通过家校联手共同营造良好家风，培养学生树立正确的世界观、人生观、价值观，进而形成积极向上的健康心态和健全人格，鼓励学生、家庭为构建文明和谐新风尚奉献自己的一分力量。为此，历年来学校举办了形式多样的学生活动，如：学生讲慈孝故事比赛；我是父母小帮手活动；致学生家长的一封信；少先队尊老敬贤主题会；结合妇女节、雷锋纪念日、中秋节、教师节、国庆节、重阳节、春节等节日，组织师生开展慈孝社会实践活动；组织学生学习《慈孝之道》教育读本，领悟实践《慈孝之道》主要精神；定期开展“鄂坪乡最美孝心少年”评选活动；宣传动员学生积极参加各级优秀学生、美德少年评选，并在全校范围内学习获表彰学生的先进事迹。通过种种活动，培养和宣扬学生孝顺父母、尊敬长辈的孝德、孝心、孝行。

三、取得成果

通过一系列慈孝教育活动的开展，从2015年9月至今，学校共评选出了三届共30名最美孝心少年，美德少年6人，一人获评为“十堰市新时代好少年”；评选师德标兵3人，最美乡村教师3人。一系列典型模范人物的产生为全校师生树立了榜样。在学校，领导能做到慈爱善导，主动关心教师，服务热情周到；教师能做到倾心关爱学生，教育教学耐心、细心、贴心；在学校，孝心少年们尊敬老师、热爱集体、关心同学，他们的行动催生出尊师重教、乐善好学的校园风气，渐渐内化成优良品质在校园中润物细无声般发扬光大，炫出我们校园文化的一道靓丽风景。

四、困惑反思

学校慈孝文化创建是一个全面的、系统的、综合的过程，在这个过程中我们取得了一些成绩，显现出一些效果，彰显出慈孝文化在办学过程中的推动力量和引领作用，但目前受学校硬件建设等多种因素影响，我校的慈孝文化建设效果与预期还有较大的差距，经过近几年的不断实践与反思，我们逐渐认识到：

（一）校长的领导力是校园文化建设的牵引器

如何在学校工作中不断深化办学理念、丰富和发展理念内涵；如何激励教师投入到校园文化建设中来，通过校园文化建设引领各项工作齐头并进、协调发展，这需要学校领导团队的思想领导力作保障，如何提升有待加强。

（二）团队的执行力是校园文化建设的助推器

我校教师以中青年教师为主，教师流动性大，教师团队在文化建设、教育思想认识、研究能力、实施效果上有参差不齐，部分教师对通过校园文化建设来助推教育教学的热情不够，工作执行力还有待进一步提升。

（三）资源的整合力是校园文化建设的助力器

学校慈孝文化建设的特色彰显不是学校能独立承担的工作，他必须根植于当地的文化渊源和地域文化根基，借重于上级主管部门和当地行政部门的配合支持。如何有效整合慈孝沟地域的慈孝文化资源，如何加强学校与地区文化部门的指导联系，如何发挥学校文化在当地的带动作用，都值得进一步探讨实践。

“育苗有志闲逸少，润物无声辛劳多”，我校慈孝文化创建工作的过程是艰辛的。大家在体验艰辛的同时，也品味着慈孝文化在学校落地生根、开花结果所带来的喜悦。全校教职工将一如既往地扎根岗位、无私奉献，以习近平主席的“四有好老师”讲话精神为指导，以落实“立德树人”根本任务为遵循，以打造慈孝文化特色学校为目标，力争将“慈孝文化”创办成我校的特色教育品牌，开创出山区小学特色教育新天地。

最后欢迎各位领导、各位教育同仁来“山水鄂坪，慈孝之乡”做客，来鄂坪乡中心学校指导工作，谢谢大家！

以特色求发展，打造湘南名校

湖南省郴州市第十八中学　黄凌波　李林春　何华军

教育是国之大计、党之大计。中国特色社会主义进入新时代，教育的重要性愈发突出。教育是民族振兴、社会进步的重要基石，是功在当代、利在千秋的德政工程，对提高人民综合素质、促进人的全面发展、增强中华民族创新活力、实现中华民族伟大复兴具有决定性意义。推进教育改革创新，促进教育优质均衡发展。十三年以来，我校一直坚持以理想求真、以环境求雅、以质量求生存、以特色求发展的方针政策，致力成为郴州市一流的湘南名校。十三年辛苦耕耘，步履铿锵；十三年卧薪尝胆，薪火绵延，终于谱写成了一部素质教育的奋斗华章。

一、诗意校园美如画

北湖岭上，我校俨然一位“采菊东篱下”的忠厚长者，矗立山顶，日日夜夜满眼深邃，仰视苏仙福中地，俯瞰北湖水月天。虽然这里没有旖旎迷人的风光，却一年四季荡漾着沁人心脾的桂花香和鸟儿的啁啾声；虽然这里没有深厚悠久的历史文化底蕴，却饱含着芸芸众生的期待和祖祖辈辈的夙愿；虽然这里没有浮华尘世中的太多的欲望和诱惑，却能静寞于窗前，看庭前花开花落，望天上云卷云舒。

两幢雄伟高大的教学楼一南一北矗立在校园之中，楼顶上“求真楼”、“奋进楼”、“常思起点汗水，会当终点阳光”几个大字在阳光的照耀下闪闪发光。圆形塑胶跑道围绕着2000平方米的宽阔的操场，操场正前方是旗杆，每次升旗时，五星红旗就带着学生们的理想冉冉升上天空。学校的一切显得是那么和谐，那么充满活力！

二、桃李满园竞芬芳

夏丏尊先生说过：“教育之不能没有感情没有爱，如同鱼儿不能没有水一样。”有爱才能使教育的大花园结出丰硕的果实。我校教师扎根于清净的土地上，辛勤而执着的耕耘，他们像绿叶一样默默地陪伴着往日的枝头，继续着他们的奉献。值得的欣慰的是，鲜花并没有忘记绿叶，在我校学有所成的学生们，用他们饱含深情的笔墨写下对学校、对教师的满满感恩及祝福。

“您好，我叫雷慧敏，郴州市第十八中学是我的母校，也是我学习生涯中一次重大的转折点，是她让我在知识的道路上更上一层楼。现已被长沙理工大学录取，欣喜之情与感恩之心都溢于言表，老师们对我无微不至的关心和照顾我也一直铭记于心，是你们的劳心劳力，不辞辛苦才会成就现在的我——一个更优秀的学生！”

“您好！我是郴州市第十八中学2014届初（60）班的毕业生许凤。我以高考534分的成绩成功被福建师范大学录取，我想这骄傲的成绩是属于大家的，是属于我的家人，我的老师们，还有曾经帮助过我的人，我由衷的感谢你们。今天，我坐在书桌前，一笔一画土回忆着初中三年的美好时光，脑海里不断浮现那一幕幕可爱又温馨的画面，我想把我感情化作文字，用来感谢母校对我呕心沥血的培养，和诲人不倦的教育！时间如白驹过隙，眨眼间，六年的时光悄然而逝，但母校的点滴仿佛就在眼前，那一张张熟悉的面孔，在我的生命中雀跃。那校园里的每一个角落，驻进了我的心里。从任课老师，到为学校默默做出贡献的保洁阿姨，你们的一丝不苟的精神，筑造了和谐而又充满生机的十八中。最后，我深情的感谢母校对我所付出的一切。同时，祝愿郴州市第十八中学的学弟学妹们前程似锦，和蔼可亲的老师们工作顺利，桃李满天下！祝愿十八中的未来大放光彩！”……一封封热情洋溢的感谢信随着大学录取通知书纷至沓来，这也是对我校所有人员努力付出的最好诠释。

2019年中考，在生源质量严重不优的逆境中，我校共有94人总分超过700分，7A人数达55人，其中800分以上4人，全都跻身在全市前100名，全区前20名，其中全区前10名2人，前15名3人，按比例列全区第一。两名招飞考生成绩优异，成功被飞行预科学校录取。同时，初一年级抽考成绩在全区名列前茅，平均分、合格率实现历史突破，实现了变道超车，大踏步挺进全区教学质量第一方阵。

三、夙夜在公谋发展

想起苏霍姆林斯基“学校领导首先是教育思想的领导，其次才是行政领导”的精辟论述。我校刚入不惑之年的党支部书记、第一校长李林春，办学理念前瞻，教育情怀深厚，实干精神坚定，“夙夜在公谋发展、赤诚丹心育栋梁”，带领十八中日益成为干事创业的热土，人才涌现的洼地。在谋求学校持续的发展中，李林春携手领导班子与全体师生，坚持“陪你一起成长”的办学理念和“文明、奋进、求真”的校风，追求务实高效的学校管理机制的构建，致力于把我校建设成为“郴州市一流的湘南名校”的目标，以爱动其心、以严导其行、平等待人、一视同仁、明责授权、宽严适度、能级对应；注重理念引领、明确目标、依法办学，加强领导班子建设，增强学校的向心力和执行力。

每日尽管披星戴月，早出晚归，但内心是充实的。因为他深知淡泊宁静不是弱者面对现实无能为力的逃避，更不是愤世嫉俗者的孤芳自赏，而是一种成熟的、和谐的、积极的心态。正因他身先士卒，德高为帅，“进德、修业、明理”的校训深入人心，治校兴教，卓有成效。

四、成果丰硕谱新篇

我校“秉持立德树人，弘扬优良师风”的办学宗旨，力促学生的全面发展，为此我校经常性地开展校内校外文化及公益活动，积极发挥校园文化活动主阵地的作用，努力营造形式多样、精彩纷呈的校园文化活动氛围，陶冶师生情操，滋养师生心灵，形成了“尊师爱生，拼搏进取，团队包容，民主创新，文明和谐”的良好局面。

随着我校的全面进步，各种殊荣纷至沓来：2010年获得郴州市“两项常规”管理工作先进学校、郴州市安全文明校园；2014年获得区教育质量进步奖；2016年被评为区创文先进单位；2017年被评为市教育质量先进单位；2018年获得区平安学校称号。2019年学校先后荣获了“全国书法教育示范基地”、郴州市教学常规先进管理单位”、“郴州市教学质量进步奖”、“湖南省知识产权示范校”、“郴州市平安学校”等殊荣，其他还有北湖区德育工作先进单位、北湖区“捐助教育基金工作先进单位”、北湖区“先进基层工会”、北湖区教育局“先进党支部”等荣誉。这正是我校全体教师“披星戴月无所畏，殚精竭虑终不悔”的誓言见证，也是思路决定出路，实干铸就辉煌的生动诠释。

千帆竞发强者先，百舸争流勇者胜，追求卓越才能领先，创造非凡方显本色。我校在不断地拼搏成长壮大中赢得了社会广泛的信任和支持。这是能量的凝聚，这是搏击的效应，这是实力的彰显。不忘初心，牢记使命。今后，我校将继续奋力向前，朝着梦想奔跑，力把我校早日建设成为郴州市一流的湘南名校不懈奋斗！

乘势而上开新局，砥砺奋进谱新篇

湖南省娄底市第二中学　肖玉华　李冬初

2020年，我校迎来了它的六十华诞！六十年栉风沐雨，砥砺耕耘；六十载薪火相传，弦歌不辍。从成立之初的一所区立初级中学，到今天享誉三湘的湖南省首批普通高中特色教育实验学校。六十年来，我校经历了从无到有、从小到大、从弱到强的华丽转身。历经六十年的积淀和发展，如今，我校已发展成了一所文化底蕴深厚、教育传统优良、教学设施齐全、办学成绩卓著、品牌优势明显、社会声誉良好的完全中学，成为湘中大地教育改革的一面旗帜，是莘莘学子心驰神往的知识殿堂。

一、筚路蓝缕创伟业，昂首奋进奏凯歌

回首来时路，当历史的时针回拨一个甲子。1960年，正是我国经济艰难，文教颓靡的年月。几个怀抱教育兴邦理想的有识之士，以神圣的使命和坚韧的信念，依托有着二百多年深厚文化底蕴的涟壁书院，在云隐山下，涟水之滨，以几间破败简陋的民宅，招来53名求知若渴的学生，开设了第一个初中教学班级。就这样，我校的雏形——娄底镇初级中学萌生了。1979年，随着娄底复市建区，学校正式更名为“湖南省娄底市第二中学”。1982年底，学校迁至现址——娄星南路221号。自建校之始，一代代二中人筚路蓝缕，苦心经营，学校稳步发展，声誉渐隆。

岁月不居，时节如流。而今，迈步崭新的时代，我校更是顺应教育发展的新趋势，探索多元发展道路，构建学校总体发展框架，学校发展迈入快车道。于校园中流连信步，绿树成荫，花草成带，功能齐全、规划科学的各式大楼，相得益彰的宣传橱窗和文化长廊，随处可见的文明警示标语，散发出浓郁的现代教育气息。走进学校陈列室，全国特色学校、《全国贯彻学校体育工作条例》先进单位、全国“五好”小公民主题教育先进单位，全国青少年校园篮球、足球特色学校、湖南省普通高中特色教育实验学校、湖南省群体工作先进单位等，一项项荣誉是二中人打造出的一张张闪亮的“名片”。

二、精细管理促发展，同心同德正师风

“管理出成绩，管理出效益”，管理是决定学校发展潜力的核心所在。我校的历届领导班子不仅懂管理，而且善管理，形成了领导班子管理、教师管理、学生管理三大独具特色的管理体系，真正树立了学校“对内聚人心，对外取人信”的良好形象。

20世纪30年代，清华大学校长梅贻琦先生提出了“所谓大学者，非谓有大楼之谓也，有大师之谓也”的论断。我校历届领导深谙这一道理，一直致力于教师队伍的建设，积极打造德高业精、爱岗敬业、无私奉献、追求卓越的教师队伍，稳步建设管理科学、特色鲜明、和谐发展的三湘名校。

我校有着400多名教职工，也算一所大规模的学校了，但除了极少数校级领导，绝大多数行政人员都在一线兼课，这样弱化了行政对师资的消耗。学校十分关注青年教师的专业成长，建立常态化的培训制度，积极打造名师工程、青蓝工程，让青年教师充分展露个性与风格。积极引导教师开展教学教研，先后组织2000多名的教师到长沙一中、师大附中、周南中学、长郡中学、宁乡一中等知名兄弟学校交流学习。

晨钟暮鼓勤耕耘，春华秋实总有报。如今，在全校454名教职员工中，有正高级教师3名，特级教师3名，高级教师188名，国家、省市级骨干教师30余名，教师在市级以上刊物发表或获奖的论文达500多篇，获得区级以上荣誉称号的共600多人次，为学校教育教学质量的整体跃升奠定了坚实的师资基础。在各种教学竞赛活动中，共有6人次获得国家级奖励，30多人次获得省级奖励。

教育教学质量是学校的生命线。学校管理目标明确，严格按教育教学规律实施教育教学活动，面向全体，因材施教，创造条件，积极稳妥地实施素质教育，强化学校管理，启动内部活力，以教学为中心，大面积提高教育教学质量。六十年来，学校培养了4万余名优秀毕业生，可谓桃李芬芳，人才辈出。近几年来，我校的高考本科上线率稳步保持在70%以上，各项高考评价指标均居全市高中学校前茅。

三、特色育人树品牌，全面发展香满园

植树先植根，育人先育心。六十年来，我校始终把德育工作放在学校各项工作首位，努力把学生培养成品德高尚的一代新人。学校完善学校、家庭、社会三位一体的德育网络体系，搭建育人立交桥，树立“人人都是德育工作者”的责任意识。重视德育基地建设，娄星区光荣院、娄底烈士陵园、娄底禁毒教育馆、娄底博物馆是该校开展经常性德育工作的校外德育基地。学校的升旗台、文化长廊、宣传栏、图片展橱窗也成为同学们接受德育教育的阵地。通过德育实践活动的开展，使学生在亲身实践中受到潜移默化的教育。重视对学生进行爱国主义教育和弘扬民族精神教育活动。积极发挥业余党校和关工委的作用，注重学生的日常行为规范养成教育、法制教育、安全教育和心理健康教育。由于德育工作落到了实处，抓到了细处，娄底二中连续十年成功实现了“三无一零”。

以特色树品牌。长期以来，我校充分搭建学生全面发展的平台，大力开展第二课堂活动。如今，体育和艺术已经成为学校践行特色教育的两颗璀璨明珠。自1980年被省教育厅、省体育局名为“湖南省体育传统项目学校”以来，体育工作屡上新台阶，先后两次被评为全国“体育工作先进单位”。到目前为止，该校共为国家培养出了健将级运动员3名，一级运动员27名，二级运动员500余名；在各级各类体育竞赛中，共获世界级奖牌3枚，国家级奖牌37枚，省级奖牌600余枚。近三年来，共向高一级学府输送体育专业生68人，其中特招16人。美术、音乐专业生在历届高考中大显身手，仅2019、2020两年，就有近70名美术、音乐、播音主持专业生考入了高等院校。近5年来，科技作品有2项获国家专利，有60多项获省级以上奖励。

六十年滋兰树蕙，六十载春华秋实。时间如白驹过隙，荏苒间，六十春秋已成过往。对于崇高的教育事业而言，六十年只是一个新的起点。不忘教育初心，牢记教育使命，办“学生向往，教师幸福，社会满意”的教育，是每一个二中人的奋斗目标。我校将时刻牢记党和人民的重托，再接再厉，攻坚克难，用饱蘸激情和汗水的如椽巨笔，挥写出学校发展史上更加壮美华丽的篇章！

实施网络联校，实现资源共享

湖南省新田县枧头学校 胡光辉　陆钰婷

当今信息技术时代，互联网像点石成金的魔杖一般，不论“加”上什么，都会发生神奇的变化，教育也不例外。网络的快速发展给教育教学带来了深刻的变革。我校是一所农村九年一贯制学校，有学生近2000人，专任老师98人。2020年上期以来，学校作为永州市农村学校教学点优化提质改造工作试点学校，由原来的5个教学点整合为1个教学点，在大力整合、改善办学条件的同时，学校更注重教育教学软件资源、师资力量的均衡配置。学校充分利用网络直播平台，探索互联网+模式，上下联动，实施网络联校，有效解决了师资不均衡问题，实现了城乡、镇村优质资源共享。

一、提出问题

教师编制配置不足。我校缺编18人，具体原因在于如学生数增加，学生从外地回流较多；全面化解大班额后导致班级数增多；贫困县在师资方面相对于其他县没有竞争力，老师流失较多；委培、招录

人数跟不上调走、退休人数；优先配置县城师资等等。

老师整体素质不高。我校聘请代课老师20人，编制不足导致学校需要请代课老师，则老师整体素质不高。

师资学科配备不均衡。艺体专职老师欠缺，尤其是教学点更欠缺，语数等老师也良莠不齐，学生难以享受优质的教育资源。

二、解决问题方法

“联建、联用”——落实政策布谋略。2019年，新田县被确立为全省网络联校群建设实验县，根据县教育局印发的《新田县网络联校和网络教研联盟建设工作方案》，2020年4月，通过自筹资金和县教育局统一购买服务的方式，我校全面启动网络联校建设，重点解决我校尤其是所辖教学点师资短缺课程开设不齐的问题。

完善硬件设施。一是进行网络提速，在完成互联网光纤接入的基础上进一步对网络带宽进行提速，确保网络带宽速率满足教育信息化需要。二是建设直播平台，采取“1+N网络联校”形式，建设主校1所（校本部），分校1所（彭梓城教学点）正式投入使用。

全面周密部署。学校制定了《枧头学校网络联校工作方案》，一是在“1+N”模式上，枧头学校与彭梓城村小的负责人根据工作方案周密安排本校工作，采取“四定”方式（定师资、定时间、定课程、定数量）全面规范校本部和教学点的网络联校对接工作。二是在“N+N”模式上，依托教育联盟资源，与县城优质学校芙蓉学校、田家学校对接，与联盟内农村学校十字中学、骥村中学、门楼下学校互相学习、观摩，达到全面“联用”的目的。

“联教、联学”——推动均衡齐发展。师资均衡是教育均衡的关键，也是难点，根据县教育局下发的工作方案，网络联校建设已覆盖全县包含农村教学点在内的所有学校，实现了教师同步研修、教学资源同步共享、课堂教学同步实施，尤其是“网络联校”在村小的开设，破解了乡村教学点师资力量薄弱、教学内容单一的“瓶颈”，进而推动了优质教育资源不断丰富和全域共享，有效推动了城乡、镇村教育均衡发展。

网络联校实现教育精准扶贫。枧头镇彭梓城村小是新田县较为偏远的一所农村学校，学校基础设施、教学硬件落后，师资力量薄弱，教研活动难于组织开展，严重制约城乡教育均衡发展。2020年3月，新田县在全省率先开展农村教学点优化提质试点工作，根据“群众自愿、程序合法”原则，彭梓城村小成为全县保留的30个农村教学点之一，该教学点从硬件、资金、师资3个方面进行提质升级，并由枧头学校和彭梓城教学点对接，建成“1+N”网络联校帮扶模式，让孩子们在新的学习环境享受更优质的教育资源。

一是实现软件资源的高度共享。校本部授课教师按常规教学要求，结合本校与教学点学生的实际情况认真备课，完成电子教案和需要使用的课件资源，并将资源通过信息平台提前发送给彭梓城学校同年级同学科任课教师；二是实现双边课堂的高度对接。我校一、二年级教师采取“四定”的方式，每周定师资、定时间、定数量、定科目，通过直播教室平台帮扶彭梓城村小，为村小送上音乐、美术、舞蹈、道德与法治、语文、数学等课程，每周分别不少于一节。联课主讲老师在授课前，要告知对接学校教师和学生要做好哪些相应准备工作。授课时要关注对接学校学生听课情况，进行必要的师生互动交流。授课结束后要及时收集对教学点的反馈意见，及时总结得失。

网络联校实现校际互动互助。我校还依托教育联盟资源，采取“N+N”应用模式，网络教研联盟与网络联校平台同步共建，有机结合，打造“教育信息化2.0”背景下创新型“网络联校”平台。

2020年9月17日，在县城芙蓉学校录播教室，该校教师唐曼莉正通过直播设备给同学们上思品课，讲课围绕家庭亲情绘本故事，在潜移默化中，让孩子们学会感恩，感受浓浓的亲情。同时，远在枧头镇的我校和彭梓城教学点的同学们，也通过直播设备共享了此次课堂资源，并实现了师生的高度互动。网络联校课堂开启以来，芙蓉学校作为信息化发展的先锋学校，与枧头学校和彭梓城村教学点对接，采取线上互动的结对帮扶模式，实现了资源共享、相互促进的教育均衡发展格局。

“联研、联训”——教育扶贫出实效。针对我们学校青年教师数量多，教师普遍年轻化，很多都是近年参加工作的毕业生，无县、市级骨干教师和学科带头人，师资力量薄弱，教研活动难于组织开展，教师成长亟须专业引领的现状，芙蓉学校充分利用在线直播互动设备，与枧头校开展在线“网络教研”活动，发挥以强带弱的作用，建立起校际互动，教学互助，稳定合作的网络联校机制，引领分校教师专业成长，促进两校共同发展。同时，在第三教学联盟内部，我校与芙蓉学校、田家学校、十字中学、骥村中学、门楼下学校，建立起校际互动、教学互助、取长补短、稳定合作的网络联校合作机制，举行送课帮扶活动，由联盟内各学科优秀教师线上集体备课、互相授课、评课、研课，共同探讨交流经验，提升学校教师队伍的综合素质，着力解决农村学校物理、化学、生物、地理、音乐、美术等学科教师紧缺问题，提高教育质量，促进城乡教育均衡发展。

2020年6月2日，新田县网络联校和网络教研联盟建设工作专题培训会在我校举办，2020年11月8日，网络联校应用和编程教育工作培训会议在我校、彭梓城教学点举行。

三、取得的成效

一是提升了学校的办学品位。短短一年，学校信息化在我县基本走在了前列，学校申报了2020年湖南省教育信息化创新试点项目，成为永州市农村教学点优化提质试点校，还荣获湖南省乡村温馨校园、永州市向日葵工程示范校等荣誉。

二是共享了优质教育资源，弥补了乡村学校尤其是农村教学点师资不足、科任教师短缺的问题。教师是最关键的教学资源，网络联校直播课堂就是优质师资的共享平台，打破了班级壁垒，实现了优质资源的共享，让一线教师零距离感受到网络直播课堂的魅力，让农村学生不出乡镇甚至不出村就能享受到县城甚至更高级学校的优秀师资。

三是减轻了教师工作任务。通过直播送课活动，同上一堂课，减轻了科任老师的部分工作量。

四是搭建了异校之间师与师、师与生、生与生心灵沟通的桥梁。让很多一时之间足不能出村的孩子见识到了外面的大千世界，全面提升了学生整体素质。

五是加快了老师的成长速度。学校通过校际间线上交流，培养了一大批教育教学能手，在2020年湖南省在线集体备课大赛中，我校教师团队获得一等奖1次、三等奖2次；在教育系统及联盟教学大比武中获一、二等奖5次。

网络联校，不仅让各学校校的孩子共享优质教育资源，同时也让老师们搭上了教育信息化的快车，提升了教师队伍的综合素质，让人人享有优质的教育资源。我们相信，在网络联校的平台上，通过学校全体师生的不断努力，我们的孩子们一定能享受到现代化教育的阳光雨露，茁壮成长。

实施“臻美”教育，促进学生全面发展

湖南省株洲市芦淞区白关中学　吴志敏　宾越强　唐海航

学校文化的建设是培养适应时代要求的高素质人才的内在需求，也是学校彰显个性魅力、办学特色的重要体现。可以说学校文化的建设就是学校是学校品牌建设的“根基”与“灵魂”。学校品牌的建立是基于学校文化的，是校园文化对外的表现。一所学校的优秀文化是在不断成长发展过程中，通过不断地价值选择从而积淀而成的。学校文化建设一定有一条主线，这条主线是贯穿学校发展历史进程中，随着学校的发展体现在历代师生的思想观念与行动中。学校文化建设中，无论是从外在的物质文化建设，还是学校制度文化建设，都应该反映在服务师生成长上。学校文化建设不仅要写在纸上，挂在墙上，更要落实到学校工作的方方面面，内化为全体师生的思想意识，渗透到全体师生的言谈举止上，流淌在全体师生的血液中，成为学校共同的行动准则。

一、“臻美”教育的缘由与思考

学校是培养人的地方，有人的校园才是美的。我校白关的“关”字加上两横就是一个“美”字，一笔是学生，一笔是老师，校园里有了师生才美丽。校园之外的白关小社会，尽管白关人体现出农民的朴实，但与美尚有差距，这正是需要学校在教育未来公民的路上有所担当，把引导学生尚美作为办学追求。

纵观人类历史发展的历程，人之为人与其他动物的区别在于人活着不仅只为物质的追求，还有精神的追求，美丑爱恨、爱与被爱、怜悯之心、追求事业之成就等等。教育之责任就是要引导学生求真、向善、尚美，这一切无外乎让人向美而行。马克思在论述教育的目的时这样表述：教育的目的是为了促进人的全面发展。陶行知说过：教育即生活，人的全面发展也即是为了人能过上更美好的生活。从这个意义上说，师生的教育生活要体现美，学生接受教育的过程就是追求美的过程，教育的目的就是要让学生追求美、享受美，学校就应做美的教育，享受美的教育。

二、“臻美”教育的哲学与价值

“臻美”一词中的美不只是美学概念中“美”，“臻美”教育也不是单纯意义上美育。要从哲学意义上来思考“臻美”教育，首先要从哲学意义上来思考教育。教育的缘起在于人们传授基本的生存技能，之初的形态表现为生产、生活中人们口耳相传或父传子、长传幼，代代相传。随着物质的发展与丰富，人类的分工逐渐明确和增多，逐渐产生专门从事教育的人、场所和组织机构。同时随着文明的演变，教育的内容也不再是单纯的生产生活技能的培训，道德教化、做人的基本规范等也纳入了教育的内容。教育的产生、发展说明教育的功效不仅是满足技能的培训，还要引导人们分辨美丑，明辨是非，规范人的行为，引导人类积极进取和创造。正因为此，教育产生着巨大的作用推动着人类历史车轮向前，人们生活得越来越美好；同时也促进人自身的发展。根据马克思人的全面发展理论，人的全面发展过程其实就是人不断趋向美的过程，包括身心、品行、艺术、创造力等等。因此，“臻美”教育本意为向往美、追求“美”、达到美，其本身包含着价值判断，“臻美”教育的本真也就是促进人的全面发展，引导师生拥有发现美的眼睛、感受美的心灵、欣赏美的能力、创造美的智慧。

三、“臻美”教育的内涵与外延

教育的终极目标就是为了促进人的发展，其方式主要是引导，引导学生求真、向善、尚美。一个积极向上，在求知的道路上努力拼搏的学子是美丽动人的，一个心地善良，在与人相处过程中乐于助人也是美丽感人的，因此，学校教育的最高境界是让每一个师生拥有美的心灵，雅的行为，善的举动，营造和谐和美的氛围，达到向上向真，至善至美。向往美、靠近美、达到美，是为“臻美”，这样的学校教育是为“臻美”教育。

“臻美”教育有三个层次，一是培养具有“美”的气质的学生，让学生体悟“美”的教育生活；二是塑造具有儒雅气质的教师，让老师享受“美”的教育工作；三是营造具有美感的特质的校园，让师生在校园里过着幸福完整的教育生活。

“美”的教育不是空洞的，是具体的，是落实到学校办学理念、办学目标、学校发展目标、教师发展目标、学生发展目标、课程建设、课堂教学、校园精神文化等方方面面。总之，“臻美”教育具有广泛的外延。

四、“臻美”教育实施与策略

“臻美”教育既是一种办学理念，更是一种办学行动，需要从教育理念、教师专业发展、课程设计、教学实施、学生评价、校园文化等方面进行顶层设计和精心实施。这其中又尤其以课堂、课程和评价为“臻美”教育实施的重要途径。

“臻美”教育不是空洞虚无的，必须依靠课程来落实立德树人的根本任务，培养学生发展核心素养，促进学生成为全面发展的人。落实“臻美”教育课程是载体，课堂是主阵地，评价是杠杆。全面而深入的推进新课程改革是实现“臻美”教育的必须途径。

落实“臻美”教育的主阵地在课堂。美的课堂应是老师组织教学到位，师生互动精彩，教学效益颇高；学生参与率高，学习情绪高涨，每一个学生都有收获。

要实现课堂具有美感的效果，必须实现几个转变：一是以教师为中心向以学生为中心转变；二是以教材为中心向以学习资源为中心转变；三是以单一讲授式教学方式向多种教学方式并用转变；四是以单纯传授知识为主向以启发思维为目标转变；五是以单一教室为主向开放式课堂教学转变。

怎样培养人，拿什么培养人。既然学生一个个活生生的生命个体，我们在课堂上首要的是要把学生当“人”看，考虑课堂上学生的感受，观察学生在课堂上的状态，把课堂当作一片生态，每一个生命都应该得到老师的关注，每一个生命体在课堂上都得到应有的发展，不放弃一个学生，让课堂呈现生态之美。

落实“臻美”教育的载体在课程。“五美”生态德育课程体系画好“格子”。以培育学生发展核心素养为目标，建立“一主两辅”的“臻美”课程体系，形成有特色、成体系、有内在逻辑关系的3.0版校本课程体系。“一主”即国家课程校本化实施，“两辅”即“五美”生态德育课程和综合实践活动课程。

围绕为学生的幸福人生奠基，通过“一主两辅”课程体系的实施，为促进学生思维发展和情感发展的两项目标，实施三大类课程（基础类课程、研究类课程、拓展类课程），从而提高学生身心基础、学力基础、品行基础、创造基础，实现学校培养“健、博、仁、雅、智”的“五美”学子的发展目标。

落实“臻美”教育的杠杆在评价。要真正把评价的功能发挥好，需从三个方面做好评价：一是评价的主体要具有开放性。对学生的评价，很多时候就是单一主体——学校和老师，这是远远不够的，评价还应有家长、社会参与，更不应少了学生自己；二是评价的方式要具有多元性。好的评价，就是要避免单一的评价方式，既要有笔试，又要有非笔试，还要有更加形式多样的评价方式；三是评价的内容要具有可选择性。过去和现在我们在评价内容上也存在问题：过分注重所谓文化学科的评价，非文化学科的评价在学生、家长和老师心目中并不特别重视，如音、体、美，综合实践活动、社区服务等；同一学科又过分注重用同一种办法（往往是一套试题）来评价。这样，就出现了让鱼儿来比爬树，让所有动物比游泳。好的评价，应让学生在评价内容上有可选择性，选择自己的长处，比出自己的信心。

对学生的评价，要从三个方面改变和落实：第一，完善和落实综合素质测评。综合素质测评体系各维度指标有很大程度对应学科核心素养发展程度。真正落实综合素质测评工作，就是改变把分数作为唯一的评价指标，有利于促进学科核心素养的培育；第二，加强学科评价方式的研究。在保留文化学科笔试的基础上，加强对文化学科不能笔试的部分和非文化学科技能测试的研究，制订学科过程性评价的办法，研究完善非笔试测试办法。建立学生学科核心素养档案袋式评价方式，将学生学科学习过程性资料收集和进行评价；第三，适当增加跨学科、多学科整合测试内容的评价。如可以尝试项目学习的方式布置测试内容，考查学生动手实践、解决实际问题的能力，真正体现对学生核心素养培育落实程度的考查。

好的学校教育就是要让每一个学生都感觉自己是成功者。要做到这一点，评价起着关键作用。我想：如果教育需要点燃，评价就是那个火把。

真正的教育如同母鸡孵蛋一般，需要创造各种合适的条件，帮助那只蛋完成质变。真的教育就是帮助学生从外在发展到内在，最后进入自在的状态，实现生命的精彩绽放。“臻美”教育实施之唯一目的就是要促进学生的全面发展，为学生的成长助力。我们只有不断地为学生们创造各种合适他们成长的条件，培养学生们的内在力量，使他们具有发现美的眼睛，才能去追求美、创造美，最终“享受美好的生活”。

领航帮扶，让索玛花在彝区土地上绽放

吉林省珲春市第四中学　李丽辉

自2019年8月起至今，为落实好教育部深度贫困地区的教育帮扶，推进“三区三州”教育脱贫进程的文件精神，珲春市第四中学与昭觉县万达爱心学校结成教育帮扶对子，共派出挂职副校长和主任三人，帮扶距离长达3400多公里，让为期一年的凉山彝区教育帮扶行动落地有声。

教育是扶贫的根本之策，“治贫先治愚，扶贫先扶智”，为阻断贫困的代际传递，本次教育帮扶行动责任重大，使命光荣。

一、领航实践，力促教育优质均衡发展

身为一名教育部中小学名校长领航班的学员，在近几年的学习、实践和反思中得出教育领航是为了更好地促成教育优质均衡发展。教育领航不仅仅是办好一所学校，提升学校的办学品质，更多的是以高度的社会责任感向教育贫困地区普惠先进的办学理念、管理经验，携手更多的学校促成教育优质均衡发展，改善教育生态。基于此，我更加认识到教育帮扶的历史使命。

教育帮扶是教育协同，共同发展。因此，这不单单是对受助校而言的提升和发展机遇，对于帮扶校来讲，也是一次难得的打磨自身、积累宝贵经验的机会。以我校为例，在本次的凉山教育帮扶行动中，派出了具有丰富教学实践和学校管理经验的教师，扎根凉山进行教育实践，在艰苦的环境中不断地摔打锻炼，更能磨炼这些教师的意志品格，提升教师自身的教育认同；开展帮扶讲座、帮扶送教，结成两校的帮扶共同体，建立线上教研机制，为万达爱心学校传递丰富的教育资源，加深两校的革命情谊；在学校层面、家长层面、老师层面与万达爱心学校的贫困学生和孤儿形成一对一爱心结对，在解决教育帮扶行动的实际困难中增强教师与学生的家国情怀。

教育领航、帮扶实践让我拥有了更高的思想觉悟和政治站位，也更清醒地认识到身为一名领航校长的责任和使命。

二、精准帮扶，关注教育生态优化过程

在凉山的教育帮扶行动中，我深切意识到教育精准帮扶的关键是要把握住“精”和“准”，要从教育识别、教育帮扶、教育管理三个方面着手。要想做到教育帮扶中的“精”，就要对受帮扶校进行全面的调研和分析，找出教育贫困的根源后才能对症下药。为此，万达爱心学校支教团对学校展开深入的调研，也与沙马伍合校长保持密切的联系，结合我校自身的优势，制定相应的帮扶方案。教育帮扶中的“准”主要体现在针对万达爱心学校问题所提出的办法和策略中，促成校园文化建设、完善教育教学制度、拓宽教师与学生的视野、丰富校园文化生活等按部就班地进行，对于学校教育外的顽症也提出了相应的解决建议和办法。

在做好精准帮扶的基础上，为改善教育贫困区域的教育生态，提出了“小家带动大家”将区域教育与当地民生相结合，当地教师专业能力培养与本地从教，社会、社区、家庭、学校联合办学等一系列建议，并根据实际情况在实施过程中加以辅助，解决当地师资短缺和家庭教育缺失的问题。

三、文化自信，重视民族特色教育传承

在做好基础教育帮扶的基础上，结合当地民族文化的实际情况，重点关注彝族文化的教育传承。凉山生存环境的特殊性使凉山彝族一直保持着原始的民族风格和浓郁的民族特点，生活在这里的彝族孩子都具有身灵体活，能歌善舞的特点。在文艺帮扶方面，主要进行帮助学校开展民族歌曲、乐器的选修课，彝族音乐进课堂、彝族乐器培训班，彝族舞蹈入两操，彝族艺术的对外宣传，建立一组学生艺术展示平台等一系列举措；在体育帮扶方面，主要采取规范体育课堂突出传统特色，积极组织召开校园运动会和规范体育运动项目的比赛规则等手段。

校园民族文化不断地丰富和传承可以拓宽学生的视野，增强教师与学生的技能，加深学生的自我认同，促进学生精神文明建设，培养学生成为彝族的传承者、传播者。

学做合格家长，共育优秀孩子

吉林省临江市建国小学 张丽春

孩子是我们生命的延续，是我们家长的希望和寄托，孩子的成长，无时无刻不牵动着我们的心。如何把自己的孩子教育成一个品学兼优的孩子，培养成祖国未来的栋梁之材，是我们家长首先要面临的一个难题。家庭是人生的第一所学校，家长是孩子的第一任老师。帮助孩子扣好人生第一粒扣子，讲好第一堂课，做新时代新型家长尤为重要。因此，我们每位家长都要学做一名合格的家长，陪伴孩子共同成长。

一、学会陪伴孩子，与孩子共成长

陪伴是相互的，滋养是相互的，给予是相互的，陪孩子长大的过程，也是我们作为父母自我成长的过程。有计划、有安排的陪伴，将会为孩子的成长做好铺垫。

陪伴孩子一起成长。孩子成长的过程，要多抽时间陪伴孩子读书，要养成和孩子同时阅读的兴趣和习惯。

陪伴孩子养成阅读习惯。每天为孩子朗读20分钟。如果你的孩子还没有阅读习惯，睡前坚持为孩子朗读20分钟。带孩子去图书馆看书，如果你的孩子还没有培养起读书的兴趣，请每周带孩子去一次图书馆。带孩子去图书馆或者书店，就是给孩子营造一个阅读的环境。给孩子在家里营造一个阅读的环境，可以做一个阅读区，孩子从开始由父母带着去阅读区看书，到后来每天一有空就去阅读区看书（建议远离电子产品），坚持下去，孩子就会慢慢地培养起阅读兴趣。

孩子成长的过程，我们还应给孩子写成长日记，陪伴孩子成长的过程就是一个不断反思然后不断超越的过程。通过文字，可以写自己的苦恼和喜悦，也可以写自己对孩子的期待、期间对教育的感悟。

和孩子一起吃饭。作为父母必须意识到自己肩上的教育责任，要清楚：下班的路是回家的路，与父母一起吃饭的孩子更优秀。和孩子一起吃晚餐是最好的教育。在饭桌上不对孩子说教，把饭桌时间作为交流的时光，只谈轻松愉快的事，让就餐变得没压力，饭桌上注重交流，孩子的心态开放，教育才有意义。就餐时，家长的实际做法让饭桌教育对孩子受益终身。示范如何对待自己的父母，通过餐桌举动，对孩子进行无痕教育，让孩子切身体会做人以孝为先，培养孩子懂得感恩。

和孩子一起做家务。培养孩子做家务的能力，不仅能为父母分忧解劳，而且对孩子未来的发展有相当大的帮助。和孩子一起做家务，能增进亲子关系，加深父母与子女的感情，培养孩子的自信心，他在劳动中体验到自信的快乐；可以培养孩子的责任心，体会家长的辛苦，培养担当意识；可以培养孩子的动手能力和实践能力，这些在书本上是学不到的，只有在平时的动手和实践中才会形成；能提高孩子的学习效率，学会处理劳动和学习的关系，更会促进学习。做家务不仅能培养孩子的生活自理能力，更能培养孩子的精神自立。

二、学会以身作则，身教重于言教

著名作家托尔斯泰曾说，全部教育，或者说千分之九百九十九的教育都归结到榜样上，归结到父母自己生活的端正和完美上，用心的父母，都以身作则，善于引导孩子，父母对孩子最好的教育，莫过于做好孩子的榜样。

“最好的管理莫过于示范，最好的教育莫过于感染”。你想孩子成为怎样的人，你就去做那样的人！父母好好学习，孩子天天向上。人们常说“见其母，知其子”，这是有道理的，父母的素养如何，教育方式如何，将直接决定孩子的未来乃至一生。

举例：我的外甥女的成长案例，她的父亲白天工作，晚上回家学习，自己利用业余时间考了安全建造师等几个资格证，她的母亲是一位优秀的小学班主任，每天回家后大多的时间在备课和读书，外甥女在父母的影响下，如今在大学品学兼优，乐观上进。可见，父母对孩子的影响是巨大的。

父母好好学习，孩子天天向上。孩子的问题大多是父母教育不当造成的，好父母就是一所好学校，父母是孩子的最好范本，身教重于言教。有修养的父母，才能培养出有教养的孩子。在网上看到一个案例：深圳一名七岁小学生骑单车撞倒了一个三岁的娃娃，由于两名小孩都是老人在照顾，事发后双方老人进行了沟通，但因为讲的都是方言，沟通不畅，最终没能处理好便各自回了家。然而，当小学生的妈妈下班回家知晓此事后，立即严厉批评了儿子，然后让他手写六份道歉书（不会写的字用拼音代），道歉书下方妈妈还进行了补充说明和道歉，然后在全小区张贴寻找被撞的孩子，最终成功找到并登门道歉，获得了被撞孩子父母的谅解。

这件事，这位小学生的妈妈处理得十分明智，不仅很好地教育了孩子，让孩子学会为自己的行为及承担责任，学会及时有错认错并采取补救措施。而且还避免因此事引发邻里冲突，带来更大的麻烦。

树立老师的威信，会帮助家长事半功倍。聪明的家长会用赏识的眼光看老师，在孩子面前多夸老师，增强孩子的向师性，进而产生“亲其师信其道”的理想效果。从某种意义上说，师爱比母爱更伟大，因为教师和学生没有半点血缘关系，现在网络上有人这样说，“老师是这个世界上唯一一个，与你的孩子没有血缘关系，却愿意因您的孩子进步而高兴，退步而着急，满怀期待，助其成才，功成身退并且无怨无悔的‘外人’。”这足以说明师爱的伟大。而家长对孩子的爱，更多的是源于亲情。当老师的，我们对你们孩子没有半点个人私利，对你们孩子的期待。纯粹是出于一种职业道德和职业良知，让每一个孩子健康成长，是我们建国小学全体教师的愿望，而这愿望的实现，必须靠每一个学生家长的配合！否则，再优秀的老师，也不可能一厢情愿地培养出优秀的学生。

三、学会鼓励孩子，做孩子的朋友

教育的语言是一门艺术。2014年7月，著名艺术家谢勇凭借作品《语言暴力》获得第57届戛纳国际创意节银奖，谢勇说：“语言是有力量的，积极温暖的语言能让孩子变得自信、乐观；而攻击性、伤害性的语言可能毁掉孩子的一生。”

在教育孩子的过程中，家长应该多鼓励，少批评少打击。多鼓励指的是当孩子遇到困难挫折的时候，作为家长怎么帮助他重拾信心，继续努力。鼓励不是没有底线的表扬，而是要切合实际，有激励性质的认可，最终达到激发孩子内驱力的效果。

教育的方法重在科学。世界上的任何事都有着自我的发展规律，孩子的成长也是一样，这不是一蹴而就的，而是循序渐进的过程。所以，家长在教育孩子的时候，不能操之过急。

我们有的家长很关注孩子，却用持续不断地打击和挑错来伤害孩子，这种打击式的教育伤害是巨大的。父母每天的打击，只会让孩子变得非常脆弱而敏感。长此以往，形成的是非常强大消极而悲观的心理暗示，孩子会潜意识中认可父母对自己的评价，并且建立一种错误的价值观和世界观。

还有一种家长，就是最爱自家的孩子，除了自家的孩子，全世界都是渣渣，就我孩子犯了错一定是全世界的错。这种教育对孩子最直接的影响，就是会让他们丧失最基本的生活自理和独立思考的能力，甚至无法对自身行为有基本对错的判断。

做孩子知心的朋友。苏联著名教育家苏霍姆林斯基说：“我总想和孩子们待在一起……如果我跟孩子们没有共同的兴趣、喜好和追求，那么我通向孩子心灵的通道将会永远堵死。”你们看，如果和孩子没有共同的兴趣爱好，你连有效地教育都做不到。

作为父母，要多站在孩子的角度思考问题，甚至在某种程度上把自己变成孩子，每个家长平时多问问自己，我和孩子有没有共同的爱好？有什么共同兴趣？要能走近孩子，更要理解他们的精神世界。平时多用儿童的眼睛去观察，用儿童的耳朵去倾听，用儿童的心灵去感受，用儿童的大脑去思考，用儿童的兴趣去探索，用儿童的情感去热爱，你多用儿童的眼睛去看世界，才会成为孩子们尊敬的朋友。

要懂爱会爱，避免过犹不及。现在好多家长，对孩子所谓的爱，替孩子做的太多，已经不是爱而变成害了。我们在上学或放学的路上，能看到几乎所有接送孩子的家长背着孩子的书包，而孩子心安理得空着手在走；在家里衣来伸手饭来张口，不用干家务活，只要搞好学习；还有很多家长让孩子物质享受过分满足，许多小学生就有了自己的手机……

这些都是在助长孩子的受之无愧，今天，他认为你应该为他背书包、买手机，明天，他就会认为你应该为他找工作、买车子、买房子。如果某天你给不了他想要的，他可能就要心生怨恨了。所以，父母要警惕不要替孩子做太多事情，要经常提醒他做好分内的事情，知道自己的事情自己做。

蔡元培说过：“教育的艺术不在于传授，而在鼓舞和唤醒”，在孩子成长的生涯中我们要成为指路灯塔，做最智慧的家长，做合格的、优秀的家长！

孩子的未来一定会比我们更耀眼夺目，但这背后是孩子们的汗水与付出。作为家长，能与孩子一同成长是一件快乐地事，我们可以成为孩子们的引路人与陪伴者，减轻他们未来的负担，让他们一飞冲天，飞黄腾达。

改革赋能促转型，革故鼎新谋发展

吉林省舒兰市实验小学校 金维娟

党的十九大报告提出，中国社会发展已经进入新时代，步入了新的历史方位，因此，我们必须清醒认识到，中小学教育转型“近在咫尺”而非“心距遥远”。我们要做的就是让教育向理性、科学的目标迈进，让我们的孩子拥有掌控人生和服务社会的关键能力。随着互联网技术的普及和发展，智慧校园建设在各大学校正如火如荼地开展。无纸化办公是智慧校园建设中非常重要的一项内容。推进无纸化办公，优化教学管理，发展学生必备品格与关键能力作为今后一个时期我市教育工作改革推进的主要任务。为此，我校进行了积极探索，通过改革创新，深化教学管理，提升了学校的教育水平。

一、紧扣时代脉搏，实施学校管理新的模式

我校紧扣时代脉搏，积极探索，尝试实施适合我校客观实际条件和管理需求的无纸化办公管理模式。

行政管理的便捷化。我校日常的考勤管理、代课管理、文件传达、网络学习等活动都通过钉钉软件完成；学校各部门整合校务日志表册，实行钉钉多人同时在线编辑填报，节省工作时间，提高工作效率；学校的各类活动总结、学习材料、相关文件、校园新闻等，都在教育资源公共服务平台学校空间网上发布。电子教案与教学课件统一存放在学校公共资源库，随时查看使用；学校安全管理通过信息化手段实现全员全程监管，值日教师在重点时段和重点地段到岗后，实时拍摄定位现场照片实行钉钉上传，与校领导一起全面排查安全隐患和到岗值守情况；依托家校共育数字化服务平台随时对家长进行线上家庭教育指导，全面调动家长指导学生参与社会实践活动，实现学校教育与家庭教育的有效整合。

教务管理的信息化。学校业务检查尝试“无纸化”送检，各种计划、总结、质量分析、其他各项业务实行钉钉送检；各年级编制的语文主题课程精品教案、学生的优秀作文选集等借助扫码的形式，一码可查阅全部，师生扫码即可查阅学习使用；各项大型会议也采用扫码的形式实行电子签到和会议材料的查看、学习、转载。

教师业务的精简化。改变管理办法简化工作内容。坚持以行动观察、过程考察代替材料检查，以大主题活动代替零散的活动安排，以电子档案代替文本资料归档，极大减轻了教师的工作负担；电子班牌简化教师的日常工作。将学校通知信息、校园动态同步至电子班牌端，供师生随时查看。学生出入校考勤，可通过刷卡方式进行签到签退，系统自动将学生考勤记录推送至家长和教师端；班级优化大师简化家校沟通途径。我校利用班级优化大师平台对学生进行综合素质评价，每天学生在德、智、体、美、劳方面的表现，教师都可以通过班级优化大师进行等级评价，每次评价都会实时发送到家长手机端，方便家长掌握学生在校表现，及时实现家校沟通，极大地减少了老师的工作量。

二、抓好课堂教学，落实学科学生关键能力

以课堂教学为主阵地，常态发展学生关键能力。首先，教师应会提炼、落实该学科的关键能力。我们认为教师必须有解读学生、解读课标、解读教材、教学设计的能力，为此，我们开展的课堂教学培训、课标解读培训、教材解读大赛等活动，都旨在提升教师提炼和落实“学科关键能力”的技能。

其次，尝试实施以关键能力发展为主线的课堂教学改革。一是目标聚焦。三维目标是学科要实现的目标，按照三个维度来描述，但并不意味着每节课的目标都是三个维度，我们认为课堂教学目标不能泛化，做到“一课一得”足矣；二是教师让位。最好的学习方式是“做中学”和“教别人”，教师让位的基本路径是把过去都是老师干的事，变着方、想着法，尽量交给学生去干。通俗地说就是“兵教兵”；三是模块化任务学习。有效地学习决不能停留于知识的表面理解和重复记忆，而是在已有的知识基础上，将所学知识与原有知识建立联系，获取对知识的深层次理解，建立一套自己的思维模块，并有效迁移其他问题情境；四是观课议课方式的变革。一节课上的好与不好，重点看学生有没有发展，我们提倡观课而不是听课，观课观的是学生，看学生的学习是否真实发生。

三、设计社团课程，定向发展学生关键能力

我们在社团课程设置上坚持的原则是：一是基于学生发展需要、以学生为主体；二是聚焦于核心素养培养，有利于发展学生的必备品格与关键能力。

为此，我们设计了四大类社团课程：一是以发展学生创新思维能力为主的社团课程；二是以发展学生生活实践能力为主的社团课程；三是以培养学生艺体素养为主的社团课程。除了常规的三球、绳类、操类、器乐、合唱、舞蹈等艺体类社团，为了满足学生的多样选择，本学期还开设了皮影制作社团、表演社团、古筝社团、架子鼓社团、电声社团、管乐队等社团。除此之外，为了促进艺术学科特长的普及率，我们探索实施艺术学科“3+3”课程。即三科学科常规课程中融入三项学科特长教学，如音乐课将“杯子舞”融入音乐歌曲教学中，让学生在“杯子舞”中掌握歌曲节奏，更锻炼了手脑协调配合能力。美术课将京剧元素和皮影非遗文化元素融入绘画教学和手工制作中，提高学生对中国传统美术的鉴赏能力和创新能力。体育课分领域研发“健康知识+基本运动技能+专长运动技能”的体育大单元教学，同时将篮球技能纳入每节体育教学中，实现学校“一品”的普及和技能提升；四是以提高学生交际表达能力为主的社团课程，包括：党史宣讲团、学生辩论团、播音主持社团、话剧团、口才训练等社团。

四、开展项目学习，综合发展学生关键能力

我们尝试推进以培养深度学习、深度思考、深度思维等关键能力的面向真实世界的项目式学习。如我们在开学初开展了“致敬戍边英雄”的项目学习、班级墙刊的设计、班徽设计、“筝筝”日上风筝设计等等这些课程都是基于真实生活、真实问题开展的项目式学习。基于项目的学习方式更强调以学习为中心，小组合作为形式，要求学生对现实生活中的真实性问题进行探究，并通过选定项目、制定计划、活动探究、作品制作、成果交流和活动评价最终构建起新的知识体系。在项目式学习的整个过程中，综合提升学生的调查与研究、阅读与倾听、探索与整合、沟通与写作、思辨与表达、审美与创造等关键能力。

五、开发融合课程，协调发展学生关键能力

“融合课”，也叫“协同课”，就是一节课中由两个或两个以上学科老师执教，但都不是单纯的学科教学叠加，都是全学科的融合。就是在同一主题或教学目标下，通过不同的维度，将原本碎片化的分科教学内容与目标有机融合起来，使学生对所学内容有更全面透彻的了解。比如，风筝设计课，就囊括了语文、美术、科学三大学科的课程融合。在语文老师的带领下去了解风筝的起源、种类，积累风筝的名言、古诗和谚语等。在美术老师的带领下一起装饰自己喜欢的模样，一起画轮廓，一起绘颜色，一起画起了自己的梦想。在科学老师的引导下，孩子们一起研究风筝起飞的原理，以及风筝起飞的必要条件等等。这样的融合课程，培养了学生动手、动脑和审美等综合能力，也培养了学生的创新精神和团队意识。

六、家校共育课程，协同发展学生关键能力

每学期我们都会通过线下、线上的方式，让家长积极参与到我们的“家校共育”课程中。我们在劳动教育实践中，除了通过在课堂上进行劳动教育和劳动体验外，还设置了“实验植物园”学农基地进行劳动实操，孩子们从平整土地、翻地、培垄、播种、栽种、管理等辛勤耕作下，现在我们的植物园里种下了玉米、黄豆、土豆、大蒜、毛葱、草莓、西红柿、茄子、辣椒、各类小菜等。而且，我们觉得只靠学校的力量是远远不够的，必须家校配合，指向同一目标，才会达成教育的目的。所以，我们尝试进行“家政教育”校本课程开发，如一年级学会整理书包，二年级学会整理衣物，三年级学会扫地刷碗，四年级学会插花、编织，五年级学会煮饭、包饺子，六年级学会缝纫、理财，这些课程主要就是依托家庭层面来落实。我们通过家政课的开设培养学生的动手实践能力与生活自理能力，改变生活依赖习惯。同时，我们觉得在这种快节奏的社会环境下，孩子如果不会从事基础性的生活管理、时间管理、情绪管理，就会出现慵懒拖沓、浪费时间、做事马虎、暴躁冲动的情况。所以，我们还结合心育教育和安全教育开设了“生活管理”课程。

一个民族、一个国家的未来就在当下的小学课堂里，今天的学生是什么样子，明天的社会就是什么样子。中国的未来与所有教育人有关，我们教育人怎样，我们的教育就会怎样。作为一所有着近百年历史的实验校的校长，我该怎么样？我的答案是：安安静静的构建、踏踏实实的经营、实实在在的管理、真真切切的教育。干在引领处、干在实在处，更要干在艰难处。其实，当我们觉得难的时候，我们正在进步！仰望星空，北斗璀璨。脚踏实地，更能行稳致远，“路漫漫其修远兮，吾将上下而求索”！

深化民族团结教育，浇灌民族团结之花

吉林省延吉市延新小学校　李顺福

党的十九大报告指出，“进一步做好新形势下的民族工作，不断加强中华民族大团结，根本在于建设各民族共有精神家园，积极培养中华民族共同体意识”。习近平总书记在全国民族团结进步表彰大会上进一步强调，“实现中华民族伟大复兴的中国梦，就要以铸牢中华民族共同体意识为主线，把民族团结进步事业作为基础性事业抓紧抓好”。加强民族团结进步教育，建设各民族共有精神家园，是铸牢中华民族共同体意识的基础一环。我校是一所有着七十多年历史的朝鲜族全日制小学。多年来，学校坚持以“追求和谐文化、培养阳光少年、打造成功教师，实现全面发展”为目标，不断深化教学改革，加强特色建设，扎实推进素质教育。尤其是在民族团结教育方面取得了长足的进步和发展。学校先后被评为“国家教育部教师综合素质培训先进校”、“第三届全国少数民族双语先进单位”、“延吉市民族团结教育工作示范学校”、“全国校园足球特色校”等荣誉称号。

一、立足延边，明确工作目标

作为民族地区，民族团结教育既是一项重要任务，也是学校发展的特色所在。为此，我校制定了民族团结教育工作三级目标体系，明确每一级层的教育目标。即：第一目标：努力培养师生的中华民族情怀。帮助学生了解中华民族大家庭、了解56个民族的灿烂文化，每一个民族都是美丽绽放的鲜花。在潜移默化中，把中华民族共同体意识和民族团结的种子深深埋在学生的心灵深处；第二目标：努力培养师生热爱延吉、热爱延边、热爱吉林的家乡情怀。帮助学生了解美丽的延边、全国唯一的朝鲜族聚集地、全国民族团结进步模范自治州，深深体会“礼仪之乡”、“歌舞之乡”、“教育之乡”、“足球之乡”的文化和文明；第三目标：培养具有朝鲜族文化底蕴的未来民族人才。帮助学生了解和掌握朝鲜族的民族历史、民族艺术、民族体育、民族风俗

等，增强学生的民族自豪感和责任感，从小启蒙和积淀民族情怀。

二、开发融合，构建课程体系

我校结合三级目标，优化课程结构，融合教育内容，通过采取学科课程、专题课程、学科渗透等方式，促进了我校民族团结教育的持续健康发展。

强化课程实施，积极开展民族团结教育。在民族教育课程设置方面，我校在三至六年级开设《中华大家庭》《民族常识》《家乡》《成功训练》等民族团结教育课程， 明确任务，专人负责，纳入地方课程管理。同时利用区域民族资源，研发了以民族团结、美丽延吉、美丽中国、民族优秀文化等为主题的校本课程。通过课程的有效实施，进一步营造了浓厚的民族团结教育氛围，为民族团结教育打下了坚实的基础。

突出学科渗透，实现民族团结教育立体发展。我校采取学科教研组为单位，进一步细化各学科、各年级的民族团结教育的渗透点、结合点，适时融入、补充和延伸，把民族团结教育内容有机融入课堂教学之中。从2009年开始，在每年的"民族文化教育月"活动之中，各教研组结合本学科的特点，突出学科渗透，开展"我的民族特色展示课"、"我的民族特色活动"、"我的民族特色讲座"等活动，使我校民族团结教育融入每一个老师、每一个学生之中，形成了全员参与、全员研究、全员管理的良好教育效果。

创新教育载体，全面开展民族团结主题教育。我校从2012年开始全面实施民族团结主题教育课活动，以完整的课堂教学的形式，集中进行民族传统知识的理解、掌握、体验和感悟。由于没有相应的教材和参考资料，学校充分发挥教师的智慧和才能，相继研发了"橡皮泥捏塑、礼仪、服饰、折纸、纸雕、民谣、叶雕、饮食、书法、主题班会"等14种教学内容，划分为低年级和高年级两个学段，指定14名具有相关素质的教师在每年的"民族教育文化月"活动中专门承担主题教育课，让全校学生真正在动口、动手、动脑中实现我们的教育初衷。现在，我校正尝试学科之间的民族团结融合课程内容和形式的探索。

三、拓展课程，强化团结教育

拓展德育活动。一是在"看"上下功夫。每学期的"双语月"活动，组织学生制作民族团结文化墙，营造良好的民族团结氛围。同时，学校每学期开展"民族团结教育"为主题的板报比赛，互相学习、互相交流。二是在"听"上下功夫。学校校园广播站开辟了"民族团结教育"专栏，每学期组织一次民族团结教育主题班会课，提高民族团结意识。三是在"做"上下功夫。每学期的"双语月"活动也是我校的民族团结教育宣传月，每个班级开展了"三个一"宣传活动，即每班一个宣传黑板报、每班一次主题班会、每人一份手抄报。

拓展校园节日。每年端午节，我校举办"民俗体验在端午"为主题的朝鲜族民俗娱乐体验教育活动，并邀请全体家长前来参与和体验。教师、学生、家长们身着朝鲜族传统服装，跳象帽舞、顶水跑、放风筝、玩画图、踢毽子、投骰，踢足球、滑旱冰、摔跤……每年体育节和冬锻节，我校举办冰上民俗游艺会活动。低年级以民族传统冰上节目——抽陀螺、高年级以推雪橇等形式开展冰上民俗娱乐活动。

我校重视与民族结对学校的联谊活动，两校之间共同组织京剧和朝鲜族歌舞的汇演；共同开展朝、汉民族不同习俗的端午节食品和游戏体验活动；共同品尝粽子和打糕；一起放风筝，一起玩投鹘。开展手拉手互赠图书和文具、互交笔友、体验乡村生活等活动，在参与、体验的过程中，增进了民族的文化交流、增进了民族的团结友爱、增进了学生、教师、家长之间中理解和关爱。

同时，我校每学期围绕 "民族歌曲大家唱、民族文化大家传、民族情怀大家抒、民族团结手牵手"为主题，开展丰富多彩的"五个一"民族团结教育主题实践活动，即"会说一句民族语言、会画一幅民族题材画、会唱一首民族歌曲、会跳一个民族舞蹈、会讲一个民族故事"等。每年的5月和10月，各班级都会通过主题展板呈现、民族服装展示、民族歌舞表演等形式，开展56个民族大团结的嘉年华活动，全校师生家长浸润其中，"国家、民族、家乡、家庭"这些抽象的概念瞬间在大家的心中变成了可看、可见、可以触摸的生动的事物，引发了大家的共鸣，民族团结的教育效果得到进一步升华。

新时代，我们将持续深化民族团结教育工作，不断丰富民族团结教育工作的内涵和形式，牢记初心使命、主动担当作为，促进各民族交往交流交融，使平等团结互助和谐的社会主义民族关系更加巩固，为国家长治久安和高质量发展提供有力的精神动力，谱写好民族团结教育事业的新篇章。

实施有根德育，培养时代贤良

吉林省长春市第二中学 张辉 王微

党的十八大报告提出要"把立德树人作为教育的根本任务"。党的十九大报告再一次明确提出要"落实立德树人根本任务"。立德树人具有丰厚而深刻的内涵意蕴。概而言之，就是要培养担当民族复兴大任的时代新人。我校以落实立德树人为根本任务，以实施践行"有根的德育"为主方向，以培育和践行社会主义核心价值观为主线，以培养学生十大核心素养为抓手，在遵循和尊重教育规律和高中生成长规律的基础上，构建科学完备的德育工作体系，扎实开展富有成效的德育活动，在坚定理想信念、厚植爱国主义情怀、加强品德修养、增长知识见识、培养奋斗精神、增强综合素质的德育工作的"六个方面"下功夫，促进学生德智体美劳全面发展，为中国特色社会主义事业培养合格建设者和接班人。

一、加强德育教育，构建和谐校园

我校系统地对学生加强理想信念、社会主义核心价值观、中华优秀传统文化、生态文明、心理健康等方面教育， 实施学生核心素养培养的月主题、月目标。鉴于年级不同、学生成长规律不同的实际情况，将我校"有根的德育"十大核心素养分解到每个月中，结合我校德育传统文化活动和传统节日设计活动，分步骤落实。

1—2月份：培养学生信息科学素养系列活动；3月份：培养学生审美人文素养系列活动；4月份：培养学生安全健康素养系列活动；5月份：培养学生责任担当素养系列活动。6月份：培养学生笃学淬炼素养系列活动；7—8月份：培养学生实践创新素养系列活动；9月份：培养学生行为自觉素养系列活动；10月份：培养学生理想信念素养系列活动；11月份：培养学生生涯规划素养系列活动；12月份：培养学生道德法治素养系列活动。

学校以培养"三观正确、身心健康、品端德正、勇于实践、博学善思、求精尚美、全面发展的人"为德育目标，注重学生基本品德素质的提高和健全人格的构建。努力营造和谐高雅、积极健康的校园文化氛围，逐步形成"自主自立，自我发展"的校园文化特色和奋发向上的学校文化。

二、六大德育途径，提升育人品质

学校"有根的德育"主要通过德育课程、文化、活动、实践等给学生供其养，通过德育管理、家校协同使学生归其直，通过德育成果来成其才。我们在德育六个方面上下功夫，六途径具体为走进课堂、走进课程、走进社团、走进活动、走进家庭、走进校外基地，以达到全员、全过程、全方位育人目标，促进学生全面发展，为学生一生健康成长和发展奠基。

走进课堂。我们要求教师在课堂教学中，通过权威的书本知识传授，潜移默化地影响学生的价值观和行为方式，培养学生爱国、敬业、诚信、友善的优秀品质。一是融入基础教育课程改革。利用国家课程资源，把德育内容细化为学生核心素养体系和学业质量标准，融入各学科课程标准、教学过程、教学评价之中。在教学内容中充分体现"有根的德育"内涵，通过课堂教学的潜移默化，使学生接受教育，得到启发。二是推动课堂教学方式创新。结合各学科的特点，巧妙地设计教学活动，引导学生理解德育内涵。三是适应新考改需要。随着高考改革逐步深入，要求每名教师提前做好准备，充分了解选课走班制，适应高考改革。四是加强时事新闻学习。学校每周在规定时间在全校播放市教育与新华社联合录制播出的"新闻时事课"。

走进课程。根据学校发展愿景和学生核心素养培养要求，挖掘教育资源，建立了全方位、多元化、独具特色、选择性强的国家、省、市校本课程体系。除了国家课程以外，我校开设了3D打印、机器人等创新教育课程；诚信教育、责任教育、细节教育、养成教育等有"有根的德育"课程；学生管乐队、模联等学生社团课程；男子足球队、女子篮球队、跆拳道等拓展课程。编写了全国第一本跆拳道课程，自编了全国首套跆拳道操。

走进社团。一是优化社团队伍，配齐专业指导教师，完善社团的规章制度，提高社团活动质量；二是充分利用好高中课余时间，在原有的三十多个社团的基础上，新增社团。三是强化管理，不断提升社团品质。四是继续做好男子足球队、女子篮球队、跆拳道队的建设，积极参加各级各类比赛，扩大学校知名度和影响力。五是通过美术社团、乐管团、舞蹈队、合唱团等创建，打造艺术特色。

走进活动。学校积极开展清明节主题教育活动、纪念五四运动101周年主题教育活动、纪念"一二•九"运动演讲、大合唱比赛、青年党校开班等多项活动，加强青年理想信念教育和爱国主义教育。

通过道德讲堂、"美德青年评选"、"最美中学生评选"、"最美孝子评选"等活动，积极引导学生提高道德素养；通过法治讲座、法制宣传、手抄报等形式，把法治教育纳入教育体系，普及法律知识，培养学生的法治意识和素养，倡导社会正能量；通过主题升旗仪式、周总结、主题班团会等形式，对学生进行责任教育、诚信教育、细节教育；通过助学金的评选和发放，促进公平教育，激励学生勤奋学习。组织开展"人间有情 大爱无疆"积极救助患病学生捐款活动。

与传统文化活动相结合。积极开展"书香校园"读书活动及文艺汇演、"诗书礼乐"进校园——好书推介系列活动、诗词大赛、墨香书法展、"感动校园最美孝子"评选活动、百科知识争霸赛、英语电影配音大赛等校园文化节系列活动，使中华传统文化瑰宝走进校园、走进课堂、留在心中。

与师德师风教育实践活动相结合。通过师德五步实施工作法，引领教师从自身做起，带头践行社会主义核心价值观，自觉增强立德树人、教书育人的使命感和责任感，引导学生自觉追求社会价值观念，致力把学生培养成为具有高尚道德情操、富有责任心、正义感和进取精神、奉献精神的人。

与校园文化建设活动相结合。深入推进"三个层次"校园文化创建活动，完善校园文化基础设施，加强校旗、校徽、校歌、校训建设，打造"一校一景、一校一品、一校一特色"的学校德育新特色，提升校园文化品位，建立现代学校制度。

与生态环保活动相结合。在师生中广泛开展净化校园、净化环境、净化心灵活动，通过强化志愿服务理念、深入社区等公共场所，开展丰富多彩的手工环保活动。

走进家庭。充分利用家长会、家长一封信、QQ群、钉钉群、微信群和智慧校园平台加强家庭教育的指导，做到家长密切配合学校，班主任及时将学生的情况反馈给家长，家庭学校形成合力，齐抓共管。

走进校外基地。课外、校外生活是课堂教学的拓展和补充，在组织学生走出校园开展社会实践活动中，有机融入德育教育的实践和体验，我们把清河街道南昌社区、长春市德苑、伪满皇宫、省博物馆、省自然博物馆、长春市党史教育基地、吉林省孤儿院、长春市善满家园等基地列为学校校外德育基地，根据教学内容、综合实践和专题教育的需要，通过广泛开展各类课外、校外活动，能够促进学生社会实践能力的提升。包括创新课外活动，调动和发挥学生的积极性、主动性和创造性，增强学生动手能力。

三、抓实德育管理，助力教学提升

学校采取"走出去"、"引进来"和"资源共享"的班主任队伍建设思路，培养名班主任。着力做好以下几个方面的工作。

强化班主任培训工作。每学期进行四次班主任培训工作，分别在学期初和学期中，具体以学校"精致教育　自主发展"的办学理念、"有根的德育"的实施、学生素养的培养和高考改革下的班级管理为主题，通过自学、集体学、集中培养的方式，全面提高班主任老师的理论水平，为培养校级、市级、省级乃至国家级优秀班主任奠定基础。

优化班主任管理工作。从班级管理、出勤、家校沟通、学习培训、材料上交、大型活动等几个方面对班主任的班级管理、学习能力、沟通能力进行考核，并强化培训和落实，根据学校德育培养目标，使班主任工作有目标，有方向。每周四的班主任例会除总结工作和布置下一阶段的工作外，有计划、有重点的进行思想、方法、艺术方面的培训。

抓好班主任科研工作。立足于班级的实际和学生的实际，突出个性化、体现多样化。在潜心管理的同时，鼓励班主任总结经验，提升理论，将案例进行梳理，立项研究，既提高了理论水平，又提高了科研能力。努力让班主任的实践和理论达到合理的结合，让班主任不仅是管理者，更是教育家。

深化青年班主任培养。不断加强年轻班主任的培养才能实现学校的持续发展。对青年教师，首先要在前人的教学案例中吸取经验，感受教育的艺术，加强师德修养，从而形成较强的敬业精神、浓厚的协作意识和默默奉献的思想品质；其次让年轻教师参加班主任理论学习、工作座谈会，在交流和反思中，积累班主任工作经验。

我校德育工作扎实开展，"有根的德育"具有本校特色，育人工作取得显著实效。在今后的工作中，我们将会创新工作思路，丰富工作形式，用习近平新时代中国特色社会主义思想铸魂育人，引导学生增强中国特色社会主义道路自信、理论自信、制度自信、文化自信，为社会主义建设培养更多的德智体美劳的建设者和接班人。

承求索之精神，扬经典之国粹

江苏省宝应县白田小学　陆香

"一年之计，莫如树谷；十年之计，莫如树木；终身之计，莫如树人。一树一获者，谷也；一树十获者，木也；一树百获者，人也。"这段话既阐明了人才培养的重要性，也揭示出人才养成的不易。"蚕老客未归，白田已缫丝……"这是李白之诗《白田马上闻莺》中的一句，我校因此得名。如今，诗已成为我校学生骨子里流淌着的文化标识。在倡导传承民族文化、固守民族精神的当下，我校从儒家的君子人格中提炼出"忠、仁、智、勇"的民族精神的"四重奏"，形成并丰富了诗雅文化。与此同时，依据文化传承的需求和"立德树人"的教育追求，我校还大力开发诗雅课程，将诗歌镶嵌在学生的学习生活中，成为学生生命历程中不可磨灭的印记。今天，通过诗雅文化课程的研发与实践，我校所有学生都畅游在传统文化的海洋之中，感受传统文化的熏陶，领略诗歌的魅力，化身成一粒粒传播诗雅文化的种子，肩负传承，弘扬经典！

一、立足经典文化，建设优质校园

校园文化是学校可持续发展的动力，是学校综合办学水平的重要体现，也是学校个性魅力与办学特色的体现，更是学校培养适应时代要求的高素质人才的内在需要。我校从课程出发，通过楹联课程、标识课程、游历课程三大课程体系不断推动特色办学发展，让传统文化扎根在学校土壤之中。富有文化气息的校园环境是学生成长教育的潜在资源。诗雅环境课程通过诗歌与环境的融合，鲜明学生的气质风骨，唤醒学生的民族意识，培养学生的家国情怀。楹联是中国传统文化的独有样式，是诗歌的高度凝练。中国风式的校园建筑，楹联应有题中之意。我校利用各种契机，邀请名家、诗人撰写楹联，并且在学生上学、放学的必经之路进行悬挂，并配以注解，定期更新，引领观瞻。大书的楹联常常能冲击学生的心灵，让他们自小便在内心烙下民族的根。

但凡有文化印记的学校往往都需要文化标识予以陈情。我校的校训——"诗雅"以石刻的形式矗立在学校的中心，借以警示学生时刻铭记成人的标准；学校建造"曲水流觞"精致小品，模拟再现诗酒唱酬的雅境，陶冶学生的情操；在学校教学楼矗立的立柱上，以古风的字体书写"风、雅、颂、赋、比、兴"的诗歌特征与"梅、兰、竹、菊、松、荷"的君子品性，借助诗歌的力量，滋生品性的养成。这些标识化的建筑以静止的形态，与灵动的学生朝夕相对，动静之间，升腾起成长的不竭动力。

如果说标识课程营造了恢宏的成长空间，那么精心设计的游历课程则是站在时间的轴线上，丰厚学生的文化底蕴：我校以教学楼的楼层为序，以"忠、仁、智、勇"为主题，以诗人为牵引，通过"一个人、一首诗、一个故事"诉说"一种品性"；学校在诗展中心，以历史为经，以诗歌为纬，穿行华夏五千年岁月，游历诗歌三万里河山；在太白广场，矗立一个人——李白，传世一段佳话——以李白的人生经历、诗歌创作，真实再现中国诗歌创作的巅峰和文明的鼎盛。学生游历其间，每每相对，总能催生花开的声音。

二、深化诗雅意识，创新课程体系

学校是课程开发的绝对主体。校本课程开发需要满足学校文化建设的需要和学生成长的需求。我校倡导的诗雅文化，核心是"诗"。因此，我校以"诗"为载体，着力开发习诗修身课程。即赏诗课程、诵诗课程、作诗课程、合诗课程，帮助学生树立诗雅意识，培养他们对传统文化的兴趣。我校的诗课程以凝练的语言、缜密的章法、充沛的情感以及丰富的意象编织而成的诗词，因其意蕴深远空灵，故须借助赏析方能入诗。我校选取中国历代最具代表性的诗词，编印成册，命名《诗韵飘香》，利用校本课程的课时保证，聘请诗词专家、诗词爱好者定期开讲，他们从赏析的角度出发，还原诗词创作的生活背景，提炼诗词文字的丰富内涵，呈现诗词体裁的独特构成，为学生打开诗词，走进诗词，升华诗词，让诗歌真正成为学生成长的另一种精神给养。

针对诵诗课程，我校开发了诗词晨读暮吟课程：选取经典童歌民谣、古诗古词古句、现代优美诗歌，通过晨诵暮吟的形式，携学生穿越诗歌，享受生命的过程。诗歌创作，尤其是最具民族性的古体诗创作，在现今的语文教学中是有所弱化的。为弥补诗歌创作的缺失，我校结合课程标准及本土文化的特色，根据学生不同年龄的特点，按年段选编了合情适趣的诗歌作为范例，带领学生一边学习一边创作，提高学生诗歌创作的能力：低年级段以诵背现代短诗或童谣为主，追求"初读有声"、"再读有情"、"三读有疑"、"四读有形"的习得境界；中年级段仍以现代诗为载体，逐步尝试创作，力求做到"按图索骥"、"掩卷遐思"、"尝试创作"；高年级段主要介绍古诗词写作方面的相关知识，如绝句、律诗、小令等，在总结创作规律的基础上引导学生尝试创作古体诗词。

最本原的诗实为歌词，是集歌、乐、舞、画等于一体的艺术样式。诗词教育必须要丰富诗歌的表现形式，以达到激发学生热爱诗歌的目的。为此，我校组建诗雅合唱团、诗雅舞蹈队、诗意水墨画、装饰诗画、泥塑、书法等社团，以古典诗词为载体，通过演唱、绘画、舞蹈等表现手段，为学生提供用诗平台，丰富诗歌的表达方式，提升诗歌的审美品位，让学生在诗与其他艺术形式的融合中欣赏美、体验美、传承美、创造美。

三、凸显办学特色，弘扬经典魅力

诗雅文化的目标在"雅"。诗与雅，就中国的传统文化而言，本就一体。与其说诗雅文化起于诗，显为雅，不如说通过诗歌这一载体，追求诗雅的境界。在习诗修身课程的基础上，我校叠加开发塑雅明礼课程。即明雅课程、导雅课程、塑雅课程。

"诗言志。"诗歌是德育最好的传声筒。我校糅合经典名句、古典诗词、中国画等表现形式，编印《德育诗画》读本，借助晨会课、班会课的时间，打造明雅课程。课程以爱国主义教育为核心，以中华民族美德教育和革命传统教育为重点，以诗来启发孩子学习的志向，以诗来规范学生的行为举止，以诗来增强孩子的心灵慰藉，培养学生爱好和平、勤劳勇敢、自强不息、勇于创新的民族品性，引导学生树立正确的世界观、民族观、人生观，树立为中华之崛起而努力学习的远大志向，不断增强民族自尊心、自信心和自豪感。此外，我校把诗雅文化教育的终极目标定位于"典雅校园、儒雅教师、文雅学子"的输出。我们根据学校的办学愿景和育人目标，梳理出"有报国之情、有仁爱之心、有诚信之品、有责任之感、有勤劳之德"的做人标准，并选取与之相应的古诗予以诠释，寓教于诗，采用演绎诗人、吟唱诗歌、再现诗境等形式，打造导雅课程。导雅课程借助诗歌的力量，通过真切可感的活动和情境，引导学生将做人之雅与民族担当结合起来，使文雅学子在内修品性的基础上承担起更多的社会责任。

基于诗雅文化的塑雅课程同样深耕于诗歌的世界里。我校的塑雅课程从班级命名开始，班级组建之初，要求各班从诗歌的源头——《诗经》《楚辞》中选取适切班级文化特性的诸如“静姝、炜彤、洵美、燕婉”等语词作为班名，并结合班级建设目标对其进行阐释，形成独特的班级文化。我校还将学校的奖项设置当作塑雅课程来做，选取古典诗词中寄寓深远的诸如“扶摇青云、阳春、闻莺”等语词命名学校对学生的各类表彰，使学生在获取嘉奖的同时，更能明了学校对其成长更隽永的预期。塑雅课程就是抓住这些教育的细微处，根植诗歌的影子，塑造诗者的气韵，以点带面，最终实现人人诗雅的目标。

风雨沧桑励壮志，春华秋实著华章。今天，我校的诗雅文化虽已取得硕果，但也是我校继往开来、新征程的起点。我校将继续以诗雅文化作为推动学校教育发展的助力，承求索之精神，开拓进取，弘扬经典，唱响白田教育高亢的时代凯歌。

“仁指”教育创特色　品质立校育栋梁

江苏省高邮市送桥镇天山小学　江平

教育就是一个民族兴衰的命脉，是国家强弱的心脏工程。只有在教育的土壤中深耕细作，做有故事的教育，办有意义的学校，才能让教育的温暖浸润每个校园。我校是一所位于神居山脚的乡村小学，因山得名，始建于1949年，七十多年的办学经验沉淀出学校浓厚的特色文化气息。目前，学校有教学班19个，在校学生831人，教职工56人。办学以来，依赖学校的地理优势和浓厚文化条件，我校凝练出“仁智教育”体系，以立德树人为学校办学宗旨，确立“仁智”课程建设目标，以“仁育六年，幸福一生”为目标，坚持以“尚仁启智”为办学理念，形成了“尚仁、博爱、厚德、敏学”的校风，“体仁、忠信、乐学、善思”的学风，“宽仁、严谨、格高、和谐”的教风。学校融入“仁智”育人理念，注重环境育人，坚持科研立校，强化师资队伍培养，以此为支撑不断丰富校园的文化内容，提升学校办学品位，推进学校高品质、可持续发展。自2003年被省教育厅评为高邮市农村第一所实验小学之后，学校又先后荣获全国校园足球特色学校、江苏省绿色学校，江苏省健康单位、扬州市平安校园、和谐校园、优美校园、数字化校园，扬州市教科研示范等荣誉。

一、立足“仁智教育”理念，提升学生综合素养

“仁智”来源于孔子的“智者乐水，仁者乐山”，“仁”指关爱他人，完善自己；“智”指博雅灵慧，实践创新，契合了核心素养中的必备品格与关键能力。我校的“仁智教育”以“尚仁启智”为教育理念，以核心素养发展为目标，主张“仁爱育人，智慧成长”，培养学生成为德才兼备、诚实守信、爱国情怀浓厚的优秀学子。为此，学校确立“五有”培养目标，即培养“有爱心、有修养、有学识、有体魄、有视野”的新时代少年儿童，培养学生在爱心与担当，习惯与德行，学识与学力，健康与快乐，视野与兴趣等方面获得发展。

课程是教育实施的重要手段，基于学校的办学理念和文化内涵，我校从“仁”文化思想中撷取“礼”、“知”、“立”、“雅”等精华，对国家课程、地方课程和校本课程进行整合重建，建构既符合国家要求又富于地域特色的“仁智课程”体系。一是完善校本教材建设。在已有《山花论语》的基础上，开发第、中、高系列读本。低年级是“绘本”，图画配上童谣，以具体的形象解释论语意思；中年级创设“山花娃”人物，用“山花娃的话”、“山花娃故事”、“山花娃践行”等指导学生读懂论语中的道理；高年级则配上英文注释，“山花娃践行”更多思辨、实践，涉及更多学科、更宽领域，引导学生活用论语，提高素质。二是整合学生经验和各种资源，以“科学探究、社会交往、个性发展”为维度，构建以“尚仁，崇礼，启智，雅趣”为主题的课程，每个主题都生发出若干微型课程，我们计划命名为“山花论语课程群”。每一个山花论语微型课程都有具体的内容，并通过“课程纲要”、“课表”，对其课程时间、实施、评价等做出清晰的规划。四大主题的山花论语课程做到三个结合：“学科与活动”结合；“校内学习与社会实践”结合，“选修和必修”结合。

仁智课程，从师本课程、班本课程和学本课程三个层面，形成教学特色，激发课堂教学活力，提升教学质量。通过课程的开发、实施、管理，为教师提供研究路径，优化教育策略，强化课程意识，提升了学校课程校本化实施能力。

二、深挖“仁智”文化内涵，凸显特色办学品味

陶行知曾说过：“天然环境和人格陶冶，很有密切关系。”校园中的每一座建筑、每一处景点，每一片绿色，都成为一种思想的传递，一种文化的表达，优美的校园环境就像无声的老师，滋润着师生的心田，熏陶感染着师生，丰富净化着师生的灵魂，潜移默化地引导师生向着健康的方向发展。为此，我校大力弘扬传统文化的家国情怀教育、传承红色历史的革命历史教育、体现仁智特色的学习品质教育。以《论语》等国学经典为主题，以“五书”、“五常”为内容，在教室外走廊上布置国学经典儿童读本内容，潜移默化地给学生以经典滋润。以爱国主义教育、革命传统教育为主题，打造以“仁善长廊”为代表的廊亭文化，使全体师生在真实情境之中，与革命英雄、仁人志士进行心灵对话、交流，努力用革命英雄、仁人志士的价值选择、行为方式，及时回应学习生活、社会实践乃至社会热议中所遇到的困惑和问题，夯实少年儿童听党话、跟党走的思想基础。以“仁智学堂”为主题，统筹班级文化、餐厅文化、办公室文化建设。每个班级都根据“仁育”文化课程体系，总结提炼“尊重、分享、思考、积淀”的“仁智课堂八字方针”，意在引导“仁智之师”的“导”和“仁智之生”的“学”在课堂上达到“和谐、厚重、优美”的境界，实现“情智兼修”的仁育目标。

课堂教学以学生为主角，以学养为主旨，立足学习基础，遵循学习规律，发展学习能力，形成平等互助的新型师生关系，以实现发展思考力、增强表达力、提升合作力的课堂愿景。我校的仁智课堂以“仁智”内涵为支撑，通过有效地教学手段，培养有真品行、真知识、真才能的天小学子。“仁智课堂”是充满关爱与智慧的课堂，是基于“仁爱育人，智慧成长”的教育，既凸显儿童的中心地位，又注重对学生进行合理引导，帮助学生增长知识，提升能力。仁智课堂范式的核心是思考与分享，个体的独立思考是群体互动分享的基础，群体的互动交流是个体思维历程的深化，“思考”和“分享”相互依托，彼此促进。整个课堂由个人自学，初步认知；合作交流，深度加工；展示点评，反馈共享；巩固提升，拓展生成四步组成，即个人自学、合作交流、展示点评、巩固提升，通过这些步骤，教师有针对地引导学生自主学习，激发学生思考，解决问题。

三、强化师资队伍建设，助力教育品质提升

教师发展是推动学校发展的关键动力，我校以崇尚文化自觉为目标，促进教师师德教风的优化和专业水平的提升，培养德才兼备、诚实守信、勤勉尽责、勇于创新教师队伍。通过文化建设，使崇尚文化自觉成为每一位教师的自觉行动，使教师在走向文化自觉的过程中，逐步具有开阔的精神视野、高雅的文化品位、向上的生活情趣，形成天山小学“五心”师资队伍：做有境界的老师，倾心教育；做有思想的教师，潜心研究；做有激情的老师，醉心课堂；做有责任的老师，用心教书；做有爱心的老师，真心奉献。

环境育人、课程育人、实践育人是我校“以生为本”教育理念的三大支撑，也是我校培育天小仁雅少年的文化源泉。为进一步促进师生素养提升、规范意识，我校制定了“仁雅好少年”的十条标准。同时倡导在活动中积淀素养，让学生在参与文化活动的过程中，认识自己、开发自己、超越自己，最终达成‘仁雅’少年的愿景。

基于“仁爱育人，智慧成长”的课堂评价，我校着力于引导学生的自主学习与教师的科学指导，形成以“尊重、分享、思考、积淀”为核心的仁智课堂范式，与学生的“自主学习”相对应，仁智课堂的评价方案也关注教师的“科学指导”，“指”即“指点、指引”，“导”即“导趣”、“导向”、“导疑”、“导法”。这种教学评价模式，以“仁”文化为统领，关注指向核心素养的“仁”与“智”的契合点、渗透点，“仁智之师”的“导”与“仁智之生”的“学”的融合点，既评价教师，又评价学生。

总之，“仁文化”视域下的课程建设，既促进了教育资源的开发，也丰富了素质教育内容，为学生个性化、多元化发展奠定坚实的基础。基地建设使学生由课堂走向课外，由接受知识走向体验生成。多层次、序列化的校本课程体系构建，满足了学生个性发展的需求。充分展现传统文化与现代理念相融合的特色，为学生的道德修养正本清源，为学生的个性发展和素质的全面提升搭建平台，提升了学生综合素质。

“教育之根味苦，教育之果甘甜”。多年以来，“仁智教育”的创建不仅提升了学校的精气神，更提升了学校的办学品位，提高了家长和社会的认可度。学校全体师生畅游在浓厚的文化氛围中，心怀大志、仰望星空，虚心向学，勇敢前行，不断创造、生成丰富的学习资源，引导学生健康快乐成长。未来路上，作为教育事业中的一名勤匠，我校会继续坚怀育人恒心，遵循“尚仁以启智、博爱以崇礼”的教育特色，领悟“尚仁启智”的办学理念，并行之贯穿于教育教学中，始终如一，用情怀装点教育事业的百花园，用生命继续谱写一曲又一曲教育新歌。

构建乐学教育，创办优质民校

江苏省昆山阳澄学校　沈洁

立德树人是党的十八大和十九大前后相继、一以贯之的教育理念。党的十八大报告首先提出：“把立德树人作为教育的根本任务”。党的十九大报告再次强调：“要全面贯彻党的教育方针，落实立德树人根本任务。”这是党中央在新时代对教育根本任务的新概括，是对学校德育地位和作用的新认识，是对学校教育的新要求。我校自创办以来，贯彻执行党的教育方针，时刻不忘党和国家“立德树人”的根本

任务，秉承“全面发展与个性发展和谐统一”的办学理念，创办“轻负担，高质量”的办学特色，构建乐学教育模式。学校在教育教学、老师培养方面、硬件设施得到了昆山市教育局及巴城镇政府的大力支持和帮助。

我校是一所公建民办小学，2018年9月正式开学，设计规模6轨，36个班。现有学生832人，在岗教职工50多人。三年来，学校本着平民教育、优质为民的初心，受到当地各界的广泛认可，先后被评选为昆山市“民办教育理事单位”和“巴城教育联合会会员”；尤其是在书法教学领域，荣获了“苏州市书法教育实践基地”的荣誉称号，且连续两年荣获“引力播杯”硬笔书法比赛优秀组织奖；参与书法比赛的教师和学生先后获得全国硬笔书法二等奖、江苏省“引力播杯”硬笔书法大赛一等奖、二等奖、三等奖等多项荣誉。

一、优秀教师队伍，夯实乐学教育

我校拥有一支积极向上富有朝气的教师队伍，学校教师本科率达到90%以上（其中硕士研究生1名），教学及教研能力一流，他们一起组织了语文教研组、数学教研组、英语教研组和其他学科教研组，多学科全面覆盖小学教学的各个主要学科，为学校教育质量提升打下坚实的基础。

语文教研组立足教学实际，认真钻研教材，在深刻领会教材编写精神和《语文课程标准》的基础上，精选必修、选修课本上的文章，合理安排教学次数；数学教研组始终保持教育教学质量稳步提升的良好态势，他们用自己的专业素养、工作热情和人格魅力，影响、带动着教育伙伴们一同扎实工作，为学校的教育事业做出贡献；英语教研组同仁积极参加昆山市教研部门组织的各类教研活动，学习优秀教师的教学新理念和方法，力求从多维度提升自身专业化发展；还有其他教研组的教师们，努力推进“2+1”项目的实施，促进学生全面发展，并根据学生的发展需求，系统地设计能提高学生体艺技能的内容和方法体系，有效开发体育、艺术教育功能。

二、开展主题活动，推进绿色教育

我校坚持倡导“建设生态文明，创办绿色校园”的理念，积极响应习总书记的号召，重视校园绿化与环保，大力开展以“绿色阳澄”为主题的校本课程和实践活动。一是绿化环境。“十年树木，百年树人”，校园绿化则既是树木又是树人。在我校校园里，绿树成荫，到处散发着生机盎然的气息。食堂东侧的莲花池是并蒂莲的发源地，是校园内两大历史古迹之一，夏季并蒂莲花盛开时为师生营造出“接天莲叶无穷碧，映日荷花别样红”的优美学习生活环境，为学生的健康发展提供了环境保证；二是护绿行动。春天的时候，班主任老师带着孩子们认识校园的大树“朋友”，学习大树的生态价值，小朋友们还积极参与到种树、农耕、浇水的社会实践活动中去，为校园的生态建设贡献自己的小小力量；三是农耕文化。学校积极开展以“农耕”为主题的校本课程，通过“知农时，识农耕”的主题班会学习各种蔬菜生长的知识，还在动手实践中掌握到了农耕的技巧和方法，感受到农耕的收获和乐趣；四是爱鸟护鸟。郁郁葱葱的校园吸引了鸟儿在这里驻足，学校借机不定期举办鸟类知识专题讲座，向同学们传递关于鸟类的科学知识，使他们懂得保护鸟类的重要性，激发小朋友们爱护动物、保护自然的决心，增强“人与自然和谐相处”的认同感；五是低碳环保。学校不断加强生态文化的宣传教育，让孩子们从小树立爱护生态、保护环境的价值观念，并在这种价值观下践行勤俭节约、低碳环保的生活方式。

三、健全管理制度，保障乐学教育

学校管理从科学和人文入手，结合民主、人本、效率等内容，树立科学管理的理念和思路。学校首先健全并落实制度，让管理工作有章可循；其次狠抓管理班子建设，推动教育教学工作的开展。学校尤其注重校园安全管理，利用广播、板报、班会等不同形式对本校师生进行了防盗、防暴、防毒、防火、交通等安全教育，每月开展一次安全应急疏散演练，每节课间都有护导教师巡视，严禁学生在课间追逐打闹。牢固树立安全第一、预防为主的思想。同时，学校聘请了四级高级法官担任法制副校长，对师生进行法制教育，提高法制观念，督促校园安全工作。在食堂用餐方面，学校实行军事化用餐管理制度，列队进入食堂统一口令开饭，无论是卫生还是安全方面都得到了保障。

伫立新时代潮头，瞻望更美好蓝图。2021年，是中国共产党成立100周年，是“十四五”规划的开局之年，也是开启全面建设社会主义现代化国家新征程的起航之年。我校将时刻谨记“立德树人”根本任务，践行社会主义核心价值观，让学生在学习生活及社会实践中理解民主、文明、自由、平等、和谐的含义。始终坚持以学生为本，全面推进素质教育，努力把学校办成家长满意、学生向往的优质民办学校。

构建“恒诚文化”，助力师生全面成长

江苏省南京市浦口区乌江学校　庆克勇

教育是培育人才的重要基石。处在人生“拔节孕穗期”的青少年，思维日渐活跃，最紧要的是通过教育引导培育正确的世界观、人生观和价值观。加强思政教育，是落实立德树人根本任务。近年来，我校坚持以创建“有质量、有特色、有品位”的文明校园为驱动，以“恒诚文化”为师生共同价值追求，践行“诚有恒、恒无惑、人成长”的素质教育理念，围绕立德树人根本任务，有效落实区教育部门“九项行动计划”，营造了“生命的书、立体的画、无声的诗、灵魂的家”的文明校园，助力每名师生的全面成长，学校正朝着具有时代特征、特色明显、人文现代的高质量学校目标迈进。

学校荣获“全国校园足球特色创建学校、江苏省绿色学校、南京市新优质初中、市教育系统第十一届师德先进群体、市园林式校园、市智慧校园示范校、市依法治校示范校、市语言文字规范化示范校、市书香校园、浦口区文明校园、区教育系统先进基层党组织”等荣誉称号，走出了一条具有农村学校特色的高品质发展新路。

一、党建立魂，打造校园品牌

为打造文明校园品牌，我校将文明校园创建纳入学校党建的重要工作内容，以“中国特色社会主义道路自信、理论自信、制度自信和文化自信”作为文明校园的思想灵魂，践行社会主义核心价值观。学校成立了领导小组，通过校长办公会、行政例会、主题班会、社会主义核心价值观和八礼四仪知识竞赛等活动，营造了鲜明的育人导向。

2019年10月，学校成立新一届领导班子，进一步健全学校各项规章制度，实行以“校长负责制”为主，教代会、校务委员会为辅的“一主两翼”管理体制，成立学校“七彩虹”青年教师志愿者服务队，本着“志愿服务、认真负责、服从安排、提升自我”的工作理念，为学校9个年级学困生提供课业服务。每年寒假期间，校领导班子成员携带慰问品为家庭经济困难职工和学生送温暖，极大地提高了教师的职业幸福感。

学校通过“四史”专题教育，组织开展“我们的节日”主题活动，以征文、歌咏、诗歌朗诵、文艺汇演、绘画比赛，“天使之音”校园小歌手比赛，“庆六一，颂祖国”歌唱比赛，“奋斗的青春最美丽”演讲比赛、纪念抗战胜利周年纪念活动、迎国庆书画征文比赛、学生篮球联赛、“一二·九”歌咏大赛等一系列活动，为营造良好的文明校园打下了坚实的基础。

二、恒诚文化，创设校园特色

近年来，我校以“恒诚”为校训，确立了“崇德、明礼、砺志、笃行”的培养目标，形成了“团结、勤奋、求实、进取”的校风，“严谨、务实、求活、创新”的教风，“乐学、善思、诚信、合作”的学风，凝练出了“学生全面快乐健康成长，教师科学高效幸福工作，学校团结和谐跨越发展”的乌江学校核心特点，实现了学校又好又快发展。

学校“恒诚文化”的核心要义有三个方面：“诚有恒”就是“立于诚信、坚守真诚，初心不变”；“恒无惑”，不是一成不变的诚、机械的诚，是辩证的诚；“人成长”就是着眼师生的生命成长。“恒诚文化”注重“立大志、做小事、干成事”。“恒诚文化”就是遵循师生成长规律的智慧文化，是立德树人的生命文化，是学校、家庭和社会的灵魂文化。

正是基于此，我校以优化、美化、净化校园环境为重点，注重地域文化的传承与创新，全面提升校园文化内涵。在我校，楼宇文化体现了乌江当地的古今人文特色。四幢楼房的四横三纵干道，分别命名为恒诚路、明礼路、崇德路、乐学路、勤学路、善思路、创新路，四座花园分别命名为恒园、勤园、善园、乐园；实现了“学校是立体的教科书”，让校园文化自然融合，营造出了一个绿荫满地、环境优美、文化浓郁的学习家园。

三、全员育人，促进共同成长

为实现学校的创新发展，我校从领导到教师都非常注重顶层设计、落实细节雕琢，做到了历史、地域文化与环境、自然风貌的有机结合，实现了校园内涵更美、校园环境更优、校园品位更高的发展目标。

在队伍建设上，为全面落实立德树人的根本任务，学校把社会主义核心价值观融入全员育人之中，以爱国主义教育为主旋律，以队伍建设为保证，以常规教育为抓手，大力推进素质教育，推动学校精神文明建设的进一步深化。学校确立的全员育人目标是：培养学生良好的品德，做到团结、友善、明礼、诚信；坚持做到全员德育、全面德育、全程教育、全员育人的新体系。

学校以班队活动课、晨会活动、德育课教学为主阵地，大力开展国情教育、良好习惯教育、心理健康教育、劳动教育等。涌现出一批市区三好学生、优秀学生干部。2019年吴蕊同学被评为“江苏好少年”，2020年周凌云同学被评为江苏省“最美中学生”，于伟、王若景同学被评为浦口区“最美中学生”；学校荣获“七五普法中期考核验收先进集体”、“浦口区安全管理先进单位”称号。“文明校园”、“书香校园”、“和谐校园”、“文化校园”，构成了我校的特色品牌，赢得了学区人民群众的广泛赞誉。

2021年，是中国共产党成立100周年，是“十四五”规划的开局之年，也是开启全面建设社会主义现代化国家新征程的起航之年。在新的形势下，我校将全面贯彻落实党的教育方针，创新发展的新时代，

潜心立德树人，以育人方略的建设推进我校德育工作不断发展，奋力绘出师生可持续成功与恒久幸福人生的辉煌画卷。

开展精品教育　塑造精彩人生

江苏省万安县涧田中心小学　肖远生

“利器也，复以锻之以去钝，锋其筋骨，锐其根本，育人之道亦如是也，国之重器，功在当代，利在千秋……”教育是一个国家、民族强大的根本，唯有在教育的土壤中深耕细作，才能真正创造生命的价值，绽放人生的光彩。学校是传授知识和培养人格的场所，要以学生未来发展为教育主导方向，齐力并进，丰富学生知识，拓宽学习眼界，不断得提升教学质量。一所好学校，教学质量就是学校的生命线，是学校工作的核心内容。没有质量的教育，就如井中望月，难以有所成。为了激发学生内在潜能，张扬生命个性，办学以来，我校始终以人为本，坚持以教学工作为核心，围绕“强师固本，质量立校”理念，充分发挥“教师队伍建设、教学常规管理”这两翼在质量提升中的作用，大力实施“青蓝工程”，依托校本教研、师徒结对，开展好教师培训工作，促进教师队伍业务提升，以朴实的管理，助力学校教育教学质量的逐步提升。2016年我校还被评为“吉安市第二批高效课堂示范校”。为学校品质发展增添了光彩。

一、弥足根本，立足均衡建设优质强军

习近平总书记指出：“一个人遇到好老师是人生的幸运，一个学校拥有好老师是学校的光荣，一个民族源源不断涌现出一批又一批好老师则是民族的希望。”为加强教师队伍建设，造就一支高素质教师队伍，我校充分发挥骨干教师传帮带作用，实施“青蓝工程”，不断推进、深入，把“一个月入门，一年过关，两年骨干”作为青年教师培养速成目标，大力实施多种措施，提升教师的专业技能和素养。一是构建青蓝体系。学校确立指导老师人选，拟定青蓝职责，组织聘师拜师，通过“师徒结对”的青蓝策略，实施“行政领导带青蓝、导青蓝、促青蓝”的青蓝工程。二是以“高效课堂”为契机组织实施丰富多彩的活动内容。青蓝工程融入全体青年教师。为此，学校大力开展“三笔字”比赛、读书沙龙、演讲竞赛、基本办公操作技能赛、课堂教学大比武等系列活动，村小的青年教师采用组织到中心小学观摩、送课下乡、教学视导等活动，形成“大青蓝”建设工程。每学年初学校还制订计划组织实施，学年末进行总结反思，表彰优秀“青”教师、优秀“蓝”教师，优秀“青蓝”团队。三是开展师徒结对互动活动。开展师徒互助备课，每周至少共备一节课，实现徒弟的一课多案（在师傅指导下不断完善教学设计）和一课多上（在本班上，修改教学预设，再到师傅班上）；每学期师傅至少为徒弟上好3节示范课、徒弟至少上好“四课”，即见面课、成长课、汇报课、优质课。每学期开展一次师徒同课异构赛课活动。四是加大培训经费支出，我校每学期都积极选派一大批“青蓝”教师外出学习观摩交流；邀请兄弟学校的骨干教师到校送课、听课，开展教学交流活动；学校为每个班级配置笔记本电脑，为“青蓝工程”的实施创造了有力地条件，促进了“青蓝”向更高、更快、更强发展。

迄今为止，学校以青蓝工程架桥梁，不仅促进了师徒的交流合作，也实现了共同成长。学校呈现出“百舸争流，千帆竞发”的良好态势，全面提升了学校教师队伍的综合素质和整体教育教学水平。

二、规范管理，助力教学质量稳步提升

教学常规管理是实现教学目标，规范教学行为，使教学工作有效运转的重要途径。为此，一直以来，我校狠抓常规精细化管理，把教学常规管理落到实处、持之以恒。首先，我校大力完善常规检查制度。根据教学常规管理的有关要求，结合学校具体实际落实每月的常规通报制度。在组织管理上，推行行政值周责任制，由中心小学牵头，定期、不定期督查相结合，除此之外，各村小月检情况记载作为参考依据。并从课前准备、课堂教学、作业与辅导、教学评价等方面对教师的常规教学实行“师徒互进”、“三组齐抓”、“学校共管”的三线管理模式。其次，学校抓实常规的各个环节。定常规，抓管理，从实际出发，确保各项工作取得实效。在组织落实、制度落实的同时，我校还从计划、备课、上课、作业、测试、考评总结等具体措施和相关环节上提出明确要求，坚持做到持之以恒，而不是为抓常规而抓常规，搞形式主义。为进一步加快学校发展，提升教育质量，我校还以科研为先导，推进教科研工作，以研促教，不断拓展校本教研深度，积极实施高效课堂建设，通过开展卓有成效的校本教研活动，努力推行课程改革，并落实“推门听课”、“诊断课”、“成长课”制度，向常态课要质量。2016年学校还被评为“吉安市第二批高效课堂示范校”。

目前，学校现有三个市级教研课题《小学数学自我评价和反思能力的培养》《“班班通”的建设与应用研究》《技术支持下的课堂教学研究》，围绕三个课题学校先后开展了一系列研究活动，并逐步推广到村完小。课题研究的开展，把学生从繁重的作业负担中解脱出来，学生精神面貌得到了彻底改变，学生的学习成绩稳步提高，教师们也在研究得到提高、成长。

三、不忘初心，谱写品质教育幸福乐章

办学路上，风雨兼程。通过大力促进“教师队伍建设”和“教学常规管理”双重发展，不仅提升了学校的精气神，更提升了学校的办学品位，提高了家长和社会的认可度。多年来，全体师生思想同心，目标同向，积极进取，顽强拼搏，明显得可以看到，学校教育教学开花结果，教师幸福感显著增加，全校师生精力充沛，精神风貌日新月异，教育教学质量稳步提升，各项工作再上台阶，教育和谐发展的乐章萦绕在学校的每个角落。

《乡土展学堂：新时代好少年的润品敦格行动》项目的理论与实践

江苏省无锡市南湖中学　袁锦明　陈鹤峰　何明明

我校位于无锡市太湖新城的城乡接合部，约有80%的学生来自无锡本地以外的全国各个区域，主要有淮安、盐城、四川、安徽等地的学生群体。每个区域学生群体都烙有独有的乡土印记。近年来，我校积极遵循习总书记传承中华优秀传统文化的教诲，落实党中央立德树人的育人要求，回应学校发展中的问题，审时度势，开展《乡土展学堂：新时代好少年的润品敦格行动》项目，助力学生品格提升。

一、《乡土展学堂：新时代好少年的润品敦格行动》项目内涵

（一）乡土展学堂

“乡”立足于家国情怀，是学生生长、成长、成就的地方，是奠基其人文精神内核的地方。

“土”指学生在寻根、有根、扎根中认同民族文化，树立文化自信，强调学生与自我、自然、世界对话，树立高远的人生价值观。

“展学”指拓展学生精神修为空间，让学生展示地学。

“乡土展学堂”指基于乡土文化资源和精神内核，拓展学生探索学习和精神濡染的德育场景，让学生在具有家国情怀、民族有根的场景中通过对话交流充分表达，树立自信，自由成长，历练自我，提升品格。

（二）新时代好少年

习近平总书记于2013年5月29日在参加“快乐童年放飞希望”主题队日活动时，殷切寄语全国少年儿童：“少年儿童从小就要立志向、有梦想、爱学习、爱劳动、爱祖国，德智体美全面发展，长大后做对祖国建设有用的人才”。本项目中的“新时代好少年”指向具有“仁慧（爱学习）、勤朴（爱劳动）、担当（立志向、有梦想、爱祖国）”等品格的学生。

（三）润品敦格行动

本项目中的“润品敦格行动”是指通过共建主题文化场行动、共创体验方式群行动、共谱自信担当范行动，来浸润、敦促新时代好少年所具有的“仁慧、勤朴、担当”等品格。

（四）乡土展学堂：新时代好少年润品敦格行动

《乡土展学堂：新时代好少年润品敦格行动》项目，是指以习总书记关于新时代好少年的要求为指引，以乡土展学堂为载体，通过共建主题文化场行动、共创体验方式群行动、共谱自信担当范行动等路径，让学生在具有家国情怀、民族有根的场景中与自我、自然、世界对话，自在表达，自由成长，使学生成长为具有“仁慧、勤朴、担当”等品格的新时代好少年，达成立德树人、品格提升的目标。

二、《乡土展学堂：新时代好少年的润品敦格行动》建设内容

（一）科学架构项目组织形态

本项目的口号是：养吾正气，提升品格，品格主要指向“仁慧、勤朴、担当”。本项目以四大区域文化、五大主题为核心，拓展校内外行动空间，以三大行动路径进行课程展示来建设行动内容，通过线上线下评价进行行动评价，最终达成新时代好少年的培养目标。

（二）优化实施三大行动路径

1.文化浸润之旅：共建主题文化场行动

本项目在尊重文化的基础上注重乡土文化情境创设，通过廊亭、场馆、网络共建主题文化场行动，让学生置身于多元的乡土文化场域中接收熏陶，充分展示，浸润品格。

（1）廊亭文化，励志向上

学校充分利用廊亭、过道、楼梯、墙壁等地方，营造多元乡土文化特色的环境氛围。廊亭文化由品故乡美食，忆乡恋味道；赏建筑特色，扬工匠精神；唱各地民谣，品心灵之歌；看民俗发展，思继承创新；寻乡贤足迹，传乡贤品质五部分构成，通过展示故乡美食、建筑、歌谣、民俗、乡贤五个方面打造廊亭体验空间，让学生在日常学习、生活中无时无刻不在感受着乡土文化的丰富和优秀，接受乡土文化的熏陶和感染，树立积极向上、努力学习、奋发有为的远大志向。

（2）主题场馆，学习强国

学校建立校内乡土主题文化场馆群，创设丰富的体验区域，营造浓浓的乡土文化氛围。主题场馆由吴地风韵、江淮风物、徽州风华、巴蜀风情四个展厅组成，通过展示传统美食、呈现特色建筑、收藏民谣民歌、展现民俗画卷、陈列乡贤事迹五个方面打造"乡土展学馆"体验空间，使学生在体验活动中，得到乡土文化的陶冶，让乡土文化感染学生，激发学生热爱故乡、热爱劳动、热爱祖国的情感。

（3）虚拟场馆，放飞梦想

对于无法实地观摩的乡土文化场馆，学校建设"乡土展学堂"网上平台，链接各地区虚拟场馆，如四川博物院网上展馆、古徽州民俗展览馆网上展馆等，安排学生登录网上虚拟场域，让他们充分感受多元的乡土文化，放飞爱我故乡、强我中华的梦想。

2.情感体验之旅：共创体验方式群行动

学生的品格来源他们对生活的体验、认识和感悟，情感的体验是连接学生生活与品格的桥梁。本项目通过采取国家课程与校本课程相结合方式共创体验方式群行动，引导学生全身心投入，展开具身学习，凸显学生的亲历情感体验，获得情感认知，在体验中理解乡土文化，在展示中丰盈乡土文化。

（1）国家课程，体验乡土文化之魅

国家课程通过联系史实，解说乡土文化；追寻遗迹，拓展乡土资源；联想追忆，升华人文意识三方面建构有文化有情感有价值的课堂，培养学生对乡土文化的认同。

（2）校本课程，体验乡土文化之美

校本课程通过师生共融，体验乡土文化之真；家校合育，体验乡土文化之善；寻根游学，体验乡土文化之美三方面来让学生体验乡土文化的真善美。

通过共读、共享、共创等师生共融方式，让学生体验乡土文化之真。共读：教师引读和学生互读相结合，初步了解乡土文化，如共读《徽州上下两千年》，了解千年徽州史；同游寄畅园，赏建筑艺术。共享：教师微讲坛和学生微沙龙相结合，深度了解乡土文化，如师生就"如何保护特色文化建筑"碰撞火花，让学生深刻理解建筑与历史的联系。共创：共创校本课程和共生文创产品相结合，传承乡土文化，如根据故乡特色设计手绘明信片、手绘地图、书签等文创产品，让乡土文化活起来，融入日常生活。

通过家长进课堂、亲子共读享、乡土记忆角等家校合育方式，让学生体验乡土文化之善。家长进课堂：教学生学说故乡话、学唱故乡民谣、学做故乡美食、讲述故乡人文故事、风土人情等。亲子共读享：通过"亲子共读享"活动培育学生故乡情怀，把根扎深。乡土记忆角：在家中设置小型乡土记忆角，放置老物件、老照片、传统工艺品等，凝结成对故乡的一份思念。

通过跟着课本游、主题系列游、人文行走游等寻根游学方式，让学生体验乡土文化之美。跟着课本游：过学生亲身体验，印证课本知识，体验故乡文化之美，如跟着课文游四川：第一天李白诗歌小镇，品李白的诗、酒、月；第二天眉山三苏祠，观苏东坡的词、书、情；第三天成都杜甫草堂，览杜甫诗与唐朝史；第四天成都武侯祠，学诸葛亮智慧，析三国局势；第五天内江大千纪念馆、天立书院，书院文化与功能，学生通过游学，体会四川唐风宋韵之美。主题系列游：以饮食、建筑、民谣、民俗、乡贤为主题进行游学，如进行古典园林建筑游，第一天苏州留园、拙政园，第二天无锡寄畅园，第三天南京瞻园，深度了解园林建筑特点，领悟古典园林蕴含的中国传统文化精神、气质、神韵。人文行走游：秉承"走出学校去上课"理念，让学生在大自然的课堂中去实践、成长，如吴地蠡湖人文行走，设计蠡湖公园——程及美术馆——蠡湖大桥观景处——水镜廊路线，将探索自然生趣与人文思考相结合，对吴地文化有深刻体悟。

（3）内化交融之旅：共谱自信担当范行动

"情动而辞发"，在学生的情感共鸣找到落脚点，在情感的堆积找到喷发点的基础上，通过共谱自信担当范行动，学生在乡土展学堂里通过说、写、做等三种方式，在说中进行交融，在写中实现内化，在做中强化担当，达成情感体验的承接与升华，使学生由"入情"到"动情"。

本项目通过整合常态活动与开发非常态活动共谱自信担当范行动。在常态活动中，我校整合原先功能单一的社团课、班会课、劳技课，把这些原先分散的课糅合为"品格提升课"，统一放在每周四下午。同时我校根据不同年级，设置不同层级的进阶项目，如建筑文化主题中，初一赏建筑艺术，初二做建筑模型，初三玩STEM项目。开展"5•15"行动："5"即五大文化节，"15"即15个特色活动，如民谣文化主题中，举办民谣文化节，举办唱响民谣会、民谣微论坛、新民谣创作大赛等活动，让学生多层次、多角度体验民谣文化。

（三）创新推行多元评价机制

1.线下评价——建立学习档案袋

通过成长手册、评选表彰、文创作品等线下评价方式，建立学习档案袋。成长手册：展示学生在"乡土展学堂"学习、体验活动过程与成果物化资料，记录学生学习与成长轨迹，如活动设计方案、场馆体验任务单、美食手抄报、文化建筑保护调查小报告、民谣创作、民俗文化体验日记、读名人故事征文等。评选表彰：以"3+N"（3指的是仁慧、勤朴、担当，N指的其他品格，如自信、乐观、勇敢等）的标准，创建"星级少年"、"标兵少年"、"尚正少年"新时代好少年评选体系，层层递进，通过每月一次的"校长颁奖日"，对评比出来的品格少年进行全校表彰。文创作品：根据故乡自然景观、特产美食、民俗风情等为设计题材，为故乡设计多样文创产品，如旅游商品包装袋、手绘明信片、手绘地图等作品。

2.线上评价——互联网+

通过展学堂云平台、微淘宝微网店等线上评价方式，实现互联网+。展学堂云平台：将学生参加"乡土展学堂"的活动方案、学习故事、体验日记、学习照片或微视频、心灵感悟、实践作品等发布到"展学堂云平台"，形成个性化的成长足迹。学生、家长、老师参与其中，对活动与成果进行网上点赞。微淘宝微网店：家长志愿者开设微网店，出售学生所设计的旅游商品包装袋、手绘明信片、手绘地图、书签等。

综上，通过《乡土展学堂：新时代好少年的润品敦格行动》项目的实施，创生了提升学生品格的实践场景新样态，构建了以学生为主体的丰富生动、卓有成效的提升学生品格的学习方式，通过乡土展学堂将乡土文化教育与活动、课程进行有机整合，按照"场景熏陶→情感体验→内化交融→品格提升"的路径建构了提升学生品格的实践范式，着力培育具有"仁慧、勤朴、担当"品格的新时代好少年，很好地达成了立德树人、品格提升的目标。

普及足球教育，共筑足球梦想

江苏省无锡市新吴区大地幼儿园　杨晓枫　夏静怡

随着人们对儿童发展学科研究的不断深入，幼儿时期对人的一生的重要奠基作用逐渐为人们所认识。基于此，世界各国对学前教育的重视也由此达到一个新的高度。同时，在微观层面，人们也越来越关注幼儿的学习与发展水平，希冀幼儿的身体、认知、情感、社会性能得到和谐发展，一方面为入学做好准备，另一方面为一生的可持续性发展奠定基础。幼儿时期，身体的发展是第一位的。教育部颁发的《3-6岁儿童学习与发展指南》指出："幼儿阶段是儿童身体发育和机能发展极为迅速的时期，也是形成安全感和乐观态度的重要阶段。发育良好的身体、愉快的情绪、强健的体质、协调的动作、良好的生活习惯和基本生活能力是幼儿身心健康的重要标志，也是其他领域学习与发展的基础。"可见，幼儿身体健康发展是非常重要的。

我园深入贯彻中共中央、国务院《关于加强青少年体育增强青少年体质的意见》，依据《3—6岁儿童学习与发展指南》精神积极推进校园足球计划的实施，进一步普及幼儿园足球教育，开展并具体实施足球进校园活动，积极落实"足球从娃娃抓起"。我园依托全国足球特色幼儿园这一发展平台，围绕校园足球开展了一系列足球活动，提高了幼儿的整体素质，提升了教师的足球专业水平，促进了幼儿园的综合发展。

一、成立领导小组，完善条件保障

我园非常重视校园足球运动，围绕足球特色全面开展幼儿园各项工作。首先成立以园领导班子为主要成员的足球特色幼儿园创建领导小组。由我担任组长，由业务园长和足球教练担任副组长，总体负责足球运动的价值取向、课程开发、组织实施和制度管理等，动员全园师生重视足球教育，引领足球教育发展。园所结合本园实际，制订了《幼儿园校园足球工作组织实施制度》《幼儿园校园足球教学管理制度》《幼儿园校园足球师资培训制度》等制度，定时、定人、定点开展足球运动，确保幼儿足球运动的规范性、科学性、有效性，及时总结有效经验，确保足球运动质量稳步提升。

幼儿园足球场地的设置条件，与足球运动的有效开展和安全防护是息息相关的。由于历史原因，导致我园户外活动场地的不规则性，我园因地制宜，充分利用校园各空间，充分满足幼儿开展足球活动的需求。如我园将三楼尖顶改建为草坪式足球活动场地，充分利用廊道空间开展足球活动。此外，我园对校园操场进行了改建，在大型塑胶软地中开辟了一块周围环境、设施相对宽敞的场地，设置幼儿安全充气式"花园球场"，由专业足球教练指导幼儿场地工作。

另外，我园加大对校园足球运动开展的投入力度，投入足量经费购买幼儿足球场防护栏和球门，以及专业的亿童幼儿足球训练资源包，添置足量的幼儿足球专用球、训练背心、足球衣裤、足球鞋袜等，为保证幼儿园足球运动的正常开展，我园投入了大量的人力、物力、财力，为我园更好地发展足球运动提供有力的保障。

二、夯实教育教学，物化校园足球

我园自从依据《指南》精神开始探索实施幼儿足球活动以来，将足球纳入幼儿园一日课程，引导幼儿认识足球，了解基本的足球知识及足球的历史，认识各国国旗及富有童趣的各种踢球动作，引导孩子们在说说、画画、玩玩中与足球交朋友。

我园与专业足球教练共同携手，开展运球、传球、控球、停球、射门等足球专业基本技能的训练活动。贯彻"课程游戏化"实践精神，结合幼儿年龄特征，融游戏与技能教学于一体，寓教于乐，使幼儿身心全情投入、和谐发展。如：注重兴趣培养，规则意识的培养，良好足球行为的养成。教学过程中注重游戏情境的创设，体育游戏的开发与实践，使幼儿在开心快乐地游戏中完成足球运动教学目标，掌握足球运动的专业基本技能，如引导幼儿“动起来”，利用晨间活动时间做足球操，在足球体能大循环活动动感的音乐中开展带球、传球、射门等常态化的足球游戏活动；引导幼儿“乐起来”，幼儿园充分利用校园微信公众平台等新媒体，专门开辟足球专栏，及时记录幼儿眼中的足球，巧手画出足球世界和参与足球运动的快乐瞬间。

我园尝试开展了足球体能大循环活动，将足球运动推向深入。足球体能大循环活动是利用幼儿园校园设施及空间，通过体育器械的不同组合，设置踢、顶、投、守、走、跑、跨跳、平衡、翻滚、钻爬、综合障碍等活动区域，让幼儿循环运动，在力量、速度、耐力、灵活和柔韧度等方面得到充分锻炼，促进幼儿动作全面发展。同时，在自由、宽松的心理环境中，幼儿心情舒畅，积极主动的参与活动，从而促进幼儿身心健康发展，是幼儿园户外体育活动的一种有效地活动形式。此研究很好地解决了幼儿动作的均衡发展、幼儿的个体差异、幼儿活动中的安全等问题，有机地将幼儿园户外活动场地与足球进行整合，提高幼儿运动的效率，有效地促进幼儿身心健康发展。

近几年来，我园园领导及骨干教师通过参加各级各类访学交流活动，走进深圳市基建幼儿园、深圳市南山区机关幼儿园、江阴市长泾实验幼儿园、苏州太仓幼儿园等足球、体能特色幼儿园，实地观摩与学习这些园所在足球体能大循环活动开展中的经验。我们还特邀足球教练共同参与足球体能大循环活动的研究，并共同协商确定初步的足球体能大循环实施方案及场地规划布局。

为了更好地丰富幼儿的户外活动内容，我们采购添置了亿童专业足球训练资源包、足球、圆筒跨栏等活动器械。为足球体能大循环的开展提供了充足的物质材料保障。在场地整体规划、体育活动器械到位的基础上，我园组织全体教师进行了多轮足球体能大循环的培训，包括教师在大循环中的手势语培训、大循环中足球一物多玩研讨活动、大循环热身环节培训等。

三、注重教研工作，提升教师发展

我园注重体育科研工作开展，不断提高教师自身的素养和足球教学的水平。由我园业务园长及专业足球体育老师共同组成足球运动实践研究小组，负责制订足球运动教学活动方案，并具体实践中、大班幼儿专门的足球活动，并在教师群体中组建足球项目组，定期组织全体教师开展研讨与交流活动，提炼幼儿足球运动开发与实践有效经验，研究足球小游戏。

我园还通过“走出去、请进来”的方式，为教师提供多元化的学习足球特色教学技能的机会，定期开展教师足球运动技能培训活动，由足球教练担任培训师，进行实战与演示相结合的培训活动，并将教师足球运动技能作为学期教师专业能力发展的考核项目之中。

我园为外出学习的教师提供展示平台，将先进的足球教学理念及技能带回来分享和传授给其他教师，通过反哺式教研活动，努力提升教师的足球运动素养，使幼儿园足球特色运动的开发与实践，有效促进师幼双方共赢的发展态势。

我园为教师提供足球运动的国际交流平台，邀请国际幼儿体育教育专家及学术团体来园培训指导。如2016年9月我园特邀英国高级体育教育顾问Sarah Thorp来园开展英国First FUNS China创意体育课程培训，引导教师全面理解创意体育课程的精神实质，切实把课程的教育理念和基本要求融入足球活动中去。

2017年5月，我园特邀法国足球教师丹尼尔来园与幼儿进行零距离的足球互动，在互动的过程中也是给老师提供了一个国际交流的平台，老师们在观摩的过程中也在国际足球运动的专业引领下受益匪浅。

四、开展训练竞赛，丰富足球活动

我们通过微信公众平台、掌通家园互动APP等宣传平台，向家长宣传足球活动对幼儿身心发展的教育价值，提升幼儿园足球运动的人气，进一步激发幼儿参与足球运动的兴趣，并取得了家长的一致认可与支持。通过邀请爸爸们来园参观幼儿足球活动，与他们有效互动，听取爸爸们对我园足球运动的意见和建议，并了解到个别爸爸的足球运动资源，形成爸爸足球俱乐部，进一步提升家长的参与力度，有效拓展我园足球运动开发与实践的资源。

我园还有效利用周边社区、校园资源，组织开展大型足球亲子嘉年华活动，让家长和孩子们一起去了解足球、参与足球，真正将足球特色与孩子们的日常活动、品质养成和生活技能紧密结合，体验到足球带来的快乐。引导幼儿在开展足球活动的同时培养团队合作精神，提升幼儿集体荣誉感，同时使幼儿、家长、教师三位一体达成一致，共建足球运动的教育合力。

近年来，我园足球比赛屡获佳绩。2016年，我园在“果倍爽杯”2016年第一届幼儿趣味足球公开赛中荣获一等奖；2017年，我园在“果倍爽杯”2017年第二届幼儿趣味足球公开赛中荣获一等奖；2018年6月23日，我园在无锡市幼儿足球亲子嘉年华中荣获团体总分一等奖、足球宝贝啦啦操优秀展示奖的好成绩；2018年10月28日，我园在2018“果倍爽杯”第三届幼儿趣味足球公开赛中荣获一等奖。

我园校园足球特色还需要不断创新和发展，需要静下心来研究足球特色活动现状，找到一条适合自身实际、切实可行的足球特色发展之路。未来，我们会以更加积极的心态、更加扎实的作风，不断创新改革，打造更加鲜明、更加靓丽的足球特色，共筑我园足球之梦。

集团化办学，促进教育高质量发展

江苏省无锡市扬名中心小学　顾燕萍　奚洁　刘志强

集团化办学是新形势下教育体制改革的一项重要举措，是提升区域教育优质均衡水平、优化区域教育治理结构改革的重要抓手，也是有效推进教育公平的必由之路。扬名教育集团就在教育高质量发展的召唤下成立。2018年7月，在上级教育行政部门的文件执行中，无锡市扬名中心小学、无锡市夹城里中心小学、无锡市滨河实验小学三所学校组成扬名教育集团。

我校为集团总校，是一所有着近百年办学历史的学校，但是，由于城市化进程速度加快，原来的城中村已经成为城市的中心，学校地处居民住宅紧紧包裹中，无论是从办学硬件条件还是从办学规模的重新调整来看，都被“学区房”紧紧裹挟而近乎窒息；无锡市滨河实验小学是工业园区和新楼盘的配套小学，作为曾经的扬名中心小学的一个校区到剥离母体的独立新校；由于起初老百姓对新学校的认可度不高，所以充满了发展的空间与潜能，在不见经传中“出于蓝而胜于蓝”；无锡市夹城里中心小学在规模办学时代由多所学校合并而成，由于地处城市中心拆迁废墟之中、多年来主要接收新市民子女，因此本地生源流失严重，总体办学规模不大。

此三所学校办学历史长短不一，学校文化历经多次融合，参差不齐。集团成立后，集团党委班子领导一方面通过“融会贯通”对集团管理架构、学校办学历史和文化脉络等进行全面的梳理，在“打通”和“联通”中追求“理念共识、资源共享、优势共筑、品牌共建”；另一方面通过赋权增能，打造可移动的孵化团队，不断地拉高底板，缩小差距。

一、融会贯通，共铸发展之魂

教育的初心是“关注公平，提高质量”。集团成立之初，党委即明确坚持党的领导，全面推进扬名教育集团政治思想、精神文明和党风廉政建设，以共同信仰铸教育高质量发展之魂。

突出政治引领，将党的建设摆在集团建设首位。集团党委坚持用“四个意识”导航，用“四个自信”强基，用“两个维护”铸魂。围绕“把方向、管大局、做决策、保落实”的职责把党的全面领导融入办学治校全方位和全过程。以党员责任区、党员示范岗为抓手，积极开展“亮身份、树形象”活动，引导党员立足岗位，无私奉献。

突出固本强基，将提升组织凝聚力作为基本功。集团党委坚持把“不忘初心、牢记使命”主题教育作为一项重大政治任务抓实抓好，把握“守初心、担使命、找差距、抓落实”的总体要求，按照“理论学习有收获、思想政治受洗礼、干事创业敢担当、为民服务解难题、清正廉洁作表率”的具体目标，制定详尽的方案和具体的计划，凝聚干事创业的精气神。具体操作中，采用“党委——党总支（支部）——党小组——党员”，“年度目标——学期要求——月月主题活动——周周线上（线下）学习”二维网格的方式，优化组织样态；听党课、观党史、学党章、尊党纪，通过走出去、请进来、勤谈心、频互动等方式，提升组织凝聚力。2020年扬名中心小学党总支被评为无锡市教育系统优秀党组织。

突出聚力发展，以党管方向共谋发展新局面。集团以“支部有特色、党员有品位、实施有创意、活动有成效”为目标，开展支部品牌建设活动。2018年的《扬名新航：牵手睦邻，扩大“朋友圈”——无锡市扬名中心小学“党建带关建”创新项目》，2019年的《“三合三化”增强使命感》，2020年的《“云动”课程扩容教育“线”场》，这些项目都打破了学校的物理边界，也打破了历史的时间边际，把握了时代的脉搏，诠释了当代教师的核心价值观，让老师们认识和感受到了神圣职责和光荣使命。

明晰管理流程，形成横向联动新秩序。集团领导班子通过充分酝酿和讨论，厘清各岗位管理的人与事，提出“以共同体为核心，角色灵活转变”管理思路。通过梳理教育集团管理组织架构，建立文化建设和资源保障中心、教学管理中心、教科研训中心、学生成长和指导中心、集团党政办公室等五大中心，形成规范流程、明晰边际的管理方式。这五大中心都有自己的岗位职责，纵向来看：上接集团党委书记、总校长，下通教研组、年级组和教师；横向来看：对内中心之间通过不同的项目相互支持，对外各中心与区域教师发展中心和区教育局的职能部门联动。特别值得一提的是，根据不同的任务（项目）驱动，共同体的成员在不断地调整，每个人在中心的岗位职责是固定的，但是在每个共同体中的角色是变化的。这一方式有利于迅速突破学校的围墙，通过丰富的体验来完成“集团人”的塑造。

融合制度规范，建立和而不同新标准。从扬名教育集团成立那天起，就狠抓制度建设，以此促进成员校之间由“融入”到“融通”再到“融合”的内涵发展。

二、梳理文脉，开启内涵发展

集团进一步挖掘总校办学历程，追溯总校文化根源，发现“手拉手”活动是学校文化的最早起源。1990年开始的德育活动让学校亮起来，“九五”期间的课题研究《学会关心》使学校强起来。由此衍生的“心手相牵，生命飞扬”精神特征成为学校的文化主题。在此基础上，为了让文化更好地化人，提出了“家园式”文化学校建设的主张——“我的扬名我的家”，通过环境、课程建设，促进师生、生生、家校间的和谐氛围营建，从而确保一批又一批师生在这样优质的土壤中浸润。

集团成立后，在回顾梳理、畅谈现状、激活思维，找寻统一的话语表达中，谐取“心手相牵，生命飞扬”文化主题和“强学力行”校训中的“心”和“行”，对集团成员校的文化进行统领，努力打造家园、学园、乐园，“心行合一”集团文化主题便产生了。“心”，为思考，为情感，为教育的初心：“学生开心，教师安心，家长放心”；此为集团办学宗旨：通过让教师安心于教育事业，从而使学生开心地度过校园生活，这样才能赢得家长的放心，百姓的放心，提高社会对教育的满意度。“行”，为实践，为过程，为“三心”宗旨实现的主要通道。

“心行合一”集团文化为实现“会生活、有尊严、敢担当”的育人目标提供了肥沃的土壤。于学生，这是一幅积极的自我心像——每一个孩子都是一个独立的生命，每一个孩子都有自己的情绪、有自己的天赋和劣势、有自己的兴趣爱好和自己的独特的思维，学校教育充分尊重孩子的天性，给予孩子因材施教，以学生为中心，让学生成为主体，在学园里乐学，在家园里成长。于教师，这是一个清晰的自我定位——每个教师都具有其独特的气质和优势，学校给予教师倾听与支持、尊重与包容，让教师在教育实践和理论研究中解决问题，从而提升教育质量，在收获个人成长的同时与学校共同发展。

三、融合共进，实现增效提质

“质量”是教育发展永恒的主旋律，集团围绕主旋律通过理念赋能、机制赋能、实践赋能来实现增效提质的目标。

理念赋能：每一个人都很重要。校际差异其实是人的差异，校园里的人，包括：教职员工、学生、家长。如果能通过卷入的方式，展现出主人翁的姿态，那么这种差异就是教育更快更改质量发展的内生动力。“每一个人都很重要”就是主人翁姿态的普适表达。

机制赋能：在寻找联系中建立体系。任何机制的变化都会引发其他条线工作的同频共振，社会如此，教育如此，教育集团的融合更是如此。因此，在机制的建设中，一是需要遵循教育行为的内在联结方式，尊重教育发展的本质规律，主动发现联系、建立联系、生成联系、运用联系，进而实现改变的过程；二是需要在内部各项机制建设中实现三个转向，即由“线性”转向“块状”，由“单一”转向“整合”，由“平移”转向“阶梯”，这种系统化的顶层设计，才能把人看成一个完整的个体，实现集团的高质量发展。

实践赋能：我的成长“行”做主。“纸上得来终觉浅，绝知此事要躬行”这是陆游的育儿观；“教育是做出来的”这是新基础教育研究所所长、长江学者李政涛老师的教育观。自古至今，学有大成者都有一致的观点：实践体验式的学习，更不容易忘却。集团秉持“以课程启智，以体验润心”的育人原则，坚持“在活动中育人，在体验中成长”，构建“德育中心——学生部——德育骨干——班主任”的研究网络，形成“主题活动常态化，常规活动序列化”的集团德育活动思路，以“仪式典礼、校园节日、实践活动”为载体，推进德育联动化建设。

以课程启智，在体验中发展思维。除了国家课程本土化推进以外，集团在课程建设中围绕“行”字做文章，建设实践型校本课程。集团尊重教师的教育教学个性，为教师提供研发课程空间与平台，融合教育资源，制定了《扬名教育集团主动发展日课程实施纲要》，为学生打造“素养提升课程”、“综合发展课程”、“个性特色课程”。从学校实践层面来看，扬名中心小学的“力行”课程包括省级体育传统项目乒乓课程、科学消费课程、管乐课程等；滨河实验小学的“毅行”课程包括种植课程、书法课程、形体物美课程、无锡工商企业文化课程等；夹城里小学的“真行”课程包括锡剧课程、闻天少年科学院、无锡地方文化课程等。

以体验润心，在浸润中向阳生长。集团整合晨会、少先队活动、道德与生活（法制）等载体资源，不断扩大扬名中心小学坚持了三十多年的“手拉手”品牌活动的外延，从与贫困山区手拉手，与绿色环境手拉手，与党员模范手拉手，与“礼爱”手拉手……外延扩大的过程也是内涵在不断丰厚的过程。

自集团化办学以来，扬名中心小学少先队大队获评“全国优秀少先队大队”、“江苏省优秀少先队大队”，扬名滨河小学获评2018-2019年度“无锡市德育先进学校”、夹城里小学被命名为“无锡市体育传统特色项目学校”等荣誉。2018年至今，学校新增市区德育骨干教师7人，10名老师被评为市区“优秀班主任”、“十佳班主任”、“优秀德育工作者”或“名班主任”，少先队辅导员、班主任有18人次获得市级及以上活动指导奖，13个学生社团（集体）被评为省、市、区先进学生集体，119人获得省、市、区各级“好少年”、“好儿童”、“优秀少先队员”等荣誉称号，有33人次在市级及以上德育比赛中获奖。

无锡梁溪区扬名教育集团，名校+普校+新校，优势相互辐射，和而不同，各美其美，美美与共。集团成立以来，传统优势学校转型升级，薄弱学校稳步提升，新型学校蓬勃发展，校际之间形成教研和学习共同体，连续三年在集团综合考核中获得“优秀”等次，实现了“1+1+1>3”的良好社会效应。今后，我们将不断开拓创新，打开集团化办学的新局面，力求在更大范围、更高层次、更深程度上实现教育的公平优质发展，真正办好人民群众满意的教育。

“五育融合”，开创劳育新路径

江苏省徐州市新城实验学校　魏群

在飞速发展的新时代，劳动教育既表达着教育促进学生全面发展的承诺，更肩负着实现国家教育理想、推进社会进步的责任。劳动教育课程是推进劳动教育在新时代再发展的“支点”，亦是撬动新时代德智体美劳全面发展教育体系的“重点”。而基于当前劳动教育“虚化”、“弱化”、“窄化”、“异化”的现象，我校提出五育融合：小学劳动教育创新实践课程基地建设。我们以“五育融合”为指导理念，着眼于学生的全面发展，通过课程体系设计、活动体验和评价体系的构建，更新劳动育人内涵，实现产教相融、经纬相通、立体环绕的劳动综合育人价值，使劳动教育焕发新生。

一、得天独厚，势在必行

劳动教育是围绕“劳动”这一基本形式开展的教育活动，是人的基本素养到真实社会实践的“中介环节”，具有树德、增智、强体、育美的综合育人价值。它以实践活动为主要形式，以课程体系构建与实施为活动载体，通过有目的、有计划地组织学生参加生产劳动、日常生活劳动和服务性劳动，以培养学生正确的劳动价值观和良好的劳动品质。

我校具有开展劳动教育所必需的天然条件。就内部环境而言，校内具有农业劳动经验的教师占全体教师的三分之二，且现有农田5亩，占学校总面积十分之一。就外部环境而言，我校周边具有丰富的现代工业劳动资源，如世界500强企业徐州工程机械集团有限公司、宗申车辆制造厂等10余家单位毗邻学校，是我们的共建校外实践基地。

更进一步来说，学校持续多年的行动研究已初见成效。2015年我校开设校本种植课程；2016年学校开发出“小麦宝的一生旅行”主题研学项目；2017年学校以“少年农学院”为载体，整合校内资源，打造劳动学习场域，提炼出“做天地间一株麦子”的新城学子形象和小麦主题校标；2019年学校成功立项教育部劳动教育校本课题，办学特色不断凸显，社会反响较好。

二、课程为媒，贯彻实施

我校坚持以“人的全面发展”为价值基础，以“相信和唤醒每一位学生的生命潜能”为教育理念，以“劳以成事，育以成人”为课程理念，通过“五育融合”的实施路径、“动—赏—创—享—悟”五环节，探索“五育融合”的劳动教育模式，架构劳动教育校本课程体系，以培养精神饱满、自强担当、手脑相长、全面发展的新城少年。

构健全息育人的课程目标。“全息”是劳动教育与德育、智育、体育及美育之间信息的相互包含、相互贯通。我校“全息”课程目标要求劳动教育关注人的全面发展，是一种指向更深层次的自我认知和自我养成的德行养成、智力构建、体魄塑造、美感追求。

组建异质交互的课程体系。整合纵横交叉的课程资源，建构劳动教育课程体系，这是劳动教育课程由边界课程走向跨界课程的重要环节。我校厘清学校的教育哲学，以国家课程为基础，科学规范的开发校本课程，构建五育融合的“劳动教育”课程体系。我们紧紧遵循“一核两类五融四位一体”构架路径，形成了具有可借鉴意义的小学劳动教育校本课程纲要。

推进开放交融的课程实施。学校优化资源，开展家校共育、校企联盟等形式多样的实践活动，将课堂从教室延伸到场馆，从校园走向家庭、走进社会，让学生全面参与社会生活。针对劳动教育，学校倡导国家课程与校本课程相结合，促进学校综合育人效能的最大化。其中，国家课程的实施以主题单元教学、项目化学习为主路径；校本课程的实施以场馆学习、社团活动、家校共育为主路径。两者路径不同，但殊途同归。

以劳动教育课程的具身属性实现学生的全面发展。以具身性树德，将身体放还到道德场域内，以劳动实践代替道德说教，使学生在亲历劳动的过程中体会劳动的艰辛，自觉树立尊重劳动的价值观；以生成性增智，一切知识需以劳动实践活动为依托，充分发挥眼、耳、手、脑的协同作用，促成劳动直接经验与学生已有间接经验的整合，形成新的认知结构；以整全性强体，劳动教育是体脑结合的产物，既要在辛苦的体力劳动中锻炼身体、强健体魄，又要在抽象的脑力劳动中磨炼意志；以情境性育美，劳动教育根植于特定的教学环境之中，学校需要创设真实的劳动环境，将劳动的育人点融入班级文化、校园文化之中，使学生的劳动实践、劳动创造成为感受美、欣赏美、表达美的过程，从而形成高尚的审美情趣。

三、五育互通，空间相融

实现五育并举，融合育人，除了通过课程教学这一基础途径外，多样化的空间样态也让我们看到了更多可能。学校以“劳动教育”课程体系为依据，将校园统筹规划，整体布局；让课程理念、育人目标与空间环境相融。

一廊五空间，我们对校内一条50米防腐木长廊，进行立体设计，打造五维空间，植入五育元素。德育空间，围绕立柱周围，张贴名人名言、工匠精神、经典美文等宣传字画；智育空间，利用廊凳中间镶入象棋盘、围棋盘，学生们课前课后有序而至，在玩中启智，玩中增智；体育空间，廊头到廊尾50米小跑道，趣味运动场地，协调四肢，增强体能；美育空间，廊架上爬满校花（凌霄），初秋时节花开满架，美景满校园；劳动空间，廊道与院墙间有长50米、宽4米的花坛，作为年级种植课基地；影世界，室内南侧设有小剧场，社团活动时间，在这里表演、赏析名剧、角色模仿，让学生建构起对世界与生活的认知。

一吧五世界，学校建有400平方米的慧悦书吧，集阅读、展览、表演、影视、休闲等多种功能于一体，进校即开馆，让学生充分沉浸其中，内化修养提升品格；书世界，室内四周设置藏书墙，现代化设计，可推拉，可移动，且有电子阅览区、师生共读区、分享交流区；墨世界，室内北侧设有8个书台桌凳，笔墨纸砚、名帖字画，给书法爱好者提供完备空间；茶世界，绕中央石柱设有圆形吧台，作为休闲空间，为师生提供一个既安静又舒适的环境；乐世界，室内西侧陈列古筝和古琴，教师利用活动课指导学生学习声乐知识和乐器演奏，培养学生乐感，陶冶情操。

一院五园，学校利用校内农田建设“少年农学院”，合理规划布局。种植园，用以开展种植课，按年级组划分区域，由专业教师指导学生种植农作物、蔬果、花草；养殖园，以班级值周制，学生轮流进行家禽、鱼类的喂养；云端试验园，在科学老师或专业人员指导下，学生参与自动灌溉、调控智能温室、观测气象站活动；工具园，值周管理员指挥学生正确借取、归还工具，讲解工具使用方法和用途以及使用注意事项；交换园，每周五下午（半天时间）开放，岗位负责人(值周生)参与自主管理，用平时所获金币购买院里的当季果蔬、劳动作品等。

一馆五区，基于儿童认知规律和身心发展水平，为满足“劳动教育”课程实施需求，学校建有五育馆，实现一馆多用的功能。艺术劳动区，区内设有木工雕刻室，纸艺插花室，布艺编织室，各室按其功能配备所需原材料，由校内和外聘教师指导；生活劳动区，区内设有面点烘焙室、厨艺展示室、内务整理室，室内设施齐全，情境逼真；脑力劳动区，区内设有棋艺室、阅览室（慧悦书吧）、录播室；体适能区，区内设有健身室、心理咨询室、融合教室（特殊学生）；慧创劳动区，学校设有拆卸组装车间，该区设有智能设备、实验设备、创作工具等。

四、知行合一，多元评价

五育并举，互融互通。我校劳动教育立足国家课程，以丰富多彩的校本课程、多样态的空间相融，陶冶学生情操，力求形成较为全面的学生劳动素养评价体系。在评价过程中，学校以学生发展为本，追求正面引领、正向强化，设计了《劳动成长存折》和“劳动评价网上银行”两种评价方式，让学生实时记录和积累参与劳动实践的过程和感悟。

劳动成长存折。劳动教育课程丰富的实践形式要求课程评价不能局限于静态的口头评价或常规的评价清单等形式，而要走向动态生成的档案袋评价；以模拟银行式的存币、取币方式，让学生每天把自己的劳动点滴如实存入。每周五可兑取金币，此币可以在少年农学院内流通使用，让劳动教育基地真正发挥育人功能。

劳动评价网上银行。在《劳动成长存折》基础上，依托于信息技术的新媒介，学校创设智慧云平台，加以信息补充与量化完善；建立起以学生劳动表现为核心的个性化档案，融合学生劳动过程与劳动成果。这一平台以班级为单位，一生一账号，班主任统一管理，校管理员统筹规划。学生把劳动画面、劳动作品，以文字、图片、音视频形式上传至“劳动评价网上银行”，每上传一个信息可获得一枚金币，一周一汇总。“劳动评价网上银行”关注过程性评价，注重学生的点滴积累，并留存学生独特的劳动成长足迹，帮助学生树立正确的劳动观，养成良好的劳动综合素养。

以“五育融合”为出发点，开创劳动教育新路径，建设劳动教育校园学习环境新文化，探索劳动教育有效新模式、新机制，实现知行合一，是我校义不容辞的责任。在未来的教育工作中，我校将会继续深挖劳动教育课程建设的跨界融合，努力实现劳动教育课程全方位、诸领域、各要素之间的深度耦合，用心唤醒每一位学生的生命潜能，促进其全面健康的发展。

绵绵细雨润心田　悠悠墨香溢芬芳

——江苏省盐城市大丰区三渣初中创建“书香校园”纪实

江苏省盐城市大丰区草堰镇三渣初级中学　沈汝华　陈学权

三渣初中地处大丰区西南边陲，丁溪河带来的钟灵毓秀之气培养了师生们的朴实与坚韧，学校的教学质量一直保持在大丰农村初中教育教学工作排头兵的地位。

为了学生的终身发展，为了学生阅读习惯的养成，三渣初中在校园内播撒读书的种子，营造阅读的氛围，构建阅读的课程，开展阅读的活动，努力使阅读成为师生的生活方式，成为师生的自觉习惯。

为了这个目标，三渣初中一直秉承“书山有路勤为径，学海无涯苦作舟”的宗旨，在飘着淡淡墨香的“书山”之路上默默地前行。

一、整体着眼，点面结合，营造书香氛围

近年来，三渣初中把书香校园的创建作为重要工作来实施。将课题研究和学校常规活动有机结合，使学校散发着阵阵书香。

学校专门成立了“书香校园”活动领导小组，由校长亲自挂帅，教导处、团总支和少先队组织、图书室等分工明确，分发动、活动、评比、验收四个阶段，认真务实地将创建“书香校园”的各项活动落实到点，贯彻到面：

（一）校园宣传栏展示了学校在书香校园活动中的成绩，“天道酬勤”的校训让三渣初中学子深受启发：读书能使他们有清晰的头脑，坚强的翅膀，才能去担负建设祖国的重任。教室内“读书百遍，其义自见”的格言让学生领悟到了读书方法。“理想的书籍是智慧的钥匙”、“好书是伟大心灵的高贵血脉”使学生明白阅读一本好书，能够丰富知识，陶冶情操，启迪智慧，点燃他们实现理想的希望之火。

（二）学校图书室、阅览室有兼职图书管理员和兼职老师负责，做到书橱专用，整洁卫生，图书摆放整齐美观。根据班级实际情况，选定小助手保证既开放阅读，又管理有序。

（三）设立班级图书角，同学们将自己喜爱的书籍带到学校，进行图书漂流，让其他同学分享书籍的美妙，感受读书的乐趣。养成良好的读书习惯，提高学生的审美修养和文化底蕴。

（四）结合中考要求重点篇目，扎扎实实地实施了“五名工程”，旨在通过诵名诗、读名篇、看名著、赏名曲、唱名歌的活动，引导全体学生在耳濡目染中潜移默化，“传承民族精华，争当文明少年”，校园里呈现出了“诗书香满园细雨润心田”的景象。

（五）纳入课程计划，强化阅读指导，学校严格控制作业量，每天学生在校保证半小时的自由阅读时间，起始年级由语文老师指导阅读，八、九年级则采用指导阅读和自由阅读相结合的形式。强化阅读效能，措施落实，在学生阅读时间，教师进教室陪同读书，巡视指导，做到专时专用。每天还开设一堂课外阅读指导课，由语文老师有计划、有目的地进行课外阅读指导，带领学生潜心阅读经典美文，领略中外名著，引用古今诗文，在大量的阅读实践中培养学生良好的阅读习惯和兴趣。在实践中，教师不断地探索课外阅读指导的有效思路，逐步形成课外阅读的基本思路和指导的方法。

积极健康的“书香”活动寓教于乐，切实引导学生多读书，乐读书，读好书，帮助学生树立正确的人生观，价值观，提高人文素养，打好终身发展的基础。三渣初中在第六届“新华杯”读书征文一等奖，在“托起我的中国梦”读书征文活动分别荣获一、二等奖，在第八届“新华杯”读书征文活动中获二等奖。学生作品获第五届中小学网络读书活动初中组铜奖。在区诵读比赛中获特等奖。多名学生的家庭获评书香家庭……凡此种种，不一枚举。

由于各项措施扎实，三渣初中申报的省级语文阅读基地顺利通过验收；由于工作成绩突出，三渣初中先后获得了盐城市“书香校园”、江苏省“智慧校园”称号、在大丰市中小学图书室功能提升年活动中，被评为先进集体，获大丰市教育局表彰。

二、以身立教，率先垂范，共享读书风景

（一）“问渠哪得清如许，为有源头活水来。”全体教师身居教学第一线，在教育教学的实践过程中形成共识：教师的天职是教书育人，为人师表义不容辞，教师理所当然应当成为学生心目中一本活生生的大书、好书，成为阅读的旗舰、知识的海洋、生活的楷模、精神的支柱，理想的火炬。因此，要求学生做到的，老师要率先做好。意识是行动的先导，行为是思想的巨人，方向明确了，主动学习的积极性更高，学校向教师推荐的必读书目有《解读新课程》《新教育之梦》《影响教师的壹佰个经典教育案例》等，全体教师在学校号召下，纷纷挤时间读书，在办公室记札记，在电脑上“敲”出自己的心得，大家感到多读一本好书，多学一份经验，多增一分智慧，多添一份力量，多享一份幸福；大家在读中学、读中教，与书为友，童心永存、激情永葆，为学生的成长、为学校的发展注入了鲜活的生机。三渣初中老师所写论文《带领学生走进课外阅读的百花园》获盐城市教育科研优秀论文一等奖，多名老师在中小学生新华杯读书征文活动中荣获“优秀指导老师奖”，《培养农村初中一年级学生阅读习惯的调查研究》《初中语文“读悟写”三结合教学实践研究》《农村初中生课外阅读现状记提高对策的研究》等多项课题顺利结题。

（二）建立合理的评价体系，强化考核评比激励机制，是促进学校课外阅读广泛、深入、持久地开展了一个重要的工作思路。三渣初中把完成各项任务作为考核教师的内容之一。在各项评优的同时，把学生的课外阅读纳入到学生综合素质的考核之中，总结经验、推出典型、解决困惑，以保证学生读书行动方案的顺利实施，促进教师与学生共同播撒读书的种子，共同欣赏读书的风景，共同收获读书的成果。

通过“书香校园”读书活动的开展，全校师生明白：不读书，无

以知窗外的精彩；不读书，无以知世界的宽广；不读书，无以知知识的力量。

"书籍是人类进步的阶梯"，"腹有诗书气自华，最是书香能致远。"提高每个公民的民族素质和文化底蕴，是现代社会的呼唤，是祖国腾飞的需要。校园是学习的"伊甸园"，三渣初中人在书香校园里读书、思考，丰富思想；在心灵沟通中对话、感悟，品味生活；在求索之路上实践、发展，积淀人文精神。

三、小处入手，多样活动，培养阅读情趣

团总支紧密配合学校中心工作，力求从小处入手、着力打造读书节一系列活动的群众化、多样化。

（一）组织"书香班级"、"小诗人"、"小画家"、"小故事家"、"小作家"、"小文人"等的评比，开展讲故事比赛，朗诵名言，古诗比赛，规范字书写比赛，激发学生读书热情，提升学生读书质量。元旦文艺汇演中的课本剧表演激发学生读课本，读原著、用表演来交流的愿望。

（二）团总支还倡议全体同学做到"文明读书"：读好自己手中的书，分享大家喜爱的书，拿放书本轻轻，翻看书籍要小心，归还书本及时。

（三）用笔书写生活，绽放绚丽少年：实践作文，生活作文是日记与学生成长的研究的核心。让学生学会从生活中选才，我手写我心。结合实际生活，开展"学雷锋，树新风"活动，让学生走上街头，通过拾白色垃圾，争当环保小卫士，增强"爱我家园"的意识。先活动后作文，使学生观察，习作和道德水平同时提高。学校还开展了读名篇，写读后感的活动。毕业班学生根据班级特点开展有特色的活动。人人来写日记，而这些日记记录了本学期同学们在校的点点滴滴，字里行间渗透着同学们对班级的浓浓深情，这一片深情厚谊对积极向上的班级工作起到了极大地作用。并开展"留给我印象最深老师"的活动，同学们深情地回顾了到三渣初中以来，诸多老师的辛勤教育和帮助，深深感谢老师，感谢母校的教育。同时，为学生搭建展示平台。学生的优秀作文与日记不定时交流学习，共同进步。捧起每一本日记，流连其间，仿佛漫步于姹紫嫣红的百花园之中，"绵绵细雨润心田悠悠墨香溢芬芳"。学生们在喜闻乐见的活动舞台上生动活泼的学习，争先恐后的表演，身心自由的发展，焕发了灵性，开发了潜能，智慧的火花不断迸发、创造的能力不断提高。他们从小与文明结伴，与圣贤相约，与诗人握手，"积土成山，风雨兴焉；积水成渊，蛟龙生焉；积善成德，而神明自得，圣心备焉。"

"书山有路勤为径"，打造书香校园，让学生在"书山"之路上迈出了可喜的第一步，今后，还将继续稳健地走下去。

因为三渣初中人坚信：只要行动，就有收获；只有坚持，才有奇迹！读书，使生活更丰富、更幸福；读书，使思想更成熟、更健康。"好读书、读好书，会读书、多读书"，"让书香洋溢生命的魅力"，必将成为三渣初中全体师生坚定的信念和永恒的追求！

厚积人文精神　培育品质师生

江苏省盐城市射阳县港城实验小学　吴军　邓森　沈红梅

浩瀚的黄海之滨，秀丽的鹤乡大地，坐落着一所朝气蓬勃的江苏名校——盐城市射阳县港城实验小学。在2016年建校之初，射阳县港城实验小学着眼于学生的长远发展，践行"让每个学生都享有品质人生"的育人理念，大力建设浸润书香的校园文化，积极开展飘逸书香的阅读活动，不断推动学校阅读教育向纵深发展，着力培养儒雅大气的鹤乡少年。

以书为景，营造阅读文化

道德、情操、气质等不是教出来的，而是靠陶冶、熏陶、耳濡目染、潜移默化而来的。在书香校园建设上，港城实验小学高度重视环境的隐形作用，将校园整体环境的设计和建设与阅读有机融合，于无声中以景育人。如今，漫步校园，明湖之水滋润一草一木，书香之气氤氲每个角落。

学校高标准规划，先后建成多间图书资料室、学生阅览室、教师阅览室、电子阅览室，藏书量达20多万册，订阅各类报刊100多种，并配置了电子图书、超星阅读器、朗读亭，便于学生快捷阅读和体验；《声律启蒙》《弟子规》《三字经》《论语》等国学经典随处可读，每一面墙壁都散发书香；在凉亭里、石凳旁、楼道边设立了室外书架，在教学楼、宿舍楼设立了开放式"读书吧"，鼓励进行图书漂流，为学生提供了更为自然与亲切的阅读空间；各班都设置了自己的图书角，充分利用学生的阅读资源，围绕相关阅读主题充实书柜，并建立健全借阅、保管制度；倡导学生家庭建立小书房，购买、订阅适合儿童的书刊，并开展"做书香少年，创书香家庭"活动，让学校阅读教育从校园延伸向家庭和社会，让每一个有孩子的地方就有书香。

以书为媒，搭建阅读平台

教书育人在细微处，学生成长在活动中。港城实验小学以书为媒，利用丰富多彩的活动平台，让学生在诵读中感受到文化的熏陶，在活动中体验到成功的喜悦。

学校在建校之初就创建了环境一流的明湖书院，每个年级部都相应成立了分院，聘请知名作家、编辑、记者担任书院顾问，定期举行阅读推介指导和分享会、读写专题讲座、演讲、征文等多种形式的阅读主题实践活动，让学生亲近书本，养成热爱读书、博览群书的好习惯。

学校分学科成立教师读书沙龙，要求教师每天进行阅读打卡，并提出"让书香润泽校园，用阅读提升思想"的阅读口号，号召教师读好三类书——一是温润生命、丰盈精神底蕴的书，二是开阔教育视野、引领专业成长的书，三是适合儿童阅读的书。同时，学校先后邀请多位儿童文学作家亲临校园和师生进行零距离交流，共话阅读，共同成长。

学校坚持把教师阅读的重心放在读教相长、以读促学上，要求教师读书要与课堂教学、教育科研充分有效地结合起来，使之不仅成就了教师的专业成长，更引领了学生的生命成长。

学校坚持每学期开展"书香班级"、"阅读之星"和"书香家庭"评选表彰活动，树立身边的阅读榜样，影响带动学校甚至每个家庭形成了共同读书的氛围。

扬书之韵，构建阅读时空

阅读只有成为师生的自觉行为，才能带来质的变化。为激发师生的阅读热情，港城实验小学坚持落实七个"一"工作，大力营造浓郁的读书氛围，让阅读成为师生生活中不可缺少的仪式。清晨一诵，利用每天晨读时间组织"晨诵"活动；午间一读，每天中午学生自由读书半小时，也可进行师生共读一本书活动；晚间一省，引导学生每天学习结束时对一天的学习进行反省，提倡学生每天记日记，并开展家庭读书活动；每周一课，以班级为单位每周上一节"阅读课"，进行指定阅读书目和校本教材的阅读指导，注重方法优化和过程跟踪；每月一本，倡导要求每个师生每月至少阅读一本书，学校研制了阅读书单，供师生自选；每班一集，每学期各班将学生的读书笔记和优秀作文整理汇编成册，有学生个人文集、班级优秀作文集、诗集等，并在家长学校活动时进行展示交流；每年一节，每年四月定期举行双语读书节，开展读书征文、读书手抄报、读书演讲、图书跳蚤市场、寻找校园朗读者等丰富多彩的阅读活动。

此外，学校还着重建设了校刊《明湖书院报》和系列阅读校本课程两个主要阵地，让师生在阅读中品味书香，在书画中感受墨香，在写作中享受果香。其中，《明湖书院报》是师生自办的校刊，为办好每一期刊物，大、小记者们利用课余时间踏上了调查、采访的征程，编辑们也从一开始的无从下手到现在已经游刃有余了。

结书之果，缀满阅读生活

阅读可以使人变得厚重和高尚。通过阅读活动的开展，学生在成长，老师在改变，学校在发展。走廊里随处可见孩子手不释卷的身影；课堂上学生们或娓娓道来，或侃侃而谈，举手投足间充满了自信；老师们拓展教材，走近学生，真正成为学生们阅读的伙伴。

在书香的熏染下，儒雅的气质在每个港小师生身上日益彰显，校风校貌悄然提升。孙敏溪同学虽然才三年级，却是图书馆的常客，现已利用课余时间阅读200多本名著，被师生们称为"超级书迷"；孙雯同学五年级时一年读完56本书，参加省征文大赛获得一等奖；有近百名学生在各级刊物上发表了自己的文字作品；有20多位教师在各级刊物上发表了近40篇阅读教育方面的文章，充分发挥了示范辐射作用，受到了各界的高度评价。

腹有诗书气自华，最是书香能致远。阅读是一个人获取丰富知识、提高核心素养、陶冶道德情操的重要途径。港城实验小学将继续以阅读教育为载体，培养越来越多以书为友、以读为乐的老师和学生，让阅读成为师生诗意的生活方式。明湖风来满眼春，阅读教育气象新。射阳港城实小人坚信，在阅读的路上，港城实验小学必将走得更加坚实，更加优雅……

开展精品教育　塑造精彩人生

江苏省盐城市亭湖区便仓初级中学　潘宏兵　唐育余

"利器也，复以锻之以去钝，锋其筋骨，锐其根本，育人之道亦如是也，国之重器，功在当代，利在千秋……"教育是一个国家、民族强大的根本，唯有在教育的土壤中深耕细作，才能真正创造生命的价值，绽放人生的光彩。学校作为教育传授知识和培养人格的场所，特殊的、固有的文化氛围和教育理念影响着学生未来的每一步。办学以来，我校始终秉承立德树人办学宗旨，以人为本，深入挖掘学校文化内涵，凸显学校教育品质，为学生未来生命发展夯实基础。近年来，结合学校自身特点，我校以"书香校园"创建为契机，以丰富多彩的活动为支撑，不断积挖掘潜在优势，优化学校管理，丰富学校内涵，提升学校的品位，确保学校教育可持续发展的支撑点和生长点。为进一步提升教育教学质量，发挥学校教书育人主体功能，我校还以初中历史学科为基础，通过对历史学科课堂教学系统全面的分析，最终探索出一条符合学校自身发展的特色教学之路。

一、营造浓厚书香氛围，深化学校办学内涵

苏霍姆林斯基曾说："让学生变聪明的方法，不是补课，不是增加作业量，而是阅读、阅读、再阅读。"近年来，我校以倡导学生阅读为手段，帮助师生陶冶性情、丰富人生、成就未来，力求生动真实地让学生感受"读书好"的优越性，从根本上促进"书香校园"培养"书香人生"。为切实做好"书香校园"示范校的创建工作，我校还专门成立了"书香校园创建活动领导小组"，以书本作为联系的纽带，将创建活动稳步推进，效果显著。此外，我校也积极营造浓厚的阅读氛围，加强宣传教育，双管齐下，带动广大教师自觉阅读教育专著，积极组织学生阅读优秀的读物，陶冶情操，感受书香。为了扩大学生的阅读面，让读书活动更有效，进一步激发师生读书的兴趣，我校加大图书室藏书量，各班建立图书角，拓宽书源，使学生有更多好书可读，全力发挥图书的功效。同时，开放阅览室和电子阅览室，让师生得到充分地享受，畅游在阅读的海洋。

校园中的每一座建筑、每一处景点，每一片绿色，每一面墙壁，都是学校文化思想的传递和表达，优美的校园环境就像无声的老师，滋润着师生的心田，熏陶感染着师生，丰富净化着师生的灵魂，潜移默化地引导师生向着健康的方向发展。为了彰显学校的文化品牌，我校对校园的每一处精心设计，合理布局，给学校外墙，教学楼、综合楼的走廊赋予独特的书香文化，利用文化标语、格言警句、名人介绍等营造浓厚的书香环境，使学生们对校园文化耳濡目染。

活动可以开阔视野、陶冶情操，可以培养学生的集体荣誉感，增强班级的凝聚力，它是学生与学生之间的情感纽带，也是教师与学生沟通的桥梁。近年来，我校持续开展了以"读书"为主题的系列活动。"阅读文化经典，创建书香校园"征文活动，大批学生热情参加，畅谈读书体验；"弘扬传统文化，传承国学经典"朗诵比赛，各班学生精心准备，朗诵精彩；"书香溢校园"读书小报评比，各班学生积极参与，作品精美；"牡丹文化"书画摄影，人人参与，佳作纷呈……通过书香校园的建设，学校的文化氛围更加浓厚，校园更加美，充满了书香气息，提升了专业素养。近年来，在"书香校园"建设的影响下，我校教师在各类刊物发表文章的数量和质量都大幅提升，中考成绩一直位列全区乡镇第一。

二、创新课堂教学方法，提升教育教学质量

学而不思则罔，思而不学则殆。这句话除了印证二者之间相互依存的复杂关系，也反映出教育本质是千变万化的。当代著名的教育家叶圣陶认为，教师不教，而且要导。如何"导"呢？他认为："一要提问，二要指点。宜揣摩何处为学生所不领会，即于其处提问题，令学生思之，思之不得，即为讲明之。"教学的理论和实践都表明富有创新性，艺术性的课堂提问，能启迪学生思维、发展学生智力和培养学生能力。尤其是作为人文学科的历史学科，更要注重提问的艺术。这是历史学科本身的特点所决定，也是适应现代化教育发展的需要，符合现在青少年学生的心理特征。

古往今来，历史的发展具有一定的规律性，它能"经世致用"、"彰往而知来"。若简单化、形式化的课堂提问，则不能很好地启发学生从宏观上把握历史发展的总体脉络，深层次地考察、分析历史事件、历史现象，揭示教材中隐含的知识点和内在联系，揭示历史发展的规律，培养学生正确的历史观。历史教学的功能，不只是为了让学生了解历史，知道一些历史故事，更重的还在于对学生进行思想道德教育，发择历史的借鉴、启发作用，对学生进行历史唯物主义教育、陶、治情操等，充分发挥历史学科的育人作用。而精心设计提问艺术，正是多维教学法在实践中的具体运用，可以多角度、多系统地启迪学生思维，培养和提高学生分析、综合、比较、概括能力的一种有效方法。

初中学生独立思考的能力在逐步得到发展，并且表现出思维的独创性。他们不仅喜欢探求事物的根源、喜欢怀疑和争论；而且他们富于想象，以致常提出一些新的设想、新的见解；或者乐于去尝试一些新的方法。因此，在教学过程中，应置学生于主体地位，教师处于不断点拨，引导的主导地位。在授课中不时出现发人深思的问号，能够打开扇扇闭锁着的心扉，能够激发活力、引人入胜。将使教学之间、师生之间的双边活动处于一种和谐的信息交流之中。为了在教学中进行艺术性的提问，我校要求教师根据教学内容的特点，针对不同层次的教学对象，设计不同思路的问题，使各类学生通过积极的思维或经教师的点拨引导，能获得成功的喜悦。如同一问题，可从不同侧面提出。问题提出的角度不同，效果往往就不一样。例如：我讲授"美国内战"一节时，曾提问："美国内战暴发的原因是什么？美国内战有什么历史意义？"这类问题，容易使学生感到厌烦，难以调动学生思维的积极性。后来，我一反常规地发问："怎样理解美国内战的暴发是南北两种经济制度矛盾发展的必然结果这个论断？为什么说内战扫清了美国资本主义发展的又一障碍？"这个问题，学生感到似懂、新鲜有趣，思维的波澜也就因之激起。这样，既使学生认识到了矛盾对立双方的斗争，提高了辩证思维能力；又增强了学生分析问题、归纳问题的能力。又如教材中有些内容，学生似乎一看就懂，处于无疑的境地。我校通过让学生求"甚解"，来培养学生深思熟虑，善于思考的习惯，再加以引导，从而使他们排除了疑点，深化了知识。

善教者，必善问。讲究课堂提问艺术是每个优秀历史教师的必备技能。在初中历史学科的教学中，问题的艺术化设计、富有创意的提问，可以大大激发学生对历史学科的兴趣，养成学生自主学习、勤于思考的习惯，提高学生的思维品质。

三、立足史料运用理论，激发课堂教学活力

如果说上述所论的艺术性提问等问题是一种对学习方法的良性探讨。那下面说的关于史料与历史学科之间微妙关系的应用和处理则是一种系统而全面的基础理论。首先，谈一谈文字史料在初中历史课堂教学中的运用。文字史料是指用文字的形式体现和保存下来的人类活动记录。它分为两种：文献资料和文艺史料。在初中历史课堂教学中，大量加以引用的大都是这类史料。应用文字史料印证教科书的历史事实及历史观点。在初中历史教学中，我们可以引用史料对教科书中的历史事实和历史观点进行佐证。如在学习商鞅变法这一知识点时，可以引用《史记•李斯列传》中的"孝公用商鞅之法，移风易俗，民以殷盛，国以富强，百姓乐用，诸侯亲服，获楚、魏之师，举地千里，至今治强。"对这段史料进行分析，印证了历史上曾经发生过商鞅变法这一事实，而且商鞅变法取得了积极的效果。其次图像史料在初中历史课堂教学中的运用。图像史料，亦可称为可视史料或影像史料。主要是指适用于历史教学与研究的视觉图像，一般指地图、图片等传媒对象。但如果把视野再放开一点，那么图像史料的指向范围就更广泛了，它还包括珍藏于博物馆的大量文物、遗址遗迹、碑刻、建筑、图画等实物和摄影照片以及影视片、纪实片等能够提供图像、呈现或传达某种历史理念、产生视觉感知的对象。利用图像史料，给学生以感性的材料，让学生感知真实的历史。但不论是文字史料还是图像史料都是为了让学生清晰感受到从历史变化当中传递的知识信息，以便加深印象，提高学习效率。

总而言之，教育是一种精神的唤醒，潜能的显发。它尊重、赏识每个个体，致力于学生能力、品德等各方面素质的全面提升，服务于个体的健康成长，滋养每一个生命。经过多年的建设，我校校园文化浓厚，办学特色鲜明，教育教学质量连年提升。此外，以历史学科为先导的教育理念探索也为学校课堂教学指明了方向。我们坚信，怀着一颗教书育人的恒心，未来路上，我校必能在这片广阔、绚丽的教育舞台上铸写新的篇章！

用好红色文化，提升素质教育

江西省赣州市崇义县城关小学 肖海长 肖春艳

精神因传承而不灭，历史因铭记而永恒。习主席在视察陆军步兵学院时指出："要把红色资源运用好，把红色基因传承好，培养一茬茬、一代代合格的红军传人"。红色文化是在革命战争年代，由中国共产党人、民族先进分子和广大人民群众共同创造的先进文化，蕴含着丰富的精神营养和厚重的历史内涵，是社会主义核心价值体系的重要组成部分，也是中小学德育教育、智育教育的重要内容。赣南是革命老区，有着光耀千秋的红色历史，推进赣南苏区振兴发展，是每位教育工作者不可推卸的神圣职责。为传承中华传统文化，助推赣南苏区振兴发展，我校成立了《红色文化进校园主题实践活动》课题组，拉开了"大力弘扬苏区精神，红色文化进校园主题实践活动"的序幕。

一、课题研究背景

十六大报告中指出："民族精神是一个民族赖以生存和发展的精神支撑。"、"面对世界范围各种思想文化的相互激荡，必须把弘扬和培育民族精神作为文化建设极为重要的任务"。2003年12月10日，温家宝总理在美国哈佛大学的演讲中说："中华文明以其顽强的凝聚力和隽永的魅力，历经沧桑而完整地延续下来，拥有五千年的文明史，这是我们中国人的骄傲。中华民族的传统文化博大精深、源远流长。"国学大师季羡林说："中国可以成为一个经济大国，也可以成为一个科技强国，但最根本的，中国是一个文化大国。"

崇义县是个山区小县，经济不够发达，师生的综合素质较发达地区存在一定的差距。校园文化形式单一，校园特色不够明显。并且，各校都有一定数量的留守孩。这些孩子大部分长期缺乏家庭温暖，存在着许多心理问题，心智不健全，难以处理人际关系，包括与教师的关系问题，同学间的关系问题，与父母的关系问题；个性不健全，较孤僻，个性品质急需完善；适应力较差，不能适应自我、适应环境、适应社会的各种变化。

教育部《九年制义务教育语文课程标准》十分倡导经典美文的背诵和积累，在"总目标"中提出："认识中华文化的丰富博大，吸收民族文化的智慧"，"诵读美文，提高欣赏品位和审美情趣"，"培养学生热爱祖国语言文字的思想感情"和"重视提高学生的品德修养，使学生逐步形成健全的人格"的要求。因此，在信息化时代如何保持我们中华民族的文化传统，已经成为我们必须面对的重大课题。

我们通过查找文献学习研究，立足本土文化和学生实际，从理性层面、实践层面探讨红色文化、经典诵读与素质教育的关系，寻求实现以红色文化、经典诵读相融合促进素质教育的途径。在县人大、县

教研室的指导下，在前期经典诵读实践、红色文化实践取得的成果基础上，确定研究步骤，形成课题研究方案。

学校成立了"传承红色基因，积淀道德素养——红色文化进校园"活动领导小组，经常性地开展指导和督查活动。不断完善实施方案，调整实施步骤，力争实践活动效果最大化。

二、课题研究目标

探讨红色文化与素质教育的关系，从理性层面寻求实现以红色文化促进。

深入开展经典诵读活动。以红色文化为主题，深化校园文化，精心打造一个良好的校园文化环境。旨在让孩子传承传统文化，弘扬中华美德。

充分利用本土红色资源，通过讲座、演讲、故事会、板报宣传等手段宣传赣南苏区振兴发展的意义，让孩子了解赣南及家乡的红色历史，切切实实培养他们爱家乡的情感，加强爱国情感和艰苦奋斗等红色文化的传统教育，实现《基础教育课程改革实施纲要》的培养目标。

三、课题研究方法

课题在结项的省级重点课题《中华经典美文诵读实践》基础上开展研究，以行动研究法为主，以调查法，经验总结法，文献法等为轴。

行动研究法。行动研究是在一定理论指导下，把教育教学实践与理论相结合的研究，尤其注重实践者，也要成为研究者，研究的结果要及时运用于教育教学实践的研究方法。

调查法。调查法主要是通过调查赣南及家乡红色历史，走访参加过革命的老人，充分利用本土红色资源，深入学生弄清当前学生对于红色文化了解的现状，从中发现问题。为红色文化进校园实践研究解决问题，为探索和改进当前校园学生红色文化匮乏现状提供相关依据，以便有针对性地研究，以期达到最佳研究实效。

范读法。通过教师的范读，或是录音资料等有效手段获得学生的共鸣，潜移默化地受到感染，古"授之以鱼，不如授之以渔"在交给学生"鱼"的同时，不如干脆指导学生自我潜修"渔艺"。

情境体验法。通过多媒体创设各种语言环境，在教育活动的自然状态下，通过角色扮演，使学生入情入境体会红色文化中蕴含的丰富的精神营养。

表演法。由于学生对语言的感知能力受到他们的阅历和语言经验积累的限制，不可能感受得特别充分，一开始学生的朗读状况就说明了这一点。教学的起点往往要定在学生的学习起点上，抓住学生的兴趣，通过表演各种角色，体会人物感情，树立正确的人生观、价值观，培养高尚情操。

经验总结法。经验总结法主要是通过对本课题研究过程中较有效地学校的研究工作进行及时的总结提炼，形成成果在全县学校推广应用，促进本课题研究的进一步深化研究。

文献法。文献法就是收集有关文献资料作为课题研究的理论指导实施材料

四、课题实施措施

开展"每日一段"、"每周一篇"红色经典诵读活动。利用每天的晨读课诵读一段红色经典。读书晨会以"革命诗词"、"书海拾贝"、"红色故事推荐"等小板块，向同学们介绍自已看过的红色经典书籍，交流自己在读书活动中的心得体会，在班级中形成良好的氛围。

利用每周一节阅读课进行红色经典交流活动，内容可以是有关资料、故事、诗篇及赣南红色风景名胜。

开展学生读书活动的各类竞赛与交流（如讲红色故事比赛、诗文诵读比赛、红色歌谣演唱比赛及百家讲坛等系列活动），以增强学生读书兴趣，体验成功的快乐。

开辟"少年传承中华传统美德"教育实践活动专栏板块。充分利用校园广播、学校校报、板报等宣传专栏，宣传学生身边的榜样。

开展"红色微课程的开发与运用"活动。开发红色系列微课程，边开发，边展播；边运用，边完善。充分运用红色文化资源，引导学生从小树立正确的人生观、价值观，向先辈学习，向先进看齐，自觉践行社会主义核心价值观。

五、课题研究成果

在我国绵延数千年的传统文化中，优秀的经典美文是中华民族的精美之本。它们语言凝练，内涵丰富，意境高远，富有哲理。郭家华主持的《中华经典美文诵读实践》教科研课题于2009年4月经江西省课题研究与实验基地领导小组办公室批准立为江西省重点课题，2011年5月结题(课题编号为：BA09—036)。研究成果《中华经典美文诵读本》出版发行，被国家广电出版总局批准可以作为小学阅读课读本，课题得以推广及拓展应用。

为传承中华传统文化，助推赣南苏区振兴发展，我们利用赣南苏区——红色文化传承创新区的定位，在省重点课题《中华经典美文诵读实践》研究的基础上，把红色文化与经典诵读相结合，完成了赣州市教科研课题《红色文化进校园实践研究》（课题编号为：XXYW15）再版了《中华经典美文诵读读本》之《红色经典品读》。之后，我们又陆续开展了《经典诵读与留守孩心智培养实践研究》《红色微课程的开发与运用》(XXZH15，2016年7月结题)等课题研究，出版发行论著《讲述：在红故事中成长》。

"红色文化与经典诵读相融合的探索与实践"以"红色文化进校园"为抓手，以"诵读经典"为途径，以"全员性、持续性、趣味性、激励性"为原则，以"积淀语感、感悟道理、提升素质"为主题，以阅读精品课程、实践活动及校园文化建设为载体。让学生通过红色经典读写诵系列活动，不仅领略到中华璀璨的文化，感受到经典文化蕴涵的深刻内涵，同时使学生的情感得以陶冶，灵魂得以洗涤，心灵得以净化；让学生在润物细无声中形成良好的道德习惯，在潜移默化中提升文化品位，丰厚文化底蕴；让学生在"读"中知"义"，"义"中明"理"，"理"中感"悟"，"悟"中做"人"， 在传统文化的滋养中，建立道德行为规范，提高文明素质， 为中华民族文化的传承和学生成长成才奠定坚实基础。

实践证明，红色文化与经典诵读相融合，作为素质教育的重要载体，对培养学生的阅读兴趣，提升学生的综合能力，丰富师生的审美情趣，促进师生核心素养提升和全面发展，都起到了至关重要的作用。"红色与经典携手，文明与美丽同行"的校园文化新天地，让校园文明和谐、生机盎然。

总之，我们在探索与实践中，把红色文化资源优势转化为道德教育优势，以红色文化资源为依托，以传承革命传统为主线，激发爱国情怀为核心，逐步开展和完善了独具特色的红色经典诵读活动，对提升师生的道德水平、文明素质起到了很好地促进作用。

下一步，我们将着力在红色文化的深挖、传承和传播上下功夫，把红色资源利用好，把红色基因传承好，把红色传统发扬好。

党建引领，师德师风提质促效

江西省九江市庐山市蓼南中心小学　汪森滚

加强师德师风建设是社会主义精神文明建设的需要。教师在社会主义精神文明建设中扮演着重要的角色和地位，其重要性表现于其的言行举止和道德修养会影响受教育者的言行举止和道德修养。我校开展师德师风建设，是新时代教育事业发展的需要，是教师队伍建设的首要任务。师德是教师最重要的素质，直接关系教育的质量、国家的未来、民族的希望。为建设一支有理想信念、有道德情操、有扎实知识、有仁爱之心的"四有"好教师队伍，我校多措并举，不断推进师德师风建设。

一、党建引领，举措有新亮点

加强学习，提高政治素养。以习近平新时代中国特色社会主义思想为指导，认真学习党内法规、政治理论教育、疫情防控等内容，深刻学习党中央、国务院《关于全面深化新时代教师队伍建设改革的意见》《教育法》《教师法》《中小学教师职业道德规范》《江西省中小学教师违反职业道德行为处理实施办法》《江西省幼儿园教师违反职业道德行为处理实施办法》等法律法规。通过学习，教师对做"四有"好教师的内涵有了更深刻的理解，对如何做"四有"好教师有了更明确的目标，教师的理想信念更加坚定，教师的政治素养更加提高。为全面贯彻党的教育方针，努力办好人民满意教育打下了坚实的基础。

创新方法，加强队伍建设。加强师德师风建设，是落实"立德树人"根本任务的根本保证。我校将党风廉政建设工作与师德师风建设工作有机融合，大力开展"不忘初心、牢记使命"主题教育活动，按照党中央、国务院《关于全面深化新时代教师队伍建设改革的意见》精神，以作风建设促师德建设、以廉洁文化建设促师德建设、以教学练兵促师德建设，以民主评议党员教师促师德建设，多渠道加强教师队伍建设，充分发挥党员教师的先锋模范作用，努力打造一支德艺双馨、清正廉洁的教师队伍。

坚持党管教育，从严治教。我校始终坚持党对教育工作的全面领导。全面履行领导班子"一岗双责"，严格落实班子成员分管领域的师德师风责任。加强法律法规学习，坚持依法治校，做好党务公开、政务公开工作，进行《中小学教师职业道德规范》落实情况检查，检查情况及时进行通报。勇于面对新时代学校发展过程中遇到的新挑战，做到有令即行，有禁即止，自觉抵制不正之风，坚持用党建工作来促进教师队伍建设的发展。学校教师无违法违纪违规情况。

二、真扎实干，质量有新提高

机构健全，活动有保障。为保证师德师风建设工作正常开展，我校成立了以校长为组长、副校长为副组长、班子成员及各村小校长、人大代表、教师代表为成员的师德师风建设工作领导小组，由主管德育工作的副校长具体负责师德师风建设工作。为了营造师德师风建设舆论氛围，学校开辟了师德师风建设专栏、展板、设置师德师风意见箱、印发致学生家长一封信，开通家校通等多种宣传渠道，及时宣传和报道师德师风建设工作开展情况。

活动丰富，思想受洗礼。通过严把新教职的入职关、积极开展新入职教师岗前培训，与教师层层签订承诺书，完善师德师风随机督查

与明察暗访机制，通过教师岗位练兵、开展师德师风自查自纠、建立师德整改台账等活动的开展，教师的思想得到了净化，教师的凝聚力得到了提高，师德师风方面存在的问题得到了解决，教育教学管理不断规范，依法治教的环境不断优化。通过万师访万家活动的开展，在老师和家长、学校和社会之间架起了一座爱心之桥、沟通之桥、信任之桥。用爱心传递人间真情，彰显了教师崇高的师德，充分发挥榜样的示范引领作用。

依法治教，制度更完善。针对师德德风建设方面存在的问题，学校建章立制，立行立改。先后完善了师德学习培训制度、师德民主评议制度、师德情况报告制度、师德考核制度、师德建设承诺制度、师德责任追究制度，以制度建设保障师德师风建设各项工作顺利进行。

三、整改落实，考核有新动力

个人自查自纠。组织教师对照工作开展情况，进行深刻的自我剖析和反思，查摆师德师风上存在的问题，立即自查自纠。在规定时间内能及时整改到位的，给予批评教育，免于问责。

集中查找问题。通过召开座谈会，走村入户、征求社会各界意见、聘请师德师风监督员等方式，广泛征求意见。对发现的问题，视情节轻重，给予责任追究，进行全乡通报。建立整改台账，实行销号管理。

严格考核结果运用。按照学校《教师师德考核实施办法》进行严格考核，严格控制优秀等次。对师德考核为"优秀"等次的教师，进行表彰和奖励，在评优评先、职务评聘中优先考虑，并优先确定为组织发展培养对象。对师德考核"不合格"教师，年度考核评定为"不合格"，并在教师资格定期注册、职称评审、岗位聘用、评优评先等环节实行一票否决。对情节严重、触犯刑律、涉嫌犯罪的，移交司法机关追究刑事责任。

"师者，人之模范也。"这是对教师在社会文明发展和进步中所起作用的凝练和概括。教师的行为道德对于传播人类文明、拓展人类文明、推动人类文明进步起着至关重要的作用，师德的优劣决定这一代人甚至几代人的精神风貌。新时代呼唤新作为，新作为呼唤新担当。我校将继续加强教师的师德师风建设，努力提高教师队伍素质，培养教师高尚的道德情操。以德立校、以德治教、以德育人。为办好人民满意的教育、为新时代教育事业的新发展作出新的贡献。

创网球特色学校，走内涵发展之路

江西省宜春市上高县镜山小学 张友根

随着教育改革深化，教学质量不断提高，为了全面推进素质教育，落实立德树人根本任务，不断提升学生的综合素养，提升我校的办学品位，实现我校最终办学目标—标准化、高质量、有特色，逐步实现"把我校建设成为上高县有影响的小学名校"，我校通过制定创建网球特色学校工作，促进学生个性发展。

我校创办于2017年9月，是一所年轻、富有朝气的公立学校。学校环境幽雅，占地面积约20000平方米，其中建筑面积约6800平方米。现代化设施齐全，配备图书室、多功能报告厅、科学实验室、电子计算机室、舞蹈房、音乐室、书法美术室、心理咨询室等多个功能房，设有200米塑胶跑道、室内体育馆、教师公寓和师生餐厅，每个教室配置了先进的触摸式一体机，安装了数字化监控系统，校园IP广播系统，真正实现了教学手段的现代化、信息化。

一、创建网球特色，提升学校品位

我校通过网球特色学校的创建工作，进一步优化我校教师的综合育人能力，优化教师队伍建设；激发学生运动兴趣，突出以学生个性发展。

学校设立《网球竞技》校本课程，并逐步建设成为学校的特色课程。尊重学生身心发展规律，挖掘学生发展潜能。使我校80%以上的学生了解网球运动。学校每周每天各个年级安排网球课；星期一至星期四下午第四节网球兴趣小组活动课。活动内容有球性练习、花样颠球、对墙垫球、比赛等。

二、优美校园环境，陶冶师生情操

学校位处镜山之麓，清新的空气和秀美的风景令人身心愉悦，身处胜境中更催人奋进。我校推崇以"镜"和"境"为主旨的"jing"文化，秉承校训"明镜鉴心，书山践行"，要求师生借明镜来鉴戒自身的德行，正心修身；以勤奋来勉励自己勇攀书山，畅游学海。

教师为人师表，教无止境，倡导"敬业、爱岗、善导、乐教"的教风；学生行为规范，学无止境，共创"明理、爱国、善思、乐学"的学风；师生携手共进，营造"自强不息，宁静致远"的校风，如此学校的发展便永无止境。

三、开设多元课程，促进个性发展

我校面向全体学生实施基础教育，严格按照标准开足、开齐部颁课程，确保所有学生学习的权利——获得知识，发展智力，为其终身发展奠定扎实的基础。

开发校本课程，挖掘学生潜质。针对学生的兴趣和需要，我校开发了丰富多彩的校本课程——语言类：故事吧、演讲社、播音主持、英语情景剧和英语口语等；体艺类：舞蹈社、合唱团、水彩画、硬笔书法、足球、乒乓球等；棋类：中国象棋、围棋等课程。让每一个学生都有自主选择的空间，以此促进学生个性发展，实现"全面+特长"的育人目标。

四、建设书香校园，培养阅读习惯

腹有诗书气自华，读书足以怡情，足以博采，足以长才。为此，我校积极营造阅读环境，努力建设"书香校园"。图书馆外借书籍，开设"书香校园"课程，建立"阅读打卡群"，每周评选"书香少年"，这样多管齐下，鞭策学生养成阅读的良好习惯，以此推进校园文化建设，形成浓郁的书香校园氛围。

伴书香而行的还有阳光体育活动，每年的田径运动会、趣味运动会，每日的广播操或跑操，每次的各运动项目成果展示比赛，让学生在收获强健的体魄、团结协作的意识的同时，感悟"我运动，我健康，我快乐"的体育精神。

五、创建特色课程，铸牢爱国信仰

巍巍镜山群，浓浓爱国情。我校坐落在镜山脚下，氤氲在红色情怀中，因此把"爱国"作为特色校本课程来开发，将军训活动在学生中全面铺开。

军训这个崭新的课堂，让学生感受军人的风采，体验军人的意志，拥有军人的情怀。既锤炼了强健的体魄，又磨炼了坚韧的意志，还将"爱国"的种子深深扎根于学生心中。

在庆祝中华人民共和国成立70周年暨庆六一的汇报演出中，由军训优秀学员展示的《英姿飒爽匕首操》和《铁骨铮铮军体拳》，获得了领导及社会各界人士的一致好评。

六、提升师资水平，打造优质校园

学校拥有一支充满创新与活力的教师团队。为提高师资水平，我校坚持培训与教研、培训与教改相结合，选派教师外出参加形式多样的培训；坚持"请进来，走出去"相结合，邀请专家入校讲座、名师驻校引领，鼓励年轻教师每周赴兄弟学校聆听名师课堂，并与他校教师进行师徒结对，不断汲取他人之长；坚持"本土资源"与"他山之石"相结合，充分利用本校资深教师资源，每周认真开展备课组活动，听课活动，课后交流研讨活动，为教师的专业成长助力。如今，这股年轻的力量正飞速成长，他们不断突破自我，为建优质校园提供了源源不断地动力。

七、以党建为引领，树立时代新风

学校党支部严格贯彻落实全面从严治党要求，党建工作能从实际出发，与学校工作相结合，做到了党建引领、教育并重。党员活动开展丰富多彩：党课开讲了、主题教育、党日活动等工作到位。党支部切实抓好党建工作，力争推动学校各项工作提质增效。

1941年3月，震惊中外的"上高会战"在上高打响，一个月内中国军队毙伤日军壹万伍仟多人，取得"上高会战"的全面顺利。上高会战在政治和军事上，给日本侵略者造成了极为沉重的打击，大大加速了其必然走向灭亡的历史命运，大大减轻了东南亚各国人民的深重苦难，延缓了太平洋战争的暴发，在第二次世界大战反法西斯同盟的正义战争中，写下了光辉的一页，因而具有深远的国际意义。为此，我校以历史背景为依托，弘扬红色精神，树立时代新风，培养时代新人。

"十四五"开局之年，我校将持续深化基础教育领域综合改革，培养学生兴趣特长，推进素质教育纵深发展，不断提高育人质量，实现我校跨越式发展，

用心做教育 用爱筑未来

辽宁省阜新蒙古族自治县阜新镇学校 李桂梅 郭洪光 吴艳菲

教育无小事，事事皆大事，农村学校教育中遇到的问题繁杂多样，这些事只有用心才能做好，唯有用爱才能做精。自1986年参加工作以来，我始终怀着这样的信念，保持着对农村教育特有的热情，耕耘在把一批又一批孩子送上健康成长的幸福之路上。

爱就要爱得深，干就要干得好。在这三十五载的教育生涯中，我全面贯彻党的教育方针，忠诚党和人民的教育事业，坚持"全面发展，环境育人"的办学理念，以办学有特色、学生有特长、教学有特点、科研有实效为办学思路，带领师生在艰难困苦中奋力前行，打造了"实施幸福教育，奠基幸福人生"的办学特色，实现了校园校舍标准化、设施设备现代化、德育教育系列化、学校管理规范化的目标。多年来，学校获各级荣誉90余项，个人获各级荣誉35项。这所昔日破旧不堪的乡村学校，如今已经成了阜新地区独具农村特色的"幸福校园"。

生活家园，梦想起航

2002年，时值36岁的我担任中心小学校长。当时全镇18所村小校舍状况不佳，有三所已经面临危房，其中一所房体变形，房顶几处露天，几乎经不起风雨。我看在眼里，急在心里，吃不好，睡不实。

学校是神圣的，它寄予着无数个家庭的无限的期望。为了营造一个干净整洁、温馨和乐的育人环境，我及时规划设计、筹集资金、做百姓工作，拉开了全镇小学布局调整、危房改造的序幕。我带领学校班子成员和镇村领导起早贪黑，蹲地头、坐炕头，把工作做到百姓家中，把党的政策传达到百姓心中。其中艰辛可想而知，不少亲戚朋友心疼地劝我调到城里工作，可这群可爱的孩子该怎么办呢，这无数个家庭又该怎么办呢，总得有人要吃这个苦吧！这里需要我。

整整六年，这里大变了模样。我改造了所有危房、险房，中心小学还建起了楼房，学生和家长的感谢声不绝于耳。领导们在认真研究我制定的学校发展规划和设计的学校发展愿景后表示，这些规划和设计不仅科学合理，而且极具前瞻性，并授予我“阜新市校舍改造先进个人”的称号。由于各方面工作出色，2008年我开始担任九年一贯制学校校长，此后近十一年间全镇校舍全部实现了楼房化。

如果说学校建筑是学校外显的物化躯干，是学校发展、师生成长的基础，那么具有深厚历史文化积淀的老建筑或遗迹，则是学校不可多得的文化教育资源，其价值无法用经济成本加以衡量。基于这一认识，我高度注重以文化引领学校发展，用环境陶冶师生心灵。

校园的文化墙、室内外结合的木本装饰，体现了农村学校的本土特色；不同楼层厅廊文化主题，诉说着孩子们的幸福梦想；班级建设一班一品， 宿舍、食堂以“家”文化引领，“爱与责任”和“爱与生命”主题奏响了幸福教育的旋律；爱心宿舍、爱心厨房的建设等，让爱充满校园……学校的一景一物都在诉说着教育的情怀，一角一落都洒满师生的欢声笑语！

精神花园，积蓄内蕴

学校不仅仅是一个个建筑物的集合，还是充满精神活力的场所，是物质与精神的共存。为此，我坚持用“全面发展，环境育人”的科学理念引领学校发展，使幸福教育的精神文化植根于全体师生的心中。具体来说，就是学生发展：学生全面加特长发展，力求增长知识、提升智慧、品行端庄、成人成才；教师发展：要求教师师德高尚、精业爱生、敬业奉献、持续发展，做到教学能力和师德修养双提升；学校发展：从注重品味、着眼未来、勤俭办学、争先创优等多角度出发，优化办学条件，创造幸福环境，使学校成为教师生活家园、学生成长乐园。

为了丰富师生的精神境界，给予他们振翅飞翔的力量，我全面启动书香校园建设工程，让农村的孩子、家长和城里的一样有可以阅读的课外书，能够走进文本，与智者对话，与名人交流，用阅读开启人生的幸福之旅。一直以来，我积极争取社会捐助，通过购买图书的方式实现这个愿望。目前，学校藏书7万多册，图书实行开放式管理，教室内有开放式书橱、书架、图书角，宿舍里有书屋、书吧，室外有读书长廊，是有名的“省图书馆示范校”。

为了更好地让学生们在阅读中品味书香，在书画中感受墨香，在写作中享受果香，学校成立省“小作家培训基地”和“绿苑墨香”书社，给予学生更专业的指导和帮助。现在，小作家们的作品出书、登报，师生在书的海洋里乘风破浪、行稳致远。

当然，良好的读书习惯的养成离不开家庭的影响。为引导农村家长阅读，我倡导亲子读书活动，长效开展“小手拉大手，共同来阅读”活动，使读书活动由校内走向社会，不仅促进了家庭教育观念的转变，也营造了温馨和乐的书香家庭氛围。由于社会反响良好，学校获得了“省家长学校工作示范学校”的殊荣。

如今，学校到处折射着文化的底蕴，洋溢着文明向上的气息。与有灵魂的作品对话，和高尚的灵魂交流，幸福教育的精神魅力成为学校发展的不竭动力。

学习乐园，自主发展

教育的真正目的在于促进个体获得幸福体验，提升幸福意识，发展幸福能力，使其幸福地成长。为了构建最适合学生发展的学校环境，我坚持以学生发展为本，勇于探索，潜心钻研，进行“激发学生主动发展，积极创建幸福课堂”研究，落实立德树人目标，实施个性化教育，让每一位学生都能体验到成功和幸福。

只有为每一位学生提供适合自身发展的学习机会，这样的教育才是平等的教育、大众的教育。在教学过程中，我落实学习目标分层、教学过程分层、小组、测练、作业、评价分层等分层教学策略，让学生喜欢并乐意参与到学习中，能与同伴互助，个性得到充分发挥，课堂上身心愉悦，人人有成就感。对学习有困难的学生，给予及时的关照与帮助，鼓励他们尝试用自己的方式去解决问题，发表看法，及时肯定他们的点滴进步，从而增强学习的兴趣和信心；对学有余力并有浓厚兴趣的学生，为他们提供足够的材料，指导他们的发展，让他们能够走得更远、飞得更高……让每一位学生体验到成功和幸福，使课堂成为快乐地天地，这是我一直为之奋斗的目标。

唯有幸福的课程，才能滋养学生的幸福童年。在探索适合学生成长的课程中，学校开设了快乐德育课程、幸福心理课程、安全教育课程、多彩社团课程、幸福节日课程、幸福实践课程等系列校本课程，增强了学生的社会责任感，培养了学生的创新精神和实践能力，发挥了课程整体育人的核心作用，让学生在多元发展中体验快乐、分享成功！农村孩子最不能丢的就是老祖宗留下来的农艺，我一直以来高度注重实践实习基地建设，在校园内设计建成8亩果园、菜园、花园，让师生自主分区管理，并在代表建校史的72棵果树下间作套种花生、白菜、大葱等，丰富学校的菜篮子。每年春季，我都会带领大家栽上一棵象征学校历史的果树和其他树种，示意桃李满园，硕果累累，让校园像家园，培养爱家、爱校、爱国的情怀。现在，校园内外绿树成荫，给人以美的享受，学校也由此被评为“辽宁省环境友好学校”。

幸福课堂促使学生自主学习，产生了学习的内驱力，认识到学习是一种责任，找到了幸福的感觉。多年来，学校无辍学生，教师成长进步快，学校成功创建“辽宁省课程改革示范校”，幸福教育课堂硕果累累。

共享学园，同行并进

优秀的领导素质能产生强大的教育力量，高尚的思想能影响从而带出高素质的队伍来。自从教以来，我严于律己，勤勉为政，争做榜样，影响带动全员。我致力于自我教育，挤时间加强自身的学习，严格执行党和国家的教育方针、政策，了解国家教育法律法规，坚持正确的办学方向；经常组织召开学校会议，将正确的教育理论、先进的教育思想潜移默化地传给老师和学生，学校逐年向高水平发展。这是有形的榜样、无声的命令、有力的指挥。如今，班子团结向上，谋事干事；教师积极进取，甘于奉献；学生主动学习，全面发展。

一枝独秀不是春，百花齐放春满园。大家共同的进步才是真正的进步，所有学校的成长才是真正的教育繁荣。2002年，刚任校长，我想尽办法让农村孩子尽早接受到音乐、美术、英语学科的专业教育，缓解农村小学专任教师缺乏的实际。2003年，作为全县农村小学实验点校，我为全县学校领导做《立足实际，走农村小学课改之路》专题讲座，将课改实验的具体做法推广交流。2004年，又是全县第一家采用社会力量办学方式，我坚持购买电脑198台，为18所村小建设了微机室，推进了地区信息技术教育的快速发展，并为全县各校信息技术管理员提供培训。2008年，《学校发展规划的建设与实施》专题在全市学校领导干训中交流共享。2012年，在阜蒙县“十二五”首轮学校领导干部提高培训班做《学校依法治校之行动研究》专题讲座，引领大家进行依法治校行动研究，并做经验交流指导。2018年，我带着任校长之初规划取得现在成果的喜悦，在全县做《学校依法治校之行动研究》专题、《学校发展规划与课程建设》专题讲座四场次。幸福教育成果辐射到当地一片农村区域学校，让更多的农村校长看到了坚持的力量、奉献的收获！如今，多校合作的手已拉得很紧！

十九大报告中“重视农村教育，努力让每个孩子都能享有公平而有质量的教育”更加引发了学校领导者们深深地思考。学校事只有用心才能做好，唯有用爱才能做精。在农村学校工作的这三十多年，我辛苦并快乐着、幸福着！我喜欢这充满温度的农村大地，扎根农村教育，这里更需要我！

聚焦“三农”发展，培育技能人才

辽宁省盘山县职业教育中心 符颖 裴超

盘山县位于盘锦市的北部，辽河下游，渤海之滨，县域内自然资源丰富，人杰地灵。我校就坐落在这片农业资源丰富的沃土。学校始建于1980年，学校占地240亩，建筑面积6.4万平方米，现开设13个专业，在校生总数2063人。特殊的地理位置，特定的自然条件，丰富的自然资源，奠定了农业发展的先天优势，同时也决定了我校存在与建设的重要性和发展与服务的明确方向。办学以来，我校深刻认识到服务“三农”的重要性，紧紧围绕服务“三农”，大力推进课程改革，不断加强基础能力建设，改善办学条件，提升服务能力，全面服务乡村振兴和县域经济发展战略。多年来，在政府和社会的帮助下，学校办学综合实力和服务能力与水平不断提升。2009年县委、县政府投资3亿多元，建设了现代化新校区，先后将多所学校及教育基地并入新校，使学校成为集职业教育、成人教育、素质教育、师资培训、职业技能培训和技术服务等多层次、多功能、资源共享、优势互补的综合教育实体，进一步夯实了新时期学校高水平、可持续发展基础。

一、紧随时代发展，助推农业建设

近年来，盘山县的现代农业特别是特色农业飞速发展，已经成为“中国河蟹产业第一县”、“辽宁省级休闲农业与乡村旅游示范县”。盘锦水稻、盘锦河蟹、盘锦芦苇、盘锦河刀鱼等特色种植与养殖业及其农副产品，已经成为享誉全国的名片与品牌。特色农业的飞速发展，亟须相关专业人才的充分供给予以支撑。我校作为全县唯一职业学校责无旁贷。为此，学校根据县域特色农业发展规划和人才需求，通过翔实的调研分析与论证，在现有专业建设的基础上，对接产业发展新态势、新需求同步开发新专业或调整专业培养方向。我校针对水稻与棚菜种植和肉食鸡养殖业新技术与新设备更新与发展，开设了现代农艺学、畜禽饲养与疾病防治和特色农业机械使用与维修3个专业；针对我县井盐生产产业的发展需求，开设了井盐开采专业；针对“互联网+”时代的产品营销新业态，开设了农产品电子商务专业，推动我县各种生鲜农产品的线上发展，加速了农产品流通，增加了农产品保鲜的附加值。目前，我校已建成特色农业类专业为引领，传统农业与农经商贸类专业为支撑的涉农专业集群，涉农专业在籍学生已超过1000人。

高水平的专业建设与发展必须有高水平的实训基地与师资为支撑。因此，学校在开办新专业的同时，全力推进涉农类生产性实习实训基地和高水平师资队伍建设。2013年，县委、县政府划拨30亩土地并筹资1100万元，为学校建设了集1960平方米的教学科研楼、3330平方米的稻蟹种养区、1100平方米的棚菜种植区、1500平方米的鱼类养殖区和200平方米猪舍等于一体的高标准农艺类教学、科研、实训实习基地；2016年，县委、县政府再次划拨55亩土地并投入3000万元，为学校建设了拥有5500平方米的综合实训楼、10000平方米的室外环形标准训练场地、“农用拖拉机、插秧机、收割机和田间耕作机”等200多台（套）设备的农业机械化实习实训基地。我校通过工匠引进、企业实践、培训提升、产教研结合等多种方式，大力推进“双师型”师资队伍建设。近三年年均引进或聘用农艺类、农机类工匠或技术能手8人，先后派出97人次参加国培和省培、112人次进入企业实践锻炼，20名教师获硕士学位，培养市级专业（学科）带头人7名、骨干教师21名，“双师型”教师已达70%以上。目前，这两个基地年均可完成学生实践教学和开展各类培训近万人次。农艺基地在满足实践教学和培训的同时，每年可收获蟹田稻3000公斤、淡水鱼1500公斤、育肥猪10至15头、棚菜数万斤，既能满足师生食堂日用，又能外销获取一定的收入，实现了基地自身造血功能，破解了制约基地可持续发展的瓶颈难题。而且，每年农时季节，基地内一派田园风光、鱼游美池、蟹享稻蕾、瓜果满架、蔬菜葱芜，已成为当地一道靓丽的风景，为美丽乡村建设添上了浓墨重彩的一笔。

二、坚守服务理念，落实送教下乡

国务院《关于加快发展现代职业教育的决定》明确要求：“积极发展现代农业职业教育，建立公益性农民培训制度、大力培养新型职业农民。”习近平总书记在中央政治局就实施乡村振兴战略进行第八次集体学习时强调：“乡村振兴战略是党的十九大提出的一项重大战略，是关系全面建设社会主义现代化国家的全局性、历史性任务，是新时代‘三农’工作总抓手。我们要始终把解决好‘三农’问题作为全党工作重中之重，明确思路，深化认识，切实把工作做好，促进农业全面升级、农村全面进步、农民全面发展。让农业成为有奔头的产业，让农民成为有吸引力的职业，让农村成为安居乐业的家园。”这对新时代县级职教中心的发展是机遇也是挑战。我校的义务和使命就是面向“三农”培养有技能的高素质的劳动者，为县域经济和乡村振兴提供人才、技术、文化和智力支撑。也就是说学校已经明确了为谁培养人、培养什么人，但怎么培养人还需要在实践中不断探索和创新。

为此，我校综合分析了农业与教育、农户与学校、农时与教学等多方面存在的困难和矛盾冲突，从2011年开始了“送教下乡”的探索与实践，尝试把涉农专业的优质教育资源送到农村，把学校办到农民的家门口，把实践课放在田间地头、饲养场，让想上学的农民有学上，为农民提供“零距离”的知识、技术服务。在“送教下乡”的实践中，学校实现了中职办学模式的“三个突破”，即：突破了中职教育对象为初中毕业生的传统生源模式；突破了教学内容以教材为中心的传统教学模式；突破了以校内教育为中心的传统人才培养模式。具体体现在：一是招生对象全部为青年农民，包括农村基层干部，经营种子、农药、农肥、农业机械等农资的农场主；二是专业设置充分征求当地干部群众意见，根据各乡镇具体情况和实际需求，科学确定本地化、差别化的专业或专业方向；三是教学班设在当地农民文化技术学校、田间地头或畜禽棚舍，在埝埂上、稻田里讲插秧与管理，在大棚里讲黄瓜疾病防治，突出季节性、实践性与时效性；四是在执行国家规定教学计划基础上，自编《农作物生产技术》《特种经济动物生产》《新农村礼仪》《农村应用文写作》等十余种特色校本教材，突出教学内容的针对性和实用性；五是通过走出去、请进来、线上线下学习等多样化途径提高教师涉农知识与技能水平的同时，聘请市、县、镇涉农类专业技术人员到田间地头讲课；六是在开办教学班的乡镇成立分校，由我校及乡镇领导组成校务委员会，由当地农民文化技术学校委派班主任和工作人员进行全时、全过程管理。

通过实施“送教下乡”，使农村的闲散劳动力、错过上学年龄和文化基础薄弱的青壮年农民有机会接受正规的中等职业教育，提高综合素质，使其掌握一定的生产技能，成为新时代的新型职业农民。目前，我校已经在沙岭镇、胡家镇、太平镇、高升镇、坝强子农场5个乡镇、场开办“送教下乡”教学班15个，涉及现代农艺学、畜禽饲养与疾病防治、农村经济管理、农业机械使用与维修、井盐开采与加工、农村财务会计6个专业，累计培养学员1300余人，为县域农村经济发展、农业增产增收、农户脱贫致富等做出了极大地贡献。迄今为止，我校《县职教中心“送教下乡，服务三农”人才培养模式研究》科研课题影响深远，被列入辽宁省职业技术教育学会科研规划项目。先后获得多项奖项，多次被国家、省市各级新闻媒体宣传报道，为学校增添了亮丽的光彩。

三、不忘育人初心，铸写绚烂篇章

看似寻常最奇崛，成如容易却艰辛。30年来学校风雨无阻，一路艰难一路歌，坚持以服务“三农”为人才培养战略，大力推进课程改革，以服务“三农”为办学引领，以学校专业技能教育为阵地，贯彻落实施乡村振兴战略及要求，迈着坚实的步伐，执着激情地走在教育的道路上，力求将学校打造成一所高质量特色学校。带着教育的理想，未来路上，我校会继续以先进的理念引领学校发展，以严谨的态度探索教育规律，以担当的情怀领跑教育改革，敢为人先，勇于创新，不断为县域经济和乡村振兴提供支撑，开启学校发展的新局面。

起于快乐幼园，终于智慧教育

辽宁省沈阳市法库县白鹤幼儿园 杨晓棠

党的十九大报告中，习近平总书记指出：“全面贯彻党的教育方针，落实立德树人根本任务，发展素质教育，推进教育公平，培养德智体美劳全面发展的社会主义建设者和接班人。”我园是一所隶属于法库县教育局的公办幼儿园，2013年9月2日正式开园，占地面积9600平方米，建筑面积4939平方米，开设托、小、中、大13个班级，现在园幼儿430名，教职工68人，2017年被省教育厅评定为辽宁省五星级幼儿园。园区内绿树成荫、空气清新、景色宜人。白鹤幼儿园秉承着幼儿教育“起于快乐、终于智慧”的办园理念，努力实现幼儿体商、情商、智商的全面发展，是儿童真正的乐园！

一、优质办园条件，促进幼儿成长

为了不断规范办园行为，提高幼儿园管理水平及保教质量，促进学前教育事业持续健康发展，我园健全了设施设备。园区内建有高标准草坪操场、塑胶跑道、大型组合滑梯、大型攀爬悬垂荡桥器械及沙池、水池、高低桩场地；还建有种植区、丛林探险迷宫、冬季戏水种植游戏阳光棚、梦幻攀爬城堡；室内设有多种活动室及多功能活动大厅，为幼儿的身心健康、智力发展提供了重要保障。

幼儿园环境创设独具特色，教学楼彩绘华丽高雅，梦幻攀爬城堡绚丽夺目；教学楼内设计新颖别致，走廊的海、陆、空主题环创充满童趣；鱼缸幕墙、风车塔、春季风车长廊和梅花园的环境创设，为幼儿打造了高品质的成长环境。修建了融假山、凉亭、水池、水车、小桥、回廊、瀑布、小溪、石桌石凳、椰子树、葡萄长廊为一体的高仿生态景观，既实现了幼儿戏水区水循环过滤的功能，又给幼儿以回归大自然的享受！互动投影、机器人游戏，特色美工、烘焙、魔尺、速叠杯、围棋等特色课程，充分培养了幼儿的观察力、想象力和创造力。心灵氧吧和休闲吧阳光棚是教师缓解释放不良情绪和增进心理健康的好去处！

二、加强制度建设，强化环保意识

为全面提升幼儿的环保意识，推进生态文明建设，创建生态绿色校园，实现人与自然和谐共处，形成人人参与创建“绿色家园”的良好氛围。我园成立了领导小组，明确职责分工，建立健全环保相关制度。充分利用电子屏、家园联系栏等形式，大力宣传绿色环保知识，从而使幼儿园形成了“层层抓环保，处处孕绿色”的良好氛围。

在幼儿一日活动中渗透丰富多样的环保教育，提升幼儿教育的环保理念。如节约用水、爱护花草、随手关灯等等，抓住活动中每件小事背后潜藏的环保价值进行教育。把丰富多彩的环保教育内容有机地渗透到保育教育中，激发幼儿从小热爱大自然的情感，树立保护环境从小做起、从身边做起的意识。

设置规范分类垃圾桶，做好垃圾分类工作。我园设有环保屋，对各种垃圾进行分类投放，并加大垃圾分类相关知识的宣传教育，鼓励全体教职工积极参与垃圾分类知识的有奖问答。2020年9月，学习强国辽宁学习平台对我园垃圾分类工作做了报道，给予了充分肯定。

开展“光盘行动”。教育幼儿从小养成勤俭节约、爱惜粮食的良好美德与行为习惯，让每个孩子和教师都成为“光盘达人”。

家园合作，提升环保教育效果。通过家长讲座、家长宣传栏、家园联系等形式，向家长宣传环保的意义，传授对幼儿进行环保教育的方式方法，并要求家长以身作则，不吸烟，不乱扔果皮、垃圾，自觉进行垃圾分类，为孩子树立良好榜样。

近年来，我园取得了一些成绩，得到了社会各方的广泛认可。我园2018年7月我们主编的《法库幼教》在第四届全国优秀校报校刊评选活动中荣获综合项金奖；2018年12月在全国“六好”推选活动中被中国互联网新闻中心评为全国“好学校”；2019年12月在第十五届“当代杯”全国幼儿教师职业技能大赛中被评为先进单位；2020年9月被辽宁省教育厅评为“辽宁省先进集体”。

我邀请中国书法家协会常务理事宋慧莹女士为白鹤幼儿园亲笔题名，聘请台湾幼教专家饶翠琴女士为名誉园长，给普京总统写信收到回信并派大使来访，让白鹤幼儿园走出了一条全新的办园之路！

下一步，我园将不断改革创新，加强师德师风建设，从思想和行动上提高全体教职工的师德师风意识，将师德师风建设扎实开展落到实处，全心全意做好幼儿教育，陪伴孩子健康成长。加强幼儿园的文化建设，探索幼儿园特色教育新思路，找准我园特色发展的新方向，办有智慧的学前教育，开创幼儿园发展新格局。

坚定教育情怀，打造乡村温馨校园

辽宁省庄河市鞍子山乡中心小学　战胜

党的十九届五中全会提出了到2035年把我国建成教育强国的奋斗目标，明确了“十四五”时期建设高质量教育体系的战略任务。这为制定教育“十四五”规划和教育中长期改革与发展，为谋划和推进教育现代化提供了遵循。我校全面贯彻党的教育方针，落实立德树人根本任务，坚持内涵发展，“硬环境”与“软实力”紧密结合，打造鲜明特色的乡村温馨校园，取得显著办学成效。

我校先后被评为国家级乡村少年宫、中华优秀传统文化基地校、教育科学“十二五”全国重点实验学校、辽宁省文明校园、辽宁省优秀乡村少年宫、辽宁省义务教育课程改革示范学校、大连市特色示范学校、大连市优质乡村学校、大连市环境友好学校、大连市写字特色学校、大连市科技示范校、大连市“体育2+1”先进学校、大连市特色文艺活动基地、大连市管乐培训基地、大连市优秀青少年校外活动基地称号。

一、精心谋划布局，创造温馨环境

为提升校园文化建设治理体系，创建和谐、温馨的校园育人环境，我校通过精心布局，科学规划、统一部署创造温馨校园环境，使学生们在学校可以健康快乐地学习成长。

选址优良，构建最美校园。我校位于学区中部，选址条件良好，占地面积17940平方米，建筑面积3762平方米，教学楼坐北朝南，操场设施齐全，面积充裕，是我们周边最美的一栋建筑。学校周围无自然灾害潜在危险，学生上下学距离适中，2.5公里外学生全部乘坐校车，路途无明显安全隐患。

设计科学，构筑安全环境。学校班级学生数在23至36人之间，无大班额现象。校舍建设符合国家规定的设计规范，教室坚固、适用、通风，符合抗震、消防安全要求，自然采光、室内照明和黑板材料符合规范要求。配备保障学生安全与健康的基本设施设备，人防、物防和技防落实到位，教师教的放心，学生学习的放心。

保障有力，创造温馨条件。学校办学条件达到省定标准，师资配备符合国家要求，日常运转经费保障到位。近年来，学校积极争取上级部门对学校的投入累计1000多万元，新建标准化的塑胶操场，百米文化长廊，780平方米专用教室，720平方米的师生专用食堂，对教学楼内、外进行升级改造。专用教室在设计上配备齐全，有多功能厅、管乐教室、舞蹈室、美术室、书法室、心理辅导室、图书室等二十几个活动室。

二、坚持“五育”并举，打造温馨教育

学校坚持“五育”并举，全面发展素质教育。在“三美育人”办学思想下，确立了“在家乡感知美，在校园创造美，在心灵培育美”的校训、“关爱　乐学　自主　文雅”的校风、“爱生　敬教　范行　创新”的教风、“博学　善思　合作　励志”的学风和“五美少年”的培养目标。

围绕顶层设计，学校建立了“五美少年”评价体系——美德、美行、美文、美艺、美体，围绕目标，通过国家课程、地方课程、校本课程，构建了具有本校特色的大课程体系。在三美教育的大课程体系下，围绕五美少年的培养目标下，构建了润德体验课程、乡艺文化课程等6个系列校本课程，开发出了文明礼仪岗、保洁实践岗、剪纸、面塑、二胡等几十门课程，形成了我校“三美育人”理念下的具有鲜明绿色乡艺文化特色的大校本课程体系。

学校以“情•知”教学理论为依据，构建“四步八度”小组合作学习课堂，在做好“1+5”（自主组建1个团队+集备、试讲、改课、展示、评课5项活动）晒课工作的基础上，组建研究团队，提高小组合作学习的实效性。通过校本研修活动，择优推荐参加“一师一优课、一课一名师”、“青年教师大赛”等上级教学研究活动。近三年来，学校有10余篇文章在市级以上刊物发表；12项课题获得市级以上规划课题立项；40节课获市级以上优秀课，其中2节获国家级优秀课。

开展足球进校园项目，建立足球社团，以赛促练，并连续多年在“市长杯”中夺冠。深入推进“体育艺术2+1项目”，以花样跳绳和足球为学生大课间的特色项目，提升了“一校一品”质量，保证学生每天一小时校园体育活动。推进高雅艺术、戏曲进校园活动，巩固“器乐进课堂”项目，管乐队和二胡队多次到上海、大连等地演出，并取得了较好成绩。重视劳动教育，学校创建保洁实践课程，所有保洁任务均由师生共同完成，并立足农业基地和校内花草养护开展综合实践活动。充分发挥心理咨询师作用，开展特殊学生心理健康问题疏导工作。

三、优化育人环境，营造温馨氛围

学校将环境建设和文化建设、绿色生态建设有机结合，开展美化、绿化、硬化、亮化校园活动，先后建成10000余平方米的塑胶操场，铺设草坪4000平方米，栽植各种树木1180棵，硬化地面5580平方米，建设文化长廊100米，放置景观石32块，建设标准田径场地和篮球、排球场地。

以“绿色乡艺文化”为主题，创建校园特色文化，学校全力打造弘扬传统的人文环境。用学生剪纸、面塑、布艺等作品，将走廊、教室装饰成孩子们心中的艺术殿堂。百米文化长廊，76块展板错落有致镶嵌于廊柱之间，“社会主义核心价值”、“中国梦”、“国学荟萃”等版块，在润物细无声中，滋润着孩子们的心田，陪伴着孩子们成长。

每个班级都有自己独特的名称，如花儿班、小巧手、布艺中队……每个班级都有自己的口号，如红梅花儿开，朵朵放光彩；一剪剪出七彩人生，双手裁出五光十色……每个班级都有社会主义核心价值观24字标语、学生评价专栏、学习园地、展示园地、科普等知识园地等。教室的陈设和装饰各不相同，种子画班用种子来装点自己的班级，农民画班用农民画的元素来装扮自己教室，布艺中队则用布来打造自己的班级特色。

四、传承民族特色，构建温馨校园

学校开展弘扬传统文化古诗词、汉字听写大赛，在庄河市汉字听写和古诗词大赛均获团体第二名；开展“老师您好，新年快乐！”为主题的制贺卡、写贺词活动，全校300多名学生都亲手制作新年贺卡，表达对老师、学校和家人的新年祝福；开展好书推荐活动，学生将自己推荐书放到走廊，引领同学看书；开展以“缅怀爱国英雄，弘扬民族精神，争做时代少年”为主题的“祭拜李秉衡”活动，此活动在庄河视台播放，收到良好效果；开展德育创新活动，《小学品德与生活小组合作学习方式的研究》获得大连市规划课题立项。

搞好特殊学生教育，对未入学的适龄残疾少年儿童实施“一人一案”，重度适龄残疾儿童实现100%送教上门。组织中层以上领导进行送教，推广“医教结合”实验，提升残疾学生的康复水平和知识接受能力。学校的图书室常年对学生开放，每年寒暑假学生都可以借3本以上图书回家阅读。每学期开学，都要举行读书征文展示活动。无偿为管乐队成员准备两件同样乐器，学校学习回家练习两不误，聘请东港市管乐协会主席为指导教师，极大提高了学生的演奏兴趣和水平。常年邀请庄河市老艺术家协会艺术家来校指导艺术工作，并多次联合开展文艺汇演活动，受到社会好评。

五、健全安全机制，筑牢温馨屏障

学校建立健全安全工作制度和责任人制度，重点强化检查，快速排查隐患，确保师生和学校财产安全。严格执行值班制度，做到二十四时有人值班。每天早上学生到校前，我常年准时带领安全专干、值周领导、值周教师和保安人员在校门口值班，照看学生安全进入校园，师生面带微笑，互相问好。全体教职工参与放学管理，随车照管员乘校车先行，班主任带领家长接送学生，副班主任带领自行回家学生有序离校，我带领班子成员分列大门两旁和师生互相道别，朗朗的笑声，暖暖的情意，温馨的画面，成为我校一道和谐文明的风景线。

学校有计划多形式开展安全法规、安全常识教育和安全演练，不断增强师生的自我安全防范意识。学校和乡政府司法所常年开展合作，聘请司法所长为学生定期开展培训，开展“我爱国旗”、“特别法庭”等活动，视频在网络上得到广泛好评。2020年疫情居家学习期间，学校成立了疫情宣传教育小组，定期向家长、学生推送疫情知识，防护方法、心理教育等内容，心理健康老师定期对有心理问题倾向的学生进行在线辅导；学校领导到问题学生家专访，帮助解决生活和学习上的困难，使安全教育充满人情味，真正解决实际问题。

雄关漫道真如铁，而今迈步从头越。作为工作在农村一线的教育工作者，我们深知乡村温馨校园的创建道阻且长，其修远兮！我们将肩负起新时代教育工作的责任，不忘初心，牢记使命，殚精竭虑办好人民满意教育，为中国特色社会主义建设贡献力量。

深耕教育事业，奉献无悔青春

——记新庙幼儿园园长李廷君

内蒙古自治区鄂尔多斯市伊金霍洛旗纳林陶亥镇新庙幼儿园　任英　贺瑞

教师是奉献的职业，选择了教师，就意味着奉献。投身教育事业以来，他以坚定的信念在自己的工作岗位上默默地奉献着对教育事业的无限忠诚。三十多年的风尘仆仆，三十多年的砥砺前行，换来了学生和家长对他的交口赞誉，也得到领导和同行的首肯心折。“优秀教师”、“师德标兵”、“先进教育工作者”、“乡村教师奉献奖”……一项项荣誉是对他最好的褒奖。他，就是伊金霍洛旗新庙幼儿园园长李廷君。

一、初为人师，示范引领砥砺前行

1985年9月，初中毕业后，李廷君踏上了新庙小学的“三尺讲台”。初涉讲坛，对于只有初中文化的他来说，面临的是来自诸多方面的压力，“打铁先得自身硬”，提升自己成了他的首要任务。凭借坚韧的毅力和坚持不懈的精神，他自学了13门中师课程和14门大专课程，分别于1991年和1994年取得了中师毕业证书和大专毕业证书。

为了提高教学技能和水平，他虚心向老教师讨教经验，向年轻教师学习课件制作等专业知识和技能。为了备好每一节课，工作到深夜是常事。短短几年，他就成为教育教学工作的行家里手。家长们都很信任他，总希望把孩子交由他带才感觉放心。同行们敬佩他，总把他当成自己工作和人生的典范与标杆。

基层的教育教学工作纷繁复杂，既需要极大地工作热情，也需要耐心细致的工作态度，更需要无微不至的人文关怀，往往一个人需要扮演多重角色。从1985年至2002年，他一直主动承担别人不愿意做的班主任工作。为了让班上的孩子们有个好的卫生习惯，他摒弃简单的说教式教育，而是采取以身示范的方式。每当见到教室地上有废纸，他就主动弯下腰捡起来。学生们看到后深感惊异：老师怎么可以亲自捡垃圾？李廷君说：“我也是咱们这个集体中的一员，有义务保持我们这个班集体的整洁。”就这样，在他的言传身教下，学生们的手勤了，教室的环境整洁了。

二、风雨兼程，一路拼搏迎接挑战

新庙沟壑纵横、河流众多，每逢春冬开河结河时候，河对岸的孩子过河上学就成了大问题。几乎每天，他都要亲自接送孩子到河岸，风雨无阻坚持了十五年，自己却落下了难以治好的风湿性腰腿痛。

李廷君在教育教学工作中有一股韧劲儿和拼劲儿，加上在家里的兄弟间他排行老三，由此也得了个“拼命三郎”的雅称。无论当天的工作再晚他也要坚持做完，认准的事情再困难他也要圆满收官。

2012年，他被伊金霍洛旗教育局任命为新庙幼儿园园长，由一个小学校长转换为幼儿园园长，对于他这个40多岁的男人来说可谓是全新的挑战。当时的新庙幼儿园园舍狭小，教师整体水平低下，他对幼教工作略知一二，教育教学质量更是无从谈起。

新庙幼儿园原是新庙小学附属幼儿园，占地面积1000多平方米，共6个教室，设备简陋，师资力量薄弱，都是临聘教师。2012年建设新园，为了加快新建幼儿园施工进度，他几乎放弃了全年的休息日，每天坚持在工地一线。为了填挖园内土方，他在工地上守了八天八夜，直到完工。现在全园占地面积13280平方米，建筑面积6688平方米。园内11000多平方米的活动场地，就是这么填挖出来的。之后的几年，硬化、美化、添置设施、器材、各种教育材料，硬件建设快马加鞭。新园舍的建成彻底改变了当地幼儿“入园难”的问题。看着老师和孩子们欢欣鼓舞地步入新的校园，看着家长们满意的笑容，李廷君感到无比欣慰。

三、大刀阔斧，改革创新再谱辉煌

面对新的工作环境，他及时进入状态，努力钻研业务，立刻开始大刀阔斧的改革，从建章立制到日常管理，从师资水平提高到幼儿素养养成，很快就形成一套完整的改革和管理方案并付诸实施。

幼儿园小学化已经成为顽疾，社会、家长、许多幼教工作者存在认识误区，减少基础知识教学阻力重重。苦口婆心，多方工作，精诚所至，金石为开。他们的文化课程逐渐减少，最后全部取消。2015年，新庙幼儿园尝试开展户外特色体育活动，很快得到家长和同行的认可，特色办园风生水起，并在全旗加以推广。经过几年努力，幼儿园在全旗各项比赛中连年进入前三名，没有受过小学化教学的孩子，到小学后逐渐赶超了其他孩子。

李廷君说，幼儿的教育主要是游戏，在游戏中学习、提高，五大领域都可以得到充分发展。至于文化知识，在幼儿园像小学一样上课，容易造成厌学，得不偿失。

进入新庙幼儿园，宽阔的场地、堆积如山的器材就让人非常震撼。在园内，孩子们基本都是户外活动。大体归笼一下，户外传统游戏、体育游戏各种玩法七八十种，像踩油桶，两个小孩子反向站在比他们大许多的油桶上，像杂技一样脚踩着滚动，平衡能力、协调能力得到不断提升。

李廷君认为，园内游戏要以混龄游戏为主，大孩子对小孩子起到示范带动作用和帮助指导，能大大提高大孩子的自信，相对较小的孩子学会之后也会学着样儿去帮助其他孩子。这样，孩子们五大领域得到全面的发展。

还有一个综合性活动，就是体能大循环。根据年龄段的不同安排与之相匹配的游戏，每个游戏点都会安排一位教师进行指导、护幼。体能大循环的项目是不固定的，每隔一个月所有的项目都会替换，内容涉及走、跑、跳、投、钻、爬，让幼儿产生浓厚的兴趣，避免了活动形式单一的问题。

几年来，新庙幼儿园由一个只有十几名幼儿的小园晋级为拥有300多名幼儿的市级示范园。2018年，为了解决汇能园区职工子女入园难的问题，又在园区附近建起一个可供100名幼儿入园的分园。

2020年，考虑到各种因素，特别是考虑幼儿园的深层次发展，与园委会协商，同鸿德学院建立合作关系，引进专家资源，深层次地探讨幼儿园工作，提高教师的业务能力，提升办园水平，提升未来的希望。

三十多年来，在历史的长河中只是短短的一瞬，但对于一个人来讲，却是整整半个人生。三十多年来，辛酸和快乐相伴，付出与回报同行。三十多年来，李廷君把自己最美的青春年华奉献给他所挚爱的教育事业。教坛耕耘苦亦乐，青春做伴如育人，在教育这块精神高地上，李廷君将继续谱写着人生平凡而又卓越的精彩华章！

立德树人守初心 文明校园铸师魂

青海省海南藏族自治州第一民族高级中学 航前才让

海南州第一民族高级中学位于青海省海南藏族自治州共和县。学校前身为海南州民族师范学校(1956年11月)，是全省建校最早的一所民族中等师范学校，2004年10月，根据教育事业发展需要，建成了海南州民族中学，2009年更名为海南州第一民族高级中学，改制为全日制民族寄宿制高级中学。

近年来，学校以办人民满意的教育为己任，坚持“人文、和谐、科学、创新”的办学理念，努力构建“砺志、厚德、笃学、践行”的文明校园环境。以雄厚的师资力量、完善的教学设施、严格的教育管理、良好的育人环境及突出的教学成绩赢得社会各界一致好评。在六十余年的办学历程中，凝心聚力、锐意进取，党建思政、意识形态、民族团结、法制宣传、文明建设、高考改革等各项工作取得了良好成效。学校先后获得“第二届全国文明校园”、“全国民族语文工作先进单位”、“全国各族青年团结进步先进集体”、“全国先进班集体”、“青海省文明单位”、“青海省名院名校”等百余项荣誉。

加强制度建设 创建文明校园

在州委州政府和上级主管部门的坚强领导和大力关怀下，学校以德育为先导，以教学为中心，视质量为生命，用智慧和真情，将精神文明建设列入重要工作议程，不断推动校园文明建设规范化、制度化。结合文明校园创建工作实际，根据学生成长特点和要求，制定详细、精准、细密的工作计划，并进行工作任务分解，让全体教师参与到文明建设工作中。制定文明建设标准，要求学生严格执行，以此约束和规范学生行为。定期开展文明年级、文明班级、文明宿舍、文明学生等评比活动，对各项文明建设工作进行考核、评价，形成班级之间、年级之间的竞争机制，做到在反思中不断前行。

开展丰富多彩的线上文明主题系列教育活动，通过家校联动方式推动文明知识融入校园建设和学生生活的各个层面。寒暑假期间，因疫情形势较为严峻，学校通过电访登记形式充分掌握学生出行情况。开学初制定“疫情防控方案”，积极组织全校教职工进行值班值守、通风消毒、安全隐患排查等工作，确保文明校园创建工作有序进行。

坚持关爱学生 助力全面发展

文明校园创建工作中，学校始终将学生作为文明建设的主体，积极引导学生参与文明创建工作。坚持抓好常规文明检查，让学生养成并保持良好的日常文明礼仪行为和个人、集体形象。

注重优良学风建设，不断创新授课形式，高质量打造学生喜爱的课程。不断研究符合学生成长的社团组织和校本课程，以“寓教于乐、寓学于乐”的方式，引导学生快乐学习、健康成长。2013年起，学校中层以上干部和优秀教师组成的“阳光宣讲团”，进班级、进宿舍定期开展“四爱三有”、“民族团结”、“法律法规”等教育。越来越多的高年级学生自发加入宣讲团，将国家大事、学校生活、课堂知识与宣讲内容有机结合，为高一新生进行系列讲座，形成“以讲促学”的优良学风。

积极打造“书香型”校园。在教学楼、餐厅、宿舍分设“爱心诚信书架”，满足学生阅读需求。书架采用“自主借阅、定期归还”的管理模式，深受同学们的喜爱。学校定期组织志愿者回收旧书、整理归类，目前书籍已达两万余册，完全满足了学生的阅读需求。“爱心诚信书架”在让经典读物触手可及的同时，还帮助学生培养了良好的阅读习惯。各班还经常组织班级进行集体读书、读书分享等活动，让学生在互相交流中读有所获。在加强知识传授的同时，学校特别注重美育教学，开设了音乐、体育、书法等兴趣小组。2020年，我校24名音体美特长班学生成绩达到普通院校相关专业本科分数线。

把学校建设成师生共同的家，努力为学生营造温暖的环境，让每个学生都能发光发热，健康成长，这既是学校教育的初衷，也是师生共同的愿景。对因特殊原因想要辍学的学生了解思想动态，进行思想解压，通过心理咨询室、助学会在生活和学习上给予帮助，让他们感受到家一样的温暖，解除思想包袱，将压力转变为动力，专注学习。

强化师德建设 落实言传身教

坚持拓宽工作视野，推行竞争机制，营造有利于青年教师成长的工作环境。坚持“请进来，走出去”的模式，带领教师学习省内外先进的教学理念和方法，积极开展“岗位大练兵”、“青年教师汇报课”、“青年教师专业知识考试”等活动，引导青年教师快速成长。

坚持以德治校，重视师德建设，学校始终将“抓师德，争先创优，落实立德树人根本任务；重德育，创新理念，培养学生全面发展”作为建设文明校园的重要抓手。要求教师将对学生的关怀落到实处，引导学生积极成为学校的小主人，让文明的种子在校园里生根发芽、茁壮成长，结出丰硕的文明成果。让教师真正发自内心自觉承担教书育人的使命，培养“有理想、有道德、有文化、有纪律”的新时代青年。

不断完善师德激励惩处机制，将师德表现作为教师职务（职称）评审、评优奖励等项目的重要衡量指标，完善监督机制，持续开展“讲文明、树新风”等实践教育活动。在教师的言传身教下，充分激发学生的主人翁意识，积极参与校园内各类志愿活动，主动融入创建文明校园的过程中。

坚持以班主任和骨干教师为核心，重视在加强师德师风建设的同时带领全校老师参加各类评比竞赛活动，以赛促学，让老师们在交流中收获经验，改进不足，整体提升师资队伍实力，为学生的成长提供人才支撑。

一花独放不是春，百花齐放春满园。文明校园创建工作，不仅提高了校园文化生活质量，更让育人环境得到了进一步改善。引导和教育全体师生做到人人参与、人人自律，在润物细无声中引领学生全面发展。鼠已去，牛已到，新的一年我校将一如既往地继承优良传统，励精图治，力争使文明校园创建工作迈上新台阶。

优化教学管理，打造质量名校

山东省滨州市惠民县清河镇中学　张延俭　王云森　李民

教学常规管理就如学校管理的基本骨架，支撑着学校管理的半壁江山，能促进学校整体工作有序运行。为了进一步落实义务教育学校管理标准，深入推进学校常规管理规范化、制度化、精细化，全面提升教育教学质量，提高学校办学水平，近年来，我校积极创建“管理名校，质量名校”，成果丰硕，先后被评为市规范化学校、市教学示范学校、市现代教育技术示范学校、市平安校园、市零犯罪学校、市实验室及实验教学管理示范学校、市校产维护与管理示范学校、市中小学图书室建设管理使用优秀学校等荣誉称号。2020年9月，我校作为全省唯一入选馆校共建的乡村中学，与国家海洋博物馆签署了馆校共建框架协议书，带动了全校地理、历史、生物等课程知识的拓展与深度教研。该校在教学常规管理方面也累计了较为成熟的经验。

一、制作科学发展规划推进教研工作有序进行

教科研工作是保障学校教育教学质量的重要前提。它主要是服务学校教育教学，引领课程教学改革，提高教育教学质量；服务教师专业成长，指导教师改进教学方式，提高教书育人能力；服务学生全面发展。

为提升教师的专业能力，实现学科建设与教师队伍有机结合。我校将教科研作为“校长工程”推进。学校在每个学期初首先制定引领全体教职工教科研方向的发展计划，出台教研组工作评价办法，推动周教研活动规范化，促进教研组形成个性特色。在各年级教学质量检测的基础上，组织好分学科、分年级、分班级以及教师个人的多元化教学质量分析，增强科学优化教学的针对性。同时，强化“生本智慧高效课堂”五环节模式的研究实践。加强学科育人课题研究，加强教育集团联动教研。学校要求教学管理小组成员首先做读书学习带头人，向全校共享学习心得。教师学习笔记一学期不少于5000字。每学期末，学校教科室将会开展“我的成功课堂细节”反思征文活动，并将其纳入学期教师教研考核。

二、优化教研管理，强化集体备课

备课是课堂教学的基础，要改革课堂教学打造高效课堂，真正让课堂教学体现新课程标准的理念，就要从备课开始狠抓。集体备课是当前基础教育中提高教师群体素质、提高课堂教学效率的有效途径，是一种基于整体质量提升的教学研究活动。富有实效的教师集体备课机制和行动研究，可以发挥教师的集体智慧，培养教师的合作、研究精神，提高教学效率，实现教学相长，共同发展。

集体备课要突出“效能作业”布置研究，避免各科靠作业量挤占学生学习时间。作业目的要放在通过信息反馈、发现问题并解决问题上，反对贪多贪难、食而不消。此外，坚持开展“人人一节公开课”活动，提倡两名教师组合结对上公开课，即两人共备一节课，一人执教，一人说课，成绩共享。同时鼓励教研组开展促进学生综合素养发展的特色教研活动，全体教师参与本校的读书学习交流平台“悦读越美”，在平台上分享学习经验，并定期选拔骨干名师分享经验并进行推广。

三、实施名师工程深化课程改革

为提升学校教师队伍建设水平，带动教师专业成长。充分发挥学校教学名师的示范引领和辐射作用，推动学校教育教学水平整体提高。我校深入实施“智慧名师工程”。学校采取动态管理，对荣获省市县“名师”、“学科带头人”、“骨干教师”等称号的教师，在其晋升专业技术职称时分别给予不同分值的加分，并在参加高层次听课、外出学习等方面优先考虑。同时，每月评选出3至5名“智慧名师月度人物”。以此来激励教师自身的成长。

在此基础上，学校深化课改工作，渗透生本教育思想，实践五环节智慧高效课堂。其中“三课”活动逐步递进，扎实有效。第一个月是“示范课”，由名师、学科带头人、教学能手主讲，引导每位教师开好头、起好步；第二个月是“达标课”，由骨干教师和种子教师主讲，作为常规教学标准；第三个月是“优质课”，即推选一定比例的教师参加学校优质课评选，对获奖者颁发证书，并记入年度考核。

“九层之台，起于累土；千里之行，始于足下。”我校一直以来就非常注重教师专业素养的提升。学校不断落实常规化管理，夯实教学，扎实有效推进教学工作，稳步提升学校教育教学质量，致力于把我校办成人民满意的学校。新时代孕育新机遇，新使命呼唤新作为。今后，我们将以更加昂扬的斗志、更加务实的作风，开拓进取、干事创业，为开创清河镇教育事业改革发展新局面做出新的更大贡献。

做温暖的教育，育时代的新人

山东省曹县第一初级中学　张艳平

写下这个题目，内心感慨颇多。何为“温暖”？有人说让教育充满爱，就是温暖。我觉得还不够，要让爱充满智慧，把一所学校建的有“温度”，暖和了自己，温暖了别人，才可能称得上“温暖”吧！温暖是一泓清泉，能滋润学生干涸的心田；温暖是冬日的暖阳，能照亮老师前进的方向；温暖更是一种守护的力量，守护着师生健康成长……

一、“温暖”一词的萌生

回顾自己的成长经历，青春期我，似乎是一个叛逆的典型代表，温文尔雅的表面下藏着一颗桀骜不驯的心！貌似聪明的我总是躲在大家的背后，做那个能制造出动静的冷峻而无语的推手。现在想想，那是因为年少的我们被成绩压得无法喘息，又从来没人告诉我们明确的目标和方向，更没人在我们冰冷的心灵荒原给予我们温暖。那个时候，要自己悟透这一点很难，很难，经历了凤凰涅槃般的痛苦，顿悟后的我发生了脱胎换骨的变化。为了提高成绩，我吃了常人无法想象的苦，虽然最终考上了大学，但青春的苦涩却成了我难以言说的痛，如今每当我想起，心口依旧会隐隐作痛。如果那个时候，有人给予我温暖，也许我就会有一个飞扬的青春！

大学毕业后，我选择了做一名人民教师，从教二十年来，“温暖”一词一直伴随在我的教育教学中，由开始的生根发芽，到现在的逐渐繁茂，从未间断。

二、打破常规的“革新”

做老师、做班主任的我，带出了一个青春飞扬的班集体；做年级主任我，改变了一群孩子的生命状态；如今做了校长，如何办好一所学校、让孩子们的青春不迷茫是我思考的问题，不办功利性教育，“人人都是成功者”是我们办学的目标和追求！

于是，我从课堂的改变做起，打破了传统课堂的“一言堂”局面，让老师走下讲台，走出固定的课堂的模式，走入学生中间，让学生的主体地位得到发挥。为了有切实可行的抓手，我们的团队“走出去、请进来”，在不到半年的时间里，我们先后组织一百多人前往湖南许市中学学习，并把很多教育名家、名校长请到我们学校进行课改经验分享和工作指导。我们的外出学习的老师，针对我所列出的学习要点，在相应的时间去做观摩，早晨六点与学生同时进入教室，晚上学生就寝后方才离开学校，对课改名校进行无缝隙学习。晚上无论多晚、多累，老师们都会把自己的学习心得写好发到微信群中彼此相互学习。曾有一位老师在凌晨2点43分将个人的心得分享至学习微信群，看了之后，令大家泪目。所有外出学习的老师返校后，对学习中感受最深的点做5分钟的分享汇报，并将学习的知识内化吸收后，以公开课的形式进行展现。就是这样，我们的团队迅速统一了思想，在短时间内形成了老师思想转变和学生开口说话的好局面。

课改初期，老师是有抵触情绪的，为了强力推进课改，我曾经下过这样一道命令：请所有的班主任老师于今天上午9点40之前打开教室后门，如若到时不打开，学校将强行打开，并扣除该班级及相应级部的量化分。到时间检查时，60个教室的后门无一例外全部打开了，当校长给老师传达一个课改之路必须要走的决心的时候，当领导们给老师一个明确的指令和方向的时候，大家是可以做到的。“砸锁”只是一件小事，从这件事上让人看到了课改的决心，这就是所谓的“一锤定音”。那次事件以后，反对课改的声音几乎没有了。

三、创造自己的"模式"

我很清醒地认识到，生搬硬套别人的东西并不一定能够成活，于是我们不断学习、不断改进，结合自己学校的特点，创造出了属于自己的教学模式。这个模式，头源许市，臂取浙江，耳似河北，心在一初，形成了我们独具特色的"五学"课堂模式。"独学"的沉思，"合学"的碰撞，"展学"的恣意，"测学"的夯实，"思学"的深邃，学生的互动、探究、质疑、补充，老师的深化、升华、拓展、检测，课堂生成的东西远远超出了预设，掌声、笑声、欢呼声此起彼伏，整个课堂成了知识的超市，生命的狂欢！

当然我们从不盲目乐观，不停地巡查课堂，发现问题，立即研讨。为了解决一个问题，教务处带领备课组长研讨近两个小时；为了一个评价栏的落实，对所有任课老师及同学们进行了全员培训，为规范流程做了连续13周的跟踪诊断式评价。所有的工作只有落到了实处才能见成效，课堂的互动、质疑、答疑、点拨等都成为习惯之后，学生的思维能力自然就提升了。课改初见成效，我看到了老师嘴角扬起的自信，学生走路挺起了脊梁。

课改的目的是发展学生解放老师，小组合作的方式不仅适用于课堂，更是延伸到了学校生活的各个方面。在学校德育建设的过程中小组建设功不可没！小组成员的相互监督和捆绑评价使得德育工作得以顺利推行。我们的德育课程可以分为显性课程、隐性课程、长课程和短课程。显性课程是政教处推行的德育系列课程，如早训、夕会、主题班会等，隐性课程是各学科对学生的德育渗透；长课程指每天坚持的德育管理工作，短课程指时时处处以身作则给学生的潜移默化的影响。

我们的德育课程已成系列化，如校园卫生的网格化管理我们就推出了四期主题班会：洁净校园从我做起、弯腰行动、弯腰行动回头看、弯腰你捡起了什么？最后上升到弯下的是腰身，挺起的是脊梁这一高度上来，使得洁净校园的思想深入人心，改变了原来政教处屡禁不止、卫生脏乱差的局面，校园卫生网格化得以顺利推行。现在我们的学校全校没有一个垃圾桶，却片纸不见，3400多名学生吃饭鸦雀无声，3400多名学生就寝实现"秒静"。"食不言、寝不语"是科学管理、德育成功的最好论证。

校园文化也是我想提的一点，写在墙上的文化是最低层次的文化，只有内化于心外化于行、深入师生内心、形成统一精神风貌的文化才是真正的校园文化。我们的校园文化为"四区五道"，四区即五学、五展、五行、五感，五学是我们的课堂模式，五展指教学区连廊内的展示区，五行指户外的体验区，五感指广场体验区。五道即闻道、行道、得道、悟道、知道。我们的校训为"知道"，即遍晓天地之道、深明人世之理。经过了闻、行、得、悟之后才可能知行合一，达到"知道"的境界。

"五行"区域是一个亮点，看起来这个区域不过是一个休闲场地，但它的任何一个设计都是独具匠心的。"漫漫人生路"为盲行体验区，让学生在搀扶中收获感恩；"背摔体验墙"让学生们懂得信任；"凶险鳄鱼潭"让学生明白合作；"玲珑对话屋"让学生学会倾听；"高高毕业墙"让学生锻炼勇气。做为五学课堂的有效补充，"五行"区域作为户外实训场，在实践中让学生获得真知，达到了文化深入人心的效果。

我们的办学愿景是：开放的课堂、开放的课程、开放的管理、开放的文化、成就开放的生命状态。育阳光少年、做优雅教师、建和谐睿智校园。我希望我的学生毕业时带走的不仅仅是高分，更有思想上的自由与深邃、精神上的丰富与成长、生命中有对高贵的追求、生活中有对美好的向往。让我们学生不是一个冰冷的高分机器，而是一个活生生的人，这才算是温暖的教育吧！

站在新时代发展的新起点上，我们将进一步完教育体系，不断厚植融合教育新的发展优势，为教育注入温暖的力量，努力打造具有曹县特色的温度教育，为每一个孩子提供更加优质的教育！

建设美丽乡村学校　培育温暖诚信少年

——济南市历城区彩石中心小学乡村温馨校园创建材料

山东省济南市历城区彩石中心小学　任鹏

济南市历城区彩石中心小学始创于1928年，迄今约百年，学校位于历城区东部乡村，坐落在青翠的蟠龙山脚下，碧秀的狼猫山水库旁边，是一所非寄宿制公办完全小学，学校一直致力于打造美丽的乡村学校，培育温暖诚信的美德少年，经过几十年的努力取得一定成效，现将有关创建材料报告如下：

一、科学合理布局建设，持续改善办学条件

彩石辖区内安置了来自彩石六个村的2100余户居民，10000余人，辖区村容整洁，民风淳朴。彩石中心小学属于旧村改造项目的配套学校工程，布局科学合理，选址条件良好。2016年，区委区政府投入6000余万元在原校址上重建学校，历时两年建成，学生就学距离适中，交通安全便利。

（一）硬件条件一流

学校占地面积24900平方米，建筑面积12438平方米，设有24个教学班，音乐、舞蹈、微机、美术、书法、科学实验室、综合实践、体育馆、图书室、阅览室、录播教室等各功能室一应齐全，硬件建设和教育装备等均达到义务教育办学基本标准。

（二）师资配备合理

学校现有19个教学班，在校生782名，43名教职工，平均年龄40岁，本科以上学历38人（其中研究生3人），高级教师4人，一级教师13人，二级教师15人，专任教师学历合格率100%。学校有省级以上荣誉称号的教师2人，市级以上5人，区级以上15人，这是一支结构合理、经验丰富、作风优良的教师队伍。

（三）教学环境优雅

走进校园，呈现于眼前的是庄重整洁的教学楼、宽敞明亮的教室，道路绿树葱葱、鸟语花香、一尘不染，花坛中绿意盈盈、弥漫着各种芳香味道，操场上回响着孩子们的呐喊加油与欢声笑语。走进教学楼，墙面上张贴着学生的优秀作品和身边榜样，楼道内充溢着祥和温馨的气息，教室内传来琅琅书声。迎面而至的学生笑容可掬、招手问好，老师热情温暖、和蔼可亲。

二、建立健全课程体系，切实提高教育质量

（一）教学管理规程健全

严格落实"省规办学行为要求"，健全教学工作例会制度、教学督查视导制度、教师专业发展制度、教学事故责任追究制度、教育教学公开制度，健全教师业务档案。实行教学管理制度、学校课程方案、学科教学计划、学科评价方案、课外活动方案、教师教学研究和学科研究情况、教师教学活动评价方案、学校考试安排、教师布置学生的作业等教学管理"十公开"。

（二）因地制宜开好课程

学校开齐开全国家规定课程，按照国家课程方案和课程标准实施教学；同时注重田园课程开发，与山东种质资源公司、山东精品农业园合作，将学生带入劳动实践基地，围绕植物标本、种子知识、现代农业、科技农业等专题内容设计课程，培养学生劳动实践能力，开拓学生视野。

（三）全力打造精品社团

关注学生个性，注重因材施教，为解决学校专业师资不足的现状，邀请社区培训机构老师和山青院的大学生为学校带教精品社团，开展个性化教学和针对性辅导，目前开设了书法、舞蹈、无人机、3D打印、魔方等24个社团，极大地激发了学生的学习兴趣，促进学生德智体美劳"五育"并举，全面发展。

三、打造健康向上校园文化，营造和谐育人环境

经过多年沉淀，学校确立了以"诚"为核心的办学理念，提出了"诚信做人，精诚做事"的校训，创建了"诚宝荣耀"的德育品牌，将社会主义核心价值观融入教育教学全过程，校园文化建设思路明晰，特色鲜明。

（一）加大校园美化绿化

为做好卫生管理工作，彩石中心小学制定了教室、办公室、功能室、公共区域、洗手间、楼梯、楼道8个区域的卫生标准，加强点位管理卫生清扫和个人内务整理，制定《卫生监督评价制度》，将卫生清洁工作纳入班主任量化和教师评价考核体系，定期评选级部卫生优秀班级、最美办公室、最佳功能室等，各班推选卫生小标兵，颁发卫生流动红旗和个人奖状。同时，学校栽植了经济实用的苗木花草，定期打理，设置了符合乡村学校特点和教育文化需求的景观小品，自然景观、人文景观错落有致，使用功能、审美功能和教育功能和谐统一。

（二）打造"诚"主题文化

学校确立了以"诚"为主题的校园文化和办学理念，学校教学楼、办公楼、餐厅楼、报告厅楼等分别命名为"明诚楼"、"勤诚楼"、"朴诚楼"、"至诚楼"，意为学生应明理求诚、教师应勤勉求诚、就餐应简朴求诚、师生及人与人之间交流应以真情实意求诚。校园道路命名为诚仁路、诚义路、诚礼路、诚智路；大厅前和餐厅前的广场分别名为诚信广场和成才广场，意为学生遵循儒家提倡的做人道德准则，孜孜以求、奋发图强，努力成长为祖国的栋梁之材。各班分别以"诚"、"成"组字命名，凸显班级主题，设计班级文化，如诚实中队、诚信中队、成功中队、成长中队等，并在班内的墙体板报中附以相关的绘画、书法、剪纸等文化产品。

（三）实施阶梯式成长评价

学校致力于建设"诚宝荣耀"的德育品牌，建立《"诚宝"成长印迹》，通过争章的方式对学生的进行综合评价，内容包括基础章和特色章，基础章中有：红星章、红旗章和火炬章，培养学生热爱中国共产党、热爱祖国、热爱少先队的忠诚意识和责任担当；特色章中有诚实章、守纪章、智慧章、运动章、劳动章、勤俭章、艺术章、礼仪章等，考查学生在德智体美劳等方面的挚诚精神和成长进步。

教师、家长及学生代表是评价主体，对所有学生全时段进行评价，每周一小结、每月一总结、每学期进行终结汇总，无论哪个方面凡表现优秀者，当天会在手册相应栏上盖章。一至六年级的章徽，分

别为石头、钢铁、青铜、白银、黄金、宝石（宝石即彩石），象征着“诚宝”从一年级这块懵懵懂懂五彩斑斓的小石头，逐渐成长为懂得规则意识、拥有合作观念、体现团队精神、具有奉献品质、绽放成功光芒的宝石。每积攒10个徽章，便可兑现1枚“诚宝币”，每两个月可持币到红领巾诚堡里兑换相应物品。每学期的优胜者将颁发“诚宝”荣耀证书，并优先推荐参观校外爱国主义教育实践基地。

（四）注重家校精诚合作

学校以“家校精诚合作，共促‘诚宝’健康成长”为宗旨，分角度、划维度、重精度，即从育人的多个角度、不同维度形成家校互补和相互支持，重在育人效果精益求精。学校创编《与“诚宝”同行家教手册》，分享家教好点子、好做法、好经验；制定《家长行为习惯标准》，引导家长要养成良好行为习惯，为孩子们做表率和榜样；定期举行家长讲座，聘请家庭教育专家，宣传讲解党的教育方针政策、良好的家风家教案例、先进的家庭教育理念；适时召开家长会，定期举办校园共建活动，邀请社区、家长代表走进学校，参与学校管理、监督学校阳光办学，统筹乡土资源开展教育教学；组织“诚宝”家庭小书房评选，从图书配备、从书房环境、亲子共读等方面进行评选，颁发证书。家校点位管理促进学校教育接力家庭教育，家庭教育配合学校教育，内容规范、方法科学、形式多样，教育效果富有成效。

（五）师生幸福感强

学校认真落实乡村教师待遇，开展各种各样的教师文体活动和工会活动，组织教职工查体，关爱教师身心健康，不断改善师生办公生活环境，提升教职工的幸福感和归属感。学校师生关系融洽、同学关系和谐，尤其注重对留守儿童、困难家庭儿童、残疾儿童等群体的关心关爱，建设心理咨询室，经常开展困难学生的关爱活动，积极做好控辍保学工作。

彩石中心小学把创建乡村温馨校园建设作为学校长远发展的重要抓手，作为引领学校走向特色品牌的重要举措，学校做了具体细致的大量工作，取得了良好效果。下一步，学校将继续发扬优良传统、开拓创新、砥砺前行，努力创建并呈现出乡村温馨校园的生态自然美，科学和谐美，温暖人文美。

五气合一立根本，重塑少改迎重生

山东省济南市历城区洪家楼小学　赵文静

少年强，则民族强！全面贯彻党的教育方针，落实立德树人根本任务，发展素质教育，是每一所学校肩负的使命。如果说教育是强国之本，那少先队事业就是教育的左膀右臂，肩负着为共产主义事业培养千百万接班人的任务，关系着祖国的前途、民族的命运和改革开放事业的成败。它配合学校引导少年儿童树立远大的革命理想，培养他们的集体主义精神和主动性、创造性、积极性，促进广大少年儿童在德、智、体、美、劳诸方面都得到发展。一直以来，我校始终严抓少先队工作，贯彻落实《少先队改革方案》，深入学习少改精神，抓好正确导向，传播正确声音，推进改革落实。近年来，国家对少先队工作越来越重视，通过实施少先队改革乞以焕发全国各中、小学少先队工作全新样态。武侠小说中常将打通任督二脉作为功力提升的一大要素，任督二脉其实是气之根本，所谓打通，实质上是回归根本。现结合历城区的一些做法，迎着全国少改新风，我校借用武侠小说中描述的修炼精髓，大胆创新了以“五气合一”之法，来打通学校少先队改革的“任督二脉”。

一、铸魂培根，弘扬少改之正气

武侠小说中有正面人物，也有反面人物，正面人物的形象一般阳光、正气、高大，反面人物则往往阴暗、歪邪、狭隘，正反人物不同的思想境界带来不同的故事结局。为树立正气，历城区制定三项措施狠抓改革推进方向。一是按上级要求，将《少先队改革资料汇编》原原本本传达至基层全部中小学校，组织区镇校三级少工委委员、少先队工作者，中小学校长、党支部书记和少先队辅导员学习研究《方案》原文，领会改革内涵；二是发挥新媒体作用，通过网络推送、微信转发、网站转载等各种快捷有效地方式，向学校、家庭、社会进行广泛宣传，务求全面覆盖、营造浓厚氛围；三是全区大队辅导员利用校本培训的方式，带领中队辅导员做好少先队改革和《习近平关于青少年和共青团工作论述摘编》等资料的学习，通过原文宣读、小组讨论、集中交流、案例分析、撰写反思等多种方式，学习好、贯彻好、宣传好，使广大少先队工作者明确改革方向和路径要求。多管齐下切实将各种不良论调消灭于萌芽状态，形成上下一心、正向前行的良好局面。

正面人物代表了正义，但每一个正义者不必然一定能成功，面对高手的挑战，没有坚实的功力亦是枉然。因此，我校在把握少改方向的同时，也大力筑牢辅导员的业务素质和专业水平。少改成功的关键因素在人。当然不可回避的有这么两类情况：一是新人，每学年总有原辅导员因工作需要调整岗位，而新任辅导员在工作中有冲劲，但经验不足，眼高手低的弊端较为明显；二是老人，部分在辅导员岗位工作时间十年甚或更久的“老人”，虽然有一定的工作积累，但有时难免犯经验主义错误。因此不管什么人，改革面前都是“新人”，要抑制焦躁轻浮之气，努力加强学习，潜心修炼内功底气。为筑牢底气、提高素质，在区政府有关部门的支持下，我校为辅导员队伍建设量身定制了三套方案。一是名优辅导员带教。聘请著名辅导员作为骨干辅导员的指导专家进行带教，通过挂职学习、远程研修、实践反思等多种方式，培养有一定知名度的少先队辅导员；二是推进辅导员交流轮岗。每年组织10所优质少先队学校的辅导员与10所薄弱少先队学校的辅导员进行交流轮岗，通过互帮互学、边学边改的方式，逐步缩小业务差距，促进少先队工作的优质均衡发展；三是开展辅导员全员培训，认真制定培训方案，定制培训内容、课程、课时、教材、师资，辅导员培训学分纳入学校教师继续教育学分管理，作为职称评审、年度考核的依据。随着三套方案的深入实施，辅导员素质不断提高，为少先队改革奠定了坚实的人力基础。

二、多措并举，激发少改之勇气

武侠中的正面人物往往会面临很多困境，狭路相逢勇者胜，最终能锻造成为英雄的主要人物都敢于迎接重大挑战，赢得若干漂亮的战斗。《少先队改革方案》的改革措施中涉及六大方面19项具体内容，每项具体工作在落实过程中的难度不尽相同，有些工作因跨越不同部门，或因政策制约推进缓慢，辅导员滋生懦气。患得患失、错失机遇。为帮助广大辅导员鼓足勇气、干事创业，我校同样建立三项机制。一是完善学校少工委运行和决策机制。建立学校大队辅导员重点发言制度，助推辅导员建言献策。二是建立重点工作督办协调制度。建立少先队改革项目工作推进台账，根据工作任务分解设立ABC三级难度系数，A为辅导员能独立完成，B为辅导员可自行协调完成，C为辅导员无法完成，对于C类由区少工委直接向学校负责人提出建议，并督办协调落实。三是制定辅导员岗位管理办法。出台学校辅导员岗位职责细则，每学期对其履职情况进行考核，奖优罚劣，对不能胜任工作的启动约谈和劝退转岗机制。三项机制的综合运行，激发了辅导员动真碰硬的勇气，增添了改革面前攻坚克难的信心。

武侠中高手对决，靠实力、拼勇气，但关键时刻还应祭出出其不意的招数，谋求险中取胜。《少先队改革方案》提出要改革创新少先队教育和活动方式，因此辅导员要具有朝气、活力及创新能力，这无关工作时间长短和年龄大小，可总有暮气沉沉的辅导员尤其令人担忧。一是精神不佳。和队员在一起搞活动没有激情和真情，完全出于应付了事。二是职业倦怠。对工作丧失热情，有了任务要么吃老本，要么参照他处依样画瓢。因主客观因素，偶尔的工作状态下滑实属正常，但如果一直未老先衰、得过且过就得敲响警钟了。为使广大辅导员能永葆朝气，我校把诊问脉开出三剂处方。一是熏疗法，将辅导员成绩和少先队工作中的点滴进步及时在QQ群、微信群里进行点赞，重大成绩直接向学校致贺电，营造浓郁的蒸蒸日上、你追我赶的氛围，形成对消极工作者心灵抚慰的疗效。二是输液法，借助区少先队工作中心组和“红领巾追梦工作室”的力量，我校定期输出创新性的行动方案、工作方法等各种有利资源。比如，举行“辅导员新技能get√”技术培训，通过线上线下并行的方式，从微信公众平台申请、秀米编辑、H5页面等方面为辅导员进行指导。三是针灸法，对少改推进过程中的重点和难点采取针对性较强的办法，对症下针、注重疗效。比如，针对基层少先队活动不活跃的问题，我校专门成立“红领巾冲锋号”，充分发挥骨干辅导员的模范带头作用，引领大家查摆问题、寻求原因、循序改进、追求创新。三剂良方在激发辅导员工作朝气和创新力上发挥了举足轻重的作用。

三、放眼未来，沉淀少改之血气

武侠中的正面人物往往能接地气、有人气，其身边有着支持他们的团队或拥趸，为获取更大的成功积累了潜在的筹码。学校要落实“8+4”、“4+1”、“1+100”，并经常性深入探讨研究。可有些少先队工作干部身上存在三个主义，亟须纠正：一是本本主义，此类人员喜欢从摘编、文件或网搜出发，不注重实际，对于具体情况不去具体分析；二是形式主义，此类人员关注表面文章，调研走过场、报告假大空，哗众取宠、不求实效；三是官僚主义，此类人员机械执行上级决定，生搬硬套，且不愿下沉基层，甚至不愿和辅导员、队员“坐同一条板凳”，怕给自己添麻烦。三种主义的共同特点是脱离群众、弄虚作假，严重制约了少改工作向纵深推进。为祛虚抓实，广接地气，我校立下三规以强化少先队工作干部的思想工作。一是改作风。召开下沉工作动员会，要求从实入手，以辅导员、队员为行动指南，以求真为工作目标，把解决基层问题作为最高追求，动真格、祛虚功，切实斩断“走形式”的思想苗头。二是强监督。打造电话、网络、信访“三位一体”的监督平台，督促团队干部摒弃私心杂念、真正沉到基层、认真调查研究。三是重实绩。用实干考量，树立形式与内容并重、务实与创新并重的考核导向，调研结束后要晒调研报告，晾整改措施，比工作实效。同时为防止走向片面主义和自由主义，我校重点围绕团教协作，搭设结合桥梁迈向务实主义，注重少先队改革与基础教育综合改革相结合。加强少先队工作督导与政府教育督导相结合，同时加强对少先队工作评价与校长职级制改革的探索。校长在学校中的作用尤为凸显，因此对校长评价考核意义非常重要，学校不仅要积极推进少先队工作纳入学校工作总体布局，而且要逐步提高少先队工作水平在校长评价考核体系中的占比分量。

风雨沧桑励壮志，春华秋实著华章。我校已切实领悟武侠之妙义，通过少改彰显办学品质。今天，既是我校展示少改成就，也是我校继往开来、开始新征程的起点。我校将继续用高度的历史责任感紧跟少改、领悟少改、推进少改，切实做少改中的实干家、践行者，藉厚积之力，承求索之精神，志存高远，弘毅笃行，待少改功成日，享大侠名就时，唱响时代凯歌。

创建德育品牌，丰润生命底色

山东省莱阳市实验小学 高存成

习总书记在“四个自信”中明确提出要有“文化自信”，中华优秀传统文化是中华民族的“根”和“魂”，积淀着中华民族最深层的精神追求，代表着中华民族独特的精神标识，它深深镌刻进了每一个中国人的灵魂基因之中，我校坚持“文化立校”，以“培养习惯、发展个性、奠基未来”为核心办学理念，学校将读书的习惯、写字的习惯视为学生成就未来的宽度。道德教育的本质是实践，而新课程背景下的德育一体化正是通过实践让德育教育落地；中华优秀传统文化，我们不仅要继承学习，更要身体力行。故而，我们的“传统文化”突破口首选阅读书写、文化体验，进而延伸社团、劳动实践，并开发出相应的校本课程。

基于上述认识，我校在德育实践活动的基础上，对传统德育进行超越与扬弃，深入发展实践活动的德育功效，从中华优秀传统文化中探寻德育教育的真谛，寻找出了一条更有效地小学道德教育的新途径、新模式。

一、成立领导小组，推进德育工作

为凸现学校特色德育，推进学校德育工作整体发展。经校委会研究决定，特成立以高存成为组长，以张立利为副组长的工作小组。组员有刘霄峰、倪凤卿、吴军、王晓明、孙伟凤、李伟、徐春娇、梁琳、梁娜及各级部主任。

组长职责：主要是负责学校整体发展的规划，德育特色学校创建方案的审核、监督。副组长职责；负责具体方案的拟定、申报，创建活动的评价与考核等。负责协调相关科室的有关工作。组员：负责教师队伍建设，组织评价实施。

二、营造文化氛围，抓好教学质量

学校的校门是著名书法家题写的校名，校园内有唐诗宋词电子滚动屏，大气磅礴的石雕“梁启超《少年中国说》”，百年银杏树下矗立着孔子圣像，花坛里屹立着古今科学家铜像，操场西边是穿越历史的传统文化墙和传承红色基因的爱国主义长廊，东边是郁郁葱葱的竹林。教学楼内每面墙壁上都有童趣儿歌、古文经典、名家名言，筑起一座“传统文化殿堂”；走廊墙壁上是学生们的个性展示：手抄报、书法、国画、手工艺品等等琳琅满目；楼梯拐角有随手可取书籍的图书开放吧；教室内除了一个同样温馨的图书角，是百花齐放，百花争艳。校园里时时处处激荡着传统之风、氤氲着书香之气，给人以美的熏陶和文化的润泽。

课堂是实施德育教育的主渠道，每一位教师都必须成为学生德育教育的引领者。学校要求每一位教师都必须在学期备课、课时备课中努力挖掘学科教育教学中的传统文化元素，结合自身学科实际，切实引领学生的德育成长。学校将“德育系列教育”纳入校本课程实施体系，明确了教师的分工。

三、创建德育品牌，开展系列课程

“国学诵读”课程，每日三读。学校以校本《古韵悠悠》为基础，配合《经典诵读》，全面实施“中华经典诵读”系列课程。教材分年级、结合时令划分了单元主题，规定了国学经典诵读篇目：在小学低年级阶段，引入《弟子规》《三字经》《笠翁对韵》；中高年级，相继引入脍炙人口的唐诗宋词、《论语》《大学》《劝学》《道德经》及小古文等。学校教导处制定了详尽的督导与检测细则，实行周目标、月目标、学期目标、学年目标，规定背诵内容，循序渐进地引领学生诵读记忆。教导处不定期随机抽查各班级学生背诵情况，抽查结果作为评比书香班级的重要依据。另外组建国学与吟诵社团，利用“六一”儿童节汇演、读书节等举行大型诗词诵读表演，让每一个孩子浸润国学精华，与经典同行，与圣贤为友。

为培养学生的读书习惯，实行“每日三读”制度。晨诵：每天清晨，各班级由语文教师组织古诗文诵读活动；午读：午后学生到班级“图书角”选取自己钟爱的书籍和刊物，走进书的世界；“亲子共读”是实验小学的孩子每天晚上必做的家庭作业，即与父母一起读书。寒暑假，学校会下发一封“亲子共读”的倡议公开信，每年开展一次“书香家庭”评选活动。一系列积极措施的实行，“亲子共读”在实小学生家庭中蔚然成风，成就了实小学生家庭一种别样的生活。

为激励学生多读书，学校不仅编写了《紫藤花》系列阅读校本，还将每年的12月定为读书节，开展“你读我读大家读”、“师生同读一本书”、三级“读书交流会”、读书征文、书香班级和书香家庭的评选等活动；实行了书签奖励、图书奖励和读书小明星评比制度，通过《阅读记录手册》，学生阅读达到了合格标准，学校发给具有实小特色的精美书签，当选为“校级读书小明星”，由校领导亲自发给图书一套。

硬笔习字教程，每日一练。学校请书法名家书写小学阶段的必学必会字，编制《硬笔习字》课程教材。学校的常规三宝“晨诵午读暮练”，其中“暮练”即为晚学前练书法15分钟。对于书法悟性与兴趣强的孩子，就可以参加“书法”艺术类社团。强生必先强师，每周全体教职工由专职书法老师带领习练硬笔书法。凡分配至我校的新教师，要过的第一关也是硬笔书法考核关。同时，学校还开展以级部、班级为单位的大规模《硬笔习字》展评，学生整体高质量的书写成为人所共知的学校名片，辨识度极高；在“省首届小学生规范汉字书写大赛”中，1000多所学校参赛，每所学校任意抽选的两个班级，学校获得团体第五名就是明证。

《仁义礼智信》，传统德育从小抓起。在已有的“星级”评价、好习惯监督卡和《成长的足迹》《天天好习惯》等校本课程基础上，学校精心编写的《仁》《义》《礼》《智》《信》传统德育系列课程，分别用于一至五年级，每周一课。每一册基本是孩子们喜闻乐见的故事贯穿全课，穿插相关诗词、汉字解读，不仅要“知”，“行”更关键，每一单元我们还设计了几个“活动园地”，以供学生应用于实际。我们的目的是埋下一粒种子，期待它在某个未来开花、结果!

“公民品行”课程，知行合一。为了提高学生对传统文化的认同，我们尝试将体验式的节日文化教育融入“公民品行”课程之中。我们把节日分为春节前、春节中、春节后三个不同的阶段：春节前，安排学生动手，与家长一起置办年货，做年糕，做枣饽饽，贴春联，挂灯笼；春节中，要求孩子和家长一起用文字的形式记录过年中的趣事，跟家长一起祭拜故人；春节后，安排学生亲手制作元宵节的灯碗、制作元宵灯笼等。这些体验活动，不仅勾画出春节过程中的习俗、信仰，还表达了礼法与孝道，让社会伦理规范在幼小公民的心灵中传承。

每年清明节，学校聘请校外辅导员到校做报告，讲述英雄们浴血奋战的故事，学生及家长到红土崖革命烈士陵园进行祭扫，到海都学院“红色革命基地”缅怀先烈，铭记国耻；端午节，我们组织各班进行“端午记事”手抄报评比，组织学生到食堂参加包粽子实践；重阳节，我们鼓励孩子为母亲捶捶背、洗洗脚、做做家务；以班级为单位由教师和学生、家长一起前往敬老院探望老人，给老人包饺子，表演节目。

校内社团，全面开花。我校的社团不仅是音体美，更深入到传承与创新，诸如书法、国画、剪纸、折纸、衍纸、口琴、二胡、陶艺、茶艺、串珠、黏土、纸编、扎染、机器人创客、国学诵读等三十多个社团，有地方民俗、有现代工艺、有传统文化、有科技创新……由此培养了大批动手动脑、心灵手巧的孩子，学校也给他们提供了充分地参与、锻炼、展示的机会。实小学生亮相各级各类比赛，绽放靓丽身姿：在烟台首届多彩实践节，综合实践成果展示和衍纸大赛均取得一等奖；两届烟台机器人大赛，六支队伍荣获一等奖；国家级书法绘画大赛中，上百名学生获奖；民乐队、合唱队及舞蹈队在数届烟台中小学艺术展演中获得一等奖；莱阳市中小学篮球比赛小学男子组第一名，女子组第二名、男女足第三名……

校外基地，体验实践。学校在莱阳市率先开辟校外种植基地，进行劳动实践教育，春种秋收，让孩子们认识农作物，体验种植的辛苦和收获的快乐，在亲身实践中拓宽了视野，滋养了身心。

作为烟台首批“研学旅行”试点校，学校更是以莱阳白垩纪国家地质公园为联谊研学基地拓展综合实践的外延，行而研，玩而学，让学生们在研学之旅中感受了多元文化，增强集体协作意识，综合素养不断提高。教师们编写的研学课程《穿越白垩纪 与恐龙同行》入选《研学旅行在烟台》一书，更荣获省“十佳”研学课程。

近年来，学校获得“山东省文明校园”、“山东省教学示范校”、“山东省传统文化体验教育实验学校”、“山东省校本研究先进单位”、“山东艺术教育示范校”、“山东省地震科普示范校”、“山东省科技教育创新发展实践基地”、“烟台市级规范化学校”、“烟台市教育教学工作先进单位”、“烟台市教育科研先进单位”、“烟台市综合实践教育先进单位”、“烟台市书香校园”、“烟台市教育系统先进集体”、“烟台市教育系统先进基层党组织”、“烟台市首批数字校园示范学校”、“烟台教育信息化先进单位”、“烟台市人民防空教育工作先进单位”等荣誉称号。

行知路远，承知力行，我校将立足当下，不忘初心，以质量树形象，以特色求创新，为每一个孩子烙下生命的底色!

深耕职教沃土，培育精英栋梁

山东省聊城市茌平区职业教育中心学校 刘成军 张成彬

百年大计，教育为本。教育是提高人民综合素质、促进人的全面发展的重要途径，是民族振兴、社会进步的重要基石，是对中华民族伟大复兴具有决定性意义的事业。办学以来，我校始终秉承树德立人的执教理思想，不断丰富我校教师素养和能力，努力提升学校品质。同时，以专业成长和校企实践为支撑点，撬动学校教育教学的发展，提升办学品质，如竹拔节、如花绚烂。2020年伊始，教育部和山东省人民政府确定了在山东率先建设职业教育创新发展高地，探索确立新时代中国特色职业教育制度和模式，为全国职业教育改革发展提供可复制、可推广的经验模式。为落实培养人才的根本任务，我校践行"关注生命、成人成才"的核心理念，扎实推进"教育教学信息化、学生管理军事化"工作。通过大力推行军事化管理工作，来提升学校教育品质，绽放学生光彩。近年来，我校还积极构建虚拟数字化校园空间，努力争取实现学校智慧化校园环境。同时大力探索产教深度融合新模式，推动校企紧密作，改革人才培养模式，为提高学生就业质量和职业发展水平而不懈努力。到了今天，我校已在职教发展中站稳了脚步，恪守"关注生命、成人成才"的核心理念"，明确育人目标，通过军事化管理、校企合作等方式，实现职教品质提升，使我校焕发全新的样态。

一、多措并举，营造优质办学环境

9月30日上午，我校2020级新生开学典礼暨军事化管理成果展在学校体育场举行。聊城市、茌平区各级领导，初高中、联合校校长等60余人和全校师生、学生家长，共5000余人出席典礼并观看军事化管理成果展。在步履铿锵的国旗护卫队带领下，由近1200名新生组成的队伍整齐入场，整理内务、防爆演练、军体拳表演……场面壮观、震撼人心。我校校长刘成军在接受记者采访时说："有什么样的产业结构，就应有什么样的人才结构。全省建设职业教育创新发展高地，为我校下一步的人才培养指明了方向。"

职业教育是国民教育体系和人力资源开发的重要组成部分，肩负着培养多样化人才、传承技术技能、促进就业创业的责任。我校根据中职学校特点，践行学校"关注生命、成人成才"的核心理念，扎实推进"教育教学信息化、学生管理军事化"工作。我校大力推行军事化管理工作，不仅得到了市军分区、市公安局的大力支持，还专门为我校组织了一批政治素质过硬、军事素质优秀的复退军人担任教官，驻校督察。军事教官负责对出操、升旗、就餐、就寝、内务、安全、保卫等各种行为进行全面的军事化指导、监督，走准军事化的管理之路。

"为践行教育教学信息化核心理念，我校从硬件和软件两个方面努力打造智慧校园建设。"副校长杨长清说。首先，我校不断完善数字化校园网络及硬件平台建设，数字化智慧校园建设走在了全市乃至全省中职学校的前列。我校构建起全方位、全覆盖的集网络、信息、智能、数字化于一体的虚拟数字化校园空间，实现了全校范围内全网信息互通、资源共享，形成了一种全新的智慧化校园环境。其次，我校鼓励教师充分利用网络教学平台，积极开展网络课程建设，目前已完成三门网络课程建设，其中两门成功申报为山东省精品课程建设项目。在2019年举行的聊城市教学能力大赛（原信息化大赛）中，我校有两个团队分别获得一等奖和二等奖，其中获一等奖的于吉利团队作品报名参加了山东省教学能力大赛并获得三等奖。

二、校企创优，力促教育品质提升

2022年，山东省开始实施"职教高考"制度，采取"文化素质+职业技能"考试招生办法，职业技能考试成绩在录取中所占权重原则上不低于50%。为适应这一变化，我校决定通过提升国家教育教学水平，鼓励学生参加"职教高考"。一直以来，我校非常重视专业课的教学工作，十三个普通专业分别根据国家教育部专业教学标准、山东省专业教学指导方案等制定了自己的专业教学实施方案，按照文化课、专业理论课和专业实践课1∶1∶1的标准积极开足开好课程。六个三二连读专业分别与联合办学的三个高职院校制定了专业教学实施方案。教师每年全员参与企业实践，骨干教师每年参加国家级、省级培训及各种专业培训，提升自己专业能力。在学校及教师的共同努力下，我校学生理论学习满意度达94%以上，专业学习满意度达96%以上，实习实训满意度达98%以上。

此外，为真正实现"招生、招工同步，实习、就业一体"的办学策略，我校决定采取资源与企业资源互相转化的办学，通过校企合作的方式，全面贯彻"以服务为宗旨，以就业为导向"的办学方针。

副校长杨长清说。"近年来，我校紧紧围绕'校企合作，实现优质稳定就业'这一中心工作，紧密结合企业、行业的需要和学生发展实际，采取多种形式服务于县内外企业和学生专业发展的需求，取得了良好的社会效益，实现了学校的健康发展。"近几年，我校还与县内外多家知名企业行业建立了良好的合作关系，输送了近千名实习生和合格毕业生，其中不少学生成长为企业行业的骨干。

学习能力关系到学生专业提升和职业发展，更关系到学生发展的终生。为此，我校把学生的学习和发展，定位为今后工作的重中之重，并以"中职生厌学不良学习动机的成因及改进策略的研究"为题，在山东省教育厅申报了教育教学改革项目。我校校坚持教育教学研究与改革同步进行，立足学校实际，结合社会发展的最新需求和学生多元化、个性化的发展需要，以培养学生的综合素质为中心，组织专人引导和促进学生通过多方面、多层次的学习，实现其多元化、个性化发展，不断加强学校专业内涵建设，为学生未来的职业发展奠定坚实的基础。

为提升学生的岗位适应能力和岗位迁移能力，我校还在科学的职业教育观的指导下，从对各类知识的领会、巩固和应用，各类心智活动、操作活动的形成和发展，以及对各种社会规范的依从、认同、信奉三个维度科学地界定'学习'这一概念。"。在校内，我校开展了校内技能大赛、文明风采大赛、职业生涯规划赛、职业教育活动周、社会实践、劳动实践活动周等各项活动。在校外，我校积极拓展和深化校企合作，引企业进学校，组织学生到企业认岗、跟岗，让学生提前感知企业文化，适应企业环境，转换自己的角色，及时做好职业心理准备。

三、初心不殆，守望职教幸福未来

非知之艰，行之惟艰。教育是一项知行合一的事业。学校的办学理念和育人宗旨需要被全体师生牢记并践行，应如和风细雨渗透到学校各处角落，待春暖花开。职业教育更是如此，在遵循教育原则的基础上，领悟办学规律，并行之贯穿于教育教学中。未来路上，我校必能在职业教育的舞台上写下新的篇章，迎来灿烂的晴天。

打造黄河文化，弘扬民族精神

山东省聊城市东阿县实验幼儿园　李言明

黄河是中华民族的母亲河，孕育了中华民族五千年的血脉。根植于黄河流域的黄河文化，也堪为中华文明中最具代表性的主体文化，在中国乃至世界文明的浩瀚星空中都留下浓墨重彩的印记，是增强中华民族文化自信的重要载体。习近平总书记在河南考察时指出，黄河文化是中华文化的重要组成部分，是中华民族的根和魂。他强调要深入挖掘黄河文化蕴含的时代价值，讲好"黄河故事"，坚定文化自信，为实现中华民族伟大复兴的中国梦凝聚精神力量。为培养孩子们热爱祖国之情，我园不断加强改进园所文化建设，提升教育品位，优化育人环境，发挥文化育人的强大作用，全力打造了"黄河文化"主题幼儿园。

一、创意设计，展现黄河文化

博大精深的黄河文化，哺育了勤劳、勇敢、智慧的黄河儿女，造就了朴实、坚韧、宽厚的黄河流域民风民情，创造出灿烂辉煌的中华民族历史文化。无论是"黄河远上白云间，一片孤城万仞山"的怒卷高浪，还是"君不见，黄河之水天上来，奔流到海不复回"的咆哮万里；无论是"大漠孤烟直，长河落日圆"的雄浑秀美，还是"保卫黄河、保卫华北保卫全中国"的革命战歌，一部黄河文明史，见证着亿万炎黄子孙的苦难艰辛，记录着中华民族的延绵存续生生不息。为弘扬黄河文化，让孩子们更好地了解黄河，我园打造了黄河文化大厅，使孩子们能更好地了认识黄河，厚植孩子们的爱国情感。

黄河文化大厅是普及黄河文化知识的场所、弘扬民族精神的基地、介绍东阿历史文化的平台。我园在建设黄河文化大厅中力求有创意，在设计中主题突出，构思精巧，能集中反映出黄河文化的精髓，力求完美地呈现出深远宏大的黄河主题，全面展示黄河的历史、文明、自然及文化特色，使孩子们沐浴着黄河精神，更好地茁壮成长。

二、版块分类，弘扬黄河文化

黄河文化大厅，它以黄河文化为着眼点，以文化育人为宗旨，以时间和空间为轴线，分别以"河之源"、"河之久"、"河之美"、"河之家"、"河与海"五大版块进行规划设计，让整个大厅流淌着浓郁的黄河文化气息，引导每个天真烂漫的孩子快乐体验，快乐探索，接受感染和熏陶，健康快乐成长。

第一版块"河之源"，主要介绍黄河流域的史前文化，如红山文化、龙山文化、半坡文化、炎黄二帝与尧舜禹的传说、大禹治水等文化知识，让孩子们认识到黄河是中华文明的发源地，是华夏儿女得以延续的母亲河。

第二版块"河之久"，它主要介绍与黄河文化相关的历史故事。黄河具有悠久的文化历史，为中华民族留下了十分宝贵的遗产与无数个历史事件、历史故事以及民间故事，让孩子们充分了解中国历史的悠久。

第三版块"河之美"，主要展示黄河文化的文学艺术之美、名胜古迹之美，通过放置与黄河有关的诗词、成语、俗语、歌谣和名胜古迹，让孩子们能从中接受教育熏陶，获得智慧成长。

第四版块"河之家"，主要介绍东阿百里黄河沿岸如画的自然风光及其东阿当地的文化传统、风俗传统，培养孩子们从小了解家乡、热爱家乡的深厚感情。通过介绍艾山卡口、闸口涌金、河底洞天等"黄河八景"、东阿黄河国家森林公园等相关风景介绍，让孩子们能深入了解黄河文化、吉祥文化、养生文化。

第五版块"河与海"，黄河终入海。黄河是中华民族的母亲河，黄河文化是中华文化、华夏文明的重要组成部分，是建设中国特色社会主义文化自信的重要根脉源泉。同时，黄河文化也是世界文明的重要组成部分。在这一版块，主要展示黄河与黄海、渤海、南海，以及五大洲、四大洋的地理知识和风貌，让孩子们从小就有开阔的心胸，要胸怀世界，放眼全球，学会悦纳，追求发展。

“九曲黄河奔涌到大海，唱不尽五千年风云荡”。黄河作为中华民族的母亲河，它用甘甜的乳汁哺育了一代又一代中华儿女，孕育出灿烂的华夏文明。黄河文化代表着不折不挠的刚健风骨，不屈不挠的斗争精神。她应该被重视，被继承弘扬。作为华夏儿女的我们，要将这薪火代代相传，让闪耀的祖国花朵，在阳光下争相盛开，我园全体教职工将用满怀的热情和智慧，相伴每一个黄河娃娃幸福长大。

弦歌七十载　奋进新时代

——山东省聊城市东昌府区北顺小学举行70年校庆活动

山东省聊城市东昌府区北顺小学　杨文杰

古朴遒劲的校名题词，四层楼高的梧桐树，曾经熟识的校园气息……无一不讲述着山东省聊城市东昌府区北顺小学（以下简称“北顺小学”）悠然纯真的往事。北顺小学始创于1950年，目前占地面积约27亩，有44个教学班、2100余名学生，专任教师118人，研究生5人。校园环境整洁，设施齐全，拥有录播室、微机室、舞蹈室、图书室、音乐室、实验室、创客空间等现代教学设施。近日，北顺小学迎来了70周年校庆，并举行系列活动。七十年来，学校始终秉承“为师生终生发展和幸福生活奠基”的办学理念，在传承中谋发展，创新中求进步，以高水平的教学质量、科学规范的管理，创造了一个又一个佳绩，获得了全国教工之家、省教学示范化学校、省素质教育示范学校、省艺术教育示范学校、市德育工作先进单位等荣誉。

以人为本，以实为要

“立规养习”入学课程。活动上，各年级学生响亮的口号、挺直的腰背、专注的眼神、规范的动作、良好的学习品格、阳光向上的精神风貌，映射出学校持之以恒抓实学习规范常规训练的成果，在学生心中从小播撒下美德的种子。七十年来，学校始终坚持“多元和谐，全面发展”的教学理念，从2014年春季开始，充分调节学校师资和社会力量，推出以“发展学生个性特长”为核心功能的自主选课套餐。包括电子琴、竖笛、手工、动漫、象棋、舞蹈、轮滑、篮球等多门校本课程。为每个学生提供了可自主选择的、符合自身发展的多元化课程资源和丰富的学习体验。

发展特长，勇于探索。学科素养、技能提升、创新实践等社团课程丰富多彩。创客教室——“无人机”全面锻炼学生发现、分析和解决问题以及创新思维能力。“能力风暴机器人”充满趣味性，全面培养创造能力和分析能力；创意素描社团将传统的素描与各种突发奇想结合在一起，让素描变得更加生动有趣；科技实践社团涉及光学、力学、电学，磁学及手工制作等领域，为学生提供了活跃思维的场所；创意绘画社团以绘画性游戏为载体，用多样化的材料，使同学们从感知到运用点、线、面进行构图造型；毛笔书法社团提高学生的书写能力、欣赏能力和艺术修养，在艺术的熏陶中体验美、欣赏美、创造美。充分做到以“人”为本，以“生”为本。

以文化人，以德育人

2018年，习近平总书记在与北京大学师生座谈时指出：“要把立德树人的成效作为检验学校一切工作的根本标准，真正做到以文化人、以德育人，不断提高学生思想水平、政治觉悟、道德品质、文化素养，做到明大德、守公德、严私德。要把立德树人内化到大学建设和管理各领域、各方面、各环节，做到以树人为核心，以立德为根本。”学校在发展过程中，始终坚守“立德树人”根本任务，全面实施学生理想信念铸魂的系统工程，培养学生的文化素养。

校庆活动上，学校师生将学校多年来始终秉承“以文化人，以德育人”的办学理念体现得淋漓尽致。学校师生共同演绎了10个精彩纷呈的文艺节目，以丰富的艺术形式表达着对母校的深情，为学校70岁生日献上礼赞。开场舞蹈《盛世欢歌》节奏欢快，激情高昂；古诗词朗诵《木兰辞》《沁园春·雪》等重温经典，鼓舞我们勇往直前；歌曲合唱《妈妈领我看红船》《金山银山新时代》教育我们不负使命、牢记初心，以一颗红心照亮前行之路。学校为真正做到“以文化人，以德育人”，从发展艺体教育、扎实德育教育方面入手，成绩斐然。

发展艺体教育。定期开展小交警韵律操、手指操、跳绳、拔河、踢毽子等各具特色的大课间活动，保证学生身心健康。学校每年举行艺术节活动，有声乐、器乐、舞蹈等各项比赛，为学生提供了展示自己的大舞台。体育节期间召开一年一度的春、秋季运动会，游泳、田径、棋类、鼓号操表演等在区市竞赛中屡获佳绩，原创舞蹈《灵动的鹤》参加省级演出获特等奖。

扎实德育教育。学校每日清晨开展“晨诵晨唱”展示活动，在琅琅书声中开启崭新的一天。植树节、学习雷锋、“清明忆忠魂”、最美教室评选、庭院小能手、争当新时代好少年等主题演讲比赛，入学仪式、开学典礼、毕业典礼、献礼中华人民共和国70周年“我与祖国共奋进”、六一淘宝节等活动，潜移默化，孕育出学生良好的道德品质、文明礼仪和行为习惯。

多元和谐，全面发展

活动中，校长杨文杰主持座谈。各界来宾高度评价了北顺小学在七十年发展历程中，取得的杰出成就。多年来，至少3万多名学子从这里起航，成长为各行各业的建设者和栋梁。学校的斐然成绩，跟狠抓目标管理，以学生的全面发展为根本要务脱不了关系。

少先队建设紧贴时代。学校坚持少先队常规管理的检查制度，创建了北顺小学少先队亲子“入队课程”。举行入队仪式、参加聊城市烈士公祭、百米长卷献祖国、少先队活动课展示等丰富多彩的活动。成立校外辅导员志愿者、校外大学生志愿者、少先队员志愿者、教师交通志愿服务队工作队，开展各项志愿服务工作。

社会大课堂，合力助成长。2018年，学校近900名学生参加了东昌府区中小学研学旅行活动，以此为契机，学校充分挖掘周边优质资源，开展主题活动与社会实践，打通学校、家庭、社会教育之间的壁垒，实现学校内外、体制内外资源的深度融合。

活动最后，杨文杰在讲话中说道，《管子》曾提出人的培养应当作“终身之计”，“树人”以育才造士，因“一树百获”而关系长远和重大，这个道理借助成语表达就是“十年树木，百年树人”。未来北顺小学将在区领导的监督下和社会各界的关注中砥砺前行，办好人民满意的教育，注重“人”的全面发展、培养学生的创新力和民族凝聚力，为实现中华民族伟大复兴贡献自己的力量。

点燃“红色引擎”，凝聚发展合力

山东省聊城市莘县翰林学校　王雪宽

2020年9月，中共山东省委组织部下发通知，确定了100个“两新”组织党建“百千万提升工程”省级培育对象，其中有12家社会组织党组织入选。我校党总支，是我市唯一入选名单的社会组织党组织。“两新”组织党建“百千万提升工程”是山东省委“两新”组织工委为全面加强“两新”组织党建工作、以点上突破带动整体提高、引领推动“两新”组织高质量发展的重要举措。

面对新时代新要求，我校按照‘党建引领、立德树人’的思路，将党建与教育教学同频共振、相融互促，围绕服务教学、创建品牌示范学校两大任务，全力夯实学校党建工作基础，把党对教育工作的领导贯穿于教书育人的全过程，促进了学校各项工作的全面发展。

一、以党建为引领，实施“四个融合”

一个支部一个堡垒，一名党员一面旗帜。我校成立了党总支，把支部建在学部（初中部、小学部）上，党小组建在级部（科室）上。同时，学校成立了专门党建办公室，选配“双强型”党组织书记。

为解决党建工作和业务工作“两张皮”的问题，学校提出了“四个融合”的具体实施方案。党总支与校委会融合，发挥党总支的政治核心作用，推进党的教育方针落实；支部与学部领导班子融合，发挥党支部战斗堡垒作用，带动学部全面快速发展；党小组与级部（科室）融合，督促指导党员发挥先锋模范作用，推动本级部（科室）工作水平的提高；党员与骨干教师融合，互助互学，锻造一支师德高尚、担当有为、作风过硬的伍。

把党员培养成骨干，把骨干发展为党员。学校坚持党建与业务同研究、同部署、同实施、同考核，党员领导干部交叉任职，党员骨干教师双向培养。目前，校委会6名成员，3人在党总支委员会交叉任职，党员教师担任中层以上干部27人，班主任7人。

2019年，我校有6名优秀教师光荣地成为中共预备党员，他们都是从骨干教师中脱颖而出的典型代表。在这6名预备党员中，孔维超、姜宪鹏分别担任学校初中部、小学部业务副校长，武之泰、王素花分别担任初中部、小学部主任，于东阳、吕海芳分别担任初中部、小学部班主任，学校党总支把积极要求向上、业务能力强的教师骨干吸收到党员队伍中来。

二、实施“11123”工程，打造红色校园

校园文化环境在育人方面具有突出作用。为进一步提升作为省级党建示范点的建设质量，学校党总支实施“11123”工程，建立“一校”（中共莘县翰林学校团校）、“一路”（红色灯杆文化）、“一廊”（红色文化长廊）、“二场所”（党员活动室、综合教育馆）和“三区”（党建工作展示区、党建引领教学示范区和党建引领德育工作示范区）。

我们配合2020年开展的“弘扬红色文化，打造红色校园”为主题的红色教育活动，大力改造提升活动场所，增强红色校园党建文化氛围。学校在原来“两室一馆一展区”（初中支部党员活动室、小学支部党员活动室、党史教育馆、党建工作展区）的基础上，新建了“传承红色基因，坚持立德树人”红色文化长廊，展示党史、新中国史、新中国

教育发展成就，对学生进行爱国、爱党教育。

学校积极开展红色活动，讲好红色故事。分期分批组织师生参观党性教育基地，聘请专家学者讲述党史、国史、改革开放史，激发师生爱党爱国热情。为配合开展的“红色少先队”和红色诗歌朗诵的系列教育，为全校师生购置红色图书。做好学校党建工作总结及对外推介宣传工作，拍摄高质量的党建工作宣传片，强化师生教育和对外形象。

三、规范组织生活，提升党员素质

党内政治生活是传统，也是党建工作的重要内容。只有规范党组织生活，党员从上率下参与组织生活，认真开展党员教育培训，才能切实提高党员队伍的素质能力。

我校党总支通过“四定”措施，即定计划、定时间、定地点、定内容，扎实推动“三会一课”制度落实。通过“一本两平台”，即每名党员一本学习笔记，利用“学习强国”、“灯塔在线”两个学习平台，扎实开展“不忘初心、牢记使命”主题学习教育活动，持续推进“两学一做”学习教育常态化制度化。通过参观红色教育基地，重温入党誓词等各种专项学习活动，不断提高党员干部的党性修养、道德境界。强化活动开展，完善党员量化积分管理制度，开展业务比赛，设置“党员示范岗”，发挥党员的先锋模范作用。

学校坚持党管干部，坚持党管人才，坚持党员带头，坚持党员工作在一线，坚持双向培养，让党员干部真正成为学校发展的中坚力量；加强工会、妇联、团委建设，夯实党建带群建工作；完善家庭社会等层面的参与力度，营造良好的宣传舆论氛围。一系列卓有成效的措施使学校教育质量得以提升，教学成绩得到提高，成为全市乃至全省的党建特色品牌学校。

站在新时代全面开启社会主义现代化建设新征程的新起点上，我们更加紧密地团结在以习近平同志为核心的党中央周围，始终沿着习近平总书记指引的方向坚毅前行。我们将不断坚持社会主义办学方向，落实立德树人的根本任务，不忘为党育人、为国育才的初心和使命，全面加强党的建设，凝聚发展动力，构建学校新的发展格局，不断推动学校教育事业结出丰硕成果，奋力创造让人民满意的学校，谱写聊城市教育新的篇章！

破立并举谋发展，线上线下齐互动

山东省聊城市莘县实验小学　庞同才

“破”与“立”，具有辩证关系，相辅相成。只有“于破中立，于立中破”，才能有效推动各项事业的发展。疫情期间，教育路在何方，怎样走好？我校谋定而后动，学校学化教育改革，强化教育保障。坚持破立并举，打破了原有的教育教学方式，线上线下齐互动，进行了一次“破”与“立”的有益探索。

一、启动“匠心工程”，点燃教研激情

学校开始复课后，三年级六班的杨苗苗老师却为一件事发愁。因为家中有事请假，她已经一星期没有参加本年级的“晨会”。“大家在一起集思广益总是让教研很热闹，也受益很多，一天不参加总觉得少点什么”

虽然受到疫情影响，但是我校的老师们还是认为，传统的好方法不能丢！杨老师说的“晨会”，是我校已经实行了四年的教研制度，它是学校集体备课制度的有益补充，学校各个学科每天早晨都要举行。

在晨会上，首席教师会对集体备课形成的教案进行细节上的补充、完善，从一个字的书写，到教师的仪容仪表，都可以是晨会讨论的内容。

学校教师队伍建设以“专业化发展”为主题。主题的内涵，就是科研，有科研做基础，教师就会更加从容地站在三尺讲台上。教书，育人，教研，这是我校老师们雷打不动的三项职责。为了让老师们爱上教研，学校很早就启动了“匠心工程”，分别从教师师德、教学基本功、教科研能力等方面遴选出一支教研组长队伍。对这支队伍，学校采取专家引领、高端研修、课堂教学、专业大赛等方式让他们实现快速成长，然后把教研组长派往每个年级做首席教师，他们如一颗颗火种，点燃了其他老师教研的激情。

优秀的师资，是学校的生命力所在。四年来，在“匠心工程”这个孵化器中，每位老师都制定自己的成长规划，立足课堂教学，阅读经典理论，积极参加教研培训，通过发展和完善自己来改变教学常态，一大批教师从普通变优秀，从优秀变卓越。

二、破除传统方式，创新教学模式

2020年5月18日，我校开始复课。已经进行了两个多月的线上教学，如何与线下的教学进行衔接，是摆在每一位教职工面前的新课题。

“学生的掌握程度不同，该如何让每个孩子齐头并进？”、“线上教学已经完成了大部分教学内容，还有没有必要在线下重新讲一遍？”

于是，我们学校又开始了一场“破”与“立”的探索。

学校领导班子确定了“三步走”的方法。

第一步：摸清底细。任课老师提前梳理线上学习期间每节课的备课，找出线上讲课疏漏的地方，了解学生每堂课的学习重难点是否掌握，查查学生是否有长期缺课情况和作业完成情况。采取“大网眼拉大鱼，小网眼拉小鱼”相结合的方法，帮助学生找出自己学习的薄弱或疏漏环节。

第二步：找出问题。摸清了底细后，对全班学生学习情况进行综合分析，找出学生线上学习中存在的共性问题、个性化问题。鼓励学生通过复习、检测等手段，找出个人线上学习的失误，分析产生问题的原因，在老师与同学的帮助下找到解决问题的办法。

第三步：查缺补漏。学校不主张复课后老师对线上教学的内容从头重讲。一来课时不允许，二来“炒剩饭式”的重复也没有必要。要求老师根据学生掌握情况进行重难点复习，讲练结合、查缺补漏，确保每一位学生尽量补齐耽误的课程。对于个别因各种原因耽误学习的学生，给他们“开小灶”，确保一个不能漏。

老师们把握疫情后线上线下教学衔接的主动性和有效性，把坏事变好事，疫情不但不延学，还让学生学得更多更好

三、变革实践活动，强化劳动教育

在我校，孩子们有“七件小事”需要做：排好队、读好书、写好字、做好操、唱好歌、做好人。学校就是通过这些简单的“小事”来培养孩子们的良好习惯，这一坚持，就是十年。

习近平总书记在全国教育大会上的讲话为教育指明了道路：坚持中国特色社会主义教育发展道路，培养德智体美劳全面发展的社会主义建设者和接班人。

高尔基说过，我知道什么是劳动，劳动是世界上一切欢乐和一切美好事情的源泉。而现在的小学生劳动意识淡薄，劳动实践少，他们已经忘记了劳动的意义。因此，我们决定加强劳动教育，让孩子们先爱上劳动！

我县是农业大县，是全国闻名的“蔬菜之乡”，现代农业已经初具规模。2019年，我主动和莘县现代农业示范园联系，想要把那里打造成莘县实验小学的劳动基地。这个主张和莘县现代农业园的领导的想法不谋而合。双方签订合作协议，每学期要让我校的孩子们进入示范园参观学习，动手操作，感受现代农业的魅力。

孩子们一开始非常不情愿，刚一下车，就一个个瘫倒在地：不就是种庄稼吗？俺在老家见多了！可是，当孩子已进入示范园，就被眼前的景象惊呆了：种庄稼不用土，浇水的时候只需轻轻一点鼠标，农副产品深加工技术以及计算机管理与信息技术等一应俱全，生态酒店、温室采摘、水上餐厅及高新农业种植更是让孩子们瞠目结舌。

参观回来，学校就建立了“现代农业社团”，并和附近的村庄签订协议，规划了一片实习基地，每学期都会带领孩子们去感受现代农业技术。

四、颠覆传统方式，尝试育人新法

传统文化教育，是我校的一张名片。多年来，传统文化里的经典古诗文丰厚了学生的素养，培养了一批批腹有诗书气自华的“谦谦君子”。

疫情期间，我校搞了一次别开生面的“线上古诗文背诵大会”。

学校为这项比赛制定了丰富多彩的比赛形式，有诗词接龙，限时默写，海量背诵等等，以累计积分的形式确定胜负。若遇到想同分数，进行加时赛，加时赛为限时默写，默写正确，得相应分值。

比赛紧张刺激，饶有趣味，深受孩子们喜爱。

开展教育，传承文化，靠的是良心与责任，凭的是高瞻远瞩的巧心匠思。我校下大气力挖掘古典诗词中蕴含的育人资源。学校将古典诗词分为三大类：一是以“诗仙”李白为代表的求索人生天地；二是以“诗圣”杜甫为代表的忧国忧民；三是以“诗佛”　王维为代表的静赏自然。

求索人生与天地类的古典诗词有利于培养美好心灵之真，忧国忧民类的古典诗词有利于培养美好心灵之善，静赏自然类的古典诗词有利于培养美好心灵之美。

孩子们在诵读古典诗词中求真、向善、尚美，中华美育精神的弘扬顺理成章。

破除传统　“庆六一”方式，让儿童节成为德育新平台。因为疫情，2020年的“六一”儿童节注定与往常不同。这一天，在校园内，没有了时尚的装扮，没有了孩子们优美舞姿，更多的，是疫情之下的严肃和庄重。

一、二年级的孩子们还没有复学，学校别开生面，搞了一场线上“六一儿童节”的活动。孩子们通过在线上朗诵、讲故事、唱儿歌，表达着对战胜疫情的信心和对学校生活的渴望。隔空不隔爱，老师们的用心，在空中传递，孩子们的快乐，在空中飞扬。在这个“疫”样六一，收获“童”样精彩。

三年级和四年级同学的儿童节以“感恩教育”、“责任与担当”、“爱党爱国爱人民”为主题。作为这场疫情的亲历者，他们亲眼看到了中国人民众志成城迎难而上的伟大壮举，他们的内心，充满着作为一个中国少年的幸福，更感动着上到党中央、国务院，下到身边的每个人对他们无微不至的关怀。

五年级的孩子们喜欢用歌声表达情感。“听我说谢谢你，因为有

你，温暖了四季。谢谢你，感谢有你，世界更美丽，我要谢谢你，因为有你，爱常在心底……”一首《听我说谢谢你》，同学们跟着指挥动情地表达对祖国母亲的深深感恩。

“我和我的祖国，像海和浪花一朵……”，五年级的孩子们挥舞着手中的五星红旗，深情地唱起《我和我的祖国》，歌声悠扬，回荡在校园的每个角落，很多孩子的眼泪洒在五星红旗上……

六年级的同学在此次疫情防控中展现出良好的精神风貌，很多孩子用自己的实际行动支持抗疫斗争，他们比谁都懂得今天的生活来之不易。《这就是中国》《众志成城，抗击疫情》《致敬最美逆行者》等纪录片通过一个个鲜活的画面让孩子们对社会主义制度、对中国道路有了更深刻的理解。

“凿井者，起于三寸之坎，以就万仞之深”。教育如大树之根，根深才能叶茂，又如江河之源，源远方可流长。我校在防控疫情的特殊时刻，破立并举，促进了学校各项工作的开展，正像那雨后新笋，早有破土而拔节冲高之势！

传承红色基因，弘扬沂蒙精神

山东省临沂市费县上冶小学 朱俊林

红色文化是滋养心灵的食粮，是传承信仰的精神高地，是担当使命的精神旗帜。红色基因是历史的积淀，是革命精神的传承，它根植于革命先烈用鲜血染红的泥土中，传承于一代一代人不懈奋斗的事业中，是我们精神的归宿、初心的原点。为认真贯彻落实习近平总书记关于“沂蒙精神要不断发扬光大”的重要指示精神，红色基因一定要代代相传。我校以“传承红色基因、弘扬沂蒙精神”为使命，开展了以“沂蒙精神铸魂、红色基因造血”为主旨的一系列活动，将红色文化引进校园，走进课堂，引导教育广大师生自觉传承红色基因，弘扬沂蒙精神，做红色基因坚定的传承者和实践者，为学校教育快速发展凝聚了合力。

一、依托红色资源，传承沂蒙精神

我校作为沂蒙革命老区的一所山村乡镇小学，具有独特的地域红色文化资源。这里是中国红色文化研究会评定的首批10个“中国红色地标”之一。这里有沂蒙山小调诞生地博物馆、大青山胜利突围纪念馆、苏鲁豫皖边区特委纪念馆、费城战役纪念碑、东流抗日自卫纪念馆等红色神圣之地。这一切，无一例外地都是因为“红色”而典藏了历史，穿越了时空，成了一代又一代的费县人心中永久的向往和神圣的殿堂。近年来，我校结合学校实际情况，依托丰富的红色资源，在广大师生中扎实开展了丰富多彩的红色教育活动，走出了一条独具特色的办学之路。

学校紧紧围绕“沂蒙精神铸魂”开展了系列活动，让沂蒙精神根深蒂固，植入全体师生的灵魂。

寻沂蒙精神之根，塑沂蒙精神之魂。学校充分利用红色资源，让师生们走近沂蒙精神，了解沂蒙精神。每年清明节固定开展“重走突围路，再寻英雄魂”——重走大青山胜利突围路的主题教育活动。一处处革命遗迹、一曲曲英雄壮歌，让全体教师看到了革命先烈为了国家、为了人民、为了信仰毅然赴死的壮行，感受到作为一个教育工作者无比坚强的理想信念。在体验中纯洁了心灵，坚定了信念，师生们用行动表达了对无数革命先烈的缅怀和崇敬，同时表达了将牢记教育者的初心和使命，努力从教报国的家国情怀。

践行沂蒙精神，再铸上冶小学新师魂。学校广大教师努力做红色基因的坚定传承者、红色精神的生动诠释者、红色文化的忠实传播者、红色故事的精彩讲述者和红色文明的模范践行者，涌现出李萌萌、张玲等一批师德先进个人。她们十年如一日坚守在教育教学一线，勇挑重担，乐于奉献，践行新时代沂蒙精神。逐步形成了“乐教、爱生、拼搏、奋进”的新时代上冶小学师魂。

传承沂蒙精神，发扬上冶小学新师魂。沂蒙精神不仅要在自己的工作中践行，更要一代一代传承下去。老教师们多年来凝聚的“乐教、爱生、拼搏、奋进”新师魂如何在年轻一代教师中传承、发扬，也被小冶小学的领导们放在了心上。有传承才有发展，有传承才有力量。每年新教师入职，学校都首先组织师德学习，聆听沂蒙故事，感受沂蒙精神，让沂蒙精神的光辉普照每一位新教师的心灵，也让上冶小学新师魂根植每一位新教师的心灵。

二、根植红色基因，培育时代新人

学校紧紧围绕“红色基因造血”开展系列活动，让红色基因渗入每个孩子的血液，培养一代又一代拥护中国共产党领导和我国社会主义制度、立志成为中国特色社会主义奋斗终生的时代新人。

革命故事入耳，红色基因入心。生在沂蒙，长在沂蒙，听着老一辈的革命故事长大的鄪国儿郎们，对革命先烈的缅怀之情更浓更亲。我校充分利用这些身边的红色资源在校外教育基地开展教育活动。

爬过巍巍蒙山，伴着长长沂水，听着红色故事长大的孩子们，乐于将红色故事讲给他人听。学校抓先机、搭平台，积极开展“红领巾讲红色故事 争做新时代好少年”主题活动，引领广大队员在讲故事中，与古圣先贤对话，向革命先烈学习，走近革命前辈、英雄人物、优秀党员、行业标兵、身边好人，了解传统文化，“随风潜入夜，润物细无声”，队员们用歌曲、舞蹈和故事演绎红色经典，传承红色基因。

一面国旗升起，红色基因驻心。开学、每周一、重大节日，学校的升旗仪式从不中断，一场疫情阻隔了学生重回校园，但阻挡不了师生们继续前行的脚步。学校周一的升旗仪式准时线上开始，全校师生在自己家里打开电脑或手机认真收看。大家跨越疫情和时空的阻隔，共同以一种特殊的方式表达热爱祖国、共抗疫情、共渡难关的坚定信念！通过线上升旗仪式增强了学生爱党爱国爱人民的情感，诠释了“家国情怀”的深刻内涵，激发了学生与祖国同行，共克时艰，发奋进取的使命感和责任感！

国庆节来临之际，学校举行“我与国旗合个影”主题活动，学生参与热情高涨，争相与五星红旗同框。各中队利用课余时间，选取校园不同地点，设计创意姿势和独特拍摄角度，用镜头记录下一幕幕温馨感人、正能量满满的瞬间画面。一个个充满朝气的面孔、一张张微笑的脸庞、一句句对祖国的祝福纷至沓来，在国旗下定格与绽放。与国旗零距离亲近，难以抑制内心的激动，强烈的民族自豪感、使命感油然而生，用最直接的，最有感染力的情感方式为祖国送祝福，晒出对祖国母亲的热爱，营造积极向上的爱国主义氛围，表达了对祖国母亲美好真挚的祝愿。

三、营造“红色氛围”，激活“红色细胞”

为加大校园沂蒙精神建设力度，提升校园文化建设水平，我校积极开展沂蒙精神“进校园、进教材、进课堂”活动。

沂蒙精神扮美校园。通过“沂蒙精神主题宣传阵地”开展活动，积极营造弘扬沂蒙精神、传承红色基因的校园氛围。依托学校主题宣传阵地直观生动性，带领广大师生深入了解沂蒙精神“水乳交融、生死与共”的具体内涵。同时在醒目位置设置社会主义核心价值观宣传牌、学校核心理念宣传牌，把社会主义核心价值观、沂蒙精神融入校园文化建设，营造良好的育人环境和文化氛围，增强师生对沂蒙精神的感悟力。

沂蒙精神融入学科教学。学校充分挖掘和利用沂蒙精神，以学科教学为主体，以“沂蒙精神”为主线，创新教学内容和教学模式。将沂蒙精神教育与思政课、语文课等学科有机结合、渗透，有效地对沂蒙精神理论知识进行补充和扩展，实现显性教育和隐性教育的有机统一，培育学生爱国情感和使命担当，推动沂蒙精神更好地传承、弘扬。

沂蒙精神走进课堂。沂蒙精神在革命战争年代指引着无数英雄儿女奋勇向前，在新时期要不断结合新的时代条件发扬光大。学校结合实际情况，精心选取《沂蒙精神教育读本》，组织广大师生进行“发扬光大沂蒙精神，红色基因代代传承”阅读，帮助学生“扣好人生第一粒扣子”，树立起正确的人生观、世界观、价值观。领悟沂蒙精神的深刻内涵，提升自身爱国主义情怀，深刻认识学习优秀革命精神的重要性，更加坚定了为实现中华民族伟大复兴的中国梦而努力奋斗的决心。

我校的每一个孩子都是承载着沂蒙精神的小精灵，他们走到哪儿，就把沂蒙精神的光芒带到哪儿；我校的每一个孩子都是一滴红色的基因，他们走到哪儿，就将沂蒙精神的基因传播到哪儿。几年来，打了“鄪国好儿郎，沂蒙好少年”标识的上冶小学学子们，为弘扬沂蒙精神，传承红色基因而努力奋斗着。无论是考入高校、还是踏上工作岗位，又或走出国门，都从未忘记自己是“鄪国好儿郎，沂蒙好少年”，并将沂蒙精神带出山区，带向神州大地，传遍世界每一角落。

今后，我校将以更加丰富多彩的实践体验活动为载体，继续深化教育活动，努力把红色资源利用好、把红色传统发扬好、把红色基因传承好。激励着师生传承红色基因，扛起担当的使命大旗，弘扬沂蒙精神，开创事业发展的新局面，努力成长为新时代中国特色社会主义事业的合格建设者和可靠接班人，让红色基因焕发新时代光彩，让沂蒙老区绽放新时代英姿，为实现中华民族伟大复兴提供势不可挡的磅礴力量。

点亮红烛之光，锻造财校英才

山东省临沂市高级财经学校 梅深修 宋兰庆 刘洪玮

八百里沂蒙，传承红色基因、浸润红色血脉。站在沂蒙这方乐土之上，挺起教育的脊梁，是时代赋予我们的使命。我校近四十年如一日，培根铸魂、立德树人，以坚定的信仰，锻造一批批优秀人才，输送到老区建设中；以躬耕践行沂蒙精神的初心，构建基石般深厚的红色文化高地，挺起了沂蒙教育的脊梁，成了齐鲁大地上的一座红色精神地标。多年来，我校不惧风雨，不负韶华，兢兢业业，脚踏实地，不断革新自我，丰富自我，在沂蒙大地之上焕发着璀璨的光芒。

一、桑田碧海，华丽蜕变

我校的前身是1981年9月临沂地区行署财税局干部训练班。从当年培训学员500余人次的干部培训班，到如今成为占地220亩，拥有6个专业、50个校外实训基地、在校生6700余人的国家级重点职业学校；从仅面向财税干部培训，到职业、成人教育兼备，再到普通中专、三二连读大专，中外合作办学专本科、函授网络，齐头并进的现代国际化教学体系。三十九年来，我校从无到有、由弱到强，把根深深扎在沂蒙精神的土壤中，生长为参天大树。

几十年的红色文化积淀，孕育出独具特色的校园文化。我校开全市职业教育之先河，于2019年在全市首创8万余字的《德育》教材，由德育教研室10名老师在半年时间内集中编写完成。教材内容涵盖心灵塑造、品格培育、行为养成等多方面，是我校红色校园文化的高度浓缩，18个章节一气呵成，饱含对沂蒙精神的礼赞和对齐鲁圣贤的景仰。学校教师队伍在不断发展壮大。目前，学校144名专任教师中，有正高级讲师8人、高级讲师64人；有省级优秀教师1人，齐鲁名师1人，省级教学能手1人，市级教学能手、沂蒙名师3人，市级优秀教师4人；学校现有省级教学团队1个，名师工作室1个。同时，学校开设了8个专业，即会计电算化（以后改为会计）、电子商务、移动商务、计算机应用、计算机平面设计、农村经济综合管理、现代物流服务与管理、市场营销等8个专业，其中会计电算化专业为山东省品牌专业。

三十九年来，学校共培养出4.2万名人才，成为老区建设的中坚力量，“沂蒙财经人才摇篮”的美名迅速打响，荣誉纷至沓来：山东省职业教育教学示范学校、省文明校园、省思想道德建设工作先进单位、省职业教育工作先进单位等等。2019年，我校在国家级技能比赛中，获得国家级比赛一等奖4项，省级比赛特等奖2项、一等奖7项。

二、情牵鄂北，心系武汉

年初一场突如其来的新冠肺炎疫情考验着人心，更考验着“百年树人”的教育事业。我校在战“疫”这场特殊的考验中，以燎原之势迸发出巨大的力量。在自我隔离的100多个日夜，6000多名师生用智慧与魄力发出“财校声音”，令人热血沸腾、肃然起敬。

2月26日晚8时，我校百名学生自发组织开展了“共战疫情·同唱一首歌”线上大联唱活动——《让世界充满爱》《武汉加油》等熟悉、暖人肺腑的旋律不断通过网络传递到四面八方，撞击着人们的心灵。疫情期间，我校在全市首创推出“‘疫’路有我”线上教学活动，从4月20日至29日，每天推出一期，以生动的内容、无边的大爱，在学生灵魂深处点亮沂蒙精神的战“疫”之光。4月21日，我校美术老师们精心搜集汇编的战“疫”书画作品专辑《疫情书画　传递真情》上线后，已经守着手机许久的学生张雯皓，迫不及待地点击进入课程学习。学校思政教研室密切关注驰援湖北的青年志愿者，推出线上教学《青年有担当　抗疫有力量》，以感人的事例、有温度的话语，感染着莘莘学子。《我校战“疫”实践蕴含着伟大的中国精神》等10堂在线课程，立意高远、引人入胜，激发了青年学子的爱国情怀。疫情期间，我校累计有近千名学生自觉行动，捐款捐物，到社区开展志愿活动，助力疫情防控。

立德树人有道，春风化雨无声。几十年来，我校扎根沂蒙，筑造红色文化高地，努力培养担当民族复兴大任的时代新人，为沂蒙老区发展不断贡献“财校智慧”和“财校力量”。我校全体师生彰显了新时代青年学子的拳拳赤子心、浓浓爱国情！

三、劈波斩浪，勇立潮头

学校成立之初便把造福沂蒙老区建设作为初心与使命，以德立教、以德立学，在学生灵魂深处播下红色基因的种子，实现学生专业技能和道德素养“双提升”。随着国家改革开放向纵深推进，招生政策、就业政策出现重大变革，众多高等院校、中职院校纷纷被推向市场，中职院校出现了“招生难”。2011年，我校果断决策，逆流而上，与原临沂市商贸学校合并，正式组建成现在的临沂市高级财经学校。成立伊始，学校依然面临严峻的发展环境：招生困难、校舍老旧、师资力量薄弱等等。面对困境，学校毅然选择了坚守与突破，秉持“守正、包容、和谐、友善、笃学、求真、敬业、担当”的财校精神，精确定位、突出特色、提升质量，在艰难的环境中负重前行。

2014年，随着新校区投入使用，学校硬件设施得到大幅提升，生源情况出现好转。此后，我校抢抓机遇，学校深化产教融合，健全多元化办学体制，全面推行校企协同育人。目前有山东思索智能技术股份有限公司、临沂海韵广告公司、山东天恒信会计师事务所、山东同泰会计师事务所、山东恒宇会计师事务所、临沂九星会计代理记账有限公司、新道科技股份有限公司、临沂沂峰网络科技服务有限公司、阿里巴巴（中国）网络技术有限公司等二十多家校企合作企业，其中山东思索智能技术股份有限公司、临沂九星会计代理记账有限公司、临沂沂峰网络科技服务有限公司3家企业为山东省发改委公布的的山东省第一批产教融合型企业。

链接最优质的社会资源，敢于比肩精英，实现深度校企联合。我校积极构建集管理、教育、指导、服务为一体的毕业生就业工作体系，加强毕业生的思想教育和就业指导；同时内引外联，努力拓宽毕业生就业渠道。近年来，先后和鲁南制药集团、临沂九星会计代理记账有限公司、山东省泰森日盛家居科技有限公司、儒辰集团、翔龙集团、华盛江泉集团有限公司、金鹰家电商场、临沂邦太物流有限公司、临沂恒辰企业管理咨询有限公司、临沂恒达信有限责任会计师事务所、临沂沂州会计师事务所有限公司、山东恒宇会计师事务所有限责任公司、临沂市九州商业大厦、中国人寿保险股份有限公司等知名企业建立了紧密的校企合作关系，毕业生就业率和就业质量有了显著提升。近三年毕业生平均就业率为96.3%，对口就业率95.8%。毕业生就业平均起薪为3120元/月，超过临沂2019年本地最低工资标准80.3%。　用人单位对学生满意度达96.3%，学生对学校满意度98.6%。

四、红烛之光，情暖沂蒙

青少年处在价值观形成确立的时期，我校牢牢抓住这一时期，坚持“立德树人、以文化人”，实施启动红色引擎、倡树红烛精神、传承红色基因的“三红”工程，培育社会主义核心价值观，引导学生“扣好人生的第一粒扣子”。

“沂蒙学子，血脉中奔涌着红色基因，要勇做走在时代前列的奋进者、开拓者、奉献者……”2019年4月3日，我校300多名团员代表在华东革命烈士陵园，开展“青春心向党·建功新时代”特别主题团日活动。“故今日之责任，不在他人，而全在我少年。少年智则国智，少年富则国富，少年强则国强……”在场300多名学生齐声高诵起《少年中国说》，字字铿锵有力，声声撼人心魂。

我校团课精编成微团课，以“薪火相传，青春向党”为题，弘扬五四精神，回溯红色根脉，向青年学生发出“弘扬沂蒙精神、建设美丽沂蒙”的号召。对于每一名学生而言，传承红色基因，从“开学第一课”就开始了。每年新生入学，一堂以“传承红色基因、弘扬沂蒙精神”为主题的“开学第一课”，都会无比神圣而庄严地举行。传承红色基因，弘扬沂蒙精神，读一本红色书籍、讲一段红色故事、剖析一种红色精神、唱一首红色歌曲等，我校从不同侧面切入，深刻激发学生奋斗进取的内生力。

目前，我校办学资金有保障；办学设施完善；学校财经类专业设置齐全、结构合理，教学质量名列全省前茅；临沂人口众多，学生生源充足；依托商贸物流城，学生就业安置有保证，在很大程度上为创建财经职业学院提供了坚实的保障。在即将到来的“十四五”，学校将争取成立“临沂财经职业学院”，一举填补鲁南经济带高等财经院校的空白。而且，临沂作为鲁南经济带的中心城市，能够发挥教育的巨大辐射带动功能，让鲁南、苏北及周边省份的学子能“足不出户、不远游”，即可实现“财经大学梦”，这也是我校全体师生们的共同心愿。

“红色的火种”在撒播，“红色的信念”在升腾，“红色的基因”在传承，“红色的精神”在弘扬，“红色的理论”在积淀，“红色的行动”在启航。红色之光，普照在沂蒙大地之上，沂蒙精神更在我校闪烁着熠熠光辉。我校师生为梦想点燃青春，用实力彰显担当。同时，我校教育的初心从未改变，探索的步伐也从未停止。我校会继续传承红色基因，精心培育学子，努力打造更加精品化、优质化的教育，为学生们未来的发展奠定坚实的基础！

以诚为本，涵养学生向真之心

山东省临邑县临盘街道临盘中学　张有东

推人以诚，则不言而信矣。“诚信”作为社会主义核心价值观的基本内容之一，是中华民族的传统美德。诚实是力量的一种象征，它显示着一个人的高度自重和内心的安全感与尊严感。当今社会所盛行的诚信观在目前的市场经济和构建社会主义核心价值体系中具有极其重要的道德作用。从广义上来讲，“诚”即诚实无妄；“信”即责任与信任。千百年来，对孩子的诚信教育和培养一直是我们传统教育中不可或缺的部分。在家庭当中，家长如何教育孩子诚实待人、诚信待事是当前社会关注的热点问题，也是现行家庭教育中亟须解决的难点。我们坚信，“走正直诚实的生活道路，定会有一个问心无愧的归宿。”

一、给予尊重，维护孩子自尊

提高对孩子的尊重程度。在家庭教育中，少年儿童是教育的主体，是具有独立人格的个体。家长对孩子诚信品格的培养源于对孩子的尊重。我们从“曾子杀猪”这个故事中能够看出，家长非常尊重孩子，不欺骗孩子，并且及时兑现承诺，让孩子能够感受到父母的尊重。从某种层面上讲，孩子的自尊心一旦受到伤害，以致得不到自己期望的尊重，就会出现不诚信的言行。无数个活生生的实例表明，简单粗暴的家庭教育不会取得好效果。在教子过程中，如果家长对孩子采用命令、威胁等暴力手段，就会严重地伤害孩子的自尊心，激起孩子的逆反心理。因此，尊重孩子是家庭教育获得成功的必要前提。

二、言传身教，强化榜样教育

提高孩子的责任感。责任感是每个个体在社会上必须具备的品质，是诚信的一个重要体现。责任感不只是对别人负责，而且是对自己负责。培养孩子的责任感，让孩子从小就有责任感的意识，懂得责任的和重要性，对培养孩子的诚信品质是非常有益的。所以，培养孩子的责任感，不仅要从小做起，而且要从家长做起。家长要以自身的行为感染孩子，以榜样教育培养孩子的责任感。从“枫叶封弟”这个故事中，我们便可以知道，孩子说话要有责任意识，要明白自己对自己所说过的话，所做过的事情负责。我们不讲空话，更不主张纸上谈兵，而要踏踏实实的做人，认认真真的办事，做一个诚实之人，做一个具有高度责任感之人。

加强对孩子的榜样教育，约己束己，增强孩子的践行意识。著名心理学家大卫·布朗杰曾经说过："要想让一个孩子做到有教养，其父母必须首先是品德高尚的人。"父母是孩子的第一任教师，家庭是孩子的第一所学校。对少年儿童来说，世界观、人生观和价值观都还没有形成，父母的言谈举止是孩子最重要的学习榜样。尤其是对孩子诚信品质的培养来说，并不是每天给孩子灌输多少大道理就能取得效果，而父母的以身作则、言传身教更为重要。孩子的世界是天真的，但是他们的眼睛所看到的东西也是最真实的，很多关于诚信品质的点点滴滴都会从父母的日常活动中呈现出来。所以，在家庭教育中，父母对孩子的影响极其重要。作为孩子的父母，需要做好榜样，为孩子打造一个健康成长的环境。再者，家长对孩子诚信品质的培养，更要强调孩子的践行意识。在家庭中，家长树立好榜样，培养孩子对诚信问题的自我判断能力。还要鼓励孩子从身边的小事做起，"勿以恶小而为之，勿以善小而不为"，比如守时、不撒谎等，并且反复实践，使孩子在这个过程中不断学习。加强孩子的践行意识不仅有利于培养孩子的自我判断能力，也能够促使家长在教育孩子的过程中严格要求自己，坚持做孩子的榜样，这也体现出了家庭教育的重要性。

陶行知曾说，千教万教教人求真，千学万学学做真人。诚以在"生"，以诚为本；诚实守信，守信为荣。诚信是道德之基石，是立人之根本。在孩子们踏入社会之前，要让他们追求真理学做真人，涵养他们一片向真之心，使孩子们从小就懂得做人之道，以诚信为荣，成为民族的未来，国家的希望，促进中华民族伟大复兴梦，强国梦的实现。

蒲彩悠悠　绘声绘色

山东省德州市宁津县大曹镇中心幼儿园　赵艳梅

自从爱上了妙不可言的绘本，一草一木都有了鲜活的生命，眼睛里是蒲园绿，空气里是蒲花香。跳故事、听故事、说故事、唱故事、画故事，我们追随着孩子们的目光，追随着孩子们的兴趣，追随着孩子们探索的脚步，开展了《融绘本元素　拓展区域游戏》的探索旅程。

一、蒲声朗朗　慧选绘本

我们还没有清晰的完整的探索路径时，能做的就是静下心来继续观察儿童的游戏，记录他们的语言，倾听他们的需要，借此寻找孩子们的学习兴趣点，我们每天都在听孩子们讲话，教师就坐在旁边记录，试着利用这些信息和孩子们共同来选择绘本。比如，大班孩子刚换牙齿的时候，我们选择了《牙齿大街的新鲜事》。后来我们以四季为主线，以爱为节点，在每个班级图书区投放绘本，教师记录孩子们每次所选的绘本以及每本绘本被选择的频次，发现孩子们的兴趣点，然后针对班级幼儿的年龄特点、发展需要、情感需求等，选择感兴趣的绘本进行深入挖掘。和孩子们一起探索，理清绘本中的红与黑；画面的多与少；绘本的远与近；绘本的情与趣，体验故事情节，学习主人公的优良品质，为课程的精彩和生成提供节点。

二、蒲绘童趣　域见美好

近阶段，我们以绘本《好饿好饿的毛毛虫》为主题开展了一系列教育活动，将绘本元素融入区域游戏中，让幼儿在玩中学，学中玩，感受绘本带来的无限乐趣。

语言讲述类区域游戏：

将《好饿的毛毛虫》的绘本按页码缩小打印，投放到图书角。小朋友将绘本图片按故事情节，进行绘本故事讲述。"太阳也有眼睛、鼻子、眉毛、嘴巴，还长了眉毛。"、"太阳看起来好开心，像人的脸，温暖地看着小小的毛毛虫。"、"我发现，太阳升上去之后光就变短了。"孩子们每一次读它，都会有不一样的发现。

在区域里提供绘本故事背景图及塑封过的毛毛虫卡片、橡皮泥。进行故事创编讲述。毛毛虫爬呀爬，然后迷路了……毛毛虫长在"人的肚子里"，是个贪吃鬼，绘本故事创编，每一个孩子的毛毛虫都是一个奇妙的故事。

科学类区域游戏：

在科学区，提供1～5的数字卡片及绘本中的水果卡片一套，一个贴有从小到大排序标记的垫板。孩子们在垫板上排序：数卡1，对应毛毛虫吃了一个苹果；数卡2，对应毛毛虫吃了2个梨子等。一个苹果、两个梨子、三块饼干，我们开展了开心配对游戏，美美地包餐一顿，我变成了一只大大的毛毛虫。

认识星期、找规律、运粮记、大闯关、密林下的探险、有趣的洞洞、洞中取物、毛毛虫吃树叶，孩子和毛毛虫发生着属于孩子们自己的故事。

建构类区域游戏：

1.孩子们用木质积木、易拉罐、纸杯、塑插积木，根据绘本故事内容，建构故事场景。好玩的迷宫、　池塘、庭院、大树、太阳、星星。

2.大嘴毛毛虫爬着去吃树叶，在阳光下寻找食物，钻过毛毛虫长长的隧道，体验毛毛虫成长的过程，破茧成蝶，变成蝴蝶飞走了。与建构区游戏结合起来，孩子们在建构过程中进行绘本故事续编。

美术类区域游戏：

一只可爱的红脑壳、绿身子、高高地弓起来走路毛毛虫，让我们发现了它。现在我们用自己的办法，把毛毛虫从书中变出来。变变变，于是一大波毛毛虫来了：彩纸卷毛毛虫、五彩毛根毛毛虫，水彩拼画毛毛虫、立体拼贴毛毛虫、瓶盖拓印彩色的毛毛虫、手指点画可爱的毛毛虫、泥工爱跳舞的毛毛虫。每一个孩子都在认真地做着属于自己的毛毛虫。

白纸、废旧挂历、台历、明信片等废旧物品作为自制绘本的材料。孩子们根据自己感兴趣的主题，通过剪剪贴贴、涂涂画画的形式制成属于自己的绘本《我和毛毛虫的故事》

表演类区域游戏：

晃动的宝盒——毛毛虫演变情景剧开始了。孩子们利用教师提供的桌布把自己裹起来做茧，爬一爬，破茧成蝶飞一飞。趴在树上休息、捉迷藏，孩子们尽情地展示自己心中蝴蝶的样子。

漫步丛林寻找食物-吐丝做茧造房子--破茧成蝶飞一飞--生命轮回产下毛毛虫卵，每个孩子都在寻找自己最喜欢的那个游戏环节，在游戏中，孩子们遇到困难的时候，似乎游戏角色赋予了他们力量，他们一起合作，变得勇敢，每个孩子都沉浸其中。

延伸类区域游戏：

回忆游戏瞬间，表征游戏故事，孩子们记录着属于自己的幸福与快乐，老师们静下心来观察儿童的游戏，记录孩子们他们的语言，倾听他们的需要，利用这些信息和孩子们共同生成一些主题学习活动如，《假如我是一片叶子》

叶子游戏：下叶子雨、叶子摆成各种好看的好玩的图形、用叶子做好看的小动物、寻找叶子大赛、用叶子装饰衣服、堆叶子山、踩树叶、树叶拓印、制作叶子书签、大风吹等

户外区域游戏：

孩子的成长不是有一个点到另一个点，而是有一个经验唤醒另一个经验。我们选取绘本中的一个点，唤醒孩子的生活经验，孩子们自主游戏，自主探索。毛毛虫穿越时光隧道、打地鼠、趣味投篮、欢乐足球、快乐地小厨房、我爱我家，孩子们玩得不亦乐乎。

三、蒲彩闪烁　蒲趣多多

游戏从来是不是孩子学习和生活的点缀，而是他们的生命状态。在操场上，你会看到孩子们自己动手，将攀爬架的木板做成跷跷板，把呼啦圈当成小火车，用轮胎做成独木桥，挑木棍，撞拐……每一个孩子都能寻到自己最喜欢的游戏环节，老师们细心观察，发现孩子在游戏中发生的行为，探寻游戏行为背后的教育价值。老师们围绕发现的精彩以及想解决的问题进行教研，这样接地气的教研老师们都有话说，而且都想说、说不完，老师们称其为幸福故事分享。他们说幸福就是你看到了我，看见了幸福才会看到孩子，孩子才能幸福。我们希望通过游戏化的方式，让孩子们感受图书世界的丰富和神奇，也能让我们的心灵更加饱满。

开展有趣、有料、有思的绘本活动，为孩子种下绘本阅读的幸福种子是我们不变的初心，是我们守望的方向。放手游戏，观察游戏，分析游戏，回应游戏，把我们的快乐带给孩子。让孩子有一个更快乐地童年！我们会继续努力，继续沿途拾光记录美好！

挖掘乡土资源，传承地域文化

——大郭幼儿园乡土特色游戏化课程探究纪实

山东省德州市宁津县大曹镇大郭幼儿园　毛书芹

游戏是幼儿童年生活不可缺少的一部分，它是孩子们童年的欢乐，自由和权利的象征。《纲要》在总则部分明确指出："城乡各类幼儿园都应从实际出发，因地制宜地为幼儿一生的发展打下基础"。《指南》指出："教师要善于发现并有效地选择和利用当地特有的自然资源，扩展幼儿生活和学习的空间。"由此可见，乡土资源是促进儿童学习的天然素材。

大郭幼儿园是一所农村幼儿园，与城市幼儿园相比，我们先进的教育资源可能有所欠缺，但是我们却有得天独厚的地理优势，大自然就是馈赠给我们的最好的礼物。在园领导的带领下，老师们深入挖掘农田这本大教材，来丰富课程内容，深入到五大领域，使主题教育课程与农村幼儿的实际生活紧密相连，开展了别具特色的乡土游戏化课程。

玉米是我们这里最常见一种农作物，种植面积非常大，从种植到收获，孩子们到农田里观察了很多次，每一次观察都会发现很多新奇的东西，他们通过观察、感知，深入了解了玉米的成长过程，根、茎、叶的特点，田间管理的知识。来到幼儿园里，跟老师和小朋友交流自己的新发现，孩子们兴趣盎然。画玉米、运玉米，搓玉米，用玉米粒

做手工，用玉米粒进行数的分解和组合，用玉米芯做成“小火箭”来玩“火箭升空”的游戏，用玉米叶做服装来一场别样的模特走秀，用玉米皮进行编织，来锻炼孩子们小手的灵活性，还用玉米皮做成了各种各样漂亮的工艺品，来丰富我们的主题墙。

冬春的田野里，小麦的生长引起了孩子们浓厚的兴趣。冬天，孩子们到麦田里去观察被大雪覆盖的小麦会是什么样子；春天，老师带领孩子去麦田里踏青，尤其到了小麦拔节抽穗的时候，孩子们更是兴奋不已，认真观察孕育了好久的麦穗，用手去触摸麦芒、秸秆和叶子，感受到小麦旺盛的生命力。

农田里趣味无穷，孩子们挖蚯蚓，捉害虫，捕蝴蝶，追野鸡，这些乡野游戏带给了孩子无穷的乐趣。

我们结合乡土资源主题丰富和创新区域活动。孩子们最喜欢的区域就是农家小院。这一乡土游戏区域，活动材料非常丰富，活动的形式不断创新。我们布置了具有乡土特色的娃娃厨房、娃娃餐厅，投放了独具特色的小桌子、小椅子、餐桌、餐具。蔬菜肉类应有尽有，既有家常菜的小饭店，还有烧烤店。在农家小院里，叫卖声，欢笑声连绵不断。

乡土材料丰富课堂，乡土游戏助力孩子成长。孩子们通过观察体验--动手操作-分享交流，对乡土文化有了更深的认识，并让这种认识在幼儿的生活与游戏活动中得到升华，从而将家乡文化耕植于每一个幼儿的内心深处。

乡土资源是农村幼儿园的宝贵财富，只要合理开发和利用，就能培养孩子学科学、爱科学的精神，激发孩子的创造性，为孩子的童年留下最美好的回忆。“一切为了孩子，为了孩子一切”，在乡土特色游戏化课程研究的道路上，我们大郭幼儿园将一路向前，永不止步！

多元发展凝雨露　深耕细作暖人心

山东省平度市明村镇明村小学　纪宁　李娜　赵鹏程

“一年之计，莫如树谷；十年之计，莫如树木；终身之计，莫如树人。一树一获者，谷也；一树十获者，木也；一树百获者，人也。”　这段话既阐明了人才培养的重要性，也揭示出人才养成的不易。我校位于平度市明村镇驻地，始建于1940年8月，2013年新校建成后，绿化覆盖率达65%。布局合理，环境优美，教学设施齐全，拥有录播教室、多功能教室等27个专用室和校园网站、班班通等现代化教学设备。我校现有教学班35个，学生1337人，教师93名。办学以来，我校始终秉承“以人为本”的执教理念，不断丰富我校教师素养和能力，努力提升学校品质，以校园建设和专业成长为支撑点，撬动学校品质的发展。另一方面，严格落实省、市关于解决大班额问题的具体要求，发挥管理的长效机制，严守学校安全工作，创建平安谐校园。加强依法治校，规范办学行为。学校先后被评为“山东省文明校园”、“青岛市五星级阳光校园”、“国家级乡村少年宫”、“中国工农红军小学”等称号。

一、铸魂培根，引领学校卓越品质发展

教育教学质量是一所学校发展的直观体现，也是立校之本。为此我校教师在上级教育部门和校领导干部的正确指引下，全面贯彻执行党的教育方针，坚持以教育教学质量为中心，强化教育教学研究和常规管理，不断解决教学中的新问题，全面提高教学质量，促使学生达到规定学业质量要求。为提升教育品质。我校各级部主任每周会在级部内抽查各科老师备课、上课、作业批改情况，每月全校进行一次全面的大检查，对学校的教学管理工作起到了督促和推进作用。同时贵校大力推进课程实施。全面落实国家课程、开全地方课程、开发校本课程、开足课时、遵循教育规律和学生成长规律，尊重学生的身心发展规律，创造性地开展快乐教育。依托国家“十二五”课题——《非遗文化进校园》和国家“十三五”课题——《探索农村小学教育信息化发展的新模式》。依据明村的风土人情和地理地貌确定了以明村文化底蕴为主题的五大板块：《民风民俗》《三合山名胜古迹》《三合山著名战役》《明村农业特产》《崛起的明村企业》。我校还充分挖掘明村西瓜、蓝莓、圣女果种植优势，开展跨学科主题研究课的学习，以年级为单位，开展系列的多学科共同参与的实践活动课，组织学生到校外参观西瓜棚、圣女果园、蓝莓园，调查农业科技设施，开展系列的科学实践活动，使学生深刻感受农业科技的魅力。学生们还在老师的带领下，充分搜集资料，精心设计了内容丰富的宣传板报。有二十四节气的农业知识，有种植、撒种的正确方法，有劳动中同伴合作的快乐，使学生了解、热爱家乡，促使农村课程教育稳步发展。依托“全国红军小学”品牌，我校还大力开展传承红色基因教育。2019年，经过多方努力，我校被命名为“中国工农红军山东平度红军小学”。按照习总书记提出的“红色基因，代代相传”的伟大号召，我校积极落实总书记对红军小学“实事做实，好事办好”的指示。结合本地红色教育的优势资源，我校建立了“杨明斋广场”、“党的光辉历程”、“长征路”宣传长廊、“改革开放光辉40年”宣传长廊等“三廊一场”教育场地，并将杨明斋的感人事迹、三合山战役的光荣精神，作为学校的红色基因教育纲领，我校通过宣传栏、手抄报、大合唱、课本剧等形式，对学生进行红色基因的根基教育。同时设立“全国雷锋班”开设“讲红军的故事”、“崛起”等校本课程。值得一提的是，我校小海燕电视台，根据“三合山战役”拍摄的微电影《一枚生锈的弹壳》获山东省一等奖，小海燕合唱团获得青岛市“社会主义核心价值观”合唱比赛二等奖等成果。为了进一步培养学生爱国主义情怀，我校还组织全体师生观看了红色影片《红军小学》，将红色基因教育纳入学校德育教育的主题，引领学生不忘初心，继续前行，学习与发扬红军精神，创造新的辉煌，共同托起明天的太阳。

我校也特别重视学生个性，促进学生全面发展。目前，我校成立合唱、舞蹈、国画、篮球、轮滑、烘焙等11个校级社团和29个班级社团。定期举办“两节一会”，不断丰富校园文化生活，陶冶师了生道德情操，学生富有个性地成长，学校充满昂扬向上的勃勃朝气。

二、以文化人，营造健康浓厚书香氛围

校园文化是学校可持续发展的动力，是学校综合办学水平的重要体现，也是学校个性魅力与办学特色的体现，更是学校培养适应时代要求的高素质人才的内在需要。我校十分重视校园文化建设，努力为学生营造健康美丽的学习环境。我校教学楼一楼制作“海洋文化”板块，二楼悬挂名言警句、师生美术书法作品等板块，在教室、实验室、各处悬挂张贴的名伟人画像、名言警句、标语，让每一面墙壁“说话”，达到润“生”细无声。三味书屋。我校与平度市新华书店合作组建成立了平度市农村第一家校内书店——明村小学三味书屋。致力于拓展师生的知识面，强化素质教育，为营造良好的学习读书氛围和校园文化提供了很大的帮助。同时，我校积极开展读书活动，努力营造“书香校园”。在教学楼楼梯口建设“图书角”，走廊里陈列开放式书架，试行“书中寻蜜、甜在心里”的借阅管理办法，让每个师生都能“好读书、读好书、书读好”。我校也通广播站电台建设，及时播放校园新闻和优秀稿件，课前进行温馨提示，课余时间播放健康向上的内容，弘扬正气，激励师生。如我校的小海燕电视台精心选拔培养小主持人，编排发布校园微视频、微电影。我校还创建了刘剑老师的丹青水墨工作室、刘静老师的七彩印象工作室、张亚暖老师的名班主任工作室，积极开发建设优秀人才培养基地。

三、春风化雨，创建家校沟通和谐桥梁

学校是学生的学校，也是老师的学校，是家长的学校，是社会的学校；和谐的师生关系是教育教学的重要保障。我校积极组织教师学习《教师法》《教师职业道德》，学习先进教师的事迹，积极回应群众诉求，坚持问题导向，对违规补课的在职教师，体罚或变相体罚学生等行为实行“零容忍”。我校学生尊敬老师，见到老师都会驻足鞠躬喊一声“老师好”。老师和学生之间平等交往、相处融洽，经常会看到操场上师生打篮球、做游戏。老师们时刻把学生放在心上，有的老师在面对有不良行为的特殊学生时，更是不断鼓励和耐心帮助他，用真爱感化。同时我校也认真贯彻落实新《中小学生守则》和《小学生日常行为规范》。以“童真”、“童趣”、“童心”作为学生关系出发点。将良好同学关系的建立，作为重要的育人目标，形成好学风、好班风，好校风。为了预防校园霸凌事件的发生，增强学生的自律和防护意识，我校多次组织相关主题班会、讲座提高学生自我保护意识，杜绝校园霸凌事件。此外，我校对留守儿童、失学辍学返校儿童、困难家庭儿童、随班就读轻度残疾儿童等格外关注。对特殊学生的教育坚持因材施教，提供合适的教育，在课堂教学过程中，充分发挥特殊学生健全部分和潜能，对于缺陷部分实施补救教学，对他们进行有效地帮助。经常开展“送温暖”活动，帮助困难学生解决实际困难。我校对特殊困难教职工关心关怀到位，经常询问他们的工作、家庭及生活情况，竭尽所能为他们排忧解难，让他们尽快渡过难关。

学校和家庭联手，才能成就学生美好未来。为此，我校通过家长会、家长驻校等形式搭起学校与家庭教育桥梁。通过“家校联系卡”与家长沟通联系，对每个学生进行跟踪教育。还举行了家长开放日、家庭教育经验谈、实施家长进校园“九个一”行动，扎实开展好“万名教师访万家”等工作。定期开展家庭教育培训，让家长与教师零距离交流，共同探讨教育孩子方法。如今，我校各项工作均得到学生、家长的一致好评。

“春风桃花红、雨润花更艳”教育是温暖人生的阳光，它尊重、赏识每个个体，致力于学生能力、品德等各方面素质的全面提升，服务于个体的健康成长，滋养每一个生命。而学校则是育人良田，用每一寸土壤哺育学生的成长。未来路上，我校会继续用热爱装点教育事业的百花园，用生命谱写一曲又一曲教育新歌。

家园共育，浇灌最美“幸福树”

——山东平度市阳光幼儿园举办“家园携手　共育新苗”活动

山东省平度市阳光幼儿园　葛淑娟

苏霍姆林斯基说过：“若只有学校而没有家庭，或只有家庭而没有学校，都不能单独地承担起塑造人的细致、复杂的任务。”多渠道

建立起的家校共育平台，让家庭和学校成为平等合作的“伙伴”，发挥家长和教师的共同作用，才能更好地巩固学校教育的成果，浇灌出家校共育的最美“幸福树”。近日，山东省青岛平度市阳光幼儿园举办了以“家园携手共育新苗”为主题的家长节活动，从“开设家庭教育小课堂”、“寓教于乐，独具匠心”、“讲好‘人生第一课’”等方面，为家长们搭建了一个相互学习，相互交流的平台，避免更多家长在家庭教育上走弯路，也能使孩子们更好地健康成长。

各司其职，同向而行

教育部部长陈宝生曾召开会议传达学习习近平总书记的重要讲话：“不论时代发生多大变化，不论生活格局发生多大变化，我们都要重视家庭建设，注重家庭、注重家教、注重家风，发扬光大中华民族传统家庭美德，促进家庭和睦，促进亲人相亲相爱，促进下一代健康成长，促进老年人老有所养，使千千万万个家庭成为国家发展、民族进步、社会和谐的重要基点。”家长和学校具备正确的教育观念首先要从思想上重视家庭教育。阳光幼儿园深知家园共育的理念，从幼儿园大多数孩子留守的实际情况出发，将家庭教育看得极为重要。

开设“传统文化小课堂”。大班的16名幼儿，着汉服，行儒家拱手礼，鱼贯而入。在执教老师的引导下，上了一堂让人耳目一新的传统文化课——《刨根问底的沈括》。孩子们跟随沈括这位大科学家，一起寻找“为什么同样种花，长在山下和山上时，开花时间却不同”的答案，最后导出《三字经》中概括的方法论精髓：“心有疑，随札记，就人问，求确义。”家长们在这堂传统文化课上受益匪浅，不仅进一步了解幼儿园的管理和教育教学，也系统掌握了如何培养孩子养成良好的学习和生活习惯。

开设“家庭教育知识小课堂”。阳光幼儿园党支部书记、园长葛淑娟，中国孔子基金会青岛两所“孔子学堂”主任潘修雷为家长们开设了家庭教育小课堂，针对家长们提出的家庭教育中常见的问题进行答疑解惑，就“如何培养孩子看书的好习惯，孩子迷上了玩手机、看电视怎么办”等问题，从家庭教育理论高度，并结合自身的育儿经验，给予深入浅出地解析，并列举了我国近代著名的思想家、文学家梁启超的家庭教育成功理念，从他的趣味教育、爱国教育、品格教育等方面揭示他的教育秘诀就在于对孩子进行深厚的文化底蕴熏陶。

家园共育，目标在“育”。说到底，家园双方的目标是一致的，都是为了孩子健康成长、全面发展。真正的家园合作，需要学校尽可能调动学生家长参与学校教育的热情，获得家长对学校管理和发展的认同，也需要家长了解学校的教育教学目标，使家庭教育配合学校教育。在此基础上，划好家园共育的“经纬线”，厘清学校教育和家庭教育的任务分工、职责边界，才能各司其职、同向而行。

家长与老师有效配合，形成家园共育的整合优势，有助于为学生营造一个和谐的家庭环境和校园环境。各方不缺位、不错位，坚持问题导向、目标导向、效果导向，疏通家园共育不同步、不合拍的堵点，才能促进孩子健康成长，取得教育高质量发展的新突破。

寓教于乐，独具匠心

“四雅”（琴、棋、书、画）是中华文明的艺术载体。活动当天，幼儿园的孩子们及其家长、全体幼儿教师、特邀嘉宾，共同参演了音乐游戏《神奇的纸》。从孩子们天真烂漫的笑脸上，反映出了孩子们颗颗纯真的童心和深深陶醉其中的快乐，也映射出了中华传统文化的流光溢彩。四雅中，琴居首位，可见音乐在“修身齐家治国平天下”的文化中的重要地位。幼儿园教师把无形的音乐韵律节拍，彰显到有形的一张张色彩绚丽的纸上，可谓寓教于乐，独具匠心。

情景剧目融合孝德教育。情景剧《孝德·从这里启航》在活动中拉开帷幕，编剧并参与饰演奶奶的园长葛淑娟，在表演中声泪俱下，触动了在场所有人内心深处脆弱的情感神经，充分把孝德教育展现出来，也将把活动推向高潮。葛园长在节目结束之后，介绍创作背景时说道，一天，她发现有个孩子入园后不停地抹眼泪。经寻问才知道，原来是中秋节这天，妈妈做了一大桌丰盛可口的饭菜，孩子希望住在出租房的奶奶可以回家一起吃，妈妈却不愿意，随着家庭矛盾的升级，逐渐发展到“爸爸要与妈妈离婚”，最后，这位妈妈认识到了自己的错误，把婆婆从出租房接回家里，此后家庭变得和谐而幸福。剧中的小主人公，也为此荣获了幼儿园授予的“小孝星”殊誉。

葛园长说：“孝德是中华民族的传统美德，是中国传统文化最基本的价值观。新时期的孝德教育就是以建设社会主义核心价值体系为根本，以身边典型为榜样，对受教育者进行孝敬父母、关心他人、关注社会教育，是培育青少年爱国情感、提高道德素质的重要载体。”

讲好“人生第一课”

中共中央、国务院在2018年发布了《关于学前教育深化改革规范发展的若干意见》，对发展学前教育提出了具体目标和具体做法。随着教育事业的日益蓬勃，学前教育也逐渐成为社会各界关注的重点。幼儿园也不仅仅是简单地完成教学任务，更要让孩子的心灵健康成长。对于平度市阳光幼儿园的一些常年住校的幼儿来说，学校不仅是增长知识的地方，老师和小伙伴也是大家庭的一员。

活动最后，家长代表表示，在情景剧《孝德·从这里启航》葛园长惟妙惟肖的表演中，家长和孩子们都不禁湿了眼眶。家长的眼泪中不仅有对葛园长温情表演的感动，更有对不能陪伴在孩子身边的愧疚，但更多是对阳光幼儿园葛园长及每位悉心照顾孩子的教师们的感恩。

葛园长从教四十七年以来，一直爱园如家、爱生如子。葛园长经常挂在嘴边的一句话就是：“孩子是未来，也是希望，要关心孩子成长的一点一滴。”每一位教过的学生都是她的孩子，孩子们进步时，她给予真诚地赞美；孩子们迷茫时，她耐心地指点迷津；孩子们遇到困难时，她倾力帮助。自从担任阳光幼儿园园长以来，她自费资助困难孩子、减免学费约计20多万元，帮助二十多个家庭渡过难关。在葛园长的感染下，园里的教师都以葛园长为崇高榜样，为常年住校的幼儿搭建起心灵的港湾。

葛淑娟和园内的老师帮助过的孩子还有很多，正因为葛园长对孩子付出了很多无私的爱，园里的很多孩子都亲切地称呼葛园长为“园长妈妈”，至今，有些正在上学，努力成长为更优秀的人，有些已经走向社会，成为各行各业的翘楚，有些去国外深造，寻找更广阔的人生……但是不论他们身在何方，都还惦记着他们的葛妈妈，一次次暖心看望、一个个关切的电话、一次次对幼儿园建设的倾心投入，都代表着孩子们对葛妈妈的关怀和对阳光幼儿园这个大家庭的感恩。而对于母亲葛淑娟来说，孩子的优秀成长就是给她的最大鼓励，也为她继续燃烧自己、照亮他人注入了动力。

在葛淑娟园长的带领下，阳光幼儿园上下齐心，共同前进，多次获得山东省巾帼文明岗、青岛市文明单位、平度市先进党支部等荣誉称号，得到家长孩子和党委政府的一致好评。葛淑娟也因工作成绩突出，被评为青岛市人大代表、青岛市妇女代表，青岛市优秀教师；平度市党代表，平度市优秀共产党员。荣获山东省少儿先进工作者、山东省三八红旗手、青岛市家庭教育先进个人、青岛市家庭教育优秀园丁等称号。

学校与家庭是孩子健康成长过程中不可或缺的主体，构建和谐的家校关系、形成合作共育的格局，才能保障儿童健康成长。对于家庭来说，家长是孩子的第一任老师，要给孩子讲好“人生第一课”，帮助孩子扣好人生第一粒扣子；对于学校来说，不仅仅要肩负起立德树人的重任，保质保量完成好国家规定的教育教学任务，更要将孩子从一株株小幼苗浇灌成一棵棵最美“幸福树”。

一所充满野性、饱有趣味的童年院子

山东省日照市岚山区巨峰镇中心幼儿园　宋兴凤

教育始于关心，是润物无声的陪伴，是浸润孩子们幼小心灵的甘泉，好的教育能让孩子从小就接触知识的天空，领略文化的魅力。巨峰镇是江北著名的“茶乡”小镇，作为一所乡镇中心幼儿园，办园以来，立足“转变农村家长观念、提高陪伴质量”，我园始终秉承“绿色发展”的办园理念，着眼于从生命的高度促进幼儿核心素养的发展，倾力构建“绿色”课程，润泽着每个茶乡娃向上向善、自由呼吸、快乐成长。此外，我园还以农村地方资源为切入点，大力开展自主游戏、阳光运动、乡土文化传承等活动，力求丰富幼儿生命，让幼儿感受生活的色彩和趣味。多年来，在全园幼师和园长的协作努力下，幼儿园办学特色愈发鲜明，校容校貌焕然一新，先后被评为山东省省级示范幼儿园，全国幼儿体育推广示范园，全国足球特色幼儿园，日照市平安校园。对此，园长宋兴凤总是深有感触地说：“儿童的智慧在他的手指上，如何把更多的自主权还给幼儿，让其在鲜活的生活大课堂里，玩中学，玩中进步，让他们在体验中认知、在体验中感悟、在体验中成长，是我一直追求和探索的目标”。

一、立足校园阵地，营造野性、趣味环境

走进校园，首先映入眼帘的便是一个个雀跃的身影穿梭在竹林乐园、树屋攀爬等户外游戏区：荡秋千、跷跷板……孩子们的笑声回荡在幼儿园的每个角落。作为幼儿园绿色教育理念的践行者，我园一直践行“五域一体”的游戏理念，以纲要、指南为抓手，因地制宜创造了极具特色的游戏环境，建立了一日生活皆课程的课程观，将课程目标隐含在体育游戏与生活环境中，支持儿童自发学习。一直以来，我园都注重创设具有探索性和成长性的学习环境，强调幼儿的亲身参与感受，打破户外原有的空间设置，去除绿化面积，给孩子创设更大的游戏空间。幼儿园为学生设置了秋千、平衡绳、爬梯、单绳等体育设施，新建设了具有多功能、多层次的挑战性的空中长廊攀爬区，投放大量接地气的具有浓郁特色的户外运动器械。如由废旧轮胎制作而成的坦克、飞机、海盗船、吉普车、小毛驴等，让孩子在活动的过程中，不但各方面的能力得到协调发展，也对孩子从小树立绿色、环保的意识有很好的教育意义；沙池、水池是孩子们乐而忘返的乐园，将沙水相结合，并在沙池投放了挖掘机、天平、铁锹、各类沙水玩具，以及一些废旧的锅、碗、杯子、水桶、水管等，让孩子们的玩沙设备丰富多样，从而为幼儿不断玩出新花样提供可能；大型攀爬架、单双杠、轮胎平衡桥让孩子们的力量和平衡感都得到不断提升；可移动、可组合、可变化的实木运动器械，打破游戏材料的固定原则，让每个孩子都成为游戏的主人，分工合作随处可见；荒废的竹林经过重新修整改造，增添了草房子，石桌和石凳，孩子们开辟了几条小路，成了他们的秘密基地

……同时，我园设立飞跃童年体适能综合赛道，呈现幼儿走、跑、跳、爬、平衡等各项能力；每周五以周赛道、月赛道、学期赛道闯关形式开展、针对周、月、学期所学内容进行巩固练习，教师进行班级观察记录，管理者进行目标达成评估，为幼儿全面发展打下坚实基础；“飞跃童年”助力户外体育游戏的开展，借助“飞跃童年”这一平台，幼儿园还设置了篮球场和足球场。在体适能课程的支持下，进行园本化实施，以培养孩子喜欢玩足球、篮球为教育目标，初步萌发幼儿对足球、篮球活动的热爱。

二、开发特色课程，丰富阅读、体验生活

著名教育家陶行知提出的“生活即教育，一日生活皆课程” 的教育理念。近年来，我园大力开展“走进生活”系列课程。结合巨峰本土特色，走进巨峰；走进传统；走进健康；走进省编；走进小课程；以这五大体系为主的课程从幼儿兴趣生成萌发性的课程等多样化游戏课程的实施。通过观察、记录、反思、研训等方式，从环境设置、区域游戏、集体活动以及生活活动等各个方面，开展课程方案的游戏化、生活化、适宜性改造。幼儿园根据时令、季节、社区资源、幼儿兴趣开展了“走进生活”系列课程。譬如，我园前期围绕孔雀、禅、蜗牛、蜜蜂、蚂蚁等孩子们感兴趣的小动物开展的“动物课程”，前段时间，我园还利用社区资源开展的“消防车来了”，让孩子们近距离观察、触摸、倾听、观看，让孩子们对“消防车”、“消防员”、“消防知识”有了直观的认识等。根据幼儿年龄特点，我园还开展了以创意美术、快乐足球、声乐课程、播音主持、幼儿舞蹈、情景阅读、围棋课程、趣味数学为主题的一系列小课程，丰富幼儿的每日生活和学习。

苏霍姆林斯基曾说：“让学生变聪明的方法，不是补课，不是增加作业量，而是阅读、阅读、再阅读。”近年来，我园以创建“书香校园”为契机，开展班级借阅图书的活动，把借阅图书活动定位为：自助式借阅，最大化地利用图书资源，营造分享阅读、快乐阅读的氛围，培养幼儿爱看书的阅读习惯与爱护书本的品质。现在每天都能看到小朋友们在聚精会神地看着手里的绘本。这些绘本图画精美，童趣盎然又富有意蕴，非常适合小朋友们阅读，起到了很好的寓教于乐的作用。值得一提的是全国劳动模范袁从波捐赠了3万元劳模奖金用来购买儿童绘本，并设立劳模爱心绘本馆，用于幼儿园孩子的日常阅读，拓宽孩子们的视野，丰富孩子们的知识。爱心绘本馆的绘本全镇公办幼儿园的孩子和家长都可以免费来借阅，解决了儿童没有读书的困难，让孩子和家长都能随时随地有书可以借。同时，结合世界读书日，我园还倡议家长带领孩子共同走进书店，感受亲子共读的乐趣；每周发布“小茶苗故事口袋”公众号，音频形式多样，可以亲子共读、可由幼儿讲述绘本，教师讲述绘本等多种形式；每天利用餐前时间组织“宝宝讲故事活动”活动，每天进行“睡前一故事”活动，通过志愿者服务活动，教师走进社区宣传如何有效进行亲子共读，引导家长和孩子从认识阅读，到爱上阅读，从而培养起幼儿良好的阅读习惯。

三、创新园本课程，提升学习魅力、丰富游戏内涵

我园以园本课程资源的有效开发与利用为切入点，遵循“生活即课程”的理念，充分挖掘利用园内外显性或隐性资源，创造性地将各种有价值的教育因素，作为延伸和拓展园本课程新的生长点，充分彰显出绿色教的独特性、生态性和开放性。一是课程开发突出一个“农”字。农味十足的“开心农场”、“农家小院”，孩子们在区域里推磨、剥玉米花生，体验农村特色。根据农村的地域特色，围绕南瓜、柿子、芋头、花生等孩子们身边熟悉的农作物开展的“丰收”课程，让孩子们感受丰收的喜悦；　茅草小屋，是孩子们天然游戏场，充满农村特色的大锅大灶区，让孩子们乐不思蜀。二是课程的实施围绕一个“趣”字，根据“突出野趣”的户外场地创设原则，我园顺应地势，用泥土、废弃管道等砌成土坡，小土坡就成了堡垒、战壕；孩子们爬上爬下、追逐游戏，沿斜坡上的草皮一滑而下，小土坡成了天然滑梯；在这些活动中，孩子们发展动作，强健身体，勇于冒险、积极探索的精神也得到了有效地培养。三是课程的发展突出一个“长”字，“让幼儿在真实的自然情景中成长”。实际建设过程中，幼儿园保留了大自然最真实的泥土、石头、树林，充分还原农村春耕秋忙、赶羊养鸡的生活情境，最大限度地支持和满足孩子在亲身体验、真实感知、实际操作中亲近自然、充分发展的愿望与需求。不仅如此，我园还发动教职工、家长搜集了大量的民间游戏素材。如竞技类游戏——跳绳、踢毽子、挑棍、打陀螺、跳房子、翻绳，虽然材料简单，但随着将之编入园本课程，实现有机渗透到一日活动的各个环节，在“民俗趣”的民间游戏中玩出聪明与智慧。此外，我园还充分发挥乡镇中心幼儿园的管理辐射作用，扎实推进农村镇村幼儿园一体化管理，通过引领镇内8所村级园不断改善办园条件，推动镇内各园高质量、高水平发展，整体提升学前教育质量。

教育如一缕暖阳，是一份关心，是一路陪伴。它尊重、赏识每个个体，致力于学生能力、品德等各方面素质的全面提升，服务于个体的健康成长，滋养每一个生命。为了让每位幼儿都能感受生命的美好，领略学习的乐趣，我园会继续默默坚守初心，用心培育，用爱浇灌，着力为幼儿发展夯实基础，让更多的“茶乡娃”绽放出生命的光彩。

聚焦德育一体化研究　打造立德树人新生态

—山东省乳山市畅园学校德育一体化研究的实践与探索

山东省乳山市畅园学校　张耘　陶建

中共中央《关于深化教育体制机制改革的意见》指出，学校教育要围绕为谁培养人、培养什么样的人、如何培养人根本问题，要坚持方向引领、立德树人，构建一体化德育教育体系。党的十九大报告中提出要全面贯彻党的教育方针，坚持社会主义办学方向，培养德智体美全面发展的社会主义建设者和接班人。为基础教育学校指明了方向和目标。面对新时代、新思想、新目标、新要求，如何加强和改进学校德育工作，探索适应学生成长和社会发展需要的新路径，就成了基层学校亟待解决的问题。为此，我们依据学校实际及域位优势，结合学科及学生特点，进行了德育一体化研究实践与探索，收到了良好的教育效果。

一、背景分析

（一）学生表现状况。我校地处城乡接合部，学生来源广，成分杂，受不同环境、家风、教育方式等因素影响，学生表现良莠不齐。

（二）家庭教育状况。从整体看，家庭教育水平不高，重视程度不够，表现在方法简单粗暴、方式单一，缺乏知识性、科学性、系统性。

（三）学校教育状况。基于学生表现，学校层面忙于管理，班主任层面疲于管理，学生层面苦于管理，虽然形成了管理体系，但是依然存有教育盲区，教育合力不强，德育研究肤浅，文化引领氛围不浓，学科教育空白等问题，没有真正形成德育教育一体化局面，致使教育效果打折。

二、实践探索

我校是一所九年一贯制学校，面对正处于“心理补乳期”、“心理断乳期”的中小学生，面对广大家长对优质教育的日益渴求，传统的刚性压制、枯燥的说教已严重制约了学校德育工作开展，成为学校发展的瓶颈。为全面有效落实立德树人目标任务，适应新时代教育发展需要，我们审时度势，依据学校实际，进行了全方位、多元化德育一体化研究与实践。

一是推行德育课程一体化，实现全科育人。“师者，传道授业解惑也。”传道与授业二者不可偏颇。多年来，学科教学普遍存在“重知识，轻育人”现象，已是不争的事实。分析原因不外乎教师思想不重视，功利主义严重所致。针对这一问题，首先解决教师思想认识问题，凝聚共识。主要通过召开教师会议、观看师德标兵视频、外出培训学习、学科研讨、自我剖析等形式，查摆思想问题，以提升教师思想认识，明确常规要求，落实育人总目标。要求抱着对学生负责、对社会尽职的态度，站在为谁培养人、培养什么样的人高度，来认识做好学科育人的现实意义和历史意义。其次是解决学科德育渗透问题，全科育人。学科教师要依据教材内容积极挖掘德育元素，将积极的情感、正确的价值观、人生观融入课堂教学，创建以学生为中心，以情境为中心，以活动为中心的教学模式，把教书与育人结合起来，把传授知识与陶冶情操结合起来。从教师备课入手，抓实授课环节德育教育渗透，不定期组织教案、课堂教学等评比活动，形成互学共促的局面。如历史课的《历史上的今天》——让学生牢记历史、不忘国耻，增强民族责任感自豪感；地理课的《人与自然》——让学生从小树立保护环境、珍爱家园环保意识；音乐课的《我爱你中国》——陶冶学生爱国情愫，激发报效祖国的信心与决心等等，将德育与智育、体育、美育有机融合，实现学科育人与知识传授同步并举。再次是解决督导评价问题，实现学科教育常态化。在不定期督导检查的基础上，每月学校组织教师备课、授课、育人成效学生家长问卷，将问卷情况与平时督导情况进行汇总，结果纳入教师课堂教学评估中。

二是推行校内管理一体化，实现全员育人。学校无小事，处处皆教育。在加强学校管理、级部管理、班级自我管理的基础上，一线教师推行课上“一岗双责制”、“导师制”、“班教导会制”管理模式，教辅人员则按需要设楼层、楼道、校园、上下学等指导员，负责督导学生的日常行为养成及安全问题。从而形成了事事有人抓、时时有人管的协同管理机制，形成了人人参与管理，人人都是教育者的良好局面，实现了全员育人的教育管理一体化。精细化管理的有关做法，被乳山市教育局视为典型进行交流推介。

三是推行环境文化浸染与主题活动践行一体化，实现隐性与显性教育互映。校园文化，是学校发展的风向标，是学校文明建设的窗口和载体。对此，我们充分利用电子显示屏、校园网、宣传栏、校报、班级宣传长廊等形式，围绕安全与法制、卫生与健康、文明与诚信、资源与环保、理想与责任、核心价值观十九大等内容，进行多角度、深层次宣传解读，以发挥环境文化的引领、润泽作用。同时，依据实际，组织走进马石山、天福山等红色教育基地，接受爱国主义教育，邀请公安交警进校做报告，进行安全法制教育。同时，开展十佳文明班级、百佳文明学生双文明评选及社会主义核心价值观知识竞赛等活动。学生置身这样的氛围中，思想得以升华，心灵得以荡涤，行为得以规范，为学生健康快乐成长打好了人生底色。

四是推行校内外教育一体化，实现内外教育对接。学生教育仅仅依靠学校是远远不够的，全社会都应担当重任。对此，我们在加强校内管理教育基础上，积极拓宽教育渠道，延展教育半径，以聚强教育合力。通过建立家校微信群，成立家长委员会，举办校园开放日，发放致家长一封信，组织家教知识讲座及百名教师访千家活动等，以了解把握学生思想动态，交流意见建议，提升家教认识水平。同时，依据区位优势，组织学生进军营、进社区、进基地、进敬老院"四走进"社会实践活动，接受了社会教育，增强了才干，明确了责任担当，实现了内外教育零距离对接和教育资源的深度融合。

五是推行德育研究与践行一体化，实现研究成果转化最大化。树立生活即课题、问题即课题，学习即研究的工作思路，坚持问题导向，以德育研究为引领，破解学生教育工作瓶颈，全力提升教育实效。成立了以教科室为龙头，教导处、政教处为两翼，班主任、班级教导会为主体的学校德育研究体系，针对小学生文明行为养成、单亲家庭教育开展、青春期早恋及心理健康教育等问题展开探讨研究，探索解决这些问题的路径方法。通过举办德育研究讲座、班级管理论坛、经验交流会、优秀课题评选等形式，强化研究认识，提高研究水平，加快研究成果转化。形成学、研、转一体化德育研究新局面。

实践证明，在学校德育一体化研究过程中，我们不断探索，不断实践，极大地提升了办学质量和办学效益，全校上下呈现出风清气正、和谐共振、积极有为的发展态势，形成了刻苦自励、团结友爱、诚实守信的大好局面。事实证明，加强和改进学校德育工作，积极推进德育一体化研究，是新形势下学生健康成长的需要，也是学校立德树人的必然要求，更是学校可持续发展的历史选择。我们将进一步总结反思，压实责任，强化落实，为学生人生未来起好步、开好头奠定坚实基础。

创新园本教研，培养幼教强军

山东省威海经济技术开发区凤鸣幼儿园　刘爱滋

战国时期的思想家荀子说："国将兴，必贵师而重傅；贵师重傅则法度存。"意思是："国家将要兴盛，必然要尊师重教，尊师重教，国家的法度就得到了保存。"把这个思想运用到一所学校同样适用。如果说知识是一座精神宝库，那教育就像是宝库的大门，而老师则是保管钥匙的人。党的十八大以来，我国学前教育事业快速发展，普及水平大幅提高，人才规模不断扩大，师资管理逐步规范。尤其是习总书记在党的十九大报告强调"幼有所育"之后，学前教育已经提升到十分重要的位置。但是从教育现状看，学前教育是我国教育体系中的短板，发展不平衡不充分的状况仍没得到根本改变，幼儿教师数量不足、结构不优、水平不高等问题突出。我园是2017年9月正式投入使用的一所公办幼儿园，环境美观，硬件设施先进，生源以本地旧房拆迁回迁和外地购房两类为主。由于我园是新建学校，师资力量不足，缺乏经验，成为挡在学校发展的一道难关。教师队伍建设是幼儿园的工作的灵魂。对于幼儿园来说，如何将教师从幼儿安全、保育教育等繁重的体力劳动解放出来，并有效利用她们在保教活动中的实践，引领教师走上专业发展之路，进而实现幼儿园内涵发展，显得迫在眉睫。《规程》和《指南》中明确提出"游戏是幼儿园基本的活动形式"，因此教师对幼儿游戏行为的观察、解读与支持就成为教师的必备专业能力。经过多维度调研，我园提出；源于教育观察的园本教研应该也必须成为幼儿园引领教师发展的突破口。因此，我园大胆开始了教师团队建设的有效探索，通过学校全员教师的智慧和努力，四则运算式园本教研模式应运而生，为幼儿园发展带来全新曙光。

一、以师为本，从问题中引申教师培养的全新思考

工欲善其事，必先利其器。要打造优秀的教师团队，最先要解决的就是理念的问题。学习与交流是知识、经验积累的有效办法。因此，我园教师们有许多学习内容任务清单，师德学习、基本功学习、理论学习、教学技能学习等。如《3-6岁儿童学习发展指南》解读，让教师反复熟悉幼儿身心发展规律，为自己的教育行为掌舵。再如《聚焦教育观察》《学前儿童行为观察与分析》等作为教师必读书目，定期组织教师读书交流会，让教师们积累经验、开阔视野、锻炼格局。

对于一所新建幼儿园来说，走出去培训迫在眉睫，学成后的二次培训势在必行。器欲尽其能，必先得其发。让老师习得方法，只有一个办法：操千曲而后晓声，观千剑而后识器。因此在园本教研实操上，我园坚持做到"三实"——踏实、落实、扎实。建立健全"四定式"园本教研制度。定时间、定地点、定主题和定人员，分工明确，最大化提升工作效率。

另一方面，我校积极探索完善"三段式"园本教研模式。即预设准备阶段，放飞自我式的主题冥想，拓宽思维的广度；互动研讨阶段，四则运算式的园本教研，挖掘思维的深度；拓展延伸阶段，问题追问式的教育反思，提升思维的温度。

法欲成其事，必先溯其源。教育科研就是引领教师在对教育活动中出现的问题进行研判、追根、求解。教育科研是教育发展的原动力，也是幼儿园持续发展的生长点。它是一种实践性研究，致力于解决教师在保教活动中遇到的真实问题，都是教师无法回避且迫切需要解决的问题，教师参与教育科研源于工作驱动，其研究动机是解决自己在教育实践中的现实问题，因此教育科研不是不可攀，课题研究更应该接地气的。为了让幼儿园的园本教研更具前瞻性、针对性、科学性，2018年6月，我园申请立项威海市"十三五"规划课题"慧玩指导——幼儿园自主游戏中教师回应指导策略的实验研究"。其中在课题申报评审书中明确提出了一项解决的问题——慧玩指导，在以"慧玩"为目标的自主游戏中，实现幼儿积极的情感体验、语言能力、社会性发展的核心目标，同时通过实践研究打造一支专业的幼儿教师队伍。也预设了一项研究内容——教师专业成长的方式、途径、手段。由此可见，课题研究的直接受众是幼儿，但是研究的过程间接受益的则是教师，她们会在课题研究的过程中体验从参与者到研究者破茧成蝶的蜕变。

二、铸魂培根，通过教研实践建构教师专业成长新模式

四则运算式园本教研，是我园教师专业成长探索中最先取得实质性进展的一环，是园本教研模式三个环节的中间一环，是我园近三年探索中最核心的成果。该成果用"＋－×÷"四则运算的形式分别承载研讨的四个流程。即；(1)由简入繁，做"＋"法。(2)删繁就简，做"－"法；(3)由浅入深做"×"法；(4)深入浅出，做"÷"法 。

在教研活动中，尤其是在园本教研中，确定了研究的方向之后，教师往往会陷入守着丰富的活动资源却不知道"我要研究什么"的困境中，如何让老师从繁杂的观察现象中确定在这个案例中，哪里有教育点，教育价值是什么。"+"法，就是让老师通过观察、记录，进而产生思考，源于问题根本思考解决办法。

读一本书，人们往往力求做到"先把书读厚，再把书读薄。"如果说前面一轮研讨是让老师读出案例背后潜藏着的教育点，是把书读厚，做的是"+"法，那么接着就是一个将书读薄的过程——进行信息分析，做"-"法。"-"法。的精髓是通过判断、分析和舍弃，很快从各个信息中找到具有核心价值的内容，精准提升教师的专业能力。在前两轮的研讨中，教师实际上是一个"读案例"的过程。教研活动虽然是有效地，但却不是高效的。因此要从"读案例"到"用案例"，进行信息发散。"×"法的妙处就是研讨、梳理，形成知识链，帮助老师有更多层面的顿悟与创新。

世界上有千千万万的人，我可以说只有两人：男人、女人；世界上有形形色色的人，我可以说只有两种：好人、坏人；世界上与我有丝丝缕缕联系的人，我可以说只有两类：熟人、陌生人……同样，老师们在主题研讨中，基于各种理念的支撑，思维迸发，激情四射，可以探究出千百种达成这个教育点教育价值的策略。"÷"法就是为了解决幼儿自主游戏过成中共性的问题。在这四轮集"研、讨、行"为一体的教研活动中，教师实际上经历了两个来回：由简入繁易，由繁入简难，删繁就简；由浅入深易，由深入浅难，深入浅出。

四则运算式的园本教研以园本教研为视觉，从教研前的观察准备、理念准备、思维准备，到教研中的平行研讨、深度追问、交叉互动，再到教研后的教育反思、个性创新，真实地再现了园本教研的多维推进。尤其是在教研模式中的三个突破点：三段式的教育观察，让教师在有准备和无准备之间反复切换，最大限度地体现了园本教研的原生态。选择式的问题设计，让老师在预设与生成中反复追问，一次次在自己的最近发展区跳、转、腾、挪。运算式的结果呈现，让教师在质疑与建构中反复游走，一次次感受柳暗花明又一村的酣畅淋漓。

三、放眼未来，从沉淀中开拓幼教事业的全新篇章

时至今日，四则运算式园本教研模式四已经逐渐成熟，并散发出独特的魅力。得到了市、区两级教研部门领导的持续关注与专业引领，逐步开始在各种教育活动中进行应用与推广，毫无疑问锻造了教师的专业技能。今天，它不仅为我园所用，也成为多家幼儿园青睐的对象。新艺幼儿园、九龙湾幼儿园，区外联谊园桥头中心幼儿园等亲身体验了这种模式在提升教师专业能力上的魅力，纷纷表示这种模式下的教研源于教师的教育经验，成于伙伴间的智慧碰撞。此外，随着四则运算式的园本教研在幼儿园的深入开展，为了让四则运算式园本教研模式发挥更大的作用，我园也抓住机会，争取到成为"全区2019年自主游戏现场观摩"承办园的名额。区教研中心于英骅主任和41所幼儿园的80多位领导、同行观摩了我们幼儿园孩子的自主游戏。参观活动结束后，幼儿园12名青年教师进行了四则运算式园本教研的现场研讨。活动中，老师们所展现出的对于教育观察的客观，对于教育时机的研判，对于教育策略的多元，对于教育智慧的生成等等，都给与会人员留下了深刻的印象，从与会人员的反馈中，四则运算式园本教研模式看得到了大家的肯定。

教育注定是一场没有终点的行程。四则运算式园本教研模式虽然在幼儿教育的纸张上留下了绚烂的一笔，为幼儿教育事业增添不少活力，但幼教道路仍任重道远。教育好比阳光，滋养生命的成长。作为教育的一员，我园全体教师必会继续扮演好勤匠的角色，用专业素养和知识技能陪伴学生成长，用青春年华和诚挚真情浇灌幼儿心灵，为他们照亮人生前进的方向。

五"路"进进，惠民服务促发展

山东省潍坊市潍城区南三里小学　万慧　唐念群　王梁

教育是国之大计，党之大计。教育寄托着人民群众对美好生活的期盼，事关青少年健康成长，事关千家万户利益。推进教育优先发展，办好人民满意的教育，对增强群众获得感、幸福感、安全感，对经济转型、科技创新、文化繁荣、民生改善、社会和谐具有重要的支撑作用。为深入学习贯彻党的十九届五中全会精神，致力办好人民满意教育。我校始终坚持以党建引领，以家访沟通为桥梁，以家校共育为抓手，教育教学为主导，疫情防控为依托，深化落实各项惠民政策，做实做精，五"路"并进，有效实施惠民服务，受到了家长们的广泛赞誉。

一、党建引领，走好"先锋路"

学校非常重视惠民工作，成立惠民领导小组，党建引领，带动党员们提升服务意识，推动学生全面发展。为了更好地普及惠民工作，提升满意度，我校党员志愿者们在南三里、茂华、高家、金都世家等社区开展教育惠民服务。通过发放惠民服务卡，进社区宣传科学教育方法，与家长们做多方面的沟通，引导家长帮助孩子树立正确的人生观、价值观，形成合力，抓好"立德树人"育人工作。

二、全员家访，走好"沟通路"

为进一步加强家校联系，推进家校共育，让家长更了解教育、支持教育事业发展，为青少年健康成长创造良好的环境。在每学期开学之际，我校的全体教师都会进行全员家访活动，将"知行合一"的校训真正落实到工作中。不仅提升了学校的整体形象，还为学校的发展奠定了坚实的基础。领导班子分工包靠各个班级，以班主任为核心，三名教师协助对班级内的所有学生及家庭进行了全面的了解。他们分工合作，首先进行分组联系学生家长，然后根据家长们的具体情况，分类整理，有的进行登门家访，有的与家长电话约定合适的地点进行沟通工作，班主任与各位协助教师耐心地为家长们疑答解惑，并认真听取并收集了家长们的建议和意见。

三、家校合作，走好"共育路"

为充分调动家长积极参与到学校教育中，充分利用家校协同作用，家校共同合作，帮助我校学生健康、快乐地成长，使学校教育高质量发展，秉着公平公正公开的原则，我校首届校级家委会成立。家委会成员一致推选出首届家委会主任、副主任、秘书长，同时成立慈善委员会、志愿者委员会、安全委员会，为学校发展注入了新的活力。及时开好家长会，从"安全检测"、"硬件设施"、"疫情防控"、"家校共育"四个方面与家长做好沟通，让家长安心，放心，开心。

四、提质增效，走好"教研路"

教师是教育事业发展、学校发展的第一要素，教师专业发展成效直接关系到学校的办学质量。为提升学校教学质量，提高教师教学水平，我校多措并举，不断加强教师业务能力培训、开启青蓝工程、落实常规检查等极大地促进了教师的发展。

提升业务能力。通过每学期初的"推门听课"活动，深入每位教师课堂，很多老师不仅认真听本学科课程还积极进行跨学科听课，不断探寻新学期自我提升的关键点。课后的评课、议课环节校领导班子和老师们都积极参与，认真讨论，悉心记录。为教师们的成长打下坚实的基础。

开启青蓝工程。为加快新教师尽快成长，推升青年教师的教育教学水平，建设一支高质量师资队伍，营造互帮互学的良好教研氛围。学校在开学伊始开启青蓝工程项目，发挥传帮带的作用。

落实常规检查。学校在每月的最后一周适时开展常规教学的集中检查。旨在进一步加强教学管理，及时发现和解决教学工作中暴露和存在的问题，确保教育教学工作高效有序进行，不断提高教师的业务能力与水平。

五、抓实安全，走好"健康路"

学校安全，是社会安全工作的重要的组成部分，直接关系到青少年学生/安全健康成长，关系到千千万万个家庭的幸福安宁。为保障广大师生的身体健康和生命安全，学校积极履行社会责任，将疫情防控及安全保障作为当前工作的重中之重，上下一心，扎实做好防控疫情的各项措施。同时，进行环境卫生、饮食卫生和学生教师的个人卫生等的监督检查和指导。对各班教室、包干区、学生个人卫生进行突击检查。对学校的各项卫生检查结果及时反馈，做好评比工作。保证保健室的整洁、保管和使用好卫生器械，卫生器械账目清晰、完整、准确，经常检查器械使用情况，发现问题及时向领导汇报并给予处理。

教育对于提高人民综合素质、促进人的全面发展、增强中华民族创造活力具有的决定性意义，同时，教育惠民也是教育自身发展的需求，是推动学校规范管理的必要举措，创新发展的不竭动力。我校将在上级教育主管部门的指导下，在广大学生家长的支持下，在社会各界的监督下，扎实落实责任，不断完善我校惠民服务制度，办人民满意的教育。

办人民满意的教育，打造有温度的学校

山东省潍坊市峡山生态经济开发区郑公街道山甫小学　乔勇勇

党的十九届五中全会提出，要建设高质量得教育体系，到2035年建成教育强国，推动义务教育均衡发展和城乡一体化发展，促进全民受教育程度不断提升。推进教育高质量发展，需要我们思想再解放、改革再深入、工作再抓实，牢记为党育人、为国育才使命，切实办好让党放心、让人民满意的教育。我校牢记使命担当，不忘初心，紧跟时代发展步伐，始终坚持"以人为本，以德立校"办学理念，以"明德、博学、创新"为校训，全面贯彻落实党的教育方针，本着办人民满意的教育宗旨，把党建工作贯穿于立德树人全过程，不断优化各项工作，推动学校又快又好发展。

近年来，学校着力打造有温度的党建文化、人文管理和实践活动，不断落实党建工作规范化、科学化建设，探索出了有温度的党建工作模式，将党组织温暖的关怀以润物细无声的形式缓缓注入师生心间，使学校党建工作更有色彩、更添味道、更具人文关怀，开创了党建工作新局面。

一、坚持立德树人，抓好党建工作

我校坚持落实立德树人根本任务，坚持"围绕中心抓党建，抓好党建促发展"的工作理念，发挥党的领导核心作用和党建工作的引领作用，夯实根基，谋篇布局，精准发力，推动学校不断提升办学水平。

学校将党组织研究讨论作为重大事项决策的前置程序，凡涉及学校未来发展规划、学校办学章程、年度发展计划、教师职称评聘、县管校聘、绩效工资发放等重大事项，经学校党组织集体研究讨论后，再按程序决策执行。

坚持把"不忘初心，牢记使命"主题教育作为首要政治任务。主题教育期间，扎实有效地开展民主评议、组织生活会、主题党日、"两学一做"集中学习及研讨、书记讲党课等活动。通过活动，使支部党员干部增强了党性、提高了能力、改进了作风、推动了工作，进一步强化了守初心、担使命的思想自觉、政治自觉和行动自觉。

认真落实"支部生活日"制度，坚持"三会一课"，严格落实谈心谈话、佩戴党员徽章、政治生日关爱等制度。除完成党费集中收缴、学习研讨交流等规定活动外，结合学校实际，开展了特色鲜明的"主题党日"活动，推进"两学一做"学习教育常态化制度化。

二、坚持质量兴校，锻造教师队伍

一流的教学质量依靠一流的教师队伍，造就一支高素质的教师队伍是保证学校可持续发展的关键。我校结合教师实际，有针对性地开展师德教育。不断强化质量兴校观念，让全校教师深刻体会"质量是硬道理"的含义，不断增强教师的竞争意识，长期保持旺盛的精神状态。利用各种机会，通过各种形式进行表扬、宣传优秀教师的先进事迹，传递正能量。

学校坚持"教学质量是学校的生命线"、"抓质量务必抓常规，抓常规就是抓质量"的观念，以教育教学为中心，以扎实抓好教学常规为基础，大力推进素质教育，全面提高教育教学质量，学校始终把教学常规作为学校管理的重中之重。

学校以"生态高效课堂打造工程"、"名师培养工程"、"青年教师成长工程"三大工程为抓手，开展各种形式的专业成长培训，促进教职工专业成长。组织三种课型促进教职工素质提高。通过骨干教师"示范课"，为青年教师提升教学水平创造机会，扩大骨干教师群体；取经回校的"汇报课"，传播最新教学理念和教学方法，提高全体教师教学教研水平；中青年教师争创"优质课"，鼓励中青年教师踊跃参加各级优质课竞赛，展示学校和教师课堂教学艺术的风采。

同时，为了加快青年教师的专业成长，增强新老教师的交流合作，加强师资队伍建设提升，学校每年举行"青蓝结对"拜师活动，师傅从思想和业务等各方面加强对徒弟的指导，充分发挥传、帮、带作用；徒弟虚心、主动请教师傅，多听课、多学习，师徒教学相长，共同进步。

加强人文关怀，增强教育合力。教师关爱工作关系到每个教职工的切身利益，直接影响到教学工作。学校努力改善教师生活环境，实施多项暖师政策，更好地"聚民心，暖人心"。

三、开展多彩活动，促进学生发展

打造校本课程"七色德育主题实践活动"，开展"缅怀革命先烈演讲活动"、"阅读红色经典读物，撰写读书心得"、"爱我中华，知我中华"知识竞赛……学校通过一系列丰富多彩的活动，对学生进行理想教育，激发学生爱党、爱国、爱社会主义的朴素情感，坚定理想信念

创建特色党建品牌。

为全面提升学生的核心素养，促进学生全面发展，实现立德树人根本任务，我校以学生为根本，分别从德育活动、习惯养成、社会实践等方面对学生进行培养，使其具备适应终身发展和社会需要的能力。学校重点围绕学生行为习惯教育、学校文化建设、学校安全管理，进一步把德育推向纵深发展，改善育人环境，办成家长放心、人民满意的和谐校园。学校通过开展书法、手抄报、朗诵等各种比赛活动，丰富学生课外生活。其中，学校书法比赛已成功举办两期，培育、评选出一批优秀的“小小书法家”。开展班级每周之星、学校每月之星、学期之星评比活动，实现学生自我教育、自我管理、自我调节、自我发展，促进学生良好习惯养成。开展形式多样的安全教育、安全演练、阳光体育等，保障学生健康快乐成长。

积极拓展，励志奖学。学校积极联系校友资源，争取中科院附属玉泉小学校长高峰的支持，设立“砺峰奖学金”，培养学生形成“永不满足，锐意进取”的学风，为学校患病孩子捐款1万元，捐赠给师生其所著图书《重新发现教育》《重新发现学校》《重新发现儿童》《小蚂蚁学校》几百本。同时，学校加入“幸福教育联盟”，努力打造幸福教育。

开展扶贫帮困，构建和谐校园。学校通过走访送关爱活动，让每一位同学都能感受到集体的温暖、社会的关爱。学校通过家长学校、家长会、家访、班级微信群等形式及时与家长进行沟通，加强学校、家庭、社会的联系，让家长成为学校教育的合作者和推进者，提高教育水平。家访是班主任工作的重要环节，也是学校教学的重要辅助手段，学校要求每学期各班主任务必全面家访一次，作为校长我会对全部特殊学生家访一次。采用走访、电话访、个人与群体教师访等多种方式，提前准备好家访资料，做好家访记录，发现学生学习成绩有明显进步或退步、旷课、学习上有较大困难、产生畏学情绪等状况的，及时进行家访，让家庭教育与学校教育持续紧密联系。

长风破浪会有时，直挂云帆济沧海。作为教育工作者，我们只有秉持初心、接续奋斗、呕心沥血、勇于担当，才能铸就辉煌的教育成果，培育更多建设现代化国家的栋梁。新时代、新要求，办人民满意的教育，打造有温度的学校，我将校以党建促校建，实现“学生快乐、教师幸福、家长满意、社会赞誉”的办学目标，引领学校不断向着优质发展方向迈进。

以农村特有资源助力综合实践课程开发

山东省烟台市牟平区高陵镇中心小学 张铮

综合实践活动课程，强调引导学生通过实践，增强探究和创新意识，学习科学研究的方法，发展综合运用知识的能力。作为农村小学，合理开发利用农村资源，对于推进学生对自然、社会与自我之间内在联系的整体认识，激发学生热爱家乡的思想感情和提升动手实践能力，有着很强的优势。有效开发农村综合实践课程资源，需要从农村特有的自然资源、人文资源入手，关注农村特有的生活方式、农村学校的办学特色来进行。

下面以笔者学校开展的“玉米叶编织”课程为例，谈谈我们对农村综合实践活动资源开发与运用的认识与实践。该课程面向小学一年级至五年级学生，包括“小叶片大辛苦”、“长茧子的巧手”、“多变的玉米叶”、“展我风采”、“劳动创造价值”五个部分。通过校内外的不同活动，师生、生生、家校的不同合作方式，最大范围开发课程资源，充分调动各方面积极因素，助力学生成长。

开发农村特有的自然资源

借助社区和家长力量，我们开设了“小叶片大辛苦”活动，由校内“小小种植园”和校外“我家的农田”两部分组成。其中，“我家的农田”活动依时令开展，要求学生与家长一起到田间种植玉米，并参与到玉米田间管理；玉米收获的季节，学生与家长一起掰玉米，剥玉米，整理玉米皮，由家长对孩子的参与度和活动情况进行评价。而“小小种植园”活动，分年级组管理，组织学生之间针对小组成员的种植、管理、材料整理等相关技能以及参与意识进行评价。这种合作开发自然课程资源的方式，不但提升了学生动手能力，更培养了孩子们尊重劳动，关心家人的情感。

开发民间传统文化资源结合当地民间传统文化优势，我们开设了“长茧子的巧手”活动，括“寻艺、学艺、传艺”三个环节。“寻艺”环节：学生利用课余时间，按照家庭住址就近组成活动小组，合作拟定采访提纲，采访民间艺人。主要流程：自我介绍——阐述到访目的——了解老人拿手作品——了解作品的用途和制作背景——搜集整理主要技法——帮老人做一件力所能及的事情。采访过程中，对于较难的技法，采取视频录制的方式予以保存。“学艺”环节：在发现新技法或新的材料使用方式时，师生进行有针对性的学习。主要流程：找老艺人拜师，然后通过每周定时学习、请老艺人到学校授课、视频录制学习等不同方式，进行相关技法或者材料运用的学习。“传艺”环节：其中的“传”包含三个层面，一是技法的传播与传承，二是学艺感受的传播，三是老艺人匠人精神的传承与传播。本环节通过“技艺展示课”，将新学习的手艺展示给同学看。展示课上设置“夸夸老艺人”活动，交流老艺人在技艺上的亮点及学艺体会。总之，“长茧子的巧手”活动，让学生们更多地感受到了农村乡土文化的魅力，对家乡的热爱之情和对家乡人的敬佩之情得到了有效培养。

规范课堂，创新课程

在社区资源、传统文化资源的开发与利用的基础上，我们更关注学生课堂上生发的课程资源。为此，学校对资源进行了规范整合，开设了“多变的玉米叶”活动。本部分从单一技法学习、组合技法学习、材料组合、主题架构四方面安排授课内容。

在技法学习与组合上，低年级以撕、剪、扎和粘贴技法为主，制作糖块、冰激凌、小金鱼、小花、灯笼、葫芦，穿编蜗牛、蝴蝶等作品；中、高年级则在低年级的技法基础上，以编、盘、插、粘、染、缝等技法组合，做小鸟、章鱼、龙虾、蜻蜓、地垫等结构复杂、艺术感较强的作品。在材料组合上，结合作品制作需要，引入蒲草、布、线、染料、毛根、卡纸等手工材料，进行组合和替代，以制作色泽、造型更为丰富的作品。在主题架构上，从制作工艺的相似性、材料组合的相似性、造型的相似性等各方面出发，让学生结合中国传统文化以及地方文化特色，进行规模性的创作，如蓝色牟平系列、十二生肖系列、古诗配画系列等。前期资源的有序化，资源的整合与创新，才是我们进行课程开发的主要目的。通过上述的分类分层学习、主题归类等形式，对前期的资源积累进行了升华，学生在交流、制作、思考的过程中，对资源进行了自我吸收与创新运用，能力与情感体验得到有效提升。

有效展示，科学评价

结合前三项活动，学校定期组织学生将劳动心得日记、采访记录、玉米叶作品，按照主题、类别、技法等方式进行组合展示。“展我风采”活动分三个梯次进行：

首先进行班级内展示，每位学生选择自己最为满意的作品进行创意介绍、制作方法介绍；然后，各班根据作品的特点进行筛选组合，培养小主持人进行校内交流，主要交流班级特色；最后，选择优秀作品进行校内展示，并通过艺术节的形式，展示给学生家长。

为了让学生看到自己学习的收获，我们还设置了“劳动创造价值”活动。一种形式是让学生运用学到的玉米叶制作技艺，制作实用类作品，如编出蒲团供家里使用，制作艺术类作品，装扮家庭和教室；另一种是在艺术节之后，开展爱心义卖活动，将优秀作品进行拍卖，义卖所得用于帮助家庭困难的学生。这些展示和使用，让孩子的实践作品在活动中得到家人的认可，得到自身的认可，从而为更有效凝聚各方面资源形成纽带。

农村孩子就像生长在农村大地上的小树，课程就像阳光。阳光的沐浴，让孩子扎根农村大地，汲取营养，土地也因此而变得更加坚实有力。地区优势，应该是我们课程开发者整合资源最应该关注的，在此基础上开发的课程、设置的课程内容与环节才是生动的，在此基础上培养学生情感与能力才能充满教育的灵动。

让乡村教育充满温暖和力量

——山东省枣庄市山亭区桑村镇中心小学创建乡村温馨校园工作纪实

山东省枣庄市山亭区桑村镇中心小学 宫德强 李萍

如何让乡村学生不外流，如何让一所农村学校变成“乡村温馨校园”，如何让乡村学生都能考上理想的学校，这是山东省枣庄市山亭区桑村镇中心小学一直在思考的问题。

桑村镇中心小学位于桑村镇驻地，2017年9月建成投入使用，是一所异地新建学校。学校现有38个教学班，近1800名学生，教师108人。自投入使用以来，学校紧紧围绕乡村温馨校园创建工作，突出“六个校园”建设，坚持把校园校舍等“硬环境”与精神文化等“软环境”结合起来，倾力落实立德树人机制，不断优化教书育人环境，着力打造公平而有质量的温馨教育。学校先后获得国家新教育实验优秀学校、省级交通安全示范学校、山东省地震科普示范化学校、枣庄市规范化少先大队等荣誉称号，学校事迹被央视新闻、《学习强国》《大众日报》《山东商报》、山东教育电视台等10多家媒体宣传报道。

创优理念，倾力打造现代校园

理念是行动的先导。桑村镇中心小学不断学习、借鉴先进的教育理念，根据学校的实际情况进行调整和完善，使之成为教育行动的精神内核。

提出办学理念。学校始终以“用心办教育，为每个孩子提供适合的教育”为目标，着力打造有温度、有质量、有幸福感的教育，真正做到让桑村的每个孩子享受到和城区孩子一样的优质教育。

明确发展愿景。学校明确了“五年三步创省规，建成教育新中心”的办学愿景：第一年，借力发展，高标准起步，树教育新风；第二、三年，规范发展，大幅度提速，形成特色品牌；第四、五年，内涵发展，成功创建省级规范化学校；未来，建成教育新中心。

喊亮办学口号。学校围绕办学愿景，高喊“办家长需要的学校；打造社会看的见得优质教育；把学校建成师生幸福成长的乐园”的办学口号，让桑村的孩子不出桑村也能上实小。

推进现代学校制度建设。学校开齐开全课程，大力推进素质教育；完善“一校一章程”建设，推进现代学校制度建设；完善一训三风建设，制定职工代表大会等各项管理制度并汇编成册《制度第一》，进一步完善学校的文化建设。

强化投入，倾力打造设施校园

校园环境是学校持续发展的重要组成部分。桑村镇中心小学自开展“乡村温馨校园”创建工作以来，持续增加资金投入，高标准配备现代化配套设施、各类活动阵地，使得育人环境进一步改善，师生文明素养和学校文明程度明显提高。

高标准配备配套设施。学校建设了全区乡镇中小学第一个录播室，高标准配备了微机室、实验室、心理咨询室、餐厅、塑胶操场及音体美器材，班级实现了班班通，教师实现了人手一机，教室、办公室全部安装了空调。

高标准建设各类活动阵地。学校在建设党员活动室、少先队室的基础上，今年又新建了留守儿童关爱中心、一个低年级阅览室和一个高年阅览室；制定了活动制度，让党员、少先队员、留守儿童有了固定的“家”，保证了活动经常化。

高标准布局绿化美丽校园。学校对校园进行科学规划布局，计划建设三区四园一馆（学习区、运动区、生活区；种植园、主题园、花果园、奇石园；校史馆），楼层文化建设为三名墙（名人、名师、名生墙）和乡土特色文化墙等；着力打造绿化、净化、美化、文化的校园环境，绿树红花间景观巧妙点缀，三风一训等文化标识在校园醒目位置展现，文明宣传版面随处可见，校园一步一景都彰显校园文化。

创新管理，倾力打造服务校园

好的管理是学校发展的坚实保障。桑村镇中心小学牢固树立“教育就是服务，服务就要用心”的现代管理理念，时刻把家长和学生的需求放在心上，尊重他们的需要，解决他们的需求。

实行定制公交服务，满足家长接送难的需要。学校借助社会机构之力，和区公交公司对接，开通通往各村的公交线路，定制公交每天早晚接送不住校的学生，解决他们上学最后一公里难题，成了全区的亮点。

开办餐厅服务，解决家长不能按时做饭的难题。学校投资158万元建设了高标准餐厅，实行半封闭管理，所有学生中午都在学校就餐，都能喝上热水、吃上热饭、吃上营养餐，解决了师生特别是留守儿童吃饭难的问题。

建设学生宿舍，满足住宿的要求。学校投资789万元建设了综合楼和学生宿舍，完善了空调等设施，配备了宿管员，为没时间接送、管理的家庭孩子提供了温馨的住宿环境。

开展课后延时服务，满足学生学业辅导难问题。学校在每天下午放学后开展课后延时服务，解决“三点半”难题。

提升内涵，倾力打造品质校园

“借力发展，赶超跨越”是当下桑村镇中心小学教师团队的共识。面对农村孩子尤其是留守儿童对优质教育的迫切需求，桑村镇中心小学制定了“五借”方针，着力促成乡村孩子和城里孩子一样享受到优质的教育。

借名校之力，办理念最前沿的现代教育。学校积极从区实验小学教育集团引进优秀管理团队，与枣庄市实验小学结成对口支援校，与上海翔宇教育集团淮安曙光双语学校结成教育联盟共同体，与荣成市第二实验小学结成对口帮扶学校，与滕州市实验小学缔结联盟校，有效助推了学校以最前沿的教育理念做最好的教育。

借“新教育实验”之力，办让师生幸福快乐地教育。学校重点在营造书香校园、缔造完美教室、推行每月一事、家校合作共建、出门研学旅行等方面行动，把“晨诵、午读、暮省”融入孩子一日生活，积极创设“人人溢书香、处处有书香、时时闻书香、好书飘书香”的浓郁书香氛围，让师生从原来每天上课、做作业的枯燥环境中解脱出来，在活动和游戏中快乐学习、成长，真正实现“让师生过一种幸福完整的教育生活”的教育愿景。

借教育科研之力，办高质量的教育。通过邀请名师送课、区域联合教研、同课异构等活动，创设机会促进教师快速成长。仅一年时间，学校就培育出区级奖获得者39人次、市级获奖者17人次、省级获奖者3人次、国家级3人次。教师素质的大幅度提升，带动教学成绩实现了质的飞越，由全区的倒数进入全区乡镇的第一方阵，学校也被评为区新教育示范校、区综合评价先进单位等荣誉。

借名师之梯，打造特色品牌的高效课堂。学校成立名师工作室，邀请国培专家郭道胜两次来校作讲座；扎实推进教育教学改革，启动了构建高效思维课堂实验，打造特色品牌课堂。2019年4月份，学校代表山亭在滕州作构建理想课堂经验介绍，反响良好。

借家委会之力，开放合作办学。学校多形式搭建“家校连心桥”，邀请家长听课、当考官等，参与学校规划、管理、建设等重大决策，健全完善了全方位育人机制。

借力活动有效促进和激发了教师工作紧迫感和积极性，全镇形成比学赶超的浓厚工作氛围，教育教学质量全面提升。

彰显特色，倾力打造文化校园

校园文化是一本无声的教科书。桑村镇中心小学立足桑村特色，聚焦核心素养，努力探索文化体系构建，在全体师生中形成了一种较强的向心力和凝聚力。

发展校本文化。学校从培养学生兴趣特长出发，紧密集合师资力量，最大限度利用硬件设施，开设26个特色课程和社团，初步形成了“教师人人有用武之地，学生人人有特长，学校有特色”的良好格局。

弘扬传统文化。学校坚持以“重树桑村教育新风”活动为主线，重点开展“感动校园人物评选”、“习惯之星评选”、“身边的学生榜样”、“进村入户大家访”、“少先队入队仪式”等主题教育活动，现已累计评选出榜样教师和学生600多人次。全校上下形成了风清气正、团结和谐的良好风气。

实施“崇礼”文化。学校坚持“以礼导行，以礼融德，以礼育人”的“礼”文化理念，建设崇礼大道，加大传统礼仪教育力度，努力实现学生“言行有礼，气自雅；走遍天下，人人夸”的培养目标。

坚守红线，倾力打造平安校园

校园安全工作是学校办学的底线。桑村镇中心小学认真贯彻落实上级安全工作要求，加强领导，健全制度，明确责任，把安全工作列入学校日常工作议程，切实做好安全管理工作，确保学校行稳致。

健全组织领导，完善制度建设，从制度上保障师生安全。学校建立健全安全工作管理台账，隐患排查整改台账，层层落实责任制；完善带班领导值日必问安全、值日教师遇事必究、全体教师遇事必管、学生遇事必报、班主任遇事必查制度，构建学校、学生、家长、社会力量配合抓的良好格局，确保安全工作的有效性。

健全安全宣传阵地，营造宣传教育氛围，从思想上增强师生安全意识。学校把安全教育纳入教学主阵地，充分利用宣传栏、手抄报、交通安全知识竞赛等形式普及安全知识教育，做到安全全员育人、全程育人、全位育人；建设安全教育阵地长廊，定期更换安全宣传知识，对学生进行安全教育；不定期邀请区交警、安委会人员到校对师生进行法规知识讲座，开展安全宣传活动。

规范安全标识，强化秩序管理，从效果上确保安全稳定。学校科学规范地设置了各种安全标识，学生一到校，安全警示图片、标语就映入眼帘，使安全信息入耳入脑入心，确保让师生“高高兴兴来校、平平安安回家”。

建设美丽温馨校园是学校可持续发展的动力，也是学校张扬个性、突出办学特色的重要平台。桑村镇中心小学将牢记为国育才使命，以温馨校园建设为抓手，大胆探索，不断实践，及时整改，让全体师生都能在美丽温馨的校园里幸福快乐地成长！

聚焦提升学习动力，深研线上教学

山东省邹城市兖矿第一小学 孔瑞灵

疫情防控特殊时期，针对教育部提出“停课不停学”，儿童宅家上网课，自控力、注意力、学习效果怎样？教师如何用好“互联网+教育”这把剑，发挥互联网提供的泛在学习的优势，帮助孩子们在放松身心的同时，能收获知识和认识的提升，教学效果如何，想必是教育者、家长、社会最为关注的话题。我校坚持立德树人，五育并举，把“育人”放到“教书”的前头，教师采取多种手段，使出十八般武艺，趣意浓浓，来吸引学生注意力，采用多种形式暖场，共情，点名，提问，激趣，来激发学生的学习热情，用情感牵住学生的心。让学生“知疫情，防疫情，学英雄，有行动”，从而加强生命教育、理想教育和爱国情怀的培养，陪伴学生愉快顺利地度过在线学习的这段特殊时间。线上教学，隔屏不割爱，用有温度的教育用积极的语言引领学生思维参与到学习中来，使学生的学习真正地发生。

一、课题研究缘起

2020年春节一场突如其来的新冠肺炎疫情，打乱了中国人民的生活节奏，改变了人们的生活方式。学生假期延长，教育部下文“停课不停学”。庆幸“互联网+教育”提供了网上授课的便利，各直播平台应运而生，为学习提供了随时随地都可以学习的泛在学习便利。我校在接到网上授课通知后，第一时间就开始研究对策，制定计划和方案。

我们首先选定网络平台。微信作为基础沟通平台，人人通和乐教乐学、钉钉作为教学平台。组织本校信息技术熟练人员对教师进行技术应用培训，并安排骨干教师率先录制了语文、数学、英语和道德与法治、音乐、美术、体育微课，组织全校教师进行网上观摩学习。然后是全体任课教师进入了网上教学的准备状态，制定两周的备课计划和课程表。不少老师自费购买录课设备，听专家讲座，尽可能让自己的教学更快更好地服务到学生，有不少教师很快就驾驭了线上教学，开始指导协助身边的同事，学校的网课得以按计划开展。

疫情对教育带来的是挑战，也是机遇。如何高效进行网络教学，是我们思考面对的主要问题。尤其是小学生，年龄小，自觉性弱，在家学习环境本就容易让学生注意力涣散，尽管网络提供了泛在学习的便利，但网络信息泛滥，存在诸多诱惑，我们该如何克服呢？如何提升学生的学习力，提升学习效率，提高教学质量，让学生的思维参与学习，使学习真正发生，达到深度学习的目的？针对这些现实问题，基于这些考虑，我们选定了《基于泛在学习下的儿童深度学习的研究》作为研究主题。并及时申报了山东省教科研究院组织的“疫情与教育”专项课题研究。很荣幸得于立项。

二、课题研究内容与方法

前期我们的研究的内容主要有：平台的使用、线上网络教研、线上学习现状、效果分析研究。

平台的使用。首先，是设备保障。从网络宽带、终端设备都进行了摸底。对于困难学生，登记在册，及时一生不落帮扶，联系客户端运营商，申请免除了网络学习产生的流量收费。其次，是技术保障。开始网络教学前，先测试网络授课能否顺利进行，采用技术逐级培训。先培训教师，教师指导家长，家长协助孩子，保证接受课程学习顺利进行。再次，及时调控平台。并做好应急预案。当直播中卡顿、断网掉线等情况发生时，要有应对措施，及时通过微信与学生沟通，告诉学生情况和接下来的应对做法。

线上网络教研。教研是教学得以有效实施的前提保证。为了疫情防控，减少接触，教研活动也利用了泛在学习的便利。

线上学习现状、效果分析研究。线上学习效果分析研究，哪些因素能抓住学生的注意力，使学生参与到学习过程中来，激发学习动力，学生能主动去想、去做，探寻解决问题的方法，经历解决问题的过程，对知识有了自己的认识，内化为自己的知识和能力，建构起自己的知识框架，从而达到我们想要的深度学习的效果。

本课题研究的重点内容。我们从以下几个方面着手进行了研究：

通过调查问卷了解线上教学的情况。对教师问卷了解对网络教学的认识、平台的运用、保证网络教学有效地好的做法、教学中困惑等；对学生的问卷，对网上学习是否有感兴趣，能否完成线上教学的任务；居家学习有哪些有利因素；有哪些影响到学习效果；你有听着课浏览信息、看新闻、读小说、玩游戏等离开学习界面的现象吗；你有听着课起身去做其他事情吗，线上学习以来，你最感兴趣的一堂课是哪节课？理由是什么等。通过对教师问卷反馈结果分析，发现教师教学有只管每天布置任务，学生学的怎样不了解，不清楚；通过对学生问卷，分析得出，学生自觉性有差别，大多数孩子希望得到老师肯定、关注。老师的随机点名，能有效控制学生思想溜号。

发挥教研作用，促进教学效果的提升。同教研组集体备课，集中优势资源，达到资源共享；听评课，取长补短。评课时针对好的做法，网络教学的优势、不足等进行辨析；取人之长补己之短。

通过作业、线上答疑反馈了解学生学习程度和效果。学生通过教学平台，可以直接完成作业、拍照、录像、语音等方式提交作业。教师教学直播或推送微课资源后，可以与学生答疑互动，并及时给学生答疑解惑。及时反馈作业信息，存在的问题及时辅导。对学生的作业和学习情况给予肯定、表扬、鼓励性评价。

家校沟通、协作促进学生愿意参与学习。借力于家长促进孩子线上学习是我们线上教学的一个举措。亲子关系对学生学习情绪特别重要，我们及时给家长沟通，给予家庭教育对策指导，把疫情期间家庭教育专家的有关处理亲子关系、如何培养孩子注意力、如何让孩子爱上学习、如何控制情绪等优质课程作为家长学校的课程推荐给家长，让家长理解我们的教育理念，懂我们的教师的做法，能配合教师实施线上教学。

三、课题研究结论

通过近两个月的线上教学摸索研究，我们由开始的首次上阵懵懂、手忙脚乱，没有头绪，到运用现代信息技术如鱼得水，取得了一些成绩

教师成长方面：人人都能尝试使用信息技术平台，推送资源，录制微课，开启直播，开展研讨淡然发言，不少老师嫣然如节目主持般淡定自若。

教研成果方面：

第一，网络教研，突破了传统教研场地不足，参与人员受限制的局限。有网络覆盖的地方，教师随时随地都可参与教研，也避免了劳途奔波，错过直播，还可看回播，达到资源共享最大化。

第二，尝试了“翻转学习”和“混合学习”模式。运用设计好的导学案，指导学生先预习课程，完成导学案中的学习任务，配以适当的练习作业，线上线下结合，发现问题，再做针对性的讲解。同时，注意到，小学生的年龄特点，注意力时间短，一次性视频课不超15分钟，可以中间暂停或者转换问题和学习方式。

第三，及时收集学生反馈来的学习信息，做好数据分析。如分析问题答案，可以了解学生的思维程度，课堂测试和作业中的错误率可以直接反映出问题的难易程度、学生掌握的状况，然后采取有效地指导措施，因材施教落到实处。

第四，教师的工作热情，对教学有着重要影响。网络隔疫情不隔热情，教师的激情能瞬时感染到学生，教师只有带着“战时”状态的激情投入网络教学工作，用激情感染学生，学生才能激情饱满地参与学习，用情感牵住学生的心，克服走神，减少身体和精神游离。

第五，挖掘学科蕴含的育人功能。通过选择主题创设情境，讲故事，发掘教材中的传统文化等对学生进行适时教育。挖掘疫情信息，融合在教学中。把抗疫一线的英雄事迹展示给学生，激励学生崇拜英雄，励志成为英雄那样的人，立志做英雄那样的工作，唤醒学生内在的学习动力。

第六，家校协作，学生线上学习事半功倍。家长的协助，是孩子有效学习的助推力。家长情绪稳定，通过学习懂得了学生心理，会跟学生沟通交流，学生情绪就稳，愿意听家长的话，就愿意积极主动参与学习。

第七，促进了信息技术的应用。线上教学将网络教学应用向前推进了一大步。信息技术应用推广，一直处于投影、播放课件等浅层应用。疫情形势下的教学转入空中课堂，教师的教、学生的学都离不开现代信息技术，师生适应教学的做法感人，无条件接纳，现在每位任课教师都可以动作娴熟神态自若地上网课了。

困境中孕育出变革，变革中孵化着发展。我校通过现代信息技术与教育教学深度融合，重塑课堂教学形态，提升了教学水平和人才培养质量。今后我校将不断顺应时代变革，将上线上教学发展为学校常态化教学的一部分，激活教育变革创新，引领教育实践发展，培养时代卓越人才。

立德树人守初心，品质立校育桃李

山西省大同市平城区第十七小学校 武秀云

百年大计，教育为本。教育是提高人民综合素质、促进人的全面发展的重要途径，是民族振兴、社会进步的重要基石，任何时候都不能有缺失。学校是传授知识和培养人格的场所，特殊的、固有的校园文化环境可以熏陶、感染学生，促进师生身心健康以及自身发展。我校是一所传统文化气息浓厚的老校，自然环境优美，师生团结一心。依靠学校的历史营造浓厚的校园文化，我校确定了“抓住一个中心，建设两支队伍，凸显三个方面”的办学思路，即以提高教育教学质量为中心，加强“脑中枢”班子队伍建设和加强教师队伍师德师风建设，凸显以德治校、科研兴校、特色立校。不过，近年来随着城市建设步伐加快，我校的薄弱状况逐渐突出，教育基础设施老化、教职工人员紧缺、城市变迁带来的入学儿童数逐年递减。为了解决这一困境，实现“本真向善爱美 为学生和谐幸福的人生奠基”的办学目标，近年来，我校上下沿着“本真教育”的特色之路，铿锵前行，充分汇聚各种力量，改善软环境和硬件设施，把校园建设成为全体师生工作学习的“幸福场”，先后获得“省级绿色学校”、“大同市先进单位”、“大同市武术后备人才基地学校”等荣誉，更是在2020年被评为“家庭教育示范校”，种种荣誉，不仅是对我校教育工作的极大肯定，更让学校所有师生对美好明天充满了信心。

一、铸魂培根，凝心聚力谋发展

“打开心门让阳光进来，打开校门让世界进来”。学校是学生的学校，也是老师的学校，是家长的学校，是社会的学校。为此，我校畅通学校联系渠道，注重发挥学校、家庭和社会合力，改变师生家长因沟通不畅导致的不良情形。通过召开不同类型家长会，设立家长开放日，让家长认同学校文化。每学年召开一年级家长会，解决从幼儿园到小学的衔接问题；针对六年级学生面临毕业出现的问题召开专题家长会，为农民工子女做家教讲座。期中考试后，校长主讲14场讲座争取更多的家长参与学校管理。在家长开放日活动中，我校邀请家长参与周一国旗下演讲活动。读书节上，亲子共读活动、趣味运动会、废物利用时装走秀等等，让家长多角度了解学校。如今每天早晨有家长志愿者组成护校安园队伍协助保安疏通人流，还有家长帮助老师布置教室、录制微课，特别是在均衡验收活动中，家长与老师齐心协力粉刷学校围墙，场面宏大，成为学校最美风景。

二、树德立人，匠心不改百花开

课程是教育的基础和保障。为此，我校通过大力开发特色课程，凸显办学特色，提升教育教学质量。我校特色课程着力构建国家课程校本化，校本课程常态化，班本课程多元化的课程体系。每到周三下午，便是该校最活跃的时间，社团活动、书法课、阅读课精彩不断，

活动是体现学生综合素质的最好方式。它可以开阔视野、陶冶情操，可以培养学生的集体荣誉感，增强班级的凝聚力；它是师生之间的情感纽带，也是家校联系的桥梁。活动就成为提高修养锻炼能力的必然选择。为此，我校充分发挥社团个性育人功能，我校拥有校级社团10个，班级社团13个，通过陶笛、舞蹈、合唱、小巧手、英语、美术、经典诵读等活动内容使学生徜徉在个性的海洋中，陶醉而快乐。

阅读是汲取知识的钥匙，是拓展学生眼界的大门。为了培养学生

养成良好的阅读习惯，我校通过丰富多彩的活动，激发学生阅读兴趣，鼓励学生晨诵经典、午读名著，再到暮写随笔，我校还将《小学生必背古诗》《小学生必读书目》分年级合理编排，循序渐进，增加学生知识储备，采用班级、年级、校级逐层过级的方法，大大激发了学生的积极性。“每天早晨琅琅读书声是十七校最美好的声音。虽然我们对‘本真教育’的思考还不够成熟，但凭借全校上下对教育事业的奉献、求真、创新，定会领略到追求教育理想路上的繁盛之景。”武秀云如是说。

教育是最温暖的事业。它尊重、赏识每个个体，致力于学生能力、品德等各方面素质的全面提升，服务于个体的健康成长，滋养每一个生命。未来路上，我校会继续守护学生的成长，默默坚守育人理念，不忘初心，用真情的陪伴铺垫着学生走过每一步，始终如一，用心培育，用爱浇灌，为学生深远的发展夯实基础，让更多的生命绽放出绚丽的光彩。

凝心聚力提内涵，改革创新促发展

山西省忻州市繁峙县砂河镇第一小学　高勤

校园文化建设是学校综合办学水平的直接体现，也是学校个性魅力与办学特色的体现。校园文化对学生的人生观产生着潜移默化的深远影响而这种影响往往是任何课程、任何知识所无法比拟的。我校多年来秉承“全人教育，弘扬明德，勤劳朴实”的办学理念，全面实施校园文化建设，注重养成习惯，丰富校园文化内涵，激发学生们努力学习，热爱生活，全面发展的兴趣和热情。学校结合新一轮课程标准改革，引进先进教学经验，更新教学理念，大胆实践，从而提高教学模式，全面推动学校、教师、学生为一体的和谐发展，形成了素质教育与校园精神文明教育的有机结合，体现了学校的个性魅力和全新活力。

一、创新办学模式，打造优质教育

教育以育人为本就是以培养学生为本，学生的全面发展是落实立德树人根本任务的出发点和归宿。大力发展素质教育，培养德智体美劳全面发展的社会主义建设者和接班人，努力让每一个孩子尤其是农村孩子享有公平而有质量的教育，培养时代新人，是新时代赋予教育人的新使命。

创新办学模式，推进城乡教育一体化。我校作为砂河第一小学教育集团的核心学校，按照“开放、共享、合作、共赢”原则，借助“共立管理制度、共建有效课堂、共研教育策略、共享教育资源、共控教学质量”的发展途径，探索学校管理、教师发展、学生成长、质量提升等方面行之有效地策略。

学校坚持以习近平新时代中国特色社会主义思想和全国教育大会精神为指导思想，坚持把“以人为本”始终贯穿到学校制度设计与教育活动中去，把贴心服务始终贯穿到教育教学运行全过程中去。坚持“四个发展”。学校把立德树人融入思想道德教育、文化知识教育、社会实践教育各环节，围绕立德树人设计教学体系、教材体系、管理体系，努力培养担当民族复兴大任的时代新人，走“全面发展、特色发展、高质发展、生态发展”的办学之路。建设“四个校园”。充分彰显“生态校园、人文校园、优美校园、和谐校园”的学校文化特质。通过科普宣传、兴趣小组、课外实践、科普知识比赛等形式多样、丰富多彩的活动，形成学校科技教育特色。

多年来，我校坚持与集团所属长胜小学、兴旺庄小学、贾家井小学、东山明德小学等全面开展教学交流、结对帮扶活动，力求更好地促进城乡教学交流，探讨课堂教学改革中遇到的问题，拓展视野，取长补短，达到相互促进、共同提高的目的，积极带动成员校探索实行教育公平与促进教育均衡发展的路线图，以满足家长对优质教育的需求。

二、立足学校实际，追求特色发展

学校足实际，科学规划，聚焦教育核心，顶层规划学校发展，系统建构学校教育教学管理模式。立足三个要点，引领规范发展：在章程、规划、制度上做文章，在心智模式、思维方式、行为方式的改变上下功夫，用法治思维做学校管理，用科学心态做教育。立足品牌凝练，追求特色发展，通过学校特色的办学思想和理念提炼，创新学校精神文化，从而在教育教学、队伍建设等方面濡养别具一格的气质。

在借鉴先进经验的基础上，学校结合实际，初步确定了“课堂教学四步式”的教学模式，即“自主学习、合作探究、展示交流、反馈延伸”。

学生按照老师的指导自学，积极思考，及时地进行操作实践。学生处于主体地位，培养他们自主学习和动手的能力。让学生知道自学什么、怎么自学，带着明确的任务，掌握恰当的自学方法，从而使自学更有效。

自学过程结束后，在小组长组织下小组内学生个人提出自学中的疑难进行交流讨论、弄明白问题后，个人修改、完善并将组内交流、讨论结果及不能解决的问题公示在黑板上。

与此同时，根据分工情况，各小组推荐或老师点名学生进行展示，展示内容包括读题、审题、题目考查的知识及规律、用到的解题方法、解题思路、可能出现的错误、出现该错误的原因等方面。其他同学进行全方位的点评，使问题得到深化。教师通过巡视，确保每个学生都认真演练，及时了解学生学习动态，从读题、审题、解题方法、解题思路、错因分析等方面集体研讨。

三、完善安全制度，落实安全措施

安全问题是学校工作的重中之重，是头等大事。为切实抓好学校安全防范工作，进一步加强安全教育和管理工作，增强全校教职工的责任意识，我校建立健全了组织机构，形成对平安校园齐抓共管的良好局面。有效地管理制度才能确保安全工作落到实处，并不断得以强化。学校不断完善安全制度，落实安全措施。同时学校把安全教育纳入正常的教育教学中去，将安全教育融入学校各项活动和校园文化建设当中。学校积极改善校内环境，加强校园周边环境的治理。继续加强街头综治、普法、禁毒、消防方面的教育和管理，严防安全事故发生；开展消防安全专项整治，实行消防责任制，每月对用电器材、消防设施进行检查，及时做好专项检查记录；排查整治食品卫生安全，做好台账，严防过期、变质食品进入校园，防止食品、药品中毒事故的发生；定时对实验室、仪器室等易燃易爆物品进行全面检查，以及电教室、各班级、办公室进行全面检查，加强安全管理；加强值班、巡逻工作，强化值班巡逻人员的责任意识；做好门卫工作，严格进出学校人员的询问与登记；加强安全设施检查和整改力度，对安全设施的运行状况时时检查，及时消除隐患；定期对校舍、教育教学设施、食品卫生、电路、消防设施等进行大检查，排查隐患。经常性开展隐患排查治理和安全专项整治，防患于未然。

四、坚持立德树人，开展主题活动

我校高度重视班子建设及教师队伍建设，使管理上更系统完善，教育教学更科学规范。学校形成了一个团结协作、蓬勃向上的领导集体，努力塑造“团结务实、干事创业、廉洁勤政、甘于奉献”的良好形象，使学校的管理水平精益求精。

为不断将教师队伍“提质升级”，学校坚持以“教书育人、爱岗敬业”和“文明进校园、诚信进课堂”为主题，强化师德教育；鼓励教师大胆实践，勇于创新，定期组织师资培训，制定教师专业成长规划；不断更新教师教育观念和知识结构，提高教师教学水平和综合素养，促进教师事业发展；重视班主任、骨干教师的成长，注重年轻教师的培养，为教师创造良好的政策环境、工作环境和生活环境，形成结构合理、梯次发展的教师队伍。

学校还以时间节点、相关活动为载体加强未成年人思想道德教育，丰富学生学习生活。积极开展“我的中国梦”系列主题教育实践活动，充分发挥课堂主阵地、主渠道作用，使社会主义核心价值观教育入眼、入耳、入脑、入心。在每年重要时间节点，学校教职工坚持精心设计和组织开展内容丰富、形式新颖、吸引力强的劳动技能、科技体验、文娱体育等校园文化活动，开展学习雷锋、祭英烈、学习和争做新时代好少年、扣好人生第一粒扣子、童心向党歌咏比赛等主题活动，把德育、智育、体育、美育渗透到日常教育教学中，使孩子们的思想感情得到熏陶，精神生活得到充实。

五、加强环境建设，营造育人氛围

为了发挥环境育人功能，我校在校园环境建设中融入文化元素。让墙壁“说话”是其中一道亮丽风景线：教学楼走廊上，一幅幅独具匠心的宣传画令人赏心悦目，一句句寓意隽永的名言警句，一个个富有教育意义的故事发人深省。

另外，在创设启智环境的同时，学校没有忽视学生心理健康教育。我校直将家庭教育工作作为学校教育管理的一项重要内容，坚持以学校为主导、家庭为主体，不断拓展家庭教育内容，创新家庭教育方法，促进学校教育的发展，增强家校教育的合力，着力营造浓厚温馨的家校共育氛围，让孩子们在家庭和学校共同关爱下健康成长。

“学校无闲处，处处能育人。”校园文化对学生的教育起着潜移默化的熏陶和启迪作用。今后，我校将按照新时代要求，进一步抓好校园文化建设，将文化建设与学科育人相结合，两者相得益彰，培养师生良好的文化底蕴和人文精神。

实践“和雅”理念　打造教育乐园

山西省垣曲县城东小学　尚栓新

垣曲县城东小学始建于2017年，属于县直公办非寄宿制小学。学校现有19个教学班，850名学生，55名教职工。建校以来，学校以创建有声望的“和雅”教育为办学目标，旨在涵养有才能的儒雅教师，培养有才华的文雅学生，力争使全校师生都能做到“能写会说善做”。

一、“和雅”教育，培养阳光向上好少年

（一）环境教育，实现人与自然“和”。创建优美校园环境。学校教学楼色调大方明丽、校园树木葱茏、建筑错落有致，实现了生态、

人文、功能相融相合。

研发新颖实践课程。学校持续开展"童眼看世界——随手拍"综合实践课程，让师生走进大自然、亲近大自然，将自己所见所想，用"照片+文字"的形式记录下来，全体师生在实践中感知自然与家乡的美。活动结束后，学校教师会对所有作品进行评选，并且刊印优秀作品集。

（二）生命教育，实现人与自身"和"。整合"生命教育"课程。学校充分立足儿童视角，以强身健体、活泼开朗、安全生活、团结协作、提升自我为目标，整合"阳光体育一小时"、"心灵驿站"安全生活"、"我眼中的你"、"校园体育艺术节"等课程，使学校的生命课程逐步实现序列化、系统化。同时，通过校园文化艺术节、体育艺术节、研学实践、研究性学习等综合性活动，让师生的才华可以得到充分的发挥与展示，体验生命之美。

（三）爱心教育，实现人与社会"和"。学校定期进行仪容仪表展，让学生在这个过程中学会爱己；注重养成教育，不断强调文明礼貌的重要性，实现爱人；制定"我是管理小能手"标准和方案，让学生参与学校的管理，实现爱校；以升国旗、唱国歌、国旗下的演讲等形式，实现爱国。同时，学校注重对家长的教育，以"书香之家"、"城东好家长"评选及颁奖活动，实现家校共融、合力共育。

（四）礼仪教育，实现"以礼雅行"。推行礼仪教育，细化"八礼"内容，做到天天有安排，周周有展示，月月有总结；评选礼仪小标兵，播放礼仪小视频，激励学生从自我做起，从点滴做起，知雅行雅。

（五）诗词教育，实现"以文雅言"。创建诗词文化长廊，开展诗词诵读比赛，传承中华诗词文化，感受诗词魅力。编写刊印《一诗一联一童谣》校本教材，收录450首中华优秀诗词、经典楹联及童谣通过晨诵"快快积累、慢慢消化"来培育师生的雅言。开展"城东童谣创作"活动，每季刊印一期《城东童谣》校报。聘请国家一级童谣作家申大局为辅导员，通过主题讲座、现场指导、师生童谣、书写比赛等，激励师生创作热情。

（六）以才艺教育为主线，实现"以艺雅好"。依据教师特长和学生兴趣爱好，组建了生活实践类、艺术创作类、体育锻炼类、语言表达类4大类21个社团，基本实现了"人人有才艺，个个有特长"的初步目标。以每周一的早会和每学年的文化艺术节为主要载体，为学生搭建才艺展示的平台，激发学生展示自我、放飞自我的勇气，展现师生朝气蓬勃的精神面貌，凸显才艺教育的无穷魅力，营造校园艺术氛围。

二、"六化"建设，健全管理好模式

（一）以德育教育序列化，提升道德修养。通过"和雅"文化解读研讨，提升师生自身修养；通过收看专题讲座，提升师生家国情怀；通过树标立模，提升师生进取意识；通过每周早会，提升师生思想境界。

（二）以安全教育常态化，打造平园校园。加强"三防"建设，建立健全安全防范体系，坚持做到教育、演练、排查、整改四到位，人员、地点、时段三落实，形成了时时讲安全、处处有人管的良好局面。

3、以校本研训规范化，提升课堂效益。通过示范课、汇报课、同课异构、一课三磨、课堂技能大赛，规范学年研训；通过专题讲座、三字一话、学科教研、录课反思，规范每周教研；通过课题申报、专题学习、博文书写、外培汇报，规范自我研训。

（四）以督导检查常规化，提升治理水平。对标《义务教育学校管理标准》，认真研判，制定考核细则，坚持做到定期检查与随机抽查相结合、过程考核与结果考核相结合、表扬与处罚相结合，使师生做到既遵守规章制度，又勇于创新发展。

（五）以假期培训模块化，提升培训实效。通过开展团队精神、师德修养、教师礼仪、教学技能、课标解读、常规教学六个模块的螺旋式培训，创新培训方式丰富培训内容，提升教师综合素养。

（六）以家校共育深入化，提升合作质量。以家委会选举为平台，以学前家庭教育、"护校岗"为载体，以"书香家庭"评选为抓手，以"城东好家长"、"智慧爸妈进校园"评选为引领，提高家长参与学校管理热情，是家校做到深度融合。

三、文体并重，啦啦操队创佳绩

2020年全国青少年啦啦操精英赛于10月18日圆满落幕，学校的"way舞而生"啦啦操队，荣获全国啦啦操儿童组"街舞"第一名和"花球"第二名，取得了进军全国冠军赛和国际赛事的资格。这是学校继去年荣获中国（太原）少儿啦啦操精英赛"街舞"和"花球"两项第二名的好成绩后，再次进军全国比赛。经过全校师生的不懈努力，终于取得了优异的成绩。

本次比赛由国家体育总局体操运动管理中心和中华全国体育基金会主办，采取线上与线下相结合的方式进行，共有来自全国各地的186支队伍、4000余名学生参加了此次比赛，参赛地域广、队伍多，竞争特别激烈。

学校啦啦操队的成员凭借规范整齐的动作、变化多样的队形、精彩出色的表演，一路过关斩将，战胜了四川成都、辽宁沈阳等一线城市小学代表队，从众多代表队中脱颖而出，为学校争得了荣誉。

近年来，学校先后荣获"全国校园大课间啦啦操推广实施单位"、"运城市平安校园"等荣誉称号，《运城晚报》、太原新闻网、新浪网等多家媒体报道了我校办学经验。今后，学校仍将致力于"和雅"文化建设，在办人民满意的教育道路上不断前行。

披荆斩棘，勇闯课改浪潮

山西省长治市沁县南里乡中心学校　乔建宏　田阳　李彩英

为深入贯彻党的十九大精神和全国教育大会部署，加快推进教育现代化，建设教育强国，办好人民满意的教育，长治市积极深化教育教学改革、全面提高教育教学质量，大力实施《长治市深化基础教育改革十大行动》，使各教育教学领域课程改革如火如荼地开展。2019年9月，我校被推荐为"沁县第二批课改示范校"，我们始终坚持以立德树人为己任，吐故纳新，以创新的方式大力推进课堂教学改革，致力于打造高效课堂，有效推进素质教育的实施，着力培养担当民族复兴大任的时代新人。

一、总结经验，制定课改模式

莫道君行早，更有早行人。我们秉持"不忘初心，牢记使命"的责任感和时不我待的紧迫感，迅速成立了课改研究小组，针对我校的特点进行深入分析研究。学校制定了改理念、改模式、改方法、改评价体系的课改方案，开学伊始当即召开了"课改工作启动会"。2019年9月23日，我们课改小组部分人员参加了由市教育局组织的长子课改现场会，聆听了众多兄弟学校代表的课改经验总结，并现场观摩了长子县东方红小学的课改模式。

同年10月，我校又陆续选派各科教师参加新课程培训，我们把学到的这些先进经验同我校实际结合，初步制定了具有学校特色的教改模式——"一六三模式"。为了使全体教师都能理解、吃透，用好。每个实验，教师都身体力行力争把每一节课都打造成课改示范课，以便于其他教师随时聆听学习。在听完实验教师的示范课后，我们的老师们积极投入到课改的教学当中，在一次次的课堂实践，一次次的评课议课中，在全体教师的努力下，我们的课改模式更加成熟，更加完善。现如今在我校，几乎每天下午第二节课后，我们的教研办公室都在热烈的议课、评课，大家畅所欲言、各抒己见，思想火花激烈的碰撞，不时有新颖思想出现。

二、深化理念，推动课改进程

我们的课堂教学要体现一个理念，即学生是课堂的主体，把课堂交给学生。在课堂教学中，我们有六个环节：设置导入情景；出示学习目标；学生自主学习；小组合作探究；课堂展示反馈；教师评价提升。在课堂评价中，我们要清楚我们的教学目标是否明确、是否符合课标与学情、学生整体参与状态如何以及教学目标达成达标效果如何。

2019年10月23日，我校参加沁县教育局举办的沁县课堂改革课改暨教育教学质量提升推进会。会上，我们积极分享总结学校课改的经验，并得到一致好评。2020年初，一场突如其来的疫情打乱了人们的正常生活工作，但是，我校教师以此次网络云端授课为契机，外练技能，内修理论。学生感兴趣、喜欢学、有所得。孩子学到知识之外，也体会到了，万物互联时代课堂的新样态，也培养了他们求知、上进的精神。同时，也为我校正在进行中的课改，拓宽了视野，插上了腾飞的双翼。

2020年9月，距我们实行课改已有一年的时间，为了使我们的老师们能更好地运用课改模式，使新入职的教师们能适应我们这个大家庭，我们的校领导深入课堂听课、参加教研评课，并为课堂所呈现的优缺点给予评价，为老师们指点迷津。我们的老师们真诚交流，说者直言不讳，听者诚恳谦虚。一次次教研，一次次评课，一次次磨合，一次次取舍，一次次收获，一次次成长。

课改春风起，学行正当时；风正时济，我们自当破浪扬帆；任重道远，我们还需要策马扬鞭。面对课改的机遇与挑战，我们全体教师坚信，"先走半步，步步领先，多走半步，步步在前"。在未来的发展中，我们一定积极投身课改大潮中，不忘教育报国初心，牢记立德树人使命，人人争做课改型教师，个个敢为创新型园丁，奋斗不止，砥砺前行，不断助推我校朝着更加辉煌的未来迈进。

新风暖暖似金曲，温阳旭旭育栋梁

山西省长治市屯留区麟绛小学校　孟晓东

"一年之计，莫如树谷；十年之计，莫如树木；终身之计，莫如树人。一树一获者，谷也；一树十获者，木也；一树百获者，人也。"这段话既阐明了人才培养的重要性，也揭示出人才养成的不易。办学以来，我校始终致力于把学校建成一所热爱阅读与运动的学校，注重习惯养成的学校，敢于创新与变革的学校，勇于责任与担当的学校，体验幸福与快乐地学校。旨在让学生"博学而笃志，切问而近思"，把他

们培养成为有人文底蕴、有科学精神的人。我校校名取自“立麟山之厚德，养绛水之善品”，一直以来，我校始终把学生良好习惯的培养作为德育的切入点和培养学生核心素养的落脚点，从学习习惯、安全习惯、卫生习惯、劳动习惯、礼仪习惯五方面入手，以“习惯养成五十条”为主要内容，以习惯的内化与养成为目标，以奠基学生幸福人生为目的，以周、月、季、年为节点，以多元评价为导向，以家校联系为纽带，把习惯养成教育落实落细。今天，我校教育理念已经根植在学校文化之中，滋润学生心田，丰富净化学生的灵魂，潜移默化地引导学生向着更加健康的方向发展！

一、多措并举，营造健康成长良好氛围

建校之初，为了贯彻学校习惯养成教育思想，我校由校长主抓、政教处牵头，成立了由教师全员参与的习惯养成教育团队，从学生学习、安全、卫生、劳动、礼仪习惯中，各选取了重要的10条，商讨制定了50条习惯养成规范，成为学校习惯养成教育的蓝本。在此基础上，我校还制定了习惯养成评价表，让学生每天对自己的行为做出评价，并由班主任在班会课上对学生一周习惯养成做出总结评价。结合实际，我校以月为节点，开展了习惯养成主题月活动——围绕五大习惯，每月制定一个主题，让学生逐步养成。在每月月末进行“好习惯之星”的评选和表彰，在年末开展“年度之星”评选活动。每月初，学校统一发放习惯养成评价表，班主任利用每周一班会时间引导学生对照自己一周行为进行评价，评价分为个人自评、小组评价，教师评价三部分。月末结合每周评价结果，师生共同综合评选出“好习惯之星”，并为孩子们颁发小胸章。在年末，学校综合学生每月评价结果及实际表现，师生共同推选出“年度之星”。为了了解孩子们的习惯养成教育成果，我校制定了习惯养成家校联系单，每月底发给家长，让家长如实填写，班主任针对家长的评价做汇总，通过这种方式，学生养成习惯的自主性显著提高，为学生精彩的人生奠定了良好的基础。

二、持之以恒，彰显习惯养成运动活力

寒暑假期间，我校设计了学生假期好习惯养成自律表，从阅读、按时起床、少看电视、少玩手机、每天坚持做家务、垃圾分类和体育锻炼等10个方面进行习惯养成。还设计“暑假好习惯养成五连拍”活动，即围绕五大习惯，让学生把自己最精彩的一瞬间秀出来，并且用一句话描述。在此基础上，针对学生在习惯养成教育中暴露出来的问题，我校还制定了《麟绛小学10个好习惯养成规范（在校版）》和《麟绛小学学生15个好习惯养成规范（家庭版）》，对学生的着装、礼仪、学具摆放、用眼习惯、劳动习惯等做了具体要求，并拍摄了示范图片。同时，针对学生在25个好习惯养成过程中的不足，设计了“改掉一个坏习惯，遇见更好地自己”自律表，让学生找出最难坚持的一个习惯，并针对这个坏习惯写下自己的改进措施，开启自律的一周，并用照片记录自己的变化。在此过程中，我校制定了几项工作事项，保障习惯养成教育有效推进。一是强化考核。我校把习惯养成教育纳入正副班主任考核，并进行了具体分工。二是教师引领。强化教师的指引示范作用，以教师的言传身教带动学生的习惯养成，形成师生习惯养成共同体。三是家校共育。以家校联系单、微信群为桥梁，延伸习惯养成的时空，通过家校共育促进学生习惯养成。四是榜样示范。树标兵、立榜样，积极发挥榜样的引领作用，“好习惯之星”、“年度之星”、“文明有礼麟小学子”的评选，让学生榜样如雨后春笋般不断涌现。五是表彰与奖励。我校积极搭建多种表彰平台，利用展示版面、校报、班会课、美篇、微信群、表彰会等方式对习惯养成中表现优秀的学生进行表彰奖励，引导更多的学生注重自己的行为习惯。六是创新举措。结合学生的心理特点，我校不断创新工作思路，借助活动，强化训练。“成长，从清晨开始”微视频、颁发“好习惯之星”奖章，以及《一年级新生入校》校本课程的开设，让全校师生的工作更有活力，也更为细致和具体。

非知之艰，行之维艰。学校的内涵、品位和文化底蕴需要被全体师生牢记并践行，应如和风细雨渗透到学校各处角落。直至今日，我校始终遵循求习惯养成的办学理念，并行之贯穿于教育教学中，为学生人生搭建通往幸福的桥梁。不过，好习惯的养成不可能一蹴而就，需要日积月累，点滴成川，我校会带着教育的理想，继续从点滴做起，长期坚持，久久为功，为孩子的终身发展与全面发展奠定坚实的基石。

打造生态校园，为未来赋能
——宝鸡高新第二小学学校环境教育工作综述

陕西省宝鸡高新第二小学　李亚胜　倪文军

建设生态文明，是关系人民福祉、关乎民族未来的长远大计，是应天道、合国情、顺民心的世纪伟业，不仅融入经济建设、政治建设、文化建设和社会建设，也贯穿教育事业的各方面和全过程。

近年来，宝鸡高新第二小学以“集美育人”为教育理念，把“集善尚真，美泽未来”作为美好的教育愿景，以创建生态文明绿色学校为抓手，全面营造生态绿色的学习生活环境和低碳环保的校园氛围，教育和引导学生从身边人学起、从身边事做起，学习生态文明知识，树立生态文明理念。学校一直把“美”作为立德树人的核心，用美的环境陶冶美的心灵，用美的行为锻造健全的人格，用美的生态培育健康的理念，用美的教育成就孩子美好的未来。

如今，置身高新二小的校园里，犹如漫步在绿树成荫的公园，绿色标语随处可见，环保理念融入学习生活，生态文明课程纳入常规教学，垃圾分类成为全体师生的习惯……生态文明已经根植在宝鸡高新第二小学每位师生的心中。校园环境不断优化，环保理念深入人心，环境教育融已入到学生的人格教育之中，对学生进行绿色教育，取得了良好的效果。主要的做法有：

一、做好环境教育我们势在必行

近年来，由于社会经济的快速发展，人类需求日益扩大，社会资源过度浪费，导致雾霾天气成为常态，全球变暖正在加剧，生活垃圾的处理已成为人类生存的威胁……尤其是2020年新型冠状病毒的肆虐，大自然再次为我们敲响了环境保护的警钟，种种迹象告诫我们：破坏环境必将受到大自然的惩罚，培养环保意识从孩子抓起已刻不容缓。基于这种认识，高新二小把环保教育列入学校常规管理之中，提出“人文与艺术、体育与健康、科技与创新”的三轮驱动课程体系，其中把“健康、绿色、环保”作为学校课程建设的主要内容，制定了以培养环保理念、打造生态校园、树立绿色意识、共建和谐社会的课程内容，建立了学校、社会、家庭三结合的教育网，形成了环境教育的良好氛围。

二、做好环境教育我们持之以恒

为使环境教育工作落到实处，学校专门成立了环保教育领导小组，把环境卫生工作列为评选文明班级、文明年级组的条件之一，紧抓计划、实施、总结三环节。教师是环保教育工作的主力军，关系到环保教育工作的成败。为此，学校利用思政课、综合实践课、少先队课、班会课等采用多种形式上好环境保护这一课，在课堂教学中大力渗透和拓宽环境教育，力争使环保教育达到最大覆盖面，不断提高全体师生的生态文明和环保教育意识。

在教学中，各课老师都能自觉结合教材内容进行环保教育，以课本为主，不牵强附会，不生搬硬套，不加重学生的课业负担。每学期，学校组织各年级组开展环保主题活动，通过环保征文、书画作品展、科技创新大赛、创作环保童话故事等活动，让环境教育与学生实践相结合，在引导学生保护环境，做绿色公民的同时，让学生感受到环境教育所带来的成就感。2019年和2020年连续两年，我校学生在宝鸡市青少年科技创新大赛中，多位学生的环保主题绘画作品和环保小发明、环保科幻小说等荣获一、二、三等奖。学校通过多种形式的活动把绿色教育推向一个新的高度。

三、做好环境教育我们志在必得

学校利用每年的植树节、世界水日、气象日、土地日、粮食日等环保教育节点，开展丰富多采的环保教育实践活动及主题班队会等，做到有活动、有主题、有影响、有收获。针对不同的环保节日，开展各具特色的活动，让每位学生都能积极参与各项活动，提高环境意识。

学校从2017开始开展垃圾分类工作，并进行回收再利用，每年就垃圾分类一项至少为师生节约资金8000余元；学校为直饮水机安装了废水收集箱，将过滤出来的废水进行收集再利用，每年节约用水大约100余吨。结合学校环保教育活动的开展，学校每学期开展一次“大美学子”、“环保小卫士”、“社会实践优秀中队”等积极参与环保实践的少先队员进行表彰奖励，为全体同学树立榜样。并利用红领巾广播、校园电视台、微信公众平台等进行大力宣传，从而引导全体师生重视和参与环保教育。

高新二的校园中人人争当“环保标兵”，当看到水龙头在滴水时、没人灯仍亮着时，就顺手关掉；购物时，能自觉携带购物袋，不制造白色垃圾；生活垃圾能够自觉分类处理；不使用一次性筷子……每位二小人，用实际行动美化环境，净化心灵。

环保教育工作任重而道远，虽然我们取得了一定的成绩，但还有很大的提升空间。我们将坚持“节约资源，保护环境”的基本国策，以创健全国生态文明学校为契机，继续完善制度建设，继续抓实抓细活动开展，继续引导学生良好的环保习惯，充分发挥家长学校的教育作用，深入开展“小手拉大手，共建文明生态校园”活动，为保护我们的环境作出一份贡献，让我们的天更蓝、地更绿、水更清！

立足体育特色实践，促进学校品质发展

陕西省平利县老县镇中心小学　吴锦鹏

国之大计，教育为本。国家、民族的发展离开教育就会衰亡。教育是生命进步的新鲜血液，是时代发展的思想能源，只有保持充足的活力和创造力，才能持续推动人类社会向前发展。从根本上说，只有在教育的土壤中深耕细作，做有特色的教育，办有意义的学校，才能让教育散发炽热的光芒。办学以来，为不断激发办学活力，深化学校文化内涵，凸显办学品位，我校大胆投身到特色教育的探索行列，通过多年的实践和探索，最终凝练出“健康第一”的指导思想，创建出“124”教育模式，即一种观念、两项保障、四种途径，以体育特色教育助力办学品质提升，以专业教师技能和素养提升支撑学校发展，积极开展武术、足球等特色体育教育，通过不断丰富大课间和课外体育活动，切实加强领导，培养体育特长，增强学生体质，推进体育特色学校创建的工作，彰显学校体育特色品牌，提升学校知名度。

一、弥足根本，为特色教育实施提供有力保障

教师是教育实施的保障和前提。一支思想好、素质高、踏实肯干的体育教师队伍是体育教育的基础。因此，为助力学校体育教育长远发展，我校采取多种方式促进教师成长。通过请、训、督、提的方式不断建设优良师资队伍，提升教师专业技能和素养。目前我校的专业专职体育教师只有一名，兼职的体育教师年均超过40岁，师生比严重失调，严重影响了体育教育质量和效率。为切实解决学校体育专业教师不足的问题，我校决定引进两到三名青年体育教师，从而满足学校12个班的体育教学和体育活动工作。

农村体育教育的提升也不是一蹴而就的，体育教师到位后，要因地而异、因材施教，以体育教研组为平台，积极研究符合学校实际的体育教学模式，选择灵活多变的教学方法和手段，同时分层分批的安排专兼职体育教师外出参加学习培训，并做到“外训”到“内化”的吸收。此外，学校要将体育课程和活动作为日常管理一部分，指定如何体育教育实际的督导体系结构，备、讲、研等环环相扣。同时着力提升体育教师待遇，教师研训、职称晋升、评模选优等方面一定程度上向体育教师倾斜，以保证体育教师能安心且创造性地开展体育教育。为了进一步助力体育教育发展，确保学校特色教育稳定进行。我校还不断加大体育教育教学经费投入，积极争取社会力量支持，补充学校体育器材、设备。聘请社会专业人员担任学校的专兼职指导教师，大力对运动场地进行改造，从而确保体育教育正常开展。

二、多措并举，切实发挥特色教育主体功能

课程是教育实施的有力途径。为进一步提炼体育特色，我校以课程为载体，按照国家标准，开齐开足课程基础，同时开展分类丰富多彩的体育活动，实施体育教育。首先以规范学生作息时间，保证学生睡眠时间和参加体育锻炼的时间和精力；其次坚持“两课三操”，保证在校锻炼1小时以上；再次开展竞赛活动，学校力争每学期举办校园运动会或趣味运动会等竞赛活动，刺激学生的锻炼身体的欲望；第四做好《学生体质健康标准》测试，规范化、制度化的测试标准，有助于学校掌握师生的身体健康。为激发学生潜能，培养学生个性发展，我校还以体育特色社团建设为契机，开设体育游戏、篮球、乒乓球、羽毛球跳绳等社团活动，让学生可以选择感兴趣的社团，参与其中，个性得到张扬，潜能得到激发。学校社团活动由体育组统一划定活动区域，学校也成立相应的检查评比小组，指定切实可能的评比细则，让学校社团活动切实成为学生个性体育发展、增强体质和素质教育的重要渠道。另一方面，我校实施多种举措，不断加强体育教育质量，大力开展教研工作，提高科研活动的有效性提高全体教师的研修能力。一是加强体育教研组建设，每学期至少开展6次以上的教研活动；二是要求体育组教师积极开展课题研究活动，鼓励师生积极创新体育教学课题研究。三是以足球教育为阵地，全力打造一支优秀的体训队伍。四是以校园大型武术操为独特校园体育文化，形成一校一品格局。为保证大型武术操的成型，学校要求各班每周安排1节体育课时间组织训练；全校教职工做学生表率更要动作到位、力度气势俱佳；积极开展学段间的武术操展示比赛活动，促进团队展示效果。五是提炼升华总结体育精神，构建老县小学独特的体育文化，使之成为学风、班风、校风、使体育起到育德、益智、健体的作用。

三、不往初心，谱写时代特色教育崭新篇章

长风破浪会有时，直挂云帆济沧海。体育特色教育的创建不仅提升了学校的精气神，提升了学校教育教学质量，更提升了学校的办学品位，提高了家长和社会的认可度。全校师生思想同心，目标同向，积极进取，顽强拼搏，学校迸发出前所未有的活力，校容校貌焕然新，精神风貌日新月异，教育教学质量稳步提升，校园特色逐渐彰显。

教育是一场没有终点的行程，未来路上，我校会继续不断继承、发扬坚苦卓绝、自强不息的精神，坚定“健康第一”指导思想，遵循教育原则，领悟办学理念，并行之贯穿于教育教学中，迈着坚实的步伐，执着激情地走在教育道路上，敢为人先，勇于创新，奋力开启学校发展的新局面。

加强文化建设，打造幸福乐园

陕西省神木市第八幼儿园　杜芳　贾艳艳　闫哲

习近平总书记指出，文化是一个国家、一个民族的灵魂。在当代中国，文化自信是具有科学性的时代命题，是中华民族生生不息、走向复兴的精神源泉，是中国号巨轮劈波斩浪的精神武器，是中华民族屹立世界、面向未来的精神脊梁。大力建设幼儿园文化，是增强国家文化软实力的重要环节，更是中国学前教育提档升级的必由之路。我园于2013年8月建成并投入使用，属公立幼儿园。近年来，我园更加注重从文化的角度考量幼儿园的发展，我们从物质文化、精神文化、制度文化、课程文化等几个方面加强了建设，极大地提升了幼儿园的文化品位，使文化育人这一教育理念得到了很好的体现，促进了幼儿园更好地发展。

一、明确办园方向，助推园所发展

办园理念、园所特色是办园的“脊柱”，是一所幼儿园的灵魂，是幼儿园的办园、教学、管理与发展之道。我园以“用爱的怀抱呵护孩子，用爱的智慧启迪孩子”为办园理念；以“让孩子在爱与自由的环境中像蒲公英一样绽放出五彩的童年”为办园宗旨；以“培养自信自主的孩子，培养研究探索型的教师”为办园目标。致力于打造一所让师幼快乐成长的幸福乐园。

园徽，是一个幼儿园凝聚力的体现，也是幼儿园形象和品牌的标志。我园的园徽图案设计，形象简洁、色彩明快、积极向上，突出了爱与自由的办园宗旨，展现了孩子们快乐学习，健康成长的特色教育。

园徽图案呈现的是生长在一片绿色沃土上，根茎像数字8，有着五色花瓣的生机勃勃的蒲公英。寓意着在八幼这片充满爱与自由，生机蓬勃的绿色土壤上，孩子们在老师的精心呵护下获得自主、自信、合作、创新、感恩这五种优秀的品质和能力，能像蒲公英一样茁壮成长，绽放出五彩的童年。同时更好地体现了孩子们在五彩的生活中体验快乐成长，幼儿园在多元互动中实现特色发展目标的愿景。

二、营造环境氛围，启迪幼儿智慧

美的环境是一部立体的、多彩的、富有吸引力的童话故事书。它有利于幼儿陶冶情操、净化心灵、启迪智慧，有利于幼儿综合素质的提高。我园在体现幼儿园文化的基础上，按照幼儿特点和园舍实际，有针对性地开辟活动场所，开启幼儿的思维，培养幼儿的动手能力，发挥有限条件下的最大化的育人环境。

外部环境文化建设。我园通过大门外的两组有着特色造型的宣传栏，和办公楼正面的小火车宣传栏，面向家长展示了园所文化建设各个方面的内容。其次，我园很注重校园环境的绿化、美化，充分利用现有空间广栽花草树木，花坛、盆景、绿化带、植物园、班级植物角等遍布校园，使校园绿化面积达最大限度。

幼儿的思维是活泼的，行为是好动的，因此，幼儿园建筑的个性必然要符合幼儿的心理特点，在幼儿园建筑的整体色彩上，我们采用明亮且有诗意的图案营造阳光快乐生活的氛围。楼道建筑图案上我们以蓝天、白云、大树、绿草的色调，将蒲公英图案自由的飘洒在幼儿园的各个角落，营造出健康、舒适、宽松、自由的氛围，让孩子有一种走进大自然的感觉。另外，我们不断更换和添置了很多大、小型玩具、新建了户外攀岩墙、戏水池、玩沙池、野战区、交通区、篮球场地等，丰富了幼儿的活动场地。形成一所具有现代艺术感风格却又不失童趣与实用性的幼儿园。

内部环境文化建设。幼儿园教学楼一共三层，一层与二层走道面积较大，我们将它有效利用起来，创设了三个益智操作区，五个建构材料区，摆放了大型雪花片、磁力积木、纸杯、纸砖等不同建构材料使孩子感受各种建构活动，学会合作与思考。而在二层的护栏内展示的是中国的保护动物、四大发明、著名建筑、著名科学家等，激发孩子的爱国之情。三楼主要是大班幼儿，所以展示的是《三字经》《弟子规》、唐诗等国学文化，让孩子在大人的引导下随时随处有东西可看，有东西可学。

教室内我园以“无班界区域游戏”为特色，将每个班打造成一个小型部室。有剪纸坊、农工坊、印染坊、纸工坊、花艺坊、娃娃家、小医院、理发屋等16个部室，按计划让孩子们轮流、交替到各班进行走区游戏。孩子们到了每一个教室展现在眼前的都是不一样感觉，另外教室内还创设有师生共同布置的主题活动墙；激励幼儿成长进步的评比栏；氛围浓厚、标志醒目的区域规则；形象美观、富有童趣的装饰布置等等，每一幅画面、每一个角落的布置无不体现出教师的心灵手巧与智慧，无不体现出我们的教育目标和幼儿的成长足迹，真正做到

了让墙壁说话，让环境育人。现在的幼儿园已是孩子眼中的花园、心中的乐园、成长的绿洲。

三、注重文化建设，完善规章制度

为提升办园水平，推动园所内涵发展。我们的管理强调“三化”即：制度化、人文化、民主化。为了使幼儿园管理工作更规范化、科学化，我园广泛征求员工意见，完善制定了各项制度，如园本教研制度、安全工作制度、家长联系制度、各项考核制度、会议学习制度等，制定了各岗位人员的职责，让每个人都对自身岗位的职责做到心中有数。并根据各项制度，我园建立了相应的检查考核办法，确保制度的执行。

坚持以人为本的管理理念。我们把管理与服务紧密结合起来，做到园领导成员为教师服务，教师为幼儿服务，后勤为前勤服务，过程为效果服务，树立管理服务于人的意识。重点突出以人为本的管理理念，大至幼儿园生存大计，小至教学细节，尊重教师与幼儿的人权、人格，让幼儿发言，让教师表态，各项考核、量化评分、晋级评优等尽量做到公开、公正、公平。

为切实加强教师职业道德建设，我园定时定点的开展有关师德的培训、比赛活动，加强对教师爱岗敬业的教育。我们要求教师以身示范，当好幼儿的镜子，用自己的一言一行、一举一动潜移默化的影响幼儿，成为幼儿的良好榜样。

为更好地培养孩子们的行为习惯，我园贴挂了各类文化警示标志。我园的花坛、绿化带旁插着显眼的提示牌“花草微微笑、请您多关照”、“花儿用美丽装扮世界、我们用行动美化幼儿园”，告诉幼儿及成人要爱护花草树木；楼道墙壁上张贴的“上下楼梯请靠右行”提示着小朋友要养成良好的上下楼习惯；各班教师门口张贴的“请讲普通话”，时刻提醒我们要使用规范的语言交流；还有走廊墙壁上的“格言警句”如一位位良师益友，“润物细无声”，在潜移默化中促进了教师的教育观、育人观的形成。这些都是幼儿园文化观念、精神面貌的集中体现。

定期开展升国旗系列活动。我园坚持举行每周一的全园升旗仪式、开展国旗下的讲话活动及明星宝宝的评选活动，对老师与幼儿进行德育教育，激发教师的爱国主义情感，萌发幼儿爱集体、爱家乡、爱祖国的情感，激励幼儿在比、学、赶、帮、超的氛围中，养成良好的行为习惯。

为了提高幼儿园的科学决策能力，我园设立了园务委员会，每两周开一次教职工例会，我每学期向家长和教师进行一次报告会，汇报我园一学期以来的各项工作。

四、构建课程体系，促进幼儿发展

为更好地促进幼儿成长，提升教育水平。我园建立了严密的教科研计划和制度，从强化教师科研意识入手，使教师自觉养成科学研究的习惯，在课题研究过程中，结合我园实际，不断探索，大胆实践，通过主题课程研讨、各领域课程研讨、特色课程研讨、班主任工作交流、保育教师工作交流等，研讨制定了多个园本教材。

我们构建了以五大领域渗透式主题课程为基础，以无班界区域游戏与园本特色活动为亮点的课程体系，培养幼儿全面发展。

五大领域渗透式主题课程。我园的主题课程有专用的教材，也有根据咱们的地方特色研讨的主题，比如可爱的神木、红枣、煤炭等，也有根据幼儿的兴趣生成的主题。目前幼儿园开设的主题课程已经有了一定的成效。

无班界区域游戏。根据幼儿园部室少又小的实际情况，我园领导班子与教师代表经过反复研讨，最终决定将每一个班级打造成以一个特色大区域为主多个常规小区为辅的活动室，再加上楼道的多个建构区和益智墙以及户外的交通区、沙水区、野战区、攀爬区等，共为孩子们创设了32个游戏区。在保教处详细、合理的安排下，幼儿按计划轮班、交替着进行走区游戏。孩子们在这样的走区活动中发展了想象力、创造力和交往合作能力，促进了社会性发展，培养了自主、自信、合作、创新、感恩等的良好品质。

特色园本活动。我园根据孩子的不同年龄特点，分段开设了快乐篮球、益智围棋、欢乐舞蹈、创意美工、巧手剪纸等特色活动。

校园文化建设是幼儿园建设的制高点和核心要素，是制约幼儿园发展前景和发展高度的决定因素。今后，我园将继续重视和加强校园文化建设工作，紧跟时代步伐，深化文化内涵，把幼儿园建设得更美，更加富有文化韵味，建成师幼生活的幸福家园，孩子成长的幸福乐园!

深耕校本研修，助力课改发展

陕西省渭南市临渭区官底镇中心小学　孟永锋

“一年之计，莫如树谷；十年之计，莫如树木；终身之计，莫如树人。一树一获者，谷也；一树十获者，木也；一树百获者，人也。”　这段话既阐明了人才培养的重要性，也揭示出人才养成的不易。百年大计，教育为本。教育是提高人民综合素质、促进人的全面发展的重要途径，是民族振兴、社会进步的重要基石，是对中华民族伟大复兴具有决定性意义的事业。作为教育的一员，我校从德育、课程建设、课堂教学改革、体育、艺术、科技信息、社会实践七个方面有效推进，孕育学校文化，提升办学品质。基于对每个个体生命的尊重，办学以来，我校始终坚持把“生命课堂”阵地建设作为品质办学保障，大力推进课程改革，深化素质教育，以营造学生的快乐学习的场所和幸福校园为手段，全面提升学生的生命价值和生命活力。以提高课堂教学的有效性为中心，引领教师聚焦课堂，提高课堂教学水平，聚焦教研，促进教师专业成长，推动课程改革向更深层次发展，推动教育教学质量稳步提高，围绕品质课堂建设，开展校本研修活动。今天，在全校师生的日夜努力下，不仅我校的教学品质不断得到提高，学校影响也日益扩大，成为一所以校本研修、品质课堂建设为发光点的育人良田。

一、弥足根本、深耕品质课堂阵地

课堂建设是教育教学的基本保障和前提。基于对每个个体生命的尊重，我校坚持以学生发展为本，以营造学生的快乐学习的场所和幸福校园为手段，全面提升学生的生命价值和生命活力。我校的生命课堂始终坚持以生为本的教学理念，以导为主的教学方式，以实为要的教学过程，以活见长的教学风格，让学生成为课堂学习的主人，在课堂上焕发生命色彩。我校生命课堂面向全体学生，关注每个学生，把学生作为课堂的主体，发挥教师的引导启发解惑的作用，开发学生的思维智能，激发学生学习的积极性和主动性。同时用充实成熟的教学课堂活动，因材施教，调整教学，展现出“生命课堂”的鲜活灵动。结合课堂改革教学理念，我校还提出以“自主学习——合作交流——展示点拨——实践提升”为基本教学思路。培养学生自主学习的意识，让学生学会自主学习。依据学科特点，我校大胆创新了语文“四步乐读”课堂、数学“学交练评”课堂、英语“四步模创”课堂教学、科学“四步激趣”探究式课堂教学思路。各学科教学思路都体现我校“生命课堂”的教学主张，实现学习活动的自主化，还课堂于学生。其中语文课程以“读”为主线，让读和语言的感知、领悟、体验、积累、运用结合起来。通过初读课文、充分朗读，精读领悟、赏读品读、研读拓展，以读为导，指导学生学语言、积累语言、迁移运用。通过“自学—交流—展示—评议”四个环节，帮助学生进一步掌握课文的要点、主要内容，体会文章的思想感情。数学“学交练评”课堂，则通过灵活运用各种教学方法给学生创造动口表达、动手操作、动脑思考的机会，以此拓宽学生的思维广度，开掘学生的思维深度，培养学生思维的灵活性、独特性、新颖性。英语"四步模创"课堂。教师通过互动、图片、歌曲、游戏等方式，进行课前热身，激发学生学习兴趣，同时引出学习内容。学生们自主学习，感知单词的音、形、意，并尝试猜想相关短语、句型的释意，有效地提升了学生的综合运用能力和全面发展。科学“四步激趣”课堂。教师则通过提出启发性问题，或质疑性问题以不同形式进行导课，创设新异教学情景激发学生思考。实施“生命课堂”建设以来，我校提出的课堂思路有效避免了课堂教学的随意性，落实课堂教学品质，发挥教师主导作用，凸显学生课堂主体地位。力争让每个学生得到不同程度的发展，最终达成“快乐学习，健康成长”的教育目标。

二、铸魂培根，力促优质教学质量

为了不断优化教学品质，我校积极搭建课堂教学平台，提升课堂教学质量。我校每学期学校开展梯级式听评课活动问诊课堂：通过开展新任教师亮相课，学科骨干、党员、能手示范课，师徒会诊课，能手选拔赛教课，领导推门课，“331”专题研讨课，青年教师过关课等梯级式听课活动，强化教师反思实践能力，提升教育教学技能。学校通过这些教学平台的创建，多措并举，不断提高教师的业务能力，修正课堂教学，使课堂教学更加合理高效。

我校还开展专题研修活动，提高教师教学技能。基于学校、教师的发展，围绕课堂，提出了提升教师教学技能的“331”专题研修。“331”即为三磨三上一展示：一磨一上为师徒磨课，重点是对教学设计进行研磨；二磨二上为教研组磨课，对第一次上课后存在的问题进行研讨，上课教师根据意见和建议修改教学设计，修正课堂教学；三磨三上为骨干磨课，对课堂还存在的问题进行再次点拨，以达到尽量完美地效果；最后进行展示过关，在全校或全镇进行一次展示，由全校或全镇教师评分。每学期专题研修的内容根据情况而定，比如“说课”、“学生评价”、“教师语言”、“小组合作”等专题。此外，为了扎实开展品质课堂建设工作，我校每周设置半天时间进行各组的学科教研活动，让教师能充分进行学习和研讨。学科教研日的内容，一是针对学科教学中存在的问题和遇到的困难进行研讨、培训，二是进行点评课活动，三是进行集体备课磨课。除此之外，教师每周一次小集体备课，同级同科教师利用一节课时间进行备课研讨，说教学重难点、说教学形式、说环节设计、说课后训练、说阶段评价等，使得教研活动更接地气。总之，我校始终紧紧围绕课堂搞教研，以此不断提高品质课堂的质量。

三、初心不殆，成就品质美好未来

“春风桃花红、雨润花更艳”教育好比温暖人生的阳光，认真滋养每一个生命。而学校就是哺育千万学子的良田，教师们扮演着勤匠用毕生的文化知识和真情的陪伴铺垫着学生走过每一步。教育的阵地在于课堂，没有品质的课堂，就没有品质的教育。我校在品质课堂建设的过程中，立足实际、提升教学研修，扎实开展品质课堂建设工作，不断提高教学质量。未来路上，我校会继续从教育本质出发，为"办人民满意教育"而不断努力。

科技助力发展　航空铸梦未来

陕西省西安航空基地第一小学　乔永智

百年大计，教育为本。教育是提高人民综合素质、促进人的全面发展的重要途径，是民族振兴、社会进步的重要基石，是对中华民族伟大复兴具有决定性意义的事业。少年强，则国强。通过对科技教育的探索，以航空凸显办学特色，成为我校提升办学品质的重要途径。我校创建于2015年9月，地处航空城，得天独厚的航空资源是学生成长的沃土，是西安阎良国家航空高技术产业基地管理委员会投资兴办的第一所也是唯一一所全日制公办小学，学校占地面积约60.08亩，规划48个教学班，现有教师107人，学生1526人。学校设施精良，功能部室齐全。办学以来，我校紧紧围绕"让每一个生命幸福延伸"的办学理念，确立了"办一所具有民族根柢，深植航空基因的精品名校"的办学目标，秉承礼爱润心，承志乐学的校风；以爱育爱，修己达人的教风；以学为乐，美习相随的学风，努力创新科技教育形式，丰富科技教育内涵，培育科技教育创新成果，通过架构以乐慧课程为核心的育人体系，达到培养"具有华夏底蕴能够挑战未来的现代人"的育人目标，提升科技教育品质。在全体教职工的共同努力下，我校已形成具有航空特色的校园文化品牌，备受社会的关注。学校先后获得"2014—2017西安市新建学校优美校园"、"西安市文明校园"、"西安市首批生活垃圾分类示范校园"、"西安市模范职工小家"、"新教育实验学校"、"中国好老师基地学校"等荣誉。

一、深耕细作，凝心聚力谋发展

基于学校的育人目标和办学特色，我校制定了《西安航空基地第一小学2019年至2021年科技教育三年发展规划》，从年度目标、实施内容及措施方面都有了清晰的计划和行动。为了增强工作实效，使科技教育真正落地生根，还成立科技教育组织机构，根据岗位职责科学分工、落实责任。年轻的生命孕育无限的活力，作为航空基地第一所新建校，我校凭借西安市教育局关于智慧校园建设与应用促进现代化教育的东风和航空基地管委会大力的支持，组织部门负责人通过对考察国内知名智慧学校的创建特色，结合学校办学理念和特色，大力进行智慧校园的建设、科技教育设备的引进及科技教育氛围的营造。首先，借助钉钉平台推动的无纸化办公，我校实现了教室内智能一键管控，安装电子班牌，保证电子课表，班级风采等功能有效展示，同时完成教室内监控画面实时传输，被市教育局授予"西安市智慧校园"称号。此外，我校也通过大力建设校园环境，营造浓厚的科学氛围，让每一个孩子在科学的浸润中快乐成长。根据学校"根植传统筑梦航空"的办学特色，我校对楼层精心设计，一层设计为启航文化，二层为科技文化，三层书香文化，四层为创客文化，为学生接触航空文化添砖加瓦。

航空文化是我校重点建设的特色文化。依托航空优势资源，我校在分年段开设特色文化课程外，还建设航空励志馆、飞行器展示墙、飞行长廊等设施，励志馆内陈列了国际、国内各类先进的飞机模型，并有航空英雄的简介、航空发展史宣传。走廊布置有世界著名科学家的简介。学生浸润在浓厚的科学文化氛围中，心中播种下热爱科学、热爱航空、热爱家乡的情感。我校还建设有两个信息技术教室，为学生配备电脑，保障了一节课两个班同时进行信息技术的学习，提升课堂效率。

二、以课为本，深化课本迎重生

乐慧课程建设作为科技教育的载体，乐慧，以慧养乐，慧己达人。其中教师发展慧课程涵盖慧知、慧研、慧美三个板块，学生成长乐课程分为乐贤、乐知、乐创、乐健四个板块。在国家基础课程的基础上，我校续拓展校本特色课程，根据学科内容及版块课程，渗透科技教育，培养学生对科学的热爱。其中乐创板块是科技教育的主体，涵盖义务教育阶段科学、数学、信息技术和美术学科，同时还有科技类社团的建设和资源开发。培养学生的科学素养，提升学生的思辨能力、实践能力及创新能力。根据国家对课程设置的要求，我校开齐开足课时。科学学科每周每个年级开设2个课时，航模每周1课时；教师实验和学生分组实验有效落实。信息技术3—6年级每周1课时。美术学科每周2课时，数学学科每周5课时。同时，大力发挥校本课程载体作用，立足航模特色课程，对在地资源进行整合的基础上，分年段开设低段航空知识介绍、中段静态航模制作、高段动力航模制作课程。通过开展深入航空实践基地的各类活动以及科技节课程将航空基因植入每一个学生的血脉。基于近几年的探索与实践，根据学生的认知水平和认知规律，我校自主开发的航模特色校本教材已出版印刷。

无人机基础教程主要针对的是中高年级学段学生，内容包括无人相关知识的介绍以及相关比赛项目的针对性练习，重点讲无人机的模拟训练以及DIY制作无人机，主要由模拟飞行训练以及实地飞行训练和动手制作组装无人机构成。其次，我校的STEM生态课程目前以无土栽培为主，水培了香草、豌豆苗、松柳、大蒜、玉米等，用基质借助种植机培养了生菜、矮番茄、小白菜等作物。这些作物都以备三、四年级的学生认领，从泡种子，到每周一、三、五固定时间的管理，观察种子一点点的萌发。

我校木工课程和3D打印课程以最容易加工的木材，通过课程的训练，培养同学们地动手实践能力、创造性思维、系统思维、专注的能力、思考的能力、自信的能力，进而激发孩子们的创造力、想象力，发掘内心的造物本能，体味真正DIY（Do It　Yourself）的乐趣。

作为科技类教育相关学科数学、美术，在国家课程的教学基础上，我校数学教研团队开发了思维课程《有趣的数学》《趣味数独》《汉诺塔》《二十四点》《奇思妙想七巧板》《数学思维训练》等，科技类美术课程开展了《扎染》《废物利用手工制作》《科学幻想家》，通过社团课程学习，增加了科学知识，并通过探究，引领学生加强科学在生活中的应用。我校也高度重视日常教研和课题研究，提升科技教育的品质。认真组织教研活动，引领教学深入发展。目前，我校科技教育类课题《任务型教学法在小学低段科学课堂应用研究》已结题；另有2020年陕西省专项课题高艳红老师负责的《基于飞行器主题的小学STEM课程设计研究》、宁红老师负责的《以心理健康教育策略促进小学生幸福成长的STEM课程设计》。2020年11月20日，两位课题负责人到西安参加了省级课题的开题研讨会，开启学校科技教育的新篇章。如今，我校已将航空基因植入每一个学生的血脉，大力开展"中国梦科技梦航空梦"科技节，真正做到使每一位学生都能在实践中体验，在体验中思考、专注，激发学生对航空、科技的热爱。

三、铸魂培根，齐力并进育栋梁

基于学校办学特色和国家科技类课程延伸，我校以活动类课程助力学生科学素养的培养。多元途径实施科普教育。如：我校保健室定期开展科学用眼、预防传染病等科普知识宣传，为学生的健康护航；通过活动普及垃圾分类科普知识，提升学生的环境保护意识；每年5月12日是减灾日，学校都会进行防灾减灾救灾的科普宣传，提高师生的自我防护意识；疫情期间，引导学生了解新冠疫情科普知识；通过搭建平台展示学生对新冠疫情的认识，提高防控能力；组织学生参与科普知识竞赛活动等。每年11月份第二周为我校科技宣传周，学校举办隆重的科技节展示学校科技教学风采和成果展示，启动仪式上，特邀航空英雄，陕西省航空学会、航空学院等多家单位领导及学生，学生家长等参加活动，让学生热爱航空，了解航空，让航空报国的种子在每一个孩子的心里生根、萌芽，感受科技创新的无穷魅力，放飞心中的梦想。

师资是学校发展的重要力量。我校有教师107人，其中高级教师3人，一级教师11人，省、市、区骨干教师20人。一直以来，我校积极为教师铺设专业成长平台，促进科技教育骨干梯队成长。为了不断提高教师的专业发展，我校为教师搭建"走出去、请进来"的研训平台。每年组织科技类专任教师参加国家、省市级各类培训，校领导班子带领科技老师到科技示范校参观学习。2020年，学校严格落实西安市"名师+"工程，我校科技类教师主动作为，积极联系西安市一、二期"名师+"工作室负责人，参与工作室活动，在名师的带领下快速成长。此外，我校科技类教研组成立蒲公英成长共同体，评选骨干教师担任引领老师，建立年度研修计划、月计划，以一师一优平台优质课为主，不断提高科学课堂教学水平，推进科学乐动课堂建设。

我校深知课堂是教师成长的舞台。为此，我校每学期组织开展"启航杯"教师教学展示活动，在活动中探索乐动课堂理念在教学实践中的具体实践，提高教师的课堂教学水平和专业素养。我校每学期还邀请在中航工业一飞院、中国试验飞行研究院、中航飞机西安分公司等单位的专家进课堂为孩子们普及航空知识或赛前训练。2019年5月8日，特邀请西安市教育科学研究所周洪涛老师来我校进行了主题为《新冠疫情下对STEAM教育的思考》讲座，为我校STEAN课程的开发明确了方向，指导了方法。

成绩的取得是对科技教育的执着于热爱，是团队不懈的努力与付出。未来路上，我校会始终坚持科学领航，实施科研先导，倾心课堂优化，迈步综合发力，全力追赶超越，以先进的理念引领学校发展，以科学的方法强化学校管理，以严谨的态度探索教育规律，敢为人先，勇于创新，不断开启学校发展的新局面，用情怀装点教育事业的百花园，用生命继续谱写一曲又一曲教育新歌。

借武术之奇力，扬文化之风采

陕西省西安市灞桥区新农小学　殷军龙　王召

作为历史上十三个王朝建都之地，陕西关中地区是华夏文明的发祥地，自古长安就是"文武盛地"，有着人类最辉煌的历史，孕育着华夏民族文化的精髓，而盛传于三秦大地的红拳则是这股文化洪流中的重要分支。它不仅是中华民族最有影响和历史的地方拳种，也让陕西成为中华武术的发源地。我校位于西安国际港务区物流产业核心区。学校生源主要为附近于新、高寨两个行政村适龄儿童。近年来，由于西安国际港务区的快速发展，生源构成也趋于多元化，外来务工子女，产业安家新人口子女等成为学校生源快速增长的主力军。学校学生规模也由原来的100多人，增加到500多人。办学至今，我校牢固树立“一校一品一特色”的办学理念，以人为本，大力促进学生的健康成长和全面发展。为提升学校办学品质，学校还把国家非物质文化遗产红拳引入了校园，以丰富多彩的社团活动为依托，开设特色课程，创新教学活动，极大地提升了学校的办学品质，弘扬了中国传统文化的无限魅力。对孩子们来说，学习红拳不仅可以强身健体、发展特长，还可以磨炼意志，在传统武术的训练中形成自律、严谨的品格。

一、多措并举，焕发学校全新样态

办学伊始，学校办学条件较差，教育教学缺乏活力，学校直面严峻的考验。为了激发学校办学生命力，我校以课堂为阵地，深入教师了解学校的现实情况，获得学校发展的第一手资料，实施多种举措，带动学校教育质量提升。一是带领行政团队交流，研究学校发展的方向；二是关心教师工作与专业成长，想方设法解决教师工作环境和生活环境，添置办公桌椅、创设集体办公室、维修教室宿舍等一系列措施的落实，让教师对单位更有向心力；三是关注学生健康成长，以德育活动为引领，打造学校丰富多彩的校园生活，以此培养学生文明礼仪和道德规范；四是秉持开放办教育的理念定期与家长沟通交流，搭建家校沟通的平台，及时解决家长关心的问题；五是发挥家校合力，最大限度促进学生各方面的成长。通过设立家长大讲堂，邀请家庭教育专家为家长们讲授正确的家庭教育理念和方法。

有特色、有品质的教育是一所学校赖以发展的根本和核心。2018年，经学校领导班子集体研究决定，学校大胆将国家非物质文化遗产——红拳，引入到学校，以学生体能训练为支撑，不但能对学生起到强身健体的作用，更重要是的能将这一陕西特有的非物质文化遗产传承发扬下去。为了切实落实学校这一教育愿景，我校邀请了本地红拳文化传承人潘鹏飞担任课程指导，针对学校实际情况，推进红拳教育发展。2018年9月还成立学校红拳辅导站，以社团的形式开展红拳教授活动，为发扬国粹，传承中华武术文化遗产创造了一个良好的开端。为了让孩子们喜爱红拳，老师们重视红拳，行政班子研究决定，学校大小活动，红拳社团作为保留节目逢台必登场，久而久之红拳社团的孩子慢慢成为学校里的小明星，自信溢于言表。

“习武必要能吃苦，习武必要意志坚”，通过红拳学习，孩子们自信满满，意志坚强。身体素质不断变化，精力旺盛。2020年10月，我校第一次组队外出参加了西安市2020年武术公开赛活动，13名参赛队员顽强拼搏，获得了6金7银和团体优胜奖的好成绩。

窦奥星是六年级的一名普通学生，在家长眼里他淘气不听话，在老师眼里，他聪明，但性格内向不愿与人交流。三年级开始，他接触到了红拳，最初教练说两句他都会脸红，做一个动作都要十几遍才能会，但就是这样一个孩子，却在半年后发生了翻天覆地的变化，频频在外出比赛中争金夺银，现在已经成为校园的小明星，班主任的好帮手。他就是那个赛场上的“追风少年”！

二、纵横齐力，弘扬传统武术魅力

引进红拳孩子们有了精气神，文明其精神，野蛮其体魄正成为现实。为进一步扩大红拳学习，让更多孩子从中受益，2021年春季学期，行政班子成员讨论一致决定，在全校推广红拳进课堂试点工作，在搞好体育教学基础的同时，为每个班级开辟两节传统红拳研习课，以基础套路《红拳十三式》为主进行教授，同时获得陕西省红拳研究会的支持，将红拳理论与发展相结合，真正做到研红拳之历史发展，习红拳武术精髓，努力将这一陕西特有的国家非物质文化遗产在下一代中得到传承。红拳教育实施以来，为了更好发展和传承武术精神和武术文化，我校不仅在校内组织学生进行武术训练，还通过积极拓展校外演出和比赛机会，为学生提供舞台。此外，我校也带领学生走出校门，红拳社团参加了多次校内外演出。让更多的人看到中华传统武术的风采和魅力。2019年5月30日新筑街道第一届小学生红拳大赛在新农小学隆重举行。赛场上，同学们个个精神饱满、意气风发，充满了精、气、神。抱拳行礼、抬脚转身、冲拳撑防，动作整齐统一，拳法有力，步法稳健，铿锵有力的呐喊声响彻在操场上空。比赛过程中，孩子们的种种表现都倾尽老师与孩子们的汗水。从出场洪亮的口号声，到整齐划一的动作，再到最后打拳的一招一式，让所有在场观众眼前一亮、为之叹服。通过校际交流比赛，孩子们在学习中传承中国武术传统文化，激发了孩子们的民族自尊心、自信心、自豪感，更增强了学生的意志力，锻炼了学生的体魄，让学生在锻炼的同时，收获成功，感受传统，将中华武术发扬光大！2020年排练大型武术方阵在我校运动会上进行演出，之后表演团受邀到三里小学为三里小学运动会开幕式表演。在演出的道路上红拳社团已经获得了无数的掌声。通过活动的开展，学生身体素质得到了更好地发展，优良的意志品质也逐渐形成，不仅开阔了学生的视野、提高了学生的认识、锻炼了学生的胆量、历练了学生的心智，而且激发了学生潜能，提高了学生学习武术的兴趣，为武术红拳在我校的发展，开启了新的篇章。

三、不忘初心，勇闯品质教育辉煌

长风破浪会有时，直挂云帆济沧海。武术红拳的创建不仅提升了学校的精气神，更提升了学校的办学品位，提高了家长和社会的认可度。通过三年多的校园推广与发展，学校处处彰显着青春活力的气息。未来路上，我校会继续以红拳传承和发扬为己任，本着强身健体的宗旨，以社团活动为基础，以常规教学为阵地，以打造专业表演和比赛队伍为突破口，从小抓起，贯彻执行，唱响西安教育高亢的时代凯歌。

学教有序壮心志，立足均衡造名师

陕西省西咸新区沣西新城实验学校　杨振德

21世纪是社会对人才要求最苛刻的时代，努力提升教育水平，增强教育力量是国家新的战略要求。在新时代背景下，加强中小学师资队伍的建设是促进我国基础教育和素质教育的基本前提和重要保障。近年来随着我国教育的不断发展以及新课程改革进程的逐渐深入，对我国基础教育提出了更高的要求。在基础教育过程当中，教师是教学的组织者、引导者和践行者，良好的师资队伍是保障中小学教学工作得以正常开展的前提。针对我校当前中小学师资队伍建设过程当中存在的问题进行分析，立足于我校的教育目标以及新课程改革教学的需要，我校通过加强中小学师资队伍建设，探索新的方式方法，优化师资力量。师资队伍是教育的重要资源，优良的师资队伍能够持续推动教学工作的有效开展，能够促进学生的学习，对学校大有裨益。就目前来说，中小学的师资队伍建设还存在着许多问题，在一定程度上不仅限制了教师自身的职业发展，最重要的是限制了中小学教学工作的有效开展，不能满足新时期课程改革的需求，所以在新时代进一步加强对中小学师资队伍建设新路径进行探究是非常必要的。学校作为教育的重要阵地，必须想办法提高师资队伍的综合教学素养和职业能力，促进教学质量提升。同时，作为教师，要在实际教学过程当中要主动积极地进行自我学习，加强自身教学理念的更新和改变，学习新的教学方式方法，满足新时代背景下中小学教育的各种需求，力求成为一名合格的教育勤匠！

一、弥足根本，促进师资队伍发展

知识是保障教师能够有效教学的基础。专业知识的构成是由普通文化知识、教育理论知识以及学科专业知识所构成。普通文化知识是教师在实际的教学以及生活过程当中所积累的生活经验或者是生活常识应用到教学当中，将这些普通的知识融为教育专业知识的一部分。而教育理论知识是教师开展教育的基础前提，教育理论知识能够帮助教师正确地认识教育对象，开展一系列的教学活动和教学研究。比如《教育心理学》《课程与教学》《教育社会学》《道德教育教育科学研究》等相关的教育理论来辅助教学来辅助教学，从而保障教学工作的有效开展。学科专业知识则是教师所教授的科目，对这门科目的知识有深刻的体会和较高的造诣，对自己所教学的学科知识掌握有广度和深度。为了切实保障教育质量提升，我校十分注重对教师专业知识的培养，特别是对教师的教学技能及科目知识的掌握，确保让教师能够充分掌握专业知识，更好地实施教学。除专业知识以外，专业精神也是教师应该具备的重要素质。专业精神的培养是构建高素质教师队伍的核心，只有教师在教学过程当中具备专业的教学精神，热爱教育事业，能够积极地学习和引入新时期背景下的教育观念，能够积极地学习和引入新时期背景下的教育观念，学习关心自我的发展教育，怀揣着对教育的高涨热情，树立自身崇高的职业理想，才能够更加积极地有效地投入到的教育事业当中。我校在教师的培养中，不断加强对教师的专业精神培养，让教师在实际的教学过程当中，有良好的职业道德修养和教师的职业道德规范，通过自身的教学水平，弘扬正能量，弘扬高尚师德，认真落实教书育人的高尚职责。时代如轮，是不断发展的。所以在新时代的背景下，教师们的创新意识和创新能力也成为衡量教师素质的重要指标。只有具备创新意识和创新能力，才能够更好地结合新课程改革理念以及素质教育的目标实现教学方式方法的创新，运用不同的、有利于学生学习和新时期教学工作开展的教学方法，凸显出新时期教学的与众不同。因此，一名真正合格的老师不仅要有专业知识、技能、也要有为人师表的修养，更要有与时俱进，劳身苦学的优秀品质。

二、铸魂培根，构建师资培养平台

教育是没有终点的行程，注定会面临一系列复杂的问题。如教师缺乏专业化的角色定位、教师素质参差不齐、现代化教学能力薄弱都是我国教育事业十分尖锐的问题，也是最常见的问题。中小学低年级教育阶段，很多语文教师会同时担任美术、音乐、思想政治，甚至是体育的教学的现象屡见不鲜，这种缺乏专业化的角色定位会导致基础教育专业化缺失，学生在学习过程当中不能够得到正确科学的教学，也导致了学科教学缺乏专业化，限制了学生相关知识的学习。如果没有实现教师的专业化角色定位，就会导致中小学体育教学出现失范，学生的学习得不到保障。再如教师素质参差不齐的问题。通常中小学的教师的文化水平都是高职甚至中职，他们的专业文化水平本身就有待提高，在后期缺乏培训和进修的背景下教学能力和素质还存在着很多不足。除此之外，中小学很少给教师提供有效地进修平台，很多教师在后期都没有接受到高质量的教学培训，教学方式方法和教学理念落后，不能够和当前学校的实际状况进行有机结合，使得学生的综合素质没有得到有效提升，很难满足新时期背景下的教学需求。社会必然朝前发展，这就势必引出新的教育要求和技能。随着我国科学技术的不断发展和应用，现代化信息技术已经被有效地引入到教育领域中，对实现教育的现代化、提高教学效果以及突破传统应试教育的枷锁有着至关重要的作用。但是，就目前中小学教师来说，还不具备实现现代化教学的能力。很多教师不能够正确地使用信息技术，比如在信息技术支持下的翻转课堂、微课、多媒体课件、电子白板、新媒体等。导致当前的师资队伍不能够满足新时代教育的需求。为解决上述一系列复杂问题，我校不仅注重中小学教师专业化培养，也注重教师精细化培养，从细抓起，从根解决。在实施师资队伍建设的过程中，我校摒弃之前的对教师笼统地、照本宣科的教育理论的培训方式，利用新一轮的中小学教师专业培训，实现专业培训的专业化和精细化，让教师在专业的培训当中能够有成就感和提升感，如我校对各个不同教学科目的教师进行各个领域的精细化培训，让科任教师能够在专业培训当中真正的掌握对自身教学领域的教学技能、教学素养，让科任教师能够通过自身领域的专业学习，提高自身的成就感和教学技能，满足教师自身的职业发展，实现中小学师资队伍的有效建设。

此外，我校也为教师的职业发展提供平台。加强对中小学教师职业能力的培养，提升等级教师的理论水平和业务能力。通过有序的组织，让中小学教师有一个专业的进修平台，对自己的教学能力进行进修和提升，真正做到为人师表，也为教学工作的有效开展奠定基础。除此之外，我校也严格要求教师必须随时随地的学习计算机技术，利用信息技术搭建有效地教学资源，不断提升教学管理水平，推动开放教育的发展。几年来，我校不断加强对教师信息技术素养的培养，如设立专项资金引入打造信息技术教学课堂，构建校园信息技术教学平台，聘请专业的对教师进行培训，掌握翻转课堂、微课教育、多媒体课件的制作、远程教育以及新媒体智能终端教学技术，让教师具备交稿的信息技术素养，在教学中有意识、有能力利用现代化信息技术开展教学，让中小学教育紧追时代潮流，实现基础教育的现代化，也培养出新时代高质量的、具备信息技术素养的师资队伍，促成基础教育的现代化发展。

三、匠心永耕，引领时代教育新风

非知之艰，行之维艰。教育是一项知行合一的事业，在当代背景下，一直高素质、高业务能力的师资队伍是保障教育水平的前提，在教育事业开花结果的黄金时代，立足师资建设发展的基础上，我校会继续加强注重教师的精细化和专业化培养，为教师提供有效地进修平台，同时顺应时代发展的潮流，培养教师的信息技术素养，实现教师的现代化，为我国基础教育的可持续发展贡献力量。我们坚信，未来路上，怀着坚持的恒心，我校必将携手一心，努力打造一支有力量、同进退的师资强军。

延安精神立根铸魂　立德树人回归初心

——延安市新区第一小学用延安精神办学育人的实践探索

陕西省延安市新区第一小学　王红霞　南亚莉

2018年9月10日，习近平总书记在全国教育大会上指出：立德树人关系党的事业后继有人，关系国家前途命运。必须把立德树人成效作为检验学校一切工作的根本标准，全力培养社会主义建设者和接班人。这是我们为党育人的初心，也是学校为国育才的政治使命，更是解答了"为谁培养人"的根本问题。

建校五年来，陕西省延安市新区第一小学以"立德树人"为目标，坚守教育初心，坚持"五育并举"，打造延安精神办学育人特色，形成以"旗帜引领——文化传承——自主成长"为内容的"红塔教育"课程体系，让学生在革命历史和民族文化的浸润中得到潜移默化的影响，全力培养忠于理想、善于创造、敢于担当、乐于奉献的新时代延安精神传承者，创立使人温暖、催人奋进、令人荣耀的新学校。

一、用延安精神办学育人的理论依据

习近平总书记提出"培养德智体美劳全面发展的社会主义建设者和接班人"，这是我们对"培养什么人"的本质规定，也是落实立德树人根本任务的一项重要举措。如何培养人？习近平总书记强调，要在坚定理想信念、厚植爱国主义情怀、加强品德修养、增长知识见识、培养奋斗精神、增强综合素质六个方面下功夫。

在延安市委市政府"引进名校教育资源，带动提升延安教育整体品质"的思想引领下，在用延安精神办学育人的实践探索中，延安市新区第一小学深入贯彻落实党的教育方针，坚持立德树人根本任务，把延安精神与育人理念深度融合，让教育回归初心。

二、实施延安精神办学育人的具体措施

延安精神作为一种表征中华民族崭新生命的外在风采和内在灵魂的先进文化，是立德树人取之不尽、用之不竭的精神源泉。延安市新区第一小学围绕"立德树人"的根本任务，探索构建"红塔教育"课程体系，以落实"六个下功夫"为突破口，致力打造多维度生态教育社区，实现全过程、全员、全方位动态发展育全人，以达到学校优质教育资源共享和辐射带动作用。

坚持"旗帜引领"，在坚定理想信念和厚植爱国情怀上下功夫。一是向旗帜看齐。每年的建队日，学校组织隆重的"传旗仪式"，邀请老红军传递四旗，讲述红旗的故事，并将认识国旗、党旗、团旗、队旗、军旗的"五旗教育"作为每学期开学第一课、每月主题班队会和每周育爱晨会的重要内容，通过回顾党和国家、人民军队、共青团、少先队的光荣历史，让学生明白今天幸福生活的来之不易，懂得旗帜的意义，立志听党话、跟党走。二是向英雄看齐。学校以"擎英雄火炬　铸民族脊梁"为主题，开展演绎英雄人物为内容的戏剧表演活动，倾力打造大型原创队史剧《星火传奇》，用全新的视角诠释英雄的力量。同时，每个班级都以一位英雄人物为榜样，设立英雄角，利用课前精彩两分钟、班队会，用英雄的事迹和精神激励学生扎根人民、奉献国家。三是向榜样看齐。学校开展"爱的分享"讲故事活动，邀请90岁高龄的全国道德模范陈荣超、杨玉仙两位老人分享自己的故事，和全国书法名家亲密互动，和棋类、轮滑、健美操等世界冠军面对面，零距离感受榜样的力量。

注重"文化传承"，在增长知识见识和增强综合素质上下功夫。一是因地制宜，赋予校园建筑文化内涵。学校以"一体（人文）两翼（艺术、科技）"为魂，"四方四纵"为骨，"100块石头100个故事"、"育爱树"、"五德石"等校园小品为辅，让片石有意、片瓦传情。红色长廊上记录着一大到十九大党的发展历程；红色歌曲和经典诗词随处可见；博物馆文化区展示了中华人民共和国成立以来学校文化的变迁；艺术展区把甲骨文化、文字传承、黄土泥塑、绘画书法、剪纸手工等学生作品海量呈现；机器人、三D打印、魔力点子、造纸工坊等创客体验项目和"衣、食、住、行"劳动体验区让学习与生活紧密联系，让校园变成学园、乐园、家园。

二是应时而动，推出四季文化实践活动。学校秉承"体育是第一学科，思维是第一品质，健康是第一要务"的指导思想，以突出德育实效、提升智育水平、强化体育锻炼、增强美育熏陶、加强劳动教育为目标，以"春生夏长秋收冬藏"四季文化为主线，打造"四季四节、两会两展、两长征、三实践、四体验"等德育品牌活动，通过岗位竞聘、班级实践、班队生活、劳动体验、社团活动、平行选修、主题研究等课程，让农耕文化、桑蚕文化、苹果文化、传统节日饮食文化融入"春之萌生科技节、夏之绽放艺术节、秋之收获教学节、冬之蕴藏戏剧节"四大节日文化体系中，积极开展生命、生态教育，践行了"活动即课程"的教育理念。

三是参与体验，打造红色美育课程体系。学校践行习近平总书记"红色基因代代相传"的重要指示，充分挖掘延安红色教育资源，以参与求体验，以体验求发展，通过"红色精神我传承"、"红色旗帜我接力"、"红色历史我知晓"、"红色榜样我学习"、"红色经典我传唱"、"红色美育我践行"、"红色遗迹我探寻"、"红色文化我体验"、"红色延安我自豪"、"红小战士我荣耀"为主题，开发"红色美育"系列校本课程进行"红色记忆"系列实践活动，让"红领巾提案"为国家、为家乡、为学校、为班级建言献策，让"模拟联合国峰会"为世界和平和人类发展责任担当，做到品德润身、公德善心、大德铸魂，成为具有中国情怀、世界眼光和国际视野的新时代社会主义建设者和接班人。

助力"自主成长"，在加强品德修养和培养奋斗精神上下功夫。一是实现学生的自主管理。学校以"五小"公民教育为抓手，以"小淑女、小绅士"激励学生做文明有礼的圣地娃，践行社会主义核心价主观，对学生进行"心星"评价——做好自己，照亮他人。通过"幼小衔接"启爱育人、"主题活动"体验育人、"亲子实践"家校育人、"红色传承"精神育人等系列活动，从小处着眼、细节入手、实处落脚，让学生学会感恩、学会助人、学会谦让、学会宽容、学会自省、学会自律。二是培养学生的吃苦精神。"红色小长征——徒步越野"，让每一个学生在小学六年内走遍延安的每一个革命旧址，重温先辈事迹，培养吃苦精神和奋斗精神，让学生信念更加坚定，意志更加坚强；"绿色小长征——植树踏青"，倡导绿色生活、低碳出行，让学生懂得"要使家乡的天更蓝、山更绿、水更清，需要更刻苦的学习，更努力地奋斗"。三是激发学生的拼搏意识。学校制作"心星点券"，建立"心星银行"，以德智体美劳五方面发展为内容，评选出文明星、智慧星、健康星、艺术星、劳技星"五星少年"，让学生感到"我是明星我能行"，激励他们努力成为"群星争辉"光荣榜的一员。

三、践行延安精神办学育人的发展方向

让"红塔教育"课程实践体现"用延安精神办学育人"的教育价值。学校努力营造红色教育氛围，丰富红色教育内容，打造出红色多维度教育生态社区，形成校园成长样态下的红色主流文化，让爱国主义教育成为学校主旋律，将红色基因根植于学生心灵，真正实现把立德

树人融入思想道德教育、文化知识教育、社会实践教育各环节。

让“红塔教育”课程实践发挥“用延安精神办学育人”的时代价值。未来的人才需求是“全人发展”，学校要关注人本，以多样性、全面性实现全员育人育全人，将创新教育贯穿教育活动全过程，“长其善，救其失”，做适合每一个孩子的教育，让学生学会认知、学会做事、学会共处、学会成为自己，方能应对新时代全球化的竞争和人工智能领域的推进。

让“红塔教育”课程实践实现“用延安精神办学育人”的人文价值。学校就是一个微型社会，理应也必须通过课程实践，引导学生关注世界形势及其发展变化，培养脚踏实地为集体服务的意识，培养胸怀祖国为人民服务的意识，培养放眼世界为人类服务的意识，让学生不仅能肩负起建设祖国的使命，而且能承担起为世界、为人类作贡献的重任，成为具有服务意识的新一代。

让“红塔教育”课程实践激发“用延安精神办学育人”的实践价值。教育是“知行合一”，是认知、明理、导行的过程，有价值引领、规律主导，更要有过程落实。学校精心组织“幼小衔接”、“阳光体育”、“文明出行”、“爱心传递”、“科技创造”、“艺术展示”、“红色体验”等多种实践活动，用丰富多彩的活动形式增强育人实效，为学生扣好人生的第一粒扣子，使学校真正成为化育为人的天地。

运用增值评价，促进学生发展

四川省成都市石室小学 赖仲瑶

传统教育对学生的评价方式，很多时候都是以学生最终的测试成绩为依据。这种方式最大的弊端就是忽视学生的个体差异，并在一定程度上束缚了学生的全面发展。

我校开展“学业发展增值性评价”研究已有数年，力图通过丰富评价主体、关注学生学业发展“增值”。作为语文学科教师及班主任老师的我，在实际参与这项全新的研究过程中，通过“增值性评价”的实际运用，大大激发了学生的内在动力，让班级中每个学生都能找到自己学业发展的增值点。

一、运用增值评价，增强学生自信

自信心与学生的学习状态关系很大。不同的学生因为自信程度不同，在学习过程中所呈现出的学习状态会有很明显的差别。

为了激励一些平时学习自信心偏弱的学生，我在执教小学四年级《匆匆》一课过程中，就尝试以我校“学业发展增值性评价”中设置的评价指标为导向，通过积极的过程评价，激对学生的学习自信有较为明显的提振作用。

在课文分析之前，我设置了“学生自读”环节。在学生自读课文的过程中，我特别留意那些平时学习自信心偏弱的学生的阅读状态。

“学生自读”环节结束时，我针对两位平时自信心不足的学生的阅读情况进行评价。第一位是小安同学，他在阅读课文时非常认真仔细，并不时地用签字笔在课文中圈阅勾画，这种读书方法值得大家好好学习。另一位是小白同学，我发现他在读完课文正文后，还认真阅读了老师预先准备的关于课文背景的一些资料，这也是一种很好的习惯，对深入理解课文内容很有帮助。我发现经过我的这种评价后，上述两位同学在余下的学习过程中，一直处于兴奋状态，在互动环节回答问题时，答问质量也必平时好了很多。让我真真切切地感受到了增值评价的魅力。

二、重视学生自评，尊重学生个性发展

作为教育者，我们明白：每位学生的成长环境都是有差异的，他们后天的性格特征和兴趣爱好也不尽相同，因此，同一种评价方式并不适用于所有学生。想要让学生变被动为主动，得到真正的发展，把评价的主动权交给学生至关重要。增值性评价的内核就是重视“增值”，学生不仅可以自己评价自己，也可以评价他人，在评价中发现问题，并不断调节和改善。

在四年级社会实践活动中，学校给学生提供了五级增值性评价指标，引导学生进行自评，通过第一次的增值性评价让学生明确本次活动的目的、内容，以及自己已经具备或者尚不具备及不完善之处。一周的社会实践活动后，学生对自己此次的表现又一次进行自评，通过这种前后比较，很多学生发现了自己的变化与不足，并在没有外力督促的情况下，进行自身行为的调节与改善。在全校汇报中，我班的玥玥同学对自己的社会实践活动经历感触颇深，她说在参加活动的一开始，自己态度上是不情愿的，因为环境的变化，自己离开舒适区，无论是身体还是心理都是不舒服的，情绪上还表现出了不耐烦的状态，但是经过为期一周的实践体验，自己有意识地去克服困难，适应环境。活动结束后的反思评价中，她对自己评价到：我觉得自己有了一些变化，遇到困难会努力去克服，自己变得更加独立，而且我觉得自己的集体观念变强了，更加团结同学了。希望自己在下次活动中“自我管理”方面可以获得5星等级。

作为班主任，我还利用集体活动时间，开展了班级总结活动，在活动中让学生尝试去评价身边的伙伴，围绕“有什么值得你学习的地方”、“有什么你想对同学说的”等主题，正面引导学生用鼓励、肯定、发现的眼光去评价他人。

德国教育家第斯多惠有一句名言：“教育的艺术不在于传授本领，而在于激励、唤醒、鼓舞。” 增值性评价，充分尊重学生的人格，让学生大胆地评价、了解、鼓励自己或他人，实现学生的个性化发展。同时，增值性评价不仅关注学生的现实表现，更重视全体学生的未来发展，重视每个学生在已有水平上的发展。根据学生过去的基础和现实的表现，使他们认识自己的优势，激励他们释放自己的发展潜能，实现自身的个性化发展。

生命教育，促进学生全面发展

四川省成都市石室小学 孙丽萍 赵蓉蓉 查茂 赖娟 陈曦 王钟霞 钟玲 郭念

2020年这场疫情让我们措手不及，所有人的生活都发生着变化。而身在其中的教育更是如此。每一个人师生都正在经历着前所未有的一次挑战，并同在疫情中成长与变化着，疫情到来，学校立即建立防控小组，班主任老师迅速地投入到班级的线上工作中，根据学校发展需要，2020年3月底，我校申报“新冠肺炎疫情与成都教育应对专项课题”，半年来，课题组结合市、区专家组的指导，展活动、修教材、去实践、归策略，取得了丰硕的研究成果，达成了预期的研究效果，课题研究行动及成果现已成为见贤课程体系下的学校生命教育及安全教育建设升级、校本课程开发和学校现代治理转型发展的助推器、黏合剂。

一、课题研究意义

理论意义。本课题研究通过查阅文献，问卷调查，收集第一手资料，分析疫情期间小学生自我防护能力养成的现状、问题及需求，探索生命意义教育是在生命教育的基础之上，寻找小学生防护能力培养的系列活动设计和行动策略，整合学校校园文化、课程建设等顶层设计，以唤醒教师、实现学生自我防护意识、能力的可持续发展，打开小学生主动践行“防护意识、卫生规则”，人人争做疫情期间学生自我防护能力的新路径。

现实意义。在新冠疫情背景下，我们进行认识生命教育理念下的自我防护能力研究具有很重要的时代使命与意义.本课题研究聚焦疫情背景下学生自我防护能力培养的具体活动安排、可操作的培养行动及可持续的培养策略，课题的核心价值观是“生命教育下的自我防护能力的培养”、“参与与规则”，并从关注“人的健康主动发展”的视角来构建自我防护研究的细项。课题研究成果将为成都市石室小学校开拓一条推进学生增值性自我评价综合素质发展的新思路，从而推动学校在“见贤”教育上细分“做更好地我”品牌，实现转型发展、创新发展。为学生创建更丰富更有效地自我防护课程学习和生命教育成长平台，充分整合、激活学校发展的多元力量，实现“生命教育创特色，自我防护教育上品位”，达成“互助共享提内涵，自我防护个性显”的新境界。

二、课题研究目标内容

我们选择“生命教育理念下应对疫情小学生自我防护能力养成的研究”作为我们的研究课题，力求在疫情复课期间，有效提升学生身体和心理自我防护的意识和能力，也引导学生在这场突如其来的大考中，更加敬畏生命、珍爱生命。

总目标：提升学生自我防护意识，探究疫情下小学生自我防滑能力养成研究的有效策略，推动学校生命教育课堂的发展。

子目标：一是更新生命教育理念，促进学生自我防护能力养成行为转变；二是生命教育理念下应对疫情小学生自我防护能力养成的研究内容构建与策略提炼；三提升学生自我防护素养，推动学校生命教育下小学生自我防护能力的建设和现代治理转型。

研究内容：一小学生生命教育下自我防护意识现状及研究中期、终期的系列调查和分析；小学生生命教育下自我防护能力意识培养活动的平台架构；新生命课堂教学、班级建设、学校德育活动、家校社延伸共育中，小学生自我防护意识和能力培养活动的内容序化及固化；小学生自我防护能力培养活动的策略提炼。

三、课题研究思路创新点

研究对象：全体小学生，学生居家隔离自我身体防护的能力不足，自我心理防护的意识淡薄，做好与疫情长期“共处”的准备等问题。重点关注家庭教育薄弱的单亲家庭，父母无法在身边照顾陪伴的学生，疫情中父母奋战一线的学生。

行动研究法：通过加强宣传阵地建设，扩大培育力度，利用学校校报、广播和学校网站进行宣传生命教育。同时，优化新生命教育大课堂，在学校、家庭、社区的密切配合下，进行小学生自我防护基本素养现状的调查研究。

结合学校疫情期间两案九制教师和学校管理队伍协力，共同探索

小学生自我防护能力培养的策略。

调查研究法：从课题立项之前到研究的各个阶段，分别用问卷、访谈等形式进行不同内容的调查研究，提高研究的可行性。

文献研究法：查阅文本资料及相关教育信息网，搜集资料，进行先期的文献研究，分析研究的时代背景，构建研究的理论框架，为课题实施奠定基础。

个案研究法：对个别课题研究中较具代表性的学生案例，进入深入细致的研究，建立研究档案，进行跟踪研究。

经验总结法；在实验研究过程中教师及时撰写教育案例，定期撰写专报，由具体经验总结上升到科学经验总结。学校对实验过程及时进行阶段性总结，提高经验研究水平。

研究思路：合理规划研究时段，分步走。防护基础、参与意识、防护规则和责任意识培养各有侧重，分步递进，相互契合。根据课题性质、类型，本课题主要采取行动研究法。在实施过程中一边探索，一边研究，分头建立、逐步修订和完善，最终形成一整套有体系学生自我防护方法。组建研究组，统筹推进。成立中心研究组，协调下设的班队活动、学科推进和主题探究三个研究小组开展活动。

研究创新点：增强学生在疫情期间自我防护的意识，引导学生学习系统规范的自我身体防护知识，增强学生自我心理防护的意识和能力。

四、课题研究阶段措施

研究阶段：第一阶段（2020.3—2020.4）准备阶段；第二阶段（2020.4—2020.7，全面研究阶段）；第三阶段（2020.7—至今，总结阶段）。

研究措施：按学段进行三步推进，以活动（体验）为载体，班队活动、学科活动和主题活动三维运动。引导学生学习系统规范的自我身体防护知识，增强学生自我心理防护的意识和能力。

实施推进：一开展小学生自我防护能力的学生情况调查研究，二开展成都市石室小学战“疫”在路上调查问卷活动。

学校组建研究组织机构，提供研究保障。提供安全的环境并促进学生逐步恢复至日常状态，了解自我防护程序疫情期间，开学前学校对教学楼进行消毒处理，购买安置好消毒杀菌设施和体温计，在学校公共洗手间提供洗手液，并张贴关于如何正确洗手的海报(小学以图片形式呈现更佳)，有条件的学校也可在教室中提供除菌免洗液和口罩，给学生建立学校健康卫生的安全感。

五、课题研究成果

通过本课题让学生尊重自然，敬畏生命。结合疫情让学生知道了保护自然、热爱自然、敬畏自然就是爱护人类自己。有效提升了学生身体和心理自我防护意识和能力。同时开发了关于疫情之下学生自我防护养成教育的校本教材。形成了一套疫情期间的师资培训资料。研究成果主要有以下几个层面：

尊重生命，敬畏自然。各学科以“尊重自然，敬畏生命”为主题，引导学生从不同角度了解生命教育的最大价值。

直面自我，反思自己。在新冠疫情期间，有逆行的白衣天使，有舍小家忘大家的人民英雄，更有倾囊相助的普通人……这一场硝烟弥漫的战争里，作为一个普通的小学生，除了保护好自己，还应该做什么？由此引导孩子们讨论，作为一名石室小学的小学生我能做什么？

珍爱生命，我在行动。积极行动是生命教育永葆生命力的关键。在这个阶段里，带领学生们积极行动起来。掌握很多生活的小技能，例如“帮助父母做家务”、“打败情绪的小怪兽”、“我能整理小卧室”。在这个阶段，引导学生们居家要主动帮助父母做家务事。整理自己的小卧室，整理自己的课桌，洗洗自己的小衣服等。

反思升华，促进认识。疫情当前，在各项疫情数据分析中，带领孩去思考、发现、激发他们的爱国情怀和责任担当意识。在我们的整个“生命教育理念下应对疫情小学生自我防护能力养成的研究”课题推进中，线上的生命教育全学科整合，以及各学科老师们有条不紊地进行情感、认知、行为、价值等多方面教育措施，促进了孩子们在整个疫情期间的心灵成长。

生命教育，效果初显。新冠疫情的发生提示我们生活的不确定性与危机的潜在性，我们的教育需要积极寻求应对生活世界之复杂性与突变型的有效变革。本次疫情后，学校建立了完善的学校生活防控防疫体系；对学生进行了系统科学训练学生日常生活能力；着力于培养学生应对危机的处理能力；引导儿童思考生命的价值和意义。

生命教育是一种全人教育，是直面生命和生死问题的教育，既关乎人的生存与生活，也关乎人都成长与发展，更关乎人的本性与价值。我校围绕人的自然生命、社会生命和精神生命展开教育，引导学生珍爱生命、积极生活、成就人生，拓展生命的长宽高，让有限的生命实现最大的价值，让每个生命成为最好的自己。

采取“1+N”教学模式，力促学校内涵发展

四川省高县逸夫小学校　谭艳

突如其来的新冠肺炎疫情造成了“二战以来最严重的全球危机”，深刻影响着世界格局的走向，以及人们的世界观。在这场疫情“大考”中，学校教育面临前所未有的压力和挑战。怎样把疫情之“危”变为教育之“机”？教师该怎样教？学生该如何学？课程该怎样设置……在深入反思与深度叩问中，我校采取了“1+N”教学融合模式切实将“抗疫保学”工作落到实处。

一、变革教育方式，“1+N”多维联动

疫情犹如一次“大考”，作为学校教育管理者、我们只有变革创新教育方式、顺应学习规律，才能在大考中取得更好地成绩。我校属于城乡接合部农村小学，学生来源多是农村家庭，网络信号不稳定，教师录播等技术水平较低。如果完全靠直播和录播形式进行教学，只能是“见光死”，学校、教师、学生、家长都会疲惫不堪，怨声载道。经过调研和实践，我们不断变革创新教学方式，采取“1+N”的线上线下多维联动。

“1+N”多维联动，“1”指：专题直播。根据学校目前教师和设备的状况，我校只有1名计算机教师、2名精通录播等现代信息技术的教师和1间多媒体教室。学校通过协调寻求支持，确定用电信“会易通”形式，选取相关专题和年级进行直播，直播时间控制在20分钟之内。为此，我校设立了五个专题《全面认识新冠病毒》《心理疏导，好心态是最长效的疫苗》《认识自然、敬畏自然》《学习战“疫英雄　常怀感恩之心》《学战“疫”英雄　树家国情怀》，选用五位青年骨干教师，用“会易通”的直播通道，选择五个年级，采用直播的方式，和学生一起学习，引导学生认识自然、敬畏生命，树立正确的人生观、世界观，培养感恩之心和爱国情怀。

“1+N”多维联动，“N”是指视频、PPT、绘本、录音、电子课本等方式，通过微信、QQ等多种线上教学方式进行资源推送。在主题直播时，其他年级采用学校统一录制视频、图片等通过微信、QQ等线上方式进行推送和反馈；没有直播时，所有班级都采用同年级同学科统一准备的资源进行推送，青年骨干教师寻找录制相关教学资源，经验丰富的教师统一推送。

通过这样的变革方式，我们采用“1+N”线上线下多维联动，让教师不再手忙脚乱，有效减轻了教师的工作量，努力实现家校共育、师生互动、生生互动、个体交流、群体展示等多维互动方式，切实提高教育教学效果，尽量促进学生全面成长、人人成长。

二、有序教学融合，“1+N”全面融通

“1+N”全面融通，“1”是指语文、数学、音乐、体育、美术、道德与法治等一类国家课程。“N”指：五个专题课程（行为习惯养成课程、传统文化课程、知识与技能课程及艺术与审美课程、运动与健康课程、人文与社会课程）、“126”学校特色校本课程和年级课程等N种校本化的课程。

教材筛选“无序”，学习内容“有序”，实现有效融合。在平常的教学中，我们都是按照教材顺序进行教学，而在疫情特殊时期，这样的教学方式无论在形式和效果都会大打折扣的。因此，在年级分学科开展集体备课时，我们对一些教学内容进行筛选，把与五个专题和校本教材相关的、联系比较紧密的教学内容筛选出来，利用线上和进行整合教学。例如，在教学语文学科的古诗词内容时，我们把每个年级的古诗词内容筛选出来，与学校传统文化专题和学校“126”特色校本课程中的“雅园阅读”相结合，推出了《校长书单》，推荐师生阅读篇目，并进行自主、分层次、个性反馈。同时，我们还开设《相约春天、不负韶华》之“春之艺”、“春之韵”、“春之歌”三个系列，根据学校孩子的年段特点，结合“126”特色校本课程《艺林之旅》和年级课程《春天之约》实现四级课程有效融合：低段为《春之艺》系列，中段为《春之韵》系列，高段为《春之歌》系列……我校在对国家课程进行筛选，对国家、专题、校本、年级、四级课程进行深度融合，引导学生在自律中自主学习，让不同层次的学生进行多形式的个性反馈，丰富了学习内容。

居家“有序”、学习“自主”，实现有效融合。在在线教学的实际操作中，教师拟定了详尽的月课时安排，并引导孩子分解、细化到孩子们每一天具体学习生活中，以孩子们可理解、可操作的课程学习单为载体呈现。拿到这一份课程学习单，孩子们清晰地知道这一周学习的目标、内容是什么，可供选择的个性化学习方式有哪些，进而驱动孩子们主动学习、自主学习。而在学习评价方面，学生、同伴、教师、家长多元评价主体的参与，丰富了孩子们在居家学习中的互动交往。例如，《道德与法治》在具体内容的选择上，实现教学内容“1+N”超强融合：我们把国家课程中不同年段要求、学校五个专题课程、校本课程中的《童蒙养正》课程、年级班会活动进行选择性有机融合，将生活实际、学生特点和“道德与法治”学科特征三者有机联系起来，形成了以“道德与法治”为核心，以社会环境为素材，以学生生活为主题的居家学习内容体系。而在具体操作上，我们实行了“3+4+N”线上线下教学方式：三次专题直播，四次线上学习，多次多形式反馈。如《学战“疫”英雄，树家国情怀》专题中，学校用“懂——爱国情怀”、“汲——榜样力量”、“立——爱国宏志”三个板块，从网络升旗仪式、爱惜红领巾、学习战役英雄培育了孩子们的爱国主义情感，自觉履行爱国主义责任，树立了正确理想、信念、人生观和价值观。

三、巧妙内容设置，提高教学效益

我校在对教材、课标等研读的基础上，结合学生的实际情况，对不同年段的教学内容进行巧妙设置，实现“1+N”有效融合。

数学与德育的融合。数学与德育融合，让数学更有厚重感。我们结合学校“树家国情怀”专题、校本课程《童蒙养正》，在全校设计了年级课程《看数学家故事谈人生理想》。线上教学，我们用数学家、伟人、英雄的人生故事作为灯塔，指引孩子们谈一谈、写一写自己的感想并多样化学习，个性化展示，思考自己长大后想成为一个怎样的人。我们通过读和悟逐步引导孩子们树立正确的世界观、人生观和价值观，让爱国爱民的种子从小在孩子们的心里萌芽，让爱国情怀在孩子们的心里悄然浸润。

数学与美育的融合。数学与美育融合，感受数学的实用美，提高学生的审美能力。例如，学生在认识了“什么是轴对称图形”后，在生活中寻找哪些物体具有对称性，用画图或剪纸的形式来创作轴对称图形，以此感受到轴对称图形的对称美，领悟到数学之美，实现国家课程与校本课程《艺旅之林》的有效融合。

数学与语文的融合。数学与语文融合，提高学生学习数学的兴趣，体验数学简洁中的丰富底蕴，感受数学的趣味性。在设置低年级数学教学内容时，教师线上推送古诗《山村咏怀》：一去二三里，烟村四五家，亭台六七座，八九十枝花。全诗从一到十用上了10个数字。按照从小到大的顺序排列，给我们描绘了一幅乡村美图，更让我们感受了数字的简洁美。

数学与人文教育的融合。数学与人文教育融合，让我们感受到数学的温度。孩子们除了埋头苦学，还要抬头看看世界。例如，三年级内容，教师在线推送“多位数的认识”后，让学生在生活中发现大数，感受大数，引导孩子们在新闻中，很容易地找到了大数，并且了解了世界动态。在抗疫保学“停课不停教，停课不停学”这个特殊时段，我们要求孩子尽量做到每天关注新闻，同学们以新闻“1+1”的形式（一条新闻+一条感想的形式），互相交流。

疫情终将过去，教育正进入后疫情时代。诸多因“疫”而生的变革，必将融入教育的“血脉”，全方位的教育变革势不可挡。作为学校管理者，我们只有顺势而为，主动作为，创新尝试，方才能适应变革要求，做到与时俱进，推进学校内涵式发展。

文化浸润，墨香满校园

四川省广元市苍溪县陵江镇茶店小学校　高黎

苍溪县茶店小学距离县城17公里，是典型的农村小微学校。近年来，学校坚定文化自信，坚持以“弘扬书法传统文化，提升学生核心素养”为己任，秉承“书写人生”的办学理念，努力践行“书写有度，人生有法”的核心价值观，深度开发书法教育特色课程，坚持以翰墨书香立字、立身、立德、立人，深入落实《关于全面加强和改进新时代学校美育工作的意见》，探索出“以美育促五育”的实践路径，努力构建乡村温馨校园。

一、书写有度、人生有法——用精神文化引领温馨校园

确立“书写有度，人生有法”的核心价值观，拥抱“写好中国字，做好中国人”的教育梦想。深入贯彻党的教育方针，抢抓教育发展新机遇，凸显“书写人生”的办学特色——书方正之字，写厚德人生；书规范之字，写智慧人生；书刚劲之字，写健康人生；书端雅之字，写尚美人生；书朴拙之字，写勤奋人生。

实施办学特色与“五育并举”的深度融合，结合六大核心素养，确立“厚德、智慧、健康、尚美、勤奋”的校训，培育“崇德尚礼，优雅自信”的校风，形成“敬业博学、善教爱生”的教风，养成“勤奋诚实、好学善思”的学风，聚力内涵发展、特色发展和高品质发展，不断优化办学环境，提升教育质量，提高办学效益，实现从立字到立人的跨越。

二、墨韵校园、文化濡染——用环境文化浸润温馨校园

挖掘书法艺术的基本元素，深入打造“翰墨校园”环境文化。校徽一如盛开的茶花，又如饱蘸的笔墨，彰示着书法教育特色；学校大门文化石上“书写人生”四个大字熠熠夺目，教导孩子们在横平竖直中完成人生答卷；校园内侧围墙、教室、食堂、寝室、楼道的墙壁、橱窗等地都装裱有老师和学生的书法作品，或者陈列书法名家简介、书法名言警句……处处翰墨飘香，用书法艺术浸染幼小心灵。

“闫宗辉书法名师工作室”是师生从事书法技艺的首选，凭借工作室领衔人、苍溪书法名家、退休教师闫宗辉的影响力，集聚了本校及县内外20余位书法名师、骨干教师，将这方天地作为全县书法教育研究和梯队人才培训培养的基地。室内书案笔墨、报刊资料、长条短幅、篆隶行草、框裱装帧，应有尽有，为师生观摩、揣摩、交流、竞技、提升提供了畅通的渠道。

“观墨亭”古色古香，透露着浓厚的传统文化气息。每日课余闲暇，都会有学生自发在此作现场书法展示。

“大地书法区”是学校进行集体性地面书法展示和练习的便捷场所。平整的青石板地面印上了书法米字格，可供数十人同时执笔蘸水同时书写。

开设校园广播、门户网站、墙报橱窗、微信公众号，编印校园刊物，大力宣传书法教育，让“书写人生”的理念深入人心。充分利用校内空间，让墙壁说话，让环境育人，大力营造校园书法文化氛围，以书法文化陶冶学生心灵，营造墨香四溢的温馨育人环境。

三．特色课程、聚焦素养——用课程文化涵养温馨校园

借力高品质学校建设东风，聚焦小学生核心素养，致力于墨香文化特色课程开发，以书法为主要学习内容，以笔墨为媒介，以立德树人为宗旨，通过丰富多彩、形式多样的书法教育活动，挖掘学生潜能，健全学生人格，“以美培德”、“以美增智”、“以美健体”　“以美促劳”，一育促诸育，五育并举，促进学生全面发展。

校本课程以“三种场所，氛围浓郁（家庭、学校、社区协作育人）”、“双管齐下，软硬并行（硬笔书法、毛笔书法并行）”、“一种文化，书画同源（书法唱戏，美育搭台）”、“一群专家，多项课题（名师工作室为引领，校外专家为补充，上马各级书法课题研究）”为实施途径，建立健全“四项考核、六项评优”评价体系，促进学校书法教育和美育的协同发展。邀请书法界、教育界的专家团队指导协助开发《墨香》系列校本教材。各年级每周开设两节软（硬）笔书法课，一次师生书法社团活动，定期组织师生外出参观学习，初步形成以课程为依托、以课堂为基础、以课题为导向、以社团为平台的书法教学管理模式。学校的墨香文化课程被评为广元市示范校本课程。

四、立字立德、立身立人——用行为文化承载温馨校园

（一）书法教育与学校德育深度融合

将书法教育渗透进学校各项德育活动之中，陶冶精神、锤炼意志、文明精神，在元旦书画展、妇女节教师书写比赛、儿童节书画艺术比赛、建党节我为党的生日献礼、国庆节现场书画大赛等；将写字品质迁移到人格完善上来，从“静下心来写字”，迁移到“静下心来读书”、“静下心来做事”从把要求学生“思考运笔结构在动笔之前”，迁移到“深思熟虑方案在做事之前”，即要求学生“深思在动笔之前，熟虑在动手之前”。提出“一天一字、一日一题、一事一思”，把勤写字、勤读书、勤反思贯通起来，强调锲而不舍、持之以恒，养成习惯。通过活动不断促进和提高师生的书法兴趣与水平，引导教育学生“规规矩矩写字，堂堂正正做人”。

（二）书法教学与学科教学深度融合

保证学生每天40分钟课外写字练习活动；每周开展一次“大地书法”现场观摩评比活动，既练字练能，又健体怡情；每月举办一次主题性书法创作大赛，举行一次优秀作业巡展；每期举办一届“翰墨飘香”书法展，利用各种节庆活动不定期进行书法交流、比赛。

（三）书法教学与智慧教育深度融合

结合信息化建设将书法教学与信息技术深度融合，建成数字化书法教室，将本校的优质资源共享给其他学校，通过网络直播进行空中同步书法考研活动。

（四）书法教学与社团活动深度融合

组建多个书法社团，打造100平方米“大地书法”区，师生在社团活动时间，可以拿起大笔沾水即书，尽情挥洒，品味写字与做人的真谛。

（五）书法教育与艺术教育深度融合

编排独居特色的书法韵律操，将书法与音乐、体育、舞蹈等相结合。目前已编排了3套“笔歌墨舞”韵律操，既有书法的大气磅礴，又有舞蹈的柔美欢畅，学生在运动中感悟传统文化的魅力，强身健体，提升精、气、神，在律动中感悟“书刚劲之字、　写健康人生”的艺术美。

天道酬勤。“书写人生”特色文化建设，以一育促诸育，教师的板书更工整了，学生的作业书写也更美观整洁了，行为习惯也更好了，学校已形成了人人练书法、处处练书法的良好局面。书法教育的育人功能得到充分体现，孩子们举止文雅，教师以积极健康的工作生活方式感染影响学生，凝神聚气、开拓奋进的能量场正在形成，实现了学校的高质量发展，办出了人民满意教育。学校率先实现了数字校园2.0，先后被评为广元市“校园文化建设先进单位”、广元市“美丽乡村学校”、苍溪县“校园文化建设典范学校”、苍溪县“书法教育特色学校”。

根植“鱼渔”文化，建构“鱼渔”品牌

四川省南充市仪陇县渔田幼儿园　吴燕萍

天下难事，必作于易；天下大事，必作于细。幼儿园要科学、健康、持续发展，定要放眼高远，立足精细，凝心聚力，根植文化认同，

追求卓越，走品牌发展之路。品牌是以文化底蕴为内涵的一种标识，是质量的象征，是提高办园水平的必由之路。文化和品牌可以说是互为表里，协同发展，才能造福师生，成就未来。我校园通过根植“鱼渔”文化，建构“鱼渔”品牌，立足孩子一生的发展，从入园开始对孩子既授人以鱼，又授人以渔，努力把孩子培养成德智体美劳全面发展的社会主义建设者和接班人。

一、立足当地文化，确立办园目标

2018年9月1日，我园正式开园。我们根植于园名，结合当地文化、传统文化和时代文化，经过反复的研究、讨论、走访、推敲，最终确立了以“授人以渔，乐爱成长”为办园理念；以“气包容，快乐自信”为园风；以“乐教乐研，以鱼以渔”为教风；以“乐探乐问，鱼言渔行”为学风，以“渔随心动　付诸行动”为管理理念；以“博爱阳光，鱼渔与共”为培养目标；以“构建引领师幼走向成功的鱼渔品牌园”为办园目标。

办园目标：授人以渔。语出《淮南子·说林训》，原文说：“临河而羡鱼，不如归家织网”；古人语“授人以鱼不如授人以渔”；燧人氏教人捕鱼；伏羲氏教人结网；舜“耕历山，渔雷泽，陶河滨”；里革“断罟匡君”之忠、“羊续悬鱼”之廉；王祥“卧冰求鲤”之孝；庄子“濠梁观鱼”之乐等均以熏陶、濡染、启迪、激励等发挥教化功能。“授人以渔”是传授给人既有的知识，又传授给人学习知识的方法。道理其实很简单，鱼是目的，钓鱼是手段，一条鱼能解一时之饥，却不能解长久之饥，如果想永远有鱼吃，那就要学会钓鱼的方法。

人生百年，立于幼学。幼儿园担负着为孩子“系好人生的第一粒纽扣”的重任，在孩子成长过程中，我们既要传播知识，又要教会孩子学习、生活的方法和技巧。开园以来，我们践行既授人以鱼（知识与技能）又授人以渔（过程与方法）的“鱼渔”理念，还聚力建构一流的获“鱼”的场域（幼儿园），启迪幼儿智慧，培育幼儿情感，培养幼儿习惯，在对孩子“授人以鱼”的过程中逐步实现“授人以渔”的目标，为孩子一生的发展奠基。

二、聚力“鱼渔”文化，优化育人环境

近两年来，我园围绕“授人以渔，乐爱成长”的办园理念。以“鱼渔”理念（渔美、渔趣、渔爱、渔乐、渔善）为着力点，不断优化育人环境，构建鱼渔文化环境，让孩子在适宜的爱中快乐成长。

幼儿园三幢楼连在一起，呈流畅的S形，亦如大气包容的滔滔嘉陵，孩子们犹如在江里自由自在、快乐成长的鱼儿。教学楼共三条走廊，每条长125米。四个楼梯间，每个楼梯间高12.5米。功能室大多以异形呈现。在环境文化表述中，尽量挖掘其本身所蕴含的内涵，引导老师、幼儿去感受、欣赏和发现美，在创设的过程中，一是在色彩上以浅色为主，易被孩子理解、产生共鸣。二是在内容上创设幼儿熟悉、能体验的环境。

一层为“渔乐之港”（海洋文化）。设置有石绘画馆，海洋救助站、渔娃垂钓、海底超市、渔娃海鲜烧烤、渔娃之家、书香小屋等区角，让孩子们浸润在海洋文化里，培养孩子“天高任鸟飞，海阔任鱼跃”的宽阔胸怀。

二层为“渔田小镇”（地方特色文化）。小镇里渔趣乡村基、渔家超市、渔园警局、渔园染坊、创意搭建坊、渔乡剧场等，让孩子感受地方特色文化，培养热爱家乡的情感。

三层为“鱼渔书苑”（书香文化）。书苑里有渔娃书吧、棋艺区、美术馆、中国古代四大发明、唐诗宋词（适合幼儿的诗词）、百家姓作品等，让孩子沐浴着书香，快乐地成长。

幼儿园的四个楼梯均围绕着“鱼渔”文化进行打造。一号楼梯主题为“渔趣足球，启智健体”。里面是孩子足球游戏和竞技时各种照片和孩子关于足球的作品。

二号楼梯主题为“渔美艺术，快乐创意”。孩子根据自己的认知水平，以牙签、石头、棉签、沙子、贝壳、豆子、纸巾、卡纸、树枝等为材料，做成各种手工作品装饰墙面，让每一面墙壁都能与孩子对话。

三号楼梯主题为“渔乐阅读，与爱同行”。师幼别具匠心，用牛皮纸、麻绳等做成一个个生动有趣的手工足球绘本故事，并张贴有亲子阅读、师幼阅读、幼幼阅读、个体自读的照片，孩子们穿梭在园中，就像徜徉在自己温暖的家一样。

四号楼梯主题为“渔耕之乐，亲近自然”。这里面有师幼共同完成二十节气图片、手工渔耕用具，还有各种农副产品……

幼儿园园门口设置有“鱼·渔；乐·爱”文化石，园内有1000余平方米的绿化带，200平方米的种植园，同时园内还设置了渔娃沙话乐园、渔趣野战营、渔娃淘气乐园、渔园智能空间、渔园水立方、YBA高手世界、阳光球场、绿荫球场、渔娃创意工坊、渔家饲养角、种植园等。我们充分利用每一面墙壁，每一个区角，自由表达幼儿园里发生的一切，记录和见证我们走过的路。无论走到哪儿，都能感受到“鱼渔”文化的熏陶。

三、提升“鱼渔”内涵，建设“鱼渔”队伍

为将“鱼渔”教育根植于心，外化于行，我们引导教师认真学习中华传统文化精髓，认真整理和挖掘中华传统文化和人文教育资源，以“鱼渔”精神武装头脑。引导教师学习《规程》《纲要》《指南》、现代先进教育思想等，把时代因素融入“鱼渔”精神，不断发展提升“鱼渔”精神内涵。

精管细导，建设“鱼渔”教师队伍。围绕办园理念，全力构建“鱼渔教师”团队，树立良好教育形象。一是管理工作在“精”字上提要求；二是在“细”字上下功夫；三是在“导”字上做文章。教师育人在细微处，园所管理在细节，唯有精管细导，全力建设“鱼渔”教师团队，不断追求卓越，幼儿园才能实现跨越式发展。

乐教乐研，提升“鱼渔”教师专业素养。一是建设“鱼渔”名教师工作室，设立“鱼渔”教师读书会，“鱼渔”园本教材编写组等机构，以读书（每周一下午读书分享会）、研讨（每周二、四下午教学研讨）、宣传、比赛（技能创新比赛、话术比赛等）等手段来提高教师专业水平。二是设计、组织、开展丰富的系列主题活动。三是充分挖掘教材“鱼渔”因素，发挥保教主渠道作用，在教学实践中“鱼渔”。四是创新机制，搭建平台，提升教师精气神。

以鱼以渔，提升育人质量。一是完善德育管理网络，形成有效德育体系。二是定期开展主题活动。三是开展社团活动。四是开展“鱼渔”特色教育（渔趣游戏，启智健体；渔美艺术，快乐创意；渔乐阅读，润泽生命；渔爱科学，探索发现；渔善交往，快乐自信），开设“鱼渔”园本课程。根据《指南》我们分年级段开设了《渔乐阅读》《渔娃歌唱》《渔娃游戏》《足球绘本故事》《渔园童谣》等园本课程。

四、完善“鱼渔”制度，促进园所发展

国有国法，家有家规，幼儿园要生存，要发展，必须以人为本，以制度为纲，建设完善的制度文化体系。一年来，渔幼人通过实践、总结、提升，形成了一系列较完善的制度文化。制定了《渔田幼儿园行动指南》《渔田幼儿园管理制度洪汇编》《渔田幼儿园章程》，其中《指南》约3.1万字，详细阐述了园所理念、教职工一日工作流程等。《制度汇编》约6.2万字，分为五部分，第一部分是职责篇，第二部分是规章制度篇，第三部分考评制度与细则篇，第四部分应急预案篇，第五部分家长学校篇。制度的出台与完善，为渔田幼儿园可持续发展提供了强有力的保障。

跳出教育看教育，回归教育升高度。近两年来，一群有着深深教育情怀的渔幼人不忘初心，在坚守与奉献中担当起新时代赋予幼教的使命任务，立足高远，同心同德，逐梦前行，共筑发展。2019年度，我园被教育部命名为“足球特色幼儿园”；被南充市教育局和体育局授予“先进集体”光荣称号；荣获县教科体局2019年度“幼儿教育工作先进集体”光荣称号；申报的省级重点课题《“足球游戏”促进幼儿健康发展实践研究》和市级重点课题《幼儿足球游戏园本课程开发实践研究》均已立项开题；10月参加四川省幼儿体育活动展示大会幼儿足球比赛获省一等奖、嘉年华团体比赛一等奖、四川省教育厅颁发的“优秀组织奖”；培养了县级名教师一人，区级名教师四人。两年，在时间的长河里是短暂的；两年，在渔幼的发展中是关键的；两年，在渔田人的逐梦中渐渐远去。如今，渔幼已成为家长和孩子向往的有文化有内涵的成长乐园。

海平两岸阔，风正一帆悬。昨天已远去，未来已携着五彩斑斓的梦向我们走来，在如歌的岁月里，在生命的长河中，“鱼渔”团队将不断寻求教育的诗与远方，让“鱼渔”教育在风雨兼程中诗意生长，让“鱼渔”文化品牌在全力以赴中诗意发展。

健康教育　立德树人

——记四川省内江市资中县鱼溪利民小学

四川省内江市资中县鱼溪利民小学　陈平　王勰

资中县鱼溪利民小学是一所九年义务教育乡村民办小学，是一所独树一帜的平民教育学校，创建于1995年9月，占地面积12012平方米，建筑面积3861平方米，学校有教职工49人，其中18个教学班，669名学生，其中留守儿童549名，寄宿学生263人，残疾生13人，孤儿7人，少数民族学生24人。利民小学自创办以来，二十多年来始终秉承“利民教育，教育利民”、“平民办教育，教育为平民”的宗旨，践行陶行知教育理念“教学做合一”，坚持“爱心教育，感恩教育”，“教育为本，德育为先”，“健康教育，立德树人”的教育方针，注重健康文明教育，传承国学，继承良好校风、学风、教风，把学生德育教育作为教书育人的一项重要工作来抓，经过不断努力取得了巨大的成绩。留守儿童是一个特殊的未成年弱势群体，由于父母外出打工后，与留守儿童聚少离多，沟通少，远远达不到其监护人的力度，而不尽人意的隔代教育占的比列非常大，这种状况导致了留守儿童心理缺陷、叛逆、性情古怪，亲情饥渴、消极自闭、自我控制力不强、上网、进电子游戏厅、不回家、在家不听爷爷奶奶的教导、我行我素，学习受到了严重影响。为了留守儿童能幸福健康成长，利民小学在上级部门的领导和指导下，结合利民小学自身的特点，把关心关爱留守儿童工作和“健康教育立德树人”当作学校工作的头等大事来抓，号召全体教职员工定期学习，提高思想觉悟：不放弃、不抛弃任何一个贫困留守儿童，让每一个孩子都能健康成长。

多年来，学校积极配合市、县卫计委，开展了关心关爱留守儿童学习、生活和心理“三关爱”工程，建立了“留守儿童之家”、“关爱留守儿童基地”，组织了“爱心妈妈”结对帮扶活动，开展了“同一片蓝天，同样的爱”大型募捐活动，建立了“心理咨询室”、“亲情聊天室”、“图书阅览室”。2012年10月，全国“川、粤、浙、渝四省市暨川南、川东流动人口区域互动协作会”在利民小学召开。在市、县卫计部门的关心关爱下，学校成为内江市“生育关怀——青春健康教育”项目示范点，开展了“为青春导航，为健康加油”等活动，促进了孩子们的身心健康成长。

为了促进农村留守儿童的健康成长，多年来学校重点开展了以下几方面的工作：

一、以爱心助学为重点，营造健康教育氛围

学校与社会“联姻”，积极开展“送温暖，献爱心”活动，实施关爱学生生活、学习、心理的“三关爱工程”，社会各界爱心人士及党政有关部门相继给留守学生送来了图书、电脑、餐桌、电视机、书包、文具以及体育用品等。在众多爱心团队中，特别是北京吕燕群爱心团队他们资助利民小学时间最长（从2011年至今），为留守儿童架起了一座爱心之桥，每年爱心团队不顾路途遥远，千里奔波来到利民小学关心关爱留守儿童，给予了留守儿童精神和物质上的无私帮助；对贫困学生进行爱心资助，走访慰问贫困学生家庭，解决贫困学生家庭的经济困难；为留守儿童建立生日档案，举行留守儿童集体生日庆祝活动，为学生送上生日蛋糕、生日贺卡；对困难教职工给予了困难资助。特别是前北京市公安局局长张良基、中国侨联副主席乔卫、北京市法院院长穆平等领导给予了利民小学留守儿童无私的关心关爱和资助。在北京爱心团队的倡导下，中国红十字会投入15万元，在利民小学援建了“未来教室”，捐赠图书3000册，设立阅读席位60余座，并安装了空调。“未来教室”可开展电子远程教学，方便了师生上网学习、查阅和阅读。为了培养孩子们的感恩之心，学校也组织学生去敬老院为老人叠被、打扫卫生，为他们捶背、唱歌、跳舞，为老人们带去了欢乐。一个个孤儿、残疾生、贫困学生、留守学生、问题学生在无私的关心和爱的教育下，懂得了感恩、孝道、文明、守纪、独立、自主、关心他人。

二、以学校活动为载体，加强学生青春期教育

成立以学生为主的互帮互助同伴小组（3—5人），让学生利用网络、报纸、杂志搜集相关资料，将教育内容延伸到更广的范围；开展“为青春导航为健康加油”演讲比赛、手抄报活动、书画比赛、生活技能比赛、文艺宣传活动、体育活动比赛，对表现优秀的学生给予表彰、鼓励；利用黑板报、校园广播、升旗仪式等活动，多渠道、多形式对学生进行青春期健康教育。开通知心信箱，对学生存在的一些问题，有针对性的帮助和引导；利用主题班会，向学生宣传流行病、禽流感、手足口病、狂犬病、细菌性痢疾、食物中毒等儿童易感染疾病的预防知识，培养他们良好的卫生习惯；在主题班会中融入《弟子规》、五热爱等内容，加强学生国学教育。通过努力，全校涌现了许多富有创意的主题班会，如《我为青春靓点》《我健康我快乐》《童心飞扬幸福成长》《心怀感恩放飞梦想》《认识自我战胜自我》《如何拒绝诱惑》《战胜自卑》《如何与异性交往》等。

三、以专题讲座为平台，加强学生青春期引导

有计划的安排心理专家和老师，为学生讲授人生、理想信念课、生理知识课、青春期知识及性道德教育课，青春期问卷调查、与异性交流的心理与情感辅导，培养青少年的交流技能，同时开展了“性侵教育”专题讲座及安全知识问答，提高青少年的自我保护意识，使青少年掌握更多的、科学的、文明的、进步的生理健康知识，普及《婚育经.生育经.子女经》常识，开展了“爱国守纪、法治安全、诚信感恩”专题讲座，进行传统文化和国学教育，让学生懂得了感恩、自尊、自立、自强。

四、以劳动实践基地为阵地，培养学生综合能力

劳动教育深入开展是健康教育和立德树人的必要举措，引导学生崇尚劳动，尊重劳动，懂得劳动最光荣，劳动最伟大，劳动最美的道理，同时为了让农村教育不脱离生活实际，让孩子们不读死书、走出书本，走进田间学会劳动，交给孩子们生存的技能，生活技能，劳动技能，学会生存，学会健康，学会交往，让孩子们亲身体验到“劳动创造一切”，学校建立了农村劳动实践基地，更直接、更到位的教育了孩子们亲近土地、热爱劳动，践行陶行知教育理念，真正做到“教学做合一”。

学校的教师，既是教学的老师，也是农夫，更有农夫的身手指导学生学会农耕种植，他们经常脱下漂亮的外衣，穿上农耕劳作衣服，拿起农具，带领学生到农业基地参加劳动；除草、挖地、播种、施肥、浇水，和学生一起精心管理学校划分给每个班级的这份土地，每学期农业基地获得丰收，各班便把丰收的土豆、青菜、萝卜、红苕、青椒、茄子等这些蔬菜卖给学校食堂，同学校全体师生共同分享劳动成果。在品尝了绿色蔬菜的同时，孩子们也学到了农耕知识，为班集体积攒了班费，体会到了劳动的快乐和甜蜜。老师在教中学，学中做，做中教，让学生动手动脑，手脑并用，不做书呆子，在劳动中教会学生知识，在实际生活中培养学生独立思考和处理生活实际问题的能力，体现了农村教育的本色，也充分体现了利民教育的办学宗旨“利民教育，教育利民”，促进了农村孩子的健康成长。

五、以心理咨询为突破口，确保学生心理健康

学校设立了心理咨询室、亲情聊天室，对问题学生进行个别心理辅导，针对他们存在的问题，提出相应的建议，避免了对学生造成心里伤害，增强了学生的自尊心、自信心，促进了师生沟通、交流，引导他们正确处理青春期出现的各种心理问题，消除了学生的疑虑和困惑，使他们健康成长。同时，加强学生心理健康教育图片档案的管理，对开展心理健康教育形成的各种材料及时进行归类、存档，并做好保密工作。在此基础上，成立了以家长为主的流动人口健康教育暨健康促进工作实施小组，定期开展思想教育、情感教育、体谅父母教育与独立生活教育。

六、以学校食堂管理为抓手，确保学生饮食安全

学校领导定期对学校食堂环境、食物卫生进行检查，加强监管力度，推进农村义务教育学生营养改善计划。督促学校食堂从业人员在个人卫生、食品加工、餐具消毒、饮水卫生、工作场所保洁等各个方面的监管，坚决杜绝食物中毒事件的发生，努力做到“卫生有保障，营养有标准，口味有改善”确保广大师生身体健康安全，为打造健康校园提供了有力的保障。

“健康教育立德树人”不仅仅是学校教师的本质所在，还应是每个社会成员义不容辞的责任和义务，从教师到家长，从学校到社会，要齐抓共管，根据学生成长规律、认知规律，与教育教学有机衔接，全方位实施。学校、家庭、社会要拧成一股绳形成活力，才能加快教育改革的步伐，铸造中华民族精神，培养出新一代德智体美劳全面发展的接班人。

鱼溪利民小学覆盖人口25000多人，留守儿童占学龄儿童总数的85%以上，填补了农村留守儿童教育空白，满足了农村留守儿童教育需求，为农村留守儿童健康成长提供了有力的保障，开发了农村儿童的智力，帮助农村留守儿童这个弱势群体和解决了农村留守孩子接受健康文明教育难的问题，为外出打工挣钱养家的农民工解决了孩子在家无人看管和教育的后顾之忧，为农村贫困家庭脱贫致富做出了巨大贡献。

振兴中华，匹夫有责。兴国需要人才，人才推进强国。德智体美劳全面发展的人才离不开教育。培养一代全面发展，领先世界水平的各种人才，既是国家的责任，也是人民的期盼，更是利民小学不懈的追求。利民小学虽然是一所丘陵山区民办乡村学校，但追求的目标远大，始终秉承“利民教育，教育利民”的办学理念，全方位、多角度开展学生的心理健康教育，拓展心理教育的范围，实现心理教育潜移默化，全方位的渗透，打造“健康教育　立德树人”的品牌学校。为留守儿童撑起了一片蓝天。

尊重　欣赏　引领　服务

——让教师教育自觉

四川省平昌县青凤小学　李光辉

所谓教育自觉，是指教育者在教书育人的过程中能自觉实践、反思、学习、创新，以满足不同学生内在发展的需求，促进每个孩子的最好发展。校长的管理艺术就是要激发教师主动教书育人的热情，引领教师教育自觉。

一、尊重——让教师对职业多一份敬意

现代学校管理倡导“以人为本”，而以人为本的核心理念是“尊重”。尊重体现的是一种人格平等，也是一个人的基本需要，尤其是教师对尊重的需要更为强烈。感受到尊重的教师，不仅会多一份自信，而且会对教师身份多一些敬意。也只有得到尊重的教师才会尊重别人，才会更好地尊重学生。哈佛大学　“与柏拉图为友，与亚里士多德为友，更要与真理为友”　的办学理念，其核心就是以尊重为“魂”，兼容并包。

尊重教师就是要尊重教师的人格，尊重教师的权利，尊重教师对教育教学的独特感受，尊重教师的劳动特点。每个教师都是一个独一无二的生命个体，都有其独立存在的生命尊严和生命价值。在学校管理上他们有参与的权利，有表达的欲望；在教育教学活动中他们有自己的思想，有创造的欲望；在日常生活中他们也有自己的交往方式；他们是一个发展中的人，也有犯错或失误的可能。如果学校的管理制度都是在教师的充分参与中形成的，他们就会自觉遵守；如果我们总是认真倾听他们的意见，他会感受到领导的真诚与自己在领导心理的分量；如果我们的管理行为是建立在对他们的尊重之上，他们会乐意合作参与；如果在他们的教育教学活动中少一些强制的行为，他们就会多一些主动和创造；如果他们行为不当，领导不是抓住不放，而是

善意的帮助，晓之以理动之以情，让教师的心灵多一些对话，他们会自觉改之。在这样的环境中工作，他们会感到轻松愉快，对自己的工作就会多一些追求，对自己的职业就会多一份认可。

二、欣赏——让教师对工作多一份热爱

人都有向善性，受到善待的人才会给别人以善的回报。一所学校没有完全相同的两个教师，每个教师身上都有美的元素，也可能有丑的符号。管理者不仅要有一双善于发现美的眼睛，而且要有一个包容丑的胸怀。人是介于魔鬼和天使之间，如果多一些欣赏，魔鬼也许会成为天使。

欣赏教师的前提就是要信任教师。爱的最好证明就是信任，信任是开启心扉的钥匙。得到信任的老师就会多一份自信，多一缕阳光，多一些活力与激情，多一些展示和交流。信任带给教师的是追求至真、至善、至美的力量。

欣赏教师的艺术就是要善于发现每个教师的闪光点，诸如关爱学生、乐于合作、严谨认真、改革创新、乐观向上等美的表现。这些闪光点可能在课堂教学的改革中，也可能在课外辅导的真爱中；可能在师生之间的亲切交往中，也可能在同事之间的亲密合作中；可能在与家长沟通的艺术中，也可能在学校发展的美好建议中。如果及时给他们点赞，学校就会充满美的气息，处处感受到美的芬芳。

欣赏教师的秘方就是善于用心灵的潜望镜看待教师。尽管一些老师有可能产生不当行为，要用包容的胸怀、宽容的智慧诚挚帮助，从内心深处叩响每一个老师。因为宽容对道德的震撼有时比惩罚更强烈。要讲究语言的艺术，在善意教育的言语中潜藏着问候和关心，在和颜悦色的批评中表达真正的期望和爱护，在用制度去引导他们的行为时也不忘给他们一些成长的机会。如果这样，那些丑的行为就会被美的心灵所感染。

被人欣赏的教师不仅会感受到自豪，而且会懂得欣赏别人，也才会对教师职业多一份热爱。

三、引领——让教师对教育多一些追求

教育是有规律可循的，但真正的教育艺术是无迹可寻的。因材施教是教育的原则，促进学生的全面和谐发展是教育的根本目的。但要真正落到实处，教师必须认真研究每个教育对象，采取行之有效地教育措施或教育教学方式。每个孩子都是一个独特的世界，只有走进他们的心灵，才能引起孩子的共鸣。面对每个不同的孩子，教育没有一成不变的模式，只有不断创新的艺术。这就要求教师必须对教育有一种高度自觉，而这种自觉必须建立在对教育的真正理解，对孩子的真正热爱，对教育规律的真正把握，对教育科学的不懈坚守，对教育实践的不断反思和创新；这种自觉必然存在于一个有着共同的教育理想、教育志趣的教师团队。

培养一个教育高度自觉的教师团队，领导的引领是关键。西方管理学专家认为“领导者的成功定律，是由99%的魅力与1%的法定权力构成”。学校领导不能仅仅把自己当作一个行政领导，而应该是先进教育理念的传播者，是师生的学习领袖，是教育教学研究的导师，是教育发展改革的先行者。要善于倾听作风民主，引导教师形成共同愿景；要走上讲台以身示范，让教师感受领导的亲民角色；要深入课堂多观察，在探讨引导教学的同时张扬教师的个性，让教师感受自豪；要走近教师共同教研，让教师不仅把教研当作改进教学的需要，而且要把教研当作一种生活常态，不断改进教育教学方法；要带头搞好教育科研，探索解决教育教学和教育发展中的一些主要问题，让教师树立教育科学精神，在求知与创生中探索教育的真谛；要敢为人先，开拓创新，带领老师始终走在教育改革的最前沿，让教师为此而感到骄傲和自豪；要营造一种学习交流氛围，与教师一起读教育名著，交流学习心得，走进学校大讲堂分享最先进的教育理念，让教师把学习当成一种需要，不断涵养自己的教育思想丰富自己的专业知识；要构建好激励制度，让教师有追求、有盼头、有进取的方向。

如果读书、学习、交流、合作、研究、创新能成为一个团队的生活常态，教师的教育自觉就会成为一种自然。

四、服务——让教师对发展多一些憧憬

教师职业很神圣，但教师个体并非神，而是一个普普通通的人。他们有自己的需要，这种需要可能是生活的、家庭的、工作的、成就的、幸福感的、人际交往的、理想追求的以及自身价值体现的等方方面面。这些需要的满足，正是推动教师教育自觉的强大动力。只有了解教师的需要，尊重教师的需要，才能更好地为教师服务；也只有满足教师的需要，才能激发教师的职业热情，从而让教师对自身的发展多一些憧憬和向往。

一方面，学校要善于为教师营造一个温馨幸福的校园环境。譬如建设休闲式的校园书吧，让教师不仅能品味书的馨香，而且能感受茶的温暖。多组织一些趣味活动，让教师活起来、动起来，彰显每个教师的活力。关心了解教师的生活，力所能及的帮助解决教师遇到的困难。多给教师交流，倾听他们的心声，让教师得到心理满足等等。一个温馨幸福的校园带给教师的是一种强烈的归宿感。

另一方面，要善于给教师搭台唱戏，助推专业成长。譬如通过座谈、讨论等活动，广开言路，让教师主动参与学校的管理；建立师徒关系，让新教师在名师的陪伴中迅速成长；搭建学习交流平台，请进来走出去，让教师敞开胸怀打开眼界，感受不一样的教育风采；开展各类教育教学活动，让教师有充分展示的机会；帮助教师总结提炼，让教师多一些成功的感受；支持教师教育科研、出版专著、发表论文，让教师多一些职业的梦想。只有感受到生长和成功的教师，才会感受到教育本身的生命力。

管理的本职就是服务，如果从服务的角度思考管理，管理者就会少一些行政命令，多一些倾听与调研；少一些会议与事务，多一些沟通与交流；少一些检查和评比，多一些研究和指导；少一些批评和说教，多一些生动和有趣。

服务，既要帮助教师克服生活与工作中的困难，让教师安心工作踏实工作；又要给教师搭建发展的平台，创造成功的机会，让教师的需求得到满足，让教师的优势得到充分发挥，让教师的才智得到充分展示，让教师的那份教育理想始终得以维系。

构建和谐校园环境　促进学生全面发展

四川省雅安市雨城区中里中学　董剑洪

学校是培养人才的摇篮，它是为学子的成长和未来事业奠定良好品德及文化科学知识的第一基础阵地。教育质量是学校的“生命线”，是学校安身立命的“根基”，也是学校生存和发展的“资本”。因此，以“质量求生存，以质量求发展”是每一所学校都坚持的理念。努力提高教学质量，全面落实教育目标，领导必须实现学校的科学管理，运用和掌握实现科学管理的策略及方法。那么，学校如何提高教学质量呢？在此，浅谈我校的一些理念和做法。

一、树立好学校的教育质量观

一个校长眼界有多宽，办学境界就有多高；一个校长办学境界有多高，学校就能走多远。吴非老师有句话说得很好：“今天的教育由未来作评价”。也就是说，今天我们的教育办得好不好，不是今天的考试成绩说了算，而是十年二十年之后，学生成为一个怎样的人。选对正确的方向，比你如何努力更重要，方向错了，你越努力，犯的错误就越多，学生受到的伤害就越大。因此，一所学校教学质量的立足点是什么，就决定了一所学校的发展方向。特别是在新课改的形势下，学校要建立起素质发展的理念，摆脱“应试教育”的束缚，就应该确立好学校发展的“教育质量观”。

作为农村学校，师资力量、硬件水平、办学条件、学生基础等与城市学校有较大的差异，要提高办学水平，更应该在创新上下功夫。以普及义务教育为基础，走特色发展，才是我校的正确选择。因此，我校就一直秉承“快乐学习、快乐工作”的办学理念来强化学校的教育管理。所谓“快乐学习”，就是要以学生的发展为本，让学生在学习中体验到成功的快乐和欣喜，让学生喜欢学习，热爱学习，让他们在一个健康良性的教学环境中自由发展。所谓“快乐工作”，就是要解放教师，给予他们更多的教学自由。而不是让教师背负着沉重的升学压力去教学。让学校教育回归自然，打造舒心、自由、温馨的管理环境，让教师热爱本职工作，身心愉悦地工作，充分展示自己的教学热情。

二、找准学校发展的着力点

要建设一所好的学校，方方面面的事情都要做，学校的工作千头万绪，但只要找准了着力点，抓住了关键，看似纷繁复杂的事情也能简单明了，事半功倍。那么，学校发展的着力点是什么呢？

（一）制度管理与情感管理的有机结合。

俗话说得好：“没有规矩，不成方圆”。　学校规章制度就是全体师生必须共同遵守的规矩、规章、规定和规范。教育家陶行知提出学校规章制度是“学校所与立之大本”，是师生“共同的约言”。各项工作制度的实施，有助于我们建立正常的学习和工作秩序，有助于调动师生的积极性，有助于我校形成良好的校风。制度管理要能够结合学校教学实际，注重公正、规范、科学、有效。制度的严是为了约束和规范，保证教学的正常开展。在加强制度管理的同时，我们还注意辅之以“情感管理”。即树立“以人为本”的学校管理理念，注重情感投入，以真挚的情感和爱心去关心人、爱护人、尊重人，让教师充分享受到学校“大家庭”的温暖，使之在情感上产生共鸣。如：每年的节假日，学校工会都要组织教职工开展丰富多彩的趣味文体活动，以此来增强教师的团队精神；每年春节前，我们都向退休教师发出慰问信、召开退休教师迎春茶话会，以此来慰问老教师；教师过生日时，我们送上一束鲜花，以表示庆贺；教师或者教师家属子女生病住院，我们尽量抽出时间带着班子成员和同事去医院探望等等。学校管理就是“教师合作”，合作的基础需要情感，情感基础上的合作，才具有凝聚力和团队意识。管理既要科学规范，又要体现人文精神，要人性化、弹性化，充分尊重人，相信人。“管是为了不管”，要以和谐的理念和方法激励教师主动发展，构建刚性制度与人性化管理和谐统一的学校管理模式。

（二）抓好教师队伍的建设。

提高教学质量最核心的要素就是搞好教师队伍的建设。在学校，教师的责任在于要调动学生，而校长的责任就是要调动教师，领导的

精髓就在于把教师的积极性调动起来，把教师的心思都集中在课堂教学上来。为此，我们做了以下的工作。

1. 牢固树立“没有教学质量不高的教师，只有不想提高教学质量的教师”，“没有不想把书教好的教师，只有没找到把书教好的方法的教师”的观念。什么叫有能力的教师，有能力的教师，就是要表现在教育教学上，就是表现在能把学生不想学变得想学，学不好变得学得好，行为习惯不好的变好了。作为教师的最大光荣就是学生喜欢，家长称赞，毕业后的学生终生难忘，回想起来对教师津津乐道。农村学校的生源较差，于是，我们常常引导教师们从自己身上多找问题，分析问题，解决问题。在不断总结和反思的基础上，针对学生的特点，采取有效地教育方法，真正贯彻落实一切为了学生的发展的教育理念。

2. 只教学不搞科研的教师，其教学是肤浅的。

课题带动，才能让教师的课堂舒展灵动的翅膀。高品位的教师发展需要创新，需要科研课题来带动，特别是在实施新课程，推进新课改的今天，尤其需要通过教育科研来实现教育创新。在开展教学研究的过程中，彻底改变了师生的从教行为和学生的学习习惯，新课程、新课堂、新德育有效提升了我校的素质教育水平。

（三）强化教学管理，管理之中见成效。

1、课堂教学的有效化。

提高教学质量关键在教师，主渠道在课堂。没有课堂的创新实践，教学质量的提高只能是一句空话。在新课程背景下，立足课堂教学，向课堂教学要质量必须正确认识一堂好课的特征。一是目标的丰富性。素质教育的课堂既关注知识点，关注考点，又不限于知识点和考点。在关注知识的同时，还关注学生的能力，关注过程与方法，关注情感、态度和价值观。有效课堂教学是教学的生命，对课堂教学有效性的研究，不仅能推动新课程的实施与促进课堂教学质量的提高，更能促进学生的全面发展和教师的专业发展。要抓好教学质量，就必须得从40分钟教学内的分分秒秒做起。只有逐步建立和形成了高效课堂，学校的教学才会有保证。为此，我校从领导层开始，就狠抓有效课堂的模式建设：教研组倡导集体备课，课后有反思总结，学校中层每学期要求听课达到20节以上，深入教学第一线，和教师们共同探讨教学的得失。教师精心设计教学流程，安排好教学的每一个环节。在教学中能够关注学生学习的差异，设计好巧妙式提问的方式，课堂设计富于变化，能够激发学生的学习兴趣和积极性。

2、建立有效激励机制，调动教师工作积极性，落实目标责任管理。

一个有效地激励机制，将充分调动广大教职工的工作积极性，充分挖掘教职工的工作潜力。因此，要提升教育教学质量，必须要建立一整套适合自己学校的科学规范的激励机制。在调动教师的工作积极性方面主要体现在：①、树立以人为本，依靠教师的思想。尊重和理解教师，虚心听取和采纳他们的合理化建议。②、发扬集体主义，增强集体凝聚力，让每一个教师都树立校兴我荣，校衰我耻的观念。③、“民主治校”，学校的重大决策都让每一个老师知情、参与，充分发挥教师的主人翁作用。④、教师的晋级、奖惩都有一整套科学规范的制度，给更多有能力有作为的人搭建一个充分体现个人价值的平台，精神鼓励和物质奖励并举。

同时，我校建立以班主任为基层核心，学生为主体，科任教师为指导的班级管理小团队，全力以赴，共同协作，目标一致，形成团队间争优创先的氛围，扎实推进学校的各项教育教学工作。针对 “月考”和“半期”情况，深入作好认真分析。学校定期举行各年级研讨会，校长及行政班子成员亲自参加会议，解决教学、生活及备考管理等各方面出现的困难和问题。查漏补缺，稳抓优势学科，狠抓弱势学科。强生争优势，弱生保底线。针对学生情况分析，采取相应的方法和措施，实行目标责任制，把班级建设和教学目标分解到班，分解到学生个人头上，要求每个科任老师针对学科情况，制定培优计划，化整为零，实现小目标再去完成大目标，努力按计划来实施教育教学工作。

3、抓“尖子”、促“临界”、补“偏科”，分层次教学，培植增长点，实现总突破。

针对我校生源复杂，起点差异大，除了中里本地在读学生外，还有上里、碧峰峡及部分外地学生，小升初学生学习基础和学习习惯都比较差的特点，我校锐意进取，大胆改革，率先在农村中学开展分层次教学的实验。充分体现因材施教的教育原则，让学生在不同层次的学习之中，让个性得以解放，让能力得到真正的提高。在全面完成教育教学任务的同时，针对学生个性学习的需求，抓“尖子”、促“临界”、补“偏科”，齐抓共管，不放弃每一个学生，让他们在新的学习模式和环境之中，把自身的潜力得到充分的挖掘，竞争学习，合作交流，共同进步，共同提高。由于我校实行的是循环教学制度。因此每一届教师队伍里面都充分考虑老中青的搭配，从七年级到九年级一个循环。大家团结协作，心往一处想，力往一处使，互相关心，互相支持。老教师对新教师热情帮带，新教师虚心请教，共同探讨备考的方法和策略。群策群力，通过分层次教学的试验，近几年我校的教育教学质量稳步提高，为学校争得了许多荣誉。

三、构建和谐校园环境

1、强化校风建设。

校风，学校的风气，教风、班风、学风和领导作风精髓的结晶，学校生存发展的精神支柱，学校全体师生工作学习的动力，是隐性的校园文化，显现在实际活动中，指引师生共同发展。因此，良好的校风文化是建设规范化学校的关键。

第一，要从本校的实际出发，务必使确定的目标既有先进性，又有现实性，既有指引方向、动员校园主体的作用，但又是经过努力可以实现的。针对学校实际，我校提出“以人为本，快乐学习，快乐工作，开拓育人新环境，建设和谐新校园。走特色发展之路，全面提高教育教学质量。”的办学理念，既反映了学校培养人的基本要求，又突出了学校的办学特点。

第二，要健全制度，严格管理。制度体现校风，校风是无形的制度，制度一旦经校园主体认同并为内心接受，就会形成他们自觉遵从和维护的无须强制便能发生教育影响的精神要求。要从本校的实际出发建立和完善各项管理制度，做到从教务、学管、科研、财务、设备、人力资源、后勤、国有资产、行政、党务等到师生员工的个人行为规范，各项管理制度具体健全，操作性强、衔接一致，并保持相对的稳定性。

第三，人际和谐，师生共建。校园人际的和谐，主要是要处理好领导与教师、教师与学生的关系。教师与校领导之间建立和谐的关系，有利于调动双方教育劳动的积极性，形成教育工作所必需的“向心力”和合力。师生关系的融洽是完成教育任务的必备条件，也是校风的重要体现。身教胜于言传，通过师生关系所传播的和睦信息对教风、学风、校风的培养意义重大。

2、逐步改善校园硬件，努力创造良好的育人环境。校园文化的建设是一种动态的过程。它应当以人为宗旨，以活动为载体，通过校园文化的张扬与渗透，来鲜明学校理念，鲜明教育理念，发展师生个性、陶冶师生情操，增加师生的自主意识、竞争意识、效率意识、民主意识的熏陶和培养。2008年汶川在地震后，我校通过台湾援建打造，学校焕然一新在校园美化方面，我们注意精心设计，构建绿化、美化、知识化的校园环境。尤其在学校内部环境的建设上，以“从新”、“从特”、“从细”来装点布置。目前，校园内教室、宿舍、走廊、活动室都能做到美观洁净，而各式宣传橱窗、画廊、黑板报上丰富多彩的内容成为全校师生经常驻足，翘首以待的一道可口的精神快餐。教师、学生的一些书法、美术作品的点缀，加浓了学校典雅怡人的文化氛围，现代化教育设施的日趋完善，更给全校师生带来了一个探索世界、捕捉信息、展示才艺的广阔空间。学校的科技大楼、图书馆、电视台、微机网络教室、多媒体电教室等，为学校的教育现代化提供了可靠的物质保证。努力让学校的校园环境真正成无字的诗、无声的歌、立体的画。

抓牢思政建设　推进“铸魂”工程

西藏自治区日喀则市第四高级中学　国杰

加强未成年人思想道德建设工作关乎“培养什么人、怎样培养人、为谁培养人”这一根本问题，事关方向问题，事关党的事业事业后继有人，是一项重大的长期的政治任务和战略工程。面对新时代新形势与新要求，我始终坚持以学生的全面发展为教育工作者的终身目标，通过四抓（抓牢思政重心、抓好思政队伍、抓实思政阵地、抓出思政成效），扎实开展未成年人思想道德建设工作，用教师神圣职责审视自己、激励自己，做到爱生如子、爱校如家，正确引导孩子们扣好人生第一粒扣子，培养出一批又一批三观为正的时代新人。

抓牢思政重心

站位高，才能走得远。今天的青少年就是明天社会主义现代化建设的主力军，中华民族伟大复兴的任务将由他们来实现。把他们培养成德、智、体、美、劳全面发展的新时期社会主义合格建设者和可靠接班人，是党和人民交给我们最光荣也是最艰巨的任务。经过认真学习、深入思考、反复探究，我确立了“以全面提升未成年人思想道德建设为中心，认真落实立德树人根本任务，培养德、智、体、美、劳全面发展的社会主义合格建设者和可靠接班人”的工作重心，并用它来全面统领学校一切教育教学工作，为学生思想道德建设打下了坚实的基础。

回首二十载教学生涯，四十载人生春秋，无论是在日喀则市第一高级中学工作期间，还是在第二高级中学任副校长期间，或者现任第四高级中学校长时期，无论何时何地在校园中都可见我的身影，早晨最早到校，夜里最晚离校，不仅要做教师们积极工作的榜样，更要做学生们刻苦学习的榜样。在我的带领下，日喀则市第四高级中学从无到有、从建校起步踏入办学规范化，当前正向打造“精品高级中学”的目标方向奋进。

抓好思政队伍

未成年人思想道德建设要想取得实效，队伍建设必须摆在首位。立足教育发展规律和学校德育特色，我重点建设优秀教师队伍、优秀家长群体以及志愿者队伍，充分发挥他们的模范带头作用和示范引领作用，从而更好地为未成年人思想道德建设工作保驾护航。

加强教师队伍建设。我校组织全体教师学习最美教师模范事迹，认真开展“四有好老师”主题实践活动，组织实施“走出去、请进来”

的师资培训，举办“师德师风励志演讲”比赛，评选优秀教师等活动，促使教师形成你追我赶、争先创优的良好氛围，为学生思想道德保证了强大的师资队伍，这些有理想信念、有道德情操、有扎实学识、有仁爱之心的教师队伍通过课堂讲坛，校园阵地，用自己的实际行动倡导社会主义核心价值观，用自己的学识、阅历、经验点燃学生对真善美的向往。

培育优秀家长群体。我校秉持“一切以爱为名，从孩子出发”的协同教育原则，坚持办家长学校、成立家长委员会、举办家长开放日等家校联谊活动，加强了家校沟通和家校联动机制，从高一、高二、高三各个年级都涌现出一批能倾听孩子心声、能支持学校教育，心怀爱心、无私奉献的好家长。

发挥志愿服务队作用。我校组建了一支思想素质好、奉献精神强、担当意识强的未成年人思想道德建设得力队伍——“第四高级中学雪莲花爱心团队”，这一团队是由我校思政教师组成，通过开展“三联三进一交友”（“三联”指联系班级、联系学生、联系家长；“三进”指进教室、进宿舍、进食堂；“一交友”指与学生交真心朋友）活动，专门帮助校内的23名孤儿和76名特殊学生，让他们真正感党恩，切实增强听党话、跟党走的信心决心。

抓实思政阵地

未成年人思想道德建设要想取得实效，必须坚持从思想建设、心理建设、宣传建设和活动建设等方面入手，多措并举，稳步推进，才能为学生健康成长成才提供强有力的基础保障。

思想建设引领方向。把认真学习习近平新时代中国特色社会主义思想作为首要的政治任务，组织全体师生学习党的十九大精神、十九届五中全会和中央第七次西藏工作座谈会精神，牢牢把握意识领域工作主动权，利用每周理论学习、周一升旗仪式、年级组周例会、学校月小结等各种有利时机，共同做好师生思想道德建设，树牢未成年人思想道德建设的责任感和使命感。

党的十心理建设给予营养。一方面，组织教师认真学习青少年心理健康方面的理论知识和指导手册，为有效解决学生的心理问题提供充足的养料；另一方面，开设心理咨询室，安排专业老师引导孩子树立正知正念正信，多措并举呵护孩子清净的心灵，为遇到心理问题的学生以心交心答疑解惑。

宣传建设入脑入心。创办校报，征集学生优秀作品并刊登，激发学生写作兴趣，用最直接、最朴素的教育方式来给学生灌输“感恩教育”、“爱国主义教育”、“民族团结教育”和；通过加强校园橱窗文化和德育室规范化建设，不仅在学校德育室、学生教室和走廊，还在学生宿舍、食堂、运动场等随处都能体现“社会主义核心价值观教育”融入学校吃住行教学娱各个环节中，营造了良好的铸牢中华民族共同体意识氛围。

活动建设增强体验。坚持践行以社会主义核心价值观为目标，以“四讲四爱”实践活动为抓手，组织开展以社会公德、家庭美德、职业道德等为内容的学习教育活动，增强未成年人的道德意识、法纪观念，促进良好的行为习惯养成；注重加强未成年人的法制安全教育，认真贯彻落实法治、安全、健康教育进课堂精神，严格规范校规校纪；组织思政教德育师教师深入未成年人中开展丰富多彩的活动，让他们知法、懂法、守法；经常性组织师生开展安全知识宣讲、应急演练等形式的安全教育活动，增强师生安全健康意识，提高自救互救能力。日喀则市第四高级中学在2017年建校第一年被成功评为“自治区禁毒示范学校”，我校“禁毒长廊”已成为日喀则市各兄弟学校禁毒教育的参观基地，赢得了各级领导及广大师生的好评。

抓出思政成效

在狠抓未成年人思想道德建设工作中，我善于总结工作、积累经验，还出版了《未成年思想道德建设在育人工作中地位》一书，并受市教育局、各学校的邀请在全市范围进行了以《如何开展有意义的学生德育工作》《如何担当“育人”神圣职责》《学校管理与发展的几点思考》等为题材的讲座二十几次，不仅带领和影响身边人、身边学生，还通过“珠峰旗云”等网络平台给全市教育系统进行过“四讲四爱”实践活动宣讲和“师德师风”讲座，为全市教育系统树立了“优秀校长”的榜样，给全市广大未成年人心里种下了“真善美”的种子。

未成年人思想道德建设工作在任何时候都不能放松，尤其在当前教育改革不断深化的关键时刻，学校更应该重视未成年人思想道德建设工作的重要性，变阻力为动力，使广大教育工作者以高度的热情、负责的态度投入到教育教学中。如今，第四高级中学校园文化主题鲜明、内容丰富，师生面貌积极向上，未成年人思想道德建设工作成效在全市鼎鼎有名，影响深远。

创足球教育之特色　育品质教育之桃李

新疆昌吉市阿什里乡中心学校　潘建东

“房无硬梁难立，人无壮骨不成”。这句话不仅体现了身体素质的重要性，也从侧面反映了教育领域开始着重把目光放在了学生体能培养上。教育虽然是知识的传授，人格的培养，但一切都要以学生身体健康为基础，没有强骨，教育也就“名存实亡”。我校是一所以哈萨克族为主体的牧区寄宿制学校，是昌吉市培养少数民族人才的重要教育基地之一，是阿什里乡农牧民子女接受义务教育的主阵地。学校现有小学教学班17个，在校生765人，在职教师67人，学校占地面积70349平方米，绿化面积11863平方米。办学以来，我校始终坚持“立德树人，培养普通话精通人才”的育人目标，紧紧围绕“德育为先、教育为本、育人为主”的办学理念，将传统文化融入日常的教育教学活动中，逐步形成了以“做一个好学的中国人”为校训、以“求真务实，好学乐学”为校风、以“以爱为源，特色发展”为教风、以“爱拼才会赢”为学风的“三风一训”，学校办学环境优美、特色鲜明，教学设备完善，管理日趋规范。近年来，为探索一条切合学校发展的特色教育路径，我校倾力建设足球教育特色阵地，以体育课堂教学为主渠道，以校园足球活动为落脚点，以培养足球人才为方向，逐步形成以足球项目为亮点的素质教育特色，提升了学校办学品味，彰显了学校特色品牌。

一、多层面、多角度凸显学校特色教育品位

特色足球教育的引入不仅提升了学校的办学品质，学生身体素质，精神面貌也愈发饱满。为进一步将足球带入校园，将快乐带给孩子，我校大力推动校园足球活动的开展，配合“阳光体育运动”的开展，以足球运动为载体，广泛开展校园足球活动，普及足球知识和技能，增强学生体质，提高学生体能，培养他们拼搏进取、团结协作的精神品质。为深入探索小学足球训练和足球教育的特色之路。我校还倾力培养教师能力提升，帮助教师熟悉足球教学及训练的运作程序，熟悉学校业余训练基本教育的理论和方法，自觉结合实际进行教学、训练、比赛、科研的设计、实践和完善寻找方法，助推学校体育教育发展。结合学校实际，我校制定出有效实施足球教育培养规划方案（指导性意见），加深对足球教育现象的认识。在特色创建的过程中，我校尝试建立各年级的足球训练梯队，并进行活动实验，逐步形成符合学校实际的足球训练活动计划。同时关注学生和教师在学校足球训练活动中的成长，建立相应的评价激励体系，促进学生和教师的体育素养的全面提高。推动学校素质教育工作的落实与发展，激发学校教师的科研意识和热情，促进教师科研能力的提高。

经过实践和总结，我校深刻认识到足球教育要想走得远、走得直，必须要有清晰的认知和定位，必须与学校的办学观念相吻合、与校园文化相契合。为此，我校足球教育定位是：要有开拓意识和前瞻意识，敢于尝试，敢为人先。把“全面发展、立志成才”作为学校的育人目标。以“规范立校、特色强校”作为学校的发展思路，推动“足球教育”的开发与实施。为使学校足球特色与校园文化相结合，营造浓郁的特色氛围。我校通过板报、宣传画装饰校园环境，大力宣传学生自己创作的板报作品，装饰班级和校园。学校每学年举行一次足球节。每次设计不同主题如与足球运动有关的绘画、歌唱、征文等的活动，以活动促发展。学校每学期还会将学生拍摄的足球活动照片作品，制作成展板，进行展览。此外，我校还以足球教育内容，积极拓展学校体育课及活动的内容与广度，根据不同年级设置不同内容进行教学。采取有利于技能掌握的“快乐足球”模式系统进行。积极开展丰富的足球活动和教育内容，充实学生的课余生活。为使足球特色教育深入人心，我校还大力发挥家校协同作用，调动学生兴趣。通过校内与校外的结合，形成教师、学生、家长全员参与的立体学习交流网络，全方位激发学生潜能。

二、多措并举确保足球教育内容有力实施

特色教育的实施和创建是一项既深且远的工程。一直以来，我校通过多角度、多层面提升教育实施效率，以“校园足球活动”作为推进校园文化建设、活跃学生课余生活，培养学生健康生活方式的一个重要组成部分，把活动落到实处。同时大力加强对校园足球活动的管理和指导。认真研究、精心设计、积极探索出符合各年级实际、面向全体学生的内容与方法；建立健全规章制度，做到组织机构责任明确、实施方案科学有效、活动内容丰富多彩，形成活动的制度化和规范化。加强安全保护工作。此外，在开展校园足球活动中，我校高度重视安全保护工作，从活动计划的安排、文体设施的检查、活动内容的选择、活动过程的控制等各个方面严格把关，以确保学生的身心健康和安全。为进一步彰显学校特色足球教育品牌，我校把特色足球教育分成三个实施阶段。一是积极营造适宜校园足球发展的氛围。培养学生对足球运动的兴趣，全校普及足球运动，提高自觉主动训练意识，增强进取心和自信心，了解足球运动发展简史，学习掌握足球基本技术。开展与足球有关的知识讲座和宣传，培养学生对足球的兴趣，动员全体学生保证每班一球，成立班级男、女足球队，开展校级足球比赛。二是进一步营造适宜校园足球发展的氛围。发挥学校体育教师、班主任以及任课教师的作用，强化教学研究，足球踢进课堂，使学生进一步掌握足球基本技术动作，加强专项身体素质练习，提高灵活控球的能力，培养顽强拼搏的意志品质，树立竞争意识。使校级联赛、班级联赛趋于正规，校级联赛、班级联赛水平得到提高。三是创造条件，加大资金投入，聘请高水平教练，提高学生技、战术能力，巩固提高足球的基本技术动作，培养稳定的心理素质、增强协同配合能力，

能将所学技术灵活用于比赛中，学习简单战术，增强团队意识，为参加各级比赛并获得优异成绩奠定基础。为了进一步发挥体育教育作用，我校把足球运动作为课程纳入校本课程，全校每班每周安排一节体育课开展兴趣足球课。根据不同年龄学生的特点，体育教师通过体育课渗透足球教学或专题足球课等方式，结合不同年龄学生的特点进行足球基本知识、基本技能等方面的教学与训练。同时积极开展相关系列活动，进行有针对性的足球训练。通过举办不同年级、班级之间的比赛，活跃足球教育氛围，激发学生热情。通过这些活动形成学校“人人有足球，班班有球队，周周上足球课，年年搞足球比赛，人人都参与”的校园足球活动新局面。

足球教育宣传也是我校十分重视的工作内容。我校重视校园足球气氛的培养，加大对足球运动的宣传和普及的推广。建立对外宣传栏，宣传我校开展足球运动的情况。同时，结合德育与少先队，开展形式多样、内容丰富的快乐足球体验活动，让孩子在足球游戏竞赛、漫画创作、搜集足球趣闻或故事等多种形式的活动中享受足球的快乐。通过各种活动的开展，让学生们更加了解足球、喜爱足球。

三、不忘初心勇创时代品质教育辉煌

教育，就是精神的唤醒，潜能的显发。经过多年的建设，足球教育创建不仅提升了学校的精气神，更提升了学校的办学品位，提高了家长和社会的认可度，学校学生人人是健将，步步是书香。未来路上，我校会继续加强文化建设，坚持走特色发展之路，以学生为主体，完善课程体系，倾力打造足球教育活动内容，通过不断优化教师队伍，提升教师素质和技能，推动特色教育的发展，以体寓德，以体育智，实现真正意义上的校本课程和特色教育，绽放师生生命，成就品质校园！

强化国防教育，弘扬军垦文化

新疆石河子第二中学　刘冰新　王珊珊

国不可一日无防，国防是一个国家的根本，是一个国家发展的安全保障。习主席在十九大报告中明确指出：“我们的军队是人民军队，我们的国防是全民国防。我们要加强全民国防教育，巩固军政军民团结，为实现中国梦、强军梦凝聚强大力量。”为加强国防教育，弘扬爱国主义精神、强化忧患危机意识、传承红色基因血脉。近年来，我校在狠抓教学质量的同时，高度重视国防教育，坚持在上级部门的指导下，立足现实，着眼未来，以“强健意志体魄，强化国防意识”为总体目标，以争创“国防教育先进学校”为动力，开展了形式多样、富有成效的国防教育活动，做到了制度完善、措施有力、落实到位，效果明显，使学校的国防教育工作扎实有效地向前推进。

王震将军在新疆“9.25”和平起义后，率领西北野战军第九军进军新疆，我校的前身就是九军随军子弟学校，所以我校也被称之为军垦第一校。多年来，学校以军垦文化为先导，弘扬兵团精神，胡杨精神，老兵精神，培育出一代又一代优秀的军垦新材。

一、弘扬军垦文化，促进德育管理

弘扬军垦文化，我校以“扎根新疆，艰苦奋斗，自强不息，甘于奉献”为精神引领，通过课程育人、文化育人、活动育人、实践育人、管理育人、协同育人等途径将理想信念教育、社会主义核心价值观教育、传统文化教育、生态文明教育、心理健康教育融入学校德育的方方面面，形成了自己的特色德育体系。

将军垦精神融入学校的自我管理中。我校自2015年就开始实施学生自主管理教育模式，充分发挥学生的自我管理作用，创设了多方位多角度的学生自我管理平台，在强化养成教育的同时，调动了学生自我管理的积极性，提升了学生主人翁的意识，提高学校的德育管理水平。

将军垦精神融入校园文化中。我校充分挖掘老一辈军垦人的故事和精神，将这些故事、人物在校园环境中展示，让环境说话，积极教育学生时刻牢记军垦精神，并将她潜移默化入学生的一言一行之中。

将军垦精神融入特色活动中。为了充分挖掘和发挥活动育人在德育工作的重要作用，学校开发了许多特色活动。在主题教育月中以三月雷锋志愿活动月突出扎根新疆、甘于奉献的胡杨精神；以十月爱国主义教育月突出热爱祖国　无私奉献的兵团精神；以 8 月军民共建教育月突出扎根新疆、屯垦戍边的老兵精神等等，以此开展读书、经典诵读、演讲、红歌合唱等形式多样的文体活动，在这些活动中教育学生体会军垦精神、了解兵团历史，立志做一名合格的军垦新人。

将军垦精神融入实践教育中。学校在校园内开拓出了生物实验基地，让学生参与劳动，自己耕种、播种，研究植物生长特点。学校每年都会组织学生参观军垦博物馆、周总理纪念碑，将大型活动设立在“军垦第一犁”雕像之下，就是让学生体会军垦新城的起源、发展和改变，让他们树立为家乡、为祖国奋斗的理想和信念。

将军垦精神融入家校合作中。学校在强化军垦精神育人的同时，充分发挥家长、社会的协同作用，让学生通过社区活动、家长的言传身教去了解真实兵团故事、兵团人物，去体会兵团精神、军垦文化。学校定期开展家长学校、定期组织家长会，教育家长不忘兵团根本配合学校教育，在生涯规划节上还邀请各行各业的家长现身说法，充分调动社会力量开展教育，真正落实协同育人效果。

二、成立领导小组，完善组织机构

为进一步增强做好新时期国防教育工作的责任感和使命感，切实抓好国防教育工作这项事关全局的战略任务。我校以习近平中国特色社会主义理论为指导，“十九大”精神为引领，认真贯彻落实党中央、国务院和兵团关于加强新时期国防教育工作的一系列重要决策部署，成立了由我担任组长，分管德育工作的副校长普琴敏同志和分管教学工作的副校长王树明同志担任副组长，处室主任和年级主任、班主任等担任组员的国防教育工作领导小组。

完善组织机构，制定国防教育工作实施计划，我们在工作中做到了思想上有认识，工作上有安排，拓宽了国防宣传教育平台。

三、加强国防宣传，落实教育措施

学生的国防教育是全民国防教育的基础，又是实施素质教育的重要内容。持久、深入地开展国防教育是对学生进行爱国主义、社会主义和集体主义教育的有效途径，对提高学生国防意识有重要的意义。

我校会定期开展国防教育宣传活动，培养学生的组织纪律观念和顽强的意志，帮助学生树立忧患意识，培养学生国防观念。具体落实措施为：一利用黑板报，每学期德育处都会安排国防教育的黑板报评比，广泛宣传国防教育知识，创设较好的学习氛围；二在“国防教育日”、国家公祭日、建军节、抗日战争胜利纪念日等特殊节日，利用国旗下讲话，结合国内外重大时事，对学生进行有国必有防、落后就要挨打的教育；三利用校园广播时间，向学生宣传国防教育的知识。

四、开展多样活动，强化国防观念

学校在每届新高一学生入校时都会开展军训工作，以三天学前教育加七天军事训练的模式进行。2016年，学校启动了学生自主管理、自我教育模式，成立了以部队教官和学生教官组合的形式进行军事训练。部队教官会对学长教官提前进行知识培训和军事技能培训，最后通过选拔确定最终学长教官人选，所有学长教官签订承诺书，认真完成训练计划，按学校要求在部队教官的指导下完成各班的军事训练。

学校将军训作为学生社会实践的一个重要内容，纳入学生综合素质评价，给予2个学分才能准予高中毕业。高一学生，学校要求全员参加军训，若因个人原因没有及时参加，学校会安排在十一期间或是下一届军训时补训。

我校的国防军事社连续多年被评为校级优秀社团。社团有特制的社徽和标志，口号、目标。社团成员会定期进行军事知识学习和军事训练，每学期会邀请部队官兵到校指导或选送部分优秀学员到部队参观学习。每年的高一军训从社团成员中选拔军事技能和知识过硬的优秀学生担任学长教官。社团成立了国旗班，承担每周一和重要活动的升旗仪式。在高一新生教育或学校的国防教育活动中，社团成员还负责进行国防教育讲座。学生通过社团活动不仅增长了国防教育的知识和技能，而且人际交往各方面能力得到了锻炼和提升。

举行红歌比赛。通过红歌比赛等形式进行革命传统教育，树立建设伟大祖国的思想。每年12月初，学校要举行纪念“一二九”大合唱比赛，比赛要求曲目为爱国主义歌曲和军旅歌曲，高一军训期间也会组织方队中的红歌对唱活动。艺术节“校园歌手大赛”鼓励同学们传唱中华优秀传统歌曲，让学生们在歌声中感受奋进的力量，坚定社会主义理想信念。

利用校园“学子节”进行国防教育。在一年一度的“学子节”中组织国防教育“文韬武略”展示专场活动，内容有军体拳的展示、国家军事科技的现状和国家尖端军事武器的图片展示。

我校于69236部队建立军民共建单位，开展“拥军爱民”活动，签订《军民共建协议书》，拓展学校开展国防教育的途径，增强国防教育力量，共建单位长期以来对学校发展给予了极大地关心和支持，积极配合学校对学生开展爱国主义教育和国防教育。

五、抓好课程建设，深化国防教育

我校的国防课程分为理论课程和实践课程两个方面。

理论课程主要安排了国防军事知识讲座，邀请历届国防军校的毕业生、部队教官或是我校国防社理论部的学生进行讲座；安排抗日战争史等历史讲座，由我校历史教师主讲，让学生了解历史，感受国防，树立爱国主义理想信念。我们使用的教材有教育部国防教育办公厅审定的《军事理论知识和军事训练》和学校自己的制定的校本教材，《新疆地方史》《兵团史》等，安排学生自主学习或班主任指导阅读。

实践课程方面，我校会组织学生参观军事教育基地、爱国主义教育基地，让学生身临其境的去感受我国的国防事业。军事训练期间组织学生喜欢的活动，观看爱国主义电影、红歌合唱比赛、拉歌比赛。在学校的开学典礼等大型活动上高一年级学生也会进行大型军体操表演。

长期以来，我校一直重视对学生的国防教育工作，把国防教育作为学校进行思想政治教育和品德教育的重要组成部分。我校因地制宜，积极开拓，大胆尝试，逐步形成一个较为稳定的国防教育体系。除此之外，我校一直以军垦文化、兵团精神为传承，以立德树人为目标，努力培养德智体美劳全面发展的社会主义建设者和接班人，努力办人

民满意的教育。

今后，我校将一如既往，顺应时代要求，强化学生国防教育观念，军垦文化，培养学生爱国精神，不断增强广大师生热爱国防、建设国防的自觉意识，培育能担当民族复兴大任的时代新人，为实现中华民族伟大复兴的中国梦、强军梦贡献一份力量。

立德树人，为学生终生发展奠基

新疆吐鲁番市高昌区第八中学 徐冬梅

教育的终极目的是实现人的发展，教育的根本任务是立德树人，培根铸魂。我校以"立德树人"为目标，以 "思源、尚雅"为宗旨，坚持"一切为了学生的终生发展"的办学思路，全面落实素质教育工作，力求通过人文关怀和人性化教育，打造 "阳光"校园文化，提供健康、快乐、温馨的校园生活，促进学生身心和谐发展。

一、立足学校实际，总结发展思路

我校位于高昌北路和G30国道的交界处，学校占地面积约70亩，建筑面积19947.83平方米，是由原高昌区第八中学和高昌区第一中学的师资力量合并而来的一所初级中学，是由原吐鲁番市职业技术学校旧校区重新翻新建造而成，于2016年9月投入使用。学校现有教职工64人，高级教师4人，一级教师14人。学校现有13个教学班，在校学生644人。

学校经过4年的发展，已初步形成良好的精神风貌，无论硬件和软件建设都有了长足进展，为今后的进一步发展奠定了坚实的基础。一是在新课改背景下，"团结、合作、和谐、发展"已在学校教职工中形成共识，"学校在和谐中发展，教师在协作中进步，学生在快乐中成长"全面推进了素质教育。二是积极开展学校制度建设、校园文化建设。三是学校在办学过程中，常规化管理逐步走向过程化、具体化，教科研活动有机结合、形式多样、内容丰富、效果显著，重视学生良好行为习惯养成，教学质量稳步上升。四是良好的校风、教风和学风已经形成。几年来，认真实践为学生终生发展奠基的办学思想，着力打造良好的校风、教风和学风。广大教师积极实施以培养学生创新精神和实践能力为重点的素质教育，形成了我校教师独特的教风，从而提高了学校办学效益和质量。

二、加强文化建设，完善办学条件

校园文化是社会主义先进文化的重要组成部分，是学校高质量发展的动力，也是学校个性魅力与办学特色的体现，更是学校培养适应时代要求的高素质人才的内在需要。为进一步加强学校精神文化建设，我校树立了现代办学理念，规划了学校的愿景，明确了办学目标，凝练了"高昌区第八中学精神"，制定了学校中长期发展规划。围绕办学理念、校风、学风、教风、校训开展教育活动，使师生人人了解、熟记和践行其内涵，弘扬学校精神。

学校把社会主义核心价值体系融入各门课程，在广大师生中深入开展爱国主义、集体主义、民族团结等教育，开齐开足德育课程，在教学中努力体现并不断拓展具有学科特色的育人内容，实现各学科德育有机渗透，改进教育教学方式方法，使教学过程具有启发性和感染力。广泛开展文明礼仪、法纪、行为规范等教育。

为进一步加强师德、教风建设，培育和营造良好的治学氛围和科学精神。学校制定了教职工职业道德规范和文明守则，明确了教职工特别是教师的言行规范。在教职工中开展以敬业爱岗、教书育人、管理育人和服务育人为主要内容的主题宣传教育活动。加强学术文化建设，鼓励教师开展教育科研，形成严谨治学的良好风尚，营造校园浓郁的学术氛围。学校领导班子始终能以积极的精神面貌带领学校发展。在学校领导和教师之间、教师之间、师生之间营造平等和谐友善的校园人际氛围。

加强心理健康文化建设。开展形式多样、富有实效的心理健康教育活动，通过积极心理学课题的运用研究，把积极心理健康教育知识运用到学校管理、教育教学中，营造积极的学校文化。

加强校园规划和建设。建设承载历史和人文底蕴的校园景观，使校园的楼、园、树、草、室等达到使用功能、审美功能和教育功能的和谐统一。将办学理念、办学特色和学校精神的元素融入校园景观，以主题雕塑和学生书画作品等为载体营造文化氛围。不断提升校园物质文化环境的层次和品位。

打造特色鲜明的文化标识。以学校发展现状为依托，以学校发展愿景为方向，合理安排教学区、运动区，根据各功能区的作用和特点设置鲜明的文化主题。在做好校园美化、绿化的同时，通过教学区、葡萄长廊区、运动场地等规划及整体板块标识、楼宇道路标识、班级个性化标识建设，努力打造朴素与雅致交融、统一与个性呼应的具有我校办学特色的学校文化标识系统。班级内有国旗和激发学生积极向上、奋发学习的班级精神、学习园地等文化内容布置上墙，对师生有较大的启迪作用和强烈的感染力。

规划与建设学校文化阵地。加强校徽、校歌建设，在校园内建立各种展示区、宣传橱窗和宣传专版，如学生优秀作品展示区、校园文化展示区和初三励志宣传区等，宣传、展示的内容要丰富、健康向上、时效性强，帮助学生关注自我发展，增强自信，增强幸福感。建设融思想性、知识性、趣味性、服务性于一体的校园网站，积极开展健康向上、丰富多彩的网络文化活动，同时要加强网络道德建设，使文明上网、健康上网成为学生的自觉行为。

努力改善教学条件和学习条件。按照科学实用原则改善教师办公室条件，使教师办公室更加适用、更加温馨。以优化实用原则配齐配好音乐、美术、科技、实验、心理健康等专用教室的教学设备，不断更新教学设备，使教学设备不仅能满足教学需要而且更加现代化，各专用教室布置特色鲜明、氛围浓厚。以人为本，合理布局图书馆、阅览室，增设电子阅览室，使其更便捷借阅、更舒适阅览，营造师生勤奋学习的文化氛围。

重视挖掘、保护校内自然、人文历史景观。维护葡萄长廊、励志园、民族团结园、文化长廊等，宣传学校教育教学情况，展示名师风采、学生风采。

三、开展系列活动，提升学校内涵

开展主题教育活动。规范执行升降国旗制度，国旗下讲话内容教育性强；利用广播站、校园网站等校园传媒资源，对学生开展专题宣传教育；利用重大节日和纪念日、德育基地、社会实践活动基地等教育资源，组织开展各类主题教育和道德实践活动。主题班队会形成制度。

打造特色的学校文化活动。以"四名教育"活动，即读名著、听名曲、赏名画、学名人和学生社团为抓手，以主题教育活动、读书节、艺术节、科技节、运动会等活动为主线，大力开展生动活泼的学校文化活动，营造寓教于乐的学校文化氛围。拓展学生素质，培养学生实践能力和创新精神。形成具有我校特色的学校文化品牌。

开展弘扬学校精神活动。通过加强校训学习、学校形象设计、挖掘和传讲校园"民族团结的师生故事"、策划学校各种仪式等丰富多彩的活动，每年评选各类"校园之星"活动，通过发挥校训、校徽、校旗等学校标识的凝聚与激励作用，进一步弘扬学校精神。

发挥党、团作用。通过学党、团开展各类课外兴趣小组活动，让师生学会自我教育、自我管理，提高学生的创新能力和社会实践能力。

要加强历史传承文化建设。认真积累、整理校史资料，编写校史，建设校史室。加强与校友联系与沟通，收集典型校友事迹，加强校友文化建设，形成"校友与母校共荣辱"的价值观，提升校友文化价值。

四、成立领导小组，健全各项机制

我们成立了由学校各职能部门参与的学校文化建设领导小组，形成书记亲自抓、分管领导具体抓，各部门合力抓的工作机制。领导小组既要制定学校文化建设总体规划、实施细则，又要分工负责学校文化建设的统筹、检查、督促和落实。

设立学校文化建设经费，纳入学校公用经费预算，每年积极向上级争取学校文化建设专项经费；不断完善学校文化建设的政策和措施，切实解决学校文化建设过程中遇到的实际问题和困难，确保学校文化建设各项工作顺利开展。

建立健全各项机制。科学构建学校精细化管理体系。学校管理工作进行整体规划、分线管理、分块落实、责任到人，形成书记亲自抓、分管领导具体抓、各部门合力抓的工作机制。

规范化办学，建立和完善各类管理制度。从实际出发，与时俱进，逐步完善党团工作、教学管理、学生管理、教研管理、财务管理、后勤保障等各类规章制度。

完善民主管理与监督。强化领导干部的责任意识和服务意识，切实加强党风廉政建设，坚持党务、校务公开制度，完善决策过程和工作规则；完善教代会、团代会、家长委员会制度，发挥其在学校民主管理中的重要作用。

坚持依法治校。大力开展法制宣传教育，增强广大师生的法律意识，倡导依法治校、按规则办事，充分保障师生的合法权益。

只争朝夕，不负韶华。未来，是充满着希望和挑战的岁月。只要我校全体人员朝着既定的目标，发挥自己的聪明睿智，相信方法总比困难多。我们期待着：我们的汗水一定能浇灌出满园春色，我们的不懈奋斗一定能够谱写出高昌区教育新的篇章！

一切为了孩子

——记喀拉托别乡中心学校教育发展之路

新疆维吾尔自治区尼勒克县喀拉托别乡中心学校 王梦

在新疆西北部广袤的大地上，有一所成立于1932年，至今已有近90校史的少数民族学校。它以"一切为了孩子，为了孩子一切，为了一切孩子”为出发点和根本落脚点，让孩子们在家门口有学上，上好学，在春风化雨中拔节成长。这所学校叫喀拉托别乡中心学校，它位于新疆尼勒克县城东南20公里的喀拉托别乡驻地。 2005年，经县委、县政府研究决定，把原县直第五中学，乡九年制汉语学校，乡中心哈语小学，卡雷小学进行合并，把卡雷小学作为教学点，形成了喀拉托别乡中心学校这所九年一贯制农村寄宿制学校。

学校占地面积48657平方米，建筑面积12565平方米，绿化面积20118平方米，体育运动场地17885平方米。校园内绿树成荫，鸟语花香，文化氛围浓郁。图书、实验仪器、体艺器材和其他教学设施设备适应教学所需。

多年来，学校坚持“以人为本、依法办学、民主治校、科研兴校、实干强校”的总体思路，围绕“合格+特长”的培养目标，以“笃学上进、尊师守纪、诚实友爱、自立自强”为校风，“敬业爱生、为人师表、严谨治学、博学善导”为教风，“乐学、好问、善思、勤学”为学风，将“书香雅韵浸润人生”为特色校本文化，打造书香校园。

建设专业师资　优化职业技能

建设一支政治素质过硬、业务能力精湛、育人水平高超的高素质专业化创新型教师队伍，是我校一直以来的追求。为此，学校紧跟时代步伐，适时引进了竞争机制和激励机制，在校内实行了全员聘任制和岗位目标制，实施“名师工程”，坚持创新培养机制，采用“结对子”、“压担子”，“请进来，送出去”，切实加强校本培训等多种方式和途径，提升教师素质。

强化了职业技能训练，坚持了说课、献课、听课、评课活动，新教师上汇报课、达标课，老教师上示范课、观摩课，新课程任课教师上研讨课，贯彻新课改理念。“青年教师亮相课”到“课堂技能大赛”，再到 “青年教师特色课”，在磨课、赛课、研课中，青年教师脱去浮躁，褪下稚嫩，教学水平不断提高。加上教育教学研究和学科带头人的培养，学校领导及教师撰写的教学论文先后有近百篇在国内教育刊物发表。近年来，一支优秀教师队伍迅速成长起来，为全面提升办学质量夯实了基础。

规范办学行为　提升办学内涵

对于任何一所学校而言，如果常规管理跟不上，或者在常规管理中顾此失彼、漏洞百出，不仅学校的正常运行会受到影响，而且其他的创新性管理也无从谈起。长期以来，我校坚持“向管理要质量”思想，切实加强学校常规管理，不断规范办学行为，提升学校内涵。

一是规范完善各项规章制度。学校进一步修订和完善各项常规管理制度，力求使学校管理制度化、科学化、规范化、精细化。尤其要逐步完善学校绩效考核制度，不断创新绩效考核机制，发挥绩效考核的导向作用，通过绩效考核促进教师间的良性竞争，引导干部队伍、教师队伍、班主任队伍的健康发展，为德、才、能兼备的教师提供进一步发展平台。开展常规查课制度，督促教师向40分钟课堂要质量等。

二是规范招生行为。严格执行上级教育主管部门对于招生借读的规定，对于随迁子女，留守儿童，和学习成绩差的学生不放弃，多关心多联系，将“三进两联一交友”工作机制落到实处。

三是规范课程管理。严格按照教育部关于印发《义务教育学校管理标准》的通知，制定学校的课程表、作息时间表、课间活动安排表，开齐、开足、上好新课程要求的课程，不随意增减课程和课时，不随意调整课程难度和教学进度，更不能随意挤占不统考科目的课时，确保美育教育，体育教育，德育教育的足量足课时；适当设计学生的劳动教育，根据学生不同的学段，教育学生掌握一定劳动技能。认真上好“两课两操”，积极着手组织学生开展“阳光体育艺术活动”，侧重足球队的训练。严格控制学生在校时间，确保学生每天在校时间不超过8小时，不占用节假日集体上课、补课。

四是规范校务公开制度。设立书记接待日，建立书记信箱，开好教代会；充分发挥家长委员会组织协调作用，组织开好家长会，认真听取家长对学校工作的意见和建议。

五是规范后勤服务工作。加强校产的使用、维护工作，确保学校教师多媒体设备、专用教室和各类设备正常使用；加强循环教科书、教师用书及教本的收集整理入库工作；规范临时聘用人员的用工制度；加强学校食品卫生工作的管理和培训，加大学生食堂就餐管理力度，严防食物中毒，切实做好传染病的防控工作，保证学生有良好的生活环境。

管理精细，内涵素养。喀拉托别乡中心学校释放出巨大的能量，各项教育教学工作一路飙升，飞跃发展。学校曾先后获得州级“卫生红旗单位”、州级“花园式单位”、州级“绿色先进单位”、州级“五个好”先进单位、自治区级“体育先进单位”、自治区“精神文明单位”等称号。教师们在国家级的教育教学杂志上发表相关的教学论文，在班主任大赛上一展风采，在课堂教学大赛中取得佳绩，说课比赛独占鳌头。

学生也在各种学科竞赛中取得了丰硕成果。在近几年的内出、内高考试更是取得了优异的成绩，2012、2013、2014年内初、内高考试，我校均在全县乡镇场学校名列前茅。2013年学校还被评为尼勒克县教学优良单位。学生参加各级各类竞赛获奖多达百余次。今天的喀拉托别乡中心学校正以崭新的面貌成为本乡的一道亮丽的风景线。

相信只要坚持创新发展之路，坚持以人为本之路，坚持求真务实之路，明天喀拉托别乡中心学校的光辉会更加的璀璨夺目！

五育融合创新课堂改革

云南省昆明市盘龙区金实小学　李敏

“五育并举”是指德育、智育、体育、美育和劳动教育五个方面协同和整合，促进学生在德智体美劳五个方面的完整发展、多方面的整体发展和多样性的个性发展。2019年中共中央、国务院出台了《关于深化教育教学改革全面提高义务教育质量的意见》，提出了“坚持五育并举”，强调“突出德育实效”、“提升智育水平”、“强化体育锻炼”、“增强美育熏陶”、“加强劳动教育”，以此全面发展素质教育。

如何将“五育”整合到学校教育教学的点点滴滴，它考验着我们教育人的定力与智慧。教育定力来自于哪里？来自于对教育本质的把握，对学生潜能的认识。德智体美劳全面发展的社会主义建设者和接班人是国家明确的教育培养目标，把握好这一总目标才能真正有定力。在推进“五育并举”教育，德智体美劳，一个都不能少，既顺应新时代要求又回归教育本质；既落实全面发展理念，又补齐劳动教育短板，把劳动教育纳入教育目标，在学生中弘扬劳动精神，形成“五育并举”的育人新局面，是新时代中国特色社会主义教育思想的新亮点，这是一个强烈的信号，昭示教育工作在新的历史条件下新的伟大使命。

一、抓好课程建设，提升“五育并举”内涵

课程建设是培育核心素养的重要抓手，落实学生发展核心素养必须提升“五育并举”品质内涵。学校在“快乐课程”体系中进行优化，把课程进行横向分类和纵向分层，促进必备品格养成和关键能力培养。横向层面分为生活课程、科技课程、艺术课程、运动课程、心理课程等类型；纵向层面分为基础型课程、拓展型课程、研究型课程三个层次。学校在课程实施方面，还制定了“快乐课程”学业质量标准，切实落实课程的育人本位，在“教”与“学”的互动中提升“五育并举”品质内涵。

提升五育并举的品质内涵，我校的劳动教育是结合学校办学目标、办学特色和“五育并举”育人目标来实施。在劳动课程开发和实施中我充分考虑学生发展、教师特长、学校实际和家校协同，开设以培育“绿色生态意识”为目标的劳动课程，深挖“劳育”资源，培养学生勤奋学习、自觉劳动、勇于创造的精神，为他们的终身发展和人生幸福奠基。

在劳动教育实施中，根植劳动意识。根据新时代培养社会主义建设者和接班人对加强劳动教育的新要求，通过劳动教育，使学生能够理解和形成劳动观，牢固树立劳动最光荣、劳动最崇高、劳动最伟大、劳动最美丽的观念；体会劳动创造美好生活，劳动不分贵贱，热爱劳动，尊重普通劳动者，形成良好劳动习惯，根植劳动的意识。我们分别就学校、教师、家长进行了目标定位。学校层面：学校依政施策，把握育人导向，用先进的教育理念发挥在劳动教育中的主导作用；教师层面：教师把握劳动教育基本内涵，培养学生正确劳动价值观和良好劳动品质，理论作用实践，挖掘开发课程；家庭层面：家庭发挥在劳动教育中的基础作用，通过言传身教、潜移默化，培养劳动好习惯。在学校通过校级周会、班级主题交流、广播宣传、主题教育活动让学校、教师、家长三位互动，根植劳动意识。

打造劳动阵地，突出教育特色。在学校“劳动小农场”里我们有“劳动工作表”，“专管负责人”，通过劳动磨炼意志、锻炼自己，在劳动阵地下，得到实践、体验。我们并非单一的种下收取，而是通过学习、思考、体验、实践树立劳动观念，提升劳动意识。学校有得天独厚的资源，很多家庭都有“家庭小农场”，学校发挥主导作用，家庭发挥基础作用，家长和孩子挖好每一锄，种好每一块地，培育好每一棵小苗，家校共育，形成家校合力，体验劳动带给我们的美好。结合劳动节、劳动周开展劳动体验，网络共享；疫情期间，开通“校级朋友圈”，实现劳动实时分享打卡。网络阵地，成为劳动阵地的新平台。家庭是学生的第一所学校，新冠疫情期间，学校开展多期线上劳动教育课，指导学生居家参加家务劳动，历练技能，做饭沏茶、抹桌子、生豆芽等样样精彩。每周做一餐饭，整理一次书桌，清洗一次衣服，清洁一次餐具，学生承担家务劳动，通过劳动实现自我价值。学校还与社区、社会合作，引导学生参与保洁、种植、整理等实践项目，丰富的劳动实践资源给学生提供了创造体验、实现价值的途径。

二、深挖课程资源，实现“五育融合”育人

在开齐国家规定课程、完成规定课时的基础上，学校不断延展校本课程的半径，积极开发拓展型课程、研究型课程。如劳动课程，在经过基础性课程、拓展性课程的不断进阶后，形成了艺术、语文、数学、品德与社会、科学、体育等学科内容相融合的课程，综合性学科内容的形成有效打通了学科壁垒，实现了“五育融合”。

例如，在劳动教育中，可以通过既有课程劳动教育元素的有机融入、校内外劳动教育及家庭劳动教育等一系列路径，充分发挥劳动综合育人功能，以劳树德、以劳增智、以劳强体、以劳育美、以劳创新，

促进学生德智体美劳全面发展。劳动本身是一堂课。“纸上得来终觉浅，绝知此事要躬行。”学校把劳动教育外延拓展到了社会实践、农业科普、田间劳作等领域，充分发挥学生的主观能动性，丰富其生活实践、社会实践和体验，将劳动教育渗透到学生日常生活点滴中，让学生从收拾书包、书桌、个人卫生、教室保洁做起；将劳动教育渗透到学校开设的拓展性课程中，优化综合实践活动课教学结构，确保劳动教育课时不低于总课时的一半，综合实践活动课以动手操作为主，引导学生学习一些“厨艺”、“编织”、“刺绣”等劳动技能；将劳动教育渗透到家校共育中，引导家长给学生安排力所能及的家务劳动，同时学校坚持值日制度，让孩子参与到家庭及班级卫生清扫工作当中。此外，学校还积极号召学生参与到校外劳动中去，开展校外劳动实践和社区志愿者服务，如开展“红领巾一条街”志愿服务活动，擦洗路边的共享单车、清理小广告等，让学生努力成为好孩子、好学生、好公民。“儿童的智慧出在他的手指头上”，学生在劳动中自觉获得个性化的体验和认知，获得知识与技能的教育，获得创造和幸福的快乐。

学校以培育“绿色生态意识”为目标的劳育课程，是学校核心价值观、育人目标、课程目标的充分体现，也是学校“五育并举”特色课程的代表。在劳育课程体系中，有以劳树德、以劳育美的基础性课程体系，这个课程体系通过劳动课、道德与法治、班队活动、艺术课、信息技术课等来实施；有以劳增智、以劳强体的拓展性课程，通过数学学科、体育学科、科学学科等来实施；有以劳创新的研究性课程，通过语文学科、数学学科、艺术学科、科学学科等来实施。

我校数学老师李青芮老师在拓展性课程中，带领学生开展的“建设绿色小农场”，在解决数学学科知识学习的过程中，让学生通过提出问题、劳动实践、主动学习、解决问题，依托劳动问题实践，不但激发了学生学习的兴趣，巩固了数学知识的学习和运用，还培养了学生的劳动意识，增长了学生的学习智慧。

我校课程团队老师开展的“科普生态园我设计”研究型课程，通过驱动问题“如何设计你心目中的农场？”，带领学生通过四个子问题的研究，学生们经过大量问卷调查分析，提出了科普生态园的设计思路和建议，还动手绘制。孩子们在学习中研究，在研究中学习，在研究中收获知识，在研究中成长。现在我们学校的科普生态园就是通过师生们的设计打造出来的。

以培育“绿色生态意识”为目标的劳动课程，既注重思想引领，又坚持有机融合、实际体验，深挖“五育”资源，培养学生勤奋学习、自觉劳动、勇于创造的精神，为他们的终身发展和人生幸福奠定基础。

“路漫漫其修远兮，吾将上下而求索”，“五育并举”的内涵将随着时代的发展不断丰富，与之相关的办学理念与实践必将有创新也有坚守。我校将不断探索“五育并举”的教学实施新路径，充分发挥“五育融合”的育人功能，全面施教，广育英才，努力在小学教育阶段“让每个人都有人生出彩的机会”，让每个孩子都有一个更加美好的未来。

走近农村学生家庭促进青少年健康成长

云南省临沧市凤庆县洛党中学 李中卫

留守儿童是在新型城镇化进程中所产生的特殊群体，绝大多数留守儿童集中在偏远山区，且大多为家庭教育缺失导致。作为农村基层教育工作者，我们应该对农村留守儿童给予更多关注，深入分析影响农村留守儿童健康成长的诸多因素，通过家校共育的方式做好关爱留守儿童工作，不断丰富他们的精神世界，唤醒他们的文化自觉，培养他们的文化自信。

一、农村留守儿童的现状分析

缺乏父母陪伴。从本人近年工作的两所农村中学的统计数据来看，超过半数的留守儿童的家庭监护人多为隔代老人。他们大多体弱年迈，接受教育的年限不长甚至没有接受过教育，导致对孩子的教育观念落后。而且因为隔代，他们与孩子之间的年龄和想法均相差很大，交流沟通难度较大，面对孩子成长过程中出现的问题基本未能进行及时正确的引导，从而导致孩子家庭教育缺失。

易受网络不良信息的诱导。有一位教育家说过：“一个人的思想如果不被高尚的品质所占据，那必定会被邪恶的思想所占领。”孩子的教育也是一样，如果我们不在孩子的心里种上庄稼，那孩子的心理一定就会长满杂草。当孩子们因缺少父母的陪伴而心灵空虚时，一些恶性“病毒”就会乘虚而入；当他们缺少监管和教育时，网络游戏或不良信息就会陪伴他们左右。目前农村地区的孩子大多有了手机，甚至有的家庭还有电脑。这本可以方便孩子与家长的联系，为孩子提供更加广阔的收集信息、查找资料的渠道，但由于网络信息良莠不齐，儿童尚未有完整的自控力，在父母监管缺失的情况下，他们很容易沉迷其中，长此以往，必将严重影响他们的健康成长。

易沾染社会不正之风。不良社会风气也是留守儿童成长过程中的一大隐患。留守儿童普遍存在缺乏安全感、渴望得到关爱等心理，这本该是父母能够给予的。但留守二字让这些心理需求成了孩子们的奢望，致使一些留守儿童出现心理偏差或扭曲的现象。为了弥补心理上的需求，他们往往会沾染上不良社会风气，如无证驾驶摩托车、打架、网瘾、盗窃、吸烟、自闭和早恋等问题。同时，因监护人缺失科学的家庭教育常识，只注重孩子的物质需求，缺少精神指导和道德教育，更甚者为了弥补陪伴的缺失而过分溺爱孩子，放任他们肆意的“随性”生长，从而导致青少年身体健康受到严重威胁，犯罪率直线上升，严重影响家庭幸福，祸及社会。

二、留守儿童教育工作面临的困境

学校是教育的主阵地，也是留守儿童扭转心理偏差、养成良好行为习惯、形成抵御不良社会风气“抗体”的主战场。从目前我所在的学校来看，对留守儿童的教育还存在一定困难，主要表现在以下几个方面：

评价机制弱化了学校德育。在提升教学质量的压力下，学校德育的时间和空间受到挤占，德育工作有逐步弱化的趋势，这对于那些急需思想教育和引导的留守儿童来说更是陷入困境。

教师结构难以满足当前的工作需求。随着城区各类学校规模扩大，教师需求也随之增大，很多农村学校年轻教师被条件更优越的学校聘用。部分老教师由于知识结构的老化和精力不足等原因，对留守儿童的教育存在方法陈旧、沟通不畅等问题，对他们进行思想教育的效率也就大打折扣，而因教师编制的原因，新教师又进不了。

对留守儿童的校外教育管控难度大。学校在校外教育和监管方面，存在着缺少研究和方法单一、陈旧等问题，加之留守儿童家庭监管的缺失，使学校教育未能很好地延伸到校外，往往出现老师辛苦一周抓思想不如学生两天受影响的不利局面。

心理辅导专业教师配备缺乏。面对留守儿童日趋严峻的心理问题，特别是疫情防控这一特殊时期的诸多异常表现，仅凭现有学科教师不厌其烦的说服教育，学校可谓心有余而力不足。

三、家校共育助力关爱留守儿童

众所周知，教育工作的主阵地在学校，所以学校必须高度关注留守儿童的健康成长问题。

首先，农村学校应创建留守儿童关爱机构，优先配备师资，建立留守儿童教育“一对一”关爱制度。开展教师与留守儿童教育“一对一”帮扶活动，做到每天陪伴、每周谈心、每月家访、每期活动、每年反思，并规范留守儿童“成长记录”，建立留守儿童家长会议机制，不断完善学校的德育工作内容，从而把留守儿童的教育有效扩展延伸，促进他们的健康成长。

其次，要善于运用榜样的作用，引导留守儿童健康成长。除了父母、老师的管教外，孩子也需要哥哥姐姐的引导，而农村大学生不仅具有较高的学历，还具有很好的榜样力量，他们与农村留守儿童之间的交流代沟较少，更容易交心，因此，学校可以组织部分在校农村大学生利用假期完成农村留守儿童健康成长的辅导工作，以此解决部分老教师和学生的代沟问题。

再次，要走近学生家庭，协同家长开创一片适宜留守儿童生长的土壤。农村家庭情况确实非常复杂，家长的教育方法也不容乐观，这些问题不是朝夕就可以解决的，但农村留守儿童的健康成长和教育是刻不容缓的，所以学校、教师必须想方设法，把我们无法取代的“家庭和家长”的力量调动起来。通过家访、网络沟通等多种方式走进留守儿童家庭，在详细了解家庭情况的同时，有效转变家长“读书无用论”的思想观念，让家长重视孩子的学习和健康问题，并主动参与、配合孩子的教育；通过设立“留守儿童信息交流网络平台”，使学校和家庭信息快捷互通，便于对留守儿童进行家校共育；召开“留守儿童家长会”，让家长了解子女的生活学习情况，引导他们与孩子交流，让孩子体会父母的爱；组织“留守儿童亲情书信”，让孩子们表达他们对父母的思念，彰显对父母的感恩之情；适时开展“留守儿童亲子活动”，在增强学生体魄的同时增进亲子情感，从而增加情感交流的机会。

最后，要高度重视农村留守儿童的心理健康状况，保障他们健康成长。农村留守儿童出现心理异常现象较多，尤其经历了“新冠肺炎”疫情防控这个特殊时期，显得更为突出。学校应通过网络培训、走出去请进来、案例分析研讨等多种形式，尽快培养一批校内心理健康教育骨干队伍，有效解决农村留守儿童的心理问题，而对网瘾、抑郁、自闭、自残等校内无法解决的特殊学生，学校要第一时间动员家长，带孩子找专业机构或心理健康咨询师做相应的辅导教育，为留守儿童的心理健康尽责。

农村留守儿童是一个不容忽视的弱势群体，不管是学校还是家长，都应该主动担当，形成合力，科学研判，精准施策，从而为农村留守儿童的健康成长保驾护航，为他们开辟一片健康的学习生活新天地。

信息化为教育插上腾飞的翅膀

云南省曲靖市会泽县东陆高级中学校 邓余勇

《教育信息化2.0行动计划》指出“中国特色社会主义进入新时代，也开启了加快教育现代化、建设教育强国的新征程。教育信息化作为教育系统性变革的内生变量，推动教育理念更新、模式变革、体系重构，支撑引领教育现代化发展。”由此可见，教育信息化是国家教育实现新跨越的内在需求，是顺应智能环境下教育发展的必然选择，更是加快实现教育现代化的有效途径。为进一步推动教师适应信息化、人工智能等技术新的变革，促进教育教学质量提升，我校通过探讨信息化教育新模式，借助信息技术为学校教育插上了腾飞的翅膀。

一、信息化背景

2020年11月，党的十九届五中全会提出了“要积极谋划建设高质量的教育体系”，其实也是给教育信息化的一个基本任务。面向“十四五”和2035，教育部仍在继续制订和出台新的文件。《教育部关于加强新时代教育管理信息化工作的指导意见》已经在公开征求意见，《关于加快推进“互联网+教育”的指导意见》《教育信息化中长期发展规划（2021-2035）》两个文件也在筹划之中。未来，这些文件将构成新时期教育信息化的全新政策环境：教育信息化是教育现代化的基本内涵和显著特征。同时，梳理这些文件以后，我们也会发现教育信息化的发展路径其实也是非常清晰的。国家对于如何实现技术赋能教学内容、教学环境、教学过程、教育供给方式、教育管理和评价等作出了一系列部署。

对标会泽教育，我们通过多年的攻坚克难、苦干实干、精耕细作，积累了许多宝贵经验，探索了许多典型案例，实践了许多办学模式，会泽教育呈现出“生机勃发、特色鲜明、亮点纷呈、高位推进”的良好发展态势。进入新时代，县委教育工委、县教育体育局高瞻远瞩，准确把握新发展阶段、坚决贯彻新发展理念、积极融入新发展格局，率先提出“转型升级高质量发展”的决策部署。面对国家建设教育现代化强国和会泽教育转型升级的决策部署，全面升级教育信息化为支撑引领的“智慧教育”，必将是会泽教育实现“转型升级高质量发展”的战略选择，也是提升会泽教育品质的新机遇和新挑战。

二、信息化机遇

《教育信息化2.0行动计划》提出，到2022年要基本实现“三全两高一大”，即教学应用覆盖全体教师、学习应用覆盖全体适龄学生、数字校园建设覆盖全体学校，信息化应用水平和师生信息素养普遍提高，建成“互联网+教育”大平台，推动从教育专用资源向教育大资源转变、从提升师生信息技术应用能力向全面提升其信息素养转变、从融合应用向创新发展转变，努力构建“互联网+”条件下的人才培养新模式、发展基于互联网的教育服务新模式、探索信息时代教育治理新模式。

经过近几年的发展，会泽教育信息化实现了前所未有的快速发展：建设与应用快速推进、教师信息技术应用能力明显提升、信息化技术水平显著提高，智能环境下的教学方式明显转变、以信息化为支撑的智慧教学模式初步显现。可以说，会泽教育信息化取得了全方位成就，但与新时代的要求仍存在较大差距：

一是信息化多媒体设备配备尚未实现全覆盖。自2018年起全面实施义务教育网络建设，义教光纤实现了“校校通、班班通”，但据统计，全县3122个班级中还有1051个班级没有配备多媒体设备，导致光纤网络处于闲置状态。

二是信息化教学的环境和教学创新力尚显不足。受制于办学经费的不足，各学校的教育信息化设备仅仅依靠上级配送，没有自行采购的规划，教育信息化建设明显滞后；同时，缺乏教育的远景规划，对智慧教育的认知受限，缺乏积极主动性，教学形态单一，教学模式创新不足。

三是信息技术与教育教学深度融合不够。经过多年发展，教育信息化建设正在从“工具驱动”，转变为“数据驱动”，从单一的教学工具，迈向以数据应用提升整体教学能力、助力个性化发展的新阶段。但信息化与教育教学“两张皮”现象仍然存在，广大师生和教育管理者的应用动力有待进一步激发，重硬件轻软件、重建设轻应用等问题普遍存在。

四是教师队伍信息技术应用能力和水平不高。近两年来，县教体局多次组织信息化应用培训，大幅提升了信息化服务教学与管理的能力，但教师只具备了信息技术应用能力，而信息化教学能力仍然不够；更为突出的是教师形成了传统教学模式下的“路径依赖”和“模式固化”，对信息化教学的认知水平低，在教学中不知如何利用信息技术提高教学质量，甚至存在抵触心理，不愿去学、去运用。

各类教育都在呼唤“高质量的发展”，比如：基础教育的均衡问题，普通高中要打破千校一面的格局，高等教育正在呼唤“双一流”的建设等等。

这一切的实现都需要信息技术的支撑。第一，作为一种手段，教师利用信息技术选择性地改善教学环节中的不足之处，将信息技术作为弥补课堂教学手段的辅助性工具，进而提升课堂的教学效果；第二，作为一种资源，信息技术可以为学生提供形式多样、种类齐全的学习资源；尤其是学习资源的个性化推送，提升学生个性化学习的效果；第三，作为一种教学方式，基于学习数据分析和“云、网、端”的信息化运用，实现教学决策数据化、评价反馈及时化、交流互动立体化，促进全体学生实现符合个性化成长的智慧发展。

三、信息化路径

时代发展不断对教育提出新要求，教育信息化2.0时代，信息化作为教育系统变革的内生力量，彻底突破了过去“我搭台，你唱戏”的支撑服务定位，承担起引领教育变革，推动教育理念更新、模式变革、体系重构的新时代重任。

谋求新跨越，规划“智慧教育”新蓝图。要切实依托信息化实施“智慧教育”，走出一条教育信息化发展之路，我们要解决有三个难题，规划建设“智慧教育”发展新蓝图。一加大基础建设，解决“通”的难题。完成教育专网建设，实现全县各级各类学校多媒体教学设备全覆盖；二推进资源共享，解决“融”的难题；三提高运用能力，解决“准”的难题。

锁定新目标，建立“智慧教育”新路径。依托现代教育信息技术，构建新型教研。新形势需要依托现代教育信息技术构建起新型网络教研的新模式，依托现代信息技术，开展集体备课，教体局可以搭建网络教研平台，通过网络教研，同学科教师的教学困惑、教学观点、教学经验随时分享，凝聚更多人的智慧，从而使每一个参与教研的人员都从中获益。在发达地区，网络教研已成为促进教师专业发展和推进新课程改革的新动力。为此，我们也要发挥信息技术在教学研究引领方面的作用。

依托现代教育信息技术，变革教学模式。在教学这个核心场景，我们通过“云+AI+大数据”的方式，把“结果评价”升级到“过程优化”，把刷题这种靠量的积累，转化成更有针对性、更高效的学习方式，以新场景拉近讲台与课桌的距离，以精准教学找到最佳学习路径，释放更多休息时间，培养更多元的兴趣。

依托现代教育信息技术，创新评价方式。随着现代信息技术的发展，推进管理的信息化建设已成为各个学校高效管理的主要发展方向。将现代信息技术融入日常的管理中，不仅为传统的管理注入新的活力而且创建了更加合理、更加规范的管理模式。形成教学活动、评估教学质量的信息化管理体系，创建了更加高效、顺应时代发展评价的平台。

推出新举措，谱写“智慧教育”新篇章。精确谋划，出准制胜“撒手锏”。一是立足学校实际，完善教育信息化硬件设施，如多媒体教室、电子白板、录播室、学生移动端的购置等。二是学校成立智慧课堂建设领导小组，制订智慧课堂建设工作实施方案。三是按照工作分工，分段分科组织年级组、备课组及各班级开展智慧课堂建设工作。四是定期组织信息化业务培训与建设工作经验交流。五是定期组织智慧课堂建设工作的检查与评估，不断调整与改善建设工作。

突出重点，优化教学“工具箱”。智慧课堂教学模式是以课前、课中和课后为一体，教师“先教后导再思”。课前以备课和布置任务为主，运用微课进行课前预习；课中以指导为主，根据学生预习情况制定重难点，通过问题预设与讲授，小组合作探究疑难问题，通过测评加以巩固；课后以反思为主，通过反思对教学设计加以改进，学生是“先学、后教、再补”，提升学习质量与效率。

科学评价，举好发展“指挥棒”。一是对教师的信息技术学习情况纳入学校的管理评价中，加大考核力度。二是建立激励机制，对在推广智慧课堂中表现优秀的教师进行奖励，通过考核激励机制，不断推动现代教育信息技术发展。

总之，身处信息化时代，我们要紧握时代脉搏，趁势而为，把智慧教育作为学校长足发展、弯道超车的有力抓手，积极将信息化应用于教育教学，开启一场颠覆学习模式、击碎校园围墙的“教学革命”，用科学务实的教育实践拨响信息时代教育发展的最强音，将升级打造智慧校园作为学校迈向未来道路的敲门砖。

走以心中爱，托起孩子幸福未来

浙江省东阳市实验幼儿园　沈群英

“教师的最大幸福就是把一群群孩子送往理想的彼岸。”从教30年来，我一直将这句话放在心上，并以此为目标，且行且思考，且行且努力。我在此岸，孩子在彼岸。在幼儿园这方舞台上，我能以一己之力，陪伴着他们慢慢长大，幸福感便萦绕在心头；在教育这片阵地里，我能尽一份责任，助推学前教育发展，是一种荣幸。

教学改革很苦很难，但我相信，势在必行；教学理念贯彻不易，但我相信，事在人为。30年来，我努力并收获着，痛并快乐着，苦并幸福着。

一、深化教育改革，创新教育方式

从走出省城示范，到走进杭州幼儿园；从一线幼儿教师，到东阳市龙头幼儿园园长；从一个幼儿教育新兵，到学前教育行家里手——我一路学习，一路成长，收获甚多。其中，让我感悟最深的是一个字：变。

在教学改革的推进过程中，我始终围绕四个字，即“感染教育”，强调有地气、可寻根、能入心。所以，感染教育的的内涵是丰富的。

以孩子为本，彰显孩子个性，还孩子本色——这是我们环境文化的核心价值。这些年来，我们在园区环境创设上可以用“不断折腾”四个字来形容，致力为孩子打造温馨优雅、童稚童趣、自然清新、鲜活灵动的教育环境。在环境的每个细节处，充分体现审美的意境，审美的格调，从环境的细节中透出教育的真谛。十多年来，我们以“燕子垒窝”的精神，促使幼儿园环境发生了颠覆性变化。

在幼儿园里，我们创设关爱的情感环境、开放的学习环境、自主的区域环境、愉悦的游戏环境，既满足幼儿依恋的情感需求，又能促进幼儿的个性发展。而“爱”是心理环境创设的基础。爱是教育的原动力，没有爱，教育就失去了灵魂。我提倡教师发自内心地爱每个孩子，正视每个孩子的优点和缺点。在这一点上，我知道，首先要自己做好，用自身的力量去影响他人、示范他人、带动他人，这就是最好的“心理环境创设”。

2016年，我获评东阳市“十二五时期”最具影响力人物，组委会的颁奖词是这样写的：“以诗意的手法雕琢幼儿园的每一寸空间，用满腔的爱意润泽一颗颗幼小的心灵，用创新的思维引领一位位老师的专业成长”。我始终怀着一颗平常心，揣着一份感恩情，不忘初心，甘作春泥，在幼教这片热土上不断折腾，让自己的生命因折腾而美丽。

二、开发园本课程，助力幼儿成长

“没有最好的，只有最适合的。”　在多年的孕育、发展中，我们根据本园的实际情况，加入自己对课程的理解和改编，创造性地运用课程，使之更能适合自己的教育对象，从而更好地促进孩子的和谐发展。

基于自然智慧的基本认识，我园开发出了独具特色的园本课程《快乐环保》，强调课程开发中幼儿园的主体性，以园本课程来激活幼儿园教育。根据乡土情况、幼儿园及幼儿实际，我们从孩子身边入手，确定了“家园篇”、“空气篇”、“垃圾篇”、“声音篇”、“动物篇”、“节水篇”六个主题，促使环保教育生活化，并推行环保教育实践机制，通过开展多样化活动来激发和融入创新意识，体验快乐和成功。

针对实验幼儿园近70年办学历史这一特性，我不断思考幼儿园教育和东阳历史文化的融合。在经过深度思考后，我提出了“根的教育”理念，即除了打造坚实的基础主题课程和研究型游戏活动外，还结合东阳本土的传统文化，开设经典国学、工艺美术、传统戏曲等课堂，构建多元传统文化课程体系，培育具有儒雅品行的“龙的传人”。

每一个生命都像一粒神奇的种子，蕴藏着不为人知的神秘和潜能。我们以游戏为载体，去激发孩子们的每个闪光点，点亮他们的快乐童年。比如，在科技节上，我们喊出了“在探索中成长，在快乐中飞扬”的口号，每个孩子和家庭都参与到活动中来，通过制作、发明、学习等，了解水与电的知识，认知神奇的“力”，探索光与影的秘密，促使孩子们对科学探索产生兴趣，对生活中的事物充满探索的欲望，保持孩子应有的天性。

教育服务是无形的，而家长则是连接幼儿园和幼儿之间的桥梁。为了更好地发挥家园共育的作用，我园开启了家长参与式服务项目管理，这是对教育服务的重大改革。通过家访、家委会值周、节日教育活动、亲子活动、家长开放日、爸爸老师日、主题家长会、父母茶座、家长参与评优等方式，充分发挥了“家长智慧”，增进了家园互动，促进孩子更好地成长。

除了“孩子一个不能少”，我们也倡导“家长一个不能少”。我认为，一个幼儿的成长，离不开学校，更离不开家长，只有建立并形成家园互动的良好格局，才有可能实现真正意义上的幼儿教育。在活动的开展中，我们会给家长留一个“角色”。比如，亲子环保活动中，让家长一起参与，旨在通过“一个孩子带动一个家庭，一个家庭带动一个小区，一个小区带动一个城市”，间接推动整个社会环保意识的提高，这也是教育的一种功效。

三、亲情管理模式，打造幸福团队

幼儿园女教师多，这是管理的难点，但也是突破点。因为，女性更看重内心的关注，需要信任、激励和沟通。针对这些特点，我注重让教师在温情中感受幸福，推崇柔性管理。

这些年来，“有事必访，有病必探，有难必帮”成了我们管理层的服务理念，通过零距离沟通，解决老师的后顾之忧，激发她们的工作动力。学校有位老师患有重病，已在医院卧床多年。每逢教师节和春节，我都会赶到金华去探望她，拉着她的手鼓励她。每年的三八妇女节和教师节，我都会精心挑选有意义的礼物，站在幼儿园门口，亲手递给每个老师，让她们切实感受家的温暖和被惦记的幸福。2017年的“三八”妇女节，我给女教师们送去了一盆嫩绿的小草。我希望，每个幼儿教育工作者，都拥有草一样的灵动、智慧和坚韧。

激发教师的工作积极性，我也强调方式方法，注重赏识和尊重。比如价值引领，通过幸福分享会、心灵朗读者等形式，让老师们认同幼儿园的核心价值观；平台搭建，通过课题项目研究、班主任论坛等方式，来发挥教师的特长；制度保障，制定合理、激励的评价标准，让教师实现自我暴发、自我提升，打造“智慧、灵动”的幸福教师团队。

“我来！我行！我在！”是学校姑娘们都耳熟能详的话。“有困难，来找我。”、“没关系。”、“再来过！”是我经常对老师们说的话。在经过多年的“幸福文化”的浸润下，幼儿园里逐渐形成了不成文的规定：一个老师要参加比赛，其他老师纷纷前来当“绿叶”，或帮助带班，或提供指导。哪怕比赛穿什么衣服，大家都会出谋划策，把其他人的事情当作自己的事情。

在工作上，我对自己要求很高，在教学、科研、师德、保育、创新这五方面都做到精益求精，强化专业引领。“没有教师的主动发展，就很难有幼儿的主动发展；没有教师的教育创新，就很难有幼儿的创造性发展。”我的这些理念，也得到了教师的充分认可。如今的实验幼儿园，老师们干劲十足，有童真、有幸福、有快乐，这里也成了许多学前教育老师向往的乐园。

这些年来，教师队伍中，浙江省教坛新秀、浙江省最美教师、金华市名师、金华市拔尖人才、金华市教坛新秀等荣誉获得者40余人。获省、金华市业务竞赛一等奖50余人，实打实地引领了东阳学前教育发展。每一次听到教师获奖的好消息，我都感到无比幸福，比自己得了奖还高兴。

同时，我园还向东阳不少幼儿园输出了不少优秀幼儿教师，有人笑称实验幼儿园是“园长的摇篮”。如今，她们都成了东阳幼儿教育的骨干，带动区域内幼儿教育的大力发展，令人欣慰和鼓舞。

宝剑锋从磨砺出，梅花香自苦寒来。人要成才，事要成功，都需要付出努力和代价。只要肯付出，万事皆能成功。在学前教育这条路上，我将一如既往地走下去，坚定、有力、踏实，不忘初心，勇往直前！

智慧“三生”：疫情下的小学生命教育学校行动

浙江省杭州采荷第二小学教育集团　吴树超　潘宇婷　陆瞻韫

罗曼•罗兰曾说：“世界上只有一种英雄主义，那就是了解生命而且热爱生命的人。”良好的生命质量是人实现自我价值、体验生命快乐地前提条件。《国家中长期教育改革与发展规划纲要(2010-2020)》亦明确提出实施“生命教育”的要求。突如其来的新冠肺炎疫情，使得教育者及社会各界再次将目光聚焦于“生命教育”这一话题。

疫情背景下，学校教育的重点工作在于建构特殊时期生命教育的目标与内容，借助信息化手段丰富生命教育的途径，进而引领孩子敬畏生命，寻找生命的价值，发现生命的真谛。疫情下的小学生命教育学校行动，要以生命的三重属性作为重要参照：

1.尊重自然生命

生命具有不可逆性和不可再生性，其最基本的生长表现是生命时间的延续。个体的自然生命得以健康成长有两个表征：一是掌握最基本的生存本领，二是拥有健康向上的心理状态。疫情赋予学校生存教育新的内容，也使学校的心理健康教育面临新的挑战。在这场没有硝烟的战争中，生命教育的第一个目标就是让小学生树立起“健康为先，生命至上”的生命理念。

生存教育要让孩子了解必需的自我防范、自我保护、自救互助知识，帮助孩子唤醒自身的生存意识，提升自身的生存能力，端正自身的生存态度。疫情下的生存教育内容包括以下两点：引导学生正确看待人与自然的关系，学会敬畏生命；引导学生在突发公共卫生事件中做好自我防护，学会保护生命。疫情的始作俑者看似是一只小小的蝙蝠，但归根结底，一念私心驱使人类失手打破生态的平衡才是疫情最原始的发端。只有对所有生命保持敬畏之心，并与之和谐共生，人类的生存才有多样可能。因此，“人与自然”便是生存教育中的基础内容，且这一教育内容要贯穿始终。随着时间的推移，疫情在全国乃至世界范围内铺开，人们的生活方式发生了很大的改变，学校要凭借家长学校、专题讲座等形式，联通家校力量开展“自我防护应急教育”，帮助小学生养成与人交往保持一米距离，打喷嚏、咳嗽捂口鼻，公共场所佩戴口罩，勤洗手勤换衣等自我防护习惯，在日常践行中使得上述习惯逐步自觉化。

只有拥有积极向上的心理状态，人才能学会悦纳生命、尊重生命、珍惜生命、保护生命。疫情下，引导小学生如何在突发公共卫生事件中调试自己的心理状态，成了学校心理健康教育的首要任务。疫情下开展学校心理健康教育，先要根据流行病史的调查结果，对学生的心理情况进行分类；其次，为每个学生量身打造心理辅导措施。支援一线导致亲子分离、身处重疫区、重疫区返回集中隔离等情况，易诱发学生的恐惧心理。长时间的居家隔离，同样会使小学生陷入焦虑，或沉迷电子产品无法自拔。学校一方面要组织具有普适性的心理讲座，让学生通过正确途径客观认识新型冠状病毒，强化心理疏导，减缓学生的恐惧与焦虑；一方面还要对情况特殊的小学生及其家庭进行点对点的沟通关怀，在家庭成员之间形成对疫情的共同认知，从而使学生对生命充满自信与希望。

2.拓宽社会生命

社会性是人的本质属性，人作为个体承担特定的社会角色，身处特定的社会关系，参加多样的社会活动。生命教育定要让孩子融入社会，成为具有社会性的人。杜威说：“教育即生活。”陶行知说：“生活即教育。”所有的孩子在生活中承担着一个共同的社会角色——公民。因此，孩子社会生命的核心品质就是成为一名真正的、合格的小公民。

疫情下的公民教育应是个体、集体、社会的和谐统一，要以培养孩子的责任意识、规则意识为核心。合格的小公民要懂得承担责任。承担责任利己也利他人。孩子在承担责任的过程中增长才干，发挥潜能，进而获得自尊和自信，赢取社会的认同和赞誉。防疫工作的责任不仅在政府和医疗部门，也不止在成人，每个个体的生命都和这场公共安全危机紧密地联系在一起。小公民作为国家的小主人，也要积极主动地在这场防疫战争中发挥自身的作用，保护自己，保护他人。站在国际化和全球化的视角，这也是渗透“人类命运共同体”概念，培养世界公民的最佳契机。合格的小公民要懂得自由和规则之间的关系。规则的制定是为了保障自由，自由是规则的基础，孩子要学会在遵守规则的前提下享受自由。特殊时期，政府部门号召公民少外出、不聚集、不扎堆，曾经去往高风险地区的学生应当向学校及社区备案……诸如此类的倡议与要求，是防控疫情的重要手段，也是需要学生自觉遵守的新规则。

而在学校教育中，应当通过哪些途径落实疫情下的公民教育，拓宽孩子的社会生命呢？一是提炼公民教育的话题。爱国主义、职业价值、社会责任等话题在疫情期间备受关注，这也正是公民教育的重要内容，教育者应当对这些话题加以统整，重新设计，实施教学。二是善用公民教育场景。开展疫情下的公民教育要以孩子的生活经验为基础，再现生活场景、典型案例，让学生站在第三者的视角进行理性分析，从而链接社会与生活，对公民责任产生更为具象的认识。三是促成公民教育实践。社区是疫情防控的主阵地，也是最直接的公民教育实践课堂。鼓励小学生积极配合社区的疫情管控，在参与的过程中养成理性的公民意识。

3.提升精神生命

思想和精神的存在使人区别于其他生物，且加深了个体生命的厚度，提升了个体生命的质量。生命教育最深的奥义就是丰富孩子的精神世界，增强孩子的精神力量。

优秀的时代先锋给予孩子无穷的精神力量。新冠肺炎来袭之际，李文亮医生成为疫情的“吹哨人”，身处一线勇敢发声；迟暮之年的钟南山、李兰娟院士坚定逆行，以己之力献计献策；无数的医疗工作者冲锋陷阵，奔向最危险的工作岗位；志愿者们旁置家人，朝素未谋面的同胞伸出温暖之手。在我们举全国之力抗击疫情之时，一位又一位英雄通过媒体进入所有人的视野，他们用震撼人心的实际行动传递着强大的精神力量，鼓舞了全国人民，诠释了人活着的意义和人生命的价值所在。举办故事会，将这些人、这些事讲给孩子听，就是用生命影响生命，就是用生命陶冶生命，进而丰富孩子的精神世界，激发孩子的生命潜能。

高尚的精神追求赋予孩子不竭的成长动力。39岁的留美博士后回武汉探亲，不幸感染新冠肺炎，在方舱医院内他仍手不释书。疫情带给人的是恐惧和慌乱，但是这位“读书哥”以安宁且强大的精神力量，为自己的内心世界找寻到一处避难所。在方舱医院备战高考的高三姑娘笑靥如花，制定作息时间表，自行安排复习内容，凭借不一般的自制力和意志力，从未在学习道路上止步。一句“为了梦想而战，我不会放弃”叩击着无数人的心灵，正是在不断追求精神完善的过程中，人的一生被赋予了更多的价值和意义。生命教育的最终使命是帮助孩子实现内心世界的自我提升和自我净化，最终凝聚强大的灵魂。

生命，一个永恒的话题。生命教育，一个最深沉的教育主题。疫情下的生命教育，应引导孩子尽力延长自然生命的长度，竭力拓展社会生命的宽度，奋力提高精神生命的高度，从而为终生幸福奠定坚实的基础。

创党建品牌，促学校发展

浙江省杭州市萧山区第二中等职业学校　朱叶峰　刘世兵

习总书记在十九大报告中指出，要以提升组织力为重点，强化党建工作，把基层党组织建设成为坚强的战斗堡垒。创建党建品牌是提升质量，推动党建工作创新的重要途径。在新时代背景下，培育和建设基层学校党建品牌，对于落实党建要求、提升党建质量、强化党建功能都有着极其重要的重要作用，从而充分发挥党组织的战斗堡垒作用和辐射效应。我校党委自2017年提出“走遍萧山”品牌创建以来，取得了显著成效，已成为萧山区教育系统党建品牌领头羊，被评为杭州市党建双强之“最强党支部”。

一、打造党建品牌的价值意蕴

“品牌”原是商业用语，强调知名度、美誉度。把“品牌”与“党建”有机结合，凝练党建工作中的亮点、经验、特色、成果等，并通过传播产生新价值的媒介，是新时代“伟大工程”建设的有力抓手。

打造党建品牌是明确基层学校党建目标的有效措施。党建品牌化意识一旦形成，学校党组织和党员教师便有了具体的共同奋斗愿景。以党建品牌为引领，吹响品牌创建的“冲锋号”，能进一步增强党组织的战斗力和创造力，引导党员教师充分发挥积极性、主动性、创造性，激发精气神，撸起袖子加油干，充分发挥先锋模范带头作用。

党建品牌具有创新性和推广性，能够号召更多党员教师积极融入服务师生、服务社会中去。基层学校党建品牌的打造能够引导党员教师“不忘初心，牢记使命”，围绕中心工作，践行立德树人的理念，心往一处想，劲往一处使，把师生满意、社会认可作为党建工作成效的判断标准，营造广大党员教师争先创优的良好氛围。

品牌效应就是认同效应。广大党员教师充分认同党建品牌，对实现党建品牌的目标具有重大推动作用。在新时代背景下，围绕发展抓党建，抓好党建促发展，把党建品牌创建与学校事业发展结合起来，能最大限度地调动广大党员教师投身学校事业发展的热情和动力，实现党建工作与其他工作的相互推动，提质增效。

二、打造党建品牌的现实困境

党建品牌意识不强。一是对党建品牌的内涵认识有待提高。部分党组织对党建品牌创建的标准理解不到位，没有进行科学的顶层设计。二是部分党组织对党建品牌培育的意识有待增强。部分学校日常中的党建工作重心多倾向于常规工作，有重业务轻党建的现象，甚至有学校不知道如何开展党建工作。三是部分学校的党建特色有待进一步挖掘。在培育党建品牌的过程中，品牌定位、特色亮点定位等方面不够明晰，甚至在党建品牌培育中出现“随大流”的现象，出现“伪品牌”。

党建品牌载体不新。对于基层学校而言，党建品牌应该结合学校党建工作特色来开展。然而，因各种主客观因素的影响，目前学校党建工作品牌创新依然有不足之处。一是思路固化，创新不足。二是内容窄化，缺乏特色。三是价值矮化，挖掘不足。

党建品牌路径不宽。一是党建品牌的制度化有待完善，部分学校没有把党建工作品牌创建内容纳入制度建设的范围，因而创建党建工作品牌缺乏长效机制。二是党建品牌的规划有待科学。党建工作品牌的形成，需要长远规划和近期规划有机结合。三是体制机制创新有待强化。学校党建品牌创建工作的领导方式不适应新时期党建工作的需要。这与提升党建工作品牌的要求有不小的差距，无法调动积极性。

党建品牌效果不佳。首先，品牌的影响力有限。有些因为“伪品牌”，所以寿命有限。有些注重传统的宣传方式而忽视自媒体的运用，没有考虑到不同受众对象的特殊需求，没有针对性地进行宣传推广。其次，品牌的效益不佳。品牌强调美誉度、影响力，是一种文化的传承和传播。但是部分学校的党建品牌没有最大化地发挥示范、引领、服务的作用，进而影响到党建品牌的效果。

三、打造党建品牌的实践探索

我校党委高度重视学校的党建工作，重视党建工作的引领作用，深入贯彻新时代党的建设总要求，以“大党建”思维构建“大党建”为格局，积极打造“走遍萧山”特色党建品牌，增强了广大党员教师的凝聚力和向心力，充分发挥了基层学校党组织的战斗堡垒作用和党员的先锋模范作用，推动了学校的高质量发展。

思路系统化——坚持五位一体的指导思想。科学的党建品牌思路和先进的品牌意识是创建党建品牌的基本前提。在实践中，学校党委顺应时代要求，科学规划，系统设计，把党建品牌创建提升到战略高度，形成了以“走遍萧山”为统领的五位一体党建品牌创建指导思想。其中，一个目标是：党建让教育更静美；两条主线是：向善行动、功勋行动；三块阵地是：党员固定活动日实践阵地、《二职党建》等理论阵地、“二职党建公众号”网络阵地；四个基本点是：坚决听从上级党组织、坚决带好基层党支部、坚决依靠广大党员师生、坚决遵循创新原则；五个自律区是：坚持在学习中追寻高度、坚持在实践中展示深度、坚持在调研中把握尺度、坚持在活动中共享温度、坚持在忙碌中保持热度。

内容主题化——坚持与时俱进的内容设计。自2017年3月1日正式启动“走遍萧山”以来，学校党委紧跟时代要求，科学设计每年党建品牌的主题，开展相应的活动。2017年，以“传递正能量，迎接十九大”为主题，设计了“百名党员联百家”、“能工巧匠下企业”、“职教优师送技能”和“廉洁门票传万家”等八项行动。2018年，以“拥抱新时代，传播新思想”为主题，设计了“依托校企合作，彰显职教魅力”、“建设特色示范，构筑先锋堡垒”、“打造党建联盟，共扛时代担当”等四大新形态。2019年，以“追梦跟党走，奔跑谋新篇”为主题，设计了“共同体新行动”、“示范点新发展”等六项举措。

宣传阵地化——坚持形式多样的阵地建设。党建品牌得到认同，就能充分发挥党组织的作用，形成强大号召力，从而实现党建品牌的目标。因此，打造宣传阵地，宣传党建品牌十分重要。第一，创新基础阵地。除了打造标准的“党员活动室”以外，学校党委积极整合有效教育资源，在教育教学场所、学生聚集区域等地创建“党员示范岗”，坚持紧密结合党员专业和自身特点，积极开展内涵丰富、形式多样的主题活动。目前，我校形成八个主题明确、内容丰富、形式新颖、富有成效的党员示范岗。第二，强化文化阵地。文化对人具有潜移默化的作用。学校党委将“小岗位、大舞台，党员在身边”活动作为打造党建品牌的直接载体，抓住重要节日、重大活动等有利契机，适时开展文化教育活动，注重用先进文化引领育人高地。第三，丰富网络阵地。学校党委通过《走遍萧山》《二职党建》等理论阵地、“二职党建公众号”、微信群、QQ群等网络阵地组成了交互矩阵平台，提升“走遍萧山”的影响力。

载体特色化——坚持因校制宜的载体创新。学校党委根据学校实际，创造性的打造党建品牌的载体。近年来，学校党委一直坚持推进以下载体：一是百名党员联百家。学校党委要求每名党员至少联系一户学生家庭，深入家庭进行家访，了解家庭情况，帮助学生更好发展。在今年疫情期间，党员教师没法进行线下实地家访，党委就组织线上云家访。二是党员示范岗。由专业相同或业务相通或志趣相投的教师，组成一个队伍。每个示范岗设一名岗长，其他老师为岗员。示范岗成员定期或不定期开展相关活动。目前我校已有八个示范岗。三是党建共同体。本着"共扛党建担当、共商党建方略、共创党建业绩、共享党建荣光"的宗旨，萧山二职党委牵头成立了"走遍萧山"党建共同体。目前，共同体成员单位已经达到18家，18家单位中不仅有学校，还有企业、社区、行业协会等。建立基层党组织互助机制，联动发展。共同体建设过程中，定期召开集中研讨会，研究支部建设、党员作用发挥、党建活动开展、教育教学等工作；做到组织建设互促、党建制度互建、党员干部互动，实现优质资源共建共享。

四、打造党建品牌的实践成效

目前，"走遍萧山"已成为我区教育系统党建品牌的"领头羊"。2017年至今有25家学校、单位来校交流党建品牌建设经验。上级党组织也多次到校调研党建品牌建设情况。在2020年萧山区党建微视频比赛中，萧山教育局选送的萧山二职《走遍萧山》纪录片点赞量遥遥领先于其他单位的党建视频，社会反响强烈。

2017年以来，学校党委先后被评为区教育系统五星级党组织、萧山区先进基层党组织、萧山区教育系统首批基层党建示范点、萧山区首批清廉学校建设示范校、萧山区教育系统首批纪检（巡查）先进集体，萧山区基层先进党组织、杭州市党建双强之"最强党支部"等。校本微电影《因为是党员》荣获全国中小学校园影视评比一等奖，"走遍萧山"特色党建在《萧山日报》五次报道，萧山电视台新闻频道在十九大召开当晚报道，并被萧山电视台推荐申报国家广电总局"记录新时代"中国梦短纪录片项目。朱叶峰书记也被评为萧山区优秀党务工作者。

创学校党建品牌，促进学校高质量发展，我校将牢记为党育人、为国育才使命，坚持党建统领，建设高质量教育体系，走优质均衡办学新路子，以实际行动迎接建党100周年。

关注学生心里问题，助力学生健康成长

浙江省杭州市萧山区瓜沥镇坎山初级中学　沈海良

学生的心理健康是学校工作的重点，抑郁是其中一个较为普遍而严重的问题。在国内的抑郁症患者中，学生所占比例正在逐年递增，这种心理疾病随着高校学生规模的迅速扩大也突显出来。2020年虽然已经过去，但这个极不平凡的年份，将永久地留在经历过的所有人的脑海中。1月23日，新冠病毒肆虐，武汉封城，到4月8日武汉解封，封城整整两个半月的时间。而我们的孩子们，在家长和老师们的带领下，一边居家防疫，一边上网课。4月13日，终于迎来了九年级返校上课，4月20日，七八年级也回到了校园。2020年孩子们与家长在一起的时间更多了，当老师们鞭长莫及的时候，所有的家长，不得不开始直面教育的责任。学生心理健康教育问题更加显露，为此我们对学生的心理健康问题进行了实践研究与思考。

一、大力加强生命教育的背景

在学校第二批学生返校的连续两天里，两位学生发生意外，引起社会各界高度重视。在萧山区2020年春季复学中小学安全工作会议上，俞沈江局长指出：抓安全工作，显得尤为重要，生命权远大于受教育权利。金栋华副局长细致地布置了下阶段重要工作：立即组织学生身心状况调查；全员心理筛查；大力加强生命教育，珍爱生命、善待生命。夏国良副局长指出，当前学校工作的重点是让学校的心理辅导真正走进孩子的心里，与父母相处好不好，这两个月过得怎么样？要深入了解控制疫情后孩子返校的感受。

二、全面摸排重度抑郁学生情况

根据教育局春季复学安全工作会议精神，我校进行师生全员筛查，全员生命教育、家长心理辅导，并做好相关预防引发心理危机的辅助工作，譬如不组织考试、不检查寒假作业、不公布学业成绩等等。在这样的基础上，我们聚焦重度抑郁学生，进行数据分析如下：

我们发现，我校重度抑郁学生数总共25人，占学校总人数的2.26%，应该说这属于正常的范围，其中有自伤意念的人数达到24人，占比96%，这是非常高的，经过后续实际调查，这个数据是真实的反应；学习焦虑占比40%，比对人焦虑和冲动倾向要少，冲动倾向占48%，如果与自伤意念96%结合起来分析，重度抑郁学生的自伤事件会比较多，而事实的确如此。我校自伤学生有用美工刀划伤自己手臂的，有用圆规尖头自己刻字自伤的，也有使劲敲打自己脑袋的，这些，我们通过访谈可以得到信息，心理教师和班主任一般都尽力劝勉，并告知家长，要求家长带孩子去杭州市第七人民医院治疗。据我校政教处统计，90%以上的重度抑郁学生家长会听从学校的建议，去杭州市第七人民医院接受专业治疗，疗效一般都不错，也能够按照医嘱一边服药一边上就学。

三、成立预防管控机制

为有效防控不同类型的心理问题学生，我们学校成立了三项工作机制。

分级管控机制：一类危机的学生（即一般心理危机学生），由心理教师协助班主任负责制定干预方案，报年级组备案；　二类危机学生（即严重心理危机学生），由心理教师协助年级组长制定干预方案，报学校备案；　三类危机学生（即重大心理危机学生），由心理教师在学校领导的牵头下制定干预方案，并报县（市、区）、市、省中小学心理健康教育指导中心备案。

全员联动机制。家校联动：建立紧密的家校联系，随时沟通，及时处理各种情况；操作组教师联动：掌握名单、知晓情况、规范言行、避免刺激；校内部门联动：校长室、政教处、教务处、心理室多部门共同应对。

2+1伴读机制：如果某个班级有1个三类危机学生　（重大心理危机学生），就采用2+1伴读模式，特别是没有老师在的时候，如：课间上洗手间、中餐休息等相对自由的时间，2个同学作为伴读跟着这1位学生，以确保紧急情况下能及时提供信息。（班主任老师的发明）

四、心理健康引发的案例

2020年新学期开学进行学生心理情况筛查后，学校政教处曾三次致电该生家长，沟通他女儿的心理问题情况，家长表示愿意配合治疗，结果是治疗效果不够明显，经过打听得知该家长只是找了普通医院进行咨询，治疗过程基本上没有。于是，我单独两次请家长来学校商量，必须请家长充分重视，并连续3次通过不同层面请家长来学校召开会议，不同层面的老师，行政，心理老师对家长进行沟通。然而，家长一直处于敷衍状态，虽然家校双方签订了安全承诺协议书，出现了家长不急学校急的不正常情况，经过政教处和心理辅导老师了解，该同学反映：

根据班主任反映，该同学不想来学校读书，是父亲的要求才来学校的。班主任也多次单独告知其父亲，其父亲都说已经在萧山人民医院请专家治疗，并且情况已经好转，以孩子想边读书边治疗为借口不肯去杭州市第七人民医院治疗。班主任缪老师为了避免悲剧发生，向校长室提出"2+1"伴读的办法，请班级里有热情有爱心的2位同学在没有老师管理的时候，如：课间上洗手间、中餐休息等相对自由的时间，2个同学作为伴读跟着这1位学生，以确保紧急情况下能及时提供信息。

5月20日，行政再次会商心理问题比较严重仍然在校就读的5位学生情况，并决定5月21日中午12点20召开相关班级的任课教师、班主任、政教处、心理辅导员、校长室联席会议，共同分析问题、提出要求、特别是关注重点学生的情绪波动和安全状况。

5月26日中饭时间，班主任缪老师带着非常紧急的语气打来电话，她班级的学生已经爬上窗户，要跳楼了，两位伴读学生正用力拉着她。我告诉她，立刻赶往现场。同时立刻打该学生父亲电话，请他火速赶往学校。我同时向该班级跑去，到教室的时候，孩子已经被拉下来。避免了一场悲剧，但令人愤怒的是父亲却说："你跳啊，尽管跳啊！我不多你一个女儿。"为避免事态再次扩大，我请这位家长把孩子带回家，先平静一下情绪，同时请家长做好寸步不离的管理。

5月29日，学校校长室组织政教处、心理辅导室、班主任、任课教师代表和家长召开谈话会，在已经发生跳楼未遂的情况下，让家长再次听一听学校各个层面的建议。经过一个多小时沟通，最后家长同意带孩子去杭州市第七人民医院治疗。到2020年11月，该小孩情绪已经趋向稳定。

五、从案例中发现家庭问题

引发抑郁的问题主要有：一为了面子，家长觉得传出去不好听。由于家长缺少心理健康知识培养，家长认为事情不严重，青春期有情绪波动属于正常。二是重男轻女，如果二胎是男孩，关心二胎导致大女儿被冷落，引发抑郁。三是升学压力负担，由于家长经常在孩子面前提到升学目标，提到其他优秀孩子考进名校，导致孩子心理压力过大，心里问题随之出现。四是素养不够，对心理疾病的含义、病症、危害家长们不是很了解，所以不重视，甚至有家长以为学校故意把他的孩子拒之校门外。五是为了未来，担心长大以后被当作精神病对待，所以干脆不去治疗。

六、帮扶重度抑郁学生六项流程

一做好筛查，聚焦重度；二告知家长，提出建议；三建立机制，规范程序；四及时沟通，跟踪病情；五复学证明，安全承诺；六团队关爱，共同帮扶。

抑郁症是当今世界第二大生命杀手，我们都应当高度重视，在实际工作中，我们发现，孩子、家庭和我们学校都是抑郁症的受害方，尤其是孩子！我们学校虽然没有专业治疗能力，但要尽一切可能为原生家庭存在问题的重度抑郁学生争取获得专业治疗的权利，以保护孩子们健康成长。

学生是祖国的未来，正处于人生观价值观形成发展的关键时期。在日常生活中我们要通过和学生的谈心谈话、思政课堂等多种方式关爱引导学生，让他们在学习成长的征途上健康成长，一路前行。

三足并重造金骨，学教有序育英才

浙江省杭州市萧山区金山初级中学　陶金明

“一年之计，莫如树谷；十年之计，莫如树木；终身之计，莫如树人。一树一获者，谷也；一树十获者，木也；一树百获者，人也。” 这段话既阐明了人才培养的重要性，也揭示出人才养成的不易。校长是学校的灵魂，是教育思想之魂，校长的人文情怀影响着教师和学生的人文情怀。一名好校长，是成就一所好学校的关键因素，这已经是一个被普遍认同的共识。究其根本，主要是好校长一定具有优秀的领导力。清华老校长梅贻琦说：“学校犹水也，师生犹鱼也，其行动犹游泳也。大鱼前导，小鱼尾随，是从游也。从游既久，其濡染观摩之效，自不求而至，不为而成。”在新时代学校运营中，校长领导力的高度是对未来的瞻望，宽度是对资源的整合，而所有的基础和厚度还是对师生成长的支撑、激励和助推，让校园内的师生有愿景、有活力、有增长，而温暖、民主、成长应该是校长领导力的三个关键支点和触发点。我校被评为杭州市首届美丽学校之际，评估组专家对教育局领导和我校行政团队的反馈报告说：我们从学校老师和学生的讲述中，听到了对学校满满的认可和热爱！他们讲述的一个个小故事，让我们感受到这是一个温暖的大家庭！专家的评论一语中的，“金山因我而美丽”是学校的口头禅，“美丽金山我的家”是学校各种典礼、活动恒久的主题，“相约美丽金山，编织美好故事”是学校的校园践行。民主的家、温暖的家、成长的家，把金山建成一个温馨蓬勃的家，正是校长领导师生们进行美丽学校建设的思考点、出发点和愿景所在。

一、立德树人，用温暖浸润学生心田

教育是最温暖的事业，始于关心，是浸润孩子们幼小心灵的甘泉。雷夫说：“你的温暖、你的微笑是最大的教育力！”校长着力凝聚行政队伍这个美丽学校建设的关键少数，率领行政队伍早到迟退、早晚巡视、推门听课、课时足量、两头办公、示范开课、牵挂着老师们的衣食住行、生老病衰……校长为首的行政队伍把榜样和标杆立在校园里，这成了学校温暖的触发点！如我校进行的“随手拍”、“赞同事”校园温暖故事推展大赛。每年把奉献金山十年以上的教师推荐为金山元老，用鲜花、证书和最温暖走心、华美热情的个性化献词隆重颁发“金树林”奖。把美丽金山的人和事做成了视频在校园传播。学校把期末的严肃教师会开成温馨有趣的主题年会，恣意渲染家人之情……于是，校园在老师们的镜头里蓬勃着，团队在老师们的合作中和谐着，同事在老师们的笔触中温暖着，情感在老师们的朗读中深刻着……这些最美金山的“好声音”和“正能量”在金山校园生发、扩散、张扬。基于“打造一个属于我的微天地”的初衷，我校发动美丽班级建设，孩子、老师、家长联手打造一班一品的特色班级文化，激发美丽班级的勃勃生机！即便是送考和毕业离校课程，我校也让即将走向远方的孩子感受温暖、牵挂和有力的助推！

自由和民主的思想之于教育，如同空气之于呼吸，蔡元培先生的“兼容并包，思想自由”成就了北大的宏博伟业！我校着力于“开放”去让老师、学生、家长以主人的姿态成为行动的策划者、启动者、参与者、管理者。克服阻力，创造条件，努力把校门打开，用家校联系本、假日小组管理、满意度测评、家长资源课堂、家长委员会、采购顾问小组让管理开放；所有学科的教研员、定期和不定期相结合的家长开放、每一次的外校来访、集团和街道的学科协作小组，构成了学校的课堂开放；学校所有艺体活动和德育课程都吸收家长和社会的过程参与和结果评价，比如“金山骄傲年度人物”评选，汇集了学生、老师、家长、社区代表的开放性表决，形成学校活动的过程开放和评价开放；学校教师效能评价委员会、学校教师学术评价委员会的成立，更是有效地消解了由于区域内岗位晋升、职称评审规则变革对教师绩效评价冲击引发的矛盾隐患。对教师和学生成长，是压力，更是动力！

二、铸魂培根，用成长焕发人生光彩

杜威说：教育即生长，除此无他！培养“净善”学子，金山孩子具有山一样高远的视野，山一样厚重的内涵，山一样强健的体魄，山一样灵秀的气韵的育人目标，金山教师具有金色花般温暖的教育情怀，金字塔般坚实的专业素养，金钥匙般灵动的启迪能力，金麦穗般饱满的职业幸福的发展目标，是学校对核心素养在金山的校本理解和表达，“课程优化”、“技术跟进”、“师能提升”是学校提升办学质量、保障核心素养培育在金山落地扎根的三大行动和支撑！

我校深化“新六艺”课程的完善丰富，试水基础学科分层走班和文化学科的拓展延伸。给孩子更自由的选择可能性，恰如胡适所言，学校课程让孩子们“性之所近、力之所能”，促进每一个学生都达到自己的优秀是学校的办学目标。我校优化实施11年的以弟子规为抓手的传统文化系列德育课程，涵盖了课堂中的弟子规这个核心及楼道经典主题、国学夏令营等八大活动支撑，关注金山学子的养成和践行，滋养金山学子的德行成长，涵养金山学子特有文明气质。此外，我校精心设计和组织三节一会、多元课程超市等共同基础上的个性化发展平台，使有共同爱好的孩子找得到伙伴，有兴趣特长的孩子们找得到舞台，有潜能生发的种子找得到土壤。

为了进一步促升办学质量，在优化传统教学管理的同时，我校推进了三大技术跟进，和睿智教育合作进行学校智慧教室和资源库建设，和E板汇合作打造金山初中网络课堂！和新步伐合作推进大数据学情分析，使其成为学校优化教学、提升质量的有效有力的抓手！

教师的成长才是学生成长的源头。为此，我校努力丰富优化校本平台，营造良好成长氛围，用成长消除职业倦怠，用成长赢取职业幸福。金山大讲坛、“六个一”工程、金字塔校本微训平台等七大平台，是学校不断坚守、不断优化完善的面向本校各层面教师发展的平台。同时，我校用团队考核制度等五大制度刚性保证，督促各项教师发展任务的真正落实，用行政推门听课等五大听课制度问诊课堂，反思提升教师成长。

通过“走出去、迎进来”，让师生们和国内外的同行、同伴交流，提升他们的家国情怀、国际视野。

三、初心不殆，用生命镌刻教育丰碑

多一把尺子，就多一个人才。一直以来，我校始终倡导让每一个孩子在金山都有出彩的机会。为此，我校创建了“金山骄傲年度人物”、“孝心好少年”等二十多项各类评价展示通道。以展示、寄语、表彰为重要激励方式，树榜样，立标杆，形成正能量满满的良好氛围。今天，在以温暖、民主、成长为支点的校长领导力的整合运作下，我校以快速提升的教育质量和特色发展创立了金山的良好品牌，办学成绩硕果累累！从我校走出的领袖、学霸、明星、大腕级学生，出类拔萃、睥睨群雄！学校管乐、足球队、听写大赛等团队在各级比赛中争金夺银！另有名师专业引领的耀眼，有名班主任纵横捭阖的自如，有特长老师成就学校亮点的剽悍。但更令学校欣喜的是看到一个个践行弟子规的文明坚强的身影以及大面积学业、技能高位提升的蓬勃结果。诸如此类相携共进、替补共赢的事例不胜枚举。在我校团队中，多得是森林的茂密和深邃，少见那种鹤立鸡群的骄傲和孤单，几无形单影只、怨怼喋喋的落寞！这是学校最为自豪的，也是在以温暖、民主、成长为支点的校长领导力成效最为显性的方面！

以温暖、民主、成长为支点的校长领导力，关键要确立以人为本的教育理念。美丽学校，首美在人！哲学家陈嘉映有过这样的论述——我梦想的国土不是一条跑道，所有人都向一个目标狂奔，差别只在名次有先有后。我梦想的国土是一片原野，容得下跳的、跑的、采花的、在溪边濯足的，容得下什么都不干就躺在草地上晒太阳的。给孩子一片原野，让师生们在校园里看得到位置，找得到伙伴，享得到尊严，享受阳光的沐浴、雨露的滋润、泥土的涵养、自然的馈赠，应该是以温暖、民主、成长为支点的校长领导力坚持不懈的方向！第斯多惠说：“教育的艺术不在于传授的本领，而在于激励、唤醒、鼓舞。”新时代校长领导力就要体现在校长眼中有光，心中有爱，手上有策略。把自己的教育理念、价值观和情怀转化为整个学校的教育发展动能。为校园里的师生引领一个方向，描绘一幅愿景，建构一个共同参与的学习型组织，凝聚更多人的努力，使得每一个师生的成长和每一份辛勤的汗水都能得到应有的尊重。

“雄关漫道真如铁，而今迈步从头越”。教育注定是一场没有终点的行程。当下正是教育事业最具生命力的时代。秉承立德树人的根本任务，我校会继续通过精准把握“温暖，民主、成长”增强校长领导力，使学生收获终生幸福。舍忘过去，立足新起点，我校将继续以抓铁有痕、踏石留印的工作作风扎实工作，继厚积之力，承求索之精神，志存高远，弘毅笃行，唱响金山教育高亢的时代凯歌。

学好每一句话，走好每一步路

杭州市萧山区优贝思艺术学校　绍然

语言是一门说话的艺术，这句话除了反应语言的重要性外，还说明了语言这门功课的复杂性和可塑性。在日常生活中，语言仅仅是人与人之间沟通的基本技能，是产生沟通用到的一种媒介，但它背后所代表的深意和功能却已成为一个庞大的体系，被单立为科，或者引用到更深层次的研究领域当中，足可见，语言在教育当中占有的重要地位。说话仅是语言的一个分支，虽是分支，但却是最为广泛和最重要的一员。会说话的人一句话就能达到想要的目的，而怯于说话，或者没有掌握一定说话技巧的人，则很难表达自己的想法，往往含糊不清，不能准确传达信息。所以炼成一副好口才，会说话，对一个人的人生影响很大，“好好说话”、“会说话”的人运气总不会太差。仔细想想，我们从小以“听话”的方式被教育，长大后却又以“说话”的方式被考核，实在是尴尬。因此，越来越多的父母开始给孩子报各种口才班、小主播班，寄予下一代拥有最为基础的良好的沟通能力。

一、不忘初心，为梦想突破自己

作为优贝思艺术的市心校区校长孙倩对于孩子“口才”教育有自己独到的理解和妙招。从业7年来，语言部一直都是杭州优贝思艺术学校的金字招牌，语言部的主打课程叫“优贝思演说学院”，这门适合4—15岁学员的课程在圈子里颇受好评。孙倩用了四年的时间，就把“优贝思演说学院”做成了业内独树一帜的教育产品。面对工作，孙倩不仅善于思考，还很有胆识，敢于创新，突破自己，这也为她实现跨界转型奠定了宽实基础。

“我和团队要做有影响力的、独一无二的语言培训课程。”她把这句话当作一生的职业梦想，更准确地说，是初次跨界创业的梦想。她外形靓丽，知性干练，讲一口标准的普通话，这与她曾经的职业——电视台女主播非常匹配。从光鲜亮丽的女主播转身成为业内知名培训机构播音主持老师，她轻描淡写地用几句话概括了人生的转折点。其实，看上去小鸟依人的她内心无比强大，从西北远嫁到萧山，放弃已有的稳定事业，在新的行业里探索，不是人人做得到的。当然，她的付出是值得的。这些年，通过勤奋和努力，她在不断提升自我的同时也荣获了各类奖项，成为中传凤凰学院花样少年语言大赛“凤凰金梧桐”学校奖获得者；“花样少年”全国少儿语言艺术大赛优秀指导教师。此外，先后带领学生多次主持杭州市少儿春晚、萧山区少儿六一晚会、跨年晚会并获得“优秀小主持”称号。

二、学会说话，用教育点亮一生

教育产品的特色，与团创人员紧密相关。“优贝思演说学院”的前身是“优贝思语言艺术”，在教育市场中也算是涉足语言类培训比较早的了。2015年，孙倩的到来让语言部焕发了新的生机。“毕竟现代社会高度竞争的复杂人际关系，快节奏的学习和工作环境，更加要求智慧的‘好好说话’。”孙倩说，既然决定跨界重新开始就不打无准备之仗，她给自己下了一个目标，必须有拿得出手的拳头语言类产品。这几年她一直在和自己较劲。她说：“当专业达到一定水平后，所需要做的就是自我提升，玩儿自己，去挑战和开发自己更多的可能性。”不过从面对机器，到面对一群孩子，孙倩也遇到过瓶颈。“转型之初，我的教学一度进入了误区。一心想把专业知识灌输给孩子，忽略了与年龄的适配性。在不断摸索下，我找到了适合的方式方法。”孙倩说。加之数年的专业职场经验，她在教学中增加了许多实践活动，多维度构建孩子们的知识体系。

“优贝思演说学院”。光听这个名字就表明了课程的涵盖面，因为4—15岁是少儿语言学习的关键期，如果方法和选材得当，这段时期语言学习最为容易和有效。孙倩和她的团队正是抓住了这个点，才将课程细化为幼儿口才篇和少儿播音主持篇。

其中幼儿口才偏向以幽默风趣的方式进行教学，主要是通过从语音发声、表情、专注力训练、表演并结合多种趣味活动和训练方法如童谣、儿歌、故事复述等，帮助孩子克服紧张的情绪，解放天性，建立自信，达到让孩子克服胆怯、害怕的心理，敢说话，敢沟通的目的。

少儿播音更注重的是语流音变，发声、节奏感、情商等方面的训练和提升。在老师的辅导下，带领孩子们看图讲述，创编故事、演讲、主持、讲解、朗诵、辩论等方面，挖掘儿童即兴演讲的潜能等，通过各种社会实践课程，帮助孩子掌握基本沟通方式及社交礼仪，让孩子勇于发言，大胆表达。近年来，学生荣获多项奖项和荣誉。其中《父亲》荣获2016年中国花样少年语言艺术大赛浙江赛区铜奖；郑舒媛同学的《福妮儿》荣获2016年第三届童星梦想少儿语言才艺表演大赛金奖，此外还有《永生的和平鸽》《肩上的路，路上的魂》《请铭记，雾重庆》等作品荣获市区各类奖项。

语言学习不是一蹴而就的，科班出身的孙倩深知这个道理。提起校园生活，她讲了一个有趣的故事。那时播音系有个不成文的规定，只要在校内，说话都要时刻紧绷提着气，甚至一句“你吃饭了吗？”都要说得抑扬顿挫、断字断句，有时还要换着语气说好几遍。同学之间相互监督，如果谁不“端着”说话就会被罚款。“从漫不经心的普通话到播音腔是一种进步，从播音腔到语音语气语调自然的生活化普通话又是一种提升。”孙倩说。

孙倩大胆果敢的性格，在求学期间就展露无遗，但凡有锻炼台上功夫的机会，她都不会错过：校级演讲比赛一等奖、西安市十大高校主持人大赛一等奖、高校级口语演讲大赛二等奖……出战必有斩获，让她更加有自信了。她把这种方式带入到了教学中，优家学员经常参加国内各类语言才艺表演大赛，数年下来奖杯奖牌挂满了一面墙。“成就带给孩子们的是更多的自信，也能够培养他们的竞争意识和舞台感。”同样的还有挫折教育，孙倩说，“不是每个人都能够拿到第一名，那么这个时候如何平衡自己的心理，就变得很重要。我们的重点是让孩子们在肯定和成就感中成长。”

曾有家长来优贝思语言部咨询：“我孩子不太愿意与人交流，你们会拒收吗？”孙倩当时就和这位家长说，把孩子带来试试吧。事实上，她在课程设计上早已考虑到这方面的市场需求，“优贝思演说学院就是让孩子敢于交流和大胆表达，并且说得规范、说得流畅、说得好听、说得艺术，展现最好的自己。”

总而言之，口才教育不仅是让孩子学说话、会说话，而是通过说话培养孩子自信大胆、勇敢坚强的品德，张扬个性，毫无疑问这些都是面对未来生活的必备技能，也是今后教育应该侧重的方向。

实施“五一”工程，助推教师教学提升

浙江省衢州市常山县第一小学　洪永海

教学是教师的“看家本领”，课堂是教师实现价值的舞台，课堂教学是提高教育教学质量的关键和主阵地。教师是教育教学活动的重要角色，教师的职业道德、专业知识、业务能力、心理健康等多方面的素养直接或间接的关系到教育教学的成功与否。为提升教师业务素养，打造高效课堂，我们所提出“分享一得、细抓一环、录制一课、投寄一篇、平台一借”等五项工程，通过将教师业务的提高途径化可以操作实践的各个项目，给教师创设平台提高业务素养。

一、分享一得，同伴互助共成长

“分享一得”就是通过同伴互助的形式，把自己的好的经验分享给同伴。

选好分享的老师。每学期开学定好分享一得的老师。先由教科室排出相关的主题，让老师们根据相关的主题，自行申报，在申报的基础上。教科室根据年级、学科以及教师的特点确定分享一得的老师，进行公示。每学期10位教师左右，如选择班主任分享班级管理，选择信息教师分享微课制作，选择常规执行有特色的老师，分享自己在教学常规上的做法，选择科研能力强的老师分享课题论文的撰写等等。

定好分享的内容。在主题的统领下，由各分享一得的老师自己确定分享的具体内容。选择内容的切入点要小，一招一式，不泛泛而谈，要做到选点说细，让人听得明白，可以学习模仿操作，获得实效。

控制分享的时间。正是因为“一得”所以分享的时间也要有所控制。它不是长篇大论的讲座，要求分享一得的老师语言要简洁明了，不偏题、跑题，少说理论，多讲实用，少晃虚枪，多出实招。把自己怎么做的，取得什么实效，哪些地方应该注意，有条理地介绍出来，时间控制在15分钟之内。

保证分享的效果。在分享一得之后，学校会创设机会给老师进行实践，让老师学以致用，同时也是对老师所学的一种检测，会不会用，效果怎样，从而再次分享成果，形成一个回路。

二、细抓一环，做实常规促发展

教学常规应当是教师和学生之间相互作用的事，而最终的目标是为了学生，为了学生能有良好的学习习惯，为了学生提高学习成绩。诸多的教学常规环节中，我们细抓一个环节——作业，通过作业的细化落实，辐射教学常规的各个环节，形成回路，带动整个教学常规的有效落实。

备课有准备。把作业的设计融入备课之中。根据教学的各个环节，和学习的知识点，合理安排作业练习。这些作业可以是课前自主预习之后的检测题；可以是教学一阶段之后的练习巩固题；也可以是结课时的拓展提高题。可以是课堂作业本的原题融入；也可以是教师自行设计的练习。在备课本中用不同的颜色标注出来，一目了然。同时做到所融入作业的量要合理，以小而精为准，一般不超过10分钟。

课堂有安排。要将备课中备好的作业在课堂当中落实好，精简讲的时间，防止唠叨嘴，邋遢嘴，安排出一定的时间进行练习，不能以时间不够为理由把堂内作业移到课外。要努力体现课内做作业和课外做作业的不同之处，在学生做作业的过程中，教师能够有针对性地加强过程辅导，指导学生养成良好的作业习惯。同时根据作业的完成情况，做好重点练习的当场反馈，以取得良好的效果。

批改有订正。不管是课堂内的作业，还是课后的作业，都做到有作业就有批改。批改可以灵活机动，如学生的听写可以安排学生同桌互改，一些容易完成的客观性题目，可以教师作统一的讲评，学生小组批改。批改之后要求学生用不同颜色的笔进行作业的订正，或者提供纠错本，错误的题目抄下来重新做一次。教师进行回批，以“过关”的形式进行监督。

辅导有针对。不同学生的学习能力是有差异的。对知识的掌握，解题的思路方法，做作业的态度等都有所不同。这就要求对待作业的共性问题与个性问题有不同的做法。共性的问题集中讲，个性的问题个别辅导，辅导要有针对，找准学生学习的短板，进行辅导，从而收到良好的效果。

三、录制一课，打造精品好课堂

“录制一课”就是让教师能够多次审视修改自己的课堂教学，特别是整改习惯性的问题，打造实用、高效的精品课堂。

提供技术支撑。首先要有录制课堂教学的设施设备，最好是简便容易操作的全自动录播室。其次要有懂录播技术的骨干老师，并且可以通过骨干老师培训学科教师，让更多的老师掌握录播技术，能够熟练操作录像，保证录制课堂教学的画面、声音、特写、切换等的质量。这是录制一课的前提条件。

鼓励百花齐放。精品课的录制和教研活动不同，它并没有统一的主题，统一的要求。而是鼓励老师上自己的课，上拿手的课，上出自己的风格。内容上来说你喜欢上拼音就上拼音，喜欢上阅读就阅读，上作文课、练习课也可以。教学方式也自选，是否小组学习，是否用多媒体等都不做出硬性规定。这样的课堂能够让每一个教师都有出彩的机会。

安排各级磨课。“录制一课”必须要经过几个环节的打磨。先是

教师自己试上，自我改进。其次是在年级组里进行试上，年级组老师听课后提出修改意见，少表扬，多建议，上课老师再次进行修改。三是在全校语文组进行教学公开课，整个语文组的老师对其进行评价指导。最后才能够进行精品录像课的拍摄。经过这样从个人到集体的打磨，上课教师的上课水平得到了有效地提高。

做好成果分享。录制成功后，要做到一课一盘，举行隆重仪式将U盘或光盘慎重地送到老师的手中。同时创造机会上传老师的课堂教学实录，让其他老师、学生家长也能够看到老师的精彩的课堂教学，从而宣传老师的教学，增加了老师的进取心和自豪感。

四、投寄一篇，提升教研重质量

"投寄一篇"工程，要求老师在一年当中一定要有一篇文章投寄给杂志社，这种倒逼，给教师压了担子，促进教师写的提高。

放宽自由度。对于一线的老师来说，想要从理论的层面进行创新，那是一件较为困难的事情。作为老师来说最容易写作的是在平时教育教学中积累的经验，把这种经验总结起来也是很好的文章。因此，对教师投寄一篇投寄什么内容是没有限定的，也没有格式的要求。可以是论文、案例、教学设计、课堂实录、随笔反思等等。字数也不做规定，三五千字可以，豆腐干块也可以。放宽自由读就是要让老师消除为难情绪，先写起来。

认定原创性。写的内容无规定，格式是自由的，但有一点是必需的，那就是所写的内容必须是原创的，写的是自己平时的真实做法，想法。剪刀加糨糊的论文写得再漂亮也不能够进行投寄，老师要以诚信作担保的。上交之后，要通过网络平台把这些文章晒出去，接受所有老师的监督。

提高有途径。在教师个人完成的基础上，要组织一些历年论文课题获得好成绩的科研骨干对文章进行阅读，提出修改的意见和建议。凝聚团体的力量，提高文章的质量，同时也提高发表的命中率。

投寄有针对。对于完成的文章学校组织投递。学校教科室通过检索罗列各门学科的杂志编辑部地址和邮箱。同时学校要对各种杂志的办刊主旨、风格、内容板块进行了解。使文章投递有一定的针对性，避免"文不对刊"。教师的文章可以在学校教科室的指导下自行投递，也可以教给学校由学校统一投递。

五、高台一借，取法乎上得其中

"走出去，请进来"是提高教师业务素质的一条重要途径。学校应当充分利用已有的装备、师资、人脉，为教师创设高位的学习交流平台，让老师借助于平台锤炼，提高自身的教学业务水平。

搭好高平台。取法其上，得乎其中。要想教师获得更好地发展，就应当创设更高位的平台。首先要搭高台，努力争取档次更高、范围更广的教学研讨活动，吸引更多的一线老师参与到活动中来。其次还要请高人，所请专家教师要学术水平高，是某一学科的领军人物，这样才能真正起到理念引领，实践模范的作用。

扩大交流面。要组织学校尽可能多的老师与专家面对面学习交流，在零距离的接触中，感受专家的魅力，提升自我。要给教师更多的表现机会。

精细全过程。举行高档次的教学活动，需要周密的安排，使活动的效益最大化。首先在活动之前应答做好细化的活动预案，如活动主题的确定，人员的联系与协调，专家的接送安排。

成果有体现。一次活动结束了，有了一定的成果。活动的成果更需要内化到老师的心里，指导老师改变自己，哪怕是一个小小的改变。成果的体现形式很多。可以通过网络媒体进行传播，让更多的老师参与学习讨论。可以根据活动撰写心得体会，对自己的教育行为进行反思。可以组织大家进行讨论交流，取精华去糟粕。也可以让老师用他山之石来攻玉，现炒现卖。

"五个一工程"，让教师业务素养的提高转化为可以操作实施的项目，让教师在学校的引领下学、做、研，从而真正提高自己的业务素养，提升教学质量，促进学校发展。

参考文献

[1]蔡颖.优秀教师必备的20种素养[M].东北师范大学出版社，2010.

[2]蒋宗尧.优秀教师的锤炼之道[M].华东师范大学出版社，2011.

[3]郭元祥.教师的20项修炼[M].华东师范大学出版社，2011.

跨界共赢　文化新生

——记上虞区职业中专教育跨界探索之路

浙江省绍兴市上虞区职业中等专业学校　张建平

教育改革的号角已经吹响，中专教育唯有顺应教育革新的潮流才能获得长足发展。我所在的上虞区职业中学专业学校位于曹娥江畔玉水河边，虞舜故土绍兴市龙山脚下。这里绿树成荫，清静幽雅，这里名师荟萃，设施一流。历经36年奋斗发展历程，砥砺前行，获得辉煌成就，是国家级重点职校，国家中等职业教育改革发展示范学校、浙江省中职学校30强，浙江省中职名校，浙江省高水平职业学校建设单位。学校在教育革新的理念思维上一直具有敏锐的触觉，在学科教育上始终坚守系统化整合思路。以下，我将对我校的教育跨界探索之路进行浅述。

一、教师思维"跨界"促成文化"融合"

意识决定行为。当"跨界"成为当下热词之时，中职院校的"跨界"教育大幕也在徐徐拉开。教师作为学校教育的主力军，在跨界之路探索上，首先要具有"跨界"思维，走出传统教育的思维屏障，凸显出中职教育的职业性和应用型。根植于地方经济文化特色，最终实现"跨界"的步伐越走越稳，越走越远。

为此，我校制定了助力地方文化建设和地方经济发展的人才输出计划，致力于培养适应知识经济社会要求的，集知识性与技能性于一体的复合型人才。学校的建筑专业为省品牌专业，烹饪专业为省优势特色专业。2020年建筑和烹饪专业入选浙江省高水平A类专业。

学校的跨界融合创新团队便紧密结合这两大特色优势专业，开展实践研究。陈静（语文）+陈淑丹（建筑）《说不尽的桥》一课，挖掘的融合点是"桥"，将古诗里的桥和建筑里的桥相连，从解读古诗里关于桥的多种意象到千姿百态、形态各异的建筑里的桥。学生在解决问题的过程中，不仅获得文化知识和专业知识，还能获得真实的专业体验。陶胜尧（烹饪）、钱狄钟（语文）和上虞煌中煌大酒店行政总厨黄健钢，同堂展示的烹饪+语文+企业的跨界课——《诗话梁祝宴之陌上桑》。从一菜一诗意，一菜一故事引入，细说梁祝传说，漫谈菜品内涵，再开展现场烹调教学。多年酒店总厨工作的黄健钢实战经验丰富，在和烹饪教学创新团队的合作中，不仅和"学院派"形成互补，也打开了自家餐饮发展的思路，"我呼吁我们上虞更多文化人、更多厨师集思广益，把有上虞文化味的上虞餐饮做起来。"芳林新叶催陈叶，流水前波让后波。实施创新跨界融合，学校的"三教"改革之路大踏步前进，"学科嵌入课堂"、"文化课+专业课"、"文化课+专业课+企业课程"不断涌现，课程变了，课堂活了，学生动起来了。

"通过《离愁别绪话凉亭》一课的学习，我既掌握了古诗词中的长亭意象，更体验了不同主题的长亭该怎么设计，现在的课堂妙趣横生，学习根本停不下来！"荣获绍兴市首批"三匠学生"称号的学生陈添羽说："职业中专点亮我的梦想，跨界融合课堂传授复合的知识，如果说原先的一节课只是一个文档，现在的一节课我收获的是一个文件夹。"

二、知行合一实现教育资源互融互通

我学秉承"发展的眼光，开放的姿态，合作的态度，探索的精神"，以"知行合一，融合无界"为主题，全面推进校企合作，深化跨界融合研究为提供有力保障。通过引企入校，校中建厂，共建创客工厂；引资入校，资源共享，共建生产性实训基地；引师入校，互聘共用，共建混合教学团队，推进校企融合。先后共建"兴力消防创客工场"、"春晖教学车间"、"优职烘焙蛋糕店"3个教学车间，"新星验房工作室"、"舜泉烹饪实验室"、"职诚会计代理记账"、"创客工厂"3个生产性实训基地；引进成立烹饪、餐旅、机电、建筑与财会五个企业专家驻校工作站。学校虞舜餐饮合作联盟获省级校企共同体。

近年来，学校建筑专业"工程测量"项目荣获全国技能大赛一等奖（金牌），"构件深化设计"项目和"构件制作与安装"项目分别荣获第三届全国装配式建筑职业技能竞赛一、二等奖，机电专业"机械识图与CAD创新设计"项目荣获机械行业协会比赛一等奖，烹饪专业技能竞赛获得宁波国际厨师大赛获银奖（第二名），财会专业"金融基础技能"项目荣获全国中职学校财经类专业学生金融职业能力大赛团体二等奖，共有13位学生在全国技能比赛中获一、二奖，21人次在省级比武中获奖，其中省一等奖12人次。高考升学高位稳定，去年上线252人，上线率达100%，其中本科上线20人，位列绍兴市第三，6位同学获国家奖学金。

2021年学校在原有的创新团队基础上增加了2支创新团队，为跨界融合教学创新研究注入新鲜活力。并且常态化每月开展一次跨学科绍兴市教研大组、创新团队跨界融合联合教研活动。对深化课程改革，改进教学方法，拓展教研渠道，优化教研资源都起到了积极的促进作用。进一步发挥跨校教研的独特作用，创造相互开放、优势互补、共同发展的教研环境，促进学校与学校之间的交流与合作，实现多校跨界融合教学教研工作的新跨越。

三、学科创新跨界成就教育硕果累累

2019年以来，我校基于学生立场，立足上虞实际，根植上虞文化，以跨界学习为支点，以课堂改革为阵地，着力推进"学科+"跨学科系列教学探索、"一师+"企业课堂研讨等系列活动，通过文专融合，冲破学科壁垒，努力让核心素养真正落地。学校以浙江省名校建设、浙江省"双高"学校创建为契机，坚持改革创新求发展，积极实施"跨界融合"行动，组建"1+4+N"跨学科、跨领域教学创新团队，整合集聚校内外各种创新资源，营造了开放协同、多元互动的创新场，开辟深化产教融合、培养创新型技能人才的新路径，取得硕果累累。

李志强、王首娟老师被评为浙派名师，陈静老师被评为绍兴名

师，周天予老师被评为绍兴市优秀青年教师、绍兴市教坛新秀，9位老师被评为“三师型教师”。2支教学团队获得绍兴市教学创新团队，《印象江南里“语文+X”跨学科选修教材》获得“2020年绍兴市中职学校跨界融合教学教材成果奖”一等奖，24项作品在绍兴市教师教学论文、教学设计、无声课堂等业务能力比赛中获奖。课题《产教融合视域下基于现代学徒制的生产现场管理模式探索》在省级立项。

“融合”是张开双臂勇于接纳；“跨界”是求同存异使之力量并举。“跨界融合”彰显在教育上的是共赢，是文化新生。

我校在“融合跨界”精神的引领下，积极推动学校建设，合力打造校企命运共同体，形成产教融合发展、同频共振良性循环生态圈，进一步走稳高质量发展之路、内涵发展之路、可持续发展之路。跨界教育改革，绍兴市上虞区职业中专上下而求索！

暖阳照汗心，细雨润良田

浙江省台州市黄岩区灵石初级中学　何仙军　柯小安　李敏君

生命离开水源，就会枯竭。国家、民族的发展离开教育就会衰亡。教育是生命进步的新鲜血液，是时代发展的思想能源，唯有保持充足的活力和创造力，才能持续推动人类社会向前发展。近年来，为寻找推动学校发展的全新力量，结合学校实际，我校把经典文化建设注入学校发展，以文化建设为引领，以教学课堂为阵地，使学生对传统经典文化耳濡目染，感其熏陶，营造了一种良好的教学氛围。我校坐落于黄岩区北洋镇联群村，背靠青山，前有流水，自然条件得天独厚。我校前身是灵石中学，是一所百年名校，有着深厚的文化底蕴和辉煌的历史背景，人杰地灵，英才辈出，古有唐代大诗人李商隐、宋朝谢少卿就读于此，近有陈芳允、吴全德、池志强、方秦汉、黄志镗等五位著名中科院院士在这里求学。沧海桑田，几经蜕变，立足新世纪、新起点，在教育改革的浪潮中，我校大力落实人才培养基本要求，拓展教育边界，打破传统理念，以学生未来发展为教育导向，齐力并进，为学生未来的幸福人生奠基。

一、内外兼修，创建教育品质校园

走进校门，一路香樟构成满目浓荫，荷塘古塔相映成美。办学以来，我校始终把创建温馨校园当作重要任务，大力营造优美的校园环境，为学生学习提供了良好的条件。校园环境是一所学校品质最直观的体现。我校把握整体布局，大力改善校园环境，使学校面貌焕然一新，展现出春来百花齐放、夏日柳荫成林的景象。为让学校处处充满书香，让学生感受到浓郁的文化氛围，就学校的环境布置而言，我校格外注意教育性、艺术性、针对性的有机统一：绿草丛中有宣传牌，橱窗、板报等布置协调，逐步营造出一种浓厚的教育氛围；一幅幅、一句句符合厅室文化的内容和名言警句跃然墙上、窗内，构成了既赏心悦目而又催人奋进的强烈氛围；走廊里布置了学生的优秀书画艺术作品，挂上许多名人名家画像，张贴文明用语等。我校的教室布置也各具特色，除有统一的校训冠于黑板上方外，其他均因班而异，充分体现其主体精神风貌，为师生的学习、工作环境营造了净化心灵、启迪智慧的温馨育人环境。

德育工作是照亮学生心田的星火之光，本着“用文化浸润精神，以仁爱和谐生命”的办学理念，我校坚持“以礼行孝，以仁启智”的校训，做到人文环境和育人环境一起抓，促进师生的共同发展。自确定“孝德文化教育”为学校的特色德育文化以来，按照计划方案有条不紊的开展工作，充分利用“孝德社”这个载体，开展一系列孝德活动。多年来，我校的孝德教育不断深化，孝德的内涵由“小孝”升华到“大孝”，我校还组织学生以班级为单位开展寒假社会实践活动，以传统节日为契机，开展相关孝德活动，同时在全校学生中深入学习落实《灵初新二十四孝》，并大力挖掘和宣传“孝德之星”，树立未成年人身边的榜样，发挥同龄人的示范带动作用。结合实际，我校还针对性地构建了一种新型的德育管理模式——“三全一化”德育管理模式，即全程育人、全面育人、全员育人和德育规范化建设的德育模式。同时实行“三结合”和“四配套”的德育网络：“三结合”就是家庭、学校、社会三结合，“四配套”就是完善党支部——德育处——年级段——班主任为主体的德育工作骨干队伍，建立党支部、团委会、团支部、班委会为主体的学生自我教育体系，健全学校——家庭——社会三结合的辅助教育体系，健全校长——法制副校长——德育处——年级段——班主任构成的法制教育体系，从而实现了德育管理春风化雨的作用，全方位呵护学生成长。

二、以师为本，推动卓越教师培养

优良的教师队伍是学校卓越发展的基础，也是办学品质提升的保障。目前，我校有48名在岗在编教职工，其中高级教师9人，一级教师17人，省师德楷模1人。我校教师梯队合理，既有经验丰富、治学严谨的骨干教师，又有富有激情和创造力的年轻教师，对于温馨校园的创建起到中流砥柱的作用。为营造和谐的教育环境，让所有老师把学校当成温馨的家，我校领导鼓励教师积极参与学校建设和发展，鼓励教师提出宝贵的意见，同时积极听取师生员工的意见建议，用心组织教职工集思广益，让他们参与到学校规划、计划和各项规章制度的制定等工作中来，让他们了解学校决策的全过程，增强学校管理的透明度，平行分班、平等竞争，公平公开公正考核等，以此不断增强教职员工对学校的认同感和归属感。与此同时，我校还大力改善教师的办公条件，从办公环境出发，从教学工具开始，为教师提供一个优美、舒适、安逸、现代化的工作学习环境，让教师感受到家的温暖。我校还积极响应全民健身运动，经常性开展“我运动、我健康、我快乐”教工活动，鼓励教师在工作之余积极参加体育锻炼，打造健康体魄，缓解工作压力。在教师需要帮助和关心的时候，我校总能及时送来温暖，用心了解教职工的思想，贴近他们，帮助他们。我校还坚持开展“四个一活动”，每年一次的教师节活动、每年一次的健康体检活动、每年一次的元旦联欢活动、每年一次的春（秋）旅游活动等，让教师的朗朗笑声洒满整个校园，让教师的温馨幸福洋溢在脸上，印刻在心里。教师技能业务是学校立足之本。为了提升教师教育教学水平，我校积极构筑教职工发展的平台，通过“请进来，走出去，自我学习”等方式培养教师。组织教师参与各级各类培训活动；深入开展以优质课、研讨课、示范观摩课、汇报课、说课、教学设计、优秀教学论文评比、信息技术基本功竞赛为主要内容的竞赛活动；营造浓厚的学习氛围，为教师成长搭建平台，激发教师教学研究的潜能，不断提高教师的专业水平和教学能力。同时积极开展“青蓝工程”，对青年教师进行一对一结对帮扶，促进广大青年教师教育观念的转变和教学水平的提高，激发骨干教师的引领、辐射、示范作用，为青年教师脱颖而出搭建平台。

三、多措并举，奏响时代教育强音

课堂是教育教学的首要阵地。随着课堂管理得到提升，教师执教能力不断增强，我校渐渐形成了一种高效的课堂文化。学校给每个学生等同的空间和平台，让他们充分展示学习、合作、探究的能力，倡导教师适时地给予鼓励，给他们以自信，使学生获得学习的动力，从而激发学生内在的学习潜能，最大限度地获得学习的快乐。依托校情和学生实际情况，我校修改完善学校课程规划方案，积极研究和调整，努力开好“特色课程”，从而适应学生个性化的发展需求，同时完善教学管理、评价体系等配套制度，使学校拓展性课程健康科学发展。我校积极开展作业研究工作，以增强作业的针对性、开放性和探究性，关注学生的个体差异，增强作业的层次性、适应性和可选择性，满足学生的不同需求。我校特别关注学困生的成长工作，认真做好这些学生的思想工作，并安排他们与相应学科教师结对，加强学习方法的指导，开展各种形式各个层面的补偏补差，使各层次的学生都有不同程度的进步。我校非常关注留守儿童的成长，通过家访、电访等全方面了解它们的家庭情况，关注它们平时的思想动态、学习状态，为他们切切实实提供帮助，解决了家长的后顾之忧。为了切实减轻学生负担，我校以多种活动为媒介，充分利用周会、班会、校园广播、国旗下讲话、校内外活动等途径有计划有针对性地对学生进行爱国主义教育、集体主义教育、道德观念教育、诚信教育、法制教育、安全教育与生态文明养成教育。切实做好近视防控工作，普及科学预防近视知识，呵护青少年眼睛健康。积极开展“红船精神”、“雷锋精神”等主题教育活动，每周主题教育活动务求实效，打造各年级组每学期特色主题教育活动。在课外活动方面，学校不断创设平台，让学生体验成功。如演讲、故事会、体育比赛、艺术等，及时总结表彰、张贴光荣榜，增强学生的学习意识、竞争意识，使他们更加明确努力方向。为减轻学生的课业负担，我校坚持“健康第一”，把时间空间还给学生，把健康快乐还给学生，把兴趣爱好还给学生，促使学生身体素质、艺术素养不断提高。重视音、体、美、劳、心理、信息等学科教学，坚持上好每一节课，突出特色抓特长。注重对体育队、兴趣小组等特色队伍的训练，让学生乐中学，学中乐，得以充分体现。

没有安全就没有正常的教育教学秩序，没有安全就没有学生的全面和谐发展。创建平安校园活动是我校为学生树立安全意识的重要举措。所以创建平安校园，是师生最大的幸福。我校坚持预防为主、防治结合、加强教育、群防群治的原则。通过多种渠道对全体师生进行安全教育，加强各方面管理，使学校的安全工作营造出人人共抓的良好氛围。

非知之艰，行之维艰。教育注定是一项知行合一的事业。学校的内涵、品位和文化底蕴需要被全体师生牢记并践行，应如和风细雨渗透到学校各处角落，待春暖花开。我们相信，不久的将来，我校定会看到美好的明天！

沐春风以化雨，以博爱润骄阳

浙江省台州市黄岩区启智学校　罗君

教育始于关心，是润物无声的陪伴，是浸润孩子们幼小心灵的甘泉。好的教育能让孩子从小就接触知识的天空，领略知识的魅力，养成文明好习惯，掌握生活真本领。尤其作为一所特殊教育学校，一直以来，我校始终把“让孩子学会生活自理、掌握简单的文化知识和劳动技能，身心得到康复，拥有健康的人格，能有尊严地融入主流社会”作为办学目标，用爱呵护学生成长，滋润孩子心田。一日为师终身为父，这是我校所有学生对老师们浓浓情意的真切表达。学校是育人之重地，授业之根基，而校长则是学校的灵魂，是教育思想之魂。创学之初，我校的办学条件无比艰难，师资缺乏，教学设施破旧，面对重重困难，一位从师范学校走出的年轻教师义无反顾的来到这里，给这所学校带来了全新的希望。罗君校长是一位博爱敬业的好校长，记得学期结束，初中部毕业生将离校。罗君校长却来不及松一口气，这些天来，她奔波于区残联和多家福利企业之间，只为推介她的孩子们。在她看来，只要孩子们愿意称她一声老师，她就有责任和义务为孩子们的人生负责。教育是生命对生命的责任和承载，而罗君校长则完美地诠释了教育的博爱和胸怀！

一、不畏甘与苦，匠心照青天

1989年罗君校长从师范学校毕业后，得知黄岩区聋哑学校在招聘教师，不顾家人的劝阻，决定去试试。“大不了不行再回来嘛！”兴许彼时的她也没有想到，这一试，开启了她32年的特教生涯，前20年在聋哑学校教聋哑学生，近十多年在启智学校教心智障碍学生。全国交通银行特教园丁奖、浙江省第十届春蚕奖、浙江省师德楷模、台州市首届最美校长、台州市巾帼建功标兵……从懵懂的小姑娘到如今的一校之长，荣誉、职务的背后是罗君校长一路走来付出的难以言表的心血。刚进聋哑学校那会儿，罗君校长的手语基础为零，为了尽快适应教学，住校的她白天上课，晚上就“缠”着老教师们教她。她真心诚意地爱着那些沉默的小天使们，即使时隔多年，她依然逢人就夸赞：“聋哑孩子心灵手巧，舞蹈、航模、十字绣样样不在话下。他们还格外懂事，在我怀孕期间争抢着帮我提水、擦窗……这样的孩子怎能让人不心疼呢？”正是这一份心疼，在她接手校长一职时，给了她坚持下去的力量。2008年她从路桥聋哑学校调任黄岩启智学校，当初学校的办学条件落后，教学环境艰难，初来乍到的罗君校长完全被眼前的画面惊呆了！校园非常破旧，房子漏水，电器老化，水泥砌的黑板坑坑洼洼，大门口连个校名的牌子都没有；全校只有五六位年龄较大的教师和二三十名学生。因此罗君校长当机立断，点起了新官上任的“三把火”：联系教育局并利用自己的人脉关系跑到多家企业去拉赞助，把修复校舍提上日程；着手建立规章制度，给学生订立行为规范；招聘年轻新教师，补充师资新鲜血液。这些说起来简单，做起来真难。就拿订立行为规范来说，当时连老教师们都反对，认为心智障碍的学生是不可能“听话”的。可罗君校长力排众议，决定在校门内竖起了一面整容镜。她牵着一个个“小邋遢”的手，把他们带到镜子前，趁孩子们自己看得都害羞之际，亲手帮他们洗手、擦脸。如此下来，孩子们良好的生活习惯渐渐得以养成，都爱上了镜子中干净整洁的自己。后续孩子们越做越好，不论是晨会、升国旗还是课堂听课，都做得有板有眼。

二、风雨今犹在，暖阳润良田

2012年9月，我校终于告别了办学16年来校无定所的日子，搬进了新校园，办学条件得到了极大地改善，但罗君校长不仅没有停歇，反而更加信心百倍地投入工作。伴随着校园益美、师资益强，学校终于有了影响力和美誉度，吸引到不少省、市同行前来取经。罗君校长说，“对于特教工作，家长通常感到无助，此时教师的责任就显得尤为重要。”教师的引领，其实就像孩子内心的一面“镜子”。“要给孩子信心，让他们相信‘我可以’”为了学生能有长久稳定、设备完善的校园，经过10年多的努力，目前我校现代化的标准校舍建设的蓝图已经绘就，占地30来亩，投资6200来万，拟在2020年底动工，计划2023年春季投入使用。罗君校长直言自己还有个“贪念”——希望每个社区都能有一个阳光庇护中心，让所有毕业的特殊孩子都能找到适合自己的工作去处，得到娱乐和交流的机会，让他们快乐工作，开心生活。“孩子们在学校里像花儿一样，希望他们出校后也有灿烂的人生。”

教育之根味苦，教育之果甘甜。教育如此，特教更是如此。无数的教育者们用心培育，用爱浇灌，默默坚守着教育事业，不忘初心，砥砺前行，只为能让更多的学生绽放出生命的光彩。绵绵用力，久久为功。我校会继续以罗君校长为榜样，让无私奉献、博爱宽广的教育精神浸透到校园的每个角落之中！

精耕职教，特色创新谋发展

浙江省台州市椒江区职业中等专业学校　郭文彬　何元娇

走可持续发展之路，办高质量的优质教育，育复合型技能人才。多年来，我校秉持“以人为本、多元选择、全面发展、人人出彩”的现代职业教育理念，以“阳光人生、智慧成长、励志创新、追求卓越”为育人目标，采用德技并修、工学结合的育人机制，坚持就业与升学并重，以质量机制建设为核心，结合台州市“山海水域、和合圣地、制造之都”的城市建设战略，不断自我革新，规范管理，培养一流的教师队伍，营造浓郁的学习成长环境，有效提升办学水平，为助力区域经济社会发展培养了一批批高素质的劳动者和技术技能人才。

一、努力开拓创新，加强教学管理

提升课程领导能力，学校重塑“课程文化”，创新课程制度，推进课程改革和专业建设取得实效。我校专业设置紧密结合区域社会经济发展需要，集中资源重点建设面向本地重点产业、优势产业和战略性新兴产业等，不断打造精品专业。学校积极构建“核心课程+选修课程”，形成学生自主选择、教师自主创新和学校科学发展的“课改”新局面。同时，提供教师各类培训和实践机会，促进教师专业成长，推进课改深入和取得实效。

学校始终注重结合职教特色和本土文化传承（椒江大陈岛垦荒精神），将立德树人全面融入知识传授、技能培养，将工匠精神的教育渗透学生的学习生活；深入贯彻落实中共中央、国务院　“三全育人”要求，是台州唯一入选浙江省首批“三全育人”德育落实机制典型学校的中职学校。我校积极开展创新教育，深入推进创新创业教育与思想政治教育、专业教育、实习就业教育等融合，注重培养学生的创新精神、创业意识和创业能力。学生创业项目《壹积独绣——非物质文化遗产文创新生态》获首届全国技工院校学生创业创新大赛一等奖。学校德育品牌项目和创新创业教育实验室均获准2020年浙江省“中职教育质量提升行动计划”立项，顺利通过第一批省级现代学徒制试点单位验收，获首批　“省中职教育改革发展示范校”，医药化工专业获省三名工程特色优势专业并顺利通过省中期评估，被认定为“2020年浙江省现代化学校”，成功入选浙江省中职高水平学校建设名单。

组织教师深入学习教育部颁发的2020年版中等职业学校专业教学标准，理性制定各专业教学计划，做到计划科学、结构完整、内容规范。任课教师根据教学标准和指导方案，及时编制学期授课计划。学校进一步优化教学系统，借助最新的信息化平台，全面加强教学管理。

二、加强产教融合，打造特色学校

为推进产教深度融合，学校实施校企合作、工学结合的人才培养模式，吸引企业、行业参与，采用联合、共建、融合等方式将“工学结合、校企合作”贯穿于整个教学过程，与浙江海正药业股份有限公司、浙江诚信医化有限公司等多家知名企业进行合作。

创新发展企业新型学徒制培养模式和内容。依据学校和校企合作企业实际情况，以“招工即招生、入企即入校、企校双师联合培养”为主要内容，以双元育人、工学交替等模式共同培养学徒。通过顶岗实习、校企合作开发教材、学校为企业提供人才培训等活动，有效加强校企双方的交流互动，促进双方合作共赢。学校不断加强和园区、行业企业的合作，合力落实职业教育“五个对接”，实现学校发展与企业升级同步，拓宽学生就业渠道。

同时，积极创造条件，融入“温台职业教育一体化创新高地”建设的发展平台。与台职院、台科院等高职院校开展长学制，构建并完善基于现代学徒制下的三位一体中高职一体化人才培养模式，以推进学校高质量发展。

充分整合、利用现有资源，强化师资队伍建设，提升社会培训能力，服务地方经济发展的综合实力进一步增强。我校作为国家高技能紧缺人才培训基地，建有台州市中职学校首个国家职业技能鉴定所和台州市首个公共创业实训基地。　2019年，我校成立“椒江工匠学院”，积极响应市总工会“名师带徒”活动的号召，充分发挥劳模、工匠和各类高技能人才的示范引领作用，拓展职工职业技能培养途径；通过签订师徒传帮带协议，进行定期目标化培养，以达到提高职工整体素质、培养新时代工匠的目标；助力我市加快建设一支新时代的产业工人队伍，为台州　“制造之都”建设、“两个高水平”建设提供人才支撑。一年来，共培训12144人次，包括普通高中学生职业技能培训、企业一线员工培训、农村建筑工匠培训、就业创业进农村文化礼堂培训、戒毒人员培训等，在培育百名“台州工匠”，带动百万产业工人建功立业和技术创新中贡献了教育力量。2020年我校成为台州首家通过职业技能等级认定试点工作学校。

三、加强校际交流，引领学子成长

自2017年9月起，学校积极响应政府号召，根据教育部党组总体部署要求、省委省政府《关于浙江省助力东西部扶贫协作地区脱贫攻坚的实施意见》、浙江省教育厅办公室关于全面落实《职业教育东西协作行动计划（2016—2020年）》的工作任务要求和上级教育主管部门的指示，认真落实东西协作、对口支援计划，有条不紊、科学开展对峨边职中和新疆阿拉尔职校的结对帮扶工作，内容涉及专业建设、课程改革、师资培训、教育教学及学生实习就业等领域。作为四川彝族自治县职业高级中学的结对学校，我校先后组织4批教师赴该校开展为期一周的结对帮扶工作。作为职校“6+1”联盟成员，我校与阿拉尔职校进一步拓宽合作领域，丰富合作内容，共同实现立德树人的教育宗旨。2017年11月1日下午，新疆阿克苏地区阿拉尔职技学校张蕊教研员借参加第一师阿拉尔市教育督学台州培训班之际，莅临我校调研，与我校英语组开展了热烈的教研交流活动。2017年11月7日，由我校党委书记带队，学校机电专业、学前教育专业、校企合作等相关教师共赴四川省峨边彝族自治县职业高级中学展开为期一周的交流学习活动。2018年10月31日，由我校教师组成的教育交流团，远赴新疆生产建设兵团一师阿拉尔职校开展丰富多彩的送教交流活动。2018年5月23日下午，新疆阿拉尔职业技术学校党委书记曾晓率领学校相关领导及教师到我校开展交流活动。我校何伦海、蒋海青老师积极响应国家号召，担爱国护疆使命，肩负教书育人职责，先后踏上为期一年半的援疆之路。

此外，学校还积极参与东西职业院校协作全覆盖行动，加大对口支援力度，充分发挥职业教育在西部地区脱贫攻坚中的重要作用。学校先后迎来峨边职中6批共计207名学生来校参加研学活动。帮扶工作包含了贴心安排研学生活，科学定制教学课程，精准推荐实习就业，合理构建双班主任管理模式，精心厚植爱国情怀，悉心打造校园文化活动等各方面，有效提升学生的知识水平和专业技能。学校持续优化“扶贫、扶志、扶智”的人文环境，使贫困学生掌握脱贫致富的专业知识、技能和就业本领，共帮助100多名建档立卡学生完成家庭脱贫工作，推荐35人在台州就业，帮助6人考上大学。特别是2020年，峨边职中两批共计73名学生到我校参加研学活动。学校在确保峨边学生健康平安的前提下，高效完成疫情管理和教育教学两手抓的任务。

2019年我校安排四川峨边彝族自治县职业高中的17位学生到椒江通衢幼儿园进行实习。通过学校实习就业处协调安排，学生由我校专业教师带队，在通衢幼儿园开展为期一周的实习活动。2019年暑假，我校与本土知名企业取得联系，妥善安排峨边17名幼师专业学生在台州远洲凤凰山庄有限公司实习，8名学生在台州方远国际大酒店实习，25名机电专业的学生在浙江诚信医化设备有限公司实习。企业为学生提供了良好的工作环境和生活待遇，专门安排了实习指导教师，引领学生提升技能水平。

四、关注学校问题，提升办学水平

由于学校现代化发展和特色专业建设的需要，学校借“双高”建设的契机，聚合校内外资源，提升职业教育综合办学水平，推进核心专业和新兴专业建设，增强职业技术教育适应性。校企合作存在发展瓶颈，学校设备设施不能充分满足现阶段专业建设、课程改革、实践操作和技能培训的需求，学校进一步探索“政行企校”四方联动合作运行机制，深化校企合作，产教融合，完善职校教育教学基础设施，继续加大对我校专业设备设施的投入，尤其是新兴产业中高技能人才所涉及的设备的投入。深入挖掘培训资源，拓宽培训思路，加强高水平“双师型”教师队伍建设，加强班主任队伍建设，强化教师服务意识，实现教师梯队成长。

特色创新求发展，喜迎功成谱新篇。新时代催人奋进，新愿景激荡人心。我校成功开展教育教学改革和创新，创建了与地方经济社会发展需求相适应、校企紧密合作、产教深度融合、中高职有机衔接、普职相互融通、育训灵活结合、办学格局多元化的现代职业教育体系。我校校园文化精彩纷呈，寓教于乐，在立德树人的成效上实现突破性进展。站在新的历史起点，我校全体教师将以昂扬向上的精神风貌，忠诚有力的履职担当，合力做精做强职业教育，为台州各行各业培育德技兼备的时代工匠，使我校成为区域综合实力的重要组成部分。

红烛服务，点亮湫山万丈光芒

浙江省台州市仙居县湫山乡中心学校　沈建伟

我校位于台州西部山区，是一所九年一贯制学校。全校现有9个教学班，241名学生。近年来，学校将四都村内诚正书院浓厚的历史文化和现代办学理念相结合，对校园文化进行提炼和浓缩，提出了“诚、正、雅”的办学育人目标，励精图治，不断求索，逐步走出了一条“立足本乡、同类争先”的发展之路。针对发展进程中优质生源流失、学生家庭教育缺失等问题，2019年以来，支部结合推进“两学一做”学习教育常态化制度化，积极探索学校党建工作的新模式，组织开展“一月一服务”的红烛志愿活动，实现关怀学生、便民利民常态化，真正让学校党建工作成为“学”的有效载体、“做”的重要平台，实现党建工作与教育教学互促共融、同频共振，为学校的发展提供坚强的政治保证。

一、建立红烛导师制度，服务留守儿童

我校作为一所山区学校，学校的留守儿童占比接近80%，学生在学业、行为习惯、心理、社会适应等方面存在着明显不足，单纯依靠班主任的管理显然不够。为加大关爱留守儿童的力度，支部组织党员教师集体攻关，建立了“红烛成长导师制度”，要求党员至少结对两名学生，做到“四个一”：师生间每周一次交流，帮助改正一个错误，每周一次鼓励，　适时一次奖励，关注留守儿童的成长，诚心诚意帮助学生取得进步。

二、开展红烛守护服务，共建美好环境

我校位于永安溪上游河畔，近年来随着旅游业的发展，来湫山观光游玩的人络绎不绝，河道里的垃圾也多了起来。母亲河治理，必须从源头抓起，支部开展了“红烛守护母亲河”志愿服务活动，2019年10月至今，党员教师已累计为学校边上的永安溪上游河道以及周边的绿道清理垃圾7次，还河道、绿道以清洁。每一次的行动，全体党员胸口统一佩戴党徽，手持垃圾袋和垃圾钳等清洁工具，大家不怕脏，不怕累，上斜坡，下沟渠，将散落在河道两侧河堤上的塑料袋、包装盒、烟头等抛弃物清除干净。

党员们纷纷表示：作为一名党员教师，不仅要做保护环境的参与者，更要做保护环境的宣传者和教育者，引导周边的居民群众和游客不乱丢、不乱扔垃圾，以实际行动助力文明创建，带动大家积极参与美丽乡村治理，共同维护湫山的美好环境。

三、成立红烛先行队伍，筑牢抗疫防线

2020年3月疫情期间，由支部党员宋金富牵头成立湫山村疫情防控临时巡逻队，不分昼夜在村内巡逻劝导，及时播报仙居县和湫山乡新型冠状病毒肺炎疫情防控指挥部下达的各号通告，并耐心提醒和宣讲新冠肺炎的预防措施和注意事项。零零碎碎的语言，真真切切的希望，不厌其烦的劝说，街上走动的人员少了，门前烤火的不见了，水埠头晒太阳、聊天的也没有了，硬性要求居家隔离14天的人员也渐渐地减少了，这就是巡逻的力量，宣讲的成果，劝导的魅力。

此外，支部还开展了“文明湫山垃圾分类宣传”行动、“聚焦使命勇担当，交通劝导作表率”等志愿服务，收获了当地民众的一致好评。

四、依托红烛志愿服务，促进学校发展

通过近两年的实践，支部的红烛志愿服务进一步激活了党组织的生命力，强力促进了学校管理效能的提升。

丰富了党建工作新思路新经验。通过一年多的实践，“一月一服务”红烛志愿活动的规范化、常态化和制度化水平得到了进一步提升：从单一化到多样化，走出了一条好路子；从个别行为到集体行动，倡导了一种好作风。此外，学校党支部还发挥网络优势，借助“仙居县新时代文明实践中心”平台，掀起“红烛服务旋风”。“这周你服务了吗？”已成为党员们见面的问候语。“红烛志愿服务”激活“红色细胞”，更好地发挥党组织战斗堡垒作用。

形成了全员育人的工作氛围。与留守儿童结对，从一开始的党员教师，延伸到全校教职工参与“红烛导师”的结对帮扶活动。目前在学校，越来越多的教师自觉参与到关心、指导学生的思想、生活、心理健康和学习的活动中，留守儿童结对率达到58%，形成了全员育人的工作氛围，教师自身教育水平也得到较大提升，形成了一支团结、和谐、奋进的教师队伍，学校办学水平和人才培养质量蒸蒸日上，社会美誉度日益提升。学生方面，绝大多数结对的留守儿童在行为习惯、学业等方面都有了不同的进步，在校的稳定率和教育矫治成功率都有不同程度的提升。

彰显了党员教师的先锋模范作用。红烛志愿服务开展以来，党员教师的身份意识、责任意识、规矩意识得到进一步强化。党员教师的先锋模范作用和教育教学示范引领、辐射带动作用得到进一步彰显。党员们说，穿上这身红马甲，感觉发挥先锋模范作用的热情就被激发出来，同时也是一种约束和鞭策，约束自己的行为，鞭策自己立足岗位争优秀、创先进、做贡献。

保护母亲河、垃圾分类宣传、疫情防控临时巡逻队、交通文明劝导、关爱留守儿童等活动的开展在湫山乡受到了民众的一致称赞。红烛志愿者们用实际行动播下创建美丽湫山人人有责、人人参与的种子，也倡导了当地的文明新风尚。母亲河里的垃圾变少了，乡邻间也开始互相提醒垃圾要分类，路上戴头盔的人越来越多，不遵守交通规则的人越来越少。每一次志愿服务活动的开展，都在为湫山的优美环境建设添砖加瓦。

习总书记说过，中华民族伟大复兴，绝不是轻轻松松、敲锣打鼓就能实现的，我们必须准备付出更为艰巨、更为艰苦的努力。一代人有一代人的使命，一代人有一代人的担当。新时代呼唤新担当，新时代呼唤新作为，我们的红烛志愿服务队　，将揣理想于心，扛责任在肩，接续奋斗，主动作为，为新时代的湫山发展做出应有的贡献。

空中家访•精准指导：疫情背景下的家园智慧互动策略新探索

浙江省桐乡市崇德艺术幼儿园　钱晓燕

“雄关漫道真如铁，而今迈步从头越”。新型冠状病毒疫情的暴发不仅是一场对生命的考验，也让传统教育经历一次全新洗礼。面对全员居家隔离，开学遥遥无期的局面，如何让孩子们在这样特殊的“宅家”期，宅得健康，宅得有意义是每所学校和老师思考的问题。在新的教育环境下，浙江省教育厅防控办发布了《关于防控疫情延期开学期间全面实施线上教育教学指导意见》（以下简称《指导意见》），对幼儿园在假期与延期开学期间的学习指明了方向。提出“鼓励有条件的幼儿园向家长提供适合幼儿居家游戏的各类资源和亲子

互动的活动素材，提高亲子陪伴质量。”，要求学校根据幼儿学习的特点，做好不同时间段里的学习指导。不过，新的教育形式必然引发新的问题和思考，比如开展学习指导时，居家隔离后的小朋友学什么、怎么学、能否把疫期间形成的新方式转危为机成为平时的教学优势。疫情发生前，在幼儿园孩子们的学习是有计划，有内容的，而在家就不一样了，这些在幼儿园看似再普通不过的条件都没有了。孩子们能否适应新的教育方式，从中汲取养分，成为广大家长最为关心和担心的事情。为解决伴随疫情产生的上述现实困难，我园遵循“停课不停教，停课不停学”的指导思想，采用“空中家访”形式，利用微信、钉钉等线上平台开辟家园沟通的快捷通道。围绕疫情“宅家”、“复工”的不同阶段，结合幼儿特点，针对性地设计学习方案，提供“精准指导”，为幼儿全面发展提供定向精准的服务。

一、多措并举，攻坚克难促发展

为了解幼儿和家长宅家的身心情况，即时获取孩子与家长的宅家情况，以便疫情期间更好地进行有效地家园共育，我园对幼儿及其家庭进行至少一次正式、专业的线上家访。从多层面、多角度了解幼儿家庭的基本情况，了解身心现状，建立学校和家长之间的信任，为接下来的教育工作奠定基础。我园为了提高效率，切实让“空中家访”发挥出作用，制订了“空中家访”互动方式，以“计划性、生活化、同位度”为重要方向。要求各班老师们做好规划和准备，从生活入手、从心出发创造线上教学的良好氛围。

为传递正确教育理念，我园还开辟了“亲子大课堂”。推送相关的优秀育儿文章、分享优秀育儿网络平台和指导亲子互动，让家长在正确理念引导下与孩子科学、有效地互动，在科学、有效地互动中实现高质量陪伴。我园也利用已有的网络资源和素材提升教学质量。此外，在指导家长与孩子约定电子产品的使用时间，协助幼儿自主规划一日生活，给予他们用眼卫生、劳动教育等方面的简要提示，让每位幼儿保护视力的同时也提高自我管理的能力。

艺术创作是培养学生个性发展的重要渠道，因此我园教师录制创意微课，家长可以选择适合孩子年龄段的创作内容，如20种创意折纸、30个毛线创意玩法、40款创意手工面具等，训练孩子的动手能力和注意力。我园还采取亲子互动的方式，帮助家长选择有趣好玩的亲子互动素材，丰富亲子活动内容。我园还积极打造“艺术大舞台”，利用在线发送的形式，培养学生对艺术的兴趣。如举办欢乐音乐节，创意美术展、神秘科技馆、小小阅读家等。以录播形式分享孩子的歌唱、表演视频；既让幼儿看见自身的闪光点，也促进其多元化发展。创意美术展则以二维码形式分享幼儿美术作品及其诠释，邀请美术老师进行点评。幼儿在家长的欣赏中自我肯定，在教师的反馈中思考进步。神秘科技馆可以鼓励幼儿以生活中探索新知，如把豆子泡在水中，观察其生长变化，用拍照、画画等形式记录分享，激发好奇心和探究热情。小小阅读家意在让幼儿自主分享讲故事视频、亲子共读音频、推荐最喜欢的绘本、续编《病毒的故事》等等，分享阅读，分享快乐。

二、多方互动，家校共育建新台

为了解幼儿身心健康以及家庭教育需求，我园定期开展空中家访，组织多样化的家访形式。采取一对一式家访，由家长确定家访时间，教师事先私信家长本次家访的重点，从情感情绪、作息时间、假期趣事等，开展访问。也有小组式家访，每名孩子可以有家长陪同，每次上限9人，为长期隔离的孩子提供一个交流的平台。我园还结合线上线下提供特别关爱。通过云平台带领进行师幼互动，对于有困难的家庭给予重点关心和帮助，缓解家长焦虑感。为了激发孩子活泼的天性。此外，我校积极鼓励老师和孩子一起玩耍。家长复工后变得忙碌，回家后身心俱疲，已经没有太多精力高质量的陪伴孩子，对此，老师事先与家长约定好时间，回家后通过“空中家访”云平台，由老师带领孩子进行互动，既增进师幼感情，又缓解家长无力陪伴的焦虑感。对于那些父母奔赴在一线（如医护人员）的孩子、单亲家庭的孩子，老师们更是通过“空中家访”，给予格外的关心和必要的帮助。在征得家长同意的前提下，做好各项防护和消毒工作，前往孩子家中陪伴孩子一起游戏、生活。并且给予在家照看孩子的祖辈家长有关孩子生活、学习等方面的指导，帮助家庭面对和解决因疫情带来的各种不便，为身在一线的医务人员和有实际困难的家庭解除后顾之忧。

三、知行合一，家校并赴暖人心

家校的良性发展需要建立在沟通的基础上。为了切实解答家长关心的问题，我园园长和卫生保健人员入驻“空中家访”云平台，不定期邀请优秀家长分享疫情期间的育儿心得，并对家长们存在的疑虑进行疏导。我园还举办园长妈妈座谈会，老师根据实际班级情况邀请我园园长参与“空中家访”，将家长们热议或疑虑较多的几个问题梳理起来，由园长在家访中先进行解答，然后再对现场的问题答疑解惑。这样家长除了能够及时、清楚的了解幼儿园在防疫工作方面做的预案和安排。同时家长也可以借此机会将一些家庭育儿方面的困惑反馈给老师或园长，使家园之间真正做到无缝衔接，同时帮助幼儿园把园务管理工作传达到位，帮助教师减负，真正实现家园共育。此外，我园也有保健医生问答会。告诉家长、学生和老师，疫情期间如何有效引导孩子注意卫生安全、如何防疫抗疫，还有很多家长更多关心的是开学后孩子在园的安全卫生，这些由保健医生来回答的话会更清楚，更具权威性。我校的优秀家长分享会也是独树一帜。家长作为家园互动中最为关键的主体，其参与意识、参与方式、参与程度直接影响亲子互动活动的效果。因此我园邀请有代表性的优秀家长参与“空中家访”，定期推出“空中育儿分享会”，聊一聊宅家抗疫期的亲子互动话题，谈一谈复工后的焦虑心情和处置方式等等。通过分享交流不仅使家长更加深刻地认识到了家庭教育的重要性，使家长之间的教育资源得到交流与分享，进一步提高家长的育儿水平，还进一步加强了家园合作，让家长成为幼儿园的共育伙伴，优化了家庭教育环境，真正实现了幼儿园良好的家园互动氛围。

四、匠心不殆，拨云见月建新章

绵绵用力，久久为功。家园如同一车两轮，只有同向运转，才能共同促进孩子的发展。我校开展的“空中家访”，对家长进行“精准指导”，是一种创新，一种尝试，新的模式带给我们新的启示，在抗疫成常态化的今天，我园将不断调整我们的思路和策略，让家园亲密无间，让孩子健康成长。教育注定是一场没有终点的行程。在抗疫的重要阶段，我校会继续发扬坚苦卓绝的精神，在这场教育攻坚战中，赢得胜利的旗帜。

凝心聚力促课改　多管齐下育新人

浙江省温州第二高级中学　吴军

课程改革是整个教育改革的核心内容，是适应时代发展和全面推进素质教育的重要举措，更是增强国力、积蓄未来国际竞争实力的战略措施。作为“浙江省百年名校”之一、浙江省一级重点中学、浙江省一级特色示范普通高中，温州第二高级中学（以下简称“温州二高”）顺应新时代课程改革的大趋势，围绕办学航标和育人方向，高举“教育现代化”和“素质教育”旗帜，传承学校历史，坚持人格教育，贯彻“捧葡萄办学”理念，凸显“文理兼顾、艺文见长”办学特色，大力推进教学改革，走出了一条独具特色的教育实践之路，为造就“理智远虑、匡国为民”的高素质人才奠定了基础。

加快提“素”　巩固“艺文”品牌

温州二高的前身是由晚清朴学大师孙诒让1897年创办的“永嘉蚕学馆”。百余年来，学校以学生健全人格培育为教育之本，注重学生人格和文化修养培育，逐步形成了“文理兼顾、艺文见长”的“艺文”办学特色和以“理智远虑、匡国为民”为核心的“艺文”精神内涵，为学生全面而个性的发展提供了广阔平台。数学大师谷超豪、著名作家郑振铎、著名作家琦君、作家叶永烈等一代代校友文理兼顾、全面发展，无论身处哪个领域都镌刻着温州二高深深地“艺文”烙印。

为传承“艺文”历史，巩固“艺文”品牌，温州二高围绕素质教育这一主线，在校园生态、人格教育、课程改革、体艺项目、个性发展等方面深入挖掘，形成了“一品牌（艺文）”、“三亮点”（多元“走班”、生态文化、小班化教育）、“六特色”（田径、乒乓球、排球、合唱、民乐、信息学）的“艺文”办学特色。在具体探索实践过程中，学校逐步打造了“绍瑀池”、“木节亭”、“筱泉”等以“艺文”为主题的校园文化景观，开发了体现“艺文”特色的选修课程，举办了读书会、“艺文”讲坛、“艺文”节、微电影节等系列活动以及学生个人剪纸展、个人摄影展、个人演唱会等系列“艺文”活动，为学生的全面发展和个性成长提供了丰沃的土壤。在全省高校新生体质健康测试中，学校平均分连续 3 年排名全省前 10 位，学校田径队三度获得全省团体冠军；天籁音阁合唱团连续获得省中小学艺术节高中组冠军；凡音乐社民乐队获省艺术节一等奖；乒乓球获全省团体冠军；女排连续 3 年获浙江省青少年阳光体育排球比赛女子（高中组）冠军；学生个人项目获得省及以级别冠军奖项更是数量众多……目前，学校已被确定为浙江省“阳光体育后备人才基地”、浙江师范大学运动训练人才培养基地，赢得了社会各界广泛赞誉。

同时，温州二高还着眼于人文素养的熏陶和培养，坚持走错位发展的道路，把“办学航标”确定为建设“人文、生态、现代化”的省一流名校。尤为值得称道的是，学校积极倡导绿色理念，高度重视校园生态文化建设，现已建成桂花园、茶花园、亚热带植物园等10余个特色植物园区，整个校园形成了绿色生态循环系统，该技术还被采纳运用到2008年北京奥运会场馆建设中。同时，学校还以绿色校园为依托，开设具有生态特色的校本课程11门，扶持“绿荫地带”等学生社团开展环保活动，促进学校生态建设，并先后获得“全国绿化模范单位”、“浙江省绿色学校”、“浙江省生态文化基地”等荣誉称号。

推动课改　满足个性发展

“我们办学是‘捧着葡萄’，不让一颗落下来。”温州二高以“捧葡萄办学”为出发点，加快课程改革和素质教育进程，力争让每名学生自我管理，快乐学习。

自高中课程改革启动以来，温州二高大胆创新，按照“基础均衡、立体发展、多元选择、凸显特色”的思路，分置“前四”（学术类）、“后四”（活动类）领域课程，推进“分项走班”和“分层走班”，首创以“社团班”为载体的综合实践活动模式，切实做到活动课程化、课程社团化、综合实践活动常态化，走出了一条具有二高特色的“后四”课程改革和素质教育之路。截至目前，学校共有天籁音阁、绿荫地带、追光者同盟、图灵工作室、翰林书社等40多个学生社团，满足了学生的多元化发展需。

随着课程改革的深化，温州二高通过对德育课程、核心课程、发展课程及学校特色课程的衔接与统整，形成了逗号形“植根式发展”课程体系。学校德育以“三我”（自我、小我、大我）德育为纲，通过序列化主题活动和多元化实践活动，全面提高学生的综合素养。其中，“自我德育”突出自我修养、人格培养，具体涵盖规范教育、安全教育、运动健康教育、挫折教育等，培养学生的自我教育和自我约束能力；“小我德育”突出以“我”为原点向所在小团体传递正能量，具体涵盖集体主义教育、责任教育、团队合作教育等，培养学生的理性与情商；“大我德育”具体涵盖爱心教育、励志教育、科学发展观教育、优秀传统文化教育、民主法治教育、国际视野教育等，培养学生理智远虑的历史责任感和忧国忧民的博大情怀。学校课程沿袭“一次课改”、“前四”、“后四”的成功经验，以“整理提高出精品、学习开发出纲要、普职融通填空白、‘艺文’课程为主体”为策略，开发出“触摸校史，对话校友”、“学府剧谈——校园戏剧表演与创作”、“微电影鉴赏与制作”、“绿荫地带环境教育读本”、“高中化学进阶实验”等系列校本课程，形成了“两大类型三个板块”和“五大校本特色课程群”，满足了学生个性化学习的需要。目前，学校已开发出知识拓展、职业技能、兴趣特长、职业技能四大类校本课程，其中25门被评为省精品课程或省推荐选修课程。

“三课”为核 聚焦深度学习

浙江省从2012年的深化课程改革到2014年新高考方案启动，再到2020年将全面启用新教材，教学的改革力度之大、频率之快是空前的。为顺应这场教育教学巨变，温州二高紧抓发展和超越契机，围绕“艺文”特色和学生自主发展两大关键词，采用“组合+限选+蹭课”等混搭方式，以期满足学生多元化和个性化发展的需求。

在课程实施的过程中，为扭转灌输式课堂教学，学校引入“先学后教、以学定教”的理念，以化学组“二阶六步”新型课堂为引领，根据教研组自身传统和学科特点开展“一组一特色”有效教学变革，如语文组的“三阶批注式”阅读教学、数学组的“问题串和变式”教学、英语组的“三段七步”读写整合、物理组的“五环节问题导学式”等，引导学生主动参与、合作探究、共同成长。其中，《二阶六步：高中化学新型课堂的结构与流程》荣获浙江省教科规划课题优秀成果一等奖和浙江省基础教育教学成果二等奖，“‘二阶六步’新型课堂的构建与实施”项目被评为浙江省中小学校本研修百项精品课程。

与此同时，学校率先启动新课标下深度学习的“一科一策”，如语文“以读促写”教学、数学“单元设计”教学、英语“活动化”读写教学、化学“情境—问题”双轮驱动教学、生物“三思一行”教学、政治“议题式”教学、历史“故事情境式”教学、地理“问题式学历案”教学、信息“交互式项目”教学、艺术“金字塔型递进式”教学等，从各个学科层面落实核心素养，实现了从关注“学习过程”到关注“学习结果”的深度学习。

长风破浪会有时，直挂云帆济沧海。温州二高坚持“夯实基础、厚积薄发”的发展战略，在品德立校、直距管理、课程优化、“艺文”特色等多个领域进行的改革探索，取得了丰硕成果，校风校貌、生源结构、教师素养、教学成绩显著提升，学校先后获得全国教育系统先进集体、全国精神文明建设工作先进单位、全国“和谐校园”先进学校、浙江省一级普通高中特色示范学校、浙江省教科研先进集体、温州市首批素质教育示范校等荣誉，实现了从“温州区域名校”向“全省知名中学”的不断迈进。

以文学特色助推学校高质量发展

浙江省温州市永嘉县瓯北第二中学 刘靖

高质量发展是时代强音，是做好教育工作的根本要求。党的十九届五中全会强调，到2035年建成文化强国、教育强国、人才强国、体育强国、健康中国，国民素质和社会文明程度达到新高度，国家文化软实力显著增强。在中国特色社会主义进入全面建设社会主义现代化国家这一新发展阶段，对素质教育的需要比以往任何时候都更加迫切，对科学知识和卓越人才的渴求比以往任何时候都更加迫切。我校位于温州瓯江北岸，麻山南麓，可谓依山傍水。创办于1986年7月，2016年7月，我调任瓯北二中，根据学校发展实际，重新定位了学校发展的新方向，在学校内涵的挖掘与提炼上，“砥砺深耕，内涵发展”，创建以文学为特色的校园文化，引领学校教育向高质量发展迈进。

近年来，学校在原有荣誉的基础上，又相继被评为浙江省心理健康示范学校、浙江省心理健康促进校、温州市首批校本研训示范校、温州市首批文明校园、温州市德育示范校、温州市书香校园、温州市墨香校园、温州市平安校园、温州市智慧校园、温州市一级温馨工会、温州市心理健康特色学校等等学校荣誉。

一、立足学校实际，重构学校文化

立足学校实际情况，根据学校文化积淀与现实教育需求，我重新对学校进行了文化顶层设计。以“向着美的方向生长”为学校办学理念，以“做最美的自己”为核心理念。“美”，它最宽泛地概括了瓯北二中教育成长路上的目标与方向，“做最美的自己”，体现了教育建设过程的生本意识、实践意识和价值意识。

来到瓯北二中半年多，学校江北岸文学社给我留下了深刻的印象。我自己是一名语文老师，曾经对于文学的热爱与追求，曾经心中对于文学的构建与梦想，因为遇见江北岸，因为遇见杨老师，更加激发了我对于这项工作的积极与热情。江北岸文学社成立于2009年，自2014年杨海燕老师正式担任文学社指导师以来，文学社团开始变得有声有色。江北岸文学社的工作成效让我感受到了其发展的潜力，江北岸文学社工作的热情让我萌生了关于校园文化新形态的构建想法，即文学校园的构建。

文学艺术的涵养是一所学校文明程度的重要标志之一，是学校生命力和创造力的生动体现，它展现了一所学校的精神向往和美好追求。我校是一所环境幽雅的花园式学校，纵贯南北的白水浦河从校园中淙淙流过。栽种文学就如栽种河岸边的那两排柳树，让学校在“向着美的方向生长”的过程中，内外呼应，诗意盎然，蓬勃生机。

二、创建文学校园，促进学校发展

文学校园的建构是时代走向的必然：“文学校园”是在党的十八大“兴起社会主义文化建设新高潮，提高国家文化软实力”、“建设社会主义文化强国，树立全民族高度的文化自觉与文化自信”的文化强国背景的催发下诞生的新型校园文化形态。一个学校的发展需要多种形态在汇总与整合中齐力并进。一所学校固然需要具有浓厚文化氛围的校园环境，也需要具有自己特色的规章制度，但更需要作为校园文化的核心和支柱的校园精神，而文学校园就是校园精神文化赖以生存与发展的土壤。

江北岸文学社是文学校园不可分割的重要部分，它为创建文学校园提供积极的示范与引领。为了促进文学社的进一步发展，我们在为文学社设立专业文学社指导师的基础上鼓励各类有利于文学社团成长的外出学习或社团的专题性活动；为文学社设专门的办公室、文学活动室、文学社宣传展示厅、文学活动作品展览室等实用场地；且江北岸文学社成果作为学校考核的依据纳入学校的相应绩效制度。

江北岸文学社由团委书记金丰首发组织领导，并由他主要负责校刊设计，任命杨海燕老师为社团指导师和校刊主编，全体语文组老师为校刊编委。在杨海燕老师的带领指导下，建立了完整的社团动力机制。分块管理安排，分层组织展开，在广播通知与实地会议的基础上，充分利用好虚拟网群落。

江北岸文学社在实践与探索中形成了自己的文学活动体系：“绿色”阅读工程、“清泉”写作实践计划、主题写作探讨研究活动、各文学竞技类活动等等，以及由此延展诞生的系列子活动，有声有色地展开。更值得一提的是，逐步形成了年度主题的活动模式，也就是，我们每年文学活动都有一个侧重的主题，除自主创作外，各项活动基本会按主题展开，体现了文学活动的专题性探索。

文学社在发扬自己社团宗旨的基础上，秉承本校“向着美的方向生长”的办学理念，以校园内优美的白水浦河为形象依托，化用罗贯中“青山不改，绿水长存”一语，把“美景无限，绿水长存”作为我们文学社团的文化理念，体现我们崇尚美、追求美、在建设发展中不断走向完美地思想，并且希望江北岸文学社就像白水浦河一样，淙淙长流，成为莘莘学子精神的港湾。

三、开展系列活动，加深文化内涵

“文学校园”的构建旨在以此浓厚校园精神文化氛围，加深校园精神文化内涵，使之形成校园各项教育教学工作的积极的推动力量，并在此基础上努力培养一些文学人才，它的实质性、全校性、长期性、教育促进性、目标计划性，决定了“文学校园”的构建还有往后更为开阔的视野，更为有序的步伐，更为耐心的坚持，以及与其他各项工作更为紧密的融合。

江北岸文学社创建自己的文学活动系列，并积极实践各项文学活动，浓厚了校园文学氛围，产生了文学教育应有的功能，创造了许多文学的荣耀。自2016年以来，江北岸文学社荣获县、市、全国各级各类奖项超过15项，尤其是近两年，是越走越往高处。江北岸文学社团是我校不可分割的部分，是文学校园建构的重要元素，起着示范与引领的作用。

校刊《江北岸》是文学社活动成果的结晶，它系统地折射了江北岸文学社每个年度的活动痕迹，同时也体现了文学社的系列文化思想。除此之外，学校还创下了不同凡响的成就效应：2016年12月在全国中小学校园文学社评比中荣获“优秀文学社团”奖，2017年9月，在全国“新人杯”第20届全国校园文学大赛中获“校园文学辅导组织一等奖”，2017年12月，在第七届全国校园文学展评交流活动中被评为

“全国示范文学社团”，2018年1月在永嘉县首届校园文学社团奖评活动中，江北岸文学社被评为优秀文学社团，社长余燎燎被评为“优秀文学新苗”；2019年12月在第九届全国校园文学交流展评活动中，社刊《江北岸》被评为全国优秀校刊；2020年6月，在永嘉县第二届校园文学社团奖评活动中，江北岸文学社被评为优秀文学社团，社长郑安婷被评为“优秀文学新苗”，文学社指导师杨海燕老师荣获“文学社指导师特殊贡献奖”。

2020年校党支部建设决定实践“文学校园党旗红”特色主题活动，并构建了主题活动系列：a、由校办公室为组织负责主体的“激扬瓯北二中精神，做最美的自己”党员文章写作活动和“我的课外生活”全校主体征文比赛；b、以文学社为组织负责主体的文学社活动系列；c、以教研处为组织负责主体的教师阅读沙龙、假期读后感撰写评比、“文学爱好者我来当”活动；d、以团委为组织负责主体的永嘉县暑假读好书活动；e、以语文组为组织负责主体的永嘉县“爱阅读”征文活动；f、以政教处为组织负责主体的禁毒征文、“我的暑假生活”征文等等。学校各科室各处室根据教育教学实际功能与工作环境，展开各文学主题活动，作为文学校园构建的不同元素，共同积极推进文学校园的建设和发展。

教学工作永远是学校的核心工作，构建“文学校园”的目的在于促进教育教学，而不是独立于教育教学之外或促销教育教学。“文学校园”是校园的形态之一，是所有工作的一种精神渗透，它让校园形态的发展走向本质化。随着知识经济时代的到来，学校文化对形成学校内部凝聚力和外部竞争力所起的作用越来越大。学校文化已成为激发学校发展活力的源泉，深深地熔铸于学校的生命力、创造力和感召力之中，是一种不可或缺的软实力。用先进的学校文化催生学校特色，为创建特色学校提供稳固而持久的动力，是一种明智远见之举。

高质量发展素质教育，任务重大，使命光荣。我校将认真贯彻落实党的十九届五中全会精神，在加快学校跨越发展征程中，不断革故鼎新，把文学特色校园发展优势活力释放出来，在建设大美浙江、共圆复兴梦想中贡献瓯北教育力量、书写瓯北教育的精彩传奇。

弥足根本，孕育教育“专业”文化

浙江省舟山市南海实验学校　徐铁骏

少年强，则国强！有人说教育是生命对生命的责任和承载，是滋补生命的精神源泉，赋予生命全新的意义和价值。我国作为文明古国，也是教育起源的故土，从古至今关于教育的探索从未停止过。我校作为教育的践行者，办学以来始终坚持走在教育探索的前沿。到了今天，我校已经发展成为一所集团大校，全校拥有7个学部、500多名教师，6000多名学生，从幼儿园到高中，记录着学生从开始到成人的全部成长过程。在教学研究的道路上，我校以“做专业”，聚精会神“做文化”，孜孜不倦“做特色”，把“做专业”作为我校优秀文化建设的重要组成部分。把“做专业”作为教师成长的必然选择，也作为学校发展的必然选择。教育是一门科学，有其一定的教育教学规律，学生成长亦有其规律，把握规律、遵循规律、运用规律，这是 “做专业”的必由之路。作为教师，不仅要强化学习教育学、心理学、大脑理论、神经理论等专业学知识，还要熟悉学生的年龄特征、身心特点、个性特质，掌握学生的认知、学习、情感、思维和社会性等发展规律，那样工作就会产生更多科学的手段、方式和方法，教育也就走进一种全新的境界。所谓教有教理、学有学理、管有管理强调的是尊重科学、敬畏规律，这是基本遵循，也是“做专业”真正意义和价值。

一、以“专业”思维设定学校发展的精神航标

“做专业”即“专业化思考与实践”，是指教师以专业的视角、专业的思维、专业的能力、专业的态度，根据学生状况，依据教育教学理论、运用教育教学规律的一种行动和要求。“做专业”与我们平常所说的教师专业知识、教师专业技术、教师专业水平等等是两个不同的概念，一个是动态的过程，一个是静态的指标。这一概念包含两部分：一是专业化，二是思考与实践。专业化的含义是：一要了解学生，二要运用规律。“做专业”的核心要义是尊重科学、敬畏规律。众所周知，青少年都处于“叛逆期”，具有强大的逆反心理，而教师的任务是帮助学生、引导学生度过这一叛逆期，有效地运用教育策略和教育艺术迁移他们的对抗情感，与学生进行心与心的交流，更好地培养学生的自主意识和独立精神。再如高中学生问题，到了高中，学生们的心理和生理正在走向成熟。男女学生的异性相吸是正常的存在。老师需要的是去教化、转化和迁移，去培养提高对男女情感、男女爱情、同学情感的认识，去培养提高同学们的高级情感，道德感、理智感、美感，去培养提高同学们的控制力，而不是一味的批评和管束。所以如何正确看待学生成长过程中遇到的问题，值得每位教师去深思和研究。回头来说，要做专业，教师必须要有足够的专业能力和专业学知识，更重要的是要对教育规律的充分认识、把握和运用，以此扎实有序地推动“两学”（即教育学和心理学）学习。我校以阅读“两学”为切入点推进教师“做专业”，并结合“两学”制定了《南海实验学校关于全面推进教师“做专业”的实施方案》，方案明确了“做专业”的目标任务、工作内容、主要措施、工作要求和组织保障；通过听、说、读、写、行、评“六步走”实施策略推进教师“做专业”。同时，还创建学习型组织，成立校、部两级教育学心理学研究小组，明确具体任务，帮助全体教师形成清晰的认识和定位。

二、立足“两学”填补教师专业成长的思想空白

教师既要认识和把握学生身心发展的共性规律，又要充分了解各个学生的“不一样”，那么教师必须走进学生，阅读学生，才能感受到全新的境界。研读是深入学习的必经阶段，研读理论重在为“用”夯实基础。一是在课堂教学中用。学校要求老师们从校本研修公开课做起，从家常课做起，用专业的视角观察课堂、走进课堂，探索专业化教学模式。知识传授的过程，实际上也是学生思维的过程。如何进行提 炼、归纳、演绎、推理，如何使学生的思维走向分析、综合、创造的高阶思维。再是在德育教育中用。立德树人是教育的根本任务，在班集体建设、全员德育工作中，以导师制工作为载体，选出典型例子，进行教育学、心理学施策研究，开展过程性对策研讨分析和过程性效益分享，积极运用“两学”知识让师生相处之道更和谐，师生沟通更有效。三是在实践反思中用。思考与改变是教师最应该具有的素养。结合课堂教学去反思，用教育学、心理学知识回望课堂、研究课堂，便能更科学、更专业地评价自己、同伴或他人的课堂。或各学部、校区搭建校本研修平台，通过论坛交流、课例研讨、心得分享等形式，让教育学、心理学专题走入一个新的层面。

三、从科研中预设专业教育变化的全新方向

科研是教学创新的重要渠道。要深入科研，做到实处。开展教育科研的研究，可以让学校的日常教育教学活动科学化、规范化、专业化，进而培养一批专业型、学术型、研究型的南海教师。自推进教师“做专业”以来，我校实施了《以阅读两学为切入点推进教师做专业》校本课题研究。各学部、校区结合校情、学情、师情，紧扣主题，开展多样化、多维度的子课题系列研究，主动深入专业化思考与实践，力争通过实践研究促进教师专业发展，提升教育教学效果，并形成完整的、可推广的研究成果。 此外各学部、校区校本研修方式多样，维度多元，有从学生学的角度进行课例研究，也有从教师教的维度观摩研究，在学校近期开展的青年教师大奖赛一等奖课例展示活动中，两学研究下的课堂教学更专业，此外，日常开展的校本研修活动，都注重课堂教学的深度研究，注重教研活动的实效，听评课模式走向专业。我校的课堂教学注重三个层面： 一是注重学生主体作用的发挥，二是注重教学规律的运用，三是注重学生潜能的开发。有五个因素要把握：一是教师讲课时间的有效分配，二是教学的方式、方法、手段的合理选择，三是听觉、视觉、动觉的有机结合，四是教师学生互动的有效安排，五是学生获得、习得的有效集成。同时准确的利用案例进行现场案例分析，更好地呈现教学效果。当然，不可忽略的是教师的功底也决定了教育教学专业化的深浅。深厚的理论储备、深厚的教育功底、深厚的科研经验，都能帮助老师形成专业化思考的习惯，形成自己的观点与思想，形成理论指导实践、作用于理论的循环研究。

四、用专业眼光探索学校文化发展的核心所在

要想提升教育教学的专业度，就需要大胆对文化深度挖掘。校园文化核心的只有两条：学校精神和核心价值观。做文化，应该成为全体教师的共同价值，成为全体教师的行为动力。要想达到这一目的，就需要提升教师对“专业”多角度、多层次的认识，我校制定“六个认识”，让教师清楚教育的本质是育人，要尊重教育遵循，才有可能创造奇迹。 再是促进教师“六个形成”。思想决定行动，通过提升教师“六个形成”，进一步去改变学校文化。我校鼓励教师从理念、习惯、文化、氛围、形象、思路六个层面去思考专业，进而提升自己。所以教育学、心理学也是我校教师的必修课，是让他们走上专业道路的必然选择。此外，我校还组建了“两学”研究小组，由各学部、校区校长、中层干部、心理专职教师和骨干教师组成，现有研究成员 49 人，团队每位成员都以“真学习”促进“做专业”，领导带头学、融会贯通学、结合工作学、带着问题学，构建良好的学习氛围，逐渐发展成学习型、研究型专业团队。

概而言之，教育是一项知行合一的事业，容不得半点懈怠和愚弄，不断提升教师，就是在丰富教育、创新教育。未来路上，我校会继续立足教师“专业”发展的基础上，突破自我，努力打造一所专业、有品质的集团名校！

立足生本教育，丰盈生命素养

浙江师范大学附属丁蕙实验小学　沈建华　蒋婷婷

“生本教育”是由华南师范大学郭思乐教授提出的教育理念，这一理念经过数十年的探索实践，引起了越来越多教育工作者的一致认可。基于“生本教育”理念开展的教育实践中，学生的学习意识和学习能力都能够获得极大地提升。有学者提出，生本教育遵循两“本”：以学生为本，以生命为本。以学生为本的宗旨是一切为了学生，尊重学生的思想、意愿，把学生作为教育的起点与终点。更深层次地讲，生本教育的意义是以学生的生命为本。

我校自建校以来便将“三生教育”，即生命、生态、生长作为学校办学理念，立足生本教育推动建立新型教学关系。在实践探索中以“生本备课”变革为抓手，以现代化教育信息技术为手段，实现“备课模式”导引“课堂变革”，助力精准教学，真正做到“以生为本”。

一、以测促教，引导学生学会学习

教师依循生本备课的关键要素，从“学情检测与整体备课”、“课时目标与环节目标”、“材料精选与任务空间”、“学情预设与有效跟进”、“回顾反思与优化跟进”五个维度深入展开研究，形成生本备课的基本思路与基本策略。

生本备课的首个环节“学情检测与整体备课”，即开展学生前测，研究学生学习起点、学习过程等，进行学生预设和学生活动的思考。

备课，先备“学生”。对于学生目前的学习情况，或者是某个知识点的掌握程度，教师需要做到心中有数。即使教师已经对所有学生的学习程度都能有一个大致的了解，可是针对学生每一节课、每一个知识点的掌握程度却不能够精确地认知。其次，备教材。教师在对学生的大致学情有一个相对了解后，再对学生对所要学习内容的理解和掌握程度进行预判。备学生和备教材如何能够做到有效结合，教师如何在课前就能够清楚了解自己的预设和教学目标是否能够达成，这就需要通过教学前测来实现。课前，教师通过一张导学单，结合学生已有的学习经验与实际，了解学生对于本单元或本课重难点的掌握情况。

以我校数学组“分数的初步认识”一课为例，本课执教老师在上课前收集了学生对于“分数”的大量疑问，问题主要分为分数意义、读写、大小比较和计算四方面，而本节课的重难点正是理解分数的意义，理解什么是分数。基于前测的课堂教学，紧紧围绕了学生心中的疑问展开，让学生在课堂中不断地解惑、释疑。课堂上由分泡芙、分牛奶引入，学生兴趣浓厚；紧接着通过“分蛋糕”的活动来教学“二分之一”，课堂环节紧凑连贯，问题的设计层层递进，不断引导学生的思维，在活动中再次深化分数的意义。从学生的问题出发，课堂的结尾也再次回到学生的问题中，让学生感受到在研究一种新的事物时都可以从“它是什么”开始入手，让学生真正学会学习、学会探究。

开展学生前测，充分体现了生本教育是以“一切为了学生，高度尊重学生，全面依靠学生”为宗旨的教育，主张“先做后学”、“先学后教”、“以学定教”，最后实现“不教而教”的目的。

二、精准教学，激发学生学习活力

及时反馈，用先进技术手段收集学生数据，推动精准教学。只有让变革发生在课堂上，才能真正实现“轻负高质”。我校利用“醍摩豆(TEAM Model)”平台，实现了基于数据的精准反馈，使课堂反馈更精准，教学更高效。课堂上，教师使用HITA助教即时、直观地反馈学生的思考成果，不仅有利于引导学生的思考方向，更能很好地体现生本理念——课堂解决的就是学生思考到并想要解决的问题。

在传统课堂中，教师往往或只能凭借自己的感觉、学生的表情、个别的提问来了解学生对知识的掌握情况。但在我校每个学生都拥有一个专属的反馈器，有没有掌握知识点不是靠教师猜，而是由即时的数据来反馈。学生学没学会直接通过课堂的小检测来体现。而检测中的正确率决定了教师上课的流程。如果学生的正确率低于50%，那么教师就知道该知识点必须重新讲解；如果正确率在50%～80%之间，教师则让学生之间互相讨论，取长补短，实现合作学习；如果正确率大于80%，那么只有极少数同学未掌握，教师则可利用技术“翻牌”直接了解到是哪个学生有疑问，可以再次针对性提问或在课下进行个别辅导帮助学生掌握。如果该内容是本课的难点内容，教师可以通过让已经想到的学生先说，再次给所有学生思考的机会，进而组织学生快速进行“二次作答”，这样不仅给予学生尝试的机会，更用精准、及时的反馈让课堂教学高效地进入下一个环节。

“醍摩豆(TEAM Model)”平台中利用IRS即时反馈系统打破了传统的提问、举手、校对答案等反馈方式的片面性、模糊性、滞后性和被动性，教师能及时、准确、有效地掌握学生学习情况，就可及时优化教学结构，调整教学策略，以最佳方式完成预期设定的学习目标。教师可通过学生作答不同正确率的情况，采用不用的教学策略。针对学生作答的结果进行挑人作答，让学生思考的转变在教室里被看见。这不仅提高了学生课堂的积极性，更用数据直接显示了学生即时学习掌握情况，提高了课堂效率，真正做到立足学生，体现生本教育。

生本课堂上除了学生数据的收集，教师还可以随时利用智慧化软件中的计分板进行及时评价。看得见的评价贯穿课堂始终，它不仅可作为课上教师及时转换教学策略的依据，还与学校正在进行的“综合素质评价”系统相结合，激发学生学习动力，提高学生小组合作能力，进一步形成班级内积极的学习氛围，促进学生全面发展。

三、反思改进，研究创新学生活动

教育的实践不仅来自课堂的教学更离不开对课堂教学的研究、主题教研的开展，生本备课的实践也不例外。我校在课例研究中运用的观察技术非常多样，主要包括：课堂教学的全程录像、录音；逐字记录的课堂教学实录及教学程序表；按提问技巧水平检核表作记录；按提问类型频次表作记录；作课堂教学时间分配统计。基于传统记录方式，更利用了现代化教育信息技术结合“苏格拉底教学分析系统”，以自动化的方式采集老师的教学行为数据，透过人工智能引擎分析老师的教学数据，每堂课结束马上产生分析报告。在苏格拉底分享平台上，老师们可以互相观摩好课，直接分享实时思考，共同成长。

我校积极响应智慧教育的发展，在日常授课的教室电脑中安装促进师生互动的交互式电子白板，每一所常规教师都能结合醍摩豆教育技术提供的苏格拉底平台，快速记录课堂中教师的提问频率、学生的自主学习频率和时长、教师智慧教育手段使用的频次。课堂结束后，教师可结合苏格拉底平台生成的课堂分析报告，对课例进行详细的分析。

苏格拉底平台透过符号系统，收集课堂上老师与学生的重点观察行为，如教师的有效性提问、教师的提问频次、学生回应类型……透过大数据的收集，并与过去长期累积的数据进行分析比较，在课堂结束后将老师的教学行为数据以图表的方式呈现出来以下几个方面：(1)科技运用频次；(2)科技运用累计时间；(3)科技互动指数；(4)教法应用指数；(5)科技运用分布图。苏格拉底报告所呈现的具体数据让讨论的内容有所记录，老师们在进行教研及议课的过程中，更能把焦点集中在教学方法的精进上。

为了进一步提升教研的效率与质量，提供老师们更丰富的教研素材，我校利用“苏格拉底影片”整合了教学影片、行为特征、人工智能，建立一个促进教师专业发展的新形态三合一影片，同时加入了点评功能，让老师们在教研过程中所产生的想法直接记录到影片中，为教研的开展积累素材。

生本教育是我国深化素质教育改革的新尝试，它在实际教育过程中为学生的全面发展提供了良好动力，我校将继续立足生本备课，利用教育信息化手段不断探索生本教育途径。生本教育的实践直接有助于学生学习积极性的培养与主动性的提升，这对于构建交流、探究、合作的学习课堂具有重要作用，更有助于学生综合素养与能力的提升，为传统枯燥的课堂带来新的生命活力。

“四季逗”实践，用劳动为学生成长赋能

重庆市大足区中敖镇中心小学　李玲　舒文颖　黄珍莲　胡建芳

劳动是促进社会发展之动力，是人成长所需之课堂，是中华民族之优良传统。习近平总书记在全国教育大会上明确提出“要在学生中弘扬劳动精神，教育引导学生崇尚劳动、尊重劳动，懂得劳动最光荣，长大后能够辛勤劳动、诚实劳动、创造性劳动”。这对劳动教育提出了新的更高要求。做好劳育对今天的教育而言有着特殊的时代意义，新时代的社会主义接班人不但要有健康的体魄、乐观的精神、丰富的知识，更要有劳动的实践。我校秉承“实践育人，成就未来”的办学理念，依托新校区得天独厚的地域资源与教师资源，确立了以“四季逗”劳动实践教育为育人突破口，在“天地皆课堂”、“四季皆课程”的理念引领下，渗透“人人皆主体，时时皆契机，处处皆课堂”的育人思想。10年间，学校依托三园逗乐逗趣，逗趣逗理，实现“以劳养德、以劳促智、以劳益美、以劳强体”的育人愿景。

一、创建实践基地，优化教师队伍

2011年，学校搬迁至占地43.75亩的新校区。针对学生劳动现状，结合新校区实际做出了科学规划，确定了以劳动实践教育为学校办学特色，并对校园的整体布局进行了新的调整，决定在校园内因地制宜开辟植物园、种植园、养殖园，并将三园建设纳入学校重要建设项目，全力打造劳动实践教育基地。

学校因地制宜利用3年时间，修建了植物园、种植园、养殖园等劳动实践基地约3000平方米。其中，植物园占地约2700平方米，园内共有陆生植物165种、水生植物32种；种植园占地420平方米，以种植各种药材为主，种类20余类；养殖园占地100平方米，主要饲养孩子们熟悉的、喜欢的小动物为主，如：牡丹鹦鹉、虎皮鹦鹉、文鸟、鸽子、兔、彩豚、蚕等。2016年学校改扩建了植物园，创建“开心农场”，引进智

慧农场设施，进一步完善了学校劳动教育硬件设备。

建立一支强有力的劳动教育教师队伍也是学校劳动教育顺利推进的关键所在，为了解决这一问题，自基地建设以来学校积极探索构建“1+1+N”劳动教育师资队伍：1个劳动教育课程建设中心组+1支劳动教育专兼职教师团队+N名劳动达人（劳动模范、能工巧匠、名中医等）的师资队伍。一是重点打造一个劳动教育课程建设中心组，通过中心组牵头课程开发；二是着力培养一支能胜任劳动教育教学任务、开展课程研发的专兼职劳动教育教师队伍，在学校劳动课程品牌建设的过程中，专兼职教师按照分工积极参与课程开发，协同配合，推进课程建设的实施和落地；三是社会化选聘渠道补充N名劳动达人充实学校劳动教育师资队伍，聘请基地专职教师、劳动模范、能工巧匠、非遗传承人、家长等到校上课。

二、开展课题研究，构建劳动课程

学校采用“1+4”手脑并用模式，展开师生课题研究，构建劳动课程。

“1”是：1项专项课题研究。在2016年9月“关于综合实践活动校本课程资源的开发与利用的研究”课题组成立。历经5年研究，《四季逗》校本课程初具模型，这套课程既有课程纲要，也有课程设计与指导，大大提高了老师们劳动实践教学质量。

“4”是：四季课程。遵循“春种夏长秋收冬藏”传统农耕的基本规律，结合中国二十四节气，以四季豆、南瓜（春）、荷花（夏）、葫芦（秋）、乌龟（冬）等为代表的动、植物，在劳动实践教育中组织学生开展多个小课题研究，如《神奇的宝石莲》《乌龟的秘密》《水培吊兰》等，通过手脑并用，培养学生观察、合作、探究、创新能力，明白农耕养作要依据天时、遵循规律。

三、寻找多元路径，实现全面育人

多方联动、同频共振。打通学校劳动教育与家庭、社会三个通道，做好劳动教育的校外补充与延伸。邀请植物学博士史军、重庆大学科协靳萍教授、大足区“刘兴才”名师工作室的本土专家刘兴才相继到校为师生展开专题培训，定时邀请部分家长、社会专业人士到校参与劳动项目的实践指导，建立起了三方联动机制，全面参与。

学科融合、同频育人。学校将语文、数学、科学、综合实践、美术、道法等学科有机融入劳动实践教育课程。每周每班开设一节劳动教育课，保证劳动教育课程落地，其他学科巧妙结合，实现时时皆课堂，处处皆课程，全面育人。

多点结合、同频共进。从“课”（劳技课）+“园”（种植园、养殖园、植物园）+“点”（社区服务点、家庭服务点）三个点位相结合，调动多种感官，形成积极的情感体验，激发劳动愿望、学会劳动本领，协同发展，全面发展。

四、注重实践教育，收获硕果累累

在“实践育人，成就未来”办学理念的引领下，学校在校园内开辟了“种植园”、“养殖园”、“植物园”约20亩，在全区率先展开“四季逗”劳动实践教育，实现了“以劳养德、以劳促智、以劳益美、以劳强体”的育人愿景。

学校创建了“三园”（植物园、养殖园、种植园）劳动实践教育基地，占地约3000平方米，历时10年展开“四季逗”劳动实践教育，通过喜闻乐见的方式，引导孩子观察思考、合作探究、动手实践，获得快乐地劳动体验。师生与课程共同成长，学生参与小课题研究30余项，其中《神奇的宝石莲》荣获区级一等奖，实现了能力锻炼、意志磨炼，审美提升、品德养成，全面发展。通过课程开发、课题研究、师生共同劳作，培养学生观察、探究、动手实践能力，种植园、养殖园、植物园三园已形成规模促进鳌溪教师教学相长于2016年成功申报为重庆市研学旅行基地；成功申报了区级课题《关于综合实践活动校本课程资源的开发与利用的研究》，扎实开展研究；开发了《四季逗》校本课程辐射周边学校；创建“三园劳动实践教育模式”引来全区各校前来学习观摩。

学校自2011年起，在大足区率先开展“四季逗”劳动实践教育。历时十年，取得了突出的成效。

一促使鳌溪孩童手脑并用。遵循陶行知的劳动教育思想，以种植园、养殖园、植物园为劳动实践教育平台，通过喜闻乐见的方式，引导孩子观察思考、合作探究、动手实践，获得快乐地劳动体验。

二促进鳌溪教师教学相长。教师们与学生、课程共同成长。2018年5月黄珍莲、莫方炳、胡兰三位老师编写的《奇妙的花——中敖镇小植物园实践基地课程设计》《“仙人掌”课程设计与指导》《“植物的繁殖——扦插教学指导案例”》被纳入大足区综合实践校本课程教学指导案例集；学校近20名教师关于劳动综合实践、课堂教学论文被“刘兴才”名师工作室纳入并编撰成书《适应新课标的生本课堂教学模式研究成果集》，并在全区各中小学进行广泛推行。

三提升鳌溪书院品牌效应。学校的种植园、养殖园、植物园三园已形成规模，于2016年成功申报为重庆市研学旅行基地；成功申报了区级课题《关于综合实践活动校本课程资源的开发与利用的研究》，扎实开展研究；开发了《四季逗》校本课程辐射周边学校；创建“三园劳动实践教育模式”引来全区各校前来学习观摩。2021年3月，学校“四季逗”劳动实践教育入选重庆市德育品牌，为学校高质量发展奠定坚实基础。

学校将进一步深化劳动教育，把劳动教育与责任教育、爱国教育、思想政治教育等教育相结合，引导师生树立更高的劳动价值追求，主动把个人劳动目标与社会劳动需求结合起来，为国家的发展贡献一份力量。

披荆斩棘迎苦雨，德育同耕香满天

重庆市江津第六中学校　周忠伟　江娅琳　白建焱

如何办老百姓满意的教育？如何让学生享受适合自己的教育？这是六中人一直思考的问题。近年来，学校积极践行“错位发展、特色强校”的办学思路，树立“为学生持续发展奠基，对学生终身幸福负责”的办学理念，推行“以身作则，敢于担当，干净做事，积极作为”的工作作风，以“学校管理—年级管理—班级管理—教师自主管理—学生自主管理”五维一体的德育管理模式为突破口，以艺体特色多元教育为着力点，以透明优质的后勤保障服务为支撑，以岁岁有增长、年年有突破、届届有亮点的优异成绩向家长和社会交上了满意的答卷，不断满足人民群众对教育的美好期盼！

一、紧抓管理，凝心聚力谋发展

我校地处江津南部地区，学生普遍底子薄、基础差，且留守儿童相对较多，教育管理存在着一系列困难。为此，学校攻坚克难，迎难而上，大力推行“学校管理—年级管理—班级管理—教师自主管理—学生自主管理”五维一体的德育管理模式，让德育管理重心下移，各项管理工作落到实处，实现“人人有事做、事事有人做”，以此来增强学生的自信心、责任心和自我约束能力。我校实行校级、年级、班级分级管理、分级考核。不同层面实施专项管理，严格监督，提高了工作效率。此外，我校还大力发展学生自主管理队伍，从校级到年级到班级都成立学生自主管理委员会，实行学生自主管理值日制。学生在自主管理的同时，也对校级、年级、班级值日教师的到位情况进行监督，让学校德育管理实现“无缝化”。另外，活动自主组织、生活自主管理、行为自主规范、学习自主合作的德育管理模式的实施，也让干部、教师学会“跳出管理层面看管理”，既锻炼了学生，也把干部、教师们从烦琐的管理事务中解脱出来，让他们有更多时间思考管理，有更多时间专注于教育教学，有更多时间自我学习提高。

二、后勤为重，双管齐下促成效

后勤管理是一所学校发展的重要保障。我校以办好学生食堂为抓手，采取“零利润”经营，强化后勤保障服务透明化、优质化，既做到财务干净公开透明，又让原材料采买实现价廉物美，让孩子们吃饱、吃好。学生食堂每顿饭提供7个菜品，3荤、两素、1汤和水果，做到营养均衡，为学生健康成长提供了重要保障。教师食堂，秉承把教师食堂办成老师自家的厨房理念，让教师放心工作。为了将后勤服务这项琐碎敏感的工作做好，学校从5方面抓落实：一是要求管理人员和教师代表以“甘于吃苦、乐于奉献、干净做事、积极作为”的红色六中精神作为准则，强调廉洁开展各项后勤服务工作；二是增加员工工资预算，一方面可以提高原有员工的工作积极性，另一方面可以吸引厨艺更高的厨师；三是规范大宗食品原材料采购程序。首先通过招标，广泛吸纳拥有正规资质的商家进入食堂采买资源库。然后，每次采购都让教师们自己推荐的教师代表做主，实行在价格和质量上的公开比选和验收，全程跟踪，把关，加强民主监督，增加透明度；四是广泛收集意见建议，实行陪餐制，采用家长、教师及校长陪餐制。深入学生的桌席与学生同吃、聊天，充分了解伙食情况和学生的心声，便于及时整改；五是规范基建维修招投标制度，让关心学校发展的教师代表们参与进来，让所有流程阳光化、规范化，从制度上和源头上杜绝一切可能滋生的腐败和猜疑。

三、以教为本，知行合一扬风采

个性化发展是打开智慧之门的金钥匙。江津六中把一年一度的校园文化艺术节作为学校的艺术品牌活动，从音乐、美术、体育、书法、技能等方方面面，促使全校师生共同进步成长。我校还利用课余时间，采用初中发展社团、高中与艺术培训机构合作的方式，大力发展艺体特色教育，让学生实现多元发展。不仅激发了广大师生的艺术兴趣，也全方位地培养学生的文化艺术素养，使学生们成为德、智、体、美、劳的全面发展的合格人才，让学生在学习中感受快乐，提升综合素质，得到多元发展。

对于学生而言，高考是影响人生的一次转折点。近年，国家实行高考改革。针对江津六中学生基础差的特点，学校从高一开始就实行分层次教学，即：根据学生成绩和意愿分文理本科班、艺术特长班、专本贯通班和专科班四类教学班。文理本科班，学生基础较好，老师可在课堂上加深难度、拓展思路；艺体特长班，通过与校外专业培训机构合作的方式，每天利用课外时段，开展艺体专业培训，培养学生

的专业技能，拓宽学生圆梦艺术本科院校的道路；专本贯通班和专科班，学校根据春季高考实际，进行专门的课程设置，学生主攻语文、数学、英语、计算机这4门科目（信息技术、通用技术每周上8节课），这样学生学习更有针对性，效率更高。

学校积极推行因材施教实施分层教学，关注学生个体差异，老师讲课更有针对性，学生消化吸收更容易，让优生更优，普通学生能在原有基础上提升，每个学生都享受到适合自己的优质教育，让每个学生都得到了最好的发展。

学校高2020级647人参加高考，647人全部上线。其中，文化和艺体重本上线8人，本科上线170人，江青果同学在春季高考中以689分成绩跃居江津榜首、重庆市前20名，黄其淋同学被上海戏剧学院表演（音乐剧）专业录取。初2020级392人参加中考，重高上线290余人，首保江津中学25人，稳居津南片区第一。

四、匠心永耕，勤学立志心更强

如果说教育是广奥神秘的宝藏，那教师就是找到并打开这些宝藏的钥匙。没有优秀的教师队伍，那么学校发展必然止步不前。为培养优秀年轻教师，该校积极开展“青蓝”结对工作，以老带新，充分发挥骨干引领的作用；开展青年教师磨课活动，提高青年教师的专业能力；通过增加教研经费，把专家名师请进来，鼓励老师们走出去，洗礼头脑、更新观念、拓宽视野、丰富知识，尤其对培养新教师，效果非常明显。2018年以来，教师在参加区、市、全国各类教学类比赛中频频获奖，李艳霞等10余名教师获江津区一等奖，胡金蓉执教的优课《乐音和噪声》获部级优课，张家凤执教的优课《我们的政治生活》获市级优课。2020年，学校被江津区人民政府表彰为“江津区高中教学质量先进集体”，被江津区教委评为“江津区教育科研先进集体”，“江津区一师一优课、一课一名师先进集体”，江津区网络教学先进集体；学校受到区政府、区教委表彰的教师12人，受到学校和蔡家镇党委政府表彰的教师41人，蒋云光等60余名教师撰写的论文、研究的课题获重庆市级、江津区级一、二、三等奖。学生参加征文比赛、演讲比赛、小课题比赛获重庆市一、二等奖12人次，获江津区一、二等奖47人次。在各项竞技比赛中也是成绩斐然：在区级、市级体育比赛中，先后有20多位同学获田径比赛的一、二、三名，我校获初中组团体总分二等奖，高中组团体总分三等奖。学校是“全国青少年校园篮球特色学校”、“重庆市文明单位”、“重庆市田径传统项目学校”、“重庆市第四批义务教育阶段体育特色学校”、“重庆市诗教名校”、重庆市艺体特色学校。

此外，依托于丰富的革命资源，我校大力开展红色教育，弘扬和培育红色文化。“红色精神”的注入，也为学校劳动教育增添了更加绚烂的育人色彩。我校以“红色精神”为引领，坚持“错位发展、特色强校”的办学思路，推行“以身作则、敢于担当、干净做事、积极作为”的工作作风，发挥劳动教育的“全方位”育人价值，构建起德智体美劳全面培养的教育体系，实现了学校发展的新跨越。为推动劳动教育课程的落实，我校成立了特色劳动社团，进一步加强校园劳动教育的渗透性；成立了自律委员会，通过团支部活动组织学生参加志愿服务和农耕活动，将劳动教育变成校园文化的一部分，真正做到“为学生持续发展奠基，对学生终身幸福负责”。劳动教育与红色教育的深入推进，使我校驶入了文化兴校、内涵发展的快车道。梅花香自苦寒来，宝剑锋自磨砺出，走过荆棘，肩负新的教育使命，江津六中未来定能在教育之林谱写新的篇章！

强化德育教育，促进幼儿成长

重庆市九龙坡区谢家湾幼儿园　陶燕

民族的复兴，国家的强盛，学校教育是这一切的基础。而在推动国民素质的改造和提升中，思想道德教育更是国民教育的重中之重。中国有句俗语说过——三岁看大，七岁看老，小时候的学习教育对一个人的一生具有十分重要的意义，因此德育应从孩子抓起。党的十八大报告明确提出要把“立德树人”作为教育的根本任务，“立德树人”的本质是培养什么样的人和怎么样培养人的问题。立德树人教育思想强调德育为先，强调德育、智育、体育、美育的有机融合。学前教育作为人生教育的开端，其根本任务是将幼儿从一个生物意义上的个体培养成为一个具有良好道德品质和行为习性的社会人，个体也只有在充分发展德行的基础上才能使自身发展成为更为完备的人，对幼儿的道德教育也必须着眼于个体发展的连续性和系统性。

我园是重庆市一级幼儿园，区示范园，重庆市德育示范基地、重庆市“国培基地”……幼儿园在“好习惯好人生”的办园理念引领下，以《3—6岁儿童学习与发展指南》为准则，从会生活、会运动、会交往、会学习四个方面，培养3-6岁幼儿包爱家爱国、健康生活、快乐学习、遵守公德等多方面的良好行为品德。幼儿园将德育渗透于环境、课程、活动游戏、家园共育中，开发出版了《好习惯巧养成绘本故事》《好习惯巧养成三字经》《好习惯巧养成儿歌》《好习惯巧养游戏》《好习惯巧养亲子DIY》等系列园本课程，通过玩游戏、讲故事、诵儿歌、做绘本“四条路径”培养幼儿好习惯。

一、创设体验环境，培养道德情感

我园将环境隐形渗透德育教育，创建良好的道德体验环境，将德育目标和德育内容有机地融入幼儿园隐形环境之中。幼儿园把孩子需掌握的习惯点制作成卡通的人物交流相框贴在过道上，利用幼儿园的有利条件如主题墙、走廊环境、过道等，为幼儿创设优美、和谐的德育环境，使之分布于幼儿活动的各个角落，体现着幼儿园“时时有德育，处处有德育”的教育环境，让孩子在生活中随时随地铭记好习惯。这种教育环境对幼儿的德育教育发生着潜移默化的隐性渗透，时刻提醒着幼儿随时规范自己的德育行为。帮助幼儿在轻松、愉快的氛围中，逐渐建立自己的德育观，渗透好习惯培养。(图片5)

二、构建德育环境，拓展德育途径

为了突破传统德育的说教模式，为幼儿构健全面的道德教育参与环境，我们进一步拓展了德育的实施途径。具体可以分为以下三种途径：

军警特色课程：国防教育是幼儿园德育工作的重要组成部分，通过实施国防教育，选择符合幼儿学习特点的教育方式，能够树立幼儿的国防意识，培养幼儿的爱国主义精神。谢家湾幼儿园军警特色课程的开发，以拓展训练、军事训练、安全教育、国防教育等多种形式，培养幼儿爱国爱家、吃苦耐劳、坚持锻炼等良好品德和行为习惯。

劳动课程：劳动课程的教育要点包含能够独立整理自己的物品、折叠被子和整理床铺、积极参与幼儿园的种植活动等，通过每天生活劳动、周五集体劳动、回家完成相应家务劳动等课程，培养幼儿的服务意识和劳动兴趣，养成爱劳动的好习惯，培养幼儿责任感和良好品质。劳动就是生活，生活就是劳动，幼儿园将劳动渗透在幼儿的一日生活和家庭生活当中，凸显的是幼儿园道德教育的基础性、生活性和体验性。

“坊”课程：坊课程根据幼儿不同年龄段形成阶梯性课程，有目的、有组织、有计划地帮助幼儿树立明确的道德概念，通过儿童书坊、陶泥坊、美工坊、针线坊、木工坊等功能室活动，让孩子们在游戏玩耍中大胆尝试、自由探索，培养幼儿热爱学习、积极探索、勇于挑战的习惯。向幼儿传递心灵美、行为美的有关内容，在养成爱劳动的好习惯同时学会热爱生活，培养了幼儿的动手操作能力和创意能力。

三、建构活动体系，细化德育内容

游戏是幼儿学习的重要方式。我园通过把丰富多彩游戏活动、节日活动、亲子活动作为德育工作的重要载体，开展国庆节开展爱国月系列活动、”好习惯巧养成”故事比赛、三八节爱妈妈等活动，通过不同形式的专题活动来培养幼儿的心灵美和行为美，在大型活动中渗透德育教育。情景化的游戏教学、生活化的游戏教学、趣味化的游戏教学都在各式各类活动中凸显出来，这种丰富的道德教育活动体系，既符合幼儿的年龄特点，又体现了德育渗透的特点，不仅为幼儿道德认知的发展提供了有效地支撑，还为幼儿的道德实践提供了丰富的场域，细化了道德教育的内容，使得生活中、游戏中、家庭中处处都有德育。

四、家园合作共育，提升幼儿素质

家庭是幼儿成长的第一环境，也是幼儿园开展道德教育的重要合作伙伴，要提升幼儿园德育的效果就必须加强幼儿园与家庭之间的合作水平。为了形成幼儿道德发展的家园合力，幼儿园要加强与家庭联系的制度建设，不断提升家长的教育水平，优化幼儿园德育开展的外在环境。家园合作渠道既包括家长学校和家长委员会等制度性渠道，又包括家长开放日活动、亲子活动、家长会、家访、家园联系册等项目性渠道，以及班级微信群、QQ群、微信平台等信息化渠道，为幼儿创设了一个丰富和全方位的道德发展环境。

近几年，幼儿园在成渝教育学会好习惯研讨会等多次交流，接待了泰国等国内外幼教团队学习80次，与台湾凯斯幼儿园、广州东莞七宝幼儿园等幼儿园线上线下联合教研20次，为其他幼儿园提供可借鉴参考模式。华龙网、光明网、人民网等媒体等报道30余次，在全市乃至全国产生了深远的影响。我们积极拓展幼儿园德育资源和德育渠道，充分利用幼儿园周围的社会资源开展德育活动，让家长、社会等主体积极参与到对幼儿的道德教育过程中来，通过组织幼儿走进社会、走进自然来帮助他们形成积极的道德价值观念，强化他们的道德体验。

教育担负着推进社会进步、向社会输送全面发展的人才的重要责任。在我国的各级教育体系中，学前教育是健全人格塑造的奠基工程，今后，我园将继续把孩子的德育教育落到实处，扎根到孩子培养教育的这片土壤上，让德育教育在我们辛勤的教育下开花结果，让孩子们健康快乐地成长。

以红色德育为载体，用红色文化育新人

重庆市酉阳第一中学校　田景友

习近平总书记强调："要把红色资源利用好、把红色传统发扬好、把红色基因传承好"。在新形势下，培育和弘扬社会主义核心价值观，必须深入发掘红色资源、红色传统的时代价值，进一步传承红色基因，为广大党员干部和人民群众，特别是青少年提供源源不断地精神养分，引导青少年传承好红色基因，把广大青少年培养造就成有理想、有本领、有担当的一代，是教育的使命，更是我们名校长的重要使命。我坐落于历史文化名镇龙潭古镇，毗邻革命烈士赵世炎故居。得天独厚的地理位置孕育源远流长的红色文化，自1896年建校以来，红色基因便融入学校的成长血脉，在一代代教育人的传承与创新中，淬炼成独具特色的红色校园文化。2009年，学校依托地缘优势和校友情结，将"红色"作为德育的主要载体，组织开展"施英红色德育"主题活动，正式开启了漫长的品牌德育探索之路。

作为重庆市首批重点中学、全国中小学德育工作先进集体、重庆市文明单位，风雨兼程百余载，一路耕耘一路歌。在红色文化浸润下，学校的"施英红色德育"主题活动成功获评重庆市首届中小学德育品牌。

一、打造红色文化，营造红色氛围

赵世炎，笔名施英，中国共产党早期杰出的无产阶级革命家、著名的工人运动领袖、中国共产党的创始人之一。2009年，赵世炎被中央宣传部、中央组织部等11个部门评为"100位为新中国成立做出突出贡献的英雄模范人物"。

"他曾经是我校的一名普通学生，也注定是学校最不平凡的学生之一。"这位历史上著名的革命英雄，与我校更是有着"不解之缘"。

从我校的南大门进校，映入眼帘的便是一段富有红色文化气息的步道——世炎路。党史人物、革命功绩、历史里程，道路两侧的红色文化墙犹如一个个鲜明的时代烙印，向来往师生低述着酉阳这片土地曾历经的峥嵘岁月。

进入大门，"红色文化"扑鼻而来，宽敞的"世炎"大道，再往里走，就到了学校的"世炎广场"，校园里，镌刻着名言校训的石碑随处可见；道路旁，楼道间，各式标语、展板比比皆是。所到之处，一个个伟人故事娓娓道来，一幅幅历史画卷徐徐展开……施英精神，正深入学校的每个角落，悄悄根植于师生的心田。

环境，是学校文化最直观的写照，也是铸魂育人最有效地载体。深耕在龙潭这片红色的土地，我校始终怀抱着"把红色资源利用好、把红色传统发扬好、把红色基因传承好"的教育初心，通过打造"施英红色德育"主题活动，与环境育人相结合，营造红色氛围，达到文化熏陶、无声育人的效果。

一方面，学校将社会主义核心价值观结合赵世炎精神，融入校园环境的一品一景之中，打造了以赵世炎命名的道路、图书角、陈列馆等，营造出"尊世炎、学世炎、传世炎精神"的文化氛围。另一方面，经重庆市委组织部批准，学校设立"赵世炎班"，传承自强不息的民族精神，培养志存高远的有为青年；设立"国旗班"，展现革命前辈的蓬勃朝气、爱国精神；复建了"桂花园"，让赵世炎曾经学习和生活过的地方继续影响更多的学子。

步步是风景，处处能育人。学校将红色精神转化为教育薪火，以"软硬兼施"的环境营造，让德育之风拂满校园，润泽每一位师生。

二、以课程为引领，传承红色基因

学校巧妙创新载体，开展形式多样的德育活动。为进一步固话施英红色德育体系，学校采取了多样的班会形式，立足课堂主阵地，传递励志正能量，助力学生成长成才。

学校开展的每一堂主题班会，都有着明确的目标和详细的方案。"施英红色德育"主题班会的最大特色就是序列化、规范化，各年级各班在实施过程中均严格按照学校的德育教育行事历，在规定的实践范围内，以理想教育、诚信教育、感恩教育、励志教育等为主题开展班会课。

以"赵世炎阅读课"为例。学校每月都会安排一堂课，专门用来阅读赵世炎烈士事迹，课上有老师讲解、学生演讲、师生讨论，大家广泛参与，通过与生活相结合谈体会感悟，真正将赵世炎精神内化于心。

学校精选了《赵世炎传》《酉水东流》作为"施英红色德育"校本教材，通过生动细腻的文字和珍贵的历史图片，展现了赵世炎参加革命的英勇事迹。为引导学生读透这两本校本教材，学校德育科研教师专门打磨出"走进赵世炎——《赵世炎传》《酉水东流》阅读指导"精品课程，为学生指导阅读方法，组织学生深入讨论。同时，通过把书本与烈士故居、纪念馆结合起来，使学生更加深入地理解赵世炎精神。

课程引领，加速了学校的内涵发展。近年来，学校"走进赵世炎——《酉水东流》阅读指导课"获全市中小学优秀阅读指导课评比大赛一等奖；德育团队主持的课题《中国名人家书高中德育开发与运用研究》被重庆市教委批准为重庆市教育科学"十三五"规划重点课题。

三、搭建活动体系，拓展育人舞台

"纸上得来终觉浅，绝知此事要躬行"，要让德育的种子真正落地开花，开展丰富多彩的德育活动是必经之路。基于此，我校搭建了"读、观、讲、训、行"五位一体的"施英红色德育"主题活动体系，全方面为学生提高思想觉悟、培养道德品质"保驾护航"。

"读"红色书籍。赵世炎班开展了多项活动，如悦读会、读书交流会，品读《酉水东流》《赵世炎传》等红色丛书，"琴鹤世家"赵世炎家风故事，对学生起到鞭策作用。

"观"红色影像。学校将每年四月（赵世炎诞辰）定为"施英红色德育主题宣传月"，定期组织学生参观赵世炎故居，观看赵世炎相关的影视资料，如收看8集电视连续剧《赵世炎》，观看《永远的丰碑》《共产党人》英烈短片等。

"讲"红色故事。学校聘请了施英红色德育宣讲员，多次邀请相关专家来校举办关于赵世炎的专题讲座，并开展了国旗下演讲、"中国梦，我的梦"等系列征文、演讲比赛、社团活动等，宣传爱国爱校教育，弘扬赵世炎精神。

"训"红色素养。学校组建了"红色志愿者"活动小组，开展社会实践、红色文化手抄报、黑板报评比等活动；连续组织三期学生素质拓展训练营，每学年组织新生军训，将国防教育、理想信念教育、革命传统教育、行为习惯教育融入"施英红色德育"主题活动中。

"行"红色使命。学校开展重温入团仪式、烈士墓祭扫等活动，缅怀革命英烈；开展徒步拉练活动，让懂得艰苦奋斗、勇担社会责任的精神；赵世炎班还参与了央视纪录片《留法百年》《曙光》的拍摄，与高校学生举行赵世炎红色文化交流活动等，将文化影响力辐射到更远的地方。

在活动中收获，在活动中沉淀，让信仰之火熊熊不息，让红色精神激发力量。如今，学校的"施英红色德育"主题活动正在让更多的师生迎来自身的成长与跨越。彭鑫老师的"在赵世炎烈士的光辉事迹中领悟奋斗的真谛"获得2018年酉阳县国防教育比武竞赛一等奖；学生舞台剧《八女投江》获酉阳县2019年中小学生校园舞蹈大赛一等奖；董田老师的微团课《缅怀革命先烈，传承革命精神》获重庆市团委2019年团干部岗位实践能力微团课比赛优胜奖。

挖掘红色文化资源，打造红色德育载体，营造红色学习氛围……我校用生动鲜活的红色文化培育时代新人，将红色基因代代相传。

大海逐浪，百舸争流；红色文化，铸就辉煌。以环境烘托氛围，以课程引领发展，以活动筑牢阵地……今后，我校将继续深挖红色资源，着力打好红色德育品牌，以润物无声的方式，真正将"红色基因"注入师生的血脉之中。

舞快乐篮球　享魅力童年

重庆市渝中区望龙门小学校　李宁　唐曹　邓宇

办出学校特色，以特色求强势、以强势创品牌、以品牌促发展，既是学校自身发展的需要，也是经济社会发展对人才需求多样化的必然要求，更是深化教育体制改革的题中之义。根据特色学校创建的要求，我校自2014年创办以来，就坚持贯彻"小体育，大健康"的办学理念，围绕"成长孩子的身体，成长孩子的心灵，成就孩子的未来"的培养目标，以快乐篮球运动为抓手，积极寻找特色项目与内涵发展的最佳契合点，进一步深化篮球运动特色，走出了一条"以球促德、以球增智、以球健体、以球审美"的校园篮球发展之路，打造出属于自己的特色健康教育。其中，我校2018年度男、女篮球分别获得区级比赛二名。

一、落实组织领导，确保篮球工作落到实处

篮球运动是一项综合性的集体性运动，从事篮球竞赛和各种篮球活动，有助于增进身体健康、活跃身心、增长知识，对锻炼人的综合能力有着积极影响。通过参与篮球活动，学生可以在学习和掌握道德文化、娱乐知识、技能和方法的同时，增进友谊，陶冶情操，得到精神享受，既能悦纳自己，也能悦纳他人。为打造属于自己的特色教育，我校认真贯彻落实国务院《关于加强青少年体育增强青少年体质的意见》和《学校体育工作条例》，建立了以校长为组长，主抓领导、体育组、教研组、各班主任及全校教师为组员的领导小组，统筹规划学校篮球教育发展思路，制定并完善各项管理制度，积极创设训练质量考评机制、管理保障机制和教师激励机制，为学校篮球教育创设良好的发展氛围。

学校加强特色创建管理，强化各级职能，定期召开会议，研讨解决体育教学和训练工作中的多种问题，并在政策、人力、物力等方面给予全方位的支持，每年投入4-5万元以保证篮球训练工作的实施。例如，我校加大体育设施硬件的投入，每年增添部分公用篮球，及时修补损坏地面，添置常用体育器材，以保证篮球教学正常开展。

学校注重校园文化建设，努力创设具有篮球特色的校园文化环境，从整体上体现出学校所追求的特色目标和重点突破的特色项目。例如，我校充分利用学校宣传橱窗、黑板报、广播站等宣传阵地，宣

传学校特色工作，使校园透射浓厚的篮球特色校园文化氛围。

学校秉持“边学边练，以练促赛，以赛促练”的训练原则，高度重视篮球训练，积极鼓励学生参加各级各类竞赛，提高了他们参与的积极性，为储备未来篮球人才奠定了基础。在篮球训练和篮球竞赛活动中，我们经常能看到领导的身影，他们在积极为教练员和运动员加油呐喊，极大地鼓舞了球队学生的士气。同时他们还努力做好后勤保障工作，让运动员和教练员无后顾之忧。此外，篮球运动工作也得到全体班主任老师的积极配合。为保障训练队学生学习成绩，老师们经常利用休息时间给学生补课及辅导作业，关注学生思想动态，督促学生按时参加体育锻炼。班主任成为学校篮球工作发展和壮大的幕后英雄。球队学生家长也对学校篮球训练的开展给予了支持和重视，经常来校观看孩子们的训练，配合教练共同关注学生的成长。

二、加强队伍建设，确保篮球建设普及推广

教师是办好篮球特色学校的中坚力量。为落实教育局新课程教育教学计划，我校开足体育课时，并配有8名体育教师（5名本科，2名大专以上学历），保障篮球运动的正常开展。学校注重体育教师培训和体育科研工作开展，不断提高教师自身的素养和篮球教学的水平。近年来，我校多次在区级比赛中获得较好名次，保障和促进了学生运动技术水平提高，逐步实现教师与学生共同成长、共同进步的发展目标。

为培养学生终身进行体育锻炼的习惯，我校坚持开展体育课外活动。课外活动都做到场地、器材、时间三落实，并保证师生全员参加。如每天三十分钟大课间体育活动，以及篮球社团就是学校体育工作的亮点。

为保障活动的正常开展，我校还制定了相关考核、激励制度，将目标和责任落实到人、到部门、到班级。学校每年定期开展校级运动会和篮球比赛，通过活动开展旨在培养学生篮球运动的兴趣和集体观念，并在竞赛中发现和挑选篮球“苗子”。

为使学生保持对篮球运动持续的兴趣爱好，我校精心设计了一系列的篮球课外活动：结合对国际国内影响较大的重要比赛实况，剖析篮球战术运用、介绍相关规则。成立篮球梯队开展兴趣活动，通过兴趣小组活动等形式，训练篮球攻防的战略战术、反应的灵敏性等，提升学生的耐力和暴发力，强化对学生的体能、技能、智能训练。在篮球节期间，开展丰富多彩的篮球特色活动，展示球星风采，介绍球赛经典，观看篮球比赛，一切都是围绕篮球而开展，使学生亲历篮球风暴。

在深入开展篮球运动的过程中，很多学生深刻体会到，打篮球是一件快乐地事，是一种放松和调节生活、学习的科学方法，更是一种娱乐的自然过程。篮球运动通过使学生成为主动的体育实践者，从而为终身体育生活打下坚实的基础，使社会上越来越多的人生活得更加文明、健康、幸福。

三、科学谋划未来，确保篮球运动蓬勃开展

为落实推动我校教育“一校一特色，一生一特长”的素质教育目标发展目标，逐步形成具有显著育人效应的办学品牌，我校将以“特色学校”创建为契机，今后三年努力营造具有篮球特色浓厚的校园文化环境，制定出适合篮球特色学校的管理制度和运行机制，加大教师培训力度，广泛动员教师及学生全员参与，做到大课间及课外活动师生人手一球，促进学校篮球群体活动的普及和发展。同时，我校将着力培养一支会训练的特色师资队伍，打造一支在全区有影响力的篮球队伍，并形成自己的优势和影响力，全面提高学生整体素质，为重点高中输送尽可能多的篮球人才，让我校得到更长远的发展。

篮球作为小学生感兴趣的运动项目之一，在提高学生体质、促进学生健康成长方面起到积极作用。可以说，一个篮球，充实了生活，强健了身体，丰富了人生；一个篮球，激发了兴趣，增长了知识，普及了文化。我们坚信，在上级各政府的支持下，在社会各界的共同关注下，我校定会继续将篮球运动与学校文化融为一体，做强、做实、做响篮球特色品牌，进而创建篮球特色学校，在篮球特色教育的舞台上创造出新的辉煌！

扬“乐渡”风帆，驶向幸福彼岸

重庆市忠县洋渡镇中心小学　孙善文　任洪成　杜建军　李保红

习近平总书记指出，文化自信是一个国家、一个民族发展中更基本、更深沉、更持久的力量。文化是学校的灵魂，它对学校其他各项工作起到统领作用，一所内涵丰盈、品质优良的学校，需要强有力的文化支撑。用文化来引领与熏陶的教育，会给学校和学校师生带来深远而持久的影响。我校名为洋渡镇中心小学。“洋”者，洋洋大观；“渡”者，巧引善导。面对近年来的教育主张人本主义、推行素质教育的发展趋势，我校在传承“水文化”的基础上，重新提炼出以“乐渡”为核心的校园文化，并将其文化理念和教育思想贯穿到学校工作的方方面面，形成了“张扬个性，乐渡成长”的办学特色，旨在让每个孩子都能抵达幸福的彼岸。

一、创设乐渡环境，点染幸福底色

环境是重要的教育资源，是学校文化的外在体现。自2003年9月迁址后，我校先后投入900多万元，用于学校的硬化、净化、绿化、亮化、彩化、美化。

如今，漫步在我校校园，鲜花盛开，绿树成荫，浮雕文化墙上的“巾帼英雄秦良玉”、“洋渡古镇”、“炼锌土窑”、“深水港码头”等故事景观格外引人注目，校赋、校歌、办学理念等门楼文化充满文化意蕴，文化展室、理念石、校训石等环境文化令人心醉神迷，“三礼貌”、“四心”、名言警句等楼道文化让文明之风悄然浸润……不论身处校园何处，浓厚的氛围皆能帮助学生提升“求真、行善、唯美”的精神境界。

二、打造乐渡课程，拓展幸福学习

“一个人的天赋与潜能，如果能在小学得到良好开发，就会形成赢得未来的个性品质与创造力。”在“乐渡”文化引领下，学校努力挖掘学生多元潜质，在抓实抓好国家课程建设的同时，高度注重个性化校本课程的打造，构建起渡德、渡学、渡美、渡身、渡行的五渡课程体系，并深度开发与之相适应的《乐渡文化读本》和《忠文化读本》，让学生铸好品格、琢好学识、学好才艺、练好身体、修好实践，实现德、智、体、美、劳的全面发展。

为实现课程提质的最大化，学校瞄准课堂主阵地，在教学目标分层、教学载体多元、内容贴近生活、过程互动有效、提问富于启发、学生充满好奇、充分激励肯定、课堂高效愉悦的乐渡课堂“八要素”的引领下，初步形成了以“学、思、论、展、练”五大环节为实施流程的乐渡课堂教学模式。“学”是独立学习阶段，旨在培养学生自学及主动学习的能力；“思”是问题生成阶段，引导学生主动思考、发现问题、梳理问题；“论”是小组讨论阶段，让学生在合作中完成疑难问题的学习、知识的巩固提升；“展”是展示汇报阶段，学生以小组为单位展示合作成果，拓展思路；“练”是检测练习阶段，学生根据自身情况有选择地完成基础达标和拓展提升两个层面的检测内容。

三、成就乐渡教师，提升幸福能力

学校发展，教师为先；学生成长，教师为本。教师是学校的核心竞争力，一所学校的教育教学质量，最终取决于教师的素质。为提升学校教师整体素养，锻造一支引领学校发展的优秀教师团队，我校坚持把教师发展作为第一要务，多渠道、全方位为教师成功提供发展空间，使快乐不断充盈在教育生活之中。

强化学习，唤醒教师的内在发展力。学校积极组织教师参加联合国儿基会培训、国培、市培、校本培训和干部教师高级研修培训，邀请市内外名师上示范课、优质课，开展集体备课、同课异构和教学大比武，举行青年教师说课赛、讲课赛、基本功大赛、论文征集等，全方位推进教师队伍建设，促进教师可持续发展。

多措并举，增强教师的职业认同感。学校注重人性化、情感化、民主化管理，建立健全制约、激励、培训、考核四种机制，以学校的愿景激励教师树立自己的职业愿景和人生目标；组织开展趣味运动会、踏青活动、户外野炊、读书活动等活动，丰富教师的业余生活；召开教代会讨论决定学校重大事项，为学校工作提出合理化建议；想方设法提高教师待遇，让教师安心从教。

四、培育乐渡少年，托起幸福人生

幸福既是一种心理体验，又是一种行动追求。在这种体验与追求的过程中，我校努力搭建多元发展平台，提升学生感知幸福、创造幸福、共享幸福的能力，进而托起快乐幸福的人生。

强化实践，培育乐渡少年。结合洋渡古镇文化、忠义文化、乡村振兴、龙眼产业、柑橘产业等地方文化及产业特点，学校积极组织学生参观红色教育基地，开展研学旅行、农事实践等活动，让“红色文化”与“绿色生态”交相辉映，劳动教育与民俗体验相互融合，形成了独特的社会实践课程体系。

搭建平台，历练乐渡少年。根据渡学、渡美、渡心、渡身、渡行的目标要求，学校把“仁、义、礼、智、忠、信”转化成具体的德育目标，以“四节六月”活动体系为载体，对学生进行“三礼”、“四心”、“诚信”、“忠信”、“忠义”、“感恩”教育，让学生成长为品格好、学识好、才艺好、身体好和实践好的“五好”学子。

赏心悦目的乐渡校园、师生互动的乐渡课堂、独具特色的乐渡课程、活力四射的乐渡师生……汇聚成了我校乐渡教育的精神家园。新时代，新发展，新作为，我们全体“洋小人”将秉持千帆竞渡、百舸争流的信念和勇气，大胆探索新的办学特色，积极赋能师生成长，不断驶向幸福的彼岸。

智育德育并重　书香花香辉映

安徽省亳州市第一小学　于献会　修峰

我校自2017年8月建校以来，积极培育和践行社会主义核心价值观，在落细落小落实上下功夫，围绕“博一”主题文化着力推进文明校园建设，精心优化育人环境；学校领导班子解放思想、与时俱进，不断创新教育教学方法，培养了一支乐教善教、潜心育人的教师队伍，校园文明程度和师生文明素质不断提升。学校先后被评为“全国文明校园”、“全国青少年校园足球特色学校”、“亳州市教育教学先进单位”、“亳州市先进基层党组织”、“亳州市五星基层党组织”、“亳州市校园安全先进学校”、“亳州市红领巾示范学校”、“亳州市美丽校园”、“安徽省小学教育理事单位”、“亳州高新区教育工作先进单位”、“亳州高新区教科研工作先进单位”、“亳州市留守儿童关爱工作先进集体”、“亳州市中小学青少年禁毒知识竞赛先进单位”、“亳州市教育局高新区分局2019年信息报送先进单位”。

一、党建引领，打造一流领导班子

教师承载着传播知识、传播思想、传播真理，塑造灵魂、塑造生命、塑造新人的时代重任。学校按照制定的中长期发展规划，分阶段逐一实施。扎实开展思想道德教育实践活动，将中心组理论学习与教学业务学习相贯通，将爱国主义教育与思想政治理论课相贯通，树立教师新时代使命感和责任感，增强了学校的向心力、凝聚力。通过生动活泼、形式多样的思想政治课给学生心灵埋下真善美的种子，引导学生争做新时代好少年。

坚持党建引领、实践养成、制度保障三管齐下，推动社会主义核心价值观融入教育教学活动全过程。学校严格执行党组织生活会制度，坚持定期谈心谈话，发扬党内民主，严格按照评议程序和要求扎实开展民主评议党员，认真上好“三会一课”，做到支部班子健全、工作规范、管理到位。开展微党课评比、师德主题演讲、“红色教育”研学等活动，加强师德师风建设，提升教育教学水平。学校党支部2018、2019、2020年三个年度获评“亳州市先进基层党组织”称号，同时2020年被评为“亳州市五星基层党组织”。

二、实施“博一”铸魂工程，提升教师队伍水平

古人云：“敬教劝学，建国之大本；兴贤育才，为政之先务。”我校非常注重对教师道德素质的培养，将师德表现作为评优评先、晋职晋级首要条件。举办“我身边的好教师讲故事”比赛、组织学习习总书记《不忘初心、牢记使命》的系列讲话精神，使广大教师自觉增强“四个意识”　、坚定“四个自信”、做到“两个维护”。学校教师均为本科以上学历，且年富力强。现有中国好人1名，全国优秀教师1名，省优秀党员1名，市特级教师1名，市学科带头人1名，市教坛新星7名。高级教师、一级教师42名。

依托科研丰富学校文化内涵，学校坚持在教改进中创新、在创新中提高，着力提高课堂教学效益。坚持实施“青蓝工程”，培育青年骨干教师，强化教师教学基本功训练，提升全体教师整体素质。近两年来，学校教师在省市区级优质课等比赛中获奖100余人次；省级课题结题3项，市级10项，2019年市级课题立项6项，2020年市级课题立项3项；省级以上期刊7人次；省级教科研成果获奖10人次，市级200余人次，区级500余人次。

三、以“博一”为引领，广泛开展思想道德建设活动

“博一”文化是学校的主题文化，对学生有两点要求：兴趣要博，博览群书才能开阔视野，读万卷书方知其然；学习要专，学习时要有专一的态度和一往无前的精神。“博一”文化体现了学校对于学生全面发展、培养兴趣、专注学习、坚定意志的愿景期许和方法导向。

我校以十九大精神为统领，深入贯彻落实《新时代爱国主义教育实施纲要》《新时代公民道德建设实施纲要》，坚持立德树人，开展“博一”系列争创活动，旗帜鲜明加强思想政治教育、品德教育，加强社会主义核心价值观教育；坚持守正创新，不断强化思想道德建设，打造了一支可信、可敬、可靠，乐为、敢为、有为的教师队伍；坚持道德引领，形成了风清气正、廉洁高效、健康向上、文明和谐的校风。引导学生自尊自信自立自强，广泛开展“扣好人生第一粒扣子”教育实践活动。学校以创健全国文明校园为契机，利用晨诵、升旗仪式等进行经典诵读，让学生牢记核心价值观，做到入脑入心。

利用春节、元宵节、清明节、国庆节等时间节点，开展“中国梦”主题系列实践活动，让学生在庄严、隆重的氛围中树立报国之志，厚植爱国主义情怀。利用国旗下讲话、班会等形式，对学生进行爱国主义教育、集体主义教育，开展“我和我的祖国”快闪活动。利用思想政治课、“新时代好少年”评选宣传，使学生逐步养成“文明用语脱口而出，文明行为随处可见”的良好习惯。近年来，在亳州市“雏鹰争章”、“优秀班干部”、“优秀少先队员”评比活动中，获奖156人次。2019年荣获了“亳州市红领巾示范校”称号。

四、以学生为主体，积极营造校园文化氛围

我校在慎思楼大厅设置亳州历史文化，传承中华传统文化精髓。“博一”文化是学校的主题文化，对学生有两点要求：兴趣要博，博览群书才能开阔视野，读万卷书方知其然；学习要专，学习时要有专一的态度和一往无前的精神。“博一”文化体现了学校对于学生全面发展，培养兴趣，专注学习，坚定意志的愿景期许和方法导向。注重加强未成年人思想道德建设，精心设计孩子们喜闻乐见的教育载体，用独特、浓厚的校园文化熏陶、净化孩子们的心灵，让孩子们在潜移默化中羽翼渐丰，健康成长。先后举办了三届校园文化艺术节，营造了文明、健康、积极、向上的校园文化氛围。班级文化各具特色，班级“图书角”促进学生“悦读”。2019年，在安徽省第三届校园读书创作活动中，有19篇师生作品获奖。2020年，在安徽省第四届校园读书创作活动中，有31篇师生作品获奖。学校被评为“亳州市语言文字工作示范校”。

学校先后举办了三届“传承国学·圆梦中华”经典诵读比赛，使全体学生领悟国学要义、把握国学精髓、融通国学知识，让国学教育成果呈现出百花竞放、满园争春的绚丽景象。2019年在市区“传承经典、爱我中华”和“我和我的祖国”诵读比赛中，师生获奖100余人次。发动学生认领花草，为校园树木花草挂上“身份证”，爱护和浇灌花木，整个校园郁郁葱葱，花团锦簇。2019年被评为“亳州市美丽校园”。

学校每年都开展队史知识竞赛、新队员入队仪式等活动，增强了少先队组织的号召力、凝聚力，培养少先队员的光荣感和使命感。充分发挥红领巾监督岗的监督作用，让学生逐步学会自主教育、自我管理。2019年、2020年被评为“市校园安全管理先进单位”。

学校努力打造每一面墙壁都会说话，让每一条通道都富有生命力。校园内外设置了多种形式的核心价值观标语及景观小品等，在醒目位置设立校训、校风、校徽等文化标识。教学楼一楼和三楼集中展示亳州地方文化和中华优秀传统文化，二楼以养成教育为主题；四楼设置现代科学技术为主题的走廊文化。实现时时育人、处处育人，润物细无声。

五、以阵地为基础，精心培育学生儒德雅行

学校充分挖掘校内外资源，大力打造校园活动阵地，发挥红领巾广播站、电视台和特色宣传栏育人作用。设立创客、书法、美术、舞蹈等20多个学生社团，丰富学生校园文化生活。开辟“劳动教育实践基地”，种植本土蔬菜，让孩子们亲身劳作，培养爱劳动的意识，体会劳动成果的来之不易。同时，积极开展“美化环境，清洁家园”等志愿服务活动。

亳州一小特色社团活动成效显著。跳绳社团在全国跳绳联赛安徽亳州站比赛中4×30秒单摇接力项目获得全国冠军，在安徽省青少年跳绳联赛中取得团体第二名，花样跳绳队团体自编舞获省第三名；创客社团在安徽省机器人大赛活动中取得一等奖的好成绩；2019年12月，在上海国际机器人比赛中取得了一等奖。

立文明之风，创建文明校园，任重而道远。站在新时代，立足新起点，勇担新使命。我校将不断解放思想，优化育人环境，继续将文明校园创建活动推向深入，在优化育人的道路上走得更长、更远，把优美校园环境与文明校园的发展华章书写在亳州这片丰沃的土地上。

文化立校育英才，内涵发展创特色

安徽省滁州市第一小学　张万庭　杨静

文化是教育发展的根基，只有从文化的高度来把握和审视教育，才能真正让文化引领教育发展，引领师生发展。我校坐落于风景秀丽的琅琊山东麓，是一所历史悠久、声誉卓著的百年老校。百年沧桑，薪火相传，学校始终秉承“百年涵煦、知行相循”的办学理念，引领莘莘学子泛舟书海，擘画人生梦想。学校崇尚以文化立校，为孩子一生的发展奠基，促内涵发展，用爱浇灌满园馥郁芬芳！

百年的历史积淀，凝练出具有百年底蕴的校园文化特色，学校先后荣获“全国示范家长学校”、“国家级青少年体育俱乐部”、“国家级青少年手球基地”、“安徽省读书创作品牌校”、“安徽省教育系统关心下一代工作先进单位”、“安徽省最美书屋”、“滁州市首届文明校园”等多项殊荣，得到社会各界的广泛赞誉。

一、立足文化根基，打造校园环境

打造校园特色文化环境，最重要的是形成文化力的磁场，将文化融入学校的每一个角落。我校的建筑是独具新中式风格的，灰白是建筑的主色调，既有中国传统的清新淡雅，又有现代的简洁明快，辅以木色装饰，环保大气。围墙为传统徽派式样，整座校园古朴大方，融入内成河风光之中。在校园绿化带中的标牌，是社会主义核心价值观教育阵地，是红色的基因，也是校园中的一抹亮色。

校园的楼宇命名更是蕴含着校园的厚重历史与办学方向。健行

楼，取自于《易经》“天行健，君子以自强不息”，激励学生自强不息，努力实践；修业楼，同样取自于《周易》“君子进德修业”，勉励学生扎实学习，做好基本功。历代皆用“进德修业”教导弟子；关岳楼，此楼即为关岳庙的旧址。明朝为“滁阳王庙”，清朝为“关岳庙”。清光绪三十三年，公元1907年，用此庙办学，是为关帝庙初等小学堂，也是滁州现代教育的滥觞之地——菁莪馆，“莪”为小草，“菁”为草中精华。古代有育才之义，所以古代很多地方都立有菁莪书院或菁莪馆。即为从平民百姓中培养栋梁之材。我们把校歌悬于此即是勉励学生从小立志，为国学习，成为国之栋梁。

四栋楼宇内部的廊道和班级文化，都各具特色：全面体现德育熏陶、鼓励实践、扎实修业、传统浸润等。校园中的百年楸树，被称为校史树，见证了学校百年的办学历程。学校立足滁州文化渊源和校史，彰显出特色鲜明的校园环境文化。

二、构建管理文化，引领学校发展

学校管理工作以“立德树人”为核心，以教师队伍建设为重要抓手，以提高管理的针对性和实效性为工作要求，立足校情、充分酝酿、集思广益，体现合法性、发展性、人文性和特色性原则，依据上级相关文件要求，进行制度建设，修订学校章程，让走向“涵煦知行”的办学愿景在学校文化管理过程中得以充分体现。

秉持“人才强校”的战略，我校把聚焦师德师风建设，打造师德高尚的教师队伍摆在学校工作的核心位置。开学初召开师德师风工作专项会议，制定和改进师德师风建设系列活动计划，将职业道德教育系列活动作为学校工作的重中之重。学校健全教师理论学习制度，利用周三例会重点加强学习习近平总书记关于教育的重要论述、学习《新时代中小学教师职业行为十项准则》《中小学教师违反职业道德行为处理办法（2018年修订）》。开展党的“十九大会议精神”、“党的十九届四中全会精神”、“不忘初心牢记使命”宣讲活动等。

学校党支部，是涵养师德师风的火车头，领导班子是践行高尚师德的中坚力量。我校高度重视党员队伍建设，在新党员发展和在班子作风建设中构建动力、未来、使命、服务、愿景、生态理念，形成党员干部人人都是学校管理者文化体系。开展党员读书分享活动，建设学习型党组织。

以三个落地为支点，构建校园管理文化核心。第一个落地是教育教学常规活动精细化管理，实行《课堂巡课制度》；第二个落地是表彰师德典型，制度化开展优秀教师宣传表彰；第三个落地是建章立制，严格违规惩处，治理师德突出问题。

三、创新德育模式，开展特色活动

以队会为途径，创新德育模式。我校创设了三大主题队会：养成教育、感恩教育、心理辅导。主题鲜明，形式多样的主题队会，已成为我校德育教育的一道亮丽的风景，得到了家长、社会的充分肯定。

学校坚持执行每周一升旗制度，充分利用国旗下的讲话对学生进行正面教育，如爱国主义教育、前途理想教育、集体主义教育、文明礼貌教育、诚实守信教育等。

开展实践活动，搭建个性发展平台。学校通过创建安全文明校园、树立社会主义荣辱观、做一个文明的小学生等专题活动，对学生既进行了思想品德教育，又丰富了校园文化生活。另外，学校通过自主创编的《滁州一小行为礼仪三字歌》的传唱，养成教育的量化考核，使学生熟知并达到学校生活中具体的行为要求，形成他律。鼓励并提倡学生进行自我教育，通过树立榜样，创设条件，形成自律。

学校各班自主创建的名言格言、学生书画散发出浓郁的特色文化气息；学习园地展示了学生各类优秀作品，使学生感受到学习的快乐、知识的魅力；班级之星的评选激发了学生积极向上的进取精神。同时通过对获得各种荣誉的教职工、三好学生、劳动积极分子等进行公开表彰，使受表彰的师生享受强烈成就感的同时，又让他们感觉到肩上的责任，更为学生树立起可学、可追赶的榜样，让榜样成为鞭策自己和激励他人的力量。

创建体育特色，丰富校园文化。多年来，学校以国家级体育俱乐部、国家级手球训练基地为依托，以建设活力校园为目标，深入践行让运动成为师生一生的习惯。定期举办相关体育活动及趣味运动会比赛，上下午实行大课间活动，保证学生每天在校的运动时间为一小时，同时开展跆拳道、手球、街舞、乒乓球等特色俱乐部课程，并将日常文体工作和特色俱乐部课活动相结合。开展手球、篮球、乒乓球联赛活动，提高国家级体育俱乐部学生竞技水平。根据联赛学生表现情况，成立校小手球、小篮球、乒乓球、田径校级训练队，坚持进行常态化训练。运动员多次在全国、省、市级体育竞技比赛中斩获佳绩！

每年春秋季两次学生运动会，参赛选手均从各班采取随机抽取方式，此种做法的目的在于使运动会不再是少数运动精英的舞台，而成为更多孩子强健体魄、提升素养的平台，并以此来反映各个班级学生的体育水平。学校还外聘体育院校的教师，对学生建立长期体育评价体系，以此来推进班级、家庭对于体育运动的重视和监管。

四、构建活力课程，深化办学内涵

当下，课程构建已成为核心素养理念下现代学校亟待解决的问题，而一所老校，如要焕发新的生机，就必须提升自身课程的设计力，以不断适应新时代教育发展趋势的需要。

秉承地域文化之根脉，我校大力推行“1+X”课程建设，提出“让阅读和运动成为一种习惯”的教育主张。经过几年来的摸索，在深化课程改革，着力国家课程校本化过程中，逐步构建了“经典选粹”、“科创体验”、“活力手球”、“综合实践活动”、“节日文化”等为核心的特色校本课程体系。在全面落实部颁课程的基础上，开辟1+X社团课程，学生全员参与；双休日依托国家级体育俱乐部，滁州市科技实验校、滁州科技俱乐部的平台，开设跆拳道、手球、街舞、机器人、魔方、书法、象棋、黄梅戏、京剧等近20门精品化的俱乐部课程，形成了“一校多品”的良好发展态势，努力塑造人格健全、兴趣广泛、心理健康、品德高尚的优秀人才。

多元质量评价，提升办学品质。学校一直致力于课程评价方式的改革与尝试，率先推行了3加X评价体系。为传承经典，浸润国学，构建国学特色学校，推进阅读考级活动。结合《经典选粹》校本课程，阅读成果作为语文教师教学效果的评价依据之一。同时将书写质量纳入考核，把写字指导提升到素质教育的层面予以重视，促使教师、学生、家长三方共同关注汉字书写质量的提高。

在关注文化课教学质量的同时，学校对音体美、科学、道德与法治、信息技术等学科期末实行试卷检测和实践活动综合评价。俱乐部课程则由任课教师学期初提交教学计划，期末进行成果展示。

近年来，我校坚持教育内涵发展，把“开展经典诵读，打造书香校园”作为学校文化建设和发展的目标之一，在全校师生中广泛深入地开展阅读实践活动，让经典相伴成长，让文化涵养学校发展，逐渐形成了“底蕴深厚，书香满园”的办学特色。教师读书论坛、读书创作、“春之声”读书节、诗词大会、经典诵读比赛、课本剧表演、讲故事比赛、图书“跳蚤市场”、“博览杯”阅读分析比赛、国学少年、书香家庭评选……一系列丰富多彩的活动让师生的心灵徜徉书海，让老校浸润书香！

百载风雨兼程，百年青春如歌。年华流转，不变的是学者心；岁月如流，永恒的是师者魂。桃李不言满庭芳，弦歌百年今又始，努力拼搏的一“小”人，定会积历史之厚蕴，大展宏图，再谱校园文化工作新的华章！

让每个人都成为最好的自我

安徽省滁州市凤阳县小岗学校　邱建　张彩艳

党的十九大报告指出：“建设教育强国是中华民族伟大复兴的基础工程，必须把教育事业放在优先位置，加快教育现代化，办好人民满意的教育。”这为我国教育事业的发展指明了方向。为办好人民满意的学校，安徽省滁州市凤阳县小岗学校坚持立德树人的根本任务，以“让每个人都成为最好的自我”为办学理念，以“忠信诚朴、自强不息”为校训，以教学质量为生命线，大力弘扬小岗精神，全面推进素质教育，着力培养既有底蕴又有眼界，既有传承又有创新，既会学习又会生活的新时代少年。

理念文化为先　弘扬小岗精神

治校理念是学校发展的灵魂，是学校发展的关键所在。一所学校要真正成为一个品牌，首先必须有明确的教育思想定位。

先进的办学思想。小岗学校全面贯彻党的教育方针，以科学发展观为指导，坚持“做适合学生的教育、办人民满意的学校”的教育理念；遵循教育规律，树立全面协调可持续发展的人才观；培养学生良好的行为习惯，为学生终身发展服务，为学生幸福人生奠基；以培养学生创新精神和实践能力为重点，全面实施素质教育，切实推进特色教育。

明确的办学目标。小岗学校紧跟时代步伐，准确研判时代信号，坚定“与时俱进、敢于创新；坚定信念、勇于拼搏；求真务实、善于合作；埋头苦干、乐于奉献”的四种精神，努力打造“学生健康成长、教师幸福发展、社会满意参与”的富有特色的安徽省知名乡村学校。

基础设施为本　建设花园校园

“万丈高楼平地起，挖多大的坑建多大的房。”同理，学校要发展，只有加强硬件设施建设、完善基础设施，才能让学生安心安全地在学校学习和生活，这也是学校生存和发展的重要保证。

小岗学校坐落在中国农村改革第一村——安徽省凤阳县小岗村，占地面积22300平方米，是一所九年一贯制学校。自2012年3月筹建起，在各级政府和教育主管部门的关心和支持下，在小岗村两委的帮助下，学校先后投入大量的人力、物力和财力，兴建了教学楼一幢、教师周转房一幢、食堂一栋、少年宫一座，修建了学校围墙、大门、塑胶操场等配套设施，同时对校园环境进行美化、净化和亮化，使办学条件不断改善。

经过几年的发展，小岗学校已经成为一所布局合理、设施完善、环境优美的农村花园式学校。

师资建设为主　打造一流队伍

强校先强教，强教先强师。教师是教育发展的第一资源，是学生健康成长的引路人，是提高教育教学质量的关键。小岗学校始终将教师队伍建设作为学校重点工作，多措并举，强素质，提水平，努力打造一支师德高尚、业务精湛、充满活力的高素质、专业化教师队伍，培植学校可持续发展的原动力。

学校严格落实"以学生发展为本、坚持全体学生的全面发展、关注学生个体的健康发展和可持续发展"的教师理念，重点抓好"培训育德、评比活德、制度保德、典型引德"四项工作，定期开展优秀教师、班主任、教育工作者等评选表彰活动，努力提升教师的道德素养；开展以校为本的培训，积极探索新课程理念下的教育模式；实施"请进来、走出去"的发展战略，加强教师的专业能力培训；积极组织教师参加专业评比，提高教师的业务能力。

智慧教育为翅膀　振兴乡村教育

现代化学校的建设，离不开现代化的教育理念、教育手段以及教育设备的更新。自2016年被评为"省级信息化试点学校"后，小岗学校加大信息化建设的步伐，率先在凤阳县试点智慧校园建设，班级内"班班通"数字投影、数字实物展示台、高清摄像头等教学先进设施全部更新，电子班牌系统、校园安全系统、录播教室、在线课堂、智慧课堂均设施齐全，大大改善了学生的学习环境和方式，在乡村教育中真正实现了"互联网+教育"的新模式。学校依据互联网优势，于2017年开启"互联网+书法教育"的新模式，即利用同步（在线）课堂与天津市红星路小学同步教学，实现书法资源共享，让农村的孩子也能享受到优质的书法资源。

一体化的教学设备，先进的教学工具，电子书包的普及，极大地提高了教师的计算机应用能力，拓展了学生的学习视野，使学校教学质量连年攀升。

非遗传承为特色　丰富校园文化

凤阳花鼓是国家级非物质文化遗产，叉拉机是省级非物质文化遗产。小岗学校依托乡村少年宫，开设凤阳花鼓、叉拉机兴趣班，培养学生保护传承"非遗"的意识，以培养更多的非遗传承人。同时，学校还开设足球、武术、音乐、美术、图书阅览等兴趣班，丰富学生的课余生活，促进学生的全面发展。如今，学校凤阳花鼓和叉拉机表演队多次参加省、市、县以及"CCTV7"等表演活动，展现了小岗学生的风采！

短短八年时间，小岗学校先后获得"全国校园足球特色校"、"安徽省首批智慧校园示范校"、"安徽省文明校园"、"安徽省教育系统先进集体"等称号，已经成长为一所环境优美、设施一流、师资力量雄厚的安徽省知名乡村学校。

面对新的历史机遇和挑战，小岗学校将在凤阳县委、县政府和教育主管部门的坚强领导下，继续发扬敢想敢干、敢为人先的大包干精神和无私奉献的"沈浩精神"，自强不息，艰苦奋斗，努力办好小岗人民满意的学校，让每个人都成为最好的自我。

弘扬红军精神　传承红色基因

——记安徽省金寨洪学智红军小学

安徽省金寨洪学智红军小学　杜炎　王俊　陈涛

安徽省金寨洪学智红军小学（即金寨县双河中心小学）坐落在共和国"两膺上将"洪学智将军的故里，这里革命历史文化厚重，红色资源丰富。近些年来，在党和政府的关心和支持下，特别是在习近平总书记关于红军小学建设"好事办好、实事做实"、"红色基因代代相传"、"托起明天的太阳"的重要指示指引下，全校上下凝心聚力，攻坚克难，以红军精神为支柱，为红色资源为载体，以红色活动为依托，内强管理，外树形象，校容校貌发生了天翻地覆的变化。

一、红军精神引领学校德育工作

走进校园，引人注目的是镌刻在东面墙壁上红色大字：红军精神——一往直前　忠贞不渝　历经艰险　无坚不摧。学校把红军精神作为学校德育工作的出发点和落脚点；把"播散红色种子，构建红色校园。"作为学校工作目标。红色经典诵读、课堂教学、国旗下的讲话、红色故事演讲、走访老红军、祭扫烈士墓……大到集体活动，小到生活细节无不渗透红军精神教育。"苦不苦？想到红军长征二万五！"、"累不累？想起红军革命老前辈！"这两句话成了洪学智红军小学广大师生的口头禅。无论是在学习上、还是在活动中；无论是在生活上，还是在工作上，遇到再大的困难，抬头看看墙壁上的红军精神，一股战胜困难的勇气和豪情油然而生，一切困难便迎刃而解，云消雾散！因此，在洪学智红军小学每一位师生的身上都闪烁着吃苦耐劳、坚韧不拔、迎难而上的红军精神。崇高的理想，在孩提时代孕育。学校老师，特别是班主任十分注重对学生的理想教育，教育学生以革命前辈为榜样，胸怀天下、忠贞爱国、大公无私、鞠躬尽瘁，树立正确的人生观、价值观、世界观。在老师们的教育和影响下，每一个学生都树立了自己崇高理想，并把理想化为学习和生活上的动力，你追我赶，互帮互助，好人好事，蔚然成风。红军精神在他们身上得到了传承和延续。

二、红色文化　浸润心灵

一进校门，首先映入眼帘的是矗立在校园内标志性雕塑：一个硕大的红五角星，熠熠生辉，两侧镌刻有　"红色摇篮"、"红色基因，代代相传"12个金色大字，苍劲有力，整个雕塑庄严肃穆。雕塑后面的墙壁上镌刻的是"一往无前、忠贞不渝、历经艰险、无坚不摧"16个红色大字，旁边挂有吴邦国委员长亲自题写的"红军小学"校牌。在各个建筑的走廊上，或张贴或悬挂有《巧渡金沙江》《强渡嘉陵江》《飞度泸定桥》《四渡赤水》等红色宣传画，看着这一切，一股浓郁的红色文化气息扑鼻而来，沁人心脾！

走进"洪学智将军生平事迹展览室"，只见四周的墙壁上悬挂着红老将军在解放战争、抗日战争、抗美援朝战争、社会主义建设等不同时期的照片。站在伟人照片面前，我们仿佛又回到那金戈铁马、硝烟弥漫、刀光剑影的战争年代，将军那浴血奋战、出生入死、大公无私的伟大人格魅力和不朽的丰功伟绩不禁令人肃然起敬。

三、红色歌声　绕耳不绝

唱红歌，是洪学智红军小学的必修课。《红军小学》之歌作为校歌，已设为学校上放学的铃声，"校旗上闪烁着红军的五星，脚下路延续新的征程……红军小学，红色希望，我们要让祖国更加强盛。"令人热血沸腾的歌声，每天都飘荡在校园的上空，激励着莘莘学子自强不息、奋勇开拓！《没有共产党就没有新中国》《歌唱祖国》《歌唱二小放牛郎》《南泥湾》《保卫黄河》……一首首耳熟能详的红歌在校园里传唱，汇成红色海洋。唱红歌比赛是洪学智小学每学期的必定的歌咏比赛活动项目，在县里、镇里举办的唱红歌比赛活动中，洪学智红军小学比赛成绩稳居第一。

四、奋勇开拓　硕果累累

洪学智红军小学，在各级党委政府全力支持下，特别是在全国红军小学建设工程理事会、省青基会和省希望办公室的倾力帮助下，学校规模不断扩大，教学设施日臻完善。校园占地面积12700平方米，拥有综合楼、教学楼、学生食堂、男女生公寓、教师周转房等多栋建筑，内设科学探究室、计算机教室、图书室、阅览室、音乐室、舞蹈室、书法美术室、洪学智将军生平事迹展览室等。在校学生712人，教职工49人。学校于2001年荣获县级示范小学称号；2002年、2003年连续两年被评为"县级文明单位"；2008年被省文明委授予"未成年思想道德建设示范学校"；2010年荣获市级"家长示范学校"；2015年荣获"金寨县五好关工委"称号；2016年被县教育局授予"红色建设先进单位"；2020年荣获分别"市级文明校园"、"市级平安校园"、"市级示范食堂"……一份份殊荣，一块块奖牌见证了洪学智红军小学领导和全体师生披荆斩棘、奋勇开拓、发展壮大的光辉历程！

搏击长空振翅飞，勇立潮头写风流。金寨洪学智红军小学的全体师生在伟大红军精神的指引下，正勇往直前、信心百倍、昂首阔步在建设红色校园、传承红色基因的新长征路上！

深化育人内涵，传承红色基因

安徽省金寨县皮定均红军小学　胡伟　彭宗干　许先见

红色基因是中国共产党人的精神内核，蕴含着我们党的信仰、宗旨和追求，集中展现了中国共产党人的理想信念、思想路线、宗旨使命和纪律作风，是党领导全国各族人民攻坚克难、取得一个又一个伟大胜利的强大精神武器。习近平总书记在党史学习教育动员大会上的重要讲话指出，要教育引导全党大力发扬红色传统、传承红色基因，赓续共产党人精神血脉，始终保持革命者的大无畏奋斗精神，鼓起迈进新征程、奋进新时代的精气神。我校坐落在大别山腹地金寨县槐树湾乡响山寺村七店居民组。是一所隶属于槐树湾实验学校的公立村级完全小学。　近年来，学校在全面实施素质教育的前提下，充分发挥地域红色资源优势，大力创建红色文化，深化革命传统育人内涵，通过搜集、宣讲革命先烈的感人故事开办红色文化展厅，红色经典诵读，观摩革命传统影视作品、清明节给老红军扫墓、研学旅行等多种形式，逐步创设了以红色为主题的校园课程，提升办学品味，初步形成了"红色教育"的办学特色。

一、学校历史沿革

我校最早始于1925年，当地开明人士陈健华，在黄畈居民组的张氏祠创办的一所私塾。1943年改为民办小学，1950年春转为公立小学，名为"红光小学"。1968年11月更名为响山寺小学。其间，校址设在黄畈张氏祠。2000年皮定均之子皮国湧少将，之女皮卫平会长联系捐资25万元港币，并由各界人士捐资30万元。重新选址新建“响山寺希望小学”。2002年皮国湧少将捐资5万元建成“皮定均图书馆”，2004年至2005年逐步完善了其校舍的石岸、围墙等附属设施。2009年8月新建综合楼一幢.2013年被中国红军小学建设工程理事会命名为金寨县皮定均红军小学，并由中国当代著名书画家范曾先生题写了校名。

目前，学校有7个教学班，200余名学生，辖响山寺、万冲两个行政村。教职工15人.拥有教学楼、综合楼各一幢，一所规模性幼儿园及18套教师周转房，以及学生食堂，20蹲位水冲式厕所一个，标准运动场一个，室内活动场一个，音乐舞蹈室一个，八大功能室齐全。另设有皮定均将军陈列室。教室内现代化教学设备齐全，硬件配备基本完善。

二、红色教育传承

金寨县皮定均红军小学隶属槐树湾实验学校，认真贯彻落实习总书记重要讲话精神，坚持要把红色基因代代传，红色教育融入课堂，取得了十分显著的成绩，整体工作精彩纷呈、亮点凸现。在各级领导的关注下及教育局对皮定均红军小学的大力支持下，学校的校容校貌得到了很大的改观，自从2016年义务教育均衡发展以来政府对我校予以很大的资金投入，建成全县唯一一所拥有足球场的乡村小学，学校多媒体教室，班班通，计算机室，让学校的教育走进信息化技术教学时代。不再是老师上课只拿个教本进课堂，而是利用现代化的教学手段，让学生和知识更加贴近。

学校红色教育采用不同的手段。2017年1月学校3-6年级的学生参加“缅怀先烈，走进厦门”的研学旅行；2018年清明节槐树湾实验学校，金寨县皮定均红军小学举行“铭记•2018清明祭英烈”活动；2018年5月合肥万达文旅城一日研学旅行活动；学校组织教师学习习近平总书记讲话精神，组织教师讲老红军的故事；2018年6月全国红军小学建设工程理事会为金寨县皮定均红军小学优秀教师和优秀少先队员颁奖；2018年10月参加槐树湾乡“传承红基因、高歌新时代”红歌赛，并荣获三等奖；2019年4月学校举行“缅怀革命先烈，感恩幸福生活”活动，2019年5月举行了“古都南京　国学文化研学”，参加唱红歌比赛等，并且学校定期组织学生参观学校的皮定均将军陈列室，让学生们感受革命先烈的事迹，让红色文化牢记于心，并不断发扬下去。并且学校课程设置里每隔一周会有一次红色教育的课堂，形式多样，讲故事，演讲比赛，观看视频等。

三、研学旅行活动

研学旅行--是由教育部指导意见，根据区域特色、学生年龄特点和各学科教学内容需要的一项活动，组织学生通过集体旅行、集中食宿的方式走出校园，在与平常不同的生活中拓展视野、丰富知识，加深与自然和文化的亲近感，增加学子对集体生活方式和社会公共道德的体验，学生的自理能力、创新精神和实践能力都得到提升。结合我校工作实际，经广泛征求意见，学校制定并开展了研学旅行。

通过开展研学旅行仅使学生们了解了古都文化，而且培养了学生的爱国情怀、同时使学生对现代科技的发展有一定的了解，从而激发学生努力学习、积极进取、团结奋进！为将来报效国家做好充分准备！

学校内抓管理，外树形象。教育质量过硬，教师队伍不断优化，以“笃志乐业，严谨创新”为教风。形成了励志勤学、敏思创见的学风。赢得了社会的一致好评，硕果累累：被评为“金寨县文明单位”；“青年文明号”称号；“六安市示范留守儿童之家”；市级先进班集体；2016年，校长许先见被全国红军小学建设工程理事会聘为“全国红军小学校长理事会理事”；2017年我校教师徐乐永、汪萍，学生秦梦媛、舒悦受到全国红军小学建设工程理事会的表彰，分别被评为“优秀教师”和“优秀少先队员”；2018年，我校四年级被全国红军小学建设工程理事会命名为“雷锋班”；2019年我校三年级又被全国红军小学建设工程理事会命名为“恩来班”。　2002年至今，教师撰写的教育教学论文先后有40余篇获得市县级奖，学生作品先后有8篇在省级CN刊物上发表。

如今，我校规模性幼儿园和教师公租房工程已圆满完工并投入使用，学校基础设施更加完善，一个团结向上的团体已经形成。相信在不远的将来，我校必会发展成为文化底蕴深厚，红色硕果累累，教育特色鲜明，育人氛围浓厚，校园美丽如画的农村完全小学，为金寨的教育行业增添一朵光艳的奇葩。

传承红色基因，孕育生命底色

安徽省石台县少奇红军小学　陈龙　储新华

党的十九大报告指出：“文化是民族的血脉，是人民的精神家园。”中国共产党的成立，赋予了中华文化以新的精神。红色文化是由中国共产党人、先进分子和人民群众共同创造并蕴含着丰富革命精神和厚重历史内涵的先进文化。红军精神是乐于吃苦，不惧艰难的革命乐观主义；是勇于战斗，无坚不摧的革命英雄主义；是重于求实，独立自主的创新胆略；是善于团结，顾全大局的集体主义。红军精神，能够在漫长的时间积淀中转化为对现实的启示，体现了党之魂、军之魂和民族之魂。

2009年12月我校新建的教学楼于落成，该教学楼的建成得到了全国红军小学建设工程理事会捐助款25万元，并命名为“少奇红军小学”，全国现有300多所红军小学，分别以元帅、将军的名字命名，我校属当中的第89所。学校班子审时度势，结合校名　“少奇红军小学”决定将红军精神为主的红色文化作为学校的特色文化，渗入到学校德育工作中，并以此作为学校文化的主旋律，进一步发扬光大。学校制定了《七里中心学校校园文化建设实施方案》、成立了校园文化建设领导小组。重新确立了以红军精神为主与时代精神相结合的校训、校风。

一、重塑校园文化，凸显环境育人

加强学校硬件环境建设。学校投入部分资金建设了文化长廊，分为五个篇幅即“建校篇”、　“励志篇”、“博学篇”、　“传承篇”和“和谐篇”，整个文化墙的内容和布置，都突出了“发扬红军精神，成就精彩人生”的这一主题。同时学校又增设了“元帅墙”，以十大元帅的简历、画像作为学校的文化墙，与中国地图、世界地图和国旗成就了红军小学的一大特色，突出了深厚的红色文化底蕴。学校设立了“少奇红军小学陈列室”少奇红军小学陈列室分两间，一间以展板和物品陈列为主，展板有少奇同志的形象墙、生平简介、学习精神、历史评价、与皖南的关系及当地的红色资源。陈列柜里有少奇红军小学校旗、校牌、红军后代签字旗。另一间为多媒体，学校将提供刘少奇的影像资料。

加强学校软件建设。根据新时期的教育的需要，结合红色文化的精髓，学校广泛征求意见，拟定了“博学、自信、超越”为少奇红军小学的新校训，“勤奋、和谐、创新”为学校的新校风。校训、校风以多种方式在校园内呈现，对内引领师生的教育行为，对外彰显少奇红军小学的教育品质。学校铃声全部更换成了经典的红色革命歌曲。同时经学校班子研究，将少奇红军小学八个班级分别以十大元帅的名字命名，并要求各班级深入了解元帅们的生平事迹，彰显了人文特色，营造了红色文化氛围。同时标准化建设实施以来，学校每个班级添置了电子白板，增设了标准化实验室、图书室、电脑室。

二、策划体验活动，开展实践蕴涵

学校将每年的3月18日科技人才日—5月31日六一前夕定为学校“红军节”。学校成功举办十届红军节，红军节里将开展读书月、故事比赛、爱国主义影片展播、文艺汇演等系列活动。我们的红军节具有四大特点：一是与重要节日相结合，具有一定的历史意义和现实意义；二是活动新颖，形式多样，注重学生能力发展；三是红军节活动与爱国主义读书活动有机结合，与学校德育工作紧密结合；四是持续的时间长，能将各种活动有序的安排学期中，使红色文化得到有效地传承。

“红色读书月”的主题是“红色经典　伴我成长”，要求各校各班收集爱国主义读本，中心本部各班收集与本班元帅有密切关系的红色经典读本，每位教师、学生至少读一至两本红色经典，并召开主题班会，出红色文化专题板报，让红色经典书籍走进校园，让传统革命精神走进孩子的心灵，构建有特色的红色校园文化，提升学校品位。将今年红军节一经典诵读为主题。

讲故事比赛。结合县里的爱国主义读书活动，我校于举行了讲故事比赛，一个个感人肺腑的革命故事，一个个鲜活生动的革命形象，通过小选手的生动演绎，走进了广大学生的心灵，使孩子们受到了一次红色洗礼。

徒步清明祭扫可以说是我校的传统活动，每年清明节，我们的孩子徒步二十余里，带上自制的小白花，向烈士塔上的革命烈士敬献花圈，在革命烈士纪念碑下深切缅怀革命烈士的丰功伟绩，抒发对他们崇敬之情，立志继承革命优良传统，做合格的共产主义接班人。

广泛开展“学雷锋活动”。我校作为全国红军小学，积极响应全国红军小学建设工程理事会的号召，广泛开展“从我做起，做雷锋式的好少年”的主题教育活动。10月13日下午少先队建队日，开展了认识雷锋的主题讲座，通过一个个生动、感人的故事，让同学们熟悉雷锋，了解雷锋的生平事迹，走进雷锋伟大的精神世界。听完讲座，孩子们的心灵深受启发。学校里也涌现了不少好人好事。

在加强校园红色经典文化建设的同时，学校积极开展研究工作，有效推动校园红色文化建设的进一步深入。坚持以爱国主义教育为核心，以实践体验为途径，结合班级和学生的实际，积极开展弘扬红军传统文化的学习实践活动，教育引导学生了解红军史迹、领悟红军精神的丰富内涵，感受红军精神的伟大力量，弘扬中华传统美德，并将爱祖国真正地贯彻到平时的日常生活中，并作为自身行为的规范和约束；培养学生勇敢、自信、坚强的意志品质；帮助学生认识生命的价值从而树立正确的人生观、世界观。

三、形成自身特色，彰显红小魅力

经过多年来的摸索，我校赢得了社会及家长的肯定，受到了上级领导的高度关注，学校知名度有所提高，学生的精神面貌有所改观，全体老师正以积极向上的精神状态投入到教育教学工作中。

学校校园文化建设工作受到中央电视台、安徽电视台池州电视台多维度栏目等多家媒体的关注，安徽青年报、池州日报分别以《凝练主题打造特色红色小学》《让红军精神代代相传》为题对我校校园文化建设作了专题报道。

学校连续多届在小学生爱国主义读书活动比赛中获得国家、省市级大奖。学校目前是石台县先进基层党支部、池州市语言文字示范校、池州市爱国主义教育基地、池州市首届德育示范学校、安徽省未成年人示范道德建设示范学校、安徽省思想道德建设先进集体、全国五星级红军小学。

红军小学，红色希望。红军精神将永远激励着我校全体师生不断奋斗，勇敢直前。赓续红色血脉，传承红色基因。坚持立德树人，孕育生命底色。

特色课程教育　龙狮文化进校园

北京师范大学广州实验学校　刘剑荣　王硕　郭梦祝

做扎根的教育

北京师范大学广州实验学校是北师大基础教育集团在广州唯一的一所十五年制公办学校，一直以北师大教育集团提出的“做扎根的教育”为指导思想，渗透人、爱、创新的教育理念，以家国情怀为本，传承北师大血脉。顾明远先生提出，没有爱就没有教育，没有兴趣就没有学习，教书育人在细微处，学生成长在活动中。学校校训提出“向上、向真、向善、向美”。而龙狮文化作为传统文化之一，在南中国地区源远流长，深入百姓心中，非常盛行，孩子们从小耳濡目染，学校在开展特色活动课程教育时有意识地引进龙狮文化，也契合做扎根的教育理念。龙狮文化也属于民族文化，民族的也是世界的，更是永恒的。基于此，北师大广州实验学校开展龙狮特色活动课程，既能宣传传统民族文化，扎根地方教育，也能愉悦身心，增强体魄，提高团队协作能力，培养孩子们吃苦耐劳、敢于拼搏、团结向上的奋斗精神，更符合敢于担当、奋勇争先的广东人精神。

北师大广州实验学校舞龙舞狮社团成立于2016年，最初提出在学校开设舞龙舞狮课是因为学校考虑到在校就读的学生大多为南方孩子，每逢元宵佳节或集会庆典，民间都以狮舞前来助兴，日常中舞龙舞狮是可以经常见到的，这让不少孩子对舞龙舞狮产生了兴趣。经过四年的发展，北师大广州实验学校的舞龙舞狮社团已初具规模。

龙狮特色课程在我校的开展

回忆创办伊始，4年前北师大广州实验学校开设舞龙舞狮课的消息传出后，学校社团老师就收到了二十六七个十二三岁孩子的报名请求，最终，在经过专业老师的选择后，留下了二十个孩子。选拔学生入社团的标准第一条就是兴趣，要孩子有兴趣才行，其次还会考量孩子的身体灵活性，毕竟舞龙舞狮需要灵活性好才更有优势。经过四年的发展，目前，北师大广州实验学校舞龙舞狮社团共有队员90余人，舞龙舞狮队在校内建成了舞龙舞狮训练基地。以前选拔的孩子大多是初中生，现在，在小学四年级就开始给学生们渗透舞龙舞狮的东西，希望他们可以对舞龙舞狮感兴趣。

龙狮文化的继承与创新

我校舞龙舞狮特色活动课程在继承和创新中国传统文化的基础上，深入落实六个确保，让学生成为课堂的主人，为学生搭建属于他们的舞台，真正成为龙狮文化的传播人。

1、时间保证。学校舞龙舞狮社团的训练一般安排在周日至周五的课外时间，训练地点就在学校的操场上，每次训练约一个半小时。在学生紧张的学习之余，充分利用碎片化时间，整合学生资源，充分发掘学生兴趣爱好。在1个多小时的训练时间里，不仅练习学生的龙狮套路基本功，更要培养学生团结拼搏、勇于进取的意识，建立稳定和谐的龙狮队伍。

2、教练保证。为了让学生能够学习到更专业、正宗的舞龙舞狮，学校专门聘请广州市舞龙舞狮非物质文化遗产传承人龚桂冬担任主教练，龚桂冬的教练团队曾代表中国队参加香港国际夜光龙锦标赛、亚洲华人邀请赛、广州国际醒狮群英会等大大小小的比赛，并取得不俗成绩，此外，团队多次参与中央电视台、广东电视台、广州电视台的节目录制，在岭南地区具有非常大的影响力。

3、队员保证。从舞龙舞狮社团创办之初的20人，到现在的90余人，从创办之初只有初中生，到现在小学生、初中生、高中生均有，已经形成完整的梯队。作为12年一贯制的学校，舞龙舞狮社团的梯队建设对我校特色活动课程与学校发展具有巨大推动力。社团队伍壮大的同时，逐渐细化与调整学生队伍结构，保证在新老交替阶段能够继续保持活力。

4、教师保证。作为一支具有90余人的庞大团队，教师的管理是必不可少的。中学生正处在身心发展的关键期，心理发育并不成熟，情绪化问题比较严重。为了保证队伍的可持续发展，学校安排郭梦祝、王硕两位体育教师管理舞龙舞狮社团。两位教师分工明确，郭老师主抓学生训练工作，积极与龚桂冬教练团队协调安排学生训练时间与训练内容，保证学生在龙狮技能上逐渐提高；王老师主抓后勤与思想教育工作，为了能够让学生在每次的大型活动、比赛中发挥出水平，王老师积极协调学校政教处、教务处、食堂等部门，活动前充分做好学生调课请假、宿舍管理、饮食等问题。此外，王老师积极倡导兴趣与文化课成绩一把抓，经常与学生所在班级的班主任沟通学生学习情况，在参与兴趣活动的同时，能够保证文化课成绩稳步提升，成为德智体美劳全面发展的学生。

5、经费保障。学校对传统文化的发展非常重视，学校为舞龙舞狮社团解决了一切后顾之忧。每年舞龙舞狮社团参加大大小小的活动所产生的一切费用，例如教练团队、龙狮道具、演出服装、外出比赛饮食住宿等均由学校承担。校领导曾说，只要学生感兴趣，我们就会为他们搭建起舞台，让我们的学生跳出最美的舞蹈。

6、目标保证。学校舞龙舞狮社团每年参加的活动和比赛至少在20场以上，学生有了能够展示自我的舞台，不仅能够提升学生自信心、磨炼学生意志力，也会是这支队伍更加团结稳定。无论是比赛前还是大型活动演出前，两位老师都会给学生定下目标，让学生知道前进的方向，形成目标意识。此外，学习舞龙舞狮能够在小升初、中考特长生考试中获得相应的加分，对学生升学也有一定的帮助。下一步，我校将与广东省内招龙狮特长的高校开展合作，将具有龙狮特长的高中生推荐到该大学，继续学习舞龙舞狮，让学生真正成为龙狮文化的传播者。

文化之盛，在其坚韧。其中既有“咬定青山不放松，任尔东西南北风”的定力，也有“自信人生二百年，会当水击三千里”的豪迈。龙狮运动中的每一个动作都是在交流的过程中传播，在继承的基础上发展，都包含着文化创新的意义。而发展的实质就在于文化创新，这是社会实践发展的必然要求，是龙狮运动自身发展的内在动力；实践作为人们改造客观世界的活动，是一种有目的、有意识的社会性活动，人类在改造自然和社会的实践中，创造出自己特有的文化。只有在实践中不断创新，龙狮运动才能焕发生机、历久弥新，民族文化才能充满活力、日益丰富。

传承传统并不仅仅是习得，更重要的是创新，使知识有所增长，龙狮表演中舞者灵活的步法、巧妙地手法，才能将龙狮表演的惟妙惟肖。这对龙狮社团培养舞者探索真知、感悟真情、品味真趣具有重要意义。无论是社会龙狮社团组织还是校园社团，对龙狮运动的发展都有一定的推动作用。从传承的角度看，学校龙狮社团作为传承传统文化的中坚力量，引领学生继承与弘扬民族文化具有重大意义，是最具价值的载体。

龙狮运动是中华民族优秀传统文化的重要组成部分，我们要不断地继承和发扬龙狮文化。一方面，要继承传统的龙狮文化，将其中包含的龙狮精神发扬光大；另一方面，我们要将龙狮文化与现代社会相融合，不断赋予其新的生命力。我们需要更加深入的了解龙狮运动中蕴含的传统文化，保护文化精髓，吸收新文化要素，推动龙狮运动的传播和发扬，使龙狮运动有更加广阔的发展空间。

立德树人　和合文化筑育人品格

北京市大兴区第一中学　姜苗　张丽

如果说文化是一所学校的品格，那么教育的精神便是学校的灵魂。品格的高雅与否，更深层次地源于学校内在的精神。大兴一中作为一所有着64年办学历史的老校，更是深谙其中的道理。因此，学校在广泛征求意见的基础上，提炼总结出了属于自己的文化理念——和合文化。

“和合文化”以社会主义核心价值观为指导，坚持“依法治校，立德树人”的办学宗旨，以“和而不同，合而共生”为价值追求，坚持“和合一中，大德育人”的办学理念，尊重生命，遵循教育规律和学生身心发展规律，把培养“知行合一，阳光大气”的现代中学生作为育人目标，形成了“民主开放、和处和爱”的校风，“内涵创优、和生和达”的教风，“勤思砺行、和学和立”的学风。努力追求学校有特色、教师有特质、学生有特长，三者和谐共生共长的理想境界。

一、优化校园环境，一草一木皆能育人

“学校文化，不仅为学生创造和谐美好的人文校园环境，更要注重学生文化素养的提升，促进其和谐健康发展。”诚如斯言，在大兴一中，良辰、美景、赏心、乐事，可谓四者兼收其中。

学校汲取优秀传统文化的精髓，结合“和合教育”的特点，按照自身文化理念进行校园文化设计。孔子杏坛讲学像、“仁义礼智信”文化花钵、“学而思”文化石、“和而不同”竹简雕塑等文化建筑，时刻都让学生浸润在浓厚的传统文化气息中。男女生宿舍楼的墙壁上，分别镌刻着“自信温婉凸显淑女气质”、“谦虚礼让彰显君子风度”的提示语，时刻告诉学生做谦谦君子，做端庄自信的新时代女生。教学楼里，每层一个主题，按照“和合文化”的内涵分解为平和宁静、尊重包容、和谐和睦、合作共赢等四个主题，每个主题附以古书典籍的经典

名言。

走在校园中，各种教育教学设施、景观环境布局合理，亭台楼阁错落有致，四季花草品类繁多，高大的树木与低矮的灌木搭配合理，校园绿化美化工作常年实施，校园环境干净、优美，自然景观、人文景观兼而有之，使用功能、审美功能和谐统一，彰显学校和合文化特色。2011年，学校被评为“首都绿化美化花园式单位”，2013年，被评为北京市首批中小学文化建设示范校。

为了增强学生对校园文化的认同感，学校在全体学生中开展楼舍名称征集活动，同学们给每一栋楼舍都取了好听的名字，“和雅”、“和馨”、“和谐”、“和润”，同时还围绕学校“和合文化”开展校园吉祥物、校服设计的征集活动。最终，“和和”与“合合”兄妹被设计出来，并在学校60年校庆之日进行揭晓。校服的设计则选取代表热情、祥和的中国红，代表雅致、朴素的淑女白，代表理性、睿智的绅士蓝三种颜色，采用学生喜爱的帽衫款式，端庄不失活力，沉稳不失帅气。

二、涵养人文文化，一师一生都是情怀

大兴一中是一所充满了人文情怀的学校，学校以博大的人文关怀，对教师自身的发展提出了要求：秉承“尊师爱生，勤学善教”的育人使命和“大兴一中教师精神”（即以“逢一必争”的精神状态对待工作，以“平和知足”的精神状态对待利益，以“互助互促”精神状态对待同事，以“三思己过”的精神状态对待自己，以“无私大爱”的精神状态对待学生），努力让自己成为一个有道德的人，能真正打动学生内心，影响学生一生的人。

学校不断加强师德建设，明确提出“干部坐班制”，领导干部率先垂范，营造和谐进取、爱岗敬业、无私奉献的良好氛围。在“和合文化”的引领下，学校党委通过不同形式组织教师学习职业道德规范及法律法规，增强教师依法执教意识。开展“一个党员一面旗帜”、“师爱在岗位上闪光”、“青春铸师魂”等师德主题教育活动，以“党员好故事”、“教师好故事”为载体，充分发掘大兴一中人的“初心”与“使命”感。

大兴一中的教师从不把学生之间的差异看作差距，而是将其看作学生个性发展的优势。“以学生为本”的人文理念深入人心，老师们遵从教育规律和学生身心发展规律，关注每一个学生的主体作用，尊重学生，平等对待学生，让每一个生命都能得到舒展。在大兴一中这片教书育人的民主、自由的沃土上，辛勤的老师们以自己的真诚去换取学生的真诚，以自己的正直去塑造学生们的正直，以自己的人性美好去描绘学生们的人性美好，以自己的高尚品德去培养学生们的高尚品德。

在“和合文化”和老师们的影响下，同学们深知“小爱及人，大爱及天下”的传统之大德。2003年在高二（1）班的积极倡议下，学校成立了“1.2”爱心基金会。“1.2爱心基金会”——即每个矿泉水瓶换取的0.12元基金每年用以资助学校12名贫困学生。“1.2”成立至今已有200名家庭困难而又品学兼优的学生得到资助，2008年汶川地震，在“1.2”的倡议下，全校师生共为地震灾区捐款58万元。爱心活动的传递，给予了一中学子更多爱的实践，以大爱的情怀来关心社会、呵护社会、走进社会。

三、建设媒体文化，线上线下多元育人

围绕学校“和合文化”由年级到班级，由班级到小组，都积极开展文化建设，营造浓厚的文化育人氛围。即使是学校的文化活动，也大多采取班级竞标的形式完成。国旗下讲话、时事播报、校园广播站、校园宣传栏、大兴一中校报、《晨曦》社刊，以及各种校园文化活动，全部在学期初由各班提出书面申请，经由学校审核方案通过后，再由各班去落实。班级竞标的形式激发了同学们的参与热情，每一项文化活动都进行的风生水起，较高的学生参与度使整个校园到处充满了浓郁的人文气息和文化情怀。

同时，学校也积极建设校园绿色网络，开发网络德育资源，不断完善除高中综合素质评价平台，以此促进学生全面素养提升。班级博客、微信群、QQ群也成为当前德育管理的新宠，网上作业评比、先进教育理念分享、家校协作、师生交流，线上的交流已经不仅仅是上传下达，更多的还是通过网络，开展形式多样的德育活动，营造良好的舆论氛围，引领学校文化育人新潮流。

“和合一中，大德育人”，是大兴一中坚定的芬芳誓言，“立德树人，以人为本”是大兴一中育人路上的不懈追求；在“德”字上做足文章，让一中人获得了触及灵魂的力量，也让他们在纷繁芜杂的教育迷雾中始终保持面貌清灵。“和合文化”给了他们情怀和力量，无论是老师还是学生，都能在书香弥漫、桃李芬芳的校园里得到熏陶和提升。这里是师生共同的精神家园和学习沃土！这里是教师才华挥洒的阵地，这里是莘莘学子人格塑造、梦想实现的舞台，更是他们人生远航的港湾！

用星星之火，点燃高原孩子的梦想

北京市怀柔区第二中学　李悦

这是一汪净池，洗涤浮躁的灵魂，这是一方圣地，冲破世俗的梵音，在离天最近的高原，在神圣洁白的雪域，献上我最纯粹的真诚。

初识玉树，是因为十年前的那场地震，那时的玉树满目疮痍，让人心疼；再见玉树，是来自北京支援青海工作的召唤，令人心向往之。提及“支教”，我想大部分老师的内心都会涌起波澜，它是一种情怀，是一种奉献，更是教育初心的使命践行，它也是一种担当，是教书育人的职业责任。

一、心怀理想，风雨兼程

心中有阳光，脚下便有力量，心系远方，不惧风雨。2020年是不同寻常的一年，年初，一场突如其来的新冠肺炎疫情肆虐中华大地，我坚守在云端与学生共进退。年中，疫情缓解，我便接到了支援青海的工作号召。西部的繁荣发展关系到祖国的繁荣发展，有机会参与玉树的教育事业使我倍感自豪。我下定决心：一定担负起这个神圣责任，为玉树奉献，为人生添彩，为高原的孩子们点燃理想之火。简单的工作交接后便我毅然登上了飞往青海的航班，迈上了新的征程。

还记得出发时，天还未亮就等候在家门口的父母，眼里满是心疼和不舍，却只能用一个拥抱来表达；还记得在机场送行路上，不断给我加油打气的爱人，不停地说着“保重好身体，家里你都放心，孩子和父母都有我呢！”，却努力控制着在眼眶里的眼泪；还记得临行前孩子酣睡的模样，离别前夕不断央求“妈妈带上我”，却在出发的前一天晚上说“妈妈放心走”……作为女儿、妻子、母亲，我心中满是愧疚，但是作为一名人民教师，我深知自己身上肩负的责任和使命，纵使千般不舍万般牵念，心怀理想，何惧风雨兼程。带着领导嘱托、同仁们的祝福，怀着一份执着、一份期待，一个梦想、我与其他援青老师一起，从北京乘飞机出发，飞越了千山万水、飞向了异域他乡，飞向了玉树。

湛蓝的天空、洁白的云朵、漫山的牛群、淳朴的笑脸，这是玉树给我的第一印象。然而几天下来，我也切身体会到了头痛，体虚，恶心，失眠等强烈的高原反应，这些让我的身体和心理都承受着重重煎熬。但物质的贫瘠、环境的不适并不能影响我精神的富足。正所谓“缺氧不缺精神”，到了玉树之后，我应邀参加《援青十周年总结大会》，了解和学习优秀援青干部人才的先进事迹和十年来的援青成就，我感动于每一位援青干部的无私奉献和无悔付出，也感慨在北京十年对口帮扶支援下，青海日新月异的变化。

二、深入调研，开展工作

我所支援的学校是玉树州第四民族高级中学，它是一所新建校，师资力量短缺，教学水平不足，学生基础薄弱。面对这样的情况我有些始料未及，同时也让我深入了深深地思考，我未来要如何工作。我来的目的和意义是什么？我能为学校做些什么？我能给学校留下些什么？带着这样的思考，我和我们的援青团队开始了调研工作。我们发现，学校的教学管理存在一些问题，于是我们因地制宜，根据学校实际情况从教研组活动、备课组建设、高三备考方案等方面入手，制定《备课制度》《课堂教学评价标准》《听评课制度》《教研组长岗位职责》等一系列相对健全的规章制度，来保证学校稳步有序地开展教育教学工作。

“西部师资力量短缺是目前教育扶贫最大的阻碍”，教育工作重“输血”但更重‘造血’，我认为理念上的帮助比物质上的帮助更为珍贵，作用也更持久。于是我积极响应新教师在课堂教学和班级管理方面的指导需求，为他们开设专题讲座，举办“援青教师示范课”等系列活动，交流先进的教育教学理念和教学方法，探讨教学计划、课程设计理念以及日常教育教学的一些做法和体会，力争在专业知识、教学技能、教学理念方面给予年轻教师充分的帮助。同时，我充分利用北京学校的有力支援，为当地教师提供更为丰富的教学资源，为他们的专业成长保驾护航。

援青既是一次历练、一份责任，更是一次心灵的修行、精神的蜕变。人生就是一次次幸福的相遇，夹杂着一次次伤感的别离。支教是一次心与心的幸福相逢，在这样的相逢中，我遇见了高原的孩子们，也把所拥有的远方带给了他们。

百年大计，教育为本，振兴民族的希望在教育。教育扶贫显成效并不是一朝一夕，我深知高原教育优化改革长路漫漫，但正因如此，我更愿意用自己的星星之火点燃高原孩子梦想的火种，愿意用赤诚之心坚守育人初心，用有效之行践行援青使命，为那些在蓝天白云下自由奔跑的孩子们插上知识的翅膀，点燃理想的火炬，让他们飞得更高、更远，在未来迸发出无穷的潜能，为民族复兴贡献一份蓬勃的力量。

践行新思想　迎接新中考

北京市门头沟区军庄中学　韩义昆

北京市门头沟区军庄中学是一所农村地区普通初级中学，面对已经拉开大幕的新中考，有困难，有困惑，但也更有办好山区教育的信

心和决心。

新中考改革要“随学随考、全科考试、全科赋分、两考合一”。对于教育人而言，其实，其背后主要所指就是一个如何更好地促进学生全面发展的问题。回顾军庄中学近些年来的办学历程，我们压力与信心同在，因为，军中人从未放松过促进学生全面发展的追求。

一、建立新思想，引领学生全面发展

军庄中学地处山区，生源少，“底子”薄。面对现状与未来，我们是怨天尤人、叫苦连天、看之任之、随它去吧，还是心有不甘、开动脑筋、奋力前行？这，成了军中人必须从思想深处要解决的问题。

军中人，通过“问历史”，深入挖掘学校六十余年办学历史中的优秀传统，提炼提出“追求卓越、自强不息”的军中精神以及“特别朴实、热情、认真、负责、坚强”的团队品质；通过“问百姓”，深刻感知“一个都不能少，一样儿也不要缺”的责任担当，明确提出“包容个性生，帮扶贫困生，帮助学困生，力教优秀生”的践行原则；通过“问时代”，把始终坚持全面贯彻党的教育方针、始终坚持社会主义核心价值观教育、始终坚持立德树人的思想、始终坚持以学生为中心的发展思想，列入学校章程中；通过“问教育”，充分领悟：好的教育让每一个学生充满希望，优质的教育让每一个学生充分发展；通过“问自己”，凝聚起“不弃、不惧、不悲、不等”的奋进力量以及“学生在，我就在；有需要，就有我”的使命追求。

近几年，军庄中学聚焦学生中心，本着“活力、质量、特色”的努力方向，自育人的“温度、宽度、高度”三个维度出发，以“精致”促“优质”，全方位发力，力求让每一个学生更充分地获得——乐观向上的人生态度，融入社会的基本素养，获得幸福的更多能力。

二、创建新格局，保证学生全面发展

学校在经历了质量提升期、特色创建期之后，我们分析得出学校将进入一个“全面的协调发展期”。于是，管理层提出了学校“六个并重”（思想建设与业务提升并重，德育与教育并重，中心工作与后勤保障工作并重，政务与党务并重，常规工作与特色创新并重，管理中学习与学习中管理并重）的发展建设原则。

其一，开齐开全学科课程，借助于山区支持政策优势，逐一解决学科教师专业不对口，学科难胜任的问题。其二，在开齐开全学科课程的基础上，围绕核心素养，结合学科课程，丰富校本课程，支起学生全面发展的架子。其三，改革绩效工资制度，创健全学科地位并重机制，充分调动小学科工作积极性、主动性。其四，构建新理念下的班级文化建设模式和学本课堂教学模式，形成德育、教学双轮牵引学生全面发展的强有力的新态势。其五，加强党的建设，打造“双优”（思想优、业务硬）品牌，构建党的核心地位评价制度，一解决了思政教师非党员问题，二解决了班主任等学校重要岗位党员人数比过低的问题。

三、开创新局面，促进学生全面发展

课程开全了，教师配齐了，并不意味着学生就能全面而又充分地发展。就本校或山区学校而言，有“势”不见得有“态”。“态”能呈现的背后，靠进步的思想与过硬的专业素养来支撑。

其一，创建“3+6”班级文化建设新模式。

“3+6”班级文化建设模式，即三大原则、六大功能。“三大原则”即生活原则、学习原则、交往原则，强调的是促进学生全面而又健康发展的三大重要途径——即，在生活中促进、在学习中促进、在交往中促进。“六大功能”强调的是班级文化的价值——即，好的班级文化能够发挥出对班级学生“引领、激励、强化、审美、自主、展示”的作用。

“3+6”班级文化建设模式，不仅是新班主任迅速上手班主任工作的操作蓝本，也是老班主任提升班级管理水平的理论框架，更是学校德育管理工作的思想统领。

其二，创建“三导三动”学本课堂教学新模式。

三导，即计划导学，问题导思，学案导练；三动，即行动自主，互动合作，主动探究。可以概括为三层含义：一个核心——问题，两个策略——计划、学案，三种方式——自主、合作、探究。五个教学环节包括：创设情境、引入新课；问题导思、探索交流；知识梳理、总结提升；反馈检测、巩固运用；布置作业、拓展延伸。

在教学实践中，通过“骨干教师引领课、青年教师研究课”、“同课同构课、同课异构课”、“专家引领课、全校观摩课”等等研究方式，实践“导与动”的教学思想，并不断总结经验。由此，建立起“二分课堂原则”，提炼出五种新的课型表述，即讲授启思课、合作释疑课、练习强化课、点评提升课、实践体验课。

近几年来，学校在贯彻“小学校大教研”、“聚焦课堂、研究教学”的教师培训思路中，积极推行“自评、主评、点评”评课方式，并主动与区域优质校合作，建立“兄弟校教师志愿送教制度”，教师的教学观念和行为、学生的学习方式与效果，以及课堂的总体面貌，都在悄然发生着积极的变化。

新中考是一把尺子，衡量着我们办学的成效；新中考也是一种助推器，推动着我们促进学生的健康发展，新中考更是一种新思想，引领着我们追求“公平而有质量”的教育。

造梦、追梦、圆梦——做学校的精神“CEO”

北京市前门外国语学校　杨梅

2015年，我刚刚接任校长工作，恰逢学校办学的“至暗时刻”：校舍年久失修，设备陈旧落后；教师人心涣散，看不到发展希望；生源质量下滑，招生规模锐减。在这种情况下，我勇挑重担，逆势而上，力求引领师生走出发展困局。在奋斗的过程中，逐渐获得了老师们的理解和认可，学校也在各个方面捷报频传，渐渐走出了低谷，迎来了发展的新阶段。时至今日，蓦然回首，作为一名校长，我力求成为学校发展精神精神层面上的CEO，带领着师生们经历了“造梦”、“追梦”并逐渐“圆梦”的过程，主要做法体现在以下三个方面：

一、“从外到内”升级改造，提升校园生活品质

校园环境的改善，是学校整体精神风貌的生动写照；校园生活品质的提升，是师生教育幸福感的显性指标。在我接任校长之后，为了彻底转变学校陈旧、破败的整体风貌，在两委领导的大力支持下，对基建工程一窍不通的我，带着学校领导班子从头学起，从设计到施工，从选料到检测，甚至吃住在停水停电的工地之上，熬过酷日当头，不顾暴雨倾盆，两年“三步走”，终于使学校从外到内焕然一新。

每当看到学生在古朴的求知亭下纳凉，在灵动的喷泉旁小憩，在诗文的走廊边诵读，在宽敞的大厅里弹琴，崭新的桌椅与现代化的设备交相辉映，使人心情舒畅，精神焕发。前外在不知不觉中，经历了涅槃重生，正在展现出崭新的绰约风姿。

二、“从内到外”转变思路，突破教学质量瓶颈

多年来，前外教师敬业精神和专业素养很高，但教学观念相对保守，课堂教学缺乏创新，制约着教学质量的跨越式提升。

为有效解决这一问题，我带领班子认真学习教育理论，拜访专家寻求指导，走访名校学习经验，走进师生开展调研，逐渐形成了“生长课堂”的教学改革思路——即鼓励教师运用“导学、自学、互学、展学、评学”的五步法，彻底转变传统课堂教学形式，激发学生的主动性和主体性，使学生对学习“上瘾”。为更好地推进这项改革，我从繁忙的事务中挤出时间，坚持带领全体干部进班听课，力求扎根于课堂，扎根于一线。经粗略统计，近三年我平均每学期听课近百节，而且做到了“听必评，评必透”。在这种重视和鼓励的氛围下，老师们纷纷积极开展教学改革，使前外的课堂散发出更多活力。从中考成绩上看，在入口生源并不理想的情况下，最终实现了毕业生示范校升学率超过50%的目标，也充分说明了“生长课堂”教学改革所取得的成效。

三、“内外兼修”营造氛围，擦亮前外教育品牌

由于长期以来不重视宣传，“酒香也怕巷子深”，导致学生和家长对学校办学情况不了解。为有效扭转这一局面，我在加强内功的同时，力求抓住一切机会和资源，加大学校的对外宣传力度，营造良好的办学氛围，重塑前外优质教育品牌。

作为全国外语特色联盟校，我积极接待各地教育同仁来校考察交流，先后接待了全国20多个省市和地区的校长及骨干教师近千人，来自全世界10多个国家和地区的国际教育访问团30余个，又组织学校干部和骨干教师走进人大附中、天津外国语学校、苏州外国语学校等知名学校进行学习考察。近年来，学校先后有十余名教师在全国外语特色联盟学校的年会活动上献课赛课，在数百节全国优质课的评选中脱颖而出，全部取得了一等奖、特等奖以上的好成绩，展现了首都教育的质量和水平，也在教师队伍中树立了信心。

除此以外，为了进一步调动教职工积极性，营造积极奋进的工作氛围，我带领学校领导班子调研论证、大胆创新，提出了“三知三行”的办学理念，建立了公开、公平、公正的量化评估绩效考核体系，构建了实现学校“复兴”的目标蓝图，从根本上丰富了师生的精神家园，为学校发展确立了新目标、注入了新活力、引入了正能量。

新学期以来，由于工作安排的需要，我又承担了学校党建工作的新任务。没想到，我还没来得及学习适应新的工作内容和角色，新冠疫情就突发而来，这着实是对我的一次“双重考验”。为了能让党旗在抗疫一线高高飘扬，我始终坚持带头在一线值守，带领党员干部教师迅速行动起来，在第一时间完成了社区报到和捐款任务，又迅速搭建起信息化平台，为“停课不停学”做好技术准备。初三年级试开学之前，我和干部们昼夜兼程，紧锣密鼓地制定方案，事无巨细推演流程，确保了各项工作的万无一失。经历了这场考验之后，我深深感受到了作为一名校长，要做师生精神层面的引领者——面对未来，要敢于“造梦”；面对挑战，要一心“追梦”；面对理想，要努力“圆梦”。

回望来路，虽然充满坎坷，我却幸福满满。与学生们在一起，使我快乐；与老师们在一起，使我成长；与同伴们在一起，使我坚强！最令我感到欣慰的是，在去年的群众测评当中，校长的满意度接近97%，这是对我工作最大的支持与肯定。感谢两委领导给我汇报工作的机会，感谢大家多年来对前外的厚爱，希望能够继续得到您的支持与帮助。前外，加油！东城，加油！

德风迎面谱金曲，五育并举胜骄阳

北京市石景山区古城小学　叶艳

幼芽忘不掉张开眼所看到的温阳雨露，是因为有它们滋养才得以成长，教育于人生而言就是汲取不尽的养料，为未来的幸福人生提供丰富的营养。不得不承认，教育最动人的时刻是生命与真善美的相遇，而学校就是承载真善美的重要港湾。多年以来，关于教育，我校以“生命至美”作为学校办学追求，希望师生拥有真善美的品格，成为真的追寻者、善的传播者、美的创造者，感知生命的美好，共同营造美好的精神家园。在全国教育大会上，习近平总书记代表党中央提出了完整的教育理念，就是要努力构建德智体美劳全面培养的教育体系，培养德智体美劳全面发展的社会主义建设者和接班人。因此，秉承“生命教育”的办学理念。办学以来，我校坚持以“打好生命底色，点亮智慧人生”为核心价值观，将促进学生的全面发展，作为出发点和落脚点，致力于真正实现德智体美劳全面发展的教育。为使学校取得长足发展，我校以“大思政”的格局发挥思想政治教育的整体功能，形成“党组织主导、校长负责、群团组织参与、家庭社会联动”的德育工作机制，自上而下，明责到人。让学生有的放矢，让教师教有所依，打造“共识、共爱、共育”的家校联盟，通过“同议、同筹、同行”，多方融合挖掘教育深度，形成特有的教育理念和模式，为祖国培养一代代合格的社会主义接班人，不懈奋斗。

一、德智并重，孕育生命成长

就教育本质而言，立人先树德。赋予生命优秀的品质才是教育的初心，也是最重要的基础。我校把德育教育做到实处，聚焦“整体格局”，推进全员育人。聚焦“素质评价”，推进全程育人。聚焦“课程文化”，推进全方位育人。把“真善美”作为学生的生命底色，结合学生个性发展，用心培养品行高尚和智慧兼备的大写的人。我校秉持“探寻道德之真、体悟人文之善、享受思想之美”的育人理念，用心将课堂打造成“立德树人”的主阵地。从基础类课程挖掘学科教学中“传统文化”的元素，用薪火相传的中华美德和百折不挠的民族精神塑造人；我校还开设各类民族特色校本课程和实践类课程，用源远流长的民族文化和引人入胜的艺术熏陶感染人，用生生不息的民族基因和戮力同心点燃华夏之魂，让社会主义核心价值观教育真正落地生根，开花结果。

德为人之本，智乃人之光。除了品德培养，知识积累和课堂教学也是“五育”的重要组成。对于教育来说，每一节课，都是学生的一个生命历程！“生态课堂”是我校探索的一条播种智慧种子的特色之路。它是顺应学生“自然生长”，　适应师生生命成长需要的“自长”与“助长”有机结合的课堂，是自主、自学、自由的课堂，　也是生存、生长、生命的课堂。即生活、生成、生长、生命的递进融合。包括“生活·情境中导学”：教师创设生活情境，引导学生在情境中进行知识的学习，关注情感，激发兴趣，提升能力；“生成·交往中对话”：尊重学生生命需要，引导学生自主、探究、交流、展示，教师及时捕捉学生思维、情感、态度、知识、能力等成长点、发展点，并智慧、科学地引导、点拨、提升、修正、评价，帮助学生实现生命成长；“生长·提升中解疑”：通过课堂检测学生学习情况、教师教学效果，及时促进学生在各方面得到成长；“生命·人本中发展”：是以学生的生命为教育的基点，通过对生活世界的关注，还给学生学习的自由、丰富的精神生活和自主探究的权利，使学生得到情感体验、人格提升和个性张扬，生命活力得以焕发，生命价值得以提升的过程。同时，我校的“1+X综合素养课程”，也让课堂教学焕发新的生命活力。“1+X”的主要含义是将校本课程植入国家课程，“1”是国家课程，指向学科素养，“X”是校本课程，指向实践能力。语文与诵读、戏剧的亲密牵手，美术和书法、版画、纸工、面塑的高度融合；音乐与小乐器、舞蹈的有效对接；体育与篮球、武术的强强联手，英语与配音、绘本的多彩组合；劳技与种植、面点的自然融合。让校本课程与国家课程同频共振，在不增加课时的前提下，确保课程实施全员化、常态化、系统化，让原本的学科课程更加丰盈，焕发新的生命力。

如果说教育是打开智慧大门的钥匙，那天性就是通往智慧之门的指引。玩是孩子们的天性，如果能够在玩中开发潜能，启迪思维，就能让孩子玩出名堂，玩出“大智慧”。因此我校致力于打造“益智特色课程”，以益智思维器具为载体，将数学知识融入妙趣横生的益智游戏中。以“自主——探究、合作——参与、反思——体验”为基本模式，让学生学会观察、学会倾听、学会操作、学会思考、学会表达和学会行动；以“玩、解、思、融”四个融会贯通的教学环节为学习策略，引导学生优化思维技能、获得思维经验、形成思维习惯，提升思维品质，从而让教师有品格、让课堂有品位、让学生有品行，力求把学生培养成一个“整体的人”，培养成一个具有核心素养的人。

二、体美相行，共谱人生精彩

习近平总书记在全国教育大会上指出，“要树立健康第一的教育理念，开齐开足体育课，帮助学生在体育锻炼中享受乐趣、增强体质、健全人格、锤炼意志”。我校从儿童生命成长的大视野出发，有效整合“体育健体、竞技、游戏”等活动发展儿童的身体，舒展儿童的心灵，健全儿童的人格。推行健康第一的思想，以阳光体育活动为载体，让学生在参与丰富多样的体育活动中享受乐趣、强健体质、健全人格、锤炼意志，将阳光体育打造成校园一道亮丽的风景线。还通过“阳光体育四结合”实现全体学生“每人每天锻炼一小时，每人掌握2项运动技能，每月参加1次体育竞赛。”将阳光体育与“两操一课”相结合，在飒爽英姿的素质操练中，健全身心，增强体质，满足体育锻炼需要；将阳光体育与“大课间活动”相结合，在妙趣横生的多彩律动中，涵养品格，提升素养，掌握至少两项运动技能；将阳光体育与“校园竞赛”相结合，在精彩纷呈的“绳舞飞扬，龟兔赛跑，亲子战队”等赛事中，感受我运动我健康的乐趣；将阳光体育与“传统游戏”相结合，在丰富多彩的“滚铁环、抖空竹、打鸭子”等趣味游戏中，赋予阳光体育健体、启智、育人的丰富内涵。遵循立德树人的根本要求，我校还将学科课程标准与冬奥主题课程目标有机融合，提出冬奥冰雪“三进入理念”。即“冰雪课程进校园”、“冬奥知识进课堂”、“奥运精神进家庭”，将奥运精神根植于每个家庭，传播冬奥文化，弘扬冬奥精神，争做奥林匹克精神的传承者。

如果体育是教育之骨，那美育就是教育的心脏了。美育是审美教育，也是情操教育和心灵教育，美育的根本目的是人格的养成、灵魂的塑造。我校引导学生树立正确的审美观念，厚植优秀传统文化，帮助学生在成长过程中继承中华民族的文化基因、汲取人类文明的优秀成果，打好追求真善美的人生底色。我校不断探寻美育教育的融合点，将历史悠久的传统文化精髓融入“艺术畅想课程”，“民族版画”、“手工剪纸”、“民间面塑”、“皮影艺术”、“民族舞蹈”、“民族器乐”等特色校本课程，让姹紫嫣红的艺术之花精彩绽放。此外，我校缤纷的节日文化，也为生命底色增添色彩。让学生在五彩斑斓的艺术大餐中放飞梦想。在每个孩子的生命里点染了璀璨夺目的艺术底色。

三、以劳育品，铸造幸福未来

劳动教育是国民教育体系的重要内容，是学生成长的必要途径，具有树德、增智、强体、育美的综合育人价值。我校通过家校协同开发学校、家庭、社会劳动课程资源，形成“三位一体”的小学生劳动体验课程实践模式。基于校园“开心农场”实践基地，我校让学生亲历农耕劳作，观察自然生态，在“播种、浇水、除草、养护”过程中感受到“有笑有泪、有花有果”的劳动艰辛；走进“美食工坊”，学习烘焙美味蛋挞，亲手制作鲜香可口的五仁月饼，在其乐融融的美食文化中体验劳动的乐趣；模拟“尚美影院”、“至善银行”、“巧虎交通队”，在“生存、创想、锤炼”中体味社会百态，在形形色色的职业劳动体验中遇见未来的自己。家庭劳动教育是厚德启智的基点，也是立德树人的现实起点。基于“家庭角色交换日”，我校以“小鬼当家”为特色，让学生承担力所能及的家务劳动，培养家庭劳动美德，引导学生系好人生第一粒扣子；开展“创意生活DIY”，在奇思妙想中巧手装扮美丽的家园，体悟劳动创造生活的美好真谛；走进“相约春天，绿色未来”为主题的公益植树活动，以家校共育的教育模式，培养学生的劳动意识和吃苦耐劳的精神。同时，我校依托社会实践，让学生接触社会，从劳动中汲取教育的养分，成就生命的精彩。

四、德育如月，举望五育盈满

“春风桃花红、雨润花更艳”教育是温暖人生的第一缕阳光，它尊重、赏识每个个体，致力于学生能力、品德等各方面素质的全面提升，服务于个体的健康成长，滋养每一个生命。在教育起航的道路上，我校真正做到五育并举，融合教育。依托学校发展，教育理念，培育生命温度，引导学生系好人生第一粒扣子，帮助他们成就生命的精彩。让每一个学生在离开学校时，都能养成良好的品德和习惯，拥有扎实的知识储备，练就强健的体魄，让每一个生命都精彩绽放，奔向美好未来！

知行合一　全面育人

——顺义五中创建首都精神文明先进单位案例

北京市顺义区第五中学　闫德方　郝海丽　魏金凤

背景：

教育家苏霍姆林斯基说过：“如果作为道德素养最重要的真理在少年时期没有成为习惯，那么，所造成的损失是永远无法弥补的。”因此，在中学阶段，德育教育应以行为习惯养成教育为主，把行为习惯的养成教育落实到实处，扎扎实实地抓好学生的养成教育意义重大。

养成教育也是培育和践行社会主义核心价值观的重要内容，是学生品德形成和终身发展的奠基工程，是立德树人的重要组成部分。

“养成教育”，顾名思义就是培养学生良好行为习惯的教育。它往往从行为训练入手，综合多种教育方法，全面提高学生的“知、情、意、行”，最终形成良好的行为习惯。养成教育既包括正确行为的指导，良好习惯的训练，也包括语言习惯、思维习惯的培养。养成教育的内容是十分广泛的，如培养文明礼貌习惯、学习习惯、卫生习惯、语言习惯、思维习惯等等。

通过观察和调查，发现一部分学生在养成习惯方面还存在着一些问题，因此，我校近两年来把学生的养成教育作为重点工作。

一、健全组织机构，明确养成教育的工作思路

为了切实把养成教育落到实处，成立了由校长任组长，德育副校长任副组长，校务会成员组成的养成教育工作领导小组；成立了由班主任、家长代表和社区代表张丙林、刘连清组成的工作小组。制定了具体明确的养成教育工作方案，围绕“一个核心、两个合力、三个联系”的总体工作思路开展养成教育。（一个核心是“围绕立德树人，培养学生养成良好的学习、生活和行为习惯”；两个合力为“学校、家庭、社会的合力”和“全校师生的合力”；三个联系是“家校联系”、“学校、社区联系”、“班主任与学科教师联系”，形成了齐抓共管的良好氛围。）

二、加大宣传，深入学习，深化养成教育理念

养成教育对人的一生影响深远，是成才的根基。我校多次召开全体教师会、班主任会，对养成教育的意义、作用，如何开展养成教育进行讨论，引发学校全体师生对养成教育的深思。通过反思我们认识到对于养成教育还有偏颇一是观念落后，认为是形式，对教学质量的提高和学校管理没有用处；二是普遍存在畏难情绪；三是班主任找不到方向，没有抓手；四是学校缺乏考评机制，检查，执行难到位。多次会议的召开，老师们认识到了养成教育是培养人的根基。

三、立足实际　全面推进

（一）与主题教育活动相结合

通过“讲”、“议”、“树”、“行”四途径开展《学规范正行为养习惯》主题活动。

“讲”，即利用宣传栏、板报、课堂、升旗仪式进行宣传和讲解《守则》《规范》《顺义五中一日常规》《学生课堂常规》等，各年级根据年级实际情况，制定本年级的养成目标，让学生知规范；

“议”，即组织学生讨论、评议，结合自己实际，明确行动方向，懂规范；

“树”，即树立典型，学有榜样。如初三（5）班王鹏、纪蕊、徐艳丽长期照顾轮椅上的党前；

“行”，即行动，在每天的生活、学习中落实行为规范。

（二）与班级建设相结合

让养成教育在班级落地生花，每个班都结合本班实际情况都用不同的方式贯彻养成教育。例如：初二六班每周都利用开班会时间总结班里卫生、纪律和文明礼仪方面的情况，逐渐改掉了班上的不良习惯，形成了稳定向上的班风。初一（六）班的班训是：奇迹来自每个日常。班委根据班级情况制定每个月的月目标。组长根据每个组的情况制定每周的周目标。这些目标包括学生在校的学习、锻炼、卫生、纪律等等多个方面。组长还根据组员的情况给每个组员制定周目标，并且每天对组员进行督促，使组员每天都能完成自己的任务。他们这个月的月目标就是：在学习习惯上养成大声朗读的习惯。每天早晨到校后，自主进行朗读，做到感情饱满，声音洪亮。

（三）与课堂、课程相结合

1.课堂是育人的主阵地。除了利用《道德与法治》的课堂育人之外，学校要求全体教师根据学科特点深入挖掘学科中蕴含的养成教育内容，发挥学科教师的育人作用。

2.开发了初一到初三的养成教育课程。

包括入学教育课程、（假期中，即对初一新生开展中小衔接教育，通过新班级建设、常规学习、小组建设等系列活动，让学生能够尽快适应初中生活，以积极的心理投入到新学段的学习）主题班会课程、（每学期将班会课程细化成理想信念、爱国主义、遵规守纪、学会感恩等20个具体班会课程）学法指导课程、身心健康课程。另外，根据八、九年级学生特点和八、九年级养成教育目标，我们在八、九年级增加了生命教育课程和生涯规划课程。

（四）与实践活动相结合学校安排了一系列的实践活动，环环相扣，强力推动养成教育的落实。

如3月学雷锋活动；4月份清明祭英烈5月、6月感恩父母教育月；9月“文明礼仪”教育月；10月爱国主义教育月等，通过这些实践活动，强化养成教育。

（五）与校园文化建设相结合

通过校园绿化建设、办公室文化、教室班级文化、学校墙壁文化等，真正发挥校园文化的育人功能。如一进大门，在文化墙前边摆放着一块“日进有功”的文化石，就是提醒学生每天都要有进步。各班利用班级文化对学生的养成教育进行评价。

（六）与家庭、社区相结合

1.加强家校联系。家庭是孩子的启蒙学校，要想让学生真正形成好的习惯，就必须学校与家庭密切配合，假期中教师利用微信打卡、家访、线上辅导等形式，了解学生假期表现，规范学生在家行为，让学生真正做到“放松不放纵”。有的家长在教育孩子方面确实很有办法，我们就把这样的家长请到学校来，利用家长会向大家传授经验，并对这些家长进行表彰，这对其他家长有很好的启发和触动。开展了《最美家庭》征集活动，对表现突出的家庭给予了奖励。

2.开设家长课堂，由学校的心理教师对家长进行家庭教育方面的辅导和讲座。

3.有效利用校外资源，丰富养成教育工作。我校与石园北二社区签订了《校居协议》，学生在假期期间，参加社区实践活动，并由社区根据学生表现给予评价。这学期我校还将聘请顺义区检察院未成年人检察厅的法官到校为学生们进行普法教育。培养学生的法制意识，做守法好公民。

四、成果喜人

养成教育在顺义五中结出了丰硕的成果。学生的行为习惯有了很大改观，乱扔乱抛的少了，说脏话的少了，课堂上认真听讲的学生多了，爱举手发言的学生也多了，教师们不再为收不上作业发愁了；更让人可喜的是，学校里好人好事层出不穷。这两年，学校有自闭症和残疾的孩子，可是，从学校领导到班主任再到学生都给予了他们更多的关怀和照顾。党前是一名生活在福利院的孩子，每天都坐轮椅上学，班里有三名女生主动承担起了照顾她的责任，推她上厕所、去不同的教室，一推就是三年；还有自闭症的孩子，年级主任亲自叫他学说话，学做操，不抛弃，不放弃，班主任们付出的就更多了，这都是顺义五中宝贵的精神财富。

在教师中也涌现出了很多“身正为范”的教师榜样：李凤霞老师假期也要到福利院看望班里的孩子们；李艳芹教师严于律己，要求学生做到的自己首先做到，哪怕看到教室里有一张小小的纸片，她都随手捡起，学生耳濡目染，也养成了自觉维护班级卫生的好习惯；赵文平、何丽被评为顺义区百优班主任，乔东花被评为顺义区优秀班主任等等。

学校被评为“北京市第二批文明校园示范校”；

学校被评为“北京市校园文化示范校”；

被评为“北京市健康示范校”。

习主席2014年在海淀民族小学对学生们提出了要求：记住要求、心有榜样、从小做起、接受帮助。就是告诉孩子们要从小做起，从身边做起，一点一滴积累，养成好习惯，好品德。学校作为培养人的场所，抓好养成教育，在学校教育中尤其重要。抓好养成教育，也是提高整个中华民族素质的需要。以后我们将继续坚定不移地落实养成教育，培养出德智体美劳全面发展的接班人。

关注生态文明，提升校长素质

北京市顺义区第一中学　李冬

习近平总书记在参加十三届全国人大二次会议内蒙古代表团审议时指出，在“五位一体”总体布局中生态文明建设是其中一位，在新时代坚持和发展中国特色社会主义基本方略中坚持人与自然和谐共生是其中一条基本方略，在新发展理念中绿色是其中一大理念，在三大攻坚战中污染防治是其中一大攻坚战。这“四个一”体现了我们党对生态文明建设规律的把握，体现了生态文明建设在新时代党和国家事业发展中的地位，体现了党对建设生态文明的部署和要求。

如今，人类已经进入一个新的时代，人类文明形态正以农业文明和工业文明等文明形态为基础，产生新的文明形态——生态文明形态；以复杂性、混沌理论为代表的新科学、新范式，连同人工智能、信息网络等科技，正在强烈地改变着人类的生存与发展方式；人类的生存与发展必然要求构建人类命运共同体，追求人与自然和谐共生、可持续发展；国际社会正经历着百年未有之大变局，极具复杂性，极端不确定。新时代的校长，要提升自身素质，培养生态文明思维，方能在迅猛变化、纷繁复杂的环境里，为完成好立德树人根本任务，把握好方向，建设好课程，解决好问题。

人与自然组成的生态系统是生命共同体。生态文明思维，简而言之，就是对人与自然组成的生态系统这个生命共同体的反映，是对人与自然和谐统一、和谐共生的反映，是人与自然和谐统一、和谐共生所规定的思维；由于并包含着人类是命运共同体，因此，生态文明思维又可以称为共同体思维。

生态文明思维具有五个特性：分别是整体性、联系性、自动调节性、开放性和底线性。在此特别说明整体性生态思维、自我调节性生态思维、底线性生态思维。

一、整体性生态思维

整体性生态思维，即把不同的事物（包括人类本身）放入一个整体中来考察研究，研究其整体特点、整体功能，让各个要素以及各要素内部的子要素以最优方式结合起来，形成最大合力，发挥最优功能。中国传统文化中的“天人合一”的思想、“整体大于各部分之和”

的思想，都蕴含着整体性生态思维。

作为校长，我们要用整体性生态思维来建构学校课程，使学校课程具有整体性特征。课程承载着整体育人任务，一方面综合整体反映宇宙人生、人类社会的经验智慧，一方面以培养完整的人格为旨归，培养五育并举全面发展的人，培养素养齐全的人，使学生在学科知识、跨学科知识、实践能力、情感态度价值等维度上综合发展的人。课程是一个教育要素与教育内容的结构化整体，即由学生、老师、教材文本、现实问题情境与现实生活等构成了一个结构化整体，兼顾了传统与现代、科学与人文、基础与提高，具体到每一个学科，每一个单元，每一项任务，每一次实践活动，都有其结构的整体性。

二、自我调节性思维

自我调节性生态文明思维，注重用生态系统自我调节性的观点和方法观察问题、解决问题。要充分认识和尊重事物的自我调节本性，一方面在一定的自我调节限度内施加影响，另一方面，还要给予一定的时间、空间、情感空间——即自由度、回旋余地，使事物内生地、自动地自我调节，发挥作用，从而事物发展生机勃勃。因此，要充分认识事物具有一定的自我调节本性，能够内生地、自动地自我调节，发挥作用，

学校课程不是静止的、一成不变的，而是动态的、不断创造更新的、自我调节的。动态的、创造的、自我调节的课程体现了育人活动的动态性、创造性和自我调节性。在这里，师生一起面对现实中的问题，面对真实复杂情境中的问题，进行实践探索，开展学习研究，彼此观摩互动，寻找解决方案，不断产生新的知识，获得新的成就、生成新的价值。教师的教学要附属于学生的学习，教师的提问不只是为了有效地获得正确的答案，更是为了深入地挖掘问题的实质，获得心智的成长，因此，教师要给学生留有自我反思与自我建构的时间和空间，鼓动学生以更深刻的洞察力和更大的勇气去尝试新的事物。

三、底线性思维

底线性生态文明思维，注重用生态系统底线性的观点和方法观察问题、解决问题。事物依据本性，内生地、自动地运动变化，而保持其性质不变。这是自由度、回旋余地，也是一定的限度。超过了这个限度，依据本性发挥作用就失去了前提，就会变质。要充分认识事物的自我调节本性是有一定限度的，超过了这个限度，就会导致无序和混乱。

自我调节性不意味着任意性，相反它以一定现实化的范围为前提。在强调学校课程开放性的同时，还要关注学校课程的底线性，必须有开放创新的基础和框架。为此，在课程建设过程中，首先要关注培养什么样的人、为谁培养人的问题，一定要以培养新时代社会主义事业的建设者和接班人，培养能够担当时代复兴大任的时代新人为学校课程建设的底线要求，还要关注学生选择课程的心智能力限度，学校支持可供学生选择的在课程丰富性限度等。

整体性生态思维要求我们放眼全局，底线性思维让我们守住不可逾越的红线，两种思维互为表里，缺一不可。而在其中的，就是彰显事物本质属性的自我调节性思维，就是顺着事物的本来面目，顺着学校课程的内在属性来运行，焕发生机活力，自发创造生成，顺其自然，自动调节。

我们要建设的现代化是人与自然和谐共生的现代化，既要创造更多物质财富和精神财富以满足人民日益增长的美好生活需要，也要提供更多优质生态产品以满足人民日益增长的优美生态环境需要。培养生态文明思维素质，就是要推动全体国民的思维向生态文明思维转型，对建设人与自然和谐共生的社会主义现代化强国，实现中华民族伟大复兴的中国梦，以及对于中华民族永续发展的千年大计，都具有重要的战略意义。实践是理论之源，要建构学生培养生态文明思维的教育理论与教育实践，还需要广大教育工作者不断地探索。培养生态文明思维，在新时代，是发展素质教育的一个新课题，是校长的一个新课题。

五育并举促发展，特色育人创品牌

北京市玉渊潭中学 许忠领

教育公平是人类社会的共同追求，是社会公平的基石，我国自古就有“有教无类”朴素的育人理想，坚持教育公平，办好人民满意的教育，让人民享有更好地教育是习近平总书记关于教育工作系列论述的思想主线，是马克思主义关于教育人民性在新时代我国教育领域的具体体现与创新发展，也是我们做好立德树人工作的出发点和落脚点。我校始建于1964年，是一所公立完全中学。学校以“为学生的终身发展和人生幸福奠基”为办学宗旨，以“敦品为翠玉，砺学成渊潭”为办学理念，五育并举，创新教与学的模式，坚持“文化立魂，创新育人，特色办学，全面发展”的办学策略。创办以“优势教育”为特色的精品化、现代化、国际化的北京市特色学校、海淀区新品牌学校为目标，致力于培养有理想、懂道理、会学习、强体魄的优秀中学生。

在打造新品牌学校的进程里，我校被誉为“京城教育黑马”、“玉渊潭畔一枝教育之花”，在文化建设、课程建设、教育教学、教科研等方面均取得了骄人成绩，实现了学生综合素养快速提升！

一、品牌强校创优质

我校历经十余载，建成了以“优势教育”为特色的海淀区新品牌学校，品牌是学校文化的载体，是学校内在品质的外在表现，是学校教育理念、办学特色和发展水平的综合力的表现。一直以来，学校持续开展特色的学校文化建设：发现优势，激发潜能，促进学生优势发展。通过学校文化建设，发挥学校优势；通过人生规划教育，发挥学生优势；通过课程建设，发挥教师优势。使学生综合素质不断提升，学校快速发展，实现由特色到品牌的价值追求，走学校自主品牌发展之路。

学校聚焦品牌建设，推进学校品牌建设。基于学校发展，建设十个品牌项目，主要聚焦文化品牌、课程品牌、管理品牌、队伍品牌、课程品牌、教学品牌、德育品牌、科研品牌、艺术科技品牌、体育卫生品牌、国际教育品牌、管理品牌、传播推广品牌。建设了一批精品课程，近百节市区优质课，29届教学论坛，百余人次教师发言，11个区级课题取得丰厚成果。优势学科、优势备课组不断凸显，英语学科成为海淀区学科基地。

求器琢玉，汲智务渊，其深如潭。我们打造学校品牌，凝练学校文化特色，发挥学校优势。立体化一线哲思的校门、宽敞明亮的多功能大厅、几十个专业教室及咖啡厅、海洋厅、印象台湾厅、北京文化厅、创意长廊、艺术长廊、钢琴角、棋盘角……每个空间和角落都有不同的文化主题和学习内容，渗透着学校的文化理念，成为师生心灵成长的精神园地。

近几年，学校增值力连年攀升。2019年高考文、理本科上线率都达到100%；2020是新高考的第一年，也是疫情背景之下的一次高考，这对于学生、学校、家长来说都是一次巨大的挑战。在这样的压力之下学校依旧创造了本科率100%的佳绩；从2016年开始学校连续三年义务教育社会满意度测评在海淀区公办校连年第一。

二、特色育人彰内涵

“为学生的终身发展和人生幸福奠基”是我校一以贯之的办学宗旨，传承深厚文化底蕴，彰显办学特色。学校构建了以课程文化为载体，以人生规划教育为主线的“三位一体”课程体系，构建完整的情境学习体验，注重联系社会生活，培养学生社会责任感、创新精神、实践能力，尤其是个性化发展，借助数字化办学，记录学生学习行为，收集学生学习数据，通过大量学习资源、多元学习方法的引入，培养终身学习者，把玉中办成学生的学习中心、成长中心、生活中心，用科学手段全方位了解学生，用课程为学生搭建探索机会、提供展示舞台。

在玉中发现自己，在玉中塑造自己。学校引导学生学会认识自我、发现自我、塑造自我，唤醒成长的愿望，实现人生的理想。学校通过问卷调查，兴趣、能力测评，访谈交流，职业体验等多种途径，帮助学生了解自己，发现兴趣、爱好、特长及职业发展倾向，从2012年开始组织学生开展职业体验活动，学生走进近百个现代化企业，走进世界五百强企业进行深度职业体验。同时，学校还通过专题指导，利用网络平台资源，让学生走进大学、科研院所等，了解大学、了解专业，树立目标，更加自信地完成中学学习。

我校作为全国特色学校、北京市高中特色建设项目校，形成了以“优势教育”为特色的学校文化特色，并把“优势教育”的文化理念渗透到课程、课堂，努力发现、发挥、发展师生优势，培养有理想，懂道理，会学习，强体魄的优秀中学生。

三、五育并举促发展

课程是实现办学理念，形成办学特色，提升教师专业水平，促进学生全面而有个性发展的重要渠道。我校为学生提供志、趣、能匹配的课程。学校在“优势教育”理念下，聚焦核心素养，形成了“五育并举”的“优势、开放、多元”的课程体系。

办适合每一位学生发展的品牌学校，课程建设是关键。学校以课程文化为载体，以人生规划教育为主线，基于学生核心素养，构建了适合学生兴趣、特长和职业发展倾向的多样化、特色化、可选择的课程体系。为学生全面而有个性发展，搭建“五育并举”的全面特色育人体系。

为了满足学生多样化的选择和分类培养的要求，形成多元化、分类培养模式，学校提出了目标激励、人格养成、能力构建“三位一体”的课程理念，构建了以人生规划教育为主线，以课程建设为载体，适合学生兴趣、特长和职业发展倾向的多样化、多层次的课程体系。学校重点建设四类课程，即人生规划课程、学科基础课程、职业素养课程、创意设计课程。与此同时，通过15个科技社团、8个艺术社团、7个体育社团，形成了丰富多元的校本课程。发挥优势的社团课程、探究开放的实践课程能最大限度地满足不同潜能学生的发展需求，引导学生树立目标，学会做事、学会学习、学会创造、学会发展。

学校结合人生规划教育，建立学科课程群，拓展职业素养课程，服务于学生成长和职业的发展。借助项目开发课程，拓展视野，为学生提供优势发展的平台，如英语学科借助项目研究开发系列英语课程，为喜欢英语的学生提供理解多元文化的平台；借助地域优势开设学科延伸课程，做到初高中衔接，为学生优势发展服务。如历史学科依据学科特点，在科学整合历史必修课程、选修课程的基础上，开发

了北京历史文化、中国古代文物赏析等课程，为喜欢历史及文物鉴赏的学生提供了延伸课程。学校利用校内外资源，开设科技课程，培养学生创新思维，开设了航模、海模、车模、物联网、模拟飞行等几十门科技课程，为喜欢实验探究、科技发明的学生搭建优势发展的平台，学校借助海淀区教师进修学校对口支持项目，开展教与学方式变革研究，校园丰富文明建设系列活动，让文明走进每位师生的灵魂深处，全面提升了育人质量。

学校在"五育并举"全面发展的理念影响下，开展课程建设并通过课程建设来实现学校文化对人的发展的内在影响，实现特色全面育人。让学生带着理想、带着终身受益的能力和素养走向社会、服务社会。

我校历经多年的思考和探索呈现了"优势教育"成果以及高教育增值力、高社会满意度、充满勃勃生机的新品牌学校样态。在不断发展的过程中，收获累累硕果，成为全国特色学校、北京市高中特色建设实验项目学校、北京市中小学文化建设示范校、北京市首批文明校园、北京市课程建设先进单位。

56载办学历程，30余年文化建设，10年特色与品牌建设，孕育了我校"优势教育"品牌。面向未来，站在新的历史起点，我们将继续以立德树人为根本，凝聚学校发展力量，为国育才，培养全面而有个性的学生，为民族复兴梦提供有力的人才支撑。

科学管理实践，打造优质教育

福建省龙岩市实验学校　张斌

每个学校都有自己的历史文化积淀与办学特色，因此学校的管理不可能千篇一律，但是优质教育定是每所学校共同追求的目标。本文结合近年来本人在学校管理工作中的经验，谈谈积极思维模式下的教育教学质量提升做法。

一、树立党建品牌，促进教育发展

以习近平新时代中国特色社会主义思想为指导，以党的政治建设为统领，以"两学一做"学习教育为抓手，认真落实"三会一课"制度，抓党建品牌特色建设。坚持每周开展　"双亮双比"活动，打造党员先锋岗。抓党风廉政建设，落实中央八项规定精神，开展师德师风建设活动，促教师依法依规从教、廉洁从教。紧紧把握"守初心、担使命、找差距、抓落实"十二个字总要求，把"学习教育，调查研究，检视问题，整改落实"贯穿在主题教育的全过程中，深入开展"不忘初心、牢记使命"主题教育。树立党建品牌，促进学校教育教学的发展。

二、营造积极教育氛围

（一）可以从以下几个方面分析发掘有利条件，从积极思维角度树立教师信心。

1.政策优势。政府领导部门高度重视并密切关注学校的发展。严格执行就近入学政策，保证优质生源不流失；资金投入，尽力改善办学条件；推行校际协作办学政策，整合优质资源，创造可持续发展的优质平台。

2.求真务实的管理模式。"三线"管理模式，即"学校-处室-老师-学生、学校-年级-老师-学生、学校-教研组-老师-学生"的管理模式；教学常规管理和教学行为巡查制度增强了教育教学工作的效益。老师们工作思路清晰，各司其职，忙而有序。

3.发掘师资优势。教师的年龄、学历、资历优势。其中名校长、名师、　学学科带着人、"名师工作室"等，都是一所学校的优势资源。

4.校风、教风、学风的持续向好，会考、高考、中考成绩持续提升而逐渐产生了的良好社会反响。

6.开展家委会工作、家访工作，加强家校联系、家校互动，达到社会力量助力办学的效果。

（二）以积极思维开展学生工作，树立学生信心。

1.营造正确的舆论导向，让学生和家长感受学校的优点。特别是起始年段，及时宣传展示学校的强大实力、教育教学成就与办学特色办学优势，让学生和家长意识到这是一所好学校。教师精心上好期初每一节课，展示精湛的教学技能，让新生一开始就对老师们充满信心。课堂上，科任老师及时发现学生闪光点，较大范围的加以表扬，让学生有一种身处优秀群体的感受。及时分析近年中高考形势，分析有利因素，让学生深感自己赶上了最好时机，增强信心，增强学习动力。

2.面向全体，对不同层次的学生做不同的梦想教育，给足希望。鼓励成绩优秀的学生放大眼光，追求卓越，攀登学业高峰；鼓励中等生不断提升自己的能力，在适合自己的领域里无限拓展；不给成绩中下生制造压力，引导他们从做好预习开始，使之每节课听得懂一点，听懂的多一点，逐步融入小组合作学习，逐步提高成绩，不断树立信心。

3.分析学生个体优势与有利条件，让学生看到实现梦想的希望。成绩优秀生有着很好的学习能力与学习习惯，记忆力分析能力较强，解题速度较快，有自觉钻研的好习惯。老师在对他们严格要求的同时，方法科学，不能让他们由会读书变成不爱读书。要引导他们认识自己的优点，更好地发挥学习能力，精益求精。成绩中等生往往学习习惯比较不好，动静不分，主次不明，但是通常都比较聪明，他们的智商情商都不会输给优秀生，只要设法让他的聪明才智用在点子上，让他尝到成功的喜悦，优秀的滋味，慢慢静下心来，使他们看到希望，激发他们的进取心。而成绩中下生的优点在于有毅力，有较强的抗挫力，且身上一定有胜过别人的能力。多渠道引导他们发现自身的闪光点，明确努力方向，使他们看到希望，转变思想，点燃信心，再逐步落实学习的五环节。

4.树立家长信心

通过宣传学校良好的发展态势与教育教学实力，树家长的信心，力争良好的社会效应。学校通过家长会及家访，帮助家长走出家庭教育误区，使家长教育管理孩子的信心持续长久。

三、科学开展班级工作，好班风构成好校风

学生学习目的不明确、学习习惯不好、学习方法不正确等是造成学习成绩上不去的主要原因。要帮助学生解决这些问题，很大程度上要靠以班级建设为核心的班级工作。具体工作可从以下五个方面着手：

（一）引导学生树立梦想，分析自身优势，开展希望教育；

（二）班级组织健全，培养班干。日常事务精细化管理，使人人有事做，事事有人做；

（三）引导学生制定科学合理的班级公约，并做到赏罚分明；

（三）塑造良好的班级舆论，正向引导，传输正能量，使班风学风走向良性循环；

（五）设置主题，有目的开展班级集体活动，增强学生的集体荣誉感，增强班级凝聚力。

四、学生管理精细化、常规化

（一）精神面貌佳

1仪容仪表规范化。

2.言行举止文明有礼。

（二）集合快静齐

1.室内集会、散会，户外出操、解散，一个年段一路纵队，动作迅速并保持安静。

2.到功能教室上课，学生一律从指定路线进出。

（三）课间有秩序

1.勤学好问，利用课间问问题，问老师，问同学。

2.不串班、不串楼层、不串年段。不得在别班走廊吵闹。

3.注意安全，不追赶打闹，不大声喧哗，保持平稳良好的情绪。

（四）上课坐姿正

1.预备铃响立即回到座位上坐好，及时做好课前准备。值日班委上讲台管好纪律，要求全体安静，等候老师上课。

2.坐姿二十字："体不斜靠，腿不高跷；手不撑头，头不抵桌，目不环视。"

（五）自习静悄悄

1.自习课做到："入室即静，入座即学。"纪律班委督促检查。

2.保持绝对安静。不讲话、不借东西、不讨论问题、不东张西望。

3.提高效率。指导学生做自习计划，明确任务，专注独立限速完成。遇难题课后请教。

（六）激情早读好

1.科代表提前与老师沟通，确定好一周的早读内容，每天板书，并领读，或宣布自由诵读。

2.站立，手捧书，放声读。

（七）垃圾不落地

1.垃圾不落地，教室不设垃圾桶。

2.主动保洁，作为评选优秀班干部、三好学生的必要条件。

（八）午休是保证

通学生由家长管理。寄宿生由生管监督为主，教师值日兼管，强制午休。

同时，对老师也做出相应的要求：一方面，齐抓共管，巩固一年一度的军训成果。每位老师都有权利和义务管好在校的任何一个学生，不得无视违纪行为；另一方面，言传身教，遵守作息制度，工作语言规范，着装得体，注重形象。

五、落实学习的五环节

学习的五环节是指：预习、上课、复习、作业、订正。它是提高教学质量、提高学生成绩的基本途径。经常提醒，让每个学生都明确每个环节的重要意义和具体做法。设法帮助学生克服畏难情绪，树立信心，逐步养成良好的学习习惯。

对成绩中下生应侧重于指导预习养成，至少通读教材，思考简单的问题，改变上课听不懂的跟不上的状况，使其课上听得懂一点，听懂的知识多一点。对成绩中等中上的学生侧重指导预习和复习环节。预习要思考课后问题，把不理解的地方做好标记；复习侧重课堂知识点的回忆与记忆。对成绩优秀的学生，则指导他们侧重复习和订正这两个环节，使之养成"打破砂锅问到底"的习惯，设法搞清楚似懂非懂的知识点，不留问题。

"五个环节"的学习流程正在改变学生的学习方式，养成学习习惯，逐步提高学习效率；因为"学得进、学得好"增强了学生的信心和主动性。

六、推行高效课堂模式

改变“教与学不对接”的课堂教学状况，搭建“自主、合作、探究”学习平台，建立“教”帮助“学”的课堂教学模式。

教对接学，在课堂教学中提高学生五环节学习能力，帮助学生学得进，有进步。课堂教学中无论是复习旧课、检查预习、新课学习、回忆小结、布置作业，还是自主学习、分组展示中老师的指导引导，都是提高教学效率的保证。因为每个要素的落实其实就是对基础知识、重难点知识和知识关键点的反复重现与学习，达到不断巩固的效果。实现帮助学生“学”的目的。

发挥备课组的优势。通过集体备课，每个老师明确每一节课的学习目标，确立重难点，梳理内容的结构和条理。集体探讨教学环节的设计和教学方法的应用。其中，组织学生采用自主合作探究的学习方式开展新课预习与新知识学习，改变学生被动接受的状态。探索适合现状的高效课堂模式，调动学生积极思维，积极参与学习过程，检测落实，提高课堂效率。

七、引导家长积极作为

（一）改变家长的教育管理观念，明确家长职责。

家长的主要职责是与孩子搞好亲子关系，多谈感情，营造温馨的家庭氛围，使孩子保持身心健康，乐于接受师长的教育。学习上听老师的，在学习上的引导，家长应本着助力孩子的学习为出发点，积极教育，切忌扮演“监督”学习的角色。家长的工作用一句话概括就是：“多谈感情，助力环节。”学校要求家长做的必须是家长“能够做到的”，不能把老师的活儿给家长干。

（二）指导家长提高与孩子沟通的有效性。

家长同样要根据自己的孩子的实际情况，给足孩子信心，不要让孩子对学习产生畏难情绪。多谈感情，搞好亲子关系，当孩子坚强的后盾。在与孩子的沟通中要引导孩子学会感恩，感恩学校，树立学校在孩子心中的良好形象，让孩子爱学校然后爱学习。关于学习上的问题，知识方面的问题，就引导孩子听从老师的，不要搞两套，不要把孩子搞糊涂了。学会正确帮助孩子学习，常提醒，帮助预习、帮助复习、帮助排除学习的心理障碍。

八、围绕教学质量目标，学校管理制度一体化

以提高教学质量为目标，把德育放在第一位、以教学为中心，将德育工作、后勤保障、安全卫生等工作围绕教学来开展，一切为提高教学质量服务。学校制定的各种制度、各种评比细则，应有利于提高教学质量，否则大胆摒弃。同时，在教学过程中也可能发现诸多问题，比如学生的专注度、积极性、语言表达能力、与他人讨论的能力、笔记能力、板书能力、独立思考能力、查阅资料能力、卫生习惯等等。这些问题的解决又可以促进德育工作、后勤保障、安全卫生等工作的不断完善与合理化、科学化。如此良性循环，以教学质量提升为目标的管理制度便不断趋于完善。

比如，根据学习五个环节的实施和课堂教学“教”帮助“学”的落实为坐标，体现导学案的二次备课、导学测评的落实来修订教学常规管理制度。把梦想教育、希望教育、时间管理、班级管理、家校联系及学生工作的积极技术纳入德育考评管理制度。

总之，以上八个方面，是本人根据近年来担任校长所在学校的实际情况，围绕提升教育教学质量这一目标，实施的精细化、一体化管理制度的一些经验，既有传承又有创新。当然，一定存在许多不足的地方，恳请大方之家不吝赐教。

教育圣火“炼四钢”，锻造内涵促发展

福建省厦门市集美区乐海小学　林报忠　王广木

学校的内涵是助推学校发展的原动力，是指引学校发展的罗盘。一个学校的发展，除了关注硬件设施、师资队伍、办学特色等方面，更要注重学校内涵建设。我校非常重视学校内涵建设，通过内涵建设促进育人水平的提升。通过凝练办学理念，强化师资队伍，优化学校课程，淬炼校园文化，助推学校缔造内涵、锻造内涵、厚实内涵、深化内涵。

一、凝练理念，缔造学校内涵

办学理念统领学校的全局工作，对学校的建设与发展有着不可替代的作用。学校内涵的缔造，要立足于办学理念，建构明晰的育人指标。

以理念横向缔建内涵。我校以“在快乐中享受幸福，在纳海中成就自我”为办学理念，确立了“质量为舟，特色为桨，快乐为帆”的办学思想，架构了“以德治校，科研兴校，特色立校，质量强校”办学思路，明确了以培养“胸怀像大海一样宽广、知识像大海一样渊博、体魄像大海一样刚健、创新像大海一样奔涌”的好少年的办学目标。在享受幸福和自我成就为理念指导下，学校重视质量、注重特色、强调快乐地思想，从管理、科研、特色、质量四个方面入手，培养胸怀宽广、知识渊博、体魄刚健、创新奔涌的新时代好少年，缔造了学校内涵体系。

以指标纵向缔造内涵。学校结合自身办学的特点，在培养全面发展的人的理念下，建构了本校的关键素养指标体系。学校从知识学习、身心健康、待人处事、思想情操四个维度出发，提炼了学校育人的指标。在知识学习方面，学校提出提炼了“博古通今、知识渊博”两个指标；在身心健康方面，学校提炼了“体魄刚健、胸怀宽广”两个指标；在待人处事方面提炼了“脚踏实地、灵动创新”两个指标；在思想品格方面，学校提炼了“爱家爱校、敢于担当”两个指标。立足四个维度，探索学校育人的关键素养指标，将学校内涵向深度推进，让学校内涵建设更为深透。学校内涵的丰富和深透，促进了学校育人水平的提高，促进了学生的全面发展，落实了立德树人的根本任务。

二、冶炼师资，锻造内核力量

学校内涵的建设，离不开师资队伍的发展。我校高度重视对师资队伍的冶炼，通过锻造学校内核力量，帮助教师快速地成长，助推学校内涵的建设。

历练行政团队。学校成立了以校长-副校长为一级带教，副校长-中层干部为二级带教，培养新干部的传帮带小组。通过传帮带，不断培养新干部，让行政团队拥有蓬勃生机。其次，精心做好分工。学校做好行政分工，明确各个部门的职责，让每个行政各司其职，一学期后，在行政会上对分工提出讨论，探讨分工的合理性，从而改进分工。最后，抓好团队文化。

历练骨干队伍。积极发挥骨干队伍的力量，带动学校教师的专业发展。首先，启动“领雁”计划。学校在各个学科精选出1-2名重点培养对象，培养期三年，以委托培养和自我培养的方式，借助进修学校、集美大学师范学校、外校资源等，对重点培养对象进行论文撰写、课题研究、教学设计、片段教学等方面的培训，以三年一个周期，对培养期内的教师提出“五个一”要求，即：“一篇区级以上论文，一个区级以上课题，一次区级以上竞赛获奖，一节区级以上公开课，带教一名徒弟。”完成这五个一的任务，通过学校考核的，学校授予校级骨干教师，而对于表现优异的，则授予校级学科带头人称号，鼓励教师不断进取。其次，组建名师工作坊。为了发挥校内名师的辐射作用，学校根据教师发展的需要，结合名师特长，打破学科界限，组建不同类型的名师工作坊，有班主任工作坊、课题研究工作坊、论文撰写工作坊、教学研究工作坊等等，要求校内名师根据自己特长承担工作坊研修的坊主，带动教师的专业发展。再次，启动教学帮扶计划。

每学期期末，学校成立由校级领导、教导主任、学科教研组长等组成的教师业务考察小组，对教师的业务水平进行分析，通过与被考核教师、搭班教师谈话等方式，了解被考核教师的短板，学校根据考核结果，制定个性化的帮扶计划，帮助教师全面地发展。最后，注重个性发展。学校根据每个教师的不同特点，给教师足够的发展空间，鼓励教师根据自己的特长和爱好，开发适合学生发展的校本课程，开展研究性学习等，促进教师专业的发展。

三、精炼课程，厚实学校底蕴

为了促进学生全面发展，我校坚持以学生为中心，从海洋意识教育入手，着手建构了学海洋意识教育校本课程。海洋意识教育校本课程共三个类型，分别是基础型、提升型和拓展型。基础型课程由教师以国家课程为基础，经过二次开发、拓展、补充发展而成，基础型课程以为学生奠定良好基础，促进学生终身学习服务。基础型课程又分为学科类和探究类，如语文学科的“诗海遨游”和“一字见心”，数学学科的“数海竞技”，体育学科的“舞动青春”与“绳采飞扬”，科学学科的“实验探秘”，音乐学科的“琴声飞扬”等等。探究类可以分为海洋馆课程、禁毒教育基地课程、演讲课程、小记者课程、海洋科普课程等。提升型课程主要以鲜明学校特色为目标，共分为三类，分别是实践类、活动类和班本类。

在落实国家课程和地方课程的基础上，学校从学生发展需要角度出发，结合学校的优势和特点，充分利用学校、社区、社会的资源，开发出了供学生选择的形态多样、类型丰富的校本课程。

四、淬炼文化，丰盈学校精神

校园文化是一所学校内涵深厚的表现，脱离校园文化来谈学校内涵是空洞苍白的，我校通过淬炼校园文化，不断深化学校内涵建设。

以核心文化贯穿。　我校以顶层设计的形式，将“海洋文化”贯穿校园设计。在横向上，学校以嘉庚风格建筑为主体，将四栋建筑分别命名为学海楼、涵海楼、瀚海楼、怡海楼，每栋楼都有一个文化主题，学海楼以自然海洋为主题，涵海楼以人文海洋为主题，瀚海楼以海洋科技为主题，怡海楼则以海洋体育为主题。

一入校门，便可以看到“海纳百川，乐舟远航”的校训，校训后面是海洋文化校园研学景观，四周有四条帆船，分别刻有学校的海洋教育关键素养，中央是世界地图，预示着让孩子们乘着快乐地风帆，不惧风浪驶向世界，景观整体以蓝色为主基调，营造了浓厚的海洋气息。学校的主题雕塑则立于景观右侧小路旁，以帆船、书页和浪花为主体造型，上面刻着学校的校训和三风，材质是厚实的砂岩，体现了学校文化与内涵的和谐统一。

在纵向上，学校每个楼层都有文化专题，学海楼一到五层分别厦

门三宝、海洋航道、海洋资源、海洋灾害、海洋环保，一到五楼的主题螺旋上升，从学生周围的厦门三宝入手，认识海洋主要航道，了解海洋各类资源，认识海洋的灾害，学会保护海洋。涵海楼、瀚海楼、怡海楼的设计也是如此，横纵设计都以蓝色为主基调，力求视线所及的范围内，都凸显海洋元素，渗透海洋文化，体现学校内涵。此外，学校还筹建海洋科技馆，融合声、光、视频等技术，设计了海洋食物链设计、海洋动物临摹等活动，让学生充分动手实践，体验和操作相关设备，从而感受海洋文化，体验到海洋文化内涵。

以核心文化浸润。学校以“海纳百川，乐舟远航”为校训，悦纳每个教师，悦纳每个学生，对教师的管理以立足教师需要，促进学校教学质量提升，促进学生发展为目标，始终坚持以人为本，对教师的充满人文关怀。学校的校风为“弘毅自强，敬业乐群”，要求全体师生能宽宏坚毅，抱负远大，爱岗敬业，团结合作。学校的教风为“治学严谨，乐育善教”要求全体教师能实事求是，以严谨认真的态度对待教学，以教书育人为己任，并且教有所长。学校的学风是“学海无涯，乐思善用”，要求学生能勤动脑、勤动手，积极思考，主动学习。

在学校三风一训的引领下，学校的教师团队形成了互帮互助的良好氛围。此外，学校还积极打造班级文化建设。每学年期初，学校要求每个班级围绕学校办学特色确定班歌、班徽、班级目标、班级吉祥物、班级公约，然后学校组织班风班貌展示活动，学生演唱自己改编的班歌，对自己的班级班徽、班级目标、吉祥物、公约等进行解读，在全校师生的面前充分展示自己的班级文化。

在少先队中队建设中，也以文化引领。在命名上，充分体现海洋元素等。通过特色中队命名、组织海洋特色活动、班级风采展示等，加深了学生对海洋动植物的了解，丰富了少先队活动，让学生浸润在海洋特色校园文化中，让校园文化走进每个孩子的内心，深化学校内涵。

随着我国现代化进程不断向前推进，社会主义文化强国建设必将迈出更加坚实的步伐，我校将一如既往，立足实际，深入学习贯彻党的十九届五中全会精神，炼好教育之“四钢”，在建设文化强国和教育强国的征程中做出我们应有的贡献！

参考文献：

[1]何忠诚.加强学校内涵建设 提高学校办学质量[J].教学与管理，2011(25)：9-10.

[2]杜伟奇.打造校园文化助力教育发展[J].中国教育学刊，2018，(S1)：3-5.

[3]张道明.校园文化建设须厘清的五个问题[J].教学与管理，2017(32)：4-6.

[4]尹后庆.委托管理：以机制创新促城郊农村学校内涵发展[J].中小学管理，2014 (05)：6-7.

[5]焦来宪.十年磨一剑：“分层教学走班制”促学校内涵发展[J].中小学管理，2013 (09)：35-36.

弘扬“勤乐文化” 浸润生命成长

甘肃省白银市平川区兴平小学 滕学武

构建具有现代教育理念的校园文化已经成为当今时代学校整体改革的重头戏。一切的改革都源于文化，源于对文化原点的追寻，源于对文化历史渊源的挖掘与传承。弘扬传统文化，浸润生命成长。我校以“让每个学生拥有幸福的童年、让每个学生得到充分发展”为办学宗旨，树立“以师生发展为本，办人民满意教育”的办学思想，全面实施素质教育。经过10年的拼搏与发展，学校具有了独特的文化积淀和深厚底蕴，学校在加强校园文化建设方面进行了积极的探索与实践。我们把学校文化凝练成两个字——“勤乐”，体现了学校的精神风貌和师生的行为准则。

一、“勤乐”文化理念的萌生

谚云：“一勤天下无难事。”勤需要坚毅的耐性。人往往遇到疑虑后，才能勤于思考突破困境；人生能耐得住穷困苦闷，才能勤学超越自我；人生能耐得住勤耕勤作，才能拥有收获；我们纵观古今历史，只有勤才能有成就。忱勤者，建业之本也。“勤”字所诠释的是天行健以自强不息的精神，这种来自内心源源不绝的生命力量，无坚不摧，如绳勤于锯则木断，水勤于滴则石穿。勤能补拙是良训，一分辛苦一分才。

唐代《太公家教》告诉我们：勤是无价之宝，学是明月神珠。“业精于勤，荒于嬉；行成于思，毁于随。”这是唐代韩愈留给我们的金玉良言。

《易•系辞上》说：“乐天知命，故不忧。”意思是说，如果人们顺应自然的规律、懂得生命的本质，就快乐无忧。“乐”是中华传统文化的基本精神和价值追求之一。我国古代大教育家孔子将“乐”发展为一种“乐学”的教育思想。他说，“知之者不如好之者，好之者不如乐之者”。意思是说，了解知识的人不如爱好知识的人；爱好知识的人不如以学知识为快乐地人。这一思想，比近代“快乐教育”的鼻祖斯宾塞的理论要早两千多年。

快乐是一种感觉，是心灵的一种愉悦惬意的感受和状况；快乐是一种美德，是对生活的坦然和热爱。小学生正处于成长的关键时期，这一时期更应该让他们将充沛的精力用到学习中，感受到成长的快乐，同时也要创造良好的育人环境，让他们在快乐中成长。让学习成为一种享受，一种快乐，一种自觉，“让师生过一种幸福完整的教育生活”。我校“勤乐”理念的核心就是让学生做个勤奋的人，快乐地生活学习。

我们的教育就既要有理想原则，又要有生动情致。理想原则让大家的内心趋向的目标更高更远，而审美自由则能让老师教学时不觉得是在被动地教，学生学习时不觉得是在被动地学，完全达到忘我的境界，摆脱功利，摆脱束缚，达到乐学乐教，享受课堂。这应该是我校师生奋斗的目标。

构建“勤乐文化”，就是对中华优秀传统文化的继承和弘扬，就是中华优秀传统文化的现代运用和教育实践，是中华优秀传统文化进校园、进课堂的具体而生动的体现。

“勤”，乃立业之基，立学之本。“乐”，乃幸福生活之起点和目标。我校在校园文化建设的进程中，以全面锻铸“勤乐”文化为主旨，不断立体打造着学校的完美。建校十年来取得了长足的发展，硕果累累，2011--2012学年度小学教育教学质量获区二等奖；市“红领巾相约中国梦”合唱比赛三等奖；2013年被评为区模范职工之家，教育教学质量三等奖，获得以“优化教学模式”为主题的“高效课堂推进年”活动先进集体；2014年被评为区教育系统先进集体，在区首届少儿艺术大赛中舞蹈《雪域踏欢》获得舞蹈类铜奖；2015年被评为市绿色学校，中小学生乒乓球比赛优秀组织奖；2016年获区中小学生乒乓球比赛暨向阳杯全国少儿乒乓球比赛选拔赛小学组男子团体第三名，小学组团体总分第二名，中小学生足球联赛暨“市长杯”全市青少年校园足球联赛选拔赛小学组第三名，区小学组汉字听写大赛第三名；2017年荣获“白银市语言文字示范校”、“白银市快乐校园”、“甘肃省快乐校园”、“甘肃省语言文字示范校”、白银市文明校园、2018年获甘肃省文明校园，白银市依法治校示范校、白银市禁毒示范校、平川区“六五普法”先进单位、平川区平安校园、六年级教学质量检测全区一等奖；2018-2020学年度获平川区教育系统先进集体等20多项项荣誉。

二、“勤乐”文化理念的发展

学校将遵循“勤乐”文化理念，挖掘积蕴，构建积极向上的校园文化，夯实“合作、奉献、勤谨、尚美合”的校风，发扬“勤研、乐教、务实、创新”的教风和“勤学、善思、乐创、奋进”的学风。勤奋学习和工作，是师生发展的动力源泉。勤以修身、恪守师德、当快乐教师，是对教师的要求；勤奋学习、合作探究、做快乐学生，是对学生寄予的希望。乐学善思，是对学习态度和方法的要求。“学而不思则罔，思而不学则殆”引导学生爱上学习，善于思考，乐于求知，营造出“乐学善思”的良好氛围。创新是学校发展和教育教学水平不断提高的不竭动力。学校围绕“二十四字教学方针”的要求，在教法和学法上不断创新，让学生成为学习的主人，成为创新的主人。

校风上的“勤乐”目标：务实乐行、勤恳求新。伟大教育家陶行知有言：“行是知之始，知是行之成。”只有脚踏实地，不断改善学校的环境，提高学校的办学条件，让老师和学生都生活在一个舒心的大家庭中，让大家感受到快乐，工作和学习的效率才会提高。勤恳对教师的要求就是要敬业，这既是对教师职业的要求，也是教师态度的体现。求新是中华传统美德的重要内容。“穷则变，变则通。”只有与时俱进，不断吸收、借鉴，学校才能保持向上的劲头。

教风上的“勤乐”目标：博学乐教勤谨尚美。博学乐教是对教师知识和职业道德的双重要求。在知识方面，用渊博的知识教育、引导、帮助那些乐于学习的人。在职业道德方面，根据《教师职业道德规范》的要求，爱岗敬业，要把教学当作事业去做。只有乐于奉献的人才能耐得住岁月的考验，只有心甘情愿地奉献，才能不被环境所困扰。正所谓“不忘初心，方得始终”。“勤谨”要求教师在工作和生活，严格要求自己，以身示范。“尚美”是一种文化追求，即全体师生对心灵、语言、行为、环境之美的崇尚与追求。

学风上的“勤乐”目标：厚德乐学勤奋创新。“厚德”有两层含义：一是日常道德修养，二是高远博大胸怀。“乐学”是一种学习的状态：心态平衡，劳逸结合，学有所用，学有所悟，学有所乐。“勤奋”，指勤于学习，勤于钻研，勤于思考，勤于实践，勤勤恳恳，刻苦努力，奋发有为。“业精于勤而荒于嬉”，勤奋是成功的必备条件。“创新”，指敢为人先的创新气魄，勇于超越的创新理念，崇尚科学的创新态度。作为新时代的学生，就应该具备创新的精神，这是时代发展的要求，也是实现中华民族伟大复兴的历史使命。

三、建设书香校园提内涵

勤于学习学会学习、健康快乐生活是新时期中国学生六大核心素养中的两个重要核心素养，也是中国学生最基本的自主发展的素养。因此引导学生学会学、能健康快乐地生活、提高核心素养是学校工作的重点和核心。

“营造书香校园”就是以“弘扬勤乐文化，培育勤乐精神”为载体，通过创造浓郁的阅读氛围，整合丰富的阅读资源，开展多彩的读书活动，让阅读成为师生最日常的生活方式，进而推动书香社会的形成。学校是在育人的基础上，完成知识的传授。读书是人类重要的学习方式，精神的提升和传承必须强化阅读。一个养成了读书习惯的人是一个自由而幸福的人。

国学经典是我国民族文化教育精神的一个庞大载体，是我们民族生存的根基，也是我们民族精神的纽带。开展诵读经典活动，不仅是对知识的传承，更是对学生思想道德建设的升华。弘扬传统文化，浸润生命成长。最终把学校打造成为学生快乐学习，健康成长的知识的殿堂，精神的乐园。

新时代的教育，是为中华民族伟大复兴培养时代新人，是为中国特色社会主义培养建设者和接班人，这是党的十九大赋予教育战线的重大使命。我校将乘新时代的春风，在尊重历史、尊重现实的前提下，传承"勤乐文化"，弘扬"勤乐精神"，通过三至五年的努力，把我校办成特色鲜明、和谐快乐、质量过硬、师生幸福指数高的陇上名校，让全体师生的梦想与中国梦砥砺前行。

注重内涵式发展，八方桃李吐芬芳

甘肃省天水市秦安县西川镇中心小学　成旺林

成纪大地，物华天宝，人杰地灵。陇水西畔，高铁与汽车齐飞；鹤山脚下，"铁汉"与文明并行。我校始建于1972年，正是位于鹤山脚下。女娲之乡，历来崇文尚教；"铁汉"故里，代代文人辈出。目前我校学生940名，教学班级21个，专任教师56人，中级以上职称28人，省市级骨干教师10人。学校占地面积15827平方米，建筑面积6809平方米，体育场地总面积4510平方米，食堂600平方米。布局合理的综合教学楼、少年宫双馨楼、学生住宿楼、食堂各一幢。

学校有"梦想教室"，乒乓球室，科技室各一座。有计算机室、阅览室、心理咨询室、卫生室等8大功能室，室内设备先进齐全，运行有序良好。200米环形塑胶跑道和草坪运动场，红绿相间，靓丽环保。校内花木葳蕤成浓荫，繁花芳香飘三季；廊亭错落配景致，文化春雨润师生。学校集文化、绿化、亮化为一体，已踏上新时代教育征程的大道。

一、筑牢安全屏障，多元化促发展

"安全重于泰山"，为教育保驾护航。我们以学校、家庭、社会"三结合"的综合教育为突破口，建立了以学校教育为主体、家庭教育为基础、社会教育为依托的办学模式。又先后设立了"家校护学岗、学生自管委员会监督岗"及巡查制度。近年来，学校始终把安全工作放在第一位，扎实开展"平安校园"建设活动：会会讲安全、时时重安全，消防培训、法制教育、应急演练等活动的有效开展，树立了师生牢固的安全意识。

育人先育德，良德树梁材。教育是民族振兴和社会进步的基石。要坚持教育优先发展，全面贯彻党的教育方针，坚持教育为社会主义现代化建设服务、为人民服务，把立德树人作为教育的根本任务，培养德智体美全面发展的社会主义建设者和接班人。为营造一种充满"爱"的教育环境，组织学生进行国旗下演讲、校园广播、中队主题等形式各样的活动，并精心打造了"新生开笔礼"、"金秋体育节"、"校园文化艺术节"、"毕业典礼"和"庆六•一文艺晚会"等大型校园活动。借力"梦想课堂"这一素质教育新模式，使孩子自信、从容，有尊严的成长！

扬个性风帆，促特长发展。为了让每一个孩子们在个性发展中陶冶情操、启智励志，学校每周四下午开设了少年宫活动。少年宫师资力量充实，有兼职教师30名，外聘辅导教师6名。依据年龄特点和农村孩子的实况，自编的校本课程，内容丰富，全面教学，共开设秦安小曲、秦安壳子棍、架子鼓、街舞、钢琴、电子琴、口风琴、古筝、葫芦丝、科技、舞蹈、播音与主持、秦腔、手工、绘画、足球、乒乓球等25个社团活动。

学校针对留守儿童多、片区外学生多、进城务工子女多的实际状况，把关爱留守儿童和教育精准扶贫紧密结合起来，在学业关注、生活关怀、情感关爱等方面给留守儿童打造温馨的家，让孩子们收获幸福感和归属感。学校竭力创造各种机会让学生享受成功，提高了学生的综合素养，使学校真正成为学生成长的乐园，温馨的家园。

二、加强教师培养，提升教育质量

政治强思想，学习净心灵。学校十分重视教师的政治业务学习，师德师风建设，树立教师建立终身学习的理念，以此来强化政治思想，洗礼心田，崇文尚礼。

教育同行，质量为本。学校始终坚持教与育双轨同行。立德在先，树人在后。学校狠抓教育教学管理，各学科教师配备齐全，注重教学过程管理，开齐开足课程。已养成了学生晨诵、午读、晚写的自主学习习惯。同时，教师在抓好课堂教学的同时，也高质量做好了补差工作，并做到定人、定时、定量、定效，适时进行家访。学校全力推进课堂教学质量，实施人文素养教育，毕业班成绩连续居全县同类学校前列。

三、回首风雨征程，满庭花繁果硕

走过征程路，回首满径花。学校曾先后获得"全国青少年校园足球特色学校"、"甘肃省优秀留守儿童之家"、"甘肃省德育示范校"、"甘肃省快乐校园示范校"、"天水市绿色学校"、"天水市语言文字规范化示范校"、"天水市儿童美德教育工作优秀学校"、"天水市文明校园"、"'市长杯'中小学青少年校园足球联赛男子组一等奖"、"'县长杯'中小学青少年校园足球联赛冠军"、"中华经典诗词诵读展演活动优秀组织奖"、"秦安县教学质量先进单位"等30多项省市县荣誉称号。2018至2020年，连续两年被人教社评为优秀科研实验基地。

学校以"办人民满意的教育"为己任，打造发展特色校园为目标，深入促进教育与时代脉搏合拍，是学校对社会、家长、学生的庄严承诺。教育部门各级领导的关怀和厚爱、社会各界人士的关心和支持、教师的敬业奉献，学生的乐学勤思，铸就了西川镇中心小学美丽动人的今天。今后，我校班子成员将在上级教育主管部门的领导下，带领全体中小人，秉承"内涵发展，独树一帜"的办学理念，遵循"自强不息，立德树人"的校训，不断优化教师队伍建设，着力学校文化建设和内涵发展，以"服务基层，成就学生"为办学宗旨，把教育园地浇灌得姹紫嫣红。

只争朝夕、不负韶华，面对未来，我们西川中小人蓬勃兴盛，意气风发，我们将更加紧密地团结在以习近平同志为核心的党中央周围，高举中国特色社会主义伟大旗帜，不忘初心、牢记使命，聚力内涵式发展，着力高质量提升，努力向着更加美好的明天奋力前行，为实现"两个一百年"奋斗目标和中华民族伟大复兴的"中国梦"而努力奋斗！

构建"情感育人"的校园文化研究与探索

广东工贸职业技术学院　成海涛

摘要：社会的不断进步，对我国的人才培养以及校园建设提出了新的要求。为了营造和谐的校园氛围，构建良好的校园文化，"情感育人"成了一项重要实践。本文从三个方面展开探究如何构建"情感育人"的校园文化，旨在培养学生自主学习的能力和综合知识的运用，形成良好的学风，通过情感熏陶达到磨炼艰苦意志、树立正确思想、塑造健全人格的目的。

关键词：情感育人；校园文化；情感教育

前言：我国各式各样的学校众多，类型丰富，但发展层次不一。很多学校建立时间短，并未形成鲜明的文化特色，内涵式发展不足。随着社会的发展，人们对于具有教育功能的学校要求越来越高，这对学校已有的校园文化造成了冲击，目前的校园文化面临着新的挑战。怎样发挥校园文化的功能，完成教育的根本任务，成了学校发展必须要解决的问题。

1"情感育人"的内涵

情感是人类在生存和发展的基础上衍生出来的，情感教育是一种无可比拟的教育手段，体现了深厚的人文关怀和正确的价值取向。"情感育人"是在特定的环境下创造的、具有校园特色的、与时代密切相关的一种独特的社会文化，它制约着校园文化，并且为校园文化发展指明了方向。"情感育人"主要指的是观念层次的群体价值观，是校园文化的核心层次。

学校是传授知识和培养人格的场所，特殊的、固有的文化氛围是其主要特征。正所谓"风以化人"，正是利用良好的校园环境熏陶、感染学生，突出以人为本的原则，建设人际文化，促进师生身心健康以及自身发展。

2"情感育人"的校园文化建设

2.1树立"以人文本"的育人理念

人既有自然属性，也有社会属性，既存有情感，也存有理智，内含思维，外辅实践，只有以人为本的"情感育人"，建立情感教育的文化引导，才能培育有理想、有道德、有文化、有纪律的人才，促进人更好地全面发展。在"情感育人"时，选择正确的方法，尊重情感教育的对象，激发其主观能动性，发掘情感因素，重视学生道德情感成长，全面促进学生德行形成。

学生的情感丰富并且迫切，因此学生时代也是进行情感引导和熏陶的最佳时期，学校建设校园文化，应抓住这一有利时机，全面实现育人目的。

2.2重视营造"情感育人"的良好校园氛围

校园文化具有形式多样性、内容多元性、强烈教育性、明确规范性等特征，以价值观念为核心，是一种意识形态和精神氛围，集知识性、思想性、学术性于一体，可以增强师生的凝聚力和持久力。学校中蕴含着丰富的情感因素，有利于"情感育人"校园文化的培育，这就使得"情感育人"在校园文化中具有现实操作性。

树立"情感育人"的理念，贯穿以人为本的理念，把尊重人作为基本准则，着重以培育"情感育人"对象的健全人格为基础，发挥其主体作用。"情感育人"应该发挥校园文化的教育引导功能，理论结合实践，开拓学生思路，培养学生热情，开展丰富课堂活动，发挥校园文化的教育和自我教育功能，用良好的适应能力应对社会变化，加强学生文化修养，多方面增强情感的化育作用。

当今社会，物质文明的发展不能满足精神文明的发展，使得当今不少人在解决现实需求和自身需求的矛盾时，经常只满足于物质需求，而忽略了精神需求，表达情感时较为简单，甚至粗俗，在学校中，尤其是中小学生群体中，情况更加明显。此时，学生还尚未形成统一正确的道德观以及价值体系，正是对其进行引导的有利时期，"情感育人"应抓住这一时机，积极实践情感教育，实现"情感育人"的目的。

3"情感育人"的校园文化构建

促进"情感育人"校园文化构建，仅靠单一的课堂授课是不够的，还需要树立实践思维，拓展实践教学的方式，充分发挥各类活动中的情感因素。"情感育人"的校园文化构建，需要考虑几个因素：(1)符合各个年龄段学生的身心发展特点，小学生、中学生、大学生的思维方式以及他们的心智成熟度是不一样的，因此校园文化要符合他们的特点，做到具体问题具体分析；(2)学生需求具有多样性，包括探究需求、获得新体验的需求、责任承担需求、获得认可需求，这些需求是学生接受教育的动力，因此，要构建"情感育人"的校园文化，就要根据不同的需求，层层递进，不断升华；(3)构建"情感育人"的校园文化要做到理论和实践相结合，打造"情感育人"的校园文化目的是更好地培养人、教育人，因此，"情感育人"的相关实践活动，应该能够使学生在校园文化活动中得到收获，从而反思、提高自己。"情感育人"不是捉摸不透的，也不仅是出于教师的某种教学激情，而是存在于整个校园，以及师生们日常生活中，具有丰富内涵，经得起历史考验的，内化为人自身情感的一部分。

4结语

当今科技发展迅速，呈现综合化和规模化的特点，与此同时，对学校教育也提出了更高的要求。因此，学校在学习生活中、教学管理中、行为实践中，都应体现出情感关怀，使师生们通过校园文化的熏陶感悟到情感的力量，促进其全面发展，与时俱进。构建"情感育人"的校园文化，有助于帮助师生们形成积极向上的校园精神，养成良好的道德情操，在"情感育人"的校园文化氛围中，得到成长和升华。

参考文献

[1] 周广宇.校园文化建设在苏北高职院思政教育中的作用探析[J].青春岁月，2018，(19)：124.

[2] 黄玉兰.以红岩精神为引领打造特色校园文化的初步思考[J].科学咨询，2017，(1)：74-75.

[3] 王琳琬.中国传统文化在校园文化建设中的功能研究[J].科教导刊-电子版(上旬)，2017，(1)：17，30.

[4] 赖艳梅.和润生命美泽人生——基于和美校园文化建设的实践研究[J].新课程·上旬，2019，(4)：12.

教师培训——开启智慧碰撞之门

广东省东莞市松山湖第二小学　翁海燕

百年大计，教育为本；教育大计，教师为本。教师，人类灵魂的工程师，是人类文化科学知识的继承者和传播者，是学生智力的开发者和个性的塑造者。在教育过程中，教师起主导作用，是学生们身心发展过程的教育者、领导者、组织者。教师工作质量的好坏关系着我国年轻一代身心发展的水平和民族素质提高的程度，影响着国家教育的兴衰。教师肩负教书育人的重任，只有加强学习，不断提高自身的素质，做到教书育人，终身学习，才能更好地服务于教育事业。为一步进提高学校教师的教学能力，我校积极开展教师培训活动，寻找最适合的培训方法，以提高教师的综合素质、教育能力，更新其教育理念，从而促进我校教师团队专业化发展，更进一步提高我校的教育教学质量。

一、探寻方法，提升培训效果

在我的教师生涯中，我参加过很多次培训。在每一次培训当中，我总能看到一些参训教师眼神涣散、频频进出会场、手机刷屏等等。显然，这样的培训对老师的吸引力并不大，培训效果并不好。我时常在想，教师到底喜欢什么形式的培训？怎样的培训才有效？什么培训才能帮助教师解决实际问题？经过我缜密的思索，我把教师培训分为两种，一种是自我培训，另一种是借力培训。借力培训包括一对一的结对指导，如跟岗培训、集训(如集体听讲座、集体研讨)等。

借力培训是最普遍的教师培训方式。我主张管理者在培训前对教师群体进行广泛调查，收集意见，把培训的关注点放在教师们的需求和期望上，像设计师一样去开展教师培训，这便是"以人为中心"的设计思维了。"以人为中心的设计"倡导同理心、合作、实验精神，意味着一切始于教师们的需求，符合了运用设计思维的第一步，不是要思考设计什么，而是要思考为谁设计，这是以终为始的思考方式。

二、深刻剖析，注重个性化思考

受到前期看过的一篇关于芬兰现象教学的文章启示，我认为，教师集训形式之一，可采用提前调查访问法，收集教师们的问题，将每个问题分类串联起来，再交由每个老师在集训前针对每个问题置身情境中进行个性化思考，此阶段可称之为个性化思考酝酿阶段。而后，将串联起来的一个个问题和现象在培训现场中真实再现，调动在座教师的热情，积极观察，投入探究，分组讨论，激情分享。每个问题是教师们根据自身的需求提出的，在个性化思考阶段大家又从各自的不同角度分析思考问题，集训时的分享就显得有针对性且深刻。

教育是一门有遗憾的艺术，例如性质相同的教育案例，由于时过境迁，便会物是人非，解决问题的办法也会有所不同。或许，集训时的现场分享、探究无法马上给教师们一个解决问题的万全之策，但是通过大家的积极分享、智慧的碰撞，可以储备解决教育教学问题的工具，这本身就产生了意义。而且通过开展教师培训活动，各位教师分享自己的教育经验、教学心得，能够使其余教师产生一种见贤思齐的心理，在很大程度上可以促进我校教师转变教育观念，在日常教学中提高教育教学能力、教育创新能力和教育教学质量，从而全面提升我校教师队伍的整体素质。

通过开展教师培训活动，来促进教师专业化发展，这适应现代教育改革与发展的需要。学校为增强教师作为从事教育工作者的使命感、紧迫感和自我进取的意识，积极倡导培训活动应始终坚持开放、创新、务实、高效的原则，突出培训活动中的针对性和实效性，并在教育实践中不断创造新的培训方法。通过因材施教，因人制宜，使教师自主学习，自我感悟和自我实践。同时，需要高度重视教师的个性差异，加强对个别指导，努力造就一支师德高尚、业务精良的专业化教师队伍，使学校教师队伍充满教育活力，充满工作热情，使其以开阔的视野造就更加广阔的教学舞台！

守望生命绿水青山，构建幸福快乐校园

广东省佛山市南海区南海中学　傅陆根　秦昭昭

习总书记指出：教育是提高人民综合素质、促进人的全面发展的重要途径，是民族振兴、社会进步的重要基石，是对中华民族伟大复兴具有决定性意义的事业。新时代，学校教育必须促进学生全面发展，培养面向时代的新人。我校作为县域内综合实力排名第二的普通高中，自2015年至2020年短短的六年间创造了"两超越、一突破"的教育奇迹，在岭南学界传为佳话。2015年，学校率先提出"守望生命的绿水青山"的绿色教育理念。在该理念引领下，学校积极践行"通过成就老师和成就学生来成就学校"从而实现高位全面优质发展并迅速成长为"学生学得好、录得好、成长得好"、"老师研得好、教得好、引领得好"、"学校建设得好、发展得好、辐射得好"的岭南名校。

一、"成就老师"，提升教学质量

以2017年新高考实施为契机，我校适时推出"教师提升工程"、"班主任提升工程"、"名师孵化工程"等激励措施，加快教师成长。为调动科组长带领科组成员开展教科研的积极性，学校大胆推行制度改革，设置"学科主任"职位，拓宽科组长职权，完善科组长和科研积极分子的晋升机制。

短短三年里，教师们即形成了"深研新高考、细研新课标、精研新教材、磨研新课堂"的氛围，成果丰硕，一大批高质量的教育教学科研论文与课题如雨后春笋般出现。仅在疫情严重的2020年，学校教师就有共115篇论文获国家、省市、区级荣誉，5个省、区级课题正式立项，8个省、市、区级课题顺利结题，8篇论文发表在全国中文核心期刊上，贡献区级以上示范课70余节。在2020年佛山市、南海区关于新高考试题研究论文评比、新教材研究成果评比、中小学教学论文评比、教学改革成果评比中，南海中学获奖数量和质量均高居市、区第一名！

教师在教科研领域中硕果累累，对提升教学水平和育人质量产生直接影响。2018年，4位老师参加学科示范课大赛，1人获广东省冠军、全国季军，3人获广东省一等奖；3节精品课程被评为教育局优课。2020年，两位老师代表佛山市参加广东省高中地理命题大赛，斩获一等奖(最高奖)，为全省之最；6位老师在青年教师教学能力大赛初赛中脱颖而出代表南海区参加市赛，5位老师获"教学能手"称号。其中两位老师摘得佛山市赛第一名，并获推参加省赛！九大学科中，有六大学科由我校代表南海区参加市赛！

二、"成就学生"，培养全面发展

教师教育教学和教科研水平提高的最终受益者，无疑是处于求学关键期的广大学子们。绿色教育理念的最终落脚点也正是培育"新时代可持续发展人才"。基于此目标，结合教育高质量发展的要求，我们坚守初心，遵循规律，积极进取，把握未来，充分发掘校本优势，全力构建最适宜生命成长的"自然·人文·科技"的绿色课程体系。家校共育、导师制和学生自主管理形成有效合力，助力绿色课程体系有声

落地。

没有活动就没有体验，没有体验就没有成长。教育活动化、活动课程化是南海中学结合自身优势走出的一条极具生命力的特色教育之路。学校以活动为载体，积极开展“绿色教育”系列活动。既聘请中科院专家、985名校教授走进“南中大讲堂”，也邀约在亲子教育方面有独到心得体会的家长、教师面对面分享。还通过“家长书院”培养家校共育领域的学者型家长、专家型家长。

“绿色德育”是重感情、重体验的教育活动，校本资源是我校的第一资源。学校每年举行西樵山生态文明和历史文化考察千人徒步活动，历时5小时20多公里山路往返的步行既是对体力的考验，更是对意志力和独立人格的锤炼。南海博物馆文化寻根徒步活动则充分发挥南海中学位于南海文化中心坐标的优势，引领学生“知乡土，爱故园”情怀。每周六下午的规定动作——“三湖书院系列讲座”则是直接发掘西樵山理学名山的文化资源，开拓学生视野的典范。每年三月的爱心义卖活动和阳山爱心助学体验之旅，给予南中学子体验农村孩子求学艰辛的机会，从而提升学生的责任担当。这些基于特殊地理和文化条件的活动充满南中特色。

在“五育并举、五育融合”原则指导下，每月至少两场大型活动是“给每一个有梦想的孩子提供展示自己的舞台”的最好诠释。体艺节、社团文化节、科技节、趣味运动会、成人礼、校歌合唱比赛、新年晚会、国旗下演讲等活动已成为系列，特别是连续举办三届的大型“校园模拟招聘会”更是我校独有！

“一师一队”、“一师一团”工程以我校教师的专业水准指导学科、文体竞赛队伍。我校学子驰骋国家级、省部级、市区级学科竞赛、文体赛事、信息学大赛，奋力拼搏、摘金夺银，荣获各级别奖励434人次，其中国家级奖励21人次，省级奖励57人次，市级奖励86人次，区级奖励270人次。其中，健美操队获广东省健美操大赛第一名，定向队获广东省第五名；信息学队、机器人队、合唱团、体育健儿等均在省市区大赛中光芒四射！

丰富多元的文体竞赛和文娱活动激发了学生潜在的体艺潜能和兴趣爱好，在文体赛事中取得傲人成绩，校园和雅电视台连续5年培养出6名北京电影学院学子；2019届毕业生黄裕兴文武兼长，以全省第一、全国第九的优异成绩考进中央戏剧学院。我校高优率从2015年的67.2%快速升至2020年的82.6%。2020年高考南海中学上高优线1020人，高优率82.6%，实现量大率高的历史性突破，达985名校录取线319人，达双一流院校录取线880人。绿色教育理念实现了学生学业成绩和身心健康的同步发展与高度统一。

三、“成就学校”，推动稳步向前

师生的健康和可持续发展是学校稳步发展的基石。近年来，在师生的共同努力下，我校成功开发了一系列绿色教育校本教材，如《绿色•生命》《绿色•生涯》《美术绘画》《校园定向》《广东历史文化》《南中文摘》《信息学奥赛培训》《物化生实验课程》《图说海中生物》《走寻西樵山》等。

地理科组刘朋老师关于西樵镇平沙岛本土特色农业的研学成果登录2019统编版高中地理课本，语文科组马琳老师参与编撰全国高中语文教师用书。一大批省际、市级、校际的高端学术会议、教育教学研讨会落址南海中学。

在软件建设卓有成效之外，硬件建设也水到渠成。南海区投资的2.69亿改扩建项目于2020年10月全面开工，新活动中心、游泳池、学子餐厅、公寓大楼、教学楼即将拔地而起，这些新设施、新场地将大大扩展学生的活动范围，对素质拓展的意义可谓空前！

作为佛山市仅有的一所国家级别绿色学校，我校始终把建设绿色校园作为践行“绿色教育”理念的起点。学校依山而建，整个校园呈阶梯状布局，从海拔低的体艺馆到海拔高的山顶球场，共有251步石质阶梯，落差60多米。学校建设应保留传统，体现历史积淀和文化底蕴。结合百年校史和自然风光而统一规划的改扩建项目，在不破坏现有景观布局的前提下，重点提升文化内涵。如任重楼、致远亭、仰圣坡、及第阶、问渠路、碧波池等24座楼阁、4条校道、9条长阶、2潭湖池的建设。

最终形成岭南特色浓郁的四大亭台——仰圣台、滴水岩亭、思源亭、致远亭和六大园林——桃李园、绿芒园、生物园、翠竹园、丹桂园、致远园点缀其中。以期这里，春有木棉绽放，夏有竹影潇潇，秋有白兰生香，冬有榕树葱葱……随处可见的“绿”，为学校提供良好的绿色教育基地。“以景为阶，人在中央”，抒写出人文的绿；节能的基础设施和设备，提效的智能集成系统，构成了南海中学智慧的绿……

家长对我校教师高水平的教育教学科研充满着敬意，社会对我校学子博学多才品学兼优充满着敬佩，新时代对我校进一步深化教育教学改革充满着期待。我们将牢记“立德树人”根本任务，从党和国家事业发展全局的高度，坚守为党育人、为国育才，把立德树人融入思想道德教育、文化知识教育、社会实践教育各环节，培根铸魂、启智润心。以义无反顾的决心、行之有效地举措、强而有力的作为，全面提升人才培养质量与能力，为实现中华民族伟大复兴做出新的更大贡献。

崇文尚武，锻造顺峰“双才”小龙

广东省佛山市顺德区均安镇顺峰小学　欧阳信芳

作为一项强身健体的运动，武术在立德树人、强身健体、完善人格、锻炼意志、激发学习兴趣，以及传承中华传统文化方面发挥着重要的作用。结合均安镇打造“功夫小镇”的特色项目以及“西学区教育共同体”的“双才教育”理念，广东省佛山市顺德区均安镇顺峰小学确立以一文一武、一静一动的“小龙文化”为校品特色，坚持推行“崇文尚武、建基未来”的小龙教育理念，探索构建学武艺、扬传统、厚武德的小龙教育课程体系，让学生在动态的校内、校外特色活动中掌握某种体艺特长，让学生在静态的静态的校园文化环境中感悟李小龙精神的思想内涵，形成顽强拼搏、永不言败、开拓创新的价值观念，从而不断提升学生的综合素质，致力培养“崇文尚武，德艺双馨”的顺峰双才小龙。

完善多方保障，夯实特色建设基础

加大“小龙文化”特色校园建设。打造小龙文化长廊。从大门口到第一中庭、第二中庭，再到体艺馆，先后设置了“广场出操队伍小龙标识”以及“小龙双才展示屏风”，在体艺馆门口的墙壁上还喷印了李小龙人像，放置了“小龙木人桩”，李小龙精神抖擞的神态、英姿飒爽的动作潜移默化地引领着学生学习顽强拼搏、永不言败、自强不息的李小龙精神。搭建“顺峰小龙”才艺舞台。在学校大堂的右侧，不仅建设了一个学生才艺展示的小舞台，还为学生搭建了展示自我风采的平台。建设翰墨飘香的书法室。学校建设了两个书法室，让学生在舒适、雅致的书法室里学习书法，激发了兴趣，涵养了心灵，陶冶了性情，培养了儒雅有礼的顺峰学子。建设“特色班级”。围绕“品才双馨”的理念，各班建设起促进学生个性成长的班级特色，如乐学班、才艺班、自强班、环保班、创新班等，使班级成了培养和展示学生才能的另一个重要场所。

加大“小龙文化”宣传力度。学校通过“红领巾”广播站、校园宣传栏、校报、主题班会、国旗下讲话、专题讲座、观看李小龙影片等方式，组织师生学习李小龙生平事迹，让全体师生进一步了解和认识李小龙，宣传李小龙精神，营造传承小龙精神的校园氛围，培养师生对李小龙敬仰的情怀，从而引导全体师生学习李小龙爱国、热情、勇敢、好学、善思、创新、自强的精神，形成了学生文武兼修、全面发展的“双才教育”的校园文化氛围。

加大育人队伍建设。教师是学生培养和体艺活动实施的核心和关键。学校以“顺峰小学教师成长工作室”为阵地，充分利用校内事业心强、热心学生个性成长、有一门专长的教师参与特色建设，并充分发挥他们的优势和特长对学校的教师进行培训，如教授“武动朝阳”武术操、双节棍、咏春、演讲艺术、合唱技巧、书法艺术等；经常组织开展研讨会、经验交流沙龙等活动，对教师进行指导和培训，提高教师的专业水平；借助学区平台进行特艺活动的展示，让镇内外同行进行指导，为学校育人队伍的壮大、壮强打好了基础。

加大资金投入。为了扶植特色教育工作和学生培养的长远发展，学校每年投入一定的经费用于购置武术器械和设备，并争取到均安镇教育局的经费投入，用于各场室设备设施、校园特色文化、专家指导经费、教师训练指导学生经费、校本课程开发、特色网站建设等“校品特色项目”建设，确保工作顺利开展，取得了预期的效果。

争取社会资源支持。结合均安镇的武术进校园的活动、武术训练基地建设和佛山市书画教育重点学校建设，并与“世界龙谜会”签订“李小龙文化”合作项目协议等项目内容，把社会资源引入学校，使特色建设得到了更大的保障和支持。

构建课程体系，丰富特色建设内涵

基于培养文武小龙的育人目标，顺峰小学结合课程改革的需要，从学校实际和教育教学实践出发，在国家与地方课程的基础上，把落脚点定位在学科整合与能力培养，开发校本课程，开设小龙教育综合性特色课程，构建以“小龙厚德”、“小龙习艺”、“小龙崇文”、“小龙尚武”四大主题课程板块为核心的小龙教育课程体系，引导学生德育、美育、智育、体育全面和谐发展，努力培养“崇文尚武，德艺双馨”的顺峰学生。

“小龙厚德”课程（德育）。“厚德”为修养人生的高尚德行。习总书记寄语小学生：“注意树立正确的人生目标，培养好思想、好品行、好习惯，今天做祖国的好儿童，明天做祖国的建设者。”结合学校办学理念中的“注重养成”，明确学生只有养成良好的习惯、树立高尚的品德，才能为自己的未来奠定基础。故此，“小龙厚德”课程是小龙教育课程体系中的德育课程，它倡导对学生进行自主自律、立品立德的养成教育和热爱自然、珍惜生命的自然教育。

“小龙习艺”课程（美育）。“习艺”是学习技术、艺术，提升才艺。《国务院办公厅关于全面加强和改进学校美育工作的意见》中指出：“学校美育课程建设要以艺术课程为主体，以审美和人文素养培养为核心，以创新能力培育为重点，实施艺术教育普及计划，培养学生健康的审美情趣和高尚的审美情操，提高学生的艺术欣赏能力和人文素养。”、“品才双馨”是小龙教育课程理念的重要内容，“小龙习艺”

课程内容就是为了培养学生的技术和艺术，最终达到提高学生审美能力、创新能力和人文素养，促进学生全面发展。

“小龙崇文”课程（智育）。“崇文”谓之崇尚文化知识学习。智育是授予学生系统的科学文化知识、技能，发展他们的智力和与学习有关的非认知因素的教育，是人的全面发展的基础。“小龙崇文”课程是培养学生学习能力和运用智慧能力的教育，主要由基础文化课程和特色校本文化课程组成，是遵从学生智育目标设置的，旨在让学生学习系统的学科文化知识和综合技能，提高学生的综合素质。

“小龙尚武”课程（体育）。“尚武”指崇尚、勇武或武事。“小龙尚武”课程以磨炼学生意志为主，要通过小龙武术精神与体育有机整合的方式，营造校园尚武文化氛围，培养以武强身、阳光乐观的“顺峰小龙”。

开展多彩活动，搭建特色建设舞台

活动是教育最好的载体。顺峰小学以武术为切入点，组织学生有系统地学习“武动朝阳”武术操，先让学生打好良好的体魄，再引导学生多方面发展其体艺特长。

结合学校“小龙文化”的特色建设，顺峰小学每学年都会举办“李小龙文化”体艺节、科技节、读书节，以丰富多彩的活动培养学生的才艺，如武术操评比、队列队形出操比赛、高年级的“阳光跑操”展评、硬笔字书写比赛、各年级的才艺表演、科技作品制作大赛、书画作品展示、小手工制作比赛等。另外，让学生走出校门参加各种类型比赛和表演，如参加广东省传统武术比赛、顺德区跆拳道比赛、顺德区青少年科技创新大赛、合唱队参加顺德区中小学生文艺汇演、到李小龙乐园参加实践活动、李小龙诞生纪念日活动武术表演、不同级别的活动上的武术演出等活动，增强了学生的自信心，提升了学生的综合素养。

自从开展“小龙文化”特色建设以来，顺峰小学通过开展一系列的“小龙文化”特色教育活动，师生综合素质显著增强，办学质量稳步提升，教育教学总体成绩名列区域前茅。在区的学校绩效评估中被评为A级学校，并评为区的先进学校。其中，教师在省级、区级等获奖的相关的论文和教学设计有一百多篇，其中案例《“小龙文化”浸润心灵，美育之花夺目绽放》获得区特色建设设计评比特等奖并获得市一等奖；出版了《双节棍武术操教程》并在顺德区特色教材类评比二等奖；出版了《武动朝阳》武术校本特色教材并在第四届省中小学校本课程建设成果评选获得二等奖等。另外，师生在各项才艺比赛中获得集体奖项四十多项，获得个人奖项四百多人次。

路漫漫其修远兮，吾将上下而求索！特色建设永远在路上，顺峰小学将不忘初心，砥砺前行，继续致力推行小龙教育课程体系建设，培养“崇文尚武，德艺双馨”的“双才学生”。我们深信，顺峰小学的明天会更辉煌，更精彩！

优化课堂教学改革　推进高效课堂建设

广东省高州市第四中学　赖治锋

百舸争流千帆竞，借风扬帆奋者先。为进一步贯彻落实立德树人、促进学生核心素养发展的目标要求，广东省高州市第四中学充分认识到推进课堂教学改革的重要意义，全力打造“211”课堂教学模式，推进学校课堂教学改革向纵深发展。

一、推进课堂教学改革势在必行

课堂是学生成才的主阵地。课堂教学改革是深化基础教育课程改革的核心环节，对于有效落实国家改革的有关精神具有十分重要的意义，是必要之举措。

就其重要性而言，深化课堂教学改革，不仅是提高人才培养水平的需要，也是促进学生全面发展的需要，更是落实新课程理念的需要。只有深化课堂改革，进一步落实新课程所倡导的自主、合作、探究等学习方式和理念，积极倡导启发式、探究式、讨论式、参与式教学，因材施教，才能实现教学相长，促进学生全面发展。

就其必要性而言，以前学校多采取“大容量、题海战、一言堂和拼时间、死读书”的教学模式，但这一模式轻视主体，违背教育教学规律，严重制约着学校“大面积、高质量”提升办学水平的发展思路，因此推进课堂教学模式改革势在必行。在参考一些学校成功经验的基础上，高州市第四中学结合学校实际，逐渐理清了有效课堂教学的必要元素：有效教学是以学生为主体的主动学习，不能忽视个体的差异，要有明确的目标引领。于是，高州市第四中学决定在全校推行“211”课堂教学改革模式。

二、“211”课堂教学模式日趋完善

经过不断探索、完善，高州市第四中学“211”教学模式日趋成熟，形成了鲜明的课堂教学特色，有力地促进了办学质量的提升。

模式内涵明确。“211”是指课堂时间的分配，40分钟的课堂总体分为“20＋10＋10”三个时段。具体来说：第一时段，20分钟探究新知，引导学生主动参与、自主探究；第二时段，10分钟练习巩固，及时检验学生的知识掌握情况；第三时段，10分钟点拨提高。该模式重在提供新的教学理念，而非机械化界定时间。

思想内核丰富。“211”课堂教学模式的思想内核主要表现在以下四个方面：理念方面，“以学为本”是“211”课堂教学模式的思想精髓，坚持“六个放手”，让学生爱学习、会学习；情感方面，“尊重表达”是“211”课堂教学模式的文化基础；教师方面，“以教导学”是“211”课堂教学模式的基本策略；学生方面，“又学又教”是“211”课堂教学模式的着力点。

本质特征鲜明。“211”课堂教学模式可以概括总结为“成长为本——问题导引”，主要特征体现为成长为本、问题解决、学习导航、自主学习、合作探究、展示交流等。这些特征对“211”课堂教学模式而言，各有其不同的作用。“成长为本”是灵魂，能不断满足学生自身成长的要求；“问题解决”是基石，将学习重心由知识习得变为问题解决，可充分发挥学生的主动性；“导航设计”是关键，要充分发挥教师的“导读、导思、导练”功能；“自主学习”是基础，通过自主课和展示课能引导学生独立思考；“合作探究”是核心，让“合作探究”与小组建设相辅相成，可助力长足发展；“展示交流”是精髓，通过展示可以发展学生的个性与才智，保障学生有自信、有尊严地成长。

保障制度严密。学校制定《教师教学教研活动量化考评方案》，把“211”课堂教学模式与教师工作的量化考评挂钩，促进了“211”课堂教学模式的深入开展。一是抓好集体备课。《考评方案》中严抓集体备课，进一步明确课标要求、教材体系和教学内容，修订教学环节。二是抓好教师上课。通过对学生进行学法培训和对教师进行教学培训以及教师间互听、互评推门课等方式，全面提高教师的课堂教学能力。三是抓好教学模式研究。学校建立问题研究平台和模式推进机制，要求教师在实践中研究，在研究中改进，定期会商问题，将问题课题化。四是抓好典型示范作用。学校充分发挥骨干教师的示范带动作用，并利用各级各类比赛加强过程性指导，不断优化“211”课堂教学模式。五是抓好“推门课”。自2019年秋季开学以来，学校大张旗鼓地试行“推门课”实施方案，更好地将优质的“211”课堂案例实现同观共享。

三、“211”课堂教学模式成效显著

通过“211”课堂教学模式的实践，高州市第四中学中高考成绩连年稳步提升，2020年高考尤为突出，创建校以来的最好成绩。理科类总分600分以上有7人；上高分投档线人数首次突破200大关，达217人，比去年增加40人，在全市增幅达23%，位居市第一；上本科线以上首次突破1500大关，达1506人，上高分投档线和本科线以上人数连年位居市同类学校第二。其中，黎美慧同学以文科类总分597分的优异成绩，雄居市同类学校第一；龚家豪同学以理科类应届生总分625分的优异成绩，雄居市同类学校第一。学校中考也取得了优异成绩，2018年邓浩然同学以754分的优异成绩勇夺2018年茂名市中考总分状元，历史性突破，实现五年三度状元红；2020年中考近100人考上高州中学，为学校的初中教育画上了圆满的句号。由于办学成绩显著，学校先后被评为全国中小学心理健康教育示范校、全国消防教育示范学校、全国教育科研优秀学校、广东省德育示范学校、广东省交通安全示范学校、广东省书香校园、广东省职业道德建设先进单位、广东省语言文字示范学校等诸多荣誉称号，连续三年被市教育局综合考核评为优秀等次。

习近平总书记在十九大报告中强调优先发展教育，在新时代，改革课堂教学模式势在必行。高州市第四中学敏于观察，勇于创新，深入推进“211”课堂教学模式，取得了可喜效果。相信在全校师生的共同努力下，“211”课堂教学模式这棵幼苗在高州市第四中学的沃土之上，定会充满活力、向阳生长，创造出更多的教育奇迹。

童梦年画促发展，深耕国粹育栋梁

——风雅德育背景下的文化传承活动

广东省广州市番禺区市桥西丽小学　罗杏庄　陈妙姬　黎婉萍

中华优秀的传统文化是立德树人的好教材，根据“十三五”规划课题关于改进美育教学，全面提高教育质量，促进各级各类教育内涵发展的要求。我校积极落实文化传承任务，以年画作为学校特色办学发展方向，积极建设“童梦年画”课程活动平台，使学生对年画耳濡目染，提升兴趣，培养品味，促进优秀文化传承。我们熟知，年画内容涉猎广泛，大多是根据历史故事和民间传说绘制而成。因其内容寓意美好、积极向上，具有丰富的德育文化资源。是培养学生修养、提高生活审美情趣，践行风雅德育活动育人的需要。因此，为打造亮丽教育特色文化，我校以“亮丽教育”为核心理念，提出了“培育健康、多彩、创新的亮丽学子”的育人目标，通过童梦年画活动展现多彩的亮丽特色，让学生在活动中体会特色教育，让家长感受特色文化，让社会知道特色品牌。今天，童梦年画课程作为“多彩”的发展目标，研究

成效显著，深化了学校特色内涵，品牌渐渐为人所知。我校还被认定为第二批全国中小学中华优秀文化艺术传承学校，使我校在特色文化办学的道路上，渐行渐远！

一、多措并举，大力建设年画课程重要阵地

为了普及年画文化的学习，我校利用美术课堂及学校选修课两种活动结合年画课程教学，让孩子们都可以认识年画，学习年画中的优秀传统文化，培养审美情趣。同时，利用丰富多彩的课外活动，让孩子们在各种展览、展示、现场制作年画的场合里推广版画制作，提升个人能力和综合素质。我校还设有专业社团，选拔中高年段的美术特长生参与专业版画制作，以传统文化主题为内容，系列性地创作年画精品，培养良好行为规范和道德情操，提高审美素养。为了进一步推动年画教学，我校以校本课程结合美术课堂进行各种教学活动，让每一个学生都可以学习年画，学习年画中优秀传统文化，提升审美素养。通过开发与实施童梦年画课程，强化学生对我国民族的认同和对传统文化的认识和理解，汲取中国传统文化的精髓，传承优秀文化，践行风雅德育。学生通过学习童梦年画的制作方式，表达心中的童梦年画，从而增强自信心，养成健康人格，成就亮丽人生。从课程载体和学生认知水平考虑，我校的童梦年画课程从小学四年级起实施。依据课程的总目标，我校坚持以促进学生发展为核心，发展学生的核心素养，培养多彩的亮丽学子，从年画与我、年画与文化、我与文化的关系出发，将课程内容划分为“乐学—走进传统年画”、“巧做—绘制经典年画”、“创新—发展亮丽年画”三个部分。有利于童梦年画课程和国家课程的结合，使童梦年画有课程载体，在学校里能得到落实。为了更好地普及年画知识，我校结合岭南版美术用书的内容，加插《童梦年画》课程用书，在中高年段美术课堂实践童梦年画教学。作为地方特色课程，年画的传统文化不仅能够很好地融入义务教育教科书《美术》的教学内容中，还能对其进行深化和拓展，例如在四年级上册第一单元走进民间美术可以从第一课《认识丰富多彩的民间美术》到第二课《寻找身边民间美术》拓展到《童梦年画》中第一单元乐学《走进传统年画》，内容上一脉相承，不仅符合新课标精神，也符合学生的认知过程。孩子们学得津津有味，兴趣浓厚。还有四年级下册的第四单元我校的版画乐园从教材上的版画制作方式开始实践并开拓到《童梦年画》中第二单元巧做《绘制经典年画的内容》教授创新的年画制作方式，孩子们从动手能力和年画文化的学习都得到很好提升。我校还不断开拓新的结合点，务求每一位在读中高年段的学生都能认识、喜爱年画文化。我校特设选修课堂，多形式提高学生多年画的理解。我校的“亮丽大课堂”是面向全校的选修课程，每学期都非常重视年画课的开设，让三到六年级的学生对年画感兴趣都可以选修到年画课堂中来，更深入了解和学习多形式的年画创作。每次选课，年画班都受到孩子们的热烈欢迎，学生在课堂中了解和欣赏各地的年画，尝试不同的创作方式，制作出很多优秀、有趣的童梦年画，对年画文化对传统审美都会有更深入的理解。

二、内外兼修，齐绘优秀传统文化魅力蓝图

走出课堂，课外活动也是学习年画的重要阵地。我校持续开展全校性的年画艺术活动，每年的新年义卖活动、亮丽文化节中由童梦年画社面对全校展示年画、交流制作、现场互动印制，每次都大受欢迎，两年间全校师生对年画的认识和兴趣与日俱增。在展示活动中不仅交流了年画制作，还让孩子们更加规范了行为习惯，深入认识年画的意义。此外，我校也积极举办各种年画活动，锻炼学生的综合能力，让学生产生自信，增强民族自豪感。以“我们都是传承人”为核心，孩子们每学期都走出校外参与各种展示，从区到市到省，不断发展、前进！2017年，在广州艺术博物院举办的“上品教化尚美校园”区中小学生美术教育成果展中，我校荣获区一等奖；2018年，广东省第六届中小学生工作坊展演活动，荣获省二等奖；同时连续两年被授予优秀艺术工作坊称号。为我校特色办学发展增添浓厚的一笔。我校还成立童梦年画社，以“套色漏印”综合版画作为创作手段，以研究学习色彩运用及传承传统文化“年画”为主要创作内容，以培养学生热爱中国传统文化，拥有良好道德品质和审美情操为教学目标。社团以工作坊的形式定有规章制度，做到在定时定员有序地组织社团活动的开展。严格要求社员的行为规范，做好年画制作的每一步，管理好工具和材料。每周利用课余时间在年画基地学习与创作。通过年画主题活动实践等方式进行年画创作，利用每一次主题创作，把传统文化的内涵深刻领悟，进而内化成一种认知，潜移默化地影响品德修养。例如：二十四节气年画的创作过程就是很好的文化渗透与道德培养，学生要创作节气必然要了解自然变化、生活习性在不同节气中的特点，明白到气候对人类活动的影响，从而懂得尊重自然，包容不同地域文化，成为一个具有宽广胸襟的人。

经过一年多的学习和努力，我校学生普遍对年画的认识加深了。熟知年画制作方法创作的学生越来越多。通过课程学习，学生对传统文化产生新的理解，掌握了一门新的美术制作技术，并因为童梦年画的创新技法灵活有趣，吸引学生在运用过程中，锻炼创新思维，提高创作能力，从而审美水平不断得到提升，并从创作中加深理解年画文化中的道德内涵，潜移默化地影响着行为规范。

学习年画不仅是学生的事情，也有利于提升教师教育水平，帮助教师运用创新手法进行专业创作。专业能力得到提升，如项目负责人罗杏庄老师两年间创作的作品入选广东省第八届版画展、广州市教师水彩展、广州市中小学美术教师作品展获一等奖等等。撰写的论文《基于课程统整理念的亮丽年画课程建设》获番禺区教育学会第31届年会论文二等奖；案例《在传承中创新亮丽年画展童梦——全国中华优秀文化艺术年画教学实验案例》获2018年番禺区中小学美育改革创新优秀案例一等奖。

绵绵用力，久久为功。文化环境和生活实际都在不断变化和进步，童梦年画也应该与时俱进。年画文化好比一座艺术宝藏，未来路上，我校会继续带领孩子们探究、发掘这个宝藏，把其中的优秀文化进行提炼和重构，加以传承、发扬，培养学生对中国传统文化的情感认同，化成为行动和修养，砥砺前行，始终如一。

在战“疫”中成长

——深圳实验学校李震宇副校长“复学第一课”讲话

广东省深圳实验学校　李震宇　吴平波

尊敬的各位老师，亲爱的同学们：

大家早上好！

新年伊始，新冠肺炎席卷大地。为了打赢这场战役，全国人民众志成城、共克时艰，最美的白衣天使逆行一线驰援武汉，最暖心的无名志愿者守护家园！疫情是灾难，但更是一节人格素养课，讲述我们与他们的关系；更是一节敬畏自然课，讲述我们与万物的关系；更是一节家国情怀课，讲述我们与未来的关系。它让我们看到了祖国的强大、人民的团结，相信历经疫情的你，定能成为胸怀祖国的有为青年。

在接到广东省教育厅“关于全省各级各类学校学生自4月27日起分期、分批、错峰返校的通知”后，在衷敬高校长的统筹领导下，高中部迅速行动起来，制定返校工作方案和各项制度，落实各项返校准备工作，积极储备抗疫物资，高效开展各级各类工作培训，多次开展疫情防控应急演练，为保障在校师生安全竭尽全力。今天，我们相聚在阳光明媚、风景如画的高中部校园，我们的心情是激动的。请允许我代表高中部向大家表示最热烈的欢迎！感谢大家在线上教学期间为克服重重困难所做出的巨大努力！

返校后，摆在我们面前的首要问题就是在做好疫情防控工作的同时如何有效开展“复学第一课”系列活动。我想我们实验高中部要紧扣学习贯彻习近平总书记关于新冠肺炎疫情防控工作系列重要讲话精神的主线，突出“打赢疫情防控人民战争、总体战、阻击战”的主题，要重点上好以下几堂课：

一、上好中国抗疫方案这堂课，让我们把家国情怀厚植于心

全国人民在以习近平同志为核心的党中央坚强领导下，把人民群众生命安全和身体健康放在第一位，充分发挥中国特色社会主义制度优势，紧紧依靠全国人民团结奋斗，坚定信心、同舟共济、科学防治、精准施策，抗击新冠肺炎疫情首战告捷。

全国人民为世界防疫树立了中国典范，在中外疫情防控决策科学性、执行力的对比中凸显出我们显著的制度优势、强大的动员能力、雄厚的综合实力。中华儿女在疫情发生后发扬一方有难、八方支援的团结互助精神，海外华人自发组织起来以各种方式和渠道助力祖国抗击疫情，各省市不断向湖北向武汉派遣医疗队和输送救援物资，每个人尽己所能捐资捐物、“宅家”抗疫，充分展现了全国人民众志成城、共克时艰的凝聚力和向心力。

我们应该懂得家国情怀是一个人对自己的国家和人民所表现出来的深情大爱，是对国家富强、人民幸福所展现出来的理想追求。经历疫情，我们更应该充满对我们伟大祖国的高度认同感、归属感、责任感和使命感，这是一种深层次的文化心理密码。

我们能够深切感受到集中力量办大事的国家制度和治理体系的优势，增强“四个意识”，坚定“四个自信”，做到“两个维护”，更应该坚定理想信念，学习先进典型，珍惜学习时光，练就过硬本领，锤炼实干精神，听党话跟党走，在中华民族伟大复兴的进程中实现自我价值。

二、上好抗疫榜样这堂课，让我们把责任担当付诸行动

回望这段不能忘却的时光，一线医务工作者、人民解放军指战员、公安干警、基层干部、志愿者等抗击疫情的感人事迹历历在目。医务工作者救死扶伤、医者仁心的崇高精神，人民解放军指战员忠于党、忠于人民的政治品格，公安干警、基层干部坚守岗位、日夜值守的责任担当，志愿者真诚奉献、不辞辛劳的暖心故事、感人事迹，这就是一种大爱与责任感。那种愿舍弃小我，连接生命大我的可贵品格，也是人类生命得以生生不息、延绵流长的最好保障。我们应该懂得“知

责任者，大丈夫之始也；行责任者，大丈夫之终也”的责任和担当，乃是家国情怀的精髓所在。

三、上好生命教育这堂课，让我们把生命原则根植于心

今天我们能够返回莺飞草长、春暖花开的高中部校园，我们更应该学会尊重生命、爱惜生命，更应该懂得生命的价值高于一切的道理。生命教育是一切教育的前提，更是教育的最高追求。我们每一个人应该在珍爱生命的同时，更要去完整理解生命的意义，积极创造生命的价值。我们也应该在关注自身生命的同时，更要学会去关注、尊重、热爱他人的生命。任何知识的学习、素养的形成、人格的发展，都是为了使我们每一个个体的生命，能实现其最大的潜能与价值。彼此间的尊重、理解、关心、爱护、帮助、支持，应是我们教育过程中应有的常态。将人的生命价值置于首位，但同时也要尊重和保护同在一片蓝天下的各种其他物种的生命，学会与自然万物和谐相处、共生发展。

四、上好人生无常这堂课，让我们懂得世界不确定性原则与“逆商”

2002年SARS病毒、2014年西非埃博拉病毒、2020年全球新型冠状病毒的暴发，都让我们认识到，成长的过程中不可能总是阳光灿烂、一帆风顺，不可能一切都在我们的预料与掌控之中。这个世界是充满着各种不确定性，会有鲜花和掌声，会有收获和成果，但也会有各种意外和突发事件，会有困难和失败。所有这些都是我们成长过程中不可回避的。我们要学会当这些“意外”、“困难”和“失败”发生时，如何沉着冷静、理性面对，尽自己最大可能找到合适的应对方法与策略。作为老师，我们要思考如何提升学生的“逆商”；作为学生，我们要思考如何培养自己抵抗压力和化解压力的人格力量和身处逆境却依然能够逆势生长、向阳而生的能力。

五、上好同理心这堂课，让我们深刻认识人性与人类命运共同体

同理心是设身处地地对他人的情绪和情感的认知性的觉知、把握与理解，主要体现在情绪自控、换位思考、倾听能力以及表达尊重等与情商相关的方面。有同理心的人能够做到将心比心，设身处地地去感受和体谅别人，能从别人的表情、语气判断他人的情绪，说到听者想听，听到说者想说，能够与他人很好地相处，求同存异，得到双赢。

冠状病毒正在肆虐全球。疫情中的我们，在压力和焦虑中，也看到了太多的人生百态：有善良正直、无私奉献、超越小我、民族、国界的各种可敬可爱、可歌可泣的人物与场景，也耳闻目睹了种种狭隘、偏激、猜疑、甚至丧失人性的卑劣言行。

没有一个国家是孤岛，中国与世界，我们与全人类，从未像今天，在这次全球疫情暴发中，如此休戚相关地联为一体。中国离不开世界，世界也不能没有中国。人类命运共同体不是我们的宣传口号，而是中国融入世界，全人类共同发展的真实写照与实际利益所在。在中国的疫情得到了阶段性的控制后，我们的医疗专家组与抗疫物质源源不断地驰援各国，这就是人类命运共同体的最好体现。我们应该懂得守望相助、共克时艰的相处之道，唯有坚守同理心与人性中的善良底线，将他人的命运与自身的利益融为一体，我们才能共渡难关，迎来希望。

老师们、同学们，疫情终将过去，生活终将平静，光明也必将到来！让我们全体师生携起手来为打赢疫情防控人民战争、总体战、阻击战做出我们应有的贡献！

最后，我还想对全体高三同学说：距离高考只剩70天了！在这冲刺高考的关键时刻，希望同学们树立崇高理想，抓住备战高考征程上的最后70天，相信自己，悦纳自己，相信天道酬勤，相信力耕不欺，相信你就是那匹风驰电掣的黑马！让我们一起不畏艰险，迎难而上，竭尽全力，努力拼搏，砥砺奋斗，成为自己的英雄！

感恩教育启心智，润物无声育德行

广东省阳江市阳西县程村学校 欧昌铭

感恩是一种生活态度，是一种美德。感恩应该是社会上每个人应该有的基本道德准则，是做人的起码修养，也是人之常情。对广大青少年来说，感恩意识绝不是简单回报父母的养育之恩，它更是一种责任意识、自立意识、自尊意识和健全人格的体现。为培养学生们的感恩之心，我校秉承“厚德至善，感恩励志”的校训，培育底蕴丰厚、感恩前行的学子，让他们汲取优秀中华传统文化精髓，幸福成长，彰显“感恩教育”办学特色，形成“感恩教育”的校园文化，被授予“阳江市文明安全校园”、“广东省依法治校示范校”和“广东省第二批校园足球推广学校”称号。

一、开展感恩活动，贯穿“爱”的教育

为使学生在耳濡目染的环境中不断浸润爱的教育，让学生们学会感恩父母，我校开展了形式多样的感恩教育活动。学校成立了感恩特色教育领导小组，由校长任组长，分管副校长任副组长，政教处人员、班主任、综合实践老师为成员，领导小组成员都具有一定的理论研究水平和组织实施能力。

主题教育月，在体验中明理。开展“感恩父母，拥抱亲情”征文活动。学校要求每人写一篇“亲情作文”，校内评比。布置爱心家庭作业：如送父母一句温馨的祝福；给父母讲一个开心的故事；给父母过生日，赠送亲手制作的礼物；给父母捶捶背、打一盆水、洗一洗脚；我为家里做四件家务：打扫卫生、叠被、洗碗、洗衣物等为主题的爱心作业。

在母亲节、父亲节，向父母说一声谢谢，道一声辛苦了。为父母送上一个温馨的祝福，让父母享受一份感动。学校会定期组织主题“我最亲的人”演讲比赛。同时，开展“爸爸、妈妈，你们辛苦了”主题一封家书活动。

感恩老师，认真学习。举办“学校·老师·学生”主题班会；举行以《感谢您，老师》演讲比赛 ；举行感恩老师作文比赛；开展以“六个一”（写一封信，谈一次心，做一张贺卡，献一束鲜花，提一个建议，表一个决心）为主题的学生向老师献真情活动；组织“感恩见行动”文明班、文明学生评比等系列活动，增进学生与教师间的感情，让学生深刻领悟园丁精神的可贵，明确自己今后的努力方向。

感恩祖国，热爱社会。学校举办“以热爱祖国为荣，危害祖国为耻”的主题班会，“歌颂祖国，感恩亲情”的大合唱比赛，“中华民族悠久历史知识”讲座和“中国国情”教育图片展览；组织学生写“立志成才，报效祖国”的决心书，组织开展“感恩·责任·奋进”演讲比赛等。激发学生爱国之情，使学生感恩之情得到升华。

感恩自然，爱护环境。让学生感谢大自然造就了青山绿水，施舍了阳光雨露；感谢学校给我们提供美丽、舒适的学习环境。让学生爱护学校的一草一木做起，增强环保意识，珍惜大自然的供养之恩。

文化艺术节，给学生们搭建展示自我的舞台。充分利用校园文化艺术节，围绕音乐舞蹈、工艺美术、科技创新等渗透“感恩”元素开展评展和比赛，让学校每一个活动充满感恩，富有生机，散发感恩的能量，达到活动育人。

除此之外，学校充分利用班级文化建设，选择“感恩”班级文化主题，让师生形成共同愿景。让孩子成为班级主人，设计班级自治制度，让孩子担当集体责任。

二、构建感恩文化，培育感恩少年

感恩，作为中华民族的优良传统和美德，它凝聚着爱、责任、奉献等使命，不仅具有强大的精神影响力和行为塑造力，更是推动一切事物和谐化的力量。 我校将感恩作为一个重要元素融入了校园文化中。学校打造以“感恩”为主题的文化墙和展示橱窗。根据不同感恩侧重点的需要增设宣传橱窗、黑板报等，展示学生以“感恩”主题的书法、绘画、手工制作、手抄报等，分享彼此对感恩的领悟。

利用感恩教育的有效载体，形成感恩文化氛围。充分发挥国旗下的讲话、校刊《启程》、广播站和宣传栏等进行宣传，在耳濡目染中培养学生的感恩意识。另外，在课堂教学中融入感恩教育内容，编写校本教材《感恩教育读本》，以课堂教学为主渠道，有机地、潜移默化地将感恩教育内容渗透于各学科教学中。

拓宽渠道共育感恩。设计孩子与家长互动的实践活动来增进家长与学生对爱的理解，将感恩教育活动辐射到社会。例如：开展“小手牵大手，你我共成长”亲子活动，对亲情的感恩；在植树节时，家长与孩子们共同植树，对大自然的爱，对社会的感恩；重阳节时，孩子们为孤孤寡老人打扫卫生、送自制贺卡等，形成了一个个践行感恩的“无墙”课堂。

三、沐浴经典光辉，绽放感恩之花

学校的“感恩教育”初见成效。2012年阳江市立项课题《“孝雅”校园文化特色发展研究》，项目成果获市二等奖。2013年阳江市首届阳江好人、广东好人孙铭穗，当年在程村中学就读初中，他事迹在阳江日报、南方日报等媒体报道过。广东卫视专题节目《凡人大爱》“孝心少年孙铭穗”作专题连续报道。2017年第二届阳西好人、阳江好人郑小淇，现就读我校七年级，是一位“幼小女孩撑起养父一片天”的孝女。2018年“感恩教育”被授予阳江市中小学校文化建设特色项目。2018年广东好人郑小淇，《南方日报》作专题报道。如今，中央广播电视总台《道德观察》频道拟制作20分钟专题片在中央电视台社会与法频道播出。

古人云：滴水之恩，当涌泉相报。感恩亲情、报恩社会是中华民族的优良传统。感恩教育活动，是一项长期的教育工程，不是一劳永逸的事，需要一定的过程，是一种入脑入心的程序，需要润物细无声的宁静，需要水滴石穿的耐心。真正有效地感恩教育，不能仅仅靠喊口号、专家说教，更应该让受教育者亲身参与其中，感受到别人对自己帮助过程中的艰辛和勇气，动心真心回报别人。最真实的感恩教育需要通过周到、细致的活动，让学生动心，让学生从小沐浴在感恩的氛围中，沐浴社会主义的阳光下，健康、快乐成长。

饮水思源，感恩相伴。新时代青少年，不仅需要具备过硬的知识文化素养，更需要有丰富自身的内在修养。我校通过开展感恩教育，不断深化对学生的思想道德引领，夯实立德树人的根本任务，培植学生们感恩情感，使学生们知恩于心，感恩于行，绽放生命感恩之花。

沐春风以化雨，施文明而树人

广西桂林市乐群小学 李昱 秦海燕

“一年之计，莫如树谷；十年之计，莫如树木；终身之计，莫如树人。一树一获者，谷也；一树十获者，木也；一树百获者，人也。” 这段话既阐明了人才培养的重要性，也揭示出人才养成的不易。1949年学校创办以来，我校始终坚持“快乐教育”作为学校的办学特色，以“快乐地创造快乐”为校训，努力打造“乐育、乐业、乐奉献”的教师队伍，为实现“为每一个孩子快乐成功的人生奠基”的办学目标而努力。在办学经验几经沉淀和积累的情况下，我校将文明校园创建工作融入学校管理制度、教育教学活动、师德师风建设、校园环境建设之中，延伸到每一位师生、每一个家庭。突出学校文明创建、学生文明参与、家庭文明牵手，强化各部门联动，齐抓共管，取得了突出成绩。我校也先后被评为全国中小学国防教育示范学校、全国生态文明教育特色学校、自治区优秀少先队集体、自治区文明校园、自治区未成年人思想道德建设先进单位等荣誉称号，成为秀峰区乃至桂林市享有盛名的一所质量名校。

一、多措并举，积极营造优质校园环境

“来龙去脉绝无有，突然一峰插南斗。桂林山水奇八九，独秀峰尤冠其首。”这是清代诗人袁枚游览桂林时所作，生动形象地描写了桂林山水独秀峰的独特姿态，我校就坐落在桂林钟灵毓秀的秀峰区。陶行知曾说过：“天然环境和人格陶冶，很有密切关系。”校园中的每一座建筑、每一处景点，每一片绿色，都成为一种思想的传递，一种文化的表达，优美的校园环境就像无声的老师，滋润着师生的心田，熏陶感染着师生，丰富净化着师生的灵魂，潜移默化地引导师生向着健康的方向发展。我校处于市中心，闹中取静，校内草木苁蓉，鸟语花香，是全国生态文明教育特色学校。一直以来，我校紧紧围绕“乐”字做文章，以创健全国文明校园为契机，大力加强校园内外环境建设，走进校园，你会感觉到这里是孩子们幸福童年和获取成功开始的地方。我校校园虽小但精致，规划科学，布局合理，班级文化以快乐为主线，打造个性化的快乐班徽、班舞，营造出文明向上的气息；校园文化长廊内容丰富多彩；教学、生活、运动设备完善，“朗读亭”、“电子班牌”、“点阵笔”、“平板电脑”等设备为教学高效服务，研发了“快乐+”创编乐学科特色校本课程和“快乐+”知行乐德育特色校本课程，让师生和谐共生、全面发展中形成具有特色的智慧化校园，精心培育“乐学、乐思、乐创新”的乐群学子。在我校的文化建设中，“快乐”是非常重要的存在，我校有两个吉祥物就叫“乐乐”和“群群”，学生更是被称为“快乐娃”。校园里每个精心打造的角落都在诠释这个宗旨，让学生们在快乐中学习，也在快乐中创造。为了能让学生从快乐中有所收获和明悟，找出一条培养学生成长的新路，我校大胆把教育视角放在孩子身上，通过游戏棋子渗透文明礼仪、爱国主义教育等寓教于乐的德育主题系列游戏棋，让孩子们在快乐中受到教育。《乐乐群群带你文明游校园》文明礼仪棋就这样在孩子们的手中诞生，设计师是四年级学生，他们结合飞行棋的游戏规则，把《中小学生守则》的内容融入其中设计成一幅全新的棋盘，学校的卡通吉祥物“乐乐”、“群群”做棋子，从学校起点出发，以骰子滚到的不同点数往前走，遇到“尊敬师长往前走3步”、“乱涂乱画后退2步”、“捡垃圾往前走3步”……最先到达终点的同学就能得到文明学生的桂冠。我校定制了很多这样的文明礼仪棋送给孩子们玩，深受孩子们的欢迎。如今，我校的老师学生已经研发新的系列游戏棋《乐乐群群带你平安游秀峰》《乐乐群群带你礼仪游桂林》《乐乐群群走进诚信与廉洁》。系列活动棋的研发，促进学生行为习惯的养成，在“享受学习”中学会做人、学会求知、学会健体、学会做事。此外，我校还有一个最受学生们喜爱的超市—“好行为超市”，这间超市就像一个魔法屋，吸引着越来越多的学生渴望走进去，赢得一份属于自己的礼物。原来，在创建文明校园活动中，我校首创了少先队员的“好队员行为存折”，里面积攒记录着学生在日常行为、课堂行为、卫生、学习、文明、体育及荣誉各方面做得好的行为。每周“积攒”下的好行为好习惯达到一定的行为星，就可以按标准去“行为超市”去兑换学校原创定制的新奇小礼物。还可以获得兑换券，去兑换自己喜欢的角色体验，比如兑换去当一天小校长，履行体验一天校长的职责；兑换去升旗，可以成为旗手去负责升旗；还可以兑换跟喜欢的男神、女神老师合影留念。在这样快乐地岁月中，无数优秀的行为习惯已经根植于孩子们的心中。

二、铸魂培根，推动特色办学持续发展

立足学校“快乐教育”，我校把“快乐”融入课堂教学中，构建出我校特有的“快乐+”德育实践课程。在学校的文化建设逐步推进中，快乐教育也提升到“快乐+”模式。为此，我校紧紧围绕《中小学德育工作指南》创建了“知行乐德育实践课程群”主要包括“知政史”、“知美德”、“规则意识”、“公民意识”四个专项课程。快乐地课程受到孩子们热烈追捧，孩子们通过3D打印把社会主义核心价值观融入“创客”活动中，运用新媒体设计 “乐乐群群”文明礼仪表情包，用小动画演绎着社会主义核心价值观的含义；运用3D打印技术自己设计、切割、拼装出社会主义核心价值观24个字的木制书签作品……其中，“快乐娃学走长征路”正是“快乐+知政史”的融合。孩子们的感悟不再是转瞬即逝，它们通过歌唱、舞蹈、讲故事、书画作品等等形式被记录保存了下来，融入声光电技术，放进了可触摸式电子班牌。学生们都可以在轻松地“点播”观看，五代国家领导人对少儿的寄语，引领着学生们的奋进，发生在桂林的湘江战役也在其中，激励学生们吾辈当自强。近几年来，我校学生多次在各类教育活动竞赛中脱颖而出，学生个人获奖达一千多人次。学校声乐节目荣获全国第六届中小学生艺术展演活动艺术表演类小学甲组二等奖、广西一等奖，全国第十二届青少年VEX机器人亚洲锦标赛获银奖和最佳巧思奖，桂林市第十届校园文化艺术节群舞比赛一等奖，桂林市庆祝少先队建队70周年暨少先队鼓号队风采展示大赛特等奖第一名，桂林市中小学生网球比赛乙组体育道德风尚奖等等。

师德师风建设是提升我校办学品质提升的重要途径。为此，我校党支部深刻领会十九大精神内涵，全面深化教育改革，不断推进“奠基工程”的课堂教学改革，强化教师教学基本功训练，提高教师教育教学能力水平，在教师中开展 “彰显快乐特色，演绎精彩课堂”活动，始终注重乐学善思重德行，群和敬业立标杆。出台《乐群小学加强师德师风建设的决定》，组织全体教师认真学习，坚守师德底线，做好行动上的表率；签订《乐群小学教师师德承诺书》，让大家始终不忘初心，牢记使命，勇于担当；定期举办师德读书会、专家讲座，通过每年评选表彰“乐群联盟--乐业敬业之师”，以典型引路的方式，引导广大教师树立正确的价值观，助推广大教师爱岗敬业，乐于奉献，在全校范围内逐步形成了良好的育人环境和良好的师风学风校风。几年以来，我校教师理论水平得到进一步提升，教学业务技能得到进一步增强，教师参加各级各类教学竞赛硕果累累：课例参赛获国家级、自治区级现场赛课一等奖；“一师一优课 一课一名师”获省部优课若干节；此外，我校教师被评为学科带头人、教学能手、骨干教师等49人次，既彰显了我校雄厚的师资力量，也为学校进一步发展树立了信心

三、初心不殆，守望教育硕果的快乐金秋

绵绵用力，久久为功。教育是一项知行合一的事业。学校的内涵、品位和文化底蕴需要被全体师生牢记并践行，应如和风细雨渗透到学校各处角落，待春暖花开。在教育事业开花结果的黄金时代，我们坚信，只要遵循“快乐”教育原则，并贯穿于教育教学中，我校必将在这片广阔、绚丽的教育舞台上写下新的篇章，迎来灿烂的教育晴天。

根植善孝文化，为生命润染成长底色

广西南宁市兴宁区翠峰幼儿园 梁园鹦

孝，是我们中华民族的传统美德。百善孝为先，这是我们中华民族历史上的佳话。中国是世界公认的孝文化母国，孝道是我国人伦道德的基石，乃中国文化的瑰宝。中国文化提倡以孝修身、以孝齐家、以孝立业、以孝治国、以孝安天下。我园始建于2005年。我们以“孝爱文化”立园，以“育人先立德，立德孝为先”为办园理念，将感恩、孝爱教育内容进行渗透式教育，让每个孩子在“善孝文化”的熏陶下健康快乐地成长。承载着上级领导的关怀和激励，15年来，翠峰幼儿园快速成长，2011年被评为“南宁市示范幼儿园”，2014年成为兴宁区第一所获得“自治区示范幼儿园”的民办幼儿园，逐渐成长为一所“幼儿快乐、教工幸福、家长信赖、社会认同”的全国先进民办幼儿园。

一、“孝爱文化”立园，实施感恩教育

我园坐落在明秀东路188号振宁翠峰小区内，幼儿400多名，教职工80人，中共党员10人。园内绿树成荫，花香四溢，是幼儿成长的学园、花园、乐园。

在“育人先立德，立德孝为先”之办学理念指导下，幼儿园遵循“一日活动皆课程”的教育观念，科学制定幼儿在园的一日时间安排，精心设计每日的幼儿活动，在日常生活中穿插具有教育意义的微课程，让孩子们在“玩中学，学中乐，学中有收获”。同时，通过研究课题《幼儿园生活化的感恩教育实践与研究》，成功实现了将感恩教育和善孝文化融入幼儿的生活，幼儿的常规、文明礼仪、行为习惯、精神面貌取得了可喜的进步，课题也顺利获得了南宁市教育科学“十二五”规划课题结题证书，并整理出一套适用于幼儿园各年级的感恩孝爱教案和感恩孝爱主题活动方案在全园推广使用。

我们将感恩孝爱教育的内容进行渗透式教育。在实施感恩教育过程中，一方面注重榜样的示范作用：在幼儿园门口安排礼仪小明星，以小明星起到示范作用，培养幼儿们的主人翁意识。同时，每个班的外墙都设置有插卡区域，要求小班会打招呼，中班会自己背书包上学，大班会念感恩词等，让孩子把当天完成的任务做相应的插卡，让幼儿在规范自己行为的过程中培养文明礼仪。此外，安排晨间礼仪点读时间，让孩子们在图文并茂的书本中学礼仪、懂礼仪、守礼仪，以此来培养孩子的爱心和责任心，从而懂得感恩他人，感恩社会。此外，利用

劳动节、中秋节、国庆节等节日将感恩环保教育从幼儿园延伸到家庭里，例如，让孩子们跟家长一起做面点，一起绘画，一起走秀，进行亲子互动。在父亲节和母亲节，孩子给父母捶背、端水、洗脚和梳头。从小培养孩子学会感恩父母。利用小手拉大手等环保活动，让垃圾分类在家庭生活中践行。

作为自治区示范幼儿园，我园遵循自治区教育厅的学前教育全套管理模式，并有自己独特和规范的管理运行体制，集优质办公省级示范幼儿园和社会力量灵活办学的优点于一体，建立了各种管理规章制度，形成了以制度约束和自我督促的管理机制幼儿园。

二、以党建为引领，提升办园水平

2011年，我们成立了党支部，结合孝爱文化，以特色党建引领师德师风建设和文化建设，并取得了丰硕成果。

我们的党支部在党建工作中重点加强党员的思想作风建设和师德师风建设。党支部深入学习宣传贯彻习近平新时代中国特色社会主义思想和党的十九大精神，大力推进“两学一做”学习教育常态化制度化，筑牢思想根基。在教育教学上，党员教师积极到一线听课，参加一线老师的教研活动。此外，加强师德师风建设，开展师德师风演讲活动，弘扬老师优秀的品质。

结合孝爱文化，发挥党建的引领作用。党支部组织开展“六一”红歌比赛，“国庆节”开展国旗下的讲话，进行爱国主义教育。

我园自开园以来，兴宁区各部门领导多次来园视察指导，对我园的工作给予充分的肯定，同时，对我园的发展给予厚望，鼓励我们把幼儿园园办成优质园、示范园。城区政府部门通过多种形式对我园进行扶持和帮助，如多次接待上级组织的“国培”、家庭育儿讲座、“戏曲进校园”、“体操进校园”等活动；调拨专项资金和设备支持改进办学水平，特别是在创建“示范幼儿园”的工作中，城区教育局请来专家指导园所环境创设、课程设置等方面，并安排园长和骨干教师外出考察学习优秀办园理念。

承载着上级领导的关怀和激励，我园快速成长：2011年被评为“南宁市示范幼儿园”，2014年成为兴宁区第一所获得“自治区示范幼儿园”的民办幼儿园，以优质的办学水平赢得了家长和社会各界的好评和信赖，没有辜负上级领导部门的嘱托和光荣使命。由于党建工作突出，我园党支部获评第三批南宁市“两新”组织党建工作示范点。

三、勇于创新改革，收获多项佳绩

在上级领导的关心、支持、指导下，我园全体教职工团结协作、勤奋钻研的努力下，自2010年以来，我园先后荣获“全国民办教育先进集体”、“全国先进民办幼儿园”、“全区先进社会组织奖”、“广西陶行知实验学校先进集体”、“自治区、南宁市绿色幼儿园”、“自治区、南宁市示范性幼儿园”、“南宁市巾帼文明岗”、“南宁市、兴宁区文明单位”、“南宁市党建示范基地”等国家级、自治区级、市级、城区级多项光荣称号；并多次接待上海、贵州、南宁市等1000多名园长、老师、同行参观学习，成功举办“兴宁区第一期幼教论坛”。“其中新政策下，民办幼儿园如何生存和发展”得到社会各界人士的认可和肯定，在民办幼儿园中起到了模范带头作用。

“幼儿快乐、教工幸福、家长信赖、社会认同”的办园目标正在一步步实现。如：我园秦丽老师已经在幼儿园工作了8年多。刚开始来的时候她对自己信心不足，幼儿园提供教师很多学习机会，不仅有园内的年级教研学习，园内公开课磨合，还安排教师在园外的观摩和倾听来自上海等地的专家授课的教学培训。通过一系列的培训，秦老师一步步地成长为一名优秀的班主任，近期她还荣获了兴宁区优秀班主任称号。在幼儿园这个舞台，她收获了幼师的幸福感和成长。“我觉得我身上的担子更加重了，要不断提升自身的专业素养，更好地服务于孩子和家长，让孩子关键的成长时期得到更好地启蒙教育！”秦老师说。

如今，我园园已形成“善孝品行、谦和宽容、精于钻研、勇于挑战、乐于创新”的园风和“耐心、爱心、细心、慧心”之教风，每一个孩子在“善孝文化”的熏陶下健康快乐地成长。站在新的起点上，我园党支部将继续大力发扬幼儿园的孝爱文化品牌，加强党建建设。在幼儿园环境建设上，融入红色文化，建设党建长廊，在活动中开展爱国主义活动，从小培养幼儿的爱国情怀。走在集团化发展的道路上，我园将乘势而起，逐梦未来，努力创办一所质量一流的幼儿园，办人民满意的幼儿教育。

加强校园文化建设　构建文明和谐校园

广西平果市第五小学　韦忠兵　覃肖静　赵旭宝

文化与文明，浸润着一所校园的人文气韵，标注着它的精神高度，也决定着它的育人广度。处处有文化，时时现文明，从小培养起学生文明的底色和根基，这是新时代学校育人的基本途径之一。

自2017年获得首批“自治区文明校园”的荣誉称号以来，广西平果市第五小学在深入推进文明校园创建工作中，坚持以社会主义荣辱观为导向，以学生为主体，以建设优良的校训、校风、教风、学风为核心，以丰富多彩、积极向上的校园文化活动为载体，使得育人环境进一步改善，师生文明素养和学校文明程度明显提高。

加强领导班子建设，构建文明校园格局

健全的组织机构是创建文明校园的根本保障。平果市第五小学的领导班子高度重视文明校园创建工作，将创建工作列为学期重点工作，摆上重要日程，为文明校园建设编织了一张“保障网”。

首先，学校成立了以韦忠兵校长为组长，覃肖静、赵旭宝、赖恩平副校长为副组长，其他中层领导、年级组长、学科组组长为成员的文明校园创建工作领导小组，具体负责学校文明校园创建工作宣传、研究、实践活动等。

其次，学校强化建章立制，用制度管人管事，通过教师代表委员会，对学校的重要事务进行领导、决策和监督。例如，学校先后制定了《平果县第五小学制度汇编》《教职工绩效考核办法》等制度，使管理有法可依、有章可循。

再次，学校深入开展“不忘初心、牢记使命”主题实践教育，积极建设学习型、创新型、服务型党组织。制定“三会一课”制度，密切联系群众，坚持开展党员党性教育的优良传统。加强廉政风险防控，坚持实行校务公开制度，严格落实民主集中制和三重一大决策制度，不断完善科学民主决策机制，有效治理“四风”问题。设立家长委员会，定期开展家长开放日活动，引导家长、社区参与学校治理和监督。

最后，学校在创建过程中，始终把“立德树人”作为教育的根本任务，认真实施素质教育，积极开展创新实践活动，培养学生的社会责任感、创新精神和实践能力，提高学生综合素质，构建文明校园格局。

深化德育工作建设，促进思想道德养成

青少年是祖国未来的建设者，是中国特色社会主义事业的接班人。加强青少年学生思想道德的教育培养，是一项长期的任务，也是平果市第五小学德育工作的重中之重。

学校在校园、班级内的显要位置展示习近平新时代中国特色社会主义思想，加强社会主义核心价值观内容，师生知晓率100%。建有向黄文秀等2019年“全国十大楷模”、“平果模范人物”、“新时代好少年”学习的宣传阵地，增强了师生的政治认同、思想认同、情感认同，并付之于行动。

学校利用专题讲座、开党课、周五学习日等活动，开展“中国特色社会主义”和“中国梦”主题学习活动。通过道德讲堂、主题队课、征文比赛、摄影作品展和演讲活动，记录和表达爱国之心、强国之愿、文明之花。把实施新时代公民道德建设和贯彻落实《新时代公民道德建设实施纲要》《新时代爱国主义教育实施纲要》和《中小学生守则》《中小学生日常行为规范》相结合，通过“一日常规”教育、“五星班级”评比“强化关注教育”、“带动”夯实养成教育。

学校充分利用微信公众号，广播站、宣传栏、手抄报等多种形式，加强社会主义核心价值观宣传，充分利用“清明节、七一、十一”时间节点组织开展“清明祭英烈”、“童心向党”、“向国旗敬礼”、“新时代好少年”学习宣传，开展“文明之星”、“美德少年”、“新时代好少年”等先进人物评选活动，形成了树榜样、学榜样、做榜样的良好氛围。

学校充分利用全校师生学唱、拍摄校歌《扣好人生第一粒扣子》为契机，在教育教学中从以德树人，以情育人，以智启人着手，引导学生不断学习、领悟、践行社会主义文明风尚。

强化师德师风建设，打造专业教师队伍

一支优质的教师队伍是学校推进文明校园创建工作的不竭动力。平果市第五小学高度重视高水平、高素质的教师队伍建设，大力加强师德师风建设，促进教师专业化成长，增强教师教书育人的责任感和使命感。

为丰富文明创建活动的内涵，学校利用周五学习日，加强教师社会主义核心价值观教育，开展理想信念、形势政策、心理健康、法治和师德师风教育。每学年在全体教师员工中签订廉洁从教协议书、师德承诺书，严禁有偿家教，活动过程中坚持教育引导、制度规范、监督约束、查处警示并举的原则。设有师德师风举报电话，师德投诉举报途径畅通。构建起学校、教师、学生、家长和社会多方参与的师德监督体系，学生评教机制、家长监督机制完善。

为提高文明创建活动的品质，学校坚持把校本研修作为促进教师专业发展、全面提高教育教学质量的突破口，逐步形成了“以人为本、注重过程、多元评价、引领激励、自主发展”的校本研修指导思想，规划了教师从“教坛新秀”到“骨干教师”，再到“名优教师”和“专家型教师”的四级成长目标。

加强校园文化建设，努力营造文明氛围

校园文化是学校发展的精髓和灵魂，是展示学校形象、提高学校文明程度的重要体现。近年来，平果市第五小学在原有校园文化的基础上，重新整合资源，从物质文化、精神文化、制度文化、行为文化等方面入手，努力探索培育善品学生、成就上品教师、打造名品学校的办学愿景，使学校真正成为师生陶情冶性、修身养德的花园、乐园和学园。

学校注重发挥少先队、社团的作用，开展插花、美食等生活体

验。开设有打砻舞、拉丁舞、篮球、播音与主持、创客空间等二十几门社团，其中创客空间社团在2019年12月WER世界锦标赛(WER普及赛)中张欣萌、秦钰紫同学荣获一等奖，严裕程、李嘉诚同学荣获二等奖。落实阳光体育运动，坚持开展“体育、艺术2+1项目”活动项目，成立有打砻舞、竹竿舞、花样跳绳、滚轮胎、抓鱼等文艺体育团队，提升学生的体艺素养。设有少先队活动室、舞蹈室、少工委活动室、足球场、排球场、篮球场等场馆，为师生开展活动提供了保障。重视师生人文素养教育，开设有传统文化课，定期举行戏曲进校园活动，利用壮族“三月三”等传统节日时间节点开展开展一系列“我们的节日”主题活动，加强中华优秀传统文化传承教育。

学校积极宣传志愿服务精神，定期组织师生开展“小手拉大手”文明路上一起走志愿服务活动，走进社区、敬老院，扎实开展文明交通劝导志愿服务、网络文明传播志愿服务、关爱空巢老人志愿服务、关爱贫困学生志愿服务等，深受社会好评。

创建优美校园环境，打造和谐生态校园

健康优雅的校园环境能彰显教育的无穷魅力，在潜移默化中滋润学生心田。平果市第五小学结合民族特色，因地制宜，建有灯笼式金鱼池，壮族铜鼓校徽及孝亲敬老雕像。投入30万元，建有生态停车场、特色手工长廊、一帘幽梦长廊、气象观测园、桃李园自然景观、人文景观，错落有致。

在上级主管部门的大力支持下，学校投入大量资金建设完善校园文化设施。校门口的志愿服务站、桂花林、紫荆花道建设校门、教学楼、综合楼，绿化、硬化、美化校园，围墙文化、楼道文化。功能齐全、设备先进的微机室、阅览室、图书室、录播室、空中课堂、多媒体室、科学实验室，保证了师生学习和工作的需要。开展爱国卫生活动，做好校园净化、绿化、美化工作，将环境教育纳入教育教学内容。开展形式多样的实践活动，加强节俭节约教育，开展节粮、节水、节电活动和“文明餐桌”行动，推广公筷公勺分餐制，培养学生卫生健康理念和节约意识。

抓好活动阵地建设，构筑美好精神家园

校园不仅是学生学习文化知识的课堂，更是树人树德之圣地。平果市第五小学充分挖掘各种资源，大力打造校园活动阵地，引导学生树立正确的人生观和价值观。

学校设有校报、校刊、广播站、文明校园宣传专栏，户外彩屏、ED屏；建有校园网站、微信公众号，对师生进行德育教育，弘扬主旋律，传播正能量；每学期组织学生开展一次健康、益智、善德的网络教育活动；环境教育纳入教育教学内容，开展形式多样的实践活动；加强少先队活动设施与场所的建设与管，发挥校园广播站、团队教室、图书室等功能室的作用，开设丰富多彩的社团活动，拓展育人渠道和空间。

文明植于心，美德显于形。在文明的化育下，众多的学子自觉养成了良好的学习习惯和行为规范。清逸晨同学被评为“2018年广西新时代好少年”，黄之懿老师入选百色市师德师风宣讲团，韦德雷老师被评为百色市志愿者先进个人，涌现出了许多优秀的老师和学生代表。学校先后获得自治区卫生先进单位、自治区文明校园、百色市文明单位、百色市教育工作先进集体、百色市优秀青年志愿服务集体等30多项集体荣誉称号。

创建文明校园是一项重要的综合性极强的工作，也是一件事关学校长远发展的大事。在上级领导的关心支持下，平果市第五小学将继续保持求实创新的作风，凭借争创“全国文明校园”的东风，不断总结，逐步提高，把校园建设成为让学生更舒心、家长更称心、社会更放心的安全文明和谐的校园。

深耕教育发展，奏响民族强音

广西上思县民族中学 陆雄光

少年强，则民族强！全面贯彻党的教育方针，落实立德树人根本任务，发展素质教育，推进教育公平，是每一所学校肩负的使命，也是在教育改革上的不懈探索。学校是教育发展的第一阵地，也是“以文化人”和“立德树人”的灯塔，指引着孩子找寻未来人生的正确方向，照亮他们的心田。初冬时节，走进我校，首先映入眼帘的是具有民族特色的学校大门和校门旁两面“民族团结”、“文化传承”宣传浮雕主题墙。我校创办于1985年，是上思县唯一的民族学校。学校现有32个教学班，学生2039人，壮、瑶等少数民族学生占95%。多年来，我校重视民族团结教育、重视发掘民族特色文体资源、关爱少数民族困难学生、加快校园文化设施建设。秉承着树德立人的教育理念，践行在教育事业发展和进步的道路上，全体师生精诚协作，团结努力，为教育事业挥洒汗水和青春。今年12月，我校还被评为第四批自治区民族团结进步示范学校，为学校未来更好发展奠定了有力基础，也为学校全体师生树立了信心！

一、深耕细作，营造民族文化特色氛围

步入校园，我校族特色文化宣传景观引人注目，教学楼前的绣球、铜鼓雕塑、民族常识宣传橱窗、县域民族优秀传统文化宣传栏、民族团结一家亲黑板报等，使整个校园充满着浓浓的民族团结氛围。位于教学楼和昶楼一楼的民俗文化展厅里，展示着各种农具和壮、瑶等少数民族服饰等。陶行知曾说过：“天然环境和人格陶冶，很有密切关系。”校园中的每一座建筑、每一处景点，每一片绿色，都成为一种思想的传递，一种文化的表达，优美的校园环境就像无声的老师，滋润着师生的心田，熏陶感染着师生，丰富净化着师生的灵魂，潜移默化地引导师生向着健康的方向发展。走过洒满阳光的“和谐亭”，来到学校文化广场西边的民族团结活动园地，在“民族团结”、“民族和谐”大型宣传雕像旁，抬头就看到花架长廊里悬挂的“坚持民族团结，维护祖国统一”、“加强民族团结、促进民族进步、繁荣民族经济”等标语。为营造民族学校和谐相、共同进步的文化氛围，我校加大力度投入建设了一系列具有民族特色的校园文化设施，其中‘和谐亭’成为学生课余时间的好去处，学生们携书漫步在凉亭之中，陶冶情操，学习知识，成了校园内最常见的风景线。

二、初心不殆，书写民族教育崭新篇章

中国是多民族国家，民族教育发展始终占据着教育事业的重要地位。一直以来，我校重视民族团结教育，成立民族团结教育领导小组，合理安排民族教育教学活动，每月安排两个课时的民族教育活动；每年9月，学校开展“弘扬民族精神活动月”活动；利用教材，充分发挥课堂教学的作用，提高学生对民族政策常识的认知水平；在学科教学中渗透民族团结进步教育。为了加强各民族师生的交流交往，我校组织开展交一个不同民族的朋友、学唱一首民族歌曲、学跳一个民族舞蹈、画一幅民族风情画、讲一个民族英雄故事、做一件民族工艺作品等主题系列活动，收到良好的教育效果。近年来，该我还重视发掘民族特色文体资源。2011年，上思县民族中学开设壮文山歌班，聘请上思县非物质文化遗产第二代传人、广西十大歌王之一岳建霄到校授课。2012年，上思县民族中学引进竹竿舞、板鞋竞走、抛绣球、踩高跷等民族传统体育运动项目，深受学生喜爱。此外，为了传承和发展自治区级非物质文化保护遗产——上思舞鹿，我校建立了舞鹿训练基地，坚持开设舞鹿班，让学生学习舞鹿文化，训练舞鹿技能。如今，我校校园内各民族师生间关系和谐，各民族学生友好相处，民族团结进步之花在校园里绽放。九年级瑶族学生邓理青说。“我家里比较困难，来到民族中学上了励志班之后，学校和老师在学习、生活上给了我很多帮助，让我能够更好地学习。”谈及最喜欢的民族传统体育运动项目，她直爽地说：“我觉得板鞋竞走最有趣，大家齐心协力赢得胜利的感觉真好。”就是成长在这样的环境下，才能让学生感受生命的温暖，知识的魅力，陶冶情操，乐观积极！

教育是温暖人生的灼灼光芒，它尊重、赏识每个个体，致力于学生能力、品德等各方面素质的全面提升，服务于个体的健康成长，滋养每一个生命。老师们用毕生的文化知识和真情的陪伴铺垫着学生走过每一步。将“树德立人、自强不息”的教育理念代代传承，不忘初心。民族学校更是如此，它像一个温暖的家园，让师生的思维在自由中伸展，智慧在惬意中放飞，每天都成为自己生命历程中灿烂的一页。学生们在温馨的环境中快乐成长，教师收获成功，这就是我校办学的核心理念，也是一种在无形中使我校坚定向前的强大力量。我们相信，不久的将来，我校一定会在更美好的明天，扬帆起航！

凝聚共识砥砺行　文明创建硕果丰

广西玉林市玉州区第八初级中学 唐宁 庞科媛 吴夏宁

玉林，名校汇聚，人才辈出。玉州区第八初级中学作为一所年轻的学校，以其出色的特色教育独树一帜，短短几年内在玉林教育界成绩斐然，获得广泛赞誉。2020年11月月底，学校的荣誉簿上又增添了浓重的一笔——获得第二届“全国文明校园”的荣誉称号，这是学校精神文明建设领域的最高奖项，全广西仅有27所学校获此殊荣。

“获评‘全国文明校园’，既是对我们工作的认可与肯定，又是我们继续前行的动力。”在新的起点上，玉州区第八初级中学全体师生将不忘初心，牢记使命，凝聚力量，以培育“四有”新人为落脚点，坚定不移地走校园文明建设、理想信念教育和学校内涵发展同步提升的道路，争创更加优异的成绩。

创建智慧团队，多种荣誉纷至沓来

玉州区第八初级中学创办于2013年，是玉林市、玉州区两级党委、政府大力实施玉林城区中小学校建设大会战，积极为民办实事的重大民生工程项目。如今，这所年轻的学校为何能在众多学校中脱颖而出，创下佳绩?

“心有所信，方能远行。”学校始终坚持以“立德树人”为根本任务，以社会主义核心价值观为基准，以党建为引领，大力推行“智慧·团队”文化建设，有效构建“四位一体”党建引领育人共同体，走稳走好素质教育之路。学校通过3年时间，在各县（市、区）遴选一批优秀教师，大家凝心聚力，吃苦耐劳，踏实肯干，团结一致，朝着既定目标奋力拼搏，全国文明校园、全国中小学国防教育示范学校、全国零犯罪学校、全国青少年足球示范学校、自治区文明校园、广西青少年科学调查体验活动优秀示范学校等各种荣誉纷至沓来。

狠抓教学质量，推行课改连创佳绩

“如果我们的成绩上来了，哪怕再优秀的学生也能被吸引进来。”玉州区第八初级中学的领导团队是这样想的，也是这样践行的。为提升教育教学质量，学校深入推进课程改革育人，以党员教师为骨干，充分发挥1位名校长、1位特级教师、5位“最美教师”、12位“两个百佳”教师和13位“玉州名师”的示范作用，带动全校教师参与组建20个“红慧科组”，以MS-EEPO有效教育为引领，研究推行“三思三阶”模式，全力呵护学生的学习兴趣，激发学生的学习潜能。

所谓“三思三阶”，即以形象思维、逻辑思维、创新思维来分阶段实验。基于这种模式，在课堂主阵地上，教师以思维训练为前提，在课堂上践行“一节课为一张图”、“一本书为一张图”的理念，把每节课的知识用思维导图贯穿表现出来，现已形成了“一厅”、“一廊”、“二集”。“一厅”指思维导图展厅智慧龙苑，“一廊”指思维训练长廊，“二集”指10多本已汇编成册的师生思维导图优秀作品集。

自课堂思维拓展开来，学生学习热情高涨、心态积极向上，教师凝心聚力、踏实肯干，学校的教学质量有了质的变化，中考成绩连续5年位居玉州区前三，多项中考指标居于玉州区、玉林市第一，玉林高中和玉林一中的定向生指标也逐年提升。

突出育人特色，培养新时代美少年

育人是教育的生命和灵魂，关注学生的长远发展是教育的本质要求和价值追求。在办学实践中，玉州区第八初级中学站位高远，科学规划，大胆探索，敢于实践，及时调整，力求办出特色、办出水平，成为区域教育的领航者。

突出红色文化育人。学校着眼于增强党建育人功能，充分发挥红色文化教育人、引导人、塑造人的作用，依托法治教育基地和国防教育基地，利用国旗下讲话、主题班会、“亲子阅读”、“传家风·明家训”等开展党性教育活动，定期推出榜样宿舍、星级班级和“美德少年”等评比，教育引导广大学生学党史、国史，在春风化雨、润物无声中培养学生的人格修养和家国情怀。

突出文体活动育人。学校围绕“中国梦”、“社会主义核心价值观”等主题，注重党建带团建，推动校团委每年牵头举办“两会两节”（两会是迎新晚会、元旦晚会，两节是“运动·文化·艺术”节、“创意·科技”节）和“足球嘉年华”活动，组建龙狮社、创客社、剪纸社、文学社、书法社、围棋社、舞蹈社等社团，组织党员、教师轮流授课，培养学生的科学精神和文艺素养。其中，龙狮社每年都参与学校大大小小的晚会、开幕式的演出，也曾受邀参加玉林一中、市田家炳中学、市十一中学等学校活动的表演；而创客社团，学生积极参与，并获得全国青少年创意编程与技能设计大赛三等奖、全国科学影像节三等奖等荣誉。通过社团活动，让学生张扬个性、找到自信的同时，还吸引、转移了学生的注意力，一门心思扑在学习上，几年来下来，所谓的打架、闹事等事件从未发生。可以说，社团的创建让每一位学生找到自信的支点，让每一位学生拥有成功的希望，让每一位学生的个性都得到张扬。

突出榜样教育育人。榜样宿舍、星级班级、文明班级、“美德少年评比”……学校注重榜样的引领和带动作用，通过树立典型开展榜样教育，在学校营造出了积极向上、争先创优、你追我赶的浓厚氛围，使学生树立了自信心和进取心，能够在学校快乐向上发展。

突出家校携手育人。学校坚持请进来与走出去相结合的方式做实家校共育工作，为学生的健康成长保驾护航。一方面，成立党员家长学校，通过开展“家长开放日”活动，让广大家长走进校园、走进食堂、走进宿舍、走进教育，增进家长对学校教育教学及学生学习生活的了解与认识；另一方面，认真按照玉州区教育局部署开展的“千名教师进万家”活动，组织广大党员、教师定期走访学生，做到导学业、导心理、导思想、导生活、导成长。

注重心理教育，促进身心健康成长

新时代的心理健康教育已不再是片面地对学生心理的认识，而是教师和学生共同需要加强的一种教育。尤其是中小学心理健康教育，由于学生在成长中缺乏一定的判断能力和自我意识，所以关键在于教师的积极引导和有效解决自身、学生以及师生之间的关系。

学校配备了1名心理健康教育硕士、国家二级心理咨询师专职心理老师和4名兼职心理老师，保证了心理健康教育的顺利开展。周一至周五开放心理咨询室，接待学生个体心理辅导；制定心理危机预案，通过心理测量和日常观察谈心等开展学生心理筛查评估，对于筛查发现的个别严重心理问题学生，立即启动学校心理危机预案，由政教处领导、专职心理老师、班主任共同合作，约谈学生家长，反馈学生心理问题的现状，并积极商讨应对措施，明确学校、家长和学生三方责任，共同努力维护学生的心理健康；与精神卫生医疗机构玉林市第四人民医院建立学生心理危机转介“绿色通道”，必要时对心理问题严重的学生予以转介。面对2020年突如其来的疫情，学校更是积极开展线上心理健康教育，并根据各年级班主任对学生心理状态反馈的情况共同研讨，确定心理微课主题，由心理老师录制心理微课。如录制《从自由到自律》等微课，观看量达约3148次；学生观看率覆盖面达到了全校的百分百，学生反馈居家学习期间，心理微课是一场及时雨，让自己居家学习焦躁不安的心情得到了缓解。

建立家校合作机制，使心理健康教育更加完善有效。学校通过家长会、家长心理讲座或心理课堂等形式向家长提供亲子教育的相关心理知识，指导家长有效开展家庭心理健康教育。如疫情期间，为缓解家庭亲子矛盾的加剧，提高家长的家庭教育能力，学校通过心理老师录制《如何有效沟通，了解孩子心事》等微课推送给家长共同学习，观看量达到 4001 次，家长反馈受益匪浅。

打造放心餐桌，保证饮食安全多样

关注食品安全，关爱生命健康，是玉州区第八初级中学所坚持的原则。

学校食堂坚持不使用冻品，每天采购新鲜食材，并设计符合学生年龄的食品，邀请营养专家为学生开菜谱，每天保证有蒸鸡蛋、肉饼等10多种菜式，供学生选择加菜，其中，扣肉更是该校的名菜之一。此外，学校还设立食品安全监督站，时刻监督食品，为每一位师生的健康考虑，为师生的生命安全负责。可以说，在学校的食堂里，你根本看不到任何的速冻品如热狗、鸡翅膀、鸡腿、饺子、肉丸等进到学生的餐盘。

除保证菜品的营养丰富均衡外，学校还禁止外卖入校。特别是受疫情影响而复学以来，为杜绝诺如病毒等的感染，学校严格控制外卖，杜绝一切传染源入校，保证师生的健康安全。

中学生毕竟是在长身体的时候，在禁止外卖的同时，学校还为学生增设宵夜——牛腩粉、螺蛳粉、桂林米粉、炒粉、炒饭、饺子、云吞、米粽、麻辣烫……只要学生喜欢的，学校都想办法做出来。如今，宵夜的食物品种多样，俨然美食街一条街，深受学生的欢迎。

获评“全国文明校园”，不是一个终点，而是一个起点。让更多的孩子获得更优质的教育，这才是玉州区第八初级中学最终的目标。今后，学校将继续用高标准严格要求自己，努力做到向前向上，力争把学生培养成道德情操高尚、综合素质过硬的学生。

聚焦核心素养，构建思政教育新模式

广西壮族自治区东兴市实验学校　黄若琼

党的十八大以来，我们围绕培养什么人、怎样培养人、为谁培养人这一根本问题，全面加强党对教育工作的领导，坚持立德树人，加强学校思想政治工作，推进教育改革，加速学生的思想道德素质和科学文化素质全面提升，努力办好人民群众满意的基础教育。

京族是我国少数民族之一，也称越族，民族语言为京语。中国境内的京族主要分布在广西壮族自治区防城港市下属的东兴市境内。东兴市作为一个边境的国门城市，有着独特的民族文化和边境文化，学生家长大多以行商贸易为生。针对学生出现的问题，我们以分析京族本土文化为依托，以寻求通过“思想教育+心理健康教育”模式帮助学生解决问题，让思想教育、心理教育和各学科、活动相结合，以促进学生“学”的发展。

一、构建思政课程模式的必要性

学生素养培养的需要。培养社会主义建设者和接班人是我们教育的根本任务。2018年9月召开的全国教育大会上强调，“要在坚定理想信念上下功夫”、“要在厚植爱国主义情怀上下功夫”、“要在加强品德修养上下功夫”、“要在增长知识见识上下功夫”、“要在培养奋斗精神上下功夫”、“要在增强综合素质上下功夫”。这“六个下功夫”，为做好新时代青年人才的培养工作指明了方向。

教育理念发展的要求。近段时间以来，我们对京族地区中小学生的心理思想健康状况做了调查研究，发现当前我市中小学生心理健康状况不容乐观。小学生有心理和行为问题的占总数的10%左右；初中生占15%左右。他们存在着嫉妒、自卑、任性、孤僻、焦虑、逆反心理、情绪反常、神经衰弱、社交困难、学习不良、学校恐怖、吸烟、酗酒等行为问题。

学习环境的需要。第一、长期以来京族地区文化教育相对落后，因文化教育层面的发展而改变家庭的经济、政治地位的影响未能凸现，所以未能引起家长的重视；第二、京族人民居住在边境地区，京族人民频繁的边贸生意只是停留在一些简单的商品买卖上，似乎不需更多的知识也能做生意，使家长产生了“知识不多也能致富”的心理定式；第三、由于语言相通，很多的家庭受到邻国的影响。最终导致家长对学生的心理、思想缺少正确的引导，不知道如何去关心自己的小孩的成长；第四、家庭影响是不容忽视的，大多数学习不佳、思想不稳定、心理不健康的学生一般都存在家庭教育失控的问题，首先是家庭教育不得法，要么过严，动不动就拳打脚踢，要么过分溺爱，对孩子百依百顺。其次是家长本身的道德形象差，缺乏教育孩子的说服力。再次是家长长期做生意赚钱，对孩子只给钱花不加管教；第五、父母离异或者关系恶化，孩子得不到家庭温暖。因此，很多学生的心理成长在没有得到家庭的正确引导和关心下，他们往往会对社会比较新鲜的东西感兴趣。例如：上网游戏、上网聊天、看言情小说，已经成了他们的时尚享受。加上学生的阅读，上网得不到正确的引导，因此这些东西已经成了分散学生学习科学文化知识、心理、思想不健康的重要因素。

二、思政课程模式的构建

领导达成共识，积极全面培训教师。思想政治工作从根本上说是做人的工作，必须围绕学生、关照学生、服务学生，不断提高学生思想水平、政治觉悟、道德品质、文化素养，让学生成为德才兼备、全面发展的人才。班主任（辅导员）是学生工作中的重要执行者，因此，我们要优化德育队伍，进一步发挥全体教职工的育人作用，加强对中小学教师的培训。

了解学习边境历史文化，厚植青少年爱国主义情怀。伴随着我国社会主义现代化事业的发展进程，一个充满挑战、充满希望的新时代已经来临。我们要坚持“五育”并举，夯实立德树人根本任务，以着力构建德智体美劳全面培养的教育体系为导向，以改革创新为动力，深入推进基础教育教学改革，打造“海边山”国门基础教育教学品牌。

弘扬民族传统文化，加强礼仪教育。礼仪，是中华传统美德的精髓；礼仪教育，肩负着选择，传递，弘扬中华民族传统美德的崇高使命。我们要深入了解京族的民族礼仪文化结合中国传统礼仪文化规范学生的行为，并将其变为学生的行为准则和自由意志；也要把优秀的中华民族礼仪转化为学生的言行举止，并在此基础上，形成崭新的时代礼仪，从而完善德育教育体系。我们开展多元化培训方法，把传统文化与亲子队会相结合，家校合一，共同进步。我们从一年级就开始学习《弟子规》，词文朗朗上口，故事生动有趣，学生从中学会了“孝悌”，了解了“礼信”。我们利用家长开放日，在班级召开了亲子队会《学会感恩，与爱同行》。队会由感恩父母，感恩老师，感恩同学，感恩社会，感恩大自然。学校政教处每个学期都会让班主任给学生们上礼仪课，内容包括接物礼、乘车礼、吃饭礼等。逐步让礼仪成为我们市的一种文化，学生们在这种文化环境的熏陶下思想、心理会积极向上，向良好方向发展，最终推动学生学业水平的提升。

民族教育促学生心理健康、思想的发展。把民族教育融入课堂课程，激发学生学习兴趣；把民族教育融入文化活动，增强学生学习自信；把民族教育融入对外交流，培养学生爱国情操，促进民族团结；把民族教育融入老少沟通，增强学生幸福感受。

开设心理健康教育、励志教育等课程，并把心理健康教育、思想教育渗透到各学科课堂教育中。学校应开设心理健康教育、励志教育等课程，包括心理卫生课、心理常识课、成才指导课等。通过开设心理健康、思想教育课程，向学生讲述有相关的知识，教给学生维护心理、思想健康的方法与手段。引导学生正确认识和应对挫折，重塑自信，大力激发学生学习动力。

多元活动，促进学生心理、思想的良好发展。针对问题学生采取的方式方法。一是个体咨询式，设立心语小屋，开展心理辅导活动。

二是学校还可以确立“导师制”，有师生双向选择，结成可以互相进行心理倾诉的对子，教师向自己所辅导的学生公开网上的QQ、微信号，每周在固定的时间里与学生网上聊天，倾听学生的心声，适时地进行心理疏导。教师也应注意学生在上网过程中的“偏离轨道”现象，并采取响应的调节措施，对于没条件上网的学生，可以采取周记的方式与教师进行心灵对话。此外，“心语小屋”还设立有“心语解忧袋”（包括电子邮箱、微信公众号），便于学生畅所欲言；三是设立心理档案，跟踪学生心理变化，及时矫正学生的心理偏差。

举行积极向上的各类活动。提升学校对学生的吸引力，让学生喜欢上学，学生都有参加群体活动的意愿，学校应全方位地营造宽容、激励的校园氛围，鼓励学生进步，关心学生发展，让学生在学校感到温暖和激励。心理健康教育、思想教育不能成为一门说教式的辅导课，它需要学生在各种活动中主动去体验、感受、领悟，从而实现内心精神世界的升华。因此，心理辅导活动、思想教育应注重实践。如我校科技创新，三礼四节……等活动，不断充实学生心灵世界的过程中，学生的思想不断得到进步，从而培养了学生奋发向上的精神。同时学校可创办校园小报，由部分教师和学生负责定期出刊，栏目可以分"专家荟萃"、"青春寄语"、"我的心声"等，在学校范围内营造心理健康教育、思想教育的氛围。

发掘、撰写校本课程教本，让文明之花永恒传承。活动的实施需要事先进行精心的设计，这就对教师提出了更高的要求，教师要善于有效地发掘、利用本地特有的教育资源，有计划、有目的地以课程体系的方式呈现活动内容，切忌盲目和随意，该活动课程可以划归到校本课程体系中进行管理。

建立家长学堂，家校并育，促进学生思想、心理的发展。大部分的学生家长对学生的心理健康、思想发展缺少正确引导和关心。我们教会家长与孩子沟通的方法孩子在家中感到不幸福，或者有了烦恼不愿向家长倾诉，都说明亲子关系不和谐，而决定亲子关系好坏的主导力量在家长，学生身上的不少问题其实来自家长。所以学校要建立家校沟通机制，引导家长学会赢得孩子的尊重和信任，懂得如何才是真正帮助孩子成长，学会科学教子。学校心理健康教育、思想教育要走出学校，走向社区。首先帮助家长建立现代的和科学的人才观、就业观、学习观，鼓励家长参与，营造出全体成员共同参与和支持心理健康教育的环境与氛围。其次，学校要充分利用社区资源，实现资源共享，如组织学生志愿团参加社区的规划和建设，使学生在与外界的接触中不断培养自己的情操，形成良好的个性品格，学会与人交往。实现德育的社会化。

针对京族地区学生存在的问题，我们建立了以上模式，在各年级里逐步有计划进行，必定能加强学生的心理、思想素质的提高，综合提升青少年的核心素养，少年强则国强。有些模式已经在不同的学校实施并取得良好效果。

参考文献：

[1]《京族简史》编写组编. 京族简史[M]. 南宁：广西民族出版社，1984.

[2]龙滢.《京族地区教育的发展》[D].北京中央民族大学，2012.

[3]林秀贵等编著《京族乡土教材》2002年8月.

守望童心 情牵幼教

广西壮族自治区梧州市藤县第一幼儿园 谢碧英

“花的事业是甜蜜的，果的事业是珍贵的，让我干叶的事业吧，因为叶子总是谦逊地垂着她的绿荫。”幼儿教育是叶的事业，在默默无闻中彰显其光荣。

每一个人心灵深处总有一种信念，总有一种追求，支撑着自己为人生留下美丽的足迹。从事幼教事业28年来，我始终怀着对教育热忱之心和坚定信念在梧州藤县的幼教领域默默耕耘。从立足本土的藤县第一幼儿园到现代化十足的藤县第一幼儿园教育集团幼儿园，我坚信只要用科学的管理、优秀的师资、显著的教育成果一定能办出一所让幼儿开心、家长安心、社会放心的现代化幼儿园。

成立工作坊，打造教师学习平台

“怎样才能尽快扭转落后的学前教育理念，改变不恰当的教学方法？”这是早几年一直萦绕在我心头事关幼教事业出路的问题。之所以会有这样强烈的责任感和紧迫感，还得从五年前说起。那时，我刚调任藤县第一幼儿园工作不久，有一次到乡镇开展教研活动，在一所乡村幼儿园惊讶地发现老师教小朋友数数，从1数到100，如此循环往复，死记硬背，单调乏味；还有一次，在一所乡镇幼儿园，我见到孩子们在机械背诵九九乘法表，老师已开始教孩子学乘法、写汉字，违反幼儿成长规律，教学模式“小学化”……

民间有句俗语：幼儿“三岁定八十”。意思是说，小朋友从3岁到6岁年龄阶段的智力开发和思想养成，很大可能会影响其一生。而亲眼看见了太多教育理念落后、教学方法陈旧的活生生事例，这深深刺激着我不安的心。

“为了孩子的健康成长，必须要尽快做出改变！”怀揣着一颗教书育人责任和担当热血红心，我清醒地意识到这一点，并很快将之转化为具体的实际行动。2016年7月，我成立了谢碧英特级教师工作坊，由来自初中、小学、幼儿园的24个教师组成，成了跨学科、跨学段、跨学校的教育教学交流平台。

“加快转变乡村落后的学前教育理念，让乡村幼儿园的教学模式活起来。”为做好乡村教育扶贫，我借助工作坊这个优质资源平台，发挥其在教学及研究上的示范引领作用，多次带领坊员深入到乡镇、乡村薄弱幼儿园指导帮扶，让乡村教师得到学习提高，让村里孩子享受更优质教育。在工作坊成立四年多的时间里，我先后组织工作坊成员走进全县大部分乡镇开展了五十余次送教下乡活动，工作坊成员在送教的同时，也通过听当地教师的课，实现了互相评课、共同提高的目的。作为广西特级教师，我更是主动承担培训、指导青年教师的任务，先后承担20多次县级以上的教师培训任务，培训的教师达到3000多人次，让青年教师能够迅速成长，更好地挑起教育发展的重担。此外，我还担任了2017年、2018的、2020年广西教育厅举办的全区师范生教学技能比赛的评委。2017年4月，工作坊通过了自治区对特级教师工作坊的考核评估，并获得二等奖。

特级教师工作坊能够正常运营，定期开展的各项教学教研活动，促进了教师群体的可持续发展，形成了良性的教师互动机制，实现了优质教育资源共享，推进了城乡教育快速、健康、均衡发展。

借幼教集团之力，助推加盟园发展

一枝独放不是春，百花齐放春满园。我园是全县唯一一所自治区示范幼儿园，如果说创立谢碧英特级教师工作坊是幼儿园新时代新发展的一个具有标志性意义的起点，那么做大做强藤县第一幼儿园教育集团这个响当当品牌则是由点到线、由“一园体”向“多园化”的跨越发展。经过多年的不懈努力，共有4所乡镇、乡村公办幼儿园和2所民办幼儿园成为教育集团的加盟园。

为了更好地发挥藤县第一幼儿园教育集团的辐射、引领、示范作用，作为自治区示范园、集团办学龙头园，我们对加盟园的领导管理、教学教研、环境创设、家长会的召开等进行全方位指导帮扶，还邀请加盟园的教师到我园跟岗学习或者观摩学习，不断提高教育教学能力。让加盟园的保教质量、管理水平及师资队伍的专业素质都得到新的提升，扩大了优质学前教育资源。特别是对2所民办园从筹建、招生、开园至近一系列工作，全程参与指导，使其很快走上正轨，有序运作，为民办幼儿园规范化办园提供了典范样例。

截至目前，我园每年对乡镇幼儿园的帮扶次数达到20多次，充分发挥了龙头园的引领作用，让加盟园的保教质量和办园水平、管理水平等得到了质的提升，师资队伍专业素质得到了明显的提高。

注重教学教研，构建良性循环发展机制

纵观幼儿园的发展，特色化课程、特色化管理模式均产生于幼儿园扎实的课题研究。作为藤县第一幼儿园园长，我高度注重幼儿园的常规管理工作，大力实施“科教兴园、科研促园”的发函战略，让每个班级成为研究室，每名教师成为研究者，从而促进幼儿、教师及幼儿园共同发展。

组织多种形式的教师培训，提高教师的教学技巧、理论水平和服务意识；开展新老教师“传一帮一带”活动，形成青年教师立足专业成长、骨干教师勇挑责任重担、名优教师示范引领队伍建设的共进共长的和谐氛围；成立教研团队，定期开展师徒结对子、分科教研、园本教研、教学技能比赛等活动，激励教师自主学习、主动探究，助力教师专业技能发展，促进教师专业能力提升；注重家园共育，邀请家长志愿者走进校园、走进班学级、走进课堂，每个学期定期举行亲子活动，每个月开展小朋友技能活动，比如包饺子、包粮、洗手、叠被子等，让孩子在玩中学、学中玩，培养良好的行为习惯，真正达成幼儿园“孩子成长的乐园，教师成材的学园、家长信任的家园”的办园目标。

教育不是说出来的，而是做出来的。为更好地了解幼儿、尊重幼儿、关爱幼儿、服务幼儿，我园将一如既往地坚持以科学的教学理念为目标，提倡适应现代社会发展的教育理念，一切以幼儿的全面发展为根本，努力打造有内涵的园所文化，办新时代的学前教育！

标准引领，建设“铁道供电技术专业群”

广州铁路职业技术学院　王亚妮

广州铁职院（简称学校）作为广东省开办轨道交通类专业最全、唯一以轨道交通为特色的高职院校，建校47年以来，主动适应产业升级，转变人才培养观念，进行人才培养模式改革，贯彻“三全育人”理念，将“三教改革”落到实处、细处，加大高素质技术技能人才的供给力度，着力提高人才培养质量。铁道供电技术专业群是国家“双高计划”中唯一以该专业命名的高水平专业群，该群由铁道供电技术专业（龙头）、城市轨道交通车辆技术和铁道机车（骨干）、铁道通信与信息化技术和电气自动化技术（支撑），组建而成。专业群以职业能力递进培养为主线、以实践为导向、以模块化课程开发及教学实施为主要手段，以工匠精神为传承，重构专业群课程体系，建立“三院联动”柔性的专业群协同工作机制，创新人才培养方案，实施大类招生，开启培养德技并修、一专多能、具有国际视野的新时代轨道交通关键装备智慧运维的高素质复合型技术技能人才的新里程。

一、制定发展目标，引领学校发展

2020年“铁道供电技术专业群”入选国家“双高计划”，我们肩负的责任更重了，因为这是唯一以该专业命名的国家高水平专业群，可以说，未来这个专业群发展得如何，需要我们去引领带动。

我们的近期目标是：2023年，铁道供电技术专业群整体水平保持全国“头雁”位置；为国内职业教育发展提供可复制、可借鉴的“广州铁职院方案”，实现职业教育现代化，在国际上具有较强影响力。

我们的中长期目标是：2035年，铁道供电技术专业群成为国际知名职教品牌；在国际上拥有较大轨道交通职业教育话语权，建成“中国特色、世界水平”高职院校。

二、启动“双高计划”，提升人才培养质量

“双高计划”启动一年多来，学院教学工作开启了以专业群建设和课程建设为核心的系列工作，取得了国家级10类，省级12类标志性成果，完成近40%的建设任务。在我看来，除了高质量的就业外，最难得的成果有两类：

第一类：是推动专业教学标准体系建设和推广工作。2019年，在铁道行指委的领导下，我们牵头完成了我国《高等职业学校铁道供电技术专业教学标准》《高等职业学校铁道供电技术专业实训教学条件建设标准》和《高等职业学校铁道供电技术专业建设指导标准》的修订和研制工作，已经公开发布出版，对指导和管理职业院校教学工作，提高人才培养质量，有重要意义。

标准形成后，我们通过铁道行指委、国家职业教育专业资源库、学生竞赛、教师教学能力竞赛等平台和活动，在全国推广应用；其次，通过服务中国高铁走出去输出中国教学标准，我校2019年组队郑州铁职院、南京铁职院去埃塞俄比亚、马来西亚教学，进行了走出去的一种有益尝试，经过亚吉铁路等海外项目，证明我们的标准能很好地应用在当地员工、学生学习，效果非常好。

第二类：是以“三全育人”、“三教改革”为内涵而凸显出来的成果。广州铁职院的学子参加今年中国国际“互联网+”大学生创新创业大赛、“挑战杯”全国大学生竞赛、职业院校教师教学能力大赛，在全国决赛中均获得了好的成绩，这些都展现了广州职业教育的实力水平，反映了“双高计划”建设的成效。

三、创新人才培养，构建课程体系

在人才培养模式创新方面，铁道供电技术专业群构建了“实践导向、模块化结构、岗课证融通”专业群课程体系，第一，在教学设计及教法上，以实践为导向实施项目、任务式教学，利用虚拟现实技术开展情景教学；利用现代信息技术，实现翻转课堂和线上线下混合式教学模式；利用AI+大数据个性化学习平台开展教学；第二，在课程及课程团队方面，实施模块化、结构化，注重将岗位需求、课程内容和技能证书要求融通；第三，在教材方面，采用活页式、工作手册式、融媒体、新形态教材。

我认为，技能人才的成长是有两个场地的，除了学校培养，还有企业培养。我院和多家企业开展订单培养，校企衔接得非常好。

近两年，在广州市财政的大力支持下，我们建成了目前国内最先进的轨道交通虚拟仿真综合演练实训基地，可以实现轨道交通“车、机、供、工、电、辆”（即铁道运输、铁道机车、铁道供电、铁道工程、铁道信号、铁道车辆）的大联动演习和实训。

四、打造教育品牌，吸引优质生源

就业质量反映的是人才培养的质量，我校毕业生就业工作体现在：“三高”，就是学校办学的高度社会责任心、专业设置高度契合产业发展、各级单位高效执行党委决定；“三心”，即对学生的爱心、信心和耐心。近三年，我校轨道交通类专业毕业生专业对口率97%，单位满意度95%。同时，毕业半年内的离职率为24%远低于全国双高校平均水平（42%），与全国应用型本科院校平均水平（24%）持平。轨道交通类专业毕业半年内的离职率为 5%。毕业生就业稳定性强，企业忠诚度高，有利于学生长期职业发展。

高质量的就业，一方面，学校的行业优势、工科优势非常明显。我院起源于铁道行业，服务轨道交通行业，整体就业率非常高。2021年6月，学生的就业率达到92%，在国铁集团、广州地铁、深圳地铁等大型国企的就业率、订单率均高于65%。有大量优秀学子，把自己的母校介绍给亲朋好友，每年招生时都有不少超过本科线的学生报考。另一方面，高度重视就业工作，我们学校由书记和院长亲自抓学生就业，一周一报。

学生在学校成长成才、学有所成，很多人走上工作岗位后迅速从基层成长起来。铁道供电技术专业学生徐志标，2009年毕业于铁道供电专业，2014年就获得“全国五一劳动奖章”荣誉称号。徐志标这个班还有个叫邓志灵的毕业生，现在广州地铁工作，获得“新誉杯首届全国城市轨道交通行业职业技能竞赛冠军”和“广州市技术能手”称号。

如今，高职学生的深造路径也进一步拓宽了。目前，我已和广东技术师范大学、韶关学院、广东外语外贸大学、嘉应学院合办了本科专业。

五、献身教育事业，享受职业快乐

我从大学毕业就一直在广州铁职院从事职业教育，一干就是32年，并取得了卓越的成绩。

选择教师这份职业，其实也是机缘巧合。1985年我上西南交大时并没有考虑当教师。毕业分配到广铁集团时，我也以为会做一个工程师，没想到被分配来广州铁职院当老师。我第一天来这里，发现当时的校园环境还不如我就读的攸县二中，非常沮丧，就提出不想教书，可是被领导拒绝。也许你们不相信，当年来学校，没有汽车，必须坐船，我就这样坐了近10年的船，我们这代人能吃苦，教书苦中有乐，我也就坚持了下来，这一干就是32年。

现在，经我直接授课培养的学历教育学生超过了5000人，我还长期担任铁路企业的培训教师，结识了许多企业朋友，他们之中有些（高级）技师、（高级）工程师，成了我校的兼职教师。随着当老师的时间越久，我发觉自己越来越热爱这个专业，越来越热爱这份职业。

之所以能坚持下来，我总结有好几个原因：一是被那些一辈子献身职教事业的学长、同事们感动，二是发现职业教育在一定意义上是扶贫教育，它可以帮助一些贫困家庭的孩子就业，从而帮助整个家庭，三是轨道交通的蓬勃发展给了我们希望。四是教师越来越受人尊重，职业认同感越来越高。五是热爱专业，拥有一个好的专业团队，不断创新挑战自己，能够及时化解职业倦怠问题，享受职业的快乐。

我和我的团队以“铁道供电技术专业群”项目建设为载体，不停完善国家专业教学标准，将其打造成为国际知名职教品牌，助力我国轨道交通行业产业升级和职业教育事业的发展。

以“乐”为抓手，循道乐道显风采

贵州省盘州市第七小学(聚道小学) 张贤

国家之富强在于民智，民智之增进在于教育。教育是国之大计，党之大计。我校坚定理想信念，厚植爱国主义情怀，加强品德修养，增强知识见识，发扬奋斗精神，践行为党育人，为国育才的历史使命。且始终牢记贵州教育大会精神和教育强省理念，按照高位、优质、均衡、特色发展的思想，努力办好人民满意的教育。而我作为一校之长，我的教育思想就是以“乐”为抓手，构建“乐业、乐教、乐学，乐做”的“四乐”团队，实现“道”的教育归宿——“乐道”教育。

一、四乐团队，催生力量

乐业，拥有事业心的管理团队。作为有思想的管理团队，我认为要具备四个条件，即做一个有教育理想的团队；做一个热爱教育的团队；做一个懂教育的团队；做一个献身于教育的团队。我们的思想从学习中来，我们向有益的书本学习，向有经验的校长们学习，向身边优秀的人学习，经过反思和实践，形成自己团队的教育思想。我们善于思考，团队在办学时便有三问，问办什么样的学校；问为什么办这样的学校；问如何办这样的学校。针对学校课程改革、特色化形成、学校发展战略规划等问题，我校积极做好“且思且行”。只有敢担当，有责任、有担当的团队才能办好新时期人民满意的教育，才能形成鲜明的教育思想和理念、深刻的影响力和凝聚力、非凡的决策力、高超的领导技巧、良好的沟通能力和追求卓越的创新能力。我们的团队锐意进取，先行先试，并且不屈不挠，站立在教育现代化发展的前沿，领航教育改革。

乐教，拥有专业化的教师团队。乐教，是一种教育理念，亦是幼儿及儿童教学的一种模式。乐教，是指老师的教学和工作态度，教师要为人师表。乐教，体现的是我校教师发自内心的热爱教育事业，且乐于奉献、兢兢业业的工作精神。教师的一言一行对孩子起到潜移默化的作用，我校积极打造专业化的教师团队，培养具备使命意识、德行意识、服务意识、规则意识的学子，让他们全面健康的成长。铸就新时代师魂，树立理想信念是我校专业化教师团队立志终身从教的基石。我校倡导全体教职工要牢记党的教育方针，育人方向，把立德树人作为培养可靠接班人的首要标准。同时，我们自身要做好典范，起到模范先锋作用。并且依据“四有”、“三者”好老师标准乐教；依据“激情深情，雅教善教”的教风乐教。

乐学，拥有不断进取的教师团队。作为学校的掌舵人和领头雁，工作中我严于律己、率先垂范，做好引领，使自己真正成为师者之首、师者之师、师者之友。教师的不断进步才会带来学校的长期发展，我校注重教师的专业化发展和个人成长，教师可以通过网络学习先进的教学经验，遇到教学上的一些疑难问题也可以通过网络交流、研讨，解决疑难。学校关注全体教师发展，及时发现和表扬教师的点滴进步，让每一位教师都看到自己的进步，树立发展的自信心。当教师感到被欣赏、信任、尊重和期待时，他们就会备受鼓舞，就会焕发教师团队极大地工作热情和创造力。

乐做，拥有乐于奉献的教师团队。我认为教师是学校改革发展最宝贵的人力资源，我们要尊重、信任、团结和赏识每一位教师。我校将学校作为教师实现专业发展的主阵地，尊重教师发展的规律，为教师的成长提供广阔的舞台，激发教师发展的内在动力，让他们找到成功的体验和归宿感，使教师甘做人梯，乐于奉献。我们不仅关心教师工作上的困惑，还关心其生活上的困难，尽可能帮助教师解决一些后顾之忧。比如在校内修建母婴室、解决教师解决子女上学等问题，这样有助于教师工作，使其乐于做事，潜心进行教育教学。

二、党建引领，实施乐道

乐，快乐；道，规律。乐道，就是一种基于儿童视角，打造专属于儿童自己的“快乐学习场域”的教育。之于学生，乐道教育是指在遵循儿童生长规律的前提下，让儿童乐学，获得愉悦丰富的成长体验；之于教师，乐道教育是指让教师乐教，获得职业的幸福感。那就要求我校教师具备扎实的专业知识、认真的态度、饱满的情绪来实施乐道教育。我校在聚道教育（聚才而立，循道而精）大的办学理念下（幼儿园趣道、小学乐道、初中明道、高中弘道）实施聚道循道教育。两年内在我校召开了全市教育系统党建观摩会，我校的“七小速度，七小精神”得到了省、市领导的充分肯定。自建校以来，我校以“一二三”的党建工作思路，树立红心向党。

抓思想教育凝心聚力。我校坚持以“三建”（党建、团建、队建）模式，筑牢思想堡垒，以党建带团建、团建带队建的原则，推动党的新理论进课堂、进头脑，强化理想信念教育。一年内发展党员积极分子9人，坚持以党的理论为支撑，以绩效考核为抓手，培养教师队伍积极阳光的心态，以德育教育为重要途径，培养党和国家的合格建设者和可靠接班人，形成正能量。

保办学治校聚道循道。第一，保党建与校建同步健康。我校突出党建工作的核心地位，切实将党建文化融入学校文化，扎实开展“党员领导班子示范岗”、“教师示范岗”、“辅导员示范岗”、“团员示范岗”、“少先队员示范岗”五个示范岗建设，用“五个示范岗”，打造强劲红色引擎，强化党组织政治核心地位，打造一支能承担聚道教育发展重任的年轻化、专业化、高素质的优秀团队。第二，保党建与教学同步提质。我校突出党管教育核心，着力培养复合型人才，切实将党员服务意识践行于教育教学，将聚道办学、循道育人的“聚道循道”办学理念，运用于教书育人，打破“以分数论英雄”的唯一论调，合理运用科技馆和艺术馆创建了18个精品社团；以孔子园林、校园草坪、教学思考长廊和紫藤长廊等为载体，建设了文明礼仪、地表小明星等宣传窗口；以党的声音从这里传输，创建了校园电视台。这些陶冶了学生情操，美化了学生心灵，启迪了学生智慧，获得了家长的满意，赢得了社会的认可。

引领新时代优质教育。第一，科技引领创造未来。我校以学习老一辈科学家自觉树立不屈不挠、不畏艰难险阻的精神与决心，投身到科学研究中，教育孩子对科研要有持之以恒的信念，要发扬老一辈科学家对科研工作的敬畏精神和奉献精神。开设创意编程、无人机、3D打印、机器人、实验与发明等科技类课程，从小培养学生创新创造意识和能力。第二，经典“国艺”引领传承创新。我校坚持把经典国学传承作为打造聚道特色教育的重要载体，开设了缶、书法、围棋、象棋、民族舞、国画、沙画、剪纸等“国艺”特色课程，既增强了学生综合素质，又陶冶了学生情操。第三，国际视野引领走出国门、走向世界。学校科学制定了4个五年规划，确立了20年奋斗目标，匹配了校园文化，逐步实现引领。学校的室内体育馆，不仅保障了孩子们的体育锻炼需求不受气候的影响，也为孩子们强身健体提供了条件。同时，也为“爱我中华，了解世界，从这里起步”奠定了坚实的基础。

三、理念灵魂，明确方向

我校以“聚道循道”为办学理念，以“知行合一，厚德乐道 ”为校训，以“感恩奋进 责任担当”为校风，以“激情深情，雅教善教”为教风，以“独立合作，诚信卓越”为学风，以“立志如山，行道如水”为办学精神。汇集各方资源，遵循儿童成长规律，遵循教育规律，教好书、育好人。培养乐教的团队，努力做到对教学富有激情，对学生富有深情，用得体的教学方法教授正确的、标准的、高雅的文化，做好人民满意的教育。

我校以“335”的办学模式，创办着聚道教育品牌。其中以“三多”规范学习体系。“三多”即多变、多彩、多元。多变的学习方法，我校的新型课堂改革，2019年9月开始进入实验阶段，即孩子下午不再组织传统教学，以活动为主。新型课堂的类型和结构，充分说明了教学过程中的方法是多种多样的，教师必须根据教学内容、教学任务、学生年龄特征和其他课之间的联系，正确地选择和运用课的类型和结构，使自己的课堂组织得合理化、科学化和高效化，以提高课堂教学的质量和效率，从而达到减负提质的目的；多彩的学习内容，学生们可以品阅古今历史，感悟中西文化。我校开展一系列的活动来培养学生对祖国大好河山热爱，培养学生的实践体验能力和团队协作精神，磨炼学生的意志，培养学生吃苦耐劳的精神，促进学生身心健康发展，为报效祖国奠定坚实的基础；多元的评价标准，评价标准的多元首先体现在评价主体的多元，教师不再是评价的唯一主体，学生、同事、家长都会参与其中；评价的内容也不再以学科成绩为主，而是融入学生的情感体验以及对学习的态度认知等。

以“三道”实施学校管理，“三道”即政策法规之道、健康快乐之道、科学规划之道。政策法规之道，政策法规也就是要依法治校，依法执教。它是实现学校管理体系和管理能力现代化的重要方向，是深化民办教育改革的重要路径，是学校构建新型育人文化、实现立德树人目标的重要保障，是提高学校领导运用法治思维和法治方式管理学校能力的迫切需要；健康快乐之道，是教育中最核心的人格素养。即“体魄健康，人格健全”。健康的身心是个人发展的基石，聚道学子应养成良好的生活学习习惯，正确认识自我、发展身心、规划人生，最终拥有健康美好的生活；科学规划之道，是学校行动的纲领。特色学校不是自然形成的，需要全面科学规划和有计划地建设，我校的“二十年规划”，是正确地把握自身条件，看到自己的成绩，找出自身不足而精心设计的规划。

以“五个聚焦”创建教育品牌，“五个聚焦”即聚焦“传承与创新”、聚焦“国学与科技”、聚焦“知行合一，厚德乐道”的校训、聚焦“立志如山，行道如水”的办学精神、聚焦国际化“创造性”教育发展项目。其中聚焦“传承与创新”，传承是创新的基础，创新是传承的归宿。只有在传承经典国学的前提下，才能创新发展，再创新思路，形成特色，创建教育品牌；聚焦“国学与科技”，只有昌明旧国粹，融汇新科技，才能增强民族自信。正所谓科技是第一生产力，落后就要挨打，科技技术的日新月异，就是教育水平提升的直接成果；聚焦“知行合一，厚德乐道”的校训，强调教育应该重视学习与实践的紧密结合，树立高远的志向，能够将学生培养成为济世安邦之才。具体而言，聚道学子要怀仁爱之心，心存感恩，乐于担当，用实际行动去影响世界；富有合作精神，共学习，同成长，善于与人合作，共同探究，相互促进，在集体中获得力量，与他人、集体共同进步；聚焦“立志如山 行道如水”的办学精神，强调教育要不忘初心，矢志不渝，积极构建“乐业、乐教、乐学，乐做”的教师团队。并深化联盟建设项目，整合各类社会资源，为教育发展创造提供更优越的条件；聚焦国际化“创造性”教育发展项目，强调培养“亲其师、信其道、乐其学、扬个性”的学生，着眼于世纪，立足于现实，实施科教兴国战略，为未来培养“创造性”人才，实现中华民族的伟大复兴打下坚实的基础。我校秉承“创造性”的教育理念，根据实际情况把“创造性”教育理念从“四维度”（尊重生命、崇尚人文、热爱科学、追求卓越）渗透到学校管理、课堂教学、教师行为、学生创造各方面。主张以创造性的教育教学手段和优美的教育教学艺术来营造教育教学环境，以充分挖掘人的创造性，培养创造性人才。

幕天席地，世界无边，天地就是教材。因体验而学习，因探索而成长。学校将不断地深化办学理念，以“构建价值教育体系，努力办好人民满意的教育”为办学宗旨和原则，以“培养有思想的领袖级学生人才，建设有专家型教师团队”为办学方向和目标，以“建设校园文化课程、德育课程、科技课程及学科课程”为途径和做法，以“学校、家庭、社会和学生自我教育”为教育模式和载体。完善课程体系，努力寻找办特色学校的新途径，形成聚道教育品牌。我们将不忘初心，砥砺前行，做有大爱、有担当、幸福的聚道人。

做有灵魂的师者

贵州省黔西南州兴义市下五屯办纳山教学点　雷鸣

教师——人类灵魂的工程师，这一特殊的职业就决定了教师必须为人师表。“学高为师，德高为范”。重视道德修养是中华民族的优良传统。我国古代伟大的教育家孔子说过：“德之不修，学之不讲，闻义不能徙，不善不能改，是吾忧也。”孟子也说过：“存其心，养其性，所以事天也。”习近平总书记曾强调要建设“政治素质过硬、业务能力精湛、育人水平高超”的高素质教师队伍，把政治要求放在教师素质的首位。作为教师要有大德大爱的情怀，要注意自己的一言一行，在教学中发挥榜样示范作用，要时刻用心潜移默化地影响学生。

一、教师职业道德概述

教师职业道德是教师在从事教育劳动时所遵循的行为规范和的品德的总和，是调节教师与他人、教师与社会、教师与学生等关系时所必须遵循的基本道德规范和行为准则，以及在此基础上所表现出来的道德观念、情操和品质。它是一般社会道德在教师职业中的特殊体现。教师职业道德是教师在从业过程中进行道德选择、道德评价、道德教育和道德行为等实践活动所必须遵循的道德规范和要求，它反映了教师的职业义务，体现了教师所担负的道德责任。《教师职业道德规范》体现了教师职业特点对师德的本质要求和时代特征，教师是学校发展的基石，是知书达理的知识分子，好教师要有理想信念、有道德情操、有扎实学识、有仁爱之心。

二、教师要秉持教育初心，与时俱进

近年来，随着教师待遇的不断提高，很多人以能成为一名人民教师而倍感自豪，但是，总会出现个别有知识有能力却无职业涵养、师德素质低下的人，他们的一言一行严重玷污了“人民教师”这个称号。2020年7月，山西朔州朔城区第六小学某班的毕业班会上，一教师因学生只给班主任献花而谩骂学生，相关视频传到网上后，引发舆论关注。当地教育局进行调查后，对当事教师给予留党察看两年、撤销教师资格、降低岗位等级（薪级工资由25级降至1级）、调离教育系统的处理。同时，给予该校领导班子成员（1名校长、3名副校长）免职处理。该教师严重违背师德师风将自己推到了舆论的风口浪尖，成为众矢之的，她为自己的冲动付出了惨痛代价，学校、教育部门相关负责人也为之承担了相应责任。

事件也引起了人们对教师、对教育的诸多反思。百年大计，教育为本；教育大计，教师为先。教育，是培养社会主义合格的建设者和接班人，全社会有了重教的浓厚氛围和良好环境，尊师的风尚也不能缺位，平等尊重每一位为孩子辛勤付出的教师，让教师将这种认同感、获得感和幸福感转化为努力工作的动力，更好地奉献于教育教学。

师者，学为人师，行为世范。作为新时代的教师，要永远秉持教育初心，与时俱进，不断丰富自身学识，更应提高自身思想认知和道德修养，把教书育人当成事业，以学的引领和德的示范更好地服务学生，培养德才兼备的优秀人才，才会赢得学生及家长的认可及赞誉。

一位灵魂有香气的老师，必然是一位懂得教会学生平衡进取与恬淡的哲人。哲人般的老师，能教会学生对学业、对未来的进取；更能教会学生对人、对世界保持一份恬淡。要学生们进取，是因为世界的未来由他们把握，他们是年轻的希望，只有他们进取，国家才能进取，只有他们强，国才能够强。而教学生恬淡，则是为了让他们学会不为金钱驱使，不为名利诱惑，能坚持自己崇高的理想，保持自己高尚的节操。

学校的优质发展离不开领导班子科学引领和规范管理，在协调抓好师德师风、教育教学、校园安全等重点工作的同时，更要强化师德师风建设，培养一批具有灵魂的教师队伍，引领教师的言行举止，让情与理、道德与制度的契合管理中规范教师的教学行为，提升自身修养，“爱”与“责任”是贯穿其中的核心和灵魂。以良好的师德师风开创优秀的校风、教风、学风，提高学校办学品味，办好人民满意的教育。

“点燃了的火炬不是为了火炬本身，就像我们的美德应该超过自己照亮别人，否则等于没用。”这是莎士比亚的一句经典名言，道出了美德不仅是让自己心灵美，更多的是带给别人美好的感受。作为一名教师，我们更要做一个灵魂有香气的教师，为我们的学生们送去芬芳。

涵育校园文明，哺育学校可持续发展

贵州省榕江县第一中学　龙安平　向锴　石秀娟

2020年11月底，中央文明委揭晓了第二届全国文明校园评选结果，贵州省榕江县第一中学名在其中。这是榕江一中师生多年来持续坚持校园文明创建、坚持以文明浸润校园、推动学校发展系列努力的结果。

一、黔贵名校藏底蕴，薪火相传育新人

悠久的办学历史。榕江县第一中学，其前身为“国立贵州师范学校”，创建于1940年，创始人及首任校长为著名乡村教育家黄质夫先生。1951年学校更名为贵州省榕江中学，1978年再次更名为榕江县第一中学，2008年被评定为省级三类示范性普通高级中学。

丰厚的文化遗存。学校创始人黄质夫先生从事乡村师范教育20多年，他既是陶行知生活教育思想的传承者、光大者，又是乡村师范教育理论的开拓者、践行者，在办学实践中积累了宝贵的教育经验，留下了丰厚的文化遗存。多年来，榕江一中始终坚持把黄质夫先生“救百万村寨的穷，化万万农工之愚，争整个民族之脸”的办学思想，“诚、勤、公、毅”的校训，以及“德能感人、才能胜任、身体强健、全面发展、兴乡报国”的人才培养目标，渗透到教育教学工作的每个环节之中，形成了颇具特色的以爱国、爱民、生活、劳动、求真、立德树人为核心的质夫教育文化品牌。

历经80多年的风雨兼程，“诚勤公毅”的校训没有变更，“德能勤并重，教学做合一”的教学模式没有改变，2020年末全国脱贫，贵州脱贫，教育先辈黄质夫先生“救百万村寨的穷”的教育理想终于在古老的榕江大地上得以实现。

优良的教育传承。“国立贵州师范学校”教学楼有副柱联：“对子孙后代给予德育智育体育群育美育的全面教育；给国民教师培养能文能武能工能农能教的通才素质”，这既是对国师学生的培养目标，更是对乡村文化基础教育的规范性要求。德育：“兴高采烈来我校学习；智深德望回农村服务”，国师的德育不是高大上的教育，而是以德为本、做人为基，体现在日常生活之中，形成于学习劳动、集体活动、接人待物的过程中，这是国师德育的重要的特点。智育：国师对农业生产劳动、工业生产技术的学习不仅仅是在书本上，还在在农场、工厂里，目标不仅是学，还要做工，是教学做合一。体育：“日行一善乃爱国爱民之基础；习文习武是保家卫国的必需”，军训是国师所有学生的必修课，足球文化也一直是学校的特色项目。学校学生足球队多次参加校园足球竞赛，屡次荣获省、州之冠的荣誉。美育：出入衣冠端正，行住坐卧姿态优美，每天唱“朝会歌”、行“感恩礼”，黑板报、墙报、画展、书画比赛活动常开展，学校处处都有美的展现。劳动教育：“要享乐，先流汗，教育即生活，生活要生产”，国师的劳动教育是当今教育界的“非物质文化遗产”。“衣食住行，师生合作分工干；管教养卫，我们同学都能担当”，也许劳动不是为了教育，而是为了生存与发展。

悠久的办学历史传承、优良的教育传统和厚重的文化底蕴，不仅为榕江一中全面落实素质教育、完成立德树人根本任务、培养德智体美劳全面发展人才提供了有力的底蕴支撑，也极大地促进了榕江一中校园文明层次的进一步提升及学校可持续发展。

二、励精图治苦耕耘，育人育才献丹心

素质教育助推全面发展。榕江一中全体师生决心以获得全国文明校园为契机，以立德树人根本任务为引领，全面贯彻《国务院办公厅关于新时代推进普通高中育人方式改革的指导意见》的精神，全面落实素质教育，培养德、智、体、美、劳全面发展的社会主义事业德建设者和接班人。这就要求学校必须把握好方向定位，建立长效的管理育人机制，使自身的教育理念与教育实践有机统一起来。

一是健全立德树人管理机制。学校德育要坚持与时俱进，充分考虑经济发展、社会进步乃至信息技术变化带来的新背景、新条件和新影响，突出做好两方面工作：一方面坚持把立德树人融入思想道德教育、文化知识教育、社会实践教育各环节，通过课程育人、文化育人、活动育人、实践育人“四育人”路径，促进学生全面发展；另一方面积极培育和践行社会主义核心价值观，深入开展中华优秀传统文化教育，加强学生品德教育，养成良好个人品德和社会公德。同时，不断拓宽综合实践渠道，全面推进“五育并举”的发展进程，使学校所有教育活动都向着培养学生综合素养的方向发展。此外，学校注重加强学

生发展指导，在充分尊重高中学生成长的个性特点和时代特征的基础上，重点在学生理想、心理、学习、生活、生涯规划五个方面进行个性化指导，帮助学生正确认识自我，树立正确理想信念，从而更好地适应学习生活。如今，学校早就将学生发展指导纳入德智体美劳全面培养教育体系之中，探索学生发展指导课程化已成为推进学校育人方式改革的重要环节。

二是办学理念引领下的质量提升。榕江一中秉承首任校长黄质夫先生“救穷、化愚、争脸”的教育理念的引领下，牢固树立“立德育人”的教育思想，以教师发展为核心，以教育科研为引领，以课堂教学改革为突破口，以赏识、激励、鼓舞为手段，以制度建设和常规管理为基石，以文化建设为思路引领，全面提升学校办学质量，彰显办学特色，为教师的幸福铺路，为学生的成长奠基。卧薪尝胆付努力，辛勤耕耘结硕果。近年来，榕江一中教学质量稳步提升，高考成绩喜结硕果，继2018年高考陈一阳同学被清华大学录取后，又有多名同学考入复旦、同济、上海交大等世界双一流高校，一批批榕江儿女通过榕江一中走入理想的大学殿堂，榕江一中的办学成果也得到了学生、家长及社会各界的广泛认可。

个性教育凸显特色创建。榕江一中高度注重学生个性特长的发展，积极开展学生社团活动和社会实践活动，从多方面培养学生的兴趣爱好。

一是发展足球特色。截至目前，学校足球队共计培养杨凯等67名足球专项国家二级运动员，有孙逊、龙胜兰、谢德帅等36名队员以高水平运动员身份考入贵州师范大学体育学院、山东体育学院、西安体育学院等高等院校深造。传统体育特色项目获州级二等奖以上5次，如2018年黔东南州校园足球三级联赛高中男子组亚军；2018年黔东南州校园足球三级联赛高中女子组亚军；2019年黔东南州校园足球三级联赛高中女子组亚军。有实施体育特色项目的科研成果7项，如邱国民的《榕江一中开展校园足球运动实践初探》课题贵州省教学成果三等奖，赖洪静的州级课题《校园足球五部训练法》获2017年黔东南州第二届中小学体育教师科学论文报告评审一等奖。

二是开展社团活动与社会实践。学校积极开展学生社团活动，目前建有跆拳道、足球、街舞、英语、吉他、交响乐队、拉丁舞、书法剪纸、民族民间舞蹈等兴趣团队，创办古榕文学社、知心社、乡土历史学、榕阳爱心协会、爱心书社等社团，有目的、有计划地组织活动，形成了管理规章制度规范化、活动形式多样化、学生兴趣浓、积极主动性高等特点。同时，学校开展校园广播站、街头小记者、文化沙龙、农业科技园实践、红岩电站实践等社会实践活动，多方面培养学生的兴趣爱好，使素质教育得到不断落实。

主动担当“非遗”保护责任。侗族大歌是在中国侗族地区一种多声部、无指挥、无伴奏、自然合声的民间合唱形式，对于侗族人民文化及其精神的传承和凝聚都起着非常重大的作用，是中华和谐文化的直接体现。2006年成为第一批国家级非物质文化遗产名录，2009年成为全世界人类非物质文化遗产。榕江一中是“黔东南州非物质文化遗产侗族大歌保护传承示范教育基地”，多年来通过侗族大歌的学习培训，参加各种演出比赛，多次获奖，更为高等艺术院校输送了很多艺术人才。

三、继承传统延底蕴，创新办学焕青春

沐浴全国文明校园的春风，榕江一中将依托深厚的办学底蕴和优良的办学条件，继续创新践行质夫思想，持续深化教育教学改革，实现激励、唤醒和鼓舞下的办学质量再提高。

在全面落实“立德树人”根本任务的大背景下，高中阶段（基础教育）改变育人方式，全面构建促进学生全面发展的培养体系、方向引领及实现路径；在基础教育阶段教学的三维目标全面进入以核心素养为标志的四维目标的大背景下，邀请专家对学科核心素养指标在课堂落地的推进策略进行理论引领和实践指导；在学校管理队伍和教师队伍建设方面，如政策解读、领导力提升、理念提升、执行力等进行系统培训和层次的提升；在教育科研引领和促进教育质量发展方面，提高教研的针对性和实效性；在针对《中国高考评价体系》的精准解读及其对高中教学、高考备考精准指导方面，对教师进行全面培训和个性指导；在互联网+教育的大背景下，加强教育信息化引领教育管理、增强管理针对性和实效性、利用大数据辅助质量提升等方面的引领和指导；在建立健全促进全面发展与基于学生个性的特长发展方面，完善统一和谐的教育培养模式和机制，达到全面发展、凸显特色的管理目标。

文明创建永远在路上。下一阶段，榕江县第一中学将始终坚持以习近平新时代中国特色社会主义思想为指导，紧紧围绕文明校园创建的目标方向，聚焦学生立心铸魂之本，紧扣教师明德至善之要，厚植中华文化自信之基，强化“三全”精准育人之道，扎实开展文明校园创建活动，引领学生全面发展、成长成才，在继往开来中肩负教育的使命和担当！

“红润”呵护　相伴成长

——遵义市红花岗区第一幼儿园课程管理实践梳理

贵州省遵义市红花岗区第一幼儿园　况李云　殷娇　陈燕

园本课程是幼儿园课堂教学的延伸，是进一步深化教育教学改革，全面实施、推进素质教育的一个重要体现。为全面贯彻党的教育方针，落实立德树人根本任务，发展素质教育，推进教育公平，培养德智体美全面发展的社会主义建设者和接班人。我园自建园以来，在首任园长曹丽娟同志的带领下，幼儿园管理团队一直高度重视园本课程建设，带领全体教职工在实践中不断摸索前行，于2017年初步完成园本课程——“红润”课程的建构，希望通过课程的有效实施发挥园所地理位置、人文环境等资源优势，促进幼儿更好地发展。

一、立足四个方面，完善课程建设

我园开办于2011年，园本课程经过反复的实践、调整，目前我园实施的已经是第七版园本课程实施方案。在不断完善课程的过程中，我们坚持立足四个方面，不断完善优化园本课程建设。

理念再读，找准定位。我们组织不同层面人员再读课程理念——“红色滋养心灵　游戏浸润成长”，从园务委员会成员、骨干教师团队到全体教师，再到全体教职工，层层递进地组织开展集体研讨，结合实践对课程理念进行深入解读，帮助大家进一步理清思路、找准定位。

版块研讨，优化设计。一是理论引领：经过研讨，我们将习总书记关于中华传统文化的重要论述和陈鹤琴先生的“活教育”思想作为课程建构的指导思想，全面落实立德树人根本任务，充分挖掘传统文化教育资源融入课程；二是目标导向：经过反复研讨，目前我们的课程总目标凝练为三句话“乐动自信有激情　乐学自主有热情　乐群自立有温情”，总目标之下是我们的二级目标，即领域目标，分为健康、语言、社会、科学、艺术五个方面，二级目标之下是各年龄段目标，细化到小、中、大三个年龄段的上、下学期；三是结构明晰：明确“红润”课程结构分为共同性活动、选择性活动和红色体验活动三大板块；四是内容具体：围绕以上三个板块进一步梳理向下延伸的部分，共同性活动分为生活、运动、主题活动，选择性活动分为班级区域活动、功能室活动和社团活动，红色体验活动分为节日活动、社会实践活动、拓展活动。三个板块、九个部分涵盖“红润”课程的全部内容，为下一步课程实施奠定坚实基础。

过程管理，规范实施。一是常规管理：通过行政、保教、保健查班，月考核和师徒结对指导对课程实施常规进行监测与管理；二是教研推进：专题教研、常规教研、教研跟进；三是科研提升：我园高度重视教科研工作，近两年来，我园先后申报了1个省级课题、1个市级课题、7个区级课题获得成功立项，4个园级课题，共有13个课题，其中1个市级课题、5个区级课题和1个园级课题已成功结题，目前仍有6个课题处于研究阶段，课题的研究有效助力了保教质量的持续提升。

结果评价，确保成效。一是意识提升评价：通过查看教师撰写的学习故事和活动反思了解教师的教育观、儿童观，通过分享、教研、评比等方式促进教师理念层面的交流互学、共同提升；二是能力提升评价：通过教师亮点展示、亮点汇报等方式为教师提供展示自身专业能力提升成果的机会，教师在梳理过程中反思，在展示汇报中获得成就感、认同感；三是课程实施评价：通过学期初课程审议、月工作考核和学期末课程审议保证对课程实施前、中、后的监测与评估，结合评价情况对课程进行适宜的调整与完善；在课程实施过程中对照各年龄段、各领域、各阶段幼儿发展目标进行前测、中测、后测，对幼儿发展情况及时进行评价，为教师调整下一步教育内容、策略提供有力参考。

二、做好五项管理，助推幼儿成长

对于“五项管理”，我们不认为这仅仅是针对中小学的要求，我们结合幼儿园课程实施实际进行了梳理，“五项管理”的内容一直是融入我们课程内容当中的。

作业管理：结合幼儿年龄和园所课程设置特点，我们将作业管理定位于培养幼儿责任意识和任务意识。我们根据年龄段特点和发展目标给孩子们安排了每日活动计划和每日小任务。我们的孩子会提前对自己的自主学习、游戏活动拟定计划，小班孩子拟定口头计划，告诉家长、同伴和老师，中班孩子从口头计划逐步向单一的绘画书面计划过渡，大班孩子的书面计划逐步从单一的绘画书面计划向运用多种符号书写计划过渡，孩子们会按照自己拟定的计划开展活动，活动后再进行自我回顾与小结，通过计划的拟定、实施、小结，培养孩子们有计划地做事的习惯。每个班级会根据近期发展目标安排每日小任务，内容包含生活自理、家务劳动、阅读等，通过每日打卡帮助孩子在养成良好习惯的同时潜移默化地形成责任意识和任务意识。

睡眠管理：从幼儿园和家庭两方面进行管理，幼儿园一日作息时间中有固定的午睡时间安排12：30——14：30，保证孩子们在中午有充足的睡眠时间，同时我们指导家长在家里安排好孩子的作息，保证了孩子在家的睡眠时间。

手机管理：虽然孩子在园的时间不接触到手机，我们仍非常关注对孩子们视力的保护，我们规范了幼儿园一体机的使用，要求小班孩子每次观看不超过15分钟，中班不超过20分钟，大班不超过30分钟。

对于家庭中手机及其他电子产品的管理我们给家长推送温馨提示，同样针对不同年龄段孩子提出不同要求。

读物管理：我们注重阅读环境创设和阅读内容的规范。我们在幼儿园创设阅读区，供幼儿独立阅读、同伴一起阅读以及师幼共阅读，我们指导家长在家庭中创设阅读环境、营造阅读氛围，通过小任务带动家长和孩子逐步养成亲子阅读的习惯。我们为孩子和家长推荐阅读书籍，我们有专门的主题绘本推荐清单，通过公众号开展绘本活动、我是红星小主播等栏目推荐读物，我们有丰富的各类读物随时向孩子和家长开放借阅。

体质管理：首先是健康检查——每一个新生体检后建立幼儿个人健康档案实行专案管理，组织园内定期体检，对体检数据进行分析与对比，对体检发现的体质特殊儿童实行专案管理，做到保健医生专人管理、班级教师密切配合、家园之间科学协作；其次是每日运动——在一日活动中结合发展目标合理安排晨间锻炼、户外体育游戏和户外自主游戏，我们还专门制定了下雨天运动安排，在不同天气情况下都保证了孩子的运动；第三是健康教育——我们拟定有每学期健康教育计划，结合园所幼儿发展实际和教职工健康知识掌握需要开展教职工和幼儿健康教育活动；四是膳食管理——我们严格把好孩子的“入口”关，保健医生严格按照幼儿膳食营养搭配要求安排每周定量食谱，为幼儿提供合理膳食，同时我们对幼儿的进餐常规进行规范管理，制订了专项的进餐常规要求，班级教师负责教会幼儿并在日常带班过程中观察、提醒，保健医生、保教人员和值日领导在查班过程中督促指导。

今后，我们将继续立足幼儿、教师以及幼儿园的发展实际，进一步创新园本课程的开发、实施与评价，在实践中不断完善课程，让每一个一幼孩子在“红润”课程的呵护下，在全园教职工的精心陪伴下健康、快乐地成长！

足球教育奏强音，拨云见日建新章

海南省海口市美苑小学　魏淑平　肖成学

21世纪以来，特色教育理念层出不穷，传统的课堂教学模式也迎来新的契机和挑战。梁任公言：“变者，天下之公理也。”事物都会随时间的推移而千变万化，时代在进步，要想不被淘汰，教育终将翻开新的篇章。我校创建于2014年12月，坐落在美丽的海南岛海口市美兰区海府一横路与美苑路交汇处。学校占地面积19.7亩；有一栋五层“U”型教学楼，建筑面积11150平方米，36间教室，8间功能室，学校有50个班级，有学生2603人，是一所六年制的海口市美兰区重点小学。办学以来，我校一直把足球运动作为特色校本课程之一。我校足球队虽然才开始组建，但在上级领导和地方政府的关心和支持下，学校通过丰富多彩的足球活动，打造了精彩纷呈的足球文化，践行了“足球从娃娃抓起”的目标，有力地推动了学校的阳光体育活动。为促进足球教育持续发展，我校还积极从省内外引进优秀教师，如今学校现有教师148名，国家骨干教师3名，省级骨干教师7名，市级骨干教师20名。其中体育教师10名，足球专项教师4名，其中1名为国家C级教练员，2名为国家D级教练员。通过校园足球活动的开展，孩子们了解到了更多的足球知识、掌握了足球运动的基本技能、培养了良好的意志品质。在活动的开展中，我校也积极探索校园足球在学校的教育教学和活动模式，不断完善教育教学和活动的保障措施，有效推动了校园足球活动在我校师生中的广泛开展。今天，经过发展，我校不仅教学设备先进，校风严谨，师资力量雄厚，体育特色发展也取得成效。每年都有专项资金，安排专职人员大力开展校园足球运动，并以此作为学校的办学特色。形成了浓郁的校园足球氛围。“班班有球队，月月有比赛，人人一只球”已经成为我校的一张名片，也让我校荣获“海南省示范学校”，“海南省现代教育技术示范学校”，“海南省社会公认满意学校”等多项荣誉。

一、与时俱进，孕育学校特色足球文化

创建特色学校是新形势下全面实施素质教育，深化教育教学改革的一项重要工作，也是丰富学校内涵，提升学校品位的重要举措。我校以校园足球活动为平台，形成了浓厚的学校足球文化特色，提升了办学品味，通过校园足球运动增强了学生体质，树立了师生的团队意识，营造了健康、和谐的校园文化。我校领导很重视这一特色项目，意识到校园足球对于丰富学生课余生活、陶冶情操、锻炼意志品质等方面的优势，逐步确立了“以创新求发展，以特色求品牌，让足球教学影响孩子一生”的目标，将足球教学作为全面实施素质教育的有力抓手。积极营造了良好的校园足球文化氛围。我校通过海口市校园足球联赛邀请家长参观比赛、召开座谈会等形式大张旗鼓地向家长宣传足球运动给孩子带来的好处，取得了家长的理解和支持。为了普及校园足球技能和知识。我校积极探索校园足球教学模式，大胆进行课堂教学改革和创新，开展“足球进课堂”活动，让学生了解足球知识、参与足球运动、掌握足球技能，培养参与体育运动的兴趣，锻炼意志品质和良好的心态，树立积极、健康的社会形象。校园足球活动没开展前，足球课一直是我校特色办学校本课程之一。每周一至周五其中一节足球进行培养孩子足球的兴趣，主要授课对象是一到六年级足球爱好者，通过组织学生学习运球、传球、颠球、带球、顶球、射门等基本技能，将足球基本技术融入体育游戏教学之中，提高学生参与足球活动的兴趣。在足球课中，我校要求教师不仅要培养学生的足球运动技能，还要对学生进行礼仪和足球相关知识的教育，让德育教育贯穿于足球运动技术训练之中，从而培养学生的团队精神、协作能力、与人交往的能力和抗压能力，引导学生形成敢于拼搏、乐观向上的价值取向及豁达阳光的生活态度。我校在普及足球基本技能和知识的基础上，着力抓好学校足球队训练工作，以足球第二课堂活动吸引热爱足球、身体素质较好的学生参加足球训练。在训练中，我校从抓学生兴趣与提高学生基本功有机结合，在有趣的训练活动中提高学足球基本功，让学生在体验乐趣的同时，学到基本的足球知识和技能。目前学校已成立学校、班级两级足球队，并正常开展训练和竞赛。现我校已成功举办了二届“校长杯”班级足球联赛，并积极参加市文体局教育局每年组织的校园足球联赛。通过进一步规范训练及比赛，我校校园足球活动逐步普及，学生足球训练水平也不断提高。

二、多措并举，促进特色教育稳定发展

从2014年12月建校起，我校就拥有200米标准塑胶运动场，足球场为24x40的人造草场地，篮球场1个，我校为保证更多的学生参与校园足球活动，推进足球特色建设步伐，先后投资经费购置足球及训练设备。同时，市教育局每年为我校提供足球训练的器材、装备，对校园足球在我校的良好开展起到了积极的推动作用。当地政府也对学校足球运动的开展提供了极大地帮助，现如今也拥有了灯光球场。如今，我校已陆续举办“校长杯”班级足球联赛，家长和班主任老师对活动非常满意，我校也会将这个传统延续下去，办一个让家长和孩子以及班主任都期待的足球盛宴，真正的让每位同学都参与了进来。一二年级开展趣味足球活动，三到五年级开展班级联赛。在本次文化节活动中师生倡导　“校园足球文化”，通过玩足球、画足球、讲足球、舞足球、赛足球、足球啦啦队等形式多样的活动来宣传足球知识，普及足球活动。此外，我校还利用校园广播、校园网广泛宣传校园足球运动的开展情况。同时，邀请家长参与、观看学校足球活动，让更多的家长给予支持。通过多年的尝试，学生的运动热情及技能有了很大提高，几乎所有的孩子都参加了足球活动。经过多年来的努力，我校足球特色创建已初见成效，在省内外获得了多项荣誉。这些荣誉不仅让学生更加自信，也让我校对于特色办学之路更加坚定。

三、知行合一，静待足球教育光彩未来

没有特色的教育，就没有生命力。我校从教师入手，积极打造一支业务能力强、敬业的体育教师队伍。全心全意给教师创造机会，让所有班主任和体育教师参加各级各类足球培训，增强教师的“造血”功能，要求他们加强足球理论和技术的学习，上好每一次的足球课。同时，我校也会积极营造良好的校园足球氛围。争取社会、家长的支持，在校园足球宣传工作上花心思、下功夫；在足球校园文化建设上动脑筋、精布置；在足球特长学生训练上想对策、出成绩。积极营造良好的足球氛围，让踢球成为学生的一种兴趣和爱好。立足学校现有的基础，我校会继续创新和发展学校足球特色。比如：学校足球比赛成绩还需更加优秀，怎么做好优秀队员的培养、输送工作，怎么让更新颖、更具特色的足球活动在校园内开展等。要静下心来研究足球特色活动现状，找到制约校园足球特色发展的瓶颈，找到一条适合自身实际、切实可行的足球特色发展之路。在今后的工作中，我校会以更加诚恳的态度、更加积极的心态、更加扎实的作风向各位行家学习，向各位同行学习，努力将我校的足球特色打造得更加鲜明、更加靓丽。

“春风桃花红、雨润花更艳”教育是温暖人生阳光，它尊重、赏识每个个体，致力于学生能力、品德等各方面素质的全面提升，服务于个体的健康成长，滋养每一个生命。立足学校特色发展的基础上，我校会继续以足球运动为突破口，践行“足球从娃娃抓起”的教育目标，代代传承，不忘初心。

“空中课堂”，为教师成长提质赋能

浙江省杭州东方中学　李烈明　许晓霞　袁晓雨

随着互联网技术飞速发展，“空中课堂”势如破竹，出现在了大众眼中。它跨越时间和空间的限制，让师生在任何时间、任何地点，足不出户便能进行方便有效地课堂交流与互动。现如今，已经有越来越多的教育管理者将目光和举措投向技术支持下的教师专业发展的研究。基于“空中课堂”的教师成长范式开创了多主体、跨时空、高效率的新途径。而，教师是提升教学质量的关键，致力于提升教师专业发展是我们现行的必然选择。因此，为了进一步助推我校教育的品质化发展，我在分析传统教师培训的问题基础上，探讨了关于“空

中课堂”的培养途径和“智慧成长谋划专业发展、深度成长有序专业发展、协同成长推动专业发展三步走”的教师成长范式。通过研讨分析，明确我校问题之所在，寻求解决措施，有效地推动我校教师朝着更加专业化与优质化的方向发展。

一、聚焦问题，改善提升

教师培训是教师专业成长的有效途径，也是师资队伍建设的重要环节。我认为教师的观念、知识、技能的补充、更新、拓展和提高，不仅关系到教学的质量和效益，也关系到我国教育的繁荣与发展。2011年1月颁布的《教育部关于大力加强中小学教师培训工作的意见》指出：“高度重视中小学教师培训，全面提高教师队伍素质。”但目前的学校教师培训仍然存在传统的线下培训层次低、培训内容与方式问题突出、培训理念和专业素质欠缺、统一培训与不同需求的矛盾。

意识薄弱，缺乏教研素养。我对学校教师进行问卷调查，内容涵盖了参培教师的基本信息、既往参加培训的情况、在培训中遇到的主要问题。46%的教师认为目前的培训方式单一，培训过程缺乏交流互动，很难调动教师的学习兴趣。授课模式以“讲授式”和“报告式”为主，缺少观摩、实践等具体的学习方式。

本末倒置，缺乏教研方法。经过调查，我发现传统培训体制建设滞后，主要表现为培训师资库建设不健全；结构性矛盾突出。教师存在应付心态。网络培训时空便利，覆盖面广，但内容实效性低，主要表现为教与学、教与评分离；培训内容过时、培训过程存在形式主义。教研工作停滞不前，效果差强人意。

发展滞后，缺乏教研保障。在我所研究的相关文献资料中有学者研究指出：“ 一个国家与地区教育的好坏，关键的是政策的引导与法规的保障。”我们传统的教研模式难以满足教研工作的需求。改变以电教设备为主要教研的旧模式，建立以微课、翻转课堂、线上课程、创新工具为主要教研的新模式，能促进以教师专业发展为核心目标的教研活动的展开。

二、采取措施，助推发展

基于空中课堂，谋划专业发展。课程开发，设计课程教学计划。全球化学习项目是由昆士兰教育国际处与我校共同开发，我校学生与澳洲学生深入沟通，共同参与的全球化合作学习。目标是学生将通过个人的快速头脑风暴、团队的有效协作，获取关于项目规划、会议准备、资源获取、数据集成、报告准备、团队评估等技能。共享资源，提供线上研讨交流。我们可以利用先进的网络信息技术和现代通信技术，实时直播教师的视频、语音、课件、板书等，把讲课过程逼真地搬到网上。通过网络视频，学生即使位于南北半球，也能进行同一节课的教学。而这个项目旨在引导教师打破壁垒，形成智慧成长谋划专业发展、深度成长有序专业发展、协同成长推动专业发展的教师成长范式。明确任务，培养多元理解价值观。我们通过多种平台，能够实现着开放、多元的语言交流、思维认知和社会文化，充分激发学生的求知欲和展示欲，努力创设展示活动的课程。通过不同文化之间的交流对话，让学生理性认识文化的差异性和多样性，培养学生开放、包容、平等、互相尊重的健康文化心态。

基于空中课堂，有序专业发展。课程实施，开展国际理解教育。国际理解教育试图通过教育培养人们立足于全球化社会的能力，促使不同国家、民族、地区或文化之间相互理解、和谐共处。我校和澳洲本土高中合作开发国际理解课程，编印教材，制定教学计划，进行时间安排和内容设置。项目开展，提供在线教研平台。英国研究国际理解教育的先驱者德里•克希认为国际理解教育包含着双重含义，理解和共鸣。这个项目旨在引领学生探讨世界在未来20年即将面临的问题。它融入了我们学生间的互动与交流，就某话题开展合作交流，辨认全球化问题并提出解决方案。同时，我们的学生需要进行项目研究、项目展示和网络会议等。学科渗透，培养全球公民视野。2016年中国核心素养研究课程组发布的《中国学生发展核心素养》中明确提出我国学生要具备国际理解素养，即具有全球意识和开放的心态，能尊重世界多元文化的多样性和差异性；理解人类命运共同体的内涵与价值。多学科渗透教学是跨越学科界限，将所学知识融会贯通，以达到知识的同步增加和综合能力提升。

基于空中课堂，推动专业发展。目标导向评价，完善教师培养。在学科主题的空中课堂中，我们教师要阅读相关材料，了解教师角色定位与作用发挥。注重学科的应用与实践，保证学生和教师在参与过程中都有任务，如学生的展示等。同时，教师需要填写项目完成清单，并完成项目评估报告。然后，教师共同研究课程与评价，以评价辅助教学。自我反思评价，提高内驱动力。我们把国际理解教育渗透到课堂教学、课外延伸中，这就需要教师扩宽自己的知识面，涉猎相关认知能力、自学能力、实践能力。填写课程观摩记录表，记录与“结对教师”的交流，撰写反思日志，有效观察教学实践。与学科教师共同切磋教学技巧。反思教学的过程，深入进行对话，得出改进方法与措施。过程考核评价，提升专业发展。评价是空中课堂在线教研中必不可缺的一个环节。我们注重评价过程，关注教师项目设计、项目实施、项目结果，从专业知识、专业能力和专业责任等方面考察在线教研的实施情况，横向上扩宽了对教师专业发展的理解，纵向上将评价结果延伸到项目之后，有效地把评价和提高教研质量关联了起来。

三、有效实施，意义非凡

驱动教师得到专业发展的需要。“空中课堂”研训中的重要环节是我校教师和澳洲本土教师一起聆听专家的解读。共同学习课程开设、学分设定、选课走班、校本教材、课程评价、学科测试标准及实施等内容。经过系统培训，参与的教师对于各学科的课程大纲有了整体认识，教师需要编写校本教材、设计教具、组织教学活动等。借助在线平台，我校和澳洲教师共同设计教学、编写材料，带来了持续发展动力。

满足教师共享优质资源的需求。优质教学资源的有效共享，是学校加快信息技术与教育教学深度融合的重要举措。通过“空中课堂”，我校师生共享教育教学资源，进行教学教研的线上交流与研究。教师收获了课程开发、校本研修能力，提高了教育研究能力。我校教师发现，课堂教学设计缺乏提升思维的引导，给学生发挥空间较少，而澳洲教师在思维培养方面的探索值得学习和研究。

促进教师构建教研协同的发展。基于空中课堂，我校教师共同研究教学方法和策略，提高教师专业知识。围绕真实的教学实践，以协同为指导，整合各要素信息，探索适合的教学。通过协同学习、团队学习、混合学习、项目学习提高教师专业效能。学科教师在参与国际理解课程的教学后提高了英语的运用能力，熟练运用远程教学资源、设备组织教学，提高了学科专业素质和英语交流能力。

“空中课堂”，一种新颖的教学模式，致使教学活动图文并茂，形象生动的展示到学生们的目前，激发着学生们的学习热情与兴趣，也影响着教师的成长。现如今，互联网大时代，改革掀起了滔天巨浪，不仅影响着教学，也改变了传统的教研模式。“空中课堂”的模式打破了时空的束缚，为我校教师们开辟了学习新教学理念，变革教学方法的新途径，使其在教研中具备了多元发散思维能力。在未来的教育教学工作中，我们更加主张教师通过参与“空中课堂”，来提升自身的国际化视野，并在跨文化的沟通中传播中国的教学理念和教学方法，互相学习、借鉴，提升自身的教研能力和学校的教学研究活力。

拾劳动之趣，享成长之美

杭州师范大学附属益农小学 孙伟良

中共中央、国务院近日发布《关于全面加强新时代大中小学劳动教育的意见》，提出要在大中小学设立劳动教育必修课，让学生动手实践出力流汗、体认劳动不分贵贱，尊重普通劳动者。其实在育人为本的当下，作为育人的重要组成部分，劳动教育从某种程度上来说与德智体美一样并重，甚至在现代科技大普及、信息大爆炸的时代，劳动教育显得尤为重要。

一、劳动教育之困

劳动教育，其实是一项综合性的教育内容，它带给学生的不仅仅是劳动的本身，更多的是中华优良文化的传承和终身习惯的奠基，更能让学生在情感、态度、价值观等层面形成正确的自我认知。尽管劳动教育的实效有很多，但随着时代的快速发展，劳动教育出现目前的困境，这不是短时间内促成的，主要是认识上的缺失、环境上的转变以及行动上的不匹配而导致的。

困在认识上。忽视劳动，主要表现为轻视体力劳动，尤其是看不起普通劳动者，许多时候眼高手低，认为他们太脏太低级，心中存在着不劳而获、崇尚暴富、贪图享乐的错误思想。

困在环境上。随着改革开放带来的经济快速发展，物质生活的极大改善，加上现在的学生基本没有经历五六十年代的那种住草房、吃不饱、起早贪黑赚工分的艰苦岁月，而父母及祖辈一直在想着自己曾经的苦不能在孩子身上重演，导致了“饭来张口、衣来伸手”的现象。

困在行动上。父母及祖辈的骄纵，使得许多孩子劳动能力的缺失，孩子有心在饭后扫扫地洗洗碗，许多家长会递上一句“你把学习搞好就行了，这些事情不用你操心”，久而久之，孩子不知干、不想干、不会干的情况就频频出现，甚至就是农村的孩子连扫把不会拿的都大有人在。

二、劳动教育之趣

劳动教育，不仅要在课堂中渗透对学生知、情、意、行的引导，但对于当下的大环境来说，走出教室空间限制的生活教育，才更是劳动教育的阵地所在。正如陶行知在《思想的母亲》中指出：行动生困难，困难生疑问，疑问生假设，假设生试验，试验生断语，断语又生了行动，如此演进于无穷。懒得动手去做，哪里会有正确的思想产生，又如何算是科学生活?

趣在文化熏陶上。劳动氛围的营造对教育的实施很重要，特别是结合地域文化进行相应的渗透，对于学生更有潜移默化的作用。如我校地处沙地围垦，我们居住、生活与学习的土地都是乡民肩扛担挑围出来的，学生对这段艰辛的历史并不知晓，我们将相关的素材整理出来，制作成50余块围垦风情展板，再现当时的居住、生活、劳动、工具等实景，并编印成乡土教材人手一册加以学习，学生均被当时人民的毅力所折服，对劳动也有了新的定位与认识。

趣在课程参与上。劳动教育的内容要丰富化，除了课堂讲解外，可以将各类劳动课程综合起来形成一个整体，既让学生乐于参与，又促进各项素养的提升。如我校利用农村的土地资源开辟劳动基地，开设集科学选苗、适时播种、田间管理、有效采摘、多样使用等流程，将语文的协作、数学的核算、科学的种养、体育的运动、美术的成品制作、综合实践的义卖等学科功能有机整合，让劳动课程更加充实有趣。再比如我校开设的版画课程、木工课程、纸艺课程等，都将设计、布局、描绘、勾勒、制作、展示评价等融合于一体，学生多次亮相省电视台和各类媒体，课程也被评为区级课改项目，为学生成长搭建更多平台。

趣在活动开展上。对于小学生来说，以他们的心理年龄特征，劳动教育的实施应该多以趣味性的活动开展为基础。如可以借助三月劳动月开展系列主题劳动，五一节节日契机开展小当家活动，体育节上开展趣味“运公粮”、“开大船”、“撞大运”等活动，学期伊始开展劳动大扫除活动和教室美化布置活动，六一节的美食制作与品赏活动，艺术节的精美书签设计制作，建队节各类海报的设计制作等，都成了学生劳动能力培养的丰富舞台。

趣在社会实践上。社会即学校，教学做合一。社区中有许多利于学生成长的重要资源，我们借助志愿服务小队的成立，学生们在家长的带领下走向社会，走上街头，开展洁美家园活动、五水共治活动、垃圾分类活动等，同时在敬老院这个校外实践基地中不定期开展为老人打扫卫生、整理衣物、剪剪指甲、节目展示等活动，在社会的熔炉里不断炼化劳动教育的因子。

三、劳动教育之担

家庭教育作为学生教育的重要组成部分，家长在劳动教育中的引导、帮助非常重要，它是能否将劳动教育持之以恒开展的必要桥梁与纽带。作为劳动教育的主要阵地之一，家庭中对劳动教育的引导、培育与培养，就显得更为重要。

担在思想引导上。家长是孩子的第一任老师，且是重要的老师之一，家长首先要在思想上转变过来，引导孩子知道劳动是光荣的，学习我国优良的劳动传统，强调劳动者是国家的主人，一切劳动和劳动者都应该得到鼓励和尊重。同时明白一些劳动教育的开展，不仅不会影响孩子的学习成绩，对孩子在思想、习惯、身心、人格等的发展上更具有无可替代的作用。

担在方法培育上。孩子在成长路上，许多情况下都是学习者，尤其是劳动方面，需要家长多加以方法的引领。在孩子初步尝试的过程中加以提醒与引导，共同寻求最佳的操作方法，也可以通过榜样示范、查询资料、模仿比对等途径，强化方法，学会操作，便于更好地落实于常态行动中。

担在习惯培养上。劳动教育与能力的培养，不是一蹴而就的，也不能因噎废食或走另一个极端，可以在推进的过程中进行强化，借助小思徽章、点赞卡、班币等进行鼓励，让每一项劳动的推进都在形成良好习惯的基础上变成自觉的行动，让劳动成为孩子生活、学习、成长的必要组成部分。

总体来说，劳动教育必须秉承强化劳动观念，弘扬劳动精神；强调身心参与，注重手脑并用；继承优良传统，彰显时代特征；发挥主体作用，激发创新创造这一基本理念，将课堂、课程、课改等有机结合，校园、田园、家园、社园融为一体拓展活动场域，以落实学生发展综合素养和为学生终身发展为目标，让劳动成为五育并举的桥梁，促进学生非智力因素的发展，让每一位学生真正体悟本真，自信成长。

注：孙伟良，杭州师范大学附属益农小学书记、校长，全国美丽乡村教师、全国教育科研先进个人、全国新教育实验先进个人、浙江省春蚕奖、浙江省名师网络工作室学科带头人，撰写的成果获区级以上奖100余项，在省级以上刊物发表成果30余篇，先后在区内外作心理健康、家庭教育等讲座100余场，《中小学校长》《名师在线》《杭州教育技术》封面人物，著有《体悟学习：为内省而学》，主编《名师教你写日记》。

文明滋养校园，孕育灵气阳光少年

河北省保定市高阳县宏润小学　张艳丽　蔡俊岩　薛爱辉

为贯彻落实中央文明委工作部署要求，进一步深化文明创建工作，河北省保定市高阳县宏润小学以文明校园“六个好”标准为目标，结合“十个一”等文明校园创建要求，与学校“润泽生命教育”的育人理念和“培养水灵灵的孩子”的育人目标有机整合，推进教书与育人、成长与成才并举，不断提升师生文明素质和校园文明程度，努力把学校打造成知识的海洋、文明的殿堂、道德的高地。2020年，学校被评为“河北省文明校园”、“全国文明校园”。

加强领导班子建设，深化学校管理

一支优秀的管理队伍是学校发展的不竭动力和思想源泉。宏润小学着力打造一支业务精、理念新、任劳任怨、各司其职、团结协作的管理团队，为文明校园建设编织了一张“保障网”。

为使创建工作协调有序开展，学校成立文明校园创建工作领导小组，建立健全各项制度，深化学校内部管理，不断提高决策的科学性和民主性；积极建设学习型、服务型、创新型党组织，充分发挥党员在教育教学中的战斗堡垒作用和先锋模范作用；坚持实施“三会一课”制度，推进“两学一做”常态化，深入开展“不忘初心、牢记使命”主题教育，增强领导班子的思想素质和凝聚力……过硬的领导班子，切实成了文明校园创建的“火车头”。

突出思想政治教育，推进改革创新

成才先成人，树人先树德。宏润小学始终把德育放在首位，将立德树人融入人才培养全过程、各环节，着力提高学生的思想道德水平、精神文明素养和社会责任意识。

学校积极开展精神文明创建工作，贯彻落实社会主义核心价值观进课堂、进教材、进头脑，引导学生把个人的理想追求融入党和国家事业之中，为党为祖国为人民多做贡献；利用重大节日和纪念日开展“扣好人生第一粒扣子”系列实践活动，如学雷锋志愿活动、清明祭英烈、“迎中秋忆传统”活动、“祖国在我心中”国庆系列活动等，引导未成年人从小爱学习、有梦想、立志向，努力成长为担当民族复兴大任的时代新人；组织开展“养成良好习惯，争做文明少年”活动，每个班级评选文明标兵，每个年级评选优秀班级，让文明成为学校的风尚。

抓好师德师风建设，培养四有老师

教师是学校发展的关键，也是学校发展的第一生产力。宏润小学坚持科教研相结合，以中青年教师为主体，骨干教师和学科带头人为核心，加快教师队伍建设，着力打造一支师德高尚、业专技精的教师队伍。

学校坚持“抓两手”工作法，一手抓建设，以爱国守法、爱岗敬业、关爱学生、教书育人、为人师表、终身学习为师德教育目标，借助“学习强国”APP平台，教师全员参与学习，更新了教育理念，丰富了教学内容，强化了职业道德；一手抓监管，通过设立举报箱、举报电话，建立领导小组明察暗访与个别约谈机制，加强师德师风监管力度，规范教师职业道德行为，打造文明教师队伍。

推进校园文化建设，营造良好氛围

校园文化是学校发展的精髓和灵魂。在推进全国文明校园创建过程中，宏润小学努力挖掘校园人文元素，不断优化育人环境，力争“让每一面墙壁都说话，让每一个角落都育人”。

目前，学校将教学区、功能教学区、办公区从科学、艺术、经典三个方面进行设计，引导学生、教师与科学对话、与艺术对话、与经典对话；每层休息区的合适位置及每班教室外墙设有学生发展区，用来展示学生作品，让墙壁与学生的发展连接；校园的角角落落都设计有不同功能的提示语，提醒孩子们要注意安全、养成文明习惯……置身其中，孩子们随时可以受到文化的熏陶、美的享受，快乐学习，健康成长。

完善优美校园环境，打造美丽校园

品味高雅、内涵丰富的校园环境是学生成长的沃土。自2010年建校以来，宏润小学始终以“环境育人、文化育人”为宗旨，构健全新的教育氛围。

步入校园，一片片花圃不时传来沁人心脾的芳香，后院的红砖小径让师生疲惫的身心得到放松，彰显社会主义价值观的警句、格言将励志教育、环保教育及校园文化建设潜移默化地渗透其中，时刻激励大家要为国家立志，为社会立行，为个人立德。

强化校园活动阵地，拓展育人空间

为促进学生的品德提升和多元发展，宏润小学大力推进“灵气”工程，拓宽学校育人空间。

开发系列校本课程，让孩子视野开阔。本着满足学生生命需求的原则，学校开发出基础类的晨读、科学实验、口算三种校本课程，实践类的养殖、魔方、数独、七巧板、影视欣赏、家政课程、“阳光少年”韵律操等十余种校本课程，力争用丰富多彩的校本课程促进学生的社会性发展，培养更全面的现代化人才。

积极开展全员阅读，让校园浸润书香。秉承“雅言传承文明，经典滋养人生”的理念，学校开展一系列阅读活动，引导师生体验书香人生，提升精神境界，提高人文素养：开放图书馆，设置校内漂流书架，建立班级图书角，方便学生自主借阅；为每个孩子买一本书，实现年级内海量漂流；让阅读课上课表，由语文教师带领孩子们阅读；广泛而持续地开展课外阅读活动，提升学生综合素养；孩子们的读书作品、特色作业都作为二次文献存放在图书馆内。

大力开展社团活动，让学生个性张扬。为进一步落实“培养水灵灵的孩子”的育人目标，学校组织小作家、课本剧、信息技术、科技制作、舞蹈、国画、手工、剪纸等多个社团，开拓了学生视野，发展了学生特长，使校园呈现出“时时有活动，人人有特长——百花齐放、各美其美”的幸福繁荣景象。

文明的社会，必先有文明的个人；文明的个人，必先有文明的教育。让文明走进校园，融入学校教育之中，这对于深化中国特色社会主义和中国梦学习教育，进一步培育和践行社会主义核心价值观有着深刻的意义。今后，宏润小学必将心怀中国梦想，汇聚全体师生的智慧和力量，用坚定的信念引领前行的脚步，推进文明校园创建工作向纵深发展。

让幼教与爱同行

河北省沧州渤海新区第一幼儿园　吕凤玲

［摘要］如果说“老师”是一个神圣的职业，那么“师德”就是一个神圣的名词，“师德”是教师职业的神圣灵魂，“师爱”则是进行教育的原动力。“没有爱，就没有教育”，教育是播种希望的事业。教师的天职就是给孩子希望。“师德”、“师爱”是每位教师首先要具备的条件：一、用爱滋润每个孩子的心田；二、勤学乐教、收获希望；三、对待家长要有诚心。

［关键词］教育　爱　师德　诚心

古往今来，多少文学家饱含深情地歌颂教师，把教师比作辛勤的园丁，人类灵魂的工程师；比作无私奉献的蜡烛……他们赞美教师这一职业是太阳底下最光辉、最神圣的职业。所有这些感人肺腑，催人奋进的文学语言，早在孩提时代就像春雨一样，滋润着我的心田。如果说“老师”是一个神圣的职业，那么“师德”就是一个神圣的名词，“师德”是教师职业的神圣灵魂，“师爱”则是进行教育的原动力。“没有爱，就没有教育”，教育是播种希望的事业。教师的天职就是给孩子希望。“师德”、“师爱”是每位教师首先要具备的条件。

一、用爱滋润每个孩子的心田

“教育之没有情感，没有爱，如同池塘没有水一样。没有水，就不成其池塘；没有爱就没有教育。”这应该就是这个时代教育的真谛所在。在现实的教育教学工作中，我们无不感受到爱的力量的宏大。工作三十几年来，体会最深刻的莫过于教师要有一颗“爱心”。对幼儿动之以情、晓之以理地进行情景教育，与他们感同身受，通过活动的方式传递爱的教育。如在母亲节专题活动中，我精心组织了本班幼儿自制手工贺卡，在母亲来接离园时，亲手送给妈妈，给妈妈一个惊喜，虽然大多数孩子不能制作出精美的贺卡，甚至制作的有些粗糙，但很多母亲仍然会感动地落泪，夸赞孩子懂事了，感谢老师们温馨教育。教育如果没有爱，就不称其为教育；教师如果没有爱，实在不能算是一个称职的教师。在与幼儿的交流中，更需要教师调整好健康向上的心态，以博爱积极的心胸履行教师应尽的教育职责。一个微笑，一个点头、一个默默赞许的眼神、一片热烈的掌声，都在传递爱、分享爱。关注这样的细节，是表达师爱的微妙与伟大，是彰显关爱的亮点。

我从教以来的座右铭就是，选择了教师职业就是选择了付出，选择了奉献。而这付出和奉献，就是爱的付出，爱的奉献。如果在繁忙工作中同时还能微笑面对孩子，对屡教不改的孩子还能悉心教育，对淘气撒娇的孩子还能温柔细语，那么这些时刻就是我们彰显爱心的时刻。这里我不想自夸多么有爱心，只是想说一下我工作中的一个特例，曾经我的班有一个留守儿童悦悦，因父母离异，自幼由爷爷奶奶带大，性格内向孤僻，不讲卫生，都说“没妈的孩子像根草”，这句话在他的身上得到了印证，衣服穿得脏不说，还非常破旧。了解了他的境况后，我没有嫌弃，反而从内心更加的爱他，我从商场给孩子买来换季衣物，亲手给他穿上。看到孩子奶奶流露出满含热泪的目光，我感到自己的绵薄之力是如此的伟大！30多年的工作经验告诉我，教师要有一颗“爱心”，而且教师的“爱心”要更适时地向一些“问题儿童”倾斜。

二、勤学乐教、收获希望

爱一行才能钻一行，对教育事业的爱和对幼儿的爱让我在工作中不计得失，不懈的钻研。我始终坚信：扎实的业务基础是更好地完成本职工作的必要保证。除了参加园里组织的业务学习以外，利用业余时间自学专业知识。为了赶上时代的步伐，采用最新的教育教学手段，为了不断丰富自己，在平时的工作中，我收集和积累各种小资料，把外出学习所听到的课、上网查阅对自己有用的资料打印出来装订成集，便于自己的学习。我的知识量拓展了，在面对孩子时才能运用自如。在教学时，我会根据《幼儿园教育指导纲要》《幼儿3—6岁儿童学习与发展指南》设计各种活动，让教育活动及游戏活动更适合孩子们的身体和心理发育水平，促进幼儿德、智、体、美全面发展。我在孩子心目中是朋友、是妈妈、是信赖的人。在同事中是好伙伴、好姐妹、真心帮助她们的人。因为我心中有爱，所以我感觉到了我的生命变得更加的精彩；因为我心中有爱，我才会对我的幼教事业有了不懈的追求；因为我心中有爱，所以我才变得更加青春、亮丽、永远都有一颗年轻的心。我爱我的孩子、爱我的工作、爱我的幼儿园。我用我的青春谱写着爱的乐章。同时我的爱心和付出也得到了领导、家长和同事们的认可，也让我品尝到了收获的喜悦。

三、对待家长要有诚心

一个人做任何事都不是一帆风顺的，做老师，特别是做一个幼儿教师要想教好每一个孩子，得到每一个家长的认可，那就更难了，通过三十多年的工作让我明白了，师幼之间，教师与家长之间必须要以心换心。有人说过，“教师这行是全凭良心做事的。”家长之所以把孩子送到幼儿园交到我们的手里，完全是出于对幼儿园的信任。所以，我们不能辜负这份信任，这就要求我们必须以一颗真诚的心来对待家长。有很多老师都会抱怨说家长事情太多，其实无论是家长要求什么，其根本的一点都是出于对孩子的关心，如果今天我们换位思考一下，自己的孩子在幼儿园里上学而我们看不到，是不是也会拉着老师问这问那，问东问西，所以不要抱怨家长啰唆，而是要主动和家长沟通，也只有这样才能家园共同携起手来教育好孩子，让我们的孩子有一个好的发展。我们不求做到最好，只求做得更好。总而言之，只要我们微笑面对每一天，爱心呵护每一个孩子，真诚对待每一位家长，我们的教育价值才能充分体现，才能体会到什么是职业幸福。

作为一名教师，虽然偶尔也会因孩子的调皮而埋怨，因他们的不听话而急躁，虽然有时也感到很累，很烦，但我的心中始终涌着一种强烈的责任感：我是老师，我要给这些寻梦的孩子引路，在他们心里写一本最美的书。这强烈的意识不断激励我以真诚去拥抱每一个孩子。与孩子朝夕相处，我始终想着两句话，那就是“假如我是孩子”、“假如这是我的孩子”，这样的情感使我对孩子少了一份埋怨，多了一份宽容；少了一份苛求，多了一份理解；少了一份指责，多了一份尊重。家长把天真烂漫、聪明伶俐的孩子交给我们培养，这是对我们的高度信任。我又怎么能不全身心地去爱他们呢？我坚信，我们也一定能以一片至真至诚的爱心感动我面对的全体幼儿。

作为与时俱进的教师，我们应该义不容辞地投入全身心的力量，去爱幼儿、去爱教育。幼教是最光辉的职业，任重道远；幼教是最无私的职业，舍己为人；幼教是最伟大的职业，让幼教与爱同行！

扬文明之帆，铸精品之校

河北省沧州市第八中学　刘树堂　李永岐　冉凡强

沧州市第八中学是一所全日制初级中学，始建于1964年，1998年与十二中实行联合办学，　2002年与十二中实质性合并，成立了新的沧州市第八中学，学校分东、西两个校区。2014年11月学校迁入河北省示范性高中沧州一中的原地址，新的八中占地面积达到68333平方米，建筑面积50479平方米，校园绿化面积8000平方米，

学校现有教职员工323人，其中专任教师292人，具有中学高级职称的120人，中级职称152人。学校现拥有国家级优秀教师2人，省级优秀教师7人，市级优秀教师8人；国培教师3人，河北省骨干教师6人；沧州市学科带头人9人。教学班72个，在校学生4000余人。

为深化中国特色社会主义和中国梦学习教育，进一步培育和践行社会主义核心价值观，扎实做好学校精神文明建设工作，我校以“双创”（创建文明城市、创建文明校园）活动为契机，以加强未成年人思想道德建设、办人民满意教育为主题，深入开展文明校园创建活动。长期以来，我们以立德树人为根本，以学生为中心，加强师德建设，重点围绕思想道德教育、领导班子建设、教师队伍建设、校园文化建设等方面开展工作，充分发挥广大师生参与文明校园创建的积极性，努力把学校建成培养中国特色社会主义建设者和接班人的强大阵地。

一、加强思想建设，提升文明素养

我校高度重视未成年人思想道德建设工作，加强领导、健全组织、研究部署、完善管理，积极培育和践行社会主义核心价值观，让社会主义核心价值观入心入脑。学校组织全校师生学习贯彻《河北省文明行为促进条例》，开展争做“文明市民”、“最美教师”等宣传教育活动、“扣好人生第一粒扣子”主题教育实践活动，使我校师生在潜移默化中得到成长。同时，为了进一步调动师生积极性，学校开设劳动教育课，鼓励学生利用节假日去社区、去农村参加社会实践活动；建立“河北省人文关怀实验基地”，定期组织开展心理健康咨询活动；加强和改进思想政治课和法制教育课教学，推动习近平新时代中国特色社会主义思想进教材、进课堂、进头脑；开设“少年团校”，创立“少年团校”期刊；建立“善行功德榜”，树立榜样等等。这一系列举措，在很大程度上激发了全校师生崇尚文明、践行文明的积极性，为我校文明校园创建活动奠定了良好的思想基础。

二、自上而下发展，打造文明校园

创建文明学校，领导是关键。我校领导高瞻远瞩，率先垂范，脚踏实地，力求站在教育发展的最前沿，走一步、看三步，扎扎实实地开展每一项工作。为全面推进文明校园建设工作，我校成立完善的文明校园领导机构，多次召开专题会议安排部署文明校园创建工作。长期以来，我们坚持以党的政治建设为统领，加强“学习型、创新型、服务型”党组织建设；落实党建目标责任制和“三会一课”制度；深入开展

“不忘初心、牢记使命”主题教育；贯彻落实中央“八项规定”和“三严三实”要求；狠抓“四风”问题，勤政廉洁；坚持依法治校、依法执教；加强民主管理，建立家长委员会等，使文明校园的创建具有强有力的保障。

学校实施师德师风建设工程，有方案，有计划，抓落实。众所周知，教师的职业决定了教师行为的教育性。因此，我校要求教师必须做到：品质高尚，才能出众，以身作则，为人师表。同时，我们用“四有好老师”标准等要求引领教师成长发展，加强师德养成；定期组织师资培训，不断更新教师教育观念和知识结构，提高教师教育教学水平；重视班主任、骨干教师、青年教师的成长，启动了“名师”、“培青”两大工程，充分发挥教师在文明校园建设中的引领示范作用。

文明校园，要求坚持以价值为引领，把培育和践行社会主义核心价值观贯穿于学生的发展过程之中，使每一名学生都成为创建活动的实践者和受益者。因此，我校严格执行“中学生守则”、“中学生行为规范”、“八中学生一日常规”等管理规定，通过学校日常的每一项活动，如上课、自习、出操、集合、扫除、外出活动等培养学生良好的行为习惯，对学生进行规范管理。同时，我们充分发挥班主任的纽带作用，开展有益的德育活动，利用国旗下讲话、主题班会、团课、观看电影、校园之声广播等形式，加强对学生的养成教育，使文明之风蔚然成风。

三、深化文明意识，营造文明氛围

学校大力推进文明活动阵地的建设工作，利用电子屏等多种形式展示文明校园创建活动内容，且不断加强校园网络建设，设置创建文明校园板块，及时上传活动动态，使我校的文明意识逐渐深入人心。

经过多年的奋斗与付出，我校一改过去颓废之态，以斗志昂扬的姿态，赢得了社会的认可和家长的信任，成了学生们最向往的一所学校。现如今，学校教育教学设施齐全，装备一流，建有标准化的科学馆、体育馆、图书馆、微机室、语音室、塑胶运动场；先进完善的教学资源库、计算机网络系统、大屏幕电子授课屏、校园广播系统、校园安防系统、校园视频中心系统等等，给学生们提供了放飞身心的广阔空间，使其可以在优美的校园环境与活动阵地之上，不断完善自我、发展自我，催动文明之花处处绽放。

四、关注进展成效，谋求长远发展

文明校园，是一项长久的建设工程，我们一直奔走在路上。回顾过往的工作，我校认真总结文明校园创建的经验和教训，一是严格按照测评体系组织开展创建工作；二是着力打造一些特色项目。

自我校开展文明校园创建工作以来，学校领导班子以科学发展观引领文明校园创建工作，成果突出，连续多年被评为优秀领导班子。

同时，学校积极组织开展“研学旅行”活动，并在河北省德育工作会议上做典型发言，获赞无数。

在创建文明校园的基础上，我校注重培植特色（团建、校园足球、心理健康教育）、加强学习交流。团中央书记处书记徐晓、团省委副书记侯贵松、王丽涛、团市委书记霍强先后到我校调研，对我校的工作给予充分肯定。而且，我校被市文明办确定为“创城工作种子点位”，多次组织各创城点位来校观摩，得到一致好评。

几年来，我校随着文明校园的不断深入建设，获得了多项殊荣。如，第五届全国和谐校园先进校、河北省文明校园、河北省素质教育示范校、河北省依法治校先进示范校、河北省思想政治教育工作先进集体、河北省普法示范校、师德建设先进集体等等。

文明校园的创建，不是一蹴而就的。面对优异的成绩我们会保持清醒的头脑，决不居功自傲，疏忽大意。我们会居安思危，高瞻远瞩，认清不足，逐步形成“以人为本，明理启智，科学管理，质量至上，绿色校园，民主和谐，全员参与，全面发展”的办学特色。我们会不断提升学生的人生观和价值观；深化教师的政治理论学习；研发特色校本教材；创新方法、注重实效。同时，树立优秀教育典型，以点带面，打造生动活泼的文明校园创建工作格局。展望未来，我们任重道远，富有团结进取、求实创新精神的八中人，定会不断自我加压，克服前进道路上的艰难险阻，在新的征途上再建新的功绩，使我校成为更加一流的、精品的优质文明校园！

让文明之花绽放校园

河北省邯郸市复兴区前进小学　赵维生　宋海霞

开展文明校园创建活动是加强学校建设的重要战略举措，对提高学校教育质量、提升校园文化品位、增强师生综合素养具有十分重要的意义。多年来，河北省邯郸市复兴区前进小学始终秉承“科学引领，成就幸福人生”的办学思想，坚持以学生为中心，以打造前进好校园、前进好班子、前进好教师、前进好课堂、前进好课程和前进好学生的“前进六好”为抓手，严格落实校园文明创建六个好——思想道德建设好、领导班子建设好、教师队伍建设好、校园文化建设好、校园环境建设好和活动阵地建设好，使学校成为锻造理想信念的熔炉、弘扬主流价值的高地、涵育校园文化的家园、滋养文明风尚的沃土。

突出思想道德建设

青少年是祖国未来的建设者，是中国特色社会主义事业的接班人，其思想道德状况如何，将直接关系到中华民族的整体素质，关系到国家前途和民族命运。前进小学围绕立德树人的根本任务，以构建关注学生核心素养的融节日课程、研学课程、科学家中队创建课程、毕业课程、社团课程、六小课题实践课程等为一体的前进K.S课程体系为目标，进一步开发并完善彰显学校特色的校本课程体系，强化学生的思想道德建设，促进学生的文明习惯养成。

在国家课程的基础上，学校以“学科学、用科学、爱科学”为主线，充分利用升旗仪式、班队会课、德育课、艺术课和劳动课等阵地，形成了常态化的德育实践类课程体系；以课堂普及、活动推广、社团提升、环境浸润与展示为实施途径，探索构建起以德、智、体、美、趣为支撑的课程框架；建立过程性与终结性相结合的“等级”化评价体系，多视角、多维度评价学生。目前，学校科学家中队创建课程、节日课程、双爱好特长等级认证评价体系等实施案例多次荣获省、市级德育创新案例评比一等奖。

强化领导班子建设

常言道：“纲举目张。”只有领导班子队伍这个“纲”举了，才能使诸如改革人才培养模式、完善规章制度、实施课程改革、提升校园精神、创建学校特色、形成学校品牌等学校内涵发展之“目”得以伸张。为此，前进小学以建设团结、忠诚、干净、担当的前进好班子为目标，强化领导班子建设，引领学校科学发展、高质量发展。

在创建文明校园的过程中，前进小学党支部全面贯彻党的十九大精神，认真学习习近平新时代中国特色社会主义思想，进一步加强和改进党支部思想建设、组织建设和作风建设，不断增强党组织的战斗力和凝聚力，充分发挥党员的先锋模范作用；狠抓党组织建设，遵循“党建工作与学校发展相结合”的原则，充分发挥党支部的战斗堡垒作用和党员的先锋模范作用，努力探索学校特色品质发展的新思路；扎实开展文明校园结对帮扶工作，如与复兴区林村小学签订结对帮扶协议，以艺术教育和科学教育为主题，多次送课送教，实现了优质资源共享，让帮扶工作落到实处。

推进教师队伍建设

教师是学校办学理念的实施者，为谁培养人、培养什么样的人、怎样培养人都取决于教师队伍的整体素质。前进小学坚持“教”、“科”、“研”相结合，以打造有理想信念、有道德情操、有扎实知识、有仁爱之心的前进好教师为目标，推进教师队伍建设，着力打造一支高质量、高品位的教师队伍。

“教”不仅体现在学博为师，更体现在德高为范。学博为师：从纵向来看，即以前进好教师标准为发展目标，建立教师个人成长规划，明确目标，实现教师可持续发展；从横向来看，以名师、骨干教师为引领，依托名师工作室和学科名师，构建梯级教师队伍发展体系，整体提升教师队伍业务能力。德高为范：即通过开展宣传学习新时代教师职业行为规范、建立完善师德师风建设长效机制、开展有偿补课专项治理、师德宣讲等活动，加强师德教育，规范教师行为，提升教师师德素养。

“科”就是科学的态度、科学的理念、科学的方式。科学的态度，即关注学生核心素养；科学的理念，即一切为了学生、高度尊重学生、全面依靠学生；科学的方式，即以学生为主体、以学生发展为目标的教育教学方式，如翻转课堂教学模式、K.S课程体系等。

“研”主要采取“以教定研”和“以研促教”两种策略。以教定研，即研训一体，依托名师工作室、各级各类教研培训活动，发现问题，解决问题，提炼策略，实现业务素质提升；以研促教，即将教研成果应用于实际教学，在“实践——研究——应用”的循环过程中不断发现问题、解决问题、优化策略，从而提高教师专业素养，实现教育教学质量的提升。

推进“五园”同创建设

校园文化和校园环境是凝聚人心、展示学校形象、提高学校文明程度的重要体现。前进小学始终以建设“校园皆教育　处处皆可学”的前进好校园为目标，通过“五园同创”提升校园科学教育特色品质，推进校园文化建设和校园环境建设。

绿美校园。学校立足自身实际，不断深挖探园、儒园、趣园、桂园、信林、雅园等功能园的主题文化内涵，增加其教育性、功能性和观赏性，通过整体规划着力构建“半边绿树环抱，半边书声琅琅”的校园环境格局，提升学校外显品质。

文化校园。学校深入开展学校内涵式发展的探索，将校园核心文化、“三横三纵”梯廊主题文化、校园墙体主题文化、功能园文化、“码上前进”云端文化、校园围墙橱窗文化等整合形成前进小学科学教育主题文化体系，最大限度地发挥校园文化环境育人的功能，提升学校内在品质。

文明校园。学校将社会主义核心价值观、中小学生守则、文明校园创建活动、文明学生评比、文明班级评比、名师风采等内容与校园文化有机结合，通过展板、橱窗、校园文化营造浓郁的文明校园创建氛围，推动学校文明校园创建工作，提升校园育人品质。

智慧校园。学校本着“以用为先、以用促建”的原则，全面推进校园信息化环境建设。利用邯郸市公共教育平台、区级学乐云平台，以校级平台即V校平台作为补充，构建学校智慧校园建设的支撑系统：通过网络教学、网络管理、网络教研、网络培训、视频会议及优质数字资源共享落实校校通、班班通、人人通，最大限度实现了教育教学资源的使用和共享。如今，智慧V图、智慧班牌、“码上前进”、平板课堂进课堂等已成为学校智慧校园建设的亮点。

平安校园。学校秉承“齐抓共管　严防死守　踏实细致　不留后患”的安全管理理念，在人才、物力、财力上给予全力保障，打造稳定有序的平安校园，为学生的健康成长保驾护航。

落实活动阵地建设

为让“每一个希望都会发芽，每一个梦想都会开花”的核心文化得以充分彰显，前进小学以打造智慧+翻转、生态+灵动的前进好课堂为目标，拓宽思路，创新形式，落实活动阵地建设，培养具有“世界眼光、家国情怀、阳光自信、开放文雅”的前进好学生。

在文明校园创建过程中，前进小学以“六个结合”为抓手，将创建工作与全面贯彻落实党的教育方针相结合，与特色品质学校创建相结合，与学校常规管理相结合，与新时期的重点工作相结合，与学校文化建设相结合，与学校课程建设相结合，突出“细、活、新、实”的工作作风，努力做到工作细致、方法灵活、内容创新、效果扎实。近年来，学校多项特色活动、艺术节目、体育赛项在省、市、区比赛中获奖；河北新闻网、邯郸日报、邯郸新闻网、邯郸电视台等媒体多方报道了学校的亮点工作。

如今，前进小学师生道德素养和文明修养令人耳目一新，处处洋溢着昂扬向上、文明向善的勃勃生机和青春活力，先后拥有三张靓丽的名片：2013年，学校荣获“河北省素质教育示范学校”，这是对学校规范办学、高质量发展的高度认可；2019年，学校案例《以翻转课堂推进学校教育信息化创新发展》被教育部基础教育司、中央电教馆推选为全国基础教育信息化应用典型案例，这是前进小学在课堂改革和智慧校园建设方面取得的亮点成绩；2020年，学校荣获“全国文明校园”，这是学校精神文明建设以及前进六好目标全方位提升的成果。

创建文明校园是一项重要的综合性极强的工作，也是一件事关学校长远发展的大事，只有起点没有终点，是个永恒的主题。今后，前进小学将继续查找不足，学习先进经验，不断开拓创新，努力把学校文明校园创建工作推上一个新的台阶。

让艺术点亮生命　让艺术温暖人生

河北省石家庄市北焦学校　段燕翠

石家庄市北焦学校位于电大街77号，始建于20世纪二十年代，1995年6月迁至新校址，现共有教学班22个，学生1199人。学校拥有一支团结拼搏、奉献敬业、素质优良的教师队伍。学校占地面积约18000平方米，拥有教学楼及微机教室、图书阅览室、音乐教室、少先队室、体育器材室、美术活动室等专业教室。占地6000多平方米的操场上，红艳的塑胶跑道与高大笔直的树木相映成趣，是一所环境优美、富有特色的全日制国办学校。

艺术教育是对学生进行全面素质教育的重要途径和内容，是素质教育的有机组成部分，在整个教育事业中，处于非常重要的地位，通过艺术教育培养学生正确的审美观念和感受美、鉴赏美、创造美的能力，在提高人的素质方面发挥着其他学科不可代替的作用。近年来，我校将艺术教育作为教育教学改革的一项重要任务，办出了特色，促进了学生全面素质的提高。

一、以人为本——确立艺术教育特色

艺术教育有助于发展学生的全面思维。通过艺术教育可以很好地培养学生的形象思维，实现形象思维和逻辑思维的有机结合，从而形成高质量、高素质的思维。其次，有助于培养学生健康、丰富的感情世界。教育学生正确的情感态度，价值观是素质教育的重要目标，艺术教育的特点不仅是以理服人，更重要的是以情动人，以情感人。所以通过艺术教育可以培养学生健康丰富的感情世界。再次，有助于加强德育工作，以美辅德。实施素质教育以德育人是根本，但思想教育不能干巴巴地说教，必须像春雨那样“润物细无声”，而艺术教育的特点就在于它不是强迫的，而是通过艺术活动调动人的兴趣，打动人的感情，让人愉快地受到教育。总之，通过艺术教育培养学生正确的审美观念，提高它的审美能力，激发起对美的爱好与追求，塑造健康的人格和健康的个性，对于促进学生全面和谐发展，实现素质教育的宗旨具有重要意义。

基于此我校确立了以“让艺术点亮生命，让艺术温暖人生”为宗旨的艺术教育特色办学方向，以艺激情，以艺养德，以艺启智，以艺导行，利用艺术本身独特的感染形式、丰富的内容和深刻的人文内涵，将培养学生的目标锁定于陶冶情操，培养创新能力和兴趣爱好，培养积极、热情、乐观、向上的健康心态，并以丰富多彩的艺术活动为实践平台，为学生提供展示才华的舞台。力争达到“让每个学生享受优质教育，促进学生可持续发展，为学生终身幸福奠基”。

二、拓宽途径——提升学生艺术素养

艺术的感受、想象、创造等能力能使一个人的生命变得富有与充满激情。“热爱生活，用艺术点化生命”已成为我校艺术教育的共识。

我们的艺术教育首先是面向全体学生的，不为人人成才，只为人人都能接受艺术的熏陶与感染，形成健全的人格。多年来，我们坚持素质教育方向，坚持依法治教，创造条件开齐开足艺术教育课，并在开好必修课程的基础上，开设活动课，使艺术特色教育课程化、科目化。我们坚持将创新精神和实践能力的培养步入学生艺术学习的全过程，在艺术课程课堂教学过程中，让每一个学生充分表现出艺术的潜能，以美启智，激发创新艺术，培养创新能力，并把艺术创作和实践能力作为考评音乐课、美术课的内容。通过开设艺术教育课程，把艺术教育作为载体，以美益智，以美辅德，形成人人参与，个个投入的校园艺术氛围，提高学生整体素质。在课程安排上，我们在重视课堂教学的同时还开设了活动课，让学生通过实践活动，开阔视野，陶冶情操，培养才干。

在活动教学方面，我们进一步强化了艺术活动小组的管理，做到有辅导老师，有活动时间，有活动地点，有活动计划、总结，有活动记录，使活动课开展得有声有色。通过活动课的开展，让学生的特长得到提高和充分展示。通过抓好活动小组教学，既培养了大量特长人才，又对整个学校的艺术教育发挥了很好的龙头作用。几年来，我校在艺术教育方面花费了大量心血，也取得了丰硕的成果。

在此基础上，我们进一步拓展艺术教育的领域，探索教育教学管理的艺术，努力构建和谐校园，让学生快乐着、学习着、收获着。在班级管理方面我们引领班主任摸索管理的艺术，比如：开展了“人人有事做、事事有人管”的班级管理特色活动，充分尊重学生的主体地位，让学生成为管理小主人，提升了管理的自觉性，进而提高了班级管理的成效。在课堂教学方面我们尝试运用"自主、合作、探究"教学模式，带领学生像小科学家一样投入到知识的探求活动中，不但理解了知识而且掌握了学习方法，培育了学生的探索精神。在作业设置方面我们实施了分层作业设置，既照顾了优等生让他们吃得饱，又照顾了后进生让他们吃得了，恢复他们学习的信心。另外我们的老师还在教学实践中探索多种教学媒体与课堂教学融合的艺术，借助声、光、影像等现代教学媒体丰富课堂教学的内涵，以期最大限度地提高课堂教学质量。教育、教学管理艺术的探索与使用，让老师们受益匪浅，不但提高了班级管理的力度，而且在课堂教学方面也取得了显著的成果。

三、强化培训——厚实教师艺术功底

“问渠哪得清如许，为有源头活水来”。我校严格根据国家有关规定配备专职或者兼职艺术教师，同时，做好艺术教师的培训、管理工作，为艺术教师提供必要的工作条件。学校全力打造一支高素质的艺术教师队伍，加大了对艺术专职教师的校本培训的力度，组织学习新课程标准，每学期都组织研讨课，帮助艺术教师及时更新教学观念，转变教学行为。

艺术教育专业教师只有与时俱进，开阔眼界，掌握创新技法，才能站在一个比较高的起点上培养特长人才。为此学校每年鼓励艺术教师走出去抓住一切机会参加系统的培训与交流，把艺术教育方面的骨干和专家请回来，当面指导，以提高专业教师的艺术功底。同时督促我校教师与校外的教师互相交流，鼓励艺术教师多参加音乐、美术、书法作品比赛等活动，努力提高艺术教师专业技术水平和课堂教学水平，真正做到加强领导的同时，更重视教师队伍建设，为全面实施学校的特色教育准备了最基本的条件。

目前我校已形成了一支素质良好的师资队伍。我校艺术教师有热情、有活力、有抱负，都在艺术教育领域闯出一片新天地。如：我校音乐教师，经常通过网络去收集各种音乐文化资料，以便让学生能多听、多看、多接触优秀的作品，从而增长见识，并获得更多美的感悟。她们都有很强的专业技术与业务能力，工作认真负责、教学方法灵活多样，深受学生、家长的喜爱。美术学科的金老师善于运用现代美术教育观念，开拓孩子的创意思维，经验丰富、教法灵活；擅长在诱导与示范的教学过程中，培养学生体验生活、观察生活、表现生活的良好习惯，促进儿童综合素质的提高；努力发掘学生的审美能力，鼓励学生张扬个性和独立思考。深受学生们的喜爱！

名师造就名校，名校成就名师，我们努力加强教师培训，不断提高教师素质，进而提高学校的影响力。

四、规范管理——落实学校艺术教育

为了更好地加强艺术教育工作的管理，我校专门成立艺术教育管理部门，配备艺术教育管理人员和教研人员，规划、管理、指导学校艺术教育工作。充分发挥校园广播、校园网、少先队在艺术教育活动中的作用，加强宣传，为艺术教育发展提供有力支持。学校非常重视对艺术教育的管理和指导。有专人具体分管艺术教育教学工作，负责协调艺术教育教学工作。学校的艺术教育课程方案，艺术活动安排、人员安排都由学校领导班子研究，学校定期召开艺术教育工作会、座谈会。学校还专门成立了美术、书法、器乐、声乐、舞蹈等兴趣小组，把爱好艺术和有艺术特长的学生组织起来进行培训，提高他们的审美能力和艺术修养，并为他们创造展示自己特长的机会，让他们享受到成功的喜悦。为了充分调动全体教师参与艺术教育工作的积极性，更好地做好艺术教育工作，我校还对在学校艺术教育工作中取得突出成绩的单位和个人，给予表彰和奖励。总之，学校领导的重视，是我校艺术教育获得较好发展的关键。

学校根据办学特色，特别注意营造"墙壁会说话，角落能育人"的校园环境，学校在教学楼的走廊、过道张挂学生的美术作品，教室门前设立宣传栏张贴学生美术书法作品，文化长廊定期展出学生的手抄报、书画作品等，形式多样，令人赏心悦目；学校还定期组织学生书画大赛和举办歌咏比赛、才艺展示大赛等，通过这些做法，在校园内营造浓郁的艺术氛围，使学生在"美"的环境中受到"美"的熏陶。

我校还专门设置艺术教室和艺术活动室，并按照上级要求，配备了艺术课程教学和艺术活动器材。为加快我校艺术教育的发展，学校近年来加大了对艺术教育的投入。学校现有音乐教室1个，舞蹈教室1个，美术活动室1个，个个教室都配备现代化的教学设施。学校每年为添置乐器、道具、服装等投入数万元经费。学校对艺术教育的投入为发展艺术教育，提高艺术教育的现代化水平创造了良好的条件。总之，我校为学生创造了良好的校园文化艺术环境。学校的广播、文艺演出、书画展览以及校园的整体设计都充分考虑到有利于营造健康、高雅的学校文化艺术氛围，有利于对学生进行审美教育。

五、开放载体——提供展示才艺机会

一花独放不是春，百花齐放春满园。课外、校外艺术教育活动也是学校艺术教育的重要组成部分。我校积极开展丰富多彩的艺术教育活动，创建良好的艺术教育氛围。几年来，我们在抓好艺术课教学的同时，开展了丰富多彩的艺术教育活动，使班班有歌声，还有各种主题新年文艺汇演等。美术方面，我们重视搞好各种展览、评比，建好一条艺术长廊。另外我们还组织了各种校园艺术社团，如舞蹈队、合唱团、书法绘画小组等。这些活动的开展，在学校形成了艺术教育人人参与的局面，为学校艺术教育营造了良好的氛围。我校每年根据实际情况，经常举办综合性、多样性的艺术活动，与艺术课程教学相结合，扩展和丰富了学校艺术教育的内容和形式。同时，我校在艺术教育中还结合重大节日庆典活动对学生进行爱国主义和集体主义教育，如庆国庆爱中华歌咏比赛、中国梦诗歌朗诵比赛、纪念抗日战争胜利50周年歌曲联唱比赛等。学校充分利用社会艺术教育资源，补充和完善了艺术教育活动内容，促进了艺术教育活动质量和水平的提高，推动了校园文化艺术环境建设。

成绩的取得是师生共同努力的结果，也是上级教育行政部门的关心和支持分不开的。素质教育的实施和新课程改革的推进，为艺术教育开辟了更加广阔的天地，学校各项事业的发展也为艺术教育创造了更好地条件。今后我们要在已有的基础上，更加努力工作，与时俱进，开拓创新，努力开创艺术教育工作新局面，彰显学校艺术教育特色，让更多的孩子在艺术的感染、熏陶中，张扬个性，发展特长，完善人格，让艺术点亮孩子们的生命，让艺术温暖孩子们的人生。我们要让每个学生享受优质教育，促进学生可持续发展，为学生终身幸福奠基。

精准教学提质量　精细管理促发展

河北省石家庄市藁城区九门回族乡中学　赵建华

教育教学质量是学校的生命线，是学校教育的永恒主题。只有教育教学质量的提高，才能在既定的办学理念下实现学校的办学目标，才能在 更高的水平上实现教育公平。多年来，河北省石家庄市藁城区九门回族乡中学以办好人民满意的教育为宗旨，与时俱进，倾力开拓，提质促优，在创建社会认可、家长满意、学生喜欢的放心学校、特色学校、精品学校的道路上迈出了坚实的步伐。

科学管理，激活发展动力

管理质量是学校发展的动力之源。科学的管理机制决定着一所学校发展进步的活力，也决定着一所学校不竭的创造力和竞争力。面对激烈的竞争，如何提升管理境界，提高教学水平，打造优秀教师团队，让科学的管理体系推动学校的发展进步？九门回族乡中学一直在努力着。

推行一岗双责制度，种好自己的责任田。学校对领导班子成员实行“一岗双责”制度，每位局管校长不仅要抓好各自分管的工作，还要承包一个年级的全面工作。总务主任负责财务及后勤工作，督查主任负责师生的工作学习状态和上课状况的检查并及时公示，班子成员做到纵向抓“线”要深入，横向抓“面”要到位，力求管理不留死角，形成了立体化、网络化的管理格局。同时，学校领导的业绩考核与所负责的工作挂钩，彻底改变了班子成员“干多干少一个样，干好干坏一个样”的消极态度，激发了他们干事创业的积极性和主动性。

推行首席班主任制，调动教师工作积极性。学校在教师队伍管理上强化激励机制，实行“首席班主任制”，由首席班主任牵头组成自己的教师管理团队，形成了“优化组合、竞争上岗、双向选择、学科自选、集体负责”的捆绑式管理模式。这样责、权、利统一的班级管理团队，团队成员齐心协力、扬长避短、优势互补，共同制定并完成教育目标，实现了教师积极性和主动性的最大程度发挥。

推行小组竞争机制，促进学生全面发展。学校在班级管理上大胆创新，实行导师承包制和小组竞争机制，把学生根据性格、成绩等均衡分成四到五个分部，每个分部一名导师，带领班内学习分部展开竞争。分部下设三到四个学习小组，每个小组每个学科推选一名组长，负责督促、检查本部本学科的学习情况。小组之间比学习、比劳动、比守纪……这样学生在竞争中合作，在合作中竞争，实现了良性循环、互惠互利。

精准施教，打造高效课堂

课堂是人才培养的主渠道，从某种程度上说，课堂模式基本上决定了人才培养模式，只有抓住课堂这个核心地带，教育才能真正发展。近年来，九门回族乡中学大力开展教学创新行动，聚焦课堂教学改革主线，持续推进“高效课堂”创建，实现了学校工作的科学发展、率先发展和跨越发展。

实施精准教学，提高课堂教学实效。首先，准确把握学生的认知前提，精准备课。学生是存在个体差异的，学校通过新东方配发给每位学生的OK机进行课前检查，让教师能够通过数据分析准确把握学生对知识的掌握程度，从而为精准备课提供支持。其次，随时掌控学生的学习进度，精准过程。课堂具有开放性和生成性，利用OK学习系统，学生上课时所有的作答等学习情况，教师通过教师机均能一目了然，并及时给予反馈，从而实时为教师的教学进度提供参考。再次，清楚把握学生的困惑不足，精准巩固。教师在教学过程中通过教师机能够随时检查学生答题情况，在课下也能根据学习系统中学生的答题出错情况自动为其推送同类型的习题进行巩固练习，从而实现训练的精确性和反馈的及时性。

坚持因材施教，实现大面积“丰收”。 作为一所实行划片招生的农村学校，每年招收的学生水平参差不齐，如何照顾到每一位学生的学习需求，实现课堂教学的大面积丰收，九门回族乡中学一直在探索着。其一，学生分层，重在进步。分层教学的意义在于针对不同层次学生在思维发展水平、智力和认知结构方面存在的差异，确立不同的教育目标，采用不同的教学方法，既照顾到优秀学生“吃不饱”的现象，又解决了一般学生“吃不了”的问题，使每一个学生都能发挥其最佳水平。其二，备课分层，重在全体。在备课时，要求教师在透彻理解课程标准和教学内容的基础上，突出备课的层次性，注重给不同层次的学生提供不同的学习条件；在内容安排上，要符合学生的认知规律与接受能力，做到由易到难、由简到繁，突出重点。其三，作业分层，重在有效。学生作业在设计、布置、批改等方面均要做到分层，力求“上不封顶，下要保底”，以树立学生的学习自信心，并培养其成就感。其四，评价分层，重在激励。由于学生的习惯、智力、兴趣和性格等方面都有很大差别，因此对学生的评价要进行分层，发现“闪光点”及时给予肯定及表扬。

加强教研，助力提质增效

由于课程改革和社会的快速发展，对教师素质提出了更高的要求。因此，教师必须在原有经验的基础上不断创新、反复实践，才能形成符合时代要求和符合自身能力及水平的教学方法。为此，九门回族乡中学一直在实践着。

抓好常规教科研活动。一方面，学校坚持开展以学科教研组为单位的听课、评课活动，教导处为每个学科确定每周固定的教研时间，各教研组长安排好听课，保证每位教师每个学期至少有一次校级展示课，同时在听课后的研讨活动中继续坚持“一条优点，三点不足”的评课制度，进一步探索新授课、复习课、实验课等课型的高效授课模式；另一方面，学校坚持抓好、完善集体备课制度，要求各教研组坚持集体备课，教研组长每周提前制定计划，切实做到任务明确、教师明确、时间明确、质量明确，以提高备课的针对性、实战性、高效性，从而真正发挥出集体备课的优势。

抓好教师学习和培训。学校每年都选派多名教师参加省、市、区教育主管部门组织的教师培训，鼓励他们把学到的方法和经验内化、吸收、展示，加速骨干教师的成熟和新教师的成长。与此同时，学校采取新教师岗前培训、新老教师结对、独立体内教师帮扶、组织新教师展示课等多种途径，支持并鼓励新教师学习学校先进的教学理念、教学思路、学生管理方法等，加速他们的专业成长，促使他们快速融入学校。

抓好毕业班教学工作。学校工作的中心是教学，初三毕业班工作更是教学工作的重中之重。对此，学校对初三教师提出了目标明确、团结协作、无私奉献的要求，具体做法：一是加强教研力度，把握教学方向。通过组织全体教师学习研究历年来河北省中考说明，深入研究分析中考命题的试卷结构、题型特点，积极参加中考研讨会，学习专家和名师对中考的理解和方向的把握。二是教学过程要目标明确，有的放矢。在课堂教学中，教师必须坚持分层教学原则，“抓两头促中间”，让学生各取所长、学有所得。三是注重全程质量监控、指导、

反馈。每次月考后，教师要做好质量分析，重点从优秀率、合格率、后四分之一等几个考核点对各独立体进行比较，真正发挥考试的导向功能和诊断功能。

探索永远在路上。通过精细管理、承包到人，简化了管理过程，强化了师生间的团结协作，推动了学校各项教学工作简洁有序的展开；通过精准教学、分层教学，提高了教学效率，实现了课堂教学的大面积丰收，也实现了学校教学成绩的新突破：近五年来，中考省级重点中学上线率稳定在20%以上，三次夺取藁城区中考状元，向高一级学校输送了大批优质生源；2020年中考再传捷报，学校区重点中学上线人数306人，上线率70%，各项教学指标均位于藁城区同类学校前茅。在区教育局的大力支持下，通过在全体师生的共同努力下，学校先后荣获全国"民族教育先进单位"、河北省"民族教育先进集体"、河北省"创新教育实验学校"、石家庄市"标准化学校"等多项称号。

书香文化引领新征程　凝心聚魂铸就新业绩

——河北省石家庄市华源实验学校发展纪实

河北省石家庄市华源实验学校　何立宁

石家庄市华源实验学校前身是石家庄市第32中学。2018年3月，在区委、区政府、区教育局的大力支持下，调整学校领导班子，明确建设新学校的发展方向；4月发布《关于深化全区基础教育均衡发展的实施意见》，与石家庄市第十七中学组建十七中学区，给学校新发展以最好的政策支持；7月入驻留村街新校区，开启了创建新学校的新征程。华源实验在各级政府和领导的支持下，顺利的走上了一条高标准、创品牌的崭新办学之路。

一、构建学校文化　走好开局第一步

学校文化是一所学校的灵魂和血脉，是学校赖以生存的根基，也是学校可持续发展的精神动力。作为桥西新建校，明确学校发展目标，构建具有特色的学校文化理念体系，是实现新学校更好发展的基础。所以，华源的领导、老师上下一心，针对学校位置、生源、社区特点等，讨论达成华源共识，初步构建学校理念文化体系，实现上下"一个声音、一个意志"的共同认识。

华源实验学校文化理念体系

1.办学理念：读书修身　立德树人

2.办学目标：读经典书　做至善人　创辉煌业

3.育人宗旨：必求人人成人，力求人人成才，追求人人成功（十七学区校）

4.育人目标：读书有气质　做事有风度　待人有教养

5.学校精神：　创造精神　奋斗精神　团结精神　梦想精神

6.工作作风：责任到位　执行不缺位；执行到位　结果不错位

7.工作观念：沟通服务，团结合作，传承超越（十七学区校）

8.校训：博学笃志　自强不息

9.校风：阅读启智　勤奋创新

10.教风：爱岗敬业　博学善教

11.学风：诚信友善　勤学善问

12.学校使命：建设书香校园，打造书香城区

13.育人模式：　初一年级主题教育：读书立学　规范言行

初二年级主题教育：读书立身　提升教养

初三年级主题教育：读书立志　涵养品格

"读书修身"，从领导做起，分享感悟，行动在事儿上。"责任到位　执行不缺位；执行到位　结果不错位"，为师生服务，全校共同实践华源工作作风。老师们努力践行"爱岗敬业　博学善教"，同学间倡议"诚信友善　勤学善问"，华源的教风、学风，既是对"博学笃志　自强不息"校训的落实，更是对社会主义核心价值观的贯彻。三年规划：2018年进驻招生，稳健起步；2019年建设攻坚，完善设施；2020年质量提升，内涵发展。学校提出"建设书香校园，打造书香城区"的办学使命，全校上下一心，团结进取，以撸起袖子加油干的豪情壮志，完善常规管理制度，脚踏实地走好每一步。

二、加强基础建设　深化文化构思

华源实验新校址，占地34000.17平方米，校舍建筑总面积24682.24平方米。四栋教学楼、各种功能室，为更好地体现学校核心理念，从对校名"华源"的释义开始，到对学校环境命名，力争所有的物质环境文化构想都集中体现出对学校核心理念的贯彻和展现。

学校道路

学校四条路用校名中的"源"字来分别命名为：开源路、汇源路、聚源路、思源路。

开源本意为"开始出现河流的源头"。这条路也是我们历经坎坷，攻坚克难最早进驻学校之路，由此开启了华源实验学校的建设发展之路。

汇源路、聚源路的意思就是汇聚江河，海纳百川。这是我们的胸怀，更是学校发展不竭之源泉。

思源路是正门走进学校的必经之路，我们的学生都要从这里走进"华源"开始新的学习，又将从这里走出"华源"走向社会。今天我以华源为骄傲，明天华源以我为自豪！

学校园林

百花园：直观展现中华文化的发展脉络，感受中华文化之博大精深。把"百花园"打造成爱国主义教育基地。培育社会主义核心价值观教育主题：爱国。传承中华文化，激扬爱国情怀。

雷锋园：把"雷锋园"打造成学校精神文明教育的基地。培育社会主义核心价值观教育主题：友善。学习雷锋精神，弘扬友善品德。

华清园（法治教育区）：这里的"清"是"问渠那得清如许"的清，是清风正气的清，是清正廉洁的清。把华清园建成中小学生守则、校规、校纪、校风、廉政教育、法制教育、校务公开、党务公开之园地。培育社会主义核心价值观教育主题：诚信。扬清正廉洁之风，育文明诚信之人。

华润园（师德教育区）："润"原意指雨水下流，滋润万物。把华润园打造成教师团队建设、师德师风教育基地。培育社会主义核心价值观教育主题：敬业。敬业奉献筑师魂，润物无声育桃李。

华硕园（成果展示区）：华硕园取"春华秋实，硕果累累"之意。把华硕园建成学校教育教学成绩、育人成果展示区。

学校楼宇

学校教学楼从南往北四栋教学楼依次命名为：立德楼、立学楼、立身楼、立志楼。立德树人是学校教育的根本任务，是总目标，立学、立身、立志分别是我们学校初一、初二、初三教育的阶段目标，是实现总目标的教育过程。

立德楼：读书修身　立德树人；

立学楼：读书立学　规范言行

立身楼：读书立身　提升教养；

立志楼：读书立志　涵养品格

三、转变思想观念　开启全新奋斗

面对全新开始的新局面，统一思想，一个声音，克服困难，迎接挑战，是每个华源人的责任和担当。从9月1日开学典礼开始，这个集体就以昂扬的气势、全新的准备，在全新的校园，开启全新的奋斗！

1、学校管理新体验

改变以往管理模式，以年级为基本单位，进行扁平化管理，实行年级主任负责制。年级主任全权负责本年级的教育、教学、常规管理、考核等工作，直接对校长负责。号召全校：教学一线是全校的工作中心，教辅是保障，领导要服务。努力做到有学生的地方就要有管理。提倡优秀是奉献出来的，不抱怨、不埋怨，团结在事儿上，全力营造和谐向上的工作氛围。

2、学生常规新标准

将学生常规分为：

生活常规——生活能力

仪表：干净整洁、发型校服、站姿坐姿；

出勤：迟到早退、无故旷课、请假制度

值日：按时值日、服从安排、认真劳动；

行为：尊敬师长、语言文明、遵规守纪

学习常规——学习能力

作业：按时上交、保质保量；课堂：积极参与、精神专注

质疑：勇敢提问、不留漏洞；考试：诚实应考、自我检验

对照以上常规项目，逐一落实教育管理细则，促进学校良好校风的形成。

3、教学发展新主题

确定教学常规为"备、教、改、考、导"五环节，将本学期重点放在集体备课模式探索上，向"统一"看齐，通过落实常规工作要求，提升教师教学行为规范标准。

明确建设书香校园的目标，努力进行全面落实。阅读主线三方面：学校集体诵读——从《弟子规》开始，到系列传统名篇的规划，在晨诵午读中陶冶情怀；语文课堂——语文主题学习实践"海量阅读"，让师生的眼界不断开拓，能力不断增强；校本课程——借助"半亩方塘"书屋，全校上下共同实践，教师读书手册、师生共读活动等，让师生在阅读中滋养灵魂。书法主线：师生一起，练就华源中华楷，力争创造"读海量书　写中华楷"的华源书香特色。把一个主题从多角度，集中全校力量放大来做，既是对课程的完善，更是对学校特色的实践。

四、加强德育建设　落实办学理念

在"读书修身　立德树人"的办学理念指导下，积极构建以"读书立学、读书立身、读书立志"为主题的教育模式。加强年级文化、班级文化建设，抓住校会、班会主阵地，努力实践"读书有气质　做事有风度　待人有教养"的育人目标。

1.校会宣讲，贯彻办学理念

建校开始，我们就发挥校会作用，让正向引领占据校园主阵地。第一次校会，用故事、新闻解读核心价值观中的个人层面，最后的学校寄语是：新华源已经走在了飞速发展的新时代，新时代的目标，赋予我们新的使命。让我们在"读经典书　做至善人　创辉煌业"的学

校目标引领下，将爱国、敬业、诚信、友善的做人标准，落实在生活中的每一天，用理解、宽容的胸怀面对挑战和困难。为华源的明天更美好，让我们一起加油！

第三次校会，学生演讲题目为“让书香浸润心灵”。用华源的育人目标，初一年级的主题来号召同伴：自古以来，立身以立学为先，立学以读书为本。只有读书，我们才能不断掌握新知识、新技能；只有读书，才能不断提高我们自身的素养，规范我们的言行举止，让我们成为博学慎思、德才兼备的合格中学生。学校点评与学生演讲完美结合，让读书修身的核心理念不断贯彻落实。

2.文化建设，彰显书香风采

年级主任为首届集体命名为“雏鹰战队”，用“大付出　大收获　小付出　小收获　不付出　难收获”来引领年级。班级文化从初步感受，到勇敢实践，六个班班班都有了自己的主题：天行健，君子以自强不息；志于道、据于德、依于仁、游于艺、强于魄；立志当怀虎胆，求知莫畏羊肠……每一个班级主题都是班主任对班级成长的期待。

3.德育活动，凝聚师生心灵

开展“21天培养一个好习惯”活动。入学规范好习惯，诚信应考好习惯，每一个主题都在贯彻落实中，影响着孩子的成长。入学教育、文艺汇演、队列跑操、书法比赛、法治讲座、安全逃生演习、学生读书分享、教师读书手册……学校的每个活动，都在核心理念主题下，一次次滋养心灵，凝聚力量。

今天的华源很年轻，虽尚无文化的厚重和优异成绩的点缀，但我们不辍青云之志！华源——中华英才成长的摇篮。校名即是我们办学的初心！自强不息的华源人，正在竭尽全力向社会捧出我们所能奉献的最美好的事物，我们郑重的面对孩子的成长，并将这份托付放在心中，担在肩头。我们带着这份教育者深长而庄严的情感起步，愿这样的使命担当，可以铸就每个华源学子的健康成长！

多元发展创特色，“五谷”立校育桃李

河北省唐山市丰南区尖子沽乡中学　张涛

“一年之计，莫如树谷；十年之计，莫如树木；终身之计，莫如树人。一树一获者，谷也；一树十获者，木也；一树百获者，人也。”这段话既阐明了人才培养的重要性，也揭示出人才养成的不易。生命离开水源，就会枯竭。文化是一个国家、民族发展的根本，生命进步的新鲜血液，是时代发展的思想能源，只有保持充足的活力和创造力，才能推动社会向前发展。从根本上说，文化就是一个民族兴衰的命脉，是国家强弱的心脏。立足新时代，新要求，学校作为教育之重地，要以弘扬传统文化作为办学纲领，继承和发扬传统文化中的优秀精神。我校位于唐山市丰南城区南20公里处，当地乡村地域开阔，土质肥沃，有良好的种植养殖条件，农渔业发达，素有“鱼米之乡”之称。地域环境优美，历史底蕴丰厚，民风淳朴，农耕、民俗文化独特。尤为可赞的是国家非物质文化遗产——“五谷粮艺”、“高跷秧歌”，生生不息，代代相传。立足特色文化底蕴，经过多年的办学积淀，我校终于形成了独具特色的“五谷文化”。所谓“五谷文化”既是教育资源，又是非物质文化遗产；既是传承的课程资源，又植入了学校的文化底蕴。2010年9月，我校结合地域的历史文化资源，把以“德苑一五谷粮艺”为载体的“五谷文化”融入校园，加以传承和光大。

“五谷粮艺”的价值主要体现在审美情趣、文化传播、历史影响以及精神支柱等方面。在“德苑一五谷粮艺”传承人，校长张志利的带领下，我校全员不断继承、发展此项民间工艺，精心研究，开发制作“五谷粮艺”。经过全校师生的辛勤付出，成果也是显而易见的。期间，我校举办大型展示活动22次，被丰南区人民政府、唐山市人民政府纳入“非物质文化遗产名录”。大量“五谷粮艺”作品布展在市、区、乡、校公众走廊内。参加唐山市校本课程开发现场交流展示活动，多次接受唐山电视台、唐山日报、《今日丰南》的报道。2012年获得“教育部基础课程改革综合实践活动项目组”课题研究成果奖。2017年5月“德苑--五谷粮艺”，经过国家教育部层层遴选评选为《传承的力量》项目优秀节目。在2017年10月4日中秋节当天晚上，在中国教育电视台及人民网、凤凰网、新华网等重头网络媒体隆重播出了录制完成的“德苑一五谷粮艺”专题片，播出后好评不断，极大地激发了国人传承优秀文化的巨大力量。

一、铸魂培根，孕育学校特色“五谷文化”

“五谷粮艺”起源于鼎盛的唐代，兴盛于清代康乾时期。“五谷”其生长中采集了天地之精华，极具有“灵气”。在佛教和道教规仪中，其被视为夺天地之精华的“吉祥物”，人们故用之作画。其价值主要体现在审美情趣、文化传播、历史影响以及精神支柱等方面。作为“五谷文化”的主题品牌“五谷粮艺”，由于制作便捷，只要一经培训，便可人人操作制作，因此工艺制作相传甚兴，参与的师生可达到全覆盖，参与率为100%。为将“五谷文化”植入学校教学理念。我校按照国家课程标准，制定出相关的教学计划，各年级开齐开足美育课程，做到教师到位，课时落实到位。平时注重加强美育教师的业务培训，鼓励教师积极参加各级的教研活动和在职进修，提高业务能力，更新教学方法。注重兴趣小组的训练，认真做好美育特长学生的档案整理，扎实抓好平时各兴趣小组的培训工作。近年来，我校主要开展了美育艺术运动会、文艺展演等。美育老师把学生的作品张贴到宣传橱窗上，极大地丰富了师生的文化生活，提高了学生的综合素质。我校全体师生力求把“德苑--五谷粮艺”这一非物质文化遗产发扬光大，更好地传承这一古老的民间传统艺术，在传承和发扬的道路上不断地探索，不断地创新，不断拓展，使美育思想、艺术技法不断得到传承发扬。我校自主编辑了《德苑——五谷粮艺》校本课程教材，主要分成三个部分：上篇为《认识五谷粮艺》，中篇为《践行五谷粮艺》，下篇为《体验五谷文化》，主要以培养学生的美育核心素养和综合实践能力，让德育、美育的价值得到最大限度的发挥。

二、多措并举，齐力弘扬传统文化经典

为了让“五谷文化”深入人心，同时使我校成为弘扬“五谷文化”的重要阵地。我校积极构建了“德苑——五谷粮艺”传承体系，把传承文化作为义不容辞的责任，激发创造力、凝聚力，形成共有的“五谷文化”精神家园。其次，我校领导协同教育专家，进行科学梳理，用新的思想、新的精神丰富“德苑——五谷粮艺”文化宝库。此外，我校也广泛加强对外交流合作，学习其他文明成果，取诸家之长，融入中国文化元素，打上“五谷文化”烙印，形成“校本”传承风格。进一步凸显“德苑——五谷粮艺”的审美价值、文化价值、历史价值，强化了地区文化的传播，形成农耕思想的精神支柱，全方位弘扬中华五谷文化，保护传承“五谷粮食艺”。为了更好地保护和发展“德苑——五谷粮艺”，我校成立专门的机构，成立传承的力量“工作室”，以弘扬中华五谷文化、保护和发展“五谷粮艺”。我校选拔了一批具有较高美学素养的教师进一步深造，他们既有较高的学历和丰富的知识，又怀有弘扬中华文化的远大理想。不怕吃苦，一心一意以弘扬中华文化，传承发展“德苑——五谷粮艺”为终身目标。我校还申请专利，以法律的手段进行保护“德苑一五谷粮艺”。以法律的方式促使“德苑一五谷粮艺”良性发展。以扩大品牌影响力的方式进行发展和传承。学校也加大宣传，利用一切宣传平台推介“德苑一五谷粮艺”。积极参加全国各地的展会，宣传五谷粮艺。同时，利用媒体报道和网络平台，在当地的各种杂志上刊登“五谷粮粮艺”的相关信息，让各地都知道“德苑粮艺”。

文化只有在动态的环境中才能保护和传承。我校与当地成人学校、农业服务站联系嫁接，不求利润，无偿把制作工艺传给“家乡人”，全面推向市场，将以经济效益带动文化的发展。为了让“德苑一五谷粮艺”让更多的人知晓，将它世代传承，积极收集各种历史文献资料，我校将其整理成册《德苑——五谷粮艺》，既弘扬了中华五谷文化，也保护“五谷粮艺”。根据本地丰厚的地域文化特点，我校推出“走进自然、走进乡村”的综合实践活动，学生们深入村村落落、家家户户，感受传统民俗民风。期间，我校从整体上遵循“五谷文化”的活动宗旨，把三个方面的主题（品悟年节文化、汇集乡土文化、追寻五谷精神）整体同步推进。推出尖字沽中学小记者活动、地方艺人专访、摄影比赛、专题征文比赛、诗文大赛等专题活动，让学生在快乐参与的同时，了解民间博大精深的文化，体验富有地域风情的“五谷文化”。

三、放眼未来，续写五谷教育崭新篇章

沐浴春风桃花红，雨露滋润花更艳。在教育事业开花结果的黄金时代，在社会各界的关注和大力支持下，我校师生必能把“五谷粮艺”这一非物质文化遗产发扬光大，更好地传承这一古老的民间传统艺术，专心致志在传承和发扬的道路上不断地探索，不断地创新，在“教育”上用功，在“文化”上磨砺，以“五谷文化”为学校精神引领，从一而终，在这片广阔、绚丽的教育舞台上续写新的篇章！

传统文化进校园·引导学生做“有根的中国人”

——唐山市路北区钓鱼台一小特色简介

河北省唐山市路北区钓鱼台第一小学　李君

在河北省唐山市路北区有一所传统文化特色学校——钓鱼台一小。这所学校规模不大，师生人数不及千人，但在社会上有着良好的口碑！唐山电视台、唐山广播电台、唐山晚报、燕赵都市报、环渤海新闻网等媒体都曾多次跟踪报道学校的特色活动。这所学校魅力何在呢？原来，学校多年来一直致力于引导学生做“有根的中国人”！

一、感恩教育　有声有色

唐山市路北区钓鱼台一小紧紧围绕“立德树人”这个目标，将“弘扬传统文化•实施感恩教育”作为办学特色，以“承华夏传统、育厚德英才”为己任，让全校师生做“有根的中国人”！中华优秀传统文化是中华民族的精神支柱，是我们的根，更是我们的民族之魂。钓鱼台一

小是如何做到“有效传承中华传统文化”，并将其融入育人当中，让学生学有所得，学有所乐，学以致用呢？

钓鱼台一小率先开启了“感恩教育的篇章”。感恩是中华民族的传统美德。为了塑造师生健全人格，培养师生知恩、感恩、报恩和施恩之心，学校开展了近百项感恩活动。纵观学校感恩教育的步伐：从“感恩教育启动仪式”到“感恩教育成果展”；从每学期一次的“感恩征文比赛”、“感恩影片展播”到“感恩自然植物节活动”；从“感恩教育实验班的成立”到“积百善活动”；从“感恩之星的评选”到“感恩胸章的颁发”；从“心存感恩与爱同行·艺术节活动”到“跳蚤市场活动”；从“感恩剧团的成立”到“感恩教育家长课堂的开办”……一系列活动，使得感恩的种子在师生心中深深地扎下了根！和谐的校园处处奏响着爱的旋律。

二、传统文化 绽放校园

为了进一步实现“承华夏传统，育厚德英才”的目标，钓鱼台一小又全面启动了“传统文化进校园”系列活动。

“《百家姓》进校园”活动开展得有声有色！学校成立了“《百家姓》宣讲团”，每周宣讲一个姓氏。宣讲员们带着满腔的激动与自豪，宣讲着每个姓氏的由来；宣讲着每一个姓氏背后千折百回的历史渊源和不为人知的感人故事……学校老师纷纷登台，以表达内心深处对自己姓氏的别样情怀。全校师生就这样踏上了一条不同寻常的寻根之旅，感受着中华文化的博大精深、源远流长。

2014年，学校全面启动了“太极拳进校园”活动。太极拳刚柔并济、博大精深，融汇了中国传统文化的精髓，是中华民族传统文化中的一枝奇葩，受到了世界各地人民的喜爱和重视。钓鱼台一小为了弘扬太极文化、推进阳光体育活动开展，丰富校园文化内涵，促进学生全面健康成长，特开展太极拳进校园活动。用一年时间实现了全校师生共练太极的愿景。

2018年学校又开启了“京剧操进校园”活动。学校将中国京剧文化融入体育运动当中，创编了《说唱脸谱》京剧操，现已成为每日课间操的一项内容，激发了学生对京剧国粹的热爱。

三、校本课程 熠熠生辉

为了进一步“弘扬传统文化”，帮学生找到中华民族的根，钓鱼台一小以民间艺术教育为载体，设计开发了六大校本课程，分设在六个年级开展。民间艺术是传统文化的承载方式，它把我们民族的生活装点得多姿多彩，使得我们的历史文化就像花一样鲜艳美丽。我们有责任让孩子们将其传承并发扬光大，只有如此，才能提升中国人的精神境界、培养中国人的道德情操、人生智慧和审美趣味、提高中国人的文化素质和民族凝聚力。

钓鱼台一小立足各年级学生的年龄特点和兴趣爱好，精心选择了多种优秀的民间艺术，让它在校园中落地开花（如：泥塑、象棋、葫芦丝、刻纸、空竹等）。

钓鱼台一小六个年级的校本课程如下：

一年级是家风礼仪；二年级是泥塑；三年级是象棋；四年级是葫芦丝；五年级是剪纸；六年级是空竹。这六大校本课程都创编了校本教材，写入课表，每周上课，传统文化真正走进了课堂。学生在接受传统文化及民间艺术熏陶的同时，还能吸收民族精神的营养，使之成为学生成长成才的精神支柱。

“象棋”这一校本课程的开设，使得学校涌现出了一批批小棋迷。为了满足小棋迷的需求，教学楼每层都开辟了“楼道棋社”。课间孩子们纷纷来此或对弈或观战。以棋益智，以棋养心！每年的元旦前夕，学校会如期举行“迎新年·棋王争霸赛”，已经诞生了一届又一届棋艺高超的小棋王。

为了培养孩子们热爱自然、感恩自然的情怀，每年冬天，学校都会组织开展“播种绿色·感恩自然”小种植活动。在家长的支持下，同学们的种植热情分外高涨，种植品种，种类繁多，有：大蒜、豆子、花生、向日葵、土豆、白薯、萝卜根、白菜根，还有：小麦，玉米、火龙果、桂圆等新奇品种。孩子们在播种绿色的实践中，用稚嫩的双手，真诚的童心，呵护着一颗颗幼苗，付出了辛勤的汗水，经历了种植过程中的酸甜苦辣。孩子们亲眼看见了一个生命从无到有，从小到大，从嫩芽长成绿叶的过程，亲身体验到了生命的奇迹与感动，亲自感受到了大自然的神奇魅力，孩子们不由得生出感恩自然之心，更加珍爱生命，更加热爱自然！

“欲求木之长者，必固其根本”，多年来，钓鱼台一小始终致力于回归教育的本真，做有根的教育，育有根的人。寻根立根、养根育根、护根铸根……钓鱼台一小将继续用"传统文化"这片沃土，为孩子们提供最丰富的精神食粮！相信种子，相信岁月，相信今日之嫩芽，他日必根深叶茂，成为国之栋梁。

坚守立德树人，培养学生健康成长

河北省香河县城内第四小学 王林

国无德不兴，人无德不立。育人的根本在于立德。落实立德树人根本任务，是我国教育事业不断取得新发展的关键所在，也是实现高质量发展、建设教育强国的必然要求。我校始建于2013年9月，是由县政府投资5000万元建立的一所高标准的现代化学校。学校在党的教育方针的引导下，坚守“以人为本，立德树人，健康成长，快乐发展”的办学理念，以德育为首，教学为中心，坚持依法治校，全面育人。在学校的发展上，以质量求生存，以特色求发展；以学生发展为中心，重视学生的个性发展，使学生综合素质得到全面提高。

一、落实立德树人，强化学校管理

在学校管理方面，我们坚持以学生为主体，教师为本位。作为教师，必须要平等地对待每一位学生；作为学校，必须要关注、尊重每一位教师。本着“让每一个孩子快乐地学习”，“为每一个孩子的幸福人生奠基”的理念，凡是有利于学校发展，师生发展的事，都必须去做，坚决去做；凡是不利于学校发展，师生发展的事，都不许去做，坚决不做。

在此基础上，完善学校的各项规章制度，从根本上解决学生困难。比如：为了解决部分家长中午、晚上没有时间管理学生、辅导学生的问题，学校制定了《午托管理制度》，负责午托学生的饮食起居。要求中午值班教师晚上放学后值班教师要履行教师职责，义务辅导学生学习。

完善教师管理。立：树立。德：德业。树立德业。教师自身树立德业，才能培养出优秀的人才。德高为师，身正为范。作为教师，要做好学生的榜样，教书育人，爱岗敬业，因材施教，关心和爱护每一位学生的成长。学校现在有一支德才兼备、师德高尚的教师团队。他们呕心沥血、辛勤工作、关爱学生，为学校赢得了极好的口碑，受到了家长和社会各界人士的一致好评。

学校把教学研究作为中心工作，建立校本教研制度，扎扎实实地开展校本教研活动，促进教师间的反思与对话。将学科教研分为语文、英语、数学、音乐、体育、美术和常识等学科。形成“实践反思-同伴互助-专业引领”的实践形式。

满足发展需求。学生有健康的体魄，才能茁壮成长。教师有健康的身体才能更好地教书育人。学校定期组织师生开展丰富多彩的教育教学活动，满足师生全面发展的需求。如：开展阳光体育一小时活动、大课间活动、“阳光校园你我同行”活动，让学生在认真学习的同时，提升自身身体素质；加强爱眼教室的使用，定期开展学生体检和体质健康监测，建立学生档案等等，保障师生身心健康，促进师生全面发展。

促进思想发展。快乐发展，是对师生思想发展的要求。学校的教育，不仅仅是让学生全面发展，更要让学生喜欢，有兴趣，满足学生的个性发展。百花齐放才能收获满园春景。学校从多方面出发，促进学生全面发展，提升学生道德品质，帮助学生学会学习，增强学生身体素质，提高学生艺术修养，培养学生生活本领等。开设类型多样的兴趣小组，满足不同学生，不同特点的发展需求。学校现有语、数、英学习兴趣小组，美术、音乐、舞蹈小组，学校田径队、足球队、篮球队，学校小卫士监督员，图书阅读引导员等等。这些社团小组更好地让学生们在德智体美劳各个方面全面发展。

二、完善硬件设施，提升学校实力

为提升学校办学质量，我们从硬件设施出发，满足教育教学需要。

我们建设了先进的教室，每个教室内都安装了55寸触控液晶电脑电视一体机。并配有科学实验室、仪器室、微机室、多媒体教室、音乐室、舞蹈室、美术室、少科室、体育器材室、多功能大厅等，设施齐备，均达到河北省一类标准。

建有开架图书阅览室。学校的开架图书阅览室位于图书楼内，内有80000册图书和30万册电子读物，全方面满足学生的阅读需求。学校充分利用图书资源，打造书香长廊，营造读书氛围，让学生在读书中成长。

完善体育设施。学校现拥有300米高标准塑胶跑道运动场、小足球场、100米长的运动场观礼台；运动场外侧建有两个高标准塑胶篮球场，能够保证学生的体育课和课余锻炼。学校还建有380平方米的风雨操场。在此基础上，还将不断完善教育资源。

建立校园网。校园网的建立，实现了多媒体教学班班通，为打造“高效课堂”提供了强大的助力。

除此之外，学校积极引进资源，在红卡集团投资15万设备的基础上，又投入7万余元创建了红领巾广播电视台工作室，辅导员老师，精心筹划节目，组织编排录制了“我读书、我快乐”、“我是班级小明星”等精彩节目，为孩子们的特长展示提供了更好地平台。

三、狠抓德育建设，提高德育实效

我校坚持德育为先，把德育工作置于教育全面发展的首位。德育工作着眼于学生未来的发展，直接关系到学校的面貌，学生的思想品德和身心发展。

提高德育成效。学校坚持育人为本德育为先，把社会主义核心价值观融入学生的思想品德教育中。

加强学校的德育工作。我校把少先队纳入德育工作中。校领导带头，指导班主任科学制定工作计划；坚持周一和重大节日的升旗仪式和国旗下的讲话制度；把传统教育贯穿到德育活动中，充分营造坚持少先队常规性活动的开展，有力提高学校的德育氛围。另外，定期指导大队辅导员工作，积极宣传和推广少先队活动，让各中队辅导员不断地学习和吸收少先队的工作经验，增强辅导员的工作信心。

丰富学校德育活动。学校狠抓文明礼仪、感恩教育、法制教育、心理健康教育、民族精神教育、生命教育、环境教育及国防教育等。结合学校的实际情况，重视关爱留守儿童，加强指导和监督，培养他们养成良好的思想道行为。并通过传统节日、少先队活动、志愿者活动、读书活动、征文比赛等激励学生见贤思齐、奋发有为，让学生在活动中得到提升。

四、开展多彩活动，促进全面发展

学校在“以人为本，立德树人，健康成长，快乐发展”的办学理念引导下，尊重每一位教职工和学生的身心健康发展，通过组织丰富多彩的课余活动，让师生健康成长、快乐发展 。

开展“阳光校园，你我同行”系列活动，组织少先队员和辅导员老师参加“五十米托乒乓球跑”、“定时定点投篮”、“多人组绑腿快走”、“抢凳子”、“教研组拔河赛”等多项活动。增强了大家的集体荣誉感，愉悦了身心，让孩子们劳逸结合、快乐学习。

开展“文明校园大家创建”系列活动。组织队员参加“清明祭英烈”、“童心向党六一汇演”、“文明礼仪伴我行”、“参观文化艺术中心和县文博馆”、“向国旗敬礼”、“经典诵读”、“不忘初心超越梦想”等活动。极大地促进了队员全面发展，提升队员道德品质，培养队员生活本领。

学校是一片净土，在这里，师生付出努力，收获快乐。师生获得成长的同时，学校的教育教学工作也取得了骄人的成绩。

2017年，学校有240多人次师生在各级各类比赛中获奖或受到表彰。校运动队在县春季田径运动会、中小学乒乓球比赛、篮球比赛、秋季单项赛中成绩优异，尤其是学校足球队在县长杯足球比赛中荣获女子组第一名，“市长杯”足球比赛中荣获女子组第五名的好成绩。学校舞蹈队的歌舞“读唐诗”荣获县六一文艺汇演一等奖，并且参加了县教师节表彰大会汇演和县创建文明县城文艺晚会演出。学校荣获“廊坊市文明校园”、“河北省示范家长学校”、“河北省足球特色学校”、“全国红领巾广播电视促进计划示范学校”等多项荣誉称号。

2019年，教师参加省市县各种比赛，优质课，课件，论文，科技大赛，基本功，规范字，绘画等，100余人次获奖。学生参加省市青少年科技大赛，县级竞赛，雨露报征文等，多人获奖。校女子足球队代表香河县参加市长杯，奋力拼搏克 服困难取得全市第五名的历史最好成绩并且赢得市三万元足球训练专项基金。学校少先队工作有声有色，先后获得“优秀少先队集体”、“五四红旗团支部”、“廊坊市优秀少先大队”等荣誉称号。2019年4月，学校被香河县教体局评为信息报送“先进单位”。

天道酬勤，厚德载物。通过全体师生的共同努力，我校营造出了一种充满生命气息的校园文化，使之成为教师快乐工作、学生胸怀理想，点燃火种的知识殿堂。进步和成绩，只是学校前行发展之路的一小步，师生们不骄不躁，共同努力，推动学校朝着更高的目标不断前行。面向未来新的征程，我校将继续秉承“学思互鉴，知行合一”校训，打造“书香校园，博雅人生”特色，走文化兴校的康庄大道，使我校成为一所充满情趣、充满魅力、充满诗意、充满活力的现代化学校！

深化产教融合，促进职教发展

河北省玉田县职业技术教育中心　张铁庄　王桂文

在创新驱动背景下，深入推进产教融合已成为近年来教育教学改革的主题、主战场，以此推进创新人才的培养，提高教育服务和引领产业发展的能力。深化产教融合、校企合作，也是新时期对职业教育发展的新定位和新要求。我校以对接现代产业体系和服务社会发展需求为导向，聚力改革发展、深化校企合作。学校连续10年高质量就业率达100%，被评为“全国教育系统先进集体”、“全国中等职业学校就业安置先进单位”。企业对学校输送的人才满意率达98%。

一、调整专业方向，实现转型升级

近年来，我校通过企业调研、前景研讨，调整专业设置方向，实现了专业设置转型升级。一是骨干专业服务区域经济发展。学校在专业建设上紧跟区域经济发展，改革课程体系和人才培养模式，建成6个省级重点专业和1个省级特色专业。2014年以来，学校累计向京津唐输送了6000余名专业对口的技术人才；二是重点专业对接产业结构调整。依托唐山市“加快构建‘4+5+4’现代产业体系”政策，学校升级了电子商务中心和学前教育实习设备，新建了新能源汽车装调与检修、工业机器人运用与维护、电气设备安装与维护、办公自动化四个专业，以满足企业对人才的需求；三是试点专业紧跟教育改革要求。《国家职业教育改革实施方案》提出“启动1+X证书制度试点工作”后，学校两个专业先后入选全国“1+X”证书制度试点专业。“学历证书+若干职业技能等级证书”的育人形式，提高了职业教育教学质量，促进学生可持续发展，缓解结构性就业矛盾。

二、深化产教融合，革新师资队伍

为组建一支专业水平适应学科建设的精品师资队伍，我校从校内提升、校外引入两方面入手——完善校内培养体系，精研精修。学校构建集师德、技能、科研为一体的教师培训体系和以活动修师德、以比赛提技能、以培训促科研的教师培养体系，通过“青蓝”助推、企业实践等方式，以评促建、以培促建、以练促建，提升教师专业能力。

引入企业技管人才，精讲精练。学校邀请企业人才到校任教，以“师傅带徒弟”的形式指导学生技能，派遣专任教师跟班听课，形成“学生学技能、教师学教法”的教学模式。通过研讨会、校企合作论坛等平台，双主体（学校、企业）、双师型（教师、师傅）的教师队伍逐渐形成。

三、紧盯企业需求，精准培养人才

我们通过校企集团化办学、订单式培养、校企共育人才等办法，实现了职业学校人才培养的提档升级。

实施“集团化办学”，瞄准方向。2014年，玉田县装备制造业职教集团成立。政、校、企得以进行多种渠道的互通交流，促进了学校的转型升级，建立了企业技术人才梯队。多家企业先后投入近100万元与学校共建了实训中心，保证学生实习实训，实现基地共享、校企同心。

突出“订单式培养”，瞄准需求。2010年以来，学校先后与150余家企业开办了近20个企业订单班，其中80余家县内企业定向招聘1000余人，在课程、教学、实习等方面培养“准员工”。“订单式培养”对接专业与产业，助推企业可持续发展，强化工学结合，实现人才精准培养。

开展“中医式诊断”，瞄准根源。校企采取“望闻问切”的人才培养模式。“望”——学生通过参观企业车间，熟悉工作流程，有了创新创业的动力。“闻”——企业师傅进课堂、企业招聘会，使学生了解企业，明确自己的就业方向。“问”——职教集团年会、校企合作论坛等活动，促进校企高层对话，便于达成合作。“切”——工学结合和顶岗实习期间，校企实行双管理，发现并纠正问题，为学生正式上岗打下基础；学校以此改进教学内容，从根源上保证人岗相适。

大力推进创新创业教育是职业教育对经济社会发展需求的积极回应，也是职业教育改革发展内在要求，更是展现“十四五”规划和2035年远景目标蓝图的一个重要方面。今年是建党100周年，是我国迈向建设社会主义现代化强国的起步之年，我们职教中心责任重大，任重道远。我们将不忘初心，牢记使命，发奋努力，为巩固拓展脱贫攻坚成果、助力乡村经济发展，推进玉田县职业教育振兴做出新的更大的贡献。

传承传统文化　筑梦幼儿未来

——河北省张家口市第二幼儿园办学纪实

河北省张家口市第二幼儿园　郁东利　邢轶娟

学前教育作为素质教育的重要组成部分，对幼儿的终身发展具有重要意义。在塞外山城有这样一所幼儿园，它把传承中华优秀传统文化作为教育己任，全心致力于幼儿健康、快乐、成长，为培育有自信、懂礼仪、知荣辱的中国人不断进行幼儿阶段的教育探索和实践，这就是河北省张家口市第二幼儿园。

该园在办学之初，就对园所的发展有了清晰的思路。创办八年以来，始终秉承着“以‘爱’为魂、以‘真’为美、用‘心’养育、用‘情’培育，为孩子的终身发展奠定良好素质基础”的办园宗旨；明确了以中华优秀传统文化为园所文化底蕴，以本土化蒙台梭利教育理念作为园所发展的理论支撑，用中华优秀传统文化涵养园所文化根基，并且将其根植于园所建设与成长的各个环节与细节当中。

营造育人环境，感受文化熏陶

环境是幼儿园教育的隐性课程。张家口第二幼儿园在环境建设当中把环境建设与办园理念紧密结合。校门口大理石上一句深刻而富有内涵的话：“学习爱，从这里开始。”就是对每一位教师及幼儿的鞭策。

在室内外环境建设中，该园一直将春生、夏长、秋收、冬藏的自然文化中的国学元素和优秀的民族传统文化、地域文化与现代科技文化巧妙融合。比如开辟了户外绿化地，种植园、蔬菜园；在外围墙面的设计中创设琴、棋、书、画和民间传统工艺十二生肖剪纸的国学文化氛围；在楼道环境中设计了雪绒花等图案凸显了地域文化元素；创设了大戏台、美瓷苑等丰富多彩的区域游戏空间；创设了“礼”、“爱”主题楼道环境，这些都在潜移默化中影响幼儿。

该园不仅有自然文化的熏陶，还有班级环境的感染。在园所环境和班级环境中，园里每学期挑选《三字经》《百家姓》《千字文》《弟子规》《孝经》《声律启蒙》等古代传统蒙学读物，为幼儿创设经典的文化试听环境。在班级环境中对幼儿一日生活中的进餐、散步、饮水等都进行文化的熏陶。

涵养优秀团队，根植传统文化

教职工是园所发展的中坚力量，是园所发展的核心。幼儿园始终坚持民主、人文的管理理念，在队伍建设中，着力专业梯队建设和个人成长。对所有员工进行国学文化教育培训；并先后邀请首都师范大学国学教育培训部主任徐健顺教授、河北北方学院张晓光、段军、郎瑞萍等多位教授入园进行国学讲座；组织教师外出参加国学教育培训。同时，建立课题组、实验班教师学习共同体，带动全体教工不断地学习、反思，提升传统文化的专业素养和文化认同感。

传承传统文化，润泽幼儿成长

创办八年以来，张家口市第二幼儿园以“礼”、“爱”核心思想为课程构建的主体框架，结合中华传统节日、节气，将传统文化融入集体教学、社会活动、生活课程和家庭教育中，逐步构建文化适宜的园本课程，并取得了不错的效果

将传统文化融入生活课程。在构建园本课程时，以五个实验班为国学教研核心小组，以国学课题实施带动各年级组教育教学活动的开展。在“礼”和“爱”的框架下生成了《见面礼》《问候礼》《进餐礼》《爱家人》《爱家乡》《爱环境》等课程。

将传统文化渗透于社会活动。游戏是幼儿园的基本活动形式，在健康、快乐发展的教育理念下，有效拓展游戏形式和途径是教育的最佳手段。该园把传统文化教育渗透到幼儿一日的集体活动、区域游戏、大型活动、外出活动等，并借助节日文化，使传统教育上升到一个新的层次。并结合清明、端午、中秋、重阳等节日开展“播种希望共成长，放飞梦想踏青行”亲子春游活动；“浓情端午，粽享六一”爱游戏、爱美食活动等，这些活动不断丰富幼儿的生活经验，陶冶幼儿情操，在潜移默化中培养孩子做一个有民族文化根基的人。

将传统文化渗透于家庭教育。其中“家园合一”是二幼的办园理念之一，通过外请专家、购置教育课程对家长进行专题培训；邀请家长来园参与传统文化课程的亲子体验活动；成立家长委员会，定期召开例会，通过讲座、座谈等形式，加深家委会成员对我园传统文化课程建设的理解与认同，从而为园所良好文化氛围的形成起到了积极的推动作用。

幼儿教育是要对孩子一生的幸福负责，带给孩子希望与力量的教育。在近八年的发展中，张家口第二幼儿园所有教职工始终坚守着这一承诺，办实实在在的教育，谋一心一意的发展，并用“爱”用“心”，用“情”滋润着孩们成长。

凝心聚力谋发展，深思静想定乾坤

河北省张家口市下花园区后堡街小学 李荣 李涛 梁晓霞

“一年之计，莫如树谷；十年之计，莫如树木；终身之计，莫如树人。一树一获者，谷也；一树十获者，木也；一树百获者，人也。” 这段话既阐明了人才培养的重要性，也揭示出人才养成的不易。教育好比温暖人生的阳光，尊重、赏识每个个体，致力于学生能力、品德等各方面素质的全面提升，服务于个体的健康成长，滋养每一个生命。我校始建于1963年，现有教职工107人，教学班38个，1530名学生。书香飘逸，花开文明。为全面贯彻党的教育方针，落实立德树人根本任务，发展素质教育，提升教育品质。办学以来，我校始终秉承“教学生六年，想学生一生”的办学理念，深入开展未成年人思想道德建设，创建文明校园，积极践行社会主义核心价值观。立足学校实际，我校加强中国文化传承，通过各种活动塑造学生的文明礼仪与行为习惯，提升文明素养。另一方面，把学生思想道德建设放在重要位置，扎实开展主题教育活动，积极构建德育课程体系，将社会主义核心价值观融入教育教学全过程，以“扣好人生第一粒扣子”活动为主线，常态化开展“文明班级”、“新时代好少年”评选学习、传承红色基因等系列活动。积极围绕“扣好人生第一粒扣子”、“平安、文明、书香、感恩”等主题开展系列活动，为学生幸福人生奠基，为学校发展铺路。

一、多措并举，孕育学校发展新气象

2020年，一场疫情不仅让学校校园满地黄叶，也让教育迎来一场绝无仅有的重大变革。教育教学的阵地从校园转移到网络。疫情期间，我校大力推进线上教学工作，整合教育资源，为教师搭建网络教学平台，利用张家口国家教育公共资源平台、河北基础教育资源平台、张家口教育云、张家口电视台等平台获取优质网络教学资源，使用云讯视、QQ群、微信群、乐教乐学等互动平台，多途径与家长和学生保持联系，建设网络课堂，设置了晨读、课堂教学、学生辅导、答疑、作业反馈、阳光体育锻炼等各个教学环节，有效解决了学生因疫情无法正常到校上课的问题，确保防疫教学两不误。我校还制订学生课本发放方案，根据实际情况与邮局对接，以邮寄的方式将教材送到每一位学生手中，为线上教学的顺利开展奠定了基础。

教育也是服务，服务精神是传统美德中的璀璨明珠。为此，我校大力培养学生服务意识，让学生贴近生活，走进大街小巷，用实际行动投入到服务之中。我校成立了“后堡街小学志愿服务队”、“红领巾亲子服务队”，“红领巾环保服务队”、“红领巾小交警”等9个特色志愿服务队，在实施扶贫助困、环境保护、倡导文明等志愿服务中，实现“1+N”良性互动模式，赢得良好的社会评价。我校也因此荣获第八届河北省教育系统优秀志愿服务品牌、第九届河北省教育系统优秀志愿服务先进单位称号。2020年我校还通过“小手拉大手”志愿活动，带领全校师生及家长齐心抗疫，荣获下花园区抗疫先进集体荣誉称号。

一所学校的发展除了要有顽强拼搏的斗志，深厚的文化底蕴和内涵，还要有一支好的领导队伍。为了增强学校凝聚力，齐心协力推动学校品质发展，我校领导班子以“旗帜永红　润泽心灵”为灯塔品牌，实施一个党员一盏灯，点亮自己，照亮同志，温暖群众，聚灯成塔。深入开展“不忘初心”主题教育，党员引领，打造团结、务实、廉洁、高效的管理队伍和学习型、服务型、创新型的教师队伍。为让教师专业技能和职业素养不断提升，我校还大力培养、选派校长、教师轮岗培训，农村师生参与教育教学各项活动，切实提高了薄弱学校办学水平和教育教学质量。同时加强师德师风建设，建立学生、家长、教师、学校和社会“五位一体”的师德建设监督网络。此外，为切实保障教师在师德建设方面也有所提升，我校还积极开展师德教育活动，组织教师进行师德宣誓、新教师师德教育、签订拒绝有偿家教承诺书，杜绝有偿家教，认真组织年度师德考核。积极开展形式多样的师德师风理论学习，组织开展十佳教师、党员育才标兵评比，激励更多的教师比学赶超，争做德能双馨好教师，切实提高教师敬业奉献精神和教书育人的责任感。时至今天，我校市区级骨干教师、教学能手占专任教师人数的45%，为学校师资队伍建设奠定了有力基础。

二、德育并重，营造以文化人新局面

学校是教书育人之圣地，富含无穷的精神营养和知识奥秘。立足学校实际，我校充分挖掘校内外资源，大力打造校园活动阵地，积极开展各种心理体验、书法、彩泥、围棋、航模、科学探索、快乐足球等趣味社团、社会实践、校外联动等活动。如定期推出系列校刊《静听花开》，展示学生优秀作品。利用校园广播、板报、班队会、国旗下讲话、电子屏、网站、微信公众号等宣传阵地，开展形式多样的宣传教育，发挥阵地的育人功能。我校还以“浸润人生　文以化人”为主题，围绕“平安、文明、书香、感恩”开展系列活动，确定了传统文化、经典诵读、乡土文化、快乐足球等校园文化品牌，每年开展“书香伴我成长　经典照亮人生”知识竞赛、“诵经典　品书香　树人格”中华经典诵读、花园风采展、感恩母亲节、校园足球对抗赛等一系列文体活动，形成了具有浓郁“后小”特色的文化氛围。

校园环境是学校文化和内涵最直观的体现。因此，我校精心布置校园环境，使得校园充满了德育氛围。充分利用空间，精心设计，突出人文主题，让每一棵花草、每一面墙壁、每一处场所，都能发挥育人和熏陶功能，努力创设一个“时时受教育，处处受感染”的德育环境，让学生在耳濡目染中拓展知识，开阔眼界，启迪智慧，陶冶情操。

学生自主管理能力是凸显学校办学品质的重要表现。学校即是学生的学校校，也是家长的学校，更是社会的学校。我校通过校园网、微信、社区家长学校等多种方式整合家校育人资源。建立家长学校委员会，定期举行家长学校教学活动，使广大学生家长积极参与学生的习惯养成教育，形成学校家庭、社会齐心协力共同育人的生动局面。

保障学生安全是一切教育教学实施的基础。为了提升学生安全防范意识，强化安全教育宣传，我校最大限度争取社会力量如交警队、检察院、蓝天救援队等开展安全教育活动。几年来，通过全校的不懈努力，我校先后被评为全国安全教育实验基地，河北省依法治校示范校，张家口市平安建设示范单位、防震减灾科普示范校、综合治理先进单位。

学校的文明校园创建活动，也取得显著的效果，硕果累累，被教育部命名为首批全国青少年校园足球特色学校、全国小学生作文教学示范校、创新作文示范校，河北省双合格家长学校、网络教学实验校等殊荣。是全国安全教育实验基地、语文教师专业化发展工程基地、河北省文明校园、河北省素质教育示范校、第八届河北省教育系统优秀志愿服务品牌、第九届河北省教育系统优秀志愿服务先进单位，多次被评为张家口市教育系统先进集体。还被评为张家口市文明达标学校、德育教育示范校、德育工作先进单位、师德建设先进集体，市学校思想政治教育先进集体、连年被评为市级优秀少先队大队。以上种种荣誉不仅是对我校教学品质的褒奖，更让我校师生对未来充满的信心。

三、知行合一，共绘素质教学新蓝图

绵绵用力，久久为功。教育注定是一场没有终点的行程。学校的内涵、品位和文化底蕴需要被全体师生牢记并践行，应如和风细雨渗

透到学校各处角落，待春暖花开。一直以来，我校始终紧紧围绕创建浓厚文化氛围，注重培养学生行为习惯、文明素养和学习能力，创建文明校园，全面提升学生综合素质，不断引领学校品质发展。走在教育的漫漫长路上，学校的办学理念如一股股精神力量，不断激励着我校全体师生，敢为人先，一路成长。“教育之根味苦，教育之果甘甜”。未来路上，我校会继续虚心向学，脚踏实地，勇敢前行，严守“教学生六年，想学生一生”教学理念，在教育中不断创造、生成丰富的教育资源，在“心”上用功，在“事”上磨砺，积极投身祖国的教育事业，携手一心，始终如一，为打造有生命力的教育，不懈努力，共谋幸福。

立足三声教育，奠基和乐人生

河南省邓州市张村镇高山族小学　尹玲　杨华　孙静

我国坚定实施科教兴国战略，始终把教育摆在优先发展的战略位置，以人为本，以和为贵，践行全民教育、终身教育，努力建设学习型社会。我校积极响应国家教育发展战略的号召，以学生教育为重任，以“和”为办学主题，深化“三声教育”，注重学生德、智、体、美、劳全面发展。同时，不断完善学校教学科目，优化师资队伍的建设，并且凭借自身独特的地理位置和人文环境，开创了独具高山族风情的校园文化。

一、和而不同，开拓创新

和而不同促发展，润物无声以相融。孔子曰“君子和而不同”。我校的文化主题就是一个“和”字，它体现着“和而不同，求同存异”的管理理念。学校文化建设分为五大部分，分别为核心价值观建设、学生文化建设、教师文化建设、课堂文化建设和课程文化建设。所有的建设都围绕着文化主题“和”字展开，其中校训“以和为贵　和而不同”，校风“和衷共济　开拓创新”，办学思想里的“立足三声教育，奠基和乐人生”等无一不是其体现。有了和谐才能有更好地发展。我们以和为贵，在和谐的基础上开拓创新，不断达到新的高度。

校园环境对学生有着潜移默化的影响，我校整体布局合理，设计精巧，营造了一个有民族特色、有内涵、舒适的育人环境。富有韵味的学习园地，独立创新的黑板报，多元化的随时更换的墙体文化等，我们诵古诗，讲故事，学文化，唱动听的阿里山歌，跳特色的高山族舞，随处皆有学问，随时都能学习。校园内的草木砖瓦皆为文化载体，我们把无形的精神文化转化为看得见的有形的物质文化，利用有限的课余时间把无限的促进学生又好又快发展的精神文化传递给学生，甚至连每条道路、每个院落，也有自己的独特名字、寓意及作用。附诗一首，可深刻感怀：

湍河之滨，绝妙的台湾村风情
相照辉映，多彩的高山族校园
初春青松笑迎客，盛夏水杉入云端
金秋桂香溢满园，凌冬白梅傲霜寒
励志大道立长志，希望路上谱新篇
展翼勤勉腾飞路，阳光运动乐无限
启智园中竞聪慧，怡情林里诗赛展
抒怀苑中花竞放，墨香苑里技艺显
书博林中勤诵读，萌学园里绽童颜

可见，这些静态的物质文化，时刻影响着学生的行为文化，成风化人，浸染灵魂。

二、立足三声，向尚向美

学校主张立足三声教育，奠基和乐人生，促进学生全面发展。三声即书声、歌声、笑声。书声是根本，以开发学生智力，培养学生创新精神，踏踏实实一步一个脚印；歌声陶冶情操，培养学生向德智体美全面发展靠拢；笑声是一抹灵动的色彩，是学生健康快乐成长的保障。

书声启智。学校要求全体师生要善读书、读好书，营造“书香班级”、“书香校园”氛围，真正让读书成为师生的自觉行为，让校园充满琅琅的书声。而这需要我们师生共同的努力才可实现。作为教师，需要上好阅读课，将集中阅读与分散阅读相结合，明确按照学校所提出的阅读课的操作流程来进行，即读、说、写、展四步走。同时，教师需要要求学生制作读书卡片，由此来培养学生的四种素养即阅读、美术、手工、审美。而且也要抓好经典诵读，坚持利用阳光大课间，监督学生经典诵读5分钟。作为学生，则需要做好读书笔记，随时记录自己的所思所想，以此来感悟启发。

歌声怡情。为了丰富学生的课余生活，学校的校园广播在早、中、晚各播放10分钟的经典“红歌”和校园歌曲。在教师紧缺的情况下，学校设置了专职的体育、音乐老师，同时装备了音乐教室。音乐老师以教材为主进行教学，同时兼顾高山族歌舞。并且在阳光大课间，学生必须唱校歌、国歌，来感受音乐带来的舒适与轻松，来体会校歌与国歌的精髓韵味。

笑声抒怀。学校每天组织阳光大课间活动，活动融合了手语操《感恩的心》　、健身操　、经典诵读等。并且在文化课之余，学校成立了多个社团，如书法社，根据高中低年级分为毛笔、硬笔课程；葫芦丝音乐社团；舞蹈社；诗社；足球社团等，学生可根据自己的兴趣爱好自由选择社团，希望能够在培养学生全面发展的基础上，培养学生的个性与特长。同时，我校积极开展第二课堂　，成立了“学生舞蹈小组”，使学生利用课余时间学习、排练具有高山族民族特色的舞蹈。高山族歌舞成了我校发展过程中最为突出的特色，既丰富了同学们的课余生活，促进学生全面发展，又使我们时刻不忘海峡两岸一家亲，两岸同胞心连心的美好期盼。除此之外，课间十分钟，主要以跳绳为主，同学们又自发开展乒乓球、羽毛球、跳皮筋等活动。这些活动既丰富了学生的校园生活，又促进了学生的身心发展，同时，也使学生在课外活动中培养竞争意识，发展个性特长。

学校在“三声”教育思想的雨露滋润下，花团锦簇。书声琅琅冲九天，歌声嘹亮入云端，笑声清脆满校园。以三声教育为发展契机，大力推进学生全面发展，丰富其生活，提高办学质量，努力打造健康和谐的美好校园。

三、以文化人，特色立校

文化引领塑灵魂，全面发展扬个性。育人，是每个学校永恒不变的追求，而用文化引领求知的灵魂，用歌舞演绎青春的活力，培养全面发展的人，激发创造力，张扬个性，是我校永恒不变的追求和使命。英国的尼尔曾说过“使学校适合儿童——而不是使儿童适合学校”。多年来我校一直遵循“立足三声教育，奠基和乐人生”、“用一个灵魂唤醒另一个灵魂”、“追求人的全面和谐发展”等教育信条，以班级文化、活动文化、校园文化为抓手，以文化为引领塑造学生灵魂，在全面发展的基础上发扬学生个性。

每当校歌《我们都是一家人》这动听的歌声在校园响起，优美的旋律总能激荡起游子对故乡的重重情思。故乡情，游子心，华夏儿女一家亲；血脉相连，情深义重，我们其实都是一家人。“台湾村”、“高山族”以及“高山族小学”并不为人所熟知，但是其中也凝聚着鲜为人知的情愫衷肠，学校以台湾村的历史渊源为基础不断改革创新，不断发展和弘扬“三声”教育特色文化，坚持“特色立校，科研兴校，管理强校，依法治校”的发展战略。学校通过特色高山族歌舞、高山族体育活动、高山族手工艺术品制作等活动，把高山族民族文化与传统的书法、绘画、阅读融合在一起，把高山族生产生活活动与歌舞相结合，把高山族体育活动与现代体育相结合，把高山族手工制作与书法、绘画相结合，让学生在活动中对高山族文化及生活习俗有更深入的了解和体会，从而达到传承中华优秀文化的目的，实现全面发展。

百年大计，教育为本。教育是人类传承文明和知识、培养年轻一代、创造美好生活的根本途径。它决定着人类的今天，也决定着人类的未来。教育的本质是“唤醒”，我校通过“三声教育”与文化引领，使孩子们更好地认识世界，体会生活的美妙，感悟文化的魅力。以立德树人为己任，积极营造教育思想领先、办学机制高效、课程特色鲜明、教师特点突出、学生个性张扬、有灵魂之师、有灵魂之生、回归教育本真、彰显地方特色的高山族校园文化氛围，使高山族文化风情传扬四方，使高山族小学的孩子们在成长之路上大放异彩，为社会主义建设增砖添瓦。

适应时代新要求　探索育人新路子　争创德育特色品牌

——淅川县西簧乡初级中学德育工作纪实

河南省南阳市淅川县西簧乡初级中学　陈国庆　张刘成

在淅川县委、政府、县教体局、乡中心校的正确领导和大力支持下，西簧乡初级中学以培育和践行社会主义核心价值观为统领，积极落实立德树人根本任务，突出强化中小学德育工作的时代性、规律性、实效性，确立了“德育为先　教学为主”的办学思想，把学校养成教育作为切入点，坚持以孝德教育为重点，以国学经典为底蕴，打造书香校园，积极推进素质教育。该校组织全体教职工积极探索，勇于创新，坚持以“三个面向”为指导，坚持“育智先育德，成长先成人”的理念；落实一个目标——德育“六化”的总目标；把德育落实到教育教学的各个环节，通过“礼仪教育正行为、感恩教育塑人格、法制教育明纲纪、美化环境造氛围、德育实践增活力”等途径，强化师德师风建设，课内与课外相结合、学校与家庭相结合，全面推行素质教育，逐步形成了孝德教育特色品牌，先后被评为“河南省先进家长学校”、“淅川县德育工作先进单位”等荣誉称号。

一、树立现代教育理念，转变育人观念

教育的任务或者真正使命是让每一位学生获得全面发展，而学生发展成长历程最重要的一步是要“学会做人”。一个人学业上的缺陷并不一定会影响他的一生，而道德、人格上的缺陷却可能毁了他的一

生，因此我们学校特别重视对学生“终身”的教育，重视学生人格素质的培养。初中处于人格可塑性较强的年龄阶段，是形成人格及人的基本素质的关键时期，人的素质是个整体，而人格素质则是其根和主干，它决定着学生素质的发展方向。该校在教育中特别注重提高学生人格素质教育的针对性及可行性，特别注意根据学生的实际及个体特点找准“终身”教育的切入点，特别注重言传身教的结合、情与理的结合、学校和家庭的结合，切实帮助学生形成良好的人格素质，在成才成功前使他成为一个真正的人。学校成立以校长为组长的德育工作领导小组，坚持用先进的教育理念引领德育工作，坚定不移地以“德育立校”为基准推进素质教育，坚持以人为本，创新德育工作方式，加强校园文化建设，开展丰富多彩的德育活动，逐步提高学生的人文素养和道德修养，形成科学的世界观、高尚的人生观和正确的价值观，促进学生和谐发展。

二、以中华优秀传统文化为载体，开展丰富的学习活动

学校以国学经典为底蕴，打造书香校园，积极营造学习中国优秀传统文化的氛围，开展《道德经》、毛泽东诗词、中华好诗词、《经典文化诵读》《国学读本》《道德经》、楚文化等国学经典文化的学习、践行活动，每年暑期组织诗词大会，定期进行《道德经》背诵登记认证，及国学经典诵读活动，成立传统文化研习社，每周进行研读传统文化研讨交流会，举行国学大讲堂及国学经典优质课竞赛活动。另外，学校以中国传统文化为载体，利用每天晚饭后时间进行硬笔、毛笔书法练习，将每个学生的作品用夹子固定悬挂在教室四周，定期举行书法比赛，展出优秀书法作品，用多样的活动形式展示了学生的特长，彰显了中国传统文化的独特魅力；同时，学校更新校园广播系统音乐，利用课间和放学时间，播放经典音乐，并利用音乐课，教学生了解经典音乐的创作背景、欣赏音乐、品味音乐，从而让其产生对经典音乐的兴趣。

三、利用社团活动，培养学生个性特长，提高学生综合素质

学校开设了面向全体师生自愿报名、全员自愿参与的水墨飘香书法、妙笔丹青绘画、神韵太极、3D动画编程等十余个德育社团，社团活动紧密结合学校“孝德”教育主题，潜移默化渗透德育，深入挖掘师生潜能，充分发挥学生特长，创新活动形式，因材施教，培养和激发学生兴趣爱好，提高学生的创新精神和动手操作能力，开发学生审美、创造美的能力，使学生的基本素质和个性特长都能得到发展。近年来，神韵太极社团被淅川县教体局评为“优秀社团”，在全县太极拳比赛活动中荣获一等奖；水墨飘香社团12名同学获得县书法绘画比赛一等奖。

四、德育常规活动系列化、系列活动规范化

第一，方式的多样化，让学生担任主角，在活动中增长才干。一是以重大节日、“三爱三节”、“三拒绝”等内容为载体开展活动让学生在活动中感悟出做人的道理。如：清明节、劳动节、端午节、教师节、烈士纪念日、国庆节等节日的主题班会及黑板报，升旗仪式、国旗下讲话、感恩励志演讲会、知识竞赛、“德育活动展演”、“运动会”，演讲比赛，辩论赛、征文比赛等活动，全面展现学生的个性特长。二是开展"三名"活动。读名著，唱名曲，赏名画。通过活动使学生领悟生活中的真善美，从多层面加深对生命的理解和感受，形成脱离低级趣味的积极向上的人生观和世界观；三是学校扎实推进“三大步”励志教育、邀请中国心理健康成长网刘珑老师为同学们进行感恩励志演讲、海量阅读、“亲子共读”的工程、家校联谊等，实现活动育人。

第二，德育活动渠道的主体化。发挥五种渠道功能，一是把德育教育渗透于各科教学活动之中；二是利用班级和团队；三是利用网络媒体；四是设立家校联谊协会，实现学校教育与家庭教育合拍，如主题班会、监考、考试总结表彰会邀请家长，每学期组织评选最美孝心家长、孝心学生、孝心教师，定期召开家长会；五是学生自我锻造。

第三，活动内容的系列化。坚持推进德育工作月度主题，用以指导班级德育工作有目标、按规律、系列化地上水平、办特色、创品牌，持续开展“月月有主题、周周有活动”的德育活动课，增强德育课的针对性。“注重载体，强调参与，突出主题，形成系列”是该校开展德育工作的主要特色。学生会、班委会、社团组织开展了丰富多彩的活动，循序渐进、环环相扣、相互补充、不断深化教育网络，对学生进行全方位的系列教育，使学校德育工作进入科学管理轨道。

五、开展素质拓展活动，拓宽德育的范围和领域

学校每年组织新生军训、远足、野炊、暑期社会实践、研学旅行、学习军体拳、观看爱国影片等活动，增强学生的体质，锻炼意志，提升精神面貌、文明素养、组织纪律性和团结协作精神，进行爱国主义教育；教给学生生存的本领，教育他们在人生的旅途中，不退缩、不放弃，遇到困难应竭尽全力，树立正确积极的人生观和价值观。

六、树立先进典型，促进行为习惯养成

为进一步解决学生养成教育中存在的问题，促进学校德育工作整体水平的不断提升，该校开展了“三比三评”（比学习、比文明、比劳动）、争做绅士淑女、“盆栽班级门口养、我与绿植共成长”、每周一孝等系列活动，就行为习惯方面进行督促规范，用活动中的正面引导来替代简单粗暴的批评教育。同时鼓励教师用放大镜找学生的优点，并及时肯定鼓励，通过评选表彰“最美学生”、“绅士淑女”、“文明班级”等活动，树立先进典范，起到榜样引领作用，学生违纪现象明显下降，讲文明、尊敬师长的习惯蔚然成风，有力地促进了学生良好文明习惯的养成。

七、弘扬孝道文化 继承传统美德 创建德育特色品牌

学校积极倡导孝敬父母、尊敬长辈、悌爱兄长、关心老人的道德风尚，加强青少年思想道德教育、弘扬孝道文化，营造孝敬父母、感恩社会的良好社会氛围，学校着眼探索新思路、新渠道，推行孝德文化教育，打造孝德教育文化长廊，创新感恩励志教育活动形式，充分挖掘孝亲敬老教育内涵，围绕孝道“十会”（唱孝歌、读《孝经》、品孝著、讲孝事、践孝行、做孝操、悟孝感、写孝文、树孝模、传孝德）进行开展系列活动，彰显孝道文化的育人功能，全面提升师生的道德素养、精神风貌，从而将学校德育工作推向新高度，弘扬中华民族传统美德，使广大学生了解和理解孝道的历史意义和现实意义，成为孝文化的传播者和践行者，为推进和谐西簧建设做贡献。

在德育教育中，该校坚持“贴近实际、贴近生活、贴近学生”的原则，以活动为载体，实现活动育人，进行了一些探索并取得了一些成效，积累了一定的经验，但还存在一些不足。路漫漫其修远兮，吾将上下而求索，西簧初中将在上级主管部门的领导下，继承中华优秀传统文化，积极落实立德树人的根本任务，探索新形势下开展学校德育工作的新路子，培养出新时代中国“四有”好少年，实现学校的和谐发展，努力将学校德育工作推向一个更高的层次，促进学校乃至社会文明素质的提升。

以“雅”促德，润泽儿童健康成长

河南省淅川县西簧乡中心小学 徐鸿飞

坚持全面发展是实现立德树人根本任务的价值指向，促进人的全面发展是马克思主义的最高价值理想，也是不断推进立德树人向前发展的理论依据。从静态的视角来看，立德树人主要涉及树什么人、立什么德的问题。人的全面发展涉及思想政治教育、道德教育、法治教育、心理教育、传统文化教育等多个层面。因此，要树立全面育人观，拓宽立德树人的面向，构建“大德育”体系。从动态发展视角来看，立德树人是牵一发而动全身的过程，坚持协同育人、全过程育人是推动70多年来立德树人取得实践成效的重要支撑。《国家中长期教育改革和发展规划纲要（2010—2020年）》指出，要“充分调动全社会关心支持教育的积极性，共同担负起培育下一代的责任”。坚持全面发展的育人观，就是要坚持全员育人、全方位育人、全过程育人。

河南省淅川县西簧乡中心小学是一所明德项目学校，该校坚持以行为养成教育为重点，以“立德树人，德育为先”为宗旨，通过多种途径，立德树雅，力争达到“学校高雅，教师儒雅，学生文雅”的育人目标，以“雅”促德，润泽儿童健康成长，努力创建德育特色学校。

学校坚持每天上、下午大课间全体师生宣读励志词提振精气神，坚持每周下午第四节上国学德育课传授传统文化，每周五下午第二节上主题班会课彰显“立德树雅”特色，坚持每周四晚填写成长手册记录成长轨迹，坚持每期评选一次“绅士淑女”规范文明礼仪，开展各种社团活动充实“德雅”内容，以“道德班长”对班级学生进行自我、系统地管理等形式，涵养师生“德雅”风采，通过德育的内化过程，促进学生的个性发展、习惯养成，努力营造学生自我教育的整体氛围，使学生在实践中发展、在体验中成长，最终实现“立德树雅，创建德育特色学校”的美好愿景。

（一）办学理念立雅

习近平总书记指出，教育是民族振兴、社会进步的重要基石，是功在当代、利在千秋的德政工程，对提高人民综合素质、促进人的全面发展、增强中华民族创新创造活力、实现中华民族伟大复兴具有决定性意义。学校坚持正确的办学方向，科学制定学校中长期发展规划，以“德雅”特色理念贯穿学校各项工作之中，一张蓝图绘到底。

一方面学校全面贯彻党的教育方针，坚持党建引领、立德树人，面向全体学生、全面发展的育人理念，办学方向正确、办学思路明晰。制定切实可行的学校中长期发展规划，突出德育工作的核心地位，弘扬“做明德人，扬三雅风”的特色教育理念，力争3-5年内把学打造成管理效果规范、教学成绩优秀、德雅特色突出的淅川县内一流、南阳市内有名的山区名校。

另一方面，制定切合本校实际的“三风一训”：校训：做明德人，扬三雅风；校风：品正、博学、惜时、善思；教风：自主、合作、探究、互动；学风：乐学、质疑、勤思、求真。

（二）教学环境创雅

习近平同志指出学校要在厚植爱国主义情怀上下功夫，让爱国主义精神在学生心中牢牢扎根，教育引导学生热爱和拥护中国共产党，立志听党话、跟党走，立志扎根人民、奉献国家。该校首先营造以“德雅”为主色调的校园文化特色，构建浓厚的校园文化氛围，梯次绿化与校园文化、班级文化浑然一体、相得益彰。学校立足长远，积极打造以经典诗词、名言警句、楚文化等国学文化为主题的校园文化特色，学校教学楼各楼层走廊、过道、栏板、院墙等安装以社会主义核心价值观、名言警句、唐诗宋词、楚文化、德雅文化等国学文化为主题的文化标牌300余块，营造浓厚的校园文化氛围。利用上下午30分钟大课间，诵读励志词、做韵律操、花样跑步等，开展丰富多彩的校园文化活动，让校园成为同学们学习、成长、发展特长的乐园。坚持每周下午第四节的德育课和经典诵读课不动摇，坚持周六德育社团活动不动摇，使全体师生养成了良好的行为习惯和道德情操，为学生提供表现舞台，展现学生的个性特长。

其次，每天播放经典歌曲，振奋师生干劲，利用上下午30分钟大课间，做三德操、现代韵律操、军事操、花样跑步等，为学生搭建个性发展平台，开展丰富多彩的校园文化活动，让校园成为同学们学习、成长、发展特长的乐园。

其三，全新规划落实了西簧乡中心小学校史室、党建室，让师生了解学校的发展史，形成“知学校、爱学校、建学校、兴学校、我有责”的校兴我荣意识，为振兴西簧乡小尽职尽责。强化党的建设在学校工作中的引领作用，发挥“一个党员一盏灯、一个支部一面旗”的战斗堡垒作用，凝聚师生的正能量和精气神，牢记“四个自信、四个意识和两个维护”，以高度的责任感和事业心，全身心地工作，再创乡小新辉煌！

其四，提升绿化品位和效果，让校园各处达到美化、净化、亮化，四季常青、四季有花的绿化效果，使每一位进入乡小的客人都享受到温馨和谐、美不胜收的惬意。

其五，学校坚持德智体美劳全面发展的教育方针，认真打造豆腐寨开辟的近十亩劳动教育实践基地，让全体师生全员参与到“犁、种、护、收”的劳动环节中去，接受劳动教育，感受劳动的快乐、劳动的艰辛，感受收获的漫长、收获的愉悦，从而达到“爱劳动、知感恩、惜粮食、敬父母、爱祖国”的德育育人目标。

（三）课堂教学现雅

课程教学是学校教育的中心，是落实立德树人任务的主渠道，是培养学生道德认知、情感态度的主要途径。近年来，西簧乡中心小学加强课程教学建设和管理，严格落实课标，精心设计教学内容，优化教学方法，将中小学德育内容融入学校教育教学的全过程。

1、学校坚持以“导学互动”教学模式及“四种课型”的推广为载体，深化教育教学改革，向改革要质量，向课堂40分钟要效益。课堂教学当中，教师的儒雅，要通过仪表、语言、教法、学法、互动、拓展等环节展示出来；学生的文雅要通过坐姿、语言、仪表、反馈、交流等展现出来。

2、坚持道德班长和“三题两议”主题班会课堂教学模式（创设情境，确立主题；初议文本，研读主题；再议文本，升华主题），引领主题班会课的课堂教学方法，激发德育效果的提升和运用，促进学生良好习惯“雅言雅行”的形成，力争使之成为特色课程、拳头学科。

（四）社团活动助雅

习总书记要求教育部门要在培养学生奋斗精神上下功夫，教育引导学生树立高远志向，历练敢于担当、不懈奋斗的精神，具有勇于奋斗的精神状态、乐观向上的人生态度，做到刚健有为、自强不息。该校以丰富多彩的社团活动为载体，有效地开展内容充实、形式多样的社团活动，丰富学生课余生活，发挥学生的特长。学校成立的葫芦丝社团、舞蹈社团、金话筒社团、书法绘画社团、腰鼓社团、电脑编程社团、小发明、小制作社团、无人机社团等，扎实开展各种活动，开发学生的智力，提高学生的兴趣，培养学生“雅言雅行，明德向善”的良好品行，其中，百人腰鼓社团、40人葫芦丝社团气势宏大，培养学生集体主义精神、团结协作志向、凝心聚力品质。学校还通过大课间活动、课间韵律操、花样跑步、太极拳、远足活动等让学生感知励志教育、劳动教育、感恩教育等的魅力。

学校定期开放图书阅览室、班级成立图书角，给学生创造自主阅读、认真做好笔记的良好氛围，同时学校还要定期开展读书活动、诗词大赛活动，形成“读国学经典、与圣人为伍”的浓厚氛围。

（五）德育评价促雅

习近平总书记着眼新时代中国特色社会主义教育的全局，深刻阐释了立德树人的基本内涵。对于培养什么人，习近平总书记指出，育新人，就是要坚持立德树人、以文化人，建设社会主义精神文明、培育和践行社会主义核心价值观，提高人民思想觉悟、道德水准、文明素养，培养能够担当民族复兴大任的时代新人。

1、科学、系统地制定完善各项规章制度，注重评价考核，突出德育管理的实效性，实现管理育人、科学育人。学校始终坚持“以人为本，德育为先”的教育理念，以社团活动为载体，德育月度主题教育为抓手，评价德育的常规流程是否实效、实用，主要从理想信念教育、文明礼仪教育、习惯养成教育、励志增信教育、挫折磨炼教育、传统文化教育、社会实践教育、心理健康教育、家校协作教育、月度主题教育、德育宣传教育、日行一善教育十二个板块细化德育操作规程及开展德育夏（冬）令营活动、“三拒绝”活动等，体现“学校无小事，事事见德育，以德来育人，个个成栋梁”的德育目标，德育处天天通报、周周总结、月月量化、期期表彰，奖优罚劣，奖出正能量、奖出好风气。

2、严格执行升国旗制度，坚持每周一次国旗下讲话以及每天的红领巾广播站宣传，把小学生日常行为规范、小学生守则、文明礼仪、养成教育等融入其中，强化爱国主义教育、集体主义教育。

3、完善常规管理评价制度，坚持每期评选一次校级“绅士淑女”、文明班级、文明宿舍、文明学生、文明教师、文明餐厅等评选活动，大张旗鼓的宣传，力争形成正能量、好风气，营造比学赶超的良好氛围。充分发挥家校协会的作用，全程参与监督、管理学校的一切事务，使学校科学、健康、稳健的向前发展。

4、制定完善的各项安全考评方案，从安全计划、安全预案、安全常规工作、责任追究等方面，对班级、教师、学生进行全面考核，奖优罚劣，突出抓好安全教育，营造良好教育环境。

（六）关爱学生显雅

1、关注留守儿童和困难群体学生就学问题，做好控辍保学工作，认真落实“贫困寄宿生生活补助”发放工作和义务教育经费保障机制健全，让贫困学生“进得来、读得起、留得住”，不让任何一个孩子因家庭经济困难而失学。

2、关爱困难群体，坚决不让一位困难学生因贫因病失学，为“留守孩子”构筑温暖“大家庭”，通过家长学校、家长会、家长开放日等形式，加强道德品质教育，让“留守儿童”在社会实践中体验做人做事的道理。真正做到既关心爱护，又严格要求，培养他们的自尊心，自信心和进取心，为留守儿童的健康成长营造一个和谐的成长空间。

（七）家校联谊共雅

习近平同志讲道：“家庭是人生的第一所学校，家长是孩子的第一任老师，要给孩子讲好‘人生第一课’，帮助扣好人生第一粒扣子。”落实立德树人根本任务，家庭、学校、社会、政府都有责任。家庭教育是基础，学校教育是关键，社会教育是重要影响源，教育等部门要发挥统筹协调作用，凝聚立德树人的教育力量。全社会要担负起立德树人的责任，健全家庭、学校、政府、社会协同育人机制，形成全员育人、全程育人、全方位育人的格局。西簧乡中心小学要定期开展家校联谊会，邀请学生家长、“五老”代表、退休教师、政协委员等全程、全面参与学校管理工作，从班级管理、作息时间、校服定做、防洪巡河、“三拒绝”活动、远足活动、社团活动、家庭作业、营养餐改善等方面，全面参与到商榷、规划、监督等环节中，力求学校管理公开，政务公开，全面接受社会各界监督，办人民满意的教育，育社会有用的人才，让家校联谊、社会联谊的举措在学校结出满园的硕果。

（八）劳动实践铸雅

在2018年全国教育大会上，习近平总书记强调了劳动教育的重要价值，把“四育”提升为“五育”，指出努力构建德智体美劳全面培养的教育体系，习总书记强调要在学生中弘扬劳动精神，教育引导学生崇尚劳动、尊重劳动，懂得劳动最光荣、劳动最崇高、劳动最伟大、劳动最美丽的道理，长大后能够辛勤劳动、诚实劳动、创造性劳动。西簧乡中心小学德育处协调租地6.5亩作为学生的劳动实践基地，种植中草药、时令蔬菜、瓜果、作物等，让学生全员参与到整地、育种、栽苗、除草、浇水、施肥、管理、采摘等环节中，感受到探索的过程、劳动的艰辛、收获的快乐，从小练就爱劳动、爱探索、爱实践、爱科学的高雅内涵，为人生成长奠定浑厚的基础。

学校将高举党建引领的大旗，坚持“立德树人，德育为先”的理念，以“雅”促德，润泽儿童健康成长。进一步加强领导，调整工作思路，以更加饱满的热情，开拓创新、奋发进取，弘扬“做明德人，扬三雅风”的特色教育理念，力争办让上级满意、家长满意、社会满意的教育，为学校的腾飞和发展、振兴和辉煌，做出新的更大的贡献。

大语文，让语文学习精彩纷呈

黑龙江省大庆市肇州县第一中学　张月宇

语文即语言和文字，它在学生学习和生活中的交际和工具作用无可替代；语文即母语和国文，它在传播和发展中华文化方面的作用更无可替代。可见，语文学得好不好，既关乎个人的生存与发展，亦关乎民族文化的继承与发扬。然而，在传统的语文教学中，语文教师对教材顶礼膜拜，紧紧围绕教材展开所有的教学活动，让学生“一心只读教科书，两耳不闻世间事”。教师“教”之，心生倦怠，望而生畏；学生“学”之，兴味索然，疲于应付。

《新课标》要求教师教学不应以“本”为本，而应以“生”为本，强调书本知识向生活回归，注重对教材进行灵活的补充、衍生、拓宽、重建、质疑和超越，让学生走出课本，走向生活，走向文学，走向艺术，从被动的读一读、背一背、写一写、说一说走向积极主动的读名著、读经典、练演讲、练表演、搞创作。“小语文”只会使语文教学之路越走越窄，“大语文”将语文教学之路引向更广阔的天地。

一、确立读书汇报月，开展多彩读书汇报会

展演，让语文练习更加多姿多彩。每学期，学校都会按照教育部规定书目及学生年级特点，给学生分层次布置必读书目和自选书目。每学年的九月份是学校的读书汇报月，学校要举行盛大的读书汇报会，既是对初二、初三学生暑期读书情况的验收，也是给初一新生的引领和激励。

在每次的读书汇报会上，师生同台演出，节目内容贯古通今，节目形式丰富多彩，有相声、小品、情景剧、朗诵、演讲、歌舞等，孩子们都竭心尽智地用自己最喜欢和最擅长的方式演绎自己最喜欢的文学作品；我们每次也都会邀请部分家长参加，既让家长感受孩子成长的幸福，也让家长知道读书对孩子成长的意义。

从2012年至2020年，我们已经成功举办了八届读书汇报会，不仅深受广大师生和家长的喜爱，也成为他们每年最期盼的文化盛宴。

二、精选经典影视节目，让学生多角度受益

影视，让语文学习享受视觉盛宴。对优秀影视作品的鉴赏可以强化语文教学的直观性，为语文学习找到实践的载体，注入知识的活水，增强学生学习语文的兴趣。

每年寒暑假，学校都有计划地给学生布置必看的影视节目，并设置相应的验收作业。如2020年暑假的电视节目有《汉字书写大赛》《中华诗词大赛》《我是演说家》《家风》《传承》等；纪录片有《大国治道》《舌尖上的中国》等；电视剧有《换了人间》《解放》《毛泽东》《贞观长歌》《卫子夫》；电影有《战狼》《红海行动》《我和我的祖国》《我和我的家乡》《哪吒》《姜子牙》《八佰》《金刚川》《最美逆行者》等，这些影视作品从文学、历史、地理、人文、文化、家国情怀等角度给学生带来了难以预知的收益。同时，我们提倡亲子同看，既可以和谐亲子关系，也可以让家长体验观看优秀影视节目的必要性，从而扭转了部分家长认为看电视耽误学习的错误观念。

三、扩大学习空间，让学生感受语文就在生活中

生活，让语文的天地更广阔。生活中处处有语文，校内、校外的各种语文实践活动都是学生学语文、用语文的重要阵地。我们充分利用自然、人文和社会资源，让学生真切感受到语文就在生活中。

结合季节和天气特点，我们适时调整教学内容，给学生布置相应的作文或课前演讲等作用，让他们关注自然、了解自然。结合假期出行计划，我们引导学生了解自然及名胜历史，感悟祖国的河山壮美和文化的博大精深。

四、组建文学社团，把文学的种子洒向每个班级

社团，让语文学习交流有平台。我们从各年级、各班级中选拔文学爱好者，或在写作、读书、朗诵、表演等方面表现突出的学生组成文学社团，每周对他们进行一次集中培养训练，通过听书赏鉴、影视剧赏析、即兴演讲、经典诵读、才艺展示、个性作文等课程，引导学生细细品味文学作品的内蕴，提高他们的思维能力、鉴赏能力和语言运用能力。

在日常学习中，文学社团成员则起到了很好的引领、示范和激励作用，从而带动更多的孩子爱上阅读、爱上文学。

五、利用校园广播，让文学艺术之音激荡学生心灵

校园广播，是提升语文品鉴能力的重要渠道。我们从非毕业年级选拔朗诵主持才华突出又有一定组织和策划能力的孩子担任校园广播运行工作，开设名家经典美文欣赏、师生佳作欣赏、校园要闻、生活小百科四个栏目，在每周五中午1点到1点20分面向全校师生广播。同时，我们提倡各班级下载喜马拉雅文学名著，在课间播放文学名著的演播，比如评书版的《西游记》《三国演义》《水浒传》，长篇小说连载《简•爱》《童年》等。通过听，对学生走进名著、走进文学起到了一定的引领作用。

六、通过教材链接《语文主题学习丛书》，提升学生写作能力

《语文主题学习丛书》是对教材很好地拓展和延伸，是“正餐”后不可或缺的甜点。为了充分汲取“丛书”营养，我们除结合教材让学生作适时的阅读外，　还针对“丛书”开展了诵读大赛、硬笔书法比赛及“丛书”札记展等活动，让“口壮”的孩子更加“口壮”，“厌食”的孩子也能从中感受到“丛书”的美味，从而打开胃口自己去“觅食”。

诵读大赛采取读与听的方式，即选手通过广播诵读自选篇目，各班级同学在本班打开书本倾听，这样30个选手参赛就带领全体同学读了30篇文章。硬笔书法大赛的操作方法是利用20分钟时间，让年级部的全体同学从“丛书”中选取自己最喜欢的篇目钢楷200字。“丛书”札记展是以抽签的方式从每班随机抽取10名同学的札记，参加展览，评选出奖项，给予相应的表彰。

面包营养了人类的肉身，文学则滋养了人类的灵魂。我们开展大语文教育，不仅要立足于提升学生中考高考的成绩，更要着眼于提升学生未来人生的品位。希望我们的孩子在未来的人生之路上，既能喜迎春暖花开，也能笑对风霜雨雪。大语文的路上，我们不会止步。

厚植文化育人，强化办学特色

黑龙江省嘉荫县向阳乡中心校　孙红艳

新时代学校文化育人工作要有新发展、新作为、新面貌，就必须要把握好文化育人的时代内涵，弘扬好中华优秀传统文化，不断扩大中华文化的影响力，不断赋予其源源不断地生命力与创造力。我校始建于1935年，是一所历史悠久的半寄宿农村乡镇小学。校园占地面积16884平方米，建筑面积2932平方米，绿化面积4500平方米。一直以来，学校坚持以文化引领内涵发展，不完完善学校体系，弘扬“文明、守纪、团结、向上”的校风；“敬业、爱生、严瑾、创新”的教风；“自主、合作、善思、乐学”的学风，努力把我校成一所人民满意的学校……

一、校园文化浸润，促进内涵发展

借助“向阳”这个充满阳光和朝气的校名，学校的校徽外形设计为圆形，寓意为初升的太阳，太阳的光芒下，一棵嫩芽茁壮成长，一朵向阳花，美丽而灿烂地开放着，其中向阳花和嫩芽为“向阳”两字的开头字母XY的变形，也寓意学校蒸蒸日上。

向日葵是向往光明之花，象征着健康、快乐、活力，追求积极的人生，永远有积极的心态。面向太阳就会是希望，勇敢成长就是种锋芒。梦想就是最好的信仰，指引我们向前不会彷徨。拥有梦想的人一定势不可挡！因此被我校誉为校花。

绿萝是生命力非常顽强的一种草本植物，在生长过程中仅仅只需要水就能够存活下去，同时还有“生命之花的称号”。绿萝有个非常美好的梦想就是希望她能开出美丽的花，所以不断地为了这个梦想而奋斗着，就算在实现梦想的路上遇到困难挫折，都不会忘记自己最初那个美好的梦想。因此被我校誉为校草，则是我校教师的象征。各楼层及办公室里随处可见的绿萝一年四季生机勃勃。

学校努力打造以“向阳花儿开，朵朵放光彩”为体系的校园文化，将学校所有课程文化和德育活动全部纳入到“朵朵课程”系列活动中去。并开设了衍纸、足球、国画、软笔、硬笔、科普、朗读、乡景、龙棋、乒乓球、舞蹈等多彩的校本课程和文明礼仪、革命传统、理想信念、生态文明、安全教育、传统文化、爱国主义、心理健康、法治教育、社会实践、志愿服务、劳动感悟等德育活动。让师生感受到“阳光、热情、青春、和谐，团结、向上”校园文化的浸润的熏陶，潜移默化中滋养学生的道德情操。打造向阳中心校走内涵发展的办学之路！

二、体育艺术滋养，创新办学特色

为推动校园足球特色文化建设向纵深发展，形成人人“爱足球，玩足球，会足球”的良好氛围。我校以校园足球运动为抓手，把足球作为立德树人的载体，达到以球育德，以球健体，以球促智的目的，促进学生全面发展、强化办学特色，提升办学品位。并进一步丰富、完善、提升了校园足球文化内涵，一二年级训练绕杆跑练习、足球直线运动、足球游戏；三四年级练习十字运动接力、曲线运动、传球游戏；五六年级练习运球绕杆、传球、踢准比赛、趣味游戏。全校师生还一起开展动感足球、足球柔韧操等活动，每年6月都会举办向阳杯足球联赛，每个班级都建立自己的队名、代表自己团队意义的队服和标志。

校园足球文化节旨在弘扬“小足球大智慧”、“小足球大教育”的育人理念。我校已经成功举办多届校园足球文化节暨特色足球文化展示。师生精心组织了校园足球文化展示，学生们通过形式多样，独具特色的足球表演，充分展示了向阳中心校特色足球文化取得的成果。文化节还设置了“向阳杯”足球表演赛，邀请了学生家长和广大村民参加了足球赛。

为了培养学生感受美、理解美、鉴赏美和创造美的能力，让每位学生都能感受衍纸的乐趣，坚持课内课外结合，在少年宫社团活动中开展了衍纸校本课程，学生三年级开始进行衍纸制作方法的学习，从初级的卷、捏形、拼贴和配色，到复杂的衍纸作品的创作，使学生在体验动手实践乐趣的同时，培养学生丰富的想象力、创造力，使其感受到艺术的魅力，提高学生的审美情趣。我校结合嘉荫“中国第一龙乡”的恐龙文化进行恐龙系列衍纸作品创作，为使内容、色彩和形式更加丰富，将绘画与衍纸手工完美结合，衍纸作品内容丰富，颜色鲜艳，搭配大胆，形式多样，充满想象，给学生足够的想象空间，让学生的艺术思绪自由地飞翔。

恐龙衍纸作品展出后，受到大众的喜爱，尤其受到外地游客的青睐，成为嘉荫独有的旅游纪念品和赠送亲朋好友的佳品。针对于此，向阳乡中心校建立了“向阳花儿童基金”，把恐龙衍纸纪念品销售利

润全部用于资助农村留守儿童、贫困儿童和单亲儿童，集社会力量为这些特殊儿童送去光明和希望，使受资助儿童消除心灵的阴霾，感受到来自社会大家庭的关爱和温暖！

三、实践感悟成长，健全育人体系

我校是一所农村学校，孩子们的父母多数都是农民，可现在的家庭多数都是一个孩子，家长都心疼孩子，不舍得让孩子干农活，许多孩子不了解农作物，甚至不认识田地和菜园里的庄稼，更体会不到父母的种地的辛苦与付出。结合学校的实际情况，因地制宜开辟了学生劳动实践基地，让学生亲自参与，体验和感受生活，培养学生热爱劳动的习惯，增强珍惜劳动成果的意识，进一步丰富综合实践课的内容和形式，进而形成了一道亮丽的校园文化。

一是种植园基地——青葵园：把学校综合楼后的闲散荒地开垦了近200平方米的种植园。该基地可以有效保证学生劳动活动的安全。该基地主要种植玉米、花生、大葱、番茄、辣椒等农作物。不同季节赋予我校师生不同的景色，我们共同徜徉在美丽的风光中。

二是绿色长廊——沁心园：充分规划和利用操场的空地建设了100平方米的植物长廊，师生共同栽种了葫芦、丝瓜、砍瓜、野生葡萄、苦瓜等藤蔓植物。夏季藤蔓爬满了架，长廊两侧的长椅便是我们师生读书、休闲的好去处。

三是园林基地——夕拾园：学校院内有近400平方米的杨树林，林中栽种了五味子、山丁子、枸杞和沙棘等野生植物。高大的杨树和铁栅栏被五味子爬满。秋天果实挂满了架，是师生采摘的乐园。

劳动实践基地的建设与开发，为学生提供了接触自然，了解社会的机会。学生亲自参与与采摘蔬菜、果实，为农作物松土、施肥、除草、搭架，在劳动实践中认识、了解了农作物的生长习性。学生在学到知识的同时，又培养了劳动观念。通过劳动让学生懂得劳动果实来之不易，以此养成勤俭节约的好习惯。在劳动的过程，学生主动与他人互动，跟环境互动，在整个种植、管理的过程中，学生们心里产生了许多问题，又通过自主、合作、探究解决一个个问题，大大激发了学生的劳动热情，提高了学生的实践能力。更难能可贵的是在劳动活动中真正体会农民劳作的辛苦付出，感受到与同伴合作、分享的快乐，养成吃苦耐劳、脚踏实地的良好品德。

在学校劳动实践基地取得教育成效后，我们将基地生产的蔬菜、瓜果等一部分无偿提供给学校学生食堂用于改善提高学生伙食，另一部分赠送给贫困的孤寡老人和贫困学生。学生们一年四季做好日常养护工作，使劳动实践基地不但成为我校一道亮丽的内景线，真正实现了德智双赢的局面。

厚植文化育人就是让文化成为立校之本，以丰富的文化内涵来规范办学，同时以立德树人为着力点，不断创新学校特色，培养学生全面发展。我校以“勤奋、求实、和谐、进取”的精神，面向全体学生，尊重差异，开发学生的潜能，以“办社会满意的学校，做人民满意的教师”为宗旨，本着“以爱为源，以质为本，因材施教，为每一位教师的发展和学生的成长奠基”的办学理念，积极践行着“发展学校，成长教师，快乐学生，幸福家庭”的办学目标，持续深化改革，不断提升教育质量，强化办办学特色，推动学向向着既定的发展目标继续前进。

凭心弹拨金曲　儿诗助跑未来

黑龙江省龙江县第一小学校　王金玲

教育始于关心，是润物无声的陪伴，是浸润孩子们幼小心灵的甘泉，好的教育能让孩子从小就接触知识的天空，领略文化的魅力。我校成立于1931年，90年的发展历史沉淀了朴素而厚重的文化底蕴。近16年来，我校着眼一校一品特色创建，把握学校的办学方略，努力践行“诗意童年奠基孩子快乐人生”育人目标，秉承博学仁爱，明理健朗的校训，构建3456校园诗文化特色体系，在交流中积累经验，在切磋中不断提高。致力于经典诵读文化引领，学生读诗、背诗、演诗、画诗、唱诗，积极打造富有特色的诗文化名片。为了拓展和延伸学校文化内涵，我校又开发了儿童诗创作的校本课程，成立了百草园诗社，校长亲自备课上课。绵绵用力，久久为功。我们相信，在学校所有老师的辛勤努力下，我校以儿童诗创作引领教学发展会越走越远，结出灿烂的硕果！

一、立德树人，以儿童诗歌提升办学思考

为践行立德树人教育根本任务。我校通过儿童诗教学让学生领略和感受传统文化的魅力。少年儿童阶段是人生观价值观形成的重要阶段，多渠道、多途径实施德育引领，落实立德树人教育的根本任务。学生通过儿童诗创作，不仅能够感受中国汉语言的丰富优美，也能加深对文字品味，培养美好的心灵和高尚的情操，与语言文字产生共鸣，从而体会到诗歌中所蕴含的思想感情，激发爱国的情怀。一首优秀的儿童诗，是集有美感的内容和优美的形式于一体的，它能拨动孩子的心弦，引起他们浓厚的阅读兴趣，从而陶冶性情，培养高尚的道德情操，提高审美趣味。儿童在创作的过程中，会在与文字的交流和碰撞过程中，亲近真善美，从而塑造美好的品德和品格，儿童在读诗、赏诗、写诗的受到美的熏陶，达到了因美而真，因美而善，以美育人的教育效果。在落实语文课程标准具体要求的基础上。我校的儿童诗教学《小学语文课程标准》还强调“语言文字的运用与训练，强调核心价值观引领和中华优秀文化的传承，培养创新精神和实践能力，多读书、多积累、多实践，多应用，通过广泛的阅读积累，广泛地开展表达能力的训练。”现在的小学生大部分不愿意动笔写作，尤其是儿童诗歌相对于习作要求更高的书面表达形式，学生会感觉难上加难，学生的语文综合素养也很难提高。这与语文学科工具性与人文性统一的学科特点是背道而驰的。为了在小学阶段为学生打好写作基础，提高学生的写作能力，我校通过诗歌的阅读与创作这一途径来提高学生的儿童文学素养，优化学生的语文素质，传承和弘扬优秀的民族文化，让每一个一小少年都能浸润诗香，争做小小诗人，让孩子拥有一个充满诗意的美好童年。

“影子在前，影子在后，影子常常跟着我，就像一条小黑狗。影子在左，影子在右，影子常常陪着我，就像我的好朋友。”这是人教版一年级的一首儿童诗。儿童诗是小学的教材中一个非常重要的部分，比如，人教版一年级上册语文中一共有32篇课文，其中，儿童诗歌就有12篇，占全书的三分之一，特别是在小学一二年级的语文教材中，儿童诗是特别重要的教材。儿童在成长过程中，诗歌是不可缺的知识素材。在小学语文教学过程中，儿童诗教学是陶冶儿童情操，开发儿童思维，发展儿童语言的好教材。儿童诗篇幅短，诗中有优美的语言，丰富的想象，生动的比喻、拟人等修辞手法，是最适合的儿童文学样式，也是训练儿童语言的最好的启蒙教材。儿童能从儿童诗歌里获得力量，获得内心对于美的体验和享受。儿童诗的诵读，音准、语气准、读出感情。反复诵读儿童诗能让儿童更快的理解语言，欣赏语言，品味诗歌语言的优美，促进语言积累和语感积淀，并能在诵读中受到情感的体验。儿童诗的教学，就要注重让儿童在诵读中品味凝练而富有音乐性的语言，欣赏具体而生动的意象，领悟丰富而优美的意境。如我校六年一班学生计金含的作品《拾光之路》：“窗边，

琅琅的读书声，萦绕心间，一幕幕，过往的回忆，映在眼前，你追我赶的游戏，有说有笑的容颜，仿佛昨天，小学的路，长到朝夕相处的六年，短到依依惜别的一天，一张试卷，考散了回忆，含泪分别，再见之时，还话当年。”小小年纪就能通过简单易懂的辞藻抒发内心想要表达的情感，既印证了我校儿童诗课本研发的显著成效，也让我校老师对未来充满了信心。

二、深耕细作，用传统经典奠基精彩人生

儿童作家樊发稼说：诗歌天然地与儿童有着契合关系。他们的想象方式、表达习惯和认知渠道，都有着诗的品质。所以这样的诗句肯定可以成为儿童内心的容器，可以成为儿童认知世界的道路和拐杖。根据儿童的认知水平和年龄特点，找准儿童喜闻乐见的话题，并注意诗歌题目的开放性，比如在教学以《秋》为主题的儿童诗时，孩子们拓展了《秋啊那个天》《秋天的童话》《秋天的愿望》《秋天的味道》《秋天的表情》《秋天的印象》《秋天是个画家》等二十多个不同的题目。题目的开放和拓展性有利于学生发散思维的培养，能够从不同的视角写出不同的诗歌。为了实现写作的目的性，我校教师提前布置学生观察、体验，并调动眼、耳、鼻、手等多种感官，进行有目的的准备，比如在教学以《月光》为主题的儿童诗写作前，引导学生观察和感受月光，于是孩子们的笔下就有了“云儿这条白丝巾，飘呀飘呀，擦过月亮的脸颊，更加皎洁，更加明净。”、“月光女神拿着指挥棒，蟋蟀弹着优美的曲调，小树摇着沙锤沙沙响，我的手鼓咚咚响，响着响着，一不留神，掉进了梦乡”；教师提前搜集相关的儿童诗歌作品，作为儿童写作的范例，例如在教学以传统佳节为题的儿童诗，教师出示一首《月之故乡》（中秋节）天上一个月亮　水里一个月亮　天上的月亮在水里　水里的月亮在天上　低头看水里　抬头看天上　看月亮　思故乡　一个在水里　一个在天上。在动笔创作前，引导儿童反复诵读后，启发学生运用这种写作的方式，写一写月饼、粽子、饺子等传统节日的美食。运用这种范例式的启发教学法，学生在经常性的诵读和赏读过程中，就会打开创作的思维，就会激活写作的兴趣，就会参与到儿童诗写作中来。我校通过多种途径展示儿童诗课程成果。开通公众平台发布作品，“我们诗会吧”诵读汇报展演，《百草集》校本教材上下册的装订结集，见证了学校儿童诗课程的丰硕成果，孩子们推荐自己的作品与人分享，感受成功的喜悦，孩子们诵读自己的作品，感知对中国文化的自信，孩子们创作自己的作品，感动中华文明的博大精深。孩子们在与诗为伴的日子里，已经深深爱上了写作，爱上了阅读，爱上了语文，爱上了一首又一首闪闪发亮的小诗，那是与文字真诚的对话，那是与自己最温情的告白，一张张笑脸和一双双澄澈的眼神，都是对未来无限的期许，诗歌已外化为孩子们阳光的气质，内化为优秀的精神品格。

三、匠心照月，借星空之志守待幸福朝阳

沧桑易使乾坤老，风月难消今古愁。唯有多情是青草，年年新绿满芳洲。儿童文学是教育不可或缺的内容，文字的涵养犹如在中华文化的银行里储蓄，积蓄的是人格，是教养，是气节，是青少年蓬勃向上的精神风貌。我校会继续传承诗文化的精髓，做文明的播种者和守望者，始终如一，用儿童诗装点教育事业的百花园，用生命继续谱写一曲又一曲教育新歌。

沐浴七彩阳光，让孩子明天更辉煌

黑龙江省龙江县实验小学 于景春

教育的本质是育人，是促进人的全面发展。要培养德智体美劳全面发展的社会主义建设者和接班人，就要践行社会主义核心价值观，将核心价值观的内容落实到各学科的德育目标中，细化为贴近学生的集体要求，融入校园文化，贯穿学校管理。我校是一所全日制公办六年义务教育完全小学，学校在特色办学过程中，在全国德育先进校的砥砺下，既重传承，又重创新，构建了“373”德育模式，形成了鲜明的德育特色。

一、强化德育管理，提升育人品质

我校以“德育为首，全面发展”为办学思想；以“沐浴七彩阳光，让孩子明天更辉煌。”为办学理念；以“把学校建设成为省内、外知名，独具特色的标准化普通小学。”为办学目标；以“敬业爱生的奉献精神，自信乐观的宽容精神。凝心聚力的团队精神，开拓进取的创新精神。”为校园精神。学校不断改革创新，提升育人品质。

学校德育是一项复杂的实践活动，涉及方方面面的内容。为使学校各项德育工作目标能够有序、高效地完成，就必须对其进行有效地管理。可以说，学校德育管理在很大程度上决定着德育的方向，在学校德育的各项工作中处于极其关键的地位。

我校的德育管理模式为三个“三个自主”。即：依托“五星队员”评比，形成学生自主管理基础，期末对星级队员、三好学生、模范干部进行表彰奖励；通过“星级小组”评价，拓展学生自主管理空间，提升了小组合作学习的质量；设立“星级班级”评比，强化学生自主管理内涵，有力地促进了班级管理工作走向科学化、民主化和规范化。

二、创新激发活动，德育引领社团

我校巧妙地将“七彩阳光”元素融入德育活动中，充分发挥学校文化的主体性。“七彩阳光”即：赤——爱国主义及革命传统教育；橙——心理健康与生命教育；黄——劳动与行为习惯教育；绿——科技环保教育；青——感恩教育与礼仪教育；蓝——理想与信念教育；紫——法制与安全教育。通过“七彩阳光”教育体系，把学生培养成品德优良，博学多识的人。

为了让学生们增长知识、锻炼能力，个性特长得到全面发展，我校在立德树人的引导下开展了学校的德育社区“三项活动”，学校每年举行一次校园科技活动节、体育文化艺术节、读书节，三项活动丰富了德育形式和内涵，拓展了德育渠道和空间。学生舞蹈节目《葵花向着太阳笑》曾在央视一套和七套播放；大合唱《童心向党，唱响祖国》在省文明网展播；学生科技实践活动成果连续四届参加全国青少年科技创新大赛现场展示交流。这些多彩的德育社团，既极大地开阔了学生们的视野，为他们提供了展现自我的舞台，同时也使德育教育无声地滋润着孩子们的心灵和成长，从而起到了良好的德育效果。

“千教万教教人求真，千学万学学做真人。”培养学生的思想道德教育并不是一朝一夕的事情，需要教师付出百倍的爱心、千倍的耐心，一步一步地熏陶、感化、引导、塑造，才能“精诚所至，金石为开”，促使学生们得到更好地发展。我校始终坚持教育为社会主义现代化建设服务、为人民服务，把立德、树人作为教育的根本任务，全面实施素质教育，培养德智体美全面发展的社会主义建设者和接班人，努力办好人民满意的教育教育方针；学校领导班子以“团结、民主、开拓、求实”为作风；以“文明、向上、勤奋、创新”为校风；以“勤学、善思、合作、实践”学风。不断提升师生教学素质，提升学校的办水平以及教育质量，帮助学生形成正确的思想道德体系，从而使我校德育工作迈上一个新的台阶。

乘风破浪会有时，直挂云帆济沧海。站在新的起点，承载新的希望，驾驭新的机遇，我校将会以更开放的视野审视教育，以更大的勇气推进改革，以更扎实的工作沐浴着“七彩阳光”迎接挑战，同心同德，群策群力，让孩子拥有更加辉煌的明天，在和谐育人的教育征途上迈出更加坚实的步伐！

深耕课改，奏响未来教育强音

黑龙江省嫩江市教师发展中心 孙强
黑龙江省嫩江市第一小学校 曹祯

“一年之计，莫如树谷；十年之计，莫如树木；终身之计，莫如树人。一树一获者，谷也；一树十获者，木也；一树百获者，人也。”这段话既阐明了人才培养的重要性，也揭示出人才养成的不易。多少年来，教育家们热切得从各个方面探索教育新路，希望从传统的教育中开出新芽，为新教育注入新鲜活力。教育要以课为本，这是无数教育先贤的经验总结，也是当代教育者的一致认同。因此教育创新要紧紧围绕课程实施，才能行之有效，变之有据。好比梁任公言：“变者，天下之公理也。”事物都会随时间的推移而千变万化，时代在进步，要想不被淘汰，教育终将翻开新的篇章。课程改革实施以来，各种各样的教研方式如雨后春笋般涌现，其中“集体备课”这种教研方式，因为具有“同伴互助，资源共享”的特点而被教师们广泛采用，这种教研方式归称为“一课一讲一反思”式教研方式。“一课一讲一反思”式教研方式和教师单独备课相比有很多优势，但还没有做到尽善尽美。比如教师课后对某个教学环节的改进方案不能及时在课堂教学中验证，无法确定方案的可行性。在此基础上，我校经过多年的实践研究，终于探索出了“一课两讲三研五思”式教研方式，使教研更加有效，这种教研方式不仅让学生学习效率显著提升，也意味着我校课程改革取得了重大成果，全校师生能以饱满的精神面貌迎接更好地明天。

一、弥足根本，深化课改迎重生

“一课两讲三研一提升”教研方式是指：同一教研组成员在开展教研活动时，指定同一节课内容（一课），在两个平行班两次授课（两讲），同组人员在第一次讲课前、后，第二次讲课后三个环节进行研讨（三研），研讨过程中对两讲三研这五个环节的每个环节进行反思，最后总结提高（一提升）。这一教研方式改变了传统的集体备课方式，通过“两讲”、“三研”既能及时发现备课时出现问题，又能修正教师授课时不当的教育教学行为，有效地提高了课堂教学效果。同时通过“五思”，教师的研究能力也能得以提升。“一课两讲三研一提升”教研方式的特点是：注重研讨过程、注重体验和感悟、注重团队合作。针对教学中的困惑进行研讨，大家可以畅所欲言，使教师真正成为校本教研的主体。教研活动的重点放在课例的研讨上，以课例教研为主线研究教学中出现的问题，集大家的智慧来分析解决，从课堂中来，再到课堂中去，在行动研究的过程中获得关于教学和教研的经验。教师在参与备课、听课、研讨和反思的过程中，从自己、也从同伴那里获取了宝贵的经验。不过“一课两讲三研一提升”教研方式在实施过程中仍然有很多问题。因为这种研究活动的时间长，所以这种研究方法不宜太过频繁。其次一研与一讲，二研与二讲的时间要拉开，不能太短，以便授课教师有充分的时间考虑其他教师的合理建议，对教学设计进行修改。三是这种方法较适宜有平行班的学校，5-10人较为有利于教师的参与与研讨。对于同学科教师少的学校可通过区域教研或网络教研的形式进行。同时课例研究的过程中，可与课题研究相结合，使研究活动更加科学规范。有效教研的生命力在于能够切实提高教学质量，提升教师专业化水平。“一课两讲三研一提升”教研方式聚焦课堂，以提高教师教育研究能力，解决教学中遇到的实际问题为宗旨，这是一种有效地教研方式。如果条件允许，还可以拓展为“一课多讲多研多思”。总而言之，实施课程改革是教育创新的重要途径，也是提高教学质量的重要保障。

二、放眼未来，深思静想定乾坤

“春风桃花红、雨润花更艳”教育是温暖人生的第一缕阳光，它尊重、赏识每个个体，致力于学生能力、品德等各方面素质的全面提升，服务于个体的健康成长，滋养每一个生命。未来路上，我校会继续带着教育的理想，不忘初心，迈着坚实的步伐，执着激情地走在课程改革的道路上。以严谨的态度探索教育规律，以担当的情怀领跑教育改革，敢为人先，勇于创新，努力开启学校发展的新局面。沧桑易使乾坤老，风月难消今古愁。唯有多情是青草，年年新绿满芳洲。作为教育事业中的勤匠，我校将会始终如一，用生命谱写一曲又一曲教育新歌。

育人从育心开始

黑龙江省双鸭山市集贤县第二小学 荆志强

有一位教育家曾经说过：“教书先育人，育人先育心。”所谓“心”，指的就是心理健康教育，它就像学生的一双隐形翅膀，让学生更好地在蓝天中飞翔，这也是我们育人工作中永恒的目标。

为促进学生健康成长，黑龙江省双鸭山市集贤县第二小学巧借2015年被选为“黑龙江省心理健康特色学校”的契机，以努力培养自尊、自信、自强、自立的合格人才为指导思想，以“全面整合、全程开展、全员参与”为主要教育方式，以了解学生为前提，以创设良好氛围为基础，以班级管理为单位，以综合实践活动为载体，以团体辅导、个体咨询为基本活动形式，不断探索新形势下学生心理健康教育的着力点、突破点和新路径，为构建学校大健康格局提供了源头活水和根本保障。

完善组织建设

心理健康教育工作是学校整体工作的一部分，它是学校工作大系统下的一个子系统，有着牵一发而动全身的地位。

为充分发挥心理健康教育的重要作用，集贤县第二小学不断完善组织建设，成立心理健康教育领导小组，形成了心理健康工作金字塔框架式的管理架构：由校长担任组长，负责统筹领导、组织与管理；德育副校长担任副组长，负责心理健康教育的具体实施、安排和部署；大队辅导员负责协调、安排心理健康教育相关活动；各班主任、中队辅导员为班级心理辅导教师，掌握班级学生的心理状况，协助心理健康老师对学生进行专题性的心理辅导。

增加经费投入

没有完备的“硬件”系统，心理健康教育就不可能落地，也就不可能实现学校的健康、可持续发展。为此，集贤县第二小学持续增加经费投入，不断完善心理健康教育硬件设施，为学校心理健康教育提供物质保障。

2015年，学校投资十余万元，进一步完善了心理咨询室。2016年，学校配备了专用电脑，购置了沙盘游戏、放松椅、摇摆螺旋催眠仪和心理宣泄人。2017年，学校安装了心理测评系统，添置了心理学方面的书籍、杂志和挂图。2019年初，学校引进了清华大学校产——阳光易德心理大数据分析与应用系统，该系统整合了国内外行为与大数据研究的优质资源，致力于把大数据技术和行为科学实证研究方法引入公共管理研究领域，通过对比不同年级、班级、性别等学生群体的心理安全状态差异，为学校针对不同学生群体开展相应训练提供依据；及时预警有风险隐患的学生个体，为深入探索风险成因、长远预防风险发生提供依据；建立学生动态心理成长档案，为有针对性制定教育教学规划提供依据。

加强师资建设

教师不仅是知识的传播者和学生人格的影响者，更是心理健康教育的实施者。集贤县第二小学主要采用“划分层级、重点推进”的方式，逐步完善心理健康教师队伍建设，为学校心理健康教育的发展注入了源头活水。

首先，学校按照“专、兼、全”的建设目标，建立心理健康三级骨干队伍，即专兼职教师、班主任或有志于心理健康教育的学科教师。其次，学校把心理健康教育培训纳入教师继续教育培训体系，多次聘请专业心理咨询师对教师进行培训，共同推进心理工作的落实。再次，学校成立心理健康名师工作室，本着“一群人一件事，一件事一辈子”的信念，凝心聚力，共同商讨，积极探索儿童心理健康工作。积极参加辽宁鞍山名师工作室高峰论坛、佳木斯意象对话、双鸭山心理自我成长小组等学习活动，不断提升自己的心理健康教育理论知识；参加心理咨询师考试，走专业化成长之路；开通“知心小信箱”，接收来自不同年级孩子的不同心声，方便及时掌控他们的思想动态；通过阅读、交流、研讨等方式，不断提升自身专业素养；充分发挥工作室成员的示范引领辐射作用，带动全体教师共同学习，探讨阳光教育的真谛，打开生命教育的另一扇窗。

开展心育活动

优化心理教育的途径，创新心理教育的方法，是学校心理教育取得实实在在成效的重要保证。集贤县第二小学根据实际情况，多途径开展心理健康教育工作，为学生的健全人格保驾护航。

创编顺口快板，美化心灵。为从小抓好学生心理素质的训练和生活指导，学校加强行为规范教育，由德育处牵头，融入守则与规范，创编了脍炙人口的顺口快板，分为上学篇、升旗篇等8大板块，让学生在快板表演与传诵中逐渐养成良好行为习惯。

开展专题活动，陶冶情操。按照心理健康教育阶段性目标的要求，学校分阶段实施专题教育活动：低年级以“扣好人生第一粒口子”为主题，开展“实践伴我成长”专题实践作业活动，致力于学生学习与生活习惯的培养与训练。中高年级以综合实践活动为载体，通过堆雪人、做沙拉、自制三明治、包饺子、沙盘游戏等活动，旨在提高学生自主自助和自我教育的能力。

创办“雏鹰”校刊，传播快乐。快乐是一种心情，一份快乐两个人分享就是两份快乐。基于这个观点，学校定期开展征集“传播快乐”征文活动，鼓励学生积极参与，踊跃撰稿，共同分享成功的喜悦、至爱的人间真情，让学生感受到快乐无所不在。至今，学校共收到近300份来稿。

诵读经典文化，润泽心灵。学校开展每日晨读十分钟活动，让《三字经》《弟子规》《声律启蒙》《论语》《孟子》《大学》等经典文化走进课堂。为做好这项工作，学校还进行阶段检测，并开展经典诵读比赛，让学生在读经典、诵经典、唱经典、演经典的过程中感受中华传统文化的独特魅力。

聆听励志教育，传递感恩。为深入推进感恩教育，培养学生的感恩意识，学校每年举办一场感恩励志教育报告会，让全校师生及家长感受了一场强烈的心灵震撼，接受了一次难忘的感恩教育洗礼。

圆梦要育人，育人先育心。心理健康教育是一项长期、系统的、基础性的工程，是学生成人、成才的保障。路漫漫其修远兮，但只要我们有一张蓝图绘到底的决心和意志，定能摸索出适合本校发展的心理健康特色之路，为学生的终生发展和幸福生活保驾护航！

春风化雨，铸梦强音

湖北省崇阳县第一中学　陈启兵

“一年之计，莫如树谷；十年之计，莫如树木；终身之计，莫如树人。一树一获者，谷也；一树十获者，木也；一树百获者，人也。”这段话既阐明了人才培养的重要性，也揭示出人才养成的不易。崇阳一中创建于1940年，是湖北省首批108所重点高中之一。2011搬迁新校，占地面积400余亩，布局合理，环境优美，设施完备。学校坚持依法治校，民主治校，勤俭治校。秉承“诚仁勤和”的一中精神，“为成功打基础，与学生共发展”的办学理念，始终绷紧教育质量这根弦，注重抓早创新，努力推进学校高质量发展。

一直以来，学校力求绽放教师生命，壮大教师力量的同时，以专业成长和自我实现为支撑点，撬动教师队伍的发展，提升教师的凝聚力。目前，学校在岗省特级教师4名，全国优秀老师2名，咸宁市名师5人，咸宁市高层次人才3人，正高级职称2人，研究生学历老师48人。老师们传道授业解惑，激情洋溢。全体教职工以教书育人为根本，辛勤耕耘。师生谨守“明德向学健体尚美”之校训，坚持“诚、仁、勤、和”之精神，秉承“乐教爱生求实崇优”之教风、“自信勤勉专注探究”之学风，海纳百川，汇群智，尽群力，奋力拼搏。始终以追求发展，坚持创新治校理念，实行科学管理、特色建设、文化立校，以机制激发活力。

学校先后被评为市级“示范高中”、“法治学校”，省级“校园管理先进单位”、“课改先进学校”、“绿色文明校园”、“高效课堂实验学校”、“五四红旗团委”、“文明单位”、“十大文化品牌学校”，国家级“公共机构能效领跑者”、“中小学生国防教育示范学校”、“生涯教育示范学校”、“共青团中央基层试点单位”、“教育部语文教师专业化发展工程基地学校”及“全国文明校园”。

一、铸魂培根，依法推动教育品质发展

“欲筑室者，先治其基。”校党委全面落实新时代党的建设总要求，建强战斗堡垒，下好党建“一盘棋”，着力引领广大党员干部主动作为、勇于担当，以高质量党建引领学校高质量发展。近年来，学校着力提升党委班子战斗核心力，筑牢六个支部战斗堡垒，吸纳优秀教师积极入党。“支部主题党日”活动严谨规范，在规定动作上做到了六个有，保障了实学、真学、深学的效果。党建引领鲜明，开展“十星级党员”创建，建立党员示范岗。党员下沉社区开展志愿服务，爱国卫生运动有声有色。全面推进“精准扶贫”工作，注重扶智和扶志。把“扶智”的重点放在所驻村小——桥边小学，选派研究生老师支教，多次组织名师工作室老师送教。出资改善桥边小学办学条件，整体设计策划实施校园文化。树立“扶志”典型，帮助扶贫对象宋祥光建立葡萄园生态种植合作社，联系华中农业大学农学教授提供专业技术指导，发动老师帮忙推销葡萄。

学校坚持依法治校，民主治校，勤俭治校。秉承“诚仁勤和”的一中精神，“为成功打基础，与学生共发展”的办学理念。“以学定教，让学生改变老师”已深入人心，集体备课交流讨论形成共识、挑战权威赢得尊重、互帮互建赢得信任特点形成。

一直以来，学校通过教师培养、课程建设两手抓，提高教育教学质量。教师由行政班级授课向学生选老师、老师抢课转变，学生由被动接受向长期规划、确定优势自主选择转变，真正实现将“学校制造”升级为“学校创造”，创新发展模式；全面开设课程，开足开齐音乐、体育、美术、舞蹈、信技、健康等各种课程，在高一、二开设课后拓展课程和社团课，开发特色鲜明的校本课程，尽量让学生进入大学时与城里学生差距缩小，创新育人模式；学校理念引领，搭建教师成长平台，对教师进行系统培训，抓实过程督导，抓好总结评价，让教师成为学生的“学业导师”和“成长规划师”，创新成长模式；建立大数据中心，充分应用大数据、云教育新技术，通过云平台促进信息整合与创新，优化教学行为和实现教学模式更新，通过大数据可以实现精准分析与识别，提升教与学的高度融合，创新融合模式。

近年来，学校通过“招引调”建强队伍，加大了招聘硕士研究生和免费师范生的力度，新引进和招聘的教师中有48位研究生学历，学校师资力量大大增强。通过打造名师成就大师，建成一个省级陈园香英语名师工作室和一个县级数学名师工作室，主持学科教学研究，助力教师专业培养提升。通过蓝青师徒结对、压担子培养青年教师快速成长。

二、多措并举，精心构建德育特色体系

德育教育始终是我校狠抓的重点。学校践行德育为先的理念，强化全员全纳意识，探求德育德化的道路，着力创新德育载体，以特色的校园文化找准德育的落脚点。注重诚信教育、学生行为规范教育、生涯规划教育、法制宣传教育、网络和毒品安全教育。实行校园全封闭管理，成立家长委员会，设立校园开放日，建设“家长学校”。

心理健康教育是我校狠抓的重点建设。我校有专兼职专业心理健康老师5人，各班设心理健康委员，每期举行2—3次心理健康教育讲

座。生涯规划教育渐成特色，国家级心理咨询师刘蓓蕾老师还取得了国家生涯发展规划师证书，在全省德育年会上被邀讲学，学校每月举行一次班主任生涯规划培训和学生生涯规划讲座，邀请各行各业家长为学生做讲座，让学生早日了解社会职业，从而根据自己的兴趣特长确定将来职业发展方向，开辟突出校友“榜样”专栏，现身说法激励学生。此外，学校还通过升旗仪式、黑板报、主题班会、演讲朗诵比赛、社会实践、主题教育等活动进行中华传统文化教育；利用国旗下讲话、新生军训、主题班会等阵地，对学生进行爱国主义教育教育；以“学雷锋”、“成人礼”等大型主题文化教育活动积极培育和践行社会主义核心价值观。大力探索打造全面育人的文化校园。“止于至善，致于中和”、“格物致知，读书明理”、“爱教护绿，保护环境”、“走读书成功之路，圆酬亲报国之梦”已融入一中人血脉。着力打造以爱为主要内涵的“母校”文化，以学生之心爱学生，以学生之气待学生，以学生之需助学生。爱生严慈相济，敬师胜似亲长。通过推行诚信教育、考试教育和创新德育文化特色来提升校园文化的品位，实现“生态型”校园文化的健康发展。推崇“信，校之宝也”，将诚信作为校园文化建设的突破口，形成了富有特色的诚信文化。积极营造优良的育人氛围，重视物态文化建设，为校园每处环境赋上了一定的文化色彩和教育意识。以做事为人、求学成才为核心内容的榜样栏、班级文化栏、心灵鸡汤栏、中英文对照文化栏、书画作品展示栏等教学楼文化建设，既塑造学生健康人格，又陶冶学生高尚情操。校园新华书店、各年级精巧别致的图书角，进一步拓展了学生阅读视野，增添了文化气息。宣传橱窗高品位从管理、德育、教学、教研、后勤、社团等方面展示学校的办学特色。综合楼廉政文化、教学楼师德师风建设版画，传统文化宣传画、十九大精神宣传墙，丰富了校园意识形态文化。楼栋文化名称、石雕文化、校友赠语文化建设，提高了师生教学热情。花草树木认养认捐、节能环保活动，使学校注入亲和自然、绿色生态的人文内涵，校园绿化现已绿树葳蕤，草长莺飞、花香沁园。真正做到草木能传情、墙壁会说话。我校以学生发展为导向，全面开发校本教材。已经开发了《青春伴国旗飞扬》《榜样》《梳心》等二十多种校本教材。《崇阳一中简报》《崇阳一中报》《给力90后》《澄空热漫》《校本教材》，为师生搭建交流信息、沟通情感的平台。

三、勤耕细作，大力建设幸福和谐校园

“十三五”期间，我校办学条件进一步得到改善。中央和地方配套总投资3717万元，对校舍建设、教学设施设备、体育设施和生活设施等方面进行建设。改造供电供水设施，新建学生公寓、艺术中心、改造食堂、改造运动场、新建校园西侧运动场、教工休息室、黑化道路、绿化校园、装备智慧黑板、理化生数字化实验室、电子班牌、排课系统、校园一卡通等，兴建风雨球馆和五人足球场，办学条件进一步优化。在省市县政府、相关单位、各类社会组织、校友及社会贤达等多方支持下，我校还设立“同心•光彩助学”基金、湖北希望工程•知音同行助学、湖北威马楚通公益慈善基金会、金盾品学兼优学生奖学金、正基励志班贫困学生助学金、崇高科工高考优胜学科教师奖励基金、飞翔奖教金、崇阳长三角商会爱心资助、“心连心”公益协会爱心资助、崇阳县益心善公益协会爱心资助、词源奖教金、星光奖学教金、学友奖学金、金义奖学金、79届校友奖学金、明日之星爱心助学基金等爱心资助，为我校学子放飞梦想插上了金翅膀。

风雨沧桑励壮志，春华秋实著华章。今天，既是学校展示办学成就、弘扬优良传统的契机，也是学校继往开来、开始新征程的起点。面对新的机遇和更大的挑战，我校将以抓铁有痕、踏石留印的工作作风扎实工作，继当下世纪厚积之力，承品质教育求索之精神，志存高远，弘毅笃行，唱响崇阳教育高亢的时代凯歌。

土苗文化创特色　品质立校促发展

湖北省恩施州利川民族实验中学　毛昌国　杨仕鹏

百年大计，教育为本。教育是提高人民综合素质、促进人的全面发展的重要途径，是民族振兴、社会进步的重要基石，是对中华民族伟大复兴具有决定性意义的事业。近年来，国家大力扶持民族特色学校发展，为传承和弘扬民族特色文化起到了积极作用。我校位于恩施土家族苗族自治州利川市境内，1981年改建为九年制义务教育初级中学。利川，山清水秀、人杰地灵，具有浓郁而又独特的土苗文化。这儿的青山绿水、俊杰灵气孕育的民歌山歌尤具特色，一支土家舞蹈“肉连响”被誉为“东方迪斯科”，跳出了山沟；一曲《龙船调》更是享誉世界，利川也因此被誉为“《龙船调》的故乡”；地方味十足的特产美食让人流连回味。我校就在这片肥沃的土壤中茁壮成长。我校是一个以土家族苗族学生为主的学校，学校师生绝大多数是土家族苗族等少数民族的后裔。因此，我校把“传承弘扬土苗文化，打造民族特色学校”作为学校的教育宗旨和办学目标，更好地传承和弘扬土家族苗族文化。办学以来，在幸福的汗水浇灌下，我校全体师生的共同努力，滋养土苗文化成长和发展，在土苗人民的大力支持下，已经取得了丰硕成果。我校被国务院表彰为“民族团结进步模范集体”，被国家教委、民委联合表彰为“全国民族教育先进集体”，　还先后获得“湖北省中小学综合实力50强学校”，“湖北省现代教育技术实验学校”，“湖北省教改实验学校”，恩施州“‘542’工程示范学校”、恩施州民族学校“五个一”工程建设示范学校、州“教育科学研究实验学校”等荣誉称号，这些荣誉的背后是土苗文化智慧的凝结，也是所有师生不懈努力的结果。

一、立足课程，孕育土苗文化新发展

为突显“传承弘扬土苗文化，打造民族特色学校”的办学特色，我校开设了《恩施民族文化》课程，让学生通过本地方教材来认真学习了解学生自己所在地方的文化知识，尤其是土家族的开始发展历史，使其去传承弘扬土苗文化。此课程主要由语文教师来教授。不仅如此，语文教师在其自己的语文课堂上还随时向学生讲授与之相关的内容，以达到巩固的目的。教师除了要精心备课上课外，还要组织学生去参观实践。我校开展的综合性学习实践活动——赴“大水井”，在州市公开课展示中，获得专家同行的赞誉。

体育课除了完成基本教学任务，也将传承弘扬土苗文化渗透其中。它将土家族传统的体育项目高脚竞速、板鞋竞速、跳绳、陀螺、拔河、毽球、翘旱船、滚铁环等纳入教学之中，让学校学生时刻不忘自己是土家族苗族的儿女，时刻不忘先辈的勤劳艰辛创业之历史。

由于我校地处大山深处，人杰地灵。民歌山歌是当地特色，尤其是《龙船调》。这儿是其发源地，被称为“《龙船调》的故乡”，所以我校要求师生人人会唱《龙船调》，不会唱，音乐老师专门教，直到唱会为止。音乐课除了《龙船调》外，它也将传承弘扬土苗文化纳入自己的教学之中。这主要以《忠孝雅诚歌曲大家唱》为基本教材，教学生具有地方特色的歌曲，如《黄四姐》《六口茶》《哈格咂》等，并要求学生除了《龙船调》之外，至少还要求唱会一首本地民歌。开足课程，传承弘扬土苗文化是我校打造民族特色学校的重要举措。在此指导下，各个学科都要将土家族苗族等民族的文化渗透到自己的学科之中，让学生牢记自己所生所养的这片土地，牢记自己祖先创业的艰辛，牢记自己是土家族苗族的后裔，牢记自己本民族优秀灿烂的文化历史。

二、弥足根本，绘写特色兴校大蓝图

土家族苗族文化是我们赖以生存的根，是土家族苗族儿女成长的肥沃土壤，也是我校得以成长所具备的独特之本。积极宣传土苗文化，营造浓厚的民族特色文化氛围是我校义不容辞的责任和义务。为此，我校采取了多项措施积极宣传。首先，为凸显民族特色，我校进行“文化墙”宣传。

运用图形知识，让学生在潜移默化中记住自己民族所有的民族特色文化知识，也可以让我校民族文化氛围更为浓厚。我校将有关土家族苗族的知识，尤其是土家族传统的体育项目高脚竞速、板鞋竞速、跳绳、陀螺、拔河、毽球、翘旱船、滚铁环等绘制在文化墙上，让人一目了然，起到了积极宣传的效果，也让人增加了知识。再来，我校多种活动，彰显民族特色。如开展“大家唱、大家跳”活动。让全校师生在课间操唱起来，跳起来。唱的歌曲除了爱国歌曲外，具有土家族苗族特色的《龙船调》等民族歌曲也要唱。跳的是具有土家族苗族特色的舞蹈，特别是《摆手舞》。《摆手舞》是土家族传统舞蹈的精华，她融合了土家族多种舞蹈的精髓。学习她既可以强身健体，还可以传承弘扬民族文化精神，体现民族特色。我校要求作为土家族苗族等民族的优秀儿女，必须会唱会跳。而且在课间操，教师学生都要去认真唱认真跳，并一直去做。

此外，我校也积极举办各类文化艺术周，以此展现民族特色。举办了一年一度的文化艺术周活动。在每次的文化艺术周活动中，我校教师学生都尽显自己的本领才华，通过书法、绘画、诗歌、小品、相声、音乐、舞蹈、歌曲等各种各样的形式去展示自己独特的风采与魅力。尤其是师生运用自己所掌握的土苗文化知识，将自己作为土家族苗族优秀儿女的各种聪明才智体现了出来。在文化艺术周中，绘画中粘贴画《土苗姐妹》用五谷将两个民族的深厚感情充分体现了出来，让人感受到土苗文化的精髓，让人不得不佩服学生的想象力和创造力。各个班级集体表演的《摆手舞》，让人深深领会了土苗优秀儿女的刻苦勤奋，深深领会了土苗优秀儿女的努力学习，深深领会了土苗优秀儿女的聪敏能干，深深领会了土苗优秀儿女的善良勤劳。这身着土家族苗族的学生整齐划一的动作使场面宏伟而又壮观，令人叹为观止。当然，积极宣传土苗文化，营造浓厚的民族特色文化氛围还需要全校师生的继续共同努力，将其积极认真开展下去。

三、深耕细作，谱写民族教育新篇章

课程研究是教育教学发展的根本。我校为了全面开展民族特色文化活动，还承担关于深入探讨土苗文化课题的研究工作，并开展了省级课题《土家族苗族传统饮食文化的传承和弘扬》的研究。结合当地实际由我校编写的校本教研教材《民族饮食文化校园读本》作为《土家族苗族饮食文化传承与弘扬教育研究》课题，从民族饮食之史、饮食之真、饮食之善、饮食之美、饮食之道、饮食文化之传承等不同侧面对土苗文化进行研讨，并在全市学校推广使用。我们还在州市民族文化专家的指导下，编辑出版了校本教材《利川民族常识读本》，在创健全国民族团结进步示范学校的迎检过程中，获得了检查团的一致好评。

教育注定是一场没有终点的行程。传承耕扬土苗文化，打造民族特色学校，形成自己独特的民族办学特色，这是我校要走的漫长之路。“路漫漫其修远兮，吾将上下而求索。”未来路上，我校定会继续沿着“传承弘扬土苗文化 打造民族特色学校”的道路走下去，以民族特色文化引领学校发展，以严谨的态度探索教育规律，敢为人先，勇于前行，将土家族苗族等优秀民族文化传承弘扬下去，开启特色学校发展的新局面。

基于地域特色资源的校本德育

湖北省黄冈市龙感湖沙湖小学 陈文祥

“湿地”本身就是一个教育概念，它的内涵不仅是指提供给儿童环保、可持续发展的自然生活环境，更能呈现出的是一种儿童生命状态和发展状态的健康和绿色，乡土不仅长万物，也长道理；生态自然有其教化之功，它让人唯真而行、唯善而行、唯美而行。让我们的孩子了解自然、亲近自然，回归真实而非虚拟的生活世界，积淀生态阅历，陶养生态人格，扎根文化土壤，汲取文化养分；把我们的教育办成浓郁乡土气息、饱含湖区文化、独具生态特色的教育。

龙感湖国家级湿地自然保护区就在龙感湖沙湖小学周边，那里有着丰富的湿地生态文明教育资源，为我们响应党的十九大号召，开展生态文明教育提供了广阔平台、巨大空间和天然课堂载体。

基于这样的认识，龙感湖沙湖小学充分利用这一地域特色资源，在开展湿地生态特色教育方面进行了积极而有益的探索。

一是建设湿地生态校园，提升校园文化品位

农村小学校园面积大，我们充分利用这一优势，在校园内建设“湿地模拟区”、“学生种植区”和“植物观赏区”，把我们的校园打造成湿地校园、绿色校园、园林校园、生态校园。在湿地模拟区中建水生动植物养殖池，养殖一些龙感湖湿地特有的动植物，如野莲、芡实、野菱、虎纹蛙等，放入同比例仿真鸟类模型。开辟学生种植区，让学生在老师的带领下亲手种植湿地植物，体验收获的快乐。建设植物观赏区，我们把湿地植物移栽到校园里，让学生查阅资料，给各类植物“授牌”，认识湿地植物。在校园内大道旁建湿地文化长廊，在教学楼外墙张贴湿地宣传标语，在各个教室内外墙上张贴湿地动植物图画，营造校园湿地文化氛围，让师生感受到湿地就在身边，保护湿地就是保护人类家园，以此提升校园文化品位。

二是编写湿地乡土教材，提升教师认知水平

由龙感湖本土教师编写乡土教材《家在龙感湖》，刚开始教师们对编写教材感到很陌生，认为是高不可攀的事，都有畏惧心理。我们及时请来了相关专家对参入编写教材的教师进行培训，大家经过学习，消除了畏惧心理。在编写过程中，我们发现一些受过良好教育的青年教师目无自然，竟然分不清天鹅和白鹳，不会区分荷叶与芡实，无法识别野菱与家菱，也不会区别油画和水彩画。于是我们带领老师们到龙感湖湿地自然保护区亲身体验湿地，感受湿地的美，与龙感湖国家级自然保护区管理局和管理区档案局、科技局等相关部门取得联系，提取相关资料，并借鉴其他湿地学校校本教材编写经验。在此过程中，老师们获得了湿地知识，同时也提升了对湿地生态教育的认知水平。让本土教师编写乡土教材，有利于教师湿地生态及保护知识的扩容，有利于提高教师湿地生态教育的积极性，有利于教师结合各校实际开展湿地生态教育教学。

三是融湿地知识于学科教学，提升学生热爱湿地的情感

在语文、数学、英语、科学、体育等学科教学中，我们鼓励各位教师在课堂教学中渗透湿地及湿地保护知识，例如，在语文阅读教学和习作教学中，涉及湖泊、河流、沼泽等湿地知识，那么，作为教师应该有意识地引导学生去认识湿地。实践证明，只要肯动脑筋，无论哪门学科都可穿插、融入湿地及湿地保护知识，在每个阶段我们总结各个教师开展此项活动的技能和方法，对此项活动中表现突出的教师予以表彰。除此之外，我们还鼓励教师开展湿地生态教育的课题研究工作，如研究如何将湿地生态道德教育纳于学校德育体系之中并总结规律，研究学校湿地生态道德教育与教育教学质量的提升关系问题并提出可操作性的方法与途径，通过一系列活动，不但提升教师开展湿地实践活动研究的能力，更重要的是提升学生乐于认知湿地热爱湿地保护湿地的情感。

四是开展湿地综合实践活动，提升学生认知能力

当今的小学生大多生活在高楼之上，特别需要“落地”，作为农村小学特别需要重新塑造人的自然根柢，激活和还原人作为大自然一员的本性，学校开展湿地综合实践活动，就是有效途径之一。例如，在春天去湿地识别色彩盛宴，看蚯蚓扭一扭，听候鸟们歌唱，观察蝌蚪和青蛙；夏天去湿地看荷花和水莲蓬，欣赏她们的生长姿态，建一个蝴蝶小馆，做一些蝴蝶昆虫游戏；在秋天，可以和自然捉迷藏，观察候鸟们的迁徙，认识各种鸟类和植物；冬天去学习如何款待小鸟，认识雪泥鸿爪和湿地严寒里的生机……如果我们的学生不仅爱玩而且会玩，在户外活动中也可培养出许多“花博士”、“鸟博士”，带着学生到湿地去感受大自然，同时在校园内开展丰富多彩的湿地活动，如搭建湿地模型，做野炊模拟活动，参加种植体验，让学生在湿地实践活动中认识湿地的重要性，增强学生湿地保护意识，提升学生对湿地的认知能力。

经过多年努力，黄冈市龙感湖沙湖小学师生对湿地有了较为科学的认识，积极参入湿地生态素质教育，学校校本德育特色明显，带动了本地区的校本德育教研。学校先后被评为湖北省未成年人生态道德教育示范学校和全国湿地学校，受到社会各界广泛好评。

构建校园文化体系 提升学校教育品位

湖北省京山市雁门口中学 郑汉年

雁门口镇初级中学始建于1976年，是雁门口镇唯一的一所初级中学，学校不仅为雁门口镇的义务教育阶段的学生提供优质的教育教学服务而且还吸引了周边乡镇的学生前来就读。学校校园面积40201平方米，实有绿化面积13340平方米。学校似一个绿树成荫的公园，有五彩缤纷的鲜花，有翠绿欲滴的茵茵小草对你浅笑，有各种鸟儿婉转低徊。近年来，学校各项工作均取得了优异成绩，多次受到了上级主管部门的表彰，先后获得京山市“人民满意学校”、“教育教学先进单位”、“德育先进单位”、“目标管理先进学校”、资助管理及扶残助学工作“先进单位”、市级“先进团总支”等多种荣誉称号。

文化建设是一所学校的灵魂。推进校园文化体系能够对师生起到潜移默化的影响，提高师生的审美能力和审美情趣，促进学校内涵发展，有力提升学校办学水平和教育品位。基于这一认识，雁门口中学紧扣文化育人主旋律，架构文化提质平台，以“四力”强基固本、创新引领，迈出了走向内涵发展的坚实步伐。

一、注重制度文化，增强执行力

学校制度建设是学校内涵发展不可或缺的支撑和保障。雁门口中学立足制度文化建设，在征求全校教师意见的基础上，不断完善各项管理机制。学校先后制定了《教学工作管理制度》《学期教学常规考核办法》《教学评价制度》《教师评价制度》《学生综合素质评价加扣分制度》《绩效工资考评制度》等多项教育教学制度，使学校教育教学管理做到民主化、科学化、制度化。

以制管人，以制律人。学校从细节入手，从领导开始，把握好公开透明和公平正义，狠抓制度的落实，不折不扣地执行，任何人包括校长都不能例外，谁不执行将受到相应的惩处。如今，“依法办事”、“制度面前人人平等”、“制度第一、校长第二”的制度文化在雁中迅速地形成，师生员工自觉执行制度已习以为常，学校各项工作有序推进。

二、培育服务文化，增强亲和力

服务文化是人本管理的文化。雁门口中学以“服务型教师团队建设”为抓手，强化“三种意识”：学校领导树立教师第一的意识，构建为教师专业发展和幸福成长服务的新型学校管理模式；教师树立学生第一的意识，为学生全面发展服务；学校树立发展第一的意识，办群众满意的学校。

为学生服务，为学生的终身发展奠基。——全员服务。学校上至校长，下至普通后勤职工，一切均围绕学生学习好、生活好、休息好提供全面的服务；——全程服务。依托班主任加强学生日常管理，开设家长学校，发挥家校合育功能，为学生健康成长保驾护航；——全方位服务。对每一个学生建立成长记录袋，开设专门辅导讲座，想学生之所想，急学生之所急，尽力为学生提供安全舒适的成长环境。建立“留守学生之家”，对问题学生建立重点帮扶团队，帮他们找到成长的快乐。

为教师服务，让教师在发展中体现人生价值。雁门口中学将服务教师生活、工作和学习作为学校发展的基石，不仅关注教师的工作状况，更关注教师的内心体验和幸福指数。尊重和信任每一位老师，让青年教师有成就感，不让老年教师产生失落感，促进新老教师的优势互补，激发教师积极性和潜能，增强其自主性和责任心。真正打造出一支思想好、师德正、技能高的教师队伍。

三、营建环境文化，增强感染力

环境文化是学校文化的有形载体。学校着力优化校园文化建设硬件设施，科学规划，合理布局，形成了绿化、美化、亮化良好的“花园式”育人环境。一树一草都成景，一砖一瓦皆育人，李中校园内，“懿德路”、“求是广场”、“德育园”三个景点相辉映照，“会说话”的墙壁（如校园文化主体墙）、“有灵性”的花草树木（各班有分片养护管理制）、内容鲜明生动、形式多样的教育宣传栏……为师生营造出乐教勤学、和谐愉悦的人文环境。

针对校园文化互动性、渗透性、传承性、自觉性的特点，学校在校门入口处，建成一个“态度决定行为、行为决定习惯、习惯决定性格、性格决定命运”的校训展示墙，在教学楼、宿舍楼布置教室文化，创建走廊文化、宿舍文化。干净整洁的校园，修剪整齐的花木，宽敞明亮的教室，楼道里悬挂的励志古诗词、教育名言警句及文明提示语、标识牌等，浓郁的文化氛围对规范学生言行、培养其良好的行为习惯、渗透学校办学理念起到了润物无声的作用。

四、规范行为文化，增强影响力

立足经典，推动阅读文化。每学年雁门口中学定期举办各类以传统文化精粹为核心的活动，师生全员参与。一是班级阅读。通过调整课程设置、使用校本教材、学生班级展示读后感、设立班级阅读书柜、学生讲坛等方式，开展以传统经典和当代名作为主的班级阅读活动。二是教师阅读。将“读书、谈书、用书”作为教师理论研修的法宝，解决教师在教育教学中遇到的“瓶颈”问题。以“分层推动”为教师精心挑选各类教育理论书籍，涵盖课堂教学、班级管理、学科指导、人文素养等领域，分发给不同学科、不同岗位的教师。同时，通过评奖、优秀作者专题发言、推荐发表、刊印出版等方式，为爱读书、求上进的教师搭建平台，营造团队读书氛围，让教师在交流中深化理论成果、反思实践认识，将教师个人“自修”与团体“群修”有机结合，把每位教师由“点状”串联成“网状”，实现了知识的横向流动，促进了教师专业成长与发展。

立足社团，推动实践文化。学校依托乡村学校少年宫项目，施行学校社团、班级社团、学生合作小组小团队“三步走”战略，有效建立了以“班级为主、学校为辅”的校本学生实践机制。学校定期开展社团展示活动，加大社团宣传力度，大力表彰各社团取得的成绩，吸引更多同学参与社团活动。并根据师资情况和现有教学设施，让具有一技之长的教师担任学生社团的指导、组织工作，学生皆可根据自己在某个方面或几个方面的潜能，加入适合自己的社团。由此不仅丰富了学生业余生活，更为学生发展个性特长拓展了空间。

探索“初心”思想，传承象山文化

湖北省荆门市象山中学 吴时亮 肖军

创新是学校发展的灵魂，学校文化的创新可以促进教育的优质化。我校自创办以来，一直以传承象山文化为己任，在十九大之后，学校大胆创新改革，努力探索融“初心”与“本心”为一体的初心思想，为学校教育注入了强大的传统文化与红色文化基因，走出了一条自我探索的教育教学发展之路。为实现这个目标，学校不仅成立初心思想课题研究组，还成立了象山文化教研室，由中华孔子学会陆九渊研究会会长、武汉大学国学院欧阳祯人教授亲自授牌，并得到了欧阳祯人教授的亲临指导。

我校创办于1984年，学校因纪念曾任荆门知军的宋代理学家、教育家陆九渊（号象山先生）而得名。学校于1992年被确定为“湖北省首批教改实验初中”，1998年被省政府授予“湖北省普通中学示范学校”，2020年获“湖北省学校文化建设百强校”称号。

一、依托象山文化，开发校本课程

用象山文化滋润学生心灵。课程是一所学校特色的基础与保障，任何学校特色的创建都要有课程作为支撑。依托象山文化背景，科研领航，我校将“以文化人、以文育人、以文培元、以文育心”的教育理念融入校本课程的开发，在荆门市陆九渊研究会的领导下，开发出符合学生个性发展的校本课程《荆门知军陆九渊》。为了加强象山文化校本课程教研活动，学校成立了“象山文化研究核心组”，坚持开展听课评课等教育教学研究活动，致力于制订《荆门知军陆九渊》校本教材课程标准。2020年12月，该校教师肖军执教的《子南问礼 发明本心》示范课，在全市陆九渊教育思想与实践研讨会上得到了广泛好评。

二、以“五自精神”，引领课堂创新

“自知课改”进课堂，我校用象山先生的“五自精神”引领课堂创新。学校以象山先生陆九渊的“五自精神”（自立、自重、自得、自成、自道）和“自知”教育为出发点，在已经开展的“五步教学法”的基础上，确立了象山中学“自知课改”六步教学法，并鼓励教师形成有明确学科特点和强烈个性色彩的课堂教学特色。该教学模式分为兴趣激发、自我探索、成果展示、依学定教、练习检测、总结拓展六个阶段。“五步教学法”注重学生的自我探索，注重培养学生的自我探究能力、主动学习的能力，使学生的学习具有主动性、可持续性；注重互动和情境教学，以激发学生的学习动机和潜能，提高教学效率。

实践中，社团课也成为“自知课改”的重要阵地。学校组建了“与人生对话”、艺术人生、书香天地、创客空间、篮球足球、象山讲坛等10多个学生社团，定期不定期开展丰富多彩的社团活动。学生社团以学生兴趣、爱好为基础，突破班级制约，按照兴趣组团，学生人人申报、个个参与。教师专注学生特长的能力培养与拓展，注重学生的个性发展，促进学生全面提升。学校女子篮球队曾在全市中学生运动会篮球女子组比赛中荣获总冠军，就是“自知课改”结下的硕果。

三、用好“本心思想”，促进教师发展

用本心思想指导学校德育工作，引领教师发展，预防干部腐败变色。我校思政教育有一个鲜明的特色，就是将象山文化的“本心思想”与十九大的“初心思想”有机结合起来，用仁义礼智的善良本心作为学生爱党、爱国，教师爱岗敬业，领导干部廉洁从政的坚实基石。

为了激发师生的“爱党和爱国初心”，学校多次聘请兄弟学校、党委机关的党务工作者进校园，举办“知党、爱党、做党的好儿女”主题教育报告会，多次举办学习贯彻党的十九大精神报告会。

“固初心”离不开“明本心”。学校政教处汲取象山文化的精髓制定了《象山中学礼仪规范》，以强化学生“礼”之本心。政教处还经常组织学生参加社会公益活动，在活动中涵养了学生“仁”之本心。在此基础上，学校还上好象山文化“课外课”，给学生布置了“特色作业”。学生围绕“探寻陆九渊，研习象山文化”的主题，走进龙泉公园参观陆夫子祠，欣赏陆夫子语录，上网学习陆九渊“象山心学”，体会“发明本心，不忘初心”的象山文化内涵，践行“尊德行，求实学，做大人”的校训，并以文字形式向家长介绍陆九渊的生平事迹及学校传承象山心学、象山文化的基本情况。另外，学校还要求学生每天给父母尽一次孝心，比如给父母洗衣、捶背、做饭等，以此培养学生的传统美德。

学校编印了《天地之间做大人》的学生成长手册，内容涵盖了学生成人成才的各个方面，包括教育教学规范、日常行为规范、安全规范和相关人文素养等，让学生懂规范、守规矩，在做“好学生、好孩子、好公民”中“做大人”。——以“至大、至刚、至直、至平、至公”班风聚能量。结合班级管理的现实需求及班主任自身教育教学特长，自主选择、确立班风建设的主基调，从学生人格培养、习惯养成、精神合作、社会实践等方面注重“耕作”，让文化植入心田，凸显班风特色。古韵幽香的教风学风班风，点滴渗透，凝结成明理正行、崇德向善、积极进取的校园精神。

学校党组织和工会组织则通过参与创健全国文明城市活动和学习陆九渊“荆门八政”的典型事例激励教师和干部爱岗敬业，廉洁从教和廉洁行政，以彰显“义”之本心。为了教育学生坚守“智”之本心，象山中学政教处开展了“传承中华传统美德”主题班会、“经典诵读”朗诵与分享等多种形式的德育活动。有了“仁”、“义”、“礼”、“智”之本心，又何愁广大师生爱党爱国之初心不固？

一花引来百花开，与象山文化同步的学校教育教学成果斐然。象中教师成功主编《中考诗歌鉴赏高分突破》课外读本、参与中央电教馆、电教音像出版社组织的“跨区域同步教学应用试点项目”现场录制、在第六届“中华情”全国诗歌散文联赛斩获金奖、公开发表文章数十篇、学校荣获 “荆门市五四红旗团委”、全市“十佳学校团组织”、荆门市“平安校园”、第四届荆门市中小学生经典诵读活动决赛二等奖等荣誉称号。……文化沃土生长奋发的精神力量，推进学校在高质量发展轨道上阔步前行。

今后，我们将继续努力，让学校思政文化建设向更深、更美处漫溯，推动象山文化更好地传承，为学校高质量发展注入强大动力。

好习惯会让人受益终身

湖北省老河口市实验小学 付春潮 聂庆安

著名教育家陶行知先生曾说过：“播种一种行为，收获一种习惯；播种一种习惯，收获一种性格；播种一种性格，收获一种命运。”从某种意义上说，一个人的习惯是怎样的，就意味着其生活方式和生活状态是怎样的。

只有播种习惯，才能收获成功。只有播种习惯，才能收获幸福。小学阶段小学阶段是人生受教育的起始阶段，是诸多行为习惯养成的重要时期。作为历史悠久的百年老校和老河口市教育的窗口学校，湖北省老河口市实验小学肩负着实验、改革、创新、示范、引领的重要使命。经过长期的改革实践，全体实小人逐步提炼出“快乐学习 幸福生活”的办学理念，以培养学生良好的行为习惯为抓手，努力提升学生

的综合素养，最终达到“快乐学习、幸福生活”的终极目标。

一、据实定标，螺旋进阶

著名教育家叶圣陶说：“教育是什么？往简单说，就是养成习惯。”习惯是养成教育的产物，它往往起源于看似不经意的小事，却蕴含了足以改变人类命运的巨大能量。老河口市实验小学地理位置特殊，处在我市的商业闹市区，家长大多从事小商品买卖，经常守摊位忙进货，早出晚归，疏于对孩子的教育与管理，导致学生自由散漫。再加上家长观念落后，以及社会上的一些不良影响，如“金钱至上”、重利轻养、重文化课分数轻习惯养成等，致使学生习惯日趋变差。针对这些情况，老河口市实验小学有目的、有计划、有步骤地实施养成教育，着力培养学生做人、做事和学习的好习惯。

养成教育伴终身，好的行为习惯和学习习惯相互关联、相互促进、相互转化。根据小学生的年龄特点和学生实际，老河口市实验小学以培养学生独立做事习惯、节约习惯、阅读习惯、思维习惯为重点，构建习惯培养目标体系，确立纵向和横向两大发展目标，把“全面发展”的理念植入师生及家长脑海。

纵向目标：把小学时期分为三个层级，每个层级在同一个点上要求不同，循序渐进，螺旋上升。第一层级（1、2年级）目标，即明确校园规则，按时上学、上下课纪律、基本礼貌教育、升旗的礼仪、正确写字读书、学会倾听等；第二层级（3、4年级）目标，即养成讲卫生习惯、遵守交通规则习惯、上课发言举手、按时做作业、交作业习惯、完成自己工作任务的习惯（值日生、班干部等）会议及演出活动守纪、鼓掌等习惯、有顺序地思考问题的习惯；第三层级（5、6年级）目标，即巩固、强化一、二阶段所养成的习惯、养成独立完成作业的习惯、自觉守纪、学会反思自己的行为和学习的习惯、礼貌待人、友善与人相处的习惯、培养值日生和班干部负责任的习惯。

横向目标：以良好的卫生习惯和节约习惯带动良好的生活习惯的养成；以良好的阅读习惯带动良好的学习习惯的养成；以良好的普通习惯带动良好的特殊习惯的养成。

纵向目标和横向目标的实施坚持落细落小，循序进阶。例如：培养学生良好的阅读习惯，除了亲子读书、师生共读、班级图书漂流、读书分享会、我与好书同行等举措外，学校还专门设计古诗词考级软件，根据学生达到的阅读数量授予相应等级（从一年级到六年级共分12个等级），若学生超过本年级规定的要求或达到十二级即可被授予“读书明星”的称号。

二、强化实践，固本强基

俗话说：“少若成天性，习惯成自然。”养成教育贵在平时点点滴滴的教化和渗透，让学生每一天都得到一个无形和有形的教育。大量的实践研究表明：21天可以培养一个好习惯。老河口市实验小学实施良好习惯培养的具体方法有：

榜样示范法。学校坚持开展文明小标兵、我是帅气的带操员、优秀升旗手照片事迹展示、优秀作业展览等评选活动，进行榜样示范，强化正向引导。

实践训练法。著名教育家恩曼说过：“习惯仿佛像一根缆绳，我们每天给她缠上一股新绳索，要不了多久就会变得牢不可破。”在日常教育中可以这样实施：一、二年级学生扫地，老师教学生具体实践怎样扫树叶、怎样扫纸片、怎样把垃圾扫成堆等，做得好，教师及时进行表扬，而后再循环实践训练；三、四年级看着提醒着就可以了；五、六年级基本不需要老师在场，学生就能很好地完成任务。但是，总有少数班级有反复的现象，这就说明习惯还没有很好地形成，因为习惯是不知不觉地去做，做不好就不舒服的行为。学生偷懒了，就说明习惯还没很好地养成。

“三感”强化法。“三感”即仪式感、荣誉感、敬畏感。每周一的升旗仪式，当着全校3578名师生对卫生先进班、路队先进班、做操先进班、文明班级大力表彰，并颁发流动红旗。这种大型集会时表彰庄重、有仪式感，能增强学生集体荣誉感，促进一周好习惯在团队授奖中巩固强化。同时，每天由文明小使者和值周教师监督班级中的不文明行为，重在做好劝导，晓之以理，动之以情，导之以行，使不守规矩的学生心存敬畏，自觉纠正不良行为。

评价导向法。学校评价重在习惯、兴趣和实践。在全面深入实施素质教育过程中，学校很早就对学生德、智、体、美、劳等各方面进行量化评价方面的探索，具体细化为“守纪、礼貌、团结、公德、学习、科技、劳动、体艺、尊师、爱校”等十个方面来评价，并分别设立与之相关的“守纪星”、“礼貌星”、“团结星”、“公德星”、“学习星”、“科技星”、“劳动星”、“体艺星”、“尊师星”、“爱校星”等。在平常的教学和教育管理过程中，班主任和科任教师根据学生的优点或进步，及时颁发十个不同的纸质星章表扬，当学生积攒够二十个星章后，再从班主任那换回一个不干胶红五星，张贴在教室后面墙上的《学生成长激励榜》中相应的十个星级栏目上。学期末，班主任根据每位学生获红五星的数量，结合学生自我申报“某某星”荣誉称号等情况，给每位学生颁发一张与之相称的“某某星”荣誉称号证书。如，学习好的学生可以评为“学习明星”，劳动表现好的同学可以评为“劳动明星”。“星章”激励性评价要做到课课评、天天评、周周评、学期评，其目的在于让学生注意自己每个细小的行为，看到自己每个细小的进步，让学生在潜移默化中养成良好的习惯。

活动展示法。搭建活动平台，展示良好的校风学风，展示良好的班风班貌，提升学生的综合素质。比如：学校从2012年开始建设书香校园，积极开展“我与好书同行”活动，让书香浸润心田，让读书学习成为提升学校品位、丰富校园文化、深化课改研究、张扬办学特色的一面旗帜，使学校在改革和发展中永处时代制高点；搭建人人参与的舞台——三节两会，学校每学年都要孩子们举办科技节、艺术节、体育节和爱国主义歌咏会暨诗歌朗诵会活动，以“三节两会”活动培养学生个性特长，以书香伴随童年，以艺术陶冶心灵，以体育强健体魄，这不仅展示了学校坚持推行素质教育的丰硕成果，也打造了一张特色学校品牌，更落实了学校“快乐学习，幸福生活”的办学理念；开设乒乓球、篮球、足球、书法、田径、羽毛球、轮滑、舞蹈、啦啦操、剪纸、巧巧手科技社团等37个社团，丰富了学生的课余生活，展示了学生的个性特长。现在学生参加各级各类体育、歌舞、演讲、朗诵、知识竞赛、科技制作等活动，获奖层次高，参与面大，向高一级学府输送了大量体艺人才。

养成教育是管一辈子的教育，养成教育能改变学生的一生。老河口市实验小学的养成教育往往从行为习惯入手，综合多种教育方法，全面提高学生的“知、情、意、行”，最终形成良好的行为习惯。

三、反思提升，努力践行

每个人的一生都是由无数的行为所构成的，行为优秀不是优秀，习惯优秀才是真正的优秀。老河口市实验小学通过培养良好行为习惯的养成教育，不仅提升了学生的综合素养，也给学校教育带来了新的启示。

信念的力量：提升认识，齐抓共管。学校坚持立德树人的根本任务，真正做到育人教书并举，同时坚持校内校外抓，家庭上阵社区配合，形成了强大的养成教育共同体和合力。当所有人有一种共同的信念时，我们的所做就被价值点亮了。这种信念，就是所有教育人对教育事业的执着，对学生的热爱，对学生一生负责的高度责任感。

鲜活的标高：要求明确具体，最忌讳模糊笼统。学生知道做什么，怎么做，做到什么程度。做有依据不空洞，做有标准，做有标杆。例如：少先队员敬礼、写字的姿势、领操员的示范。

坚定的态度：坚持、坚守。“冰冻三尺，非一日之寒。”学校坚持：学做一展示一纠正巩固一再学做一展示一纠正一巩固，如此循环往复，长期坚持不松懈、不放弃，最终形成良好的习惯。例如：每天同学们背诵古诗站着路队出校门、每天大课间出操体育委员整队呼体育口号提振士气、每周一升国旗仪式的呼号等。

科学的方法：知行合一，重在实践。行为习惯和学习习惯都是在反复练习和操作中形成。只讲要求而不操练，就像只讲游泳要领而不在游泳池练习一样，学生永远习得不了良好的习惯。

走进新时代，迈向新征程。老河口市实验小学将继续以习近平新时代中国特色社会主义思想和全国教育大会精神为指导，牢记立德树人的根本任务，全面实施素质教育，紧紧抓住养成教育小学阶段这个“关键培养期”，为祖国培养德智体美劳全面发展的合格建设者和可靠接班人。

浅析农村小学师资队伍建设存在的问题与对策

湖北省麻城市蔡店河小学　蔡主华

百年大计，教育为本；教育大计，教师为本。教师是教育事业的第一人才资源，教师在教育的发展中更是处于优先发展的主体地位，师资队伍建设是教育事业发展的关键。在一定意义上说教师的质量就是教育的质量，教育的差距实际上就是教师的差距。21世纪的今天，农村教师队伍建设仍然是农村义务教育发展的首要任务，在整个教育体系中处于基础地位，影响着国家整个教育发展的规模、模式以及速度。推进农村义务教育均衡发展，首先必须加强农村小学师资队伍建设。近年来，国家先后出台了乡村特岗教师计划、免费师范生教育、全科教师教育等政策来保障乡村义务教育阶段学校的师资队伍建设。此外，国务院办公厅制定的《乡村教师支持计划(2015-2020年)》也对乡村教师队伍建设提出了明确的要求，力争使乡村学校优质教师来源得到多渠道补充，使乡村教师资源配置得到改善，教师教学能力水平得到稳步提升，各方面的合理待遇要依法得到保障，增强教师职业的吸引力，逐步形成“下得去、留得住、教得好”的局面。到2020年，要努力造就一支质量优良、甘于奉献、扎根农村的教师队伍。而农村小学师资队伍建设是影响农村小学教育发展的根本因素，是农村教育发展的“瓶颈”。

为了促进我国义务教育均衡发展，缩小城乡义务教育的差距，实现城乡义务教育的均衡发展目标，我对农村教师队伍建设展开了系统、深入的研究，并取得了一定的成果。

1.农村小学师资队伍建设的现状

我国农村人口众多，农村小学教育面广且量大。近年来，虽然农村小学师资力量有了一定的发展，成绩也是值得肯定的，但是它与城市小学教育相比，相对落后，农村小学教育师资队伍依旧发展不足，严重制约了农村教育的可持续发展，影响了教育事业的整体发展水平。要使我国的教育迈上一个新的台阶，就必须改善和发展好农村小学教育，而农村师资队伍建设是农村基础教育发展的根本因素。

目前，农村小学教师紧缺，年轻教师、中间年龄段的教师数量较少，容易造成脱节现象；教师数量不足，许特别是英语、音乐、体育、美术教师相对缺乏，很多老师身兼数职，什么科目都教。一名教师包一个班教学的情况也存在，教师课时多，兼带学科多，陷入学科师资不平衡状态，但因为本身不够专业，在很多方面都限制了学生的发展；尤其是贫困山区教师，受地理位置等因素的影响，有不少教师是从民办教师“转正”过来的，没有受过系统的师范教育，没有学过心理学、教育学，不懂得教育规律和儿童的心理特征，他们的年龄普遍偏大，教师学历偏低，主要为专科学历，本科较少，由于地域和年龄的影响，采用普通话授课较困难，这些都制约着农村小学教育的发展。另外，农村小学大部分是留守孩子，他们缺乏家庭教育，学习行为习惯较差，教育担子全压在教师身上，教师教育工作繁重。不少教师由于年龄原因，工作精力减弱，教学观念落后，教学模式陈旧单一，不能及时地更新先进的教学观念，导致在教学方法、信息和教学理念相对落后。大多数农村小学的教师仍旧沿用着粉笔加课本的教学方法，在教学过程中仍然是教师先示范，学生再模仿；教师先讲解，学生再重复等，有些地方是因为教学设施不到位所限，而有些有条件的农村小学，许多电子教学设施成了摆设或者只是传统板书的投射，先进的教学手段不能得到很好地利用，忽视了以学生为本的原则，缺乏对学生学习过程中的引导，导致学生学习能力得不到有效地锻炼，影响整个课堂的教学效率和教学效果，不能适应素质教育的发展，影响了农村教育水平的提高制约着农村小学教育的发展。

2.农村小学教师流失严重

由于农村小学地理位置、经济条件、生活条件以及社会现实的诸多因素，教师的待遇整体水平比较低，无法吸引优秀人才到农村从事教育工作。农村条件比较艰苦，特别是贫困山区，即使是当地学校培养出来的优秀教师，也因条件艰苦、交通不便等原因而流向城镇学校。尽管农村小学每年都招进来不少新机制教师，但是由于地方偏远，交通不便，地区经济较落后，住房困难和工资低等原因，有些刚分下来的新机制教师，到学校报到时，看见学校条件不佳，转身就决定辞职不干了。那些能留下来的新老师，一旦他们感受到学校的生活氛围不浓厚，甚至在找对象方面都存在着困难和苦恼时，精神上也会逐渐变得压抑，自我幸福感慢慢缺失。于是便安不下心来，呆一两年就谋求调动。甚至有些民营教育企业许以更高的工资，以及更加优惠的条件，神不知鬼不觉地将其“挖”走。那些意志不太坚定者，便随即离校。结果，每年都会有年轻教师悄然离去。对此，有人说这些年轻人少了道德操守，更对那些秘密挖人者嗤之以鼻。该走的，今天不走，明天也会走；该留下来的，不管面对多么大的诱惑，都会在这片教育沃土上继续耕耘。长此以往，外地来的年轻教师走了，有能力的教师也走了，给农村学校师资力量的发展造成了很大的影响，农村教师的流失，严重影响了农村教师队伍的稳定。

针对农村小学师资队伍建设存在的上述问题及产生问题的原因，加强农村小学师资队伍建设则尤为重要。加强农村小学师资队伍建设是为了实现农村小学教育又好又快的发展，壮大农村教育的师资力量。

3.加大农村小学师资建设的力度，引领教师成长

为了提高农村小学教师的教学水平，应采用多种方式加强对农村小学教师的培养。开展在职教师培训，建立终身教育机制，是不断提高教师队伍整体素质的根本途径。首先，“走出去”，选派一批农村年轻教师到教学水平高的学校进行调研学习，把先进的教育理念和思想引进来，并带入到课堂中去，提高自身的业务素养。其次，“请进来”，通过下乡支教、教师轮岗、教学能手亲临指导等方式完善教师交流制度，实施城乡教师有序流动和合理配置。制定相关的激励政策，鼓励城乡教师进行轮岗交换，通过长期的学习交流，缩小城乡教育差距，提高总体教学水平；积极响应政府号召，接收下乡支教的大学生进行授课，他们富有朝气，尤其对教育教学改革有着天然的兴趣，让他们把所学到的先进的科学文化知识传授给学生，开拓学生视野，提高学生创新能力。同时根据专业特点和教学实践，邀请教学能手亲临现场进行指导帮助，充分利用专家的师资、技术、资源优势进行研修、访学、交流、实践，以提高自身的知识水平和业务素质。再次，鼓励农村小学教师继续深造，提高农村小学教师的学历层次和加强基本功的训练。实现“在其位，谋其职”。农村学校大多数老师身兼数职，尤其缺少音、体、美，科目的专业老师，在很多方面都限制了学生的发展。农村小学教师学历水平普遍偏低，知识结构不够完善，通过挂职深造，提高农村教师自身的素质，从而提高农村小学教学水平。

4.实行人文关怀，增强农村教师职业吸引力

党的十八大提出，优先发展教育，而农村小学教育作为教育工作的重中之重，应当给予更多的重视。农村小学存在着分布相对分散、规模小、条件差、交通不便利、待遇偏低等问题，制约着农村小学教师队伍的发展。因此，在农村师资队伍建设上，首先要提高农村教师待遇，这是根本之道，提高农村教师工资、奖金，促进师资力量向农村流动，解决好农村教师的住房问题，调动农村教师扎根农村教育的积极性，同时改善农村教学环境和设备，并制定奖励政策鼓励农村教师注重素质教育，提升师资队伍建设水平，实现农村学生综合素质的全面提高。其次，根据地方实际，加强农村教师的本地化，如开展一年一度的青年教师相亲、交流活动，充分关心和爱护农村教师，妥善地解决好农村教师的实际问题，努力解决他们的后顾之忧；不断改善办学条件和广大教职工的工作生活环境，尽可能地缩小城乡之间的差距，做到既“筑巢引凤”，又“筑巢留凤”。制定相关优惠政策，鼓励当地大学生学成后回乡反哺、执教，这样可有效减少农村小学教师的流失。

民族的希望在于教育，教育的希望在于教师，加强农村小学师资队伍建设至关重要。强化乡村小学教师队伍建设、改善乡村小学办学条件、提高乡村小学的办学质量，促进乡村小学教师来源多元化。总之，它不是一蹴而就的，需要地方政府、国家以及社会各界的共同努力，需要政府和社会给予更多的关注。只有抓好农村小学师资队伍建设，才能实现农村教育教学质量提升，实现教育的均衡发展，体现教育的公平、公正，从而促进整体教育水平的提高。

多彩非遗　相伴成长

——国家级非物质文化遗产潜江民歌进校园实践案例

湖北省潜江市浩口镇第三小学　秦开美

潜江民歌是楚歌遗风的典型代表之一，主要流行在湖北省中南部的潜江市境内。在周代它属于《诗经.周南》，列于十五国风之首，是雅乐、燕乐的主体。战国晚期，屈原、宋玉津津乐道的“扬(阳)阿”即是潜江民歌。据学者研究论证，《四面楚歌》源自潜江的“鸡鸣歌”。及至汉代的“楚歌曰艳”，都打上了古老的潜江民歌的烙印。潜江民歌还是江汉平原戏曲诞生的源头，是构成江汉平原皮影戏和荆州花鼓戏唱腔及音乐艺术的重要元素。潜江民歌代表性的作品有《数蛤蟆》《催咚催》《十许鞋》等。

2008年6月7日，潜江民歌被国务院批准列入第二批国家级非物质文化遗产名录。2014年4月，潜江市教育局下发了《湖北省潜江市关于开展农村艺术教育实验县工作的实施方案》的文件，浩口三小成为首批农村艺术教育的试点学校。学校以少年宫为平台开展了一系列优秀传统文化和非遗文化进校园活动。如二胡、葫芦丝、象棋、书法等传统文化和高台舞狮、舞龙、太极拳、潜江腰鼓等非物质文化遗产在校园里得到有力的弘扬和传承。为进一步激发和增强全体学生热爱家乡的情感，弘扬我国优秀传统文化，传承民歌文化艺术，营造浓郁的校园文化氛围，学校充分调动一切有利因素，2014年让国家级非物质文化遗产——潜江民歌走进校园并成立了“潜江民歌合唱团”。经过6年的探索与沉淀，2019年4月10日，浩口三小正式被潜江市非遗保护中心授予“潜江市非遗传承教育基地”称号，并于2020年4月获得“潜江市非遗保护十佳团体”称号。2020年10月“湖北省潜江民歌进校园实践案例”获得“全国第二届非遗进校园十大优秀实践案例。”、“潜江民歌进校园”的实践，离不开学校、民歌传承人、非遗保护者的共同努力。从课程开发、教材编写、师资培养、教学交流、实践基地等方面着手，为“潜江民歌进校园”创造有利的氛围和条件。

一、整合资源探索模式

作为首批试点学校，为了让国家级非物质文化遗产——潜江民歌顺利、有序地在校园里推进和传承，学校积极探索推进方法。

1、成立专班，强化组织

活动开展初期，学校首先成立了《潜江民歌的学唱与表演的实践与研究》课题组，由校长任组长，我校音乐教师为组员，利用现有资源充分挖掘各教师潜力，定期召开课题研讨会，群策群力，商讨潜江民歌的学唱与表演方法如何有效进入课堂，在潜移默化中影响学生，做到润物无形，好歌有声。专班成立后，一个以校长为引领，体卫艺推动课程实施，教务处读划课程评价，艺术教师直接面对学生的立体结构已初具模型，为有效地实施课题提供了保障。

2、寻求合作，探索实践

为解决专业知识与授课相关问题，学校积极和潜江市非遗保护中心、浩口镇文化站合作，在他们的大力支持下聘请了潜江民歌传承人肖艳梅、梁华丽两位老师为音乐老师定期举行“潜江市非遗保护中心——潜江民歌进校园”教师培训活动。活动期间，学校音乐教师与两位传承人积极交流，精心选择适合学生的演唱内容，将音乐课中设置潜江民歌教学环节，按不同层次，构建出由欣赏、辩听、学唱、表演、体验等多种形式于一体的教学模式。本着树立以学生为主体的教育思想，各位教师从优化课堂结构、开发学生潜能着手，以兴趣培

养为手段，落实个性、培养学生艺术品位，让学生用现有的条件与资源通过学唱民歌里的小故事、方言让学生亲近潜江文化，热爱潜江文化，获得传统民间艺术的体验、艺术的熏陶和审美情感的升华，完成一个美育内化的过程，促进学生的健康成长。

3、运用平台，有效推进

我校作为潜江市农村少年宫艺术活动的示范学校，在开展各类艺术活动方面有着丰富的经验与优势，一句话总结就是："训练有场地，活动有资金"。利用我校少年宫和艺术活动的优势，我们专门开辟出场地，独立设立了声乐室，配置钢琴，添置了必需的民间乐器用于民乐的教学，并拿出部分资金，专门用于对辅导教师的补助发放，保证了民歌学唱与表演的长期稳定开展。同时在实施过程中，我们开展民歌表演的兴趣小组，吸引学生中有兴趣的人参加，并要求大型活动必须要有经典的潜江民歌的节目展演，通过在活动中的成果展示，以学生去带动、辐射其他学生这样更能做好潜江民歌学唱，形成长效机制。

二、多措并举，扎实推进

在经过多年的实践与探索后，我校已初步形成了自己的一套潜江民歌教学模式，教学也由初步感知、体验进入到深入学习与融合阶段。为进一步提升质量，我们这样做：

1、继续收集潜江民歌，精选时代气息强，旋律优美，充分体现我市民风民俗的歌曲，整理成册，按歌曲难易程度分出等级，按低、中、高三个学段进行设置，有序培养学生对潜江民歌的爱好。

2、将课题活动融入校园文化建设中，在大课间的韵律操中，我们让教师选择较经典的歌曲，编排韵律操，教会学生，做到诵读有歌，活动有舞。

3、抓好大型活动中潜江民歌的选曲和渗透，对六一儿童节节目汇演，美育节，清明诗会，国庆诗会，元旦晚会等，要求有一定的潜江民歌选曲内容。

4、以小组、班级、学校为单位，分别评出"民歌小歌手"、"我爱家乡的歌"，在全校进行表彰。

5、组织学校合唱团参加潜江市美育节等相关赛事，积极展现学生学习成果、学生与教师风采，通过学习交流增强学生自信与经验，同时作为示范单位推动国家级非物质文化遗产——潜江民歌在全市校园的推广和传承。

浩口三小民歌合唱团参加潜江市第二十届学校美育节演唱的潜江民歌《催咚催》获一等奖

三、总结交流，协同共进

1、在潜江民歌学唱开展的过程中，学校非常重视对过程的监管，训练时间是否充足，教师能否按计划实施，学生在学的过程中会有哪些问题，应该如何进行微调，形式能否更加多样化，对学生经过学习达到什么样的水平，如何把表现好的学生推出来，进行成果的展示，这些都成为专题组的讨论话题。

2、积极把潜江民歌传承人和老一辈民歌传唱艺人请进校园指导孩子们传唱民歌，积极探讨民歌进校园推进事宜，让潜江民歌更好地在校园里推广传唱。

四、实践出硕果民歌润校园

通过不断的学习，孩子们的民歌演唱技艺得到了提高。在潜江市第十九届和第二十届美育节大合唱比赛中学校合唱团演唱的潜江民歌均斩获潜江市中小学组第一名的好成绩。合唱团演唱的潜江民歌合唱曲《月亮弯弯一把梭》和潜江民歌改编曲《赞歌要比星星多》成功登上了2017年的"民歌浩口二"展演的舞台；2018年合唱团学生陈梦琪和王雪琴登上"民歌浩口三"展演的舞台演唱潜江民歌《双撇笋》；2019年合唱团领唱董浩宇同学参与到了"中国民歌节"参赛节目筹备中，2020年5月，董浩宇、胡灵雅同学又参与录制《潜江民歌经典传唱曲目》——《快乐地小青蛙》；2020年9月，学校合唱团参加湖北电视台非遗节目潜江民歌录制；2020年10月，合唱团参加"民歌浩口四"展演，获得现场观众一致好评。

"我是潜江伢，东荆河畔是我家，我是潜江伢，水乡园林美如画田野稻花香，荷塘鱼儿大吃的是火烧粑，喝的是曲米茶摸爬滚打会玩耍，幸福的生活乐呀么乐开花呀啊，伊呀么哟喂哟，……"每当上课铃响，浩口三小校园里传来孩子们悠扬欢快的歌声，孩子们的歌声像鲜花般姿色天成，像野草般质朴清新。乡村孩子用乡音传唱潜江民歌，在悠悠歌声中领略家乡的风土人情，感受潜江民歌的魅力，激发了孩子们对传统文化和家乡的热爱。

尊重生命成长　回归教育本真

湖北省天门市第一小学　高丙元

教育的核心是育人，是让孩子成为一个充满快乐、富有智慧、担当使命、努力奋斗、对社会有用的人。"教育要先让人成为人，才能逐步向成才迈进，如此，教育才能真正地回归到人本教育的原点，还原教育本真自然。"我们认为，儿童健康成长的原色就是"快乐"。渴望快乐，是每一个孩童的天性，是孩童内心深处最本真的需求。心理学家阿德勒曾说过"幸运的人一生都被童年治愈，不幸的人一生都在治愈童年"。快乐地童年，往往更容易滋养出自信、阳光、豁达、宽容的品性。

基于以上认识，我们把培养"乐锻炼、乐学习、乐参与、乐实践、乐创新"的阳光少年作为学校落实"核心素养"的主体目标，坚定了"让每一个生命快乐成长"的教育主张。并通过培育学校文化，架构课程体系，开放教育空间，打造研究型教师团队，进而变革管理制度，深耕出一片"快乐共生"的沃土。

一、搭建成长平台，锻造快乐教师

教育应该是充满快乐地，当一个孩子不快乐时，他的智力和潜能就会大大降低。教育是为了让孩子成为一个快乐地人，教育的手段和方法也应该是快乐地。就像一根细小的芦管，你从这头输进去的如果是苦涩的汁水，在另一端流出的也绝不是甘甜的蜜汁。

学生的快乐观、快乐品质和快乐能力主要从教师那里获得。教师的快乐因子将直接传递给学生。因此，学校从"塑师德、修师为、提师能"三个方面搭建成长平台，努力打造"敬业、精业、专业、乐业"的教师队伍。

创造成长发展空间，让教师获得专业成长的成就感。全面培养青年教师和后备力量，扎实、精准实施"青蓝工程"，发挥"帮、传、带"作用，成立青年教师成长研修共同体，推进教师梯队建设。高丙元少先队名师工作室、伍晓艳数学名师工作室、李凡语文名师工作室和曾令英语名师工作室充分发挥名师在专业成长和教育科研中的示范引领作用，通过主题研讨、读书交流、基本功大赛等活动，一大批青年教师快速成长，并渐露头角。

"一师一优课"、"请进来"、"走出去"等国培、省培及全员培训常态化，并找准"外出取经，返校培训"这个关键点开展校本培训，将个别老师学到的东西与全校教师进行分享，以达到"一人培训，众人受益"的效果。教师们在各类培训中强练本领，提升师能，树立崇高的教育理想和职业幸福感。

开展丰富多样活动，让教师获得花样生活的快乐感。学校以教职工健康生活、快乐工作为主线，开展"教工之家"活动。教师节，读书分享活动、教职工篮球赛；重阳节，退休教师"银发风采"才艺展示、最美夕阳红；国庆节，致敬国旗、红歌唱响；"三八"妇女节，广播体操比赛、趣味运动会；元旦，迎新长跑、手工面点制作等活动，精心营造出大家庭其乐融融的氛围。

快乐温馨的教育文化让每一名教师面对生活有健康的心态，面对工作有积极的热情，面对孩子有灿烂的笑容，面对同事有温暖的态度，面对学校发展有自强不息的能量，学校自然就成了"发光体"，而走进它的孩子也必将散发光芒。

二、构建校本课程，培育快乐学生

孩童的健康成长不能因为分数而失去童年的快乐，要让嘹亮的歌声，抒情的朗诵，翩翩的舞姿伴随孩子快乐成长。因此，发展学生核心素养，必须系统建构"适合天性、涵养德行、发展个性"的开放多元的校本课程体系，为学生自主成长提供广阔的选择空间。

七彩德育，培育健康人格。以多样德育课程为驱动，锻造学生好品质。三月"学雷锋，献爱心"　清明节"祭扫烈士墓"、"春季研学旅行"、"我是光荣的少先队员"、"向国旗敬礼"、"国旗下宣誓"、"云端联谊"等一系列富有特色的活动课程，让学生全员参与，培养了学生孝亲尊师、善良感恩、负责当担、文明礼仪、团结互助、爱国爱家等好品质，帮助系好人生的第一颗纽扣。

俱乐部课程，弘扬个性。从学生的兴趣爱好入手，按照教师的意愿特长，结合学校"国家体育俱乐部基地校"的优势，确定文艺、体育、美术、益智、传统等校级、年级俱乐部20多个。学生自愿申报，人人参与，每天下午第四节为俱乐部活动时间。活动期间，指导教师认真组织，扎实指导，学生在活动中感受，在实践中体验，在体验中提升。学期结束，各俱乐部活动效果在全校集中展示，邀请家长代表、全体教职工观摩、评价。丰富多彩的俱乐部活动为学生搭建了锻炼的舞台，成长的平台，展示的机会，帮助他们找到了最近发展区，使他们阳光自信。

诵读课程，书香致远。学校以"圣贤之书，立君子之品，做高尚之人"为活动宗旨，在拓宽《朝读经典》读本内容的基础上，编印《天门一小经典诵读》读本，每生一本，坚持每天晨吟午诵暮省。学校创编的经典诵读节目多次在天门市朝读经典诵读比赛上获得一等奖。其中《怒吼吧，黄河》获教育部语言文字司组织的全国经典诵读大赛三等奖，《我的中国》在中宣部教育强国平台发布。

阳光体育，强身健体。为了锻炼学生强健之体魄，坚韧之品格，学校大力发展阳光体育运动。成立了校级足球队、篮球队，聘请校内外专业教练，科学、严谨开展训练。每天清晨或者俱乐部时间，绿茵场上都可见小小足球运动员、篮球健将欢快奔跑、跳跃的身影。严格落实大课间广播操、集体舞和"阳光一小时"活动，创造性地将经典诵读与跑操完美结合，创编了一套韵律美、节奏欢快、朗朗上口的经典诵读跑操曲目，让学生们舒展身体，愉悦身心。

三、创建“快乐督学”，护航快乐成长

家庭是孩子健康成长的摇篮，学校是孩子即将远航的港湾。家校共育，多频共振，才能助力孩子快乐启航。我们通过“家长快乐督学”引领广大家长进校园参观、进餐厅督查、进课堂当老师，上赛场做朋友，共学、共餐、共享、共建、共乐的“家校共育”模式，让“乐教育”思想从学校渗透进每一个家庭，实现了家长“由看到干，由管到伴”的角色转变。

教育观念的改变最直接的成果就是家庭成员相处更和谐，更友好，家庭教育氛围因此温暖而有爱。家长与学校一同树立起正确的教育观、人才观、成才观，孩子的快乐便有了最坚实的后盾和最适性的滋养。

教育因人而生，学校因学生而生，人的生命是教育的基石，生命自然应该成为教育思考的原点。每个生命都是天赐的礼物，教育其实就是一种守望，守望快乐，守望孩子们的健康成长。如果说教育是快乐地土壤，那么每一个孩子就是一颗快乐地种子。我们的教育只有遵循孩子身心发展的规律，尊重孩子自主成长的愿望，遵守立德树人的教育要求，才能让孩子呈现出它本该有的舒展姿态，这种舒展的姿态就是快乐地姿态，就是生命最本真的美。

为学生的品质人生奠基

湖北省武汉第三寄宿中学 吴晓红

百舸争流，奋楫者先；千帆竞发，勇进者胜。为顺应时代发展潮流，坐落于湖北省武汉市汉阳区江堤中路的武汉第三寄宿中学秉承“让每一位学生都享有品质人生”的办学理念，积极开展课程改革，实施品质教育，探索品质德育，推行品质课堂，研发品质课程，打造品质教师，培养品质学生，做强做优“品质教育”品牌，以“湖北省百强初中”这张名片辐射三镇，成为武汉市基础教育的一面傲人旗帜。

“海量阅读”厚积人文精神，培育品质学生

育人是教育的生命和灵魂，关注学生的长远发展是教育的本质要求和价值追求。青少年时期，是阅读能力（即学习能力的基础）长期发展的最黄金时期，可以说，什么都没有海量阅读、大大提高阅读能力更为重要。而拥有“海量阅读”的这些孩子们成绩上升空间大、后发制人、潜力无穷、气质高雅，拥有强大的发展力。

读书，正是为了遇见更好地自己。事实上，对中小学生而言，“大量阅读”可不是一件课余里锦上添花的事儿，而是实打实的学习需求！在三寄宿中学，语文的教学目标不再拘泥于课本，而是通过“海量阅读”校本课程，将学生领进书籍的世界，让学生在阅读中开阔视野、丰富体验、提升能力、陶冶情操、收获成长。

“海量阅读”活动按照“多读书，读好书，读整本的书”的要求，老师每学期为学生精选20本必读书目，每周课表安排两节阅读课，学生在必读中体验经典，在自选读中收获个性；学校定期举办读书图书漂流、经典诵读、读书展演等丰富的读书节活动，在展示与表达中让学生收获自信与成功；组织“最美读书人”、“书香班级”、“书香家庭”等评选活动，让学生收获阅读的快乐与成就。“海量阅读让我收获的不仅仅是语文成绩的提高，还给了我更多展示自己的机会”、“和好朋友分享好书是我最开心的事情”、“翻开书籍，我就感觉进入了另一个世界”……问起学生们阅读的感受，大家总能滔滔不绝，阅读课已经成了他们最期盼的课程之一。

书犹师也，善读之可以解惑；书犹镜也，善读之可以静身；书犹光也，善读之可以阔心。高效有质量的阅读，带给学生的不只是眼前的知识，更为他们积累了人生“财富”。三寄宿中学以“海量阅读”滋养书香校园，以人文精神培育品质学生，让学校成了文化的高地、育人的圣地。

2020年是学校开展“海量阅读”的第五年，阅读带来的成效逐渐彰显，学生阅读能力与水平不断提升，中考语文连续摘取全市桂冠，学校更是相继被评为武汉市“十佳”书香校园和“读书之城建设先进集体”。

“少科院”提升科技素养，培育创新人才

青少年科学素养水平决定着国家未来科技创新能力，科学教育更是素质教育发展的重要一环。三寄宿中学早在1999年便成立了少年科学院，率先建立科学教育体系，并以少年科学院为载体，开展科技教育及社团活动，培养新时代的创新人才。

作为学校的精品社团，少科院致力于开发青少年的创造力和动手实践能力，培养青少年的创造精神和团队合作精神，让他们成为知识的探索者。学校聘请刘经南院士为名誉院长，建立校外科技实践基地，并先后邀请杨叔子院士、鄂栋臣、鲜鳞波等多位知名专家到校作科普报告，开设编程课程，组建无线电、机器人、航模、OM、创客等社团，旨在通过系统的科技教育让学生能够科学地思考解决生活和社会问题，注意观察与日常生活密切相关的科学和社会现象，大大提升了他们的思维力、创造力、观察力和动手能力。每逢校园开放日，上千名小学毕业生家长会带着孩子来校参观，三寄宿中学师生通过展会的形式向来宾展示了学校素质教育的办学成果。在少科院展区，小创客们摆出自己编程制作的音乐机器人、遥控式赛车、无人机等作品，科技感十足的“超燃”现场赢得了家长与学生们的热烈掌声。而这样的一场科技大餐，其实是三寄宿中学学生的日常学习生活之一。

迄今，学校少科院学生获国际、国内大奖220多人次。在FIRA青少年机器人竞赛中国公开赛中，少科院代表队获金、银牌多枚，获一等奖16人次；在全国青少年电子制作锦标赛中获奖20多人次；中国少年科学院“小院士”课题研究成果评选中，13名同学被聘为中国少年科学院小院士。学校成为市青少年创客教育联盟校，史玲玲老师被聘为创客教育联盟专家委员会成员。

“创新班”架起文化桥梁，提升国际视野

为面向世界、面向未来，打造更高品质的现代化教育，三寄宿中学在2013年成立创新班，以培养“国际视野、爱国情怀、心智卓越”的品质学生为目标，创办具有本土特色、国际视野的品质教育，推动品质教育迈向新的里程碑。

为给学生创造更多的教育资源，打造更具特色的品质课程，创新班除开设国内的全部课程外，还开设PBL、STEAM、马术体验、击剑体验等课程，开展“模拟法庭”、“外企参观”、“红色研学”、“自然研学”、“海外研学”等实践活动，鼓励学生在知而行、行中思。其中，为期一个月的英国学校浸入式国际理解教育课程，让孩子们与英国优质学校的学生共同生活、共同学习，深入了解不同文化、不同课程、不同课堂形式，让学生们开阔了视野，丰富了知识。

目前，学校设有四个创新班，均实行小班教学和精品教育，国家课程和特色课程并举，双语、双师教学。创新班将通过多层次的国际理解教育交流和合作，构建新型的、多元的校园文化和国际理解教育模式，实现人才培养新格局，为学生的全面发展提供更高的平台。

“学分制”推进现代育人观，造就品质教师

改革是教育事业发展的根本动力。在新课改的大背景下，三寄宿中学以创新课程改革为核心，以“选课走班”为特色，以学生“个个有长、人人扬长”为目标，构建“学分制”素质教育评价体系，充分调动学生的主观能动性，在关注个体化差异的同时引导学生全面发展。2012年，学校成为全市首个开展“学分制”的初中。

时至至今，学校先后开设百余门校本课程，分为必修学分和选修学分两大类，七、八年级每位学生均要完成规定的学分。高效阅读、硬笔书法为必修课，每人都要学习。此外，学生还可以在线自主选择中国茶文化、创意纸电路、魅力几何画板、趣味生物实验、无线电制作、机器人、空模、航模、车模、STEAM、OM、英语剧场、动漫绘画、汉绣等选修课程，让他们在体育艺术科技人文等方面获得技能与特长。尤为令人称道的是，这些校本课程均由老师们自主研发，在这里，你会发现，生物老师竟然是手工达人，体育老师的烘焙堪称一绝，科学老师的《头脑风暴》基本靠抢，还有不少老师带领学生“征战四方”屡获大奖。

素质教育硕果累累，让三寄宿中学的老师们成了羡煞旁人的“别人家的老师”。为了腾出更多时间上校本课程，学校每周减少3节常规课时间，这就倒逼老师要向课堂45分钟要效率，而历年拔高的中考数据也验证了他们的硬实力。老师们在教学教研上的显赫战绩，更是与学校的重视和培养密不可分。学校采用送出去、请进来等方式开展教师培训；成立20余个教师发展共同体开展常态成长培养计划，针对新教师、骨干教师、专家型教师的梯队目标，让每一位教师的成长都有专业的“导师”。学校先后培养出全国优秀教师2人、省特级教师3人、市学科带头人8人、区学科带头人30余人，专任教师硕士研究生学历人数占比35%，在读博士2人。

多年来，在品质教育的推进下，三寄宿中学注重内涵发展，教学质量稳步提高，教育成果节节攀升，知名度和美誉度也大大提升，真正成为老百姓心目中的好学校。学校先后获得全国青少年科普教育示范学校、全国体育示范学校，省安全文明校园、绿色学校、“国培计划”校长（教师）挂职（跟岗）基地校，市现代化学校、素质教育特色学校、校园文化建设“十佳”学校、心理健康教育示范校，汉阳区历届“名学校”等荣誉称号。

回首过去，成绩不断提高；面对未来，倍感压力巨大。让学生享有更有品质的人生，我们永远在路上。展望未来，武汉第三寄宿中学将乘风破浪，扬帆远航，积极探索教育发展新路径，努力构建创新型、开放式、现代化教育体系，让更多学生享受到品质教育，成就学生有品质的人生！

打造特色学校，培育温儒学子

湖北省武汉东湖新技术开发区大屋陈学校　赵绪军

立德树人，多管齐下。教育事业不仅要传授知识、培养能力，还要把社会主义核心价值体系融入教育体系之中，引导学生树立正确的世界观、人生观、价值观、荣辱观。坚持以人为本，培养学生全面发展。二十多年来，我校励精图治，全体教职工团结一心、众志成城，学校教学水平有了质的飞跃，学校的发展迈上了新的台阶。

一、树立质量意识，提升教育质量

我来自湖北荆州，先后在初中小学工作过，37岁开始，在公安县实验小学（4000人）担任八年校长，其学校先后被评为“湖北省文明单位”　“湖北省中小学综合实力50强学校”、“公安县优质生源基地学校”，个人也被评为　“荆州市十佳校长”　“公安县十佳校长”。

来到大屋陈学校后，我首先进行了认真的了解和思考，用脚步丈量了学校的每一寸土地，用心灵倾听教师的每一个建议，虽然觉得任重道远，但我信心百倍，我暗自下决心，绝不能因地处偏远而降低标准，不能因体量较小而丧失自信，我要带领这所学校走向新的辉煌。

首先我要求教师要做好常规教学，包括教学常规“六个一”、教师专业“六个一加”、教师　“五项全能”竞赛。

教学常规“六个一”指在学校推行每周一次教研活动，一月一次教学常规自查，两月一次学情反馈，两月一次教情反思，每学期一次教学工作会议，每学期一次教科研经验交流大会。

小学教师专业　“六个一”写一手好字，讲一堂好课，写一篇好论文，制作一个好课件，讲一口标准的普通话，会一门艺术特长……

教师　“五项全能”竞赛：教学设计、教学演示、教学反思、案例分析、综合展示。

二、科学规划布局，营造育人环境

在继承与创新中，学校继续坚持以“创造适合师生健康成长的善水教育”，积极争取地方党委政府的支持（街道、村）、教育主管部门，上级部门支持、把学校变得更靓更美，更有活力。重点解决节假日时间值班教师、保安用餐问题；解决学校饮水问题；解决教职工停车问题；解决教师住宿问题。让教师招进来、留得住，安心工作。

三、改进德育工作，推进素质教育

我们重新构建了学校立德树人的主渠道即：理论育人、文化育人、活动育人、管理育人、全员育人。

理论育人：用新时代中国特色社会主义思想铸魂育人　贯彻党的教育方针落实立德树人根本任务。

文化育人：文化化人，文化立人，学校文化包括物质文化、制度文化和精神文化，精神文化是学校的校训、校风、教风、学风以及学校发展愿景，设计校徽、校训、校歌、校旗、校服等，充分利用板报、橱窗、走廊、墙壁、地面等进行文化建设，创造校报、校刊、校园网、学校微博、微信。

活动育人：德育活动既有常规活动，如班会、团队活动、升旗仪式、入团仪式活动，入学仪式、毕业仪式；也有学校组织的特别活动，如：科技节、艺术节、运动会、读书会等校园活动。还可以节假日开展主题教育活动，如利用春节、元宵、清明、端午、中秋、重阳等传统节日开展传统文化教育活动，利用劳动节、青年节、儿童节、建军节、国庆节等重大节日开展热爱劳动、爱党爱国等教育活动。

管理育人：严格按照《我们的约定》各项管理制度，日常管理工作都要紧紧围绕着师生来开展，一切管理工作都是为师生服务，用好管理手段，达到育人目的。

全员育人：搞好德育工作、加强德育工作，是全体教师的共同职责。要做好德育工作，一定要有全体教师的共同参与。

学校加大重视体音美，学好音体美、反补语数外。启动德育提升一、十、百工程。学写一手漂亮的汉字，学唱十首爱国爱校的歌曲，学会吟诵一百首的古诗词。让全校师生大声读起来，大声说出来，高声唱出来，快速动起来，规范写起来。

四、筑牢安全防线，护航学生成长

生命至高无上，安全责任为天。我们对校园进行了全面的安全排查（门卫、围墙、厨房、疫情、溺水、健身器材），其次建立学校安全防疫网快查快报，每天一小结、每周一总结、每月一通报，确保校园安全无事故。

五、发挥党群优势，做好宣传工作

为进一步规范落实教代会制度，大力推进学校民主管理、校务公开和工会自身建设。围绕党的中心工作开展适合全校教职工的丰富多彩的“善水”传统工会活动，不断增强青年教师的创新意识和实践能力。帮助解决困难教职工的现实问题，营造绿色、民主、和谐、融洽的工作氛围。

六、构建健康体系，做好后勤保障

真正以师为本，以生为本，以质量为先，以德育为重。加强后勤管理，提升师生管理水平，提高师生就餐水平，多元化，规范《后勤日志》《每日巡检表》管理，后勤工作人员要牢固树立全心全意为全校教职工和师生服务的意识。建立申诉制度和听证制度。

领风气之先，顺潮流而动。在努力办好人民满意的教育征途中，我校全体人员将不忘初心、牢记使命，以艰辛深耕的苦功，进一步全面推进素质教育和特色教育，把我校建成为一所影响力逐步上升的特色学校。

让最美的语言在幼儿园生根发芽

——浅谈幼儿园语言文字工作策略

湖北省武汉市蔡甸区永安中心幼儿园　李凤玲

汉语和汉字是中华文化的根、中华文化的载体、中华历史的见证。普通话是中华民族的声音，是最美的语言。因此，我园将语言文字工作渗透到各项工作之中，聚焦幼儿发展、提高教师素养、打造教育品牌，有效地推进幼儿园精神文明建设和教育教学改革进程。我们的主要做法如下：

一、建立管理网络，健全规章制度

我园在班子成员中成立语言文字工作领导小组，在幼儿中成立推普小组，由敢于表达、乐于表达的小朋友组成；在家长中成立推普志愿小队，由愿意参与幼儿园语言文字活动的家长志愿者组成。积极开展推广推行和督导活动，形成以师幼为主体、家园两条主线、相互融合的工作网络。第一条主线为：“学校语言文字工作领导小组——语言文字办公室——两室（语言活动室、图书阅览室）两处（保教处、总务处）——一会（工会）——四组（小、中、大班组和后勤组）——班级；第二条主线为”：家长委员会——家长志愿者——家庭社区——孩子。这两条主线自上而下实行分层管理，同时又交叉融合，形成合力，确保语言文字规范化工作能长期坚持，收到实效。

注重建立和完善学校语言文字规章制度，我园先后修改制定了《幼儿园语言文字工作管理制度》《幼儿园语言文字工作领导小组职责》《幼儿园语言文字工作档案管理办法》《幼儿园监督检查制度》《幼儿园用语用字督促整改措施》《幼儿园教职工自我提升奖励细则》等，确保普通话在我园推广使用和全园规范用字。聘用人员的普通话等级水平直接与工资挂钩，所有教职工普通话等级提升园内实行奖励制度；语言文字的应用能力是教师评先评优的基本条件，并列入每学期工作量化考核之中。坚持语言文字日查制，每天领导值日巡堂时，必须检查师幼用语用字的规范。

二、加强宣传教育，增强规范意识

（一）环境方面

我园把文化建设与语言文字工作有机结合起来，形成具有独特凝聚力的园所面貌。将文化理念、办学目标、三年规划张贴在校园北墙，时刻激励着全体教职工。办公室文化都有教职工的职责规范，张贴在醒目位置。开设了职工书屋，给每位教师配发教育杂志，形成良好的阅读习惯。根据幼儿年龄特点，拟定主题活动内容，定期更换主题环境，教师、幼儿、家长共同收集图片资料或实物，教室内的环境逐步丰富起来。教室内的阅读区，推普区营造了浓厚的语言文字氛围，发挥了隐性教育功能；走廊内一幅幅绘本画，富有想象的意境中，恰到好处的点睛文字，开启了幼儿的阅读欲望；洗手间在洗手盆前张贴七步洗手法和节约用水的警句，营造了良好的语言文字环境。

（二）教师方面

定期召开专题语言文字会议，全体教职工以身作则，做好幼儿的表率。教师与幼儿交流时要做到发音准确、吐字清晰；备课书写时要字迹工整、书写规范。在教研组活动中，进行语言文字专项知识问卷、法规竞赛，增强教师语言文字规范意识，营造良好的语言文字氛围。组织开展“师德演讲”、“普通话比赛”、“教师硬笔书法比赛”和“说课”活动，把提升教师普通话口语表达能力与提高教师师德素养有机结合起来，提高教师语言文字的应用水平。

（三）幼儿方面

我园将提高幼儿的普通话水平和语言能力纳入教育目标，不同的年龄段有不同的要求：小班幼儿要求会听懂普通话，有说普通话的习惯；中班要求在幼儿园使用普通话与人交流，大班要求讲标准、规范的普通话。

在幼儿园的一日活动中，幼儿语言发展和提高普通话水平列入了日活动计划，有组织有计划地提高幼儿口语发展水平。教师积极为幼儿创造一个敢说、喜欢说、有机会说并能得到积极应答的环境。利用主题活动形式面向全体进行语言教学；选择适合幼儿年龄特点的图书和绘本，开展绘本阅读，逐渐培养幼儿自己讲述画面内容。充分利用日常生活各个环节，进行随机教育。注重创造多样化、生活化的学习情景。

每日开展晨读诗词、午听故事、晚念儿歌活动。每学期开展经典诵读比赛、"亲子绕口令"比赛、讲故事比赛和绘本剧表演。充分利用"小小广播站"阵地，在幼儿入园、晨间操和离园整理时间开展"我是小小播音员"和现场直播活动。开展人人参与的"幼儿讲话大赛"，以亲子形式参与，家长辅导，幼儿自创情境，家长随机拍摄，视频上传班级群，由家长和老师共当评委评比选拔优秀作品进行全园展示，家园共育，让幼儿从小形成语言规范意识，提高语言能力。

三、加强师资培训，提高语言素养

我园始终将语言文字规范应用能力作为师资培训的课程内容和考核依据。利用他培、自培及互培的方式，从方针政策学习、规范汉字使用、教师普通话运用、幼儿语言发展研究等方面对教师进行分层、分批、分期有计划、有系统的专题讲座、培训和测试。

开展全员性用语用字竞赛，如演讲比赛、朗读比赛、讲故事比赛、书法竞赛、说课比赛、优质课比武、备课评比、读书分享、论文评比、工作交流等，以赛促学，以评促改，力求把语言文字规范工作做细、做实。

为了语言文字工作有长远的发展，幼儿园每学年结合园本实际，以日常保教为载体，确定一个专题进行研究。形成语言文字园本研究系列。通过集中学习、自主学习、相互研讨、共同总结，都收到了较好的效果。

四、纳入幼儿管理，以监督促发展

幼儿园把说普通话作为幼儿星级评比项目之一。如每天每班都有两名小小推普员值日，他们负责班上每个小朋友坚持说普通话情况的督导，随时注意小朋友们的用语规范与文明，及时向老师反映，每天下午整理离园时，老师小结当日星级评比情况，学期末评出推普明星。

我们不仅坚持领导日查，还请家长们也参与语言文字督导评比中，一方面定期进行家长问卷调查，一方面请家长志愿者们全天参与幼儿园管理，师幼的用语用字规范也是检查督导之一。师幼的用语用字既纳入教师个人绩效考核，也是学期班组评先条件之一，这样在全园形成了自己主动规范，督他人一起规范的良好局面。

五、开展实践活动，注重语言指导

（一）举行"三赛一演"：即"经典诵读比赛、讲故事比赛、讲话大赛、童话剧表演"。

（二）开辟"四个阵地"：即"一个广播站、一个宣传专栏、一个专题网站、一个班级推普角"。

（三）落实"三个每"：每月一次家长随机访谈、每学期一次家长半日开放，每学年新选家长推普志愿者。

（四）倡导"亲子阅读"：一方面，我园充分利用园内的公共区角，设置亲子读书吧；一方面，各班组织开展亲子阅读活动，小手拉大手，推普齐步走。

（五）坚持"一个渗透"，即语言文字工作最终要渗透到保教工作的全过程中。通过一系列活动的开展，幼儿园和家庭时时处处都是师幼学习成长的阵地。

（六）紧抓"全国推普周"契机，打造社会"课堂"。每年九月第三周，以班级推普小明星为主体，他们走出园门，通过推普周活动的开展，孩子们走进了社会大课堂，融进了亲子幸福课程，语言文字工作纳入了社区、家庭、学校三结合的教育网络。

（七）组织各种丰富多彩的亲子活动、社区活动。利用家园之窗、家长讲座、家长会与家长个别交谈等有效载体，向家长宣传自身用语规范的重要性，传授家庭语言环境创设的方法，帮助家长了解和掌握不同年龄段幼儿的语言发展特征并进行有针对性的指导。

随着科技的进步，普通话将成为一种新时代的城市语言，从幼儿的长远发展看，要求学校、家庭和社会多方努力，尤其是家长要逐步加强语言修养，坚持讲普通话，克服方言的影响，净化和纯洁我们的民族语言，让普通话为孩子的成长架起一座绚丽的桥梁！我们应将普通话推广进行到底，让最美的语言在幼小的心灵生根发芽！

全面实施自强教育　建设现代化新京汉

湖北省武汉市京汉学校　程端斌

习近平总书记强调，到2035年基本实现国家治理体系和治理能力现代化，21世纪中叶实现国家治理体系和治理能力现代化。推进学校教育治理现代化是新时代中国特色社会主义教育治理现代化的必然要求。面对新时代教育的新形势、新要求，湖北省武汉市京汉学校2017年提出"一年快起步、三年大变样、五年创名校"的"一三五"发展规划，勾画《武汉市京汉学校自强教育结构图》，凝练"自强教育"文化体系，构建"自强育人"模式，内抓管理，外树形象，以质量推动发展，以文化提升品位，以特色促进腾飞，继续深化教育教学改革，持续推进现代化学校建设，力争学校综合办学水平再上新台阶。

完善文化体系，领航学校快速发展

进入新时代后，社会发展更加迅猛，教育改革迫在眉睫。为此，学校领导班子在广泛调反复打磨的基础上，立足现代化学校创建要求，坚持办学思想、办学制度与办学行为同步与时俱进，以"二七精神"为奠基，以"育人"为核心，以"自强"为途径，以"明德善学"为初级目标，以"成人成才"为终极目标，努力完善"自强教育"文化体系，着力培养修身自立、努力向上、自我勉励、奋发图强的京汉学子。

校园文化显自强。在完成学校"自强教育"文化体系顶层设计的同时，学校围绕"自强教育"核心，大力开展校园文化建设，彰显自强文化，促进自强文化渗透。建立大型红旗造型背景墙、绘制"自强"精神文化墙、打造"自强"小舞台、雕刻"自强"文化石，让"自强"渗入学生的文化基因；建立红色教育校内基地、新建二七革命历史群像墙雕、树立红色"二七火炬"雕塑，让"红色"渗入学生的文化基因；在小花园里安置"开拓牛"和"进取狮"一大一小两块石雕，在石雕后方建立静思亭、白石桥，让"自强"理念滋养学生的心灵。总之，学校精心设计校园文化，让学生抬头见"自强"，低头想"自强"，让"自强"精神滋养学生心灵。

制度文化引自强。制度文化起着自强管理的作用。学校引进北京华育宏兴科技发展中心"高品质管理"项目，采用PDCA闭环管理系统，按照"计划、执行、检查、改进"的闭环管理方式进行管理。目前，学校初步形成了一主两翼、岗位职责、工作制度、工作流程、管理表格、管理成果平台等管理体系，逐步实现了管理去行政化、扁平化、项目化、流程化，形成了用制度管人、管事的文化环境，推动了现代化学校稳步前进的步伐。

课程文化育自强。学校自强课程体系分德育课程、文化课程、兴趣课程三大类。德育课程包含升旗仪式、班队会、经典诵读、日诵日写等常规课程，以大型校园活动和传统节日教育为主要内容的节庆文化教育课程，以及充分利用二七纪念馆等红色教育资源研发的红色研学校本课程。文化课程是自强课程的主力军，促进师生"共强"发展。学校探索实施"211共强"课堂教学模式，变教授知识为培养能力，变被动学为主动学，促进学生互助志强；师生共同打造民主、自由的课堂氛围，引导学生在课堂上学会观察、学会探索、学会动手、学会思维、学会质疑，通过精讲精练释放课堂的时间与空间；把教师从传统教学手段中解放出来，加强信息技术与学科整合，加强现代化教学手段的培训和使用。兴趣课程是德育课程和文化课程的补充。学校开发"多元"校本课程，组织社团活动，完善"自强教育"课程体系；立足体卫艺课程与活动，设置全员课程如跑操、广播操等，意在锻炼体魄、强健身心，也开设了航模、莲湘、点彩贴画、篮球、足球、合唱、讲解等自主选修课程，拓展学生学习宽度，满足学生个性化学习需求。

人文修养显自强。自强学生是自强育人的培养目标和育人结果，学校拟通过自强教师，实施自强课程，培育出强脑、强口、强手、强体、强心的自强学生，让学生会思考、会表达、会实践、会健体、有信念，实现全面发展。学校向内激发师生内在成长动机，实施"教师自强"计划，实现教学相长，优化师资力量；进行"五二二"中小学无缝衔接研究与实践，发挥学校九年一贯制的特有优势，促进学生协调发展。

培植自强德育，优化学校育人功能

习近平总书记指出，"要把红色资源利用好、把红色传统发扬好、把红色基因传承好。"遵循国家教育方针和习总书记指示，学校依托本土红色资源文化，紧紧围绕"弘扬二七精神，厚植京汉文化，秉持自强教育"的办学策略，秉承"红色奠基，自强育人"的德育理念，通过实施红色文化教育，实现"培养自信自强、有梦想、有担当的京汉学子"的育人目标，达成"铸红色文化品牌，办现代优质强校"的办学目标。

立足自强德育，全面培植学生核心素养。在新时代背景下，学校强化二七精神与"自强教育"、"责信德育"的融合，开展中小学体验式德育课题研究，以"自强教育"为主线，以"二七精神的传承与志愿者服务"为主要内容，以各项主题教育活动为载体，落实德育活动化、活动课程化，走出了一条让学生在活动中体验、在体验中感悟、在感悟中践行、在践行中自强的特色育人之路。

一是围绕"自强"核心，注重班级文化开发。在班级显性文化上下功夫，中小学着力打造八个自强主题节并各有侧重：三月自强护绿节、四月自强健康节、五月自强感恩节、六月自强艺术节、九月自强传统节、十月自强体育节、十一月自强读书节、十二月自强迎新节，让学生在主题活动中养德育德。

二是依托二七红色文化，培养责信公民。学校依托校本课程挖掘"二七精神"，构建志愿服务体系践行"二七精神"，创新德育活动发扬"二七精神"，践行"责信德育"凸显"二七精神"，使育人活动处处流淌着红色基因。每年开学第一课，组织新生代表参观二七纪念馆，播撒红色的种子；连续13年组织师生到二七纪念馆清明凭吊，祭扫英雄，表达哀思；烈士纪念日设立以来，学校连续四年参加湖北省委、武汉市委组织的纪念活动；每年的唱国歌比赛、"我的自强故事演讲比赛"、元旦迎新年诵读会等红色活动已成为学校德育活动的规定动作，学生高扬爱国主义旗帜，争做自信自强京汉人。

优化研训方式，提升德育队伍专业发展。学校加大班主任培训力度，加强心理健康教育工作领导力度，切实提高班主任、心理健康教师的思想素质和工作能力，进一步增强德育工作的针对性和实效性，有效推进未成年人思想道德建设。中小学骨干班主任组成德育科研团队，共同开展《中小学生体验式德育探究》课题研究，探索自强德育、责信德育新路径。学校聘请区级首席班主任、特色班主任或优秀班主任来校做报告、经验介绍，并采用“加强学习，自主成长；导师引领，加速成长；专题研讨，共同成长”的方式，促进班主任优化发展，进一步提高德育工作质量。近年来，学校培养出了江岸区特色班主任白利敏老师、江岸区卓培班主任何霜老师，胡莉萍、刘爱芸、胡蕴芳入选为区首席班主任工作室成员。

家校合力共育，筑牢三位一体工作网络。学校一直努力探索家长学校教育新途径，建立健全校级、年级、班级三级家长委员会，定期召开家长委员会议，常态化开展家长会、家长开放日等专题活动，引导家长转变教育观念，积极配合老师开展好各项工作，促进学生成长为自信自强的责信公民。学校搭建学校、家庭、社区、社会多位一体的网络格局，开设家长讲堂，向家长宣传推广学校的育人理念和有效地家庭教育方法；持续推进家委会、校委会工作，鼓励家长参与学校管理；组织“校园开放日”暨艺术节活动，向家长展示教育教学成果；通过学校微信公众号及时向家长、社会推送反映学校工作的美篇，树立京汉好形象。

聚焦质量工程，助推核心素养发展

提高教育教学质量，是学校“自强教育”不断推进的中心工作，也是现代化学校建设的关键工作。京汉学校聚焦教学质量提升，构建“211”共强课堂教学模式，努力打造缤纷多彩的乐园、学园，促使学生自强不息、全面发展，促进教师厚积文化、奋发向上，促进学校强势进取、持续发展。

积极探索“211”共强课堂教学模式。“211”共强课堂教学模式，关注课堂各环节的时间分配，新课学习约20分钟，合作探究约10分钟，当堂检测约10分钟，简称“211”，形象生动，朗朗上口，易于记忆。该模式依据陶行知“教学做合一”的教学思想，遵循“学案导学、先学后教、以学定教、以生为本、以学评教（师生共强）”的基本原则，通过“导入新课、新课学习、自主学习、合作探究、当堂检测、小结提升”六个环节，使教学过程由“教”变为“导”，由“要我学”变为“我要学”。一方面，加强课堂的自主、合作、互动、探究氛围，真正把学习主动权归还给学生，由简单的结果传授向探究过程转变，引导学生在课堂上学会观察、学会探索、学会动手、学会思维、学会质疑；另一方面，把教师从传统教学手段中解放出来，积极借助“教育云”平台、“一师一优课”，加强信息技术与学科整合，加强现代化教学手段的培训和使用，构建人本化、科学化、常态化以及简洁性、民主性、生态性的高效课堂。两者结合，促进师生“共强”发展。

全力推进小班化教学。学校根据学生的个体差异，践行“因材施教”的教育思想，实施“分层教学”的教学策略，围绕学生个体发展，从组织方式、教学内容、教学模式、教学方法、教学评价等多个方面组织开展工作，帮助学生夯实了基础。同时，学校创新思维，谋划开展第二课堂小班化教学，培育了“小小讲解员”、“点彩贴画”、莲湘响板、航模制作、特色篮球、啦啦操、分层落实清单等特色小班化教学模式，为学生发展特长、弥补短板提供了可能性，为满足学生个性差异需求创设了平台。截至目前，学校一至九年级已形成所有班级均为全天候封闭式小班管理模式。

努力构建“互联网+”智慧课堂。学校运用智慧教育的理念，积极打造互联网+智慧课堂，有效运用交互式教学设备、“希沃”一体机、云平台、网络空间等开展智能学习、交互式学习等新型教学方式开展教学；定期开展基于武汉教育公共服务平台的同步课堂、名师工作室等规模化应用，积极组织教师参加区级以上信息技术应用类评比竞赛；校空间、教师个人空间应用活跃，校内积累了一定的自行开发的校本电子教材资源共享。

突显办学特色，展望未来再创辉煌

为把学校建设成现代化优质强校、红色文化品牌名校，京汉学校以“自强教育”文化体系为指导，全方位、高标准开展学校工作，逐步走出了一条“自强”的崛起道路。

完善学校管理制度，加强现代化学校治理。修订、完善学校章程、学校内部管理制度、校务委员会制度、家长委员会制度、学校信息公开制度为内容的现代学校管理体系，夯实现代治理基础。

实施“教师自强”计划，促进学校队伍建设。校长坚持每周撰写“校长寄语”，值班干部每天制作“值班美篇”，管理部门坚持“日查堂”、“教育教学周反馈”、“评教评学”，规范师德师风，增强教师责任感、使命感，引导教师仁爱、精业、奉献、共强；完善考核评价制度、岗位聘任制度、年度考核制度、专业技术职务评聘制度和表彰奖励制度，激发教师工作主动性和创造性；加强继教培训，促进教师专业化发展；培养中青年教师，增强骨干教师力量。

践行“京汉人当自强”校训，打造红色研学基地。充分利用红色教育资源，以二七革命纪念馆为校外德育主阵地，开发以“二七精神”为主线的红色研学综合教育资源体系，完善和扩展德育校本课程，不断丰富德育工作的内涵和外延。二七纪念馆“志愿者小讲解员”项目，已成为区级志愿活动品牌，每年承担市区烈士纪念日、清明凭吊、学生及群众团体参观等大型活动的讲解。仅2018年，小讲解员义务讲解一百余场次，产生良好的社会影响，多名小讲解员获得江岸区优秀志愿者、“金牌讲解员”称号。2018年5月9日，CCTV13新闻频道对此进行了报道。学校进一步推广“红色小小讲解员”成果，引导学生互助、志强，突显“红色奠基　中小融通　自强育人”育人特色，培养自信自强、有梦想、有担当的京汉学子。

大力实施课堂教学改革，打造现代化优质强校。探索适合学校实际的教育教学模式和方法，进行中小学衔接实践；构建“211高效课堂”教学模式，提升自主学习能力；开发航模、篮球、莲湘、合唱、点彩贴画等校本课程，构建多元课程体系，其中，点彩贴画、莲湘成为其中的佼佼者，学生在各级各类比赛中多次获奖。曾雨薇同学的点彩贴画作品《春风十里》被中国美术馆永久收藏；创办《自强》《启航》《攀登》等校刊，引导学生笃学深思，在自主探索中自信自强，为成人成才成功奠定坚实的自强发展基础。

建设现代化育人空间，建设美丽智慧校园。学校加大信息技术教育的投入，更新现代化多媒体设备，完善校园网络运行，拓展功能，提升教师运用信息技术整合学科教学的能力，开展各学科题库、资料库建设，努力建设智慧数字校园，以主动作为的姿态，积极迎接学校周边滨江商务区现代化、国际化的发展要求。

四年来，学生综合素养、教师专业水平、学校教育质量全面提高，学校声誉日益提升。教育主管部门和社会各界对学校励精图治、改革创新的努力赞赏有加，使学校高水平通过区素质特色校、市现代化学校验收评估。区政府也将划拨土地和专款，拟在学校后侧建设新京汉校园，计划把京汉学校打造成二七滨江商务区的窗口学校、标杆学校、红色品牌名校、老百姓家门口的优质强校。

昨日的岁月峥嵘、一枝一叶都是今天的财富，更是明天“新京汉”的厚重基石。面对未来教育发展的新形势，每一位京汉人信心满满，将继续秉承“自强不息，开拓进取”的精神，高举自强育人的大旗，激活红色育人引擎，在学校“一三五”规划的指引下，锐意进取，勇创佳绩，再铸京汉新辉煌！

梦承文化引新光，德艺共耕育良才

——板桥镇中小学文化建设经验

湖北省襄阳市南漳县板桥镇中心学校　杜兴忠

教育是国之盛衰之本，是历史前进之轮，是提高人民综合素质、促进人的全面发展的重要途径，是民族振兴、社会进步的重要基石。生命离开了水源，就会枯竭。教育就好比是源源不尽的甘泉。一个国家、民族如果离开了教育就会逐渐走向衰亡。只有让教育保持充足的活力和创造力，才能持续推动人类社会向前发展。只有在教育的土壤中深耕细作，才能让教育事业焕发光彩。依托丰厚的文化底蕴和历史沉淀，近年来，我校以“凝聚文化精神、厚植文化底蕴、打造文化特色”为目标，探索推行“1234”学校文化建设模式，不断将“耕读传家，诗书济世”的私塾文化，传承发扬为“勤耕琢璞，趣雅求真”的校园文化，努力续写今日板桥“文化之乡”的新篇章。从教学实际出发，我校集一校之智慧开发了校本教材《励耕》，它涵盖精神文化篇、物态文化篇、活动文化篇等5大版块16课时内容，图文并茂，通俗易懂，成为一本具有特色、有人文关怀、有文化韵味、有趣味故事的系列学校文化教材，也为我校文化底蕴发展树立了永恒的丰碑。

一、多措并举，深耕学校发展

学校文化发展要落实到方方面面，要从学校的根抓起，从学校的魂落实。为此，我校多角度思考、多层面出发，努力营造浓厚的文化氛围。第一，落实物态文化建设，让一草一木会说话。我校坚持从实际出发，科学设计，建设学校主题鲜明、风格统一的物态文化。一是打造物态文化主题LOGO。我校在进校门口显眼的位置建设文化地标，以突出学校文化主题，彰显板桥地域特色。门口树立高2米、长1.5米的“勤”文化地标石雕，镌刻三行小字“育勤学之生、铸勤业之师、办勤政之校”，寓意“天道酬勤”。这些地标性建筑，将我校文化的主题，刀劈斧凿镌刻在石雕上，潜移默化深深烙印在学生的成长中。二是规范物态文化设计。我校按照“点缀恰当不臃肿，安全耐用不浪费，字体规范不标新，科学搭配不单调”的原则，统一规范了校园物态文化建设标准，对校园一训三风、制度匾牌、宣传专栏、班务勤务、楼栋名、班级名、花木名和路道名等设施的材质、颜色、字体、大小、悬挂的位置等50余项标准都做了统一的规范。如：楼栋名统一要求用钢塑PVC材质、红色幼圆字体、字体大小成型为80cm×80cm、安装在距地面4米的位置等等。规范的标准，统一的风格，为学校文化建设打下了坚实的基础。第二，落实精神文化建设，让一言一行都能育人。文化是校园的灵魂。无论是学校规章制度，还是常规教学活动，有了文化的浸润，才能发挥“随风入夜，润物无声”的育人效果。为此，我校大胆创新制度，一是把冰冷的制度人性化。我校召开教代会，把刚性的条文和冰冷的制度做了修改完善，坚持从培育学校精神的需要出发，赋予制度条文以学校主题文化内涵，体现学校办学理念、办学宗旨。利用师生集会专题解读，勾勒学校发展蓝图，憧憬美好未来，激发师生信心。让每一个师生自觉参与校园管理，形成强大的合力。二是把空泛的活动主题化。在学校活动中，我校以校文化主题冠名，并贯穿学校活动始终，让主题文化成为师生的共同追求。如：我校的“琢之玉”自主课堂，“琢之能”书法练笔、“琢之声”经典诵读、“琢之韵”大课间等一系列主题活动，让“琢”文化落地生根。三是把常规的环节制度化。我校要求固化升旗仪式、国旗下讲话、两操、团队活动、文艺汇演、经典诵读、课外活动、亲子活动等活动的开展模式必须与学校文化主题密切联系，固定时间、主讲人、活动主题、参与对象和评价模式，形成常态，达到长效，通过这些措施，不仅学校文化气息更为浓厚，也潜移默化地提升了学生对学校的浓浓爱意。

二、铸魂培根，力求管理创新

学校、教师、学生是学校校园文化建设的要素。为充分发挥学校文化建设主体作用，我校由浅入深，层层递进，从四个方面认真落实各项工作。一是突出学校主体，加强顶层设计。我校积极发挥统筹协调和检查督促的功能，落实五制，落实文化建设方案。即：落实专项检查制，每月安排专人、专车、专项检查校园文化建设落实情况，并印发通报。落实例会报告制，每月召开一次校（园）长例会，听取校园文化建设汇报。落实管理干部包校制，管理干部驻点包校，深入指导驻点学校文化建设开展。落实现场会议制，每月安排一所学校举办现场会，突出一个主题，解决一方面问题。落实绩效考核制，将学校文化建设成果与校园长的绩效考核挂钩，发挥绩效杠杆作用。二是突出教师主体，达成文化共识。我校大力鼓励教师积极参与校园文化建设，向教师群体征集校徽、校旗、校歌以及校训校风，制作成标准模式在校内悬挂和传唱，逐步形成主流文化的认同。根据每位教师的专业特长，年龄特点和兴趣爱好，将学校文化活动分块到人，引导每位教职工参与文化活动，实现教学相长。三是突出学生主体，引导主动参与。我校坚持以学生发展为目的，以学生兴趣为方向，以学生需要为动力，不断增强校园文化的影响力，增强学生参与的积极性。如：举办“勤之韵”艺术节、“勤之健”体育节、“勤之声”经典诵读节、和“勤之绘”书画节等，都设计有相应的学生才艺展示平台，放手让学生自己策划、自己主持、自我展示，自我评价，最终实现自我提升。此外，我校也积极围绕学生、教师、家长、社会四个层面开展各类活动，让师生家长和社会认同学校文化、传播学校文化。一是在学生中开展传统文化活动。我校坚持一年一个主题，开展学生传统文化教育。每逢传统节日，必组织庆祝活动，了解传统节日的由来与寓意，感悟传统文化的博大精深。每逢重大纪念日，组织开展“三爱”、“党史、国史”等教育，铭记历史，奋发图强。二是在教师中开展职业文化活动。以师德教育为主旋律，积极开展教师职业文化教育，学习师德典型事迹，赏析经典著作名篇。开展球类、棋类体育竞赛，组织教师踏青、摄影、书法比赛等活动，在活动中凝聚人心，提升品位。三是在家庭中开展美德文化活动。每年组织开展敬老爱亲活动，要求每位孩子为爸爸妈妈洗一次脚，为爷爷奶奶沏一杯茶，并把活动影像上传到家校共建群。每年开展一次感恩教育，邀请专家到校作辅导讲座，为家长、学生进行励志感恩教育。四是在社会中开展法制文化活动。坚持开放办学，组织广大师生走出校门，到法庭、派出等部门，感受法律庄严。邀请公安、消防、交警、食药等部门走进校园，开展系列安全教育，将法制教育活动与校园文化有机结合，增强了学生的安全防范意识。坚持“家长开放日”和“社区活动日”活动，让广大家长走进学校，让广大师生走进社区，做到家校共建，资源共享。

三、春风化雨，展望美好未来

非知之艰，行之维艰。教育是一项知行合一的事业。学校的内涵、品位和文化底蕴需要被所有师生牢记并践行，应如和风细雨渗透到学校各处角落，待春暖花开。校园文化建设对我校来说还是一个全新的课题，我校在这方面还是“小荷才露尖尖角”，不过未来路上，我校会虚心学习，不断进取，认真贯彻落实好会议精神，努力提升板桥校园文化建设水平，在南漳教育跨越发展乐章中奏响板桥的“最强音”。

倾注满腔热忱，促进医学教育品质发展

湖南护理学校　丁志强　曹淑媛

教育是什么？教育就像是给生命塑造灵魂的一双手，赋予生命存在的意义和价值。百年大计，教育为本，教育是民族振兴的基石，是提高国民素质和培养高质量人才的根本途径，连接着数以千计家庭的殷殷期盼。近年来，我国医学教育领域发展受到了社会各界人士的广泛关注，不仅仅只是重视医学教育的表象，而是深入研究其背后对教育的存在价值。越来越多的人认为，只有将医学教育摆在为人民群众送去健康福祉的高度，才能从根本上践行好医学教育的初心和使命，才能以医学教育独有的育人情怀和人才培养模式，为国家和社会培养出愈来愈多的优秀专业人才，办好一所令人民满意的医学职业教育。以上这种观点，成为越来越多医学教育学校的办学精神。我校坐落在长沙市湘江新区，是一所面向全国招生的全日制中等职业学校。南有金洲大道、北通长常高速，东接省会长沙，西连宁乡城区，附近还有炭河古城、关山古镇等著名景点，充满了传奇色彩。学校开设有中专层次的护理、中医护理、中药、中医康复保健等4大专业，有全日制在校生3436人，占地面积190亩，教学仪器设备总值2600万元，直属附属医院为一级综合医院，医院资产总值3000万元，开放病床30张，设10个临床医技科室。办学以来，我校始终坚守“厚德健行，仁术康民”的教育初心和使命，牢固确立“关注学生成长，服务社会需求，培养特色人才”为办学理念，为国家和社会培养一大批热爱医卫事业、品格健全、服务基层的应用型技能人才。到了今天，学校高质量现代化的教育方式理念，赢得了人们的广泛赞誉

一、弥足根本，从办学理念中启发学校创新方向

为保障办学质量稳定提升，我校始终坚持严管理、抓教学、重技能、强素质的办学方针，致力于培养热爱医卫事业、品格健全、服务基层的应用型技能人才。2019年我校丁志强校长与官桥镇签订《以湖南护理学校基础创建新的高职院、医院及配套商住项目招商合作协议》。悉心规划，投入大量资金建设新校区，拟创建湖南卫生健康高等专科学校，2020年12月16日新校区正式开工。学校形成多形式、多层次、多渠道的办学体系，同时大力推进与湖南省内部分高校合作办学，为学校发展创造先机。我校还积极与多个国外院校建立合作关系，为本校中专毕业生创造深造学习条件。如今我校的第一届国际班已正式开班，招收了85名学生，学生们在学校学习，为梦想扬帆起航。

学校发展离不开管理、离不开创新。为规范学校管理，我校采用理事会领导下的校长负责制，秉承回报社会的办学宗旨，我校丁志强校长负责学校的全面工作，引领学校的创新发展。其中，我校的关联学校之一的湖南商贸经济管理专修学院，前身为“麓山大学”，创建于1993年，是经国家教育部门备案的高等教育民办学校，学院从1993年创办至今，培养了4万名专、本科学历人员，在籍学生达到1.37万；2014-2016年在长沙市民办学校办学情况评估中，连续三年获“优秀单位”荣誉；连续四年被湖南省评为2013-2015年度“优秀助学机构”；被湖南大学评为“优秀助学点”；为我校的创新发展注入了新的活力……

二、铸魂培根，通过办学特色确立人才培养方向

认真贯彻党和国家的教育方针和卫生工作方针，始终视教学质量为生命线，强调对社会的适应性、教育的实践性和学生的发展性，强调技能培养与就业岗位需要相结合，确保了人才培养质量，是我校在发展中汲取到的成功经验。长期以来，我校坚持以岗位职业能力的形成为目标，以技能培养为主线，以素质教育为根本，积极探索出培养高素质实用型人才的培养模式。我校主要从四个方面，制定方案，实施工作。一是瞄准市场设置专业和课程。我校按照医疗卫生市场发展需要设置专业，在专业建设指导委员会的指导下，适时调整专业设置，护理专业设置老年、社区护理、ICU护理方向，根据护理专业的岗位需要，不断调整人才培养方案及相关的教学课程。增设中药、中医康复保健、康复治疗技术、中医护理等专业，调整中药专业培养方向。形成了以老年护理方向、康复治疗技术专业为主，中医康复保健、中药、中医护理为辅的专业格局。二是技能培养与岗位需要相结合。我校高度重视实验实训教学管理，突出教、学、做相结合的教育教学特色。在课程设置上，加大实验实训的比重，理论与实践的教学比例达到1∶1，部分专业达到4∶6；专业课全部由“双师型”教师教学，实现了技能操作强化训练的全覆盖。学校建有一大批“理实一体化”的实验实训室，如病理及药理互动实验室、急救人教学系统、模拟手术室等，充分体现了实验实训场地的开放性、实践性和职业性。

三是“校院合作，产教融合”实现“无缝对接”。我校以实习基地为例。我校附属医院为一级综合医院，36家实习医院为二级以上综合医院，另有2所企业工厂，确保了实习岗位与所学专业面向的岗位群的精准对接。护理、中医护理、中药、中医康复保健等专业采用顶岗实习、校院合作、订单式培养，做到了实践教学与城乡基层医疗卫生机构、院企岗位的相结合，形成了毕业即就业的良好教育模式，毕业生受到了用人单位的广泛欢迎。

三、深耕细作，立足办学品质成就教育幸福未来

多年来，我校由于办学定位准确，专业品牌独特，在人才培养和教育教学质量上，取得了显著的成就。多次被评为省市中等职业学校就业工作先进单位，为全省社会经济发展作出了积极贡献。2019年、2020年共有1500多名毕业生报考对口升学，学校与对口高职学院合作，打通了人才培养的直通车，推动学校实现了跨越式的发展。为让学校品质从稳定中得到提升，一直以来，我校始终坚持四个方向同步发展。　一是专业品牌全面形成。我校护理专业注重立德树人和综合素质培养，学生整体素质全面提高。为扎实推进健康扶贫和教育扶贫工程成功举办“一家一民盟同心班”和“护士本土化班”，我校三个班

165名学生来自湖南省17个深度帮扶地方，聚焦深度贫困地区和特殊贫困群体，采取每人每年享有20000元的学费和住宿费，书籍等全部由学校承担，精准有效帮扶措施，免费培养农村帮扶家庭学生，努力践行社会主义核心价值观，为建设社会主义新农村服务。打好打赢脱贫攻坚战、决胜全面建成小康社会做出应有贡献。

二是教学质量稳步提高。我校树立正确的人才观和质量观，坚持育人为本，全面推进素质教育，教育教学质量稳步提高。如2019年、2020年，我校护理专业应届毕业生在国家护士执业资格考试中通过率达到很高水平；参加国开大学首届护理病理大赛获全国2个一等奖、1个三等奖；在全国职业院校护理技能大赛中获得二等奖。学生在湖南省职业院校技能大赛中获得3个二等奖。

三是教育科研成效显著。我校坚持“以教研促教改、以教改促质量”的理念，积极开展校本科研工作，主编统编教材10余本；主持省市科研课题10余项，参与省市科研课题20余项。我校教师荣获2018年全国医药卫生类教师信息化教学设计和说课竞赛三等奖；湖南省职业院校技能竞赛教师职业能力比赛教学设计三等奖。2019年、2020年在湖南省职业院校技能竞赛中获得优秀指导教师奖，为保障学校品质发展提供了有力证明和保障。

四是毕业生就业形势看好。33年来，我校为社会培养了大中专合格毕业生2万余名，遍布全省多个行业，成了相关行业的骨干和带头人。我校还先后与湖南网络工程学院等高校联合举办多个全日制大专班，与中南大学护理学院、湖南大学举办成人本科班，为社会培养了2万多名优秀的护理专业人才，为国家和湖南省的人才培养做出了突出的贡献。

四、初心不殆，凭借满腔热血营造医教美好未来

非知之艰，行之维艰。教育是知行合一的事业，尤其是医学教育，定向发展，砥砺前行，每位学生肩上都承担了教育领域的艰巨使命，为生命保驾护航。未来路上，我校会带着教育的理想，不忘初心，以坚实的步伐，执着激情地走在医学教育领域探索的道路上。敢为人先，勇于创新，开启医学教育发展的新局面。

阅读引领成长，书香韵盈校园

湖南省常德市西湖管理区中心小学　王艳光

书籍，是人类宝贵的精神财富，是经验教训的结晶，更是走向未来的基石；阅读，是人们重要的学习方式，是人生指路的明灯，更是人类进步的阶梯。“读书多了，容颜自然改变，许多时候，自己可能以为许多看过的书籍都成了过眼云烟，不复记忆，其实他们仍是潜在的。在气质里，在谈吐上，当然也可能显露在生活和文字里。”作家三毛的这句话不假。理想的教育“应该重视让学生与书本为友，与大师对话”。西湖中心小学始终以学生为本，在基础教育早期阶段就培养学生们爱读书的学习习惯，以“阅读”为主题，开展了一系列的校内外的文化建设活动。

静默行吟，播撒开卷有益的种子

为了让每一位学生与书为伴，养成爱读书、好读书、读好书的习惯，营造积极向上、特色鲜明的阅读氛围，推动学校精神文明建设和校园文化建设不断向前迈进，我校每学期都会开展读书月活动。

为了活动的顺利开展，学校为每个班级提供了人均一册以上的图书充实班级图书角，并定期补充和更新，还发动家长为孩子建立家庭小书库，给孩子创造良好的阅读条件，营造浓浓的书香氛围。读书月活动期间，开展碎片式阅读、集中阅读、亲子阅读、读书交流会等丰富多彩的阅读活动。

课间，孩子们会争先恐后地涌向图书角，挑选自己喜爱的读物，或独自一人静静地阅读，或和好伙伴共享一本书，读得津津有味。一个个班级逐渐出现了人手一本书进行碎片化阅读的场景，校园里不再是嘈杂的声响，书香味日渐浓郁。每周五的第六节课是我校集中阅读时间，孩子们端正地坐在教室里潜心阅读，尽情地享受一整节阅读课带来的静谧美好的时光。

晚上，是亲子阅读的温馨时刻。家长们每日都会抽出宝贵的时间与孩子一起遨游在书的海洋，还用手机记录下最美的瞬间，在班群、朋友圈进行阅读打卡。在共读中，父母和孩子不仅获得了知识和快乐，而且使亲子感情得到升华。

读书交流会上，孩子们或讲故事，或朗诵，或演讲，或展示读书笔记，或进行好书推荐……精彩的分享与真诚的交流让大家深深感受到阅读的乐趣与魅力。

每次活动结束，学校都会对“读书月”活动中表现突出的班级、个人、家庭进行表彰，评选出书香班级、书香少年、阅读小达人、校园小作家、书香家庭。

通过一届届“读书月”活动的开展，把开卷有益的种子播撒在学生的心田，使之生根发芽，在我校掀起了一股股读书热潮，学生在活动中开阔了视野，增长了知识，养成了与书为伴，热爱读书的好习惯，让校园溢满书香。活动的影响还辐射到了家庭、社会，对我区人民全民参与阅读起了积极的助推作用。

同心共行，助力阅读之树抽枝长叶

为了不让漫长的暑假虚度，让全体学生阅读兴趣持续在线，我校家校同心共行，通过一部手机营造浓厚的假期读书氛围，助力孩子们的阅读之树抽枝长叶。

为确保假期读书活动的有效、规范、深入开展，学校领导高度重视，由教务处精心设计活动方案，推荐阅读书目，在假期开始前的休学典礼上，向全体师生提出了在假期阅读几本好书的要求，班主任在家校微信群向家长、学生推送倡议书，号召同学们在家长的指导下，在学校推荐的阅读书单中，选择自己喜欢的、有益的书籍，利用假期认真地研读几本，记录阅读点滴，坚持天天阅读。

假期开始后，班主任每天在群里布置阅读打卡任务，提醒学生每天坚持阅读，对学生每天的阅读内容、时间、数量及其读书笔记等都提出了具体明确的要求。家长们则按照要求在打卡小程序里上传孩子们的阅读照片、视频、语音、阅读笔记等，并详细记录阅读书目、阅读页码、阅读时间等。班主任还经常在群里对积极参与阅读的学生和及时打卡的家长进行鼓励表扬，定期组织学生、家长在群内分享读书心得，并在群里不定时推送整本书的阅读方法和怎样帮助孩子养成阅读习惯的优秀文章，为家长有效指导孩子阅读提供科学的方法。第二天班主任再在学校的阅读打卡群里对本班阅读的相关数据进行反馈。一个个专注的阅读身影，一声声悦耳的朗读，一本本厚厚的阅读笔记，无一不体现出孩子们认真阅读的态度。《西游记》《三国演义》《水浒传》《中国寓言故事》《安徒生童话》《伊索寓言》等书成了孩子们的手中宝，阅读和吃饭一样，逐渐成了他们的每日必需。

学校除了要求老师们每天督促学生阅读，检查阅读成果，还要求老师们以身作则，潜心阅读《陶行知教育文集》《给教师的一百条建议》《我的教育故事》等教育专著，并撰写高质量的阅读心得、随笔、论文等，老师们的专业素养得到了很大的提升。

匠心独运，浇灌兴趣之花常开不败

为了激发孩子们长久阅读的兴趣，展示阅读成果，让孩子们体验阅读带来的快乐与成功，我校在读书月活动期间还会开展一系列形式活泼、内容丰富多彩的活动，给孩子们提供充分展示自我的平台。

个性展示主题班会。讲故事、朗诵、演讲、展示读书笔记、进行好书推荐……孩子们在主题班会上全面地展示、分享着自己的阅读所得，一个个自信满满。

亲子共读展示。孩子们与家长选择感兴趣的阅读内容自编自导自演，录制3分钟左右的亲子展示视频发到班级群，再由老师组织全班孩子观看，节目精彩纷呈，爱意浓浓。

制作读书简报、撰写读后感。孩子们把自己阅读的所得所感倾注于笔端，或写，或画，一张张内容丰富、色彩艳丽的读书简报，充满了童真童趣；一篇篇风格各异、文质兼美的读后感，饱含着真挚情感。

知识抢答赛。填空、选择、判断……内容涵盖一本甚至几本书的题目完全难不倒阅读小达人们。“我会……”、“我来……”答题现场气氛热烈，充满欢声笑语。

读书游园会。以字谜、词汇、汉字书写、古诗词背诵与运用为知识载体，以抽签答题与奖券激励的方式，使活动的开展妙趣横生，展示了学生丰富的课外积累。

校园是教育的场所，是学生学习和生活的地方，良好的校园环境和校园文化是“无言之教”。我校开展的一系列读书活动，在校园内形成了热爱读书的良好风气，使学生养成了爱读书、好读书、读好书的习惯，丰富了学生的课外阅读量，培养了学生课外阅读的能力，不断推进书香班级、书香校园建设，提升了我校的办学品位，为学校构建了一个理想的发展平台，为把我校建设成一所具有深厚文化底蕴的学校奠定了坚实的基础。

开展幼儿足球游戏活动　促进幼儿身心和谐发展

湖南省衡阳市珠晖区扶晓里幼儿园　肖燕

幼儿强壮的体格是智力发展和人格形成的物质载体，从幼儿生长发育和人才成长的规律看，开展体育运动锻炼不容忽视。在幼儿阶段，开展足球运动，一方面能增强幼儿的身体素质和其他器官的功能，另一方面也能弥补幼儿园体育锻炼中不太注意发展幼儿动作协调性的不足，从而进一步促进幼儿身心和谐发展。我园于2019年9月起开始了开展幼儿足球活动的实践与研究，旨在通过开展幼儿足球活动，培养幼儿的运动兴趣和综合运动能力，增强体质，提高幼儿动作的协调性、灵活性和大胆、自信、勇敢的个性心理品质，促进幼儿身心和谐发展。在这短短的几个月期间，我们以新《纲要》思想为指导，在足球活动中注意渗透全面教育思想的同时，尊重幼儿的年龄特点和足球活

动的特点，将分层原则、游戏原则和多元原则等教育原则贯穿于幼儿足球活动的始终。

一、根据幼儿特点研究制定分层活动目标和内容

根据幼儿身心特点开展幼儿足球活动的根本宗旨提出了总目标：在足球活动中，培养幼儿的运动兴趣和综合运动能力，增强幼儿体质，提高幼儿动作的协调性、灵活性和大胆、自信、勇敢的个性心理品质，感受国球文化并体验胜不骄、败不馁，敢于尝试、敢于拼搏的体育精神，促进幼儿身心全面和谐发展。根据幼儿不同的活动能力，提出了不同层次的目标与要求。

教师在设计足球活动内容时要注意以下“三性”：

1.内容设计具有趣味性

教师以灵活多变的教学艺术设计和开展游戏，突出足球游戏活动的游戏性和趣味性，以一些“小乌龟运粮食”、“小猴搬西瓜”等游戏情景激发幼儿参与活动的兴趣。同时，教师自己以对游戏的满腔热情，调动幼儿的情绪，激发他们的积极性，从而促进了幼儿身心发展。

2.活动内容设计具有多样性

教师不断研究足球游戏和基本技能的练习形式，采用个别的、分散的、集体的、个别与集体相结合的多种形式，既调动了幼儿的自主性，又调节了幼儿活动量，保证了幼儿参加活动的持久性。

3.活动内容设计要充分考虑幼儿的自主性

我们把足球游戏与教育融合为一体，使幼儿在游戏中得到发展。幼儿为了达到游戏目的，要克服一些困难，这调动了幼儿积极主动、勇于克服困难的意识和能力，使幼儿学会自我调节；幼儿可根据自己的需要选择足球活动内容和活动区域，这使幼儿学会了自己控制活动。

二、采用游戏方法提高幼儿活动的实效

在开展幼儿足球活动的过程中，教师们采用游戏手段，提高幼儿参与足球活动的兴趣，提高教学实效。

1.足球活动内容讲解拟人化

幼儿思维具有具体形象的特点，因此，教师在足球活动中运用拟人化的手段，激发幼儿对足球活动的兴趣。如在“小树林（绕障碍物S形）运球”的足球游戏中，教师扮演“兔妈妈”，幼儿扮演小兔，在草地上自主选择不同数量的小树间S形运球，将“食物”送给对面的“兔奶奶”。活动中幼儿非常高兴，个个争先恐后地将“食物”送过去，但有的幼儿过急，没有绕着小树林S形运“食物”，足球一下子就滚到旁边去了。“兔妈妈”就非常着急地提醒“小兔”要当心，要绕着小树林S形运“食物”。教师还要引导能力强的幼儿选数量多的小树间S形运球，并用游戏的情节、拟人化的口吻暗示过树林时可走得快些：“对面的兔奶奶的肚子饿了”，以使幼儿的运球能力得到进一步提高；对于能力弱的幼儿，则循序渐进地提高他们的运球能力，如先树林直线运球，在绕少量的树林运球，使他们也能感受到自己的成功。

2.足球活动练习过程情景化

在足球活动中，教师要善于发现幼儿的兴趣，为幼儿创设满足他们需要的自由游戏和学习的空间与环境，使幼儿能按自己的兴趣在自由的游戏和学习中获得成长和发展。如在练习搓球活动中为幼儿设计了情景游戏“搓团圆”，通过“搓好团圆共度元宵”情景的创设，既引起了幼儿情感上的共鸣，更激发了幼儿对足球活动的兴趣，又有效地促进了幼儿自主学习能力的发展，使幼儿在轻松的活动中习得和感知了足球的玩法和性能。

3.足球技能学习儿歌化

足球技能有时候单一的说教比较枯燥，幼儿不感兴趣。教师们发挥集体智慧，根据幼儿的年龄特点，编了朗朗上口的儿歌，便于幼儿理解、记忆和掌握。如“搓推球”我们编成：小足球，脚下搓，前后左右里和外，小脚和球不分开，搓推球呀真好玩。又如把“横拖停”技能编成：右脚把球往左拖，左脚把球停一停，换个脚儿试一试，左右横拖要分清。在我园的足球游戏里，我们把十多个基本足球技能编成儿歌，配上幼儿和教师的动作范例照片，幼儿可以边念儿歌边练习足球技能，在玩中轻松掌握动作，提高动作技能。

三、遵循多元评价原则，增强幼儿足球活动的信心

多元智能理论认为，每个儿童都不同程度地拥有八种智能，能拥有相对于自己或是相对于他人的智力强项，体育运动也是如此。因此，对一个儿童不可用简单的好与不好或聪明与不聪明来评价，而应综合地看待他们的认知、情感和态度等各个方面的发展状况，发现每个幼儿的智力潜能与特点，识别并培养他们区别与他人的智能和兴趣，帮助他们去实现富有个性的发展。所以，在足球运动中，既面向全体，又尊重个体差异，提供难易程度不同的足球游戏练习。教师遵循多元评价原则，以鼓励为主，增强每一个幼儿参与足球活动的信心，让每个孩子在原有的基础上获得提高和发展。

四、开展幼儿足球活动的成效

我们开展幼儿足球活动的目的是培养幼儿的运动兴趣，提高运动能力，发展良好个性，促进幼儿身心和谐发展；更新教师教育观念，提升教师的专业化水平，实现幼儿、教师、幼儿园三者的同步发展，为社区居民提供更好地学前教育服务。

（一）通过开展幼儿足球活动，促进了幼儿身心全面和谐发展。

1.培养了幼儿的运动兴趣和综合运动能力，提高了幼儿动作的协调性和灵活性，增强了幼儿体质。通过足球活动，许多幼儿的运动兴趣和动作协调性得到了很大的提高。判断、思考不断调整自己的位置，每个球都要通过手眼脑的协调。这种脑体运动有机结合，对保持神经系统的功能有重要作用，必然促进人的思维能力，促进智力发展。在足球活动中，幼儿时常有一些新奇的玩法，幼儿的创造力得到了前所未有的开发。

2.培养了幼儿大胆合群的个性心理品质，以及敢于尝试等体育精神。足球活动是一项需要相互合作、相互配合的运动，幼儿在游戏中相互交流，有利于幼儿良好个性心理品质的培养。

（二）将足球活动开展与园本培训相结合，提高了教师的专业化能力。

在开展幼儿足球活动的过程中，我们将教、培、研相结合，提高了教师的研究意识和时间能力，促进了教师专业化能力的提高。

1.教师的教育教学观念得到了更新

通过开展足球活动，使教师知道了开展幼儿或要注意体现促进幼儿情感、态度、认知、技能等各方面发展的目标取向。

2.教师的教育教学能力得到了提高

在师资队伍建设中，将足球特色教学与教师的培训与教研相结合。在确保幼儿园基本课程的同时，又开发了幼儿园足球游戏课程。这一课程的开放，不仅调动了教师和幼儿对足球活动的积极性，注重师生足球技能技巧的培养，更主要的是强调通过培训使骄傲在足球教学时间中有了更多的思路与创新。

“愚公精神”铸辉煌

——记湖南省浏阳市新文学校董事长张运釚

孟泰

拥有40年教育工作经验，饱含对教育事业的热情与执着，他60岁从体制单位退休，63岁决定创办学校，64岁学校正式招生，77岁依然在为自己的教育梦想执着奋斗，以一种“愚公移山”的精神坚持不懈办教育，在浏阳革命老区书写了“起步新文，读书做人”的华美篇章。他，就是湖南省浏阳市新文学校董事长张运釚。

“人生本身就有很多遗憾，但作为一个在体制内工作了几十年的老教育工作者，我要在有生之年努力完成我的夙愿！”

作为一个在教育战线上摸爬滚打了40年的“教育老兵”，张运釚的人生经历丰富且令人敬佩。由于种种原因，成绩优秀的他未能在浏阳一中就读，也就没有走进高等学府的大门。中专毕业后，从公社教师，到文教专干、村小学校长、教育办主任，张运釚在浏阳七宝山一待就是17年，勤勉务实、一心为教的他，被山区老百姓亲切地称呼为“拓荒牛”。后来，工作表现出色的他调入浏阳市教育局，从普通的计财干部做起，一步一个脚印，先后任计财科科长、教育局副局长，成为资历最年轻的副局长。紧接着，德才兼优的他又被任命为教育局局长、书记，他在教育局一把手的岗位上一干就是9年。临退休时，组织上准备推荐他改任浏阳市政协副主席，他却婉拒了，转而来到了他少年时代向往的浏阳一中担任党委书记，他退休也要退在教育工作岗位上。

正因为张运釚有着如此丰富的教育管理工作经验，所以他对家乡教育中的问题看得非常清楚，亦是忧心忡忡。优秀教师人才留不住、应试教育之风盛行、食堂逐利经营、校园环境普遍不佳、学生的饮食安全也无法得到充分保障、学风校风建设滞后……对此，他说道：“在体制内，作为教育局长，我做了很多力所能及的事，推动着浏阳教育事业的整体发展。但是，受所限于财力投入、机制障碍、外部环境影响等诸多原因，对很多事情常常感觉到力不从心，徒呼奈何！”

于是，一个大胆的想法在他的脑海中浮现——创办浏阳市第一所民办学校，在这块教育试验田里，让“兴师、乐学、减负”真正成为现实。

“办一所学校就如同养育自己的孩子一样，要有恒心，要有毅力，更需要百折不挠的勇气，最关键的是不忘初心。唯有坚定初心，我们前进的脚步才会从容稳健。”

创办一所学校谈何容易。“回顾张董事长这11年来的艰辛办学历程，可用‘一波三折’来形容。”从办学之初就跟随张运釚一起打拼的新文学校校长刘文章，谈起学校创建历程仍然感慨满怀。相比于很多民办学校创办者而言，张运釚的办学历程无疑艰辛得多。

退休三年，张运釚就在脑海里酝酿了三年。如何筹集，如何建设，如何广纳贤才，如何因材施教……当他认为时机成熟、正式把办学的想法告诉家人时，一家人炸开了锅：老伴常年患病，行动不便，还需要他的照料；子女更是不解，老爹这么大的年纪还去折腾什么，身体、精神能应付得了吗？面对家人的质疑，张运釚斩钉截铁地告诉他们：“你们是我最亲的人，我这辈子最大的心愿就是办好一所民办学校，让优秀的孩子更优秀，让暂时落后的孩子变优秀，让家贫的孩子不再走我当年辍学的老路，让我的教育理想有绽放的地方，这就是我晚年生活最大的精神支撑！”听到张运釚如此坚决而动情的话语，家人也

欣然理解。

下一个摆在张运釪面前的最大问题就是资金，这也是最难的一道坎。一生清廉、两袖清风的他，退休时家里的存折上只有6万多元，而学校的首期投资至少4，800万元。“别的民办学校创办者都是老板，动辄就是几千万，董事长、股东都是同一个人。而我不同，我必须借助外界的力量才能办成事。”张运釪不仅拿出了家里的全部积蓄，两个女婿也各拿出10万元。这个时候，他开矿山的弟弟找上了门。“老哥，矿山总有挖完的一天，而学校可以延续百年。我们浏阳还没有一所成规模、上档次的民办学校，办好了就是造福乡邻、惠泽家乡子弟的千秋好事！”张运釪的弟弟从他多年积攒的家底里拿出100万元交给了老大哥，两兄弟的手紧紧握在一起。

随后，张运釪向全社会发出公告，广邀成功之士共建学校。很快，一批冲着张运釪为人厚道、懂教育的企业家主动要求入股，最大的股东入股资金达到了500万元，建校所需的首期启动资金就这样到位了。当时，张运釪的股份只占总股本的4%，按照相关规定，他是不能当董事长的，但是股东们都支持他，说：“我们就是冲着你老张来的，你不当，谁有这个能力！谁有这个号召力和把控力！”为了不辜负大家的期望，也为了刚燃烧起来的火苗不至于熄灭，张运釪从一个“小股东”成了董事长。

接下来的问题就是学校选址。他马不停蹄地跑规划、国土、建设等部门单位联系协调。最终，市委领导就学校的选址问题进行实地调研，决定将新文学校建在浏阳关口长兴社区的一块荒山上。这里地势开阔，依山傍水，环境清幽，是一处读书的好地方。学校校园布局独具匠心，按照“前学后寝”的设计理念，由润苗部、丰羽部、展翅部三个教学区和综合服务区、运动区、植物园区构成，花园式学校让人流连忘返。如今，学校周围车水马龙，配套设施齐全。当初很多反对建在这块“荒山野岭”上的股东们，终于明白了他的良苦用心，也深深佩服他的眼光。

“办民办学校如果是为了赚钱，我不会如此劳神费力，在这里耗费我的晚年。我办学校的目的是纯粹的。只有始终恪守公益办学的属性，我们的新文才能成为百年名校，而不是昙花一现。”

张运釪时刻关注着校园的施工进度和质量，还曾与工人们在工地上同吃同住。学校建成后，始终坚持公益办学属性，确保自行管理食堂和小商店，杜绝对外承包，切实实现了“办真教育、真办教育”的理念。

2007年秋季开学第一天，清脆的铃声划破校园的宁静，500多名来自市内外的莘莘学子开始在崭新的新文学校里学习。已经64岁，两鬓斑白的张运釪站在阳光下，热泪盈眶，喜极而泣。历经数年培育的这个新生儿，终于以全新的姿态伫立在一百多万浏阳老百姓的面前，浏阳的教育也由此翻开了新篇章。

然而，运营一所学校的道路并不是一帆风顺的。期间，张运釪经历了“股东退股”、“向银行寻求贷款”、“办学理念整合”、“办学思路研讨”等多个考验。学校终于在2009年暑假出台了一系列具有操作性、激励性、长远性的制度举措，如设立教师发展基金等系列奖励制度，构建学部制管理体系，确立学校文化建设的着力方向，开展爱心教育、“扬长教育”等。

“我在这里学得非常开心，非常有成就感，这里虽然是民办学校，但是我享受到了许多关爱和照顾！”作为新文学校首期宏志班的学生，张晓磊的话语中透露出对学校浓烈的爱。作为浏阳大山深处的贫苦孩子，他要是到年收费一万多元的民办学校学习，以他的家庭经济条件而言，是十分困难的，而新文学校的宏志班计划圆了这个品学兼优少年的梦。“只要是愿意到我们学校就读的品学兼优、立志成才的学生，如果家庭困难，我们将全免学杂费，还给予奖学金。”刘文章校长说，这也得益于张运釪大力践行“办真教育、真办教育”的公益办学的理念指引。

同时，新文学校还特别注重教师队伍建设和教育人才的培养工作。张运釪深知，要办好新文学校、将新文的学子培养成才，锻造一支高素质的教师队伍是基础，也是学校长盛不衰、成为百年名校的坚实保证。为此，他在教师队伍建设上可谓煞费苦心，将留住优秀教师始终摆在建设高素质教师队伍工作的首位。学校在“感情留人”、“待遇留人”、“事业留人”方面下足功夫，切实解决教师生活困难，关心教师身心健康，给予教师幸福感和获得感，从而培养并且留下了一批热爱教育事业的优秀教师。刘文章校长介绍道：“张董事长费心血，挥重金，培育的教师成为学校的第一资本、第一财富、第一品牌、第一资源。在优秀教师的用心教育下，一批批优秀学生走出新文学校的大门，投入家乡的建设中。”

历经多年风霜，张运釪依然满怀教育情怀，以自己的胆略和执着为新建的新翰高中殚精竭虑。他说：“等到新翰高中发展壮大，我希望为浏阳市培养出更多具有强烈家国情怀、民族气节、高尚情操的品学兼优学子，让他们为我们国家与民族的强盛尽一份忠，出一份力。”尽管已年满77岁，他还在为“百年新文”的教育梦想执着奋斗。这不禁使我们想起了那句传诵至今的千古名句——“老骥伏枥，志在千里；烈士暮年，壮心不已。”

一步一耕种国梦，守忠兴校盛桃李

——记祁阳七中校长邓和国

湖南省祁阳县第七中学 邓和国

百年大计，教育为本。教育是一项知行合一的事业，是民族振兴、社会进步的重要基石，是对中华民族伟大复兴具有决定性意义的事业。离不开国家、学校和每一位教育工作者的付出和努力。办学以来，我校始终将教书育人作为学校文化发展的根本理念，以此丰富学校文化底蕴，提升学校办学品质。在教学探索的道路上，我校始终以坚持和忠实为支撑点，撬动学校的发展，提升教师的凝聚力，让全校师生的幸福感、获得感、存在感，如竹拔节、如花绚烂。我校校长曾说：“怎样把学生教好，怎样把学习氛围营造好，怎样才能无愧于党，无愧于人民，无愧于学生及家长，是我从教的初心与使命。”。提起邓和国校长，他从1998年参加工作至今，他先后担任祁阳七中政教处副主任、教务处副主任、政教处主任，历任祁阳七中、祁阳四中、祁阳一中副校长，在2019年10月才重回祁阳七中任党委副书记、校长。作为教育事业中的一名勤匠，他用业绩对自己的“初心”作了近乎完美地回答。工作以来，他在省级以上刊物发表论文16篇，出版教育专著一部；主持省级以上课题研究2项，参与课题研究4项；参加教学业务竞赛获省市一等奖 21次，指导学生参加物理奥赛获奖人数达60余人次。凭着潜心育人，孜孜不倦的教育精神，多年来先后获评“‘十三五’全国基础教育课业改革先进工作者”、“基础教育科研尖端人才”、“中国发明协会中小学创造教育分会先进工作者”、“省优秀教师并荣立二等功”、“市优秀教师”、“市物理学科带头人”、“奥赛优秀指导老师”、“政府嘉奖”、“县优秀教育工作者”、“县三等功”、“县优秀班主任”等称号。被聘为湖南省“一师一优课评审专家”永州市“督导评估专家”。2020年被评为中小学正高级教师。为我校增添了无数的荣誉和骄傲，也是全校师生最尊敬的长辈。

一、树德立人，匠心永耕

校长是一所学校发展的核心人物。21年以来，尽管工作历程充满艰辛，但无论身处何种岗位，邓和国校长都能做到一丝不苟、诚诚恳恳、不计报酬、任劳任怨。走上学校领导岗位后，他也从没离开讲台，还一直兼任班主任，教学工作量饱和，始终保持满腔的教育热情。上课、开会或其他各种集体活动，从不迟到、早退或缺席，从未因个人原因请事假或休病假，即使生病也是一边打着点滴，一边想着工作，一抽针头就直奔工作岗位。尤其在祁阳一中的两年，担任班主任、物理教学和竞赛教练，分管学校教学、教科研工作，每天工作量大，喉咙常常发炎、嘶哑，胃病时常发作，随身带药，经常是服两颗药又继续工作，学生和同事都笑说邓和国是“工作狂”。他坚持以校为家，爱生如子，始终秉持“一切为了学生，为了一切学生，为了学生一切”的理念，为社会输送人才。坚持“师之所存，道之所存也”的思想，用教师独特人格魅力照亮三尺讲台。因为他相信只有老师立身自省、自我修德、淡泊名利，才能给学生精神上的感染熏陶，给学生暖如春风、细如春雨的慈母爱，使自己的言行成为学生的榜样。

二、潜心致教，硕果累累

用情育人，硕果累累。办学以来，我校始终坚持两大理念：一是致力于学生自主管理模式的运用和发展，二是致力于情感育人模式的研究。教研是教学的基础，只有潜心教研，才能有效促进教学。在教学的摸索中，我校一直把教研放在重要位置，积极开展教改教研活动。在分管教学、教研工作中，十分注重组织老师参加课题研究，引领老师走科研兴校之路，并在实践中建立了一套操作性强的教学研究管理制度，充分调动教师的科研积极性。此外，我校也注重课题研究，以此为动力，推动学校教研水平整体提升。2016年7月我校参与完成的《ICI的研究报告》在湖南省“十二五”教育技术课题研究成果评审活动中获省一等奖；2017-2018年我校主持的课题《新课程背景下的高中课堂教学评价探析与研究》(课题批准号：KYKT2050)荣获教研成果壹等奖；2018年参与的课题《高中教师如何利用心理学方法提升班级凝聚力的研究》(课题编号：FHA0607)经中国教育科学研究中心评审获优秀成果一等奖。在这些一道道光环下，我校教师没有骄傲，沉淀给予的收获，及时总结教学经验，撰写教研论文，投入到提升自己的专业水平中去。论文《浅谈多媒体对高中物理实验教学的促进作用》发表在2017年11月22日《现代教育报·学研专版》；2017年《高中物理“微课教学模式”的探索》获省电教馆一等奖；2018年9月主编《新高考背景下学校教学与管理论文集萃》(海南出版社出版，书号：ISBN978-7-5443-8376-9)；2019年3月主编校本教材《2020年高考一轮复习资料·物理》。这些来自教育事业中一枚枚硕果，都凝聚着我校全体师生晶莹的汗水，也是我校永恒的荣誉。

三、因材施教，德育从心

“劣生弃教”向来是教育教学中最尖锐复杂的问题。对待薄弱班级，我校会根据不同教育对象和具体学情调整教学方法，因材施教。让教学充满活力和激情，生动有趣，又贴近学生。因此在我校的课堂上总是非常活跃、轻松高效的。薄弱班级也能很好地扭转学习状态，快速提高成绩。我校教学中也十分注重激发学生学习兴趣，注重传授学习方法，为教学效果的凸显筑牢根基。教过初中、高一、高二、高三和理科复读班，先后十五次人平获全校同年级第一名。除搞好常规教学外，我校还积极参加各种现场赛课、录像课、说课、模拟讲课等教学研讨活动并取得不错的成绩，进一步增强了自己的教学功底，锤炼了教学风格。此外，学生的个性发展也需要老师关注和大力支持，为此，我校积极指导学生参加省级、国家级物理竞赛，同时也取得不俗的成绩。如2002年指导李文斌在第19届全国中学生物理竞赛中获全国二等奖；2008年指导蒋文兴在全国高中应用物理知识竞赛中获全国二等奖；近年来，指导学生参加科技创新大赛硕果累累，如指导张舒淇同学研发的“一种具有排渣结构的废气燃烧处理设备”获得国家实用新型专利证书；蒋训凯、刘雅兰所创作的“石墨烯膜四级废气处理装置”在第十届国际发明展览会暨第三届世界发明创新论坛上荣获“发明创业奖•项目奖”银奖。指导学生参加“中学生基础知识与创新能力测评”，王怡婕等6人荣获省一等奖；龙语纯等9人荣获省二等奖；冯麦琦等12人荣获省三等奖。

四、春风化雨，心向蓝天

“春风桃花红、雨润花更艳”，教育是温暖人生的第一缕阳光，滋养每一个生命。老师们是日夜守护在夜空的精灵，用毕生的文化知识和真情浇灌生命的健康成长。学习是永无止境的事业。活到老，学到老。除了对学生的教育，一所学校也要把对年轻教师的培养作为教研工作的一项重要内容。让所有老师都怀揣着教育理想，真正将教育做成一生的事业，把学校当作了自己的家。我们坚信，我校的老师们为了心中根深蒂固的教育情结，为了所钟爱的事业，他们必能安静而坚定地前行，围绕树德立人这一奋斗目标，将毕生的年华和激情贡献给祖国的教育事业，初心不悔！

家校相融　合力同行

——湘潭江声实验学校家校共育思与行

湖南省湘潭江声实验学校　贺振华

随着新一轮课程改革和素质教育的深入开展，如何把学校教育和家庭教育有机结合起来，形成教育合力、全面提高育人质量是我校一直在探索的课题。为此，我校充分利用“家长学校”这一载体，广泛调动家长的积极性，挖掘家庭教育的潜力，实现了家校相融，合力助推孩子快乐前行。

一、建设家校对话机制，优化学校治理

在教育综合改革背景下，学校已经由传统管理开始走向现代化治理。传统的管理偏向于集权命令控制，而现代的治理理念则偏向于分权协商参与。因此，我校在内部治理中，一直致力于家校对话机制的建设。

我校有较完善的家长学校组织机构及人员名单，如“家长委员会组织”、“家长学校师资队伍”等，每学期初始学校均会顺利完成家委会的换届选举，组建了“学校——年级——班级”的三级家委会。家委会成员的加入，进一步加强了学校与家庭、学校与社会的相互合作。

参与教学制度，让每一名家长走进课堂听课。我校每学期举办“家长开放日”活动，让家长在这段时间里，家长不仅可以进课堂听课，也可找老师们面对面交流孩子的学习情况；也能通过实地体验，对学校的管理提出建议。课堂是我校一直关注的焦点，也是发挥家校共育作用的重要阵地。有的班级还借此机会分批召开了家长会。班主任通过课件、班级简报等将学生的情况向家长做了详细汇报，有的任课老师也到班交流，有的班级请到优秀家长代表分享家庭教育经验。开放日活动后，家长认真填写“意见调查表”，大家一起商讨发展班级、发展学校的良方。这样有效地沟通为教育带来了“1+1>2”的效果。

这样的制度，可以让家长亲身参与孩子的班级学习生活。家长或许不能听懂专业知识，但一定能感受到班级的学习氛围。身处真实教育情境之中，家长对教师的了解势必会加深，对教师工作的理解也会增进，从而在心里信任与认同学校。

参与教育制度，我校督导室每学期会对家长进行随机电话访问。了解他们对于学校制度、教师工作、班级建设等方面的意见和建议，并将这些意见分类整理、分发到各部门落实。

参与生活制度。家长对学校最关心的便是“两个堂”：课堂与食堂。学校成立了由后勤、督导室和家长共同组成的“膳食委员会”，其成员可随时走进食堂，对学校的食材、购买价格等进行监督。在“家长开放日”系列活动中，家长不仅能深入课堂了解了孩子的学习动态，还能走进“江声大食堂”——生活服务大楼，与孩子一起共进午餐或晚餐，对学校食堂的卫生、食材、就餐管理等进行考察，提出建议。学校也严格选用纯天然食材制作饭菜，让6000多名学生的饮食安全有保障，得到了广大家长的一致认可。

二、建立家长学校，加强家长队伍建设

在办学过程中，学校深刻意识到，家长不成长，学生将不能实现长远的成长，家长对于办学质量提升的作用不可小觑。因此，学校决定通过各种形式，加强家长队伍建设。

家庭教育讲座。为广泛地传播先进的家庭教育理念，传播家庭教育知识，提升我校家长的家庭教育水平，我校与道道家长教育合作。首先，邀请全国家庭教育演讲经历的国家高级家庭教育导师、国家二级心理咨询师杜小元进行了多场家庭教育讲座，近3000名家长到场学习。另外，道道家长大学将江声作为家庭教育服务站，经常来校开展课程；与家长面对面交流，分享家庭教育中实际存在的问题，让家长了解和学习家庭教育的科学有效地方法，家长反馈很有收获。

其次，我校还经常聘请知名教育专家来校为家长传经送宝。如，邀请教育部中小学校长国家级培训专家库专家黄佑生主任来我校开展主题为“做孩子选对的父母”讲座等。

新家庭教育文化节。北师大教授公益巡讲助推家校共育

“家校共育大讲堂”全国公益巡讲是本届新家庭教育文化节的系列活动之一。我校承办了分会场活动，北京师范大学边玉芳教授为我校家长讲座、与家长面对面交流，为家长答疑解惑，助推家校共育。

“家长交流坊”为传播科学的家庭教育理念，促进家校联系，积极构建家庭、学校、社会一体化的教育体系，我校建立了“家长交流坊”，在坊中经常推送先进的家庭教育理念，和孩子的交流方法，以及问题孩子的教育策略等。使家长意识到教育孩子也是一门学问，自己需要不断提升和成长。

江声•家庭教育公益课堂。德育处首先通过精心设计调查问卷了解家长所想与所需，然后根据问卷调查安排课程，邀请江声资深的名优班主任通过线上直播、录播的方式为家长带来公益讲座。这样的讲座针对江声孩子的特点进行，对家长具有极强的指导性。

三、加强家校沟通，培育亲密家校关系

家长、学校相互信任，才能形成合力，更有利于孩子的成长。因此，学校首先要唤醒教师的同理心和共感力，对特殊孩子、有困难的家长，抱有一颗共情与悲悯之心。不少家长在教育孩子时已精疲力竭，所希望得到的不是教师的再一次告状，而是支持与帮助、方法与对策。

各年级召开家长会。我校要求班主任召开家长会要针对本班的实际情况精心设计，从流程、书面材料到讲话等，都要让家长在了解孩子在校情况的同时，对家庭教育做到“一会一得”。家长会的形式要求创新，如组长汇报式、亲子活动式、分层召开式等，使家长能从多角度了解孩子和学校，让学校教育与家庭教育同步协调。

开展亲子活动：学校倡导各班级利用周末多开展亲子实践活动，各种户外拓展活动、亲子志愿者活动、融合合作班学家庭结对活动等蓬勃开展。我校的“家长志愿者服务队”常态化开展文明就餐劝导、交通文明劝导、爱心捐赠等活动。致力于发挥家庭、学校、社会三位一体的教育优势，强化教育实践，倡导家校合作，建设和谐校园。举行的“传承经典•八斗飞花”诗词大会主题活动，面向全体师生及家长，希望大家永葆对优秀传统文化的热情，师生、家长一起赏中华诗词，寻文化根基。我校的体育节将之定位为“趣味运动会”，是师生、家长共同参加的体育盛会。每周三，我校各班都会利用晚自习开展班级特色活动，每星期的这天，家长、孩子共同体验班级活动的乐趣。

“家长开讲啦”讲师团。我校充分利用家长资源，成立了“家长讲师团”。讲师团成员有教授、军人、法官、警察等，他们来自于社会的不同层面和不同行业，从多角度、多层面给学生讲解生活中的知识、技能，从自身的生活经验和工作实践中告诉学生什么是真善美，什么是家国情怀……他们的讲解有耐心、有激情、有关爱、有期望，使学生耳目一新。近几年来，我校相继有近1000名家长走进教室，上课1000多节，这些由家长参与开发、授课的家长课程，融汇多方智慧，融合不同内容，成为我校课程开发的一大亮点。通过这一方式，学生了解到父母身上的渊博的知识和高尚的品质，以及生活工作的艰辛，让他们获得知识的同时，对父母有了更深层的理解。

“优秀家长”评选活动。为进一步加强家校联系与沟通，实现优秀家长的引领和带动作用，我校开展了“优秀家长”评选活动，旨在促使广大家长积极参与到孩子教育中来，形成家校教育合力，从而促进孩子的健康全面发展。

通过家校共育，学校培养出一批批向上向善、求知求真的少年，打造出智慧家长“亲友团”，提升了教师育人境界，同时也丰富了学校办学内涵，提高了育人质量。学校将进一步强化家校融合、深化共育内涵，更好地为学生积极心理品质培养与发展助力。

立德树人守初心，德育同耕育良才

湖南省益阳市大通湖区第一中学　张立新

“利器也，复以锻之以去钝，锋其筋骨，锐其根本，育人之道亦如是也，国之重器，功在当代，利在千秋……”国之大计，教育为本，教育是一个国家、民族强大的根本，唯有在教育的土壤中深耕细作，才能为社会主义发展贡献一份力量，创造生命的意义和价值。根据习近平总书记在庆祝第“三十四”个教师节全国教育大会上发表的重要论断。近年来，我校紧紧围绕“培养什么人”育人理念，拓宽教育思路，勇于革新，大胆践行立德树人的“八个一”工程，以全方育人，全员育人，潜移默化中育人的方式，培养学生的道德素养。办学伊始，作为一所薄弱的边远农村市级示范性完全中学，我校学生生源缺乏，师资力量薄弱，教育教学直面严峻的考验。为从根本上解决学校面临的实际问题，2013年，我校结合学校实际，悉心规划学校未来发展，最终凝练出了“为了你的成长”的办学理念，明确了“培育社会主义接班人”教育目标，决定打造“以人为本”，发挥学校育人主体功能，竭力为国家社会发展培养德才兼备的建设人才。为不断提升办学品质，培养综合素质人才，我校大力发扬敬业与奉献精神，强化务意识，以提升学校师生的幸福感和内在尊严感为支撑，促进学校教育教学向前发展。近年来，学校办学特色鲜明，办学条件不断改善，校容校貌焕然一新，教学质量逐年提升，连续两年获得益阳市教学质量进步奖。2016年还被评为了“省级安全文明校园”。

一、深化管理促发展，立足均衡造名师

人无德不立，国无德不兴。终身之计，莫如树人，育人之本，莫如铸魂。学校的德育管理影响着学校发展的方方面面。为规范学校德育管理，健全管理网络。我校主要从三个方面实施工作。一是队伍建设，构架健全。我校完善了德育工作领导实施小组，实行初高中分部管理，由综治部门居中协调，初高中德育处分别负责初高中德育的全面工作，形成四线工作体系，有力促进了学校各项德育工作扎实有序地开展。二是整章建制，有规可循。我校健全了各项规章制度。制定了德育处、年组长、班主任、学生会工作职责，制定了《大通湖区一中学生行为规范实施细则》《升降国旗制度》《文明班级评比细则》《文明学生评比条例》《三好学生评比条例》《住宿管理细则》等常规管理条例，有力推动了班风、学风、校风的优化发展，取得了较好的育人效果。三是常规管理，注重精细。我校注重学生行为习惯的养成教育。在抓好督查队伍建设的基础上，落实每周一次的专项突机检查，架构“日检查、周突查、月评比、期总结”的评比体系，通过优秀班集体、文明学生、三好学生、优秀班班干部等的评比来促进学生文明习惯的养成，促进学校校容、校貌的发展。

习近平总书记指出：“一个人遇到好老师是人生的幸运，一个学校拥有好老师是学校的光荣，一个民族源源不断涌现出一批又一批好老师则是民族的希望。”教师是教育发展的第一资源，要想实现一流的教育，必须拥有一流的教师队伍。为全面提升教师的人文素养，端正教师德行。我校树立“以德启智，以美育人”、“育人先做人，正人先正己”思想，通过三个“抓实”来强化教师师德：一是抓实学习。每期开学初，我校都实实在在的组织全体教师认真学习党中央、国务院颁布的《公民道德建设实施纲要》《进一步加强未成年人思想建设的若干意见》等一系列法律法规。把践行《教师职业道德规范》作为师德建设的重要内容，并内化为教师的自觉行动，不断地提高教师的理论水平和道德修养。通过开展教师读书活动，寻找自己喜欢的书籍，通过写读书笔记和心得体会。让教师留下自己成长的足迹，帮助教师树立了正确的人生观和世界观。二是抓实“制度”。我校先后制定了《大通湖区一中师德考核办法》《大通湖区一中班级工作量化考核细则》《大通湖一中教师奖惩方案》等，把师德建设的要素分解为对教师日常行为为准则的具体要求。保证制度和要求的落实。三是“抓实”典型。为了抓好一个典型，带动一大批人。我校在量化计分、民主推荐、领导考核的基础上，每年表彰一批“校级先进个人”、“优秀班主任”等，通过大会表彰，出刊公示进一步在校内树立了德艺双馨的教师模范。借助“两学一做”的党建中心活动，重点抓党员的“治庸问责”，让党员的“先进性”来做全体教职员工的表率。同时健全教师师德档案，将师德表现作为教师绩效考核、岗位聘任、职务（称）晋升的首要内容，实行师德问题“一票否决制”。树德立人，学生传统道德培养是优质教育实施的首要目的。为此，我校以学习“弟子规”为重要途径，让学生在读中理解、感悟、体验、积淀，帮助学生进行传统文化与思想的积累和熏陶帮助学生陶冶思想情操，传承优秀文化，弘扬民族精神。引领学生将“弟子规”的精髓道德素养内化于心，外化于形，竭力培养礼貌诚信、孝敬长辈和积极进取的社会主义接班人。

二、家校携手绘蓝图，师生并赴暖人心

学校是学生的学校，也是家长的学校。家长是学生的第一位老师。我校通过多种举措充分发挥家校育人作用，建立家长学校领导机构，开辟专用场地作为教室，安排专项资金购买各类书籍，安排资深老师授课，排出课表，安排每周一次的讲座，其家校配合、家庭教育、心理疏导、学会沟通等内容，拉近了家庭与学校的距离，帮助家庭教育发挥出了有效地作用。二是创建了家长与教师沟通的平台，例如班级家长微信群、QQ群、贴吧等，帮助家长学会发现家庭教育存在的问题，追本溯源，正源清流。通过沟通平台及时反馈，及时交流，通过家校共管模式，杜绝了学生贪玩、懒惰的共性，避免了“5加2等于0”的现象。三是创建了各级家长委员会，优化了家长学校的考核内容，按校内听课、家长来校参与学校活动、家长在沟通平台参与教子大讨论、家长与学生共同成长四个方面情况，每期评选出一批优秀学生家长，总结出一批家庭教育好方法加以推广，有效促进了学生的健康成长。

留守儿童教育是我校向来重视的焦点。为应对留守儿童问题，我校建立了留守学生档案，及时完备家长通讯录，建立家长微信群，实现学校与家庭，班主任与留守学生及其家长之间互动与联系。我校还成立教育留守学生的领导小组，构建教育网络，制定培养计划，层层明确职责，以每班为单位，行政到班，蹲点指导。制定一对一的帮扶方案，对他们进行关心、关注与关爱，给予学习上、生活中的鼓励和帮助，让他们感受到学校大家庭的温暖。我校还专门开设了心理课程，建立学校心理咨询室，提供专业心理咨询服务，教给留守学生生存技巧和安全常识，提高留守学生的个人保护意识和生存能力。实行定期家访制，指导留守老人或亲属怎样教育小孩。种种措施有力促进了留守学生的健康成长，为农民工进城务工解除后顾之忧。

学校的每一座建筑、每一处景点，每一片绿色，都成为一种思想的传递，一种文化的表达，优美的校园环境就像无声的老师，滋润着师生的心田，熏陶感染着师生，丰富净化着师生的灵魂，潜移默化地引导师生向着健康的方向发展。为提升学生素养，陶冶学生情操。我校把德育宣传阵地分成三块内容，一是建好校园环境潜移默化的阵地。让有形的校园环境成为一种无声的教育语言。我校美化校园原有景点与文化墙，让校园的一草一木、一墙一壁成为鞭策、激励学生的眼睛。精心布置班级黑板报、年级橱窗、学校展板，力求主题突出，图文并茂。二是重视多渠道，全方位地活动载体。坚持做好每周一的升旗仪式，国旗下的讲话，加强学生的爱国主义教育和理想、前途教育。组织学生进行经典诵读活动，培养学生的爱国主义精神和传统美德意识。利用重大节日和纪念日，举行文艺汇演、书法、绘画、演讲比赛等，增强学生爱党、爱国、爱人民的思想感情。定期组织团员到敬老院进行关爱活动，通过学生躬亲实践，让他们浸染中华传统美德。经常组织学生到社区进行公益劳动，培养学生爱家乡爱社会的良好品行，让学生遵纪守法，知孝道会感恩。三是抓好课堂教学渗透德育的阵地。注重学科德育的渗透，寓德育于学科教学之中。根据学科教材特点，学校要求教师结合教学内容，挖掘思想教育因素，寻找对学生进行思想品德教育的最佳结合点。遵循由浅入深，循序渐进的原则，引导他们逐步树立正确的世界观，人生观，价值观。让学生在学好各科知识的同时，受到德育熏陶。

三、匠心如初照明月，不忘初心谋幸福

非知之艰，行之维艰。教育是一项知行合一的事业。学校的内涵、品位和文化底蕴需要被全体师生牢记并践行，应如和风细雨渗透到学校各处角落，待春暖花开。作为教育的一员，我校会继续投身祖国的教育事业，认真遵循教育原则，深入领悟办学理念，并贯穿于学校的教育教学中，以良好的校园环境熏陶、感染学生，以人为本，促进师生身心健康以及自身发展，持之以恒，始终如一，不断开启学校发展的新局面。

奔跑在教育路上的追梦人

湖南省永州市李达中学　黄建华

人生就是一路的奔跑。带着心中的梦想，张开梦的翅膀，夜里有星星点灯，雨天有朋友撑伞，沿途有风景做伴，路上有亲人祝福，再累，我们也不怕。虽然肩上的行囊有点沉重，但却强健了我们的双肩；虽然道路有点泥泞，困难总是不断，却磨炼了我们的意志，坚定了我们继续奔跑的信心。你看，路上的风景有多迷人，吸引着我们放慢奔跑的脚步，满世界的绿色嵌入我们的眼，融入我们的心，于是路途就不再那么艰辛，身心就不再那么疲惫。

一百年前，永州人李达从日本留学归国，参与中国共产党的创建，为新中国的革命事业立下汗马功劳。我所在的校园，正是以李达的名字命名的。这所学校有四千多名学生，我的办公室，正对着学校操场。

每天，学生都会在操场上跑步，青春焕发，我站在楼上看着。人生就像一场奔跑。有的人向前跑，有的人追着跑着仍在原地打转，有的人跑着跑着跑不见了。身为校长，在追梦教育的路上，我要帮助学生找到人生的“方法论”，让他们拥有一个正确、积极的未来和美好的人生。

一、“英语之树”教学法

我是教英语的，也是公认的名师，在许多老师心中，他们都把我当成“传说”一般的存在。

我14岁考入湖南师范大学，成为“少年大学生”；18岁走上讲台，直接任教高三；两次参与高考命题，出版多本英语学习著作……超越年龄的智慧，不同寻常的经历，让我身上散发出自信、笃定的魅力。

这份自信流淌在我的课堂上。我的英语课，从一棵“英语之树”开始。我先在黑板的一侧，简单几笔勾勒出一棵树。树的主干，代表英语语法体系的框架；树的分枝，代表英语句子及非谓语的主要结构。我要在学生的头脑中，深深烙印上这棵树。有了这棵树，学生们就有了英语学习的思路。后面的教与学，就像浇水施肥，静候它开花结果。

我反对亦步亦趋跟随课本，更愿意用鲜活的生活作为教材。每次课前，我会从新闻里找出学生感兴趣的内容：时事热点、音乐体育、流行时尚……编成中文句子，制成学案。课前，我根据每一单元核心考点，做好导学案，请学生将相应8-10个句子译成英文。学生只觉得好玩，觉得我的段子有趣。可他们却不知道，一堂课的知识重点，全被我浓缩进了简单的句子里。

年轻老师感叹我的课，只能欣赏，无法模仿。我相信教无定法，唯一的法，便是热爱和专注。那些看似自由随性的句子，都源于我对教材的领悟，对学生的了解，源于无数个日日夜夜的潜心钻研。

二、全新布局促发展

当老师，我有一套“方法论”，我追求自在的课堂；当校长，我授人以渔，让师生在规则中找到自由。

来李达中学后，我一改以往的晨读模式，要求老师为学生梳理好每天的晨读要点，鼓励学生站起来。我还为老师腾出了时间和空间。学校新建了五间标准的备课室，留足了备课时间，包括音体美在内，所有老师都必须参与集体备课。我给老师们定了一个进阶的小目标：第一年，人人都能上公开课；五年后，人人都能代表学校参加赛课……

我认为治校，就如下围棋。围棋讲究章法，高手的谋篇布局，指向更深远的未来。我很欣慰，因为效率的提高，李达中学在以一种美好的方式向前。省下来的时间，师生们走出教室，畅游在永州之野。大家在李达故居缅怀伟人，在怀素故里感受墨韵悠悠，追随柳宗元的脚步，遍访家乡的风土人情。

2019年，李达中学开始创建永州市“向日葵工程”示范校，学校编写了校本教材，开设了专门的课程，将红色基因、民族精神、优秀传统融入课堂。师生寻访搜集英雄们的报国家书和报国故事，在班会课上分享。红色的过往在孩子心中开出向阳之花。

三、爱育桃李献芳华

我要为学生们“扣好人生的第一粒扣子”。

我有过更好地工作机会，到别的地方，去其他岗位，但我舍不得校园。从教三十余年，我直接教过的学生有上万名。走在永州的街头，我常常被学生认出来。参与了这么多孩子的人生，我感觉挺欣慰的。

学生记得我的英语课，更怀念比课堂还要触及灵魂的“师德课”。早些年，我常带复读班，班上有的学生年龄比我还大。高考落榜后“再战”，学生心理压力大，总有问不完的问题，我从不推辞。天寒地冻的天气，下课、放学后，我依然守在教室。

有一回，我见一个学生的鞋子破了，大冬天露着脚趾，我便把母亲新做的棉鞋给了这名学生，我说：“鞋送你，别冷着。加把劲，你可以的！”学生噙着泪接过鞋，说不出话来。后来，这名学生考上了湘潭大学，几年后又留校工作。这名学生与我年龄差不多，但一直坚持称我为“老师”。

穿着我送的鞋子，带着我教会的知识，学生们奔向了未来。有心的人回头发现，当年我教的那些句子，其实是藏着我的期待，“你现在只有专心学习，明年才能考出好成绩”、“作为中学生，我们应当关心国家前途”、“我们要感恩英雄，珍惜今天的幸福生活”……

其实人生就是一场奔跑，一个人唯有永不停息的奔跑，才能为自己的生命，赋予独特的质地和内涵，才能把梦想拉进现实。在教育的漫漫征途中，我规划着自己的人生，引领着学生的未来，我觉得我是幸福的。今后，我将继续奔跑在教育的路上，积蓄力量，风雨无阻，引领万千学子迈向辉煌的人生，绽放生命的芳华。

“小浪花快乐银行”，让学生在体验中快乐成长

湖南省长沙市天心区西湖小学　杨明　夏湘华

教育不是要把水灌满，而是要将火点燃！古希腊伟大的哲学家、教育家苏格拉底的这一教育思想，对直面审视教育问题、促进教育健康生态发展具有非常重要的指导意义。特别是基础教育阶段从事素质教育的老师，这是必须遵循的教育原理，也是新时代教育发展的新要求。怎样才能让我们的教育不灌水？怎样才能真正把火点燃？把火点燃的核心是什么？我的理解是努力实现学生自我教育、自主发展。

一、问题分析

1、传统的中小学教育管理在方法上常常以管制为立足点，不断强化、细化强制性限制的管理体系，特别是学校德育，没注意调动学生积极的主观能动性，使学生长期处于被管理的被动地位。在评价机制上，又习惯以简单的知晓程度作为衡量标准，而横向性的道德评价导致德育培养目标仍然停留在“应试”的层面上，很难转化为促进学生全面发展、终身发展的内驱能力和品质。学生远大的理想和抱负都过于“远大”，难以直接有效并持续的引导学生顺应时代需求健康成长，难以达到学生自我管理、自主教育、自主发展的高阶培养目标。

2、新课程改革的目标是基于学生发展核心素养，促进学生德、智、体、美、劳全面发展。由于评价体系的不健全、不配套，致使全面发展“发展”不全面。学生发展信息的全面性、过程性、及时性、科学性的收集、整理、分析、评价却比较滞后，需要一套与学生终身发展和课程标准配套的评价体系，并能在信息化物联网中切实有效运行，通过教育信息化手段优化过程性评价体系，将学生发展现状通过数据和成长记录及时反馈，给老师和家长提供有效地参考，也提高学生的自我认识。

3、强调学生课堂教学主体意识，其实就是强化老师课堂教学设计与实施的主导意识。再怎么优秀的骨干教师或教学能手也无法保证每一节常规课都是优质课，要让面向全体学生的常规课也能成为高效课堂，靠优化课堂教学设计肯定是不现实的，所以大部分老师都会在课堂组织上下功夫。分小组、奖红花、奖贴纸都是老师想通过课堂组织来调动学生的学习积极性，提高课堂教学效果。所以，真正实现以学生为主体的课堂教学，重点在于课堂组织不在课堂设计，只有充分调动学生学习主观能动性，学不好的学生大部分都是不想学的，只有让更多的学生想学了，才能学好，才能全面提高课堂教学质量。

4、传统教育观念总是忽视了家庭教育、社会教育的职责、职能和效应，过度强调学校教育权责，导致学生在家庭生活、校园生活和社会生活“三张皮”的现象。利用信息化数字技术打通学校教育、家庭教育和社会教育的壁垒，打破局限于手机短信、腾讯微信等简单的通信模式，建立一种多维度参与教育的交互模式，将学生学习生活中的发展信息全方位、全覆盖收集整理，在同一平台实时监控与评价。目前，教育信息平台很多，都只是停留在相互“知晓”的功能性层面，学生没有参与感，没有体验感，不能内化培养目标，评价体系也不能有效运用过程性生成的发展信息引导学生自主发展。

二、项目介绍

我校的核心办学理念为：“做一朵快乐地浪花”，办学思想为“收集快乐点滴，获得幸福人生”，将学生的发展信息和成长足迹转化为“快乐”储存起来。2017年我校开发并践行“小浪花快乐银行”项目，给学生发放“快乐币”存储在孩子们的个人账户上，同学们在“快乐超市”里消费，如：领养学校的花草树木，租赁学校快乐农场的一块菜地，和自己喜爱的老师合影，“听夏妈妈讲故事”等等，用各种良好的表现获得足够的快乐币实现自己心愿，力求用快乐币“收”和“支”两条线的体验活动达成以“导”代“管”的全新育人模式。

1、生活中的银行是储蓄货币，“学生快乐（发展）银行”是储蓄“快乐”的，为学生终身发展储蓄良好的习惯、品质和能力。

2、将学校教育教学管理制度转化为学生乐于接受、参与的游戏和活动规则，将学生发展过程性信息通过适时采集、整理、分类、评价，以生活中的“银行”的运作模式将学校制度化管理转变为“积分制”管理，以达成学生自我管理、自主教育、自主发展的培养目标。

3、学生的学习生活、家庭生活、社会生活中各种良好的表现都可以获得“快乐币”的奖励，打破周评、月评、期评的传统模式，给孩子及时有效地肯定和鼓励。

4、将学生获得的“快乐币”及时分类存入“快乐银行”平台个人账户，通过学生的“收入”情况来整理收集学生发展信息，实现多维度适时评价学生发展现状，形成雷达图、曲线图、条形图等，及时、直观反映学生发展优势和劣势以及特征。

5、和“快乐银行”配套的是“心愿超市”，“班级心愿屋”、“学校心愿屋”、“家庭心愿屋”由各级负责人建设，包含各种体验活动和私人定制奖品、奖励，学生随时可以用“快乐币”在“心愿超市”里选购。

6、“快乐币”的“收”和“支”的体验活动就是两条引导学生不断进步的轨迹，学生积极性高，有计划实施，从而形成以“导”代“管”的学生培养自主模式，从而使孩子们的学习生活跟社会生活紧密联系起来，让学生在追逐梦想中健康成长。

7、通过学生在“快乐银行”中的“收支”记录，将体验过程进行及时记录，从而形成比较及时、全面、准确、个性化的学生成长电子档案。

三、平台建设方案

（一）、快乐币存入端：学生发展信息分类采集

利用教室里黑板上的一体机或老师的手机端在平台上创建“点赞台”，将“快乐币”直接在系统中及时、准确、快速地存入学生的个人电子账户，并适时生成学生发展评估分析资料。

A、在平台中分班设置学生“点赞台”面板，学生头像和名字识别，按教室里学生座位号排列。点赞界面为悬浮窗模式能随时隐藏，不影响黑板一体机正常使用，每节课结束由老师退出点赞可操作状态；

B、点赞台上设置“学科评价”和“综合评价”两个入口；

C、不同学科的老师在教室一体机上凭编号进入，密码登陆，老师编号根据学科编排，确保学生的“快乐币”分学科、分类准确的直接存入学生个人账户；

D、学科评价：老师分学科身份进入操作，如：语文、数学、英语、体育、美术、音乐、科学、信息、阅读等。点赞台分学科项目下的子菜单设课堂表现、作业质量、学科活动、学科检测，在“小浪花快乐银行”平台学生电子成长档案里适时形成动态、分学科的“学业评价条形统计图”；

E、综合评价：将学生综合素质评价分为德、智、体、美、劳五个板块，每个板块的评价指标都是我校学生学习生活常态化教育教学活动。及时、科学、全面地收集分类信息，实时反映学生发展现状和成长轨迹。通过适时的分类统计数据自动生成学生发展与评价分析图，扇形图和雷达图直观地显示学生某一时段各类指标发展的优势和短板，并适时针对性做出“温馨提示”指导意见和建议。

F、成长手册：在学生成长报告板块设置学生成长手册，除了记录学生在快乐银行的“收支”情况，还能适时记录老师、家长采集的图片、视频、文字等；

G、点赞界面设置处罚键，对严重违反课堂纪律或其他不良表现直接“开罚单”，并设置分小组和班集体合并组合点赞和处罚键。

（二）、快乐币支出端：学生自主发展活动体验

1、电子心愿卡：学生心愿卡为每学期自己设定的具有一定挑战性的目标，每个心愿设定相应的“快乐币”价位值数。

2、电子挑战卡：学生在一定的时间段完成相应的发展目标可以获得预设值的“快乐币”，如：学业成绩提高、改掉坏习惯、掌握新技能、提高比赛成绩等。为让班主任老师了解学生心愿、理想等心理和思想动态，便于老师和家长有效引导孩子们健康成长，心愿卡和挑战卡的内容学生、老师、家长端都能显示。

3、心愿屋：学校心愿屋由学校专门的老师制定；班级心愿屋由班主任组织学生制定；家庭心愿屋由学生同家长一起协商制定。各级心愿屋都具备项目添加和审核功能。特别是学生心愿卡上的心愿，学生自己提出申请，负责人认领、审批后放入相应的心愿屋里，所有心愿屋的项目都“明码标价”设定相应的快乐币值数。

附：a、鼓励家长可以根据自身的特色资源开发班级心愿屋项目，丰富班级心愿屋和家庭心愿屋，增加吸引力，如：图书馆、科技馆、博物馆等等。b、为了正确引导孩子既要努力发展自己不断增加“收入”，也要鼓励孩子积极参与心愿屋的体验活动，让梦想引领学生自主发展，特别是参加有意义的社会实践活动“支出”快乐币，而且还要倡导孩子账户上要有一定的“存款”，预留部分“资金”参加寒暑假家庭心愿屋那些有挑战性的项目，作为学校给学生的假期作业。

4、快乐币消费支出：心愿屋里的体验项目，学生可在学校电子班牌上预约，也可在家长手机端预约，预约成功后学生需在平台上支付“预付款”，达到指定人数或预约成功后分别在项目负责人和家长手机端提示“员满”和“预约成功”，并统一发布体验时间、地点、具体要求的通知信息。体验结束，心愿完成后项目负责人在平台上统一扣除快乐币，实时累计生成“银行流水”。预约而未参与体验的可及时“退款”。预约时平台上可显示学生具体的个人信息，学校心愿屋和班级心愿屋的部分体验项目可设置限制次数，对重复预约同一项目的可自动识别并限制。

5、心愿屋体验活动情况记录与评价。此页面设置文字编辑、图片和短视频导入功能，老师根据上传的相关资料做出相应的评价，单项完成后自动录入学生电子“成长手册”。

6、平台设置个性化评优申请项目。学期期末时段，学生和家长可以根据本学期孩子快乐币“收入”和“支出”的情况，凭借自己某一时段优势发展区间申请个性化评优项目。

7、平台设置学科成绩和综合评价板块。支持各类电子文档导入和导出，便于老师分学期和学年段对学生进行综合性总结评价，形成评估报告。

8、后台设置“统一支付”功能，对学校日常管理中获得“流动红旗”、团体名次、领导嘉奖等等的班级或小组团队的所有成员统一点赞，奖励快乐币。

9、后台设置学生“严重违纪”冻结账户的功能。

10、平台设置学生发展“中长期”观察、分析与评价功能：根据学生在学科学习、体验活动、综合实践、研学旅行等等各方面的过程性评价在“成长手册”中的记录情况，在某一时段的集中表现，从兴趣爱好、习惯养成、心理健康、品质能力等方面深度分析，在低（一、二年级）、中（三、四年级）、高（五、六年级）三个阶段形成较为全面且特征鲜明能体现每一个学生成长轨迹的发展报告。（此功能可以考虑通过第三方专业评价的链接实现）

11、平台设置“小浪花快乐银行”总行长（大队辅导员）、支行长（班主任）、老师、储户（学生）、家长登录入口。

a、总行长：后台最大权限持有者，掌握控制平台整体运行情况，可从学校、年级、班级各层面适时监控和统计相关的情况和数据，是在点赞台“统一支付”奖励快乐币唯一执行者。根据学生个人账户“收入”和“支出”数据的总和确定全校年度“逐梦小浪花”人选。

b、支行长：支行长都为班主任老师，对全班学生个人账户持有监控和管理的权限，特别是班级心愿屋的创建，家庭心愿屋项目的审核，学期个性化评优申请审批，每月班级“逐梦小浪花”评选，学生综合评价总结的主要负责人。另外支行长（班主任）还有发布班级通知的权限。

c、老师：一般老师都有在点赞台上操作和浏览平台信息的权限。学校心愿屋项目负责人的权限：创建体验项目；发布项目公告；审批体验项目预约情况；组织体验项目实施；采集学生活动图片信息（将图片发布在学校群里，由各班支行长转载至学生电子成长档案）；履行支付结算手续。

d、储户：所有的学生都是快乐银行的储户，都只有个人账户的相应权限。在平台上发布自己的“心愿卡”和“挑战卡”，浏览“快乐超市”和个人账户上的信息，在平台上预约各级心愿屋的体验项目。

e、家长：家长登陆在平台可以享受学生账户的权限，实时监控孩子各方面发展情况，还可以接收查看学校和班级通知。家长还享有根据孩子在家良好表现在平台上申请嘉奖的权利，所在班级的支行长根据家长上传的图片文字或视频资料审核评价，理由充分可给予相应数额的快乐币奖励，分类计入孩子的个人账户，整理好相关的图文资料报送支行长审批后记录在学生电子成长手册里。

山川依旧　再赴春光

湖南省长沙市一中雨花新华都学校　李召罗

亲爱的同学们：

大家好!近段时间，新型冠状病毒肺炎疫情暴发，相信我们每一个人的内心都为之牵动，同时它也改变着了我们的出行习惯、学习方式、生活节奏等等，但不论如何，它改变不了我们内心深深地牵挂与担忧。在此，我希望孩子们在家里一定注意安全，做好防护，照顾好自己和家人，老师们等着你们平安康健地回到校园。

亲爱的同学们，我们的世界并不平静。近些年来，全球生态问题日益凸显，从非洲的埃博拉病毒，中东的呼吸综合征，澳大利亚山火，叙利亚战争，到当前我国暴发的新型肺炎疫情。即便如此，我们绝大多数人都还能安安稳稳地在温暖的家里，享受美味佳肴，享受亲人团聚的时光。你看，我们多么幸福。而我们的幸福、安稳，不是从天而降的，是无数人在前方披荆斩棘、勇往直前的结果，是他们在护我们平安。因为有他们，我们才安心；因为有他们，我们才幸福。

亲爱的同学们，疫情当下，英雄在前！这个春节不同寻常，我们知道，困守在家的同学们难免会出现无聊、焦躁的时候，但是与一线抗疫人员相比，我们身在福中！我们觉得无聊的家，正是他们想回又回不去的地方；我们荒废的假期，正是他们想多得又不能多得的时间。想想临危受命仍义无反顾去武汉前线的84岁的钟南山院士，想想通宵达旦奋战在一线与病毒厮杀的医护人员，想想身患渐冻症，顾不上感染的妻子，坚守在抗击疫情最前沿的金银潭医院院长张定宇，想想日夜奋战用几日时间就建成雷神山、火神山两座医院的建筑工人，还有那数不尽的倾尽所能贡献自己力量的爱心人士……想一想这些，你还会为困守在家而焦躁、埋怨吗？此刻我们享受的温暖与美好，全都是因为有这些不肯退缩的人。

亲爱的同学们，山川异域，风月同天。这次疫情不仅仅牵动了生活在祖国大地上的我们，也牵动了国际上有担当有道义、有良知的人们的心。如德国顶尖病毒研究专家Hilgenfeld教授携带了两种新型抑制剂；哥伦比亚大学流行病学教授维尔特·伊恩·利普金带来了快速诊断鉴别技术；俄罗斯派遣军机护送5名专家抵达武汉，共同参与疫苗和药物的研发；日本政府和各界人士捐赠的一波又一波的物资。还有深陷中东争端漩涡却表示“岂曰无衣，与子同袍”的伊朗，以及愿意以举国之力帮助中国的“巴铁”。

一方有难，八方支援，有良知、有担当的人都在为这片生养我们的大地贡献自己的力量。国家有难，作为中学生的我们，又该做些什么？可以做些什么？又或者我们从中应该懂得些什么？

同学们，虽然我们还不能像抗击疫情的一线人员一样做出那样的大贡献，但是我们仍然可以做好自己，为正在受苦的祖国贡献属于你自己的一份力。作为校长，我向同学们提出：

一、心系社会，做“好公民”

当前疫情形势严峻，听从安排，不出门，不聚集，勤洗手，戴口罩，做好自身防护，不给国家添乱就是最好的贡献了。比起被封城的武汉，几百上千万的人口被封其中，他们尚且能够听从指挥、遵守秩序，这样的大局意识，这样的无私精神，我们这样一点点的牺牲又算得了什么。国家要渡过难关，靠的不是口号，也不是个别英雄的牺牲，而是每一个公民的努力。只要我们每个人做好公民，相信我们会更快地打赢这场战“疫”。黑暗多让人咬牙切齿，光明就有多让人热泪盈眶！

二、敬畏自然，珍爱生命

这次的新型肺炎，专家的共识是与人类食用野生动物有关。表面上看，这是人类的贪欲使然，从根本上来讲，是人失去了敬畏之心，以至于一次次突破底线。放眼看去，无论是对自然的掠夺，还是对其他生命的戕害，都因失去了敬畏之心而凌驾于一切自然法则之上。没有了对生命、对大自然的敬畏之心，便容易拿自己的生命他人的健康开玩笑，从而酿成大祸。这次疫情的出现就是大自然对人类的一次警告：狂妄自大、不懂敬畏，必遭反噬。当我们每一个人懂得敬畏的时候，我们才会与这个世界和谐共处，这个世界才会因这份敬畏变得越来越美好。

三、学有所长，承担使命

这次疫情的暴发，我们看到了各行各业的人为解决这次危难贡献自己的力量，他们是慷慨捐赠物资的大企业家，是前去抗疫的医护人员，是维持秩序的武警军人，是开设公益心理疏导课程的最美教师，是种植万亩蔬菜的善良农民，是奔走在大街小巷保证后勤的快递小哥，是做好废弃医疗器具清洁工作的环卫工人……这里的每一个人都承担着自己的使命，用自己所长为国家助力。一个社会的进步，从来不只是因为某一个人的很大努力，而是一大群人的小小努力促成的，我们每一个人都是其中一分子，我们与国家同呼吸，共命运。虽然此刻我们只能待在家里为疫情所困，但是我们更需要的是学习，学有所长，待来日国家需要时，能仗剑出击，为民请命。

同学们，希望这次疫情能够让你更快成长，懂得自己的使命，不负青春的意义——奋斗、拼搏。特别是初三学子，中考在即，希望你们享受与家人共处时光的同时，让奋斗拼搏的种子生根发芽，让学习的热情成为温暖你寒假的暖阳。当然，在家里埋头学习的同时也不要忘了劳逸结合，适当的体育锻炼和家务劳动会让你的大脑放松，学习起来事半功倍；另一方面，安心阅读也是非常有益的一种学习方式，它会充盈你的内心世界，丰富你的灵魂，让你终身受益。

最后，我想告诉同学们的是，你不是一个人在战斗，家人、老师、学校、国家是你们最坚强的后盾。你的父母在家里为你忙前忙后，毫无怨言，无条件支持你的学习，不求回报的保证你们的衣食起居；老师们过年后就开始精心备课，视频研讨，筹备网络课程，只为你们能够在家里也能享受到最好的课堂；学校更是充分协调一切力量为教师、学生搭建平台，做好服务学生的工作。

亲爱的同学们，新的学期又开始了。祝你平安，更愿你有所思，有所悟，有所为。基辛格在《论中国》一书中说过："中国人总是被他们之中最勇敢的人保护得很好。"中华民族无论什么时候，总有那么一群最勇敢最担当的人，在关键时刻挺身而出。亲爱的同学们，愿新时代的我们，在战疫中成长的接班人，在追梦的路上，尽显学子本色，扬华夏新风！

用"心"育人，向阳生长

——湖南省株洲市天元区泰山学校心理健康教育工作案例

湖南省株洲市天元区泰山学校　邓水群　肖云良

泰山学校位于湘江河畔，有着60多年办学历史，几经地址变迁，几校重组和融合，学校在整合中蜕变，在蜕变中升华，2020年被评为全国文明校园。学校目前有教职员工260名、68个教学班、3560名学生。近年来，学校努力确保心理健康教育工作有效服务教学，心理健康教育成果惠及全体师生、全校家庭。

一、加大投入，阵地建设有规划

泰山学校的心理健康教育起步于2005年，近五年得到了高速、规范发展。学校心育中心暨天元区未成年人心理健康辅导总站建于2010年，2017年进行了升级改造，总投入近30万元，配备了专家室、档案室、交心屋、沙盘游戏室、减压宣泄室和团体游戏辅导室，硬件建设得到有力保障。

二、全校普及，课程开设呈体系

普及心理健康教育的落脚点在于心理健康课程的开设。为更好普及和推广心理健康教育课程，学校首先分层次、全方位引进专业人士，对老师分梯度进行专业指导和系统培训。如管理团队培训、班主任培训、青年教师培训、党员培训、全体老师培训。邀请的专家来源广泛，既有心育专家，如市教科院心理教研员文利辉老师，也有专业心理机构讲师，如株洲林文采萨提亚家庭教育张英姿老师、广州臻爱教育伍立恒老师，还有心理健康公益组织成员，如株洲市红十字心理讲师团成员等。培训形式涵盖课程培训、讲座、体验、交流感悟、心理沙龙等。每次培训有主题、有互动、有专家引领。让老师们在舒放情绪、舒缓压力、提升职业幸福感的同时，得到心理专业素养的提升，能更好地对学生进行心理健康教育。同时，学校成立了心理健康教育教研组，安排专职教师2人，兼职教师11人，每周开展一次教研活动，确保心育教师队伍的专业性和稳定性。

学校充分利用综合实践课、学校课程开设心理健康教育课，确保所有班级每两周1课时，让更多的孩子能受益于心理健康教育，做到防重于疏。2018年暑假，学校引进了林文采萨提亚情绪管理课程。先后承办了两期株洲市情绪管理种子师资培训，共30多名老师参加情绪管理课程培训，协助完善课程资源，开发8节情绪课。由种子师资在四、五年级普开情绪管理课程。再有计划分批次扩展到全校，让更多的孩子学会正确地认识、接纳情绪，表达、调适情绪。

2020年暑假，学校又引进广州臻爱教育的觉知力课程。25名老师参加为期13天的密集型浸入式课程培训，细化课程步骤，完善课程体系。培训后，在中高年级开设觉知力课程。通过每期12节课的学习，孩子们的注意力更加集中，拥有更强的抗挫折力，充满好奇心，拥有慈悲心。一系列特色心理课程的开设，学生的心理素质显著提高。当有个别学生出现较大情绪波动时，马上会有同学主动站出来告诉他：深呼吸深呼吸，别生气别生气！在同学的互相影响下，许多同学都说现在不但能觉察自己的情绪，更能懂得管理好自己的情绪。

三、内化于心，活动开展多形式

活动是最好的体验。学校尊重学生的主体地位，注重孩子的体验、内化与生成。根据不同学段学生的共性问题和需求，以活动为载体，培养身心全面和谐发展的社会主义建设者和接班人。班级里，定期开展心理班队活动，心理黑板报评比。每年的"5.25"，都会开展校级系列心理活动，如低年级情绪画作、中年级情绪日记、高年级情绪手抄报；师生家长一起"挑战幸福日记21天"，教师挑战21天不抱怨；防欺凌（讲座，板报）；开设知心姐姐信箱，倾听男生，女生的声音；幸福日光瓶；疫情期间开展教师幸福故事接龙活动；在"停课不停学"日子里，为学生带去多种心理小游戏，家庭互动小妙招；一年级的"启蒙礼"帮助孩子尽早适应校园生活；四年级的"十岁成长礼"帮助孩子看到自己的内心成长；毕业班大型室外减压活动等。通过各种体验活动，培养学生自尊自信、理性平和、积极向上的健康心态和健全的人格。

四、有效沟通，个体咨询入脑心

泰山学校的心理健康网络比较健全。学校心育中心成立之初，只有一个心理爱好者刘老师。近几年，心育中心发展迅速。2015年，由天元区心理辅导总站副站长王友林老师负责中心的工作，目前中心持证老师已有13人，其中拥有国家二级心理咨询师证的老师5人，国家三级咨询师证的老师8人。前任校长谭新艳、书记洪献珍、现任校长邓水群，都持有国家二级心理咨询师证书。心理健康教育中心坚持每天向学生、家长开放，咨询形式多样，有一对一个体咨询，也有家庭咨询，还有多人的团体辅导。秋季入学时，刘妍老师组建一年级家长成长课堂，在多样的团辅、讲座、亲子游戏等活动中缓解了刚入学新生的焦虑，让家长与孩子有了进一步的了解。沙盘咨询有特色：不仅单独面向学生、家长、老师，让学生看到自己的内在潜能，让老师放下自我的压力，让家长明白自我的内心；还给师生做沙盘互动，让老师看到了孩子的另一面；给家庭做亲子沙盘，让彼此畅快沟通。一位男孩经常打班上的同学来到咨询室，在亲子沙盘中父亲看到了男孩对妹妹的关爱，为自己因误解而常打孩子深表歉意，并深情拥抱孩子，留下了歉意的眼泪。后来班主任反馈，这个男孩神奇地变了，不再打同学，反而更加乐于助人；给学生做团辅沙盘，让孩子们重建友谊。从今年开始，每周二、三、四有三个心理社团在咨询中心开展活动，受益的学生和家庭越来越多，心理老师帮助无数学生解决了心理困惑，帮助很多家庭解决了家庭教育难题。如帮助学生走出孤僻阴影，帮助家长改掉简单粗暴教育方式，改善亲子关系等。

五、提前干预，危机预警须及时

学校制定了《天元区泰山学校心理危机干预预警机制》，成立了预警机制领导小组，定期对老师开展心理培训，面向学生进行生命教育，引导学生热爱生活，热爱生命，正确认识自我，愉快接纳自我，积极发展自我。进行危机应对教育，让学生了解什么是危机，什么情况下会出现危机，哪些言行是自杀前兆，对出现自杀的同学如何进行帮助和干预等等。建立了班级、年级、学校三级预警机制，建立畅通的干预渠道，给家长普及孩子的危机信号，用正确的方式面对孩子的危急情况，及时就医等。培训每个班级的心理委员，及时了解班级同学的动态，如遇紧急状况第一时间上报，并学会积极面对。另外与医院建立可行的救助支持指导。除了家长、班主任、同学的日常关注和沟通之外，学校每天至少安排两个心育教师轮流值班，为学生提供个别辅导和心理支持。一是对有严重心理障碍或者心理疾病的学生进行干预，二是对有自杀意念的学生进行干预，三是对实施自杀行为的学生进行干预，四是对有伤害他人意念或者行为的学生进行干预，五是对危机过后知情人的干预，六是愈后鉴定及跟踪干预制度。"每一个生命都是奇迹。我们要珍视每一个孩子内心的感受，不要让任何一个孩子哭着离开校园。"泰山学校校长邓水群如是说。

六、形成合力，家校社共育有成效

学校全面贯彻落实《国务院关于进一步加强和改进未成年人思

想道德建设的若干意见》，给每一个孩子营造良好的教育环境，努力构建学校、家庭、社会“三位一体，和谐共育”的教育体系，促进孩子的身心健康成长和全面发展。

学校成立了“家长成长学校”，开设家长心理课堂，主要从以下三个层次开展培训：一是面向全体家长的普及教育，从培养良好习惯、给足心理营养、读懂偏差行为、提升情绪管理、少年性教育、学会有效沟通等方面对全体家长进行培训；二是针对各班家委会的会长开展专题讲座，根据不同年龄阶段学生身心发展特点和规律，重点进行有效沟通、心理营养、情绪管理、偏差行为方面的培训；三是针对行为偏差严重的学生家庭，进行一对一的家庭治疗，单独辅导，这样三管齐下，形成多元立体的家长心理健康培训网络。每一次讲座结束，老师身旁总会围着一圈又一圈带着疑问满怀期待的家长，常常两个小时的讲座会变成三个小时的奋斗。在分年级分阶段的家长领头人培训中，一次次敞开心扉的家长让老师们看到了家庭教育给孩子产生的深远影响。一位74岁的爷爷回忆自己的童年时光老泪纵横，但一说到对孩子的培养坚毅果敢，愿意为了孙子的成长从头再学，让在场的每一位无不动容点赞。在亲子交流互动环节，当亲子之间手拉着手，脚顶着脚，眼睛看着眼睛互相说出自己真诚的内心时，孩子们流下了幸福的泪水，家长们露出了舒心的笑容，有些紧张的亲子关系在不断地赞美、认同中变得更加和谐。当一个六年级的女孩站在台上深情地对妈妈说出“树欲静而风不止，子欲养而亲不待，以后要好好关心妈妈”时，家长们泪流满面。通过跟进学习，家长们自豪地说：“现在遇到孩子一些生活学习的事，我不再像以前那样着急上火啦!我变得开始理解孩子，所以我的心情也变得好起来!”有的孩子无比幸福地说：“爸爸妈妈每天坚持给我存情感账户，我现在感觉自己被爱包围着!”在一对一的咨询结束后，有的家长发来感谢信，告诉老师：“感谢学校给了这么好的咨询机会，让我懂得了：以后要学会多关心自己，这样才能真正关心孩子。”每次培训结束后，学校通过家长问卷和学生问卷了解反馈培训效果，并坚持培训后长期跟踪答疑。持续的培训，带给家长的是震撼、反思、觉知、成长。家长们也能更理性更从容地处理各种问题。

学校每个学期组织学生开展社会实践活动，动员学生在家长的陪同下，利用放假时间，参观访问爱国主义教育基地及公益服务活动；与泰园社区、泰山路街道办事处达成共同育人的模式，社区志愿者主动为学生护学，周末为泰山学子提供形式丰富的亲子公益活动；与天元区团区委共创育人新模式，借助建宁驿站“青年之家”的公益服务平台，每日放学后、周末为泰山学子开展学业辅导、手工剪纸、中华书法、心理疏导等丰富的公益活动。

七、辐射校外，服务社会反响好

泰山学校心育中心暨天元区未成年人心理辅导总站工作走在全区乃至于全市前列，每年多次承担株洲市教科院组织的各类心理活动，全区的所有心理活动。学校是株洲市情绪管理培训基地，总站老师负责对全区心理健康教育提供帮助。同时，总站对社会开放，随时接受来自于校外需要的人员咨询。总站王友林老师和刘妍老师是株洲市心理名师工作室的成员，经常参与给社区做咨询，进校园做咨询，进公司做咨询，开展送教下乡活动，给偏远学校的孩子带去咨询服务，刘妍老师多次给农村中小学学生上心理课。疫情期间，两位老师不但参与社区抗疫心理咨询活动，刘妍老师还参加了株洲市教科院组织的“倾心抗疫”活动，撰写多篇文章如《我的生活我做主，“宅家”趣无限》推送至株洲教研微信公众号，为全市小学生带去心理援助与支持。两位老师还是株洲市心理协会和株洲晚报联合志愿者服务组织的志愿者，随时为需要提供心理服务的单位工作。“我们学校的心育大门随时敞开，能服务学生、家庭和社会，是我们的光荣。”心育中心王友林和刘妍老师都这么认为。

多年来，泰山学校一直在心育之路上探索，一路播撒种子，一路收获芬芳。2013、2014年，心理辅导总站分别被评为天元区、株洲市心理健康教育示范站，学校被评为湖南省心理健康教育先进单位，2015年，被评为湖南省心理健康教育特色学校；2016年，被评为株洲市文明校园，2017年，获得湖南省心理健康教育先进单位称号，同时，被评为株洲市文明标兵校园。2018年，被评为湖南省文明校园，心理健康教育经验总结在天元区“未来教育”校长论坛上分享。2020年，被评为国家级文明校园。心育之花，在泰山的沃土上尽情绽放。

注重体验思考，打造创新课堂

吉林省白城市镇赉县建平乡中心小学校　陈东

兴趣是最好的老师，是认知的重要动力。只有让学生对知识产生兴趣才能促使学生乐学、爱学。课堂导入就是在学习新知或教师开展教学活动之前，有意识、有目的地引导学生进入学习环境的一种方式。“良好的开端是成功的一半”，一节成功的语文课离不开巧妙地导入，精彩的导课是激发学生学习兴趣、开启新课的金钥匙，它不仅可以使学生的思绪和注意力迅速转移到课堂上，还可以起到先声夺人的作用，为整堂课的有效进行打好基础。我校非常注重学生的体验思考，通过课堂导入课题研究，打造创新课堂，引领学校教育教学向着优质发展。

一、课堂导入功能

引起注意、激发兴趣的功能。在上课伊始，师生互致敬意后，几十人的课堂难以马上安静，特别是课间休息游戏时的兴奋状态难以从内心世界马上停止，新的学习活动精神准备不足，处于松散状态。这时，教师新颖别致的导入就能将学生的注意力紧紧吸引住，迅速地把他们带进特定的学习情境之中。

承上启下、温故知新的功能。为迁移而教，是教育界极有吸引力的一个口号，在课堂教学中，学生的认识是由未知到已知、由低级到高级、由简单到复杂向前发展的。有时一节课要讲几个问题，每个问题既有相对独立性的内容，上下问题之间又有密切联系，因此，教师的新课导入要遵循迁移原则，即以旧导新，使学生对学过的知识前后贯通。

激情入境、诱发思考的功能。导入既是传授知识的开始，又是沟通师生情感的过程。师生的情感会在导入中得到交流和升华。教师的一举一动都影响着学生的情感，牵动着学生的心弦。

提纲挈领、展示目标的功能。目的性是人类实践活动的根本特征之一。教师在导入时可直接、间接地让学生预先明确学习目的，从而激发学生内在的动机，使其有意识地控制和调节自己的学习。好的导入一方面对全课有提纲挈领的作用，统领全课教材；另一方面非常明确地向学生展示了教学目标，使学生了解本节课要学什么，激发学生强烈的求知欲，从而调动学生学习的主动性和积极性，为上好这节课打下坚实的基础。

由此可见，“课堂导入”是值得研究的课题，而且正吸引着越来越多的学者、专家和一线教师们的研究目光。我校通过质疑式导入、创设情境、温故导入等方式激发学生的学习兴趣及思考能力，培养学生全面发展。

二、质疑式导入法

巧妙地导语中如果蕴含着问题，往往能唤起学生的注意力，让学生处于想要回答却不能清楚描述的状态，学生会急于用自己的努力来完成它，弄清楚它。当然，问题无论是过易或过难，都不能起到激发学生探究的目的，会让学生失去探究的欲望。如在教学《把掌声分给她一半》时，老师让学生对本课质疑，学生有许多问题，“她指的是谁?”、“为什么要把掌声分给她一半呢?”学生对文本有了这些质疑，老师便引导学生小组讨论，在课文中找出答案来，通过讨论，学生明白了是因为孙晋芳不仅球技高超，而且胸怀广阔。

三、创设趣味情境

教师在上课前依据要讲的内容，用生动的语言，丰富的表情等，形成一个情境，一个氛围，以真实的环境把学生带入文章描述的情景中去，引起学生的共鸣，例如一位教师在教学《曹冲称象》时，老师先手拿一个苹果走进教室，学生很好奇，接着老师说：“同学们，如果我想知道这个苹果的重量，你有什么好的办法吗?”学生们马上说：“老师，你用秤称一下，就知道它有多少克了。”老师又说：“可是，今天有一个小男孩，他要用普通秤来称一头大象的重量，你想知道他是怎样称的吗?”今天我们就一起来学习《曹冲称象》。学生在老师创设的情境中，自然而然地进入文本，和老师一起学习曹冲称象的办法，体会曹冲的聪明。

四、温故导入法

温故而知新，在讲授新知识前，先温习已学习过的相关知识，以学生原有的知识为基础来导入并学习新知，也是一种不错的方法。这里的“温故”是一种手段，导入新课才是真正的目的，本教材编排有许多古诗，仔细观察的人不难发现，这里的古诗都是有相同主题的。比如在学习古诗《出塞》时，老师先和学生再一次体会了这首诗的感情，并引导学生：“今天我们再来看看作为边塞的战士，他们的生活又时怎样的，他们是如何看待战争的?”这样的温故导入，让学生再一次体会到战争之不利，也为更好体会这首诗打下了感情基础。

五、音像电教导入

音乐、录像、幻灯片、视频等作为多媒体教学的组成部分，是学生最感兴趣的导入方式。丰富多彩的画面不仅能马上调动学生学习的积极性，而且生动、直观的展示能让学生迅速进入文本。在课前，教师先播放了一段有关长江的风光片，磅礴的气势，蜿蜒如巨龙般的浩浩荡荡，一下子仿佛将学生带到了长江之边，在这样的画面中，我们一起走进了课文《长江之歌》。

以上几种方法，在小学高年级中比较常用，而对于低年级的小学生来说，他们更喜欢一些喜闻乐见的方式进入学习状态，对于他们应该采用一些更加适应他们年龄特点的性格特征的导入方法，让他们的注意力迅速进入到课堂学习中，可以尝试以下几种方法：

故事导入法。课堂上，选取一些和所学内容相适宜的故事，绘声绘色地描述出来，也会让学生产生兴趣，例如一位老师在教学《小狮子》时，就先给学生讲了一个故事：在一个大森林里，有一只狮子，它有滚、扑、撕、咬的本领，它会自己的事情自己做，不依赖自己的父母，是一只真正的、独立的狮子。可以，在前不久，它可不是这样的，同学们，让我们一起来看看在它身上发生了什么事情让它改变了？在老师的故事中，孩子们静静地听着，思绪也跟着老师，在后边的学习中他们也表现得很好。

歌谣导入法。歌谣，特别是儿歌，课堂教学中有目的地引入儿歌，并加以引导，不仅可以发展学生想象力的思维能力，也能提起学生学习新知的兴趣。有位教师有执教《我的影子》一课时，为了让学生对影子有一个初步的了解，于是在课前老师带领学生一起背诵了儿歌《影子》：有个好朋友，天天跟我走，有时走在前，有时走在后。有个好朋友，天天跟我走，我和他说话，不见他开开口。通过背儿歌，整个课堂的氛围活跃了，学生们对影子也有了了解。

谜语导入法。课前，先让学生猜谜，再由此导入新课，这样学生不仅有积极性，还会带着猜谜成功的成就感来学习新知，会对自己充满信心。一位老师在教学二年级《风》一课时，课前，老师先故作神秘地说："孩子们，今天我想让大家来猜个谜语，谁要是猜到了，谁今天一定能学习到更多的知识。"接着老师出了谜语："云儿见它让路，小树见它招手，禾苗见它弯腰，花儿见它点头"孩子们兴奋地说："老师，那是'风'！"老师引导说："今天我们就要学习一首诗，题目就叫《风》，刚才答对的孩子今天都能学好！"孩子们充满信心地和老师一起进入了学习的氛围中。

课堂导入是课堂教学的起点，在课程的一开始就可以帮助学生明确老师的教学内容、学习目的和学习方式。虽然占用的时间不多，但它的作用却不可低估。一堂课如果导入得当，就能直接吸引学生的注意，激发学生的学习兴趣，调动学生学习的积极性和主动性，为整节课提供良好的铺垫。

当然，还有许多的导课方式，形式多样，但运用的时候要因人而异，因教学内容而异。恰当的课堂导入，能提高课堂教学效率，达到事半功倍的效果。相信只要我们老师用自己的一颗慧心去设计，根据教材内容和学生实情认真思考，寻找最佳方案，就能设计出一个漂亮而精彩的凤头——开头。只有这样，学生才能紧紧地被我们所吸引住，很快进入角色，跟上思维，为我们顺利轻松完成教学任务打好基础。

加强校园文化建设，全面提升素质教育

吉林省白山市朝鲜族学校　方芳　崔明国　朴风莲

文化是民族的血脉，更是我们的精神家园。对于教育而言，文化是教育之根，教育即文化，教育的本质是人与文化之间的双向建构。我校党支部深入学习贯彻习近平新时代社会主义思想和党的十九大精神，充分发挥党建统领的作用，按照市教育局工作总体要求和韩局长在市直教育工作会议上的讲话，坚持以政治建设为引领，探索出了"实施校园环境文化建设提升素质教育的实践研究"文化兴校的发展之路，并结合民族学校深厚的文化底蕴与教育相结合，形成了鲜明的办学特色，校园内充满微笑与幸福的教育馨香。

我校始建于1958年，是我市散杂居地区唯一一所九年一贯制朝鲜族学校，是一所有着深厚文化底蕴的学校。学校于2019年成立了市区内唯一一所少数民族幼儿园，幼儿园教学区900平方米，园所装修充满浓郁的朝鲜族特色。全校教职员工64人，设有中小学9个教学班、幼儿园6个教学班，中小学生共200人、幼儿园170人。整个校园充满浓郁的朝鲜族风格，彰显文化教育内涵，尽显民族文化底蕴。

一、完善规章制度，推进文化建设

俗话说："没有规矩不成方圆"。良好校风的形成与保持，必须要有严格的纪律和有一套完整的规章制度予以保证，使之成为师生员工的行为规范，做到有法可依，有章可循。

近年来，我校十分重视校园文化建设的研究，班子成员经常学习有关文化校园建设的理论文章，多次就校园文化建设问题进行研讨。并在此基础上，建立和完善相关制度，制订和完善了《白山市朝鲜族学校文化校园建设实施方案》《文明班级评选方案》《创建和谐平安校园实施方案》《学生管理办法》等多项制度，为促进我校校园文化建设的不断发展提供了方向和制度保证。

二、打造文化环境，润泽师生心灵

校园环境文化作为校园的生态系统，它的作用体现出"桃李不言"的特点，却能使学生不知不觉，自然而然地受此熏陶、暗示、感染。我校经过全面规划，巧妙地将办学理念、校训、校风以多种方式呈现在校园内，对内引领师生的教育行为，对外昭示学校的教育品质。

"礼"字校牌，润物无声。礼，是中华文化之源，礼文化是中国传统文化的核心。我们选择了《荀子•修身》中的"人无礼则不生，事无礼则不成，国家无礼则不宁"作为贯穿我校文化的核心。以坚持弘扬传统礼仪，打造明礼校园作为目标，同时从我校实际情况出发，创建丰富多彩、特色鲜明、主题突出的校园文化。在学校生活中，处处弘扬礼仪，评选最懂礼少年活动，针对礼文化建设，开展"文明礼貌月"为主题的多样活动，学校可根据学生表现和家长的反馈，评选班级礼仪少年。我校结合各个节日对学生进行励志教育、感恩教育、诚信教育、礼仪教育，起到润物无声的效果。

校训、校风，耳濡目染。为进一步凝练办学精神，我校确立了"为者常成，行者常至"为校训。这句话出自《晏子春秋》。"为者常成，行者常至"是说努力去做的人常常可以成功，不倦前行的人常常可以达到目的。我们用这句话鼓励自己做事情要持之以恒，不要轻言放弃，只要坚持下去，最终都会有收获。

"明礼、诚信、尊重、感恩"这八个字体现了师生的道德修养、情操修养，体现着师生的人格。我们要学生学会做人的准则，要学习和传承中华民族传统美德，学习和弘扬社会主义新风尚，热爱生活，懂得感恩，与人为善，明礼诚信，争当学习和实践社会主义核心价值观的模范。

校园整体规划彰显民族特色。教学楼采用的是庑殿式屋顶，庑殿顶是中国、日本、朝鲜古代建筑的一种屋顶样式，明清时期只有皇家建筑和孔子殿堂才可以使用。之所以采用这样的庑殿式屋顶，旨在这里学习生活的师生，犹如在知识的殿堂，有种荣誉感、归属感，不仅求知、求善，更懂得礼制精神和尊师重道。

我校的办学理念跃然于办公楼墙体：让爱与微笑充满校园。爱是创建幸福教育的基石，微笑是创建幸福教育的催化剂。我们要把微笑带进课堂，让情感贯穿整个教学的过程，使学生在轻松愉快中健康地成长；要把微笑送给教师，让情感洋溢在他们的心头，使他们感受温暖、提升幸福感。要让我们的校园充满真情，变成和谐的大家园。

传统民俗，跃然于墙。我校创新文化校园建设的途径和形式，将朝鲜族优秀的传统文化绘制于墙壁上，把朝鲜族人民勤劳、善良、尊老、敬亲、能歌善舞，用一幅幅色泽明快，内容丰富的图案，展示在众人面前。民俗展示墙，不仅美化了校园，而且对学生达到了潜移默化的教育作用。

三、提升精神文化，塑造师生灵魂

我校在征求广大师生意见建议的基础上，制定了我校校训、教风、学风、谱写了校歌，并制定了进一步加强学校校风建设的具体要求：全体师生人人知晓校训、教风、学风，将《中小学生守则》《中小学生日常行为规范》以及党的教育方针以文字的形式与校园的美化融合在一起，激励学生放眼现代化、放眼世界和未来，做一名高尚的人。另外，我们还积极培养学生参与校园的美化净化工作，采取分片包干的办法，实行教室、操场、校道每天两小扫、每周一大扫、清洁卫生制度；学生食堂实行定位就餐制度，要求学生文明用餐、节约食品、珍惜粮食，真正使美化、净化与学生的教育和行为要求得到了有效地结合。

少先队、政教处开展形式多样的活动，引导学生树立远大的理想；从狠抓环境卫生入手，创设文明整洁校园环境，陶冶师生美的心灵；加强常规教育，从一点一滴的日常行为抓起，严格规范，严格要求，不断完善各项检查评比制度，在各班形成正确的舆论导向；重视榜样的作用，在学生中树立典型，通过黑板报、广播宣传典型实际，弘扬典型精神。

在校园文化建设活动中，我校特别重视学校和谐人际关系的建设，学校通过领导班子成员相互的学习、交流，做到思想统一，步调一致，确保学校的各项工作顺利开展；二是建设和谐的领导与教师的关系，通过领导下办公室、下教室和谈心等方式，及时了解教师的工作、生活情况，为教师排忧解难，确保广大教师以饱满的精神状态全身心地投入到教学工作中；三是建设和谐的师生关系，通过班主任、任课教师与学生交朋友，了解学生的学习状况，关心学生的生活，解决学生学习中存在的问题，增强学生对教师的信任，从而提高教学活动的效率。

四、开展多彩活动，促进学生发展

我校积极开展活动，丰富师生课余生活。一是将"阳光体育"贯穿于教育教学始终；二是积极开设学生特色课堂，经典诵读、器乐、合唱、跆拳道……学生们玩得有滋有味，学得有情有趣；三是每年定期开展　"阳光下成长"等大型活动，组织有序、注重实效；四是积极开展主题化传统性教育活动。通过清明节、端午节、中秋节、国庆节等重大节日开展活动，使全体师生在丰富多彩的活动中受到良好的教育。让学生真正在活动中施其所长，发展个性，拓展了校园文化的内涵，提升了校园文化的品位。

学校充分利用校园广播、微信平台、宣传栏、主题班会、读书征文比赛，心理讲座和法制、安全知识讲座等丰富多彩的形式，使校园到处充满浓郁的人文气息和学术氛围。通过广泛开展各种课内外活动，进一步净化了校园文化，抵制了消极、腐朽思想的渗透，抑制了低级、庸俗的文化趣味和非理性文化倾向，引导了校园文化向健康高雅的方向发展，也推动了学生素质的全面发展，提高了德育的实效性。

如今，我校的校园文化建设已取得了阶段性的成果，校园环境优雅、和谐、统一，文化氛围浓厚，办学理念独特新颖，管理模式民主规范。今后，我校将进一步凝心聚力，不断推进文化校园工程建设，奋力谱写学校跨越式发展新篇章。

创优质学校，为学生终生发展奠基

吉林省大安市烧锅镇乡中心校 李天野

教育是立国之本、强国之基，建设教育强国是社会主义现代化强国的应有之义，是中华民族伟大复兴的基础工程，必须把教育事业放在优先位置，加快教育现代化，办好人民满意的教育。这是时代赋予教育的重要历史使命，也是今后教育改革发展的方向引领。我校秉承教育理想，坚持科学发展观，结合实际，确立办学思想，明确发展任务，构建发展格局，全面规划部署，力争办学生满意、家长放心、教师幸福的教育。

一、深化办学思想，师生共享成长

“教育贵于熏习”，学校积淀了厚重的教育教学思想，承载着育人树人的梦想，我们深化办学思想，力促师生共同成长。我们以“为学生的终生发展奠基，为教师的持续发展服务”为办学理念，致力于把学校办成规范化的农村小学，使学生通过小学阶段的学习，在德、智、体、美、劳方面得到全面和谐发展，从而为自身的终身发展奠基；使教师依托校本主题研修系统，在专业素养和师德建设方面得到同步提升，不断推动自身的持续发展。我们秉持一切为了学生的观念，积极打造爱岗敬业、乐于奉献、业务精湛的教师队伍，助推学校科学发展、和谐发展、高质量发展。

学校的发展，最终目的是实现培育人才、奠基教育、服务于社会的教育理想。学校的发展要遵循“以人为本、以生为本”的核心原则，要体现学校的目标定位与管理实施方向。为了使学校呈健康的发展态势，我校制定了严谨的、适合学校长足发展的治校方略，即以“民主管理，科学发展”为治校方略。

学校以“育人为本，全面发展”。为总体目标，坚持育人为本，以人为本的人本理念，积极培养社会所需的各类人才，且不断提高学校的办学水平，促使全体师生得到全面的发展，从而更加适应竞争激烈的当代社会。

我校的“校训，即厚德博学，笃行至善；校风，即爱岗敬业，开拓创新；教风，即尊重赞赏，帮助引导；学风即自主交流，合作探究”。我们确定这样的办学思想，根本目的是为了促进学生的发展，为塑造优秀人才奠基。我校以习近平总书记新时代中国特色社会主义思想为指针，深入贯彻十九大精神，积极引导广大教师认真分析和研究当前基础教育发展的现状，特别是存在的问题，根据我校现有资源优势，广泛吸纳国内外办学经验，丰富和发展学校的办学思想，让每一名教职员工都成为学校办学思想的发展者和实践者，使我校办学思想肌体更丰满，特色更鲜明。

二、明确发展任务，构建发展格局

学校发展一靠传承，二靠创新。我们必须努力做到厚积薄发，内涵发展，确立学校科学的发展战略和策略，使我校发展规划做到切实际、前瞻性、现代化、特色化，成为全校师生共同追求的宏伟蓝图。

立足学校实际，明确发展任务。改善办学条件，在2020年学校教学楼、运动场改建的基础上，继续加强校园的环境建设，建设一个旱冰场，五个花坛，让每一个户外场地都能运动，每一面墙壁都能说话，进一步打造“花园式学校”；更新教师办公桌椅，配备教师办公电脑，持续改善教师办公条件。丰富学校文化，2020年3月份开始，进一步修订学校办学章程，管理制度，积极开展大课间、体育艺术“2+1”、学生诵读经典、校园足球赛等各种文体活动，构建艺术化、书香化、人文化校园。实施科研兴校，立足校本，分析校情、学情，充分依托校本主题研修系统，让科研与教研有机结合，认真做好“十三五”科研课题的结题和“十四五”科研课题的立项工作，以科研作引领促发展。打造优秀教师团队，对全体教师进行信息技术2.0提升培训，加强教师应用现代化教学媒体的能力；发挥名师的引领作用，骨干的带头作用，年青教师的成长辅助作用，让每一名专任教师都能成为教育教学工作的行家里手，部分教师成为教师专业成长的排头兵和领头雁。

构建发展格局，坚定发展方向。2020年实现学校的良性可持续发展。我们要充实并改善学校的教育资源环境，添置并改善教师的办公条件，深入开展绿化美化校园工作；打造青年教师专业化成长的“名师工程”，提升教师教育教学水平。2021年实现学校教育教学改革精细化推进，完成学校校园硬化全覆盖，初步形成自己独立的品牌。我们需要立足课堂，将校本研修主题指向学生能力的提升，研修目标由注重教师专业成长向学生能力提升上转变，积极全面的培养学生的自主学习能力，保证校本研修活动实效化；同时立足农村小学实际，发掘现有师资专业水平和学校当前设施，积极开展各项文体活动，创建体育、艺术特色学校；发挥少年宫的阵地作用，打造社团文化品牌，推进学校艺术特色教育的进程。2022年，对学校积淀的办学经验与成效、办学思想和行为进行认真梳理，完成《烧锅镇小学发展历程剪影集》。我们将努力实现引领和示范白城农村小学教育发展的办学目标；创建省市级教科研名校、校园文化示范校、教育教学管理优秀学校；实现学校的教育教学改革与学校办学文化思想的整合，实现学校办学管理的最优化。

三、全面规划部署，助推学校发展

目前学校正处于建设与管理发展期，工作艰巨繁杂，需要深入思考，整改抓实，开拓创新，全面规划部署，以推动学校长远发展，科学发展。

建立健全学校管理机制，完善具有烧小特色的管理文化。优化管理思想，发挥党员干部队伍的战斗力。根据我校发展实际，加强班子队伍建设，提升党员干部的政治理论素养和业务能力，使班子成员树立管理就是服务的思想，依法从教、廉洁从政，求真务实，真抓实干，坚持原则，诚实守信，秉公办事，始终成为学校常规管理和教育教学改革的排头兵；以校本研修促管理，以校本研修带队伍，努力打造研究型团队。根据我校特有的浓厚主题研修氛围，我们充分利用主题研修促进师生共同成长。我们积极为校本主题研修进行科研立项，在2020年为学校三级主题进行科研立项的基础上，强调课题成果的应用及推广，实现课堂教学建构最大优化与创新，实现科研兴校、科研兴师、科研育人的目标。

以人为本，创建学习型学校，促进师生可持续发展。以教师成长为本，让教师体验职业快乐。“我工作，我幸福，我健康，我快乐”，让教师在教育过程中享受快乐，实现个人的人生价值，实现不断发展。以学生发展为本，让学生享受成长的快乐。“我乐学、我会学、我努力、我最好”，让学校成为学生成长的乐园；营造书香校园文化，让读书成为习惯。学校领导应率先成为读书的模范，教师把读书视为常态，引导学生学会读书，喜欢读书，坚持读书，真正实现“乐读、乐学”，让校园书声琅琅，让书香飘逸；启动“双名”工程，实现师生共同成长。启动“名生工程”，变单一的评选“优秀学生”为“争名星”，激励学生追求自我不断发展，同时，开展教学名师、学科带头人、教改能手、优秀班主任等评选活动，为教师创造最佳成长环境，提供制度经费保障。

以德治校，形成学校核心竞争力。确立治校德为先的思想，以德促德。学校要加强教师的政治学习和师德教育，班子成员要带头学习、带头宣讲和辅导，带头撰写学习体会和理论文章，用先进的理论武装自己，用良好的品德影响他人；吸纳个性优秀品质，锻造学校精神。学校精神是一所学校目标追求、价值取向的体现和历史积淀的反映。用学校精神统领学校成员的意志和行为，培养和激励学校成员树立先进的教育思想和教育理念，倡导积极向上的锐意进取精神、严谨治学精神、无私奉献精神、团队协作精神、开拓创新精神，以产生共同的献身教育事业的思想情操、工作态度、道德规范和行为取向，使“崇尚一流，追求卓越”成为学校精神风貌的主旋律。

进一步强化素质教育，全面提高教育质量。打造平台，促进学生全面发展。我们要进一步修订已有的校本教材，让素质教育变为我校具体的教育实践。我们要本着全面发展打基础，促进学生健康、和谐发展的办学目标，充分发挥学校资源优势，为学生全面发展创造最佳条件，发挥学科教学的教育优势，提高学生的基础素养，培养学生的个性特长，调动学生的教育自主性和学习能动性；强化管理，提高教育质量。确立教育教学在学校工作中的中心地位。全体教师要树立“质量就是学校的生命”的思想，努力实现我校教学质量的最优化。我们要狠抓教学过程管理，保证教学环节和过程的工作质量，加强教育科研管理，以课改为抓手，扎实推动我校教育科研工作、推动课程改革，让教育科研成为全体教师职业生命的组成部分，成为提高教育质量的必由之路。

时光悠悠，岁月变迁，在过去的半个多世纪里，在一代代教育者的努力与追求下，我校不断丰富自身的发展内涵，在新课程改革的进程中被授予“白城市行为习惯养成教育特色学校”、“大安市教育重点工作目标管理先进学校”等称号。展望未来，我们将怀着强烈的使命感、责任感与紧迫感，积极开拓进取、奋发向上，为学生的终生发展奠基，为教师的持续发展服务，为创办最精品化的优质学校而一往无前！

发扬传统优势，打造特色校园

吉林省和龙市八家子镇中南小学校 许英子

创建特色学校，是全面贯彻教育方针，深化教育教学改革，提高素质教育实施水平的一项重要工作，更是丰富学校文化内涵，提升学校品位，追求学校发展的重要举措。我们八家子镇中南小学从实际出发，以开展珠心算特色教学实践活动为载体，弘扬中华民族文化，依托学校教育教学，精心组织开展珠心算教学实践活动，2010年2月被和龙市教育局授予首批“珠心算普及基地校”。

新课改实施以来，如何提高办学质量，提炼办学特色，彰显办学个性，是我校不断思考的问题。为此，我校确立了“发扬传统，打造特色，人人成长，天天向上”的办学理念，提出了“培养有民族文化根基的现代人”的育人目标，秉承中华传统文化精髓，发展珠心算教学，形成学校办学特色。珠心算能让学生在动手动脑的同时培养毅力与耐心。依托学校传统优势结合我校的办学实际，我们把珠心算列入特色教学之首。在校本课程实施过程中全面实施珠心算教学，在珠心算中充分发挥学生的艺术表现力，在培养艺术素养的同时提升学生的创新能力。

一、确立与定位的思考

基于学校教育的最终目的与人才培养目标，八家子镇中南小学确立了这样的特色，定位了两个确定：首先，创建特色学校的定位要结合当前教育发展的新形势、新任务和学校的实际情况，来确定了学校未来持续发展的模式和社会人才需求的走向。学校特色的创建与一所学校的良好发展是息息相关的。正是因为独特的办学风格，才会使学校不断发展壮大。在选择创建学校特色时，首先要考虑学校已有的传统优势。

我校从1979年率先开展“三算”教学，并取得了优异的成绩。1983年经省珠协的考察，开办了全省乃至全国第一个珠心算实验基地，是八十年代在延边大地上升起的一颗耀眼的明星，曾经在80年代由中国珠算协会授予“中国珠算摇篮”称号。1984年8月，当时的中宣部部长邓力群亲临我校并题词。解放军总后部长赵南起，数次接见我校师生，关心、鼓励、支持我校的特色教育。

中南小学校以珠心算实践经验为基础，经过多年的经验积累和探索，逐步形成了独具特色的“珠心算教学法”，取得了较好的教学效果，形成了广泛、积极的社会影响。从1983年以来，我校的学生在市、州、省、全国、国际珠算技术比赛大会上，多次名列前茅，开创了珠心算历史的新纪元，成为培养珠心算优秀选手的神圣之地，为吉林省、为全国珠心算爱好者所仰慕。受到中央和省、州、市有关领导同志的重视和赞扬，为民族为国家争了光。

我校充分挖掘本校教学资源，把珠心算作为本校的校本课程来开发研究。我校结合珠心算的自身特点，确定了八字四“新”（薪、心）目标。

传薪：传承传统文化的薪火，传统文化是一个民族的根，由于社会的进步，外来文化的冲击，如算盘之类的传统文化艺术，随着市场及应用价值的逐渐消失，而逐渐走向衰落，甚至消亡。把“根”留住，让中国文化浓浓的鲜活的血液在新一代的国人身上流淌，使之成为真正意义上的中国人，让中华民族真正屹立于世界民族之林，显得尤为重要。

创新：不仅仅局限于传承，创新是为了让珠心算这项艺术手段更有生命力，表现形式、珠算与心算有机结合、学生打算盘实践能力等都有所创新。

信心：让每个选手在学习珠心算的过程中感受更多的成功体验，激发表达的欲望，使之成为培养自信心体验的一个平台。

耐心：社会的进步，由电视、多媒体、网络冲击着人们的视野，将大家笼罩在一个虚拟的天地里，使得90后、00后新一代变得更加浮躁。坐得牢，静得下，本身需要勇气和毅力，更需要培养。我们的学生大多数都是独生子女，过惯了饭来张口，衣来伸手的生活。没有了劳动、实践的锻炼，也就享受不到动手成功的快乐，无法体会成功的艰辛。小学生爱动手，爱思考，且珠心算是一门容易入门的艺术，不受年龄的限制，容易获得成功的体验，有利于学生个性的健康发展。同时，珠心算训练过程中的趣味性、实践性，表现内容的自由性和评价标准的多样性，以及工具和材料的方便、廉价，都非常的适应在农村小学开展。我们通过挖掘中国传统文化中适宜小学生学习和接受的珠心算艺术，赋予其新的内涵，在锤炼珠心算技艺的同时，还增长了知识，将师生的特长转化成了学校的特色。其次，要确定创建的这个特色有利于解决当前教育过程中所存在的问题，选定的特色必须与育人有关，能更好地为育人服务。

二、实践的思考

(一) 校长要做创建特色学校的思想者和参与者

校长要做创建特色学校的思想者和参与者，要有主人翁意识、全局意识和整体意识、要做创建特色学校的思想者，解放思想，转变观念。引领教师全面实施素质教育，培养学生兴趣，发展学生的个体特长。校长作为一名教育工作者和学校核心管理者和参与者的角色。

(二)校长要做创建特色学校的学习者

校长要加强自身的学习和提高，同时还要注重促进教师思想观念的转变，切实做好教师的培训工作。我们采用请进来，走出去的办法，组织教师学习中国传统文化，领略中国传统文化神奇的力量。不遗余力的弘扬中国传统文化，让每位教师深深体会中国传统文化蕴含的无穷智慧。

（三）校长要做创建特色学校的引领者

在特色学校创建中，注重实践，充分发挥校长的表率和引导作用；其次在师生共同学习，家长与孩子共同学习过程中，中国传统文化扩展到家庭、社会中，学校教育应充分发挥连接家庭教育与社会教育的纽带作用。

三、弘扬传承肩负使命

（一）优化管理，挖掘潜力，提高珠心算教学质量

学校组织教师编撰了校本课程《珠心算》，使得珠心算的教学有章可依，有法可循。珠心算训练耗时多，见效慢。我校从简单的认识算盘入手，训练学生的基本功。注重结合现代心理学、脑科学的研究成果，注重对珠心算教学形成的特色实践经验的总结和提升，经过多年努力探索，已经在教学方法、课程建设、教学管理、教学模式等方面，形成了较为完整、规范的框架体系，并具有明显特色：

最后达到全员参与，即学生百分之百参与学习珠心算，青年教师百分之百参加活动。中国传统珠心算艺术，既要传承，更要创新。传承是民间艺术源远流长的根本，而创新才是民间艺术发扬光大的源泉。我校的珠心算教学在传承传统打算盘的基础上，不仅强调儿童化、游戏化、趣味化、激励为主，注重建立教师与学生之间的和谐关系；而且注重训练中的速度约束，注重培养学生在群体环境中学习的抗干扰能力，强调通过激励、约束、教学方式多样化、训练内容的合理安排等方式，提高学生学习的专注性。

（三）形成学生喜欢，家长认可，有一定影响的珠心算校本课程特色

几十年来，我们开展珠心算教学活动，最大受益者是学生。培养了学生的动手与动脑和强化记忆力的能力，同时他们的非智力因素得到了发展，更让大部分学生有充分展示自我的空间。

他们从刚拿算盘就抓耳挠腮到训练时一丝不苟，一气呵成。成功让他们欣喜若狂，信心倍增。家长由最初的不支持到现在的赞成，并非是开开家长会做做工作能办到的。当孩子回家不再迷恋电视了，晚上做作业有耐心了，假日不外出调皮捣蛋了，一张张奖状面前，学习成绩也进步了，家长还有什么理由反对呢？孩子们的指尖上跳跃着智慧。在打算盘时提升素质，在妙想中培养创新，手脑并用的珠心算活动为孩子们提供了创新的机会。让学生深入生活，观察发现，动手动脑，实践创新，凭借自己的智慧改变生活、创造生活，实现自身学业与思维的更大飞越。

八家子镇中南小学紧紧围绕这“发扬传统，打造特色，人人成长，天天向上”的办学理念，与学生、家长一道享受成功的快乐。

自1980年至现在，我校多次在国家、省、州、市级珠心算竞赛活动中获奖（例如：今年7月12日我校就代表和龙市参加了全省第29届珠心算比赛（网络），比赛中再获佳绩，荣获A组团体第一名。2人获全省个人第二名）。

今年6月，中央电视台来我校拍摄了介绍一部珠心算专题片。7月份，中国珠算协会为筹建吉林省珠心算博物馆，派专人来我校调研中国珠心算发源地等资源，充分肯定了我校30年来珠心算教学取得的成绩。10月份延边州纪委为了宣传我校珠心算取得的成绩有一次拍摄了专题片，宣传我校珠心算教师不计报酬甘于奉献的园丁精神。

多年以来，中南小学校珠心算教学始终坚持发扬传统优势，立足本校实际，坚持普及与提高结合，校内教学与训练相结合，坚持不懈、持之以恒、大胆创新，采取各种方法，变机械重复枯燥的训练为有趣的活动，促进了珠心算教学的启智功能的发挥，使学校珠心算教学蓬勃有序的发展。

省、州、市教育局、财政局高度重视在儿童中普及开展珠心算教育，中南小学一直为延边州实验基地校，三十几年来，珠心算特色课程在学校深入开展，效果显著，学校积极参加省级、国家级比赛，捷报频传，得到学生家长和社会各界的一致好评。

新风暖暖似金曲，红旗飘飘胜骄阳

吉林省和龙市南坪镇第一中心小学 金明国

“一年之计，莫如树谷；十年之计，莫如树木；终身之计，莫如树人。一树一获者，谷也；一树十获者，木也；一树百获者，人也。” 这段话既阐明了人才培养的重要性，也揭示出人才养成的不易。如果说学生是破石而出的幼芽，那教育就是浇灌幼芽的雨露。少年强，则中国强！不论何时，教师和教学工作都是学校的中心工作，为了更好地开展教学工作，我校不断地鼓励教师自学和参加各种培训学习，提高教师的思想政治水平和教学能力。在教学上，我校鼓励教师大胆尝试，走创新之路，结合学校实情和学龄儿童特点，我校制定了切实可行的教学方案，采取灵活多样的教学方法，创设轻松愉快的学习情境，激发学生的学习兴趣。通过所有师生的协作努力，我校于2012年荣登和龙教育报并被重点表扬，在全市学校中起到了示范作用。2014年又光荣地被评为了家长最满意的农村小学之一，2018年被评为和龙市乡村学校中优秀学校。种种荣誉既是我校从无到有的见证，也是我校迈向美好的明天的激励。

一、凝心聚力，创建环境美好校园

学校是学生的学校也是老师的学校，和谐的师生关系是教育教学的基础。为营造良好的教育氛围，让学生和老师之间搭建友好的桥梁，我校积极举办各类活动，如：学雷锋活动、清明节扫墓活动、青年节活动、儿童节活动、建党活动、教师节活动、国庆活动等等。在开展各项活动的同时，不仅加强了教职员工和学生之间的凝聚力，而且增进了师生之间的感情。回望来时路，十年前，我校还是杂草丛生，一片荒芜，2009年由于我校缺乏管理等种种原因，省检过后曾被点名批评为和龙市最落后学校，2010年，我校竭力抓住一切机遇，积极筹措

资金，加强校园全方面管理，大规模进行校园建设改造，令学校面目焕然一新。我校首先从改进校园外观做起，并利用课余时间带领全体教师一起清除操场的杂草和垃圾，为了使校园环境早日整洁，使学校环境逐渐净化，我校带领全校师生为校园种植各种花草树木，绿化、美化了校园环境。2010年11月，为了给学生的住宿和生活提供更加便利的条件，我校加大校舍建设资金投入包括厨房和食堂，使住宿生在农村同水平的环境中享受到了最高的待遇。2011年我校教学楼内重新粉刷墙壁，教师办公室和学生教室全部更换了新桌椅，改善了老师办公和学生学习的条件。2012年，我校将校门前、操场、排球场以及羽毛球场垫了沙子，改善了操场环境，另外，每个班级都购置了板报学习园地，走廊也粘贴了名言警句等等，使校园的每个角落都承载育人的功能，学校室内外电路全部重新安装，重新挖了自来水管道。2013年更是校园环境取得突破的一年，上半年，教学楼墙壁全部刷白并油漆，使校园环境更加美丽。下半年，我校积极向教育局争取资金，为各个班级换上了崭新的塑钢窗及防盗门，使校园环境更加整洁完善，同时，为了确保学生安全，还修建了宿舍阳台，种种举措不仅为学生提供了安全保障，还使宿舍、学校的面貌焕然一新。2014年，为了确保学生们校外活动更加无忧、更加安全，我校于5月初完成了教学楼铁皮瓦的全部更换工作，并于8月份完成了宿舍装修的剩余工作。2016年，改善了教师宿舍的卫生间，教师们住宿有了楼房一样的感觉。2017年，在教学楼前及至学校大门都铺了水泥路，学生下雨天上学，鞋上不再有泥泞的泥土，学校地上的白瓷砖，雨天依然还是那么干净明亮。2018年，我校在学校周围安上了太阳能路灯，夜晚的山区学校多了几分温暖、安逸的感觉。从荒芜到绿草、从泥泞到白瓷，这些华丽的蜕变都是我校所有师生的协作努力、辛勤和汗水换来的。

二、多措并举，打造教学品质阵地

办一个学生、老师、家长满意的学校一直是我校的办学宗旨，拉近山区和城市教学距离也是我校办学的愿望。在2015年，经过多方努力，我校得到教育局领导的支持，教室安装了班班通、白板学生每人都有一台电脑上电脑课：还把学校改装成电暖气供暖，告别了多年来的早晨起来，搓着双手、灰气连天生炉子的最原始的取暖方式，不知减轻了老师、学生、家长的多少负担，而且向城乡教学平衡迈开了第一步。我校坚持以服务学生为主，由于边疆小学受地域限制，有些住宿生的家住在村，每到周末，有些家长由于身体原因不便接学生放学，为了给家长减轻负担，我校安排老师亲自将学生安全送回家：由于学生家境多为贫寒，我校就主动联系延边电视台及和龙市民政局，为热爱学习但家庭贫困的学生等集善款，帮助学生完成美丽的求学之梦……用自己的全部热情与精力为学校服务。为进一步改善办学条件，我校逐年增加学校教育投入。以前，学校只有一台电脑供全体教师使用，我校通过积极向教育局争取资金和向兄弟学校索要剩余的电子产品等方式，更新了学校内部教学设施，如：添置了电脑、打印复印机、电视、音箱、乒球架等设施，也丰富了学生们的学习设备及课余生活。

从2010年起，我校引进了特岗教师，他们的到来为我校增添了新鲜血液，极大地缓解了边疆小学教师老龄化重、部分学科缺人的矛盾。由于特岗教师均来自市区，对农村环境比较陌生，我校在他们的生活及工作方面都给予了极大地关心与帮助，为了让他们快速成长起来，在教育教学管理方面，我校尤其注重特岗教师的培养并出台了一系列的措施，如新老教师互帮互助；青年教师定期赛课、评课；组团去其他学校听课求经；推荐青年教师参加各类培训；号召大家“课余充电”等等。在所有老师的共同努力下，我校的特岗教师们飞快地成长，已经逐渐成为学校的骨干力量，相信我校在今后会焕发出勃勃的生机。

三、初心不殆，点燃希望照亮前路

校长是学校的灵魂，是教育思想之魂，校长的人文情怀影响着教师和学生的人文情怀。我校能取得如今的成绩和变化，离不开校长的付出和奔波。他不仅是一名兢兢业业，把生命给予教育的人，也是一名合格的教育者，他的论文“农村小学的有效教学方法”在2011年中国教育教学研究会举办的“年度论文评”选活动中荣获二等奖，“小学体育课堂教学案例分析”在2012年中国中小学教育学会举办的论文大赛中荣获一等奖等等。没有教学研究，就没有教学进步，从2016年，他又带领全体教师进行《多村小学教学行动研究》课题进行研究，在2018年已经结题。2011年他被评为和龙市“优秀校长”，我校也多次被上级领导点名表扬，更是成为农村小学学习的榜样；由于学校环境变化突出，学习氛围变浓，使生源逐渐增加，得到了社会各界的赞扬与肯定。

“教育之根味苦，教育之果甘甜”。教育是温暖人生的阳光，它尊重、赏识每个个体，滋养每一个生命。而学校是哺育千万学子的良田，教师扮演着日夜守护在田野旁边的勤匠，用毕生的文化知识和真情的陪伴铺垫着学生走过每一步。未来路上，我校会客克服一切困难，在改善办学条件的同时，提升办学品质，迈着坚实的步伐，执着激情地走在教育的道路上，以担当的情怀领跑教育发展，敢为人先，勇于创新，不断开启学校发展的新局面。

以美育人，培养学生全面发展

吉林省吉林市第九中学　刘天水　池惠萍　刘诗艺

为贯彻落实习近平总书记在全国教育工作大会上的讲话精神，探索美育教育新路，把培育和践行社会主义核心价值观融入美育教育，引领学生树立正确的审美观念，陶冶高尚的道德情操，培育深厚的民族情感，提升学生的审美和人文素养，培养学生全面发展。我校本着“以美育人，全面发展”的原则，面向全体同学，通过多种途径，采取各种措施，积极开展艺术教育工作，不断更新、提高教师的艺术教育观念和水平，努力提高艺术教育的管理水平和教学水平，把艺术教育渗透到学校的各个领域中，使艺术教育工作真正落到实处，提高学生审美情趣及享受美、欣赏美、创造美的能力。

一、健全管理机制，提升美育质量

我校在工作计划中认真部署美育工作，并成立了由我、分管部门和美术教师等组成的美育领导小组，健全了美育管理体系和规章制度，确保了学校美育工作扎实开展，为学校美育工作的进一步开展注入了更多动力。

实施新课程改革以来学校始终坚持按照上级要求开齐开足音乐美术课程。我们以课堂为基础，深化美育教学改革，坚持日常教育教学的持续研究，学校扎根于日常的课堂教学，把变革理念运用在日常工作中，美术教师广泛吸取先进的教育理念和教学经验，优化教学过程，探索科学、合理的教育教学新方法，合理运用多媒体等多样化的教学手段。

为了使学生美育工作落实到位，我们制定学校美育教育发展规划、确定各年级美育目标，确保美育教育整体水平的提高。教师结合课改，努力钻研教材，定期开展集体备课，提高备课、上课、评课的质量，真正做到教学过程细化，努力做到每一个学生都能体验到学习和成功的乐趣，以适应学生自我发展的需求。

我校还认真做好美术德育教育工作，在2018年10月19日，“吉林市十三五初中德育管理顶层设计实施成果展示会”在我校举行，尤其是在美育展区，充分展示了我校书法、美术、手工剪纸方面的突出成果。

二、开展美育活动，促进学生发展

近年来，学校充分利用各种资源，积极探索“课堂教学与课外实践相结合”、“学生兴趣组与校园文化相结合”、“校内美育活动与校外传统文化相融合”的全方位美育教育模式，注重开展丰富多彩的文化艺术活动，以提高学生的文化艺术素养。

打造特色，提升内涵，我们扎实开展“美在课堂”艺术活动。2014年初，我校为开发每一位学生的潜能，促进全体学生全面化发展，构建高质量、高水平的素质教育实施体系，更好地实现学校有特色、教师有专长、学生有特长，我校秉承“以美育人，以美启真”的办学目标。拟在“美术教育”方向开展特色建设的研究与实践，因此，我校实施以“美在课堂”为主题的一系列艺术特色教育活动，从2014年3月至今坚持6年12个学期，开展的成熟课程有艺术语言实践课、艺术作品赏析课、艺术装饰绘画课、传统文化传承京剧脸谱课、地方特色文化剪纸课等五个领域的课程。“美在课堂”系列艺术特色月活动，已经成为我校常规课程中的重要组成部分，并且成为我校一张亮丽的名片，得到上级有关部门的充分肯定。

为确保美育教育活动的有效开展，学校组织有艺术专场的老师负责组建并辅导各类艺术兴趣组，放大特色效应，供学生选择的不仅有传统的书法、绘画、口琴、舞蹈、合唱，还有创客机器人和乐队表演组。每学期安排8到10课时进行兴趣组活动，学生在形式多样、寓教于乐的艺术活动中自由徜徉，流连忘返。

三、注重美育管理，滋养美育文化

加强师资队伍建设，提升教育能力。学校十分重视艺术师资队伍的建设。做好对教师的校本培训。利用每周三下午作为艺术教师教研活动时间，进行教科研活动，邀请专家讲座，有效地提高了教师的政治素质、理论素养及业务知识。

加强活动阵地建设，夯实美育基础。学校充分考虑学生对校园文化设施的需求，投入大量资金进行校园绿化、美化建设、添置了现代化的艺术教育活动设施设备器材，购置校园电子阅读器供学生查阅艺术类图书，充分利用这些场地开展活动，使场馆的利用率达到最大化，确保了艺术教学活动的顺利开展。

构建和谐校园环境，滋养美育文化。校园环境建设不仅是衡量一所学校办学水平的重要标尺，也是实施美育的重要载体。我校分系列布置文化宣传栏，彰显校园文化浓厚气息，创设优美的校园环境。分主题布置学校的各个区域，比如校园文化角建设“剪纸作品墙”和“摄影作品墙”，班级文化特色展示园地，教学楼内的电子班牌中班级美育活动展示，经过多年的努力，学校已逐步构筑了一道道具有独特风格的校园美丽风景线，学生置身其中，随时随地接受美的熏陶与感染。

开展美育特色教学，为重点高中输送美术生。我校作为第一批

“全国文明单位”，在教学上不仅注重对学生文化知识的传授，还特别关注对学生特长的培养。让学生在传承中创新，在实践中发展。学校积极组织学生参与各级各类的活动，在每年每度校园文化艺术节中，我校曾多次获得省市集体一等奖，优秀组织奖称号，学生个人也获得了国家级省级市级荣誉，辅导教师也多次获得国家省市优秀指导教师称号。在2020年，吉林一中美术特长生加试入围赛中，共招生16名学生，其中我校就有12名学生入选。在音乐特长生入围赛中，我校有3名同学入围，体育特长生入围8名学生。

四、搭建开放平台，打造美育特色

学校除举办经常性的丰富多彩的艺术活动外，每年都举办校园文化艺术节，校园文化艺术节是教员文化的集中展示，是同学们向老师的挥洒青春的汇报，更是培养学生发现美、鉴赏美、创造美的能力，实现全面发展的重要手段。另外，我校还有一个专门的展示区定期展出学生作品。

经过几代人的不懈努力，学校先后被评为第一届全国文明校园、第四届全国文明单位、全国五四红旗团委、中华民族传统美德教育示范校、中国创新型学校、吉林省教育系统先进集体、省精神文明先进单位、省语言文字规范化示范学校、省国防科技体育先进单位、市教育系统先进集体、市教书育人先进单位、市优秀教师专业发展基地学校、市家庭教育工作先进集体等多项荣誉。

美是有力量的，没有审美的教育是不完整的教育。审美教育就像润物细无声的春雨一样，渗透在学生心理的各个领域的各个方面，并以其独特的功能，对学生的全面发展起着十分重要的、不可替代的作用。美育教育是一项长期的工作，我们将不懈努力通过不同方式方法提高学生审美意识和思想，把我校的美育工作做得更好。

为学生架起实现梦想的桥梁

吉林省吉林市第十三中学　王念之

近年来，吉林省吉林市第十三中学在教学实践中紧紧围绕提高质量这一中心任务，以“教师善教，学生乐学”为教学工作总体目标和基本原则，努力践行侧面教学，以其推动学校的阳光教育，助力学校教育水平的全面提升，为每个学生的成长成才架起洒满阳光、实现金色梦想的桥梁。

吉林省吉林市第十三中学（以下简称十三中学）是一所普通中学，生源的学习基础、行为习惯有明显差异，留守儿童及存在心理问题等特殊情况的学生比较多。如何采取针对性的教育理念和举措办好学校，成为学校管理者必须面对的课题。学校从立德树人根本任务出发，立足实际，以生为本，确立了“尊重差异，因材施教，多元发展，各美其美”的教育理念，以“守规则，有教养；知荣辱，有雅趣；会学习，有追求”为教育目标，搭建平台，创设载体，促进学生全面发展。

青春期的孩子特别是留守儿童常常存在叛逆心理，正面教育效果不佳。面对这一难题，学校在深入思考之后，开始大力实施侧面教学，以其推动学校的阳光教育，助力学校教育水平的全面提升，以教师对学生的爱和关注推进和谐普惠教育真正实现，为每个学生的成长成才架起洒满阳光、实现金色梦想的桥梁。

2014年9月以来，十三中学正式开始实施侧面教学系列活动。“正面的教学很难使教师成为学生心中的‘重要人物’；而侧面教学建立起来的师生关系才更有可能对学生的生活产生影响。”侧面教学是美国杰出教育工作者弗朗克·温斯泰德的教育理论。他认为，与正规课堂教学以及召开教师会议相比，非正式的、随意的交谈对一个人的行为产生的影响要大得多。他将侧面教学定义为在课间和课外对学生进行的教育。

成功的教学常常依赖于良好的师生关系。教师人格魅力的释放以及不经意间的话语和行为，要比站在讲台上讲课发挥更大的作用。侧面教学，是一扇通往学生的心灵之门。一个眼神，可能会打开一个孩子的内心世界；一个微笑，可能会重燃一个孩子对生活的热情；一个拥抱，可能会成就一个天才。

通过实践，十三中学的教师们认识到，侧面教学并非表面上那般随意或完全出于偶然。如果疏忽，如果粗心，如果不关注学生，这些教育的大好机会或许永远不会出现在眼前。每一次看似无意的侧面教学，其实都建立在教师和学生之间良好的关系之上，侧面教学的实质在于：是教师综合素质的投射，是对学生沉睡心灵的唤醒，是正规教学质的飞跃的催化剂。

侧面教学对于学校德育来说是一种十分有效地方式。教师们在教育教学中始终贯穿一个理念，一切以学生为先导，丰富完善以“阳光教育”为理念的德育工作模式，使“学生行为无小事，生活处处是教育”的观念在全校得到贯彻。

教育家苏霍姆林斯基说过：“没有爱就没有教育，爱是教育的前提”。十三中学的教师将爱贯穿于教育的始终，捧出一颗真心，收获一份真情。以教师的言行示范为引领，营造“阳光生活、快乐学习、健康成长”的育人氛围，不断提升学生的品德素质。

因为有爱，每个来到十三中的学生在这里感受到家的温暖；因为有爱，教师们的教学计划、管理理念得以顺利实施。十三中学爱的教育得到了社会与家长的认可，通过口碑相传，越来越多的家长愿意把孩子送到十三中学。

“健全的精神寓于健康的体魄。”十三中学高度重视体育、艺术教育。为进一步落实“以人为本，健康第一”的指导思想，树立“终身体育”的新课程理念，学校以“我参与、我阳光、我运动、我健康”为宗旨，开展了形式多样、内容丰富的阳光体育运动，保证学生每天锻炼一小时。2015年12月，十三中学率先在全市浇制学校公益滑冰场，组建了速滑、冰球等学生社团。冰雪课的开展，不仅丰富了学校阳光体育运动，更让滑冰运动成为学生们冬天的最爱。当学生们欢快地滑行于冰上，像一只只美丽蝴蝶在百花丛中翩翩起舞，迎来无数追捧的目光时，他们不仅感受着冰上运动带给他们的快乐，自信心、自豪感更是油然而生！全国青少年短道速滑锦标赛暨全国第二届青少年短道速滑预选赛上，十三中学初一学生魏贺与队友精诚协作，勇夺俱乐部乙组2000米混合接力冠军和3000米女子接力冠军，为母校、为家乡赢得了荣誉！还有学校多年来坚持的美术教育成为特色品牌，为上级学校输送了大批专业人才。学校还加强国际交流合作，与韩国高丽大学、梨花女子大学、弘益大学等知名高校建立友好联系与合作关系，为学生毕业留学提供了更加丰富的高校资源，同时也提升了十三中学的社会知名度与影响力，探索出了普通高中特色发展的新模式。近年来，十三中学教育教学屡创佳绩，不断实现着历史新突破。

放眼未来，政府放心、社会满意、家长好评、学生向往乐学、教师敬业奉献是十三中学的办学目标。做有温度的教育，办有品位的学校，是十三中学的不懈追求。

走文明创建之路，唱高昂教育之歌

吉林省四平市第三中学校　姜丽霞　柴忠臣　周洋

国之大业，唯教育也！一个国家、民族的发展离开教育就会衰亡。归根结底，教育是生命进步的新鲜血液，是时代发展的思想能源，只有保持充足的活力和创造力，才能持续推动人类社会向前发展。我校创建于1954年，现有两个校区，校园占地面积共75000多平方米，全校教职工266人，60个教学班，3100余名在校学生。办学以来，我校始终遵循“实施阳光教育，实现多样发展”的办学理念，以现代的办学思想、科学的育人模式、雄厚的师资力量、显著的办学业绩引领学校向前发展，彰显学校品牌。近年来，经过全校师生的团结努力，校容校貌焕然一新，办学特色鲜明，教学质量逐年提升，学校先后荣获教育部国防教育特色校、全国家庭教育示范校、全国家庭教育实践基地、全国文明校园、吉林省明德知礼工程基地校、吉林省绿色校园、吉林省精神文明单位、吉林省“平安校园”等荣誉称号，使我校成为一颗屹立在教育之林中的璀璨明珠！

一、规范学校管理，提升办学品味

文明校园创建是一所学校的品质体现，也是这所学校文化内涵的重要彰显。为切实做好文明校园创建的各项工作，我校把文明校园创建纳入到学校工作计划中，重点安排，细化责任，做到了与学校教育教学工作同部署、同检查、同落实、同评比、同奖励。学校党、政、工、团领导经常深入教学第一线，检查督促创建工作落实情况，各部门领导在部门工作中始终贯穿创建工作，形成了“党政工团齐抓共管，文明建设人人有责”的共识。为推动文明校园创建工作持续发展，我校以党建带动发展，深入贯彻《关于新形势下党内政治生活的若干准则》和《中国共产党党内监督条例》，深化“两学一做”学习教育和“不忘初心，牢记使命”主题教育实践活动，落实党建工作责任制和“三会一课”等制度。发扬“真抓实干、马上就办”的工作作风，栉风沐雨，俯首躬耕，不忘初心，载誉前行。在全系统党建品牌创建活动中，我校以“活动引力，标准引领，典型引路”为主要内容，打造了“人人都是领跑者”党建工作品牌。通过主题内涵深、品牌叫得响、工作措施硬、党员受欢迎的党建品牌，发挥了党员群体的示范带动效应，提升了党建工作水平。

德育教育一直是国家素质教育的重要内容。为此，我校重视学生思想建设，坚持以德治校。学校利用校园宣传栏大力宣传党的基本理论、路线和纲领，定期召开思想政治学习会议，及时了解师生员工的情况，化解矛盾。同时组织教师学习《公民道德建设实施纲要》，做到人人皆知，人人皆行，帮助员工树立正确的世界观、人生观和价值观。其次，我校严格执行学生行为规范，使学生养成良好的道德行为和文明礼貌习惯。除了贯彻执行《中学生守则》《中学生行为规范》，还结合学校实际制定了《四平三中养成教育实施方案》和《四平三中班级管理量化考核细则》，让学生时时刻刻都受到德育教育的影响和熏陶。我校也大力组织丰富多彩的活动，如每周在升旗的时候举行国旗下的讲话活动，结合各种重大节日、纪念日，历史上的今天等知识进行爱国主义、卫生习惯、文明礼貌、纪律观念、诚信教育、感恩教育，加强对学生的德育渗透教育，这些活动不但对学生进行了思想品德教育，又丰富了校园文化生活，开拓了学生的视野。

二、彰显办学特色，引领教师培养

课程建设是影响教学质量的重要因素，是激发学生潜能，培养学生成长的有支撑。在开齐课程，开足课时的同时，我校还大力加强校本课程资源开发，凸显特色育人。根据学校实际情况，我校积极推进校本课程资源的开发与利用，多方位培养学生的特长与技能。经典诵读活动是学习知识的有效渠道，可以陶冶学生情操，抚慰学生心灵。为此我校利用早自习时间开展经典诵读活动，语文课进行古诗词、儿歌、成语故事等经典范文的诵读演讲活动；英语结合中外经典故事开展英语情景剧展演等活动。我校还大力开展丰富多彩的大课间活动，促进学生全面发展。开展足球联赛、拔河比赛、羽毛球赛、跳绳等体育单项活动。同时利用社团活动时间开展特色文体教学活动，让学生在校期间学有所乐、学有所长，快乐成长。

师德师风建设一直都是我校的工作重心。为了全面提升学校教师的专业技能和职业素养，我校党支部发挥引领作用，多层面、多角度引领带动学校师德建设不断提升。一是精神引领。传承学校“自强不息追求卓越”的精神，大力弘扬三中人的团队精神，从而锻造出了一支敢于担当、勇于进取的党员团队，进而带动全校教职员工为三中的发展出力献策。二是理念引领。学校提出了“阳光育人，多样发展”的新的办学理念，在新的办学理念引领下，学校各项工作都有了新起色，激发了学生潜能，凸显了办学品牌。三是榜样引领。以身边人先进事迹，教育、激励广大教师立足本岗创先争优的积极性，提升教师积极性，增强教师凝聚力。为不断培养教师成长。我校还开展系列培训讲座活动、经验交流会、教育论坛，来自第二大学区各校的19位教师，讲述了一个个生动有趣的教育故事。同时，我校还开展了《学习提升 发展创新》外出学习教师汇报会和《阳光自主课堂教学模式》培训。本学期，我校又创新青年教师培训形式，开设了《阳光教育大讲堂》校本培训讲座。2018年4月12日，首期培训开讲，培训内容是《思维导图在教学中的运用》，把身边的“草根专家”请上大讲堂。我校就是要通过不断地鼓励和搭建展示平台，让年轻教师发现、发挥自身的优点，建立自信，更快的成才！此外，为进一步提升教师专业技能，培养年轻教师快速成长，我校还开展教学基本功训练活动，开展学科组教师单项竞赛活动。通过名师工程系列活动，培养后备力量，确保青年教师的可持续发展。我校还举办了名师系列公开课活动。成立大学区名师工作室。学校就是通过这些举措，培养了一批不同层次的优秀骨干教师、学科带头人，打造了一支名优教师团队，为教育教学质量的全面提高奠定坚实的基础。近年来，我校还积极响应上级号召，开展了“四平好人”、“吉林好人”、“美德少年”推荐活动。同时在校内设立了四平三中校园十大最美教师专栏，广泛宣传我校教师队伍中涌现出来的敬业奉献、拾金不昧、关爱学生等典型，让“讲道德，做好人”成了学校一道亮丽的风景。

三、深化文化内涵，创建文明校园

陶行知曾说过：“天然环境和人格陶冶，很有密切关系。”校园中的每一座建筑、每一处景点，每一片绿色，都成为一种思想的传递，一种文化的表达，优美的校园环境就像无声的老师，滋润着师生的心田，熏陶感染着师生，丰富净化着师生的灵魂，潜移默化地引导师生向着健康的方向发展。校园文化是一种无形的精神力量，是学校的立校之魂和向上之根。为了体现环境育人的功效，我校对办公室、教室环境进行了统一的规划和部署。教室文化建设主要有社会主义核心价值观展板、校训展板、班务专栏、名人字画、警示标语等。在楼道上、绿化区、公共区域等都制作了宣传展板和温馨提示语。经过努力，现在，我校校园整洁，校貌优雅，环境美观，凸显了环境育人的特色。

校园的绿化美化不仅是学校后勤工作的重要任务，全体同学更是参与到爱校、护校，做文明学生，爱护家园的义务绿化中来，学生在维护学校的绿色生态中，培养了热爱劳动的品质，增强了爱校如家的主人翁的责任感，为创造和谐校园奉献出自己的爱心。为了构建和谐校园，我校倡导营造和谐班级，让学生感受到教室就是一个温暖的家园。各班除了进行班级文化建设，每个班级都有一定数量的绿色植物。除此之外，在学校的每个角落都要随时能让学生感受绿色的生机和活力，让学生更加热爱自己的家园，爱护自己的家园。

为在校园中渗透绿色环保教育的理念，增进学生的环保意识，进一步规范学生的环保行为，我校通过开展绿色环保为主要内容的“开学第一课”活动和垃圾分类活动，指导学生自制环保手抄报、垃圾分类箱等，丰富课余生活的同时，缔造绿色校园文化营造良好氛围。为此，我校还被评为“省级文明校园”、“省级绿色校园”后，强化了学生对自然和谐和社会和谐、人文和谐的认识，为创建和谐社会添砖加瓦。

绵绵之力，久久为功。教育注定是一场没有终点的行程。经过多年的建设，我校已走出了一条文明校园创建的兴校之路，教师们懂得传承与创新，敢于改革和实践，在“心”上用功，在“事”上磨砺，着力为学生发展夯实基础，让学校办学特色灿若朝阳。未来路，我校会继续以“生态文明校园创建”为契机，风雨无阻，大力推进课程改革，坚持教师队伍建设，倾力打造品质学校，用情怀装点教育事业的百花园，用生命谱写一曲又一曲教育新歌。

美育发展创特色　品质立校育桃李

吉林省图们市第三中学　刘秀文　徐璐

少年强，则民族强！全面贯彻党的教育方针，落实立德树人根本任务，发展素质教育，推进教育公平，是每一所学校肩负的使命，也是在教育改革上的不懈探索。学校是教育发展的第一阵地，也是“以文化人”和“立德树人”的灯塔，指引着孩子找寻未来人生的正确方向，照亮他们的心田。我校位于吉林省图们市明星路63号，始建于一九七一年，学校环境整洁优美，人文气息浓郁深厚。现有学生346人，教职工70名，拥有省级名师、骨干、新秀10名，州市级学科带头人、骨干教师30名。多年来，我校一直秉承“学以致远，行以图强”的校训，育人为本，不倦追求，不断彰显美育办学特色。用经典浸润心灵，让艺术丰富人生，始终把美育作为学校教育不可缺少的重要组成，切实把美育融入学校的办学思想、目标和教育教学工作之中，让美育成为学校创建特色和品牌的一个重要突破口。办学以来，我校坚持把学生的终身发展当成义不容辞的使命，以美育为媒介，引领学生学会审美、积累人文素养、提升综合能力，竭尽全力让学生的人生绽放耀眼的光彩。今天，我校的教育、教学已硕果累累，我校也因此获得“省级绿色校园”、“省级教育装备示范校”、“吉林省优秀家长学校”、“吉林省基础教育科研先进单位”、“延边州读书教育先进单位”等90余项省、州、市级荣誉，这既是对我校教育果实的褒奖，也是给予我校全体师生的精神鼓励，我校会在“美育”上精雕细琢，把学校打造成师生们心灵中可以栖息和依赖的港湾，让校园更加温暖，让生命更加灿烂！

一、规范管理，通过美育教育促升办学品质

一直以来，美育都是我校教育教学中的重要抓手，校领导高度重视并在实践中逐渐完善了美育教育管理，形成了清晰而有实效的管理网络。为落实美育各项工作，我校通过层层分管，责任到人，抓实各项艺术工作。在我校每学年的工作计划中有专项对于美育的要求和内容，使全校师生对美育的整体要求及在学校整体教育教学工作中的作用有完整的了解。为加强管理，将工作落到实处，学校教务处定期检查美育相关课程的实施；每学期要求特色社团，提交工作计划和总结；并通过升旗仪式、校园橱窗、班级展板等各种宣传媒介展示其特色成果。多种方式的管理，进一步强化了美育在学校整体工作中的作用，也从组织上保障了美育工作的开展。

为进一步提升学校美育教育水平，我校不断强化师资队伍建设，让美育教育焕发全新面貌。目前，我校社团教师平均年龄不到40岁，每个人都有较高的专业素养与工作能力，其中1名省骨干，1名省教学新秀，1名市骨干教师，还有多名有经验的老教师及年轻教师，都在全市的学科教育中具有一定的影响力。社团老师撰写的教育教学论文、教学设计等在省州市级评比中多次获一等奖，课堂教学深受欢迎。我校优秀的艺术教师队伍正是学校美育教育蓬勃发展中的奠基石。我校非常注重艺术基础课程的开设，从初一到初三，每周一节音乐、美术课，外加一节自选“二课”，也就是我校实行的“尚美”课堂，艺术课程覆盖面达到100%，真正落实了美育教育。我校的二课活动“尚美”课堂开展得丰富多彩，授课老师结合实际，使用自编的校本教材，对学生进行渐进性阶梯美育：初一年级侧重体验艺术的魅力，提升审美感知力；初二年级侧重艺术基础知识的普及；初三年级侧重运用所学美育知识综合思考问题，拓展学习视野。

美育不是孤立存在的，它不仅需要通过相对专业的课程来传授知识，也在各类学科中渗透和闪耀着审美和人文思想的光辉。因此，我校在逐年的教学实践中形成了“大文科”的教学理念，通过学科间的相互渗透，多角度、多方位地传递美育教育的观念。如，语文学科教师在教授经典的作品时注重内容与形式，语言与意趣的高度融合；历史学科教师在梳理历史事件时注意史实与人文，客观与评价的结合。教师们通过融合的学科教学，把审美情趣、艺术修养、人文底蕴等“润物细无声”地传递给学生，让校园充满情感，洋溢着浓郁的艺术氛围。

二、齐力并进，立足艺术活动搭建展示舞台

个性发展是我校美育教育的重要核心。为此，我校致力于为学生搭建各种艺术活动的舞台，让学生用课堂里学到的知识阐述对于艺术作品的理解，用丰富的艺术形式勇敢地表达情感。我校的“一二·九”艺术节从建校以来，距今已有近50年历史。作为一个学校的品牌项目，“一二·九”艺术节活动为学生搭建了一个展示自我才华的舞台，也为热爱艺术的学生创设了一个分享感悟，交流才能的机会。每年的艺术节活动，学生们都有不同的创意，或个人表演，或集体展示，他们用不同的风采留给广大师生别样美好的记忆。每年的“一二·九”，都成为师生们期待与渴望的节日，成为学校美育中不可或缺的重要环节。我校的艺术社团和兴趣小组也是校园里一道亮丽的风景线。合唱队、舞蹈队、布艺社、立体造型社、口才社、心理社、摄影社、广播站及各大球类社团等都是学生们课余生活中真心向往的地方。每周四下午第

八节课固定的活动时间，保证了社团和兴趣小组在三中如火如荼地开展。几年来，我校艺术社团多次参加市、州艺术比赛及展演并多次获奖，社团活动使学生增长了见识与才艺，也为我校增添了光彩！近年来我校艺术类特长生考入高中的比例越来越高，艺术教育不断为学生的成长、成人、成功助推加力！　为提升学校美育教育的实效，我校每年还根据艺术教师开展课程的情况与带教社团的成果，进行年终评定。对在课堂教学教学比赛或社团活动中取得突出成绩的教师在各类评优中给予支持和倾斜，学生获奖也会给予物质和精神上的鼓励。促进学校美育教育的发展除了评价机制的保障，也需要科研课题的引领。2018年和2019年我校顺利结题了国家级课题《生命教育与班级活动相结合的实践研究》与州“十三五规划课题”《初中中青年教师专业化成长策略研究》，理论研究和实践结合，对教师全面育人观念起到有效引领，使广大教师进一步坚定了在学校办学宗旨统领下积极并坚持加强美育教育的必要性，越来越多的教师在学科教学中有意识地进行美育渗透，让美育与德育、智育、体育等进一步结合。我校的艺术教育立足于校园的同时，也注重挖掘社会资源，逐渐形成了良好而稳定的校园艺术教育环境。在近年的美育教育探索中，我校建立了一支卓有生机的艺术专家指导团，他们通过学生们喜闻乐见的形式引导学生感受美育的魅力，让美育走进校园，让美育走进学生们的生命里。除了邀请专家走进校园，师生们也走出校园感受专业剧场、专业音乐厅里的各类文艺演出。先后组织学生参观非物质文化遗产馆，参观各种画展，观看剧场演出，听专家讲解等，让学生切实地感受艺术的风采，提升他们的艺术素养。另一方面，我校每年都加大资金投入，保障美育教育顺利开展，我校筹建了“舞蹈队”、“合唱队”等，为需要的社团提供一切后勤保障。学校每年在校艺术节活动、课间文艺活动等方面投入不少美育经费，用于添置乐器、音响设备、活动道具和奖励等。如今，我校现有音乐专用室2个，美术专用室2个，体育馆，藏书室、阅览室一应俱全，这些均为我校下一步美育教育的可持续发展提供了可靠的保证。

三、春华秋实，凝练美育内涵续写教育新章

“教育之根味苦，教育之果甘甜”。教育是知行合一的事业。学校的内涵、品位和文化底蕴需要被全体师生牢记并践行，应如和风细雨渗透到学校各处角落，待春暖花开。我们坚信，只要遵循美育教育原则，并行之贯穿于教育教学中，我校必将在这片广阔、绚丽的教育舞台上写下新的篇章，迎来灿烂的教育晴天。

推进学校内涵发展需要科学的顶层设计

吉林省榆树市第四小学校　齐万军

提高教育质量，坚持走以提高质量为核心的内涵式发展道路，是习总书记立足我国现代化的阶段性特征和国际发展潮流提出的深刻命题。持续推进学校内涵式发展，需要学校既能登高望远、规划未来，又能脚踏实地、立足现实，这就是要求学校具有一个追寻愿景、优化路径、提升效率的办学“顶层设计”。

“顶层设计”原是工程学概念，本义是统筹考虑项目各层次和各要素，追根溯源，统揽全局，在最高层次上寻求解决问题之道。“顶层设计”在各行各业广泛使用，主要内涵指向在顶层展开的设计方法，核心理论和目标都来自顶层，强调设计对象的内部要素之间围绕核心理念和顶层目标形成关联、匹配与有机衔接，并且可以实施和可以操作。

学校的顶层设计包括理念的确立、思路的形成、内容的设定、方案的呈现等，学校顶层设计成果就是学校办学的“行踪图”和“导航仪”，既是管理者的精神追求，也是智慧实践。吉林省榆树市第四小学在教育教学实践上高度重视顶层设计，通过科学系统的设计实施，实现了学校建设的内涵发展，得到了学生家长和社会的普遍认可和好评。

近年来，榆树市第四小学在传承学校优秀文化的基础上，总结提炼了“成美”教育办学理念，着力把学校文化引向更为厚重的层面。“成”、“美”两个字取自“学以成人”和“成人之美”两个成语。两千多年前，大教育家孔子提出“学以成人”，列举了“成人”的品格，包括“知”、“不欲”、“勇”、“艺”、“文”，“成人”指向“成熟的、完全的人格”，孔子指出，“成人”要从学习开始，并且无论材质，只要努力，就能实现“成人”目标，不仅是才智技能，还有道德品质。现在的“学以成人”，是古今智慧的共同结晶，是理论和实践的结合。人不是孤立的个体，每个人都是一个群体的中心点，同时又是另一个群体中心点的组成部分。如何从一个生物人转化为具有美好境界的社会人，如何开拓人的多重维度，迎接人类面临的各种挑战，这是一种教育认知，也是一种教育实践。成人之美是一种品德，彰显一个人的胸襟，尤其是行为示范的人民教师，不但要具备成人之美的本领和能力，更要具备成人之美的信念和操守，知行合一，遵循规律，在思想人格上要先人后己，尽力成同事之美，成学生之美，成家长之美，成社会之美，成民族之美，成未来之美，成就自身之美。

2018年9月，全国教育大会在北京召开，习近平总书记明确指出，要努力构建德智体美劳全面培养的教育体系，把立德树人融入思想道德教育、文化知识教育、社会实践教育各环节。这是新时代教育工作的总体方向，是新时代学生的修身之道，是通向美好未来的根本途径。为贯彻好新时代教育方针，打造好“成美”教育，榆树市第四小学不断加强顶层设计，确立了“办社会满意、家长放心、学生喜欢的学校”的发展目标，确立了“成就新时代小学生的美好人生”的育人宗旨，着力培养“文雅、仁爱、中正、自信”学生，即为“成美”学生，学校进一步解读“成美”学生表征为“八个一”，即一个健康志向，一些文雅气质，一门兴趣爱好，一手漂亮好字，一生良好习惯，一种科学思维，一项健身技能，一腔家国情怀。具体表述的育人目标为办学思路和教育内容的设计提供了明确方向和实施坐标。

为了让每名教师实现自身价值，舒心快乐、自信充实每一天，有建树地走完职业生涯，缔造幸福美好人生；让每个孩子在这里养成良好行为习惯，形成优秀的综合素养，通过“成人之学”创造“美好成人”的优秀境界，榆树市第四小学按既定目标，重点加强教师团队建设、育人载体建设、校园课程和评价体系建设的设计实施，推动学校内涵发展。

教师在孩子的成长过程中作用巨大，不但是人类文化科学知识的继承者和传播者，而且是学生智力的开发者和个性的塑造者。所以说，教师是学校发展的最重要的条件，没有高楼大厦可以，没有优秀的师资绝对不可以。榆树市第四小学在“成美”教育实施中，重点设计打造“品德美、风度美、专业美、情趣美”、“四美”教师团队，着力抓住师德建设这条主线，搭建“学习、教研、科研”三个平台，实施“读书工程、优课工程、练字工程、青蓝工程、神笔工程、智慧工程、情趣工程”等七个工程，提高专业发展水平，发展素质教育，奋进新时代，开创新未来，实现集体与个人的幸福成长。

课程在学校教育教学中具有核心地位，是学校实施素质教育培养人才的具体体现，学校的一切工作都是围绕建设课程和实施课程开展的。建设一个科学的、有质量的课程体系，不仅能张扬学生个性，发展学生特长，让孩子们更加自信，而且能有效促进教师专业发展，彰显学校的办学特色。榆树市第四小学在课程设计上，总体说就是一句话：规范化落实国家课程，本土化实施地方课程，特色化建设校本课程。在校本课程上主要从以下四个方面进行建设：

一是大力加强特色课程建设。结合学校教师资源和学生兴趣爱好，着力推进经典诵读、英语口语、珠心算、信息课程、软笔书法、国画、葫芦丝、民族舞蹈、民乐管乐、手工制作、武术（太极扇）、排球、篮球、花样跳绳、研学旅行、综合实践、一带一路、认识国旗等课程建设，培养学生正确的审美意识和健康的审美情趣，发展素质教育，促进教师专业化成长。

二是不断完善德育微课程建设。每周一次升旗仪式，常态化进行枝头添锦活动，育营校园活动，校园“110”活动，扮靓美好家园活动，定期开展小松树滋养行动，坚持开展“践行文明在家庭、践行文明在校园、践行文明在社会”三践行活动以及社会实践活动等，落实“成美”学生德育培养目标。

三是坚持规范情趣活动类课程。定期开展灯谜竞猜启智活动、清明祭英烈活动、趣味运动会、校本课程展演、毕业季活动、艺术节活动、校园大学士评选活动、文本剧表演活动、诗词大赛活动、师生联欢会活动等“薪火相继、爱在四小”十大校园经典活动，丰富校园文化生活，培养学生特长，提升育人品质。

四是逐步完善家校联结类微课程。定期召开家长会，举办家庭教育讲座，创办《学思行报》，设置公众号，让校园信息及时与家长、与社会互通，增进共识，共同为学生发展创造良好舆论氛围。

俯首白云深似海，抬头又是一重天。学校顶层设计下的办学理念和文化精神都是不断从日常的实践中总结提炼出来的，是有助于学校发展的文化力量，并能通过规范化管理和教育教学实践让师生不断体验，并且在实践过程中不断修整，逐步形成优质学校的良好教育生态，不断实现学校的深度内涵发展。

和谐育人，促进学生全面发展

吉林省长春汽车经济技术开发区第四中学　许光耀

党的十九届五中全会提出了建设高质量教育体系、建成教育强国的时代任务。学校肩负着人才培养、科学研究、文化传承创新、国际交流合作的重要使命，为落实立德树人的根本任务，我校以“创新、卓越、和谐、开放”为办学理念，培养学生全面发展。我校是一所独立初级中学，始建于1972年，学校总面积32500平方米，是“吉林省教育系统先进学校”、“东北师大附中生源基地校”、“一汽名牌学校”，被车城百姓誉为“状元的摇篮”。学校有45年的办学历史，尽吸百川之灵气，广纳贤才之睿智。四中有肯于付出、善于思考、专业引领、工作和谐、有负责任的管理团队；有热爱教育事业、师德高尚、业务精湛、富有创新精神和实践能力的教职员工队伍。在职教师86人，在校学

生705人。

一、办学方向与文化定位

学校发展定位。我校在在以“创新、卓越、和谐、开放”理念指导下，全面提高学校现代信息技术水平，全面提升学校教育质量，把四中办成一所在长春市乃至吉林省都有一定知名度的优质学校。

学生培养目标。我校学生培养目标即：培养身心健康，自信自强，乐于合作，有创造性和批判精神，科学素养水平高的现代人。落实五项培养，实现每个学生能说一口流利英语，能写一手方正好字，能会一项体艺技能。

文化定位。学校文化定位即建设和谐文化，和谐育人。即是通过各要素的最佳组合，使学校达到最佳运行状态，产生最佳效益，促进学生全面发展。我们将在原有基础上继续建设和深化以下特色：学生发展和谐，学校文化和谐，学校管理和谐，教师团队和谐，教育教学和谐，课程体系和谐，实现学校的全面和谐，并细化为“七维文化”。

二、文化建设策略与路径

围绕“七维文化”，我们进行了“七项支撑”，为学校文化建设奠定坚实保障基础。

校园文化。校园文化作为一种环境教育，其目标就在于创设一种氛围，环境的设置上也追求“和谐”。四中占地面积不大，但休闲，运动，教学三个区域分配合理，从楼体色彩到校服样式都追求自然得体，精神环境与物质环境做到了完美统一。以期陶冶学生情操，构建学生健康人格，全面提高学生素质。

和谐团队。我们提出办有质量保障的教育，做有灵魂的教师。我校“青椒联盟”由学校的青年教师组成，通过读书沙龙、五项培养来强化基础，提升技能，突出个性，促进发展。

法制管理。一实行法制管理。依法治校是“依法治国”方略在学校管理中的具体体现，实行法治管理，树立依法治校的理念，对规范学校管理，保障学校的科学发展、和谐发展，提高办学水平和效益都具有重要现实意义；二实行模块管理。即班子管理、年级管理、教研组管理、班集体管理四个模块，把德育与教学有机融合，扁平化管理与垂直管理并行，实现管理上责任上移，教学上重心下移。

全面发展。开展“三一工程”，落实“五项培养”、“唱、读、讲、书、做”五项基本培养是我校学生综合素质评价的实施载体。将课前一支歌坚持好、唱好，成为四中的常规特色；语文、英语落实课前3分钟演讲，不断推进“早读书”和“午练字”活动，增强学生的底蕴，结合学校“变革学习方式　提升教育质量”项目的推进，（思维图）将学生的“讲”与“做”的能力逐步提高，通过“学科活动化”和“活动学科化”，促进学生全面、协调、可持续发展。

在“读”这块，我们不仅强化学生的读，我们还推行家长和教师的读书活动，用阅读来丰盈心灵，在学校文化建设中发挥了突出作用。在教师读书方面，我们坚持“学明白、做出来、讲出去”的模式进行深化。在全面落实五项培养的基础上，学校重点开展“三一工程”，即每个学生能说一口流利英语、能写一手方正好字、能会一项体艺技能。

和谐课程。我们通过整合国家、地方和校本课程，从课程功能的角度建立以基础型课程、活动拓展型课程及选择课程为核心的多元化课程体系。目前我校已开设28门校本选修课程。

民主教学。民主式教学采用引导式，引导学生发现、探究、合作、互动，完成从“扶”到“放”的教学全过程。教会学生自主学习，培养学生的发现能力、探究能力、互助合作能力和创新创造能力，让学生做课堂教学的主体，让学生做学习的主人。

开放办学。开展公益劳动、社区服务、研学旅行、军训等社会实践活动。实现学生课内外衔接，提高学生适应环境、学会交往、承受挫折等综合能力，增强学生的社会责任感和使命感。开办家长学校，使家校形成教育合力，使学校获得来自学生家庭的支持，使家长得到来自学校方面的指导。我们已开设了9期家长培训课程。

“七项支撑”是学校和谐文化形成的路径，也是保障。我校45年来，五次更名，十次改组，一直努力前行、质量卓越，绝对是源于学校文化的实质传承。

党的十九大报告指出，“中国特色社会主义文化，源自于中华民族五千多年文明历史所孕育的中华优秀传统文化，熔铸于党领导人民在革命、建设、改革中创造的革命文化和社会主义先进文化”。中国特色社会主义文化积淀着中华民族最深沉的精神追求，是激励全党全国各族人民奋勇前进的强大精神力量。坚定文化自信，不断推动社会主义文化繁荣兴盛，在学校文化建设的道路上，我校将以“和谐文化和谐育人”为帆，乘风破浪驶向美好未来。

创特色学校，规范校园足球建设

江苏省宝应中学　苗士泽

党的十九大提出全面深化改革，在推进国家治理体系和治理能力现代化进程中，校园足球战略已经上升到国家战略高度，成为推进体育治理能力现代化的重点和难点问题。作为青少年校园足球活动的“典型代表”——校园足球特色学校，既能发挥校园足球引领、示范作用，又是未来足球运动布局、规划与建设的重点，并且对区域足球运动水平发展具有重要意义。在当前社会治理创新背景下，作为社会公共事业的校园足球特色学校出现了一些不良现象，需要通过社会治理加强校园足球特色学校建设规范，促进青少年校园足球健康发展，以期为校园足球特色学校的长远建设、积极发展和有效管理立本夯基。

一、立足发展，厘清内涵

社会治理处理的主要问题是社会领域的公共事务管理方式的问题。社会治理操作性界定是政府、市场、社会等主体，遵循协商、合作、互动等方式，依法规范和管理社会事务和社会组织，以便实现公共利益最大化的过程。社会治理运行方式是通过自上而下、自下而上、横向互动等方式实现，各子体系之间相互作用，共同影响着社会治理的运转和效能。

作为特色学校，其特色一定要融合到学校整体发展的层面，面向全体学生，让每一名学生享受特色所带来的幸福感和获得感。因此，为了便于研究操作，校园足球特色学校可以界定为以足球为载体进行育人，促进学生全面发展、健康成长，并把这一理念与学校整体发展相融合，并付诸实施的学校。基于社会治理语境下校园足球特色学校作为社会公共事务，校园足球特色学校建设规范的过程也是校园足球特色学校社会治理的过程。校园足球特色学校建设规范就是此类学校运用社会治理的新方式来处理校园足球利益多元主体的冲突，使之协调合作，高效有序，最终达到校园足球特色学校善治的过程。

二、探究关系，寻求发展

社会治理和校园足球特色学校的价值目标具有一致性。我国社会治理是以人民为中心，将人民获得感、幸福感、安全感更加充实、更有保障、更可持续作为社会治理的根本目标。通过社会治理可以协调社会关系、规范社会行为、化解社会矛盾、促进社会公正，以求达到全面协调可持续的和谐发展状态。同理，校园足球特色学校的建设规范就是通过校园足球实现立德树人根本任务的育人工程，提高学生体质健康水平，通过足球训练和比赛健全学生人格，促进全面发展。

校园足球特色学校建设规范是社会治理的组成部分。立足国家利益、满足人民需要的体育事业是社会主义事业的重要组成部分。体育与国家、人民、社会的高度融合，已经不断地改变人民的生活方式，成为人民的日益增长的生活需要，这决定了体育治理也必定是国家治理体系和治理现代化的重要组成部分。推进体育治理体系和治理能力现代化是全面深化体育改革，实现建设体育强国目标的必然之路。因国家战略需要，青少年校园足球战略目标已经与学校体育改革、体育产业升级等高度融合，已经成为体育强国战略的重要组成部分。因此，加强校园足球特色学校建设规范是社会治理的组成部分。

社会治理为校园足球特色学校建设规范搭建协作平台。搭建协作平台目的在于改变政府传统的主导思维，打破单一主体垄断，强调多元化治理主体的合法性，加强多元利益主体或组织共同参与社会治理。国务院在2014年发布《关于加快发展体育产业促进体育消费的若干意见》，提出加快政府职能转变，通过市场机制引入社会资本，培育多元市场主体，大力推广校园足球，作为实现体育产业与社会经济协调发展的重要任务。中央深化改革小组于2015年通过《中国足球改革发展总体方案》，明确了政社分开、政企分开、管办分离，鼓励多元社会主体参与校园足球。可见，校园足球特色学校的建设规范涉及多方面的资金、资源保障，单靠政府一己之力显得力量单薄，而且校园足球特色学校的建设是一个长期的动态过程，多元社会组织和个体共同参与校园足球的建设，必将促进校园足球特色学校建设规范。

三、面对不足，积极反思

价值认同有待提高。发展校园足球是提高中国足球普及程度和竞技水平的基础工程，也是推进学校体育综合改革的探路工程。当前社会上普遍存在着“重视智育，轻视体育”的观念，可见，让学生和家长对足球活动有比较大的投入和投资是不现实的。而且部分特色学校的体育骨干教师、校长理念滞后，对本校的校园足球发展缺乏主动性、创造性、持续性，甚至认为“一块足球场，一支足球代表队”即可成为“足球特色学校”。究其原因就是他们缺乏对校园足球价值的认知。只有通过有效地宣传让全社会认识到校园足球发展并非是国家的外在要求，而是学校体育改革的突破口和抓手，是落实立德树人的重要举措。当然，对校园足球价值认同需要一个过程，在这过程中需要加强足球文化培育，影响多元主体对校园足球的价值认同，特别是青少年。

法规制度有待完善。近年来，政府根据校园足球发展的需要出台了相关政策，用来规范和指导有关主体活动和资源配置。这些政策之中，环境型政策过多，供给型政策相对不足，需求型政策严重缺乏，甚至有的政策成为“口号”。税收优惠、政府采购、服务外包等方面涉及太少，对校园足球特色学校引入市场力量和社会力量实现资源优化配置产生一定的影响。另外由于受“先发展，后管理”不良思想的影响，法规制度的建设总是滞后于实践。从校园足球特色学校遴选制度看，有意向的学校通过申请，由地方行政部门审核，推荐报请教育部批准，获准后给予授牌，此类学校就可以获得国家和地方政府资金、资源等各方面的支持。据报道，教育部在第一批校园足球特色学校复核督查中发现：有的学校存在资格问题，有的学校获得国家和地方资金、资源的支持后，校园足球活动开展的积极性下降，发展动力不足等等，这些问题的出现是法规制度缺位、越位、失位的结果，无法得到及时控制和有效规避。

多元协同亟待加强。多元治理理论已经成为体育发展的普遍共识，发展校园足球特色学校需要完善政府支持、市场参与的投入机制、鼓励社会力量发挥作用。政府进行大包大揽使得保障性资源供给出现单一化，使得校园足球特色学校常态化建设杯水车薪，造成政府对校园足球特色学校资金、资源供给效率低下。同时，由于政府的权利过大、包揽太多，市场容易出现无序现象、社会力量缺乏竞争动力，无形之中约束了外在力量参与校园足球建设和发展。这种力量不对等、不平衡问题也成为校园足球特色学校建设规范所遇到的现实问题。虽然政府自上而下的线性行政干预在校园足球特色学校发展初期能有效地促进校园足球的快速发展，但是随着校园足球长期发展、内外环境变化必将导致无法解决的保障性资源单一渠道的问题，也无法应对多元社会利益群体分化导致的多元化的利益诉求。

四、聚焦问题，提出对策

提升价值认同，注重内涵式发展。校园足球的价值是育人，让校园足球特色学校的每一个学生掌握足球运动技能，提高学生的体质健康水平，培养学生健全人格，促进全面发展。校园足球特色学校发展的根本力量是学校自身内部的协同力量。这种完全依靠学校自身内部的协同力量建设校园足球特色学校，即为内涵式发展模式。内涵式发展模式主要有：统一足球理念，强化督导；深挖学校潜力，壮大师资；普及足球课程，创新教学；培养足球人才，完善竞训。由此可见，校园足球特色学校建设也是一个自主发展、群策群力的创造性过程。

强化法规制度，健全激励机制。强化法规制度建设。顶层设计要从校园足球特色学校在校园足球战略中的定位入手，加强规划和政策法规体系的建设，尤其是完善政策导向、消除壁垒，引导合法社会资本进入校园足球特色学校的建设，使校园足球特色学校在政府全力支持下，稳定、持续、高效地发展。健全激励机制。首先要加强校园足球特色学校自身内部协同力量的激励机制，如海南省教艺厅一号文件中提出对体育教师的保障措施，对特色学校的遴选工作成立专门的监管组织和监控系统，构建合理、有效地评价指标体系，完善考核评价与管理办法，建立退出机制。

发挥一元主导，注重多元治理。校园足球特色学校建立是成就中国足球强国的基础工程，不仅需要发挥政府的主导作用，也需要市场、社会、公民等主体的共同参与。政府“一人包打天下”的格局需要重新审视，需要形成政府一元主导，多元主体参与决策结构，根据不同主体的职能，注重决策权力的横向划分。如今，市场参与校园足球特色学校建设，已经成为不可回避的主体之一。政府可以构建校园足球服务体系，市场可以利用专业化服务走进校园，也可以利用校外、课外足球活动的有序开展，满足多元化的需要，提升校园足球的服务质量。

习近平总书记曾指出足球运动的真谛不仅是竞技，更在于增强人民体质，培养人们爱国主义、集体主义、顽强拼搏的精神。我们高度重视发展足球运动，会继续以世界第一运动的足球作为突破口，为体育强国、健康中国建设做出力所能及的贡献，为实现伟大的中国梦凝神聚气、强基固本。

守望教育理想，编织师生锦绣人生

江苏省常州市武进区湖塘实验中学　顾志平

教育是什么？教育就是唤醒智慧、发挥潜力，让每一个师生做最好的、完整的、幸福的自己。这就是我们教育朴素的起点，我们的教育就应该是从这里出发的。

自1999年担任校长以来，我一直怀着“让每一位教师幸福愉悦地工作，让每一名学生健康快乐地成长”的教育信念，胸怀大局，笃志拼搏，率先垂范，辛勤耕耘，勇于创新，注重实效，以高度的责任感践行“情与教育相伴，爱与服务同行”的工作格言，引领卓越的教师团队，创设优越的校园环境，取得优异的教学质量，共建师生快乐幸福的家园。

孜孜以求，坚定从教育人使命

“教育是一项光荣而伟大的事业，一头挑着学生的今天，一头挑着国家的未来。”19年来，我始终满怀对教育的热忱和对师生的责任，笃志拼搏，孜孜以求，用全部的爱心、诚心和耐心助力师生温暖成长，努力朝着办一所高品质、人文化、个性化、现代化的全国品牌学校快速迈进。

作为一校之长，首先要有博大丰厚的教育情怀，让情怀成为一种领导力，用自己的教育情怀去思考和引领学校的办学行为，去感染和激发师生的情感与行动。选择了教育这一行业，担任了一所学校的校长，不仅要忠于职守、履行责任，还要把职业上升为事业，确立高远的教育境界，不断创造出新的业绩；也必须坚信在小小校园也能大有作为，也能以自己的智慧和力量创造人生价值、奉献社会发展。

从大学毕业成为一名教师起，我一直倾心于教育教学工作，干一样爱一样，干一样像一样：负责学生宿舍管理，起得比谁都早；政治课教学，不仅学生最爱听，而且成绩还好；担任教务主任、办公室主任，工作严谨细致，深受领导赏识、同事敬佩。1999年8月，组织上安排我担任湖塘桥初级中学校长后，我一贯坚持的“以大气大爱、明德明理的教育，培育向善向上、有志有为的学生”的教育理想就有了更大的舞台。2001年8月，伴随着人们对新世纪的无限遐想，湖塘实验中学诞生在创新创造的阳湖大地上，而我有幸担任该校的校长，并确立了“办一所有文化、有特点、有活力的高品质学校，培育有志向、有智慧、有个性的新时代青年”的奋斗目标和价值追求。

情之切，行之笃。深深地教育情怀让我对工作永远充满激情，热爱与担当让我的精神永不疲惫。我办公桌的周历上几乎每个日子都画上了圈，手机备忘录和会议记录本上满满当当记载着所思所悟和工作安排。参与集体备课，我课本上的解读备注比任何一位上课老师都详细。一学期，我听课数量在100节以上，听课本上记得密密麻麻，课后的指导更让老师如沐春风。组建教育集团，成立名校长工作室，带领更多的校长办好更多的学校，为武进教育均衡化发展做出自己的贡献。即使寒暑假我真正能待在家里的天数也不多，因为坐在学校办公室里做事效率特别高，一到学校我就感觉特别踏实。

19年来，湖塘实验中学坚持“立德树人，砺行致远”的办学理念，开拓创新，砥砺前行，谱写了优质发展、特色发展的辉煌篇章。学校在武进区义务教育阶段素质教育质量评估中，年年获得一等奖；“尝试教学法的实验研究与推广应用”，获“中华人民共和国国家级教学成果”一等奖；“基于大语文观的语文课程结构改革”，获“江苏省基础教育教学成果”一等奖；“自主学习型课堂建设的理论与实践”，获江苏省基础教育教学成果二等奖。

温情补位，凝聚教育发展力量

一所学校要真正落实“以生为本、育人为本”的基本理念，关键是校长要坚守这一理念，着眼于学生的生命成长和人生价值来确定学校的培养目标，来思考和策划学校的常规管理、文化建设、课程建设和教学改革。面对民办初中激烈的教学质量竞争，我异常清醒：民办学校固然要面对激烈的社会竞争，回应广大家长对孩子升入重点高中的期盼，决不能单纯追求中考成绩和重点名校升学率，而是要把促进学生健康成长、优质发展作为学校一切工作的出发点和落脚点。因此，在教育教学中，我始终强调要在追求好成绩的过程中，培育学生情感，健全学生人格，提升学生能力，发展学生素养，使分数和成绩的内涵更丰富，而不仅仅是升学的敲门砖。

“良好的师生关系是教育质量，也是教育力量。”我经常在全体教师会议上告诫教师：要承认学生个体方面的差异，发自内心的真心实意地尊重和关爱学生；要把对孩子的尊重和爱用语言和行动表达出来，让学生真切地感受到这份师爱；任何时候都不能打击学生的自信，浇灭学生希望的火花，因为没有什么比让一个有理想有追求的孩子失去信心和希望更残忍的了；建立良好的师生关系，从个体开始，从小事做起，偶遇聊天、嘘寒问暖、谈天说地等远比大班说教的效果要强得多。我希望教师能实现从指责到指导、从监督到陪伴、从服从到服务、从火药味到人情味、从瞪着眼到笑开颜、从雪上加霜到雪中送炭的华丽转身！

虽然工作繁忙，但我总能利用机会走进学生的世界：走进课堂，拍拍学生的肩膀，翻翻学生的笔记；走进操场，虽然投篮姿势不怎么标准，但也不怕在学生面前献“丑”，总要在学生的加油声中投上几个；走进食堂，端上快餐盒，与学生边吃边聊；走上艺术节的舞台，高歌一曲，与学生同乐；中考的那三天，每天都会来到学生进考场的必经通道，与学生击掌、拥抱。还记得2018年中考的一天，我在校园里偶遇考生，他们便自发地排起了长队，要求我在他们的校服上签名，那轻松、热闹、温馨的场面让人感觉中考似乎已经结束了一般。

爱是教育的灵魂，贯穿于教学育人的始终，没有爱就没有真正的教育。学校就是一个温暖的大家庭，我希望每一个在这里学习和工作的师生都能在这个大家庭里愉快地工作学习，健康地生活，幸福地成长！

守正出新，让学校发展更稳健

一所学校的发展必须始终把握好“守正”与“创新”的辩证关系。只有在“立德树人”等方向性问题上正本清源、把握原则、尊重规律，学校才会本固枝荣、有章可循。但如果墨守成规，想一劳永逸，学校就会逐渐失去生命力。即使短期内通过人力的透支能够弥补观念陈旧、理念落后、能力缺失带来的“损失”，但从长远来讲是没有前途的。尤其是民办学校，要想在激烈的竞争中持续发展、领先一步，就必须走创新发展之路。

基于这样的认识，我带领全体教师从学校创办之初，就一直走在改革创新的路上。探索重心下移的管理改革，如教师分级聘任、年级部管理等，让学校管理既严格精细又充满人文关怀；实施项目管理，在做事的过程中培养人；创建名师工作室，在培养人的过程中做实事；探索学生形象提升工程、自主德育、“8+1”爱心系列活动、学生综合素质评价等，彰显人文德育特色；开展晓声讲坛、晓声家校共读、晓声艺术节、晓声体育节、晓声科技节等以“晓声”命名的系列活动，践行“立德树人”的根本任务；2006年开始的“教学案的设计与应用”改革、2009年开始的“基于教学案的自主学习型课堂”改革、2012年开始的“基于尝试教学思想的自主学习型课堂”改革、2015年开始的“基于核心素养和关键能力的自主学习型课堂”改革、2017年开始的信息化自主学习平台建设等，不断深化和推进自主学习型课堂改革，现已成为学校最亮的品牌。

改革创新的过程也是更新教师观念、凝聚教师智慧、发展教师能力的过程，更是优化学校管理、打造学校品牌、树立学校形象的过程。可以说，改革创新是学校不断提升教学质量和教育品位的关键途径。

有人曾问我“你的教育愿景是什么？”、“成就每一位师生，成为最好的自己”，这既是我的教育情怀，也是我的教育信仰。我愿用一生的辛劳，许武进湖塘学子一个盛世芳华。

“家文化”下的“三省”校本研修模式

江苏省昆山市柏庐实验小学　金明　蔡雪琴

昆山市柏庐实验小学打造“家文化”教育品牌，以“心灵栖息地、梦想伊甸园”为理念，构建一个彰显“家韵泉风”的校园环境，建设一支“明道乐教”的慧爱教师团队，培养一群具有家国情怀、敦品弘志、身心两健、知能行远的时代学子，探索一条体现文化特色、教学内涵、适合学生的教育发展之路。通过改革与探索，大胆实践与反思，不断改进与总结，形成了具有学校特色的“家文化”下的“三省”校本研修模式。

一、提出背景

根据学校发展的整体定位，基于学校发展的历史和文化探索的历程，以朱柏庐先生的《治家格言》为精髓，定用“十四字真言”的“省”为主题词，打造具有柏庐特色的师资队伍研修模式，形成以学校精神“家有道、自风华”凝练而成“三省”研修模式。“家有道”是“自风华”的基础，提供的是环境的支持和精神的启迪，一是让教师恪守职业操守，守住道德的底线，二是在教师发展道路中出现迷茫时进行引领；“自风华”是“家有道”的结果，指向了培养教师成长的目标，也是教育的愿景，让每位教师不负韶华，展示风华。

二、实施目标

1.坚持师德为首方面。以“四有”好教师为标准，弘扬“学为人师、行为世范”的职业道德，发扬“家有道自风华”的学校精神，通过团队建设，让教师逐步感悟“家训”中“修身”、“齐家”的传统美德，提高教师自身师德修养。

2.探索综合育人方面。打破学科间的界限，沟通学段之间的衔接，树立“大课程”的概念，逐步建立系统的思维方式，尝试主题式跨学科课程融合的实践。利用校本资源，弘扬家国情怀，加强校园环境建设，开展校园文化活动，营造浓厚的人文氛围，努力创建和谐校园。

3.促进城乡一体方面。以共同体成员学校，轮岗、结对交流学校为平台，“优势互补、相互促进、共同提高”为工作要求，实现理念共享、资源共享、成果共享，互帮互助、互促共进，建立一支师风正、理念新、专业能力强、学生喜爱的高素质教师队伍。

4.建设团队文化方面。打造“明道乐教”的团队文化，让团队教师明确认识教育事业的任务，拥有丰富的科学知识、广阔的学术视野、深切的人文关切，明求真之道、求善之道、求美之道。同时践行以教为乐，把乐教作为育人的终极教育，善于教学与教育，成就学生，成就自己。

5.加强引领辐射方面。以“名优教师示范工程”为载体，着力建设好团队成员组成的校级各学科“名师工作室”，充分发挥团队名师在专业建设、见习教师基地建设、课程改革中的辐射示范作用。让团队“名师工作室”成为教师立德修身、能力提升、示范引领、特色展示的窗口。

三、实施模式

1.“一省”课程推行力

学校课程的开发与实施，对于学生的个性发展，促进教师的专业发展，促进学校的特色形成，都有着深远的意义。提高教师的研修水平，首先要更新教师课程的理念，提升教师课程的推行力。

一是构建品质课程。学校能够以自身“家文化”教育资源为主体，充分利用学校与社区的教育资源，进行校本课程开发与推行，实现课程向均衡性、综合性、选择性方向发展，彰显教育的时代感和使命感。

1.夯实国家课程。学校认真落实党的教育方针，严格按照国家课程设置，扎实开设国家课程，并且通过校本等课程的补充、延伸，不断夯实国家课程。如：以经典诵读为基的语文“延伸性”阅读课程，以思维训练为基的启智数学课程，以表达应用为基的英语文配画课程等。2.丰富地方课程。学校能够按照地方课程的要求，认真开设“廉洁文化”等校本课程。学校利用省“廉洁文化”基地，结合党风廉政建设、意识形态、思政教育，结合“儿童之家”、“家训”课程等资源，不断拓宽“廉洁文化”教育的途径，丰富“廉洁文化”的教育内容，强化“廉洁文化”的教育效果。3.优化校本课程。校本课程是国家课程不可缺少的组成部分，学校除了落实好国家课程和地方课程外，在秉承自身的办学理念和精神上，开发和实施课程上，办出自身的特色。我校开设“儿童之家”课程、“家校”课程、“教师”课程三大课程。如七彩艺术课程，阳光体育课程，德育生命课程等，打造“自由多元”学生文化，实现“一师一课程，人人成名师”教师队伍建设。

二是探究特色途径。1.一探课程的特色。学校根据每一位教师的自身特点、基本素养、专业特长及兴趣爱好等，再结合学校学生的培养目标，形成独具特色的课程内容，让师生在独具特色的课程浸润下具有“家文化”的独有气质。2.二探课程的整合。学生一日的学习时间毕竟有限，课程设置的门类毕竟有限，因此，在课程推进的过程中，我们实践探究，如何实现课程与课程内容上的整合，实现有限时空中的最大教育教学功效。3.三探课程的延伸。随着时代的进步，学校、师生发展的需要，学校的课程建设也应随着发展。探究课程推行理念的提升，探究课程推行内容的深入，探究课程推行形式的改变等等，都将是每位课程中的老师不断思考的话题。

三是提升课程效度。1.提高课程的专业度。丰厚“明道乐教”的教师文化，积极组织全校教师进行课程开发的培训，提升教师课程研究的专业能力，使教师在课程开发、设计、组织、创新、评价等均有发展。2.提高课程的影响度。重视各类交流平台建设，开展各级各类的校本研训活动，让学校的课程开设及成果，得到充分的展示。在课程推行的过程中，要让学生的成长、教师的进步都能看得到，要让课程的影响与学校的发展紧密相连。3.提高课程的可持度。发展课程即发展教师。让每一个教师都能在课程研究中有展示与锻炼的机会。要突破学校界限，在区域范围内为教师成长创造条件，要拓展高层次平台，加强高层次培训与科学研讨的力度，助推拔尖教师的不断涌现。

2.“二省”教师研修力

在课程不断深入推行的过程中，学校教师发展中心、教导处、教科室共同规划，形成合力，为提高教师的教科研研修能力而不断助力。

一是理论素养专业化。提高教师理论素养，深入开展“师能五个一”工程：追寻一位教育大家；研读一本名著经典；实践一个课题项目；形成一种教学风格；建设一个特色集体。做到成熟一个推一个，还要做到“栽下梧桐树，引得凤凰来”。具体的形式有：规划引领式，针对教师发展推出了阶梯式的发展目标：从自我定位、发展目标以及行动策略为自己制定规划，以理性思考代替了朦胧自发的状态，实现教师专业成长过程系统细致有序高效。自主研修式，构建互动共享网络平台，提高自主研修的效能。开辟教科研校本培训专栏，设有“读书交流”、“理论学习”、“师德师风大讨论”、“互动共享论文交流”、“青年教师随笔交流”等自主研修的主题，提升教师的自主教育科研能力，促进了业务水平的提高。研训一体式，开展校本培训中，始终以教研组、课题组和课堂为阵地，结合教师的需求和教学的实际，做到寓训于研、寓训于教、以研促训、研训一体。主要有：厚重全面的全校研修、扎实有效地每周研修、务实无私的随时研修、双赢共进的帮带研修、短频快的小课题研修。沙龙互动式，沙龙活动主要分为分组小型休闲沙龙以及全体教师的现场沙龙活动，形成了“在交流的平台上共同提高，在沟通的舞台上共同发展”的充满活力的协作型成长团队。

二是课堂教学科研化。在学校发展和教师的成长过程中，校本研修作为一个崭新的亮点，越来越显示其巨大的作用，成为学校特色发展的突破点。1.大力构建“童趣”教学模式。在教学中，努力按照教研室提出的教学过程的“四大转变”——“教”为中心向“学”为中心的转变；由注重统一性的教学要求向注重个性化服务的转变；由关注知识传授向关注全程育人，综合育人，全面育人的转变；由基于传统课堂教学模式向基于开放的、信息化条件的现代化教学方式的转变。同时，在“家文化”的“课堂关系”理念下，构建新型的师生关系、生生关系、家校关系，实现“童趣课堂”的研究与实践。2.有效组建“三省”的教研机制。为了提高课堂教学的效果，需要建立长效的教研机制。我校依据自身特色，组建了“三省”教研模式，即一省——个人钻研，形成自己课程理念下的教学设计，形成“一省”研究成果：教学设计完善稿、说课稿；二省——备课组研磨，取长补短，组内互动交流后，不断改进教学设计，形成“二省”研究成果：教学过程评课稿、反思稿；三省——教研组研讨，现场观摩、抽签点评、网上互动、专家指导等，使得课堂教学效果不断优化，形成“三省”研究成果：课程（或课题）研究阶段小结（或成果）。

三是课题研究常态化。以课题为抓手，以“三省”教研为载体，坚持开展课题引领下的校本研修，逐步摸索出一套符合学校特色的教科研模式。引导老师立足课堂，在实践中渗透问题研究，以行动研究方式，解决学校教学实际问题，提升教师专业发展水平的研修模式，不断优化课堂教学效果，做到“常态化”。1.常参与。由备课组组成小型研究组，将学校主课题认真梳理提炼，分解细化为校本研修的系列小主题，将其融入每一节课中。备课组将课题研究中的一些具体内容和设想先在一个班试点，集体修正后再到第二个班试点，二个班尝试后感觉效果不好，再次进行修改……通过备课组一次次有针对性的尝试，将一些先进理念和要求逐步渗透进入课堂，一些具有学科和年段特色的教学范式也在逐步孕育形成。利用好备课组活动，也就让教师的参与确保“常态化”。2.常深入。教研组是学校进行课题研究和教学研究的一个核心组织之一，为了发挥其在课题研究和教学研究中的重要作用，我们将两者合二为一，要求教研组每学期均要制定切实可行的研究计划，认真组织学校“三省”教研活动，每次活动均聘有学科教学方面的专家进行指导，每次活动后，教师均要完成一份书面的活动小结或反思，将“课例研讨、反思体验、自主探究、团队合作、专家引领”等形式进行相机融合。3.常反思。对教师课题和教学研究情况的了解，除了通过定期的研究课来反馈外，还通过听随堂课、开学生座谈会、向学生和家长进行问卷调查，随机进行教学质量检测等多种形式进行全面了解，并对他们研究中出现的问题及时商讨并加以思考。通过数据的统计和分析，进行深一层次地思考，或是调整，或是推进，或是总结，等等。这样就可以引导教师逐步形成课题研究的经验或小结。

3.“三省”团队共建力

在学校“研训”模式推进的过程中，如何有效地将“研训”的理念、课程建设的要求与日常的教学实践结合，如何有效地实现学生、教师、学校的共同发展，这些都需要形成对教师专业发展的驱动力的有效评价，学校构建了“三律”评价体系：

一律：合律教育原则，启教学之智。引导教师在遵循教育教学原则的前提下，发挥着人文环境优势和教师的主观能动性，实实在在地开展有助师生发展、成长的课题研究活动，积极参与各级组织的研讨活动。从教育教学中的小事情、小现象、小问题入手，以小见大，实实在在，对教师在教育实践中遇到的问题，通过讨论立为“小课题”，开展研究，并通过小课题研究工作，探索总结教研、科研、培训互相促进的校本研究新模式，从而解决教学过程中遇到的各种困惑。通过专题研讨会、课堂展示活动和个别交流等形式指导教师进行研究，规范研究过程，交流研究成果，推广研究经验。

二律：自律课堂模式，探儿童之趣。教师能够不断总结、优化“童趣课堂”模式的研究，从儿童为学习中心的理论来对目前新课程标准下各学科教学目标进行进一步的丰富和完善，逐步提高学生的学习智趣，提高教师的教学能力。

“童趣自探式”学习模式 ：在这学习模式中，基于学生主动学习的兴趣，进行探究式的学习，逐步具备自学的知识、能力。在这个过程中，学生能按一定的学习目标，选用一定的学习方法和策略，并不断进行评价与自我评价，从而获得学习的自信，提高自学的能力。

“童趣分享式”学习模式：在这种模式中，形成学习小组，协商对策，分享成果，共同进步。在这种学习模式下，学生可在新型的“课堂关系”中，从而不断实现知识与能力的构建，最终达到或超过预期的学习目的。

三律：律行绿色评价，行评价之效。建立面向全体教师，促进教师专业可持续发展的评价体系。学校既有对教师学历、职称、工作岗位等基本情况的评价，又有学生家长对老师课堂教学的评价。更重要的是欣赏尊重鼓励每一位教师，提升教师研修水平，打造朝气蓬勃、充满诗意、会感知幸福的有激情的慧爱教师队伍。

学校要求课程的实施者教师根据课程的目标，结合自己课程的特点，采取不同的形式，展示课程实施过程中的成效。在期末进行“家文化”课程汇报和展示。由课程参与的学生和学校课程考核小组，进行对课程的双重评价结合。期末课程负责教师制作课程展板，让学生进行贴章评比，选出我最喜欢的“课程”，学校进行公布和表彰。

在今年的评比中，每个学科每个学段都涌现出了教学成效显著、深受学生喜爱的“学科魅力教师”，还有精诚合作，有高度凝聚力的“优秀备课组”，学校不仅校内对于老师、备课组进行了表彰，还通过微信公众号、学校网站对他们进行宣传，极大提高了老师们的职业荣誉感和工作积极性。

学校以“三省”校本研修促教师专业发展，以“三律”评价体系助研修模式推进。目前，在喜获“研修”给我们带来的种种成果、种种智慧的同时，不忘柏庐“家文化”中的“省”字的警示，“研修”之路还很长，我们还需不断反省，合理调整，有效提升，让研训之花在柏庐“家”开得更加艳丽。

“鼓韵童心”校园文化构建

江苏省南京市半山园小学附属幼儿园 杨 薇

《大纲》和《纲要》要求幼儿教育应该在充分遵循孩子主体地位的基础上积极营造良好的氛围，让孩子们能够在有趣的、活泼的、开放的环境中习得知识、掌握技能、形成情感意志。“鼓”在人类文化中占据着极其重要的位置，鼓声一响，既能演绎出荡气回肠的从军行；也能够描摹出普天同庆的盛世颂。幼儿正值好奇心旺盛，吸收各种知识的关键时期，幼儿教师应该牢牢抓住机会，遵循幼儿的身心发展规律，让幼儿在浓浓的鼓韵之中传承优秀传统文化，让幼儿在脉脉鼓韵之中健康快乐成长，在此背景之下，我园着力于从环境文化的营造和优化方面、从制度文化的和谐与统一方面、从精神文化的创建与培养方面构建鼓韵童心校园文化。

一、鼓韵童心环境文化的营造与优化

环境在幼儿的成长过程中有不可取代的作用，因此，在幼儿教育中应该积极营造良好的校园文化，让幼儿在浓郁的文化氛围中学习和成长。

打造“鼓韵童心”校园文化是我园的总体文化建设方案，鼓韵童心环境文化的营造与优化是其重要组成方面之一。它需要教师、家长、幼儿共同努力营造和优化“创新、温馨、”的校园环境，让孩子在健康、和谐、个性的环境中感受到美的氛围、接受美的熏陶，养成美的性格。

（一）创新

一走进校园，迎面看到的就是两面大鼓以及“鼓韵童心”四个字，特色文化氛围扑面而来。再往校园里走，一楼的墙面展示了我园的办园理念、教风、学风等等，除此之外楼梯角还有用各种鼓布置的娃娃家，可以说是创意满满。二楼走廊则展示了大班孩子们自己动手制作的鼓以及布置了可以操作的区角。三楼走廊打造成了“鼓博物馆”，在馆内既可以认识国内外各种各样的鼓，也可以欣赏由小朋友和家长一起动手制作的鼓，我们还开辟出提供多种材料让幼儿自己动手制作的区域，孩子们在这里开动脑筋，手脑并用，创造创新。

（二）童心

我园营造和优化“鼓韵童心”校园文化环境体现了幼儿的主体性，调动学校、家庭的积极性，环境中充分展示幼儿的“童心”。

鼓韵环境的设计、布置、利用，都是从幼儿的兴趣、需要出发，生动、直观、真实，幼儿亲自参与，体现了高度的开放性。让幼儿成为环境中的主人，体现了师幼之间、亲子之间的对话，让环境成为幼儿寄托心愿，宣泄情感，体验成功、展示自我的平台。

（三）温馨

我园的“鼓韵”特色文化环境是全园师生、家长共同创造的结果，处处体现了教师与幼儿、幼儿与家长温馨互动的过程。老师和孩子们一起布置班级“鼓韵”墙、布置“鼓韵”公共区域……让每一位幼儿都能够在“鼓韵”的氛围中感受到鼓给人们带来的快乐。

同时，教师还组织孩子们和爸爸妈妈们一起举行关于“鼓”文化的亲子活动。例如：让孩子们和爸爸妈妈一起通过各种途径搜集关于“鼓”的资料、一起制作“鼓”面、一起编排“鼓”舞，然后选定一个时间，将这些收获布置在墙面与大家一起分享，共同沉浸在“鼓韵”的乐趣之中。

二、鼓韵童心制度文化的和谐与统一

制度文化的确立能够让幼儿园的工作在有条不紊的步骤中进行，坚持制度化管理和人性化管理相结合，确保科学化管理和民主化管理相结合能够让教师在岗位上充分发挥其主观能动性，让孩子们在有序的校园环境中养成规则意识。因此，在我园的鼓韵童心校园文化构建中，教职员工应该将“鼓韵”特色贯穿于行政管理、岗位职责、保教管理、卫生保健、后勤管理、安全工作、家园工作、考核评估、党建管理等诸多方面，让“鼓韵童心”制度文化和谐统一。

例如：我园将鼓韵工作的开展贯穿于教师考核评估之中，将教师是否在幼儿园教育教学活动中积极展开鼓韵文化活动作为其考核的主要内容之一，制定相应的考核制度，明确规定在日常教育教学中要将鼓韵文化融入其中，将“鼓韵童心”文化能够以制度的形式呈现在校园文化之中。与此同时，还可以以“鼓韵”作为联结点，以“鼓”为媒，让家庭与幼儿园在“鼓韵”的牵线搭桥之中形成良好的交流和沟通，实现家园工作的有序顺畅进行，共同促进幼儿在“鼓韵”之中感受到“鼓韵童心”制度文化的和谐与统一。

在构建“鼓韵童心”校园文化时，应该将鼓的精神贯彻在幼儿园的规章制度之中，积极营造“信任、平等、关爱、和谐”的鼓韵童心文化，注重人文关怀，注重人性化管理，用鼓韵童心情感充分调动每一位教师的工作积极性，让教师与幼儿能够在浓郁的鼓韵童心制度中实现平等对话，构建和谐的校园文化。

三、鼓韵童心精神文化的创建与培养

“创意生活，精彩人生”幼儿教育正是激发幼儿充分发挥想象力、创造力的最佳时期，因此，在幼儿教育活动中，我园以鼓韵为特色，以鼓韵为品牌，不断创建和培养鼓韵童心精神文化。

第一，开展了快乐健体多彩鼓趣活动。在早操娱乐活动中，教师可以通过引导小朋友在声声鼓乐之中让全身动起来，充分激发身体中的每一个细胞，让它们在鼓声中焕发活力，恣意成长。除此以外，还可以开展以鼓为主题的亲子活动，让家长和幼儿一起参加鼓韵舞蹈大赛，让孩子在鼓乐之中感受到鼓文化的博大精深，感受到鼓乐的震撼人心，从而逐渐领略到丰富的鼓文化和浓烈的鼓韵精神。

第二，开展了亲身实践童心创美活动。在活动中，教师引导着孩子们一起打造"大"环境，在幼儿园的走廊、外墙等地方制作了关于"鼓趣活动"的墙面，同时还和孩子们一起打造"小"环境，在班级主题墙上营造了鼓趣的氛围，让孩子们能够在幼儿园的环境中感受到鼓的随处可见，从而在潜移默化之中便形成了对鼓的知识、鼓的种类、鼓的形状、鼓的作用等的认识。让孩子和家长一起参与设计，幼儿园组织了关于园标、吉祥物的设计活动，让幼儿在家长的引导下动手参与到关于"鼓趣活动"的园标与吉祥物的设计之中，让孩子们在和爸爸妈妈的共同努力之中去积极发现创造的快乐。让老师们与孩子们一起共同打造了"鼓博物馆"，让孩子们将自己亲手制作的来自不同民族，来自不同国家的鼓陈列在其中，这样就能够让孩子们在童心创美的活动中进入到"鼓韵童心"精神文化的创建和培养之中。

第三，开展了思维创新手脑共用创意活动。在"鼓博物馆"中，教师单独开辟了一块属于幼儿创作的地方，在这里孩子们可以利用各种废旧的纸箱子、奶粉罐、PVC管来开动大脑，巧动小手，制作出各种各样的鼓，在手脑并用中充分展开想象力，体会到创造的快乐。

所谓校园精神文化建设是指学校在长期办学过程中所形成的文化观念和集体意识，它既是幼儿园文化的深层反应，同时也是幼儿园文化中的灵魂，幼儿正值良好意识形态的关键时期，在此时，幼儿园以独特的精神文化能够让一颗颗幼小的心灵在浓郁的情感氛围中得到成长。

结语

新《纲要》中明确指出，幼儿教育应该让幼儿教师营造合适的环境，引导孩子在活泼、快乐、有趣的氛围之中对身边的事物加以正确的认识和了解，并在充分利用素材的情况下让孩子的手脑并用，充分锻炼其身体协调能力，充分发挥其想象力，激发创造性思维，让孩子在灵动的教育中灵动的成长。鼓作为我们日常生活中较为常见的素材，它既是传统文化的主要组成部分，也是人们精神的寄托，因此在构建鼓韵童心校园文化的适合，我园采取了以鼓为素材、以鼓为纽带、以鼓为媒介，从校园环境文化的营造与优化、从制度文化的和谐与统一、从精神文化的创建与培养三个方面来对积极构建我园独具特色的"鼓韵童心"校园文化。校园文化是教育发展的需要，也是社会和谐发展的主要内容之一，它在提升教育内涵、促进教育实现可持续发展的过程中起着不可取代的作用。在我园校园文化建设工作中，我们将敲响"战鼓"，打响这场战役，不断躬耕教坛，奏响时代的强音，谱写幼儿园发展新篇章。

彰显泥塑特色　提升园所内涵

江苏省南京市浦口新城幼儿园　杨庭格

幼儿园特色建设是新形势下全面贯彻教育方针、深入实施素质教育、深化教育教学改革的一项重要工作，也是优化幼儿园管理，丰富幼儿园内涵的重要举措。因此，我园牢固树立"特色就是质量，特色就是品牌，特色就是发展"的思想，走特色强园、特色兴园之路，走个性化、特色化的内涵发展之路。

我园根据自身实际，围绕"如何突出优势，形成特色，创出品牌"这一问题，组织全园教师进行大讨论活动，我们还依据我《幼儿园教育指导纲要》中指出的"引导幼儿接触周围环境和生活中美好的人、事、物，丰富他们的感性经验和审美情趣，激发他们表现美、创造美的情趣"，将我园的特色教育定位在"幼儿美术（泥塑活动）"教育。经过三年多的实践，我们感到泥塑课程真正满足了孩子们的游戏愿望，为他们提供了宽广的、展现自我的平台。孩子们的泥塑作品是上天入地的，只有你想不到的，没有他们塑不出的，不信就一起来看看：

一进到幼儿园，映入眼帘的是不同形状、不同色彩的泥塑造型，直接昭示新城幼儿园的特色——泥塑。进入室内，我们发现，公共区域的设计中都蕴含着泥塑的元素：走廊里的布局示意图，不同颜色的泥塑作品让这层楼各个区域的位置和安全通道，一目了然；楼道里教师、家长和孩子们共同用泥塑做成的故事书，让您随时能走着阅读并欣赏到美丽的泥塑作品；班级门口的走廊、美工区墙壁上方的空间孩子的作品展示区域，不仅让孩子们互相欣赏学习，也让家长们能够随时随地欣赏到自己孩子的作品。

从当初围绕"特色项目——园所特色——特色园所"的思路，到今天的办园特色，我们的老师从对泥塑技能一无所知成长为研究泥塑课程的"老法师"；我们的家长从"不知何为泥塑课程特色"到充分认同幼儿园的课程特色……跟着我一起来了解。

第一阶段的目标

1.进行教师基本功培训。对教师的作画、泥工、纸工等基本功进行培训，做到人人能胜任美术教学。

2.营造特色教育氛围。幼儿园组建美术兴趣小组，在班级创设"美工区"，开辟"泥塑作品展"，做到"班班有展区，人人有作品"。

3.加强对特色教育日常教学的管理。落实到其中的每一环节，必须讲究实效，切忌形式。

4.拓宽泥塑教学思路。开展多样化的泥塑活动，如水果、蔬菜、泥塑绘本画等。

5.泥塑活动特色教育阶段性成果展示。

第二阶段的目标

1.优化泥塑资源。探索、开发本土文化资源，逐步增加、开辟富有新意的艺术教育特色项目，形成独具风格的幼儿园教育特色；

2.加强各阶段的衔接工作，进一步凸显特色教学的优越性。

3.在专家的引领下，力争把幼儿园的特色做优、做强、做美，铸成特色卓越的泥塑教育品牌。

4.泥塑活动特色教育成果展示。

围绕特色建设的目标，我们从以下几个方面着手

1.加强学习，注重引领，提高认识，达成共识。

（1）组织教师学习现代教育理论，明确幼儿园特色建设的指导思想；要组织教师学习教育科研和信息化方面的有关理论，引导教师转变观念，确立起"特色就是质量，特色就是品牌，特色就是发展"的意识，主动、积极地参与特色教育研发。聘请专家到园讲学，引导教师认识到美术教育对幼儿全面发展及个性张扬的重要作用。幼儿园利用园本本培训的方式，组织教师之间进行相互交流，相互借鉴。

（2）为了改变家长"重智育"、"轻美育"的思想，召开家长座谈会，举办特色教育亲子活动，请家长观摩和参与孩子们的现场创作，感受泥塑活动的氛围，使家长认识到从小受到艺术的熏陶，感受美的教育，对开发儿童智力，培养孩子的高尚情操具有十分重要的意义。

2.加强领导，注重实效，科学部署，扎实推进。

（1）成立幼儿园特色教育领导小组，加强对特色教育的领导。

（2）做好园特色教育的规划、统筹、目标的制订以及幼儿园特色建设工作的考核、评估工作。

（3）科学部署，分步推进，逐步深入。制订特色工作计划，落实措施，进行阶段性反思、小结，分析问题，寻找对策，使特色建设稳步推进。

3.整体着眼，注重整合，系统入手，分工明确。

（1）幼儿园将根据幼儿园特色建设的总体目标系统规划，分别制订各年龄段的规划，突出重点，分步实施，全面推进。

（2）加强对特色教育日常教学的管理。讲究实效，将泥塑特色教育落实到每一环节，加强对教师进行特色课程的园本培训，提高备课的实效性，做到备课细致简要，加强对每一堂课的深入研究，确立正确目标，围绕目标展开教学活动，切忌活动过程与目标脱节。同时，深入班级，了解每个幼儿切实的学习困难，及时纠正，因材施教，多做面对面的交流，尽量发挥孩子的主观能动性，使之产生学习的兴趣。

（3）管理上，确立"科研兴特色"的思想。幼儿园有整体的有关泥塑活动的课题，教研组根据特点有泥塑活动的子课题，教研组成员有有关泥塑活动的个人课题。注重课题的研究过程和成果资料的积累。

（4）加强各阶段的衔接工作，凸显特色教学的优越性。在制订特色教学计划时，小、中、大班年级要互相通气，商量制订。一方面，教师要遵循本年级组美工活动的教育规律，达到艺术教育美感、创新、超越的新标准。认真把握好教学的各个细节教学，避免教学的随意性，同轨教师的教法要力争统一。另一方面，各年级教师要向上一届教师讨教，根据她们的教学经验，筛选中适合幼儿年龄与兴趣的内容，运用能激发幼儿主动性的方法开展教学活动。汲取精华，不断改善，向孩子最近发展区发展，在期末的幼儿特色成果展示上，力争每班都能出高质量的特色作品，使全园特色教育更上一个台阶。

4.优化师资，落实保障，强化管理，构建机制。

（1）做好教师特色课程基本功培训。扎实的教学基本功是特色课程稳步发展的关键，我们从提高课堂教学能力着手，加强个人自学，幼儿园组织开展形式多样的特色学习：集体讲座、案例评析、问题研讨等。通过这些培训活动进一步提高教师的特色教学理论和实践能力。开展特色活动开课活动，要求每班上好一堂特色教育精品课，交一篇优秀特色教学案例，为园本课程的积累作准备。每学期都由专职美术教师或有特长的教师对全体教师进行美术技能培训。

（2）规范训练。为了不断拓宽泥塑教学的思路，开展多样化的泥塑特色活动。为了使幼儿有充分的时间参与到泥塑活动中来，除了间周的一节泥塑课外，要求每个班级创设"美工区"，开辟"泥塑活动区域"、"泥塑作品展"，做到"班班"班班有区角，人人有作品"。

（3）优化泥塑资源。利用顶山当地的传统文化、建筑景观、民情风俗等，作为泥塑特色教育的素材来源。订购各种幼儿美术杂志、图片等等，丰富幼儿的美术、泥塑知识，培养他们的想象力、创造力。

（4）完善特色教育的管理制度。一是导向机制，要建立"人人关心园内特色建设、个个参与特色建设"的局面；二是活动机制，要以活动为载体，促使特色凸现出来；三是考核机制，要根据幼儿园特色建设的方向建立必要的考核、评估制度；四是激励机制，要建立特长教师、特长生的评估和奖励制度，对在创特色中成绩突出的骨干教师，给予名誉和物质奖励等，以激发教师、幼儿创特色的积极性和创造性；五是经费保障制度，幼儿园要在不同阶段，根据幼儿园特色建设需要适当投入一定的资金作为保障，使研究工作得以顺利进行。

5.建设文化，营造氛围，沟通社区，形成合力。

（1）营造特色教育氛围。

我们要努力使校园环境成为幼儿园文化的载体，将特色教学内容贯穿于教育的整个过程，从“感知——鉴赏——创造——展示”积极营造幼儿园泥塑特色氛围，让幼儿园成为我们美育的场所。一是每班设立特色区角。要求特色角能根据教学内容不断更新变化，让特色区角作为展示、学习特色活动的园地，让特色角更实、更新、更好。二是在区域游戏中渗透特色活动。特色活动不仅仅局限于课堂上的集体教学，分组形式、游戏形式、个别指导都是促进特色活动出成效的有力手段，因此各班级可根据实际情况设立特色区域游戏区，晨间桌面游戏每日要安排适量的特色活动，并根据教学进度随时更新。在这些活动中，教师进一步加强对幼儿的个别辅导，关注个体差异，使全班幼儿有不同程度的共同进步。三是在校园环境中展示特色作品。充分展示幼儿特色活动作品，挑选有质量的作品融合进走廊、班级等各处环境创设中。培养幼儿的自豪感、自信心，使特色教育活动成为幼儿品行塑造的人文沃土，健康成长的幸福乐园。

（2）家园活动相结合。利用家长开放日和家园活动，向家长讲解、演示我们的特色教育内容和成果。班级教师及时将幼儿平时作品以及我们的特色活动向家长进行宣传，让家长进一步了解我们的特色活动内容，取得家长的最大支持与配合，让我们的特色活动深入每个家庭。

借助情境创设，优化语言教学

江苏省泰州市海陵区民兴中英文学校　周洁

教学情境的创设在教学、学习中有重要的作用，情境创设不仅有助于反映新旧知识的联系，便于学生对知识进行重组与改造，而且易帮助学生知识的同化与顺应，有助于促进学生进行思维联想。那么如何在小学语文教学中创设情境呢？我主要抓住如下三个环节。

一、创设情境，激发情趣，进入文本

《新课标》指出：要努力建设开放而有活力的语文课程。教学过程应该是学习主题的主动建构过程，教学目的不仅在于使学生“学会了”，还在于学生“会学了”。在教学实践中，创设适当的情境可以起到“一石激起千层浪”的作用，可以激起学生的情绪，有效调动学生的主观能动性，让学生全身心投入到课堂当中来，在轻松愉快的氛围中接受和掌握知识，陶冶情操，从而获得较好的教学效果。

1.语言创设情境

每一篇课文教学的导入教学，找到课文最美的情景、最动情的东西为切入点，通过多媒体或富有艺术性的独具匠心的情境导语，“不露痕迹”巧妙地激活学生的情趣，激发学生学习兴趣，让学生在不知不觉、轻松愉快的意境中，自然走进学习课文的意境。在课文开始阶段用富有感染力的教学语言吸引学生的注意力，把学生带入课文情境，这是最常见的教学手段，简单易行。例如《威尼斯的小艇》导入：出示课件，威尼斯概括文字资料。威尼斯是世界著名旅游胜地。威尼斯有401座姿态各异的桥梁在117条水道上，连接着118个小岛。因此，有“水城”、“百岛城”、“桥城”之称。威尼斯水道是城市的马路，市内没有汽车和自行车，也没有交通指挥灯，艇是市内唯一的交通工具。教师以导游的形式简介了威尼斯概况。教师设置导语：同学们，今天我们一起乘坐飞机穿越时空隧道，跨过千山万水，去游览威尼斯，看看威尼斯的小艇。再如教学《九寨沟》一文时，我说：“今天老师想带你们去一个风景优美，素有人间仙境的地方旅游，你们高兴吗？”学生顿时兴趣盎然，然后播放一段配乐九寨沟的景色录像，再问大家：“你们知道这个地方叫什么名字吗？为什么叫这个名字？她究竟在哪里？”引导学生怀着探究的兴趣，走进语文，让学生轻松快乐地带着问题自主阅读课文，自主获取信息。

故事情境也是学生喜闻乐见的形式。于新旧知识的衔接处，设置一种由生活、童话或神话故事中选出的有浓郁趣味性的故事情境，使学生受到强烈刺激，各种感官得以调动，激发学习动机。比如，在教学《假如》这一课时，教师先向学生讲述了《神笔马良》的故事：“从前有一个贫穷的孩子，特别喜欢画画，而且他画的画特别逼真。有一天马良得到了一支神笔……”老师由娓娓动听的故事转到“假如你有一支马良的神笔，你会做什么？今天我们学习儿童诗《假如》”。学生对于老师精心设计的故事有了强烈的探索欲，必然开动脑筋，想象自己神笔在握会实现哪些梦想，最终在欢乐的学习氛围中使情知交融达到最佳状态。

2.多媒体创设情境

利用多媒体辅助教学，积极创设情感情境多媒体具有形象性、生动性和直观性等特点，利用多媒体来辅助教学，不但有助于营造良好的课堂情感情境，还可有效降低学生对知识的理解难度。低年级学生理解复杂的文字往往有一定的难度，特别是古诗词的学习，教师可以借助通俗易懂的图像来创设情境帮助理解，往往学生会在对图画的观察中产生身临其境的感觉。在教学《静夜思》这首古诗时，我就借助多媒体视频展示一幅图，让学生观察图画，并说说从图上看到了什么。在学生讨论后对图画内容进行了有条理的叙述，然后要求学生边听老师的朗读边看图并想象当时的情景。图画观察激发了学生的学习兴趣，为导入新课开辟了更加广阔的领域和前景。再比如在学习《送元二使安西》这首古诗时，考虑到很多学生没有经历过亲友之间的离别，无法真正体会分别的滋味和感受，教师可巧用多媒体给学生设置一幅生动的离别画面，并配以古曲《阳关三叠》，相信在凄凉哀婉的音乐渲染之下，学生可以很快融入诗词所营造的意境之中，进而准确体会和把握诗人所传达出的情感，这远比教师反复地用语言来启发和引导学生进入诗中情境效果要好得多。

再比如《恐龙》这篇课文中，恐龙生活在遥远的年代，谁也没有见过，它的种类、形态、外形和习性都是根据目前掌握的资料所进行的研究推测。正因为如此，文中多处运用了打比方、作比较、列数据等说明事物的方法进行描述，使读者对恐龙的种类、形态及生活习性有了具体而形象的了解。阅读训练的时候，借助网络环境独有的生动画面、形象的声音、充足的信息等独特的魅力，全方位，多角度的了解恐龙的相关知识。

二、创设情境，体验情趣，感悟文本

在课堂上不管是赏心悦目、富有情趣的童话故事，还是新颖别致、妙趣横生的操作情境，一个真正意义上的情境应该能激发学生乐意参与、关注和活动的“情”，并引导学生浸润于探索、思维和发现之“境”。

1.抓住场面，创设情境

情境是一场生动的场面。创设教学情境技能活跃课堂气氛，激发学习兴趣、锻炼学生的语言表达能力，又能培养学生的思维能力和空间想象能力。教师应该善于抓住课文中重要的场面，采用行之有效地方法将学生带入课文所描述的情境中。在教学古诗《元日》时，引导学生回忆年俗情境，唤起学生的生活经验中的春节场面，感悟诗人如何借对新年元日热闹的动人景象的描写来抒发除旧布新、变法图强的抱负和乐观自信的思想情绪。

2.抓住形象，创设情境

注重引导学生将课文中的语言文字还原成语言形象，创设情境尽可能将学生置身于现实生活、置身于课文情境，激活学生生活中储存的形象，感悟与文本中相匹配的相似形象。在教学《一路花香》课文时，先让学生扮演书中的角色，促使学生与作者与文中人物走到一起，进而引导学生联想现实生活中与文中挑水工、破损水罐的相似形象，联想到残疾人会计、残疾人厨师等等，接着引导学生分别扮演这些相似的角色，让学生充分想象，充分表达内心情感。

比如教学《恐龙》一课时，我先让学生自由读读课文，认准分别写雷龙、梁龙、剑龙、三角龙、鱼龙和翼龙、霸王龙的句子，在读中体会作者是怎样通过语言文字来描绘不同种类恐龙的不同外形。引导学生学习“雷龙”。在“恐龙家族”中展示“雷龙”的图片，接着在文中找出有关雷龙的句子读一读，并思考为什么叫它“雷龙”呢？雷龙的特点到底是怎么样的呢？用自己的语言描述。然后在雷龙的脚步声中，把庞大的雷龙形象图放大，边上再配上大象的图片，让学生说说，写雷龙作者用了什么方法呢？除了打比方，还将雷龙与生活中能见到的动物“大象”做了一个生动的比较呢！学生既读懂了课文，也掌握了写作方法，一举两得。接着，让学生读读课文，结合“恐龙家族”中的恐龙图片来学习课文中所写的其他恐龙。学生以小组的形式交流知识、总结方法、发现问题、寻求解决的途径，师生互动，生生互动，加深对恐龙的印象。

三、创设情境，品味情趣，深化文本

布鲁姆在学习模式中提出：在整个教学过程中都有情感因素伴随着认知因素而出现，并且在教学中，情感不止作为手段来促进认知教学，而且还作为目标来徐进整个教学活动。

1.在角色表演中品味

通过表演的方式，创设充满趣味化的情境。学生表演课文内容，不但会使学生产生身临其境的感觉，加深对课文内容的理解，还有助于活跃课堂气氛，营造充满趣味化的课堂。因此教师可以根据教材的特点、教学的要求，引导学生扮演不同的角色，以形象地再现课文中的情境。学生不仅能理解课文内容，而且能在角色扮演的体验中提高语言感悟能力。比如我上《哪吒闹海》这一课时，我让几个学生分别扮演哪吒、东海龙王父子等角色，并引导他们要演好角色必须把握好人物特点、故事情节、主题思想等，让他们在班上表演，学生都兴趣盎然地从表演中寻找故事内容：原来，文章写的是小哪吒大闹东海，降服龙王，使人们重新过上太平日子的事.这种因表演而形成的阅读活动，既加深了学生的内心体验，让全体学生理解了课文内容，又激发了学生创造学习的激情，有效地提高了学生的阅读能力。

在教学《曼谷的小象》一课，当学到阿玲指挥小象拉车这一环节时，我设计了角色表演，一人扮演阿玲，一人扮演小象，同学们热情高涨，纷纷进入了角色，把阿玲的热情助人。小象的聪明乖巧表现得淋漓尽致。通过角色表演进行情感体验，不仅给学生创设了轻松愉悦的学习氛围，也给学生提供了在创造的舞台。

2.在反复朗读中品味

培养学生正确、流利、有感情地朗读课文，是一项不容忽视的基本功训练。而朗读是眼、口、耳、脑的综合活动，学生在读正确、读流利、读出语气的训练中，不仅能体验到课文中遣词造句的准确贴切、标点符号的丰富内涵，而且会通过琢磨怎样有感情地朗读课文、自然而然地体验、意会课文中的思想感情。比如我上三年级上册《石榴》这篇课文时，在细读课文这个环节上，我引导学生抓住春天时石榴的叶子，夏天时石榴的花，秋天时石榴的果实这三个方面内容有条理、有次序地进行阅读，并着重引导学生对石榴果实的颜色、样子、味道进行细读，从而加深他们对石榴的印象。如三年级下册的《荷花》是一篇语言优美的散文。文中有许多精美的句子，为了让学生更好地感悟文章语言文字的美，我运用课件展示出许多幅荷花的图片，并播放美妙的音乐，引导学生在一个美的意境中诵读精美的句子，如：荷叶挨挨挤挤的，像一个个碧绿的大圆盘.白荷花在这些大圆盘之间冒出来.通过在意境中诵读这些句子，学生不仅从视觉上欣赏到荷花的美，而且还能从品读语言中感受到荷花的美.

总之，精心创设情境是提高语言教学有效性的一项重要策略。在语言教学中创设恰当的课堂情境，不但能激发学生的学习兴趣、充分发挥学生的主观能动性、提高课堂教学质量，而且能培养学生实践操作能力和思维能力，使课堂真正成为学生自由发展的阵地。

学润美丽校园　行至幸福人生

——无锡市八士中学“力学力行”文化建设

江苏省无锡市八士中学　邹红丰

学校文化是学校的生命和灵魂，是贯穿学校发展的命脉和源泉，是学校历史与现实的集中呈现，对师生的行为活动和思想理念具有潜移默化的引领和规范作用。在近80多年的历史积淀中，一代代平凡且执着的八中人在变革中紧跟时代步伐、务实勤勉、勇于创新，用自己的努力和勤奋创生出了独具内涵的“力学力行”文化，着力推进学校更加稳步和谐的发展，让每个孩子都能共享均衡教育的阳光，打造出了锡北人民满意的“家门口的好学校”。学校先后获得全国科学教育实验基地、江苏省德育先进学校、江苏省金钥匙科技竞赛先进集体、江苏省“陶研会”实验学校、无锡市中小学管理规范先进校、无锡市青少年科教教育特色学校、无锡市文明单位等荣誉称号。

一、创生“力学力行”文化体系

有人的地方就有文化，那种可以穿越时空、渗透灵魂深处的校园文化更应该是学校赖以生存的、可持续发展的内在力量。纵观八士中学从1939年创办至今，在多任领导集体、全体教职员工和历届学子的持续努力下，通过校风、教风、学风的熏陶和优良传统潜移默化的影响，形成了有别于其他学校特点的良好教育教学的文化氛围，那便是“力学力行”。

“力学”，即努力学习。学习是人们的立身之本，也是社会责任；是人类生存和社会发展进步的需要，也是人类文明薪火相传的重要保证。“力学”要求我们在“博学、审问、慎思、明辨”的基础上做到“力行”。“力行”，即努力践行。“力行”是为学的最后阶段和最高层次，既然学有所得，就要努力践履所学。“力学力行”，即笃学躬行，知行合一。知与行的关系是辩证统一的，“论先后，知为先；论轻重，行为重”，“力学力行”最终要实现“知行合一”，这既是一种指导理论也是一种行为准则，既是一种道德理念也是一种道德实践，既是一种思想境界也是一种人文修养。

我们的“力学力行”文化是以传统文化为根基，经多年发展，从学校历史传承中不断发展、积淀凝聚而来的，是学校多年办学思想精髓的集中体现，包含“力学力行”文化理念识别系统、课程文化建构、生态文化建构、行为文化建构、保障体系构建等内容。

二、“力学力行”理念识别系统

学校文化理念是校园文化建设的灵魂，是一所学校办学思想、价值追求、育人特色的集中体现。

文化建设理念识别系统。核心理念：力学力行；办学宗旨：一切为了学生的发展；发展定位：办八士人民满意的“家门口的好学校”；培养目标：培养“知行合一的合格公民”；办学方向：立德树人，培育合格公民，教书育人，成就幸福教师；办学特色：坚持核心办学理念，打造力学力行教育特色；学校精神：开明包容，修身力行；基本价值观：力学孕育智慧，力行涵养道德，爱心润泽教育，责任成全生命。

“一训三风”。学校校训：诚、俭、勇、勤；校风：严实、勤奋、文明、爱国；教风：尚德、乐业、求真、爱生；学风：勤练、明理、善思、好问。

三、“力学力行”课程文化建构

课程文化建构体现学校核心办学理念，承载着学校文化发展的内涵。在开齐开足国家法定课程的同时，我校以江苏省课程基地项目——行知教育课程项目建设为抓手，通过五大项目实施，逐步打造力学力行文化特色的校本课程体系，使其成为学生成长成才的加速“跑道”。

项目一：成立“爱的教育”教研共同体。我们建设“爱的教育”教研共同体，成立“爱的教育”行知教研室，采用“专家组+核心组+课程组”的组成模式，充分发掘教研共同体的自主性动力和合作性动力，走内涵发展和区域合作之路，践行行知教育思想，落实行知教育课程。邀请区内外陶研专家、课程专家、区教研员组成“专家组”，为教研共同体提供专业引领和理论支撑，强化自我超越，构建心智模式；由本校骨干教师组成“核心组”，具体研究开发和指导实施行知教育课程，优化专业发展路径，增强教师发展动力，保障教师专业持续发展；由实施行知课程的负责教师组成“课程组”，边教学边研究，做到定量与定性、过程与结果、动态与静态相结合，提高教师的课程执行力和研究力。

项目二：建设“做中学”创新实验室。力学力行核心教学理念是“学做合一”，重点在“做”，从“做中学，学中做”。为此，我们建立“做中学”创新实验室，开发创新实验校本教材，通过对毛线画、科技小制作、玩转魔方等校本课程以课程理念加强统筹规划，实行动态跟踪，选优培强，着力培养学生动手能力、实践能力和创新精神。

项目三：构建“‘三习’开放式课堂”。我们以学校教研组为基层组织，教研组和学术荣誉教师为研究核心成员，研究探索“三习”开放式课堂，以便更好地改善学生的学习方式，提升行知教育课程的实施效果。课前“探习”，在学生复习相关旧知的同时，更注重引导学生尝试探究新问题，进行探究性预习，充分体现学生的力学主观能动性；课中“研习”，重点放在让学生在个人思考基础上学生集体或师生共同研究讨论学习中的疑难点，学习新知的关键点；课后“实习”，利用课堂学习的知识在课外活动中加以延伸和应用，尤其是运用所学知识解决实际问题，体现力行文化内涵。

项目四：开发生活体验德育课程。学做相长是我们构建生活体验德育的基本理念。我校通过提炼学校德育工作的成功经验，构建生活化、系列化、体验式的德育课程，然后贯通、融合学校教育、家庭教育、社区教育，构建立体互补的德育体系。开发生活体验德育课程，成立校级层面的“生活体验德育课程”开发小组，整合各级各类德育活动，让学生在活动中体验，在体验中升华；建设生活体验德育场馆，如力学力行大讲堂、行知教育思想展览室、知行合一家教指导中心等德育体验场馆，将德育教育内化于心，外显于行；营造“力学书香校园”环境氛围，引导教师在自觉阅读、好书推荐、反思写作等方面做榜样、做示范，从而影响并感染学生，丰厚学养，丰盈心灵。

项目五：创设力学力行实践平台。具体来说就是，延伸学校教育外延，搭建学生个性发展的平台，营造学生健康成长的良好家庭氛围和社区环境。建立校外德育实践基地，利用斗山周边20多个茶业公司和农林果业生态园等资源，组织学生定期参加劳动，让他们在实践中应用知识，在理论下指导实践，真正学做相长。做优校外教育社区辅导站，邀请退休教师、社会教育志愿者、社区兼职教师、家长志愿者组成校外辅导员，以镇文化中心为依托，优化、完善以居住社区为单位的校外教育辅导站，组织学生开展丰富的校外实践活动。

四、“力学力行”生态文化建构

人类正在向生态文明时代迈进，这是一个崭新的历史进程。根据学校多年历史发展和现有办学条件，我们在生态文化建构方面进行了精心的布局和规划，以期通过环境文化的熏陶和浸染，形成力学力行文化氛围，达成学做相长、知行合一的校园生态环境，着力提升校园生态文化的育人实效。

建筑的重新命名。直通校门的无名字的路现名为“力学路”，以前用数字简单命名的教学楼现在改为力学楼、笃学楼、力行楼、知行楼等。

加快学校景观改造。润德园，古老的银杏树，现代的雕塑，绿色的草坪相得益彰；柏生园，柏生亭掩映于青树红花中，给人身处大自然的感觉；思勤园，打造了一个文化专属地带——文化墙，成为学生的精神院落；行知园，赋予学校行知教育课程元素，打造力学力行文化；勇健园，操场周围青松翠柏挺拔，香樟耸立，以“向上”的精神激励学子勇敢有为、雄健奋发。

加强校园隐性文化建设。选择具有中国传统文化的国画、书法、京剧脸谱、剪纸等遍布楼道墙壁，让学生可以充分感受民族艺术文化的魅力，以此达到一种爱国主义和审美情趣的教育。

加强高品位文化理念标识建设。根据学校布局和空间适当设置文化理念标识，合理配置学校内部空间，细化、深化教育功能，突出学校特色和文化底蕴。

加强文明办公室建设。推进教师办公室文化建设，丰富办公室文化内涵，重在营造力学力行特色文化氛围。

加强功能教室建设。新增科学实验室、音乐室、探究室、美术室等各种功能教室，改造校园网络系统、智能广播系统、演播系统等信息化系统，实行学校网站、电子办公平台、图书管理系统、教学资源库等一系列无纸化办公系统，为学校工作架设了新的桥梁。

五、“力学力行”行为文化建构

学校行为文化主要包括制度文化、教学文化、学习文化和学校传统等方面内容，是师生在教育实践过程中产生的活动文化，是学校发展的动态体现，集中体现了学校的办学理念和精神内涵。

制度文化建设方面。学校的各项管理制度是校园文化的重要内容和表现形式。因此，学校必须建立一个凸现本校优势，体现校本意识，具有文化特色的规范、高效、完整的组织管理系统和制度，构建学校特色制度文化。对已有《学校制度汇编》进行增补、修改，在此基础上进一步建立完善学生自主管理制度；制定教学管理、后勤总务工作等运作程序，汇编成册，形成依法办事、民主管理、以德立校的运行机制。

行为文化建设方面。“走动式”管理文化，主张管理者在工作中走现场，泡课堂，通过零距离的观察、提醒、示范、指导、研讨、服务现场解决问题，达到“管理者走动一小步，推动工作一大步”的管理效能。“互动式”教研文化，就是执教教师与听课教师之间通过参与对课堂教学的评说进行认识沟通与观点碰撞，是教学观念与教学策略的互相交流；通过同课异构、课题研究、反串教学等互动式教学研究，积极构建充满生命活力的生态课堂，促进教师个体的课堂教学风格和学校整体教育特色的形成。“能动式”教师发展文化，根据学校教师发展实际和学生需求实际情况，把教师作为研究主体，让每一位教师都以自我行动研究、教学个性校本研讨、课堂教学展示和典型教学案例呈现等方式对教学风格进行实践解读，并通过教师理性反思和专家引领等对若干教学风格案例进行理论建构和规律探寻，帮助每一位教师形成自己独特的教学风格意识。“体验式”学生成长文化，通过建立固定的社会实践考察点，如斗山锡北烈士陵园、新四军六师纪念馆、斗山生态保护碑环保基地等，为学生提供了亲历亲为的实践场所，也为他们搭建了课内外互动的平台；开展艺术节、体育节、科技节、读书节等节节向上活动以及丰富多彩的社团活动，使学生在教育和实践活动中受到潜移默化的影响，思想情感得到熏陶，精神生活得到充实，道德境界得到升华。

六、“力学力行”保障体系建构

提高认识，加强领导。我们成立学校文化建设领导小组，由一把手校长任组长，分管校长具体负责，建立文化底蕴长效保障机制。

加大投入，确保实效。学校设置校园文化建设专项基金，不断加大投入，把学校文化建设与学校其他建设结合起来，提高资金的使用效益。

以人为本，全员参与。校园文化建设要让每位师生成为学校文化建设成果的受益者，又是校园文化建设的践行者。学校全体教职工和每个学生都要成为校园文化建设的组织者、参与者，把这项工作作为学校的核心工作常抓不懈，努力使校园文化建设成为我校每个人的自觉行为，不断提高校园文化建设水平。

形成常规，整体推进。把校园文化建设与加强和改进未成年人思想道德建设、师德建设工作有机结合起来，作为学校精神文明建设的基础工程，抓实抓新，形成教育工作常规。

“生命是一个过程，是勤奋学习，努力实践，追寻幸福；教育是一种手段，旨在帮助孩子们脚踏实地开启人生的幸福旅程。”我们要时刻拥有“学润美丽校园，行至幸福人生”的想法和做法，立足现实，团结一致，众志成城，共克时艰，内强素质，外树形象，才能真正实现我们所期望的文化立校、文化强校的梦想，并努力朝着品牌学校方向发展，朝着“力学力行”的特色学校方向前进，谱写出八中教育发展新篇章。

以德立校　育人为本　尊重个性　全面发展

江苏省新沂市高级中学　刘东升

江苏省新沂市高级中学坐落于4A级风景名胜区马陵山（景区）镇，东临沭河，西枕马陵，依山傍水，环境雅致。学校始建于1956年，60多年扎根乡梓、耕耘沃土，秉承“以德立校　育人为本　尊重个性　全面发展”的办学理念，形成了“木铎金声，春华秋实”的办学愿景，积淀了以“实”为核心的文化精神，涵养了“崇德求实”的校风、“开拓务实”的教风和“善思笃实”的学风，锻造了“美育教育”的办学特色，积极培养全面发展的时代新人，努力打造文化深厚的特色高中。

物化学校精神，塑造“实”意境

作为乡村高中“木铎”的继承者，新沂市高级中学围绕凝聚人心、完善人格、开发人力、培育人才、造福人民的工作目标，坚定为党育人、为国育才、为时代育魂的办学信念，坚守社会主义办学方向，高举立德树人旗帜，坚持推进课程育人、榜样育人、文化育人、生活育人的育人　策略，全力培养全面发展、奉献社会、勇于担当的时代新人。学校紧扣社会主义核心价值观的丰厚内涵和中国特色社会主义新时代的思想脉搏，挖掘校训“实”的底蕴，物化学校精神，以木铎为“图腾”，让“立求真尚善之德，树充实为美之人”落地生根。

学校为每一栋建筑精心命名，将“实”内涵熔铸于学校建筑之上：基于教风“务实尚善”，将办公楼命名为“务实楼”；基于学风“笃实求真”，将3栋教学楼分别命名为“笃实楼”、“求实楼”、“真实楼”，科技楼命名为“崇实楼”；基于“崇德求实”的校风，将图书馆命名为“充实楼”，学生活动发展中心命名为“丰实楼”，体育馆命名为“坚实馆”。

学校着眼于校园内的一草一木，挖掘办学历史，讲述学校故事。以建校之初师生手植的一株松树和8株柏树作为学校的精神图腾：扎根乡土，艰苦成长，十年树木，“柏”年树人；以校园一隅石缝中蓬勃生长的柏树作为师生的精神激励：热爱生命，憧憬未来，坚定自信，实现价值；利用校园内道路、建筑和景观，建设历史文化带、科技文化角、诗词文化墙、乡土文化亭、名人文化廊、农业文化园、时代文化广场，熏陶师生，润泽心灵；在“充实楼”前安放一座大型书本状石雕，上刻孟子所言“君子三乐”——父母俱存，兄弟无故；仰不愧于天，俯不怍于人；得天下英才而教育之；围绕“忠实报国”、“务实为民”、“诚实待人”、“扎实治学”、“笃实养德”、“充实修身”等六大主题，精选100位古今中外优秀人物事迹；围绕“求真”、“尚善”、“为美”3条主线，从古今中外经典著作中精选100句名言，以图、文、刻等形式展于校园，浸润灵魂……

一砖一瓦皆成文，一草一木皆育人。学校通过“实”文化的外显，不断丰厚师生的人文底蕴，磨砺师生的科学品质，激发师生的家国情怀，增强师生的时代担当。

开发“三美”课程，润养美好品行

课程是实现培养目标的重要载体，新沂市高级中学整合丰富文化资源，大力推进国家课程校本化，不断完善课程开发、实施、考核、评价体系，构建基于14个学科、14个主题的课程体系，实现每一门国家课程都落地生根的目标。

针对学科特点，学校按照“人文”、“科学”、“生活”、“发展”、“担当”、“创新”六大主题，形成了“昨夜星辰今夜月”、“江山如此多娇”等34个专题，开发出“乡土哲学”、“乡土坐标”、“秀美马陵”、“用数字记录时代的变迁”、“生命之源”、“民歌研究”、“摄影与美学”、“梓墨飘香”、“版画研究”、“柳琴戏研究”、“新沂大鼓研究”等95门课程，打通了所有国家课程的血脉，形成了“考察”、“实践”、“研究”3条动脉，实现了全面转变育人模式的过渡。

在“三美”课程体系建设中，学校创建高品质江苏省“三美”语文课程基地，以“培养良好习惯、优雅学生言行，抓好书写教学、传承中华文化，开展经典诵读、陶冶学生情操”为切入点，内化课堂建设，深化课程建设，优化活动建设，强化素质建设，让师生在“美读”、“美书”、“美行”的“三美”活动中，开启寻美之旅，奠基幸福人生；开设国学课、经典研修课、高级写作课、书法课、课本剧表演课、诵读课、器乐课、传媒课、地质考察课、乡土文化课、野外写生课等10多门校本课程，安排专职或兼职教师进行辅导，培养了大批学有所长的学生；打造“三美”成长平台，依托课程基地，创新学习方式，鼓励师生走出书本、走出课堂、走出校园，成立“马陵山物种考察社”、“马陵山地质考察社”，开展“最美诗词朗诵”、“清明诗话话清明”、“诗词飞花令”、“五花山庄地质考察”等丰富多彩的学科活动，既培养了学生实践能力，也助力学生实现梦想；在课程实施中，建立“课程超市”，深化选课“走班”机制，指导学生网上选课、自主选班，实施“选择性必修”和“必修性选择”的双向选择机制，既保证学生广泛参与，也确保课程质量效果，使得学生整体的学习热情和学习效果得到很大提升；针对学生的不同特点，开设美术班、音乐班、播音主持班，组建田径队、篮球队、武术散打队等兴趣小组，极大地挖掘学生的潜能，提升学生的综合素质。多元成长硕果累累，2018—2019年，在新沂市诵读大赛中，学校连续两届夺得桂冠；2019年，在江苏省第二十五届省青少年科技模型竞赛中，学校代表队取得两金四银一铜的优异成绩；每年有数百名学生凭借特长迈入大学校门，迈向各自的幸福人生，每一个生命的特长都得到彰显。

美读润心、美书养性、美行育人，学校通过“三美”文化氤氲校园、浸润学生，力求实现学生3年发展目标：一年能讲家乡的一个精彩故事、能用家乡一种劳动工具、能做家乡的一道传统美食，做一个“不忘本”的人；两年学会3项运动技能、掌握两项生活本领、发展一项兴趣特长，做一个“不忘我”的人；3年践行一项优秀文化、磨砺一种优秀品格、取得一个学习成果，做一个“不忘路”的人。

打造“四学”课堂，落实学教一体

为进一步深化教育教学改革、提高教学质量，新沂市高级中学遵循教育教学规律和学生成长规律，深入推进课程改革和课堂教学改革，优化课堂教学行为，构建了和谐、高效的问题伴学、同伴研学、教师导学、拓展悟学的“四学”课堂，全面提高教学质量，促进学生、教师、学校全面发展。

“四学”课堂以学为中心，以“学讲”课堂实践为基础，积极推进以“明确目标、自主预学、合作议学、拓展深学、评价反馈、小结反思”六环节为流程的“学·教一体案”教学模式改革，力求更好地实现课堂教学改革效益。

“学·教一体案”由课标要求、“四学”目标、学教建议、学教过程、学教札记构成，旨在提出学习要求、划定学习范围、指导学习方法、启发学生思考、帮助学生理解。具体来说，课标要求，包括课程标准、教材、学情和资源等。“四学”目标，具有导向功能、激励功能、调控功能以及可检测性，使教学内容的当堂检测题能够与之相对应。学教建议，旨在让学生明确所学内容的地位和作用，应该怎样去学习，怎样才能学会，可能会遇到哪些困难，应该怎样去克服等，为学生提供了有序的学习思路和有效地指导方法。学教过程，包括明确目标约2分钟，问题伴学约5分钟、同伴研学约5分钟、教师导学约10分钟、拓展悟学约10分钟、评价反馈约10分钟、小结反思约3分钟，这也是“学•教一体案”的核心，体现了导学、导思、导练的功能。

在“四学”课堂中，教师变为学生学习的策划者、组织者、促进者、引导者以及学生学习方式变革的先行者，借助“学•教一体案”，为学生自主学习提供自主学习路线图、知识结构体系呈现表、课堂展示材料、课堂学习随堂记录、自我反思小结以及复习巩固学习材料6个要素，将知识点转变为探索性的问题点、能力点，通过对知识点的设疑、质疑、解疑，激发学生主动思考，逐步培养学生的探究精神以及对教材的分析、归纳、演绎能力，促进学生自主学习、主动发展。

践行“三成”德育，积蓄前行力量

锻造真正能肩负起民族复兴重任的希望一代，更好地构筑中国精神、中国价值和中国力量，离不开立德树人。新沂市高级中学结合学生发展特点，制定高一品格养成、高二正确成长、高三全面成人的“三成”发展目标，真心做到服务每一个学生、相信每一个学生、尊重每一个学生、研究每一个学生、发展每一个学生、成就每一个学生。

高一以养成教育为主线，以规则教育为重点，以感恩教育为推动，以健康教育为保障，培养学生良好的学习生活习惯、严格的遵规守纪意识、强烈的知恩图报情怀和乐观的拼搏进取心态；高二以生涯规划为引领，以自主选课为平台，以个性发展为驱动，以特长展示为激励，指导学生全面深入认识自我、挖掘潜能提升自我、刻苦努力成就自我；高三以理想教育为主题，以人生教育为主体，以责任教育、榜样教育为双翼，激发学生时代情怀和家国情怀，助力学生终身学习发展，培养合格的高中毕业生。

围绕高一学生“学有所会”、高二学生“学有所长”、高三学生“学有所用”的目标，学校通过系统体育活动，挖掘体育育人的功能，让学生磨炼意志、陶冶情操、学会协作、增强心智，为人生健康发展奠定厚实之基；通过社会实践活动，让学生陶冶情操、洗涤思想，汲取社会经验，提升社会实践能力，增强实现中国梦的社会责任感；通过强化德育主旨，培养学生良好的道德情操，提高学生的综合素养，实现生命与价值观的升华统一；通过开展本色、红色、绿色、特色活动，着力构建方向正确、内容完善、学段衔接、载体丰富、常态开展的德育体系，努力形成全员育人、全程育人、全方位育人的德育格局，增强德育的时代性、科学性和实效性，深入促进学生全面发展，健全学生生命人格，为中国特色社会主义事业培养合格建设者和可靠接班人。

千教万教教人求真，千学万学学做真人。今天的新沂市高级中学已经长成参天大树，大批师生在这里定位了生命的价值，实现了生命的成长，开启了生命的崭新航程。学校也连续多年荣获全国国防教育先进学校、江苏省优秀平安校园、江苏省课改先进学校、江苏省优秀课程基地学校、江苏省智慧校园、徐州市教育系统先进集体、徐州市“学讲”先进集体、徐州市艺术特色学校等称号。站在新的历史起点上，新沂市高级中学正承载着家乡万千父老的期盼，在时代发展的大潮里，朝着更高办学目标的彼岸，乘风破浪，扬帆远航。

促进农村教育发展，引领京剧课程建设

江苏省仪征市新集初级中学　戴中胜

百年大计，教育为本。教育是提高人民综合素质、促进人的全面发展的重要途径，是民族振兴、社会进步的重要基石，是对中华民族伟大复兴具有决定性意义的事业。尤其是21世纪，越来越多的学校立足自身的文化底蕴寻找新的特色教育途径。我校位于江苏省仪征市新集镇，在校生日常维持在750人左右，其中留守儿童约130人，约占学生总数17%。为提升办学品质，丰富校本课程内容，自2009年起，我校决定开展京剧特色校本课程建设，进行京剧艺术普及教学。　经过10年的摸索、实践，京剧特色校本课程已步入了良性发展的轨道，品牌效应日益彰显。在校本的课程开发与建设中，我校深知“课程是学校落实‘立德树人’根本任务，是培养学生的重要载体和实施途径。”校本课程开发是新一轮基础教育课程改革推进过程中的一个亮点，是学校办学理念和构建特色校园文化的重要依托。因此在校本课程开发与建设中，我校紧紧结合教育哲学、办学理念，把学生终身发展的核心素养与国家社会倡导的价值观进行匹配整合。秉持“恒一、求真”的校训，以“夯实基础、提升质量、丰富内涵、凝练特色”为办学目标，以“育有特长的学生，塑有特点的教师，办有特色的学校”为办学理念。自京剧特色校本课程创建以来，我校明晰办学理念，注重课程定位，因地制宜，不断挖掘课程人才，改进课程发展，彰显课程品牌，为学校特色课程发展注入浓浓生机。近年来，我校更是先后获得“江苏省艺术教育特色学校”、“第二批全国中小学中华优秀文化艺术传承学校”等殊荣。多家报刊、电台等媒体均做过专题报道。

一、弥足根本，深化特色课程建设

京剧艺术是众所周知的国粹，是博大精深的传统文化的瑰宝，有着无法抵挡的艺术魅力，蕴含着无限丰赡的教育资源，是对学生进行爱国主义教育、传统文化熏陶的极佳载体。作为教育工作者，我校有责任、有义务把这门经典艺术传承给学生，让学生从小就能领略和体悟国粹艺术丰厚的艺术内涵。办学以来，留守儿童问题向来是我校最重视的问题之一。在创建特色校本课程中，我校充分考虑这一因素，因地制宜，挖掘课程人才。一直以来，留守儿童由于亲情缺失，人生观、价值观易产生偏差。如何矫正这些留守孩子因家庭教育的缺失而带来的一系列问题，成为我校急需破解的一道难题。我校创建的特色校本课程，能够将留守儿童的大量空余时间管起来，帮助他们从学习中感受到一份暖暖关心。在实践过程中，我校也面临一系列硬性难题。“千军易得，一将难求”，挖掘课程人才尤为重要。在良将难求的情况下，我校发现年轻教师陈久龙对京剧艺术一直很痴迷，并且矢志不渝，学艺多年；当时已成为颇享美誉的全国名票、梅派艺术第四代传人（师从梅葆玖先生嫡传弟子陈旭慧老师）。面对这一难得的人才，我校诚挚地邀请陈久龙老师领衔“京剧”特色校本课程建设，放手让陈久龙老师全面主抓京剧特色教学，给予他施展空间，确保工作的顺利开展。校本课程的创建是“一个开发与研究相结合的过程，是一个课程不断改进的过程”。要想推动校本课程向纵深发展，首先必须要在人力、财力、物力上持续加大投入。2009年起，依托乡村少年宫平台，我校成立“新菊少年京剧学社”，进行京剧特色校本课程的教学，施教范围已由留守儿童的节假日教学扩展到全体学生的课堂教学及社团活动；我校还大力购置了教学、节目表演中必备的服装、道具、图书音像资料等，为课程建设提供了坚实的物质保障；设计制作了与京剧有关的精美的橱窗展牌、走廊挂屏、巨幅脸谱造型，全方位立体式地营造了校园浓郁的京剧艺术氛围。此外，我校秉持“赏国粹经典，养浩然正气”，还编撰完成了校本教材《国韵新中》。这一创举为该课程的教学提供了有力支撑，使其发展又进了一步。

二、铸魂培根，提升学校办学品味

所谓十年磨一剑，经过全校师生的共同努力，我校的京剧特色课程建设工作逐渐步入了高层次发展的轨道，形成了良性互动。我校在学生中选拔、培养了一批批京剧特长生，如今全校半数以上的学生都能唱上一、两段京剧经典唱段；每个年级都能排出几个节目，生动演绎一批著名剧目的经典片段。我校也为学生搭建展示的舞台，学生们通过参加各级各类的演出活动，使农村孩子在紧张的学习之余，有了展示自我的机会，有力地锻炼了农村学生的胆识，增强了农村学生的自信，提升了农村学生的艺术素养，也激发了学生学习京剧校本课程的兴趣。我校的“新菊少年京剧学社”先后荣获了扬州市中学生优秀学习共同体，第五批中小学精品社团等多项荣誉；学员荣获江苏省少儿京剧大赛“新苗奖”，中学生才艺大赛“特等奖”等近百个奖项；多次被邀请参加各级各类高层次展演活动。这些荣誉的获得和活动的参加激发了学生学习京剧特色校本课程的兴趣，也让我校校本课程受到了更加广泛的支持。

三、着眼课外，搭建京剧课程平台

“在校本课程开发过程中，学科领域的知识可以与学校的活动进行整合、重组与提升。”京剧特色校本课程要深入人心，永葆生机，必须注重与其他课程的融合：在体育课上模仿、演练戏曲身段，模拟表演，丰富形体训练手段；在美术课上对京剧脸谱、服装和头饰进行辨识、赏析、绘制，提升美学素养；在语文课上了解京剧演绎的历史故事，评析精美唱词，培养文学鉴赏能力；在音乐课上欣赏、学唱经典唱段；在信息技术课上借助多媒体平台感受经典剧目的视听魅力等，多角度让学生接受传统文化艺术的熏陶。近年来，我校还与时俱进地将京剧特色校本课程与扬州市“五个一百工程”有机整合，力求促进学生的全面发展：“走近名人社团”了解京剧大师生平事迹，见贤思齐；“剪纸社团”　剪刻京剧脸谱，体察意蕴；“素描社团”描摹京剧舞台形象，捕捉瞬间；“影视剧欣赏社团”深度赏析京剧经典名段，感悟魅力；“新菊少年京剧学社”演练、编排《红梅赞》《贵妃醉酒》等名段表演，通过这些活动，不仅唤醒了学生对传统文化的认同，也激发了学生自觉传承传统文化的意识，潜移默化地提升了学生核心素养，也让我校整个京剧特色校本课程，更加生机勃勃，风生水起。

四、扬帆起航，探索教育未来航标

“春风桃花红、雨润花更艳”教育是温暖人生的第一缕阳光，它尊重、赏识每个个体，致力于学生能力、品德等各方面素质的全面提升，服务于个体的健康成长，滋养每一个生命。学校是哺育千万学子的良田，教师扮演着日夜守护在田野旁边的勤匠，他们用毕生的文化知识和真情的陪伴铺垫着学生走过每一步。将“树德立人、自强不息”的教育理念代代传承，不忘初心。到了今天，在立足特色课程创建的基础上，我校全体师生依旧沐浴在圣贤文化的恩泽中，沐浴在幸福教育的阳光下。未来路上，我校会继续虚心向学，脚踏实地，勇敢前行，在“课”上用功，在“育”上磨砺，让教育散发出馥郁的芬芳。

立足文明校园创建，助力品质教育提升

江西省赣州市赣州中学　杨东冬　戴虹　罗超群

学校是以文化人的沃土，是培养人格之圣地，学校的一草一木，一砖一瓦都蕴藏着浸润生命的气息。唯有在教育的土壤中深耕细作，才能真正创造生命的价值，绽放人生的光彩。我校创办于2010年9月，属市直属完全中学。校园占地面积281亩，建筑面积11万平方米，绿化面积8.62万平方米。目前，学校现有106个教学班，在校学生5760余人。学校校园环境宜人，布局合理，教学场所、设施先进齐全。办学以来，我校坚持实行“素质化育人，精细化管理，人文化关怀”，面向全体，实施科技创新，凸显办学特色，促进学生全面发展，健康成长。近年来，我校还坚持以习近平新时代中国特色社会主义思想为指导，落实立德树人根本任务，深入开展“全国文明校园”创建活动。学校先后荣获“首届全国最具发展潜力特色学校”、“全国和谐平安校园”、“全国中小学心理教育特色学校”、“全国青少年校园足球特色学校”、“全国百所数字校园示范校”、“江西省现代教育技术示范校”、“全国绿化模范单位”、“全国最美校园书屋”、“国际生态学校”等几十项荣誉。

一、铸魂培根，以思想道德建设助推办学品质提升

人无德不立，国无德不兴。终身之计，莫如树人。育人之本，莫如铸魂。为加强学校思想到的建设，我校大力发挥学校宣传阵地作用。一是坚持正确导向，全面贯彻落实《新时代公民道德建设实施纲要》《新时代爱国主义教育实施纲要》《中小学德育工作指南》等，将核心内容上墙入网。在校前广场、教室等显著位置张贴社会主义核心价值观24字内容，张贴《中小学生守则》《中小学生日常行为规范》，校园主干道布置文化石、室外活动场所布置文化墙，宣传标语、橱窗展板、LED电子屏、校园网、微信公众号、广播站、校园电视台定期宣传，全方位渗透，师生100%熟知熟会核心价值观24字内容。二是以活动为载体，将思想道德建设贯穿学校教育教学全过程。师生以党支部为单位，深入学习、贯彻、宣传习近平新时代中国特色社会主义思想和党的十九大精神，学生业余党校每月举办“践行社会主义核心价值观”讲座、论坛。活动制度化，每年举办五节（歌唱节、体育节、艺术节、英语节、社团节），每学期评选新时代好少年，每月评选校长表扬之星，每月开展主题教育活动，每周举办升旗仪式、开展主题班会，定期开展中华经典诵读、采茶戏、书法、中华武术等进校园活动。活动重视以时间节点为线，内容丰富，形式多样，如三月学雷锋、清明祭英烈、六一书法、绘画、摄影、剪纸作品展、十一开展“国旗在我心”系列活动，假期社会实践活动等。三是丰富内涵，创新载体，构建特色德育体系。如抓好值周教师、班主任、心理辅导、校风督查、学生干部、生活老师“六支队伍”建设；充分发挥心理健康教育中心“心育”功能，每日心理咨询、上好“生涯规划”课、开展好心理健康讲座、举办好心理拓展活动；师生积极开展以环保、扶助弱势群体、倡导文明交通、绿色出行为主题的志愿活动，做到志愿服务常态化。

二、弥足根本，实施多种举措焕发教学全新势态

我校坚持依法办学，民主治校，始终把党的建设摆在首位，认真落实党建工作责任制，党委、支部坚持“三会一课”等制度，“不忘初心、牢记使命”学习教育常态化、制度化，党风廉政建设全力落实主体责任，领导班子勤政廉洁，学校政治生态良好。同时，我校重视党员教育，充分发挥党员先锋模范作用，在争先创优活动中涌现了一批先进典型，欧阳卫红等五十多位党员分获省市“优秀共产党员”称号，四个党支部评为市基层红旗党支部。为深化民主治校理念，增强家校凝聚力，我校创校起即成立了教代会，每年正常召开教代会。分年级成立了家长委员会，每学期定期召开会议，形成家校合力。此外，我校还积极推进学校制度建设，依据《义务教育学校管理标准》，制定了《赣州中学章程》，制度让学校管理科学化、制度化，也为学校管理保驾护航。

教师是教育实施的保障和核心，一支有品质、德才兼备的师资队伍是提升教育质量，助力学校发展重要力量。一直以来，我校十分重视师德师风建设，成立了由校长、党委书记任组长的师德师风建设领导小组。利用假期开展师德师风专项学习宣教活动；每年对新聘教师进行岗前师德教育；学校与各处室、年级签订“师德师风建设责任书”，与教师签订“师德师风建设承诺书”；建立师德师风问题报告制度和社会监督机制，学生、家长和社会通过问卷、座谈、家校联系卡、校长信箱、电话等多种形式，参与监督和评议；把师德师风纳入目标管理和考核，制定了《赣州中学师德师风档案管理制度》。同时，我校制定并下发了《赣州中学教师个人专业成长规划》，要求每位教职员工每学年开学初依据规划制定年度成长计划；为青年教师建立健全导师制度，实施“青蓝结对”工程。此外，我校还重视班主任、骨干教师的成长，学校每学年采用“请进来、走出去”的方式加强培训，举办名师培训、主题班会竞赛、说课比赛、优质课比赛等强化教师的专业技能和素养。

陶行知曾说过：“天然环境和人格陶冶，很有密切关系。”校园中的每一座建筑、每一处景点，每一片绿色，都成为一种思想的传递，一种文化的表达。优美的校园环境就像无声的老师，滋润着师生的心田，熏陶感染着师生，丰富净化着师生的灵魂，潜移默化地引导师生向着健康的方向发展。我校的整体建筑呈欧式风格，融赣南特有的传统文化、红色文化和客家文化为一体，形成“知行合一”的书院气息。

学校坚持文化育人、环境育人，重视社团文化建设，积极举办丰富多彩的社团活动，大力建设优美环境，陶冶学生情操、感染学生人格。

三、知行合一，确保学校特色办学思路稳定发展

校园安全是一切教育实施的前提，为保障学生生命安全，营造健康的学习环境，我校重视校园治安综合治理工作，积极联系相关单位整治周边环境，周边治安与交通问题得到妥善解决。我校重视健康安全教育，每周开设健康安全课，定期举行应急疏散演练和传染病防治知识讲座。我校是全国和谐平安校园。

学校是学生的学校，也是老师的学校，是家长的学校，是社会的学校；为发挥家校协同作用，我校建立了学校、家庭、社会“三结合”网络，成立了家校合作教育中心，开办了家长学校，分年级成立了家长委员会，每学期定期召开会议，充分发挥教育合力。我校成立了心理健康教育中心，设有“心理咨询室”、“心理放松室”、“潜能开放室”、“生涯规划室”等功能室；拥有专职心理老师4名，兼职心理教师12名，具备心理健康教育市级辅导资格的老师50名。为学生心理健康成长提供了保障，我校因此被教育部认定为首批全国中小学心理健康教育特色学校。

科技创新是我校实现教育品质提升的有力途径。近年来，我校把科技创新作为学校特色来抓，通过电子制作、创客活动机器人等活动培养学生的创新能力，培养的学生参加各级青少年科技创新大赛、电脑制作大赛取得优异成绩，近五年获得国家级奖8人次，被评为“赣州市科技创新教育基地”、“宋庆龄少年儿童科技发明示范基地”。此外，学校志愿者协会也为学校增添光彩，创办了“红之赣”青年志愿者协会，开展了“重阳节慰问敬老院”、“六一儿童节城乡少儿手拉手”、“礼让斑马线，争做文明交通小卫士”、“争当网络文明志愿者”等活动。教师志愿者每周五定期前往登峰路社区进行“创城”志愿服务，去周边村镇中小学开展心理健康教育讲座。我校还首创假期德育作业，以感恩作业（感恩祖国、感恩社会、感恩父母）、体艺作业（体育和艺术类）、实践作业（参加一项社会实践）、职业体验等作为作业内容，把“核心价值观”、“中国梦”等价值理念渗透到教育当中，为学生树立了良好健康的人生观念。

四、与时俱进，彰显学校树德立人办学精神

文明校园创建不仅提升了学校的精气神，更提升了学校的办学品位，提高了家长和社会的认可度。学校全体师生思想同心，目标同向，积极进取，顽强拼搏，学校的校容校貌焕然新，精神风貌日新月异，教育教学质量稳步提升，校园特色逐渐彰显。未来路上，我校会继续带着教育的理想，不忘初心，迈着坚实的步伐，执着激情地走在教育的道路上。以先进的理念引领学校发展，以科学的方法强化学校管理，以有效地措施促进师生成长，以严谨的态度探索教育规律，以担当的情怀领跑教育改革，敢为人先，勇于创新，不断开启学校发展的新局面，用情怀装点教育事业的百花园，用生命谱写一曲又一曲教育新歌。

国粹传扬　“弈童”闪耀

——记兴国县第六幼儿园“弘扬传统国粹 尽展魅力围棋”特色课程活动

江西省赣州市兴国县第六幼儿园　刘荣秀

围棋也称为“弈”，是“琴、棋、书、画”四艺之一。兴国县第六幼儿园自2019年9月开园起，就将围棋课程作为学校园本课程进行研究与开发。学校结合“游戏是幼儿的基本活动”这一理念，将围棋教学定位于“游戏化教学”，认真梳理制订了围棋特色课程的目标，在二维目标“以棋激趣、以棋启智、以棋育德、以棋养性、以棋健体”下制订出三个年龄段的三维目标，进一步明确了围棋在我园幼儿智力、品德、个性、体格方面发挥的作用，并充实了课程内容。按照由易到难的层次，划分归类三个年龄段的课程内容，梳理出“游戏化学围棋”的教学模式：故事激趣——围棋认知——操作实践——儿歌梳理——游戏巩固。将围棋课程与幼儿五大领域“语言、艺术、健康、科学、社会”课程进行有效融合。

“围棋课程”以“围棋游戏”的新形式进了课表（每周二节），根据孩子的年龄特点设置适宜的教学内容。小班“乐宝宝”下五子棋引路、将图形的认识、数数、古诗、童谣、童话故事、有趣的动画片等等融入教学中，习得下围棋的兴趣。中班“能宝宝”学习围棋教学的初级知识、习得下围棋的基本技能。大班“会宝宝”学习围棋的高级内

容，习得围棋的“大格局”思维。学校营造人人都爱下棋的浓厚氛围，每周举行一次围棋教学研讨、每半月举行一次围棋年段赛、每月举行一次围棋教学小结、每学期举行一次围棋成果展示。呈现围棋——揭秘围棋——创设棋局——领悟围棋，实施一年深得幼儿地喜爱，涌现出一大批围棋小能手、“弈童”新“星”在兴国县第六幼儿园熠熠闪耀！

乐在“棋”中　“棋”乐无穷

《幼儿园教育指导纲要》指出幼儿教育应以游戏为基本活动。围棋活动就是一种益智游戏。围棋是我国最古老，也是最富有魅力的文化瑰宝，是一项高雅的运动项目。围棋中深奥的哲学理论以及围棋所特有的文化内涵会在不知不觉中影响着孩子！

卡通教学《小博士学下棋》《快乐围棋》《围棋西游记》，我园教师根据幼儿感兴趣的跳格子活动结合棋类教学内容，把棋子当作是“马”，棋盘格子想象成为大草原，在进行创设有关“小马吃草、小马喝水”等设计，促使幼儿乐在“棋”中的教学效果。“对手在旁、与之对弈；心无旁骛、望棋息心。”把黑白两面旗帜、纵横各19条直线、361个交叉点进行纵横捭阖、生死相搏。“点、跳、飞、挖、立、粘、双、夹、枷、征、扑、打、渡、拆、罩、挺……”的十八般武艺；“曲三、丁四、刀板五、梅花六、倒脱鞋、金鸡独立……”的八卦阵致敌，尽显我们中华“中庸、向善、含蓄、深远、忍耐、执着”传统文化。

棋盘人生　思维体操

谋定而后动、不钻牛角尖、舍小逐大；专注、思考、计算、布局；棋落于盘，落子无悔。我围他突、他冲我挡，智慧的交锋无声的进行！冷静思考，沉着应战，黑白之间尽显跳跃的精灵！真是楚汉两界决雌雄，黑白弈局定乾坤！强攻运用巧妙、防守得法自如！围棋游戏使幼儿十分清楚、明了、快捷地感知数的各种实际意义以及数与数之间的关系，使幼儿能轻松、迅速的掌握数的概念。锻炼幼儿观察、分析、推理和判断能力，促进幼儿大脑智力发育。

千古无同局，围棋的每一局都是一个新的创造，每一局棋的大多数选点都具有多样性、不确定性、不可预知性。牵一发而动全身，一招不慎，满盘皆输！输赢并不取决于一城一池、一兵一卒的得失！孩子们粒粒落子，正是那追赶前进的声声脚步！孩子们棋盘上交流和学习，正是意志上的深入锻炼！

围棋促能　围棋育人

《3-6岁儿童学习与发展指南》指出应为幼儿创造直接操作、动手实践、活动感知的机会……幼儿天生好动，难以长时间坐下来思考问题。而下一盘棋，往往要静坐很长时间，为驾驭一盘棋少失子，幼儿必须长时间集中精力，能够养成生活、学习好习惯。

在围棋游戏教学中，我通过记录《幼儿围棋活动观察记录表》，对比跟踪我园孩子成长变化。经过一年多时间地跟踪观察比对，我们发现，围棋游戏帮助我园孩子养成了爱动脑、勤思考、做事集中注意力、独立提出问题并独立解决的好习惯。“始以正合、终以奇胜。”孩子的创造力发挥得淋漓尽致。千变万化的围棋以及独具魅力的胜负世界，不仅让我园孩子爱不释手，同时让人得到的心悟和教训都将会对孩子的一生产生积极而微妙的影响。

围棋需要一步一步下，人生需要一步一步走。幼儿在快乐地氛围中学习围棋，在对弈中实践，在对弈中学习，在对弈中成长。“千里之行，始于足下；九层之台，起于累土。”　教师寓教于乐，幼儿在学棋、玩棋中传承了我们的传统文化！

书香润泽童心　绘本陪伴成长

——记兴国县第六幼儿园“绘本阅读”园本特色教育活动

江西省赣州市兴国县第六幼儿园　刘荣秀

在高速发展的兴国公办园领域里，创办于2019年的兴国六幼当属“后浪”。从作为“名校分园”初建到脱离“分校”身份自主办园开始，这座只有3000平方米的小小幼儿园一直在寻找一条更适合自己的路，通过引入绘本阅读教育系统，结合各种延伸活动，建立了“品书传香扩视野”特色课程体系。兴国六幼用向内凝视的目光，将这些用最美视觉构建的童年故事开启了孩子们的意象世界，也受到家长的一致好评。

在这里，遇见故事的入口

近几年，随着绘本阅读热潮的兴起。自2006年以来，利用绘本开展阅读教育的期望不断高涨，很多幼儿园都纷纷尝试开展绘本阅读教学。

绘本为何会如此吸引住大家的目光？

经典绘本它有一个永恒的普世价值观——爱。好的绘本一定是传递爱意的美术馆。孩子们在书中去寻找主角们生活的山川河流、人文风土，重新发现一个平行世界。从这个意义上来说，绘本可以是一切教育的触发点。

兴国六幼园长刘荣秀，早年在从事小学教育工作时就接触过绘本介入中低段阅读的成熟案例，并积累下了不少经验。绘本给孩子带去现在与将来的深厚影响深深触动了她。

2019年，她接手六幼时就强烈渴望将绘本的“饕餮盛宴”去丰盈更多孩子的心灵。在实地考察多个以绘本教学为园本特色的幼儿园后，她发现：很多幼儿园在绘本教学的名字上动足了脑筋，但在特色课程的定位上，还是趋向雷同。而且存在教师强势介入绘本选择，绘本价值只停留在语言德育的挖掘等细节问题，绘本在园区的推广大多流于形式。

“我们要做的绘本教育一定是要入脑入心，如呼吸一般自然流畅又不可或缺。”但如何做才能让绘本阅读摆脱“作秀”性质，从而真正达到教育的标准，则是个复杂的课题。刘荣秀园长希望自己会是那个破译套路密码的人，她和团队查阅众多线上线下资料，并与市、县主管局教研员、幼教干部反复沟通请教后，几经易稿，终于制定下一套细节完备、可操作性强的“‘品书传香扩视野’园本教育特色活动方案”。方案充分尊重不同年龄段儿童身心发展特点和其学习规律，形成了跟随儿童学习节奏、运用绘本持续推进园所教育的框架模式。

10月13日，兴国六幼举行“第二届品书传香扩视野绘本阅读园本教育特色活动”启动仪式。所有的家长和孩子一起出席。当启动仪式进行到绘本朗诵和绘本表演时，开始还稍显杂乱的氛围立刻安静了下来。这些孩子们平日里最多也最喜爱的活动，对他们有种条件发射般的吸引力。

“这是我们氛围营造的一种，让孩子们参与启动式的过程中，在意识深处树立起阅读的仪式感”六幼教研组长罗文艳老师告诉笔者。

方案落地后，园所就着手各种阅读环境的创设、除了发出读书活动倡议书、制作宣传海报、横幅；以及来园、午睡起床、离园等时间滚动播放儿歌、古诗、童谣、故事等等这些惯用的氛围营造方式。六幼还巧妙利用有限的教室空间塑造一个阅读角，将最优秀的绘本，根据不同年龄段不同时节送给儿童的童年，并通过“好书漂流会”活动，让每位幼儿从家里带来一本图书和小朋友分享交流，使绘本资源的育人价值最大化。同时，利用环创将教室墙面作为绘本的延伸和升华，使得孩子目光所及之处都是故事，让绘本真正开始涉入自己的生活。

园所的绘本阅读特色课程总是做得“活泼”，阅读和手工、游戏、科学实验、绘画、表演相结合，将不同的主题串起来，紧紧抓住孩子们的注意力，尽情发挥创意和想象，在寻找他们心中的幻想王国的同时，始终和课程产生互动。

就这样，“品书传香扩视野”活动开始从聚拢走向分散，儿童阅读量从精少走向广多，儿童阅读状况从高控走向自主，教师更像一个交响乐团的指挥。但此时的阅读活动大多是平行结构的，孩子阅读仅仅是阅读，与生活联系性不够，阅读还不够深入，如清风掠过，浅尝辄止。

为此，老师们也不断地调整自己的引导方向，绘本课上会给学生充分的表达空间、交流空间，引导他们通过故事读懂更多自己生活中的事，解决生活中的困惑。还充分利用“晨间小广播”、“午睡小广播”、“我是小小故事家”、“好书推荐会”，将表达的主动权交给孩子，让他们把每天的亲身体验作为活生生的教育素材，说给全园的孩子们听。

在绘本的世界里，孩子们的思想在安静里蛰伏，抑或展翅，如日出之光，生机勃勃。

教育的使命是唤醒

六幼的老师们一边进行着绘本教育一边深入观察：一方面去看见孩子，看见每一个，向广度发展；另一方面，读懂每一个，走进每一个儿童的心灵，向深度发展，让精神的力量握住孩子的手。这是一种陪伴，更是一种唤醒心灵的教育。

在六幼的绘本阅读园本特色方案中，不仅有针对孩子的内容，对老师和家长也有具体的分工和要求。

不是每个教师都会对绘本一见钟情，园所通过举办的“教师经典绘本演绎、读书沙龙、随笔竞赛、说书活动”等。让老师们在专业化阅读与读书交流中，完成思维碰撞，收获深度学习理念。

“我们老师不仅喜欢阅读，而且喜欢和我们一起阅读！”大一班的陈韬小朋友说道。短短一年时间，老师们的阅读量由主要集中在1-4本，上升到10-15本。

同时，绘本阅读的区域也从幼儿园延展到了家庭，绘本阅读开始有了更多丰富多元的形式，比如：“乐享阅读一本通存折”活动，亲子阅读卡、亲子书签、亲子图书的制作，亲子童话剧的排演……家长们都怀着很大的热情积极参与。形成“幼儿园-家庭-社会”的教育闭环，全方位培养孩子。

“开展绘本阅读课程以后，家长对绘本有了一定的认知，现在大部分家长都有亲子阅读的意识。”钟娇老师告诉我们，之前家长们对于绘本的了解都是很浅显的，甚至是陌生的，但是现在越来越多的家长感受到了孩子的进步和成长，也认识到了阅读教育对孩子的重要性。

2020年6月底，“书香班级”、“书香家庭”、“书香宝贝”、“书香教师”等荣誉在园所的展栏、学校公众号上公布，所有获奖宝贝、家庭、班级都颁发了获奖证书。“品书传香扩视野”活动结出了第一批萌芽。园长刘荣秀非常感慨，尽管活动开展时间不长，却收获了来自主管局和社会各界给予的诸多帮助和指导。

“现在不一定能看到开花结果，但是种子已经种下，我们能做的就是浇水施肥。”她把自己推广全园绘本阅读教育的事业比作种花。未来，这个宏大又细腻的主题还需要她们用耐心和热情继续推进。

打造校园文化，培养栋梁之材

江西省共青城市耀邦红军小学　王春生

校园文化是一种价值观和先进理念，重视校园文化的建设具有深远的意义。校园文化建设就是要抓好校园物质文化、精神文化、制度文化和行为文化四个方面的建设，才能够打造学校特色，造就高质量的教师队伍。为国家培养栋梁之材。好的校园文化不但能够打造学校特色，更能造就高质量的教师队伍，为国家培养栋梁之材。“主题”是校园文化建设的灵魂，我校紧紧围绕红色文化建设这一主线，我们从学校发展、教师发展、学生发展三个角度把校园文化建设与生本教育有机结合，践行“兴趣——素质——育人”的办学理念。

多年来，学校始终以“创一流名校，育栋梁之材”为目标，大力加强学校硬件和软件建设，努力实现学校、教师、学生的共同发展。即把学校建设成为管理科学、制度健全、队伍过硬、环境优美、功能齐全、质量优良的一流名校；把教师培养成为政治素养高、道德素养高、文化素养高、业务素养高的新型教师，学校紧紧围绕“以德育为先导，以学科为内容，以养成教育为抓手”的培养目标，把学生培养成为有理想、有道德、有文化、有纪律、有品位的好学生。

一、改善办学条件，塑造文化内核

近年来，我校不断加大投入，迄今为止学校共有21间功能教室（包括新建录播室），各班都配有班班通，学校围绕文化主题，建成了学校核心价值观围墙，文化长廊、耀邦亭、文化景观石，科学实践园，教学楼台阶、走廊位置布置了名人名言、《弟子规》《新二十四孝图》《百家姓》《2015版中小学生行为规范》、名人名言、班级内《社会主义核心价值观》，活动区《小交警模拟课堂》等图文展板，以及综合楼大厅的红色文化宣传图，让人一进校园，就能感受到浓厚的文化气息，领悟到学校红色文化建设的主题。暑期将全面对我校物质文化（墙面、走廊、道路、雕塑等）全面改观。

围绕文化主题，学校组织编写了《安全教育》《校刊》《耀邦的故事》《语数英》等校本教材，把陶艺、书法、科学实验、手工制作、足球等课程纳入课表，在学校的手工艺课上，学生充分发挥想象，创作出很多小发明；在学校“科学实验基地”整齐地摆放着盆景；陶艺展示室内，人物、器皿、动物等造型栩栩如生。感恩节，孩子们用饱含深情的文字表达了对父母、老师的感激；世界环保日，孩子们在老师的带领下，到学校旁的捡拾垃圾；敬老日，福利院里，孩子们忙着打扫卫生，与老人们聊天、嬉戏……校园里，朗朗的经典诵读声和悠扬的歌声响彻校园，艺术比赛、汉字书写大赛、合唱比赛、书画比赛、诗歌朗诵会、主题文艺演出、运动会……让学生展露才华、表达个性，学生成了学校文化的建设者、参与者和享受者。校园文化浓厚的氛围已经形成。

为了引领广大教师的专业成长，学校采用了“教师学习、课题带动、研训一体、集体备课、专家讲座、同课异构、教研沙龙”等形式，特别是建立了师傅团、徒弟队的青蓝工程，让师徒自愿组合，共同发展，充分利用骨干教师的辐射力量，大力推进课题研究，提出“草根”课题（问题即课题），让每位教师都参与课题的研究。学校领导带头参与并定期调研，从而把握了课题的质量和进度，为此学校还专门聘请了江西师大的周教授为首席顾问，带领一支名师团队来打造、提升我校的知名度。学校还千方百计寻求外援，先后与北京芳草地学校、浙江金华市金师附小、九江市双峰小学缔结为互助学校，近期和北京西北坡红军小学正在联系，借助“他山之石”来促进我校教师的专业成长。

二、健全管理制度，促进内涵发展

学校制度及管理文化作为学校文化的重要组成部分，是处于精神文化和物质文化之间的中间层文化，它不仅是维系学校正常秩序必不可少的保障机制，也是学校文化建设和学校发展的保障系统。如果把学校文化建设比喻成一艘前行的巨轮，那么高悬的航标就是精神文化，航行的规章守则就是制度文化。

我校充分发扬民主，制定各项管理制度，先后经过十次修订，制度非常健全，教师聘任制、末尾淘汰制、绩效考核制，设立校长奖励基金等，极大地调动了教师的积极性，去年暑假制定了“好老师、好学生”标准，使师生能给自己定位，有了明确的发展方向。学校能将师生定位，家长能将师生定位，使管理精细化，从而人人有事做、事事有人管，各项管理制度都经校代会逐一通过，已在共青多个学校作为蓝本试行。

围绕校园文化建设主题，学校在梳理和完善学校制度的同时，把校园文化建设的各项工作安排到人，每一项工作制定具体的实施方案和考核细则，把考核结果与教师的绩效考核挂钩；完善学生评价机制，把学生取得的每项成绩计入学生的成长档案记录袋，作为学生综合评价的重要依据，从1996年开始，我校就已废除期中考试，对学生进行全方位评价，那就是，“五个比分数更重要”（能力、个性、方法、习惯、特长），成绩单也改为素质综合评定卡，包括作业的批改，对学生实行的都是等级评价（优、良、中、差）。学校成立了“行政值日，教师值日，学生值日”庞大的三体值日队伍，对学生的一天学习生活进行严格的管理，促使学生养成良好的行为习惯，完备的制度、科学的考评和规范的管理，充分调动了师生参与校园文化建设的积极性，上下联动，干群一心，推动我校校园文化建设不断前行。

三、开展红色文化，培养行为习惯

以开展红色社团活动为基础，以红色“擂台”为展示平台，全员开展“入红色社团、唱红色歌曲、读红色经典、看红色电影、讲红色故事、编演红色剧目、摆红色擂台”等校园红色行为文化建设活动。开展校园建筑物、道路、场所的红色命名活动落实五红阵地（广播站、小导游、鼓号队、图书室、中队），其中小导游在陵园设有办公室。

学校强化新生入学教育，主题班会教育，充分利用重大节庆日、传统节日、纪念日和毕业等机会积极开展主题教育活动，形成有效地工作机制，新队员入队仪式、升旗仪式，广播站的宣传，鼓号队、护旗队的训练，校币的发行及使用。班级中队之家的建立。以及小交警模拟课堂活动和地震逃生演练，消防演练，法制课堂的开展。

“一分耕耘，一分收获”，耀邦红军小学办学六十余载，为共青城市的发展、为共青城市孩子们的成长、做出了一定贡献，深受社会各界的好评。学校校园文化建设先后荣获“全国青少年科普创新示范学校”、“江西省德育示范学校”、“江西省第七届工会‘四个一’先进单位”、“九江市中小学校园管理四星级学校”、“九江市安全文明校园”、“九江市实施素质教育示范学校”、“九江市廉政文化建设示范点”、江西省“巾帼文明岗”、“江西省少先队工作示范学校”等许多荣誉称号。

尽管如此，学校校园文化建设还在不断地完善，期间遇到了很多挑战：如安全方面：为确保学生课间安全，安排教师楼道值班；下雨天为让学生井然有序地排队，建议家长给学生买雨衣，雨天学生穿雨衣出校已成为学校一道亮丽的风景；为提高中层干部工作积极性，竞聘上岗，明确他们的待遇（津贴和课时）和义务，自愿申请，竞聘演说，学校考察，发放聘书；防止教师职业倦怠，学校定期开展各项竞赛，发放校长奖励基金鼓励。高薪推出学科带头人（语、数、英）和教坛新秀。其待遇：外出培训；岗位津贴；评优晋级优先，以此来辐射各个学科。为了让学校每次做的工作得到社会认可，学校专门成立了宣传处对外宣传。取得了明显的效果。常规备课中语、数、英学科教师（在我校任教五年以上）采用特级教师教案用来做批注、写反思，代替传统备课方式，取得良好效果。

校园文化建设是学校推进素质教育与创新发展的活力之基，动力之源。　路漫漫其修远兮，耀小上下而求索。今后，我校将在校园文化建设工作中会不懈进取，努力奋斗，谱写更加华丽的篇章。

创优质枧中，办幸福教育

江西省吉安市万安县枧头中学　王万宜

教育大计，教师为本，教师是素质教育的实施者，是学生发展核心素养的落实者。一支政治思想强，业务素质过硬的师资队伍是办好学校的关键，对于学生的成长、教师和学校的发展起着至关重要的作用。我校是一所全日制农村初级中学，但近些年来随着教师年龄结构的老化，优秀教师的选拔离校，教学缺乏领头人，教育教学现状却是那样的令人担忧，学校中考成绩明显下滑，甚至有科目排在倒数三名内。为突破瓶颈，寻求发展，近年来，我校积极推进“创优质枧中”的办学目标，收心，归位，教学相长，实现了教学质量“开门红”，取得了可喜的成绩。

一、目标引航促发展，民主管理建和谐

学校有目标，教师才有目标，教师有目标，学校才有发展。在经过班子、年级组、教研组、教师大会的反复讨论和论证下，我校提出了“打造优质枧中，传递幸福教育”三年办学目标。初步实现“以人为本，用责任锻造团队，用制度规范管理，用文化经营学校，教学质量位居全县前列”的首年办学目标。

为此，在依法治校为前提，组织学校领导班子和职代会，自下而上，自上而下，先后修订了各项规章制度，尤其是困扰学校多年的职称评聘制度得以全票通过，学校各项制度更完善，岗位责任更明确，更能客观、公正地评价教师的各项工作业绩，形成了校长负责、教师参与的民主治校的管理体制，教师积极性得到充分调动，竞争意识加强，使全校师生能在稳定、有序的环境中工作学习，保证了各项工作正常开展，形成良性循环，保障学校健康发展。

二、以身作则强班子，团队协作聚合力

“其身正，不令而行；其身不正，虽令不从”，我校领导班子成员处处以身作则，自觉遵守学校的各项规章制度，树立学校新形象。在学校管理上，倡导价值意识，情怀意识和责任意识，努力营造“家”的概念。坚持行政人员挑重担，学校多名中层既当班主任还上两个班的主课；树立优质精神，行政人员的教学成绩必须居各学科前列；同时加强骨干教师培养，弘扬正能量，每年教师节在表彰先进教师的同时隆重举行班主任、年级组长、教研组长的聘任仪式；坚持行政周例会制度，随时统一思想，认真规划；积极开展工会活动，保障职工福利，开源节流，改善办学条件，努力营造和谐宽松的工作环境，积极培育一支团结协作的师资队伍。

一年来，我校班子成员分工协作，尽职尽责；老教师带头上示范课，中年教师爱岗敬业，模范遵守学校制度，青年教师不怕艰苦，勇挑重担。营造了良好的人际氛围，使学校的管理富有人情味，领导和教师关系融洽，做到工作布置不推诿，遇难题群策群力，凝心聚力谋发展。

三、以德育人润心智，平安校园护成长

坚持德育先行，切实加强习惯养成教育。学校各年级根据学生年龄、情感、认知、行为特点，确定自身德育目标，开展教育活动：初一以遵守《中学生日常行为规范》，文明礼仪为重点；初二以学生具有高度的组织性、纪律性，学会自律自重为重点；初三以树立远大理想，学好知识和必备技能报效祖国为重点，从而进一步增强德育的针对性、实效性。精心打造校园“赏花节”，借花育“花”，陶冶高雅情操，培养学生的文明素养；积极开展“三化进校园”活动，增强爱国主义情感，提高学生的文化素养。

著名作家巴金说“孩子成功教育，从好习惯培养开始”，可以说，习惯养成教育关乎学生的前程命运，关乎千家万户快乐幸福！我校持之以恒地把这项工作做细、做具体，充分发挥学生会、团总支干部参与学校管理的重要作用，从晨读到晚就寝，制订了《枧头中学学生学习一日常规》，从最简单的卫生习惯抓起，制订了《枧头中学学生卫生习惯“六不准”》，德育智育并进，处室间密切协作，同时加强家校沟通，强化学习习惯培养，在习惯养成系列活动教育下，我们的学生懂得了文明守纪，也增强了集体荣誉感，学习的劲头更足，更好学上进了，有效地促进了你争我赶的良好学习风气形成。

加强安全与卫生工作，打造平安和谐校园。树立安全责任重于泰山的责任意识，我校高度重视学校安全工作，将安全工作责任层层分解到全校每一位教工，层层传导压力。制定各项安全工作预案，细化工作流程，定期进行安全演练，提高师生的安全防范能力。坚持定期进行安全隐患排查，建立安全工作台账。加强安全检查与落实，打造平安和谐校园。开展各种安全专题教育活动，坚持以经常性教育和专项教育相结合，积极开展“青春自护行动”，推广安全知识，宣传安全常识，形成“人人讲安全，处处讲安全，安全伴我在校园，平安校园在身边”的氛围。抓实《枧头中学学生卫生习惯“六不准”》的落实，校园净化、美化、绿化，育人环境优美，校园文化初具特色。

四、常抓教学不放松，狠抓质量促提升

作为农村基层学校，我校教师年龄结构老化（平均年龄达49岁），且圩镇老师较多，加上多年积累的职称无岗可上的负能量影响，教师不愿坐班，不愿教研，教研常规空虚。鉴于此，学校既加强师德师风教育，不断向老师灌输正能量，不断提升老师敬业精神和思想境界，引导老师不忘初心，树立教师全心全意为枧中教育事业服务的意识；坚持教师坐班办公制度的推行，加强考勤管理，从校长做起，以上率下，促使老师静下心来聚焦“主业”搞教学；同时学校行政下沉到年级组，统一到年级办公，扁平化管理，确保各项制度落细落地。

常规就是规定，首年教学管理，学校统一思想，不求高大上，主要围绕进一步强化教学常规管理展开，为落细、落实，组织全体教师学习常规，培训教研组长，行政人员责任到年级组和教研组，加强指导、检查和督促，分组落实常规，建立教师常规档案，并实行不分年龄全员教研、全员公开课、全员评课，广泛开展“推门听课”、“示范评课”、“集体研课”、“跟踪巡课”等教研教改活动，常规检查做到定期、定时，有评价，有整改措施，严格执行考核制度，一年下来，教师心静了，常规也顺理成章归位了。开启“青蓝工程”，开展名师引领、骨干带头“对口帮教”活动，强化优秀教师的引领示范作用。

提优补差既是社会和家长的要求，也是提高教育教学质量的一个重要方面。我校确立“拔尖一批，培优一批，转化一批”的阶梯式管理理念，重新找准方向，培优转困补差，聚焦难点，突出“学困生”转化，补短板、强弱项，年级组摸底数，教务处定方案，提优补差抓到实处，补到点子上；既定人、定标，又定时反馈、定期考核，多管齐下，突显针对性与实效性，所有管理策略的实施，最终目的都是为了提升教育教学质量，提高全体学生的整体素质，促进学校和谐发展。

长风破浪济沧海，静待花开会有时，几多耕耘，我校获得了满满的收获，今年省重点高中万安中学高一实验班的学科竞赛中我校共有5名学生入选，前十名和前二十名各两人，九年级中考成绩综合值评价从第七名跃居为全县第一，其中学科总平均分超出全县总平均分80.99分；师生学科竞赛也取得较好成绩，分别获得省、市、县有关奖项三十多人次，尤其学生数理化学科竞赛全面开花，均有斩获，教育教学质量有了显著提升。

“雄关漫道真如铁，而今迈步从头越”。展望未来，我们枧中人将积极探索，锐意进取，努力推动学校的教育教学改革向纵深发展，积极推行教师专业成长，更新学生管理评价模式，争创农村优质学校，走可持续发展之路。我们坚信，枧中的明天会更加美好，定能成为万安这块红色热土上的一颗璀璨的教育明珠。

文明引领　立德树人

——江西省景德镇市实验学校孜孜不倦创建文明校园

江西省景德镇市实验学校　胡军　刘海泉

景德镇市实验学校是市教育局直属的一所九年制义务教育学校，创建于1958年。“文明引领，立德树人”是学校多年来孜孜不倦的追求，其教育模式，在当地树立了德育工作品牌。先后获评“全国少先队红旗大队”、“全国语言文字规范化示范校”、“全国未成年人思想道德建设工作先进单位”、“江西省文明校园”、“全国教育系统先进单位”等荣誉。

学高身正，修己育人

习近平总书记在全国教育大会上指出，“坚持把教师队伍建设作为基础工作”　“教师是人类灵魂的工程师，是人类文明的传承者，承载着传播知识、传播思想、传播真理，塑造灵魂、塑造生命、塑造新人的时代重任”。建设社会主义现代化强国，对教师队伍建设提出新的更高的要求，也对全党全社会尊师重教提出新的更高的要求。立德树人，师德为范；教育大计，教师为本。教师是立教之本、兴教之源。景德镇实验学校根据习近平总书记的要求，把教师队伍建设作为提升工作质量的核心要素，文明创建和立德树人首先就是要发挥教师的实践和引领。

发挥教师的行动示范。学校根据实际情况制定方案，注重党员骨干的模范作用，在党员中开展了校园安全及文明卫生网格化管理服务活动；成立了青年教师志愿服务队，开展了“交通文明志愿者服务”、“探访事实孤儿”、“送教下乡”、“为残疾儿童送教上门”等公益活动。

大力开展师德师风建设。一方面开展正风肃纪行动，建立了师德师风校领导年级负责制，加强日常监督管理和严格执纪问责。另一方面先后开展了“不忘初心，寻梦起航”师德师风主题教育和争先创优活动、“正师风、弘师德、铸师魂”等系列活动；每年进行“爱生、爱教”师德论文评比及“如何当一名人民满意的教师”大讨论；邀请专家讲座等。与此同时，发挥模范引领，创办师德讲坛、评选师德标兵，传播推广好的师德理念和经验。近几年来，先后涌现出省级师德标兵2人，省级师德先进个人和市级师德标兵5人。两人先后当选省、市党代表。

把立德树人落实到教学科研活动中，体现在教书育人过程中，应聚力坚持“四个统一”标尺，把师德师风作为教师素质评价的第一标准，修师德养师风，起好模范示范作用。

以文化人，以史育人

景德镇市实验学校深入学习贯彻习近平总书记关于教育的重要论述，坚持“以文化人，以史育人”，把厚植师生爱国情怀融入校园精神文明建设中。促进中华优秀传统文化、革命文化和社会主义先进文化与校园文化深度融合，努力构建培育时代新人的大格局。

学校多年来不遗余力地加强校园文化建设，以锻炼学生、加强舆论引导为目标，开展校园文化建设。培育学生文宣工作团队，建立校园网站，创办校园电台和校报，以校园媒体为平台，全方位反映学校及师生动态，交流经验、激发创作。2013年10月，以本校真实生活为题材，由本校师生和家长自编、自演，拍摄了本市中小学首部校园微电影《成长的天空》。以继承传统、爱国爱乡为目标，探索陶艺教育。2015年初，学校建设了一座集陶瓷文化交流、实践操作及作品展示为一体、功能较齐备的学生陶瓷文化教育基地——陶乐园，常规开设了陶艺课程，还开办了课后兴趣班，举办了学生陶艺大赛，陶艺课成为最受学生欢迎的课程之一。陶乐园成立以来，已先后接待了海峡两岸中小学校长高峰论坛访问团，加拿大哥伦比亚省本拿比市教育代表团，新加坡立化中学游学团，以及市内外各界领导、专家及同行的调研观摩，反响良好。以陶冶性情、激发潜能为目标，大力加强学生美育工作。积极鼓励学生培养文艺爱好，发展艺术特长，开辟了舞蹈房和音乐、书画教室，建设了露天小剧场，修缮了学校大礼堂等，为培养和展示孩子们的艺术特长创造条件；组建学生鼓号队、合唱团，创设音乐、书画、舞蹈、语言等课外兴趣班，全面提升孩子们的文艺素养。

除此之外，景德镇实验学校还特别注重环境育人，静态教育虽然

不是学校教育的主体，但它在学校教育过程中的作用是其他教育内容所不能取代的，其作用也不是可有可无的。景德镇实验学校力求创设一种与主体教育相适应的校园环境，发挥环境在育人中的特殊作用，洁净优美、人文彰显的环境是无言的良师。

为此，学校将新校区精心设计打造成融现代化、生态型、园林式为一体的美丽校园。教学楼的规划设计以传统合院为原型，提取“合围”元素，分教学区、生活区、运动区三大板块，动静分区，布局简洁科学，打造开放共享、活力人文的校园空间。在教学楼、体育馆、食堂等建筑中以宽大的风雨连廊相连，在连廊之上远望有群山连绵，俯瞰有别致庭园，特别是蓝天之下田径运动场尽显平坦舒阔。特别注意绿化、美化，广植草木，教学楼间的庭院里，一年四季，各种绿植花卉次第开放，宣传栏、传统陶瓷、山石、景观造型错落其间，为师生创建了文明、优美的校园环境。

德育教育，感恩为先

教育部一直高度重视对中小学生开展包括感恩教育在内的社会主义核心价值观教育和中华优秀传统文化教育，将其作为中小学德育工作的重要内容，这有助于全面培养学生的感恩品德，让学生不仅懂得感恩父母、教师、朋友，还懂得尊重自然、尊重生命、正视成功与挫折。景德镇实验学校始终秉持“德育为先”的理念，以感恩教育为抓手，形成了特色鲜明的德育工作模式。

每天大课间开展“诵读经典，传唱红歌”、集体静思等活动；每年举办“校园感恩节”，组织开展生活自理能力比赛、感恩之星评选等活动，积极倡导文明感恩实践：设计 “感恩作业”、建立“感恩实践储蓄本”；开展 “红领巾，手拉手，爱心助残”募捐活动、“感恩天使”学雷锋行动、“文明礼仪火种计划”等活动。在清明、端午、重阳等传统节日举行诗歌朗诵、手抄报、演讲比赛等活动。开展 “扣好人生第一粒扣子”系列主题教育活动，加强青少年思政教育；开展心理健康知识普及活动，建立学生心理健康档案；开展感恩教育实践活动福利院之行，“我是公益小卫士，绿色瓷都我参与”、“爱祖国，爱家乡，环保，我们在行动”、“西路因我而美丽，我为瓷都添光彩”等公益活动。学校在落实立德树人根本任务的同时，培养了学生的文化素养和感恩品德，完善了学校的德育工作体系。

才者，德之资也；德者，才之帅也。要实现树人目标、完成树人任务，首先必须“立德”，坚持育人为本、德育为先。校长胡军深知此理，他提到，“文明创建有起点，无终点”，要想创建文明校园，达到促进师生文明、提升学校形象、健全学校管理的三大目标，应努力实现创建国家级文明校园的目标，积极动员全校师生以实际行动投入创建活动，美化校园环境、提高文明素养、丰富校园文化、加强思政教育，努力建设成为让社会更放心，师生更舒心的文明校园！

书香传承经典　阅读影响一生

江西省南昌市生米中心小学　喻细华

琼浆玉果秀可餐，最是书香能致远。2018年以来，红谷滩区生米中心小学追随新时期教育改革发展的浪潮，秉承“向上向善　爱国爱家”的办学理念，以“强基础、丰内涵、创特色”为着眼点，乘着“全民阅读”的东风，将“书香进校园”提上学习议事日程，以“师生共读”工程为创新支撑，逐步探索出了一条本土化、特色化的阅读之路，书香校园建设取得了长足进步。

阅读是一所学校发展的生命线，没有阅读的学校是不可能办出真正的教育。我校属于城乡结合学校，农村家庭居多，农村家庭教育意识的浅薄和先天的局限性等教育现状，极大限制了学校的教育发展。2017年12月，经过3个月的深入调研，结合学校实情，于是下定决心，打造“悦读书苑”、“清馨书吧”、“图书馆”，学校所有图书由学校买单，为教师、学生购买最新、最前沿的书籍。

经过全面统筹，为学生提出了“六年读72本书”计划，开展“教师共读”和“班级共读”，成立“共读团队”，打造阅读空间，构建教师、学生、家长三位一体的读书成长共同体，为教师的知识系统注入新鲜活水，让学生从小埋下阅读的种子，为孩子们的终生发展打好底色。

一、书香校园建设情况

在倡导全民阅读的大背景下，为帮助学生树立爱阅读的情感，养成终身阅读的良好习惯。红谷滩新区生米中心小学积极营造书香校园，改变传统教育教学理念，提升办学品位，打造具有特色的教育品牌——师生共读。由教师引领，带动学生多形式的阅读。

1、阅读理念——书香传承经典　阅读影响一生

阅读，是教育的灵魂，从某种意义上讲，是左右一所学校长期发展的命脉。它是人们获取知识最廉价的方式，可以给予人们丰厚的精神食粮，使人们摆脱庸俗和思想贫瘠，塑造完整的人格，贯穿于每个人的始终，从而影响人的一生。

2、分工明确，精细化工作任务

学校成立以刘芳华校长为组长的领导小组，由教科处统筹，制订实施方案，安排具体工作，确保工作顺利进行。学校还专门成立了策划小组、宣传小组、活动小组和评价小组。各小组明确各分工，共同推动学校阅读可持续发展。

3、营造氛围，书香浸润

(1) 创建班级阅读理念。各班以班级阅读理念为核心，树立班魂，共同促进，相互提高。

(2) 开辟班级读书角。学校更是给每个班开辟了专门的阅读空间，方便学生课间阅读，营造班级阅读氛围，通过创意班级文化建设来陶冶师生情操。

(3) 创建教师“清馨书吧”。为了给老师提供更好地学习环境，2017年，专门打造“清馨书吧”，由教师推荐，学校精心为教师购买最新、最具教育前沿价值的书籍，供教师自由阅读。这不仅是教师的精神栖息之地，更重要的是为学生阅读做到积极引领、身正示范作用。

(4) 开展“班级共读”，各班学生每月共读同一本书。根据学生各年龄特征，学校为学生精心购买整套书籍，真正做到人人手上有一本书，并根据年级段划分，低段以绘本为主，中、高段阅读文学经典。

(5) 开设阅读课、国学课。各班每周1节阅读课，针对共读书进行导读、交流，并各自谈谈共读心得；三、四、五、六年级每周开设一节国学课，分别以三字经、千字文、论语为教材，由专职教师任教，学习传统文化。

(6)“悦读书苑”和“图书室”相结合。学校创办“悦读书苑”，与“图书室”相结合，学生可以自由借阅书籍。“悦读书苑”主要是存放学生共读书，“图书室”主要是各种类的书籍，学生可以通过借书卡随时借阅，并在“悦读书苑”自由阅读。

(7) 定制“共读记录本”和“阅读存折”。 学校为了“班级共读”，专门为学生定制“共读记录本”，学生可以记录每天的阅读收获、心得等，并由家长签字，引领教师检查批阅。阅读存折，可以记录每个学生6年以来，在小学阶段所阅读书目的状况，并通过阅读存折，激发学生的阅读兴趣。

4、为师生搭建平台，举行形式多样的活动

(1) 教师阅读活动。教师朗诵活动，如：红色家书、喜迎国庆、阅读沙龙等。为教师阅读成果提供展示平台。

(2) 学生阅读活动。如：小小朗读者、共读一本好书演讲比赛、绘本表演等。激发学生对阅读的美好向往。

(3) 广播站与阅读深度融合。组建播音团队，提供声音的传播，表达文字的悸动及内心的情感。

(4) 阅读之星评选。每月共读引领教师对各班“阅读之星”进行评选，每学期学校对“阅读明星班级”和全校“阅读明星”进行评选。并颁发奖状。

(5) 每学期进行阅读可视化成果展示。对获奖者给予表彰，让学生感受阅读收获所带来的喜悦。

(6) 开展“晨诵、午赏、暮省”活动。

晨诵——日有所诵；

午赏——低段，日有所诵；中、高段——赏析共读书、国学经典；

暮省——主要以日记、读书笔记、读写绘、手抄报等形式进行可视化成果展示。

(7) 创办晨诵社团“印象•朗读者“。“晨诵社团”由各年级每天早八点整，组成12人团队，每天轮流至“书香亭”开启每天的晨诵之旅，起到积极引领作用，是学校一道亮丽的风景线。

(8) 寒暑假阅读。寒假（1本）和暑假（2本）共读书由班主任推荐，通过班级微信群让家长在假期督促孩子坚持阅读，真正做到阅读不停歇。

二、校园阅读课程建设与实施情况

书香校园，放飞梦想。为了进一步使学校学生阅读课程落到实处，使学生具有独立阅读的能力、注重情感体验、有较丰富的积累、形成良好的语感，学会运用多种阅读方法，能初步理解、鉴赏文学作品，更好地内化吸收文化精髓、发展个性、丰富自己的精神世界，学校对阅读课程的建设制定了一套切实可行的实施办法。

1、提前做好共读PPT，深度挖掘共读书籍的实质内涵。做好导读、交流、重难点知识结构的整合。

2、开展阅读课程，让学生的阅读落到实处，使阅读成为学校的特色，逐步形成独特的校园特色课程。

3、上好“阅读课”。

（1）、发挥阅读课的作用，让学生交流阅读体会，谈谈阅读收获。

（2）、教给学生读书方法，老师要有意识地引导学生把在课内学到的方法用到课外阅读中去。

（3）、指导读书方法。利用“阅读课”这一阵地，向学生系统地传授读书的方法，包括合理安排读书时间、掌握一般读书程序，领悟读书的要求等。

（4）、指导书写共读笔记和心得笔记。对学生共读记录本进行批改，心得笔记进行交流。

（5）、摸底检测。对学生过往的阅读书籍进行回访，实时了解学生所阅读的质量。

4、开展阅读公开课。评课时，阅读团队共同研究如何上好一堂阅读课，相互探讨、学习、提高。

5、教科处每月开展阅读工作会。对每期的阅读工作进行汇报、总结、反思。

6、营造读书氛围。利用墙面、黑板报等形式，丰富校园阅读文化。

三、阅读教师团队及培养情况

1、打造一只强有力的“共读团队”。教育大计，教师为本。教育事业的科学发展，教育质量的提升，关键在教师。学生阅读质量的发展，需要一支强有力的正规军——“共读团队”，以及共读成员的每一位教师——“共读引领教师”。

2、实施“走出去”，“引进来”的策略。学校定期派团队成员外出培训，学习优秀阅读教师所做阅读的新思想，观摩优秀学校的阅读经验。吸收、内化，结合我校实情，不断完善我校阅读体系。

3、提升团队作战能力。制定团队月度计划，定期阅读大量书籍，提升专业核心素养，以更全面的学科知识投入到学生的阅读建设中。

四、学校阅读活动开展情况

学校以创建“书香校园”为导向，营造良好的阅读氛围，精心设计积极可行的师生阅读活动，让全体师生体验读书的乐趣，进一步提高师生的思想觉悟和人文底蕴。接下来，就学校阅读活动开展情况作以下汇报。

1、开展教师共读，每月举办阅读沙龙活动。

2、9月30日，开展“迎国庆”教师朗诵比赛活动。

3、每学期开展共读一本好书，学生共读心得演讲比赛。

4、各班每学期开展讲故事比赛活动。

5、4月23日，开展世界读书日活动。

6、每年开展作文竞赛活动。

7、开设校园校刊《晓报》，围绕向上、向善、爱国、爱家四个板块，每月一期，全体师生每月校报征文。

8、“我是小小朗读者”学生比赛活动。

书声琅琅溢校园，漫卷书本喜欲狂。经过2年多的阅读实践，在全体师生中产生了广泛而深远的影响，学生阅读习惯已然形成，阅读兴趣愈加浓烈，校园阅读氛围愈加浓厚，气质大有提升，浓郁的书香每日弥漫整个校园。

“阅读+”为村小发展破局

辽宁省朝阳县波罗赤镇中心小学　赵国彬

教学质量监测垫底、缺少发展资金、没有办学特色，这样的乡村薄弱小学该向哪里去？在学校发展的低谷期，辽宁省朝阳县波罗赤镇中心小学选择了“以读立校”。学校抓住阅读培养6-12周岁的关键期，以国家课程为主干、学科育人为基础，通过构建丰富的阅读课程、创新阅读活动载体、改革评价机制等方式形成了“阅读+”改革思路。“阅读+”既是课程理念，强调阅读对于师生成长的重要意义，体现“以读立校”的办学导向，更是一所乡村薄弱小学突围的破局之道。

阅读+课程

为了让阅读落地，学校构建了基础类、拓展类、社团类阅读课程体系。基础类阅读以语文课为“苗床”，以单元文章为基础，课上学生掌握阅读文章的方法后，课后再根据教师推荐阅读一些名家作品，进行语文主题学习或群文阅读；拓展类阅读以整本书阅读为主，主要培养学生的文学素养和独立阅读能力；社团类阅读是学校通过创办文学社、课本剧、小记者站等社团，给学生提供充分的阅读生成平台。

阅读+学科

如果教育的根在阅读中，那么阅读的根就在学科“自读教材”的环节里，这是打通阅读“任督二脉”的关键举措。教师只有在课堂中引导学生完整、全面、独立地阅读教材，

尽可能多地让学生与各学科教材的语言接触，帮助学生在课堂学会阅读的方法，学生才能逐渐形成读懂教材的能力。

阅读能力培养从语文学科变为所有学科教师的共识：让学生在课堂学会阅读方法——生根，在课外大量阅读中——生趣，在经典名著中提升思想——升华。

阅读+活动

教师引导学生使用阅读“存折”进行读书积分，以积分与考核相结合的方式评选年度百名“书香少年”；把每年9月28日（孔子诞辰日）定为学校读书节，并在持续一个月的时间里展演丰富多彩的节目，举行“书香”教师、少年、家庭等获奖者走百米红地毯仪式，还有“图书赶大集”、阅读成果展示等系列活动；每周五下午师生自主在图书室“小读者•思享汇”交流平台进行“整本书”交流分享。

学校还通过开展具有浓厚乡土气息的系列阅读活动，激发学生转化阅读成果，生成阅读能力。比如记录家乡的四季景色变化、农作物生长过程、为家乡农产品代言等。

阅读+生活

“教育就是爱读书的校长和爱读书的教师带领学生一起读书”，这是著名学者钱理群教授对教育的朴素而简单的解读，更应是校园生活的常态。校长用自己的阅读行动去引领教师，教师用自己的阅读行动去影响学生。校园里时时、处处都可以看到读书的身影，就连每天就寝前，学生都有20分钟的阅读时间，把读书实实在在地当成习惯，不浮躁、不作秀，默默地积累，书读多了自然就会嗅到幸福的味道。

图书室是校园中最温暖、最舒适、最美丽的地方，不但学生在校日全天开放，节假日及寒暑假也全天对外开放，辐射全镇8个村近两万人口，让亲子阅读成为教育的“新生态”。

阅读+写作

如果说阅读是输入、思考是加工，那么写作就是输出。用写作环节倒逼学生阅读和思考不失为良策。但这种写作必须以兴趣为前提，改变以往看电影要写观后感、旅游要写游

记等“搭车”现象。建立以兴趣为导向的写作平台，让学生主动去阅读和思考，从而实现全面的发展。

学校首先以“作文评价数据单”来评价学生的作文，不但批阅结果直观明了，而且给学生多次修改机会，学期末用最高分来记录每篇作文成绩。如此，学生每篇作文都能像游戏闯关一样从初稿到精雕细刻再到千锤百炼的修改；其次鼓励学生创建手抄报、组报、班报和校报，在每年一度的“读书节”活动中对优秀作品进行展示；学校还定期结集印制师生的优秀作品，并展示在图书室供师生阅读。

阅读+评价

为激发学生阅读兴趣，学校建立了简单易行的阅读考级体系；取消每学期期中、期末的两次统考，变为每学年只进行暑期一次统考；用成绩+阅读量+特长的综合成绩去评价学生的学和教师的教。科学的改革评价方式，有效推动了“阅读+”模式的发展。

学校实施“阅读+”改革3年来，教学质量连续提升，更为可贵的是，阅读已成为师生的一种自觉，每个人都努力在阅读中成为最好的自己。

苦心耕耘终不负　收得桃李满园春

辽宁省大连市一一一中学　于永志

辽宁省大连市一一一中学成立于1956年，1983年与原“金县第三十一中学”、“金县第三十五中学”合并统称“金县第十一中学”，1985年迁至此地，1987年正式更名“大连市一一一中学”，是一所初中三年制学校。

2015年，我应聘到大连保税区大连市一一一中学任职副校长，主持全面工作，今年8月，经大连金普新区教育和文化旅游局党组考核被重新任命为大连市一一一中学校长兼党支部书记。作为众师之长、校园主要管理者和教育工作的领路人，我始终牢记教育使命，以一颗正义之心从事这项良心工程，在工作中真干、实干、苦干、巧干，努力做到思想有洞见、表述有魅力、行动有创新，争当教育时代的先锋，争创人民满意的教育名校。

主抓五支队伍

2015年刚到学校，是个什么状况呢？教育文体局新学期开学组织研讨课活动，教学校长找人上课，没人上！找教研组长安排，不安排！找校长，根本就是无视啊！召开干部例会，竟然认为没用……这个学校的人心出问题了，需要做的重心工作是收复人心，树立正能量。

基于以上问题，我给自己定下目标，争取一年内让老师们基本信任我们这届领导班子，争取三年内让大多数老师支持这届领导班子。所以，紧迫的是要抓好这几支队伍建设。

抓好中层以上干部队伍。坚持每周例会制度，遵循“沟通、服务、引领”的原则，要求每一个中层干部在周例会上必须发言，对他们的思想和能力提升起到了非常好的效果。汇报总结上周的工作；对下周的工作进行安排，并能结合实际提出合理化建议；将重要工作、学要在会议上进行协调；校长通过具体事例来引导干部做好自己的工作。在我们的坚持下，每周例会现在已经成了我们每周的一个议事会议，很多问题都在这个例会上得到了圆满解决。

抓好党员队伍建设。结合新时期党建工作的要求，我们着重强化党员身份意识和责任意识。每周三下午的党员学习内容充实，既有理论学习，又有形势分析，还有学校事情通报，更有就具体事例纠偏改错、校内的正能量事件通告，让全体党员真正意识到党员身份的重要性。在全校教职员工大会上会，也提党建工作，告诉全体教职员工群众要监督党员，积极向组织汇报党员的表现。群众看党员，党员看干部，干部看校长，一级一级地来监督，一级一级地来做好引领和表率。每年度的党员民主评议，认真组织好，真正起到红红脸、出出汗的效果，有效地推动党员自身意识和责任的提升。在学习党的有关文件

和在群众的监督下，对党员干部的思想转变和方法能力的提升效果显著。

抓好班主任队伍建设。班主任队伍是学校发展的核心力量。学生的成长班主任的责任最大，所以班主任的压力也大。同时，班主任老师对其他老师的影响也很大，直接关系到一个学校的校风和教风，直接关系到一所学校的文化是否文明、是否正能量，所以抓好班主任队伍建设，对于教师队伍素质的整体提升有极大地促进作用，对学校的教育教学起决定性作用，对孩子的一生成长有着巨大影响。

抓好骨干教师队伍。骨干教师着重在业务引领上做好工作，这一学科的教学水平和教学成绩与骨干教师的责任心和业务能力密不可分，所以我们加大对骨干教师创造学习的机会。在外派上海学习上，我们都坚持首选骨干教师；在财力允许的情况下，我们坚持让骨干老师走出去，回来后进行汇报，引领教师应用所学知识。

抓好青年教师队伍。青年教师是学校的未来和希望。我们学校自12年以来，招聘了一批优秀的大学生，他们是学校的宝贵财富，如果不好好珍惜，对我们的教育事业将是极大地损失。经过几年培养，他们陆陆续续走上了骨干岗位，有中层干部，有班主任，还有的取得国家级成绩。可见，抓住青年教师，也就抓住了学校的未来。

人心是最大的政治，共识是奋进的力量。让我们所有人心往一处想，劲往一处使，在共同的目标下的鞭策下共同奋进。

完善管理制度

学校到底靠什么来治理？只有好的制度才能管理好学校，才能引导学校发展。好的制度从哪来？

从上级部门的文件中来，从全体教职员工的智慧结晶来。任何一项制度都要基于上级部门的文件，然后结合学校的实际，发动集体的智慧，调动集体的积极性，制定出符合我们自己学校的制度，这样才会让全体教职员工信任、维护、贯彻并执行我们的制度。制定学校差旅费报销制度，改变了教师不愿意教研的现象；制定外派教师学习制度，改变了教师认为外派就是出去玩乐、领导徇私的一种手段；制定年度考核方案，改变了以往就单纯靠打分来评年度优秀的方法……如今，新的年度考核方案已经执行3年了，得到了所有教职员工的认可。

共识是奋进的动力。这样逐步完善方案，基本解决了干没干、干多干、干好干坏的问题，对学校发展起到了很好的导向作用。

提升教师素养

教师是教育的脊梁，建设一支高素质的教师队伍是支撑一所学校走向辉煌的希望。基于这一认识，我校加大教师专业素养培训，增强职业礼仪培养，提升教师职业幸福，提高学校文化品位。

每年学校和教育局都会组织部分教师到上海进行为期一周的学习和培训，提升他们的教学手段和班级管理手段。自2018年以来，我们又积极参加金普新区组织的各项培训，金普新区教育科学院全学科教师也对我校各科教师进行了全方位的诊断与培训，并提出了非常宝贵的、接地气的意见和建议。今年开学初，我校的主科教师参加了由教育科学院教研员组织的备课培训，令参训教师受益匪浅，回来后在各自学科组进行了详细的传达并做了认真的集备。对于大连市教育学院和咱们金普新区教育科学院组织的每月教研，我们都是全员外派参加，积极学习和实践上级业务主管部门的新理论和新要求。这样，我们学校一线上课教师基本上都接受了系统的培训，使教师的专业素养有了很大的提升。

同时，我们学校坚持专业素养提升与文化礼仪修养并重，不仅仅要求老师有高超通过的专业素养，更要有高尚的文明素养。我们提出“文化立校”的办学思想，通过给老师订阅杂志、要求老师阅读相关书籍、邀请专业教师或专家开展讲座等方式，对老师进行文化礼仪的教育，鼓励他们做一个优雅的、文明引领的师者。开展安全教育讲座，让老师们懂得了生命的宝贵，学到了很多安全知识，也明辨了以前很多错误的安全常识。下一步，我们将不定期的邀请一些专业人士对我们的教职员工进行相关的培训，争做一名幸福的新时代教师。

通过这些做法，明显看到我们老师脸上的笑容多起来了，说话和蔼起来了，教师之间的沟通也越来越容易了。世界上最好的语言就是微笑，只要能笑起来，一切问题都能解决。

坚持立德树人

坚持德育为先，既是教育的大前提也是终极目标，既是学校工作的切入点也是抓手。我们坚持将德育工作作为首要任务来抓，通过全课程、全学科、全方位的育人方式，全面落实教育“立德树人”的根本任务。

按照《中小学德育工作指南》《中小学生守则》《中学生日常行为规范》等行为准则，严格做到日常教育与活动教育相结合。我们不仅坚持每天检查教育、晨会夕会教育、每周一升旗仪式教育等常规教育，更重视活动教育，比如春秋两季的研学旅行、中秋养老院慰问、关向应纪念馆瞻仰、“12.9”长跑、新团员入团仪式、新区小海娃美德少年评选、团员团课学习等，努力做到德育活动化、活动课程化、课程特色化。

此外，我们还积极争取家长的支持和认同，让家校合作发挥更大的育人作用。通过召开新生家长会、每学期两次家长会、不定期校长培训家长会、家长开放日、培养家庭教育骨干等活动，最大限度地感染家长、影响家长，使他们学会如何在家庭里对自己的孩子进行言传身教。

从不同的角度来进行“立德树人”，促使学生外化于行、内化于心，真正达到了育人的目的。

强化特色发展

作为一所农村学校，发展特色教育，在人听起来觉得不务正业，抓好文化课总成绩就行了，弄什么特色啊？这样的声音很有市场。那么，到底要不要在农村学校开展特色教学？怎么开展？开展后能有什么效果？

针对学校留守儿童众多的状况，我们决定开展特色教学，发展适合我们学校的特色。我们先后开发了机器人、女足、合唱、女篮、男篮、美术、桥牌、课本剧、剪纸等不同类型的特色课程，均取得了不俗的成绩。机器人在全区中已经成为学校的一张名片，获得大连市科技示范校、全国青少年人工智能特色校等称号。参加市、省科协与电教馆的比赛，每次都会获得不同项目的冠军代表辽宁的省参加全国比赛。在升学中，今年有7名同学取得了金州高中、开八、103中学的科技特长生资格。女足，自2016年来先后获得大连市“市长杯”初中女子足球亚军、第三名、第六名、第七名的优异成绩。在今年的中考中，优思明女足队员通过特长升入高中。美术去年才刚刚成立特长班，在校的两个年级学习特长班的学生也到了50人，在今年的中考中有4人取得了美术加试资格……这些特色项目的开展，丰富了学生们的生活，开阔了学生们的视野，更是为孩子们找到了一条喜欢学校、愿意待在学校的理由。给孩子们一个舞台，让他们知道原来除了学习文化课之外，我还可以这样的优秀；给孩子们一个梦想，这个梦想是他在学习文化课上不能实现的，进而激发他不仅仅在特色上可以做到优秀，在文化课上同样可以优秀。

人心顺，事业兴。在“文化立校、夯实基础、特色发展”的发展理念引领下，我们孜孜不倦的追求着学校的发展，学校也出现了很多可喜的变化，教职员工的脸上都洋溢着笑容，工作都积极认真负责；学校成绩稳步上升，特色发展突出，基本按照我们的目标前行。

“教书有路心为径，育人无涯爱作舟。”作为教育人，我们要始终做到心中有梦想、眼前有目标、手中有方案、脚下有行动，不仅要成为仰望星空的思想者，更要成为脚踏实地的行动者。站在新起点，我将一如既往辛勤耕耘，秉承服务人、激励人、凝聚人、培养人的信念，用真诚实干践行着对教育的忠诚，带领全体师生共同谱写新时代教育的新华章。

课堂发展创特色　品质立校育桃李

辽宁省大连市育文中学　李庆波

“一年之计，莫如树谷；十年之计，莫如树木；终身之计，莫如树人。一树一获者，谷也；一树十获者，木也；一树百获者，人也。” 这段话既阐明了人才培养的重要性，也揭示出人才养成的不易。没有幸福的课堂，就没有幸福的教育，课堂才是立德树人的主渠道。党的十九大报告指出，要努力让每个孩子都能享有公平而有质量的教育。这是当前基础教育改革与发展的主要任务。要完成好这一任务，基层学校专注于课堂教学改革十分必要。为此我校积极打造“牵手课堂”。在课堂教学中引进合作元素，放大学习“对子”的相互作用，开展左右牵手学习，调动学生积极参与，发动学生互帮分享。我校持续研磨、改良“牵手课堂”，努力让学生享有“公平而有质量”的课堂教学。为让“牵手课堂”名正言顺，使课堂改良理直气壮，我校从多个方面实施探索，切实让学生享受学习的过程，有所收获。在“牵手课堂”改良新阶段期间。我校确立了“牵手课堂”改良的“双提”新目标，即：提升学生的获得感，提高学习的增值度。此目标的提出基于初心和使命。打造“牵手课堂”的初心是“增强学生的存在感，提高学习的参与度”。确立“双提”目标旨在进一步提高牵手课堂学与教的有效性。

一、立足课堂，彰显人格尊严

习总书记提出“让人民群众有更多获得感”。所以我校的“牵手课堂”理所应当让学生在课堂学习中有更多获得感。获得感是学生课堂上的尊严感，来自于“牵手课堂”的教学理念。尊严是权利和人格被尊重，学生课堂上的尊严感就是在课堂中能够被公平对待，能够平等参与课堂学习活动。我校的班级是混合能力教学班，课堂上存在不少“潜力学生”，他们不愿学、学不会、不会学。学习方面的差异是其成为“潜力学生”的主要原因，如学习习惯不良、学习基础较差、学习方法不当、学习能力欠缺等。诸多差异造成学生学业水平较低，以致恶性循环，形成习得性无助。想学习但习惯不好，想弥补但意志力薄弱，想学好却没有好方法，学生在矛盾和徘徊中渐渐被边缘化或者淡忘，渐渐失去了课堂上的尊严感，直至沦为“潜力学生”。“牵手课堂”的教学理念就是：每个学生都能学习。我校坚定打造“牵手课堂”，让每个学生有尊严地参与其中，让他们尽己所能各有收获。“每个学生都能学习”不只是一个教学愿望，还是一种教育情怀。我校笃信每个学生都能学习，不是“嫌贫爱富”，而是“拉富济贫”，善待每一个学生，以阳光般的心态用心栽培、静待花开。一直以来，“牵手课堂”创建的是一种阳光般的课堂生态：师生间教学相长，同学间互帮分享，课堂上交流顺畅，学法上灵活多样，学习时活泼阳光，过程中收获希望，结果上见证成长。很多潜力学生的学习欲望可能在无所谓的态度中隐藏，他们缺少自身持续的努力和力量，还缺少来自老师持续的关注和期望，他们所缺少的正是我们能够做到、可以做好的。通过“牵手课堂”，我校逐步走近“每个学生都能学习”的愿望。其次获得感也是学生课堂上的存在感。“牵手课堂”的学习方式为“牵手学习”，是合作学习的一种形式，通过“大手拉小手”开展左右牵手学习，借以增强潜力学生在课堂上的存在感。我校采取分组方式让学生获得存在感。比如“六人小组，三对牵手；合理组对，一左一右”是“牵手课堂”的分组方式。承认、尊重并接纳学生间的差异，把差异变为资源。将学力不同、差异明显的六人组成和谐组，组内再根据学生间的相对差距组建“等距”牵手组，分别为左右手。我校也利用座位安排让学生获得存在感。强调尊重潜力学生，给他们平等参与课堂学习的机会。如遇学习困难，左右前后都可以提供帮助。我校还用牵手学习方式让学生增添更多存在感。潜力学生大多属于不愿学、不会学、学不会、做不对，在学习时常感觉无助与无望。当他们感到欲学无门的时候，牵手学习可以使他们及时得到帮扶，不掉队不游离，积极参与课堂学习之中；当他们感觉欲进无力的时候，牵手学习可以让他们即时找到援手，解疑难答困惑，缩小了相对差距，收获了学习后的成就感和持续学习的力量。学生在课堂上的存在感是“不让一个学生掉队”的前提。做好牵手课堂可以让学生有更多的存在感，进而防厌促学，是啃下“控辍保学”这块“硬骨头”的关键。

二、多措并举，体验人生价值

获得感是学生学习时的参与感。我校倡导在课堂上多给学生展示的机会，让学生获得尊严感和存在感。“牵手课堂”所强调的联手展示可以给学生学习时的参与感。我校从左右手的联手展示让学生获得参与感。课堂展示时，无论是动态展示还是静态展示，讲究的是：二人同台，展示时，如影随形；一答一补，需帮助，如期而至；一答一评，讲合作，相互支撑。应用于不同学科的课堂，又会出现若干种联手展示方式。如语文、数学、英语，这些展示方式虽然有各自的学科特点，但其中有着共性，就是通过接力或借力形成合力进行展示，体现牵手共进的力量，体验参与其中的感受。其次和谐组的集体展示时也能让学生获得参与感。我校的语文、英语课经常会有和谐组的集体展示活动，这些活动会让学生产生足够的参与感，每一个人都贡献着团队共进不可忽视的努力。获得感也是学生学习中的受益感。学生是“有过程的学习”的最大受益者。“让学生享受有过程的学习”是我校“牵手课堂”的价值取向之一，所谓“有过程的学习”是学生通过教学情境中人和事的相互作用获得知识与技能、情感与态度的过程。“牵手课堂”所说的“有过程的学习”，是传承《学记》的教育教学智慧，运用“教学相长”、“道而弗牵”、“长善救失”等教学真谛，刻意强调“相互作用”在学习中的正影响。通过牵手学习方式，让学生的学习变被动为主动。通过学法组合激发学生原有经验，让学生们围绕真实情境中的问题“牵手”展开探索，共同体验、感受知识获得的过程。有过程，就是注重刻画学习的过程，包括知识的接受过程和内化过程。此外，多元牵手也让潜力学生受益。本着“学生受益最大化”的原则，课堂尽可随时随地实施多元牵手学习。只要有助于学生学习成就的增值、学习信心的增强，可以在任何时候、以自己的方式让学生“牵手”。不管在什么时候、以什么方式牵手，就是要让“牵手”成为学生学习的绝对需要，成为学习成就增值的相对依靠。“牵手学习”不只是为了互助，更为了共进。“牵手学习”不是“劫富济贫”，而是“拉富济贫”，不是以牺牲给力学生的时间和精力为代价，提高团队的成绩，而是发挥他们的能动性，促进学生间的“教学相长”，在牵手的过程中让自己的学习印象更深，让知识掌握更牢，让学习增值更高。如荀子所言：“不闻不若闻之，闻之不若见之， 见之不若知之，知之不若行之；学至于行之而止矣。”所以，无论是给同伴答疑解惑，还是走上讲台示范讲解，对给力学生自身的学习都是有百利而无一害，因为“讲给别人听是最好的学习”。获得感还是学生学习后的成就感。成就感是一个人做完一件事情或者做一件事情时，为自己所做的事情感到愉快或成功的感觉。学生学习后的成就感就是学生因学习而获得的愉悦、成功的满足感，是一种积极的情绪体验，这正是我校“牵手课堂”所追求的价值取向——让学生收获看得见的成就。

几年来，通过我校的“牵手课堂”，清楚地看到学生都在学习，可以感受到学生的学习态度在改变。他们开始学会主动找同伴，或提问或争论，也想着学会点什么了；联手展示也不是站着陪伴了，或评价或重复，会使用发言权了；和谐组讨论也不旁观了，或倾听或表态，注重自己的存在感了；开始关注检测成绩了，或高兴或郁闷，知道自己拖没拖小组后腿。“牵手课堂”也处处充满着温暖。学生间互帮互助、牵手共进，这是温暖；老师间磨课研讨、互学互鉴，这是温暖；老师们紧盯潜力学生，不抛弃，不放弃，鼓励他们参与学习，这是温暖；老师们用心设计牵手学习，让学生各有所获，这也是温暖。“牵手课堂”带给学生的更是一种自豪和快乐。这些快乐在掌声和喝彩里，在自我价值的实现里，在合作共赢的体验里。“牵手课堂”的学习过程能够给学生可能看不见的成就。这些看得见或看不见的成就，其实都是学生带得走、用得上的必备品格和关键能力，就是学生发展的相关核心素养。我校“牵手课堂”给学生的获得感是尊严感、存在感、参与感、受益感、成就感。持续追问，还可以有责任感、使命感等。学生能在牵手课堂体验到这些获得感，还收获到了幸福感。

三、放眼未来，引领教育新航

非知之艰，行之维艰。教育是知行合一的事业。学校的教育理念需要被全体师生牢记并践行。到了今天，我校的“牵手课堂”已经成为办学品质和教学质量的重要保障。在教育事业开花结果的黄金时代，我们坚信，只要遵循课堂教学的原则，并行之贯穿于教育教学中，我校必将在这片广阔、绚丽的教育舞台上写下新的篇章，迎来灿烂的教育晴天。

建平县富山九年一贯制学校国防教育主要工作做法及特色

辽宁省建平县富山九年一贯制学校 张福龙

辽宁省建平县富山九年一贯制学校坐落于建平县城西5公里处，位于著名的牛河梁红山文化遗址脚下。学校始建于2005年9月，学占地面积22174平方米，教职工126人（其中小学教师83人，初中教师43人），学生总人数1048人（其中小学生736人，初中生312人）。

为了深入推动我校国防教育工作的规范化建设，全面落实《国家教育事业发展“十三五”规划》关于“继续推动国防教育特色学校建设”的总体部署，我校着力从提高学生综合国防素质，充分发挥国防教育的综合育人功能等方面积极入手，进一步深化学校国防教育改革，努力把国防教育纳入国民教育体系。现将我校在国防教育工作中的几点做法总结如下：

一、领导高度重视，各级层层落实

我校领导班子十分重视国防教育工作。在上级主管部门的直接领导和具体指导下，学校坚持以校长、书记挂帅，副校长负责，政教处、少先队大队部具体实施，师生全员参与的领导和运行机制，把德育工作和国防教育工作有机结合，深入普及和不断加强国防教育，激发广大教师以及学生的爱国之心，报国之志。

1、分工明确，落实到位

（1）加大组织领导力度。学校成立国防教育工作领导小组，组长为张福龙（校长），副组长为韩书广（党支部）。组员有：魏文、吴占伟、张书祥、胡永轩、王立军、安静图等学校中层领导和年级组长，国防教育工作领导小组下设办公室。国防教育领导小组从讲政治、讲大局、讲稳定的高度，重视国防教育工作，形成了主要领导亲自抓，分管领导具体抓，领导班子成员共同抓的良好局面。

（2）及时通报国防教育信息。我校积极参加上级部门组织的国防教育活动，及时向省、市、县级汇报国防教育工作情况。

（3）落实国防教育工作职责。学校国防教育领导小组认真履行职责，积极主动工作，充分发挥自身在创建双拥模范单位活动中应有的作用，并确保开展国防教育工作的必要经费。

2、广泛宣传，措施得当

我校利用校报校刊、电子屏幕、黑板报、宣传橱窗、条幅、红领巾广播站等形式，积极宣传《国防法》《国防教育法》《兵役法》《防空法》等法律法规，积极宣传国防教育活动成果，大大提高了全校师生对国防重要性的认识和对亲人解放军的热爱。

3、加大投入，保障有力。为了保证军训计划的落实，保证军训的效果，学校每年都要列出专项资金用于学生军训。几年来，学校在各项经费十分紧张的情况下，共投入经费10多万元；经费的投入，为军训工作的顺利开展提供了有力的保障。

二、广开渠道，开展各种国防宣传和教育活动

在平时教育活动中，力求把国防教育内容与爱国主义教育、自觉纪律教育、国防法制教育和国防知识有机地结合起来，并依据学生的发展阶段和思想实际，确立不同的层次和重点，采取灵活多样的教育形式，有的放矢地开展蕴含国防教育的各种有益活动，增强国防教育的吸引力和感染力，为此，我们注意抓了以下几个方面：

1. 学科渗透国防教育，树立国防意识

在学科教学中，我校非常重视对国防教育的有机渗透，要求各学科结合学科特点，将国防教育渗透到教学的各个环节，贯穿于教学始终。通过学科渗透，让学生从小就树立社会主义祖国和人民军队的伟大形象。

2、学校还把国防教育与校园文化建设有机结合起来，在学校教室、图书室、走廊都悬挂民族英雄、爱国志士、革命领袖画像，在楼道制作悬挂国防教育宣传标语，时时刻刻感召和激励学生，让他们树立爱国主义和革命英雄主义精神。

3、坚持国防知识进课堂，充分利用学校现有的电子白板、黑板报、橱窗、广播站进行宣传。结合我校坚持每周星期一和重大节日的

升旗仪式，国旗下教师讲话和学生代表讲话的机会，对学生进行爱国家、爱家乡、爱学校的社会主义教育。

4、每年清明节组织学生到陈镜湖烈士墓祭扫烈士陵园，组织学生到朝阳市赵尚志纪念馆参观，了解革命烈士的英雄事迹，缅怀先烈、继承遗志，并组织开展主题班队会进行讨论，使他们懂得了今天幸福生活来之不易；

5、以中国抗日战争胜利纪念日、中国烈士纪念日和每年的全民国防教育日为契机，积极组织学生观看爱国主义、革命英雄主义等优秀影片，激励和培养学生的爱国热情。

6、学习四个传统（一切行动听指挥、艰苦朴素、吃苦耐劳、为人民服务）“一切行动听指挥、艰苦朴素、吃苦耐劳、为人民服务”是人民解放军的优良传统。让学生学习这四个传统，是克服孩子身上暴露出来的种种缺点的有效途径。在学校活动中，要求全体学生一切行动听指挥，通过明理、训练，学生的纪律性增强了。现代的生活方式使孩子们不懂得艰苦朴素，孩子们没有经历过艰苦的生活，却记住了许多名牌。教会学生不怕吃苦、敢于吃苦、乐于吃苦，艰苦朴素、苦中找乐是教育的重要内容。孩子心中只有“我”，是家长们感到头痛的一件事。人民军队为人民是我军的优良传统，从小培养学生“为人民服务”的意识，也是学校国防教育的主要任务之一。在学校国防教育活动中开展向解放军叔叔学习优良传统的活动，请973部队优秀战士做报告，用事实向学生证明“为人民服务”的真谛。

三、军事训练，安全规范

1、精选军训训练部队

为了确保我校军训效果，我们经过周密的考察，我校将中国人民解放军预备役757部队和中国人民武装警察973部队确立为学生军训部队，部队领导对我校军训工作高度重视，组织落实素质高教官，要求严格，思想工作到位。

2、计划周密，保障安全

在军训中，学校领导、教师和部队负责军训领导共同组成了临时组织领导小组。学校与教官一起制定细化到每天、每时段的军训计划，由部队方选派优秀教官，负责军事技能训练、安全保障工作；学校领导负责全面组织协调工作，系部主任、班主任负责关注学生的思想状况，关心学生的身体情况，为建设新集体做好筹备工作；总务处负责后勤保障，协调军、校工作，及时安排身体不适的学生看病……各方齐努力，形成了良好的教育氛围，从而有效地保障了军训的效果。

3、严格考核，确保训练质量

学校严把军训请假关，所有身体符合要求的学生均参加了军训，新生入学当年的参训率超过98%。负责我校军训工作的部队，能按照军事训练教学大纲进行安排，无论是基本技能训练内容，还是训练时间均得到落实。使学生在短短的军训中能够保质保量完成训练任务。每年学校在军训后都会准确统计军事训练考核成绩，并将此成绩计入学生综合素质评价档案。

通过以上国防教育各种活动，大大激发了学生为建设祖国和保卫祖国树立远大理想而自觉努力地掌握科学文化知识的热情。

多渠道多形式的军校共建及国防教育活动，对于学校的发展，对于良好校风、学风的形成起了巨大的影响和推动作用。

实践证明，军校共建，是促进国防教育的有效形式。相信在军、校双方的密切配合下，通过不断地实践和努力，我们一定能够开创国防教育工作新局面，培养出更多的新一代“四有”新人。

以文明校园创建为契机，助力教育质量提升

辽宁省锦州市义县朱瑞小学 李庆林 杨丽

文明校园建设是学校培养适应时代要求的高素质人才的内在需要，党的十八大以来习近平总书记多次强调指出：“学校要以文化人、以德育人，不断提高学生思想水平、政治觉悟、道德品质、文化素养”。全面贯彻党的教育方针，解决好培养什么人、怎样培养人、为谁培养人这个根本问题，这是我校创建文明校园的初心和使命。我校始建于1983年，前身为义县站前小学。2007年11月迁入现址，为纪念辽沈战役牺牲在义县的解放军炮兵建设创始人朱瑞将军，学校更名为朱瑞小学。现有37个教学班，在校学生1604人。在教育教学实践中，我校深刻认识到文明校园建设是学校可持续发展的动力，是学校综合办学水平的重要体现。因此，我校以创建文明校园为契机，认真学习《辽宁省中小学校文明校园测评细则》内容，在原有创建工作的基础之上，提升标准、细化落实、丰富内涵，努力使文明校园创建工作再上新台阶。几年来，学校先后被评为“辽宁省未成年人思想道德建设先进单位”、“辽宁省首届文明校园”、“锦州教育工作先进集体”、“义县政府先进基层单位”。2020年11月被中央文明办命名为“全国文明校园”。

一、以丰富活动为载体，彰显学校红色文化内涵

学校是对未成年人进行思想道德建设的主阵地，学校文化是阵地的旗帜，起着重要的导向作用。习近平总书记多次强调“要把理想信念的火种、红色传统的基因一代代传下去，让红色精神激发力量。”我校以朱瑞将军的名字命名，朱瑞精神就是师生最宝贵的精神财富，建设以朱瑞精神为内涵的校园文化，让朱瑞精神凝心聚力，是我校德育工作的目标。所以我们充分挖掘红色教育资源，开展“红色铸魂”特色教育，让学生了解朱瑞将军事迹，学习、践行朱瑞将军精神。我们组织学生参观红色教育场馆、开展“讲红色故事、唱红色歌曲、诵红色诗歌”系列比赛；举办红色主题校园文化节；创建英雄中队；清明节组织学生在朱瑞将军牺牲地举行缅怀先烈暨新队员入队仪式，让新、老队员接受革命传统教育。系列实践活动让每个学生历经一次红色之旅，坚定了努力学习，报效祖国的信念。另外我们把思想道德教育与主题实践活动相结合，紧紧围绕践行社会主义核心价值观开展了以“红领巾相约中国梦”、评选“贯彻守则最美少年”、“养成教育优秀中队”；举办“故事大王讲述身边好人好事”、“好家风伴我成长”征文比赛及报告会等系列活动，让社会主义核心价值观24字要求在学生中入眼、入耳、入脑。

二、以班子建设为抓手，营造民主管理氛围

一校之发展不在乎一人而在乎全校之人，一校之强大不在乎一人之智慧而在乎全校之智慧。一支作风优良、扎实肯干的领导集体对学校的发展和教育教学质量的提升起着至关重要的作用。为此，我校将勤奋学习、求真务实、勤政廉洁、勇于创新、团结合作确定为领导班子的建设目标。倡导班子成员在加强学习的基础上勇于实践，努力由管理型向专家型、贯彻型向创新型转变，通过学习，不断提高自身素质。学校实行校长负责制，部门领导分包年级蹲点制。落实党建工作及“三会一课”等制度，认真贯彻落实《义务教育学校管理标准》，坚持依法治校、依法执教，通过组织教职工开展法律法规学习，规范办学和从教行为。通过多种途径实现校务公开，积极营造民主管理学校的氛围。

三、以师德师能提升为重点，加强教师队伍建设

教师是教育实施的首要资源，教师的素质决定了教育的质量。为建设一支师德师风优良、专业技能卓越的教师队伍。我校十分重视教师的政治理论学习，每月采用自学或集中的形式，让教师学习新时期党的教育工作方针、政策及要求，提高教师政治素养。通过开展“铸师德、正师风、树师表、强师能”演讲、征文比赛；举办师德师风报告会；评选“学生眼中最美教师”等活动，提高教师师德修养。 此外，我校大力构建“微研促高效，你我共成长”研修体系，开展不同年龄层次教师的教学大赛，形成培养新任教师、合格教师、骨干教师、学科带头人、教学名师为阶梯的成长体系，逐步形成一支“德正名清、学高业精”的教师队伍，为学校教育质量提升奠定了坚实的基础。

四、以经典诵读为途径，弘扬中华优秀传统文化

中华优秀传统文化是中华民族的“根”和“魂”， 经典则是传承优秀传统文化的重要载体。我校编制经典诵读校本教材，在教材的编写上注重各年级内容的选择，低年级选择《三字经》《弟子规》等易理解，诵读起来又朗朗上口的经典名篇，在诵读的过程中指导学生的一言一行，帮助低年级学生养成良好的行为习惯，实践“童蒙养正”的理念。高年级我们选择《道德经》《声律启蒙》《论语》等内容，学生通过诵读提高语文素养，感悟哲理，启迪人生。每天开展“晨读、午诵、暮省”活动。倡导亲子阅读，让悦纳经典成了学生、家长的自觉行动。少儿不解歌吟事，种粒冬埋春复苏。多年的经典诵读实践，培养了学生对中华民族历史和文化的“温情和敬意”，把生命的根须深深扎根于中华文化的沃土中，成为有根的中国人，

“教育之根味苦，教育之果甘甜”。通过几年来的文明校园的创建，学校的校容校貌焕然一新，师生的精神风貌昂扬向上，教育教学质量稳步提高。办学质量赢得了家长和社会的一致好评。唯有多情是青草，年年新绿满芳洲。未来路上，我校会继续创新工作思路，寻找文明校园建设中新的生长点，以学校丰富的红色文化教育资源为支撑，大力开展“红色铸魂”特色教育，让校园引领社会文明新风，培养好时代新人，办好人民满意的学校。

创文明校园 育文明少年

辽宁省盘锦市高级中学 钱桂荣 苏晓东 刘伟

在社会快速发展的今天，是什么让平凡的生活变得不平凡，是什么让普通的人变得不普通，又是什么让人养成良好的习惯呢？是文明！为实现文明之花处处开放的目标，辽宁省盘锦市高级中学以《全国文明校园创建管理办法》为依据，本着“立足辽宁名校标准高水准开展创建，立足教育教学实际高质量开展创建”的工作原则，努力完善领导班子建设、思想道德教育、活动阵地建设、教师队伍建设、校园文化建设、整洁优美环境建设、校园综合治理等方面开展，致力于构建一个管理科学、安全稳定、环境优美、文明向上的文明校园，培养明

德、尚美、博学、笃行的新时代少年。

一、立德树人，提升学生思想道德水平

教育学家陶行知曾说：“道德是做人的根本，根本一坏，纵然你有一些学问和本领，也无甚用。”所以，成才先成人，树人先树德，必须把育人树德看作学生教育工作中的头等大事。因此，盘锦市高级中学始终把德育放在首位，将立德树人融入人才培养全过程、各环节，形成“思想政治教育为根本、养成教育为主线、课外活动为载体”的德育工作思路，着力提高学生思想道德水平、精神文明素养和社会责任意识。

学校充分发挥课堂教学的德育功能和思政课的德育主渠道作用，坚持开展百家讲坛、名师讲座等特色活动，引导学生把个人的理想追求融入党和国家事业之中，为党为祖国为人民多做贡献；重视抓好德育管理人员、班主任、科任教师、家长委员会组成的德育队伍建设，遵循学生成长规律，有选择，有侧重，加强学生思想道德建设；充分引导教师牢固树立“以人为本”的教育理念，将构建和谐师生关系作为加强学生思想道德建设的基础，帮助学生“扣好人生第一粒扣子”。学校先后荣获“全国教育系统先进集体”　“全国文明校园”、“全国模范职工之家”等多项殊荣，培养出了一批又一批奉献祖国、建设家乡的优秀毕业生。

二、提高认识，建设强有力的领导班子

一支强有力的领导班子队伍是做好学校科学管理工作的关键。盘锦市高级中学的领导班子高度重视文明校园创建工作，将创建工作列为学期重点工作，摆上重要日程，为文明校园建设编织了一张“保障网”。

学校坚持“三会一课”制度，推进“两学一做”学习教育常态化，深入开展“不忘初心、牢记使命”主题教育，建设过硬的领导班子；定期召开领导班子创建文明校园工作推进会议，解决创建中遇到的难题，推动创建工作深入开展；领导班子成员还经常深入一线指导工作，通过与师生交流倾听师生心声，增进了解，增进感情，促进工作与学习。学校党委被评为“辽宁省教育系统先进党委”，副校长杨丹参加十九大会议。

三、创新思路，建设求真务实的教师队伍

教师是学校发展的关键，也是学校发展的第一生产力。为建设“四有”好老师队伍，盘锦市高级中学明确提出“思想是根本，能力是保障，创新是出路”的干部队伍建设思路，要求中层干部在工作中以身示范，在工作中彰显实力，在与人交往中增强合力，促进了学校工作的稳步发展。

学校通过成立青年、骨干和名师三个培训班，从培训、培养、提高三个层面，不断提升教师队伍的整体水平；实施师德教育、青蓝传代等六大工程，强化教师队伍建设，提高教师专业水平；开展推门听课、评课、说课、集体备课、个案研讨等常规教学活动，组织过关课、优质课、创新课等评选活动，让教师在比教法、讲奉献、比成绩、看业绩中你追我赶，共进共长；引导教师树立“教育科研是学校与教师发展的第一推动力”的理念，帮助他们从日常工作中选择课题，开展研究与实验，积累资料与数据，推进教师由传统的经验型、勤奋型、粗放型向科研型、学者型、专家型发展。学校现有教师451人，其中全国模范教师2人，全国优秀3人，省特级3人，正高级2人，国家级骨干15人，省名师、骨干29人，市学科首席、名师181人次，师资力量雄厚，发展后劲十足。

四、深耕厚植，充分发挥文化的育人功能

校园文化是学校发展的精髓和灵魂，是凝聚人心、展示学校形象、提高学校文明程度的重要体现，是学校文化底蕴的具体体现。在创建全国文明校园的过程中，盘锦市高级中学着眼于搭建三大载体，引领校园文化稳步发展，形成了优良的校风、教风、学风，让校园生活在一点一滴中成风化人。

学校引导教师充分发掘和利用课程中的文化特性和育人功能，让课堂教学成为传播主流文化的主阵地；坚持教师以学生为本，学生以做人为本，建设有温度的教师队伍，培育有情怀的一代新人，形成以人为本的管理文化；成立校园文化建设办公室，整体规划和凝练提升校园文化，聘请专业团队策划施工，提升校园文化品位。如今，校园建设越来越好，景色越来越美，校园处处有教育，校园处处能育人。

五、加大投入，不断优化美化校容校貌

品位高雅、内涵丰富的校园文化是学生成长的沃土。多年来，盘锦市高级中学努力挖掘校园的人文元素，不断完善校园环境建设，努力营造“墙壁说话，花草育人”的良好氛围。

尤其2020年，学校先后投入300余万元更换消防管道，改造校园黑色路面，升级校园设施，美化校园环境。新冠疫情发生后，学校对教室、宿舍、食堂等重点部位加强通风、保洁及消毒，聘请专业团队对食堂门前绿化区升级改造，校园面貌焕然一新；组织师生、保洁人员对教室、办公室等区域进行常态化清扫，对学校周边环境等问题进行全面整治。如今，学校教室里窗明几净，文化气息浓郁，学生昂扬向上。

六、务求实效，推进学生活动阵地建设

学校利用校园广播、微信公众号等多种媒介，全方位宣传创建文明校园工作。重视社团活动阵地建设，加强对声乐社、器乐社等17个社团的组织领导，开设心理健康教育课，开展心理健康教育讲座，《盘锦日报》等多家媒体对此进行专题报道。将劳技课纳入教学计划，选编校本教材开展教学，每周一个班级，每天一节课，专人组织，专人指导，培养学生树立正确的劳动观念。一系列课程和活动，极大地促进了学生多元发展和品德提升。

创建文明校园是一项重要的综合性极强的工作，也是一件事关学校长远发展的大事。今后，盘锦市高级中学将继续查找不足，开拓创新，努力把学校安全文明校园创建工作推上一个新的台阶。

弘扬书法文化，打造特色品牌

辽宁省调兵山市第二小学　宋杨　尚红宇

书法是一种德育美育合一、体验体证合一的艺术，书法学习的过程也是一种道融于技的无言的德育浸润过程。开展书法教育不仅是提高书写技能，更是增进学识修养、培养艺术欣赏能力、感受我国灿烂文化瑰宝的魅力、实现以美化人的有效途径。我校以“走内涵发展之路，创品牌特色学校”，为办学理念。十年来，学校以书法教育为特色，大胆探索，扎实推进，提升了师生的文化素养，促进了学校的内涵发展。

一、扛起文化责任，发展书法特色

书法艺术是我国的一项国粹，它源远流长，博大精深，其魅力早已被世人所公认。然而，当这项优秀的传统文化遭遇到电子时代猛烈的碰撞之后，计算机的普及使用，把书法的主导地位挤到了次要的地位，书法与社会发展严重脱节。

面对这样的社会现实，我们也深深地意识到了问题的严重性，意识到了书法教育在小学教育中的重要意义，要扛起传承祖国传统书法艺术的责任。在市教育局领导和铁岭市书协领导的大力支持下，2011年8月，在我全体教师的共同努力下开始起步，学校特色书法教育开始起步。

自十八大以来，习总书记在多个场合谈到文化自信，大力推崇我国的传统文化，国家教育部在2013年正式出台了《中小学书法教育指导纲要》，要求将书法教育纳入中小学教学体系。有了国家的政策支撑，我校的书法特色教育走得更加自信与坚定，引领全校师生从书法中领悟做人的道理，逐步形成了“以字育德，以字启智，以字益美，以字健体”的书法教育特色。

二、营造书法氛围，创建墨香校园

我校着眼于书法环境育人。学校校名是由辽宁省书协副主席施恩波先生题写。校园的一角，滚烫的红色大字“写好中国字做好中国人”体现着我们对传统文化的热爱。校园里的每一处细节，突出了浓郁的书法特色。

在校园内，享誉四方的“书法碑廊”是我校书法教育的一大亮点，它于2014年9月建成，全长150米，共38块石板和一块立石组成，碑廊所刻内容涵盖了古今的书法名家、革命伟人、教育家等名人的书法作品，同时也选取了众多铁岭籍的书法家作品。碑廊建成后，学校开展了多项活动发挥碑廊的作用：组织各年级学生参观书法碑廊、临摹书法字体……各位书法教师有针对性的带领学生进行不定期的参观学习。

教学楼内，以“中国书法”为主题的走廊文化成为我校的又一大亮点，其内容：系统介绍了“中国书法的演变历史”、“历代书法名家名帖”及书法创作常识。让学生了解书法历史，吸取古人的书法精髓，增加学习书法的理论内涵。

走廊文化的外形设计更是独到、细腻，融合了古代的乱格窗棂、画卷等元素，体现出古韵悠远的特质，对学生的审美情操产生了潜移默化的影响。

除了图文并茂的走廊文化展板之外，在各楼层的显要位置还悬挂着诸多铁岭书协的书法家的墨宝，为走廊文化起到了画龙点睛的作用，更是成为师生耳濡目染学习书法的好课堂。

三、强化教师培训，提升书法素质

书法教育的水平高低，关键在于师资的培养。学校先后聘请中国书法家协会会员王荐、马海廷、许铁柱等著名书法家来校讲课，中国书法家协会会员、调兵山市书画院书法家张洪琦老师是我校常驻书法教师。这些热心教育的书法家为我校的书法师资提供了强有力的支撑。

每学期选派爱好书法的教师参加各级书画培训、外出观摩，提高他们的书法专业水平，并鼓励他们业余自学。学校曾多次选派书法教师参加“辽宁省书法临帖班”学习，通过学习使参训老师长进良多，很大程度上促进了书法教师的理论与实践水平的提升。

学校非常重视全体教师书法素质的提高。十年来，投入很大力

度，常年给每位教师免费提供毛笔、钢笔、字帖、练习本、墨汁，设立专门的教师习字时间，经常组织各种形式的教师书法比赛，评选优秀作品在宣传栏及教学楼内展出，设立“书法特色教师”、“书法工作突出教师”、“书法特色班级”、“书法工作突出贡献奖”等奖项，在每年的开学典礼上进行表彰。调兵山市第二小学，从校领导到普通教师，从青年教师到老年教师，利用课余苦练笔墨功夫，毛笔、硬笔兼修，练习书法已然成为他们工作和生活中的重要部分。

四、创新培训机制，夯实书法教育

学校采用多角度的“学生培养机制”每天中午设20分钟“书法短课”，班主任指导学生进行书法练习。1——6年级开设“书法长课”，列入每班的课程表，由专任的书法教师任课，将学校自编的书法教材《习字与书法》应用于各年级的书法课，使学生系统学习书法基础知识，教学中，对握笔姿势、写姿、坐姿、基础笔画的练习到简单的字、词组、诗句、简单的书法作品，均有翔实的训练。

（空）每个班级门前设有“灵动的笔尖”书法作品展示板，由学校提供专用书写纸，学生每两周创作一次书法作品，班主任教师精心批改、评价，精选优秀和进步的学生作品在展板上展示，极大地调动了学生的书写积极性。

开设特长班和书法社团，学生书法水平拔高训练。从各年级选拔有一定书法基础的学生参加特长班，在每周二下午的写字活动课时间，由书法教师对这些学生进行拔高训练；书法特长班的学生自愿参加校内小书法家社团，组织学习书法知识，开展书法临习、书法展等活动。

书法比赛，增添情趣；宣传、展示书法成果。每学期开展一次大型的学生书法比赛，评选出校园小书法家。通过比赛，充分调动了学生学习书法的热情。校宣传窗每月一期书法专刊，重点展示教师、学生优秀的书法作品。

习书法，促进智慧增长。学校以书法课堂教学为核心，进行“分层学习，分层指导，分层评价”，使不同水平的学生都能在书法方面得到发展。习字的同时注重培养学生注意力、观察力、记忆力、思维能力、想象力、创造力。

习书法，提升审美素质。学校还注意挖掘美育、体育要素，抓执笔坐姿美、基本笔画美、字体结构美以及章法美，提高学生的审美趣味，在习字中修身、健体。

习书法，在成长中进步。近几年来，学校的书法工作陆续被中央“书画频道”、铁岭日报、硬笔书法报、国家语言文字报和铁岭电视台等主流媒体所刊登和播出。累计350余人次在国家、省、市级书法大赛中获奖。

通过书法文化的熏陶，使学生认识了中国书法在世界文化中的重要地位，潜移默化地受到了爱国主义教育。书法教育的开展，培养了学生规规矩矩写字，认认真真做事，堂堂正正做人的习惯与品质；持之以恒地习字，锻炼了学生的耐心和毅力，使注意力更集中，磨炼心性，提升了修养内涵和艺术气质。

成绩见证付出，更加激励前进的脚步。学校有能力更有信心在未来的书法教育之路上，一如既往坚定地走下去，夯实师生书法教育教学基础，拓宽思路开展多项活动，不断提高师生书法水平，进而促进全校的各项工作良性发展。

书法是中华民族的文化瑰宝，是传承中华文明优秀文化、培养爱国情怀的重要途径。弘扬祖国的传统书法文化，是我们二小人努力的目标，培养出一批批热爱祖国传统文化、写得一手漂亮字的学生是我们二小人的奋斗方向。促进学校内涵发，助力民族文化自信。我们全校师生将齐心协力，践行好“写好中国字做好中国人”的文化传承使命，为民族复兴贡献文化力量。

凝练悦雅文化　彰显办学特色　彰显教育和谐

内蒙古包头钢铁公司第七小学　潘蕾　程方

1964年9月，包钢七小平地而起，栉风沐雨、砥砺前行近60载。近年来，学校发展实行办学思想、学校文化、管理结构、教师发展、课程建设、教学改革“六位一体”实施路径，多年来，在全体教师对教育不断追求与探索中，如今的校园书声琅琅、鸟语花香，已建设成为师生共同成长的乐园，幸福工作、学习的家园。

一、办学思想引领，师生共享成长

办学理念是学校的灵魂和办学的根本。学校广集众智、立足实际，“悦纳明德，融情雅美”办学理念应运而生，“悦雅”铸就七小文化之魂。通过创设轻松愉悦、乐观向上的校园氛围，营造充满情意的温情校园，引领师生接纳自己与他人，提升自我价值感，体验成长快乐感，学校积淀厚重、充满活力的校园文化，为师生的发展铺设坚实的精神底蕴。悦雅文化铸就了七小教育文化风骨，独显学校内涵发展，师生共同描绘“乐学巧思，雅言善行”的文化蓝图。

二、校园文化建设，滋润莘莘学子

校园文化反映了一所学校人文环境的灵魂，是学校内涵发展的本质所在，我校高度重视校园文化建设，在校园文化建设上拓展思路、追求卓越，通过特色教育一条路，依法治校一面镜，规范办学一杆旗，名师引领一楼梯，社团活动一层楼，传统文化一面墙，教育活动一主线，打造浓郁的校园文化氛围，让学生在崇高的精神力量的熏陶中陶冶情操，树立信念。

特色教育一条路：2014年，习主席重提“足球从娃娃抓起”。近年来，我们一直秉承“创建足球特色学校，打造阳光和谐校园”的理念。一进校园，浓厚的足球文化氛围扑面而来，操场上习主席题词、墙壁足球特色手绘、足球荣誉室、教学楼二楼足球特色活动展示，使得“以球启智、以球强体、以球激趣、以球传情、以球励志、以球育德”的足球特色理念更加掷地有声。

依法治校一面镜：一楼篆刻展示和各班内墙的24字核心价值观、四楼法治安全宣传展示，就像一面面镜子，警示学校要依法治校，教师要依法执教，学生要知法守法。

规范办学一杆旗：一楼教学大厅“走人文管理之路，育全面发展之人，为学生幸福人生奠基”的办学目标，“乐学、巧思、雅言、善行”的育人目标，即让学生在德、智、体、美、劳诸方面全面发展，还有办学理念、共同愿景、核心价值观等，它们就是一面旗帜，引领学校规范办学，立德树人。

名师引领一楼梯：楼梯两侧悬挂学校十个工作室简介，分别为“读说赏思”语文学科、“点线方圆”数学学科、“ABCZ”英语学科、“琴棋书画”艺术学科、“草原雏鹰”体育学科、“以德育德”班主任、“心灵家园”心理辅导、“公益青年”志愿者、“星星火炬”大队辅导员、“师德楷模”最美教师名师工作室。旨在凸显“师德先行，专业领航”的教师培养目标，着力打造一支有理想信念、有道德情操、有扎实学识、有仁爱之心的“四有”教师队伍。

社团活动一层楼：教学楼一楼楼道及东侧二至四楼办公区墙面为社团活动作品展示区，篆刻、脸谱、皮影、马勺、书法、团扇、绘画、超轻黏土，学生泼墨挥毫、飘逸洒脱、刚劲有力的幅幅作品完美呈现，真可谓百花齐放展风采，硕果盈枝溢满园。

传统文化一面墙：西侧楼梯和楼道北墙中国传统文化尽收眼底，浓厚的传统文化氛围，使学生在品读经典诗词、品味成语故事中，感悟古典神韵，积淀文化底蕴，传承中华文明，塑造完美人格。

教育活动一主线：教学楼四楼德育空间、少先队活动、安全教育，引导学生增强民族自尊心、自信心和自豪感，从小要树立远大志向、心怀家国情怀，争做“悦雅”少年。

校园文化建设的完善，陶冶了学生的情操，构建了学生的健康人格，提升了学校的办学品位，在为师生创设一个优雅舒适的学习和工作环境中，彰显出独特的魅力。

三、管理模式变革，诠释精细管理

学校高品质发展必须建构科学的制度，通过制度文化引领师生更好发展，保障学校各项工作健康运行。在　“悦纳明德，融情雅美”办学理念的引领下，制定完善了《包钢七小学校章程》，形成富有特色的包括“基础—拓展—综合”三个层级的“悦雅”课程体系。《悦纳明德　融情雅美》学校特色工作纪实、《包钢七小管理制度》《包钢七小体卫艺管理制度》《包钢七小安全管理制度》《包钢七小安全应急预案》的编排撰写，使得学校办学有章可循、有据可依。只有将制度内化为师生的行为，才能保障学校工作顺利实施。日常管理中，围绕“天天坚持，事事落实”的基本原则，首先从更新管理的理念入手，形成“思想领先，艰苦奋斗，高度负责，严格要求”的精神风貌。其次是强化制度的执行，对学校每项工作细化目标，明确每个环节的要求和考核办法，每项工作进行全过程监督，通过过程监督，促进工作目标的实现和办学质量的提升。凝练校园文化精髓，营造浓厚文化氛围，纵横交错的新型密度管理模式的变革，给学校的长远发展注入了持久的动力。

四、教师队伍发展，激发核心动力

一个学校的发展离不开教师的发展，教师专业发展水平是学校核心竞争力。我校制定《包钢七小教师专业发展规划》，重点着力打造两支队伍，即打造一支理论素养高、实干精神强、精于管理、勇于开拓的领导班子队伍和一支品格优秀、业务精良、职业道德高尚的教师队伍。我校以“自主学习、智慧行动、反思创生”为教师成长理念，通过各种有效机制，促进教师多元化发展，激发教师专业自主发展的动力，建立有活力的学习型教师团队。积极开展形式多样的培养教师专业发展路径，坚持名师工作室引领，建立教师专业成长档案，知名教师引领课、骨干教师成长课、青年教师亮相课、“化茧成蝶空间”、联片教研、教学评一致性说课展示等活动，深挖自身资源，开展校本培训活动，聚焦教师专业发展，形成结构合理的学科教师梯队，有效推进我校教师专业化发展，锻造一支师德高尚、业务精湛、结构合理、具有创新精神和实践能力的新型教师队伍，探索一条构建多元学习共同体的教师发展道路，在人工智能时代，面向未来，促进教师实现“跨越”成长。全国课题的研究，进一步提升学校教育科研水平，树立和强化课题研究、专业成长意识，促进教育教学质量稳步提升。

五、课程体系建设，打造教育品牌

基于中国学生发展核心素养文化基础、自主发展、社会参与三个方面，尊重学生的选择和个性化发展需要，遵循教育规律，让课程建设、实施和管理更加科学，我校建立了“基础—拓展—综合”三个层级课程，各层级一脉相承，层层递进，使得德育课程化、活动课程化、社团课程化……

基础类课程即国家必修课程，拓展类课程分为校本必修课程和校本选修课程，“悦雅”少年宫，实践类综合课程打破学科边界，为校本必修课程。其中拓展类“悦雅”少年宫课程根据学科及活动之间的逻辑关系，基于核心素养六大领域，创设创新创造类、人文社会类、科学素养类、身心健康类、艺术修养类、自主修身类6个“悦雅”类别课程。授课内容由学校自主研发、家长参与和社会资源三大部分组成。创新类课程包括最强大脑、啦啦Rainbow等；人文类课程包括软陶雕绘、出神入“画”等；科技类课程包括棋逢对手、创意无限等；健康类包括巾帼小足、只手遮“篮”等；实践类包括激情非洲、娓娓动听等；自主类包括临池学书、经典诵读等。

我校注重促进学科融合，关注所有学生全面成长和可持续发展，使学生快乐学习与生活，打造丰富多彩的校园生态，以基础性、多样性、开放性为原则，通过重构、整合、补充、拓展等方式，着力研究课程建设满足学生发展的需要，使得富有特色的“悦雅”课程体系落地生根。

六、教学模式变革，品味魅力课堂

我校依托中国学生发展核心素养，独有的“一三五”课堂教学模式应运而生。“一个目标”，即目标明晰。一节课的教学目标，源于课程目标，既要体现学科课程标准→年段目标→学期目标→单元目标→课时目标的漏斗形结构，又要结合具体学情和教材特点，制定学习目标尤为重要，让学习目标真正成为贯穿每堂课的主线和灵魂。“三个时段”，即课前、课堂、课后三时段。“课前预习，培养学生自主学习的能力；课堂互动，以生为本，合作探究，精讲点拨，检测评价；课后拓展，温故知新，从而走进生活，走向实践。五个环节”，即预习反馈，情境导入，合作探究，精讲点拨，检测评价。预习反馈是“一三五”课堂教学模式的基础。情境导入，有利于突破教学重点和难点，提高课堂教学效益。如游戏情境、表演情境、故事情境、问题情境、生活情境、联想或推理情境、自主学习情境以及任务情境等。合作探究，学生在组内开展讨论、交流，动手操作，探究活动。精讲点拨，点拨释疑贯穿整个教学活动的始终。教师要讲解重点、难点，讲学生不会的，讲规律、方法、技巧。检测评价，教学评价的检测反馈，使执教者了解信息，调控教学实施，追求教学目标有效地达成度。“一三五”课堂教学模式，与“教学评一致性”理念同符合契，激发学生学习的“自主性、能动性、创造性”，打造充满“爱”、洋溢“情”、体验“乐”的新样态魅力课堂。

这些年，我们立志用时代精神烛照教育，为孩子生命奠基，为教师发展服务，全力将学校建设成充满悦雅气息的乐园。七小人将砥砺前行，一路向阳，共襄盛举，擘画未来！

寓字于美润童心　墨韵四溢香满园

——内蒙古赤峰市松山十小写字特色课程建设纪实

内蒙古赤峰市松山区第十小学　贾国旭　张丽娟

清晨，一缕暖阳悄悄挤进窗棂，照耀着教室里一张张稚嫩的脸庞，他们正襟危坐，调整坐姿、握势，头正、肩平、背直、足安，松山十小孩子们期待的练字时间到了。校园里、廊道内一块块摆放整齐的黑板述说着全校师生对写字的执着；书法长廊一幅幅遒劲有力的书法作品朴实无华而兼纳乾坤；书法社团古墨轻磨香满园……

松山区第十小学（原松山区河畔景地小学）成立于2013年9月，建校以来，学校以“点化润泽生命，为孩子的幸福人生奠基！”为办学理念；以“积淀优雅，蓄势未来”为校训。为进一步贯彻《国家中长期语言文字事业改革和发展规划纲要（2012—2020年）》和教育部《关于中小学开展书法教育的意见》确立以墨香校园写字课程为办学特色。写字课程是传承中华民族优秀文化，培养爱国情怀的重要途径；是提高学生汉字书写能力，培养审美情趣，陶冶情操，提高文化修养，促进全面发展的重要举措；写规范字是践行校训积淀优雅的重要呈现方式。

把写字纳入课程，让文化浸染心灵

随着课程改革的逐步深入，开发与建设适合校情的校本课程，已成为课改一项十分重要而紧迫的任务。结合学校实际及新时代目标的要求，确定了以“优身、弘毅、启智、雅性”为目标的“润雅课程”体系。培养学生的国际力、领导力、学思力、创新力、生命力、意志力、审美力和设计力，确立人文与品德、数学与科技、体育与健康和艺术与审美四大课程领域。每个课程领域根据课程内容分层设计，又分为基础性课程、拓展性课程、选择性课程和综合性课程四个层次，形成立体化的课程结构。为充分体现学校的培养目标和办学特色，促进学生个性发展，将原有的国家课程、校本课程、地方课程、综合实践活动、社团活动、研究性学习有机整合。在教师自主申报的基础上，合理规划、分类、整理共开设42门课程，并统一命名为“润雅课程”。“润”有点化和润泽之意，“雅”与来源于校训中“积淀优雅”，更于学校的“雅”文化体系衔接。

“润雅课程”体系中写字课程是确定最早，实施最有成效的课程之一，是学校的品牌课程。通过写字教育达到全面育人的目的，以此提升学校文化内涵，营造具有写字特色的规范化学校。

在写字课程实施过程中，根据学段特点，我们采用“全员参与、从基础入手，大小课互补、铅笔字、钢笔字与粉笔字相结合”的有效模式。大课即每周每班两节常规写字课，小课即每班每天20分钟书法练习指导课。铅笔字、钢笔字、毛笔字三笔字分学段训练。同时充分利用我校师资，组建“河畔墨韵”社团，提升软笔书法水平。切实落实写字常规教学，力争实现全校人人练习书法，书法特色教育在普及中提高。

在写字课程师资的培训方面：坚持校本研训，培养“墨香”教师。

专业引领，在培训中成长。为了建设一支适应写字教育的教师队伍，学校定期开展多层次的校本培训活动，主要采取集中与分散相结合的方法。自活动开展以来，我校邀请书法名家定期来校进行书法理论和技法培训。同时还利用校本培训时间，分批次为全体教师进行《硬笔书法入门知识讲座》《钢笔楷书间架结构的特点》和自学批注《如何进行写字教学》等专项培训。通过讲座学习、示范演示、作品观摩等形式，开阔老师们的眼界，提高对书法的认识。促进教师在写字教学和写字指导等方面的提高。

自我训练，在强化中提升。为将理论学习与实践操作相结合，我校狠抓教师“三笔字”过关活动。教师每周完成一版粉笔字，每月一张钢笔书法、一幅毛笔字。由书法教师统一内容、统一指导、统一练习、统一展出，大大提高练习效率。经过几年的努力，我校教师写字水平明显提高，为课程开设提供了师资保障。

把理念融入教材，让课程焕发生机

在写字课程的反复实践中我们逐渐发现，教师对写字课的重视程度提高了，但是写字教学的随机性较大，很多教师只是停留在原有经验的基础上对写字进行指导，没有一个科学规范的体系。经多次调研，结合学生和学校实际编写一套写字校本教材将更有利于教师写字指导。本着让学生先喜欢上汉字再喜欢写汉字，把每位老师对汉字书写的感悟融入教材之中，把写字教材与语文教材同步练习，课内教学课外强化训练融合在一起的编写原则。校本教材凝聚的是教师的智慧和心血，孕育的是学生的希望和未来，彰显的是学校的理念和特色。通过教材的使用，引导孩子们习字习德行、品字品人生，立“清雅纯正”之品格，养“浩然平和”之性情。

写字校本教材共12册与语文教材同步。融合字理识字，寻根溯源增加学生识字趣味性，让学生喜欢汉字。融入偏旁指导、间架结构解析、关键笔画指导，指导有依据。全体语文教师参与编写，编写与培训一体化，融入教师的智慧，提升教师写字指导能力基本框架为：偏旁提示、整字解析、整字练习，整字解析中对每个字的字源和字理用图文的形式进行了解讲，对每个字在间架结构和关键笔画等方面进行简要分析。教材使用频率高，不增加学生负担。

教材编写之初困难重重，其中最大的问题是教师对文本处理操作不专业，为此结合师资结构特点，由教导处协调，成立了“一对一”结对帮扶互助小组，在全体教师的精诚团结和共同努力下，所有人都如期高质量完成了编写任务。我校的第一版校本教材于2015年编写完成，高兴之余我们更多的是反馈、总结，广泛征求并虚心听取多方意见后，我们进行了多次调整和修改，到2021年1月写字校本教材先后完成五次改版。

把方法带入课堂，让教学落地生根

由于与教材同步，老师们对写字教材的使用率和积极性很高，为进一步提高其实效性，教导处多次开展写字教学研讨课，通过实战观摩、跟踪回访、现场评价，制定出台了各年级《写字教材使用流程》。同时发动教师把编好的与写字有关的儿歌教给学生，让他们在诵读儿歌的过程中掌握写字要领，并养成良好习惯。如《写字歌》《坐姿及握笔姿势口诀》《各种笔画写法儿歌》等，另外组织教师编写并落实《书写10个好习惯》。

为使写字教学水平不断提高，构建了以“教师为主导，学生为主体，练写为主线”创立了写字课的新课型——写字课“五步指导法”。“五步指导法”核心：依托我校的写字校本教材，以偏旁指导为主线、以范字指导为主体，由单字指导辐射到群字练习。其基本框架为：第一环节：巧用儿歌，偏旁指导；第二环节：拓展字理，开阔视野；第三环节：整字解析，总结规律；第四环节：展示评价，畅谈收获；第五环节：粉笔书写，巩固练习。

为适应写字校本课程和墨香校园特色校的发展需要，不断开展写字校本课程专项推进活动。学生写字姿势和执笔方法规范，读帖习惯已经养成，“目中有字、心中有形”、“在描临前观察、在描临中体会、在描临后比照”的良好习惯根植于新。有效利用写字校本教材，强化“练、讲、评、改、展”各环节，真正让教材服务教学、切实提高学生写字水平。

把评价做实做细，助学生书写精彩

常规评价。通过“写字小能手”、“小小书法家”、“妙笔生花”等各种评比活动激发学生写字兴趣。同时把写字教育与各学科整合，对所有学科作业评改实行“双向评价”，即教师在评作业质量的同时，也要对作业书写做出客观的评定，以此既激发了学生的写字热情，而且约束了学生的写字行为。

专项评价。为提高学生的有效注意力、锻炼手指的灵活性和腕部力量，以此带动大脑的支配力和协调性，我校结合铅笔字与粉笔字同属硬笔书写的特点，利用写字由大到小的技巧特点，在铅笔字的基础上，在各年级大胆尝试让学生用粉笔在小黑板上写大字，如今各楼层廊道学生的粉笔字展示已经成为我校一道独特的风景。

家长评价。初期我们主要以教师评价为主，当学生有了一定的鉴赏能力后，尝试让学生互相评价。为充分体现家校共育的理念，让家长参与学生的评价。另外借鉴亲子阅读的成功经验，我们开展了“墨香家庭”亲子书法活动。让孩子和家长共同参与和分享多种形式的写字过程。通过共写，父母与孩子共同学习，共同成长；通过共写，为父母创造与孩子沟通的机会，分享写字的感动和乐趣；通过共写，带给孩子欢喜、智慧、希望、勇气、热情和信心。

学校评价。教导处采取每周一展、每月一评、每期一测的方式，周展出评选出班级写字小标兵。月评价在教导处统筹监控和周汇总的基础上，评选出校级写字小能手。学期末在学校统一写字专项测试的基础上，评选出小小书法家，以点带面，影响和辐射到全体学生。孩子们在健康、良性的氛围中，兴趣和积极性提高了，自信和技能也稳步提升。

成长评价。写字教学中，为全方位、多角度了解学生，及时收集学生阶段性发展变化的资料，促进学生自我评价、自我认知、自我发展的能力，在实践探索的过程中，我们达成新的共识—— 为每位学生建立个人写字成长档案。档案内容包括：自我介绍、教师寄语、家长寄语和自己的写字作品等。下一步我们将继续进行学生写字成长档案的探索和尝试，进一步加强教师在此过程中对学生的指导作用，以便更好地发挥学生成长档案的价值和意义。

把书法赋予生命，让十小茁壮成长

有上级领导的支持和关心，有兄弟学校的示范与引领，有前沿的教育理念与实践在高位牵动，我们从稚嫩、蹒跚走向稳重、成熟。取得一些成绩的同时还有许多不足。写字教学要以学生为本，书法练习要服务学生。随着年级的升高学生书写量增加，书写美观的同时速度也尤为重要。高年级尝试开展行书练习，在确保书写规范、端正整洁的基础上，提高书写速度，以达到实际运用的最终目的。每周一节的软笔书法课是又一次新的尝试。加大研发写字指导新课型的力度，如“基本笔画”练习和“结构分类”指导将是下一步研究重点。

坚守不倦的耕耘，体味创业的艰辛，分享收获的欣喜。写字教育任重而道远，是一项长期的系统工程，贯穿于学校全面常态工作之中。在今后的实践与探索中，我们将不断总结、不断反思，争取把此项工作做细、做实，脚踏实地，迎难而上，稳步推进各项工作，以此实现我们的最终目标——用墨香点化和润泽生命，为孩子的幸福人生奠基。

阳光课程育阳光少年

——内蒙古鄂尔多斯市准格尔旗薛家湾第七小学教学改革纪实

内蒙古鄂尔多斯市准格尔旗薛家湾第七小学 李奋岚

阳光，是无处不在的；阳光，是温暖的，和谐的，光明的，多姿多彩的……准旗薛家湾第七小学秉承“阳光教育”的办学思想，创建阳光文化，努力追求教师承载阳光、充满阳光，学生沐浴阳光、享受阳光，学校成为充满生机、活力的“阳光殿堂”的理想境界。

一、学校简介

薛家湾第七小学占地面积20000平方米，建筑面积7420平方米，2020年有教学班26个，在校学生1325人，教职工93人，专任教师73人，学历合格率达100%。

近年来我们在准格尔旗教体局的领导下，以创建四型校园即学习型、务实性、规范型、效能型为抓手，不断丰富阳光教育内涵，结合旗教体局提出的“儒、雅、谦、慎、惠”的文化理念，本着“健康、快乐、平等、自主”的校训，打造拥有强健身体、良好心态，积极乐观的阳光教师；在管理过程中竭力体现“和谐合作、乐教乐学”的校风，“平等宽容，和谐互动”的教风和“乐学善思、勇于创新”的学风，努力形成“做阳光教师，育阳光少年，创阳光校园”的阳光教育文化体系。

阳光文化的形成课程是主要载体，课程建设和课堂改革成为我校实现阳光教育愿景的双轨，也为阳光教育插上腾飞的双翼。

二、七彩课程育阳光少年

我校结合学校发展实际，在管理过程中不断思考、实践、总结、提升，使阳光教育思想能落地生根、开花结果，为七小孩子的童年着上美好人生的七彩底色，将“让每个孩子都有快乐地七彩童年”定位为育人理念，努力培养“习惯良好、热爱读书、体魄强健、爱好广泛”的阳光少年。近年来我校已经形成“体育健身、翰墨育人、书香浸润、全面发展”的特色办学思路，而且通过课程建设达到了多元育人的良好效果。为了进一步发掘学生的个性潜能，成就孩子们的七彩人生，以适应未来社会发展的需要，我们紧紧围绕立德树人的目标在原有的校本课程基础上，按照“七彩课程”进行提炼、分类，形成“阳光教育七彩课程体系。”

1.体格出彩课程。我们一直非常重视体育，武术操、校园足球、阳光大课间等体育特色，让我们从实践中体验到体育的育人功效。600人的武术操展演，校足球队、篮球队、田径队在历年各级比赛中取得骄人的成绩，男女足球队都参加过市长杯比赛，篮球队U系列比赛获自治区级奖励。我校队员也因足球成绩优异通过足球直通车进入了优质中学学习。为使体育特色这张名牌能亮的出，举起来，打出去，我们坚持将特色课程化。因为我校是国家级校园足球特色校，所以足球特色课程化是非常有必要的，而且形成了“以球润德、以球益智、以球健体、以球启乐”的足球课程理念，建构"足球文化"特色课程体系--足球课、足球啦啦操、足球社团、足球队以及班级足球文化创建，同时带动其他体育项目的课程建设。

2.品德出彩、习惯出彩课程。2018年9月10日，习近平总书记在全国教育大会上的重要讲话中多次提到“立德树人”，并强调：“要把立德树人融入思想道德教育、文化知识教育、社会实践教育各环节，贯穿基础教育、职业教育、高等教育各领域，学科体系、教学体系、教材体系、管理体系要围绕这个目标来设计，教师要围绕这个目标来教，学生要围绕这个目标来学。凡是不利于实现这个目标的做法都要坚决改过来。”我校多年的管理中一直把“学会做人”作为德育核心，培养学生立志报效祖国，做一个爱国的人；尊重他人，做一个有道德的人；自觉遵纪守法，做一个文明的人；自信乐观向上，做一个心理健康的人。我们提出争做阳光少年的标准：要有昂扬向上的思想，让转瞬即逝的童年留下照亮终生的火花，让人生充满阳光；要有规范文明的行为；要有健康的心理，无论是处于顺境还是逆境，保持乐观而不消极；要有强健的体魄，走向操场、走向大自然，每天阳光锻炼一小时。为此，我们以“好习惯、好人生”为特色教育项目，采取有效措施，培养学生“健康、友好、自主”三方面良好习惯的形成。不断优化德育工作内容，开展德育实践活动；发挥科任教师的德育功能，实现全员育人；加强家校沟通，邀请家长参与学校特色教育活动，让家长学在其中，乐在其中，体会在其中，感动在其中；组织好大型的教育活动，包括安全教育讲座、法制讲座、心理健康教育讲座等，不断提高学生的认识，丰富他们的知识，为他们健康、快乐成长奠定基础。

梳理之后，我们发现，我们的德育已经课程化了。围绕“立德树人”我校以《薛七小德育教材》为依托，通过主题德育活动、少先队活动、班会、社会实践、特色寒暑假作业等构建德育课程体系，并融安全教育、心理健康教育为一体。学校德育处负责大型活动课程、主题教育课程的组织与实施。另外，我们配齐了道德与法治课专职教师，保证国家课程有效实施。

3.阅读出彩课程。“读书可以启智，读书可以明理。”人生出彩离不开书香浸润，因此，我们一直积极倡导亲子共读、师生共读活动，让学生在书海中享受快乐，接受体验、熏陶，使学生的心灵拥有一方净土，建设一个修身养性的家园。为真正实现师生多读书，读好书，好读书，形成良好的读书生态圈，我们有必要将阅读、诵读整合到一起，形成“阅读出彩课程”。

课程要将国学美文诵读纳入其中，在内容上以中华传统经典为主线，以培养学生“孝、礼、诚、信、仁、智、毅”的美德为核心，精选中华传统经典的内容，结合相对应的美德故事，对学生开展教育与教学活动。在组织形式上，全校一至六年级开设，每天安排20分钟诵读课，为保证诵读质量，学校统一提供教材，并结合学校安全管理工作、养成教育工作，利用出操、回操、出校的时间背诵。在活动体例上，遵循教育教学活动四环节：诵传统经典——文化积累，读美德故事——读书明理，论传统美德——道德内化，做德育作业——自觉践行，评“校园之星”——弘扬美德。

4.书写出彩课程。以“阳光教育”思想为指导，从写字教学活动入手，培养学生的耐力、毅力和审美情趣等，以课堂为主阵地，坚持天天有练习，月月有验收，年年有提高。建立有写字特色的教师队伍，实现翰墨育人的目标，渗透书写精彩人生的理念，培养学生的书法特长，提高学校办学品味，推动素质教育深入开展。

首先构建“阳光课堂”理念下的写字课堂教学模式，提高全体教师的书写水平，为学生起到引领和示范作用。提高学生的写字水平，培养学生良好的行为习惯，使学生道德、身心、审美、书写技能等方面得到全面的熏陶。

其次营造浓郁的书法文化氛围，通过课程彰显书法特色。将书法纳入课表，有专人上课，1—2年级以硬笔书法为主，三年级以上以毛笔为主，统一教材，培养学生书法兴趣，养成爱好书法的习惯，从书法中获取知识，汲取营养，打造书香师生，营造书香校园。

4.创意出彩、艺术出彩课程。依托“乡村少年宫”的创建，创新社团课程的开发，根据学校环境、师资优势开发创意性、艺术类课程，扬长避短，形成课上课下互补充，校内校外双结合的创意、艺术课程体系。

每位教师既是课程开发者又是课程应用者，我们凭借自己的现有学识和对教育的热爱正确理解课程育人功能，用阳光课程育阳光少年。

三宽家长学校，助推幼儿成长

内蒙古霍林郭勒市第三幼儿园　刘琳　屈松娜　白晶晶

孩子是每个家庭放飞的希望，孩子的学习是一辈子的事，家庭教育更是如此。作为学前教育，必须与社会教育、家庭教育同步进行、同步发展、相辅相成，缺少任何一个方面，都会影响着教育整体功能的发挥，我园家长学校工作在园里几届领导班子的高度重视下，取得了较好的社会反响，工作实践中能充分挖掘家庭教育的补偿功能，培养了一批拥有科学育儿理念的家长。2020年6月，我园有幸申请成为三宽家长学校实践校，正值疫情防控期间，刚刚经过漫长的假期重新返园的时候，当家长工作面临沟通瓶颈时，三宽家长学校的互联网+家长学校的学习方式，众多全国著名的家庭教育专家将优秀的教育资源免费传递给了我们，让老师受益的同时，也让更多的家长信服幼儿园，信服我们的家长学校，支持家长学校的工作。在三宽家长学校专家的引领下，我园的家长学校工作更加制度化、规范化。

一、明确工作思想，提升家长认知

每个孩子都有成为优秀人的潜质，是父母日常不同的教育，赋予了孩子不一样的人生。家庭教育决定孩子的人生，很多时候，孩子成年后的问题，根源都出在家庭教育上，孩子未来的成功，也离不开家庭教育的打底。

家庭教育是教育的起点，是整个社会教育不可缺少的一部分，我园家长学校明确家长工作的中心思想，提高对家长工作重要性的认识，加入三宽家长学校后，组织各班班长召开家长学校会议，要求教师关注三宽家长学校公众号，及时收看三宽家长学校相关信息，进行家长学校工作研讨，将三宽家长学校的学习实践活动与我园家长学校活动相整合，高效完成三宽家长学校布置的学习任务。

二、健全组织机构，完善工作制度

“经国序民，正其制度”，制度是国家发展的重要保障和有力支撑，对一个幼儿园来说也是如此。为了让幼儿园的教育质量再上一个台阶我们通过健全家长学校组织机构、完善家长学校工作制度的同时，设置专人负责三宽家长学校具体工作，实行由保教主任进行活动跟踪与记录反馈，园长负责按时督查的三宽家长学校工作流程，保证了三宽家长学校研究工作的实践性、效率性。

三、提前制定计划，抓好课题实践

根据三宽家长学校工作安排，我园家长学校在制定本学期工作计划时，将三宽家长学校学习内容提前制定详细的工作计划，预留学习时间，规划学习任务，具体计划落实到每周，保证家长学校的常规工作的同时抓好三宽家长学校的课题实践工作。在实践由各班班长主要负责、保教主任督查学习进度，由保教主任负责跟踪记录学习过程、保存档案资料工作。

四、重视教师培训，丰富家长学习

在以往的家长工作中，家长学校的工作重点都在如何开展家长工作、为家长提供指导与帮助上，对教师培训不够重视，加入三宽家长学校实践校的队伍后，在三宽家长学校的指导下，我园家长学校组织教师进行相关课程培训的同时，反思以往教师培训中的不足，制定了教师培训的下一步计划，力求保证下一步研究的实效性。

为了满足不同层次家长的学习需求，在三宽家长学校整体课程安排下，我园家长学校从家长角度出发，开展了方便家长进行的学习活动。

我园根据小、中、大班幼儿年龄特点及学期主要教育教学目标选择不同的讲座内容，如：针对大班家长的《幼小衔接》的家长讲座，邀请小学一年级的教师亲自为家长介绍幼儿入小学的要求与入学准备，得到了家长的欢迎和赞同。另外，针对小班刚入园的情况，我们在入园体验后也利用家长学校的资源开展了家长课堂讲座。

线上微信平台学习。为方便大家学习，我们进行每周一次的微信线上学习，各班轮流进行（删）书写心得，大大减轻了家长的学习任务，在家委会家长的召集带动下，每次均能都按时完成市里家长学校或三宽家长学校布置的学习任务。

2020年底，通辽市关工委领导莅临我园指导三宽家长学校实践校工作具体开展情况，对于我园将三宽家长学校与家长学校原有的活动相整合的活动形式与工作模式给予了肯定，2021年4月，我园荣获第五届中国家长大会优秀实践校奖。

做好三宽家长教育，提升家庭教育水平，为孩子营造宽容、宽厚、宽松的成长环境，共促幼儿茁壮成长，推动幼儿园高质发展。新的起点，新的期望，面向未来，我们定珍惜荣誉，再接再厉，深入贯彻落实习近平总书记关于家庭教育做出的一系列重要指示，推动家庭、幼儿园、社会各自发挥不同的功能，紧密合作，践行“三宽”，为孩子的成长创造和谐共促的环境。

传承红色基因，培育时代新人

内蒙古通辽新城第一小学　于春来

习近平总书记强调指出：“要把红色资源利用好、把红色传统发扬好、把红色基因传承好。为深入贯彻学习十九大精神，培育新世纪学生爱党、爱国、爱社会主义的情操，让红色基因、革命薪火代代传承。”我校以“红色基因，代代相传。优质自己，精彩一生”为校训，逐步形成了“勤俭和善，守正创新”的校风，逐步练就了“教学相长，五育并举”的教风，逐步培养出“博学善思，全面发展”的学风。全体教职工扎实工作、团结一心，全校上下已经形成了积极奋进、比学赶帮的创新创业氛围，全体教职工为人师表、爱岗敬业，潜心教学、爱生如子，以校为家、甘于奉献，呈现出健康、和谐、向上的发展态势，百姓满意度不断提升，社会影响力不断扩大，已成为全市老百姓竞相争取的优质教育资源。

一、坚持红色理念，强化立德树人

我校坐落在开发区叫来河大街中段，校园占地面积22000平方米，建筑面积10800平方米。2018年6月被命名为中国工农红军内蒙古通辽红军小学。现有班级28个、学生1330人；教师80人，其中，党员30人，占教职工总数的37.5%，全部为本科及以上学历。传承红色基因，培养时代新人。我们注重保持各项活动的持续性，实现了“五育并举，全面发展”。持续开展系列化德育活动，达到对学生思想品德教育内化于心、外化于行的目的。

我校坚持红色教育办学理念，学校校服是“小红军服”，校歌是全国统一的《红军小学，红色希望》（作词：李肇星），课间铃音为标准军号，课间音乐为通辽红军小学红色爱国主义曲目体系。班级文化由含有红色元素的班徽、班训、班旗构成，一班一品。学校坚持以每天升起一面五星红旗的行动，来迎接每一个崭新的清晨。孩子们昂首挺胸，阔步走进校园，健步通过“党史学习教育”红色文化育人长廊，正能量步入课堂，师生共同开启每一天的立德树人、快乐学习、健康成长。在每个班级严格落实了“每个孩子在每个座位都坐过、每个孩子和每个孩子都同桌过、每个孩子在每个岗位都担当过”的举措，扎实培养“小红军”们的爱党爱国爱校、包容合作共赢的良好道德品质。

为提升教师的道德素养，我们要求每一位教师都要以中共党员的标准要求自己，都能够胜任全科教学和班主任工作，做到“一专多能”。学校组建了“名师工作室”，“强师强智”，6位学科教师入选通辽市名师工作坊团队，教学教研获各级奖项40人次，成功申报教科研课题12个，组织骨干教师44人参加国家教育行政学院“教学创新能力提升”培训班，并精选课程进行了线下全员轮训。组建了30人的校级师德标兵、学科带头人、教学能手、优秀班主任等名师团队。工作重点严抓习惯培养、向课堂要质量，全面提升师生核心素养。

二、多元发展路径，促进学生成长

新时代的教育要坚持以人为本，遵循学生的成长规律，激发学生的成长活力和教师的专业活力，知行合一、整体育人，促进每一个学生的多元个性成长，培养新时代德智体美劳全面发展的社会主义建设者和接班人。

加强学生体育锻炼，我们召开了全员参加的春秋两季运动会，举办了第二届“红星杯”足球对抗赛。利用全国红办捐赠的项目，建设了“小红军军体八项”拓展基地和200平方米乒乓球场。我们坚持每天上、下午两个“阳光大课间”，跑操、深蹲、高抬腿、开合跳等特色运动，确保了孩子们每天有氧锻炼1小时以上。在“嗨动Family”自治区首届亲子体育活动中，我校以全自治区第一名的成绩，荣获“嗨动之校”称号。

为激发学生的个性发展，培养学生的艺术特长，我们依托音乐、美术、科学等9大功能室和教师们的才艺特长，开设了15类社团活动课共546节。在全市第四届中小学师生合唱节上，通辽红军小学合唱团学生作品《布谷鸟》以总分第四名的好成绩获二等奖，教师作品《在灿烂阳光下》获三等奖，罗贺楠老师荣获优秀指挥奖。

加强劳动教育，提升学生实践能力。我们建设了井冈山环保教育基地、南泥湾劳动实践基地。全校师生家长在这里，挥洒了播种耕耘的汗水，收获了绿色香甜的果蔬，体验了体力劳动的快乐。继续开展了“小红军生活能力大比武”，自己的事情自己做，进一步提升了学生们的生活能力。

家校长全促发展。我们每年度的“红领巾，我的光荣与梦想”入队仪式特色是“家校共育”，我们隆重邀请学生家长亲自为自己的孩子戴上第一条红领巾，感恩教育，深情拥抱，互致寄语，孩子感恩父母的养育，父母引领孩子扣好人生第一粒扣子。我们家长学校办学理念是：身教胜于言教，想让孩子成为什么样的人，首先我们就要做这样的人，注重家庭、注重家教、注重家风。

截至目前，我校已成功立项自治区级课题6项、市级课题5项。荣获全国红军小学周恩来班创建工作先进集体，全国红军小学雷锋班，全国红办“齐心书屋”、中国足协国家D级教练员培训、国标乒乓球场等项目；自治区首批“小小乌兰牧骑”学校、自治区平安校园、自治区首届亲子体育活动“嗨动校园”；通辽市先进基层党组织，通辽市文明校园，通辽市民族团结示范学校，通辽市社会科学普及基地，通辽市“十佳阅读先进单位提名奖”，通辽市优秀少先队大队，通辽市“学雷锋志愿服务先进集体”，通辽市首家“三宽家长学校”试点学校，通辽市健康促进学校；通辽开发区思政课教育基地校、开发区德育工作先进集体。

2018年5月31日，习近平总书记在给陕西照金北梁红军小学的同学们复信中说：希望你们多了解中国革命、建设、改革的历史知识，多向英雄模范人物学习，热爱党、热爱祖国、热爱人民，用实际行动把红色基因一代代传下去。红色基因是信仰，目光远大，追求高远；红色基因是追求，勇于拼搏，自强不息；红色基因是忠诚，爱党爱国，矢志不渝。我校将通过多渠道多途径传递红色基因，扎实培养全体师生对党和社会主义祖国的朴素情感，扛起培育时代新人的责任。为实现办成全市一流、全国知名红军小学的宏伟目标努力奋斗，向党的百年华诞献礼。

绽放品质教育色彩，成就幸福灿烂人生

青海省西宁市城东区晓泉小学　陈焕　崔丽娟　严金兰

学校是以文化人的沃土，是培养人格之圣地，学校的一草一木，一砖一瓦都蕴藏着浸润生命的气息。唯有在教育的土壤中深耕细作，才能真正创造生命的价值，绽放人生的光彩。我校始建于1955年，前身为青海省军区干部子弟学校，学校现有39个教学班，2144名学生，其中少数民族学生1630名，正式在编教职员工106名。学校有39间带有希沃电子白板、“班班通”设备的教室，另有多功能厅、会议室、舞蹈室、声乐室、电子琴室、软陶室、画室、围棋室、心理咨询室、图书室等，校园环境优美宜人，教学设施先进齐全，为培养学生各方面的特长和能力提供了有力保证。近年来，我校以习近平新时代中国特色社会主义思想为指导，践行社会主义核心价值观，加强未成年人思想道德建设工作，增强“四个意识”、坚定“四个自信”、做到“两个维护”，以加强理想信念教育、纪律教育、警示教育为重点，秉承“创特色名校　，育世纪英才”的办学宗旨，将“让每个孩子都闪光”的育人理念落到每一个育人环节。大胆探索，勇于创新，促进学生全面发展。

一、铸魂培根，多角度提升学校教育品质

真正的教育就是品德的塑造，人性的培养。在党支部的正确领导下，我校成立青海省西宁市晓泉小学未成年人思想道德建设工作领导小组，并建立了以党支部书记、校长为组长、副校长、德育主任、大队辅导员为副组长、退休校长、家委会代表、社区主任、法制副校长及工会主席为成员的组织机构，在他们的关心帮助下，经过晓泉人的辛勤耕耘，积淀了较深厚的校园文化底蕴。

为进一步关爱未成年人健康成长。我校还积极调动各方面的资源，形成合力，切实发挥“五老”的骨干作用。例如，邀请西宁好人、道德模范、老党员马宝祥同志来我校举办“道德讲堂”专题讲座；邀请本校老教师梁广宁老师到我校作主题教育讲演。聘请老革命家、共和国勋章获得者李延年爷爷为我校少工委委员。同时，学校每年在“六一”儿童节、教师节、元旦文艺汇演时邀请退休教师，召开座谈会，让他们看看学校近期的发展，汇报学校的办学理念、发展思路。每一次的座谈会上，他们都不遗余力地指导、关注学校健康有序的发展；时时鼓励和鞭策在岗教师要立足本职，爱岗敬业，无私奉献；对学校管理提出良好的建议和殷切的希望，为学校的进一步发展做出积极的贡献。

学校是学生的学校，也是老师的学校，是家长的学校，是社会的学校。家庭教育、学校教育、社会教育是素质教育三大支柱。我校成立了家长委员会，定期召开家长座谈会，听取家长们的意见；各班班主任利用钉钉、微信班级群等方式，将学校、班级工作公示于家长，接受家长的监督；每学期我校还会开展家长课堂，让家长们参与到学生的教育中来，充分发挥家校携手共建的作用。此外，我校还定期为全校家长举办专题讲座，让家长们得到最新的教育理念。

教育是把温暖和关爱融化进学生心底。一直以来，我校始终关注弱势儿童成长，采取多种措施，让弱势儿童感受到学校的温暖。一是重视学生心理健康教育。关注学生心理发展，引导学生始终拥有自信、向上、健康的精神状态。学校有标准化的心理咨询室，有受过专门培训的心理辅导员，定期为学生们做心理健康辅导，通过举行心理健康宣传活动，让学生们领会成长的快乐。二是为弱势儿童献爱心。根据国家“两免一补”政策，学校每学期开学伊始都会为贫困学生减免课本费；学校还发出倡议，在2017年12月分别为大通青山中心学校和果洛州班玛县的孩子们送去了过冬衣物，2020年7月为大通县向塔尔镇下旧庄学校的学生们捐赠了绘本图书和学习用具等。三是不断加强法制教育。每学期都聘请法制副校长、校外辅导员来校，为学生们进行交通、法制、消防、安全等讲座。学校德育部利用班会、晨会、升旗仪式、红领巾广播站、红领巾电视台等时间组织学生观看专题片及宣传展板，对学生进行安全教育，不断提高学生的安全防范意识。

二、多措并举，多层面凸显学校办学特色

陶行知曾说过：“天然环境和人格陶冶，很有密切关系。”校园中的每一座建筑、每一处景点，每一片绿色，都成为一种思想的传递，一种文化的表达，优美的校园环境就像无声的老师，滋润着师生的心田，熏陶感染着师生，丰富净化着师生的灵魂，潜移默化地引导师生向着健康的方向发展。我校以班级为阵地，以中国传统文化为主题，形成了别具特色的校园文化和39个内容丰富，形式多样的“一班一品”班级文化。教学楼内不同楼层有不同的文化主题，一楼为民族团结长廊，二楼是科技长廊，三楼为红色文化，四楼为艺术空间。每一层都有水族箱，每个班级门口和每个角落都布置了绿色植物，整个教学楼内生机盎然。墙面上的励志名言时刻在激励着每一位师生；荣誉角上张张荣誉证书是学校一道亮丽的风景线，它是一种荣誉更是一种激励。后花园中，绿化区、景观带里的“读书林”让学生们在大自然中尽享读书的乐趣，陶冶他们的情操；运动区的塑胶操场、攀岩场地、健身区、小型篮球场地让他们拥有健康的体魄、享受运动的快乐、体现运动的魅力。每班教室内都有学生和老师共同建设的班级文化阵地，使学生回到教室后又在强烈的文化氛围中受到潜移默化的教育。

我校还通过庄严升旗，夯实育人内容。由各中队统一组成的护旗队、升旗手规范、正规。每周一学生们看着冉冉升起的五星红旗，高唱国歌，聆听祖国发展的故事，感受今天的幸福生活，激发他们的爱国情怀。同时，我校积极开展阳光体育活动，强健学生体魄，全面实施《国家学生体育健康标准》，树立“每天锻炼一小时，健康生活一辈子”的理念。学生们每天一小时的大课间活动中，融入了广播操、眼保健操，经典诵读、绕圈跑、武术操、特色游戏等活动。

为陶冶学生情操，强化学校德育教育，我校还大力创新“多彩泉韵”德育课程，始终围绕“以人为本，立德树人”的根本任务，以“让每个泉韵小水滴都闪光”的办学理念，打造了以中国优秀传统文化为主题的校园文化。学校坚持价值引领，把培育和践行社会主义核心价值观贯穿于德育课程创建活动的全过程，形成了以“实践”为特色、以“活动”为载体的“多彩泉韵”德育课程体系。

学校的“多彩泉韵”德育课程是根据学生年龄特点，结合不同学段的德育目标，广泛利用社会资源，对主题德育活动课程进行整体设计，分为六大主题课程，分别是：“一班一品”班级文化建设课程，毕业季课程，成长季课程，行走的课程，开学季课程，主题教育课程。每个主题课程又下设子课程。使它们相互关联、层级递进。2018年3月，我校建成最先进最前沿的新科技智慧书吧，它是大数据分析呈现、人工智能、云管控为一体的智慧书吧，是由机器猫自主管理的容纳了近5000册图书的小型网络图书室。学生可以在这里自主选借书籍，深受学生的喜爱。以此为契机，我校同时开展“亲子阅读活动”，“书香家庭”评比展示活动，把教师、学生和家长有效联结起来，形成了家校育人的合力。

为了丰富学生的校园生活，培养学生健康的心理，促使学生的特长得以发挥，个性得以强化。我校积极开展各类丰富多彩的社团活动。如攀岩、轮滑运动，培养来学生勇敢顽强、坚忍不拔的拼搏进取精神，同时也让学生们在运动中感受乐趣，展现魅力。此外，学校模特队培养了学生们与人友好相处、彬彬有礼的良好习惯。小小模特们灿烂的笑颜，挺拔的身姿、富有童趣的造型，展示着学校的风采。模特的服装都是老师们用废旧的彩纸、彩色塑料袋等制成的演出服装。学校的软陶班里，学生们在老师的指导下，发挥自己的想象，制作出了各种雕像，饰品等。软陶制作锻炼了学生们动手、动脑能力、团队协作能力，在制作中体会动手乐趣，体验成就感。此外，我校坚持“艺术与生活、艺术与情感、艺术与文化、艺术与地方特色”的理念，将青海本省地方特色与综合性艺术活动相结合。开设了“盐魅力”社团，使学生们认识大美青海的盐文化，喜爱青海的盐文化。

在新的办学理念和办学思想的指导下，我校还投入大量资金，先后筹建了学校管乐团和民乐团，并聘请校外优秀退休音乐教师，为学生授课。管乐团和民乐团的成立不但可以培养学生的艺术素质修养和特长，还可以在学习乐器和演出的过程中培养学生们的自信心，合作意识和自豪感。

三、德育同耕，奏响品质教育未来强音

教育，就是精神的唤醒，潜能的显发。它尊重、赏识每个个体，致力于学生能力、品德等各方面素质的全面提升，服务于个体的健康成长，滋养每一个生命。如今通过学校持续规范思想道德建设工作，学生们不仅养成了良好的行为习惯，举止优雅，学校文明创建理念更是蔚然成风，为下一步学校发展奠定了有力基础。面对新的挑战，我们相信，只要继续遵循"全面发展的育人观念、富有创意的特色教育、寄寓情趣的校园文化"的教育原则，并行之贯穿于个教育教学中，我校必将在这片广阔、绚丽的教育舞台迎来幸福灿烂的明天。

承红色基因，培育红军少年

山东省安丘市红军小学　张广荣

历史是最好的老师。习近平总书记在党史学习教育动员大会上强调，"抓好青少年学习教育，让红色基因、革命薪火代代传承。"建设红色文化，以红色精神培育时代新人。我校是潍坊市唯一一所红军小学，建校以来，学校着力打造以传承红色基因培育有梦想的红军少年为特色的红色教育体系。扬红军精神，传红色基因，成为学校党建、德育工作的特色品牌。特别是近两年来学校深挖红军精神的内涵，牢记传承红色基因使命，精心打造具有红军小学特色的立德树人新途径，培育新时代少年。

一、打造红色文化，涵养红色信念

我校精心打造具有学校特色的红色教育文化，着力红色基因的浸润与传承。建立"托起明天的太阳"迎宾屏风墙。激励师生不忘初心，好学励志，做新时代好少年；建立"信仰之力"主题墙。学校在南楼红军楼一楼大厅西侧建立信仰之力主题墙，突出与时俱进；建立长征路线图浮雕墙。学校在红旗楼东墙壁上突出长征路上的重大历史遗址宣传教育；建立长征精神永放光芒七连体宣传栏。让每个学生知悉长征的来由、重大历史事件和历史意义。

学校在教学楼连廊一楼建立了"传承红色基因做新时代好少年"主题宣传教育走廊，突出党的主要领导人、十大元帅、学校少先队特色活动、十佳红军少年事迹等。

学校红色教育展馆，是学校全体师生缅怀历史、坚定信仰的一处红色阵地。每逢课外活动、重大节日和重要纪念日，学生们在教师的带领下，参观学习，认真聆听小红军解说员的现场讲解，领悟革命先烈为了民族解放和国家独立、不畏牺牲的革命精神。小红军解说员生动活泼的讲解，董存瑞、黄继光、潘冬子、王二小、小兵张嘎等这些英雄人物的光辉形象，大刀片、红缨枪、红军鞋、炸药包等实物的展示，生动地体现着当年艰苦卓绝的斗争环境，让学生们经受着精神与思想的洗礼。

二、弘扬长征精神，汲取前行力量

从伟大长征精神中汲取前行力量，以长征精神激励孩子们奋发向上，学校近几年来重视对孩子们的"长征教育"，通过近两年的教育实践，更是得出一套有特色的"长征教育"品质学校德育教育模式。

学校每年都会邀请老革命后人及五老志愿者亲自到学校给孩子们讲述长征故事，长征路上的真实历史和感人故事，让孩子们亲切感受到了红军信念不移、勇往直前、百折不挠和坚持不懈的精神。

为更好地传承红色基因，学校强调在全校普及"长征故事进校园"工作，旨在通过长期积淀，培育红色基因鲜明的一代新人。学校积极开展红色文体体验等各类活动，重点将"小红军讲解员"、"红色话剧团"等列为社团活动课程内容，并经常性组织学生到红色教育基地讲解或演出。这样将课堂讲授与现场教学相结合，这样的学习看得见、摸得着，更能入脑入心。

自从启动长征故事进校园工作以来，学校充分利红色教育展馆，组织"长征故事进校园"红色场馆宣讲员的选拔活动，力争让学校每个孩子都能成为一名优秀的小小解说员。"长征故事进校园"红色展馆宣讲学生选拔活动，让孩子们在活动中展示、交流长征故事学习成果。对活动选拔出来的优秀学生，由负责该项目的责任教师利用每周四、周五的展馆开放时间对学生进行培训。以抓先进、树榜样的方式，形成人人积极讲好长征故事的良好氛围。

学校灵活利用本校资源，建设"长征文化长廊"。例如一楼走廊的长征诗词，二楼走廊的长征人物介绍，三楼走廊的长征途中故事等。让孩子们进行解说练习，在深入了解长征文化的同时，也更好地锻炼了孩子们自信大方的口才表达和解说能力。历史，就在学校这些细节的传承中，实现了后人对先辈的致敬。

三、开展实践教育，传承红色精神

红色主题实践教育活动，让红军精神落地生根。策略一：几年的实践，我们深刻地认识到，今天对学生进行革命传统教育，其关键就是要处理好革命精神的实质这个"神"与形象化的"形"之间的关系。我们主要开展了三项看齐活动。

向旗帜看齐。几年来，我们坚持每年开学第一课就是认识"五旗"，开展"五旗教育"。即通过主题晨会、班队会、观看视频等形式让同学们深刻认识党旗、国旗、军旗、团旗、队旗的含义，回顾党和国家，共青团和少先队的光荣历史，明白今天的幸福生活来之不易，更要珍惜。每年的建队日，学校都要组织隆重的纪念活动，讲述红旗的故事，让同学们明白旗帜代表方向，代表理想信念，代表世界观、人生观、价值观，用全新的视角诠释旗帜的力量，榜样的力量，引导广大学生把红色基因植入灵魂，融入血脉，落地生根，热爱红旗，高举红旗，热爱党，热爱祖国和人民，"扣好人生第一粒扣子"。

向英雄看齐。几年来，学校借助自身丰富的红色文化和地方资源，开发了"红色美育"系列课程，坚持以美育人，以文化人，着力提高学生人文素养，传承好红色基因。学校专门开设了"红色经典咏流传"、"红色历史我知晓"、"红色旗帜我接力"、"红色精神我传承"、"红色文化我体验"、"红色榜样我学习"、"红色延安我自豪"、"红小战士我荣耀"等校园文化系列体验课程，让英雄人物进课堂，坚持每周组织一次英雄故事会，并通过课前精彩两分钟续写英雄篇章，语文课讲述英雄故事，美术课展示英雄形象，音乐课齐唱英雄赞歌等，让全校1586名学生都能说出自己心目中的英雄，讲出英雄故事，让学校时时处处成为育人的大课堂。

向榜样看齐。我校通过爱的分享——寻找身边的榜样，引领师生圆梦红军。学校特别邀请五老志愿者惠勤主任和同学们分享自己的成长故事，并邀请潍坊家庭教育专家陈孝花和同学们一起交流奋斗感想，让同学们和专家、榜样零距离接触，面对面交流，增长见识，丰富学识，影响他们形成健康向上的追星观、成长观、奋斗观，积极教育引导学生沿着求真理、悟道理、明事理的方向前进。

策略二：优秀传统文化是中华文化的自我觉醒，传统文化的核心是教会做人。根据上级要求，我们把2018年主题定为"争做新时代少年"，主要开展了以下几方面的主题实践活动。

"春之萌生"--文化节，以经典诵读为主，配以诗、书、画，淋漓尽致的展现出传统文化的博大精深，并进行民族传统节日活动；

"夏之绽放"——艺术节，以民族特色歌舞为主，展现的是各民族风采，赞美的是民族大团结；

"秋之收获"——体育节，诠释运动与科学的完美结合；

"冬之蕴藏"——故事节，以张骞、邓世昌等民族英雄的故事为剧目，让同学们在演绎英雄人物的事迹中感受到爱国情怀，铭记历史，珍惜现在，担当起实现中华民族伟大复兴的历史使命。

另外，学校还组织了德育品牌活动"绿色小长征——植树踏青"和"红色小长征——徒步越野"围绕新时代的长征精神，用徒步跋涉和闯关活动等，让孩子们在活动中亲身体验长征跋涉的艰辛，从而磨炼意志，健全人格，增强体质。

策略三：再走新长征路，培养学生的吃苦精神。一年一次的"红色小长征——徒步越野"红色研学活动，让每一个学生在小学6年内走遍家乡的每一个革命旧址，让孩子和家长一起长途跋涉，亲身体验长征的艰辛，重温先辈事迹，培养吃苦精神，并在活动中同时开展"红色小传人宣讲活动"、"星火燎原红色故事演讲"、"红色歌曲合唱比赛"、"红色家书亲子阅读"等，让孩子们回顾党的伟大发展历程，懂得当前幸福生活的来之不易，让学生的信念更加坚定，意志更加坚强，更加乐于吃苦，勇于奋斗。和"红色小长征"一脉相承，每年3月组织的"绿色小长征——植树踏青"活动，结合植树节、学雷锋月等节日，倡导绿色生活，低碳出行，积极教育引导学生崇尚劳动，尊重劳动，崇尚艰苦奋斗，懂得劳动最光荣、最崇高、最伟大的道理，让学生明白，要使家乡的天更蓝、山更绿、水更清还需要吃更多的苦，流更多的汗，更要刻苦学习，努力奋斗做贡献。

2018年学校荣获全国足球特色学校、潍坊市依法自主办学试点校、潍坊市党建工作标准化示范校、安丘市先进基层党组织、安丘市教育工作先进单位、安丘市教学工作先进单位、安丘市健康教育示范校、安丘市学校管理六星级学校、安丘市实验操作展示优秀组织单位，安丘市华樾杯征文优秀组织单位，山东省地科杯优秀组织单位等。

少年兴则国兴，少年强则国强。习近平总书记明确提出，要用红色基因培养担当中华民族复兴大任的时代新人。我们作为全国红军小学联盟校的一员，将进一步牢固树立"四个意识"，坚定"四个自信"，把传承红色基因作为己任，坚持用红军长征精神办学育人，着力打造红色教育品牌。

课程发展创特色　品质立校育桃李

山东省德州市宁津县棠湖小学　刘金翠　王吉娟　李仁艳

生命离开水源，就会枯竭。国家、民族的发展离开教育就会衰亡。教育是生命进步的新鲜血液，是时代发展的思想能源，只有保持充足的活力和创造力，才能持续推动人类社会向前发展。从根本上说，教育就是一个民族兴衰的命脉，是国家强弱的心脏工程。只有在教育的

土壤中深耕细作，做有故事的教育，办有意义的学校，才能让教育的温暖浸润每个校园。2018年8月24日我校开始招生，很多学生都是来自于规定区域的本在乡镇和私立学校就读的学生，学生学习习惯养成水平相差很大，所以就学生个体差异成了挡在我校教育教学的第一道难关。此外，我校尚还年轻，办学经验不足，学校在职教师青年教师居多，还有十几人去年刚刚入职，如何利用好现有教师资源提升教学质量是我校又一值得思考的地方。年轻的学校，来自不同学校年轻的教师，来自各个学校不同学习习惯的学生。所以我校需要一套规范的制度和措施来磨合每一个人，包括师生关系的磨合，教学方式方法，更包括学生的学习习惯的磨合和再重新培养。机缘正好，我校借助《学会学习》教材，设置了"学习+"系列课程，将"逆向教案设计"融合其中，进一步推进小学课程改革的步伐，也提升了我校办学品质。

一、家校协作，共育海棠课程建设

《学会学习》符合学生的年龄段特征设计的学习习惯、学习方法和学习策略的培养。2018年12月，我校组建《学会学习》研究团队，开始制定方案。以年级为单位，每年级选出两名老师，组成12人的学会学习课程的研究与开展的团队。要求每个老师统揽1-6年级教材，每年级两名老师同时备课一节，然后上课打磨，做出精品逆向教案设计。2019年2月开始课堂实施，起始阶段，课堂效应还是不错的。但是在课堂教学过程中，也出现一些问题。比如按照正常的课堂教学，评价卡的反馈跟不上，致使跟踪反馈卡多流于形式。团队成员多是班主任，每人兼任3科，力不从心。对教材理解深度不够，致使课堂效率较低。这些因素导致教学效果不是很理想。为此，我校不断研究思考，探索出一种只属于它自己的开展形式。苏霍姆林斯基说过："教育的效果取决于学校家庭的一致性，如果没有这种一致性，学校的教育教学就会像纸做的房子一样坍塌下来。"面对评价卡不能及时跟踪反馈，学会学习低效的问题，我校通过家校合力，以家庭教育为根，开展"学习+"课程。家长课堂开始成为我校家校共育的有力载体。同时也促进教师对教材做更深入的理解与设计。结合我校的文化体系建设，我校将家长课堂定名为"海棠花开"家长课堂。青年教师成长成才工程，是我校培养优秀骨干教师的重要途径。我校给予每一个青年教师展现的机会和舞台。每一期"海棠花开"家长课堂，都由"学习+"团队的一位老师主讲并规划整个活动流程，其他青年教师做主持人及活动参与者。根据学会学习课程的单周方法课，双周反馈的特点，家长课堂两周举行一次，既让家校同时监督落实孩子的学习习惯和学习方法的培养，有力促进学生"学习力"的养成，又给老师们搭建成长的平台，为乐于学习，乐于分享，乐于研究的老师创造展示的机会，打造了一批具有"成长力"的"海棠花开"家长课堂的校本教师。

二、创课为本，促进学校向前发展

为了落实学习+课程，我校层面采取了四项措施：即"一周抓好一件事"的监督落实活动、三项目落地课堂活动、教师进万家活动和正身养品课程推进。为促进学生好习惯尽快养成，我校从2018年4月1日起，每周重点抓一个学习习惯的监督管理和落实。同时为了增强我校青年教师课题研究意识，我校举行了"学会学习小课题、逆向教学设计、学习习惯落实"三项目落地课堂优秀案例评选活动。在2018年3月份，我校开始了教师进万家活动，走进学生家庭，与家长面对面交流，了解孩子学习及习惯养成情况，及时掌握学会学习家庭落实情况，给予针对性的建议，并听取家长的意见和建议。力求达到家庭与学校对孩子管理的无缝对接。我校还开展了"清朴"文化引领下的修身课程中的"正身则身正"及修心课程中"养品，则品端"课程。在这种不断地摸索实践中，我校的家校课堂形成了"六要求，五部曲"实践模板。六要求即考虑需求针对性、课前热身必要性、关注个体重要性、主题互动全员化、教案设计生活化。互动形式多样化。五部曲即温情回顾—学法指导—课后有话—亲子互动—暖心寄语，这种模式有效促进了我校"学习+"，课程建设和发展，也为下一步家校教育的探索奠定了良好的基础。作为宁津县首批运用此教材的学校，《学会学习》课程就是我校学会学习素养培养的最有力的载体。此课程已经在我校课堂全面铺开并取得了初步成效，学生的自主学习能力和自我管理能力日益增强，我校教师团队业务水平和个人素质也在不断地提升。到了今天，我校《以校为本教学方式及学习方式转变的研究》已经被立项为市级重点课题，成为我校教育教学上的一颗璀璨果实。

三、知行合一，师生共绘教育蓝天

"春风桃花红、雨润花更艳"教育注定是一项知行合一的事业，它尊重、赏识每个个体，致力于学生能力、品德等各方面素质的全面提升，滋养每一个生命。新学期，新打算。未来路上，我校会继续立足课程创新和探索，将我校的"清朴"文化核心理念，融入课堂教学中，形成"善于思考，善于提问，善于合作"的课堂文化。让课堂成为校园文化和《学会学习》课程的飞翔的载体，推动我校教育教学迈向更高的一层！

走和谐有序之路，育昂扬向上之才

山东省济南第九中学 苗翠强

运动会上激情飞扬，社团展演活力四射，诗文诵读深情婉转，五四演讲慷慨激昂，书法比赛挥毫泼墨。在济南九中，学生在多彩多姿的学校课程中发现自己，发展自己；在异彩纷呈的校园活动中展示自己，展现自己。学校坚持"热爱生活，充分发展"的办学理念，秉持"诚信立身，自信成事"的校训，为培养更多的优秀人才而不断奋斗。

一、以爱相连，感知师生情谊

爱是一切教育的起点和终点，教师是学生生命成长的促进者和引领者，也是学校建设和发展的核心竞争力，把学生放在心的最中间是济南九中所有教师的共识。

三本书，凝练教育菁华。复学之时，我校教师完成了143篇校长布置的关于教育与梦想的家庭作业，这些文章是真情原创，是"爱与思考"的作业。学校集结成册，送给每位老师当作教师生涯礼物。在此基础之上，我校又推出两本书。一本是为家长们量身打造：《满庭芳·智慧家长学习手册》，家校携手，让孩子充分发展，找到适合他们的教育。一本是为学生们量身打造的《学历案》，条目明晰、目标明确，学生"按图索骥"即可摸准学习脉络。老师、学生、家长都有了书，以书为媒，编织出了一条教师育人的立体化之路。

一支百合花，诉说教育故事。每年的金秋九月，教师们都会收到一份份来自学生的无死角关怀。今年，经过疫情时期的共克时艰，学生们对老师的感恩之情更甚以往。历时近一周时间，同学们用彩色卡纸制作的近300朵百合花，在教师节当天守在校门口送给老师。折纸花看着容易，但并不简单，每一朵花能够尽情'绽放'，这都要得益于他们认真的态度。以纸为媒，传递的是爱与感恩。

一声谢谢，传递教育真谛。济南九中是一个能激发爱与感恩的地方。日常活动中学校格外重视感恩教育，连同食堂、物业、保安人员也都会悉数邀请，每年毕业典礼上的感恩花束，学生们总是连同祝福亲自送到每位老师手中。在学校，学生的认可就是最高荣誉，和谐的关系才能够助力学生走得更好，飞得更高。学生的感激是老师奔腾的动力，焕发老师们更好地投入到工作中。

二、尊重差异，关注生命成长

适合的才是最好的。我们坚持"关注学生最近发展区"的教育方法，始终相信每个孩子都是独一无二的，都是充满巨大潜能的。在学生的学习过程中，老师们尊重学生个体差异，为每一名同学找准自己的最近发展区，帮助他们制定"跳一跳就能够得着的目标"，以课程建设为切入点，通过教与学的实施，结合特色项目构建出一套全方位成长的教学体系。我校大力推荐新教材资源库建设项目，通过教师的单元教学设计、学生的学历案设计、教与学的配套资源建设等系列举措进行课堂改革。在济南九中，每个学生都可以享受"私人定制"，无论是教育教学还是兴趣培养，我们积极激发学生们的潜能，让他们有目标有兴趣。

育人为本，德育为先。我校围绕"关注离我最远的学生"德育理念，构建富有校本特色的德育序列化体系。高一的主题为"认识与养成"，高二为"懂得与承担"，高三是"坚持与收获"。通过不同教育重点，引导学生明是非、识善恶、辨美丑、知荣辱，让学生每一步的成长都留下坚实的脚印。同时，我校依托学校的志愿者团队、公益社团，组织师生深入社区、街道、养老院、孤儿院、偏远农村等需要帮助的地方参加公益活动，感受人性光芒，增加教育的温度。学校丰富研学旅行内容和路线，将出发的"最初一公里"、过程执行的"每一公里"、结束前的"最后一公里"的所有"研"、"学"环节进行周密部署和安排，真正让研学旅行变成学生"学以致用"的手段和重要的人生体验。

三、提质赋能，体验双师教学

打造智慧学习的空间，赋能师生成长。在学校教学楼三楼有一处校园网红打卡地——双师数据化学习空间，极具设计感的灯光设计，全智能化硬件设备，学生在这里三五人一桌，可以通过大屏与线上老师互动答疑，这就是学校为师生倾心打造的智慧学习空间。

学校利用互联网+、大数据促进教学和学习方式的转变。自2019年起，正式实施双师数字化教学。双师课堂摒弃传统填鸭式教育，双师由授课老师、助学老师组成，开启对话教学新风格，站在孩子的角度培养授课。同时将全程对学习过程记录诊断，依托大数据提供学习报告，根据结果定向推送试题，做到精准教学。双师教学让学生学业上有提升，眼界上得到开阔，满足了学生课后学习和拓展提升的需求。我校面向全体学生开展课后教育和延时服务，提供周末、节假日提供线上拓展提升辅导课，目前正在研发初高中衔接课程，为新高一学生做好准备。

在进行课程改革的过程中，学校也在不断提升教师的教学水平。推出了优化教学内容、优化课堂组织结构、优化教学手段、优化学法指导"课堂教学四优化"的要求。老师在不断优化教学质量的同时，也提升了教师的教学水平。学校教师中，获得国家级表彰荣誉的4人，省级综合表彰荣誉的16人，市级综合表彰荣誉的55人，济南市优秀班主任18人，学科带头人、学科中心组成员12人，济南市名师3人，2人入选济南市"立德树人双领军团队"。

四、校本课程，挖掘更多潜能

关注学生最近发展区，并不能与成绩画等号，破除教学“唯智”倾向，学校更加注重学生各方面的综合成长。一年来学生参加各级各类比赛中获奖丰富，充分展现了我校积极推行素质教育的育人成果。

校本课程的开发努力做到“重质量、有特色、成系列”，让学生尝试更多可能，发现自己的兴趣点。在我校，老师们开设研发了心育类、拓展类、素养类等三大门类30余门校本课程。学生根据兴趣自主选择，每周两个课时的校本课程和定期举办的校外社团课程，帮助学生实现了个性化发展。为了更好地找准学生最近发展区，学校特别成立学科发展指导中心，研究学校课程建设、学科发展、教学策略、课堂改革和高考复习备考，并打造适合每一位学生的校本课程体系。

另外，学校积极推动联合育人计划。2018年2月，我校在全市建立了第一个“高中+高校+企业”联合育人基地，建成全市第一个数字动漫特色教室，与山东轻工职业学院、世博华创动漫传媒有限公司签订战略合作协议，共同培育本地数字经济专业人才。2019年5月13日，我校与北京联合大学举行联合育人基地签约仪式，学校被授予北京联合大学优秀生源基地。2020年6月3日，我校举行了齐鲁工业大学（山东省科学院）优秀生源基地签约揭牌仪式。

五、实干争先，树立全新风尚

我校已有将近二十年的对外交流经验，足迹遍布五大洲，与十几个国家和地区的学校建立了往来。目前，学校有包括澳大利亚伍德维尔中学在内的四所友好学校。不断拓宽外事活动的外延，深化外事活动的内涵，我校学子站上国际舞台展示风采。

疫情防控期间，学校多方协调落实师生“点对点”往返家校。在学校的努力和公交公司的支持下，开设12条定制线路，预约14辆公交，享受包车服务、定制公交的价格。疫情防控常态化要求下，学校继续提供定制公交服务，解决走读学校学生出行问题。学校的暖心行为在今年的开学季受社会各界的一致好评和点赞。

2018年7月31日，我校成功入选济南市首批市级“新优学校”培育名单。学校又迎来了新的发展机遇，我校在发展中前进，在前进中提升，全体九中人以昂扬向上的学校精神，以勤勉自信、力争上游的实干意识，赢得了社会的信任和认可，也擦亮了一块块闪亮的奖牌。

绿树葱茏的校园优雅静谧，多样化课堂有质量有特色。六十多年的风雨磨砺，铸就了和谐有序、昂扬向上的学校精神，半个多世纪的岁月积淀，涵养了丰富深厚的文化底蕴。每一位学生都仿佛一颗稚嫩的种子，等待着阳光的洗礼，迎接着盛放的美丽时刻。我们的教师关注每一个学生的成长，传人生之道，授智慧之业，解成长之惑，用朴素绚丽的生命之光照亮孩子们前行的每一个脚步。我校必将锐意进取，勤奋求实，为学子们开拓出一条条康庄大道，助推学子们成长成才！

强化生态文明教育，创新培育环保人才

山东省济南市槐荫区三教堂小学　刘光军　张德杰

建校于1947年的山东省济南市槐荫区三教堂小学紧邻济南市国际医学科学中心核心区域西侧，是一所办学特色鲜明，环境优美，社会满意度高的学校。学校现占地总面积14700.5平方米，有高标准的塑胶跑道、篮球场和草坪足球场，学校绿树成荫，四季常青，就像一个大花园。学校为贯彻“创新、协调、绿色、开放、共享”发展理念，建设“绿色三教堂”、“生态三教堂”自主品牌，在各级领导的支持下，学校建起了微机室、图书室、实验室，并且班班安装了多媒体。学校连续八年被评为槐荫区科技教育先进单位，连续九年被评为槐荫区艺术教育先进单位，济南市首届教研品牌示范校，连续两届荣获山东省经典诵读大赛特等奖，连续三届荣获中国星星火炬英语风采展示金奖，连续两年被评为全国生态文明教育特色学校。

构建生态文明教育体制，成立生态文明教育领导小组

为了加强对师生的生态文明教育，践行“绿色三教堂”、“生态三教堂”自主品牌战略，落实绿色发展、生态校园，实现创建全国生态文明教育特色学校的目标，学校先后制定了一系列规章制度，如《校园生态文明管理制度》《学校校园绿化管理制度》等，对校园内的生态文明建设提供了规章要求，构成了学校生态文明教育体制，也促进了全体师生的生态文明自我规范。学校成立了生态文明教育工作领导小组，负责制订、开展学校的生态文明教育建设工作。领导小组根据本校的实际情况和学生特点，制定学期生态文明教育计划目标、活动内容、具体方法措施等。通过学校各部门的通力合作、协调配合，学校的生态文明建设顺利开展。

加大生态文明教育力度，实现生态文明育人目的

学校自创办以来，一直注重校园生态文明建设。近年来，学校加大了对生态文明建设的投入：投资100　多万元对学校园区进行了绿化、美化，丁香、紫叶李等多品种绿色植被达千余株，栽种了近100棵石榴树、山楂树、柿子树，每年秋季举行秋收节和采摘节，讲解果树的生长习性和利用价值，发动学生采摘　，培养劳动教育和集体主义教育。为方便师生观赏，学校投资铺设了林间甬路，身处其中，满眼绿色，芬芳扑鼻，真正感受到生态文明之美。

在生态文明教育上，学校更加注重养成教育，让每一位学生都以生态文明主人翁的姿态爱护校园，净化生态文明。学校充分利用现有生态资源，开展了丰富的绿色教育实践活动，如开辟校园空地为种植园，带领学生平地、栽种、浇水、扎架，收获，层层体会劳动的快乐与辛劳，珍惜劳动成果；还利用“小手拉大手”的辐射作用，联合社区及家委会，在社区、村庄开展了“共筑碧水蓝天”、“我给鞭炮放个假”等多项绿色环保主题活动；开展水课堂实验活动，培养学生健康科学的饮水习惯，珍惜水资源。学校积极倡导和推进垃圾分类工作，开展主题教育活动，模拟垃圾分类场景，讲解如何进行垃圾分类，并将垃圾分类的习惯带到学生家庭，带动家庭垃圾分类，共创生态文明美丽乡村。并利用升旗仪式、队会等活动宣传绿色环保知识，使每位师生都做到节约用水用电、保护环境。

在课堂教学上，学校通过课程整合，将生态文明教育渗透进各个学科的教学中，加大对生态文明建设、环保教育的教学，并将生态文明教育写在学科计划及备课上，把教材中与生态文明保护有关的内容进行分析、归类、罗列成表，目的就是在实施课堂教学时系统地让学生了解生态文明的现行意义，从大家所关心的社会生态热点问题入手，适当地进行补充和延伸，让生态文明教学更直观、更丰富。如综合实践课堂的《垃圾分类》，科学课堂的《节约水资源》等，无不渗透了对生态环境的保护和资源节约的教育，使学生在学习过程中，树立了生态文明意识。

每名同学都是学校的一员，都是绿色校园的创造者，更是生态文明的实践者。正是学校重视了绿色的保护，学生才可在绿色家园里尽情享受快乐。在创健全国生态文明教育特色学校的道路上，三教堂小学将进一步提高全校师生的绿色环保生态认识，强化生态文明教育，努力培养更多环保人才。

引生态之浩然，迎教育之新绿

——山东省济南市槐荫区周王小学生态文明环保教育工作报告

山东省济南市槐荫区周王小学　赵志军　刘笑

少年强，则民族强！全面贯彻党的教育方针，落实立德树人根本任务，发展素质教育，推进教育公平，是每一所学校肩负的使命，也是在教育改革上的不懈探索。近年来，生态文明教育越来越受到社会各界人士的重视，环保教育也逐渐成为各学校探索特色教育发展的新路径。我校始建于1951年，坐落于景色秀丽的玉符河东岸，腊山分洪河南岸，依托着“河水相绕、林草相依”的独特自然资源，多年来一直开展生态文明教育，将生态教育工作纳入到学校的发展规划及工作计划之中，通过实施绿色教育、生态教育，努力打造“绿色周王”、“生态周王”品牌，不断促进学生、教师、学校的发展。办学以来，我校一直秉承“以水润教育，适师生发展”的办学理念，大力创设生态文明教育氛围，把环保教育纳入学生课堂，利用教职工会、学生大会、班队会、国旗下讲话、演讲比赛、宣传橱窗、花木标牌等形式，强化和巩固全体师生爱护环境、美化环境的思想意识。经过全校师生的不懈努力，今天我校已经成为济南市、区的一所两级绿色学校。所有师生一同畅游在绿色海洋，在感受文明的同时，也学习了知识的奥秘。

一、多措并举，营造学校良好文化氛围

学校的文化建设是一所学校品质保障的核心。我校依河而建，因此与水有缘，在校园文化建设和美化中，我校以“水润”主题，在教学楼的各处墙面上，布置醒目的校园文化标识和宣传画，时刻让学生体会着我校独特的校园文化氛围。另外，我校也重视各班的班级文化建设，让师生随时随地都能受到美好文化环境感染和熏陶，如今我校的校园宣传文化自然而然的成了一道亮丽的风景线。生态文明不是挂在嘴上，要从细节和行动抓起，我校积极倡导生态文明，在师生节能、节电、节水、节纸等方面加强举措，增加了绿色环保、节约资源教育的内容，以此来规范师生的日常行为，营造健康向上、积极进取的生态文明校园氛围。我校在洗手间布置了节约用水的标语，校园及教学楼内各处张贴着禁止吸烟的标识。校园环境整洁美观，无处不体现着绿色环保的氛围。2017年我校迁入崭新的校园，在校园种植各种树木。同时对各种树木都设立了相关的说明文字，挂上了爱护花草树木的提示牌。此外，我校还专门圈出了一片土地，用于种植各类瓜果蔬菜，使

师生有一种置身“绿色世界”的感觉。校园基本建设与绿化美化工作上了新的台阶。此外，为树立牢固的环保意识，我校还结合各学科课本知识，从教材中发掘有关生态环境教育的内容，让学生了解自然环境现状。将课堂教学作为学生教育的主阵地，在日常各学科的教学中渗透生态文明理念，让学生了解在人类文明的发展史上人类对环境的破坏情况和我国目前面临的环境问题，让学生具备保护环境的责任心和使命感。例如在语文学科中，新课程教材就从人的全面发展的角度出发，编入了不少有关环保题材的课文，如：《神奇的九寨》《美丽的小兴安岭》《富饶的西沙群岛》等都是此类题材。这些课文不但使学生得到了美的享受，更使学生产生了护美的欲望。我校还大力鼓励学生参与实践，通过巧手制作，变废为宝。例如利用矿泉水瓶制作垃圾桶，利用瓶盖进行绘画、利用各种废旧纸壳制作工艺品等。通过各种实践中，学生自觉地渗透生态文明教育，　树立环保意识，在日常的行为中保护大自然，自觉地成为环境保护的参与者。

二、知行合一，大力根植生态文明理念

生态文明教育是一项知行合一的工作。为进一步开展生态文明行动，根植生态文明理念。我校通过采取布置不同形式的作业强化学生的环保意识。在日常教学中，通过让学生做一些探究、调查、资料收集方面的作业，提高他们的环保意识。如让学生收集洪水、泥石流等自然灾害有关资料，讨论事故发生的原因，这使学生懂得绿色植被在环境保护中的重要地位，增强他们的环保意识。此外我校还通过校宣传栏、黑板报等，大力开展环保宣传活动，营造绿色环保氛围，提高环保意识。结合有关环境保护的纪念日，组织各种活动对学生进行环保教育。比如：在每年3月12日植树节那天，开展绿化美化环境的有关活动，组织学生植树，种花种草，举办主题班队会；在5月31号国际戒烟日那天，组织学生到路边给行人讲解吸烟的害处；在6月5日世界环境保护日当天，组织学生到街上清扫垃圾等等。这些活动使学生认识到植树造林，减少污染，保护生态环境就是保护人类自己。积极开展“绿色班级”和“环保小卫士”争创活动。每个班级都摆放了各种花草，对教室进行绿化、美化，营造良好的绿色文明环境，打造优雅的校园文化氛围。而通过表演、环保知识小竞赛的形式推选班级、校级“环保小卫士”的活动，既起到了宣传生态环保的作用，又增加了学生的责任感。通过全体师生共同努力，我校绿化规划正在一步步向前发展。在生态教育、环保教育的实施中，不仅收获了优美的校园环境，更重要的是在良好的校园环境中，学生的综合素质和学校的管理水平有了明显提升。本着资源充分利用的原则，我校同时将教辅资料的发放与回收、消耗品管理、各馆室使用、师生节约用水用电用纸、学校工作资料的收集与使用等方面作为重要内容纳入到学校常规管理，形成了无污染源的文明环保型校园。通过这些生态文明学校创建活动，我校校园环境清洁优美，师生环境意识不断增强，文明素质不断提高。既培养了孩子们的环境意识，也提高了学生的思想道德素质和科学文化素质，使我校真正找到了素质教育的突破口。如今，我校的环保工作已渗透到学校的各项工作中，垃圾分类工作也在有条不紊地进行中，全校师生都将保护环境为己任，从自身实际出发，力所能及地为环保工作做出自己的努力。

三、初心不殆，展望绿色教育幸福未来

生态环保建设是对人类的基本道德要求，也是人类赖以生存的精神底线。而生态环保教育就是告诉人们要保护环境，从学校做起，从自身行动。环保工作是一个长期的过程。未来路上，我校会以十九大精神和习近平社会主义新思想为指引，继续倡导和实践“绿水青山，就是金山银山”思想，加强生态环保教育工作，总结环保教育成果。使我校成长为一所贴近大自然的绿色乐园。

党建引领创办特色品牌学校

山东省济南市济阳区志远学校　刘海友

铿锵誓言，铮铮有声。

济阳区志远小学党支部成立于2005年8月，现有正式党员15名，他们遍布学校教育教学第一线。近年来，学校秉承“越是民办学校，越要重视党建，越是品牌学校，越要抓好党建”的理念，充分发挥党组织政治核心作用，坚持党建引领学生全面发展，党建引领教师队伍建设，党建引领学校特色的方针。在上级党委的领导下，学校党支部结合创建党员示范岗和党建示范校的“双创”工作，结合本校实际，提出“三实四亮五个好”的党建工作理念，创造性地开展学校各项工作，努力创建廉政校园、平安校园、文化校园。

党建基础工作扎实

党组织机构健全、制度完善。党建制度齐全完备，并且全部上墙。此外，学校专门成立办学理事会，对学校重大教育教学改革进行研究，提出意见；定期对校长及学校工作进行评议，根据需要参与校领导的公开遴选、职级评定、绩效考核、班级量化及学校奖惩分配等工作；对学校年度财务收支、下年度财务支出预算等情况进行审议。邀请家长代表、学生代表及相关专家学者、法律工作者或社会知名人士担任理事。

党建阵地固定规范，战斗堡垒建设到位。学校党建办公、党员活动、党建宣传、党务校务公开四个阵地固定规范。学校投资20余万元专门设置高标准的党建办公用房，党建办公室布置体现特色鲜明的党建风格：规范挂牌，室内标志醒目，庄严肃穆，协调统一。

党员活动室面积、设施完全适应党组织日常工作，满足党员学习、组织生活等需要。活动室布置主题突出，美观实用，有浓厚的党建气氛。悬挂规范的党旗、入党誓词和若干宣传标语。内容结合当前形势、围绕党的中心工作张贴党员学习心得、活动图片等，摆放党刊读物，以及技能类的书刊等，配备了相关的电教设备。

学校在主楼二楼走廊位置设立庄重大方的宣传栏，利用一层楼的走廊文化，做具有本校特色的党建宣传工作。让党建文化成为学校文化建设的一个重要组成部分。

学校将特色课堂作为推动党员学习教育提升的有效载体。开设固定课堂。严格落实“三会一课”、民主生活会、组织生活会、谈心谈话、民主评议等基本制度，推行“支部主题党日”，通过列计划，定主题、定人员、定时间，开展党员学习教育，推动党内生活常态化制度化。党费收缴、发展党员、教育培训等教育管理制度执行到位，党员教育活动有效开展。

开设流动课堂。建立“请进来，走出去”的课堂机制，适时邀请上级领导、校外专家进校园开展讲座辅导，把党的政策和先进理念送到教学一线；定期组织优秀党员、教学骨干赴外地开展党性教育和能力素质培训，进一步拓宽党员教师、骨干教师的视野，不断提升党员队伍的综合素质。

党组织核心作用突出

一个支部就是一座堡垒，学校把党组织的战斗堡垒作用落实到凝心聚力、促进学校创新发展与和谐发展上。

支部领全局，不留死角。学校实行支部委员联系科室党员，科室党员联系年级党员，年级党员联系全体教职工，通过“传帮带”责任的具体化，实现党的声音一传到底，党组织在教职工中的政治核心作用凸显，把全校教职工拧成一股绳，汇成一片海。

支部带工会，凝心聚力。学校党支部依托工会，设立谈心室、广播室、阅览室、职工活动中心等，教师有需求，支部来服务。为了解决单身老师就餐、住宿问题，学校在校舍紧张的情况下专门开辟出教工宿舍，教职工自助餐厅，解决了教师的后顾之忧。通过教代会及节日庆祝活动，表达教师诉求，愉悦教师身心，让老师们以更好地姿态，更饱满的热情投入教育教学工作中去。

针对本校学生家长在工厂上班者居多，上下班时间和学校作息时间不统一，接送孩子，照顾孩子有困难这一实情，学校克服财力、人力等困难，把部分走读生转为日托生，家长只要早晨把孩子送到学校，午饭、晚饭不用操心，作业不用费心，下班多晚都可以接孩子，受到家长称赞。

支部带群团，培育人才。学校成立“新时代文明实践立德树人志愿服务队”，活跃于学校的各个角落，实施把骨干教师培养成党员、把党员教师培养成中层的“双培”工程，一大批年轻化、知识化、专业化、德才兼备的优秀党员教师奋战在教学第一线，进而走上了中层管理岗位。

支部带妇委，巾帼扬帆。学校党支部发挥学校女党员、女教师多的优势，成立“巾帼文明岗”，开展争做“好领导，好老师，好儿媳，好女儿，好妻子”系列活动，在学校形成了团结和谐、凝心聚力、共促发展的良好氛围。

党员模范作用明显

有句话叫“村看村，户看户，群众看党员，党员看干部”，学校也是一样，要展示党员风采，就要亮出党员身份。

只要学生在校，就有党员在校。寄宿制学校安全管理尤为重要，每天的早、中、晚三个时段都有党员教师在学校门口、餐厅、宿舍值班，上课时间、课间在校园内巡查，值班时间从早晨7：00到次日早上7：00，和学生同吃同睡，24小时陪伴。

只要新老师入职，就有党员陪伴。学校每年招聘多名正规师范院校师范类本科毕业生，充实教师队伍，党员教师责无旁贷地承担起培养熟业务、懂管理、有爱心的青年教师任务，每学年初的“党员教师带新”仪式雷打不动。青年教师进得来，更愿留得住，形成乐学不穷，笃行不倦的校风。

整理校园、植树绿化、志愿活动；“一对一”与贫困生、学困生认领；与新教师师徒结对；创城创卫专项活动，扫黑除恶专项斗争，恶劣天气及时应对……处处看到党徽在闪耀。

党建活动特色鲜明

学校一班人一直以“党建为引领，德育为首位，教学为中心，科研为先导，管理作保障”的办学理念，促进学生健康成长。

学校十分重视德育工作，充分发挥党员教师的作用，建成一支强大的德育队伍。学校把“生活德育”作为学校的发展特色，根据《中小学生日常行为规范》，经过归纳整理，学校把学习、生活、礼仪三大课

程作为习惯养成教育的主打课程。根据不同年龄段学生的身心特点和发展规律，确定各年龄段的生活德育目标，真正实现全员德育，全员育人。

学校先后被授予“济南市文明单位”、“山东省优秀家长学校”、“济南市教学示范学校”、“济南市语言文字规范化示范校园”、“济南市卫生工作先进单位”等称号；并被确立为“山东省安全文化建设重点研究基地”、“全国教育科学重点研究课题实验基地”等，已连续多年被评为“济阳县教书育人先进单位”、“济阳县科学发展先进单位”；学校党支部2017年被评为区“优秀党组织”，党支部书记刘海友同志于2018年被评为济南市担当作为“出彩型”好书记。

在全校师生的共同努力下，学校各方面工作都取得了进步，但是距区委区政府及局党组的要求仍有较大差距。学校事业正处在爬坡过坎的关键阶段，“创特色品牌，办一流民校”建设的各项任务极其艰巨。学校的广大党员干部教师守初心、担使命，找差距、抓落实，着力解决师生的操心事、烦心事、揪心事，推动学校跨越式发展，更好地为师生服务，为家长服务！

架起家园共育桥梁　共促幼儿健康快乐成长

山东省济南市莱芜区凤城街道中心幼儿园　张云霞

济南市莱芜区凤城街道中心幼儿园是一所高标准省级示范幼儿园，多年来，幼儿园遵循“阳光教育　快乐发展”的办园理念，打造了“阳光教育”五大课程体系，让孩子“在快乐中学习，在快乐中体验，在快乐中发展”，培养健康向上、学会学习、学会生活、自主快乐地阳光宝贝。逐步把幼儿由“自然人”培养为“社会人”，取得了累累硕果。幼儿园先后荣获山东省学前教育先进单位、山东省示范家长学校、全国文明礼仪教育示范单位、山东省餐饮服务品牌示范学校、莱芜市学前教育先进单位、莱芜市平安和谐校园等荣誉称号，多次为国家、省、市、区提供学前教育观摩学习现场。

家庭和幼儿园是幼儿教育的一车两轮，只有两轮互动才能产生事半功倍的效果。多年来，幼儿园积极探索家园共育的新路子，把家长作为幼儿园重要的合作伙伴和知心朋友，积极打造“阳光教育”家园文化，形成家园共育合力，以活动促发展，为孩子的健康快乐成长保驾护航。

一、做好家园沟通，达成教育共识

家长是幼儿园工作的支持者，也是幼儿园教育活动的积极参与者。凤城中心幼儿园一直把做好家长工作，用好家长资源作为幼儿园工作的重要组成部分，把家长作为幼儿园的知心朋友和重要合作伙伴。孩子入园的第一次家长会，幼儿园均全面的向家长介绍幼儿园的办园理念、办园特色、培养目标，让家长明确地知道：家庭、幼儿园是家园工作的一车两轮，孩子的健康快乐成长需要老师和家长的共同教育和陪伴，以达成教育共识，形成教育合力。同时班级、幼儿园均成立家长委员会，每学年初我们把家委会请进幼儿园，共商教育大计，让家委会明确本学期的主要活动及需要配合的工作，以便有计划的提前做好工作计划与安排。各班通过家长会、家园联谊趣味运动会、家访、家长约谈、教学开放活动、QQ群、微信平台等形式，加强与家长的联系，多方位地开展家长工作。同时我们定期组织家庭教育专题讲座、每年订阅部分家教资料定期向家长开放，推动家长素质全面提升。

二、以活动为载体，激发教育合力

幼儿园每年均组织“亲子趣味运动会”、“家园联谊庆六一”文艺汇演、庆元旦“亲子联谊会”、半日开放、毕业典礼等系列活动让家长走进幼儿园陪孩子一起共享欢乐时光，重温快乐童年，在活动中了解孩子在园的表现，有效地促进了家园沟通，真正做到了家园配合共同教育孩子的目的。

同时我们定期组织家长进课堂，邀请特殊职业家长对教师进行专业知识培训、成立家长义工服务队、家长义工入园离园执勤队。另外常年组织“图书漂流活动”，每周五下午将幼儿园的绘本图书通过“图书漂流”的形式漂流回家，亲子进行阅读，做到资源共享。定期开展“亲子共读21天计划及成果展评”、教师、亲子“创意手工”展评，亲子、教师“创意水果拼盘”大比拼活动，家长和教师在共同参与活动中互帮互助，切磋技能，共商育儿策略，拉近了教师与家长之间的距离，激发了家园共育合力。

三、挖掘家长资源，共促幼儿发展

我园积极倡导落实“生活即课程、社会即学校、活动即教育”理念，把活动贯穿在幼儿一日活动及生活的方方面面，带幼儿走进社会、走进大自然，把生活、社会知识以各种主题活动的形式设置丰富的场景搬进幼儿园，创造各种条件让幼儿开阔视野，提供动手动脑、参与实践的机会，让幼儿在活动中快乐体验、快乐认知，在各种活动中自然而然的丰富各种知识、掌握各种能力，促进社会性发展。每年均定期开展围棋、花样拍球、系鞋带、叠被子、择菜、快乐建构我最棒等比赛。并以节日、季节为主线开展“元宵节猜灯谜”、“三八”妇女节为妈妈献爱心、端午节吃粽子、爱鸟周开展观赏鸟类实物、标本展、我为鸟儿做个窝活动、在炎炎夏日开展“清凉度夏日　玩水嗨翻天”快乐玩水体验活动、“六一”前组织“忆童年　惜幸福”寻找父辈老物件快乐认知活动、毕业季开展“篝火晚会暨勇敢者之夜”活动、秋收时节我们将各种形态的农作物、蔬菜、水果根茎叶或果实搬进幼儿园开展“硕果累累庆丰收快乐认知活动”，国庆节前后开展“祖国妈妈我爱您”系列主题活动；同时幼儿园定期开展“宝贝当家跳蚤市场”爱心义卖、走进敬老院活动、家委会每年均组织走进明利蔬菜基地快乐、华群农场快乐采摘活动、走进莱芜农博园实践活动、走进泰山花海、济南动物园、海底世界等亲子实践活动。如今我园家委会组织的“聆听窗外声音”亲子社会实践活动已成为幼儿园一道亮丽的风景线。

丰富多彩的活动的开展让孩子在游戏、生活和社会实践中亲自感知、快乐体验、快乐发展，逐步实现：您给我一个“自然人”，我还您一个“社会人”的美好承诺。

凤城中心幼儿园每一次快乐体验与实践活动的成功举办都与广大家长们的积极配合与鼎力支持是分不开的。每一项活动开展前，我们都会在大门口醒目位置以图文并茂的版面形式颁发活动倡议，向家长们发出活动邀请，并通过家长喜闻乐见的详细书面文字通知形式向家长们发出“家庭大淘宝”活动请求，在一次次的“家庭大淘宝”活动中，家长们都踊跃支持，积极参与，每一次活动场面壮观，家长们提供的展示的活动材料琳琅满目，让宝贝们在一次次的活动中快乐感知、快乐体验、快乐成长。在每一次的活动中，当浩浩荡荡的淘宝队伍将家庭中的一件件“宝贝”带到幼儿园让孩子们分享、认知时，不禁让我们由衷的感叹：我们的家长们真是太给力了！

丰富多彩的家园活动的深入开展，使家长的教育观念有了较大转变，素质得到全面提高，家长们越来越理解教师的工作，大家心往一处想，劲往一处使，推动幼儿园的工作不断迈向新的台阶，开创了幼儿园工作的新局面。市区多次在我园召开家庭教育现场会，我园家长学校先后被评为“省示范家长学校”、“市优秀家长学校”。

寓教于乐，用爱灌注孩子成长之路

山东省济南市历下区百合幼儿园　丁文

我是丁文，现任济南市历下区百合党支部书记、园长。自从事幼儿教育以来，“以平常心做人，以进取心做事”是我的工作准则。自百合幼儿园开园以来，我们秉承着“做一所有宽度、有深度、有温度的幼儿园”的办园理念，“教育不是改造儿童，而是唤醒儿童心灵”这一教育理念，与孩子过好的生活，和孩子们共同活出最好的生命状态，

做细常规工作

每天早晨7点40分，我和老师们会准时出现在百合园门口迎接入园的孩子们，跟他们打招呼，整理好衣摆。伴随着孩子们一张张可爱的笑脸，我开启了新一天忙碌且充实的工作。

晨间检查，一直是我园的日常重点工作之一。入园时，保健医生在园门口为孩子们进行晨检：测量体温、检查幼儿手部、口腔……每项内容都必不可少。尤其疫情期间，我要求保健人员更要加强晨检，这是有效杜绝疫情向幼儿园内蔓延的重要途径，也是切断一切传染病进行交叉感染的有效方法。晨检过后，老师们还会在班里进行二次晨检，查看衣兜里是否有小石子、玩具等尖锐物品，把幼儿园的安全工作在细枝末节中做稳、做实。进入教学楼，不难见到的是每一层的楼梯口都会有一张手绘的“地贴指示牌”。老师们将这样的标志贴到地上，是为了让孩子们从他们的角度清晰地知道自己所处在幼儿园的哪个位置，从而快速找到要去的地点。这也是百合园在做“幼儿园主题工作坊”这项课题过程中的新奇创意吧。

晨间活动，是我园幼儿一日活动的环节之一。幼儿园结合民间传统游戏，开展了花样翻绳、剪纸、叠手绢等形式多样的活动，深受孩子们的喜爱。在每日的巡视过程中，我也会加入到孩子们的游戏中，和他们一起探索一些新奇的玩法。除此以外，利用晨间时刻向值班教师了解孩子们的入园情况和健康状况，始终把孩子的健康放在首位。

早餐环节，我常常会全园班里了解孩子们的就餐情况。受疫情影响，我们采用保育员分餐的方式代替以往的自主取餐，以减少孩子们过度聚集的情况。同时，培养餐桌礼仪也是我所注重的，“作为孩子们的启蒙老师，我们有责任让每一名幼儿拥有‘快乐而有意义’的品质童年。”

重视园本研究

为最大化地实现资源共享，百合园大胆创新，将教室“一室两用”，让它既成为孩子们的活动室，也是孩子们所喜欢的“幼儿园主题工作坊”。而工作坊这种混龄走班制的游戏方式，也能让全园幼儿

在区域活动时间进行自主选择和走班式学习。这让班级之间不再有界限，每个幼儿都拥有在十个工作坊59个游戏区自由选择的权利。其中，包饺子、烤饼干、做寿司等活动是小滋味工作坊中孩子们最喜爱的活动。插花区、串珠区、生活DIY、服装设计区、编织区等活动是生活体验工作坊根据不同年龄段孩子的发展需求而专门设立的。除此之外，园所还有思维益智、美劳创意、戏剧表演、科学探索等工作坊。这些工作坊都是以儿童的经验为取向，以贴近幼儿的生活情境为出发点，将健康、语言、社会、科学、艺术五大领域有机结合，把传统的学科知识学习转化为幼儿情境式的学习，让幼儿从玩中学、做中学。

幼儿园主题工作坊的推出，也得到了家长的高度支持，荣获了山东省“百佳游戏”的称号，成功立项了国家级“十三五滚动课题”。孩子们在这种自主学习的过程中，能最大限度地强化他们的主体意识，挖掘他们的个体潜能，提升他们思维的敏捷性、变通性与发散性，培养他们的自我管理能力和创造表现能力，从而形成良好的学习品质。

为更好地缓解孩子数量多的问题，幼儿园还将户外自主游戏与室内主题工作坊相互融合、互为补充。班里的孩子会分成两组，一组进行幼儿主题工作坊活动，另一组进行户外自主游戏，从而给予孩子们充分的游戏时间和充足的游戏场地。

午睡时间，每次看着孩子们，帮助他们盖好被子，轻拍孩子们入睡，我总有身为幼教人的幸福。一直以来，把目光更多的聚焦在幼儿身上，全身心地投入到对每一位幼儿的爱之中，这就是我幸福的来源。

“武耀童年　稚拳礼赞”武术操活动，是每学期的园所特色活动之一。其一是为了让孩子们强身健体，有一个好体魄；其二是让孩子们感受传统文化，从小培养精气神儿。

“园长，老师，再见！”在一声声道别中，孩子们结束了在百合园里一日充实而满足的游戏生活。不仅老师会带领孩子们有序排队走出校园，我也会站在门口跟每个孩子挥手告别，再由老师亲自把他们交到家长手中，期待着第二天的再次见面。

每天孩子们全部离园后，我便开始了例行安全巡视。捡起掉在地上的玩具、钉好落下的纸张、扶正墙上挂着的画……“墙上挂着的是孩子们画的户外自主游戏中发生的游戏故事，每幅画左下角的二维码，扫描后就能听到孩子们自己的讲述。”百合幼儿园坚持做一个有故事的幼儿园，让孩子与老师都主动讲故事。去年，百合园选报的游戏活动案例《“机器人”变形记》被评为教育部幼儿园优秀活动案例，这也是“游戏故事”带给百合园的成长。

加强团队管理

每周一上午9点，我们都会按照惯例举行中层领导周例会。大家在会上畅所欲言，总结上周工作情况、互通本周工作计划、分享工作中的经验。细致、高效、认真，正是我园保持逐年稳步提升的关键。

为庆祝建党99周年，在“七一”建党节前夕，园所党支部开展了书记党课专题活动。与老师们分享中国共产党的光辉发展历程，向老师们传达了中国共产党的伟大精神。党支部充分发挥了党建引领作用，为园所发展增添了强大动力。当然，书记谈心谈话是园内每月固定要开展的活动。作为百合幼儿园党支部的书记，我会定期与党员及群众教师进行思想、作风等一系列谈话，保证团队的凝聚力和向心力，从而起到和党员的引领示范作用，并帮助群众解决实际困难。

教师是学校教学教研工作的主力军，是保障教育教育研究工作取得实效的关键。我一直“把教师的发展放在第一位”，致力于老师们根部的滋养。在学研共同体中，大家没有行政职务的分别，只有专业影响的不同，“谁走在前面谁就是我们的老师”。当然，我也会经常参加学研共同体的教研活动。例如，在开展生活化课程学研共同体教研时，我和老师们坐在户外生活区的草地上对“百合•课程”进行深入解读：“孩子是一粒种子，他有自己生命成长的轨迹和密码，教师是支持儿童发展的土壤、阳光和水。好的教育一定是通向自由的。”

开展特色活动

6月是百合园的毕业季，而2020年的毕业证更是由他们自己设计的。孩子们天马行空地设计着自己专属的毕业证，重现着自己在幼儿园生活的一个个场景……细心的孩子们还在设计时留出了园长老师签字的地方。签名时，我都会一笔一画认真书写，“因为这是孩子自己设计的，所以我非常重视。”我也相信，“当孩子们拿到自己专属的毕业证时，他们永远不会忘记在百合园的快乐时光。”

在毕业典礼上，孩子们身着盛装、伴随礼乐、踏上红毯……这一场毕业典礼，每一个孩子都是主角，为着三年的幼儿园生活画上独特而圆满的句号。我与百合、东城御景幼儿园的三百余名幼儿一一鞠躬道祝福，为孩子们颁发毕业证书、毕业纪念册及毕业合照。此刻，有难忘与不舍，来过，便不曾离开！

更令我感动的是，毕业班的家长还自发到园里为我和老师们送来了锦旗，感谢老师教导有方。这是家长们对我们工作的高度认可。“金杯银杯不如老百姓的口碑。”我满怀感慨，“能够得到家长们的信任，让我更有动力为孩子们的成长服务，一定不会辜负家长们的期望。”

教育不是改造儿童，而是唤醒儿童的心灵。我希望，每一位老师都将幼儿园当作自己幼教梦开始的地方，做一个高标准的幼儿园。家长看到的，我们要做好；家长看不到的，我们要做得更好！因为这份工作里面有责任，有良心，还有使命！

点亮教育明灯，托起特殊孩子的未来

山东省济南市长清区特殊教育学校　卢圣国　庞秀燕　田素贞

扶贫既要富口袋，也要富脑袋、富智慧。一个地区的教育发展是衡量脱贫攻坚成效的硬指标，更关乎全面建成小康社会的胜利。2020年是全面建成小康社会、全面扶贫攻坚的收官之年。小康路上，一个都不能少。让残疾孩子和普通学生一样共赴小康康庄大道，充满着幸福感、获得感、安全感，有尊严的学习和生活，是我区特殊教育学校的荣耀与担当！在我校就读的学生中，有15名来自建档立卡的贫困户家庭。学校在“扶志、扶知、扶智、扶职”四方面着力，助力残疾孩子迈上小康路、迈向新生活！

一、扶志，点燃生命之光

扶志就是帮扶这些残疾学生有志气、有志向。在这些学生中因智力残疾存在着“自暴自弃，自惭形秽”的情形，励志教育就显得尤为重要。

我们请学校教师、山东省书法家协会会员王文艺老师为15名来自建档立卡的贫困户家庭书写如下专题书法作品内容：自强不息，厚德载物，自强自立，自尊自爱，家和万事兴，知识改变命运，生活的理想就是理想的生活，小康路上、一个都不能少，不忘初心、继续前进，每天进步一点点，努力就有机遇，向远方，仰望星空，牵手的力量，追求，奋斗，感恩的心，天天向上等。学校统一装裱后，由卢圣国校长亲自送到这些贫困户家里并帮着挂在显眼的地方。鼓足残疾人家庭和孩子生活的勇气，增添迎难而上的动力。

强化立德树人的德育教育，让一个濒临绝望的家庭重新点燃生命之光，让更多地孩子绽放笑容，也是特教老师的责任担当！小祥是一位重度脑瘫患儿，不会像常那样的说话，一直靠母亲在家照顾。父亲常年在外打零工维持生计，一家人过着清贫的日子。送教上门后，老师就在心里默默许诺“孩子，让我来温暖你”！周一是学校里升国旗的日子，小祥静静地躺在床上，听送教老师讲爱祖国的故事、升国旗的仪式。老师千方百计让他认识国旗，倾听国歌，观看升旗视频。国旗缓缓地在小祥床头升起后，老师们分明看到了小祥脸上的自豪！

二、扶知，点燃生活希望

扶知就是利用学校课堂主阵地和拓展的走教家庭场所，进行基本知识和技能的教育。

潇潇和泽泽是亲姐弟两个，他们都不幸患上了同一种罕见的疾病：黏多糖症。两个孩子都是在三岁时就停止发育了，身高都只有八十三四厘米，变形的双腿让你不忍直视。患有眼疾的母亲常年在家照顾两个残疾儿女，父亲在村里打零工，生活捉襟见肘。两个孩子很聪明，姐姐跟着电视自学，识字量很大，弟弟聪明可爱，因为身体原因却没法进入普通学校就读。通过送教，老师在这里建起家庭小课堂——两个孩子、一名老师组成一个班级，孩子们在家里能接受到正规课堂的教育。“起立、老师好、同学们好”；“拼写、计算、音符”……朗朗的读书声在农家小院传出。两个孩子言语能力、通识认知、交流沟通等能力都有了大幅度地提高，这个残疾孩子家庭燃起了生活的新希望。

三、扶智，点亮心灵之灯

扶智就是以“三生”（生命、生活、生存）为依托，增长孩子的本领和智慧。

智力残疾儿童由于大脑发育受到不同程度的损伤，使其在感知、记忆、思维、语言等方面都存在明显障碍。学校针对实际，在课题引领下，借助四巧板、七巧板、百鸟蛋、捆先绳、智力环、单槽立柱、汉诺塔等益智器具的直观感知等特点，创生“益智课堂”，制定“一对一个别化教育训练和方案”，摸索出了巧拼、巧放、巧组、巧推，巧解、巧算的六巧横版。在此基础上，学校还开展了益智运动会、一班一品牌、班级益智大比武、我是益智小达人等活动，学生的智力才能有了可喜的变化。个性化心理指导也是扶智的重要内涵，学校认为“心理健康、心态阳光、积极向上、快乐成长”对于这些残障孩子更为重要，也不应该是奢求。突破固化思维，培养进取心。折翼的天使更渴望、更珍爱有尊严的生活，他们智力上有残缺已经非常不幸了，不能让他们再有心灵上的残缺。

四、扶职，点亮未来之梦

扶职就是帮助学生谋求生活的饭碗，增加职业技能的教育引导帮助。

就业是最大的民生。帮助这些孩子走向社会，过上正常人的小康日子。在平安街道的一家电子厂里，视力障碍学生冯贵奇熟练地安插着手里的零件。在一分钟内，他成功安插了30个零件，与普通员工1.5秒/个的速度相差无几。这个工作对于家境贫寒、视力障碍的冯贵奇真是雪中送炭。有活干、有钱拿，自立、自强变成了现实。在卢校长的协调下，先后有两批学生共十多人成为电子厂的员工。学校还联系多名毕业生到扶危济困、乐善好施的企业就业帮工，帮助学生开设网店直播平台等，促进残疾学生的就业。

让这些特殊的孩子过上有尊严的生活，能够基本具备正常人一样的生活知识技能，很了不起。“四扶”着力，对于特教老师来说需要更多“爱的奉献”。也是做“师德高尚、师能精湛”四有好教师的集中体现。教育是生命的事业，好教师就是活动着的生命教材。因为教师是这个社会良知善心的楷模典范。针对贫困户家庭输血造血功能弱，国家出台“两不愁、三保障、低保托底、残障补贴”等脱贫不脱了惠利的立体扶贫政策。我校将继续发挥教育扶贫的优势胜势，彻底阻断代际贫困，托起残疾人家庭的新希望、新目标，点亮教育明灯，助力他们在小康路上自信满满！

携手奔小康，山海亦相通，初心不渝，奋斗依旧，关爱特殊学生，在学生们的心中埋下爱的种子。涓涓细流，汇成江河，人间善举，终成大爱，教育扶贫在特殊孩子们求学向上的道路上点燃了一盏“心灯”。

寻孔孟之道，育圣贤之才

山东省济宁海达行知学校　丰建胜　杨璐宁　李俊儒

文化是一个民族的灵魂和血脉，更是人民的精神家园。博大精深的中华传统文化，是我们在世界文化激荡中站稳脚跟的基石。中华文化源远流长，积淀着中华民族最深层的精神追求，代表着中华民族独特的精神标识，为中华民族生生不息、发展壮大提供了丰厚滋养。中华优秀传统文化是中国人智慧的结晶，是中华文明的遗产，是历经千年而不衰、永不磨灭的精华。我校秉承271教育先进理念，以“心系中华，兴教强国”为教育使命，以“能力、尊严、美好”为价值目标，希望借此机会，为广大学子搭建广阔而自由的成长舞台，帮助他们度过一生中最美好的金色年华。让孩子未来的事业更成功、生活更幸福、人生更精彩！

一、国学经典诵读，奏响时代强音

2017年，在我校第一届读书节上，“国学小名士”诗词大会成为其中一颗闪亮的明星，“戊戌之春，海达学子会于知行楼之七百人报告厅，国学小名士事也。英才毕至，济济一堂，探国学微妙，借诗词发声，斯是乐事，飨与诸君。”记载的便是当时的盛况。同时，第一届国学经典诵读活动隆重举行，全体师生一起诵读国学经典，聆听古人教诲，传承中华文化。

中华文化源远流长，国学经典诵读不衰。我校每年都会举行国学经典诵读活动，同学们豪情满怀，为传统文化经典唱响了新的乐章。

2018年，一年级的结课礼中也融入了浓浓的传统文化元素，从《少林英雄》的功夫展示，到蒙学经典《三字经》的朗诵，甚至是古诗《苔》的演唱，无不展现着海达学子的儒雅风范。

每年孔子诞辰，我校都会举行盛大的祭孔仪式，向先师孔子表达最诚挚的敬意。全体师生共读《论语》，在朗朗的读书声中弘扬传统儒家文化。

2019年，各学段举行了“国学达人挑战赛”活动，在学校掀起了一股学习传统文化的热潮。我校学生代表参加高新区“国学达人”决赛，荣获两个一等奖，两个二等奖，四个三等奖，载誉而归。

二、开设多样课程，弘扬传统文化

中华传统源远流长博大精深，在中华五千年薪火相传的历史中，它就像一盏指路的明灯，在黑暗中撒下光明，在光明中壮大火种，它是中华民族的精神支柱！为弘扬传统文化，培养能够担当民族大任的社会主义人才，我校开设了形式多样的课程。

研学旅行课程。我校研学旅行课程的开设充分考虑了对传统文化的学习与传承。通过研学旅行，海达学子走进了民俗博物馆，走进了孔子故里，参观了百年老字号“广育堂”，感受到了中华优秀传统文化的博大精深。

国画课程。《国画——妙笔丹青中国梦》课程实现了国家课程的校本化、生本化、师本化的三合一，以团扇、折扇、油纸伞等为表现载体，完成创意书画的表现形式。

“写即是练”书法特色课程。我校推出的“写即是练”特色书法课程给学生提供了一个自主探究、展示创造的书法艺术平台，全面提高了学生的书写能力和书写水平，激发了学生对传统文化学习的热情。

汉服课程。“芰荷以衣，芙蓉为裳”，汉服课程设置依托孔孟文化底蕴，创新实践活动为载体，以服饰为本，结合礼仪、节日与传统文化，让学生了解更多汉民族传统服饰、配饰的相关知识；在理解汉民族传统服饰中的文化内涵的基础上，并加以改造和再创新。

陶艺课程。三宝陶坊，成立于2017年，是学校国学特色课程之一。通过陶艺文化的学习，学生学习了中国传统工艺的制作，传承了中华传统文化，体现出我国工匠精神。课程主要开设三大学习方向：手捏成型、泥板成型、拉胚技法，让学生们制作出自己设计的作品，真实的应用到生活中、学习中。学生们用自己双手去制作自己喜欢的作品，感受泥土带来的乐趣。

篆刻课程。篆刻，以很小尺寸表现中国的诗、书、画，是中国一种特殊的文化艺术形式。学生通过对于“朱文”，“白文”的探索，都拥有自己刻制的一枚印章。篆刻课程的开设让学生真正地感受“神游方寸之间，醉心中国之美”。

剪纸课程。剪纸课程将剪纸艺术与唐诗宋词、水浒文化、《山海经》等结合，创作出丰富多彩的新型剪纸形象。中国古典文学与剪纸的相遇，是中华五千年绵延不绝的文化碰撞，不仅开拓了学生的艺术创作思维，也增强了学生对传统文化的理解。

我们通过各种课程的开设，使学生们可以延续文化基因，增强民族自尊心，只争朝夕，向未来披荆斩棘；不负韶华，为梦想摘月揽星。

中华优秀传统文化植根于中华民族的沃土，经过几千年的历史沉淀，博大精深，意义深远，是中华民族宝贵的精神财富和精神标识。博大精深的中华优秀传统文化具有独特的思想性和育人功能，因此作为学校教育我们要充分发挥中华民族优秀传统文化的作用，要因势而导，创新方式，将中华优秀传统文化的营养渗透到学生日常生活的点点滴滴中。当今世界处于百年之未有大变局，站在新时代的历史起点上，作为教育工作者，我们身上肩负着建设教育强国的重要使命与担当，我们将不忘初心，勇于开拓，让中华优秀文化点亮民族腾飞的万丈光芒。

开展红色教育，传承红色精神

山东省胶州市第二十九中学　刘中乐

红色文化是在革命战争年代，由中国共产党人、先进分子和人民群众共同创造并极具中国特色的先进文化，蕴含着丰富的革命精神和厚重的历史文化内涵。红色文化是一种重要资源，包括物质文化和非物质文化。一个国家、一个民族不能没有灵魂，要坚定文化自信。文化自信关系国运兴衰、文化安全和民族精神独立性。坚定文化自信是实现中华民族伟大复兴的必然要求，只有坚定文化自信，才能培固民族精神之“根”，熔铸理想信念之“魂”，涵养核心价值之“源”。为培养学生的家国情怀，近年来，我校积极创建红色文化，开展了丰富多彩的红色教育。接下来，学校还将举办“宣讲红色故事　争做红色少年”主题演讲征文比赛、　“铭记历史　不忘初心”观看红色电影、“怎样做一名红色少年”主题班队会等系列活动。

一、深挖红色文化，营造红色氛围

红色教育是爱国主义教育的重要内容，是民族精神与品质的教育。学校坚持以红色爱国主义教育为主线，依托课堂，深挖红色文化，努力营造浓厚的红色教育氛围，让主题德育活动内容丰富、形式多样，寓教育于活动中，使学生在新颖的活动中受到爱国主义教育。

升旗仪式上进行爱国主义教育。每周一早上，学校都会举行庄严的升旗仪式，迎着冉冉升起的朝阳，在雄壮的国歌声中，少年国旗护卫队队员们英姿勃勃，将五星红旗升起在校园上空。国旗下，学生们深情的发言提升了他们的爱国情怀，赋予了升旗仪式新的形式和内涵。

开展祭扫活动。学校充分利用胶州市烈士纪念馆等红色教育基地，结合清明节、建党节等重要节日，组织学生祭扫。通过祭扫活动，学生们走近了革命英雄，了解了革命历史，深深地认识到今天的幸福生活是许多革命志士抛头颅、洒热血，用鲜血和生命换来的，更加坚定了继承革命先辈遗志、发扬革命先辈的优良传统、勤奋学习报效祖国的雄心壮志。

二、设置课程体系，注重学科渗透

红色教育具有丰富的内涵，学校不断探索学校自主设置、教师自主开设、学生自主选择的校本化课程体系，让自主学习活动和红色教育有机结合。

加强学科渗透。语文：每天读一首红色诗词，每周背诵一首红色诗文，每月开展一次红色诗词朗诵会，每学期开展一次红色诗文征文比赛。思想品德：举行红色革命故事会，开展红色考察活动。音乐：唱好红色歌曲，举行学生红歌比赛。体育：加强对学生队列、跑步、形体、仪表、速度、风纪等6项训练，让学生学会坐如钟、站如松、行如风，集合排队齐整。美术：让学生画红色画、写红色字，每学期举行一次学生书画展。

阅读红色书籍。学校图书室每学期都会推荐一批红色经典书目供全校师生借阅，每个班级的图书角也都有若干本红色著作，学生随时可徜徉在红色经典的海洋中。学校利用每年一度的“读书周”，围绕“红色在我心中”这一主题开展读书比赛和讲故事比赛。

三、开展各类活动，传承红色精神

学校围绕红色主题，广泛开展各类艺术社团和校园朗诵节、艺术节、文化节等活动，让红色教育和青春活力活动相得益彰。

唱红歌。每学期，学校都开展“唱响红色歌曲、绽放生命光彩”爱国歌曲大家唱活动。其中，《义勇军进行曲》《没有共产党就没有新中国》《歌唱祖国》为必唱歌曲。全体学生用最美的童音唱响嘹亮的红色歌曲。通过唱红歌，全体学生感受红色文化，培育和践行社会主义核心价值观，坚定了永远跟党走的理想信念。

开红团。学校组建了腰鼓队、合唱队、号鼓队及书法、诵读、舞蹈等红色社团，传承红色精神。在学校举行的红色文化展示活动中，学生们用喜闻乐见的形式表演了异彩纷呈的节目，推动了红色教育活动向纵深发展。

四. 强化实践体验，发挥基地作用

加强实践体验教育，开发、利用校内外资源，发挥各类教育基地作用，增加学生阅历，培养学生的动手实践能力，将红色教育贯穿实践体验活动全过程。

寻找新变化，感受新气象。组织学生深入农村、企业、社区，切身感受生活新变化、农村新面貌、社会新气象，了解新中国成立以来，特别是改革开放40多年来在党的领导下我国社会主义现代化建设取得的辉煌成就，引导学生牢固树立永远跟着党，走中国特色社会主义道路的坚定信念。

民族精神代代传。组织引导学生向公民道德楷模和“全国十佳少先队员”等可亲、可敬、可学的榜样学习，在学生中积极弘扬以爱国主义为核心的民族精神和以改革创新为核心的时代精神，使学生增强民族自豪感和对中华民族伟大复兴必将实现的自信心。

国家主席习近平致信祝贺中国少年先锋队第八次全国代表大会召开时强调，新时代的少先队员要把红色基因一代代传下去。当代学生既是实现第一个百年奋斗目标的经历者、见证者，更是实现第二个百年奋斗目标、建设社会主义现代化强国的生力军。胶州市第二十九中学落实立德树人根本任务，群策群力，集思广益，从制度建设、氛围营造、活动开展等方面入手，让红色文化在校园里落地生根，既丰富了学生的课余生活，也提升了红色文化的内涵品位，有力地推动了学校办学质量的提升。

红色文化是对中华优秀传统文化的继承与发展，同时也是中国共产党人在长期革命、建设和改革进程中逐渐积淀形成的物质和精神财富的总和。作为学校教育，我们将不断深入挖掘红色文化，培养学生的爱国情怀，促进红色基因的传承，让我们的子孙后代都能够铭记先辈，不忘初心，担当使命，铸牢民族发展基石。

激活教师内在基因，唤醒教师发展力量

山东省莱芜区高庄街道中心小学 李红

学校发展的最根本是教师的发展，唯有教师发展了，学生才能得到更好地发展，这就是一所优秀学校的标志。我校是2009年合班并校的新建学校，在建校初期，学校课堂教学模式获得过省教学成果二等奖，学校也被评为山东省教学示范校。可是，后来情况发生了逆转，教职工故步自封，盲目自满，工作拖拖拉拉，应付了事，学校的各项评估指标走到了莱芜区的末尾，曾经的先进变成了一潭死水。为了改变这落后的现状，学校前后换了几任校长，可是收效甚微。

2019年秋季开学，我担任校长之后，可谓是受命于危难之际，

面对错综复杂的学校情况，如何扭转危局？经过层层分析与思考，我终于找准了问题的症结，我决定从唤醒教师的思想开始抓起。那时我暗下决心，一定要躬身垂范，用自身的实际行动去感化、去引领，用榜样的光芒去激活教师们身上曾经有过的先进基因，争取用最短的时间把我校再一次带回先进的轨道。

一、以先进激活先进

铁人王进喜的团队曾遇到过石油井喷，几十个石油工人凭什么不顾生命的安危去用身体搅拌泥浆压住井喷？是因为队长王进喜第一个跳进了泥浆当中，领导带头了，哪里有落后的群众。

自从我上任的第一天起，最早到校的是我，最晚离校的是我，劳动中跑到最前头的是我，教研教改中发言最积极的是我。清晨，我准时笔挺地站在大门口，用微笑迎接师生的到来，随后，握起笤帚和值日学生一块打扫校园。前两节推门听课，第三节和讲课老师教研，第四节上课，每天下午轮流参与教研组集体教研，课间处理一些其他的学校事务，一开始老师们也不很理解，觉得我作为校长用得着这样吗？推门听课是对他们不信任或者是监督吗？但是时间长了，尤其是一些年轻老师精心准备了课堂后反而盼望着我去，觉得我和他们交流真的能提高她们的业务能力，时间长了也有很多老师像我一样拿起笤帚，帮忙打扫校园，弯腰捡纸的人也多了……学校的氛围变得越来越温暖和谐。

我的爱人经常出差在外，很难顾上家里的事，幸亏父母非常支持我的工作，接送孩子、照顾孩子，解决了我的后顾之忧，使我能一心一意地扑在工作上，我早出晚归，每天六点多就从家里出发，孩子都对我有意见，经常说“妈妈你能接我一次吗？”面对孩子的质问，我也很愧疚，但是为了全学校的孩子，我顾不上自己的孩子，自己的家。只能跟孩子讲，妈妈是校长，学校里还有好多孩子需要妈妈去照顾，请多理解一下妈妈。

二、用尊敬赢得尊敬

我校的老师们个个都非常优秀，尤其是老教师，成绩都曾经辉煌过，对待老教师老领导，我十分尊重，对于学校里的一些事务，经常听取一些老教师们的建议，学校里任何事情也都会和校委会去讨论。校委会其他几位同志年龄都比较大，五十多岁的党支部书记，亓瑞丽从我身上感受到一种谦虚而又不失稳重的力量。第一次开全体教师会我就被推到主席台C位。这位大龄女书记曾经跟我推心置腹地说，“原来学校这样我非常难过，我也希望咱们的学校能重现最初的辉煌，我觉得我们现在非常有希望，你像是干事的人，我得全力支持，我们得共同把学校办好”，一学期之后，这位书记多次要求让我一肩挑，在多次推让我不答应的情况下，她甚至跑到高庄教育党委，找到党委书记、副书记，要求让位，她对领导说，别的学校都是校长书记一肩挑，我不能让外单位的人笑话李校长，说她没有能力一肩挑，我干组织委员或者去工会，我一定和原来一样工作，只会更努力，绝不懈怠。

就这样，在学校支部换届会上，在领导和学校全体党员的见证下，出现了新老两位支部书记眼眶湿润着握手拥抱交接的感人一幕，如今老书记担任工会主席，她果真说到做到，管党建，管工会，管学校其他事物，比原来更忙了，更累了，但是依然很快乐！

我不仅对老教师，老领导特别尊重，对其他有能力，能为学校出力工作的人更是从心底里敬重，现如今，学校最好的办公桌椅在优秀特色课程开发者——陈国老师的篆刻工作室内，最豪华的办公室是名师工作室，最新最高档的办公桌是市教学能手吴爱雨老师使用的，陈国老师曾不止一次的和外人“显摆”，他坐的椅子比我这个校长坐的高档多了……我对老师的尊重和欣赏，换来的是大家全力以赴的努力工作，各科老师“抢”自习课，“抢”学困生单独辅导，仅仅一个学期，我校的成绩就突飞猛进，学校各级部各科在高庄都名列前茅，期末考试还取得了开门红，我们学校终于打了一个漂亮的翻身仗。

三、拿真心换回真心

我是一个心思比较细腻的人，平时经常和大家交流聊天，时刻关注着每一位老师的家庭，发现谁有困难，总是能提供力所能及的帮助，在牵扯有关老师利益的问题上，总是能为老师着想，学校的韩老师在中级职称晋升时，开始觉得自己没有荣誉不报名，我给他做思想工作，“现在政策好了，能有资格走乡镇十年晋升中级，这么好的机会你为什么不报，荣誉少不怕，你都二十多年教龄了，说不定教龄起关键作用，你不会，我们大家帮你”，后来，我和学校副校长魏书本利用课余时间和韩老师一起填表，好几次因为填报太麻烦，韩老师都打了退堂鼓，我一直鼓励他坚持了下来，如今，不善言辞的韩老师逢人便说，我这个晋级成功多亏了李校长的鼓励和帮忙，她真是位好校长。

除了用真心换真心，我也借力转化老师们的思想，重点加强党性教育，学习政治理论，带领大家到多处党性教育基地接受教育，莱芜战役纪念馆、大峰山革命教育基地、泰钢精神主题展览馆，王守东纪念馆等都留下了我们受教育的身影，除此之外，我努力加强制度建设，用铁的纪律来约束，极其个别的老师，铸造一支凝聚力特别强的教师队伍，引领学校不断向前发展。

经过一年的努力，如今我校全体教职工凝心聚力，心往一块想，劲往一处使，各方面工作都取得了长足的进步，学校确立了“和美教育”为教学理念，以“让孩子的美好人生在这里开启”为目标，夯实根基教育，积极开发课程，通过和心团队建设，和治管理建设，和谐班级建设，和煦德育建设，和乐课程建设，和美课堂建设六个途径，培养德、智、体、美、劳全面发展的和美少年，得到了周围老百姓的高度赞扬。

新时代是一个奋斗者的时代，是每一位中华儿女实现自我价值、追求幸福的时代，更是十四亿中国人民万众一心、众志成城去实现伟大复兴中国梦的崭新时代。教育是面向未来的事业，是培英育才的崇高伟业。作为新时代的教育工作者，我将带领我校全体教师扛起历史责任感，砥砺前行，不断提升自身的综合素养，再接再厉，培养每一个孩子精神生命的健康成长，在教书育人的奋斗中凸显教育者的追求，实现生命的更高价值！

立德树人，为学生终身发展奠基

山东省聊城市东昌实验小学 李明旺 曹务辉 梁慧 盛阳

立德树人是一项广泛而深远的系统工程。习近平总书记在全国教育大会的重要讲话中深刻指出：“要把立德树人融入思想道德教育、文化知识教育、社会实践教育各环节，贯穿基础教育、职业教育、高等教育各领域，学科体系、教学体系、教材体系、管理体系要围绕这个目标来设计，教师要围绕这个目标来教，学生要围绕这个目标来学。凡是不利于实现这个目标的做法都要坚决改过来。”我校以“为学生终

身发展奠定基础”为办学理念。学校积极开展教育教学改革，构建培养学生德智体美劳全面发展的教育体系，努力让立德树人根本任务和“五育”并举目标真正落地、落细、落实。如今，学校“五育”教育工作特色凸显、亮点纷呈。

一、多元启智，促进全面发展

我校的“一课一得”通过细化知识，力争每节课都能让学生有所收获，让学生实现核心素养或生活能力方面的提升。“一课一得”使课堂深下去、厚起来，也让学生思维沉下去、宽广起来，同时也使我校教育教学质量不断提升。

为了促进学生全面发展，学校以新课程改革为契机，以教学常规为抓手，持续开展全校双周大教研、每周学科小教研，深入开展同课异构的示范课、指导课、创新课等活动，并努力开发校本课程，为学生的成长打下坚实基础。

此外，为了进一步优化学生的幸福体验，学校积极打造丰富多彩的课程体系，共开设体育运动、美术、手工、益智等8类22门校本课程，以素质教育的持续践行，生动诠释“快乐教育”的真谛。

教以启智，多元育人，我校通过五育并举，促进学生的全面发展与多元成长。

二、以德施教，提升师生素养

党的十九届五中全会精神宣讲会，激发了全校教师身为一名教育工作者的光荣感与自豪感；学校日常开展的政治理论教育和师德教育，不断增强教师们立德树人的意识；师德责任书的签订，引导全体教师自觉履行岗位职责……

我校百余位教师中，获得省、市、区级优秀教师、教学能手等荣誉称号的教师有近60人。素质全面、专业精进的东昌实验人们，在一路护航学校教育向纵深推进的同时，更推动着德育层面的“教学相长”。

‘模仿’是未成年人的重要学习方式之一。在德育工作的开展中，教师以自身师德通过平时的言传身教所带来的教育效果往往更为显著。如今，在我校，“人人都是德育工作者”的观念蔚然成风。在“为学生终身发展奠定基础”理念的引领下，学校通过升旗仪式及同主题班队会，适时开展的六一儿童节文艺汇演、春节文艺汇演，及讲红色故事大赛、爱国主题征文等活动，在轻松活泼的气氛中发展了孩子们的个性，提升了他们的素养。

三、劳动教育，培养健全人格

在我们的校园中有一片小小的菜园，给孩子们带来了无穷的乐趣，更让孩子们知道了粮食的来之不易。前段时间孩子们收了自己种的玉米和花生，他们吃起来觉得又香又甜。

勤劳是中华民族的传统美德，知识是从劳动中得来的，任何成就都是刻苦劳动的结晶。俄国教育家乌申斯说过：“教育不但应当培养学生对劳动的尊敬和热爱，还必须培养学生劳动的习惯。”我们的教育目标，旨在通过劳动教育，最终将学生培养成具有“会学习、会劳动、会合作、会研究”能力、能够关心他人、珍爱生命、健全人格的人。劳动教育为孩子们打开一个认识世界的大门。我们通过开展劳动实践教育，让孩子们发现这个精彩的世界都是由劳动创造的。

在我校，劳动并不仅限于让学生走进田间、下地劳作，更是从各个环节、多个方面培养他们的动手能力。在老师们的引领下，孩子们逐步学会自己的事情自己做；丰富多彩的实践活动，引导孩子在劳动中眼看世界、脚踏实地；在包饺子、给父母做道菜等活动里，孩子们走进厨房，感知父母的不易……如今，劳动教育的持续开展，也让孩子与父母更加亲近，让家与校的距离不再遥远。

新时代推动教育改革发展，关键是要落实立德树人的根本任务，面向“十四五”，我校将以习近平新时代中国特色社会主义思想和党的十九大精神为指引，紧紧围绕立德树人根本任务，在以往的基础上再上新台阶，全面加强“面”的提升和“质”的跨越，为学生终身发展奠基，以新的成效助力学校建设再创新辉煌！

规范管理，赋能学校优质发展

——齐河县雅元小学民主精细管理侧记

山东省齐河县雅元小学　陈洪振　孙丽丽

百年大计，教育为本。教育是提高人民综合素质、促进人的全面发展的重要途径，是民族振兴、社会进步的重要基石，是对中华民族伟大复兴具有决定性意义的事业。而学校就是坚守在教育前线的重要堡垒。一所学校要想取得长足发展，必然要在学校管理方面苦下功夫。齐河县雅元小学（潘店镇中心小学）自2014年建校以来，深入贯彻和落实党的教育方针，秉持“和容共进，各美其美”的办学理念，谨遵“雅正启元，明德弘毅”的校训，坚持民主立校、管理兴校，按照“稳秩序、聚人心、树正气、抓教研、出成绩”的工作部署，经历“凝心聚力创业——理念引领发展——文化内涵突破”之路，逐步形成了“以和育和、以和育美、和美育人”的办学特色。“雅言、雅行、雅容、雅量”的良好校风深入人心，和美雅元是一家已经成为所有雅元人的共同感受。一千多名师生用汗水和智慧，把学校建设成了环境优美、秩序井然、管理规范、成绩一流、和谐温馨的家园。校园里洋溢着民主、公平、诚信、友爱的氛围，学校“事事有人想、事事有人管、事事有人干”，关心学校、以校为家已蔚然成风。

一、知行合一，助力教育教学精细发展

学校始终致力于学校管理方式的创新，探寻民主化、精细化管理的路子，通过调动教师和学生参与管理的积极性和主动性，汇聚师生智慧，提升管理效能，让学校办学充满了生机活力。为此，学校开展了“我的学校我做主”系列活动，引导师生积极参与学校管理，从办学宗旨、管理制度、课堂教学、学校文化等方面积极建言献策。学校每学期初都会组织“我的学校我做主”主题论坛，内容包括学校办学目标设计、课程与教学改革设想、管理方式创新等，引导教师在交流、碰撞中取长补短，不断完善和提升自己。另外，学校鼓励教师积极提建议，并对提出好建议的教师大张旗鼓地进行表彰。我校学生层面的“我的学校我做主”活动也开展得有声有色。在“我的校服我做主”方案征集活动中，少先队发出倡议，学生通过讨论、查资料等方式自行设计校服，各种设计方案汇总到大队委，由学生代表评选出最佳设计方案，再由家委会联系厂商制作。“就连教学楼的命名、楼道文化的设计、校园美化方案也是师生长时间酝酿的结果，是集体智慧的结晶。”教务处主任王秀红说，“如果把校园文化看作一部作品，那么学校的方方面面无不见证着师生的共同劳动、共同成长。”为保证精细管理真正落到实处。我校从方方面面抓起，从细节、小事中培养学生养成良好习惯的意识。像打扫卫生、整理内务、管理绿化责任区等工作都在教师的指导下由学生自己完成。我校没有保洁员，所有的卫生工作都由学生负责。教育处主任魏成林说：“学生管理千头万绪，只有精细化才能保障工作有序进行。我们狠抓了细节管理，将各项工作进行精细化设计，对什么时间干什么事、什么地点干什么事都有明确要求，甚至细化到每一块地板、每一段栏杆，要求每一项都要用心，都要到位，都要求精。”我校要求师生离开自己的活动区域，包括地面、办公桌椅、讲桌板凳、课桌椅、床铺、储物柜、餐桌椅、操场等，都要保持整洁卫生，物品摆放得井井有条，保证让其他进入这个区域的人感受到清新洁净、赏心悦目。自己的事情自己做，尽职尽责，干净利索，已经成为师生的自觉意识和行动。走在校园里，随处可见细节的精微——光洁的不锈钢楼梯，不仅有“上下楼梯靠右走”的提醒，中间还用护栏分隔；各个年级有各自的通道，学生上下楼梯规范有序；学生宿舍里，被褥衣物摆放整齐，地面干干净净，无任何异味；宿舍门口不仅标有值班教师的姓名，还有手机号，真正做到了精细化管理体现在每一处细节上、每一个角落里。

二、深耕细作，构建家校携手温馨家园

教育不单单是课堂上的识文读字，要春风化雨般浇灌到学生学习生活的方方面面。因此，我校将师生日常活动也进行了细化，通过丰富多彩的活动，激发学生兴趣，锻炼学生能力。晨会开启新的一天，四至六年级每天早操后分年级开晨会。师生轮流主持，摆问题、谈感受、交流经验。管理越来越精细，形式也越来丰富多彩，教育环境也越来越有利于学生的成长。管理无小事，处处是教育。走进餐厅，学生们正在用晚餐，这里同样也秩序井然——按级部班级划分区域，4人一桌，8人一组，餐厅工作人员分饭到桌，值日组长分饭到人。每张餐桌上都有一个汤盆，每人都有一个不锈钢拼盘，菜和馒头分开放，蛋花汤每人一碗，学生们吃得不亦乐乎。我校对食堂卫生尤为重视，坚持严把员工健康关，严把食材质量关，严把餐具卫生关，提高厨艺水平，精心制作饭食，让师生吃着安心、舒心。我校越来越多的教师开始吃食堂，这是对食堂伙食的高度认可，也是对食堂工作的监督。此外，每天都有十几名家长志愿者到校。他们除了参与学校管理、与教师交流外，中午还在餐厅帮着分饭，陪孩子就餐。就我校常年对家长开放的情况，负责后勤的总务主任马志祥说：“我们对食堂的定位是零利润运营，既要保持营养均衡，又要安全卫生，让每名学生吃好吃饱。学校先后投资40余万元，购进了蒸箱、天然气炒锅、食堂快检设备，大型消毒柜、留样柜、生熟冰柜等专用设备，并在全县率先使用天然气，确保食堂安全运营。在学生饮食上，聘请了专业营养师进行科学配餐。每生每天10元，中午两菜一汤，荤素搭配，早餐、晚餐有米粥，早餐还有鸡蛋，晚餐有炒菜，每周五提前公示下一周的带量食谱；菜品一周不重复，中午搭配水果；主食有馒头、油条、烧饼、花卷、米饭等；粥也变换种类，有小米饭、冰粥、八宝粥、牛奶粥等。”潘店镇学区主任杜祥军也说，“近年来，外乡镇托人来上学的不少，但我们规模有限，无法满足他们的要求。这说明我们办学的路子走对了。今后，我们将继续发挥民主治校优势，以精细化管理为抓手，提高学校办学品位，办学生和家长满意的学校。”这些都是我校对学校、对管理、对卫生严格要求的结果。

三、初心不改，守望品质教育灿烂明天

绵绵用力，久久为功。学校管理是一门既深且远的科学，更是一门艺术，其内涵、品位和文化底蕴需要被全体师生内化于心并付诸行动，应如和风细雨渗透到学校各处角落，散入尘埃，静待花开。2020

年，我校按照齐河县教体局“桃李丹心”党建品牌创建和“一针十线”工作部署要求，通过学校“和美五育”党建文化品牌创建，引导党员干部和教职工牢固树立四个意识，发挥党组织的示范引领作用，为学校特色发展提供坚实组织保障。未来路上，我校会继续带着教育的理想，不忘初心，迈着坚实的步伐，在管理创新的道路上笃定前行。以先进的理念引领学校发展，以科学的方法强化学校管理，以有效地措施促进师生成长，以严谨的态度探索教育规律，以担当的情怀领跑教育改革，敢为人先，勇于创新。立足农村学校实际，我们将办学目标定位为发展学生、成就教师、影响风尚。我们将坚持民主立校、管理兴校、规划引领、锐意教改、家校携手、借力发展，走文化内涵发展之路，着力提升教师的道德素质和专业化水平，突出特色化发展方向，努力将学校办成学生喜欢、家长信赖、社会认可的具有农村特色的区域名校。用热情装点教育事业的百花园，用生命谱写一曲又一曲教育新歌。

疫情下的教育感想

山东省青岛市即墨区金口周疃小学　修建新

2020年的春节，本该是中国人喜庆、祥和举国欢庆的节日，却被突如其来的新型冠状病毒疫情打破，来势汹汹，横扫大江南北，波及全国。面对这场突如其来的疫情，救治和防控无疑成了当前两大中心任务。党和国家领导人、医护人员、军警人员，奋不顾身冲锋陷阵，与死神争分夺秒，展开殊死搏斗与较量。从1月20日，武汉暴发疫情开始，到今日（2月23日12：30）官宣数据，全国确诊感染人数已达到77041人，死亡2445人。日益攀升的数字背后是紧张、恐惧、懊悔还是不以为然。在严防死守、居家隔离的同时，难道我们就不能从此次疫情中得到一些启迪和感触吗？尤其是作为一名教育工作者，更应该感受到心中的责任与担当。我们相信春花烂漫时刻一定会到来，可到来之时，我们应该如何守护这来之不易的春天？

科学已经证实，2003年暴发的非典病毒、2014年非洲暴发的埃博拉病毒与今年的新型冠状病毒传染源均来自野生动物。21世纪三次疫情，源头竟是出奇的相似——野生动物。本以为在经历过前两次疫情后人们会记住教训，没想到人们遗忘的速度比病毒暴发速度还快。研究表明：野生蛇，携带多种寄生虫，包括舌形虫、隐孢子虫等，可致腹膜炎、败血症、心包炎等疾病；土拨鼠，体内含有鼠疫杆菌，是鼠疫的罪魁祸首；穿山甲，携带有多种蜱虫，可传播回归热、出血热；浣熊，是狂犬病毒的自然宿主；野兔，携带多种寄生虫、弓形中、脑炎虫；野猪，携带有多种蜱虫可传播回归热、出血热；蝙蝠，携带100多种病毒，也是SARS、埃博拉、MERS冠状病毒的源头，是真正的高致病病毒的“蓄水池”。

人们不顾教训，一意孤行，大胆尝鲜，不就是为了一己之私过一把嘴瘾吗？不就是为了单纯的炫耀心理吗？认为别人没吃过，自己吃过。难道教训还不够惨痛、还不能觉醒吗？这一切难道不是大自然对人类的报复吗？不是灾难爱凑热闹，而是大自然一次一次的隐忍最后叠加的暴发。法国作家雨果有一句话“大自然是善良的慈母，同时也是冷酷的屠夫”。因此要敬畏自然、敬畏生命不要轻易破坏生态平衡，人类和大自然保持一种平衡。你不去吃蝙蝠，蝙蝠也不会传染病毒给你；你不往大海里扔垃圾，海鲜也不会污染致毒、致死；你不乱砍滥伐植物也会努力制造氧气，保持全球气温。人和大自然要相互依靠，世间万物皆有因果。董卿在一档环境与自然节目中说过：“一切都在追求一种平衡，人和自然平衡，人和世界的平衡，如果人类自以为占尽了优势为所欲为，对不起，枪响之后，没有赢家！”作为教育工作者，我认为开学第一课就要确立保护大自然、拒绝野味的主题讨论会，并贯穿于平常教学中，通过课堂教学渗透、主题演讲、手抄报、作文评选等形式让学生入脑入心，付诸行动，并通过小手拉大手传播到千家万户，做到全民有共识，人人有责任。

早在改革开放初期，邓小平同志就提出“科学是第一生产力”。时至今日，中国制造、中国创造已经成为一张响亮的世界名片。中国高铁、北斗导航卫星、袁隆平盐碱水稻、航母、空间站等等，中国科技的迅猛发展已经大大改变和提高了中国人乃至世界人民的生活质量和水平，更使中国人挺起了脊梁。当下，新型冠状病毒来袭，如果没有国家几十年发展壮大的高端的医疗技术和医疗条件，如何能成功救治几千感染患者，又如何能迅速控制住这个拥有世界五分之一人口大国的疫情蔓延。所以今天我们可以说科学技术不仅是第一生产力，更是第一生命力。我们还应清醒地认识到，我们的医疗还是在追逐病魔，每出现一种病毒，我们从发现、认识、研制疫苗和药物还需要相当长时间，在这期间还是会有人失去生命，况且现在还有癌症、艾滋病等疾病无特效药医治。因此还需要我们，尤其是青少年一代更加勤奋刻苦的学习科学文化知识，努力攀登科技高峰，与病毒抢占阵地制高点，与病魔赛跑从追逐到超越，方能守护我们的亲人、朋友还有自己的生命健康。

讲卫生，爱运动是大家都懂的道理。这次疫情下电视台每天滚动提醒：戴口罩、勤洗手、常通风、居家运动提高自身免疫力。道理都懂但能不能身体力行的养成一种日常习惯，做好个人卫生、家庭卫生、单位卫生、校园卫生，这是一个人良好素质修养的体现，值得我们每个人自省。然而，在这次疫情中恰恰暴露出了一些丑陋现象，有些人不仅不戴口罩，还对劝阻者撒泼打骂，更有甚者，对着电梯按钮吐口水，害人害己。你的这些行为能称之为“人”吗？因此我认为讲卫生应先清洁“心”让内心纯净不肮脏，清洁“脑”让自己保持清醒头脑，具有个人卫生习惯、公共卫生习惯，每天健身，健康你我他的良好意识，付诸于实际行动才是真“人”。大小朋友们你们说是不是？最近全国提出垃圾分类的号召，习近平总书记亲自倡议，这是好事，变废为宝，让有害垃圾不在侵害地球家园，人人有责。我们的校园，我们的青少年要做垃圾分类的先锋队，首先要明确垃圾分类的种类，班级中、家庭中都可以购买或者用自己灵巧的双手制作四个分类垃圾桶（可回收、干垃圾、湿垃圾、有害不可回收）让垃圾不再污染我们的生活环境！

讲文明，守秩序一直是考验国人的一条法则，以前经常听到中国人在外旅游，乱扔垃圾、随地吐痰、大声喧哗、不排队等不文明行为，虽然现在这种现象已经大幅下降，国人文明程度大有提高。但还是有不少人不以为然，比如，在这次疫情中，仍是有随地吐痰，恶意吐口水，不戴口罩进入小区、商场，不配合登记、测体温等不讲文明行为，结果直接导致病毒传播，疫情扩散。这是血的教训。每个人都不是孤立存活的，这次疫情下如果没有全国医护人员、科研人员、军警人员甘于奉献、团结一心齐聚湖北、武汉共同抗疫，还有国内、国际组织和个人的慷慨援助，你我可能早已倒在病毒中。英国十七世纪玄学派诗人约翰。堂恩曾有这样的诗歌片段：“谁都不是一座岛屿，自成一体；每个人都是那广袤大陆的一部分。”、“团结就是力量”这是用血肉验证出的真理。今天的青少年们你还在为自己的孤高气傲而孤芳自赏吗？你还在以自我为中心自私自利不顾他人感受和利益吗？你还在占了他人一点小便宜而窃喜吗？离开别人自己决不能独活。不仅要团结还要勇于奉献，甘于奉献。医疗人员、军警、政府人员多少是不顾自己的家庭，却冒着随时都有可能被感染的危险来挽救病人。这是一种大无畏精神，无私奉献的精神！他们舍小家顾大家，他们付出生命的代价，从而换来疫情的控制和病人的希望。从狭义上讲他们只是尽了自己的职责，但从广义上讲他们发扬了人性美，这才是生命的最高价值。2月10日，39岁苏州蓝天救援队队员许鹏，用一个美丽的谎言，向10岁的儿子解释自己为何不在家。疫情发生后，他在武汉连续工作了多天，直到殉职前几天的2月21日凌晨，他从山东押运防疫物资前往武汉，却在梁山县境内遭遇车祸。许鹏曾参加过缅甸、老挝、可可西里等救援任务，阜宁风灾、广元沉船也留下了他的身影，玉树雪灾时他也曾带领机动队队员奋战在救援一线。2020年2月11日，在抗“疫”一线连续奋战17天后，樊树锋颅内出血，2月19日12时36分经抢救无效，离开人世，年仅39岁。这名曾经的特警队员，如今的抗击疫情的“勇先锋”、辖区群众的“暖心人”，把生命指针永远定格在春天里。遵其遗愿，家属将其器官无偿捐献，他的捐赠可以救活三个人，让两个人复明。这个世界将多了几个和樊树锋“血脉相通”的人。医生彭银华，抗击疫情，感染新冠肺炎，2月20日在金银潭医院去世。他本打算正月初八举办婚礼，办公桌抽屉里还放着没来得及分发的请柬。“疫情不散，婚期延迟”，也是彭银华和妻子达成的共识。你才29岁，延迟婚期，坚守一线，战疫情感染新冠肺炎，以身殉职离世，让人悲痛心碎。他们值得被载入史册。因此，通过此次真实、生动、深刻的场景，作为学校必须不遗余力的抓住时机，持续、延续的举行情景剧、辩论会、主题班会等形式多样的教育活动，让正能量充满校园，深入每一孩子的心田。

“疫情就是命令，防控就是责任”疫情一暴发，党中央立即行动统一指挥，在短短十天内就在武汉建造了两座可容纳2000多人的现代化的传染病专治医院，让老外见识到了什么叫中国速度，堪称世界奇迹，并迅速调集19个省份在做好本地疫情防控同时合力支援武汉。号角吹响，祖国大地上，一只只精锐之师火速集结，迅速驰援，为共同打赢湖北保卫战英勇奋战。这一幕幕场景令人动容，又如此熟悉。2008年，汶川大地震，面对规模空前，难度空前“世界性重建难题”党中央、国务院，果断启动对口支援机制，一省帮一重灾县的重大决策。北京、广东、山东等18个省市迅速行动，上千万灾区干部群众从废墟中顽强奋起，重建了家园。这是党中央统一指挥，统一协调，统一调度，精准施策下全国一盘棋的具体实践，是制度优越的彰显，是独一无二的优势。“中国行动速度之快、规模之大，世所罕见。这是中国制度优势，有关经验值得其他国家借鉴。相信中国并将取得最终的胜利！”世界卫生组织总干事谭德塞在此次疫情寻访中国时由衷赞叹道。在生死存亡之际，党和国家领导人始终和人民站在一起，成为人民坚强后盾，并以其优越制度体制挽救了人民。没有国何谈家，没有党的正确领导，哪有曾被欺辱百年而今昂首挺胸的中国人。这就是给我们青少年最真实、深刻的一堂爱国主义教育课，我们应该有自己的制度自信、文化自信、国家自信，中国的伟大复兴必将实现，中国梦必将实现！

绽放人生色彩，成就幸福乐园

山东省青岛西海岸新区特殊教育中心　王永宾　于洋

生命存在的意义与价值始于人性，而人性的塑造和张扬则要依赖于教育。教育是一把启发智慧的钥匙，赋予人性纯净灿烂的光辉。我校始建于1986年，是青岛西海岸新区教育和体育局直属的一所十五年一贯制培智学校。学校主要承担新区适龄智力残疾学生、自闭症学生的教育和康复工作以及全区随班就读残疾学生指导、送教服务等工作。办学以来，学校始终秉持“因为你在，所以我在”的学校精神，以“关注每一个，温暖每一天，让每一个生命自由舒展”为办学理念，围绕“办与孩子心灵最近的学校，育能独立生活的人”的办学目标，立足管理创新，谋求改革发展，倾力打造“成长教育”办学品牌。通过多年的协作努力，学校办学特色愈发鲜明，教育教学质量稳步提升，

先后获得“青岛市四星级阳光校园”、“青岛市文明校园”、“青岛市语言文字工作达标校”、“青岛市残疾人之家”、“青岛市特殊教育先进集体”、“青岛市规范化学校”、“青岛市艺术教育先进单位”、“山东省特殊教育先进学校”等荣誉称号。

一、规范学校管理，提升办学内涵

学校要想取得长足发展，就要在学校管理上苦下功夫。迄今为止，我校通过不断完善学校运行机制，提升工作制度化、规范化、科学化水平，做到有制可依、建制必依。同时学校以党建为引领，重视师资力量培养，筑牢“关注每一个　温暖每一天”党建品牌，以抓学习、抓制度、抓作风扎实做好党建工作，不断提高党员思想道德水平。一是抓学习，学校开展了各类学习活动、主题党日活动，以十九大精神为指引，贯彻党的十九届四中全会精神，充分发挥党建引领作用。二是抓制度，规范党内活动流程，依托“三会一课”等党的组织生活制度，完善创先争优活动制度，健全党员民主评议制度，建立党员学习培训机制，进一步推行党务、校务公开，接受家长、社会监督。三是抓作风，促进党内良好党风建设，定期组织党员教师开展批评与自我批评交流会，提高政治思想觉悟；定期组织进行纪律督查，按照区局“十严格，十严禁”要求，学校工作纪律检查工作小组每周进行纪律督查；开展党员示范课活动，发挥党员先锋模范作用。

教师是教育发展的第一资源，要想实现有品质、有深度的教育，就必须建设一流的教师队伍。一直以来，我校紧抓教师队伍建设，优化教师队伍结构，扎实开展师风师德教育，组织全体教师学习《中小学教师职业道德规范》《小学德育工作纲要》等文件，与教师签订师德承诺书，开展“清廉从教，为人师表”主题教育系列活动，通过《青岛西海岸新区特殊教育中心教师共同宣言》，打造敬业奉献、廉洁奉公的教师队伍。同时学校制定并完善教师专业发展规划，指导教师建立个人成长档案，通过开展教师三笔一画基本功比赛、多媒体课件比赛等，夯实教师教学功底；通过开展“大”教研　、“小”教研、班级教研活动、“每人一堂好课”活动，提高教师的专业化知识储备；通过分批次选派二百余人次赴青岛、潍坊、南京、大连等地参加培训，提升教师教育教学质量；通过每学年评选“优秀教师”，以榜样模范带动教师素质整体提升。此外，我校还通过开展“讲培融推”阳光教师四部曲锻造工程及组建教职工志愿服务队，开展丰富多彩的教职工德育活动；实施全员育人导师制，按照“思想引导、心理疏导、生活指导、学业辅导、成长向导”要求开展工作，关注每一个学生。

二、立足校园阵地，彰显文化魅力

陶行知曾说过：“天然环境和人格陶冶，很有密切关系。”校园中的每一座建筑、每一处景点，每一片绿色，都成为一种思想的传递，一种文化的表达，优美的校园环境就像无声的老师，滋润着师生的心田，熏陶感染着师生，丰富净化着师生的灵魂，潜移默化地引导师生向着健康的方向发展。立足校园环境阵地，我校以文化为渲染，大力营造校园和谐氛围。学校通过整体布局，精心涉及，对学校各个场地进行了装饰美化。在加大校园绿化、文化建设的同时，注重校园卫生，积极开展生态教育、疫情防控知识教育，培养学生的节约意识。学校围绕“12345”安全工作方案，实行网格化管理，积极开展安全教育，定期组织开展安全检查和安全演练，确保学校安全管理工作到位还。此外，学校积极筹建新校，新校将“阳光小镇”设计理念融入校园建设中，建设幼儿园楼、实训楼、康复楼、宿舍楼、综合楼、食堂、体育馆等，预计2021年秋季学期启用。

学校是传授知识和培养人格的场所，特殊的、固有的文化氛围是其主要特征。为此，我校将优良传统与时代精神相结合，硬件建设与软件建设相结合，积极倡导文明、健康、和谐的校园文化，激励、陶冶、润泽学生健康成长。通过开辟黑板报专栏，张贴班级公约，充分利用和挖掘教育资源，让每一面墙壁都说话，每一处角落都育人。此外，学校还积极创建文明校园和语言文字工作规范化示范学校，2020年1月，学校被评为“青岛市级文明校园”；2020年8月，学校被评为青岛市语言文字工作规范化示范学校，创建过程中充分展现了学校师生良好的精神状态。

三、创新教学模式，助力德育提升

课堂是教育教学实施首要阵地，是创新教学思路，提升教学质量的有力途径。立足学校实际，我校深入推进“1+3”教育模式改革，积极探索适合特殊儿童成长的教学方式。“1”即包班协同与选课走班相结合的“新班级”教学模式。学校以此为基础深入探究包班协同课堂教学模式，探索以“一人主讲、一人辅助”、“两人轮流主讲”等不同形式合作进行综合课程课堂教学，将班级包干到团队，一个班级由2-3位教师组成一个基本教育工作单元，全面承担一个班级的日常教学训练、班级常规管理等工作任务。同时，学校将生活语文、生活数学、生活适应等七门一般性课程及心理、安全教育等校本课程纳入包班课程体系，由包班教师合理分工、相互配合，协同制定个别化教育计划，协同备课，协同授课，协同评价反思。

包班协同课堂教学模式打破了传统课堂教学一人分科授课模式，实现了教师对一个班级的学生实施教、管、保一条龙服务，能够更好地应对培智学校综合课程的要求，使学生在学习过程中将不同学科知识融会贯通，更有针对性地发展学生能力。不仅开阔了教师的视野，使教师全面掌握学生的特点和动态，可以根据学生的差异进行分层教学，真正做到因材施教，同时也更好地满足学生的特殊教育需要，为学生健康成长夯实了基础。学校还开设钻石画、韵律操、瑜伽、卷纸画、奥尔夫音乐等二十余门选择性课程及六类个训课程，为学生提供更为丰富的个性化课程选择，为每一个学生量身定制“走班”课程表。此外，我校还深入构建三个课堂，打造以开放式教育为主线，开放教学时空、开放教学内容、开放教学方式、开放教学方法的成长课堂；结合单元主题开展研学活动，如商场研学、非遗研学、贝壳博物馆研学等，架构研学课堂；扎实推进送教上门工作，围绕“送知识”、“送康复”、“送温暖”、“送服务”、“送安全”，为送教学生提供全方位送教服务，如生日送蛋糕、寒暑假领导干部走访等；在入户送教、集中送教、远程送教、回归校园等送教形式的基础上，探索开展“一对一”、“多对一”、　“一对多”的送教形式，为送教学生提供更为适合的教育。

人无德不立，国无德不兴。终身之计，莫如树人；育人之本，莫如铸魂。我校十分注重对学生进行思想道德教育，通过国旗下讲话、班队会等一系列活动，陶冶学生情操，提升学生思想。同时，我校以传统节日、重大纪念日为契机，大力实施思想道德教育，如4月清明节“祭英烈”活动、6月端午节活动、9月唱红歌活动，倡导学生践行社会主义核心价值观，传承红色基因，培养学生的爱国情怀、民族情怀。我校也关注学生文明习惯的养成，依据《中小学生守则》对学生分年级开展行为习惯养成教育，并分年级有针对性地制定行为习惯养成计划，制定《特殊教育中心学生一日常规》，要求学生说好话、走好路、吃好饭、乘好车、读好书、写好字、做好值日。学校深入落实“十个一”项目，以学校活动与家庭活动相结合的形式开展研学、志愿服务、劳动等丰富多彩的活动。四是学校将十九大精神、社会主义核心价值观渗透到教育教学的各个环节，贯穿于教育教学全过程，充分利用各学科对学生进行道德教育实践，形成全程育人、全方位育人的格局，引导学生养成文明行为习惯，争做文明校园小使者。

四、倡导家校携手，成就品质未来

学校是学生的学校，也是老师的学校，是家长的学校，是社会的学校。我校以家校联合增强家校教育合力，通过建立家校联系本、实施访问制度、家长进校园、家长座谈、指导会等多项措施推进共育工作。一是制定实施班主任“电访”制度、寒暑假普访制度、问题专访制度等，通过多种方式，了解学生情况，指导家长开展家庭教育，加强家校联系。二是举办“家长开放日”活动，邀请家长走进学校，了解学校的教育理念、课程实施情况；邀请家长结合职业及自身特长到校为学生上课，丰富学校的教学内容；助残日、六一儿童节、亲子运动会等重大活动邀请家长到校与孩子共同参与活动，加强家校间沟通与理解，共同助力孩子成长。三是通过家长会和座谈会，解答家长疑惑，使教师、学校、家长增进了解和信任，获得家长配合。四是通过家庭教育指导会、家长团体沙盘辅导等活动，有的放矢地开展家校共商共育工作，提升家校共育效果。

非知之艰，行之维艰。教育是一项知行合一的事业。学校的内涵、品位和文化底蕴需要被全体师生牢记并践行，应如和风细雨渗透到学校各处角落，待春暖花开。我们坚信，只要遵循求教育原则，领悟办学理念，并行之贯穿于教育教学中，切实以成长教育引领特殊儿童未来发展，做有温度的特殊教育，做有生命色彩的特殊教育，办好“学生喜欢、家长满意、社会认可”特殊教育学校，学校终将绽放灿烂的光彩！

同主题阅读，温润师生精神成长

山东省日照市东港区天宁小学　刘翠珍　宋正雪

当下语文课堂教学依旧存在着大量无意义的提问、分析、讲解现象，既降低了课堂阅读效率，又泯灭了孩子阅读的兴趣和积极性。这

种现状亟待改善。

为真正提高阅读教学实效，发展学生阅读能力，提升学生语文素养，我们决定依托语文教材进行课题研究，实施“1+X同主题阅读教学”模式。具体来说就是，教师以教材为主线，引领学生围绕某一主题，将课内阅读与课外阅读有机融合在一起，将阅读方法由课内习得迁移到课外应用，从而对多篇文本进行有效阅读。

一、构建“1+X同主题阅读教学”课堂模式

在“1+X同主题阅读”课题研究与实施中，课题组成员深入教材文本实践，通过“课题组核心成员研究打磨示范课”、“骨干教师听评课”、“同课异构”等教研活动，反复研究、实践、反思、改进，最终构建了适合儿童成长需要的小学语文“1+X同主题阅读教学”课堂模式。这里的“1”，是指具体的一篇课文。

课内同主题阅读模式，适合所有年级使用，可以采用前置式、后延式、嵌入式三种方式来实施。前置式，就是在学习课文“1”之前，先阅读同主题文章，适用于需要背景铺垫的课文学习；后延式，即首先学习“1”，然后使用同主题阅读的文本，这是最常用的一种模式；嵌入式，即根据需要，在“1”的教学中使用同主题阅读的文本。这一模式可以灵活使用，一篇课文的学习可只选一范式，也可三范式同时使用，有效解决了教师满堂问、学生满堂答的现象。

课内推荐课外阅读模式，适合高年级使用，主要流程如下：步骤一，课内点拨，把握阅读方法。依据单元语文要素的要求以及教材编排的特点，在教学时教给学生把握阅读这类文章的方法：初读课文，整体感知内容；默读课文，找到印象深刻的场景、细节；品读课文，体会场景、细节中蕴含的情感；深读课文，思考习得描写场景、细节的方法。步骤二，课外实践，形成阅读技能。通过相应的主题阅读活动，在课内阅读教学与课外自主阅读之间架起了一座桥梁，让学生经历掌握阅读技能的过程，从而在今后的阅读中主动运用这些知识技能，真正做到会阅读。步骤三，共读分享，综合提升能力。利用共读时间，小组内交流展示，全班交流展示，学生教师进行评价。

二、建立“1+X同主题阅读教学”评价体系

在同主题阅读教学中，教师是平等中的首席，学生是主体，课堂是主阵地，课外是有益补充。唯有对同主题阅读教学的链条上的“关键链”——教师、学生、课堂多元跟进评价，形成有效地评价体系，才能更好地保障同主题阅读的成效。

对教师的评价：侧重于文本的开发是否经典、相关；文本使用契机是否最佳；同主题阅读教学课前、课中、课后组织实施策略是否简易巧妙；同主题阅读教学效果是否高效。

对学生的评价：充分尊重学生的个体差异，遵循导向性、激励性、重过程的原则，主要采用自主评价、家长评价、学生互评、教师评价四种方式进行。自主评价，贯穿同主题阅读的全过程，可以是对自己阅读态度、阅读能力、阅读方法的评价，对自己作业的评价，以及对自己课堂表现的评价；家长评价，主要在课下自主阅读阶段，家长针对学生的阅读态度、阅读习惯以及对文本的理解程度这三个方面进行评价；学生互评，主要在小组或全班分享阶段，对同学的准备情况、倾听、分享表达进行评价；教师评价，贯穿同主题阅读的全过程，包括学生课堂上的评价、作业的评价等。

对课堂的评价：使用《1+X同主题阅读课堂评价表》进行评价。

三、初现“1+X同主题阅读教学”实施成果

同主题阅读实施一年多来，学校共举行“同主题阅读”展示课一百三十多节并在全市“网上送课”中执教，在山东省“送教助教”中展示，均获好评。

教师层面：教师的阅读能力水平与对阅读的理解，决定着学生的阅读机会。同主题阅读，引领了教师大量阅读，提高了课堂效率，提升了科研能力，拓展了知识，涵养了品格。

学生层面：童年是最美好的岁月，引领儿童同主题阅读就是在他们的童年播下一粒粒最美妙的种子。同主题阅读，拓宽了阅读渠道，开阔了阅读视野，培养了阅读习惯，增加了阅读量，提升了阅读能力和语文素养。

教育家苏霍姆林斯基曾说：“让学生变聪明的办法不是补课，不是增加作业量，而是阅读，再阅读。”我们的实践也见证着大家的思想。实施“同主题阅读”，让孩子的灵魂拥有温度，我们在路上！

学教有序壮心志，深思静想定乾坤

山东省荣成市第二十三中学　王艳蕾　李晓刚

百年大计，教育为本。教育是提高人民综合素质、促进人的全面发展的重要途径，是民族振兴、社会进步的重要基石，是对中华民族伟大复兴具有决定性意义的事业。战国时期的思想家荀子说：“国将兴，必贵师而重傅”意思是：“国家将要兴盛，必然要尊师重教”。教学质量是学校发展的生命线，老师则是学校发展壮大之源。我校是一所缺编学校，每年都会从外聘请教师加入到团队中。为让这些新老师能够很快地融入我校这个大家庭，我校采取“分层培训”的方式，来提升队伍专业能力，提升他们的业务水平。我校现有学生人数近4680名，有教师290人。学生生源中有50%的外地务工子女，这些学生来自全国29个省市，学生的学习基础、认知水平参差不齐，给我校的教学管理及质量提升带来很大的压力。为规范办学，有效提升教学质量，我校一直抓实教研，从课堂发力；优化管理，从评价攻关。2020年，立足校情，我校紧扣“特色学校建设”的发展主线，从打造和美团队、实施和美教学两个维度来实现学校教学质量的发展，以“精致研管”为渠道，提升教学质量。以多元评价为媒介，提升综合素养。自主创新管理途径，丰富教师素养和能力，努力提升学校品质，绽放教师生命。壮大教师力量的同时，以专业成长和自我实现为支撑点，撬动教师队伍的发展，提升全校教师的凝聚力，增添幸福感、获得感、存在感，如竹拔节、如花绚烂。

一、规范管理，凝心聚力谋发展

规范管理制度是一所学校得以发展的基础，也是不断提升教师素质的保障。为此，我校将“业务骨干”、“管理能手”作为青年干部成长的目标，强化头雁领航的指导力。学期初，我校组织中层领导认真学习督导评估考核意见、教学工作会的指导意见以及学科教学指导意见，并以“做批注的方式”提出学校的指导意见，让中层领导明确新学期教学管理工作的重点要求。在此基础上，我校指导班子成员，精准分析自己分管年级、分管学科教学、管理中存在的问题，从问题分析、措施方法、追求目标三个维度做好教学管理计划，立好军令状。不仅如此，我校还面向全体教师进行交流，让教师了解领导对工作的思考与指导，也了解学校的全部，激发教师与学校领导同频共振。我校实行日巡查制。班子成员每天都要年级教学存在的亮点、问题及解决方法、疫情防控、教师管理、学生管理、教学管理等层面建立工作日志，分管副校长要对每个年级的亮点、问题进行指导和点评，当日反馈给她们，指导班子成员更加细致地做好各项管理工作。实行周巡课制。我校常态课巡查一般分三种，第一种是“同课异构式”巡查，同组精准比较找差距；第二种是“诊断式”巡查，教研组长和年级备课组长深入同学科或同年级教学成绩地位徘徊的教师课堂，进行诊断；第三种是“邀约式”巡查，领导巡课时，会约上组长或者同组其他教师共同参与。通过比较、诊断、指导，查摆教师的教、管、评和学生的学方面存在的问题，对症下药，指导教师在学习中改变，在改变中成长。实行周例会制。每周五的班子例会，我校中层领导都要交流本周分管年级、学科、管理等工作的落实情况、亮点的人、事、做法，在交流碰撞中，大家相互学习，协调统一，共同成长。实行月调度制。另外每月我校都会组织中层领导对本月工作销号处理的情况进行总结交流，同时思考下月的工作打算。此外，对于领导的考核，我校不仅关注工作量，更关注工作实效。从学科教学、分管年级、分管工作、个人业务四个维度对中层领导进行考核，规范的考核让各位领导明确，不仅要高效地完成本职工作，要拿成绩，也要不断提升自己。

二、炼骨锻魂，立足均衡造名师

优质的教师队伍是学校发展的基础。我校践行“打造一个团队，成熟一批骨干”的理念，借力工作室建设，打造骨干教师团队，充分发挥名师工作室引领的优势，组建由“工作室主持人、教研组长及骨干教师”组成的学科成长共同体。根据《荣成市名师工作室建设工程培养方案》我校在市名师工作室成员2（校内）+2（校外）的基础上，每个工作室再增加一到两名本校骨干教师，形成学科成长共同体；另外，我校有不少新.青年教师成为其他学校工作室的成员，她们教学经验不足，为了让这部分教师在校内、校外拥有“双师”指导的成长机会，我校重新建构了数学、化学、地理、生物、道法、心理健康六个校级工作室，由教研组长担任主持人，备课组长、外校工作室的我校教师为成员，形成“主持人+成员”的成长共同体。我校将没有参与工作室的教师全部纳入成长共同体，成长共同体的骨干成员每人选择带1名徒弟，从而建构以工作室为原点辐射多名新.青年教师的全员覆盖的学科成长共同体。大家定期分享来自不同学校的教学经验，借力生力，共同提高。为促进工作室的成长，我校以工作室引领工作室，中层领导全部参与。组织所有工作室主持人参加省名师谢峻岭校长的工作室建设培训，制定工作室发展规划，由优秀的团队主持人分享自己工作室建设的做法，指导各工作室主持人将工作任务细化，指导大家共同学习、抱团成长。新学期，学校组织树标课引领和达标课交流，我校工作室的主持人纷纷邀请自己工作室的成员到校，参与学校的周主题教研活动，工作室的教师进行同课异构。学校邀请教研员老师入校进行课堂诊断，工作室成员在课例打磨、观课评课的体验中相互学习，受益良多！经过所有人的不懈努力，成绩显著，硕果累累，我校谢峻岭工作室、王艳蕾工作室、王海燕工作室、孟庆军工作室多次被教研中心通报表扬；工作室内的年轻教师的工作状态、个人素养都得到提升，成绩突出。在各项课题研究的比赛中，我校也成绩斐然。值得一提的是，威海市优秀居家教学案例评选中，我校工作室有2节获二等奖，在荣成占比1/5，是唯一一家学区学校获奖。为进一步促进新•青年教师成长。我校依托“成长共同体”借力“青蓝工程”，探索完善“一对

一”和融互助机制和“捆绑评价”考核机制，通过点对点的精准帮扶和点对面的辐射引领，使“123456”培养机制更加完善。还通过“小荷初露”式的发掘激励培养，激发新青年教师潜心学习，激情创业。我校的“123456”培养体系的落实。一学：年轻教师每天读书一小时，每月参加一次校内青年教师成长培训或读书交流。二备：实行“个备-集备-个备”的三轮备课；三听：每周新青年教师至少听两节课，采取主动听课、邀请听课相结合的方式，做到先学后教。四研：每次教研活动，年轻老师都要优先发言，谈收获、找问题、最重要的是要给出重构策略，让她思考，逼她亮剑。五赛：每月参加一次不同主题的教学基本功比武。六评：期末我们会根据教师表现综合评价成长情况。这些措施，不仅对新来的青年教师实施精准帮扶，也为他们快速成长为学校生力军奠定了有力基础。

三、弥足根本，深思静想定乾坤

在学习了吴江林教授《构建精细化管理与有效教学的策略与实践》的讲座的基础上，我校重新审视教学计划的思考与指导价值。根据教研中心的学科教学指导意见及学校的指导意见，我校从问题分析、措施方法、预期目标、配当安排四个维度，通过组内交流，形成教研组教研计划。经过交流答辩，实现以计划引领教研。每学期，我校都会进行校本培训，据不同的学校教师群体进行了有针对性的“按需”培训。让校本培训成为教师成长的源泉。我校还实施教师对标学习工程。推进“校内、市内、市外”三级对标。校内对标—师徒结对。为了做实以“问题为导向”的对标学习，我校在分析成绩、研判教情、学情的基础上，征求教研中心领导的指导意见，在市直、学区学校分别寻找学科对标学校，建立了《荣成市二十三中学学科对标学习台账》，各学科制定对标、学标实施方案，并进行跟踪对标学习，学习后，组织教师进行交流反馈，让对标教研与校本教研有机融合。我校还认真分析案例。每周在听、评、查的基础上梳理教学问题，制度化的开展以问题导向的以课堂教学为载体的案例化教研。让每位老师对学科教学的各类课例有全面、深刻的认识，充分调动教师参与磨课的积极性。为了提升课堂活力，我校通过学科组的校本教研对教师进行基于“目标-教学-评价一致性”的“三线备课”设计培训，组织全体老师随机抽取课题进行“备课”比武，保证了我校内涵化的备课在课堂上有效落地。此外，我校也会通过教师考试、印发批改手册的等方式，解决教师学的重点难点。疫情期间，我校为教研中心录制课程资源108节，有25节课被推送到学习强国。上学年优课、微课评选过程中，有1节国家级优课，2节省级优课，31节威海市优课、微课，24节荣成市优课、微课。这学期的优质课评选中，初中有7人次、小学有3人次脱颖而出参加威海市优质课比赛；中、小学各有1人次参加威海市公开课展示。为提升学校教师整体素养，我校还自主创新管理途径，建构德育工作骨干队伍，实现教师学生自我管理。采取分层教学模式，优化教学品质。同时依据学情，建构“和融互助、分层评价”的课堂管理模式。在学生中分层开展“金、银、铜牌小讲师”的评选，让每层学生都能找到自信的支点。另外，我校定期开展“现场作文大赛”、“我爱记单词”和“数学速算王”、“小小书法家”、“化学争霸赛”等学科素养比赛，激励学生成长。真正做到用多元评价激发学生的内生动力，全面提升学校的质量。

非知之艰，行之维艰。教育是知行合一的事业。学校的内涵、品位和文化底蕴需要被全体师生牢记并践行。教育教学是一门“没有最好、只有更好”的艺术，我校会继续牢固树立质量意识，静心工作、潜心研究，在基础教育改革的大潮中击水、飞舟，静思等待教育和美发展的明天！

崇实创新，追求卓越，用心守望乡村教育的明天

山东省寿光市侯镇第三初级中学　李玉柱

百年大计，教育为本，乡村振兴，教育为魂。作为乡村学校的校长，唯有崇实创新，追求卓越，尽己之力打造乡村教育品牌，用心做事守望乡村教育的明天，为乡村发展赋能，为乡村发展培养人才积蓄力量。

侯镇三中校长李玉柱上任伊始，就经常思考：如何确保校园安全零事故？如何进一步提高教育教学质量？如何加强学校品牌建设？如何稳固学生生源？如何减小城乡教育差距……他时刻反思提醒自己要立足学校实际，转变适应角色，牢记责任重担当，为此专门制定了校长任期目标规划和专业成长计划，组织带领团队在传承中创新，在创新中发展，紧紧围绕“治校”和“育人”两大方面，崇实、创新致力打造和谐校园，追求卓越，极力营造“乐学启智，明礼扬正”的学校氛围，着力打造“社会满意、家长放心、教师舒心、学生向往”的优质乡村教育品牌学校。

一、党建引领创新发展，强化学校内涵发展的核心意识

坚持党的全面领导，深化党建与学校教育教学工作的融合发展，紧紧围绕“立德树人”的中心任务，强化“培养什么人、如何培养人”的核心意识，进一步加强学校党组织建设，促进学校内涵发展。

1.坚持民主集中制原则，加强党员的党性教育。抓牢抓实党风廉政建设，强化行风建设，切实加强党员管理，规范校务党务公开，工作透明，进一步提高了领导班子和全体党员教师的廉洁性，自律性和工作效率。

2.切实发挥党员教师的先锋模范作用。在校内开展党员教师“亮身份、当示范”活动，设岗定责，充分发挥党员教师的先锋模范作用。疫情期间，学生居家线上学习，党员教师送教送书上门，在线答疑解惑，主动承接学生的心理疏导工作，封校期间，又与全体初三教师一起住进学校，服务师生。在抗击疫情的工作中，学校被授予“战疫育人先进党组织”荣誉称号。

二、健全学校制度创新发展，科学规范调动教师积极性

“无规矩不成方圆”，健全合理的规章制度能够激发团队的积极性和创造性，发挥团队的最大效能，保障学校健康、规范、良性发展。

学校以制度建设为根基，以各种岗位考核为落脚点，以事实为依据，以科学管理为手段，以精细规范管理目标，健全科学、规范、高效的教育管理机制。在考量学校实际和教师发展需求，广泛征求教师意见的前提下，不断完善教师量化考核管理办法、师德考核管理办法、绩效工资管理办法等，明确了教师职责、明晰了岗位目标，层层把关落实，确保教师考核公正、公平、公开，体现了多劳多得、优教优酬，充分调动了教师的工作积极性。

三、加快团队建设创新发展，凝心聚力促进学校发展

校长不在于拥有多少智慧，而在于善于利用多少智慧，校长的智慧，在于择善而从的能力。通过统一思想，提高认识，学校打造了三支肯干事、能干事、会干事的队伍。

1.校长以身作则，率先垂范，发挥榜样作用。李玉柱校长时刻提醒自己在工作面前，不退让，困难面前，不退缩，以身作则，处处为老师做好表率，凡事冲锋在前。

2.选贤任能，强化责任担当，打造三支高效团队。通过教师自荐、民主选举和能力考查，选拔优秀教师组建学校中层管理团队，参与学校管理，保障学校工作顺利有序开展。强化责任重担当，规范竞聘，强化培训，加强班主任队伍建设。发挥教师专业专长，均衡优化教师配置，师徒结对传帮带，迎新送退，趣味活动，查体送健康，形式多样重关怀，平台搭建促成长，凝心聚力加强教师队伍建设。

四、完善课程体系创新发展，整合资源做强地域特色教育

以课程为载体，充分发挥课堂主阵地的作用，开足课程开全课时，正确处理好学校课程与国家课程、地方课程的关系，融合本地资源，做大做强地域特色教育，促进学生综合素质和实践创新能力的全面提升。

（一）全员全科阅读，扎实推进“阅读能力提升工程”的落实。

学校严格落实全员全科阅读规划，加强教师思想转变，规范阅读场所，保障阅读实效。校长垂范，带领教师制定阅读计划，催动全员阅读提升；两节连排，充足的时间保障学生阅读能力的提升；教师研讨，确立读书篇目，明确汇报方式推动师生阅读能力提升；开放图书室，增设阅览室，征订书籍刊物助力师生阅读能力提升。

（二）立足本地，开发地域特色课程

整合资源，“延”袭传承，创新发展，开发学校特色课程。学校重视学生德育教育，始终把养成教育、民主法制教育、爱国主义教育等作为学生教育的重点，贯穿学生成长的全过程。数典不忘祖，经典传承不断代，侯镇三中传承千年卤水制盐文化的精髓，培养学生不怕苦，不怕累，不断进取，追求卓越的品质，把“盐”元素加入学校教育，致力打造和谐“盐”教育品牌。学校重视学生创新发展，与时俱进组织编写了《文苑漫步》《乘着经典的翅膀飞翅》《舞蹈艺术》，配合特色学校建设，编写了《科技教育》《现代科技》等校本教材。

（三）创新课堂模式，“搬”出地域特色

“天下之事，闻者不如见者知之为详，见者不如居者知之为尽”。学生学有所得，学有所获，唯有学做结合，走进自然，亲近自然，亲历劳作，实践方能出真知。学校创新学习模式，充分运用“搬”字诀，把课堂搬到学校实验田，让学生亲历劳动过程，感受“锄禾日当午”的辛劳，明了“粒粒皆辛苦”的道理；把课堂搬到田间地头，搬到养殖基地，近身观察，俯身求索真经；把课堂搬到盐场，听“盐”，讲“盐”，说“盐”，感受盐文化的魅力，唤醒发展内动力。通过多种方式渠道把课堂搬到户外，让兴趣与实践相融，启发了学生求知欲探索欲，在实践中获取真知。

（四）整合教学资源，搭建网上学习平台，助力学生成长

汹汹疫情，开学延期，进一步促使教师加快整合教学资源，开发网络教学资源，确保教师教有所法，学生学有所获。校长亲自挂帅，调度部署网上教学工作；疫情就是命令，接到防控命令后，李玉柱校

长就一直坚持每天值守，吃住在校，利用电话、网络会议组织团队积极商讨策略，调度协调防疫和教育教学工作；安排教导处协同信息技术教师研究制定网络教学平台的师生操作使用流程；安排班主任掌握家庭网络资料，征求家长意见；组织教师认真学习遴选网上教学资源，精心备课，向学生提供优质的网上教学服务；安排专业团队适时在线答疑，解决学生学习困难、心理困惑等方面的问题或疑惑，让学生学有所获，健康成长。

五、育人环境创新发展，注重文化建设，打造安全校园

侯镇三中积极推进整改进程，加大整改力度，加强学校的亮化、美化、文化、家校共育以及其他各项育人建设，使学校的各项工作在继承中发展，在和谐中创新，着力构建新形势下管理育人、环境育人、文化育人的新型示范学校，大力促进学校内涵发展。

学校实施照明工程改造，选点安装节能照明大灯，对教学楼、餐厅、宿舍等照明情况进行了修缮，更换了更加明亮的日光灯，改善了照明环境，明亮了校园。学校修葺改造了部分陈旧设施，整夯破损的路面，铺设停车场和校园广场，修缮装饰美化了学校墙面，改造了报告厅，配备完善了垃圾存放池，厕所隔板，灭火器箱等校园设施，通过环境整改，装点美化了校园，学校面貌焕然一新。

学校立足实际，合理布局，科学规划，丰富校园内外文化。依托校本课程，挖掘"盐韵"文化，做好古镇盐文化传承，打造"润德践行，盐韵教育"教育品牌；依据教学楼和宿舍楼，打造了鲜明楼层主题文化；依托综合楼标准化实验室、功能室，创建了科技创新特色文化；文化无处不在，潜移默化影响学生发展，针对学校风大需要顶门砖的问题，专门打造了激励学生成长的"砖头文化"；依托传统节日，开展优秀传统文化进校园，组织开展各种文化活动；观赏弘扬爱国主义的电影，举办励志报告会等。

"安全无小事，责任重于山"，紧绷安全弦，防范不放松，学校除组织防疫、防震、消防、防踩踏等常规演练外还通过多种形式加强学生的思想教育，提高学生的安全意识；高能配置，硬件跟得上；及时检修灭火器、消防栓，排除了消防隐患；购置防爆器材架和安保器材，加强安保培训，增强了保安的机动灵活应对能力；学校全封闭管理，干部带班，教师轮流值班，保安巡逻实现了无缝隙巡防。

学校重视家校共育，注重家校沟通，发挥家校合力，助力学生健康成长。完善各学段家庭教育课程体系，加强家庭教育队伍建设，深入研讨，提升家庭教育指导能力，完善家长管理监督机构设置，做好宣传和沟通互动工作，创新家庭教育指导方式，多方式促进家校交流，密切家校合作关系，提升家校共育水平。

学校管理把握"以人为本"的思想，强化"服务"意识，处处体现人文关怀。俯身育人重品质，低头做事提质量，加强餐厅管理，保障饮食安全，丰富菜品花样，注重营养搭配，提升了师生的就餐品质；公寓楼标准化管理，每宿舍安置6名学生，设有专门的值班室，改善住宿环境，提高了休息质量；合理布置小学延时服务活动室，建立健全延时服务制度，明确教师职责，丰富延时服务内容，添加了书法、象棋、跳棋、五子棋、扑克等活动器材，使学生在延时服务中既能接受文化课学习又能得到全面发展。

一年来，学校各项工作开展顺利，育人成果显著，先后荣获"寿光市初中教学质量优胜学校"、"庆祝中华人民共和国成立70周年全市中小学生合唱比赛二等奖"、"2019年'平安行你我他'优秀组织学校"、"2019年度文明校园"，"2020年战疫育人先进党组织"等荣誉，学校教学质量和办学满意度大幅度提升，在近期市教体局组织的满意度测评中取得100%的优异成绩，新学期学生生源趋于稳定。

侯镇三中将立足学校实际，着眼长远发展，使学校各项工作落地落实落细，努力围绕乡村教育、推动乡村学校发展做出新的探索，推动学校发展更上一层楼，打造乡村教育品牌学校。

坚守立德树人使命，打造幸福教育高地

山东省郯城县第四中学 王立刚

幸福是人类社会的共同追求、最终追求。幸福社会基础在民生，关键靠教育。党的十九大从新时代坚持和发展中国特色社会主义的战略高度，做出了优先发展教育事业、加快教育现代化、建设教育强国的重大部署。郯城四中以"为幸福人生奠基"为教育梦想，着力把学校打造为：学生快乐成长的乐园，教师幸福发展的家园。学校紧紧围绕"立德树人"首要任务，以强力推行生本•幸福教育为核心任务，以进一步探索幸福大德育和高效课堂的创建工作为重点，不断创新工作思路，深化幸福德育、课程改革和校本教研，全面推进素质教育，不断提高学校的教育教学质量，提升师生的幸福指数，积极进行幸福教育探索，被授为"全国幸福教育基地学校"。

一、以党建为引领，营造幸福"沃土"

学校党支部认真把"两学一做"工作常态化、制度化，作为一项重大政治任务，尽好责、抓到位、见实效。牢固树立"围绕发展抓党建，抓好党建促发展"的工作理念，把思想建设放在首位，开展"固定党员日"活动，教育引导全体党员尊崇党章、遵守党规。严肃党的组织生活、落实"三会一课"制度，通过"学习强国"平台等方式，武装头脑、指导实践、推动工作。制定了《郯城四中党员积分制管理积分标准》和《郯城四中党员示范岗制度》，规范党员干部言行，健全党员践行"四个合格"长效机制。着力解决党员队伍在思想、组织、作风、纪律等方面存在的问题，努力使广大党员进一步增强"四个意识"、坚定"四个自信"、做到"两个维护"。保持对党忠诚、树立清风正气、勇于担当作为，充分发挥先锋模范作用。2019年，郯城四中党支部被中共郯城县委教育工作委员会评为"郯城县先进基层党支部"。

二、立德树人为本，播撒幸福"阳光"

社会主义核心价值观教育的目标是立德树人。搞好学校的德育工作，离不开一支经验丰富、方法独到的德育工作者队伍。学校指导班主任制定工作计划，每周一早7点召开班主任工作会议，总结上周工作并布置下一周工作。定期开展班主任培训，每学期召开两次校级班级管理论坛、两次班级管理现场会，积极交流班级管理经验，有效提升班级管理水平。加强理论学习，给教师发放《做幸福的教师》《做幸福的班主任》等书籍，外派部分教师到河北衡水中学等学校学习，返校后进行汇报研讨，各班级积极行动学以致用，进一步提升德育管理水平。

学校以实践活动为载体，全面落实幸福德育目标。向日葵的花盘总是朝着太阳，这是植物的趋光性。见贤思齐，学校通过举行内容丰富、形式多样的幸福德育活动，为学生的心田播撒一缕阳光，努力促进校园文化建设，全面落实幸福德育目标。注重发挥学生会、班干部的作用，把学生自主管理落到实处。制订《郯城四中学生一日规范》，大力倡导文明之风，帮助学生养成文明习惯，确保学生的身心健康。组织学生参加第十四届中国中学生作文大赛、读一本好书活动。8年5班姚祎飞、8年6班张庆波获得山东赛区初中组二等奖。各班级学生积极参加"鲁疆根连根，筑梦心连心"捐书活动，全校师生捐书1000余册。带领七八年级40位学生到台儿庄大战纪念馆和台儿庄古城参加研学实践活动，师生获益匪浅。学校精心筹划组织的德育活动，让他们在欢声笑语中重新认识自己、发现自己，自信豪迈，发掘潜能，点燃学习和生活的激情。

三、构建高效课堂，提供幸福"养分"

花儿为什么这样红？不仅得益于肥沃的土壤、温暖的阳光，更依托于充足的养分。向管理要质量，深化教学改革，打造"生本•幸福"高效课堂，倡导小组合作学习，探究学习，努力提高教育教学质量，为幸福教育提供充足"养分"。

学校在教育改革的路径中构建出"幸福教育"架构体系，这就是以"生本•幸福"高效课堂为核心、以"幸福文化"支撑课堂、以"幸福德育"引领课堂、以"幸福教师"保证课堂、以"幸福课程"拓展课堂、以"幸福阅读"丰富课堂、以"幸福评价"服务课堂的七块载体，经打磨、深化、细化，从而构筑了"幸福教育"架构，这是郯城四中人实践的积淀和理论的创新。

为充分调动每一位教师的积极性，学校组织教育教学理论学习与研讨活动，鼓励教师多学习，多探索，转变教育教学观念，努力提高教师的授课水平。学校先后外派100多人次到泰安东原实验学校、安徽太和、聊城杜郎口、青岛即墨市28中、临沂智慧软件园、临沂外国语学校、河北衡水中学、临沂一中等地学习观摩。

学校狠抓教学常规管理，打造"生本•幸福"高效课堂，申报了省级科研课题《"生本•幸福"高效课堂策略研究》，按照"生本•幸福"高效课堂模式，大力开展研究，每学期研讨课、公开课、示范课、汇报课等活动异彩纷呈。邀请市、县教研室的专家来做报告，临沂市教研室到学校来调研"生本•幸福"高效课堂的实施，给予高度评价，在全市推广。让主阵地课堂，成为师生快乐成长的平台，幸福提升的乐园。

四、收获喜人佳绩，结出幸福硕果

一分耕耘一分收获，肥沃的土壤、温暖的阳光、充足的养分，幸福教育这颗种子在园丁的精心耕耘下，结出累累硕果。马鸿艳等多名老师在县市课堂教学比赛中获一等奖；孙鲁伟等老师被评为县市教学能手；王学娟等老师获市教学成绩奖 。教学质量显著提高，全县质量调研中取得好成绩，中考成绩连年提升。郯城县教育局表扬四中"四中管理措施得力，教育教学质量逐年提高，保持持续上升态势，值得学习"。学校被命名为临沂市文明校园，被推荐为山东省第二届文明校园。先后荣获教书育人先进单位等100多项集体荣誉称号。

幸福教育成果被多次推广：2017年7月，贵州第五届校（园）长高级研修班；2018年8月，南昌第二届全国初级中学发展高峰论坛；2018年12月，临沂市创新管理改革现场会；2019年3月临沂市教科研中心来校调研，在全市推广；2019年9月，全国家庭教育兰州论坛等会议上，郯城四中均作幸福教育经验介绍。

大道至简，返璞归真。苏霍姆林斯基说："理想的教育是培养真正的人，让每一个从自己手里培养出来的人都能幸福地度过一生。这就是教育应该追求的恒久性、终级性价值。"新时代赋予新使命，新征程要有新作为。站在学校发展新的历史起点上，郯城四中将不断拓

宽发展思路，紧紧围绕提高教学质量这个核心，以坚定的信念笃行，以奋进的力量拼搏，用优异成绩迎接建党一百周年！

传承红色基因　铸牢信念之根

山东省威海机械工程高级技工学校　林国才　张汝刚　孙晓艳

“红色基因”一词是2013年2月习近平总书记在兰州军区视察时提出来，并强调“西北地区红色资源丰富，是延安精神的发源地，要发扬红色资源优势，深入进行党史军史和优良传统教育，把红色基因一代代传下去。”为传承红色基因，发扬红色文化，培养又红又专的社会主义建设者和可靠接班人，我校充分利用本地丰富的红色文化资源，创树“三三三”（即坚持三个贴近、融入三个课堂和实现三个转变）思政教育模式，将红色文化蕴含的初心使命融入思想政治教育中，充分发挥学校的育人功能，培养德技双馨、担当有为的新时代建设者，效果显著，充分彰显了“触动心灵的教育才是最好的教育”这一理念。

一、坚持三个贴近，传承红色基因

我校全方位对学生进行思想政治教育，化知识为德行，化德行为信仰，树立勤学苦练、矢志不移、报效祖国坚定信念的同时，利用本地丰富的“红色资源”，运用“道理不如故事，天边不如身边”的教育方法，坚持“三个贴近”，铸理想之魂。

贴近家乡，用红色故事感染人。习近平总书记在谈到红色文化资源时曾指出，要把红色资源利用好、把红色传统发扬好、把红色基因传承好。胶东地区是中国革命发起地之一，红色文化资源丰富。乳山籍作家冯德英的代表作品“三花”（《苦菜花》《山菊花》《迎春花》）在当代中国文学史上影响深远；以“马石山十勇士”为代表的英雄群体舍身救群众的壮举，写就了惊天地、泣鬼神的传奇；以“红色乳娘”为代表的胶东母亲在峥嵘岁月不惜牺牲自己的亲人也要养育八路军乳儿的故事，演绎了血乳交融、生死与共的人间大爱。学校结合这些身边的故事，每月举办一场“讲红色故事，品红色乳山，树红色理想”故事讲堂，让学生珍惜来之不易的幸福生活，热爱家乡，热爱祖国，热爱社会。

贴近生活，让红色文化熏陶人。校园文化是对学生进行思想道德教育的重要途径。学校充分利用校报、网络、宣传橱窗、板报、电子屏等平台进行红色文化宣传；通过开展“我和我的祖国”演讲比赛、“放歌祖国奋斗圆梦”歌咏比赛、摄影书画创作、“辉煌历程”图片展等形式营造阳光、积极、健康、文明的校园文化氛围，传播正能量，让学生沐浴在“红色文化的阳光雨露”中。我们坚持与时俱进，创新发展，鼓励学生成为校园文化建设的组织者和主力军，发动他们利用节假日参加红色文化旅游和探访、开展以“红色精神”为核心的志愿服务、社会调查等主题活动，弘扬中国精神、激发爱国情感、培养社会责任。

贴近学生，让红色基因教育人。习近平总书记曾指出“中国革命历史是最好的营养剂，多重温我们党领导人民进行革命的伟大历史，心中就会增添很多正能量。”结合当前中职学生价值多元、思维敏捷活跃、可塑性强的性格特点。我校以红色文化为主线，将新时代思想教育内容渗透课前诵读、社团活动、先进评比、时事热点讨论等过程，使学生统一思想认识，矫正思维偏差，于无形中受到触动和感染，在自然而然中接受教育、提升境界、升华人生。

二、融入三个课堂，筑牢红色信念

青年的理想信念、价值追求、思想道德状况，关系到国家和民族的未来。中职学生的素质如何直接关系到我国产业生力军的素质。他们正处在人生成长的“拔节孕穗期”，最需要精心引导和栽培。为此，我校始终将“红色精神”贯穿在学校的整个教育中。

红色文化融入课程教学，打造红色第一课堂。办好思政课关键在教师，关键在发挥教师的积极性、主动性、创造性。思政课教师，要给学生心灵埋下真善美的种子，引导学生扣好人生第一粒扣子。实施思政课程改革创新工作中，学校依托乳山红色经典，将党史、国史贯穿其中，分门别类对红色文化进行合理选取和有效凝练，整理成红色教学资源库，引导教师利用微课、慕课等新兴教学方法和手段，将红色基因有机融入思政课和其他各类课程教学中，将课堂教学的实效性和思想政治工作的价值引领性有机结合，引导学生去思考理想、信念、责任、价值，立鸿鹄志、做奋斗者。

红色教育融入主题活动，营造红色第二课堂。学校坚持把红色教育融入学雷锋活动、清明节祭扫先烈、十八岁成人仪式、“国庆”等节日活动、法制安全讲座等各项主题教育中，成立“三花”文学社。组织学生参观“马石山十勇士纪念馆”、读“三花”作品、唱红色革命歌曲、观看大型舞台剧“乳娘”和红色教育影片，让学生真正感受到红色文化的魅力和价值，追寻英雄的事迹、革命的历史、榜样的精神。让他们说体会、谈感想，在潜移默化中传承红色基因，增强了思想政治教育的思想性、具体性、针对性和实效性。

红色教育融入校园网络，创建红色第三课堂。推进红色教育网络化建设，创建红色第三课堂。利用“马石山十勇士纪念馆”、“冯德英文学馆”、“胶东育儿所旧址”等红色资源，融合新时代思想政治教育元素，利用多媒体、互联网、新媒体将文字、图片、声音、影像融于一体，制作《红色教育纪录片》等视频资料，利用校园网络、微信公众号、校园视频、抖音等平台寓教于“网”，寓教于“微”，增强红色教育的吸引力和影响力，引起学生的共鸣，使革命理想、奋斗精神、奉献社会思想内化于心，外化于行。

三、实现三个转变，育合格接班人

传承红色基因，牢记使命初心，完善思想政治教育，使学生的内在动机和需要得到启迪、唤醒、激发和引导，铸就担当有为的新时代建设者，关乎民族复兴伟业。为此，我校通过实现“三个转变”，来培育能够担当大任的社会主义接班人。

实现学校育人方式的转变。以往学校思政课中，学生的参与度与获得感较差，教师与班主任、学生处、团委之间工作沟通少，思政教学游离于学校德育之外。我校以传承“红色基因”为契机，形成思政教学服务于德育、德育贯穿于思政、活动围绕于德育，部门协调一致、“全员、全程、全方位”的育人体系。思政教育进教材、进课堂、进活动、进网络，学生就会对课本思想政治观念“真懂、真信、真做”，在润物无声的德育体验中得到自主发展和价值引领。

实现学生价值取向的转变。红色文化价值最大的合理性，不是毁灭的壮观与牺牲的激烈，而是背后隐含对更好生活的追求、对于更美未来的向往和对社会所承诺的现实信念，诠释着什么是历史担当和责任，让学生深刻领悟到其中蕴含的责任感和使命感，增强学生的主人翁意识，引导学生树立正确的世界观、人生观、价值观，明确自己的历史使命和时代担当，引导学生培养爱国之情、砥砺强国之志、实践报国之行，做社会主义建设者和接班人的政治认同。

实现学生学习态度的转变。红色文化融入思政教育，学校的德育工作变得接地气、聚人气。学生通过教育对照自己、约束自己、反省自己、勉励自己，明确奋斗方向，树立学习信心，坚定战胜困难的勇气，学习态度变得活跃、积极。学校呈现勤学理论知识、苦练专业技能、“比学赶帮”、争做“齐鲁工匠”的浓厚学习氛围。单锦腾同学荣获“山东省最美中职生”称号，苏友辰等四名同学分获2019、2020年“中职教育国家奖学金”；近两年，我校就有33人次分别在省市技能大赛中获奖，其中，钟文韬、宋镥民等同学在山东省中职技能大赛获奖。

学校创新德育形式，加强思想政治建设，引领学生关注历史、关注时代、关注社会，汲取养分、树立理想、丰富思想，实现了国家要求、社会需求、学生追求的统一，达到铸魂育人、德技双收良好效果。我校课题《技工院校德育工作创新研究》获得山东省立项；学校获得2019年度“山东省教育系统先进集体”荣誉称号。

面向未来，我们将坚持立德树人的根本任务，担当为党育人、为国育才的使命，传承红色基因，让师生真正把爱国情、强国志、报国行自觉融入实现伟大中国梦的奋斗之中。

家国情怀驻心间，农村教育焕新生

山东省潍坊滨海区潍坊蓝海学校　王学海　王爱菊

古人讲“修身、齐家、治国、平天下”，千百年来，“家”与“国”同频共振、同声相应。家国情怀早已扎根于中华民族的内心深处，是中华民族最为深厚的历史情感，是个人内心对国家、人民和家庭深沉的热爱。2017年教育部所颁发的课程标准将“家国情怀”纳入学生学科核心素养当中，指出了家国情怀是适应个人终身发展和社会发展需要的人才必备品格和关键能力，所以，对家国意识与家国情怀的培养在现行的农村教育中不容忽视。

一、立足当下，深化家国意识

家是最小国，国是千万家。家国意识、家国情怀是当前学校教育中我们所关注的重点。大多农村学校的教育对于这方面的培养意识淡薄，面临一定程度上的缺失，我们要明确对学生家国情怀培养的重要性，将家与国都牢记于心。

培养家国情怀，有利于增强学生的爱国意识，引导其树立正确的人生观、价值观。对农村小学生进行家国情怀的培养，能够全面有效地提升农村小学生的综合素质，能够使农村小学生从小树立爱国意识，更好地去传递和发扬爱国主义精神。小学生作为未来社会建设的主体，只有具备良好的综合素质，才能够对社会建设与发展产生良好的影响。但是由于当下农村学校对于小学生家国情怀培养的工作不重视，无法真正将家国情怀传递给他们，极其不利于增强学生的爱国意识。而面对当下的情况，我校积极深化“家国情怀”的理论内涵，开展以积极向上的传统文化、红色基因、家国情怀为主题的实践活动，使小学生亲身体验和尝试参与家国情怀的实践活动，让孩子们从小明白，为什么学习、为谁学习、为什么要学习。这样，农村的小学生才会不迷茫，才会真正担负起历史的重任，当祖国需要的时候，他们才会挺身而出，才能做到心中有祖国，才能让“家国情怀”闪耀光芒。

培养家国情怀，有利于提升学生的文化自信。文化对于国家、民族具有极为重要的意义，对于家国情怀的培养显得尤为重要。家国情怀的教育内容含有丰富的优秀传统文化、革命文化等等，而这些文化是民族的血脉，是人民的精神家园，是先进文化发展的源头，通过文化渗透促进农村小学生家国情怀的培养，有利于提升中华民族的文化自觉与文化自信。

培养家国情怀，有利于提升农村小学生个人修养。习近平同志在纪念五四运动100周年大会上提到，新时代的青年面临的既是建功立业的大好机遇，又是一次“天将降大任于斯人也”的挑战。虽然小学生的思想还不成熟，但是，家国情怀的教育涵盖了爱祖国、爱家乡、目标、追求、精神等各种资源的总和。这其中既有有形的文字、视频、图片等资料，又有对精神层次的理想、追求、信念等的认识。将这些资源很好地开发、利用，有效地对农村小学生进行家国情怀的培养，激发他们担当意识，使他们更加了解中国，提升自己的自主意识与思辨能力，提升个人素质，成为有担当、有责任感的个体，成为对国家、对社会有用的人。

二、家校合一，培养家国情怀

历史和现实告诉我们，家庭的前途命运同国家和民族的前途命运紧密相连。习近平总书记曾说，“我们要认识到，千家万户都好，国家才能好，民族才能好。”所以，我们要将爱家与爱国统一起来，将家国意识不断地融入日常的教学中，努力培养孩子们的家国情怀。

在宣传中渗透，让家国情怀的思想根植于孩子们的心田。让每个孩子成最优秀的自己，是家长的希望，更是学校的追求。因此，我校在日常的教育中，积极将立德树人的思想渗透到教育教学的各个环节中去，将“我为人人，人人为我”的家国情怀的思想教育根植于学生的心田，并且借助多渠道、多方式、多层次的宣传，引导农村小学生树立正确的人生观、价值观、世界观，做到心中有祖国，言行知得失。在教学中科学规划，合理安排，结合相关主题或事件，对农村小学生进行家国情怀的实践教育，让他们真正参与进来，共同体验。比如结合疫情期间感动人心的人物，对学生进行家国情怀的思想教育和品质培养，特别是疫情中涌现的感人至深的场景，所迸发出的爱国热情，以此触动孩子们的内心，激发他们对祖国、对家乡、对人民的热爱与责任感，从而自觉地参与到与疫情抗争活动中去。他们发自内心地录视频、写征文、画画、绘制手抄报、捐款捐物等，用自己的方式贡献力量。只有在这样的实践中，才会真正激发农村小学生的家国情怀，使他们对于家国情怀的理解更加深刻。

充分利用红色基因的延续和传承，培养农村小学生的家国情怀。我校主张深挖红色资源，编写通俗易懂、适合低中高年级段的红色文化教育校本教材，将红色文化进行梳理整合，充分利用红色资源，对农村小学生进行家国情怀的培养。组织开展红色文化经典阅读，讲红色故事，打造红色课堂，将红色文化与学校道德与法治课、语文课等与学生家国情怀养成结合起来，在日常教学中无痕渗透家国情怀教育。以五年级上册语文《狼牙山五壮士》的教学活动为例，在完成阅读、识记任务的同时，结合抗日战争史料，将更多红色史料以直观的形式呈现，我们通过介绍解放军无畏牺牲的抗日精神，让民族团结、保家卫国的意识深深地烙印在孩子们心中。同时，挖掘地方先进榜样和典型，邀请他们走进课堂，讲述励志故事，丰富学生家国情怀的认识。注重红色教育实践，鼓励红色教育从课内向课外、从学校生活向社会生活延伸拓展，增强农村小学生的体验感和认同感。

以活动丰富农村小学生的家国情怀认知。通过丰富集体主义教育，强化农村小学生对家国情怀的感悟。以常态化仪式，如入学仪式、升旗仪式、班队课、毕业仪式等培养学生集体观念，增强集体归属感；将仪式感渗入校园文化，完善学校德育教育；结合大型节日仪式，如国庆节征文比赛、清明节缅怀先烈活动、建党日红歌比赛、研学、夏令营等体验式活动，培养学生的民族认同感和自豪感。在疫情期间和疫情结束后，进行家国情怀的实践教育、开展主题实践活动，通过设计“手抄报诉家国情怀”、“征文写众志成城”、“视频传万众一心”、“奖杯献抗疫英雄”等有针对性的活动，铸建农村小学生的精神家园。

以家乡之爱深化祖国之爱的根基，深化农村小学生的家国情怀培养。把小学生对家乡的认识充分利用起来，根据家乡地域特点，展示沿海、高原、平原等特色文化，使家乡的文化有效融入日常的家国情怀培养中。通过对家乡的地理风貌的认识、风土人情和传统美食等的传承与创新，使农村小学生在品尝美食中熟悉、品味家乡的滋味及家乡背后的人文精神；通过深入了解家乡文化、家乡民俗体验、家乡未来发展等，让家乡在孩子们的认知中鲜活起来；倡导、鼓励农村小学生作为家乡宣传员，赞美家乡，传播家乡的先进榜样故事，让小学生树立自觉见贤思齐，激发爱乡热情，传承榜样精神。学校把这些内容打造成小学生喜闻乐见的《我爱我家乡》校本教材集，以深化对农村小学生家国情怀的培养。

家校联合，完善家庭教育中的家国情怀培养。家长是孩子的第一任老师，家庭是人生的第一所学校。家庭教育作为家国情怀落细落小落实的重要载体，要帮助农村小学生在家里扣好“家国情怀”这粒至关重要的“扣子”。家庭中，家长们要身体力行，用言行给孩子做好示范，带头遵守法律法规，培养孩子大局意识；教会孩子为人处世的方法；通过良好的亲子沟通，引导孩子明辨社会现象，站稳家国立场。打造含有良好的家教家风的氛围，引导农村小学生学习先进、见贤思齐，推动形成爱家爱国、相亲相爱、向上向善的家庭文明新风尚；把家国情怀教育融入家庭的日常生活中，并且转化为家庭成员特别是小学生的思想自觉和行动自觉。最重要的是要树立家国同构理念，家长要注重全面发展，培养孩子做对国家有用的栋梁之材；和子女共读传统经典和红色经典，引导其多读书、读好书，在阅读学习中汲取爱国养分；带动子女积极参与志愿服务等活动，将红色体验教育与亲子游等相结合，让家国情怀入脑入心且入行。

作为中华儿女，我们秉承中华文化基因，要时时想到国家，处处想到人民，做到“利于国者爱之，害于国者恶之”，把自己的理想同祖国的前途、民族的命运紧密联系在一起，心中有家，心中有国。作为学校的领导者，在学校的未来发展中，我们定当积极倡导，学校、教师、家庭三者合一，做农村小学生“家国情怀培养的种子”，对农村小学生的家国情怀培养予以重视，正确运用策略渗透，使他们爱国爱家，成为一名优秀的社会主义接班人。

成就幸福人生，培养天之骄子

山东省潍坊天立学校 何勇明

我校以“个性化育人的精英学府”为定位，秉承天立教育“天之骄子，立己达人”的校训，许诺孩子、家长、社会一所充满爱与智慧的学校，以“高素质，高升学”为办学准则，构建“个性化育人，一体化办学，多元化成才”的特色体系，追逐“学生喜欢、教师幸福、社会向往、国家认可”的办学目标。

一、“六立一达”，铸造天之骄子

立身：培养珍爱生命、生活自理、身体健美的健康人
立德：培养言行美好、谦逊自律、孝亲尊长的文明人
立学：培养乐学善思、自主合作、人文科技的智慧人
立行：培养知行合一、学以致用、勇敢坚毅的践行人
立异：培养探索实践、兴趣特长、个性独立的创新人
立心：培养悦纳自我、接纳他人、智慧感恩的幸福人
达人：培养公益利他、国家认可、国际理解的卓越人

二、用七张核心素养证书 培养全面发展的未来精英（小学）

品格习惯核心素养证书
参与 体验 浸润 养成
每人一个管理岗位
学会立己 学习达人
低语就餐、光盘行动、洗脸刷牙、洗头洗澡、洗小件衣物、配搭校服、整理内务……
语文学科核心素养证书
国学经典 传承致用 阅读为王 读写结合
阅读工程 必读书目+选读书目 课外阅读 课内指导
一主四辅教材体系 主辅教材双线并进
写一手好字 练一副好口才 写一篇好文章 说一口流利的普通话 有一个阅读的好习惯 有一种优秀的思维品质
数学学科核心素养证书
学有用之知识 解生活之问题 启智慧之大门
一主二辅教材体系 数学阅读明数理 思维拓展建模型
强化双基，学以致用 以“解决问题”为核心 变“解题”为“解决问题”
英语学科核心素养证书
情景演练 听说为要 文化了解 国际视野
二主二辅教材体系 原版引进 兼顾中西
像学习母语一样学英语
科学技术核心素养证书
保持好奇 主动探究 猜想验证 立异创新
小制作 小发明 小论文
少儿编程 解码未来 网路畅游 联通世界
Word PPT Excel Flash Codemao
艺术表达核心素养证书
技能融项目 素养有载体 必修加选修 兴趣专业化
学会五门乐器 学会五种美术类别 每一个孩子有一项艺术特长
非洲鼓、巴乌、口风琴、葫芦丝、架子鼓、钢琴、小提琴……
儿童画、版画、刮画、国画、陶艺、水彩、素描、油画……
体育特长核心素养证书
技能融项目 素养有载体 必修加选修 兴趣专业化
教练循环 螺旋上升 每一个孩子有一项体育特长
游泳、攀岩、高尔夫、篮球、排球、足球……

三、打造质量高地，培养综合素质（中学）

我校坚持以教育科研创造教育奇迹，以教学高科技创造教学高效益，以“两课（课程、课堂）一育（德育）”大课改为抓手，创造卓尔不群的教育质量。

学校致力于构建一种既有基础（保证基础教育质量和基础性学力），又有个性（让学生在各自不同的领域里充分学习，卓越发展），面向所有学生的多元课程体系。致力于创造适合每一个学生的教育、创造有国际竞争力的教育、创造可持续发展的教育，为学生全面打好综合素质基础、健康身心基础、终身学习的基础、走向社会的基础。

学校初中通过构建文化体系、自我教育体系、激励体系、活动体系、课程体系、生活体系等发展性德育，培养一代“有理想信念、有文明礼貌、有道德修养、有大家风范”的四有新人。致力于培养学生六大能力：生存能力、学习能力、表达能力、研究能力、管理能力、合作交往能力，从而奠定学生成功而幸福的人生。

学校初中将尊重每个学生的个性差异，并把差异当资源，实施对每个学生的个性化发展设计规划和教育辅导。学校初中对每一个学生负责，力争让每一个学生得到最佳发展。学部对每个学生的发展进行规划和设计，包括学习全程规划、学期规划、周规划、月规划。为了保证每个学生的最佳发展，学校初中实施特优生教育服务、特长教育服务、后进生补偿教育三大教育服务，从而实现让优秀学生卓越发展、普通学生理想发展。

四、营造发展空间，绽放精彩自己（高中）

三高的培养愿景：高效率、高升学、高素质。“1691”的目标：至少1个清华北大，60%的一本率，90%的本科率，近100%上大学。

通过全员个性化设计和导师制，高效的小组建设，丰富的有选择性的课程体系，拔尖生、中等生、踩线生、潜能生、特长生多线并举，为不同层次、不同个性、不同特长的孩子营造每个人最佳的发展空间，让每一种发展都受到尊重，让每一个孩子都得到最适宜的教育，让每一个学子都取得显著进步，让每一个个体得到最佳的发展，让每个生命都绽放最精彩的自己。

五、一体四翼模式，强化道德素养（高中）

“一体”，即以学生为主体，在高一、高二、高三分阶段实施。

高一阶段，侧重于学习行为和行为习惯的规范性教育以及学生品德的培养，即“养德”；

高二阶段，侧重于学生特长的发展和学生智力的开发，即“迪智”；

高三阶段，侧重学习的竞争和学生人生的规划，即“立志”。三个阶段虽各有侧重，但又不是截然分开，而是紧密相连，融为一体。

“四翼”，即教育教学的四个侧面。

以高效课堂和讲、练、考相结合以及三年备考多轮次复习为特色的高效教学模式；以培优扶弱，竞赛辅导，特长教育，冬令营、夏令营等为特色的因材施教、分层教学个性化培养模式；以学生自我管理为特色的日常管理以及以社团活动为舞台的学生自我管理自我教育模式；以习惯养成教育、三年成长记录为主线，辅以家校互动、社会实践活动等为特色的品德养成教育模式。

六、打造绿色体系，建设生态校园

打造绿色质量建设体系，为学生的可持续发展奠基。实施“学习力、内驱力开发工程”。利用小组学习、激情德育、互帮互学等形式，给每个学生展示的机会，让每个学生体验成功的快乐，从而打造学习磁场，激发学生学习的内驱力，让学生从教育中获得快乐与幸福，得到充分发展与自由。

狠抓课堂教学的三个维度：高效课堂、人人课堂、思维课堂。课堂教学必须高效，人人参与、人人机会均等，突出思维训练，思维训练必须落实在每个学科每节课之中，不做知识的搬运工。

讲、练、考一体化，精准培优扶弱。克服一般学校粗放式教学的弱点，即讲的都不练，练的都不考，考的低效。实行讲-练-考一体化，环环相扣。对于学生学习中出现的问题，每晚晚自习都实行精准个辅，不让问题过夜，保证不让每个学生掉队。同时，对于优生，实行培优，保证优生充分发展。

建设生态校园，学校始终围绕建设“生态校园”的办学目标，创造“人化”自然，学校占地面积260 平方米，建筑面积 7 万余平方米，其中绿化面积 23100 平方米，绿化面积占学校总面积的 33%，生均绿化面积达 66 平方米。学校根据自身实际，制订“让每一块墙壁说话，每一棵树木寓意，每一个景点启智”的环保教育总原则，发动师生挂植物铭牌，树环保警句，建生态校园。在自然与人的和谐相处中，规范道德与自然交往行为。

我校是山东省内唯一一所集steam中心、国学堂、恒温游泳池、高尔夫球场、攀岩墙、劳动体验基地于一体的高端精英学府。先进的教育理念，过硬的质量保证，优秀的教师队伍，优美的校园环境，优质的升学通道，成就师生幸福人生！

学教有序壮心志，睿润为材育栋梁

山东省烟台经济技术开发区八角中心小学　王蓬涛　宫彩玲

“一年之计，莫如树谷；十年之计，莫如树木；终身之计，莫如树人。一树一获者，谷也；一树十获者，木也；一树百获者，人也。” 这段话既阐明了人才培养的重要性，也揭示出人才养成的不易。我校创办于1926年，是一所传统老校，校徽植入了海洋文化特色，蓝色的基调象征着家乡人踏实、博大、厚重的情怀。帆船、浪花等海洋元素则与“八角”地理名称不谋而合，彰显了学校文化与地域特色文化的融合。办学以来，我校力争“做出特色，打造品牌”，秉承德育是学校教育的灵魂，全体教职工尽心尽责，为德育教育打下了坚实的基础。为落实立德树人根本任务，全面培养素质人才，我校始终遵循立德树人的指导思想，秉承崇德向善的育人目标，从而提出了“睿·润”教育办学理念。睿，《玉篇·目部》：“睿，智也，明也，圣也。”润，《礼记·聘义》：“夫昔者君子比德于玉焉：温润而泽，仁也”。“睿”为才，“润”为德，“睿润”即为德才兼备。两字结合，希冀培养向上向善、明德惟馨、乐学善思、睿智笃行的师生。今天，我校已是一所教育装备精良的山东省规范化学校，为国家素质人才培养做出了卓越的贡献。未来路上，我校会在教育教学发展的“黄金时代”继续奋勇前进，努力谱写德育教育新的乐章！

一、铸魂培根，立足均衡造名师

一个优秀的领导团队是学校长足发展的保障。为提升学校领导的执行力、凝聚力和号召力。我校首先加强党支部自身建设和党员队伍建设，充分发挥党组织的先锋堡垒作用。以活动为载体，组织、凝聚、服务群众，助力教师专业成长，培养师德高尚、业务精湛的“睿·润”党员和教师。我校的“八角中心小学爱心基金会”，用爱实践，以心搭桥，鼓励党员教师带头捐款，资助贫困山区孩子。用小善举彰显大爱心，身体力行的传播正能量，做有光和温度的教育。此外，为加快骨干教师队伍发展建设，我校还以“专业引领、同伴互助、行动研究、反思实践、制度保障”为基本原则，进一步提升教师职业道德素养、提升教师整体专业素质、提升领导专业水平、加强市区级名师、骨干教师培养，深入探索未来形势下教师队伍专业化建设的新方法、新途径，努力提高教师培训工作的针对性和效能。我校提出“睿·润”教育办学理念以来，学校的教师更敬业：早出晚归，爱校如家；更专业：研读课标，研究教材，团队磨课；更职业：以师德为标尺，严于律己，扬师风，践师德。

二、以课为本，深耕细作迎重生

课程创新是提升教学质量的有效手段，也是提升课堂生命力的重要保障。我校的“睿·润” 课程是以“思睿贯通，润德养成，为孩子的一生幸福奠基”为课程理念，将所有小学阶段的国家、地方、校本课程根据学科学习方式、学习特点、学习内容进行梳理和重构，注重个性发展，突出育人功能，形成“品德美、情智美、健康美、艺术美、创新美”的“睿·润”的课程体系，融学生“做人、学习、健体、管理、个性”发展为一体，通过学校、家庭、社会三大领域形成教育的合力，促进学生全面健康和可持续发展，力图实现基础教育的尽善尽美，培养“睿·润”阳光少年。基于“品德美、情智美、健康美、艺术美、创新美”的课程培养目标，我校确定了基于“五育并举”的“五大课程”领域——基于品德素养的“公民与社会”课程；基于人文素养的“语言与人文”课程；基于健康素养的“生命与健康”课程；基于艺术素养的“艺术与审美”课程；基于科学素养的“科学与探究”课程。五大课程领域涵盖课程广泛，这些课程按照实施途径与课程功能的不同归为基础性课程、拓展性课程、综合性课程。在此基础上，又确立具有特色的校本课程，合理分配师资，发挥教师特长，并进行校本教材编写。经过分析研究，我校这种课程体系不仅多层面、多角度提升教学效果，也为学生素质培养开拓了空间，真正实现了以“睿·润”为引领，培养阳光少年。

三、百花争鸣，拨云见日建新章

为了进一步增强文化氛围，我校以丰富活动载体，引领实施“睿·润”教育。持续开展“爱党爱国爱家乡，爱家爱校爱班级”的“六爱”活动，在孩子心中播下一粒红色的种子，一棵感恩的幼苗，一份家国情怀，引导孩子扣好人生的第一粒扣子，为孩子的人生路奠基，培养他们成长为德智体美劳全面发展的新时代少年儿童。深入挖掘中华民族优秀传统文化进校园活动——开展“诵千古美文，做睿润少年”古诗词背诵活动，用中华优秀传统文化温润生命，让学生受益终身。全校师生、家长开展“光盘行动”，争做勤俭节约的践行者，中华民族传统美德的传承者。开展“爱党爱国爱家乡”、“我想对开发区说的话”等系列活动，抒发对大美开发区的热爱、赞美和祝福，增强了成长在开发区的幸福感和荣誉感，培养了求学上进、报效家乡的家国情怀。还大力创设立体化课程，推行全科育人，增强学生综合素质，提升三个“力”：训练注意力、提升思维力、培养表达力，培养“睿·润少年”。在活动基础上，我校还发挥家乡海湾特色，利用当地特有的各种贝壳，开展了“多彩贝艺”校本课程，制作各种形象的手工艺品，让同学们在学习创作中，了解家乡的海洋特产，了解家乡的美，增强作为一个古现人的自豪感。其中贝艺作品《扬帆》在第七届全国中小学生劳动技术教育创新作品展评活动中获得了全国金奖。一直以来，我校始终将传统文化与学校教育相结合，把德育教育作为学校教育的重中之重。大力弘扬中华传统家庭美德，让社会主义核心价值观落地生根，积极参加区《传承好家风，涵养好作风》经典美文诵读会活动。我校自编自演的《家风临城》吟唱节目的演出，让每个孩子有了一个共同的认识，对家族的传承和民族的发展起到了至关重要的作用。

绵绵长路，久久为功。教育是知行合一的事业。学校的内涵、品位和文化底蕴需要被全体师生牢记并践行，应如和风细雨渗透到学校各处角落，待春暖花开。学校是培养人才的摇篮，撒播知识的海洋；流淌着道德的源泉，矗立着精神的旗帜，记录着光荣，承载着梦想，孕育着希望。生逢其时，为之奋斗，和而不同，美美与共。明德崇善乐笃行，幸福教育耀师生。我校会继续虚心向学，脚踏实地，勇敢前行，在"德"上用功，在"心"上磨砺，让教育散发出馥郁的芬芳。

做一个秀外慧中的幼儿园园长

山东省烟台市莱山区实验幼儿园 姜翠青

作为一名幼儿园园长，我经常思考园长的形象应该是什么样的。我认为，园长的形象是在"职业"的共性中寻找个性，达到秀外慧中的臻美。

做一个爱美的园长

园长是一名教育工作者，所以要着装大方得体。作为园长，既要在办公室接待来访家长和同行，又要在教室里面对教师和孩子。所以，园长着装的第一个元素是"公务休闲"，服装的款式既要端庄还要休闲舒适，以保证自身愉悦，又可对教师和孩子们产生着潜移默化美好的影响

作为园长，每天都会走进班级和各个部门检查工作。因此我总会选择既舒适、得体、漂亮的衣服。我经常会坐在角落里听教师上课，蹲下来观察孩子们游戏的情况，和教师分析教育策略的适宜性；我也会走进食堂和师傅们讨论食品花样，检查制作过程中每一个环节。所以这时候穿的衣服要舒适，方便走动，也给孩子们、老师们、员工们以美好的感染。每当我穿着漂亮走进孩子们当中，孩子们一个劲地说："园长妈妈真漂亮！"这时，我就会问孩子："园长妈妈的衣服哪里好看？衣服是什么颜色？"顺便培养孩子的观察力和审美能力。

园长是幼儿园的形象，也是幼儿园文化的一种具体表现。是幼儿园的"家文化"，其核心是爱与美的文化。因此，园长自身的文化品位非常重要。园长要尽可能地让自己的外在形象与幼儿园的文化内涵相吻合。我喜欢运动，经常会带动身边的教师一起健步走；我注意饮食营养搭配，于是在集体用餐的时候，在平日谈心的时候，经常会告诉他们怎样科学合理地摄入营养，借此开阔视野，丰富知识，提高修养。

做一个爱读书的园长

有种说法叫"读书是女性的深度美容"，是从提高修养、改变气质上美的塑造。爱读书，不仅在于它是每一个教育工作者必备的综合素养，更是每一个幼教事业人的职业使命。园长的职业要求必须做一个爱读书的人，以引领老师们向上阅读，手不释卷。在园里用阅读之心引领孩子们成长，和孩子一起阅读好书籍，保持阅读的兴趣和习惯，让孩子们在一本本好书里长知识、明事理、学做人，在阅读中享受到成长的乐趣。

对于读物如何选择，我提倡读四类书——第一类是有关家庭教育的书。孙云晓的书，朱永新的书，尹建莉的书，卢勤的书，边玉芳的书……他们关于家庭教育的著作都值得大家读。第二类是和职业相关的书。你是医生，你经常拿着医学方面的书读；你是律师，你经常拿着法律方面的书读；你是教师，你就应该经常拿着教师的书读……试想，如果孩子看到园长和老师们还捧着自己专业的书在学习，那是怎样一种影响？第三类是孩子喜欢读的书。通过读这些书，了解孩子的精神世界，同时也可以和他们有共同的话题。第四类是人文书籍。政治的、哲学的、历史的、文学的等等，这些书籍能够拓展你的胸襟，开阔你的视野，丰富你的内心，饱满你的灵魂，至少能够让你在孩子面前，有一种"学识渊博的魅力"。

做一个有同理心的园长

最重要的教育是"给"的教育。教育家陶行知告诫我们："我们必须会变小孩子，才配做小孩子的先生。"一个真正爱孩子的园长，一定是从孩子的角度去思考问题，体察孩子的需要，了解孩子内心所想，并把这些体察和了解幻化成一点一滴的行动，知晓孩子期待什么，惧怕什么，知晓孩子每个年龄段的特点是什么，兴趣是什么，短板是什么，需要培养什么，决不会把孩子当成为自己的工具，决不会把大人的需要随意强加给孩子。如果我们站在孩子的角度，能做到这样理解孩子，孩子一定会感知到我们的爱。这样，他们的心扉就会对我们敞开，而我们在陪伴孩子的过程中也能与孩子一起成长，能够发现诸多真问题，和孩子一起商讨解决办法，以选择最适宜孩子成长的方式去教育我们的孩子。

泰戈尔说，爱是理解的别名。要做有童心的教育者，每一位幼教工作者都要以孩子的视角体察孩子的心灵，拜孩子为师，用儿童的眼睛去观察，用儿童的耳朵去倾听，用儿童的心灵去感受，用儿童的大脑去思考，用儿童的兴趣去探寻，用儿童的情感去热爱。如果我们平日里给予孩子的是嵌入孩子心坎里的爱，我们就能帮助孩子解决他（她）成长中的很多烦恼和迷茫，这样，成长的路上孩子就会轻装上阵，积极朝向一个幸福愉快、乐观向上的轨道前进。切不要以为满足了孩子的吃穿住行，满足了孩子的物质需要，这就是给予孩子的爱了。真正的爱应从孩子的心灵需要出发，这需要我们有聆听花开声音的静心和耐心，有一个极好的分辨能力，在孩子成长的路上，才能给予孩子所需要的理解，给予孩子充满阳光的关爱，我们实施的教育才能既满足孩子的心理需要，又有助于孩子的成长需要。

当下有句时语叫"喜欢一个人，始于颜值，陷于才华，终于人品"，颜值决定了第一眼就喜欢这个人，才华决定了能否让人佩服得五体投地，而最终决定真喜欢一个人的则是人品内涵。所以，我以为，"秀外慧中"应该是一名优秀的幼儿园园长所应具有的必备素养，有了这样的素养才会引领我们的孩子走得更长，走得更远。

开展美育实践，以美培根铸魂

山东省烟台艺术学校 陶勇 于宁

习近平总书记在全国教育大会上强调，要全面加强和改进学校美育，坚持以美育人、以文化人，提高学生审美和人文素养。习近平总书记的讲话让我们认识到，做好学校美育工作，是事关怎样培养人这一教育根本问题的大事，更是我们每个教育工作者的责任使命。我校以此为方向，深化教育改革，紧抓教育契机，学校立足是艺术学校具有丰富美育资源的实际，根据艺术创作时深度的情感投入会加深理性认知的特点，突出实践育人理念，抓住抗击新冠肺炎重大事件的育人时机，组织学生全员参与蕴含着音乐、舞蹈、美术等艺术元素的系列抗疫精神宣传活动，使学生在全身心投入的审美体验中树牢家国情怀，坚定"四个自信"，展现文明风采。

一、结合云端教育，开展美育实践

面对全国上下在抗击新冠肺炎战役中展现出的伟大时代精神，我校结合云端教学，组织师生以艺战"疫"，以行育人，全员进行"抗疫"主题创作，通过开展生动的美育实践，让学生在参与展示中做到知行合一，彰显美育实践的教化作用，将新冠肺炎抗疫行动变成了育新人、树新风的生动课堂，上好了一堂堂有温度、有态度、有行动的思政"实践课"。

学校根据疫情防控师生居家云端教学的特点，将个人艺术创作的美育实践作为思政教育的主要方式，组织师生通过舞蹈、声乐、绘画等艺术形式，开展了开展抗疫主题的青春告白祖国系列主题教育活动。像"以舞抗疫、有爱会赢"舞蹈微视频展示活动，"青春旋律、致敬英雄"校园网络歌手大赛，"不负青春、武汉加油"书画比赛，"我和我的祖国"演讲比赛，人人行动，投入到全民抗疫、共克时艰的伟大实践中，让学生在这场没有硝烟的战争中展现真、善、美，收获更成熟的心态、更坚强的意志、更坚定的信心。

学校舞蹈专业的师生创作的微视频《爱的力量》，用舞姿传递着武汉这座英雄的城市和英雄的人民一定能够战胜疫魔的信念，作品被"学习强国"平台刊发；器乐专业"金"萨克斯乐团创编的合奏曲目《我爱你，中国》也入选学习强国平台，师生们用精彩的器乐演奏抒发了对伟大祖国的热爱，激发了人们的家国情怀；美术专业的师生寄情于画笔，用艺术凝结正能量，鼓舞斗志向前线的英雄们致敬。创作的国画、油画、水彩画、版画以及书法作品，记录共克时艰的感人瞬间。

这些创作传播和体现了社会主义核心价值观的人间大爱，彰显伟大的中国精神，展示着中国特色社会主义制度集中力量办大事的优势，让参与的师生在这场没有硝烟的战争中更加坚定了"四个自信"。"道虽迩，不行不至；事虽小，不为不成。"育新人树新风既要用科学理论武装头脑，也要通过生动的美育实践来升华理性认识，学习理论很重要，但通过躬身实践启发自觉效果会更好，它会有力地促进党的创新理论和核心价值体系在师生个体的内化，提高思想政治教育的效果。

二、推出阅读活动，提升学生素养

疫情防控居家学习，让学生有了更多的阅读时间，学校适时推出"阅读经典、厚积知识"活动，用经典文学作品的美来陶冶学生情操，"经典"是一个民族博大智慧和美好情感的结晶，所载为至理常道，透射着人文的光芒，其价值历久而弥新。学校定期公布推荐书目，有传统经典《诗经》《论语》、"唐宋诗词"、《红楼梦》《三国演义》等，有现当代名著《家》《平凡的世界》等，有国外名著《巴黎圣母院》

等；还推荐学生观看优秀电视节目如《经典咏流传》《主持人大赛》《一堂好课》等。同时鼓励学生多动笔，开展"抗疫"主题征文比赛，引导学生讴歌钟南山、张定宇、李兰娟、李文亮等抗疫英雄，使学生在写作实践中感受生发敬畏生命、敬畏自然、崇尚英雄等情愫，提升学生的生命关照意识和独立思考能力。

疫情防控形势稳定后，学校及时恢复了特色道德讲堂活动。我校的道德讲堂活动，一般选择重大节日和重大事件进时间点行，是学校德育教育的强大阵地，最大的特色就是融合影视、舞蹈、演唱、朗诵、合唱等多种艺术表现形式，宣讲社会主义核心价值观，对师生进行富于艺术感染力的教育影响，激发了师生继承优秀传统文化，热爱祖国、奋发有为的思想感情。

我校抓住抗疫教育时机开展的各种美育实践活动，体现了美育作为一种重要的教育手段，在立德树人根本任务中手段更柔软，更能内化于心，在促进学生全面发展、在建立民族信仰、培育和践行社会主义核心价值观中具有不可替代的重要作用。

习近平总书记高度重视美育在立德树人中重要作用，他在给中央美术学院8位老教授回信中就做好美育工作，弘扬中华美育精神提出殷切期望，强调做好美育工作，要坚持立德树人，扎根时代生活，遵循美育特点，弘扬中华美育精神，让祖国青年一代身心都健康成长。

新时代、新征程、新使命，作为学校教育工作者，我们将以创新的审美教育来回应伟大时代的呼唤、以文化的繁荣辉映中华民族的振兴。我校全体教职工将更加紧密地团结在以习近平同志为核心的党中央周围，不忘初心、牢记使命，守正创新、勇攀高峰，奋力谱写与新时代教育相适应的艺术教育新篇章，为实现我们中华民族伟大复兴的中国梦而不懈努力奋斗！

战"疫"之火淬炼时代之少年

山东省枣庄经济学校　任思超　赵　琪　刘炳香

真正有教育精神的学校、真正有教育智慧的老师、真正有教育情怀的家长，都应该在抗击疫情中。2020年春的中国，被一场突如其来的新型冠状病毒性肺炎打破了正常秩序，抗击疫情成为当前头等重要的大事。不仅医疗系统奋战在第一线，各行各业也都严阵以待。教育部下发通知，要求2020年春季学期延期开学，各地教育部门和学校也要为服务保障防控疫情期间"停课不停学"做好充分准备。

新冠肺炎疫情发生以来，我们围绕落实"停课不停教、停课不停学"和疫情防控有关要求，认真履行上级各部门的有关要求，坚持"立德树人"根本任务，立足全民战"疫"具体实际，积极做好疫情防控宣传教育工作，及时加强防疫安全教育、思想品德教育、爱国主义教育和劳动教育，采用线上线下相结合的方式持续开展德育工作，积极开展主题实践教育活动，培养了学生深厚的爱国情感和高尚的道德情操，彰显了新时代中职生的文明风采。

一、以画抒意，致敬最美逆行者

在疫情防控的关键时刻，是他们挺身而出；在祖国和人民需要的关键时刻，是他们冲锋在前。与时间赛跑，和死神赛跑的是他们。扛起生命的重量，坚定的走向抗疫第一线的是他们。他们就是最美的逆行者，是生活中涌现出的最可爱的人。面对新冠肺炎疫情，我们结合这一实际，不失时机地引导学生关注国家、关注社会，厚植爱国情怀，培养高尚情操。每位同学按要求画一幅宣传画或制作一份手抄报，致敬抗疫最美逆行者，向奋战在抗击新冠肺炎疫情一线的勇士们致敬，为战斗在一线的"逆行者"助力加油。同时，号召学生们学习他们英勇无畏，无私奉献的精神。

二、以笔抒情，感悟生命之珍贵

生命因独特而弥足珍贵，生命因自主而积极发展，生命因超越而幸福完整。抗击疫情是人类与病毒的较量，这场较量之所以如此艰难，也是因为我们对自然的了解和认识不足。为此，我们引导学生关注社会热点，激发学生尊重自然，敬畏生命的情感，以小作文的形式，用饱含真情的笔触抒发对生命的感悟。同时，结合学前教育专业特点，以声援抗击疫情，弘扬正能量等为题材创作书法作品。

三、编创故事，弘扬社会正能量

为了更好地弘扬社会正能量，我们通过自编自创小故事讲述战"疫"中的感人故事，向抗疫一线的逆行者们致敬，激励学生向榜样学习，传递青春正能量。通过整合媒体上国内外抗击新冠肺炎疫情的报道，我们要求学生们自己编选一个抗疫故事，并使用标准的普通话，流畅生动有感染力地将讲述故事的过程拍成视频，上传至班级群进行打卡。

四、苦练技能，陶冶学生之情操

自新型冠状病毒感染的肺炎疫情发生以来，全国人民万众一心、众志成城，坚决打赢这场疫情防控保卫战。我们积极行动，发挥学校教育特色，引导学生们自主学习。传递抗疫正能量。我们通过学唱一首歌、编创一支舞、练习一个幼儿手指谣活动，引导学生线下自主学习和练习，并将表演过程拍成视频，上传班级群，进行打卡。以表演的形式，既弘扬了正能量，又激发了学生的学习热情。学生在班级群打卡，共享自己的表演，在老师和同学们的点赞中，收获满满自信。

五、宅出风采，发现家庭生活之美

"停课不停学"不是指单纯意义上的网上上课，也不只是学校课程的学习，而是一种广义的学习，只要有助于学生成长进步的内容和方式都是可以的。要坚持国家课程学习与疫情防控知识学习相结合，特别注重疫情防护知识普及，加强生命教育、公共安全教育和心理健康教育；认真学习防疫阻击战中涌现的先进事迹，弘扬社会美德，增强学生爱党爱国爱人民爱社会主义的思想情感。

学生宅家生活，文化课学习与主题活动一个也不能少！我们通过有滋有味"家"生活、温馨的记忆、最美的春景等活动，引导学生体会生活的美好。将宅在家里的美好生活瞬间做成美篇；用家庭富有纪念意义的照片制作电子相册；拍摄身边最美的春景并配上诗句。学生在认真整理的过程中，感受到家庭幸福和生活的美好。

通过"坚韧之美，战'疫'同行"主题实践教育活动，枣庄经济学校学前教育系把国家"坚决打赢疫情防控阻击战"的总要求和教育"立德树人"的根本任务紧密结合起来，创新性地开展"文明风采"等多种形式德育实践活动，不仅表达了对战"疫"一线英雄的崇高敬意，还提高了专业能力，增强了生命意识，涵养了家国情怀，取得了实际效果。

我们把"全员参与"和"优质评选"相结合，通过"人人参与、线上展示、优质评选"的形式，提高了"文明风采"竞赛活动的参与度、普及率和关注度。通过社会热点问题、家庭生活点滴等学生关注度高、熟悉度强的内容，激发学生参与活动的内驱力，使他们自觉摒弃为活动而活动的想法，真正了解活动真正的意义和目的，并将其固化为自己的一种行为。这对学生的专业发展和行为能力进行了有力的指导和规范，建立起良好的德育体系创建的氛围，加强学生的德育思想建设。

化危为机，淬炼成长。灾难是最深刻的课堂，这场战"疫"中，我们用教育滋养生命之花，让生命点燃教育之光。后疫时代，我们将继续不断探索与实践，乘势而上追求高品质学校新生态，为学生的精彩人生夯实文化根基。

一份事业，一生温暖

山东省枣庄市实验学校　胡乐彪　高旗

一个人遇到好老师是人生的幸运，一个学校拥有好老师是学校的光荣，一个民族源源不断涌现出一批又一批好老师则是民族的希望，这是人们对老师这份职业的褒奖与肯定。高旗，1986年出生在山东枣庄，先后毕业于山东理工大学、南京大学。提到她，令人印象最为深刻的是她那一身的青衫长裙，长发及腰，落落大方。从教以来，她始终奔赴教育一线，兢兢业业，恪尽职守，把教育当作生命。在她的带领下，学校建设了枣庄市统编教材古诗词吟诵资源，开发了"中华古诗文经典诵读"、"古诗词吟诵"、"绘本童话演读"等课程，不仅提升了学校办学品味，而且让传统文化的教育现代化建设与传统文化影响更为深远。在学校的教学课堂上，她是一位智慧坚强的老师，永远都能看到她挥舞粉笔、朗诵诗歌的背影。记得曾有一次，她在课堂上出了一个意外，造成脚趾骨折，不得不用石膏夹板来固定。可哪怕在家养伤，她手里依然还拿着一本《吟诵教程》圈圈点点，时刻不忘业务学习。平时，她经常会被陌生人追问："你是音乐老师，还是美术老师？"、"一听到别人问我这个问题，我心中常常一阵窃喜——原来自己这么有艺术气质？"那时她笑着调侃道："我就是一个善于'开脑洞'的小学语文教师"。不过，在所有人眼中，她是一个身怀"十八般武艺"的小学女教师。

一、心怀大志，从困境中引申教学新思考

限于传统教育的观念，让学生"多读多背"，似乎成为很多语文教师一以贯之的"绝招"。刚工作之初，高旗亦不例外。她曾坦言："2008年，我只带二十多个孩子的语文教学。那时，每天的各种背诵、默写，加班加点，学生和我累得呼哧呼哧。但一个学年下来，成绩有时仍不尽如人意。"2009年，随着班级人数的增多，她明显地感到教学精力不够。如果再靠此前的方法，已经无法保证孩子学习背诵任务。特别是班上总有那么几个学生不会读更不会背，导致个别学生自暴自弃。一时间，"读、默、背"成了困扰她和家长的难题。面对种种问题，她不仅没有气馁，反而沉于思考，反思自己的教学。经过认真地琢磨、研究，她终于想出一种办法可以解决目前教学的困境，让课堂教学重新迸发活力。"唱古诗"应运而生，这种办法就是通过让学生用"唱"替代"背"的方式学习语文，从而激发兴趣，加深影响。　起

先，高旗注重从网上收集与教学内容相关的音像资料，每天尝试在晨读课和学生们一起学唱古诗。对此，孩子们感到新鲜、新奇，几乎不需要死记硬背。不仅很快记住了古诗，而且有些孩子在“唱”中手舞足蹈、自我陶醉，即使打了下课铃也不愿意停下来，效果显著。这，也极大地鼓舞了她。因此，她借鉴唱古诗的经验，尝试让学生带着动作读课文。为此，她还自费采购或研制一些教学道具，引导学生扮演课文中的角色读，再一起分角色演。在这个过程中，也让很多学生从畏惧、不自信，找到了自信和乐趣。“噢！噢！噢……”每当她拿着教学道具走进教室，即使连那些学困生，脸上也难掩兴奋的神态，齐声大呼着。

看到高旗的班级这么热闹，邻班的一些老师和孩子们也坐不住了。越来越多的老师纷纷效仿，一时间，整个校园都沉浸在一种和谐欢快的氛围之中。

不过，在实践与同事的交流中，她也发现了诸如教学方法不当和教学资源缺乏等一些新的问题。对此，她解决新问题的“脑洞”是：将节拍诵读和思维导图的教学方法整合到语文课堂中，孩子们在学习长、难古文几遍就能记住，学习复杂现代文能借导图理清思路。这样的学习效果，往往令她和孩子们自己都大为吃惊。尝到甜头的高旗，还提出了“节拍诵读法”和“情境思维导图教学法”，并自主开发研制了《枣庄实验学校节拍诵读教学课件》，录制了节拍诵读音频。2010年至2020年，她与同事们在日常教学实践基础上编排的经典诵读节目《童趣》《少年英雄王二小》《诵读伴我成长》《宅兹中国》等，在全市中小学经典诵读比赛中频频斩获一等奖。如今，枣庄市实验学校的语文课、诵读课和阅读课“音韵袅袅”、“惟妙惟肖”。这里的孩子再“不背书”，回到家后给亲友“唱诵讲演”也成为家长和孩子们喜欢的特色语文家庭作业。

二、不忘追求，用激情与拼搏创造生命价值

诵读教学改进，点燃了她在诗教研究领域创新实践的激情。2018年5月，她被选派参加山东省经典诵读与中华优秀文化传统骨干教师培训班。这次培训，让她和吟诵结下不解之缘。当年11月，她又被选拔参加国培计划中小学经典诵读骨干教师培训班，这次培训让她形成了“精准、宽泛、多维、深沉”的诵读观和开启诗教探索的决心。借鉴大学组织社团联合会的经验，她先后组建了“文学社”、“诗歌社”、“戏剧社”、“巧手社”、“研究社”等社团，定期指导、开展活动。

培训归来后，文字对她来说充满了神奇的吸引力，每每看到就想读，她在课堂上讲到诗词就要吟吟，有时还把比较满意的录音发到班级群、教师群。“高老师教的吟诵挺好听的，让我们一下就能感受到诗词的情感。”、“她读得太有味道了，一下子就能勾起我们的吟诵欲望。”很多学生道出了自己的心声。

去年3月份，枣庄市教科院小学语文教研员冯佳琳老师交给高旗一项重要任务：让她负责准备教学课例《孟子》，并参与筹备全市中小学生经典诵读现场会。5月，她主动向教科院递交了一份《统编版语文教材古诗词吟诵创作实施方案》。令人想不到的是，这一方案与冯佳琳建立区域传统文化团队组织的想法不谋而合。随即，“枣庄市传统文化研究推广中心”正式成立，传统文化的教育研究与推广在枣庄有了区域团队组织。在高旗的努力下，三个月以后，统编教材古诗词吟诵资源公众号“相逢经典”问世，并在枣庄全市小学中推广。

从2019年9月至2020年4月间，仅“经典诵读”培训，高旗亲力亲为组织开展了十余场。参加的培训的老师，都觉得以后再教经典诵读心中有底了。高旗说：“我和学校社团的孩子们从诵读中得到了实惠，有责任、有义务把这份实惠传递给更多的人，帮助大家共同进步。”

三、春风化雨，坚定信念绽放生命绚丽光彩

凭借着出色的成绩和教学理念，2011年，她渐渐走上教研组长、年级主任、课程教学处语文学科带头人等管理岗位。工作平台的扩大，无疑也给她展示自己提供了更多的机会。除了教好语文，她还经常客串导游、宣传策划，以及其他处室秘书的角色。她曾笑道：“尽管每个角色都让她觉得压力山大、 又累又乏，但是让她长了能力、添了信心、锻炼了胆识，慢慢练就成‘十八般武艺’。”不过，她最在乎的还是课程、教学、课堂和学生。2019年元旦，她组织策划了学校“知经典善传承”系列展演活动，尝试多元性设计，将语文诵读、音乐书画、实践活动等多学科教学样式植入到活动中。她带领小学语文教师组成“巾帼娘子军”，自费采购制作楹联、横幅、灯笼、中国结、窗花、年画等节庆装饰物，请音乐和美术老师指导布展，把学校图书楼改造成年俗展演集市，帮助各学生兴趣社团布置展演区，邀请学生家长“赶大集、赏书画、看节目、购节礼……”

活动结束，指导工作的艺术学科老师开玩笑说：“高老师，能留口饭给我们吃不?你这样把我们的活都干了，我们没饭吃了……”。如今，“校园读书节”和“知经典 善传承”展演活动，从此成为学校每学期的“保留节目”。

此外，在她主持下，2020年暑期，枣庄市实验学校成功申报为全国首批“中华经典吟诵实验学校”，她也成为“中华经典吟诵学会会员”，并借助吟诵学会的平台资源组织教师深入开展线上培训。

今天。在枣庄市实验学校走一遭，无论是在回廊穹顶的名言警句中、在善知书院的错落书架上，还是在学生课堂的课表里、在教室门口的展框中，等等，都会发现传统文化教学创新的痕迹数不胜数，而她的身上也披上了无数耀眼的光环，如山东省教师新秀、枣庄市教书育人楷模、枣庄市巾帼文明岗、枣庄市骨干教师等等荣誉不胜枚举。这些是她诚恳尽职的回报，也是激励她奋勇前进的力量。今天，枣庄市实验学校的众多学子，人人都因会400万字名著阅读，500余篇古典积累，而骄傲和自豪。

如果说教育是一份温暖的事业，那么她就是愿意用一生的青春年华手捧这份温暖的人，她用诚挚真情、无私奉献激励自己，温暖他人。在她的感染下，学校所有师生都沉浸在一种积极向上，奋勇拼搏的环境中，教师恪尽职守、思想同心，目标同向，用情怀装点教育事业的百花园，用生命继续谱写一曲又一曲教育新歌。

疫路成长，激活生命教育

山东省诸城市希努尔双语学校 刘福艳

疫情来袭，“生命教育”被“激活”，2020年春节，一场突发的新冠肺炎疫情给全社会踩了一个急刹车，打乱了正常的生产、生活和学习节奏。这场疫情防控阻击战，涉及每一个人，也给教育提供了许多鲜活的素材。作为教育工作者我们需要静下心回到教育的原点，重新定位生命教育的结构与功能，构建生命课程体系，切实完善生命教育的可持续新常态，让每个生命成为最好的自己。

一、构建生命课程背景

生命教育，就是有关生命的教育，是以人的生命为中心和原点，围绕人的自然生命、社会生命和精神生命展开教育，旨在引导学生珍爱生命、积极生活、成就人生，拓展生命的长宽高，让有限生命实现最大的价值。

我国著名教育家陶行知先生在一个世纪以前就提出了“生活即教育”、“社会即学校”、“教学做合一”三大主张，生活教育理论是陶行知教育思想的理论核心。美国著名教育家杜威提出，“学校即社会”杜威认为人们在社会中参加真实的生活，才是身心成长和改造经验的正当途径。生命教育是美国学者杰•唐纳•化特士于1968年首次提出，开始倡导和实践生命教育思想。

当代中国的教育者也认识到了生命教育的作用。朱永新教授的团队提出的新生命教育，围绕着人的自然生命、社会生命和精神生命展开教育，拓展生命的长宽高，让每个生命成为最好的自己。

新冠肺炎疫情拷问了国人的生活信仰和生活习惯，重塑了学生的现实生活和精神生活。疫情带来巨大挑战的同时，也能在很多方面促成机遇。本课题以主题式的推进，紧紧贴合当下疫情的生活状态，结合国家课程、从细微处着手，设计符合学生生活内容的、层层深入的、能够提高理解的、具体的课题体系。课题研究将为提高学生生命的长宽高，以及学校进行生命教育提供可行性方法。

二、生命课程研究内容

总体框架：结合当下疫情，在生命面前，思考不同的社会角色究竟要如何对待生命、理解责任，聚焦小学生生命教育，围绕我与自我、我与他人、我与社会这三大关系，确定疫情与生命、食物、健康、人与自然、交往与合作、生命的价值六大主题，构建主题式生命课程。各主题以本次疫情为背景，将生命教育与各学科学习融合进行，把广阔的世界作为教材，以“三大关系”保障课程横向的一致性，以学科课程标准保障课程纵向的连贯性，融合学科知识，甚至超学科学习，培养小学生做人做事的必备品格和关键能力，感悟生命的意义，努力体现“疫情即教材，学习即生活，他人即教师”的教育样态。课题以呵护人的自然生命、完善人的社会生命、提升人的精神生命为价值追求，帮助小学生更好地珍爱生命，与天地人之间建立美好的共融共在关系，发展每个人独特的生命，提升生命价值，让这场不幸成为每个孩子通向幸福人生的桥梁。

主要目标：学会呵护生命，懂疫防疫，健康生活；学会完善生命，敬业乐群，合作共赢；学会珍爱生命，感恩惜福，敬畏自然；提升生命价值，乐观进取，成就人生。

重点难点：主题式课程，重点在于确定每个主题的育人目标及聚合大概念，将生命教育与各学科学习融合进行，即将进行跨学科的大整合。大概念可以打通学科内、学科间和学科外的壁垒，以“三大关系”保障课程横向的一致性，以学科课程标准保障课程纵向的连贯性，这样，才能构建起主题式融合生命课程。

主题式生命教育需要学生在探究中体验生命，在体验中感悟生命，建构生命。需要以疫情为素材或者以生命活动为线索创设真实场景，引发孩子的深度探究，获得生命的体验和心灵的震撼。同时，评估学生的学习效果不是仅靠纸笔测验所能完成的，需要设计合适的真实性表现任务，使用一系列策略和工具，同时也为学生提供机会，使他们参与、反思和评估他们的学习。

三、生命课程研究思路方法

以呵护人的自然生命、完善人的社会生命、提升人的精神生命为线索，课题分为六大主题依次推进：疫情与生命、食物、健康、人与自

然、交往与合作、生命的价值。每个主题4--6周，各学科教师协同备课，编写课程手册。

概念聚合，构建跨学科综合课程。每个探究主题需要先选取几个聚合概念（如形式、功能、原因、变化、联系、观点、责任、反思等），然后确定出本主题的学习目标，再设计评价、探究活动，把相关学科融入。

评价在前，逆向设计教与学。确定好教学目标，紧随其后的就是评价。目标之后，考虑达成目标的证据，这将有效地指引后续的教学成为深度探究的活动。因此，评价前置既有助于指导教学活动设计，又有利于学生明确探究方向，改进学生表现，体现评价的教育性；因为知道标准，学也会按照标准自主行动，必要时寻求同伴和老师的帮助。

广泛取材，将整个世界作为教材。世界即教材，处处是课堂。由“疫情与生命”探究疫情起源，疫情应对，到健康体质、安全饮食的重要，再到由疫情引发的对人与自然的思考、协同合作的必不可少、人生价值的思考等，逐步深入的探究活动需要搜集大量的资源，疫情的起源、进展、对人类的影响，面对疫情的人生百态，疫情中出现的感人故事，包括疫情发展中的数字信息，历史上的重大疫情，都可以成为学生探究的素材。

真实情境，创建移动课堂。在真实情景中，学习内容完全来源于他们的现实生活，可以将学习与真实生活紧密相连，打通知识世界与生活世界，便于学生感受知识学习的意义与价值。

探究循环，让深度学习成为可能。为了让探究更加深入，我们使用探究模型引导学习。即：搭建框架--搜集资料--分析资料--深入探究--及时评估一反思行动。充分利用探究计划表，把各学科的课程标准，按学段目标和内容分配到各个主题单元的探究计划表里，以便于在主题单元学习中践行课程标准，超课标、超学科完成学习任务。

主题展演，分享学习成果。每个主题结束后，要进行一次展演，进行成果分享，邀请所有家长参加。每次展演，就是一次小小的庆典，孩子们轮流做主持人，人人都有上台展示的机会，这样孩子会做人、会做事的能力得到不断培养，合素养不断提升。

四、生命课程研究阶段与预期规划

准备阶段：2020年1月下旬-2020年2月上旬。课题的提出。成立课题研究小组，课题小组举行关于疫情与教育的座谈，明确生命教育的必要性和重要性；课题开题。修改完善课题研究方案，开题实施研究，提交课题开题报告；学习研究计划和相关材料，明确本课题研究的内容，各成员确定各自的研究侧重点。

研究阶段：2020年2月中旬-2020年9月。生命之思，病毒肆虐人人惧，居家隔离做防护——疫情与生命主题探究（2月中旬—3月中旬）；生命之长，民以“食”为天，食以“安”为先——食物主题探究（3月中旬—4月中旬）；生命之宽，天人合一，道法自然——人与自然主题探究（5月下旬—6月）；或重于泰山，或轻于鸿毛——生命的价值主题探究（8月下旬—9月）。

总结阶段：2020年10月。一是整理六个主题各阶段资料，完成课题总结报告；完善课程手册。二是做好课题结题准备工作。

研究可行性。本课题的研究符合课程改革倡导的新理念，适应国家和社会发展需要，在当前疫情背景下，从自然（如生命起源、生命教育）、社会（如合作）、精神（如社会主义核心价值观、生命价值等）三个层面进行推进，采取学科融合的方式进行研究，遵循教育教学规律和儿童成长规律，有助于小学生更好地珍爱生命，提升生命价值，让这场疫情成为每个孩子通向幸福人生的纽带。

创新课程新方式，正如这次疫情，就是生命教育的很好题材。不同行业的人都可以请来做我们的老师，为孩子们一扇认识不同领域的大门。在真实的生活情境中认识世界，理解世界。基于课标，融合学科知识，最终培养学生的综合素养。

问题驱动，激发兴趣。使学生在有趣的、现实的问题情境中，产生对知识和学习浓厚的好奇心和求知欲，提高学习效率。这些探究问题是开放式的，是发人深省和引人思考的，需要分析、推理、评价、预测等高级思维，是指向学科内有时是跨学科的重要的、可迁移的观点。

逆向设计，训练思维。一改传统的动手不动脑和灌输式学习为逆向设计：确定预期结果、确定合适的评估证据、设计学习体验和教学。然后，运用（进入探究、搜集信息、分析信息、深入探究、及时反思、采取行动）这一螺旋式的探究循环进行探究。运用思维图示法、思维导图、概念图以及一系列思维工具和策略让思维透明化和可视化，培养学生思维能力。

立足农村，国际视野。学校地处农村，农村地区的学生相对城市学生来说.眼界相对狭窄，生命教育尤为重要。树立终身教育思想，倡导国际主义和对不同文化的理解与尊重，培养学生的国际视野。

预期成果：将形成《疫情背景下主题式“生命课程”的建构与实施》研究报告，完善学生成长手册，形成生命教育校本课程，形成主题式特色教学法。

路虽远，行则将至，心向阳光，激扬生命内在潜力。一场疫情，激活生命教育，在这特殊背景下的生命教育课程就像一粒小小的种子一样播撒在孩子们的心田，使孩子们学会热爱生活，尊重自然，敬畏生命。

挖掘红色文化，打造思政金课

山东省淄博第五中学　李健

习近平在党的十九大报告中指出，要坚定文化自信，推动社会主义文化繁荣兴盛。文化兴国运兴，文化强民族强。没有高度的文化自信，没有文化的繁荣兴盛，就没有中华民族伟大复兴。文化自信是一个国家、一个民族发展中更基本、更深沉、更持久的力量。构建文化自信，应着眼于中华文化的当代与未来，以社会主义核心价值观为引领，以红色文化为底色，在新的历史条件下解码红色基因、营造红色氛围、利用红色资源，发掘红色文化“坚定理想信念，增进政治认同，提升文化自信，助力社会主义先进文化建设”的时代价值。我校作为历史悠久的红色名校，深入挖掘红色文化，不断探索思政课课程体系，坚持讲好思政课，厚植家国情怀，弘扬“忠诚、勇敢、奋斗、奉献”的“耀南精神”，打造思政金课。

一、依托思政名师，建设优秀教师队伍

“办好思想政治理论课关键在教师，关键在发挥教师的积极性、主动性、创造性。”在学校思想政治理论课教师座谈会上，习近平总书记为加强思政课教师队伍建设指明方向，对广大教师寄予殷切期望。民族的希望、国家的繁荣、社会的进步很大程度上依赖于这个民族和国家人才培养的质量和水平，而人才的培养主要靠教育，教育的振兴取决于教师的素养和能力。

办好思想政治理论课的关键在于教师。我校思政课陈骞老师先后获评全国模范教师、山东省教书育人楷模、山东省思政课兼职教研员、2020年“山东思政课教师年度人物”等。为发挥引领作用，学校成立了陈骞名师工作室，定期举行工作室教科研活动，本着“引进来、走出去”的原则，将积极聘请省思政课教研员等专家为学校思政课发展指导专家，带动全校思政课教师的专业成长。

二、打通学段界限，成立思政大教研组

提高思政课质量和水平，引导学生扣好人生第一粒扣子，发挥思政课在落实立德树人根本任务中的关键作用，是思政课的重要使命。我校作为一所完全中学，专门成立了思政大教研组，紧密结合中学生成长规律和教育梯次原则，循序渐进，逐步深化，精准施策。初、高中思政课教师定期开展初、高中思政课一体化的教研活动，推行“专家引领课”—“名师示范课”—“种子教师课”—“阶段汇报课”—“主题研讨课”的五课一体模式，加大研究，实现初、高中思政课教学的有效衔接，增强教育实效。

三、构建多元阵地，打造思政金课体系

为激发学生学习的积极性和主动性，培养学生积极思考、勤于动手、勇于探索、敢于创新的能力。我校大力推进思政教育路径创新，努力将“耀南”精神的提炼与思政课相融合，重点打造了“红色五中”品牌，开发了《“耀南精神”照我行》等思政课系列校本课程，并建设了淄博市高中唯一的开放式主题校史馆，创建了耀南团校和耀南党校，充分利用本校和本地红色资源，面向师生定期开展主题团课、党课活动。学校多途径、多形式、多内容的思政课体系已日趋完善。

四、突出育人实效，创新思政特色社团

为满足不同学生群体的多样化成长需求，我校开设了丰富多彩、形式多样的社团活动。特别是模联社、辩论社等思政课相关社团，堪称学校的品牌社团、精品社团。社团活动的开展，为学校思政课开辟了第二课堂，各相关社团以项目或者议题的方式推动思政课的延伸学习，学生在教师指导下自主设计方案开展相关研究，主题或者项目完成后进行成果汇报展示，育人效果显著。

五、紧跟时代步伐，融合双重育人模式

为适应新时期的变化，我校不断进行教改实践，尤其重视德育工作和思政课程改革的推进工作。学校将信息化教学与思政课建设相结合，借助各种信息化教学手段，让思政课在线上发挥作用，占领网络主阵地。以钉钉、睿易云等多种教学平台为基础，实现教学资源、精品课程线上共享和教学课堂网络直播，进而在网上实现对各种教学实践活动的展示、考核和评价等。

加强红色文化教育，要在原有红色文化资源基础上不断充实新的内容，赋予其新的时代内涵。正如习近平总书记所指出的，要牢记“红色政权是从哪里来的”、“吃水不忘挖井人”。红色江山来之不易，是千千万万革命前辈用鲜血换来的。我们要不断挖掘和充实红色文化内容，要常学常新。我校坚持把思想政治工作作为各项工作的生命线，建立起党委主导、校长负责、群团组织参与、家庭和社会联动的工作机制，将立德树人理念贯穿于教育的每一个环节，将红色文化与思政课相结合，使思政课教育贯穿每一位学生成长的全过程，使红色文化在创新发展中得以代代传承。

“耕道教育”创特色 弘扬经典育桃李

山东省淄博市临淄区朱台镇高阳小学 李安刚

百年大计，教育为本。随着时代更迭，社会进步，越来越多的经典文化和技艺在时间长河中消散，立足现有的教育基础和理念，将经典文化和校本课程熔于一炉，逐渐成为很多学校行之有效地教学捷径。我校创建于1913年，地处北魏高阳郡太守贾思勰驻守的高阳故地，是教育部认定的中华优秀传统文化传承的百年老校。我校生源地上河村有着一项非常令人骄傲的艺术——鹧鸪戏，是全国独一无二的戏剧曲种。遵循“顺天时，量地利，则用力少而成功多”的思想，本着新课程理念，我校着力打造适合学校内涵发展和学生深度发展的“真善美”文化，以文化为引领，以课程为抓手，以课堂为重点，以活动为载体，以特色为推动，促进学校全面发展。作为新教育学校，我校深知新教育理念所倡导的“教给学生一生有用的东西”、“强调个性发展，注重特色教育”、“让师生与人类崇高精神对话”的精神。也认识到中华优秀传统文化渗透到学校教育中无与伦比的作用。因此，我校结合新教育理念和鹧鸪戏，以传承国家非遗为己任，不断提升学校文化内涵，使我校在艺术传承学校的道路上越走越远。但在教学实践中，我校也遇到各种棘手的问题。比如提高学生对鹧鸪戏的兴趣和积极性，传统艺术的生命力的保护以及校本课程的普及与提升等问题，都是需要要深深思考的。为此，我校着力开发了《鹧鸪戏》校本课程，就是想利用鹧鸪戏与其他课程的整合，凸显课程的本色，增强学校课程建设的开放性，实现课程的延伸，促进鹧鸪戏传承与课堂教学的研究，丰富办学内涵，提高学生的戏曲鉴赏的素养，吸引更多的学生参与鹧鸪戏的传承，使鹧鸪戏的传承在本地区遍地开花。

一、多措并举促进鹧鸪戏非遗发展

为全面落实我校课程研发的中心思想。经过调研，我校让教师从鹧鸪戏艺人身上汲取养料，充实自身，完善教学内容。我校将鹧鸪戏的发展渊源、历史价值、经典曲目等进行搜集，把濒临灭绝的稀有地方戏剧种变成一种可以借鉴的教育资源。把鹧鸪戏的教学内容进行改编，加入现代教育的元素，变成适合当前学生的身心特点和认知规律，使之成为学生易于接受并能受到良好的道德教育。我校还根据鹧鸪戏的腔调特点，学生好习惯之歌、经典唐诗宋词、校园赞歌等经过改编，也变成鹧鸪戏校本课程的一部分经典内容，学生不仅感兴趣，也更爱学习。此外，语文教师搜集了有关鹧鸪的古代诗词，汇编成册，对这些诗词创作的背景、作者、诗词鉴赏进行分析，将鹧鸪戏传承与学校的学校课程有机结合，实现了课程的纵向延伸，学生乐意去诵读，愿意参与表演，培养了学生的阅读兴趣和表演技能。

课堂是传承鹧鸪戏的重要基地。在传承的过程中，“鹧鸪戏”课程教师发挥着举足轻重的作用。我校首先让学生对鹧鸪戏有一个感性认识，待学生对鹧鸪戏产生浓厚兴趣的时候再具体去教唱选定曲目。教师也会给学生出示一些鹧鸪戏的图片、视频资料、网上鹧鸪戏的介绍，拓宽艺术教育的渠道，让学生提高艺术修养。为了更好地实施此课程，我校教师在课下也十分注重自身对戏曲知识的积累，做生活中的有心人。老师收集一些剧照、精彩的唱段以及介绍戏曲家和戏曲知识的小文章，平时还多看多听不同剧种的戏曲，让自己精通一到两种戏曲，并能唱上几段，努力做一个戏曲“杂家”；在课堂上，以自己对戏曲的积极热爱态度来带动学生学习的兴趣，努力营造学习戏曲的良好氛围，并用有感染力的语言、丰富的表情、优雅的手势、有腔有韵地演唱，将学生带入一个如醉如痴的戏曲天地里。

鹧鸪戏是一门综合艺术。融歌、舞、说、表、音、美于一体。自诞生之日起便以其自身巨大的艺术魅力和感染力备受青睐。鹧鸪戏是一种民族艺术，是长期积累和发展起来的精神产品，具有教育人、陶冶人、愉悦人的作用。为了让更多学生认识到鹧鸪戏的魅力，从中学习优秀的传统美德，我校十分重视鹧鸪戏社团建设，成立了“张文峰”鹧鸪戏工作室，聘请了上河村鹧鸪戏传承的艺人，专门负责鹧鸪戏的辅导，在星期三下午的“快乐社团”活动时间，爱好鹧鸪戏项目的社员集聚鹧鸪戏社团活动室，老艺人表演时的一举一动，一颦一笑，给学生带来了深刻的印象，培养学生对鹧鸪戏的兴趣，让他们感受鹧鸪戏的魅力。淄博市朱台镇政府在上河村投资500万建起了“鹧鸪戏楼”，让那些年龄大的的老演员留真，通过办培训班，口传身教，把演出绝活传给年轻演员，做好下一代鹧鸪戏培养，我校则通过“研学旅行”组织学生到鹧鸪戏楼去体验戏曲文化的精髓和奥妙，保证了非物质遗产在本区域的全面传承。同时，依据小学音乐课程标准和新教育理念同时兼顾鹧鸪戏实际，我校对音乐课程内容的结构框架进行调整，包括：感受与欣赏、表现、创造、音乐与相关文化四个领域。其中“音乐与相关文化”领域包括音乐与社会生活、音乐与姊妹艺术、音乐与艺术之外的其他学科等内容。为了便于教学，我校将鹧鸪戏的教学分为四大板块。第一板块让学生清楚了解鹧鸪戏的起源和发展，感知鹧鸪戏音乐特点，激发他们的学习兴趣。第二板块以培养学生基本戏曲语言能力训练为抓手，使学生能用鹧鸪戏语言形式表达，训练学生的节奏、音准和音高，使学生的音域能适应鹧鸪戏的演唱。第三板块是加强学生的身段形体训练，使学生学会用肢体语言表达。同时让他们模仿精典唱段，学习字正腔圆，了解鹧鸪戏基本板式。第四板块需要学生自己排演精典鹧鸪戏，传承精典，努力创新发展鹧鸪戏。

二、苦尽甘来笑迎课程建设成果

通过“鹧鸪戏”在校园的传承，我校打造出了适合学校内涵发展和学生深度发展的“真善美”文化，以美育课程的建构为抓手，以鹧鸪戏在课堂中的整合为重点，以丰富多彩的艺术活动为载体，以美育特色品牌的打造为根本，提升学生人文素养，促进学校全面发展。为增强学生学习鹧鸪戏的兴趣，加强鹧鸪戏在音乐课堂里的可操作性。我校决定以生活语言为切入点，紧密联系课堂实际，增强学生学习鹧鸪戏生活体验。改变传统音乐教学内容，加入鹧鸪戏，传承鹧鸪戏，发展鹧鸪戏。促进课题组成员的素质提高，造就一支高水平的科研型师资队伍。目前从戏曲教学来说，各地都呈现出不景气的现象，我校通过把鹧鸪戏这一土生土长的本地优秀传统文化设立为校本课程，可有效地把鹧鸪戏的唱腔、伴奏、服装文化等传授给学生，让学生更好地学习鹧鸪戏。鹧鸪戏课程的创新价值就在于把鹧鸪戏开发为校本课程后我们针对不同年级的学生进行区别对待，把鹧鸪戏校本课程的研究成有梯度的适合不同年龄孩子的教材，这样就能够很好地把鹧鸪戏在不同年龄段的人中间有针对性的学习。到了今天，我校特色课程建设已经取得一定成果。2015年7月，由文化部举办的《素质中国》全国青少年综合素质教育成果展示活动中，我校的鹧鸪戏校本课程在汇报表演中获得一等奖。11月，淄博市美育工作推进现场会在淄博七中隆重召开，高阳中心小学作为唯一的中小学校发言代表，由校长李安刚代表全市美育实验学校做了美育教育经验介绍，以“让每一位师生都成为最美的自己”为题，汇报了我校美育的实施，重点介绍了鹧鸪戏校本课程的工作，受到与会领导的高度评价和赞赏。多年来，我校先后排演了鹧鸪戏传统剧目《观园》《赶牛山》《沈书保和张月英》和新创作的抗日鹧鸪戏《送情报》等剧目，参加了淄博市中小学生百灵艺术节、临淄区教育系统素质教育汇报演出、朱台镇文化下乡演出等，多次获得优秀成绩。作为鹧鸪戏的代表作品，2016年参加了中华梦校园情山东省中小学生艺术展演，让全省的人民看到了鹧鸪戏，领略了其独特的魅力，为鹧鸪戏走向更广阔的空间作出了贡献。

三、初心不殆，永耕经典教育沃土

绵绵用力，久久为功。到了今天，我校通过把鹧鸪戏这一古老艺术和新教育理念结合起来，把戏曲教学和传统文化结合起来，对中华优秀传统文化的传承所做的努力，得到了社会广泛肯定，也为我校未来发展赢得了宝贵的契机。带着教育的理想，弘扬经典的执念。未来路上，我校会继续以鹧鸪戏校本课程为中心建设，化身经典文化的播种使者，不忘初心，迈着坚实的步伐，满怀执着地走在教育的道路上。敢为人先，勇于创新，开启学校发展的新局面，用奉献谱写一曲又一曲教育新歌。

用爱用心用情育残成才

山东省淄博市特殊教育中心 路荣喜 李斌

9月1日出版的第17期《求是》杂志发表了习近平总书记文章《思政课是落实立德树人根本任务的关键课程》，通过学习，深刻认识到特教学校思政工作必须适应新时代的需要，全面贯彻习总书记重要指示精神，必须从目标实施、队伍建设、工作机制和评价导向上进行系统改革。市特教中心面对视障、听障、智障、脑瘫、自闭症等不同生理心理特点的残障儿童，以立德树人为根本目标，以生命教育为办学理念，实施差异化个性化的教育康复，聚焦文明之光，用爱用心用情照亮特教孩子未来之路，孕育特教孩子生命精彩。

一、倾注爱，注重思政目标的适切性，增强每个特殊学生自信心和适应力

耳聋学生由于听觉缺陷，主要通过视觉接收外界信息；他们较正常人在语言发展水平上有较大差距，语言发展的迟缓限制了思维的发展；听障生由于视觉的代偿性，形成了他们直观感强、模仿力强、形象思维能力强的特点。视障生由于受视觉缺陷影响，主要通过听觉接受外界信息，对外界的感知受限大，社会适应能力差，比普通学校学生自卑心理强。因此在对特殊学生进行教育训练的过程中，要从他们的特点出发，扬长避短，制定具体可行的计划，采取适当的教学方法，最大限度地补偿他们的缺陷，使其具有“良好的思想道德品质、基本的文化知识、健康的体质和一定的生活能力、社会交往能力。”

我校在设计特校思政目标时主要把握了以下几条原则：即目标要符合学生生理、心理、年龄特点；目标要具体，切忌抽象；从小事要求起，循序渐进；目标要建立在学生已有的认知基础和语言发展水平上。

特教老师面对特殊的学生，精心设计幼小初高一体化德育课程，以社会主义核心价值观为引领，形成四全育人新机制，促进学生形成良好的文明行为习惯。围绕“扣好人生第一粒扣子”主题，开展个人

规划、公民道德等专题教育活动。紧抓重要节点，组织了“争做明月式美德少年”、“选树劳动小能手”、“超越障碍我最棒”等二十余项实践活动。为重度残疾儿童送教上门，提升了他们康复的信心和希望。30余名心理辅导教师助力每个特殊学生健康成长。多年来学校盲聋学生高考升学率、职专毕业就业率、学前康复率一直保持三个百分百。先后培养了"金氏脉学"创始人、中国第一个盲人博士金伟；全国“自强模范”、淄博市盲协主席、被誉为“活CT”的魏刚；中国好人、山东省道德模范张明月；淄博市聋协主席、“淄博好人”张茜；全国最美中学生国金颖等一批批优秀学生。

二、培育爱，提升思政队伍师德素养，创新特教“五爱”师德机制

爱是特殊教育教师师德的魂。经过60年的发展，形成了以“爱”为核心的学校文化和博爱师德品牌，学校创建了“五爱”师德工作机制，打造专业化博爱教师团队。营造爱的氛围，把工作群命名为“爱心天地”，把学校广场设为“博爱广场”，“三风一训”爱为核心；选树爱的典型，涌现出享受政府特殊津贴的专家贾益芹、省特级教师翟庆文、王芳，市教书育人楷模苏喜枝等一大批名师；弘扬爱的精神，把学校多年形成的“爱生如子，无私奉献”的特教精神化作每一位特教人的行为准则；创新爱的激励，学校实施以自我评价为基础，以同伴和学生家长评价为激励的新模式，每年表彰师德标兵和道德模范；形成爱的自觉，特教老师献了青春献终身，用永恒的爱陪伴每个残障儿童的成长。目前我校有市级及以上名师和优秀教师50多人，有多人参与国家课程标准和教材的研制，15项省市教科研课题在研，其中2个项目入选省教育厅基础教育改革重点研究项目，是全国15个医教结合师资培训基地之一，教师队伍建设经验在全国推广。倾注特教爱，升华特教情，筑牢特教魂，是淄博特教精神的内涵，也是每个特教人长期不懈追求。

三、弘扬爱，提高思政实施效益，精准发挥“五全”资源渗透功能

一是注重全学科渗透。思政课低年级以浅显的故事、生动的事例对学生进行公德教育、行为规范教育，高年级在继续对学生进行规范教育的同时，对学生进行法制教育、公民意识教育，培养学生良好的思想品德行为习惯、社会责任感和积极进取的精神。语文学科主要通过挖掘教材中的思政内容，对学生进行品德教育或通过形象直观的电化教学，使学生受到生动的思想教育。其他各科教师要挖掘思政素材，运用不同的形式，把思政内容渗透到各科教学中去，使学生从不同的渠道受到良好的思想品德教育。

二是注重全过程渗透。特校的管理过程自始至终要渗透思政教育：计划的制定要突出思政首位；计划的实施要体现思政的能动性。在学校的管理工作中，要把思政目标分解到每位管理者。生活教师要体现管理育人，在培养学生生活自理能力的同时对学生进行日常行规范的教育和训练，组织丰富的课外活动，建设优美的校园文化，培养学生良好的生活、卫生习惯和纪律观念，使学生在享受大家庭温暖的同时，时时处处受到规范的教育。

三是注重全员渗透。特教学校每位教职工应建立育人意识。教学辅助人员要利用管理的图书室、专业室等发挥其育人的作用，学校行政人员、后勤人员，都要做到在服务中育人，做到工作严谨、言行规范、仪表端庄，使每个特殊学生受到潜移默化的教育。

四是注重全面渗透。由于聋生主要以视觉感知外界事物，盲生主要以听觉感知世界，因此特校校园的每个角落、每项活动都应渗透思政内容。要加强校园文化建设，创建无障碍信息系统和无障碍网站，设立适合学生特点和知识基础的宣传栏，在走廊、楼梯口设立宣传标语及名人画像和名言警句，在所有的教室正前(上)方悬挂国旗，发挥板报的育人作用，定期进行教室和宿舍文化展评，发挥校园广播站和校园音视频直播平台导向作用，在花坛内及校园景点都设标牌，使思想品德教育延伸到学校的每个角落。

五是注重全活动渗透。采取走出去，请进来的办法，聘请校外辅导员到校举办革命传统讲座、法制讲座等，团队要定期组织主题系列活动，使班班参加，人人参与，使学生直接受到教育；组织丰富多彩的课外活动。使学生在活动中发展特长，陶冶情操，使之在活动中树立自尊、自强意识，增强团结协作的集体主义观念，逐渐形成热爱学校，积极向上的风尚；建立校外教育基地，如组织聋生参观军营生活观看部队战士的艰苦训练，油然增长了学生对战士的崇敬，使其向解放军叔叔学习，战胜残疾，刻苦学习，立志成才。

为每个特殊儿童提供最适合的教育是全体特教人的共同使命，学校将以思政课改革为契机，秉承“博爱者美，自胜者强”的校训，张扬“自强不息，超越自我”的学校精神，践行“真爱相伴，责任同行”校风，研究教育康复好每个特殊孩子，用爱用心用情点燃每个特殊孩子生命的希望。

点滴做法铸就教师强队

山西省晋城市阳城县北留镇初级中学校　赵国良

教育乃国之大计，教师为教育之本，故而有好的老师，才有好的教育。我担任校长已有一年零十个月，在教育教学管理实践中深切地体会到，有好的培育机制才会有好的教师团队，有好的教师团队才会有好的学校。因而，学校应当把提升教师队伍整体素质作为重要发展战略。

自建校以来，北留中学经过几任校长和全体教职工的共同努力，造就了一支人格魅力高尚、治学态度严谨、工作作风勤奋、进取精神卓越的教师队伍。2019年春学期开学后，我到校不久，又是临近毕业季，在和初三教师团队的初次合作中，更深切地感受到了我校教师团队的专业。那么，如何使我校在教师队伍建设方面百尺竿头更进一步呢？我边观察、边思考、边实践。现就自己的点滴做法向大家做一个简单汇报。为什么说是“点滴做法”呢？是因为这些做法仅是我日常工作的一小部分，所以称之为“点滴做法”。

点滴做法之活动引领提升教师精神风貌

就从我入校后第一次参加升旗说起吧：当时升旗正在进行，我却发现主席台背后的教学楼中有老师大声说话，我心中纳闷，怎么有老师不参加升旗活动呢？再仔细往台下一看，发现只有班主任站在本班队列后面，台上也只有政教主任、一位副校长和我在，其他教师和领导都不在。升旗结束后，我立即召开领导碰头会，他们告诉我，多年来就是这样，并列举了全体教师参加升旗的种种困难。由于当时有其他事情导致会议中断，没有形成最后决定，几天后，我再次召开领导会，会上我坚持自己的想法，给大家讲了全体教师参加升旗仪式的必要性，经过反复讨论，最后终于确定了全体教师必须参加升旗活动的决定和详细的考核规定，并提议给全体教师统一购置白衬衣、领带。一周后，全体教师身着统一服装参加庄严的升旗仪式，全体学生都很惊讶兴奋，国歌一响起，望着冉冉升起的五星红旗，全体教师的精神风貌为之一变。之后不久，我们又集体制定了教师誓词，让全体教师在国旗下庄严宣誓。这一活动，让全体教师的职业荣誉感大大增加，并且极大增强了教师的责任感和使命感。

现在，我们又恢复了以学校名义为初三师生照毕业相的活动，让全体初三老师与所代班级学生合影留念，老师的自豪感、成就感油然而生。中考后第二天，学校连续两年举办庄严而朴素的毕业典礼，许多师生恋恋不舍，师生之爱溢于言表，再次让老师感受到我们所从事的是爱的事业、伟大的事业。

2019年国庆节，我校举办了以班为单位的学生歌咏比赛，多位教师披挂上阵，与学生并肩作战。除此之外，我们也为老师安排了丰富多彩的文体活动，有踢毽、绑脚跑、象棋、乒乓球比赛等，使原本沉闷的校园变得处处充满欢声笑语，营造了校园严肃活泼的新氛围。期末年终，经支校两委研究决定，举办了全体师生表彰大会，在全体学生的注目下、在欢庆愉悦的音乐声中，获奖教师身披授带上台领奖，台下千余名师生掌声经久不息。毋庸置疑，这样的肯定对提升教师的精神风貌起到了巨大作用！

点滴做法之在细节中转变教师观念

转变教师的教育教学观念，除了组织教师学理论之外，细节管理更不能放松，用事实说话更有效。2019年春学期开学后不久，家长通过不同渠道反映学生作业过多，负担过重，晚上快12点了还在让家长检查背诵效果。我通过和老师、家长开座谈会，并且询问学生了解了真实情况之后，和大家一起讨论并制定了《北留中学关于作业布置的有关规定》，严格控制作业量，达到了良好的效果。有家长反馈，学生作业少了，考试的分数反而上升了。通过这件事情，也让老师感受到并不是作业布置越多越好，逐步形成了精选作业、布置适量的良好习惯。

还有一个细节，每年学校春运会过后，要组织校队参加县运会。有体育老师跟我诉苦，多年来部分初三运动员因为文化课成绩好，班主任和家长怕耽误学生功课，都不愿意让孩子参加县运会。我立即组织班子成员深入班主任和家长中了解情况，并且耐心地跟他们解释，在初三这个关键时期，让学生们保持一颗上进心尤为重要，而参加运动会会促进学生的上进心，开拓孩子的视野，对学习有利无弊。工作做通了，去年我校男女队均获第六名，是学校参加县运会史上最好成绩。初三成绩好的几个运动员也都考入阳城一中，从此也解开了班主任思想上的疙瘩。之后再也没有出现过不敢让学习成绩好的同学参加文体活动的现象。

我校在2019年之前考核老师的教学成绩上有一条规定，就是为了让每个老师的成绩不吃亏，从初一开始，参与成绩计算人数为本班人数减去10%计算。我认为这个做法在特定时期可以提高教师积极性，客观上不亏老师，但不利于教师形成面向全体学生的素质教育观念。于是我提议，要求全体学生都要进入成绩核算。因为这项变革涉及教师考核成绩，我采取循序渐进的办法。第一学期我只是多次在教师会上宣传面向全体学生的素质教育理念，先让教师有充分的思想准备。到2019年暑期，我们修改了成绩核算办法，秋学期开始执行，因有前期的思想基础，教师面向全体学生的素质教育观念也在逐步形成。多年来，由于学校场地所限，毕业班的中考动员会均由成绩好的前130名左右的学生参加。我认为这样做，不仅影响学生士气，还容易遭到家长和社会诟病，弊大于利。2019年我发动领导、老师、家长找地方，最后借用北留村办事大厅举行了全体初三学生和教师参加的中考百日

誓师大会，照顾到了所有初三学子的心情，产生了良好的社会效果。

类似的细节不胜枚举。俗话说细节决定成败，转变教师的教育观点需要"润物细无声"的细节管理。

点滴做法之以学定教

全国特级教师、教育部中小学校长国家级培训专家库专家龚雄飞指出："在新课程背景下，教师是学生的学习伙伴，承担教育教学活动的组织者、引导者、参与者、评价者、呵护者和唤醒者的角色，要最大限度地调动学生自身的潜力，把他们从课堂上释放出来，让他们追寻自己内心的渴望，大胆地去探索世界，主动培养创新精神、实践能力和社会责任感。"我认为我校的教学改革仍处于由教师的单项灌输变为师生双边互动的阶段，学生并没有获得真正意义上的学习自由和思维自由，其实还是"以导定学"，还是从教师的角度来决定课堂上学生的行为。

为把我校教学改革引向深入，学校为科任教师每人购置《龚雄飞与学本教学》一书，并结合学校教学实际，采用集体学习、专家讲座、教师反思等方式，在此基础上充分利用冬学期黄金教学时间，运用学本教学理念，以学生学习为本，以学生发展为本，按照《学本课程教学评价通用标准》，认真开展为期两轮的评教评学活动，引导广大教师树立学本教学意识，运用学本教学模式，不断提高课堂教学水平。

点滴做法之多元评价

教师的考核与评价事关每个人的切身利益，如何对教师的工作业绩进行科学、合理的考核和评价，激励广大教师的工作热情，我们也在不断探索中。

一是体现导向性，传递正能量。我们不断修订完善绩效考核分配方案，力争更趋全面、科学、客观、公正，改变传统呆板、单一的评价方式，强调过程、结果并重。绩效考核中教学成绩只占60%的比例，师德、工作量、常规工作等占40%，且奖惩有明确规定。

二是体现四个倾斜，即向班主任倾斜、向教学骨干倾斜、向一线教师倾斜、向做出突出贡献的员工倾斜，实现多劳多得、优绩优酬。

三是体现三个结合，即平时考核与年度考核相结合、定性与定量考核相结合、民主评议与集中考核相结合。

四是体现一体考核。非考试学科教师的教学成绩以民主评议成绩为准。评分人员为被评议对象以外的所有教职工，核算时去掉一个最高分和一个最低分，并将考核结果公示，时间不少于三天。

点滴做法之细微之处体现人文关怀

原江苏泰州中学校长蒋建华说过："我真诚地希望老师们将工作与家庭统筹兼顾、教育学生与子女培养统筹兼顾、教学质量与身心健康统筹兼顾。"我非常赞赏这样的思想并努力付诸实践。为了关心教师的身心健康与可持续发展，充分体现人本理念与人文关怀，从2019年开始，学校为全体教职工安排全面体检，鼓励大家积极参加皇城相府杯徒步大会。在老师家中有事需要请假时，我尽量安排他们通过调课使其工作家事两不误；每逢教师生病住院，我总是尽可能抽出时间看望，实在抽不出时间，也会打电话问候或让其他领导替我前去看望；在关注教工子女培养方面，学校除尽可能给予入学照顾外，也经常询问教工子女的学习情况，身心状况，避免出现因教师教学任务繁重而忽略自家孩子身心健康的情况。我们力求在细微之处关心老师，在不经意中关心老师，老师们的责任感和团队精神进一步增强。

通过这些贯穿在日常工作中的点滴做法，这一年多以来我们学校在提升教师队伍整体素质这一方面取得了很大的成效。我们通过提升教师队伍的整体素质改善了我们的教学环境，也使得我校的师生关系更加和谐，学生的整体成绩也有提高。我相信，只要我们功夫下在平时，我们的教师团队会越来越好，教学质量会越来越高！

倾力打造三品教育　加速建设特色名校

山西省晋城市阳城县第三中学　张建新　李志军　王建军

山西省晋城市阳城县第三中学早在1986年就被山西省教育厅列为首批"山西省示范初中"，教学成绩在晋城市名列前茅。随着新时代的到来，学校发展步入新阶段，学生求知创新的渴望日益强烈，人民对优质教育的关注度越来越高。

面对新时代、新征程对人才提出的新要求，阳城县第三中学以阳城县委、县政府提出的建设"教育名城"发展战略为契机，着力打造"三品特色名校"，推动学校迈向优质均衡发展的快车道。

理念先行，夯实特色名校创建基石

新形势需要新担当，呼唤新作为。按照阳城县教育局提出的"品质教育，内涵发展"总要求，阳城县第三中学领导班子结合学校实际，深入研讨，提出办"有态度、有温度、有高度"的品质三中和打造"事事求品质、处处讲品位、人人创品牌"的校园文化内涵，制定《创建特色名校三年行动计划》，以创建"名党建"、"名教师"、"名学生"工程为核心，实施"特色名校建设一二三工程"：围绕一个中心，即以三品特色文化建设为中心的学校内涵发展途径；抓住两个重点，即学校环境建设和教师队伍建设两个重点；实现三个提升，即办学条件的整体提升、教师素养的全面提升和办学质量的持续提升。

为实现"让优秀成为一种习惯，让卓越成为一种品质"的办学目标，学校全面启动"德治、法治、自治"三治联动的管理模式，大力推进三品特色名校的创建。学校党总支将各支部建到学科组，让党员教师在教学一线起到引领、带头、辐射作用，切实走在特色名校创建的前列；全体教师立足提升教育教学质量，群策群力，主动参与到校园环境改造和特色文化建设中来，让学校优秀的教育传统不断迁移，从传统教学向现代教学转变升华；坚持以学生发展为本，关注并了解学生学习和生活状况，开展师生结对帮扶工程，对班级"三品文化"建设、名生培塑工作起到了切实的推动作用。

特色引领，丰富特色名校创建内涵

特色就是质量，特色就是品牌，特色就是发展。阳城县第三中学紧紧围绕阳城县教育局"打造名牌学校、品牌教师、金牌学生"品质教育战略，致力培育"诗意校园、篮球校园、科技校园"的学校特色文化，推动了学生的个性发展、终身发展。

浓厚书香氛围。学校设置"三味书屋"阅读茶吧，成立学生诗社、文学社、诵读社等社团，开展课内外、校内外、家校之间的同读共赏"书香校园•四季悦读"活动，建立师师共读、师生共读、生生共读、亲子共读和家长共读的全方位、立体化阅读体系，让师生在共同阅读中陶冶情操，获得新知；成立"三品融媒体中心"，利用校园电视台、学校公众号、校园广播等平台，展示学生、家长和教师的诵读作品、读书心得和诗词作品，形成了学生、教师、家长、社会凝心聚力、共同推进的教育模式。

打造篮球文化。学校以篮球运动为突破口，点燃学生运动激情，激发学生生命活力，用"更快、更高、更强"的奥林匹克精神培塑学生创新进取、永不言败的拼搏精神。开发篮球校本课程，编排三品篮球操，使篮球运动课程化、常规化；成立三品篮球"雄鹰队"、"金鹰队"、"雏鹰队"，做到班班有球队、组组有篮球、天天有训练、人人有发展；定期举办篮球竞赛周和篮球文化周活动，每周五与兄弟学校进行篮球友谊比赛；组织学生篮球队参与社区篮球竞赛，并与篮球俱乐部结为长年合作伙伴。2020年，学校三品篮球"雄鹰队"受晋城市教育局邀请参加晋城市中学生篮球赛，成为晋城市唯一受邀请参赛的县区校园篮球队。

培育科技素养。学校创新学习模式，搭建科技校园架构，培育学生的科技意识、实践能力。学校构建师师、师生、生生之间的共同学习、相互砥砺的研修学习模式，将科技教育活动与新课程改革相结合，积极开发科技教育校本教材，成立科技教育教研组，组建电脑制作、编程设计、科技小发明等兴趣小组，让学生的科技学习、创新研究与科普讲座、观摩等活动同行并进，形成了课堂教学、实验研究和创新活动相互结合、共同推进的新机制，使学生的思维方式和创新能力得到了极大地锻炼。陕书琴老师设计制作的《呼吸过程示意模型》在2019年山西省青少年科技创新大赛上获得一等奖；张俊杰设计制作的《液压机械手》、裴一闫创作的视频《葱汁的妙用》分别荣获晋城市青少年科技创新大赛一等奖、三等奖。

持续发力，推动特色名校创建进程

坚持才能胜利，做事想要成功，必须要有恒心。持之以恒，才是亘古不变的道理。阳城县第三中学从实际出发，让校园文化持续发力，用诗意的环境浸润师生灵魂，用书香的氛围陶冶师生情操，以卓越引领优秀，将优秀培塑为卓越。

学校建设以"品"字为主题的三品文化廊　、三品文化墙、三品读书吧和三品大讲堂，将经典诗词书画、篮球文化元素、科技文化元素及师生优秀文化作品分区展示，让校园内每一面墙壁都是文化景观、每一个角落都包含育人元素、一草一木都是教育资源，着力培养师生高雅的艺术情趣、积极的进取精神和深厚的人文情怀；依托当地深厚的历史文化，组织开展"相约智和"、"走进古堡"、"探访红色基地"、"走近特殊儿童"、"走进光荣院"等不同形式的研学活动，让师生带着思考深入实践，不断拓展教与学渠道，创新教与学手段，完善"共同体"研修学习模式；新冠疫情期间，云教研、云交流、云互助、云读书、云朗诵、云运动、云演练等开展得有声有色，使学校特色文化建设保持着强劲的发展势头，保障了2020年中考佳绩的顺利取得，为学校的可持续发展积累了经验。

"理念引领方向，文化提升品位。"阳城县第三中学将始终坚守立德树人初心，着眼学生自我发展、全面发展、终身发展，不断提升教职工队伍的学习力、创新力、执行力，努力构建学校、家庭、社会的三位一体的大教育格局，在建设"有态度、有温度、有高度"的品质三中道路上奋力前行。

把课堂给学生，让课堂动起来

山西省晋城市阳城县东冶镇初级中学校　苏喜瑞

只有课堂足够生动，富有活力，学生们才能爱学、乐学。生动课堂的追求就是要把每一位学生的热情都调动起来，让他们在快乐民主的氛围中，在积极参与的过程中，在不断成功的体验中，觉得学习非常有趣，学习非常有用，学习是一件很有意义的事情，从而让学习插上“快乐”的翅膀，师生共享学习的快乐。

随着课改的逐步深化，传统教学中缺少师生互动、僵硬刻板的课堂局面开始受到批判及摒弃，建构“生动课堂”成为教学变革的重要主张。人们致力于“把课堂还给学生，让课堂充满生命的活力”，让课堂“动”起来、“活”起来，在“动”和“活”的过程中生成新的知识、技能与情感。以生为本，快乐教学是生动课堂的根本。因此，我们要通过生动的课堂教学提供给学生认知冲突的机会，要善于引导学生获得知识，使学生体验主动获得知识的乐趣，从而做到乐学、爱学。

一、创设情景，营造生动有趣的课堂氛围

学生的学习带有浓厚的情绪色彩，对熟悉的生活情境，感到亲切，有兴趣。课堂若能以学生事例作为背景，创设问题情境，让学生自己从中发现问题，学生将会提高学习兴趣，使思维与活动处于积极主动的状态。如我校数学老师的一节《轴对称》课，该老师从学生已有的生活经验出发，先让学生观看生活中常见一组轴对称图片，就在学生轻松愉快地欣赏图片对称美的情境中，让学生自己结合教材进行观察和讨论，“这些图形的特征”、“日常生活中的实例”、“轴对称为什么有这么多的应用”等问题。这时学习数学已成为学生的自身需要。在引课阶段创设这样一个情境，架起了现实生活与数学学习之间、具体问题与抽象概念之间联系的桥梁。学习材料来自学生，学生感到亲切，调动了学生的积极性，使他们个个充满了自信，想出了多种解决方法，活跃了课题气氛，激发了学习兴趣，真正实现了人人参与，人人会学。

二、小组合作，创造人人参与的课堂环境

课堂就像是一个网络，学生个体、小组就是网络上的节点，网络上的节点都在活动，每一个学生都在表达自己的意见，并在交流过程中生成新意见，人人都是信息的发布者、构建者。现在的初中生思维活跃，学生会提出哪些问题，发表哪些观点不能完全预测，学生之间的讨论会在哪些方面发生争执产生困惑，是否会冒出连教师都没想到却十分有意义的建议和聪明的方法，同样不能完全预测，这就使原来具有极强确定性的课堂教学，变得有些不确定了。我校的思想品德老师在《感受共和国的巨变》教学中，提出①百姓生活发生了哪些巨大变化？支撑这些变化的因素是什么？②综合国力显著增强表现在哪些方面？为什么会有这么大的变化？综合国力的决定性因素是什么？然后要求小组合作探究，并且明确小组学习要求：①先自主完成问题的学习。②然后四人小组将每个问题在组里交流。③15分钟后，小组展示讲解。展示评价规则为每题分值6分，分值分配：不看课本3分，3-4号回答加1分，有效点拨内容加1-2分。④小组长负责组织调控。教师负责小组的加分评析。此后，教师加以总结和归纳，最后分层进行当堂检测。在规范的要求下，生成了同学们争先恐后展示的氛围，一个个创造性的认识在小组合作下得到生成。与此相反是另一名思想品德教师执教的《独具特色的民族区域自治》时，教师引导学生自学1.处理民族关系的原则是什么。2.我国新型的民族关系是什么。3.我国怎样加快少数民族地区的发展三个问题后，让学生按照座位划分的小组，分别讨论，然后由一名代表陈述所在组的观点。教师刚说完，很多学生就埋头“钻研”教材，试图从教材的文字中找出答案来；还有几个学生干脆面无表情的呆坐者，以此向教师表明自己没有思考，不要叫他陈述观点。最后，几个组长作了回答，其余学生几乎没有参与，教师最后只好做一些讲解结束本节的学习内容。课堂因而沉闷、呆板起来，学生的主动性明显没有发挥。

三、激励评价，打造乐学爱学的课堂生态

在课堂教学中，评价处处存在，作为教师，要转变评价观念，认识教育评价对学生发展的重要影响，将它贯穿于整个教学过程的始终。站在学生的角度，想学生之所想，恰如其分的表扬、充满关怀的批评、满怀希望的鼓励。从点滴做起，哪怕是给学生一句鼓励的话语，一个信任的眼神，一次理解的微笑，一回亲切的抚摸，都会让学生感到你在关心他、重视他，学生的心是暖暖的，自然感到学习是快乐地。比如一个大家都认为学习很差的学生在我的语文课上表演范进中举，那疯疯癫癫的样子逗笑了所有的人。我情不自禁地抚摸着他的小脑袋说：“表演天赋很高哎，好好努力，将来当大演员、明星！”他羞涩地笑了。后来的日子里，他真的变了。尤其是上语文课更爱表现了。

课堂教学蕴涵着巨大的生命活力，只有关注学生的生命需要，课堂才是真正的课堂。教师作为课堂教学的组织者、引导者和参与者，要充分认识到学生的主体作用，把学生真正当成学习的主人，依据学生的心理特征和认知规律，善于及时引导、点拨，善于创设良好的情境氛围，去诱发学生的学习兴趣，努力点燃学生的探索热情，让学生在愉快中学习。把课堂给学生，让课堂动起来。构建充满生命活力的课堂，就构建了师生生命的绿洲。我们相信，经过我们的共同努力，这片绿洲将生机盎然，充满活力！

劳动教育创特色　品质立校育桃李

山西省晋城市阳城县蟒河镇中心学校台头小学　王晋兵

“一年之计，莫如树谷；十年之计，莫如树木；终身之计，莫如树人。一树一获者，谷也；一树十获者，木也；一树百获者，人也。” 这段话既阐明了人才培养的重要性，也揭示出人才养成的不易。我校坐落于农林文旅康产业融合发展先行区的蟒河镇政府所在地，周边村落农耕文化历史悠久，底蕴深厚。学校与农地毗邻，透过教室的窗户，能看到蓝天白云衬托下的墨绿庄稼，能闻到麦谷的芳香。21世纪是教育事业发展的黄金时期，迎着教育飞速发展的雄风，我校全面贯彻党的教育方针，坚持立德树人，把劳动教育纳入人才培养过程，建设劳动教育阵地，通过培养学生劳动技能、劳动素养，实现我校“五育并举”的办学目标，促进学生全面发展，提升学校办学品质。2018年习近平总书记在全国教育工作大会上指出“要在学生中弘扬劳动精神，教育引导学生崇尚劳动、尊重劳动，懂得劳动最光荣、劳动最崇高、劳动最伟大、劳动最美丽的道理，长大后能够辛勤劳动、诚实劳动、创造性劳动”。遵循全国教育大会的核心精神。下一步，我校会继续以劳动教育为学校引领，提高教育品质，大力培养“勤四肢，分五谷”的全面人才，始终如一，力求开拓一条特有的农耕教育新路。

一、铸魂培根，以劳动教育指引学生成长之路

学会劳动是人的生存之本，劳动教育作为一门课程、一种实践活动，是构建学生全面发展教育体系的重要一环。长期以来，我校对劳动教育虚化、弱化、软化、淡化，使得学生不爱劳动、不愿劳动、甚至看不起劳动。导致学生变得“四肢不勤，五谷不分”，越来越多的“笑话”已经变成习以为常。基于此，我校认识到加强劳动教育刻不容缓。为了提升学生劳动意识，增加劳动体验，我校建立了农耕体验基地，成立农耕体验领导组，租用土地5亩，作为劳动实践基地。并于2019年6月正式启动。特聘县局席毕龙老师为课程指导专家，镇政府农科站李国锋同志为课程辅导教师，学生家长候宣华等17人为班级农耕辅导员。我校还制定了相应的制度、方案、计划，形成了校长领导、副校长主抓，农耕辅导员指导、班主任老师配合、学生实地实践的工作格局，有力推进农耕体验园建设有序实施。此外，我校还积极申报省级实验规划课题，开展农耕文化课程研究。我校的《“农耕体验”课程建设的实践研究》课题被列为山西省教育科学“十三五”规划课题，并将作为今后我校长期的一项重点工作。为了保证课时，我校在综合实践活动课程中还开设了以“农耕实践”为主题的每周一节的农耕体验劳动课。课程内容为一年级实地听看；二年级选择参与；三年级正式参与；四年级科学种田；五六年级微型科研，配备了专职农耕老师，以各学段分目标为抓手，有目的、有组织、有计划的组织实施。劳动中，我校立足实际，充分发挥教师育人的主导作用。在劳动中认识农具，了解二十四节气歌，通过劳动，树立学生正确的人生观、价值观、世界观。我校创建农耕文化、农具展示区，依次摆上（犁头、锄头，耧等）10余件充满乡土气息的农具，图文结合，让学生认识自己身边的农具，拾起对传统农耕文化的记忆。我校积极开展农作物辨识大赛、小小讲解员比赛等活动，宣传农耕知识，从中华优秀传统文化里汲取营养。借助诵读农耕诗词、演讲农耕故事、收集农事谚语的形式，让农耕文化激起农耕情感，让学生感悟农耕文明。让农耕劳作的种子植根在每一个学生心中。

二、知行合一，用农耕文香浸润学生心田

纸上得来终觉浅，绝知此事要躬行。除了在课堂上教给学生理论知识外，我校更注重切身实践，带领孩子们深入农耕园，根据当地气候，结合农时，选取种植常见的农作物如：玉米、谷子、葵花、花生、土豆、秋瓜、黄瓜、大葱、萝卜、西红柿、青椒、茄子、油菜、冬小麦等，实地观察、亲身体验劳动，才能真正了解农作物，真正体会农民劳动的艰辛。因此，我校尝试以班级为单位划片种植、包干到班、责任到人的劳动形式，种植多种农作物。特别是种植时令蔬菜，在翻地、播种、锄草、松土、施肥、收割等相关田间管理中，要求师生，家长共同参与，以学生为主体，真正让学生体验劳动的过程，懂得科学种植和管理的艰辛，享受丰收成功的喜悦。尤其是他们的劳动成果成为孩子们餐盘中的美食时，他们内心的充实和喜悦是课堂上知识无法给予的。今年，我校相继种植了山茱萸树，并且确定为我校的校树，开展了相关的党日活动，校树认领挂牌仪式，开学后让学生亲自动手，开展我给小树浇浇水，我和小树合张影等，通过活动，把学生的爱心、责任、希望融入爱树、护树的承诺中，要铭志于树、寄情于绿，以养树来纪念友谊，表达爱树、爱校情怀。为提升农耕园文化品位，我校还引进了新

疆优质葡萄，建起了50平方米的葡园，让学生感受劳作的美好，劳动的芬芳。

此外，为了提升学生劳动积极性，我校通过开展“劳动之星”—身边的榜样评选活动；班级“劳动主题班会”一心中的榜样，以“劳动者最光荣”为主题的班会活动，主题班会上，分享“眼中的榜样”带来的正能量，评选“身边的榜样”，让他们谈谈劳动的心得。同时鼓励家校协作，开展家务劳动活动，让家长切实负担起家庭教育的责任，让孩子们做力所能及的事，比如：整理自己的房间，洗晒自己的衣服，收拾餐具，扫地拖地，学会炒几样菜等，促进学生自觉养成能吃苦、肯吃苦、爱劳动的良好品质。

劳动教育不能单单是理论学习，更要注重亲身实践，感悟总结。为帮助学生加深印象，我校带领学生到农耕园基地实地劳作，制订了两种表格，一种是观察记录表一种是心得体会表，就是帮助学生真正地将自己的所见所闻所思所感记录下来，成为自己的一份收获，作为学校“农耕”课程建设的学生成长资料。此外，我校还大力宣传农耕文化，通过多种方式，把农耕文化挥洒到学校的每个角落。做到了农耕文化版面上墙，搭建农耕园门楼，围篱笆等，在社会上广泛征集联额，最终选取“行知园”为农耕园牌匾，“问道三农事，躬耕半亩园”为农耕园上下联，赋予农耕园更多的文化内涵。有许多当地的干部群众到农耕园参观，给予了我校充分的肯定和极高的评价。

三、初心不殆，以满腔热忱奏响嘹嘹强音

农耕体验园基地的开展，不仅仅是对学生劳动技能、劳动素养的提升，更是我校落实“五育并举”，促进学生全面发展的体现，以劳育德、以劳促智、以劳练体，以劳审美、以劳强劳。学生在种植的过程中对各种农作物和农具有初步了解，掌握了农耕的知识和技能；学生通过亲自实践，参与农耕，获取亲身的感悟，为自身的写作提供素材；学生在劳动中强调合作和勤奋吃苦的品质，是优秀品德的体现；学生通过观察，将自己看到的用画笔画下来，培养了学生的美感；学生在干农活时，锻炼了肌肉，增强了体质。未来路上，我校会继续带着劳动教育的理想，迈着坚实的步伐，走在劳动教育的道路上。以劳动教育引领学校发展，以严谨的态度探索教育规律，敢为人先，勇于创新，不断开启学校发展的新局面。

树文明新风，铸精品之校

山西省晋中市榆次第一中学校　侯西强

党的十九大报告明确指出，“人民有信仰，国家有力量，民族有希望。要提高人民思想觉悟、道德水准、文明素养，提高全社会文明程度。”学校，作为育人场所，是引领社会文明风气的主阵地；文明校园创建，作为长久工程，是建设社会主义文明社会的重要任务。基于此，我校以立德树人为根本，以学生为中心，重点围绕领导班子建设、思想道德教育、活动阵地建设、教师队伍建设、校园文化建设，以及营造优美环境等方面开展工作，努力打造我校全新风貌。

一、紧抓党政建设，创建廉政校园

立足主题教育，强化思想建设。校党委以“不忘育人初心，牢记树人使命”主题教育活动为主线，把牢办学大方向，充分运用“党建+”模式，将党的全面领导内嵌到学校治理各个环节，渗透到基层一线“神经末梢”，确保党建工作与学校中心工作深度融合。

坚持固本培基，夯实组织建设。校党委通过开展“群众路线”、“学习讨论落实”、“不忘初心　牢记使命”等主题教育和“全员争先创优”、“党员示范课”、“师生结对、党员先行”等活动，进一步夯实组织建设。

发挥“三基”作用，加强队伍建设。在各年级建立支部，强化党组织统一领导；通过“双培养”机制加强党员队伍建设；通过优化结构、科学指导，打造优秀的教师和班主任队伍；积极开展“对标一流、每周一校”、“对标一流、名师示范”微党课学习，切实提高队伍素质和能力。

强化“廉政”意识，规范办学行为。校党委、纪委认真推行党风廉政建设“两个责任”，严格规范办学行为，特别是规范“三重一大”决策监督。学校先后出台《榆次一中落实中央八项规定精神实施细则》《榆次一中加强师德师风建设实施办法》《榆次一中规范教辅资料征订管理的规定》等，大大强化了制度管理，促使我校形成了风清气正的良好育人氛围。

二、加强思想建设，创建品质校园

积极开发系列校本德育课程。诵读经典，挖掘内在价值，我校目前已开发了《中华民族传统经典文化诵读（一）》《中华民族传统经典文化诵读（二）》、综合拓展课程、习字帖四部校本德育课程教材。其中，综合拓展课程涵盖法治与安全、劳动与保健、规范与养成等十大模块，按不同年级细化为23个专题，共50万字。

狠抓校风、教风、学风和考风。我们狠抓各项建设，形成严整庄肃、活泼有序的校风；强师德、树典型、讲风范，形成从严治教、从严治学的教风；努力做好学生思想教育工作，同时规范学生行为，形成严谨自律、积极进取的学风；严格考试纪律，形成规范有度、稳健从容的考风。

高度重视心理健康教育。学校设立了滯润轩、心海导航等心理辅导中心。2020年2月初，学校开通心理辅导热线，引导和帮助师生家长正确调节情绪。5月，学校与北京仲伯园教育咨询有限公司“心理教育家校行”签署了一年的免费心理教育公益活动协议，预计将对教师、学生、家长开展十余场活动。

努力探索新高考背景下的德育建设。学校将德育课程与活动课程都纳入生涯规划课程，从自我认知指导、社会理解指导、学业发展指导、健康生活指导和生涯规划指导等方面大胆探索实践，引导学生科学规划人生，积极应对未来挑战。

三、拓展活动阵地，创建多彩校园

高规格建设宣传文化阵地。校园橱窗每月更换，及时跟进党和国家的政治形势，学校教育教学改革进展等；各年级所在楼层经常展出爱国主义教育图片、科技宣传图片等；校园广播每周广播两次，栏目众多，内容丰富；楼道和长廊上的名人名言闪烁着智慧光芒；校徽、校歌、校旗成为凝聚力量的象征。

加强校园网络宣传平台。学校通过官方网站、微信公众号、微博等平台及时展示办学成绩。同时，开展了多种形式的网络安全宣传活动，如悬挂网络安全标语，LED大屏集中播放网络安全宣传公益广告和视频；在学校网站或宣传报栏开辟网络安全宣传专栏，宣传网络安全法等法律法规、政策文件等。

积极拓展校外活动阵地。2019年假期，学校组织了“砥砺前行迎华诞·青春建功新时代”主题实践活动，主要项目有“过中国年，弘扬中华民族传统美德”红色经典读书征文，“新时代　新征程　新青年”书信绘画大赛和“社会观察”调研实践等。我们每年会举行一次师生共同参与的远足活动，组织部分优秀学生参加各类研学旅行、中日韩文化交流活动等，不断增强师生的文化厚度。

四、打造师资队伍，创建学术校园

搭建平台，抓好中层干部队伍建设。领导们充分信任、放手使用中层干部，大家不畏难、不推脱、不懈怠，以高度的责任心做好每一项工作。在大家的共同努力下，学校在职人员调资、离退休人员上调基本离退休费、社会养老保险并轨、安全保卫等工作井然有序，顺利完成。

增强后劲，抓好后备干部队伍建设。学校高度重视年轻后备干部的发掘和培养，目前已经形成了老中青结合衔接的合理梯队。干部遴选坚持来源一线、民主推荐、优中选优、合理配置的原则，确保了各个岗位都有精兵强将，均衡发展、整体提高。

科学指导，抓好班主任队伍建设。起始年级班主任须参与岗前培训，各年级每周进行班主任研修活动，不定期选派优秀班主任外出学习。评优评模、职级晋升、绩效工资、外出培训等优先向班主任倾斜，开设教工食堂、开设瑜伽课程、开放文体中心等，激励班主任爱岗敬业。

优化结构，抓好教师队伍建设。学校始终坚持在“德高为师、身正为范”思想引领下强化师德师风建设，通过名师工作室活动发挥名优教师示范作用；通过教研组活动发挥骨干教师引领作用；通过联片教研和希望杯、青年教师风采展示等比赛锻炼青年教师专业技能。

五、开展校园文化，创建魅力校园

坚持开展常规教育活动。每周一上午雷打不动的全校升旗仪式、每学期初庄严盛大的开学第一课、每学年起始年级严肃活泼的军训入学教育、毕业年级震撼心灵的百日誓师等，都将德育融入日常教学管理之中，彰显了学校在道德教育方面长长用力、久久为功的愚公精神。

认真开展主题教育活动。2019年是五四运动一百周年和新中国成立70周年，学校适时组织了五四青春歌会、歌颂祖国朗诵大赛等主题活动，参与了共青团市委“奋发有为·正青春——纪念五四运动100周年快闪”和“奋发有为·正青春——纪念五四运动100周年咏颂会”。

大力开展校园文化活动。每年元旦组织全校师生迎新联欢晚会、五月组织校园文化艺术节，并且开展了很多学生喜爱的活动，如：课本剧表演、诗歌赏析、经典美文朗诵大赛、名著影视欣赏配音大赛、环保服装设计大赛、“向艺术大师致敬·纸浆迸发的精彩”的纸浆艺术展览等。

全面开展学生社团活动。目前全校共有43个成熟社团，吸纳了100%的学生。社团管理制度完善，定期开展活动，并有专项记录。星光志愿者服务队、环保协会、法律协会等成果突出。近来，学校还新成立了中学生领导力社团、ASDAN商社、无人机航拍社、无线电社等科技创新类社团。

积极开展校园体育活动。除了长期坚持实行“体艺2+1”活动之外，在校园整体改造期间，因地制宜设计各种群体项目和趣味项目，充分发挥了体育的教化功能。多年来我校篮球队获得全市中学生篮球赛冠军；2016年我校足球队获得全市校园足球总决赛冠军；2018年10月我校女足又获得山西省中学生校园足球赛季军。

六、营造育人环境，创建美丽校园

人人都是环境，处处都是氛围。学校主要由三广场、三园林、五建筑组成。将中国传统文化元素融入校园设计，同时将现代理念巧妙贯穿其中。整体建筑以银灰为主色调，优雅大气、厚重深湛，营造了“生态校园，诗意空间”。学校所有景观都是在遵循教书育人主旨的基础上，经过精心提炼设计而成，彰显了学校的大气、底气、文气、生气。

我们高度重视书香校园、科技校园、数字校园、平安校园建设。在科技楼开辟了两层图书馆，还设有以国学经典藏书为主的涵仁馆，而且教学楼的每一层都增设了自助读书角。学校的实验室全面开设开放性试验，开设了生物组培实验室，市教育局斥资220万元建设了奥赛实验中心。我们投入400万元更新了80个教室的多媒体教学一体机，争取资金156万元为全体教师配备了办公用笔记本电脑。近期市教育局准备投资60万元建设人工智能创客中心。我校始终坚持“安全第一，预防为主，学校负责，突出重点”的方针，大力创建“人防”、“物防”、“技防”的立体安全防范网络。由于防范有力，近年来学校从未发生过任何安全事故。

凝心聚力抓质量，创新进取谋发展。我校紧盯“阳光和谐、崇德尚美、文理兼通、勇于创新”的育人目标，通过多样化的教学实践探索出了一条文明校园建设之路，且收获颇丰。但是，就目前而言，学校还存在一些不足，如校园硬件建设还有待完善、学校心理健康教育和信息技术教育所需要的师资力量仍有待充实等。面对佳绩，我们戒骄戒躁；面对不足，我们积极改进。在未来的工作中，我们会坚定前进的步伐，不断开拓进取，奋发向上，以“咬定青山不放松”的韧劲，“不破楼兰终不还”的拼劲，将我校打造成最卓越的文明校园、最精品化的优质中学！

立德树人初心不忘 文明创建步履铿锵

山西省临汾市第一中心学校 高洪山 王创科 林延霞

帝尧古都，百年学府。山西省临汾市第一中心学校在秉承百年老校的优良传统和文化底蕴的同时，还需与时俱进，不断迎接新挑战、探寻新方向。近年来，学校坚持以习近平新时代中国特色社会主义思想为指导，围绕立德树人的根本任务，以“办优质名校、育创新人才”为总目标，紧扣领导班子建设好、思想道德教育好、活动阵地建设好、教师队伍建设好、校园文化建设好、校园环境建设好的“六好”创建标准，抓关键，抓载体，抓落实，充盈人文底蕴，深化文明建设，助力学生成长成才。近两年，学校先后获评“临汾市文明校园”、“山西省文明校园”、“全国文明校园”的称号。

加强领导班子建设，加大文明创建力度

上下一心，统一办学思想。在文明校园创建之初，学校就成立精神文明建设领导小组，全校上下统一思想，实行党组织领导下的校长负责制，领导班子贯彻民主集中制原则、“三重一大”决策制度以及党务公开、校务公开制度，不断提高决策的科学性和民主性。

率先垂范，深化党建工作。为充分发挥领导班子的率先垂范作用，学校建设学习型领导班子，每周进行一次集中学习，每月开展一次民主生活会、党小组会议和支部委员会，清明时节组织党员徒步到烈士陵园进行祭祀活动，党日活动赴革命老区、红色圣地进行革命传统教育，着力提升党支部的战斗力和凝聚力。

依法治校，严格执行章程。学校严格执行收费政策和招生政策，处室负责，多人监督，群众举报；充分发挥家庭、社会、学校三方协同育人的作用，完善家长委员会制度，成立家长学校，搞好家庭教育的指导工作。

加强思想道德教育，延展文明创建深度

课程渗透，践行社会主义核心价值观。为加强社会主义核心价值观教育实践，学校通过校本课程的编写、主题班会及演讲等形式，组织学生深刻理解并写心得体会；通过师生开展读书分享会、学生写“红色经典”读后感、展板报道榜样人物事迹等形式，把社会主义核心价值观和良好行为习惯的培养紧密结合起来，并认真落实到具体的行动中。

立德树人，规范学生行为习惯养成。学校坚持开展每周国旗下演讲，周周有主题；贯彻落实《中学生日常行为规范》，班班有制度；组织学生会定期定点值班检查，人人有监督；根据班级量化考核颁发流动红旗，月月有考评。所有活动的开展都会结合实际，严格执行，帮助学生规范行为，养成良好的道德习惯。

聆听心声，关注师生心理健康教育。学校专门设立心理咨询室，制定心理健康教育工作实施方案，了解教师工作的情况，倾听学生心底的声音，助力师生拥有健康、乐观的心态。

加强活动阵地建设，拓展文明创建宽度

丰富载体，加大宣传力度。学校开设红领巾广播站，创办《尧声报》，建立校园书屋、大型图书馆及师生阅览室，校门内两侧橱窗分别展出地域文化、红色文化、党团队活动内容、学校发展成果和对未来的展望，楼道每层都有文化主题词，连廊间有诗词对联，楼梯口有文明行为提示，文化长廊有读书一角，文化艺术墙有名人事迹，使校园处处萦绕着浓郁的文化氛围。

更新升级，规范网络管理。校园实现学校网站电脑版、手机版及学校官方微信的三网合一，每年开展网络安全、文明上网专题教育，引导学生文明上网、健康发展。

加强教师队伍建设，提升文明创建高度

师德为要，加强师德师风建设。学校将师德师风作为年度考核、职务评审、岗位聘用、实施奖惩的最重要依据，通过每月一次全体班主任经验分享、组织新老班主任“结对子”、选拔年轻班主任参加市“三优”工程比赛、对每年新入职教师进行培训、组织崇尚师德演讲比赛等形式多样的活动，要求教师以德施教、以德立身。

科研为主，夯实教师专业能力。学校制定教师专业成长计划，每学期每人至少一次公开课，每周一次全体教师教研活动，定期召开“帮扶带”师徒交流活动和青年教师课堂大赛，开展城区校际之间的交流研讨，不断夯实教师的专业能力。

考核为重，培养德育骨干队伍。学校由德育处牵头，制定考核细则，发挥班主任的德育骨干作用；相继成立名师工作室、班主任工作室、党组织、共青团、少先队、学生会、工会等组织，并使其在德育工作中发挥出各自的职能作用。

加强校园文化建设，加深文明创建厚度

彰显特色，厚实文化底蕴。学校充分发挥学生的创造性，通过班级文化建设、手抄报、手工作品、绘画比赛、书法展览、机器人大赛、模拟联合国、节目编排等方式，展示学生个性创造，彰显校园文化特色。

以人为本，锻造生命活力。学校开展主题月系列活动，如三月学雷锋志愿服务活动、四月读书活动、五月校园文化艺术节、六月“六一儿童节”、九月军训及安全教育、十月运动会及爱国主义专题教育等活动，丰富校园生活，培养学生特长，锻造生命活力。

加强优美环境建设，增添文明创建温度

齐抓共管，搞好校园卫生工作。学校组织“小手拉大手 环卫进校园”活动，培养学生“保护环境 人人有责”的意识；通过量化考核和宣传教育，引导学生树立“爱我校园 从我做起”的观念。

通力合作，美化学校周边环境。学校与辖区派出所、街道办事处等有关部门长期交流，协调互助，规范学校附近网吧、游戏娱乐中心，有效疏通学校门口上下学的拥堵。

强化意识，加强学生安全教育。学校定期进行消防知识普及和“5·12”应急疏散演练，开展“远离毒品 拒绝校园暴力”知识讲座，举办“学宪法 讲宪法”演讲比赛，让学生树立安全防护意识，强化自救自护能力。

文明校园的创建是动态的，是持续的，是不断发展的。在新时代的感召下，临汾市第一中心学校将不忘初心，牢记使命，立德树人，深化文明创建，为学生成才奠基，为教师发展铺路，为教育改革创新，努力创办人民满意的学校。如今，文明已在这里扎根、发芽、开花、结果，濡润浸染着校园的每一寸土地。

点亮一盏心灯，温暖乡村教育

山西省吕梁市柳林县薛村镇中心校 韩建爱

百年大计，教育为本。教育是提高人民综合素质、促进人的全面发展的重要途径，是民族振兴、社会进步的重要基石，是对中华民族伟大复兴具有决定性意义的事业。农村教育一向是广大社会群众和教育人士最关心的问题。随着计划生育政策的深入人心，随着城镇化战略的实施，农村人口逐年减少。望子成龙、望女成凤心切，农村学生大量涌入县城学校。造成村镇学校生源稀缺，甚至部分乡镇只剩下一二百的学生，农村义务教育愈来愈难。不忘初心办好农村教育，办学路上，我们思索着、学习着、实践着、收获着，我校一直以“让真善美为孩子的一生奠基”作为办学理念，以“让教师体验成长的幸福，让学生感受校园的快乐”作为学校的教育思想，紧紧围绕提高农村中小学教育教学质量这一个中心任务，突击队伍建设和教学管理两个重点，狠抓中小学德育教育，艺术教育、体育教育、劳动教育四个环节，诠释“向真、向善、向美”教育真谛。努力创办农村特色学校，吸引四方学生。二十年多年来，我们行走在坚守农村教育的道路上。

一、规范管理，促进学校内涵发展

不论何种情况，学生安全永远是第一要素。为确保安全第一、工作高效、规范运行，我校建立健全后勤工作规章制度，做到有据可依、有章可循。兵马未动粮草先行，学生所有饮食物品，统一挂网，招标采购；订立合同，履行义务。坚决消除饮食安全隐患，杜绝职责不清，推诿扯皮。我校每个学期开学后，都会制定一周食谱、每餐的图文及学生吃饭的图片制成美篇，发布在公众号里，接受师生家长和社会的监督。这是吸引学生的法宝，因为我校的饭菜比农村家庭都吃的花样多、有营养。在确保学生吃饱、吃好的前提下，我校也给学生配备生活老师，生活老师就像妈妈一样与学生同吃同住，同游戏，同快乐。她们以校为家，关心爱护每个学生，引导学生管理好自己的物品，培养其独立生活的能力以及良好的生活习惯。更难能可贵的是，这些生活老师每晚睡前还要组织孩子们进行半个小时的娱乐学习活动：课外阅读、成语接龙、故事会、智力游戏等等，每天让孩子们在轻松愉悦的氛围中入睡。我校的目标是让更多的农村留守儿童有温情的童年回忆，成长为身心健康的社会好公民。

寄宿制学校后勤管理工作复杂多样难度大，面对的不是留守儿童，就是单亲家庭。所以最根本的是要在“精”和“细”上下功夫，精细化管理才能提高学校服务质量，做到润物细无声。我校每天下午放学后，任课教师轮流给所带班级学生免费辅导家庭作业一小时，因为农村家长很多人不会辅导孩子作业。免吃、免住、免费辅导。

当然仅有“三免费”政策还是不够的，教学质量才是学校发展的生命线。办一所好学校，不但要引领学校发展、引领教师专业成长，更要以德为先，育人为本。因此，我校树立办学信念，坚定教育思想，努力将每一位学生培养成才，让他们未来的人生充满温度，散发光芒。

二、多措并举，大力建设教育强师

好的团队是成功的基础，而好的团队要有一个好的核心。就如学校，有一个好校长，才会有一所好学校。我校对校长队伍选拔，采取择优认定，层层递进的方式。优秀教师当班主任，优秀的班主任才能当校长。这些年来，我校坚决落实校领导深入教学第一线的制度，要求校长、中层领导必须代课。要求校长深入到第一线去参加教学，鼓励校长精通一门课程，做专家型的教育家。

此外，对于教师培养，我校也格外重视。教育毕竟不是一个人单打独斗的事情，它是一个团队协同作战的事业。我校通过自己的评选方式，定期组织教师的赛讲活动，通过讲课、答辩等形式，选出镇级教学能手。让他们成为各学期镇教研活动的主讲教师，以此锻炼他们的能力，发挥他们的示范辐射作用。每年教师节，我校大张旗鼓地表彰他们。通过几年的培养，我校教师的教育教学能力得到大幅度的提高。从前推荐去县里参加教学能手评选，没人肯去，他们说不会讲没有学生的课。几年的登台磨炼，赵美艳、王奴奴、白慧、李小艳、刘丽琴、王国林、吴娟等教师现已经成长为吕梁市骨干教师、教学能手。

一直以来，如何促进教师专业化发展，达到滋养自我、反哺自我的目的，是我校迫切需要解决的问题。我校积极鼓励教师建立自己的《教学反思录》，学校建立教师的业务成长档案。鼓励教师边工作边总结得失，捕捉教育教学的灵感，撰写成文。2010年我校创办了面向全镇师生的《薛村教育》期刊。为全镇师生提供了一个展示、交流、学习的平台。2016年中心校又创建了薛村镇中心校微信公众号平台，帮助教师紧跟信息时代，成为可持续发展的教育资源。

教育教学精细化管理是学校品质提升的重要保障。2008年开始，我校教育教学管理工作，按照学年初制订工作计划，学期中检查指导，学期末量化评比表彰。新学年查缺补漏再定新计划进行工作。具体做法是：每年开学出台《学校量化管理考核细则》和《教师量化考核细则》。学校人员每月定期不定期深入到中小学一次，通过推门课的形式，检查学校、教师的业务工作，并记录在案，作为平时成绩和过程管理的依据。期末我校对教师的工作进行一次总的大检查，依照考核细则逐一打分量化，评定每位教师一学期的工作成绩。平时考核与年终考核相结合，期中成绩与期末成绩并重，公平、公正、客观的量化考核管理每一位教师的工作。把考核结果与绩效工资、评模选优挂钩。精细化管理不仅完善了我校的考评体系和管理机制，也推动了全镇教育教学工作规范、科学、有序的发展。

为了让公开课和示范课成为促进教师专业化成长的手段，我校每学期开学出台《中小学教研活动安排表》，每月组织教师参加教研活动。让所有教师轮流登台。普通教师上公开课，教学能手、骨干教师上示范课。采用定时、定校、定人、定课题的办法在中小学进行活动。活动采用“一人主讲，全员参与评价”的方式。形成合作共探、交流共享的教研机制，教师的公开课、示范课活动最后纳入教师量化考核和评模晋级中。

三、艺德同耕，深化农村特色教育

多年来我校把德育作为艺术教育的核心，以课本剧为突破口，推行艺术教育。我校组织教师一起探索课本剧的表演。由简单模仿到加工改造再到原创校园剧，走过了十几年的探索历程，以课本剧为突破口的农村艺术教育取得了丰硕的成果。我校课本剧通过层层选拔，参加过山西省第一届、第四届、第六届中小学生艺术展演，情景朗诵《老师，我心中的太阳》获得了山西省中小学生艺术展演一等奖。

2016年我们把历年中小学生表演的课本剧图文并茂的汇集成册，作为我校的校本教材，它见证了我们农村学校特色教育的成长历程。2018年“五一”三天假期，我校根据我镇后大成小学教师、“吕梁英雄”高有凤的事迹，创作了校园剧《高有凤》，指导学生表演。立德树人，用身边的事感动身边的人，对学生进行理想道德教育。2018年7月7日，我们去汾阳市参加吕梁市第六届中小学生艺术展演，全市共有40多个学校的50多个节目参加展演比赛，我校是唯一参赛的农村学校。我校的课本剧《晏子使楚》、校园剧《高有凤》获得艺术展演戏曲、课本剧类二等奖（比赛只有一个一等奖、一个二等奖）。2019年为迎接建国七十周年，我校师生改编广播剧《半条棉被》为情景剧《半条军被》，参加柳林县教师节文艺汇演，获得高度评价。我校课本剧成为柳林县乃至吕梁山上一道靓丽名片，很大程度上得益于平时开展的艺术教育。农村艺术教育形成了自己的特色，2012年我校被评为全国特色学校。2017年5月，结合这些年农村艺术教育的实践，我校申报并通过了山西省教育科学“十三五”规划基础教育研究课题。《提升农村中小学生核心素养的有效性策略研究》被列为山西省教育科学“十三五”规划2017年度研究课题。把工作、兴趣和课题研究完美结合，让师生感受到成长的幸福和校园的乐趣。2019年10月，我校课题通过了山西省教育科学规划办验收，准予结题。农村教育也能搞科研，这件事增强了我校办好农村教育的自信心。

“雄关漫道真如铁，而今迈步从头越”。教育注定是一场没有终点的行程。在农村教育发展道路上，我校会不断继承、发扬坚苦卓绝、自强不息的精神，以“让真善美为孩子的一生奠基”作为办学理念，从一而终，用心、用情、用力沉浸到教育教学工作中。做一把火，去点燃同行者，办好农村教育，行走在坚守农村教育的道路上，不负芳华，无愧人生！

幼师乐保教　幼儿乐成长

山西省朔州市朔城区第一幼儿园　徐龙

一个好园长，就是一所好幼儿园。一个园长的教育思想、教育主张、教育情怀、教育风格、教育态度、教育智慧、教育能力等，影响着千百个幼儿的命运和家庭的幸福。新世纪、新时代下要求幼儿园园长必须具备“三个十”。第一个“十”是十个意识：①政治意识。②角色意识。③目标意识。④素质意识。⑤服务意识。⑥民主意识。⑦法制意识。⑧经济意识。⑨安全意识。⑩发展意识。第二个“十”是十个思辨：①抓大放小。②眼高手低。③继往开来。④承旧立新。⑤填谷造空。⑥删繁就简。⑦求同存异。⑧扬长避短。⑨嘘寒问暖。⑩严己宽人。第三个“十”是十大难题：①安全问题管理难。②家长干预去小学化难。③性质尴尬决策难。④多重领导办事难。⑤责权分离放手难。⑥队伍复杂要求难。⑦成本收费，经费难。⑧事务繁杂，课题难。⑨教师保障，无米炊难。⑩优秀教师成功难。俗话说：“三十而立”，三个十已别无选择地摆在面前，但我们还是要扛起，不能爬下，必须“立”起来。立什么？立德、立行、立言。要办好幼儿园，就得有所作为。

一、大爱无声，突出“爱”字

爱自己的孩子是人的本性，爱别人的孩子才是伟大。心甘情愿为“爱”而付出，为“爱”而工作，实属不易。从字义上看“爱”有三个字意，①给予、付出，这是行动与志向。如我园有一位班主任叫高婕，代小班时刚结婚，家长担心她结婚生孩子而耽误了幼儿，高老师了解到这一顾虑后，给了家长一个承诺：“把幼儿带到毕业后自己再要孩子”。这样一推就是三年，“一诺千金”、“言必行，行必果”就是给予付出。②喜欢，这是情趣与兴趣。如一位老师叫程娟。她还没结婚时，一对夫妻遇到困难，帮助他们带了整整一周孩子，用家长自己的话说：程老师带孩子比父母还精干放心。程老师说：“我就是喜欢孩子们”。“送人玫瑰，手有余香”便是情趣与喜欢。③珍惜，这是感恩与收获、品德和回报。如有一位老师，因太劳累，晕倒在教室，孩子们紧张的围上来，学着大人的样子，有的端水、捶背、舒胸、屈腿、切人中，有的大声呼唤，老师终于醒过来了，看到此情此景，老师的泪水簌簌地流了下来。孩子们还说：　“老师别哭，要坚强，有我们呢”。“善小而为功昭彰，良言一句三冬暖”是爱的回报啊！爱不是单向的，你付出了，也在获得回报。老师们用行动诠释着“爱”的意思，当然不会感到纠结，而是更加投入到爱的行动之中。

二、立德树人，突出“德”字

人有喜怒哀乐悲恐惊七情，幼师也不例外，而幼师不能表现出其他的心情，只能表现阳光坚强的“喜与乐”，要想做到这些就需要修炼，难为之事，必须做到，从“德”修起。我园有一位尹鹏慧老师，捡到三百元钱，当时她着急的样子，好像是拿着烫手的山芋一样着急，到处呼喊谁丢钱了？无人应答，最后她把钱交到了我这儿，并说一定要找到失主，不要告诉钱是谁捡到的。试想她一个月才1700元工资，而现在就是三百元不小的数目，最后，我终于找到了失主还给了她，并未告知捡钱的人是谁。不求扬名，只图无愧。还有一件事就是尹老师班的幼儿每当爸妈买到好吃的东西，非要喊着把老师叫到她们家跟老师一起吃，原因是我就喜欢老师妈妈，她吃不上我就不吃。有术者人敬之，人爱之，德就是从“术”中修的。

三、苦练内功，突出“功”字

“德”从“术”修，“术”从“功”字来，修“功”先从内功修起，内功就是基本功。幼师的基本功常六项：“学、说、弹、画、舞、写”，为了修好这六项基本功，要求教师每周一副简笔画，每周一张钢笔字，每周一篇教学心得体会，从2016年始，幼儿园把老师的作品都整理成册，让大家在比较中进步，在进步中提高。涌现出了好多老师，如马文丽、徐磊、关一芳的书写有很大进步。张德婷由不会双手弹钢琴，现在已能自由双手弹。赵生庆、武顺莉的简笔画画得很好。幼师自我提升，这样的例子不胜枚举。我觉得，通过练内功，提高了素养，养起了才华，如果说腹有诗书气自华，令人叹服，我倒觉得“功到自成才必佳”更让人羡慕。

四、培养兴趣，突出“趣”字

规律就是《纲要》与《指南》，遵照这两个指导性文件，即按规律办园，把握现在本园的保教现状，做到心中有数，引导教师拟定出实际的保教工作计划，做到思路清晰，教师组合、新旧结合、特长互补，形成团结合作的小团队。定期评价做到科学准确，在这样的氛围中，从抓幼儿的基本习惯：礼仪、自理、守时、说话、卫生、吃喝、安全、感恩等，从这一系列的良好习惯中培养生活的兴趣，并逐步扩大兴趣点，我园免费开设了兴趣课：如绘画、舞蹈、口才、小钟琴、折纸、剪纸、手工、筷子舞、珠算秀、情景剧等。真正做到一个“趣”字。

在兴趣的驱使下，幼儿乐意自我强化，强化后总想表现，幼儿园搭建各种展示的平台：如“讲故事”、“说笑话”、“国学秀”、“舞蹈秀”、“筷子舞精灵”、“珠算小能手”等活动，在活动中发现幼儿的特长，这就激发了孩子们对这些活动的喜欢，这样孩子也就乐意玩，实现了玩与展示、展示与特点有机结合。园方也就形成了自身独有的“特点”游戏，区域活动、传统文化、筷子文化、珠算文化各项活动自然也就在我园成为特点。突出了一个“特”字。

让家长走进课堂，家庭是幼儿园重要的合作伙伴，应本着尊重、平等、合作的原则，争取家长的理解、支持和主动参与。我园为进一步增强家园联系，充分发挥家园教育合力，会经常性向家长开展“开放日”活动、亲子活动、游戏活动等，家长在活动中了解孩子在园学习与生活的情况，共同实现“人和为魂、和谐育人”的目标。

幼儿与家长一起上课，一起玩游戏，一起开心，一起呐喊助威；一起搬椅子，一起说“再见”。各类亲子游戏，“你藏我找”话教育，“你抛我接”论成长。在课堂教学中，幼师用游戏的方式教学，让孩子们在玩耍中学习，并把打击乐、音乐游戏带进课堂中，非常灵活、创新。

五、安全教育，突出“学”字

我园开展安全活动课进课堂，开设安全活动课程，教师通过有趣的故事，生动形象地告诉幼儿要保护自己的五官，不能把小物品放进自己的鼻子、嘴巴和耳朵里；在家要勤剪指甲讲卫生，不能吮吸手指，勤洗手；不能喝生水，要养成健康饮水的好习惯。孩子在亲切愉快的氛围中学到不少安全知识，更重要的是提升了安全意识和自我保护能力。

各班学期计划中对安全教育统一安排，每月都有安全教育活动，还利用中小学安全教育日对全园幼儿进行安全疏散演练，我园将安全教育与主题教学相结合，渗透到幼儿的一日活动中。开展丰富多样的游戏、学习、训练、实践活动，给幼儿介绍交通规则、认识交通标记，让幼儿掌握简单的自救技能，并积极开展各种疏散、消防、防震、传染病隔离等演练活动，从而使幼儿的安全意识有了明显的提高，心理素质、应变能力都明显加强。从家庭、学校；从生活、学习多角度积淀安全自我防范与保护意识，为健康成长做好铺垫。

关于楼梯是否铺设防护垫的尝试与思考：目前大多数幼儿园在楼梯上铺设防护垫，以达到安全的保护，但我是这样想的，幼儿园外其他公共区域的楼梯上并不会处处铺设防护垫，幼儿自然要进入这些公共场所活动，应该具备自我安全防护意识，而这些安全意识习惯的培养需要在幼儿园生活中进行，如果铺垫了防护垫，幼儿就失去了这种自我保护的意识与能力的积淀。面对这样的问题，我冒着很大的风险，决定我园楼梯不铺设安全防护垫，尝试让幼儿习惯与适应没有防护垫的环境，以增强自我保护，经过三年的观察与记录发现，孩子上下楼梯井然有序，小心翼翼，并不会发生在楼梯上追逐、嬉戏、打闹以致磕碰伤的现象。

做幼教人，“爱”而不憋，以苦为乐。“爱”聚修“德”、德依练功、行模示范、顺理成章；激“趣”为“玩”、“玩”显“特”点、“特”点促“玩”、玩中自“学”、学会本领、启智广才，正是：“爱”寓厚“德”彰显“功”、“趣”促“特”点乐“玩”学，做法粗浅，不足百出。

浅谈名校长的使命与责任

山西省太原市第五实验中学　姚世敏

人们常说，“一位好校长等于一所好学校”作为一所名校校长首先应勇于担当使命，担当教书育人，为党育才，为国育才的使命，其次是要守好初心，守好教书育人，立德树人的初心。在具体办学中名校长应是一个“顶天立地、知行合一、立德树人”的人。名校长的教育精神要有特有的高度与广度，名校长代表的就是一种新的教育思想，作为名校长要着力塑造和构建照亮时代的教育精神，以此来引领学校不断向前发展。

一、名校长的责任

什么是名校长？我认为，他是校长群体中的比较优秀者。他既是一种荣誉称号，更标志着一种素质，一种才能，一种智慧，一种境界。其表现是：在社会上有较高的知名度，在学生和家长中有较强的信誉度，在教师中有较深的信任度。

校长肩负着教育发展的重任，托付着启迪未来的希望。一位名校长，当置身于学校时，崇高的责任感和强烈的使命感，会促使他把对教育事业的热爱与深思转化为智慧与热情的不竭之源；当今天的教育决定着国家的明天这一观念成为一种自我意识时，名校长就已经成为国家意志和民族意愿的化身；当忠诚和敬业真正提升到较高程度时，个人与时代潮流的联系、个人与事业发展的思考就会成为名校长整体精神的体现。

基于普通中学教学与管理的实际需要，着眼于中华民族复兴的宏伟目标，为学生终身发展和一生幸福负责，名校长的重要使命就是要追求思维的创造，捍卫职业的崇高，保持理念的先进，谋求发展的突破。对名校长而言，明天不是要去的地方，而是要创造的新领域。

二、名校长的特征

校长是一所学校的代表，其工作方式和心理状态在很大程度上影响着学校的精神面貌。办优质学校，做知名的成功校长，已成为时代的呼唤和人民群众的迫切要求。

所以，一位名校长的成长应当具有以下几个主要特征：

一是丰富的实践。没有实践检验的培养与锻炼，名校长就会是无源之水，无本之木。换言之，“红头文件”产生不了名校长，个人自封作秀也成不了名校长，群众评议也酝酿不出名校长。只有执着的敬业精神和充满智慧的实践活动才能使普通校长走向名校长成为可能。

二是独特的个性。体现在思想深远于他人，思路超前于他人，思维敏锐于他人，继而成为教育领域校长群体中的领军人物。如果没有独特的个性，也就失去了丰富多彩的创造性。

三是漫长的周期。据资料统计，成功校长担任正职的平均年龄为43岁，成为名校长的平均年龄为53岁，由一名普通正职校长成长为名校长需要十年左右的时间，在此之前，还需经过适应期、成熟期、高原期、成功期几个阶段。再有，几乎所有的校长都经历了担任班主任、年级或教研组长、中层干部、副校长等若干职务，这种职前准备期作为奠基阶段是较长的。所以，名校长的成长过程是一个长期的、循序渐进的、由不成熟到成熟、由不知名到知名的发展过程。同时教育工作的效益滞后效应，也决定了要成为名校长不是一朝一夕的事情，因此绝不能急功近利地跟风。

名校长是一个发展性的概念，是相对于一般校长而言的。在当前，由于教育改革和发展的需要，名校长要发挥好以下作用：

一是榜样的示范作用。名校长是一个标杆，把学习的过程变成引导和激励全体校长们不断提高自身素质、努力追求辉煌事业的过程。

二是模式的辐射作用。名校长成功的办学经验或先进的理念，或某一方面突出的贡献一旦被教育界同行和社会普遍认同，就必然会形成一种先进的模式，被人学习和效仿；就必然在一定地域、一定层次、一定时期产生推动的作用。

三是情感的凝聚作用。名校长是一面旗帜，这面旗一旦树起，就会由认同演变成向心力，由一般号召产生出巨大的感召力，化身为权威，就会形成全体职工投入教育教学活动的合力。

三、名校长的培养

要培养一位名校长，就必须研究和重视其成长的规律、成功的因素。应该讲，“实践，理论；再实践，再理论”是名校长的共同轨迹；探索、研究、创新是名校长的必由之路。

那么如何培养和造就名校长呢？

首先，要有名校长应具备的追求发展的内驱力与高目标的和谐共振。我们知道，对校长的发展来讲，内因是根据，且内因作用于外因。可以肯定地讲，一个不愿意追求成功的校长无论自身条件有多好，各级行政部门如何重视，学校基本设施多么完善，也很可能走向平庸。

其次，学习与实践要有机地结合，这是一条主要途径。没有一个名校长不是一个勤于学习、善于学习的校长。多读书，爱读书一定是名校长的必备品质。“读一本好书，乃享受思想的初夜权，其乐无穷。”只有读书，才能够使人学会深思，远离肤浅。

第三，要有认真的反思与总结。反思是思想与行动的对话，总结是实践与经验碰撞的火花。必须坚信一点，无论学校层次的高低，地域教育发达与否，都有可能造就名校长。

第四，第四要有科学的评价。对名校长的评价和认定是一个复杂、系统的工程，既要结合校长个人努力的成果，更要结合所任职学校教育教学的质量；既要重视鲜明的个性，也要顾及一个时期、一个地区的整体现实状况。从目前来看，评价要有利于突破校长提升的瓶颈，确实成就一批省内外、国内外的知名校长。由于学校之间的差距，往往反映出校长之间的差距。所以，校长的成功与发展，关系到学校的生存与发展。从现实来看，我认为“全面提升，突破一点”更适应我国的教育现状，更有利于促使名校长脱颖而出。

四、名校长与学校成长

名校长与名校是相辅相成的关系。名校长带出名校，名校造就名校长。名校长的成长必然要以学校的成长与发展为基础，就像树木离不开大地一样。而名校的社会资源、教师资源、管理资源也会为一个校长的成长产生提速的作用。

我认为，名校与名校长有一定的相关性，但绝不是必然的。一个校长能否在社会上“成名”，不仅在于他是否在一所名校任职，更在于他是否保持并提高了学校的知名度，或者是否使一所薄弱学校变成了社会公认的知名学校。一个名校长的重要作用就是要引领学校的科学发展、教师的专业发展、学生的健康发展。就是要在文化品位、教育精神、社会责任价值引领等方面设计学校的发展轨迹。

名校长更应该能促进薄弱学校、普通学校的发展，现在有些薄弱校把主要精力放在追求升学率上，其实是在强者面前“示弱”。

五、名校长与成长环境

目前的中国教育有三大悲哀，没有信仰的人做教师，不想干真教育的人做校长，不懂教育的人管教育。所以一些教育行为必然会偏离教育规律。

现在的很多会议都会使用频率很高的两个词“提高认识”、“统一思想”，这样能出特色吗？能有独立之思想吗？

看看北京、上海、天津的几个城市精神，北京精神：爱国、创新、包容、厚德。上海精神：海纳百川、追求卓越、开明睿智、大气谦和。天津精神：爱国诚信、务实创新、开放包容。你觉得有多大区别？这就是提高认识、统一思想的结果吧。使一百个个性变成没有个性，使一百个思想变成一个思想。

我们现在的评价标准和价值取向，是不是太过于注重美，而是去了真；太过于追求全，而失去了特；太过于看重了意，而失去了善。

有一本书《中国学生缺什么》，书中归纳了七个缺：缺真实、缺健康、缺创造、缺激情、缺发展、缺阅读、缺快乐。其实啊，真实和善举应该是引起我们重视的教育内容。

今天的学生，明天要成为社会的主人，他们的思想感情是否健康、人格是否健全，对他们本人、对整个民族的素质而言，都极其重要。一个不会说、不愿说、不敢说真话的孩子，很难想象他能站在正义、真理的立场，做出多少真善美的事情。

校长和教师要把说真话的权利还给孩子，这是我们的责任，也是我们的使命。所以，要成就名校、成就名校长，就要首先解放学校，解放校长，给校长多一些指导，少一些指责；让教育的大师多一些，让教育的大官少一些；让教育的当局者多一点，让教育的旁观者少一点。只有名校长多一些对教育基本问题、核心问题、热点问题、前沿问题的深度思考，才会有名校的学校文化引领、教学模式示范、人才培养创新；只有名校长主动与社会上的浮躁功利保持距离，才会有名学校的一块校园净土。

今天的中国教育不缺少理念，不缺少花样，而是缺少信仰，缺少有傲骨的人。中央电视台最近有一句广告词：没有思想的碰撞，不会有智慧的产生！

总之，名校长使命的实现是一个历史的过程。名校长的成长是一个不断学习、不断实践、不断创造的过程。名校长追求的不仅是量的增长，更重要的是质的飞跃。一位哲人说，最好走的路是下坡路，而很苦、很累、很吃力、很寂寞，那是在走上坡路。名校长的劳动恰如走上坡路，因为他所进行的是塑造并提升一个民族未来的劳动，任重道远，功在千秋。

山水育人创佳绩 品质立校谱新章

山西省太原市迎泽区山水城小学校 索颖 史超 王凌东 杨吉梅 刘建伟

太原市迎泽区山水城小学校目前是迎泽区教学设备精良的现代化小学之一，地处长风东街复地路2号，西延长风高速，东延东山五龙生态森林公园。学校校园环境优美，文化气息浓厚，教学方式先进，是方圆1.5公里内唯一一所高品质学校。

我校自2017年办校以来，始终坚持从学生的发展需求出发，传承文化，适应时代，全面发展。通过不断探索，我校逐步形成有利于学生成长的核心素养，让每一个孩子都能在独具特色的校本课程中享受优质教育，办学成效显著，保持着良好的发展态势。

回顾学校的办学历程，我校主要有以下特色：

一、办学目标明确，教育特色鲜明

在习近平新时代中国特色社会主义思想的指引下，结合我校的地理特点和先进教育理念，我校于2018年3月确立了“山水教育”办学思想，将“山水育人 品质立校”作为我们的终极追求目标。我校自觉培养有山水人格的学生，培养有“三种精神”的学生。其中“培养三种精神”具体为：培养热爱祖国的人，通过爱山爱水的教育，培养学生的爱国精神；培养学生不畏艰险，勇敢攀登的进取精神；培养学生与人为善，甘于奉献的团队精神。

“山水教育”是我校的自觉追求，也是我校的鲜明特色。我校的各项活动都紧紧围绕“山水教育”这一理念展开，不断致力于打造特色课堂，助力学生成长。

二、社团活动丰富，校本课程多元

我校注重在愉快教学理念下，培养学生的综合能力。多年来，我校坚持根据老师特点和学生喜好开发课程，力求充分发挥学生的积极性和创造性，让学生思维活跃，进一步增强学生创新意识和提高学生的实践能力。

在具体实践中，我校以继承优秀传统文化、培养出色学生为己任，针对不同层次、个性的学生组建了一系列丰富多彩的社团活动。我校主张“周一到周五天天有社团”，艺体类、文学类、器乐类，科技类等社团活动安排得当，有序开展，让每一个学生都能参与到自己感兴趣的活动中。通过开展丰富的社团活动，我校充分发挥孩子们的个性，让学生得以在轻松愉快的氛围中学有所获、学有所用，不仅激发了学生的学习兴趣，而且增强了学生的学习能力。

同时，我校重视挖掘学生的潜能，让每一个孩子都能学习并掌握两种以上的特长技能。为了更好地开展教学活动，我校课程研发团队不断探索，结合学生特点和我校特色，研究、编撰出符合各个学段的书法、英语、棋类等校本课程。这些校本课程能充分启发学生的空间想象和创造力、提高学生的文化修养和审美能力，让女孩子们温润如水，气质优然；让男孩子们坚毅如山，广博奋进，“德如山、智若水”，为学生健康发展奠定基础，获得了学生和家长的一致好评。

三、师资力量雄厚，学校声誉良好

师资力量雄厚是教育活动有效开展的前提，我校的发展离不开校领导和全体教师们的全力付出。

我校现有行政领导5名， 执行校长（双西书记兼）1名，副校长1名，教导副主任3名。我校管理系统完善，实行校长和团队长两级管理机制，团队长结合年级的特点和教育教学工作对各年级团队进行管理的管理方法。校级领导和中层领导分工合作，职责分明，对全校的各方面工作进行分管，实现学校各项活动有序开展。

同时，我校坚信“为师者当高风亮节，动之以情，付之以爱。”因此，我校十分注重师德、师风、师能的建设，学校领导班子团结奋进、教职队伍敬业奉献，把安全放在首位，加强德育工作，狠抓课堂及教研。在日常教学中，我校老师在严格要求孩子的同时也不忘对孩子的关心呵护，真正做到让孩子们在充满爱的环境里快乐学习、健康成长。

“山”是信仰、“水”是生活，这是我校山水校园文化理念之一。多年来，“山水教育”的理念不断蔓延生发，指引着学校的发展。在全体师生的共同努力下，我校在教育教学、社团活动等方面取得不少佳绩，在周边建立起良好的声誉。

回首过去，我校领导和老师们风雨兼程、弦歌不辍。从课程到活动，从知识学习到综合实践，始终致力于为孩子们打造最优质的学习环境和成长空间，办学成效显著。展望未来，我们将紧跟先进的教学方针，继续携手共进，努力创建一所会长大的学校，继续助力孩子们的健康成长！

享受快乐童年，感受成长幸福

陕西省咸阳市乾县第二幼儿园 陈虹 刘丁侠

幼儿期是孩子个体品格形成的重要时期，开展丰富多彩的主题活动，不仅让孩子们掌握了艺术知识，而且使孩子们学会了勇敢、感恩、自信……促进了幼儿身心的和谐发展。我园2017年由城建局承建，同年7月交由教育局管理，2018年9月正式开园。我们以“让每个孩子享受快乐地童年，感受成长的幸福”为办园宗旨；以创建一流环境、实施一流管理、铸造一流师资、培育一流幼苗为办园目标；力求通过丰富多彩的主题活动培养探索求知好动脑、热情友爱善交往、聪慧表现显才艺、健康活泼有毅力的新时代幼儿；每一个教师承诺把爱心献给孩子、把安心留给家长、把衷心献给事业、把用心留给自己；在短短三年的发展进程中形成了敬业、爱业、乐业、专业的教风和乐学、善思、自信、互助的良好学风，在实践中探索出了一条比较实用的园所管理模式。

近年来，在上级领导的关怀下，在全体教职工的努力下，先后被乾县县委评为县级“文明校园”，被咸阳市评为“市级素质教育优秀幼儿园”，同时被咸阳市教育局评为“市级示范幼儿园”。

一、注重学习提升，细化工作管理

我园要求全体教职工认真学习党的教育方针和国家有关政策、法规，根据《幼儿园教育指导纲要》《3-6岁儿童学习与发展指南》精神要求，全面贯彻落实《幼儿园工作条例》《幼儿园工作规程》；持续关注幼儿园教育发展新动向，在学习中努力提高全体教职工的自身素质。

园委会主持制定全园工作计划和各项规章制度，进行安全网格化管理，分级确立管理目标，逐步建立结构合理、协调灵活、反馈及时的科学管理机制。坚持每周定期召开园务会，每月公示伙食账目，每学期对全体教职工进行教育经费的说明及公示。努力改善办园条件，积极营造幼儿和教职工舒适的生活和学习环境，保障师幼安全。我园坚持对建档立卡户和贫困幼儿进行教育资助，目前共资助幼儿48名，金额达到36000元，未来还会继续，让所有孩子都能实现“童年快乐，一生幸福”的美好愿望。

二、强化幼教队伍，狠抓师资建设

我园坚持以党建工作为抓手，坚持政治学习和业务学习两手抓，两手硬。我每学年向全体教职工述职，听取大家的意见和建议。园内每学期对所有教师进行教学观摩评比、技能评比、自制玩教具评比等；每周进行教研活动，对教师技能进行考核；为教师搭建各种展示自我的平台，增强团队的战斗力和凝聚力。目前我园有市级教学能手1人，县级教学能手2人，省级教学新秀1人，县级优秀教师和教育工作者4人，各类技能大赛和论文发表中省、市、县获奖人数不计其数，逐步建立了我园的骨干体系建设。

三、坚持规范办园，加强家园互动

我园坚持规范办园，严格门禁制度，从入园时的晨检，到幼儿在园的一日活动流程，严格时间节点，加强规范监督。以游戏为载体开展各种丰富多彩的主题活动、社团活动、部室活动、区域活动等；坚持户外“体能大循环”特色；每月进行安全演练，疫情期间加大了疫情的防控；把安全、礼仪贯穿于日常教学，同时以国学为突破口对幼儿进行初期阅读兴趣的培养；合理安排幼儿膳食，坚持幼儿营养膳食分析；尊重爱护幼儿，公平、公正对待每一位幼儿，确保科学实施保育教育，得到家长一致认可，从开园时的175名幼儿增加到现在的348名幼儿。

本着尊重、平等、合作的原则，我园每学年都会成立家委会、膳食委员会，邀请家长助教，成立家长护校队，坚持每月一次园长接待日等多种形式，邀请家长参与到幼儿园的各项管理中来，听取家长对我园管理、保教、服务等各方面工作的意见和建议，拓展服务功能，提高服务质量，满足家长的合理需求。每学期初和学期末都会分班召开家长会，暑期和寒假进行大家访，邀请家长进行每日陪餐，护学等，真正实现家园相互配合、共同教育的目的。

四、发挥示范引领，促进共同发展

针对农村一些新建园、薄弱园办园理念和管理模式相对单一，教师业务素养和专业技能需要进一步提升等问题，我园对漠西中心、大墙、阳峪八一等7所幼儿园进行教师跟岗培训。帮助他们规范办园行为，并在教师专业能力上给予一对一指导。通过对乡村幼儿园规划发展方向、强化教师专业水平等方式，充分发挥我园示范引领作用，让姊妹园共同发展，2018年帮助临平幼儿创建市级示范园，2020年帮助漠西中心幼儿园进行了市级示范园的创建，各位专家们给出了很高的评价。

俗话说：“金杯银杯，不如老百姓的口碑”，我园能发展到目前的水平，得益与周围群众对我园各项工作的理解、支持和认可。我园充分利用LED屏、移动宣传版面、园门口橱窗、班级微信群、美篇报道、专家讲座以及邀请家长来园进行半日活动、参加庆元旦文艺汇演、举行亲子运动会的等方式，更新家长观念，让家长与幼儿园的步调一致，家长理解了，认可了，自然而然就会变成支持者、参与者、宣传者，从而产生良性的循环，开园到现在从来没有小学化倾向，孩子智力和习惯得到了很好的发展。

风正潮平扬帆起，击楫勇进谱新篇。今后，我园将进一步创新工作思路，从游戏化课程入手进行园本课程的开发，努力探索办园特色，群策群力，真正意义上把我园办成优质示范园，为乾县学前教育贡献自己的力量。

学教有序壮心志，深化课改迎重生

山西省运城市垣曲县英言初中　段红星

“一年之计，莫如树谷；十年之计，莫如树木；终身之计，莫如树人。一树一获者，谷也；一树十获者，木也；一树百获者，人也。” 这段话既阐明了人才培养的重要性，也揭示出人才养成的不易。学校是育人的场所，是广大师生成长的乐园。为全面贯彻落实党的教育方针和党中央、国务院《关于深化教育教学改革提高义务教育质量的意见》文件精神，认真实施国家课程标准，积极推进素质教育，正确处理课内学习与课外实践的互补关系，培养学生的创新能力和团队精神，陶冶师生情操，提高审美素养，发现并培养优秀体艺人才，丰富并活跃校园文化生活，我校始终坚持以人为本、立德树人的人本教育理念，把学生的健康成长和全面发展作为教育工作的出发点和落脚点，以活动为抓手，以学生为主体，通过开展丰富多彩的教育教学活动，使学生摆脱了应试教育的束缚和羁绊，激发学生的潜能，给广大师生搭建了广阔的展示才华的舞台。经过多年的建设和努力，我校以优美的环境、科学的管理和优异的教育教学成绩，连续多年被县委县政府授予　“教育教学质量先进单位”；还获得由中华雷锋行动联合会颁发的“雷锋形象学校”；被民盟垣曲总支确定为全县教育系统唯一“社会服务点”；被运城市教育局授予“运城市首批素质教育示范学校”、“运城市首批二十佳乡村初中”光荣称号；同时获得了由运城市精神文明建设指导委员会颁发的“运城市文明校园”、山西省爱卫会颁发的“爱国卫生先进单位”和中国基础教育研究会颁发的“教育科研先进学校”等荣誉称号。学校先后被垣曲电视台、《运城教育》《山西青年报》《华文时刊》《现代教育报》《今日头条》等多家媒体专题报道。

一、以课为本，促进教育教学深层发展

有什么样的课程，就有什么样的学校，就会培养出什么样的学生。课程的开设质量决定了学校的办学质量和办学品位。我校在没有任何现成模板可以参考的前提下，基于“人本教育”的学校特色建设主题和“我想学，我要学，能学会；我想玩，我要玩，能玩好”的学与玩的辩证理念，大胆设想，勇于实践，迈出了课程改革的第一步——打破常规，改变课时。为了扭转学校语文、数学、英语学科质量下滑的不利局面，积极接轨新课程下的中高考改革，学校整合课时，优化结构，依据学科素养和课型特点，率先实行了“长短课、大小课”相结合的课程实验，制订了《英言初中长短课、大小课课程实施方案》，加大了语数英三门学科的建设力度，同时优化课堂设计，细化课堂结构，使课堂效益的最大化。在保障学生睡眠八小时的基础上，我校大量削减文化课课时，增设活动课程和读写课程，孩子们每天早操和大课间65分钟，社团活动65分钟，语文和英语双语阅读65分钟，写字30分钟。我校迈出了课程改革的第二步是开发课程，张扬个性。在积极实施国家课程的基础上，基于学生个性成长的需要，我校抓重点，补短板，为学生提供了一道道丰盛的“自助餐式”的“校本课程大餐”：借大课间活动和社团活动的全面开展，我校开设音乐表演、美工制作、球类运动、剪纸泥塑等21种活动课程；借质量提升工程全面推进，开设语文、数学、英语等12种学习方法辅导课程；借德育序列化活动的全面铺设，开设《英言初中学生必读》《成人·成才·成功》《中华民族优秀传统文化》《社会主义核心价值观与国学经典》《二十四孝故事》《心理健康教育小故事》等6种德育课程；借时代对学生素养的全面要求，开设阅读、写字、实验、信技等6种素养课程，以课程开发张扬个性，提升服务水平和育人质量。

立足校情，结合实际，我校不断把课堂改革向纵深推进。我校课改的理念是：低起点、慢节奏，小循环、多反复，坚持抓、抓坚持。整体的核心思路就是以人为本，从学生的实际情况出发，逐步解决面临的问题，有规律、有效率实施课堂教学，给学困生以成功的希望，提升学困生的自信心，让其感到自己存在的价值。我校课堂改革的主题是：“双元五环”课堂教学模式。“双元”即：教师的导和学生的学为一元，师傅的教和徒弟的学为二元。两元相互独立，又相互依存。教师根据学情精心设计学习目标和导学提纲，学生在教师的学法导引下自主学习，大胆展示，逐步完善知识体系，形成学习能力；师傅和徒弟的对学是对教师导和学生学的有效补充，通过师傅的讲和徒弟的述，促进师徒的知识消化由整体感知过渡到融会贯通，从而彻底改变教师教的方式和学生学的方式。“五环”即课堂教学五环节和“五个一”单元教学。五环节主要从导、学、点、练、测角度出发，根据学生实际细化为“课前三分-巩固提问；目标导引-自主学习；展示点拨-师徒合作；课堂练习-归纳总结；堂清检测-效果反馈”五个环节。在具体学习过程中，为做到“小循环，多反复”，把每个学习目标落到实处，又采用单元模块教学，具体为“针对一题，教师一点，师徒一讲，学生一练，终了一测”的“五个一”操作流程，让每个学生都能学得会，跟得上。为提升上课效率，灵活教学，我校变“群学”为“对学”，用师徒结对替代小组合作：教师主持，分好师徒，明确要求，捆绑评价，让孩子们学会沟通、学会了交流、学会合作，也提升了学生的自信心。我校还取消了作业本，各科建立堂清检测本。每堂课大课预留10-12分钟，小课6-8分钟进行堂清检测。要求学生拉开桌子，像考试一样独立自主完成。通过实践“双元五环”的课堂教学模式，学生自主学习的意识增强了，探究知识的兴趣浓郁了，学习习惯养成了，学习能力提升了。

二、德育同耕，深挖特色文化教育源泉

立德树人是学校育人工作的“根”和“魂”。我校以《中小学生德育工作指南》为依托，以中共中央办公厅、国务院办公厅《关于全面加强和改进新时代学校体育工作的意见》和《关于全面加强和改进新时代美育工作的意见》为指导，落实垣曲县教科局提出的“育人为本，德育为首”的办学理念，时刻树立文化育人、活动育人、全员育人、全程育人的思想，确保学校德育工作的有效实施。为培育和践行社会主义核心价值观，提升学校蓬勃发展生命力。我校坚持以社会主义核心价值观为统领，把核心价值观这种“德”，内化于精神追求，外化于实际行动，构建了社会主义核心价值观融入教育体系：宣传教育入校入室，宣讲活动入心入脑，真正让核心价值观在英言初中落地生根，开

花结果。我校组织骨干力量编写了中华民族优秀传统文化系列丛书八本，设置课程，安排课时，由中学语文高级教师杨照辉任课。将《弟子规》《诫子书》《朱子家训》《曾氏家训》等国学经典纳入读书活动，从弘扬优秀传统文化中寻找精气神。我校还创新班级宿舍文化，班级文化和宿舍文化完全由学生自主设计，营造温馨和谐氛围。另一方面，实施快乐大课间活动，一班一品。我校10个班级，一班一花样，班班有特色：轮滑如行云流水，空竹如野马脱缰；蹦蹦球上蹿下跳，跳跳球机灵古怪；呼啦圈姿态万千，竹竿舞错落有致，既磨炼了意志，陶冶了情操，又锻炼了身体，丰富了阳光体育的内涵。我校也通过社团活动为学生个性化化发展搭建舞台。21个社团，有模有样，一板一眼，健全了学生的人格，让每个学生都能找到生命中的支点。此外，我校还经常举办各类主题月主题周活动。如中秋清明端午，发扬传统美德；七一八一十一，传承红色基因；航天女排长征，恢宏中华精神。通过手抄报、黑板报、校园广播、主题班会、朗诵演讲等方式，沐浴民俗文化，滋养中华美德，接受革命熏陶，汲取精神动力。留守儿童一直是我校关注的重点。为此，我校设立“留守儿童之家”和“心理咨询室”，每学期都组织开展“同在蓝天下——关爱留守儿童”等主题活动，旨在让留守走出孤独的阴影，用阳光般灿烂的笑脸面对学习和生活，自强不息，快乐学习，健康成长。

三、深耕细作，成就品质教育美好未来

优美的校园环境就像无声的老师，滋润着师生的心田，熏陶感染着师生，丰富净化着师生的灵魂，潜移默化地引导师生向着健康的方向发展。我校精心打造校园文化，无论学生走到哪里，温馨的提示都将鼓励学生勤学上进，教学楼后的安全教育墙提醒孩子们时时处处注意安全；餐厅墙壁的长征精神、女排精神、航天精神激励学生奋发图强；各楼体墙壁上条条催人前行的标语，教室、宿舍里温馨的育人警句。同时，我校也从生活的方方面面为师生考虑，让所有师生走在校园间，感受到浓浓关怀。此外，党的十八届三中全会以来，教育领域综合改革不断深入，特别是中共中央、国务院印发《深化新时代教育评价改革总体方案》以来，我校积极探索评价改革的形式和内容，通过课堂教学评价立体化、学生素质评价多元化、教师素养评价综合三个方面，促进学校发展，为提升学校教育教学的品质保驾护航。

风雨沧桑励壮志，春华秋实著华章。立足新时代，新起点。既是我校展示办学成就、弘扬优良传统的契机，也是我校继往开来、开始新征程的起点。面对新的机遇和更大的挑战，我校将以抓铁有痕、踏石留印的工作作风扎实工作，继厚积之力，承求索精神，志存高远，弘毅笃行，继续唱响教育高亢的时代凯歌！

打好日常管理与危机化解“两场仗”　提升校园安全工作规范化水平

——做好新形势下寄宿制学校校园安全工作

山西省长治市第五中学校　王月书

安全无小事。全封闭寄宿制高中虽然有学生在校时间长便于集中管理、学生处于封闭状态不易接触外来人员等安全工作的优势，但与走读式学校与家长分段承担安全责任不同，寄宿制学校近乎承担着“无限责任”，特别是青春期学生叛逆意识强，易发生安全风险；封闭状态容易冲动，易加剧安全风险；学生来源多样，难以全部详细了解个人情况；学生数量较多，难以一对一全程予以管控；学生情况复杂，难以有效准确化解等的情况，安全压力陡增，必须要多措并举、精准施策，全力以赴做好安全工作。

长治五中作为山西省省级规范化学校，长期以来高度重视校园安全工作，将“安全校园”置于“五个校园”建设的重中之重，强基础、建规范、抓教育，在加强日常安全管理上形成一套行之有效地做法，但通过在宁波数天的学习，感觉学校还存在不少短板，特别是聆听阎亚军教授的授课，发现我们在“危机化解”上还有许多课要补。校园安全是一项综合性、系统性很强的工作，既要做好平时的日常安全管理，也要做好安全事件的危机化解，双管齐下、一体推进，相互促进、相互提高，着力提升校园安全工作规范化水平。重点做好以下四项工作：

一是提高思想认识，夯实日常管理和危机化解“两责任”

思想是行为的先导。没有正确的安全意识，再完善的制度、再健全的体制都是“空中楼阁”、“镜中花水中月”。工作中，我们要认真学习习近平新时代中国特色社会主义思想，特别是习近平总书记关于安全工作的重要论述，提高政治站位，增强政治意识，从政治高度充分认识到安全工作是学校正常开展教学工作与校园管理的前提和基础，学校安全、学生安全不仅关乎学生自身的健康成长、学生家庭的安宁幸福，还关乎学校和教育事业的长远发展，更关乎国家长治久安和社会和谐稳定。在此基础上，进一步做好安全责任的分解。一是明确日常管理责任。坚持将安全工作责任向下压紧传导，一层抓一层、层层抓落实。建立校园安全责任体制，明确校长作为第一责任人，对全校安全工作承担主体责任；各分管校领导承担分管责任，在分管范围落实“一岗双责”；各级部负责对本级部、学校保卫部门负责人对校园安保承担领导责任，各班级班主任承担直接责任，任课教师承担辅助责任。二是明确危机化解责任。坚持把危机化解向前延伸，突出源头治理，抓早抓小，努力在安全事件发生前就将安全风险化解在萌芽状态。明确各班级班主任在危机化解中的主体责任，发现可能发生安全风险时，要第一时间处置、第一时间化解。同时，明确任课教师承担报告责任，可发现可能发生安全风险时，要第一时间报告、第一时间管控。

二、加强教育培训，提升日常管理和危机化解“两能力”

教育是提升安全工作能力的主要途径，通过不断灌输安全知识，可以在思想上筑起安全大堤，在行动上提供可参考案例。反思我校安全教育工作，在教育对象上存在重学生轻教师，在教育内容内存在重日常管理轻危机化解，在教育方式上存在重灌输轻实践的倾向。因此，需要做好三方面的工作。一是将教师纳入安全教育范围。重点是抓好班主任的安全教育，通过专题培训、专项检查、专门考核等方式，让班主任切实把安全工作放在心上，真正发挥班主任在学校管理中承上启下的作用。同时，注重加强对学校管理人员、任课教师的教育，实现教师安全教育全覆盖，提高全员安全工作能力。二是将危机化解纳入安全教育内容。在做好日常安全管理教育的同时，相应增加危机化解的课程，包括学生心理分析与辅导、突发事件应急处置程序等内容，使教师既成为教学工作的岗位能手，也是抓日常安全管理、做好危机化解的多面手。三是创新安全教育形式。在保持主题班会、国旗下讲话、早操课间操强调、手抄报评比等形式抓好对学生安全常识教育的基础上，运用案例分析、场景模拟、突发事件演练等体验式教育，抓好对教师的安全知识教育培训，提高抓安全工作的能力和水平。

三是加强制度建设，完善日常管理和危机化解“两制度”

“凡事预则立，不预则废”。健全完善的安全制度是落实好安全工作的基础。工作中，我们坚持从完善各项安全制度入手，重点做好日常安全管理和危机化解两个层面的制度建设。一是完善日常安全管理制度。组织开展安全隐患自查自纠，对学校各工作和学校各部位中可能发生安全风险的环节逐一检查。按照学校安全防范工作规范要求，对教室、楼梯、宿舍、食堂、电气线路、实验室、门卫、体育课、实验课、消防等部位和环节制定严格的安全管理制度，同时加强安全基础建设，切实做到人防、物防、技防。其中，着重加强食品安全工作，对食品原材料的购进、储存、加工、出售、留验等全过程监督管理。同时，严把食堂工作人员入口关、使用关。二是制定应急处置预案。把做好危机化解工作贯穿应急处置的始终。根据学校安全工作的特点，按照发生个体性安全事件（如打架、坠楼、受伤等）、群体性安全事件的不同，分类制定相关的处置预案，明确事件发生的报告程序、处置程序、各部门的工作职责、对外信息发布、网络舆情的应对、工作纪律要求、物资保障等内容。同时，针对寄宿制学校的特点，还制定了紧急疏散应急预案，并定期不定期开展演练，提升重大自然灾害来临时的危机化解能力。此外，我们还制定了对学生进行心理干预应急预案，明确学生出现心理失衡、情绪焦虑、人际关系紧张等情况时，及时进行心理干预，帮助学生及时化解心理郁结，并配套建设了开设心理辅导课程、建立心理咨询室。

四是突出督促检查，加强日常管理和危机化解“双落实”

坚持把制度落实作为做好学校安全工作的中心环节。工作中，我们通过开展督促检查、加大责任追究力度等方式，压紧压实安全责任，促使各项安全制度得到有效地落实。一是加大监督检查力度。坚持把安全工作与教学工作同步部署、同步开展、同步检查，将对安全制度的落实作为学校各项检查工作的必查内容，做到安全工作天天讲、日日抓，促使安全意识入脑入心。同时，把做好安全工作的有关内容纳入对教师的季度、学期、学年考核，与绩效考核、评先评优、提拔使用等挂钩，促使教师充分认识到抓好安全工作的重要性，将抓好安全工作变为自觉行动。二是加大责任追究力度。明确对不认真落实安全制度、发生安全事件、救治不力、报告不及时、危机化解不到位等情况的，按照所造成的后果轻重，严格追究直接责任人员的管理责任。同时，在追究相关直接责任人责任的基础上，对承担领导责任的级部负责人、部门负责人、分管校领导等追究领导责任，以严肃问责的态度推动各项安全制度落地落实。

安全工作永远在路上。无论如何小心谨慎，学校危机始终存在。特别是当前互联网时代的高速发展、智能手机的低龄化普及、微信微博等自媒体高速传播，都给校园安全工作带来了一定的影响，我们一定要认清形势的发展变化，时刻紧绷安全这根弦，保持对生命的尊重和有温度的教育，让祖国的下一代在安全和谐的环境中健康成长。

“三苦精神”打底色 五育并举育新人

陕西省安康市白河县麻虎镇中心小学 张纪高

白河县是国定深度贫困县，“山大石头多，出门就爬坡”是恶劣自然条件的真实写照。“领导苦抓以人民幸福为乐、干部苦帮以百姓满意为乐、群众苦干以脱贫致富为乐”的“三苦精神”是白河人民干事创业、摆脱贫困、建设家园的强大精神动力源泉。新时期，我们麻虎小学将白河“三苦精神”作为打好学生人生底色的活教材，为孩子们人生出彩奠基。

一、擦亮家乡儿童底色，弘扬“三苦精神”

“苦”在现代汉语字典中至少有七种解释，“三苦精神”中“苦”字解释为：“有耐心地，尽力地。”少年儿童就是祖国的未来，是未来的接班人和建设者。但是，大多数孩子难以体会到生活中的“苦”与奋斗的艰辛，尤其是农村的孩子不认识麦苗和韭菜，不知道落花生是长在泥土里，不知道南瓜是结在藤蔓上。作为白河的乡村学校，抓德育工作从弘扬白河“三苦精神”为切入点，现实意义重大。新时代，我们赋予“苦”字全新的含义：一种精神体验、一种历史追忆、一种奋斗精神、一种责任担当、一种实现理想的修炼！

习近平总书记曾说：“幸福都是奋斗出来的。”精准扶贫进入攻坚期，身边出现“等、靠、要”现象十分严重。我们以“校风促民风，今天的校风就是明天的民风”为教育脱贫攻坚工作助力，坚持针对问题抓德育，深挖白河“三苦精神”内涵，以“小手拉大手”方式，持续开展“我为爸妈不争取当贫困户点赞”主题教育，协助镇党委、政府抓好扶贫政策宣传，缓解扶贫工作压力。

乡村的孩子们将来如何更好地建设美丽的乡村，如何接过建设祖国的重任，这是摆在我们乡村教育者面前的课题。习近平总书记说：“行百里路者半九十。中华民族伟大复兴，绝不是轻轻松松、敲锣打鼓就能实现的。全党须准备出更为艰巨、更为艰苦的努力。”我们将白河“三苦精神”以课程形式融入学校生活、学习成就梦想的道路上，为了乡村的孩子走得稳、走得实、走得远！

二、五育并举德育为先，涵养“三苦精神”

白河“三苦精神”在我校育人过程中彰显出独特的魅力。

（一）整合两股力量，优化育人结构。

办好一所好学校须拥有一批“好支持”，整合社会、家庭和学校三股力量，坚持全员育人。

1.整合校外三支队伍。“法制副校长、校外辅导员、家长及监护人”为一支队伍。一是法制副校长是学校领导班子成员，涉及法制教育、司法纠纷、政策解读和家长学校开课等，都会到学校做专题讲座，法制辅导，司法宣传。二是校外辅导员一般聘请的是社区干部，辅导员定期到校向同学们讲解乡村干部工作、生活经历和扶贫工作。三是整合力家长及监护人队伍，创办家长学校，开班家长培训班。成立一级、二级、三级家委会，组建一级、二级、三级家长义工协会。

2.理顺校内三支队伍。一是少先队组织立体式参与育人，少先队突出“思想启蒙、政治引领”作用，坚持主题活动育人。二是坚持课程育人，以课程、课堂为主导，学科渗透，充分发挥思政课教师的作用。三是压实班主任队伍和值周教师育人责任。

（二）研发校本教材，落实课程育人。

开足开齐开好国家课程，坚持课堂育人的核心地位和主渠道作用。结合地域特点和乡村实际，研发校本级课程。白河“三苦精神”、白河县麻虎镇的400多年的冬青树课程、麻虎镇月儿潭秦代“和氏璧”原产地课程、过境汉江和襄渝铁路等地域特色课程。引入乡土课程：十二生肖课程，二十四节气课程，农作物生长课程，劳动教育。

编写德育教材上、下两册。创办校刊《麻松源》，记录学生成长故事。设计《学生德育成长手册》，研发《麻虎小学悦读储蓄小银行》，用心思考，精心设计，慢慢引导，学生在不知不觉中成长，学生一天比一天进步，孩子们在老师的启迪与影响下健康成长。

（三）丰富社团课程，坚持活动育人。

“庄稼地里不种庄稼，便长草”，不让孩子们心灵空虚，丰富课外活动，助力孩子德育成长。

1.以读养德，培养读书习惯。“让阅读成为习惯，让书香飘逸校园”是学校抓德育工作的一种主要方式。由语文组教师组建高、中、低三个学段“聊书会”（读书社团），每周开展一次聊书活动。《弟子规》《三字经》《论语》等成为学生诵读、吟唱、书写的规定内容。每周安排一节经典诵读，老师引导学生走近经典，感受优秀中华文化的魅力。

2.特色社团，促进德育成长。开设各种特色社团，用活用好校本教材。体育项目、书法、绘画、剪纸、经典诵读等色彩纷呈，利用周二、周三、周四下午，教师为社团成员免费辅导。

3.文明其精神，野蛮其体魄。围绕“真实、善良、快乐、健康”育人目标，大力发展阳光体育运动，开足体育课程，上好“两操”，培养学生健康的身体、健康的心理。坚持每学期举办一次田径运动会，大力开展校园课外活力体育，保障体育课程的器材需要外，为每个班级配备一个“玩具箱”，装满孩子们喜欢的玩具，引导孩子们课间、课外有序玩耍。充分发挥空余场地作用，开发地面体育游戏项目。开设心理健康教育课程，培养专兼职心理教师，发挥心理咨询室作用。

三、培育校园核心价值，传承“三苦精神”

校园物质文化设计紧扣“文化育人”的标准，以社会主义核心价值观为主导，挖掘当地历史文化、先进人物事迹等资源，以丰富的活动内化校园物质文化，培育校园核心价值。我们从《白河“三苦精神”》《“三苦精神”伴我行》等读本汲取营养。学校党支部充分发挥党建引领作用，利用党员大会、教师大会分层次学习白河“三苦精神”；利于大队会、中队会向少年儿童讲“三苦精神”故事，帮助孩子们识乡音、懂乡情、知乡事，在幼小的心灵里中种下“自立自强、勤奋努力”的种子，培养乡村儿童热爱白河、热爱家乡、热爱劳动的朴素情感。

（一）探索德育模式，培育核心价值。

探索两种模式，传承白河“三苦精神”。将劳动教育和白河修田造地改变贫困面貌作为重点内容，引导孩子们从小做起，做力所能及的事情，掌握简单的劳动技能。

1.校内教育模式。

突出校园校内教育模式，形成“一月一主题，一周一活动，一天三聚会”的教育模式。2020年春后疫情时代，我们重点将心理将康教育、劳动教育作为月主题。

2.校外实践模式。

校外实践模式，整合来自各方面的“进校园”任务，深入开展以“小手拉大手，文明一起走”实践活动，发挥“校风促民风，今天的校风就是明天的民风”的辐射作用。

（二）注重评价提醒，实现协同育人。

我们从多方面对学生德育成长进行评价与引导。

1.学生参与监督，引导自我育人。

设立监督岗，建立红领巾监督岗制度，以监督弥补教育的空白，监督能发现问题。建立同学友好提醒制度，不打小报告，从小养成践行“君子人格”。

2.教师结对帮扶，突出重点育人。

教师“一对多”的结对帮扶，重点是留守儿童、残疾儿童、问题学生、贫困生、学困生等五类儿童。主要采取四种方式落实帮扶措施：一是物质上优先帮扶；二是学习上优先辅导；三是安全上优先关怀；四是活动上优先安排。

3.个人德育评价，坚持实践育人。

坚持立德树人根本任务，结合实际，建立雏鹰奖章制度。一是紧密结合新民风建设，“树立一个榜样，带动一个家庭，影响一个院落，文明一个小社区”，设置推进“新民风奖章”5块章。二是设置学风、校风章等10块章，培育良好的校风、学风。三是设立红领巾综合奖章，综合奖章考虑的主要元素是校训四字内涵和办学理念。根据学生获得奖章数量，再给予更高级别奖章予以肯定，鼓励人人争章。

4.授予两面旗帜，坚持管理育人。

坚持德育成长、行为习惯与规则教育并重，将四字校训“崇实、尚勤”内化于心，授予“崇实旗”和“尚勤旗”的办法管住日常，激励学生崇敬诚实，向往勤奋，远离野蛮和危险，校园安全管理见实效，学生德育成长见成效。

一是以“三讲”教育为切入点，践行“崇实”精神。100分制考核班集体，强化学生“遵纪守时、爱护集体、礼貌待人”的好习惯。我们相信讲规则就是讲文明。

二是以“三好”评比为抓手，培养“尚勤”品质。100分制考核班集体，侧重引导学生学习做事、学会学习，巩固学生“讲究卫生、勤奋好学、注重安全”的良好习惯。我们相信热爱生命的人不会伤害别人。

（三）传承“三苦精神”，坚持文化育人。

乡村学校缺教师严重。挖掘“三苦精神”内涵，以“三苦精神”微党课和“三苦精神”微队会，引导师生精神成长。教师践行白河“三苦精神”，周日到校，周五回家，平均每人每周25-30节教学任务，乐意承担每天下午14个班级课外社团辅导2节，免费为10个寄宿班级学生集中辅导，镇内课外辅导班开办难，老师们成为乡村一道美丽的风景线！

学生体验“三苦精神”，引导他们从游戏和手机中走出来。开始，孩子们感觉到少玩手机游戏特别痛苦，老师们苦苦地劝导、苦苦地与家长沟通，家长苦苦地监督，孩子们对于玩手机慢慢地做到“拿得起、放得下”了！

近年来，逐步形成“坚持、启迪、借力、影响”的校园核心价值，描绘“教师苦教，以全面发展为乐；学生苦学，以实现梦想为乐；家长苦育，以健康成长为乐”的乡村教育“三苦精神”文化底色，为孩子们走出大山、追逐梦想导航！

围绕育人为本核心 深化课堂教学改革

——“学为主”三位一体有效课堂教学的改革与探索

陕西省安康市旬阳县城关小学 阮嗣钵

旬阳县城关小学现有40个教学班，教职工119人，学生2675人。近年来，学校围绕立德树人根本任务，把育人为本作为教育工作的根本要求，坚持“科研兴校”的发展理念，以“学为主”三位一体有效课堂教学的实践与研究为抓手，通过开展系统化的课例研修活动，解决课堂教学的结构性问题，解决以学为本，教为学服务的问题。在全面深化课堂教学改革的过程中积累了丰富的经验，取得了丰硕的成果。

一、思考与探索

全面实施素质教育，着力提高教育质量，努力办好人民满意教育，是时代的召唤，是党和国家的要求，也是教育工作者的神圣使命。《国家中长期教育改革和发展规划纲要》指出，“把育人为本作为教育工作的根本要求。要以学生为主体，以教师为主导，充分发挥学生的主动性，把促进学生健康成长作为学校一切工作的出发点和落脚点，把提高质量作为教育改革发展的核心任务。”可见，实践教育使命的根本是促进学生的全面发展。学生知识的获得、能力的提高、精神品质的培养，基础在课堂。课堂教学改革的根本应是促进学生全面发展，实现教师教学方式和学生学习方式的变革。因此，学校在总结以往课堂教学改革经验的基础上，通过认真反思，梳理出了亟待解决的两大问题：

课堂教学观念问题——以学为本、教为学服务的理念没有真正落实；

课堂结构性问题——学习方式转变成效不明显，教学目标、活动、评价三要素在教学中有被割裂不能协调统一的问题。

基于此，学校明确了课堂教学改革的新方向——以生为本，构建“学为主”三位一体的有效课堂教学结构。并将这一思路作为学校后期推进课堂教学改革，深化校本研修工作的主要抓手。2014年，正式申报为省级课题《小学有效教学实践研究》。在新课程理论的指导下，以有效教学目标、有效教学活动、有效教学评价三者统一的完整系统为着眼点，以分课类的系统化课例研修为载体，以“三次实践，三次反思”为技术路线，来解决有效教学的结构性问题，探索有效教学的主要成因及其优化的实践策略。

二、做法与经验

（一）整体思路

围绕一个主题：“学为主——有效教学实践研究”。全校教师协同作战，在各学科分领域成立研修小组，开展系统化课例研修活动，解决课堂教学存在的结构性问题，解决以学为主，教为学服务的问题，促进教师专业发展、学生全面发展、学校科学发展。

分为三个阶段展开研究。

研究设计阶段：成立研究组织，全面调研并梳理课堂教学中存在的问题并查找原因，在广泛搜集文献资料、征求教师意见的基础上，确定研究方向，制定研究方案。

研究实施阶段：按不同学科分别成立研究小组，组织教师加强理论学习；学科研究小组制定实施方案，并分课类开展“三次实践三次反思”的系列化课例研修活动，形成系列化的学科课例研修成果。

研究总结阶段：学科研究小组总结形成优化学科有效教学主因的理性认识并提炼出课类有效教学模式；学校研修组从系统化的课例研修中总结出有效教学实践的一般性原则。

（二）实施策略

1.立足实际、选取主题。研修小组通过反思在教育教学过程中存在的问题，明确研修方向及每一学期要研修的课类和课题。将每个学科细分为四个小主题。每学期，具体针对不同课类展开研修活动。

2.协作备课，优化设计。固定每周集体研讨时间。各研修小组教师围绕学期研修主题学习课标、钻研教材，独立备课，提交教学设计，通过交流，确定主讲人。组内成员主要从教学目标、教学活动、教学评价三方面对教学设计进行逐一剖析修改，通过“三实践三反思”的研修活动，达到教学目标、教学活动、教学评价的最优设计。

3.课堂实践、互动研讨。根据研究主题，确定课堂观察四个点--教学目标、教学活动、学生活动及教学评价达成情况，拟定出课堂观察用表，分发给具体观课教师。并引进录播的现代教育技术手段，对课堂进行最真实的记录。课后讨论时，观课教师用观察到的定性和定量内容分析课堂教学，或结合课堂实录回看，进行有针对性的专业探讨，寻找教学行为跟进的策略。主讲人根据评价修改教学设计，再次上课实践，再次研讨反思，修改设计。通过“三实践三反思”，促进教学设计的进一步优化及教学模式的形成。

4.系统反思、提炼成果。在研修活动中，要求每一位成员撰写研修日志，切实参与到研究中来。同时研修小组的成员以突出课例研修主题为根本，以体现教师行为跟进和能力建设策略为主线，把原行为和新行为进行比较，提炼出这一课类优化目标、活动、评价的策略，提炼出课类的学习活动模式。

三、亮点与特色

（一）构建了“学为主”的三位一体有效教学模式。

“学为主”的有效教学模式就是“目标、活动、评价”三统一，即“目标为导，活动落实，评价促进”三位一体。按照这个基本原则，各学科分别构建了学科课类课堂教学模式，统称“三位一体”教学模式，它将“目标优化、活动优化、评价优化”有机结合，故又称为“三优化”。

“三位一体”教学模式是在充分分析、挖掘影响“有效教学”核心因素的前提下，紧紧围绕课堂教学“三要素”的优化与统一策略实践研究而形成的具有创新性、实效性的课堂教学模式。它明确了教学的关键在于定准“目标”，其核心在于设计好“活动”，其重要推进措施在于用好“评价”。这样的课堂教学目标更加明确，组织更加科学，反馈更加及时有效，效益明显提高。

（二）形成了不同学科课类学习活动的一般模式。

语文学科提炼出了“阅读教学”课类“自主合作”教学模式：初读课文，整体感知——精读课文，深入感悟——研读品读，学习表达；“口语交际”课类学习活动结构：“明确要求、产生兴趣——倾听示范、尝试表达（独学）——小组练习、情境互动（小组学）——班级展示，评价鼓励（集体学）”。

数学学科形成了基于“三位一体”的“四四”学习活动模式：①情境体验，引发兴趣；②自主探索，合作交流；③实践运用，拓展创新；④反思总结，自我建构。

英语学科总结出了“W-3P-E”教学模式。即：启动（Warming up）——呈现(Presentation)——操练(Practise)运用(Production)——小结(Ending)。

科学学科构建了“分类推理”课类“探究—体验”教学模式。即：发现问题——分类推理——拓展提升；“实验探究”课类“问题—探究”教学模式：聚焦问题——实验探究——拓展应用。

美术学通过教师讲解、示范，学生进行参与性的练习而获得知识技能的“示范模仿式”教学模式。音乐学科提炼出了“倾听、感悟、表现式”教学模式等。

（三）探索出了“目标、活动 、评价”三优化、三统一的有效教学策略。

优化目标要遵循三个原则：

整体性——在制定目标时，应从课程目标、单元目标、课时目标这三者来整体思考和设计；

层次性——在制定目标时，要优先选择重要的、迫切的、关键的目标作为课时目标。对于三维目标达成要做到层层递进，由浅入深，不能急于一节课上完成，要有一个比较长远的计划逐步去完成。

具体性——目标的设计，要明确并且清晰。里面应该包含对学习成果的评价标准，以及对学生综合情况的衡量方式。

优化活动要遵循如下原则：

有效性——要根据教学目标和任务设计活动。既要整体考虑活动的针对性和有效性，也要考虑活动形式和方法的有效性。

可行性——活动的设计要具有可操作性。既要考虑学生的年龄特点、知识筹备和已有经验，还应考虑教学设备、地区差异等因素的影响。

主体性——应让学生成为活动的主体，充分发挥其自主性、主动性和创造性。让每一个学生都在活动中获得或尝试多种体验，得到实实在在的发展。

开放性—活动的设计应开放、多元，作用于学生的学习过程，促进学生积极的内在体验。

优化评价要体现以下原则：

激励性——通过语言、情感和恰当的教学方式，不失时机地从不同角度给不同层次的学生以充分的肯定、鼓励和赞扬，使学生在心理上获得自新、自信和成功的体验，激发学生学习动机，诱发其学习兴趣，进而使学生积极主动学习。

针对性——不应一味以学习成绩为标准，要因人而异，因势利导，不能用“一把尺子量到底”。

启发性——既要引导学生对自己的学习效果和能力有一个科学、正确的估计，又要让其明确不足，找出努力方向，经历自悟自得的创新过程。

多元化——坚持评价主体多元化，评价内容多元化及评价方式的多元化。

教学是一个系统，教学目标在其中起主导作用，学习活动是落实教学目标的具体途径，而评价检测对教学具有调节作用，对教学活动的落实，对教学目标的达成具有积极的促进作用。只有“目标、活动、评价”三者统一才能使教学活动始终沿着目标所指引的方向顺利进行。

四、收获与成效

（一）促进了教师专业技能的提高，教研能力的提升。近五年以来，共有15位教师获得省级教学能手称号，其中省级“优秀教学能手”2名，4名教师获得省市“学科带头人”称号；60余节录像课在国、省、市获奖；10余名教师在省、市语文素养大赛、数学课堂教学展评活动中获一等奖；500余篇教育教学成果在省、市、县获奖或在各类刊物上发表；20余位教师在省、市、县级送教活动中承担公开课80余节，作专题讲座及报告30余场，惠及市内外多个县（区）。

（二）促进了课堂改革纵深发展，学生全面发展。通过“学为主”课堂教学改革，学生的学习方式逐步发生变化，学习的积极性、学习的效率不断提高，各科测评成绩每年均位居全县前列。学校连续6年获评县政府“教学质量奖”。近年来，共有30余项音乐、舞蹈节目及千余幅美术作品在国、省、市县获奖。

（三）促进了学校内涵提升和谐发展。近年来，学校先后荣获“中华文化艺术优秀传承学校”、“全国体育工作示范校”、“全国校园足球特色学校”、“陕西省体艺2+1先进学校”、“陕西省校本研修优秀团队”、“安康市课堂教学改革示范学校”等多项荣誉称号。

五、设想与展望

今后，学校将以“学为主”三位一体课堂教学改革成果的应用与推广为契机，以主题式校本研修为抓手，不断探索“以人为本”课堂教学新途径。着力构建以“德育”为统领，跨科融合的“1+X”课程体系。通过主题式校本课程研发，落实“立德树人”根本任务，形成校本特色，促进学生全面发展。

浅析如何读好一本绘本

陕西省神木市第一幼儿园　马美霞

在我们的生活中可能会越来越多的听到“绘本”这一词，听过绘本的人可能会说：“绘本，就是有图画的儿童书”。现在许多幼儿园也正在提倡绘本教学，绘本游戏等等。新课程也明确告诉我们：充分利用图示绘画，激发幼儿的阅读兴趣。那么，什么叫作绘本？对于这个问题，我还真不知道如何回答。以前，总认为有图有字，才叫绘本，其实不然。在这个寒假，我开始接触各式各样的绘本，对绘本的意义也开始清楚了一些，绘本不等于“有画的书”，它是一种独立的图书形式，特别强调文与图的内在关系。文字与图画共同担当讲故事的重要角色，图画不再仅仅是辅助和诠释文字的作用。一些相当著名的绘本甚至只有图，而完全没有文字。不过也有许多的绘本是图、文之间取得一种平衡的关系，相互衬托，营造出整个绘本的感觉出来。绘本实际上包括儿童绘本和成人绘本两种类型，但二者之间的界限不是很明确。绘本并不是一般意义上，写给孩子的，带插图的书。绘本是用图画与文字，共同叙述一个故事，表达特定情感，主题的读本，通过绘画和文字两种媒介，在不同向度上交织，互动来说故事的一门艺术。在绘本中，图画不再是文字的点缀，而是图书的命脉。

绘本中图画是主体，它不像一般的儿童图画书，图画只是一个配角，可看可不看。年轻的爸爸妈妈们，当您准备为孩子朗读绘本的时候，是否有手足无措不知如何开始的感觉？家长常有各种各样的困惑。有些家长觉得“绘本图画多，文字少，念一遍几分钟，家长讲不出什么，孩子也学不到什么。”还有些家长深知绘本对启发孩子思维的作用，讲读的时候却反而不自信：“我是不是要把绘本研究得很透，才能给孩子讲？”还有很多人在阅读绘本时，常常直接从正文开始读，这是错误的阅读方法！阅读绘本正确的方法是从头到尾阅读，不遗漏任何一个部分。其实，绘本的每一个部分都藏着信息。有些绘本，在阅读时如果漏掉其中某个部分，会导致读不懂绘本。如绘本《大卫，不可以》大卫的妈妈总是说：“大卫，不可以！”大卫伸着舌头，站在椅子上颤颤巍巍去够糖罐；大卫一身污泥回家，客厅的地毯上留下了一串黑脚印；大卫在浴缸里闹翻了天，水流成河；大卫光着屁股跑到了大街上……每一幅页面里都有妈妈说的话“大卫，不可以！”但是，书的精华在后面：大卫在屋子里打棒球，把花瓶打破了。这下可闯大祸了，大卫被罚坐在墙角的小圆凳上，流眼泪了。于是，妈妈对他说：“宝贝，来这里。”妈妈给了他一个温暖的拥抱，对他说：“大卫乖，我爱你。”太经典了，一个童年恶作剧的故事就收场于这样一个爱的动作。不管孩子有多调皮，可是当他伤心的时候，母亲的怀抱永远是他温情的港湾。

每一个看过《大卫，不可以》的孩子都非常喜欢他，这个天真无邪、把家里搞得一团糟的小男孩，让他们觉得又开心又释怀，世界上哪一个孩子不渴望像大卫一样随心所欲地在墙壁上乱写乱画、把浴室变成一个沼泽地、头戴铁锅敲得叮当乱响……

到了最后一页。大卫被妈妈紧紧地搂在怀里，幸福地闭上了眼睛，妈妈一句“大卫乖，我爱你”，顿时就化解了大卫所有的眼泪和委屈。这一笔太温情了，整个故事跟着急转直下，一个童年恶作剧的故事就收场于这样一个爱的动作。

那究竟如何读绘本呢？

首先，每一本书都会有很多种读法，一本薄薄的绘本《我爸爸》，看是很简单，专业绘本老师能讲近一个小时，孩子们还能听得津津有味，这是怎么做到的呢？我们在展示每一幅画面时，都抛出一些有趣的问题，有的问题意在提示孩子注意一些表现情境或角色特征的细节，有的问题启发孩子把故事里的情节和生活联系起来。孩子们睁大眼睛盯着画面，搜索那些很容易被忽视的细节，兴致勃勃地抢着回答问题，而这时可以促进幼儿想象力的发展，在幼儿的成长过程中，想象是不能缺席的也是无法缺席的。与其他儿童文学形式相比，集图像和颜色于一身的绘本给幼儿留下了广阔的想象空间，是发展幼儿想象力不可缺少的书籍形式。图画书是想象力的一个重要的起点。

其次，每个孩子都有不同的读法。从小培养幼儿的阅读兴趣对其一生的发展有重要的影响。绘本阅读对语言发展的作用一直是国内外研究的热点，也是普遍认同的绘本阅读的最大价值。绘本阅读不仅可以增加幼儿的词汇量，还可以增强幼儿的口语表达能力，但我认为在语言发展过程中，培养良好的阅读兴趣是最重要的。讲读绘本的时候，不同的孩子反应不一样。有的孩子活跃，会有激动的情绪表达；有的孩子则喜欢靠在父母身边，默默地听，傻傻地笑……这是孩子在特定阶段、特定环境中心理需要的体现。对此，我们在讲读绘本时需要根据孩子们的反应随时调整方式。满足孩子的心理需要，让孩子保持阅读的兴趣。曹文轩说道：″一个人读书的兴趣应该是从童年开始的，童年中你没见到好书，你一生很难培养好真正的读书兴趣。″所以，选好人生的第一本书非常重要。绘本这一独特的表达形式抓住了幼儿的心理发展特点，幽默风趣的画面满足了幼儿强烈的好奇心，将幼儿轻松带入阅读的快乐之旅

再次，好的绘本，每张图像都会说话，图与图之间呈现独特的叙事关系，儿童得以由直觉进入绘本的世界，自然流畅地听故事。由于幼儿不认识字，不能独立阅读，所以绘本的文字，便须要大人代为关读，再说给小读者听。也就是说，绘本的文字并不是写给小读者看的，而是让他们听的。　幼儿对外在世界的认识，是从整体来掌握感觉，而非由细部思考分析的。这种特质使小孩在情境中，很少冷眼旁观，全情投入地参与。在与大人共读绘本时，他们不仅在听一则他人的故事，他们会与故事中的角色合而为一，亲历其境地体验这段故事。这是幼儿喜欢重复听一个故事的原因之一。每一次聆听，对小孩而言都是新的感受经验。　因此，大人与小孩一起阅读绘本时，不要先读文字，要让他们先看图画，预留空间，让孩子的想象驰骋，掌握绘本的整体意境。　在诵读文字的时候，我们应忠于原味，既不偷工减料，也不加油添醋。　这样，小孩才可以体会到绘本的文学及秩序之美，掌握绘本的整体意境。绘本为小孩提供丰富的体验，体验到的感受经过时间沉淀，便会慢慢化为知识和智能。

最后，正确的观念对孩子的阅读尤为重要，我们要忠于原作的意境和内容，以自然亲切的声音娓娓道来，营造轻松、愉快、温馨的气氛，讲述时投注感情，让自己和孩子一起在图文共赏中放纵心情，获得快乐。读完绘本后，不要立即把孩子拉回到现实中来，更不要问他诸如“这个故事讲了些什么”、“你懂得了什么道理”之类的问题，留给孩子足够的时间和空间去体验和回味故事，等孩子主动提出问题了，再去与他交流。

每当我看到孩子们提到绘本阅读就欢呼雀跃，拿到绘本百看不厌，语言表达能力得到了很大的提高，还能运用学到的故事教育自己和同伴，如：不能像十一只猫那样不遵守规则，会吃苦的；要像大红狗那样善良、有爱心，会帮助人……

绘本阅读激发了孩子的求知欲望，为孩子们提供了一个感知生活、发展自我的平台，让孩子有了认识世界的窗口。绘本正以它无穷的魅力，深深地吸引着每一个孩子，让他们拥有一个色彩斑斓的童年。不管是幼儿园中的经典阅读，还是家庭中的亲子共读，我敢说，绘本是一种最适合低年龄孩子阅读的书籍。绘本，画面色彩鲜艳，有丰富的内涵，能给孩子美的享受，有利于孩子创造力的培养。绘本阅读符合孩子思维发展的实际水平，更能激发孩子阅读的兴趣，从而开辟了孩子阅读的新空间，让孩子快乐阅读！快乐成长！阅读绘本，分享绘本，如果你参与其中，你和孩子们这一生一定会受益匪浅！绘本阅读是一把打开孩子心扉的钥匙！

浅谈家园同步教育

陕西省神木市第一幼儿园　赵丽芬

幼儿教师是幼儿崇拜的偶像，是百科全书。幼儿教师加深对幼儿的热爱和关怀，是幼儿教师教育好幼儿的根本，也是搞好与家长心理沟通的根本。教师要热爱每一个幼儿，善于发现每一个幼儿的优点，并给予足够的重视和鼓励。如果教师只爱一部分孩子，冷落另一部分孩子，那么被冷落的孩子家长就会和幼儿园关系疏远。

幼儿园教育与家庭教育是一致的，是幼儿身心健康成长的一个必要条件。为了促进幼儿园与家庭的合作，教师与家长的心理沟通是一个十分重要的因素。由于每位家长的文化、学历、性格不相同，这就决

定了每位家长的人生观、价值观、世界观都有所差异。面对不同层次的家长，幼儿教师该如何拿捏分寸，进行不同方式的沟通呢？我觉得要因人沟通，保持主动积极的原则、鼓励表扬的原则和实事求是的原则，以礼待人，用微笑打动每位家长，以礼服人，用真情感动每位家长，且语气要委婉，有针对性地真情交流沟通。对于不同的家长，幼儿教师也要采取不同的策略。

1、金口难开的家长

有些家长虽然也很关爱自己的孩子，但从不向教师反映自己孩子的情况，也从不主动向教师问孩子在幼儿园的情况，总之只字不提，面对这样的家长，我们教师就应主动向家长说说孩子的问题，提醒沟通。

2、过度热情的家长

面对这样的家长，可以请他做家长委员会成员，我想他会很乐意为之。

3、全权委托的家长

有些家长把孩子送到幼儿园就什么都不管不问，认为教育孩子只是教师单方面的责任，与己无关。有这样想法的家长万万要不得，因为教育好孩子是家长与教师共同的责任，双边教育必须是一致的，同步的，对有这样想法的家长，我们要对其多宣传科学育儿知识，让其自觉配合教师工作。

4、喜欢挑剔的家长

对这样的家长，教师要热情真诚的与其交谈，让家长感受到老师是诚心喜爱关心自己的孩子，因而家长就会更容易接受教师的意见和建议。

5、溺爱孩子的家长

对这样的家长要耐心地与其聊天，表现出对其孩子的关心，比如在家长面前亲亲孩子或夸夸孩子等，教师一句微不足道的称赞，都会让家长感到高兴。

6、漠不关心的家长

沟通是双向的，家长的积极参与是沟通的必要条 件。对于这样的家长，教师更要与其积极交流，言简意赅，直接进行沟通，主动向家长反映孩子的问题，谈论孩子的不足，目的是希望得到家长的支持，以便家园共同引导孩子形成良好的行为习惯。

家庭和幼儿园是影响幼儿身心发展的两大方面，这两大方面对幼儿的影响必须同方向、同步调才能达到成倍的效果。家园双方要围绕孩子的发展，经常联系，相互交流，让家长了解具体教育目标及幼儿各方面的发展，与幼儿教师取得共识，从而使家园同步教育，更有效地促进孩子的发展。在幼儿教师与家长沟通交流中，要充分发挥语言艺术的魅力，语气平和，态度委婉，不掺杂主观色彩和情绪，使交流的主题得到延伸，成为真正意义上的沟通与交流。共同的爱才能使家长与教师距离拉的更近，使家园的交流更加自然融洽。

教育，关注生命成长

——《教育是慢的艺术》读书心得

陕西省绥德县江德小学　白秋文

常常和老师们交流，说这个社会爱学习的人少之又少，以至于人们说的最高境界“树立终身学习”理念恐怕只是一种理想状态，我也觉得肯定没有多少人真心投入吧，只是迫于压力才勉强读书的。2015年的中央政府工作报告中提出了文化领域的工作要点，其中有一条是“倡导全民阅读，建设书香社会”。说实话，我们这所学校在教师读书活动开展方面，应该是走在了全县教育行业的前列。从2013年开始我们就推行全员读书活动，每学期为所有教师分发一本精心挑选的教育专著，到2020年的这第八个年头已成为雷打不动的常规。今年，开局不利——新冠肺炎疫情让我们迟迟进不了校门，可是教科室早已谋划好，在还没有到校的时间，已经为教师们买回来书籍。为防止人员大面积聚集，让各自到学校门房领书，趁着疫情宅家的闲暇，好好充电。这本书就是教育学者张文质的《教育是慢的艺术》。细细读，慢慢品，我在不停地思索自己的教育历程：我究竟是不是做到了？

一、我不是一个好母亲

读着张教授的“教师首先应该把自己的孩子教育好”这一篇章，我陷入深深地自责中，单单这一题目，就让我觉得“往事不堪回首”一般。看看现在的年轻教师，每天对孩子是多么关心：学校里一会儿给孩子送水，一会儿去教室脱衣服或穿衣服怕孩子热抑或是凉，上学放学无一例外给孩子背书包，每次学校搞活动都积极争取让孩子参与锻炼。说实话，我连一丁点儿都没做到。从我孩子上小学，当老师的妈妈在学校就从没有给孩子喝过一次水，煮过一个鸡蛋送给孩子当早点，我的孩子甚至从来没有到办公室来享受过哪怕是一次特殊的待遇。从小他一直很乖，不和别人争执，不惹老师生气。孩子全凭着自己，考得多少算多少。他上小学二年级，我刚好从一年级开始带了一个83人的班级，还有这个班语文课，忙得团团转，根本无暇顾及孩子，以至于孩子一直学习平平。我却被家长和学校称为所谓的好老师。至今毕业多年的孩子家长，见面仍然夸赞当时的我。我无语。别人的孩子我真正尽到了做教师的责任，然而自己的孩子——唯一的一个孩子还被我忽略了教育的责任。正如张教授说的“无论是你对‘本职工作’的过分投入还是其他的原因，所有教育子女责任的过渡，其实都是一件不可原谅的事情”、“你个人所有的‘成功’并不能补偿子女教育的苦涩与沉重”，我十二分的认同，自己获得了“绥德县模范教师”、“榆林市好教师”、“先进教育工作者”这诸多的荣誉，又怎能弥补我没有在应该管理孩子的时候好好管理的过错呢？现在，每到周末我便做了好多好吃的，为儿子和媳妇改善伙食，他们吃好了我自己就很高兴，仿佛这就是我的弥补亏欠。不是说我对教育的付出有什么后悔，只是对自己没有尽到为人父母的责任而深感遗憾。有人说，时间可以疗伤，可时间要是也病了该咋办？我觉得这话说得太有哲理性，是啊，有些事是永远都无法用时间来治愈的……

二、怎么当一名小学教师

似乎，“今天，我们应该怎么当小学教师”不应该成为一个问题，然而张教授却把它列出来，作为一个专题来讲，不得不让我们思考。他说，教师最需要思考的是，我到底给学生带来了什么，我是不是不经意地带给了学生伤害？张教授说到一个故事，是一位六年级的女生，因为长得胖，被老师开玩笑说了一句“大家起立，毛主席来了，鼓掌欢迎”后转学了。孩子受到了伤害，也许一辈子都无法原谅这位老师。而老师自己呢？难道就没有反思一下，孩子为什么要转学，自己的言语是否给孩子带来了心灵的伤害？

实践教育教学当中，这样的教师为数不少。人人都知道伸出十指不一般齐才是正常，可到了自己教的班级中，我们却往往不会换位思考了。总是要求人人都能成为心目中理想状态的所谓的好学生，因此而苦心折磨自己。这学期因为疫情，实施线上教学。苦了家长苦了孩子苦了老师。平时怒目圆睁，一切尽在视野范围，也很难管理的八九十号大班额，脱离了视线的效果是可想而知的。因此，每天憋一肚子气是理所当然，埋怨家长不管理、不监督，甚至直接给学校“诉苦”。等到返校后，发现课堂上学生看上去目不转睛，其实思想游离于身外，一节课什么都没听懂，学生不会听课了！还有上课小动作更多，一会儿看看这，一会儿摸摸那，完全就是家中上网课养成了的习惯。有人说，21天就会让一个人的习惯形成，这网课上了可是足足俩月呢！一考试，学生没考好，教师是苦于不能请家长面谈（疫情硬核规定家长不能进校园），只有电话家访，那语气可真不敢恭维。问题出在哪里了？是我们早已经将学生定格在那个不守纪律、不爱学习的框框了。办公室里，更多的是老师们愁眉苦脸的，不停地怨这场疫情，怨家长的不负责任，怨孩子的不自觉……

诚然，今天的我们处境极为不利，处在各种各样的约束中，做一个“真人”是极不容易的事情。但“教师要成为学生的范本”、“要说真话，做真事，善待每一个学生”，你的言行将会成为学生的影子。试想，我们做到了吗？我们早已将自己的学生分成了三六九等，其实，是我们对自己缺乏信心。“我们常常只把目光投向那些成功的孩子，对教育的弱者、发展迟缓的人、学习困难者缺乏最基本的仁慈，这一点已经成了我们职业的习惯和原则。”每一个孩子一生能够遇到的好老师，他的一生也许会不一样。张教授的关注生命理念发人深省。做老师，就应用具体的、个别化的帮助对待孩子们，是每一个孩子，要用足够的耐心引导他们走向光明与辽阔的未来，让她成为真正的社会公民。

三、人生需要耐心和坚持

前几天，我校和一小举行校际交流，听了我们的贺渊校长在一小所做的专场报告《时光清浅　岁月留香》。她讲述了自己从师范毕业到现在的工作经历，从“初登讲台”、“琢磨课堂”、“扎根研究”到“团队建设”四个方面娓娓道来，让所有与会人员深感震撼。的确，我们作为同班同学，了解的算是比较多，但她在成长过程中的点点滴滴，让我看到了鲜艳的光环背后那些不为人知的辛苦付出。从毕业开始，就认真苦练内功，写得一手漂亮字，说的满口普通话，1994年获得了首届课堂教学大赛的第一名。从此，便开启了芝麻开花节节高的教学历程，一路走来，收获满满。她不仅两次获得陕西省教学能手，而且成了陕西省教学名师、学科带头人，称号数都数不过来。她经常参加名师大篷车送教下乡活动，还为各学校进行专业讲座。她能沉下心来思考教育的得失，及时反思总结，记录下来，光发表的文章就不下三四十篇，她不仅是我们江德小学的名人，也是全县乃至全榆林市的佼佼者，是大家仰望的一颗星。她正是在教育缓慢的过程中沉淀下了许多有用的东西，也成就了自我。

最让我佩服的是贺渊老师的好学，只要谁有一技之长，她就必定要想尽千方百计学习。原来我们俩在一个办公室的时候，经常督促对方下课不能再工作要活动一下，以免长期坐着造成颈椎腰椎的劳损，我们就要么唱一首，要么舞一段。在音乐方面我还算是有点儿天分的，一首歌听几遍就能哼唱，所以在刚有电脑的那些年学会了好多新歌。贺姐便让我教她，我们俩一起唱，要知道她可是连细节也不放过的，直到唱得很标准才满意。

我便想到了张教授说到的社会学的"火车理论"：一个跑得慢的人搭上一辆快车和一个跑得快的人搭上一辆慢车，先到达终点的是那个跑得慢但搭上快车的人。他说，人生是需要规划的，更需要有耐心能坚持。我们不正是需要在教育的漫漫征途中学有所得，去经历去尝试也许还要去挣扎的教育者吗？我们是师范生，虽然起点不高，但只要努力仍可以有所作为。就让我们在生命的旅程中体验着，发现着，发展着自己，不辜负自我，为自己的教育经历书写一个个平淡却不平凡的故事吧！

我还被书中"教育是慢的艺术"、"生命的礼赞"等篇章触动着。张教授的著作语言朴实，但文笔犀利，每每发人深省，不由得和自己对号入座。我想用张教授书的封底的一段话作为结束语：遇上好教师不仅是孩子的福分，甚至也是一个家族的福分。如果我们有这样的福分，我们一生都会有很好的方向感和一种可以汲取的并能最后转化为自我提醒、自我督促的力量。

未来，在教育的朝圣途中，我将仍然以教育者的良知与智慧，关注生命，愉快地跋涉……

筑基梦想　成就未来

陕西省西安市碑林区大学南路小学分校　张云云

西安市碑林区大学南路小学分校始建于1960年，在长达60余年的发展历程中，形成了自己独特的品质，学校秉持"筑基梦想成就未来"的办学理念，在校本部先进的教育教学理念引导下，设计校园文化，共享优质课程，开展教师交流，学校的课程建设、师资队伍、教育教学、素质教育等工作全面推进，形成了自己鲜明的特色，办学水平有了质的飞跃，成为老百姓口中家门口的好学校。

一、校园文化，一脉相承

大南分校有着陕建系统厚重的校园文化基础，倡导奠基，为学生的终身发展而奠基，本着尊重历史、继承传统，又和本部一脉传承的原则，以"树文化"为指导核心，提炼出以"筑基梦想成就未来"为核心的校园文化理念，树立了培养具有"传统情怀和国际视野"的莘莘学子的育人目标。

学校以"树"为文化之本努力打造温馨、健康，文化气息浓郁的人文性校园环境和花园式学校，让学生们身在大树的包围之下，满眼绿色，随时随地感受树木挺拔不屈的成长过程和开花结果的美好夙愿。走进学校，仿佛走进了一座文化气息浓郁的小花园，绿植葱葱郁郁，草木错落有致。操场围墙上图文并茂的二十四节气简介和传统节日简介述说着中华传统文化的博大精深；教师心语墙上一句句对教育的发自内心的感悟渲染着师德的高尚；走廊上的班级文化墙里学生自办的小报、绘画作品讲述者他们的成长；还有楼梯旁的文明心语、安全心得、交往秘籍、快乐法宝等等一面面会说话的墙壁发挥着育人的作用；楼顶楼露天种植园"菁馥园"更是孩子们动手实践，体验劳动艰辛的乐园……校园里每一处都是景，每一景都体现着学校文化的内涵。走进校园，学生能充分体会到自己是学校的主人，"一树一知识，一墙一故事"，于驻足处育人、化人。

二、教育教学，积淀内涵

教育教学质量是学校的生命线，教师是教育事业的第一资源。学校注重教师队伍建设，打造"高效课堂"，减轻学生负担，全面提升教育教学质量。

【打造教师队伍】为师者，德为先。学校给每位教师建立了的师德师风档案，推行师德考核负面清单制度，实行师德"一票否决"制，每年通过家长问卷等多种形式进行教师师德师风公众调查。学校完善了教师梯队培养计划，积极培养青年教师和骨干教师，实施青蓝工程，建立导师带教制度，初步形成了区级、市级、省级骨干教师梯队；建立教师学习提高激励机制，鼓励教师参加各级培训和学历提升，开展教师读书沙龙；积极利用"名校+"资源，开展"菜单式教师交流"，以菜单形式建立优质教师资源库，调配优秀教师交流。本部教师到分校交流加强指导和带动，分校教师到本部交流提升业务能力和工作理念，两校教师在交流中教育思想、教学方法得以不断融合，优者更优，弱者变强。

【提升教学质量】认真做到"四个抓好"。一是抓好制度建设，明确责任，落实分工；二是抓好督导检查，指导为主，检查为辅；三是抓好学困生辅导工作，认真了解分析致困原因，根据不同的致困原因制定不同的辅导计划，特别是对因家庭原因造成学习困难的学生，我们要求教师要多关爱，解决孩子的思想问题，帮助学生不断进步，做好辅导、跟踪和总结；四是抓好质量监控与分析，促进质量不断提高，我校坚持每月对教学情况进行摸底、分析、反馈工作，召开分学科质量分析会、分年级质量分析会、与本部联合的质量分析会；查找问题，研究改进教学措施。学校创新质量分析评价方法，指导教师利用条形统计图直观反馈试卷错题率，要求教师针对错题率较高的题型或知识点分析成因、制定改进措施，并及时进行教学补救，同时对补救效果进行再摸底，从而使教师明晰了教学中存在的问题，及时查漏补缺；使学生知识点的掌握更为牢固。

【抓实校本研修】学校向每位教师明确提出"向教科研要质量，以研促教提高素养"，要求每个教研组都要有校本研修课题，每位教师都要参与其中，在研究的状态下教学，教师参与率达100%。为了更好地帮助教师投身校本研修，我们邀请教研员做课题培训，充分利用本部名师工作室功能，实现两校学科教研组无缝对接，全力引领学科教研，集集体智慧，精准扶持，课堂问诊，常态帮扶。开展了"发展学科素养，聚焦课堂教学"研究活动；"基于问题研究的跨学科综合性研究学习"丝绸之路活动；"核心素养视角下基于我校学情的学科拓展知识实践研究"活动等。在实际工作中，教师们以导师带教、课例研究等活动为纽带，互助合作、相互学习、相互促进、不断提高，使每一项研究都成为校本研修的丰富内容。我们还提倡加强随机教研，让教师及时体会研究解决身边问题的快乐，形成自下而上的研究风气，使"教科研兴校"内化为每位教师的自觉追求，使之成为我们不断追求的学校文化，切实推动了各学科教学水平和校本研修的深入开展。近三年，学校承担区级课题7个，市级规划课题1个，全国教育科学十二五规划课题1个。在碑林区校本研修先进集体评选中，我校英语、音乐教研组被评为优秀教研组。

【探索智慧课堂】信息技术的发展影响我们教与学方式的变革。智慧学习环境的构建与应用研究，成为我们实践研究的新课题。学校围绕"智慧教室"课题实施对全校教师进行培训、讲座、考核，让每一位教师明确智慧教室环境下课堂教学创新设计的方向，积极探索智慧环境下的课堂模式、教学手段和学习方法，初步探索出"智慧教室"环境下课堂教学的有效策略，使我们的课堂不断地向高效课堂迈进。学校承担的"智慧环境下，以学生为中心的教与学"为主题的西安市"名校+"教育联合体校本研修培训会，有8名教师进行了智慧教室课例展示。老师们所授之课得到了教育专家的好评，专家认为我校以现代网络通信和多媒体设备为载体辅助教学，实现教育信息化，为学生打造智慧教育学习环境的步伐已走在全省乃至全国的最前端。在全国智慧教室创新应用比赛，我校有近二十位教师获得全国大赛二三等奖的好成绩。

【开设特色课程】我们结合学生的年龄特点，开发了校本的特色课程：每日的"晨诵"诗词和"午写"书法课程；信息与科学的融合课程；一年级的艺术体操课程；二年级的足球课程；三年级的机器人课程等。如今德育基础课程、学科基础课程、特色课程与社团活动已形成了我校的"五宜"特色课程体系。

【建设书香校园】我们始终以构建"书香校园"为抓手，丰富校园文化建设。为了创建"书香校园"，让更多的师生爱上读书，享受读书的快乐，学校开设了阅读课程，利用校园各种空间设置开放式书架，开展了丰富多彩的读书活动，如"同读一本书、朗读者、网络评书、亲子阅读、中华经典诵读、讲童话故事比赛、读书箴言征集、书签制作比赛、明日阅读之阅读节活动"等，我们建立了"学生阅读成长"记录册，通过课上阅读、阅读分享、笔录摘抄等多种形式，让读书成为习惯，让书声充盈校园，让校园随处有书籍，促学生阅读习惯的养成、阅读范围的拓广、阅读实效的生成。

三、素质教育，多姿多彩

特色就是个性，特色就是品牌。这里，是展示才华的舞台，这里，是放飞梦想的驿站。

【社团活动】分校借鉴本部的优秀课程理念，积极开展"无书包日"活动，开设了校级、班级多层次的社团活动。学期初，社团招募成员，学生根据自己的兴趣选择喜欢的社团，每个周五下午，孩子们不背书包，走进自己喜欢的社团参加活动，学生参与率100%。每年六一，学校举行社团成果展示，丰硕成果得到全校师生家长的认可社团活动不仅成了课堂教学的拓展和延伸，也成了孩子们自我成长、自我锻炼的舞台让素质教育扎实落地。

【研学旅行】研学是旅行的目的，旅行是研学的形式。学校不仅有"研学讲堂"，有"双师授课"模式，还延伸至亲子活动。并且把研学旅行作为课题进行研究，已形成"2-3-3"研学旅行模式。我们根据孩子年龄特点，制定不同主题的研学和社会实践活动，制定不同的研学目标和任务，让孩子们享受研学带来的不同感知和收益，感受到"读万卷书、行万里路、塑阳光心"的含义。另外我们结合跨学科综合性学习活动的开展，组织学生开展了"丝绸·苏锡杭行"研学活动、"丝路之旅.敦煌行"研学活动，以及"香港行、台湾行、日本行"等多层次的研学活动。通过研学活动的开展，让孩子们走出校园，走进社会与自然，让他们体验不同文化与成长的快乐，培养学生的社会实践活动能力，激发学生的求知精神。

【科创活动】学校打造了创客教育实践室，已建设了融合创客机器人、3D打印、创意制作等的实验室，并与信息教室有机结合实现构建和编程教育一体化。在创客教育理念方面，学校秉承"阳光、责任、梦想”的STEAM创客教育理念，打破常规学科界限，将技术和工程相结合，艺术和数学相结合，开展3D打印、创意制作、趣味编程、机器人等创客课程。组建学校创客社团，采用发现式、探究式教学模式，让学生“做中学”，在自己动手的学习过程中收获快乐，提升能力，自主学习，不断完善自己。学校在多项省市及全国、国际机器人赛事并获得了优异的成绩。

【艺术特色】每年的艺术月，学科组开展丰富的学科活动：美术组开展了“美丽校园我的家”艺术月绘画比赛；音乐组开展了“天籁童声”校园歌手大赛；我校合唱团、舞蹈队多次在市、区艺术展演中获得特等奖；在陕西省“春芽杯”中小学艺术比赛中获一、二等奖；小精灵舞蹈队的“福娃闹春”和“欢庆鼓舞”还被连续三年邀请参加了陕西少儿春晚节目；“欢庆鼓舞”还代表西安参加了在北京人民大会堂举办的，2019年青少年学习传承非物质文化遗产展演活动，获得好评。

【心理健康教育】学校秉承“润物细无声”的心理健康教育思想，构建“四情三育五品”的教育体系：即发挥艺术教育、体育教育、劳动教育这“三育”的育人功能，从正面、积极的角度去培养学生创造、优雅、自信、感恩、热情这五大心理品质，让学生感受生命教育的一枝一叶校园情、一笔一画师生情、一瓢一饮养育情、一朋一友同伴情这四种具有强烈归属感的爱的教育，积极探索开发心理校本课程。在抗击“新冠肺炎”疫情期间，和本部共同开发制作了“合木课程”心理小课堂。

大学南路小学分校的教师们用全部的爱心、用生命的能量帮助孩子寻找并发现自己的闪光点，促其发展成长，让学校的特色教育有了美丽，有了魅力，有了心的向往。一群执着与睿智的教育人，正踌躇满志地行走在从起步迈向卓越的路上。

打造优质教育，夯实成长之基

陕西省西安市第六中学　王坤

教育是事关国家发展的基础工程，是对全体国民个人素质的保证。教育的根本任务即立德树人，在经济全球化深入发展、科技进步日新月异的新时代背景下，教育必须培养德智体美劳全面发展的社会主义建设者和接班人，必须为社会主义现代化服务，为人民服务。因此，在当下教育大环境中，我校坚定自身立场，坚持以立德树人为己任，树立“育德启智，奠基未来”的办学理念，强调以‘德’为首，德育教育与智力教育齐头并进，通过特色办学来促进学生的全面发展，努力为学生打好人生的底色，使其成为内心丰盈，具有独立、完整人格的青少年，使其心怀中国梦，为实现中华民族伟大复兴做出力所能及的贡献。

一、植梦于心，陶冶学生品性

步入我校，浓厚的文化气息扑面而来，移步间便可见蕴含学生“发展目标”、“核心素养”的关键字眼，我们既能从中感受到学校传统文化深厚的内涵，又能体会到学校办学的现代品质。

作为我市的老牌“名校”，我校以“五味”文化为统领，打造“六中赋、神聚五味、景明四时、蕴含古训”四大板块的校园文化，以此来潜移默化地感染学生、影响学生，使其得到优质的发展。然而，我们学生的成长必须要有目标，有前进的方向，要让梦想深深根植于心中。因此，我校将梦想与学生的人生规划相结合，鼓励学生树立个人梦想与中国梦紧密相连的意识，激励其为实现伟大的“中国梦”而奋斗不息。这样不仅能够培养学生的家国情怀，为学生照亮前行之路，更能陶冶其情操，使其具有高度的责任感与使命感。

二、以德为重，加强思政教育

在新的社会形势下，为满足社会主义现代化建设的需要，满足提高整个中华民族的思想道德素质和科学文化素质的需要，我们必须加强青少年思想政治工作，提升他们的综合素养，促进他们德、智、体、美劳全面发展。

青少年时期是道德品质形成的关键时期。德育与思政教学在学生的成长中起着至关重要作用。我校极力主张提高学生的道德认识水平，陶冶其道德信念，锻炼其道德意志，培养其道德行为习惯，使其成为具有高尚品质之人。同时，学校非常重视思政课教学与实践的结合，紧紧围绕“培养什么人、怎么培养人”的问题，立足于教材，聚焦学生的意识形态，积极展开教学。我校在关注学生健康成长的同时，也在不断加强对思政课教师的业务能力培训，使其更新教学观念，积累更加丰厚的理论知识，努力做到行知统一，成为学生的引领者、促进者。当前，我校在德育教育与思政课教学方面独树一帜，多次被授予全国德育先进学校、西安市德育十佳学校等荣誉称号。

三、特色办学，促进全面发展

我校拥有84年厚重的办学历史，被家长评为“家门口的好学校”。一直以来，学校坚持走现代化的教育教学路线，将无线网络覆盖整个校园，积极引入先进的设施，配备学生实验室、通信技术教室、驾驶模拟室、地理探究室等多功能部室。其中智慧阅览室的建设，更是将图书馆与阅览室统一起来，运用大数据分析学生的阅读喜好，从而针对性的采购书籍。同时，学校每周安排阅读课，成立阅读小组，并且开设休息厅、阅读角，使学生在书香四溢的氛围中品味知识，找寻自我的价值追求。

为了做大、做强我们“六中”品牌，近年来，学校的教育教学设施条件得到了很大的改善，我们六中分校与六中2个校区的资源也得到了有效地融合。当前学校在新校区有1.2万平方米的教学楼，有能容纳400个床位的学生公寓，有600平方米的体育馆，有近50个信息化教室等等，这一切硬件方面的质量性提高，为学生的全面发展提供了坚实的保障，使学生在优质的教学环境中健康快乐地成长。

我校依托悠久的办学历史，深厚的文化底蕴，不断吐故纳新，提升自我，突破自我，寻求最适宜发展的新出路。现如今，学校办学成绩斐然，我校2007年被评为“陕西省标准化高中”，被命名为“全国德育工作先进学校”，并且连续10年被碑林区教育局评为“碑林区教育教学质量评估优秀学校”。面对佳绩，我们戒骄戒躁，继续心怀梦想，砥砺前行，为学子们开拓更加广阔的康庄大道，使其享受更加精品化的优质教育，为其幸福人生打下牢固的基础！

做“眼中有人的教育”

陕西省西安市第一中学　史建奎

人是教育的出发点，也是归宿。爱与责任是教书育人的结合点，用心是提升办学水平的制高点，用脑是自我综合素质提升的燃点。“用心”主要指情感、态度、价值观，而“用脑”则偏向于知识与技能、过程与方法。我更注重以“辛”换“心”，以“心”迎“新”，以“新”取“信”，以“信”传“讯”，以“讯”得“迅”，继而做到起承转合如行云流水，一气呵成而“心心相印”。教育铭心相约，约在共同愿景，重在心灵契合，成在知行合一。将心比心，以心换心，用心唤心，成心美心。

我们倡导“眼中有人”的生命教育理念，首先是基于人的天性，其次是德行，再次是个性。不能把人（主要指学生）视为装载知识的“容器”，消化课本的“工具”和储存知识、技能的“橱柜”。教育的价值追求在于使人成为人。我们相信，在理念引领、实践支撑、评价导向指引下的知行合一，一定有利于促进学校构建协频共振、昂扬向上的和谐的教育生态。

“眼中有人”的教育，是基于人的主动发展、全面发展、个性发展和终身发展的教育，从国家层面来讲，就是要追求教育公平。为了促进教育公平，就必须坚持均衡发展；为了促进均衡发展，公共资源就应该义无反顾地向薄弱地区倾斜。从社会需求、民族复兴、人才需要出发，教育质量的衡量标准必然定位于为党育人，为国育才，为民办学。作为教育工作者，对国际国内教育形势的理性认识和对新时代国家教育政策法规的深度学习与准确把握，是使命当然，责任使然，担当必然。

“眼中有人”的教育，要求我们凝心聚力，以多措并举多元化发展教育。其中，多边互动是解决问题的重要途径。我们欣赏“哪壶先开提哪壶”，因为滚烫的热水本身就是热能，会迅速传递热量，这也是对“哪壶不开提哪壶”的否定。简单的一句话的反转，反映的是教育思想的转变，反映的是认识上从恪守现状走向自我否定和超越。

“眼中有人”的教育，要求我们培养有灵魂、有尊严、有责任心的学生，这正是我们的工作追求和价值目标。“中国灵魂，本土情怀，国际视野”是我们当下最重要的育人抓手。

“眼中有人”的教育，就是要发展素质教育，发展学生核心素养，就是要面向全体，面向全体的一切。这其中包含着对差异存在的高度认同。建设人才强国的战略，呼唤我们必须以学生发展为本，培养大量创新人才。而培养创新人才奠基的着力点，在于在尊重学生差异性的基础上，千方百计，排除万难，促进学生积极、主动发展，帮助学生潜能得到最大程度发挥，这不但是教育的本分，更是学校承担社会责任的重要表现，也是学校教育由优秀走向自我超越、继而走向卓越的必然要求。

发展“眼中有人”的教育，就要在实践中不断总结办学成绩。办学成绩是什么？指标很多。我以为最重要的是学生身心两健的成长。为此，我认为回归本质的教育，应是遵循规律、尊重人格、注重和谐发展的教育，是结合实际、立足课堂、因地制宜、整合融合拓展校外资源的教育。我提倡大家不同，大家都好；主张办学要像央视举办的“春晚”一样，百花齐放，各显其能，而不能像搞“马拉松”比赛，只有一个冠军。

发展“眼中有人”的教育，就是要让每一个孩子在学校都能体现自己的价值，这不但是一个重要的教育命题，也是一个重大的社会命题。我们不能“圈养孩子”，因为孩子除了家庭、学校生活，他更是社会的一分子，他必须融入社会生活中去。为此，在学校和家庭教育中，一定要渗透社会教育的内容。

发展“眼中有人”的教育，最重要的是要学会尊重人。尊重是人走向自信和成功的基本需要。成功的学校一定是一个孩子们走出校门以后、毕业以后，还心心念念牵挂的地方、回忆的地方、留恋的地方，那里是孩子们一段岁月的精神所在、执念所在。

发展“眼中有人”的教育，也是探索本真、唯美、超然的诗性化教育，它需要理想与现实、智慧与情感、使命与责任、手段与目的的高度统一，需要我们以平和之心、平静之态、平稳之势，久久为功，在继承中创新，在创新中发展。

发展“眼中有人”的教育，本身包含着美的教育，而美的教育就是对美的发现、理解、欣赏、分享、追求和创造。平心静气，稳步行走，纵横捭阖，乘风破浪，简约和谐，大气包容，都是美。如同校园盛开的桂花，芳香四溢，带给我们的不仅是五官之美——树的形体之美、栽树人的劳动之美、园丁的艺术创造之美、生命之美以及象征着人们纯洁灵魂的高贵之美，还有文学意象中体现的“五育”之美。美中之美，谓之大美。

发展“眼中有人”的教育，就是要保持人的天性。天性是自在的我，个性是自为的我，德行是社会化的我。文化浸润、爱心涵养、行为强化是帮助学生将天性与社会性融合、从自发走向自觉的三大教育策略。人们因个性而生姿，世界因多姿而精彩。

发展“眼中有人”的教育，就是要涵育美好人性。而涵育美好人性，就绝不能割裂历史、采取虚无主义态度。任何一种价值选择都必须扎根于本土、扎根于时代的需要，同时在历史中汲取养分。让学校生活每天都充满欢声笑语，需要约束的宽严相济，保持平衡，更需要关注心灵，创设氛围，减轻不必要的课业负担，塑造完善的人格。最重要的是，为师生舒展心灵开辟出更多的时空。

发展“眼中有人”的教育，就要大力倡导学校有浓烈的人文色彩、人文情怀，它既是教育万千气象的凝华，也是人生千般格局的升华，更是学校精神文化的精华。它是基于对人的情感关怀的教育手段和目的。它让人在关爱中感悟生命的珍贵、享受被尊重的温暖、拥有个体价值获得感的满足、体验人性的光辉普照的美好，让我们深察它是教育永恒的话题和永续的主张——为真、为善、为美而生、而教、而育。它让我们勇于、乐于、善于将理念转化为实践，在讲故事中挖掘内涵，凝练思想，牵引行动。

发展“眼中有人”的教育，是我们在丰富的办学实践和悠久的办学历史中获得的理性认知：教育工作者以及学校从平凡走向优秀，走向超越、卓越，需要自我革新的勇气和胆识，目前我们尝试为培养高规格人才奠基的努力，尤其是创新人才的发现、涵育和培养，更是如此。它不仅需要文化引领，需要平静、平稳、平和的心态，更需要注重孩子们的兴趣、爱好、自信等人格因素，需要德育体验、社团活动和社会实践做途径。

发展“眼中有人”的教育，有利于发现创新人才，继而实施早期培养。纵观国际、国内创新人才培养常态化模式的特点，概括起来有：人有创造天性，创造性需要教育开发；常态化教育是发现创造因子的最佳途径；它的目标是促进人的自由而全面地发展；它的实验核心是淡定的、从容的、可持续的、动态的管理，顺势而为——特长班，借势而起——逐步扩大到其他班，乘势而上——在全面常态化中发现创新因子；它的重要理论基础是儿童中心论、多元智能理论和建构主义理论。现在可供我们借鉴的具体策略主要有五个方面：对接全球化教育（国际基础教育发展态势），整合社会资源，发挥教师主导，重视家庭教育，崇尚挑战自我。

发展“眼中有人”的教育，让我们在长达三十六年的少年班（超常儿童培养实验班）实验中最重要的体会是，必须高度关注师生发展内外动力的形成与互动，始终保持激情，以成功校友现身说法来激励师生是重要的法宝，同时关注“五育”之间的互动、发现与再发现之间的互动、师生间的互动、学校教育与校外活动之间的互动，这些都会在不同角度和不同侧面，发挥不同的育人功效。

发展“眼中有人”的教育，保证了学校发展的持续性，它启示我们：经营学校首先要经营无形资产（办学特色、育人模式、学校品牌），在培育资源中利用资源（比如，西安举办“十四运”需要翻译人员和志愿者），在服务社会中争取社会资源（比如教育用地）。敢于自我挑战，善于自我诊断，精准自我定位，实现自我超越。将理念以生活化、生动化的故事进行感性传播；让师生在共情中形成文化认同、价值认同；将理念以理性认识以精神文化以价值引领来传播，让大家在共同追求中奋进，成就学生实现自主发展、自我发展；助力教师实现自我突破、自我超越，从优秀走向卓越；引领学校特色发展、多样发展，成就教育健康发展、稳步发展，为人类美好生活奉献教育智慧。

教育本是五彩缤纷的生活

陕西省子洲县水地湾乡中心小学　苗壮壮

教育来源于生活，又回归于生活，教育本身就是生活的过程。我一直认为，教育即生活。但很多时候，我们单纯地把教育理解为教授知识，课本成为一门学科的具体呈现，知识也将变为考查测评的速成手册。成绩的优劣取决于智力的高低，而试卷上那些极其亮眼的红对勾，可能会把班级里的学生划分成不同类型。

一、教育要紧密联系生活

教育，一端连着个体生命的丰盈与超越，一端则连着文化的传承和创生。从这个意义上说，教育的全部智慧，都是从生命出发又回归生命的智慧。《教育的目的》告诉我们，教育是教人们掌握如何运用知识的艺术。作为教师，应该主动去挑战现存的教育盲区，去适应新的教学方式，以自己的专业能力，去转化那些对于学生来说生涩难懂的内容。

当前的教育观，是要发挥学生的主观能动性，但不能借故转移教育的主体责任。教师的情怀固然重要，但现实的苦累也要独自承受。学生的学习问题要尽量在校内解决，以委婉、通俗的方法动员家长参与进来。一个始终怀有理想的老师，必将带动一群勇敢追梦的学生。

要把课本知识与生活实际联系起来，把思想盘活、把思维发散，使知识通过喜闻乐见的形式传播出去。如果单靠死记硬背，就会使知识沦为应试的工具。我们要使知识充满活力，不能使之僵化，这是一切教育的核心。

中国老话说得更朴素：“十年树木，百年树人”。由“树”的隐喻出发，教育的生命智慧不会止步于生命的理解，而必然出于对生命成长规律的尊崇和敬畏。

学生的领悟水平，体现在对于不同学科的身心感知上。老师们可能更多关注他们的外在表现，看起来利用威严与暴力解决的问题，实则会给他们心理留下创伤，对于类似的管教方式产生条件反应。非暴力沟通，更注重彼此情感、内心的交互，探讨各自对于学习的看法。

学生的智力看起来是天生的，假如我们能够采取合理有效地疏导，是可以让他们的智力有所提升，这需要家校之间互助互补。每个孩子各有不同，更需要我们因材施教、以优辅劣，杜绝陷入呆滞的思维。

二、教育思维要与时俱进

教育是一种科学，而且是发展的、动态变化的科学。开拓进取、与时俱进应该是它的本质面貌和精神体现。教育是用过去的知识和技能、现在的手段技术和思想、培育和成就主导未来的人。与科技和社会的频繁更替相比，教育的发展相对滞后。但我们的思维要与时俱进，教学经验有其与众不同的优势，但极容易陷入思想封闭的自我认知当中。师生之间要保持相对平等的姿态，要善于发现学生的点滴进步。包容不了孩子的差异性，也就背离了师德向善的初衷。

作者的经历与思想，是一本书产生的来源，但我们读书不是为了剽窃别人的人生，而是要从书中找到自己的影子。不同的视角有不同的收获，不同的时代有不同的使命。我们不能从课本中坐井观天，也不能从讲台上守株待兔。信息技术所带给人的革新，不仅仅是丰富人的生活，更要引导我们的内心追求。

当前对于教学的困惑，来源于我们抓不准、抓不住学生的兴趣点。教师的身份，恰恰限制了我们融入儿童的情感生活。老师与学生，不是敌对状态，而是亲如父母、近如朋友的关系。如果师生之间不敢交心，那教育的情感牵引与心理成长便无从谈起。

学生的日常表现、自己的工作前景、周围的特殊环境，都在考验着教师对于教育的热情与担当。我们是在以人的大脑而不是与僵死的物质打交道，过去的经验永远教不会未来的孩子。唤起学生的求知欲与判断力，培养他们独立解决问题的能力，使他们不管身处任何困境都能对未来做出可期的展望。

如果一个班级课堂纪律良好，那么就有可能是我们向学生灌输了一些死板的知识。老师要做的不是设置条件，而是要调动他们的思维。如果把人的大脑比作工具，我们首先要做的是使它锋利，然后才能更好地使用它。我们必须先要唤起孩子们对于课堂的兴趣，让他们明确学习的目的、发挥各自的潜在优势。

教育，是一种掌握种种细节需要耐心的过程。我们不能以一次过错去否定学生的努力，不能以成绩为唯一衡量标准，应该多层次、多角度去挖掘孩子们与众不同的一面。作为一名教师，要把每一位孩子都当成栋梁之材。我们当下最需要解决的是，让学生看得见自己的未来，并且让他们为之而奋斗。

不知道大家有没有发现，过去很多学科处于相对分离的状态，这违背了现代课程的生命张力。分门别类的课程体系，方便了科任教师的代课需求，但各种学科知识彼此没有串联，就无法实现较为高效的智慧沉淀。如今，时代不同了，孩子不同了，社会氛围和环境也不同了，我们教育孩子的方式方法也应该不同，也应该与时俱进。如果我们仍然是用老方法来教育现在的孩子，那可能会出现更多的问题；反过来当我们去了解现在的孩子的特点，了解现在的孩子他们生活的他们的思维方式，了解孩子的心理变化，走进孩子的内心，用他们的方式跟他们互动，这样才能够更好地支持孩子，让孩子更加健康的成长。

课程是为了供养知识，知识是为了愉悦心灵，而心灵在我们恰如其分的表扬中得到升华，生命也将会在种种磨砺中化蛹成蝶。如果教育只有一个主题，那便是五彩缤纷的生活。

守正创新，助推学校走优质发展之路

四川省成都市锦江区马家沟小学校　兰艺　刘英姿　刘春蝶

教育与国家、区域的发展同步，不断优化教育资源配置，办老百姓家门口的好学校，是实现教育均衡发展和新形势下学校优质发展的必然要求。我校作为一所新建学校，仅有三年的办学经验，但是我们勇于革新，大胆尝试，对新优质的“新”有自己的认识和理解：一方面，我们需顺应办学规律，紧跟教育改革和区域发展的步伐，找到并不断丰厚学校的发展之“根”；另一方面，我们针对自身的基础及特点，把脉问诊，守正创新，在新学校的新发展上做文章，让新学校平稳起步，并更好更快地成熟起来，良性生长。为此，三年来，马小人在系统建设，维稳定标的基础上循证学校的办学逻辑，培育学校的办学特色，积淀自己的办学思想，积极寻求新优质发展的实践路径。

一、立足本土文化，探索特色之路

我校从建校之初，便直击新时期社会新矛盾、人民新需要、教育新要求。学校面临诸多问题与难题，这是挑战，也是机遇，它启动了学校建设发展的新思考，打开了办学的新思路。

作为锦江教育的一员新兵，我们在办学过程中也反复思考和追问：新时期、新形势下，我们要培养什么样的儿童？我们如何真正认识儿童？我们如何办一所面向未来，能发挥更大的文化价值和社会影响，更多地惠及家长和社区的学校？

作为一所独立办学的新建学校，我们有新建校的共通性问题，同时也有自身的个性化问题：外部环境高关注、家长社区存猜疑、内部准备显仓促、思想准备不充分等。概括而言：“零起点”、“高标准”、“多挑战”。

零起点：表现为“三无两缺”。“三无”：无文化积淀；无名校引领；无社区支撑。“两缺”：缺行政管理和办学经验；缺优质教师资源。同时，从外部要求到内部的追求，都需要小马以高标准办学，走向优质办学快车道。综合各种问题，学校面临从内部到外部的多维挑战。

带着办学命题和现实问题，我们坚持立足本土文化和自身基础，在砥砺情怀和遵循规律中，不断告别路径依赖、多维聚合产能，开放办学，众筹智慧，探寻建设学校教育生命体的有效路径，打破家校墙壁、打破社校壁垒、打破组织壁垒。与此同时，萌芽、生成和凝结了“生成与开放的”的思想，我们以此作为学校办学的核心思想和行为主张，引领学校走上优质发展之路。

二、遵循办学规律，扬发展之帆

我们将学校视为一个教育生命体，它既要整体和谐发展，又要依据生长基础和发展需要重点优先培育。因此，三年来，我们一方面遵循办学规律和教育规律，统筹行动，整体构建；另一方面聚焦学校教育的核心关键，重点着力，培育优长。

循规统筹行动，整体构建。学校办学是一个系统工程，开门前后的“七件事”涉及各系统、各领域、各方面、各部门、各对象、各场景，缺一不可，各有责任，又相互关联。在其推进的过程中，我们坚持“生成与开发”的思想，注意处理好三对主要关系，即：“整体”与“局部”、“部分”与“部分”、“主体”与“客体”的关系。通过遵循规律、统筹行动、整体构建，促进学校这个生命体的全面整体发展。

聚焦核心关键，重点着力。循着生成与开放的办学逻辑，抓住核心与关键，重点着力，通过聚魂、凝核、造血、裂变四大工程，推进学校理念体系建设、整合的课程与教学建设、学习型团队建设、学校特色项目培育。

在不断地对话与实践中，我们逐步聚焦关键词：和谐、快乐、阳光，“更好地教育是适性儿童生长的教育”成为小马人的共识。于是，“适性”和“共育”成了学校办学理念中的核心词和我们办学行动的主题词，教师教育教学行为的关键词。以此为基，我们在实践反思中不断梳理明晰和提炼，初步形成了学校的办学理念体系。

学校以“落实立德树人为本，聚焦核心素养发展，办好公平优质教育”作为办学的价值追求，以建设管理规范、活力创新、特色显现、声誉良好的“家门口”的好学校为办学目标，并拟定具体目标。学校坚持从儿童立场出发，促进儿童发展，推动学校建设与发展。初步确立了“适性共育，悦然生长”的办学理念，以“培养有责任感、有好奇心、有思考力、有展现力的童真学子”作为学校的培养目标。

目前，我们正着手引导师生、家长共同参与，在专家的指导下，形成学校的“一训三风”，逐步让学校理念体系更加完整、科学，更有学校表达。

学校快速发展的过程也是抓住关键，培育特色，基于教育生命体的优质DNA不断裂变的过程。从开校前的筹备到开办后的这三年，我们一直努力寻求建设学校教育共同体的有效路径。通过打破壁垒，整合资源，协同力量，在动态生成中，逐渐孵化培育特色项目。这是我们编辑小马DNA的重要行动，也是小马DNA的重要组成。

基于大家对家校社协同的普遍认识，以及从学校筹备期我们所直面的教育新矛盾和新需要，到自我审视下学校发展的问题及需要，我们越发清楚地认识到家校共育的重要性，这是儿童发展的需要，也是学校发展的需要。我们不断强化一种想法：教育孩子，团结大家，共同发展。

于是，学校以问题研究开展工作，将提升家校共育效能作为学校发展建设的一个重要话题，以“儿童立场”作为家校共育工作的立场，并以此开展家校共育实践研究，课题《基于儿童立场的家校共育实践研究》在2019年度成都市教育科研规划课题评审中成功立项并成功开题。

三、审视办学成果，提速发展之势

回顾学校三年的成长历程，我们聚力学校工作的关键点、核心处，坚持“立德树人”，优课程、抓课堂，依托区域办学的优质资源，不断探索研培模式，助力教师专业发展，在促进质量提升的同时炼内涵、展形象，我们从仓促走向平稳，逐步赢得家长和社区的认可。

教师方面：学校从最初的三个班到现在四个年级，17个教学班，633名学生，教师从最初的14名到现今的52名，教师、学生、学校共生共长。

教师团队活力焕发、精诚奉献，有“成都市小学领航班校长”、“成都市优秀教师”、“成都市优秀辅导员”、“成都市优秀班主任”、学科带头人、名师工作室主持人，近3年里共上百人次教师在国家级、省、市、区各级竞赛评优活动中获奖。

学生方面：小马孩子全面和谐有个性的发展：作为各类展赛的最小年龄选手，学生多次荣获区语言表演类比赛特等奖、一等奖；多次在成都市科技创新竞赛中获奖；校园男足荣升成都市10支甲级队伍之列，还培养出“最佳射手”等荣誉称号的孩子；在全国、省、市、区举行的科创、语言表演、艺术、体育等竞赛中崭露头角。

审视学校办学三年的经验，我们不断在生成与开放、调适与平衡中，扎实走好每一小步，以更好地奠基未来的一大步。立足当下，展望未来，我们将以更加开放的思想和行动，面向现代化的教育，遵循教育规律，沉淀学校的办学思想，追求有品质的办学，推进更优的办学行动：一要坚持办学方向，强化全面质量观。二要抓住学校“品质”的“品牌”、“品貌”、“品味”三维价值元素，遵循规律，持续性推进学校发展规划。三要以儿童为中心，以立德树人为根本，坚持“生成与开放”的思想，抓关键施重点。在内涵发展上做追求，在提升效能上下功夫，在从无到有，从有到优中谋实践，让学校从站稳，到凝魂，到树貌，到立品，走向更好地教育。

站在后疫情时代，审视办学校发展的三年历程，我们在构建学校系统和秩序的同时，不断用“生成与开放”编辑和改进我们的DNA。在不断地调适与平衡中，扎实走好每一小步，以更好地奠基未来的一大步。我们虽稚嫩，但有着励志勤力、披荆斩棘的精神和登高望远、砥砺前行的决心，面向现代化的教育出发，我们小马人将不断迈向更好地教育，谱写新的篇章！

谱写人生智慧金曲，奏响未来教育强音

四川省成都市温江区通平小学校　李文杰

百年大计，教育为本。教育是提高人民综合素质、促进人的全面发展的重要途径，是民族振兴、社会进步的重要基石，是对中华民族伟大复兴具有决定性意义的事业。我校创办于1943年，位于温江区花木之乡寿安镇团结桥社区，是一所有着76年历史的乡村学校。学校现拥有教学班12个，学生337人，在职教师35人。鉴于实际，我校完全实行小班化教学。2013年，我校以习近平新时代中国特色社会主义思想为指导，加强党对教育工作的全面领导，落实立德树人根本任务，以“努力办好人民满意的教育”为目标，围绕“提升质量、提升水平、提升形象”工作要求，提出以“明智教育”为核心教育理念，倡导学生争当“文明孩子、智慧少年”，教师“文明教书、智慧育人”，管理干部“文明参与、智慧管理”。将队伍建设、课程、课堂、科研、学生、家长作为学校深耕的主阵地，由各点串联成珠，朝着“常规常态、稳扎稳打、提升质量”的方向努力，向着“教师的专业发展、学生的核心素养、学校的品牌建设”出发。实施智慧教育项目、绘本与群文的校园立体阅读项目、学生自主管理项目，促进学校“明智教育”品牌发展，实现学校新跨越。同时，为全力打造“学到温江”品牌努力奋斗。我校以“146”为工作目标，即“1”个核心：提升教育教学质量。“4”个关键：(1) 规范管理；(2) 课堂教学；(3) 教师专业发展；(4) 学生习惯养成。“6”个任务：(1) 打造团结、创新、精细化的管理团队；(2) 打造务实、奋进、专业的教研组团队；(3) 塑造爱岗、敬业、专业的教职工形象；(4) 培养学生自主、合作、探究的学习能力；(5) 提供展示自我、提升自我的发展平台；(6) 整合优质资源、项目式发展促品牌建设。今天，我校办学品牌不断彰显，教学质量显著提升，成了温江区教育的璀璨明珠！

一、弥足根本，凝心聚力谋发展

我校是小规模乡村学校，建造一所“小而精”的学校一直是学校发展所期待的。它有着优良传统，师生阳光、积极，行政团队和谐、踏实。教育教学质量是我校最为关注的核心点，我校通过加强学校管理，提升教育教学质量。从学校领导、教师团队角度出发，通过多种形式，助力学校发展，提升教育品质。一是管理团队，通过行政会、个别谈话谈心等方式凝聚团队力量、达成发展共识、提升管理水平，鼓励管理干部深入一线了解教师的真实需求、真问题，并结合实际提出解决问题的方案，按照年初制定的目标一一进行落实，注重过程性管理，形成闭环式管理机制。对教师团队，我校狠抓课堂规范化操作。借助区内“基于学历案三学课堂”的建设，整合校内教研组、校际党建联盟、智慧教育项目等资源，为一线教师提供展示课、磨课的平台，强烈要求所有提供研究课、优质课的教师要与信息化技术深度融合、要用好学历案、要实施三学课堂，在一定程度上提高课堂效率、提升教学质量。为了紧抓德育教育不松懈，我校以“文明有礼 智慧成长”为主题，设队干部自主管理岗位、赋予队干部管理职责、提供自我表达舞台、不断敦促常规工作的落实、优化。如：大课间活动，队干部就各班级出勤、纪律、做操等方面进行评比，并在第一时间内进行通报，经过几轮实操，大课间活动质量明显提高。在班级中积极开展“流动小班主任”德育微课程，为每一个学生提供参与班级管理、上台表达自我的机会，这一长期坚持的过程不仅增强学生自信，而且还提高学生的表达能力，也促进整个校园德育管理更加轻松自得。

继承学校的优良传统，敢于挑战自我在变革中成长，这是办学的勇气，也是教育工作者必经之路。基于学校发展历史、现状以及时代要求，我校扬长破短。自2013年实施了“流动小班主任”德育微课程，它的开设为每一个学生提供参与班级管理、上台表达自我的机会，这一长期坚持的过程不仅增强学生自信，而且还提高学生的表达能力，也促进整个校园德育管理更加轻松自得。

“流动小班主任”每天播报，其内容六大板块，包括：(1)所做工作：对当天所做的工作作详细记录。(2)今日大事：选取国内外以及校内外的重大事件，让学生学会关注时事，关注身边的大事。(3)身边榜样：寻找身边的各类典型，包括学生、老师和社区群众，聚集正能量。(4)存在问题及工作改进：曝光和纠正各类不良行为，纳入学生操行考核，并提出工作改进意见。(5)工作自评：对自己一天小班主任工作的得失作自我评价。(6)教师点评：适当点评，进行正向引导，或是提出问题，引导互动反思。经过几年的坚持与坚守，已初见成效，不仅提高了学生的自信，培养学生养成良好的习惯，也增强了学校凝聚力。我校还以“少先队组织流动小中队辅导员实践与探索”为主题申报了省级课题，成立以中队辅导员为核心的科研团队，以此为德育工作抓手，不断完善与优化，形成学校独具一格的德育工作特色。

二、满腔热忱，齐心协力铸辉煌

在农村小学生中，由于受社会环境、家庭环境等多元化因素影响，学生阅读水平低、课外阅读量少、口语交际能力弱、阅读解析能力和写作能力不足。为激发学生阅读兴趣、提高学生阅读能力，让阅读真正走进学生内心和生活，2008年我校就开始推进绘本阅读课程，它是以本体性、载体性课程为发展路径，保证孩子们有书可读，让他们采得花、酿得蜜。我校主动发放家长信，给学生、家长推荐适合阅读书籍的书目，动员以家庭为单位到书店购置图书，订阅杂志。同时用好班级图书角，拨专项经费到班级购置绘本图书，鼓励学生开展图书漂流活动。大力建立学校图书室绘本馆，陈列各国优秀绘本，保证孩子们有绘本可借、有绘本可读。我校还自制绘本阅读课程进课表，像语、数、英一样出现在每个孩子的课程表中，做到“四个每”，即：每周一课时、每周一绘本、每周一创作、每周一分享。此外，让绘本阅读进入其他学科，和国家基础课程、拓展性课程进行重整、互补，让学习更有趣、更丰富。举办绘本阅读成果活动，包括“家庭图书晒一晒”、“我的绘本我创作”等活动为载体的课程。经多年实践探索，我校已构建出一套绘本阅读课程教学模块。通过深情导读-引导猜想-指导看图-品味语言-联系生活这六个步骤，引导教师用生动的动作神态，丰富切实的感情，提升学生阅读兴趣，激发学生想象，让学生发现细节、感悟内涵，品味其语言的魅力，启发孩子的深入思考。目前，我校已建立一套通平小学绘本资源库，拥有电子绘本800余册、图书室绘本200类1000余册、绘本教学设计100余节、绘本教学课件100余节。资源库中还形成低段绘本阅读目标体系、校本课程标准、校本课程实施纲要、校本绘本阅读推荐书目。下一步，我校将继续坚守探索实践之路，建立一套完善的低段绘本阅读课程体系。同时在中高段年级开设群文阅读课程，让整个小学阶段阅读不再孤单，走向体系化、特色化。

“为学生的未来而教”，这是教育的使命，也是教育的重要课题。我校紧随时代脚步，大力建设信息智能教室。我校的远距智慧教室实现影音、数据互动，促进教育均衡，实现跨域交流。打破时空限制，异地同步进行双向互动教学。不仅能听到、看到，更能穿越时空实际参与课堂互动，提供多地孩子学习刺激，促进教育均衡化发展，也能实现跨域交流。DSC远距智慧教室服务平台，在既有的TBL智慧教室环境下，结合智慧型录播系统或第三方视讯会议系统，通过DSC远距智慧教室服务平台，即可实现如临现场般的互动课堂，让位于不同教室的学生也能够使用IRS即时反馈器、小组平板等即时反馈，上课老师就能精准掌握远端与本地学生的数据，智慧决策，宛如在同一间教室上课。我校还成立智慧教育种子团队，定方向与目标、给任务与计划，开展技术定制培训——种子教师上转转课——送种子教师参加平台交流活动——录播优质课送到中国区参加展评活动，在一次次培训中、实践中，不断促进教师熟悉技术、会用技术。同时我校与优质学校签署联盟协议，开展远距互动课堂教学活动，实现多地孩子共上一堂课、共享优质资源的课堂教学；实现同一组教师互动教研，碰撞出新思维，促进教师发展内动力。课堂上，学生每人手持一支IRS即时反馈器，进行即时问答与随堂测验。通过反馈器收集、分析出客观数据资料，使教师能关注每位孩子的学习进度及状况，即时调整课堂教学策略。娴熟地应用交互式多媒体教学，孩子们拥有了主动权，真正体现生本理念教学。学生作品实时呈现，个性化与面向全体的课堂初露端倪。充分利用电子白板技术、语音转化技术，将学生的写、话即时呈现、当场修改，孩子敢说，敢做。对教师个体来说，利用技术改变教学，使教学更富针对性，从而提高课堂教学质量。

教育，就是精神的唤醒，潜能的显发。而学校好比温暖的家园，它让师生的思维在自由中伸展，智慧在惬意中放飞，每天都成为自己生命历程中灿烂的一页。学生们在温馨的环境中快乐成长，教师收获成功，这是一种在无形中使我校坚定向前的强大力量。未来路上。我们相信，在智慧教育的道路上，我校会在更美好的明天，扬帆起航！

以劳动课程建设促进幼儿园高品质发展

四川省成都天府新区第八幼儿园 赵敏 柯丁琳

[摘要]自党的十八大以来，随着习近平总书记多次在重要场合对劳动教育重要性的强调，越来越多的人认识到了劳动教育促进幼儿身心“全面发展”的价值和意义。本文以劳动课程建设为契机，重新审视幼儿劳动教育的重要意义。并通过文献研究和调查研究，摸清幼儿园劳动实践活动开展现状，分析开展劳动实践活动中的问题及成因，依据行动研究法，深入开展活动，在实践中梳理出科学合理的劳动实践活动课程体系，合理设计和有效实施劳动教育活动是提高幼儿身心“全面发展”的关键，也是通过劳动课程建设促进幼儿园园所高品质发展的有效保障。

[关键词]劳动课程建设方法高品质发展

幼儿园的园所文化潜移默化地影响着幼儿园的环境，幼儿园园所特色的形成以及幼儿教师教育理念的发展，是促进幼儿身心发展的重要源泉。在建设高品质幼儿园的发展过程中，我们反复追问教育对幼儿的终极价值，以劳动实践活动课程体系的建设为契机，注重幼儿身心健康，促进幼儿全面和谐的发展。

基于我园办园理念更好地培养出“善于动脑、勤于动手、敢于创造、乐于生活”的孩子，我园围绕“知劳动、会劳动、爱劳动、敬劳动”的培养目标，建构以生活活动、学习活动、游戏活动、运动活动为主的劳动实践活动课程体系，希望从这样一个思路开展好我园的劳动课程体系建设，促进我园园所的高品质发展。

那么什么是高品质幼儿园呢？高品质幼儿园的特征是什么？如何以劳动课程体系的建设来促进我园园所的高品质发展呢？带着这些问题，我们一步一步进行了思考，实践与分析。

一、基于以劳动课程建设促进幼儿园高品质发展的研究背景

自党的十八大以来，随着习近平总书记多次在重要场合对劳动教育重要性的强调，越来越多的人认识到了劳动教育促进“全面发展”的价值和意义。帮助幼儿树立热爱劳动的意识，尊重他人的劳动成果，并在自己参与劳动的过程中获得劳动本身所带来的乐趣，促进幼儿身心健康，注重幼儿的全面发展，这是当下幼儿园教育中不可或缺的重要部分。

同时幼儿园教育中也提出“一日生活皆课程”，强调幼儿学习的生活化、游戏化、实践化等。劳动教育活动则是对“一日生活皆课程”最好的诠释，然而劳动教育活动在教育实践中却是常常被淡化的：一方面是少有幼儿园从课程的视角将劳动教育纳入到课程体系当中，进行详细、系统、全方位地思考；另一方面是教师并没有充分地认识到劳动教育对于促进幼儿身心健康发展有着怎样的意义，大多数教师在提供劳动实践活动教育的过程中，仅仅局限于为幼儿提供有限的劳动机会和劳动教育内容或是在日常生活中去引导幼儿尽可能的完成自己的事情，甚至有部分老师还不知道如何去开展适宜的教育活动。

基于这样的背景下我们围绕着“知劳动，会劳动，爱劳动，敬劳动”的培养目标，多维度建构劳动实践活动课程体系，支持幼儿全面发展。同时为了促进我园园所的高品质发展，在劳动教育活动实践过程中通过多种形式的开展形成我园特有的园本文化积淀，不断促进我园特色发展。

二、以劳动课程建设促进幼儿园高品质发展的意义

党的十八大提出要将立德树人作为教育的根本任务，"立德树人"是"立人教育"的价值核心，是实现"立人教育"在价值上的根本追求。从促进幼儿园高品质发展层面上来讲，成才需先立德，立德树人这一任务的确定为促进园所发展指明了方向。所以幼儿园的劳动教育，不能只局限于从幼儿的社会性发展的层面来考虑，而应该从落实立德树人根本任务的角度来理解。因此为了贯彻落实立德树人的精神，我园的劳动课程以劳动实践活动为切入点，通过认识劳动、参与劳动、尊重劳动、创造劳动，帮助幼儿体验劳动的快乐，增强生活自理的能力，同时丰富幼儿园劳动教育内容，拓展幼儿生活自理能力培养途径，落实幼儿"在生活中学习，在操作中成长"。

三、以劳动课程建设促进幼儿园高品质发展的实施策略

园本课程是幼儿园教育活动的重要组成部分，高品质幼儿园的建设必须要依托于系统完善的园本课程体系，立足园所实际情况，根据幼儿的身心发展及学习特点，组织开发富有特色的园本课程，形成独有的课程体系。所以我园以幼儿的亲自感知、体验、实践为主，探索梳理了系统的、持续的幼儿劳动实践活动课程体系。

（一）建构幼儿园劳动实践系列活动

把班级主题活动，园级系列活动进行整合，建构我园特色的劳动实践活动课程体系。教师每周一次劳动研讨活动，针对各年龄段幼儿劳动实践活动的习得轨迹和幼儿身心发展阶段特点，在设计和实施幼儿劳动实践活动过程中目标的定位，幼儿最近发展区的遵循进行梳理，并根据不同年龄段幼儿发展规律制定了年度幼儿生活自理能力计划表，根据这个表上的内容每月每个年龄段开展相对的生活活动。

2019—2020幼儿生活活动（自理能力）计划表

月份	班级主题活动		
	小班	中班	大班
3月	进餐1（端饭、擦嘴、漱口）	擦桌子	整理学具
4月	进餐2（坐姿、正确使用、桌面）	洗点心盘	学习收放物品
5月	穿脱衣裤（衣裤的正反、叠放）	打扫地面	自主制定周计划
6月	整理汗巾	系鞋带	整理大区域
9月	喝水、端杯	自取点心	自主添餐
10月	洗手（六步洗手法）	叠被子	自我整理衣裤
11月	如厕（冲厕、擦屁股）	穿衣服	整理书包
12月	排队	鞋子分正反	自主设计符合

此外，我园还根据二十四节气表：气候的变化和物候的变化梳理了年度种植活动计划，指导陪同孩子进行对植物的松土，施肥，浇水，除草等活动并通过这一系列的种植活动，观察植物生长的秘密。在收获的季节，陪同孩子一起采摘成熟的瓜果并通过自己的劳动制作美食。在这个过程中幼儿观察到了植物的生长过程，初步感受到劳动和植物生长变化之间的联系，丰富了孩子的感性认知，满足了孩子的好奇心，激发了孩子的求知欲，同时体现了在劳动教育中也包含了与生命教育之间的联系。

（二）多领域渗透劳动实践活动

劳动教育活动可以适当融合在其他领域活动当中，在不同的领域中也可以促进幼儿劳动意识的培养和发展，比如：在组织语言、艺术、社会、健康、科学等领域的教学活动中，可以适时的，合理的加入一些相关的劳动教育内容起到强化教育的效果。如在语言领域教学中可以收集一些与劳动人民相关的故事，音乐领域中可以带领幼儿聆听一些歌颂劳动的歌曲，社会领域中引导幼儿了解不同职业的劳动，培养幼儿对各行各业劳动者的尊重和对他人劳动成果的珍惜。

（三）优化幼儿园环境，为幼儿劳动创设适宜条件

为充分发挥环境的教育功能，更好地为幼儿创设劳动的条件和机会，针对我园园所环境进行了整体的规划，设置了自然种植区、生活服务区等，并在各个区域及共同活动空间提供适合幼儿的安全、可操作、数量充足、便于取放的劳动工具，满足个体与集体劳动的需要。

（四）加强专业支持，提升教师发展

在劳动课程的实践研究中，教师将理论学习与实践相结合，优化自身的教育思想，并通过教研活动，整合专家资源，教师劳动课程系列培训等形式的不断优化，提高教师在教学活动中教学水平的提升和对教学内容的深入把握，适时反思自己在劳动教育活动过程中实施的效果，关注到幼儿在劳动教育活动中遇到的问题，加强自身理性的思考与反思。最终，在推进教师队伍及幼儿园课程建设的过程中促进高品质幼儿园的打造与发展。

四、劳动实践课程体系校本化——凝练独特幼儿园文化

幼儿园园所文化是以幼儿为主体，以幼儿园为主要空间，涵盖教师以"立德树人，育人为主"的导向。所以在建设高品质幼儿园的发展之路上，就要不断激发幼儿园的主动变革、内涵发展、质量提升的专业自觉。而劳动实践活动课程体系的建设丰富了幼儿园园所的教育内涵，提升了教学质量，真正把握了适合幼儿全面发展的教育，以注重幼儿身心健康，全面和谐的发展作为出发点和落脚点，是幼儿园园所文化可持续发展的内在驱动力量。

通过我园劳动实践活动课程体系的不断地梳理与研究下，优化了我园教师的教育观念，改进教学方法。从主导者转化为支持者，引导者。提高了幼儿的独立自主性，培养了幼儿的责任感和创造性，促进幼儿身心全面发展。同时在劳动教育活动实践过程中通过多种形式的开展形成我园特有的园本文化积淀，促进我园园所的高品质发展。

参考文献：

[1]张紫薇.《幼儿园劳动教育的实施路径探究》[J].考试周刊，2019.

[2]刘涛.《高品质学校的教育意蕴与建设路径》[J].2017，基础教育课程.

[3]郑娟玉.《浅谈幼儿园劳动教育的意义及实施策略》[J].幼儿教育研究，2019.

培植阅读精神　浸润生命原色

四川省大英县实验幼儿园　魏红桔

读书是人类独有的文化行为。只有读书，才能继承和发扬前人的智慧。英国的思想家培根说："读书足以怡情，足以博彩，足以长才。"其怡情也，最见于独处幽居之时；其博彩也，最见于高谈阔论之中；其长才也，最见于处世判事之际。一座书香弥漫的城市，是富有内涵、底蕴深厚的；一个书香弥漫的校园，是静谧安全、快乐欢畅的；一个书香弥漫的家庭，是和谐温馨、幸福美好的；一个热爱阅读的人，是文明高雅、富有智慧的。近年来，我园执着于草根式的阅读研究，致力于幼儿园、教师、幼儿及家庭的阅读建设，在和乐文化中培植阅读精神，浸润生命原色。

一、创建和美环境，营造书香氛围

我园积极营造"书香校园"氛围，创建了图书量丰富的教师图书室、幼儿绘本长廊、亲子阅读区、班级图书区，让阅读时时、处处发生。

（一）教师图书室开启阅读之旅。我园是全县最大的阅读场，共设教师图书室4个，幼教刊物近100种，教师用书500余册。有专门的图书管理员，有相应的图书管理和借阅制度，老师们可以随时借阅。每一本书都精挑细选，每一角落都温暖舒适。只有教师的阅读观念转变，爱读书、好读书才能带领孩子开启阅读之旅。

（二）幼儿绘本长廊播下阅读种子。根据"爱阅读·会表达·能想象"阅读三部曲，我园创设了内容丰富、环境温馨的幼儿绘本长廊，在这里有2000余册经典绘本供孩子们自主选择，流动书屋上方镌刻着20多个不同字体的"书"，让孩子看见"书"，爱上"书"。绘本读物，以读图为主，情节生动有趣，画面美观精致。幼儿图书每天开放，让每个孩子都有机会读到精美的图书，以激发幼儿的阅读兴趣。每个班级均有固定的阅读时间，由教师引导幼儿开展阅读交流、新书推荐等活动。

（三）亲子阅读区使阅读走进生活。我们力争做到只要走进幼儿园，幼儿就会与书相伴。校门口长椅旁、"长满书的大树"下、报纸杂志亭，随时看见各类书籍，楼梯间下设置的温馨书吧，楼道文化上绘本推荐，转角处的遇见……在这里摆放着精美的图书，精巧书架和精心自制的靠背，在这里，亲子共读美好时光，幼儿学会了归类整理，学会了自主阅读。

（四）班级图书区使阅读成为常态。各班门口展架上成列每周好书推荐。班级图书区，书籍多达200余册，一部分由学校购买，一部分家长漂流贡献。可满足幼儿随时随地阅读的需要，使阅读成为一种自觉的行为和习惯。图书会随着主题的发展和阶段性更新而丰富，长期的阅读使得幼儿养成了良好的阅读习惯，幼儿手捧图书聚精会神阅读的场景，时时处处可见。

二、锻造和雅团队，引领教师成长

教育是一种培养人的活动。作为人才培养者，教师不仅要通过自己掌握的知识影响学生，还要通过自己的人格和道德力量，通过自己的言传身教去影响和感染学生。为提升教育专业水平，我们坚持做好：多元阅读助推专业成长，读书沙龙碰撞智慧火花。

（一）专家引领提升教师赏析水平。我园邀请了韩振德校长、卫功立教授以及我县首批专家库成员走进幼儿园，传播阅读理念及阅读对教师终身发展和专业成长的重要性，引领幼儿园走向学习型组织的发展道路。

一是人本管理点燃教师阅读兴趣。一所学校，教师要读书，领导必须读书。一直以来，我们坚持每周会前学文，坚持写教育笔记，坚持亲自做导读分享：《在与众不同的教室里》、《56号教室的奇迹》、《敬

业与乐业》……坚持师范争当书香教师，鼓励教师一起成长。新年礼物园长赠书，专家推荐网上购书，主动申请书店买书，无论是园领导、还是教师，每次外出，每到机场，我们总会满载而归。为使教师在有限的时间里接触更多有价值的书籍，园领导以导读的方式传递有益经验，激发了教师的读书热情，拓展了教师的学习视野，提升了教师的专业实践能力。

二是常态活动成就教师阅读梦想。年初教师制定读书计划；九月开展“书香教师”、“五每”评选：每天读一篇文章；每周写一则读书笔记；每月上一次绘本教学活动；每期作一次园本交流；每年发表一篇论文；五月的“我是朗读者”比赛；十月的“和乐书香·经典诵读”；期末的《指南》测试、综合素质理论测试；通过一系列的读书活动，我园教师逐渐爱上文学，爱上朗读，把读书已经当成一种习惯，一种精神。

三、架构和乐课程，唤醒幼儿兴趣

为了保障幼儿阅读时间，我园安排了每周一、三、五晨间经典诵唱，周二、周四全园听故事半小时；每周设立一节绘本集教活动，师幼或是共读一本书，或是指导幼儿阅读；利用园本节日，每年四月“春之声-阅读节”，开展丰富多彩的系列阅读活动。旨在通过全员参与、全年贯穿的方式，唤醒幼儿园每个成员对阅读的浓厚兴趣，让阅读滋养幼儿成长，让阅读丰富教师生活，让阅读影响家庭的教养方式。

四、开展多样活动，培养阅读习惯

（一）“天天读书·天天乐”活动。每天“古诗联唱”联合体能热身活动，孩子们声音洪亮，掷地有声；“我是小小播音员”午间播报，播报天气、日期、今日营养午餐、分享身边小故事，孩子真正成立主人。

（二）“我的图书我做主”快乐自主读。绘本长廊、亲子图书区、班级图书区都是孩子们自主阅读的快乐天地，孩子们从开始的乱翻书转变到逐页翻书，学会了读图，在阅读过程中还认识了一些文字，从不喜欢去图书区到积极主动去读，思维能力、阅读能力、表达能力都得到了发展。

（三）“编织梦想·书香满园”文化艺术节。每年五月，亲子童话剧、教师诗歌诵读、师幼情景剧，会上隆重表彰书香家庭、书香班级，隆重的仪式感，满满的幸福，会激励全体实幼人爱上阅读、传承书香。

（四）“爱阅读·会表达”幼儿讲故事比赛。孩子通过选故事、读故事、讲故事的过程，克服了胆怯的心理，树立了自信心，提高了语言表达素养。“浓浓书香园·深深爱国情”　年级主题活动，让幼儿真正成为学习和游戏的主人。

（五）“温馨时光”亲子阅读。我们积极倡导家庭亲子阅读，通过家长会、QQ群、微信等多种方式向家长推荐适合孩子的图画书，指导阅读方法，通过传照片和视频到班级群，被人关注也是一种鞭策和动力。

五、建设和洽家园，提升阅读品质

“阅读是最浪漫的教养”、“父母的陪伴胜过一切教育”。我们薪火相传，发起“亲子共阅读”倡议，在多元阅读中提升亲子阅读品质。

一是开展“书香家庭”竞选“五个一”活动：每晚为幼儿播报一则新闻；每周为幼儿讲一个枕边故事；每期陪幼儿自制一本图书；每年为幼儿购买一定图书；每家为幼儿布置一个书屋；二是开展好书漂流活动“贡献一本书，读上千百本”，大大增加亲子阅读的兴趣，提高阅读能力，真正开创了“小手牵大手”、“一家带万家”的人人爱阅读，人人会阅读的良好局面；三是成立了家长助教团队和亲子社团。截至目前，家长助教48人次进班级：有故事妈妈、医生爷爷、警察爸爸、理发爸爸、礼仪妈妈等，让家长了解老师的工作，全方面促进家园共育，效果显著；亲子社团，通过教师组织并指导，家长在家或者组团去图书馆，也可以合理的开展阅读活动。

通过书香校园建设，让教师在阅读中品味人生、获取智慧，享受幸福的教育生活；让孩子在阅读中滋养心灵、体验快乐，把每一天的生活都过成童话；让越来越多的家长享受亲子共读的幸福时光。通过书香校园建设，我园先后成为“中国陶行知研究学校文化专业委员会会员单位”、“四川省学前教育教学改革共同体单位”、“《指南》测试一等奖”；市级课题顺利结题，县级课题立项开题；安居、射洪、岳池、乐山、沿口等园100余人次前来观摩学习；教师先后发表国家、省、市、县级论文30余篇；出版园本教材六本，共500册；书香教师4名，参赛获奖国家级10人，省级奖项8人，市级10人，县级30余人次。

一个文明的民族应该是个全民阅读的民族，一个全民阅读的民族必然要有浓郁的阅读的氛围。社会倡导文明，人类永远追求进步。唯有读书，才是提高民族内涵最重要的途径。书香校园建设是一项长期的工程，我园将一直坚持下去。我们希望通过若干年的努力，使所有的孩子都能从读书中积淀成长的自信，张扬生命的力量，所有的老师都能从读书中获得教育的智慧，绽放生命的华彩，启迪生命原色，所有的学校都能在书香校园的浸润中创出特色和品牌。

构建“和乐”学校文化，成就师生快乐人生

四川省广汉市第四小学　罗先友

悠悠历史，饱含精华。80年的办学史，是我校80年文化经验的传承与更新。自2011年起，学校搬迁到新校区，便加快了文化建设的步伐，通过不断地创新与发展，我们在广泛征求全体教职员工意见的基础上，依据国家的教育方针，全面推进素质教育的需要，我们将孔子教育思想精华与社会主义的核心价值观相结合，形成了自己独具特色的学校文化：“和乐”文化。同时，基于马克思主义关于人的全面发展理论的要求，我校坚定地以“努力创办符合社会需求，适应学生自身和谐发展，学生喜爱的规范加特色的现代化小学”为办学目标；以“为学生成才奠基，为教师成长铺路”为办学思路；以“让每一个孩子成为最好的自己”为办学宗旨；以“和而不同，乐在笃行”为校训，致力于通过构建和谐校园，实施和谐教育，努力造就师生和乐和美的幸福生活。

一、“四大和谐”，助推成长

“和乐”文化以“和”字为先，“乐”字为标，以实现学生乐学，教师乐教，社会乐意，它包含两层不可分割的含义：一是和谐统一，共生共乐；二是和而不同，各得其乐，它是我校不断探索和创新中逐渐形成的以和衷共济、内和外顺、协调发展为核心的素质教育模式，主要包括：教育和谐、环境和谐、管理和谐、学生和谐四大要素。

教育和谐。作为学校、教师应以努力营造教育和谐为出发点，营造一个良性的教育生态环境。我们在平时的工作中力求做到两个和谐：教育内容的和谐，即我们施于受教育者的教育，其知识性的内容和态度性的内容应该协调、同步，既要使受教育者成才，更要使受教育者成人；教育方式的和谐，即学生的和谐发展，课堂教学是关键。我校通过多年的努力，探索出了语文阅读教学“121—共生三段式”高效课堂模式；数学教学“13211”高效课堂模式；体育教学“‘平行双班、男女分流’+‘1+1’专兼互辅”高效课堂；书法教育形成了“隐形纠错练正楷，正书入手扎功底”两大特色。

环境和谐。我认为主要涵盖三个方面：人际间关系的和谐，

在学校就是要以人为本，构建和谐的干群关系，和谐的教师群体，和谐的师生关系，和谐的生与生的关系，全面的提升人的和谐素养，全面提升学校的凝聚力；家校与社区间的和谐，校园文化与家庭、社区的文化有着密切的关系。在这方面，我校充分发挥自己的优势，主动参与到家庭教育、社区教育之中去，引导家庭教育、社区教育。特别是加强家校的联系与沟通，开好家长会，举办家长学校，完善家长委员会，建立家校沟通的顺畅渠道等；校园环境的和谐，一个和谐的校园，首先应该拥有优美和谐的育人环境。近两年，我们投资400多万元美化校园，打造校园文化，造就了一所幽雅、舒适、安全、卫生，布局美观的校园。我校四季景致各不同，移步即景，既有知识性，也能给人以赏心悦目的愉悦心境。

管理和谐。制度管理与人性化处理的交融，是一流管理的切入点。随着我校管理班子的不断吐故纳新，在管理运作过程中的不断创新，一项项切合我校实际情况的管理制度相继出台，制度的运行也在逐步透明。学校的管理体系如今正走向科学化、法制化和人文化，尤其在提倡建立和谐社会的今天，我校在实践制度管理的过程中，处处以人为本，坚持原则又极具人性化，让不少教师感同身受，从而以更加饱满的热情投身到工作中去。我们努力构建一个团结和谐、彼此尊重、相互信任、相互支持、友情深厚的领导集体，以实现高效、有为的管理目标；我们践行“真诚为本，方圆有度”的管理理念，构建团结、和谐的干群关系。

学生和谐。对学校教育来说，追求教育内容的和谐，营造教育环境的和谐，创新教育管理的和谐都是手段和途径，其目的在于达成学生发展的和谐。在我看来，学生发展的和谐主要表现在四方面：主体意识增强，品德修养上以自我教育为主，学习上以自主性学习为主，在集体中有较强的主人意识、民主意识；德、智、体、美、劳诸方面和谐发展；健康的个性特征和良好的心理品质；在共性发展的基础上张扬个性的独立。

二、视听结合，活动深化

一所学校的发展，既要有良好的文化要素，又要有“学校文化力”。我校通过宣传和精心培育，让学校精神文化进校、进班、进家庭、进每一个师生的头脑，增强了师生的认同感和归属感，对内形成全体师生共识，对外造成震撼效应，全面提升学校的凝聚力和创造力，从而进一步提升学校的文化力。我们着眼一个“视”字，凸现学校“和乐”文化，予以视觉之美感；突出一个“听”字，加强精神文化的宣传，予以听觉之舒美。

学校标志性文化--“校徽”。当我们迈进学校大门的第一步，映入眼帘的便是蓝黄白三色相间的校徽，悬挂在主楼的顶端。从整体上看，校徽是由四小的汉字和一本书组成，寓示我校的教育是绿色的教育、生态的教育、和谐的教育，孩子们将在这样的教育氛围中汲取智慧、快乐生活、茁壮成长。我们的校徽，就是巨大的精神文化场，她的磁感效应让学校精神弥漫于校园之中，浸润于师生的思想与灵魂，昭

示着我校无可限量的发展前景。

独具特色的文化石。为了让和乐文化植根于师生的心中，我动员全校师生研究和乐文化的内涵。我校曾令发老师撰写的“和乐赋”生动形象、全面深刻地对和乐文化的内涵与外延进行了全面诠释，并请四川省书法家王道义亲自书写，雕刻于进校门的大型文化石上边，让我们的师生每天都能看到，并且将我校的四园：和园、乐园、艺园、憩园，也雕刻在文化石上，使学校增添了浓厚的文化氛围。

栩栩如生的雕塑。和园中间的孔子雕塑，就像我校的一名全职教育者，每当课余时间，学生簇拥在他的塑像周围，仰视他慈祥而深邃的目光，一种追远崇敬之情油然而生，在师生中掀起了学习孔子、研究孔子的热潮，让孔子的教育思想影响教师，让孔子教会师生怎么做人，如他的“和而不同”、“礼之用，和为贵”、“学而不厌，诲人不倦”、“己所不欲，勿施于人”都深深影响着我们全校师生。学校书法展厅外的王羲之雕塑、运动场的足球雕塑，都在向同学们传递着一个信息：在全面发展的同时，还应注重培养自己的个性特长。

学校的五栋楼分别被命名为“和风”楼、“和雅”楼、“和歆”楼、“和美”楼、“和悦”楼，揭示了“和乐”文化的内涵。文化长廊更以形象生动的师生和乐图，展示了我们四小人实施和乐教育的共同愿景及共同追求的价值取向。学校舞台正中的8个大字“和而不同，乐在笃行”是我校的校训：“和而不同”是“和乐教育”的特征；“乐在笃行”，一方面展现了师生“乐教”、“乐学”的和谐教育画面，另一方面充分体现了学校注重实践，踏实教学的办学特色。

放眼教学区满目皆绿，浓荫蔽日；教室布置、黑板报上班级文化各具特色；楼梯上下、走廊前后牌匾悬挂，内容包含书法、安全、警示语等，赫然在目；办公室、功能室动中有静，教学秩序井然有序，“整洁、优雅、文明”的校园环境净化师生的心灵。宽敞美丽的塑胶运动场上 ，孩童们或运球奔跑，或带球过人，或起跳挥拍，尽情宣泄着生命的张力。在碧绿如洗的菜园里，各种蔬菜琳琅满目，种类繁多。孩子们穿行其中，体验着“锄禾日当午”的艰辛。园林区里，四季花开，乔木与灌木错落有致，花儿般的笑脸点缀其间，美不胜收，跃入眼帘的是一派“和乐”之景。

在书法教育中，我校学生在学习中求美悟理，老师在教学中审美冶情。极具个性特色的作品，或在班级的书法角、悬挂教室走廊，或布展于学校书法陈列室。漫步其间，那一幅幅作品，透露着“行云透风骨，奔马藏内功”、“点如金石，钩如屈金，戈如发弩”之像。点击书法美感，架设快乐书法空间，这是我校园“和乐”文化的又一特色。

依据广汉历史地域、文化底蕴和学校特色，我们谱写了旋律悠扬、歌词明朗、催人奋进的校歌《启航》。我校坚持每月评选一次和乐之星，并充分发挥学校红领巾广播站的作用，对学校师生涌现出来的和乐之星进行及时宣传。

举办教师演讲比赛、师德师风报告会，让全体教职员工“零距离”感受身边教师在遵从校训、校风、教风上，在践行学校办学理念、课程理念、质量理念和优质教育服务上的优秀形象，引领全体教师深入持久地弘扬学校精神文化。我们运用教师会、学生会、朝会、班队会、升旗仪式、家长会等方式，宣传学校的办学理念、学校的精神文化。

处处皆活动，时时显风采。和乐文化在我校已经生根发芽、开花结果，对内不断提升学校的凝聚力和向心力，对外形成了很强的感召力，推动我校全面可持续发展。“和乐”文化是我校文化建设的哲学、战略和理想，蕴含着对学生一生幸福的牵挂，暗含着对教师教书育人的热切渴盼，寄予着对学校持续发展的期望。在未来的工作中，我们将继续以构建“和乐”文化为纲，张目于“和而不同，乐在笃行”的校训，开创属于我们的“和谐”之旅，一同朝着绚丽多彩的未来稳步迈进！

实预精讲，提高课堂教学质量

四川省广元市青川县乐安镇中心小学校 冯先勇

教学质量是学校一切工作之灵魂。陶行知先生说得好，先生的责任不在于教书，不在于教学生，而是教会学生学习。教的法子要根据学的法子，这叫作“教学合一”。千教万教人求真，千学万学学做真人。施教之功，贵在诱导，进学之功，贵在心悟。善思则得，善诱则通；诱思交融，百炼成钢。针对我校的实际情况，如何才能更好地提升教学质量，我们通过课研究探索，不断提升学校课堂教学的质量。

一、多方摸索，找准入口

我校成立以校长为组长的课改领导小组，多方总结摸索，找准切入点，并获得绝大多数领导及老师和家长从心底深处找到认同感并为之而努力。随着我们不断积累得出只有抓住“预习-探知-作业”关键三环节，紧紧抓住课堂互动主阵地，严把时间关（10预习--预习效果反馈及预习+15探知+15作业-典型题型讲解、当堂反馈、分享所学），以科学化、精细化管理为保证，以解决实际问题为重点，全面发展为主线，学科融合为手段，深入研究，全面提高我校的课堂教学质量。

二、因地制宜，一线融合

学校坚守“木桶定律”，不放弃任何一个学生的红线。让每个学生在自己能力范围内最大限度挖掘其潜能，让他们都有所学，有所发展。在围绕提高教学质量这一中心的同时，学校努力创设和谐快乐教学双边活动这一重点。牢牢把控以师生和谐快乐地教学双边活动为途径，万变不离其宗，切实为提升教学质量服务。除此之外，学校用心做实“六点细节”。抓好教学常规的精细化提升质量；搞实备课前集体研究（尤其针对青年教师）促业务素养；科学课堂教学环节促课堂高效；注重课后反思及教学问题的研究与解决促教师成长；落实好青蓝工程与校本培训促内涵发展；以电子书包实验班为龙头辐射促全面发展。

三、脚踏泥土仰望星空

学校有针对性地开展课堂教学的系列活动。将学习先进理念、经验、优秀教学设计等内容为主，逐渐过渡到集体研究教材，共同设计教学方法，延伸为有条理开展说课、评课、交流、研讨活动；最终围绕教学中呈现的问题、教后反思等内容为主研讨，从而形成理论-讨论-实践-质疑-讨论-理论-实践的良性循环。

常规管理限行。预习：做到独立预习与借助资源预习，做到课前必须知道重难点，带着问题走进课堂；备课：落实个人备课和集体备课相结合。尤其针对青年教师经验不足、教材资源二次整合能力有限等弱项，采用“一备再研三改”即一次根据自己对课标、教材、学情的掌握进行一次独立备课，再请师傅指导，（探讨教学重难点，以及教法、学法和精典问题的设计等，真正做到多人一备，一课多备，达到深钻教材、资源共享，共同进步）最后形成适合的课堂教学案；课堂教学：课堂教学以学生为主体，体现学生的主动性、创造性、全面性。严格执行候课制度。形成“学-探-悟-拓”四层次的课堂模式。逐步分段落实15+课堂教学时间模式；作业布置：作业布置具有层次性、针对性让各类学生练有所获，并能激发兴趣。

巡听研评助兴。学校领导班子成员采取“推门课”深入课堂进行听课和一对一的评课指导，对于个别教师在一段时间内进行跟踪辅导指导。同时落实一日一巡机制和一科一研、一月一评制度，领导班子成员坚持不断学习，与教师共同成长，在业务上学校内上下形成相互学习、一起成长、共同提高的良好氛围。

课后反思补短。反思是促进成长的最好习惯。每一课后有针对自己教学设计的短小的课后反思，单元后有全面的客观的教学反思。对于比较典型的问题教导处集中汇总开展有针对性的教研活动进行研究、总结、反思、解决问题。

技术手段激活。充分使用现代教育设备和技术进行备课和课堂教学，不断将学科融合互联网+的教学模式，提高教学效率。以电子书包实验班为龙头与辐射，逐渐成为农村智慧课堂教学有效地过渡手段。

阅读习作提能。阅读促进学生内涵发展。余秋雨曾说：阅读的最大理由是想摆脱平庸，早一天就多一份人生的精彩；迟一天就多一天平庸的困扰。借助阅读培养学生读说写等多方面的能力，提高学生的品德修养和审美情趣，积淀学生人文底蕴，逐步养成良好的个性和健全的人格，促进师生的和谐发展。确立了“畅想阅读书香校园”的特色发展，以古诗词、国学经典为主体的每天半小时的课外阅读。

常规交流扬长。常规教学常规交流促进教师共同成长。将过去的“检查”演变为“交流”，不再单纯地查看记录老师的教学常规情况，而是分组分科进行比对交流学习提升，找别人的优点弥补自己的不足，发现别人的不足反省自己。最终将原来常规检查带来的一肚子怨言演变为相互学习提高的途径。

校内培训练功。学校对青年教师进行基本功的培训。如征文、演讲、三笔字（钢笔软笔粉笔）、现代信息技术等比赛、课例分析、课件制作等培训，一期一赛，提高教师的个人素质，练就扎实的基本功。同时还通过“一人一科一课”经典课堂打磨，不断提升教师教学能力和业务素养。

外出学习扩容。“不仅埋头拉车，更要抬头看路”，对教师尤其青年教师积极主动派出学习，吸取先进的教学经验，改变观念，提高个人的执教水平，形成个人的教学风格。让教师在外出培训过程中不断与先进理念、前卫教育观念碰撞，不断找到座位农村教师的幸福感，有扎根山村教育的决绝愉悦之心。同时通过外出学习回来再培训、引领、辐射所有教师，不断促进本校教师素养的均衡发展与快乐成长，不断让老师体感到获得感与幸福感。

自主学习充电。作为一名教师，只有自己有渊博的学时，才能引领学生更全面成长。一方面规定教师自学业务方面的有关知识；另一方面强调老师自主充实自己，提高业务水平和教育教学能力。

五育并举夯基。认真落实育“德智体美劳”全面的合格建设者与接班人。将体艺劳与学科深度融合，以少年宫活动为平台，以活动为载体，不断激发挖掘学生兴趣与潜能。将“野蛮其体魄文明其心灵”贯穿于学校的教育教学之中，真正做到“以体树人”、“以德树人”、“以智育人”。

可触画饼筑梦。为教师规划成长方向，并随之努力搭建平台，为教师的发展开山铺路搭桥，让教师在心理真实体感到自己的存在与获得感。以有温度的管理将老师的心聚集在“立德树人”这一根本任务上来，并为之快乐奔跑。

四、反思过去探讨未来

只有真正意义上的民主平等，学生才能真正得到发展。农村的孩子更需要教师的关爱、尊重，更需要尽最大可能营造民主、平等、和谐的教学氛围。真正搬掉讲台，走进孩子，真正把学生当作学习的主人，既要传授知识，又要激励学生的思考、发现和创新。与学生共同探讨新知识，共同得到进步，逐步使教学课堂成为学生发现问题、质疑问题的场所，成为培养创新精神和实践能力的主渠道、主阵地，成为引发师生共振的磁场。

教师既是教育研究者，又是教学实践者，引导教师在研究实践中不断提高自身的业务素养，不断提高教学质量。教师付出很多，学生却没有得到所期望的发展。这就要求我们的教师树立有效教学的理念，掌握有效教学的策略。教师自己可以上“文山”进“题海”，决不能让学生负担过重，我们更多地注重“书山有路勤为径”。但不赞同小学就沦为“学海无涯苦作舟”。只有把思考的时间、思维的过程还给学生，学生独立思考的习惯和自主学习的能力才能得到培养。

在当今新形势下，作为教师应该根据学生的心理需求和成功规律，创新制订教学计划，调整教学策略，如此才能妥善开展教学工作。只有教学策略和教学方法得当，才能够有效提升学生的主观能动性，使学生学习变得更轻松，满足每个学生的不同学习需求，从而更有利于学生思维和综合能力的提升。除此之外，教师也需要通过不断地努力学习探索，从自身教学思想、教学方法等角度进行自省、优化，不断地提升自己的个人素质，这样才能更好地为教育事业贡献自己的力量，使学生得到全面发展。

“微德育”促中小学生美行的实施途径

四川省泸州市江阳区白马学校　匡林彬

摘要：在常规德育中，通过相对稳定的资源和形式通常难以实现预期的德育目标。“微德育”以微技术为依托，以微资源为载体，从细微之处入手，尊重学生的个体性差异，打破常规德育时空局限的同时又与常规德育有机结合，从而更好地落实“立德树人”的根本任务。

关键词：微德育　中小学生　美行　实施途径

信息技术的飞速发展让整个社会迈进了大数据时代，信息技术、人工智能与教育的融合发展自然成为当今教育工作者无法回避的时代之问。前些年慕课、翻转课堂等微技术背景下的探索已取得了突破性进展，产生了广泛的影响。究其原因，是此种采用微技术手段的教育形式与传统的教育形式相比更精准、细微，解决问题更具针对性，能立足学生实际，尊重学生的个性化差异，从而满足不同学生的不同需求。

将微技术手段应用到德育领域，以培养学生的道德品质和美化学生的行为习惯为目的，从细微之处入手，打破常规德育时空局限的同时又与常规德育有机结合，争取育人效益的最大化。为达到以上目标，我校以中小学生为对象，积极探索用“微德育”这种手段来规范习惯、美化行为、涵养品德的途径，以期更好地落实“立德树人”的根本任务。

一、微现象的收集

在我校的常规德育工作中，虽然以《中国学生发展核心素养》和《中小学德育工作指南》为依据，但对存在的问题缺乏系统而深入和剖析和思考，因此采用的措施大多是“头疼医头，脚疼医脚”。这种没有触及问题本质的措施所产生的效率较为低下，既不能从根本上解决学生在品德和行为方面的问题，一段时间后，相同的问题又会重复出现。

结合中小学生的身心发展规律和水平，“微德育”的实施首先不是制定各种措施，而是对各年龄段学生由于道德品质和行为习惯的缺失而呈现出来的各种现象予以关注。所有的德育工作者对各种现象进行收集，学校业务处室对这些现象进行汇总、归类，整理出生活、学习、道德、社交、卫生五个板块内学生呈现出的现象，并采用图片、文字、影像等形式进行真实的记录，为深层次地挖掘现象的成因和有针对性地开发德育资源做好准备。

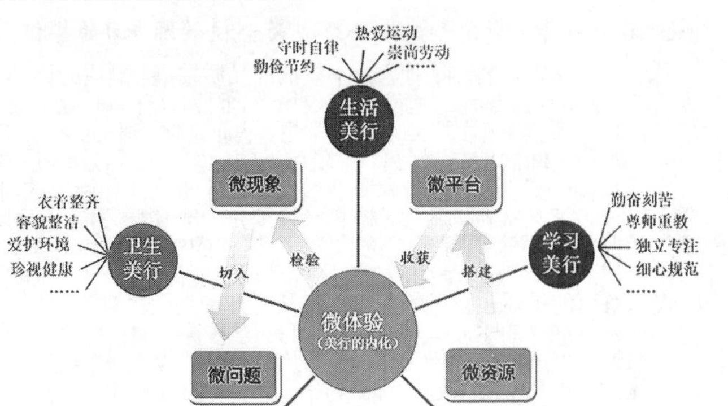

二、微问题的诊断

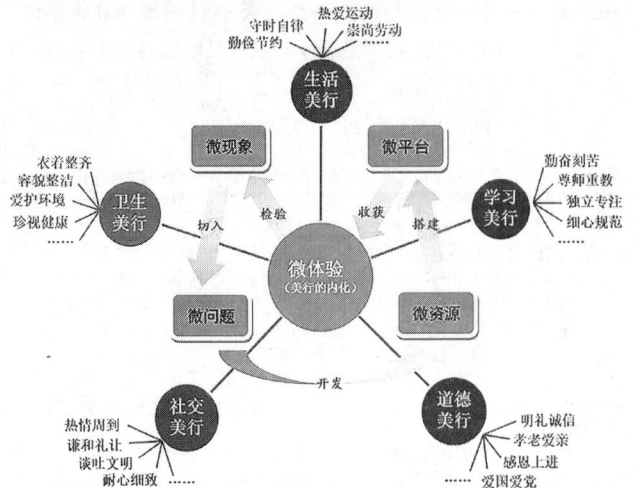

以现象为切入点，以实际为出发点，分学校、家庭、社会三个维度对现象中折射出来的问题进行分析，通过家校访谈、教师访谈、问卷调查等方式对相应的数据进行统计。依靠真实的数据准确地找出家校育人、课程育人、主题活动育人和社会环境育人过程中存在的问题，以问题为导向，再通过调查研究查找德育对象、德育实施者、德育参与者、德育管理者和学校德育制度的不足。

将所有的问题与不足以调查报告的形式固化，在遵循整体性和协同性的前提下，厘清问题与不足相互之间的内在逻辑，探究解决问题、弥补不足的方法和措施，有效突破碎片化的制约。针对生活上的问题，将勤俭节约、守时自律、热爱运动、崇尚劳动有机整合；针对学习上的问题，将尊师重教、勤奋刻苦、独立专注、细心规范逐步深入；针对道德问题，将爱国爱党、明礼诚信、孝老爱亲、感恩上进系统强化；针对社交方面的问题，将热情周到、谦和礼让、谈吐文明、耐心细致有序衔接；针对卫生方面的问题，将衣着整齐、容貌整洁、爱护环境、珍视健康协同推进。

三、微资源的开发

有别于常规德育资源的开放，“微德育”的资源开发在直指问题的基础上引入美国学者安德森的“长尾理论”。基于“长尾理论”的微资源能够针对性地解决学生在行为规范和道德品质中存在的各种问题，满足学生的个性化需求，“长尾”越长，微资源所覆盖的面积越大，“微德育”所释放出来的效能就越强。如此便能弥补常规德育关注群体而弱化个体的不足，也能使德育内容的丰富性得到极大地拓展，更利于德育形式的更迭出新。

就微资源呈现的具体形式而言，大多采用学生喜闻乐见的形式，极力削减教师站在道德“制高点”上对学生进行说教，将师生置于平等的地位，让学生自己去发现行为规范和道德品质上存在的问题，激发学生的自主德育潜能。微视频、微课件、微动画、微电影、微活动等所有形式除了要直指问题以外，素材全部取自于学生日常学习和生活，尽可能将各类素材的情境设置得简洁明了。学生获取微资源后，能快速与之产生情感共鸣和道德共振，消除常规德育中学生极易产生的距离感和陌生感。此外，在各类微资源中创造性地辅之以学生喜欢的动画、动漫元素，让整个“微德育”过程在愉悦、自主的状态下进行。

四、微平台的搭建

网络给中小学生带来的危害主要表现在两大方面，一是过分沉溺于网络游戏，意志被摧毁，学业被耽误；二是缺乏引导的网络社交行为让学生摄入有害信息，导致他们的思想行为和价值观念脱离正轨而产生偏差。“微德育”的属性本身就是基于网络社交平台而言的，一方面瞄准这两大危害，另一方面则充分挖掘各类网络社交平台的育人功能。如果学生面对网络首先产生的不是玩游戏的欲望，而是在自省和自律的前提下认真审视自己，使用微信、QQ等网络社交平台时能自觉地抵制有害信息，积极获取相应的学习资源来改进自己的不足。这样就有效避免了网络的危害，让网络社交平台的育人功能得以充分的释放。

要实现消除网络对学生的危害，使得微资源在微平台上顺利推送这一趋利避害的目标，还须遵循规范、适时和适度的原则。规范是指各类社交平台必须有专人负责对微资源进行推送，同时对有害信息进行及时处理，保证微平台时刻处于清朗的状态。适时原则要求不能把所有开发出来的微资源同时放到平台上，而要根据不同的年级、学段和时段分别推送不同主题的微资源。这就要求搭建的平台既要具有相对的稳定性，又要根据推送资源的不同而做出局部的灵活调整。适度是保证微平台有效运行的关键性原则，离开这一原则，让学生产生厌恶心理或让微资源的推送趋于形式化，其结果都会适得其反。

五、微体验的收获

高效的德育途径无疑是让学生收获切身的体验，产生内心的触动，感召其改变价值观念，实现其道德品行的自觉规范。在常规德育中，德育工作者为达成这一目的，或通过各种德育主题活动，或将德育资源固化为相对稳定的课程，或在德育和学科教学之间寻求二者的契合点，但体验的效果往往与预期的目标相去甚远。融入微技术手段的“微德育”将目标分解，以灵活多样、满足个性化需求又突破时空限制的形式不断让学生收获不同的微体验，最终实现美化品行和涵养品德的目的。

学生在收获了微体验后，美化自身行为的过程也就开始了。此时德育工作者切不可操之过急，因为美行的内化并非在收获微体验后就能“药到病除”，而是一个缓慢的自我涵养过程，我们除了要保持着一颗静待花开的耐心之外，还要引导学生对自己的道德品行进行新一轮的检验和审视，鼓励他们不断去发现自身的不足，自觉地在微平台上获取针对自身不足的微资源，如此便能实现“微德育”全程的动态良性循环，使其具有可持续性，有效去除了常规德育活动中资源一成不变的弊端。诚然，微资源和微平台都要与新发现、新产生的微现象和微问题同步更新和调整，这样才能排除德育领域内阻碍学生良好品行发展的各种障碍，让学生的道德品行伴随着他们年龄的增长不断得到升华。

纵观“微德育”的整个过程，梳理其体系架构和各环节涵盖的内容，无不透露着严谨、细致、入微。这就要求我们德育实施者、德育参与者和德育管理者都要以严谨务实的态度、持之以恒的决心，走出常规德育中的低效泥淖，从细微之处入手，努力去让“微德育”一直处于动态的良性循环之中。这样才能确保“微德育”的实效，才能更好地落实“立德树人”的根本任务。

（本文已发表于《四川教育》2020年/09B/总第708期，刊用请注明出处）

高品质学校的校长特质

四川省泸州市梓橦路小学渔子溪学校　王敬

“方向决定后，领导就是最重要的因素”，无论在哪个年代，这都应该是不变的真理。然而在由知识分子组成的学校群体中就显得更重要，毕竟教师在教育引导学生要学会思考的同时，自己一定是一个愿意思考、善于思考和敢于思考的人。新建学校，特别是品质定位比较高的新建学校，要想迅速激发教师的奋斗精神，调动教师的工作积极性，朝着学校制定的目标团结一心奋勇前进，领导特别是校长的以身作则、行为示范、言传身教，就更是最重要和最有效地管理方法和管理方式。才能够够在学校文化、学校课程体系、学校的工作作风、教学质量、人际关系的高品质发展，起到至关重要的作用。

一、学校文化的核心理念校长必须亲自思考并努力构建，并带领管理团队进行集体的学习、研讨和完善

一个组织的生命力和发展态势，最终起决定作用的归根结底一定是落脚在组织的文化上。一个组织的文化，会让你的一切外在的要求、考核、奖惩转化成为每个组织成员的自觉行为，这样才会让千头万绪的管理难题因为文化的引领找到解决问题的本和源。作为一个最具有文化内涵的组织——学校更是需要用文化来教育、影响和感染学校里的每一个人。所以对于学校文化的梳理、发掘、提炼、归纳过程中，校长就起着至关重要的作用。你的文化价值取向、你的文化价值基础，你的文化的内涵与外延，都必须是校长自己思想和境界以及对教育的自我认识后的高度浓缩、深刻表述还必须与自己的学习、经历、个性特征和教育理想相一致的产物。这样的文化基础才会成为校长以及校长所领导的管理团队的共同价值取向，这样的文化才会有根，有魂，有所依托。文化的形成是需要每个人的参与，需要长时间的磨合与润泽，校长必须永远站在文化的最顶端，引领所有的老师在文化的旗帜之下，由被动的管理逐渐成为治理的自觉。

二、学校的课程体系，校长必须亲自结合学校的核心文化理念和育人目标做好顶层设计，并带头去学习、研究和讲解

学校文化是一种无形的精神力量的存在，要发挥文化对人的教育、引领和感染作用，需要有载体才可以。而作为文化的最大价值取向——学校的育人目标，就必须要依靠课程的实施来达到学校文化所要求和期望的育人目标。校长的课程领导力，应该体现在将国家课程校本化后与育人目标相对应；体现在将国家课程进行拓展延伸时用什么样的形式，什么样的课程实施，在将育人目标达逐一分解后与之相对应和衔接；也要体现在校本特色课程中，对于自己学校育人目标的最显著特征的一一对应和具体联系起来。这样的课程体系是需要校长站在学校文化的角度，用课程的思维方式，将学校的教育教学活动的开展，变得有章可循和有明确的针对性。这样的课程体系才会成为学校文化引领的有效载体。校长需要将这样的课程做好顶层设计，并要引领学校所有的人都要以课程的思维来思考和开展工作。组织全校教师进行专业的理论知识的学习比如《课程的力量》；开展研讨——“课程大家谈”，举行学校精品课程的展示评选；学校文化与课程关系的研讨等。

三、学校的规章制度，校长必须是第一个去遵守好践行好和维护好的

学校在管理中，文化的形成中的一个重要基础就是制度文化，制度有着不可小视的巨大作用，然而在实践过程中，对于纷繁复杂的各种学校制度，很多都形同虚设，很多又会成为干群关系影响学校发展的拦路虎，其中一个重要的原因就是制度的制定和实施，有意无意地出现了“对人不对事，因人而异”的致命缺陷。要想让制度成为每个人行为处世的自觉标准，那校长的带头示范和拔高要求就是最好的范例和标准。特别是和大家联系最多的考勤、教学“六认真”、评优选先、职称评定、绩效考核等。一所新的学校在建校之初，其实大家都会以一种全新的姿态出现在组织之中，此刻我们的校长，能够严格的用制度来规范和约束自己的行为，那这样的制度要求会成为我们工作的自觉标准。

四、教学要求，校长必须是要超越其他老师的，努力成为教学的骨干和专家，让教学的品质成为学校教学质量的基础和标准

学校的管理者，首先应该是老师，只有优秀的老师才有可能成为管理者。作为学校老师中一员的校长，更是必须要成为教学上的精英和骨干。一个只谈管理而忽视了教学专业水平的校长是很难达到对学校教学质量和教师教学专业技能提升的引领者和促进者的。当校长脱离了教学的第一线，其实也是自己和教师渐行渐远的开始。校长的教学水平一定会成为学校教学水平的一个无声的标准和尺度，校长的教学态度和教学水平自然也会大家效仿的范本。无论是教研活动的开展、教学常规的检查、教学技能水平的展示、教学研究的开展、校长如果不是佼佼者就一定不会将这些最关乎学生成长和教师发展的教学活动开展得有效果、有价值。也只有一个教学水平高超的校长才能带领整个学校的教学质量与发展目标相一致。

五、校长的胸怀和为人处世，必须成为老师行为处世的标杆和尺度

在学校人际交往中，老师和校长的交往是大家都很在意和印象深刻的，于是在这样的过程中，我们校长在交往中的表现自然就会成为很多人评价、模仿和学习的标准了。校长带错误的包容、对待老师和学生的尊重、对待责任的承担，对于工作的弥补与改进的时效和程度，一定会让老师们在和校长的交往中，自觉和不自觉地去学习模仿，并成为自己今后行为处世的标准和尺度。当中特别是对于教师由于不是品行和态度的原因而犯的错误，只要我们告诉他们“下一次应该可以更好”我想，这对于教师的尊严和自我成长都是极为有利的。

六、校长对于名和利的态度，一定要为老师做出示范

学校的老师中往往有部分人是十分看重职称评定，评优选先和绩效等涉及荣誉和经济的事情。学校的很多矛盾其实就是有此而引发的。甚至有些学校成了必须要用好处和利益才能开展工作，完全失去了一所学校一个最关注人的精神成长和丰富的显著特征。任何时候，对待任何利益校长除了把自己要置身在普通群众之中一视同仁以外，更重要的是当我们校长在有些工作中，自己确实没有参与，就一定不要去挤占本来就不丰富的资源。而有些工作自己是作为领导的作用出现的，就最多只能够拿平均数，在和普通老师发生利益冲突时，我们校长能够及时让一让，退一退，我想学校绝大多数人也一定会努力让教师和“淡泊名利”这样的君子品行积极联系起来，从而将学校的关系牢牢定格在工作需求之上而不是利益之上。新建学校的这样工作态度和动机，是可以很好地将学校的管理痕迹慢慢淡化为自我要求的学校治理之中。

七、校长的学习方向和态度必须成为全校教师学习的样板

学校的高品质发展，特别是新学校的高品质发展，最后应该都落实到人的学习动机、学习态度和学习效果上，因为只有一群爱学校的老师，才能真正培养出一群爱学习的学生，从而带领一群爱学习的家长。其实教师之间的差异最终体现在后天的学习态度和效果上，因为大家都是接受了一定的学校和职业教育之后才走上工作岗位的，刚参加工作时大家其实都差不多。校长必须要是一个爱学习，会学习，围绕学校品质发展来进行全方位的学习，这样的结果才会给建设学习型学校找到最有效地途径。校长从教育教学理论到教学流派的学习吸收才有可能提炼出自己的教育主张从而升华为教育哲学，才会让学校真正遵循教育的本质规律，朝着我们的学校高品质目标值正向前进。一个校长博采众长，不断提升自己的综合素养，从艺术修养、文化底蕴到体育竞技和生活情趣的提升与丰富，这样的校长才会有资格和底气去要求和引领学校的老师让学习成为自己生活的自觉。这样的校长才会营造出一所充满浓郁的学习氛围的学校，而不是带领一群教书匠完成每天的教学任务。这样的校长带领的教师团队才会建设出高品质的学校。

学校的高品质，就是人的高品质！学校的高品质的实施需要先进的学校文化来引领，需要有高品质的课程来承载，需要有积极的人际关系和高尚的人的德行，在所有人都遵从和建构的学校氛围中，以学习为主要构建形式来达到学校的高品质。所有的一切都需要校长以身作则，带头示范！

弘扬传统文化魅力，奏响艺术教育强音

四川省马边彝族自治县袁家溪乡中心校 周建明 王能

少年强，则国强！教育是指引人生的灯塔，是温暖人生的港湾，就像生命离不开水。我国是一个多民族国家，近些年，随着教育事业的蓬勃发展，艺术教育开始成为人们讨论的话题，成为教育名家新的研究方向。办学以来，我校以传承、弘扬彝家优秀文化作为开展艺术教育的立足点和突破口，以彝、汉双语教学为特色、以音体美课堂教学为主阵地，以创建寄宿制校园活动文化为载体，通过形式多样、内容丰富的学生活动，务实有效地开展艺术教育，着力促进学生的审美能力和人文素养的提高。就现状而言，艺术教育在农村中小学不令人乐观的开展状况长久以来一直是实施素质教育的“瓶颈”，有效开展艺术教育的难度之大，也早已为人所知。但艺术教育又是学生整体素质要素中不可缺少的重要组成部分。完全可以这样说，缺少艺术教育的学校教育是不完整的教育！我校地处马边彝族自治县纯彝族乡，条件的种种制约并没有并不能阻挡我校因地制宜开展艺术教育的脚步。尤其近些年，随着新课程改革的推广和实施素质教育的深入，我校教师的思想得到了统一，达成了共识，决定让艺术教育成为学校文化发展的中心源泉！

一、铸魂培根，促进艺术教育发展

确定好学校发展方向以来，我校结合自身特点，立足传承和弘扬彝族优秀文化，以双语教学为特色，以课堂教学为主阵地，以创建寄宿制校园文化为载体，通过开展形式多样、丰富多彩的学生活动，在活动中培养学生审美情趣，提高学生审美能力，从而促进学生人文素质的全面提升。彝族是中华民族最古老的一员，拥有源远流长的历史、古老迷人的彝族风情。彝家语言及文字是最具代表性的。随着开放，彝家文化越来越受到外来文化的挑战和蚕食，越来越多的彝家孩子能说彝语，能听、说汉话。却对本民族的历史、语言、文字渐渐远离。为切实改变这一状况，我校以开发校本课程为契机，让他们在学校教育中深刻感受彝族优秀文化的熏陶。同时我校利用彝族教师的优势着手开展彝、汉“双语教学”课堂教学。从2010年起，我校将彝文课正式纳入课表，从一至六年级每周每班安排两节。在彝文课堂上，学生们能从朗朗上口的彝语学习中领悟彝家独特的传统文化，从形象生动的彝文书写中感知彝家的文化底蕴。在教学中，我校特别注重挖掘彝家文化的优秀精华，摒弃糟粕。教师通过有选择地为学生讲述或学生轮流讲彝族流传下来的民间神话和传说，让学生在潜移默化中受到彝族文化、艺术浸染，传承其道德精神，领略其艺术魅力，激发他们对本民族文化及艺术的兴趣。我校也因此而于2013年被县教育局授予“双语教学”先进学校。相信未来，“双语教学”将在传承和弘扬彝家优秀文化、培养孩子的艺术修养方面发挥更重要的作用。

二、立足课堂，深化传统艺术熏陶

在传统的教育观点中，教育向来是以课为本。为此，我校十分重视课堂教学主阵地作用，从音、体、美等学科中渗透艺术之教育。我校深知艺术教育是学校教育的重要组成部分，只有牢牢地发挥课堂教学的主阵地作用，扎实有效地开展艺术教育活动，才能形成一个教育的整体，发挥综合效应，艺术教育的育人功能和目的才能实现。我校实施艺术教育的主要课程集中在音、体、美学科。我校在重视和发挥音、体、美学科艺术教育作用的同时，也深挖其他学科的艺术教育内涵，与其他学科形成全力，帮助学生形成对艺术的感知和欣赏的完整性。为让学生的积极性和参与度会更高。我校还从多渠道、多层面开展工作。如在音乐教学方面，我校收集整理了一部分彝族传统歌曲，按俄、雅、左、格等名目加以归类，形成校本教材，利用音乐课及课前五分钟，供学生学习吟唱。在美术教学方面，针对彝族文化艺术的特点，我校美术任课教师有意识地将彝族传统绘画艺术运用到课堂教学中，通过教学活动，让学生对本民族的绘画风格及由此涉及的艺术审美情趣有着切身感受。如高年级学生在老师的指导下，特别喜欢画彝族传统神话人物——支格阿龙。传说支格阿龙曾射日月、降雷神、伏妖魔、护人类……因而在画支格阿龙的时候，常伴随画日、月、人、鸡、虫等。这些由点、线组成的白描，给人一种原始古朴的美感。通过学生的动脑想、动手画，彝族优秀的传统文化就在这一笔一画中得以呈现，学生的艺术审美能力也得到了升华。彝族不仅是能歌善舞的民族，还是崇尚勇敢和剽悍的民族，所以在体育教学方面，我校把摔跤是作为彝族学生体育运动项目，以此激励孩子们不畏艰辛、顽强拼搏。在综合学科方面，为培养学生的艺术鉴赏和创造能力，我校由教务处牵头，各教研组围绕“如何渗透艺术教育”的主题，召开学科研讨会，在老师间形成共识，并结合学科中的艺术教育“因子”，有意识地培养学生的艺术感知及欣赏能力。例如，在“品德与社会”学科教学中，教师从彝族民俗风情的介绍中，让学生从中领会其中所内含的艺术情怀，这些方法有效地提升了学生对艺术教育的兴趣和喜爱。

三、知行合一，引领艺术发展新标

艺术是一门深奥的大学科，绝不能局限于课堂，学校的每一面墙、每一扇窗、每一道门都应该透出艺术感染的力量。为此我校从学校行政至教师逐一精心设计，全力为学生营造良好校园艺术文化整体氛围，让学生在这样的环境中，感知艺术，提高审美能力，耳濡目染、潜移默化受到熏陶，达到润物无声、春风化雨之效果。2012年春季，我校启动了“彝区农村寄宿制校园文化建设构建”工程。将校园艺术文化整体氛围的创建工作列为重中之重。我校从顶层设计的角度，确立了以“向上向善、求真求实”为校训，着力营造“积极、快乐、宽容”的校园氛围，着力培养“感恩、自立、阳光”的学生形象。同时结合我校的校史校情，邀请专业人士设计，动员全校教师共同参与，确定了我校的校旗与校徽。此外我校也积极创设班级艺术文化和寝室艺术文化，张扬班级文化和学生个性，形成我校独特的寝室文化氛围。我校还设立了“我的床角我作主”活动，发动学生，自编自绘作品，以显自我特点及努力方向。凡此种种创建及营造举措，既提升了学校的办学品味，又为学生接受艺术熏陶提供了良好的场所与氛围。

关于艺术教育，向来众说纷纭。国内外的大家学者有着各自不同的主张，归纳起来主要存在两大类别的观点：其一是说没有严密逻辑的艺术教育学科体系，没有严格的艺术教育课程设计和严格的艺术训练，学生艺术素养的获得是不可能实现的。另一种观点则主张：艺术教育的目的，是培养学生健全的人格，生动活泼地发展其美育创造能力，不是也不可能将所有学生培养成艺术家，因此，艺术教育的内容和形式，要适应学生个性发展的需要，在学校教育中要尽可能地提供平台，给予学生展示自我的机会，从而让学生树立起有着自我审美意识和情趣，乃至为今后创造美奠定基础。后者被学者称之为工具论。作为基础教育工作者，作为学生艺术教育的启蒙者，我校更倾向于后者，乐意为学生组织丰富多彩的集体活动，为学生展示艺术搭建好平台，达成学生知、情、意、行和谐统一的目标度，让艺术教育融于学生的日常言行举止中。我校以弘扬彝家优秀文化为突破口，遵循艺术教育的特点和规律，引导学生感知、理解、鉴赏和展示美，形成知、情、意、行等诸方面的和谐协调的统一。我校积极开展各种形式、丰富多彩的学生艺术活动，组建各类艺术活动小组，给学生提供各类才艺表现的平台，让学生们在一系列的艺术活动中，受到感染和启迪。几年来，我校学生辨别真善美与假丑恶的能力，在艺术教育的潜移默化中得到了明显提高。也因此，我校在每年一届的乐山市中小学学生艺术节中连续多年获得市一等奖、县一等奖。

绵绵用力，久久为功。未来路上，我校会继续以弘扬彝家优秀文化为突破口和立足点，加强课内外、学科间整体融合，营造更加良好的艺术氛围，调动和发挥学生的主动性、能动性和积极性，努力开启我校艺术教育的灿烂的新天地！

以非遗美育，助推文化艺术传承

四川省绵阳外国语实验学校 石勇 唐俊峰 贾彦端

在全国教育大会上，习近平总书记再次强调要坚持以美育人、以文化人。面对新时代关于美育精神的要求，我们要深刻认识学校美育的指导思想，弘扬中华美育精神，推进美育中的“非遗教育”，将非遗作为“中国特色”纳入学校美育工程中，将中华优秀传统文化融入教育各个方面，贯穿到人才培养的始终。众所周知，非物质文化遗产浓缩了中华民族传统文化的精华，既展现了中华文化的璀璨多姿，又推动着中华文化的传承与创新。“非遗传承”，是我们不可推卸的责任；“非遗美育”，是当下时代赋予我们的光荣使命。我校积极深入贯彻国家美育指导方针，注重对中国优秀传统文化的传承与学习，极力引进“非遗”项目，奋力成为一流的艺术教育特色学校。

一、引“非遗”进校，促特色课程发展

非物质文化遗产对于研究人类文明的演进具有重要意义，对于展现世界文化的多样性具有独特作用。为将“非遗”与学校教育相结合，我校特聘绵阳市非遗中心创编部主任周有燚、绵阳市教科所特建室美术书法教研员张小蓉、音乐教研员裴菊安等为专家顾问，指导学校艺术特色学校暨优秀文化艺术传承的学校创建工作。近年来，学校每年定期引进20余个“非遗”项目在学校开展大型“非遗”展示与体验活动，这一举动受到了广大师生的喜爱和社会家长的赞誉。

学校与市非遗中心通力合作，2017年正式引入“梓潼年画”、“鑫田粮艺”、“四川（平武）剪纸”、“涪城面塑”、“川剧变脸”、“金钱板”6个“非遗”项目进课堂，纳入学校选修课课程计划，由非遗传承人与学校专业教师共同执教授课。功夫不负有心人，经过学校与市非遗中心的努力与坚持，我们取得了很好的教育教学效果和社会影响，并且树立了绵阳“非遗进校园”活动的标杆。

二、寻发展途径，促美育课程开发

追梦非遗扬传统文化神韵。我校以创建工作和“非遗进校园”

活动为契机，建立了“粮艺坊”、“年画坊”、“剪纸坊”、“乐陶坊”、“面塑坊”等艺术教育工作坊和“非遗”主题文化展览馆，配置了超标准的专业设施设备，开展了丰富多彩的艺术教育实践活动，着力推动优秀文化的继承与发扬。

科研引领时代美育华章。我校以科研引领教研，以教研服务教学。为了让校外非遗资源能够与学校课程深度融合，学校在传承的基础上力求创新，更加深入地开发校本美育课程，并且取得了可喜的成绩。2018年，学校申报确立了《基于非物质文化遗产资源的校本美术课程开发的研究》市级重点科研课题，拟从“非遗”特色课堂模式构建、“非遗”课程开发、教材编写、校园“非遗”主题博物馆建设等方面进行深入研究与实践，并形成系列成果。

在学校领导班子的高度重视下，我校正式聘请川剧变脸李伟、梓潼年画罗智婉、金钱板刘学兵、鑫田粮艺潘德贵、平武剪纸谢成飞、涪城面塑吴新志等6位省、市级“非遗”传承人及绵阳亚洲茶铺茶艺师韩苡敏担任我校“非遗进校园”活动暨校本课程开发专业指导老师。在学校教科处主任、美术学科带头人、课题主持人贾彦端老师的组织引领下，学校艺术组老师与非遗传承人通力合作，互取所长，深入开展课题研究，多次召开课程开发研讨会、专题学术讲座、“非遗”技能培训、课堂教学观摩、教材编写深度交流等活动，将“基于非物质文化遗产资源的校本美术课程开发”课题研究推向深入。经过一年多的开发研究，我校“非遗进校园”　系列校本教材10余册初稿编写已完成，并印制成书投入试用。

三、结丰硕成果，促文化艺术传承

学校“非遗进校园”活动经过近三年的开展实施，取得了令人瞩目的成绩。2018年1月，学校成功承办了绵阳市“戏曲进校园”成果巡演启动仪式暨“非遗进校园”成果展示活动。2018年4月，学校再次成功承办绵阳市创建“优秀传统文化艺术传承学校”培训及观摩交流会。我校“非遗”项目负责人贾彦端主任在大会上作《传承•借鉴•创新——中华优秀传统文化艺术传承，我们在路上》经验交流。该文获四川省第九届中小学生艺术展演活动美育改革创新案例一等奖。

2018年5月，教育部美育课题组领导专家及与会教师200余人到我校参观“非遗”主题艺术展览馆及学校艺术工作坊建设。而后，俄罗斯、法国、英国、美国、黑山、澳大利亚、斯里兰卡等国际友好人士和学校访问团师生到我校观摩体验“非遗”特色课程。现如今，学校《非遗•粮艺工作坊》在绵阳市第九届中小学生艺术展演活动中获艺术工作坊展示特等奖，并被编入教育部“艺术实践工作坊”科研课题优秀案例集，我校也已成为教育部美育课题《中小学艺术实践工作坊活动模式研究》子课题单位。更令人可喜的是学校多项“非遗”艺术工作坊先后参加绵阳市少代会学校社团活动成果展、绵阳市第九届校园艺术节艺术工作坊成果展、绵阳市庆祝新中国成立70周年教育成果展、第七届中国成都国际非遗节绵阳分会场成果展等社会展演活动。经过不懈努力，我校“非遗进校园”所取得的成果受到了上级领导、业界专家及广大社会群众的高度评价。

2018年12月，学校被市文广新局、市非遗中心正式授牌为绵阳市非物质文化遗产传习基地；被市文广新局、市教育和体育局表彰为2018年度“非遗进校园”先进单位。我校贾彦端、王菱鸽、王枝萍三位老师被市文广新局、市教育和体育局表彰为“非遗进校园”优秀教师。2019年1月，学校通过四川省艺术教育特色学校及四川省优秀传统文化艺术传承学校检查验收。2019年11月，学校被四川省委宣传部、四川省教育厅、四川省文旅厅、四川省文联等单位联合命名为“首批四川省青少年优秀传统文化传习基地”

美育创新，文化润心；璀璨非遗，薪火相传。美育，提高审美素养，使人感受美、欣赏美与创造美，陶冶人高尚的情操；非遗，一个国家和民族历史文化成就的重要标志，具有丰富性、生动性与多样性，是人类共同的文化财富。我校积极将非遗纳入学校美育工程中，通过不断创新发展，推动我国优秀传统文化可持续发展。当前，学校美育工作硕果累累，誉满绵阳，已成为绵阳“非遗进校园”活动的一面旗帜。在未来的教育工作中，我校会时刻紧随党的号召，传承非遗，弘扬美育，大力传播优秀的中华文化，为实现伟大的中国梦奋斗不止！

政治立校，特色办学促进老年教育转型升级

四川省南充市西充县安汉老年大学　谢林　冯大泽

老年教育事业是党领导下的教育事业，政治立校是统领老年大学各项建设的根本性建设。2019年是我县实施“十三五”老年教育发展规划的关键之年。一年来，老年大学在县委、县政府和老年教育协调领导小组的领导下，在业务主管部门和战略合作单位的大力支持下，以习近平新时代中国特色社会主义思想为指导，以国、省、县《十三五老年教育发展规划》为指引，紧紧围绕县委“文化养老”、“健康养老”，积极应对人口老龄化社会的战略部署，把老年教育作为提高老年人生活、生命质量，构建和谐幸福老龄化社会的重要载体，遵循“教、学、乐、为”相结合的老年教育方针，巩固和发展“老年大学＋”的机制，坚持政治立校、特色办校，促进了学校老年教育转型升级。2019年开办了13个专业22个班级，参学老年学员达700人次。通过“一、二、三课堂”丰富多彩的课堂教学和承接申报“中国长寿之乡”、“送文化下乡”等社会公益活动，架设了“老有所学、老有所乐、老有所为”、服务老年、服务社会的平台，为推进我县“三大定位”目标的实现贡献了老年大学的力量。

一、以党建为引领，创新教育治理模式

我校以党建为引领，不断提高管理水平，激活老年大学的思想政治功能。按照党对社团工作加强领导的要求，经主管部门推荐，组织部门批准，学校建立了联合支部，针对老年大学党员多、学习周期短、学员流动性大、组织关系不在学校的实际，按照“一方隶属、双重管理、多方活动”的原则，建立了党小组9个，实行组织随党员走，党小组建到班级，引导50多名“口袋党员”、“隐形党员”参加临时支部、党小组的活动，构建了“联合支部＋学校临时支部＋临时党小组”的组织体系，形成“关系在原单位，活动在学校、奉献在社会”的新型学员党员管理模式。

支部成立后，充分发挥核心作用，坚持政治立校，重点把方向、作决策、抓班子、管队伍，学校重大活动牵头总揽，协调各方解决老年大学发展“体制、师资、经费”三大瓶颈问题，支持学校班子按《章程》治校，把支部工作与学校工作有机融合，同步骤、同安排、同落实，为老年大学不断发展壮大提供了政治保障。

老年教育属非全日制学历教育，没有定型、定性的模式，学校针对老年教育发展“体制、师资、经费”三大难题，在“老年大学＋”、“五整合”的基础上，攻坚破难，用老年教育的实效赢得各方的支持，不断丰富“老年大学＋”的内涵，破解了发展中深层次的一些难题。

探索完善老年教育发展和治理模式，促进老年大学转型发展。学校以培育现代老人为目标，在发展模式上，逐步探索由康乐型教育向智慧发展型教育转变，开办了特色教育专业（班级）5个、智能发展型教育专业（班级）4个、艺术教育11个，实现了普惠制教育向专业增智型教育发展延伸，提升了老年教育的品位和档次，把颐养康乐与进取有为结合、形成融学、乐、为于一体的老年教育新格局，转型发展初见成效。　在治理模式上，根据专业学习团队的需求，本着管理有序，解决老年学员生活与学习、集中教育与自我发展的矛盾，学校探索了三种管理模式，对需要教师集中辅导的6个增知型专业班级实行校办校管，保证教学质量和学习效果；对文艺创作、书画、摄影、川剧辅导等增智发展型5个专业班级实行校办班管，吸取老年人具有一定技能的人才，搭建学习交流平台，丰富和发展校园文化；对10个舞蹈艺术类专业班级，拓宽学员自主学习、实践活动、个性发展的空间，以师资班的形式到城镇各居委会带动群众文化，实行校居（委会）联办班管，“教管一体”开放办学，采取“管理自主、学员自招、老师自聘、课程自选、安全自负”、“五自立”的管理模式。我县老年教育探索创新的“老年大学＋”发展机制，得到了全省老年教育工作会的肯定和推广、遂宁船山区、三台县等地先后来考察学习。

二、办好三个课堂，力争做到学员满意

学校坚持办好“三个”课堂，让学员增长知识，陶冶情操、丰富生活、找到精神的“归宿”。

一是开好第一课堂。课堂教学是学员为弥补自身知识缺陷或爱好而学的主要渠道，学校按教学计划施教，教学方式根据老年人特点，坚持“四个结合”，做到“三不脱离”，适应学员自我发展、自我实现的学习需求，学员学习积极性高，全年入学率达80%，学习效果明显，智能手机班学员基本熟悉了智能手机操作和运用；书画班学员从用笔技法进步到楷书、行书、草书；声乐由嘶吼式唱歌提升到跨音区讴歌；民乐由基础教学到合奏演奏。真正让老年学员老有所学、老有所获。

二是丰富第二课堂。班级按照学员自愿，利用课余时间组织节庆性活动5000人次，集体游学达1200人次，集体休闲娱乐1000人次，让班级课外活动成为学员学习交流融入新的集体生活的平台，让老年学员找到余暇生活的“归宿”，解老年人“孤独寂寞”之忧，使他们晚年生活更充实，精神更有“依托”。同时，通过丰富多彩的课外活动，也提高了班级凝聚力、向心力。

三是拓展了第三课堂。学校和班级通过与部门、单位、社区、企业及社团联姻，班级合作，开展公益宣传、慰问敬老院等特殊困难群体，学习考察现代有机农业体验，打通了老年学员再社会化的通道，拓展了融入社会、服务社会的活动空间。

三、开发学员潜能，努力实现老有所为

学校把开发老年人力资源和价值作为老年教育为社会服务的重要抓手，广纳各方老年人才，组建了文艺创作、老年学研究、书画社、摄影俱乐部、文化传承等学习团队，充分发挥老年学员的智力优势、经验优势、技能优势服务社会。

承接政府创建“中国长寿之乡”申报。学校组织“一会、二社、一部”，由支部书记挂帅，仅用两个多月时间，通过调研，收集资料，完成了20万字的申报材料汇编，撰写了“西充打造长寿之乡”长寿文化等5篇调研报告和长寿之乡申报专题片解说词，总结了71位百岁老人长寿成因，代政府起草了《申报报告》；冒酷热冒雷雨分三组深入37个乡镇70个村（居）71位百岁老人家里采集信息资料，拍摄《百岁老人专题

片》，编印了《百岁老人寿星谱》画册，我县整理编辑的申报资料受到专家组的好评，成为全国申报新一届“长寿之乡”的资料范本，中国老年学和老年医学学会专家组以99.5分的高分通过评审；学校全力协助县有关部门做好授牌仪式全务、展板宣传等筹备工作。

积极为西充发展献言献策。学校“两代表、一委员”在“两会”期间和5次重大事项征求意见中，就“发展老年教育”、“支持回乡创业”、“关爱农村空巢老人”书写议案提案，对县级乡镇机构改革及重大事项协商座谈献言献策；学校设立“银龄信箱”，接收学员关注的民生、敬老助老、城市管理等方面的意见和建议85条，通过向县领导、部门及综治“4312333”平台反映，大多取得采纳和办理，畅通了老年朋友参与社会治理的渠道。

培育文化团队，繁荣西充群众文化。学校组建了文艺创作、摄影、书画、民乐、舞蹈、川剧、曲艺等地方特色文化团队，与县文广旅局、文化馆建立了“西充县川剧艺术传承和培训展演基地”、“西充县群众文化免费活动中心”。学校文艺创作社创作了抗日题材小说《铜鸳鸯》等10多个题材鲜明的文学作品，围绕县委政府中心工作创作了符合时代精神弘扬正能量的文艺作品50余件。学校摄影娱乐部常年活跃在西充大地，拍摄西充的发展变迁，20多幅作品获国、省、市“优秀奖”，30余件作品被媒体采用，举办了“追梦之旅、回味西充”摄影作品展，成为县上重大活动摄像报道宣传的重要力量；书画社创作讴歌西充的书画作品100余件，重要节庆组织了书画展；川剧艺术传承培训展演基地常年为百姓免费演出30多场，近300名学员参加了培训展演；学校艺术团文艺团队围绕重要节庆和县上主题宣传活动，编排文艺节目上百个，承接县上各部门举办的“不忘初心•牢记使命”主题教育、廉政、扶贫、平安建设等送文化下乡500余场，参加国庆春节“一乡一节”文化旅游等节庆和群众文化展演活动12场。

学校建校以来，始终坚持“接地气”办学，闯出了一条“民办非”老年教育生存发展的路子，为积极老龄化、健康老龄化找到了“支点”，为老年朋友们“精神养老”搭建了平台，为老年人家庭分担了一份忧愁，得到了“党政满意、老人开心、家庭拥护”的效果。

在全国老年教育已成为培养新时代现代老人重要平台的形势下，我校将持续深化传递正能量活动，把握好老年教育的方向，不断提升老年大学办学水平，为深化西充老年教育、服务全县经济社会发展和精神文明建设做出应有的贡献。

传承红色记忆　培育时代新人

四川省邛崃市高何镇中心小学校　黄鋆

百年大计，教育为本。教育是提高人民综合素质、促进人的全面发展的重要途径，是民族振兴、社会进步的重要基石，是对中华民族伟大复兴具有决定性意义的事业。我校始建于1917年，是一所边远山区的小学，学校现有6个教学班，125个学生，18名教师。2014年2月22日我校被命名为四川省邛崃市高何镇中心小学校，是成都地区唯一的红军小学，因此也被当地老百姓称为红军小学。学校新校区位于著名的旅游景区邛崃市天台山后山下，是一座有着悠久历史和优良传统的百年老校。前有百崖群峰竞秀，后有金寺、黄宝两山侍立，校园环境优美。几年来，学校办学条件不断改善，建有标准运动场，有晴雨操场；餐厅、食堂实现“明厨亮灶”，就餐环境干净整洁；配备有直饮水系统，满足师生日常使用，确保饮水卫生、健康；学校音体美各室、图书室、阅览室、实验室及相关仪器按照标准配备，建有容纳50余人的多媒体会议室。一直以来，我校始终本着“以人为本”的理念，为教师专业成长搭建了舞台，通过外出学习，邀请专家进校培训树立了教师现代教育观，提高了教师的教育教学能力，让教师在工作中获得成就感，和幸福感，以专业成长和自我实现为支撑点，撬动教师队伍的发展，提升教师的凝聚力，再把这种幸福和快乐传递给学生，提升学校品质，绽放教师生命，如竹拔节、如花绚烂。

一、弘扬红色魅力，建设温馨校园

校园中的每一座建筑、每一处景点，每一片绿色，都成为一种思想的传递，一种文化的表达。我校校园以红色文化和根艺文化融合发展，形成学校独有的特色文化，融情于景，使一草一木，一墙一板都能说话。校园内满是苍翠的银杏树，树干挺拔，像是红军精神、刚直不阿、努力向上。红军精神铸信念、红军故事润心灵、红军人物树榜样、红军诗词传文化、红军歌曲扬斗志、红军影像留记忆六大红色主题文化浸润校园。国歌声中，身穿红军服装的学生精神抖擞，鲜红的五星红旗迎风飘扬，教学楼上方习近平总书记为红军小学题词“托起明天的太阳”在阳光照射下格外醒目。校园右侧文化石上刻着“继往开来”四个大字，寓意着全体红军小学师生将踏着红军脚迹，开辟未来，实现中国梦；照壁后面是壮观的红军长征浮雕；绿化池中的“五角星映山红”即发源于井冈山，星星之火可以燎原，“抬头望北斗”是歌曲《红军想念毛泽东》里的一句歌词……校园里处处弥漫着红色爱国主义教育的气息。在综合楼外墙处竖立着学校校训“立根树人”，我校通过红色教育和根果艺术让学生“追根溯源”、“刨根问底”让孩子们的学习落地生根，让教师的教学扎根山村，让红色基因代代相传，让师生领悟“立根树人”的含义，进而培育学生的立德之根，立志之根、立学之根、立行之根，从而更好地落实教育的立德树人根本任务。体现了学校“为每个学生生命优化发展奠基”的整体价值追求，凸显了学校“勤奋求知、质朴无华、品质做人”教育理想和历史责任。教学楼下面是展示大厅，这是我校红色文化和根果文化的重要展示区域。大厅正中的屏风上画着三个小红军，画面中央写着“红星闪闪伴我行”，这是我校的形象语，也是我校的育人理念，是对红军忠贞不渝的理想信念，历尽艰险的吃苦品质，一往无前的革命精神的提炼和浓缩。漫步于校园，随处可见师生相互问好的情景，琅琅书声中浸透出快乐和幸福，给人一种 “家”的温馨。

二、传承红军精神，打造特色品牌

近年来，我校以“传承红军精神，打造立根树人品牌”为主线，以建设温馨校园为抓手，成立“建设乡村温馨校园”活动领导小组，深挖红色资源，积极探索实践红军精神融入教育教学常规的有效途径，注重师生校园生活体验，促进学生身心健康，取得了一定的成效。我校先后被评为中国艺术教育百佳名校、四川省无烟校园、成都市艺术教育特色学校；在“喜迎十九大，共筑中国梦”成都创意大赛、成都市第12届艺术节中荣获优秀组织奖；在全国首届“红星杯”足球邀请赛中荣获第四名；2020年5月学校教师团队推荐为四川最美教师团队。为传承红军精神，丰富教育内涵。我校结合学生年龄特点分步实施红色教育，按照红军文化魂的六个方面，每个年级以其中一面作为重点教育内容，比如一年级 “红军故事润心灵”，六年级“红军精神铸信念”，通过六年的逐步巩固强化，完善红军文化魂教育，奠定学生坚实的爱国主义信念。我校主要从三个方面入手，一是课堂教学渗透。通过主题班会等形式向学生讲述红军艰苦斗争的革命史；结合语文课讲解红军长征及中国共产党艰苦创业、浴血奋斗的创业史；在音乐课中增设“长征组歌”教学内容。二是狠抓德育常规。学校国旗下教育活动坚持以诵读红色诗词、讲红色故事、传唱红色歌曲为主，邀请当地老红军到校讲述红军故事，增强爱国主义教育的实效性。通过国庆、元旦、建队日开展红色主题活动，树立坚定的理想信念，培养孩子的爱国主义、集体主义精神。三是实施“小红军成长计划”。用规则意识和行为准则去培养孩子们先立品再立身的品质、培养孩子们要成事先成人的信念。此外，我校还通过邀请老红军讲述抗战故事、组织师生“重走长征路”、开展“唱红歌”、“做红色小传人”活动，将“乐于吃苦，勇于战斗，善于团结”的红军精神有效融入了学校“立根树人”教育。我校集体创编的《英雄王二小》、《闪闪红星》、《中华少年》、《梦忆红色》等经典红色节目，再现了当年红军的革命情景，传承和发扬了红军精神。2016年9月，我校师生应邀到北京与老红军后代一起参与了中央电视台《回声嘹亮》栏目组纪念红军长征胜利80周年特别节目《光辉的足迹》录制，展示了学校红色教育的成果，受到了全国红军小学理事会领导的高度赞扬。另一方面，我校以红色活动为载体，与爱心企业积极开展关心关爱活动，通过表彰优秀学生、关爱留守儿童活动，积极进行安全教育、心理健康教育，规范孩子行为，整个校园，充满欢歌笑语，犹如一个团结奋进的温馨之“家”，促进了学生健康人格的积极形成和不断完善。

三、落实根艺创作，促进品质发展

根果文化作为校园文化的另一个重要载体，与红色文化相辅相成，共同发展。我校以“立根树人”为校训，寓意“扎牢人生成长的根基”，小学是人生中的根，根系发达，才能枝繁叶茂，才能传承红军精神，做一代新人。我校从实际出发，发掘和利用山区独特资源竹木根，开展特色艺术教育活动，让学生在学中玩，玩中学，真切关注每一位学生，促进学生全面素质发展。有教师说，根雕艺术启示我们，要在尊重天然树根和竹根自然形态美的前提下，去发挥自己的创作才能。“育人如同根雕，根出美、雕出品。”在平时的教育教学中，我校全体教师依势造型，因材施艺，把学生的自然美和雕刻美巧妙地结合起来，尊重孩子个性发展。以开展根果活动为媒介，从根身上挖掘其内在价值和品质作为班名、班训，并结合班级自身将班级置身于革命老区的情境之中，将红军乐于吃苦，不惧艰难，团结、节俭等优良品质在班级活动中主题化，一个班一个样，充分体现班级特色，增强了班级的凝聚力。今天，我校展示大厅和学生手工教室，已经摆着几千件学生根艺作品，这些作品都是同学们来自生活的发现和创造，成为学校最好的文化。这些饱含真情的根艺作品，通过网络传遍了大江南北，感染了上海、广州、成都等国内大城市的老师、家长和同龄孩子们，还吸引了欧美、新加坡等地的师生前来交流学习，并入选全国美术教材。

长风破浪会有时，直挂云帆济沧海。近年来我校“立根树人，根艺兴校”特色育人之路，就像一艘破浪扬帆的船，灵动了思维，活跃了课堂，涵养了师生，提升了质量，让这所农村革命老区小学的办学理念更加先进，管理制度更加科学，校园环境干净优雅，设备设施更加精良，课程设置更加符合素质教育需求。未来路上，我校会继续带着教育的理想，不忘初心，迈着坚实的步伐，执着激情地走在教育的道路上，敢为人先，勇于创新，用情怀装点教育事业的百花园，用生命继续谱写一曲又一曲教育新歌。

红色基因对留守儿童心理品质建设的价值及路径探索

四川省通江县第六小学 高怀阳

万水千山，不忘来时路。从1949到2020，中华民族从站起来、富起来到强起来，经历了多少坎坷，创造了多少奇迹。红色基因作为一种精神象征，已经深深融入中华民族的血脉和灵魂，成为鼓舞和激励中国人民不断攻坚克难、从胜利走向胜利的强大精神动力。

习近平总书记多次强调红色基因就是要传承！2020年9月16日下午，正在湖南考察调研的习近平总书记来到郴州市汝城县文明瑶族乡第一片小学，在听完四年级同学分享的长征故事后，习近平对同学们说，你们今天是小树苗，将来要长成参天大树，希望同学们把红色基因传承好，好好学习知识和本领，努力成长为德智体美劳全面发展的社会主义建设者和接班人。

少年智则国智，少年强则国强，习近平主席始终关心着少年儿童的身心健康和成长成才。近年来，随着社会经济的日益进步和人们生活水平的不断提高，全国各族少年儿童，沐浴着阳光，茁长成长。但是，还有这样一群孩子，他们的生活缺少阳光、雨露，伴随他们的只有孤独和寂寞，他们就是“留守儿童”。

一、“留守儿童”心理发展现状

“留守儿童”是指外出务工连续三个月以上的农民托留在户籍所在地家乡，由父、母单方或其他亲属监护接受义务教育的适龄少年儿童。

留守儿童正处于可塑性极强的人生关键期，他们或因“情感缺失”，或因“物质缺失”，或因“认同缺失”等，极易产生认识和价值上的偏离，个性和心理发展的异常。在学校，他们不愿结交朋友，沉默少语，学习兴趣不强，学习效率低；在家里，面对爷爷奶奶，抵触情绪强，逆反心理明显，沉迷手机、网络游戏，行为习惯差。据相关研究发现，留守儿童在自尊、心理控制、情绪控制、心理支援、生活信心、社会适应等心理发展上都明显落后于非留守儿童。

近年来，“留守儿童”问题引起了社会各界的广泛关注，政府、学校、社会团体等都积极地加入到了关爱之列，各中小学也对留守儿童开展了不同层次的心理健康教育和爱心帮扶，但爱心资源的有限和间断性的心理抚慰并不能有效地帮助这些孩子摆脱消极心理，部分留守儿童还因人们的过分关注和区别对待，不自觉地给自己贴上了“问题儿童”的标签，诱发了更深层次的消极心理暗示。

二、红色基因唤醒留守儿童积极心理品质

红色基因伴随着共产主义的传播以及中国共产党人的诞生而产生。正义的战场斗争中，抛头颅、洒热血，铸就了红色基因的鲜红血色，艰苦的革命岁月里，嚼草根、吃树皮，锤炼了红色基因的顽强斗志，前进的岁月里，涉险滩、闯难关，强大了红色基因的抗御能力。

红色基因的种子不论撒落在条件多么恶劣的自然环境中，都能以顽强的生命力生根发芽，成长为参天大树。传承红色基因，建设红色校园，唤醒留守儿童积极心理品质。

学校教育对促进少年儿童的心理成长有着不可替代的作用。红色校园的核心是红色基因，其真理来源于烽火狼烟、来源于壮士热血。井冈山精神、长征精神、延安精神、雷锋精神等都是红色基因的精髓，其中洋溢着的凛然正气和昂扬激情，蕴含着无数共产党人智勇坚定、排难创新、百折不挠的崇高品质。这些充满着理想、信念和美好品质的精神力量对于唤醒留守儿童被压抑的心理潜能有着非常积极的作用。通过建设红色环境和开展红色实践，让留守儿童在一系列的红色行动中构建积极心理品质，获得持久的心理正能量，利用自身向上的成长能力预防和战胜消极心理，成为自我心理健康的维护者、调适者和促进者。

三、红色基因唤醒积极心理品质的路径

(一) 建设红色环境

红色环境是红色校园建设的基本要素之一，其目的是为优化全体师生的群体心理环境提供物质基础。有研究表明：环境对人心理品质的形成具有重要影响作用。建设校园红色环境可以从红色景观、红色人文、红色音韵等方面入手，遵循与时俱进和以生为本的原则，充分结合本地本校红色历史，积极建设校园广播，开辟“红色英雄记心中”、“红色歌曲大家唱”等节目，让留守儿童在浓郁的红色环境氛围中，感受革命先烈们身处艰难岁月却能和困难、敌人做斗争的顽强意志以及不胜不休的战斗决心，帮助留守儿童在学习生活中逐渐形成信念、希望、乐观、坚强等积极心理品质。四川省通江县的先念小学，列宁小学，正文小学，沙溪小学都充分利用了当年红军的战斗足迹和英雄故事，打造了具有浓郁红色文化的校园环境。

(二) 建设红色中队

心理学认为，良好的群体组织对儿童积极个性的形成具有重要作用。少先队中队是留守儿童在校园内享受组织生活的主要阵地。红色校园可以以红色中队建设为途径，通过选择本土红色名人的姓名为中队命名，开展相关的中队红色行动等方式，让留守儿童在少先队这一个互动群体的环境中，学习和践行红色名人的精神品质，并通过和其他队员在活动交往过程中的相互支持，共同努力，增进留守儿童自身的积极情绪体验，获得自尊感、信任感，逐渐形成友善、真诚、责任心等积极心理品质。四川省巴中市是全国第二大苏区，红色资源丰富，少先队中队可以选择李先念、何正文、傅崇碧、吴瑞林、吴士宏、陈彬等红色名人为中队命名。

(三) 开展红色实践

积极心理学认为，个体的消极心理是因为缺乏积极情感，而积极情感可以借助某些行为或活动来主动诱发。开展红色实践是建设红色校园的有效途径，留守儿童在一系列的红色行动中逐渐建构起积极心理品质，实现“自己干预自己”的良好状态。

1.“学雷锋”活动。每年三月，组织各红色中队广泛开展：我为红军爷爷做件事，小小红色讲解员，打扫军史陈列馆，保护诺水河等“学雷锋”活动。

2.“红手拉小手”活动。此活动旨在利用“榜样在身边”的力量，激励留守儿童战胜和适应自身成长环境。中队委可以在辅导员的帮助指导下，联系本地的老红军，利用少先队活动时间，带领留守儿童看望老红军，聆听红军故事。

3.“清明祭先烈”活动。每年清明节，学校号召家长带领孩子参观军史陈列馆，参观王坪烈士陵园，凭吊先烈；学校利用清明节，分中队组织学生到王坪烈士陵园，开展研学旅行。弘扬红军精神，传承红色基因。

4.“草鞋节”活动。“红军草鞋”作为一个历史符号，承载着万千红军战士艰苦跋涉、浴血奋战的革命记忆。学校少先队通过开展“草鞋节”红色行动，组织留守儿童利用农村原材料，制作草鞋艺术品，在实践中领会红军精神，培养创造力。

5.“突破封锁线”活动。此活动是一个经典的军营游戏，其目的是通过战胜实际困难获得人生的积极情感体验。体育课上、大课间或者少先队活动时，组织留守儿童完成“突破封锁线”游戏，可以帮助他们获得成功、自尊、自信等积极心理。

6.“小长征”活动。此活动旨在通过适度挫折教育，增加留守儿童应对逆境的心理弹性，磨砺意志，培养勇敢和顽强的心理品质。在巴中地区，部分学校就可以利用与军史陈列馆 、王坪烈士陵园、毛浴红色小镇等地的适度距离，组织留守儿童开展“远足”活动，体验长征精神，在战胜疲劳、饥渴和心理惰性的过程中，获得不畏艰难、勇往直前的优秀品质。

(四) 依托红色载体

红色载体是红色校园建设中承载红色基因的物质媒介。常见的校园文化载体有校训、校赋、校歌；校旗、校徽、校服以及校刊、校网、校广播和校本教材等。学校在建设红色校园的过程中，可以把蕴含着理想、信念、拼搏、乐观等积极红色基因内容融入校训和校赋中，创办红色校刊，并在校刊中开辟留守专区，让留守儿童的心声可以自由流淌，增加积极的体验，收获积极品质。

红色基因是一种精神象征，是一种精神支柱。和传统心理学关注留守儿童心理缺陷和心理问题不同，积极心理学的目标是促使人们把关注的焦点从修复生活中最坏的东西转移到建立正面的、积极的品质，认为只有人本身的积极品质才是干预心理问题的最好工具。留守儿童虽然是社会的弱势群体，但他们同时也是一个拥有自我成长能力的群体，通过对其自身积极心理品质的培养和社会支持的健全与完善，帮助他们在逆境中磨炼意志，增强能力，虽身处艰难环境却依然能自强不息、奋发向上！

愿用一万的努力 防止万一的发生

——长宁县培风中学校园安全管理工作纪实

四川省宜宾市长宁县培风中学 李江

生命只有一次，安全重于泰山。校园安全工作是学校办学的底线，是学校工作的重要组成部分，关系到学校的教育教学秩序的正常进行，直接影响学校声誉和新生招生。自办学以来，四川省宜宾市长宁县培风中学就将安全管理工作列为各项工作之首，认真贯彻落实上级安全工作要求，坚持预防为主、防治结合、加强教育、齐抓共管的原则，加强领导，健全制度，明确责任，把安全工作列入学校日常工作议程，切实做好安全管理工作，确保学校行稳致。

一、端正思想，健全安全工作机制

安全工作无论多少都不算多，无论多么严格都不算过分。安全工作是学校教育工作正常开展的必要条件和必须前提，学校理应重视安全对师生生命财产安全保障的重要意义。

为抓好安全工作，培风中学切实加强对安全工作的领导，把安全工作列入重要议事日程，建立校长总负责、分管副校长具体负、政教

处主任直接落实、全校教职工一岗双责的学校安全工作责任体系，确保责任到岗到人，工作无疏漏。

当然，任何一项工作，如果没有健全的机制，就不能调动大多数人重视和参与，也就无法持久地开展。为进一步将安全工作责任落实到位、分解到人，培风中学于每学年初与各类人员签订《安全责任书》，将校园安全责任按性质、时间、地点等方面分解到相关处室、班主任和科任教师、值周教师，从而更加明确了各自的安全管理职责，实现了各类人员的一岗双责、人人都是学校的安全员的安全大格局。通过这一举措，各职能处室和全体教职工抓安全的自觉性和主动性得到加强，安全防范意识也明显提高。

实践证明，领导的高度重视、健全的工作机制，使学校安全工作已基本实现了一种齐抓共管、全员参与的良好局面。

二、预防为主，加强师生安全教育

安全工作，重在预防。将一切安全事故隐患消灭在萌芽状态，是安全工作的最佳结果；确保师生人身、财产安全，是学校安全工作追求的终极目标。因此，培风中学高度重视日常安全教育，分别从教职工和学生两方面着手，全力提高师生的安全意识和自救自护能力。

在教职工安全管理能力方面，学校针对校情校况和学本学情，充分利用全校教职工会、班主任会学习文件、讲述案例、明确提出要求，使全体教职工克服麻痹思想；班主任、学校值周教师、年级值日教师保卫人员在各自规定时段、规定岗位认真履责，确定易发事故的时间、地点，确保有充足的教育管理力量。

在学生安全教育工作，学校力争做到多管齐下。一是加强学生安全行为规范教育。针对学校实际，长期坚持组织学生学习《中小学生守则》、《中学生日常行为规范》和《学生成长导航》，尤其是对每届新入学的学生更是要求他们认真学习《学生成长导航》中的内容并组织规范的考试，不合格者要补学、补考。通过学习，使学生明明白白地知道：哪些是学生允许做的，哪些是不允许做的；在寝室、教室、校园公共场所，学校分别有哪些要求。班主任还针对学生实际，利用班会、夕会课等时机，定期对学生的表现及操行评分情况进行总结，对操行不及格或下降幅度大的学生进行个别教育，将其引导到正确的道路上来。在抓好常规教育的同时，学校又重点突出时令性安全教育。例如：冬夏季消防安全教育、夏季严禁学生私自下河游泳、春秋两季重点抓传染病防治工作等。

二是加强安全知识教育和自救自护能力培养。每周一次安全与卫生教育课进入课程表，由专、兼职教师编写教案，规范系统地进行安全知识教育和自救自护能力培养；通过举办全校性安全教育讲座、突发事件的应急疏散演练、疾病预防宣传栏、法制培训、定期收缴管制刀具等活动，既落实知识的教育，又提高学生自救自护的能力。

三是加强安全警示教育。在国旗下讲话中，及时而经常地以鲜活的安全事故案例和学生中存在的问题进行分析指导，在学生中形成一种“安全第一，警钟长鸣”、“生命最为可贵、事故不可能预演”的意识。

四是环境育人。学校从多方面把有关安全标志、标识、要求张贴在校园的各个显眼位置，并不定期创办有关安全、疾病防治等方面的专栏，以求达到润物细无声的效果。

三、关注细节，落实安全工作措施

安全事故的发生没有预见性，往往发生于瞬间。因此，做好安全防患工作必须从细节入手，以小见大，居安思危，这样才能真正将安全防范及管理落实到位。培风中学主要从以下几个方面落实安全细节管理。

细节一：定期全校安全大检查。每月的第一个星期一是全校安全大检查的日子，由分管副校长亲自带领相关部门负责人及教师对全校进行拉网式的隐患排查，并结合每班安全委员填报的《安全隐患自查报告》的情况，学校集体研究，分清轻重缓急，及时排除隐患、改进管理。

细节二：学生上下楼梯时拥挤。学校将走读生和住校生错时放学，根据任课情况，安排每天上、下午及最后一节晚自习的任课教师值守楼道，负责相关时段学生上下楼梯的指挥和应急处理。此外，针对有时可能出现停电现象的情况，学校在每个楼道处都装有停电应急灯，确保楼道随时畅通。

细节三：学生进出校园。门卫严格执行师生凭证出入校园制度，住校生非放假时间、走读生非正常放学时间，没有班主任签字同意的请假条（请假条要留存作资料），门卫不准学生出校门。凡请假回家者一律要有学生家长的电话或亲自到校方可放行。

细节四：学生往返学校途中安全隐患。在每期的学生家长会上，学校将作息时间及学生常规往返学校的时间等信息告知家长，学生放学时间一律以学校规定的作息时间为准。在每期中的较长时间放假前，学校和班主任都要通过一节课的时间强调学生在假期中的安全，尤其要求学生不得乘坐“三无”车辆，政教处还印发温馨提示，告知学生、家长在放假期间须注意的安全问题。

细节五：学生偶有突发疾病。一旦发现学生生病，任课教师或宿舍管理员是第一责任人，第一时间采取应急措施，组织送医，并通过班主任联系家长。截至目前，学校已多次发生值夜班的教师或宿舍管理员送突发急病学生到医院就医的事件，家长对此万分感激。

细节六：加强重点时段教育管理力量。除学校每周十名教师的值周小组外，各年级还安排年级教师值日，分别对校内易发事故时间和地段、重点保护部位、工作薄弱环节进行不间断巡查，加强管理力量，确保不出问题。同时，建立教职工首视首问责任制，要求教职工灵通信息，及时发现并处理好学生间的矛盾纠纷，消灭群殴事件于萌芽状态。

总之，做好安全防患工作，必须关注每一个管理环节。只有从细微处入手，做到严谨缜密，才能真正实现防患于未然。

四、警钟长鸣，巩固安全工作成果

抓好安全管理，对于学校来说是一项持久性的工作，容不得有丝毫的松懈。常抓常新，警钟长鸣，才能打好安全工作保卫战，确保不出安全责任事故，尽量减少非责任事故的发生。

近几年来，培风中学一直坚持安全工作检查等系列制度从未间断，学校一切活动的开展和安排首先考虑的第一因素就是安全，每次大会小会都有安全方面的内容。正因为学校领导和全体教职工高度重视安全工作，时刻保持高度警惕，近几年来，学校无一例安全责任事故发生。

生命只有在安全中才能永葆鲜活。抓好学校安全管理，是一项长期而艰巨的任务，在任何时间、任何地点都绝不应有任何松懈麻痹的思想。面对新形势、新要求，培风中学还将积极探索新办法和新途径，全力以赴抓好师生人身财产安全，为学校工作的良性发展，创建和谐校园，创设一个平安、稳定的环境。

扬精细化之风，行精品化之路

四川省自贡市沿滩区沿滩第二小学校　邱良　周萍

精细化管理是一种理念，一种文化。实施精细化管理是新形势、新体制的要求，要想出效益，就要抓管理，只有做到了精细化管理，才能不断推动学校整体工作迈入新境界。2019年末，在新一届领导班子的带领下，我校制定了《丰富诗书教育载体，打造精品化学校》的三年工作目标，提出了推进精细化管理的工作思路。学校各职能部门是精细化管理实施的重要单元，我们充分发挥各部门的功能，将管理责任具体化，明确化，使每位管理者都做到位、尽到职，一起携手打造优质学校的精品教育。

一、疫情防控，恪尽职守

在本期开学前，学校便召开了关于推进精细化管理工作的行政动员会。在大会上，我做了题为《沿滩二小精细化管理思考》的发言。我认为，精细化管理就是落实管理责任，将管理责任具体化、明确化，人人都管理，处处有管理，事事见管理。精细化管理是实现我校精品化办学的必走之路，疫情期间的各项工作更要精细化，各部门干部要高度重视，上下一心，为创建精品化学校而努力奋斗。

疫情下的开学是对精细化管理的一次大考。开学前，按照精细化管理的要求，我校各部门扎实开展疫情防控和开校各项准备工作，制定了开校工作任务清单，各分管副校长严格把关，落实检查。通过系列措施，织密防控网络，摸准师生基本情况，备足防控物资储备，强化师生宣传培训，落实校园消杀防护，组织师生在线教学，细化师生一日安排，确保学校可以顺利开课。这不仅维护了师生身体健康，也确保了校园安全稳定，对我校教育工作的有序展开起到了至关重要的作用。

二、征收建议，共谋共创

教职工的正确认识是推进精细化管理的前提。为了有效推进此项工作，得到教职工的认可和支持，在初期教职工大会上，学校做了动员和部署。学校还面向全体教职工征集了关于推进精细化管理的意见和建议，共计186条。我们将这些内容在办公室进行了梳理、汇总、分类，交由校长办公会、行政会诊断研究，这为有效推进工作提供了有力的参考。

实施精细化管理是管理深化发展的要求，也是管理水平提升的必然选择。精细化管理对我们教师教学提出了新要求和新挑战，我们的教师必须努力改进传统的单项灌输上课模式，不断探索，并在探索中不断前进。教师准备教材必须领会新课程的主要思想，研究政治教学的新课标，坚持“以学生发展为本”，要关注个体的差异、满足不同学生的学习需要。同时，也要加强对学生的学习方法指导，使其形成良好的学习习惯，有效地进行自主学习。

三、规范制度，统筹安排

规范化管理是精细化管理的基础。为使常规管理更加规范，学校各部门全面梳理了建校9年来现有的各项规章制度，结合实际情况，将需要修订完善和新增的制度名称进行了罗列，汇总共计167条。下一步我校将根据管理的需要，分批次在2020年度逐步完成。截至五月底，办公室已完成《教师请假制度》等5个制度的修订和《教师在校工作要求》的制订；教导处完成《教学常规检查办法》等3个制度的修订。学校各部门共计完成13个制度的修订和5个新制度的制订。

统筹安排，分步实施是推进精细化管理的有力保障。为了有条不紊地落实精细化管理的开展，确保任务明确，分步实施，各部门将本部门精细化管理的举措形成了目标任务清单，共计382条。办公室汇总形成了学校精细化管理的作战图，各项任务明确了责任人，完成时间。我们各分管副校长为各部门的检查责任人，督促落实指导各项目标任务的完成。截至五月底，各部门按照作战图要求，完成目标任务88条，其中有12条提前完成。

精心是态度，精细是过程，精品是成绩。实施精细化管理，即从小事入手，对每个细节都精益求精，做到事事有人管、处处有人查、时时有计划、事事有总结。我们坚决杜绝管理上出现的漏洞，努力维护我校的教育工作，提高管理效能，使各项工作更加务实、落实，各部门职责更加明确，要求更加具体。在未来的工作中，我校将继续探索精细化管理的方法和途径，相信通过全校教职工的齐心协力，一定能够早日实现“诗书教育精品化学校”的办学目标，打造一流化的优质教育！

《幸福课程》构建体系

天津市宁河区造甲城镇造甲城小学　王立英

造甲城小学《幸福课程》构建体系，包括幸福争创、幸福课程、幸福奖台、幸福表彰四个环节。本着生活一切皆课程的课程理念，不但认真执行国家课程，还建立了属于自己的特色课程：阅智课程，艺美课程，科创课程，运动课程等共38个社团组织，努力构建完整的幸福课程体系。本着特色课程社团化，社团课程生活化的原则，通过完整的课程建设让学生自己选课，中间调课，根据学生需求造课。为他们寻找自己的舞台，创造真实有效地课程体系。

造甲城小学幸福教育课程体系，本着四个延伸为构建基础即：国家课程校本化、校本课程特色化、特色课程社团化、社团课程生活化为构建基础，建立了以国家课程为主体的基础课程和以社团为主体的特色课程，在“善待每一位学生，让生命由此绽放”办学宗旨的引领下，通过丰富多彩的课程建设，给每一位学生提供展示自我的个性载体，为幸福争创和幸福奖台提供更多激励平台。

基于以上对课程的把握造甲城小学把课程分为基础课程和特色课程。

一、构建完整的课程体系

（一）基础课程

1、德育课程

2、人文课程

3、体健课程

4、审美课程

5、思维课程

德育课程

1、活动课程以品德与生活；品德与社会这是国家课程的德育主体，通过校本化就是通过班队活动的开展实现国家课程的校本化。

2、活动项目：

⑴、国旗下讲话-每周都有一次符合时事内容的讲话内容；社会实践（清扫红领巾一条街；慰问老红军孤寡老人）等。

⑵、典礼课程：开学典礼、毕业典礼、散学典礼、新生入学教育。

⑶、节日课程（元旦、植树、端午、六一、教师节、国庆节、中秋节等）开展活动。

⑷、幸福奖台（依托幸福少年评选，阅读评价、幸福之声广播站投稿等）。（班级内有幸福少年评选展牌）

人文课程

⑴、活动课程：以语文、英语作为人文课程的基础。

⑵、活动形式通过阅读、情景剧的形式表现。

⑶、主要项目：每天晨读、午写、经典诵读、课内共读、亲子阅读绘、低年级绘本阅读分享会、中高年级整本精读分享会、作家讲坛等。

⑷、每学期要搞阅读节（悦心、悦脑、悦成长），通过以上各种活动开展评比促进学校阅读氛围形成，同时还要搞阅读研学活动。（依托阅知特色课程展开）

体健课程

⑴、活动课程以体育课作为健康课程的基础。

⑵、教育形式以心理健康教育、安全教育（防震溺水防电消防等知识讲座及演练）、法制教育（法制讲座）、健康教育（体育）。

⑶、活动项目：安全疏散、防震及消防演练等；足球、乒乓球、篮球及幸福大课间活动等活动。

⑷、通过搞体育节的形式促进学生体质的提高。体育节以足球为主，其他为辅。

审美课程

⑴、活动课程以美术、音乐、书法作为艺术课程的基础。

⑵、活动形式：音乐活动、美术活动、书法活动等。

⑶、活动项目：毛毛虫合唱、黑白灰美术、泥塑、评剧、书法（软、硬）等。

⑷、结合六一儿童节搞艺术节的形式进行展示，促进艺术发展，陶冶学生心灵。

实践课程

⑴、活动课程以科学、数学、信息为科创课程的基础，涵盖科学技术及综合实践课程。

⑵、活动形式信息技术、科技创作、劳动技能、综合实践。

⑶、活动项目：趣味数学、种植、烘焙美食、纸飞机、水火箭、机器人、电脑绘画、STEAM课程等。

（二）特色课程

特色课程就是对国家课程的转化和创设性的生成。课程内容之所以变化，就是因为学生发展是动态过程。阅读是一切学科学习的基础，还是一个人能否持续学习的基本能力。

阅智课程

阅读的本质是在阅读中我们让孩子有机会体验精神世界的一场场“遇见”。

1、一二年级绘本教学重点关注画面符号、文字符号的理解与应用

我们认为绘本最接近哲学的艺术形式。绘本中大量的画面符号比文字符号更加直观，更加符合儿童形象性思维的特点，更能激发孩子的阅读兴趣。

2、三至六年级整本（三四年级可以是整篇）精读教学重点关注基于文字符号的理解与应用，使学生在阅读中掌握系统化思考的方法，能够从整体上形成对文本的理解

学生到了中高年级能不能顺利地学习，首先就取决于他会不会有效地阅读。在阅读时能否思考，在思考的同时能否阅读。

科创课程

当今世界，科学发现和技术创新不断发展，为人类更大范围、更深层次的认识和利用自然提供了可能。

科创实践活动项目：

科技实践

纸飞机课程、水火箭课程、机器人课程

生命科学

种植、养殖（开垦的幸福种植园，记录种植过程，这是一张综合实践课程之一）

生活实践课程

食在造小（烘焙、美食）、剪纸、魔方等

STERM课程

依托机器人社团和STEM社团成立造甲城小学科创中心。

艺美课程

毕加索曾经说过：“每个孩子都是天生的艺术家。”艺术其实是每个人都需要的，它就存在于我们的生活之中。

艺美项目：

音乐类

1、合唱

美术类

1、素描

2、泥塑

书法类

1、软笔书法

2、硬笔书法

戏曲类

1、评剧

注：每学期搞一次艺术节，评出才艺少年。（时间看安排表）

运动课程

体育渗透着的德育，能向学生进行集体主义、勇敢顽强、吃苦耐劳、拼搏进取等良好品德的教育。体育锻炼能促进大脑发育，改善机能，为人们从事智力活动打下良好的物质基础。

运动项目：

1、足球

2、乒乓球

3、田径

4、幸福大课间

二、为课程设定目标

“幸福争创”是课程建设的目标，是学校全面多角度评价的集合，为每一位学生、教师、家长展示闪光点，建立自信的舞台，是对学生、教师、家长为教育主体的个性化评价体系。幸福争创包含幸福校园和幸福少年两个方面的评价内容，其中幸福校园通过幸福班主任、幸福课堂、幸福教研、幸福教师、幸福故事、幸福网络、幸福社团、幸福家庭、幸福主任评比十个方面对教师和家长进行全面评价；幸福少年从智学少年、书香少年、体健少年、艺美是按、孝德少年、环保少年、科创少年七个方面对学生进行全面评价。为每一位学生设立一个舞台，寻找自己的闪光点，建立自信，赢得未来。

三、打造积极主动激励手段

“幸福大奖台”是对每一位师生开放平等的生命舞台;是对师生行为一种及时评价和精神持续性动力再生的舞台,通过兑换幸福积分即“幸福指数”的方式,得到相应的学习用品,这些“幸福指数”获得主要来自“幸福少年”的评价标准,获得荣誉的进行积分累加同时还包括日常行为、纪律、广播站投稿等形式获得“幸福指数”。

“幸福奖台”是幸福争创被评价主体获得主动争创的最重要的激励手段,是被评价主体主动参与教育教学活动的动力来源。学生通过幸福少年评价,让每一位学生都能找到属于自己的闪光点,通过努力获得幸福积分暨“幸福币”的方式,自主选择奖品,自主选择适合发展方向,同时在班级评比栏中进行展示,是物质和精神的双丰收。幸福校园评价让教师的日常教学工作与绩效挂钩,通过幸福币积分手段,让教师日常工作以积分形式时时显示,做到取长补短,不断激发教师自我发展潜能。幸福币让家长与学生实现捆绑,形成家庭荣誉共同体,形成互相监督促进的作用,极大激励了家长参与学校管理的主动性。

四、让完整的课程体系绽放光彩

完整会让细节呈现,让仪式感更强。做到三个一暨明确一个原则,遵照一个流程,坚持一种模式。一个原则暨造甲城小学工作法:理性-落实-规范-有效;一个流程:幸福争创--课程平台--幸福奖台--幸福表彰四环节。以幸福争创为目标,以课程平台为载体,以幸福奖台为手段,以幸福表彰为意义。如:造甲城小学幸福少年评价为目标,以社团活动为载体--通过幸福币激励手段--利用元旦及各级表彰展现意义,让活动形成完整的闭环,这样的流程设计让活动内涵丰富,严肃性增强,师生对待活动的态度更真,积极性也会提升。

一个模式即“3+3”模式,大活动做到看得到(电子屏)、听得到(广播)、写得好(文章)+学生、教师、家长参与;小活动做到“3+2”,其中家长可以不参与。如:本学期刚刚结束的幸福杯班级足球联赛,前期准备:队旗设计——队服购买——足礼培训——技术指导——开幕式训练——现场比赛-活动表彰,每一步严格按照程序和预期效果运作,让仪式感和规则意识充满整个活动,足球场上我们看到学生汗水,泪水,班主任的呐喊,让日常管理用的空洞的文字有了生命呈现,对班级管理产生起到了助推作用:1、无论比赛胜利还是失败都有利用班级凝聚力形成;2、有利于学生身心健康发展;3、通过球礼培训,让尊重看得见;4、通过球场规则学习,让规则纪律意识明显增强;5、通过比赛让学生,教师,家长三方共动,形成育人和谐氛围。

完成的体系建设让活动规范有效。幸福争创是《幸福课程构建》体系的目标,幸福课程是《幸福课程构建》体系的载体,幸福奖台是《幸福课程构建》体系的激励手段,幸福表彰是《幸福课程构建》体系重要意义的提升,四位一体育人效果更佳明显,学生更佳主动参与学校各项活动,为未来发展订好每一颗纽扣。

“三五八”系列德育:全员全程全方位育人

天津市武清区杨村第十中学　李铅　李欣欣　徐爽

天津市武清区杨村第十中学是天津市武清区教育局直属公办初中校,于2013年建校,学校以“为学生的终身发展奠定基础,为教师的事业发展创造条件。”为办学理念。我们认为:培养学生良好的品德比好成绩重要,良好的品德是学生终身发展的基础;培养教师良好的师德比优秀课重要,良好的师德是教师事业发展的条件。学校坚持德育为先,实施“三五八”系列德育教育,以打造“阳光帅气　文明大气”的十中学生形象为目标,引导学生学会做人;以“和谐合作正气大度”为十中精神,努力培养十中师生的团队精神,为师生的终身发展奠基。

一、“三五八”系列德育:丰富的内涵引领学生发展

1、“三”即三个特色:路队、读书、安静课间。我校首创初中生上放学走路队,既安全又整齐;早、午课前各十分钟大声齐读书,既凝心聚力又牢记知识;安静课间、楼道内靠右行走营造安静校园,既有序又文明。

2、“五”即“五会”教育:学会做人、学会生活、学会学习、学会健体、学会审美。杨村十中以“五会教育”为办学目标,围绕“五会教育”以楼层为单位进行文化布置,每个楼层一个主题,给学生营造良好的育人环境。在成才厅正面建有“五会教育”浮雕墙,我校把“学会做人”作为五会教育的核心,教育学生做人为先,并以“五会教育”为主题进行校园文化布置,每个楼层布置文化柱,采取古今对照、中外共融的方式,分别对“五会”进行解释,突出楼层文化主题。打造美丽校园,形成优美的育人环境。寒暑假时间结合“五会教育”,布置集德、智、体、美、劳为一体的假期实践作业,受到家长的普遍好评。

3、“八”即八大系列德育:我校坚持德育工作常态化,不断总结提炼,经过几年来的实践摸索,逐步形成“八大系列德育”教育,即:9月为习惯养成教育月,举办新生入学教育和开学典礼活动;10月为爱国法制教育月,举办“唱响十中,爱我中华”国歌歌咏比赛和校长讲法活动;11月为家校联合教育月,举办大型家长会和读书感悟、手抄报展示活动;12月为综合艺术教育月,举办冬季长跑比赛和校园艺术节;3月为人生规划教育月,举办九年级百日誓师活动及七、八年级人生规划活动;4月体育健康教育月,举办校园体育节和小型趣味运动比赛;5月为安全生命教育月,举办安全法制报告会和入团仪式;6月为感恩礼仪教育月,举办九年级感恩母校升旗仪式、毕业典礼和学会感恩主题班会。“八大系列德育”教育每月固定主题,贯穿全年,致力于培养“阳光帅气　文明大气”的十中学生,让学生学会做人,终身发展,教育效果明显。

二、特色课程和活动:多彩的校园丰润学生心灵

1、依托中国节日,弘扬传统美德。以“扣好人生第一粒扣子”为活动主线,以清明节、端午节、中秋节、国庆节等重要时间节点,积极开展主题教育活动。开展:《我爱祖国　同唱国歌》合唱比赛,“我们的节日——中秋节”等活动。

2、依托志愿服务,培养责任意识。学校成立志愿服务队,设立各志愿服务岗,志愿者活跃在学校的值周、楼道管理、体育比赛等活动中。走进社区开展敬老院慰问活动,参与志愿宣传和清扫共青团一条街等活动,培养队员责任意识。

3、依托社会课堂,促进健康成长。在落实少先队工作根本任务的过程中,我校充分利用社会大课堂活动这一有效途径,丰富少先队、共青团阵活动地,在各种体验活动中,践行“我参与、我快乐、我收获”的活动理念,促进学生健康成长。我校开展走进消防中队,体验英雄风采社会实践活动,走进南开大学开展爱国主义教育活动,航母主题研学教育活动等。

4、依托艺术课程,推进全面发展。依托学校教育资源,学校确定了“学会审美,艺术育人”的艺术教育工作思路。为确保艺术教育工作的顺利开展,学校给予较大的经费支持。专门建立了舞蹈室、音乐室、美术工作室、书法教室,对艺术教室需要的各种教具均配置齐全。为了使学校艺术特色教育工作落实到位,学校制订和完善了艺术教育教学规章制度、发展规划,确保艺术教育整体水平的提高。学校每年都开设各类艺术类社团,活动计划落实到位,学校的剪纸、纸盘画、科技漫画活动常常以各种形式进行区级讨论交流活动,并代表武清区参加各类竞赛展示,多次在市、区范围内分获一二三等奖。学校每学年举办艺术节,定期举办各类丰富多彩的艺术活动,在保证普及的基础上,艺术教育、艺术节力求创新,具有特色。在武清区校园艺术节中获得优秀组织奖,荣获“好书伴我成长”区级优秀组织奖,在天津市中小学篮球比赛男子组第一名,荣获天津市青少年影像节优秀组织单位,荣获武清区文明校园称号。

三、全员全程全方位:长效的机制助力学生成长

1、全员育人。我校按《中小学德育工作指南》的要求,严格落实德育课程,上好道德与法治课,不减少课时或挪作他用。根据不同年级和不同课程特点,充分挖掘各门课程蕴含的德育资源,充分发挥课堂教学的主渠道作用,将德育内容细化落实到各学科的教学目标之中,有机融入渗透到教育教学的全过程。如语文课要求利用课程中语言文字、传统文化等道德教育因素,对学生进行世界观、人生观的引导;数学课要求加强对学生科学精神、逻辑思维能力的培养;音、体、美等课要求加强对学生审美情趣、健康体魄、人文素养、意志品质的培养。这些都体现了我们学校根据教材的政治方向和价值导向,实施的全学科育人的理念,充分体现了全员育人的主线。

2、全程育人。德育中,唯有润物无声的教育,才能实实在在影响到他们的心灵　。校园的一草一木、一砖一瓦所显示的校园文化都是体现出对学生的引导和熏陶。走进杨村十中的校门,会看到校门内侧安装了“社会主义核心价值观”的24个钛金字,教学楼门口的电子屏与时俱进的进行创文、创建文明校园、创卫、安全等宣传,校园内布置有四块文化石,分别刻有我校校训“诚信博爱　自强奋进”,院区灯杆刀旗布满国学传统文化,营造良好氛围。

教学楼共五层五个楼门,分别命名为尊师门、感恩门、礼让门、爱国门、探索门、成才门,每个楼门所对的楼梯上贴有主题与之相应的中英文对照的名言,形成与楼门文化对应的台阶文化。教学楼一至三楼楼道内,墙壁上安装规范美观的警示框,三层楼分别有孔子、孟子、荀子名言警句,温馨精警,富有启发性、激励性和教育性。引导青少年关注内心,关注德行,关注知识,形成了国学主题的楼层文化。每个班级门口的班牌上有班级合影、班主任寄语,介绍本班班主任、科任教师。班级文化特色彰显,异彩纷呈,各具特色的班级环境是校园文化又一道亮丽的风景线。我校以活动为载体,以学生发展为根本,通过开展形式多样的、丰富多彩的学生活动,使学生在活动中锻炼智慧,在活动中成人成才,在活动中育人。每天进行上下午各30分钟的大课间活动,将“阳光体育活动”贯穿于教育教学始终。成立舞蹈、足球、剪纸、陶笛、羽毛球、书法等20余项社团,每周四下午举行活动,为学生提供丰富的文化生活空间,丰富校园文化生活。我们把德育工作向学生的学习和生活的各环节、全过程伸延,充分体现了全程育人的宗旨。

3、全方位育人。我们学校把家校合作育人作为德育工作的一项重要措施来实施。成立了家长委员会，让家长走进校园参与教育、支持教育、理解教育、学会教育。家长与教师通过微信、电话等多种形式沟通，组织家长和学生一起聆听专家育才报告、一起参加校园艺术节、体育节，召开家长座谈会，实现了家长的知情权、参与权、监督权，形成了学校、家庭和社会协调一致的育人合力，使德育工作相互衔接，不留死角。这一切都充分体现了全方位育人的理念。

凝心铸魂立根基，同心共筑创辉煌

西安交通大学附属中学 訾艳阳著 孙晓莉整理

百年大计，教育为本。未来教育已经不单是比学习成绩，而是比学习力；不再是直线式培养路径，而是多样化特色育人；不单是为中国发展储才，更要着眼全球未来发展需要。只有改革、创新才能实现转变、提升，一步一个脚印，才能把学校推向发展新平台。我校洞悉教育发展之需，革故鼎新，坚守办学初心，积极进行科研思考，不断提升全体师生的思想政治素养，努力办学生满意的教育、高品质的教育、特色的教育，使学生在平安健康的氛围中获得新知，幸福成长。

一、坚守理念，创新发展

近年来，我国基础教育的发展将面对“五个前所未有”：时代发展对教育领域提出的挑战，前所未有；中央如此关注基础教育，前所未有；教育教学改革的压力，前所未有；教师传统教育方式受到的挑战，前所未有；学生学习方式受到的挑战，前所未有。面对挑战，我希望我们全体教职工可以成为教改的“探路者”、“领路人”，抓住机遇，用先进的办学理念与战略规划培养社会所需要的优秀人才，带领学校走得更稳、更快、更远。

新理念，与时俱进。教育教学工作的高效开展离不开理论的指引和支撑。我校自1981年恢复重建以来，始终不忘“兴学、储才、强国”的办学初心，坚守“为民族而生、为国家而立、为世界之光”的办学宗旨，形成了“规范办校、质量立校、科研兴校、文化强校”的新理念，在规范、高质量办学的前提下，引领学校健康发展，打造学校文化品牌。

新班子，重在实践。我校面对此次挑战，秉持强烈的政治责任感和高度负责的精神，重新组建领导班子，加强领导班子建设，遵循“有职就有责，有责就要担当”的原则，全面提升领导班子的决策力、感召力、战斗力、创造力，形成合力，推动学校事业快速发展。

新规划，贵在落实。面对新情况、新问题，我校已经在深入调研基础上开始了多手准备，比如教师准备、课程准备、围绕学校治理体系现代化建设，推动管理改革等，同时形成了“适度宽松，严格到位，向课堂45分钟要效益”的教育模式。“适度宽松”，就是秉承孩子的活泼天性，加强知识产权教育和STEAM教育，打造以学生为中心的探究性课堂，激发学生热爱学习的内生动力和潜能。“严格到位”，即学业考核要严格，品行操守要严抓。“向课堂45分钟要效益”，是希望学生利用好45分钟的课堂时间，做到学、思、践、悟。这也秉承了我校的办学理念——“努力追求适合每一位学生发展的教育”。这已经深深扎根于每位教职员工的心里，我们实施该理念的抓手主要是三个内容：落实差异化教学、营建宽松的校园育人环境和丰富多样的课程设置，我们期望每一个学生都成为最好的自己。

二、紧抓思政，提升素养

加强和改进未成年人思想道德建设是一项重大而紧迫的战略任务，应当扎实推进中小学思想道德教育。我校积极贯彻党的指导方针，对“课程思政”给予高度重视。在课程思政的影响下，我校的思政教学工作取得了积极的效果，并且更进一步提出了“学科思政”，努力把一切工作落到实处。

学校在办学质量创新方面提出的“四轮驱动”新理念为思政教育融入课堂保驾护航，即行政效能驱动、师资发展驱动、课程创新驱动、教学评价驱动。学校主要领导亲自抓政治学习、党建工作、师德建设、校园文化、学生教育、“三风”建设等文化建设，在工作中做到有组织、有制度、有检查、有落实，通过多部门协调配合、从上到下层层发力，在全校范围内形成了学习思政的良好氛围。我们一方面加强教师育德意识，引导教师主动关注道德教育资源，主动培养学生道德品质的意识；同时，加强教师思想政治教育，落实“立德树人”等系列培训，增强“四个自信”，提高育人意识，切实做到爱学生、有学问、会传授、做榜样；另一方面，增强教师育德能力。我校在保证学生成绩的同时，更加关注学生的思想，聚焦学生道德素养的熏陶濡染，努力引导教师把思想性、理论性、知识性与教学方式上的可接受性结合起来。

为搞好思想政治课教育教学，学校领导深入到思政课堂听课，通过组织教师和学生座谈会，及时了解课堂教学情况。同时，加大力度打造思政示范课程，基于课程性质和教学目标，确立价值塑造、能力培养、知识传授“三位一体”的课程定位，积极对教材进行“二次开发”。通过对教材内容进行增加、删减、浓缩、提炼、调整和迁移等，使学生迅速理解知识，生成理论知识，形成完善的思想政治体系。同时，政治学科中心组织教师坚持集中备课，形成“集体备课、资源共享、课后反思”备课范式，把备课组工作活动落到实处。重视每次课后写好教学评价与反思，总结每次课的得失，在组内形成互相听课制度，课后认真点评、总结，互帮互助，帮助中青年教师快速成长，共同提高教育教学水平。

在贯彻落实课程思政的精神、不断完善“三全”育人的具体要求下，我校提出了“学科思政”，将学生的认知、情感、价值观等内容纳入学生评价指标。学科思政不仅仅是政治这一门学科的事，各门课都应该守好一段渠、种好责任田，与思想政治理论课同向同行。学科思政根植于每一门学科特定的土壤中，不同的学科其思政元素也会呈现出不同的内容和形式。因此，学科思政要结合学科本身的特点，在相应的教学环节进行渗透设计，激发学生的情感，与学生产生共鸣。我校坚持结合社会热点，以事育人；研究学科历史，以史育人；坚持立足教材，以理育人，并且充分发挥我校自身的大学科研优势、社会网络资源、校史育人功能，最大限度创设条件，激活学生的创造活力，将学生培养成品德高尚、专业过硬、体魄强健、审美高雅、热爱劳动的新时代好青年。

三、管育结合，平安建校

“依法治校，创建和谐平安校园”是每一位教育工作者一直在思考探寻的问题。平安校园是综合治理的范畴，学校按照陕西省、西安市和交通大学关于平安校园建设的相关要求，健全组织机构，完善体制机制，构建了三级(领导、中层、老师；学校、级部、班级)立体化校园安全网络体系，按照“统一思想、预防为主、内外联动、管育结合”的理念，加强校园平安建设。而且安全重在教育。安全观教育包括老师的安全管理教育、学生的心理安全教育等。此外，我们还依托社会力量，比如，校警合作，来做好校门外道路的安全保障，改善学校及周边治安状况。

目前，我们面临的最大的安全问题就是学生的心理健康安全。相比大学生，中学生的心理健康问题更加具有隐蔽性，暴发性。为此，学校在加强对老师心理健康和精神抑郁等基本知识培训的同时，也加强了对家长相关方面的引导，也给学生们开设一些心理常识普及课程。每个校区都备有心理咨询老师，发现问题后，及时与家长沟通、解决。

四、特色立校，荣获美誉

我校可以说是中国历史上最早办新学的中学。这里所说的新学，是相对于私塾、四书五经等来讲的，是现代科学体系下的新式教育。

我校的发展历程实现了两次飞跃：第一次是1981年恢复重建时，通 过引进一批好老师，大大提升了学校的中考率，促进了学校的快速发展；第二次飞跃是2003年我校创办了附中分校，这要得益于民办教育机制。此时，国家颁布了民办教育促进法，规定了民办院校的一些办学权利等，机制灵活，且有法律依据，助推学校实现新的发展。

从历史来看，办一所好学校，机制特别重要。机制灵活，吸引到好的老师，有了好老师，自然也能吸引好学生来读书，这是相互促进的。目前来看，我们的学生懂礼貌、敢担当、有活力、韧性足、综合素质好、学业成绩优、后发力强，是社会对我校培养质量的总体评价。浓郁的校园文化，雄厚的师资力量，独具特色的办学模式，使我校成为英才的摇篮。学校办学特色主要集中在坚守素质教育理念。1896年建校以来，学校始终不忘“兴学、储才、强国”的办学初心，恪守老校长唐文治先生“欲成第一等学问，必先砥砺第一等品行”的教育理念，五育并举，发展素质教育，促进学生成为德智体美劳全面发展的时代新人，这与国家目前基础教育改革发展方向高度吻合。

2017年6月，教育部党组书记、部长陈宝生来西安交大附中调研时，为学生们题写寄语：“男生要有绅士风度，女生要有淑女气质，绅士风度，淑女气质，源于喜怒哀乐未发之际，成于喜怒哀乐已发之时。”这是对我校育人理念、办学特色以及办学成绩的充分肯定。我校在2019年先后获得了教育部“北京2022年奥运会和冬残奥会奥林匹克教育示范学校”，陕西省唯一“首批全国中小学知识产权教育”示范学校、基础教育国家级教学成果孵化校园(2019—2022)、陕西省青少年校园足球优秀特色学校，西安市“品质课程实验学校”、“优质教育十强中学” 等荣誉。

教育是不断革新发展的，探索之路是漫长艰辛的。在未来的工作中，我校定会一如既往地将立德树人为己任，努力培养“政治要强、情怀要深、思维要新、视野要广、自律要严、人格要正”的时代新人，不断提升教育质量，使我校稳步迈向精品化、优质化、国际化的康庄大道，绽放更加耀眼的光芒！

铺陈心理健康之路，浇灌创造力之花

新疆呼图壁县五工台镇独山子小学 邓永宝 李雪花

心理健康是近年来我们社会、学校以及家庭所关注的重点话题。习近平总书记曾强调指出，要培育理性平和的健康心态，加强人文关怀和心理疏导。在党的十九大报告中，总书记也明确提出要“加强社会心理服务体系建设，培育自尊自信、理性平和、积极向上的社会心态”。为深入学习贯彻习近平新时代中国特色社会主义思想和总书记关于心理健康教育重要论述，我校对学生的心理健康教育工作给予了很大的关注。同时，我们也深知，培养学生的创造力，是现代教育的任务，也是个体完善、发展的基础。积极维护学生的心理健康，对学生创造力的开发具有特别重要的意义。学生的心理健康水平为其创造力的发展，提供了最基本的心理条件。我们不仅要加强学生心理健康教育与创造力培养方面的工作，同时也要关注两者之间的联系，努力将学生培育为心理健康的创造者。

一、融洽师生关系，增进情感教育

在心理健康教育方面，教师是主导者，主体是学生。在此过程中，我校要求教师积极发现问题，及时为学生排忧解难，及时消除他们的心理困惑，做到防患于未然，把隐患消灭在萌芽之中，使学生具备健康的心理素质，从而有充沛的精力去学习科学文化知识。这对教师提出了新的更高的要求：教师的心理对学生有很大影响，一名合格的教师除了具备传授知识的能力外，还要懂得心理健康教育知识，同时教师本身也应该具有良好的心理素质。只有这样才不至于相互影响，把不良的情绪“传染”给学生。可谓，“教师要给学生一桶水，自己需要有长流水”。

当今学生自我意识越来越强，他们在获得知识，接受教育的天平里，要求教师加进尊重、理解、信任的情感砝码。同时学生的情感世界可塑性大，心灵比较脆弱，情绪易消沉，缺乏自省、自察、自控和自我激励的能力，他们由少年期的天真坦率开始，转向隐蔽和内向，不愿轻易向人敞开心扉，内心深处却潜藏着被尊重、理解和信任的愿望，常处在自我矛盾中，教师应热爱学生，师生间平等相处，彼此尊重，推心置腹，心心相印，使学生对教师有一种亲近感、依赖感、共鸣感。而情感教育是融洽师生关系，培养学生健康情感的重要手段。教育内容能否被学生接受，很大程度上取决于师生关系的融洽程度，师生间搭起情感的桥梁，经常保持愉快活泼和谐融洽的气氛，相互尊重、理解、信任、团结合作，教育的内容在情感的传输带上才能顺利进行。情感教育具有泛化扩散的规律。教师首先要培养高尚的道德感，理智感和审美感，以为人师表的形象感染学生，教师要热爱学生，把这种爱渗透到教书育人中，使学生“亲其师，信其道，仰其人敬其业”；与学生既做良师又做益友，搭起情感的桥梁，沟通彼此的心灵。在日常的教育教学活动中，教师要知晓学生生活中所必需的3种需要，即爱的需要、承认的需要，以及安全的需要。我们只有给学生补充一定的心理营养，才能使他们的创造力得到充分发挥。

二、激发探索兴趣，挖掘学生潜能

创造力总是与兴趣紧密相连。培植和发展学生各种兴趣，是开发创造力所必需的基础。学校教育要重视激发学生探索新事物的兴趣，使他们能够集中注意，发挥想象，对创造性学习充满热情。浓厚的兴趣能够使人们得到极大满足，从而促进人们注意力高度集中，观察敏锐，思维得到锻炼，想象不断丰富，发挥创造的潜力，达到忘我的程度。很多科学家不仅在科学领域兴趣广泛，获得广博的知识，促进了他们创造力的发展，而且在科学领域之外他们也有广泛兴趣，从而使他们心胸开阔，充满活力，富有创造情绪。反之，兴趣狭窄，可能造成孤陋寡闻，阻碍创造力的发挥。

美国在为迎接知识经济挑战采取的教育管理新举措中，重视教学方法的改革，其中有一个做法就是推行课题式学习与作业。学校的许多课题，不是由老师机械地逐字逐句讲解，而是从问题开始，运用新知识去研究。学生按课题分级，分工协作，大胆设计。如在物理课中学习“力”的概念，每个学生通过桥梁的设计来理解力的概念，然后探讨什么结构最符合力学原理，最后写出运用力学原理的课题报告。这种教学的优点即在于有效地培养了学生学习和探索知识的兴趣，发挥学生创造的潜力，训练了学生的创造性思维。

三、提升自我意识，完善自我发展

自我意识，是指通过自我认识分析自己的能力，通过情绪体验保持健康的生活，通过自我监督组织良好的行为方式。正确地认识自我，悦纳自我，对自己的优、劣势有自知之明，是心理健康的基本条件，而自卑与自满都是没有能正确客观地认识自己，极大地妨碍着创造力的发挥。自卑心理在学习上主要表现为缺乏或丧失信心，过低地评价自己，否定自己，甚至过分地自我批判，对自己失去信心，而感到失望和沮丧，对任何事情失去尝试的勇气，以致不敢提出自己的看法，而埋没了创造能力；自满心理是另一个认识自我的极端，主要表现为骄傲、满足于现状，视野狭窄，好奇心、事业心与责任感减弱，缺乏创造的需要和动机。因此，要教育、鼓励学生，形成正确的自我认识，培养自尊心、自信心，帮助他们进行积极的自我教育，促使他们的自我意识协调发展，尤其是要重视自我教育和自我激励的作用。自我教育是个体自我调节的最高形式，集中体现了个人的主观能动性；自我激励主要是指在自我控制的基础上不断进行情感的激励、鞭策和认识的反省。学校教育长期以来总是对那些考试高分者给予高度评价，但应试教育中考试高分者通常是缺乏创造力的，而那些具有创造力的人往往不一定能在考试中获得高分，因此，具有创造力的个体进行自我激励显得相当重要。

四、增强人际适应能力，塑造创造性人格

心理健康本身具有很强的社会性，在当今被公认的心理健康指标中，人际适应能力是非常重要的社会评价指标之一。它包括良好的适应和改造社会环境的能力，以及良好的人际交往能力。人们在生活实际中，处于多种多样的人际关系，对学生说来，有家庭环境中的亲子关系，学校环境中的师生关系，同学、伙伴关系，以及社会环境中的其他关系等。托兰斯的研究表明，富于合作精神，心理健康的儿童与一般儿童处于同等智力水平时，创造性解决问题的能力更高，这是因为这些具有合作精神的儿童更善于吸收其他儿童的建议。良好的人际适应能力除了要会学习别人的长处以外，还需要正确对待他人的评价，尤其是对自己的批评，要反应适度。研究表明：心胸狭窄，自我中心、不易接近、对人际关系过分敏感容易导致人际排斥；而合群、善于接纳与容忍他人、善于分析他人批评中客观合理的成分、正确的竞争与合作意识能够提高人际适应能力，充分发挥创造的潜力。

塑造学生完整、独立的创造性人格。国内有学者，指出创造是智力因素——创造性思维和非智力因素——创造性人格的最佳结合。韦克斯勒曾调查过一些诺贝尔奖获得者少年时期和青年时期的智商，发现就智力水平而言是中等水平，充其量是中上水平，而创造性人格在创造力发挥中的作用更大。中共中央国务院在关于全面推行素质教育的文献中谈到心理健康时，特别指出，我们今天搞心理健康教育，目的是为了培养心理素质，要培养学生坚韧不拔的意志，积极的个性意识倾向性，包括理想、动机、兴趣、人生观、气质和性格等。塑造创造性人格，我们要看个性诸方面是否得到全面、统一、和谐的发展。这就要求学校教育进一步更新教育观念，明确我们的教育目标是培养完整的人，而不是单纯知识的传授与智能的发展，要注重在理想、道德、兴趣、情感、意志、人生观等方面的人格培养。

我们要培养学生独立自主的习惯。国外心理学家在调查父母对子女的聪明和创造性有什么影响时，发现孩子差不多完全依靠父母时，他们的智商就降低，比较笨拙；相反，孩子有一定的自主性、独立性，并努力依靠自己时，他们的智力商数就在提高，就比较聪明，比较富有创造性。在我国，长期以来传统教育的课程模式，忽视和压抑了儿童的自主性、独立性，学生在上处于服从、受支配的地位。教学中，教师讲解演示多，学生动脑、动手少。江泽民同志在《第三次全国教育工作会议上的讲话》中指出：“每一个学校，都要爱护和培养学生的好奇心、求知欲，帮助学生自主学习、独立思考；保护学生的探索精神、创新思维，为学生的禀赋和潜能的发挥充分开发创造一种宽松的环境。”培养创造性人格离不开坚强的毅力和勇敢的进取精神。我们要帮助学生，“坚决果断地不停止前进的步伐；勇敢自信地构思新的思想”；培养学生坚强的意志品质，克服不良心理，促进其不断地健全个性，发挥个人巨大的潜能。

创造力是人人皆有的一种潜在的心理能力，它与心理健康有着密切的关系。关注学生的心理健康问题是我们不容忽视的责任，促进学生创造力的发展是我们始终如一的渴盼。我们相信在学生认识能力稳步发展、社会性发展正常、各种心理机能发育协调的前提下，一定能够挖掘其潜能，发展其创造力，使其在未来的生活中拥有健康的心理，活跃的创新思维，成为优秀的社会主义建设者与接班人。

立足均衡造名师，深思静想定乾坤

新疆教育学院实验小学　龙莉　其格

学校是学生的学校，也是老师的学校。

“一年之计，莫如树谷；十年之计，莫如树木；终身之计，莫如树人。一树一获者，谷也；一树十获者，木也；一树百获者，人也。” 这段话既阐明了人才培养的重要性，也揭示出人才养成的不易。我校是一所有着百年历史的老校。办学以来，我校秉承“为学生今后的六十年负责”的教育理念，践行在教育事业发展和进步的道路上，全校师生精诚协作，团结努力，为教育事业挥洒汗水和青春。依托高校资源，沐化于新疆教育学院“厚德载物”的校训，在历届智慧的实验人创造的业绩基础上，我校明确了发展的前景规划，勾画出了未来可持续发展的美好蓝图，就是为学生聪慧而高尚的幸福人生奠基。一个学校好比一艘正在海上航行的大船，老师们的可持续成长需要如方向标一样的先进而正确的学校理念来导航。为实现我校“阳光　乐学　健康”的办学目标，我校将发展的工作重点定为“构建教师多元成长的平台，以教师的专业素养提升来促进教育教学质量的提升，丰盈学校文化内涵，适应现代化教育发展的要求。”树立培养优秀小学毕业生，做新疆小学教育的公开课堂，成为引领新疆小学教育的一面旗帜的办学愿景，全校教师必将围绕这一愿景，不畏风雨、扬帆远航。

一、创新管理，凝心聚力谋发展

我校常规管理介入了较强的科学含量和智慧策略，尤其在当下，

社会突发事件的影响，各种意外事件的发生，更需要管理者有敏锐的思维去不断优化管理模式，不断改变管理措施。在学校的管理工作中，我校坚持常规管理精细化。细节管理是一种人文化的管理，也是一种智慧化的管理，更是一种彰显特色的管理。我校把常规管理的重点定在了每天的早读午检、备课、作业批改、推门听课和组本教研这五个方面的检查工作。校级领导与教导处、各教研组长三个层面的领导老师齐抓共管，以日查、周评、月总结为依托，以落实细、监督细的精细化管理为抓手，实现各项制度的落实、各项工作的有效执行，共同努力营造实验踏实、朴实、扎实的校园学习氛围。我校还成立了教研领导小组，针对教师教案反思的规范书写、每周教研活动的认真开展和教师授课的听课指导三个方面进行了精细化管理，为营造实验踏实、朴实、扎实的校园学习氛围，全面、持续提高学校教学质量起到了率先垂范的作用。

二、名师荟萃，助力教育新突破

作为一所百年老校，历任领导和老师们呕心秉承着优良的办学传统，为我校成为百年名校做出了卓越的贡献。如今，我校教师队伍中有国家级骨干教师、学科带头人、课程改革骨干教师、各级教育学会的骨干人员、市级“三类人”等。教师整体素质高，教学效果好。《中国教育报》曾以《素质教育的经典范本》报道了我校先进办学经验，对我校教育工作予以肯定。这两年，我校一直在探索教师培训的工作。采取“分层次、抓重点、全员参与、整体提高”的方式，尝试“专业引领、骨干带动、同伴互助、自我反思、自主发展”的策略，以新来教师培训、青联教师培训、骨干教师培训和加大参与区培国培项目培训力度这四个维度的培训为抓手，对全体教师进行培训。一直以来，我校将学校的新来教师和35岁以下的教师组织为“实验小学青年联合会”，针对青联教师的成长，经过多年的实践经验，我校摸索总结出《实验小学促进青年教师成长融合四个等级的递进式提高新模式》的成长方案和《青蓝工程的出师方案》。此外我校强化骨干教师的引领示范作用。把骨干教师培养作为学校发展的重中之重来抓，设计了专属于骨干教师的培养计划，建立长效培养机制，让每位教师在原有的水平上再上一个台阶。此外，利用得天独厚的学术指导和外培机会优势。我校每年还积极争取区培、国培的机会，分期分批外派各科教师（尤其是有建树的青年教师）接受国家级、自治区级培训和外出听课学习。目的就是让我校教师在更高的平台上不断更新教育理念、接受课改前沿资讯，提高专业素养、提升育人智慧，成为实验小学乃至新疆。在这样的基础上，为鼓励教师合作，我校创建了各种教师研讨团队。如学习型教研组团队，课题组团队，科任教师组成的教研团队和针对青年联合会老师培养的青蓝工程团队。这些学科的组本教研团队，相互分享交流，不仅将学习、收获、反思与提升的效益发挥到最大化，也让所有老师收获进步与成就感的同时，还能感受到温暖和相伴。通过这种教研团队的合作化，既有利于创设激励教师主动发展的氛围，也为教师交流互动搭建了平台，培养教师在学习中提高，在研究中成熟，在合作中成长。

三、以课为本，构建成长新平台

理想的课程，能为学生铺设一条符合他们个性发展的特殊跑道，并让每一名学生在属于自己的跑道里激扬生命、张扬个性、放飞梦想。为此，学校教育必须着眼于课程领域的变革，努力构建理想的课程体系，为教师成长和学生发展充电！为了打造高品质的校本课程，我校采取对内挖掘教师潜力、对外聘请专业人才的方式，聘请到多位在不同领域具有一定专业影响力的知名人士到校担任校本课程的辅导老师。在“要以发展学校特色为基础、要以学校教师为开发主体、要以满足学生的需要为依归”的指导思想下，我校已经创办的66个校本课程班的教学与常规文化课程巧妙结合，合理搭配，为实现在校学生的个性发展和全面发展进行了有益的探索。关于校本课程的开发，我校采取了筛选、改编已有的课程，或者新编校本课程的方法。依据纲要精神和多元智能理论，我校根据自身发展实际，充分关注学生的发展需求，提出了“传统文化浸润课堂、科技生活丰盈学生”的校本课程开发理念，开设了四类校本课程。如人文模块校本课程，以“诗情雅韵”促进学生语言智能的发展。学校开设有电视节目主持、英语动画赏析配音、英文电英语童话剧表演等课程。再如艺术模块校本课程，它以“琴棋书画　古风今韵”培养学生的艺术修养。科学模块校本课程用“四模”与“机器人”全方位推进学生数理逻辑与视觉空间智能的发展。最后的健康模块校本课程则以多元的训练方式来促使学生热爱运动，增强体质，践行健康的生活方式。通过这些课程不仅全面培养了学生德智体美劳健康发展，也放大了学生们成长的空间。此外，我校还对特色课程进行课堂探索，大胆尝试将机器人启蒙课、芭蕾舞课和印第安笛课等特色课程纳入学校指定年级的文化课程的课表中进行日常授课。同时广泛选择不同领域的知名人士加盟实验日常授课，让每个年级的学生在完成学校一贯扎实的各科学习之余，能够有机会享受优质的特色教育资源。在尝试多角度丰富学生活动同时，我校也进一步强化德育教育。依托少先队各社团、各年级、班级以每月一主题的形式开展了各类主题教育活动，如：革命传统教育月、爱国主义教育月、科技活动月等；还结合节庆日、重要纪念日开展了相关活动。为了倡导实验小学高雅、健康的校园文化生活，让全校师生在感受美、表现美、鉴赏美、创造美的过程中提高审美能力和人文素养，从今年开始，我校集全校之力，组织开展了“首届校园文化艺术节”和“首届体育节”的活动。全校一半以上的学生登上了表演和竞技的舞台，向大家展示了我校学生在学校的艺术及体育等综合素养培育的成果。

四、弥足根本，德育同耕造良材

绵绵用力，久久为功。一位知名校长说过：“校长的职责，就是努力把教师的成长当作最高的荣誉！”。到了今天，我校仍不断努力构建教师多元成长平台，强化教师素养，促进学生的综合素养全面持续提升。我们相信，未来路上，在学校办学理念的引领下，立足学校发展的前景规划，我校教师与学生必能共同成长、启航，驶向充满希望的远方！

开展生态环境教育，创建生态文明学校

——新疆维吾尔自治区吉木萨尔县第二中学生态文明教育纪实

新疆维吾尔自治区吉木萨尔县第二中学　冯亚梅

新疆维吾尔自治区吉木萨尔县第二中学占地面积为 50667平方米，绿化面积为9000平方米，现有教学楼两幢、学生餐厅楼一幢、学生公寓楼两幢、实验楼一幢。在上级党委、政府和教育行政部门的坚强领导下，在冯亚梅校长的积极引领下，全校上下一心、艰苦奋斗、创新改革，学校环境、硬件设施、办学水平等都有了质的飞跃。学校先后获得了“全国国防特色学校”、“国家级德育实验先进学校”、“自治区级文明单位”、“自治区德育示范学校”、“昌吉州绿色学校”、“民族团结进步模范单位”等荣誉称号。冯亚梅校长个人也先后获得了“国家级优秀指导教师”、“区级师德先进个人”、“州级优秀教育工作者”、“州级中青年骨干教师”等光荣称号。学校领导注重学校的发展与建设，也注重学校生态文明建设，坚持以绿色观念教育学生，在全校范围内渗透可持续发展意识、生态环境建设及创新意识，将生态环境教育全面渗透到教育教学中。

扎实推进生态环境教育工作

在冯亚梅校长的亲自带领和垂范下，全校师生高度重视生态环境教育。学校以深刻长远的理念，使师生充分认识到生态环境教育的重要意义。坚持以面向可持续发展的生态环境教育的思想为指导，构筑起以学校为主导，学生为主体，课堂和社会为载体学，校和环保部门共同参与的学校环境教育体制。坚持以绿色观念教育学生，在全校范围内渗透可持续发展意识、生态环境价值观、生态环境道德观、生态环境参与意识与生态环境建设及创新意识。形成“绿色校园—绿色教育—素质教育—可持续发展教育”的教育链条，把实施“生态环境”作为落实整体素质教育、推进可持续发展教育的切入点，把开展生态环境教育、创建生态文明学校作为推进素质教育、提高教育质量、培养高素质人才的重要工作常抓不懈。

积极营造优美的校园环境

多年来，学校一直坚持以人为本、以校为本，积极推进环保教育、环境建设，提倡在优美的环境中育人、在绿色的环境中发展。通过打造环境文化，陶冶了学生的情操。让石头说话，让每一条路、每一面墙都成为育人的资源。学校还打造了“墨园”、“杏园”、“农耕园”等文化景点，充满文化气息的校园环境，就像春雨润物一样，滋润着每个人的心田。在此环境中，学生的人生观、价值观受到了潜移默化的影响。

多渠道开展生态环境教育活动

以环保节日为契机，开展生态环境专题教育。学校紧紧围绕“植树节”、“地球日”等节日，精心组织开展“植树护绿保护环境”劳动实践活动、“地球妈妈生日快乐”为主题的手抄报比赛、“节能减排，低碳健康生活”主题班队会、“我爱绿水青山”绘画比赛等活动，激发学生的环境保护热情，将环境保护落到实处。使环境保护意识进一步融入学生的知识和思想中，确保生态环境教育发挥作用，变成学生自觉的实际行动，让学生共同维护校园、城市环境。

将生态环境教育渗透到教育教学中。课堂是学校教育的主阵地，因此，生态环境教育就离不开课堂。学校各个科目的老师，特别是道德与法治、语文、地理、生物等教师在课堂教学中将生态环境知识传授给学生，让学生在自主、探究的学习过程中懂得保护生态环境、保护地球的重要性，懂得“绿水青山就是金山银山”的道理。

校园足球载体下的小学教育教学质量提升路径

云南省大理州宾川县国营宾居华侨农场小学　何国成

伴随足球运动在小学校园中的大力推广，无疑为学校教育教学工作的有效开展带来了巨大推动作用，为全面提升教育教学整体质量提供了一个重要载体。为此，如何让校园足球在全面提升小学教育教学质量中，最大程度上发挥出载体作用，显然值得广大教育工作这不断加以深入思考。文章就以此为课题展开深入的研究与探索，希望广大教育工作者能够从中受到一定的启发。

一、校园足球发展在提升小学教育教学工作质量中的作用

1.充分体验足球的激情与魅力，有助于学生释放学习压力

校园足球运动的发展意义不仅仅体现在全面促进学生体质健康之上，更重要的是学生有机会去体验足球运动自身魅力与激情，从中得到排解内心压力，消除学习的疲惫感，进而有助于学生以更加饱满的精神状态投入到学习中去，这也是校园足球发展在提升小学教育教学工作质量中所发挥的积极作用。

2.以校园足球为载体，确保学生能力与素养的全面提升

毋需置疑，小学生能力与素养的全面培育与提升需要多种平台来支撑，因为这样能够为学生提供多种形式的教育、引导、启发作用。而校园足球运动的全面发展，不仅能够让学生感受到足球运动独有的激情与魅力，还能够让学生体会到运动中需要于他人的密切合作与交流，以及相互帮助与扶持才能达到最终目标，这样不仅塑造了学生勇攀高峰的情怀，同时还在学生运动能力、协作能力、人文素养的培育与升华上起到积极推动作用，教育教学工作的质量也自然不言而喻。

二、校园足球载体下小学教育教学质量提升的侧重点

1."软环境"与"硬环境"的构建要保持高度同步

通过小学教育教学工作取得满意成果的必要条件来看，"环境"显然是根本条件所在。在这里，不仅包括人们通常认为的"硬环境"，还要包括"软环境"。"硬环境"就是基本场地、设施、材料等能够看到和触碰到的资源。而"软环境"则是指"文化环境"，这些显然是用肉眼看不到、肢体触碰不到，只能用心去感受到的资源。为此，在以校园足球为载体，全面提升小学教育教学质量的道路中，必须将"软环境"与"硬环境"的构建保持高度同步作为第一个侧重点。

2.教学质量评价要体现出鲜明的中心

从小学教育教学质量全面提升的必要保障条件出发，有效开展教学质量评价工作显然是关键中的关键，是客观呈现各项教育教学成果的直接途径所在。为此，在以校园足球为载体，全面提升小学教育教学质量的道路中，教学质量评价必须将"校园足球发展"作为中心，具体工作的开展都要围绕这一中心来进行，由此来检验校园足球运动所产生的作用与影响，并为找到更加理想的实施方案提供有力依据。

三、校园足球载体下提升小学教育教学质量的路径

1.进一步加强校园足球文化建设，突出足球文化在各项工作中的带动作用

从校园足球运动发展的必然条件和结果来看，足球文化的注入无疑是首个必要条件，其结果在于为学校营造出一个良好的学习与运动氛围，这显然是学校各项工作开展的理想环境，足球文化在各项工作中的带动作用也会从中显现出来。从笔者所在学校当前校园足球运动发展所取得的成效来看，虽然足球活动已经被广大教师和学生所认可，营造出了和谐的校园氛围，丰富了学生的课余生活，学习成绩也有所提高。但校园氛围方面并没有上升到文化层面，这也是学校以校园足球载体下提升小学教育教学质量的重要着力点之一。在此期间，我认为学校可以从精神文化、物质文化和制度文化入手，完善校园足球文化建设，更好地突出足球文化在各项工作中的带动作用。在精神文化建设中，要将足球运动的激情与魅力为主视角，其中以足球道德风尚和足球的艺术两个方面为中心，加强其宣传力度，营造出良好的足球精神文化氛围。在物质文化建设方面，可以从建设足球文化长廊等方面入手，从物质层面为学生带来更强的视觉直观感。在制度文化方面，要以体育教学制度、游戏与比赛制度、训练制度为中心，让全校积极参与足球运动成为一种心理契约，为教师与学生释放教学压力提供一个广阔平台，由此为更好地带动各项教育教学工作全面发展打下坚实基础。

2.积极完善校园足球裁判与训练制度，激发学生运动参与和学习参与热情

校园足球运动取得全面发展的重要表征中，不仅体现在学校体育课堂教学以足球教学为侧重点，以及校园足球文化的构建方面，更重要的是学生参与校园足球运动的积极性，以及在学生日常学习中产生的影响。就我所在学校校园足球运动的发展而言，主要不仅组建了学校男子和女子足球队，并定期开展相关的训练活动，并且在省、州、县同级别足球比赛中取得了令人满意的成绩。另外，在学生课余生活中，广大教师在课余实践积极组织足球游戏和竞赛，极大程度上改变了学生课余生活的观念，学生在学习过程中的压力能够得到排解，学习成绩也得到了全面提升，学生、家长、社会在学校的认可度上也有了明显提升。可是，虽然学校校园足球运动的发展在各项教育教学工作上都起到了积极促进作用，但依然有很长的路需要去走、去探索，由此才能实现以校园足球为载体，不断提升小学教育教学质量。其中，积极完善校园足球裁判与训练制度就是重要的突破口之一，让学生运动参与和学习参与热情充分激发出来。因为就当前学校足球活动而言，系统的训练工作只能围绕校足球队来进行，其余学生很少有机会参与到系统训练活动之中，在足球运动的了解深度方面有着一定的制约性。另外，学校极为缺少具有专业性的足球裁判，所以学生关于足球运动的相关事宜方面了解过于片面，由此也导致学生体验足球的激情与魅力并不充分，足球运动的解压功能尚未得到充分发挥，而建立系统的校园足球裁判与训练制度恰恰可以将这一问题有效解决，进而促进学生运动与学习参与的热情，学校各项教育教学工作也会迈上一个新的台阶。

3.打造学校内部赛事流程，为学生人文教育提供理想载体

人文教育作为全面提高学生人文素养的重要载体，所以被视为学校日常教育教学工作的重要任务之一，但人文教育的全面开展必须要有理想平台作为支撑，校园足球运动的发展恰恰为广大教师与学生打通了一条新渠道。其间，学校可结合自身情况，建立一套实用性极高的内部赛事流程，调动学生足球运动参与积极性的同时，通过学生切实体验来引导学生之间的人文关怀。具体操作包括两个方面：第一，明确赛制和主题，突出人文素养的植入作用。学校内部赛事流程的制定必须先要明确赛制，即：参赛队伍总数、比赛类型、比赛循环等等，这是正项赛事的主体结构所在，也是有效运行基本保证。另外，学校还要围绕"人文"二字明确赛事主题，如：人文XXX杯足球比赛等等，学生也能从中了解到开展足球赛事的寓意所在，这无疑让校园足球运动的开展更富有教育意义。第二，建立比赛规则并确定注意事项，力求增强学生的人文体验感。在明确赛制和主题的基础上，接下来学校就要将比赛中的基本规则和注意事项加以明确，既要包括比赛中的违规动作，又要包括彼此之间的相互保护，由此来增强学生的人文体验感。这显然是学校全面开展人文教育的有利抓手，也是全面增强学生人文素养最为有利的平台。

4.有针对性打造教学质量评价体系，确保校园足球的带动作用最大化

教学质量评价无疑是全面提升学校教育教学工作水平的重要保证，随着校园足球运动的全面兴起，依托校园足球运动促进各项教育教学事业全面发展就必须将其视为价体系构建的重要组成部分。力求校园足球的带动作用能够实现最大化。在此期间，具体操作应该包括三个部分：第一，在评价原则上，要以校园足球运动促进智育、德育、美育、人文教育工作发展为主要原则。毋庸置疑，学生知识与技能、能力与素质全方位培养是学校教育教学工作的总体要求，校园足球运动的兴起势必要以促进学生上述能力与素质发展作为根本目标。因此，这也是学校教学质量评价的根本初衷，也是各项教育教学工作开展的大方向所在。第二，在评价标准与方法上，要以国家学生体质健康标准新课程实施标准为中心，将模糊综合评价作为主要的评价方法。校园足球的全面发展，宗旨就是要促进学生身心健康发展，而针对学校教育教学工作而言，要以此为载体来促进学生各项学习成绩和综合素质的全面发展，所以在评价标准上既要涉及学生体质健康与心理健康方面，同时还要涉及学生学习能力和学习态度方面。由于学生运动水平和学习成绩往往可以通过测评的方式来明确学习成果，但学生人文素质的各项学习能力往往并不能有数据体现出来，所以在教学质量评价的方法选择上，应该采用模糊综合评价的方法来进行，力求质量评价的结果更为客观。第三，在评价指标体系的构建上，不仅要涉及教师"教"与学生"学"的评价指标，还要包括校园足球运动在促进学生学习态度和成绩方面的评价指标。其中，在一级评价指标的构建上，要以学生学习成果、学习态度、道德修养、运动能力为主体，并且每项一级评价指标中，都要将影响一级评价指标的相关因素作为二级评价指标，进而让评价结果能够客观反映出校园足球为教师教学工作、学生学习过程所产生的影响，并为有效调整校园足球运动实施方案提供客观依据。

纵观上述论点不难发现，全面发展校园足球运动能够成为提升小学教育教学质量的重要推手，但如何确保以此为载体将这一作用进一步展现出来，不仅需要广大小学教育工作者能够意识到当前已经取得的成果，同时还要注意到还有哪些因素能够起到更为重要的影响作用，由此才能达到最为理想的目标。为此，在实践与研究工作中，不断完善以上论点就成为今后广大小学教育工作者的主要视角，进而让学校教育教学事业发展提到新高度提供又一重要载体。

立德树人守初心　春风化雨育骄阳

云南省迪庆藏族自治州幼儿园　赵素梅　高鹏飞　周万媛

“一年之计，莫如树谷；十年之计，莫如树木；终身之计，莫如树人。一树一获者，谷也；一树十获者，木也；一树百获者，人也。” 这段话既阐明了人才培养的重要性，也揭示出人才养成的不易。教育始于关心，是润物无声的陪伴，是浸润孩子们幼小心灵的甘泉，好的教育能让孩子从小就接触知识的天空，领略文化的魅力。我园创建于1989年，是迪庆州唯一的州属公办全日制幼儿园，占地面积7106.39平方米，建筑面积7252.46平方米。教职工91人，办园规模为20个班，共634名孩子。2008年办园水平晋升为“云南省一级一等示范园”，是云南省“教科研实验校”。办校以来，我园大力贯彻《3—6岁儿童学习与发展指南》和课程游戏化实验园，以“安全健康、好学懂事、善良可爱、美丽尊贵”作为幼儿培养目标，不断落实“课程无所不在”的大课程观，输送出对幼儿教育的“爱”，在每一颗幼小的心灵中构筑中国精神、中国价值、中国力量。注重幼儿“五能”即体能、智能、慧能、德能、性能发展，致力培养健康、担当、智慧、善良、美丽的好孩子，形成“自主、幸福、发展、创造”的教育理念。今天，我园以矫健的身姿朝着“一流管理、一流师资、一流环境、一流服务”全方位立体化的“中国优质样板实验园”迈进！先后荣获全国妇女“巾帼文明岗”；云南省“语言文字工作先进单位”、“文明学校”、“实习实训基地”；迪庆州“示范性学校”、“优秀基层党组织”等诸多荣誉。

一、铸魂培根，凸显学校特色办学文化

园徽、园旗是一所学校的精神文化体现。为此，我校精心设计，深度融合学校育人理念，最后确定符合学校品质的园徽、园旗。我园园徽、园旗甲骨文代表了中华文化。上面的“人”字，代表中国人，象征我园力求用中华文化培养有中国魂的中国人的决心。绿色象征生命，代表自然、和谐、生态、和平、美好、欣欣向荣。圆是美好的象征，代表圆圆满满。我校通过让绿色与圆形的结合，让学生感受到生命和美好与和谐，同时表达学校对学生美好的祝愿。莲花有出淤泥而不染，濯清涟而不妖之赞。是圣洁、清净的象征。它承载的则是我园的教育理想，教师和幼儿心灵纯洁无染，教育发展能引领社会风尚。此外，我园园歌《捧出真爱幸福来》寓意幼儿教育是爱的教育，心与心的交融才能收获到幸福。大红色的园服象征着幼儿园这个团队积极、主动、热情、向上，富有感染力，充满活力和斗志。

陶行知曾说过：“天然环境和人格陶冶，很有密切关系。”校园中的每一座建筑、每一处景点，每一片绿色，都成为一种思想的传递，一种文化的表达，优美的校园环境就像无声的老师，滋润着师生的心田，熏陶感染着师生，丰富净化着师生的灵魂，潜移默化地引导师生向着健康的方向发展。为此，我园精心打造美丽校园，园内环境优雅，设施齐全，富有浓郁的民族文化特色，实现了美化、绿化、净化、亮化、儿童化、公园化。建筑布局合理并与幼儿园的文化相契合，楼名分别为：教真楼、育爱楼、养正楼、童蒙楼、幸福楼、慈养楼；每幢楼的装修风格各异，有中国风、民族风、红色文化风、童趣风等，称得上是一楼一景，给人美的享受。幼儿园户外环境宽敞、功能齐全；以经典名言为主要装饰的文化长廊是孩子们休憩的首选场所；尼西土陶工作室、梦想舞台、茶艺室、国学堂、舌尖上的香格里拉、蒙氏数学区等19个功能室一应俱全，能满足孩子们活动的需要，是孩子成长的乐园。

二、以课为本，助力教育教学质量提升

优质的教学总是离不开课程创新。归根结底，课程才是教育教学的重要基础。我园充分遵循“一日生活皆课程”的理念，践行“课程无处不在”的大课程观。将集中教学、小组教学、个别教育、班级区角活动、年级组户外健康区域活动、室内活动区活动、全园全领域开放活动等有机结合。积极践行幼儿园的教育方法，以游戏为基本活动，让孩子们爱玩、会玩、并玩出质量，在玩中学、玩中成长和收获。随着我园课程改革的不断深入，课程特色也逐渐凸显。一是幸福园本课程的实施，使教师和幼儿都获得长足的发展。通过七年的改革、实践、反思、调整、优化。我园的课程结构趋于合理完善。我园的幸福园本课程是：指南（70%）＋园本课程（30%）。教师们实施启智、润德、育美的幸福园本课程后，孩子变得健康、担当、智慧、善良、美丽。二是全领域开放活动，在确保孩子安全的情况下，我园大胆让孩子在小社会中行走，快乐自主发展。在全领域开放活动中，全园小朋友打破班级和年龄段界限，可以自由自在室内19个区域和室外23个或更多的区域中自由选择活动进行游戏，在交往、角色担当、互动游戏、完成任务卡、体验操作等活动中获得有益经验，促进孩子全面可持续发展。三是弘扬传统文化，植养生命。我园通过教育和教学工作，将“仁义礼智信，温良恭俭让”的品质渗透到每一个人的心中，把师生培养成真善美的“本色”之人，将幼儿的一日生活与传统文化的传承结合起来，充分发挥幼儿园教育作用。诵读《弟子规》、《三字经》、古诗文，让幼儿接受、了解中华民族几千年来的灿烂文化，激发幼儿爱文学、爱历史、爱读书的兴趣，同时也受到传统美德教育以及“孝悌、谨信，泛爱大众”传统思想的熏陶，从小就向孩子传递真、善、美，从内心滋养幼儿的生命。最后是孝亲教育。我园以主题活动的形式充分挖掘民族文化的精髓，和家长一起坚持不懈地努力，在幼小心灵中播下孝亲敬老的种子，让孝亲敬老伴他们成长，从小养成孝亲敬老的习惯，具备爱己爱人的能力和习惯。成功的孝亲教育，能促进一家两代，乃至三四代人的共同成长。孝亲敬老是中华民族的传统美德，是家庭文明和谐的基石，也是每个幼儿幸福成长的动力。

三、规范管理，推动精品优质学校发展

通过建园30年的传承、积淀、创新，我园总结出了一套多元的管理模式：常规管理＋自主管理＋质量管理＋零缺点管理。常规管理进一步细分：组织管理→分层管理→制度管理→信息管理→时间管理→文本管理。体现了精细化、程序化、动态化、民主化、科学化。

俗话说：管人关心。在园本文化的浸润下，我园教职员工人人都能做到讲担当、讲奉献，自觉、自律意识很强，能做到自觉利他。充分体现学校文化潜移默化发挥的重要作用。此外，我园后勤服务部门、班级均树立质量意识，立足本职把工作做实、做优。确立幼儿主体地位，切实提高保教质量，促进幼儿健康快乐成长。同时，我园积极调动和依靠教职工的责任感，通过最大的努力把可能出现的缺点减少至零为目标的管理方法。教师是教育发展的第一资源，要想实现一流的教育，必须拥有一流的教师队伍。为此，我园通过各种团建、培训、沙龙、竞赛、互帮互助等活动，倾力打造一支团结型、学习型、智慧型、节约型、环保型、创新型、文明型、奉献型、共享型的团队。

幼儿教育是一项温暖的事业。它尊重、赏识每个个体，致力于学生能力、品德等各方面素质的全面提升，服务于个体的健康成长，滋养每一个生命。而学校则是哺育千万学子的良田，教师们是守护在他们身边的精灵，用毕生的文化知识和诚挚真情陪伴他们走过每一步。未来，我园会继续默默坚守着“自主、幸福、发展、创造”的育人理念，让孩子们在爱的阳光下，启心智之门，雅情趣之源；扬求知之风帆，做成功之真人，用心培育，用爱浇灌，为学生更深远的发展夯实基础，让更多的孩子绽放出生命的光彩。

通过动态预设激发课堂生命力

云南省昆明市官渡区冠益中学　邓静

“一年之计，莫如树谷；十年之计，莫如树木；终身之计，莫如树人。一树一获者，谷也；一树十获者，木也；一树百获者，人也。” 这段话既阐明了人才培养的重要性，也揭示出人才养成的不易。提及教育，始终要围绕课堂教学而论之。探索新型教学路径让课堂教学发挥更深层次的作用一直都是教育研究的重要课题。不可否认，课堂因动态生成而美丽，理想的教学是一个动态生成的过程，课堂的精彩往往来自精心预设基础上的绝妙生成。课堂中那些极富生成价值的因素，都应被当作无比可贵的教学资源。如何处理好生成性问题，关键在于备课时要做足功课，详细分析，做好动态的预设，机智巧妙地生成实用有效地教学方案，才能在课堂上展现自己的教学艺术。就如布卢姆所说。“没有预料不到的结果，教学就不能成为一门艺术。”，说到底，课堂教学是一门既深且远的学科，仅老师和学生之间的关系就具有灵活性、多元性。处理好这种关系，并运用到课堂教学实践当中，提炼内涵，总结经验，正确看待所遇到的问题，那么就会看到课堂教学换发全新的样态。

一、通过多元思考，从课堂教学中凝练正确的观点

就化学实验为例，它烦琐而灵活，同时受众多因素的影响，因此，在实验教学中经常出现异常现象，不少演示实验失败的概率相对较高。即使在老师准备充分的情况下，仍会出现实验失败的情况。实验中异常现象的出现，会对学生造成认知冲突的失衡。这是正是学生求知欲望最强的时候，教师可以组织学生利用异常现象探究产生异常的原因，从而加深对知识的理解和运用。如：苏教版化学必修1《二氧化硫的性质和应用》一节中“S02还原性”的讲授是重学新教点也是难点，由于二氧化硫易被空气氧化，实验容易失败。苏教版化学必修1有关二氧化硫的实验：取一支试管并加入5mL二氧化硫溶液，滴加氯化钡溶液，再滴加计0.5mL3%的过氧化氢溶液，振荡，放置片刻后滴加稀盐酸，观察实验现象。没有滴加过氧化氢之前，理论上没有白色沉淀生成，可在实际操作中，仔细观察会看到溶液有少许的浑浊；再加少量3%的过氧化氢溶液后，振荡，有大量的沉淀生成，放置片刻后加稀盐酸，沉淀不溶解。在此异常现象面前，有些教师就急于解释产生浑浊的原因，生怕实验失败影响自己在学生心目中的威信，殊不知这正是教师心虚的表现。此时，正确的做法是用这个问题让学生分析讨论产生浑浊的原因，继而把“二氧化硫还原性较强”这个知识点落实下去，并进一步挖掘能与之反应的氧化剂。

学生实验中，参与实验的主体是学生，不同组学生在同一个实验过程中就可能种种原因而导致异常现象。这时，发现异常现象的学生总会十分兴奋和好奇，教师要充分利用这一资源，耐心予以引导求

证，满足学生的好奇心，让学生体会到发现、探究的乐趣。

化学实验中，各种试剂的加入一般而言有一定的顺序，但是在学生自行设计实验时，往往会根据已有的经验，想当然地设计一些特定的实验步骤，但是有时会出现意想不到的结果。曾听过这么一堂评比课，教学内容是苏教版化学必修1《铁铜的性质及应用》，教师讲授三价铁的氧化性时，提问学生三价铁能与哪些具有还原性的物质反应？学生的答案之一是碘离子，于是让该学生设计实验加以证明。学生的实验方案如下：先往试管里加2mL0.1mol/L的氯化铁溶液，滴入2滴1%的淀粉溶液，无明显现象；然后滴加几滴0.1 mol/L碘化钾溶液，发现明显变色，但不是预期的蓝色。此时，教师甲就忙于解释说淀粉有问题——直链淀粉、支链淀粉的缘故(其实不是该原因)。如果教师转换观念，把实验的目的看作是带领学生探究知识发现他们尚未认识的客观事物，并从中学到认知本领，学会处理问题的方法，就不会因为出现异常现象而手忙脚乱，影响教学了。同样的情形，教师乙就充分利用了该生成性资源，把问题交给学生处理。经过学生分析：可能是过量的三价铁本身的黄色干扰了实验现象。经研究将实验方案调整如下：先往试管里加2mL0.1 mol/L的碘化钾溶液，滴入2滴1%的淀粉溶液，无明显现象：然后滴加几滴0.1mL的氯化铁溶液，发现变成了预期的蓝色。就学生的发展而言，他们在实验方案设计过程中所获得的感受、体验的成功或失败以及对可于问题解决本身，是比单纯的结论更具实质性意义的学习成果。所以，教师应实事上求是地面对实验现实，并引导学生运用已有的知识经验，鼓励学生大胆设计实验，动手完成实验，分析发生异常现象的原因，师生共同研究，改变实验方法和策略，最后把实验做成功。

二、立足质疑思维，通过动态分析挖掘可行性资源

质疑，即思考别人思考过的问题，并结合自己掌握和理解的知识，对其结论提出疑问。因此，在教学过程中，我校鼓励教师要正确引导学生参与教学过程，不轻信已有的结果，不盲从书中的结论，学会对知识质疑，开发培养学生思维及创新能力的生成性教育资源。

“火柴头中硫元素的检验”这一教学内容选自苏教版普通高中课程标准实验教科书·实验化学(选修)中《牙膏与火柴头中某些成分的检验》这一课题。教科书的课题方案设计中提供了a、b两种实验参考方案。上述两种方案存在的共同问题是：首先，教科书提供的高猛酸钾酸性溶液浓度是0.01mol/L(并非如书上描述的“浅红色”而是呈较深的紫红色)，而且用量比较大(a中需约10mL，b中需约3-4mL)，要使溶液褪色所需火柴头的用量较多(一般至少需要进行2次即6根)。其次，由方案a中烧杯的容积相对较大，故火柴头燃烧产生的气体浓度较小，再通过振荡b烧杯来使二者接触从而反应，吸收效果不够理想，并且有二氧化硫气体残余。方案b中燃烧产生的气体通过拉注射器而被高猛酸钾酸性溶液吸收，效果相对较好，但实验装置比较复杂，且须两人协同完成，也存在一定的局限性。经过学生分组反复试验发现，要使书上提供的0.01mol/L的高猛酸钾酸性溶液褪色较困难，因此可适当减小高猛酸钾酸性溶液的浓度(可选择1x10-3mol/L呈浅红色)，使实验具有更强的可操作性和重复性。

在新课程标准中，生成性教育资源是指教学过程中，在师生共同交往中产生的情景、问题等，如思维的碰撞、意见的分歧、情感的交融等。化学是一门具有创造性的科学，其最鲜明的特点，就是以实验为基础。因此，在实验教学中注重生成性教育资源的开发，往往能使教学过程富于创造性和乐趣。

苏霍姆林斯基说过：“教育的技巧并不在于能预见到课堂的所有细节，而是在于根据当时的具体情况，巧妙地在学生不知不觉中做出相应的变动。”新课程标准中，要求教师备的是弹性化教案，重在设计教学过程由何开始、如何推进、如何转折等，教师活动和学生活动要相辅相成，水到渠成。而不刻意追求教学环节的完整性，这些不确定性和可变因素的引人，非预设的课堂才让学生思绪飞扬，使师生积极互动，摩擦出创造的火花，涌现新的问题和答案。在人的心灵深处，都有一种根深固的需要：这就是希望自己是一个发现者研究者、探索者。在学生的精神世界中，这种需求特别强烈。但如果不向这种需求提供养料，即不积极接触事实和现象，缺乏认识的乐趣，这种需求就会逐渐消失，求知兴趣也与之一道熄灭。这是苏霍姆林斯基给教师的告诫。

一直以来，我校强调课堂教学的生成性，并不是否认课堂教学的计划性和严密性。相反，认真备课，充分考虑课堂可能出现的种种情况，才能在出现意外时，处变不惊，应付自如。课堂教学过成种，我校要求教师要充分考虑在利用生成性资源的过程中的适应性、效率性。有了这样的思想准备，课堂上面对多姿多彩的生成因素，才能泰然地迎接，并加以智慧地推进。就如叶澜教授曾说：“课堂应是向未知方向挺进的旅程，随时都有可能发现意外的通道和美丽的风景，而不是一切都必须遵循固定线路而没有激情的行程。”这就要求教师在教学过程中要根据教学的实际情况，学会动态预设，机智巧妙地生成实用有效地教学方案，才能使课堂教学生机勃勃。

三、深耕教育发展，激发课堂教学旺盛的生命力

非知之艰，行之维艰。教育终归是一项知行合一的事业，容不得半点，马虎。对于课堂教学的运用和把控需要全体师生不断从实践中总结经验，提炼本质，生成丰富的教育资源，待春暖花开。教师是课堂教学的践行者和开拓者，有义务和责任发觉课堂教学更深层次的魅力和营养。我们坚信，只要不断挖掘新的课堂教学思想，领悟教学规律，并行之贯穿于教育教学中，那么教育结出的果实终将丰硕！

以温暖滋养生命　以光明指引心灵

——长春经济技术开发区北海小学“阳光教育”之路

长春经济技术开发区北海小学　李秀丽

“阳光教育”，很多学校都在做，但也有着不同的践行途径。行走在阳光路上，长春济技术开发区北海小学在实践中探索并积蓄本校特色经验和办学体会，稳步实施以建设阳光校园、实施阳光管理、开展阳光德育、构建阳光课程、创设阳光课堂、培养阳光教师、培育阳光少年为主要内容的七彩阳光教育，全力建设一个温暖、光明的阳光家园。

建设阳光校园：艳阳普照，润物无声

阳光在眼里，快乐在心中。在阳光校园的建设过程中，北海小学坚持“阳光美化营造环境美、阳光情趣营造艺术美、阳光雅韵营造书香美、阳光容止营造礼仪美”的创建思路，充分发挥校园环境润物无声的育人功能，以大气恢宏的视觉冲击、温馨舒心的环境设施、无处不在的精神理念来陶冶和滋养学生的阳光心态。

走进北海小学，校园里园中有景，景中有境；书香殿堂、创客空间、阳光舞台，每一处都精心设计，展现着校园美，诉说着师生情；教学楼正厅的“笑脸墙”、“阳光教师榜”、“阳光少年榜”、“阳光驿站”，着力营建心灵桥梁，让校园成为润泽师生的情感家园；每个楼层都设有主题文化，每张彩绘喷涂都是教育窗口，每面墙壁都在说话，处处洋溢浓浓的人文意蕴和科学精神。如今，老师们充满职业幸福感，学生们绽放童真的笑颜，这就是阳光教育的魅力。

实施阳光管理：人文关怀，和谐温暖

在学校管理过程中，人是最活跃、最积极、最起决定作用的因素。只有充分理解人、尊重人，以人的发展为本，建立有效地管理、激励和评价机制，给人以职业归属感和幸福感，学校的各项工作才能做得更好、更优。

和谐温暖的“阳光管理”，充满着“人本”、“人性”、“人文”。北海小学以“生命沐浴阳光　共享教育幸福”为指南，统一思想，责权明确，匹配到位，使刚性管理和柔性管理同在，制度规范与人文关怀共存，力求让每位师生都能在这个家园里获得阳光能量，都能在现在与未来充满阳光特质。

开展阳光德育：丰沃土壤，润泽心灵

阳光德育，德智双赢，是学生茁壮成长的丰沃土壤，也是教师教育生命价值的最大体现。北海小学深入贯彻“内涵多维度、方式多元化；认知与体验相结合、常规与创新相结合”的工作思路，严格落实“课堂—班级—少先队—家庭—社会”的运行网络，促进学生道德发展知、情、意、行的统一。

课堂教学是根本手段，学校依托基础教育学科特点，积极挖掘德育内涵精准渗透，提高教育的针对性和有效性；阳光班级是成长基地，各班级根据学校整体规划，结合班级自身特色，积极打造个性化班级文化，形成了一班一品牌、一班多特色的良好局面；少先队活动是主要载体，开展“主题教育月”系列活动，开发传统节日资源，举行仪式教育活动，设计才艺展示节日，丰富学生的校园生活，鼓励师生的个性展示；家庭教育是必要外延，推行家长会改革新模式，组建家庭教育志愿者队伍，开设家长课堂，创办《家教导报》，不断丰富家长教育智慧，改善家庭育人环境；社会资源是生长土壤，学校积极整合各类教育资源，建立活动基地，设计综合实践活动，带领学生走出校门，走向社会，引导学生关注生活、关注文化、关注社会、自主探究。

构建阳光课程：七彩空间，绽放生命

不同的课程体系，可以让学生们获得更多的知识。北海小学希望通过阳光课程构筑多彩的学习空间，开启生命成长的旅程，开发生命发展的潜能。为此，学校积极开发课程资源，构建“七彩阳光课程”体系，以教育的生长、个性、开放、立体、多元为出发点，依据做强基础学科、做实拓展提升、做优特色课程的工作思路，选取延伸点和创新点，致力于深度谋划学校的特色发展思路，不断推进学校个性化特色办学。

目前，学校有科技类、书画类、乐器类、阳光体育类、国学经典诵读、舞蹈、合唱等特色课程20余中，曾在省市级各类比赛中获得诸多殊荣。

创设阳光课堂：生命舞台，彰显人性

课堂是教育教学的主阵地。为创设一个体验求知、启迪智慧、点亮心灵的和谐环境，北海小学以“亮化”为出发点和落脚点，以学生的自主发展为核心，严格遵循“导学启智—体验探究—展示分享—拓展提升”快乐四步法，探索构建阳光课堂模式，不仅使课堂焕发出教与学的生命力，也使师生获得了教与学的满足感和幸福感。

阳光课堂既关注教育质量也关注个性发展，既关注群体效应也关注个体体验，既关注学生学习也关注教师教学，既关注教学结果更关注过程方式，是一个开放、体验、思考、互动、和谐的课堂。

培养阳光教师：光明使者，光芒四射

教师就是学生心灵世界的太阳，哪怕是投以一束阳光，世界也足以明亮。可见，学校的发展不在于高楼大厦，而在于优秀的“阳光教师”团队。多年来，北海小学通过读书沙龙提素质、外出培训拓视野、行动研究走捷径、搭建平台展风姿等系列活动，使教师的而专业修养和科研水平得到了快速的大幅度提升。

如今，北海教师正以其无私奉献的敬业精神、宽容细致的博爱精神、开拓进取的创新精神，倾诉着北海人的情怀和梦想，见证着教育者岩石般的坚韧和忠诚，将北海学子的未来高高托起，为孩子们的幸福人生奠基。

培育阳光少年：阳光天使，身心两健

“阳光少年”是阳光教育的目标与归宿，也是未来阳光的“发源体”。北海小学着眼于学生终身可持续发展的核心素养，以“七个一”为发展导向，培养学生拥有一流好品格、一生好体魄、一身好习惯、一副好口才；一手好书法、一个好成绩、一项好才艺。

如今，学校设置了爱心少年、礼仪少年、心态少年、自强少年、好学少年、健康少年、才艺少年、环保少年、公仆少年等奖项，只要在任何一方面有所进步，都可被授予“阳光少年”勋章。

“阳光”从显性的称谓内化为实践的思想，表达着“北海人”对阳光教育不断深入地理解和对教育阳光的更为执着地追寻。“北海人”以阳光之心育阳光之人，未来定然阳光盈路，彼时共享教育幸福。

做奠基工作，育圣贤人才

——杭州钱塘新区学正中学校长谈校训

浙江杭州钱塘新区学正中学 吴直福

习近平总书记在全国抗击新冠肺炎疫情表彰大会上的重要讲话中指出：“青年一代不怕苦、不畏难、不惧牺牲，用臂膀扛起如山的责任，展现出青春激昂的风采，展现出中华民族的希望！”新时代的中国青年用行动证明，他们是堪当大任的，生动展现了立德树人的成效。我校地处杭州钱塘新区沿江核心居住区的听涛路，成立于2014年8月，总占地面积44214平方米，地上建筑面积25771平方米，设计规模为36各教学班，是杭州钱塘新区管委会着力打造的一所高品质公办初级中学。学校以“博学固基，厚德正身”为校训办学近四年来，我校全体师生脚踏实地，励精图治，学校规模不断扩大（由2014年的四个班级发展到2020年的40个班级；专业教师人数由2014年的18人发展到2020年的140人）；教师团队务实敬业、个体优良素质彰显；教学质量稳步提升；德育工作成效初显，主题教育形成特色；学校发展与时俱进，办学特色鲜明，各项工作稳步推进，呈现了积极向上的发展势头。

一、校训引领文化育人

校训是学校的灵魂。校训乃一校之魂，体现了一个学校的办学原则与目标，是一种面向社会的精神标志，它既是学校办学理念、治校精神的反映，也是校园文化建设的重要内容，是一所学校教风、学风和校风的集中表现。

作为一所现代化的新学校，我校的校训“博学固基，厚德正身”有其自身的形成轨迹，是学校传承传统、着眼未来、不断完善的过程，是学正中学六年发展历史和文化的积淀，代表着学正中学的校园文化和教育理念，是我校人文精神的高度凝练，是我校的灵魂。

“博学固基，厚德正身”基于的核心思想是：“健康成长，持续发展”。学生的健康成长是家长和学校的共同目标，学生的可持续发展是国家和社会的美好期待。健康成长，持续发展是中学生核心素养的基本要件，是中学生走向幸福人生，服务社会的前提条件。初中三年是人生成长阶段的重要节点，孩子健康的身体、健全的人格和扎实的文化知识都需要学校做最基础的准备，学校有义务为孩子们健康成长把好关、服好务，为他们离开学正后的可持续发展奠好基、助好力。当然，这里也包括教师的健康成长和持续发展的问题。

校训“博学固基 厚德正身”，体现了我们学校教书育人的本质功能，更突出了百年大计教育为本的崇高使命。学校的功能就是帮助师生“博学”和“厚德”。“博学固基”即：帮助师生累积广博的学识，为他们的今后可持续发展奠定基础，这是学校的本职；培养一代代有广博学识的接班人，为中华民族伟大复兴的千秋事业稳固根基，是教育的使命。“厚德正身”即：培育师生宽厚的道德胸怀、高尚的道德情操和完善的人格品质，使他们的言行处事符合社会道德规范和法治要求，学正的品行当可作社会之典范。“厚德”即宽厚的道德胸怀；“正身”即身正，品行端正、充满正气。“厚德”方可“载物”，“厚德”必能“正身”。教师体现学高为师，德高为范；学生实现品学兼优，做到在校是好学生，走出校门就是好公民。

二、校训引领“三风建设”

校训是一个标尺，他不断激励和劝勉全体师生要时刻牢记于心；校训是一校之魂，是广大师生共同遵守的基本行为准则和道德规范，是一所学校教风、学风和校风的集中表现。在“博学固基，厚德正身”的校训引领下，学校围绕“博学”和“正身”的育人目标，努力探索自身的“三风”建设，形成了学校积极向上的校风、教风和学风。

校风：学而求新，正于守道。校风即学校的风气，是一个学校的基本精神风貌，是教师的教风、学校干部的作风、各班级的班风、学生的学风以及校园环境的外在体现。良好的校风是学校管理者的一项重要任务，既是教育和管理的成果之一，又在教育和管理上具有特殊的作用，它所具有的巨大的同化力、促进力和约束力，促进师生往更加良性的方向发展。在“博学固基，厚德正身”的校训引领下，学校着力打造“学而求新，正于守道”的学校风气。“学而求新，正于守道”即：学正的教育实践，坚持求真务实的作风，在实践中创新、在创新中提高；学正的教育发展，坚守教育正道，即尊重教育规律，遵守教育法规，坚守教育公平。教书育人是我们的使命，也是一门科学。为了帮助师生“博学”、“厚德”，就应该发扬务实的工作作风、创新的工作激情，更应该具有尊重规律、遵守法规和坚持公平的教育精神和教育良知。

教风：德达才实，知人善教。教风是指学校在教学精神、教学态度和教学方法等方面形成的长期的、稳定的教育教学风气，是教育群体的德与才的统一性表现，是教师队伍在道德、才学、作风、素养、治教等方面的集中反映，教风是校风的重要组成部分，是一个学校生存和持续发展的不竭动力之源。学正中学着力培育“德达才实，知人善教”的教风。“德达才实”即：学高为师，德高为范。高尚的道德情操、扎实的学识是为人师表的应有之举；“知人善教”即：因材施教。主动考察学生的学习态度、知识水平和认识能力，而后做到心中有数、因材施教是教书育人的科学态度。

学风：严谨笃学，学博气华。学风即学校的学习风气，是全体师生在治学精神、治学态度和治学方法等方面的风格体现，也是学校全体师生知、情、意、行在学习问题上的综合表现，势必对学校的可持续发展产生深远的影响。学正中学着力培育“严谨笃学，学博气华”的学风，其基本内涵是：学校是学习的乐园，每一个学正学子要坚持“笃信好学”，在学习上要主动、专心投入，对学习要有认真负责、一丝不苟、从严治学的科学态度。同时，“腹有诗书气自华”，要在比、赶、超的学习氛围中，不断丰富自己的学识，彰显学校积极向上的学习品质和个性气质。

做奠基工作，育圣贤人才。我校坚持把立德树人作为检验教育工作的根本标准，在坚定理想信念、增长知识见识、培养奋斗精神、增强综合素质上下功夫，引导广大青少年把爱国情、强国志、报国行融入坚持和发展中国特色社会主义事业、建设社会主义现代化强国、实现中华民族伟大复兴的奋斗之中，做德智体美劳全面发展的社会主义建设者和接班人。

以“和”为文化引领学校发展

浙江省杭州滨和中学 毛满红

“求木之长者，必固其根本；欲流之远者，必浚其泉源”。文化是一个国家与民族的灵魂和精神命脉，中华民族历来追求和睦、爱好和平、倡导和谐，数千年文明史造就了独树一帜的“和”文化。“和”文化蕴涵着天人合一的宇宙观、协和万邦的国际观、和而不同的社会观、人心和善的道德观。我校成立于2017年9月，是一所年轻的学校，学校的办学理念是“和而不同，各美其美”，“和而不同”即以人为本，承认、包容、尊重差异，促进孩子和谐成长；“各美其美”旨在发现和发扬每一位师生的优势和潜能，扬长避短，促成自我价值的最大化。和谐是我们滨和人共同的追求，我们希望通过和谐的校园环境，人际关系，身心发展，以“和”文化，来引领学生高质量发展，来提升学校的办学品质。

一、重视文化建设，营造育人氛围

一个学校的品质应该是显性环境的品质，比如我们的和美校园，占地面积3.3万平方米，但很精致，作为滨江区政府高起点规划、高标准建设的新学校，环境和设施设备是一流的。对学生而言，它是一种隐性的教育资源， 有潜移默化的巨大的影响力。所以在硬件环境的基础上，我们重视校园文化和班级文化建设，充分发挥环境的育人功能，校园内所有的设计都是基于孩子们和谐成长的需要而设计的，比如我们有中国心、全球眼、历史阶梯等。我们所有的楼名、路名和建筑名，都由我们的学生自己命名并书写的，这样充分体现了孩子们的主人翁意识。即使这个孩子毕业离开了，她还有精神的痕迹留在学校，这是孩子一辈子的念想，好的环境好的教育影响孩子的不是三年，而是一生，我们就想做这样的教育。同时，和美的校园催生文明的行为，2020年我们学校被评为杭州市文明校园。

二、开辟多元渠道，助力教师成长

一个学校的品质，是师资的品质，教师队伍最能体现学校的核心竞争力与可持续发展力。我们的和悦教师主要有三大来源，　一种是来自于原来江南实验学校的优秀骨干教师，他们既继承了江南的优良传统，同时又根据学校的实际情况，创新改革，持续推进滨和的教育教学质量；第二种是来自各区县的优秀教师，他们的加盟，为学校的发展注入了新鲜血液，带来了生机与活力；第三种是新毕业生，除了研究生，其余都是本科省优毕业生。

学校高度重视教师的成长和发展，开辟多元渠道助力教师专业成长，充分利用特级智囊团、青蓝学苑和赖联群班主任工作室，通过不同形式的校本研修和专项辅导，有效促进教师在教育教学、理论科研等专业素养方面和谐发展，使教师不断向名优化方向迈进。这三种老师有个共同的特点，就是拥有优秀的基因。虽然他们来自不同的地方，但是在滨和精神的引领下，特别地团结，特别地能干，最主要的是还特别地肯干。2020年我们被评为滨江区教科研先进集体。在刚刚出炉的滨江区2019学年中小学综合评估报告中，其中的学生素质发展和教师专业发展这两项滨和都位列第一等，总共有四等，这从中反映了我校在学生素质教育方面成效显著，教师在专业发展上成绩突出。

三、五有和乐课堂，提高教学质量

一个学校的品质，之于孩子的优质成长而言，更是一种课程的品质，我们的和乐课程一体两翼，“一体”是国家基础性课程，“两翼”是学校特色课程和拓展性课程。基础性课程我们着眼于提高课堂效率，提出了有趣味、有互动、有激情、有欣赏、有增量的五有和乐课堂标准。为了因材施教，我们充分利用小班化的办学优势，实行半日分层走班教学。分层走班教学，我真正实现了以生为本，以学定教，给每个孩子最适合的教育。

我们的特色课程steam课程和壁球课程是滨江区的精品课程，特色课程成就了滨和的特色。steam课程项目制的学习，让孩子们的创新思维、科学素养，动手能力、信息整合能力、团队合作能力都得到了很大的提升，滨和机器人工作室已集齐steam课程所涉及的Robrave、FLL、Botball和　Vex四座奖杯。三年以来，学生有260多人次在各级各类的比赛中获奖，2020年我们学校还被评为了杭州市科技特色学校。壁球课程也是一样，从普及到特长再到精英，在取得优异成绩的同时，最终实现了“滨和的孩子人人都会打壁球”的初衷。

除了特色课程，20多门拓展性课程全面实施个性化的教学，从兴趣爱好到特长专长，为孩子们综合素质的发展提供了更多的机会和更有效地平台。比如朗诵社获得了全国经典诵读的第一名，在刚刚结束的艺术节中，我们获得了一个省一等奖，四个市一等奖。获奖的背后是我们全面发展的追求，也是课程建设的成果。

四、聚焦立德树人，培养和雅少年

一个学校的品质，是立德树人的品质，我们有非常明确的德育目标，就是培育言语文雅，行为高雅，情志儒雅的和雅少年。我们通过“人无我有，人有我优”的德育培养路径，比如和雅德育系列课程、和雅德育主题活动、六雅卡评价、一班一世界主题晨会等，渗透美德，唤醒激励，扎扎实实，让优秀成为习惯。

五、家校同心聚力，打造和谐教育

一个学校的品质，是家长的品质，我们的“和和+家”心灵氧吧定期给家长朋友们关于亲子沟通和家庭教育的指导，让家长和孩子一起成长，同时家长朋友们也全力配合学校的工作。我们滨和的家委会主席是这样定义家委会的工作，他说，我们要用全部的智慧配合学校工作，我们就像马路上的清洁工，只需要呈现给受众清洁的路面和美景，不需要看到我们劳作的身影。正是有了这样正直、正气、正能量的和正家长们，才会有了我们和谐的滨和教育。

“长风破浪会有时，直挂云帆济沧海”。牢记初心，不负使命，我校将继续坚持以“和”文化为引领，以“和美校园、和悦教师、和乐课程、和雅少年、和正家长”为灵魂，努力使学校成为师生成长的和谐乐园。

尊重孩子进步，陪伴孩子成长

浙江省杭州民盟钱塘新区支部学正中学　王胜荣

浙江省杭州余杭乔司中学　刘水英

捷克教育家夸美纽斯指出：“应当像尊敬上帝一样地尊敬孩子。”因为对于一个人来说，最宝贵的东西就是尊严。尊重孩子的每一次进步，尊重孩子的成长规律，给孩子自我发挥的空间。这样才能使孩子健康成长。自从2021年1月6日，杭州报告一培训机构发现一例境外输入复阳无症状感染者，众多送孩子培训班，学外教英语班的家长恐慌了：那孩子的英语学习怎么办啊？周末在家能学好英语吗？孩子的英语发音、听力会受影响吗？英语是一门外国语言，家长有这种顾虑也是可以理解的，但其实在如今的因特网时代，在家里完全可以创建英语环境，学好外语，同时又可以节约时间和金钱，给孩子减负给家长减压。我毕业于杭大英语系，从事英语教育近三十年，曾任杭州名师录像课教师，对于家长的焦虑，我有三个方面的建议，仅供家长参考。

一、懂得“婴儿学步法”，您会更从容

我们知道，婴儿在学会真正走路前，每天会至少花一天的三分之一时间，并会持续练习将近六个月的走路。因此，我们得知学会一种技能不是一蹴而就的。别听信“参加某某外教英语培训班，保证一月学好英语！”那只是口号，学英语如同婴儿学步，是建立在无数的跌倒、爬起中学会的。如果小孩在英语学习过程中，自己不从受挫中汲取智慧，那将不能进步。(If you don’t learn to fail,　you’ll fail to learn.)

二、了解“语言学习”，您会更专业

第一阶段：沉默期。儿童在习得母语时，要经历为期大约一年的“听”的过程(沉默期)，然后才开口说出第一个词。语言学家克拉申(Krashen)研究发现：这一规律同样适用于第二语言习得，沉默期的长短因人而异，有的只要一天，有的则要半年或更久。在沉默期，儿童通过“听”来提高语言能力，也就是说，通过接受可理解的语言输入来发展语言能力。

专家提示：请不要期望孩子迅速开口说英语，给孩子施加英文学习的压力。不要一回家就追问，今天上课学什么了？跟我们表演几句你学的英文吧？多一点耐心，多一点鼓励，也许孩子主动开口的一瞬间，会让我们更加感动！

第二阶段：英语语法干扰期。从沉默期走出来的孩子，刚学会应用第二语言，不习惯第二语言的规则，尝试着把语言按照一定规则组织起来，创造出大量的表达方式，往往表达错误非常多。这是儿童掌握语法规则，建立语感的必然方式，语法干扰期是每个人掌握语言的必经阶段。

专家提示：当孩子积极主动表达英语的时候，即便是输出并不流利，经常出错误，也请您淡然一点，包容一些。要知道，即便是中国人学汉语，美国人学英语，也都会经历主谓宾不分，句式表达错误的情况，在这个阶段，这都很正常。

第三阶段：学术英语提高期。孩子可以讲英语了，不意味着完成了英语学习，这只证明日常口语学习部分达到了一定水平，但是掌握得不全面。许多中国孩子进入美国课堂会发现课本看不懂，学科词汇听不懂，原因在于他们并没有掌握学术英语知识，不了解学科思维方式和异国文化。学好学术语言，对孩子日后用英文工作，参与职场竞争，成为国际人才至关重要。

专家提示：孩子学英语目的是什么？仅能用英语进行日常情景对话吗？仅能用英文讲故事吗？相信大多家长的目标不局限于此，鼓励孩子进行探索式学习，用英文学学科知识，具备学科思维的习惯，是迈向国际精英人才的重要一步。

三、利用“电子产品和APP”，您会很省心

当今，儿童和青少年学习英语的电子产品及各类APP，琳琅满目。家长（或请老师）根据不同年龄段选择不同的电子产品或APP，每天可以合理安排一段时间（一般不建议超过半小时）进行英语的听说学习。记得我自己孩子读幼儿园时候，我当时买了　“洪恩GOGO学英语”光盘（共39集），借助里面有趣的动画，孩子每天会饶有兴趣地看一集（15分钟左右），上小学前孩子已经反复看了很多遍，其英语的听说水平其实已经达到小学五六年级的水平了。但是在买一些电子产品或选APP前，家长心中要掌握两个教育学规律。

一是最近发展区理论。苏联教育家维果茨基的研究表明：教育对儿童的发展能起到主导作用和促进作用，但需要确定儿童发展的两种水平：一种是已经达到的发展水平；另一种是儿童可能达到的发展水平，表现为“儿童还不能独立地完成任务，但在成人的帮助下，在集体活动中，通过模仿，却能够完成这些任务”。这两种水平之间的距离，就是“最近发展区”。把握“最近发展区”，能加速学生的发展。如我给儿子选的“洪恩GOGO学英语”光盘，孩子有兴趣去观看、模仿，不知不觉就学到了很多英语单词、句型，这也等于我抓住了孩子学习英语的“最近发展区”。

二遗忘曲线规律。德国心理学家艾宾浩斯(H.Ebbinghaus)研究发现，遗忘在学习之后立即开始，而且遗忘的进程并不是均匀的。最初遗忘速度很快，以后逐渐缓慢。他认为"保持和遗忘是时间的函数"，他用无意义音节(由若干音节字母组成、能够读出、但无内容意义即不是词的音节)作记忆材料，用节省法计算保持和遗忘的数量。　并根据他的实验结果绘成描述遗忘进程的曲线，即著名的艾宾浩斯记忆遗忘曲线。

设初次记忆后经过了x小时，那么记忆率y近似地满足y=1-0.56×0.06

这条曲线告诉人们在学习中的遗忘是有规律的，遗忘的进程很快，并且先快后慢。观察曲线，你会发现，学得的知识在一天后，如不抓紧复习，就只剩下原来的25%。随着时间的推移，遗忘的速度减慢，遗忘的数量也就减少。有人做过一个实验，两组学生学习一段课文，甲组在学习后不复习，一天后记忆率36%，一周后只剩13%。乙组按艾宾浩斯记忆规律复习，一天后保持记忆率98%，一周后保持86%，乙组的记忆率明显高于甲组。据此规律，记得我儿子幼儿园期间，看“洪恩GOGO学英语”光盘，关于动物园一集时，虽然，刚刚看后能记得很多关于动物的单词和句型，但很快就忘了，这是符合“遗忘曲线规律”的，我不会马上强加他再看一遍，刚刚看完应该让孩子转移注意力，去干别的事情。到第二天，问他还要看动物园碟片吗？儿子说要，就安排时间再看一篇，如此反复，慢慢地，有关动物的单词和句型就记得很牢固。

综上所述，任何事物的成长都有从量变到质变的过程，这也是英语学习本身遵循的自然规律。孩子学习英语，达到一定阶段后，孩子英语水平的提高趋于缓慢。多数家长这时看不到孩子有明显进步，会担心孩子英语水平下降，便通过各种手段给孩子施加压力。这也是我们有些家长急于报各类培训班的原因之一。其实，孩子学习的潜能无限，不要期望孩子“一口吃个胖子”（如：一个月英语速成班），家长要学会尊重孩子的每一次进步，与孩子共度每一次挫折，成长永远会在身边。

文化，让教育更有力量

浙江省杭州市朝晖实验小学　项声菊

生活即教育，生活就是最好的教材，结合生活的教育往往最能打动人，有文化的教育总能带给我们力量！尤其是当教育改革走进全方位重构的深水区的今天，如果说教师的综合素养决定了学校的“底”有多厚，那么校长的理念和视野则决定了学校的“顶”有多高，而支撑的力量则来源于文化升维的聚焦。

书香让校园文化更有内蕴

尽管好学校的定义和标准不一，但唯有一个元素却高度一致，那就是要充满书香。在我看来，一所好学校必定有浓浓的书香味儿，校园里最漂亮的地方应该是图书馆和阅览室。“我希望孩子们在课余时间都愿意跑到阅览室，看看书，发发呆。”为了实现这一愿望，我来到朝实后就开始悄悄准备了。

在逛校园时，我发现了一个适合师生读书的“宝藏空间”，于是着手将这块区域打造成属于朝实人的书吧——朝夕书吧。此名源于“习大大”说过的话——“时不我待，只争朝夕”，这八个字也是学校的校训，时刻提醒师生珍惜当下时光，成就美好人生。

朝夕书吧的落成，于老师和孩子而言无疑是最开心的。为何要花大力气布置一个小小书吧呢？我个人认为，阅读对孩子的成长至关重要，影响不可估量。我经常会跟孩子们说：“只要你学会了阅读，那就没有什么能阻挡你的成长。”所以哪怕工作再忙，我还是会抽时间和孩子们一起聊聊书。在这个聊书的过程中，不仅是我给孩子们分享，更多的是孩子们给我分享他们的读书感悟。在阅读经典的过程中，孩子们既懂得了做人做事的道理，更是将深厚的文化底蕴根植于心中。

学校坚持以形式多样的阅读作为切入点，真正把阅读的种子播撒、耕耘在学生心田，让浓郁的书香浸润校园的每一个角落，潜移默化地促进学生全面发展！

用心打造适切的课程文化

课程文化是现代学校文化建设的核心内容和根本途径，一所学校课程文化的发展水平，决定着学校教育的质量和竞争的能力。在“做适合儿童发展的教育，办深受师生喜爱的全面优质、温暖大气、品牌凸显的现代化学校”办学理念引领下，构建“基于学生核心素养的无边界特色课程群”，学校尽可能提供更丰富有趣的课程，让每位学生自主选择适合自己课程，关注学生兴趣，重在潜能发挥。激发学校办学活力，创新学科评价机制，改革课堂教学模式，坚持走内涵发展之路。

基于对教育本质、学校文化的理解，学校一直坚持以学科融合为路径，形成了学校特色课程群的基本框架，让师生在课堂中共识、共生、共享，以文化人，提升学生生命质量。该课程群主要分基础课程、拓展课程和综合课程三大类。其中，基础课程主要由国家课程组成，重在学生基础知识与基本能力的培养；拓展课程主要由地方课程和校本课程构成，重在知识的运用、拓展与强化；综合课程是在多学科整合背景下的实践类、活动类课程，重在培养学生的实践动手能力和综合素质。

课程文化决定了学校文化的主题。校长是校园文化的引领者，教师是课程文化的开发者和实践者，而学生则是课程文化的体验者和受益者。如学校的影视课程依托校园文化的沃土，已先后推出了十部题材视角不同，挖掘点、落实点各异，分别探讨学校教育、家庭教育、家校联动，以及展现师生、家校和谐的校园剧作品，开创了浙江省小学拍摄校园电视剧的先河。

让师生站在文化的最中央

每位师生的一言一行都是校园文化最具体的外在表现，让师生站在文化的最中央，既是校园文化建设过程中需要坚守的思维方向，也是校园文化能够落地的有效路径。

人们常说，校长是学校发展的首席官，是校园文化的总设计师。这就要求校长不仅要对文化的主题、框架与内容进行精准的理解和宏观的把握，也要引领全校师生参与到文化创意、讨论、修改、完善之中，让师生既成为校园文化的缔造者，也成为校园文化的享用者和传播者。

我们以“我眼中的美丽校园”为主题，深入推进“寻找身边的美好”寻访活动，“争做最美朝实娃”、“爱护地球，善待家园”、“我为空巢老人送温暖”、“小脚丫走世界”等主题活动，让学生实践体验中发现美，展示美，创造美。根据班级实际开展礼仪黑板报评比活动、文明礼仪口袋书演讲比赛、文明礼仪日日评等系列活动，让好的行为习惯在持之以恒中内化于心，外显于行。在我看来，好的教育不仅仅教给学生知识，更重要的是要培养学生良好的习惯、积极的人生态度和健全的人格结构。

稳中求进谋发展，改革创新谱新篇

浙江省杭州市淳安县富文乡中心小学　姜蔚颖

农村教育是推进教育现代化、建设教育强国、办好人民满意教育的薄弱环节和重中之重。长期以来，党和国家十分重视农村教育，出台了系列农村教育政策，推动了农村教育发展。我校创建于1956年，位于淳安县东部。学校改造前与全国的农村小规模学校一样，面临着校舍破旧、生源萎缩的边缘化特征与生存窘态，处于小而差、小而弱的状态。在杭州市教育局的主导下，2016年开始启动杭州市农村小规模学校整体提升项目，主要从四方面着手实施，以稳中求进谋求发展的态度，绘就学校改革创新的新篇章。

一、创新体制，优化机制

淳安县教育局将其对我校的管理权委托给21世纪教育研究院，期限为五年。期间，学校“国有公办”的性质保持不变，淳安县教育局保持对学校的经费投入水平，保障学校发展所需的办学条件，对研究院的管理履行监督职责；研究院通过理事会制度负责落实校长负责制，指导学校建立内部管理制度、课程规划、校长及教师的培养培训、探索服务农村学生全面成长的教育教学模式，指导学校优化办学资源，降低办学成本，提高办学效益，获得更优发展。

学校实施教师岗位双向聘用制度。制订全科包班教师、学科专业教师和学生领航教师的岗位说明和任务分析，通过教师的自主选择、竞争上岗，激活教师发展的内在动力，帮助教师克服职业倦怠。改革奖励性绩效工资发放方案，鼓励教师更加关心学生的成长成人，注重教师的专业成长，减少与学生发展无关的、低效的应付性工作，形成良好互动的师生关系，全面提升教师读懂孩子的能力，建立良好的校园文化，使教师始终保持探索热情。

建立全科包班课堂教学组织机制，学校每个班两位包班老师的办公桌就在教室里。积极实践包班教学，增加师生陪伴和沟通的时间，把学校建成充满亲情的家园；实施协同教学，通过联合教研帮助老师们逐步掌握协同教学的方法与途径；寻找真实生活主题，开展跨学科学习、综合实践学习、项目制学习，逐步从课时分科授课转变到单元整合授课，同时针对不同学习基础的孩子，全科包班教师-学科专业教师-学生领航教师配合实施分层教学，达到因材施教的目的。

学校追求“以文化人、以行立人、以毅成人”的办学目标，以“生活即教育、社会即学校、万物即教材”为课程理念，构建“毅行”生活教育课程体系，建设一座富有现代气息的、充满童趣的、沐浴自然的、弥漫文化的学生自主管理的小镇。

以学期为单位系统安排教师培训计划，积极探索校内以育人为主题的跨年级教研活动；通过梳理不同年段各学科的国家课程标准，教师们共同研究与分析学生的需要和兴趣，协同式渐进性地尝试课程整合、项目制学习、主题式教学，通过设计-实践-反思-提升，找到课程变革的乐趣，从而达到积累经验提高专业水平的目的；举行协同教学研究课比赛、综合主题教学设计比赛和学生问题服务方案设计比赛来促进教师尽快建立协同教学、课程整合的意识，提高相应的能力；根据变革实践、教师的需求订制专家培训；与结对学校组建网络教研团队，及时交流课程整合的策略与方法；充分利用公益组织以及社会其他机构的资源开展跨界教研活动等；充分利用网络资源、社会资源的丰富性来提高教师的开放心态、学习能力和课程设计能力。

二、改革校舍，建设资源

校舍改造项目由中国美术学院风景建筑设计研究总院王伟老师和上海中同学校建筑设计研究院吴奋奋老师共同公益设计。本着“自然、多样、独特”的设计宗旨，项目外立面的打造融入乡村优越的自然环境元素，考虑多空间、多设施、多平台，让每一个孩子都有一个喜欢的角落。而室内设计秉承“现代教育对空间的要求在建筑中得到贴切的体现”的标准。比如教室既是教学空间、知识展示空间、信息传递空间，同时还是情感交流的场所。校舍改造总投入1461万元，于2018年11月14日通过竣工验收。学校犹如梦幻般的童话世界，让乡村的孩子在玩乐中学习，在学习中玩乐，尽享快乐童年。

杭州崇文实验学校和长江小学的老师们做了1500节微课，免费提供给我校教师在需要时运用；华樾教育研究院公益支助了语文主题学习项目，带领教师在课堂上围绕某一主题，引导学生自由、自主地阅读，夯实学生的人文素养，助推教师专业成长，营造学校浓郁书香；华樾教育双线英语课程项目组公益支持了双线英语课程，一至六年级同学每周一次远程线上外教绘本课，提高了学生学习英语的兴趣，也让学校的英语教师们得到了纯正英语口语的训练和教育教学理念上的启发，促进了学校英语课堂教学的提升；一、二年级酷思熊绘本故事课及形式多样、丰富多彩的阅读活动引领孩子们反思与自省在生活中遇到的各种问题，激发孩子的创造力。社会导师任教的书法、拉丁、麦秆扇、木工、陶艺、扎染、航模、武术、园艺等课程给孩子带来专业化的科学、文化、艺术熏陶。

三、整改落实，成效显著

学习空间重构让学生爱上学校。校舍改建后，把原来的十几间大小功能相似，设备简陋的教室，共1077平方，改建成10个学习空间，面积共871平方。所有的教室室内，均有4条设计线：功能设计、尺度设计、色彩设计、材质设计。通过这样的学习空间重构，使学生学会使用各种现代学习方法、学习工具，不被时代所淘汰，让学生能够保持学习的动力与思考的好奇心，学会学习。同时我们扩大了学生活动的室外公共空间和室内运动空间，滑梯、攀登楼梯、爬坡、攀岩、秋千、网索桥——大量的童玩空间，将学习的场景、玩耍的情景、想象的幻影融于一体，让孩子们在玩乐中学习。

现代学校治理使师生成为主人。学校构建了一套符合现代理念的管理制度，充分体现民主。先后设计了《淳安县富文乡中心小学章程》、《淳安县富文乡中心小学2018-2023年发展规划》、《淳安县富文乡中心小学课程规划》、《淳安县富文乡中心小学组织架构、岗位设置及工作任务》、《富文教师日常教学要求》、《淳安县富文乡中心小学教师工作量测算办法》、《淳安县富文乡中心小学奖励性绩效工资考核方案》、《淳安县富文乡中心小学学生评价方案》、《2018学年富文中小教师聘用及干部竞聘工作实施方案》等一套较为完整的内部管理制度。

教师观念转变赋学生亲情温暖。学校五年时间不参加县内联考，教师团队自主研究对学生的科学的发展性的评价，这一举措极大地给教师松了应试之绑，教师得以从功利主义的应试教育抽身，转向以人为本、以学生为中心的价值追求，转为重视培养学生的核心素养，帮助学生能够自立于社会，追求真善美和幸福的人生；全科包班教师一学期至少与班级每一位学生作一次时间不少于30分钟的交谈，并对交谈情况做好记录与分析，提出个别化辅导的意见，加强了师生之间的亲密互动，增进了教师对学生身心健康、情绪情感的高度关注；1：5的师生配备和爱心家庭导师制的实施使善待学生、关爱学生成为校园新风尚，教师能够积极捕捉学生的闪光点，学习读懂学生的基本方法，并经常参与到学生团队的各项竞赛中，逐渐营造出平等民主的师生关系，学校、班级逐渐成为充满亲情的家园。学生的身心健康度、自尊感、自信心都得到提升。

生活教育课程令学习充满乐趣。学校毅行生活教育实践全面铺开，从基础性课程的主题融合课研究到拓展性课程的乡土联结，从学生良好生活习惯的养成到优秀传统文化的传承，挖掘与真实生活有关的主题与内容，将孩子在学校中的学习、生活与乡村生活、生产劳动、时令节气、民俗文化相结合，构建扎根乡土的绿色生态教育，打破了教育和生活相脱离、学校与社会相脱离的弊端，将学习空间扩大到学校以外的乡村中，将乡村的自然、文化作为重要的学习内容，体现乡村学校的特色，培养学生的乡土情感。同时，也树立了学校在乡村中教育和文化的中心地位，起到传承与发扬乡土文化的作用。

整体进化升级致学校蓬勃发展。新校启动以来，学校荣获“浙江省诗教先进单位”、“杭州市文明校园”、“2018-2019年度杭州市三八红旗集体”、“淳安县精神文明先进集体”、“县第六届中小学生科技节优秀组织奖”称号；从外地慕名而来求学的学生有十几名；来学校参观学习研修的客人达到269批次5603人，假期自主参观人员达23087人；整体提升项目获得第四届中国教育创新成果SERVE奖，并在2019年4月20日北京2019年中国教育创新“20+”论坛年会上分享了学校体制机制创新案例。

改革创新，谋求学校发展之路，我校把促进城乡教育公平正义作为长期任务，抓均衡、夯基础、补短板；坚持创新思路，不断探索农村教育未来发展的顶层设计，激发教育者的创新活力，推进农村学校教育向现代化教育迈进。

九大处方提升学生居家学习自主性

浙江省杭州市第十中学　陈积粮

在疫情背景下，教育部办公厅印发《关于深入做好中小学“停课不停学工作的通知”》，杭州市中学生从2月10日起开始进行线上教学，自4月13日起逐步返校复课。在此期间，学校开展网络直播课程学习，对学生学习自主性提出了更高的要求。

基于这一现实，浙江省杭州市第十中学倡导学生“乐于学习、善于学习、形成习惯”，以提高中学生疫情居家学习自主性为核心目的，以美国著名习惯研究专家詹姆斯•克利尔提出的习惯发挥作用的四个原理——提示、渴求、反应、奖励为依据，分析学习自主性行为在习惯养成四个阶段的不同心理因素，从而提炼出“认知塑形、动机提升、行为塑造、成就驱动”四个提升学习自主性的校本路径设计方向，并围绕这四个方向提出九个活动设计（心理处方），最终提升中学生学习自主性，使其养成良好的自主学习习惯。

认知塑形：引导学生自主性提示

处方一：网上公约规范“明”。在疫情期间，网络直播课开始时，学生因为远离校园文化的熏陶，缺少相关经验和要求，一些不好习惯的出现不利于学习自主性的形成，例如：登录直播间不及时，签到占据课堂时间；穿睡衣上课，缺乏仪式感，对课堂学习认知淡漠；上课发言不主动参与，对老师的知识传授缺乏回应；缺少学校环境的提示，学生对中学生内在精神面貌意识淡漠。

心理学家认为，基于身份的转变而促成的行为模式培养更有效果，因此培养学生的学习自主性需要先在学生心中激发自主、自律、积极、向上的自我形象。为此，我校倡导学生解读学习“宗文、明理、尚义”的学校精神，并形成学生自我讨论形成、自我签约班级网课学习期间学习行为约定，即“网上公约”，使学习规则明确。第一步，全校30个班级分为“宗文”班、“明理”班、“尚义”班三种类型；第二步，根据自己的班级类型，学生解读“宗文、明理、尚义”内涵，并与网课学习期间的行为守则相结合；第三步，学生自主组织讨论，制定网课学习行为规范；第四步，学生讨论修订行为规范，并用班级QQ群承诺接龙的方式进行签名。围绕“宗文”、“明理”、“尚义”主题，全校共收集30份网上公约。

处方二：“e”日计划目标“清”。“e”即互联网的意思，“e”日计划含义为“疫情居家在线学习计划”。学生不缺乏给自己制定学习目标的经验，而在如何推进目标达成学习结果上却缺乏相应实践。基于PeterGollwitzer提出“执行意图”理论，以及詹姆斯•克利尔提出的习惯阶段理论，学习计划是直观可视化的学习提示线索，有利于激发学生学习行为的产生。

学生采用“执行意图”理论，践行“番茄时间管理”方法，对自己一天的学习行为进行规划，即“e”日计划，其制定及执行的目的在于使学习目标清晰可见。第一步，理论培训。学生在“学习型网络社区”资源共享平台，自主学习《中学生习惯培养》微课系列之“执行意图”概念，学习“番茄时间管理”方法，了解“e”日计划科学制定规范。第二步，实践操作。学生制定自己网课学习期间，一天的时间规划。第三步，学校在微信公众平台发布项目活动结果，塑造典型，其中初一侧重“乐活”，强调培养家务劳动习惯，生活自理；初二侧重“乐学”，强调学习目标规划，高效学习；初三侧重“锻炼”，强调科学锻炼增强体质，为中考健康的体魄做准备。围绕“乐活”、“乐学”、“锻炼”主题，全校共收集1000余份各具特色的“e”日计划。

动机提升：激发学生自主性驱力

处方三：网络学社合力“通”。学习型网络社区是一种信息化技术与教学模式改革的有机结合，师生双方能够在网络社区中共享资源，学生在教师的教学计划与教学目标的宏观指导下，根据自己的知识结构和求知需求在一定范围内自主地安排学习。

在疫情背景下的网课教学中，学生学习自主性、学习方式的差异开始凸显，将“学习型网络社区”的概念引入初中生的居家学习，根据班级特色组建最小单元“学习型网络社区”，以资源共享、教师引领、小组合作推进的方式构建学生学习新模式，使学习行为“一通百通”。第一步，目标建构。教师发布本节课程主要教学目标，并协助各个学习小组将目标进行细化和拆解，不同学习小组在此基础上建构小组学习目标。第二步，资源共享。各个小组以QQ学习小组为主阵地，借助QQ群文件管理、百度云盘等共享资源存储平台，相互分享教师教学课件、学习笔记。第三步，制度管理。教师协助小组开展线上团建，围绕小组学习目标和不同成员学习特点，明确小组队名、小组愿景、小组成员分工和小组管理制度，形成小组文化，实现自我管理。第四步，成果反馈。利用班级管理平台、年级管理平台、学校微信公众号等媒体，不定期对小组学习成果进行反馈。

处方四：“空中”晨会能量“正”。疫情居家学习期间，我校每周一早上固定晨会仪式，由学校德育部门提前一周确定好晨会主题内容，组织教师和学生参与晨会仪式视频的录制，并以班级为单位提交仪式感想，弘扬社会正能量。

例如，线上开学第一课，空中主题晨会仪式为《致敬逆行者，为中华之崛起而读书》，借助新冠病毒肺炎疫情这本爱党和爱国主义教育实践的真实书籍，学生对"中国的脊梁"的认识，从书本上的文字变成了身边最平凡的逆行者身影，学生对国家的认识变成了心中喷涌而出的强烈认同感、使命感！在居家网课学习推行三周，学生学习自主性出现较大分化的背景下，空中主题晨会仪式为心理微课《差距》，全校师生共同探讨如何成为真正的乐观主义者，帮助学生体会到：预见自己的选择态度带来的后果以及各种应对的可能性；有采取行动把可能性变为现实的热情。在网课学习中后期，人际支持系统受损、学生被网络吸引的大背景下，空中主题晨会仪式聚焦"师生关系"话题，以《南园芒杉待成才，云上藕花层层开》为主题开展班主任节，唤醒师生之间、同学之间的相互欣赏、感恩。复课后疫情背景下，开展主题为《稳定心态战时疫，不负南园搏留华》的晨会仪式，引导学生聚焦返校复课后的积极调整适应。

处方五：心理漫画情感"纾"。疫情期间，学生学习状态不佳，家长过于焦虑，导致亲子关系紧张。为解决这一问题，我校围绕疫情居家生活的主题，向教师和学生征稿，以漫画的形式表达所思、所想、所感，帮助家长和学生回归理性情感，用科学的方式应对学习中的各种问题。

围绕疫情期间亲子沟通方式、生活习惯培养、时间管理等普遍问题，我校撰写剧本，融入"我——信息"沟通、身份认同、番茄工作法等科学理念，由擅长四格漫画制作的老师将剧本画成漫画，借由网络渠道推送给家长。开放心理漫画作品征集平台，学生参与投稿。

行为塑造：塑造学生自主性行为

处方六：微课微行体验"实"。微课，是指运用信息技术按照认知规律，呈现碎片化学习内容、过程及扩展素材的结构化数字资源，具有教学时间短、教学内容少、资源容量小、资源结构情景化、主题突出、趣味创作、成果简化和多样化等多种特点。在疫情背景下，为学生提供自主学习平台，让学生参与教学课堂的实践和德育成长主题的录制、宣传和践行，对提高学生自主性有极大促进作用，将学习行为落到实处。

微课分学科教学和德育活动两个部分进行。首先是学科教学：各学科通过"云教研"确定适合开放的课堂环节，交由学生主导，进一步提高学生居家学习的自主性。语文学科的"课外延伸阅读"、数学和科学学科的"错题讲解"、英语学科的"居家抗疫知识分享"、道德与法治学科的"开放式复习"、音乐和美术学科的"朋友圈作品分享"都为学生提供了充分的展示平台。其次是德育活动，围绕"崇德"、"培智"、"健体"、"尚美"、"乐劳"主题，学生采用微视频、VLOG等方式，解读疫情背景下的社会与个人、记录自己的生活、宣传健康生活理念、倡导敢于担当和作为的社会责任感。

处方七：综合探究思考"深"。综合实践活动是基于学生的直接经验出发，密切联系学生自身生活和社会生活的实践性活动课程。活动中学生基于字的兴趣爱好，发挥学生的自主性，采用合作式自主学习、个体式自主学习、创造式自主学习等学习方式，自主确定研究课题，设计活动方案，积极寻求解决问题的方法，努力探究、实践，从而获得结论，促使学习思考行为深入。

综合实践活动重在强调学生的自主探究与主动实践，是学生个性发展、创新精神和能力培养的有效载体。第一步，教师引导学生就疫情期间与生活密切相关的问题，提出问题，例如：开春的3月，太阳流浪，整个杭城陷入雨季。下雨天，雨水顺着头盔挡风板模糊了视线，反而存在一定的安全隐患。第二步，学生根据不同的问题，形成综合实践活动小组，对课题进行构思、设计，并根据自己已有的生活经验、知识水平，去设计实施方案。在此过程中，教师组建线上讨论小组，

为学生创设讨论交流的空间，通过切磋、思辨等形式，学生彼此沟通，对不同的意见进行聆听、理解、接纳、赞赏、争辩，从而不断修正自己的见解，完善设计方案。第三步，学生自主搜集资料，进行综合实践活动探究。学生通过设计、制作、考察、实验等一系列动手操作的活动，发现和解决问题，理解和感悟生活，从而养成自主探究能力，形成自主探究精神。第四步，线上课题总结汇报。在实践活动进展完毕后，指导学生将自己实践活动的小结、形成的研究报告，用口头、书面、情景剧、实验等多种形式进行总结汇报。教师鼓励学生自主发言，就自己探究过程中遇到的问题、有趣的事情或者所思所想，表达自己的观点和感受，鼓励他们个性化的表达和新颖的创意，提倡他们按照自己的构思和设计去操作、去展示，使他们有表达和实践的自由。

成就驱动：提高学生自主性成就

处方八：线上之星五育"达"。心理学家在研究中发现，即时的反馈能够提高个体的学习效能感。为此，我校疫情居家学习自主性的过程性评估工具，从学习自主、目标达成、过程管理、自我反思等不同维度出发，每周每个班级评选出典型人物，以此激发学生的成就感，使其自主学习行为维持的更持久。

在控制疫情防控的特殊时期，学校以"五育并举，立德树人"为宗旨，结合我校"线上课程"的开展，真正做好"延假不延学"，充分挖掘学生德智体美劳各方面的才能，调动学生"宅家"学习生活的积极性、参与性、自主性，争做疫情防控践行者，特组织开展"五育并举战'疫'，知行合一为'学'"评比活动。班主任发布"每周之星"评比条件，学生自主申报并填写自评表现、由父母或教师作为推荐人填写推荐理由，班级评议上报学校。

处方九：三维"e"体评价"全"。"e"为互联网的意思，三维"e"体评价体系是指疫情背景下，居家在线学习学生借助"学习型网络社区"以及"德育导师结对"帮扶的推进，结合学校"3A3P"评价体系，从家长、教师、学生三个维度，从家务劳动、生活习惯、课堂习惯、学习效果、情绪情感、班级责任、人际关系等多方面，成体系评估和反馈学生成长效果，以过程反馈提升成就感，以此驱动延长学生自主性。

疫情居家学习期间，我校开展"德育导师结对制"帮扶活动，一名老师结对数名学生，对结对学生的生活、学习予以关怀和帮扶。德育导师建立自己所结对帮扶的青少年成长档案，对每一个阶段的学习和生活予以细致记录与反馈。在学生成长的评估中，汇总家长、任课教师、学习小组中的同伴三个维度的评价结果，涉及学生家务劳动、生活习惯、课堂习惯、学习效果、情绪情感、班级责任、人际关系等多方面。

学生学习的自主性要通过掌握正确适当的方法后，自觉主动学习，最终养成乐学、善学的习惯。因此，在提升学生学习自主性过程中，我们要营造"乐学"的学习氛围，重视学生学习成果的培养展示，提供丰富的自主学习活动机会，充分调动学生想学、爱学、乐学的潜在动力，对学生的每一点成长都看见和赞赏。

以韵律活动为抓手，搭建多样化评价体系

浙江省杭州市胜利幼儿园 颜瑶卿

教育始于关心，是润物无声的陪伴，是浸润孩子们幼小心灵的甘泉，好的教育能发掘孩子自身的潜力，促进孩子个性发展。尤其是幼儿，他们是祖国含苞待放的花蕊，需要发自内心呵护和培养。一直以来，我国对于幼儿教育的深层探索从未停歇，各式各样的教育理念层出不穷，百花齐放。立足新时代对幼儿教育的要求，我校提出了幼儿园开展韵律活动的多样化评价策略，从四个方面出发，即评价内容多样化、评价阶段多样化、评价形式多样化、评价主体多样化。幼儿的智慧和学习能力就像光谱一般，不是单一的白色，而是多彩的。韵律活动是幼儿园重要的音乐活动内容。近些年，我园从韵律活动中不断摸索评价体系的多样性，进而改善和调整。

教师个性化的评价能够点亮幼儿的智慧，促进幼儿的发展。教师的个性化评价可以促进幼儿在韵律活动中多样化的随乐动作发展，进而促进幼儿的思维发展。但是在现有的幼儿园韵律活动教学中大多数是教师忙于完成教学目标，而忽略师友互动中个性化评价的重要意义。所以，如今开展韵律活动，需要的是一种多元化的思维方式和评价体系，多角度、多方面、多阶段、多主体地评价幼儿的活动行为，才能满足幼儿个性发展。

一、以多样评价为手段，提升幼儿品质成长

韵律活动的形式是丰富多彩的，因而我园韵律活动评价包含的内容是多样化的，包括韵律活动课程方案、韵律活动课程方案实施过程、韵律活动课程方案的效果三方面。第一，韵律活动课程方案中，要看韵律活动的目标、内容、方法是否合理；第二，在韵律活动课程方案实施过程中，要看幼儿在音乐活动中的反应，教师的教育态度和行为，师友互动的质量，学习环境程创设和利用等；第三，在韵律活动课程方案最后的效果中，一般是通过对幼儿音乐发展评价和综合素质评价来确定的，韵律活动之后从幼儿节奏能力、即兴动作表演能力及在活动过程中的学习品质等方面进行评价。如快乐舞蹈活动，教师将主动权交给了儿童，让学生体验参与合作舞蹈的快乐。激发其在音乐活动中的创造力，并引导他们感受同伴之间互相合作的乐趣。另外就是评价阶段多样化。幼儿园韵律活动中的评价包含活动前的预估、活动中的观察指导、活动后的反馈三方面。在开展韵律活动之前，教师需进行活动前的预评，包括幼儿的现有能力或水平、原有经验等，根据幼儿的能力水平层级展开接下来的教学；活动进行中对幼儿的表现进行观察与指导，关注幼儿在活动中的坚持性、专注力；韵律活动之后要进行反馈，要对幼儿能力水平提升及幼儿学习品质进行评价。引导幼儿探索创编动作时，教师不是简单地鼓励幼儿编出与他人不一样的动作，而是在教师语言提示下不断鼓励幼儿按照不同的思路进行创编。让幼儿初步意识到新旧动作之间的内部联系——新动作是从旧动作中"生发"出来的。而教师的结论性语言又将幼儿发散生成的各种可能性动作给予了概括。如此一来，一张有着层次结构、联系较为紧密的动作网络图便在幼儿头脑中逐渐形成了，幼儿将网络上的单个结点(动作)相互联结，便自然形成了一种全新的动作组合。

二、以个性发展为导向，厘清评价体系功能

幼儿就像刚出土的幼芽，雨露和阳光带给他完全不一样的感受。因此，我园韵律活动评价方式从多角度出发，规范有序。第一，等级量表评价，指用数字或等级的形式来评定幼儿，一般只限于对特殊技

能、具体指示的评定，如对儿童节奏能力的评定、对儿童即兴动作表演能力的评价等。第二，表现性评价，在真实韵律活动情境中，根据幼儿在完成韵律活动时的表现而进行的评价。第三，档案夹评价，档案夹也有三部分组成，首先由幼儿自主选择出最好的或最喜欢的作品；其次，由家长或教师用文字或录音记录每件入选作品被选的理由；最后，幼儿自己或他人欣赏档案夹作品后的建议与感想。对于幼儿平时表演的韵律活动，需要教师经常录像，并让幼儿观看录像并选择自己觉得好的作品，还可以是幼儿参加文艺演出时的录音录像、展示自己特长的录音录像等。例如在大班毕业季活动中，我园经常会组织幼儿才艺分享活动，幼儿会将自己在幼儿园的积累的韵律活动表演给大家看并进行录制，然后大家共同观看录制视频，请每一位幼儿选出自己最喜欢的韵律活动，并听取同伴的建议，将该作品放到个人成长档案内。评价主体多样化是韵律活动评价策略的重要构成，韵律活动课程评价的主体主要是教师与幼儿。对教师来说，评价的过程需要教师运用音乐与教育心理学专业知识来审视韵律活动课程方案及韵律活动实施过程，发现、分析、研究、解决音乐课程问题的过程，同时也是教师专业化成长的重要途径。幼儿园韵律活动课程评价需要充分发挥教师作为评价主体的作用，以教师为自评主体，园长、其他教师和专家参与评价，组成一个平等互助的学习共同体，一起改进音乐课程方案，促进幼儿的音乐发展。此外，幼儿是音乐课程评价的最终目的所在，他们是评价的主体，幼儿的音乐行为反应与发展变化是韵律活动评价的重要信息与证据，是韵律活动课程方案是否成功的核心指标。在活动中，教师评价、同伴评价、自我评价会直接影响幼儿的心里成长。因为幼儿的自我评价尚处于"他评"阶段，非常容易受到教师的评价的影响。当幼儿在活动中付出努力后，教师要积极地进行具体的评价，让幼儿认为自己是能行的，从而大大地激发了幼儿参与活动的积极性。同伴作为幼儿主要的交往对象，其鼓励和建议自然是幼儿最有力的言语说服，也是幼儿效能信息获得的来源。因此，我们要积极地利用同伴进行评价。同时幼儿也会进行自我评价，幼儿的评价虽然还处于"他评阶段"，但教师还是需要在活动中逐渐培养幼儿正确自我评价能力的形成。当幼儿不能正确评价自己时，教师可以给予澄清，自评过低过高时，教师都需要提醒。总而言之，韵律活动多样化评价策略的实践和探索对幼儿教育有着重大前瞻意义，也为幼教事业发展探索了一条新门径。

教育好比温暖人生的阳光，幼儿园则是哺育千万学子的第一片良田，老师们守护在田野旁边，用教育智慧和真情的陪伴铺垫着学生走的每一步。相信未来，幼儿教育会越来越好，韵律活动的多样化评价策略也会发挥应有作用，让幼儿教育事业迎来灿烂明天。

手执乐器，弹奏传统艺术之妙音

浙江省缙云县长坑小学　蔡黎明

传统文化艺术是经过千百年的时光淬炼沉淀下来的精品文化。传承经典，是我们每个人义不容辞的责任。站在祖国这片充满艺术色彩的大地上，聆听民族乐器带来的美好之音，可以感触到艺术文化的深厚底蕴。我校依托浓郁的民乐艺术氛围，积极开展艺术教育，通过丰富的民族乐器传递艺术之魅力，一步一步地实现着"根扎缙云，花开丽水，果结浙江，志在中华"的远大办学理想，营造着负责任、有道德、有质量的校园生活，使我校学子有一个七彩的童年，快乐地成长。

一、因地取材，开展教育

1982年，学校有了寄宿生，学生在校时间长，为丰富寄宿孩子们课余生活，让孩子们在艺术方面有所涉及，学校因势利导，就地取材，选择以民族器乐（缙云丝竹锣鼓）教育为突破口开展艺术教育。因为丝竹锣鼓在我县农村极其流行，村民们对二胡、笛子等的演奏表演也非常喜欢，家长认同度很高，很有生命力。当时学校有几位老师对丝竹锣鼓很喜欢，最为重要的是，就当时孩子们家庭经济条件来说，没钱买乐器，但二胡、笛子等都可以自己做，解决了乐器来源问题，于是本着"自强不息，自力更生"的精神，克服重重困难，学校深入有序地开展丝竹锣鼓教育活动。

学校建立以我为首的丝竹锣鼓教育管理活动队伍，建立健全系列规章制度。定期召开艺术教育会议，充分发挥寄宿制学校时间优势，利用课余时间，深入开展丝竹锣鼓兴趣小组活动，做到人员、地点、时间三落实。从1996年起规定每年的12月30日为"红领巾民族器乐（丝竹锣鼓）艺术演奏会"，进行汇报演出，学校组织评比。"教育要面向全体孩子们"，在实施民族器乐（丝竹锣鼓）教育中，我们始终坚持这一原则，在全校范围内大力开展"人手一件民族乐器"活动，规定每学期面向全体孩子们进行"人手一件民族乐器"检查和评定等级，为艺术教育的成功开展提供有力的保障。我们以自研自练为主，结合"派出去、请进来"进行培训的方法逐步优化。现在，学校90%以上的老师通过自学都掌握了一件乃至几件民族乐器的实际演奏和指导原理。

二、辛勤付出，战绩斐然

一分耕耘一分收获，三十多年的坚持，我们师生用汗水浇灌出一支胜过农村婺剧团演奏水平的少年民乐队，培养了一大批素质好、有特长的孩子们。只要需要，学校随时可以拉出有70多人组成的"红领巾"民乐队，演出一台高质量的民乐演奏节目，这在全市农村学校中是不可多得的。

1995年，校民乐队代表缙云县参加地区大中专、中小学生文艺调演荣获得二等奖。1996年，校教师集体创作的民乐合奏节目，荣获省教育系统首届艺术节二等奖和创作奖。1996年11月，丽水地区中小学音乐教学专业委员会音乐教育现场会在我校召开，会后赠予锦旗，称我们是"艺术教育楷模"。1997年11月，浙江省教育学会中小学音乐教育分会第三届换届年会在缙云召开，会中各位专家代表特地到我校视察指导艺术教育工作，并称我校是"山村音乐，教育新花。"1998年，校民乐队参加地区大中专、中小学生文艺调演荣获得二等奖。1998年3月，地区教委主任魏克禄同志第二次莅临我校视察工作。看过民乐队的节目表演之后，泼墨挥毫，为我校题词："一朵不凋谢的山花。"1999年，校民乐队节目录像参加省教育系统第二届艺术节荣获三等奖。

2000年12月，参加缙云县文艺汇演荣获一等奖。2002年12月，校民乐队参加丽水市大中专、中小学生文艺调演荣获得二等奖。2005年5月，吕祖善省长到我校视察教育工作，观看校民乐队表演后，大为惊叹，并称赞我们是极具特色的学校。2013年作品民乐合奏《龙腾虎跃》获得丽水市绿谷之秋一等奖；荣获第十四届全国校园春晚联欢晚会；百佳影响力艺术教育名校。2014年作品《水漫金山》获缙云县艺术节第一名；荣获丽水市中小学幼儿文艺大赛一等奖；参加CCTV教育电视台网络春晚录制。2014年作品民乐合奏《山花烂漫》缙云县艺术节一等奖。2015年戏曲作品《探谷》获得浙江省艺术节现场赛二等奖；丽水市中小学幼儿文艺晚会一等奖；缙云县文艺汇演一等奖。2015年作品民乐合奏《童趣》缙云县艺术节一等奖。

2016年作品打击乐重奏《金鼓神威》获得在北京举办的国际打击乐节全国第三名银奖；市文艺汇演一等奖；县文艺汇演一等奖。2017年作品打击乐重奏《韵升鼓舞》缙云县文艺汇演一等奖。婺剧《斗战神猴》县一等奖，参加中央电视台六一戏曲晚会录制。2018年，民乐合奏《花头台》获县文艺汇演一等奖，市文艺汇演一等奖，省艺术节器乐类一等奖；参加浙江省非遗薪传演出获得"最佳人气奖"、"优秀入选奖"。婺剧《火凤凰》获县文艺汇演一等奖，市文艺汇演一等奖，省艺术节戏曲类二等奖，参演第十三届浙江山水旅游节，CCTV7《乡村大世界》节目录制，2019全国"乡村春晚"开幕式全国直播。2019年，民乐合奏《灯节》获市文艺汇演一等奖，省艺术节器乐类一等奖，参加海峡两岸共祭轩辕黄帝欢迎晚宴演出。婺剧《大战青龙山》获县文艺汇演一等奖。2019年10月12日教育部部长陈宝生到校视察教育工作，对我校以特色促发展，以特色促均衡，办人民满意教育所作的努力及成效给予了高度肯定。2020年，打击乐《金鼓神威》参与2020全国"乡村春晚"开幕式全国直播，"亚运加速度，骑迹满浙江（缙云站）"启动仪式，丽水市第四届慈善嘉年华暨缙云县首届嘉年华晚会演出。

三、整合资源，传承特色

该项目充满了我们的民族特色，诠释着我们优秀的传统艺术。我校希望我们每一位师生能够传承和发扬丝竹锣鼓历代传统优秀曲目和传统乐队配制的演奏技法，通过开展民间器乐演奏活动，陶冶学生情操，丰富学生文化生活，促进社会和谐。同时，传承该项目对我校积累校本教材编写、学生民乐训练、民乐师资队伍建设、学生民工水平较快提高都有很大的帮助。

在未来的工作中，我校将会把丝竹锣鼓引进音乐课堂，运用一些小型的吹打乐器和自制的丝竹乐器来学习丝竹锣鼓的一些基础知识；

成立校丝竹锣鼓乐队和梯队，整合校内外资源，共同探讨、研究、制订翔实可行的适合训练的教学计划，利用每周四次的拓展性课程时间进行训练；编出丝竹锣鼓校本课程，引领全校开展丝竹锣鼓系列活动；加强音乐课堂教学对丝竹锣鼓的研究，把丝竹锣鼓的教学引入音乐课堂教学，提高和加强学生的音乐审美能力；以吹打和丝竹教学为主轴，在音乐课程中，训练学生高度集中力、判断力、记忆力及瞬间反应能力主，并培养主动、自信、创造的人格；课堂教学与团队训练相结合的课堂教学，着重全方位的音乐基础训练，培养学生音乐鉴赏的兴趣和能力；建立丝竹锣鼓传承基地加强丝竹锣鼓的教育与传承，这不仅需要课堂和课外的教育和实践，还需要创造条件，有计划地走出校门，参加校外的各种社会实践活动，如文艺演出、比赛等，将当地民间丝竹锣鼓乐团有组织地进行表演，运用互动的方式建立良好的交流环境，以此来普及宣传民族打击乐，亲身体验民间音乐文化的奥秘与真谛。这样学生不仅在演奏风格上向民间学习，也在实践中获得了收集、记录、整理民间音乐的能力，生动地领悟了民间音乐的文化与技巧。

七彩童年，快乐长坑。每一种乐器都是一道美妙的音符，能够弹奏出一首首动人的乐章。每一种乐器都承载着丰厚的传统文化，散发着自身独特的魅力。将民间乐器巧妙地引进课堂，可以给予学生一种感官上的美感。我校将丝竹锣鼓融入学生们的日常生活中，使民族打击乐可以得到有效地传承，使我们学生的生活变得丰富多彩，且有艺术质感。在未来的发展中，我校会继续探索更多途径来传扬传统艺术的魅力，将丝竹锣鼓推向更大的舞台，让每一位师生，手中有乐器，心中有艺术！

扶贫扶智扶梦想　多维发展育新人

浙江省丽水市技工学校　梅三莲　楼晖　朱东明　舒炳武

扶贫先扶智，治贫先治愚。教育扶贫正是扶智和治愚最好的方式，它不仅能让贫困家庭的孩子掌握知识、改变命运，从而造福家庭，还能阻断贫困代际传递，是最有效、最直接的精准扶贫。为深化人才培养模式改革，主动适应经济社会发展对创新型、实用型、复合型人才的需求，丽水市技工学校从一切为了学生的良好成长、一切为了学生将来能够更好地立足社会出发，全面开展教育教学活动，精心搭建普通教育与职业教育多元化人才成长“立交桥”，书写了学校转型发展、稳中有变的奋进之笔。

两个坚持，突显品行重塑“新军营”

丽水市技工学校于2013年5月经省人力资源和社会保障厅批准“重新复设”，是市人力资源和社会保障局直属的唯一一所全日制技工学校。针对大部分生源为农村留守儿童、城市“叛逆少年”、外来民工子弟以及种种学困生的复杂情况，学校坚定不移地从“先学做人，再学做事”出发，严格遵循“德育为先，立德树人为第一要务”的育人原则，全面实施“全员、全过程、全方位”的准军事化教育教学管理，彰显了“练就一技之长、打开职业通道、成就美好人生”的独特育人优势。

坚持师生一体，全校一盘棋。领导干部率先垂范，教职工为人师表，并进一步优化调整了教官团队，选好配强了政教干部、思政教师、德育导师；根据部队条例条令，结合学校师生实际，进一步完善了军事化管理实施细则，调整修订了相应的配套制度；广大干部职工每周坚持列队迎送学生上放学，并与之同吃同住、同袍同操，一起流汗，彼此鼓励……正是这种坚持不懈的言传身教，润物无声地纠正了学生入校前形成的不良习惯，养成了令行禁止、言行礼貌的集体主义品行认同。

坚持品行一致，内外一个样。全体师生严格执行作息安排，大小活动都能有序、迅速、齐整、精准地完成集结，养成了早睡早起、遵规守时的好习惯；师生军容严整、军姿挺拔、精神抖擞，队列气势磅礴，口号铿锵有力，比武争先恐后，俨然一支“拉得出、冲得上、打得赢”的“职教铁军”；寝室窗明几净，内务整理规范，物品摆放整齐，养成了良好的卫生习惯；军容整洁，言行得体，课间上下楼梯或进出过道自觉右行、笑脸相迎，遇见师长、宾客主动敬礼、热情问好，可谓礼满校园；校园实行全封闭式管理，学校超市限时开放，师生定期不定期的巡查、抽查，基本杜绝了违禁物品混入校园，有效地保障了校园食品安全；学生上课坐姿端正、目视老师、精神饱满，师生问答举手起立，报告、立正、稍息一系列口令操守也运用在课堂；有机融合常态化军训与防灾防疫应急演练、防溺水、防欺凌、禁毒等法制教育课程，不断增强学生的安全意识和逃生自救能力……至2020年度末，未发生学生重大违纪或违法行为，也未出现重大安全责任事故。

三项对标，实现产教融合“新作为”

只有瞄准市场，适应时代形势，培养出来的学生才能成为“抢手货”。丽水市技工学校结合自身条件，紧贴市场一线办学，在“主营业务”（教学工作）上更是坚持市场导向，紧紧围绕地方工商企业用人需要，用“产教融合”思维思考教学计划，办更好地学，育更好地人。

学校教学计划对标企业生产经营计划。为助力“两手都要硬，两战都要赢”目标的实现，丽水市技工学校针对企业复工岗位人力紧缺的实际困难，主动联系对接信息产业园和水阁、天宁、碧湖及高溪等入园企业，积极研究学生到企业生产性、服务性岗位实习的一揽子解决方案，进一步促发了根据合作企业生产经营“淡旺季”灵活安排学期授课与实训实习计划的思考。

教学实训过程对标职业能力运用过程。经过多年的实践和探索，不但领导干部善于与企业打交道，班主任在班级管理、任课教师在教学实训的过程中也乐于运用产教融合的理念指导工作、探索创新。一是注重案例分析，理实一体掌握。一方面教务处及各教研组针对学生基础知识薄弱、文理偏科严重、学习兴趣寡淡，尤其是学习信心崩塌的现实，分科、分班指导任课教师备课、说课、磨课、听课、评课；另一方面开足甚至多开实训课，尽可能地提供“在做中学，在学中做”的动手机会，帮助学生逐步掌握理论知识与实际操作。二是注重技术运用，线上线下结合。全体教职工依托“丽水教育资源公共服务平台”创建个人空间并上传教学资源，娴熟运用钉钉提高办公效率，分班利用微信群保持即时通讯。三是注重技能竞赛，铸就工匠精神。学校鼓励师生参加校内外各级各类技能大赛，既坚持人人参与、全员上阵，又注重层层选拔、优中选优，营造了“老中青传帮带，师对徒倾囊相授，师兄弟比学赶帮超”的良好备赛氛围，达到了以赛促创、以赛促研、以赛促学的目的。四是注重院校合作，畅通提升管道。学校先后与杭州技师学院、杭州轻工技师学院合作办学，在师资培养交流、实训基地共享、课程合作开发、教材联合编写等方面展开全方位、多领域、深层次的教育教学实践，通过考核的学生均能顺利升学。五是注重励志教育，激发创业理想。学校就业处负责长期跟踪毕业生职业发展，将优秀校友的就业、创业经历和先进事迹作为励志教育的生动教材，激励一批又一批技工学子“聚精会神学一项本领，脚踏实地创一份事业”。

学校办学方向对标地方产业发展导向。一直以来，丽水市技工学校积极响应全市生态工业高质量绿色发展倍增行动计划，以“丽水市高技能人才培养基地”、“丽水市本级技能（创业）培训示范基地”为载体，创新运用“跨山统筹、创新引领、问海借力”三把“金钥匙”，主动对接健康医药、半导体全链条、时尚产业等五大主导产业，助力“一带三区”建设，服务绿色高质量发展和经济“双循环”，努力承担持续输送“绿谷工匠”的新使命。

四感满满，展现校园文化“新风尚”

校园文化是学校发展的灵魂，其建设既要回溯学校发展的过往，也要结合当下教育哲学、时代精神。丽水市技工学校的校园文化现已凝结成“红绿融合的准军营文化”和“产教融合的类企业文化”两大底色，而学校之所以为学校，还应呈现“古今融合的新青年文化”。为此，学校在丰富校园文化、深化“三全育人”的基础上，精心打造特色鲜明的“四个感觉满满”，绘就了色彩斑斓的青春校园画卷。

仪式感满满。学校以开学典礼、毕业典礼、誓师大会、阅兵会操、集体生日等重大校园庆典和成长节点为主轴，培养学生的仪式感、庄重感；以教师节、中秋节、国庆节、重阳节、学雷锋活动日、清明节、劳动节、端午节等中华传统节日和国家重要纪念日为主线，通过举办征文、演讲、书法、绘画、歌咏比赛等活动形式深入开展爱国主义教育，大力弘扬“浙西南革命精神”和优秀传统文化。

幸福感满满。学校因地制宜地开展学生喜闻乐见、寓教于乐的校园文体活动，重点抓好“每天锻炼一小时”、“每月一场球棋赛”、“每年排演两台戏”三大系列活动的策划组织和实施，积极引导学生培养兴趣爱好，帮助学生挖掘优势特长，使广大学生重拾了青春自信，重塑了真我个性，重建了正确三观。

成就感满满。在校团委的统领下，学校以学生会为主干，以班两委为支点，进一步优化重组志愿服务队、彩旗队、鼓乐队、礼仪队等校级学生社团和班级兴趣小组，锻炼学生干部的沟通协调、策划执行和组织领导能力，拓宽广大学生的组织归属、活动参与和“三自管理”，增添了校园的文艺气息，厚植了学生的人文素养。

获得感满满。学校以政教处、安全处为中枢，以班主任为纽带，借助“家校通”、“致家长一封信”、家访、家长会、家长微信群等沟通管道，建立健全家校协同育人机制，进一步拉近了老师与家长、学校与家庭的心理距离，使“你的孩子我的学生”构成了广大“技工亲人”的共同情感。

深化教育品质建设，大力培养综合人才

浙江省临海市东湖职业技术学校　郭世招

“一年之计，莫如树谷；十年之计，莫如树木；终身之计，莫如树人。一树一获者，谷也；一树十获者，木也；一树百获者，人也。”这段话既阐明了人才培养的重要性，也揭示出人才养成的不易。浙江省中职新课改实施以来，我校认真贯彻省、市教育部门关于中职新课改实施意见的精神，深入推进中职课程改革。在上级教育部门的关心和支持下，学校在人才培养、课程体系改革、教学模式改革、评价机制改革等方面取得了一定的成绩。我校拥有悠久的办学历史，最早可追溯至创办于1985年的临海市高联高中。多年来，在各级教育行政部门和关工委的关心和大力支持下，我校不断发展壮大，由最初的400余名学生发展到今天的1800多人，2020年乔迁新址后，办学规模进一步扩大，办学设施不断升级。我校毕业生分布在社会各个领域。为推进学校深入发展，我校与临海市中等职业技术学校结成联盟，共享专业建设、课程改革、师资培训等资源。同时抓住教育改革发展的良好机遇，使我校办学质量蒸蒸日上。经过几年的努力，我校已初步形成了具有自身特色的中职教育模式，特别是在课程改革方面，我校以生为本，全面实施素质教育，铸造多元化的复合型人才。

一、多措并举，以课改为转轴提升学校办学质量

我校是较早进行新课程改革的学校之一。自《浙江省中等职业教育课程改革方案》和《台州市中等职业教育课程改革方案》实施以来，我校在中职课程改革方面做了大量的工作。为确保课程改革紧张有序地推进，我校分别成立了课改领导小组、课改督查小组、课改工作小组。定期召开课改工作会议，研究部署各阶段课改任务；定期对专业课程改革情况进行检查与评估，使得学校的课改有序有计划地

推进。

通过各类会议与培训，营造课改氛围。还邀请临海市教研室专家来校讲座，提升教师的业务水平。此外，我校通过选派新教师参加教研活动，扩大了兄弟学校之间的交流，切实提高了专业技能与教学水平。另一方面，我校领导深入课堂调研课改情况，对开设的限定选修和自由选修课进行了下班听课，并不定期召开教师、学生座谈会，对全校的课改工作进行了全方位的摸底和调研，并了解课改的实施情况及遇到的问题，做到及时总结，及时发现问题，及时落实，稳步推进。2016年两会期间，李克强总理提出了“要鼓励企业开展个性化定制、柔性化生产，培育精益求精的工匠精神”。近些年来，“中国智造”、“中国创造”、“中国精造”、“工匠精神”，都已成为决策层共识，体现了党和国家对技术工人的高度重视。在这样的背景下，为让毕业的学生更能适应社会工作，我校把培养复合型人才作为新课程改革的重点。初步实施“5年一贯制”培养、“双证书”教育和弹性学制。始终坚持生本理念，积极探索现代学徒制建设，培养学生的综合能力，以便学生能够顺利地适应工作岗位。根据专业特色，我校建立现代学徒制。严格执行《临海市东湖职业技术学校现代学徒制试点工作实施方案》，与企业合作，学徒的学习采用校企合作、工学结合的形式。一年来，我校与远洲国际大酒店、双鸽.和平大酒店、依依魅力婚纱摄影、奥玛尼美业连锁企业等保持良好的合作关系，为学生创造了实践实习的机会。同时，在现代学徒人才培养方面，我校制订了“校企对接、理实一体、半工半读、顶岗实习”的培养方式，鼓励企业技师进校园教学。制定合理的教学计划，手把手教学，让学生接触和认识专业技能。在教学过程中，我校将“拜师学艺”作为重点，旨在提高学生的专业技能。重点培养有职业追求、有专业技能潜力的学生，鼓励他们拜师学艺。每逢节假日，我校安排学生到企业进行项目实训、轮岗实训，真实地面对顾客，了解行业的需求，感受企业文化，让学生真实地理解专业的要求。技术和服务态度良好的学生，可自主选择顶岗实习，获得相应的学徒工资。此外，我校不断拓展校企合作途径，建立稳定的校外实习实训基地。将“酒店服务与管理”及“人物形象设计”两个专业学徒制试点，学生有约三分之一的时间在企业受训，约三分之二的时间在学校学习理论知识和专业技能，并展开校企轮训。我校与浙江理工大学、浙江横店影视职业学院、台州广播电视大学等高校保持合作，为有志于升学深造的学生创造了有利的条件。

为适应社会发展需要，我校还积极探索新型实习模式。为了让学生充分学习知识和技能，我校大胆尝试“工学结合”的实习模式，效果显著。此外，我校还利用多种丰富的活动带动实践教学。职业教育活动周期间，我校组织师生在临海市崇和门西广场举办专业技能展示活动，为师生搭建了大显身手的舞台，提升了专业素养。2016年在浙江省职工职业技能竞赛中，2015级形象设计专业学生在化妆竞技赛中获佳绩。我校的蒋依依、季应婧两位同学获新娘化妆银奖，杨心莲同学获COS化妆铜奖。同时美容美发专业也受到了大赛组委会的肯定，学校获最佳组织奖。这些成绩的取得非常来之不易，包含了老师和学生努力拼搏和辛勤付出。

二、知行合一，以课为本大力构建精品课程体系

我校根据《浙江省中等职业教育课程改革方案》和《台州市中等职业教育课程改革方案》制订了《临海市东湖职业技术学校课程改革实施方案》，并按规定开齐了课程，开足了课时，还开设了校本选修课。我校构建了多样化的“核心课程”与“自选课程”，已初步建立“公共选修课+专业选修课程+限定选修课程+自由选修课程”的模块课程体系，逐步形成以职业发展为中心，以培养学生综合能力为目标的课程体系。在文化基础课程模块建设方面，我校发挥文化课的工具性作用，稳步提升教学质量。一是严抓文化课中的语文与数学的统测成绩，不断提高统测科目的合格率与优秀率；二是想方设法提高语文、计算机等科目的台州市会考合格率和优秀率。近年来，我校多次召开了任课教师座谈会、班主任工作会议及中层干部校务会议，多次研究和探讨该校的教学问题。针对中职学生行为习惯“懒散”，学校严抓“早读”，强化课堂纪律，狠抓自修课，初步形成“好学”、“乐学”的新学风。2016年高考，升学班一制药专业学生总分位居全省第二；2017年—2018年高考，高考上线率高达74%以上；2019—2020年高考，高考上线率高达93%以上。在专业技能课程模块建设方面，我校大力开展校企合作，引进企业人才进校园授课。多年来，我校与远洲国际大酒店、双鸽和平大酒店、依依魅力婚纱摄影、奥玛尼美业连锁企业等保持良好的合作关系，为学生创造了实践的机会。2017年，我校与奥玛尼美业连锁企业、临海市美致新语（美甲）达成协议，并在这两家企业设立教学点，扩大了现代学体制的试点单位。教育的发展终归要回到课程上来。经过多年的探索和发展，我校的“选课”、走班制、“分数制”等改革不断深化。今天，我校除开设语文、数学、英语等“公共必修”课程及前教育、电子商务、酒店管理、旅游文化、会计等“专业必修”课程以外，还增设了高三升学班，新开设了美术、书法、篮球、茶道、摄影、淘宝课、临海词调等校本选修课，足以满足学生选课。2018年年11月份，临海市非物质文化遗产项目正式走进我校，临海词调与黄沙舞狮正式成为学校的选修课程。素质教育是学校取得长足发展的大前提。为进一步贯彻素质教育精神，我校也十分重视学生的才艺培养，组建了校合唱团、校舞蹈队和舞狮队，并在市级比赛中多次获奖。我校还积极举办篮球赛、乒乓球赛、书法比赛、演讲比赛等，大量丰富学生业余活动，提升学生体育素养。校健美操队自2018年1月参加台州市健美操比赛以来，蝉联一等奖。2017年12月份，11位同学参加“ICAA国际少儿书画大赛”，全部获奖，其中2名获金奖，2名获银奖，3名获铜奖，5名获优秀奖。基于学校向前发展，我校的教学模式改革效果也十分显著，我校的“一班多专业”的教学模式得到进一步完善，分别为“幼师+会计”、“幼师+酒店”、“酒店+会计”，我校为学生创设了“大文化课”平台，即公共必修课在同一教室，专业课及选修课程则按照专业的不同分班授课。实景教学也得到进一步推广，不断加强适合中职学生学习特点的实践性教学，我校还大胆尝试“做中学”、“学中做”等体现“理实一体”的教学方法，促进专业理论教学与专业技能实训的有机融合，以提高教学的育人质量。

教育是温暖人生的阳光，致力于学生能力、品德等各方面素质的全面提升，服务于个体的健康成长。我校会继续以先进的理念引领学校发展，以科学的方法强化学校管理，以有效地措施促进师生成长，以严谨的态度探索教育规律，以担当的情怀领跑教育改革，敢为人先，勇于创新，不断开启学校发展的新局面。

聚焦“读写联动”策略，发展学生语言能力

浙江省衢州市开化县实验小学　汪初芳
浙江省衢州市开化县金马镇中心学校　汪继宏

课程标准对第一学段“写话”提出了非常具体的要求：对写话有兴趣，留心周围事物，写自己想说的话，写想象中的事物；在写话中乐于运用阅读和生活中学到的词语。然而，审视部编版一、二年级的语文教材，不难发现写话与阅读教学严重脱节，加之缺乏教师指导，使得低段写话教学过于随意，没有章法。针对这一现状，我尝试把绘本引入低段写话教学，聚焦“读写联动”策略，从如何读、何处写、何以写三方面展开思考，激发写话兴趣点，选准读写落脚点，用活读写训练点，从而有效落实写话训练，达到发展学生语言能力的目的。

聚焦如何读：以读引路，入情入境趣当先

对应学段目标，我结合教材和学情，选择适合低段读写的绘本内容，促使学生激起想象的兴致、丰富写话的素材、习得表达的技法、产生写话的兴趣。

读中有猜测，激起想象的兴致。绘本是一种文字情节高度浓缩而画面情节无限丰富的读物，其中蕴含的“隐形情节”为儿童施展想象提供了“附着点”。在《小猪变形记》教学导入中，我首先让学生观察封面并思考“你看到了什么？有什么奇怪的地方？”，接着让学生大胆猜测“小猪装上翅膀想干什么？”，从而调动了学生思维的主动性和形象的丰富性，使他们能够积极投入到绘本学习中。

读中有积累，丰富写话的素材。绘本里富有情感的故事往往与儿童生活息息相关，学生在阅读时很容易入情入境，与绘本内容产生共鸣。例如，读完绘本《花婆婆》，学生对鲁冰花留下了深刻的印象，可以模仿鲁冰花的描写方法，用一两句话来写一写春天里的其他花儿。可见，绘本中那新鲜灵动的语言、有趣丰富的图画内涵，能够唤醒孩子们的生活体验，为他们提供丰富的写话素材。

读中有发现，习得表达的技法。不同的绘本有着自身的语言特点、表达方法，我在绘本教学时会有意识地引导学生发现这些语言表达的特点，并结合学段目标精心设计、巧妙教学，使学生在潜移默化中习得表达的技法。例如，在《云朵面包》绘本教学中，我让学生尝试用“先……再……然后……”等连接词来说话、写话。

聚焦何处写：读中抓写，图文合奏选准点

依据教学目标，我充分发挥绘本的典型优势，选准“读写联动”的落脚点，让写话实践有的放矢。

抓文字的“缩略”处。绘本图文协奏，图和文之间是一种“互文”关系，即图画能表现出来的内容，文字不一定要全写出来。这就要求教师要引导学生抓住文字的“缩略”处，图文对照，自我创编。

抓情节的“反复”处。大部分绘本在叙事上都有“反复”的特点，这正是最能吸引小读者兴趣的地方，也给他们带来了写话点。在《请来我家吃饭吧，鼠小弟》中，鼠小妹让鼠小弟请朋友来家里吃饭，鼠小弟分别请了三次，都没能让鼠小妹满意，那第四次又会请谁，怎么请，结果呢？沿着这条反复的情节线，孩子们就可以把故事向前推进。

抓文本的延展处。一些绘本故事在精彩处戛然而止，让人意犹未尽，给故事留下较大的延展空间。在阅读绘本时，教师可以引导孩子抓住绘本内容的延展处展开写话。如在读完《鸭子骑车记》后，教师可以引导学生继续思考，自信勇敢的鸭子又冒出了什么主意？它又会有怎样的冒险经历？相信有了之前的阅读体验，学生定能延伸出一个全新的故事。

聚焦何以写：读写并进，巨心成句巧训练

将读写训练融于绘本阅读中，不仅要选准“读写联动”的落脚点，更要用活读写并进的训练点，落实语言训练，发展语言能力。

仿写，让表达如此简单。仿写是读写结合的最基本形式，合理进行语言迁移仿写，能够降低表达的难度，生发表达的趣味，达成表达的效果。

扩写，让故事逐渐丰满。扩写，是对原文进行扩展和充实。阅读绘本时，抓住简短的文字内容进行再创作，可以使故事情节丰满、内容具体、结构完整。

续写，让想象插上翅膀。许多绘本都有一个特点：故事的结尾又是一个新故事的开始。抓住这个训练点，教师可以引导学生充分发挥自己的想象力，续写故事，以达到语言训练的实效。

学习语文的目的在于运用。在低段写话教学中，教师可以依托绘本，在读中激发学生写话的兴趣点，选准读写的落脚点，用活读写的训练点，以读促写，读写联动，使学生有效感受语言内涵、揣摩语言规律、习得语言技巧，最终达到言语活用的目的。

在传承创新中绽放艺术光彩

浙江省绍兴市建功中学　汤晓幸

博大精深的中华优秀传统文化是国家最深厚的软实力，也是文化自信的坚实根基和突出优势，是中华民族薪火相传并且战胜种种艰难险阻的伟大精神瑰宝。在推进“轻负高质”的素质教育过程中，浙江省绍兴市建功中学高度重视传统文化教育，以书法、篆刻和戏曲等艺术项目为突破口，着力优化育人环境、创新育人形式、拓宽育人渠道，促使学校办学品位不断提升。

发挥传承优势，营造良好氛围

苏霍姆林斯基曾说过：“学校的物质基础是对学生精神世界施加的手段。”融入“中华优秀传统文化因素”的育人环境，可以潜移默化地陶冶学生的高尚情操，塑造学生的美好心灵，培养学生的优良品质。为此，建功中学深入挖掘绍兴深厚的文化底蕴，充分发挥学校优秀的教育资源，让师生能够时刻浸润在浓厚的传统文化学习氛围中，在耳濡目染中受到熏陶。

绍兴文化底蕴深厚。绍兴有2500年的建城史，是全国首批历史文化名城之一，历史悠久，人文荟萃，是著名的“酒乡、桥乡、戏曲之乡、书法之乡和名士之乡”，素有“历史文物之邦、文人荟萃之地”的美誉，被誉为“没有围墙的博物馆”，地域文化十分丰富。可以说，酒文化、桥文化、书法文化、篆刻文化和戏曲文化等无一不源远流长、久负盛名，在华夏文明中占有重要地位。

学校办学特色鲜明。建功中学办学历史悠久，坐落在市区风景秀丽的稽山公园北侧，是以绍兴籍著名数学家陈建功先生名字命名的现代化初级中学。近年来，学校践行“素质为重、艺术见长、全面发展”的办学理念，确立了“品质立校、书香兴校、艺术荣校”的特色定位，业已形成了以书画、声乐、器乐、舞蹈为主体的艺术特色教育体系。自1997年以来，学校每年招收三个艺术特色班，其中两个就是书画特色班。2014年9月开始，学校实施艺术教育模块化教学，补齐了初中艺术教育存在的短板，满足了学生多元艺术兴趣　，促进了学校艺术特色的持续发展。2015年开始，原有模块教学升格为拓展性课程，规格更高，成效更明显。2016学年开始，学校贯彻浙江省拓展性课程开发的意见，积极启动拓展性课程，将书法、篆刻、戏曲等艺术形式纳入学校拓展性课程之列。2017年，学校探索实践绍兴非物质文化遗产跟艺术教育有机融合之路，不断延伸学校艺术教育外延，不断丰富教育内容，拓宽学生视野和兴趣爱好。如今，艺术特色教育已成为学校的一张“金名片”。

艺术师资力量雄厚。经过多年的专业培养，学校已拥有一支素质优良、业务精湛的艺术教研团队。目前，学校有艺术教师8人，其中4位教师对书法、篆刻颇有研究，4位教师对绍兴的戏曲如越剧、平湖调、鹦哥戏、词调、莲花落等富有浓厚的兴趣。

艺术硬件设施齐全。目前，学校建有善行楼，功能教室与专用教室齐全，有4个音乐工作室、4个美术工作室，现代化艺术教育技术装备均已达到现代教育标准。如今，学校具备了一流学校的办学条件和设施设备，校园环境雅致，教育资源丰富，为培养优秀学生创设了可靠的“硬件”和“软件”。

明确传承目标，完善实施计划

传承目标。让学生充分了解书法、篆刻和戏曲这三种传统文化，通过课堂教学和实践操作提高书法、篆刻和戏曲表演的技能；培养学生专注、细心的学习品质和热爱家乡的情怀，提高学生对生活的感受力和成就感，培养学生的创新精神和创造能力，促进学生的全面发展；通过学习传承书法、篆刻和戏曲艺术，教学成果在省、市甚至国内产生一定的影响。

传承计划。初级阶段计划：首先，通过校本课程的开发和实施，引导学生参与传统文化的传承与交流，使全校学生初步了解书法、篆刻和戏曲的发展历史和艺术特点，能够辨别不同时期、不同名家所创作的书法和篆刻作品以及不同的戏曲流派；其次，进一步了解书法、篆刻和戏曲的主要特点，书法和篆刻要会创作作品，戏曲要学会唱腔，从而培养学生对这三种艺术形式的兴趣，提高其审美能力。高级阶段计划：在对全体学生进行普及教学的基础上，满足部分学生想进一步提高的愿望。以精品社团为依托，引导学生把握不同的风格流派，会写、会刻和会唱；搭建一个展示个性才能的平台，提高学生的实践能力和创作能力；传承书法、篆刻和戏曲艺术，推进学校文化建设，提高学校艺术教育的知名度。

拓宽传承策略，增强育人实效

对于课业压力相对较重的初中生来说，书法、篆刻和戏曲艺术略显高雅，群众基础不是很广泛。在学生和家长参与热情不是很高的现实背景下，建功中学在传承实践中遵循由浅入深、由简到繁、循序渐进的原则，并采用多种传承方法，宣传与弘扬中华优秀传统文化，培育并形成优质课程和品牌活动，引领广大学生不断增强民族自信和文化自信，为实现中华民族伟大复兴的中国梦而努力奋斗。

审美与实践相结合。通过对古今书法、篆刻和戏曲名家范作的欣赏，建功中学让学生在直观教学中增强对三种艺术形态的美感体验，激发创作和表演的欲望，把美的感悟应用到写作、篆刻和演唱的实践中，从而培养学生欣赏美和创造美的能力。

实践与学习相结合。基于美国教育家艾斯纳提出的创造力可以分解为“边界推移”和“边界突破”的理论，建功中学在书法、篆刻和戏曲的学习上不采用传统的先教习理论的做法，而是大胆地让学生直接先临摹书法、摹刻印章和学唱戏曲，让学生在临摹、篆刻和演唱的过程中用脑子想、用眼睛看、用耳朵听、用心感悟，做到自己去解读和熟悉书法、篆字和曲派，真正实现了在实践中学习，在体验中学习。

“走出去”与“引进来”相结合。在开发和实施上述拓展性课程教学的同时，建功中学坚持做到“引进来”和“走出去”战略：一是利用社会、家庭等可用的教育资源，走出校门走访绍兴的艺术传承人，邀请专家来校指点迷津，补充课堂教学的不足；二是鼓励支持学生参加国家、省、市各级各类书法、篆刻创作和戏曲表演的比赛，开阔眼界，拓展视野，提高创新能力；三是校团委利用寒暑假开展实践活动，通过开展“我送春联到社区”实践活动、经常性地与社区联动举办纳凉晚会等方式，组织学生把精彩的戏曲表演、书画创作等节目展示给社区居民，得到了社区居民的一致好评。

收获传承硕果，绽放艺术光彩

艺术教育发展从未停止过创新的脚步。这些年来，建功中学在传承书法、篆刻和戏曲的过程中付出着，也收获着，并将一直坚持下去，使其成为学校的特色品牌。

学生艺术涵养优秀。通过艺术基础课程、书法专业课、篆刻模块课和戏曲拓展课的学习和熏陶，不仅特色班的学生拥有高雅的艺术涵养，其他非特色班的学生在上述艺术门类方面也具有一定程度的基础。著名书法家朱关田、青年演员江一燕等是本校杰出的校友代表。

教师专业素养增强。近年来，在艺术教育研究方面教师实施市级课题4项，市属级以上优质课一等奖以上6人次，参加省、市基本功比武一等奖5人次，论文在区级一等奖以上获奖或在全国教育刊物中发表30余篇，被评为省、市优秀指导老师30多人次。

艺术教学成果明显。艺术特长教育的突破，不但促进了学生的全面发展，也提升了学校的内涵发展，实现了艺术荣校的目标。学校先后被评为全国特色学校、省首批艺术特色学校、省书法教育研究会实验基地、市属学校艺术工作先进集体等荣誉，多次荣获“中国兰亭书法节”广场书画展演优秀组织奖。鲜明的办学特色也迎来了各地领导和兄弟学校纷纷来校观摩学习。

成绩催人奋进，发展更待拼搏。在后续艺术教育工作中，建功中学将根植本土文化沃土，进一步推广书法、篆刻和戏曲成果，陶养每一个孩子，为绍兴教育事业增添更加绚丽的色彩。

传承·融合·重构

——温州八高崛起的道与术

浙江省温州市第八高级中学　吴长青

从“工地学校”到“最美校园”，从“千万别摇号到八高”到“最正确的事就是把孩子送到八高”，从“不敢想浙大”到“爷要考北大”，从核心生源的劣势到高考成绩连年超越，进而获得教育教学质量奖……温州八高业已成为一所园林化与现代化并举、生态化与人文化相融的高级中学，初步建成一所有温度、有奇迹、有闯劲的理想学府。究其原因，大底离不开“传承、融合、重构”三个关键词。

一、筚路蓝缕兴业艰

“若许轻捐便轻得，古来创业岂云艰”，实际上，温州八高在办学初期，是面临着一系列错综复杂的难题的。总的来说，主要包括以下4个方面：

1.基建滞后办学难

从2005年选址立项到2014年初步“堪用”（当时只有崇德楼、尚礼楼两座教学楼以及一栋宿舍楼和食堂一楼可供使用）、2020年建成完工，温州八高的基建之路无疑是漫长、曲折的，这种“马拉松式”的基建历程对于一所新学校而言是极为不利的。受制于此，2014年瑶溪新校启用时，学校只能分处三地办学——高三年级仍在蝉街八中老校，高二年级寄身温州中学新疆部，高一年级迁进瑶溪新校。

“早上，我在蝉街开会；上午，我到新疆部听课；下午，我回瑶溪上课。”匆忙穿梭三地，便是当时教职员工的工作生态。这种“一直在路上”的窘迫局面，不仅消耗了老师们的精力，更严重的是消磨了师生们的信心，折损了学校的实力。个中滋味，其中苦涩，无以言说。

2.环境问题家校隙

瑶溪新校地处城乡接合部，投入使用时，校内绿化几未开始，周边企业环境污染问题更是让学校头疼、令家长担忧。白天，学校要接待前来申诉的家长；晚上，学校要陪同巡查环境的家长。《温州商报》等多家媒体对此均有报道。在这种极不寻常的家校“活动”的磕碰下，教职员工身心俱疲，家校关系对立，凝聚力难形成。

3.新校管理挑战多

从通校制的小学校到寄宿制的大学校，加之新校地处偏僻，八中、三中、十九中三校教师尚未融合，又适逢浙江省新高考改革的大背景，新校管理面临着一系列前所未有的挑战。如何平稳过渡寄宿制，如何有效凝聚众人心，如何科学适应新高考改革，一切的一切，无经验可借鉴，无捷径可寻迹，挑战之大，可想而知。

4.三校竞争压力大

如果说基建滞后、环境问题、新校管理等内部问题可以在摸索中慢慢解决，那么“两轮驱动，三驾马车”所带来的激烈的三校竞争格局，则给学校带来了千钧之重的外部压力。当时，由于区位优势丧失，导致生源优势丧失、师资优势丧失，进而造成声誉优势丧失，学校在三校竞争中处于劣势。面对这荆棘载途、内外交困的局面，承载着做大做强老八中的历史使命，新八高人该从何着手？

千头万绪止于一端，知之往事而识来路，回本溯源，传承老八中优秀的办学文化应当成为我们突围破冰最为有力的首要举措。

二、弦歌不辍话传承

细细梳理，我们发现原八中在区位文化、教育理念、师资队伍、社会口碑等方面有一定优势，是学校可以利用也应当传承的宝贵财富。

1.区位文化优势——八中老校有底蕴

2018年，蝉街改造工程现场发现清嘉庆年间《修试院古碑记》，进一步证实老八中附近是温州古考试院址。1971年初，温州市第八中学创办于原温州一中蝉街旧址。“五马故址，邑中佳处，松台禅钟妙果，瓯水孤屿渺雾”，应该说，老八中的区位环境条件是极为有利的，它以其独特的试院文化、教育文化，成为温州教育一个具有重要意义、值得挖掘的重要地标。绵延不绝的文脉、半百老校的底蕴、物华天宝的环境，是新八高得天独厚的区位文化优势。

2.教育理念优势——生命教育有影响

2004年，老八中将常规德育和特色德育相结合，并在套餐式德育课程基础上进行提升和整合，推出生命教育模式，这在当时的教育界是饶有新意的。经过几年的研究，2008年，学校进一步确立“四大主题、六个专题、三种途径”的“463”生命教育模式，形成德育特色，初具品牌效应。新八高应当继承生命教育的理念优势，充实其内涵，扩大其影响。

3.师资队伍优势——师资队伍实力强

在老八中50年的历史里，涌现出一大批优秀的教师。林永明、潘舜英等老师曾被教育部、人事部授予国家级教师荣誉，王虎、胡海帆、潘建中、胡玫、盖庆春等老师被评为温州教育名家、名校长，刘晓红、金浪、林云龙、单茹茹、袁丛容等老师被评为温州市名师——老八中强大的师资队伍优势，是新八高发展壮大的重要基石。

4.社会口碑优势——社会声誉称颂广

优秀的区位文化，科学的教育理念，强大的师资队伍，出色的办学成绩，令八中先后获得首批省级文明学校、温州市重点中学、温州市首批“素质教育示范校”、温州市首批“现代化学校”等一系列荣誉。在当时市直学校中，八中是社会声誉仅次于温州中学、温州二高的优质学校。

时光荏苒，在2015年这个八高人永不忘怀的年份里，学校终于结束了三地办学的局面，师生团聚新校。人在一起了，但心是否在一块，却是值得怀疑的。新八高能否继续传承老八中的金色名片，进而再创新高，迫在眉睫的两大难题不外乎教师队伍的融合与学校文化的重构。

三、融合且须思重构

经过认真思考、仔细梳理、科学分析、充分挖掘，学校立足于瑶溪新校人杰地灵的区位文化实际、淳朴安静的环境实际、机遇与挑战并存的高考实际，依托文化多元的三校历史，遵守因材施教的教育规律，我们认为，要写好教师融合与文化重构两篇文章，学校应做好创新理念破困局、营造环境促人和、扁平管理增活力、教育改革挖潜力四件大事。

1.创新理念破困局

我们认为，对于一所学校而言，发展目标是方向，教育理念是灵魂，育人目标是根本，与其囿于三校原有理念的框架，不如基于三校实际，创设性地构建新八高的思想体系。因此，学校继承了八中生命教育理念，吸收了十九中绿色教育、三中的“学与做”的理念，重构了学校办学思想体系。

学校围绕“为学生幸福奠基，为国家兴盛匡才”的办学思想，笃定“东部区域的龙头学校、省一级特色示范学校、人人向往的理想学校”的发展目标，指明了师生奋斗的方向；

学校充实生命教育的内涵，深挖“毋不敬”、“道有尊”的生命教育核心，遵循“基于不同生命特质，成就不同生命精彩”的教育理念，以“敬畏生命、呵护生命、发展生命、享受生命”为四大主题，凝练了学校工作的灵魂；

学校发展“个性+”的培植方式，崇尚“人人健康，人人成人，人人成才，人人成功”的育人目标，明确了教育教学的根本。

2.营造环境促人和

如果说创新理念是学校打破困局的根本，那么营造优美的生态环境与和谐的人文环境，则是学校融合、重构的关键。为此，学校狠抓环境建设：

一是深挖“育”字内涵，打造最美生态环境：“云”、“月”并存，时在夜晚，寓意安静；“云”、“月”相依，意境朦胧，环境怡人。因此，我们认为学校的生态环境应成为“反省、顿悟、感知的静思之地”。几年来，学校狠抓校园环境建设，营造了以“毋不敬”、“道有尊”、“德为先”、“学为上”、“观天下”等石头文化为核心的育人生态环境，建构了1图（太极图）2场（元道广场、学子广场）3廊（瓯越名人长廊等）4厅（琴棋书画）5园（梅兰竹菊松）6亭（望峰亭等）7馆（图书馆、校史馆、体育馆、艺术馆、国学馆等）8桥（古榕、双朴等）9标（校树、校花等）10景（玉溪论鱼、紫藤鸣春、鹭飞惊雨等）等颇具特色的生态文化景观体系。

今日八高，环境优美，灵石点缀，樱木成林，既具有现代的高端与时尚，又兼得江南水乡的古朴与典雅，被誉为“温州最美校园”。有老师这样省思：这里有玉溪论鱼满塘清，也有荷风花语一池香；这里有诸子百家思贤处，也有琴棋书画弄艺廊。三五好友，课毕饭余，过栈桥窄窄，望探月深深，或拾落樱数瓣，或撷银杏几叶，可抚琴于水曲，可捧书在花间。更有基地涉农，感劳作之不易；廊桥思孝，念父母之艰辛。

有学生如此顿悟：午后的阳光缓缓流动，校园里已是一派百花争艳的景象。我坐在紫藤萝花架下，翻开书本，扑鼻的书香和花香让人心旷神怡。跃然于纸上的深刻的文字，引领着我们进入文学的殿堂，在那里，流转的是清风明月的雅致，呈现的是梧桐细雨的旋律，还有那令人魂牵梦萦的浓愁和长情。

而来访嘉宾的感知，则是对学校匀调优美生态环境最充分的诠释：“在八高行走，是美的漫步，是文化的陶冶，是心灵的启迪，让你在喧嚣中获得一种归属感，觅得一颗宁静心。”每一座建筑不冰冷，一楼一宇皆有情；每一处风景会说话，一草一木总关心。

二是深挖“教”字真谛，营造和谐人文环境：“孝”为先“文”在后，“孝”者德之首，寓意“德”为“教”之本；“行有余力则以学文”，“孝”、“文”和谐并举，德才兼备，此为“教”之要。因此，我们认为学校的人文环境应成为“融洽、愉悦、合作的和谐之所”。为此，学校牢牢抓住“立德树人”的教育根本任务，恪守生命教育“敬畏生命、呵护生命、发展生命、享受生命”的内涵，依托“典礼、节日、仪式、考试、陪伴、标语、励志”等教育的重要载体，营造了和谐的人文环境。

以学校典礼为例，它主要包括开学典礼、毕业典礼、成人典礼等。如果说开学典礼是学生三年生活的起点，那么毕业典礼就是学生三年生活的结束，也是学生终生难忘的回忆，还是学生另一种生活的开始。至于成人礼，则是青春的见证，是家长的期望，是学校的祝福。有同学在开学典礼上这样评价吴若梅老师：“在您的教诲下，受益良多，老师您的智慧，如群星般璀璨，闪耀着、引领着我们渡向希望的彼岸，老师您的课程，听起来如沐春风。”一句温馨的话语，一次慰藉的拍肩，一个善意的微笑，春风化雨，润物细无声。和谐的师生关系，就在这潜移默化的典礼、仪式、陪伴等教育中自然生成。

学校还尤其关心教师的职业幸福，用心搭建了以“生命之秋实”为核心的激励体制，开展了“尊师重教周”和“教师生日祝福”、“新教师入职欢迎”与“老教师退休颁奖”等关爱教师的活动，组建了乒乓球俱乐部、足球俱乐部、羽毛球俱乐部、篮球俱乐部、瑜伽社等一系列教职工兴趣社团。“我深爱着八高，我不想退休，我舍不得离开”，厉彩霞老师在荣退仪式上的动情发言，是学校生活温馨、工作同心、健康用心、上下齐心、同事和谐的最佳注脚。

我们始终认为：学校的文化不在别处，就在你坚毅坚定的目光里；学校的道路不在别处，就在你闲庭信步的脚印里；学校的发展不在别处，就在你尊师敬学的拼搏里；学校的温暖不在别处，就在你日日夜夜的陪伴里。对此，全国著名班集体建设研究专家唐云增老师在参观我校后颇有感慨地写下了《赞温州八高》：

天地藏在学校中，学校藏在自然中，
校长藏在师生中，师生藏在情感中，
情感藏在课堂中，课堂藏在生活中，
生活藏在文化中，文化藏在天地中。

生态环境优美，人文环境和谐。石灵人杰，内外兼修，“吾家洗砚池头树，个个花开淡墨痕”，生动诠释了学校兼容并包、匀调和谐的和文化。

3.扁平管理增活力

创新管理机制，是学校提档增效的重要举措。为破解旧有管理机制效率低下的难题，学校坚持多样性、多层次、多方面的发展原则，整体推进，创设了扁平化、垂直化、模块化的行政体系，重点厚植四大亮点——管理模式特色化、培养模式多样化、德育活动课程化、心育活动个性化，引领学校发展。

行政助力教学，管理服务师生，完善机制，健全体系，提高效率，释放活力，管理优势彰显。

4.教育改革挖潜力

推行教育改革，是学校突破发展的核心：

一是办学模式多样化，遇见最好自己。针对学生层次多元的生情，学校建构了朱自清等四大创新实验班、魏书生实验班、国际留学班、国美艺考班等个性化班级体系，因材施教，让每一个学生都能找到适合自己的发展之路，成为最好的自己。

二是课堂改革生态化，释放学生活力。为改变传统课堂学生参与度不高、积极性不强的现实，学校大力推动了以小组合作学习、课堂主张生本化为核心的生态课堂改革，在这种生态课堂上，学生的主体地位得以强化，活力得以释放，核心素养得以培养，学习效果得以优化。

三是课程改革校本化，盘活教育资源。为改变传统课程的弊端，激发学生的学习兴趣，学校兴起了以问题导学为核心的课程变革，构建了“必修课程校本化、学生作业个性化”的教学课程体系。学校还构建了“习惯育人、环境育人、活动育人、制度育人、课程育人、协作育人”的德育课程体系，依托“节日文化”、“生命之树课程体系”、“五育文化德育课程”三大载体，具体实施文化跑操、奖章文化、礼仪教育（成人典礼、誓师典礼、毕业典礼等）、节日教育（体育文化节、艺术文化节、樱花文化节、读书节等）、学科素养活动周（月）、人生游学（罗山远足、名校访学、都市生存等）等一系列举措，助力生命成长。

四是自育自学自主化，激发学生动力。学校深度开发学生自育自学能力，采取了一系列行之有效地科学措施。比如激情诵读，它要求手臂高举，大声朗诵，充分利用碎片时间——蕴含了有力量，有激情，惜时如金的教育主张。又如小老师讲题，则是学校充分挖掘学生潜力、“让学生教育学生”理念的体现，同学们在讲题中获得更多，成长更多，动力更多。

四、初心不变绘蓝图

“逝者如斯乎，不舍昼夜”，转眼间6个年头已经过去，6年里，学校始终牢牢抓精密传承、精妙融合、精思重构三件大事，务实苦干，创新突破，取得了一系列由表及里、由内而外的深度、积极的变化——校园环境越来越美，社会声誉越来越好，学生精神面貌越来越佳，老师归属感越来越强，教学质量越来越高……不仅培育出一批自信坚定、志向远大、情系母校的优秀学子，而且锤炼出一支创新进取、敬业务实、功底深厚的优质教师队伍。

唯一不变的，是八高人对理想教育的赤诚初心：

在这里，希望每一个孩子都能得到我们充分的理解和尊重；

在这里，希望人人用阳光盛装自己的内心，用微笑绽放自己的笑脸；

在这里，希望每一个角落都盛开春天的绿意，每一个地方都涂抹赋予教育意义的艺术作品；

在这里，希望师生们以自己喜欢的方式快乐游戏、学习和工作。

行远自迩，踵事增华。我们深知八高崛起之路依然漫长，但我们更加坚信——有信念、肯付出、讲方法，天人和谐，在这样的学校文化下，东部地区龙头校、省现代化学校、人人向往的理想学校——八高人争创一流名校的信念，不久的将来，定成为现实。

家园共育，助推幼儿健康成长

浙江省余姚市低塘街道实验幼儿园 宋云森

突如其来的疫情，将我们眼前的世界裹上了一层薄纱，外面的景，显得朦胧且神秘，我们无法触碰，只能静候在家。然而，疫情期间，我们全国停课不停学，依旧紧抓学生们的学习，实施线上学习。但是在教育工作方面，疫情也给我们带来了一些不可忽视的问题。就我园来讲，疫情期间，幼儿在特殊时期的成长给我园带来了更多的现实思考，如我园需要遵循幼儿身心、生活、学习发展规律，积极探索符合疫情期幼儿“健康、快乐”的成长路径，而不是盲目的进行培养、教学。

一、聚焦困境，力求突破

疫情期间，停课不停育，我校通过问卷调查，全面有效地了解疫情期间园所中家庭、幼儿、教师所面临的困境，并且积极寻求切实可行的解决办法。

亲子陪伴限于迷茫。经过对我校收集的数据进行整合分析，我了解到，年轻父母缺少一定的教育经验以及陪伴基础。受疫情影响，亲子活动场地局限在家，因此对于孩子的陪伴活动一般以彼此间互不打扰模式为主，绝大多数是在自己玩手机、看书、放松娱乐或工作。花一定的时间陪伴幼儿进行某一活动的时间普遍控制在1-2小时之间，缺少一定的耐心和家庭教育活动经验。

幼儿生活缺失规律。据我对问卷结果分析来看，疫情前期，有58.8%的幼儿，一天有15小时以上的时间在床上度过；随着疫情时间的延长，98.7%的幼儿的一日生活作息基本都是紊乱、没有规律的，在家中依旧保持午睡习惯的幼儿为总数的15.1%。幼儿的一日宅家活动选项中，排在第一位的是看电视，紧接着是游戏、画画、做手工、阅读、锻炼等。而其中，劳动、科学实验、感恩教育可以说是幼儿宅家活动中的盲区，普遍只有1%～3%的活动机率。

教师教学亟待创新。疫情来袭，教师可以做怎样的教学？关于疫情的教育内容哪些适合幼儿园？疫情期间的课程开展全部针对冠状病毒这一内容来开展吗？我们可以用怎样的方式来给孩子和家长的宅家生活加油？做什么？怎么做？在内容选择上，如何根据不同年龄段幼儿的学习特点，是否应该更有针对性，让家长能够更好地去选择、实施？等等，一系列的问题摆在教师面前，亟待我们以创新活动的视野去寻求、解决。

二、整合设计，助推成长

基于疫情期现状，我园全体教师积极思考并打造符合整体的、逻辑的、有特色的基于活动线索的幼儿园“能量加油站”家园共育的路径，促进特殊时期每一个幼儿德智体美劳“健康、快乐”成长。

基于幼儿疫情期宅家生活的实际，学校结合基础性课程内容，以整合的理念设计并实施旨在促进幼儿在认知、情感、技能方面全面提升的活动内容，相关内容融合不单一，融通不割裂。立足幼儿认知特点和体验需求，浅显易懂、直观形象、源于生活、顺应天性，实践努力建构起“大、中、小”不同班、“故事屋”、“宅+乐”、“劳动体验”一体的“能量全收获”活动体系，整合疫情知识、防疫事件、生活习惯、居家劳动、自护生命等顺应幼儿疫情期的成长内容。

如“疫情知识”利用当下疫情，迁移幼儿知识建构需求，我们可以开展《小逗芽故事屋之永不放假的“爱”》系列能量推送活动，以“绘本故事”为切入点，结合相应漫画和绘本图片，通过生动形象、丰富多彩的形式，将冠状病毒的外形特征和传染特点进行直观表现，在丰富幼儿科学知识能力的同时，增强其自我保护的能力；“防疫事件”将身边的逆行者、家长志愿者、老师志愿者的身影和事迹通过“能量加油站”的线上平台，分享给孩子，让孩子更加深刻地了解到不同行业在这场战役中的贡献，在幼儿心灵深处萌发逆行英雄的担当和责任是学习的榜样；“生活习惯”以“健康生活好习惯养成”为切入点，搜索、查阅、筛选、整理出与合理的一日生活安排、良好的卫生习惯培养的有关视频、图片、故事、动画等资源，通过有机整合贯穿在以年段为单位的每周一次的“小逗芽能量加油站”推送活动中，让家长、幼儿直观感受生活习惯培养的重要性和相应具体方法。

三、探索途径，创新发展

疫情期特殊的育人方式，从园内走向家庭，线上活动如何积极地以创新的视角实施“能量加油”，架构起幼儿园、教师、幼儿、家庭不同主体在实现每一个幼儿在疫情期健康、快乐地成长，需要我们不断创新并落实家园育人的载体，充分利用信息化，探索多元化发展模式。

定期推送能量专刊，传递特色能量。我们根据不同年龄阶段幼儿的已有经验和活动特征，制定相应年龄段的能量加油站计划表，从能量解说室、能量指导站、能量预防所及能量加油的四板块出发，将运动、语言、智力游戏、手工操作、亲子游戏、科学实验等活动有机整合，视频指导、图片指导等生动形象的方式为主，对亲子活动进行多元指导，保证家长易于操作，幼儿乐于参与。家长可以根据自己的需要，自愿开展各种亲子游戏活动，在活动中变身为孩子游戏的玩伴，和孩子一同享受欢快的亲子时光。

保持班级情感联系，隔空不隔爱。各班老师通过多种形式和孩子、家长保持线上交流，每周带头分享适合班级幼儿的绘本故事、亲子游戏、手工制作等活动内容，动员其他家长参与其中进行交流分享。并且有计划有质量地实行线上约会，定期通过语音聊天、视频聊天等方式，进行1V1、3V1、3V5、3Vn的线上互动，了解孩子的宅家情况，帮助幼儿正确并积极地面对疫情，让幼儿感受老师和同伴对自己的关心和思念。

全园动态实时分享，沟通零距离。灵活应用掌握家园的动态活动板块以及创设全员的亲子一家亲大群，鼓励家长用视频、图片或者文字的形式记录孩子的在家活动情况、学习表现以及劳动打卡日常，进行分享，从而引导其他家长和幼儿认真学习、借鉴，通过点赞和点评的方式实现彼此间的情感增长。

四、活动实施，注重反馈

疫情期停课不停育，我们要引导家长配合老师进行家园双向反馈，秉持着一颗平常心，多陪伴孩子，关注孩子的成长细节，用照片、视频、绘画、文字等方式进行适当记录，带领孩子享受生活、学习、劳动中的快乐和幸福。积极探索并实施典型反馈案例，扩大农村幼儿园疫情期家园育人的影响力，凝聚“幼儿园、教师、家长”三位一体在幼儿健康、快乐成长中的共心。

精彩时刻即时留念。家长根据自己孩子的自身特点，选择孩子感兴趣的活动陪伴孩子一起学习体验。这不仅有助于改善亲子关系，而且能与孩子充分享受生活与学习的时光。在“小逗芽能量加油站——宅+乐系列”的线上主题活动中，我们引导家长根据幼儿的年龄特点和兴趣爱好，自主选择一定的活动内容进行游戏，同时鼓励家长陪伴孩子一起学习、游戏。有质量的陪伴，不仅可以给孩子树立榜样作用，还能与孩子共同进步。疫情期让平时忙碌的爸爸妈妈有了更多陪伴孩子的机会，一些精彩的小游戏、活动在爸爸妈妈的带动下开展的更为顺利，孩子的开心笑容也更加值得保留。

趣味打卡每日记录。为了让幼儿更好地在疫情期间观察家庭中不断付出的大人生活，学习在掌握自我生活服务的基础上，做一些力所能及的劳动服务，慢慢养成愿意劳动、热爱劳动的习惯。我们开展“疫样劳动，别样心动”的主题劳动活动，引导家长共同参与幼儿的劳动体验活动，定期告知幼儿近期的劳动发展目标，请家长在家中鼓励幼儿进行每日劳动打卡，并用照片或者视频的形式进行记录，为幼儿每日的相应表现进行点评、点赞，进行展示分享，从而激励孩子成长。

合集推送全面分享。在活动过程中，更多家长积极参与其中，并且选择适合自己幼儿的游戏活动，和孩子一起参与，通过图片、文字、视频等形式反馈孩子的完成情况，助力幼儿健康快乐成长。将孩子和家长的有效反馈进行更精美的呈现，在特殊的时期留下特殊的回忆，我们各班老师细心积攒孩子的活动分享照片，进行整合整理，在精心筹划和设计下制作班级专属的推送板块，线上精彩反馈，进行全面分享。其中我园大班段以《浸润生活，出彩云端》为主题，中小班以《品味生活，漫步云端》为主题，添加各自班级的特色素材，记录幼儿宅家学习活动中美好的瞬间，进行个性化的反馈分享，分享孩子成长的风采和快乐。

因地制宜，因时制宜。面对不同的情境，我们要采取不同的有效措施，以便取得更好地成效。因此，疫情期间，我们要明确疫情期幼儿、家长、教师的宅家特质以及幼儿自身的特点，寻求停课不停育的新途径、新方向，形成家园育人的良好活动范式。同时，我们要积极严谨地设计活动内容，推进活动实施，评价活动反馈，使以活动为主线的家园共育，既符合幼儿年龄、认知和体验，又顺应疫情期育人需求，努力为幼儿营造浓郁温馨的学习、成长氛围，家园一体，共同推动幼儿的健康成长。

生态劳动伴成长

重庆市巴蜀渝东中学　涂家文

2020年3月，中共中央、国务院出台了《关于全面加强新时代大中小学劳动教育的意见》，指出“要以习近平新时代中国特色社会主义思想为指导，全面贯彻党的教育方针，把劳动教育纳入人才培养全过程，贯通大中小学各学段，贯穿家庭、学校、社会各方面，与德育、智育、体育、美育相融合，实现知行合一，促进学生形成正确的世界观、人生观、价值观。”这标志着我国劳动教育进入了新的发展阶段。

然而，反观我国劳动教育现状，在家庭中被弱化，在学校中被简化，在社会中被淡化，致使不少青少年出现劳动意识淡漠、劳动态度消极、劳动技能欠缺等现象，这与培养合格的社会主义建设者和接班人的要求有较大差距。针对这一现状，重庆市巴蜀渝东中学充分利用独特的地理环境优势，通过基地建设、劳动教材、生态课程、专业师资、课题驱动等形式，创造性地开展特色化生态劳动教育，为生态育人的学校实践提供了新方法、新思路。

一、建设综合实践基地是生态劳动教育的载体

生态劳动是劳动概念的新解读，它以人与自然的相互养育为自身目的，以人与自然的循环发展和协同进化为基本过程，以生成生态文明为最终结果，最终实现自然养育人类和人类护育自然的统一。在学校开展生态劳动教育，主要指学生在教师和专家的指导下，以生态植物的种植与管理、动物的养殖、环境的绿化和美化为劳动载体，以培养学生劳动精神和劳动技能为主要目的进行的教育活动。重庆市巴蜀渝东中学坐落于三峡库区腹地——诗城奉节，近年来，学校依托独特的地理位置和优渥的自然条件，将后山的81亩综合实践基地进行研究开发与实践运用，现已成为名副其实的“生产劳动教育实践基地”、“水土保持教育课程基地”、“科普活动实践基地”。

生产劳动教育实践基地。学校将实践基地按模块划分，种植不同的果树，形成了颇具规模的桃园、李园、脐橙园、石榴园、柚子园、无花果园……每个班都有自己的责任田——“开心农场” 和“快乐苗圃”。学校将每周三下午课外时间设置为固定时间，引导学生来到实践基地清理杂物、拔草、锄地、种菜、养花。每年还会随着节令开展桃花节、采摘节、蟠桃会等活动，使学生跟随节气时令全程体验种植、养育和收获的整个过程。

水土保持教育课程基地。学校将鱼鳞坑、水平沟、护坡堡坎和干砌石护坡等水土保持方法在实践基地作“微”呈现，并配合径流小区、植物根系展示、小型气象站等功能区设置，为学生提供保护与合理利用水土资源，维护和提高土地生产力，减轻干旱、洪涝和风沙危害等知识，将生态环境与水土保持的和谐意识充分渗透到学科教育和实践中。

科普活动实践基地。学校在实践基地中专门辟出植物园与科技园区，定期在举办“体验科技魅力 提升综合素养”系列科普活动，将5G科普、水保科普、气象科普、园艺科普、花卉科普、蔬菜科普、生物制作、果树嫁接与移植养殖科普等融入教育实践，让学生体验科技的无穷魅力。学校活动规模和质量堪称一流，多家媒体争相采访报道，其视频材料进入“学习强国”平台，在全国广泛交流。

二、开发特色校本课程是践行生态劳动的核心

纵观现在的生态劳动教育，学校教育介入生态劳动的力度和范围十分有限，只存在一些象征性的活动，并没有真正的纳入课程体系。鉴于这种现状，重庆市巴蜀渝东中学将开发专业化的校本教材、开展系统性的校本课程作为开展生态劳动教育、培养学生劳动精神、牢筑学生成长底色的基础性工作，组织开发《生态劳动教育实践》校本教材，促进学校生态劳动教育常态化开展，并进一步固化生态劳动教育成果，为全面推进课程改革奠定了坚实的基础。

校本课程开发目标。课程设置贯穿初中1-2年级，基于做中学和学中做的教育理论，着眼于培养学生正确的世界观、人生观、价值观，弘扬劳动精神、培养劳动技能，采用主题单元的编排方式，按照“一地、二线、三性、四全、五育”的目标和思路编制。一地：以81亩综合实践基地为教育实践主阵地。二线：以春夏秋冬季节变换为经线，以农作物的系统培养过程为纬线，形成完整的教材体系。三性：教材力求体现科学性、可操作性和体验性。四全：全面发展，多学科知识渗透与融合；全年无休，培育植物的全过程均需专人照看并做好记录；全程跟踪，从种植、养护到采摘销售，每一步都有详细的观察记录和总结反思；全员参与，教材各环节体现专家指导、教师引领、家长陪同、学生实操，全体总动员。五育：课程以立德、增智、强体、育美、科普创新为培养目标。

校本课程体系设置。《生态劳动教育实践》具体课程设置分为“植物的栽培和加工”和“动物的养殖与观察”两个主题单元，共计34课，各课程板块下设计了“活动与探究”内容和富有地方特色的“附录”材料，构成了一个完整的体系。在“植物的栽培和加工”单元，设置了粮食作物的栽培、蔬菜作物的栽培、花卉作物的栽培、果树种植与管理、农副产品的加工等章节；在“动物的养殖与观察”单元，设置了家兔的养殖、麻雀的观察、蚯蚓的观察、蚂蚁的观察、蜗牛的观察等章节。在“活动与探究”中，设置了移植、插花艺术、果树嫁接、我是巴蜀脐橙销售员、植物的分类、校园植物的命名与挂牌、观察方法等内容，按梯度设计教学内容，实现了教育目标的螺旋式上升。

校本课程授课安排。在课时安排和授课形式上，初一、初二年级每周安排一节劳动课，由班主任担任授课教师，灵活采用三种授课形式：先进行理论学习后实践操作、边实践边学习理论、先实践再回头学习理论知识。从感性到理性，或从理性到感性，无论哪种形式，都要做到理论与实践的结合， 以知识引领劳动，在劳动中收获知识和技能。

目前，在班主任老师的带领下，全校46个教学班的学生真正走出封闭的教室，来到自己的“开心农场”翻地、播种、除草、施肥、管理、收获，切实经历动手实践（用情做）、出力出汗（用力做）、接受锻炼（用心做）、磨炼意志（坚持做）的劳动过程，培养了学生正确的劳动价值观和良好的劳动品质。

三、采用多元评价机制是强化育人成果的保障

生态劳动教育实质上是一种立足于人的全面发展的教育形态，它必将是一个长期的过程。所以，对生态劳动教育效果的评价不能简单地定性或定量，要结合多元方式进行评价。

表现性评价与过程性评价相结合。学生每次劳动实践后，都会认真填写一份《生态劳动实践报告》，主要包括劳动前的用心准备、劳动中的过程记录等两大板块内容，旨在通过学生自评的方式将劳动过程的每一个环节、每一份感受都详细记录下来，这既是一份劳动时的即时手记，也是一份劳动后的总结与反思，更是一份劳动综合素养培养计划。

即时评价与阶段性评价相结合。针对学生的劳动实践效果，从教师他评的角度，老师们既有针对于某一任务的即时评价，又有针对学生成长的各阶段的月评价、学期评价和学年评价，可使短期动力和长远目标成为学生成长的双翼。即时评价，指在学生的每一次劳动中，教师时刻关注学生在劳动中的态度、成效以及时发现其进步点和闪光点，即时做出现场评价，让学生感到劳动光荣、劳动有趣、劳动快乐，从而激发学生的劳动积极性；阶段性评价，指学校以学年为周期，建立劳动技能和劳动态度评价制度，班主任设置生态劳动个人成长袋，以学生参加生态劳动为起点，持续记录学生劳动能力提高的轨迹和参加生态劳动的态度转变，周期结束后将结果进行整合并上交到学

校，学校根据记录情况对学生进行劳动能力和劳动态度综合评价。

“人世间的一切幸福都需要靠辛勤的劳动来创造。”经过几年来的精心打造，重庆市巴蜀渝东中学的劳动教育基地现在已经绿树成荫、瓜果飘香，成为学生们体验劳动的生态乐园。学生们真正的走出教室，亲近自然，在出力流汗中体验了劳动的艰辛与幸福感，提高了生存技能和生产技能等基本劳动素养；懂得了尊重劳动、尊重劳动成果、尊重劳动者的道理，树立了劳动最光荣、最崇高、最伟大、最美丽的劳动观。展望未来，学校将进一步完善和升级基础建设，赋予基地更加丰富的文化内涵和教育功能，继续开发劳动教育课程，持续打造生态劳动加德育、智育、体育、美育、科普教育的特色劳动教育基地，全面落实“五育并举”，让孩子们心灵更丰盈、精神更饱满、人格更完善，以综合素养书写精彩人生！

以经典阅读为引领，走内涵发展之路

重庆市江北区雨花小学校　张光琼

“青少年时期学到的东西对我一生都影响很大。”诺贝尔文学奖获得者莫言说。对青少年而言，最好的老师就是诵读经典。中华文明延续、传承，经典以及对经典的不断诠释功不可没。习近平总书记强调，要爱读书，读好书，善读书，将读书作为增强本领，胜任繁重任务的重要途径。一个国家，一个民族不能没灵魂，而灵魂的铸造，全民族的阅读水平是重要的支撑之一。我校致力于儿童诵读经典活动

一、开展经典阅读，形成特色模式

我校以“四书五经”为主要内容，建设全民经典诵读课程体系。经典是人类智慧的结晶，同时亦是启迪人类智慧的久经历史考验的教科书，学校按年级开展经典阅读：一年级《论语》、《大学》，二年级《孟子》、《中庸》，三年级《老子》、《庄子》（选读），四年级《易经》，五年级《诗经》，六年级《古文选》，并在各年级穿插诵读《孝弟三百千》。

以经典诵读为主要形式，学校开展“全民阅读•书香雨花”创建活动，并形成特色的雨花经典学习模式。

“1+20+20”的全民经典诵读内容模式（“1”：一本经典必读100遍，20首必背古诗，20本选读课外阅读书籍。以一学年为准。）

“四五六百”的全民经典诵读方法模式。“四”：指诵读过程中的“四不”，不讲解、不故事、不游戏、不废话；“五”：指诵读过程中的“五到”，眼到、口到、耳到、手到、心到；“六”：指诵读过程中采用的“六字”跟读法，“小朋友，跟我念”；“百”：“读书百遍，其义自见。”指诵读过程中把每一本经典读上一百遍。在实践过程中，还提炼出并形成了十六字诵读心法：如如不动、经声不断、滴水不漏、用志不分。以上方法很好地解决了全民经典诵读无师资的问题，只要按照以上方法操作，人人皆可成为经典诵读老师。

“天天录音打卡、周周统计诵读进度、不定期个人包本背诵、定期集体包本诵读测评”的全民经典诵读评价模式，让阅读成为师生的一种生活方式，常态化、规范化开展，日积月累，熏陶和提升师生的人文素养。

“晨读、午诵、暮吟、晚温”的全民经典诵读时间安排模式，号召师生“进校即是读书时，回家也是读书时”，再造书香校园、书香家庭。

“课内课外结合、平常周末结合、校内校外结合”三结合的全覆盖模式，充分利用课余业余时间，营造浓厚的读书氛围，让朗朗书声像空气一样无所不在。

二、以德育为载体，打好铸魂工程

学校通过每日仪式课程，帮助学生在诵读中华优秀传统文化中，践行文明礼仪，实现童蒙养正的目标，扣好人生的第一粒扣子。以“论语一百”活动为主要手段，启动全民经典诵读。培养师生浓厚的读书兴趣。学《论语》用孔子的智慧开启每个人的智慧。真学问从五伦起，大文章自六经来。坚持经典诵读的“三原则”和“四标准”：教育的时机要把握，教育的内容要把握，教育的方法要把握。

传统文化进校园是“固本工程、铸魂工程、打底色的工程”。为弘传统文化，促进学校内涵发展。我带领全体师生们，通过诵读中华经典，努力实践着“雨润童年，花开满园”的教育理念。在最恰当的时机，选择最好的内容，用最恰当的方法，培养出最优质的人才。我校开展中华经典诵读活动，正是抓住了学生记忆力最好的时候，使学生们以最便捷的方式获得中华经典的基本修养，受到中华传统文化的熏陶，传承中华文化，提高文化底蕴，以成就优质人才的工程。

三、弘扬传统文化校长率先垂范

学习优秀传统文化是校长自我成长、自我提升、自我实现的必要。自我成长迫在眉睫，用高能量的传统文化来启发自己，成长自己，提升自己，是很有效地。作为一所学校的校长，我们要有对教育本质的正确认识，对教育原则的把握，对教育规律的掌握。我们自己不清明不通透，来做学校的顶层设计，那就等于蒙着眼睛走路，那就是精神抖擞，走向失败！

我经常跟老师们说：“老师们，跟我上！”而不是——“老师们，上！”我要求老师们做到的，我自己首先做到。落实经典阅读校长应该做到以下几点：

第一，校长自己学习非常重要，我自己从去年5月18日参加道中书院第三届校长论坛起，到今年暑假一年多的时间里，四次到道中书院参加培训学习，特别是今年暑假将近一个月在道中书院本部的集中学习，自己进步特别快！

概括起来，就是吃好道中书院三个馒头：一老师大量读经典，打基础立内圣。二老师大量读理论，真学真懂儒家义理。三老师大量做宣导，学以致用开外王。开好家长会，培训老师，组建读书会，校长都要会做“内部”宣导。不断实践，不断来道中书院学习，不断实践宣导。在这里耳濡目染，这种熏陶很重要，听冯院长讲课，听王欢锋老师讲课，自己实践上有经验，在理论上确实还不足，2019就得到冯院长很大指点。而且这个学习要不断持续，有了一定的读经基础以后再来学习，收获又不一样了，越读越学习境界越提升。

第二，校长要“走”出来做宣导。宣导是成长自己最快最好的方式。在宣导的过程中，发现自己哪些地方薄弱，哪些不足，我之前在当地讲，大家反响都很好了，但是我自己知道自己还有很多不足，所以回炉道中不断学习、再提升。校长的这种主动地学习，积极地学习很重要，主动地实践中，不断地反思，不断总结。

第三，要说心法，总结起来就是十五个字：志要定（核心），学要勤（基础），术要巧（辅助），心要诚（关键），行要恒（保证）。很多校长之所以做不起来，还是道心志向不坚定，被现实所裹挟，所以要来道中学习，只要是符合人性良知的事，就要有耶稣受难十字架的勇气，要有孔子厄于陈蔡弦歌不绝的坚守，内心坦荡，我心光明，无论多么艰难都勇往直前！

四、按照七大步骤，落实经典诵读

贯彻落实立德树人根本任务，深入实施中华优秀传统文化教育，弘扬优秀传统文化，落实经典育读，学校可以按照这七大步骤进行：

第一步：就是全员的零基础宣导。这个很重要，一定要请理念通透的人，比如说道中书院的老师。家长，老师，包括你的管理团队都要听。如果找理念不通透的人来讲，搞成夹生饭的话就很麻烦。所以这个零基础宣导很关键，特别重要。

第二步：校长参加“经典诵读”专题培训，全面了解读经理念。校长不系统学习，理念认识不到位，经典诵读这条路就走不下去。经典诵读进课堂了，但要深入推进，要持续开展下去，校长必须通透地系统地学习，比如参加道中书院的校长论坛、校长培训班，进阶班，特招宣导班……

第三步：组织教师培训，三天六小篇研习会的系统学习。

第四步：组织家长宣讲。统一思想，家校配合。可以组织道中书院的一县一万人宣导，一拖六式“轰炸”。这个也非常重要。我们的新生家长，孩子没进校园就开家长会，入学前就组织两次家长培训，利用暑假两个月的时间，开始组织家长带领孩子读经典。

第五步：组织教学观摩，看关于国家课程的压缩课教学，可以请像阿博这样的老师来进行教学示范。

第六步：组织提升培训。校长和老师参加新四篇研习会。操作过一段时间以后，必须再深入进行进阶学习培训提升！培训不是一次性就可以到位的！就是听相同的内容，读经前和读经后来听，认识又不一样。所以组织提高性的培训，跟进性的培训一年一次，必不可少。

第七步：搜集资料，总结整理、建模推广。冯院长去年就提醒我，注意资料的搜集、整理，现在很方便可以做到。图片、音频、影像、文章资料都要搜集起来，总结建模形成学校的操作模式，不仅方便学校以后继续开展，也可供各地学校参考。内容模式，评价模式，全员参与模式……有套路可循，照着走就行。

有圣贤藏于心，笃于行，德必向善，学必精进，功自然成。

我们中华民族拥有几千年的灿烂文化，诵读经典，弘扬中华优秀传统文化，我校“以经典诵读”为引领，传承民族精神，借圣贤思想启蒙学生智慧，用文化经典涵养生命之美，促进学校内涵发展。

学教有序壮心志，品质立校育桃李

重庆市开州区职业教育中心　王蜀明　石磊

百年大计，教育为本。教育是提高人民综合素质、促进人的全面发展的重要途径，是民族振兴、社会进步的重要基石，是对中华民族伟大复兴具有决定性意义的事业。立足新时代，新要求，我校与时俱进、改革创新，提出了“12345”发展理念，围绕“立足世界苗乡，创办职教名校”为办学目标，抓好“就业与高考”两类教育；实施“规模发展、内涵发展、品牌发展”三大战略；夯实“管理、质量、产业、特色”四大支撑；做亮“美丽校园、德育名校、高考名片、民族特色、智慧校园”五张名片。经过不断发展，我校实现了规模、结构、质量和效益的

跨越式发展，占地面积增至340亩；建筑面积增至9万平方米；实训室增至76间；在校学生由原来的1000余人增至现在的近5000人；师资队伍由原来的100余人增至现在的300余人；学校有原来的市级重点中职学校到重庆市中等职业教育改革发展示范学校，再到现在的重庆市30所高水平中职学校项目建设学校，实现了4年两大步的跨越式发展，推动了学校从规模向质量，外延向内涵，同质向特色的转变，我校也先后荣获教育部国防教育特色学校、全国民族团结示范校、全国美育教育先进集体、重庆市人民政府民族团结进步先进集体、重庆市教育教学先进集体、重庆市非物质文化遗产传承教育基地、重庆市少数民族传统文化传承基地、重庆市人民政府教学成果奖二等奖等荣誉称号。此外，我校还主研国家"十二五"课题《基于互联网+校企共建共享的旅游服务与管理专业人才培养岗位模型研究》，市级重点课题《基于文化自信的苗文化在职业学校的传承路径研究》等，发表论文，使学校发展在品质卓越的道路上越走越远！

一、弥足根本，推动学校品质深入发展

真正的教育是心心相印的活动，唯有从心里迸发，才能打动心灵的深处，愿用一生一世办满意学校。我校深知，教学质量是立校之根本，我校坚持"质量立校，特色兴校"的原则，充分结合区域发展新形势，准确定位，调整专业设置和结构。为此，我校不断优化人才培养模式，积极探索订单培养、"校企双元·统分结合·多式并进"等新模式。同时，高度关注教学常规管理，构建了学校、教务科、专业部三级教学督导队伍，落实教学督导制度，对教师的教学行为和教学质量进行监管与考评；牢牢抓住师资队伍建设这个关键环节，以双师型教师为重点，积极开展教学理论和专业课教师实践技能培训，以内培外引的形式，推进队伍专业化成长。通过几年的探索与实践，我校师资队伍成效显著，每年队伍培训1000余人次，2014年至今，先后有11人次教师实现了出国培训，教师先后获国家级赛项3项，市级赛课13项，国家、市、县级课题9项，公开发表论文81篇，获奖论文160篇；专业建设成绩斐然。今天我校有市级重点（特色）专业3个，现代学徒制试点专业2个，骨干专业1个，为学校优质发展提供有力的保障。教书育人要从学生的品德开始。我校始终坚持立德树人的教育之本，把德育工作放在各项工作首位，一是将准军事化管理作为学生德育管理重要抓手，聘请思想素质和军事素质过硬退伍军人，开展卓有成效的管理活动，注重学生养成教育，狠抓学生一日生活常规管理，努力培养学生身体素质、思想素质、专业技能素质，促进学生全面发展，2018年我校荣获教育部国防教育特色学校称号。二是构建三全育人格局，落实立德树人任务。我校落实"1211"的"1+N"人生导师制，即树立绝不让一个孩子再贫困的目标，帮扶两项内容（扶志且扶智），一个助力（助力学生家庭精准脱贫），落实3年一跟踪，确保学生不失学、就业不失业，立体化育人格局初步形成，全员育人工作呈现出百花齐放、百家争鸣的良好局面。近年来，我校育人质量显著提升，2014年至今，共计848人升入本科院校就读，其中2020年548人参加职教高考，209人上线，综合排名位居重庆市第三，旅游专业连续三年位居全重庆市第一；学生参加各级各类活动，荣获国家级奖项120余项，市级980余项，获得实用专利4项、知识产权保护28项，学生原创节目《绣》荣登中国教育电视台2019年春晚舞台；13名学生成为区县非物质文化遗产传承人，21名学生实现创业，并成立创新创业公司5个；国际交流稳步推进，2016年学校实施"启程计划"，实现了26名学生到日本出国研修；2019年，我校与日本高龄者福祉协会联合开展"1+2+5"人才培养计划；2020年与白俄罗斯国立技术大学建立了友好合作关系，将开展联合培养，63名学生就读本硕贯通班。种种成绩都印证了我校在教育上取得的硕果，也让我校所有师生对未来充满信。

二、铸魂培根，树立优质教育永恒丰碑

一所学校的品牌是学校取得长足发展的重要前提。2014年我校校迎来了发展的春天，但职业学校同质化现象异常严峻，如何让学校有特色，如何实现"品牌兴校"，成为我校反复思考和探索的问题。为了有效解决此类问题，我校以立足地方发展为根本，依托我县独有的旅游资源和历史文化，将民族民间文化技艺传承作为特色项目引入校园，开设特色课程，聘请民间大师、非遗传承人6名，建立大师工作室4个，牵头成立非物质文化遗产传承与保护产教联盟，共建非遗产品电商平台，拓宽销售渠道，实现非物质文化产业化发展，逐渐走出了一条具有民族地区独有的职教发展之路。经过我校的不懈努力，我校民族文化建设成果丰硕，成功申报了套色剪纸专利、版权保护等3个，获全国少数民族运动会射弩1金2银3铜，全国中学生跆拳道比赛9金12银22铜，全国棉麻服装设计大赛蜡染服装获银奖，全国民族文化展演活动表演类一等奖，职业学校培养民族技艺传承的探索实践荣获重庆市人民政府教学成果奖二等奖；民族项目走出国门，201件学生作品参加国内外展览，我校娇阿依艺术班学生应邀到美国、法国、日本进行民族文化交流6次；同时，民族文化建设被树为全市标杆，并获中国教育报、重庆日报等多家媒体报道，国家民委副主任、重庆市副市长等领导多次到校视察。我校民族文化建设能取得如此骄傲的成绩，既离不开每位老师的辛勤付出，也离不开学校发展的不懈探索。

天道酬勤。到了今天，我校师生沐浴在文化的恩泽中，沐浴在幸福教育的阳光下，心怀大志、仰望星空，虚心向学，脚踏实地，在教育中不断创造、生成丰富的资源，在"事"上用功，在"心"上磨砺，未来路上，我校会继续思考学校的发展与未来。带着更大的理想：努力将我校建设成为一所重庆一流、全国有影响、世界有交流合作的民族特色现代化中等职业学校。

建设更专业的课程　实现更充分的发展

重庆市沙坪坝区育英小学　陈丽

2014年，教育部印发《关于全面深化课程改革落实立德树人根本任务的意见》，同年，沙坪坝区教育委员会出台《关于深入推进普通中小学课程建设的意见》。根据教育部和区教委文件精神，育英小学聚焦课程改革中存在的问题，全面启动和推进学校课程建设。

一、实施全面规划　推进课程建设

育英小学携山水之灵气，拥沙磁抗战文化之底蕴，风雨兼程走过了整整七十载。在教书育人的路上育英人一路攻坚克难，高歌前行，靠的是不屈的信念，更是敢于创新，敢于突破自我的勇气！当下，"立德树人，全面推进课程建设"已成为教育改革的方向。什么样的课程才是孩子们需要的？育英人从"育未来英才"的办学宗旨中去获得灵感，从回归儿童生命生长的原点中去追寻答案，面向每一个孩子，珍视童心，葆有童心，教人求真。为此，学校全面规划、有效开启了"暖记忆课程"建设，提出了"让美好与童年同行"的课程理念，让孩子们在课程的跑道上自由奔跑，快乐成长，留下温馨、美好的童年记忆。

1.制定规划，完善管理。结合学校自身特点，我们不断思考、完善学校的课程建设体系，从宏观上初步建构了学校课程框架，在尝试过程中反复进行论证，不断发现问题、改进问题，从课程文化的建构到学校文化的完善，如今已经初步形成育英小学温暖教育体系。完成了从课程到管理的完美融合与蜕变。

2.确立目标，开发教材。目标一：开发学力展英姿，筑牢基础待腾飞。目标二：人文社科齐发展，"四苑"花开香四溢。学校"暖记忆课程"从横向上看，分为人文苑、科学苑、艺体苑、劳技苑四个板块，统称"四苑"。从纵向看，由学力基础课程到学科拓展课程，再到"四进"探究课程，三级课程层层递进又互相交融，把孩子们从课堂，从书本引向了广阔的知识天地，发展兴趣，培养能力，进而为提升核心素养插上了飞翔的双翼。目标三：主题课程成序列，"四进"探究助成长。"四进"探究课程是学校设置的综合性课程，从一年级到六年级形成了入学课程、生命课程、节日课程、法治课程、理财课程、毕业课程的主题系列。六门课程层层递进，让孩子的生命每一个阶段都自然地获得应该有的成长和经验。学校在课程的实施上坚持以探究方向进年级，探究主题进班级，探究任务进小组，家长辅助进课堂，即"四进"的实施途径，让学生充分走进自然，走进生活，走进社会，走进家庭，并在教师、家长和校外辅导员的组织、指导下开展各项活动，全面提升孩子们的综合探究能力。

3.优化路径，成果斐然。如何凝聚课程建设不同主体的人心、人气和才气，如何提升大家的执行力，是落实课程规划的关键。学校选择建设学习共同体这个途径来推进课程建设，组建了管理共同体、教师课程建设共同体、学生学习共同体和家长辅助课程开发共同体，以此作为突破课程建设瓶颈的重要抓手。学校还专门立项申报了重庆市教育科学"十二五"规划课题——《基于学校课程开发的学习共同体建设实践研究》，通过课题研究来深化课程建设。

二、培养目标导向　建设专业课程

2017年初，区教委启动实施小学"课程创新基地"、"精品校本课程"两类课程建设重点项目。面对新要求，育英人以"抓关键、强优势，聚队伍、促成长"为目标，于2017年9月荣幸地成为沙坪坝区首届小学数学体验课程创新基地。

1.抓住关键，发挥优势。我校的精品课程——数学，以体验为主题，以积累学生数学活动经验为特色，为学生提供丰富的、可选择的学习资源，以形成相应的数学课程体系，提升学生数学素养，提高教师专业水平，促进学校内涵发展。

2.聚合队伍，促进成长。从基地方案的拟定到实施，我们借助专家的引领，集中数学团队成员的智慧，历时半年的策划、论证、实践，历经理念的建构、方案的重组、资源的寻找、师资的培训、课程的落地几个阶段让团队每一个成员获得成长。（1）精准拟定基地建设目标：1.构建体验课程体系；2.提升学生学习素养；3.提高教师专业水平；4.建成实践研究中心。（2）科学建构基地内容：文化浸润、课堂创生、资源拓展、师资研修、技术支持。文化浸润——创设教学环境，营造体验氛围。课堂创生——丰富学习方式，凸显体验学习。资源拓展——开发校本课程，丰富体验资源。师资研修——提升教师团队，助推体验教学。技术支持——搭建互动平台，拓展体验路径。

三、奏响课程改革　谱写学校发展

"温润童年 美好相伴"既是育英的办学理念，更是为了每一个孩子美美地享受校园生活的快乐，从而得到更加充分的发展。

1.自加压力，自主发展。近年来，学校秉承“自加压力，主动发展”的职业态度，以“两行动”、“一协同”战略促进课程的全面发展。(1)深化培训，夯实底蕴。学样课程建设对教师专业水平和能力结构提出了更高的要求，为此学校积极组织培训，多途径，多层次提高教师专业素养。(2) 共建团队，协同发展。我们要求一个骨干教师带动一个课程开发共同体，发挥在课程建设中的辐射带领作用。

2.聚焦中心，创新发展。以课堂为中心，基地建设为突破口，助推学校课程创新发展。

3.面向未来，内涵发展。课程决定学校的品质，品质是质量、信誉、文化的综合体，外在是品牌，内在是内涵。

展望未来，任重道远。为了实现学校课程全面充分的发展的目标，我们将秉承把课程还给老师，把学习还给学生，把知识还给生活。我们相信，在区教委的正确领导下，在上级研修部门的指导下，学校课程建设将在新起点上实现新跨越，取得新业绩，创造新辉煌。

学教有序壮心志，国防教育定乾坤

重庆市石柱县冷水镇小学校　杨秀才

百年大计，教育为本。教育是提高人民综合素质、促进人的全面发展的重要途径，是民族振兴、社会进步的重要基石，是对中华民族伟大复兴具有决定性意义的事业。近日，教育部公示了第三批国防教育特色学校遴选结果，经学校自主申报、省级教育行政部门推荐、专家遴选，我校被入选为第三批国防教育特色学校。这是全体师生的不懈努力得结果，也和我校领导的政策息息相关。我校对于学生教育的投入，不仅能从教学中看出来，从师生间融洽的氛围也能感受得到。近年来，我校结合留守儿童工作，每学期安排国防教育课程，通过主题班会、国防知识竞赛、观看爱国影片、军训（行为养成、寝室内务）等形式，广泛开展国防教育，同时，我校还将国防教育渗透到各学科教学中，潜移默化地让学生接受国防教育，进一步增强学生们的爱国情怀，提升学生们民族自豪感和归属感，从小就在他们的心里土壤中埋下国防意识的种子。

一、弥足根本，深化国防育骄子

对于国防教育这四个字，每一个人都并不陌生，但是如果谈到它的必要性，却又不能完整的表达出来。国家的安危关系到每个公民的生存和发展，国家的安全需要一个强大的国防，每一个公民都有法律义务来增强我们的国防建设，公民国防意识的强弱更是与国家的安危息息相关。改革开放以来，国家在经济上取得了很大的进步，人们的生活水平有了显著的提高，在和平年代的孩子们，享受着社会的稳定，政治的民主，远离硝烟炮火，生活在幸福甜蜜的摇篮之中，享受着丰富的物质文明和精神文明成果。但是，如果人民国防意识淡化了，国防教育放松了，民族自强意识和保家卫国的观念弱化了，那么国家就会走上被动挨打的道路。国防意识的强与弱是没有天生的，是经过教育和环境逐步熏陶出来的。青少年是国家建设的基石，他们国防意识的强弱和国家发展紧密相关。青少年作为未来国防建设的主力军，他们国防忧患意识的培养的重要性无论如何强调都不为过。增强青少年国防忧患意识的重要途径之一就是国防教育，所以，组织开展多姿多彩的国防教育活动，培养当代学生的国防意识刻不容缓。在新的形势面前，我校把国防教育放到更高的地位，开始从小就培养学生的国防意识。

二、知行合一，多措并举促成效

根据我校坚持不懈的研究，并结合多方国防教育的案例，最终开启了国防教育过程。但是我校学生构成有一定复杂性，根据实际情况，我校决定结合留守儿童工作，积极建设国防教育。一是领导重视，落实专人负责国防教育并纳入年度考核。每学期都安排一定的国防教育课程，主要内容有升旗仪式、情景剧拍摄、主题班会、国防知识竞赛、观看爱国影片、军训（行为养成、寝室内务）等。在这样的多方检查评定之下，我校的学生国防教育以极快的速度步入正轨，并迅速发展起来。二是有意识地把国防教育渗透到各科教学中去，以达到潜移默化的效果。如：在语文课的教学中，突出爱党、爱国、爱军、爱社会主义的教育；开展英语课时，注意介绍国际、国内的重大形势及其变化；在音乐欣赏课教学中通过教唱爱国主义歌曲，放映爱国影片，讲述故事讴歌英雄人物。在体育课教学中，强化队列训练，组织“突发事件”综合演练，学会在遭受突发事件时能够及时撤离、做到正确防护，增强学生体质，适应未来需要。三是留守儿童4+1模式培养。“思想政治，人格品质，心理情感，行为习惯”+“营养与健康”。针对学生的特点，我校开展了这样的培养模式。首先对于思想政治方面一定是不可偏差的，所以思想政治教育必不可少。另外就是人格品质，有德无才是是次品，有才无德是毒品。还有就是心理情感方面，青少年都处在成长的阶段，在心理上容易出现困惑，这个时候就需要老师的正确指导，为他们疏通心理方面的障碍，帮助他们找准要走的方向。此外，行为习惯的养成也是重要的一环，青少年还处于花季，学生们的行为习惯都处在养成的阶段。所以在他们的行为还没有成型的情况下，要不断加强这方面的引导。最后又加上了营养与健康方面的教育，以上种种都是我校培养学生国防意识，树立正确价值观的探索途径。

三、展望未来，师生连心绘青云

国防伴随国家的建立而产生，服务于国家利益。丘吉尔有一句名言：“我们没有永恒的朋友，也没有永恒的敌人，只有永恒的利益。”这句话说明即使在以和平与发展为主题的年代，也不可以忽视国防，它直接关系国家的安全、民族的尊严、社会的发展。国无防不立，民无防不安。当前对于我校全体学生来说，若想实现国防的目的（捍卫国家主权、统一、维护国家的安全、保卫国家的领土完整）还有些遥远。放眼当下，能进行国防的手段就只有科技、教育等方面的活动。我校之所以如此认真严格地进行国防教育，不是说要把每一位学生都培养成国防人才，而是要从小就为他们灌输国防的思想，在潜移默化之中让他们感受到国防的力量。

“绵绵用力，久久为功”。长期以来，我校一直致力于课堂上对学生的教育作用。并时常开展教师讲座，为学生潜移默化地注入国防知识。未来路上，我校会一如既往的坚持国防教育，沿用当前优秀的教育手段，加大科技投入，并积极学习其他学校的国防教育优秀方法，广泛借鉴经验，化为己用让我校学生拥有一个良好的国防意识养成氛围，为今后他们成为国防人才铺平道路。

红军文化，引领学校内涵发展

重庆市潼南区群力镇小学校　陈坤

习近平总书记在党的十九大报告中提出，“文化自信是一个国家、一个民族发展中更基本、更深沉、更持久的力量。”近年来，我校不断深化改革，打造特色文化，积极以校园文化建设为路径，推进学校内涵式发展。

一、校园文化理念构建渊源

学校文化渊源是指一所学校文化特色的生发根源，是一个学校文化生长的根基与“活水源头”。如果学校文化没有文化渊源，那只能是“无本之木”、“无源之水”。所以，学校文化的挖掘必须立足于学校的文化现实和潜在资源，追寻文化迸发的“触发点”，这样才能真正显现学校文化的独特性、恒稳性，焕发出无限的生机。

文化渊源。1936年——利相寺学堂；1945年——利相寺小学

1958年——群力人民公社小学；1984年——潼南县群力乡小学；2003年——潼南县群力镇小学校；2006年群力九年一贯制学校；2008年群力镇小学校；2016年潼南区群力镇小学校（2010年——杨尚昆希望小学；2012年——中国工农红军重庆杨尚昆红军小学）

学校现占地面积11179平方米，校舍面积5502平方米，体育场馆面积1600平方米，有教学班12个，在校学生488人，在职教职工37人。

文化索源。我校是中华人民共和国第四任主席杨尚昆主席故乡所在地的一所镇级小学。潼南区群力镇小学被在2010年被重庆团市委命名为杨尚昆希望小学，在2012年又被全国红办命名为中国工农红军重庆杨尚昆红军小学。我校作为潼南区唯一一所红军小学。学校借助红军小学这一品牌，以红军文化作为核心文化，从而构建富有时代特征和本校特色的校园文化，借以“传承红军精神，弘扬红军风范”。让红军精神深入人心、薪火相传，把红军精神转化到老师的工作和学生的学习上来。

主题文化。学校主题文化是立足于学校办学特点，根据学校文化核心，即学校核心理念而确立内含核心价值观、办学理念、学校精神、办学目标等，而集中体现学校文化特色的文化内容。它具有明确的方向，因而是一种具有一定主题的文化，它易于外显，能直观反映学校精神文化。

二、校园文化物象化现实载体

物象化现实理念系统，是校园文化的环境依托。缺失了物象化现实环境系统的打造，前面的两个系统就如同空中楼阁，虚妄而缥缈。

校树。校树代表了一所学校的精神追求，体现了一所学校的办学理念，象征着一所学校的校风、学风和文化特色。

柏杨树。取义：坚贞挺拔　坚强独立　乐观向上。柏杨树树种普通。不太讲究生存条件，但特讲究生存的质量，不畏寒冷，发芽早出叶快，树叶枝条向上生长，寒来暑往，精气外露，枝枝傲骨，坚强挺立。

校花。花语是人们用花来表达人的语言，表达人的某种感情与愿望，在一定的历史条件下逐渐约定俗成的，为一定范围人群所公认的信息交流形式。

映山红。取义：信念坚定　忠诚自强　坚韧乐观　高尚美好。映山红，又名杜鹃花、山石榴等，中国人民热爱的名花之一。花、根、茎和叶均可入药。早春、盛夏、深秋均有开花品种，花色火红，花朵繁密，热烈奔放，盛开时“漫山红遍”，特别喜悦旺盛，因它绚烂的花形花色，被白居易赞为：“花中此物似西施，芙蓉芍药皆嫫母”，故映山红

有“花中西施”之美誉；花语含义有长久、繁荣、喜悦、幸福、纯真、吉祥、自强不息之意，并冈山人民将映山红作为春天和革命胜利的象征。

校徽。校徽以红、黄色为主色调，营造阳光、温暖、积极、向上的视觉感受。校徽采用中国传统徽章习惯圆形设计，中心图案用红色抽象的 “映山红”花、“映山红花蕊”演变的三个红五角星、“群力”二字拼音声母字母“QL”和蓝色数字“1936”组成；红色代表群力小学“红军文化”背景，“映山红花”视为红军花；“三个红五角星”代表学校的主题文化“闪闪的红星”，“三”有“多”、“群”、“众”的意思；“QL”代表学校的地域名，蓝色数字“1936”代表群力小学起始办学时间。校徽外环扇形展开的学校中文校名和英文校名，双语设计风格与国际接轨；文字背景红色契合学校办学理念“红色基因代代传”，契合学校办学宗旨“办好人民满意的教育 走好新时代的长征路”，凸显浓郁的学校文化氛围。

学校校园文化是一所学校的灵魂，是学校在长期发展过程中形成的。群力小学历经近九十年的办学历史，积淀了深厚的文化底蕴，我们从学校的历史沿革、地理人文环境和学校地位提炼出“闪闪的红星”文化主题，其文化核心为“红军文化”，红军精神孕育出办学精神“高尚与美好并存 理想与奋斗共进”，因而成就了学校的办学理念“红星闪闪放光彩 红色基因代代传”，催生了学校育人理念“以文化人 立德树人”。在“忠诚奋斗 星光灿烂”校训训育警示下，形成“乐观进取 君子自强”之校风、“人格楷模 道德天使” 之教风、“足下求实 思维重新”之学风，实现“系好人生的第一粒扣子”育人目标、“管理规范 特色彰显 教育教学质量优良”办学目标，最终达成“办好人民满意教育 走好新时代的长征路”学校的宗旨。因此，群力小学师生脚踏实地加强学校文化建设，引领学校内涵式发展。谋划从远，建设从实，总体规划，分步实施。

三、校园文化建设传承与发扬

学校文化建设是一个庞大的系统工程，具有稳定性和延续性，需要一代代人传承和发扬，因此，建设一个什么样的队伍尤为重要。

管理团队。要求：自律奉献 顾全大局。措施：纪律严明，执行高效，群策群力，人文关怀。

教师团队。要求：做学校的主人 做学生的榜样。措施：教师具有：担当意识 合作意识 自省意识 创新意识。

育人环境。要求：杜鹃花开 红色育人。措施：校园建设：校园整洁 红色底蕴 动静相宜 阳光灿烂。

课程体系。要求：传承红色基因 争做时代新人。措施：打造“四红”课程体系：红军光辉 红星闪耀 红色传承 红心励志。

四、建构完善校本特色课程体系

课程价值取向。在“办好人民满意教育 走好新时代的长征路”办学宗旨引领下，学校校本课程价值取向是：挖掘课程资源，提高自己的课程领导力，结合“系好人生的第一粒扣子”育人目标，确定了“传承红色基因，为学生终身发展奠基。”的学校课程目标。因需制宜，把学校校本特色课程定义为：“《‘四红’校本特色课程》”，从“红军光辉 红星闪耀 红色传承 红心励志”四个维度，“认知型、实践型、体验型”三大领域，“十六个特殊项目”进行了归类整合，打造校本特色课程体系，培育全面发展的人。校本特色课程，注重人文环境底蕴和科学精神两大素养，打造文化基础领域的课程；校本课程，注重责任担当和实践创新两大素养，打造社会参与的校本精品课程。

第一，尊重学生。尊重儿童是指真正将学生看作一个有独立人格和个性特点的人，在对学生实施教育的过程中，尊重学生的人格尊严和基本权利(生存权、被保护权、发展权、参与权)，尊重学生的年龄特点和身心发展规律，尊重学生的个体差异和兴趣爱好，尊重学生主动发展的需求。

第二，发现学生。根据学生的年龄特点和身心发展规律，发现学生的个体差异，促进学生的主动发展。

第三，促进学生主动发展。促进学生主动发展是指在我校教育理念和教育实践中，学生的发展不是被动而是主动的，注重发挥学生的自主性。在学习生活上，注重让学生学会自我服务而不是教师包办代替，注重让学生主动探究而不是教师知识灌输，最终让学生成为自己学习和生活的主人。

课程目标。“传承红色基因，为学生终身发展奠基。”是学校校本特色课程体系紧紧围绕“办好人民满意教育 走好新时代的长征路”办学宗旨，构建“四红”校本特色课程体系，结合国家课程和地方课程学科特点和各门课程的实际特点，构建各个课程目标。

校本特色课程内容与框架。特色校本课程融入国家课程地方课程校本化实施，根据学校办学宗旨、办学理念和育人目标，在国家课程中有机融入学生相关素养的培养。

今后，我校将进一步提炼校园文化理念、注重精神传承、增强功能拓展，充分发挥好校园文化建设示范辐射作用，真正做到教书育人、活动育人、环境育人。

逐梦文明路 共话新蓝图

重庆市武隆区实验小学 冉玲历 侯旭恒 刘亚虹

仙山叠翠，乌江浪涌，在重庆东南部，武陵山和大娄山的峡谷地带，国家5A级旅游风景区武隆犹如一颗璀璨的明珠镶嵌其间。在这钟灵毓秀之地，尊师重教之乡，有一个莘莘学子向往的求学圣地——重庆市武隆区实验小学。

这里书香满园，这里绿荫遍地，这里文明精彩。这里是雏鹰展翅的高地，这里是梦想起飞的舞台。静心回溯学校将近一个世纪的逐梦文明之路，风雨沧桑、筚路蓝缕、薪火相传，历史的脚步清晰凝重，文明的传承绵延不息。“逐梦文明，不懈前行”，在每个时代都成为每位师生最有力的行动注脚。

塑文明之形，润泽美好童心

重庆市武隆区实验小学溯源于1929年，肖吉仁先生等一批仁人志士创设的“树德小学”，新中国成立后由人民政府接管更名为巷口小学。跨入新时代，开启新篇章。随着武隆城区跨江向北发展，2003年7月，巷口小学与巷口镇希望学校合并而为实验小学，设址兰溪，校园共占地40余亩。目前，学校拥有教学班68个，拥有一支224名开拓进取、敬业奉献的精英之师，拥有3500余名朝气蓬勃、活泼向上的莘莘学子。

登楼远眺，江山如此多娇；徜徉校园，风景这边独好。教学楼、综合楼、学术报告厅错落有致，掩映在绿荫翠盖之中；足球场、篮球场、环形跑道等配套设施一应俱全；一排排清新雅致的宣传专栏环列在校园四周；标准的教学用房，高档现代的室内设备，配置齐全的教学辅助用房，朴实中又富有现代特点，处处传递着浓郁的人文气息，为广大学子营造了一个优美的学习环境……

在这里，草木能生情，墙壁会说话，景致会启智，文明校园的氛围温暖而美好，滋润着颗颗童心。

铸文明之魂，铺就发展底色

文化与文明，浸润着一所校园的人文气韵，标注着它的精神高度，也决定着它的育人广度。处处有文化，时时现文明，从小培养起学生文明的底色和根基，是我校育人的基本途径之一。

放眼校园，目之所及是优雅，耳之所闻是文明。“为学求真、为人守正”的校训，“翰墨书韵、文雅日新”的校风，“厚德载物、宽容博爱”的教风，“正品正行、善学善思”的学风，作为文化的灵魂，在长期发展过程中内化为师生共同的价值追求。迎风飘扬的校旗，是实小具象的象征；激励人心的校歌，在传唱中守望着学校精神；豪情纵横的《实验小学赋》，震撼着学子的心灵；开放包容的校园电视台，营造着积极向上的育人氛围。文以育人培其根，这些精神的符号在校园的方寸之间幻化为厚重的文化土壤，培护着学生文明的根基。

每天清晨，当学生们迎着第一缕天光走进校园时，进校门厅、教室门前迎接他们的一定是老师春风般和蔼可亲的笑脸，接着在暖心问早、洒扫应对、温馨提示之后开始一天的工作和学习；升旗仪式上，校园保安笔挺的身姿；教学楼前，保洁阿姨善意的提醒；早午餐时，食堂师傅亲切的微笑……这一切都如和风细雨般润物于无声。校园里每一位师长正是用自己的行为举止，用心诠释着“师以育人护其正”的真谛。

文明植于心，美德显于形。在文明的化育下，众多的学子自觉养成了良好的学习习惯和行为规范。在校内，课堂规范有序、生动有趣，课间举止文明、天真活泼，3000名学生在食堂也能够实现安静地同时就餐；在校外，实小学子自觉排队乘车、有序过马路也是隆城各个公交站台别样的风景。学以树人成其材，孩子们在成长中坚定着文明的信念，铸牢了信仰之魂，补足了“精神之钙”，渐渐成长为参天大树。

展文明之育，喜结丰硕果实

“一枝独秀不是春，百花齐放春满园”是我校文明教育的真实写照。无论常规活动还是特色教育，都已成为实小文明教育一道又一道亮丽的风景线，它们像迎风招展的帆，正带动着学校这艘巨轮在教育大潮中乘风破浪。万千学子也从这里整装待发，走向波澜壮阔的新天地。

常规活动。主题鲜明的班会课寓教于乐，在每个学生心灵浇灌向上向善的文明之花；每周一晨会上的“在国旗下讲话”，启迪着学生的心智，滋润着学生的心田；“常规训练儿歌展评”、“小黄帽在行动”、“做文明乘车人”等系列活动，规范了学生的日常行为，推动学生养成了良好的学习生活习惯；丰富多彩的爱国主义和社会实践活动，如清明缅怀英烈、军训、春游等，既开阔了学生的眼界，又提高了德育的实效性；定期开展的才艺展示、演讲比赛、体育活动、手工制作、手抄报等富有创意的活动，充分展示了学生的才艺，激发了学生的潜能；校园电视台更是学生展示的舞台，从采访到摄像、从主持到播放、从校园正能量的宣传到都对学生进行着文明行为的引领，从身边新闻的播报到传统文化的发扬都活跃着学生们积极的身影。

特色教育。在文明校园创建过程中，我校秉承“爱育智慧 字励人生”的特色育人理念，发扬“众志成城、艰苦创业、敢为人先、争创一流”的实小精神，提炼出适合学校的发展理念系统，重点突出“劳动、书法”两大教育特色。

在书法教育特色方面，我校经历了“书法实验学校——书法特色学校——书法示范学校——中国书法兰亭小学——重庆市书法教育名校”的发展历程，一路走来，一步一个脚印，历经艰辛，终于云开见月。现在，学校书法教育管理机构完善，墨香氛围浓厚，师资队伍过硬，教学体系完备，各类展示活动丰富，鲜明的书法特色已成为我校快速发展的金字招牌，为学校赢得了如潮的赞誉。特别是依托书法特色教育而举办的双年一届“印象 武隆杯全国青少年书法大赛”，吸引着全国青少年书法爱好者的积极参与，进一步弘扬了兰亭精神，传承了中华文化，全面推进了武隆旅游文化事业的发展和繁荣。

在劳动教育特色方面，我校大声唱响劳动教育三部曲。开发校本教材《生活中的劳动》，主要系统培养学生的劳动技能；设计《劳动教育记录册》，根据年龄特征分年级设计了相应的劳动内容，充分发挥家庭资源的优势，由家长指导、记录并评价学生在家劳动的情况；定期开展劳动技能大赛，开展劳动课题研究，比赛内容丰富多样，如削土豆、折衣服、钉扣子、打领巾、系鞋带、整理书包、包饺子、做水果拼盘等，既提高了动手动脑的能力，也让他们感受到了劳动的乐趣，体验到了劳动的价值。在这过程中，学校还成功申报了国家级课题《新时期城镇小学劳动技术课程资源开发与运用的研究》，首开武隆区国字号课题之先河。该课题现以成功结题，研究结果多年来持续在劳动特色教育中大力推广。

“创文明校园”早就不仅仅是一句口号，而是成为浸润校园骨髓的生长因子，正孜孜不倦作用在这片热土上。这是一场没有终点的努力，我们也始终在路上。回顾我校逐梦文明之路，当我们为学校一道又一道文明之光而自豪时，不禁要从心里发出感叹：正是因为有党的教育方针的指引，有各级领导的关心和鼓励，有社会各界的大力支持，有全体实小师生的耕耘和奋进，才换取了今日的硕果弥香。学校先后获得“国家级语言文字规范化示范校”、“中国书法兰亭小学”、“全国青少年五好小公民主题教育读书征文活动示范学校”、“重庆市学校艺术教育工作先进集体”、“重庆市平安校园”、“重庆市优秀少先队集体”等荣誉称号，上千人次的师生在国家、市、县等各级各类竞赛中获得佳绩。

巍巍仙女山，仿若高擎的文明之炬；滔滔乌江水，承载激扬的实干之帆。忆往昔岁月峥嵘；看今朝百舸争流；展未来勇立潮头。风雨润泽的重庆市武隆区实验小学展望万里前程，雄风正劲，风帆已满，正着朝着创优秀文明校园的目标逐梦启航！

紧抓管理，促进教育高质量发展

重庆市武隆区长坝镇中心小学校 王成中

教学管理是科学，也是艺术，靠制度来管，靠艺术来理。现如今，我校浓墨书香的校园环境文化、以人为本的学校管理文化、乐知尚德的校园行为文化、国学浸润的校本课程文化等整体联动，正在形成“敏而好学、勤问多思”的校风，为学校的内涵发展、可持续发展奠定了坚实的基础。教育之路，我们不忘办学初心，紧抓管理，紧抓质量，为打造精品化教育奋斗不止。

一、科学管理，发挥实效

抓制度完善，抓关键环节。加强制度保障是教学管理有序、有效运转的坚强保证。我们围绕学校发展中长期目标，充分尊重教职工意见，建立了一套完备的、操作性强的制度措施，让事事有规定，有标准。同时，我校以“教学常规”为抓手，突出“严”字。把细节抓严，使过程扎实，重点抓备课、上课、作业布置与批改几个环节，学校提出了“四定”（定指导人、定时间、定内容、定人员）、“五备”（备目标、备教具、备教法、备作业、背课外辅导）、“六统一”（统一进度、统一教学目的要求、统一重难点、统一练习题、统一时间单元测试、统一试卷分析）校本教学提质模式，抓实每周的集体备课，教学管理人员全程参与，落实督查落地生效，采取值周领导和值周教师日巡视课堂、教研组长周前检查备课情况、教科处月末集中检查教学常规、教学管理人员推门听课抽查常规等方式落实教师教学常规，做到日查周报月比学期末考核，紧紧抓住课堂这个主阵地。

抓评价考核，抓后勤保障。以关心关爱、疏导情绪，体现“暖”字。以做足“绣花针”的功夫提升干群关系，达到“和”字。针对每一次检查发现的问题，学校班子成员不是简单的一个扣分通报，而是挖掘问题出现的深层次原因，是管理问题，便调整方法、是教师自身问题，便一对一辅导、是班级问题便询诊下药，体现制度的严和人情 的暖。通过这样，我们再把检查结果纳入评优选先、评职晋级、年度考核、绩效发放，教师的心理平衡了，每次涉及教职工利益的事没有一人提出异议。

二、人尽其力，优化发展

党员干部作表率。学校响亮提出“支部建在教学上、党旗飘在课堂上、党员冲在火线上、组织关爱在心上”口号，党员干部化身为“教学指导员”、“驻年级服务员”、“后勤保障代办员”。“火车跑得快，全靠车头带”，学校班子成员带头进课堂。带头带考试科目，带头抓教学，蹲班守年级。我校人均课时11节，周课时5节，副校长周课时7节，教科处周课时9节，他们均任教语数学科。这样班子成员与教师之间在课时量上差距不大，教师心悦诚服，平时工作便更加卖力。

骨干教师作示范。我校紧紧抓住骨干教师和老教师的示范作用，说教一千遍，不如做个样子看。每年秋期开学前我们都要选择几个敬业精神强、教学效果好的老师给年轻教师现身说教，谈自己的成长历程、谈教育情怀、谈人生职业规划，学校办公室、操场上、楼梯间、餐桌上涌现出的都是教育教学思想的交流、问题的探讨、经验的传授。通过这样，我校一大批优秀教师脱颖而出。

师徒结对重实效。学校每年都要组织师徒结对子，我们不走形式，拜师有礼节、帮扶有方案、考核有细则、指导有过程，形成了上下一盘棋、师徒一条心、拧成一股绳的良性发展格局。学校呈现出领导跟着师傅转、师傅跟着徒弟转、徒弟跟着学生转的画面。截至目前，除了师傅师娘，已经有师公的称呼了。正因为这样，近年来，我校年轻教师在市区级各类现场比赛中获得一等奖7个，二等奖13个，促进了年轻教师成长，推动了教学质量的提高。

三、紧抓契机，创造佳绩

以立德树人为目标，以传统节日为契机。我校通过丰富多彩的活动对学生进行敬老、爱国等教育；通过升旗仪式、小龙人广播站、雷锋银行等平台，培养学生的能力和关爱他人的良好品德；积极开展校园艺术进社区活动，展示儿童朝气蓬勃、奋发向上的精神风貌和“向真、向善、向美、向上”的艺术追求。办学以来，学校始终秉承着“鼓舞童心、龙腾万里”的办学理念，充分发挥中华民族优秀传统文化在教育资源配置中的育人作用，全面实施“小龙人”教育，积极打造以龙舞队、腰鼓队、威风锣鼓队文化为主题定位、以“文以载道，厚德载物”为学校精神的龙韵校园文化建设。同时，我校借力“222”助学模式，打造“卓越课堂”。认真落实“1+5”行动计划和“2+2”项目，积极开发课程辅助活动，使其尽显师生风采，把课堂还给学生，把创新还给教师。

现如今，乘着教育发展革新之风，全校师生正在不断取得佳绩。我校先后被市区级评为“先进基层党组织”、“安全稳定先进集体”、“全国动感中队称号”、“教学管理先进集体”、“继教管理先进集体”、“文明单位标兵”、“卫生与健康促进学校”等称号；学校综合督导评估每年均获得等级奖；学校图书室被评为“重庆市最美书屋”。

学校管理，讲求高效性，高质量。我们力求把制度内容化为自觉行动，真正建立起适应学校特色，时代特点和教师需要的精细化管理体系，把教育人、引导人、鞭策人、尊重人、理解人、关心人、帮助人结合起来，并融入日常的工作中；真正达到各司其职，各负其责，物尽其用，最大限度地发挥好人力，物力，财力的效用，不断提高效率，增强效益，不负众望，打造最优质的教育。

特色文化树品牌 素质教育惠英才

安徽省安庆市大龙山中心学校 何家友 蒋龙友

当今教育的竞争归根到底是学校文化的竞争。由此可见，文化是更基本、更深层、更持久的力量。如何通过特色文化教育达成“全市样板”的目的？

安徽省安庆市大龙山中心学校重新审视各校区校情生情和优势教育资源，确定以特色文化建设为导向，紧紧围绕筑“基点”、抓“重点”、破“难点”、增“亮点”的创建思路，充分挖掘武术、书法、戏曲地方资源优势，融合时代元素，将黄梅戏、武术、书法、国防、足球等项目作为“3+X”进校园活动内容，在全镇三所小学全面推广，着力提升学校文化立校的知晓度、参与度、美誉度，真正实现了“一校一品，一校一特色”的教育追求。

一、确定“一校一特色”的发展思路

安庆市大龙山中心学校，位于安庆市北部新城，背倚风景秀丽的大龙山，前拥碧波万顷的石门湖，周边安庆师范大学、安庆医专、黄梅戏职业学院等高等学府云集，人文气息浓郁。中心学校下辖中心小学、丁家小学、永林小学，要想实现中心校的整体发展，亟须各校区根据自己的独特优势挖掘自身的发展潜能，形成自己的发展特色。

办学有特色，内涵有发展，培养有质量，是提高办学效益的需要，也是学生个性得以成长张扬的需要，更是教育发展永恒的主题。近年来，学校秉承坚持“以德立校、科研强校、文化塑校、特色兴校”的办学理念，贯彻落实“办规范加特色的学校，育全面加特长的学生”的治校方略，以全面推进素质教育为主线，遵循“项目特色——学校特色——品牌学校”的发展轨迹，确立了丁家小学的武术社团、中心小学的足球社团、永林小学的国防教育的发展特色，真正实现了“一校一品，一校一特色”。

二、武术传统助力"小学办活"

武术是我国特有的传统体育项目，是中华民族文化遗产中的瑰丽珍宝。它内容丰富、形式多样，既有健身作用，又有技击性能，对活跃青少年文化生活、强健青少年体魄、培养青少年意志品质具有重要的作用。丁家小学在稳定深化学生学习兴趣的基础上，紧密围绕"小学办活"的工作思路，适时将中华传统武术引进校园，大力开展武术教学活动，选拔武术精英，努力创设"崇文、修技、尚武、强身"的育人氛围，全力打造活力校园。

在每天的习武训练中，双节棍、长棍、刀术、五步拳、长拳等课程展示了一系列高空弹跳、鲤鱼打挺、旋风脚、腾空飞脚、旋子360度转体和旋子720度转体等惊险高难度专业动作，真是让人惊叹不已。经过几年的探索和实践，学校武术进校园成果丰硕，捷报频传。2017年曾代表安庆市"闯"进北京市进行武术操优秀成果汇报演出；2019年代表安庆市参加安徽省青少年武术锦标赛；2019年代表宜秀区参加安庆市中小学生武术联赛；2018年、2019年连续二年蝉联全区中小学生武术操大赛冠军，武术《中华好儿孙》遴选参加安庆市2018年度春满桃园电视春节联欢晚会展演。不懈的追求，丰硕的成果，持续博得了国家、省、市、区、镇以及社会各界的充分肯定和频频赞誉。如今，学校武术进校园活动已经打造成了宜秀区乃至安庆市的样板和典范正在逐步推广。

三、足球运动乐享体育"盛宴"

足球运动是一项需要每位参与者相互协作、配合协调的体育运动，具有负荷程度大、对抗性强的特征。通过足球运动，不仅能够提高学生的身体素质，更能培养学生的组织纪律观念，集体协作精神、勇于拼搏、坚忍不拔的意志品质。作为宜秀区校园足球特色学校，中心小学立足"小足球、大教育"的理念，秉持"以足球润德、以足球健体、以足球启智、以足球育美"的校园足球育人目标，一直致力于足球教育活动的开展。

大力推广自编足球操。学校组织体育专职教师自编自创，将颠球、踩球、控球、传接球等基本动作融入节奏鲜明、简洁易学的足球操中，并利用阳光大课间进行练习和展示，提高他们参与足球活动的兴趣，真正做到了寓教于乐。

积极开发足球校本课程。学校把足球运动纳入校本课程，普及足球的基本知识，让每一位学生都具有简单、初步的足球技能和知识。每班每周安排一节体育课，通过渗透足球教学或专题足球课等方式，结合不同年龄学生的特点进行足球基本知识、基本技能等方面的教学与训练。通过体育课和校本课程，进一步普及足球知识，让更多学生会看、会评、会踢。

积极开展校园足球赛事。学校认真组织校内足球联赛，通过活动不仅能达到强身健体的目的，也能增强学生的自信心和意志品质，培养良好的团结协作精神。同时，学校还积极组织学生参加安庆市足球比赛和校级之间的友谊比赛，并进行赛后反思，以赛促教，以赛促练，为学生提高足球竞技水平和运动能力创造条件，也为足球梯队建设打好了基础。

四、国防教育厚植爱国主义情怀

国防教育是国家安全、民族利益的灵魂，是建设和巩固国防、增强民族凝聚力、提高全民素质的基础工程和中心环节。加强学生的国防教育，是培养新世纪合格国防后备人才的需要。永林小学以国防教育为契机，让国防知识走进课堂，不断增强学生关心国防、热爱国防、建设国防、保卫国防的使命感、责任感和光荣感，从而树立回报家乡、报效祖国的思想。

为扎实做好国防教育特色，永林小学定方案，编教材，每周五下午最后一节课围绕国防知识、国防观念、军事技能、常规教育开设课程，培育学生的责任担当意识，厚植学生的家国情怀，让爱党爱国教育和核心价值观教育真正入脑、入心，筑牢红色教育主阵地。同时，学校间周外聘教官对学生进行军事训练，开展学生走出校园参观安庆市革命烈士陵园、与区武装部开展联谊、参观军用机场等系列活动，用红色精神影响学生、感召学生，坚定学生的理想信念。

学校特色是一所学校能体现并推动学校整体发展的精神品质，是学校获得突破性发展的生长点，也是学校所具有的独特竞争力的重要体现。我校将继续追寻更高、更优、更美的教育理想，践行文化发展、优质发展、内涵发展的实施路径，擦亮"一校一品"响亮品牌，让特色教育成就学生多彩梦想，推动学校朝着高品质教育新征程奋力前行，形成"人无我有、人有我优"的教育发展新格局。

教学改革，实现教育可持续发展

——记淮北市第五中学课堂教学改革的实践与探索

安徽省淮北市第五中学　邵昊　马辉

百年大计，教育为本；教育大计，教师为本。为更好地适应新一轮课程改革，转变课堂教学观念，提高课堂教学效率，提升教师职业素养和专业能力，我校于2020年9月建立了由书记、校长总牵头，分管副校长主抓，教科处负责，教研组落实的四级工作机制，积极探索基于我校校情的课堂教学改革，努力打造以"立德树人"为核心目标，以培养学生"学科核心素养"为首要目标的"双标"教学模式。教学改革，功在千秋，是实现教育可持续发展的必经之路。

一、教师集体备课，进行研学反思

集体备课是教师合作研究的一种最有效地形式，是发挥教师团队精神，集思广益，取长补短的备课形式，是实现同伴互助和个人反思的重要教研形式。学校提出了"四固定、四统一、四优化、四落实"的明确要求：四固定即固定时间、固定地点、固定主题、固定主讲人；四统一即统一教学进度，统一教学目标，统一重点难点，统一例题、作业；四优化即优化教育理念、优化教学策略、优化教学过程、优化教学效果；四落实即落实知识结构、落实能力发展、落实教法实施、落实学法指导。此外，学校还提出了利用国家基础教育资源平台或其他教学平台，观看并研讨优质教学课例的要求。观看后，教研组每位成员都要一一发言，认真评析课例的优点和不足，切实达到以学促悟，以研促教的集体备课目的。

二、开展教学比赛，进行试卷讲评

教学比赛是教师成长过程中必须经历的磨炼，也是扩大教师教学视野、促进教师教学能力提升的良好途径。创新开展教学比赛，让教师在比赛中提高、在比赛中成长，是我校高度重视的一件大事。在不断摸索的基础上，本学期学校把教研组、学校两级教学比赛固定下来并逐步制度化、系列化。教研组层面：全员参与，全员当评委，在参与中收获，在评比中感悟；学校层面：每学期固定举行两次不同形式、不同规格的教学比赛，邀请市内学科专家担任评委，确保比赛公平、公正、公开。比赛结束后，及时召开总结表彰、感悟交流、专家点评等系列活动，以实现比赛效果的最大化。

针对试卷讲评课普遍存在的简单重复、高耗低效的现状，我校在期中考试后，开展了"试卷讲评课"主题教研活动，引导教师精研考情考卷、精准施策提效，探索先"生"后"师"、先"筛"后"讲"、既"点"又"面"、明"路"通"法"的试卷讲评课教学模式。本次比赛共有12位教师参加，12位教师或在激昂文字中为学生指点迷津，或在失分"重灾区"为学生拨开疑云，或在解题关键处为学生点拨思维……即将于12月底举行的校内公开课暨"优秀教学课例展示与评比"主题教研活动则是本学期教学比赛的"姊妹篇"、"升级版"，也必将为以后探索常态化课堂教学改革奠定实战经验和实践基础。

三、德育与学科并举，发展核心素养

立德树人是教育的根本任务，学科核心素养是联系立德树人根本任务与学科课程教学，破解教育目的与课程教学难题，明晰学科育人、课程育人的具体路径。核心素养的提出，标志着课程改革在应对信息化、全球化与知识经济社会对人才培养需求的变化而实现的一次华丽转身。教师不能只对学生"传道授业解惑"，更要"立德树人"，培养具有好的思维品质，优秀的学习能力，正确的世界观和价值观的有责任有担当的社会主义接班人！

课堂教学模式的变革是立德树人、落实素养，实现课堂"双标"的关键举措。为此，我校在新课程实施中，初步建立了淮北市第五中学"一六一课堂教学模式"。第一个"一"指的是一个中心，即：以学生为中心，一切为了学生，一切依靠学生，关注、相信、尊重、发展每个学生。它要求教师在备课中要站在学生的角度设计教学，在尊重差异的基础上实施教学，在理解体谅中布置校本练习巩固教学，不断提高学生自信心和课堂参与度；

第二个"六"指的是六步教学法，即：素养定向，情境导入-分层定标，设疑激思-学情定位，研讨展示-解题定法，典例精析-总结定点，多维归纳-检测定量，限时运用。六步教学法要求教师要以素养教学为导向，以分层分级设疑激思为关键，以学生互动研讨、展示分享为根本，精心设计并开展课堂教学。在精研课标、精选素材、精析典例的基础上，提炼方法，提高实效，提升素养；

第三个"一"指的是落实立德树人这一根本任务，它要求教师应充分发挥学科的德育功能，引导学生树立正确的国家观、历史观、民族观、文化观，切实增强"四个自信"，厚植爱党爱国爱人民的思想情怀，立志听党话、跟党走，树立为中华民族伟大复兴而勤奋学习的远大志向。

四、深挖校本课程改革，凸显办学特色

随着新一轮课程改革，特色立校、特色强校、特色兴校将成为淮北五中未来发展的价值选择。注重办学特色既是学校内涵发展的需要，也是激发学校办学活力的需要。创建特色学校必须关注学生的差异性和个性化，而国家课程以外的校本课程开发则是以"个性化"为核心，重点关注学生的个体差异，是办出学校特色的关键。

在校本课程方面，我校主要开发建设的有德育课程体系、学科课程体系、活动课程体系三大类。

德育课程体系方面：以“成人教育”为基础，以“习惯养成”、“责任教育”与“中华传统文化教育”为核心构建。德育课程体系的建立，使得课程表上仅有的几节德育课程延伸到学校的每个角落，教学时空得到了延展，形成了立体、全方位、富有实效的德育网络；

学科课程体系方面：高中部以日语班和艺体课为突破口，初中部以科学兴趣小组和社团活动为突破口构建。与有资质的机构协作办学，引入日语教学人才，开办高中日语班；加大资金投入建设艺体中心，开发多个功能教室，让有艺体特长的学生不出校门就能拥有一流的校舍和师资；

活动课程体系方面：我校始终坚持“教书育人在细微处，学生成长在活动中”的教育理念，现已基本形成了科技节、体育节、艺术节和学雷锋月、诚信月、文化月等“三节三月”贯穿全学年的活动体系，为学生展示自我、张扬个性搭建了平台。

教学改革，实现教育可持续发展。“以生为本”是教学改革的核心思维。学生是课堂上的主体，把课堂还给学生，实现兴趣教学，学习。由此，才能实现高效的课堂教学效率，德育和学科教学水到渠成的并驾齐驱，学生的核心素养自然而然的得到塑造和提升。下一步，我校将结合课后服务政策的出台，开发更多的校本课程，为学生、教师的发展服务，为提升办学质量奠基。

构建创造教育的立交桥，齐头并进，发力深远

北大附中深圳南山分校　齐秀江

秉赤诚以献心兮，持精思以为径；辟新路破陈轨兮，建新体以为系。

2009年4月1日，周恩芝在为明教育集团的感召下，曾在长春做过20年公办学校的一把手校长，获得了全国教育系统劳动模范、吉林省管专家、中学数学特级教师、全国首批骨干教师、全国科研型名校长等荣誉称号，曾代表吉林省唯一中学代表参加全国第三次教育工作会议，受到党和国家领导人接见的名校长。带着“当一个好校长，办一所好学校”，公办学校行、民办学校也行的信条——来到武汉兴办一所民办学校，成为为明教育在武汉为明创始人。任为明教育武汉学区（2009.04—2019.11）学区总校长。武汉为明学校校长，武汉为明高级中学校长，武汉光谷为明实验学校校长。引领这所学校从零起步，创新发展，10年间，引领武汉为明从无到有，从小到大，从弱到强，拥有小学、初中、高中、国际高中，2区3校6000多名师生。为社会提供学位近三万个。

2019年11月周恩芝又来到深圳，任为明教育集团深圳学区总校长——北大附中深圳南山分校校长、深圳宝安为明双语实验学校校长。

如今退休之后又加盟北京电视情德育高地研究院主任在为青少年健康成长做一些力所能及的工作，为教育辛勤耕耘着。

回顾武汉为明教育的发展历程，可用“速度快、品质高、声誉好”九个字来形容。

回顾深圳北大附中深圳南山分校，可用助力深圳教育先行示范和高质量发展，引领深圳民办教育步入快车道。周恩芝校长钟爱阅读与思考，沉醉于教育教学研究与现代学校管理，她的思想始终站在时代的最前沿，她的心思始终紧贴学生成长与需求，精思附会于时代的呼唤和社会对教育的更高要求，步步为营，不断创新，建构了学校发展现代教育管理的立交桥。

第一快车道，推行过程性质量管理，建立了与国际接轨的现代化管理体系，形成了高质量的质量手册、程序性文件、作业性文件、记录表单，共几十万字，目前已结集成册。学校开展任何工作都遵循PDCA（策划plan、实施Do、检查Check、处置Act）四个环节。偌大一个学校，要把它的各种资源，即人力、物力、财力、信息、时间、空间等要素组织起来，处理好学校内外的各种关系，通过这套系统都能得到很好的实现。学校发展遇到的政策、师资、经费、课程、教材、教法、学习、评价等问题，校长都能通过这套系统“理”出头绪，“理”出层次，“理”出有效地运行机制。而且，这套标准的建立，使学校的事情由校长说了算变成标准说了算。人治现象的大大削弱，有力地将学校管理推向了法制化的轨道。管理标准化，使校长的管理从经验式、碎片化、随意性，迈向科学性、系统性、规范性。

第二快车道，把教师逼近教学教研通道，引导教师参与省级市级课题方法及策略研究，目前有22个课题分别在省市区立项，组织老师“以生为本”，基于课程标准实施有效教学，编写出适合本校学生的“一纲两案”。

第三快车道，构建评价体系，实行三级评价。第一级“绿色评价”三个指标：身心健康指数、品德行为指数、学业水平指数，第二级“目标评价”，根据生源情况确定学生成长指标，并层层签订目标责任状，每学年集团组织统考，根据目标达成情况和绿色评价指标实现情况，把绩效工资兑现到班，第三级为“增值评价”，分三个指标：有效分、平均分、标准差，根据三个指标的增量把到班的奖金分配到各任课老师。“领导者的责任，就是激励别人做得更好，就是调动人的热情和积极性”。关照到了全体学生，鼓励学生追求进步，使组织成员心情舒畅，从而实现了组织目标。

第四快车道，构建教师培训体系，引导教师职业价值发现，阶梯长进，打造专家型教师队伍。“源头无水，何以润苗？挖掘源头之水，开发教师潜能才是发展教育的治本之策”。通过名师工作室构建了一套自助式师训系统，最大限度地利用主客观条件，让教师自身的各个方面潜能得到最大限度的开发。让教师把握、利用好自己的兴趣、特长，扬长避短，使自己优势方面的发展达到可能达到的高度，成为自己的专长。

第四快车道：全员德育，齐抓共管，人人得到关照

现代教育就是以促进人的现代化为根本的教育，因此，现代德育就是要为促进人的现代化奠定思想品德基础，就是要使一代新人具有符合时代要求的思想素质，就是教给学生最基本的“做人”品质。

第五快车道：“科创智取未来”学校高屋建瓴、顶层设计，创新办学特色，不断深化课程改革，打造特色课程，培育学生的关键能力、科创能力和核心素养，实施品质提升工程，提高教育教学质量，着重打造科创特色，实行“创造教育”。挖掘改革创新亮点取得成效。

在由《南方日报》“南方+”平台发起的“深圳教育改革创新项目线上点赞”投票和评选环节中，我校在“科创特色示范”项目和“软体机器人科创课程”项目获得的点赞量均超过了30万+！荣获深圳市“年度教育改革创新领跑学校”大奖！

“铁牛”校长让学校更上一层楼

“当一个好校长，办一所好学校，公办也行，民办也行，北方也行，南方也行，这就是我的梦想。”2019年12月，周恩芝南下深圳，出任校长，面对这样有厚重文化积淀的学校，她明确新的目标——就是在继承北大精神的基础上，将这个学校往更高一层楼推进，办成精品优质的学校。带着这样的信念，她提出、提倡“铁牛精神”，带领学校老师用心做事，坚持坚守，为全力培养学生高境界做人（志发向高远、品德高尚）、高水平学业（思维敏捷、潜质卓越）、高品质生活（健康体魄、良好心态）而努力奋斗。

提出了“创造教育”理念和“铁牛精神”打造学校优质教育品牌，构建立交桥模型，（长——是政府和集团支持下可持续发展；宽——是小学、初中、高中、国际高中、分校的五驾马车，形成一马当先、万马奔腾局面，高是优秀品质的提升）力争在短期内提升学校优秀品质，为创办深圳市一流学校，先行示范打下坚实基础。

创造了“五个五”的发展特色。

师德师风“五个一”：统一管理、统一教研、统一培训、统一学习，统一教法；教育教学“五个变化”：管理更精细、教师更专业化、课堂更高效、育人系统化、学校特色更鲜明。

教师育人“五爱心”：学有爱心、教有耐心、做有细心、管有信心、行有真心；处理好与学生“亦师亦友”的关系，既要教书又要育人。

学生五个学会成长；学生培养“五学会”：学会学习、学会做人、学会求知、学会感恩、学会创造。

党建“五知道”：知中国、知深圳、知南山、知为明、知家乡。

坚守立德树人的根本任务，以校会、班会、晨会为载体开展激情教育，对学生进行爱国主义、集体主义、优秀传统文化教育，让学生从小具有崇高的理想追求、健全的人格品质、健康乐观的心理素质和真才实学。构建自我管理体系，促进学生健康发展。最终形成了创造教育的理念指引下的“发展更好、队伍更强、质量更好、辐射更广，声誉更高”的五大特色品牌。续写今天恢宏篇章。

引进名师汇聚英才学生社团百花齐放。学生也是屡屡崭露头角。高尔夫社团、未名机器人社团、创客社团、京剧社、攀岩社、足球社、戏剧表演社……300多个学生社团交相辉映；国际文化节、科技节、艺术节、母语节……校园节日色彩斑斓；版画、航模、刺绣、养蚕、轮滑……近100门选修课程缤纷炫目；辩论、动漫、定向越野、篮球、小发明……各种竞赛硕果累累，催生了一大批优秀人才。

他们当中，有荣获2015年东盟轮滑国际公开赛金奖的任阳光，有出演多部电视剧的少年明星张逸杰，有“第二届世界华人艺术节”钢琴大赛儿童组金奖得主、赴维也纳表演钢琴的吴江桦，有在芝加哥ISI世界花样滑冰大赛夺得金牌的康霓、许慧怡，有出演多部影视剧、中国唱片公司签约少年歌手莫诗旎，有只身探秘黄河源考察绢蝶时发现珍稀植物、被《南方都市报》赞誉为“高中独行侠”的张云舜，还有获得国家发明专利的郅佳钰、呼树奇、林子豪……可谓群星璀璨，奇葩屡绽，仅近几年，学校学生及社团获得国家、省、市、区级各类竞赛荣誉多达2000多项次。在这里，莘莘学子不断提升文化素质，陶冶人格情操，展示个性特长。

聘请家长为职业导师多措并举打造优质高中

北附提出高中部质量发展的目标为搭台阶、筑高原、建高峰、上名校。为此，学校采取了多项措施，为打造优质高中保驾护航。

聘请100位优秀家长为职业导师。为帮助学生尽早树立清晰的自我认识，学校加强“生涯规划教育”，与国家教育部数字化支撑中心合作，建设了学生发展指导中心，聘请100位优秀家长，成立了“职业咨询超市”。在这个过程中，家长作为学生们的导师团，每周五走进校园，为同学们科普包括国家发展战略、金融等知识，拓宽学生的视野。学校还通过新高考的选课走班，让学生学会选择，学会面对。

联手10所大学、企业建造科创、实践基地。学校面向未来，着力培养科技创新人才，增设科创教育中心，与全国10所知名大学联手制

定实施“强基计划”，为国家培养青少年科技创新后备人才输送种子力量；北附还与10个大型企业合作建立社会实践基地，开展“苗圃计划”，让学生学以致用，得到全面发展。

一学期开展超30小时的体艺课，大抓艺术素养。为培养青年学生的艺术修养，北附将扩大艺术中心规模，成立学校艺术中心，开设音乐、美术、舞蹈、表演、传媒等课程。另从2020年新高一开始，增加每位学生30小时的钢琴或声乐必修、每位学生30小时的美术必修，每位女生30小时的舞蹈或健美操必修、每位男生30小时的篮球或足球必修，全部由资深专业教师负责教学。

打造现代图书馆和朗读亭，助推阅读能力。为帮助孩子们提升阅读能力，北附将进一步提升图书馆的藏书量，利用好现代化“朗读亭”。面向未来的现代化图书馆，学校将不仅在纸质图书上下功夫，还将更关注学生们对电子图书和网络阅览的需求，为学生营造良好的阅读环境和氛围。

建设多元化班型建制和课程体系。在班型建制上，北附计划在2020级新高一成立双一流科创班、新高考实验班和港澳台实验班，并设定在3年内达到高中毕业年级重本率50%，本科率95%的省级优质示范高中的目标。

课程体系方面，学校在国家标准课程的基础上，实施“苗圃计划”，利用企业资源，开展重在培养科创能力的实验研究课程；利用高校深度合作或科学研究机构合作，开展重在培养未来学科人才的学科拓展课程；开展培养学生国际视野、提升语言素养的国际理解课程；并重点推进量子技术研究课题、机器人课程。

高考成绩连创辉煌实施奖励助优机制

此外，学校还实施了丰富的奖励助优机制。如成绩优异学生可获得高额奖学金，专门配备特级教师、省级骨干教师、集团名师团队进行教学；港澳台及外籍学生入学可以适当放宽录取条件，并单独编班；在完成国家规定课程计划的前提下，开设丰富的国际理解课程。中美等课程同步学分互认，多元化课程实施，个性化学业规划；提供“伯克利预科”优生项目：学习内容涵盖伯克利预科教学、预科修读大学学分、国际素养培训、国际标准化考试培训、高端留学申请指导为主的高质量预科课程。

日前，学校获得广东省教育厅颁发的“现代教育技术实验学校”荣誉，成为中国少年儿童发展服务中心“中国少年科学院科普教育示范基地”、成为中国科普作家协会的“科普科幻创作人才培养基地”，同时也是东北师范大学、吉林大学等单位的合作校和“苗圃校”等。

学校多名学生科幻画作品、科技小发明小创作作品、“立方星科创课程”参加了2020年深圳市南山区科技节，学生部分科创作品获得国家专利；学校科创班软体机器人作品在深圳市首届校园文化节活动中大放异彩；学校在深圳广播电影电视集团“寻星计划——大湾区首届太空科学创意大赛”决赛中，荣获“最佳学校奖”和“荣誉学校奖”。

铸发展之基　塑文化之魂

福建省漳州市玉兰学校　林文银

说起漳州糖厂，老漳州人无人不晓。而坐落在这个知名老厂内的玉兰学校，仍然有不少人觉得有些陌生。这所学校前身是1963年成立的糖厂子弟学校，1998年2月校企分离成立玉兰小学，2003年8月芗城中学初中部搬到此处办学并更名为芗城中学玉兰分校，2016年10月更名为漳州市玉兰学校，是一所九年一贯制学校。几经更名蜕变，玉兰学校不仅办学规模越来越大，如今有小学部和初中部共43个班级，2000多名师生，更积累下了丰富的办学经验，办学质量不断提升，连续16年被漳州市教育局评选为“漳州市初中教育教学质量先进学校”，漳州市首批“小学教育质量信得过学校”、漳州市首批“初中教育教学质量信得过学校”、“全国青少年篮球传统特色校”等称号。

面对新时代、新征程对高素质优秀人才的新要求，玉兰学校紧紧围绕“培养什么人、怎样培养人、为谁培养人”这一根本问题，站在学生成长、成人、成才的角度，不断优化育人环境，强化师资队伍建设，创新特色发展项目，提升教育教学质量，为办好人民满意的教育交出了一份合格的答卷。在这里，不仅是传递知识的学堂，更是造就完善人格、构建美好灵魂的精神殿堂。

优化育人环境

环境是重要的教育资源，是学校文化底蕴的外在体现。玉兰学校从硬件设施和文化内蕴等方面全方位营造育人氛围，如今校园内清雅明净、书香氤氲，自然景观和人文景观浑然天成，蕴藏着深厚的内涵美，展现着高雅的情趣美。

玉兰学校校园占地面积14199平方米，由小学部和初中部两个学部组成，远离喧嚣闹市的地理位置为孩子们打造了独佳的学习环境。走进玉兰学校校门，两排高大的绿树相互掩映，一条绿荫小道直通教学楼。白黄相间的教学楼外墙，弯曲造型的楼梯，每层教室走廊前的盛开的三角梅，给人一种温馨而又充满书香气。

环境优美，幽香寂静，正如校名所取的“玉兰”。站在小学教学楼前，远眺操场，围墙边上的几棵笔直的木棉花树，显得格外显眼。尤其是每逢木棉花开的时候，给校园增添了不少美色，很多学生和老师都会去拍照片。

在操场上，每逢学生大课间活动时，操场上定会传来阵阵的欢笑声、呐喊声，让安静的校园瞬间活力四射。“九（一）留在原地，九（二）先练篮球，九（三）、九（四）的实心球同学先排到这边……”九年级学生正在操场上集合，老师一边介绍今天的训练安排，一边有条不紊地将各个班级划分到各地训练区域。而在每年迎接体育中考之际，学校还会为九年级学生开启课后训练计划，让他们以班级为单位，在操场上按照规定的区域开展长跑、跳绳、掷实心球、跳远等各项考试科目的训练。这一幕只是玉兰学校午后课间活动的一角，每天下午5点是玉兰学校大课间活动，也是校园最有活力的时刻，经过一天疲劳的学习，孩子们像放飞的鸟儿，尽情地在操场上或跑步，或打球，或跳绳……欢笑的汗水洒在脸上。

强化师资建设

教师是教育工作的组织者和实施者，是学生成长与发展的引领者。一所学校办学质量好坏，师资队伍建设至关重要。玉兰学校始终坚持把教师队伍建设摆在学校发展的首要位置，把培养造就名师队伍作为教师队伍建设的重要目标，制订了一系列措施助推教师加强师德涵养、提升专业发展，涌现了以陈稻惠为代表的一批优秀名师。截至目前，学校有省市区各级骨干教师共76人，为学生的全面发展提供了师资保障。

值得一提的是，陈稻惠作为玉兰学校语文教研组长，包揽了特级教师、省名师培养对象、省学科带头人、漳州市首届十佳优秀教师等多项荣誉，更是多次受邀到省内外开设讲座、参与省、市课题的研究以及中考命题工作。作为玉兰学校的优秀教师之一，陈稻惠秉持“追寻‘醇味’课堂”的教学理念，致力于打造“醇正的语文味、醇美人情味、醇朴生活味和醇正文化味”的语文课堂，形成了独特的教学风格。正是有一批像陈稻惠这样的老师兢兢业业工作、富有特色的教学风格，才培养出不少优秀学生。其中，曾有学生以语文单科成绩146的高分取得漳州市中考第一名的好成绩；还有一批优秀的校友，如2008届陈平同学，现为中国人民大学博士生；2008届严薇同学，现为北大博士生；2010届林玉萍同学于2017年北大研究生毕业，现就读于美国耶鲁LL.M.*；2011届李凌同学，清华大学计算机毕业等。

此外，陈稻惠作为领衔人，还创办了“芗城区陈稻惠语文名师工作室”，聚集了多位优秀教师，其中包括吴莺燕、周淑惠、柯嬿珊、郭秀惠、苏小红等11名玉兰学校优秀教师。她们充分发挥着名师的辐射引领作用和团队智慧，影响并带动着其他教师的快速成长。

打造办学特色

特色教育，是时代发展的呼唤，对学校的发展起很大作用。玉兰学校围绕特色办学的要求，传承学校发展的文化因子，在多年办学实践过程中初步形成了“三为三好三个一”的育人模式，形成了鲜明的办学特色。

这些年，玉兰学校不仅将培养学生“智育”作为重要目标，更是将德育、体育和美育视为提高学生全面素质的重要方向。学校秉承“德为先，人为本，质为上”的“三为”办学理念，牢固树立“以德树人，特色立校”办学宗旨，以“写好字、读好书、做好人”的“三好”要求为抓手，强化常规管理，积极拓展未成年人思想道德建设途径，开展“国学经典诵读”、“书香校园读书节”等系列活动，营造了书香校园的良好学习氛围；举办一年一度的“校园文化艺术节”、“学校田径运动会”、“科技活动周”，为学生提供了广阔的才艺展示平台，增添了校园的活力气息；将“阳光阅读”、“工笔书法”、“蓓蕾合唱团”、“体育舞蹈拉丁”等社团活动和教学辅导工作作为学校的课后服务内容，满足学生全面发展的需求。

“把练习当作考试，把考试当作练习！”傍晚时分，校园操场上老师一边指导着各个班级的训练，一边激励着同学们。　正是秉持着德智体美全面发展的办学理念，学校将在传承玉兰良好办学传统基础上，进一步完善工作思路，紧紧围绕立德树人根本任务，做好以下三篇文章——贯彻新时代教育评价改革精神落实“五育并举”、坚持党建引领促进党建与业务深度融合、持续开展课后服务增强教育服务能力，致力于把玉兰学校办成区域内有一定影响力有品质的优质校。

在特色育人理念引领下，在一代代玉兰人的不懈努力和悉心培养下，玉兰学校形成了文韵盎然、活力十足、积极向上的校园氛围，增强了学生校园生活的获得感、幸福感与自豪感，为学生的成长与发展之路打下了坚实的台阶。学校艺术队、篮球队、围棋队、羽毛球队、田径队也在国家、省、市、区级多项赛事中获得了卓越的成绩。

教育是唤醒，教育是尊重，教育是思考，教育是成长。探索永远在路上，玉兰学校将勇担培养全面发展的人的教育使命，积极进取，不断创新，为广大学子的美好未来而努力奋进。

立根树人，让生命之花精彩绽放

广东省广州市番禺区天成小学　麦健明

教育要对学生一生的健康成长负责，要为学生的幸福人生奠基。生命教育是为了生命主体的自由和幸福所进行的素质教育，是对充满活力的人实施的教育，是引导人生走向美好和完善的教育。我校以“让生命之花绽放”为办学理念，遵从“生命教育”，尊重生命，彰显个性，全面发展，学校成立一年多，呈现出了良好发展局面，学校现校风、教风优良，教师敬业爱岗，无私奉献。学生朝气蓬勃，阳光开朗，有礼大方，积极进取。学校发力建设美丽校园、安全校园、文明校园、智慧校园、书香校园、活力校园，致力于打造出高质量、有特色的现代化学校。

一、营造优美环境，打造活力校园

我校位于亚运城兴亚二路23号，是亚运城已开班的三家小学之一。2020年5月25日新校区启用，优美的校园、崭新的课室甫一亮相后，立即引起周围一片赞叹声：学校绿树成荫、鸟语花香，环境优美，处处生机勃勃。

新校园占地面积23657平方米，建筑面积12951平方米，办学条件优越，软硬件设施齐全；校园面积大、绿化好，光运动区域就拥有室外灯光足球场1个、室外灯光篮球场3个、排球场2个，室内体育馆1座。走入教学楼，多功能活动阶梯室、科学实验室、计算机教室、音乐室、舞蹈室、美术室、书法室、图书室等现代化教育教学设施一应俱全。

学校的三座主体教学楼分别命名为：立根楼、立志楼、立人楼。立根、立志、立人也是学校的校训。立根是教育之本，立根固本，依靠学习走向未来；立根树人，让每一个生命蓬勃生长；立根守正，养气铸魂。

学校提出了“六大”目标，一“中”是“以学生为中心，一切为了学生发展”；两“全”是“文武双修，德艺兼备”；三“自”是“自理、自立、自强”；四“美”是“外表美、语言美、行为美、心灵美”；五“一”是“写一手好字、喜欢一项运动、懂一样乐器、养成一个好习惯、修一个好品格”；六“校”是“美丽校园、安全校园、文明校园、智慧校园、书香校园、活力校园”。

二、加强体育锻炼，开展多彩活动

我校引进第三方培训机构，开设了多个体育兴趣班，如武术、街舞、足球、篮球、乒乓球等。在刚落幕的体育周上，全校全员参与，比如接力赛、跳绳、踢毽子、拔河等，旨在提供一个平台，让每个学生都有机会参与，充分展示自我。

体育活动是学校系列活动的一个缩影。活动多、寓教于乐，是我校开展教育的一大特色。学校举行了“幸福牵手，快乐启航”新生开学礼，“培养好习惯，收获好品格”天成小学主题教育月活动，“文明在行动，礼仪我先锋”文明礼仪教育活动，“讲好故事，明大道理”故事大赛，首届“小小天才，成就未来”迎新年文艺汇演等。本学年，更利用“430”平台开设个性化课程，共开设了40多个兴趣特长班，同学们的兴趣爱好得以激发，特长得以发挥。

心思巧：小菜地里乐趣多

三、注重实践教育，提升劳动技能

“劳动教育基地”是我校的一个特色，学校在体育馆两侧各开辟了一块空地用于亲子栽培，以班级为单位，种植蔬菜。小菜地不大，但足足有20多种果蔬，分别有辣椒、菜心、香菜、油麦菜、番茄、胡萝卜、芥菜、荷兰豆等，还种了木瓜。每片菜地由各班精心经营，从选种、种植、结果到收获，成为学生们课余劳动的好去处。

虽然是一片小小菜地，但它功能多多，老师们会带学生来劳动，上科学课，美术老师让学生来现场写生。作为一所新校园，我们希望学生能参与到学校的方方面面，与学校同成长。未来我们计划在周边开辟劳动基地，进一步培训孩子们的劳动习惯和劳动技能。

除了亲子菜地，学校也打造了劳动技能教育系列。连续上演了“摺衣服，我能行”大赛、扫地拖地比赛、劳动种植活动、烹饪比赛、农业研学、进工厂体验等实践活动，爱劳动在校园里蔚然成风。

四、强化队伍建设，提升课堂实效

教育大计，教师为本。我校始终把师资队伍建设摆在重要位置。通过加强理论学习和思想教育，增强教师对教育工作的事业心和责任感；通过师德培训，提高教师的职业道德水平，要求教师遵纪守法，爱岗爱生，勤奋工作，用耐心和细心来转化后进生；通过校本专题培训、业余进修、岗位练兵、继续教育、挂职培训、教学研讨和骨干引领等措施提高教师专业水平和综合能力；通过推门听课、“请进来，走出去”、论坛沙龙等多形式活动，引导教师走专业化发展之路，建立教师职业成功感和幸福感。

《教师工作手册（2020—2021年度）》，是我校编制的内部资料，手册详细列出了教师工作安排、班主任配置、作息表、学生一日常规、专用室场管理安排、德育工作制度等，量化了各要求、规则等，清晰明了。针对教学工作，学校加强教学常规管理，实行推门听课制度、每周一研制度、定期教学检查制度、考试与质量分析制度、期末量化考评制度、专业技术考核考评制度、期末教学交流制度等。这些既有效地提高了课堂教学效率，提升了教师业务水平同时调动了教师们的工作积极性。　与此同时，学校还立足校本教研，组织教师参与各级教学教研活动，增长教学见识，提高教学研究层次，更新了教学理念，丰富了教师教学思想。学校先后组织了如语文阅读教学、识字教学、数学书写教学等研讨会，还组织全体老师深入学习番禺“研学后教升级版”，并将“教改在路上”的精华融入各学校的课堂。教师力求把更好地课堂教学呈现在学生面前，让学生学得轻松，学得快乐，学得有收获。

目前，我校办学规模为36个教学班，现有一年级教学班8个，二年级教学班4个，三年级教学班4个，在校学生总人数726人，教师人数37人。去年一年级招4个班，今年已经收到8个班，呈暴发式增长，虽然办学历时短，但短短一年里，我校教育教学也取得了一定的成绩：学校现有课题3项，有2人参与了广州市骨干教师培训，教师发表论文3篇，师生获镇级以上奖励133项。

新的历史起点，我校将朝着新的目标，昂首阔步向前出发。我们将不断完善办学条件，继续加强师资队伍建设，凝心聚力，砥砺奋进，让每一个生命都精彩绽放！

唤醒心灵力量，让学生自主自然的学习

——自主自然去学法高效原理

广东省惠州市博罗县华星学校　李克宽

学习的事，别人无法代替。自主学习，可以让学生把自己已有经验和知识翻腾出来，用于理解当前新的问题，理解力得到了最好的训练。一旦孩子拥有了强大的学习能力，学东西越来越快，自信更足，学习兴趣自然产生。动物为了生存都要学习，人也是动物的一部分，从原始的恶劣的环境延续而来，基因里的生存本能，一方面，让其生下来首先要找吃的，不能被饿死；第二方面就是要学习，以适应环境，让自己活下去。观察环境，学习先人经验是孩子的本能。

我们之所以能够让孩子喜欢学习，是因为我们的教学方式能更好地顺应孩子的天性而已。我们的自主自然教学法是顺应孩子天然成长需求，体现自主精神，快速提升孩子学习能力及学习成绩的一种新型教学体系。自主，一方面，学习靠自己，没有自己的专注、思考和实践，知识无法进入他的大脑；第二方面，自己想学状态，自主精神是高效学习的起点。自然，道法自然。一方面，顺应孩子成长的本能需求，让学生喜欢学习；第二方面，顺应认知规律，让学生高效学习。

一、自主自然教学法特点

创设自主自然的教学环境。课堂环境自然。课堂就是探索学习的场所，大家都在学习，不能做别的，自己也就安心学习吧！以自己静心理解、记忆为主，但遇到困难可以问同学、问老师。甚至科目也可以随时的自由选择，向大学里的晚自习一样。比如精力好的时候学语文，读语文累了换数学等；进度自然。课上没有定量的任务，没有统一进度。这种情况下，孩子才能静下心来思考，把问题思考透；学校生活轻松自然。上课了认真学习。下课了好好放松一下。上午两节课后有四十分钟的大课间，下午一个多小时的课外活动，晚自习后休息。因为没有课下作业，所有的自由活动时间，学生都很放松。劳逸结合，学校生活轻松活泼。

建立高价值认知结构。以本为本，重点突出，扎实高效。

提升理解力。针对卡点专项突破；超前、后退滚动发展，突破高原面，提升理解力。

对于在原来学校不学习，甚至不服管理的学生，我们需要改变首先应做他们思想方面的工作，比如人生观教育等；并告诉孩子我们学习方式的优越性；帮助孩子树立信心；进入班级后寻找切入点等工作。

其次寻找切入点：不愿学习的学生往往并不是真正的不想学。不想学最常见的原因在于前面的内容学的不深不透，夹生饭多了。就学不懂啦！不得不放弃。听老师的讲课听不懂，跟不上。还要瞪着眼、昂着头坚持，实在难受；学生来到我们学校，先摸底测试，找切入点。所谓切入点，一方面就是要了解学生从什么地方学起，能够学得懂。另一个方面。还要有一定的挑战性，以利于引发学生的注意力，并保证有收获感。如果太简单，本来就会的东西。让他重新学起，就会让学生反感。找到切入点，学得懂，收获大，很快把不会的补上。然后继续学。就能愿意学习啦。这也是让学生由不愿意学习到愿意学习的因素之一。

一旦孩子深入思考，内心就愉快。这就是樊登读书会上讲的《心流》里面的“心流”现象；把问题研究透，有开朗的感觉；学到东西之后有收获感。学一个章节或一本书之后，过关测试。过关后再学新的

内容；进度超前之后有成就感。这种学习、反馈、过关真的和游戏有点相似。没有压力，只有动力。几乎可以让学生对学习上瘾了。

二、自主自然教学法与传统教授式教学区别

没有本质的不同：都是国家规定的教材，课程，都是按国家规定的时间上课，参加统一的期中、期末考试。

自主学习也是大家都提倡的。差别在于对自主学习的理解和执行程度不同。大多数学校提倡自主学习，只是老师让学生自己看看书，完成老师布置的任务，学生往往是敷衍了事。自主自然教学法的自主，是老师不教，只能自己学，务必深入其中，潜心思考，刨根问底。

研究方向上的差别。现行体制教育的培训和评比，把老师们的注意力渐渐引向了"如何把课讲的更好？"如何把课"备"的更好，如何把教材挖掘的更深更透。而忽略了孩子怎样才才能学会。一味地给学生提供营养，而忽略了孩子的吸收。饭要一口一口地吃。自主自然教学法，关注的焦点是孩子怎样才能把知识学到自己的脑袋中。

在因材施教原则的落实上区别较大。现行体制由于各种原因，统一进度，难以贯彻因材施教原则。而我们的教学才真正是因材施教。

三、自主自然教学法遵循的原则

自主自然教学法，不违背教育规律，是真正的贯彻因材施教的教学原则，不是拔苗助长。

自主自然教学方法。绝大部分同学都会自然而然的超过正常的进度，但这不是刻意追求。由于人的个体差异很大。天生学习障碍的学生也是存在的。对于个别认知能力有问题的学生，由于自主自然教学法是要过关考试的，前面的学不会，就不能学后面的，层层把关，致使能力有问题的学生，学习进度达不到正常进度。但能保证学一点会一点，永不放弃。这些学生如果不用我们的方式，反而会早早地放弃学习了。人的差别很大，现行体制教育的统一进度，并不符合因材施教原则，由于各种原因，也是无奈之举。

自然自主教学法对于智力正常的学生，在不加班加点的情况下，自然而然的超前了，我们顺其自然，是更好地遵循因材施教的原则，不违背教育规律，与拔苗助长的理念恰恰相反。

超前学习会不会遗忘？这么说吧！接受常规教学的学生，忘的会更快更多。学校在临近期中考试时都要停下课来复习一周；临近期末时要提前两周复习。考上大学的学生在大学里学习一年之后，如果让他重新参加高考，他们是不敢考的，因为忘了很多。不管哪种学习方式，都有遗忘的现象。反而是用自主自然教学法学会的学生，遗忘的更少。自主自然教学法是建立在学生透彻理解的基础上的。需要记忆的东西，也是严格把关，熟背之后才放才停下来的。再者，我们自主自然教学方法更大的追求在于提升理解力。当孩子的理解力上来之后，记忆的渠道更丰富。回忆能力更强，所以遗忘的更少。

也有的家长问学生超前学习那么多，早早地学完啦！以后学什么？知识哪有学完的？学海无涯！我们的追求目标是首先让学生考大学。每科都达到80分时，如果有时间，有余力。可以进一步地查缺补漏，整体思考，让知识体系在大脑当中更加清晰，学科能力更强。然后继续提升，提高到每科90分就是名牌大学了。如果早早地学完达到了这个目标。可以考少年科技大。少年科技大学的牌子比北大清华还要硬。

对一般的学生来讲，考大学并不是那么容易的事，家长从幼儿园开始，甚至从刚出生开始抓都不敢说能把孩子教好，仅考高中就不把握。毕竟要有一半的学生考不上高中，压力山大。而我们的学生一步一步过关。比其他学生超前很多。早早地就对考大学有把握了，便没有了压力，有什么不好？超前之后，学生才能安心地把一些东西理解透彻。

至于说，学生一年级把小学学完了，孩子去哪儿上学的问题。他可以继续在自己的班里上，只是学初中或高中课程而已，如果老师不傻，是不会反对的。学习的地方，也可以到更高的年级去上，学籍依然是二年级，学校对于这样的高材生，一定会特殊照顾的。不行就转学，对于高材生，学校都抢着要。

四、自主自然教学法让学生更自信

我是1979年考学出来的。我的家族同辈，长辈都是农民。那时我也没有自主自然教学法完整理念，只是根据我上学时的一点体会——自主自然教学法的萌芽——用到对子女的教育方面，他们都成了名牌大学的博士。儿子十五岁上大学，成为国家公派日本东京大学博士。我二十六年前当校长时，把全县倒数第一的学校，经过八年成为教学成绩方面的全县名校。2005年我县升入名牌大学的学生中从我们学校出来的学生占全县的十分之一；这批学生中成为博士的占全县四分之一。也就是说，用这种理念教育出来的孩子，在学习方面更有后劲。

五、自主自然教学方法适合所有学科

自主自然教学法已经成为一个教学体系。适合于所有学科。自主自然教学方法的目标是培养学生的学习能力，向名牌大学输送高材生。务必需要所有学科均衡发展。所有学科都要追求高效。以本为本，核心概念清晰，基本构架坚实。让学生打造一个高价值的扎实的认知结构。这些基本理念适用于所有学科。

自主自然教学法，体现的是自主精神。没有学生的想学状态，老师教得再好都不顶用。任何学科的学习都需要学生自己的注意和思考。心不在焉，被动应付，都是低效的。这些观念也都是通用的。

自然，就是要根据学科不同而引导孩子用不同的学习方法、不同的思维方式学习。务必顺应各学科各类学生的特点安排不同的学习方式，提供不同的操作环境。我们的体系当中，针对不同的学科，有不同的设计。比如语文，以背、读、写为核心内容，以写作为抓手推动背和读，等等，并且有《自主自然语文教学操作流程》，自主自然教学法的语文教学比数学成绩的提升更容易。其他课程也有各自学习流程。

课程安排，按国家规定，开全课程，开全课时。但在不与上级主管部门安排的各种考试冲突的前提下，再根据学生实际，课程顺序做一些微量的调整：数学领先，其他跟进，文理交叉，适当集中。适当集中与《意志力》上面讲的道理相一致。

六、自主自然教学法的优势

自主自然教学法在于学习能力的培养方面。"知识的学习与学习能力的培养相结合。"学习能力主要有：注意力、记忆力、理解力、创造力等几个方面，其中理解力是核心。任何学习都需要理解力。

自主自然教学法更有利于培养学生的思维力。比如一年级的数学。从一开始就不讲，让学生自己看书。听起来有点儿荒唐，孩子字都认不全真么自主学习？但实践已经证明，行。孩子都是有灵性的，不会的字问老师，然后再看课本：一个盘子里盛了三个桃子，另一个盘子盛了两个桃子，下面一个算式3+2=5。紧接着下面又一个类似的图。一个盘子盛了四个梨子，另一个盘子盛了2个梨子，下面是一个括号加一个括号等于另一个括号。小学生看着看着，然后在括号里面填上4+2=6。问老师，对吗？老师说对啦。学生就非常的有成就感。接着就自愿地往下学。比听老师讲意义重大的多。意义在于，更能锻炼孩子的观察了，思考力甚至创造力，并且让孩子更有兴趣。而老师讲学生听，然后去模仿。一旦形成学习就是听、记、模仿的学习模式，孩子的理解力不仅得不到应有的训练，甚至阻碍着思维力的正常发展。理解力提升不上来，到了高中数学学不了，物理也学不了，无论怎样努力都理解不了。并且理解力弱的学生，在语文、英语方面的学习也难有突出的成绩。所以提升理解力，意义重大，这正是我们这种教学方法的优势所在。

如今，我们的自主自然教学法普及的速度还是非常快的。2016年夏天开始自主自然教学体系被人关注。2018夏天开始走出山区，仅仅不到三年的时间。我去指导过的学校有近20所，到我们的教学点参观学习，因此改变了他们的教学理念的更多。其传播面已经很广了，传播速度已经很快了。

现在华星学校全面实施自主自然教学法，才短短不到3个月，就能看到整体的学习氛围迅速提升起来，成绩也在快速的提高着。但更大的成果展现还需要时间。

我们的自主自然教学法适应学所有学生。自主学习，因材施教，是最应遵循而又难以遵循的原则。我们正是遵循了这个原则，所以我们的体系适应面更广。通过我们的教学法逐步培养孩子的自主学习意识与习惯，真正地做到在学习上让弱者变强，强者更强！让学生成为学习的主人！

文化滋养心灵，艺术润泽生命

广东省韶关市曲江区九龄小学　赖建梅

艺术教育对青少年提高审美修养、丰富精神世界、培养创新意识、促进全面发展具有不可替代的作用。艺术教育不仅能够培养人感知美、鉴赏美、创造美的能力，还能促进人们身心的健康和谐发展。我校以曲江历史名人张九龄名字命名，学校投资4000多万兴建，于2011年9月1日建成启用。学校占地面积22633平方米，建筑面积15500平方米。全校现有学生3011人，61个教学班，172名教职工。学校在创办之初以"学生快乐、教师幸福、家长满意。"为办学目标，以"为学生终生发展奠基、为教师幸福人生添彩"为办学理念，以"尚正宽和"为校训，以艺术教育（琴棋书画）为办学特色，以"正和文化"为校园的核心文化，全力打造"文化九龄"、"正品九龄"、"艺术九龄"。经过全体九龄人六年的努力，学校的办学质量得到了显著提升。

一、制定落实工作，打造艺术教育

我校的所有课程均严格执行国家课程标准，开齐开足上好艺术类课程。学校除了按照国家课程标准开设音乐课和美术课之外，

学校领导高度重视，把"社团活动"与"校园文化建设"、"创品牌学校"有机结合起来，并成立由校长任主任，主管教学工作的副校长为副主任，年级组长、各专职科任老师为成员的社团活动领导小组。为了使我校社团活动更加落实，学校特还制定了《九龄小学社团管理制度汇编》，以制度来促进工作落实。此外，学校学期初召开社团教师工作专题会议，制订切实可行的方案，并按计划步步落实，年终召开总结会，及时进行总结。

学校在课程安排上充分利用课余时间及第二课堂时间开展活动，设置了书法、绘画、陶艺、剪纸、葫芦丝、古筝、扬琴、中阮、二胡、竖笛、舞蹈、合唱、思维绘画、国画等23项丰富多彩的活动课程。实现每位学生均有一个参与项目，学生参与率达100%。

为了让每一位学生都能有艺术特长，学校要求人手一把葫芦丝，并且做到每学期有葫芦丝月，每周有葫芦丝日。利用大课间进行训练与展示，利用课间活动时间进行小组练习吹奏，年级进行比赛等。通过一系列的活动，学生吹奏水平提高很快。目前，全校3020人师生可同时吹奏，也大大提高了学生的音乐素养，陶冶了学生的情操。

学校的艺术教育设施设备等条件均达到省级标准，而且具备了艺术教育特色课堂教学和课外实践活动的场馆要求。为了让艺术教育特色更好地得到发展，学校做到了三个优先：人员优先、场室优先、设备优先。人员优先：选拔奉献精神好，业务能力高的教师担任社团项目辅导员，现配有社团专职音乐教师11名，书法专职教师2名，美术教师6名，及外聘葫芦丝、古筝、扬琴、中阮、二胡、书法、国画教师6名。场室优先：在场室上重点打造，高标准配置。现共有音乐室7间：扬琴室、古筝室、葫芦丝室、舞蹈室、合唱室、独舞室、管乐室。美术室3间：手工室、素描室、国画室、书法室各一间。这样确保艺术教育的落实。设备优先：每间课室都建有多媒体电教平台，每间场室独具本校特色及蕴含九龄文化。学校建有数字化校园网络，实现资源共享，信息化教学与管理。各类器材1批，乐器：古筝、扬琴、二胡、琵琶、中阮、书画台及相关写字绘画工具一批，全校师生人手一把葫芦丝。.

二、推广民族音乐，陶冶学生情操

我校在开办时，确立了“艺术教育”为学校办学特色。我国历史悠久，文化源远流长，琴棋书画更是国之瑰宝，是学习修身所必须掌握的技能。我们把“琴棋书画” 传统元素引入课堂，用传统文化的精髓去影响、去熏陶孩子，培育“琴棋书画 知书达理”的儒雅少年。

葫芦丝是一种民族器乐，它渗透了几百年的民族文化内涵，以其独特的音色和民族文化特色成为民族民间音乐百花园中一枝独秀、享誉世界。孩子们学习葫芦丝，不但能锻炼他们的意志，而且有助于开拓智力提高他们的审美情趣与能力，让孩子们产生美感享受，陶冶他们的情操。让全校孩子们都学会一种乐器是我们的梦想。经学校领导班子反复商议，最终决定把葫芦丝引入艺术课堂。而这一想法刚好与九龄小学“文化九龄”、“正品九龄”、“艺术九龄”的办学理念相契合。

学校聘请第三方专业教师（广州艺鸣教育公司）对我校的音乐老师进行培训，每周五下午3：00—4：30进行专题讲座和技术练习，周一至周五上午，第三方专业教师还要协助我校音乐老师上好葫芦丝课。此项培训持续了一个整整学期。

我们把每周两节音乐课一分为二，一节是音乐课，一节是葫芦丝课，音乐老师对学生进行专项培训，班主任从旁协助。利用放学时间，把葫芦丝的吹奏练习作为家庭作业布置，孩子们每天都要带葫芦丝回家练习，家长督促。

为巩固孩子们的练习成果，激发学习葫芦丝的兴趣，学校每学期都会举行葫芦丝比赛。分年级比赛和校级比赛两种，音乐老师指定比赛的必吹曲目（每个年级2首），比赛在学校小舞台进行，一等奖获得者再进行校级比赛。对获奖的班级和个人，学校颁发荣誉证书进行鼓励和表彰。学期末会进行考核。学期结束，葫芦丝和其他考查科目一样，都要进行期末考核。考核小组由学校行政和音乐老师组成。

三、多彩艺术社团，促进身心健康

我们学校的社团活动五彩缤纷，有书法、思维绘画、国画、剪纸、陶艺、葫芦丝、古筝、扬琴、舞蹈、合唱等23项。学校三千多个孩子除了会吹葫芦丝，还会书法、剪纸……他们除了在课堂上能学习到基本的音乐、美术知识外，在社团里更能得到专业老师的指导，个个都是艺术小能手，这种以“班级是普及，校级是提高”的分层辅导法，使艺术教育得以落实。

我校的艺术社团分为常规社团和技能社团两种。每周四下午3：30—5：00是学校各个常规社团的开放日，学生可以根据自己的兴趣爱好参加相应的社团，各社团负责人为学校的艺术老师。而技能社团要求每天训练一小时，即每天下午4：30—5：30，培训老师为音乐老师和学校聘请的第三方专业老师。

无论是常规社团还是技能社团，学校每个学期末都要进行考核，以检测孩子们的学习情况，对优秀社团和优秀学员进行表彰。

四、弘扬传统文化，培养儒雅少年

我校既是中国传统文化的发扬者，又是传播者，学校秉承“先贤之风骨气度与智慧才气”孕育九龄莘莘学子，着力打造具有“九龄文化”特色，培养具有深厚传统文化内涵的一代儒雅新人。

深化课程，做到三个进入：一葫芦丝进入音乐课堂；二书法进入语文课堂；三国画、剪纸进入美术课堂。

定期开展校园文化艺术节。我校的校园文化艺术节以传统文化为主题，我校的校园文化艺术节以传统文化为主题，从三月份开始，至6月中旬结束，历时两个多月，在这期间，我们通过硬笔书法比赛、毛笔书法比赛、年级国学经典诵读比赛、古诗唱诵比赛、绘画比赛、百人现场毛笔书法大赛、葫芦丝比赛等一系列丰富多彩的活动，来加深同学们对科技文化艺术的理解，陶冶同学们的艺术情操，培养同学们积极向上的精神风貌。

成立书法工作坊，做堂堂正正九龄人。学校着力打造“正品九龄”，引导孩子“端端正正写字，堂堂正正做人”。坚持贯彻“一个目标”、“两项统一”、“三个促进”（一个目标：端端正正写字，堂堂正正做人；两项统一：统一时间、统一“两本”；三个促进：以展促进、以考级促进、以赛促进）。

除了按照国家课程标准设置书法课（低年级为写字课，中高年级为书法课）外， 我们还要求每天下午的第一节课以班为单位安排10分钟为全校学生习字时间，每个班播放写字视频软件，学生边听音乐边习字。周四下午的少年宫书法活动更是吸引了大批书法爱好者前往练习。目前，师生都练就一手好字，学生参加各类书法竞赛共获得省级以上奖励100多人次，学校被评为“广东省书法名校”。

短短的十年，我校在“正和文化”的引领下，和谐发展，呈现了一派喜人的局面，得到了社会各界的广泛认可。尤其是学校的艺术教育更是硕果累累。多次获得曲江区“志愿者杯”中小学生艺术节合唱比赛、舞蹈比赛、乐器演奏比赛、书画比赛一等奖，多次获“志愿者杯”中小学生艺术节书画比赛集体一等奖等诸多荣誉。

如今，我校已经完成了一个十年发展目标，学校也因此上了一个台阶。初具特色，初显内涵，现在正处在第二个十年规划的起始年。

九层之台，始于垒土；千里之行，始于足下。未来是机遇更是挑战，我们全体九龄人将脚踏实地，全力经营好我们的学校，使我们学校的艺术教育特色更加丰富，更有实效，为实现强校之梦而戮力前行！

党建引领高质量　凝心聚力树标杆

广东省四会市碧海湾学校　黄天邦　欧树昌

习近平总书记全国教育大会上曾强调，“加强党对教育工作的全面领导，是办好教育的根本保证。”这对整个教育界提出了更高的要求，是新时代中国教育改革发展的重要指针。我们党立志于中华民族千秋伟业，必须培养一代又一代拥护中国共产党领导和我国社会主义制度、立志为中国特色社会主义事业奋斗终生的有用人才。在这个根本问题上，必须旗帜鲜明、毫不含糊。这就要求我们把下一代教育好、培养好，坚持从学校抓起，从娃娃抓起。

学校党建工作怎么抓？作为一所九年一贯制的民办学校，我校认真学习习近平总书记关于教育的重要论述和全国教育大会精神，充分发挥党支部的核心堡垒作用和先锋模范作用，抓好抓党建文化和校园文化的深度融合，党建工作和教学工作的相互结合，不断增强党的创造力、凝聚力和战斗力，为引领学校高质量发展提供了强大的动力支撑。

抓党建促发展，发挥引领作用

根据民校特点，我支部把党建与学校工作有机结合，参与学校全面管理，支委在主要岗位上做领头人，充分发挥党支部把方向、管大局、作决策、抓班子、带队伍、保落实的作用，促进了学校的创新发展。

目前，我校在助推“打造一家人文化”和“教职工与学校命运共同体”的强校发展蓝图中，已取得了较好的名校效果。学校校风好，教学成绩优，获四会市教学质量一等奖（第一名），连续几年评为四会市先进单位、肇庆德育示范学校、省科学特色学校，社会评价高，学位“一位难求”。

树典型立标杆，发挥先锋作用

开展做“三标杆”活动。做党员标杆，要求党员做到政治合格、执行纪律合格、品德合格和发挥作用合格，做到带头学习提高，带头争创佳绩，带头服务群众，带头遵纪守法，带头弘扬正气，真正实现“一个党员就是一个标杆”；做业务标杆，精心做好“6+1”工作（备课、上课、批改、辅导、教研、管理，一个目标育人），争做有智慧、有温度的教学骨干，努力成为成绩突出的教学标杆；做服务标杆，就是做为师生教学和生活服务标杆，把活动列入年度党员考评内容之一。15位党员教育成果分别在省、市、全国获奖，突显了标杆引领的作用。

宣传先进事迹。把八位先进党员标杆事迹用大幅彩色板公开张贴宣传，让师生学习，扩大先进党员影响。

强化“碧海精神”。把四位党员同志爱岗敬业等四方面品质归纳成“碧海精神”，组织教师宣传学习，并印成85cmx55cm彩图张贴在28个办公室，不断进行推广强化。去年“碧海精神”又发展了16人。在典型标杆引领下，教师们意气风发，努力工作，积极创新，使学校教学质量年年有大提升，去年四、五、六、九年级教学质检全市第一。

打造校园文化，增强支部凝聚力

支部联合工会团总支开展打造“一家人文化”活动，做到每日有活动、每周有运动、每月有比赛、每期有奖励、每年有旅游。我校通过举办教职工篮球赛、包粽子、拼盘美食赛、趣味运动、庆教师节、庆“三八”、庆元旦、庆生日等活动，增强了党支部凝聚力。

庆生日是我校最感人的活动之一。在每月一次的教师生日会上，生日会场张灯结彩，教职工们戴头饰、送贺卡、送鲜花、送纪念品、切蛋糕、吹蜡烛、喝香槟、唱生日歌、玩游戏、抽奖品、拍合照、谈感想，实现了蛋糕润心田、香槟激热情、感言出肺腑、欢歌伴快乐、成绩鼓干劲的活动目的。热烈温馨的生日会，让教师热泪盈眶，感受到了家的温暖和亲人般的关爱，激励他们为教育再创辉煌。所以，校园和谐，教职工队伍稳定，幸福感强，战斗力强。

做示范促党建，发挥助推作用

在习近平新时代中国特色社会主义思想引领下，我校党支部积极开展各种主题教育学习，组织多种实践培训，强化学校党建领导力，激励教师树立“四个意识”、坚定“四个自信”、做到“两个维护”，努力营造风清气正的教育教学环境。

开展“牢记初心使命，争做优秀教师”的师德培训专题讲座，通过学党史、明党情的方式坚定跟党走的信心。在书法课中写革命语录，班队课及道德与法治课中设置学党史学革命英雄专题课，如“追忆红色经典，传承革命传统”和“只有共产党才能救中国”等课；带少先队员到贞山雷锋公园、白沙彭泽民故居、四会革命烈士纪念碑参观学习，让红色基因传播到少先队员心中；组织志愿送关爱活动，现已到罗源、上茆、石狗、江谷、黄岗等镇校关爱留守儿童305人，送衣物、鞋子、大米、食油、学习用品一批，上励志课5节；今年春节慰问老党员、退休和困难职工19人，支付7750元，增强了党员的担当意识。

亮身份作表率，增强荣誉感

为不断增强政治意识、大局意识、核心意识、看齐意识，我校开展“戴党徽、亮身份、作表率”活动，为党员配备有机玻璃座位牌，上有党徽，刻有习近平总书记“不忘初心，牢记使命，恪尽职守，勤勉工作”语录，有党员相片姓名，在办公桌上摆放，增强了党员的荣誉感，强化了党员的责任担当，激发了党员当先锋模范的积极性。

支书带头勇挑重担不断创成果。72岁仍朝气蓬勃既当党支书又上科学课还搞科技活动、义工活动、科研活动；抓党建亮点多，成为市、省示范校，起到引领作用；坚持教学第一线，曾担多年级课，抗疫中带头上网课，5节科学课上全国学习强国平台（全市科学课个人最多），科学教学全市质检第一；主持科研课题研究，多项课题获全国奖；坚持教学理论研究，有60多篇论文在省、市、全国获奖或刊登；关爱留守儿童，上山下乡把党的温暖送到300多位孩子心中；长期辅导学生科技创新活动，90多项科技作品获全国、省、市奖，连续14年获省少年儿童发明优秀组织奖和园丁奖（全市唯一），58项国家专利（全市唯一），辅导学生18项作品刊登在全国刊物，（全市唯一）；积极创建特色学校，开展科普“十个一”活动，被省科协省教厅科技厅再复评为省青少年科学教育特色学校（四会唯一）和中国少年科学院科普教育示范基地（全市唯一）。

发挥示范带头作用。科技活动经验多次在全市介绍，四会、广宁、肇庆、南海、顺德、怀集、高新区等区市科协领导及中小学师生来校交流，带动了四会青少年科技活动；今年，在被评为广东省第一批全省基础教育党建工作示范校后，我校再接再厉，做出成效，接待多校来访交流，提供经验，摆出亮点，发挥我校省、市党建示范校作用，助推全市党建工作质量的提升。同时，我校多位党员评为街、市、省优秀党员，成为群众的表率。

一个党支部，就是一座堡垒；一名党员，就是一面旗帜。经过多年的摸索和实践，我校的“党建+教育”为学校加出了新活力，助推学校进入了健康发展的快车道。今后，我校将继续以党建文化为引领，扎实开展学校各项工作，助力学校乘风破浪、扬帆远航。

抓好党建促发展　开启二中新征程

广东省阳江市第二中学　陈团欣　阮辅明

习近平总书记曾强调，加强党对教育工作的全面领导，加强和改进学校党的建设，是办好教育的根本保证。为实现党建对教育教学的有效引领，我校党支部紧紧围绕贯彻落实习近平新时代中国特色社会主义思想，不忘初心，牢记使命，以“立德树人”为根本任务，牢牢把握新时代党的建设总要求，坚持党建工作引领学校发展方向，通过推动党建与学校基础设施建设、师德师风、帮护活动和党员服务示范岗有机结合，强化阵地建设和队伍建设，积极开展“亮身份、践承诺、比贡献”活动，充分发挥全体党员在新形势下的先锋作用，把学校党组织建成坚强战斗堡垒，为学校全面、协调、可持续发展提供有力的思想保证、政治保证和组织保证。

短短几年，我校以辉煌的教育教学成果、科学的管理、严谨的校风赢得了全市人民的高度评价，被老百姓誉为阳江市最安全、最放心、最高质的公办初级中学。

一、抓实载体，持续发力

一个党支部，就是一座堡垒；一名党员，就是一面旗帜。在深入实施素质教育的过程中，我校以党建工作为引领，围绕教学抓党建，抓好党建促教学，为提升学校的核心竞争力指引了正确的航向。

坚持学习和工作两不误，不断提高广大干部和党员同志的思想素质和理论水平。我校党支部精心组织广大党员同志认真学习贯彻党的十九大精神、习总书记视察广东等系列重要讲话精神，深入开展“不忘初心、牢记使命”教育活动、“作风建设”活动，要求广大党员同志严守党的政治纪律，坚决不触犯党纪党纲底线。在不平凡的疫情防控日子里，全体党员同志都能思想稳定，积极抗疫，安教乐教，积极奉献！

坚持党建工作与推进党建阵地建设和实施“民心工程”相结合，不断优化党建工作业绩。在工作中，我校党支部注重党建工作引领学校发展，坚持问题为导向，为民办实事：改造鹰山前旧篮球场，建造了三个新的塑胶篮球场以及相关配套设施；积极改造好运动场洗手间；新增教工车位80多个；新建垃圾分类房2个；新建钢架结构新型膜顶的大舞台1个；开辟党建书吧1个。同时，还开放了校园广播；南门和西门建立了进校自动测温系统和门禁道闸智能系统；新建了灯光足球场；完善了学校录像监控系统；重新规划了63个教室和14个级组室的文化建设……总之，在基层党建工作中，我校党支部着力解决“难点”问题，为民排忧解难，全体师生的凝聚力和向心力空前高涨。

坚持党建活动推进师德师风建设，不断优化队伍素质。近年来，我校党支部以“树人党建”为抓手，积极开展“党员示范课”、“评选身边最美的教师”、“党史知识竞赛”、“成立党员名师工作室”、“送教上门、送课上门”等活动，不断彰显党员同志的先进性。2020—2021学年度，我校支部党员教师帮护辅导学生200多节课，评议出党员优质示范课28节，评选出优秀党员教师66人，大力推进师德师风建设，优化教师队伍建设，不断增强党员同志的服务意识和教书育人本领。

坚持党建常规动作，不断优化服务质量。我校党支部认真落实好党建常规动作——“三会一课”，积极开展“共产党员示范岗”创先争优活动、党员“亮身份，佩戴党徽”活动，设立“党员先锋示范岗”，搭建“党建带团建，志愿服务为大家”志愿者服务活动平台，不断增强党员教师的教改意识、服务意识、表率意识。如今，我校30多名党员教师带头开设了示范公开课；128名党员教师捐款支援疫情；54名党员志愿者教师，奔赴六个小区参加防疫工作，接力值守共44天，做到“上网课、抗疫情”两不耽误，彰显了党员同志在抗疫工作中的先锋模范作用，得到了社会好评。

坚持党建工作推进网格化帮护活动，不断优化育人效果。我校党支部坚持“发展教育抓党建，抓好党建促教育”的工作思路，坚持以党建为引领，充分发挥党员先锋模范作用，把党建工作融合到教育教学中去，实行“一对一”或“一对多”的网格化帮护制度，不断优化教育效果。

坚持党建工作推进学校内涵建设，办人民满意的教育事业。我校设立党员示范教研组、备课组，以“提高课堂教学质量”为载体，实施精细化管理，将管理的触角覆盖到每一个教学环节上。同时，我校聘请专家，提前谋划三年备考工作，积极实施七年级的鸿鹄培养计划，八年级和九年级的教育质量提升计划，推动学生素质发展。一是2020年二中中考成绩得到社会肯定，考上国家示范性高中人数比去年提高45%，高中入学率达100%；二是学生特长有新发展，有12名学生获省级青少年科技竞赛一等奖，4人获广东省第九届创意机器人大赛初中编程组一等奖，200多名学生获全国ABC英语口语竞赛各奖项；三是在文明校园评比中，阳江二中网络投票支持率位居全市第二，文明校园建设工作群众认可率高，我校荣获2020年阳江市“十大文明示范校园”称号。

坚持加强支部阵地建设，让党员同志有一个可以活动的温馨的“家”。我校党支部可以组织全体党员在“阵地”上开展各种活动，如“七一”庆祝党的生日，平时开展党日活动，重温入党誓词，观看党史纪录片，召开组织生活会，读书会等。同时，我校党支部还积极探索“党务+业务”、“党务+文体活动”、“党务+志愿服务”工作新思路、新模式，努力把党建工作推向更高水平。

坚持开展喜闻乐见的党建文化活动，创新党建工作常态化的有效载体。一方面，不断创新党建活动的新载体，坚持推进校园新“亮点”工程建设，积极打造校园党建文化长廊、各类教育专题宣传橱窗，构建“贴近师生思想、符合教育发展”的校园特色文化，大力宣传习近平新时代中国特色社会主义思想、社会主义核心价值观和学校办学理念，加强党史学习教育，凝神聚力谋发展；另一方面，积极探索创新党建文化活动与校园文化活动“一体化”建设，在平时积极开展各种形式、喜闻乐见的党建文化活动，如重温入党誓词教育活动、党建基地及廉政教育基地学习参观、大合唱比赛、游园活动、歌舞表演、课本剧、书画展、趣味运动会等，积极与社区党组织开展丰富多彩的共建活动，如红色教育类等，让师生在学习娱乐中接受红色文化洗礼和红色基因传承，不断丰富党员的课余生活，增强党员之间的凝聚力，实现党建工作常态化。

二、抓好目标，成效显著

自开展党建工作以来，在党组织的引领和党员教师的带动以及全体教师的共同努力下，我校各方面工作取得了优异成绩，多次获得上级好评和社会各界广泛好评。

彰显了广大党员教师教学的先进性。我校党员教师积极开展以培养学生“自主、探究、合作、创新”学习能力的“互联网+生本”教学模式的实验，实现了传统的“师本”教学模式向现代的“互联网+生本”教学模式的转变。近年来，党员教师参加各类学习培训达到300多人次，有188人次的教师获得国家、省、市、区级优秀教师、优秀班主任、优秀教育工作者、名校长、名教师、骨干教师、骨干班主任等荣誉，广大党员教师的业务水平不断提升。

推动了教育质量的不断提升。在工作中，我校党支部坚持以党建引领、服务先行、优化管理、服务师生为目标，推动学校高效管理与外来力量柔性服务有机结合，统筹安排教育资源的合理使用，促进了教育质量的显著提升。学校先后被评为广东省首批法治文化建设示范点学校、中国未成年人网脉工程实践基地、广东省安全文明校园、广东省体育特色学校、广东省体卫工作先进单位、广东省先进职工之家、广东省英特尔未来教育示范学校、广东省现代教育实验学校、阳江市书香校园、阳江市德育示范性学校、阳江市义务教育规范化学校、阳江市初中教学质量优质学校、阳江市优秀家长学校、阳江市文明单位、阳江市文明示范校园等诸多荣誉称号。

三、创新思路，推广经验

在积极创建党建示范校的工作实践中，我校党支部充分结合校情和党建工作实际，努力优化工作方式，创新有效载体，丰富活动形式，紧靠“围绕教育抓党建，抓好党建促教育”这一主题，全面落实好“党要管党，从严治党”的战略举措，为学校全面、协调、可持续发展提供有力的思想保证、政治保证和组织保证。其先进的经验和做法总结如下：

一是树立一个目标，即着眼于办成一所内涵发展、特色鲜明、市内一流、省内知名的现代化优质名校；二是规划“两个优化”，即优化育人环境、优化队伍素质；三是实现“三个突破”，即在创新党员活动、学生特长发展、名师队伍建设三个方面有重大突破；四是坚持“四个相结合”，即坚持党建活动与师德师风建设相结合，与帮护慰问活动相结合，与推进党员示范岗建设相结合，与学校民心工程、亮点工程相结合；五是创建“五大阵地”，即学习培训阵地、立体宣传阵地、文化育人阵地、活动教育阵地、考核评议阵地。

学校党建是一项关系到学校党组织生机与活力，关系到教育干部培养与选拔，关系到教育事业兴衰的重要工作，对学校的持续发展具有至关重要的作用。今后，我校将继续发挥党支部的核心堡垒作用和党员的先锋模范作用，一如既往地抓基础、强规范，抓管理、树形象，抓合力、促提升，坚定信心，凝聚力量，抓好党建工作，促进教育发展，以更加优异的成绩庆祝建党100周年！

践行垃圾分类，创建绿色校园

广西百色市西林县罗湖实验小学　冯青花

地球是我们共同的家园，与我们息息相关，我们每一个人都不离开它。可如今环境污染越来越严重，而生活垃圾是当今世界十大环境问题之一。这些垃圾埋不胜埋，烧不胜烧，造成了一系列严重危害。推进垃圾分类工作是全面贯彻习近平生态文明思想，加强生态环境保护，打好污染防治攻坚战的重要举措。为进一步提升师生的环保意识，引导师生做垃圾分类的践行者，我校自建校以来，高度重视生态文明教育，努力推动学校垃圾分类工作，号召全校师生积极参与到垃圾分类工作中，树立绿色低碳、环保健康的生活理念，践行垃圾分类的良好氛围。

一、加强生态建设，树立绿色理念

我校于西林县八达镇迎宾路，于2019年6月28日落成，2019年9月1日正式开门办学，办学规模为56个班，目前已招收学生2354人，分50个教学班，其中建档立卡贫困户子女1618人，留守儿童558人，学生来自全县6个民族8个乡镇，涵盖了97个行政村（含3个社区），学校教职工共161人。

学校自创办以来，不断加大对生态文明建设的投入。学校总用地面积为50466平方米，绿化用地面积7000平方米，总建筑面积为27667平方米，包括教学综合楼、学生宿舍、食堂/风雨操场、运动场等。为贯彻“创新、协调、绿色、开放、共享”发展理念，塑胶跑道运动场、人工草坪足球场、塑胶篮球场及排球、乒乓球、地掷球场地，室外附属工程及教育教学设备均采用环保及现代技术装备。办学理念是“东西合璧，乐学达志”，办学目标是“建设一所东西合璧、乐学达志、卓越一流的优质学校”，校训是“乐学、善思、求真、达志”，育人目标是“学有特长，全面发展，乐学达志，身心两健”。

二、建立管理机制，抓好垃圾分类

在以我为组长，以各处室中层干部、教研组、教师代表为组员的“垃圾分类和处理”工作小组领导下，通过系列活动使全校师生树立绿色观念。总务处负责校园垃圾分类的规划、设计，教导处负责生态文明教学中的教师培训、学习等，大队委具体负责抓好各垃圾分类主题实践活动开展工作及学生的日常行为规范教育，班主任主要以主题班会的形式加强学生的垃圾分类意识，注重在教学中学科渗透、组织学生开展系列活动。学校不断健全和完善各项管理制度，从节约能源，优化环境的角度考虑对校园的设计和垃圾分类以及食堂的食品卫生、排污。如：《小学生日常校园文明守则》、《西林县罗湖实验小学垃圾分类管理制度》等，促进了全体师生的自我规范。

做好垃圾分类设施设备布点和保障工作。将上级分发的不同垃圾桶合理的布点在学校校园之中，保证垃圾桶整洁、规范、齐全，周围环境整洁；严格按照上级要求，与有资质的垃圾清运公司签订清运合同，并随时监控垃圾清运情况。及时按照不同分类与垃圾清运公司联系，完成分类清运工作。特别是餐厨垃圾、废剩油等的清运工作；安排保洁员进行垃圾辅助分拣，减少垃圾混装现象。

制定严格的垃圾分类制度及细则。一垃圾分类：分塑料瓶类、铝箔包类、纸类、废弃物；二回收时间及地点：物品按类分放，不可回收类放垃圾桶集中处理；三实施要点：全校师生共同参与垃圾分类及资源回收工作。资源回收品由各班、各办公室集中存放，由保洁员统一回收。树叶、树枝、杂草及木制类垃圾放到校垃圾桶集中处理。一般废弃物放入垃圾箱，每日由清洁人员清运处理。

三、利用活动载体，深化环保意识

学校通过校园广播、国旗下的讲话、宣传栏等形式，广泛开展垃圾分类的宣传、教育和倡导工作，阐明垃圾对社会生活造成的严重危害，宣传垃圾分类的重要意义，呼吁学生积极参与。

开展丰富的绿色教育实践活动。美术兴趣小组开起了环保秸秆画、“垃圾也疯狂”的废物回收环保花盆设计等课外活动，由学生自行设计制作而成的作品，既美观又实用，学生们在参与这些活动的同时，潜移默化地受到了熏陶，意识到原来废弃物也可以变成有用之才。

开展垃圾分类班队主题活动。学校各班都开展了有关垃圾分类的班队主题教育活动。学生分为不同组别，以不同的主题来向大家展示垃圾分类的日常常识，如：“举手之劳，改变世界”等。

深化光盘行动，弘扬节约传统。学校实行“自助餐”，即培养学生吃多少盛多少的良好习惯，在班主任的带领下，同学们在进入饭堂就餐前都会主动地诵读感恩词，深刻理解每一粒粮食的来之不易，引导学生发扬艰苦奋斗、勤俭节约的作风。此外，校舞蹈兴趣班编排了主题为《光盘行动》的舞台剧，参加了西林县纪念中国少年先锋队建队71周年主题队日活动，得到了上级领导和观众的一致好评。

在课堂教学上，学校通过课程整合，将生态文明教育渗透到各个学科的教学中来，例如：综合实践课堂的《探究植物生长》、《垃圾分类》，科学课堂的《节约水资源》、美术课堂的《小鸟的家》、《团报纸工》等，无不渗透了对生态环境的保护和资源节约，学生在学习过程中，树立生态文明意识，在课堂达到生态文明教育的目的。

开展校园垃圾分类是助力生态建设，推动绿色发展的重要抓手，是维护校园美好环境的前提。同时，垃圾分类工作是一项需要长期坚持下去的系统工作，下一步，我校将继续创新性开展、多举措实施、全方位推进校园垃圾分类工作，将垃圾分类工作持之以恒抓下去，推动学校教育高质量发展、创造高品质的校园生活，为创建文明城市、美丽家园做出更多的努力！

忠守教育初心　助力师生成长

——记广西平果第三高级中学董事长黄尚泽

广西平果第三高级中学校　唐兰华

著名教育家陶行知曾说：“千教万教，教人求真；千学万学，学做真人。”古有“至圣先师”孔子七十二贤闻达诸侯，近有学界泰斗蔡元培“兼容并包，思想自由”开创北大学术先河。可以说，学校领导人的风骨、品格、理念，深深地影响着一代学子，决定着一个学校的风气和面貌。广西平果第三高级中学出色的教学成果，就与校长黄尚泽的办学理念密不可分。

以生为本育桃李

黄尚泽是广西平果第三高级中学的创办人。2005年，为了革命老区的教育发展，为了满足广大家长对优质教育的渴望，黄尚泽力排众议，投入大量资金，建成了设施完善、品质一流的广西平果第三高级中学。自此，他开始投身教育事业，并为之奋斗付出。

20世纪80年代，虽然平果县借着改革开放的东风，依托平果铝这一得天独厚的矿产资源，经济蓬勃发展，但教育始终是一块短板。为了让县里的孩子不出县城就能享受到最好的教育，黄尚泽将具有百年文化传承的广西名校——广西南宁市第三中学引入平果县，借助其先进的教育思想、科学的管理模式、雄厚的师资力量，让平果这个革命老区的教育焕发出勃勃生机。经过15年的艰难跋涉，广西平果第三高级中学于2010年被评为“中国民办教育十大知名品牌学校”。这所为学生创造良好学习环境、营造浓厚学习氛围的学校，赢得了社会各界的广泛认可。建校以来，黄尚泽始终坚守民办教育工作者的使命，坚持“文化立校、特色兴校、质量强校”的办学思想，坚持优质教育、精品教育的办学策略，坚持立足平果、服务百色、面向区内外的办学思路，以科学的教育思想、优质的教育服务、优越的福利待遇、独特的育人智慧，让广西平果第三高级中学在教育界赢得了一席之地，获得了自身的长足发展，目前，学校已成为广西乃至全国民办教育领域的一颗璀璨明珠！

凡是先进的学校教育，必须体现“以生为本”。黄尚泽在全校范围内牢固树立“以生为本”的教育思想，让全体教师自觉参与课改实践，体会课改不仅是教材、教学模式的变化，还是教学价值观的更新、新型师生关系的构建、新的教学模式的创建以及质量观和人才观的更新。黄尚泽坚信，每个学生都有无限的潜能，只要相信学生、尊重学生、引导学生、发展学生，他们一定会有一个光明的未来。

科学管理助成长

量足质优的教师团队是学校发展的关键。因此，教师必须提高师德、师能，努力做合格教师，争取做优秀教师。黄尚泽认为，一所学校要想实现长远发展，就必须全面推行人性化管理，增强教师的主人翁意识，为教师搭建发展自我、展示自我的平台，让教师在校园中体验最大的职业幸福，切实做到感情留人、事业留人、待遇留人、文化留人。具体来说，应做到以下四个方面：

首先，通过开展丰富多彩的集体活动，提供丰厚的福利待遇，让教师享受舒心的学校生活。比如，教师的工资福利待遇高于公办学校；教师生日学校定制蛋糕，送上生日祝福语；教师家庭有困难时，及时帮助；在校园内举办免费幼托所，解决教职员工的后顾之忧等。其次，高度重视师资力量的强化。为了提高教师的教科研水平，学校多途径强化教师业务能力，多次邀请南宁三中优秀教师来校上示范课，邀请北京四中李俊和以及特级教师王大绩、丁益祥、郑志刚等来校进行培训，让学校教师对新课改的认知程度达到区内先进水平，推进了学校教学质量的提升。再其次，设立专门的教学督导机构，制订听评课制度，坚持推门听课、评课，定期组织研讨课、观摩课。每月举行一次校本培训，让教师资源共享。开展“教科研活动月”、“课堂教学质量月”等活动，形成“自主探索，合作交流，个性提高，共同进步”的教科研工作思路。这是一种促进和谐的人文关怀，让教师们在工作、学习中不断增强获得感、幸福感和成就感。最后，组建高效教研组，提升教研组集体备课的效率。由教研组长和备课组长带领本学科教师进行“研究性学习”课题的开发与研究。目前为止，语文教研组编写了初中和高中版的系列《国学经典》教材，并开设了《国学经典》专栏，弘扬中华优秀传统文化。政治、历史等学科教研组编写的教辅《中考快车道》由商务印书馆出版，并在广西壮族自治区100多所学校推广使用，得到了广大师生的好评。

尊重人才馨满园

“我就是想为平果县的教育发展做一件实事，在平果建一所广西最好的学校，把最好的教育引进来，让我们的孩子不出县城就能上最好的学校，接受最好的教育，考上理想的大学。”黄尚泽的豁达与开明，赢得了学校师生的尊重与爱戴。尊重人才是一所学校长远发展的不竭动力。黄尚泽格外注重师资建设，不断强调教师及其教育理念的重要性。他认为，学校管理应强调“人”是根本性因素，主张构建以人为本的学校文化。这是实施人性化管理的关键。为了突破民办中学缺乏竞争力的困境，黄尚泽提出要稳步提升师资力量这一核心竞争力，由学校教务处牵头，加强师资队伍建设，不断提高教师实施新课程的能力和教育创新能力，全面提升教师素质。五年来，学校教师获得县级赛课荣誉的有44人次，多次代表百色市参加自治区级、国家级赛课比赛并获得奖项。

春风不言，桃李自来。师资力量的增强直接体现在教学水平和教学成绩的提升上。学校连续13年获得百色市中考质量一等奖，连续12年获得百色市高考质量一等奖、突出贡献奖。一批批优秀学子也由这里走向了更加宽阔的舞台，其中不乏进入北京大学、清华大学、香港中文大学等国内名校的毕业生。平果第三高级中学也逐步成为人民满意、社会公认、家长信赖、学生喜爱的远近闻名的品牌学校。

赤子之心办教育

黄尚泽深知教学氛围的重要性，一所学校只有正学风，才能培养出对社会有用的人才。对于一所学校来说，学生的发展和老师的发展孰轻孰重？黄尚泽认为，教师的发展更重要。“师之所存，道之所存也”，教师每隔一段时间都必须充电学习，只有自身学问扎实，才能更好地教育学生。为了起到带头示范作用，黄尚泽从自身做起，经常参加各级教育培训、学术讲座，不断学习优秀学校的先进经验，与学校自身实际相结合，注重理论研究，开拓新路径，力求为民办学校“破冰”提供借鉴。他的努力也获得了社会各界的认可。2018年5月，黄尚泽被教育部中国教师发展基金会授予“2018中国民办教育行业十大领军人物”称号；2019年4月，黄尚泽当选中国民办教育领袖联盟主席，获“建国70周年民办教育特殊贡献奖”；2019年9月，黄尚泽被平果县人民政府授予“创平果教育品牌突出贡献奖”。

叶圣陶先生说过：“一切为了学生，为了一切学生，为了学生的一切。”一位合格的学校管理者应当具备的品格有很多，诸如学富五车、授业解惑、德才兼备等，但最重要的是热爱教育。在黄尚泽眼中，学生就是他的一切。为了让贫困学子能够重返课堂，他成立董事长基金会，资助近百位家庭贫困的学生完成高中学业，让学校成为有温度的育人之地。教育是人生之大事，国家之大事，作为新时代的校长，黄尚泽坚持用爱和责任托起明天的太阳，让学校变得更有温度，让教育变得更有深度！

创乡村美丽学校　建心灵温馨家园

广西桂林市全州县凤凰镇凤凰初中　龙安良

打造乡村温馨校园是学校可持续发展的动力，也是弘扬个性、突出办学特色的重要平台。近年来，我校依托背靠巍峨都庞岭，脚踏百灌公路，毗邻全南高速，前有湘江蓝带，后枕青山翠为屏，地处政治、经济、文化发展交流之中心的独特优势，以建设乡村温馨校园为抓手，优化环境，立德树人，力求教学相长、均衡发展，不断引领学校走向品牌发展之路。

强化组织管理建设，营造发展“文化场”

根据《教育部办公厅关于推进乡村温馨校园建设工作的通知》（教基厅函〔2020〕2号）要求，我校坚持以习近平新时代中国特色社会主义思想为指导，全面贯彻党的教育方针，以打造“乡村温馨校园”为发展目标，着力把乡村学校校园校舍等“硬环境”与精神文化等“软环境”结合起来，落实立德树人根本任务，为学校的可持续发展奠定基础。

强化组织建设是提高组织管理效率的重要途径。我校成立了专项领导小组，制定了总体规划，实现了乡村温馨校园建设制度化、规范化。同时，定期召开专题研讨会，形成了校长亲自抓、分管领导具体抓、各部门齐手抓的工作机制，逐项实施，有条不紊地推进相关建设工作。

没有规矩，不成方圆。我校建立了人本性、人文性、亲和性的规章制度，规范了师生的行为，形成了良好的校风，保证了学校各项工作的顺利开展。我校采取“从师生中来、到师生中去”的原则，遵循“大家的制度大家定、大家的制度为大家”的思想，不断建立健全各项规章制度，努力营造“人人遵守制度、制度约束人人”的和谐局面。如在广泛征集意见的基础上，制定了《凤凰初中教职工岗位责任制》、《优秀班主任评选方案》等，积极开展校本教研活动，认真做好每年度的先进评优工作，多方面激励教师积极进取，努力打造“乐教、善学、求实、奉献”的校园团队精神；将《中学生日常行为规范》汇编成册，下发每一位学生学习，从细微处着手，从日常培养良好习惯；实施特色大课间活动，集安全演练、文明礼仪、体质锻炼于一体，努力构建“平安和谐校园”；积极开展读书活动，努力营造“书香校园”氛围；定期举办运动会、校园文化节，不断丰富温馨校园生活，陶冶师生道德情操；定期走访，加强家校联系，关注关心留守学生；争取地方爱心人士支持，设立“蒋学权助学奖学基金”和“闫梅助学金”，对品学兼优者尤其贫困生予以奖助，从物质和精神上予以鼓励……在制度上，我校坚持以人为本，让和谐温馨校园落到实处。

我校以提高教育教学质量为核心，与时俱进，开拓进取，严格履行凤凰初中教育教学质量目标管理制度，认真落实各项动态管理措施，以最大努力和热情投入日常教育教学并坚持不懈，历年来教育教学工作取得了可喜成绩，特别是中考成绩每年被全州高中录取100人左右，名列全县前茅；曾被评为“自治区学校常规管理先进单位”、“桂林市绿色环保学校”、“桂林市平安校园”、“桂林市教育信息化达标学校” 等。

加强物质文化建设，不断提升“硬环境”

校园物质文化是校园环境建设极为重要的一环，包括校区环境的改造提升与室内环境的营造，以美化、绿化、净化、亮化为标准，力争“让每一个墙面都能说话，每一个空间都有灵性，每一个角落都充满和谐”，以达到赏心悦目、潜移默化、陶冶情操的效果。

近年来，在上级政府和教育部门的大力支持下，我校多方争取资金，不断增加建设方面投入，随着第二、第三、第四综合楼以及学生公寓、第二食堂、运动场等建筑的竣工使用，配套设施趋于齐全，功能更加完善，“硬环境”焕然一新，极大地改善了师生们的学习和生活条件，为下一步腾飞奠定了坚实的基础。

此外，我校持续进行校园绿化、亮化、美化工程，优化育人环境，提升办学水平。在绿化工作上，我们坚持春有花、夏有荫、秋有果、冬有绿的绿化原则，认真选择花草树木，合理种植。校园内共种植各类乔木300多株，校园绿化带、花池和大型花盆达30余处，形成了桂花树和银杏树交相辉映、古樟树和绿植俯仰生姿、大片绿化与小景布置相结合的大美格局，校园内充满勃勃活力，生机盎然。在亮化工作上，我们坚持既要美观又要明亮的原则，尽可能追求生态。如运动场和操场坪的灯饰与校园美化建设相结合，教室、楼道、甬道、厕所保证充分的照明，路灯尽可能采用太阳能照明。夜晚学生活动的公共场所和必经之路要保证明亮，并且安装应急照明灯，充分保证安全。在美化工作上，我们注重局部装饰的艺术化，如宣传栏的位置、宣传标语的书写、文化墙的装饰图案、设备设施的安排放置等，都以美观实用的标准来要求和执行。

增强校园文化内涵，营造育人“软环境”

校园文化是学校精、气、神的集中体现，具有重要的育人功能。我校以创建“乡村温馨校园”为契机，积极创设健康和谐的文化氛围，充实校园内涵，提高办学品位。

在深化教室文化、办公室文化、图书室文化、宿舍文化、运动场文化等功能平台外，我校还注重以“墙”文化、“石”文化、“树”文化、“旗”文化、红色文化为载体，持续深化校园文化的内涵建设，引导学生树立远大理想，培养正确价值取向，养成良好行为习惯，于无声处激发学生的潜能。

以红色文化为例，我校将红军精神和红色基因融入校训、校风、教风、学风之中。依托我校距湘江战役渡口约2公里的地理优势，我校把传承红色文化作为办学理念，不断加强对学生的爱国主义教育和革命传统教育，把红色基因一代一代传承下去。1934年12月1日，中央红军突破湘江已到最后关头，红八军团在凤凰嘴渡口上游建安司村过江时，遭敌机轰炸，伤亡惨重。随后赶来的桂军架起机枪，对渡江中的红军疯狂扫射，红军战士的鲜血染红了湘江。在学校的教学中，这段历史不断被提及，并开展了红歌大赛、红色故事会、清明节祭扫等一系列丰富多彩的活动，使学生在实践中感受红军精神，继承并发扬红军精神。

再以教室文化为例，我校要求建设各有亮点的智慧班级，班级环境布置统一规划，各具特色，最大限度地起到了教育和引导的作用。多媒体黑板正上方有符合各年级特点的班训，墙角设有开放式书架和卫生角，后墙正面为“学习园地”，还设置有表彰栏、评比栏，由各班主任负责个性化、人文性设计，要求班级文化既要凸显主题又要个性鲜明，在美化班级同时营造了浓厚的文化氛围。如在“墙”文化方面，我校张贴了许多名言警句、国学经典和品德教育等内容，囊括了学习、生活、运动、立德等多个方面，体现了学校以人为本、尊重个性、全面发展的教学理念，力争让每一面文化墙都能“励志”，让每一块宣传墙报都能“解惑”；在“石”文化方面，我校将修德立志名言雕刻在石头上，树立在校门口、操场坪、通道口等醒目位置，让师生们在日夕相伴当中身心浸染，“入芝兰之室久而不闻其香”。

由于我校地处乡下，师资力量相对薄弱，建设乡村温馨校园还需要进一步补足短板，持续完善。相信在上级领导的大力支持下，在我们师生的共同努力下，我们一定会实现“芝兰之室”的温馨理想。

树本正根，让每个生命都蓬勃向上

贵州省黔南布依族苗族自治州荔波县第五小学　柏海

党的十九大报告明确指出要“培养担当民族复兴大任的时代新人”，这是新时代中国特色社会主义事业发展和中华民族伟大复兴对教育所有社会主义建设者和接班人的新要求。我校是荔波县一所易地扶贫搬迁县城安置点配套寄宿制学校，属于县委、县政府2019年“十大”民生工程项目之一，于2019年9月11日建成并正式投入使用。建校一年来，学校秉承“向正生根，向上生长”的校训，坚持“扎根荔波，怀恩行远”学校精神，通过一年多的办学过程，学校在德育教育、课堂教学、教师专业发展、教育评价、校本课程建设等领域，紧紧围绕“每个生命都蓬勃向上”的办学理念积极探索和实践，凝练形成了以“树•正文化、生长教育、五正德育”导向为核心文化体系框架。初步形成了以“党建引领为灵魂、树正文化为核心、五正德育为抓手、生长教育为特色”为学校教育核心价值观、办学理念文化框架体系建设的顶层设计和工作格局。

一、以党建引领为灵魂，做强"1+5+N"特色党建

我校坚持以党建为引领，积极探索“党建+”模式，即党建+立德树人+课程教学+素质教育+教研教改+后勤安全，党建办协同德育处、教导处开展一系列喜迎建党百年活动。如：每周开展一次“树下故事会•对话邓恩铭”党史学习教育，学习革命英雄、时代楷模等先进人物事迹，同时开展党史知识竞赛、讲故事比赛、演讲比赛等形式讲好英雄故事、革命故事，传承红色基因；举办第一届“树正•文化艺术节”、第一届“树正•读书节”、第一届“树正•数学节”、第一届“树正•书法节”等活动。

做强"1+5+N"特色党建。“1”一个目标即：坚持和加强党对学校一切工作的全面领导，充分发挥党总揽全局、协调各方的领导核心作用。“5”五项特色即：党建+立德树人：立德树人，德育为先，扣好人生第一粒扣子；党建+素质教育：坚持“五育”并举，全面发展素质教育；党建+课程课堂：扎实落实国家课程，生长发现校本课程；创新课堂教学方法，构建生长课堂教学模式；党建+教研教改：党员带头做教研教改，提升教育科研能力水平；党建+后勤安全：树立后勤服务育人理念，创建平安文明和谐校园。“N”N个载体即：通过开展N个系列党建活动载体，不断丰富和提升党建工作五项特色活动的形式和内涵。

二、以树正文化为核心，坚持文化育人文化强校

建校一年多来，我校经过积极实践与探索、总结与凝练，初步形成了“树正文化•生长教育•五正德育”的学校教育核心价值观和办学理念文化体系框架的顶层设计与实施方案。

树•正文化：树本正根、润木成才；树做人之本，正生长之根；向正生根，向上生长。生长教育：教育即生长，生长就是目的；生长即成长，用生长定义教育。我校秉持“每个生命都蓬勃向上”的办学理念，坚持“容正、行正、学正、心正、德正”五正德育育人目标，积极营造“朝气蓬勃，共生共长”的文化育人氛围，全力提升我校办学文化品位。

三、以五正德育为抓手，落实立德树人根本任务

学校教育之道，融合了荔波地域文化、恩铭精神、民族文化、五小根魂，高度凝练出学校文化载体——大榕树。立足“大榕树”进而凝练出“树•正文化”、“生长教育”和“五正德育”教育思想理念文化体系，依托“生长课程”和“生长课堂”打造具有“植树人”精神的教师团队，让学校成为活力涌动的生长沃土，成为树木树人的教育高地。

五正德育，即正容、正行、正学、正心、正德。制定学生“五正”行为习惯常规，通过“一日常规三部曲”，并编印成册发给每位学生，让学生对照执行，落实三全育人目标，从而达到知行合一的育人目标，并将这些常规成为学生的习惯永久地保留下来，形成五正生长记录档案和生长日记。

四、以生长教育为特色，构建生长课程生长课堂

基于“每个生命都蓬勃向上”的办学理念，学校努力构建生长课程、生长课堂、植树人教师等特色办学体系。

一认真开展“1+3+1”特色教学项目，形成以课改主题为中心，体艺为辅的特色校园文化，充分发挥一个课改主题研究的推动作用和体艺活动的激励润泽生长。为了提升我校师生的汉字书写水平，传承优秀的民族文化，我校聘请荔波县书法家协会会员作为学校的书法指导教师。

二认真落实开展“三个天天”强基提质工程。“三个天天”，即“天天悦读”、“天天书写”、“天天算术”，每天各班开设20分钟国学晨读、20分钟午写课程、10分钟算术课程，切切实实把工作落到实处。

三开展好“生长•社团”中（书法社团、国学社团、播音主持社团），以及特色年级、班级的创建工作。

四开发校本生长课程。根据我校的“1+3+1”特色教学工作，自主研发了一至六年级的《硬笔书写教材》、《天天悦读》等校本教材。

五、以后勤安全为保障，建设数字校园平安校园。

我校校始终把促进师生的健康作为学校工作的头等大事，结合实际，健全和完善了一系列的健康教育规章制度。包括师生体检制度、体育教师健康教育培训和考核制度、控烟制度、生活垃圾分类制度、学生行为规范制度、环境卫生检查评比制度、食堂卫生管理制度等。

食堂建设投入加大，供餐能力全面提高加大政府投入，全面提升学校食堂供餐能力，新建了350平方米食堂操作间和一层1536平方米的学生餐厅，添置了现代化操作设备18台，积极开展食堂食品安全量化等级提升工作，已达到A级食堂标准。

为保证学生吃得安全，吃得营养，学校实行学校食堂自办自管、以零利润的管理模式为师生服务。近年来，学生的身体状况发生了可喜的变化，根据荔波县体质健康检测数据统计，学生身体综合素质正在逐步提升，2020年体质健康监测合格率上升至95.98%。

今后，我校将继续坚持立德树人、强化党建引领，不断推动教育优质均衡发展，持续构筑教育领先高地，为办好人民满意的教育不断努力奋斗。

规范语言文字工作，促进学校协调发展

——谈安龙县栖凤街道第一小学语言文字规范化示范校创建工作

贵州省黔西南州安龙县栖凤街道第一小学　吴秀江

安龙县栖凤街道第一小学位于县教育园区内，学校占地面积76亩。现有32个教学班，在校学生1680人，专任教师68人，目前教师普通

话合格率为96%，其中一级乙等1人，二级甲等27人，二级乙等40人。

学校是县委县政府重点打造的一所高标准、高起点、高质量的优质示范学校。学校布局合理、功能齐全、设备先进、环境优美，办学以来始终秉承“德育为首、质量强校、全面育人”的办学理念，以“崇德尚文、宁静致远”为校训，培养学生“学会做人、学会学习、学会生活、学会创新”，坚持“一声问候，两个轻声，三处整洁，八个文明习惯”的养成教育。

建校以来，学校始终把“说好普通话、用好规范字、提高语言文字应用能力”作为一项重要工作来抓，按照“三纳入、一渗透”（即把普及普通话的要求纳入培养目标，纳入常规管理，纳入教师基本功训练，渗透到德智体美劳和社会实践等各项教育活动中）的总体要求，结合学校实际，积极推进语言文字规范化工作。现将我校语言文字方面的具体工作情况汇报如下：

一、制度化管理，促进语言文字工作有序进行

我校高度重视语言文字规范化工作，并专门成立了语言文字规范化工作领导小组，校长是创建语言文字规范化示范校的第一责任人，全校各部门各岗位，上下结合，围绕学校发展总体目标，各年级组、学科组将语言文字工作纳入工作计划之中，每学年不但有相关的语言文字工作计划，还有相关工作总结。学校还成立推普工作小组、语言文字工作办公室，各班建立了年级语言文字推普小组，各班语文教师和语文课代表为推普员，做到了语言文字工作层层有人抓，事事有人管。

为有效落实语言文字规范化工作，我校加大宣传和考核力度来提高规范使用语言文字水平。

首先，将语言文字工作纳入全校精神文明和校园文化建设中，加大宣传力度，增强规范意识。为此，我们在校园的显著位置固定长久性语言文字规范化的标语、宣传版面和各类语言文字工作的宣传专栏。每班定期开展以“语言文字”为主题的班会活动，创办“语言文字”为主题的黑板报和手抄报。

其次，将教学用语用字规范化纳入到管理常规中。在日常的教学活动中，教师必须使用普通话；教师教案书写、案例书写、学生作业批语等必须使用规范汉字；在学校版面、班级宣传栏、档案材料等需要文字的地方也必须正确规范使用规范字。同时，所有教师按学校要求按时完成“三字一画”训练，并由学校语言文字办公室定期检查落实，并纳入教师量化积分，作为教师聘任、考核、评先评优的基本条件。

为这项工作真正落到实处，少先队也将语言文字规范化建设工作列入学生日常管理中。各年级的“推普员”和“监督员”组成检查组，对班级板报、学习园地、宣传栏等进行检查评比，对发现的问题及时督促整改，检查结果及时公布，纳入班级考评，并作为三好学生、优秀学生干部、优秀班集体评选的依据。

二、构建环境，教育工作积极开展推普活动

（一）规范语言文字环境

“学高为师，身正为范”，身为教师，教学语言和行为的规范，以及实施的情况将直接影响到学生，因为学生的可塑性强，只要给学生一个合适的语言环境，相信他们的普通话水平会有较大的提高。在日常工作中，我们要求教师与教师、教师与学生、教师与家长之间交流坚持使用普通话。为了提高教师的专业水平，从2018年开始，我校教师例会前15分钟改变以往“领导讲，老师听”的惯用模式，融入了教师美文韵读、教师优秀案例展播等新元素，从而把以前“事物型”例会变为“业务型”例会，从而提高教师语言表达能力。

在我校课堂教学中，教师关注学生的自主学习和交流研讨，关注学生回答问题时语言的表达，关注学生的课堂记录和作业书写，使学生养成了天天说普通话，写规范字的良好习惯。学生的活动更是丰富多彩，我们每年组织的书法比赛、写作比赛和寻找身边的不规范字等活动，大力推进了学校的规范用字工作。

“和美课程”的开发，能够满足学生多元化发展的需求。能生成拥有丰富多样的课程，以充分满足学生具体学习需要。可以有效地解决“只有共性、缺乏个性”的课程体系所造成的“千校一面”的现象。开发具有实践性、综合性、可选择性的校本课程有利于实施素质教育，促使学生的全面发展、自主发展和个性发展。本课程包含“书乡蕴美、稻乡展美、荷乡润美、六乡创美”四个部分，针对不同年级学生的年龄特点设置不同形式和内容的课程。一、二年级和五年级开设书香蕴美课程；三年级开设稻乡展美课程；四年级开设荷乡润美课程；六年级开设六乡创美课程；教师授课形式包含诵、唱、演、讲、写、画、做等，孩子可以选择自己喜欢的方式进行阶段性展示，促进学生全面而有个性的发展。

（二）开展语言文字实践

我校在日常工作中，给学生创设丰富多彩的生活情境，开阔学生视野，拓宽加深学生对周围事物的认识和理解，促进学生思维发展，培养学生良好的口语规范能力，提高学生书写水平。每天8：00—8：20以班为单位，由语文老师负责，组织经典诵读。一、二年级诵读古诗和儿歌，三年级诵读“对子歌”，四年级诵读散文诗和儿童诗，五、六年级诵读经典美文。并在每周一升旗仪式上随机抽取一个班展示诵读成果，做好班级微活动分享，每天的大课间最后全校学生诵读《少年中国说》。利用每周升旗仪式，由三到六年级的中队选出两名小主持人，对整个升旗仪式进行主持，新闻袋袋库每天对学校好人好事进行报道和宣传，各中队利用校园局域网进行收听，红领巾广播站利用星期二、三、四午间的时间，积极推选优秀作品进行广播，让每一个孩子从小就爱说普通话、会说普通话。

学校先后开展了“人人学讲普通话，个个争当文明人”的社会实践活动，小推普队员们来到大街和社区，以讲故事和小品的形式让市民认识到不讲普通话对生活产生的影响；成立“啄木鸟”纠错小分队在大街两旁的商店招牌上和海报上找错别字；每年师生举行钢笔字、毛笔字或粉笔字书法比赛等一系列的活动。从2020年10月份开始，每个月成立读书沙龙会，全校部分师生及家长通过学校朗读亭进行读书沙龙阅读比赛，提高全民阅读能力。良好的朗读习惯，不仅可以培养良好的性格，而且可以丰富个人的内心，从内而外的展现出知性美。

三、语言文字比赛，我校收获硕果累累

2016年6月，我校在安龙县举行的第三届“中国汉字听写大赛”荣获小学组一等奖；2017年10月，在安龙县举行的第四届“中国汉字听写大赛”荣获小学组二等奖；2018年11月，在安龙县举行的第五届“中国汉字听写大赛”荣获小学组一等奖；2019年11月，在安龙县举行的第六届“中国汉字听写大赛”荣获小学组三等奖。

王正伟老师在全州第21届普通话推广宣传软笔书法比赛中荣获州级小学组优秀奖，在安龙县“推广普通话推行规范字书写”活动中荣获县级小学组软笔一等奖，在2016年“祖国好·家乡美”主题活动中荣获小学组硬笔二等奖，在2017年“祖国好·家乡美”主题活动中荣获小学组软笔一等奖，在黔西南州青少年艺术节硬笔书法类总决赛荣获第三名；韦克高老师在2016年安龙县首届“香涛杯”书画展中荣获二等奖，在2016年“正山堂杯”全国文化楹联书法大赛中荣获优秀奖。

刘灿灿同学在全州第21届普通话推广宣传软笔书法比赛中荣获县级小学组优秀奖；肖诗雨同学在全州第21届普通话推广宣传硬笔书法比赛中荣获州级小学组优秀奖；吴燚同学在2017年“祖国好·家乡美”主题活动中荣获小学组硬笔一等奖；王丞相同学在安龙县“推广普通话推行规范字书写”活动中荣获县级小学组软笔一等奖，其次全校有多位同学获学校举行的书法比赛荣誉奖项。

2020年9月，栖凤一小被黔西南州语言文字工作委员会、黔西南州教育局评为黔西南州“十三五”语言文字工作先进单位。

2021年1月栖凤一小被黔西南州语言文字工作委员会、黔西南州教育局评为“州级语言文字规范化示范学校”。

2020年9月，张普秀老师被黔西南州语言文字工作委员会、黔西南州教育局评为黔西南州“十三五”语言文字工作先进个人。

规范语言文字工作，促进学校协调发展。由于建校时间短，学生基础差，书写规范化还有待提高，在以后的工作中，我们要以创建省级语言文字规范化示范校为目标，继续培养师生说普通话，用规范字的能力，全面提升教师的专业素养。

教育改革发展之路从来就是布满荆棘的。勇于探索，披荆斩棘的向前，因为我们团结一致，心怀“教育为先”的信念。 我们坚信，在上级领导的大力支持下，在全校师生的共同努力下，我校语言文字工作定会走上一个新的台阶。

丹心育桃李，热血谱华章

贵州省铜仁市江口县桃映初级中学 杨荣洪

初心就是情怀，使命就是担当。初心和使命是一个人、一个民族、一个政党不断前进的根本动力。党的初心和使命是我们的情感之根，是我们的出发点，也是我们的归宿。作为一名共产党员、一名教育工作者，我深知肩上担子之重，责任之大。多年来，我在工作中立足本职，砥砺奋进，努力提高个人修养、党性修养，努办人民满意的教育。我用青春与热血书写着教育人生的华丽篇章。

我出生于1975年，曾获县“优秀共产党员”、“十佳校（园）长”，市“优秀班主任”，省“贵州省中小学优秀班主任”等荣誉称号。

一、临危受命，担当重任

作为教育人，我从未掂轻怕重，总是哪里需要哪里担重担。2012年，江口县双江镇民族中学校级领导与教职工难以融合，学校管理制度很难实施，教学质量居全县倒数。我积极报名参加双江镇民族中学招考，并申请担任分管教学副校长。

2015年，江口县怒溪初级中学面临校级领导管理未能创新、教职工敬业精神涣散的困境，我主动申请交流到怒溪初级中学，并担任怒溪初级中学分管教学副校长兼督管站站长。短期内，怒溪中小学管理上新台阶，教学成绩显著提升。

在江口县教育局跟岗学习期间，得知桃映初级中学教职工缺乏归属感和主心骨，学校无发展规划和精细化管理方法与措施等情况，我深入学校了解到该校还存在管理遗留问题、教职工之间矛盾纠纷和急需解决的安全隐患问题等，便义无反顾担起了桃映初级中学校长重

任，承诺一年桃映初级中学管理实现规范化和制度化，教学成绩位居全县前茅。

二、潜心教学，创新管理

做一名优秀的人民教师是我的理想。多年来，我潜心钻研教学方法，不断尝试新的教学手段，并结合乡镇中学实际优化“创设物理情景教学法”和“知识细表复习法”，成为江口县物理学科中心教研组成员，多次被聘为物理学科继续教育培训老师、物理优质课评委及作为县级观摩课、示范课教师。

作为校长，我在双江镇民族中学实行“人情+制度”管理，实施小班额教学探讨与尝试；在怒溪初级中学推行学校精细化管理责任落实到人，中小学实施章节基础知识达标检测和二次考试达标检测。

在桃映初级中学，为了提升课堂有效性，我要求学校行政领导分组轮流对教师课堂教学和学生听课情况进行督查，我本人每学年听课40多节，充分调动了全体教职工的工作激情。2018年，桃映初级中学中考学科总均分全县第一、全市第八，22名同学上铜仁一中录取分数线，创造桃映初级中学中考辉煌。2019年，八年级全市检测，桃映初级中学学科总分荣获全市乡镇初级中学第一。

三、心系师生，垂范引领

在学校，学生寝室，食堂，教室，办公室，就是我的战场。2018年春季学期，九年级中考复习如火如荼进行着。由于压力大，九(3)班物理无人胜任，我主动承担并邀请数理化教师听课，带领数理化教师研讨、优化章节复习课和试卷讲评课。

针对部分老师对学生辅导缺乏耐心和主动性的情况，晚自习后，我带领学校领导和党员教师进入教室给学生辅导，耐心讲解。得知学生寝室开关损坏、电线多处裸露，我立马邀请物理老师和后勤管理员一起进行修复、更换，直到凌晨1点钟才完成。

对贫困学生，我千方百计为他们解决困难，曾为十多名贫困学生解决就读高中的学费约8万元。2018年、2019年，他与教师欧志伟共同为18名学生解决就读高中的部分学费约3.6万元。对于课堂教学存在迷茫的新教师，我热心沟通，鼓励骨干教师进入新教师课堂听课，帮助新教师快速成长。在我的鼓励和指导下，学校教师赵腾龙、田芳荣获市级优质二等奖，朱忠权、滕召茂荣获县级优质课一等奖。

牢记自己肩负的责任与使命，满怀对党和祖国的无限忠诚，我俯首躬行，一路播撒，一路向前，用心、用情、用爱，浇灌祖国的花。面向未来，我将始终坚守自己的理想，以更大担当去肩负塑造灵魂、塑造生命、塑造人的时代重任，谱写新时代的教育赞歌。

创建足球特色学校，增强学生体质健康

贵州省瓮安第五中学　陈友华

打造足球特色学校是新形势下全面实施素质教育，深化教育改革的一项重要工作，也是丰富学校内涵，提升学校品位的重要举措。为加快发展和普及校园足球的精神，增强学校足球特色，提高我校足球普及水平，我校坚持深化体育改革，以增强学生体质，培养拼搏进取、团结协作的体育精神为宗旨，以校园足球运动为载体，普及足球基础知识和技能，使之成为学生能够获得终身受益的运动方式；建设校园足球文化，把足球作为立德树人的载体，进一步深化素质教育，促进学生全面发展，提升办学品位，强化办学特色。

一、成立组织机构，夯实发展基础

我校成立了以陈友华为组长，以陈德举、周泽宏、邓远林为副组长的足球特色项目领导小组。主要是统筹规划学校足球教育发展思路，制定相关评价、管理制度，统筹安排经费投入，并为学校足球教育创设良好的发展氛围。

体育组：负责足球活动策划，营造校园足球氛围，组织班级、年级、校级足球队对抗赛，指导体育教师开展足球训练，协调足球活动有关事宜；组织体育教师培训，指导体育教师开展足球教学与训练研究，改进课堂教学与训练，提高教学效益。落实校园足球活动，上好体育课，组建班级、年级、校足球队，并带队训练。按照政教处要求编排、训练大课间足球团体操。

政教处：协调体育教师编排、组织大课间足球团体操，并负责大课间活动考核；规划学校校园足球文化氛围。

教务处：指导足球教学，保证足球课教学质量；总务处：添置与维护足球器材，保证足球活动的正常开展；校安办：加强足球运动的安全监督与指导，保证训练安全；校务办：及时收集足球运动资料，总结校园足球运动经验，做相关安全资料的归档。

二、制定发展目标，增强办学特色

我们以“师生健康水平有新提高，足球竞赛有新突破，足球人才培养有新进展，足球文化有特色，充分发挥足球教育的育人功能，增强学校办学特色”为总体目标。

育人目标即：一以球育德，促进学生良好的意志品质的形成。足球作为一项竞技运动项目，既需要团结协作，又需要遵守球场规则，既能共同分享成功的喜悦，又能勇敢地面对挫折。充分运用足球的育人功能，使队员们养成遵守规则、团结合作、积极向上、勇于拼搏的良好品质；二以球健体，促进学生强壮体魄的形成，足球运动对学生的身体素质的提高是十分有益的。球场上的奔跑，运球盘带，各种动作技巧等是平时刻苦训练的积累，足球游戏、足球团体操、足球比赛等都能活跃身心，增强学生的动作协调能力、反应能力，提高身体素质；三以球促智，带动学生文化课的学习。强健的体魄、良好的意志品质是智育发展的基础，足球运动、足球文化为智育的发展提供了良好的土壤。

未来三年年度目标。2019年计划：通过对足球的宣传，让学生及学生家长认识了解足球；加强与上级部门联系，请求给予技术、资金支持，开展教师培训，加大训练、比赛费用和硬件设施投入；抓好基础训练，在全县中小学第五届“成长杯”校园足球比赛中保持前三。

2020年计划：开发足球课程资源，开展体育课程的校本化研究，逐步形成以足球为特色的体育教学；建设足球特色大课间；通过比赛取得优异的成绩，提高学生的竞技水平，锻炼学生的心理素质；加强技术动作的训练要求、加强理论学习。在全县中小学第六届“成长杯”校园足球比赛中力争男子冠军，女子前三。

2021年计划：进一步创造条件，加大资金投入；提高教练员执教水平，多给教练员提供培训机会；梯队建设完善，队员水平有显著提高，具备参加州级比赛水平；男、女足球队走出瓮安县，在州级校园足球比赛中能进入前八名。

三、完善制度管理，做好落实措施

落实体育教师待遇，配齐配强体育师资，满足体育教学工作需求，并至少有四名足球专项体育教师，足球训练活动计入工作量。每年至少提供一次体育师资参加培训机会，定期开展体育教学研究，不断提高体育教师教学技能。落实体育与健康课程标准及有关规定，组织开展体育教学和校园足球工作。

同时，制定校园足球工作组织实施、招生、教学管理、课余训练和竞赛、运动安全防范、师资培训、检查督导等方面的规章制度和工作制度，并且不断完善，保证学校足球特色项目的正常开展。每学期都制定具体工作计划，并及时记录好各项活动的开展情况，做到定期研讨，每学期进行总结回顾和反思。

营造浓厚的足球运动氛围。向广大家长宣传创设足球特色项目和学生参加足球运动的重要意义，赢得家长的充分支持。建设以足球为主题的校园文化，学校宣传栏设“足球专栏”，校园广播站定期播放有关足球的节目，等等。

加大资金投入。设立体育工作专项经费，纳入学校年度经费预算，原则上年生均体育教育经费不低于10%，保证体育和校园足球工作的正常开展。为学生购买校方责任险和运动意外伤害险。每年增添部分公用足球，保证课堂教学和训练的需要；及时修补损坏地面，确保学生安全的活动；及时添置其他常用体育器材，如球网、比赛用球、记分牌，以保证足球运动的正常开展。

开足开齐体育课。保证学生每天一小时校园体育活动；把足球作为体育课的必修内容，每周有一节体育课进行足球教学。学校统筹解决校足球队队员的训练时间、服装和其他相关训练条件问题，保证训练正常进行。

做好足球运动的基础教育和普及工作。抓普及。各班成立由9—10人组成的足球代表队，利用课余时间经常参加活动。班主任、体育教师做好分组、辅导和组织活动等工作；抓基础。利用体育课、大课间等时间进行足球基础教学活动。将户外活动课的内容重新进行编排，让学生开展以足球运动为主的体育活动；抓考核。每天对各班级大课间足球运动情况进行考核，保证日常训练效果。每学年安排一次学生足球水平考级测试，作为评定学生参加足球训练的阶段性成果的依据，同时开展评优奖惩

四、开展足球比赛，促进特色创建

每学期的班级足球赛采用联赛的形式，命名为“五彩杯”。由各班组织训练参加，分年级进行。比赛采用小学7人制足球赛，保证每学年每班不低于10场次。初中采用11人制足球比赛，保证每学年每班比赛不低于10场次。

营造校园足球文化。每年确立一个星期为“足球特色周”，开展一系列的足球活动。如足球运动动员大会、学生足球才艺展示、年级明星对抗赛、师生足球交流、足球知识讲座、嘉宾来校指导、评选各类先进等。以促进学校足球水平的发展，提升学校办学品位。

学校成立男子和女子足球队，常年坚持科学训练。足球教练员制订好训练计划，做好训练记录，及时探讨研究训练情况，提高训练质量。建好运动员档案，保证资料的完整性；搞好学校足球队的梯队建设。成立学校足球二队，主要由三、四年级的学生组成，着重抓好队员的身体素质、基础技能和基本功的训练，为进入校足球一队做好准备；与兄弟学校开展足球交流比赛，提高球队的比赛经验和战术素养。认真组织参加各级各类的足球比赛，做好比赛的一切事务，力争取得较好的成绩。

开展足球运动的教育科研活动促进特色创建工作。鼓励教师开

展足球运动的教学研究和科研探索活动，尝试、实验多种可行的教育教学和训练指导方法，及时总结反思，经常探讨研究，交流教学成果，申报足球科研课题，推动学校足球运动向纵深发展。尝试体育课堂教学的改革创新，选择编排适当的足球内容融入体育课中，积极开发足球教学校本教材，形成足球教学特色。

校园足球是一项系统工程，现已成为我校一项全体学生共同参与的体育运动，它渗透到体育课、大课间等多个方面，已为全体师生所喜爱，逐步发展成为我校一项群体性体育活动，既满足了学生的兴趣和需求，同时也促进了我校体育工作的开展。

今后，我校将继续以创建校园足球文化为契机，提升校园文化建设，不断优化体育课堂教学，深入开展丰富多彩的足球活动，打造精彩纷呈的足球文化，促进学生健康、全面发展。

读书点亮心灵，书香润泽人生

海南省五指山市第一小学 王继民

一个人的精神发展史，就是他的阅读史。朱永新教授说“一个没有阅读的学校，永远不可能有真正的教育。”著名教育家苏霍姆林斯基也提出“要让学生从书籍里受到教育，并且生活在书籍的世界里。”读书足以怡情，足以博彩，足以长才。我校是一所有着66年辉煌办学史的重点小学，学校以“人生，因悦读和书写而精彩！”为主流文化，着力打造“读书点亮心灵，书香润泽人生”的读书文化和“一笔一画书写，端端正正做人”的书写文化！

一、改进语文课堂——转变教学理念

2016年10月，我校正式加入“语文主题学习”实验。实验从转变语文教学理念做起：语文是学生学出来的，不是老师讲出来的！致力于改变过去老师挖地三尺的讲解；改变长期以来用理科的方式学语文的现状；回归语文教育的原点，让学生在课内海量阅读。

结合北京华樾教育科技研究院“语文主题学习”实验项目，改进我校的语文课堂。对国家教材（课本）中的教学内容进行二度开发和整合，让学生用三分之一的课堂时间学完教材内容，其余的三分之二的时间在教师的指导下抓住主题阅读，实现课内海量阅读和整本书阅读。

实验强调通过“课内大量阅读”来学好语文。关键点是“整合教学”。以教材为主，辅以实验配套丛书，提炼出主题，进行整体设计，整体施教。从整体上把握整册教材，明确一个单元、一篇课文的教学目标，把一组教材看作一个整体，捆绑式授课。

主打课堂教学模式：语文主题学习“211”模式。细化是：20分钟讲解课文，10分钟拓展主题阅读，10分钟针对性小练笔。老师紧扣主题尽可能在20分钟内教完教材，其余时间，指导学生阅读实验配套丛书中与教材主题有关的文章。做到一篇带多篇，精读带博读的群文阅读。不贪多求全，力求一课一得。

基于语文主题学习“211”模式（2016—2018年）的基础上，2019年起，教研组尝试单元教材、丛书内容整合的大单元整体教学：一二年级“211+朗读”；三四年级“121+诵读”；五六年级“112+写作训练”。尝试单元整合、整体教学。对每一个单元规划整合、模块推进，建构单元知识系统。

语文是一门实践性很强的课程，语文是学生“学”出来的，不是老师“教”出来。回到语文教学的常识，“语文是一门学习语言文字运用的综合性、实践性的课程”。广积文、深阅读、强背诵是语文素质教学的三要素。语文课程应该让学生多读多写，日积月累。在教学中尤为重视培养良好的语感和整体把握的能力。学习方式上，我们特别强调多读一诵读；多看一博览；强调感悟——悟其意、悟其情、悟其法；强调积累一语言积累、思想情感积累、篇章样式积累；强调不动笔墨不读书，学会批注，写读书笔记，养成习惯……

二、建构语文课堂——逐步推进阶段

第一阶段：2016年10月—2017年12月。第一阶段主要推进的工作是：内强素质，理念先行，课堂建模。具体细化为几个方面：一举全校之力投入教师“语文主题学习”业务培训，从看得见的操作示范中领悟整合教材、二度开发教材的理念；二家校合作，形成合力；三部分先行，迅速铺开。2016年10月29日，学校三个班级先行进入“语文主题学习”实验；2017年2月，1—5年级共36班级语文教学进入“主题学习”实验。四建模，渐次从浅层次的语文主题学习课堂，走向思路清晰的语文主题学习211模式。五外塑形象，打出植根于黎苗山区“语文主题学习”的品牌。

第二阶段：2018年1月—2018年12月。第二阶段主要推进主要工作是：一内强素质，外塑形象。二探索打造主题教研，围绕主题、服务主题、深化主题；三尝试单元整合、模块推进，建构单元知识系统；进一步夯实“211+”推进，条件成熟的班级，在此211模式上有所尝试：一二年级“211+朗读”；三四年级“121+诵读”；五六年级“112+写作训练”。

第三阶段：2019年1月—2019年12月。第三阶段主要推进主要工作是：一夯实主题教研，围绕主题、服务主题、深化主题；二铺开单元整合、模块推进，建构单元知识系统（做得比较起色的是三年级语文科组，科组长：高春妹）；三进一步夯实“211+”推进，条件成熟的班级，在此211模式上有所尝试：一二年级“211+朗读”；三四年级“121+诵读”；五六年级“112+写作训练”。

第四阶段：2020年1月—2020年12月。第四阶段推进主要工作是：一提出主题研修。继续夯实主题教研，围绕主题、服务主题、深化主题；二全面铺开单元整体教学、进一步践行课型上课，建构单元知识系统。

三、语文课堂建设——初步取得成效

学校语文课程建设更具活力开放——在实施“语文主题学习”实验过程中，语文科任教师对课程性质、课程理念、课程目标和内容（学段目标和内容）、实施建议等，比以前有了更清晰的认知和理解！

语文课程是一门学习语言文字运用的综合性、实践性课程。语文是“学”出来的，绝对不是靠老师讲出来，而是学生自己在大量的语文听说读写实践中形成的！（课程性质）

在一轮轮全员理论研训和教学实践中，我们渐渐清晰：语文课程是实践性的课程，应重点培养学生的语文听、说、读、写（习作）、书(书写）的实践能力。学生形成语文能力的唯一途径，就是学生亲历的听、说、读、写、书大量语文实践！学生的语文能力，是学生自己在一次次的语文实践中形成的！应该让学生多读多写、日积月累，在大量的语文实践中体会、把握运用语文的规律！

语文教学理念变了。三年下来，不知不觉中，老师们渐次接受了“语文教学拼的是阅读量”的理念。主题引领下，课内自主、自由、大量的阅读是课堂走向高效的根本。从过去的“段篇章条分缕析，重难点深度剖析，满堂灌照本宣科”到今天的课堂上的“广聚粮仓”。教材已经不再是老师们的唯一。对叶圣陶曾说过的“教材无非是个例子”这句话的感悟上了一个新高度。海量阅读，质从量出。“简简单单教语文，扎扎实实求发展”是我校语文人的航标。让孩子们人人爱读书，人人会读书，人人享受读书，是我们每位语文教师的追求。

教师的教学行为变了。从繁琐分析走向删繁就简，努力实现由“教语文”到“学语文”的转身，努力让学生语文学习真正发生。针对语文课堂教学的变革，处理好“三组关系”：处理好课标与日常教学的关系；教材与内容拓展的关系；单篇与单元整合的关系；做到“三个融合”：精读与略读的融合、理解与运用的融合、学文与学法的融合；三是关注“三件大事”：教学时间的配置、教学内容的取舍、教学方式的更新。

教材解读、整合教材的能力强了。主题，主题，主题，是老师们公开课、研究课首要考虑的关键因素。课堂知识呈现和传授已由过去的碎片化逐渐走向整合。

从2016年10月我校开始“语文主题学习”实验，要求人人轮着上“语文主题”课。三年多的实验悄悄改变了我们的课堂，让教学不再拘泥于课本；改变了我们的教师，课堂实施上从原来的“一统到底”到“敢放手”；改变了我们的学生，学生课内主题阅读，大量阅读。我们努力去做：不管从教材哪个视角整合，整合学习都必须兼顾语文学科的人文性和工具性，把握住文本的核心价值。

我们一直相信：突破教材的局限，打破课堂的围栏，建立开放的语文学习方式必是今后改革的方向。语文，应该让儿童富有书香的气息和气质。牵手语文，生长智慧，滋养心灵，点亮心灯。我们追逐着儿童生态阅读的梦想。

我们与“语文主题学习”同行。我们有很多的期待，也有很多的纠结和困惑。在提炼教学主题，优化课堂结构、重视语文听、说、读、写、书基本功训练的海量阅读中更需要智慧、富有含金量的驾驭教材、二度开发教材的能力！我们需要更快更好地提升。

今后，我校将继续深化课堂改革，打造读书文化，把提升学生综合素质作为课堂教学的立足点和出发点，把培养高素质的生命体融于高质量、高效率的课堂中，用智慧孕育成长、用阅读开启心灵、用读书放飞理想，默默耕耘，托起中华民族明天的太阳！

不做纸上谈兵，让教育应用于实践

——谈山神庙小学基于实践基地教育

河北省秦皇岛市青龙满族自治县祖山镇山神庙小学 王力辉

实践出真知，教育与实践结合，才能实现可持续发展。《我们共同的未来》对可持续发展的定义是：“能满足当代人的需要，又不对后代人满足其需要的能力构成危害的发展”。可见，可持续发展是以人为中心的，而不是以物为中心的发展。

为认真落实习近平总书记在全国教育大会上强调“要在学生中弘扬劳动精神，教育引导学生崇尚劳动、尊重劳动，懂得劳动最光荣、劳

动最崇高、劳动最伟大、劳动最美丽的道理，长大后能够辛勤劳动、诚实劳动、创造性劳动”以及县教体局《依托劳动实践基地建设促进可持续发展教育》等精神，近年来，在上级领导及社会各界的指导与帮助下，我校进一步加强了劳动实践基地建设，引导学生亲身体验和积极实践，发展创新精神和实践能力，为学生的可持续发展打下了坚实的基础。

一、制度化引导，建设实践教育基地

学校高度重视基地建设，成立了以校长为组长、班子成员及各班主任为成员的劳动实践工作小组，认真研究并积极落实各级相关文件精神，特别是《祖山总校中小学劳动实践基地建设与管理指导手册》，根据学校实际研究制定劳动实践基地建设发展规划、年度工作实施计划，制定并逐步完善相关管理办法、各项规章制度，认真记录劳动实践基地建设工作台账，认真落实相关工作安排。

为了让孩子们在学校就能感知更加完整、真实的农村生活和合理的种植结构，并努力实现基地种植与课程建设、学生培养、经济价值、食堂食材相结合，我们确立了多样化种植的原则，基地种植的植物达四十种左右。蔬菜、药材名目繁多、并不断轮换种植。夏秋之日走进基地满目苍翠、绿荫浓浓，长廊绿棚瞬间送来阵阵清凉，令人无比舒爽惬意。满园花香怡人，硕果累累，让人爽心悦目，流连忘返！

为了让基地建设具有艺术审美价值和环境美化的作用，我们确立了错落搭配的美感原则，中间、南面和西面是长廊，走廊边种植丝瓜、苦瓜、葫芦等。走廊两侧主要种植各种蔬菜。我们根据土层薄厚、土壤肥力、环境美观等确定了因地制宜的布局原则，东侧和南面土层厚的地方轮番倒茬种植白菜、萝卜、土豆和大葱等，西面土层薄的地方就种植一些西红柿和辣椒、茄子等，中间地块因为有高压线杆及拉线不便于经常翻耕就种植桔梗、黄芩、苍术、柴胡、知母等药材和山马菜、山白菜、山葱、山韭菜等野菜，操场四周则种植一些花草，美化环境。

二、独创“11237”管理模式，促进学生独立性

学校积极探索学生自主管理模式，尤其是在学生劳动实践教育方面进行新的探索与尝试。通过不断实践，我们探索出“11237”管理模式。

“1”：一个目标，落实习近平总书记在教育工作大会中提出的“培养德智体美劳全面发展的社会主义事业的建设者和接班人”目标。

“1”：一个中心，不论是种植、管理，还是收获，都要考虑学生成长需求，体现以学生为中心。

“2”：两个全部，即全部参与、全部体验。

(1) 全部参与，基地实行“班田制”管理，将劳动实践基地责任到班，班级再细化责任到人，形成了人人积极参与管理的良好风气。每班安排责任教师，所有师生全部参与劳动实践基地的建设、管理及使用。

(2) 全部体验，一、二年级学生虽然不安排种植、管理任务，但是也要利用基地开展相关活动。基地主要划分四大种植区域，学生从三年级开始每年一个区域，到六年级毕业全部体验四个区域作物的种植与管理。

“3”：三个保证，即保证师资、保证课时、保证投入。

(1) 保证师资，师资配备采用“2+n”模式，学校安排一位有丰富种植经验的专职教师、加上各班主任为综合实践活动课教师2个固定教师，另外学校还为每个班级调配四名左右辅导教师，并邀请经验丰富的学生家长担任兼职辅导教师，保证从种植到收获能够全程有教师指导。

(2) 保证课时，三至六年级每周有两节综合实践活动课，学校要求主要依托劳动实践基地来开展相关活动，还可以利用其余课外活动时间，保证学生活动有课时。

(3) 保证投入，总校每年都会投入一定的经费，滋根也对学校的劳动实践基地给予一定的经费支持，保证基地建设投入到位。

“7”：体现七个结合，即劳动实践基地建设与课程建设相结合、与德育相结合、与能力培养相结合、与技术推广相结合、与艺术审美相结合、与校园环境建设相结合、与经济创收相结合。

(1) 与课程建设相结合。

语文课中老师会在学生们参与劳动后适时要求并指导学生写劳动场面和劳动体会的作文，引导学生根据自然景色和作物生长情况进行观察，学生就有了更多与生活和自然接触的机会，有了足够的参与体验，学生就会有感而发，对生活也有了别样的、深入的理解，孩子们的语言材料逐渐丰富起来，“写”的能力不断提高。

数学课中的应用题、数据测量、周长和面积计算等方面都是学生必备的能力，老师们也会发掘劳动基地的空间价值和情境价值，引导学生结合实践编设应用题，进行相关计算……

(2) 与德育教育相结合。

通过基地实践教育活动，培养学生热爱劳动和劳动人民、珍惜劳动成果的真实情感，和劳动最光荣的高尚情操。养成重视环境、保护环境、美化环境的良好意识和习惯。

(3) 与能力培养相结合。

通过活动培养学生的简单种植与栽培能力、创新实践能力、团结协作能力、解决问题能力、表达能力、审美能力等等。

(4) 与技术推广相结合。

我们种植的丝瓜是附近没有的品种，长势也很好，已经有很多人从我们这得到了丝瓜种，咨询了种植的要领；也有人咨询桔梗种植技术以及需注意的问题等，我们正在把积累的成功经验向他们进行介绍推广，对外提高我校的办学影响力和形象。

(5) 与艺术审美相结合。

基地长廊以及周边藤架上缀满各色诱人的瓜果，平整的菜畦长满绿油油的蔬菜，一大片蓝蓝的桔梗花随风起伏……每片园子、每个角落、每种植株花果都给人一种美的感受和真实的美的体验。

(6) 与校园环境建设相结合。

建设好这片基地，自然而然起到了绿化、美化校园环境的作用，为我们学校增光添彩。使绿色生态文明学校建设向前迈进一大步。

(7) 与经济创收相结合。

种植的蔬菜能够补充到食堂，让师生亲自品尝自己的劳动所获，不但倍有成就感，增强干劲，而且还为食堂增收节支。

三、孜孜不倦，实践基地教育建设获得业界认可

我校的劳动实践基地现有2亩左右，始建于2014年5月，六年多时间里我们坚持建设并不断改进、完善、创新。通过劳动参与实践，孩子们的发展潜能和自信力都得到激发，受到了教育，促进了学生发展，增强了学校的影响力，也为实现可持续发展教育奠定了坚实的基础。基地建设多次迎接周边学校考察并获得好评。

2016年全县中小学劳动实践基地建设现场会在祖山总校召开，山神庙小学作为一个主要的分会场，基地建设工作受到与会人员的一致认可；被评为2016年度秦皇岛市第二批劳动实践基地建设示范校。

2018年4月教育局和滋根联合在我校成功举办了“绿色生态文明学校劳动实践基地及食育课程主题教研活动”；同年6月我校的劳动实践基地建设经验在北京召开的“绿色生态文明学校”总结推广会上进行了交流；同年11月被联合国教科文组织中国可持续发展教育全国工作委员会确定为“可持续发展教育实验校”；

2019年6月我校被中国滋根乡村教育与发展促进会授予“绿色生态文明示范校”、被联合国教科文组织中国可持续发展教育工作委员会授予“可持续发展教育示范校”；

2020年9月，秦皇岛市教育局在祖山总校召开了秦皇岛市新时代中小学劳动教育推进（培训）会，我校开展的劳动教育活动又一次受到来自全市一百多位领导的肯定、赞扬与好评。

四、结语

不做只会纸上谈兵的象牙塔“伪学子”，教育的价值就在于实践应用。我校的实践教育基地建设，将知识的实践价值落到实处。古语有“纸上得来终觉浅，绝知此事要躬行”。

几年来，学校通过加强劳动基地建设、劳动实践教育，给学生搭建了良好的劳动技术教育与实践平台，有效地拓宽了培养学生创新精神和实践能力的途径，培养了学生热爱劳动、热爱劳动人民的美好情操，提高了学生自主劳动、自主管理的能力，使我们更深刻地理解了素质教育的内涵，践行了素质教育的本质精神。在今后的工作中，我们有信心把学校的劳动教育实践基地建设得更好，把学校的劳动实践教育开展得更加有声有色，不断推进绿色文明生态学校建设进程，助力学校整体工作再上新台阶！

坚守教育初心　护佑师生成长

河南省鹿邑县贾滩镇中心学校　李保华

教育是立国之本、强国之基，它不仅寄托着个人成长的希望、家庭的希望，也承载着一个国家发展的希望。为培养中国特色社会主义事业的接班人和建设者，鹿邑县贾滩镇中心学校围绕立德树人根本任务，以“人人成才、个个发展”为目标，在学校管理制度、教师队伍建设、学生素质提升三方面下大功夫，有力地促进了办学质量的显著提升，赢得了上级领导和社会各界的广泛认可。

强化科学管理

管理质量是学校发展的动力之源。科学的管理机制决定着一所学校发展进步的活力，也决定着一所学校不竭的创造力和竞争力。如何提升管理境界，提高教育教学水平，让科学的管理体系推动学校的发展进步？贾滩镇中心学校的领导班子一直在努力着。

学校领导班子以身作则，积极发挥组织者和引领者的榜样示范作用。校长事事率先垂范，深入教学一线；书记全天在校，全程参与教改教研；班子成员全部上讲台，有的还当班主任；行政人员必须是教学的骨干、课改的引领者、教学督导的落实者，所教科目的成绩不得低于平均水平……正是在领导班子的带动和影响下，全体教师脚踏实地、勤教乐导，学校因此形成了“团结务实、开拓创新”的好校风，“赶、学、帮、超”的好作风，“奋发图强、不断拼搏”的好学风。

学校注重“硬性”制度管理和“柔性”人文管理相结合，稳步推

进民主化管理和人性化管理，竭力消除“一言堂”和“家长制”现象，从而营造出一种亲切、融洽、向上的管理氛围。同时，学校定期召开家长会，邀请家长参与学校开放日、亲子活动等活动，让广大学生家长也能深入学校管理的各个环节，全面了解学校运作机制，不仅赢得了学生家长的支持和配合，而且形成了强大的教育管理合力，真正实现了家校联合。

通过科学的管理机制，贾滩镇中心学校正在向制度化、规范化、精细化、民主化和人性化的管理方向大跨步迈进。

提升师德师能

教师是教育教学的实践者，是教育发展的第一资源，也是提升育人质量的根本动力。贾滩镇中心学校建立师德修养、学科专业知识、教育教学的培养机制，要求教师坚定理想信念、厚植爱国情怀、提升道德修养、改进教学方法、打造高效课堂、培养创新能力，不断强化教师师德师风建设，提高教师教学能力水平，提升教师综合素养，有力地推动了教学质量稳中有升，使整个学校呈现出蒸蒸日上、欣欣向荣的发展局面。

高尚的师德是教师永不枯竭的动力源泉。学校强化德育工作领导，完善德育工作机制，由校长负总责，设立德育副校长和德育办公室，直接领导各班主任和任课教师，带领全体教师积极探索师德师风建设的新途径，不断增强“教书育人、服务育人、管理育人”的意识。认真贯彻执行上级的教育文件精神，以党建工作为主线，以党员为核心，以党性作要求，不断开展师德师风学习，形成了每周一次以学校为单位的学习和一个月一次的全镇统一学习的模式，并把师德师风学习记录交到中心校保存；成立督查领导小组，定期把师德师风和教育教学情况进行反馈，形成了制度制订、精神落实、信息反馈的完整板块，并不断完善和改进，使之更能够贴近一线教师的实际情况，更能够走进广大学生的日常生活；实施《贾滩镇中心学校师德师风量化考核方案》，每月一统计，每学期一核算，以此奖励先进、鞭策后进，形成争当先进的工作氛围；树立孙秀娟、王广华、潘涛、宋效良、米保华等师德师风学习典型，进行全镇通报表扬，并给予物质和荣誉奖励，以此引领广大教师向榜样看齐，努力提高自己的工作效率，形成爱岗敬业的“贾滩精神”。

专业的师能是提升教育教学质量的关键。学校不唯资历、不唯年龄，破格选用教学成绩突出、工作兢兢业业的年青教师担任学校中层领导，让“有为才能有位、有位更要有位”成为鲜明导向，极大地激发年青教师干事创业的激情；高度重视年青教师特别是特岗教师的培养和塑造，依托名师工作室，选用业务骨干结对帮扶新特岗教师，创造性地开展骨干教师示范观摩课、新进特岗汇报过关课等听课活动，让特岗教师学有标杆、进有方向；开展小课题研究，创设个个搞教研、人人有课题的良好教科研氛围，促使教师在学习中实践，在实践中反思，在反思中提高；制订并实施《学校目标量化考核方案》、《教师绩效工资考核方案》、《班主任绩效工资考核方案》、《特岗教师量化考核方案》等一系列规章制度，将考核结果与教师绩效工资、评优评先、职称晋级等挂钩，极大地调动教师工作的积极性、主动性和创造性。

护佑学生成长

在严格落实国家新课程标准的基础上，贾滩镇中心学校整合多方优质资源，努力搭建开放多元、充满活力、富有特色的学生发展平台，为学生提供更加自主、更具个性、更多选择的教育资源，走出了一条符合时代要求、学校追求、学生需求的理想之路。

为使学生获得全面充分而又个性自由的发展，学校现已开办了国学、文学、舞蹈、音乐、书法、绘画、科学、计算机、足球、篮球、乒乓球等多个兴趣小组，定期开展丰富多彩的课外活动，不仅丰富了学生的课余文化生活，也让农村的孩子在文体艺等方面有了一技之长，不会再产生“我们农村学生就是比不上城里学生那么多才多艺”的自卑感和挫败感，从而能更自信地走好成长成才之路。

功夫不负有心人。2019—2020学年度，贾滩中心学校荣获中招总评全县乡镇第一名、目标管理全县乡镇第一名、职教工作全县乡镇第一名的荣誉，这也是党委政府坚强领导和教体局的具体指导以及贾滩中心校全体师生员工共同努力的结果。

一路前行一路景，风雨不竭绘彩虹。贾滩中心学校将以成绩为新的起点，在加强管理上下功夫，在队伍建设上再发力，在特色办学上做文章，努力办好人民满意的教育，争取满足贾滩父老乡亲对优质教育的期盼。

树立大阅读观念，践行大语文教育

河南省信阳市新县光彩实验学校　陈兵　陈森

阅读能力的培养是语文素质教育重要的组成部分，阅读能力的高低，直接关系到学生的理解能力、运用知识的能力以及表达能力的提升。提高学生的阅读能力不仅关系到学生语文素养的培养，而且对他们开阔视野、提高内涵、增加底蕴、放飞心灵有着重要的意义。为践行新课程理念，推进阅读教学课堂改革，促进语文教师更新教育观念、改善教学方式，充分激发学生阅读兴趣、提高学生阅读能力、提升学生语文素养，探寻阅读教学新途径，开创阅读教学新局面，我校以新课程理念为行动指南，以全面推进素质教育为根本目的，以培养学生浓厚的阅读兴趣、良好的阅读习惯、自主的阅读能力、为学生的终身学习奠定坚实基础为教育目标，始终坚定不移的大力开展一系列发展性阅读的师生活动，真正践行“大语文”的教育思想。

一、抓好群文阅读，提高课堂实效

前苏联教育家霍姆林斯基说过：“让学生变聪明的方法，不是补课，也不是加大作业量，而是阅读，阅读，再阅读。”新课程标准提倡：语文要生活化。所以群文阅读不只是外在阅读材料数量的简单增加，而是指向教学内涵的丰富，指向传统教学的突破。早在2015年，我校就着手开始研究群文阅读教学，选定部分优秀语文教师作为群文阅读教学种子教师，率先学习群文阅读理论，尝试群文阅读教学实践，开始群文阅读课题研究，当时还请了县域名师周新安老师来我校作群文阅读示范课和群文阅读讲座，为刚刚起步的光彩群文阅读教学拨开了迷雾。

2016年春季，我校开始举行群文阅读优质课大赛，希望以赛促研、以赛促教。今年5月份，我校群文阅读优质课大赛如期举行，共有8位教师参加，除去受疫情影响的2020年，这样的优质课大赛我们已经举办了5届，共30余人次参与，老师从中得到成长，学生从中感受到不一样的阅读魅力，积累的30余节群文阅读优秀课例也成为我校群文阅读教学的宝贵资源。

我们边学边教，边教边研，边研边赛，总结经验不断发扬，发现问题不断改进，摸着石头过河，也取得了一些成就：除了刚刚说到的通过赛课积累的优秀课例，我校已经结项的省市县各级群文阅读课题3项，参与的10多位老师不仅对群文阅读有了更深入的研究，也解决了职称课题这一难题。

学校要求每位语文老师要不断学习群文阅读相关理论和名家课例，每学期至少进行5次群文阅读教学。通过研究学习、实践教学，慢慢摸索出适合我校校情和学情又有教师独特风格的群文阅读教学方法，教师对群文阅读课堂的驾驭日渐娴熟，教育教学效果明显提升，学生的语文综合素养也有很大提高。

现在，学校有意向整理前期群文阅读教学的材料，建立群文阅读教学资源库，并进行理论提升，完善群文阅读教学模式，建设群文阅读校本课程，让群文阅读成为语文阅读教学的一种常态。同时，拓宽群文阅读教学的内容和模式，准备开展小学低年级的绘本教学和其他年级的整本书阅读教学的研究和实践，变群文阅读为群书阅读，进一步扩大阅读教学的外延和挖掘学生阅读的潜能。

二、采取多种形式，开展阅读活动

完善阅读条件，营造阅读氛围。建立图书馆、阅览室、班级图书馆，建设诗词长廊和走廊文化以及随处可见的校园文化，确保学生随时有书读、随处有书读、时时想读书。

开展古诗词过级活动。学校每学期开展一次古诗词过级活动，激发学生对古典诗词的兴趣，接受传统文化的熏陶，把阅读的触角伸向中华文化的瑰宝。

班级图书角评比活动。每学期至少进行两次班级图书角评比，通过评比，督促各班做好班级图书角的建设，也落实班级图书角的借还，避免班级图书角流于形式，促进学生真实阅读。

通过社团开展阅读活动。我校目前有“溢彩”文学社、“悦读轩”朗诵社团、“仓颉”汉字听写社团，这些社团的成立和活动的开展，很大程度上激发了学生的兴趣、创新了阅读的形式、丰富了阅读的内容。

开展经典诵读活动。和群文阅读优质课大赛一样，我校自2015年起到今年已经举办了5届经典诵读活动，从开始的一个年级组2个节目，部分学生参与，到现在的先分年级专场演出后择优进行全校汇报演出，每个班每个学生都参加。声势越来越浩大，诵读越来越精彩，对学生的影响也越来越深远。

开展作文竞赛活动。学校每学年举办两次作文竞赛活动，即元旦的迎新征文和母亲节的感恩征文，以赛带写，以写带读，通过这样的活动，让学生真正感受到“熟读唐诗三百首，不会作诗也会吟”，从而真正爱上阅读。

语文老师特色阅读活动。学校要求语文老师务必根据本班实际和教学需要，组织本班学生开展生动活泼、行之有效地读书活动，引导学生养成好读书和做读书笔记的好习惯。

成立“博雅”教师读书社。组织教师进行阅读，做读书笔记，并交流分享，充实提升自己的同时，也给学生做正向阅读的示范引领。

学校还会依据上级要求和临时任务，开展一些读书竞赛、读书交流、读书成果展示等活动，培养阅读兴趣，调动学生积极性。

我校通过丰富多彩的师生活动，通过群文阅读教学实践等活动，形成发展性阅读的体系，树立大阅读观，践行大语文教育观，促进学生“多角度、有创意地阅读，拓宽思维空间，提高阅读质量。”、“培养阅读能力，并进行情感的熏陶、品德的修养和审美情趣的培养。”真正提升学生的语文核心素养，实现学生的终身发展和全面发展。

今后，我校将继续开展群文阅读，积极探索小学低年级的绘本教学和中高年级的整本书阅读，变“群文阅读”为“群书阅读”，把阅读的触角伸向中华文化的瑰宝，进一步扩大阅读教学的外延和挖掘学生阅读的潜能。大阅读教学正走在路上，在行进中思考，在思考中完善，群文阅读这一枝奇葩必将会发展成为阅读教学园地的满园芬芳。

坚守教育初心，办人民满意的教育

湖北省黄冈市武穴市大金镇小学 宋银刚

教育服务人民与服务社会的统一是社会主义教育本质的内在要求，也是马克思主义教育思想的基本观点。习近平总书记在全国教育大会上的讲话，明确提出要“坚持以人民为中心发展教育”，这是以人民为中心思想在教育领域的具体体现，反映着党在新时代对教育初心的坚持和践行。作为一名教育工作者，作为学校校长，我觉得不应把校长的这一职业当作谋生手段和提升社会地位的阶梯，而是应在平凡的工作中努力实现人生价值。

不忘初心跟党走，讲党性、树形象，要记人之功，容人之过，校长不能只当“伯乐”，“伯乐”只识“千里马”。作为校长既要用好“千里马”和“十里马”团结和带领团队心情舒畅，和睦共处，自我约束，才能凸现校长的见识，展显校长的智慧，展示校长的胸襟。围绕教育抓党建，抓好党建促教育。经过多年的不懈努力，我校接连承办了全市教育系统党建工作现场会，扎实的党建工作引领着我不断跨越前行，如今，我校的党建特色渗透着蓬勃生机，激发着办学活力，提升了办学品质。

一、身体力行办事，促进学校发展

一个想干事、会干事、能干成事的校长，是一个充满激情的校长。校长的激情可以感染班子，感动老师；老师的激情可以感染学生。校长要把全校教职工的激情融会在一起当作一种缘分，一种幸福的同事，我们的学校才能充满浩然正气，才能焕发出蓬勃朝气、昂扬锐气、才能散发出生机与活力。

作为校长，我经常深入基层，询问老师们在想什么？听老师在讲什么看看老师们在做什么？我“沉”下去，走近团队，贴近老师，走进学生，走进课堂到教学一线听课、评课、和老师们一起听听他们的呼声，为广大教师排难解纷，为教职工谋福利求实惠。

作为校长要以尊重教师、关心教师，激励教师为出发点和落脚点。再就是校长要体现一个“敏”字，要用一个善于发现的眼睛，经常巡视校园，不是例行公事，做个样子，而是要发现问题，倾听师生心声，解决师生诉求。

历年来，我勤俭持校，把有限的资金用于学校发展急需，给大金小学进行了三区规划，为大金小学改造了美观实用的会议室、党员活动室、少先队活动室，装饰了教师办公楼、学生食堂等，建造了与学校规模相映成彰的新校门和铁艺围栏，配备了31间教室多媒体设备等等。现在，曾经硬件“贫瘠”的农村小学已被“培植”成为一所蕴含创意、整洁有序的花园式学校。

自任校长之后，我就以更加强烈的使命感、责任感和紧迫感，要求自己办好人民教育，办人民满意的教育。我持续栽培干部，凝聚班子力量，以大型活动为抓手，不断促成活动精彩展现，使学生综合素质得以提升，使学校智慧发展多样呈现。同时，我抓住契机，开展了八期家长开放日活动，听取家长心声和建议，搭建家校共同教育孩子的桥梁，力求让每一位学生受到更好地教育。

在疫情防控期间，我把常态化疫情防控始终如一抓在手上，在全面了解学校疫情防控工作的同时，学校认真做好全天候喷药预防、情况排查、信息宣传、可谓是严防死守、群防群控的工作格局不动摇，同时在落实师生动态管理责任制的过程中，做到底数清、情况明、为全校师生的身体健康和生命安全保驾护航。

二、强化科研意识，提升学校品质

我牢固树立科研为先、科研强校意识，把学校教科研当作“一把手”工程，着眼“走出去学习充电，请进来拓展教学潜能”策略，带动学校教育教学改革向纵深发展。多年来，在我的带领下，学校办学质量不断提升，已形成了大金镇小鲜明的办学特色。

我先后搭建了本校与武穴市实验小学、武穴师范附属小学、武穴市第二实验小学之间的学习桥梁，派遣了约800人次到武穴市小教三大教育集团取经。

自被湖北省教育学会书法专业委员会授予为“湖北省书法教育实验学校”以来，我校选拔的30位青年教师在武穴市实验小学接受了专业的书法指导，得到了名师的艺术熏陶。这高屋建瓴，已俨然使我大金镇小的校园更有朝气，更有灵感，更有文化品位。我们大金镇小将砥砺前行，在无限的书法世界里绽放人民满意教育的活力与精彩。

历年来，省级、地市级名师工作室纷纷应邀来我校开展活动、指导教学教研工作。陈平名师工作室、陶小平名师工作室、李姗姗名师工作室都曾莅临我校，开展了教科院工作的同时，也促进了我校教学教研工作，为我校广大老师的成长提供养分。教师教研的氛围日益高涨。

“走出去，请进来”策略，使我校一批老师在全市崭露头角。譬如刘颖、郭慧、戴莉等老师，多次在地市级的讲课、说课比赛中取得骄人的成绩。刘颖老师、郭慧老师的录课还脱颖而出，参加了湖北省录课评比，并取得喜人的成绩。

我们取得的成绩都离不开教育局和大金镇党委、政府、镇中心学校的关心与支持，更离不开我们的这支团队身先士卒，率先垂范和爱岗敬业的榜样力量，正是他们构筑了我校最亮丽的风景，赢得了党和人民的好评与信赖。

未来，我校将始终坚持社会主义办学方向，坚定走内涵发展道路，聚焦全面质量的提高，强化办学特色，不断提高教育教学质量，不忘初心、牢记使命、承担起新时代教育的新使命，加快推进教育现代化、建设教育强国、办好人民满意的教育，为实现“两个一百年”奋斗目标和中华民族伟大复兴的中国梦提供有力支撑。

塑造精神家园 守望生命成长

湖北省水果湖第二中学 吴继德

湖北省水果湖第二中学成立于2001年8月，是从原武昌水果湖中学分离后组建的一所全新的现代化初级中学。自办学以来，学校围绕新时代发展与变革的主旋律，牢牢把握教育正确方向，紧紧扣住教育重点和亮点，与时俱进，倾力开拓，努力把学校打造成为全面实施素质教育、质量一流、有特色、有国际视野的现代化学校。

立心铸魂，为学校发展装上引擎

学习新思想，牢记办学根本任务。学校组织全体教职员工认真学习十八大以来教育改革发展实践中形成的新观念、新思想，确立了学校的办学思想：实施素质教育，就是要全面贯彻党的教育方针，践行“问津求真、追求卓越、立德树人”的武汉教育精神，树立为学生全面终身发展奠基的核心理念，把社会主义核心价值观融入学校教育教学全过程，培养一代又一代拥护中国共产党领导和我国社会主义制度、立志为中国特色社会主义奋斗终生的德智体美劳全面发展的建设者和接班人。以人为本，让每位学生享有成功的快乐，让每位老师拥有创新的舞台，促进师生共同成长，实现学校的持续发展。

明确办学理念，促进学校内涵发展。学校以教学教研为龙头，以现代信息技术为依托，以课程改革为先导，以实施素质教育为核心，以“教育是农业”为教育理念，办“慢”教育，守望生命成长，建“和”文化，塑造精神家园，不断拓展学生视野、提高学生修养、锻炼学生体魄、健全学生人格、提升学生能力，进一步促进学校内涵发展，努力实现办一所“省内龙头、国内先进、具有国际影响”的现代化中学的办学目标。

依法治校，为学校发展提供保障

建章立制，提供制度保障。学校依法制定学校规章，通过教代会先后制定并修订了《教师教学考核管理办法》、《财务管理制度》、《家长委员会章程》、《项目建设管理办法》、《“三重一大”决策机制制度》、《奖励性绩效工资考核分配方案》等覆盖教育教学、财务、教室、学生、后勤、安全、校务公开等各个方面的制度，形成了完备规范的制度体系，推进了现代化学校的制度化建设。

科学决策，提供组织保障。学校健全校长负责的长效机制，实行校务公开及时，建立管理民主、参与广泛、监督有力、问责清晰的管理体系和运行体系。学校干部任免、财务预算决算、重大决策等都经过支委会或办公会、教代会集体讨论通过，并及时在校内公示，主动接受教职工和社会的监督。学校注重加强和改善党的领导，吸收党小组长参加学校办公会，认真贯彻“三会一课”制度，充分发挥党组织的政治核心作用。学校办公会议坚持民主集中制原则，实行集体领导与个人分工负责结合，完善并严格执行学校的议事规则和“三重一大”集体决策制度，既保证领导班子的高效运转，又保证实行有效监督。学校充分发挥加家委会的作用，让家长参与和监督学校的管理，体验孩子学习和教师教育的辛苦，形成家校共育合力。

规范办学，提供公平保障。一是规范招生入学和分班。学校坚持义务教育免试入学的招生原则，确保服务区湖北省水果湖第二小学适龄儿童全部入学接受初中义务教育。不设置重点班、快慢班、实验班等，编班过程做到公开、透明、规范，并进行公示，保障所有学生公平接受义务教育。二是规范教育教学活动。学校按照国家、省课程计划的规定，科学设置国家课程、地方课程和校本课程三级课程，并严格按教育行政部门有关规定征订教材、教辅读物、练习资料。三是高度重视学生校园安全工作。学校注重安全教育，开设心理健康和生命安全教育课，教育引导学生珍惜生命、健全人格，不断增强师生安全防范意识和自我保护能力。近年来，学校未出现一例社会综合治理责任事故和群体性事件。

强化师资，为学校发展培养人才

领导班子团结亲民，勇担担当。近三年来，学校领导班子克服困难，迎难而上，各项工作有序开展，取得了优秀成绩，连续获得武昌区教育教学质量奖、武昌区目标管理优胜单位等荣誉称号，充分表明本届领导班子是一个团结奋进、务实创新、廉洁高效，特别能吃苦的好班子，在教职工中有较高的威信。

干部队伍务实创新，精干高效。学校非常重视干部队伍建设，坚持中层干部公选聘用制度。教师通过自愿申报、公开竞聘、民主评议等几个环节竞聘中层干部岗位，上任后自觉接受教职工的评议与监督，能上能下的灵活干部任用机制，更为充分地发挥了中层干部的引导作用。重大事件群策群力、民主集中，各部门职责清、信息通、效率高，相互协作，密切配合，认真履行职责，工作积极主动，形成了一支具备较强管理和调控能力的精干队伍。

教师队伍业务精湛，敬业爱生。学校高度重视师德师风建设，着力培养"四有好教师"，潜心打造德艺双馨的教师群体，提倡教师以自己的人格魅力来影响和感染学生，以自己的儒雅博学来引导和教育学生，用自己的爱心善意来温暖和感动学生。学校将师德规范细化为对教师素质和日常行为准则的具体要求，并在校门口设立"举报箱"，让社会监督教师的不规范行为，保证师德目标得以落实；注重培养教师校本课程开发的能力，积极创造条件，提供平台和资源，让老师进行课程整合，从而具备一定的校本课程开发能力；注重教师培训，让所有老师积极参加全省中小学教师信息技术能力提升工程等各项省级培训及武汉市、武昌区教研室组织的教研活动和培训，每次活动都严格考勤；为了确保青年教师迅速成长，学校将青年教师的培养列入学校发展的重要工程，制定培养计划，指派指导教师，由教科室专人负责具体落实，定期（每周二晚上）举办"青年教师成长论坛"活动，邀请身边教师典型及教育名家、成功人士现身说法、传经送宝，同时也让青年教师交流分享工作、学习心得，相互借鉴、共同提高，论坛活动很好地促进了青年教师的师德师风提升和专业成长。推进教师交流，认真完成省教育厅下达的"三支一扶"活动有关任务，每年按厅干部人事处规定的人数，选派教师赴麻城支教，并组织相应学科的骨干教师开展教学示范课、教育教学讲座、与当地教师交流等活动。

素质教育，为学校发展导航引路

坚持立德树人，拓宽德育路径。学校坚持以"立德树人"为宗旨，以"特色德育课程"为突破口，创新德育课程内容和形式，开展丰富多彩的德育活动，增强学校德育工作的针对性和实效性。充分完善德育课程，积极开发"家校共育一班一优课"特色德育课程，使德育观念入脑、入心、入行；以"社会主义核心价值观"为突破口，加强与语数外理化生等学科的德育渗透，对学生进行世界观、人生观和价值观的指导，进行科学精神、科学态度和逻辑思维能力的培养，进行审美情趣、健康生活方式的引导以及劳动意识、生活技能、动手能力的培养；高度重视德育师资队伍建设，加大班主任工作考核力度和专业培训，大力培养一支"爱心、智慧、魅力"兼备的高素质班主任队伍。

丰富课程体系，培养综合能力。按照国家、武汉市课程计划的规定安排教育教学工作，开齐开足开好各门课程，科学把握教学进度，促进学生德智体美劳全面发展。整合校内外资源，开设书法、合唱、3D建模和打印、智能机器人、羽毛球、篮球、瑜伽、英语戏剧表演、朗读与写作、科学探究实验、生活数学等11门综合实践校本课程，以满足不同学生发展的需要。每学年开展精彩纷呈的科技艺术节活动，为学生发展特长、展现才能、培养创新思维、提升综合素养搭建舞台。

坚持以体强身，实现以美育人。深入贯彻《学校体育工作条例》，开齐开足体育课，并积极开展"大课间"、"阳光一小时"活动，让学生在体育锻炼中享受乐趣、增强体质、健全人格、锻炼意志。深入贯彻《学校艺术教育规程》，除课堂教学之外，还成立学生合唱、舞蹈、管弦乐队、书法、美术等社团，让学生在不同的平台上去掌握音乐、美术学科的基本知识与技能，培养学生高尚的情趣和审美能力、表现能力。

开放办学，为学校发展注入血液

构建"四位一体"的教育资源共享机制。学校整合校内外各种教育资源，充分利用家庭、社区、社会教育资源，建立学校、家庭、社区、社会"四位一体"的教育资源共享机制，极大地拓宽教育途径，共同承担责任，形成育人合力。各个班级通过定期家访、组建家长委员会、创建班级家长QQ群和微信群、开展"家长进课堂"活动、建立家长值班制度和家长监考制度等方式，促进家校有效、高效沟通，形成了良好的"学校——家庭"的互动模式。学校整合校内外资源，通过邀请专家院士进校园、去知名院校和教育基地研学、参加社区志愿者活动等方式，延伸课堂教学渠道，实现了学生知识层面的拓展和教育内容的活用。

积极开展与国际国内的合作交流。学校十分注重开展与国内国际学校的合作交流工作，注重加强教师校级、区域交流与对外宣传，扩展校际教研互动。一是积极与省内外各兄弟学校交流，共同提高育人水平。作为"国培计划•影子工程"基地，学校经常接待各地"影子老师"来学校跟岗学习，省内外教师及校长代表团多次到校交流学习。二是建立对口帮扶学校，促进均衡发展。学校每年选派2--3名教师到麻城市城东中学任教，也不定期的邀请城东中学的领导老师来校交流，两校的老师相互学习，相互借鉴，不断提高教育教学能力。三是扩展视野，搭建教师到境外学习与交流的平台。近几年，学校多批次派出骨干教师到日本、韩国、澳大利亚、新加坡、台湾、香港、澳门等地进行教学指导、交流活动，提升了教育理念，丰富了育人艺术，促进更多优秀的青年教师逐步成为不同学科领域的教学骨干，形成名师效应。四是安排学生参与文化教育交流。学校家委会每年确定学生境外游学的地点，与当地学校和家庭开展交流，也带去了中国文化。学校也经常接访来自美国、英国、澳大利亚以及境外其他地区的教师和学生。这些教育交流既开阔了学生的视野，又增进了学生的世界公民意识，提高了跨文化理解能力，培养了国际交流能力。

经过十几年发展，学校学生综合素养不断发展、教师专业技能持续进步、教学质量稳步提升，赢得了家长的高度支持和社会的广泛认可，先后获得全国管理创新模式学校、湖北省最佳文明单位、湖北省科研先进学校、湖北省学校文化建设示范学校、省教育厅直属机关先进基层党组织、武汉市师德建设先进集体、武昌区基础教育课程改革先进单位等多项荣誉。

教育是社会进步与变革的基石，谁赢得了教育，谁就赢得了未来。在党和政府优先发展教育、大力实施人才强国的今天，湖北省水果湖第二中学将始终秉承"教育是农业"的教育理念，以立德树人为根本任务，为党育人，为国育才，为提升教学质量、提高办学水平挥洒汗水、奉献智慧，努力打造培养人才的摇篮、淳化世风的高地！

传承红色基因，发扬团结精神

——谈瑶族乡中学传承红色基因工作

湖南省郴州市汝城县延寿瑶族乡中学　雷春明　王剑

郴州市汝城县延寿瑶族乡中学其前身为达德学校，创办于清朝光绪年间，是开国上将李涛将军的母校，是一所农村寄宿制初级中学。现有校园面积25381平方米，教职工78人，教学班21个，共有学生1048人。学校依山傍水，整个校园的教学区、运动区、生活区布局合理、建设规范、设施配套，属县级园林式单位，是莘莘学子求学的理想场所。

一直以来，该校高度重视民族团结教育和红色基因传承工作，全面贯彻党的教育方针，大力推进素质教育，倡导创新学习，以"扬四德，正品行"为校训，以"打造红色基因、明德善行的民族品牌学校"为办学目标，以"培育德才兼备、自强不息的现代青年"为育人目标，以"明德养正，以善立行"为办学理念。坚持"抓管理，保安全，提质量，促发展，讲团结，建和谐"的工作思路，把开展民族团结教育和红色基因传承工作同学校教学工作融为一体。

一、落实职责注重宣传，营造"红色环境"

开展民族团结教育和红色基因传承工作政治性、政策性强。学校不断加强管理，强化领导，明确责任，完善运行机制。一是，加强组织领导。学校成立了以校长为组长、学校行政领导及各班主任为成员的工作领导小组，对民族团结教育和红色基因传承工作进行了周密部署，加强全面协调，促进落实。以抓学习，求团结，树典型，结对子，促稳定，求发展为主题，全面贯彻党的政策，使民族团结教育和红色基因传承事业更具特色，各类活动丰富多彩。二是，坚持"一手抓民族团结教育，一手抓红色基因传承"，将民族团结教育和红色基因传承工作纳入学校发展规划，列入学校计划，细化工作任务，完善具体措施，责任到人，扎实有效地开展工作。

为使学校民族团结教育和红色基因传承活动深入开展，学校充分利用各种舆论宣传工具，大力宣传民族团结教育和红色基因传承工作。一是，利用校园广播，每天中午、下午对学生进行维护祖国统一和热爱祖国的宣传教育，党的民族理论宣传教育，民族政策和民族区域自治制度宣传教育，维护社会稳定和社会主义法治的宣传教育。二是，制作宣传栏，内容丰富，图文并茂，通俗易懂，生动形象地展示了各民族的民风、民情和民俗及红色故事，营造出一个良好的氛围。三是，以班级为单位每个学期举办一次民族团结教育和红色基因传承专题讲座。让广大学生在了解民族知识、红色故事中增强的自豪感，提高识识水平。四是充分利用升旗仪式、班队会等形式大力宣传，以营造浓厚的氛围，形成了强有力的宣传声势。五是创建了民族团结教育和红色基因传承阵地，校内建有民族团结展览室，爱心传承室，文化长廊，校外以李涛故居、宋裕和故居、官亨青石寨为德育基地，这样使民族团结教育和红色基因传承工作深入全校师生心中。

二、进行培训提高师资水平，多元化渗透融合

开展学校民族团结教育和红色基因传承工作关键是对学生进行教育，要想更好地对学生开展民族团结教育和红色基因传承，师资培训工作是关键。因此，我校一方面积极开展理论学习。定期组织教师认真学习相关文件精神，使广大教职工进一步统一思想，全面正确地理解，增强全体教职工开展民族团结教育和红色基因传承的责任意识和使命意识。另一方面积极开展业务培训。为了提高教师民族团结教育和红色基因传承教学业务水平，学校专门对全体教师进行专题讲座。各教研组结合要求，定期组织各科任教师进行业务学习，进一步细化各学科、各年级的民族团结教育和红色基因传承渗透点、结合点，适时融入、补充和延伸，把民民族团结教育和红色基因传承内容有机融入课堂教学之中。

学校的中心工作是教学工作，课堂教学是实施素质教育的主渠道。因此，在课堂教学中加强民族团结教育和红色基因传承的教学，是深化民族团结教育和红色基因传承教育，促进共同发展，和谐相处的重要途径。一是，利用主题班会活动时间，积极开展内容丰富、形式多样、学生喜闻乐见的民族团结教育和红色基因传承教育活动，进一步提高活动的针对性和操作性，增强民族团结教育和红色基因传承工作的新活力。二是，学科教学注重渗透。在各学科教材中，有着丰富的民族团结教育和红色基因传承的素材，学校主要采取学科知识渗透民族团结教育和红色基因传承内容的方法实施教育。三是，编写了校本教材《民族团结教育读本》，将内容纳入课程开设。教研组根据各学科的特点，组织专题研讨，深入发掘民族团结教育和红色基因传承渗透点，分解任务落实内容。重点是将民族团结教育和红色基因传承相关知识融入德育教学过程中。

三、在实践中求真知，收获红色教育实效

一直以来，学校围绕 “共同团结奋斗、共同繁荣发展”的主题，积极开展了“十个一”活动民族团结教育主题实践活动。即举办一次“节庆”活动。引导学生充分尊重少数民族传统习俗，利用本地区瑶族、畲族等少数民族重点节日，每年举办一次以宣传民族团结和红色基因传承活动。读一本民族团结教育和红色基因传承为题材的好书。既增长知识，又满足了阅读兴趣。听一堂民族团结和红色基因传承报告会。该校坚持每学期为中学生开设一次民族团结教育和红色基因传承知识专题讲座。开一次民族团结教育和红色基因传承座谈会或讨论会。我们利用教职工活动时间开展民族团结教育和红色基因传承座谈会，让党员老师对民族团结教育和红色基因传承有了具体的认识和感知。出一期主题板报。班级出版以“民族团结教育和红色基因传承”等为主题板报。 通过开展民族团结教育和红色基因传承活动，学校全体师生增长了民族知识，提高了意识，融洽了氛围，深切地感受到“祖国的繁荣是离不开民族的团结和红色基因的传承”。

在全体师生的共同培育下，民族团结教育和红色基因之花正开遍校园，教育教学工作效果明显。1999年9月，延寿瑶族乡中学被省教育厅、省民委指定为民族团结教育试点学校。2001年1月，市、县民委授牌将学校定为“民族团结进步素质教育实验学校”。2002年10月我校被国家教育部、国家民委评为“全国中小学民族团结教育先进集体”，2017年我校被评为“郴州市首批中华优秀传统文化教育基地”，2018年我校被评为湖南省民族团结教育“示范学校”。2020年1月我校被评为“全国红色教育示范学校”，被湖南省民宗委评为“民族团结进步示范学校”。

党歌唱不停，红色基因永传承。这是学校教育的主流精神导向。在红色教育，团结教育工作开展中，师生教学学习素养显著提升。传承红色基因工作初见成绩，这让我们倍感欣慰。未来之路等待我们的有困难也有挑战，我们终将持之以恒，坚持不懈的探索下去。

30年，幸福的坚守

——记扎根乡村教育的邵阳县第二高级中学校长陈助军

湖南省邵阳县第二高级中学 周华 刘爱君

从乡村高中教师到乡村中学校长，陈助军已经在教育最基层扎根30年。出色的工作让陈助军成为湖南省教育学会理事、湖南省教育学会班主任工作专业委员会常务理事、邵阳市教育学会理事、邵阳市教育学会高中专业委员会常务理事，并获得了湖南省现代教育技术工作先进个人、邵阳市骨干教师、邵阳县优秀共产党员、全县结对帮扶“双走双结”先进个人、邵阳县优秀校长、优秀教育工作者，邵阳县名师、十佳教师等诸多荣誉。

学生成长的“铺路石”

1991年7月，陈助军毕业于湖南师范大学历史系。组织分配工作时，县教育局领导询问他的工作意向，生于农村、长在农村的他对农村这片热土有一种解不开的情愫，他毫不犹豫地选择了农村高中——邵阳县二中。从踏上讲台的那一刻，陈助军便一直“躬自厚而薄责于人”、“以身立教，为人师表”，始终信奉爱是最好的教育。在刚当班主任时，学校条件有限，老师和学生都住在简陋的四合院里，学生住楼上，他住楼板下地面第一层。当时，学生们的伙食不好，每闻到楼下陈助军老师家的菜香味，便纷纷地跑到他家去解馋。冬天，天气寒冷，学生们一下了自习课，便一窝蜂地跑到陈老师家去打热水。身上长了疥疮或者患上伤风感冒，学生们就会径直跑到陈老师家找当医生的师母，师母除免费看病外，还免费给药……后来，陈助军的爱人调到县城医院，陪学生出诊、帮学生出医药费成为陈助军的工作常态。

农村学生很多时候因经济条件所限而做出无奈的选择，是陈助军老师的爱，点燃起他们青春梦想，改变了他们的人生轨迹。家住罗城的一位姓彭的学生，因家庭困难，其父母和本人几度产生了放弃上学的念头，陈助军为了说服其父母，利用星期天帮他家挖红薯、摘桔子、打稻谷，学生及家人深受感动，决心继续完成学业，后顺利考上上海的一所大学。金称市一位姓彭的学生因交不起学费，也想休学了，陈助军了解情况后，主动为其垫付学费和生活费，最终他考上了大学，并受陈老师的影响，选择了教师职业。

“我叫‘陈助军’，‘助军’即为‘助君’，‘陈’代表‘成功’，作为你们的老师，我愿意做一个帮助你们成才、走向成功的人!”现在邵阳县二中教书的周乐老师是陈助军的学生，他深情回忆起二十多年前，陈校长给他上第一堂历史课的情景。这么多年过去了，但陈校长的那席话时常在周老师的耳边回荡，在以后的教学生涯中，他一直以陈校长为榜样，做学生成长的引路人。

2019年，邵阳县二中建校80周年，来自五湖四海的二中学子齐聚一堂，华中科技大学的博导——周建新教授在发言中是这样动情地说：“陈老师过去是我的老师，虽然他现在当了校长，但我还是愿意叫他老师，因为他那谦恭有礼的样子一直没变，他那招牌式的微笑一直没变，记得他教我们历史课时，很少要去看教本，一节课的知识点他了然于胸，娓娓道来，因为他让我喜欢上了历史，尽管我读工科，但在读大学期间乃至工作后依然喜欢看历史方面的书籍……”

学为人师，行为世范。“亦师亦友亦父”，陈助军用真情付出换来学生们的最高评价。

作为湖南师范大学历史系的优秀毕业生，陈助军刚参加工作没几年，就在教坛上崭露头角，在各种赛课中多次获奖，成为县里有名的教学能手，如1996年在邵阳市“三优课”联评中获得一等奖。邵阳市、广东惠州市等多所名牌中学向他抛来了橄榄枝，但他心在二中，心系农村教育，毅然放弃各种机会和优越条件，就像一棵大树，扎根在家乡的教育田野上。

学校发展的“领头羊”

近几年来，扶贫攻坚成为最大的政治任务和压倒一切的中心工作。邵阳县二中勇担社会责任，积极开展教育扶贫，并结对帮扶的五峰铺镇胡桥村和大田村。3年来，陈助军校长带领学校教师风里来、雨里去，进村入户家访，召开各类“家长会”，帮扶特殊学生，“爱心爸妈”不断涌现。邵阳县二中的老师在教好书、育好人的同时，也成为扶贫攻坚的主力军。

老师心目中的“大家长”。爱生如子，爱师如亲，陈助军校长把每位老师看作是自己的家人一样，无论在工作上，还是生活上，都做到“一枝一叶总关情”。谁家有困难，他都会去关心，并尽可能的提供帮助和照顾；每逢老师生日，他都亲自打电话或发短信祝福，并送上生日礼物；为新进教师解决住房以及为青年教师牵线做媒……一次，扶贫下乡回来，经过新老师蒋文轩老师家，得知他老母亲孤身一人供其读完大学，家里一贫如洗，当即从身上掏出了仅有的600元钱给老人家。

同事眼里的“工作狂”。农村教学条件差，陈校长为了改善办学条件，跑项目，争取资金，风里来，雨里去，由于长期的操劳得不到休息，陈校长的免疫系统亮起了红灯，严重的身体疾病折磨得他寝食难安，教育局廖局长批准让他静养一个学期，但他心里始终放不下学校，多少次拔掉针头就去找领导签字，在工地上监督工程质量，经常往返于学校、县城、医院的路上。

自担任校长的近年来，陈校长共争取上级建设资金5000余万元，学校面貌发生了翻天覆地的变化，结束了校园内雨天一身泥、晴天一身灰的历史。当年的简陋低矮的四合院，如今发展成为一所鸟语花香、极富现代气息的“最美校园”。教学大楼气宇轩昂，学生公寓典雅庄重，新学生食堂明亮洁净，学生活动中心功能齐全。科教楼的实验室、语音室、电脑房、多媒体教室，其现代化设施一应俱全，均已达省级示范性高中的标准。

近三十年的工作中，陈校长总是“勤”字当头，还时时率先垂范，只要不外出开会或出差，每天早晨6点的校园里，晚上学生就寝的宿舍前都能看到他忙碌的身影。

教研教学的“老把式”。作为校长，陈校长始终奋战在教学第一线，他更相信科研的力量，科研兴教是学校提升教学质量的重要途径。30年来，他积极探索教学方法，教学模式，投身于新课程改革之中，倡导参与开发12部校本教材，亲自主持了多个课题的研究，并都已结题且获奖，多篇论文获奖并发表在国内有影响的教育期刊上。他重教师培训、重下堂听课、重对外交流，促教师专业快速成长。

一分耕耘一分收获。近几年来，学校的学考一次性合格率和高考的升学率一年上一个台阶，节节攀升。学校成功实现弯道超车，成为“湖南省现代技术教育先进单位”、“湖南省安全文明校园”、“湖南省心理健康教育先进单位”、“邵阳市最美校园”、“模范教工之家”，让农村孩子在家门口享受到市内优质的教育资源。

30年，杏坛耕耘；30年，倾心育人，陈助军校长用奉献和奋斗践行初心，守望幸福，谱写了乡村教育的动人乐章!

赓续追寻，文明校园创建步伐铿锵有力

湖南省益阳市桃江县第七中学　詹春花

湖南省益阳市桃江县第七中学创建于1983年，坐落在桃江县城中心，是一所以艺体特色和精品文化为办学方向的公办高中。2020年，学校又一次被评为益阳市文明校园创建先进单位，这已是学校连续第三次获此殊荣。

当前，桃江县第七中学创建文明校园工作取得了一定的成效。这源于学校持续对标全国文明学校创建的高要求，以立德树人为根本，以社会主义核心价值观为引领，追寻"谋福祉、突特色、办精品、育英才"的办学目标，坚持"兼容并包，因材施教"的办学理念，创新"一路行走、一路风景"的教育信念，内化"尚德、启智、博艺、健体"的校训精神，从行动力、影响力、战斗力、能动力、发展力、创新力六个维度践行儒雅、优雅、文雅的"三雅"文明教育，营造了"文明育人，育文明人"的良好校园环境。毋庸置疑，创建文明校园，桃江七中一直行走在路上。

以行动力铸思想道德之魂

为熔铸坚实的思想道德根基，桃江县第七中学加强德育工作整体设计，优化德育资源配置，根据学生发展特点和成长需求，把立德树人的要求融入思想道德教育、文化知识教育、社会实践教育、艺术体育教育等各个环节。

定期开设道德讲堂，邀请县委党校教师、退伍老兵、知名校友讲课，现学校每年开展大型讲座10余次；常态化开展传统文化主题教育活动，在清明节、中秋节、国庆节等重大节日，开展祭扫烈士陵园、演讲比赛、征文等活动，组织书法、绘画、诵读国学经典等比赛；精耕"三雅"文明教育，每月开展文明班级、文明寝室、文明办公室等评选活动，每年开展年度优秀教师、文明学生、艺术之星、最美寝室等评选活动；每年开展节水环保活动，保护生态环境，倡导文明新风。

学校通过多样化的形式，将文明育人工作落细落小落实，以行动力铸思想道德之魂，学生综合素质广受社会赞誉，被评为益阳市2020年度未成年人思想道德建设工作先进单位。

以影响力展领导班子之能

领导班子是落实学校决策部署、推动各项工作的指挥部，也是抓好改革发展、稳定各项工作的关键。桃江县第七中学领导班子坚持依法治校、以德治校的办学方针，在工作中以身示范、强健实力、干事创业，打造了一个坚强有力的好堡垒。

各支部定期开展主题党日活动，每月组织1次党员义工活动，增强党员的领导力、思想力和凝聚力；实行校长蹲点年级制度，行政人员蹲点班级制度，做到宏观把握教育教学情况；经常组织不同层次的研讨会、交流会，群策群力，助力学校发展；校务值班严谨执行，每天有蹲点领导和行政人员巡查校园，并由校务值班人员将这一天学校的日常管理情况详细公布；突出完成建档立卡贫困学生帮扶，落实初高中学段国家资助政策，加强社会捐资助学；建立学校与社会、家庭合作沟通机制，征求和听取他们对学校工作的意见和建议，增强发展合力。

以战斗力激教师队伍之志

一所学校只有全体成员具备高度的使命感，才能从内心深处召唤出工作的积极性。近年来，桃江县第七中学这个年轻的领导团队，用"三雅"的理念打造雅之文明校园，收到了可喜的成效。

学校高度重视加强教师队伍建设，着力打造一支高水平、高质量的战队。每学期有序开展强化敬业精神、强化组织纪律、强化职业行为的"三个强化"活动，有效落实查摆自纠、"师德承诺"和建章立制等措施，坚持把师德师风作为评价和考核教师的首要内容；切实加强教育教学常规管理，严格落实精细化备课、五环节教学、一月一查制度、课堂教学巡视制度、人人上好课、党员上示范课等举措，深入推进优质高效的课堂教学实践，持续提高教师的业务水平。

学校坚持开展"最美七中人"年度人物评选活动，不仅激发了教师队伍的活力，也成为学校最让人期待的亮点。评选奖项包括优秀教师、优秀班主任、突出贡献奖、教坛新秀、师德先进个人、管理服务标兵这六项，从教育管理服务一线到教学一线的每个层面都被关注，旨在全校挖掘典型，树立榜样，弘扬正气，传播感动。

以能动力创校园文化之风

校园文化是一所学校的灵魂，是立校之基，也是育人之本。桃江县第七中学牢记"尚德、启智、博艺、健体"的校训精神，把握艺体特色和精品文化的办学方向，将"三雅"文明渗透到校园文化建设的每个方面，形成了独特的校园文化风格，潜移默化浸润着七中学子，助力他们全面发展。

健康的体魄是青少年为祖国和人民服务的基本前提，是中华民族旺盛生命力的体现。学校贯彻"一切为了学生，健康第一"的可持续发展理念，通过开展阳光体育大课间活动促进学生身心健康成长。大课间活动分为热身跑、健美操、跑操、班级特色项目、放松操、退场6个模块，其中班级特色项目有羽毛球、跳绳、毽子、跳大绳、呼啦圈、袋鼠跳、足球、篮球等，学生可以有选择地参与、学习，不仅激发了运动兴趣，也形成了健康意识和终身体育观。在2020年益阳市中小学阳光体育大课间评优活动中，桃江县第七中学荣获一等奖！

校园安全工作是学校办学的底线，是学校工作的重要组成部分。学校始终把安全工作作为学校工作的重中之重，确保安全教育常态化，呵护中学生健康成长。制定《安全工作制度和安全工作应急预案》，层层签订安全责任书，做到了制度健全、责任明确；开展开学疫情防控总动员、安全教育主题班会、消防应急疏散演练、校园防恐防暴知识讲座、安全教育日主题讲话等活动，增强学生安全意识；实行出入登记制度、坚持行政值班制度、政教值日制度，尽量排除安全隐患。

德育是素质教育的灵魂和核心。学校紧紧围绕立德树人的根本任务，加强和改进德育工作，着力培养学生良好的道德品质、学习品质和行为习惯。2020年11月11日，组织教师党员和高一、高二学生在宏智演艺厅参加红色故事主题报告会；2020年12月3日，组队参加桃江县第四届"关爱明天，普法先行"青少年普法教育活动法律知识抢答赛暨法治文艺宣传汇演；2020年12月28日，举办"关爱明天　普法先行"全校学生演讲比赛；2021年3月26日，开展主题为"爱护母亲河，环保志愿行"的节水环保活动；2021年4月16日，举行"红色经典诵读比赛"，以此向建党100周年献礼；2021年5月12日，进行模拟法庭进校园普法活动，做新时代护法先锋；高三成人礼、"感悟师恩"主题班会、"千人诵读经典"、"关注特殊儿童"等活动，则改变了以前那种"空洞说教、强制执行"的模式，收到了良好的教育效果。

没有艺术的教育是不完整的教育，将美育融入学校教育的全过程，既是素质教育的必然要求，也是美育自身的发展方向。作为三湘艺体名校之一，桃江县第七中学非常注重各种艺术活动的开展，力争做大做强艺体特色教育。每年7月，举行艺术生专业汇报演出，规范外出集训艺术生的管理；每年元旦，举行大型元旦文艺晚会，给学生提供展示艺术才能的舞台；积极组织学生参加省市县的各级各类艺术比赛，常常载誉而归。

劳动教育是中国特色社会主义教育制度的重要内容，直接决定社会主义建设者和接班人的劳动精神面貌、劳动价值取向和劳动技能水平。桃江县第七中学高度重视劳动的独特育人作用，要求学生从点滴做起，逐步培养他们愿意劳动、热爱劳动的意识。为此，学校成立了学校卫生检查小组，制定卫生评比细则，卫生检查小组每周固定对班级卫生进行检查，并将各班得分情况在公示栏内进行公示。同时，学校还聘请卫生保洁员，加强垃圾分类减量工作。

以发展力描校园环境之美

打造绿色、有艺术氛围的校园环境，是桃江县第七中学一直以来的目标。

学校硬件设施齐全，建筑布局合理，三季有花，四季常青，艺术氛围浓厚；德雅楼、智雅楼、博雅楼、弘雅楼，每一栋教学楼的名字都传达着"三雅"文明育人理念；博艺长廊是艺术专业宣传栏和艺术作品展示窗的结合，透过这个长廊可以了解到七中的艺体特色文化；宏智广场主题文化长廊是宣传的阵地，一路行走，一路收获最新资讯；教学楼内楼道墙上的古诗词与教室墙壁上的经典名言呼应成趣；班级文化展示栏各有特点，是了解班级管理的重要窗口；田径场周围的一草一木，围墙上的艺术涂鸦，无不彰显着活力……优雅的校园环境如春风化雨，将育人的讯息浸润到学生心田。

美丽的校园环境，使身心得到美的熏陶和滋润，能起到净化心灵、陶冶情操的作用。近年来，学校更是不断加强校园环境和校园文化建设，2020年完成了田径场的改造，2021年新的多功能教学楼已经启动建设。一个更美好的桃江七中被大家期待着。

以创新力拓活动阵地之宽

宣传阵地建设是思想浸润的有效途径。桃江县第七中学创建了官方微信公众平台、社团、山泉文学社、校园广播站、教育宣传栏、电子显示屏等宣传阵地，建立了完善的管理制度，成立了宣传工作组，并定期开展形式多样、内容丰富、师生广泛参与的活动，确保宣传、教育到位。

能追无尽景，始是登高人。如今，"创文明校园"早就不只是一句口号，而是成为浸润校园骨髓的生长因子。恰逢建党一百周年之际，桃江县第七中学将砥砺前行，进一步推进文明校园建设工作，大力营造安全文明和谐的育人环境，提升师生文明素养和学校文明程度，为培养德智体美劳全面发展的时代新人，办好人民满意的教育，实现中华民族的伟大复兴贡献更大的力量！

深化语言文字，培育时代新人

湖南省长沙市北雅中学　何毅　汪琼

生命离开水源，就会枯竭。国家、民族的发展离开教育就会衰亡。教育是生命进步的新鲜血液，是时代发展的思想能源，只有保持充足的活力和创造力，才能持续推动人类社会向前发展。从根本上说，教育就是一个民族兴衰的命脉，是国家强弱的心脏工程。只有在教育的土壤中深耕细作，做有特色的教育，办有意义的学校，才能让教育的温暖浸润每个校园。一直以来，我校深入贯彻《国家通用语言文字法》，把语言文字工作与学校的培养目标结合起来，与教育教学活动结合起来，与校园文化结合起来，通过健全组织机构、完善工作制度、广泛宣传动员、搭建活动平台等措施，使学校语言文字规范化工作逐步迈向正规。同时，依据上级教育行政部门的要求，不断加强语言文字规范化评估督导，并以此推广和普及国家通用语言文字，规范提升学校语言文字工作，凸显办学特色 提升教学质量。

一、铸魂培根，语言文字工作助力教学质量提升

确定特色办学方向以来，我校坚持把提高师生语言文字素质，作为学校教育教学工作的重要职责，将语言文字工作列入学校重要的议事日程，把语言文字工作作为一项专门内容纳入学校工作发展规划、工作计划并写入了学校《章程》和学校新拟订的《义务教育学校管理标准》，使语言文字工作的要求为全校师生员工所知晓，并逐渐内化为自觉行为。为此，我校成立了由校长负责的语言文字工作领导小组，由教科室具体负责此项工作的布置落实。全体教师通力协作，各司其职，形成语言文字工作管理网络。推进学校语言工作的具体进程中，我校将语言文字工作纳入到每学年的学校工作计划，加强师生语言文字规范使用的培训、检查、评价工作。制定出台了《长沙市北雅中学语言文字工作制度》，为语言文字工作提供了强有力的组织和制度保障。为了切实让学生感受语言文字的魅力，深受熏陶。我校不断加大语言文字规范化宣传力度，开展形式多样、富有成效的宣传教育活动。一是重视利用网络平台促进语言文字工作，师生可以从网上及时查阅国家语言文字相关的方针政策、语言文字工作制度、测试达标情况等信息。二是积极发挥"雅韵"广播站作用，加强语言文字规范的宣传示范工作，通过校园广播向全校进行普通话和规范用字的宣传，组稿、主播都由学生完成。三是利用黑板报阵地及教室整体氛围，开展书法展示等活动来促进语言文字工作。四是融合校园文化建设，学校走廊、楼梯口等处张贴语言文字宣传标牌；教室里的班规、评比栏、板报等用字规范，班级文化建设也体现了语言文字规范化的良好氛围。此外，我校还深入开展宣传教育活动，以普通话宣传周为契机，每年的9月第三周是全国推广普通话宣传周，我校以此为契机，通过悬挂横幅、标语，办专栏橱窗、出黑板报等活动，在校园内外大力开展推普宣传，对发现的不规范字采取各种措施进行清理，学校的名称牌、指示牌、标语(牌)、多媒体课件以及墙报、橱窗宣传内容等都做到了用字规范。学校统一设计了视觉识别标牌体系，对标牌有详细的设计要求。此外，我校还多渠道开展社会宣传。多年来，充分发挥自身的辐射作用和示范带动作用，多渠道开展社会宣传，大力推广普通话和规范用字，使语言文字规范化工作深入到每个人的心中。

二、弥足根本，规范教学推动学校深入品质发展

经过发展，我校通过语言文字提升办学品味的思路趋于规范。学校章程中明确，以普通话和规范字为基本的教育教学用语用字，对学生进行国家通用语言文字教育，使学生具备良好的语言文字应用能力。一方面，我校深入贯彻"三纳入、一渗透"原则，即将普及普通话和语言文字规范化要求纳入培养目标、纳入管理常规、纳入最终考核，渗透到学校教育教学活动和文明建设等各项教育教学活动中，要求教师上课普通话标准，板书规范、字迹工整；学生作业书写规范，师生交流必须使用普通话，做文明人。因此，我校坚持把普通话水平作为教师聘任、考核、选拔、晋升的门槛条件。学校专任教师普通话水平均达二级乙等以上，全部做到持证上岗。语文、英语、音乐均达到二级甲等以上，参加普通话抽样测试达标率为100%。另一方面，将用语、用字的管理与教职工考核及各项评优结合起来。比如，我校在相关的考核中，普通话按等级分别计分。学生评定"三好学生"时，普通话必须达标。以上措施切实提高了全体师生语言文字规范意识和应用能力。为了不断提高师生语言文字规范化语言文字工作水平。我校将语言文字工作落实在教育教学常规工作之中，通过多种活动，激发教师兴趣。同时通过教职工大会、集中培训等形式，组织学习专业知识，增强教师用语用字规范化意识。通过对学生作业随机抽查、教师教案定期检查、开放课堂教学等形式的活动，提高师生规范用语用字的自觉意识，在教学常规反馈中专门强调用字、用语规范。组织教师开展各类竞技比赛、经验交流等活动。如"教师三字两话"（普通话、简笔画）基本功比武、"优秀读书笔记评比"等活动。

就学生而言，我校也通过多种方式加深语言文字对学生的影响，广泛开展语言文字活动。开展"讲普通话、写规范字"活动。如，在校园文化艺术节活动中，开展朗诵比赛、主题读书演讲比赛、诗词大赛等。学校还开设了《演讲与口才》校本课程、《写字》等兴趣班，让一部分在这方面有兴趣的学生得到充分的发展。为了进一步推动语言文字工作开展，我校还以学校为中心，辐射到家庭、社会。通过学生之手，通过小手拉家长的大手，使普通话由校园语言迈向社会语言，在语言文字规范化工作中起到了示范、辐射作用。

三、与时俱进，特色办学思路焕发办学全新样态

"教育之根味苦，教育之果甘甜"。语言文字规范化工作特色创建不仅提升了学校的精气神，更提升了学校的办学品位，提高了家长和社会的认可度。未来路上，我校会继续坚持语言文字工作，深入推进语言文字工作规范建设。切实将语言文字工作落实在教育教学改革的全过程，将语言文字工作要求渗透到课程建设中，强化语言文字工作校本督导，为学生更深远的发展夯实基础，让更多的学生绽放出生命的光彩。

绿色评价促发展，品质立校育桃李

江苏省南通市紫琅湖实验学校　周仕建

国之大计，教育为本。教育不仅是要提高学生思想道德素质、学科素养、学习能力等方面，还要注重学生特长，张扬个性，促进学生的全面发展。总而言之，教育绝不是把知识强行的灌传授给学生，而是通过接触、感受、明悟和运用知识，来实现人生的价值，绽放生命的光彩。近年来，在教育领域，"评价"字眼频繁出现在教育的各个领域，成为教育者们趋之若鹜的探索和挖掘方向。为把学校建设成一所高品质学校。近年来，我校深入贯彻教育评价改革的文件精神，围绕"正德怀远传国脉，和美爱智育新人"的办学理念，大力推进校本课程研发，提升教育教学质量，以评价创新为突破口，把准学生发展的脉搏，凝练"绿色评价"体系，通过多层面、多角度发挥个性化评价功能，促进学生健康成长，为学校更好发展夯实坚定的基础。

一、通过课程创新不断提升学校教学质量

课程是学校教育的核心要素和重要载体。在"正和"办学思想的统领下，我校在开齐开足国家课程的基础上，以创造适合学生发展的校本课程为导向，开发整合地方课程与校本课程。构建了独具特色的"正和长短课程"和"缤纷宝葫芦课程"。所谓正和长短课程是把原本的40分钟按照教学内容的需要，划分为或拉长或缩短的课时，实行"长短课时并行"策略，让课程设置更加符合教育规律。20分钟的"亲自然"、"阅绘本"、"长思维"、"诵经典"、"品书法"短课程，课虽短，成长无限；60分钟的"英语表达"、"观察说话"、"科学天地"、"数学探究"、"美术创作"长课程，课时拉长，学无止境。校本课程方面，我校精心打造了"缤纷宝葫芦"课程，每天拓展一节科学、美术、音乐、体育社团类的活动，让师生在丰富多彩的课程中品尝体验快乐、获得成长发展。这种以体验活动为主要形式的拓展型课程，不仅为学生树立了科学的成才观念，更为注重德智体美劳全面发展，五育并举，切实提高学生的综合素质，一撇一捺地把学生真正培养成一个大写的"人"。

除了把重点放在课程创新上，我校还聚焦评价体系创建。学校以方案为抓手，构建了绿色评价体系，组织各学科老师在认真学习国家相关教育改革文件的基础上，从整体视角建构评价内容，制定了绿色评价方案，设计了"南通市紫琅湖实验学校小学生素质发展报告书"。这也成为学校绿色评价改革的有效实施载体。评价指标涵盖全学科、多维度、各项目，包括知识达成、能力培养、行为习惯、品德修养等各方面共35个具体项目。其中学业测评，由平时过程性测评与期末测评相结合组成。平时测评，每个学科每月设计一张评价卡，评价内容与各学科教学进度保持一致，做到"不抢跑"，评价难易度与教学标准保持一致，做到"不拔高"，实现评价促进学生发展的育人目的。期末测评，我校组织了南通市紫琅湖实验学校小学部"乐学嘉年华"期末素养闯关活动，由传统的笔试延展为综合化、情境化、开放性的综合活动的测评。评价结果从以往相对单一的分数评价扩展为等级、评语、成长档案袋评价等多种形式。评价主体由原来的教师转变为教师、学生、家长共同参与评价。

二、立足均衡切实发挥评价激励功能

学校期末素养测评把国家规定的学科课程进行有效整合，设计了"快乐阅读吧"、"背诵小达人"、"口语交际场"、"口算达人"、"讲述标兵"、"操作能手"、"火眼金睛"、"我是小演员"、"我是小歌手"、"生活小能手"、"安全童行"、"感官大调整"等各项闯关活动。孩子们在每一个关卡，都需要进过自我介绍、现场抽签、问题解决等环节。由家长志愿者与教师共同组成的测评考官们会根据学生现场表现，采用星级评价的方式，将他们的表现记录在闯关卡上。一是情境测评，学校为学生创设了多种生活场景，如家庭诗会、探望亲人、朋友相约、招待客人、云端聊天、商场购物等，这些熟悉的情境扎根现实生活，同时让学习走向生活，走向应用。二是综合测评，学校更加注重对学生综合能力的考核，如"口语交际场"项目，融入了对学生表达、交流、想象等能力的考核，同时关注学生良好的品德修养、兴趣爱好、行为习惯等方面的表现；"操作能手"项目，重点考核解决生活中数学问题的能力，同时通过边做边说、创编数学故事等，提高学生的口语表达能力；"安全童行"中融入对学生行为习惯、生活常识、体质健康、舞蹈表现、构思创意、表达展示能力的考核。综合测评，聚焦学生核心素养的落地，夯实学生的综合素养。三是合作测评，不少

项目都需要同伴合作互助完成，如"口语交际场"中的情景对话，需要两人组合共同读题确定题意，通过商谈确定角色并进行即兴表演；再如"操作能手"项目，需要两人分工进行测量、拼摆、操作，共同完成。合作测评，这种测评方式既培养了学生合作互助的意识，又促进了交际能力的提高。四是延时测评，考虑到学生对自己的测评结果不满意，或者发挥失常的情况，学校允许学生申请"二次评价"，特别是学有困难的学生，可以实行"暂缓评价"。通过这些测评的激励作用，不仅帮助每一名学生慢慢成长。孩子也可以在"家长加油站"的帮助下，再次迎接部分关卡的挑战，最后获得通关印章。

值得一提的是，实施测评改革以来，学生不再只是坐在教室里认真学习，同时拓宽了眼界，展露了才华，提升了解决问题的能力。在这种积极向上的评价导向下，学生们感受到学习的作用和价值，欣赏自己，不仅学会了知识和技能，而且养成了良好的学习习惯；不仅学会了表达、欣赏，而且学会了守礼、感恩。此外，评价改革也促进了教师理念和行为的改变。学科平等的理念逐渐深入，教师不再将语文、数学、英语学科当成主科，也不再把道德与法治、音、体、美、科学、综合实践等学科看成副科，所有学科都是学生学习的内容和渠道。指引教师从教育的本质出发，立足课堂，注重平时对学生动脑思考、动口表达、动手操作的训练，注重对学生各方面能力的培养。

三、携手成就时代品质教育辉煌篇章

学业评价改革是一项既深且远的工程。通过探索和实践，学校精神面貌焕然一新，教学质量稳步提升，师生姿态更加积极阳光，学校到处都充满了活力。在提升学校品质的道路上，我校将继续以评价改革为导向，以人为本，结合学校实际情况，把"绿色评价"体系提升到一个全新的高度，切实发挥评价功能，提升师生的积极性，增强学校的凝聚力，携手一心，为打造有品质、有深度的教育，不懈努力，共谋幸福。

"十四五"新气象　齐奋斗勇作为

江苏省无锡市西漳中学　高静东　钟鸣

近年来，无锡市西漳中学遵循"立德树人"根本要求，聚焦学生成长痛点问题，引入学生成长发展指导项目，逐渐形成了"多元选择、生活德育，立千根栋梁；聚焦课堂、任务导学，树百年人才；发展指导、情感教育，孕丰厚涵养；心理健康、融合教育，塑阳光身心"的办学特色。

学校充分发挥"学科育人"的主阵地作用，在学科教学中，通过具有挑战性的任务设计，串联师生构建学习共同体，在反刍中引导学生觉察学习的方法，让学生在学习中感受乐趣、养成习惯、习得方法、学会学习，学生体验深切、理解深刻、启悟深远，形成了"任务导学、深度学习"的教学特色。

"十三五"收尾之年成果斐然

2020年，是"十三五"收尾之年，在惠山区教育局和堰桥街道党工委、办事处的关心和指导下，学校领导班子齐奋斗勇作为，逆疫情而上、顺大势而为，取得了丰富的办学成果。

一是素质教育成果斐然，师生获奖更加丰富。2020年中考中，高分群体大量涌现；师生在各项竞赛中成绩优异，第二十二届"语文报杯"全国中学生主题征文活动中，斩获国家一二三等奖多项，教师获写作指导特等奖、一等奖；无锡市乒乓球传统项目比赛男子团体第一、女子团体第一；无锡市中小学"独唱、独舞、独奏"比赛中，收获多个二等奖、三等奖；惠山区第四届中小学个人才艺大赛中，多位同学获得音乐类、美术类一二三等奖；教师在各级各类业务比赛中斩获市区级特等奖、一等奖、二等奖多项。

二是开放办学多方交流，创建区域窗口学校。按照"校际联合结对，区内联片组团，区外联谊结盟"的开放办学思路，与徐州市睢宁县姚集中学开展江苏省南北两地高质量发展联合研讨活动，钟鸣老师作主题讲座《校本研修：促进教师发展的基本路径》；与雪浪中学举行教学联谊活动，钟鸣、张泉两位老师开设公开示范课；学校的钟鸣老师与区教师发展中心研训员共同主持课题，并面向全区进行主题讲座《教材解读的科学之道》；成功组织了两次青海省海东市乐都区跟岗培训班，钟鸣老师为培训班作主题讲座《文化引领　特色铸校》；金陵中学溧水分校来校德育访问，张冬梅作讲座《初中毕业年级有效管理策略》，高静东作讲座《教育的艺术》，高慧枫作讲座《打造七彩社团　拓展学生成长空间》；滨湖区中小学班主任培训班来访，举行初中主题班会同课异构，姚丽娟老师开设《向阳而生》微班会，胡文珠老师作微点评；成功开展"生活•生成•生命"的"三生课堂"主题教学研讨活动；自2月10日起，共有钟鸣、叶胜全等10位党员教师先后走进无锡市"锡慧在线"直播间，为全市学生提供在线教学服务；11月，我校数学学科组钟鸣、王姗姗、周淑芳先后走进"锡慧在线"直播间，为全市初三学生提供周末复习服务。

三是带领学校科学发展，科研成果非常丰厚。经过五年的努力实践、积极探索、不断总结，市"十三五"规划重点课题《初中生成长发展指导研究》成果丰富，在2021年1月8日高质量完成结题。课题成果《发展指导：引领初中少年思想的校本实践》（高静东、钟鸣撰写）在"2019年江苏省少先队工作优秀创新项目、优秀科研成果获奖评比"中，获江苏省一等奖。钟鸣作为第二完成人的成果《指向初中数学核心概念主动建构的教学研究》获"无锡市首届教学成果奖一等奖"。

一年中，省级获奖30篇，论文市级获奖89篇，区级获奖32篇。我校教师共发表论文15篇，学生王心妍的《暖》发表于《初中生世界》。省级论文发表34篇，人大报刊复印资料全文转载1篇。

四是教师队伍快速成长，教师发展影响广泛。青年教师发展联盟（简称青盟）已经在区域教育中形成广泛影响。青盟宣传阵地《青藤》杂志和"青盟青藤"微信公众号成为青年教师展示、青年教师学习和宣传正能量的重要平台。"夸夸我身边的好老师"、"我的成长故事"演讲比赛、青年教师粉笔字比赛、青盟夜话等系列活动丰富扎实，影响力持续扩大，成为青年教师的重要发展平台。骨干教师队伍进一步壮大：共有10位老师在市级或区级能手评比中顺利晋级，6位老师顺利晋升高级教师。胡文珠老师被评为江苏省最美班主任光荣称号。

五是聚焦学校内涵建设，带领学校高质量发展。高静东、钟鸣领衔的课程基地项目《融合理念下初中数学学科育人课程基地》市内出线进入省级评审并成功立项。课题成果孵化出品格提升工程——《为未来而立：城乡接合部农村初中生生涯教育》获得区级培育考评。课题组开辟全新领域——现代家庭教育指导，学校被授予"中国陶行知研究会家庭教育专业委员会理事单位"，成为"中国陶行知研究会家庭教育专业委员会基地校"。学校获评2020年无锡市青少年科技创新教育示范校；学校图书馆获评无锡市优秀图书馆；学校被评为2019—2020年度惠山区教育系统新闻宣传工作先进集体。

与南京师范大学联合办学项目不断深化，"南师大教师教育学院骨干教师培育站"、"南师大惠山实验中学教授工作室"和中陶会家庭教育专业委员会理事单位、基地校等系列"骨干教师成就工程"已完整架构，完成系列揭牌活动。依托联合办学项目，积极谋划"中小学一体化发展——南师大惠山实验教育共同体"项目，由无锡市西漳中学领衔，依托南师大惠山实验中的联合办学项目，联合西漳地区天一实验小学、天一实验第二小学、天一实验第三小学，创建"南师大惠山实验教育共同体"，借助南师大资源，积极作为、抱团成长，以高度的政治责任办"老百姓满意的、家门口的优质学校"，为西漳地区老百姓提供更好地优质教育资源。建立"课例打造"式全梯队充分卷入、专家学者充分卷入的运行机制，联合办学项目获得实质性推进。深化"南师大惠山实验教育共同体"建设，成立南师大实验教育共同体家庭教育专业委员，成功开展家校共育联合活动，组团参加苏州星湖学校举办的"润"课堂教学联研活动。无锡市唯一的中小学德育工作室——胡文珠工作室和惠山区班主任成长指导研究基地入驻我校。学校先后12次被江苏省教育电视台专题报道。

"十四五"开局之年呈新气象

学校在新的历史时期，将面向未来，齐奋斗勇作为，为"十四五"开新局。

一是聚焦内涵发展，开放办学。南师大教师教育学院骨干教师培育站，南师大惠山实验教授工作室，南师大教育见习实习基地等一系列深化办学的成果逐一落地。江苏省中小学课程基地与文化建设项目《融合理念下初中数学课程基地》成功立项，中陶会家专委理事单位、基地校申报成功，教学成果、科研成果分别获无锡市教育局、江苏省少工委一等奖。聚焦内涵发展、高质量发展、高品质建设的办学新气象已然形成。新的一年，学校将继续深化各"站、室、基地、项目"的工作机制，建立"月活动机制"，通过活动将学校各方人员、将家校社资源充分卷入，用"依法办学、自主管理、民主监督、社会参与"的开放办学现代学校治理体系，带领学校高品质建设、高质量发展。

二是聚焦教师培养，建设队伍。教师发展处系统架构和撰写了《聚焦教师培养，助推学校高质量发展——教师培养实施方案》准备通过"青年教师成长工程、骨干教师成就工程、临退教师成功工程和班主任导师培养"等四项实现教师队伍建设培养的全覆盖，借助"南师大教师教育学院骨干教师培育站"平台和"南师大惠山实验教授工作室"机制，培养自己学校成长起来的"名特优"教师，真正将学校办成老百姓家门口的好学校，真正铸就惠山教育的西漳高地。

三是转型现代治理，谋划未来。"十三五"课题已经结题，但是课题所开创的现代学校制度建设，已经团结并创建了高效的行政管理核心团队。新的一年，将继续深化、滚动成长发展指导研究，孵化一批新课题，贯通道德、文化、美育、技术，打开家校共育视野，建立现代学校制度，全力打造现代教育名校。用"四有好教师、四个引路人、四个相统一"的理想信念，组建一支充满"正知、正念、正能量"的核心团队，与智者为伍，同善者相伴，用共同的教育情怀，为了共同的教育理想而协同奋斗，实现现代学校现代治理的转型。

四是深化一体发展，共建共享。"南师大惠山实验教育共同体"已经组建，秉持理念共通、资源共享、行动共进、合作共赢的原则，已经系列开展了诸多活动。新的一年，将继续深化中小学一体化发展，将一体化机制逐步延伸到中小学课程建设一体化、课堂教学改革一体化、班主任导师培养一体化和现代家庭教育指导一体化等领域，落

实共同体校长联席会议制度，为新学期工作定调子、明方向、开路子。

五是坚持课题引领，科学发展。直道竞赛永远跑不过别人，弯道超车才有差异优势。作为一所普通乡村初中，独立建制时间短，教师队伍平均年龄不到35周岁，只有站在教育发展的时代前沿，聚焦发展难题，从中确立课题，讲科学、用科学，带领学校励精图治、快速发展，才能为西漳地区老百姓提供优质教育资源。学校“十三五”课题已经高质量结题，课题引领、五年探索，我们坚定地行走在教育现代化的转型之路上。课题成果丰富，弥补了现有教育缺失，引领了教师理念转变，帮助了学生更好成长，助推了学校现代转型，真正发挥了课题研究的意义和价值。“十四五”已经开启，学校进入“高质量发展阶段”，更需要聚焦学校发展中的痛点问题，以课题为引领，用课题研究的系统思维和科学方法，聚集一批骨干教师，带领一批年轻教师，走科学发展、可持续发展的绿色发展之路。我们将于1月29日进行教育管理类课题、学科教学类课题培训，培训结束后各召集人要带领团队，利用寒假期间开展学术行动，撰写课题申报表，下学期还要进行课题申报培训，进行申报攻关。我们将用“做基数、出精品”的思路，让个别先课题省级、市级立项，未立项课题就作为校内课题，发挥科学引领学科组建设的作用。

六是建设现代学校，创新制度。落实“以人为本”理念，系统化探索成长指导体系，导入科学育人制度，通过“家专委”指导“家委会”，开拓“家校共育”工作领域，进行现代家庭教育指导，与国际教育接轨，探索本土化现代学校制度建设。

家校共育，成长指导，发展指导，心理健康教育，融合教育，课堂改革，课程建设，“十四五”的宏阔画卷正在徐徐展开。在探索教育现代化的新征程上，学校高扬“高质量发展”的旗帜，带领老师、家长和学生一起在开放中创新，在磨砺中成长，在建设中发展。

创书香人文校园　办多元成长教育

江西省抚州市临川区第十六中学　饶定芳　吴进文

创办于2000年9月的江西省临川区第十六中学，经过20余年的沉淀与发展，现已成为一所师资力量雄厚、教学设施完善、办学形式多样、教学质量优良的人才培养基地。学校在教育教学和管理上形成了成熟的经验与教学模式，先后被评为“全国青少年校园篮球特色学校”、“全国青少年校园足球特色学校”、“江西省语言文字规范化示范校”等，赢得全区各界人士与广大民众的高度赞誉。

强师资增投入　育人才保障足

学校现有教职工240人，其中有高级教师56人、全国优秀教师1人、全国中小学优秀园丁2人、省级骨干教师6人和市、区学科带头人及骨干教师20余人。“教乃国之本，师乃学之本”，教师是知识的化身、道德的典范、人格的楷模。教师肩负着神圣的社会责任，承载着塑造灵魂的时代重任。合格的教师首先应该是道德上的合格者，其身正，不令而行；其身不正，虽令不从。教师要培养学生身心健康发展，首先要完善自己的人格，遵守师之道，践行师德规范。因此学校着力加强师德师风建设，完善“临川十六中教师目标考评制度”和“临川十六中教职工考勤制度”。建立定期学习教育制度，完善师德师风建设的各项规章制度和有效考核机制，有效规范教师执教行为。让教师有能力成为学生健康成长道路上的引路人。

才者，德之资也；德者，才之帅也。扎实的知识功底、过硬的教学能力、勤勉的教学态度、科学的教学方法是教师的基本素质，也是学校做好教学的基本要求，学校合理配置教师资源，建立优胜劣汰选人和用人机制，全面实现教师年级聘任制和竞争上岗制度。积极鼓励教师参加多种教科研活动，参加各级骨干教师、学科带头人评选活动，打造团队合作文化，以老带新传递薪火，促进年轻教师快速成长。依托香港田家炳基金会平台，每年外派多名骨干教师参与基金会多种培训活动，掌握学科前沿，开阔科学眼界。学校定期开展“班主任论坛”活动，优秀班主任分享带班经验，加强互学互鉴，优化班主任队伍建设，提升班级管理水平。每学年开展优秀教师示范课、新教师汇报课、青年教师擂台课活动，活跃学术思想，为绵延国家创新之命脉培养高素质人才。

教育启迪知识，环境熏陶德行。学校精心规划校园环境，校园文化建设遍布学校的每一个角落。学校走廊随处可见，充分发挥墙面润物无色的作用，积极营造浓郁的书香文化氛围。例如创建以“校园特色、临川文化、爱我中华”、“中国历代教育家”等为主题的文化长廊，领略名家风采，培养家国情怀，丰富学生文化底蕴，开阔视野，滋养心灵，启迪智慧。践行“忠孝、仁义、礼信、智勇”的理念以及摘录著名文学中的名言警句，如《三字经》、《大学》、《论语》、《孟子》等，引导学生学古鉴今。校园休闲处兴建文化亭、设立多功能学术报告厅，厚植文化底蕴，夯实文化基础。

多元社团展风采　硕果盈枝满校园

学校以“创全省示范学校，办人民幸福教育”为目标，立足实际、推陈出新，以建设特色学校、推进内涵发展为抓手，进一步深化“创书香人文校园，办多元成长教育”的办学理念。学校提供中华优秀传统文化、体育、艺术、播音、摄影等众多个性化潜能课程，激发学生兴趣，充分挖掘学生潜能，增强沟通与适应能力，培养卓越合作能力。学校开设日语班，帮助英语偏科学生找到成才新渠道，成立全区首家校园电视台，充分发挥电视媒体的特点，让学生发挥在课堂上看不到的主观能动性，播音、编导、主持、编剧、摄影、策划等都是他们才艺的落脚点和发现点，使学生具备敏锐的思维、丰富的想象力、较强的语言能力，成为文理贯通和综合实践能力兼具的符合时代需求的新型人才。学校成立田缘文学社、音乐社、美术社、舞蹈社、书法社、播音主持社、篮球社、足球社等多种兴趣社团，缤纷的社团活动营造了多彩校园。以丰富多彩的社团活动满足学生个性化发展需求，提升学生综合素质。缤纷社团活动进展有序，特色办学初见成效。

学校浓郁的人文环境以及对养成教育的高度重视，使学生的综合素质不断提升，良好的素养在潜移默化中融入每名学生的内心。如今的临川区第十六中学，成为学生成长成才的乐园，他们在这里快乐地学习，潜质特长得到极大限度的发挥。在未来的日子里，全体师生将见证这所学校的长足发展。

语言文字，中华文明传递的力量

——略谈石城县第一小学语言文字示范校创建工作

江西省赣州市石城县第一小学　陈勋泉

语言文字是文化之根，是民族之魂，是中华文明传递的力量。近几年来，我校高度重视语言文字规范化工作，认真学习并积极贯彻实施《国家中长期语言文字事业改革和发展规划纲要（2012—2020年）》和《江西省语言文字事业发展“十三五”规划》等文件精神，把“讲好普通话、写好规范字，提高全校师生语言文字的应用能力”作为素质教育的重要内容来抓，创建出和谐的语言文字工作环境，让师生领略语言文字的无限魅力。以下，就我校语言文字示范校创建的工作进行略谈。

一、工作开展有章可循

建立组织机构。学校成立了以校长为组长，学校行政人员为成员的语言文字工作领导小组，下设语言文字工作专职办公室，由教研处牵头，各处室协同负责具体日常工作。软硬件优质双投入，为语言文字工作的开展打下了坚实的基础，提供了有力的保障。

健全相关制度。学校将语言文字规范化工作内容纳入学校中长期发展规划，着重建立健全普通话推广和规范用字制度，确保普通话在校园的推广使用和校园规范用字。把普及普通话和用字规范化纳入规章制度。

二、语言氛围有目共赏

精心创设语言环境。漫步校园，一眼就能看见墙壁上写着的“推广普通话，共筑中国梦”十个大字，楼道上悬挂的是学生的书法作品，阶梯上张贴的是普通话文明用语，流动书吧上摆放的是随手可读的课外书。入眼入耳之处，都在轻轻诉说：“讲好普通话，写好规范字。”

努力加强阵地建设。努力开辟宣传阵地，橱窗里有精心制作的手抄报，电子显示屏上每天更新的规范用语和规范用字，校门口小小推普员每天早晨的示范诵读，教室里每天课前三分钟的小讲话，让推普的主旋律深入每一位老师和学生的心间。

积极改善教学条件。积极筹措资金，改善教学条件。配备专门的书法教室，普通话测试室。每个教学班均安装IP广播、电子白板。学校图书馆藏书二十万册，各走廊还配备借阅方便的“黄金书屋”，仪器室教具学具充足。为语言文字学习提供了物质上的保障。

三、师资培训有的放矢

学习法律法规。学校语言工作领导小组的成员必须加强自身学习，熟练语言文字相关法律法规，并定期向全体教师宣传和解读。教师学习面授与自学相结合，每位教师每学期必须做好相应学习笔记，不下于5000字。学年末组织一次全校性的语言文字规范化知识考试。

严抓教学常规。语言文字规范化的深入推进与教师日常教育教学是紧密结合的。学校把说普通话、写规范字作为每周常规的必查内容。从教师的授课、板书、教案、作业批改、试卷编制，到学生的作业、课堂发言、平常的交流，都要求讲普通话、用规范汉字。教务处对每周常规抽查情况及时反馈，增强了全校教师做好语言文字工作的责任感和紧迫感。

大力开展练兵。教师是推普的主力军，为加强师资队伍建设，学校多措并举，多管齐下。一是重培训，每年邀请当地书法名家进校开展书法培训，组织教师外出学习语言文字规范化工作经验。二是勤练习，要求教师在下发的硬笔练字本上坚持每天一练，每周在指定的专栏集中展示粉笔字。三是抓比赛，学校每年都举行教师基本功大赛、演讲比赛、说课竞赛、书写大赛等。四是强考核，学期初摸底，学期末考核，人人都要求过关。现在，全校教师199人，其中一级乙等4人，二级甲等88人，二级乙等107人，普通话水平均已达标。

四、特色课程有枝有叶

国学独领风骚。每周三或周四下午的第二课堂，是学校统一开设的国学课，诵读的内容是我校名师工作室编排的分年段的三册国学校本教材。除了课堂上的时间，还安排有"晨诵，午读，暮省"。整个小学阶段下来，学生能积累到课外古诗200余首，接触到《三字经》、《弟子规》、《孟子》等多部国学经典。

书法常抓不懈。每周每班都开设有一节书法课，由专职教师或具有书法特长的教师执教。借助信息技术，教师或通过多媒体的写字软件指导教学，或亲手示范指导。每节书法课对学生练习的作品进行现场评选。每个学期还隆重举行一次全校性的作业展览。学生书写取得了长足的进步。

五、课外活动有声有色

兴趣小组多样化。社团活动是学校的一大特色。学校每一学期都会通过层层选拔，结合学生的爱好和特长，组建校级书法兴趣小组、播音与主持小组、小记者社团、新芽文学社、经典诵读社团。并委派学校的专业教师，在指定的功能教室对学生进行专业的培训。

竞赛活动常态化。为了给学生提供展现自我、施展才华的舞台，每一学年学校均举办了丰富多彩的竞赛活动。汉字听写大赛、古诗词大赛、演讲比赛、经典诵读比赛、书法大赛、讲故事比赛、写作大赛等。赛后通过每周的升旗时间，举行隆重的颁奖仪式。在浓厚的活动氛围中，激发学生人人讲好普通话、书写规范字的热情。

推普活动创新化。每年的"推普周"是语言文字规范化宣传的最佳时机。各式各样的主题班会，激情洋溢的演讲，生动有趣的绕口令，诗词诵读比赛，汉字听写大赛，学生写作竞赛，"我教爷爷奶奶说普通话"……每一年的主题活动都多姿多彩。孩子们用语言的翅膀，放飞自己人生的梦想。

六、育人成果有口皆碑

科研领域成绩斐然。语文教研组充分发挥人才集中的优势，积极开展语言文字科研工作，自觉担负起我校语言文字科研工作的重担。利用一定的人才资源优势，倾力打造一支在全校过硬的语言文字科研队伍。同时针对我校语言文字工作的实际，深入开展调研，积极探索加强学校语言文字工作的途径和方法。鼓励有能力的教研组申报语言文字工作课题，争取有分量的科研成果。

师生参赛硕果累累。学校教师和学生参加各级各类竞赛，捷报频传。赖玉婷老师获赣州市基本功大赛一等奖，李仁平、刘棋秦老师获赣州市基本功大赛二等奖。在辅导员风采大赛中，吴雪梅老师获市级一等奖。陈迎春、陈小梅等多名教师在各级演讲竞赛中获一等奖。学生在规范字书写、征文竞赛、演讲比赛等竞赛中几百人次获奖。

社会效应美誉连连。推普员深入社会普通话调查，发放倡议书，推广普通话；小志愿者们走上街头寻找错别字，宣讲规范用字知识；常青志愿者走进基层学校结对帮扶，党员教师往帮扶学校送教；还有每一年学校大型诵读和书写活动的开展……在社会上引起强烈反响。

语言文字是历史的见证，是文化的桥梁，更是中华文明得以传递的力量。走在新时代的伟大征程中，石城一小将继续坚定语言文字的力量，争取做好示范工作，成为语言文字工作开展推广的榜样，为教育事业谱写更加出彩的绚丽篇章！

家校共育，助力孩子健康成长

江西省贵溪市第一小学万和分校　李爱仙

人们常把孩子比作花朵，一粒种子要从播种、发芽、抽叶到最终长成健康的植株，开出美丽芬芳的鲜花，少不了阳光和雨露，修枝和除虫。家庭教育和学校教育在孩子的成长过程中缺一不可，家庭和学校是孩子接受教育的最重要的环境。苏联教育家苏霍姆林斯基说过：教育的效果取决于学校和家庭教育影响的一致性，如果没有了一致性，那么学校的教育和教学过程就像纸做的房子一样倒塌下来。只有学校和家庭双管齐下，才能帮助孩子在成长的道路上越走越好。

一、家校共育的必要性

我曾在报刊上看到过一篇孩子的作文《妈妈　分数　我》：虽然我是爸爸妈妈的掌上明珠，但我考试差时，妈妈就会很生气，甚至会打我；但我考100分时，妈妈脸上就会洋溢出喜悦的笑容，让我觉得妈妈和我再也不是母子关系，而是分数关系。唯分数定孩子的表现就是像作文中的妈妈一样，是很多家长的惯性评判标准。尽管教育界不遗余力地为孩子们减负，但家长追求高分的焦虑好像一年比一年更深重，更让人担忧的是这种焦虑不断地向下传导，影响着小学阶段甚至学龄前儿童的家长。

习近平总书记在看望参加全国两会的政协委员时说到，"教育，无论学校教育还是家庭教育，都不能过于注重分数。分数是一时之得，要从一生的成长目标来看。如果最后没有形成健康成熟的人格，那是不合格的"。习总书记提出的要从健康人格上去培养孩子，主要也是发现教育出现学生智育发展比好，但身育、心育不足的情况，是让今后的教育把目标投向学生全面且终身成长的过程。我常对教师和家长们说：好成绩不见得能让学生终身受益，但好习惯、健康身体和心理一定能让孩子们受益一生。

孩子在成长的过程中，家长除了关注孩子学习获得知识之外，还应关注学生思想动态，及时了解学生心理状况，帮助学生建立健康思想与心理，当然在孩子的学习和生活中会发生很多情况，请家长应注意控制自己的情绪，切记不要用怒火对待孩子，不能全面否定或打击孩子，也不能放纵、忽视孩子们低劣的行为，平添他们的娇气、自私与霸道。对于学生的不良行为，家长要理智、客观、公正与老师真实反映，与老师一起达成教育的目标。在者，教育孩子的过程中，家长应用诚实的行动和语言与孩子交流，言传身教，因为教育的最好方法之一就是做诚实的父母。

家庭教育中对孩子德育及劳动实践方面的教育会比智育少一些，所以造成孩子的情商、德商都比智商弱，抗挫力差，一遇困难就承受不了。所以国家提出的"五育并举"就是全面落实素质教育的好方法。

因此，希望家长们能明确理解全面发展、全面培养已成为新时代高质量教育的重要内涵。希望家校携手，共育、助育，为孩子培养健康成熟的人格服务。

二、做好家庭教育第一步

陪伴与关爱是家庭教育的第一步，是孩子成长中非常重要的举措。父母是孩子最好的老师，是孩子人生道路上的引路人，良好的陪伴与关爱，应该说是家庭教育不可缺失的部分，能带给孩子健康快乐地成长环境，会影响孩子的未来。

但是由于社会形势的压力，很多家长忙于自己的事业，认为家庭的责任是给孩子提供良好的生活物质需求，孩子的教育问题是学校的事情。也有些自身能力和家庭条件所限的父母，选择外出务工。这些情况导致孩子缺少父母的陪伴与关爱，父母也未能在家庭教育中发挥应有的角色效应，对孩子的成长发展是有不利影响的。

对学习能力产生影响。孩子在上学过程中，缺少父母的关爱与陪伴，学习上碰到问题没有人能够给予及时解答和有效地督促，这样的情况经常发生会让孩子们有挫败感，影响他们学习成绩后容易形成厌学情绪；对孩子的行为习惯产生影响。小学阶段是培养良好行为习惯的最佳阶段。如果这个时期他们养成了文明礼貌、勤劳等良好的行为习惯，将使他们终身受益。但缺少父母陪伴与关爱的孩子，往往在行为习上得不到及时正确的引导，容易养成不良的行为习惯；对孩子的心理健康产生影响。小学阶段的孩子往往在心理上有很强的依依赖性和自尊心。当他们发觉在自己的成长过程中见不到自己的父母，缺少了父母的关心和爱护，容易产生焦虑不安、胆小怕事、自卑等心理问题。

三、留守孩童家庭教育

我校很多孩子的父母因为要解决生存问题，将孩子交给祖辈在带。这种父母家庭教育的缺失，隔代教育出现的一些情况就是：孩子入学后教育就是学校的责任，老师的事情。有的在家是管吃饱穿暖不会交流养成孤僻性格，有的是不注重学生的家庭义务，包办一切过分溺爱养成小霸王式……几乎没有精神食粮。

三年级5班丁同学，她的父母常年在外打工，父母对她的关心特别少，一直由奶奶带，而奶奶因家里还有其他孩子要照顾，家务活又多，从小只是看着，没有给予更多的关爱和教育，导致她特别内向、胆小、没有安全感，不愿走出家门，没有家人陪伴就哭闹，没有家人在旁边就不肯进学校，不愿与其他同学接触。如何改变孩子的这种抵触行为和孤僻？我单独邀请了她的父母到学校，提醒家长实在无在家陪伴的条件要离家不离教，多打电话鼓励孩子，与孩子视频聊天；利用奶奶接送时间传授奶奶一些在家对待孩子的方法；鼓励带动孩子参与家里的、个人事情的管理，培养孩子的责任意识。班主任关注孩子的在班表现，建立特殊儿档案；安排全班同学一起结对子主动帮她，培养孩子的规则意识，让她感受到班级和学校的温暖。除此之万学校专业心理咨询教师范老师，单独定期为她做心理方面的辅导。

我校父母外出务工比例达37.73%，为了孩子的健康成长，我们向家长们提议可选择在当地打工。这样既能有更多的机会和孩子接触，又能对当地的经济发展起到促进作用，两全其美。如果实在只能外出打工，父母也要多和子女开视频、打电话，多交流、多了解孩子们的日常生活，哪怕在万里之外也能让孩子感受到你们的关注、关爱。反之父母在外也能及时了解孩子的学习情况或发生的事情、问题，对孩子的思想、行为进行正确的引导。父母可以利用寒暑假把孩子接到自己工作的城市，一起生活一段时间，弥补缺失的那部分陪伴，抚慰孩子的心灵，让他们的心理充满阳光。

四、家校合作共育英才

"万和"是我们学校的核心元素，表示来自不同家庭的孩子在

"万和小学"这个大家里，在共同在追求知识的旅程中，全体师生团结一致，与家庭、社会、自然和谐相处，寓意读万和小学，万家和美，共同服务于国家与社会。为此在2015年办学之初，基于"万和"这一核心元素，确定的办学目标是：家庭因为而幸福，世界因我而美丽！旨在培养德艺双馨的和美少年、严谨亲和的和雅教师、谦和有礼的和悦家长！

我校生源82.8%为进城务工人员子女及周边农村学龄儿童，留守儿童居多，入学后出现了心理适应问题、行为习惯不良和学龄前教育为零的多种情况。加上我校家长87.5%为无正式职业，对学校教育的不懂、不尊重、不重视和不配合就为普遍现象。面对这种严峻形势，我校从生源的现状入手，查找突出问题，联合家庭力量，让家长了解学校的办学思想和日常管理，理解教师的工作方法，走进家长、尊重家长。同时了解家长一些独到的想法和做法，充分感受学校对家长的重视与尊重，让家长们萌生出一种主人翁意识，变为学校教育的积极参与者。以学校教育推动家庭教育，促使家庭教育紧跟学校教育，加强教育合力，形成家校合作。学校坚持合力办学、走"和谐家校"的特色办学思路，把家长放在心里的做法，是中小学家校合作教育机制的有效之举。

著名特级校长李镇西曾说："学校教育很重要，但无论多么重要，都只是家庭教育的重要补充。"家庭教育是每一个家长持续学习的过程，也是我们家长一生最重要的修为。孩子的成长只有一次，我们必须把握好孩子人生中的每一个阶段，注重家庭教育，注重家校沟通，提升自己的教育观念、教养态度、教育能力，才能培养出能够面向未来的孩子。

教育战线上的笃行者

江西省吉安市安福县城东学校　刘善章

人生天地间，各自有禀赋，为一大事来，拼做一大事。永不停歇的脚步来自于责任的动力，无尽的奉献源于教育的情怀。从事教育教学工作以来，我始终以坚强的党性、廉洁的品格、开拓的思维、务实的作风诠释着对党的教育事业的执着挚爱、对师生、家长的一片真情，以一股韧劲、冲劲，撑起了学校一片蓝蓝的天，把昔日"学生不情不愿进门、本校教师面对别人不敢抬头"的学校，建设成为安福教育的一颗璀璨的明珠，受到了教师、学生、家长的广泛赞誉，得到了上级党和政府的充分肯定。

我先后多次荣获优秀党务工作者和优秀校长、安福县十佳基层支部书记标兵、吉安市第二、三届名校长、第十四届江西省职工职业道德建设标兵、2015年江西省五一劳动奖章获得者、2016年江西基础教育质量十大杰出校长等荣誉称号。

一、抓好教育改革，搏击时代潮流

作为学校党支部书记，我事事做先锋、时时做表率，是身先士卒的党组织带头人。我热爱党务工作，积极探索适应时代要求、群众需求、充满生机活力的学校党建新方法，坚持把"双引领双服务"作为党员管理和服务的总抓手，让党组织引领党员、党员引领教师；党组织服务党员，党员服务师生的方式，让党员冲锋在前、示范在前。我创新党建工作方式，亲自制定并组织实施"青年党员红色成长计划"。该计划以促进学校青年党员全面成长为目的，以目标化管理为主要方法，通过建立党员红色年度成长档案，实行党员目标化管理，实施"红色先锋"行动，使党员"成长"目标更加清晰，"红色"形象更加真实，"先锋"作用更加突出，青年党员政治更加坚定，先锋模范作用更加明显，党建促教学质量提升更突出。城北学校先后被评为安福县基层先进党支部，吉安市先进基层党组织。

"既当改革促进派、又当改革实干家，以钉钉子精神抓好改革落实"，我怀揣着科研兴校的梦想，始终以改革先行者的姿态，搏击在时代潮头。2013年，我在安福率先开启了高效课堂的大门。在我的强力推动下，城北学校已形成了该校"一体两翼"的高效课堂模式，即以高效课堂为主体，"以德育教育课程化"和"自主管理常态化"为两翼。以学生全面发展，长远发展为目标，两翼齐飞助力主体，构建生本课程。2015年安福县高效课堂现场交流展示会、吉安市高效课堂现场会、安福县中小学"一科一模"高效课堂模式创建活动等活动相继在城北学校成功举办。脚踏实地的课改精神和精彩纷呈的高效课堂赢得了与会教师和领导的高度赞赏。

学校连续三年被评为办学水平评估优胜单位、安福县教育先锋号、安福县"高效课堂"示范校、吉安市"高效课堂"示范校、吉安市依法治校示范校、江西基础教育质量十佳示范学校，吉安市平安校园、吉安市文明校园、全国青少年足球示范校等。

2016年底，县委县政府引入幸福教育工程改革，城北学校成为安福县三个试点校之一。幸福教育工程专家组与我进行多次研讨，充分听取了我的意见和建议，基本以城北学校的办学构架雏形形成了全县136幸福教育工程的基本框架。立足学校实际，我率先擎起幸福教育大旗，推出了城北学校幸福教育工程框架：夯实一个核心：立德树人。抓住一个关键：教师成长。坚守两个阵地：课堂课程。抓好两个引擎：文化引领、家校联动。我亲自制定具体的方案，通过德育课程化、城北三有之探索（教师有尊严、课程有生命、课堂有意义）、家校合作三大抓手，为城北学校注入跨越式发展的强大动力。

二、创新管理模式，打造优秀队伍

知常明变者赢，守正创新者进。创新德育管理模式，我坚持诗意德育，润物无声，实施德育教育课程化，以活动为载体、以学生为主角，全面参与，自我感悟、自我教育、自我成长。我组织教师围绕"爱国、诚信、责任、感恩、孝道、守纪"十二字德育工作目标，编订了城北学校德育系列化校本课程教材《润物无声》。我精心设计学生梯级培养体系，通过夯实常规化德育，建构了七大精品课程。我就城北学校德育课程化的实践撰写的《润物细无声》一文在江西省名校长培养工程研修成果丛书《赣鄱校长思与行》中发表。

教师是教学的主导者，没有好的教师，就没有好的教育，我积极倡导教师做一个胸中有梦、身上有情、手中有书、工作有心的人。着力打造1235教师阶梯培养体系，使教师成为学生的良师益友和健康成长的指导者和引路人。我积极引领教师不断更新教育理念，每学期开学初必做专题讲座，比如《成功校长的两张牌》、《理想的学校，幸福的家园》、《加快学校内涵发展、打造学校办学品牌》、《只为心中那抹彩霞》、《诗意校园　幸福人生》、《教育智慧让你在教坛生辉》、《梦在心中，路在课堂》、《名师就在你我他》、《宁静的课堂革命》等二十余个专题。我亲自组织实施"青年教师培养计划"，搭建各种平台促进年轻教师的快速成长。倡导教师撰写教学反思、随笔、案例等，并将教师的分享进行整理，出版了《做幸福老师　留温馨记忆》论文集。开展教师读书征文、读书笔记展评、读书沙龙活动等。读书沙龙活动为教师们提供了且读且思，且思且行的交流与展示平台。建立名师成长俱乐部和名师、劳模工作室，形成融科学性、实践性、研究性为一体的研修团队——北华风。受我亲自指导和人格魅力影响，许多人受益终身，我创新的思想，严谨的工作态度和务实的工作作风，感染着每一位青年教师。一个个年轻教师快速成长为教育骨干，一批批骨干教师在他的带领下成为名师。

三、推进幸福教育，创建文明校园

我积极推进136幸福教育工程的实施，创建了和美洁雅的文明校园、塑造了和谐敬业的幸福教师、形成了立德树人的德育课程体系、构建了温馨和谐的幸福课程、打造了充满活力的高效课堂，实现了教师素养、学生品质、教学质量三大提升，引领着城北学校从安福县教育的"窗口"单位向全市乃至全省名校迈进。

2019年9月，我在县委领导的重托下，不顾亲朋好友同事纷纷劝阻，以《北渡东进，感谢有你》一文告别了工作14年的城北，又到新创办的城东学校任校长，踏上了新征程。我把责任担当举过头顶，为城东学校发展做出了中长期发展规划，推出学校发展的五大策略，大力打造"党建+三塑德育"品牌，学校发展日新月异。一年半的时间，学校获评吉安市文明校园、安福县先进基层党组织、安福县五四红旗团支部、吉安市模范职工之家、安福县中小学线上教学先进单位、江西省"新时代好少年"主题教育读书活动先进集体、江西省模范职工小家等称号。

"捧着一颗心来，不带半根草去"。这是著名教育家陶行知一生献身于教育事业的真实写照，也是我奋斗在教育战线上的座右铭。站在教育这一块精神高地上，我用实际行动展示着一名党员干部的责任担当，谱写着一曲人民公仆全心全意为人民的时代赞歌。在今后的教育工作中，我将永葆教育初心，勇担立德树人使命，努力培养社会主义建设者和接班人，为实现教育强国不断努力。

探索实践活动课程，提升学生综合素质

江西省吉安县敖城镇三锡坊前田希望小学　王林华
江西师范大学　孙锦明　万文涛　邓亮
江西省吉安市教研　周哲
江西省吉安县教育评估监测研究中心　肖志君

为全面贯彻党的教育方针，适应快速变化的社会生活和个人自主发展需要，迎接信息时代和知识社会的挑战，教育必须坚持与生产劳动、社会实践相结合的原则。为提升学生综合素养，深化实践教育教学改革，推进实践教育质量革新，我校围绕综合实践活动课程在村小的落地实施，展开了"乡土化"、"项目化"、"常态化"的探索，取得了令人刮目相看的教学成果和育人成效。

一、问题的提出

2001年教育部的《基础教育课程改革纲要（试行）》规定：从小学到高中设置综合实践活动并作为必修课程。综合实践活动课程由此成为国家课程的重要组成部分，其目的在于培养学生的实践能力和创新精神，以及综合运用学科知识、自主获取知识的能力等。

然而，新课程实施十余年来，敖城镇的所有小学直到2011年都没有真正开设综合实践活动课程，有的只是传统的德育主题活动或兴趣小组活动。至于没有开设的原因，农村小学的校长、教师们认为是受“三无”所限：一无资源：较之城镇学校，农村小学缺乏大的图书馆、科技馆等条件；二无指导：尽管国家重视，但无人指导农村小学如何实施这门综合课程；三无章法：虽然觉得重要，可是村小教师找不到可资借鉴的实施方案、如此一来，综合实践活动课程在农村小学的境遇可谓是“既无名也无实”，通过这类课程来培养学生创新精神与实践能力的愿望可说是基本落空。

二、解决问题的方法

因地制宜选主题。农村学校校长和教师们认为开设综合实践活动课程的最大困难是缺乏资源。但经过多年探索，我们团队深刻地意识到“因地制宜”这四个字的价值。回头看来，无论是当初的“走进田园”、“校园植物大搜索”，还是后来的“栽辣椒”、“横江葡萄基地考察”等70多个项目，无不源于校园内外、村庄周边，无不体现了“因地制宜”的思想。由此看来，与其说农村小学开展综合实践活动课程缺乏资源，不如说是“无视资源”。

边学边教做项目。农村小学尤其是村级小学开展综合实践活动课程很难得到教研专家直接的指导，也缺少可资借鉴的经验模式。庆幸的是，我们团队通过自己的努力找到了一个适合农村小学实施综合实践活动课程的有力抓手——“项目化学习”。更重要的是，经过持续六年多的摸索，就农村小学综合实践活动课程中的“项目化学习”，在边学边教中总结出一套涉及项目主题选择、项目计划制定、项目实施程序、项目成果评价等多个层面的操作规程。

借助网络展风采。农村小学开展综合实践活动课程确有其不利和不便之处。但是，网络可以扭转这一劣势。六年多的探索，我们团队深切地体会了网络给自己、给农村小学带来的极大便利。从最初的加入群学网与江苏黄利锋老师合作，到后来利用班班通和校园网带领孩子们上网查资料，以及全程性的借助博客、QQ空间等网络平台广泛传播和分享项目教学的心得体会、展示孩子们的过程风采和学习成果，无不是网络的这个好帮手发挥了不可替代的作用。

专家引领建体系。从开始单师单班，到后来多师多班，再到后来兄弟学校教师借鉴效仿开展综合实践活动，开展综合实践活动的教师和学校越来越多，活动主题也越来越丰富。在专家的引领和帮助下，又对活动主题进行了分类梳理、对项目实施进行了流程总结、对课程设置进行了系统安排，在专家进入后产生了实质性变化。

三、研究成果内容

我们团队在三锡坊前田希望小学开展综合实践活动课程建设实践探索已有四年，经历了从无到有、从有到优的发展过程，并积累了丰富的实践经验。这些经验概括起来可以表达为“主题选择乡土化”、“组织实施项目化”、“课程设置常态化”三个方面。

综合实践活动主题选择乡土化。我们团队认为，乡村小学开展综合实践活动不是“无资源”，而是“无视资源”。如果能够转变观念，抓住乡土特点，那么乡村小学完全可以利用自身的优势，通过一定的努力开辟出丰富的综合实践活动课程资源。这些资源可以分为九类：

一、植物观察类：我们开辟了大小不一的五块草坪，建设了两个花坛、为学生观察植物创造了有利条件；二、动物观察类：我们团队将观察蚂蚁、白蚁、蝌蚪、蝴蝶、七星瓢虫等，也纳入了综合实践活动课程的范围；三、气候观察类：在学校听涛楼后边、“南泥湾”旁边建有一个简陋的气象站，用于学生在日常开展气候观察；四、植物栽种类：在校园内开辟了“南泥湾”、“绿洲园”两个园地，组织学生在此栽种；五、调查探究类：我们团队带领学生开展农村古树保护现状调查、农民信仰现状调查、三锡坊牌历史调查和祠堂探究等活动；六、参观考察类：在学校的周边有横江葡萄基地、井冈蜜柚生产基地、火龙果生产基地、百香果基地、黑木耳生产基地等，再远一些的地方就是吉安县城有科技馆、将军公园等，这些地方也是学生开展参观考察活动的重要场所；七、设计制作类：我们团队带领学生研究老丝瓜的用途；研制过升降玻璃擦、婴幼儿专用筷子等；开展过制作叶画、我给植物做名片、玩具DIY等制作活动；八、生活体验类：利用校园及周边条件，开展我给大家讲故事、我的生日我做主、表演课本剧、修剪树枝、我当交通安全员等活动；九、其他类：用校园条件，开展“神奇的树叶”活动，让学生识叶名，分叶形，排叶色，做叶画，观叶长，探叶用，做叶哨，展示分享等。

综合实践活动组织实施项目化。区别于一般的学科课程，综合实践活动课程是以一个个项目的形式组织实施的。这种项目化的学习，有利于将学生已习得的碎片化知识、小的能力模块耦合链接起来，定位于特定的情境背景之中，从而提高学生的实践能力；有利于创造生生之间、师生之间、师生与社会之间的沟通交流机会，提高学生的社会参与素养；有利于增加学生创造性地发现和解决实际问题的机会，提高他们的自主学习、自主探究素养。如何实施项目化学习？ 一综合实践活动的流程规范。综合实践活动项目一般划分为一个或几个阶段，每个阶段都按照“学-思-行-省”循环链接的顺序予以实施；二综合实践活动的质保规范。在组织实施综合实践活动的过程中，我们特别注意贯彻“八化”要求。即：方案设计专项化、活动组织小组化、资料查找网络化、活动开展真实化、观察记录经常化、活动成果物质化、交流展示多样化、活动评价自主化。

综合实践活动课程设置常态化。我们团队通过四年的努力，已经实现综合实践活动课程在前田小学“落地生根”，并“开花结果”。在如今的前田小学，综合实践活动课程已经趋于常态化，主要表现在活动全体化、课时固定化、教师队伍齐整化、保障制度规范化等四个方面。

四、取得的成效

学生百分百参与和喜欢，家长百分百支持和满意。前田小学的综合实践活动，最初只是一个班20多名学生参与，发展到后来是全校百分之百的学生参与，而且不同形式的调查表明，全校学生百分之百的喜欢这门课程。更重要的是，孩子们通过这门课程，真正提升了综合素质和实践探究能力，自2015年开始每年都有多名孩子获得省级甚至国家级的科技大赛奖项，至今已获得青少年科技创新大赛国家二等奖1项、省一等奖2项、省二等奖4项，宋庆龄少儿发明奖全国铜奖1项、省一等奖5项、二等奖15项、三等奖3项，综合实践活动跨区域合作比赛二等、三等、佳作奖各1项，以及综合实践活动微视频比赛省一等奖2项，等等。通过家长会、家访等沟通方式获悉，孩子们家长百分之百的表示支持学校开展综合实践活动，并对学校工作表示完全满意。

教师百分百开展和胜任，上级百分百认可和鼓励。在王林华的带头示范下，其他教师从开始的观望、到后来的效仿、到最后是全校8名教师百分之百开展综合实践活动，并在他的悉心指导下，所有教师都能胜任综合实践活动的实施，并一致认为开展综合实践活动是每个教师共同的责任与义务。这些年来，以王林华为首的教师团队获得了综合实践活动教育方案、课例展示、资源评选、一师一优课、优秀案例征集等各类比赛的全国二等奖1项、省级一、二、三等奖6项，以及10余项市县级奖励，其中王林华还被江西省宋庆龄基金会评为“十佳优秀科技辅导员”，被吉安市评为小学综合实践活动学科带头人。

前田小学建设经验获得良好的社会反响和辐射推广。前田小学开展综合实践活动，得到凤凰新闻和《吉安晚报》等新闻媒体的报道，《江西教育》校园采风栏目专门派记者到校采访，并给予特别报道，《井冈山报》给予了全方位的采访报道，《江西日报》、人民网、《人民日报》也给予了宣传报道，吉安市科技馆和吉安县科协多次来校调研科技教育工作，并给予充分认可。2018年1月，王林华更是有幸被省教研室吸收为“江西省小学综合实践活动课程教材”编写组成员，为前田经验在全省推广提供了重要平台。此外，前田的经验做法还常被引用，如新疆的大学教师宋彬引用“校园植物大搜索”案例作为培训资源、北京景山学校周群老师引用“豆芽”案例探索城市学校开展类似项目的可能等，这在间接意义上推广了前田经验。

经过多年的艰难探索，我们团队走出了一条适合农村小学开展综合实践活动课程的新路子，形成了具有较强可操作性和推广性的课程体系，提升了学生的实践能力与综合素质，且在全市有较大影响，并得到一定程度的推广，但在全省乃至全国的影响与辐射作用还不够，今后，我们将继续不断探索，寻找更大平台来交流和互动，共同助推综合实践活动课程在农村小学的充分实施。

理念引领方向　文化提升品位

江西省南昌市安义县乔乐学校　杨润根

校园文化是学校发展的灵魂，是凝聚学校人心、提升学校品质、增强学校“软实力”的核心要素。一个优质学校的背后必定有着优秀的文化传承，只有拥有厚重的文化内涵，学校才能做大做强、持续发展。

江西省安义县乔乐学校地处四县（市、区）交界处，是一所九年一贯制农村寄宿制学校，80%的学生是留守儿童。然而，就是这样一所偏僻的农村寄宿制学校，不仅获得了“全国青少年足球特色学校”、“全国人工智能特色学校”、“中国好老师教育实践基地”3项“国”字号的命名，还先后荣获“江西省知识产权试点学校”、“江西省绿色学校”、“江西省文明先进单位”、“江西省家风家教示范单位”、“南昌市抗疫先进集体”等称号。这一切成绩和荣誉的取得，离不开学校对特色文化建设的深入挖掘和积极探索。

历史文化涵养品格

建设校园文化要对历史负责、对现在负责、对未来负责，深入思考培养什么人和怎样培养人的问题。因此，我校在建设富有本校特色的校园文化时，不仅立足国家的教育方针、时代精神，而且结合本地域历史文化的背景，使其既体现文化传承又体现办学者的教育理念。

校园环境育人无声。学校的大门造型独特，其形状既像射向远方的彩虹，又像是张开翅膀的鸟翼正飞向远方，寓意着学生飞向远方，飞向知识的远方、灵魂的远方；水泥路、塑胶操场、草坪、塑像、景观石、文化墙等，彰显现代园林风格；校园内的“一夔主题文化公园”则是学校鲜明的文化印记，这源于明代状元谢一夔是乔乐乡一张闪亮的文化名片，其老家就在离学校几里地远的前泽村委会三房村；在德育长廊里，挂满了优秀校友的头像及事迹简介，他们都是从乔乐学校走出去的学有所成的优秀校友。“用优秀校友的事迹激励今天的学生非常有效果，学校努力让每一个学生成为心中有光的学生。”杨润根校长曾这样阐述学校的育人追求。

自理自立内化于心。在近百亩大的校园里，学校没有请一个保洁员，都是老师带着学生打扫卫生。尤其在两年前的一段时间，整个乔乐乡干旱，当时学校还是旱厕，每天都由老师带着学生用脸盆装水去冲厕所，学生个个都不怕脏、不怕累，把厕所打扫得干干净净。现在，不管是谁、不管什么时候来乔乐学校，看到的校园都是干干净净的。此外，结合劳动教育，学校还要求学生在家里做扫地、折被子、洗碗等家务，树立劳动最光荣、劳动最崇高、劳动最美丽的观念。同时通过开展“最美家庭”评选活动，方便老师深入学生家中了解学生做家务的情况，提升家校合作的效果。

“爱心超市”存储良好德行。前不久，一个美德少年的故事在校内外广为流传：学校有一个男生，看到妈妈穿的棉袄太破旧了，就来到学校的爱心超市，用自己平日里赚得的道德币为妈妈买了一件红色的大棉袄。这个“爱心超市”其实也是一个“育人超市”，其创意是从安义县“综治银行”中受到启发而创办的，运作模式与“综治银行”相似，10分道德币折算为1元钱，然后可以到超市去兑换实物。那么道德币的积分从何而来？学生做好事可以获得积分，参加公益活动可以获得积分，学习有进步的可以获得积分，被老师和同学发现做好事的可以获得积分……学校常年开展“好人好事天天见”活动，以道德币激励学生保持向上生长的姿态。

足球文化健体润心

刘小强同学的习作《刺多多》成为乔乐学校的网红文章，是因为文章想象奇特，感情真挚。语文老师布置作文写一种植物，刘小强笔下的仙人球“长得像小球，身穿绿皮衣，满身都是刺，一摸就扎手。”、“刺多多，你有没有觉得你特别像我的足球，你说沙漠里有没有足球比赛？”

刘小强是学校足球队的骨干成员，非常爱踢球：“昨天晚上我做梦了，梦到了沙漠，梦到了仙人球，梦到了我在沙漠比一场仙人球足球赛。”足球不但给他带来了乐趣，而且给予他强大的精神力量。刘小强以前的文化成绩不怎么好，自从踢球踢出了名以后，他收获了成就感，变得自信了，学习成绩比原来进步了很多。

校园足球不但是学校着力打造的一个办学特色，而且是一个育人的有效载体。学校组建了校级足球队，由在学校支教的江西师范大学和南昌师范学院的体育教师担任教练。各班每周有一节体育课教学足球，普及足球知识和足球训练技巧。成立足球社团，经常开展班级足球联赛和校级赛，校足球队几次在南昌市校园足球赛中获奖。

足球有力地撬动了学生的体育运动。学生每天早上跑操，晚上6点半跳绳，强健了体魄，磨炼了意志；每天的“大课间”，学生做学校自编的课间操，成为乡村一道独特的风景。足球文化影响并造就了一代“阳光少年”。

社团文化张扬个性

学生社团是实施素质教育的主渠道，它作为培养学生专业素养的第二课堂，以更大的活动空间、更丰富的活动内容、更灵活的活动方式，深受学生的喜爱。可以说，社团活动的开展不但丰富了学生的课程内容，更通过特色活动为他们提供了多种学习渠道，培养了他们的合作精神，发展了他们的兴趣特长，为他们的校园生活添上了鲜亮的一笔。

针对80%的学生是留守儿童这一校情，我校大力开展社团活动，拓展学生的综合素质，做好活动育人这篇大文章。目前，全校共成立了22个学生社团，每一个学生都可以找到感兴趣的社团发展自己的特长，而舞龙队和陶笛兴趣小组是学校的新名片。2019年11月22日，学校舞龙队应邀前往安义古村群参加“江西省第六届社会体育指导员素质交流大赛”，表演赢得热烈的掌声和领导评委的高度赞誉。

此外，创客中心也是学校社团文化的一大特色，而其中人工智能课的专职教师谢祥选是学校从江西科技师范大学引进的高端人才，专门负责“人工智能”的教学及科研工作。在打造人工智能教学特色过程中，学校借力发展，与省内高校合作，聘请专家、教授来学校上课，并以社团的形式广泛开展人工智能的知识普及和科普活动，提升了学生的科技素养和实践创新能力。

特色文化的发展充分调动了学生的积极性和主动性，也促使他们以更加饱满的热情回到学科学习中，使他们的学业成绩不降反升。2020年中考，全校113人参考，考取重点高中有53人，录取率、及格率、优秀率均位居全县前茅。

一路走来，我校的文化功能的显现和作用的发挥固然不可能吹糠见米、立竿见影，但它却能滴水穿石、垒土成塔，在潜移默化中滋养师生的心灵与思想。我期待着通过全体师生的努力，每一位师生都能是文化的体现，都能让学校的每一天、每一刻、每一事都有文化的流淌……

建设新生态课程，为学生终身发展奠基

江西省南昌市右营街小学　杨琴　熊莉

党的十九届五中全会指出，当今世界面临着百年未有之大变局，我国进入新发展阶段。在新的历史时期，要贯彻新发展理念，构建新发展格局，推动高质量发展。高质量教育的核心是人才培养，人才培养的核心是课程，课程体系建设深刻影响着教育质量的发展与走向。

我校通过探索建设新生态课程，扎根中国大地，落实立德树人根本任务，培养学生德智体美劳全面发展，为学生终身发展奠基。

一、新生态课程目标结构

我们的课程理念为：把绿色种子撒播到儿童心灵。

课程目标：生态英文为ecology，我们从中选取生态特质，力求培养一批“有活力（energy）、有能力（capacity）、乐观（optimistic）充满魅力（glamour）”的右小学子。

课程结构：“小学者”课程即语言与交流课程，包含语言与交流基础课程、“语文魔方”特色课程、“快乐英语”特色课程、“人文小专家”社团；“小专家”课程即思维与逻辑课程，包含思维与逻辑基础课程、“趣味数学”课程；“小明星”课程即艺术与审美课程，包含艺术与审美基础课程、“曼妙音乐”特色课程、“创意美术”课程、“艺术小明星”社团；“小标兵”课程即自我与社会课程，包含道德与法治基础课程、“研学旅行”课程，“生态节日”课程、“生活小能人”社团；“小健将”课程即体育与健康课程，包含体育与健康基础课程、“活力体育”特色课程、“体育小健将”社团；“小博士”课程即科学与探索课程，包含科学与探索基础课程、“创客”课程、“鄱湖生态馆”实践课程、“生态聚焦”专题课程、“科技小达人”社团。

二、新生态课程实施路径

我校设有六大学科课程群：精彩语文课程群、快乐英语课程群、趣味数学课程群、创意美术课程群、活力体育课程群、曼妙音乐课程群。建设学科课程群采用的是“基础+延展”的方式，如：精彩语文课程群以不同学段学生语文素养的培养为主要任务，按照文字、阅读、书法、文学、文化的序列开设学科延展课程，包括一年级“拼音碰撞”、“绘声绘色”，二年级“故事大王”、“秘密日记”，三年级“书法初识”、“童言童话”，四年级“诗海畅游”、“童眼童心”，五年级“名著徜徉”、“话说传奇”，六年级“蛙眼新闻”、“导演生活”。趣味数学课程群以思维能力的培养为核心，开设了“游戏天地”、“童趣商店”、“魔板世界”、“美丽对称”、“神秘24点”、“灵动搭配”、“奇妙数独”、“名人故事”、“数学迷宫”、“趣味统计”、“奇幻图形”、“当家理财”等延展课程。英语为外来语言学科，形成初步的综合语言运用能力尤为重要，因此快乐英语课程群设置“音标碰撞”、“句子之王”、“写作王国”、“头脑风暴”、“英语能手”、“英韵动心”、“英伦风情”、“我型我秀”等课程。曼妙音乐课程群和创意美术课程群则是把音乐和美术交叉融合，还把戏曲、舞蹈、影视等加入艺术课堂，为学生提供生动有趣丰富多彩的内容和信息，拓展艺术视野，提高孩子发现美、创造美的能力，促进学生艺术能力和人文素养的综合发展。开设“七彩的图画”、“天马行空之旅——想像与欣赏画”、“跳跃的音符与线条”、“心灵手巧一律动人生”、“纸上生花——星舞飞扬”、“旋律魔法王国”、“魅力泥塑与节奏”等音乐美术交织，培养学生实践和审美能力的课程，课堂显性课程与社团活动相结合。活力体育课程群首先教授国家课程要求的基本知识和基本技能，然后在此基础上充分满足学生个性特长和兴趣发展的需要开展篮球、乒乓球、田径、棋类等社团活动，让学生自主报名，学校统筹调配，以选课的形式进行教学，从而让学生能真正享受课程，自身素养得到进一步提高。

为了使开发的课程能够符合学生的兴趣和爱好，我们在学生中开展了广泛的调查，通过发放问卷、开座谈会等形式，让学生自己确定感兴趣的领域和知识。我校数学学科课程“未来工程师”就是按照学生的喜好将数学与科技整合在一起，小组成员在2019年南昌市第二届青少年未来工程师竞赛中荣获团体总分第一名的好成绩。在物联网循迹小车个人赛中，我校6位同学荣获一等奖，在智慧生活创意设计团体赛中，我校3位同学荣获一等奖。指导教师从单一的学科空间走向多维发展空间，努力成为复合型人才。可以说，开发学校课程让教师有了主体意识，让孩子有了展示才华、完善自我、实现自我的平台和机会。

三、新生态课程项目式案例、社团活动及评价

从2019年9月份开始，我校在美术和体育两个学科中开展项目式学习初探。美术学科项目学习与五年级《重复的美》一课相关联。五年级的学生经过系统的美术学习，已经具备了一些基础的造型能力和表现能力，对于本课所要讲授的重复构成内容，也具备感性认识的能力。此学段的学生很喜欢自己创作，但由于想象力的匮乏，较难设计出构思新颖、个性鲜明的作品，而且学生在艺术感知、形象思维及创新意识等方面还有待加强。通过项目式学习，学生们在学中玩，在玩中学，在合作交流中学，在学后交流合作，思维被拓展，创意被激发，情感被升华，创作了一幅幅造型好、创意妙的作品，课堂从课内延伸

课外，从课外服务课内，激发学生创想天地，让他们感受到了成功的喜悦。

体育学科项目式学习则与品德学科相结合，本着教学设计以“健康第一”为指导思想，以《体育与健康课程标准》为依据，以学生发展为教学主线，努力探索开发利用新的课程资源，丰富教学内容。结合南昌市创建文明城市的契机，创设交警维持交通秩序的情境，让学生随情境展开而步步深入地去学习韵律操的动作，发展学生的协调性、模仿能力，提高学生的音乐节奏感，感受韵律操带来的快乐，了解交通规则和对生活的热爱，教育学生做个文明有礼的南昌人。

俱乐部式社团。社团活动是学生个性成长的土壤。学校秉承“把课程设置权留在学校，把课程开发权赋予老师，把课程选择权交给学生”的理念，按照优化内涵、提升质量的要求，开发数十个社团课程，做到了社团活动常态化、规范化，让每一位学生都能根据自己的兴趣爱好和特长，选择最适合的社团组织。

社团课程设置做到：一是课程设置动态生成。学校围绕艺术、体育、科技、实践四大主题开设社团课程，适时适度调整，对社团课程设置和教学内容实行动态管理。二是课程实施分层编班。学校打破年级和班级界限，将不同年级、不同班级的学生按兴趣爱好进行编班，走班上课，分层教学。三是课程参与双向选择。学年初，学生填写《社团招生表》，根据自己的兴趣自选社团。四是课程管理严格科学。我校社团活动定时间、定地点，指定专人巡视、记载、公布，确保活动正常开展。五是课程评价多元多维。学校建立了由学校、教师、家长和学生参与的多方主体、多元途径、多维角度评价体系。

社团课程实施做到：一是拓宽渠道，破解师资匮乏难题。学校社团课程既有本校教师，也有聘请的校外热心教育事业的义工人士，还有与专业培训机构的合作，从而解决师资不足的困局。二是开发教材，破解内容零散难题。学校将社团课程与校本教材开发有机结合，逐步突破社团课程教学内容零散、缺乏系统的问题，使社团课程更具有推广性和发展性。三是统筹规划，破解时间不足难题。学校对课时进行整合，将每周下午三、四节课时间安排为社团活动时间，解决了单节课时无法深入开展活动的难题。

新生态课程评价方法。日常考核：新生态课程研发中心；对学生评价与激励：综合素质发展评价平台(考核学分与出勤)；对教师评价与激励：学生问卷与课程中心的评价(年终绩效、课时、教案、教材)。

现今，新生态课程已经成为我校的特色课程、品牌课程，也成为我校对外交流的平台，辐射效应明显。“路漫漫其修远兮”，下一步，我校继续创新新生态课程特色，不断提升教育质量，为学生终身发展夯实好文化基础。

内生促自主　外化重养成

辽宁省抚顺市新抚区北台小学　郑　霞

养成教育专家林格教授曾说过：“真正的教育，绝不仅仅是讲道理和传授知识，更不是开发孩子的智力，而是维护孩子的心力。”近年来，北台小学的德育工作遵循教育规律、尊重个体差异、尊重个性特点，将依靠外力强化训练的传统德育模式进行了“自主意识”的内在生成，通过维护学生心力来促进学生自我教育，自我管理，从而外化为学生的良好行为习惯。经过几年探索，如今以“自主养成”为核心理念的“好习惯德育评价体系”逐步形成和完善。养人养心，养鱼养水，养树养根这三个文化短语成为新时期北台小学德育工作的新思路、新方法，全面激活了北台小学的办学活力。

一、养人养心，用小仪式生成大德育

养人重在养心。一个人的思想如无根之木，无源之水，唯有通过仪式才能得以牢固，清澈明了。北台小学注重对学生心灵能量的传输，把爱的温暖无声地注入到学生内心深处，让学生主动地、愉悦地接受心灵的浸润。通过丰富多彩的仪式活动，塑造学生良好道德品质和行为习惯，这是自主养成的内生过程。

学校注重渲染每一次仪式教育。例如，每年清明节，少先队会与武警战士、社会各界人士共同到抚顺人民英雄纪念碑前开展《用复兴之志祭献先烈英魂》主题活动。从少先队员的敬献花圈到铿锵洪亮的集体宣誓，庄严的仪式感树立了少先队员们怀揣“中国梦”，从小立志复兴民族的远大理想。除此之外，每年度的入学仪式和毕业生典礼、“五节”（小百灵合唱节、舞蹈节、科技节、体育节、六一节）、“五日”（感恩日、安全日、环保日、建队日、新年日）等有仪式感的特色活动，北台小学也年年有新意，届届有亮点。这些仪式发挥出升华情感，内化信仰的积极作用，也沉淀了孩子们的内在修为，从而达到养人养心的教育效果，实现自主养成的教育目标。

学校每周一常规的升旗仪式，是落实《中小学德育工作指南》，对学生进行社会主义核心价值观教育的主阵地。从2009年开始，北台小学尝试改变以往那种优秀人物唱独角戏的传统升旗模式，而是把每一次的升旗活动都当作一次小型的班队观摩活动。每学期每个班级承担一次升旗任务。二十分钟的仪式，完全由孩子们自己策划。历时一个月的收集整理资料，创作仪式脚本，精心彩排表演的过程，是孩子们的思想境界和精神品质逐步内化生成的心路历程。孩子们在这一过程中潜移默化地接受思想教育，心灵受到洗礼，品格得到升华。例如在《人无信不立》的诚信教育升旗仪式上，承办中队的队员全员参与，他们围绕社会热点话题——“无人售卖超市”赚钱还是赔钱，创编脚本，通过现场互动、情景表演等多种形式进行体验式教育活动，震撼了现场全校两千师生的心灵，台上台下自发形成互动，场面蔚为壮观。

二、养鱼养水，用书香文化引领自主养成

养鱼养水是指环境氛围的营造。养鱼最重要的是调节水的温度和酸碱度，让鱼感觉不到水的存在。如果鱼感觉到水的存在，不久就会死去。美国学者班杜拉的社会学习论指出：环境、校园文化和榜样强化是影响学生良好行为习惯养成的重要因素。这个原理回归到学校，最突出的表现就是通过学校文化的积淀和熏陶，使良好行为成为孩子们自觉自愿的行动，最终实现“自主养成”的教育目标。

1998年北台小学率先在全市提出打造“书香校园”的文化战略。“培养师生良好读书习惯，营造具有儒雅气息的书香校园，是学校实施‘精神价值观’的一项重要举措。”二十多年来，学校不断扩建图书馆，补充了大量课外读物，现藏书六万余册。在走廊宽阔地带开辟了8个小书吧。校门前的“关注读书”、师生的经典篇章批注、“传递书香”校园广播等一系列读书活动为北台师生们的读书交流提供了展示平台。近年来，北台小学先后邀请到郑渊洁、沈石溪、秦文君等十多位儿童文学作家来校讲学，在与文学大师的零距离接触中，孩子们的崇高理想和意志品质被充分激发，他们学会了勤勉，学会了奉献，学会了坚忍不拔，学会了与人为善……

在北台小学操场一角，有一座典雅的木质凉亭，名为知远亭。它是用2011年感动北台十大榜样人物“宋知远”同学的名字命名的。小“知远”当年正读三年级，10岁的年龄却在奶奶引导下阅读了六十多本古今中外名家名著。当老师任意抽取一本书中的情节考核他的时候，他都对答如流。当年恰逢校园改造，为了鼓励全校师生热爱阅读，学校决定选用“知远”二字为新亭子命名。远望校园，总能看到孩子们驻足“知远亭”读书的场景，那是学校一道最美的风景线。

阅读是输入，写作是输出，好比人的呼吸，一吐一纳才能完成整个学习过程。为了给孩子们搭建心灵交流的平台，学校成立了校刊《源》编写组，三十多期杂志不仅及时报道学校新闻和大事，也宣传孩子们中的好人好事。《校报》每月一期，已经发行八十多期，里面每一个文字，每一副插图都出自孩子之手。近年来，我校教师共同编写出版了四本书，分别是《小学教育教学模式方法积淀》、《给养成教育以实效》、《好习惯自主养成》和《有效教学的管理与实践》。这些书记录了不同时期养成教育的发展与创新，为基础教育阶段养成教育的提升和有效教学的研究提供了有价值的参考。

二十余年的书香文化积淀，让所有的北台人都感受到，良好道德品质和行为习惯的形成是一项慢工细活，它和读书一样，是一种由内而生的自我教育，自我管理，自我提升的过程，循序渐进，日有所增，让人受益终身。

三、养树养根，用人性化评价外化行为习惯

养树养根是指师生良好习惯的培养。习惯是养成教育的根。美国作家杰克·霍吉在《习惯的力量》一书中写道：思想决定行为，行为决定习惯，习惯决定性格，性格决定命运。每一个好习惯的背后是一种好的思想品质在支撑，培养好习惯，目的是塑造一个人的好品质，让他拥有一个好人生。

基础教育要养成哪些好品质才能为将来幸福人生奠基呢？经过研究，北台小学选取了持之以恒、知错就改、言而有信、做事严谨等12个好品质为小学阶段重点养成内容，并为这12个好品质选取了12个好习惯作为行为训练点。德育处将这十二个好习惯按照学习、做人、做事进行了分类。根据不同年级孩子的特点，将这些好习惯养成要求和目标进行分解。采取递进的方式，逐步增加好习惯养成的难度，直至最后升华为好品质。好习惯评价采取学生喜欢的标点符号方式：做到了用“。”，做得不够好用“，”，做得精彩用“！”，没有做到用“？”。《牵手好习惯》学生评价手册，真正发挥了引领学生发展，规范学生言行，促进学生健康成长的巨大作用。

在教育中，人们特别注重培养学生良好的习惯。但一个同等重要的问题被忽略了，那就是教师良好习惯养成问题。身为教师，在教育学生养成良好习惯去获取成功的同时，自身也会在良好的教育习惯中培养出教师良好的教育性格，从而实现人生追求，提高生活幸福度。2012年，北台小学根据学校实际和发展方向，从育人、教书、生活三个角度研发了教师12个好习惯100个行为训练点，引导教师自觉涵养良好的职业习惯。每学期末，校党支部利用民主生活会契机，组织教师开展自评和他评活动，促进教师在涵养良好习惯过程中，调整不当教育行为，提高生活品位，提升工作成就感。

随着对基础教育研究的深入，我们越来越意识到家庭教育对学生成长的深远影响。经过家长委员会的征集、筛选、审定，2017年北台小学家长12个好习惯60条细则正式出台，它包括身教习惯，育子习惯，和家校合作习惯三大方面。学期初，通过家长会广泛宣传。学期末，家庭成员共同量化评价。如今，北台小学良好家教之风悄然形成。

养成教育是北台小学坚守六十多年的办学特色。在以养成教育为根基的学校德育工作中，北台小学越来越深刻地感受到，德育绝不是讲道理，而是要把精神能量传递给孩子，让他成为一个内心强大的人，一个能承担后果、应对变故、改善自身和环境的人。北台小学的“内生促自主，外化重养成”的特色德育，为提升孩子道德品质和综合素养找到了一条切实可行的有效途径。

内涵发展，彰显学校品位

——谈一谈我校的内涵发展工作

辽宁省凌源市第四初级中学　马晓骏

依据凌教［2016］284号文件，关于深入开展推进学校内涵发展的指导意见，我们全校上下对走内涵发展之路，如何提升办学质量动了一番脑筋，下了一番功夫，更做了一些事情。下面就我校对走内涵发展之路所做工作与大家交流一下：

一、规划内涵发展之路，确定发展目标愿景

内涵发展是以“人”为核心的教育创新之路。教育是一种“培养人”的社会活动。这一活动的真义是“生成”而不是“塑造”，是“导引”而不是“限制”。创造适合学生的教育，要求教育要为学生一生的发展负责，不放弃任何一个学生，尊重学生的个体差异，注意开发学生的能力。让每一个学生都能够充分的发展，创造适合学生的教育，而不是塑造适合教育的学生，只有这样，教育才有希望，学校才有生机，学生才有梦想。

育人目标是学校成员对“培养什么样的人”的一种理性认识和理想追求，它是一切教育行为的起点和归宿。让学校成为师生放飞梦想的精神家园，学得开心，教得快乐，和谐有序，张弛有度，人人都有幸福感和归属感。

发展愿景是学校成员对“办什么样的学校”的一种理性思考和理想追求，一种对学校未来发展的愿望、期待和憧憬。青春年少爱追梦。初中生正处在追求梦想的年龄阶段，学校要为他们追梦创设氛围，要为他们圆梦想奠定基础。学校不是追逐名利的场所，而是放飞梦想的摇篮。在这里，学生喜欢学习，学得开心；教师热爱教育，教得快乐。人际和谐，规范有序，敬业乐群，充满活力，不仅拥有明日的幸福期待，也拥有今天的幸福体验。

二、提高教师教学素养，以教师为核心内涵发展

职业理想。教师内涵的发展首先确立职业理想，引导教师强化职业责任，严守职业纪律，优化职业作风，引导教师提高职业技能。从而增强广大教师教书育人的责任感、使命感，培育教师的学识魅力和人格魅力，倡导学为人师、行为示范的职业精神。

职业道德。提高教师职业道德。认真执行《中小学教师职业道德规范》，引领教师树立正确的人生观、世界观、价值观、教育观、教学观、质量观。突出抓好教师的师德师风建设。

职业素养。提高教师专业素养，其中之一就是撰写教学反思，几年来我们一直坚持教师撰写反思。

基于以上三点，主要做了以下几方面工作：

1.让教师感受到教师的职业是最受人羡慕和令人尊敬的职业。身在其中要倍加珍惜，身在其中要勤恳工作，你有展示的平台一定要做好最佳的你，这是幸福的职业。

2.走出去、请进来。开阔视野，与名师名校面对面，身临其境感受名师名校的魅力。

几年来，我们学校老师远走凤城六中，沈阳143中学，近访朝阳八中，使我们开阔了视野，学到了新的管理和育人方法，取到了一部分真经（凤城六中的反思课。毕业典礼“走红地毯”，感恩母校、感恩老师。精神充电。一日常规自我管理，人人都是官，人人都是兵，学校就是家；沈阳143中学的学本课堂，音乐、美术的特色教育，树立“人人都是德育人”的教育理念。

朝阳八中的社会实践活动课中的创意手工、紫砂工艺，给我们留下了深刻的印象。同时依托联盟办学，借助第一初中为代表的资源优势，为我所用。）我们请朝阳八中的辽宁省优秀教师张玉霞教师来我校做经验介绍。三请凌源市职教中心司力野给我们全体教师上教师礼仪课。

3.在教师中开展读书活动，提升教师的专业素养。推荐专业图书：周鹏程的《培养核心素养——教师工作新理念》，王富强的《挖掘教师潜能——教师必备的唤醒艺术》。

同时，我们特别注重对教师实施了8个工作细节的教育：（1）教师的仪表细节；（2）教师的语言细节；（3）教师的课堂细节；（4）教师的交往细节；（5）教师的关爱细节；（6）教师的教学细节；（7）教师的沟通细节；（8）教师的奖惩细节。

三、提高学生学习素养，以学生为根基内涵发展

全面贯彻教育方针，全面实施素质教育，把学生培养成为德、智、体、美、劳全面发展的社会主义接班人是教育的落脚点。

坚持德育为先，加强6个教育，即：加强理想信念教育和道德教育；加强以爱国主义为核心的民族精神和以改革创新为核心的时代精神教育；加强社会主义荣辱观教育；加强公民意识教育；加强中华民族优秀传统文化教育和革命传统教育；加强尊重意识、责任意识和人文情怀的教育。

全面加强和改进德育、智育、体育、美育。高度重视各学科的德育渗透工作，将礼仪品行、励志教育渗透于教学之中，时刻给学生以成长的动力，将教法和能力提升统一，学法与效率相统一，使学生在学中感受快乐，在成长中感受幸福。坚持“以德立校，立德树人”的宗旨，确定适合学生成长的办学方向，帮助学生找准发展的定位，明确“升学与技能”两条腿走路，多样化选择的思想。

主要做法：

（1）强化习惯（学习习惯、生活习惯、行为习惯）养成教育，感恩教育。上好反思课。时刻反省自己、改变自己、提升自己。组织好毕业典礼、主题班会、升旗等活动。感恩母校，感恩老师，感恩父母，感恩他人。

（2）强化励志教育。励志教育是学生成长的兴奋针、催化剂，通过励志教育让学生树立品德目标、学习目标、习惯养成目标，不断提醒学生本人实现自我约束、自我管理快速成长。这些励志语言是积极的、向上的、有正能量的。我们学校以团委牵头开展“我最喜欢的励志语”征集活动，这些好的励志语言都是学生激励自己，催人奋进，不断进步的经典语言。

（3）开展读书活动。扩大学生视野，塑造美好心灵，引领学生与书为友，思考为乐，使学生在阅读中感受美、欣赏美。

（4）开展丰富多彩的文体活动，促进学生身心健康，提高审美情趣。举办文艺汇演、篮球赛、接力赛、拔河比赛、乒乓球赛等。这些活动都充分发挥了学生的特长，为展示自我搭建了一个成长的平台。

四、以实践带动内涵发展，彰显办学特色

内涵发展重要方面，就是特色发展。根植本校，彰显办学特色。特色发展要结合本校实际，本乡实际，注重中小学衔接。学校成立书香校园项目组，乒乓球项目组、推动特色教育。

如开展书香校园读书活动，让读书成为我校学生的习惯，以读书涵养学生底气，带着这些学习理念，学校开展了“我读书，我快乐，我读书，我美丽。”的学生读书工程。形成了浓厚的读书氛围。再比如，在师生中广泛开展乒乓球运动。营造融洽的师生关系，促进学生德智体全面发展。

带领学生参与社会实践活动，为学生全面发展筑基。社会实践活动是内涵发展的重要组成部分，特别是当今教育环境，通过走进工厂、进入农业科技园让学生们感受文化重要，感受科技的力量，感受家乡的巨大变化，感受掌握本领的重要，为日后学好本领、走近社会，成为实用技术人才和技术工人打下基础。其实生活即教育，社会即教育。

我们组织学生走乡进企，感受生活，提高学生社会化认知能力。宋杖子村是全国“一村一品”示范村，是甜椒生产基地，在全国树立了品牌，产品销往全国各地。宏丰液压是我镇的龙头企业，产值三千万，利税300余万，它主要为大型机械设备生产配件，并发明专利。

几年来，我们加强投入，铺建了600平方米的校门口水泥甬路，600平方米的水泥排球场，购置了一些体育器械；添置了12盏太阳能路灯，132延长米车棚，校园基本做到了全绿化，初步达到了绿化、亮化、硬化、美化的效果。

正如我们始终坚守的办学信念，以人为本，内涵发展一样。学校的建设离不开全体校职工，学生以及社会的协助。学校的内涵发展之路还很漫长，并且内涵发展之路往往长满了荆棘，但这恰恰是探索未知之境的乐趣。因为，内涵发展，彰显学校品位，体现的是一个学校可持续发展的能动性。我们一定坚持不懈地走下去。

立德树人守初心　“减负提质”促发展

辽宁省沈阳市第七中学　王浩

少年强，则民族强！全面贯彻党的教育方针，落实立德树人根本任务，推动素质教育，促进教育公平，是每一所学校肩负的使命。学校作为教书育人的主要阵地，要以人为本，以学生成长为导向，积极探索契合学生发展的教育方法。日前，省教育厅开展了2021年辽宁省中小学领航校长评选工作，旨在深入贯彻落实省委省政府相关要求，充分发挥优秀中小学校长在学生减负、集团化办学、特色办学等方面的示范引领作用。在此背景下，立足学校实际，我校大力提倡“减负提质”，从统一思想、制度建设、师资培训、课程设置、课堂管理、作业设计、家校合作等方面，全面立体地构建学校特色教育体系，让减负提质真正落地生根。

一、弥足根本，切实发挥“减负提质”实效

减负提质是促进教育质量提升的驱动力。为确保减负提质真正发挥作用，我校采用两个育人载体，推动“减负提质”工作贯穿育人全过程。一是打造生活化德育。学校以“七中七德”、“七中七度”、“七中七识”为主线，推进社会主义核心价值观和学生行为养成教育的有机结合，学校德育特色已成为“沈河区小微德育工程”的品牌项目；二是拓宽活动内容，学校积极开展常态化、特色化活动，如校园艺术节、趣味运动会、篮球争霸赛、汉字听写大赛、朗读者大赛，校园达人秀等促进全面育人理念落地生根。此外，我校还选派的代表队参加全国、省市多种赛事均取得佳绩，如进入全国汉字听写大赛总决赛八强，夺得全市中小学生田径运动会总分第一名，荣获全市艺术展演五个一等奖等。实施减负提质以来，学校办学特色愈发鲜明，教育教学质量连年提升，已发展成为集团化品牌学校。多次在省、市教育工作会议和现场会上介绍办学经验。学校近年来还荣获全国五一劳动奖状、全国骨干校长培训基地、国家课题研究示范校、中国教科院“名师成长”项目学校、辽宁省百姓心中优质学校、辽宁省教育系统先进集体等荣誉称号。

二、铸魂培根，着眼课堂助力质量提升

为进一步发挥“减负提质”实际作用。学校还从学校管理方面，建立健全规章制度，确立了以“卓越发展”的办学理念为统领，以“全程培养卓越学生”为育人目标，采取金字塔管理模式，构建“条块管理，分部负责”的行政和业务双向管理的制度框架，制定出具备学校特色的“减负提质”推进策略，着眼高效课堂，着意学生发展，持续探索“低负担、高质量、全面发展”的育人之路。首先，学校优化了课程体系，文体有机联动。学校实行教务处、年级部“双监控、双查课”制度，确保开齐、开足、开好国家课程。同时，积极研发校本课程，初中三个年级开设心理团建、机器人、沙盘游戏、主持朗诵、影像编辑、武术、健美操、话剧等20余门课程。此外，学校还将电子琴、篮球、书法、剪纸等社团活动引进课堂，最终形成了以“一主两翼六维”为主体的卓越课程体系。其次，学校精准把握课堂环节，倾力打造高效课堂。学校按照“年部主管领导一线把控，学科备课组具体操作”模式，对教学内容、教学实践、课堂习题进行规范化打磨。如今，以教学内容精耕细作，教学实践精打细算，课堂习题精挑细研为一体的“三精”理念已在课堂中全面实践，这一理念突出学生为中心，以情境、素材为载体，以问题设置为核心，以设问、解问、追问、生成新问题为主线，以精讲精练为教法，重视课堂的互动性与生成性，注重思维能力培养和学科素养的形成，提高知识的固化率和内化率，使不同层次的学生能学、愿学、乐学，最大程度地提升课堂教学的实效性。同时，学校还注重课后环节，不断强化作业管理。创造性地实施“五留五不留”模式，即留适时适量作业，留自主型作业，留分层型作业，留实践型作业，留养成型作业；不留超时超量作业，不留节日作业，不留机械重复作业，不留随意性作业，不留惩罚性作业。学校家长委员会专门成立课业负担监控小组，对各年级各班级各学科作业情况实施动态监控，以周为单位向学校进行反馈，以帮助学校进行落实整改。

三、紧抓队伍，谱写品质教育崭新篇章

一所有品质、有特色的学校，其发展离不开一支高素质、高水平的师资团队。一直以来，我校十分重视教师团队的建设，提倡“全员培养卓越教师”，大力加强教师培训，促进教师形成先进的教育理念，督促教师及时了解教育教学信息，落实新课改精神，完善校本培训，突出学科特色发展，为教师的成长搭建平台。

学校是学生的学校，也是家长的学校，是社会的学校。我校还通过家长委员会建立起良性的家校活动关系，不仅在学校层面有专门的家长委员会，在各年级也设有同等机构，建立起长期有效地家校沟通机制，让家长参与学校教育过程。学校还开办了家长学校，通过班主任工作室、心理咨询室、家庭教育咨询室等为学生家长提供集体指导课程和个体咨询，帮助家长树立正确的教育观、成才观，提升家庭教育能力，避免“学校减负，家长增负。”

总而言之，教育就是精神的唤醒，潜能的显发。实施“减负提质”以来，不仅提升了学校的精气神，更提升了学校的办学品位，提高了教育教学质量。全体师生思想同心，积极进取，顽强拼搏，校容校貌焕然新，精神风貌日新月异，教育教学质量稳步提升，各项工作再上台阶，校园特色逐渐彰显。我们相信，不久的将来，学校一定会在更美好的明天，扬帆起航！

依托乡土资源　实现全面育人

辽宁省铁岭市铁岭县腰堡九年一贯制学校　佟全辉

1995年8月，刚刚走出校门的我，怀揣梦想走进一所名不见经传的村级小学，成为一名山村教育的“拓荒者”。从此，我便在乡村教育这块沃土扎了根。26年间，我先后在6个农村学校任教，从班主任到教导主任、副校长、校长，经历了从危房改造起步，到绿水青山中的书声琅琅，琴声悠悠。如今，“农村最漂亮的房子是学校”，26年坚守乡村教育，用真实的教育培养真实的人，让学生在宁静的校园里实现知识改变命运的梦想。

五育并举，是教育家蔡元培提出的一种思想主张。从2001年起就担任农村学校校长工作的我，始终秉持“五育并举”的宗旨，以立德树人为己任，坚持德智体美劳五育并举，坚持全面育人、全员育人、全方位育人的三全育人思想，努力为学生终生发展奠基。让农村孩子享受和城里孩子一样优质的教育，更是我从教的初心与梦想。农村学校最大的优势是乡土资源，而这恰恰是城市学校无可比拟的。于是，无论在哪所学校，我都注重挖掘乡土资源的育人功能，结合地域特色，全面实施素质教育，着力打造农村素质教育特色学校。

扎根农村　以校为家

自1995年参加工作以来，我一直在农村学校工作，无论走到哪里，都努力把自己变成一台“发电机”，赋予乡村教育满满正能量。2001年3月至2005年8月，在大康屯村小学任校长期间，我还不到30岁。初出茅庐的我精益求精，在政府的支持下，多方筹措资金，进行危房改造、逐步改善办学条件，同时，在校内开辟校园农场，种植蔬菜，扦插绿化树苗，作为劳动实践基地，五育并举，实施带有浓厚乡土气息的素质教育。当时作为村级小学，被评为“辽宁省勤工俭学先进学校”，并被电视台采访报道。2003年，正值铁岭市启动“春晓工程”村小学管理工作综合拉练检查评比，在当时200所村小学中排名第一。在2003年全县教育工作会议上，我以唯一一个村小学校长的身份做经验介绍，并于当年荣获省、市级先进教师。

2006年至2009年任大甸子镇中心小学校长期间，地处偏远山区，下辖十几所村小学。我坚持住校，每周回家一次，用以校为家的工作热情，改变了山区学校落后的面貌。基于提升农村孩子的审美教育，开发智力，唤醒潜能的根本，开发了“儿童创意画”校本课程，农村学校的美术教育受到空前重视，孩子们在涂涂画画中发展了创造性思维，艺术想象力得到充分开发。在铁岭县大甸子镇干沟子屯小学，有一棵高大的松树耸立在校园之中，1961年，在此工作和生活的雷锋曾拍照留念，留下了雷锋最为经典的一张持枪照片。后来雷锋又曾担任干沟子小学校外辅导员。六十年过去了，雷锋精神对当地群众的影响犹在。我充分利用雷锋树小学这一特有资源，创建红色校园文化，将雷锋树小学打造成为铁岭市德育基地，并在全镇学校普及文明礼仪教育，学德校育工作成绩斐然，教学质量和师生综合素质显著提升。2007年大甸子镇中心小学被国家教育部、关工委评为辽宁省首家“全国青少年文明礼仪示范基地”，同年7月19日在人民大会堂接受颁奖。

2009年2月，我又被调到铁岭市西南边陲阿吉镇中心校任校长，离家距离接近100华里。当时学校面临的最大问题就是留守儿童过多，导致问题孩子多，我多方协调，争取社会各界资助帮扶，又自掏腰包在学校建立暖心小屋，给孩子们过生日，安装电话，便于孩子们与家长联系，让孩子们感受到家的温暖。以“快乐成长工作站”、“爱心咨询室”、“留守儿童之家”、“七彩小屋”及“快乐体育园区”为操作平台，校本课题研究精彩纷呈。《农村留守儿童培养教育有效途径探索》课题也经历了春华秋实，收获了累累硕果，引领学校德育工作更加稳步扎实开展。留守儿童关爱工作在全省率先总结出了成功经验，并获得“全国关爱留守儿童示范学校”。我联系了很多关注农村学校发展的书画家、艺术家们走进校园，开展了“小品小戏进校园”、“剪纸艺术进校园”、“书画艺术进校园”等活动，农村孩子可以面对面得到著名书画家、艺术家们的指导，素质教育开展得有声有色。孩子们的艺术表演在省市县舞台频繁亮相，山东柳琴表演唱《夸孙子》节目荣获2016年全国未成年人网络春晚最佳人气奖第一名。无论走到哪，我都脚踏实地，坚信只有扎好根，才能向上生长，让我所到的每一所学校都有大改观。

特色办学　个性成长

2016年，我来到蔡牛镇中心小学，先后创建了“书香园”、“雷锋园”、“农耕园”，创办了“农耕文化馆”、“农耕历史馆”、“孔子学堂”和“农耕实践活动场馆”，深挖农耕文化作为学校特色课程，既弘扬传承了传统文化，又使各学科教学得到了有效整合，使学校的教育教学体现出了独有的特色。创编了《国学启蒙》、《农耕实践》、《鼓舞》、《魅力足球》、《泥塑雕刻》等校本教材，《国学启蒙》校本教材获得了铁岭市优秀校本教材一等奖。在系列课程中推动五育并举，全方位育人，尤其重视学生的劳动教育，师生在“开心农场”体验农耕实践活动荣登辽宁日报和“学习强国”平台。学校的腰鼓传承百年，已经成功申报铁岭市非物质文化遗产，成为铁岭市教育系统唯一一个非遗项目。学校作为全国首批足球特色示范校，新建一万平标准化足球场和笼式足球场，学校足球队每年代表铁岭县参加铁岭市比赛均获全市前三名。创编了《牧童报》，激发师生文学创作的热情，让农村学生也可以在文学创作中享受诗和远方。

特色办学让老师们越来越有干劲，孩子们越来越爱学习，学生综合素质和教学成绩全面提升，毕业班成绩更是跃升全县第一名。仅三年的时间，蔡牛镇中心小学就成为享誉辽北的一所乡土文化特色鲜明的学校，也成为铁岭市、县农村小学特色教育的一个窗口。

重视科研　知行合一

学校是教育发生的地方，而教育科研又是学校不断前进和可持续发展的不竭动力，我始终坚持“重科研、强管理、创特色”的办学思路，以教育科研为动力，积极探索“自主发展、以人为本”的教育管理模式，努力实现“科研兴教、以教促研”的教科研一体化管理，开展形式多样的教研活动、社团活动，推动课程改革的发展，形成人人参与课题研究，人人参与教研活动的良好氛围。带领教师们一边学习、一边研究，在教师的专业化发展、教研和科研等方面取得明显成效。教师多次在教学上承担片区公开课、市县教研课，多名教师获得省级以上优秀课。2020年春季疫情期间“停课不停教”，学校20位教师录制了微课在铁岭县电视台播放，为铁岭县学生宅家学习做出了突出贡献。多名教师的视频课被“学习强国”平台选用。

我努力传承源自生命本真的校园文化，着眼优秀传统文化、着眼于全方位育人，尤其重视学生的劳动教育。从生活中提炼校本教研的新素材，借助当地自然资源，成立草编柳编、葫芦烙画、造纸印刷、民俗工艺、陶艺泥塑、青石作画等二十多个社团。经过多年的学校管理与研究，自己的教育教学研究能力和的理论水也得到提升，主持了《传统文化与中小学生人格培养研究——学习传统文化培养学生良好品行的研究》、《农村小学特色校园文化建设的实践与研究》等二十多项国家、省、市级教育科研课题的研究。撰写的《以美启智，以美辅德，以美健体，以美育人——农村小学美育教育思考与探索》、《普及礼仪教育浇灌文明之花》、《梦在前方路在脚下——创建校园足球特色学校经验报告》等多篇文章也在不同刊物上发表。

党建领航　创新发展

2020年8月，我来到铁岭县腰堡九年一贯制学校任党支部书记、校长，这是我26年教育生涯中的又一次考验。

相对于之前工作过的学校，这所学校是中国最典型的城乡接合部学校，办学条件优越，教学资源丰富，社会环境复杂。学生大多是农民的孩子，地处城乡交界处，家长对教育的重视程度显著提升，但是对于教育很多家长是似懂非懂，随之而来是乱补课现象，校外补课，甚至进城补课。我用半年时间，扭转局面，杜绝了校外补课现象，杜绝了小学中学化，初中高中化，按照教育规律规范办学行为。一是调整优化师资配备，不断完善激励机制，激发一线教师工作热情，树立全校教学工作典范，形成爱岗敬业、教书育人、立德树人的良好氛围；二是借助互联网技术，远程共享城市优质教育资源。每个教室都配备了多媒体教学一体机，“一块屏幕改变命运”，借助互联网技术弥补当下农村地区教育的短板，打造高效课堂，让农村教育回归理性，走上良性发展的道路；三是与大连外国语大学联合办学，通过脱岗学习、引进培训、示范课堂等活动我校英语教师专业技能和素养迅速提升。新理念、新方法的英语课堂极大地激发了我校学生学习英语的兴趣。使我校英语教学水平位居全县首位。薄弱学科优先发展，也极地大促动其他学科的进步。走以点带面，联动发展、共同进步之路。

我坚持把党建工作放在重要位置，立足特色，创新载体，通过完善党建制度，增强党建工作活力，发挥党员先锋模范作用和党组织战斗堡垒作用，促进办学品质的提升。发挥职能优势，规范开展党建活动，做到“三保证”：保证阵地标准化、管理规范化、保证活动常态化。我校“秋阳诗社”，建社12年并创刊《春晖》杂志5年，是学校文化基地，更是宣传阵地。迎接十九大召开时，进行“我颂十九大”古体诗比赛；纪念建党99周年，举行“红诗”朗读比赛；重要节日、纪念日开展征文比赛。抗疫斗争中，书写战斗诗篇，宣传党的政策，给人民鼓劲加油。诗社成员的作品在强国平台、央视频、省、市报纸杂志上频频发表，多次受到上级表彰。

2020年，铁岭县教育系统开展党支部评星定级活动，我引领全体教职工在担当作为、为民服务中争“级”追“星”，基本上实现“五强”：组织体系强、政治功能强、支部班子强、党员队伍强、发挥作用强。新冠肺炎疫情发生后，我引领党员教师把打赢疫情防控阻击战作为当前的重大政治任务，把投身防控疫情第一线作为践行初心使命、体现责任担当的试金石，在疫情防控斗争中挺身而出、扎实工作，全力守护人民群众生命安全和身体健康。

振兴农村教育，从我做起，我将一如既往发扬“为民服务孺子牛、创新发展拓荒牛、艰苦奋斗老黄牛”的精神，积极响应乡村振兴战略，以学生为本，以乡土为根！

推进教学改革，促进教师专业发展

宁夏银川市西夏区华西中学　张文军

新的课程标准也对课堂教学提出了新的要求，强调课堂上的师生交流及互动关系。师生之间的交往作为主体的人与人之间的交往，是具有民主、平等的特性，通过相互作用、相互协商，建构学生多样化的主体活动，完成认知和发展的任务，从而促进学生主体性的充分发展。我校地处贺兰山脚下，在国家大力提倡教育均衡发展的大背景下，为了让农村孩子享受优质教育，最重要的是深化课堂教学改革，改变课堂教学模式，让课堂向高效课堂迈进。基于学校的实际情况，2014年3月我校加盟北京师范大学教育技术学院赵国庆博士发起并组建的“思维发展型学校联盟”，以思维教学为抓手，以课例研究为载体，转变教师的教学方式和学生的学习方式，实现“以学生为主体，以学习为中心”的教学过程重建，推进课堂教学改革，提高教学质量，促进教师专业发展。

2016年，我校被自治区教育厅教研室确定为自治区移民地区教研基地校，学校以此为契机，乘势而为，立足校本，提高实效，以教研促教学，靠教研上台阶。经过全体教职工的不断探索、实践、反思，近年来，学校整体教研氛围日趋浓厚，教育教学质量不断提升，实现了学校的持续发展和全面繁荣。

一、借力联盟平台，促进共同发展

尽管课改已开展了多年，但是，“教师讲，学生听”，学生被动学习的局面没有从根本中改变。课堂教学仍然以“教”为主，缺少思维训练的过程，忽略了学生思维能力的培养，学生的主体地位没有得到真正意义上的尊重，教学效率不高。　面对这样的实际情况，2013年12月，华西中学首次派代表赴北京红英小学参加　“思维发展型课堂”教学观摩研讨活动。看到了可视化思维工具引入课堂教学后，给课堂教学带来的生机与活力。在与专家、教师交流的过程中，深切地感受到思维工具是实现由“教”向“学”的课堂转型的抓手。

2014年2月西北民族大学现代教育技术学院沙景荣院长和她的研究团队应邀赴华西中学，为教师们做了“运用思维规律，提升师生学习力”的项目介绍。之后，我校正式加入“全国思维发展型联盟学校”。

二、加强理论学习，打好文化基础

在加入联盟后不久，我申请加入“全国思维发展型学校联盟”网上学习。一是加入赵国庆博士主持的Joinnet网上教研平台，在这个平台上华西中学的教师每周都能参加由赵博士主持的远程教研活动，聆听专家讲座、观摩“思维发展型课堂”远程教学观摩研讨活动，在网上与来自在全国各地的专家、中小学教师进行交流研讨。二是通过网络学习设“思维训练与学习力提升”　MOOC课程。三是为教师购买《思维导图宝典》、《别说你懂思维导图》等书籍，为开展思维教学奠定了理论基础。走出去，请进来加强学习。学校先后派教学管理人员和骨干教师赴广州、北京、西安等地参加“思维发展型课堂教学”的现场观摩研讨活动、每年一届的思维发展课堂年会，首届亚太地区概念图大会。在每次活动中教师增长了见识，并积极参加每届活动的教学设计比赛，教学论文比赛，学生思维作品比赛，海报比赛等。

三、开设思维课程，逐步推进教学

学校自2014年秋季学期，运用“思维发展型课堂联盟”内部教材，在七、八年级16个班开设直接思维课，2015年秋季三个年级全部开设直接思维课，实现全覆盖。教学的主要内容包括《思维导图》、《八大图示法》、核心思考工具。同时进行思维融入式教学的推进。

在推进思维发展课堂的过程中，由于对项目的认识不能一步到位，学校就先行在课改意识强、并容易入手的政史地教研组进行，每个教研组都由一些骨干加入　，在进行了一学期后，全校在语、数、外、理化生等其他学科全面推进。

四、开展学习活动，搭建历练平台

学校在推进思维发展过程中，于2015年4月底与广东勒流中学共同承办了全国第六届思维发展课堂现场会，活动由两个部分组成——同课异构、研讨。同时邀请银川市教研员和西夏区教研员现场指导交流。教师引导学生运用思维工具体验探究、自主建构知识的过程，给学生提供充分“展现与暴露”的机会，运用实物投影仪、黑板，使学生隐性思维显性化。学习的过程强调体验、合作，学生在交往互动中促进情感、态度价值观的形成，知识与技能目标是的达成。学校于2018年7月还协办了第六届全国思维教学年会，来自全国十余家省市地区的近400名专家教师在华西中学就建设思维发展课堂，促进师生思维能力发展进行了交流，在会上，学校的多名教师进行了现场教学设计展示。

2016年8月，银川市西夏区教育局和上海方略教育机构签署了“中小学提升学校教育质量和管理水平咨询服务采购项目”服务协议，华西中学成为此项目的深度试验校。同年9月，上海方略教育咨询机构以金辉校长为主要指导的团队深入学校，就组织管理，重点调研学校在课程规划、课程建设、教学常规管理、德育工作和师资队伍专业素养提升中面临的各种问题以及课堂教学，重点调研教师专业素养、教学五环节、教研/备课活动和专题/课例研究活动有效实施中的突出问题进行调研，并制定《华西中学三年课程发展规划》。华西中学从行政人员、各教研组长、备课组长到每一位教师都积极跟进，经过三年的不断学习、自我反思、大胆实践，努力从学校管理到教师的备课、作业布置、试题库建设、校本课程建设等全方位改变和提升自我，在行政人员思想意识、教师业务水平等方面都有了极大地转变。

五、立足实际发展，取得成效显著

学生的学习力有所提升。我校自开设直接思维课以来，学生在课堂上的表现发生很大变化，首先，学生自主学习能力、表达能力、合作意识、倾听能力、沟通能力明显提升。其次，在小组讨论或回答问题时，他们能在有限时间内要开动脑筋，积极思考，不浪费时间，不让思考低效。第三，经过开设“思维与态度”这一导入课的教学和一段时间的训练，学生在思维课很好遵守三个原则：平等原则、聚焦原则、时间原则。

教师的教学方式和学生的学习方式发生了转变。通过思维教学实践，教师的教学方式发生了明显的转变。随着研究的深入，教师们对“一图胜千言”有了深切的感受，用“图”替代繁琐的文字，学生一目了然，印象深刻。例如，在《动物的生殖和发育》课上，教师直接将几大类动物的发育过程用流程图加图示呈现，学生很快明白每一种动物发育经历哪几个过程，每个过程的主要特征是什么。然后再进行对比，很快就能了解不同动物发育的不同之处。

学生的学习方式也在发生转变。学生学会运用思维工具整理知识、分析问题，用思维导图记笔记。因为有了这种思维自觉，在课堂上的笔记和小结就做到全面，主次难易分明。如，在《种子的结构》一课中，学生们能很快用双气泡图比较单子叶和双子叶种子两者之间的相同和不同点。作文课《巧借景语抒情语》，以情语为中心，将所看到的景物运用修饰词、修辞手法、感官方式等以气泡图的方式展现，使学生在学习描写景物的过程中有章可循，思路清晰，更容易接受。

拓宽视野，促进教师专业发展。教师是学校发展的宝贵财富，“思维发展型学校联盟”为他们的成长提供优质的学习资源，教师们运用思维工具进行教学设计、开展课堂教学，通过不断地实践、探索、总结，教师们在自己的课堂上进行了思维教学的实践研究，学校多名教师的相关教学论文获得市级以上奖励，教研成果获得银川市级一、二、三等奖。自治区课题《运用思维工具提升师生学习力的实践研究》获得自治区课题三等奖。

全校开设直接思维课并将思维工具有效学融入学科，极大提升了师生学习力，特色办学凸显成效，教育教学质量逐年提高。2013—2020年连续多年中考成绩居银川市农村中学和西夏区中学前列。学校先后获得“西夏区中考贡献奖”、“初中教学质量优秀奖”、“校园文化建设先进单位”、“美丽课堂创建优秀奖”、“中学教育教学管理优秀奖”、“中学教育信息化建设先进集体”。2015年被银川市确定为“推进课堂变革，提升教学效率”试验校。2016年被确定为“乡村学校移民地区学校教研基地校”。2018年被教育厅确定为“国培示范校”。得到了上级部门的肯定及社会和家长的认可。

教育事业是永恒的，课堂改革是一项艰巨的工程，不能一蹴而就，它需要成功经验的指引、集体智慧的结晶以及持之以恒的实践……今后的路还很长很长，我校将抓住机遇，不断改革创新，紧紧围绕“素质教育”这个永恒的主题，以“明理、善思、乐群、笃行”为培养目标，我们既要志在高远，更要脚踏实地，在教育教研之路上不断探索、实践。

“和谐互助”理念，助推教学改革

山东省菏泽市开发区佃户屯中心学校　高强

随着我国教育事业发展及教育理论与实践的进步，“为了每一位学生的全面发展”已成为课堂教学改革新的主导话语。课堂教学不仅要提升学生的知识学习水平，还要健全学生的人格、提升学生的境界，不仅要关注学生的智力发展，还要关注学生的情感和社会交往的需求。我校地处菏泽市郊，属于典型的农村学校。学校建设、师资力量、生源质量与城区学校相比差距甚大。

自2014年我们从青岛即墨二十八中学习引进了“和谐互助”教学理念，通过近6年矢志不渝的消化吸收和本土化改造，新理念已深入人心。“五步十环”的教学模式在课堂上被广泛运用，老师们教学水平普遍提高，孩子们多有体悟，获益匪浅。家长和社会高度赞誉，市区教育局领导也给予了充分肯定。

一、明确目标方向，引进先进理念

“和谐互助”就是师傅和学友的两两结合，深度捆绑，教学相长，共同提高。学习知识的同时，让孩子学会交流、合作、互助、欣赏、倾听、点赞，真正实现课堂上时间权、话语权、探究权，从老师向学生转移。这也是我们常讲的高效课堂所要达成的“三大转移”、“六大目标”。

素质教育简单说就是培养孩子情商的教育，让他们学会交流、学会合作、学会互助、学会欣赏、学会倾听、学会点赞，这不是一个人孜孜以求的品质吗？这不是一个人高情商的表现吗？这就是素质教育最生动的注解和最直观的体现。智商管就业，情商管升迁，情商更有含金量。小学教育就是为初中乃至更高一级学段打基础，增后劲，小学六年，奠基一生。教育不搞急功近利，呼唤“终极关怀”。“和谐互助”教学理念是素质教育的成功解答。

“和谐互助”是教改之纲，纲举则目张，只有方向目标明确，才能三思方举步，百折不回头。

二、做好顶层设计，同步推进教改

资金上的保障。中心校要求各校每年拿出不低于20%的公用经费，用于“和谐互助”的培训、教研和学习，列入各校年初预算。教研经费不花或花不完的钱不予报销，更不准挪作他用，连续两年不能使用完的经费充公用于全处集体教研活动花销。就是要把各校有限的经费最大限度地用在教学教研上。

上至中心校领导下至各校校长、老师都明确听课任务，纳入年度量化考核。作为中心校长，我每周下到学校至少听两节课，中心校业务校长每天至少一节课，其他成员在所负责学区每周听四节课，各校校长每天至少一节课，各校业务校长每天至少两节课，凡听必评。学校老师轮流讲评课，每校每月全体教师都要进行一轮讲课，人人过关，每学期老师听课数不低于80节。课型分试水课、展示课、汇报课、争鸣课。学校可以安排分年级听，分科目听，分高中低学段听。一学年第一学期立足于校内，第二学期走出校门，可以以学区为单位，三年学校一个片区，轮流讲课展示。同时在每个学年末中心校层面从各校、各片区选拔上手快、领悟力强、“和谐互助”课堂快人一步的教师，面向全处上观摩展示课、示范课。中心校就是要通过海量的听评课，营造教改氛围，全力推进教学改革，人人谈必及“和谐互助”，人人讲必及“和谐互助”，全处上下一个声音喊到底，让“和谐互助”成为教学中的主旋律。

教改初期尤其需要上一些强制措施，风雷手段，为推进“和谐互助”保驾护航。首先从校长着手，所有校长不光能听课评课，更要亲自上试水课、展示课，带领老师一块搞教研。早期我入学校听课，首先让校长上一节汇报课，再听其他老师的课。教研不能只交给业务校长当甩手掌柜，要让他们都成为“和谐互助”的行家里手，有资格为“和谐互助”代言，老师们才会紧跟步伐，大干快上。中心校把能不能推进“和谐互助”教改作为评价校长治校能力的一个硬核指标进行考核，先换思想再换人，不换思想就换人。近两年前后有3个学校因推进“和谐互助”不力校长被调换，中心校只有来真的玩硬的，校长才倍感压力，负重奋进，锐意改革。

针对老师，中心校评先树优，优质课、公开课申报推选，包括职称晋级，在课堂素养考核环节，一律使用“和谐互助”课型，否则不予推选录用，一把尺子量到底，唯“和谐互助”论。同时，建立全处教师在群的“和谐互助”教研群，我们邀请李志刚校长在群，各校教研适时动态及时通报展示，教学相长，互通有无，共同提高。中心校每周一次的校长例会，会前都会拿出10-15分钟的时间让其中一位校长发言，畅谈本校“和谐互助”值得称道的一些做法，大家共同评议、参照，充实提高并完善自己学校下一步的工作。这种会前交流我们称为校长的“金点子”时刻。这既活跃了会场气氛，又让人获益颇丰。每逢例会，轮到自己发言时，校长都提前积极准备，踊跃发言，大家对此乐此不疲，都感到收效甚好。听到特别好的创意和做法，还会去所在学校实地观摩学习。

三、坚守教育改革，打造高效课堂

实践证明，小学教育推进“和谐互助”教学理念有着得天独厚的优势，小学生天性更加活泼，好为人师，爱表现，课堂气氛十分活跃，交流妙趣横生，童真童趣。不用怀疑他们的交流能力，大家都知道，小孩喜欢找小孩玩，连牙牙学语的婴幼儿在一起都能玩得不亦乐乎，他们自有他们的交流方式，浑然天成无师自通。体现在学校的课堂上，从低年级到中高年级学段，可以先从习惯、坐姿、纪律和作业的完成上相互监督帮助做起，再逐步过渡到中年级学段，侧重生活能力的培养、简单问题的提问交流、课文的背诵书写，最后到高年级学段分析、解答、问询一些较为疑难的问题。由简到繁，由易到难，稳步提升推进，这本身就是一个孩子成长的过程。一路走来，你会看到他们惊喜的进步。通过实践，和谐互助在我们这里有了新的诠释，我们称之为“非常1+1”教学模式。

教改不是一个人独行，结伴而歌走得更远。大环境营造出来，个别学校更容易成气候。有思想、有能力、有魄力的校长更容易脱颖而出，发挥引领作用。其中我们有舜秀路小学、合肥路小学和兴仓路小学三个学校走在了前面，成为我们追赶学习的榜样。

“和谐互助”就是一个大筐，并不排斥其他先进的教育理念。尽管课堂上的“五步十环”是一个模式，但非常有弹性，依据科目内容，在实际操作中可以“四步八环”，也可以“三步六环”。一些好的教育技巧和技法都可以往里装，不断丰富它的教学手段和内涵。“五步十环”课堂教学模式就像一条跑道，规范着所有教师的教学行为，步步紧逼，环环相扣，节节推进，高密度、大容量、快节奏。讲课既不能脱轨，也不能拖沓磨叽，努力打造高效课堂。我也时常把“五步十环”教学模式比喻成一部电梯，它把所有老师的教学水平整体向上拉升了一个层阶。

教改永远在路上，没有止境。坚守“和谐互助”教学改革矢志不渝，择一事终一生。我们就是要与“和谐互助”谈一场轰轰烈烈的恋爱。日拱一卒，功不唐捐；志守一井，力求及泉。

星光不问赶路客，岁月不负有心人。我们现在的教学成绩已远远走在了周边县区学校的前列，和谐互助教学理念逐步得到市区教研部门的认可，及其他学校慕名学习。在去年，全菏泽市课程实施评估中，佃户屯小学代表开发区参评，荣获菏泽市特色学校荣誉称号，市教科院专家领导给出了“有思想、有内涵、有坚守”的高度评价。

当今时代，唯改革者进，唯创新者强，唯改革创新者胜。今后我校将继续深化课堂改革，创新教学新的模式，促进学生知识、能力、情感的全面发展，既为其终身成长奠基，又使学校教育充满生机与活力！

以文铸魂，办好人民满意的教育

山东省济南市莱芜区莲河学校 张丰俭

教育是一项光荣而伟大的事业，一头挑着学生的今天，一头挑着国家的未来。在我国教育已经进入了高质量发展的新时代的历史定位下，只有着眼于学校教育的内涵提升、专业品质、特色形成和品牌建设，才能让每个师生都出彩，才能办好人民满意的教育。

作为山东省廉政建设示范点、山东省传统文化体验教育实验学校，济南市莱芜区莲河学校立足提升学生未来发展和社会需要的核心素养和关键能力，以“党建引领方向、文化凝聚人心”为抓手，着力推进“党建文化项目、特色文化课程、传统文化品牌”建设，让师生在潜移默化中感受文化的魅力，以文化助推学校各项工作追赶超越，办出人民满意的好教育。

倡树廉洁文化，培育青莲君子

习近平总书记强调，加强党对教育工作的全面领导，加强和改进学校党的建设，是办好教育的根本保证。近年来，济南市莱芜区莲河学校全面贯彻落实党的教育方针，坚持文化带动、主题带动、活动带动“三个带动”，积极推进廉洁教育、校园德育、师德师风、家教家风的深度融合，着力培育具有青莲品质的廉洁师生。学校先后被评为山东省素质教育示范学校、山东省依法治校先进单位。

坚持文化带动，家校共育廉洁新风。“莲”是廉洁的象征，学校以“莲河”为名，寓意培养像青莲一样的少年君子。鉴于此，学校坚定为国育才的立场，牢记为党育人的初心，以立德为根本，以树人为核心，力促廉洁文化进校园、进课堂、进心入脑。在校领导班子中开展“廉洁示范”主题教育，带动广大党员干部践行从严治党、廉政从政要求，抓引领、讲示范、促自觉，人人争做廉洁文化建设的实践者；在全体教职工中开展“廉洁从教”主题教育，将廉洁教育融入师德师风建设，要求教师不搞有偿补课，不体罚或变相体罚学生，不违反法规法纪，信守廉洁从教底线，争当依法执教、爱岗敬业、为人师表的“四有”好老师；在全体学生中开展“敬廉崇洁、诚信守法”主题教育，发挥学生的主观能动作用，以“小手拉大手”、“小眼睛盯住大眼睛”等活动为载体，让学生当好老师、家长的廉洁监督员，形成了学校育廉洁、家庭养成廉洁的新风尚。

坚持主题带动，廉洁教育入脑入心。学校做活廉洁教育与学校德育的结合文章，在活动体验中涵养廉洁品质。学校制定了《廉洁文化进校园长远规划》、《廉洁文化进校园实施计划》、《学校领导干部廉洁从政承诺书》、《教师廉洁从教、拒绝有偿家教承诺书》等系列制度，在制度落实中内化廉洁教育；把廉洁教育纳入教育教学常规，在全校党员干部中开展“看一部廉政影视、唱一首廉政歌曲、学一个勤廉模范、思一个腐败案例、签一个廉政承诺”的“五个一”主题教育活动，在学生中开展“举办一期学习园地、编辑一期手抄报、举行一次演讲比赛、举办一次书法板报展、组织一次班团队活动”的“五个一”主题教育活动，力促廉洁教育常态化落实。

坚持活动带动，廉洁文化绽放校园。开展“道德讲堂”宣讲、“讲师德 比教风”、重温教师誓词、入党誓词等主题教育活动，让广大教师在活动体验中内化于心；依托“师生共舞，展莲河风采”活动，将舞蹈《清塘荷韵》的廉政内涵在学校升华；依托“剪纸”特色活动，剪出廉洁作品，并送出校园，让廉洁之风刮向社会；依托“书法”特色活动，开展书法比赛，让学生接受廉政教育；依托“美术”特色活动，精心创作各种惟妙惟肖的漫画、绘画作品，让廉洁文化落地生根。

打造课程文化，提升综合素养

相对于基础课程而言，莱芜区莲河学校特色课程的开设，学生选择余地更多，主动性更强，内容更加丰富，形式更加多样，极大地拓展了课程的教学空间，提升了学生的综合素质。现如今，“特色”课程已经成为学生最向往、最开心的课程。

开发社团活动，领略文化情趣。学生社团既是校园文化建设的重要载体，也是学校拓展第二课堂的重要渠道。莱芜区莲河学校立足本土，将校本课程开发与地方特色传承进行融合，开设出国画、剪纸、书法、朗诵、古筝、围棋、陶泥等丰富多彩的社团活动，让学生根据兴趣、爱好和特长自主选择、自主参加，给学生提供了一个传统文化教育的快乐天地。在莲河学校，学生们既能领略传统文化情趣，也能收获到一技之长。

开展经典诵读，感受文化底蕴。莱芜区莲河学校以经典诵读为特色，利用升国旗、早读、校本课程等扎实有效地开展古诗文诵读活动，在诵读内容的选择上偏重对学生的人格发展、性情修为乃至人生观、世界观、价值观等的形成具有正面影响的优秀篇章；以年龄和年级特点确定诵读内容，包括蒙学教育、四书五经及三字经、弟子规、千字文、古诗、百家姓、宋词、元曲、毛泽东诗词、小古文、诗经等内容，让学生从小传承中华文脉，陶冶高雅情操，获得智慧启迪，提升人文素养；每年的春天《春之声》、四月读书节、秋天的《秋之韵》经典诗词诵读活动，展示着莲河学子传承经典、弘扬经典的良好精神风貌，更是将课程文化的学习引入高潮。

弘扬传统文化，打造校园名片

“教训子女，宜在幼时，先入为主，终身不移。”习近平总书记在讲话中谈道：“中国传统文化博大精深，学习和掌握其中的各种思想精华，对树立正确的世界观、人生观、价值观很有益处。”学校是进行优秀传统文化教育的重要阵地，如何让传统文化精髓与教育教学工作实实在在地融为一体？莲河学校这样实践着……

创意入学典礼，点亮新的学期。每年的开学典礼上，莱芜区莲河学校都会举行一场“特殊”的新生入学礼。小一、初一新生在家长和老师的见证下，朱砂开智、开笔破蒙、击鼓鸣志、净手净心，以满满的仪式感开启学生学习生涯的新征程。新生入学礼，让学生近距离地接触、认识并了解传统文化，增强了对传统文化的感性认识。同时，通过这样的活动，进一步让传统文化在学校里扎根，让学生感受到了文化自信，并开始主动从中华优秀传统文化中汲取学习动力和精神力量。

培养感恩意识，传播教育温度。从2018年开始，莱芜区莲河学校每年都会举办中华母亲节，旨在大力传播和弘扬中华礼乐文化，志在美风俗、兴教化、善人伦，引发学生的孝亲之思和敬老之情。活动中，学校根据方案，层层选拔出优秀母亲，为其颁发“孟母奖”。活动仪式上，学校通过致祝颂文、文艺汇演、母子牵手、为母亲献花、给母亲亲手制作礼物等母子互动环节，进一步加深母子情感，增强学生的感恩意识。一系列的活动，一方面能让孩子们亲身体会与感受母爱的伟大，让家长对孩子们在学校的健康成长更放心；另一方面是要将中国文化中孝敬父母的传统美德融入日常活动中，为国家培养德才兼备的人才。

打造书香校园，营造文化氛围。校园布局上，学校在“精、雅”两字上做文章，充分发挥建筑文化、长廊文化、书画文化等民族传统文化在校园美化方面的作用。筹建设立吴伯萧文学馆，倡导师生传承伯萧精神，感受伯萧文韵；国学经典名句、书法篆刻与墙体文化紧密结合，诗词歌赋充溢眼帘，楼道走廊之间散发着浓郁的国学气息，让学生在休闲娱乐、举手投足之间受到潜移默化的熏陶；各个班级也通过诗、书、画、手工制作及办传统文化板报等方式，营造文化氛围；设置班级图书角，将学校集中配备、学生自备与班级经典诵读内容有机结合，丰富经典藏书，拓宽诵读范围，增厚学生国学知识的积淀。

用文化守望校园，用行动追求理想。站在新的历史起点上，济南市莱芜区莲河学校将继续以打造“有温度、 有品质、有情怀”的教育为目标，充分发挥党建示范引领作用，深入推进校园文化建设，载着对未来的憧憬和畅想，直挂云帆，乘风破浪，勇立潮头！

探索家庭劳动教育实践 共创协同育人新格局

山东省济南市市中区育秀小学 李雅

2020年3月20日，中共中央、国务院发布的《关于全面加强新时代大中小学劳动教育的意见》中提出，要将劳动素养纳入学生综合素质评价体系，健全劳动素养评价制度。而推动劳动教育的深入开展，必须充分发挥学校、家庭和整个社会分工与合作的支持功能，尤其是发挥家庭在劳动教育中的基础功能，才能促进学校主导的劳动教育更好地产生成效。但是关于劳动素养评价机制的探讨大都以学校评价为主。如何将家庭这一重要评价要素，纳入劳动素养评价中来，这是一个值得探索的问题。

为了全面贯彻落实中国中央、国务院关于加强劳动教育规划与部署，明确“家庭”在劳动教育中的重要位置，充分发挥家庭在劳动教育中的基础性作用，我们济南市市中区育秀小学通过“浸润教育”路径，创新地提出了居家劳动教育课程体系，并进行了“通过创新家庭参与机制加强小学劳动教育”的项目探索与实践研究。

以模式创新为契机 建构居家劳动教育课程体系

学校浸润教育办学体系是在秉承“做最优秀的自己”办学理念基础上，构建以“人在中央”为核心、以“五自教育”（生活自理、安全自护、学习自主、做事自信、人格自尊）为目标，以“慢、全、深、互、隐、恒”为特质，以“嵌入式育人空间创设”、“体验式德育课程建构”、“交互式课堂教学研究”为三大支架的办学思考逻辑系统。浸润教育渗透在空间、课程、课堂等方方面面不动声色地对学生产生积极的影响，浸润教育视野中的教与学，是一个适度、全面、深度、交互、隐性而恒久的过程，劳动教育的开展亦是如此。

劳动教育以学校课程指导为根基，更要以家庭浸润为保障。学校借助小学生家庭参与的劳动素养多元化评价机制，更加强烈地唤醒家长意识，推动劳动教育润物无声地进入每一个家庭，让劳动回归日常，变成学生的一种习惯与自觉。

学校为此开辟了家庭浸润场，将劳动教育设定为浸润场的核心内容，即主要以家庭为单位，孩子在家将在学校和生活中习得的劳动技能得以运用与实践。通过出力流汗、劳动交往等，真实地通过一个个劳动体验，经历挫折、磨炼意志、体验感悟、端正态度，树立正确的价值观，逐步形成良好的劳动习惯和品质。浸润教育视野下居家劳动教育课程体系的构建，遵循明确的整体思路，即“浸润为本，居家为基；机制引领，反馈助推”。

首先，浸润教育理念是居家劳动教育课程设计的方向指引，以“慢、全、深、互、隐、恒”六大特质进行融入，并在长期推进过程中逐渐形成与培养学生的综合劳动能力与素养。其次，将家庭浸润作为课程实践主阵地，课程设计、场景交互、资源整合、活动设置等都以居家劳动教育为主线。另外，在具体设计时以推进学生的成长与发展为根本原则，结合居家劳动教育的特点，除了设置传统的课程体系之外，创新性地开发新的项目载体与手段，实现多种浸润教育资源的统筹整合。最后，重视课程的评价反馈，建立并运用多维度、分层式的劳动考核与考评机制，展示过程性及阶段性多维劳动项目成果，在激发学生从事劳动的乐趣与积极性的同时，获取课程实效反馈，从而为课程改进与完善提供重要参考。

居家劳动教育课程作为浸润教育三大支架之一的体验式德育课程中的重要组成部分，在相关课程目标的设定、内容的适配设计、项目的实践开展与评估的分期反馈上，都按照低、中、高三段式课程进行了不同分类。

根据相关教育要求，学校在将劳动课程设定为必修课程的基础上，以“自我服务、家庭生活、创意制作、文化传承、生产活动、社会服务”六大项目为支撑，设置了一系列符合各年龄段学生身心发展规律的、涵盖日常生活劳动、生产劳动、服务性劳动三大层面的劳动课程供学生选择；尤其针对目前家庭劳动教育中出现的问题，重点找寻居家与学校劳动教育的关键结合点，确立“自我服务、劳动管理、家务亲力、居家实践”四大教育主题，整合相关课程，形成了着力于提升学生劳动能力、劳动习惯、劳动精神、劳动品质的居家劳动教育核心课程体系。

通过对三大层面、四大主题课程资源的整合，分年级阶段性推进居家劳动各主题系列课程的实践落地。在此过程中，学校以各学科协同融合为抓手，引导学科教师共同参与各项主题课程的研究、设计与实践，实现跨学科课程统筹设置，从而调动各领域校本课程资源，通力助推居家劳动教育核心课程的实践，以课程的落地浸润式递进，培养与训练各年龄段学生的各项劳动技能，进而逐步提升学生综合劳动素养及劳动精神品质。

以家庭参与为载体　落地劳动教育项目研究探索

一方面，学校积极扭转家长对劳动教育持有的错误观念，这是居家劳动教育各主题系列课程有效实施及推进的重要前提与保障。学校将其作为课程实施的首要任务，以创新三级家委会家校合作机制为途径，引进各类专家及专项教育资源，通过“教育家”讲堂，家校论坛，劳动观念讨论直播、家长开放日等路径，定期开展各类主题培训活动，引导家长逐步转变观念，深入认识劳动教育对孩子未来成长与发展的重要性，从而重视对孩子的家庭劳动教育，为居家劳动教育课程的推进实施打下坚实基础。

另一方面，也是更为关键的：课程的精准、深入、高效实施，必须以家庭参与机制的创新作为根本保障。目前，学校《通过创新家庭参与机制加强小学劳动教育的实践探索》已经成功立项为济南市市级课题，学校借课题实践了劳动教育中家庭参与机制的创新，打通了家庭浸润场中激励学生参与家庭劳动的有效路径。

首先，学校以建立“家庭劳动合约”项目责任落实机制，最大化的发挥家庭浸润在居家劳动教育中的效能，为家长创造条件，指导子女参与各项居家劳动，提升综合劳动素养。通过制定家庭和学校的“劳动合约”，明确家校双方在学生劳动教育中各自应履行的义务，以合约的签订，落实家长在家庭劳动教育中应承担的责任，督促家长履行合约，兑现承诺，从而充分保障居家劳动教育课程的实施与推进。

同时，通过建立“育秀学子家庭劳动成长档案”项目机制，记录学生劳动素养提升轨迹，从生活自理、生活技能、劳动创新、劳动品质等方面记录学生劳动成长轨迹，激发学生持续参与家庭劳动实践的热情。并为每个学生定制专属“劳动名片”，学生通过打造属于自己的劳动标签，成为“育秀形象大使”、社区“五好家庭”的评选依据，既尊重了学生劳动个性，又使他们在校园中加强彼此间的沟通交流，更促使学生走出校园，广泛参与家庭及社会劳动实践。

并且，通过建立劳动教育多元化考核与评价机制，进行劳动教育实践效果评估。其中包括质性与量化、静态与动态两个横向评价和学生自评、学伴互评、教师点评、家长参评四个纵向评价体系。

横向评价体系以量化评价对学生家庭劳动中所学的劳动知识和技能等显性素养进行定量评价；以质性评价对小学生家庭劳动态度、情感、精神等隐形素养进行定性评价，引导学生改进和提升劳动态度、情感、精神等内在隐性劳动素养。而增加动态和静态相结合的方式，可以引导家长关注学生劳动的全过程，关注其参与劳动的成长变化，用发展性的眼光评价，激活学生自主参与的内驱力，使其劳有所获，劳有所得。

而纵向评价体系，以评价主体和方式的多元化，通过学生自主评价、同伴互相评价、教师重点评价、家长全面参与评价、社会人士适当给予评价等多种途径，全面客观地进行学生家庭劳动教育评价。这样既能有助于增强学生参与家庭劳动的信心和责任感，促进学生综合劳动素养的有效提升，又可以促进学生之间互相进步、共同成长，进一步树立校园劳动标杆和榜样，形成有效激励反馈。

以分享反思为手段　有效推进劳动教育持续发展

学校居家劳动教育课程正在循序推进，各项创新家庭参与机制体系和策略项目也已处于落地实践之中，但在课程探究过程中我们也遇到了不少需要在后期亟须解决和改善的问题。如何以家校合作形成教育合力、推动劳动教育深化，是激发劳动教育内在生命力的关键所在。

相信在浸润教育理念指引与全校师生的共同努力下，育秀小学居家劳动教育课程研究将朝着更为切实、专业、深入的方向不断前行，真正实现每一位育秀学子劳动精神品质的优化提升与整体劳动素养的全面进步。

知根探源　以文兴道

山东省聊城市茌平区肖家庄镇联合校　吴海燕　朱希越

我校作为一所乡村小学，有着悠久的办学历史，也有着一脉相承的办学理念，“立校德为先，发展人为本”既是社会主义核心价值观的体现，也是我校一直以来的执着追求。历年来，我校在提高教学质量的同时，狠抓学生传统文化教育以及书法习字教学，注重提升教师能力和学生素养，形成了“弘扬优秀传统文化，传承华夏精神文明”的办学特色，为党的教育事业输送了一批又一批优秀的人才。

在甲骨文发现和研究120周年之际，习近平总书记对弘扬以甲骨文为代表的中华民族优秀传统文化，提出了更高的要求。省语委办领导高瞻远瞩，提出创建甲骨文特色学校的规划。我校紧跟上级精神，积极筹备甲骨文特色学校创建工作。在联合校校长吴海燕的领导下，在联合校副校长朱希越、中心小学校长袁红娟的带领下，全体师生开启了学甲骨、用甲骨，大力弘扬优秀传统文化的快乐之旅。通过校园文化浸润、课程体系创建、教师队伍发展、特色班级带动、研学实践融合、文化传播辐射等多措并举、融合创新，学校甲骨文特色已趋良性发展，并于2020年在山东省教育厅举办的首批特色学校评选中荣获“山东省甲骨文特色学校”称号。

外化于行　营造浓郁甲骨文文化氛围

校园文化是学校发展的灵魂，是凝聚人心、展示学校形象、提高学校文明程度的重要体现。我校充分发挥校园文化在育人成才中潜移默化的深远影响，将甲骨文元素与校园文化有机融合，实现环境育人。

在阳光的照射下，由中国书协主席孙晓云女士题写的“肖家庄镇中心小学”校名彰显了学校崇尚传统文化的办学特色。踏入校门，首先映入眼帘的是我校的办学理念和社会主义核心价值观，在耀眼的红色与温暖的粉色映衬下，熠熠生辉。在传统农具石磨和石碾上篆刻的“培根、铸魂、启智、润心”八字育人观，为我们深化教育改革指明了方向。

正德公寓前的智趣广场上，是以甲骨文镌刻的棋子组成的中国象棋棋盘，展示了中国象棋八大棋局之一——七星聚会。这里既是学生们日常博弈之地，独特的棋盘设计又在渗透中国传统文化的同时，提高了孩子们对于甲骨文学习的兴趣。校园宣传栏是孩子们课下学习甲骨文的好阵地，每周更新一次有关甲骨文的知识、趣谈、研究成果，让孩子们在甲骨文化的熏陶里快乐学习、健康成长。别具特色的门厅，使人置身于中国汉字的历史长河中；温馨又舒适的图书角，孩子们在闲暇之际就会坐在那儿美美地读起来，书香四溢、沁人心脾。

步入教学楼，厅廊文化更是给全校师生带来美的享受。以甲骨文形式呈现的文明安全标识、指引牌、办公室和教室门牌丰富了学校的甲骨文氛围。墙面上张贴的甲骨文今文对照表，让学生能清楚地了解到每一个汉字的字源，同时也是学生们日常利用碎片时间学习甲骨文的一种非常好的形式。走廊里，有风格各异的名家作品，也有师生的精致习作，使人置身于美妙的书法世界。每一幅作品都充满灵性，是书法之美与文化之美的结合，更是学校师生爱甲骨文、爱书法、孜孜不倦练书法的结晶。楼梯旁、走廊里，学生的甲骨文创意作品分置两侧，组成了一幅幅绚丽多彩的画卷，是甲骨文多学科融合发展的见证。

内化于心　构建甲骨文特色课程体系

学校积极开设甲骨文特色课程，实现“课程育人”，初步形成了甲骨文字教学、学科课程融合、艺术表现拓展“三位一体”的多学科、多方位、多层次相互融合的甲骨文特色课程体系。

一是以书法及书法文化教育为基础的甲骨课堂。我校遵循学生身心特点和发展规律，结合本地特色，将语文课后生字与甲骨文有机结合，自主开发了校本课程资源《字说甲骨》。教材共编入了包括与人体五官有关的文字、与动物有关的文字、与植物有关的文字等九个版块的一百余个汉字。教材从汉字的甲骨文字形意解读、造字方法、书体演变等方面逐一深入，并辅之以拓展运用，让学生在了解汉字构字的来源。

我校甲骨文课程组结合《中小学书法教育指导纲要》要求，根据学生身心发展特点，明确了各学段甲骨文教学目标，即一二年级重点以甲骨文识字、硬笔书写为主，三至六年级则更多的讲究背写、硬笔、软笔临摹创作相结合。在提高学生识字、写字能力的基础上，根据低、中、高年级学生特点，制订相对应的三维教学目标，适度融入书法审美和书法文化，培养学生的审美情趣和审美能力，提升学生文化修养。

二是以语文、美术学科教学及课程资源开发为抓手的课程融合。1.广泛涉猎教学资源，开辟甲骨文与语文教学融合的多种途径。把甲骨文本源识字与硬笔书法结合起来。在写字课及日常习字教学的间架结构讲解中，借助甲骨文造字方法及形态特征，引导学生理解相同类别汉字的书写要求。阅读教学中渗透传统文化。例如六年级下册第一单元以“十里不同风，百里不同俗”为人文主题，在阅读教学中，语文教师向学生渗透必要的传统文化知识，并在学生的拓展大阅读中自主查阅甲骨文中关于民俗的记载。2.在语文课识字环节中的具体实施。在日常教学中，老师们针对本课生字，从校本教材、甲骨文字典及汉字源等网络资源中查找生字的甲骨文字形，通过使用甲骨文卡片教学法、甲骨文模具教学法、甲骨文表演教学法等行之有效地教学方法，对学生进行字源及文字演变的讲解，为学生的识字溯源打下了牢固的基础。3.在美术课程中加入甲骨文元素。从美术教学中寻求突破，结合美术课教学要求，依靠美术特有的表现形式，适当融入甲骨文元素，运用各种媒介创造作品，达到融合促学的目的。

三是以书法、美术实践为载体的“玩”转甲骨兴趣社团。我校依托当地文化特色，与我校课程紧密融合，成立了甲骨文书法社团、“玩”转甲骨兴趣社团，并包含书法、泥塑、剪纸、黑陶、编织、烙刻等20多个社团小组工作坊，定期开展活动。起初，由于我校教学用房本就非常紧张，社团活动无法正常开展。通过校委会研究，我们将四楼平台改造为书法教室，供师生使用，并对社团活动场所进一步整合，保证了每个社团小组都能够正常开展活动。我校当时只有一名美术教师、一名书法教师，要负责20多个社团的日常活动，根本无法实现。因此，我们进行了全体教师的艺术技能培训。每位老师至少掌握一项艺术技能，能够指导一个社团小组的活动。老师们参加艺术培训活动也特别地积极，有的老师还主动学习掌握了多项艺术技能。就这样，我们在摸索中逐渐找到了适合我校社团发展的道路，孩子们也在社团活动中更多地感受到了甲骨文的无限魅力。

多措并举　提升教师甲骨文专业水平

学校不断加强甲骨文师资队伍建设，激发老师们学习甲骨文、探索甲骨文的兴趣。作为中心小学的教师，甲骨文字是必须要掌握的，而教师的专业发展直接关系到学校甲骨文教学以及学科融合的深入推进。学校努力培养一支“学甲骨、写甲骨、爱甲骨、传甲骨”的教师队伍，发挥教师辐射带动作用，在教师、学生中形成良好的学习氛围。

自2020年5月起，我校开启了全校教师的甲骨文培训，每周一次。全体教师从甲骨文基础常识学起，步步深入。教师们学习热情高涨、学习气氛融洽。许多老师更是利用课余时间搜集甲骨文素材，共享资源，共同进步。我们还开设了教师甲骨文书法培训班，邀请我市甲骨文专家、书法协会专家前来指导，为老师们学好书法、写好甲骨文提供了帮助。通过不断的努力，我校甲骨文教学队伍从无到有，并逐渐壮大。

学校定期开展学科课程融合教研，对各科教材中甲骨文元素进行深入解读。同时，采取学科教研员上示范课、本学段老师同课异构赛课、课后深入研讨甲骨文课程与各学科的最佳融合点，发挥甲骨文在学科教学中画龙点睛的关键作用。

另外，上年度，我校还主动申报了聊城市教育科学规划课题《甲骨文特色课程建设与教学实践研究》，现已开题，各项事宜正在持续推进。逐步形成了以教学带动科研，以科研反哺教学的良好局面，为我校甲骨文特色的深入开展提供了不竭的动力支持。

别具一格　建设甲骨文特色班级

特色班级建设充分发挥了老师和孩子们的丰富想象力和别出心裁的创意。每班都有融合了甲骨文元素的独具特色班名，它是每个班集体的灵魂，是班级精神风貌的象征，寄寓了班主任老师对全班孩子的深切厚望。班班都有别具一格的班级文化，班级室内外文化墙、板报墙是孩子们发挥创意的广阔天地，处处都有甲骨文的婆娑身影，有创意甲骨文字，有集绘画与知识于一体的精美手抄报，也有硬笔或是毛笔书写的甲骨文版的对联、古诗……这些凝聚了班级智慧，融合了甲骨元素的班级文化，正是学生们爱甲骨文字，扬传统文明的最好见证。

实践为基　促进甲骨文融合发展

我校定期组织师生开展优秀传统文化经典诵读、书法进校园、甲骨文识字写字比赛等有创意的主题活动，在研学、实践中不断促进甲骨文融合发展，在学习成果检验中丰富学生校园文化生活。我校结合当地文化特色，有效整合资源，搭建学生社会实践的良好平台，组织师生走出校门，前往安阳殷墟，尚庄大汶口文化遗址、教场铺龙山文化遗址等地实地参观学习，结合当地民俗文化，深入枣园、鲁义姑祠、博平古楼等地参观学习，拓宽视野。并将小高村中国兔文化博览馆、聊城运河博物馆作为我校校外行学研基地，定期开展行学研活动，在实践中提升学生们的文化内涵，直观感知文字之美。

广泛辐射　提升甲骨文教育质量

为进一步总结、安排部署聊城市语言文字工作情况，推广我校创建“山东省甲骨文特色学校”经验。2021年5月28日，聊城市语言文字工作暨甲骨文特色学校经验推广现场会在茌平区肖家庄镇中心小学召开。来自聊城市各县（市、区）教体局分管局长、语委办主任、部分初中、小学校长及支持肖庄教育事业的社会各界人士共计300余人参加了会议。我们就山东省甲骨文特色学校创建工作进行了汇报。山东省教育厅语委办李志华先生对聊城市、茌平区、肖家庄镇中心小学的工作给予了充分肯定，并站在全国、全省的高度，对语言文字工作特别是甲骨文特色学校创建的价值和意义做了深刻阐述。与会领导和专家们观摩了甲骨文与语文有机融合的课堂教学，欣赏了丰富多彩的师生素养成果展示和玩转甲骨学生社团展示，并为我校甲骨文特色发展提出了宝贵的意见和建议。

随着学校甲骨文特色建设的不断深入，我校文化底蕴逐步丰厚，师生素养全面提升，学校各项工作协同推进，教育教学质量明显增强。我校将继续积极探索甲骨文教育的育人模式，使甲骨文文化传承真正后继有人!

溯源研甲骨，根脉在传承

山东省青岛市市北区国开实验学校　张丽梅 庞洪涛

人类文明发展史上具有划时代的意义。甲骨文是迄今为止中国发现的年代最早的成熟文字系统，是汉字的源头和中华优秀传统文化的根脉。为贯彻落实教育部“推动以甲骨文为代表的中华优秀传统文化传承发展”的工作要求，进一步提升甲骨文教育特色，促进中华优秀传统文化教育传承性创新，我校通过采取多种形式推动甲骨文文化建设，着力打造甲骨文化传承特色学校。

一、研究甲骨文背景

甲骨文是殷商文字于今可见的主要遗存，是我国最为古老、相对成熟而自成系统的象形文字。与其之后更为成熟的周金文春秋战国(简、帛书及金文等)大篆文字、石鼓文和秦小篆相比，它呈现着汉字系统更为原始的形态。也正是从其系统性进行考察，可以说它是我们目前所能看到的汉字系统的演变源头。从甲骨文到现在我们使用的简体楷书，汉字形体已经发生了很大的变化。因此，这种3000多年前的古文字虽然与我们今天所使用的汉字字体一脉相承，但在大多数人的心里却是那样的古老和神秘。也正是因为如此，多数人对于在中小学进行甲骨文教育有着诸多的不理解甚至误解——很多人都认为甲骨文教育是有关古文字专业的大学生、研究生才涉及的事情，在中小学进行甲骨文教育根本没有必要，而且甲骨文晦涩难懂，在中小学阶段根本无法推行。但结合我校的书法教育教学实践及对当前中小学甲骨文教育现状的了解，我们深深地体会到，无论是从甲骨文及中小学教育自身的特性，还是从学生识字、辨析等文字学习和书法学习的角度来讲，在中小学积极推进甲骨文教育都有着传承中华民族优秀传统文化的重要意义。并且由于大量的甲骨文字已经被释读，故而在中小学阶段学习甲骨文不仅可行，更因甲骨文字形的象形性和其独有的生动、天然之书法美，会使中小学生对之产生极大地兴趣，从而会很受欢迎。

二、研究甲骨文目的

甲骨文在中国文化中的特殊地位、其自身的文化属性及中小学教育的特殊阶段决定了中小学甲骨文教育有着弘扬和传承中华民族优秀传统文化的重要意义。

甲骨文作为汉字的字源之“根”，对于中小学生的识字、辨析和对汉字结构的深层理解有着极其重要的作用，其对相关汉字进行甲骨文探源的过程也就是其接受优秀传统文化熏陶的过程。

甲骨文自身的象形性及其特有的生动天然之美，可以使学生对之产生深厚的兴趣，通过多种多样的甲骨文书法摹写形式，可以让学生体味甲骨文书法所特有的美，从而培养其民族审美情趣并达到传承、弘扬传统文化艺术的教育目的。

三、研究甲骨文实施目标

学生方面。让每一个孩子走近甲骨文、了解甲骨文，知道甲骨文相关知识及汉字的传承、演变；能写正确、流利地认读甲骨文、准确无误地书写甲骨文；以生为本，培养学生良好的心理品质和行为习惯；修身养性，陶冶学生品德情操；传承中华传统文化，吸收民族文化智慧，培养热爱祖国语言文字的感情，增强民族自尊心和自信心。

教师方面。在特色创建中教师是拥护者、研究者和实践者。通过特色创建，增加教师的传统文化知识储备，提升教师的人生价值，促进教师专业发展，坚定教师的工作信念。

学校方面。学校秉承为学生的终身发展奠基的办学宗旨，以创建甲骨文特色为目标，以特色创建促学校内涵发展，充分挖掘甲骨文教育、书法教育的育人价值，实现“师生在墨香中成长，学校在特色下发展”。通过甲骨文教育，形成学校独特文化氛围和特色，增强学校软实力，为学生发展、教师发展和学校发展增强后劲。

学校规划目标：一年夯基础，两年见成效，三年出特色。

四、研究甲骨文实施步骤

第一阶段：准备阶段。学校要以甲骨文教育为主题打造全新的校园文化。组织教师学习教育部“推动以甲骨文为代表的中华优秀传统文化传承发展”工作要求、山东省关于创建甲骨文教育示范校的文件精神和市教育局工作部署及要求，召开创建“山东省甲骨文教育示范学校”动员会等。

第二阶段：创建阶段。制定相关的工作要求、措施和制度。邀请专家进行甲骨文教育专题讲座。观摩“甲骨文文化墙”，增加对甲骨文的认读与了解。在广泛开展的语言文字活动的基础上，拓展语言文字教学新思路，组织引领专业传统文化教师自主研发富有地方特色的校本课程。

第三阶段：自查阶段。学校领导对甲骨文教育实施情况定期进行“回头看”及时查找实施过程中存在的不足。

五、研究甲骨文实施措施

学校非常重视创建甲骨文特色学校工作，成立了领导小组和工作小组，多次召开专题研讨会议，制定实施方案；邀请刘健等青岛书法名家对全体教师进行甲骨文相关知识培训；成立“小荷兰亭”书法社团，普及甲骨文相关知识；开展甲骨文教学教研活动。全体教师人人参与，主动学习甲骨文知识，采用多种形式推动甲骨文文化进校园。

学校精心设计甲骨文教室、甲骨文书法展、甲骨文知识长廊等板块，让学生在举手投足之间，都能够潜移默化的受到甲骨文文化的熏陶，激发起学生对祖国最古老文字、最美甲骨文的热爱和敬仰。学校还专门成立甲骨文研究团队，研讨活动内容、设计活动方案、细化活动路线、周密组织活动，积极引导学生广泛开展诵读、书写研学、游学等系列活动。

因势利导，构建科学完善的甲骨文教育体系。学校组织语文教师按照统编小学语文教材生字表，从中找出相对应的甲骨文，通过课堂教学了解甲骨文以及汉字的演变。通过“小手牵大手”活动，在家长中普及甲骨文知识。学校成立“小荷兰亭”书法社团、甲骨文兴趣小组，编写案例，利用每周校本课程的时间开展专题讲座、汉字知识、书写篆刻、观摩优秀课例等多活动，让对甲骨文感兴趣的师生更加深入地学习。

一主多翼，打造特色鲜明的教学模式。依托甲骨文课程体系，学校打造以语文教学为主渠道，以美术课、书法课、甲骨学堂、创客为辅助的“一主多翼”甲骨文教学模式。

语文课作为学习甲骨文的主阵地，在随文识字和集中识字时引入甲骨文字，通过字体演变，字源探究、字形字义解析，将汉字的构型规则、历史发展和文化内涵引入语文教学，不仅教会学生认识生字，还追根溯源，告诉学生汉字从何而来，使学生学习汉字的兴趣高涨，学习效果显著，扎实掌握汉字的本义，在孩子幼小的心灵中播下历史文化的种子，让中华基因代代传承；美术课通过绘画、手工、篆刻、版画等塑形等多种形式学习甲骨文；书法课则加强软硬笔书写甲骨文训练；创客小组利用激光雕刻等现代化的手段制作甲骨文作品；甲骨学堂重在引导学生进一步深入学习甲骨文相关知识。

追溯那些古老的历史，沉浸着美好的遐思，这就是汉字带给我们的感受，今后我们将继续探索研究甲骨-汉字的相关知识与教学方法，大力弘扬祖国的汉字文化，让文化自信扎根在每一位学生心中，让中国优秀传统文化的基因在校园落地生根

用心办学求发展，亲力亲为获点赞

——记中心小学李校长创建乡村温馨校园事迹

山东省枣庄市薛城区兴城中心小学　刘磊　褚福刚

兴城中心小学是一所什么样的学校？原为薛城区南石镇中心校。近几年，学校赶上了市区推进义务教育均衡发展的机遇，办学硬件环境日新月异地改变，学校“面子”鲜亮得可以媲美城市的优质学校。但是，学校的“里子”——内涵质量的发展，却因种种原因久久不得突破，各项评价指标和社会声誉始终在低谷徘徊。

李天翼校长是一个什么样的校长？原为枣庄师范学校附属小学的一把手，业务熟练，富有经验，头上顶着“齐鲁名师”、“特级教师”、“省教学能手”的光环。

一、遇见，为学校走出困境助力

2020年8月30日，李天翼校长被市教育局委派到薛城区兴城中心小学帮扶。9月1日开学第一天，市教育局局长郝荣平到学校调研，提出了“一年有起色、两年大变样、三年进一流”的发展要求。就这样，一个名校长扛着使命与责任，和一所发展滞后的、城乡接合部的街道中心校遇见了。

遇见之初，李校长很快就发现，学校的现实基础远比想象的薄弱：

一是，硬件环境建设尚有大缺口。学校缺水少电，保洁、饮水、用电，吃喝拉撒，事事让人操心；二是，家校关系紧张。家长不信任学校，老师看不起家长，家校关系陷入了“校长抱怨老师，老师抱怨家长，家长抱怨学校”的死循环怪圈；三是，管理涣散。机制不科学，制度不健全，“不想管、不敢管、不会管”成为普遍现象，教师队伍人心涣散，一潭死水；四是，学生习惯表现差。垃圾随手乱丢，课间疯跑，课上打闹，言语粗野，破坏公物成为常态表现；五是，教育质量差。语数检测、体育运动会、艺术展演、英语素养大赛等没有一样能拿得出手，质量综合指标连续数年在薛城区十个学区排名中“坚守”后三名位置。

看到了问题，也就看清了出路。于是，指向于解决实际问题的“兴小提升行动”在学校新班子的运筹帷幄下拉开了序幕。

二、克难，他亲力亲为运筹帷幄

兴小缺水。学校大小8个卫生间单元没有一间干干净净、新旧8台饮水机没有一台能正常使用。缺水只是表层问题，深层问题是缺钱。没有钱，怎么解决问题？李校长想到了附近社区居委会。开学之初，李校长到各个居委会“拜佛”，向各个居委会陈述学校的困难，陈述社会支持教育、教育回馈社会的道理，描述一所好学校在社区中的价值。精诚所至，金石为开，附近四个社区居委会慷慨解囊，迅速组织施工队伍，对原供水系统进行升级改造，一举解决了困扰学校近十年的供水不足问题。

在市教育局、区教体局和社区居委会的关心支持下，兴小改薄项目于2020年年底收官。卫生间维修、变压器扩容、仓库改造、闲置土地再利用、花木补栽、楼顶防水维修、教学楼地面翻新、办公室调整、课程区建设等大小近10个项目陆续完成，学校面貌焕然一新，一所空间布局合理、设施设备齐全、花木葱茏、干净整洁的“新兴小”呈现在师生和家长面前。

兴小家校关系紧张，甚至紧张到“剑拔弩张”的地步。学校办学质量常年在低位徘徊，造成家长对学校的不尊重，继而影响到学生对老师不敬畏。老师在毫无尊严的互动中教书又怎会尽心尽力？缺失了家长支持的学校教育又怎会成功？于是，软化家校关系成为李校长打开局面的要务。

9月9日，全校师生、家长共同参加的教师节表彰暨开学典礼隆重举行。会议上，拜孔子像、给优秀教师颁奖、教师宣誓等环节表达了兴小办人民满意教育的新态度和新追求。而“家长授戒尺”的环节则表达了兴小家长对教育的敬畏、对教师的尊重。一个会议，两种表达，紧张的家校关系由此转折。10月，学校启动“兴小情怀暖社区行动”，发动全体老师走进千家万户，实现家访全覆盖。学校成立三级家委会，邀请家委会代表到学校食堂陪餐，全程展示午餐加工与供应过程。11月，向全校家长公开三位校长电话，接受家长的全方位监督，并针对家长反映的薄弱学科、薄弱教师、薄弱班级的管理问题，不回避、不推诿，研究对策，逐一化解。12月，学校为各年级的后进生量体定做家校联手提升方案，为转化后进生出实招、真招。

通过一系列行动，兴小教师主动表达态度，表达改变，以诚意唤醒了家长的信任，使家校关系大为改善。

三、改革，实现教育均衡式发展

（一）“野孩子”转变为“文明少年”

兴城中心小学的孩子基本上都是来自农村的“野小子”、“疯丫头”。之前，由于缺乏管理和引导，每到课间，孩子们便疯狂地在走廊和操场上追逐、打闹，有的孩子甚至在走廊里以百米冲刺的速度狂奔，经常出现碰伤皮、磕破脸等安全事故。针对学生“野”的问题，学校开展了“做雅言雅行兴小好少年，让每个人都有自己美丽的样子”活动，狠抓学生的行为习惯教育。一是，出台规范。学校制定了《兴小雅言雅行好少年行为规范》，让兴小学生知道对与错、是与非；二是，提醒到位。学校在走廊、楼梯多处悬挂“静净敬竞雅言雅行”的提示语，并安排红领巾监督岗的学生执勤监督，一旦发现追逐打闹的学生，就举起“静”字牌进行警示；三是，无缝覆盖。针对课间教师监管缺位、就餐监管缺位、放学监管缺位等问题，设定教师专岗值勤；四是，主题教育。学校召开了“做雅言雅行兴小好少年，让每个人都有自己美丽的样子”专题教育会，各班级召开主题班会，讲案例、学榜样，大力营造活动氛围。“雅言雅行”让“野小子”和“疯丫头”走向了文明少年；“让每个人都有自己美丽的样子”让兴小的样子也越来越美丽。

（二）青年教师由“闲”变“忙”

2020年秋，薛城区实行“县管校聘”，8位年近60岁的老教师、老干部返回岗位。开学第一周，几位老同志轮番到校长室告老，以高血压、心脏病种种理由推脱上课堂。另一方面，年富力强的青年教师，周教学工作量却远远达不到足量。9月下旬，校委会决策，实事求是，让对的人做对的事，重新安排岗位和工作量。一是，尽量充满青年教师课时量，让青年教师把主要精力投放到教学上。二是，成立了“常青藤服务社”，让老教师承担卫生保洁、绿化护理、公物整理等任务，做好教学辅助工作。如此一来，青年教师做对了事，教学效益明显提升；老教师做对了事，为学校节省了一大笔劳务支出。

（三）教学管理出“困境”进“佳境”

李校长和一位家长聊天，李校长问道：“你认为兴小和市实小的差距在哪？”家长一语道破：“在教学”，家长接着说：“李校长，从你开始，能不能认真抓抓教学”。看来，新桌子新板凳是糊弄不了家长的，花拳绣腿也是糊弄不了家长的。

为了回应家长的期待，兴小打开了认真抓教学的模式：一是，为教导处充实管理力量，选拔任用了一名学科主任；二是，精细化实施教学管理，查备课、查作业、推门听课，实现对教学的全过程监管；三是，公开校长电话，让家长成为教学的监督力量；四是，重点督促薄弱学科、薄弱年级，拉升短板，促提质量；五是，积极参与市教研室的新课堂达标活动，以活动改观念、改教法、提效率；六是，请进来走出去。请专家进校园，请名师进校园，积极开展校际联研活动，选派骨干外出学习；七是，全面贯彻党的教育方针，创造条件开齐开全课程，让操场上响起哨音口令，让音乐教室响起琴声歌声，让美术教室画笔飞舞，色彩绚丽；八是，开设校本课程，门类多达20多种，为兴小少年健康成长搭建可多元选择的“课程超市”。

四、后记

自李天翼校长和兴小遇见，变化可见、进步可见、成长可见，美丽可见，幸福可见。

2020年11月4日，一位家长将一捧鲜花送到李校长工作室，并在祝福卡上留言：“感谢您为孩子所做的一切。”

2021年1月2日，山东卫视教育频道播报学校专题新闻，本学期，学校经验和做法第7次引起了市级以上媒体的关注。

2021年1月15日，李校长向全校教师公布了兴小新校徽设计方案：“兴”字的甲骨文变体，四面八方的手举起共同的事业。

用心办学求发展，亲力亲为获点赞，我相信，“兴小”在李天翼校长的带领下，未来发展之路将越走越远，越走越宽。

立德树人，促进学生全面发展

山西省晋城市城区凤台小学 郭太生

俗话说，十年树木，百年树人，要想实现科教兴国，提高全民科学素质也必须“从娃娃抓起”。小学教育是我国最基础的教育，它对儿童未来的发展、综合素质的高低有着至关重要的影响，同时也关系到我国未来的发展。新形势下，必须重视孩子的科技教育。近年来，我校高度重视学生的科技创新和德育工作，通过广泛开展志愿服务活动，增强孩子公益意识，积极开展形式多样的科普教育，激发孩子们创新意识，促进了学生全面发展，特别是科普教育工作走在了全市前列。

一、开展科普教育，促进学生发展

我校每周都会在学校的“科普中国校园e站”开展一次的机器人社团活动，在这个小型的“创客e站”里，投影白板、电脑、3D打印机等设备一应俱全，孩子们动手动脑、通力合作，准备进行着“超级轨迹”的展示。

“编程是机器人比赛活动的关键一步，我们现在就在调试小车的运动参数。”学生王奥璇说。他一次次在电脑配套软件中输入参数，机器人公交车随着参数的变化，成功完成了简单的巡线到复杂任务的挑战，只见小车离开地图上的晋城坐标，依次开往焦作、济源、长治，在分别载上2名“乘客”后继续前进，最后，机器人小车在将“乘客”送到指定“景区”后，再次返回晋城坐标，完成了公交任务。

2019年12月1日举行的全市科技创新大赛中，我校取得了优异的成绩，此外，我校百余名学生获得全国、省、市青少年科技创新大赛各类奖项，科普教育工作在全市遥遥领先。“科普中国校园e站”作为我市“十佳科普中国e站”，已经成为我校学生们科技创新、展示自我的基地。

为更好地开展科普工作，学校还将科普教育列入学校建设工作的重要内容，通过制订细致的科普工作制度，把工作分解到各个成员，使科普工作组织有序、责任到人。同时，积极创新科普活动载体，充分利用“科普活动日”、“科普活动周”等契机，开展形式多样的科学知识普及教育；结合气象日、地球日、戒烟日、植树节、环境日等纪念性节日，每半年组织一次大型特色科普宣传活动，促进科技教育深入人心。

二、学习雷锋精神，传承中华美德

家住凤台小区43号楼的80岁空巢老人，早已敞开家门，她脸上满是幸福的笑容。在我校老师的带领下，小志愿者们分工合作为老人整理居室、收拾衣被、打扫卫生，给老人梳头、修剪指甲，陪老人聊天，劳动结束后，还为老人表演了精彩的小节目。此外，孩子们对社区卫生进行了清扫。

2020年以来，我校在原有志愿服务的基础上，创新“雨墨学雷锋志愿服务”活动，倡导师生学习雷锋精神，传承中华民族传统美德，推动志愿服务行动在全校长期深入开展。学校通过召开“弘扬雨墨志愿服务精神，共创全国文明城市”主题队会，用制作手抄报、黑板报以及设计新颖版面等的形式，讲雷锋事迹、树雷锋精神，引导同学们积极参与到学雷锋志愿服务活动，用实际行动阐述新时代雷锋精神。

我们引导师生以雷锋为榜样，教育孩子们以刘雨墨为榜样，从自己做起，从身边的小事做起，使‘雨墨学雷锋志愿服务’活动常态化。与此同时，学校结合每年七一建党、八一建军等节日，对孩子进行爱国主义教育，让爱的种子在每一个学生的心里生根发芽，努力把学生培养成德智体美劳全面发展的社会主义建设者和接班人。

三、打造环境文化，营造书香氛围

在我校，每个墙面都会“说话”。用废旧围墙建成的百米文化长廊，班班有版面、步步有精彩；办公楼走廊、教室内外墙壁悬挂和张贴着各类读书名言和推荐阅读书目，让师生受到熏陶和感染；每个教室，都设立有专门的读书角，传统文化、疫情防控、科普知识等书籍一应俱全。2019年，学校还新购图书700多册，充实到教室图书角和阅览室，全面激发孩子的阅读兴趣、营造良好的读书氛围。

近年来，我校在抓好校园环境绿化、美化、净化与现代化的同时，突出体现学校的书香特色，营造浓郁的读书氛围，努力使“每一堵墙壁都说话，每一个角落都育人”。文化长廊展示着学生们的创新成果，也记录着老师们紧跟时代的成长印记。四年级2班学生赵若涵用15个螺丝、两跟导线、四个车轮等设计成了空气动力车；六年级7班学生们用图画展示的思维导图，形式新颖、内容丰富；四年级3班的孩子们展现了超强的书法和绘画力。老师们积极推进“学习强国”学习平台与教学工作有机融合，将“学习强国”融入课堂，创新教学模式，扩展学生知识面。

为提升学生阅读知识面，学校安排每天早上第一节课前十五分钟进行晨读。根据学生的认知情况，学校为每个年级推荐了具体的诵读内容，一年级读《弟子规》，二年级读《三字经》，三年级读《笠翁对韵》，四年级读《百家姓》、《千字文》，五六年级读《论语》，力求为孩子们提供营养丰富、美味可口的晨读“早餐”。

我们希望学校的教育能为孩子将来的发展打下结实的基础。希望能用文化提升孩子生命的品质，另外，培养少年儿童的科技素质是顺应时代的发展，是面对全球的现代科技革命的历史性抉择。因此，作为基础教育的小学教育我们应在承认教育的继承功能的同时，强调学生的创新和发展，培养学生的科学素养，为培养综合性人才打下坚实的基础，真正把学校办成孩子们成人的乐园、成才的学园、成长的精神家园。

责任育人 幸福有成

——长治路小学特色办学纪实

山西省吕梁市离石区长治路小学 闫瑜

在吕梁市离石区有这样一所学校：它年轻、富有朝气，在教育改革的洪流中笃守初心，勇毅前行，坚定地走在时代教育的前沿；它倡导“责任教育”，让学生们栖居在幸福校园里启迪智慧，涵养人格，幸福成长。它，就是砥砺奋进中的长治路小学。

长治路小学，2013年成立，共计67个教学班，教职工 名，学生3000余人。近年来，在社会各界的关心支持下，在区委、区政府的正确领导下，经全校师生的不懈努力，各项工作取得了显著成绩。

“在我的希冀中，责任教育就是要责必担当，任而有为。”长治路小学校长梁海花如是说。姹紫嫣红满园春，百花齐放绘新景。让我们走进长治路小学，解析它独具特色的教育模式和办学理念。

红色润泽心灵 擦亮育人底色

走进长治路小学，鲜艳的五星红旗迎风招展，教学楼大厅墙面上写着“忠诚党的教育事业 办人民满意的教育”等标语，红色元素随处可见。大队部摆放有少年先锋队队旗、队徽、各种红色主题手抄报，该校注重加强爱国主义教育和革命传统教育，推进红色文化走进校园、融入课堂、滋润学生的心灵。

不忘初心，方得始终。今年长治路小学开展的红色主题班队会，“今天的幸福生活与和平环境来之不易”、“我们要读好书、立好志、做好人”、“作为新时代的少年应该坚决听党话，跟党走”，深入浅出的演讲引发百名师生共鸣。同学们纷纷表示，要珍惜今天的生活，热爱祖国、热爱人民，今后要更加努力学习，用自己的聪明才智建设祖国美好的明天。

党建领航，立德树人。学校坚持以党建为抓手，引领教育教学发展。该校党支部始终把党的政治建设摆在首位，加强党员教师思想建设，以习近平新时代中国特色社会主义思想武装头脑，坚定“四个自信”，努力建设高素质专业化教师队伍。“我为新时代建功立业”、“高声齐唱国歌、重温入党誓词”、“不忘初心再出发，牢记使命永向前”等丰富多彩的主题党日活动，激发了党员教师做好本职工作和发挥模范带头作用的热情，增强了基层党组织的凝聚力和战斗力。

长治路小学以润物无声的方式，引导师生坚定理想信念、厚植爱国主义情怀、加强品德修养，擦亮育人最亮丽的底色。

责任浸心田　奠定育人文化

建校以来，在不断实践与探寻的过程中，长治路小学形成了以“责任文化”为核心的校园文化：贯彻“守教育之根育责任之士，让生命之花快乐绽放”的办学主导思想，秉承“诚实做人，踏实做事”之校训，遵循“博学　笃志　静思　慎行”之育人理念，以“做一个有责任心的人”为全校师生的人生追求，以责导行，以责导学，德能双修，提升自我！

学校以“责任教育”为载体，确定致力于打造四支“责任教育”团队：构建一支信息反馈流畅、指挥协调有力、执行力强、勇于担当的优秀管理团队；建设一支以成长自己为己任、以育人为己任、以校荣为己任的责任教师团队；培养一支有良好的行为习惯、有健康的身心素质、有持续的学习能力、有鲜明个性特长的责任学生团队；精选一支善于学习、和谐奋进、甘于付出，正能量积聚的家长团队。

校本研修　创建校园学习新模式

学校开设校本课程“责任教育主题活动”，激发责任意识，挖掘责任潜能，让责任教育为学生的成长成才保驾护航。坚持以校本研究为主，紧紧围绕教学中的实际问题展开研究，各学科课题研究稳步进行，《写作知识传授与写作实践能力培养的策略研究》的课题中期评估会完美落幕，组内教师积极撰写研究成果，教学论文等31篇成果喜获山西省小语会荣誉证书，其中8篇一等奖、15篇二等奖、8篇三等奖。

教学模式创新在激活了教师的教学智慧的同时，也激发了学生的学习兴趣。如今，该校浓厚的学习氛围、过硬的教学水平、稳步提升的教学质量，一致获得了社会各界的肯定。以小见大，提取校本研修的积极教育要素，向其他领域推广，营造快乐有效课堂，正在长治路小学实践。

书香润泽人生　点亮诗意生活

琅琅书声馨满园，美丽诗词润心灵。安静的校园内，质朴的教学楼里、郁葱的树荫底下，琅琅读书声不绝于耳，弥漫着浓浓的书香气息。

近年来，长治路小学依托建设好阅读阵地、落实好教师引领、开展好阅读活动等多种举措，大力推进书香校园建设，营造了“人人爱阅读、处处飘书香”的良好氛围。

图书阅览室收藏了三万余册书籍，包括教育类、百科类、外内国文学类、科幻类、休闲类、教材教参类等各种图书和杂志，由专兼职老师按编号、书名、册数、版别等进行整理归类。走进阅览室能感觉到惬意、温馨，体现人文、书香相结合的浓郁文化氛围，极大地满足了师生阅读需求，让师生们徜徉在书的海洋中汲取精神养分。

学校还积极组织全体教师开展读书活动，引导广大教师　“多读书、读好书、好读书”，形成阅读热潮。通过开展灵活多样、富有实效的读书活动，如读书心得、征文、演讲比赛、读书笔记等，搭建交流平台，巩固读书成果。全民阅读我领航，书香校园我先行。在长治路小学，已形成了教师引领阅读、师生共读好书的新风尚。

《弟子规》经典诵读活动，在孩子心中播种下一颗颗深爱传统文化的种子，在校园里引发了“唱经典、诵经典”的热潮……学校诸多阅读活动，串联成“让阅读成为一种习惯”的美好画面，让书香飘散在校园的角角落落。

精读一本好书，点亮一盏心灯；与经典同行，打好人生底色；与名著为伴，塑造美好心灵。长治路小学一直行走在建设书香校园的路上，始终不改初心，用阅读润泽人生，点亮诗意生活。

体艺润泽生命　插上成长翅膀

长治路小学结合学校办学思路和特色，加入全国体育联盟，充分创设艺体活动舞台，开展了许多丰富多彩、创意无限的活动，在活动中不断演绎长治路小学艺体教育新篇章。

学校十分重视对艺术与体育教育的投入。近年来，克服种种困难，逐步完善了电脑教室、多媒体教室、舞蹈排练室、书画培训教室和器材保管室等建设。同时，加强艺术体育教学工作督导检查，定期进行艺术体育课的教学常规检查，并把检查结果与评优评先挂钩。学校领导深入课堂听课，了解艺术体育教师的授课情况，给予具体指导，加强艺术体育教学工作管理。

长期以来，学校一贯坚持以老带新，以高带低的原则，严格按要求配齐艺体学科专任教师。重视艺体学科教师的培训“充电”工作，促使他们不断更新教育理念，不断提升综合素养。

长治路小学积极乘学校体育联盟的东风，结合本校实际，以年级为单位，以班级赛为抓手，将全员运动会比赛结果列入班主任考核中，扎实开展‘一校一品’体育模式，开展特色体育课，充分利用趣味课课练，实施体育大课间、创新大课间模式，大力推广素质操，努力打造‘一校一品’模式下的特色体育课程，使学生全面发展，养成终身体育习惯，努力打造校园体育品牌，大力提升学校文化内涵。

一路拼搏，花香满径。如今的长治路小学，校本研修如春来嘉木发华枝、经典诵读如百鸟争鸣自在啼、社团活动如百花齐放春满园、全员运动化如雨后春笋节节高……通过这一系列的活动和举措，长治路小学的每一个学生获得了平等发展的机会，在各自感兴趣和擅长的领域里精耕细作。

责任——让师生用自己的力量成长

——奏响长治路小学“责任教育”特色办学的“交响曲”

山西省吕梁市离石区长治路小学　梁海花

长治路小学成立于2013年，是一所正在成长的新学校，我校占地面积19.7亩，总建筑面积11000平方米，迄今第六届学生圆满入校才形成了一所8—12轨不等的完整小学，现有71个教学班，3500余名学生，教职工203名。

前奏：千呼万唤始出来——形成责任教育的“新理念”

建校以来，在不断实践与探寻的过程中，我们提出了学校文化建设的核心理念——“责任教育”。“责”就是做事的标准、干事的热情，“任”担当的品质、承受之意。“责任”，就是责必担当，任而有为。

学校以“责任教育”为载体，确定“守教育之根育责任之士，让生命之花快乐绽放”成为办学主导思想，秉承“诚实做人，踏实做事”的校训，遵循“博学　笃志　静思　慎行”之育人理念，以“做一个有责任心的人”为全校师生的人生追求，以责导行，以责导学，德能双修，提升自我！

我们致力于打造四支“责任教育”团队，

（1）构建一支信息反馈流畅、指挥协调有力、执行力强、勇于担当的优秀管理团队；

（2）建设一支以成长自己为己任、以育人为己任、以校荣为己任的责任教师团队；

（3）培养一支有良好的行为习惯、有健康的身心素质、有持续的学习能力、有鲜明个性特长的责任学生团队；

（4）精选一支善于学习、和谐奋进、甘于付出，正能量积聚的家长团队；

曲一：细草铺茵绿满园——培育责任教育的“新土壤”

凝心聚智，全方位、多角度进行设计和布置，让墙壁说话，设施启智，学校的一草一木、一砖一瓦都成为传递知识的载体，使师生在耳濡目染中产生积极向上的动力，在学校的任何一个地方都能感到责任之意，进一步提升学校办学品味。

“责任墙”——利用校门入口处的墙面进行责任文化宣传，图文并茂，形象生动。

“足球场”——绿草茵茵，足球滚动，汗水挥洒，让孩子们在锻炼中体验付出的艰辛，在比赛中感受进球的喜悦，在胜利中感悟肩上的责任。

“楼梯、走廊文化”创建——各层楼梯拐角处、走廊、连廊都设置了不同内容的标语、名言、趣味故事、本土文化特点等，这些文化软环境的创建，润物无声地浸润师生的灵魂。

教室文化建设——主要突出“主题教育”，以班级为单位，评选出“七彩少年”；教室门口悬挂班牌、班徽、班旗、班主任寄语，教室内部设计自己班级的特色文化，让同学们被“责任文化”所熏陶、所激励，从而努力学习，奋勇拼搏。

办公室氛围的创建——力求体现“严谨高雅、整洁美观”的思想，办公室内张贴教育名言或标语、“中小学教师职业道德规范”等，让教师们能在温馨和谐的环境中不断进步和成长。

曲二：寻芳陌上花如锦——创建责任教育的“新课堂”

1.打造责任课堂，让责任植根于领导管理

（1）恪守四大责任：用先进理念引领学校的发展；完善并落实各种制度，服务好学生，家长、老师；搭建各种平台，促进教师专业发展和学生健康成长；争取各方支持，改善办学条件；

（2）每周一下午召开中层领导行政例会；每月召开一次班主任例会；每月召开学习与工作总结反思交流会；每月开展民主生活会；每学期开展领导述职评议工作。

（3）实行领导代课制度。

2.开展打造责任课堂，让责任植根于教研

(1)细化常规。开展课堂开放及领导班子巡课、推门听课、教研组定期研课等活动，引导教师以克服课堂教学的“低效率现象”为探究主题，积极构建高效课堂；规范集体备课程序，提高教师把握课程标准，钻研教材，善于发现、研究教学过程中的问题的能力；要求教师精选作业，并对批改情况进行不定时抽查；为了实现经验交流与共享，我们还组织了班主任论坛、教研组长论坛等活动。

(2)名师引领。成立名师工作室，工作室由离石区教研室主任柳泽林引领学校课题研究；注重专家的引领和示范作用，尽可能多的外派教师参加各级培训活动，学校要求教师每次学习要进行梳理和反思，并在学校教研活动中进行交流和传播；实行“请进来”政策，定期邀请专家到学校传经送宝。

(3)课题研究。开设校本课程“责任教育主题活动”，激发责任意识，挖掘责任潜能，让责任教育为学生的成长成才保驾护航。坚持以校本研究为主，紧紧围绕教学中的实际问题展开研究，各学科课题研究稳步进行，《写作知识传授与写作实践能力培养的策略研究》的课题中期评估会完美落幕，组内教师积极撰写研究成果，教学论文等31篇成果喜获山西省小语会荣誉证书，其中8篇一等奖、15篇二等奖、8篇三等奖。

(4)聚焦课堂。深度推动责任课堂改革工作。同年级同学科进行集体备课、同课异构、精彩展示，让特色植根于课堂，教师们在开放、多元的教学研究活动中，学习、借鉴他人的经验和做法，确保人人在思考、组组在合作、人人想展示、师生共交流、共学习、共进步。

(5)师徒结对。青年教师分别拜结学校有经验的优秀教师为师，发挥学校骨干教师的示范作用和老教师的传、帮、带作用，以促进青年教师成长进步，提高学校的整体师资水平，使学生受益。

(6)定期组织教师基本功大赛。项目有钢笔字、粉笔字、毛笔字等，通过这些富有实效的比赛，使培训教研真正成为提升教师专业素养的有效途径。

3、打造责任课堂，让责任植根于德育活动

我校以中华传统美德教育作为学校德育的主线开展了系列活动，利用具有教育意义的法定节日、传统节日、重大历史事件、纪念日等，组织开展形式多样、内容丰富的活动。

经典永传承——我校把《弟子规》作为美德重点推广内容，每天晨读前10分钟为晨诵时间；每周的升旗仪式后，随着领诵员的引诵，操场上令人震撼的诵读声久久传荡；为了让《弟子规》熟记在心并落实在行动上，学校规定每周背诵的《弟子规》片段，都统一提炼出一个主题，用来规范、指导学生的言行，做到知行合一，并且家校携手，共同对学生进行监督。

开设节日课程——一年一度的校园文化艺术节及“三度比赛”，展示着孩子们丰富多彩的课余生活和收获；凤山烈士陵园扫墓活动(清明节)，缅怀先烈，了解革命先烈们为中国的解放和革命的成功而努力战斗的艰辛历程，学习革命先烈不畏艰难、艰苦朴素的作风；毛主席诞辰日纪念活动，或诗词诵读或红歌合唱，通过各种方式回顾历史，升华孩子们对一代伟人的崇敬与缅怀；教师节、母亲节、父亲节、感恩节等活动的隆重举行，加固了孩子们对我们传统孝道的认知和理解，并付诸行动，使孩子们的心灵得到了净化及深化。

开展阳光体育活动——“学生需要阳光，生活需要快乐”，让学生在活动中张扬个性，体现成长的快乐。“特色足球”的普及推广，篮球、乒乓球等各项体育活动，为孩子带来了运动的快乐。

开展社团活动——创建尤克里里社团、小提琴社团和舞蹈社团，激发学生学习音乐的兴趣，让他们在演奏和欣赏中理解音乐的内涵，感受艺术的魅力；创建书法社团(德艺轩)、手工社团、绘画社团、机器人社团，一件件精美的作品，无不凸显出同学们的智慧；足球、篮球、跆拳道、武术、轮滑、花样跳绳社团，形式多样的体育活动，培养学生竞争合作的意识、拼搏进取的精神、坚韧不拔的意志；高分速读社团、语言表演社团、书法社团、象棋社团，让孩子们走进中国传统的文化，让大家在实践中获得新知、活动中感悟责任。

曲三：众人拾柴火焰高——培育责任教育“新力量”

家长也是我校责任文化创建的一支重要力量，家长层面我们倡导的四项责任为：为孩子的成长学习创造必要的物质条件；做好示范和表率；主动和学校沟通配合，及时了解孩子的学习以及心理状态；努力学习先进家庭教育理念，改进家庭教育方法。

做实家长委员会，每学年评选“最有责任心家长”，每学期组织家长会、家庭教育培训活动、家委会会议、家长开放日活动、不定期组织家委会委员座谈会，逐步培养一支有能力为学校发展建设服务的队伍。

实践证明，市区妇联，团市区委以及卓越父母讲师团等社会力量走进我们的校园，并提出了“只要家长好好学习，那我们的孩子们就会天天向上”这样饱含感召力、接地气和人气的口号引领下，我们的家长团也在发生着明显的变化。家校沟通顺畅了，孩子学习快乐了，教师工作也确实轻松不少。

几度风雨，几度春秋，“责任”教育特色学校建设“三部曲”交汇成悦耳动听的交响乐。“责任教育”办学理念与时俱进，如同散发着芬芳的蓓蕾，在课改的春风中徐徐绽放。我们将以拓荒者、创新者的姿态，永远行走在“博学 笃志 静思 慎行”的道路上，等待我们的必将是一个个美不胜收的教育风景。

深化“心行”教育　落实立德树人

山西省阳泉市盂县第三实验小学　王向文　赵慧鹏

百年大计，教育为本。教育是提高人民综合素质、促进人的全面发展的重要途径，是民族振兴、社会进步的重要基石，是对中华民族伟大复兴具有决定性意义的事业。我校于2012年9月1日建成启用，地处城乡接合部，办学伊始，生源成分杂，师资又差，教育教学面临着巨大压力。正值困惑之际，阳泉市教育局出台了《阳泉市中小学社会主义核心价值观教育活动实施方案》(阳泉市中小学社会主义核心价值观心行教育活动指导手册)，积极推进社会主义核心价值观"心行"教育活动(将社会主义核心价值观细化为12个项目主题，针时不同年龄段学生，科学合理地设计德育的目标、内容、方去)，拉开了阳泉市深化教育改革，全面落实立德树人根本任务的大幕。“心行”教育工程犹如一场及时雨，为我校的发展指明了方向，我校抓住机遇，终于找出一条适合自身的特色发展之路，把“心行”二字融进学校办学发展中。紧紧围终社会主义核心价值观“心行”教育工程这条主线，以"教育有温度，德育有思路"为要求，以实现智慧德育、创新德育，高效德育为目标，紧密结合学生身心特点和成长规律，分层次分阶段地开展德育工作，大力促进德育专业化、系统化、实效化，取得了显著成效。三年来，通过实施“心行”教育，我校不仅为每一个孩子铺就了健康、温暖的人生底色，还带动教学质量显著提升，有效促进了学校的内涵式发展。先后被评选为阳泉市首批“心行”教育示范校、山西省创建"平安校园"先进单位、少先队山西省红旗大队、山西省消防安全教育示范校、山西省文明校园、省级社会主义核心价值观建设示范点、山西省知识产权教育示范校、全国校园足球示范校，2020年光荣地成为第二届"全国文明校园"。这一系列成绩和荣誉的取得，使得我校成为盂县教科系统当之无愧的“窗口校”，为学校未来发展奠定了坚实基础!

一、培根铸魂，大力建设新特色优质校园

“心行”教育被确定为德育工作的重点后，我校认真学习研究了阳泉市教育局制定的《阳泉市中小学社会主义核心价值观心行教育活动指导手册》，组织教师根据学校实际进行了细化调整，出台了《盂县第三实验小学心行教育操作手册》(以下简称为《操作手册》)，为全校教师提供了清晰的行动方案。《操作手册》严格遵循小学生年龄特点、认知规律和教育规律，为1-6年级学生制定了明确的分层育人目标。注重通过多样化的德育活动，增强德育的感染力和实效性，帮助学生成良好的行为习惯。此外，《操作手册》还注重整合学校、家庭、社会三方教育资源，发挥家校社“三位一体”的协同育人作用，形成校内外合力，共同推进“心行”教育。当然，想要做到这一点，需要家长群体的真心认可和积极配合，为此学校在《操作手册》制作中先后召开了12次家校共育研讨会，充分吸收了家长群体的智慧。我校合理设计德育内容、途径、方法，使德育层层深入，有机衔接，稳步推进"心行"教育工程。低学段1—2年级着重通过课程渗透、亲子阅读、自制图画、传统礼仪等活动，培育文明素养；中学段3-4年级着重通过课程渗透、演讲竞赛、辩论活动、观影教育、感恩教育、志愿者服务等，培育友善素养；高学段5-6年级着重通过课程渗透、演讲竞赛、辩论分析、文体活动、红色研学、志愿者服务等，培育爱国素养。三个主题承前启后，相辅相成，使文明、友善、爱国三大主题德育项目落地生花，真正实现了分层、全程育人，成功打造“三段六阶十八途径”德育模式，荣登《德育报》头版。在"心行"教育工程推进中，除了常规的德育活动，我校还充分发挥学校党支部作用，让党员引领教师发展；充分发挥学校教代会作用，让教师管理教师；充分发挥学校少先队作用，让学生管理学生；充分发挥家长委员会作用，让家长管理家长。以问题解决为依据，调动不同群体的积极性，形成了全员、全程、全方位育人的德育工作新格局。

二、旗帜飘扬，竭力凸显新时代少年风采

中国少年先锋队是一面永远鲜艳的旗帜，是少年儿童成长道路上的第一个路标，建设好少先队，培育好少先队员，就是为社会主义现代化事业准备了强有力的候补梯队。我校特别注重通过少先队红领巾文明示范岗实践活动，发挥少先队的模范引领作用。2013年，学校借鉴先进经验，设立红领巾监督岗，配合政教处，进行日常教育教学工作的监督检查记录。2018年以“心行”教育工程为契机，以《阳泉市社会主义核心价值观心行教育指导手册》为依据，因地制宜，系统化设计德育体系，把“红领巾监督岗”正式转型为“红领巾文明示范岗”，设置3366运作模式：三面旗帜引领(班风班貌旗帜、安全文明旗帜、体育卫生旗帜)、三个年级出岗(四五六年级)、六道程序生成(自我报名、民主选举、集中培训，岗前实践、审核任命，因才上岗)、六大方面示范(少先队员仪容仪表、安全意识和习惯养成、文明礼貌习惯、阳光活动锻炼、卫生整洁和环保习惯、路队引领守纪)，锤炼品格，打造品牌。少先队红领巾文明示范岗在实践中锻炼少先队员的敬业、诚信、友善精神。文明小使者身先士卒，坚持“以爱暖人、以帮带

人，以身作则，以点带面”的工作方式，进行自主管理，有效提高了学生各方面综合素养。经历过红领巾文明示范岗洗礼的队员们，在勤学守纪、文明礼仪等方面都成为全校师生的楷模，他们既是校园风尚的引领者和监督者，又是全校师生的服务者。红领巾文明示范岗在学校“心行”教育实践中，发生了巨大变化：职能由监督转为示范，学生关系更加和谐，参与学生更加广泛；目标由抽象转为具象，任务更加清晰，实践教育更加有效；活动由零碎转为系统，制度更加规范，体系建构更加科学；管理由约束转为自主，态度更加积极，自我教育更加主动。经过近三年的探索实践，红领巾文明示范岗的职能进一步延伸拓展，先后有360名少先队员参与了岗位实践锻炼。孩子们在参加示范岗实践后发生了巨大变化，涌现出一批批品学兼优的榜样，在全校形成了“文明有我、先进是我”好风尚，全校师生精神风貌焕然一新。六年级6班的李兆祯同学就是其中翘楚，他因为成绩优异、乐于助人被推选为学校红领巾文明示范岗大队长，2019年6月还被山西省精神文明办联合山西省教育厅、共青团山西省委、山西省妇联、山西省关工委评为“新时代山西好少年”。

三、初心不殆，携手守望新教育美好未来

教育，就是精神的唤醒，潜能的显发。风雨沧桑励壮志，春华秋实著华章，经过心行教育洗礼，我校已经走出了一条具有新特色的兴校之路，既提升了学校的精气神，又提升了学校的办学品位，同时提高了家长和社会的认可度。几年来，在教育主管部门的引领下，我校全体师生思想同心，目标同向，积极进取，顽强拼搏，学校校容校貌焕然新，精神风貌日新月异，教学质量稳步提升，校园特色逐渐彰显。凝聚正能量，奋进新时代，新的教育形态正在向我们走来，我校将继续秉持开放、参与、包容的管理理念，深化“心行”教育工程，建构以共商、共建、共治、共享为主旨的学校共同体新秩序，竭力办人民满意教育，努力让每一个生命健康成长。

推进课堂改革，打造高品质新教育

山西省盂县逸夫实验小学　姚倩

教育部陈宝生部长提出了“课堂革命”的口号；提出了：“课改是一场心灵的革命、课改是一场教育观念的革命、课改是一场课堂技术的革命、课改更是一场行为的革命。”近年来，我校聚焦课堂教学改革的重点和难点问题，推进课堂教学内容、教学方式、教学评价等改革，让课堂的教与学更加聚焦学生自我能力素养的提升，全面提升课堂教学质量，打造高品质新教育。

一、课改理念体系的形成

我们的教研团队研读了戴尔的“学习金字塔”理论，学习金字塔理论告诉我们，不同的学习方法达到的学习效果不同，在两周之后，学生对知识的保持率从5%—90%不等，听别人讲，知识保持率仅有5%；讲给别人听，知识保持率高达90%。根据这个理论我们确立了“以学生讲贯穿课堂始终”的课堂改革思路；我们研读了陶行知先生的论著，学到了学生的创造力、学习力和学习兴趣是通过学生的先学来实现的，为此我们确立了“先学后教、以学定教、顺学而教”的课堂改革思路；我们在研读了魏书生、于永正、吴正宪老师的课堂实录后，确立了“小组合作”的课改思路；我们在“互联网+”技术的广泛应用中得到启示，确立了“互联网+预习”的课改思路。

根据以上这些课改思路，我们创造性地形成了：以“先学后教、以学定教、顺学而教”为核心理念，以“学生先学”为基础，以“互联网+”技术为依托，以培养中国学生六大核心素养为目标，“以讲的方式来实现学生主体地位”，以“小组合作”为主要的学习方法，以“先学+展示+后教+自结”为课堂模式的完整的课堂改革体系。

这一课改体系一经形成就焕发出了强大的生命力和创造力。它改变了以往以“教师讲，学生听”为主的以教定学的教学模式，建立了“以学生为主体”的以学定教的全新的课改体系。使我们的课堂教学实践变得生动而富有张力；使我们的教师有了前所未有的职业幸福感；使学生的学习有了很高的激情和兴趣，学生的表达能力、交流能力、组织能力、自学能力都有了大幅度的提升。

二、课堂改革的教学模式

我们的课堂教学模式由“学生先学+课堂展示+老师后教+学生自结”四个环节组成。

学生先学。这一环节包括两部分内容。第一部分是学生根据老师提出的先学的要求和问题进行自主探索。第二部分是在阳泉市教育资源公共服务平台上，学生在小组内，以视频形式，以讲的方式进行先学成果展示。组内同学可以根据学生自愿或组长指定来确定上传视频的先后，在平台上小组成员间可对组员的讲解视频互相观看并进行评价。老师可以监督、查看、评价每组学生的活动情况，并收集学生普遍存在的问题。

在这个部分中有两个需要注意的问题：第一个问题是，线上线下的分组要一致，以利于组内合作和组间竞争，并且小组人数3人最宜。第二个问题是，老师提出的需要学生先学的要求和问题要科学合理，符合学生的认知，且能激发学生的学习积极性和兴趣。

课前组织学生在“任务驱动”下先学，这既是一种学习内容的安排，又是对学习方法的指导。即教师在教学生思考研究的路径，引导学生逐渐学会学习，同时也提供了学生课堂中交流的线索。与学生按照先学任务中相关提纲与问题，对相关内容做探索性理解“在前台呈现”相对照的是，教师的“教”退到了幕后。

课堂展示。在课堂上，老师根据课堂的需要抽几个小组的同学到讲台上以讲的方式展示先学的内容，也就是当小老师。其他同学可以对台上学生的讲解情况进行提问、评价、质疑，很好地实现了台上台下同学间的生生互动。

老师后教。在这个环节，老师根据学生平台上上传的视频和课堂上学生的展示来确定重点的强调、难点的释疑和堵点的疏通，也可根据小学生的认知特点与学生一起把所学的知识进行梳理、总结、拓展。

“展示”与“后教”相融合，不可明确分开。老师什么时候介入？怎样介入？教师的点拨与引导不可或缺。“教师之为教”，不在全盘授予，而在相机引导。这样的“相机”在课堂中的表现方式是“即兴”的。教师在学生交流过程中审时度势作出介入性点拨与引导——或是对学生精彩想法的放大；或是对学生表达不明的明晰；或是对学生内容中重点、难点、关键点的聚焦；或是对学生学习中疑点、误点的关注；或是凸显对“方法”的提炼，“思想”的感悟。这些都需要老师们在课堂实践中去做，不是别人教会的，而是自己学会，悟出来的。

学生自结。自结无处不在，可以在学习完一个环节后自结，可以在学习完一道题或几道题时自结，可以在学习完一个知识点上自结，可以在下课前，学生自我总结本节课所得的收获。刚开始学生不太会自我总结，需要老师引导学生在先学时的态度、学习习惯、课堂表现、知识的掌握程度、小组合作、学习方法、从同学身上学到的等方面进行客观的自我总结，内化知识、形成能力、提升素养、给自己一个努力的方向。

三、课堂改革具体做法

每年级每学科设置一名课改种子教师，以种子教师带动其他教师；教研要围绕课改模式进行研讨，也就是研讨：学生学什么、怎样学，教师怎样引导学生学，每课提什么样的主问题，学生先学后怎么展示，学生先学后教师教什么、怎么教等问题；每周要进行课堂改革经验分享，每学年要把老师们分享的经验整理装订成册，成为重要的学习资源；教师每节课后要针对课堂教学模式的实践效果及时进行反思。

叶圣陶说：“教是为了达到不需要教”。我们的这一模式正为学生自学、自主探究、学生交流提供了无限可能；正为“教是为了达到不需要教”提供了无限可能；正为最大化地激发学生学习兴趣提供了无限可能。

我们的课堂课改革可以说是一种创造性的革命。什么是“革命”？革命就是大的革新，就是打破原有制度和思想的羁绊，建立新的制度和思想。当我们的教师每时每刻都痴迷于教学中的创造、潜心于变革自身的时候，这样的课堂同时也会点燃每一个学生的发现与创造的灯火、变革每一个学生精神世界的殿堂。也唯有这样的课堂，才称得上是充满智慧能量的、高格调的课堂。我们逸夫人已经打破了一个旧世界，正在建立一个新世界；我们正在进行争取自己的职业幸福感的革命；我们正在进行一场酣畅淋漓的全面革新；我们正在蹚出一条跨越式发展的课堂改革之路。

积分制与课堂教学融合之我见

山西省垣曲县逸夫小学　柴积辉　任淑娟

“积分量化管理运用到教学管理”就是一种关注学生成长，关注学生进步的方法。它依据学生成长目标，科学的为教学的每一件事制订分值，并为每一个学生提供一个可以展示自己的平台，让学生自己主动去找正确的事儿做，在做事儿中感受成长的快乐，由点到面的激发学生学习和生活的积极性。积分是学生全面发展的量化，学生不管在哪方面做得好，只要有进步，只要为集体作出了贡献，就可以得到积分。有些学生开始时可能是为了积分而学习、做好事、做好人等，但最终会因常做这些事而养成了一种习惯、一种良好的品质，这也就达到了素质教育的目的。

把积分制融入教学管理之中，避免了教学中的各项活动仅仅是空喊口号，在原有形式上反复。积分制可以使各项教学活动更加容易地落实和执行，做到“掷地有声”。还可以记录学生成长过程中留下的脚印，主动积极参与的痕迹，从而做到全面、健康地评价学生。

一、制定积分细则

具体细则如下：

（一）课堂评价

1.小组合作完成指定的学习任务，并作板书、讲解，观点明确，表达流畅每次加1分。不参与小组合作学习者，每人每次扣1分。

2.课堂上收交作业或资料最快、最整齐的小组，每次加1分。

3.上课不专心听讲，出现做小动作、说话、睡觉、看闲书、吃东西等作所有与学习无关的事情，小组减1分，对组长及组内班干部提出批评。严重者加倍。

4.学习组长在上课时，积极按各科教学目标和老师要求，组织监督同学自主学习和小组成员的交流，酌情加1-3分，反之扣分1-3分。

5.小组发言时，观点明确，表达流畅的组员加3—4分，组长加1—2分。回答不完整小组内补充可酌情加分。对其他小组的发言有指导性帮助时加1—2分。

（二）课下表现

1.小组同学早上整齐到校，不迟到，且整个小组同学认真读书。该小组加3分。反之，出现1人次违规就扣本组1分。

2.该小组同学课前准备好当堂课学习用品，且整个小组同学坐好准备上课。该小组加1分。扣分同上。

3.上完课或离开教室，桌子收拾干净整洁，板凳归位。该小组加1分。扣分同上。

4.中午、下午饭后时间，在教室看书，画画、写作业等，不打闹，不追逐，不做危险的游戏。该小组加3分。扣分同上。

（三）作业评价（每组副组长负责作业收交及质量初查）

1.每天作业完成的小组为每人加1分，作业有空白，不完整者，酌情扣除。

2.小组出现不按时交作业者，每人每次扣2分，当天补交后加回1分。当天内不及时订正作业中的错误者，每次扣1分。

3.组长（副组长）负责督查作业内容，有检查不认真的，每次扣1分。

（四）帮助学困生

1.每组4号组员按时到组长处完成辅导内容，每次加2分，否则每次扣1分，并到老师处补做。

2.每周五统计，本周最先完成帮助学困生辅导的小组，小组加3分。

（五）学校活动

凡学校组织的活动，积极参加并获得一等奖者，小组加2分，个人加5分；二等奖小组1分，个人3分。特殊贡献者酌情加分。

（六）考试评价

1.考试成绩与前一次考试相比较提高5分以上者，加1分，提高10分以上者，加3分；反之，下降5分以上者扣1分，下降10分以上者扣3分。保持优秀水平者每次加2分。进步特大，退步特大酌情加减。

2.小组中实行“一帮一”结对互助，被帮助者成绩提高5—10分，加2分，11—20分加3分，20分以上者加5分，帮助者也给予同样加分；反之，则同样扣分。

（七）奖惩措施

小组内每人得够5分可为小组加1分.

小组内个人得分：按“四六开”比例结算分数，60%的成绩来源与自己，40%的成绩来源于合作伙伴，然后按个人所得的总分高低进行评比。

1.每周小结：各学科总得分在第一名的小组为本周“优胜小组”，可以得到流动红旗，保留一周。得分后三名的小组为“整改小组”，分别在黑板或评比栏中公布出来。并给表现最好的学生家长打电话报喜或者写喜讯，同时给问题学生家长取得联系，由班主任和家长沟通，取得家长支持。

2.每月评优：本月（4周）总分得分前三名的小组为本月“优秀小组”，由家长代表发给奖状奖品，予以鼓励，“优秀小组”写出经验总结，并在全班月总结会上作交流；得分后三名的小组为“整改小组”，由组长组织召开小组会（老师参加并提出改进意见），写出整改办法。

3.每月个人得分前十名的同学将获得“先进个人”称号，由家长代表进行颁奖，并得到个人奖励，同时家长也获得“优秀家长”称号。

4.期末总评：在月考，期中，期末考试中，几次考试平均分加上组内学生在年级进步分，分数最高的小组是本学期金牌小组，小组组长为最金牌组长。（每进步5名加1分，退步5名减去1分）第一名小组加6分；第二名小组加4分；第三名小组加2分；最后一名小组扣2分。

二、进行成绩总结，落实考核结果

这是积分制管理中很重要的一环，起着承上启下的作用。每个月及至学期结束，根据结果表扬先进，鼓励后进，运用物质奖励手段，进一步激励学生。还可以把最终当的级别作为评选优秀生、三好学生等评比的根据，全面地考查学生，公正、公平地评价每位学生。

“积分制”对于我校来说它是教学管理的一个载体，它承载着我校对学生全部的爱、关心、耐心和精神激励，这是公平公正的体现，是学生努力、勤奋的见证，是学生积极向上的不竭动力。在实践过程中，平时就能感到学生有一种向上的精神状态，学习气氛更浓了，课堂氛围活跃了，学生爱思考、爱实践了、爱提问了、爱发表自己独特的见解，教学效果提高了。学生在积分制中深受触动，迸发出了少有的学习热情。

俗话说：“十年磨一剑”。完善积分制教学管理策略，要走的路还很长。“积分制”是商业管理的一个创举，相信它也将得到教育教学管理的认可。

办人民满意的教育　办家长放心的学校

山西省长治市壶关县树人小学　李建清

教育要为学生的一生发展奠基，使他们成为最好的自己。作为一名教育者，我们理所应当承担起这份重任，为孩子的发展引路护航。从1983年10月参加工作至今，我经历了从一名普通教师最终成长为优秀创业校长的光荣奋斗历程。尽管岗位在不断地变化，但我爱孩子、爱教育的初衷却始终不变。

38年如一日，我始终在这个贫困的山区中小学工作，把整个身心献给了山区的教育事业，积极实践陶行知先生的创造教育，并探索出了适合农村教育发展的办学模式，走出了一条从乡村小学到山区寄小，到农村九年一贯制寄宿制学校，再到城镇规范化学校的办学之路，最大限度地帮助那里的孩子走得出、走得稳、走得远、走得好、走得美。

创收育人，山区教育树旗帜

和许多普通的民办教师一样，在1983年高中毕业后，我选择了担任民办教师一职，从此便开始了既清贫又充实、既繁忙又幸福的教育人生创业之路。

由于勤奋好学、积极求教、成绩突出，我被推荐为方善小学的负责人。方善小学是全镇条件最差的一所学校，100多名师生挤在一所年久失修的破庙里，遇到刮风下雨，师生胆颤心惊……经过几天几夜的反复思索，以及对陶行知先生关于“学校要成为改造乡村生活的中心”、“逃避现实的教育不是真教育，真教育必须与现实格斗”等教育理念的学习，我作出了最后的抉择：改造农村必须首先改变育人环境，自力更生，创收育人。同时，我还与老师们一道制定了方善学校未来建设规划，确立了五年的奋斗目标，即一年搞整顿，二年有提高，三年创特色，五年创省优。

1992年春，在村党支部和村委会的大力支持下，我拿出父亲几十年的积蓄在校办农场里建起了一座小砖窑。从此，全校师生利用课余时间和节假日，学生抬土，教师烧砖，经过一年辛勤的劳动，学校破天荒创收5000元，当年不仅免了学生的学杂费，办学条件也略有改观。

为了使自己动手改造育人环境的路子越走越宽，1996年，我又鼓励教师入股，创办了红领巾校服厂。

校办企业的不断发展，经济效益的良性循环，为改善办学条件、改造育人环境奠定了坚实的物质基础。在当时国家经济尚不发达、人民教育人民办的过渡时期，我勇敢走出了人生的第一步，实现了“以厂养校、以校带村”的办学之路。原来的省教委主任宋玉岫曾多次莅临学校指导工作，中国陶行知研究会会长方明也为学校题词“以陶为师、以厂养校、以校带村”。

创办村小，山区教育谱新曲

“捧着一颗心来，不带半棵草去”，怀着对学生教育培养的高度负责，我一直在用实际行动践行着自己的诺言。

2005年，面对人民群众不再满足于能够接受现阶段教育，开始追求高层次、高质量、高效益的教育的现状，面对农村小学布点多、质量差、效益低、发展缓慢等问题，县教育局决定在百尺镇辖区内新建一所寄宿制小学。得知这一消息后，我主动找领导承担建寄宿制小学的重任，由此开始了不知昼夜的第二次创业之路：打报告、写申请、征土地、跑资金……2007年9月1日——一个令我一生难以忘记的日子，这一天百尺镇明德小学第一届招生工作开始了，原来方善周边十几个小学校高年级学生和川河等9个村的学生高高兴兴地走进了明德小学。

2008年9月，第二届招生工作“让人欢喜，让人忧”。“欢喜”的是远近村子、乡镇的学生频频报名，应接不暇；“忧”的是教室有限、床位不足、餐厅拥挤、师资紧张。为了让这所山区寄宿制小学发挥出应有的社会价值，我又一次打报告、写申请、征土地……一座占地面积1802平方米的四层教学楼于2011年9月全部完工并投入使用。

在多年的工作中，我先后出台了《百尺镇明德寄宿制小学管理手册》，健全了6种方案和65种学校管理制度；出台并谱写了《百尺镇明德小学学生一日行为规范三字歌》，编写了10余万字的《生活》校本教材，大力开展了“双十”活动；近五年，共举办了各种讲座20余期以及校园文化艺术节十届……

百姓的信任与支持是我永不停息、努力工作的驱动力，而各种成就的取得反而使我觉得肩上的担子更重了，历史的使命感更强了。

特色提质，山区教育铸华章

办人民满意的教育，开特色办校的先河。这是我和教师们未来的目标。

2011年2月，在上级领导的大力支持下，我又上任百尺镇中心校校长职务，这是领导对我的信任。之后，我深思熟虑，大胆创新，用多年的工作经验和睿智制定了《百尺镇教育改革三年发展规划》，明确了自己的奋斗目标。虽然任重道远，但我觉得自己所从事的是一项平凡而光荣的事业。

在教学资源的整合上，在教师队伍的管理上，在课程改革的推进中，在教学设施硬件和软件的建设上，我都用科学、创新的思维，设计、探究、践行着。面对教育改革的新形势，我信心十足、豪情满怀。两年来，我本着学生能就近便利上学、家长放心、社会满意又能达到规范办学这一宗旨，对办好当地人民满意的教育再一次探索，多次深入49个行政村进行调研，走访上千名学生的家长，最终在全镇形成了一个小学阶段“3+2+3”的教育办学新格局（3所寄宿制小学、2所村办小学、3个教学点），真正解决了偏僻山庄有教学点、人口多的行政村有小学、留守儿童上寄宿制小学的问题。

经过布局调整和教育资源整合，大大提高了百尺镇的教育教学质量，多次在市、县调研考试中名列前茅。转眼到2014年，百尺镇义务教育阶段小学格局已经形成并稳定，但百尺中学却面临着生源匮乏的困境，全校学生不到60人，2013年初一招生仅十一个学生，教学质量居全县末尾，社会对学校非常不满，家长对学校极不放心，现有的学生大部分想往城里走。

在这个紧要的历史关头，我临危受命。通过认真分析中学走到低谷的原因，走访前任中学老校长并听取意见，我制定了《百尺中学的三年发展规划》，以“三风”为抓手开展了“不求一时转变，只求天天进步”活动，开始了“捆绑—糅合—规范”发展的复兴之路。利用暑期新建了学校操场、铺设了跑道，硬化、绿化了校园，改善了育人环境；发放了《致百尺镇小六毕业生家长的一封公开信》，召开了家长座谈会，给家长表决心、做承诺——“招进一名学生，三年后还你一个优秀的孩子”，并大力宣传义务教育均衡化政策的好处。功夫不负有心人，在2014年暑期开学招生中，百尺中学由过去十几名学生增加到二百多名，由一个班增加到五个班，百分之九十的学生留在了当地中学上学，社会、家长和学生对学校的看法也逐步有了变化。

2015年，我又一次踏上了第三次创业之路，提出了把百尺明德小学扩为明德九年一贯制学校的构想。为了能把中学办成当地人民满意的学校，我充分利用明德小学的资源和家长的信任，将明德寄宿制小学改建为百尺明德学校，由1-6年级增加到1-9年级。2015年9月，一个新的管理体制已经形成。经过两年的努力，中学成绩在全县调研中名列全县榜首，家长、学生对百尺明德九年一贯制学校的信誉度有了大大的提升，中学学生总人数到2016年已增加到587名，大量在县城上学的学生也往百尺明德学校回流，现已有中小学学生1860名，占全县13个乡镇学生总人数的二分之一。2017、2018、2019连续三年中考成绩在全县名列第一。国家教育部教育司司长吕玉刚同志，山西省副省长张复明同志，省教育厅厅长关俊清同志，副厅长任月忠同志多次到百尺明德学校视察调研，并给予了高度评价。

放眼未来，城区教育再展翅

2019年暑假，县城树人小学的老校长退居二线，县教科局急需聘任一名校长接任老校长的工作。经过二推二选一聘任，我被县教科局聘任为树人小学校长。当接到聘任书时，我的心里非常复杂，让我离开花费多年心血建设的学校舍不得，教科局的聘任对我又极具挑战性。当学生和家长得知这个消息后纷纷让我留下，甚至镇党委书记亲自找教科局和县委主要领导让我留下。但是上级领导考虑的是全县的教育工作一盘棋。因为百尺的教育已沉淀了优质文化，师生中无须提醒的自觉和良好的三风已经形成，而树人小学更需要一位魄力大、干劲足、能力强、敢担当的领导人。就这样，我离开了工作30多年的学校，踏上了树人小学的工作征程。

面对新的学校，我凭借多年的管理经验，首先在全体教职工大会上提出了“建设五大校园，实施三步战略”的五年发展规划。经过近一年的实施，首先是文化校园建设已初具雏形。学校精神文化、制度文化得到有效实施，二个习惯和七项能力正在逐步形成。今年5月30日，树人小学成功开展了以抗击疫情为主题的首届校园文化艺术节抖音大赛活动，讴歌了最美的逆行者。这对学生的心理健康与感恩教育意义重大。第二是绿色校园建设有声有色。校园实现了人均一盆花、班均三棵树（理想树、知识树、荣誉树）、每个年级都有劳动种植基地。第三是书香校园建设卓有成效。在全体学生中开展买书读书活动，班班设有图书架，学生每天读书一小时；组织人员编写校本教材《经典诵读篇》，分上下两册，收集了适合小学生诵读的216首古诗词和1080句格言；要求学生每周背诵一首古诗词，每天记住一句格言；把每年12月30日定为校园读书节，把读书活动推向高潮。第四是数字化校园建设同步开展。学校在班级管理上推行“小黑板”管理，评价教师采用大数据管理平台，每个教学班均安装一套视频和音频一体化监控设备，方便学校随时把脉教师的教和学生的学。校园网络实行全覆盖，教师运用现代化手段教学达到100%。第五是特色化校园建设大步向前。学校乘长治市教育改革十大行动的东风，共开设20个社团，培养了学生多种兴趣爱好；充分利用每日一小时大课间活动，推出了二套树人小学高密度古诗跑步操，既健了身也健了心；专门开辟了“红领巾山楂园劳动基地”、“红领巾桃李园劳动基地”、“农作物种植劳动基地”等基地，培养学生爱劳动、会劳动、想劳动的思想。通过以上活动的开展，树人小学校园建设迈出了雄健的第一步。今后，我还将带领广大教师朝着五大校园建设的第二步迈进，力争使树人小学“一年有变化、三年见成效、五年创特色”的奋斗目标得以实现。

付出的是汗水，收获的是人们的信赖，赢得的是社会的认可，享受的是精神的快慰。在从事教育工作的30多个春种秋收的岁月里，我始终默默地耕耘在农村山区教育这块贫瘠的土地上，从管理山区小学到创建农村镇办寄宿制小学，直至管理全镇中小学教育，一步一个台阶，受到了当地群众的赞誉。我先后发表论文、论著二十余篇，所在学校也先后被评为“山西省文明小学”、“山西省模范小学”、“山西省全人育人奖”、“山西省农村教育综合改革示范校”、“长治市模范小学”、“长治市特色学校”、“全国教育系统先进集体”、“明德之星”等荣誉称号。《中国教育报》、《山西日报》、《长治日报》等多家媒体单位更是报道了我的办学经验。

创文明校园，育时代新人

陕西省宝鸡市凤县新建路小学　王海峰　谢　瑜

校园是人类文明成果的重要传播场所，也是展示人类文明的一个窗口。文明校园的建设不仅推动校园的发展，也是创建文明城市的重要环节。为加强我校精神文明建设，坚持社会主义办学方向，促进学校发展，我校在教体局坚强领导下，全面贯彻党的教育方针，以办人民满意教育为宗旨，以党建工作为引领，立德树人，争创陕西省文明校园，大力加强未成年人思想道德建设，全面提高教育教学质量，丰富教育载体，促进学生全面发展。

一、明确创建目标，成立领导小组

我校以文明校园创建“六好”为标准，以“党徽闪耀，德润新小”党建品牌为引领，强化立德树人，深化素质教育，促进内涵发展，争创文明校园、书香校园、平安校园。

加强创建工作领导。学校成立了以校长为组长，德育副校长为副组长，班子成员为组员的创建工作领导小组，定期召开领导小组会议，制定创建工作计划，上报申创工作资料，明确任务，狠抓落实，专人负责，齐抓共管。

二、建立长效机制，夯实德育行动

我校以培养学生核心素养为目标，将德育工作落细落小落实，促进德育工作专业化、规范化、实效化，构健全员育人、全程育人、全方位育人的德育工作新格局。

学校深入开展社会主义核心价值观教育。以“新要求·大实践”为主题，通过国旗下讲话、德育精神早餐、主题班会、品德课和橱窗、板报、手抄报征文，编制核心价值观校本教材等多途径、全方位加强对全体师生的核心价值观主题宣传教育。

将升国旗仪式和“德育精神早餐”常态化制度化。学校实施“两翼”结合，将升国旗仪式和德育精神早餐作为新时代新德育的主阵地，落实教育主题和主讲人，使升旗仪式和德育精神早餐成为学校永恒的教育基地。

创文明班级，树优良班风。学校每日对各班学风学纪、体育卫生、路队管理、安全工作等进行全面细致地检查，量化打分，按低、中、高三个年段在全校学生中持之以恒地开展“创文明班级每日百分赛”活动，颁发流动红旗，予以表彰奖励。通过国旗下讲话“团结友爱，和谐相处”、“珍惜时间　勤奋学习”、“遵纪守法，从我做起”、“养成爱护公物好习惯”加强主题教育。全校29个班级开展“创文明班级树优良班风”主题班队会，各宿舍“创文明宿舍做优秀舍员”主题活动，各班制定奋斗目标和创建活动具体措施、方案，班主任高度重视，细化落实。各班主任狠抓班风班纪、学风学纪、劳动卫生、安全管理。以中小学生守则和日常行为规范为标准，有针对性的加强对问题学生个别教育，动之以情晓之以理，循循善诱，取得较好效果。在卫生保持方面，均能采取有效措施，加强监管，教室卫生保持明显好转。

以《中小学生守则》为准则，学校制定《凤县新建路小学学生良好习惯培养标准》，树立“以高尚的人格塑造人，以丰富的知识培养人，以科学的方法引导人，以优雅的气质影响人”的教育理念。实施“三段四标准”，即按低中高三个年段，分别落实学习习惯、文明行为、生活习惯、健体习惯四项培养标准。将“每周好习惯”培养作为德育教育的新常态，形成学校提要求，少队部定目标，教师抓落实，学生见行动。

2020年上半年，学校开展了“红领巾战疫情六个一”系列活动。通过绘制一份战疫情手抄报，录制一段战疫情小视频，唱一首战疫情歌曲，写一篇战疫情习作，学习一个抗“疫”英雄故事，开展一次“线上升旗仪式”，使未成年人思想道德建设工作与爱国主义主教育有机结合。

三、加强党建引领，促进学校发展

学校党支部扎实落实习近平新时代中国特色社会主义思想要求，按照“一个根本两路推进”的思路，即立德树人的根本任务和“党徽闪耀 德润新小”、“成长乐园 梦想飞扬”的奋斗目标 ，不断完善我校“一二三四五八”素质教育内涵。即坚持以“建成长乐园，让梦想飞扬”的办学理念，努力打造学校校园文化特色，教育学生讲文明，讲诚信，围绕“为学生发展奠基，为教师发展铺路，为学校发展努力”三个发展目标实施素质教育，围绕“四乐”（学习之乐、读书之乐、运动之乐、活动之乐）、“五大习惯”（学习习惯、思考习惯、读书习惯、卫生习惯、文明礼仪习惯）、“八礼教育”（仪表之礼、餐饮之礼、言谈之礼、待人之礼、行走之礼、观赏之礼、游览之礼、仪式之礼），培养全体学生核心素养。

以课堂教学为主阵地，以主题教育活动为载体，每年举办“中华情 爱国梦 成才志”中华经典诵读大赛活动、“我们的节日”、“向国旗敬礼，做有道德的人”主题教育活动；开展“学雷锋、讲文明，树新风，做新时代好少年”、“缅怀革命先烈”网上祭英烈、“三爱三节”宣传教育和以“感恩从心开始，善行温暖彼此”为主题的感恩教育周活动；开展垃圾分类教育，倡导文明生活新理念，签订《凤县新建路小学网络文明自律公约》，争做中国好网民，开展“绿色上网”，组织“10元关爱行动温暖身边好人”活动。通过活动载体，全体学生全程参与体验，既陶冶了学生情操，激发了学生向好向善看齐的愿望，又从小在学生心中播撒了爱党、爱国、爱人民和文化自信的种子，使爱国主义教育和行为养成教育有机结合，有效拓展了德育教育的深度和广度。

铸师魂、提技能，示范引领促提高。一是每年开展 “正师风、强师德、铸师魂”为主题的暑期教师学习教育暨干部作风问题排查整改活动。深入开展纪律教育，全体党员、教师围绕庸、懒、散、慢、虚以及慢作为不作为乱作为等“四项十六条”自查自纠、剖析整改，建立整改工作台账，签订师德师风承诺书和拒绝有偿家教承诺书。二是大力开展“三比三争三创三满意”活动。比技能，争当教学先锋，创建党员精品课，让学生满意；比贡献，争当育人先锋，创建师德标兵岗，让家长满意；比作风，争当学习先锋，创建党员示范岗，让社会满意。三是红烛先锋示范引领。广泛开展“最美教师”、“优秀共产党员”、“师德标兵”等各项评选活动。每年评选表彰最美教师和师德标兵，树立优秀党员示范岗，使先进典型产生更大的引领示范效应。

四、狠抓思政教学，丰富教育载体

发挥课程育人功能。学校坚持以德立身、以德立学、以德施教，努力做到“四个统一”，以提升思政课教学水平为突破，促进教师未成年人思想道德建设水平。以语文、道德与法治等学科德育教育为切入点，发挥课堂教学主渠道作用，积极创新德育方法，拓宽德育思路，发掘德育资源，搭建德育载体，不断为学校德育工作注入新的活力。规范思政课教研活动管理，加强学校思政课研究，开展思政课评教赛讲活动，提升教师专业素养与课堂教学能力，提高思政课程的教学质量。

丰富教育载体，活跃校园文化。学校为全体学生提供发展平台，用活动激活校园，展示特长，增强信心。每年的“六一”儿童节暨校园艺术节，校园歌手大赛，校园科技节，校园足球联赛，田径运动会和三跳运动会使每个孩子充分展示个人艺术特长。

五、创建工作成效，收获硕果累累

近年来，我校班子成员精诚团结、全体教师齐心协力，播散汗水，辛勤付出，收获了一份沉甸甸的喜悦。学校先后荣获全国青少年校园篮球特色学校、全国足球特色学校、全国消防安全教育示范校、陕西省文明校园、陕西省语言文字规范化示范校、陕西省文明交通示范校，陕西省“316工程”素质教育暨质量提升优秀学校，陕西省防震减灾科普示范校、陕西省平安校园，宝鸡市中小学党组织标准化建设示范校，宝鸡市未成年人思想道德建设先进单位、宝鸡市师德建设示范团队 ；四5中队荣获国家级“动感中队”荣誉称号；近三年来有24名学生荣获省市县“优秀少先队员”、“美德少年”、“新时代好少年”称号，8名教师获市县师德标兵、红烛先锋等荣誉称号。

回顾过去，我校各项工作取得了一定成绩，得到了上级领导和家长的肯定和赞誉；展望未来，我们将一如既往，共克时艰，锐意进取，百尺竿头，更进一步。

聚焦课堂教学探讨，助力教育品质提升

陕西省渭南市富平县庄里镇初级中学 褚英

教育就是培养，就是引导，好的教育能让孩子从小就接触知识的天空，领略文化的魅力。言及教育，它以提高受教育者综合素养为目标，除了要求提高学生思想道德素质、学科素养、学习能力等方面以外，还要挖掘学生特长，能够发展个性，促进学生的全面发展，这就要求我们对课堂教学进行深入探索，寻找出一条切合学校自身实际的有效课堂教学模式。近年来，为进一步提升教育教学质量，我校紧紧围绕“深化教学改革，聚焦课堂提质”这一主题，做了扎实动员安排。一时间，全局上下齐抓共进，各学校积极酝酿部署适合本校校情的有效课堂推进提升工作，为学校今后课堂教学发展奠定了良好的基础。

一、聚焦课堂思考，发挥教学实效

课堂是教育实施的首要阵地，没有有效地课堂，就没有有效地教育。传统的教学不可能形成学生终生学习的能力，提高课堂教学的有效性是每一位教师研究的课题。课堂作为教学实施的首要阵地，与教育质量提升有着不可分割的关系。因而对有效课堂的深入研究和分析显得极有必要。实现有效课堂首先要实现有效备课。传统的备课是教师重点备这节课如何来“教”，而忽略了让学生怎样去“学”，淡化了从学生的角度考虑备课，结果往往是很难达到理想的教学效果。怎样有效备好一节课，从而实现有效课堂，我校从以下几点考虑。一是确定两个目标，即教学需要、学生收获。教学需要是有效课堂实施的前提，确保有效课堂发挥主体功能。同时又要明确一切的课堂教学要以人为本，学生学有所得是任何课堂教学的首要目标。二是遵循三个标准：即教师要备好适合班情的教学方法；让每个层次的学生都要有事可做；帮助学生在课堂上都有不同程度的收获。三是包含四个数量：即中考考点量；课堂信息量；教师讲授量；学生训练量。课堂教学不是单方面的教和学，老师要有准备的教，学生才能有效果的学。

二、明确评价作用，彰显人生价值

归根结底，有效课堂是一种理想的教学效果追求，如果单纯地制定一个课堂评价标准，对一所学校几十名甚至上百名教师的几节课或者一节课进行评价，来评价一名教师的课堂是否有效，这个局限性是非常大的。因此，评价的着眼点可以是有效课堂，过程性评价可以包含有效课堂，但最终的落脚点还是应该回归到教师所带班级、学科的教学成绩，这才是对一名教师有效课堂的中肯评价。对教师有效课堂的评价实际是对一名教师的终极评价，评价的科学性还在探讨中。那么，对评价结果的使用我们是否应该体现在学校的有效课堂方案中？是否应该和教师的工作实绩结合起来？是否应该和评优树模联系起来？用于激励教师、鼓励教师，让评价结果真正发挥它的作用。

提及教育，无非质量。“向课堂要质量”、“向40分钟要质量”，这一直以来就是学校教学的常规要求，也是教师取得成绩的核心因素。而有效课堂的开展就是要避免把课堂理解为一节公开课、示范课或一个活动轰轰烈烈的教学活动，而是让它保持旺盛的生命力，长效开展并常态化运行。

三、不忘育人初心，成就精品课堂

教学永远是一门带着缺憾的艺术，顾此失彼是教学中很难避免的问题。”有一万个读者就有一万个哈姆雷特！每个教师有每个教师的特长，教学方法也不尽相同，有时候甚至是风格迥异，个性鲜明。有人善讲，有人善管，有人善写，有人善练，但目标只有一个，就是让学生掌握知识并学会灵活运用。所以，我校在制定《有效课堂评价方案》时，既不可上下一刀切，也不能一蹴而就，盲目作为活动开展。一定要在充分酝酿的基础上，再深入地分层研讨，广泛征求教师意见，制定出适合校情和学科特点的评价方案，指导并促进教师的课堂教学，对教师的课堂教学和教学成绩做出公平公正的评价。

非知之艰，行之维艰。教育是一项既深且远的事业。学校有效课堂的探索不仅是一次大胆的尝试，更让我们对下一步课堂教学改革充满了信心。我们明显可以看到，在有效课堂教学的实践中，课堂富有活力，师生精力充沛，有力印证了学校“深化教学改革，聚焦课堂提质”这一教育思路切实可行。不过，学校在课堂教学改革的路上还有很长的一段路要走，但我们坚信，只要遵循立德树人教育原则，切实投身到课堂教学的摸索和实践，领悟以人为本办学理念，并行之贯穿于教育教学中，我校必能找出一条切合学校自身发展、深受学生喜欢、能够提高成绩的教学方法，提升学校教学品质，使学生收获终生的幸福。

怀抱热忱之心 建设现代学校

陕西省西安市航天城第一中学 徐 雄

陕西省西安市航天城第一中学是西安航天基地管委会创办的一所完全中学，于2019年9月正式招生。挑起校长的重任后，如何在西安文教兴盛的大环境下结合航天基地“智慧革新”的精神办好学校教育，为师生乃至区域的高质量发展赋能，便成了我思考的重中之重。经过慎重思考，我决定从面向人人、君子文化、课堂改革、课程规划这四个方面出发，推动现代学校的建设。

不忘初心 面向人人

我深知，只有高远却不失实际的顶层设计，才能引领师生前行。经过一段时间的调查和走访，我对西安市航天城第一中学的客观基

础、优势条件、独特资源及发展潜力都了然于胸：生源结构复杂，有科研院所工作人员子女、企事业单位职工子女、商住小区居民子女、附近农村拆迁安置户子女、进城务工人员随迁子女；师资结构良好，名师、学科带头人、教学能手、骨干教师占教师总人数的30%，但尚处于磨合期。基于这样的现实，关注每一位师生的全面发展成了我的第一个工作重点。我以"办一所有教无类的学校"为目标，提出"面向人人、面向未来"的办学理念，确立"现代化、国际化、多元化"的办学定位，开展适合每个孩子的教育，开展可持续发展的教育，开展与国际接轨的教育。

为什么要"面向人人"？这是由我们的办学初心决定的。教育工作应守住"有教无类"这个底线，对受教者无分贵贱，一视同仁。我经常告诉学生："我们不比鞋、不比车、不比房，应与贫困家庭的同学比健康、比友爱、比朴实，与高知家庭的同学比学识、比思维、比习惯。"在此基础上，我又提出"融合发展"的办学主张，把有差异的不同生源放到同一环境，使他们相互促进、共同发展。例如，从编创校歌、设计校徽到命名学校建筑、策划劳动周主题活动、美化道路井盖，我都鼓励全体学生积极参与其中。我的理想就是：学校在每个学生心目中都应该是温暖的。

涵养君子　赋魂学校

当明确办"面向人人、面向未来"的学校后，我开始思考如何让师生持有航标、凝成共识。这时候，中华优秀传统文化——"君子文化"走进了我的视野。2020年西安市航天城第一中学"校园开放日"，我诚邀刘学智、王西京、张培合等文化名人、艺术家进学校，举办"君子文化"高峰论坛，交流教育思想，共话百年树人。

我始终认为，人无德不立，只会考试，不孝敬父母、不讲规矩、不懂礼仪，对民族、国家和社会是无益的。在具体实践中，我从"君子文化"中锁定了构建学校文化的关键词：爱国、仁爱、正义、礼仪、诚信、宽恕、恭敬、廉耻。随后，这些词成了全校师生践行"君子文化"的高频词。在"君子文化"的熏陶和中华传统文化的濡染下，学校日渐呈现出优雅、自律、进取、宽容的精神风貌。"做人当做君子"的理念在航天一中成为共识。

我不仅勉励全体师生将"君子文化"内化于心、外化于行，还赋予了"君子文化"新的内涵：仁爱之心关注教育公平，真诚交往拉近心与心的距离；关注劳动教育，拓展获得知识、提高能力的渠道；重视全面发展，追求创新精神；尊重师生，因材施教，努力培育具有现代意识、创新思维和国际视野的新时代君子。

科技引领　智能教学

课堂是人才培养的主渠道，从某种程度上说，课堂模式基本上决定了人才培养模式，只有抓住课堂这个核心，教育才能真正得到发展。因此，我引领教师进行课堂教学改革，让"未来教室•生生课堂"成为现实。目前，智慧教学云平台、共享智能图书借阅机、共享朗读亭、共享唱吧等各种智能教学设备，不仅能更好地记录学生在校生活与学习的数据，而且有助于实现因材施教的个性化教学。此外，学校正在筹划确立学校数据标准、聚集教育数据、完成数据共享与互通，形成数据融合平台。

什么是"未来教室•生生课堂"呢？它由智慧教学、互动探究、交流分享、自然生态和运动健康五个空间组成。"未来教室"有固定的班级、学生、教师，全学科、全过程、全方位采集教与学的系统化数据，再利用智能平台自动分析形成数据报告，指导教师精准教学与学生个性化学习。"生生课堂"通过对预习、备课、授课、作业、辅导、复习等教学环节数据的记录与推演，形成教与学精微数据画像，为学校数据化教研、评价与管理赋能。在"未来教室•生生课堂"教学空间里，教师通过5块智慧屏和能够一键控制的直播、录播等智能教学设备开展教学活动，学生人手一个护眼平板终端，用手指滑动屏幕，就能看到课前预习、课中教学互动、课后个性化自主学习的相关知识与数据信息。

当然，"未来教室•生生课堂"不单是教学空间的重构、智能终端设备的应用，更是真正以学生为中心的教学理念的落地实践，实现基于数据驱动下的课堂教学模式变革和精准教学。"科技校园、未来教育"是西安市航天城第一中学的建设发展目标之一。让智能技术服务教育教学，是我一直以来的坚持，更是整个团队积极探索的动力。

五育并举　全面发展

一手抓教育的本质，一手抓教育的未来，是我的"两手抓"，而基于"两手抓"开发与实施的课程体系，是我的又一个工作重点。

查看学校的课程体系图，"基础课程"依据学生学习程度、能力具体情况进行分层，配备校本分层练习册；"拓展型课程"则分为人文、科技、体育、音乐、美术五大类，内含29门特色选修课程以及近百个社团课程，深受学生欢迎；"研究型课程"一方面注重学生的全面发展，另一方面充分尊重教师的自主性，激发教师的课程意识。

以我校设置的"劳动教育周"为例。通过开展"自食其力的滋味"主题活动，学生学会自己动手。整个主题活动由教师引导，学生自主设计，全体师生和部分家长一同参与。活动中，他们组成不同的劳动队伍，每支队伍又细分为几个小组，如统筹组、采购组、销售组、厨师组、宣传组和后勤保障组，从整体统筹到菜单拟定，从食材采买到食品卫生安全预案设置，从饭票制作和销售到海报设计张贴，从音乐播放到奖杯制作，从饭后洗碗到垃圾分类清运，各项工作责任到人，分配明确每支队伍还自行设计队名、标识和口号。在评价方面，我们尤为关注参与者的获得感和幸福感，从劳动态度、合作程度、劳动成果分享、对美食乃至生活的理解等方面进行综合考察和评估。我们力争让学生有完整的劳动体验，让他们能够通过劳动取得成果、感到幸福。

仅仅一年半的时间，学校的教学班级发展至46个，师生员工发展至2，300多人；学生在科创、艺术、体育等大赛中频频夺魁；举办的活动、开设的课程有幸得到诸多教育家、科学家、学者、名师的鼎力支持。学校已荣获"教育部重大攻关项目合作实验中学"、"全国青少年校园足球特色学校"、"陕西省标准化高中"、"西安市文明校园"、"西安市教育科学研究院创新实验学校"等66项荣誉。

回首过去情无限，展望未来志更坚。在教育现代化的进程中，我始终怀抱着一颗对教育的热忱之心，以"让学生的生命更有张力，让学校更有生机，让教育更有意思"为教育追求，推动教育理念更新、模式变革、体系重构，以期早日办成一所"面向未来、面向人人"的现代学校。

做教育的躬身力行者

陕西省西安市西航一中　刘筱蓬

人们常说，一个好校长就是一所好学校。苏联教育家苏霍姆林斯基曾经说过："有怎样的校长，就有怎样的学校"。可见，校长对于一个学校来说有多么重要。校长作为学校的决策者，必须要有大格局，大眼界、大智慧。好的校长一定要找到学校个性发展的途径，并把个人对教育、学校生活的理解融入学校的教育教学活动和行为中。"教育回报是长远的，不光是当下的分数，学校要像养土地一样养人，摒弃浮躁功利，静心教书，潜心育人……"

如何做好校长，我给自己的定位是"要像当班主任一样当校长"。作为校长，我愿意俯下身，走进老师学生家长当中，做师生学习、生活中值得信赖的良师益友。

一、俯下身去，带领教师同向同行

从大学毕业就来到西航一中工作，这一干就是三十年，十年班主任，十年教务主任，九年副校长，到如今的校长。从没间断的基层从教经历使我亲历学校发展的每一步，学生成长成才的点滴，而九年副校长岗位，让我在学校管理及谋求学校发展中不断磨炼积淀。

校长作为学校、老师、学生的主心骨，要想让学校朝气蓬勃、老师奋发向上、学生爱戴有加、家长真心满意，就要俯下身去，和师生同心同德，形成强有力的凝聚力，带领大家同向同行，才能使学校有跃升发展的力量。

管理一所学校，必须要有明确的目标，而且这个目标方向要让师生都有认同感。作为校长，我希望西航一中最好的状态是：全体教师自觉把学校发展目标变成自己教育教学行为，教师爱岗敬业，学生勤奋努力，师生同心同德，校园干净整洁，草木茂盛，是为十年树木，百年树人。

一所好学校必须要有独特的气质，这个气质最直接的表现就是校风、教风、学风，而校风的核心是领导作风。作为一校之长，我上任后确定了"求真务实，简洁高效"的作风，我认为志同道合者不需要谈意义，只说方向、做法、路径，遇到问题，不谈困难，只想解决办法，在这八个字的引领下，学校各项工作均落在实处，高效推进。

二、赏识激励，点燃师生成长火焰

在我多年的从教生涯中，有个故事让我很受触动。在当班主任时，我为了培养学生的阅读习惯，每个月要在班级评两名"阅读之星"，购买名著作为奖励，每本书扉页上写一段寄语，私人订制，各不相同又恰如其分。

让我没想到的是，很多年后，有一位大学毕业后在工作岗位做得很好的学生再和我聊起当年班级评选"阅读之星"的事时说："老师你不知道，我当时有多么想得到您的奖励，可是直到毕业都没得到，后来我一直很努力不断追求上进，就成为习惯了。"这让我深受触动，当年只是一个小小的激励，却可以让学生一生念念不忘乃至努力成为一个好习惯。这给我的启示是：凡是被学生爱戴的老师，不仅仅因为你教给他知识，一定有知识以外的东西，有美好的故事！

走上校长岗位，我一直在思考，学校要有发展劲头，必须把老师学生善良和向上的力量激发出来；要善待每一份辛苦付出，善于发现师生的点滴成长，去赏识尊敬每一位师生，并给予不同形式的激励，深情滋润同伴；要让大家都感受到荣誉所带来的自豪感和价值感，要让每个人都明白，你的努力不会白费，因为每一个人都做得足够好，争当优秀，争当先进，做最好的自己，学校整体才会越来越好，有最好的人才会有最好的学校。

爱是教育的最高境界，爱的力量是无穷的，作为校长，要燃起每一位老师和学生心中爱的火焰。2020年的疫情是一场灾难，也是一次很好的爱的教育、生命教育，疫情防控考验了人们的政治意识和行动能力，也让我们充分感受到了责任担当、智慧凝聚、甘于奉献、众志成城、爱的力量，为了记住这段特殊的历史，学校特别编印了《网络教学的实践与思考》这本书来记录这段不平凡的日子，那来自师生心灵的倾诉凝结成一种向上的力量，强烈的责任感使命感，激励着学校朝更高的目标迈进。

三、以身示范，引领教师专业发展

不管做任何事情，要想做好，必须有热情，有筹划、善于思考学习和实践，做班主任时如此，做校长亦如此。

而与班主任不同，作为校长，必须要有大的格局，大的眼界，因为校长的格局眼界就是老师的格局眼界，老师的格局眼界直接影响的就是学生。校长要带领学校持续发展进步，带领全校师生把握未来，就必须不断扩大自己的格局眼界，要把准教育改革的方向，抓紧建设教育强市、建设教育强区的机遇，从而引领教师专业化的发展。

我经常做的一件事，就是不断收集国家、省、市教育教学政策，除了自己一遍遍研究学习、勾画重点外，还带领管理干部和老师一起学习新政策，研讨教育教学深化改革的方向与策略。

为了系统深入地了解学习国家教育改革的方向和落脚点，我安排将2017年9月国家深化教育体制机制改革以来的相关政策和省市区的文件方案编制成书，发给老师，从普通高中育人方式改革、新时代学校思政课改革创新、新时代教育评价改革，到师德师风建设、教育惩戒、课程与教学、“五项”管理等涉及学校教育教学学生成长方方面面都要不断学习、研讨并扎实落到实处。我认为只要方向正确，得力的措施才会产生有效地结果，优秀教师才能创造优质教育。家门口的好学校必须要有好老师，有好老师才有好教育，才会有好的学校，只有教师专业化的发展，才能真正让一所学校发展后劲十足。

教育没有顶点，教育理想永远是我们仰望的高地。永葆教育初心，忠诚挚爱的事业，站在新的历史起点上，我将继续孜孜不倦地去学习和追求，做好示范引领并躬身力行，书写无悔教育人生。

走进家门口的好学校

陕西省西咸新区沣西新城第二学校　权小红

这是一座年轻的学校，这是一座绿色的学校，海绵城市、清洁能源应用于校园建设始末；这是一座美丽的学校，四季常绿花开满年；这是一座充满爱的学校，以爱育爱，为学生可持续发展奠基；这是百年名校陕西师大附中“名校+”教育联合体学校，将最好的教育送到群众家门口……这就是位于中国西部科技创新港核心区域的陕西省西咸新区沣西新城第二学校，这是一所由沣西新城管委会携手百年名校陕西师大附中联合举办的九年义务段公办学校。

自办学以来，学校秉承“以爱育爱，为学生可持续发展奠基”的办学理念，以“内塑品质、外创品牌”为宗旨，以“德智体美劳”五育融合为抓手，以多元化特色办学为目标，着力打造“名校+”教育联合体，充分发挥名校的示范、引领、辐射作用，推动“+校”办学质量的快速提升，呈现出高质量、多样化发展的办学特色，为促进区域教育均衡贡献了自己的力量。

一、创新党建，全方位统筹学校工作

习近平总书记全国教育大会上曾强调，“加强党对教育工作的全面领导，是办好教育的根本保证。”这对整个教育界提出了更高的要求，是新时代中国教育改革发展的重要指针。沣西新城第二学校认真学习习近平总书记关于教育的重要论述和全国教育大会精神，充分发挥党支部的核心堡垒作用和先锋模范作用，不断增强党的创造力、凝聚力和战斗力，为引领学校高质量发展提供了强大的动力支撑。

切实发挥党员的先锋模范作用，让每位党员活跃在学校教育、教学、安全管理的每一个角落。学校积极推行“双培养”机制，在党员骨干教师和年轻教师中广泛开展“师徒结对”活动，通过扩大党员骨干教师的辐射带动作用，将优秀、骨干教师培养成党员，将党员培养成骨干教师和优秀教师，实现全体教师党建能力和教育管理水平“双提升”。

充分发挥党支部对思政课的引领作用，把握方向，管理大局，作决策，把落实。在疫情期间，学校通过官方美篇推送包含爱国教育、生命教育、感恩教育、大国担当、抗疫英雄谱、致敬英雄等为主题的二十六堂思政课，受到了学生和家长的高度评价。

大力推行党建带团建、队建，不断增强党员教师的服务意识、表率意识。学校充分发挥团支部、少队部的育人功能，在党支部的协助下成立了首届少工委并召开了首届少代会，大队辅导员张凤丹老师荣获2020年“西咸新区教学能手”的称号。

创新党史学习流动课堂形式，沣西新城第二学校党支部先后在中国共产党成立99周年和100周年之际，组织全体党员前往西安的红色教育基地和沣西新城西部云谷红色会客厅开展了“弘扬红色文化，铭记革命历史”、“忆百年峥嵘岁月　思今朝使命担当”主题党日活动，引领全体党员亲身感悟建党百年峥嵘岁月，提升党史学习教育成效，增强党员教师砥砺奋进的信心和力量。

二、安全为重，为师生保驾护航

生命只有一次，校园安全工作是学校办学的底线，是学校工作的重要组成部分。一直以来，沣西新城第二学校认真贯彻落实中央、省、市、新区及新城等上级主管部门的各项安全要求，将构建平安校园工作列为学校的头等大事，加强领导，健全制度，明确责任，确保学校行稳致。2020年，学校被评为“沣西新城平安校园”、“沣西新城法治示范校”。

学校先后成立了西咸新区第一家少年警校，建立了西咸新区首家校外法治教育基地，聘请了陕西省泽城律师事务所的三名专职律师作为学校法律顾问，沣西新城同文路派出所所长、司法所所长为学校法制副校长，还专门配备了两名法制辅导员，将安全防范及管理落实到位。学校先后承办了沣西新城教育卫体局的“预防校园欺凌”主题班会课观摩活动，邀请专家为师生作《民法典》、《预防青少年犯罪》的专题培训，增强学生的安全防范意识。

三、精准把脉，助力教师专业成长

教师是人类灵魂的工程师，不光承载着教书育人的职能，更肩负着传播人类精神文明的责任。唯有拥有一直师德高尚、业务精湛、结构合理、充满活力的高素质、专业化教师团队，才能办好人民满意的教育，才能实现我国教育强国梦。一直以来，沣西新城第二学校坚持把教师发展作为学校的重要工作抓好、抓实。

多元发展，“五育”课程共构建。学校着力建设“大风车”五育并举课程体系，以培养德智体美劳全面发展的学生为目标，从人文素养、科技创新、身心修养、艺术审美、实践探索五个方面出发，积极转动大风车“善思考、爱阅读、勤实践、重环保、会锻炼、乐生活、雅气质”的风叶，培养全面发展的新时代好少年。目前，学校已经开发了《周秦汉唐之帝陵文化》、《丰镐古都与未来之城》、《“心”之秘语》3个校本课程。

名师荟萃，课程管理齐督导。为更好地随时把脉课堂教学，学校组建了课程管理组，由省级教学能手、市级教学能手、兼职学科教研员、校长、管理层等多名教师组成，坚持每天推门听课，并对听课情况定期进行反馈。

课堂革命，“名校+”工程见实效。学校既作为陕西师大附中的西安市“名校+”教育联合体成员校，又作为辖区内钓台中学的“名校”，在推进“名校+”工程方面做出了一系列的工作举措。区域外，重学习。学校借助陕师大附中优质资源，要求两校教师定期和不定期地进行集体教研、同课异构、名师工作室吸纳成员、交流研讨等教科研活动，保证教学各方面高度统一。区域内，重引领。学校充分发挥“名校”在办学理念、学校管理、队伍建设、教学方法和教育科研等方面的示范引领作用，定期组织“+校”召开联席会，对每学期、每阶段的工作进行详细安排部署；联合“+校”不定期地开展师德师风、教师礼仪、多媒体应用等专项培训；开展两校间的“同课异构”展示课活动，并邀请两校的家长委员会分批次做健康校园、性别平等教育、近视防控家长培训会等。

善思重研，教学科研勤实践。学校着重引导教师在教学活动中及时思考、及时总结，及时将所思所想撰写成为教学设计、教学反思、教育叙事、教学论文等。同时，学校每学期都会征集教师优秀教学设计等作品，鼓励教师积极完成实践到理论的内化学习过程。2020年，学校教师参与评审论文共18篇，其中12篇公开发表，11篇在陕西省论文征集活动中获奖；32篇论文、教学设计等在各级各类成果征集中获奖；3个新城级课题顺利结题，6个新城级课题顺利开题；3个省级课题顺利开题；2个国家级课题成功立项。2020年11月，学校被西安市教育科学研究院确定为“西安市思维型教学实验学校”。

四、亮点纷呈，多元化特色落地有声

特色就是质量，特色就是品牌，特色就是发展。沣西新城第二学校坚持以“内塑品质，外创品牌”为宗旨，秉承“以爱育爱，为学生可持续发展奠基”的办学理念，践行“德智体美劳”五育并举的教育模式，努力实现多元化特色办学的美好愿景。

社团活动精彩纷呈，硕果累累。学校先后开设了篮球、足球、合唱、啦啦操、美食工坊、曦林艺社、澡雪画社、趣味创意社等社团，精彩纷呈的社团活动丰富了校园生活，寓教于乐，润物无声，让每一个孩子都能找到自主发展的舞台。

以劳动教育课题为抓手，全面促进学校素质教育的持续发展。学校以十四五国家级课题《基于“立德树人”目标的课堂教学与研学实践课程建设的研究》为抓手，辐射各学科、各学段，进一步创新教学方式，将地域特色融入劳动教育，延伸劳动教育知识广度，实现“爱劳动”、“会劳动”、“懂劳动”、“愿劳动”，真正发挥劳动教育综合育人的功能。2020年12月，学校被西安市教育科学研究院确定为“西安市劳动教育实验学校”。

心理健康教育有的放矢，收获满满。心理健康工作也是学校一直以来每次迎检当中凸显的亮点工作。学校不仅有专职的心理教师，还专门开设了心理课，研发了《心之秘语》校本课程，在学校官方公众号上开辟了《知心驿站》专栏。

近视防控科学有效，“目”浴阳光。作为2020年“陕西省近视眼防控示范学校”，学校把“普及科学用眼知识，降低青少年近视率，提高青少年健康水平”作为目标，经常利用公众号、主题班会、升旗仪式等多种形式进行预防近视眼方面的知识宣讲，每学期都对学生视力情况进行筛查，并为学生建立健康档案。

垃圾分类工作亮点纷呈，卓有成效。作为西咸新区垃圾分类达标单位，学校每月都会开展垃圾分类宣传活动，定期联系清尘环保公司宣讲员为师生讲解垃圾分类知识，发放垃圾分类宣传单等。学校垃圾分类活动开展情况被选入沣西新城城市管理与交通运输局垃圾分类宣传片中进行推广。2020年12月，学校被评为“沣西新城生活垃圾分类先进单位”、“西咸新区生活垃圾分类达标单位”、“西安市生活垃圾分类示范单位”。

首支教育基金尘埃落定，助力师生卓越成长。为支持优秀人才培养，激励学生积极上进，学校在西安科为航天科技集团有限公司的支持和赞助下，设立了首只用于激励师生的“科为航天科技教育基金”，以奖励优秀学生、优秀教师，帮扶品学兼优的贫困生。

舆论宣传工作扎实细致，铿锵有力。学校非常重视舆论宣传，目前开通了官方微信、美篇、微信视频号、学校官网、红领巾广播站、校报等宣传阵地，学校先后开展的“闪闪童心心向党，光荣入队我先行”、“星星火炬 童心追梦”一年级入队仪式，西咸新区首家“少年警校”成立暨开学典礼，“校外法治教育基地”授牌仪式，“法润校园护航青春”首届模拟法庭活动等20余活动分别被学习强国、新华网、《人民日报》等多家媒体报道，其中仅新华网一天的阅读量就达到了十几万。

春晖润桃李，硕果挂满枝。自建校以来，学校先后荣获“全国青少年校园篮球特色学校”、“全国青少年校园足球特色学校”等国家级荣誉8个，“陕西省第四批STEM教育实验学校”等省级荣誉8个，“西安市思维型教学实验学校”等市级荣誉4个，“西咸新区生活垃圾分类达标单位”等新区级荣誉5个，“沣西新城先进集体”等新城级荣誉20个。

创新的办学理念、严谨的办学机制、优秀的管理团队和充满活力的教师队伍注定了这所学校是高起点、高标准、高品质的。未来，沣西新城第二学校将在不断地创新中寻找更加适合沣西学子的、更为有效地、多元化的特色发展路径，努力践行“办好人民满意学校”的宗旨，把学校办成让学生专心、让老师安心、让家长舒心、让社会放心的一所高起点品牌学校，为腾飞的沣西教育增色添彩！

用爱为折翅天使点燃希望的灯

陕西省榆林市横山区特殊教育学校　马晓琴

每一个孩子都是一个世界——完全特殊的，独一无二的世界。对于特殊学生的教育，我认为应该给他们给爱的鼓励，用爱点燃特殊学生的心灵明灯，让特殊孩子在阳光下快乐地学习生活。我是一个聋儿的母亲，以永不言败的决心，不但教会了儿子说话，还将儿子培养成才。投身特殊教育事业二十五年来，我努力消除人们对于残疾儿童的偏见，让一批批残疾儿童树立信心、融入社会，作为一名党员，我以坚如磐石的初心，积极推动残疾儿童教育事业，用实际行动生动地诠释了使命的真谛，为特殊孩子撑起了一片艳阳的天空。

一、不言放弃的决心，坚定办学的信念

二十多年前，为了教会药物致聋的儿子开口说话，我毅然撂下锄头，走上了一条不同寻常的特教之路。我带着儿子来到榆林市进行语言康复训练。经过几年的刻苦努力，儿子从一个字母、一个字到一句话，语言能力逐步提高。

在儿子学说话的过程中，我也在刻苦学习，认真教导儿子，总结教学经验。我积极参加自学考试，取得了汉语言文学专业专科证书，并去西安聋儿康复中心深造，顺利通过了教师资格考试，从一个学习者转变为老师。我先后应聘于榆林、靖边学校任教。经过几年的教学实践，我不仅掌握了丰富的特教专业知识，还积累了许多教学经验，更是深深地爱上了聋儿语言康复事业。

一次回乡途中，我看到两个被学校拒之门外的聋儿，那茫然无助的眼神深深刺痛了我的内心，当时，我就萌生了回乡办学的念头。

当儿子开口叫出了一声“妈妈”，我体会到了无法用语言表达的喜悦。我更加坚定了自己办学信念：一定要让更多的聋哑孩子开口说话，让更多的家庭看到希望，让社会上的人见证“千年的铁树开了花，聋哑儿童会说话”。

二、博大无私的爱心，唤醒生命的花开

2000年8月，我回到家乡租了4间民房，办起了全县唯一的一所聋儿语训学校。由最初的1名教师8名学生，渐渐发展为3名教师30多名学生，其中有从山西、榆林、靖边、子洲、内蒙古等地慕名转来的学生。

聋儿教育是一项爱的事业，也是十分考验毅力和耐心的工作。我不断探索聋儿语训的教学方法，我让学生摸着自己的喉咙学发声，常常是孩子们学会一个音，我的脖子都会被捏红一片。

入学聋儿年龄大小不等，先天不足让他们防备心强、性格孤僻、感情脆弱又固执。我白天教聋儿练习说话，料理他们的生活，晚上给每个孩子洗脚，整理记录一天的生活学习情况。寒来暑往，多少次顶风冒雨，我为学生们洗衣，带他们看病，像一位尽职的母亲无微不至地照顾着学生们的衣食起居。

我十分注重学生心智和技能的全面健康发展。为最大限度地满足学生的特殊需要，针对学生专业特长和身心特点，学校开设阳光体育、舞蹈、美术手工、彩色鸡蛋皮、烙画、盘扣、钻石画、丝网花、麦秆画等特色课程，培养学生们积极阳光、自尊自信、快乐向上的生活态度。

为了改变人们对残疾人的偏见，我经常带领学生们参加各种社会活动，组织他们进行文艺表演，积极与各中小学、幼儿园开展融合研学活动。

我的付出得到了丰厚的回报，孩子们都十分喜欢我，尊敬我，信任我，都把我当成自己的第二个“妈妈”。这份无以言表的成就感让我感受到：特殊教育就像是一棵树摇动另外一棵树，一朵云推动另外一朵云，一颗灵魂唤醒另外一颗灵魂！

三、坚如磐石的初心，诠释教育的担当

经常有人会问我，这些年一直坚持做特殊教育事业的原因是什么？我总是坚定地回答：“我想要让更多的残疾儿童被社会接纳，帮助他们树立信心，找到希望。”这也是我作为一名共产党员不变的初心。

我的努力付出获得了社会各界的大力支持，2017年1月，区委、区政府决定将这所民办学校升格为公办学校，更名为横山区特殊教育学校。学校以“培养健康人格，掌握生活技能，实现社会融合”为办学目标，建立了个别康复教育、文化基础教育和职业技能教育三大类课程体系，并为每一个孩子制定适合他们终身发展目标。

为了让孩子们毕业后都能够自食其力，融入社会，独立生存，我四处调研，探索出“教育-培训-就业”一体化的办学模式。学校开设了生活技能养成课，利用“开心农场”——校舍空地开采种植园，让学生通过学习开垦、播种、除草、浇水、收割等方法，让学生学习劳动技能。我又联合爱心人士在学校附近建立职业教育实践基地——“横美味烘焙坊”，培训学生制作蛋糕、面包技术。通过“学中做，做中学”，让孩子们掌握实用技能，从依赖社会转变为自力更生、创造价值。

大爱铸初心，深情结硕果。二十多年来，我怀着对特殊教育事业的无限热爱、对特殊孩子的浓浓真情，无怨无悔地行走在特殊教育第一线。数以百计的残障学生却从我那里获得了成长的力量，我从一个聋儿的妈妈转变为480多名孩子最为信任的“妈妈”。我呕心沥血培养出的24名大学生中都已走上了工作岗位，有的已成为全区特殊教育事业的骨干。

二十多年来，我先后荣获陕西省“优秀教师”、陕西省“特殊教育先进工作者”、陕西省“三八红旗手”、“榆林好人”、“感动榆林”十大人物等称号，首届“榆林好人美德教师”、榆林市保护未成年人“十佳教师”等荣誉称号，她的先进事迹被省市区新闻媒体多次报道。

人生有梦才完美，世界有爱才永恒。关爱心灵，点亮心灯，护航成长。我将会用我毕生的精力，践行好党的教育方针，担负起这份沉甸甸的责任和使命，不忘初心，耕耘不辍，用特殊的爱为折翅的天使点燃希望的明灯，照亮前行的路！

聚焦整体育人，促进和谐发展

四川省阿坝藏族羌族自治州金川县东方红小学校　卓坤睿

习近平总书记只要讲到教育必然提到“立德树人”这个教育的根本任务。要实现“立德树人”的根本任务，就要求我们必须坚持德育为先，全员育人，着眼促进学生全面发展，坚持培育学生健全人格。我们培养学生，教育学生，就是要培养和教育全面发展、健全人格的人，我校始终将“立德树人”放在学校工作的首位，学校成立了未成年人思想道德建设工作领导小组，由校长亲自抓，学校德育处具体抓，各科老师人人抓，以班队活动为主阵地，全面育人。学校提出“整体育人，和谐发展”的办学指导思想，加强社会主义核心价值观教育，传承红色文化，有机地融入学科教学和地方课程，结合县委提出的“孝为先、善为上、和为贵、俭为美”，努力培育时代新人。

我校始建于清朝道光五年（公元1825年），是省首批创办的250所重点小学校之一，全国民族团结先进集体，全国青少年文明礼仪教育示范基地，全国青少年爱国主义读书教育活动示范校，省校风示范学校，省德育先进单位，省未成年人思想道德建设先进单位，省示范家长学校，省文明校园，省抗震减灾示范学校，阿坝州民族团结进步先进单位，阿坝州中小学教研工作先进单位。

一、点燃革命圣火，传承红色精神

党的十九大报告指出：“文化是民族的血脉，是人民的精神家园。”中国共产党的成立，赋予了中华文化以新的精神。红色文化是由中国共产党人、先进分子和人民群众共同创造并蕴含着丰富革命精神和厚重历史内涵的先进文化。金川是红军走过的地方，有着深厚的

红色文化和革命传统，中国共产党在金川建立了第一个少数民族苏维埃政权。我校在红军长征时改为红军小学，革命精神传延至今。学校全面贯彻党的教育方针，认真落实《新时代公民道德建设实施纲要》、《新时代爱国主义教育实施纲要》。深入学习习近平总书记关于青少年思想道德建设的重要指示精神，贯彻落实中央和省委关于未成年人思想道德建设的决策部署，学校将未成年思想道德建设摆上了重要的议事日程。

二、健全德育队伍，共育时代新人

学校健全德育队伍，构建了政教处、少先队大队部、班主任、思政教师、科任教师、大中小队干部为一体的德育工作体系。学校工作坚持围绕中心，服务大局，学校每月召开一次班主任工作例会，少先队大队部每月召开一次队委会，每期至召开一次德育工作专题会议，研究学校德育工作，研判各种问题，及时梳理。学校成立了红领巾监督岗，文明礼仪监督岗，卫生监督岗，协助值周老师完成工作，完善的德育网络机制，确保了各项德育活动在学生中落地生根。同时，学校加强家校联系学校，每期召开一次家委会，商议学校发展大事，研究未成人思想教育，形成合力，共育新人。

三、开展主题教育，提升学生素养

广泛开展新时代好少年学习宣传活动，形式多样，内容丰富。近年来，学校开展了"我的中国梦"、"扣好人生第一粒扣子"系列读书演讲比赛和征文活动、绘画比赛等，收集征文绘画书法等作品二百余幅，多个作品被推送到省州参加比赛。开展了感恩教育，充分利用节日，如三八节母亲节父亲节开展感恩父母，教师节感恩老师，重阳节感恩长辈，生活中感恩别人等活动；开展诚信教育，如低年级以"不说谎话"、"不随便拿别人东西"、"借东西、捡东西要还"为重点，中年级以"不隐瞒错误"、"不贪小便宜"为重点，高年级则以"不弄虚作假"、"与人相处讲信用"为重点，进行公民诚信教育；开展"三爱"教育，培育学生爱祖国，爱家乡情怀，如我为祖国点个赞，我为家乡代言等活动，增强学生了解家乡，热爱祖国之情；爱劳动，珍惜粮食，反对浪费，开展"幸福是靠劳动创造"等主题活动；爱学习，珍惜时间，开展各种知识竞赛和读书活动等。深入开展环保教育、"三节"（节水、节电、节粮）教育活动，师生环保意识强。开展"光盘行动"，倡导绿色低碳生活，师生形成了良好的节约习惯；阅读习惯教育，学校把培养阅读习惯作为重要内容纳入学生综合素质培养，确定和培养一批阅读指导教师，有计划、有组织、系统地对学生进行阅读习惯养成教育。2020年结合新型冠状病毒肺炎疫情防控为契机，进一步加强了爱国主义教育，引导学生树立正确的生命观、生活观和生态观。

由于我校在未成年人思想道德建设方面成绩显著，学校获省、州、县级多项荣誉，多次举办州、县级研讨会或大型活动。学校被评为全国青少年文明礼仪教育示范基地，省校风示范学校，省德育先进单位，省示范家长学校，省文明校园，省青少年爱国主义读书教育活动示范校，阿坝州民族团结进步先进单位等荣誉称号。学校在全县目标管理中均获一等奖，金川县"新时代好少年读书演讲比赛"一等奖。学校创"四川省足球示范校"、"四川省防震减灾科普示范校"、"四川省依法治校示范校"，均获得通过。教师中有40余人次分获国家、省、市、县级荣誉……

"十四五"期间，我校将继续坚持立德树人的根本任务，培育全面发展的时代新人。新的历史起点，我们将永葆自强奋进的姿态，坚守为党育人、为国育才的初心和使命，奋力书写时代教育新的华章。

饮水思"源"　用心办学
——成都市沙河源小学的办学思考与实践

四川省成都市沙河源小学　季志彬

成都市沙河源小学校建校于1932年，办校89年两易其名，建校初校名是泰山庙小学，解放后改名为和平地区中心小学校，2005年由乡管教育划归金牛区教育局直属，定名为沙河源小学。学校现有教职工96人，学生近1700人。目前，我们学校是"全国青少年校园足球特色学校"、"全国学校体育联盟实验学校"、"全国软式棒垒球训练基地"、"四川省阳光体育示范校"、"四川省击剑运动示范校"、"四川省视力保护科普基地示范校"、"成都市新优质学校"、"成都市文明（标兵）单位"、"中医药文化进校园示范校"等。多次被中央电视台、新华社、今日头条、四川日报社、四川教育网等多家媒体采访报道。之于学校之情，之于办学之事，作为一校之长，我进行了以下思考和实践。

一、关于学校建设的所思所想

"源"字，是我们的logo，沙河源三个字三位一体，三个字都有"三点水"因为地处于沙河的源头，所以而得名。因此学校与水结下不解之缘。

经过89年的办学，学校形成了"善如水、知如流"的办学理念，取自于：上善若水，从善如流。我理解的河流文化的核心就是不断流动，不断向前，永不停歇，也就意味着教育需要，不断更新，不断学习、学无止境。"溯源而上"是中华文化中河流文化的精华，起源于四大文明古国的河流文明，通过河流，河流的文化生命润育成长。简言之，溯源而上，方可不息。因此我校一幢教学楼取名"溯源楼"。学校一共5幢教学楼都是单体建筑，修筑于不同的年代，征集全校师生意见而得名，"非淡泊无以明志，非宁静无以致远。"、"　君子博学于文，约之以礼。"　"大学之道，在明明德，在亲民，在止于至善。"以此取名"致远楼"、"博文楼"、"至善楼"、"若水楼"。

饮水思源，我认为，一所学校就是当地的文化高地，文化风向标，也是让老百姓能有获得感和幸福感的重要场所，办好一所学校就是最大的民生也是最大的善事。我始终坚持，凡是有利于学生成长和学校、老师发展的资源在时机成熟的时候都能引入学校，成为学校办学资源。这些资源可以转化为课程资源，活动资源，教师培训资源，家长课堂资源等。所以我坚信"教材不是世界，世界才是教材"。

近年来，学校秉承"一校多品"的发展理念，在学生阅读、艺术、体育等方面入手，创设了多处"动"、"静"相宜的全方位育人空间。为更好促进学生全面发展，创新学校体育课程构架。我认为文化教育最好的载体就是课程，课程是一种文化实践，是一种文化规范，同时也是一个系统工程，因此，学校课程是需要与时俱进的。

二、关于课程建设的创新尝试

(一) 国家课程校本化

要想让孩子掌握一门以上的体育技能，撒花椒面的方式不可取。2019年10月，我随金牛区品牌校长研修班学员到北师大学习，有幸认识德高望重的导师毛振明老师，毛教授针对健康中国，体育强国发表了自己独到而深度的看法，在我脑海里引起了强烈的反思，我思考我校原有方式必须改革，可以先在三年级小范围进行走班制教学尝试。同一年级的体育课排在同一时间，上课时打破行政班按学生的自选运动项目进行教学的形式。在年级内打破班级进行可选择性的专项化体育教学。每个体育教师凝练1—2个项目专长，挂牌由学生选择，按专项上课。

在毛教授的指导和帮助下，我校因地制宜地结合自身已有的条件，2020年11月尝试了第一届全员运动会。学校共开发出包括旋风沙娃、翻天覆地、枪林弹雨等五大类的全员参与运动项目，每个项目下覆盖了2个年级所有学生、正副班主任、家长代表参与其中，从而全员化、创新化地丰富了小学的综合运动会主题，对中小学乃至幼儿园开发大型综合运动会提供了重要的示范和借鉴价值。由于老师学生家长都是第一次参与学校这样的盛会，运动会后有老师在朋友圈晒出"全员运动会埋下健康活力的种子，必将开出绚烂的运动之花"的感慨。

(二)校本课程特色化

校本课程，我们采用校内+校外走班抢课的形式，学校秉承专业的事让专业的人来做的原则，保留学校老师的优势项目，引进少年宫资源，经过四年的实践探索，我校逐渐实现了校本课程特色化、课时固定化、师资队伍多样化、保障制度规范化的目标。

同时，相关的课程建设经验已在省内外产生社会反响和辐射推广，以竹编课程为例，2018年我校邀请崇州道明竹编非遗传承人杨隆梅到校授课，在她的指导下，学校英语组徐驰冰老师带领社团学生荣获了2019年四川省青少年熊猫文创联赛一等奖，从而为校本课程特色化在更多的项目"落地生根"和"开花结果"提供了参照样板和借鉴案例。

(三)非正式隐形课程

五颜六色的方格、圆圈、数字等游戏图案让操场一侧原本平淡无奇的过道颜值爆表，迅速晋升为校园最火打卡地。下课铃一响，孩子们三五成群来到这里，开启全新的游戏体验。我讲述的画面，来自于学校的隐形课程——地面游戏。体现学校办学主张，自主、安全、有序、阳光、混龄、身脑并用、学科融合。

学校在将校园文化作为一种非正式的隐形课程应用到课程实施过程中，提炼形成了"自下而上、自上而下、溯源而上"的形式，以故事为主线，注重："时时、处处、人人"，我认为，校园文化应该在留白的同时，让冰冷的墙面、地面有温度，会说话，具有潜移默化的教育功能，减少禁区，让禁区成为乐园：学校充分利用小空间，开辟了英语角、垃圾分类角；午间推出的校园"街头艺人"给所有孩子以展示的空间，这些基于孩子年龄特点设计的非正式学习场所起到的是润物无声的效果。

三、深化教育塑造品牌学校形象

在深化教育领域综合改革的今天，对于学校的发展，品牌就是优势，品牌就是生命力，品牌就是竞争力。学校的"优质教育品牌"效应一旦形成，将得到学生、家长、社会的广泛认同，为学校的发展赢得非常有利的社会舆论氛围，更会被学校教职员工认同，从而为学校的发展获得强大的内部凝聚力。学校以"国球护眼球"和"课程化的家长学校"、"爱阅读、会阅读"三个项目作为切入口，开启了品牌建设之路。

(一) 国球护眼球

自2016年底，学校与成都市中医院大学眼科医院合作，实现了科普和眼健康档案的全覆盖，为了响应习近平总书记的关注孩子眼健康的号召，学校联合成都中医大、市乒校联合开展国球护眼球科研项目，探索出小学生近视防控的路径，学校低年级近视率是16.66%，高年级是34.34%，全校近视率不到30%，远远低于全国平均水平。因为有了这些基础工作的积淀，四川省红十字会基金会整合社会资源，爱心企业四川林氏恩辉集团将学校所有教室灯光升级为目前最好的灯具，照度达到了GB7793-2010标准；中央电视台予以报道，省委决咨委、省厅、市局、区政府等领导均到学习参观。

（二）课程化的家长学校

在类似"不能输在起跑线"等言论的影响下，我们的家长正变得越来越焦虑，点击率十万加以上的文章中，教育焦虑是出现频率最高的。如何引导家长科学的养育孩子，引导家长与老师就像咬合的齿轮，整合在一起，相互协同，共同为孩子的成长助力成为我们成立这个项目的初心。

项目组自2017年建立以来，一直积极探索学校教育在引领家庭教育的重要作用，找到了以"课程化家长学校"为主，构建完整的家长学校课程体系，分年级开设主题明确的家长课为突破口。并在课程开发中借力科研方法，申报了省级课题《教育共同体视野下家长学校实践研究》确保课程质量。在2020年区教育局品牌项目年度考核中，项目获得了评审专家"课程设计完整规范，目标清晰，落实推进有力度，参与面广，受益面大，探索经验值得研究。"的评价。在2019年和2020年项目家长满意度问卷调查中连续两年超过95%。

（三）爱阅读 会阅读

学校秉承"小学校，大天地"的思想，努力打造校园阅读生态，落实课堂阅读计划。"课堂阅读计划"并不是简单的在校园图书馆、班级、阅读角阅读，而是透过时间和空间的量身打造，构建阅读教学体系。体来说，就是首先，营造良好的学校阅读空间，建立生态系统底部支撑。在努力打造校园阅读生态系统的过程中，学校实行的第一个活动就是落实课堂阅读计划。全校38个班级均设立有班级图书角。同时，引导家长树立亲子共读意识，确保生态系统持续有效。通过不断努力，越来越多的家长意识到了孩子养成读书的习惯，家长陪伴，亲子共读的益处。

以生为本，以生为先。我们主动联系公交公司开通的沙小放学摆渡车，解决孩子们放学最后一公里问题；开辟少先队阵地，与社区共建共享单车停放点、垃圾分类投放点等等；这些看似与办学无关之事，在我看来都是务正业之事，办好一所学校就是造福一方，校长的责任重大，但只要你把学校的孩子当成自己的孩子，多换位思考，不断学习，我想办法会比困难多。

让师生享受学校，是我一直追求的目标，我也一直在努力。饮水思源，用心办学，鞠躬尽瘁，这是我的坚守的信念，也是我至上的荣幸！

抓实劳动教育，促进五育并举

四川省达州市通川区第四小学校　王琴　高焱

劳动是推动人类社会进步的根本力量，是财富的源泉，也是幸福的源泉。劳动教育是中小学教育的重要组成部分，是全面贯彻落实教育方针，实施素质教育、提高学生总体素质的基本途径。我校秉承"以德为先，以长促全"的扬长教育办学理念，注重学生德智体美劳全面发展。高度重视劳动教育的育人价值与功能，通过开展"六做"劳动教育，培养学生劳动观念，提升劳动态度、能力、习惯等素养，以劳树德、以劳增智、以劳强体、以劳育美、以劳创新，抓好抓实学校劳动教育，促进学校五育并举。

2021年4月，我校被四川省基础教育研究中心授予"劳动教育高质量发展协同发展创新示范校"，成立了王琴"劳动教育卓越校长工作坊"。

一、加强组织领导，提供坚强保障

学校成立了劳动教育工作领导小组，拟定了劳动教育评价机制和教育经费保障机制，切实解决劳动教育实施过程中存在的问题。学校劳动教育工作领导小组由校长任组长，副校长任副组长，由德育处负责管理和安排，工作有计划、阶段有总结、过程有记载、活动有落实、效果有督促，真正把劳动教育放在了学校教育教学的重要位置。将劳动教育与学校常规工作有机结合起来，通过组织开展丰富多彩的劳动教育活动，教育学生树立正确的劳动观念，激发学生积极的劳动热情，不断提高学生的劳动技能水平，全面提升了学生的综合素质。

二、构建劳动课程，提升劳动素养

学校结合孩子们的年龄、认知特点和学校的培养目标，系统构建劳动教育课程，包括：校园日常劳动、家庭生活劳动、社会公益劳动、农耕生产劳动、学习创造劳动五个课程板块。

通过实践过程体验生存新技能、锻造向上的精神。以劳动课题促使学校劳动教育的开展，引导孩子们在劳动中融入情感、态度，主动参与，达到身心愉悦的效果。关注孩子们的德、智、体、美、劳全面和谐发展，越劳动越美好，劳动创造生活，劳动创造人生。

校园日常劳动课程——孩子们参与校园日常劳动，打扫班级卫生，维护公共区域卫生，共建美丽校园。

家庭生活劳动课程——学生参与家务劳动，学做一份菜，给爸爸妈妈洗洗脚、捶捶背，帮助家人打扫家里卫生。融入家庭亲情，感受生活幸福。

社会公益劳动课程——深入社区开展公益劳动，学雷锋志愿服务，培养学生的公德心，共建和谐社会。

农耕生产劳动课程——开辟农场，走进田间指导学生农耕种植。开展劳动研学活动，参与农耕生产，体验成长价值。

学习创造劳动课程——将学校教育和学科学习、传统文化、科技制作发明相结合，开展纸艺创作、科技小制作、小发明活动，使学习、创造、劳动贯穿学生成长的全过程，在动手、动脑中增长才干，增添智慧。

三、围绕"六做"教育，开展多样体验

为学生设计丰富多彩的劳动体验活动，学校围绕六做教育：自理劳动——自己的事情自己做、家务劳动——家里的事情共同做、校园劳动——集体的事情争着做、公益劳动——社区的事情帮着做、生产劳动——生产的事情学着做、创造劳动——创造的事情努力做。实现了劳动教育的形式和参与的途径多样化。

自理劳动——自己的事情自己做。如一年级：学会整理书包、学会系牢鞋带。二年级：正确佩戴红领巾、整理自己的书桌。三年级：洗袜子、女孩为自己扎马尾。四年级：叠衣服、整理书柜。五年级：煮一碗营养可口的面条、学会削水果。六年级：做一份色香味俱全的蛋炒饭、为自己的衣服钉扣子等，培养学生们动手实践能力，让他们从学会一些生活小技能开始，初步养成了同学们独立的生活自理能力。

家务劳动——家里的事情共同做。学生们在家中帮助家人进行整理房间、扫地、擦桌子、收拾碗筷、衣服分类、清洗浴盆、洗手绢、洗袜子、擦鞋子等家务劳动。随着对简单家务劳动的熟悉，再做一些劳动技能要求较高的事情，如换床单、清洁浴室、操作洗衣机等等，逐步养成爱劳动、会劳动的良好习惯。

校园劳动——集体的事情争着做。以校园为依托，让劳动育人润物无声。提倡校园劳动从打扫卫生做起，凡是学生力所能及的劳动任务由学生自主完成。其中对校内公共区域化片，让各班级认领清洁区和"责任区"，教学生如何管理、清洁和精心呵护，增强学生的责任感和主人翁意识；学生可自主设计班级板报、秀场、班级队会的组织形式，自主参与午间打饭、班务整理和测量体温，在为集体、为他人服务的过程中亲历劳动过程、体验劳动的快乐，真正实现了"自我服务"。

公益劳动——社区的事情帮着做。挖掘劳动教育的新内涵，把劳动教育融入社会实践，组织学生参加力所能及的生产劳动和爱心公益活动，在服务他人中培养社会责任感。学校大队委组织少先队员走进社区公益劳动，通过多样化的劳动体验，培养学生的感恩情和公德心。如"学雷锋日"开展社区劳动实践活动；"世界水日"组织学生走进自来水厂；"植树节"组织少先队员参加社区义务植树……让学生在活动中强化实践体验。

生产劳动——生产的事情学着做。生产劳动是人类社会生活最基本的内容。我们带领学生走进田间地头、工厂，学习插秧、挖地、种菜、除草、给果树疏果，让学生明白：一粥一饭，当思来之不易；半丝半缕，恒念物力维艰。

创造劳动——创造的事情努力做。劳动创造了美，结合学校的特色"科技教育"、"艺术特色——纸艺、陶艺"，让学生大胆创新、敢于动脑动手，制作科技小制作、小发明，组装机器人、为机器人设计小程序。把平平常常的纸张、硬纸片和陶泥土做成各种精致的手工艺品。只有具有创造精神、创新精神，我们才能在未来的发展中不断开辟新的天地。

四、完善评价机制，提升劳动实效

在劳动中，教师引导学生主动参与评价，不断激励学生的劳动热情，自觉端正劳动态度，是取得良好劳动效果的重要保证。

学生自评。在劳动中，要求学生随时检查自己做到了没有，做得对不对，与要求有多大差距，随时做到自我调整。学生互评。学生相互间的启发帮助，比教师一个人面对全班同学考虑得更周到、细致。家长参与评价。对于生活自理方面的劳动，学生在家的实践由家长给予评价。教师评价。在上述的基础上，再由教师对学生作全面的评价，重点放在总结经验，明确下一步的努力目标上。

习近平总书记指出："要在学生中弘扬劳动精神，教育引导学生崇尚劳动、尊重劳动，懂得劳动最光荣、劳动最崇高、劳动最伟大、劳动最美丽的道理，长大后能够辛勤劳动、诚实劳动、创造性劳动。"今后，我校将进一步加强劳动教育，引导学生树立劳动意识、磨炼意志品质、激发创造能力，为学生终身发展和幸福人生奠定基础。

环保立德，教育立人
——谈什邡市国人小学环保教育工作开展

四川省德阳市什邡市国人小学 黄若兰 黄兴菊 谢运琴

近几年，什邡市国人小学高度重视学生环保教育，多部门紧密配合，齐抓共管，学校对学生的环保教育取得了明显的成效，校园更加洁净美丽，师生环保习惯处处可见。学校也获得多次表彰，先后被评为德阳市、什邡市"环保教育先进单位"、"园林式校园"、"绿色学校"、"洁美校园"等。学校环保教育成果获得"德阳市第五届政府成果一等奖"，实现了在环保实践行动中立德树人的育人目标。成绩的背后，是全体教职工通力合作开展环保教育工作的用心。以下，我对工作开展情况进行介绍。

一、因地制宜，构建学校环保教育体系

由于我校的学生来源广泛，除少部分孩子是郊区的外，大部分孩子来源于山区和坝区，他们中有百分之四十左右都是留守儿童，接受的家庭教育和学前教育都很欠缺，导致孩子们的环保意识特别不够，环保知识了解很少，环保的行为更需要加强和提升。学校在环保教育的举措也不完善，缺乏一套系列的管理体制，管理组织机构不健全。

（一）组织分工

组织机构的建立健全是学校环保教育长远规划的基石，也是环保教育长久开展的保障。本组织机构由学校行政、各处室、年级组、班级组成，有隶属关系，有各自负责的事项，有共同负责的事项。

学校行政：主要负责学校环保教育的全面工作；各处室（德育处、教导处、后勤处）：主要负责环保活动的策划和实施，考核等；年级组：主要负责指导本年级各班活动的具体开展，形成活动资料和提炼成果；班级：主要具体开展各项环保教育活动和综合实践活动，提供活动图片、文字等具体材料。

（二）制定制度

根据学校实际情况，成立了《国人小学科研课题领导小组机构》，制定了《国人小学环境管理"十三个禁止"》、《国人小学环境卫生工作管理制度》、《国人小学节水节电制度》、《国人小学校园环境管理制度》四个制度。学校少先队大队部采取实行一日晨检、午检、晚检三查、每周评比、每月考核、期末汇总的措施，保证将各项环保制度落到实处。

执行校园环保激励机制，包括了评价指标、评价方式和结果运用等。如通过"光盘行动"，每周和每月评出"节粮爱粮"优秀班级和优秀个人，通过绿化美化环境活动，全校集会表彰评出的"护绿小能人"和绿化优秀班级。通过创意手工作品比赛评出"环保创意小达人"等。通过节水节电、环境卫生等检查，评出节水节电小标兵、五星班级等。

（三）特色活动

环保教育是一项涉及面很广的教育，应当多渠道、全方位进行，我校构建了环保教育+主题活动的特色教育模式。如3月12日植树节，开展"爱绿、护绿、认养绿地"等活动；3月22世界水日，开展"节约每一滴水"主题班会；4月7日世界卫生日，开展大扫除等等；再比如，环保教育与班级活动相结合。

值得一提的是，环保教育需要家长共同参与进来，环保教育能够引起家长自身的重视，以身作则，才能对孩子起到环保教育带动作用。为此各班根据班情自行安排每周的家校配合活动，并要求将活动拍照分享到班级微信群或QQ群，以此共同学习，相互促进，不断提高环保教育效果。

二、因材施教，编撰符合校情的环保教材

（一）自主校本教材介绍

《中共中央关于教育体制改革的决定》中指出：我国学校"不少课程内容陈旧……实践环节不被重视"。因此，结合学校实际，开发环保校本课程正是顺应了这一要求。为了更有效地开展学校环保教育课程，塑造学生环保意识，提高德育水平，我校因循校情，自主编撰《与绿色同行》环保教育校本教材。

本课程分高段、低段两套，每套共12课，分环保知识、环保调查、环保实践活动三个板块，其中高段的内容设置为813，8篇关于环保知识的课文，1篇关于环保调查的课文，3篇关于环保的实践活动。低段的内容为"723"，7篇关于环保知识的课文，2篇关于环保调查的课文，3篇关于环保实践活动

为了保证该套校本教材的使用，教导处专门开设了环保教育课，间周的星期五下午第二节课至少用20分钟对学生进行环保教育。德育处要求每天晨读前5分钟进行环境和个人卫生的检查与评价，这些活动都要求在专门的本子上作记载，学校教导处和德育处每月检查，结果将纳入对班级和教师个人的考核。

（二）学科整合性校本教材

（1）环保教育与美术学科的整合。如：在第12册教材"用各种材料来制版"的教学内容时，指导学生充分利用各种废旧物品，纷纷动脑动手进行创意手工、手工小制作。学生利用鸡蛋壳做出了各具特色的不倒翁和小人，利用蛋糕纸盘做成了表情丰富的脸谱，利用旧扑克牌折叠成了经济适用的花瓶、储物篓等。

（2）环保教育与科学学科的整合。如：在学生学习了巧用废旧物品知识之后，布置大家利用身边废旧物品等简易材料进行科学小制作。学生利用空易拉罐制成了传话筒，利用一节电池、铜线、磁铁制成了简单的小电机。

（3）环保教育与语文学科的整合。利用课文内容对学生进行环保理念的教育。如：在教学一年级下册课文《美丽的小路》时，通过观察图片、课文朗读、讨论，让学生明白了美丽的小路不见了的原因，自然而然地对学生进行了环境保护的教育。

（4）环保教育与数学学科的整合。环保教育离不开生活，而数学知识很多也存在于生活中，在教学中，有意识地将生活数学与环保教育融合起来，如：在教学百分数时，有意识地列举森林面积的减少、沙漠化面积的增大等内容，学生在学习新知识的同时也受到了环保教育，深刻地认识到了环境保护的重要性。

三、环保常态化，课程教师深化环保意识

我校在开展环保教育中认识到，教育唯有常态化，才能植入师生心中。所以，我们将环保知识融入课程教学中，与文化知识实现了无缝衔接，趣味结合。

如美术组老师协助课题组辅导学生进行环保主题绘画创作，让学生联系生活实际，大胆展开想象，进行绘画创作，表达孩子们对环保的认识和理解，传达出他们对环保的见解和愿望，有效宣传他们的环保理念和愿望。再如语文组老师也积极配合课题组辅导学生进行写环保日记和作文，并分组办环保手抄报，学生在这些活动中获得了更多的环保知识，深化了环保认识，强化了环保意识，增进了环保理念。起到了很好的环保教育作用，形式多样，寓教于乐，教育效果明显。师生耳闻目染，校园内形成了师生爱护校园环境的良好风气。

校园内常常可见学生弯腰捡拾地面掉落的垃圾，在学生中形成了爱护环境、节约能源的良好习惯。每个班都安排有"环保小卫士"定时在教室和公共区域维护环境卫生，一旦发现垃圾就及时处理，长期坚持下来，就形成了师生共同维护环境整洁、节电的良好校园风气。

环保教育是德育教育的一个分支，环保意识的培养并非是一蹴而就的，意识的形成需要一个逐渐认识，接纳，磨合和形成的过程。要塑造环保意识，首要的是开展良好的德育，在德育中注入环保教育，在课前，课后，课外，有的放矢的开展环保教育实践活动。由此，有教有用，教学与实践良好结合，才能实现环保教育落在实处，植入学生的思维意识中，最终形成个人行为为德育精神的一部分。总而言之，环保立德，教育立人，立德树人，走的是符合本校特色的教育之路。教育不能着急攀高望远，而要做到缓中求稳，一马平川。

以活动促发展，为品质教育赋能

四川省甘孜州职业技术学校 吴大成 王刚

人无德不立，国无德不兴。终身之计，莫如树人；育人之本，莫如铸魂。素质教育以提高受教育者综合素养为目标，除了要求提高学生思想道德素质、学科素养、学习能力等方面以外，还要求教师挖掘学生特长，能够发展个性，促进学生的全面发展。活动是体现学生综合素质的最好方式。它可以开阔视野、陶冶情操，可以培养学生的集体荣誉感。一直以来，我校通过德育之星评选活动，把传统的德育教育与爱国主义教育、民族团结教育、社会主义核心价值观教育和行为习惯教育有效结合，通过改变教育方式和途径把全校师生纳入德育教育中来，激发全校师生参与的积极性，在活动中受到教育、进行自我反省和提高。通过每年一次的评选活动，学校形成了良好的德育教育氛围，学校违纪学生数明显减少，学生整体素质明显提升。近年来，学校还先后获得"全国民族团结进步模范集体"、"全国五四红旗团委"、"四川省民族团结进步示范学校"、"四川省教育工作先进集体"、"甘孜州校风示范学校"、"甘孜州寄宿制标准化管理示范学校"、"甘孜州民族团结进步教育基地"、"甘孜州青少年励志成长教育基地"等殊荣。

一、注重活动育人，丰富教育色彩

无论在任何一所学校都或多或少存在着一些所谓的"带号"学生，中等职业学校尤为突出，他们或自我约束管理能力差，或行为习惯偏常，或目标不明，不好学习……他们的存在都在不同程度上影响和困扰了学校的管理、老师的教学和同学的学习，传统简单式的说教对他们而言如过眼之风。而"立德树人"教育、转化学生是班主任所肩负地重大而艰巨的任务，也是学校和每一个教育工作者义不容辞地责任。对于我校而言，85%以上的学生都来自少数民族地区，由于受特殊的区域环境、宗教文化、家庭氛围等因素影响，导致部分学生的行为

习惯特别差，加之家庭对子女的无原则溺爱，使得他们显得更加特立独行，处处以自我为中心。在这种前提下开展爱国主义教育、民族团结教育、革命传统教育、行为习惯教育和社会主义核心价值观教育等德育创新工作，显得尤为重要。

针对这种情况，学校通过创新德育工作模式，每年开展“德育之星”评选活动，由学校学生处牵头，制定德育之星评选具体标准和实施方案，再由班级根据方案组织宣传学习、组织报名和计分考核，让更多的学生、家庭和社会参与学校德育工作，促进“带号”学生转化，以期实现让每一个学生都能健康成长，阳光生活学习。

活动伊始，先由班级推荐、初步确定候选人。候选人确定后，由学部、学生处和教务处联合组成资格审查组严格执行“三个一票否决”（即：成绩不合格；曾受到学校处分；所在寝室曾被评为不清洁寝室）。审查确定学部候选人；学部候选人的宣传由各学部与团委共同负责，通过制作宣传展板、演讲视频、才艺展示等方式在全校范围内广泛宣传；设立并开放“德育之星”评选投票微信平台，广泛发动同学、朋友、家长参与评选投票；每位候选人，通过自我展示活动、演讲、才艺表演等方式开展一系列活动；再经全校师生以类似选举的方式，通过无记名投票进行评选，通过评选积分纳入考核总分，最终以学习成绩积分、教师评分、德育活动积分、现场票选积分和网络投票积分总分确定“德育之星”获奖人员。

二、落实活动细则，激发办学活力

为了切实发挥活动育人成校，学校严格制定了考核细则。主要内容分为五块，力求多层面、多角度整体考核学生活动成绩。一是学习成绩积分（40分）：取教务处纳入奖学金评定科目的平均成绩按40%折合纳入积分。二是教师评分（20分）：科任教师、班主任、学部主任干事和学生处教师按学生日常表现给予评分（满分100分）取平均分按20%折合纳入积分。三是德育活动积分（10分）：校学生会干事3分，学部学生会干事2分，班干部团干部2分，国旗班成员2分，优秀团员、优秀团干2分，参加一个学校社团积1分，非以上项目不再积分。四是现场票选积分（20分）：前三项考核完成后各学部根据实际情况组织学部师生集会开展现场票选。票选前，每位参评学生有5分钟拉票时间，（可以演讲、才艺表演）。学部师生进行现场投票，五是网络投票积分（10分）：根据网络投票情况，排名第一积10分，第二积9.5分，第三积9分，以此类推。

德育之星评选活动实施以来，不仅带动了全校同学养成尊师重道、爱学习、守规章的好习惯，同时也鼓励了全校同学积极参加学校社团和德育活动，提升就自己各方面能力。

自2016年首届德育之星评选活动以来，学校先后带领学生们参观考察了延安、北京故宫、烈士纪念碑、井冈山、中共一大会址、嘉兴南湖红船等红色教育基地，通过参观考察培养了学生爱祖国、爱人民、热爱祖国大好河山的高尚情操，锻炼了学生语言表达、归纳总结和协调组织能力。使学校形成良好的“立德树人”德育氛围，形成良性循环，让学校时刻处于一种团结的氛围中，教育质量显著提升。这种活动的开展用喜闻乐见的过程教育替代传统枯燥刻板的说服教育，增强了教育的有效性、深刻性。其次也由变单一的命令式教育为多位一体的互动式教育，使得教育内容更加丰富，教育辐射面更广泛，教师、学生和社会广泛参与，教育参与度更高。

三、不忘育人初心，成就幸福未来

今天，德育之星评选活动已在全州范围内引起热烈反响并得到教育主管部门和社会高度评价，活动开展情况被《甘孜教育》连续报道。凡被评为“德育之星”的同学在各方面都是全校同学学习的榜样和标兵，不仅带动了一大批同学积极参加学校德育活动、社团活动，学生们想要参加德育活动和社团活动的热情也空前高涨，民族团结意识明显增强。下一步，我校会持续增强德育活动力度，力求通过丰富多彩的活动，谋求教育幸福，绽放学生生命。

育快乐孩子　创阳光乐园

四川省广安市武胜县沿口第三幼儿园　周颖

为保障幼儿快乐成长，全面提升学前教育质量，满足社会对公平、科学、优质学前教育的期盼，我园在推进教育综合改革的背景下，以“阳光育人 幸福一生”为核心理念，以“育快乐孩子、做幸福教师、创阳光乐园”为办园目标，以“给孩子快乐童年、为孩子一生奠基”为办园理念，以“五七一阳光课程体系”为办园特色，以“阳光下做快乐地自己”为办园宗旨。通过“营造阳光环境，实施阳光管理，创设阳光课程，培养阳光教师，培育阳光宝贝，构建阳光评价”六大实施途径，努力打造师生快乐成长的阳光乐园，促进了每一个幼儿健康、快乐发展。

我园先后被评为广安市市级示范性幼儿园、广安市巾帼文明单位、广安市安全工作先进集体、广安市幼儿园优秀自制玩教具先进集体、武胜县教育工作先进单位、武胜县教育教学宣传工作先进集体、武胜县托育机构先进集体等。

一、创建成长乐园，助推幼儿发展

我园占地面积5881平方米，建筑面积5900平方米，户外活动场地1400平方米。为充分发挥户外场地的最大价值，我们把户外场地规划了“三区”和“十大主乐世界”，“三区”即集合区、游戏区、种植区，“十大主乐世界”即阳光沙滩、阳光海岸、阳光苗圃、阳光饲养、创意小天地、运动乐翻天、快乐涂鸦、快乐搭建、挑战自我区、器械游戏等，为促进幼儿园发展，幼儿园铺设有不同材质的地面，有实木地板、悬浮地板、草坪、PVC、鹅卵石小径等，场地软硬结合、分区合理，安全环保，孩子们在游戏运动的同时，为观察探究带来了无限的机遇和话题。

幼儿园为4层框架结构，日照、采光、活动场地等满足国家相关规定，符合幼儿特点；幼儿园辅助用房、功能用房和生活用房齐全。每班有独立的活动室，面积达136平方米，有隔离室、保健室、音控室、门卫室、办公室、会议室、教具资料室、教工厕所、厨房、消毒室、配餐食、冷藏室、储存室、衣帽间等，安全通道符合消防部门要求。

我园严格按照《四川省幼儿园玩具配备目录》配齐教玩具及活动设施，投放合理，便于幼儿取放（体育类、构造类、角色表演游戏类、科学启蒙类、美工类、劳动工具类），并有适合幼儿年龄特点的自制玩具材料、设备，且安全、无毒；班班配有钢琴、幼教一体机；幼儿生均图书达标，教育教研参考资料齐全，有配套的教学挂图、资源包等。幼儿园有专门的保健室、隔离室和兼职的保健卫生员，配备药品柜和基本的医药器械，能处理幼儿的突发情况，使幼儿的生命安全得以保障。

二、注重教师培训，健全管理机制

我园是一所新建园，2018年3月开园，教师主要来源为2017、2018公招教师、县外引进、乡下教师考调进县城等。设编39名，目前在编教师38人。由于我园是新建园，特别注重教师的培训工作。为引领教师专业成长，学校开展了系列活动。

一是抓实教师基本功训练。读好书、写案例、练才艺、作教玩具。教师每学期阅读一本教育专著，并摘抄不少于5000字的笔记，撰写一篇阅读体会，由保教处组织开展教师读书沙龙活动；教师写好教学案例，选择一个在期末总结大会上进行展示交流，学校进行评比；每学期学校工会组织开展教师“弹唱跳画讲手工”等项目的才艺展示，要求教师全体参与，实现一专多能的格局；开展教玩具制作大赛。

二是抓好常规教研活动。学校行政实行年级责任制，每学期期末召开专题行政会、行政及年级组长会议，年级组会议等对下一学期的环境布置、主题活动开展、早操、户外实践活动等进行研讨，制定计划，利用假期提前准备。

三是开展“师徒结对”活动。学校安排中青年骨干教师与新聘教师开展“师徒结对”活动，定期交流与汇报，骨干教师上好示范课、新聘教师上好亮相课。

四是开展“走出去　请进来”系列师培活动。学校派出教师到广安、领水、重庆、成都等地参加培训，培训教师将好的教学理念和方法带回学校，开展二次培训，从而提高教师的教育教学能力；学校邀请各级专家到校授课，请四川师范大学教授吴定初到园开展科研课题培训，四川省教科院催勇到园指导，万善职中老师开展计算机培训，县医院医护人员开展的紧急施救等方面的培训。

五是开展“厅市共建”、“校级帮扶”活动。我园与成都锦江区芙蓉幼儿园开展“厅市共建”活动，与“三溪小学”幼儿园开展“校级帮扶”，通过来园指导、送教下乡、联合教研、线上线下等活动，促进教师专业成长。

六是开展科研课题研究。根据老师们平时教育教学中存在的困惑扎实开展课题研究，目前我园有省级课题一项，市级课题三项，“五育合一”子课题4项，参研人员达50%。

我园认真贯彻落实《指南》和《纲要》精神，从幼儿园实际出发，结合县教科体局“五育合一”教育综合改革精神，对幼儿实施“德智体美劳”全面和谐发展，提出了“阳光”教育理念，以“育快乐孩子、做幸福教师、创阳光乐园”为办园目标，以“给孩子快乐童年、为孩子一生奠基”为办园理念，以“五七一阳光课程体系”为办园特色，以“阳光下做快乐地自己”为办园宗旨。对孩子们提出了“健康、勇敢、自信、快乐”的育人目标以及“向阳花开、异彩纷呈”的评价模式。

为推动幼儿园快速健康发展，我园通过园务工作会、教代会、工会，家长委员会，讨论制定了幼儿园的各项管理制度、奖惩制度和考核评价制度。例如月考核制度、卫生保健制度、财务管理制度、评职评优评先制度、绩效考核制度、安全各项管理制度、食堂管理制度、政工人事制度等。

幼儿园实行园长负责制，园内组织机构健全，设有园务委员会、教代会、工会，家长委员会、支部委员会等，各机构制度健全，职责明确，考核机制健全。　幼儿园财务制度健全，管理规范，经费来源渠道畅通；物品采购规范，专款专用，建有物品登记和保管制度；设施设备使用充分，运行良好，档案规范。

三、科学规划教学，引导幼儿成长

幼儿园科学规划制定各项目标任务，在观察、分析评价儿童的基础上，根据幼儿的年龄特点选择适宜的教学内容、教学形式、教学方法和环境创设；幼儿园通过早操活动、户外大体能活动、区角活动、体智能课等保障幼儿每日户外活动不少于2小时；幼儿园还根据季节特征、传统节日及幼儿园园本课程开展丰富的活动，活动开展有计划、总结及活动反思。

我园贯彻落实保教结合原则，根据幼儿不同年龄特征和兴趣爱好，提供安全、丰富的游戏材料；开展丰富的区角活动、种植活动、养殖活动、户外实践活动等，让幼儿在活动中自主选择、仔细观察、充分表现提供足够的时间和空间；幼儿园一日活动流程安排合理、科学，各个环节顺畅自然，利于幼儿成长；全园教职工坚持使用普通话，为幼儿的语言成长打下良好基础；保育教师态度亲切，能时刻保持微笑，用积极的人生态度引导幼儿健康成长。

家园共育，有健全的家园共育制度，我们成立了家长委员会，定期召开工作会议，对幼儿园的管理提出合理化建议；疫情期间，幼儿园通过线上课堂、视频、微信群、QQ群、钉钉视频等开展丰富的活动，为家长提供科学有效地育儿宝典；幼儿园定期开展家长满意度测评，提高保教质量和服务质量。

四、做好安全保障，筑牢安全防线

我园认真贯彻《托儿所、幼儿园卫生保健制度》，各项卫生保健制度健全、执行严格。有完善的卫生保健常规管理，并落到实处。幼儿园全体工作人员须持健康证明上岗，并定期体检。在园幼儿每月测量身高体重一次，每期进行一次常规检查，幼儿各项指标达标率95%以上。

幼儿园保持室内空气流通，光线充足，保护好幼儿视力；每天对幼儿使用的物品（桌面玩具、厕所、口杯、毛巾、桌面、床、椅、餐具）等进行消毒，定期对室内外环境、教玩具进行消毒；严格实行《食品卫生法》，控制好食材原材料、做好索证索票、规范加工流程、做好食品留样、落实食品安全，严防食物中毒事件发生；坚持做好体温检测和二次晨午检制度，幼儿缺勤跟踪制度，坚持幼儿生病隔离制度，并与家长签订传染病防控责任书。

幼儿园根据幼儿年龄和季节不同，制定科学安全营养合理的食谱，每周更换并对外公示，保障幼儿营养均衡；严格按质按量进行配餐，实行配餐制度和试偿制度。

幼儿园一直以来把师幼的生命安全健康放在首位。制度健全，建立了事故报告制度；努力培养幼儿的自我保护意识，并坚持开展丰富多彩的安全教育活动，例如防拐骗、放暴恐、防踩踏、防震演练、防食物中毒等；制定科学的错时错峰入园离园方案；每班配备急救医疗设备；幼儿使用安全的教玩具，并定期检查和消毒；开园来幼儿园从未发生过任何安全事故。

幼儿园充分发挥城区优质幼儿园的示范作用，2018年4月广安区官盛春天幼儿园、两路口幼儿园、华蓥市教科体局到园观摩学习；2018年5月承办武胜县学前教育大比武活动现场；2020年6月接待2019年幼教国培学员名校跟岗学习；幼儿园还定期排除骨干教师到三溪小学幼儿园、板桥小学幼儿园帮扶指导，效果显著，真正发挥“以园带园，以城带乡”的示范引领作用。

今后，我园将进一步深挖办园内涵，努力提高教师专业水平和幼儿园管理水平，真正实现“五育并举”、“五育融合”、“五育互育”；全面达成“育快乐孩子、做幸福教师、创阳光乐园”的目标，努力建设高品质有内涵的幼儿园。

谈家园共育新常态之亲子活动开展

四川省广元外国语学校　官英　余飞

亲子活动，主要是以亲缘关系为基础，依托合适的环境、空间、时间和活动内容，让孩子、家长、教师在活动中互动起来，给孩子表现自我的机会，培养孩子活泼、开朗的性格，促进孩子交往能力的发展，是加强家长和孩子、家长和学校沟通、交流的很好形式。学校要实现落实“五育”并举，就必须统筹社会资源，构建家庭和学校协同育人机制。笔者结合本校的发展常态，认为，要实现家校协同育人，亲子活动是最值得推荐和实践的教学模式。

一、学校开展亲子活动的教育意义

首先，它有利于增进家长和孩子之间的情感交流。古希腊某位哲人曾说过：感情是由交流堆积而成的。活动中家长也会因工作而疲劳的心得到片刻的安宁，享受真正的天伦之乐!其次，亲子活动有利于孩子身心的健康成长。亲子活动寓教于乐，寓知识于游戏中，同时开发孩子的智力，提高其动手能力、反应力、创造力，使孩子能在德、智、体、美、劳各方面得到全面发展!第三，亲子活动有利于激发孩子的内在潜能。每个孩子都希望在父母面前表现一把，让父母为他们骄傲!开展亲子活动能使孩子更优秀、更上进。

近年来，广元外国语学校把亲子活动课程化，家长参与亲子活动的人数逐年攀升。构建了家校共育的新常态，更好地落实了立德树人这一根本任务，学校的社会影响力得以提升。

二、引导家长参与亲子活动课程构建

苏霍姆林斯基曾说过：“教育的效果取决于学校家庭的一致性，如果没有这种一致性，学校的教学、教育就会像纸做的房子一样倒塌下来。”广元外国语学校为十二年一贯制的全寄宿学校，很多家长忙于工作，根本顾不了孩子的管理，更无暇深入了解学校的工作。如何激发家长参与学校管理的积极性呢?学校决定以亲子活动为突破口，把亲子活动课程化，从而调动家长参与的积极性。

在具体实施过程中，首先在全校范围内征求家长意见，请部分家长力所能及地为我们出谋划策。其次，综合家长的意见，结合学校的实际，规划多个方案供家长选择。最终，学校德育处规划出了十个亲子活动课程系列。小学围绕走进种植园地体验劳动快乐、走进工业园区了解现代科技、走进大自然享受田园风光、走进敬老院奉献爱心、走进读书活动营建书香家庭五大课程开展活动；初中围绕亲子阅读国学知识、亲子社区志愿者服务、亲子法律知识学习三大课程开展；高中围绕亲子讨论时事政治、亲子跨入成人大门两大课程开展。亲子课程规划出台，以学部为单位邀请家长一起规划亲子活动的时间、形式等，家长参与的积极性空前高涨，有的家长又动员家长，让那些从来都不怎么关心学校事情的家长也积极行动起来了。

三、亲子活动开展具有层次性针对性

亲子活动的规划有了，活动具体开展又该怎么办?首先，要根据不同的年级段，设计不同层次的亲子活动；其次是，安全保障、经费来源、活动组织、照相摄像、宣传报道等都是要具体落实的事情。

以设计亲子活动课程为抓手，充分发挥家长整合资源的能动性，家长们建言献策，决定由家委会制定方案并具体实施。低年级段孩子的热情较容易带动，一个小游戏，就可以让低年级段的学生玩得不亦乐乎。所以在低年级段孩子的带动下，根据每个年级段学生的心理特征和兴趣爱好，教师和家长可以“合谋”，投其所好，开展符合自己年级段的亲子活动，如此，各年级的亲子活动便会开展得更加丰富多彩。

小学低段学生家庭故事大赛，中段学生家庭以书换书、高段学生书香家庭评选。学校一年一度的读书节期间，初中分校开展了亲子阅读家庭国学知识比赛，他们提前准备，分家庭反复演练，经过擂台赛评出的优秀家庭成了大家学习的榜样。高中家庭时事政治大讨论等活动都得到家长的高度重视和欢迎，很多家长还自发的为活动进行氛围营造、并请来电视台宣传报道，有的家长还帮助准备了奖品和活动纪念品。各分校将亲子活动拓展，先后开展了家长参与的社会实践暨励志远足活动；社区、车站、敬老院的志愿者服务；贫困学生帮助等活动。特别是在高三阶段，学校创新性的开展亲子互动，对于缓解学生学习压力有极大地帮助。家校互动工作在亲子活动中得到了很好的体现。

四、亲子活动是家校协同共育的有效途径

如今快节奏的生活，让很多家长放下工作参与到孩子的活动中来实属不易。各班家委会成员却真的把学生家长召集起来了，有些家庭甚至倾巢出动，还有个别家长请了朋友参与。他们尽其所能承担责任，充分整合资源、合理分工、积极活动，个个都体现了主人翁意识。让孩子感受到了从未有的快乐，老师也有了从未有的轻松。在开展亲子活动的过程中，家长和老师面对面交流时间增多，家校共育渠道得以畅通。家长感言，通过这次户外亲子活动的开展，让小宝贝们走出学校，自由的呼吸新鲜的空气和感受大自然的美丽，惬意的享受温暖的阳光，既让孩子们增长了知识开拓了眼界，又增进了孩子们之间以及孩子与家长之间的情感和交流，同时也让孩子们感受到广外是带给他们无限快乐和知识的摇篮。看到孩子脸上的灿烂笑容和流露出的快乐和童真，我们心里也是美滋滋的!

每次活动结束，无论是家长的还是学生都深刻感受到了活动带来的快乐，都积极在不同场合宣传并发表感言，大大拓展了学生的视野，加深了孩子与家长的感情，实现了孩子教育需家校共导的目的。但为了亲子活动更好地延续，我们每次活动后都安排了家长学生老师共同参与的总结。总结由家委会主任主持，首先家少活动的开展、肯定活动的亮点，其次进行后续工作的安排，再次是指出活动中的不足，最后是提出下次活动的安排及相关要求。

怎样实现家校共育新常态，通过亲子活动，我们得到了答案。“亲子”，其实不单单是家长与孩子的情感传递，更有老师与学生的互动交流。教育并不是老师的“独角戏”，老师自说自话，即使再尽兴又有什么价值呢?所以说，教育应该是教师，学生，家长和社会，四方面的有效联系和包含。我们都是社会一员，我们都来自于家庭，来自于父母，受教于老师。唯有协调好这四方面的关系，才能促进学生身心健康成长。

综上所述可知，亲子活动是实现家校协同共育的有效途径，也不失为家校共育的新常态。只有多形式开展家校活动才能更好地发挥家长的能动性，也才能让老师更好地了解家庭，作好与家长合作的心理准备，实现家长成为学校密切伙伴，积极参与学校事务，本着对教育的负责，用积极的态度成为学校的智囊，为孩子的成长提供良好环境，实现家校互动新常态的目的。

开展感恩教育，培养学生良好品质

四川省简阳市云龙镇初级中学　侯健

感恩自古以来是人类社会道德的基本范畴，是人类文明最基本、最恒久的内容，也一直是中华民族最为真诚的道德情感和为人处事的道德准则。从小培养孩子的感恩意识，提升孩子的道德素养，健全孩子的人格品质，不仅仅是一种意识，一种行为，更是一种责任。让中华儿女继承中华民族的优良传统，做品德高尚的人，不仅仅是每个家庭的需求，也是全社会的需求，更是推动社会和谐稳定发展的迫切需求。感恩教育对构建和谐社会和营造良好的人际关系具有重大意义。感恩教育是每一名初中学生必修的课程。我校通过开展感恩教育，来培养学生的感恩之心，向善之心。在学校，我们要求教师要引导学生怀揣感恩之心，胸中有家国情怀。在初中班级管理中，我们要求班主任要重视感恩教育，要引导学生树立正确的人生观。

我校始建于1958年，学校秉承“志弘云峰　学承勾龙”的办学理念，以“自立　自强　自律　自达”为校园文化主题，坚持素质教育方向不动摇，不断提升学校的办学品位。学校先后获得“资阳市文明单位”、“成都市厂务公开A级达标单位”、“先进党支部”、“安全工作先进单位”、“目标考核优秀学校”、“退协工作先进单位”、“零犯罪学校”、“五四红旗团支部”、“继续教育先进单位”、“资助工作先进单位”等荣誉称号。

一、开展感恩教育意义

初中阶段的感恩教育，是指在初中教育教学中，教师要借助经典的感恩故事、用科学的教育方法，引导初中生意识到感恩的重要意义，学会感恩、了解感恩、懂得报恩及施恩，遵守社会道德准则、提升学生的素质修养，提升初中生的综合素质，为初中生身心全面发展奠定牢固的基础。初中阶段是学生成长的关键时期，也是学生最为叛逆的时期。学生的情绪容易受到外界的影响。班主任要积极引导学生学会感恩，懂得报恩，培养学生良好的人格品质。

部分初中学生认为，父母、教师辛苦工作是理所应当的事。他们心安理得地享受着父母、教师对自己的付出，不尊重父母、教师的劳动，对父母、教师缺乏礼貌。个别学生对家庭漠不关心。初中学生处于青春期。他们非常愿意接受新鲜事物，也会受到不良社会风气的影响，盲目追星、攀比，对父母却漠不关心。他们常常购买新潮的衣服，消费大手大脚，根本不了解父母挣钱的不易。甚至有时为了实现自己的目的，他们会对父母使用很消极的手段，在思想和行为上充满了无情和冷漠。

二、全面推进感恩教育

班主任担负着塑造初中学生健全、高尚的人格品质的重要责任。班主任在班级管理中，要全面推进感恩教育，培养学生的社会责任感，升华学生的心灵。

中华传统文化中，到处可以看见“感恩”的身影。比如，诗经中的“投之以桃，报之以李”。“二十四孝”让我们了解到了“孝文化”。“先天下之忧而忧，后天下之乐而乐”让我们看到范仲淹对国家、对百姓的感恩之心。不少中华民族的传统节日也在彰显着感恩的理想。清明节引导人们怀念已故的亲人，心怀感恩之情；端午节是为了纪念屈原，也为了让大家铭记所史人物的付出，对他们怀有感恩之心。在班规管理中，教师有效引入感恩教育故事可以学生感受到不一样的“感恩”。

循循善诱，做好引导。感恩的本意是对帮助过自己的人抱有感激的态度，在别人遇到困难，需要帮助时，自己能够竭尽所能去回报.感恩是做人的基本原则，在班级管理中，班主任要发挥好引领作用，让学生发现生活中的美好，感受眼前的幸福生活，对世界、对给予自己幸福美好生活的人怀揣感恩之情。班主任可以把学生父母上学时的学习环境和学生当下的学习环境进行对比，让学生通过对比感受到自己优越的学习条件，感受到父母上学时的不容易，同时体恤父母付出的辛苦，以感恩的态度感激父母为自己创造的美好生活，引导学生更加珍惜眼前的学习机会。教师要引导学生怀有感恩的心，以让别人得到更多的帮助和鼓励为最大的快乐，让绝处求生的人们感受到爱，而且不求回报。怀有感恩的心对别人对环境就会少一分挑剔，而多一分欣赏。

三、以身作则树立榜样

以身作则，榜样示范。在学校期间，学生接触较多的人就是班主任。学生在校期间无论碰到了什么样的困难，只要自己无法解决，就会第一时间求助班主任。学生和班主任的关系十分亲近。亲近的关系会让学生在不知不觉中去学习班主任的一言一行。班主任必须以身作则，为学生树立榜样。无论在工作中还是实际生活中，班主任要时刻以自身的实际行动来感化、教育学生，让学生在模仿班主任的言行中，不断明白感恩意义，将感恩付诸实践。

电视新闻里经常会看到有关感恩的内容。班主任要好感恩教育的资源。例如，有一个网上的案例。内容是对父母和孩子开展访问，问题是：“假设自己患上癌症了，你会怎么办呢？”孩子父母是这样回答的：“如果孩子患癌症了，我们倾家荡产也必须要治，但是倘若自己得了癌症那就不治了，不能给孩子们增加负担”。可孩子们的回答却是：“直接给父母花个30万去治疗。倘若是自己患癌症一定想办法治好”。对比父母对孩子的爱，以及孩子对父母的爱，我们明显能感受到，父母对孩子的爱要远远比孩子对父母的爱浓烈得多，是无法比拟的。通过观看视频，全班40　多名学生纷纷流出了眼泪，感恩父母的恩情。通过宣传片的形式进行感恩教育，形象生动，比起单纯的说教，效果好很多。

付诸行动，分配感恩作业。感恩教育的落脚点，应该主要在于实践和领悟。在感恩教育的实践中，班主任要及时引导学生“将心比心”，学会换位思考，让学生认识到，为了让自己在健康环境下成长，父母真的是非常辛苦。通过感恩教育，学生了解了父母对自己无微不至的爱，怀揣感恩之心，知道了要努力学习，不要悖逆父母，学着孝顺父母。班主任要布置感恩教育的家庭作业，引导学生去实践，去孝敬父母，把感恩落实到行动中。学生知道了自己要认真完成自己的学习任务，不让父母操心自己的学习情况，一有时间就多陪父母聊天，并告诉父母学校里有意思的事情，让家长开心。学生平时不再乱花钱，体恤父母挣钱不容易，并发自内心地对父母说一声：谢谢。有的学生在努力为父母做一些力所能及的事。这样的感恩教育的正能量会不断散发进学生的社会生活中，有助于营造美好的人际环境。

感恩教育既是一种情感教育，也是一种德育教育，加强小学生感恩意识的培养，有助于国民整体素质的提升。今后，我们将不断深入开展感恩教育活动，创新感恩教育新的路径，培养学生的感恩意识，让学生拥有一颗温暖的爱心，温暖自己，同时也温暖别人。

缔造卓越天立教育，成就师生幸福人生

四川省泸州市泸县天立小学校　潘培根

中国基础教育深受党中央关心、社会关注、群众关切，事关国家发展、民族未来。“十三五”以来，在以习近平同志为核心的党中央坚强领导下，按照教育部党组的部署安排，围绕打赢教育脱贫攻坚战、决胜全面建成小康社会、为第二个百年目标奠基，基础教育坚持以培养能够担当民族复兴大任的时代新人为崇高使命，以推进公平发展、质量提升为中心任务，改革取得历史性突破，发展呈现格局性变化，整体水平迈入世界中上行列，人民群众教育幸福感、获得感不断增强。

2002年，天立教育诞生于泸州，肩负“做中国基础教育的创新者和引领者”的使命，经过19年的发展，天立教育逐步成长壮大为中国综合实力最强劲的民办基础教育集团。其“六立一达”的育人理念及课程体系在中国教育界也有很大的美誉度。目前在四川、重庆、云南、贵州、河南、江西、湖北、广西、山东、江西、甘肃、内蒙古、安徽、浙江等14个省（市）开办了38所天立学校，截至今年9月师生人数达5万多人。

一、三步走战略，创新驱动变革

随着天立教育集团的不断发展壮大，在罗实董事长的带领下，天立教育集团制定了三步走战略，通过不断创新改革，让天立教育又快又好地向前发展。

第一步：2018年，全国10个天立学区，学生达3万，天立教育上市（已经实现）。第二步：2022年，天立建校20周年，全国30个天立学区，学生达10万，规模达到中国基础教育集团前三名。第三步：2032年，天立建校30周年，达100个学区，学生达50万，中国规模最大的基础教育品牌，全球10个校区以上，开始进行全球扩张。天立教育以其独特的企业文化为内核，引领全国天立学校的发展。企业文化的三层次结构：精神层文化、制度层文化、形象层文化。精神层文化是基础和核心，是企业文化的实质，是企业文化的内核，它包含了：企业的使命、愿景及价值观。制度层文化和形象层文化是在精神层文化基础上表现出来或形成的形式和结果。

二、秉承育人使命，培养天之骄子

我校是一所由“政府主导、名企投资、天立托管、学区统筹”的高起点、高品位的民办学校。学校位于泸县城西酒香大道旁，与泸县二中实验学校和龙湖湿地公园为邻。学校由泸州汇兴投资集团有限公司投资2.6亿元修建，占地61.25亩，建筑面积达3万多平方米。学校现建设有家长接待中心、体育馆、国学楼、人工智能室、生活馆、舞蹈形体室、陶艺室、乐器室、手工室、录播室、教学楼、学生食堂、男女生公寓、高标准运动场、乐学小农场、百草园等教育教学场地。办学涵盖幼儿和小学教育，可容纳1600多名学生。

我校于2020年9月正式开校，秉承天立教育“做中国基础教育的创新者和引领者”为使命，坚持“立人教育、润泽根基，奠基人生”的办学思想，运用精细化的天立教育管理模式，倾力打造智能时代校园，以“六立一达”为核心的“立达”课程体系，着力培养“个性彰显、家国责任、世界眼光的天之骄子”。以“县域标杆，市内一流，川南知名”为办学目标。学校将“扎根泸县、立足泸县、服务泸县、绽放泸县”，为泸县教育高质量发展贡献我们应有的力量！

学校以“做中国基础教育的创新者与引领者”为使命，以“缔造卓越天立教育，成就师生幸福人生”为愿景，以“天之骄子、立己达人”为校训，校训就是学校的办学宗旨，概括出天立教育的整体价值追求、独特气质与文化底蕴，蕴含师生的道德理想、学术人格和历史责任，是天立教育品牌信息的凝练。

何为：天之骄子、立己达人？“天”，《说文解字》释义为“至高在上，从一大也”。是中华文化的信仰体系的一个核心，是指自然万物、宇宙法则。“天之骄子”意指优秀杰出的人。“立”甲骨文里指一个站在地上的人，意思“竖起”、“使直立”的意思。“立己达人”出自《论语·雍也》“己欲立而立人、己欲达而达人”。

我们以培养个性彰显、中国灵魂、世界眼光的天之骄子为育人目标，个性彰显是体现个性化、因材施教、多元成才；中国灵魂是体系民族化、传承古今、有根可寻；世界眼光是面向全球化、中外融合、培养全球视野、全球领先技能。

2018年7月14日，天立教育国际控股有限公司（简称：天立教育，股票代码：01773.HK）在香港联交所主板成功挂牌上市，拉开了天立教育蓬勃发展的新篇章。目前市值近100亿，2012年，集团被评为“全国民办教育先进集体”；2016年，被评为“中国教育创新示范单位”；2017年，被评为“中国品牌实力教育集团”。四川省省长尹力，杨兴平、叶壮等6位副省长、省教育厅厅长朱世宏等先后到天立旗下学校参观和指导工作。

泸县天立小学作为低段，以泸县二中为“龙头”的高中作为高段。低段奠基、高段引领，相信泸县教育的高质量发展定能早日实现！

泸县天立小学作为泸县教育大家庭的新生成员，是这个大家庭中的新生婴儿，它还非常稚嫩，需要大家的呵护，更需要教育同仁的积极支持与帮助。天立人是懂感恩的人，天立人也定是奋斗者，真诚的愿与泸县二中教育集团同仁一起为泸县教育事业添砖加瓦！

新起点，新征程，基础教育强国的崛起，需要树立科学的发展理念，我们将一定以“卓尔不凡、越而胜己”的工作心态和工作精神，“静于心、修于行”，“向阳而生，向善而行”！为推动基础教育高质量发展而努力，以优异成绩向中国共产党成立100周年致敬！

融会贯通　五育润德

——聚焦眉师附小整体推进学生综合素质发展之路

四川省眉山市东坡区眉山师范学校附属小学　陈曦

当时间倒回百余年前，教育的春风还未吹遍大江南北，一所新学校的创建，便意味着教育事业向前迈进坚实的一步。响应教育发展的号召，1904年，眉山师范附属小学正式成立，它坐落于北宋大文豪苏东坡故居三苏祠旁，汲取着厚重历史中的精华。百余年的建设与发展，如今学校采用“五育并举”的教学策略，潜心培养人才，助力学生综合素质提升。

一、推陈出新——响应教育改革局势

20世纪80年代初，素质教育还未全面推进，眉师附小凭借着多年的教育经验以及敏锐的教学直觉洞察到：“分数主宰的小学教育偏离了教育本位，必须归位于学生素质发展。”

1984年，眉师附小承担起探路“整合教育”的科研课题：整合教育力量，以调整教育内容、手段为经，以改革学科教学为纬，主动探索学生素质发展的途径。当时，由于政策背景、社会环境、教育力量、研究力量的制约，使学校的探索遭遇了“破冰”之苦。

有些家长对改革创新的方式并不认同，仍然被传统的观念所禁锢：“学生来学校不就是学习为主吗？”、“这样搞能保证娃儿升上好中学吗？”

面对着家长的质疑，学校勇敢的寻求突破改革创新。1993年《中国教育改革和发展纲要》对学生素质发展的新要求，给学校开展的整合教育探索打了气、鼓了劲。借势而为，附小启动了第三轮“整合”研究。学校在“向家长的一封公开信”说：学生素质发展高于一切，学校教育当为学生终身发展奠基……合力促进学生素质发展。1998年，“培养小学生特长研究”成为眉师附小研究学生个性发展、开展整合教育的新目标。针对特长倾向，课堂教学与特长训练结合，知识教育与道德教育结合，课内与课外结合，校内与校外结合。“课堂教学、特长训练、课余活动”三渠道培养学生特长。创设创新情境，营造创新氛围，创新教学方法；拓展活动空间，丰富实践活动，展示活动成果；评价向活动倾斜……教师创新意识逐渐孕育。

二、五育并举——督促学生全面发展

“我孩子到眉师附小读书，全家高兴。孩子成绩好，还会画画，踢足球，拉小提琴……”工作于人民大学的一位学生家长在附信中说。他把孩子从附小转走一年后，又坚决地把孩子从北京送了回来。

做“乐学善学”的探索者，做“崇尚真知”的实践者，做“责任担当”的主人翁，2010年，学校在校园文化主题“奋励有为，追求卓越”的基础上提出了“做最好的自己”的办学目标，激发学校师生不断加强自我修养、自我提高的内生力量。2019年，眉师附小遵循学校教育规律和儿童成长规律，把握学校教育改革发展趋势，发掘学校文化优质基因东坡文化元素，附小提出构建起以“奋励笃行，慧泽贤雅”为核心理念的　“贤雅教育”思想体系，培养学生“自我奋蹄”、“品学兼修”、“尚美乐创”的基础品质，开启“品质丰盈、活力飞扬、潜能释放、贡献卓越”的大美人生。

三、以德润心——五育荣获优秀成绩

百年教育征程中，立德树人是眉师小不变的原则和永恒的承诺。在当前的素质教育背景下，学校积极的创新活动形式，以五育并举的方式启发学生、教育学生，并获得了杰出的成绩。

以“艺术教育”为落点。作为四川省“首批艺术教育特色学校”，附小已连续举办过33届“艺术节”。2003年，附小获全国少年儿童艺术风采展示大赛器乐、声乐、朗诵类三个一等奖；2004年，在首届中国少年儿童艺术节活动中，眉师附小学生再获综合才艺展示最佳风采奖和独唱优秀奖。

以“体育教育”为特色。2015年，学校2016级学生李泉参加四川省青少年乒乓球锦标赛女子丙组单打第一名，创造了眉师附小学生参加省级赛事的最好战绩；在眉山市、区各级举办的中小学生田径运动会、乒乓球、篮球、足球等比赛中均取得好成绩，连续多年在眉山市健身操舞大赛中，均获得一等奖。

以“科创教育”为活力。学校从2011年正式开展机器人创新教育活动，参加机器人大赛，成效显著。仅2017年，在四川省第九届中小学网络系列活动“青少年创新创客机器人竞赛”中，我校获一等奖14个（全省共设一等奖42个），二等奖4个，三等奖2个，居全省前列。

以“版画教育”为创新。师生版画作品在省、市、区各级赛事中赞誉连连：《三苏祠留影》、《童心荡漾》、《童年趣事》、《鸟儿飞过》、《舞龙》、《农闲》、《丝绸之路》、《国粹·京剧》、《埃及印象》、《美丽的家乡》等数十件版画作品在省市艺术节中斩获一等奖，并交流展示。此外，学校版画工作坊在省、市中小学生艺术节的展评中受到各级领导和专家的高度认同与赞誉。

以“校园影视”为辅助。2017年在第十四届全国中小学校园影视评选活动中学校的微电影《师道》获得微电影入围金犊奖；2018年获全国二等奖2个，全省一等奖2个，二等奖2个，三等奖1个；2019年选送的8件作品全部获奖，其中一等奖1件，二等奖6件，三等奖1件；2020年再获一等奖2个，二等奖2个，优秀奖1个，校长陈曦受邀在大会上作经验交流。

眉山师范附属小学多年来办学品位与特色的提升获得了社会的广泛认可，同时得到了领导的高度关注：原国家总督书陈龙俊，原四川省省长徐世群，原团省委书记邵革军，眉山市委书记、市长，东坡区区委书记、区长，市区教体局有关领导先后莅临学校调研考察，指导工作。学校先后获得“全国语言文字规范化示范学校”、“全国三八红旗集体”、“全国红旗大队”、“四川省校风示范学校”四川省首批“百所艺术教育特色学校””等荣誉称号。

教育如同星星之火，点燃一束微光便能薪火相传。在百余年的创新与发展历程中，眉山师范附属小学始终坚持以学生发展为目标的教育原则，坚持关注学生的成长，并及时更新教育理念，创新教育方法，用“五育并举”的方式实现了现代学校的优质化教育，为国家发展培养了储备性人才。

实施美育课题研究，促进学生全面发展

四川省宜宾市第二中学校　吴俊宏

习近平总书记在党的十九大报告中指出：文化是一个国家、一个民族的灵魂。文化兴国则兴，文化强民族强。而文化水平和自信的提高，有赖于人的文化素质的整体性提高。审美文化就是其中一个最重要的元素。为帮助学生树立正确的审美观，培养健康的审美情趣，我校通过实施美育课题研究，做到以美育人，让学生的个性得到充分的全面发展。

一、课题研究背景

中共中央、国务院颁发的《中国教育改革和发展纲要》中明确指出：“美育对培养学生健康的审美观念和审美能力，陶冶高尚的道德情操，培养全面发展的人才具有重要作用，要提高认识，发挥美育在教育教学中的作用，根据各级各类学校的不同情况，开展形式多样的美育活动。”

我校始建于1911年，是著名抗日民族女英雄——赵一曼的母校。学校现有教学班82个，学生4052余人，在职教师278人。学校借鉴先进办学经验，反思教育中各种异化现象，不骄不躁，静心思考，遵循规律，学校总结提炼形成了回归教育本真的宜宾市二中“求真教育”办学思想。即实施“真管理”，打磨“真课堂”，践行“真德育”，“三位一体”把学生培养成人。目前，学校已形成了“以场育人”的德育模式、“四疑导学”的高效课堂模式、“条块结合，校区管理为主”的管理考核模式，这三大模式已成为确保学校教育教学质量不断高位突破的三大支柱。

对于这样一所百年辉煌老校，在追求培养“求真、向善、立美”全方位人才的同时，我们也清晰地看到学生发展中不平衡的现象。近年来，由于学校规模不断扩大，进城务工子女越来越多，许多家长忙于工作，对学生关心不足，死盯考试分数，审美教育更是欠缺。学生仪容仪表、行为习惯、精神风貌等方面不“美”的地方还一定量的存在。甚至部分学生喜欢低俗文艺、穿着打扮有成人化现象，部分学生存在重智育轻美育，升上高一级学校后兴趣爱好不广泛，素质发展单一，很难适应当今社会发展面临的人才需求。这一系列现象，让我们清晰地看到了学校美育需要努力的方向！

要培养适应终身发展和社会发展所必备的关键人才，美育有着不可替代的作用。因为人的素质是以人的先天禀赋为基础，在环境和教育的影响下逐步形成和内化发展起来的。美育对于培养学生审美情感、道德品质、培养学生健全人格有着非常关键的作用。搞好学校美育，能更好地弥补智育、德育中对学生审美教育培养的不足，能更有效、直接的净化人的灵魂，提升学生人格，培养新时代中学生全面优秀的核心素养。

二、课题研究意义

通过学校美育实施途径探究，促进学生树立正确的审美观，健康的审美情趣，以实现个体的审美发展推动素质全面发展。

通过学校美育实施途径探究，促进教师的成长发展，按照教学相长的原理，学生审美能力的提升离不开教师的正确引导，同时，学生审美能力的提升也能大大激发教师的教学能力和审美鉴别能力。教师能在教中促学，学中促教，不断丰富自身的审美情趣，不断创设新的教学场景，不断开发新的教学手段和方法，引领学生在欣赏美、感悟美、创造美的道路上螺旋式上升。这不仅仅是对学生的促进，更是教师提升自我素养的绝佳契机！

通过学校美育实施途径探究，促进家长审美意识和审美能力的提高。当前，虽然不少家长都热衷于鼓励孩子学习乐器、绘画等，表面上看是重视、支持艺术教育，但实际上还是出于一种功利意识，比如孩子学到了哪些乐器，掌握了哪些演奏技巧，获得了哪些奖励，在孩子的升学考试中有没有加分；甚至有的家长还让孩子参加一些社会活动获取商业利益。从一部分家长自身来说，他们成长于物资匮乏的年代，现在又终日奔波劳累工作，连精神生活都极少，更不要谈审美能力；还有一部分家长，休息等于打麻将、玩手机，学生长期在这种家庭教育环境影响之下，不仅会缺乏审美能力，更会对他们的行为习惯甚至人生观都会产生负面影响。我们在进行课题研究的过程中，设想能通过培养学生审美能力，促进家长审美意识提高，让家长和学生同时参与到认识美、感悟美、表现美、创造美的实践活动中来，促使他们形成良好的家庭教育氛围，使家庭教育和学校教育能保持高度一致，对学生的发展具有重大的意义。

通过学校美育实施途径探究，促进学校和美风气的形成。学校是育人的场所，审美能力的教育自然应该体现在学校的各项教育活动之中，渗透在各学科教学过程、各类德育活动中。学生的审美能力提升，对学生的道德素养提升有极大地促进作用， 如改变他们对文字的不恰当运用，减少使用低俗“表情包”等网络语言，帮助他们重新认识赵一曼等英雄事迹的内涵，帮助他们重新塑造自我外形形象，不穿奇装异服，不剪怪异发型等，进一步夯实我校“求真知、逐真理、做真人”的德育场，促进我校德育工作的进一步提升，形成良好的德育环境。

三、课题研究目标内容

总体目标。通过探究核心素养下学校美育实施的途径和策略，不仅创新的将核心素养和学校美育结合起来，促进学生、老师、家长、学校多方共同成长，实现美育对德育、智育、体育发展的积极影响，更能对其他同类型学校美育的实施提供参考性。

理论目标。通过课题研究实践提炼，归纳出初中阶段学校美育促进学生核心素养的实践操作原理，厘清美育与培养核心素养之间的内在关系。

实践目标。通过美育实践，促进学生具有美的理想、美的情操、美的品格、美的素养，具有欣赏美和创造美的能力，形成正确的审美观，提升学生人格品质，进而帮助学生形成正确的世界观、人生观和价值观以指导其言行，促进学校美育特色发展，培养具有人文情怀、审美情趣、责任担当、实践创新等核心素养的新世纪接班人。

研究内容。一研究初中生审美情趣、审美观念、审美能力存在的偏差和不足以及解决对策；二研究初中学校“以美育人”的整体美育课程体系的建立和实施策略；研究初中学校美育激励评价机制，实现师生共同成长的新途径。

四、课题研究方法

行动研究法。以提高行动质量、改进实际工作、解决实践问题为首要目标；坚持教学行为与科学研究相结合，行动过程与研究相结合；提供自然、真实、动态的工作情境，打造“育美”课堂；制定具有发展性的活动计划，开展过程中保证具有系统性和开。

放性，培养学生高尚的审美情趣。

文献法。通过查阅文献资料，达到理论与实践相结合，研究学校艺术教育如何提高学生审美教育。

调查法。收集各种教学案例、调查问卷，活动表演等进行深入分析，探究学生审美能力和审美情趣提高的策略。

观察法。观察法是有计划地对所要研究的对象进行系统的观察和考察所取得研究资料的方法。研究实践中，及时观察学生的表现，及时调整艺术活动的策略。

经验总结法。是在不受控制的自然形态下，依据教育实践所提供的经验事实，分析概括教育现象，认识教育措施、教育现象与教育效果之间的必然与偶然联系，从中得出规律性的认识，上升到教育理论高度的一种研究方法。本课题指对学生在学校美育途径中艺术素养是否得到提升的经验总结。

五、课题研究实施步骤

第一阶段（2018年4月—2018年9月）。成立课题组，分工协作，学习搜集整理课题相关资料；制定研究方案及具体实施计划；课题组内展开讨论，修订研修方案。

第二阶段（2018年9月-2020年9月）。开展调查问卷；开展行动研究，全员育美；收集过程性资料进行归类分析，召开课题组中期研究会议；做好课题阶段性工作总结，撰写中期研究报告。

第三阶段总结阶段（2020年9月—2021年9月）。收集研究结束时的各种资料，做好研究数据及案例分析整理，总结相关经验；研究成果展示会，展示艺术社团活动，学生艺术节，课题组成员论文、总结案例、学生征文、学生获奖证书等；撰写结题报告及专家论证鉴定；课题成果汇集、结题。

六、课题研究成果

学生方面。通过美育实践研究，我校学生在发现美、欣赏美、表现美的方面得到大大提升，学生的思想境界和人格发展得到提升。

教师方面。通过美育实践研究，提高了我校教师的审美素养。全体教师努力以自己美好的形象、优美的语言打造美妙的课堂，用知识的严密美、结构美、深邃美来感染和陶冶学生。

学校方面。通过美育实践研究，学校实现了美育的“四个结合”——将美育与德育相结合，与各学科教学和社会实践活动相结合，与落实义务教育阶段“体育、艺术2+1项目”达标活动相结合，与减轻学生课业负担相结合，逐步形成。

家长方面。通过学校不断地努力，美育不仅是在学校内取得不俗的成绩，也走出校门，影响到了学生家长。随着课题的展开，家长对于孩子美育越加重视，也较之课题刚开始时更加支持学校美育工作。

文化辐射方面。通过美育实践研究，学校课程建设体系不断完善，构建以美育人、文化浸润育人的美育环境，学校办学水平不断提高，美育成果辐射面广。

今后，我校将一如既往，积极开拓进取，大力抓好美育工作，不断探索美育课题实施新的路径，以美育传承中华优秀文化，以美化人带动实践与创新，培养学生全面发展。

立德树人守初心　智变求新促发展

天津市雍阳中学　李文和　徐晶

教育乃生命之源泉，关乎国家、民族发展和存亡。只有在教育的土壤中深耕细作，做有品质的教育，办有意义的学校，才能持续推动社会向前发展。归根结底，教育的本质是育人。多年来，我校始终坚持以“健康成长，快乐学习，追求卓越”的办学理念，把“志存高远、胸怀祖国、砥砺坚韧、锤炼品格、刻苦求知、强健体魄”作为学校精神内核厚植于教育教学活动中，以人为本，从小、从细、从实开展综合素质教育，不断拓宽学生眼界，丰富学生知识，以学校深厚文化为基石，积极营造良好的学习氛围，彰显学校办学特色，促进学生全面发展。尤其在2020年小升初招生改革以来，面对摇号入学、生源素质参差不齐的七年级新生这一新的教育形势，我校围绕高举教育“旗”，出好管理“牌”，下活特色“棋”，奏响质量“曲”进行积极思考，在传承20年多年办学历史的基础上，通过改革创新、文化引领，形成了广受赞誉、特色鲜明的“雍阳育人模式”和独具魅力的“雍阳精神”，走出了一条独具特色的办学之路。

一、聚焦课程创新，助力教师成长

课程是学校教育的核心要素和重要载体。通过课程建设可以对学生发展真正起到积极引导作用，促进专业建设、师资队伍建设及学生综合素质的提高。多年来，我校始终以国家教育政策为引导，落实立德树人根本任务，优化课程设置，建立科学完善的课程体系，切实加强学校课程体系整体规划和特色建设。我校积极探索了以“学生为主体，教师为主导”的高效课堂教学模式。以“学生为主体”即在课堂教学活动中以学生“自主学习→合作探究→展示交流→巩固提高”为核心的课堂教学环节。以“教师为主导”即以教师的“引导→指导”贯穿课堂教学的每一个环节，引领学生达成学习目标，从而实现高效课堂向高效学习转化。一直以来，我校以“追求卓越，特色育人”作为校本课程建设主题，将基础性课程、创新性课程、拓展性课程三者有机结合，科学开设适应学生年龄、身心发展特点和彰显学校办学特色的校本课程。将学校校本课程归纳为科技类、文学艺术类、课程体育健身课程和生活向导类课程四个系列，从多个角度拓宽学生眼界，丰富学生知识。此外，我校还不断完善校本课程体系化、特色化建设，引领学生在高品质的特色课程中，不断锤炼品格，努力促进学生个性化成长，帮助学生在人文底蕴、科学精神、学会学习、健康生活、责任担当、实践创新等方面实现品格提升。

校本科研是提升教育水平的有力途径。一直以来，我校秉承“敬业、和谐、研究、创新”理念，致力于打造创新人才教师团队和优秀青年教师团队。通过校内与校外相结合，集中培训与教师自修相结合，理论与实践相结合，建立和完善以自主学习、实践反思、同伴互助、专业引领、问题研究等为主体的教师培训模式，提升教师的专业素养和教学技能。针对学校实际和教师队伍的结构特点，我校还探索出一些灵活多样又极富实效的特色培训项目。如通过“名师工程”、“青蓝工程”，引领青年教师成长，充分发挥学科骨干教师的示范和引领作用，全面提高学科整体教学水平。同时，学校实施“优课计划”，组织开展每年一度的校内“三课”，即新入职教师合格课、青年教师创优课、骨干教师优秀课竞赛，引领新入职教师成长，努力使青年教师在传承经验的基础上，快速形成自己的教育教学风格。此外，我校还拓宽思路，注重“校际交流”，利用京津冀基础教育学校协同发展的优势，积极参加京津冀基础教育学校协同发展共同体交流活动，对教师转变观念，提升专业素质和教育教学水平起到有力的推动作用。

二、深挖文化源渠，彰显学校品牌

校园文化是一种无形的精神力量，是学校的立校之魂和向上之根。办学至今，我校十分注重文化育人，立德树人，知行合一，以学校为阵地，深入挖掘学校文化内涵，积极营造浓郁的文化氛围，促进学生全面发展。

学校以素质教育为中心，发挥学生的主体作用，构建以学生为主体的自主、自学、自治的学生自我管理体系，使学生“学会做人、学会学习、学会发展”，通过开展主题教育活动和社会实践活动实现全面发展的育人目标。主题教育活动包括爱国主义教育活动、理想信念教育活动和养成教育活动。学校通过组织国防教育夏令营活动，强化学生的爱国主义教育、国情教育与国防教育；加强“党史学习教育”活动，让全体学生铭记光辉历史、传承红色基因，在学习领悟中坚定理想信念，在奋发有为中践行初心使命。同时学校积极开展每日经典诵读活动，举办读书会，建立“读书漂流站”等，让学生在深厚文化熏陶中成长、积累、丰富自身底蕴。学校还制定科学、完善的学生管理制度，并汇编为《雍阳中学学生手册》，成为学生共同遵守的行为准则。组织校学生干部换届竞选，对学生干部定期组织培训会、交流研讨会等，推进学生干部积极参与学生自主管理。开展养成教育系列班会活动，从不同方面引导学生树立养成良好习惯的意识。社会实践活动包括志愿活动、研学活动和体验活动。学生志愿者团队本着“奉献、友爱、互助、进步”的服务精神，组织开展敬老、护幼、助学、环保、科普、文化宣传等志愿活动，展现了雍阳学子“好修养、高素质、讲奉献、有担当”的精神风貌；学校还充分挖掘教育资源，将当地的风土人情、历史文化与学校特色活动、学科教育有机整合。在研学过程中，将思想道德教育、礼仪文明教育、生态节约教育融入研学活动中，用爱国仪式、户外课程、探索实践等充实研学内容，形成了思想教育、知识积累、集体生活方式、社会道德体验四位一体的研学模式。此外，学校积极组织了学生参观空军部队飞行表演，与大型战备武器零距离接触；在公安局110指挥中心携手，让学生现场了解接警、调度、信息发布等应急指挥程序；在绿博园、热带生态植物园，生物、地理兴趣小组进行实地考察，美术小组开展艺术写生。在“学农基地”的劳动实践中，学生或为农作物除草，或采摘农作物，体味劳动、收获的快乐。2017年，学生在实践基地亲自种植、栽培太空作物。今年，学校组织“走进南开大学”研学旅行活动，在南开校园，开展建队仪式、入团仪式，国学社团在西南联大纪念碑前展示经典诵读《上下求索》，抒发爱国情怀，借南开厚重的历史文化激发学生民族自尊心和自豪感，用学生对高等学府的向往来开启雍阳学生梦想之门。

除此之外，学校还通过加强学生心理健康教育，塑造健全人格。学校组建了心理健康教育团队，完善心理健康教育机制。专门开辟了“心理危机绿色通道”。同时建立“爱心助学档案”，对暂时有困难的学生，用平等真诚的态度给予帮助，以增强其信心，激发其求知欲，使其勇敢面对困难和挫折，产生归属感。此外，我校还充分发挥家校协同作用，共筑“健康成长港湾”，建立家校联系长效机制，通过“家庭大讲堂”，为学生家长普及心理健康、亲子关系等家庭教育知识。

三、不忘育人初心，成就品质未来

教育之美在于与艺术的交互融合，教育既是艺术的支撑，也是艺术的营养。为了提升学生艺术修养，我校以美育教育为契机，充分挖掘美育教育资源，组建艺术活动社团，提高学生的美育素养和思想道德水平。目前学校共有书画、舞蹈、合唱、器乐、鼓乐队、经典弦乐、戏剧七个艺术社团。各社团由专业教师进行指导，每周开展活动，有效提升了学生的审美能力，拓展了学生的艺术发展空间，弘扬了中华优秀传统文化。此外，我校也大力开展艺术活动，在全校范围内广泛开展校园集体舞活动。艺术教师根据各年级特点为学生选编一套集体舞，充实艺术活动的内容和形式，丰富大课间文体活动，营造良好的校园文化环境。2018年，中国教育电视台《传承的力量》节目组曾专程来到学校，录制大型团体操《青春飞扬》，并在中国教育电视台播出。学校每年还定期举办学生优秀书法作品、写意画、泥塑人物肖像、校园安全漫画、我爱我校标志设计等展览活动，提高学生的审美情趣。学校还为学生搭建实现闷响的舞台，每年一度的校园艺术节成为展示学生艺术特长和学校艺术教育成果的绚丽舞台，每届艺术节全部展品均是学生亲手制作，文艺展演中的精彩节目均是学生自主编排，各展区的解说词均由学生独立撰写。学生们的合作意识、创新精神、智慧与才华在活动中充分展示出来。

教育是建立在身体健康之上的精神升华。所以，要想有好的教育，就要有好的体质。一直以来，体育教育都是教育实施的重点。为此，我校深入贯彻“健康第一”思想，全面提高学生身体素质、健康水平和运动竞技水平，大力开展丰富多彩的大课间活动确保学生每天锻炼一小时。组织好学生广播体操的同时，不断推陈出新，开展多种形式的强身健体活动，让学生真正体会到“我运动、我快乐、我健康”的意义。学校每月定期开展的校园体育竞赛活动，营造全员体育的氛围，春季长跑比赛、篮球联赛、足球联赛、拔河比赛、队列广播操比赛、趣味游戏躲避球比赛及每年的秋季运动会等，进一步丰富学生课余生活，提升学生体能素质，提高学生团结协作意识，增强集体荣誉感。针对学生个性差异和兴趣爱好，结合实际情况，我校还组建了健美操、篮球、足球、排球、乒乓球、田径等多个体育运动队。此外，学校加强体育中考系统训练。自天津市实施体育中考测试以来，我校学生体育中考成绩连续多年创新高，并在全市遥遥领先。

总之，教育，就是精神的唤醒，潜能的显发。今天，经过多年的建设，我校已走出了一条特色兴校之路，它以课程创新为导向，不断提升教学质量，通过丰富多彩的活动，彰显了学校特色品牌。教育者们懂得传承与创新，敢于改革和实践，默默坚守着育人理念，用心培育，用爱浇灌，着力为学生更深远的发展夯实基础，让更多的学生绽生命的光彩。

一辈子用心用情做一件事

云南省昭通市昭阳区第五小学　杨正聪

我不是火炬，但我从事的是点亮火炬的事业；我不是太阳，但我托起的是明天的太阳。回顾走过的教育之路，我既感充实，欣喜，又觉得任重道远。我无悔于我的选择。我的生命因教育而精彩，也因教育而绽放光芒。我出生于1970年5月，是一名共产党员，1997年来到了昭阳区四小任教。由于成绩突出，2008年便担任了四小的教务主任。也是由于成绩突出，2009年8月，我受党组织委派，只身一人来到地处城乡接合部的农村学校——学庄小学，带着先进的教育理念和管理模式，用我的亲和力、组织力以及自身榜样的力量带领着一个团队，经过11年的不懈奋斗，不断深化改革，不断创新管理，不断提高教育教学质量，不断扩大办学规模，完成了从规范办学向特色办学的华丽转身并再向集团化办学的蜕变。

由于工作业绩突出，2010年我被表彰为“云南省骨干教师”，2011年获省级“优秀辅导教师”称号，　2011年获省级“三生教育骨干教师”称号，2015年获国家课程教材研究所“全国小学数学课堂教学课件指导”奖，2018年被区委政府评为“名校长”，2019年10月荣获云南省“优秀少先队工作者”等荣誉称号，2020年9月获昭阳区委、区政府评为“优秀校长”……

一、回首过往历程，聚力未来发展

回首来时路，我永远记得10年前第一次踏进这所学校时的情景：曾经这里仅有1栋办公楼，1栋教学楼，学生405人，校园随处可见荒草，校园周边环境较差，很多学生蓬头垢面，学生养成习惯更是糟糕。

十年前，这里是一所村完小，是一所学生不愿意来读书的学校。来到这所学校后，我一边全力推进教育教学改革，一边从提高教师素质着眼，同时还不断争取资金改善办学条件。在我的带领下，班子成员以及广大教师笃行致远，砥砺前行，逐渐开新局，扭转了落后的局面。第一届毕业班，并校之初摸底测试，语文37、数学39分，总均分76分，一年后，全区统测中语数总均分跃升为172.5分；两年后六年级的语文、数学在全区统测中总均分高达176.5分。

十年后，昭阳区五小拥有了4个校区、走上了集团化办学的发展道路。目前，学校共有教师358名，女教师238名，教学班级128个，在校学生6767名，总占地面积168亩。现有国家级、省市区级骨干教师、名师等共计200多名。几年来在全区的质量监测中，区五小稳居榜首。2020年，我校被评为全国文明校园，全省党建示范校，云南省优秀少先队大队。建校以来，学校获得国家级、省市区级奖项共计100多项。这些成绩的取得却离不开全校教师的辛勤耕耘和默默奉献。

二、坚持以人为本，心系教师冷暖

十年来，我校始终坚持以人为本，把老师们的冷暖挂在心间，积极开展慰问送温暖活动，多方面关心老师们的生活。我是一个管理者，也是一名女性。我也非常重视妇女、儿童工作的开展，在抓好学校其他工作的同时，我们还认真了解女老师们最关心、最直接、最现实的问题，倾听女老师们的心声，为她们排忧解难。每年“三八”妇女节、教师节学校都组织开展丰富多彩的活动，展现女老师们在生活中积极向上的力量和与时俱进的风采。除了生活上关心，还在思想上引导，工作上帮助，我常常对女教师们说，我们女性要能顶大半边天，要有更高的价值追求，在追求的同时，将所感、所悟与学生一起分享，以一个行动者的姿态去照亮学生前行的路，而不是一个说教者。

我非常注重教学质量的动态管理。生活中，教师们无论遇到什么困难，首先想到的就是我，而我总是想方设法帮助他们解决，帮助他们解除后顾之忧。

十年办学路，十年兴校史，苦、累是肯定的。我们遇到过无数的困难，但在我的内心深处，我时刻坚守：教育是一个漫长的过程，我要一辈子用心、用情来做。尽心尽力、尽职尽责地干好教育工作，也是五小人对社会唯一的回应。无数个早晨，我总是顶着风霜雨雪、迎着朝霞曙光最早一个走进尚未完全醒来的校园，开始一天繁忙的工作；无数个傍晚，我总是伴着灯火，带着欣慰和倦意最后一个离开学校。学校，成了我心中的绿洲和梦中的圣地。

三、潜心教育事业，舍小家为大家

前些年，我的孩子上初中，我和丈夫都因为工作的原因而从来没有去开过一次家长会。我觉得是愧对孩子，孩子是“放养的”。孩子也抱怨说：“你们是为了你们的事业而努力，却忘了你们是带着娃娃的，你们没有尽到大人的责任。”

孩子上高中时，有一次，我和丈夫都出差在外，孩子没人照管，闹铃响了也没起来，那天早上孩子就没有去上课，老师打电话来了才知道，后来请人撬开门进去才把孩子喊醒。孩子委屈地哭了，我在外地也自责地流下了眼泪。

、我不但对不起孩子，还连父母生病住院都从来没有去守护过，都是其他的亲人去照料，我只能晚上抽时间去探望一下。而当有老师生病住院，我总会亲自带领班子成员一起去看望，为生病教师送去关怀和温暖。自古忠孝两难全，在两难选择上，我站在了工作的一边。我用一片丹心，铸就师魂。而在利益面前，当评优、职称评定推选时，我总是自己往后退，把教师往前推。

十年，在人生的长河中说短不短，说长不长，但是对于一所学校的发展来说，却是短得不能再短的，然而，我带领我的团队创办了大家满意的教育。实现了“学在昭阳”的目标，如今，正在向创办优质教育前行。

岁月如歌，三十多年风雨沧桑，我坚守着教育报国“初心”，牢记着筑梦育人“使命”，守望着那崇高的理想，守望着那个甜美的梦，谱写着一曲人生平凡而卓越的乐章。新的征程，新的使命，我将继续在教育事业上潜心耕耘，不断前行，引领我校再谱新的篇章，为建设教育强国贡献自己的一份力。

进得来　留得住　学得好

——永胜县民族中学民族团结进步工作综述

云南永胜县民族中学　陈汝弘

一直以来，学校特别重视民族团结教育工作，把民族团结教育工作列入学校重要的议事日程。

永胜县民族中学是一个有多民族学生就读的学校，一直以来，学校特别重视民族团结教育工作，把民族团结教育工作列入学校重要的议事日程。坚持不懈地加强民族团结宣传教育工作，通过采取各类政治思想、文化交流、业务学习、互帮互学等多种形式，认真开展民族团结进步创建活动，使民族团结之花开遍校园。

永胜县民族中学作为云南省定24所全寄宿制民族中学之一，拥有20个初中行政班和26个高中行政班，占地105500平方米，建筑面积73703.9平方米，绿化面积36073平方米。在校学生2127人，教职工197人，其中少数民族教职工38人；在校学生中有彝、傈僳、壮、回、傣、白、纳西、藏、蒙古等少数民族学生866人，汇聚着来自永胜县不同乡镇、不同民族的优秀学子。

多举措促进民族团结

抓舆论宣传。充分利用横幅、宣传标语、墙报、黑板报等宣传工具，在校园内加大宣传力度，广泛宣传党的民族政策，宣传民族团结教育的重要性，使广大师生在自觉与不自觉中受到了民族团结的教育，营造和谐民族氛围。

多种形式开展民族团结教育。开展“家乡的变化”、“民族团结”等主题教育征文活动，不断增强民族自尊心、自信心和自豪感。组织开展听心理健康讲座、禁毒防艾知识演讲、消防安全演练等活动，对学生进行形式多样的“爱国主义”、“集体主义”、“民族团结”教育。在教学中将民族团结、社会主义核心价值观融入课堂中，开展民族团结教育，使学生从小就树立“三个离不开”的思想，不说不利于民族团结的话，不做不利于民族团结的事；热爱家乡，奋发图强。举办民族团结知识竞赛。学校以增进各族同学间的相互了解、团结友爱为目的，组织不同年级的学生开展民族团结知识竞赛。每周安排各班班主任开好民族团结示范课，利用多媒体、图片等形式，让学生了解统一多民族的国情、民族政策，进行民族团结教育。以德育处为抓手，在每天大课间时间，组织全校学生跳民族舞蹈，既让学生的身体动了起来，又让他们在舞蹈过程中感受民族文化的魅力。

加大教育扶贫力度，强化直过民族教育

该校生源主要来自全县72个特贫困村的少数民族。为保证每个傈僳族村有一个学生在该校就读，在县委政府的统筹和大力支持下，2016年9月组建了以傈僳族学生为主体的少数民族班，截至2019年9月，已招收了四届。为了更好地办好少数民族教育，由县委政府牵头，先后聘请县委副书记熊洋、财政部挂职永胜县人民政府副县长王鹏、财政部挂职永胜县县委副书记魏高明、永胜县统战部部长王树菊、县委常委、上海杨浦区挂职永胜县副县长王晨4位领导为该校四届民族班的名誉班主任；2017年在财政部和县委政府的统筹下，建立了与云南民大附中合作帮扶的常态交流机制，通过学生互访，教师培训等形式，极大地促进了该校民族教育的发展。该校的少数民族学生除享受正常的义务教育阶段各项补助外，每人每年还享受县级生活补助500元，民族班学生还享受县委、县政府每年5000元的特殊补助。实现了少数民族学生“进得来、留得住、学得好”的目标。

该校在下午的课间活动中以跳民族舞的方式，在加强学生身体素质锻炼的同时，也在舞蹈活动中让学生体会各民族的优秀文化和精神面貌。每年学校开展冬季运动会暨文艺汇演活动。运动会中各族学生充分发挥自身优势，展现运动风采和集体主义精神；文艺汇演节目形式多样，体现了与时俱进的时代风貌，展现了各民族的优秀文化精神。2020年7月28日，学校举行“浓情火把七月聚，民族团结一家亲”为主题的火把节篝火晚会。

通过民族大团结教育活动的开展，让各民族学生感受到党的温暖，认识到民族团结的重要性，使全校师生牢固树立了“团结稳定是福、分裂动乱是祸”的思想，各族师生以团结互助、同心同德、共创未来的实际行动，进一步增进了民族团结，促进了社会和谐。

教育路上的追梦人

——长沙市岳麓区金律教育培训学校阳立高校长的“金科玉律”

长沙市岳麓区金律教育培训学校　杨丹

教育事关千万家庭对美好生活的向往，事关国家和民族的未来，是最需要情怀的事业。坚守教育情怀，就能创造教育奇迹。湖南省长沙市岳麓区金律教育培训学校的阳立高校长用自己的实践诠释了这个命题。他创办的金律教育培训学校招生人数从最初的14人增加到1000多人，连续九年考前文化冲刺班学生高考人均提分140多分，一本上线率稳定在51%以上，本科上线率高达90%以上，每年都资助众多贫困学子追梦圆梦。阳立高也因此获评2020年度“感动湖南”十佳人物。金律的成功，源自于阳立高对教育实践的持续探索，对教育梦想的执着追求。

助学生追梦圆梦

从普通中专毕业，到中学教师，到读硕攻博，到长沙理工大学教授、博士生导师，再到自主创业，贫困山村出身的阳立高走过了一段艰辛却无悔的奋斗之旅。在求学过程中，阳立高坚持做家教，不仅让自己逐步走出了生活窘境，也让更多高中生尤其是艺考生圆了理想大学梦。这也为他今后的职业人生埋下了一颗“种子”：让更多孩子成就梦想，让艺考之路不再艰辛。

针对当时艺考培训市场鱼龙混杂、培训质量不高的痛点，阳立高决心创办一所高质量的艺考生文化艺术培训学校，用心、用情、用爱、用智帮助更多艺术考生追梦圆梦。2006年，阳立高就投身艺考生文化培训；2012年，金律艺术文化培训学校正式启航。之所以取名“金律”，阳立高解释说，就是提醒自己要始终用教育情怀和工匠精神探寻教书育人的“金科玉律”。

如今，金律成功了，阳立高信心满怀，谋划起更高远的目标：办一

所高水平、高质量的艺术高中，帮助更多孩子走上艺术之路，追寻艺术人生，实现艺术梦想；在贫困山区建立一批艺术"追梦室"，让山区孩子免费体验和学习，撒播艺术的种子。

助学生尚善尚美

到金律就读的孩子，多数文化基础较差，不少学生还有心理和性格上的不足，或高考连续失意、信心不足，或性格孤僻、沉迷游戏，或心理脆弱、抗压能力低，或与父母关系极度紧张。但阳立高校长认为，其实每个孩子都很聪明，都是向上向善向好的，关键是要帮助他们明确目标、树立信心、寻找希望，并沿着既定目标不懈努力。

要让孩子"眼里有光"，教育者首先要心中有爱。阳立高校长注重全方位关爱学生：带头给孩子们上思政课，针对明星艺人热点事件展开讨论，引导他们正确"追星"，争做德艺双馨的艺术工作者；聘请高素质的励志教官团队，用励志名言、励志故事引导学生坚定信心，保持昂扬的斗志和饱满的激情；倡导老师主动关注孩子们的思想动态，用爱心、耐心、责任心去感化他们，让他们真切体验到老师的关切、关心和关怀。

"家长把孩子送到学校，交付的是孩子的未来，是家庭的希望。孩子培养不好，我们就会对不起自己的良心。"在办学过程中，阳立高校长始终坚持把德育摆在首位，倡导"人人都是育人导师、处处都是育人场所、时时都是育人契机"，着力引导每一位学生积极向上、尚善、尚美。

让教学有趣高效

为获得更高效的学习，阳立高校长依据"学中乐，乐中学"的乐学式教学理念，倡导教师善于寻找学习规律，掌握教学方法，运用发散思维，培养学科素养，从根本上解决学习苦、学习累、效率低等问题，引导学生快乐学习、高效学习。在不断地探索、实践、总结中，阳立高校长带领教师们摸索出了一套独特高效的"金律教学模式"。

注重课程开发。运用大数据精准分析知识结构，根据学生的认知规律和学习特点，重组学科内容，自编了一套校本课程，将考点、重点、难点知识以学生最容易理解、最乐于接受的方式呈现，力争学生在最短的时间内实现成绩的快速提升。

注重小班教学。每班安排15名学生，配备6名任课教师、1名班主任、6科作业辅导老师，学校师生比高达1：5，远超普通高中学校师资配备标准。

注重团队打造。学校特聘资深高考命题（研究）专家、联考评委27人，中学特级教师21人，高级教师38人，其他管理与教辅人员197人。其中，聘任教辅人员的最低门槛是重点高校的"学霸"。

注重思维培养。学校引导学生探究如何将社会热点与理论知识更紧密地结合，探讨如何沿着命题专家的命题思路来破题解题，如何对焦高考试卷评阅专家的评分标准来答题，从而探索高考命题规律、预测考试重点，尽量把复杂的问题简单化。

"学生不断体验学习进步，他们就会觉得学习是一件非常有乐趣、有意义的事情，就会更加积极主动、更加自信地学习"。阳立高的底气来自众多金律学子的成功实践。"金律老师讲课有趣有效，他们的耐心和细心让我变得主动，他们的教学方法让我们变得自信！"颜觅在金律教育老师的帮助下，顺利收到了清华大学的录取通知书。

让校园温馨和乐

"要把金律校园建设成为师生共同的学园、乐园和家园，让每个师生在温馨和谐的环境中自由呼吸、幸福生活、快乐成长。"阳立高校长对他的金律有着一份朴素而浓厚的感情。

为让孩子们学得舒心开心，阳立高校长建立"全天候密切跟踪"制度，既要求任课老师上课运用启发式、探究式、讨论式教学，力争让每位学生都听得懂、会做题，还安排专职班主任全程陪同上课。课后和自习时间，则安排学霸辅导老师"一对一"辅导，让每个学生每天有所得、有所进步。

为让品学兼优的农村贫困学子能上得起学，阳立高校长特开设"圆梦班"，全免学杂费，帮助他们冲刺顶级名校。尤为值得称道的是，金律对学生的资助是悄无声息的，学生本人并不知晓，为的是减轻学生的心理负担。

习近平总书记指出：文艺是时代前进的号角，最能代表一个时代的风貌，最能引领一个时代的风气。阳立高对金律充满期待和憧憬：未来，金律不仅只是艺考生考取理想大学的筑梦场所，更是众多优秀文艺工作者的成长摇篮。

"特色评价"，让学校教育充满生命力

浙江省东阳市吴宁第四小学　王菁菁　范赛红　陈惠芳

教育评价是什么？对学校而言，它是办学导向的"指挥棒"。"有什么样的评价'指挥棒'，就有什么样的办学方向"。作为建校百年的历史名校，搞好评价教育，并且走特色评价教育之路，一直为我校的教育传统，被奉为教学圭臬。

吴宁四校创办于1906年，地处雅溪河畔、笔架山下，与肃雍堂比邻而居，已有115年的办学历史。回望百年耕耘路，展望明天奋进时。学校以"雅"为精髓，秉承"明道、知礼、慕雅、博学"的校训，挖掘肃雍堂儒家文化，延伸到"乐雅"文化，设计了"乐雅"校徽，创作了"笔架山下，雅溪河畔，书声琅琅……"校歌，形成了富有创造性的乐雅课程。将德育融入学校教育教学评价环节，亦是我校开展特色评价的主旨精神。

一、多元化评价促进学生综合能力发展

在乐雅教育之下，该如何评价学生？将教育评价视为关键一环的吴宁四校，历来注重学生德智体美劳全面发展，结合学校"乐雅教育"的育人理念，我校以培育"五好"乐雅少年、涵养"四有"慧雅教师、润养"三正"高雅学校为宗旨，以品德表现、学业水平、身心健康、艺术素养、劳动实践为基本内容，以学生的实际表现为依据，以"吴宁四校'五好乐雅少年'成长足迹"为抓手，确立了多元化的评价方法，力求全面反映学生的综合素质状况，推进课程改革和素质教育深入实施。

拿起学校的评价表，每一栏都诉说着学校对"五好乐雅少年"的殷殷期盼。"评价方案"根据德智体美劳全面发展的要求设有"品德表现"、"学业水平"、"身心健康"、"艺术素养"、"劳动实践"5个主栏目，主栏目下再设置子栏目，如"品德表现"一栏中设计了"爱国守法、诚实守信、关心集体、文明守纪"，"学业水平"一栏中设计了"学习态度、知识水平、学习能力、学习习惯"，"劳动实践"一栏中设计了"劳动实践、劳动态度、劳动技能、创新实践"4个子栏目。

再用历史的眼光去回望评价表，每一项的设立都是百年人才辈出的验证经验。学校创办一百多年来，培养出了当代原子核物理专家、博士生导师卢希庭，海洋遥感首席科学家、中国工程院院士潘德炉等知名校友，而这些人身上，都流着"五好乐雅少年"的血液。

每一张评价表的背后都来自学校精心设计的众多方案，包括"吴宁四校'五好乐雅少年'成长足迹"、"吴宁四校'五好乐雅少年'评价方案"、"吴宁四校'五好乐雅少年'评价实施细则"、"吴宁四校'五好乐雅少年'评价审核细则"等。

二、有评有奖塑造学生独立性与自信心

一所历来看重教育评价的百年名校，注定比其他学校的评价体系更多彩。2019年，我校进一步深化课程改革，构建乐雅教育课程体系，在课程实施过程中，学校也积累了特色课程的多元评价体系：德育"有生命"，婺剧"有传承"，体育"有活力"，美术"有心性"，书法"有灵魂"，口才"有艺术"，劳动"有创新"。

"多元评价"，是基于美国心理学教授霍华德·加德纳提出的"多元智能理论"的一种评价方法，实质就是赏识教育，旨在关注学生的优点和长处，通过表扬、赏识、称赞、鼓励等方式不断巩固强化学生的优点，培养学生的自信心。因此，学校的多元评价体系也对标着不同的奖励机制。

比如，德育"有生命"，对标的是"明道知礼乐雅好少年"。通过雏鹰争章活动，如大队部会设计文明标兵争章、礼仪标兵争章、光盘标兵争章、孝敬标兵争章等，由班级、学校、家庭、社区等参与评价，选出"明道知礼乐雅好少年"。

婺剧"有传承"，对标的是才艺章。学校把婺剧艺术教育贯穿各项活动中，根据学生特点、婺剧的难易程度，制定了各年级雏鹰争章的内容。一至三年级，婺剧绘画章、婺剧欣赏章；四至六年级，婺剧表演章、婺剧演唱章，并列入各中队兴趣章目中，依托班级争章活动氛围开展婺剧争章活动。此外，凡是在省市级比赛中获得一等奖的学生，可直接获得才艺章。

口才"有艺术"，对标的是"优秀口才"奖、"卓越口才"奖等。学校按照"培养卓越口才"行动规划，根据学生年龄特征，按年级分6个专项进行口语表达阶梯训练，根据不同年段的学生特点以及口语训练的要求，学校制定了各个专项类型的考核与评价标准，开展年段过关达标检测活动，每学年检测一次，要求人人参与。在班级推评中获得"三星"的学生参加校级检测，凡校测"三星"学生获学校"优秀口才"奖，获奖名单与照片在新教育专栏中张榜公布，同时可以直接申报相应的单向乐雅好少年。如果连续几年获"优秀口才"奖的学生则获"卓越口才"奖。

三、结束语

教育评价旨在更好地发展学生个体的综合能力，现代化发展对人才能力的要求更倾向于综合性。所以，我校的特色评价体系内容也更加具有教育的前瞻性，体现的是对学生综合素质能力的判断和培养。如今，学校正在研究设计2.0版本"五好乐雅少年评价系统"，相信教育评价的创新模式将更有效地激发学校发展的新活力。

尚德教育绽华彩，鲲鹏展翅铸辉煌

浙江省温岭市大溪镇潘郎小学 李锐

立德树人是学校人才培养的根本要求，坚持立德树人根本任务不偏移、不动摇，把培养社会主义建设者和接班人作为学校教育的根本使命。我曾名为区立尚志国民学校，于今已有近百年历史。“尚志”是潘郎小学的文化根基和历史传统，先有潘郎西山金郑世酬先生启民开智，后有张骥校长首开温岭北疆完全小学，虽历经十度易名，三次改建，但无一不集潘郎贤良之美德，继尚志之传统，培养了一批又一批优秀学子，教育了一代又一代潘郎百姓。

“尚”是“尚德”，崇尚品德；“志”是“励志”，磨炼意志。将“立德树人”放在首位，教育学生为人为学、立德立志的潘郎小学，从原来的潘郎老街到现在的尚德路，从原来的3个班级、87名学生和5名教师到现在的36个教学班、1568名学生、91名教职工，从原来的关帝庙一隅到现在的现代化校园，用其不息的生命力向世人展示“尚志教育”之历久弥新。

一、确立特色项目，打造传统课程

面临28个教学班中24个班级挤在占地面积只有2000平方米的土地上并且另外4个班级借用的是潘郎中学教室的困境，面临学校仅有一个电脑教室且学生没有足够活动场地的难题，面临学校骨干教师流失严重和缺少必要的教学研究氛围的瓶颈，我校锐意进取求发展，确定学校教育特色项目——“尚志教育”，继承“尚志”文化灵魂，以“尚德励志”为百年校训，努力打造传统课程、创新课程、实践课程在内的“尚志教育”课程体系。

尚志传统课程传文脉。学校尚志课程立足学生的身心特点，遵循学生的发展规律，倾力打造江南水乡式尚志书院，并开设国学讲堂、茶艺展示、书墨飘香等传统课程。同时，从我到教师，自上而下带领学生在校园中植树、美化校园，让学生在油菜花开的春天研究菜籽榨油，在杨梅正红的夏天品梅、画梅、写梅，在瓜果飘香的秋季体会丰收喜悦，在格桑花开的冬日徜徉花海写生……真正做到在耕读园的劳作学习中体味人生的大学问！中华文明的美德和志向在中华优秀传统文化的学习中悄然传承。尚志创新课程，开新局。针对师生的特长兴趣等方面综合调查后，学校科学地开设了智力七巧、奇幻魔方、创意吸管、数字鲁班等创新类课程，帮助学生养成合理利用课余时间、积极动脑思考探索的好习惯。尚志实践课程促全面。为了让学生有更广阔的学习实践经历，学校和东音泵业、韩益3D打印、沙龙鞋业等企业签订合作协议，开发水泵拆装、踏鞋帮等实践操作课程，开展走进社区、走进企业、走进自然系列志愿服务活动，组织参与乡村振兴实践调研，开展“厉害了，我的家乡”主题系列活动：鞋业齐发展——走进沙龙鞋业有限公司，一泵走天下——走进家乡的上市公司东音股份，五水共治理——走进温岭市的污水处理厂，感悟新农村——走进乡村名片沈岙村文化礼堂等。

短短3年时间，尚志课程建设精彩不断：“油菜花”、“杨梅红了”、“鞋出没”、“玩转掌控板”、“玩变绘画”、“二十四节气”、“3D打印”等。这些多彩课程，极大地激发了学生的创新热情，也让学校的精神面貌发生了翻天覆地的变化。学生在小桥流水、茶香氤氲、古今融合的学园里可赏景、可作诗、可动可静，可收获高尚的品德和远大的胸襟抱负，为自己的美好未来插上一双翅膀。

二、加快场馆建设，助推教育发展

我校占地面积20413平方米，建筑面积11738平方米，绿化面积9449平方米，建有体育馆，包含1000平方米的室内篮球场；班班安装电子白板和多媒体教学系统、校园广播系统、无线网络等现代化设施；同时各类辅助教室配置齐全，拥有各类艺术、科学等功能教室33个，包括90平方米的多功能舞蹈厅、40个观摩座位的录播教室、280个座位的多媒体阶梯教室。学校拥有教学用计算机313台，藏书54380册，其他音体美科学等学科器材和仪器设备均按省一级标准配备，设备齐全。我校还倾力打造了“尚志校园十景”，如动感列车、菁华同梦园、尚德君子园、尚德励志园等，学校俨然成为一座美丽的花园。

但，这还远远不够。针对农村缺少科技馆、博物馆、青少年宫等实践活动场所的现状，学校加快场馆建设，“尚志书院”、“童创中心”、“尚志耕读园”以及书法工作室等一系列开阔眼界、展示才能的舞台相继建成，真正为农村学生打造了一所与城市学校相媲美的现代化校园，我也因此获得了温岭市名校长等荣誉称号，2018年入选马云乡村校长计划，成为一名为乡村教育创造佳绩的“网红校长”。

三、加强教师培训，锻造优秀队伍

为了能创建一支专业的教师团队，让每位教师都能上特色教育课，学校邀请长江学者方晓义、中国美术学院周峰博士等专家进行指导，通过组织教师外出学习等方式，加强教师的进修培训，建立课程群教研联合体，以理论学习、专题研讨、重点培训、实地考察，定期交流等形式，对教师进行全员培训，促进课程顺利发展。通过多年艰苦卓绝的奋斗和不懈努力，学校从“0”到“1”寻找带头人，从“1”到“X”组建核心项目团队，实施团队梯队建设战略，逐渐建立了一支具有竞争力的教师队伍。

对古代文学颇有研究的黄老师、倡导学生自主创作创意编程的谢老师、引领学生玩变绘画的蒋老师等，已然成为学校相关教育领域的带头人，为学校的尚志教育研究奠定了基础。中华优秀传统文化——“茶艺展示”课程以及项目负责制模式等已经成为学校课程改革的核心。另外，学校设置的核心团队以外的二级团队也为尚志教育培养出来的一批优秀的教育工作者。教师们不但精于专业、乐于学习、善于创造，还让尚志队伍建设具有强大的凝聚力和创新精神。

志不立，如无舵之舟不知所终；德不明，如无衔之马行无路。尚志教育“为人为学，立德立志，功崇惟志，以德筑梦”就是我校屹立百年不倒的成功之道。乡村教育发展重担在肩，我校历经考验，初心不变，尚志教育是学生永远的帆，让成长之路充满欢声与笑语。

厉兵秣马促发展，砥砺前行扬风帆。站在新的历史起，我校将不断深化教育教学改革，持之以恒培植“尚志教育”，实现教育资源向均衡发展，办好老百姓家门口的好学校！

劳动教育评价体系校本化实践

浙江省诸暨市牌头镇中心小学 赵玉君

党的十八大以来，习近平总书记站在党和国家事业发展全局的高度，就深化教育评价改革作出一系列重要指示批示，为新时代高等教育改革发展指明了方向、提供了遵循。习近平总书记强调，“要围绕建设高质量教育体系，以教育评价改革为牵引，统筹推进育人方式、办学模式、管理体制、保障机制改革”。我校作为诸暨市劳动教育区域推进的典型学校，依托同文少年农科院，将劳动教育纳入学校整个教育体系，致力于劳动教育评价系统的校本化实践。

同文少年农科院前身起源于1990年全国第一所少年农科院越山少年农科院，历经30余年探索，从越山少年农科院服务农业阶段到同文少年农科院发展六大核心素养阶段，四次跨越和迭代升级，时间赋予我们坚定厚重的时代特色。对于劳动教育评价系统的校本化实践，我们学校用架构顶层设计、确定评价方式、细化教育评价指标这三个步骤，来使劳动教育评价体系真正落地。

一、顶层架构设计

我校校本化劳动教育评价顶层架构以“五育并举、融合育人”教育方针为指导，以“让每一个生命活力飞扬”为评价目标，制定并实施宏观和微观相结合的评价体系。宏观评价体系以24节气章为载体进行争章活动。微观评价体系以三大模块为主体，劳动与综合实践活动课程和劳动精神教育为主的基础模块，“农科院大课堂”校本课程以及同文少年宫综合实践类课程为主的特色模块，劳动实践类项目化学习为主的进阶模块。

二、确定评价方式

学校把劳动教育评价纳入学生综合素质评价，构建“366”模式来评价学生的劳动表现。一是评价内容阶段化，包括综合性评价、终结性评价和过程性评价三个层面。二是评价主体多元化，包括学生自我评价、生生评价、家长评价、教师评价、校外辅导员评价、社区评价六个主体。三是评价形式多样化，包括语言激励评价、展示式评价、分享交流评价、竞赛式评价、体验评价、形成性评价六个方面。

三、细化评价指标

二十四节气争章宏观评价。一面向学生个体的综合性评价。期中和期末阶段，由教师、家长、同学依据微观评价体系三大模块中的过程性评价和终结性评价量表以及平时劳动表现对每个学生进行综合性评价，以定性评价为基础，以定量评价为补充，达标的学生可获得节气章。凭节气章学生可竞聘农科院相应岗位，如 “农科院小院士”、“农科院三部四社负责人”、“农科院正副小院长”。二面向班集体的个性化评价。学校开发了“小白话农科”公众号和视频号，通过这两个平台上展示班级集体劳动的过程和成果，对每个班级参与劳动的次数、劳动态度、劳动效果做到可记录、可追溯、可视化。

三大模块为主体的微观评价。基础模块。包括劳动与综合实践活动课程和劳动精神教育两个方面。劳动与综合实践活动课程设立“探索与发现”、“劳动与体验”、“服务与实践”三个板块，学生通过课程的学习，了解如何参与家务劳动、生产劳动、服务劳动，学习技能，经历劳动锻炼。学校采用自评、组评、师评的方式从劳动认知、劳动情感、劳动习惯、劳动能力、劳动成果这五个维度出发制定评价量表对学生进行评价。

劳动精神教育主题模块主要表现在学生听劳模讲座、参加劳动教育主题班会、写劳动主题文章等，在活动中培育劳动价值观。这些活动的评价主要采用同学间分享交流评价。

特色模块。主指“农科院大课堂”校本课程和同文少年宫综合实践类课程。学校开发了《七彩开心农场》、《农科小院士 开门七件事》课程群以及同文少年宫综合实践类拓展课程。采用过程性量表的方式评价该类课程。以《农科小院士开门七件事》课程群为例，采用“6733”模式实施劳动评价。“6”即一到六年级，每个年段要求达到不同的劳动教育目标；“7”即每个年段需完成七件事，一件事一张评价量表；“3”即每个年级的活动课程评价主要依据劳动知识与技能、过程方法、情感态度三维评价；“3”即同时进行自评、组评、师评“三级”评价。

进阶模块。主要以劳动实践类项目化学习为主。为全面评测学生劳动素养发展情况，学校为学生制定真实情境中的劳动任务。主要依托于学校农科院，学生组成探究小组在真实的情境下开展劳动实践项目。主要采用质性评价来记录学生参加劳动实践的表现、成果及心得体会等情况，如以档案袋形式收集过程性文本资料。

四、评价实施成效

教师层面，校本化的劳动教育评价体系的建设加速推进了执教理念的转变，驱使教师更加关注学生在劳动过程中的学习情况而不单单只停留在结果性的评价。开发的校本课程《农科小院士开门七件事》获浙江省第八届义务教育精品课程。劳动教育论文《邂逅农科院，亲近泥土香》获长三角地区未成年人思想道德论文二等奖，《农场里的学科艺术》获省艺术论文一等奖。

学生层面，校本化劳动教育评价体系的建立有效地激发了孩子们参与劳动的动能，助推形成自觉的劳动意识和推动萌生主动融于生活的兴趣。疫情期间，由孩子们完成的“中国疫苗虚拟博物馆线上项目”入选浙江省“抗疫情”项目，孩子们凭借劳动技能自创的《自种鲜花送恩师》作品被新华社报道和相关媒体转载，阅读量超百万。

今后，我校将进一步深化教育评价改革，完善评价体系，落实立德树人根本任务，促进学生全面发展。

坚持立德树人，推进主题教育

重庆两江新区康庄美地第二小学校 王怀伟

习近平总书记在全国教育大会上强调坚持中国特色社会主义教育发展道路，培养德智体美劳全面发展的社会主义建设者和接班人。他要求，“要努力构建德智体美劳全面发展的教育体系，形成更高水平的人才培养体系”。我校自2014年建校以来，学校坚持以立德树人为根本，以培养担当民族复兴大任的时代新人为己任，根据学校实情，确立了“当家教育”办学主张，在学生中持续开展“我是当家人”主题教育活动，引导学生拓宽视野、认知时代、明确目标、积极发展。主题教育活动以“为国当家、为集体当家、为自己当家”为主线，以“树立报效祖国志向、学习当家技能、形成当家本领”为主要目标建立内容体系，通过主题指导、全员参与、实践体验、岗位践行、多方协同、评价促进等多路径、多维度实施，逐步让学生形成“自己的事情自己做，家里的事情帮着做，集体的事情争着做”的自觉意识和良好习惯，为其全面发展健康成长打下坚实基础。

一、创建“主题”教育阶段

第一阶段（2014年9月-2015年8月）主要工作：调查研究，确立主题。根据进城务工人员随迁子女理想信念缺失、自主发展意识较差、文明习惯较差的特点确立了“我是当家人”的主题教育活动。

第二阶段（2015年9月—2017年8月）主要工作：建立体系，推进实施。建立主题教育活动目标及内容，从“为自己当家”入手，逐步推进“为集体当家、为国当家”主题实践活动。

第三阶段（2017年9月至今）主要工作：持续推进，不断完善。拓宽实施路径，从课内到课外，从学校到家庭、到社会，从实践到岗位，从指导到评价等进行不断深化和优化，不断提升主题教育活动质量。

二、健全完善管理制度

学校成立“我是当家人”主题教育活动工作小组，由校长室、德育处、年级主任、班主任、家委会成员、校外辅导员等共同组成，为学校主题教育活动开展群策群力，贡献力量。

建立保障机制。一是建立制度保障。坚持德育首位，将学生的德育情况纳入教职工考核，真正做到人人育德、德育人人。二是提供经济保障。学校每期划出部分经费为活动开展提供经济保障。三是建立沟通机制。融合家校社资源到活动中，实现校内校外教育的有效衔接。

三、持续推进主题教育

开展“为国当家”系列主题教育活动。采用主题表演、演讲比赛等形式，结合学生思想政治教育内容开展国旗下主题教育活动，培养学生的爱家情怀，增强学生的立家责任，激发学生的兴家志向。

开展“为集体当家”系列岗位实践活动。建设“当家岗位”阵地，通过“担当责任我最行”岗位履职活动，提升学生文明素养自主管理能力。少先队大队部组建“红领巾监督岗”对各班进行一日常规检查评比；各班级建立“路队小当家、礼仪小当家、护眼小当家”等30余个岗位，让班级人人有事做、事事有人做；组建志愿者队伍进社区参加服务活动，做好学生志愿服务认定记录，建立学生志愿服务记录档案，加强学生志愿服务先进典型宣传。从各方面培养学生的担当精神和责任感。

开展“为自己当家”系列劳动技能提升活动。结合学生年段特点，分年段有计划地学习劳动技能和本领，展示学生当家风采。在“端午节”、“厨房小当家”、“劳动最光荣”等主题活动中教育引导学生参与包粽子、洗衣服、倒垃圾、做饭、洗碗、拖地、整理房间等力所能及的家务劳动实践活动，不断增强学生的社会责任感、创新精神和实践能力。

构建“家校社”三教合一育人模式。引导家长注重家教、注重家风，营造积极向上的良好社会氛围；构建社会共育机制，实现校内校外教育的有效衔接，实现社会资源共享共建，净化学生成长环境，助力学生健康成长。

创建“当家品牌”系列评选制度。开展以“爱劳动、能自主、勇担当”等综合素养为评比内容的系列评选活动。建立学生综合素质档案，做好学生成长记录，反映学生成长实际状况，根据学生在“家、校、社”每月、每期及假日等评选得分，评选出“当家小达人”、“当家小标兵”、“当家小模范”、“文明小家”、“魅力小家”、“模范小家”等进行表彰。

四、主题教育取得成效

通过开展主题教育活动，探索出了以“为国当家、为集体当家、为自己当家”为主线，以“树立报效祖国志向、学习当家技能、形成当家本领”为主要目标内容体系，以“主题指导、全员参与、实践体验、岗位践行、多方协同、评价促进”等多路径、多维度推进开展主题教育活动的教育模型，具有普遍推广价值。

提升了学生德育素质，促进了学生全面发展。全体学生从最初的内向、不善与人交往转变成为具有爱劳动、能自主、勇担当、爱学校、爱老师、爱国家的小小当家人，真正做到自己的事情自己做，家里的事情帮着做，集体的事情争着做。

增强了教师育人意识，促进了教师专业化发展。学校依据“我是当家人”主题教育活动需要，对教师开展针对性培训，组织开展《进城务工子女学校当家特色校本课程建设研究》、《小学生涯启蒙教育的实践策略研究》等市级科研课题研究，组织教师参加各级各类数百项比赛活动，教师教书育人意识大大增强，促进了教育教学质量提升，取得上千人次获奖的好成绩。

体现了“办人民满意学校”宗旨，促进了学校整体发展。学校开展的主题教育活动得到学生家长普遍支持和称赞，社会满意度高。学校先后获得“全国足球特色学校”、“全国青少年五好小公民示范学校”、“中国新样态学校联盟首批实验学校”、“重庆书香校园”、“重庆市自然笔记大赛领头羊集体”、“两江新区德育品牌学校”、“两江新区无废学校”等称号，全校多个中队被评为“全国动感中队”、“重庆市优秀少先队集体”，学生在各级各类比赛活动中获奖若干。

初心凝聚力量，使命催人奋进，奋斗成就辉煌。今后，我校将进一步深化主题教育、不断探索主题教育新路径，把初心和使命转变成锐意进取、开拓创新的精气神，培养适应时代要求的高素质人才。

基于五育并举视域下的美育建设

重庆市北新巴蜀中学校 刘小芳 刘保伟 张学忠 雷鸣

美育也称美感教育或审美教育，是指培养学生认识美、爱好美和创造美的能力的教育，是全面发展教育不可缺少的重要组成部分。它不仅能提升人的审美素养，还能潜移默化地影响人的情感、趣味、气质、胸襟，激励人的精神，温润人的心灵。在教育实践中，美育尤其重要。没有美育的教育是不完全的教育，理论和实践都证明：美育对德、智、体、劳诸多方面的发展有着极其重要的作用，它寓德、智、体、劳诸方面于教育之中。

在新一轮的教育变革中，重庆市北新巴蜀中学基于五育并举、全面发展的教育视角，以推进学校多样化、特色化发展为根本遵循，以学生多样化、个性化发展为价值追求，将美育教育与其他各育相结合，探索构建以营造优美育人环境、培育精良美育教师、建设多元艺术课程、完善高效保障措施为主线的美育教育体系，努力实现“五育并重、美育引领”的育人目标，形成了鲜明的美育教育特色。

创设优美环境，以美润人

校园黄精是看得见、摸得着，最直观、最直接的美的享受。为进一步实现环境育人、文化养人的目标，北新巴蜀中学在加大硬件投入的同时更注重文化氛围的营造，始终以学校文化为统领，精心规划设计环境建设中的每一个点位，努力营造格调高雅、富有美感、充满朝气的校园环境，以美感人，以景育人。

完善优质硬件。为满足学校开展多种美育课程和活动的需求，学校按照大学标准建设了多个专业化的艺术功能室，包括可容纳300人的音乐厅、26个练习琴房、4个舞蹈练功房、黑匣子剧场、虚拟演播室、录音棚以及转业化的国际艺术工作坊等，并配备了相应的器材储备室和多媒体教学设备，完善了钢琴、电子琴、画架、画板、训练及演出用音响等专用设备。

建造优美环境。校园花树掩映，环境优美，整洁清爽；文化长廊、操场、教学楼走廊、班级文化墙和功能室用大量学生创作的作品进行装点，既是成果展示，也是交流共享；多功能教室、艺术展演大厅等，面向全体师生开放；不间断地进行艺术作品展示、国际文化交融展示、艺术培养成果展示，并鼓励学生参加校内外各种才艺大赛，既体现了学校特点、转业特色，有展现了文化自信、展示了价值追求。学校环境将艺术性、功能性、教育性有机融合，彰显了“以美感人，以景育人”的育人理念。

一所学校的校园文化一旦形成，就会以一种潜移默化的精神力量渗透到这所学校的各个角落，影响着校园中的每个事物和每个人的行为。如今，格调高雅、富有美感、充满朝气的北巴校园，以美润泽学生心田，也触动学生发现自然之美、生活之美、心灵之美的敏感神经。正如蔡元培在《教育大辞书》的美育条目中说：“美育者，应用美学理论于教育，以陶养感情为目的者也。”

培育精良教师，培美养性

建设一支优秀的艺术教师队伍，是学校提升美育质量，也是实现可持续发展的核心要素。北新巴蜀中学把师资队伍建设作为美育工作的重中之重，采取有力措施配齐配强艺术教师，努力建设一支师德高尚、业务精湛、数量充足、结构合理、充满活力的高素质美育教师队伍。目前，学校有艺术教师30余人，有来自米兰布雷拉美术学院、意大利博洛尼亚美术学院、伯明翰城市大学、谢菲尔德哈勒姆大学的海归硕士，也有来自清华美院、中央美院、北京舞蹈学院、中央民族大学、四川美术学院等名校的大咖、才俊。

精配师资。一方面，学校按标准配齐配足校内艺术专兼职教师，结构合理，专业过硬，特色鲜明，实力雄厚，且具有强烈的责任心和事业心；另一方面，通过整合资源，聘请了一批高水平的艺术专家到校为师生开展艺术指导，弥补了学校艺术教师的专业短板，艺术师资力量得到显著增强。

培训教师。学校将艺术教师纳入教师培训计划，在尊重教师发展意愿的基础上，根据分类要求、分层培养的目标要求，采取理论与实践、分类与分层、选修与必修、线上与线下、个体与集体、校内与校外结合等多种培训方式，统筹做好教师专业发展的管理与服务。

通过扎实的培训机制，北新巴蜀中学的艺术教师团队形成了“奋发向上，人人争先”的良好氛围，每一个教师阳光自信、学有所长、教有特点，成为各个岗位上的不可替代者。

开设美学课程，尚美怡情

为普及美育基础知识，提高学校美育质量，北新巴蜀中学早在2017年办学之初就在人才培养方案和教学大纲中设定了美育板块，创先设置了美育课程，开设了声乐、美术、舞蹈、播音、表演、编导等艺术课程，让学生在完成美育课程的过程中学会了欣赏美、聆听没、感受美，丰富了情感，提升了气质，开阔了眼界，陶冶了情操。

在这里，学生不仅可以学到茶艺、插花、意大利语、法语等小语种知识，也有俊朗少年和优雅少女的学生心理品质、气质培养的选修课，更有器乐、舞蹈等社团活动，为学生搭建了人人能参与、个个有体验的发展平台。

在这里，学生不仅可以参加艺术冬令营、国际夏令营等比赛活动，还能够争取名校自主招生名额及国际名校的面试机会。这源于学校会定期请世界名校教授即艺术大师到北巴做大师讲堂及进行其他活动。一方面，借大师之力，提升了教师美的素养，能够更好地支持教师向学生开展美的陶冶；另一方面，也是希望让大师能够牵手孩子拓宽眼界，提高他们感受美、表达美和创造美的能力。

2020年1月17日，北新巴蜀中学举行2020首场国际艺术期末作品展“LOVE & ARTS”暨爱心义卖公益活动，筹集爱心义款四万五千元，用于资助贫困学生。7月4日的“零距离”师生艺术联展延续巴蜀人“善为根、雅为骨、志为魂”的精神，6幅优秀学生作品参与竞拍，募集爱心一款四万三千元，资金将全部捐赠给失学儿童和困难家庭。在欣赏美、感受美的过程中，学生们受到了感化，提振了士气，激发了向上向美的情感。

一堂生动美妙的音乐欣赏课、一幅巧夺天工的油画、一处令人神往的风景，让学生在课堂上提升审美素养，在厅廊中温润心灵，在校园里陶冶情操。一直以来，北新巴蜀中学坚持把“以文化人、以美育人、育美的人”作为办学特色，认真贯彻和落实党和国家“德智体美劳”五育并举的教育方针，切实加强和改进中学生的美育教育，用美纯洁道德、丰富精神、培根铸魂，倾力培养学生拥有美好的心灵、知美的头脑、审美的情趣、向美的品味。今后，学校将继续坚持走特色中学办学之路不动摇，为重庆中学生艺术教育的发展探索出新的路子，打开新的局面。我们也深信：北新巴蜀中学的“美育”之路一定会越走越宽广，越来越多怀揣着艺术梦想的学子将会在北巴圆梦！

关注成长“迹”　培育“晨曦”娃

重庆市梁平区城西小学　冉崇新　左厚娟

中国素以“礼仪之邦”著称，注重礼节和仪式，仪式教育古来有之。仪式作为一种文化或者说文化象征，可以使一些我们所经历的看似普通的事件，被赋予一种特别的甚至无法言说的意义，直至触及人的心灵。因此，在朝向幸福完整的教育生活旅途中，校园仪式课程应运而生。它立足校园文化核心，汇聚各科课程精华，合力各方教育力量，编织生命成长历程，在潜移默化中助力着师生幸福、快乐地成长。

课程因编织而丰厚，生命因仪式而丰盈。近年来，我校坚持以“文高为峰”为课程建设理念，以活动为载体，以仪式课程为抓手，从一年级入学到六年级毕业，根据不同年龄段学生的特点，设计了六个不同的仪式课程，让学生在每次的活动体验中不仅收获满满的仪式感，还收获成长的快乐，不断成长为健康、温暖、灵慧的“晨曦”娃。

一、记录成长，感受仪式课程的魅力

洛蕾利斯·辛格霍夫曾说：“仪式能令我们在自由和秩序之间达到一种平衡，更有意识地去感觉、珍惜生活中的特殊时刻。”在重大节日、人生特殊的日子所采取的特定仪式，不仅仅是彰显这个日子的重要性，其根本意义在于产生安全感、秩序感，强化认同感、归属感，拥有获得感、神圣感，真正关注学生生命成长的过程性和生命存在的丰富性。

教育需要仪式感，它象征着承诺、改变甚至升华。对学生来说，仪式课程是一项意义深远的庆典、一个与众不同的日子、一段刻骨铭心的记忆。例如，学生的开学典礼、入队典礼、毕业季典礼等由仪式所塑造或唤起的情感体验，能够长期凝结在孩子们的内心深处，让学生反复回味和再体验，并作为一种原动力固定下来，以隐形的方式影响学生的心智与道德认知。相信有了六年的仪式熏陶，六年的相互感染，“成为健康、温暖、灵慧的‘晨曦’”娃将不再是一句简单的口号，而是一个个内涵深刻的故事，一声声可以激励孩子不断奔向卓越的号角！

二、整合资源，丰富仪式课程的内蕴

庄严而神圣的仪式，能规范、激励和塑造学生的道德品质和道德行为，潜移默化地提升学生的精神境界。我校充分利用紧邻部队、消防支队和烈士陵园的教育优势，根据学生的年龄特点，以特色课程建设为途径，以时间为序，精心设计六个仪式课程，进行德育渗透与渲染，使以说教为主的德育教育方式转化为在活动中感悟和浸润。

一年级：我是“晨曦”娃之新生入学仪式。通过走红毯进校、按手印签名、接听家长教诲等活动，让刚入学的一年级新生感受到启蒙的神圣，激发对学校的向往和对知识的渴望。

二年级：今天我入队啦之少先队入队仪式。从六知一会的队前教育到佩戴上鲜艳的红领巾，这是一个值得期待的漫长过程，又是一个自我认同和寻找组织归属感的过程。那时的队歌最嘹亮，那时的队礼最神圣，那时的目光最坚定。

三年级：我是先辈继承人之清明祭扫仪式。清明时节前夕，各班先组织学生收集革命先烈的光荣事迹，特别是为梁平解放、社会主义现代化建设作出牺牲和贡献的先烈们的光荣事迹，开好红色故事会，再组织三年级全体师生到烈士陵园参加祭扫活动，深切缅怀革命先烈的丰功伟绩，传承红色基因，弘扬革命精神，争做新时代好队员。

四年级：我十岁啦之成长仪式。2021年1月1日起实施的《中华人民共和国民法典》第十九条明确规定，八周岁以上的未成年人为限制民事行为能力人。在我们梁平风俗里，十岁是一个十分重要的年龄，满十岁也就意味着长大了，应该更知事明理，所以家长会通过各种仪式庆祝。为此，我校也设计了十岁集体生日活动，倡导乡风文明，让学生感受成长的快乐，明确长大的责任。

五年级：我是一个“兵”之致敬人民解放军仪式。强我国防，吾辈自强。当建军节、国庆节、全民消防日等到来之际，我校会设计一系列国防教育活动：“走进火热军营、感悟强军风采”带学生走进军营，零距离体验交流，感受军人战斗作风，感知官兵生活训练，感悟军人家国情怀；“我是一个兵，强我国防梦”主题升旗仪式、班级主题展示、一周队列训练等活动，让学生深刻感受到“天下兴亡，匹夫有责”的使命感，自觉规范言行举止，在心中种下“全民国防，筑梦国防”的种子，立志弘扬中国精神，实现中国梦想。

六年级：“晨曦”娃展翅之毕业仪式。进入小学，孩子们第一次认识了课堂，第一次戴上了红领巾，第一次认识了什么是学科，第一次有了同学，也是第一次成为一名真正意义上的学生。毕业典礼是对孩子六年学习生活的一个总结，不仅代表着学生小学学习生涯随着毕业典礼的举行而落幕，也预示着学生将走进一个新的学习领域、新的学习阶段，具有承上启下的作用。更重要的是，我校的毕业典礼也是一次感

恩、理想、责任心教育，激励孩子们只有坚持不懈才能实现远大理想。

通过“晨曦”娃成长“迹”仪式课程的实施，我们欣喜地看到学生在“活动”这个大课堂上感悟相应的知识，锻炼相应的能力，熟悉必备的常识，形成相应的习惯，让学生在活动参与中学会学习与生活、学会责任与担当。

三、情感共振，体验仪式课程的美好

仪式感是教育不可或缺的一种价值表达。在每场仪式举行的那一刻，所有同学被浓郁的崇高气氛包围，情感得到震撼，心灵得到净化，这些刻骨铭心的仪式，胜过千言万语，使学生顿悟道理，受益一生。

从一年级入学到六年级毕业，学生在不同年龄经历着不同的成长。仪式课程一方面让他们收获了满满的仪式感，给六年的城西校园生活添上了浓墨重彩的一笔；另一方面，也让孩子们在活动体验中收获着成长的快乐，为每一个“晨曦”娃记录了六年来成长的足迹。《梁平日报》、梁平电视台、梁平微发布多次宣传报道该仪式课程的构建与实施。

“晨曦”娃成长“迹”仪式课程的实施，让我们和家长一起见证了孩子一步步从稚嫩走向成熟、从懵懂走向担当的历程。正如家长说的那样，“城西小学实施那个仪式课程后，我们的娃儿在学校每个阶段的成长、变化非常明显，真的看到一步步地在长大。”

真正的教育都是一种基于教育目标与价值的唤醒、引导和建构，而教育的价值和期待需要在学校的教育活动中以各种适合的方式来表达与实现。我们坚信：只要坚持不懈地实施成长“迹”仪式课程，一个个“晨曦”娃定会成长为健康、温暖、灵慧的城西好少年。

践行“七美”育人，奠基美丽人生

重庆市彭水自治县第三小学校 吕建敏 陈春霞

成人、成才、成群，归根到底还是做人。习近平总书记看望全国政协医药卫生界、教育界委员时强调“培根铸魂、启智润心”。这正是文化素质教育的目的，也是学校教育的根本目的。为全面落实党的教育方针，深入实施素质教育，我校始终以“立德树人”为根本目标，结合学校“美”的办学特色以“奠基美丽人生”为价值引领，通过践行“做最美自己”的教育理念，形成“每天进步一点点”的校园文化风格。学校以培养学生良好行为习惯为重要抓手从“心灵美”、“仪表美”“语言美”、“秩序美”、“歌声美”、“书写美”、“环境美”潜移默化的进学校理念，形成独具特色的“七美”教育体系，并挖掘和丰富“美”的内涵，以“七美”为活动载体，进行积极的实践，把“七美”习惯融入每一个教育环节、每一次活动、每一位孩子的心中，形成规则意识，养成讲文明、有礼貌、讲卫生、讲诚信、的好习惯，真正达到育人育心，让三小孩子实现“做最美的自己”。

一、七美教育创建目标

通过“七美”认识美。从少年儿童的角度出发他们眼里的美就是对外在事物美的认识，例如：美的外貌、美的服饰等等，而内在美对于孩子来说是比较模糊的一个概念，为此通过对“七美”学习让学生明白“美”的真正含义。

通过“七美”践行美。旨在学生明白“美”的真正含义的基础上，把对“美”的认识融入进生活、学习、活动中，培养他们讲规则、讲文明、讲礼节、讲诚信等良好习惯，从而实现做“最美的自己”。

通过“七美”创造美.学生通过认识美、践行美逐步认识到美不仅仅是自己一个人的事，应该把自己认识的美辐射到周围的人群，达到各美其美、美美与共。

二、七美教育制度评比

我们成立了“七美”教育活动领导小组，以校长为组长，负责全面工作，分管副校长任副组长，统一布置“七美”教育活动的开展，成员有：德育办主任、大队辅导员以及各班主任和全体学科老师，具体负责“七美”教育的开展与实施。

制定评比制度。在活动开展的过程中，周周有评比，月月有考核，形成和完善了一系列的考评制度。例如：集合、集会、出操、路队评比制度、文明班级、阅读班级等

三、七美教育实施过程

自2016年学校提出以“奠基美丽人生”为价值引领，通过践行“做最美自己”的教育理念之后，便提出“七美”系列教育活动，通过几年来的不断丰富和完善，形成较为完整的“七美”系列活动，

心灵美 系列活动。开展主题班会，利用主题班会课让学生大胆发表自己的看法，同学与同学之间的讨论，教师行为的指导，学生的实践，建立正确的目标导向，从而达到育人的良好效果；开展“学习雷锋”、“敬老爱老”、“我们不在留守”、“我是环保小卫士”系列活动，通过这一系列的活动弘扬中华民族尊老爱幼的传统美德，从而净化孩子心灵，引导学生认识内在美；利用学校红领巾广播站，每天播报班级好人好事，大队部做好相关记录，学校专门设立了失物招领处，培养学生拾金不昧的优良品质。

仪表美系列活动；召开全体教职员工会议，统一思想，提高认识；组织学生学习背诵《小学生守则》和《小学生日常行为规范》、《彭水三小一日常规》，组织教师学习师德师风；认真做好自查自纠，对穿着、发饰、指甲等不符合规定，各班要下大力气进行整改；加强监督和考评，学校德育处、大队部、各班级要成立监督岗，德育处、大队部利用早上进校、大课间、眼保健操等时间进行检查，利用其余课余时间进行走访抽查，结果及时反馈、公布并纳入先进班级、文明班级、优秀班主任等考核评比；加强常规管理，强化行为规范的训练、开展丰富多彩的活动，积极培养和发挥典型的示范、引领和带动的作用，并及时解决学生存在的问题，使广大学生都做到“我有仪表好习惯”，增强学生学规范、讲规范、行规范的意识。

语言美系列活动：我们要求师生进入校园全员讲普通话，不管是课堂上，还是课余休息一律不准说方言；老师与学生、学生与学生、老师与老师之间的交流必须使用文明用语。比如：“请”、“您好”、“你好”、“对不起”、“没关系”等；抓好晨诵、午读阵地。利用晨诵、午读时间诵读古今中外经典，与名人、圣贤对话，感受语言的魅力，走进名人、圣贤的内心世界。举行全校“诵中华经典*抒爱国情怀”的诵读活动；开展征文、朗诵、演讲比赛、主持人大赛促风采活动；上课时或公共场所，要保持0级音量静无声；两人交流时，我们要做到1级音量悄悄说；小组讨论时，我们要做到2级音量小声说；上课发言时，我们要做到3级音量平常说，室外上课时，我们要做到4级音量大声说，郊外春游感叹时，我们可以用5级音量放声说。

秩序美系列活动：放学路队制度。各班按规定路线、路队要求、排队放学；我们的课堂。包括书包，雨伞、水杯、桌凳统一的摆放，课前三分钟的开展，全校统一的课堂话语系统；德育办、大队部定期从上下楼梯、集合集会、两操、午休、乘车等方面进行督查并记录上公示栏。

歌声美系列活动：每周一歌。利用每周二午读课时间，以“每周一歌”为载体，打造“班班有歌声”从而形成满园书声香，歌声飘校园；通过少先队活动日，加强学生对国歌、队歌的认识，让学生在唱国歌、队歌的基础上，弘扬民族精神，培养爱国、爱队情感；每年定期开展“我们最美丽”班级合唱比赛，有利于增强班级凝聚力，有利于提高音乐素养，从而拓宽学生的歌唱文化视野，形成良好的校园艺术文化氛围，达到人人爱唱、人人会唱；开展课外艺术活动，社团利用学生的课余时间，创设内容丰富的音乐学习活动，如：特定比赛活动、展演活动等。

书写美系列活动；学校利用集合集会的时间，大力宣讲书写美的意义，要求全校师生练好书法基本功；开展“书法名家的故事”宣讲活动。利用文化墙黑板报广播站等德育阵地，宣传书法名家刻苦练习的故事，引导学生向。人书俱家的书家学习不断提高。得修养。塑造自己美的心理；寒假开展“义写春联进社区”的活动。每年寒假临近春节之时，学校就会组织师生到社区现场书写春联；开展画展活动。每年利用“六一”艺术周、“一二•九”纪念活动开展书画展，利用班级文化墙每月展出优秀作业。

环境美系列活动：卫生打扫、保持。卫生委员统筹安排值日学生打扫室内外卫生和保洁，监督其他学生不乱扔垃圾，课后及时清擦黑板；班级文化建设。由班主任与学生根据学情确定班级特色，与学生一起共同打造班级环境文化1种植养心。学校利用现有种植场地，给各班分配小块种植乐园，各班级根据学生喜好种植瓜果、蔬菜、花卉等。

四、七美教育取得成效

突出成效：学生良好习惯已养成。经过“七美”习惯培养，全体师生齐抓共管，校园里楼道内吵闹的声音小了，没有了打闹、疯跑、追逐的影子，无论是课间还是上放学，无论是上下楼梯还是走廊内都井然有序，更没有了推搡、搂抱现象。教室整洁美观、课堂规范，午间阅读、书写安静了。同学们变了，变得活而不野，精神而不粗鲁，且能做到互相谦让，一切都显得井然有序。“学生日常行为教育要形成常态，良好的课间行为要养成习惯”。

形成了浓厚的育人氛围。具有良好的校风和严明的校纪，好人好事及先进集体和模范人物得到大力表彰，学生有良好的学风，有正确的学习目标，学习积极主动，上课专心听讲，按时完成作业。校园环境优美，文化氛围浓厚，学生日常行为形成常态，养成了良好的课间行为习惯，教育资源得到了充分挖掘和利用。

培养了最美少年的良好品质。即：热爱祖国和人民、热爱生活、热爱劳动，养成讲文明、有礼貌、讲卫生、讲诚信的好习惯以及尊他人、懂感恩、知节约、守规则等良好品质。

学校取得多项荣誉。学校被评为“中小学国防教育示范学校”，“包汤圆、庆元宵获全国校园新闻三等奖”，“戏曲进校园首届重庆市中小学戏曲小梅花展演活动优秀组织奖”，“重庆市少儿美术特色基地县基地学校”，“ 学生艺术工作坊《苗乡版韵坊》入选市第八届中小学艺术展演活动市级集中展演现场展示”，《苗族少儿版画工作坊》获市第八届中小学艺术展演活动学生艺术实践工作坊二等奖，“在路上”获校园专题三等奖，重庆市2019年中小学学生艺术活动月优秀组织奖，全国小学科学创新实验学校，重庆市青少年毒品预防教育“6•27”工程先进学校，中小学主题阅读实验研究基地学校。

道阻且长，行则将至。下一步，我校将紧紧围绕立德树人根本任创新“七美”德育新的路径，不断推进学校素质教育改革，促进学校教育教学内涵式发展，全面提升我校学子的文化素质和综合素质。

奇思巧智　创想未来

——树人景瑞小学SMAC课程的构建与评价

重庆市沙坪坝区树人景瑞小学校　李华

随着新一轮科技与产业革命的兴起，产业结构、经济增长动力以及社会分工体系都在发生深刻变革，经济社会发展对人才的需求悄然发生变化，学生是否具备科学探究能力、信息技术能力，以及创新意识、批判性思维等变得至关重要。未来，创新型复合性人才的需求将不断增长，课程改革势在必行。校本课程作为学校教育创新的重要阵地，兼具灵活性和可操作性，为学校创新课程提供了最佳土壤，信息技术的快速发展则为校本课程的构建提供了新引擎。

我们重庆市沙坪坝区树人景瑞小学校充分利用信息技术，构建了面向每个人、适合每个人的“SMAC课程”（Social：社交化；Mobile：移动化、Analytic：大数据分析；Cloud：云计算），为培养学生的创造性思维、科学思维、计算思维、工程思维、设计思维、量化思维以及综合能力创造了空间，也为小学校本课程的构建提供了新思路。

一、SMAC课程架构

我校信息化建设始于2012年，在学校智慧校园建设的整体架构下，结合“兰韵”特色文化，将信息技术、课程和人进行深度融合，对SMAC课程进行了整体规划，形成了“一专两翼”的SMAC课程体系：以学科素养为导向的序列型SMAC专业课、以学习需求为导向的智能型SMAC拓展课、以项目式学习为导向的开放型SMAC活动课。

（一）SMAC专业课程

景瑞小学的SMAC专业课程以年级为单位，运用数字设计、3D打印和物联网科技，融合科学、技术、人文、艺术等内容，固定时间、地点、教师实施源代码编程、创客课程，实现了全校学生全覆盖。

景瑞小学1-6年级均开设了编程课，每周两节，因此，在课程活动中，不少学生都喜欢用编程开展各种发明创造，成为一个个小发明家。“这是我发明的智能桌椅，大家做作业的时候就可以根据智能提示调节正确坐姿。”六年级四班的艾佳曦向大家介绍着自己智能控制课上完成的作品，她和小伙伴们在桌椅上安装了智能系统，同学们坐姿不对时，系统会自动语音警报，除此之外，桌面还可以安装了智能台灯，房间里的光线太强或太弱，灯光均可自动调节。桌椅上还安装了WIFI和蓝牙可进行数据采集，爸妈可以通过手机了解孩子使用桌子的情况。这个智能作品的所有程序设计，都是艾佳曦和他的小伙伴共同编写的，他们为了完成这些程序，整整忙碌了一学期。

在景瑞小学创客中心“兰芽芽梦工厂”里，孩子们发挥奇思妙想，分工合作，一个个主题内容的学习，一件件富有创意的稚嫩作品，不仅涵盖了数学、科学、艺术等方面的知识，还包含了对孩子们协作能力的培养。学校珍惜每一个孩子的灵感，接纳孩子们提出的所有问题，容许孩子们出错。孩子们的想象力和创造力得到了充分激发，小科学家、小工程师、小艺术家在这里茁壮成长。

（二）SMAC拓展课程

SMAC拓展课程以学习需求为导向，根据学校特色、师资构成等情况，从智能控制、智能编程、智能采编、智能应用四个维度进行了课程设置，物联网创新、VR应用、智能小车、无人机等56门课程能够满足学生的多样化选择，激发学生科技创新创造的兴趣。

五年级二班的林薇伊选择了智能控制课程。她结合自己所学的知识，利用光能的转换，设计出自己的“太阳能自动浇水器”。当晴天太阳光强烈时，自动浇水器的水流速度较快；而阴天和雨天时，自动浇水器的水流速度就较慢或关闭。戴悠恬还是一名二年级的学生，她在智能应用课程上设计的作品“水钟”是用两个饮料瓶子，加上自己制作的闹钟表盘，以及驱动轴、联动轴等，通过多重作用力的变化，把水滴的重力势能转化成了指针的动能，让指针匀速旋转起来。六年级三班的吴海源同学则在VR应用课上为学校制作了全景导览……

（三）SMAC活动课程

SMAC活动课程采取项目学习方式，学生围绕一个主题，以任务为驱动，展开全校性的集体探究实践活动，并组织全校学生进行成果展示，该课程既是对所学知识的充分应用，同时也是培养学生综合性学习能力的有力抓手。每学期的科技节是我校学生的一场校园狂欢节，每到这一天，所有的孩子们都会将自己设计的作品，搬到操场上，进行展示，从两米高的智能屋，到3米多的体操机器人，每一次都让人惊喜。

我校第六届科技节以“具有重庆特色的未来城市”为主题，鼓励学生关注生活，应用所学，设计与未来城市相关的智能应用产品，让未来生活变得更智慧、更便捷。于是，孩子们的小手牵着爸爸妈妈的大手，开启了创想之旅。

重庆是著名的“山城”，道路复杂，一年级一班的彩蝶兰小组和家长一起，设计了融合公交、轨道、小汽车、高铁、出租车、飞机六种交通出行方式为一体的综合交通枢纽，为乘客提供三维全息投影和LED风扇、刷脸乘车、智能导航、智慧出站、环境安全监控、危险人员识别报警、智能停车、智能机器人等服务。

三年级一班设计了桥梁遇险智能检测系统，当遇大货车严重超载或有行人通过时，预警系统自动感应并响起警报，阻止其继续通过桥面。

六年级一班的同学们设计了智能分类垃圾箱，安装Arduino的语音识别系统，当投放者说出垃圾名称时，系统会控制相应分类的垃圾桶自动打开，让大家不再为复杂的垃圾分类而烦恼。

一个个奇思妙想不断迸出，未来的智能生活就在这一个个稚嫩的小脑袋瓜里勾勒描绘，俨然承担起未来之城的小主人！两年来，学校掀起的“智能创造”的热潮，激发了学生爱科学、学科学、用科学的兴趣，孩子们的奇思妙想感染了家长，他们也发挥自己的专业特长和优势，和孩子们一起创想城市未来。

二、SMAC课程评价

SMAC课程重在引导学生经历真实的情境，综合运用知识，形成解决实际问题的能力，因此，学习过程的评价尤为重要，学校将SMAC课程评价融入“兰韵综合素质评价系统”，构建了过程性评价与总结性评价相结合的STEAM课程评价体系。

（一）过程性评价

过程性评价即运用学校“兰韵综合素质评价系统”对学生在SMAC学习过程中的参与度、知识掌握程度、任务完成情况等进行多元评价，评价系统记录学生学习的全过程，涵盖了学生的校园学习、家庭活动以及社会实践等数据。评价App安装在师生人手一个的平板端，家长人手一个的手机端，教师、家长、同伴、学生本人对学习过程进行时时评价，实现评价主体多元化。这样多元化的过程评价能有效激发学生的学习兴趣和学习动机，帮助教师更加深刻、具体地了解学生的学习效果。

（二）总结性评价

SMAC课程的总结性评价由三部分组成，一是SMAC专业课程，学期末，学校成立考评小组，根据课程目标对SMAC专业课程的教师、学生进行综合考核；二SMAC拓展课程，课程结束时，学校考评小组将依据每门课程的培养目标对每名学生进行能力考核；三是SMAC项目课程，学校每学期开展科技节活动，让学生将自己作品搬到操场，进行展示，全校学生、家长、教师对展示作品点赞、评价。

五年级的小亮是一个成绩平平、性格内向的孩子，班级的文体活动中他总是尽量降低自己的存在感，班主任周老师查看学生个人分析报告发现，每学期期末，小亮同学的智能应用课程、编程课程都能得到优秀，在这些课堂上，他不再腼腆，经常自荐为组长，带领同学进行创作，他的创客作品也经常获得同学、老师、家长的点赞。老师发现了他的特长，推荐他参加全国NOC大赛中，他不负期望，获得了全国编程比赛一等奖。过程+总结的评价，让我们更加全面地关注到孩子成长的全过程，让每一个有特长的孩子“被发现”。

我校的SMAC课程体系培养了学生的创新创造能力，为小学校本课程的创新发展提供了有效路径。

“美美教育”，给幼儿一个美好童年

安徽省合肥市肥西县上派镇中心幼儿园　李世芝

谁曾想到，一所位于县城镇上的幼儿园，能历经六十年岁月峥嵘仍屹立不倒，不仅探索出一园六址的幼教集团化办园模式，而且被评为“合肥市特一类幼儿园”。这所幼儿园，就是肥西县上派镇中心幼儿园（以下简称“上幼”）。创办于　1953年的上幼，是肥西县历史最悠久的幼儿园，也是肥西县第一所“合肥市特一类幼儿园”。六十年风雨历程，上幼先后获得“合肥市平安校园”、“合肥市家教名校”、“合肥市餐饮服务食品安全监督量化分级管理A级单位”、　“合肥市首批创建‘六美’校园先进单位”、“全国啦啦操示范幼儿园”、“全国足球特色示范幼儿园”等荣誉称号，是“亿童科学保教示范园”，“北京乐蓓儿国际音乐示范园”。

一、依循幼教初心，构建“美美教育”环境

幼儿园教育的初心是什么？上幼一直在不断求索。带着“共享童趣　共育童真　共护童年”的办园理念，上幼人提出“美美教育”。百年教育始于幼教，每一个上幼人，都应该在幼儿园教育中与美好相遇，去发现、欣赏、歌赞、创造人与自然之美、人与社会之美、人与人之美，实现“以美润美，美心美行”的目标。

美美教育之下，有美美校园。结合不同年龄段幼儿的身心发展特点，上幼在统一的园区文化内分小、中、大班精心布置。为了让孩子们转角遇到美，上幼的每一个角落都被创设成“无声的课堂”，潜移默

化地引导他们感受美、向往美；美美教育之下，有六美目标。其一，创造艺术之美。其二，修炼语言之美。其三，润泽淑雅之美。其四，锻就阳刚之美。其五，提蕴和谐之美。其六，彰显智慧之美。

美美教育之下，有五美理念。上幼以"我们是美丽中国的创造者"为办园愿景，以"以美润美，美心美行"为园训，以"各美其美，美人之美"为园风，以"赋能创美，匠心致慧"为教风，以"善玩积美，专注为学"为学风；

美美教育之下，有六美路径，包括"美丽环境"打造工程、"美丽课程"构筑工程、"美丽班级"建设工程、"美丽教师"培养工程、"美丽幼儿"培育工程、"美丽家长"成就工程。

美美教育之下，有美丽教师。在园长李世芝的带领下，上幼每周组织主题教研，每月组织"结构化"大教研，并鼓励教师积极参加课例大赛。每一次比赛前，幼儿园和教研工作坊都会成立"评课团"，从教学活动的设计、目标的制定，以及提问方式和细节性的方面对参赛教师的展示进行反复打磨。此外，幼儿园还会邀请相关专家对参赛教师进行现场指导。强大的上幼团队，无疑为教师们带来了出色成绩。如，2020年合肥市中小学幼儿园教师信息技术应用课堂教学展示活动中，上幼的坊内骨干教师唐静喜获一等奖。

二、关注幼儿个体，优化基础性课程

幼儿园的主阵地，在于课程。一方面，肥西县自2017年开始，大力开展"以游戏为基本活动"的学前教育改革，另一方面，《国家中长期教育改革和发展规划纲要》明确要求，幼儿园要"办出各自的特色"，要改变"千园一貌、万人一面"的单一模式。在这样的大环境下，本就高度重视园本课程建设的上幼顺应趋势，着力构建专属上幼的、彰显幼儿主体精神的分层式基础性课程。

基础性课程下设四类：

一是分层教育的生活课程：培养小班幼儿自己的事情学着做，不会的事情试着做，教育中班幼儿自己的事情坚持做，会做的事情规范做，引导大班幼儿自己的事情高效做，班级的事情协商做；二是通过集体教学、小组学习、晨谈等途径开展自主学习开设学习课程，在学习的过程中，充分满足幼儿试一试、玩一玩、看一看、摸一摸等多种感官体验的机会，练就幼儿主动西靠、自主探究、质疑思辨的学习品质；三是开设运动课程以保证幼儿自主运动实践，练就坚韧顽强、不怕困难、乐于挑战的品质；四是快乐区域游戏课程：打造室内外游戏一体化的情景，保证幼儿有充足的自主游戏空间和实践，支持幼儿在游戏中探究学习。

三、以基础课为基础，开设拓展课

在基础性课程的基础上，合理优化，因地制宜地进行拓展课开设，有效地锻炼幼儿综合学习能力，培养其创新思维，为综合素质发展做好铺垫和准备。

上幼的拓展性课程，也下设四类：

一是功能室主题课程，功能室包括阅览室、奥尔夫音乐室、美工室、科学探究室、厨艺室；二是乐淘淘节庆课程，通过重要节日与课程的整合，比如中国传统节日春节、中秋节等，社会性节日"三八"节、"六一"儿童节等，围绕时节的特殊意义，上幼会开展丰富多彩的主题活动；三是美滋滋艺体课程，这是借鉴了国内外先进的课程体系理念，并结合"幼儿园一日活动皆课程"原则而设立的课程，包括"幼儿啦啦操"、"幼儿足球"、"软式趣味田径活动"等多种形式特色活动课程。上课时由青年教师分别担任每个课程小组的负责人，负责制定专门的课程方案，推进课程实施、撰写经验总结及资料的整理归档，这样的教学过程，也为上幼打造了一支专业型教师团队；四是小脚丫探知课程，这类似中小学的研学旅行，在这节课上，上幼孩子们的小脚丫能踏进海洋馆、宝贝地球村，能体验蓝山湾一日游、瓜牛公园一日游，在自然和社会的大课堂下，实践性教育的力量走进了每一个幼小人的心中。

不忘初心，方得始终。试问幼教的初心是什么？时间累积经验，实践给予真知。上幼给出的答案，幼教就是要给孩子们一个美好的童年。上幼打造"美美教育"，便是为了完成这一使命。当孩子走进上幼的那一刻起，上幼便开启了"铸强健之身，育感恩之魂，成文明之人"的征程。当孩子们迈出上幼的校门，回首过往，他们会记起一堂堂收获颇丰的游戏课，在他们的人生历程中，上幼读书的岁月，满满的都是幸福美好。

坚持科研兴校，打造精品学校

安徽省淮南市田家庵区第二小学　王爱民

教育发展和学校发展离不开教育科研，教育科研离不开教师，同时教师通过教育科研提高了自身的专业素质，从而更好地服务于孩子们的学习与发展。走"科研兴校"之路，教师学以致用，靠教育科研升水平；学校蓬勃发展，凭教育科研出特色！我校始建于1948年，距今已有七十余年历史。建校至今，学校始终以"为教师专业化发展引路，为学生终身学习奠基"为办学理念，坚持科学发展观，努力构建和谐校园，重视校园文化建设，努力改善办学条件。现拥有教学楼、电教楼、办公楼、综合楼，200米塑胶运动场、硅PU篮球场、赛格地板羽毛球场等硬件设施。建设配备了图书阅览室、多媒体教室、网络计算机室、舞蹈房、音乐室、美术室、科学探究室、心理咨询室等功能室，学校把创建办学特色作为"龙头"，着力打造精品学校，推动学校自主内涵发展。作为淮南市首批省级实验小学，几经风霜和岁月的洗礼，田家庵区第二小学在教育教学中积极的发挥示范和辐射作用，受到了社会人士的一致赞誉，在淮南的基础教育中享有较高的声誉，是淮南基础教育中的一颗璀璨的明珠。

一、坚持以人为本，明确办学思想

我校坚持社会主义办学方向，全面贯彻党立德树人的教育方针；坚持用科学发展观统领各项工作，全面推行素质教育；坚持依法治校办人民满意的学校。学校以"为教师专业化发展引路，为学生终身发展奠基"为办学理念，坚守"科研兴校　艺体亮校　文化修身　书香浸润　智慧引领"的办学方略，将"依法治校　以人为本　科学决策　民主管理"作为管理理念，致力于营造"明德启智　儒雅和谐　健康向上"的育人氛围，培养"品德高尚　基础扎实　能力多样　兴趣广泛　习惯良好　身心健康"的高素质少年。学校的理想目标是实现：科学的管理内涵；优秀的教师队伍；文明的学生素养；鲜明的教学特色；先进的科研成果；厚重的学校文化。

二、"两特"提升质量，促进师生成长

学校优质+特色（教科研）——促进教师专业化成长，全面提升教育教学质量。依托"淮南市2017—2020中小学教师校本研修方案"，学校深入开展课题研究，建构"以研促教、全员科研"的群体效应，促进学校教学教研工作的不断发展。学校以发展学生核心素养为导向，组织"教学教研论坛"，给教师创造交流经验、展示成果、相互学习的机会；紧抓重点课题研究，做到步步深入，不断有新的研究成果；每学期认真组织高质量的教学研讨课、观摩课、示范课，组织大家互评互学；定期组织教科研专题培训，把握教育新动向，邀请教育专家对教师进行教科研能力培训，使教师无论从理念还是实践上都能与时俱进，走在教育前沿；在学校各项评优考核中，逐步加重教科研的考核分，引导教师积极参与教科研活动。

学生全面+特长（体育艺术）——促进学生全面发展，突出学生个性化培养。办好阅读文化节、少儿科技节、少儿艺术节和运动会，增加书画、体育、器乐、科技等专场；启动"两歌"（校歌、少先队歌）、"两操"（广播操、韵律操）比赛和规范眼保健操工作；抓好校园足球训练工作，开展校园足球联赛，普及足球文化，做好全国足球特色示范学校工作；组建音乐、美术、书法、少儿舞蹈、体育、京剧等体育艺术社团；成立"少儿艺术体育工作组"，全面指导学校艺术体育创作工作；办好校报，及时宣传报道学校的教育教学成果。

三、"三园"丰富内涵，促进学校发展

传统文化校园。学校大力营造浓厚的校园传统文化氛围，定期开展师资培训，组建兴趣社团，实现优秀传统文化进课堂、进教材、进学生头脑；注重以日常诵读、训练为基础，以传统节日为契机，开展传统文化纪念活动，深化学生的民族认同感；邀请专家开传统文化系列讲座，举办比赛、展示等活动，以先哲们的人生智慧引导学生。学校将传统文化教育和艺体2+1相结合，与研学教育相结合，引导学生走出校园，加强学生对优秀传统文化的体验和认知，把传统文化融入现代化的潮流中去，对学生产生吸引力，在新的环境下发挥它应有的作用。

书香校园。学校丰富阅读资源，营造阅读文化，利用阅览室、班级图书角、书香长廊、阅读机系统等丰富师生阅读资源，结合"书香校园"、"国学经典"、"地域文化'等主题，营造书香飘溢的校园阅读文化；积极开展阅读活动，结合常态化阅读活动，每年举办一届阅读文化节，开展"书香家庭评选"、"成语听写大赛"、"图书爱心义卖"、"经典诵读展演"等系列活动，进一步激发师生阅读激情；注重阅读指导，营造阅读氛围，阅读指导课排入课表，课上进行阅读方法、技巧等指导练习，每天保证校内诵读时间；开展班级集体借阅、好书互换看、书香少年争章、亲子阅读等常态阅读工作。

智慧校园。构健全覆盖管理网络，提供组织保障，完善"系统管理员——部门管理员——班级管理员"管理团队建设；完善信息化设施和应用平台建设，以现有的三通两平台为基础，以安徽省基于微课翻转课堂研究项目实验为引领，建成高水平数字校园基础设施公共平台；加强队伍建设，提供人才保障，全面提升师生的信息素养和应用水平，配备信息化专职人员；加大对教师、信息化工作人员、行政管理人员的培训，加快建设具有现代信息素养、加快信息技术与学校管理、教育教学中的深度融合，逐步打造"智慧校园"。

通过全体师生的共同努力，学校获得了喜人的成绩。先后获得"全国零犯罪学校"、"全国传统文化教育先进实验学校"、"中国好老师项目基地校"、"全国教育网络系统示范单位"、"全国中小学思想道德建设先进单位"、　"中央教科所实验分校"、"中央电教馆课题研究实验学校"、"全国数学课题研究先进实验学校"、"全国足球特色学校"、"全国少先队活动实验校"、"安徽省绿色学校"、"安徽

省智慧化校园实验校”、“安徽省文明校园”、“安徽省节能减排示范学校”、“淮南市义务教育机制改革工作先进单位”等多项荣誉称号。

“百年大计，教育为本”。乘着新形势下教育发展的东风，我校将以培养优秀教师与优秀学生为己任，构建特色校园，朝着办高品质校园的目标迈进!

倾力建设生态校园，绽放教育绚烂色彩

北京市昌平区阳坊镇中心幼儿园　张丽红

教育不是生硬的传授，也不是单纯学知识，而是应该通过感官、运用和实践，丰富生命的成长与升华。这就要求幼儿园要切实从幼儿角度考虑，立足园所建设，探寻适合本园教育发展的特色之路。我园是一所促进幼儿成长，启蒙幼儿智慧的教育园所，占地面积6974平方米。多年来，立足丰富的社会资源和自然资源，我园大力开发生态园地，积极探索自然生态课程，通过不断加强生态建设与幼儿教育的融合，来提升教师的专业素养和技能，促进幼儿成长，绽放师幼生命。“生态文明建设是关系中华民族永续发展的根本大计”这是习近平总书记提出的重要指示。为此，我园结合对《纲要》、《指南》中“亲近自然、喜欢探究”这一儿童发展目标的理解以及农村园特点，确立了“自然和谐健康成长”的办园理念，旨在充分发挥农村自然、人文优势，结合儿童与生俱来的好奇心、求知欲，带领孩子们感受自然、认识人文，促进他们养成快乐心境，养成生态文明与可持续发展的生活方式，形成健全人格，获得整体、全面的发展。五年来，我园通过亲身实践和总结，硕果累累，先后荣获“昌平区2017年学习型学校先进单位”、“首都绿化美化花园式单位”、“昌平区师德建设先进集体”、“昌平区三八红旗单位”、“全国家校基地”等荣誉称号。2019年6月，学校还被批准为“联合国教科文组织中国可持续发展教育ESD项目实验幼儿园”

一、多措并举，积极建设生态育人环境

“儿童的学习是在与周围环境的相互作用中实现的”，“实施环境育人”是《纲要》中提出的重要教育原则。为此，我园紧遵这一原则，始终以打造一座全面、立体的自然生态乐园为目标，倾力提升校园环境，满足孩子们在自然中学习、探索、发展的需求。

首先，我园把四千多平方米的银杏林建设成了生态林地，对林地环境进行了持续地打造。依据季节特点，精心筛选、种植了多种花卉植物，使儿童春、夏、秋三季都能看到各色花朵争奇斗艳，成为儿童游戏与学习、探索的快乐天地。在乡邻的帮助下，我园还收集了大量废弃的木头、树枝、树墩等，广泛用于房屋装饰、环境布置，凸显生态自然的环境。而乡邻捐赠的石碾、石磨、水缸、石槽、百年的木桌、升、斗、筛、萝等老物件，不仅蕴含了浓浓的人文味道且极具教育价值，深深吸引着每一名儿童。

幼儿园是儿童的学习场所，也是家长的学校。一直以来，我园积极建立家园共建机制，通过家长课堂、家长会等多种渠道，与全园家长在教育理念上达成共识，使家长积极参与共育活动，引领儿童发展。在开荒种地、清理林地、制作玩具、大型活动、安全维稳等方面，家长们也发挥了极大作用。其中，“农事顾问”是重要组成部分。在教师的组织下，家长发挥农事专长负责指导儿童参与简单的农事劳动：为儿童讲解农事工具的名称及使用方法、示范指导简单的劳动技能、引领儿童参与劳动等，使儿童获得了愉悦的劳动体验，促进了劳动知识与技能的提升。儿童看到家长、老师和小朋友一起活动，心中无不充满了喜悦和自豪。此外，我园还通过颁发“农事顾问”《聘书》、赠送小礼物、评选“优秀家长”等形式，进一步激发家长的热情，逐步使全园形成了和谐、融洽的家园共建氛围，形成了家园共育机制。

课程是实施教育的重要载体。我园结合资源特点及儿童发展需求，确定了农事体验课程、自然探究课程、社会人文课程三大体系，同时生成了《快乐地春种日》;《快乐地树林》、《和蝴蝶一起飞》;剪纸和草木扎染;《小脚丫走阳坊》、《亲子采摘真快乐》等丰富多彩的课程活动。三大类课程的实施，旨在通过广泛的学习、体验，满足儿童对周围事物强烈的好奇心和求知欲，培养儿童自信、合作、分享、不怕困难、爱家乡、爱身边的人等品质，达成“动手动脑探究问题”、“关爱动植物”、“关心周围环境”等发展目标。

二、以文化人，促进幼儿身心健康发展

文化是民族的立命之根，向上之魂。其传承是生态文明与可持续发展教育的重要组成部分。为了充分展现儿童对生活及周围世界的认知与情感，继承和发扬中华传统文化，我园把传统艺术纳入了生态课程之中，引领幼儿广泛地学习剪纸、草木扎染、压花、泥工等，让幼儿深受文化熏陶，领略文化魅力。首先，我园从艺术活动对儿童的发展价值出发，与教师、家长在思想上统一了认识。通过“剪纸社团”和“剪纸教研组”活动，引领教师初步进行剪纸创作体验。此外，还先后邀请了剪纸传承人、学前教育专家、剪纸艺术家等为教师们做培训。

根据小、中、大班儿童不同的年龄特点，学校确定了不同的发展目标。教师理论和实践水平的提升，逐渐促进了儿童剪纸技能和艺术表现力、想象力、创造力的提升。如由耿君老师指导、丁莹小朋友创作的《阳坊涮肉》用掏剪的方法创作，画面完整、生动!另一幅作品《爸爸舞龙真神气》也是对运动会上爸爸们舞龙情景的完美表现。

剪纸课程活动以儿童丰富多彩的生活经历为创作素材，以观察、认知与情感体验为基础，以基本的用剪方法技能为支撑，以视觉构图、腹稿为形，剪随心动，形由心生，促进了儿童观察、想象、创造、审美、表达等能力及专注力、坚持性等品质的发展。

中国传统的草木扎染以来自于大自然的植物染料为主材，其作品千变万化、独具一格，能引发儿童极大地创作兴趣。为此，我园积极把草木扎染课程引进幼儿园。首先，由专业机构为教师做培训，再由教师带领儿童学习体验，引导儿童欣赏扎染作品，了解生活中的扎染应用，认识扎染，使儿童逐步掌握扎染方法。他们不断地、创造性地运用果核、小玩具、小夹子等作为扎系材料，还乐于把洋葱皮、紫甘蓝等用于颜色的提取，每一件作品都有出其不意的艺术效果。一幅作品的形成需要一点点扎、系，要有想象与设计，要有时间上的等待，培养了幼儿做事的耐性。在草木扎染课程当中，儿童掌握了基本的创作方法，培养了审美情趣、想象力和创造力和动手能力。

好的教育应使儿童能够与其生活的环境及独有的文化背景相适应。为此，我园还大力开发了《小脚丫走阳坊》、《快乐过立夏》、《走进消防中队》、《走进坦克博物馆》等社会实践课程，实现了《纲要》所提出的社会性发展目标。这些课程的实施不仅使儿童感知体验了浓郁的乡土人情，感受到了长辈的关爱，以及相亲相爱、和谐美好的邻里关系，还萌发了爱家乡、爱身边人的情感。

三、筑梦起航，成就幼儿教育幸福未来

教育是实现生态文明与可持续发展目标的重要手段与长久之计，我园不断在实践中研究与探索，课程的融合性、整体性愈发鲜明，极大促进了教师、幼儿、家长、园所的共同成长。在大自然与生态课程的浸润下，我园幼儿获得了均衡全面的发展。2019到2020年期间，幼儿六项体能测试优秀率，从前一年的52.6%上升到了74.5%。不仅幼儿性格活泼、开朗，热爱劳动，还学习了多种劳动知识和技能，提高了动手动脑能力。如：在《除草记》活动中，孩子们围绕“要把‘刺人’的草全部除掉”这一问题，发起了全园性“除草大行动”。历时四天，克服了重重困难，小孩儿们完成了清理银杏林杂草的“大工程”。在无稿剪纸方面，他们不仅人人能够大胆创作，而且在全国儿童剪纸作品展中，12幅作品荣获二等奖、3幅作品荣获三等奖、6幅作品荣获优秀奖。

此外，我园教师的儿童观、教育观也发生了明显的转变，专业素养获得了显著提升。我园独立办园七年来，教师在各级各类专业水平评审中，获奖总数为453篇（节），参与出书及文章刊载共79篇，为幼儿园发展增添了灿烂的光彩。

总而言之，幼儿园就像是一个温暖的家园，它让师幼的思维在自由中伸展，智慧在惬意中放飞，每天都成为自己生命历程中灿烂的一页。孩子们在舒适的环境中快乐成长，教师收获成功，这就是教育的核心理念。未来，我园会继续投身园所生态建设中，用心构筑，用爱浇灌，呵护祖国的花朵健康成长，带着教育的理想，迈着坚定的步伐，不忘初心，奋勇前行，把“打造生态幼儿园，培养生态小公民”作为奋斗目标，不懈努力，共谋幸福!

彰显办学特色，开启绚丽人生

——北京市朝阳区呼家楼中心小学柏阳分校办学纪实

北京市朝阳区呼家楼中心小学柏阳分校　刘治国

北京市朝阳区有一个地方叫作白鹿司。清朝初年，这里水草茂盛，有野生白鹿出没。据《白鹿志》记载，白鹿是传说中的祥瑞之物。如今，在这片充满灵性的土地上，坐落着呼家楼中心小学柏阳分校。学校坚持“绚丽人生从这里起步”的办学理念，培养了一群勤学好问、乐观向上的孩子。

作为一所活力满满的现代化学校，学校牢牢把握住了时代的脉搏和教育的发展动态，2019年紧随教育资源整合的步伐，加入呼家楼中心小学教育集团。在推进集团化办学的岁月中，柏阳分校从总校不断汲取营养，并将所学的教育理论、方法等逐渐内化成推动发展的力量。学校健步行走在教育改革创新之路上，真正做到因材施教，精准服务于每一名学生，扩大了优质办学资源。

践行PDC理念，培养未来“社会人”

创新是人类文明的重要基石，实践是社会发展的不竭动力。培养学生的创新精神与实践能力渗透在构建教与学关系的整个过程，也是贯穿当前课程改革的重要线索。为了使学生更加符合未来社会的人才需求，呼家楼中心小学提出了一套适合中国学生发展的本土化的创新型实践育人系统——PDC教育。PDC，即Project(项目)-Driven(

驱动)-Creation(生成)的简写。也就是说，用项目驱动学生的欲望和兴趣、实践和体验、思维和意识；通过驱动生成学生的经验与技能、素养与情感、态度与价值；通过项目群育人方式让学生回归生活与社会，从课堂走上生活、从学校走上社会、从知识技能走上能力素养，把学生培养成具有生活能力与社会素养的真实与完整的人。

作为呼家楼中心小学的校区之一，柏阳分校的教育教学与总校一脉相承，根深叶茂的积淀为其提供更广阔的发展空间。“简单来说，PDC教育的目标是鼓励学生发现并尝试解决生活中的问题”，深耕教育多年的校长刘治国认同并积极推动PDC教育，“PDC教育引导学生跨学科运用知识，所以我们依托国家级课程，以课堂为主渠道践行PDC教育”。比如学校的活动“秋季第一场市集”，调查团队会在市集上采集数据，基于基础的数据统计，学生分析出什么样的商品更抢手、什么样的营销手段更有效等问题。活动开展及研究的过程已经超越了原学科的界限，学生在讨论中充分感受到数学的魅力与科学的神奇。

学生善于发现的眼睛不仅仅停留在校园里，还会迁移并关注到校外生活。疫情期间，学校将PDC项目研究延伸至线上，学生探究了许多有趣的问题。例如：科技学科“看不见的世界”，探究病毒到底从何而来；美术学科“与英雄合体”致敬抗疫一线工作者，学生拿起画笔与英雄“合体”……通过PDC研究性学习，学生创新了学习模式，学习的积极性和主动性被最大程度地激发。迄今，学校全体学生共开展了12项PDC研究性学习，涉及8项学科领域，完成了9000余个项目研究成果。在一次次快乐探究中，高阶思维开始扎根在学生们的“小脑袋瓜”中，同时大大提高了他们动手操作的能力。

“兴趣跃动求知的节拍，智慧点亮梦想的星海。”在PDC教育的实践中，分校学生在舒适的氛围中收获知识，在鼓励的话语中大胆创新。PDC所绽放的自由之美对学生生命个体的生存与生活体验及社会理解起到了有效唤醒，引导学生成长为一个有着独立的、健全人格的“人”。

建设特色课程，促进多元发展

2020年10月，中共中央办公厅、国务院办公厅印发了《关于全面加强和改进新时代学校体育工作的意见》和《关于全面加强和改进新时代学校美育工作的意见》。两份重磅文件，对新时期学校构建德智体美劳全面培养的教育体系提出更细致的要求，而这正是柏阳分校一直在践行的。学校坚持以国家标准课程落实基础教育，以特色课程实施个性教育，逐渐形成了“5+”体系，即每名毕业的学生都能够掌握5项体育技能（足球、跳绳、武术、田径、舞蹈），或一项音乐、美术、科技特长。刘治国认为，这是体育与美育发展的基础，有助于激发学生的潜能，满足多元化发展需求。

“利用小学阶段的时间，广泛培养兴趣爱好，对学生的成长至关重要。”刘治国坦言，现阶段很多学校陷入了“考什么教什么”的误区。比如学校体能测试要考察引体向上、长跑等项目，学校的体育课就只开展这些锻炼，长期以往，学生可能会觉得枯燥而失去运动的兴趣，学校也没有把握住建设特色课程的机会。沿着这样的思考路径，虽然足球、武术、舞蹈等项目并不纳入体能测试，刘治国却依然聘请了专业人士担任教师。学生在专业的指导下进行训练，体能测试所要求的内容早已自然地融入课程中。热闹的操场上，学生的欢笑声随着武术而升温，激情跟随足球的转动而燃烧，他们挥洒的汗水、矫健的身姿无一不在体现着运动的收获。

纵观科技发展的历史，每一次重大突破都会引起经济的深刻变革和社会的巨大进步。若想以创新为支点撬动未来，就必须关注科学教育的发展，培养宝贵的人才。柏阳分校的科技课紧跟国家课程改革的要求，从聚焦某一问题的研究到在大概念下完成对问题的研究。比如低年级学生观察水的形态；中年级学生研究水的三态变化；高年级就要从水的大概念出发，研究水的保护和利用。刘治国认为：“必须对学生进行阶梯性训练，使学生形成系统的科学理念，培养学生的科学素养。”

阳光洒在学校橘、白相间的墙面上，“绚丽人生从这里起步”几个大字熠熠生辉。“绚丽”的定义不止于课堂，还在于课后开展丰富多彩的社团活动：有弘扬中华传统文化的国画社团，强身健体的武术社团，展现乐器魅力的二胡社团，提升书写技能的书法社团，锻炼动手能力的衍纸社团等。学生在社团活动中可以获得常规课堂以外的知识，对学生的创造力的发展起到至关重要的作用。

发挥激励功能，调动教学热情

教师是学校发展的基石。高学历、年轻化是柏阳分校教师队伍的主要特征，怎样带好这支人才队伍，提高教师的工作积极性，令广大学生真正受益？无疑，校长的管理能力是背后的重要保障。无数个日夜里，刘治国为此殚精竭虑。

学校的功能是多元的，但核心是育人，让教师安心从教是教育发展的根本之道。为此，刘治国使出了三项“杀手锏”。首先，营造良好的工作氛围，以身作则，温和地帮助教师，引导同事之间友好相处，给予教师工作安全感；其次，相信教师的能力，认可教师的价值，采用鼓励的沟通方式对小问题提出建议，帮助教师成长；最后，关心教师的心理健康，使教师降低焦虑感、提高工作热情。

“管理的艺术不在于鞭策的力度，而在于激励、唤醒和鼓舞”，提到教师管理，刘治国侃侃而谈，“除了关注教师的工作，领导的陪伴对员工的激励同样重要”。不久前，在金帆艺术团申报活动中，学校的德育干部主动放弃哺乳时间，与申报组教师加班整理资料，极大地提高了申报组教师的责任感，有的教师不顾身体的不适，有的教师放下年幼的孩子……而一切的缘起，与刘治国长期经营的激励氛围密不可分，这群年轻的教师们精神饱满地围绕在刘治国周围，为了同一个目标不懈前行。

激励会调动人的积极性和创造性，使人朝着所期望的方向奋力奔跑。正如《论语》所言“夫子循循然善诱人，博我以文，约我以礼，欲罢不能”，在刘治国正确的引导下，学校培养出了文思敏捷、爱岗敬业的教师。他们是课程资源的开发者和组织者，是学生自主学习、问题探究的指导者和合作者，更是终身学习的引领者。

“今天下午语文组开展研讨会，希望您参加。”、“线上香港交流活动能否再办一次？” 每天，刘治国的微信都会被教学通知与活动邀请等信息塞得满满当当，忙碌的行程使他养成了疾步行走的习惯。擦肩而过的老师喊住他想讨论工作，“我去吃个饭，15分钟就回来”，说罢，他的步子迈得更大了。用心建学校、用爱办教育，在刘治国的带领下，柏阳分校的努力到了学生、家长和社会的广泛认可，获得了“2020年朝阳区小学教育教学优秀奖”等多项荣誉。展望未来，刘治国眼里跳跃着希望的光火：在新的时期，他要继续和全体师生戮力奋斗，力争打造基础教育的新高地、特色教育的新高地、创新教育的新高地。

多彩教育，成就多彩人生

——谈学校多彩教育的实践

北京市朝阳区实验小学贵阳分校 唐卫琼

习近平总书记强调，“要把立德树人的成效作为检验学校一切工作的根本标准，真正做到以文化人、以德育人。”一个“德”字，回应了时代的叩问，寄托着人民的期冀。小学，是人生最基础的教育；立德，是育人环节中的关键。北京市朝阳区实验小学贵阳分校始终将立德树人作为办学的根本任务，努力答好“培养什么人、怎样培养人、为谁培养人”的时代命题。

贵阳分校坐落于贵阳市南明区桃园路95号，紧邻南明河，背靠青山，依山傍水，风景秀美，学校是北京市朝阳区与贵阳市两地“京筑教育合作”项目之一，是北京市朝阳区实验小学教育集团跨区域办学的第一所分校。我校自拟建校起，得到了北京市朝阳区委区政府、教工委教委、教育督导室以及贵阳市政府、市教育局、南明区区委政府、区教育局等领导的高度重视。办学六年来，学校传承北京先进理念，在“多彩贵州”大地上，践行“多彩教育”，筑梦“多彩童年”，办人民满意的教育，为学生的幸福人生奠基。以下章节，我浅谈一下我校的“多彩教育”开展情况。

一、构建“多彩教育”，让教育返璞归真

“多”，即众也，指多样、多元、全面，“彩”是指精彩、出彩、个性，“多彩教育”就是要“多一个选择，多一个幸福的学生；多一个尺度，多一个成功的学生；引导学生在全面发展的基础上个性绽放。”

“多彩教育”源于回归教育本质。“多彩教育”就是要全面贯彻党的教育方针，落实立德树人根本任务，落实为党育人、为国育才的根本要求，引领学生德智体美劳全面发展，为学生的未来发展奠基。

“多彩教育”源于生命成长需要。“多彩教育”就是要遵循孩子的成长规律，通过因材施教，呵护孩子们的童心，让他们能够多姿多彩地发展，实现各美其美。

“多彩教育”源于贵州文化符号。学校扎根贵州大地办教育，以此涵养学生的家国情怀，引导学生爱祖国爱家乡，让贵州丰富的文化资源滋养学生的心灵。

“多彩教育”源于本部“幸福教育”。教育的目的之一是培养完整的人，幸福教育就是激发孩子成长的内驱力，引导孩子在幸福中成长。“多彩教育”与朝实本部“幸福教育”一脉相承，是“幸福教育”的延展与实践。

“多彩教育”源于包容和谐文化。尊重教育规律和学生身心发展规律，为每个学生提供适合的教育。我们的学校教育要关注学生的差异，让每个学生享受适合自己的教育。

二、实践“多彩教育”，回归“以生为本”

孩子是校园里活的主角，我们的“多彩教育”就是要让“孩子站在校园正中央”。秉承北京市朝阳区实验小学“为幸福人生奠基的教育理念”，贵阳分校形成了“多彩贵州、多彩教育、多彩童年”学校的特色，关注全体学生，全方位、全面发展。学校明确了“多彩贵州、多彩教育、多彩童年”的基本内涵。

*我们的学校：以学生为中心 以学习为中心

*我们的教育： 信任 发现 支持 引导

*我们的学生： 品行优 身心健 能力强

*我们的老师： 热爱教育 爱生如子

基于这样的内涵，我们尝试通过优化多彩管理、培养多彩教师、践行多彩德育、开设多彩课程、实施多彩评价等途径，引领每个学生精彩绽放，为学生多彩童年筑梦，办一所百姓家门口的优质学校，孩子心中的多彩幸福校园。

“教师强则学校强”。我们秉承“多彩教育”的理念，以四有好老师、四个引领路人为指导，引领不同层次的教师个性发展，培养一支优秀的教师队伍，实现学校和教师彼此成就。目前，贵阳分校评出身边好榜样10余人，3人被评为朝阳实验小学教育集团阳光教师。六年来，贵阳分校学科教学能力逐步提升，现已有省级名师1名、省级骨干2名，市级骨干5名，区级骨干3名。

三、树德立人，学校多方位开展德育

现在的小学生正是国家未来的脊梁，能否培养出合格的建设者和可靠的接班人，是衡量我们学校教育成功与否的关键要素。基于这样的出发点，我们探索开展“多彩德育”，通过课内与课外融合、校内与校外融合、线上与线下融合、学校家庭社会融合的全员、全程、全方位育人格局，为每个学生的终身发展注入鲜明底色。通过课内与课外融合，校内与校外融合，线上与线下融合和学校与社会融合进行突破时间和空间限制，多方位开展德育。

如，疫情防控期间，学校采取线上与线下融合的方式，探索特殊时期的德育形式，拓展了学校德育的空间。在云端，学生们用独有的表达展现其赤子之心、家国情怀。同时，学校还积极利用云班会、云课堂等方式，开展“关注疫情、为中国加油”向一线白衣战士致敬等各种弘扬主旋律和正能量的主题教育，引导学生学会关注自我，关注他人、关注社会。线上与线下融合的方式展示实现了学校德育方式方法的创新。

再比如，为促进每一个学生都精彩绽放，学校构建了“人文与德育、艺术与审美、科技与创新、体育与健康、劳动与实践”五大主题的“多彩课程，五育并举”体系。“多彩课程”遵循“自主选择，人人参与”的原则，实行校内与校外联合教学的形式，促进学生德智体美劳发展。拓展课程以提升学生能力和素质为目标，让学生在拓展性课程学习中开阔眼界、掌握技能、锤炼品格、激发思维、提升素养。拓展性课程包括绘本、厨艺、陶艺、机器人等二十余门，实行“走班教学”，采取校内校外“双师模式”，每周两个下午的时间，孩子们可以根据自己的兴趣、爱好、特长，打破原有的班级、年级的界限进行自主选择课程，学生参与率达100%。学生对拓展课程给出90分以上的满意评价。

“多彩课程”在实施的过程中，倡导尊重学生不同思维方式、不同表达方式和不同的行为方式，尊重孩子发展的个性差异，注重培养学生的创造精神和社会实践能力，以此调动学生学习的积极性、主动性和创造性，培养面向未来的人才。

四、“以生为本”育人，“多彩教育”初获成效

“多一个尺度，多一个成功的学生”。学生是一个个鲜活的生命，他们的成长评价不应该被简单化、标准化，因此，学校要以“以生为本”作为撬动学生发展的支点，让每个学生都能成为最好的自己。“多一个平台，多一个自信的学生。”让学生看见成长进步中的自己。增加自我认同感，让每个学生都能成为最好的自己。

文化是一种氛围、一种精神，是学校发展的灵魂，是凝聚人心、展示学校形象、提高学校文明程度和内涵发展的重要体现。自建校以来，贵阳分校力求通过“多彩教育”建设，构建“多彩教育”学校文化，达到以文化人、文化立校。

培养什么人、怎样培养人、为谁培养人，学校的属性是“育人”，未来，我们将着力以学校文化引领内涵发展，既关注学校文化外在的显性特征，更注重学校文化的内涵创设，营造有利于师生健康成长的良好文化氛围，提升办学品质和育人质量，将学校办成百姓身边满意的学校。

六年来，在全体师生共同努力下，贵阳分校建校先后荣获全国青少年足球特色学校、全国国防教育特色学校、贵州省首批儿童青少年近视防控特色学校、贵州省安全文明学校、贵阳市文明学校，贵阳市德育示范校、贵阳市家长学校示范校、贵阳市语言文字示范校、南明区减负提质示范校。学生在国家、省、市、区各级各类竞赛中获得集体奖35个，获奖276人。在编在岗教师34人中，有省级名师1名、省级骨干2名，市级骨干5名，区级骨干3名。

我们在“多彩教育”的路上砥砺前行，支撑我们走下去的是坚守在心中不变信念，那就是让学校成为学生们心灵的港湾。

回望过去，我们的校园由一栋栋水泥楼房，逐渐成为师生的精神家园，师生乐在其中，享受其中，更收获了成长。在多方的推动与融合中，在本土地域文化的滋养下，我们正努力的通过多彩教育，创造出别具一格的多彩幸福校园文化生态。展望未来，我们将继续坚守教育初心，以儿童为中心，谋划未来学校建设，让每个人都能绽放个性的光芒，这是我们贵阳分校人的教育使命与价值追求。

因奋斗在贵州教育这片热土而幸福！因成长在朝实小贵阳分校这个团队而幸运。感谢各级领导、专家长期给予学校的关心、指导和帮助，让学校有了更大发展的空间。感谢老师、家长无私的奉献与团结奋进，使孩子们幸福成长。感谢孩子纯真的笑脸，让我们体会到从事教育的幸福与快乐。

成就孩子多彩人生，多彩教育，我们孜孜不倦，上下求索！

打造足球特色园所，促进幼儿全面发展

成都教科院附属幼儿园（成都市龙泉驿区天鹅湖幼儿园） 唐学军 李沂临 李润

蔡元培先生说：“完全人格，首在体育。” 体育，是这个世界上最基础、最美好的教育。而足球运动更具代表性，足球给幼儿的思想、身体、心理、学习、生活带来诸多益处。使幼儿的身体素质得到全面发展。我们结合幼儿园园所现状、顶层规划以及核心指导思想，在“耕读文化”思想及办园理念“让每颗种子自然生长”的引领下，营造“培育自然美好儿童”的成长环境，围绕“健、智、品”种子课程，建立健全各项足球活动制度，规范夯实基础，尊重幼儿生长发展规律，通过健康体魄、蒙知育材、良习礼善来实现幼儿体、智、德、美、劳全面发展。其中，健——“保身心之健旺”，“旺”代表着一种向上的力量，一缕希望的阳光。“健旺”也作“旺健”，精力旺盛与身心健康是根本目标。幼儿园将保育与教育有机融合，让幼儿的体育锻炼成为一种生活状态、一种生活习惯，使幼儿一生受益，保全幼儿有健康的体魄、良好的心理品质。而足球活动则是我园实现课程目标的重要措施，丰富幼儿的体育活动，真正做到足球“从娃娃抓起”！

一、强化园所管理，注重特色创新

成立足球特色项目领导小组，负责统筹规划幼儿园足球教育发展思路，制定相关评价、管理制度，统筹安排经费投入，并为幼儿园足球教育创设良好的发展氛围。

立足特色，我园以探索实践为路径，不断加强组织领导，拟定完善规章制度。我们将幼儿足球纳入幼儿园三年发展规划，在幼儿园文化建设中突出体育文化建设，尤其是园所足球文化建设。在年度计划中，将足球特色幼儿园建设作为一项永不竣工的工程来抓，严格执行各项计划，确保计划落到实处。通过生活化、游戏化、整合化、探究化的课程途径，激发幼儿主动参与到足球游戏课程体系中，通过健康体魄、蒙知育材、良习礼善来实现幼儿体、智、德、美、劳全面发展。

健全工作机制，成立了由园长负责，分管业务园长主抓，各部门主任、班主任、体育小组全体老师参加的幼儿园足球工作小组，全面负责幼儿园的足球工作。我们每学期召开一次幼儿园足球工作会议，在认真研究幼儿园和幼儿实际情况的前提下，制定详细计划，做到任务明确，责任到人，活动内容丰富多彩、活动形式注重创新，突出幼儿的参与性和活动游戏性、实效性。

二、配齐体育物资，建设一流设施

户外场地保障。幼儿户外游戏是幼儿园教学活动的一个重要环节，是发展幼儿基本动作能力、促进幼儿身心健康的重要教育形式。幼儿园的户外活动有安全、充足的运动场地。户外场地夏天时有遮荫，冬天时有日照。场地类型丰富，适宜幼儿进行不同类型的足球活动。能因地制宜拓展幼儿运动空间，创设丰富、自然的活动场地，能充分利用现有场地灵活开展体育活动，注重环境安全。

活动时间保障。我们保证幼儿每天2小时的户外活动时间，其中不少于1小时的体育锻炼。保证各班级足球活动每周常态化开展，通过户外活动时间、健康教育、专题足球课等方式进行，加大了足球相关知识、技能的普及力度，提升幼儿参与游戏的兴趣。

硬件物资保障。我们有计划地及时添置、更新和维护足球及相关体育设施、器材，确保运动设施和器材的安全；有不同功能的体育设施，比如：足球数量，充气球门，标志桶，标志碟，敏捷梯，跳杆，不同难度和大小的滑滑梯、独木桥、平衡圆、篮球等，体育设施和玩具都很充足，能够满足不同年龄幼儿身体协调发展的需要。

三、加强教师研修，提升教学水平

对园所教师进行线上及线下各种与体能专业相关的“三性”培训。一是专业性，外聘专业机构进行相关教学，有在职教师进行辅导和学习；二是安全性，通过分班上课，配合教师和生活教师的辅导，保证安全监督人数，同时设置好规范化的场地，保障活动的安全性；三是持续性，每学期邀请外聘俱乐部进行1到2次的做客讲座，培养青年教师对足球的理解和执行能力。

以研促教，逐步凸显专业特色。为让幼儿正确掌握足球技能和促进幼儿运动能力及动作协调性，我们以“体育运动”中的足球、走、跑、跳、投掷等动作作为教研活动，以教师如何开展体育活动为教研切口，帮助教师提升自己教育教学能力，通过教研让教师们更加懂得去关注幼儿游戏兴趣的持久性和各种能力发展及基本动作的发展，知道能根据幼儿的发展水平和兴趣需要及时调整活动内容和材料。通过教研活动其中形成了优秀体育游戏活动教案共20余篇。

师资力量保障。我们现有专、兼职体育教师共8人(其中本科生4人，在读本科4人)，皆具备教师资格证、教练证、裁判证等相关证书。近年来，我们非常注重体育教师继续教育，先后派出了102人次参加各种足球等体能培训和学习。

四、科学设置课程，营造文化氛围

根据幼儿年龄身心特点开展幼儿足球活动的根本宗旨提出了总目标：在足球活动中，培养幼儿的运动兴趣和综合运动能力，增强幼儿体质，提高幼儿动作的协调性、灵活性和大胆、自信、勇敢的个性心理品质，感受足球文化并体验胜不骄、败不馁，敢于尝试、敢于拼搏的体育精神，促进幼儿身心全面和谐发展。为此，我们通过探索研究不同的课程，激发幼儿们的学习兴趣，使幼儿们健康快乐地成长。

以球育德，促进幼儿良好意志品质的形成。足球作为一项竞技运动项目，既需要团结协作，又需要遵守球场规则，既能共同分享成功的喜悦，又能勇敢地面对挫折。充分运用足球的育人功能，使队员们养成遵守规则、团结合作、积极向上、勇于拼搏的良好品质。

以球健体和促进幼儿强壮体魄的形成。足球运动对幼儿身体素质的提高是十分有益的。球场上的奔跑，运球盘带，各种动作技巧等都是平时刻苦训练的积累，足球游戏、足球团体操、足球啦啦队队操等都能活跃身心，增强幼儿的动作协调能力、反应能力，提高身体素质。

以球促智，带动幼儿全面均衡发展。强健的体魄、良好的意志品质是智育发展的基础，足球运动和足球文化为幼儿智育的发展提供了良好的土壤。

经过我们的不断努力与探索，幼儿园成功创建“第二批全国足球特色幼儿园”称号，陆续荣获“成都市体操训练基地”称号，成都市啦啦操冠军联赛“优秀组织奖”称号。组织教师和幼儿积极参与体育赛事，荣获四川省第三届幼儿体育大会线上亲子运动会一等奖；川渝两地幼儿亲子线上运动会幼儿园组第一名；在2019年“舞动中国——排舞联赛”四川站中分别获得“一、二、三等奖”的名次，活动中荣获“优秀组织奖”，8名教师被评为“优秀教练员”；在成都市体操锦标赛中，荣获“三等奖”及“体育道德风尚奖”；1名教师被成都市体操协会评为“体操教练员”、1名教师被评为“体操裁判员”。幼儿园共有3项市级课题、9项区级微型课题在研、多次承担市、区级教研活动。现有成都市未来名师1名，成都市骨干教师2名，5名教师荣获区级优秀教师等表彰。教师们撰写的足球活动及各类专业论文、课程故事、教学心得等多篇文章发表获奖。

回顾过去，我们踏踏实实一步步躬身探索，展望未来，我园将在各级教育主管部门和领导的大力支持下，以足球特色为抓手，与幼儿园教育教学工作紧密结合，让幼儿真正感受到足球体育运动的乐趣，发扬团结协作、拼搏进取的体育精神，为幼儿的一生幸福打下良好基础，为成都教育事业的蓬勃发展增光添彩！

家校合力，助推体教融合新发展

电子科技大学附属实验小学　康永邦　童欣　冯庆

健康的体魄，健全的人格，是人全面发展的前提性条件。强化体育育人意识，彰显体育育人功能，这是新时代赋予学校的任务，更是教育者应承担的使命。体育教学，能够帮助学生初步掌握体育运动的基本技能，增强体质，养成锻炼身体的好习惯，同时，也能更好地培养学生坚强的意志和良好的道德品质。近日，国家体育总局和教育部联合印发《关于深化体教融合促进青少年健康发展的意见》，从宏观层面呼唤全社会正视体育在教育中的作用。作为一所成都知名的公办小学，我校在体教结合的路上已经探索10余年，不少改革举措可谓走在舆论的“风口浪尖”——体育老师当班主任、体育家庭作业、体育家长会、家长资格证，将学生的健康指标列入教师的绩效考核体系等等。我校面对新时代的发展要求，不断加强体育教学工作，整合体育、教育资源，激发家校教育活力，不断创新教育教学发展新机制，努力培育一批又一批身心健康发展的优秀人才。

一、以家长配合，促体教发展

健康第一，学习第二。实行体教结合，学校动起来是根基，教师动起来是前提，学生动起来是关键，家长动起来是保障。体教结合，需要家长助一臂之力。每年新生入学，不同的家长都会抛出同样的质疑。家长的观念与学校强调体育教育的观念往往会有“交锋”之处。在家长眼里，孩子日常的功课繁多，无暇顾及亲子运动，并且体育课程太过专业，家长没有能力辅导。了解到家长担心的因素，我校深思熟虑，制定了一份成熟而可行的计划。每当孩子成为我们科大附小的新生时，我们的家长手里会领到两份录取通知书，一份“一年级入学通知书”，一份“家长入学通知书”。在这个“新学堂”，家长先于孩子作为“新生”入学培训。

针对新生家长，学校会邀请各领域的专家或学校骨干教师开展家庭育儿教育有关课程，其中便有体育专场培训。我们的目的是把学校的改革理念系统地传递给家长，请家长和学校能够达成协同育人的统一战线。我校育人有三个目标，身体好、情商高、学习能力强，而体育正是有助于学生实现目标最有效地途径。根据学校公布的检测数据，我校学生近视率为36.5%，低于成都市的平均水平；体质监测的优秀率从2014年的百分之二十几到今年已经超过45%；今年学校毕业班学生平均身高为155.24厘米，其中身高最高的一个班平均达到158厘米。这得益于体育老师班主任经常带着学生去打球、摸高，在不知不觉的发展中，学生的身心素质得到了有效地提高。

学校选任体育老师当班主任已不是新鲜事，自2015年起，共有27名体育老师担任过班主任。目前，全校52名体育老师中，有15位体育老师正在担任班主任。出人意料的是，这一举措鲜少遭到家长反对。2013年开始实行的体育家长会为家长观念的转变起了重要的“铺垫”作用。

当体育老师站在讲台，面对学生的家长时，老师或许会感觉到很有压力，而以家长对体育的刻板印象，家长会觉得体育老师单独开会是多此一举。例如，自家孩子不是运动的料、自己没能力指导孩子完成运动、孩子学业压力过大等等，大部分家长对体育运动存在着误解。家长尖锐的提问越多，我们开设体育家长会便更具急迫性。家长是孩子第一位老师，消除他们对体育的误解，才能真正帮助孩子形成终身锻炼的习惯。数据的变化分析，能够让家长一目了然孩子的成长与变化。身高、视力、运动成绩，一番数据的对比分析能够在一定程度上消解家长对体教结合的误会。同时，校内不乏运动、学习兼顾的优秀案例，这也是“打动”家长的有效途径之一。我们还可以通过每学期定时召开的运动会，邀请家长在学校运动会中担任裁判、组建家长方队，参与入场式等方式，使“健康第一”的思想逐渐深植家长心中，渐渐地，我们的家庭也成为学校之外的另一个“操场”。

学生在学校基本能保证每天近3个小时的锻炼时间，回家以后，也需要完成体育家庭作业。老师会通过视频作出动作示范，包括练习时长、次数等，通过班级群或人人通向家长发布，学生练习时也需录制视频，回传后由老师进行评定，成绩将纳入体育期末成绩。在疫情期间，我校还通过线上方式进行了跳绳、颠乒乓球等项目的大比武，以促进学生养成锻炼的意识和习惯。有了家长的配合，学校的氛围真正活了起来，学生的健康真正好了起来。本质上来讲，我们请家长配合，和孩子一起锻炼，为的是给孩子创造一个运动的氛围，培养对体育的兴趣。若是兴趣延续，也许能拓宽孩子的人生路径；若只是当成爱好，也能在未来给孩子一个排解压力的方式。我们孩子的身心健康是家庭和学校最该关注的，充分发挥家长在教育中的关键作用，以家长好好学习，推动孩子天天向上。

为了更进一步提升学生家长以及家庭教育素养，我校决定实施“家长资格证”测试活动。“家长资格证”测试活动是培育优秀家长的有效途径。学校每年进行家长资格证考核，考核分为笔试和专家答辩。这一行为既是考核家长作为学生的第一任教师是否合格，也是检验家长能否给孩子讲好“人生第一节课”、能否帮助孩子扣好人生第一粒扣子，同时还能为学生树立榜样。我们笔试题型分为选择题、填空题、简答题以及案例分析题，命题内容紧扣学校办学理念以及家庭教育。专家答辩环节一般在笔试后一周进行。在此环节中，家长介绍孩子基本情况、亲子模式、沟通方式以及自身在家庭教育中的困惑，专家在听的过程中可以进行追问、点拨以及答疑，在与家长交流后进行评定给分。在这一环节中，家长的教育能力得以真正展现。学校这一举措，让家长在家庭教育中更有方法、更有智慧，更好地促进孩子的健康成长。

二、以学校之力，促体教融合

家长参与不等于学校“转嫁”教育任务。家庭教育和学校教育如何形成合力，是学校关注的重点和焦点。教育质量不能简单地等同于考试成绩和升学率，只有学业没有健康的教育是不顾未来的“短视”行为。我校在坚持立德树人的根本任务的同时，始终将学生的健康放在首位，通过开展一系列的体育活动，制定多途径的体教融合策略，不断丰富学生的日常生活，增强学生的体魄，使其在拥有健康身体的前提下享受获得知识的幸福感与满足感。

健康是成长的基石，有健康才有未来。我们的学生要明白，保持平和心态，保证充足睡眠，坚持适当运动，注重均衡膳食是获得健康的四大基本路径，每一位同学都应力求“长得高、立得稳、跑得快、坐得住、看得远”。2008年，我校便将儿童“看得远——儿童近视率、长得高、立得稳、跑得快、坐得住”等指标纳入对教师和班集体的绩效考核改革中，率先在全国提出“儿童健康是评价教育质量的第一标准”。以近视率为例，学校每年会对学生进行4次视力检测，数据对比后，如果一个班的近视率增长超过5%，则可看出这个班的近视防控工作不到位，而班级和老师的绩效、评优将会受到影响。

为了让学生走到室外，走上操场，2014年，学校就提出每班每天一节体育课，大大增加了学生的锻炼时间。此外，学校的阳光大课间延长为1小时，大大增加了学生的真正有效活动的时间。加之延时服务的课外体育活动，我校的操场几乎没有闲时，可以随处看到学生们运动的身影。

校内随处可见的视力检测表，所有教师统一穿运动鞋，墙上一个个打破田径、乒乓球等运动纪录的校内明星、“校友”网球世界冠军晏紫的故事，校园里随处都有体育与健康的元素，使学生在充满浓郁的体育氛围中受到潜移默化的影响。而最令人瞩目的是挤在走廊、车库、屋顶的乒乓球桌，占地总共只有73亩的4个校区，见缝插针摆放了800多张乒乓球桌，服务于6700多名师生。学校这一举措，除了为专业队发现人才，更为了让学生从中得益，使其感受到单打竞争、双打合作、捡球助人的快乐。

在新的历史条件下，加强学校体育工作、推动素质教育发展是我校为党育才、造就高素质接班人和优秀体育人才的重要举措。通过10余年从“体教结合”到“体教融合”的探索，我们意识到体教融合不仅是为改变体育在孩子成长过程中所占的比重，同时也是希望体育能对整个素质教育起到杠杆作用。相对于中学阶段，小学践行体教融合“阻力”更小，但尤为关键。小学阶段是每个人身体发育的敏感期和关键时期，必须打牢基础。更重要的是，在小学阶段能够帮助家长和学生形成体育育人意识，加强对体育的重视，认识到体育的重要意义，这对学生今后的发展至关重要。体教融合，并非一朝一夕之事，需要我们长期的实践与探索。在未来的发展中，我校会以身作则，率先垂范，以家校联动助推体教融合，努力开拓体教融合发展新路径。

深植“红色摇篮” “责任”孕育时代新人

福建省龙岩市永定区侨育中学 戴清贵

重责任、勇担当，是中华民族的优良传统，也是伟大民族精神的重要内容。在教学中融入爱国主义教育、民族精神教育、社会责任教育，培养学生的责任担当意识，并利用我国优秀传统文化资源，用责任伦理观念激励当代学生做一个有责任、有担当的年轻人，是当代教育工作者需要探索的重要课题之一。

在素有“红色摇篮”、“客家故里”、“南方矿区”、“烤烟之乡”等美誉的福建省龙岩市永定区，创办于1939年的侨育中学深入挖掘当地丰厚的历史文化资源，秉承“四海为家、冒险进取、敬祖睦宗、爱国爱乡”的客家精神，“艰苦创业，不屈不挠；奋斗异域，捐资报国；爱国爱乡，报恩故土”的华侨精神，以及“忠诚、责任、实践、奉献”的知青精神，确立了以“责任教育”为核心素养的培养目标和“挖掘弘扬乡土文化，培养有社会责任感的优秀公民”的办学宗旨，深入回答了“立什么德、树什么人”的根本问题，引领了学校课程改革和育人模式变革。

顺应时代要求 明确责任内涵

《公民道德建设实施纲要》指出：学校是进行系统道德教育的重要阵地，各级各类学校必须认真贯彻党的教育方针，全面推进素质教育，把教书与育人紧密结合起来，要科学规划不同年龄学生及各学习阶段道德教育的具体内容，坚持贯彻学生日常行为规范，加强校纪校风建设。要发挥教师为人师表的作用，把道德教育渗透到学校教育的各个环节。要组织学生参加适当的生产劳动和社会实践活动，帮助他们认识社会，了解国情，增强社会责任感。

以此为宗旨和指导，侨育中学顺应时代要求，提出了“责任教育”的核心理念，并明确其深刻内涵。侨育中学提出的“责任教育”，是指通过一定的教育内容、途径、方法，培养责任主体的责任素质，以使其对承担的职责、任务和使命加以确认、承诺并履行的教育，“把培养学生的责任意识，激发责任情感，提高责任能力，优化责任行为，作为学校德育工作的主要目标”。责任教育的基本目标是培养完善的责任品质。其中，责任品质包括责任认识、责任情感、责任意志和责任行为基本的心理成分。责任认识是前提。在培养学生责任认识时，要帮助学生解决两个方面的矛盾，即从不知到知、从片面到全面的认知的矛盾，以及正确和错误的认知的矛盾。情感是责任的动力，态度是行动的源泉。

学校提出了“责任，笃行”的校训，首先帮助学生通过认识个人职责的具体性质，提高责任意识，这是责任教育的基础。其次是通过知青精神和客家精神教育，培养学生的责任意志和信念，使学生能坚定地履行责任而不是遇到干扰或困难就逃避责任，这是责任教育的中心环节。最后是通过教育使学生养成责任习惯，培育责任素养，就是时时尽职尽责，失职主动承担责任，这是责任教育的目的。

在此基础上，学校以培养教师家长学生的责任心和责任意识为切入点。讲责任故事，学习责任名言，落实责任目标，践行责任承诺，弘扬责任精神，强化责任情感，营造责任氛围，构建责任文化，办人民满意的教育。

在切实推进责任教育的进程中，侨育中学提出了“五观”的思想架构：一是学校观，学校教育的具体活动受到社会需求影响，必须符合社会发展趋势，承担着对社会输送人才的职能；二是教师观，教师工作质量的好坏关系到我国年轻一代身心发展的水平和民族素质提高的程度，从而影响到国家的兴衰；三是课程观，广义的课程是指学校为实现培养目标而选择的教育内容及其进程的总和，它包括学校老师所教授的各门学科和有目的、有计划的教育活动；四是教学观，教师有目的、有计划、有组织地引导学生学习和掌握文化科学知识和技能，促进学生素质提高，使他们成为社会所需要的人；五是评价观，即在一定教育价值观的指导下，依据确立的教育目标，通过使用一定的技术和方法，对所实施的各种教育活动、教育过程和教育结果进行科学判定的过程。

经过几年来的不懈努力，学校在新课程改革中，探索出了一系列校本研训模式，确立了以红土文化为主要内容，以知青精神、客家精神教育为特色内容，对学生进行感恩和责任教育为主打品牌。随着传统文化、乡土文化走进校园，以及家庭家教家风家训建设工作的开展，家庭责任感、集体荣誉感和社会责任感等教育因素进一步丰富了德育教育内涵，以党史知识和社会主义核心价值观为主要内容的德育活动的开展，更是把历史使命感、社会责任感和国家归属感教育推上了更高的层次。

聚焦特色教育 凸显全面育人

课程结构和体系决定人才规格与质量，与培养目标相匹配的课程结构与有特色的校本课程体系是学校“责任教育”的必备条件。为进一步推动学生核心素养的全面发展、长远发展，侨育中学注重培养有理想、有本领、有担当的全面发展的人，通过打造独具特色的课程体系，积极倡导打造特色精神文化、构建实力课堂文化、创建多彩课程文化的发展路径。

教育个性是鲜明的，是开拓创新的，而特色教育是其中的亮点。侨育中学一方面构建以国家课程、地方课程、校本课程为主要内容的特色课程体系，另一方面注重开展环境课程、活动课程、特色课程教育。特别值得一提的是，特色课程涵盖三大类重点内容，充分尊重个性、挖掘潜能，让每一位学生都走向成功。

一是知青精神教育课程。学校在德育教育中，抓住知青教育特色资源，深挖并深化丰富知青文化的内涵，弘扬“忠诚、责任、实践、奉献”的知青精神，构建起了具有鲜明特色的德育教育体系，学习知青勤奋的态度、务实的作风、拼搏的精神、开阔的视野和创新的观念，学生乐学，老师乐教，德育教育取得了明显成效。

二是客家精神教育课程。耕读传家、责任担当是客家文化的特点，基本特质是儒家文化，客家精神的核心在于团结奋进、责任担当。学校通过传承客家祖训，弘扬客家精神和客家文化，进一步彰显了以“四海为家、冒险进取、敬祖睦宗、爱国爱乡”为核心的客家精神。

三是侨台文化课程。侨育中学是一所侨校，“侨育”既指学校名称，又指华侨长期对我校莘莘学子的关心培育。作为学生，更应怀着感恩之心，报答学校培育之恩，报答侨胞育才之心，重视优秀思想品质的培养，特别是感恩责任教育。为此，侨育中学利用开学初、节假日等时机，通过举办专题讲座等形式，教师讲解，学生聆听，感受侨胞坚韧不拔、捐资建乡的爱国情怀，进一步弘扬“艰苦创业，不屈不挠；奋斗异域，捐资报国；爱国爱乡，报恩故土”的华侨精神。

浸润文化土壤 凝聚文化力量

“文化兴国运兴，文化强民族强。没有高度的文化自信，没有文化的繁荣兴盛，就没有中华民族伟大复兴。”文化是民族的立身之本，是一个民族区别于其他民族的重要基因。作为“以文化人”之所和“以德树人”之地，侨育中学责任教育的终极目标是培育责任素养，培养“责任”教育文化。

作为地方名校，侨育中学遵从学校文化特质要求，结合文化传统，主动吸纳与实践地域文化，不断丰富行为文化培育责任素养。学校围绕“立德树人”这个核心，建立每日双表自测、日省吾身机制，让学生填写学习效果自测表和日常行为自测表，强化国旗下的讲话、入团仪式、成人仪式等，使学生在集体的力量中自觉矫正自己的错误言行，让学生的思想行为朝着一定的规范发展。

“诚于中而形于外。”在行为养成文化建设上，学校注重发挥教师的榜样作用，通过教师端庄的仪表、文明大方的举止、健康风趣的言谈以及严谨的治学态度能潜移默化地影响着学生，推动形成良好的课堂行为文化，对学生责任意识的形成、文明行为的取向有着重要的同化作用。

与此同时，学校开展了建立图书交易市场、“亲子共读一本书”、优秀读后感展示、“每周一诗”背诵、师生读书交流等丰富多彩的课外活动，在校园舆论建设中，通过经典文化长廊、校园橱窗、手抄报、团（队）刊、校园标牌等载体和平台，培养学生的管理能力，让学生在浸染熏陶中学会做出价值观、人生观以及道德行为为修养的认知和判断，从而培养学生道德品行和健全人格。

丰富课堂文化 培育责任素养

在培育责任素养的进程中，侨育中学引导师生积极参与小课题研究，形成金字塔形的国家级别课题、省级课题、市级课题、区级课题和校级课题体系，做到课堂教学“主题化”、“问题化”、“课题化”。学校加深“教学做”导案研讨，科学编写使用“教学做”导案，通过教研课改积极探索课堂教学的智慧和生成问题，以导案的提前制定与二次备课为备课组活动的重点，有效借助“视频案例”本土化研究，进行阶段性导案研讨。

在丰富社团文化方面，学校大力开展综合实践活动，发展社团文化，组建了篮球、气排球等五项体育，广播站、小记者、“香林”、“勤飞”文学社等新闻文学，蔬菜种植、树木管护等生产实践，以及科技创新、社区服务等各类实践研学社团共20多个，提高了学生的责任文化品质，丰富了育人内涵。如曾被评为“全国十佳文学社”的香林文学社，社员习作在《中国校园文学》、《全国中学优秀作文选》等刊发600多篇（首）。在此基础上，学校积极顺应国家科教兴国战略的要求，对青少年进行科技创新教育，培养学生的实践能力和创新精神，使学生得到全面发展、主动发展。

为推动科技创新教育工作能够良好开展并不断向前发展，学校自2013年10月以来就创建了“科创社”。“科创社”以“培养学生的科学想象力和创新意识，使他们从小就尝试手、脑并用，倡导科技与艺术的融会交流，展示学生对未来科学发展的畅想和展望”为宗旨，满足学生发展的需要、素质教育的需要、社会进步的需要，弘扬科学精神，传播科学思想，倡导科学方法，普及科学知识，进一步推进素质教育。以科普宣传、科普实践、科技小制作为方式，开展科普实验、饲养、栽培活动，写科技小论文或观察日记等，全力培育学生热爱科学、献身科学的责任意识。

近年来，侨育中学把培养学生创新精神和提高创新能力作为教育的核心内容，在科技创新大赛中成果突出，获省级二等奖12人次，获省级三等奖17人次，提升了学生的责任素养，帮助有创新能力的学生个体得到充分发挥，同时更帮助学生拓展了适宜全面发展的广阔空间。

潜心教育，培育栋梁之材

福建省莆田市城厢区太平小学　蔡洪龙

新时代描绘新蓝图，新思想引领新征程。党的十九大引领中国特色社会主义进入新时代，进一步强调落实立德树人根本任务，提出了优先发展教育事业、建设教育强国设等新的更高要求。百十年来，我校始终与时代同呼吸、与祖国共命运，学校坚持以“立德树人”为使命追求，在一代代园丁的耕耘下，一批又一批“成就最好的自己”的太平学子，从这里启程。

一、坚持立德树人，培养时代英才

我校创办于1910年，地处莆田老城区中心——古谯楼前、十字古街畔，是一所历史悠久的百年老校。百年沧桑，学校几经更名，曾称“莆城华星夜校”、“华星女子私立中学”、“莆田县跃进小学”、“龙桥街道中心小学”等。学校现有学生约1800人，其中小学29班，学生约1500人；幼儿8班，学生324人。教职工104人，素质高、业务精、能力强，其中2名省级学科教学带头人、1名市级学科教学带头人、12名市级骨干教师、10名区级骨干教师。

校园现占地5851平方米，建筑面积1万多平方米，建筑风格糅合莆仙元素，红墙黄瓦，琉璃檐燕尾脊，古朴大方，典雅灵动。校园布局合理，动静相宜。教学楼前是运动场，宽阔平坦，塑胶跑道、硅PU篮球场，是孩子们运动的天堂；教学楼后是花园，绿竹潇潇，芭蕉婆娑，是孩子们休闲读书的好去处。教室宽敞明亮，教学设备先进，报告厅、录播室等多功能教室一应俱全，是莆田市一所教育现代化品牌学校。

小学传大道，立心以立人。我校牢记立德树人的使命，在“立心”文化理念下，以“五立四心”为育人目标，倡导立心、立行、立人、立世、立功，潜心教育，矢志树人，培养全面发展的社会主义栋梁之材。我校显著的办学成绩，赢得了社会各界的赞誉，学校先后获得　“福建省义务教育管理标准化学校”、“福建省第二批教育改革示范校”、“莆田市文明校园”、“莆田市小学教育管理先进学校”、“城厢区平安校园先进单位”、“城厢区先进基层党组织”、“城厢区教研基地校”等荣誉称号。

二、传承学校文化，凝聚精神力量

校徽是学校校园文化建设的重要组成部分，是体现学校特色、弘扬学校精神、凝聚师生力量、激励师生开拓创新的精神旗帜和符号标识。我校的校标顶端叶片是舞动的心形，寓意“心”是学校的灵魂与追求，在“立心”文化理念下，学生心灵健康，阳光文明，为人善心、做事专心、生活开心、灵心聪慧。左右的叶片是翅膀的形状，由1910的枝根撑起，代表学校悠久的文化传承和与时俱进的创新理念相融合，怡人的教育环境与优秀的教师队伍相辅相成，助力孩子腾飞。右边的五颗从小到大向上渐变的星星给予了标志腾飞的动感，也蕴含了学校立德致善、立学致知、立体致健、立美致雅、立行致远的五育五立的育人目标，培养全面发展的社会主义接班人。

校徽造形像一个孩子张开双手拥抱未来的形态，寓意我校学校向心向上，迎接新挑战；又像一棵茁壮成长的树，寓意我校百年树人，欣欣向荣；外围是标有校名的圆圈，寓意学校是我们共同的家园，和谐温馨，幸福安康！

三、回望百年沧桑，启航新的征程

庚子年12月24日，是我校110周年华诞。我校通过举办精彩的文化庆祝活动，迎接学校110岁生日。

活动现场高朋满座，节目精彩纷呈。通过三个篇章回顾了我校百年来的华丽蜕变，展示了我校学生昂扬向上的精神风貌。

第一篇章：太平逢盛世。壶山披彩迎嘉宾，太平喜盈门。红墙黄瓦，琉璃檐燕尾脊，古朴大方，典雅灵动的校园建筑；立心、立行、立人、立世、立功的“立心”校园文化；重教养、懂感恩的兴化府城义卖活动；笔为心声画贺百十校庆的书画展；俏皮可爱，展示太平学子闪闪发光的教室布置……先进的教育教学设备，优化教学环境，无不向来宾述说太平经历沧桑后的华丽蜕变！

第二篇章：齐聚贺吉庆。百十年风雨兼程，百十年砥砺前行。

奏唱国歌，感恩祖国，感谢党和政府的关心，让太平小学得到迅猛发展。

第三篇章：立心谱华章。《名邦风采》篇。激越的乐声，喜庆的鼓舞，点燃庆典大会的序幕。站在新时代的潮头，回望历史精彩瞬间，大鼓同击聚心凝神，百十学生齐声高颂：“忠义孝慈、诗礼经书、学文必功、习武必勤、事亲必孝、待长必敬、治国必忠、治家必严、士农工商、择术必正、毋作非法、而犯典刑、居功毋骄、见恩必谢、地瘦栽松柏、家贫子读书”。

《薪火相传》篇。斗转星移，改朝换代，唯一不变的是自强不息的文化基因。作为莆仙戏进校园试点学校，校友陈先镐先生（著名莆仙戏表演艺术家），带着他对母校的爱，通过情境再现的形式，与后辈弟子们一道上场，共同演绎一场别开生面的艺术盛典。

《野蛮体魄》篇。轻灵柔和，绵绵不断又极富强体健魄之效的太极操，优美潇洒、剑法刚柔有致的教师太极剑，是太平小学一直秉承的教学传统——“文明其精神，野蛮其体魄”。

《少年壮志》篇。看英姿飒飒、热血贲张、听令而动的四年级少年，震耳的口号、整齐的队列、强力地挥拳，有序地排字是太平学子向祖国母亲立下报国宏志，向太平母校百十寿诞的献礼！

《从“心”出发》篇。传“太平”精神、承文献学风、立报国宏志、造栋梁摇篮。一群可爱的小精灵拥着老中青教师用歌伴舞，向新时代宣告：百年老校太平向着复兴大道再一次出发。

“百年太平　从‘心’出发”——新篇章、欣向荣、馨家园、心飞扬。太平人将不忘初心，砥砺前行，再铸辉煌！为每个孩子的当下幸福和未来发展奠基。“小学传大道，立心以立人”，我们将继续传承和发扬立心文化，着力培养担当时代使命和民族复兴大任的太平学子，努力书写浓墨重彩的百年太平新篇章！

“五星教育”护航　开启未来成长之路

福建省泉州市泉港区涂岭中心小学　邱宝辉　柳顺煌　出更新

在福建省泉州市，始建于1911年的泉港区涂岭中心小学拥有悠久的历史和丰厚的文化底蕴。作为全国中小学公民道德教育实验学校、全国青少年文明礼仪教育示范基地，涂岭中心小学确立了以“五星教育”为核心的办学主张和“为学生终身幸福奠基”的办学宗旨，秉承“办适合农村孩子健康、快乐、全面、有个性发展的教育”的办学理念，形成了“团结、进取、求真、务实”的校风、“严谨、爱生、敬业、奉献”的教风和“自主、合作、乐学、善思”的学风，通过“五星教育”护航，为莘莘学子开启了未来成长之路。

教育内涵不断丰富

百年老校如何在新时期焕发生机与活力？涂岭中心小学给出了发展“五星教育”的答案——2002年，学校开展了“争当‘五星’小公民”活动，此后这一活动得到了新闻媒体的关注和报道，获得全国未成年人思想道德建设工作创新案例二等奖，入选了《未成年人思想道德建设创新案例》一书，并在泉港区全区进行推广。

2016年，学校把“认星争优”活动与养成教育有机结合，引导学生践行社会主义核心价值观，拓展“争星”内涵，开展了争当“文明礼仪星”、“诚信友善星”、“好人好事星”、“学习上进星”、“劳动自立星”的“争当‘五星’小公民”活动，精心打造德育特色项目。2017年，学校被确认为泉港区首批“新型优质学校”试点实验校，基于办学实际和办学需要，在“争当‘五星’小公民”的基础上，不断丰富内涵，提出了“五星教育”办学主张。

涂岭中心小学的“五星教育”是以“五星管理”为手段，以创建新型优质农村教育为目标，努力创设优质的教育环境，让学生尽可能在学识发展、心智开发、特长发展和人格塑造等方面得到好的发展，为学生终身幸福成长奠定良好基础的教育。以“五星教育”为指导，学校通过推进“五星管理”、培养“五星教师”、培育“五星学生”、建设“五星课程”、构建“五星课堂”等各项活动，不断推进农村新型优质学校建设。

聚焦核心素养提升

涂岭中心小学的“五星课堂”创建，就是聚焦核心素养、体现新课程的教育教学理念，以全面提高学生的整体素质为宗旨，坚持以学生的发展为本，正确处理掌握知识与培养能力的关系，努力构建知识与技能、过程与方法、情感态度与价值观有机结合和统一的课堂。

为了加快“提素”进程，学校通过国家课程建基础、地方课程求拓展、校本课程育特长建设“五星课程”，进一步开发了“国学经典”、“大美涂岭”、“‘魁星闪耀’——争当‘五星’小公民读本”德育课程和“乒乓球教程”、“剪纸”、“象棋”少年宫活动课程读本，使教学内容更加富有层次。

与此同时，学校不断加强专家教学引领，加大教师培训力度，通过开展多层次、多类型的培训，以及邀请教学专家、特级教师等举办学术讲座、执教观摩课等形式，提高教师驾驭课堂的能力。学校以名师为引领，以活动为依托，搭建名师展示平台，通过名优教师上课、评课、讲座等活动，引导教师积极进行教改实验和参与教育科研工作，促进广大教师提高教学水平。

关注学生全面发展

如何创新教育形式，丰富教育内容，推进全员、全过程、全方位育人，是当前教育工作亟待构建的工作新格局。

在培育"五星学生"的进程中，学校认真贯彻落实《关于培育和践行社会主义核心价值观的意见》，根据学校地处农村、教师队伍年龄偏大、留守儿童多的现状，深入挖掘和利用涂岭独特的老区资源，以"核心素养"为导向，搭建"争星"平台；以"核心素养"为目标，营造"争星"氛围；以"核心素养"为引领，构建"争星"网络；以"核心素养"为依托，丰富"争星"内涵。以此为基础，学校把学生培养成"热爱祖国，勤奋学习，有立志成才的崇高理想；热爱科学，勤于思考，有刻苦钻研的创新精神；热爱生活，不怕困难，有自强自立的坚强意志；热爱劳动，关心集体，有乐于助人的优秀品质；勇敢顽强，临危不惧，有见义勇为的高尚品德"的"'五星'小公民"。

为促进学生的全面发展，学校培养特色学生群体，依托乡村学校少年宫和第二课堂活动，为学生发展特长搭建平台。学校从细微处着眼精心设计和打造特色校园文化，提升学校办学品位，使整个校园成为一部立体、多彩、富有学校个性和吸引力的"教科书"。

近年来，学校围绕"五星教育"办学主张，深化教育改革，提高教育质量，提升办学水平，办人民满意的教育，先后荣获全国中小学生思想道德建设活动先进单位、省文明学校、省义务教育管理标准化学校、市文明学校、市流动留守儿童家长示范学校、市首批书法教育示范校等荣誉称号，并努力创建农村优质学校，为泉港区2022年通过福建省"教育强区"验收奠定坚实基础。

新教育的承载与担当
——厦门市同安区滨城小学校长林加进访谈

叶华

新教育实验诞生于2000年，是由朱永新教授发起的一个民间教育改革行动，其核心理念是"过一种幸福完整的教育生活"，力图通过推行"营造书香校园"、"构筑理想课堂"、"缔造完美教室"、"研发卓越课程"、"家校合作共育"等十大行动，为教育注入新的活力。

而厦门，作为最早接触和实践新教育理念的城市之一，二十年的教育发展也充分印证了这一理念的积极意义，新教育结出了丰硕成果。2018年11月17-18日，第八届新教育国际高峰论坛在福建省厦门市同安第一中学召开。国内外教育专家学者、全国各新教育实验区学校的校长和骨干教师700余人云集同安，深度探讨教育问题。时任厦门市同安区滨城小学校长的林加进也出席了会议，并接受了采访。

在访谈中，林校长深情回顾了他的"新教育"历程，颇多感慨。

触动

2004年，林加进走进了"教育在线"论坛，在这里，他第一次听同行谈起朱永新老师：坚持、敬业、睿智……是位值得跟随的长者。2007年，朱永新老师受厦门市湖里区教育局邀请到厦讲学，在报告现场让工作人员临时安排了一个诗朗诵展示。林加进一行人，随着朱老师在台上诵读了《向着明亮那方》……

这独特的诗朗诵环节，使林加进体会到了一种从未有过的感觉，他觉得这首诗是那么的美好、那么的明亮，就这样，新教育开始走进了他的教育生命中，并且深深地植根在那里。

初试

2010年6月，随着工作岗位的调整。林加进参与了一所新学校的创建——厦门市梧侣学校。筹建阶段，在校长的带领下，全体教师系统学习了新教育的六大行动。同时，学校开始了系统性的新教育实验。

厦门市梧侣学校是九年一贯制学校，初、小的结合对时任德育主任的林加进来说挑战很大。学校90%以上都是外来人口子女，整体行为习惯差，家校互动不良。面对这种状况，如何入手？如何细化？如何出成效？……一系列的问题摆在面前。面对困难，林加进没有退缩，"习惯筑就英才，信心成就梦想"、"无限相信人的潜力"，新教育的理念给了他足够的勇气和支撑。

他首先以德育课的习惯养成为抓手，以信心培养为目标，无限相信老师、孩子和家长的潜力，相信他们一定能往好的方面发展。其次，从校级层面"构建书香校园"，从文化浸润入手，让书籍遍布校园。从500多平的学校图书室、每个年级的楼层转角、每个班级的图书角，一直延伸到每个家庭。再次，与社区结合，借助"新教育萤火虫厦门站"的力量，利用周末的时间开展亲子阅读展示、家教经验分享，发挥家校共育的力量。

初步的尝试收获了硕果，梧侣学校从2010年践行新教育至今，一直享誉业内。

深耕

2016年2月，根据组织的安排，林加进调整了工作岗位，开始负责一所新区直属校——厦门市同安区滨城小学的创建。从宣布担任校长的那一刻起，林加进就在心底不断地提醒自己："不管办成怎样的学校，她必须是一所新教育实验校。"

立足滨城，北眺，千年古城峥嵘如山，南望，一座新城恬然如水。两座城，一方是邹鲁的底蕴与浩然，一方是现代的光华与畅想。而处于两城连接处的滨城小学，沐着晨光，安于一隅，有着一份安然的自在，有着一份承载的担当。在这新旧两城的注视之中，滨城教育人在林校长的带领下，在新教育实践的路上，走出了自己的一道风景：

1.构建书香校园

林校长认为，读书，应该成为滨城教育人成长的必修课。读书，并不仅是为了传道、授业、解惑，更是要获得自在的认知，汲取自在的规律，探求实现自身价值与呵护生命生长的高度统一。书，是灵魂生长的沃土，书，应该成为滨城孩子成长的阶梯。滨城教育人，要有读书的制度，读书的时间，最终要养成读书的习惯，培养读书人的气度。在滨小，学校除了给每生配备足够数量的图书外，还引入了超星阅读平台，既丰富了阅读资源库，又能更科学地做好阅读测评与建议。

2.研发卓越课程

林校长认为，课程，应该成为滨城孩子成长的摇篮。学校文化的核心是课程，教师与孩子一切交流是课程，学校的一切活动也是课程。滨城的孩子，应该在他走入学校的那一刻起，就处于课程的体系之中。课程，并不仅是学校办学的依托，更要把孩子一时的表现，放在一生的成长去考虑、去比较、去提升。滨城的孩子，要真正站在课程的中央，这样，他们才能信心满满，昂首阔步，最终成就具有开格拓局的人生。

学校在保证国家课程落实的基础上，优化重组各种学科课程，并通过家校共育的方式，把社会上的专业师资力量引入学校中。目前，学校共开设40个选修课程，每个年级的孩子均能在周四下午的选修时间找到自己的兴趣爱好。2019年10月30日，中国教育报头版及"学习强国"平台，刊登、转载了滨城小学卓越课程的相关报道《打工子弟学校的高端体育课程》。

3.滨城诗语

这是依托新教育晨诵开展的一项诵读活动。滨城从创校开始，每天坚持让孩子诵读诗集，从声情并茂的诵读中汲取文化的营养。学校还依托微信公众号定期推送优秀诗文。目前，滨城所有的会议流程中，一定会有颂诗的环节。

五年的新教育行走之路，使滨城在不断地收获中享受幸福。滨城的坚持得到了朱老师的充分认可，他亲自为滨城小学题写了校名，并为学校题写了"自由自在，幸福完整"的祝福语。

共享

2016年起，随着厦门新教育团队的日益壮大，林加进校长承担起厦门区域新教育实验召集人的任务。负责新教育实验学校、新教育萤火虫活动、新教育课题研究等系列工作的组织、协调、服务工作。

2018年11月，在朱永新老师的支持下，厦门同安获得了"2018年新教育国际高峰论坛"的承办机会。这是一场国际性的教育大会，也是一次非常好的展示良机，厦门新教育人全情投入，顺利通过了考验。在此次论坛中，滨城小学作为实验展示校，也顺利加入了"新教育未来学校联盟"，朱老师也选择在滨城小学接受日本NHK电视台采访。来自全国33个未来联盟学校的150位骨干教师，一起走进滨城小学，在一砖一瓦中，倾听幸福完整的花开声音，细数新教育的自在履痕。

国际论坛之后，厦门新教育开始了第二次快速发展，在短短不到半年的时间里，又有10所学校边申报边开展新教育实验。至此，厦门的新教育队伍达到了15所学校，2万名师生的规模。2021年元月，同安区人民政府正式与新教育签订战略合作协议，并成立厦门新教育学校。

有人说，教育就是一片云推动一片云，一棵树摇动一棵树。我们欣喜地看到，随着厦门新教育队伍的壮大，越来越多的新教育人、新教育活动开始走向区域教育、区域优秀文化传承的台前幕后，承担起更多的使命与责任。让区域教育文化的多样化发展中，增添了一抹抹靓丽的"新教育蓝"！

未来不是我们要到达的地方，而是我们正在创造的地方。

新时代农村小学高效治理的实践探索

——以甘肃省陇西县仙源小学为例

甘肃省陇西县仙源小学　李旺平

摘要：新时代随着素质教育和义务教育均衡发展在我国乡村小学的深入推进，不仅对乡村教师教育教学提出了更高的要求，而且对乡村学校管理水平和校长治校能力的要求也越来越高。小学教育在学生的整个教育生涯中扮演着非常重要的角色，因此提高小学管理水平备受乡村学校广大师生和家长朋友的高度关注。

关键词：以人为本；内涵发展；高效治理

学校治理工作是学校正常开展教育教学工作的基础和前提，它为学校各项工作科学有序运转提供着必要的保障。乡村小学尽管服务的范围不大，生源不多，但却承载着一方百姓对子女接受优质教育的期许和乡村孩子们的梦想，办好乡村老百姓家门口的学校和教育，努力实现教育公平，是乡村学校校长和教师的使命和担当。

一、转变传统管理观念，强化以人为本理念

学校治理的最终目的是实现教师和学生的共同发展，校长作为学校治理和决策的行为主体，要为教师和学生的发展提供优质环境，首先要转变传统管理观念，应始终坚持以人为本，由管理学校转变为治理学校，由指导者变为参与者，正确处理好老师、学生和学校之间的关系，把以人为本的理念运用到学校治理的方方面面。一是适时带领教师回溯初心，任何一个人都有一颗纯真向善的心，任何一名教师，自从选择教师这一职业开始，都想成为一名学生心目中的好老师，教好每一名学生，但是每个人都是社会生活中的一分子，身处在这个物欲横流，充满诱惑的现实社会中，随着时间的流逝，很多教师的初心难免会被冲淡和遗忘，作为校长，就要带领教师适时重温初心，增强教师积极工作的使命感和内驱力。二是不断树立榜样和模范。榜样的力量是无穷的，正面的引导总是积极有效地，校长要时常主动地与教师交流，虚心听取教师的需求和心声，有意识的观察教师的价值取向，坚持每周例会多表扬，多肯定，用教师具体的行动和表现打动其他教师，充分发挥教师身边榜样的力量，感染和影响更多的人，弘扬正能量，营造积极进取的工作氛围。三是不断推动微创新。心理学家研究认为，单调的刺激总会让人产生视觉疲劳，一成不变的说教和做法容易让学校陷入一潭死水。因此，校长要适时组织教师趣味学习，研讨交流，不断创新活动方式，让每位教师都能参与其中，并能从每次的活动有所收获，改变乡村教师单调的生活方式，让教师在轻松愉悦的环境中工作。

二、发挥校长垂范作用，提高校长综合素养

《论语》中孔夫子常说“己所不欲，勿施于人”。现代管理学家认为，要想管理好他人，首先就要管理好自己。笔者认为，这样的理论同样适用于农村小学治理方面。在小学治理中，如果校长能以自身的言行和操守来作为表率，恪尽职守，胜过繁文缛节的礼仪和说教。校长要在日常工作生活中，时时发挥自身垂范作用，不断提高自身素养和人格魅力，努力做到德才兼备。也就是说，一个优秀的学校校长，不仅要具备治理学校才干和渊博的知识，还要具备高尚的品德和人格魅力，要成为学校其他领导、教师和学生的表率和榜样，严于律己，宽以待人，不断提高校长治校的综合素养。一是广开言路，善于听取大家的意见和建议。兼听则明，偏信则暗。学校治理最终要落实到人本身，多年的治校经验表明，学校领导班子成员和每位教师如果能够在学校日常教育教学管理中提出有益的建议和意见，说明他们关心学校的建设和发展，广大教师有效地意见和建议若能被学校的决策者所采纳和实践，能够给师生和学校带来实实在在的利益和好处，就会极大地提高教师参与学校治理工作的积极性和主动性，能够充分发挥学校广大教师的主人翁地位，同时这种自下而上的决策更能够让教师积极、主动、自觉自愿地去执行和实践。二是巧妙、灵活地说明学校治理中存在的问题。校长是学校的最高决策者，也就是学校的最高责任人，农村学校虽然小，但由于地处教育的最基层，在具体的学校治理工作中会存在各式各样的问题，但如何说明问题，最终才能更好地解决问题，则需要一定的工作技巧和艺术。而简单粗暴，直截了当往往不是解决问题的有效办法，极有可能将问题扩大化，小事酿成大事，正所谓好心未必能干得了好事。因此，要说明学校治理工作中遇到的问题，具体问题具体分析，例如，对于心胸开阔、诚实豁达的教师来说，校长直截了当地说明他们的问题就可以，但是对于斤斤计较的教师来说，则要旁敲侧击，动之以情、晓之以理，使他自觉认识自己的错误。通过这两种不同的说明方式，既照顾了每个人的个体差异，维护了犯错误者的个人尊严，又保证了学校领导和教师之间和谐融洽的关系，如此一来，就能更好地汇聚各方力量参与到学校治理中来，提高学校治理能力和工作质量。

三、引领教师专业发展，加强师资队伍建设

教师是学校治理工作的重要参与者和教学的主力军，他们能否以满腔热忱投身教学工作，会对学校治理和发展产生直接影响。因此，为了提高教师教学工作，必须关注教师队伍的建设。受传统管理观念的影响，教师只是被管理的对象，在管理者眼中，教师唯一的价值和任务就是完成教学工作，严重损害了教师的自尊心，使他们承受了极大打击和心理压力。因此，校长在关注学生健康发展的同时，不能忽略了对教师队伍的关顾，充分发扬尊师重教的优良传统。一是利用项目建设、社会资源和合理规划，不断夯实农村学校的物质基础，改善农村学校的教学和工作环境，尤其是保障老师迫切需要的教育教学设备，从而提高农村小学教师的基本物质保障和幸福指数。二是积极搭建教师发展的舞台。农村教师的发展平台相对较少较小，但农村教师也需要一定的舞台和机会来展现自己的才华和实现自己的价值、梦想，因此作为校长，在加强学校教师队伍建设和发展时，应通过教育教学经验交流分享会，主题演讲，三字两话（画），青蓝结对帮扶工程，校本课程、兴趣小组活动，体育赛事，文艺汇演等活动给教师提供更多、更丰富的舞台和机会，让广大教师各展所长，各尽所能，全面发展，在日常生活中有更多的获得感和成就感；三是尽量创造更多的机会让教师参加校内外、国内外的学习培训，提高专业素养，开阔视野，与时俱进，争取成为新时代的农村教育工作者，从而增强他们持续从事农村教育的热情和动力。

四、加强校园文化建设，追求学校内涵发展

校园文化是学校所特有的精神家园和文化环境，包括校园建设、校风、教风、学风、价值取向等等。校园文化建设是学校治理的重要组成部分，对学校教职工和学生的行为起着潜移默化的熏陶作用。因此学校要高度重视校园文化建设，努力打造教书育人、学以成人的文化氛围。一是依托乡土风情、地方人文和学校历史人文积淀，大力弘扬中华优秀传统文化，挖掘传统美德教育中蕴含的深刻教育内涵，结合新时代素质教育和义务教育理念，努力践行社会主义核心价值观，通过自下而上和自上而下相结合的方式发动学校全体师生和社会力量，确立农村学校的办学理念和“三风一训”，创造性的构思和设计学校的校徽、校旗、校歌、校报、校花、校树、校草等，给学校的一草一木、一砖一瓦赋予丰富的文化内涵，同时通过一墙一壁充分展现学校文化主题、文化内涵、师生风貌等，让学校的每一个角落都能体现十年树木，百年树人的价值取向，让广大师生明确学校的发展方向、并能身体力行，从而形成教育合力，办成让一方百姓信赖认可的家门口的教育基地，守住育德树人的教育底线。二是秉持德智体美劳五育并举的教育理念，通过兴趣小组，大型文体，大课间，主题教育等丰富多彩活动和开发校本课程，不断丰富师生精神文化和校园文化内涵，不断建立健全学校各项制度，不断完善学校治理体系，遵循现代义务教育教学规律，推动学校持续健康发展。

总之，新时代背景下，农村小学教育机遇和挑战并存。学生是教学的主体，教师是学校改革的重要动力，这是以人为本教育理念在小学管理中的具体体现。作为学校的最高责任人，必须转变传统管理观念，坚持人性化的原则对待教师和学生，必须打破只是片面强调学生考试成绩和升学率的惯性思维，而应着重培养小学生的学习能力和行为习惯等综合素质，不断强化教师队伍建设，关心他们的工作和生活，促进学校朝着更好地方向发展。

参考文献：

[1]陈斌.新课改理念下小学教育管理思考[J].课程教育研究，2017（25）.

[2]顾水林.激励机制在小学管理中的应用[J].基础教育研究，2017（24）.

[3]张海彬.浅析农村小学校长的学校管理艺术[J].中国会议，2016（05）.

[4]周琰.农村小学校长工作价值取向的实证研究[J].现代中小学教育，2018（2）.

小班化教育实践，催开智慧的蓓蕾

崇信县柏树学区校长　刘宝生

我们都知道，生态教育是指按照生态学的观点思考教育问题的教育观。生态教育认为，人的潜力不是现在的和早已经存在的东西，而是在一种不断相互作用中生发出来的。开发人的潜力，教育者具有极大的责任。顺乎自然、敬畏生命、遵循生长的节律，也正是生态伦理的基本理论。这是进行生态课堂探索和实践的根本理论，以构建生态化的环境、内容、过程和评价等有效手段，实现生态课堂的形成。而小班化教育环境下，我们的教育可以丰富学生的精神世界，解放学生的内部力量，发掘学生的生命潜能，提升学生的生命意义和价值。我校通过小班化教育“2332”实践，即：建好二个立足点（美丽校园，魅力教室），抓住三个根本点（活力课堂、个性课间、轻松课外），加强

三个增长点（“小班化·大阅读”、“小社团·大世界”、“校本课·个性化”），回归二个落脚点（学生：幸福童年；教师：职业幸福）。从而使教育关注生命本身，关注生命的鲜活性、体验性、主体性、独立性和完整性，为学生生命的充分发展提供一个广阔、自由的空间。

一、建立两个立足点

美丽校园：美在风景。通过几年的努力，我们的校园绿草如茵，鸟语花香，实现了春有花、夏有荫、秋有果、冬有绿的校园环境；美在文化。近年来，我们围绕“以发展作为动力，以行动证明能力，以成果展示魅力”的办学理念，我们在校园绿化、美化，校园文化建设方面做了大量的工作。一是整体布局合理绿化。二是用文化优化环境；美在人际关系。近年来，我们为了加强学校教育与家庭教育的有机结合，增进学校与家长的沟通、交流，学区、学校、班级相继成立了家长委员会,学区学校开展了以“争做合格家长，培养合格人才”为主题的家长会、家访、家长开放日、亲子运动会、亲子阅读等活动,广泛听取家长的意见和建议，搭建家长学校学习交流、研讨、互动的平台，形成家庭与学校教育合力，促进学生综合素质和学业水平的提高，保证学生健康成长。

魅力教室：教室物质文化的建构。一是建设知识生态园。在教室里面设置图书角或小阅览室，供学生在课间、课余随时翻阅，享受知识给他们带来的乐趣。其次，设置会说话的墙。第三，设置生态广角。二是建设成长展示台。建设展示小天地，个性光荣榜，成长记录袋。三是建立情操陶冶场。四是创设活动小天地。班级隐性文化的创设。一是人际文化的创设。首先，建立和谐的师生关系，其次，建立友爱的生生关系。二是制度文化的创设。让学生自己制订班级公约（包括班规、班训），建立科学、民主、健全的班级管理制度。三是精神文化的创设。

二、抓住三个根本点

活力课堂。以“小班化教育+个性化教学”为依据，以“立足实际，自主构建，经营课堂，发展内涵”为原则，确立了“三模六环七要”的教学模式。即：“三模”是指“自研导学、合作互动、评价总结”三大模块；“六环”是指教学流程中要经历“自研自探——定向导学——合作探究——互动展示——质疑评价——总结归纳”六大环节；“七要”是指教师在备课和上课过程中做到：学习目标要分层、自主学习要明晰、自学指导要精准、合作学习要高效，展示提升要精彩、拓展延伸要适度、当堂反馈要有效。以及六种教学策略（即：情感教学策略、参与教学策略、合作教学策略、分层教学策略、快乐教学策略和评价教学策略）和八项基本要求（即：目标多元、海纳百川、自主探究、合作共赢、减负增效、智慧生成、链接生活、多元评价）。

个性课间。我们遵循“安全文明、全员参与、更具活力、赋予文化内涵、更富教育意义、推陈出新”的宗旨，改掉以往课间活动中的重室外、轻室内；重体育游戏、轻科技艺术；重活动本身、轻学科结合等状况，实现了“体育与艺术、科技与创新、趣味与竞技、知识与能力”的完美统一，实现了学校教育与家庭教育、社会教育更完美的结合，促进了学生的全面发展。

轻松课外。我们开展的轻松课外包括：以学科性的课外学习和研究活动为主的学科活动；以课外活动、研究性学习或社会实践活动中开展的具有一定教育目的和科普意义为主的科技活动；以让学生走出学校接触社会，了解科学技术的发展，了解社会生活、经济建设状况为主的社会实践活动；以课外劳动实践为主的劳动技术活动。

三、加强三个增长点

“小班化·大阅读”。以“全员阅读，润泽经典，提升素养，提高质量”为主题，以“大阅读，大讨论，大写作，大综合，大贯通”为目标，开展好“小班化·大阅读”活动。一是营造好阅读氛围；二是抓好常规管理；三是加强“四课”研究；四是加强教师读书研修；五是积极开展亲子阅读；六是搭建好活动平台。

“小社团·大世界”。一是各小学在办好现有社团（木林小学的航模轩、彩沙轩、彩石轩、纸艺轩、彩绣轩、彩泥轩；金龙小学的布艺坊、石画坊、贴画坊、剪纸坊、科技坊、沙画坊；大庄小学以动植物标本制作和收藏为主题的“珍藏天下”、以拼图拼画为主题的“拼出人生”、以橡皮泥、粘土制作工艺品为主题的“憨态可掬”、以沙画为主题的“沙飞画成”、以手工制作为主题的“巧夺天工”、以石头画为主题的“石墨飘香”；崖窑小学的织锦苑、文轩斋、七彩石、彩泥轩和水晶画等）的基础上，深挖内涵，提升品位。同时要继续发掘学校现有资源，如金龙小学的木工制作、木林小学的五人足球、大庄小学的书法等。二是中学要以农村少年宫为依托，充分开展活动，丰富校园文化生活，提高办学水平。三是幼儿园要结合各自实际，根据不同年级，做好课程研发和开设。中心幼儿园现在开设的豆子粘贴画、毛线手工制作、手指操为主题的特色活动，要继续做大做强，进一步提高办园水平和教育质量，引领农村幼儿园的发展。

“校本课·个性化”。结合教师专业特点和学生的需求，研发校本课程。如秦家庙小学开设了舞之韵、英语口语等校本课程，以此尊重学生的个性差异，发挥学生的主观能动性，培养兴趣，发展特长。

四、回归二个落脚点

在我眼中，教育的灵魂应该体现在我们的教育价值观上，即体现在我们对待师生的态度、评价师生的标准、管理师生的方法和关注师生的发展上。如果要用关键词来描述的话，我认为应该是：尊重人、发展人、完善人，为学生终身发展奠基，为教师专业成长引航。

学生——幸福童年:我们要允许孩子在童年有一段呆呆的、梦幻般的、爱玩的、胡说八道的时光。因为，童年本来就是那个样子的。教育的主要任务也不是传播知识，而是培养人的健康人格，这是核心。让儿童学会生活，学会发展，学会生存。所以，我们要通过小班化教育的研究和实践，树立高品质、多规格、小批量的质量观，尊重个性、多种形式、各展所长的教育观，深化教育体制改革，使之形成具备多样性的“核心特征”。也就是，开发生命的潜能，拓展生命的空间，感悟生命的力量，学校、家庭、社会齐心协力，给学生一个活力课堂，送学生一个个性课间，还学生一个轻松课外，在学生德、智、体、美、劳全面发展的同时，还孩子一个快乐、幸福的童年。

教师——职业幸福:教师职业幸福感最重要的源泉是学生的成功和他们对教师的真情回报。徐特立老师曾经说过：“教书是一种很愉快的事业，你越教就越热爱自己的事业。当你看到教出来的学生一批批走向生活，为社会做出贡献时，你会多么高兴啊！”是啊，教师为人类播撒着希望的种子，当学生学业取得进步、个性得到发展、为社会做出了贡献时，教师就体验到了职业的幸福感。教师的幸福还在于学生热爱、崇拜，家长信任、感激，同事敬重、佩服，领导欣赏、肯定，社会的认可和赞赏。

今后，我校将进一步解放思想，更新观念，积极探索和实践小班化教育新的路径，打造富有生机、且充满生命活力的教育，让每一个生命都精彩绽放！

不忘教育初心，勇创教育辉煌

甘肃省永靖县太极中学　祁文南

“育人之道，国之重器也，功在当代，利在千秋……”教育是社会发展源泉，是培养优秀人才的重要渠道，任何时候都不容有缺失。学校作为教书育人的首要阵地，要全面贯彻党的教育方针，落实树德立人根本任务，推进教育公平，促进师生的全面发展。我校成立于2014年8月，是一所寄宿制初级中学。学校占地面积近8万平方米，建筑面积39295平方米。目前，学校有43个教学班，在校学生2123名，教职工190名。办学以来，学校始终秉承“润德启智”办学理念，坚持以德育为核心，以学习为基础，以能力为关键，以创新为动力，以发展为目标的办学思路，为教师发展、学生成长搭建平台。通过多年的教学实践，学校大胆创新教学模式，凝练出“五步多元教学法”，提升了教育质量。为进一步规范学校管理，激发办学活力，学校以“为精彩人生做准备”为校训、严守校风、教风、学风，对寄宿生实行封闭式管理，狠抓学生行为习惯的养成教育，帮助学生树立正确的人生观、价值观和世界观；帮助学生学会学习，学会生活，为学生的精彩人生奠定基础，力争将学校打造成为一所有温度、有品质的省州示范性初级中学。

一、铸魂培根，多层面、多角度助力学校发展

学校建设是教育实施的基础和保障。多年来，学校投入大量资金用于学校基础设施建设。现如今教室内配套有电子白板教学设备，并接通了“班班通”数字教学资源。学校拥有400多座的多功能报告厅、设施齐备的计算机教室、理化生实验室（演示实验开出率为100%，分组实验开出率为95%）、形体活动室、美术室、音乐室、图书室、阅览室、医务室、心理咨询室等功能室。学校体育活动场地面积21450平方米，体育运动设施有6×400m塑胶环形跑道、6个篮球场、1个足球场、1个排球场和1个风雨操场，基本满足了学生日常运动需求。此外，学校还设有餐厅3个，建筑面积5903平方米；学生公寓建筑面积8464平方米，单人单床；拥有浴室、超市等生活设施；校舍供暖方式采用安全、节能和环保的现代化电地热供暖，从多个方面为学生安全生活和学习提供保障。

学校管理是促进学校发展的重要内容。为了增强学校的管理，学校大力加强领导班子队伍建设，实行民主管理，科学决策；加强班主任培训，努力培养和提高班主任教师的管理水平和管理艺术。在学校的指导和培养之下，已经初步打造成了一支有坚定的理想信念、有高尚的道德情操、有扎实的学识，有一颗仁爱之心的教师队伍。

为了确保学校持续健康发展，学校制定了严格的阶段发展目标，一年，带领学校各项工作全面步入正轨；三年，将好的习惯根植于教师、学生的日常行为之中，创建规范管理示范校；五年，整体提高教育教学质量，在全州形成竞争态势，以质量立校。到目前为止，学校在建校初预定的一年目标、三年目标已经实现，五年目标基本实现。到2025年，养成教育成为传统，教学质量全州一流，校园环境优美，管理特色鲜明，后勤保障满意度高，在全州形成示范效应。对学校而言，教育质量是目标，教学方法是途径。为了提升教育教学质量，我校敢于创新，勇于实践，凝练出一套适合学校实情的“五步多元教学法”，为教学质量提升夯实了基础。五步包括预习反馈、展示交流、拓

展提高、巩固检测、归纳小结等环节，学生课堂表现在评价方式上实施小组积分制，充分利用激励机制，激发小组间竞争与合作意识，让学生带动学生，以达到共同进步的目的。这种教学方法，以学生为本，注重课堂教学实效，通过课前预习、课后复习和教学评价三个方面，激发了课堂教学活力，全面提升了教学质量。

二、立德树人，“润德启智”成就精彩人生

人无德不立，国无德不兴。终身之计，莫如树人；育人之本，莫如铸魂。一直以来，我校十分注重学生的素质教育，要求提高学生思想道德素质、学科素养、学习能力，促进学生的全面发展。因此，我校以修养美德为立校、立教之本，以广播站、黑板报、各班学习园地为宣传阵地，发挥舆论导向和宣传发动作用。同时，以一系列活动为载体，达到活动育人的目的。努力打造“润物无声”的育人环境，实现环境育人。

每年的4月23日，我校都以“世界读书日”为契机，以“传承红色基因，讲好中国故事”为主题，大力开展党史学习系列活动。活动期间，每班由班主任负责组织学生，以班级为单位自行布置自己的互换义卖环境，有序进行。活动点由5张桌子并排摆放，并有班牌（可用学校现成班牌，也可以自制个性化班牌）。图书义卖活动中学生之间可以自愿互相购买图书，但是义卖价格必须低于图书的实际标价。同学之间要诚实守信，互换义卖已经达成，不能反悔。

活动中，大家拿出手中看过的书进行交换义卖，让大家以较低的成本获取自己喜欢的书籍，这样既可以促进知识的传播和思想的沟通，也让同学们还有机会通过图书交换发现与自己志同道合的人，以书会友，寻觅知己。通过举办这样的活动不仅激发了学生的阅读兴趣，养成阅读的好习惯，还能让学生通过阅读增长知识、开拓眼界、培养性格，让更多的人了解“世界读书日”，增强同学们亲近书本的欲望，培养同学们读书热情，从而达到传播知识、启迪思想的作用。每次活动末尾，学生们都沉浸在欢声笑语的氛围中，他们以最少的价格买到自己喜爱的书，又旧书发挥了“余热”。使爱书者可以博览更多的书，又让平时不怎么读书的同学受到熏陶，也会逐渐爱上读书，可谓满载而归。

除了注重活动育人以外，我校也切实关心学生安全。学校制定了“115安全教育管理模式”成为师生的绿色屏障。1就是牢固树立一个“意识”：即牢固树立安全意识，使提高安全意识要成为一种习惯。第二个1就是努力构建一个“网络”：即以学校为主导，家庭、学校和社会都要给力，建立起三位一体的安全教育网络体系。在学校内部也要有层级管理网络，从校长、分管副校长、分管处室到班主任、任课教师、学生，都要切实负起责任，加强沟通联系。5就是力争确保五个“到位”，即宣传教育要到位，排查整治要到位，靠实责任要到位，总结提高要到位，疏散演练要到位，确保学生生命安全。

教育是精神的唤醒，潜能的显发。一直以来，我校格外注重学生个性培养，为学生倾力搭建展示的舞台，学校以“乡村学校少年宫”为依托，开设了各类体育艺术科技类兴趣班26个，充分体现了学校“特长引领、尚真求美、自信自强、全面发展”的育人理念。此外，为了促进师生身心健康发展，学校高标准筹建了心理咨询室——“心晴桥”，以甘肃省《中小学心理健康教育指导纲要》为指导，不断完善学校心理健康教育，提高师生心理健康水平，促进学生健康人格发展。

总而言之，教育就像是一场春风化雨的甘霖。它尊重、赏识每个个体，致力于学生能力、品德等各方面素质的全面提升，服务于个体的健康成长，滋养每一个生命。作为教育之中的一员。我校会坚持继承、发扬教育传统，以“润德启智”作为办学理念，多层面、多角度引领学校更好发展，不忘初心，始终如一，倾力培养优秀学生，创建品质校园，实现德育教育提升，使学生收获终生的幸福。

面向未来的个性化学习的实践与思考

广东碧桂园学校　程晋升

教育是什么？教育是生命对生命的责任和承载，是温暖人生的阳光，尊重、赏识每个个体，滋养每一个生命。步入21世纪，迎来教育飞速发展的黄金时代，深入探讨教育未来发展定位和趋势，已成为摆在所有教育人面前的思考。个性化教育就是众多教育思想的分支之一，主张在发现和尊重受教育者个性差异的基础上，因材施教，为每一个孩子提供适合的教育，满足其多样化的学习需求，最大可能地促进学生在德、智、体、美、劳等方面自主、和谐、能动地发展并形成优良个性，实现学生全面而有个性的发展。作为教育的一员，深刻贯彻党和国家的教育方针，全面促进学生素质培养，是我校办学以来的根本任务。我校将坚持全面发展与个性发展的统一，致力于给每个学生提供量身定制的、最适合的教育，始终如一，砥砺前行。

一、多措并举，立足校本课程引申个性化教育思考

从发展历程看，个性化教育思想与实践始于“上好学，都学好”的朴素愿望和惠及学生一生的教育追求。2012年我校成立个性化教育研究中心，以“个性化教育研究与实践”为课题，形成了个性化教学制度、学习制度、评价制度，构建起教学框架体系。我校校本课程体系建设经历了三个阶段：第一阶段，初步构建起以基础学科课程、综合能力课程、个性特长课程为主要内容的校本课程体系；第二阶段，引进多个国际项目，形成了多元化课程体系；第三阶段，以我为主融合贯通，引入国际化课程后围绕有效教学、超学科学习、项目制学习等进一步提升，个性化教育内涵更加充实，形成了博雅、修实、乐志的特色课程群。课程体系中，我校持续开发并规范运行的活动课程包括创造类项目39项、运动类项目22项、服务类项目6项，学部特色课程96项。层次丰富、内容广泛的课程为每个孩子提供了巨大的选择空间，学生一人一课表，真正实现了“我的课程我做主”、“我的课堂我选择”。我校还开设了车辆、航空、航海、建筑模型、无线电测向、STEAM等特色课程。与实验学校的自主作业、小课题探究等课程形成了鲜明的特色。除了抓好校本化课程建设，我校还以课堂教学改革为抓手，建立个性化的教学目标体系，实行差异化教学，顺应新时代课程改革的方向，整合全球教育资源，重建课堂文化，鼓励班内分组、内容分层、学法有异、多元评价，形成了课堂教学指引、学习指引、评价指引等工具。

首先是教学方法个性化。我校借鉴世界先进的教育成果，为个性化学习提供新思维、新方法、新工具。在学习、STEAM跨学科融合中汲取国际教育的精华，注重探究实践创新，注重个性发展，注重学生综合素质培育，激励学生主动学习、合作学习，在探究、建构、合作的过程中发展个性。其次是教学内容个性化。我校关注学生的学习水平与个体差异，通过分组分层安排不同的学习内容，让学生有兴趣，有热情，有能力，有成就感。碧桂园实验学校的自主作业制度体系，使学生的学习主体地位得到确立，学习热情被激发，个性化发展需求得到充分满足。第三是评价方式个性化：实施个性化的评价指引，采用个性化的评价工具和个性化的评价方式。如学生“星卡”评价制度，采用测试、观摩、对话、表演、演示、解说、辩论、小组竞赛、录音录像、自评、互评等多种评价手段，评价主体多元化，评价结果及时反馈。最后是集团办学个性化。经过经验的沉淀，我校形成了“一校一品，百花齐放”的个性化教学生态。以“基于探究、小组合作、概念驱动、情景教学、以评促教、因材施教”六大教学法为基础，引领全校学习方式的变革。而长沙碧桂园中英文学校依托项目式学习开展了40多个项目活动，引导学生开展个性化的深度学习。滁州碧桂园学校以“情景场域、问题导学”为方向舵，让学生在“看得见自己的团队”中发展协同创新能力。开平碧桂园学校以学情档案和成长规划为基础，让每个学生以自己的速度成长。碧桂园实验学校以自主学习为主线，实施超前学习、探究学习、拓展学习，鼓励全体学生扬长发展。句容碧桂园学校深入研究学情，实施分层教学、分层作业，开展个别辅导。武汉碧桂园学校以“生命课堂”依托，维护学生自由表达和展示的权利，尊重和包容学生的个性化观点。集团正是通过“合作与探究教学研讨与示范课”、“教学法研讨与示范课”等系列课堂教学研讨活动，引导教师发现和尊重学生个性，关注学生学习兴趣和学习能力的差异，引导师生积极改变教学方式，让学习真正发生，让学生成长看得见。

二、铸魂培根，通过专业支持提升个性化教育认知

在推进个性化学习实践探索方面的经验，我校主要从以下三个方面着手。一是立足学情，坚持以促进学生发展为中心。着眼于课程建设大模块，专注于课堂教学大问题，一切从学生实际出发，一切以学生发展为本，承认差异，尊重差异，制订个性化教育目标，开设个性化教学课程，实行有差异的教学，实现有差异的发展。二是指向育人方式的综合变革。个性化教育不能“单兵冒进”，须以“全人教育”为基础，指向自主学习、创新精神、高阶思维和终身学习，坚持共性和个性相统一的原则，没有共性的学习就没有真正的个性化学习，全面而又个性的发展是个性化学习的方向。要提升学生自我规划能力，激发其内驱力，使之根据自己的学习水平和进度来制订学习计划，将学生的创新精神的培养放在核心的位置，使其在创新中学会创新。三是需要教师的专业化支撑。个性化教育的实施不能仅靠经验的累积，更需要专业化的路径和专业化的师资作支撑。集团每年组织“个性化教学研究课与示范课”、“个性化教育研究征文”等活动，评选个性化教育研究优秀案例、个性化教育研究先进个人和优秀集体，让教师在各学科和跨项目的交流融合中增进对个性化教育的认识和理解，不断丰富个性化教学实践经验，持续促进教师因材施教、按需施教的个性化教学专业化发展。在运用实践过程中，我校深刻认识到全面构建具有国际视野、中国特色、面向未来的个性化学习方式，建设面向未来的个性化学习生态，应该从四个方面发力。其一，深化幼、小、初、高一体化办学格局，为系统、持续、连贯地培养学生的习惯、锻造学生品质、提升学生学习能力提供坚实的基础。其二，深入研究自主学习、社群学习、智慧学习、深度学习、无边界学习等学习方式，促进个性化学习方式的跃迁与变革。基于新的技术条件，构建社群学习圈层，深入推进PBL项目式学习、STEM等优质教育项目，发展学生的高阶思维能力。其三，科技赋能个性化的智慧学习。未来，个性化教育的研究将从学校转向学习者，学习的时间空间、教学模式随之转变；信息时代的在线资源无限丰富，课程来源变得多样；评价方式将深度变革，“小数据”刻画每一个学生的成长史。我们应深入探索科技赋能的智慧教育，将先进的科技转化为现实的教育生产力。其四，以国际化、多元化、专业化的路径建设未来教育生态。个性化教育是全球教育的热点，同时也

是制高点，高水平推进个性化教育必须放眼全球、融通中外，唯有如此才能为个性化教育的持续推进、科学发展建立广阔的智力背景和深厚的智慧底蕴。

三、放眼未来，坚守信仰构建个性化教育宏伟蓝图

不论如何，教育注定是一场没有终点的行程。它的使命始终如一，我校会继续坚守办学信仰，帮助学生从自然人转变成社会人，拓展生命的长度、宽度和高度，帮助每个独特的生命成为更好地自己。新时代，新起点，我校会用新理念、新思路、新技术，推动个性化教育的创新发展和学校形态的深度变革，直面未来，谱写一曲又一曲教育金曲！

和合共育　睿化同行

——普惠性民办小学家校共育之路略探

广东省东莞市清溪联升小学　徐东亚

我校开办于2006年，是一所普惠性民办小学。开办之初，生源主要来自外来务工家庭，且大部分是低收入家庭，平时家长因忙于生计，根本无暇顾及孩子的教育；另外，家长文化程度普遍较低，家庭教育观念落后，所以，对孩子的教育要么是不管不问，要么是把摆脱自卑的所有希望寄托在孩子身上。家长的漠不关心和强迫施压，导致亲子关系紧张，家长认为孩子不好好读书，孩子认为家长不爱自己，孩子也因此产生了厌学心理。面对家长的质疑与误解，面对学生日益剧增的学习压力，我们深深地感到：要想改变学生的学习状态，关键是要转变家长的教育观念、提高家长的家庭教育水平。

一、提高家长教育认知，共建家校共育平台

从2009年开始，我校在张润林老师的指导下，正式开设了父母学堂，邀请众多家庭教育专家来校给家长传授科学的教育观念和专业的家庭教育知识。2012年我们又在张润林老师的指导下，重新构建了以"崇和悦上"为核心理念的学校文化，并把家校共育作为学校育人文化五大体系之一纳入其中，明确提出了"和睿家长"的概念和标准，建构起外来务工人员子女学校家长"持证上岗"制度。在"和睿家长"的指导过程中，我们主要从三个方面实施：

优化父母学堂教学模式。我们制定了《和睿家长的基本素养及常规要求》、《父母学堂学员学习管理制度》，并且给家长购买了教材，印制了学习手册，采用"12、3、4"培训模式，定期为家长进行家庭教育知识培训，在家长学习结束后进行考核，通过结业考核的家长将获得结业证书，真正实现"持证上岗"当家长。2015年，我校第一批"和睿家长"顺利结业。

引导家长参与学校管理。持证上岗的"和睿家长"在教育好自己孩子的同时，充分发挥引领帮扶的作用，积极参加各项志愿服务，用自己的实际行动诠释了"和睿家长"的内涵，同时也在无形中影响到孩子们，潜移默化地促进孩子的健康成长。

架起家校沟通的桥梁。学校各年级每学期定期举行家长会和家长开放日活动，让家长分享在家庭教育中取得的成功经验和一些先进的家庭教育理念。此外学校还定期征集家庭教育成功案例，集结出版《和睿家长案例集》，把家庭教育的成功案例推广到更多的家庭中，让更多的家长受益。经过近十年的摸爬滚打，我们学校的孩子家长逐步实现了从"无知"、"无法"、"无奈"到科学育儿的华丽蜕变。

二、注重家校共育环境建设，提供专业化指导

我校有多位教师参与了《家庭教育100个怎么办》书籍的编写和线上家庭教育微视频的录制工作，我本人作为副主编参与了东莞市《学校家庭教育指导工作手册》的编写工作，并被选为东莞市学校家庭教育慧导师团副团长；

我校连续三年每年都有一个家校共育课题《基于"崇和悦上"理念的民办学校家庭教育指导策略的实践研究》、《"三慧一体"，提高民办学校育人效果的实践研究》、《新教师处理家校冲突实践"3+1"策略的实践与研究》在东莞市教育科研中立项。

经过多年的理论研究和实践应用，2019年春季开始，我校对"和睿家长"又作了更深层次的挖掘和思考，围绕学校理念，提出了"和妈"、"睿爸"的概念，并制订出了一套标准和评价体系，让家长更加明确自己在培养孩子方面所扮演的角色和定位。

为了更好更专业的解决家长在家庭教育中遇到的问题，2019年3月，我校成立了家庭教育与心理健康教育服务中心为学校家庭教育指导工作起到了强大的后盾作用。

现具有心理健康A证教师9名，B证48名，其余老师全员持有C证。我校每学期都会组织开展教师心理减压培训，教师的心境得到改善，教育教学氛围更加积极向上，学生的学习也得到极大提升。2020年11月，我校被评为"东莞市中小学心理健康教育特色学校"。我们充分利用专业的心理健康教育资源，做为学校家庭教育指导的坚强后盾，为有需要的家长做好专业的指引和服务。

三、拓展家校共育思路，全方位开展共育工作

时代在进步，社会在发展。学校也要紧跟时代的步伐，开拓思路，创新发展。2020年，我校在"崇和悦上"办学理念的引领下，在十几年家校共育经验的基础上，结合学校实际，重构了家校共育体系，提出了"和合共育　睿化同行"的家校共育理念。主要通过学校、家长、教师、学生四个层面展开工作和具体实施。

（一）学校

学校坚持以家庭教育与心理健康教育服务中心为家庭教育指导核心，架起家庭教育指导与心理健康教育服务两个支点，建立沟通、监督、展示三个平台，让家校之间的联系更加紧密，了解更加深入，关系更加和谐，从而相互监督，相互促进，在家校共育的道路上共同进步和成长。

同时，结合我校不同年级家长的需求和儿童身心发展的规律、特点以及可能出现的教育着力点，在张润林主任的指导下，我们构建了"2+N"的家长培训模式，加强课程系列性和实效性，激发家长的学习热情，帮助我校家长更加关注孩子的心理成长状态，用更为科学的方法教育孩子。

（二）家长

大力建设学校、年级、班级三级家委会，层级式的管理让家委会的工作更有序地开展。同时，设置组织策划部、宣传联络部、后勤保障部三个部门，三级家委会成立后，将所有家委成员具体分工，各家委成员根据工作章程认真履行自己的职责任务。

学校家委会认真组建和发展家长志愿者队伍，并自发地在学校日常工作和各项活动中发挥作用。

同时，构建完善家长评价体系。家长的评价体系分为三个环节，分别从家长评选的基本条件、"和妈"、"睿爸"两个词语的内涵、家长的学习入手，只有同时满足了以上三个条件，才能被评为"和睿"，通过每个学年一评，促进家长的成长与进步，努力让家长成为见识卓越、富有远见的和睿家长。

（三）教师

组建家庭教育指导讲师团。学校利用外引内培的方式，组建多元化、专业化的家庭教育讲师团队，打造"金字塔"形师资队伍。参与培训的全体教师最终成为具有自己独特风格的家庭教育讲师，并在日常工作中积极主动地指导家长，为家长开展家庭教育相关主题的专题讲座及培训，为家校共育提供理论支撑和服务，共同合作，帮助孩子健康成长。

延承"百师访千家"活动。家访是学校教育工作的延伸，是深入了解学生生长生活环境的重要途径。学校多年来一直坚持开展"百师访千家"活动，每周二、周三晚上乘坐校车家访，数十年如一日地坚持开展此项工作。另外，学校还在微信公众平台上创设了家庭教育专栏，让每位家长更加便捷地接受家庭教育知识，让全体家长更加全面地了解学校工作。

完善"和雅教师"评价体系。我校教师的评价体系参考德、能、勤、绩、廉的考核模式，结合学校实际情况，采用上、和、博、教、研五个维度对老师进行评价，其中的"和"就是对全体老师开展家校共育的重要评价，五个维度缺一不可，环环相扣，努力让老师在联升成为内外兼修，德艺双馨的和雅之师。

（四）学生

"五育"意为全面，"并举"意为均衡，"立德树人，五育并举"是国家的教育方针，也是学生将来适应和促进社会发展的需求。我校"以人为本，坚持德育为先；突出个性，促进和谐发展"的教育理念、"诚善进取睿智尚美"的培养目标和"521"的培养模式，正是对国家教育方针的有力践行。学生的成长离不开家庭的教育，离不开学校的培养，更离不开社会的熏陶。我校对"三慧一体"的育人模式的研究，正是围绕"和"的理念，把家、校、社有力的整合起来，为学生全面和谐均衡悦上的发展创造条件。对学生的评价，我们遵循以人为本与科学性的原则，从德智体美劳五个方面，并结合我校诚善进取睿智尚美的培养目标，制订评价表，促使学生全面发展、健康成长。

家长，是孩子教育的第一任老师。我校的家校共育之路，是以"崇和悦上"的办学理念为引领，以培养孩子身心健康全面发展为目标，以帮助家长掌握系统的科学的家庭教育知识和方法为抓手，依托社会资源，形成全员、全程、全方位育人的一条路。

即为"普惠性"民办学校，就以"普惠民众"的价值导向，办好教学。我们学校十几年的发展之路，验证了学生健康成长和发展离不开家、校、社的共同努力。但路漫漫其修远兮，我们将继续在专家的指导下努力探索更加有效地家校共育策略，深入落实习近平总书记有关家庭教育讲话精神，一步一个脚印的走好每一步，为孩子未来的全面健康发展提供良好的环境，成为百姓心中的"普惠教育之光"。

高擎“习正”旗帜　点亮前行方向

广东省东莞市石碣实验小学品牌学校建设实录　来敏

石碣，位于东莞市北，北接广州市增城区，与东莞市区隔江相望，被国画大师关山月誉为“东江之珠”。这里是民族英雄袁崇焕的故乡，亦是全国文明镇、中国电子信息产业名镇。广东省东莞市石碣实验小学坐落在镇西部的东江河畔，多年来，学校始终贯彻党的教育方针，遵循人民至上的原则，积极挖掘教育教学中的“正能量”，提炼出“走正道，做真人”的办学理念，严格践行以正为本、以正构境、以正育人的办学思路，探索构建符合新时代发展的“习正教育”，力求让“正”的精神气质影响人的一生，从而实现以文化人、育人无声的无痕教育，并以此塑造了远近闻名的东莞教育品牌。

翠竹高洁，激发习正之思

2011年12月，朱志权从东莞市石碣袁崇焕小学轮岗调任实验小学校长。如何传承发展实验小学的文化？如何在此基础上找到新的突破口，让学校有一个质的飞跃与蜕变？他常常带着这样的思考走在校园里。

一丛翠竹给了他灵感。东江堤岸，翠竹依依。实小校园，竹韵飘逸。竹子正直枝干、虚心有节的品质，熏染着一代又一代实小学子。在“竹文化”育人的实践中，正师生之精气神，达“育人虚心有节，润物厚德无声”之境界，不正是学校追求的办学愿景吗？

孩童阶段必定是蒙昧不明的，作为启蒙阶段的小学，“习正”应为根本，修习正念，勤习正法。2006年建校之初确立的“蒙以养正”的校训，再加上校园里随处可见的翠竹和英雄故里的精神感召，学校决定充分挖掘“正”文化内涵。同时，他们也充分认识到，有生命力的文化须植根于时代使命，学校发展必须首先解决“为谁培养人，培养什么人，怎样培养人”的问题。基于上述思考，学校坚持以习近平新时代中国特色社会主义思想为指导，落实立德树人根本任务，结合本校实际，确立了“习正教育”的思想理念。

为了探明“习正教育”的具体内涵，学校掀起了一场全校大讨论，逐步明确了“走正道，做真人”的办学理念，大力营造“正身正心，正言正行”的校风，“正己正人，见贤思齐”的教风与“学正习正，敏而好学”的学风，形成了“立正志，行正义，守正则，扬正气”的学校精神，构建起了完善的“习正教育”理念体系。作为一所新时代小学，他们牢记“为党育人、为国育才”的初心使命，高举“习正”教育旗帜，引领教师教人求真、求正，引领学生学做真人、正人。就这样，一场全方位的教育探索在石碣实验小学拉开了帷幕。

以正构境，营造美正家园

在石碣实验小学，每栋建筑上都有一个“正”字。这个“正”字很有讲究，它由五划构成，首先代表德智体美劳全面发展的五育并举，每个笔画有长短粗细，体现了人的个体差异，说明教育要顺应天性、因势利导；三横代表国家课程、地方课程、校本课程，两竖代表基础性课程与拓展性课程，纵横交错构建起学校全方位立体的育人体系。此外，这个富有艺术性的“正”字还蕴含着石碣实验小学英文的首字母（SJEP），五划则代表联合办学的五个社区。这样一看，这个“正”字就充满了内涵和故事。

孔子曰：“入鲍鱼之肆，久闻而不知其臭；入幽兰之室，久而不闻其香。”环境文化以“外显内隐”的形式时刻感染着师生的思想观念、道德行为，是落实办学理念的重要途径。如今，石碣实验小学以“正”构境，积极营造“习正”教育特色的文化磁场。每一个走进这所校园的孩子，都会深深地沉浸在“蒙以养正”的育人氛围中：正行榜前，“正”的榜样在默默传承“立正志　行正义　守正则　扬正气”的学校精神；时正柱旁，24节气轻轻说明“在正确的时间做正确的事情”、“教育顺势而为定可大有作为”的道理；学正池上，全方位立体的“八正图”静悄悄地诠释“走正道，做真人”的办学理念；“习正”广场、“咏正”文化长廊、“扬正”荣誉厅、“正大方圆”植物园、“观正”气象站、“仰正”创客空间等特色场馆，抒正长卷、蕴正路、三正门等人文景观，无不包含着“正”元素……一品一景扬正气，一草一木皆有情，一座教师眷恋、孩子向往的“美正家园”已然形成。

以正为范，锻造雅正教师

“亲其师，方能信其道。”只有教师拥有“正”的思想与行为，才能给予学生正确的指引。在“习正教育”实践中，学校不断推动教师朝着师德高尚、业务精湛、志趣高雅、浩然正气的“雅正教师”目标前行。

发挥榜样的示范激励作用。为了在教师队伍中营造“雅正”文化氛围，学校定期把所有获得镇级以上表彰的教师照片放在宣传栏中，每两年评选一次“雅正教师”，隆重召开表彰大会，让优秀教师的努力和成绩得到认可，也为老师们树立身边的榜样。

鼓励教师成长有特色。学校指导每个教师制定《教师个人三年发展规划》，并教会他们用“SWOT”（企业战略分析方法）来分析个性与工作特性，有针对性地进行提升；制定“三层九级”、“三名工程”建设方案，鼓励教师创造条件，逐渐成长为学校、镇、市的教学能手、学科带头人、名师和名班主任。

多方创造条件促进教师专业成长。学校内部重视同伴引领，以“一带一”、“一带多”的形式组织开展“青蓝工程”，既发挥名师的示范引领作用，又让青年教师走上专业成长的快车道；外部推动教师在名师工作室跟岗学习，引进高校资源，请高校教授来校为教师辅导等，让教师了解最新的教育教学信息。

此外，在石碣实验小学，每位教师在专业之外还要掌握三门科学——教育哲学、教育心理学和教育经济学。这不是要给老师们施加压力，而是希望他们利用宝贵的时间做一个身心健康、充满正能量的好老师。如今，以“正”传道、以“正”授业、以“正”解惑、以“正”为范的雅正教师队伍星光熠熠，现有省级骨干教师2人，市级名师（名校长）工作室3个，市学科带头人2人，市级教学能手17人，镇级名师（名校长）工作室6个，镇级学科带头人13人，镇级教学能手25名。

以正育人，培养崇正少年

“习正教育”的最终目的是培养有报效祖国的理想信念、有尊老爱幼的传统美德、有传承文化的责任担当、有合作进取的团队精神、有遵章守纪的规则意识、有阳光健康的身心素质的“崇正少年”。为了培养德智体美劳全面发展的社会主义建设者和接班人，我们不断创新人才培养模式，以完善的向正课程体系、丰富的德育实践活动，引导孩子们向着目标不断成长，争当新时代的“崇正少年”。

一年级的孩子一入学就迎来尊师礼，孩子们身着汉服，与父母“大手拉小手，走进崇正门”，开笔礼大写“人”、“正”两字，作揖礼感恩父母老师，让孩子们立志做一个崇正少年。

四年级的孩子在日常学习中迎来了十岁礼，从此懵懂儿童变成活泼少年，进一步形成正确的行为习惯、积极的学习态度和正面的品德修养。

六年级的孩子在毕业礼中告别小学校园，满怀信心“跨出扬正门，跃马新征程”，带走的是实小学子向上的品格、向善的品行和向正的品德。

在石碣实验小学，每门课程、每项活动都蕴含着做人的道理。六年光阴，静待开花，孩子们在一次次心灵的洗礼中真的改变了模样：体育场上，他们团结合作；教室外面，参加自查测试的学生将书包整齐划一地摆放；爱心书屋，他们看完书轻轻把书放回原处，还顺手整理其他书籍……每年学校都会涌现出一批“崇正少年”，一展实小学子“正”的风采。

石碣实验小学学生中，进城务工子弟占65%，生源并不占优势。自实施“习正教育”以来，全校学生体育综合测试、学业水平均居全镇前列，学生近三年获市级以上奖励共410人次，其中省级80人次，国家级20人次；602“动感中队”荣获国家少工委优秀中队称号，202“小蜜蜂”中队荣获广东省“红旗中队”称号。

“习正”之光，点亮心中明灯V

石碣实验小学有个传统，每个毕业班都要满怀深情地种下一棵莞香树。每年校友返校季，大家都会去看一看自己种的“正果林”。许多孩子即使读研了，参加工作了，还忘不了母校这一树“正”的光芒，忘不了母校带给他们的“正”能量。

学校不断丰富“习正教育”的内涵外延，每年举行系列教育教学观摩活动和大型习正文化体育艺术节，向社会展示“习正教育”的丰硕办学成果。“小学校，大教育”，孩子身上满满的“正能量”也通过他们的一言一行传递给家人，从而让美正家园变为美正社区、美正社会。正如学校校歌所唱的那样，“习正教育”擎起了梦想启航的风帆，成为东莞市品牌学校培育对象。

育人是教育的生命和灵魂，关注学生的长远发展是教育的本质要求和价值追求。展望未来，石碣实小期待“习正教育”能成为东莞“慧教育”的一张闪亮的名片，真正实现让每个师生都有人生出彩的机会！

润德铸魂育贤才，深化教改再发力

广东省佛山市顺德区文德学校　吴志良

2021年1月25日，我校（原顺德一中实验学校）校名变更新闻发布会暨“基础教育课程实验学校”签约授牌仪式正式举行。顺德文德学校的诞生，标志着我校发展进入新阶段，迈上新台阶。此次更名是我校创立自主品牌的一次新的理想追求，亦是学校主动适应时代发展要求和坚守教育本质的成长新起点。更名后，我校将全面升级，与教育部基础教育课程教材发展中心基础教育课程杂志社合作，成为大湾区第一所“基础教育课程实验学校”，在教育部国家级专家的指导下开展课程改革实验教学，引入丰富教学资源，培育面向未来人才，树立优质教育标杆。

一、改革创新，实现华丽蜕变

从一所办学单一的初中学校发展至包含初中、高中、国际部的多元化学校，我校经历了一段跌宕起伏的办学历程。2015年，我出任顺德文德学校校长，带领全校师生展开了一场轰轰烈烈的教育教学改革。

我校之前的传统课堂是插秧式“排排坐”，学习氛围相对枯燥沉闷。如今在我的带领下，学校的课堂一片生机，学生时而借助平板电脑，时而小组围坐，在老师引领下主动发问、求解、最终转化为自己的知识……我校通过这种以学生为中心的课堂教学改革，让学生最大限度通过自我发现激发潜能，进而提高综合素质，学习兴趣和积极性大大提高。

和谐是学校发展的基础，体现为一种教育生态的平衡，涉及学校办学各个要素的协调统一。除了坚持深化教改，我校的一个特色做法是始终坚持由任课老师自己命题和阅卷。考试是为了检测教与学的成果、分析教学问题，教育是为了让学生在原有基础上得到提高与发展，学生发展的水平是衡量教育质量的标准。坚持教、学、考的和谐统一，体现了把教与学的主动权交给老师和学生的理念。由此，师生主动发展的意识被进一步激发，校园乐教乐学的氛围迅速生成。

校以人兴，教以人立。在我的带领下，一支高素质专业化创新型教师队伍逐步形成。目前，我校校专任教师近200人，获硕士学位以上约占30%，正高级教师、特级教师和高级教师近30人，一级教师60多人，其中不乏联合国维和勋章获得者、全国五一劳动奖章获得者、全国优秀教师等。值得一提的是，学校真正落实以教师作为学校发展的第一资源，已连续5年大幅度增加教师工资，5年人均总计月增工资6000元，增幅60%，实力助力学校教师队伍安心从教，乐于从教。

教学改革撬动学校变革，先进理念引领师生成长。短短五年间，我校的学风校风焕然一新，教育教学质量节节攀升，一跃成为全区学生发展最快、增值能力最强和办学效益最好的学校，2020年高考重本目标完成率超200%，本科任务完成率达610%，超过目标任务的6.1倍以上。其中，高中部传媒班学生本科上线率达96%，国际部41人被境外优质大学录取，9人进入世界百强名校。

二、润德铸魂，培育时代贤良

假如把教育比作一个人，那么德育犹如人的心脏；假如把教育比作一棵树，那么德育就是这棵树的根。在育人方面，我校极为重视家校联系，积极发掘家庭教育资源，丰富德育内容，提高其实效性；学校从初中起始年级便狠抓养成教育，培养学生的行为习惯，培养阅读习惯和文明礼仪习惯等，通过潜移默化培养学生良好的学习和生活习惯。对于高中生，学校则以思想导向作为德育的突破口，把课堂渗透、读书活动、校园论坛和讲座、高雅艺术熏陶、时政宣传和校园文化活动等贯穿到学校德育管理的方方面面，让积极和正面的思想影响学生，从而成为学生良好的行为导向。

在我校，每周末必做周末德育作业已成为常态，学生不仅要帮忙分担家务、与家长交流、孝敬长辈，也要积极参加各类社会公益活动；平时，学生的德育情况也会由班主任、各科老师、生活老师、家校合力，齐抓共管，形成“全员管理、全面管理、全程管理”的德育体系。通过大力推动德育工作的开展，构建“以养成教育培养习惯，以思想导向提高人文素养”的德育模式，实行标本兼治，顺德文德学校德育工作开展得有声有色。

我校把德育工作摆在重要位置，就是希望让学生养成积极健康的人格和良好心理品质，激发学生追求进步、不断上进的内生动力，从而实现事半功倍的逆袭。思想导向德育工作的成功开展，促进了学生全面素质的提高，而学校个性化、多样化的人才培养方式，更能让学生在“边走边看”中找到一条适合自己的求学路。

近年来，我校始终坚持“以文化人，以德育人”，想方设法为学生搭建成长平台，开设了文学、英语、朗诵、主持、汉学、戏剧、合唱、舞蹈、演讲、礼仪、摄影、动漫、武术、创客、电竞等30多种个性化课程，同时还有丰富多彩的社团生活、体育节、艺术节、成人礼以及中华经典诗文朗诵大赛、“阅读之星”评选，这些皆构成了学校多元的校园文化生活，带领着全校师生的言行发生悄然变化。如今，走进我校，到处洋溢着阳光自信的气息，在潜移默化、润物无声中，学生逐渐形成正确的人生观、世界观、价值观。

三、“文德”相映，构健全人体系

世界上没有完全相同的两片叶子。学校的任务，就是创设最好的“土壤”和“气候”，充分挖掘每一位学生的潜能与特长，使学生在最适合的环境中，成长为最好的自己。为此，在我校除了标配的场室场所外，多功能音乐教室、32间独立琴房、舞蹈教室、传媒教室、美术教室、创客实验室等教学设施一应俱全，学校坚持因材施教，尊重孩子天赋特长，并为其配置丰富的教育服务。2018年，我校高一学生林琳入选广东省女子冰球队，并于当年赴京参加全国冰球锦标赛，为佛山首例。

除了哈佛智慧班，我校还创建了GC美澳留学班、韩国留学班、（美国、加拿大、香港）高中文凭班、莱客航空飞行员培训班等，并专门配备了一支毕业于哈佛大学、牛津大学、剑桥大学、爱丁堡大学、莫斯科大学、香港大学等世界名校的国际教育教师队伍，为学生提供国际化的教育服务。近4年来，学校国际留学人数接近300人，其中21人被世界百强名校录取。截至目前，据不完全统计，今年学校又有13人陆续收到世界百强名校的“橄榄枝”。

在多元发展、充分发展、和谐发展、共生发展的氛围中，我校学子在各类比赛中捷报频传：初二学生蔡博玺作为中国队队员参加国际英语精英赛全球总决赛获铜奖；高一学生黄俊源获“华创杯”国家科技大赛高中组一等奖；“地球小博士”全国地理科普知识大赛中，师生齐心协力获得18个一等奖；学校远航文学社被评为“全国示范校园文学社团”；学校代表队屡获中小学生语文素养大赛全省冠军；每年超过10位同学获得“佛山市优秀学生”、“顺德区优秀学生”等称号……

四、深化教改，变革发展模式

从顺德一中实验学校到顺德文德学校的更名，并不是简单的名称改变，它是学校对“以文化人，以德育人”教育理论体系和办学理念的认可、落地和定格，也是肩负和发挥教育部课程改革引领辐射和示范作用路径的有益探索。

立德树人是教育的根本任务，培养既有文化又有品德的社会主义建设者和接班人是教育的责任。因此，办学需要“养文明之德”，要以文化人、以德育人。我们经过充分的思考和坚定的选择，确定了学校未来发展的战略方向：回归教育本质，创建文德学校，这才有了“文德学校”的命名。

为了更好地提升学校的办学水平，下一步，我校将与教育部基础教育课程教材发展中心基础教育课程杂志社合作，升格为“基础教育课程实验学校”，集众多国家级专家的智慧在学校开展基础教育课程实验。

此次更名，学校将以十六载之经验，借政策之东风，化挑战为机遇，从“新”出发。从守业人变为创业人，顺德文德学校变的是校名，不变的是潜心多年创立的“和谐发展”内核，以及家长们口口相传的高品质。未来，我校将继续迎难而上、锐意进取、凝心聚力、继往开来，开创新辉煌！

寻教学模式之新路，创品质教育之辉煌

广东省广州市天河第一小学　王晓芳

教育，亘古不变的研讨热点。随着社会的飞速发展，科学技术的变革创新，线上教育走进了我们的生活。无论教育的形态如何转变，我校极力把握其内在规律，回归教育原点。在疫情期间，我们从研究，实践、反思三个方面进行探索与思考，积极地拥抱新技术，探索线上线下课堂融合的新途径，建立促进教师快速向未来转型的新机制，高效地成就有品质的教育。

一、加强管理体系，实施线上教学

开启线上教育教学之时，我校从三个方面进行研讨，确定线上教学的方向。一是教育部对于线上教学的政策要求；二是专家学者对于线上教育的研究成果；三是各个线上教学软件的优点和缺点。经过紧锣密鼓的精心筹备，我们形成了独特的“一二三四”在线教育管理体系，扎实推进学校线上教育工作。

坚持一个中心。线上教育是以促进学生全面发展为中心，聚焦五育并举，培育学生自主自律、独立思考的能力。疫情期间线上教育重点不在于学生们要学到多少学科知识，而是要利用疫情这鲜活的社会教材，渗透正确的价值观，教会我们的学生懂感恩，懂敬畏，懂得生命的意义，懂得爱国和爱生活。我校根据学科特点，以任务驱动的方式，开展适合居家学习的项目化学习、全员开展整本书阅读项目、体育锻炼和体验式德育课程学习。在这样以目标导向的任务驱动下，孩子们自主学习且学以致用。

提升两个能力。提升教师信息技术能力。在有限的时间里，当务之急就是成立技术支持团队，帮助教师信息化技能的升级，加强信息技术与教育教学的融合应用。通过“师徒搭对子，技术熟手带新手上路，自学与集中线上培训相结合”的方式，让老教师升级自己的技能包，发挥自己在综合分析判断学生的学情及教学经验方面的优势。而年轻教师上手快，加强其教学过程中的计划与准备，组织管理能力等。在集备过程中，大家相互合作，各显其能。再者，提升学生自主学习能力。为更好地达成课程学习目标，实现学生的高度自律，我校提出各班组建线上学习小组，以构建“学习共同体”方式进行学习。各班结合学情，将学生分成若干个学习小组，设置组长，根据课程表时间安排，引导他们协助考勤，组织组员开展讨论交流、督促作业上交，组织每周小结反思等，发挥群体协作、同伴互助的作用，激发学生学习内驱力，提升自主学习力。

抓好三个落实。落实上课载体与资源。我校在做好甄选和搭建好平台的同时，着重把好资源关。学习资源的重组、梳理和整合对老师带来极大考验，教师必须提升课程开发意识，以学校的课程中心目标为基准，制定线上教育教学资源选用的原则要求，整合并精选课程内容，精准指导。落实课程设计与实施。各科组经过研究学习，每个科组结合年级、学科特点设计和实施线上课程。如：语文科组开展整本书阅读和项目化学习，促进学生综合能力的提升；数学科云端集备探究式学习主题，引导学生关注疫情，关注时事等；学校通过问卷星收集师生、家长对线上课程实施与管理的反馈意见，及时调整改进问题，实行动态管理，保证每天E课堂有序有质进行。落实学校与家庭合作。线上教育的家校活动以班为单位开展，班主任通过定期的电话访谈、问卷调查、云上家长会等多种渠道，聆听学生与家长反馈意见，适时调整线上教育管理工作；学校定期发送给教师、学生、家长的一封信，定期推送心理辅导课程，少先队大队部还开展线上广播，指引做好线上居家学习、居家防控等，学校利用大数据来诊断与评价线上教育与管理，使线上家校教育开展得扎实稳健，无缝对接。

辐射四个层面。干部方面，激活领跑。疫情当前，我校管理团队在适应疫情带来的激变中，快速反应、统筹安排，科学应对，确保在线教育质量，展示了强大的适应力和创造力。首先由我带头，部署和调整在线教育的方向。负责教学工作的副校长充分调动各部门、各学科的力量，把工作细化并落实到位，实施立体化、清单式、表格式的管理，为精准掌控线上教学质量导航。骨干方面，示范引领。学校积极组织发动各科骨干教师潜心钻研、在线传道授业解惑、创新适合我校的学习课程和学生评价等，在科组和年级先行先试，推广行而有效地教育教学方式，着力提高线上教育教学质量。青年方面，规范指导。学校青年教师居多，所以整体提升青年教师的实施能力尤为重要。他们有以"小我"之力，汇强大"天一"力量的决心，紧跟骨干步伐，从学情摸查到精准分析；从课程设计到实施，一步步迈进，一步步成长。全员方面，研修提升。我校教师发挥学校天一书院读书会、天一书院学术会、天一书院生活会的重要作用。在读书会上开展线上共读苏霍姆林斯基的《给教师的建议》，鲁道夫的《教师.挑战》，并开展了精彩的读书分享会；学术会引导老师们进行"减负增效下的线上作业设计与实施"的研讨；生活会开展"小学教师心理减压和情绪调节"主题讲座及"别样三八节"展示活动。通过这些深度教研与培训，让大家面对复杂多变的现实世界，进一步增强内心，增长智慧，提高专业能力。

二、深入探索革新，反思线上教学

在未来的教育教学中，我校从以下四个方面进行继续探索。

探索新途径：线上线下课堂走向深度融合。这次疫情中的全民网课，让我们看到了线上教育的优势。同时，我们也能看到它的短板：比如，师生缺少面对面的情感交流，学生学习场景难以控制，开放的网络环境带来信息安全隐患等。我想，复学后线上线下相融合的混合教育是必然趋势。因为，教育需要"面向每个人，适合每个人"，而线上线下混合式教学是实现这种目标的有力保证和必然选择。

建立新机制：促进教师快速地向未来转型。未来教育对我们提出了更高的素质要求，我们的华丽转身，需要接受挑战。云端教研平台的构建，"天一书院"的成立，"天E课堂"的建构是我校拓展教、研、训的时空和手段，是促进教师转型发展的新起点、新机制。大规模的线上教学带来人们的思考。那么，对教师而言，只有回归教育初心，积极拥抱新技术，强化与提升教学以及服务，提升教育场景的智能化，使得教育资源得到更充分的使用，把握教育的内在规律，从关注老师的教，转变为更多关注学生的学，培养适合未来社会需要的人才。

摸索新办法：整合优质资源开发新品课程。面向"后疫情时期"，每一个教育工作者既要回归到教育原点，又要带着未来的育人眼光去看待这场教育实践，对教育保持一份冷思考。思考怎样的知识是最有价值的，怎样的学习是最有价值的。如何去甄别、整合和利用更加多元和丰富的资源为教育所用。学校将通过培训，引导教师基于目标培养设计课程，尽快整合、开发出适合学生学习和有助于教师因材施教的各类课程资源，构建教学模式，在构建混合式教学模式的实践中，研发出我们独特优质课程。

形成新格局：社会、学校和家庭携手育人。在线教育将学生、教师、家长三大主体和学校、家庭、社会三大场域，聚集到了同一平台上，家长作为学校最密切的同盟者的地位得以充分体现。家庭和学校同是教育的建构者、也同是教育推动者的共识和基本条件已经形成。从长远看，我们应充分挖掘家庭教育的潜力，建立常态的沟通机制，积极引导家长与学校形成同盟军，建立健全家校合作的各种长效机制，从而优化家校合作，共同发展，共同完成立德树人的根本任务。

线上教育资源通过网络跨越了时间与空间距离的限制，使学校的教育成为可以超出校园向更广泛的地区辐射的开放式教育。我校充分发挥自己的学科优势和教育资源优势，把最优秀的教师、最好的教学成果通过网络向每一位学子传播。在疫情时期，学校教师与学生、学生与学生之间，通过网络进行全方位的交流，更加拉近了彼此之间的心理距离，增加了交流机会。未来，我校将继续不断探索线上教育新的创新方式，因时制宜，成就有品质的教育！

桃李不言　下自成蹊

——谈一谈电白汉山学校的教育工作

广东省茂名市电白汉山学校　黄德明

电白汉山学校南临228国道，环境幽雅，设施设备先进，师资力量雄厚，办学成果显著，我校先后被评为中国硬笔书法名校、全国青少年校园足球特色学校、广东省一级学校、广东省安全文明校园、广东省园林学校、广东首英特尔未来教育项目推广示范学校、广东省红巾示范校、茂名市义务教育阶段规范化校园、茂名市优秀民办学校、茂名市美丽校园、茂名市书香校园、茂名市毒品预防教育示范学校、茂名市德育示范学校等230多项荣誉。

我校是一所集幼儿园、小学、初中、高中教育于一体的全日制民办学校，现有在校学生6600多人。在电白区委、区政府的关怀下，在社会各界的关心和支持下，经过全校师生的共同努力，2021年高考不负众望，再创辉煌。我校参加高考人数312人，考上大专线以上306人；其中考上特控线5人，考上本科线以上35人，实现既定翻一番以上的目标。作为一所地处边远农村的学校，在生源条件较差的条件下，学生低进高出，取得如此优异成绩，确实不容易。

一、心系乡村教育，用心办好学

为了方便公司员工及边远地区农民子女入学、享受优质教育，当地政府企业领导从2000年至今，先后投入资金二亿多元，创办了电白汉山学校。截至2020年秋季，我校完全按公办学校收费，教学设施设备、教育教学质量均领先于当地学校，2006年通过督导室的评估，我校被评为"广东省一级学校"，成为茂名市首间被评为"广东省一级学校"的民办学校，被称为粤西民办教育的一面旗帜。我校服务半径跨近10个乡镇，切实减轻了政府的办学压力，造福了当地群众，有效助推电白区教育的迅速均衡发展。

由于我校留守儿童众多，占在校生人数的50%以上，为此，学校专门设立关爱留守儿童专门的活动室——"爱的家园"，让留守儿童有个真正的家，确保留守儿童在校生活愉快。周末、节假日，留守儿童可在"爱的家园"里看书学习，接受值班老师辅导；也可下棋娱乐，交流谈心，体会彼此兄弟姐妹般的关爱。留守儿童生日，班级给他们送上生日蛋糕，与他们一起庆祝。每逢重大节日，以校长为首的领导班子会组织留校的孩子们集体活动，欢度节日。如每年中秋节，学校老师都会组织留校的孩子们到运动场草坪上，与老师们一起观赏月亮，燃放烟花，品尝月饼、水果，气氛热烈人，场景温馨，让人难忘。

为了办好教育，20多年来，我们校长可谓是倾其积蓄，耗尽心血，回报社会，造福桑梓。校长在学校教育和管理上所彰显出的博大胸怀，高尚的人格感染并影响着我校每一位师生，大家秉承着"勤奋、敬业、正派、感恩"的汉山精神，努力拼搏，不断书写新的辉煌。

二、注重思政教育，传承爱国精神

我校一直重视师生思政教育，通过树立毛泽东同志铜像、创建周恩来班、创建广州新四军思想研究会革命传承基地、对内宿生实行半军事化管理等途径，培养师生爱国、爱乡、爱校的情怀。

今年是党的百年华诞，学校以网络学习和书籍学习、讨论学习和写心得体会、理论学习和竞赛活动相结合等形式，开展一系列学习党史活动，传承红色基因。在活动过程中，学校充分利用好校本资源，组织团员代表参观汉山集团党群活动中心、汉山匠心馆、和青少年周恩来励志展厅，学习中国共产党党史和汉山发展史，并开展"践行雷锋精神，志愿美丽电白"志愿服务活动。

此外，我校还注意挖掘校外资源，召开"红色主题阅读，传承红色基因"党史学习教育动员大会时，邀请广州新四军研究会电白分会会长领导给党员和师生讲红色革命史；开展"缅怀革命先烈，传承红色基因"祭扫马踏革命烈士墓活动中，邀请中共马踏镇党委领导给党员和师生学习党史。

为纪念中国共产党成立100周年，回顾党的光辉历程，讴歌党的丰功伟绩，电白锁业集团公司党总支在我校文化广场隆重举行庆祝中国共产党成立100周年系列活动之党史知识千人竞赛，全体党员及在初赛中脱颖而出的师生代表共1000人同场竞赛，场面宏大，震撼心灵。

三、提高教学质量，打造强师工程

为了培养更多优秀学生，得到社会更充分认可，打造品牌学校，我校致力打造强师工程，奋力推进教育教学改革，加强校风、教风、学风建设。2020年，我校面向全国招聘名师，组成高三备考团队。该团队名师所教学生遍布全国顶级高校，各学科名师均连续多年从事高三教育教学工作，能针对高考应届生、复读生、艺术生合理规划，对夯实基础、指导学生牢固掌握高考知识点，增强应试能力，挖掘学生潜力，提高短板，增强学生强项效果明显。

为了进一步提升教育教学质量，我校对教师始终贯彻一种拼搏精神——"狠抓班风学风建设不放松，狠抓教学质量不放松"，"有条件要上，没有条件创造条件也要上"。对班主任工作，我校的基本指导思想一定要爱学生，只有爱学生才会爱工作、爱教育。爱学生才会走近学生，走进学生的心灵，带出一个好班级。

我校要求全体班主任要早、午、晚做到三到，全体教师课前候课3分钟，以充分了解学生动态。各学科课堂以提高学科素养为指针，知识点和考点紧密相连，真正做到精准练习、精准评讲、精准辅导，成效显著，真正实现低进高出。我校吴同学、杨同学中考成绩仅为484、449分，今年高考分别以494分（物理）、475分（历史）考上本科，学生、家长特地致信感谢学校，被传为佳话。

四、五育并举，发展学生综合素质

我校一直重视五育并举，通过校运会、艺术节、读书节、校园联赛、社团活动等，活跃校园气氛，培养学生特长，陶冶学生情操，提高培养学生的综合素质。

学校致力打造“中国硬笔书法名校”。 通过第二课堂开展传统艺术教育，并开设书法课程，传授实用技法，取得良好效果。2015年6月被授予“广东省硬笔书法名校”，成为广东省首个获得此荣誉的学校。同年12月，被中国硬笔书法协会授予“中国硬笔书法名校”荣誉称号。近两年，在第七、八届全国少年儿童硬笔书法暨规范汉字书写大赛中，共有215师师生获奖。在刚刚结束的2021年中考电白区书法特长生考试中，我校学生勇夺电白区术科成绩第一名。

我校还致力打造“全国青少年校园足球特色学校”。我校通过创建学校足球俱乐部、组建学校足球队、开展本校足球联赛、教师参加茂超联赛、学生参加“市长杯”、“区长杯”校园足球联赛等，有力地助推当地校园足球的发展。2017年1月，我校被授予“广东省第一批校园足球推广学校”，2019年10月被授予“全国青少年校园足球特色学校”。2020年10月，我校小学、初中女子足球队分别荣获电白区“区长杯”校园足球联赛第四名。

教育只有不忘初心，才能实现可持续发展。从乡村办学的默默无闻，到现在成为一所具有良好口碑的品牌学校，电白汉山学校的教职工们，一直心怀教育的谦卑与创新之心。教育之路坎坷而漫长，教育者唯有脚踏实地，具有滴水穿石般的坚韧精神，方能收获满意的“始终”。因为，这是我们教育的初心，桃李不言下自成蹊。

重温“红色精神”，我把“党歌”唱给“你”听

——赴延安开展党性教育培训活动心得

广东省梅州市梅江区美华小学 黄卫红

延安，历史悠久，是中华民族的重要发祥地，也是中国革命圣地，被誉为“中国革命博物馆城”。国庆节刚过，10月12日至18日，我有幸参加梅江区教育系统党支部书记赴延安开展党性教育培训班。在延安市委党校精心组织下，一行47人追寻红色足迹，感悟革命先烈艰苦奋斗历程，重温党的光荣历史，弘扬延安精神，增强党性修养，圆满完成内容丰富、形式多样的学习内容。短短几天，感受颇多，受益匪浅。

一、延安精神，温度而知新

参观了延安革命纪念馆、王家坪革命旧址、宝塔山、枣园革命旧址，所到之处，那些珍贵的场馆、史料、图片、实物等红色因子，一份份资料、一个个物件、一件件往事，无不传递出毛泽东、周恩来等老一辈无产阶级革命家13个春秋里延安战斗、生活、生产的经历磨难，正是这种延安精神，使得老一辈无产阶级革命家们在这里运筹帷幄，决胜千里。重温我们党在延安领导新民主主义革命由小到大、不断走向成熟的辉煌历史和伟大成就，我的心情澎湃，厉害了，亲爱的党！

红色延安，不虚此行。对于我们教育工作者来说，践行延安精神，就是要把这种精神和我们梅江苏区精神结合起来，做到不忘教育初心，把延安精神苏区精神内化于心、外化于形，坚持正确的办学方向，加强新时代教师队伍建设，开拓创新，不断前行，结合本地本校的实际，着力打造特色品牌，努力办人民满意的学校。

二、习主席思想，举一反三

走进梁家河村史馆、学习书院，我亲历着习近平总书记曾经生活工作过的地方，感悟着习近平总书记那段知青生活，观看中国首部大型红色历史舞台剧《延安保育院》，聆听《延安窑洞里有马列主义》、《十九大精神与习近平新时代中国特色社会主义思想》思政课，此时再来诵读《为人民服务》，重温入党誓词，对习近平总书记一直以来的群众观，以及以人民为中心的思想有了更真切、更深刻的理解，对如何进一步学习贯彻好习近平新时代中国特色社会主义思想也有了更多的思考。

共产主义信仰是共产党人的政治灵魂，是共产党人经受任何考验的精神支柱。我是一名党员，我始终坚定信仰。不管是延安精神，还是习近平新时代中国特色社会主义思想，都是马列主义中国化了的成果。延安保育院的故事，展现出先辈们在革命战争年代始终坚定信仰、信念、信心，为保护和保育后代而英勇牺牲，让生在新社会，长在新时代的我们震撼不已。回首今年初新冠肺炎疫情发生后，党中央将疫情防控作为头等大事来抓，习近平总书记亲自指挥、亲自部署，把人民放在第一位，全国人民万众一心、众志成城，取得了疫情防控的重大胜利。如今，国内疫情防控进入常态化，双循环经济发展良好，而国外疫情依然严峻，每天确认病例超10万，经济复苏遥遥无期。两相比较，更显现出社会主义制度的优越性，更显现出习近平新时代中国特色社会主义思想的重大意义。

教师担负着教书育人的使命，要认真研读，弄懂悟透习近平总书记关于教育的重要论述，确实弄清楚“培养什么人、怎样培养人、为谁培养人”这一根本问题，要确实把人民为中心的思想贯彻到学校的各项工作中去，坚持以学生的发展为本，当好学生发展的引路人，想方设法提高教育教学质量，助力梅江教育高质量发展。

三、南泥湾精神，正值青春

生命不息，学习不止。在艰苦的岁月里，革命先辈们坚持在战斗间隙里读书看报，笔耕不辍，写下了一部部著作，指挥了一场场战斗，取得了一个个胜利，带领全国人民走进新中国、走向新生活。习近平总书记插队梁家河村7年，和老百姓们一起艰苦奋斗、建设家园，追随着红色足迹，践行以人民为中心思想。作为一名党员教师，我们要向习近平总书记和革命先辈们一样，坚持学习，扎根基层，潜心育人，不负韶华。

自己动手，丰衣足食。“往年的南泥湾，处处是荒山没呀人烟”、“如今的南泥湾……是陕北的好江南”，鲜明的对比，使南泥湾的故事更具魅力。南泥湾精神作为延安精神的原生形态之一，是革命先辈和人民群众艰苦奋斗，自力更生的革命乐观主义精神集中体现。当下，我国处于近代以来最好的发展时期，世界正处于百年未有之大变局，在这非常时期，继承和发挥南泥湾精神有着特别的意义。我们要按照习近平总书记的要求，为人师表者带好头，教育引导好孩子们，一粥一饭当思来之不易，勤俭节约、反对浪费才是新时尚。

精神振奋，正气十足。延安13年，是我们党由弱变强、转败为胜的13年，是从突围重重困境走向辉煌胜利的13年，是延安军民唱着陕北民歌、扭着秧歌，战胜困难、欢庆胜利、欢庆丰收的13年。延安军民那充满激情的歌舞，热火朝天的干劲，为残酷的战斗岁月增添了亮丽的风景。现在，我们学校的办学条件是越来越好了，老师们的工资待遇也是越来越好了，老师们更应该学会珍惜，懂得感恩，振奋精神，用心用情做学校、做教育，而不是怨天尤人、碌碌无为，萎靡不振、糊里糊涂，那不是一名合格的人民教师应有的精神状态。

重温“红色精神”，我心潮澎湃，久久不能平息；重走党走过的足迹，我更是感慨良多。延安，是红色精神的发源地，它是庄严的，神圣的，值得虔诚膜拜的。今后，我将以延安精神鞭策自己，经常检视思想上、学习上、工作上的差距和不足，进一步转变作风，找准工作中的短板，加强教师队伍建设，为把美华小学办成一所区域特色学校而努力。因为，我要把“党歌”唱给“你”听！

借力心理沙盘，开发培智学生潜能

广东省平远县特殊教育学校 洪金祥

[摘要]本研究尝试将心理沙盘游戏引入进培智学校课堂，借助沙盘游戏的方式来发掘智障学生潜能。经过两年的课题研究实践，积累了一定的经验，在学生能力发掘方面取得了初步的成果。

[关键词]心理沙盘游戏智力障碍学生潜能能力培养

一、背景论述

潜能是指某种潜在的能力或某种内在的可能性。美国哲学家、教育哲学家伊斯雷尔·谢弗勒（I·Scheffler）在1985年出版的《人类的潜能：一项教育哲学的研究》一书中提出了潜能的三个概念层次，即“作为可能性的潜能，这种潜能是自主的，不受有关外部环境状况的影响”；“作为倾向性的潜能，是作为可能性的潜能的进一步发展”；“作为能动性的潜能，意味着技能、能力，是根据意愿获得某种特征的能力”。

很多人觉得：潜能开发教育是在正常学生群体中进行的，智力障碍学生是一个智力、情感、能力都与正常学生有所不同的群体，他们脑力功能受损，整体智力水平偏低，能力低下，进行缺陷补偿、行为矫正就可以了，不必进行潜能的发掘，而且也没有什么潜能可挖掘。谢弗勒的理论告诉我们：每个人都有发展潜能，也就是说智力障碍学生自身也具备一些独特的能力特质，个别甚至达到“天赋异禀”的程度。这些都需要我们教育者进行发掘。谢弗勒指出，教育者除了要尊重学生的潜能还要担当起在开发学生潜能方面进行价值判断的能力与责任。

“心理沙盘”又叫“沙盘游戏”，是一种把无形的心理事实以沙盘的方式象征性地呈现出来，从而获得治疗与治愈，获得创造与发展的一种心理技术，主要用于儿童各类情绪障碍和行为障碍的治疗中，沙盘游戏原则上并非单纯以减轻儿童的心理症状为工作目标，而更注重其内在心理的充实与发展，但沙盘游戏并不仅仅是以心理诊断、减缓症状为目标，也有很多心理沙盘师将沙盘游戏运用在了心理发展性咨询、人力资源开发和EAP等诸多领域，在培养自信与人格、发展想象力和创造力等方面都发挥着积极的作用。

本研究尝试将心理沙盘游戏引入进培智学校课堂，通过沙盘游

戏的方式来探索智障学生能力的培养途径。

二、沙盘游戏在学生能力培养方面的益处

一沙一世界。游戏是儿童的语言，玩沙子是儿童的天性，是儿童主要的活动形式和探索世界的桥梁。心理沙盘以沙子游戏为媒介，不用过多指导，学生就能自主投入，并乐在其中。它让儿童在玩的过程中无忧无虑、自由自在，对未来报以无限的憧憬。这是其他学科的课堂上很难看到的。

具体而言，除了沙盘的疗愈作用，引入沙盘游戏还有以下几个显而易见的好处：

1、促进智障学生感知觉能力、动作能力的发展。

沙子可以提供特殊的感知觉，手心里、指缝间沙粒的流动会给儿童一种特殊的感官体验。学生通过拨弄沙具，既锻炼了手部的精细动作与肌肉发展，又对沙子与沙具的空间关系有了深入的认知。

2、有利于发掘智障学生的创造潜能，获得极大地满足与成就感。

沙子本身没有固定的玩法，再加上各式各样的沙上玩具，这些都给了学生尽情发挥想象力和创造力的空间，让学生自由创造自己的作品。

总之，沙盘游戏在学生感知觉、动作、想象力的发展方面都有积极作用，有利于发掘学生潜能，促进学生的成长和身心健康发展。

三、沙盘游戏课堂实践探索

将沙盘游戏课引进课堂是一种新的尝试，经过2年的教学实践，我们探索了沙盘游戏课堂的实践模式。以时长30分钟的培智课堂为例，课堂进程安排如下：

1、营造良好氛围，建立课堂公约，介绍本节沙盘主题（时长：5分钟）

这是课堂导入环节，旨在为学生构建一个安全、舒适、自由的环境，同时明晰本次沙盘游戏主题。

智障学生反应慢，认知迟缓，有意注意时间短，容易受外界环境的影响。因此营造一种良好的氛围就变得尤为重要。轻松的环境不仅能稳定他们的情绪，还能吸引他们的注意力，使他们对学习产生兴趣，从而更好地培养能力潜能的发掘打好基础。

此外，智障学生因为自身特质，经常要面对来自外界的注意甚至嘲笑、责骂，情绪压力较重，容易产生自卑感、无能感。沙盘老师向学生介绍沙盘游戏的沙子使用，介绍各种沙具的类别和摆放，明确本次沙盘游戏的大主题，让参与学生建立一种正向期待，明白可以选择任何模具来做任何形式的创造，作品无所谓对错和优劣，从而提升操作自信。

2、学生投入其中，自主构建沙盘模型（时长：10分钟）

这个环节是充分发挥学生想象力，挖掘学生创造力的阶段。沙盘老师要做的是一个观察者、守护者的角色。沙盘老师静静地观察，观察学生使用和不使用哪些玩具，以及怎样使用，仔细注意他的一些非言语动作，关注他的视线轨迹，和情绪情感表露，必要时进行简单的记录。同时，除非学生有主动请求或被其他同学干扰，沙盘老师要做到不言不语、不触碰沙盘，不以任何方式卷入游戏。

3、引导表达（时长10分钟）

这是引导学生表露内心想法，启发学生进行情绪调试、社交互动表达的重要环节。

智力障碍学生因为自身的认知、动手能力发展迟缓，在现实生活中经常要面对外界的压力，在情绪疏解、社交言语方面比较被动。沙盘摆放结束后，治疗师开始陪同学生对沙盘世界进行探索，鼓励学生停留在被激发的创作情绪中，在适当的地方给予共情，在必要的情况下给出建议性、隐喻性或提问性的诠释。

通常，沙盘老师可以通过以下几种询问来引导学生说出沙盘模型制作过程的想法和感受。

“可以跟大家说说你摆的是什么吗，这里面有什么故事？”

“你放这个玩具在这个位置时，心里是怎样想的？”

“我注意到你把这个女人放在你的身边，而另一个男人放在沙堆后面，后来皱了下眉头，又放在了一起，当时你在想什么？”

通过具体化的询问、引导，大部分智障学生都对沙盘作品会做一些的陈述，从而把学生的创作想法呈现出来。

4、展示作品、拍照记录、沙具归位（5分钟）

这是课堂的收尾阶段。沙盘老师用相机对学生的作品进行拍照保存，并对沙盘游戏过程的观察和访谈记录进行完善。同时，沙盘老师指导学生对使用过的沙具进行归类，把沙具放回对应分类的沙具陈列架，把沙箱的沙子推平整。

四、实践注意事项

1.面对学生频繁询问确认或请求帮忙时，整个过程多做肯定性评价，激发学生能动性。

智障学生自信心较弱，很多时候会根据外部评价来决定自己的行动。教师的认可度是他们形成自我评价的主要来源，学生需要从教师给予肯定性评价中确立自信心，所以有个别学生在进行沙盘游戏制作时会反复探视或询问。比如，有个学生摆一个沙具就回过头来看一次老师，得到老师点头认可后才进行下一步摆放。这个时候，沙盘老师要在课前明确提醒学生进行沙盘创作的作品无好坏、优劣之分，并对自信心比较薄弱的学生进行肯定和鼓励。另一方面，也要激发学生的主观能动性，从“要我摆沙盘”到“我要玩沙盘”，设置参与学生能力范围以内的主题目标，循序渐进，使学生体验到独立完成一件事后所获得的快乐。

2.通过沙盘发现学生心理问题和家庭关系问题时的处理方法：

沙盘游戏疗法的研究已经有近一百年的历史，在国内外已得到广泛应用的心理疗法，能够在创造沙盘过程中无意识地暴露学生目前的内心困境、心理问题，以象征性意义方式流露出来。因此，在进行个体沙盘或团体沙盘游戏时，当学生呈现出问题行为时，沙盘老师首先要进一步评估学生的问题行为及在本次沙盘中的疗愈效果。沙盘游戏的奇妙性就在于可以让学生在沙盘游戏中释放不良情绪，并使创伤达到一定程度的治愈。如果学生经过沙盘游戏症状得到缓解，只须进行跟进或进一步干预即可。如果发现学生存在严重的心理问题或社会交往、家庭关系等其他问题，超出心理沙盘师能力范围的，要及时转介，建议家长寻求更专业的心理援助。

五、结语

经过多年的研究实践，我校的心理沙盘课堂教学积累了一定的经验，在学生能力发掘方面取得了初步的成果。但是，也存在不少尚未解决的问题，比如目前沙盘课参与的人数比较受限，采取的是一人一沙盘，一人单独或两人合作完成沙盘，以后将逐步探索团体沙盘在课堂上的教学实践。

未来，我们将继续进行沙盘游戏在智力障碍学生能力发掘的教学实践，改进教学方法，创新沙盘游戏课堂，为孩子们创造和谐宽松的学习氛围，最大限度地激发他们的潜能。

参考文献：

[1]申荷永.心理分析：理解与体验.三联书店出版，2004.

[2]石中英、涂元玲译，（美）谢弗勒.人类的潜能：一项教育哲学的研究[M]，上海：华东师范大学出版社，2005.

[3]JoelRyce-Menuhin(1992).Jungiansandplay: TheWonderfulTherapy.NewYork: Routledge.

特教的艰辛与幸福

广东省平远县特殊教育学校 丘玉华

说起特殊教育工作者的艰辛，也许很多人会质疑。特校教师不必过于钻研精深的教材，不用批改人墙高的作业本，没有多少学生，更没有什么升学压力，谈何艰辛？

也许我们不需要批改厚厚一大叠的作业，但我们的教师全天候都要帮学生擦鼻涕、换衣服裤子甚至端屎端尿；也许我们不需要熬夜钻研教材，但我们每天都得思考学生要学什么，如何学，我们要教什么，怎么教，而且“一人一档”：每个学生的基本信息、学习追踪情况等都要每天做好记录，形成每周、每月、每学期、每学年度的个人档案；也许我们学生不多，也不要求学生一定要学会多少个字，会数多少个数，但我们也会为学生随地捡东西塞嘴里、随地拉撒、嚼衣服线头等等伤透脑筋；也许我们没有普通学校那么大的升学压力，但我们却肩负着巨大的安全责任，只要有学生在学校，我们就得全天候打起精神，防止小部分有暴力倾向的学生自残或突然抓人、咬人。这半年多以来，全校的老师无一幸免，都被学生袭击过。我们曾自嘲说：没有被学生抓伤过或咬伤过，都不好意思说自己是特教教师。

每到午饭、午休时间时，普通学校的老师早就回家吃饭，准备睡个好觉做个香香的美梦时，我们学校值班的生活老师还在认真监管着孩子，日复一日、不厌其烦地训练学生的就餐、就寝习惯，对生活自理能力尚且不足的学生喂饭、清洁，同时应付着可能发生的突发情况，哪里敢合哪怕一会儿眼。

我曾很荣幸参加了北京师范大学组织的一个特殊教育的培训。在上课的时候，一个老教授的话我印象很深，他说：“在这种环境下（指特殊教育学校）工作是需要一种献身精神的，因为你们都是一些健全的人，你们与我们交流时可以自然发挥，但与那些聋哑、智障、自闭孩子在一起时，你们的心中曾经的教学经验及日常的交流方式都不一样了，长此以往，对于一个正常的人来说，会感到一种压力……”从事特教这几年后，回过头来看这句话，深有感触。

相信了解过、特别是从事过现实生活中特殊教育工作后，应该没有人会再觉得特殊教育老师轻松了吧。这时，又有人可能会疑惑，既然工作那么艰辛，又谈何幸福呢？况且这群残疾的孩子症状各异。有的长相古怪、有的说不清话、有的听不清话、有的看不见、有的走路不稳，有的被俗称为傻子、甚至有的连吃喝拉撒都不能自理。成天和这样的孩子打交道，别说幸福了，恐怕连开心也很难说得上。教他们，充其量就是一个保姆而已，获得成就感都难，何来幸福可言？

说实话，受到委派，刚接手这第一批残障学生时，我也曾动摇过，因为当时心里没有底，之前20多年一直在普通学校任教，对特殊教育这一块没有任何经验，而且两位老师也都初出茅庐，没有任何特殊教育从业经验。

开学第一天，孩子在家长的带领下陆陆续续来到教室，哭闹的、嬉笑的、怪叫的、乱跑的，课室里一片混乱。这样的情况持续了一个上午，老师既着急又气愤。为了惩戒这帮熊孩子，好几次老师的手冲动地高高地扬起，但又轻轻地落下。我们怕，怕一时的激愤，会让这些本就不幸的孩子更自卑；怕一时的冲动，会让这些本就可怜的孩子再次蒙受打击 。

记得有位教育家说过，对待学生，该这样想：“假如，我是孩子；假如，是我的孩子。”这句话对我触动很大。一个教师，无论你的专业功底多深，无论你的行政职位有多高，没有发自内心的师爱，又谈何教育？

为了尽快熟悉特殊教育学校的建设模式、教学方式，我带领骨干教师先后走访了深圳元平、顺德启智等特殊教育较先进的特殊教育学校进行交流学习，了解他们的学校的设施设备、功能场室的配备、师资力量的配备以及日常教学教研经验等。另外，还成立了教育教学研究组，通过文献查找、课堂教学观察等手段研究智障学生、自闭症学生的生理心理特点，在此期间，我校教研组的课题《智力障碍学生能力素质培养的实践研究》成功通过了第九届梅州市教育系统教育科学研究课题立项，目前教学研究工作在顺利进行着。

在人才培养上，我坚持以理论引导实践，以实践促进教学。一方面，我倡导在校的特殊教育教师学习理论知识，对于行为矫正训练、语言治疗和心理诊断等进行详细学习；另一方面，我还要求他们以理论引导实践，以实践来促进教学。经过一个多学期的磨炼和钻研，我们学校的教师从刚开始面对学生的手足无措、无处着手到现在的驾轻就熟甚至能独当一面。作为一校之长，看到一个个青年教师在自己的引领下完成一次次地成长蜕变，这何尝不是一种幸福？

在教学实践中，面对不同障碍类别的学生，我们尝试运用多种有针对性的教学模式和方法。对于智障和自闭症的学生，每一天的重复性教育有利于孩子们更好地掌握知识和技能。同时，每一天的固定重复性的教学模式也有利于学生情绪的控制。为此，我们学校的教师从最简单的知识开始，动物卡片、植物卡片、简单数字、简单汉字、短句、童谣；从最基本的动作开始，日复一日地训练学生就座、如厕、就餐、就寝等习惯。一遍不行再来一遍，一天学不会学一周，一周还不行再来一周，这样不间断地练习，不定时地强化，即使很多时候进展依然缓慢。但是，当看到之前一会儿都坐不住，满教室乱跑的孩子在老师们的耐心调教下慢慢地能够坐2分钟、3分钟、5分钟、10分钟时，我们心里面的喜悦感不知不觉已经挂在脸上；当看到刚入学时好几周都富有攻击性，经常突然抓咬身边的同学或老师的孩子在通过教师持续几周的心理疏导、情绪控制训练后慢慢收敛，渐渐能够与周边同学友好相处时，我们内心的价值感油然而生。我为我们所有教师取得的成绩而骄傲。

列夫·托尔斯泰说：“爱和善就是真实和幸福，而且是世界上真实存在和唯一可能的幸福。”特校教师这份职业，给了我们一个释放心中爱和善的平台，给了我们内心满满的幸福。

从信念到行动，从借来的教学楼到现在正在赶工的新校大楼蓝图，从千头万绪难理清到现在应对自如，从无到有，从有到优……漫漫特教路，即使前路荆棘遍地，我们也会坚定前行，为这群孩子们有更好地生活环境，有更好地未来而努力。

特教工作，一份充满艰辛的职业，却又是一份让人深感幸福的事业。

做好家校沟通，促进学生成长

广东省汕头市金英学校　占金花

著名教育家苏霍姆林斯基说：孩子没有良好的家庭教育，那么不管老师付出多大的努力，都收不到完美地效果，学校里的一切问题都会在家庭里折射出来。家校合作的目的是为了孩子的健康成长，让孩子充分享受来自老师和家长的关怀，以及使教育给孩子带来的欢乐。但是由于家庭的千差万别，家长对教育子女的目标、成才的观念各不相同，因此家长对子女的教育理念也不相同，所以家庭教育必须在学校教育的配合下，具体分析每个孩子的实际情况，正确引导孩子成才，让孩子健康成长，成为有用之才。

为进一步增进家校之间的联系，促进学校与家庭、教师与家长的交流沟通，更好地发挥家校教育的合力作用，共同教育好孩子。我校通召开新生家长交流会，分析孩子及家庭的实际教育情况，引导家长正确教育孩子，形成家校合力，促进孩子更好地成长。

一、抓好德育常规，共育学生成长

坚持立德树人，就是坚持社会主义核心价值观，坚持以做人教育为根本，建设德才兼备、以德为先的师资队伍，培养德才兼备、以德为先的社会主义事业建设者和接班人。会上，我们从德育常规要求及家校沟通建议方面强调了德育了重要性。德育工作是培养学生健全的人格的重要方式，对同学们的个性发展及养成教育具有深远的意义，因此抓好德育常规对孩子们来说尤为重要。同时，学校工作也需要家长们的大力支持，家长们要及时与老师沟通，了解孩子的情况。只有学校和家长共同努力，才能使学生的身心得到全面和谐的发展。

作为学校家长，我们要及时与孩子沟通，关注孩子的心理健康。同时，同时，在会议中，我们还对中考相关注意事项作了详细说明，充分解决了家长在此方面的疑惑。

二、做好孩子榜样，凝聚家校合力

父母的言行成为子女耳濡目染的对象。我们说过，有什么样的父母，就会教养出什么样的子女。子女对父母来说，是一面明亮的镜子，清楚地反映出父母的模样。父母打算让子女养成怎样的习惯，最好自己率先做到，以身作则。会议还强调，我们的家长们应该以身作则去教导孩子，要相信学校、相信教师、相信孩子，要与老师保持密切的联系，劲往一处使，力往一处用，共同铸就孩子更好地明天。近年来，学校大力推行教育教学改革，在以“自尊、立志、明礼、勤学”为理念的带领下，学校不断攻坚克难、创新发展，取得了较为辉煌的成绩，这些都离不开每一位家长的支持。占校希望，每一位教师、学生和家长能共同助推学校教改，使学校迈上一个更高的台阶。

通过此次家长交流会拉近了学校、老师和家长的距离，使家长们满怀期望而来，心满意足归去。这是一个崭新的开始，家校合作，美美与共，我们相信在学校和家长的共同努力下，每一个孩子都能在金英学校遇见新的自己！

强国必强教，强教必强家校合作。开展此次家长交流会，也进一步明确在沟通过程中，教师的角色定位和智慧家校沟通的重要性。教师们纷纷表示在实际工作中将结合所学，立志做“会沟通”、“有智慧”的教师，使家校形成有效地教育合力，共同营造良好的育人氛围，为每一位金英学子筑架成功之路，引领健康成长！

办一所让师生留恋的学校

广东省深圳市福田区南华小学　余云德

在热烈庆祝中国共产党成立100周年的今天，反思自己的工作，光荣在党36年的我，心潮澎湃。我以行动诠释对党的忠诚。

——引子

为了破解福田区义务教育当下难题、解决燃眉之急，福田区“双十工程”应运而生，作为创新思路破解学位难题、探索实现可持续优化教育资源供给的重大举措，2020年，福田区建设了10所高科技预制学校和10所永久学校。因为深港科技创新合作区建设的需要，伴随着南华村改造的契机，去年6月，南华小学整体腾挪至位于田面二街的福田区第三高科技预制学校临时办学。2600名师生的校园搬迁不是一个小动作，从当初搬迁前的困难重重，到现在搬迁满一年时间里收获了学生和家长以及社会满满的肯定，我感触深刻。如果说去年是解决“有没有”的问题，那么，今年是解决“好不好”的问题，也就是说如何让“临时”校区的学位优质？

校舍临时，但教育不能“临时”

南华小学从毗邻深圳河的南华村内搬迁到4公里外的高科技预制学校，整校腾挪，面临的困难很多，但最亟须解决的是两千余名学生的“4公里上学路”。学生上下学，需要跨越滨河、深南两条城市主干道。经无数次申请、协商，我们首先协调了13路公交车的运行线路，增设站台，且来回两个方向的站台都设在新校区旁边，以免学生过马路。还增加了公交车的频次，可以解决300多名学生的上下学问题，但只是杯水车薪。除开400余名学生家长自己接送外，还有1500多名学生的通勤怎么办？福田区疫情防控学生返校专班会议决定租用大巴车。这在公办学校罕见，对我们来说是一项大挑战。我们又多次调研，反复研究，经过公开招标，租用了26台53座的大巴每天专门接送学生。运行过程中又是遇到很多问题，我们不断调整。最终才有了现在的景象：清晨，黄巴车、公交车、私家车、电单车等各路交通工具陆续载来了全校学生；下午，又错峰把学生载回家。秩序井然。当然也得益于教育部门、交通交警、公安街道、公司公园、家长义工等八方支持。

此外，除了学生通勤问题，我们还需要为2000名学生在校提供午餐午休服务。这么大规模的午托“阵容”，也是少有的。我们的老师非常辛苦，中午都不能休息，只好全员看午托。并把学生午托做成了一门生活课程。去年，搬迁遇上疫情，我们就是这么一个问题一个问题去解决，一个困难一个困难去克服的，赢得了学生、家长和社会的一次次肯定。

现在，走进新校园，师生并没有“临时”的感觉，反而觉得温馨、漂亮，校园里的每个角落都能物尽其用，新校园不仅有通风敞亮、安全环保的教室，教室里还有先进的希沃教学平台。校园处处都有“儿童味”和“文化情”。就连国务院督查组人员、全国各地的参访团成员，走进学校，都不相信这是一所临时校园。

根据政府的规划，我们腾挪到这个高科技预制学校只是临时办学几年，但对于目前在读的学生来说，特别是刚入学的学生来说，这个校园差不多占据了他们整个小学生活，我不希望这些孩子将来回忆起自己的小学生活时，是在一座冷冰冰的“钢铁水泥”模块里。

我一直认为，教育本来就是以人为本，本来就要有教无类。还学生公平的小学生活，是教育最大的均衡。校舍临时，但教育不能“临时”。

所以，我希望把这个校园的每个角落都变成孩子们温馨的回忆，以美育人，以文化人。比如，学校门楼就是一幅作品；每一根立柱都成为一个雕塑；大堂的钢琴每天都有学生演奏；每一间教室是主题学习馆；每层楼梯间工字钢变成了一个艺术主题灯箱区，“南华故事”、“科创长廊”、“名书名画”等各放异彩，同时消除工字钢的安全隐患；每个楼梯下的拐角处，铺上地板、放上书籍和小动物模型，打造学生阅读的“秘密花园”；有一条没有光线的连廊，我们把那里装饰成“天穹”，既能照明，又美化环境，还有教学功能，学生们仿佛置身太空中……

“再做一次儿童”，“乐当彼此老师”

很多学校的教风、学风，都是两个字或四个字的词组，但是南华小学校门口是用作品呈现“再做一次儿童”的教风、“乐当彼此老师”的学风。这两句话构思来源于一个故事：我刚到学校就职，正欣赏一个楼梯角怒放着整片的勒杜鹃，突然发现靠墙一处用白色塑料袋蓬乱地编织着。便问后勤主任怎么回事，主任说学生经常折断勒杜鹃枝桠，钻进去玩。我也好奇地向里一望，哇，别有洞天！我转身向主任说：“那就让学生钻进去玩呗。”、“不行，勒杜鹃有刺。”、“有办法吗？”第二天就发现洞里面多了一层绿色的保护网，第三天又发现洞里多了两只笑容可掬的绵羊模型，第四天还发现洞外下水道盖上画了两扇宫门，还有一个箭头指向洞口……我把这个故事讲给老师们听，没想赢得全场热烈掌声——儿童教育，首先要有“儿童立场”！于是，便生成了南华小学教风“再做一次儿童”。从此，我也专门讲“南华故事”，以帮助老师实现价值引领和文化认同。

同样，美国著名教育心理学家戴维·珀金斯在《为未知而教，为未来而学》一书中写道“学生要成为自己的老师”，用自己的角度理解问题。“乐当彼此老师”，则是让学生可以成为自己、同学、甚至是老师的老师，即“金字塔学习理论”提到的最好学习方式是“表达式”学习，培养学生的自主、合作、探究学习能力，同时提升学生核心素养。

我一直主张“隐形教育”，并在南华小学得以实施。传统的教育更多的关注现实性，这当然很重要，否则是教育的失职；而未来人才的培养也要注重教育的可能性，否则是教育的失误。现在，大多学校都在“未来”上做文章，如何走向“未来”？如何实现教育现实性和可能性的和谐统一？我认为“隐形教育”就是一个好策略。我在培养自己孩子的过程中，写了一本书《做隐形父母》，今年第9次印刷，发行4万多册。后来做教研员，以语文教育为例，也出了一本专著《做隐形教师》。

其实，隐形教育的核心理念是“信任”，隐形教育的核心策略是“授之以渔场”。古语说：“授之以鱼不如授之以渔”，我认为“更不如授之以渔场”。现在都说是人工智能时代了，学生在大风大浪的“渔场”中摸索，探究出的“捕鱼”方法或许更妙，更重要的是学生在摸索中还提升了意志、品质、能力和情感、态度和价值观等核心素养。

临时校园有很多架空层，我们就因地制宜，添置了能够搬得走的篮球架、云梯、肋木架等体育器械，还科学地配置了规范的攀爬组合器械，学生很喜欢，戏称为“花果山”。这就是给学生提供锻炼身体的“渔场”。其实，课堂教学是学校教育的“核武器”，我们的老师都喜欢邀请我走进他们和学生的课堂，因为他们都在转变教与学的方式，让学生自主、合作、探究学习。课堂上，大量的时间还给了学生。这就是信任学生，这就是给学生“渔场”，这就是隐形教育。

“办一所让师生留恋的学校”

南华小学在高科技预制学校临时办学，学生又多，如何在新课改的背景下，进一步提高教育质量，办一所新品牌学校？得知南华小学要腾挪办学，我提前一年就组织老师们开始着手研制《南华小学办学方略暨临时校区五年发展规划》。明确了我们的办学愿景是：“办一所让师生留恋的学校”。我们根据学生实际，结合“中国学生发展核心素养”和《中国高考评价体系》核心价值、学科素养及关键能力评估指标，设计了“楠楠”和“花花”两个卡通形象，生动具体地将“健康发展，创意生活”的培养目标植入其中。我们分三步走：关系建构年、专业发展年、文化品牌年，努力打造南华小学“阅读，是最普惠的学习”办学特色。

我们从目标、内容、实施、评价等方面建构南华小学“童心”课程，从“童真（生活德育课程）、童慧（学科素养课程）、童创（课后服务课程）”三个模块发掘“童心”课程生长点。我们还打造“童心”主题教室，创新德育形式，开展“德育剧场”活动。坚持“一月一节”，实现学生“五个一”：一手好字、一种乐器、一项运动、一个创作、一生阅读（读名著、赏名画、听名曲）。

建构“童心”课程，自然离不开教师。南华小学的老师非常优秀，积极开展“一师一课程、一课一名师”活动，每位教师立足自己的岗位和学科，潜心教研，教师工作室和项目研究如雨后春笋。除了国家课程、地方课程校本化，我们还开发了形体、管乐、律动、AI赋能、科创未来、南华诗词会、主题学习、儿童阅读、“健康阳光向前跑”、“一字一句一古文”、“二十四节气”等70多门课程，激发了教师的主观能动性和学生的学习积极性。辛勤的付出也结出硕果，南华小学的教师多次参加比赛，特等奖、一等奖人数占全区9%，四个教研组被评为区优秀教研组，是获奖最多的学校之一。

明德励志　赋能远航

——深圳市观澜中学振能教育实践略记

广东省深圳市观澜中学　杨晓雷

观澜中学创办于1914年，是深圳市龙华区一所公办完全中学，始称“永修小学”，1930年冠名“振能学校”，1993年定名为“深圳市观澜中学”。百年沧桑，积蓄蜕变能量，如今，学校已由最初的家族村小蜕变为一所具有浓郁新时代气息的现代化学校。

学校秉承“振能教育”的办学理念，恪守“崇文励教，育人兴邦”校训，坚持立德树人的根本任务，守正创新，努力培养基础扎实、特长明显、身心健康、素质全面的具有国际视野和家国情怀的社会主义建设者和接班人。

近年来，学校在领导班子带领下，精心育人，取得了丰硕的教育成果。学校先后获评“中国特色教育示范基地”、教育部“国防教育特色学校”、“广东省一级学校”、“广东省普通高中教学水平优秀学校”、　“深圳市高考先进单位”、“深圳市高考工作特色奖”、“深圳市高考工作超越奖”、“龙华区首批文明示范校园”等多项殊荣。

育人铸魂，三全德育正根基

人以德立，国以德兴。良好的道德品质是学生成人成才的基础，也是学生未来发展所需的必备品质。观澜中学始终坚持，立德树人，育人为本，德育为先的育人理念，在提升学生道德品行上下功夫。

学校德育以德育常规管理和课程建设为抓手，构建了全员、全程、全方位的育人模式。学校将德育与学科课程、校园文化、校园活动紧密融合，打造出“五浸润式”德育模式。深圳市教育科学规划课题《“积极教育”背景下观澜中学“浸润式德育”探究与实践》已经开题。

德育课程的设置以学生发展特征与德育目标为依据，设计了升旗礼教育课程、主题班会系列课程、生涯、心理教育课程、各学科隐性德育课程、校园文化活动系列课程、法治、安全教育课程、特色教育课程。此外，在课后四点半课堂，围绕学生品德、身心、学习、创新、国际、审美、信息、生活八大素养，还开设了四大类近30门活动课程。

多元化的课程类型，让学生时刻处于德的氛围，涵养道德情感，深化道德认知，提升道德能力。德育课程的生活化、体验性、参与性，更是改变了以往说教的德育方式，切实增强了教育效果。

以学为本，高效课堂奏实效

以人为本是新课改的核心理念之一，核心素养的提出更是要求学校在教学过程中尊重学生的主体地位，激发学生的创造性。观澜中学面对新时代教育的新要求，立足学生发展，积极探索新的育人方式，全力进行课堂改革，打造课堂的新样态。学校对原有“问题—探究—评价”课堂教学模式进一步凝练，形成了“211课堂”模式。

教学内容上“2”指必备知识和关键能力，两个“1”分别指核心价值和学科素养；教学方式上“2”指以学生为主、以学习为主，两个“1”分别指合作探究和评价反馈；教学时间上“2”指教师讲授时间不能超过20分钟，两个“1”分别指自主学习、问题探究时间保证10分钟，交流反馈时间保证10分钟。“211课堂”是以自主学习与合作探究以及教师、学生、文本之间互动交流为学习方式，以解决真实情境下的问题为学习内容，以学会学习和系统思维为特征的深度学习样态，是真正的以学生和学习为中心的课堂。

艺体双馨，科技教育放异彩

学校美育工作是立德树人、培根铸魂的事业。观澜中学积极弘扬中华美育精神，寻找学校美育的突破口和落脚点，以美育人、以美化人、以美培元，把美育纳入学校学生培养全过程，贯穿学校教育各学段各环节，切实提升学生的审美教育、情操教育、心灵教育、丰富想象力和培养创新意识。

近年来，学校版画社参加全国、省市区级少儿美术作品展，共获奖451个，一等奖293个，团体9个。版画社师生先后受到党和国家领导人、省市区各级领导的亲切接见。此外，几十位国内著名美术家、版画家、教授、专家亲临版画工作室参观指导。多幅学生习作被选为区教育考察团赴台湾、香港等地交流的礼品，其中四幅作品被选为在深圳举办的第26届世界大运会赠送嘉宾的礼品。管乐团被评为“深圳市优秀管乐团”，管弦乐团共获国家级金奖2项，省级金奖2项，市级金奖5项，区级金奖11项，成绩斐然。民乐团参加过各类比赛及表演，得到了各方一致好评，在市、区、街道等各级比赛中屡获殊荣；龙华区艺术展演器乐组金奖；连续两年获得区中小学生艺术展演民乐类一等奖，在全区起到了示范引领的作用。

学校体育是实现立德树人根本任务、提升学生综合素质的基础性工程，对于培养学生爱国主义、集体主义、社会主义精神和奋发向上、顽强拼搏的意志品质，实现以体育智、以体育心具有独特功能。在先进办学理念的指引下，学校体育工作扎实有力。跆拳道队先后参加区、市、省、国家、世界级比赛100余次，荣获团体总分前六名达70余次，个人前五名高达2500余人次，迄今已有40余人获国家一级运动员称号，超过70人获国家二级运动员称号。学校因此连续两届被授予"深圳市高水平运动学校（跆拳道）"称号、"广东省体育传统项目学校（跆拳道）"称号、"中国中学生体育协会跆拳道分会副主席单位"

"科技人才的培养，基础在教育"。学生是建设科技强国的希望，学校重视学生科技素养的培养，把科技教育作为一项重要内容，着力学生科学精神、科学素养和创新能力的培养。2019年，在深圳市第35届青少年科技创新大赛中，学校创新发明社团再获佳绩，共获科技发明类项目一等奖2个，二等奖2个；科幻绘画三等奖1个。此次比赛中，观澜中学共有6个创新发明作品经区赛选拔，送参加市赛，获奖数量及比例均居于全区之首。

硕果满枝，砥砺初心再出发

经过多年发展，学校荣誉满载。先后获得了"国家环保教育示范基地"、"全国中小学信息技术创新教育实验学校"、"全国中小学藏书票教育教学基地"、"广东省绿色学校"、"广东省现代教育技术实验学校"、"广东省体育传统项目（跆拳道）学校"、"深圳市教育系统先进单位"、"深圳市安全文明校园"、"深圳市阳光体育先进学校"、"　深圳市体育（篮球、跆拳道）特色学校"、"龙华区高考工作先进单位"等多项荣誉，多次荣获"深圳市办学效益奖"。

辉煌的过往是前行的动力，而今恰逢粤港澳大湾区和深圳先行示范区"双区叠加"建设之际，学校建设与发展随之乘势而上，立足于龙华区"积极教育"导向，朝着"龙华区标杆学校"、"深圳市中轴名校"、"广东省特色学校"目标迈进，未来，学校继续坚持以人为本，积极回应时代教育诉求，聚焦学生关键能力与必备品格的提升，为成长赋能，助力每一个孩子成人、成事、成才！

深化教研机制，推进课程改革

广东省湛江市遂溪县遂城第四小学　凌志华

华东师范大学终身教授钟启泉先生有一段话说得好："教育改革的核心在于课程改革，课程改革的核心在于课堂改革，课堂改革的核心在于教师的专业发展。"这段话要求我们牢牢把握推动育人模式创新这个方向点，紧紧抓住推进学校课程规划与实施这个关键点，找准落实深化课堂教学改革这个突破点，积极贯彻提升教师专业发展这个切入点，快速用好教育信息化助推课程改革这个支撑点。为深入推进教育改革攻坚，持续深化教育综合改革，我校通过课堂教育质量、校本课程开发等课题项目研究，不断提升学校的教育质量。

一、课堂教学质量研究目标思路

根据学校的实际，我们选择"提高课堂教学质量的研究"和"校本课程开发与实施的研究"这两个教研基地项目作为我们研究的主体方向。通过这两个项目的研究，深化教研机制创新，推进课程教学改革和育人方式变革，全面加快高素质专业化创新型教研队伍和教师队伍建设，整体提升学校的教学质量。

提高课堂教学质量的研究目标。一通过研究，探索出提高课堂教学效率的方法途径，初步形成课堂教学效率的评价体系；二通过研究，使课堂教学效率显著提高，减负增效落到实处，学校教育教学质量稳步提升；三通过研究，增强教师的反思意识，提高教师的反思能力，转变教师的教育观念，改进教师的教学行为。

思路：以备课组或教研组为单位，在认识清楚课堂教学现状的基础上，发现并确定关键问题，分析并设计研究方案，开展以问题为牵动、以理论为指导、以课例为载体的教学行动研究，尝试不断发现问题、提出问题、分析问题和解决问题，实现研究的螺旋式上升，从而切实提高教师的教学效率和学生的学习效率。

二、校本课程开发研究目标思路

校本课程开发与实施的研究目标：一、促进学生的个性发展。尊重学生的个性差异，提升学习者的主体性，培养学习者的创新意识、创新能力，已成为新世纪课程改革的主要趋向。校本课程开发正体现了这一方向，它充分考虑到时代的特点、学生的需求，适应学生不同性格发展的需要，充分发挥学生的自主性独立性，充分发挥其主体地位和主观能动作用，能更好地发展学生的特长和个性。

二、提高教师的专业水平。本课程开发赋予教师一定的自主权，充分调动教师积极参与课程开发的热情，为教师提供发挥创造性空间和大显身手的机会，提高教师的课堂教学能力和教研能力，打造一支专业的教师队伍。教师参与课程开发有助于提高教师的专业水平和课程意识，对实施国家课程和地方课程也有促进作用。

三、促进学校办学特色的形成。以往统一的课程设置，难以反映不同地区、不同学校的实际情况和特殊需要。把部分课程编制权力下放到地方和学校，让一部分优秀校长和特长教师参与校本课程的开发任务，在确保国家教育整体质量的基本前提下，有利于开发更多有特色的课程，满足学校"个性化"发展需求，凸显学校办学特色。

思路：组建校本课程开发队伍，培训学习，依据自己学校独特的教育宗旨或本地特点来调查确定本学校课程开发的发展方向，群策群力，充分开发、挖掘和运用本地社会、历史、人文、自然等资源为新课程改革服务，针对我县小学的教学实际，开发整理更具有更强针对性，实效性的校本课程。

三、解决关键问题的创新点

提高课堂教学质量的研究。一探索开放式教学，以学生的兴趣为中心，按学生的兴趣来组织课堂教学；二采用"优秀案例、优质示范课以及媒体展示、优秀教案"等形式，采用在校际间合作教研策略，在资源应用中互补，探索同课异构的教学理论、方法及教学实施策略，有效地促进了资源的充分应用；三利用微课、新信息技术希沃白板5等教学手段融入课堂之中，把静态的课本材料变成动态的教学内容，提高学生学习效率。

校本课程开发与实施的研究。以发展"校本课程开发与实施研究"作为切入点，与遂溪醒狮、遂溪孔子庙文化相结合，结合我校"版画"，逐步形成校本特色文化，打造成学校的文化特色品牌，传承孔子文化，促进学校可持续发展。在教学的过程中，结合课文特点，利用群文阅读的学习方法，迁移阅读校本课程，学习本土文化，潜移默化。

四、研究措施与阶段

研究措施与安排。该项目研究周期为三年，即从2021年1月至2024年1月。

准备阶段（2021.1—2022.1）申请项目立项，上报县教育局教研室。组建教研小组，具体包括项目领导小组和项目研究专门小组。撰写资料综述，全面把握研究问题的现状。广泛收集师生意见，进行关于教师教情和学生学情的调查问卷，分析研究课堂教学的现状。加强对学生的宣传教育，陈述学校开设校本课程的意义，克服学生选课中的兴趣主义倾向，做到"指导不包办，放手不放任"，避免学生选课中"想选就上，不想选就不上"的现象。设计研究方案，明晰研究内容及具体操作，做好实施准备，进行开题论证，听取专家指导，进一步修改完善研究方案，保证实施阶段研究的科学可行。

实施阶段（2022.1—2023.1）确立研究专题——提出问题。一明确课题：可以从有效教学及提高学生兴趣的角度去研究；找准问题：以备课组或教研组为单位，每位教师结合日常教学实践，列出当前面临哪些问题，思考并商讨哪些是共性问题和关键问题，筛选确定出需要共同研究的问题，填写《教师在教学中存在的问题调查表》和《教研组对教学中存在的问题汇总表》；三判断分析：运用观察、访谈、问卷等研究方法判断问题的表现特征，分析形成问题的原因，选择最重要的一种或几种可能作为研究内容。

组织教师学习——知识储备。一学习内容：与项目相关的理论及经验；二学习方式：个人自学——每学期读一本教育教学专著，写学习笔记和学习体会；集体学习——由学校向教研组推荐学习内容，对话交流——每学期以论坛或沙龙形式开展一次读书报告会，每学期外聘专家或内定教师做学术报告或专题讲座一次，每学期进行一次教育教学经验交流会；三设计研究方案、践行实施方案、反思调整方案。

总结阶段（2023.1——2024.1））主要任务是：全面收集、整理各种研究资料，对研究成果进行分析，总结，撰写研究报告，申请结题。

五、研究取得的成效

学生的综合素质得到了提高，特长得到了发展。基地项目改变课堂上教师唱主角的方式，让学生真正成为课堂的主人，充分发挥学生主观能动性，培养学生的合作精神，使学生的综合素质得到了稳步提高。学生的特长得到发展；学习的方式更具体化；学生的创新意识、运用知识解决问题的能力、动手操作的能力得到加强。特别是在以校本课程为主题的校园文化墙建设中，学生们用书法、摄影、绘画、报道等形式向全校师生和家长展现自己的学习、生活情况，扩大了课程的社会效应，形成一种流动具有学校特色的校园文化。校本课程的实施途径以及方法得到了有效地拓展。不仅很好的继承发扬优良传统文化，而且促使师生增强本土文化的荣誉感与自豪感，这能提升师生的情感教育、内在人文底蕴培养，也能为遂溪县人文艺术提升作出一定的贡献。

培养了一支学者型的教师队伍。我们的教师不断地摸索各种提高课堂教学质量的方法，把一些感性的、经验性的方法收集、整理，上长到理性，使之适宜教给学生，使学生成为学习的主人。通过基地项目的研究，我校大部分教师实现由"经验型"、"辛苦型"向"学者型"、"创造型"教师的改变。

提高了课堂的教学质量与效率。我们改变了以往课堂教学中繁琐、机械的教师提问学生回答的模式，提高了学生学习的兴趣，使学生能自主地学习，提高了课堂教学的质量与效率。结合我校一直以来坚持“优秀+特长”办学特色，倡导“让特长成为一种优势”理念。在研究中调动教师的积极性，有利于他们创造性地进行教学，激发实施教师的再开发潜能。在课内外教学中融入校本阅读，开放图书馆并在教学楼各楼梯增设图书角，拓宽学生的视野，发展学生的兴趣，从而提升学生综合素养，传承传统文化。

新创新、新课程、新改革实质上也是教育领域里的一次自我完善。今后，我校将进一步深化教研机制改革，创新课堂教育新的模式，不断完善校本课程，在推进新教育的伟大实践中，实现自身的凤凰涅槃。

“烙画”，在九洲“绽放”

——谈九洲基小学“九洲烙画”特色学校创建之路

广东省中山市小榄镇九洲基小学　艾斌　王湛春

在倡导素质教育，彰显个性的今天，学校的特色发展，显得尤为重要。一直以来，中山市小榄镇九洲基小学注重强校、树品牌意识，努力构建“优质+特色”的办学模式，培养“合格+特长”的学生，学校在总结办学经验、传承文化的基础上，确立了以“九洲烙画”为主的艺术特色项目，力求将这一民族文化教育落到实处。学校因地制宜、因校制宜，充分挖掘地方文化资源和校本资源，传承中华优秀传统文化，围绕“一校一品”，坚定地走着一条“铁笔生花，九洲烙画”的特色学校创建之路，实现“烙画”在九洲“绽放”。

一、以“烙画”文化，构建发展学校特色的方针

烙画又称烫画、火笔画，是中国画中历史悠久的一种特殊绘画门类。烙画创作讲究火候和力度，“意在笔先，落笔成形”，既有民族传统风味，又有西洋画的严谨写实，独具艺术魅力。鉴于对这种艺术情怀，对艺术的追求，九洲基小学于2006年开始从事中国教育学会“十一五”规划重点科研课题小榄镇子课题《菊花文化在美育中的实践与探究》子课题《菊花烙画艺术的魅力》的研究。

为了让这朵民间艺术奇葩尽情绽放，九洲基小学以学校领导作为总构思者，王湛春老师作为主要研究者，进行了烙画特色的整体布局、统筹规划。在“生活为源，发展为本”的特色创建理念引领下，结合小榄镇“菊花文化”的本土特色，在烙画特色创建中，设定“学会生活”、“学会审美”、“学会创造”的教育目标，以“菊花”为切入点，创设高雅的校园育人环境，开发成体系的“菊花烙画”校本课程，举办丰富多彩的学生社团活动，然后延伸到家长、社会，形成“学校——家庭——社会”三位一体的烙画教育体系，让教育源于生活、回归生活，为烙画艺术在学校生根发芽奠定基础。

在学校的统筹下，烙画的探索之路彰显了自己的特色，以王湛春老师为主的烙画特色教学研究团队一直在坚持着、执着着，凭的即是对烙画的热情也是对传承民间艺术的这份责任与当担。经过多年的摸索与钻研，九洲基小学的烙画艺术已形成规模。烙画队伍也在不断壮大，从学生发展到家长和社会人士，从而让更多的人接触和了解这门具有悠久历史的民间艺术，有力地推动了学校个性发展。

二、创建“烙画”校本课程，实践特色发展

校本课程既是学校特色教育教学活动的基本依据，也是学校特色教育教学活动的基本内容。同时，校本课程承载着学生个性发展，为此，学校把烙画这一特色以校本课程的方式落到实处，并形成体系。从最初的以菊花为主的创作，到现在有古今人物、花鸟鱼虫、高山流水、菊花争妍、京剧脸谱、苍劲书法，还有独具小榄特色的水色匝都成为烙画的主题。

九洲基小学烙画校本课程主要体现在学校的烙画社团和班级文化建设中。学校通过校本教程的设计，希望以烙画艺术表现为载体，引导学生了解掌握更娴熟的烫烙技巧，从实践与练习中提高综合素质能力；同时让学生在烙画中体会本土文化和地方文化，为传承乡土文化奠定基础。通过学校烙画社团培训和班级文化建设，以点带面，让更多的学生都了解烙画，并掌握一定的烙画技巧。最终从学校走向社区和社会，让烙画特色之路越走越长远，越走越宽广。

王湛春老师编写了《菊花烙画》的校本教程，让学生进行系统的学习。学校还汇编了一本《火花烙印》的烙画作品集，让学生在学习过程中欣赏美，发现美，收获美。

在学校特色凝练的过程中，起到了以点带面的辐射作用，引领着学校发展，在社会享有较高的声誉。烙画在九洲基小学已经深得人心，并形成属于九洲基小学自己的艺术特色教学；学生对烙画的喜爱程度逐渐增加，烙画课堂成为学生喜欢的课堂。烙画在学校教师中也形成了一种良好的发展态势，学校也成立了老师的烙画社团，并且在王湛春老师。赖志中老师的引领下，培养了一批优秀的烙画能手，如梁巧梅、赵柏强、罗凤珍等老师。学校的老师们基本掌握了烙画的技巧，也能烙出一副自己满意的作品。

同时，为了让学校的烙画特色得以推广，九洲基小学的烙画从校园走到学生家庭。学生家长从自家孩子的烙画作品中，感受到烙画的魅力，从孩子们创作烙画时展现出的审美情趣，体会到烙画艺术的独特，也纷纷孩子学习这门烙画艺术，为了满足家长们的学习需求，学校就举办了家长烙画培训班，让烙画艺术走进了学生家长。

在社区活动中心设有“九洲基烙画馆”，并开设免费培训班，学习烙画技术。项目以学校为点，辐射到社区，以独特的烙画形式传播小榄的菊花文化，让古色古香的烙画随着千姿百媚的菊花走进千家万户。

三、“烙画”绽放九洲，特色发展见成果

学校承载育人的最大功能，任何活动，任何特色的创建，都基于师生的发展，以人为本，以师生的发展为最大的出发点。经过这11年的烙画特色建设中，九洲基小学的师生得到了不同程度的发展，为学校和谐校园添上温情的一笔。

学生的烙画作品，在镇、市、省的比赛中，都获得优秀的成绩。学生的作品内容从开始地方性的菊花到后来国学“二十四孝”、小榄水色匝、脸谱和书法、山水花鸟等；材料除了三合板还有樟木、白木、葫芦、木凳等实物……画面更贴近生活，更具艺术性、观赏性和实用性；学生作品不仅用以布置校园文化还参加了各类义卖活动；通过烙画学生参与到更多的活动中，提高了社会实践能力和自信心。

九洲基小学的烙画艺术，在成就了学生的同时，也成就了老师，特别是学校烙画特色的引领人王湛春老师，更是取得了骄人的成绩。

王湛春老师曾主持的烙画课题3次获广东省教育创新成果奖；所撰写的论文《打造烙画艺术特色传承菊花本土文化》获教师论文一等奖；编写的《菊花烙画》获中山市优秀校本教材二等奖；他本人获得国家课题小榄子课题中获“优秀个人”称号，他的作品在2013年的小榄镇“榄菊杯”中获银奖，2015年中国首届烙画展（深圳）王老师的作品《花开富贵》捐赠组织方参加公益拍卖；2016年作品在第十二届中国（深圳）国际文化产业博览交易会暨烙笔丹青.第二届全国烙画艺术作品展中获银奖，作品《立志千秋》被主办方收藏；2016年葫芦烙画获“小榄手信”文化旅游产业创意征集大赛优秀奖；2017年第三届烙画展览交易会暨第十三届中国（深圳）国际文化产业博览交易会中作品《幽山行吟图》获银奖。并曾先后被授予“教育突出贡献奖”和“小榄镇教育科研先进个人”称号。

烙画是一门具有悠久历史的民间艺术，在学校能够得到广泛传播和继承。十一年的历程，十一年的成长，九洲基小学的烙画艺术特色，已经以它的风姿擦亮了它的底色，收获累累硕果。与此同时，九洲基小学的领导和老师不忘当初创建烙画特色的初心，始终以传承中国传统文化为己任，以师生的发展为最终目标。

在未来的特色之路上，九洲基小学的烙画特色将更加完善校本的教研目标，教材的编写更系统化，并且形成品牌，让烙画艺术普及到每个家庭，让兄弟学校也来学习、推广九洲基小学的烙画文化，让烙画成为九洲基小学一张闪亮的名片。

“十年面壁图破壁”，十一年的砥砺奋进。“铁笔生花，烙艺传情”，一支铁笔，绘出了九洲基小学烙画艺术的蓝图。九洲基小学师生们在对民间艺术的创新与传承中，丰厚了师生的艺术内涵，沉淀了校园的文化底蕴。希冀在今后的特色发展中，九洲基小学的烙画特色在艺术的海洋中乘风破浪，“烙画”艺术以温润尔雅之姿，肩负着传承历史与发扬文化的使命，终将实现“烙画”，绽放九州！

构建多元评价体系，助力学生能动成长

广东省珠海市斗门区第二实验小学　薛峰　黄美健　赵刚

学生评价历来是学校、教师和家长最关心的问题，尤其是新课改实施以来，学生评价受到所有关心教育发展人士的重视。为深入贯彻落实习近平总书记关于教育的重要论述和全国教育大会精神，落实《深化新时代教育评价改革总体方案》，广东省珠海市斗门区第二实验小学立足特区，着眼未来，紧紧围绕立德树人根本任务，践行“优教育”办学策略，持续改革完善学生评价，致力于培养德智体美劳全面发展的社会主义建设者和接班人。

一、以立德树人成效为目标，明确人才培养评价标准

围绕习近平总书记“培养什么人、怎样培养人、为谁培养人”这一根本问题，学校基于“优教育”办学理念，强调知行合一、五育并举的教育策略，确立了“正而行，行而优”的育人体系。

学校通过学科融合、活动体验、主题探讨等形式，积极践行社会主义核心价值观，厚植师生爱国情怀，从起始年级就把立德树人融入思想道德教育、文化知识教育、社会实践教育各环节，形成了“我是最美代言人”、“争当学习小标兵”、“我会体艺3+N”、“劳动我能行”、

"争做创新小达人"等各学科全方位评价方案，切实把培养德智体美劳全面发展的人作为学校人才培养和评价的首要标准。

二、以学生全面发展为根本，构建"六优"综合评价体系

评价的目的是全面发展人，是面向全体的学生，关注学生的全面。学校基于"五育并举"，兼顾创新教育，通过国家课程校本化、学校课程本土化、实践活动生活化的新课程改革，在课程设置上全面体现，在学科活动上集中落实，在评价内容和方式上多元并重，形成了"品优、学优、健优、艺优、劳优、创优"的"六优"学生综合评价体系。

该评价体系以社会主义价值观为教育核心，以培养具有中国核心素养的学生为积淀，把人的内在品质作为评价的重点，据此将评价内容划分为"学生的品德发展水平、学业发展水平、体质健康发展水平、艺术兴趣特长养成、劳动技能和劳动习惯养成、创新能力综合表现"六大板块 20余项指标，采取"达标争优"的评价方式，构建出了学生"六优"综合评价框架。

"六优"综合评价体系既包含基本的"达标"标准，也提出更高水准的"争优"目标，保底达标给予学生自信，攀登争优激励学生持续努力，从而让学生的全面发展目标清、有抓手、可操作、效果佳，育人质量不断提升。

三、以"优教育"创建为契机，构建校园评价新样态

为更好地激励学生进步和成长，学校十分重视校园空间的教育评价价值，既思考"学习者需要什么样的学习方式"，也思索"什么样的学校环境适合学生综合评价促能动成长"，让努力成为学生的常态。

创设人人参与的评价文化氛围。橱窗、楼道、连廊、长廊、活动区域、运动场域……目之所及，均有师生参与创作和评价的作品，其形成的动态的校园文化使学生对自我综合评价形成了一种自觉，促进了学生的能动成长。

创建区域活动平台。根据"处处是教育、处处是讲台、处处是展台"的理念，校园设立有风采舞台、体育馆、读书台、创意大厅等展示区域，建有图书馆、创客室、陶艺室、国画室、音舞室、机器人室等活动区域。每个区域都设有思维墙和展台，让学生可以根据思维发散自主确定创作，提供了人人参与创作、人人参与评价的机会。

四、以多方参与为依据，形成"四位一体"协同评价队伍

在评价中，学校坚持以生为本，以发展性为原则，高度重视评价对象——学生在评价过程中的反思改进、激励提升。这使得评价不再是教师一方的"一锤定音"，而是教师、学生、家长、社会多方参与的全方位综合性评价。

学校从学生、教师、家长、社会四个评价主体出发，成立教师、学生小组、班级、家长、社区等评价团队，形成了以团队形态实现评价工作的人文管理特色。这种多视角、多层面、多渠道的观察和评价，彰显了多方参与评价的真实性、全面性和科学性。

五、以多元评价为原则，改进评价内容和方式

为更好地服务教与学，学校以课堂、活动观察为评价平台，采取形成多样的学生综合评价方式，既有活动式、实践式、渗透式、互动式的过程性评价，又有量化式、检测式、问卷式、总结式的终结性评价。这种评价方式突出了平行性和交叉性的评价功能，凸显了综合评价的易操作性和易接受性。

促进"六优"综合评价体系与教育教学的深度融合，在不同的学习空间、学习内容上增加不同的"达标争优"项目和评价标准。例如，"监测——评价——完善——发展"的过程，为学生提供了更多自主选择、快乐有效地学习评价平台，体现了综合性评价的多元性和实效性。

关注增值性评价，增设学业发展水平"优展示"评价方式。除了纸笔测验，学校还设置了"优展示"检测方式，以单项、灵活的方式呈现。例如，在三年级"优展示"检测中，教师根据学科课标要求，设计形式多样的检测项目，语文学科的"诗词大会"、"小小朗读者"、"成语大王"、"小小书法家"等，数学学科的"口算小达人"、"数独大闯关"、"趣味二十四点"等，从不同层面检测学生在本年级学业发展水平方面的综合表现及个人纵向发展状况，从而更加全面地对学生在知识技能、学科思想方法、实践能力、创新意识、情感态度价值观等关键性指标进行全方位评价，立体把握本学期学生在学业发展水平的状态和成效。

评价本身就是一种教育。珠海市斗门区第二实验小学通过"六优"综合评价体系的实施，多角度、全方位监测学生个体综合素质过程性和结果性发展情况，有助于学校更加个性化、具体化培养学生核心素养目标，促进学生能动性成长，对学校的教育质量具有强大的提升作用。

脚步不止　追梦不息

——记广西贺州市水口镇初级中学校长虞远振

□本刊记者　秘天华

"他是水口孩子梦想的引路人。"首届黑龙江大学研究生"水口支教队"带队教师袁立莉这样评价贺州市平桂区水口镇初级中学（以下简称水口初中）党支部书记、校长虞远振。

从教22年来，虞远振一直都在追逐他的教育梦想：让更多水口的孩子走出大山，成为对社会有用的人。怀揣这样的梦想，他一直扎根在水口初中这所山区学校，从班主任做起，一步步成长为校长，为学生的发展尽心尽责，用实际行动践行这一梦想。

讲究策略与方法

1998—2008年，虞远振做了10年的班主任工作，所带的班级刚开始时都是较差的班级，但后来都无一例外成为学校的先进班集体。同事们无不佩服他，问他有什么秘诀，他笑言："哪有什么秘诀，无非是讲究策略与方法。"

虞远振认为，要管理好一个班级，首先要花心思了解这个班级的情况。每接手一个班级，虞远振都会事先多方了解这个班级的情况，包括其他教师对该班的评价，学生的性格特点、思想动态等，然后针对学生的特点制订有针对性的管理策略。他细心观察学生，挖掘他们身上的闪光点，发现学生的进步和变化及时给予肯定和表扬，帮助学生树立自信。

"他们可能是别人眼里的'差生'，而他们也大都默认了这样的身份，而班主任的赞扬是对学生最好的肯定，能帮助他们重新给自己定位。而且，在很多时候，学生有进步自己却没感觉到，慢慢地也会失去兴趣和信心，这时候如果得到他人的认可，尤其是老师的认可，他们就会有继续进步的动力。"虞远振说。

为了更好地激发学生的动力，虞远振在班级中制订了奖惩机制，如设立"最快进步奖"，提出学生在考试中无论考试成绩如何，只要比上一次考试进步了，且进步幅度最大的学生就能获得这份荣誉；相应地，如果有人存在迟到、旷课等违纪行为，也会受到相应的处罚，而处罚的方式灵活多样，可以是表演一个节目，也可以是做一天值日生。

为了规范管理，虞远振制订了详细的班规，这些班规不仅针对学生，也针对他自己。比如，他禁止男生吸烟，那么他自己就从不吸烟；他要求学生讲诚信，他就会做到说话算数，答应了学生的事必定做到；他要求学生按时到校上课，他就做到每天第一个到达教室。在虞远振看来，只有做到言传身教，才能更好地教育学生。

"虞老师很关心我们，从没有放弃过我们任何一个人，有一次期中考试，我的优势科目历史学科意外考砸了，当时我心里别提多难过了。虞老师不但没有指责我，反而很耐心地开导我，鼓励我说'人生就是一场马拉松，谁坚持到最后谁就是赢家'。这句话一直激励着我，成为我前行的动力。"虞远振的学生钟欣红说。

为教师的成长铺路

水口初中地处贺州市边远山区，交通不便，教师流动性较大，为了正常开展教学工作，学校每年都招聘新教师充实教师队伍。新招聘的教师大多是应届毕业生或教学经验较少的年轻教师，他们缺乏课堂教学和教育管理方面的经验。因此，虞远振一直很重视年轻教师的培养。

为了帮助年轻教师快速成长，虞远振从最基础的备课抓起，要求教师必须细读学科教材，用心挖掘教材内容，确定教学重难点，并写出详细的教案，然后要求教师们进行实践操作，让其掌握备课的方法，从而更好地指导课堂教学。接着，他抓授课、评课环节，教给他们一些课堂常识，教育和管理学生的方式方法。培训中，他及时肯定、表扬教师上课的亮点和辛勤付出，委婉提出改进意见，让年轻教师易于接受。

虞远振还努力为年轻教师提供晋升的平台，工作上放手让年轻教师去做，培养出一批工作能力强、踏实肯干的年轻管理队伍。近年来，该校成长迅速的陈炜，因为工作能力突出，现已成长为水口初中副校长。"我能成长这么迅速，离不开虞校长的栽培，他对我们要求很严格，同时对我们也足够信任，有这样一位领导引领着我们，唯有加快步子前行才能不负这份信任和期盼。"陈炜说。

积极"走出去"，是提升年轻教师业务能力最有效地途径之一。虞远振鼓励教师外出参加教学竞赛，并主动担任他们的指导老师，陈家矿、邱桂芳、李淑炜、黄丽明等一批年轻老师便是通过教学比赛迅速成长起来，他们当中很多后来还成为学校的教学骨干。

除了"走出去"，还要把优秀教师"请进来"。虞远振一直想与高校结对子，但苦于没有机会。一次，他通过一位在清华大学读博士的校友，与黑龙江大学的爱心支教团队取得联系并成功结成对子。2017年2月14日，黑龙江大学研究生博士袁立莉带着一群充满朝气的研究生（13个研究生和1个博士老师）到水口初中开始了为期半个月的支教活动。

在半个月的时间里，爱心支教团队的老师们开设了手工课、励志课、梦想课、心理咨询、体育课、风云人物介绍、异国风情、法律课堂、音乐课、记忆速记法等课程，丰富了水口初中的课堂，深受学生们的欢迎，老师们也从支教老师们身上学到了不少新的教育理念和教法。如今，已经有四批黑龙江大学爱心支教团队到水口初中支教，爱心支教团队与水口初中的师生们结下了深厚的情谊。

榜样引领学生成长

“榜样的力量是无穷的。”虞远振一直以来都十分注重榜样教育，希望通过榜样的力量引领学生成长。他认为，初中正处于思想品德和价值观形成的关键时期，这个时候需要教师给予学生正确的引导，帮助他们树立正确的人生观、价值观。“榜样教育是一种很好的教育方式，以先进人物为榜样，通过宣传他们的思想和行为，有助于学生从中受到启发和鼓舞，成为更好地自己。”虞远振说。

虞远振时常利用集会、国旗下讲话、主题班队会等活动大力宣传榜样人物。他号召学生不仅要学习社会推崇的模范人物，更要学习身边的榜样。学习上的楷模、生活中的小达人、工作上的表率等都是值得学习的榜样，在很多人眼里并不突出的人物也是虞远振号召学生学习的榜样。他曾经教过几个学生，虽然读书期间学习成绩不好，但长大后很有社会责任感，在疫情期间给需要的地方捐赠了一批口罩。在虞远振看来，像这样“不典型”的榜样同样有闪光点值得大家学习。

“我要让学生知道，树立的榜样不是高不可攀的，而是真实易学的，甚至是有缺点的。榜样也是人，同样有优点和缺点，但我们可以学习榜样身上的闪光点，来弥补自己的不足，如学习不够用心的，可以找学习用心的同学作为榜样，学习他的学习态度，这就叫取长补短。不过分夸大榜样的形象，让学生真切感受到榜样就在我们的生活中，能很好地激起学生效仿的动力。”虞远振说。

虞远振对学生进行榜样教育，不仅让学生了解榜样人物的思想和行为，认识榜样人物的精神实质，更会引导学生把学习榜样的精神落实到行动中，实现由认知到行动的根本转变。为此，他要求每周开展文明宿舍和先进班级评比活动，设置流动红旗，促使学生养成良好的行为习惯；每周四各班进行一周小结，肯定好的行为，指出需要改进的地方。同时，设置“美德之星”、“孝顺之星”、“篮球之星”、“学习之星”、“纪律之星”、“礼仪之星”等，引导学生学会做人、懂得学习、勤于做事。

“以前虞老师就经常给我们讲励志小故事，很多都是我们身边的人和事，他们的故事一直激励着我，其实虞老师又何尝不是我们的榜样呢，我之所以选择做一名教师，也是受到了他的影响，为人师后，我更加明白了他的良苦用心，现在我也像他那样爱我的学生，为培养更多优秀学子努力着。”虞远振曾经的学生、现为水口初中教师的全春燕深有感触地说。

耕耘成就梦想，奋斗收获幸福。水口初中是虞远振成长的地方、工作的地方，他对这里饱含深情，走上校长岗位后，他继续心怀梦想，在教育之路上继续前行。

引教育之星光，育“茶文化”之桃李

——六堡镇中心校校园文化建设

广西梧州市苍梧县六堡镇中心校　韦阳生　吴世程

“一年之计，莫如树谷；十年之计，莫如树木；终身之计，莫如树人。一树一获者，谷也；一树十获者，木也；一树百获者，人也。”　这段话既阐明了人才培养的重要性，也揭示出人才养成的不易。到了今天，教育事业蓬勃发展的同时，各大学校也越来越重视从教育中摸索适合学校自身文化建设的特色之路。在21世纪，特色学校的建设，不仅是全面实施素质教育的需要，也是学校发挥优势，开拓创新的有效载体。因此，为了丰富办学内涵，提高办学品位与办学水平。我校结合实际，确定了“茶文化”教育为我校特色品牌创建重点。校园文化是一所学校的灵魂，是学校内涵发展的所在。我校地处“全国十大魅力茶乡”——苍梧县六堡镇。拥有着浑厚的茶文化历史底蕴。办学路上，我校利用得天独厚的地理环境优势，在校园文化建设上拓展思路，追求卓越，提出“以茶培德，以文化人”的办学方向，以“童心茶韵”为办学特色，以“崇德　和善　美雅　孝敬”为核心理念。倡导用茶文化潜移默化地引导学生德、智、体、美、劳等各个方面全面发展，传承中华民族传统文化，培养学生良好的道德情操和健全的人格。旨在让孩子成为儒雅明礼、乐学多才的谦谦学子，塑造儒雅有礼、清逸有爱的谦谦之师，让师生体验茶文化，从而陶冶情操，知茶性、明茶理、爱家乡。通过几年的争取和努力，我校特色校园文化建设，已经取得了丰硕的成果，我校撰写的《我爱我家乡——让茶文化走进校园》获得2016年广西壮族自治区中小学德育工作创新案例二等奖，得到了国家基础教育司的表彰；2016年我校参加梧州市乡村学校少年宫首届特色展演赛《茶韵》节目荣获特等奖；荣获苍梧县2017年度4A级平安校园荣誉称号。2017年我校举行的第一届科学节手工制作大赛荣获第五届广西区青少年科学节特色活动奖；2017年荣获梧州市首批红领巾示范校、梧州市第一届文明校园荣誉称号。以上种种荣誉都印证了我校“茶文化”在教育之林中结出的累累硕果，也为学校特色文化发展铺平后路。

一、铸魂培根，从“茶文化”中孕育教育思想

“茶文化”作为我校文化建设的核心思想，应该浸润到校园的每个角落，照亮学生心田，让他们清晰感受茶文化的魅力和熏陶。因此，我校利用文化长廊展示相关茶文化知识和茶道精神。把茶道中的廉、美、和、敬融入德育和少先队活动及教学活动中，联合学校、社会、家庭通过一系列教育活动，社会实践活动，茶艺培训，让学生明白廉俭育德、美真康乐、和诚处世、敬爱为人的道理。并让学生从小立下建设家乡，服务家乡的远大理想，并借此辐射周边学校，以点带面，达到培养学生具有廉、美、和、敬的美德。为宣传茶文化，我校专门成立创建特色品牌领导小组，带领茶文化走得更远，让更多人感受茶文化的熏陶。我校行知楼的正面，就醒目地挂着四行大字，即校训“品茗悟道　学书励志”；校风“和善求真　知行合一”；教风“博学善导　厚生乐教”；学风“勤奋创新　崇德乐学”。“三风一训”就像一杆旗帜，为学校“童心茶韵”的特色办学指明了方向，也为教师和学生奋斗目标作出准确的定位。学校大楼的命名也彰显了我校特色的文化内涵。另外，我校通往校门的校道旁，有一幅大型壁画，壁画的主题是《悠悠茶乡，育人无痕》，内容呈现的是列入国家非物质文化遗产项目并有着一千多年历史底蕴的“六堡茶传统制作技艺”。画的上面是一行醒目的大字，“办魅力特色学校，育茶乡有志新人”，画的右侧是一幅幅图文并茂的六堡茶茶诗。让学生一到学校既能欣赏到诗的斑斓艺术，更能感受到“六堡茶文化”的魅力。校门和文化长廊也一样。学校雄伟的大门右侧是党的教育方针，左侧是学校特色办学理念墙，在理念墙上能清楚地呈现出学校的特色理念，通过“修茶德，传茶礼，习茶艺，品茶韵，展茶乐，悟茶道”为主题的一系列活动，让“童心茶韵”落实到学校每一项工作当中去。学校大门的校名上方立着一个大大的校徽。校徽图案是一棵茶树，枝繁叶茂如同莘莘学子茁壮成长，桃李满天下，树根是一本书代表知识和教育，树干是三个手拉手的小朋友寓意牵手未来，快乐成长！我校文化长廊内容主要呈现的是六堡茶文化和全体教师开展各类茶文化活动的剪影。右侧呈现的内容有师生风采，义务教育均衡发展宣传栏，社会主义核心价值观，校园变迁史、荣誉栏，文明礼仪等内容。整个文化长廊的设计既提升了学校的办学品位，为师生创设了一个优雅、舒适的休闲环境，又能陶冶学的情操，展现出六堡茶文化的独特魅力。学校的楼道也精心布置，内容丰富多彩，每一处楼道和走廊文化的建设不仅美化了校园环境，而且充分增强了环境育人的教育观念彰显校园文化的特色，校园处处是教育，学生时时受熏染。我校还以“乡村学校少年宫”，非物质文化传承基地为依托，通过“修茶德，传茶礼，习茶艺，品茶韵，展茶乐，悟茶道”为主题的一系列活动，把“童心茶韵”特色办学理念落到实处，渗透到每一项工作中去，并让它生根、发芽、开花、结果。

二、立足课程，从“茶文化”中汲取智慧养分

教育终归是要回到课本上来。为了宣扬茶文化精神，我校积极开设茶文化课，引领学生走进源远流长的茶文化殿堂，了解六堡茶，感受其蕴藏的民族精神和传统美德。我校开设每两周一节的茶文化课，向学生系统介绍华夏茶史、茶叶分类、制作鉴别、茶道茶俗等。使茶文化课和学校的德育教育、文明礼仪教育、探究性学习有机结合，成为学生思想发展、品格培育、知识学习、体验快乐、获取成功的教育主阵地。让学生在享受课堂学习的乐趣中，扎实学习，健康成长。培养师生的命运共同感、工作责任感、学习成就感和集体荣誉感，使之把握自我成长的方向，为师生的成功引航指路，奠定基础。此外，我校积极开展特色技能体验活动，每学期都组织中高年级的学生到全国三十座最美茶园之一的茂圣生态有机茶基地“八集山庄”茶园参观，让学生不仅了解有关茶叶种植的知识，体验采茶的乐趣，感受到茶园的美好风光，还从中学会采茶的劳动技能，增长了见识。组织学生到“苍松六堡茶厂”现场观摩国家级非物质文化遗产六堡茶的生产工艺制作流程，向非物质文化遗产传承人学习制茶，感悟茶农一代代薪火相传的精神。学校还分批组织学生参观闻名遐迩的“茶船古道”发源地，参观茶叶一条街，让学生了解六堡茶深厚的历史文化内涵。我校也会定期在非物质文化传承基地专设的“六堡茶制作室”和“茶艺培训室”中安排制茶和茶艺培训。通过让孩子参加一系列的体验活动，让他们在寓教于乐的活动中增长见识、学到实用技能，从而在潜移默化的过程中提高学生对传统茶文化的认知。达到知茶、懂茶的效果。

丰富多彩的文娱活动对于宣传茶文化也有着重要意义。所以我校每年组织学生在体验活动的基础上出版“茶文化版报”、写“茶文化征文”、观看茶文化相关影片、听有关茶文化传说的故事，深入了解茶文化，提高了学生对六堡茶文化的认识。我校还举办了“经典诗文诵读，争做茶乡好少年”诗歌朗诵会，通过活动的开展，使学生自觉融入浓厚的传统茶业文化氛围中，陶冶了学生的情操。并以少先队为依托在学校各年级、各中队开展形式多样的主题队会，如：通过优美的茶舞表演，来激发学生了解六堡茶的兴趣；借助自编的茶诗节目，来加深

孩子们对家乡的热爱；通过师生同台的茶艺展示，使让学生领略行茶的礼仪风范；学生通过沏茶、赏茶、闻茶、饮茶、学习礼法，领略传统的美德。并在每年学校"六一"文艺汇演及元旦晚会中进行汇报展示。

三、暖阳临空，从"茶文化"中续写教育辉煌

21世纪是教育事业最具生命力的时代，传统的教育大量注入了新鲜的血液。我校秉承立德树人德育根本任务，以"茶文化"彰显办学品质，使学生收获知识，丰富自身。未来路上，我们相信，在县教育局和六堡镇党委、政府的关怀指导下，我校会继续以"童心茶韵"为特色的办学理念，不断深挖自身优势，营造浓郁的校园文化氛围，彰显"以茶之韵，修生之情，益生之智，提师之蕴，悟师之德，创校之谐"特色文化内涵，让茶文化的气息弥漫在校园的每个角落。

一所民办校的崛起之路

——广西壮族自治区贵港市创新中学办学历程扫描

广西壮族自治区贵港市创新中学　林小英　李耀进

近年来，在教育自身发展和社会对教育的需求之下，各地都相继新建了一批学校。这其中涌现出诸多办学特色鲜明，教育质量高、师资力量强、当地名师汇聚、办学环境一流的民办学校，赢得了广大老百姓的青睐。在广西壮族自治区贵港市就有这样一所学校，办学初期投入40多万元，不用国家投资一分钱，在短短的17年里，以骄人的成绩向人民交出了一份满意的答卷，她就是贵港市创新中学！

广西壮族自治区贵港市创新中学创办于《中华人民共和国民办教育促进法》施行的2003年，是一所依法设立、不使用国家财政教育经费创办的民办学校。经过17年艰苦努力，现已建成人文与自然环境优美，多次荣获广西电视台报道推广、两次荣获中央电视台报道推广，2018年被贵港市创建森林城市领导小组授予首批"园林式单位"称号的现代化学校。该校的设立和发展，为贵港市脱贫致富和普及高中阶段教育作出了杰出贡献。

一、目标明确、理念指引

学校创办初期即明确"坚持社会主义办学方向，全面贯彻执行党和国家的教育方针，以德治校，依法办学；以学生为中心，以教师为主体，充分调动全体教职员工教书育人、管理育人、服务育人的积极性，为国家培养和输送合格的建设者和接班人，为教育的改革和发展作贡献"的办学宗旨，以"力争在2021年将学校建成办学实力较强的广西名校"为办学目标。

学校以"明德、博学、尚美、拓新"为校训。"明德"为校训之首，意思是弘扬光明磊落之德，把德育放在学校工作的首位。办学理念是"把每一位学生都当作是自己的孩子，使每一堂课都成为精品，让每一个学生都得到充分发展"。办学理念凸显以学生为中心，同时将办学理念变成全体教师的行动和追求，铸就了"志存高远，自强不息"的办学精神。2010年，学校以"校训"和"办学理念"为主题，学校董事长梁伟禄亲自填词创作了自信豪迈的校歌《创新在这里起航》，校歌唱出了创新人的自信、唱出了创新人的自豪，唱响了创新中学，也唱红了创新中学，激励着创新人与时俱进，不断铸就新的辉煌。

二、筚路蓝缕、历尽艰辛

对于一所民办校而言，其起始阶段可谓艰苦卓绝。办学场地不足、师资不稳定、教学经费短缺、招生困难等一系列问题犹如大山一样压在校长梁伟禄的肩上。学校一度资不抵债而面临解散。为了挽救学校，校长毅然接受教师建议：依照广西壮族自治区政府关于大力发展民办教育的规定，在不增加学生经济负担的前提下，充分运用国家赋予办学的优惠政策来筹集资金，对国家法律、政策没有明文禁止的都大胆尝试，并把筹集到的资金全部投入办学，以保证办学的公益性。学校在克服资金困难、保障学校稳定发展的同时，特别注重教育质量的提高，于2011年培养出广西高考声乐优秀人才邓金杰走出办学困境，化解了危机，当年招生总数超700人，是2009年招生总数58人的12倍以上。从2008年秋季期起至今，创新中学集资总额不少于一亿元并全部投入办学，现已将学校建成人文与自然环境优美的现代化学校。

创新中学坚定为国为民办学初心不变，艰苦奋斗、努力开拓创新的坚定意志不移，不仅化解了危机，还将学校办学推上了新台阶，为教育改革和发展提供了坚实的基础条件。

三、教育大计、教师为本

俗话说，国家大计，教育为本，表明教育对科教兴国的重要地位。学校董事长梁伟禄是一位充满教育情怀，懂教育的行家。原为贵港市达开高中教师，从事高中教育工作至今已有40年，20世纪80年代曾有多篇教育论文在报刊发表，并获玉林地区论文奖，是1993年贵港市拔尖人才。他高瞻远瞩，既认识到了教育的作用，更进一步思考了教育的主体问题。其于2001年率先提出了"教育大计，教师为本"的理念并赋予办学实践，充分调动了全体教师教书育人的积极性。学校特别注重师资队伍建设，充分发挥全体教师在办学中的主体作用。为此，学校制定出经常性收入用于教师工资福利和改善办学条件的合理比例，并让教师参与学校财务管理，让教师与学校同步发展，从制度上保障了教师的主人翁地位。学校民主、公开、透明度大的财务管理制度，不仅营造了风清气正的育人环境，同时也充分调动了全体教师教书育人的创造性和积极性，将学校推上良性高效发展的轨道。其次是学校特别注重各学科的教学，注重各学科课堂教学水平的提高，每年举行课堂教学大赛等教学活动，以促进各学科课堂教学质量的整体提高。为减轻学生课业负担，实现因材施教，学校编写校本教案学案，把校本教案学案作为每周各科组业务学习的主题，研究知识点在教学过程中的呈现方式，比如根据知识点的形成结构与类型，采用具有针对性的教学方法，不断充实完善教案学案，并根据知识点的性质特点，采用合作学习或主动探究等方式来学习；对知识点呈现方式的形式和步骤进行思考，结合学生的思维习惯、个体差异，采用适当的学习形式与教学模式，进而让学生梳理清楚知识点的基础题型，做到心中有数，了如指掌。经过全体教师的艰苦努力，创新中学克服了学生入学成绩特别偏低的困难，学考通过率稳步提高并超过本市部分省级示范性高中，从2010年起，应届高中毕业生升一本率均位居全市非示范性高中之首并高于部分示范性高中。

四、不断创新、打造特色

创新，也是校训中重要的一个方面，创新中学不断发展壮大，也是不断开拓创新的结果。学校建校资金不足，董事长就充分运用国家赋予办学的优惠政策来筹集资金，同时也得到社会各界的大力支持。最值得一提的是，港北区大圩镇韦双贤先生全额捐资为学校新建豪华气派的校门，东津镇梁新先生全额捐资为学校兴建敬师亭。如上文，学校也开创了民主、公开、透明度财务制度，让让教师参与学校财务管理，让教师与学校同步发展，极大地提高了教师的地位和积极性。针对学生入学文化偏低的现状，学校立足实际，依靠教师，因材施教，编写适合学生实际的校本教材；此外，学校为满足有兴趣特长的学生要求，从2011年起陆续设立美术、音乐、体育三个专业培训部，在强化课堂教学，让每一个学生都有进步、有提高的前提下，精心打造艺术、体育教育品牌，现已将美术、音乐、体育三个高考培训部建成贵港市内的教育品牌，一批学生不出校门，通过参加校内艺体高考培训考上理想的大学。

学校还有针对性的对学生开展爱国主义教育，一年一度举行的纪念"12•9"爱国学生运动文艺晚会，多次荣获广西电视台报道，两次荣获中央电视台报道。

五、美化校园，文化熏陶

学校的校园美化及文化建设非常重要，环境的美化能给人耳目一新，生机盎然的美感，校园的文化环境，则能对每一个人的道德教育、感情陶冶和精神塑造，都起着耳濡目染的熏陶作用。创新中学大力营造适宜青少年读书成长的育人环境，2018年被贵港市创建森林城市领导小组授予首批"园林式单位"称号的现代化学校。漫步校园，绿树成荫，绿草茵茵，鸟语花香，亭榭交错，充满诗情画意！美景令人赏心悦目，校园文化更值得品味。

学校的很多景观都镌刻有对联，大气的学校大门就像古建筑中的牌坊，两边有名家题联"南山耸翠千年秀，万里杨波万里程"，既点明了学校得天独厚的地理位置，又寓意学校前途辉煌；敬师亭有对联"尊师重教千秋业，强国兴邦万代昌"，彰显了尊师重教的优良传统；教学区门口有对联"德才兼备精于立本，教学相长贵在创新"体现了德才兼备的育人目标……园林校园，书香校园，使得学校有一种雅致之美，和谐之美，优美的人文与自然环境让创新中学成为理想的求学圣地！

六、低进高出、成果辉煌

芳华似水十七载，累累硕果看今朝。办学十七年来，创新人牢记校训，志存高远、自强不息，不断创新，多举并下，取得了辉煌的成绩，给贵港人民交出了一份满意的答卷。学校生源入学成绩偏低，但全体师生共同努力，取得了低进高出的骄人成绩。既有像覃长钊、黄惠冰这样不参加中考，无中考成绩的学生考取本科的典型例子，更有以广西声乐考试第一名考取西南交通大学的邓金杰、以广西美术统考第二名考取中央美术学院的黄泽华这样的佼佼者，一批批因中考成绩不佳进不了示范性高中就读的学子或通过努力学习，或通过艺术体育圆了大学梦，改变了命运。从2010年起，学校应届高中毕业班升一本率，连续稳居全市非示范性高中之首并高于部分示范性高中，实现了低进高出的办学目标。

七、初心不改、砥砺前行

勇于向上的贵港市创新中学不仅在艰苦卓绝的办学历程中为国家培养出一大批人才，同时已将学校建成校风正，教风严，学风好，环境美，制度全，质量高，办学资产过亿，能为人民提供3000多个优质读书学位的书香园林式的现代化学校。

办学是功在当代、利在千秋的公益事业，站在新的辉煌的起点

上，创新人将始终牢记为国办学、为国育才的初心，传承创新人“志存高远，自强不息”的办学精神，砥砺前行，将学校办成家长放心、学生向往、人民满意的学校！

长风破浪会有时，创新人正全力投入学校二期工程建设，相信贵港市创新中学的未来是一片星辰大海，创新中学必将立于广西名校之列！

附董事长梁伟禄创作的创新中学校歌歌词：

《创新在这里启航》

南山脚下书声琅琅，郁江河畔歌声嘹亮，在山那边，开辟新天地，在水这方，创新旗帜飘扬，明德博学，尚美创新，人格完美，品德高尚，创新创新，在这里启航，创新创新，实现伟大理想。知识海洋放飞梦想，绿色校园播种希望，立志成才，报效祖国，我们艰苦奋斗拼搏向上，志存高远，自强不息，张扬个性，茁壮成长，创新创新，看桃李飘香，创新创新，让明天更辉煌！让明天更辉煌！

贵港资深名师邹燕近来亦为创新校歌另填新词：

《创新在这里飞扬》

南山耸翠千年秀，郁水扬波万里长，创新在这里高飞扬。我们畅游知识海洋，我们志在蓝天翱翔。园林学校歌声嘹亮，风清气正圆梦四方。尊师重教千秋兴旺，创新中学越来越强。

丹青翰墨描绘山河，三尺讲台书写华芳。明德博学谦恭礼让，书林艺苑桃李绽放，状元花开八桂飘香。行健不息续写华章，少年学子未来栋梁。强国兴邦万代荣昌，创新中学更加辉煌。

民族教育进校园　特色教育结硕果

贵州省六盘水市民族中学　薛宗伟　何兴贵

六盘水市民族中学，其前身是创建于1986年的六盘水市民族中学(高中班)，又名六盘水市民族学校。2009年9月市委市政府决定实施普、职分离办学，在原址新建“六盘水市民族中学”，成为我市唯一一所市属大型完全民族中学。

学校占地72亩，现有41个教学班，学生来自全市及周边地区15个民族，共2000余人，少数民族学生占比达34%。学校现有教职工193人，其中专职教师177人，中高级以上职称101人，学历合格率100%。近年来，从教育部直属师范大学、985工程大学等引进人才86人，硕士42人。

作为全市唯一一所市属完全民族中学，我校秉承“为生命成长奠基，对民族未来负责”的办学理念，在大力抓好教育教学质量提升的同时，始终把民族团结进步作为一面闪亮的旗帜。近年来，我校紧紧围绕‘两抓一创“（抓教育教学质量，抓学校内部管理，创学校特色文化）开展工作。

在民族文化进校园管理方面，坚持以铸牢中华民族共同体意识为主线立德树人，强化党对民族教育教学工作的领导，发挥党在民族团结进步创建中“把方向、管大局、保落实”的核心作用，成立创建工作领导小组，制定实施方案，以“五进校园”促“五个认同”为创建主题和目标任务，以中华民族共同体教育进校园、各民族优秀传统文化进校园、民族团结进步教育进校园、各民族传统体育项目进校园、示范典型英雄事迹进校园为创建载体，全面深入开展民族团结进步创建工作，促进全校师生不断增强对伟大祖国、中华民族、中华文化、中国共产党、中国特色社会主义的认同，不断夯实中华民族共同体意识的思想文化基础。

管理举措之一：“同心共筑中国梦”

学校坚持以铸牢中华民族共同体意识为主线，定期开展习近平总书记关于民族工作的重要论述精神的学习，通过民族政策大讲堂，宣讲党的民族政策，教育引导广大师生树立正确的国家观、民族观、文化观、历史观，努力成为民族团结的维护者、促进者、践行者。坚持以社会主义核心价值观为引领，贯彻落实习近平总书记关于加强学校思政课建设的重要讲话精神，加强学生思想政治教育，举办系列“感党恩、听党话、跟党走”主题活动，经常性开展党史、新中国史、改革开放史、社会主义发展史等学习教育，让各族学生从六盘水市的发展变化中，感受和了解中国共产党领导各族人民浴血奋战，从站起来、富起来到强起来的艰辛历程；了解中国五千多年的历史，就是各民族共同缔造、发展、巩固统一的伟大祖国的历史；了解各民族形成与发展的历史，就是一部各民族交融汇聚成多元一体中华民族的历史，增强各族师生的爱国主义情怀。

管理举措之二：立足活动 开辟民族教育新战场

习近平总书记指出，文化是一个民族的魂魄，文化认同是民族团结的根脉。长期以来，学校坚持把各民族优秀传统文化作为认同中华文化的重要组成部分，把推进各民族优秀传统文化传承发展作为促进民族团结、增强各族学生对中华文化认同的一项重要工作，采取开设第二课堂、成立特色文化社团等措施，开展优秀传统文化进校园工作。学校开设了以竹笛、葫芦丝、尤克里里、古筝等民族乐器为主的第二课堂，成立了戏曲戏剧工作室、民族舞蹈队、苗歌兴趣组、“手之韵”剪纸苑、漆画坊、“指韵”筝乐团、玛诺芦笙社、布依蜡染社等15个特色文化社团，让各民族优秀传统文化创新交融，构建各民族共有精神家园。

“第二课堂”和文化社团已成为传承发展各民族优秀传统文化的重要载体，成果展演也多次获奖。2019年黔剧《奢香夫人之频频回首望家乡》荣获六盘水市第二届中小学生戏曲展演一等奖，2020年黔剧《奢香夫人之明决策》荣获六盘水市第三届中小学生戏曲展演二等奖。2020年12月29日，大型民族团结进步文化展演获得了上级部门、兄弟学校、学生家长及社会各界的高度评价和赞赏。在课堂教学和文化社团研习、创作、展演等实践中，全校师生推动了各民族文化的交融创新，实现了中华优秀传统文化的创造性转化和创新性发展，加深了对各民族优秀传统文化是中华文化重要组成部分的认识，从而增强对中华文化的认同。

管理举措之三：民族教育进课堂

从2011年起，学校将民族团结进步课程引入教育教学，开设了《民族团结进步常识》课程，讲授了《伟大的中华民族》、《团结统一是中华民族的光荣传统》、《中国特色社会主义和中国梦》等10个专题。通过开展民族团结专题教学，加强对学生爱国主义、中国特色社会主义和民族团结进步的教育，教育学生热爱伟大祖国，增强对中国特色社会主义的认同，珍视各民族大团结，促进共同，增进一体。学校重视民族团结校本教材、宣传阵地等载体建设，采取将校本教材列入教学内容、组织学生参观学习宣传载体等教学形式，开展民族团结进步教育学进校园工作。结合全市各民族发展实际，开发编印了《六盘水市自然与人文》、《彝族漆画》、《民族音乐》、《民族体育》、《铃铛操》等一批民族团结教育校本教材，为学校师生开展民族团结进步教育教学打下了基础。通过不断积累，中华民族共同体意识进校园、进课堂、进头脑已成为师生的自觉行动。建成了民族文化陈列室、文化长廊、文化墙，制作了宣传栏、宣传展板，建设了有展现“美美与共”广场门、象征“民族团结”石榴树、体现“中华民族一家亲”56盆花等实景的民族团结广场，为学校师生开展民族团结进步教育教学提供了平台，传播了民族团结正能量，营造了中华民族一家亲的浓厚氛围。

管理举措之四：感悟民族体育之美

学校坚持以体启德、以体益智、以体促美原则，在体育教学中增加少数民族传统体育项目教学内容，如三人板鞋、押加、高脚等，让学生感受中华民族体育之美。特别是每年一届的秋季运动会中，通过民族传统体育竞赛项目让各族师生在训练、竞赛过程中，共同学习交流民族传统体育项目竞技，共同感受民族传统体育文化魅力，加深了对民族传统体育项目是中华优秀传统文化重要组成部分的认识，增进了彼此之间的友谊和感情，促进各族师生的交往交流交融。四年来共有800余名各族学生顺利完成高中学业，通过艺体类高考进入高等院校的各族学生206人，占比达25.8%。

管理举措之五：传承红色基因

通过阵地宣传、比赛活动等多种形式，学校开展典型英雄事迹进校园工作，发挥示范典型英雄事迹在教育引导学生中的激励作用。在民族团结进步广场悬挂中华民族英雄人物志、摆放英雄人物事迹读本，教育学生感恩为中华民族发展做出贡献和牺牲的英雄人物。通过阵地宣传、教学活动，将示范典型和英雄人物事迹融入教育教学课堂之中，树立和突出各民族共享的中华文化符号和中华民族形象。在语文课堂上讲述不计功名、默默无闻，将自己隐身于贵州大山深处，为国家先进的科技事业做出毕生努力的民族英雄南仁东；在政治课堂上讲述在大山深处任第一书记，将自己青春、生命奉献给家乡的脱贫攻坚英雄人物黄文秀；在历史课堂上讲述杂交水稻之父袁隆平等等。举办“民族团结，同心筑梦”主题演讲比赛，学生讲述了中华民族英雄张骞不辱使命，用生命为国效忠，开辟丝绸之路的光荣壮举；讲述了当代青年多杰宽舍己救人，用年轻生命谱写了一曲藏汉一家亲、民族大团结的感人赞歌。通过示范典型英雄事迹的教育教学，激励各族师生向英雄人物和示范典型学习，增强全校师生对中华民族一家亲、自己就是中华民族一员的认识。

开展民族文化进校园工作，是传承和弘扬优秀民族文化的有效途径。今后，我校将继续深入落实民族教育进校园工作，狠抓校园管理工作，让民族教育之花开的更加绚烂多姿！

和雅教育点亮孩子美好的未来

海南省儋州市那大第一小学　王鲁汉

“和而不同，雅至善成。”面对当前我国教育已经进入了一个高质量发展的新时代的历史定位，海南省儋州市那大第一小学这所有着深厚历史底蕴的百年老校，紧紧把握住时代所馈赠的机遇，乘势而上，秉持“享受阳光教育，奠基精彩人生”的办学理念，高举素质教育的大旗，以“和雅教育”统领学校发展全局，积极践行“明道 尚和 知礼 崇雅”的校训精神，为每个孩子的健全人格和多元成长开拓更广阔的发展空间，用心、用智、用情续写学校教育的新篇章。如今，学校因和雅而令人向往，教师因和雅而受人尊敬，学生因和雅而更加灿烂。

务实养成教育，塑造美好德行

教育之重在于育人，在于培养一个人的德行、情操，而小学阶段正是孩子们世界观、人生观、价值观树立的关键时期。基于对德育工作在育人过程中重要性的感悟，那大一小在“和雅教育”的践行上，坚持把德育工作作为学校育人工程的中心工作来抓，以“养成教育”为切入口，从提升学生最基本的道德素养做起，真正把德育工作落到实处，着重培养学生良好的德行和健全的人格。

学校制定了《学生行为八规范》校本课程，从学生的服装发式、卫生习惯、课堂纪律、课外活动等行为规范入手，把养成教育灌输到整个课堂教学和学生的日常学习生活中；开展了礼仪、安全、环保等5个方面的主题教育，设立“红领巾监督岗”和“安全值勤岗”，颁发“文明班级”奖牌，对学生的日常行为规范进行检查评比，使学生能够达到文明礼仪的常规要求；充分利用校园广播站、国旗下演讲、宣传栏、LED屏等载体，及时反馈校园中的不文明行为，对学生进行积极的引导和整改；大力开展“文明在身边，礼仪在心中”德育主题教育活动以及“文明礼仪之星”、“文明班级”、“文明学生”、“文明监督岗”的评比活动，用身边的榜样感染和教育学生。

少成若天性，习惯成自然。养成教育贵在平时点点滴滴的教化和渗透，让孩子每天都得到有形和无形的教育是那大一小“和雅教育”品牌打造的基础工程。如今每天早晨，在那大一小大门口，孩子们都穿着校服，整整齐齐地排好队走进校园，无论是碰到老师还是遇到客人，都会主动地问好……这一切如同一道靓丽的风景线，成为学校展示养成教育成果的窗口。

实施阅读工程，丰厚人文积蕴

阅读是人类获取知识、增长智慧的重要方式，是一个国家、一个民族精神发育、文明传承的重要途径。在“和雅教育”品牌打造上，那大一小不是空洞的说教，而是以书香校园文化建设为重要抓手，高标准、高起点开展“大阅读”活动，力求做到处处有亮点、处处有特色、处处有内涵，全力提升学生的阅读能力、阅读水平，为构建属于自身特色的“和雅教育”品牌增添底色。

走进那大一小，校园文化长廊、教学楼楼梯和走廊上的两边墙壁上到处张贴的是古典诗词、名言警句，一股浓郁的书香气息扑面而来；相继建成读书馆、阅览室等功能室，并配备近5万多册图书供师生借阅，满足了学生的读书需求；设立班级图书角，建设开放性书吧，方便了学生随时随地拿书阅读；先后开发和汇编国学经典、东坡诗词等校园课程和读本，引领学生与经典诗文对话；把打造书香校园与弘扬中国传统文化结合起来，开展以“善行”、“孝心”、“诚信”等为内核的国学经典诵读专项读书活动，引导学生树立正确的道德价值观；以书为媒，以阅读为纽带，定期举办师生共读同写、亲子阅读、有奖征文、演讲比赛等活动，辐射带动更多的教师、学生、家长参与；切实做好“书香老师”、“书香班级”、“书香家庭”、“书香学生”等评选活动，让老师、家长、学生收获更多阅读的快乐与成就。

阅读点亮人生，书香溢满校园。正是在这样一种书香文化的润泽之下，今天的那大一小学习氛围非常浓厚，领导和老师之间、老师和老师之间、老师和学生之间、学生和学生之间均达成了一种高度的和谐。一小人坚信，在阅读的道路上，那大一小必将走得更加坚实，更加优雅……

打造特色品牌，实现多元发展

塑造学生健康身心，促进学生快乐成长，始终是教育不变的追求。在全面实施素质教育的今天，那大一小围绕“和雅教育”办学理念，以“一校一品”为切入点，力求通过特色校本课程的规范实施和多种兴趣班的有效开展，促进学生健康快乐地成长和综合素质的提升。

为了让学生找到适合自己成长的教育，那大一小在特色校本课程理念的引领下，建设足球兴趣班、书法兴趣班、舞蹈兴趣班、演讲兴趣班、国际象棋兴趣班等10多个校园社团，让学生根据自己的兴趣和爱好自主参加社团组织的活动，真正使他们的潜能得到挖掘、个性得到张扬。

为了充分发挥学生的特长，那大一小努力创造各种条件，以主题融入的方式举行“艺术节”、“体育节”、“师生书画展”、“学生主题演讲”等系列活动，给每一个学生提供一个锻炼舞台，让他们的成长在学校留下最美的足迹。

学一种乐器、练一种体育、会一项技能……特色校本课程的实施和多种社团活动的开展，不仅给学生成长的人生旅途留下了最美的足迹，而且从根本上促进了学生健康快乐地成长和综合素养的提升，同时也让学校走出了一条特色鲜明的育人之路。近3年来，在各种省市举办的体艺、演讲、征文、绘画、书画竞赛中，学生们成绩斐然，荣获省级以上各类奖项共190多人次，羊楷、林峰先后获得儋州市首届和第二届“最美少年”荣誉称号。

“儋耳桃李暗香沉，百年名校育英才。”站在“十四五”发展的新起点上，走过100多年发展历程的儋州市那大第一小学定将紧紧扛起“和雅教育”大旗，在理念上先行，在制度上规范，在行动上落实，让和雅文化成为校园的主旋律，让和雅气质成为师生的主特征，让博学雅正成为学校的主色调，不断在海南基础教育历史的天空舞出自己最靓丽的霓虹。

新高考对高中学生生涯规划的一些思考

海南省三亚市田家炳高级中学 吴乃松

新高考政策背景下普通高中迫切需要实施生涯规划教育 。2014年国家新高考改革方案明确文理不再分科，实行新的考录方式。在考试环节上，高考考试科目按照“3+3”的方式进行选择，其中“前3”指语数外，“后3”指思想政治、历史、地理、物理、化学、生物等这几门学科；高校在招生录取环节上，也实行“专业导向”型录取方式，即高校通过自主设定各专业录取的科目要求，对高校报考专业要求和学生的选考科目相匹配的报考学生按总分降序分专业录取。

新高考提倡的新的考录方式给学生提供了更多的选择机会，但也把学生对专业的选择提前到了高一年级，让学生积极主动地进行选择。生涯规划教育作为最行之有效地途径，与新高考背景下为解决高中学生的“选择”问题不谋而合，迫切需要被提上高中教育的日程。

高中阶段是实施生涯规划教育的关键时期 。高中阶段是个人人生中的黄金时期，这一阶段学生的人生观、世界观开始形成，知识和才干也开始迅速增长，身心在这一阶段发生着较大的变化。高中生智力水平相对于初中阶段有进一步的提升，思维活跃、好奇心和求知欲增强，学习潜力进一步提升。同时，高中是个人发展的十字路口阶段，有着两大重要人生课题：升学和走向社会。在这一阶段中高中生开始对生涯进行认知、探索以及尝试，这一系列的活动都会对学生未来的发展形成方向，因此高中阶段的生涯规划教育理应得到足够的重视，学校有必要对学生进行人生发展定向的教育。

现状研究

国内较早对生涯规划教育理论及相关概念进行较为系统的论述的是沈之菲。随着对生涯规划教育研究的逐渐深入，越来越多的学者试图诠释生涯规划教育的基本概念、主要内容、实施方法和途径等，并梳理了生涯规划教育与素质教育的辩证关系，但多数研究集中在大专院校。随着高中新课程改革的深化，在基础教育领域推行生涯规划教育逐渐受到众多学者关注。此类研究大致可以分两类：其一，借鉴发达国家的成熟经验，从生涯规划教育实施的目标、原则、方式等方面系统阐释了我国普通高中生涯规划教育推进的途径与策略；其二，结合具体的案例分析我国生涯规划教育的实施现状，指出问题所在，并提出相关对策与建议。

但是，以往研究大都仅从理论层面对生涯规划教育的实施展开论述，提出的建议大同小异，缺乏新意。在新高考改革视野下，应重新对现有的高中生涯规划教育的内涵、目标、内容等加以审视。高中生涯规划是以“选择”为核心的生涯规划，既包括学业上的规划，又内含人生发展规划，是在高中阶段首先明晰自我及发展目标，进而进行学业发展道路规划和为自己的发展道路及人生生涯发展做准备的规划。

总体看来，我国关于生涯规划教育的理论研究较为翔实，关于中学生涯教育的建议和方案也早有提出，但目前为止，我国生涯规划教育实践仍处于实验和探索阶段，尤其是普通高中的生涯规划教育几乎缓慢前行。国内虽有台湾和香港地区做得比较好，但总体上，我国普通高中生涯规划教育的实践非常薄弱。

方向研究

生涯规划教育是一门实践性、体验性、应用性很强的学科。目前，许多学校的生涯规划教育课以课堂理论知识讲授为主，操作性、体验性环节薄弱，学生学习兴趣不浓，参与性不高，导致教学效果不好，在学生做选择时仍然会出现很多迷茫。

基于此，我们认为通过开展活动，模拟情境或创设真实环境，让学生进行直接或者间接的生涯体验式学习，在生涯规划教育的实施中具有非常重要的意义。所以本课题致力于普通高中生涯规划教育的实践研究，从理论模型到实践方案进行创新和应用。

价值研究

对学生而言，从现实需求来看，通过生涯规划教育的开展，能解决其选课、选考问题，帮助学生将高中学习与大学专业选择有效衔接；从未来发展来看，学生通过生涯规划教育，深化对自我的认知，把握社会发展趋势，能够将自身的生涯规划发展与社会发展相结合，树立生涯发展意识，获得生涯规划素养。

本研究通过对体验式学习法在实施高中学生生涯规划教育中的应用研究，探讨体验式学习对生涯规划教育实施内容、实施方式的影响，结合我校开展的生涯规划教育的实际，希冀为普通高中生涯规划教育的实施提供可操作性建议，从而促进高中教育发展，深化普通高中课程改革。

体验式学习

大卫•库伯（David Kolb）在教育家杜威的“做中学”理念以及其他多位学者的相关研究的基础上，提出了“体验式学习”的理论。体验式学习是指，学生的学习不是内容的获得与传递，而是通过经验的转换从而创造知识的过程。学生有效地学习应从个体的亲身参与具体体验开始，然后通过对亲身经历进行观察和反思，在这个过程中体验式学习强调共享和应用。

高中生涯规划指对高中阶段的学生进行的生涯规划，即高中学生在全面地认识自己、了解社会和现实环境的基础上，确定自己的生涯目标和人生发展方向，并制定切实可行的具体学习计划与安排，以实现生涯目标的规划。

研究切入点。以体验式学习方式开展高中生涯规划教育为切入点，对普通高中生涯规划教育的实施进行调查。总结出体验式学习在高中生涯规划教育中应用的模式。

研究内容：

1.“师生并进”的生涯规划教育现状的调查

发放教师生涯规划教育教学调查问卷，开展学校和教师对生涯规划教育的认识、态度与实施情况的调查。发放高中生生涯规划的调查问卷，对高中生涯规划的认识、想法、自身现状及未来设想等展开调查。同时采用访谈法了解学生对自己高中选课的思考、对以后大学专业的选择等。经过调查分析，为后续在体验式教学中挖掘生涯规划教育内容、融合生涯规划教育策略提供依据。

2.“循序渐进”的生涯规划教育方案的制定

根据本校实际情况，分年级制定生涯规划教育计划。高一教学内容主要以了解自我、了解专业为主。高二教学内容主要以研学旅行、实践体验、调查研究为主。学生参加各式体验式学习活动，对选考科目作出选择；高三教学内容主要以技能提升、专业选择、决策为主，学生通过文化课学习对知识和技能得到有效提升，参加三位一体、自主招生实地考察志愿大学，进一步权衡和确定目标专业。

3.“一体两翼”的生涯规划教育课程的实施

以物理、生物、地理等学科教学课程为主体，以生涯辅导课程和生涯体验课程为辅助，将学科教学与生涯规划教育有机结合。生涯辅导课程内容主要有：心理认知培育、兴趣目标培养、天赋特长挖掘和自我效能释放等；生涯体验课程内容主要有：综合实验活动、生涯主题班会、生涯规划讲座等。在开设课程中，实行导师制，要求全体高中教师参与学生的生涯发展指导，充分挖掘各学科领域蕴藏的丰富的生涯教育素材，鼓励开设体验式学习课程，并尽力将课堂开设到社区、基地、社会当中去。

4.“三足鼎立”的生涯规划教育支持的建构

充分建设和利用学校、基地、社会的有效教学资源，建构学校、基地、社会“三足鼎立”的高中学生生涯规划教育支持系统，并逐渐形成可行的、创新的教学路径和方式方法。计划建设学校创客空间、智能控制实验室、生物园、科学馆等校内体验场所；加强与校外实践基地的合作，努力增开多类型的校外学生实践基地。体验式学习课程从校内拓展到校外，重视跨学段、跨层次、跨学科的融合，主动搭建多层次、多方位的规划教育平台。

5.“内省他鉴”的生涯规划教育问题的剖析

从学校生涯规划教育的顶层设计、学科教师的素养、校外专家学者的参与等方面对本校生涯规划教育中出现的问题来进行剖析，总结经验和教训，探寻其中存在的问题及原因。结合海南的现状及未来建设自贸港的发展需要，以学生为中心开展体验式教学活动，在尊重学生个体差异、了解学生发展现状的基础上拓展生涯教育，充分发挥学科教师的主导作用，积极组织各科教师参加生涯教育专业培训。同时，学习兄弟学校成功经验，不断改进和完善本校的生涯规划培养策略，为教学机制的进一步开发提供理论依据。

6.“整合提升”的生涯规划教育策略的提炼

经过新高考实行后这两年的课题研究，探讨和总结了基于体验式学习的生涯规划教育的实施方案，对推进方案、主要内容、过程与改变等进行客观的描述和评价。探索“体验提升”的职生涯规划教育体系架构，关注体验式学习下学生生涯规划的有效提升，并对实施效果进行分析和评价，最终提出在高中阶段将体验式学习与生涯规划教育有机结合的一些可行性操作策略与教学建议。

高中生涯规划，对我们提出了新课题、新挑战！

科学启智　健康育人

——记河北省张家口市柴沟堡镇实验小学校长郝明

本刊记者　秘天华

2018年9月，在张家口市第二届教育机器人及创客大赛中获三等奖；2019年3月，在张家口市第19届青少年机器人竞赛中有6名学生获奖；在连续3年的张家口市科技创新大赛科幻画比赛中，累计有300多名学生获奖……人们很难相信，这些荣誉的获得者来自一所名不见经传的山里小学——张家口市怀安县柴沟堡镇实验小学（以下简称实小）。这所学校的校长，就是刚刚获评2020年度张家口市“最美科技工作者”的郝明。科普教育，让这所山里小学走出大山，走向更广阔的天地。

为学子点燃求知梦

2017年10月，郝明来到柴沟堡镇实验小学走马上任。他怀着一颗执着于教育的心，定下了建设科普型特色学校的奋斗目标。

以郝校长为组长的“科技创新教育”工作领导小组，10月底就邀请到张家口市科技馆副馆长马志斌和市机器人协会会长李少杰等一行人来校，现场为孩子们讲解航模知识，进行有趣的航模表演，为孩子们展示科技的无穷魅力，点燃了山里孩子的求知梦。

“要让孩子们走出去，看看外面的世界。”在充分利用本地资源的基础上，郝校长把目光投向远方。2018年 5月，学校选拔了十几名师生代表奔赴北京，参加科技盛事“中科院、工程院开放日”活动。他们兴致勃勃地参观了中国科学院国家纳米中心、中国工程院及首都军事博物馆。在“京津冀科普大讲堂”活动中，中国工程院的老师为师生带来一场神奇的“寻找DNA之旅”。在科技周活动现场，国家纳米科学中心任红轩教授为孩子们展示了纳米科技最前沿的“纳米工作坊”便携科普教具产品。这次研学行，师生大开眼界，被高科技的魔力深深吸引。

和“走出去学习、请进来交流”同时推进的，还有学校组织开展的科技社团活动。郝校长鼓励青年教师发挥自身优势，组建了机器人、科技制作、科技绘画、科技写作等多个科技社团。孩子们不但领略到科技的无穷奥妙，而且可以自己动手做实验、做模型，让科技梦悄然生根、发芽。

科普教育在学校全面推开，校长郝明有了信心，更有了底气，步子迈得更大了。2018年、2019年，学校连续两年参加了全国青少年科学调查体验活动，选拔11名骨干教师担任指导教师，学生组成11个科技小组，分别开展“能源资源”、“生态环境”、“安全健康”、“创新创意”等4个活动领域的体验项目。在3个月的时间里，500多名师生共同开展了科学体验活动40余项，做科学实验50余项。“节约粮食，从我做起”、“我的低碳生活”、“走进创客，体验创新”、“变废为宝”等科技活动，让学生体会到科技有趣更有用。

付出是辛苦的，收获是喜悦的。2019年全国青少年科学调查体验活动中，“优秀教师科技实践活动报告”张家口市仅有1项获奖，实小苏小利老师的《走近科学　我爱发明》榜上有名。“优秀学生调查实验报告”张家口市有4项获奖，实小的学生就占了3名。获奖学生武宇辰是一个不折不扣的小“科迷”，他说，正是学校创造的浓厚氛围，让自己爱上科学。在实验中感受科学的魅力，在创造中体验探索的快乐，成为他的梦想和追求。

为教师搭建成长梯

发展教育，师资队伍是关键。然而初到学校时，摆在郝明面前的是一系列问题：中层干部缺乏主心骨，找不到奋斗的方向；教职工纪律涣散，工作没有积极性；绩效工资平均分配，失去了绩效的意义；课堂教学效率低下，教学改革停滞不前，教学质量连续多年下滑。

怎样化解这些困难，变被动为主动？郝明冥思苦想之后，决定先从学校中层干部的思想入手。他同每一名中层干部谈心，以真心换真心，以真情感真情，逐渐打开他们的心结。他走到教职工生活工作中，了解老师们的所思所想、所期所盼。

摸清问题后，郝明顶着巨大压力，开始大刀阔斧地进行改革。学校迅速出台了《教职工奖励性绩效工资分配办法》、《教职工考勤制度》、《学校管理制度》、《教学常规管理制度》等规章制度。任何人都受制度约束，一把尺子量到底。大家都心服口服，精神面貌焕然一新。

教师的工作热情被调动起来，郝明趁热打铁，开始推动教学改革。学校出台了《骨干教师培养实施方案》，为有能力、有干劲儿的老师创造平台和成长空间。他鼓励老师们苦练内功，组织了“展我风采”青年教师汇报课、教师素质大赛等一系列活动，不断激励教师提升专业素养。

有平台成长，有制度激励，一批优秀教师迅速成长起来。王晓光就是其中的代表。2018年春，王老师被遴选为学校骨干教师培养对象。郝校长语重心长地对他说：“作为教导主任，必须身先士卒，引领团队成员凝心聚力，探索出一条适合我们城乡结合区教学实际的语文教学模式。”王老师深感责任重大，他从图书室借来《高效课堂的34个细节》、《有效教学27法》　等书籍，利用业余时间埋头研修。一个学期下来，笔记写满了厚厚的两大本子。

这一年，《河北教育》杂志刊登了《办智慧的学校——张家口市经开区第一小学课改纪实》，郝校长读后顿觉眼前一亮。他马上拨通了编辑部电话，迫不及待地筹划前往经开一小“取经”。在资金极为紧张的情况下，他自己垫资5万元，先后带领两批骨干教师到经开一小随堂听课，驻校学习“三段五步”智慧课堂教学模式。老师们深知学习机会来之不易，和同行交流听课心得、切磋研讨常至深夜。

尽管取到了“真经”，但是郝明并不是照搬照抄，因为他不希望失去本校的特色。他鼓励老师们在借鉴的基础上推动符合本校情况、基于自身所需的课改。在他的支持下，王晓光主持的《小学语文"四环节"教学应用研究》课题中期评价顺利通过。王晓光被评为市教育科研先进个人。在当年的张家口市小学语文优质课比赛中，王晓光的课得到与会专家的充分肯定，获得市优质课一等奖，论文《小学语文如何有效实施小组合作学习》获全国一等奖。

"在这方小天地里，有一支求真务实的领导团队，老师们每天充实地忙碌着，有自己的教育梦想，有一份坚韧的努力，就觉得幸福而有力量。"王晓光说。

激活素质教育一盘棋

上任之初，郝明就给自己定下目标：努力把实验小学办成一所有思想、有文化品位的学校，办成一所有特色、全面创新的学校，办成一所人才济济、骨干教师云集的学校，办成一所教师幸福工作、学生全面发展的学校。

理想很美好，然而当时的现实却是，推进素质教育还停留在口号阶段。原因很简单，一没资金，二缺场地，这两个问题摆在谁面前都是两座大山。但郝明偏偏不服输，他东奔西走，千方百计筹措资金，协调青少年活动中心解决了场地问题。几个月的时间，20多个社团齐刷刷地建立起来，后来增加至30个社团。不仅有写作、轮滑、武术、钢琴、舞蹈、围棋等文化娱乐、运动型社团，更有机器人、科技小制作等创新型社团。全校每一名学生都能找到自己的兴趣点，都能找到展示自我的一片天地。

社团成立之初，有的老师不理解，有的家长不支持，怕影响孩子的学习。但郝明认准了，这对孩子的发展是一件好事。每周二下午5：05—6：35是社团活动时间，每当此时，整个学校就活跃起来，书法社团挥毫泼墨，轮滑小将身姿矫健，乐器声声宛转悠扬，舞蹈社团舞姿蹁跹……机器人社团的孩子们则悄无声息，埋头设计程序。

社团活动开展得有声有色，让孩子们的兴趣特长有了施展的舞台和成长的空间。当几名学生代表在张家口市第一届"广电网络杯"中小学机器人大赛中首次亮相时，他们的机器人表演立刻赢得了全场喝彩。在社团活动成果展示活动中，当初持怀疑态度的家长，也亲眼见证了孩子们收获的进步和快乐，高兴地连连点赞。

对孩子们来说，劳动机会减少、劳动意识缺乏是一个普遍问题。为了培养孩子们的观察能力和动手能力，郝明在学校开辟了一片种植基地，成立了百种植物亲子种植社团。春季，家长和孩子们来到种植园，一起挖坑、填土、浇水，种下西红柿、菠菜、黄瓜等蔬菜种子。课余时间，孩子们都愿意跑过来，看看自己种下的蔬菜长势如何，除除草，捉捉虫。亲子种植社团丰富了孩子们的课余生活，　也给孩子们搭建了一个了解植物生长的平台。他们不仅体验到播种和收获的乐趣，同时也涵养了一份爱心与责任。学生王婧语对妈妈说，在种植园里，看着自己亲手种植的蚕豆、小麦一天天长大，想到丰收就在眼前，才真正体会到劳动的快乐。

去年5月，郝明带领孩子们远赴崇礼，与首都师范大学附属实验小学开展了"手拉手献爱心，共为冬奥作贡献"的志愿者活动。京张两地小伙伴合作共栽一棵树，从挖坑到培土，从提水到浇灌，孩子们种下一棵棵象征着友谊、团结、奋进和希望的树苗，携手为冬奥送绿色。建设美丽张家口、用实际行动守护祖国的绿水青山的使命感，在孩子们心中深深扎下根。

科学启智，健康育人，这就是校长郝明的教育初心和使命。在这条教育路上，他倾心投入，乐此不疲。

在劳动教育中体验成长的快乐

河南省开封市柏坟小学　闫书玲

在现有择校热的浪潮中，农村小学面临着生源减少、师资短缺、学校硬件破旧的困境。如何在狭缝中生存？如何办有特色的乡村学校？如何创造适合乡村孩子们成长的环境？如何让孩子们在快乐中成长？这些问题一直困扰着我们。在困惑中，我们寻找到了农村学校的优势——环境敞阔，农村孩子的优势——不怕苦、不怕累。针对以上的优势，我们找到了一条新的发展路径：大力开展劳动教育，让学生在劳动中体验成长的快乐。

2020年3月，党中央、国务院发布的《关于全面加强新时代大中小学劳动教育的意见》，对大中小学劳动教育做了全面设计，明确了劳动教育的基本原则、目标内容、实施途径和管理保障，具有很强的指导性。这更加坚定了我们开展劳动教育的信心和决心。

一、正确认识现状，在劳动中彰显价值

《意见》中指出，劳动教育是中国特色社会主义教育制度的重要内容，直接决定社会主义建设者和接班人的劳动精神面貌、劳动价值取向和劳动技能水平。这就要求我们学校必须始终将劳动教育作为立德树人的重要内容，高度重视劳动的独特育人作用。

过去人们常说"寒门出贵子"，那是因为穷人的孩子早当家，由于家境贫寒，他们早早就承担起了生活的重担，在日复一日的生产生活劳动中培养出来的坚韧、　努力、勤劳的品格成为他们通向成功的船票。凭借着这些劳动的优势特点，他们最终得以出人头地。但是，现在的农村孩子却很少有这样的品质，这是由于目前大多的农村孩子都是留守儿童，父母为了生计在外打工，常年对孩子疏于管教，在经济上又给的比较宽裕，爷爷奶奶更是对孩子过分溺爱，导致孩子四体不勤、五谷不分，虽作为农村孩子却不曾参与过地里的劳动，有的孩子甚至连自己的基本生活都打理不好，影响了他们正常的交往和学习。

为了改变这个现状，我校积极响应习近平总书记的号召，以孩子们的劳动意识、增强学生的劳动能力为突破口，让学生在点滴的劳动实践中感受劳动的美，真正从心底里愿意劳动、热爱劳动。为此，我们特设置了劳动教育课程，开展了一系列劳动教育活动，让学生们在这个过程中不仅收获了劳动成果，更收获了丰富的人生经历和良好的品格意志。

二、落实劳动课程，在劳动中增长技能

无论社会与时代如何变化，劳动创造价值、劳动改变世界的观念一直不变。为全面构建体现新时代特征的劳动教育体系，我校成立劳动教育课程教研组，解读劳动教育文件和典型做法与案例，理解劳动教育的目标与要求，开发了相关的劳动教育课程。

我校每周每班设置一节劳动教育课，有专任老师。为了不流于形式，我校的劳动教育课由校长亲自担任，广大师生进行监督。在教学内容方面，低年级注重围绕劳动意识的启蒙，让学生学习日常生活自理，感知劳动乐趣，知道人人都要劳动；中高年级注重围绕卫生、劳动习惯养成，让学生做好个人清洁卫生，主动分担家务，适当参加校内外公益劳动，学会与他人合作劳动，体会到劳动光荣，增加劳动知识、技能。

此外，我校还对学生每天课外校外劳动时间作出规定，每个学生放学后都要做二十分钟的家务活，在劳动中体现价值。与此同时，我校还将每周一设置为劳动日，每月的第一周为劳动周，每年的五月为劳动月。

三、开展劳动实训，在劳动中获得成长

劳动的价值是一种深层次的幸福体验，不是在浅尝辄止的劳动体中得到的浅显的、表层的快乐，而是通过动手实践，出力流汗，经受磨炼后体会到的苦尽甘来的成就感。因此学校参加的应该是持续的、动态的、实实在在的真劳动。

作为一所农村学校，我校面临着校园大、师生少、经费匮乏的实际情况。为了更好地开展教学和教育，校园内所有的卫生实行师生共同打扫的方案。每班除了打扫教室内的卫生，还要打扫校园内指定的清洁区，每天早晨值日的孩子需早早来到校园，对清洁区进行认真、细致的打扫。透过那专注的眼神，努力的清扫，我们仿佛看到了多年后工作岗位上优秀的他们。

为了让孩子们能在收获劳动成果时真正体味到劳动的价值和意义，我校特地开辟了一块劳动实验基地，每个班级根据季节的不同种植时令蔬菜和农作物，从翻地、选种、施肥、种植、浇灌、管理都由孩子们共同协作完成。在种植的过程中，孩子学会了观察农作物的成长历程，写出了一篇篇成长日记，知道了不同农作对温度的要求，明白了凡事应该按照自然规律行事的道理。

孩子们全程参与部分校园改造工作，既培养了孩子的劳动能力，又培养了他们亲手规划、创建校园的自豪感。譬如在我们的校园绿化中，孩子们参与到了绿化地面的平整、树种的选择、树苗的栽植等过程中，当校园绿化完成之后，孩子们看着自己所栽培的树苗非常自豪，并表示希望自己毕业之后能够经常回来看看它的成长。这种体验是我们在书本中无法体验到了。

此外，孩子们也积极地参与到家庭生活劳动中，做一些力所能及的事。现在的孩子衣来伸手、饭来张口、挑肥拣瘦，把父母的付出看作是理所应该。在开展家庭劳动教育之后，孩子们在劳动过程中体会到了父母的辛苦，学会了感恩，培养了家庭责任感。家长普遍反映，孩子较之以前懂事了，开朗了，勤快了。

现在的农村，脏乱差的现象依然存在。于是我校组织孩子们参与乡村建设，义务打扫清理街道，积极地为小村做贡献。我们每期对家长进行一次环境保护的宣传教育，让孩子们参与到社会的管理中，为创建美丽乡村献策献力。同时，我校还开展"美丽乡村，我们参与"的主题义务打扫街道的活动，孩子们热情满满、干劲十足，为创建美丽乡村奉献了自己的力量。

四、完善劳动评价，在劳动中塑造品行

劳动教育评价是学校劳动教育的重要环节，是保证学校劳动教育目标实现的重要措施，也是学校教育质量评价的重要组成部分。为保证劳动教育的效果，我校依据教育部2020年颁布的《相关加强中小学劳动教育意见》，以学生发展为本教育理念为出发点，关注每一个学生的全方面发展、连续发展和终生发展，建立了完善的学生劳动评价制度，内容涵盖参与劳动次数、劳动态度、实际操作、劳动结果等多个方面，并将具体劳动情况和相关事实材料记入综合素质档案，作为评优评先的关键参考。

依据劳动教育目标，制定劳动素养评价标准，注重对学生劳动素养形成和发展情况的测评分析。每学期结束后，我们都会对学生进行劳动教育实践测评，对于不同学段学生应该掌握的劳动素养进行评价。优秀的学生给予表扬，需要进步的学生下学期给予更多的指导。

将平时表现评价、学段综合评价和学生劳动素养监测区别开来，分别提出相应要求。一个完整人格的培养，不能单单看他们能解决几道数学问题，而是如何评价他们通过劳动创造多少社会价值。

从每周的班会到集会教育，从每周的升国旗仪式到各班黑板报，从心理健康讲座到安全日教育活动，从值周每天站岗、值勤领导和老师的早来晚走，努力创设以人为本，人人参与，温馨和谐的校园文化氛围，让其成为学生学会做人，学会求知，学会健康，学会合作的富含激情与个性的健康土壤。

在劳动教育的过程中，学生找到了人生的价值所在，体会到了自己劳动成果的快乐，学会了从多角度思考和解决问题，不仅为他们以后的社会生活奠定了基础，也使他们认清了真实的自己，并明确了今后努力的方向。在今后的工作中，我校将继续坚持以学生为中心，从社会、家庭、学校三方面协作开展劳育，让学生在劳动中认识自然、认知社会、认明自身，牢固树立劳动最光荣、劳动最高尚、劳动最伟大、劳动最漂亮的意识，并在日常学习和生活加以践行，从而真正实现在劳动教育中体验成长的快乐地教育目的。

弥足根本铸国梦　立足均衡造名师

河南省南乐县特殊教育学校　李胜强　张宁宁

少年强，则民族强！全面贯彻党的教育方针，落实立德树人根本任务，发展素质教育，推进教育公平，是每一所学校肩负的使命，也是在教育改革上的不懈探索。学校作为教育发展的第一阵地，不仅要培养学生，也要培养老师，培养完整的人，而教师不仅是红烛，更是奔向大海的溪水。我校是一所特殊教育学校。多年来，一直以提升特教教师的专业技能和素养助力学校发展，提升教育品质的同时，也绽放了教师的生命。近年来，结合《国家中长期教育改革和发展规划纲要（2010-2020年）》要求，我校深知残疾人的全面发展及综合素质的提高十分重要。承担残障学生教育工作的特教教师，与此有着直接关系。特教教师仅有专业知识是不够的，还需要提高人文素养。特教教师人文素养的提升不仅有利于教师的幸福生活，更有利于学校的管理工作，有利于全面有效地促进特教教师专业素养提升。一直以来，我校正是通过从这两个方面不断促进教师自身发展，凸显学校以人为本的原则，促进师生身心健康以及自身发展。

一、绽放教师光彩，提升职业魅力

习近平总书记指出：“一个人遇到好老师是人生的幸运，一个学校拥有好老师是学校的光荣，一个民族源源不断涌现出一批又一批好老师则是民族的希望。”教师是教育发展的第一资源，要想实现一流的教育，必须拥有一流的教师队伍。这种说法对于特殊教育教师也不例外。特教教师对残障学生进行教育的过程，是培养学生知识、能力、素质的过程，也是教师不断提升自身知识、能力、素质的过程，这种提升需要教师从扎实的学科知识、较强的职业认知、高尚的师德、良好的合作等人文素养上来获得。因此，特教教师需要不断进行自我更新，深入探究学生，领悟实践知识，通过自身人文素养的提升，促进自身专业化发展，最终真正享受教育带来的无限幸福和至高荣誉。

特教教师人文素养的提升最直接的受益者是学生，因此其提升过程也应围绕学生来展开，树立人本教育理念，培养爱生精神。首先，要尊重残障学生在身体、性格、能力上的差异性，正确看待学生的缺陷和不足；其次，要善于发掘学生残障之外的潜能，充分利用学校资源，给学生足够的发展空间；最后，教学要充分体现学生的主体地位，在教与学中培养爱生精神。

人无德不立，国无德不兴。终身之计，莫如树人；育人之本，莫如铸魂。师德建设永远都是打造优质教师的根本。为此，我校通过开展各种师德宣传活动，要求特教教师用专业的知识培养学生的学习能力，用科学的方法引导学生的康复训练，用儒雅的气质影响学生的品行修养，用无私奉献的精神塑造教师的职业魅力。培养教育工作中的奉献精神，不仅提升了教师人文素养的内在要求，更有利于特教教师进入更高的职业境界。此外，我校从教师专业化素养提升的角度考虑，要求教师要敢于面对自我，挖掘自身教育潜能，积极投身到教育科研中，使自己早日成为特殊教育领域的专家型教师。我校培养特教教师从听力、言语、康复、自闭等专业知识的学习上，要明确方向，同时积极通过参与培训和对外交流、组织小组研究、形成结对帮扶等方式来提升自己的教科研水平，潜移默化的培养特教教师积极进取、尽职敬业的精神。

二、提升人文素养，实现价值人生

特教教师人文素养提升需要教师不断铸造完美地人文态度，最直接的体现就在自己的工作中，特教教师对特殊事业的激情源于对职业的热爱。只有让自己的生命在课堂上焕发亮丽的光彩，让残障学生因为自己的存在而感到幸福，才是对职业的尊重。因此，我校倡导教师要时刻保持积极的工作态度，把精力集中在教育教学上，集中在对残障学生的关爱上，从而生发出令人钦佩的敬业精神。

特教教师提升人文素养的最终目的是提升自身整体素养，追求幸福的人生。特教教师的幸福感在于对学生付出关爱并获得学生爱与成长的回报，在于自身的专业成长和对特教事业的持之以恒。特教教师应具备慎独精神，不断反思自己的教育行为，树立“特教工作虽然艰难，但是特教教师也能从中获得人生幸福”的理想信念。

三、不忘初心共成长，树德立人为蓝天

长风破浪会有时，直挂云帆济沧海。全面提升教师的专业技能和素养是一项既深且远的事业。我校以教师的自我管理、自我教育、自我发展为目标，不断提高特教教师的人文素养，让教师通过“自我反思”来建立自我意识，通过“自我锻炼”在教育教学实践中磨炼意志，通过“自我学习”在校本教研中探究专业发展，通过“自我培养”运用交流学习来拓宽视野。人人都竭尽全力修炼自己的人文素养，绽放职业和生命共有的光彩。在种种举措下，明显得可以看到，学校的教育教学方面的工作取得显著的效果，精神风貌日新月异，教育教学质量稳步提升，各项工作再上台阶，校园特色逐渐彰显，全校师生精力充沛，人文和谐的气息弥漫在校园的每个角落。

坚持传统文化浸润　走内涵发展之路

黑龙江省哈尔滨市香木幼儿园　芦 艳

哈尔滨市香木幼儿园成立于2017年3月，现有41名教职工、9个教学班、220名幼儿。幼儿园遵循“倾心于孩子的今天，着眼于孩子的明天”的办园宗旨，秉承“以传统文化浸润，用现代理念培育”的办园理念，确立了“善嬉、乐学、善思、乐做”的园风园训，着力培养“活泼、好奇、独立、自信”　的儿童，创建“和乐丰美”的幼儿园。2018年高质量通过了哈尔滨市规范幼儿园评审，并被哈尔滨市教育研究院学前教育部确立为教研基地园，2019年被推荐为哈尔滨市园长发展共同体成员单位，2020年成为“全国儿童美术教育基地”。

一、明晰理念，应势而行

2017年中共中央办公厅、国务院办公厅印发的《关于实施中华优秀传统文化传承发展工程的意见》中首次提出了幼儿启蒙教育中传承中华传统文化的要求。将“中华民族的复兴之魂厚植于心”，让幼儿从小接受传统文化的浸润和启蒙，是文化复兴赋予幼儿园的责任和使命。因此，2017年建园伊始，香木幼儿园就确立了“以传统文化浸润”的办园理念，为了使理念落地生根，有与之契合的课程载体，幼儿园结合区域和园所实际，经过反复研究，确定了以传统文化润养的课程建设思路，经过三年的反复尝试、不断修正，初步探寻出了一条以园本课程建设为载体的内涵发展之路。

二、反复探索，初窥路径

第一阶段：“经典诵读”润养

建园初期，在幼儿园没有教材，教师均为应届毕业生，校级干部均为转岗园长的状况下，尚无精力和能力构建园本课程。传统文化的浸润仅限国学诵读。幼儿园把《百家姓》、《弟子规》、《三字经》、《笠翁对韵》、《论语》、《增广贤文》等经典诵读内容，按照难易程度，整体铺进了幼儿的一日生活环节中，这是传统文化润养园本课程的生发点。2017年“欢乐福娃，喜庆元旦”　的传统节日主题活动上，孩子们国学吟唱诵读表演成为联欢会的亮点。

第二阶段：大视角主题活动浸润

幼儿阶段的传统文化启蒙必须是潜移默化、悄然无声、日积月累的熏陶，单一的诵读无论从形式还是内容上，都不能吸引幼儿，不符合幼儿好动爱玩的天性，如何使传统文化与幼儿园的五大领域课程融合，成为课程建设首要需要思考和面对的问题。2018年3月，香木幼儿园的园本课程建设开始了真正意义的第一次尝试：

首先，领导班子精心研究和设计，确立了“传统文化主题润养”园本课程。将中国传统文化的精粹凝练为一个个大主题，形成了瓷器、织绣、服饰、戏曲、书法、文字、建筑等四个学段32个主题。然后，通过顶层设计、中层指导、一线实践的实施策略，在主题课程思维导图、月计划、周安排的具体工作中落实。初步将传统文化主题活动以五大领域课程的形式呈现出来，努力从语言、艺术、科学、社会、健康等多领域阐释传统文化，使幼儿在丰富有趣的课程中感受中国古老文化的美和魅力。

由于课程资源匮乏，课程建设专业指导能力不足，教师课程建构和实施能力较弱，主题与领域相结合的课程建设策略，在具体实施中逐渐显露出生搬硬套的问题，课程实施受五大领域目标的限制，不够丰富、有趣，不是教师喜教、幼儿乐学的，偏离了做主题浸润课程的理念和初衷。2018年9月，幼儿园课程建设小组再次进行研究和反思，调

整了课程结构。把传统文化月主题课程从五大领域课程中剥离出来，作为与领域课程并行的园本课程，强调从幼儿的视角出发，用活泼有趣、丰富多样的形式，将传统文化主题呈现在了集体教学与区域环境中。每个月主题内容的实施力求从幼儿的生活开始，从孩子身边常见的事物开始，逐渐过渡延伸到传统文化中，进行慢养深浸。

在月主题活动实施过程中，幼儿园采取了活动前调查问卷，活动中观察、实践与操作，活动后总结、分析的行动策略。在课程评价上，过程性评价与结果性评价并重，课程建设小组与全体教师逐班听课程月总结汇报、现场查看区域材料投放和幼儿作品呈现等过程性材料，现场提出问题和不足。两年来，我们始终坚持每月一总结、每月一反思、每月一调整，在持续的反思中提升课程建设、指导及实施能力。解放了手脚的教师、孩子们热情地投入到学习、探究、尝试、操作中，兴致盎然地在浩瀚的传统文化中追寻，玩皮影、演京剧、做糖人、剪窗花、画国画、做扇子……大主题传统文化润养课程激发了教师和幼儿主动想象、创新的空间，课程实施呈现出了个性化、班本化、多样化的特征，贴对联、剪福字、行拜礼　、逛年集，每年元旦的传统迎新活动全面展示了课程建设的成果，受到了家长和幼儿的喜爱和好评。

在欣喜地发现幼儿对课程的浓厚兴趣，教师勇于创新和尝试的同时，我们也在不断地反思：缺少专业的团队的支持，缺少课程配套资源，教师们把握不好课程的难易程度，教研指导不够深入、细致等新的问题又摆在面前。

第三阶段：小视点主题润养课程

2019年3月，在哈尔滨市教研院学前教育部各位专家的指导下，课程建设小组重新审视原有课程框架，转变课程观，把幼儿作为幼儿园一切课程的本位者，从儿童的视角反思和重构课程。主题设置从广而大的宽泛主题，落到了幼儿可见、可感的生活化小主题上，如：灯、碗、帽、鞋、风筝……好像没有了传统文化浸润的大方向，但以幼儿为主体视角的“立于当下，追本溯源，拓本求新”的课程研究思路，成了课程实施的新走向。动脑、动口、动手成为主题活动的主要模式，幼儿在做中学，玩中学。高高在上的主题阶段展示墙变为一米线以下以幼儿的视角呈现的“我观察”、“我思考”、“我研究”、“我参与”、“我获得”等儿童成长发展的过程墙。

来自幼儿生活，基于幼儿已有生活经验的“小视点”的传统文化主题润养课程，激发了教师和幼儿的热情和兴趣。教室的角落里堆满了家长带来的各种废旧材料，教师和孩子在废旧物品堆里淘宝，桌上、地上都是正在兴致勃勃探索的幼儿。报纸、杂志纸、打印纸、塑料袋……各种材料制作的风筝被带到操场上，有的很快飞舞起来，有的迅速坠落。孩子们拿着放飞不成功的风筝回到教室，寻求教师和伙伴的帮助，查找原因，尝试改进。一次、两次、三次，最多的孩子尝试了五次，自己做的风筝终于成功放飞了。尽管风筝很简陋，但是孩子被成功的喜悦鼓舞着，兴高采烈的牵引着、奔跑着……四个月的时间，教师和幼儿都发生了可喜的变化，但我们依然在思考和审视：课程的方向是正确的，但教师的创造性、幼儿活泼爱玩的天性还没有完全被激发出来，还有些地方需要琢磨和推敲。

第四个阶段：多元建构的系列润养课程

2019年9月，为期两天的“幼儿园课程游戏化”专家培训可谓拨云见日。通过学习，幼儿园真正确立了“游戏是幼儿生命”的儿童观和课程观。以此为课程建设的统领思想，依据幼儿身心发展的特点构建出了基础课程、主题课程、拓展课程、特色课程的四位一体的“和乐•发展”课程体系，课程从幼儿的基本生活出发，更加注重整体性、多样性、互动性、生成性，更加关注幼儿的实践与操作，更加注重幼儿的自主、自由、愉悦、创造的游戏精神在课程中的体现。融入一日生活环节活动的“经典诵读课程”、依据传统时节主题开展的“节日节俗课程”、“节气节俗课程”、“社会实践活动课程”、家园共建的“家庭劳动课程”、“国画”、“朗诵”、“足球”、“广播”等丰富的社团活动课程……画国画、做月饼、包饺子、做馒头、拧麻花、腌咸菜、做年货，赶大集、谢师恩……传统的习俗真正走进了香木幼儿的生活，课程从孩子生活中来，又回到孩子们的生活中去。

课程建设是一个要专业指导、科学建构、综合评价的系统工程，课程的完整性、适宜性、科学性还有待长期而深入的研究。三年来，香木幼儿园在园本课程建设上马不停蹄地架构尝试、研究发现、反思实践，初步形成了香木幼儿园传统文化多元润养课程，但它还只是一个方向和路径，具体的实施和评价，还需要时间进行反思、调整、沉淀和梳理。“一个人忘掉了他在学校所记住的每一样东西，那么剩下来的就是教育”，这种教育将是融入孩子骨血里的文化传承。养中国娃、育中国心，香木幼儿园始终坚信，只要有为幼儿一生发展奠基的教育情怀，坚持走内涵发展之路，幼儿必然会从传统文化润养课程中获得丰富的生命体验，他们的生命一定会因传统文化的浸润而更加丰富和美好。

科技教育点燃未来之光

湖北省荆门市掇刀区掇刀石小学　高雪松　丁雅　戴艳

中国特色社会主义进入新时代，新时代赋予中国教育事业前所未有的重任。习近平总书记强调：教育是“国之大计、党之大计”，“对提高人民综合素质、促进人类的全面发展、增强中华民族创新创造活力、实现中华民族伟大复兴具有决定性意义”。坚持教育为本，把科技和教育摆在社会发展的重要位置，加速实现国家的繁荣强盛。

近年来，我校深入贯彻落实党中央关于科教兴国的决策部署以及习近平总书记“好奇心是人的天性，对科学兴趣的引导和培养要从娃娃抓起”的讲话精神，与时俱进，大胆创新，进一步提升了学校的科技教育水平，推动了学校教育教学模式的变革，一批具有创新素质和科学潜质的优秀学生不断涌现，让未来科学之星展露锋芒。

一、重视科技教育，加大科技投入

我校在各级教育主管部门的支持和指导下，高度重视科技教育，成立了科技教育领导小组，将科技教育纳入学校工作计划中，定期研究科技教育发展的最新动态。

学校不断加大科技教育资金投入，加强科技硬件建设，充实和完善各个科技功能室。仅2019年，投入资金40多万元，新建2个多功能创客教室。学校现有2个创客教室，使用面积达220平方米，添置有水下机器人、编程机器人、3D打印机、激光打印机、激光切割机等创客教育设备；拥有全市唯一的学校气象观测站，有3个信息技术实验室和2个科学实验室；并在全区最早拥有远程录播设备。为满足“中英”双师视频教学需求，在三至六年级教室全部配备双师课堂教学设备。

学校充分利用地域优势，将高新技术产业园、市科技馆、金色农谷、爱飞客阳光小镇等作为学校科技教育实践基地，定期组织学生实地参观学习，让学生实地感受科技创造的巨大成就，领略科技的无限魅力。

二、普及科技教育，开展多样活动

为普及科技教育，学校在所有年级开设了科学课，做到专任教师专职教学，保障科技教育“学科化”，从小培养学生爱科学、学科学、用科学的意识和兴趣。定期开展地震、火灾、交通等安全演练，利用主题班会、黑板报、手抄报等形式将科技教育渗透到教学中，学校以自愿为原则，组织一批对科技活动兴趣浓厚，思维敏捷、想象力丰富，动手能力强，具有一定个性特长的科技苗子，在每周三下午开展科技社团活动，其中包括：编程机器人、编程无人机、科学实验、航模、纸飞机、创客、电脑绘画、气象观测等，教师在指导过程中，注重学生自主发展，调动每一位学生的积极性，使学生的兴趣爱好获得满足，让每名学生的个人潜能得到和谐、自由发展。

其次，坚持开展科普“五个一”活动，即阅读一份科技书报，观看一部科普影视，参观一次科教基地，开展一次科技宣传，制作一份科技小作品。在科普“五个一”的基础上，每班推选优秀作品参加学校每年一次的科技节活动。与此同时，学校积极邀请省内外科技教育专家来校作学术报告，指导培养学科教师上好科技教育课。邀请全国飞行器专家进校开展无人机专题讲座、邀请南极科考第一人李新到校指导学生气象观测、邀请市科协副主席雷琼进校指导机器人编程课程。

近年来，我校积极组织学生参加国家、省、市各类科技大赛，并取得了骄人战绩。水下机器人协同竞技获2019湖北省信息创客机器人大赛中获一等奖；第17届全国noc大赛获得二等奖。湖北省2018年、2019年、2020年教育教学信息化作品竞赛中，教师20人次获奖，学生电脑绘画30人次获奖。2018年，学校在荆门市“小小爱飞客”航模比赛中获市团体三等奖，学生单项奖8个；2019年，学校在荆门市“小小爱飞客”航模比赛中，荣获市团体三等奖，学生单项奖6个。教师刘芙蓉的《苗木输液装置》，已获得市级专利……教师、学生先后有50人次在全省教育教学信息化作品竞赛中获奖。

目前，我校水下机器人团队又一次获得在山东日照举办第18届全国NOC大赛二等奖；学校科技教育领导小组确定将进一步加大科技教育投入和管理力度，建立健全各项相关的规章制度，规划新一轮的科技教育蓝图。

科技兴则民族兴，教育强则国家强。建设世界科技强国，就必须注重学生的科技教育，培养学生的科技素养，让科技人才源源不断地涌出，才能使国家一直处于世界强国之中，实现建设世界科技强国的伟大目标。今后，我校将继续加大对科技教育的投入，深化课程改革，培养创新型科技人才，让科技教育绽放出更加绚丽多彩的光芒。

立足仁爱优秀品质　培育德才兼备英才

湖北省武汉市江汉区取水楼小学　雷慧君

“一年之计，莫如树谷；十年之计，莫如树木；终身之计，莫如树人。一树一获者，谷也；一树十获者，木也；一树百获者，人也。”这段话既阐明了人才培养的重要性，也揭示出人才培养的不易。学校是传授知识和培养人格的场所，特殊的、固有的文化氛围是学校主要特征。正所谓“风以化人”，正是利用良好的校园环境熏陶、感染学生，突出以人为本的原则，建设人际文化，促进师生身心健康以及自身发展。办学以来，我校深入挖掘“仁爱”品质内涵，以“取义培才，真爱如水”作为学校办学理念，倾力打造“仁爱”文化特色，构建“一训三风两目标”理念文化体系和仁政管理、仁心德育、仁慧课程三大支撑系统，以仁爱文化为学校引领，促进师生和谐发展，竭力培养谦逊有礼、德才兼备的优秀少年。

一、以人为本，建设温馨和谐的育人环境

陶行知曾说过：“天然环境和人格陶冶，很有密切关系。”校园中的每一座建筑、每一处景点，每一片绿色，都成为一种思想的传递，一种文化的表达，优美的校园环境就像无声的老师，滋润着师生的心田，熏陶感染着师生，丰富净化着师生的灵魂，潜移默化地引导师生向着健康的方向发展。为此，我校通过对学校的一花一草、一石一木精心设计，让学校每个角落都充盈着文化知识的气息，彰显学校人文情感。学校的仁义长廊向师生昭示了学校的办学理念、校风校训，仁爱文化的传统魅力；仁义之师照片墙，以书信的形式展现了教师的风采，拉近师生之间心灵的距离；仁爱之星楼梯上悬挂的是学校网球冠军、校园仁爱明星的照片，体现着德育中的榜样作用，润物无声；仁智空间运用每个走廊空间，开辟了翰墨飘香、衍纸物语、嫦娥飞月等仁智空间，展示学校五彩缤纷的社团活动；仁心小屋是心理咨询室，孩子们最喜欢的地方，小沙盘、小沙袋、小花园等温馨的设置纾解孩子们心理的压力。仁心播报、仁爱一日行、仁宝漂流、仁慧课程等启迪智慧，催人奋进。

苏霍姆林斯基曾说：“让学生变聪明的方法，不是补课，不是增加作业量，而是阅读、阅读、再阅读。”为促进仁爱与书香校园互生，我校积极开展了有益的读书活动，利用晨读、夕会、班会，组织学生诵读《国学经典》、《朝读经典》、《做更好地自己》；定期开展古诗词诵读推荐，拓宽学生的视野，提高学生课外阅读的兴趣和能力。学校坚持每月召开一次读书方面的主题队会，如故事会、朗诵诗词大赛、故事大赛等，让学生展示自己，发挥才能，增进互相理解；充分发挥班干部、小小读书迷的模范作用，召开小干部座谈会，逐步带动整体共同学习，共同成长。几年来，学校丰富多彩的读书活动得到了家长们的大力支持，家长热情地为孩子选书买书，在共同读书中进行交流和讨论，增进亲情。

二、德育同耕，提升“仁爱”特色办学品味

德育教育是点亮学生心灵的温光。一直以来，我校积极倡导“微管理”，让仁爱与生活携手。通过微信平台、校园微搏等形式，将日常行为中的点滴以故事的形式记录下来：孩子们的故事、老师之间的情谊、课堂上的得失、校园中的乐事……每个故事都像一朵小花，充满智慧和仁爱的温暖。

为了激发学生对新鲜事物的兴趣，我校为班级配备了小照相机，在每个教室的门口小展示窗上展示同学们对于美的发现：学校的大门更新了、厕所里安装了热水器了、学校橱窗里有了咱们班级的照片了；俯身拾垃圾的同伴，运动场上激烈的比赛、帮助低年级小弟弟小妹妹拎书包的大男孩……相机的“咔嚓”声，是孩子们对真善美的追求，这些小身影不仅仅是校园里欢乐的情景，更是一张张最为亮丽的名片。

校园里还活跃着一群“黄色小马甲”，他们是“清洁用具保管员”、“绿化班级小能手”、“班级服务小明星”、“午餐管理小帮手”等，孩子们在学校里，在班级里找到自己的劳动岗位，体验着、劳动着、奉献着、快乐着。元旦迎新春，他们还亲手将自己缝制的围裙，用零钱购买的手套献给了学校食堂的师傅们、清洁保管员们，并献上了崇高的队礼和红领巾，表达劳动最光荣的情怀和他们对劳动者的尊敬。

此外，走出校园，深入社区亲身感受周边生活的环境变化也是学校教育实施的重点内容。通过这种机会，孩子们和周边社区，特别是借助西北湖广场的地理优势，我校经常开展丰富多彩的活动，如每周“我爱门前一条街”的义务大扫除、参加西北湖广场的绿化劳动，帮忙整理广场的共享单车，向行人发起“净化环境，从身边做起”倡议等寓教于实践体验，让学生们切身感受劳动教育的深层品质，养成服务社会、热爱生活的优秀品质。

课堂是教育实施拓展的首要阵地。我校仁慧课堂的核心是以生为本，而以生为本就是解决孩子们的所学所思。我校在“以疑导学 ，自主学习”教学策略研究中，鼓励学生解放思想，大胆猜想，大胆向教师质疑问难，树立起肯疑、敢疑和善疑的优秀品质，教会孩子们学习，培养他们的人文精神、科学素养。课堂环节分为：课前质疑，投石泛波；课中探疑，推波助澜；以疑生疑、拓展延伸。以疑导学把疑问的种子根植于孩子们的心田，探究的精神始终伴随同学们的合作学习。通过学生的自主探索，师生、生生之间的合作学习，学生主动提出问题、分析问题、解决问题，达到掌握知识、深化思维、培养能力、发展智力的教学目的，即一把钥匙开一把锁、为每一个学生的成长提供最佳的营养“套餐”。此外，我校围绕“仁爱”育人理念，开发了三个系列的校本课程。健体系列健美体魄，健全心理，健康人格，包括灵动网球、快乐壁球、跆拳飞足等。多年来学校为国家、省市不断输送人才。唯美系列课程教有手绘缤纷、歌咏童年、活力拉丁、韵律街舞、衍纸物语、唯美民族、与水有约，让孩子们发现美，欣赏美，表现美，传递美，做美的创造者。雅趣系列有黑白之间（围棋）、墨韵流香（书法），培养孩子们高雅的情趣。“仁爱”系列校本课程充分体现了学校尊重学生的个性、促进教师专业发展，形成了独特的学校文化和办学特色。

三、立德树人，勇创时代品质教育辉煌

明德崇善乐笃行，幸福教育耀师生。教育是温暖人生的第一缕阳光，它尊重、赏识每个个体，致力于学生能力、品德等各方面素质的全面提升，服务于个体的健康成长，滋养每一个生命。未来路上，在“仁爱”文化引领下，我校将继续精进“仁爱”教育，以提升教育教学质量为首要目的，怀揣教育的理念，极投身祖国的教育事业，敢于实践，砥砺前行，为打造有生命力的教育，不懈努力，共谋幸福。

党建引领有效　学校发展有道

湖北省襄阳市保康县第一中学　王乐刚　成加勇

习近平总书记强调，加强党对教育工作的全面领导，加强和改进学校党的建设，是办好教育的根本保证。如何在加强党对教育工作的全面领导中实现党建对教育教学的有效引领，是基础教育系统的一个现实问题。

为落实党建领航的使命，湖北省襄阳市保康县第一中学充分发挥党组织在学校各项事业发展中的战斗堡垒作用，紧紧围绕“党建引领、理念办学、文化育人、质量立校、内涵发展，办人民满意学校”的目标，牢牢把握教育改革发展的“九个坚持”，以“强素质、转作风、铸师魂、提质量”为指引，积极践行四个“一线”的党建工作模式，为引领学校高质量发展提供了强大动力。

一线夯基础，“三项建设”强化组织引领

基础不牢，地动山摇。党的基层组织是党执政的组织基础，担负着直接教育党员、管理党员、监督党员和组织师生、宣传师生、凝聚师生、服务师生等重要职责。为此，党总支要坚持强化自身建设，持续优化基层组织建设，不断夯实基层党建根基，着力把基层组织建成坚强的战斗堡垒。

建优组织，把支部建立到每个级组。根据党员所在年级及任教学科，将基层组织设置为第一、第二、第三党支部，每个支部分设文科、理科党小组；结合党员工作性质及岗位特点，成立综合党支部，实行“总支书记全面负责——总支委员蹲点负责——支部书记具体负责”的层级管理模式，定期对支部工作进行指导督查，对党员进行教育管理。

健全档案，把台账完善到每个支部。规范《党支部工作记录簿》，全面建立健全党建工作台账，做到“三有三全”，即年初有计划、年中有检查、年末有考核；基层党组织规范化标准化建设档案资料齐全、学习教育内容齐全、参与党组织活动的人员齐全。

建好阵地，让党旗飘扬在每个场所。在各支部建立党员活动室、党员学习园地、党员示范岗、党务公开栏，新建廉政文化长廊、新时代树人文化广场，为每名党员配齐《党章》、党徽、《党员手册》和必要的学习用书，让组织堡垒扎下去，活动阵地建起来，做到“一个支部，一面旗，红一片；一个党员，一盏灯，亮一方”。

一线抓学习，“三个抓手”强化思想引领

思想走在行动之前。党的思想引领力是党的生命力和战斗力的重要基础，主要体现为党推进理论创新并用党的创新理论武装头脑、统一思想、指导实践、抵御错误思潮的能力。为此，党总支以上率下，一级带一级，切实抓好学习教育，使全校上下补足精神之钙，育人初心更明。

党日活动炼党性。统筹利用支部主题党日活动开展三会一课，规范落实回顾初心、党性教育、民主议事、实践锻炼等重要环节，以支部主题党日活动为抓手，学深学透《党章》、习近平新时代中国特色社会主义思想及党的政策法规，把党性锤炼落实到每一名党员，不断增强“四个意识”。

会前学习明担当。从党总支到各支部、年级、处室，实行每周例会“会前半小时政治学习制度”，把党的精神传达给每一名教职员工；政治学习做到定内容、定要求、定目标，以学定向、以思促谋、以知促行，增强立德树人的使命担当。

开办讲堂育思政。常态化开展一中笔架山大讲堂和一中新时代中学生思政大讲堂，通过思政教师课堂教学、党组织书记讲党课、邀请专家讲学、开展交流研学等方式，把思政教育涵盖到每一名师生；通过学习教育引领，教师“人人争着上一线，个个愿意带重点”，讲教学、比成绩，全校上下形成了人人、时时、处处宣讲党的好政策、传播教育好声音、弘扬师德正能量的强力气场。

一线炼队伍，“三维培养”强化示范引领

优质师资是推动学校高质量发展的首要保证。党总支坚持以教师发展为 中心，全力推行以立体式三维人才培养模式，着力打造精良

的师资团队。

把优秀教师培养成党员和干部。邀请优秀非党教师参加党课、学党章、观看党员电教片，每月召开座谈会，让他们靠近党、走进党，把优秀教师培养成党员；制定后备干部培养计划，定期组织谈话、考核评比，把优秀党员培养成管理干部。

把党员教师培育成骨干和名师。紧跟新时代、新课改和新技术发展步伐，开展教学大练兵、大比武、大评比，激励教师炼师技、提师能；给党员教师压担子、搭台子、引路子，实施"走出去学，请进来教，关起门练"战略，与襄阳五中等名校名师定期进行教学远程研讨交流，在校内进行师徒接对帮带，把党员教师培育成教学骨干和市县级名师。

把优秀教师培植成典型和榜样。给党员设立先锋岗，通过示范带动引导全体教师聚精会神抓教学，齐心奋力干事业；寻找身边的感动，挖掘身边的典型，制作《笔架山下筑梦人》专题片，举办道德讲堂，开展师德演讲赛，综合运用多种媒体，培植了一大批教学业务精湛、潜心教书育人的先进典型。三年来，学校新发展党员3人，培养县级名师9人， 隆中名师4人，保康名家3人，为学校高质量发展增添新动能。

一线解难题，"三层深入"强化实践引领

"问题是我们永不满足的动力！"党总支始终秉持党的群众路线这一法宝，一切从本校实际出发，长期坚持以"三层深入"，察实情，解难题，促发展。

深入群众访民情解民忧。班子成员定期深入扶贫驻点村，通过入户实地查看、面对面交谈，了解群众困难和需求，对症研制脱贫处方。截至目前，学校先后收集并协助解决村民关于污水管网建设、入户公路硬化、产业发展等问题20余个。

深入教师访教情促教学。要求所有管理干部身子下沉，坚持每天深入课堂或进行网络巡课，了解班级管理、教学情况，研究解决教学中的问题。针对少数教师教学效果不好等问题，学校实行推门听课制、网上巡课制、校长约谈制，有效解决课堂教学效率不高、下课拖堂、课后题海补习的疲劳战术及不规范的教学行为。

深入学生访学情助发展。党员干部进食堂、入寝室，了解学生吃住情况，发现并解决学生困惑。针对学困、单亲及特异体质学生关爱问题，实行党员干部与其结对帮扶，从经济上给予资助，从学习上给予辅导，从心理上给予疏导。针对教学设施不优的问题，投入300多万元引进国内一流的智慧黑板，建成8个创客教室，促进设施条件大幅优化。全体党员落实"五个一"，即教好一门课、蹲点一个班、帮扶一个贫困户、包保一个问题学生、帮带一名非党教师，切实把育人实践辐射到每一项工作。

教育作为国之大计、党之大计，必须加强党对教育工作的全面领导，使教育系统成为坚持党的领导的坚强阵地。党建引领学校发展，促进教育教学工作多元出彩，开辟了学生多元的人生发展方向，也开创了学校教育教学工作的新局面。学校先后获得"湖北省中小学党建工作示范学校"、"湖北省平安校园"、"襄阳市文明校园"、"襄阳市普通高中教学成果奖"等60余项荣誉称号，经验做法被《人民日报》、《中国教育报》、《湖北日报》等多家媒体刊载报道。

襄阳四中：让每个学生成就最好的自己

湖北省襄阳市第四中学 刘明国 张德平

春则好鸟相鸣，夏则佳木蓊薆，秋蕴硕果飘香，冬含碧雪玉凝；零露瀼瀼，莺飞草长，风采灵光，迸射魅力。学海紫藤樱花，赋感古典雅韵；立德厚德明德，筵接春风桃李：襄阳好风日，最美在四中。

历史：沐浴党的关怀应运而生

1953年，为了加快经济现代化建设，毛泽东同志提出"要办重点中学"，有计划有步骤地创办一批社会主义新型学校，发展一批优质重点高中，培养国家建设急需人才。同年，湖北省决定在襄阳等四个地区各创办一所高级中学，作为重点中学。1954年4月28日，经湖北省教育厅批准，湖北省襄阳高级中学开工建设，襄阳市第四中学的前身应运而生！

为了尽早为党和国家培养人才，上级一边从襄阳专署各县一中抽调有丰富经验的优秀教师，一边派人分赴各县市区择优录取男女初中毕业生，当年9月10日举行开学典礼，宣布学校成立。两年后，学校更名为湖北省襄阳第四中学，随后被确定为湖北省重点中学；1978年春，襄阳四中再次被确定为湖北省重点中学；2001年，被命名为湖北省示范学校，随后多次入选"中国百强中学"。

2020年7月10日，学校整体搬迁至庞公新校区。新校区占地面积324亩，建筑面积12.6万平方米。新校区交通便利，校园环境更加优美，教学条件更加智能现代化，是一方授业育人的净土，更是一方修业成长的乐园。学校以优美的环境、齐全的设施、文明的校风、雄厚的师资、卓越的成就，被誉为湖北教育的闪亮名片，鄂西北人才的摇篮。

建校67年来，学校坚持立德树人，全面推进素质教育，德智体美劳全面发展，先后培养出一大批杰出校友，成为国家重点行业和领域的领军人物。学校先后获得六个"国字号"荣誉和一批全省之最：全国实践教育先进单位、全国绿化先进集体、全国平安和谐校园、全国中小学心理健康教育特色学校、全国五四红旗团委创建单位、第二届全国文明校园、湖北省最佳文明单位、中国建筑行业最高奖"鲁班奖"、军校国防生的优质生源基地、国家田径队、排球队与水上运动队国家高水平体育后备人才基地等。

一项项荣誉，一顶顶桂冠，都源自"勤奋、严谨、团结、进取"的四中校风和"敬业、奉献、求实、争先"的四中精神，还有那"追求卓越，崇尚一流"的不懈努力。

现在：最好学校成就最好自己

《大学》有云："大学之道，在明明德，在亲民，在止于至善。"以此为据，最好学校的最终极目标即为"至善"，做到最为完善。"至善"的范围是广泛的，体系是庞大的，它涵盖了学校每位师生员工和教育教学的方方面面，对"至善"的追求也成为实现学校跨越发展的强力支撑和不竭动力。

环境育人润物无声。十年树木，百年树人。新校区规划以人为本，教学区、运动区、生活区和文化拓展区布局更加合理；以"荆楚风华、云水校园"为规划理念，精心设计为"文化校园"、"人本校园"、"数字校园"、"生态校园"；各单体建筑造型新颖、庄重与大方，建筑群整体呈现大气、时尚与灵动的风格。我们充分利用丰富的校区文化资源，精心打造学海、文化长廊等文化小品，认真构思梦想乐章、365米樱花大道，逐步将园林概念融入规划设计中，以"园"为特征，逐步形成现代化、园林化、生态化、景观化的校园环境。根据植物的不同生长习性，因地制宜地栽植树、竹、绿篱、藤蔓、花草等，合理布置花坛、雕塑、池塘、观赏草坪、垂直绿化等多处小景观和休闲地，构筑出情趣不同、风格各异的绿色景观。如今，一个"春有花、夏有荫、秋有果、冬有青"，绿化区、绿化带、绿化树错落有致的校园景象已经呈现在大家眼前，校园中花团锦绣、绿色葱茏、草木含情，每一个雕塑、每一个景点都发挥着潜移默化的育人功能。

理念引领勇创佳绩。学校秉承"成就最好的自己，服务祖国和人民"的办学理念，牢固树立"追求卓越，崇尚一流"的四中精神，坚定确立"学生至上，教师至上，规则至上，质量至上"的工作标准，"静心教书，潜心育人，平心修学，用心出彩"的工作理念，依法治校，文化育人，实施精细化管理，建设精致化校园，创造精品化课程，打造精彩化课堂，形成"和谐儒雅、高尚高贵、大气大志、至善至美"的校园文化，努力实现创建"全市一流、全省一流、全国一流、世界一流"中国名校的办学目标。

强大师资卓越领航。以"打造教育家团队"为目标加强教师队伍建设，严把入口关，挑选一流人才；重视师德建设，塑造教师文明形象；抓好"青蓝工程"，提升学校可持续发展软实力。特别是名优师资队伍建设，推进名师工程、教育家集群工程等，切实建设一个高水平的教育家团队。而今，在这座充满书香、洋溢着诗意的校园里名师荟萃、名家辈出，形成了一个师德高尚、专业精良、无私奉献、成就卓越、底蕴深厚、团结协作、追求创新、积极进取、充满活力的教育家集群。现有专任教师570余人，在岗正高（教授）职称教师7人，特级教师14人，隆中名师25人，高级教师260余人，100多名教师先后获国家、省级表彰和奖励，青年教师在学科优质课、说课竞赛中，获得全国、全省一等奖人数名列湖北省示范高中前列。经过努力，襄阳四中夺得全省拥有在岗特级教师和湖北名师最多的学校，以及全市拥有隆中名师最多的学校等几项重量级桂冠。

素质教育最为全面。学校长期为学生配送"德育套餐"，率先在全市开办中学生业余党校，每年举行"18岁成人宣誓仪式"、"80华里远足"、毕业典礼、科技周、艺术节、体育节、周末电影、绿色网吧、心理咨询等活动，尤其是今年结合党史宣传开发的"青春花开心向党，樱花树下颂党恩"樱花艺术节，用十首经典红歌带领学生们重温了先辈浴血前行的革命之路，展现了祖国走向复兴的壮丽图景，央视新闻频道《新闻直播间》栏目，深度进行了报道，引起强烈反响。这些活动锻炼学生体魄，陶冶学生情操，提升学生素养，培养学生的科学精神和创新能力。开办慈善阳光班、爱心互助社，设立"张正林教育基金"等，让学生在实践和体验中茁壮成长，在阳光下、关爱中梦想成真。此外，图书馆藏书20万余册，学生阅读中外名著，使思想富有；聆听名家讲座，近距离接触崇高；演讲与辩论，健全高尚的人格；写作与实践，成就博大胸襟；党课与历练，确立远大理想。育人德为首，立世品当先。

质量最优始终领跑。近日，襄阳四中被授予北京大学三星级博雅人才共育基地，成为全国首批最高级别的共建基地之一；被清华大学授予2020年优质生源基地…… 仅仅2021年上半年，学校就被全国22所"双一流"高校授予"拔尖创新人才培养基地"，荣誉背后凸显出的是四中学生的"高素养"。近年来，学校先后培养出7名省高考第一名和25名市高考第一名，361人获得全国数、理、化、生、信息等领域奥赛金奖和一等奖，每年考取北大清华人数均为20+，一本重点大学2000余人，在省级重点中学中名列前茅。这也充分说明了襄阳四中探索出来的四"管"四"抓"、四"强"四"好"高质量有特色的办学路径获

得了顶尖高校的广泛认同。

以生为本用情至深。“我常常忆念起我的中学湖北省襄阳四中。她是我命运的方舟，她曾经从险境的此岸摆渡我抵达希望的彼岸。无论岁月怎样老去，对于救助我成人的襄阳四中的感恩，始终都似故乡那条宁静、母性的汉江，永远地润泽着我奋斗的人生”1965届校友，著名作家梅洁如是说到。

1987届校友黄胜个人捐资1000万，以高中班主任张正林的名义设置“张正林教育基金”回馈母校。在这里，教师以自己的高尚道德、健全人格、良好习惯和正确价值观，去感染学生、激发学生、引导学生，不仅仅是监督者、管理者，更自然成为学生的导师、成长的领路人。师生之间平等和谐，教学相长。四中学生沐浴着和谐的校风，在和蔼可亲的师长们的培养下健康成长。

未来：不忘初心打造“四个一流”名校

西方有句谚语说：“谁在凯旋中战胜自己，谁就赢得了两次胜利。”建校以来，学校先后涌现出中科院院士熊有伦、经济学家郭道扬、作家梅洁、“亚洲蛙王”闫子贝、体操世界冠军黄秋爽、全国抗击疫情“先进个人”朱师达与王亚雯、“汉字英雄”张诺娅等一大批行业“状元”。中高考成绩蜚声荆楚，中外交流成绩斐然，襄阳四中高中部、义教部、体育部、国际部，部部齐升，共兴共荣，打造了湖北省基础教育的“航空母舰”。

“一年之计，莫如树谷；十年之计，莫如树木；终身之计，莫如树人。一树一获者，谷也；一树十获者，木也；一树百获者，人也。”这段话既阐明了人才培养的重要性，也揭示出人才养成的不易。如今，站在新的历史起点上，全体四中人必定潜心工作，精进致远，求真务实，开拓奋进，努力创建风清气正、和谐儒雅的精神家园，培养身心健康、具备必备品格和关键能力的创新型人才，为学生的全面发展和终身发展奠定坚实的基础，为教师的职业理想和精神追求创设最优环境，引领“襄十随神”教育群再创辉煌，再立新功，为早日实现“全市一流，全省一流，全国一流，世界一流”的办学目标而不断奋斗！

课堂教学改革，校长至关重要

湖北省襄阳市清河口小学　严其亮

如今，高效课堂改革在全国的推进如火如荼。我们关注课堂上教师的教、学生的学的同时，也应当注意到校长的教学领导力是推进课堂改革、打造高效课堂取得成功的关键，是影响学校发展、教师教学水平、学生学习活动质量的重要的因素。通过深入课堂的有效领导，校长能准确地把握学校课堂改革的真实情况，促进课堂改革的进程，对课堂实施有效地监控和管理，从而充分发挥校长的教学领导力，提升教师的教学水平，掌握教师的思想状况，解决教师在课堂教学中遇到的困难，使学校的管理扎根于课堂，服务于教师，推进学校不断发展提升。

一、校长在高效课堂中需要什么样的领导力

(一) 把行为领导变为思想领导的能力

校长的领导力首先是思想上的。确立学校正确的价值思想，学校才不会成为一盘散沙。作为校长，一定要明确学校要培养什么样的学生，让教师从生活中、教学中、师生互动中传递正确的人生价值观。学校不是为了培养能考试的无情机器，而是为了培养有素养能终生学习的合格公民，让学生成人成才。高效课堂改革决不能只是形式上的改革，而是要改变我们对教育真正意义和作用的认识，然后落实到课堂教学改革中。

在实践中，充分发挥校长的领导作用，带头制定有关高效课堂的规章制度和操作规范，教师按照操作规范进行教学探索，再把高效课堂操作比较娴熟的教师推出来，跨学科、跨年级上示范课，为还处在迷茫阶段的教师指引方向。再根据教师的实际情况，上高效课堂的入门课、达标课、优质课。在每周的干部例会、教师例会上，校长都要加强对教师思想上的指引，强化高效课堂学习，对学习成果加以巩固。

(二) 把管理科学变成领导艺术的能力

管理制度的建设和落实是一门科学，作为校长应有大局观、长远观、责任意识和使命感，将管理科学变为领导艺术，在高效课堂的大背景下，坚定为学校发展奠基的信心和决心。在学校的管理实践中，根据学校发展的实际情况，与教师、学生和家长为代表的利益相关者沟通，建立学校的管理文化氛围，明确学校发展方向和目标，共同融入学校的发展。制度可以实施，课堂可以监管，但教师课堂意识、学生的课堂表现、家长的支持配合却需要校长从精细化和人性化管理中寻找答案。在改革之初，少部分家长对高效课堂不理解，通过及时召开家长会，宣扬高效课堂的精神，设立了家长开放日，邀请家长到学校深入课堂，了解学生在高效课堂上的表现，当家长看到高效课堂让学生带来了可喜的变化，他们就从高效课堂的怀疑者变成了最铁杆的支持者。

二、如何实现高效课堂中校长的领导力

(一) 实现“思想引领”

苏霍姆林斯基曾说：“校长的领导，首先是教育思想的领导，然后才是行政的领导。”同样，校长的教学领导也是教学思想的领导。其次才是教学行政的领导。

校长的教学思想只是形成学校教学思想的前提，必须使之成为学校教师的共识，才能形成教学思想。在校长的倡导下，学校在全校教职工中展开思想大讨论，让教师对现状进行分析。结合全国教育改革的大趋势及教育现状，教师们一致认为课堂改革涉及国家的未来，也关系到孩子的一生，教育不仅要适应社会发展的需要，而且要成为社会发展的先导力量，也一致认同高效课堂改革。思想上的事情解决了，其他难题就迎刃而解了。

其次，校长再把课改与教师自身的成长提高创新联系起来，利用打造高效课堂的平台，激励教师锻造人格，促进教师成长奋起。由于校长在课堂改革中不断加强引导，教师们在自己的岗位上更加勇于创新、敢于吃苦、乐于奉献，在课改的道路上发挥了主力军的作用。学校又制定了一系列的制度，比如评优表模、职称晋升、干部调整、绩效工资等都与高效课堂改革联系起来，激励教师们在高效课堂上不断探索创新，甚至把临近退休的老教师也动员起来。教师们在精神上、物质上得到了实惠，充分激发了推行高效课堂的激情。

此外，为了转变思想，加强学习，学校每学期都为教师发放专门的课堂教学方面的专著，如《从责任走向优秀》、《你在忙什么》、《致加西亚的信》、《构建教育新模式》、《教师专业标准解读》、《读书成就名师》、《改变学生课堂表现的50个方法》等书籍，通过学习进一步转变了教师思想，对高效课堂起到了事半功倍的作用。

(二) 实现“过程引领”

课堂改革是一个艰辛的探索过程，也是校长决策、计划、实施、指导、改进的过程，是对校长教学领导力的一个重大考验。

在开始进行高效课堂改革时，多数教师是迷茫的，应当一步一步地进行引领。如课堂流程上，先是让部分教师参加各级培训，成为课改的先行者，让他们上示范课，再通过入门课、达标课、优质课，让教师熟悉流程，熟练掌握。小组建设的时候，学校组织专人对小组长进行培训，学习怎样管理与评价等。关于学生的独学、互学，学生的展示，都设立明确的要求和做法，让教师清楚地知道如何实践。导学案的设计上，学校在遵循教育局精神及大框架上，探索适合自己学情的模式，设计固定的模板，教师依照框架进行设计。

(三) 实现“指导引领”

在课堂改革的过程中，首先需要解决的是如何指导教师理解课改理念，怎样将课改理念内化成教学行为，再着重落实到如何改进课堂教学上。要从问题入手，一步一步地指导教师走进课程改革之中。

1、根据教学实践问题，指导教师角色转换。传统课堂教师的教学目的是传授知识，课程以讲授为主，教师主宰着课堂，把持着话语权。而课改后的课堂以学生为主体、以学为本，让学生在教师的引导帮助下，自己去探索、体验、发展、感悟，教师的角色转变为帮助者、引导者、组织者、合作者，要把精力投放于活动的组织，学习的引导，以及对学生的管理，鼓励上。虽然讲授的时间少了，但是对老师的要求反而更高了。教师不但要对教学内容和结构十分熟悉，而且语言的组织能力，课堂的调控能力，以及突发事件的应变能力都得过关。另外文本知识、拓展知识、教学能力也必须过关。只有这样才能彰显教师的功力、把握课改的理念精髓，才能有高效课堂的产生。

2、针对课改伊始教师不适应，完不成教学任务的问题，我们指导教师如何掌握调控艺术。在重点难点处，指导教师适当的“进”，勇敢的“退”：进在能引起学生高度关注的地方、知识重点需要强化的地方、能为学生打下烙印的地方；退在以学生为主体，让学生自己去探索、体验、发展……使时间得以充分有效地利用，每节课的教学任务能保质保量地完成。

(四) 实现“反思引领”

反思是促进教师专业成长的有效途径。所以校长要反复强调在课堂改革中，做到天天反思，乐于反思，使反思成为习惯，促进自身的发展与进步，促进创新与提高，加快课堂改革的步伐。

反思主要包括以下几个方面：

1.反思教学中的不足。如学习目标是否脱离学生实际、是否过多过大；教学内容安排是否合理，教学重点、难点、点拨追问是否到位；引导、总结、辅助是否恰当；实际教学是否缺乏灵活性；学生的思维是否得到发展；问题的引领是否达到思维的引深；学生能力是否提高；等等。通过反思教学中的不足促使教学水平的提高。

2.捕捉课堂的“亮点”。校长听课常常会看到教师产生一些有益的教学灵感，及时把这些“闪光点”捕捉下来进行反思，寻找隐含的理论依据，从而获得教学规律性的认识和感悟。校长要主动在一线代课，最主要的目的就是走进学生、走进课堂，为高效课堂获得第一手资料，及时修正高效课堂的前进方向。

3.导学案的反思。教师上完一节课，对教学情况要进行全面的总结和反思，有成功的经验也有失败的教训，这些体会能使后续的导学案不断地修改和完善。经过这样的实践、反思、再实践，再反思，从而减少教学中的不足，加快提高。

4.领导干部的反思。学校干部每周统一上交本周工作总结及下周工作计划，并且对本周的工作进行反思，干部的深刻反思让工作更有

条理性计划性，使下一步的工作更规范、严密。

"一个好校长就是一所好学校"，校长的领导力和执行力将影响学校的各项发展。随着课堂改革及素质教育的不断推进，校长的教学领导力要实施在各个环节和各项活动之中。作为一名对学校发展有意义、有贡献的校长，必须严格要求自己，提升在学校管理中的领导力和执行力。只有这样，才能加速课堂改革打造高效课堂的进程，才能不断地改进教学，提高教学质量，才能促进教师专业水平和能力的提高，从而为学校可持续发展奠定基础。

求实创新，开创教育发展新局面

湖南省宁乡市碧桂园学校　田可升

"心中有信仰，脚下有力量"。习总书记曾多次说过：人民有信仰，民族有希望，国家有力量。作为教育工作者，我热爱教育事业，多年来，我潜心研究教育，求实创新、深化改革，不断提升学校的教育品质，推动教育事业稳步发展。

一、确立团队文化，建设温暖校园

学校有校区，教育无校区。我来自于中国儒家文化发源地、孔子故乡——山东曲阜。本科毕业于山东曲阜师范大学物理专业，硕士分别于中国人民大学学校运营、北京师范大学教育管理专业潜心深造。大学毕业后一直在京城教育界工作，积累了20多年中学一线教育教学实践经验。我曾任北京市某中学教学校长、北京某重点学校分校校长，亲身参与过筹建创办、教师团队组建、学校课程研发等工作，连续多年带领高三教师团队打拼国家课程高考，历届高考成绩非常优异，清华、北大名校毕业生桃李满天下。

带着深厚的专业学养底蕴、中外融合的优秀教育思想熏陶积淀，加之20多年在京城教育界职业生涯的历练积累，融合海淀是全国最先进教育理念，形成了我身上独特的校长魅力。我来到宁乡碧桂园学校第二天，便组织双语高中老师们召开第一次见面会，提出碧桂园学校教师团队的文化是：坚韧不拔、出手不凡。胜则举杯相祝、败则拼死相救。

老师们无论来自北京、湖南等全国任何地方，无论是资深高三教师还是年轻教学精英，一个月来，只要我有空，我便会亲自赶到车站把新入职的老师接到宁碧学校大家庭，用心安排老师们的衣食住行等生活后勤服务。我们一定要对教师好一点。教师有愉快的心情工作，给孩子们上课就会带去温暖的阳光和笑脸。我希望学校给老师们的信任尊重，也同样传递给碧桂园的学生。

二、做好示范引领，打造专业队伍

我一直铭记自己初入教坛时朴素的为师标准，"学高为师、身正为范"。因此，我向老师们提出，教师队伍要高端引领，树立宁乡碧桂园学校高标准的学术和教风标准，用课程提升学校内涵品质。

我首先从打造高三教师团队入手，用专业化、标准化的管理做好全校教师管理的引领、示范工作。聘请最有经验的资深高考把关教师张霖华做高三年级主任，通过组织教师业务练兵，打造教学能手、骨干、学科带头人，建设老中青教师梯队；深入开展校本课程研发，在大教研、科研、集体备课中让教研成果落地；一线教师要学会磨题→出题→复盘，在二模、三模中练兵，全力以赴进行新高考研究。我们一定要让宁乡市碧桂园学校的教育教学质量口碑在湖南当地享有盛誉，把学校办成深受学生喜欢、家长满意的好学校！一个月来，规范标准的《任课教师管理制度》、《教师工作手册》、《课程手册》、《班主任工作手册》、《高一新生入学指导手册》等陆续出台实施。

三、点燃学生兴趣，做好私人顾问

无论是与高三学生的座谈交流，还是在欢迎高一新生的讲话中，我都会嘱咐学生们，宁碧双语高中的育人目标是，奠定升学基础、培养综合素养、发展个性特长、拓展国际视野。

我校的每一位教师都是学生成长路上的导师、咨询师、教育顾问。何为导师？我们有责任建设宁碧学校良好的校风、学风、教风，对同学们的成长成才进行正确的价值观、行为规范的引导教育。

何为私人顾问？我校的老师同时是每一个学生成长路上，最值得信任的"私人定制"的教育顾问。学生们在遵守规则纪律的基础上，教师会帮助每一位学生个性特长的发展，帮助同学们做好学业生涯规划课程，真正落实"因材施教"、"有教无类"的教育思想。

我们打造宁乡碧桂园学校优秀的"住宿文化品牌"。让学生们来到学校生活，在公寓住宿、在集体生活中学会交往合作。让学生们在学生会、班委会、社团活动中，学会自主管理、自主成长锻炼。我们开学的一周军训活动，就是最好的养成良好规范的实践课程，也是培养学生们"中国心"的育人课程。

四、正视自身缺点，做好家校沟通

办一所好学校，要在时代社会发展中保持先进性，作为校长要敢于向自己开刀！要不断去发现自身存在的问题，及时解决问题。

履新就职一个月来，我带领学校部门中层干部深入到学校各个角落，不仅走进教室、运动场、学生食堂、宿舍、洗衣房，更注重的是走进每一位学生和家长的心中。

我告诉家长，孩子入学学习基础薄弱些，遇到困难不可怕。在宁碧学校，我们就是孩子的导师、是咨询师，是私人顾问，学校对每个孩子的学业会制定"一生一案"。双语高中有一名学生家长，因为个人原因准备转学，放假前联系好了学校，转学前告知刚来学校任职的我。我真诚倾听家长诉求，当天晚上马上拜托高三年级主任张老师和陈老师，一起赶到学生家中进行推心置腹的家访，面对面倾听了解孩子和家长的真实想法。

第二天，学生家长感动的在家长群里说——"本来我们已经联系好了学校要转学，放假前特意见了田校长，听了田校长的一番话，决定再考虑一下。今晚张主任和陈老师亲自到家中家访，更加给了我们信心！相信我们的孩子在这里一定会考上理想的大学。老师们辛苦了。强调一下是晚上11点半，所以就冲着学校老师这份责任心，我们家长就放心啦！"

另一位学生家长在班级群里分享——"很感动宁碧学校的张老师和陈老师跑这么远的路来家访，讲了宁碧学校以后的管理模式，证明我们选择宁碧学校是明智的。"

我和双语高中教师团队的时间，都用在了对学生家访的真诚沟通中。生家长的口碑和评价，是对宁乡碧桂园学校办学水平的充分鼓励信任，更是一份责任与期待！

融合东西方智慧和文明，通过高信任的赋能体系和平台让每一个孩子充分发挥潜能并成为最好的自己，办一所温暖、幸福的未来学校。

凡是过往，皆为序章。当前，我校正处于一个新的发展关键时期，有着良好的发展态势，站在新的起点，我校将继续坚持立德树人育人方针，求实创新，加强内涵建设，提升办学品位，谱写学校新的篇章。

读《论语》，修己达人

湖南省永州市宁远县第一完全小学 李国斌

孔子曰：四十而不惑。意思是说，四十岁上下的中年人，经历岁月的洗礼，内心已经不会惶惑。四十岁这一年，我接任了宁远县第一完全小学（简称"宁远一完小"）校长，谈起修身、齐家、治校，我觉得先贤圣人更厉害，我从《论语》中悟出了几点修身、齐家、治校之道。

一、修身：知之为知之，不知为不知

我自幼读《论语》，起初是因为语文成绩不好。我父亲也是一名教师，他想了很多办法来提升我的语文成绩，最后将一本小书放在我面前，说：读这个能提高语文成绩。

这本小书就是《论语》。那时年幼的我并不知道《论语》，父亲叫我读，我就磕磕碰碰地读着。随着语言理解力逐步提升，成绩竟然真的开始好起来。对于我来说，收获还远不止于此。书中的每个字都成为我日后的立命之本。

这些年，我已经将《论语》读了无数遍，每次我都能产生新的感悟。"温故而知新"是我读书的基本原则。凡是我选定的经典，我都会一遍又一遍地重读。我读了四遍《红楼梦》，每读一遍都感觉跟书中的人物又近了些。

即便这样，我仍然认为自己没有完全读懂《论语》。遇到不懂的句子，或者觉得之前有些误读，我就会和家人、同事一起探讨，从不掩饰。工作上，我亦是如此。"知之为知之，不知为不知，是知也。"我希望自己具有这种真正的智慧。

二、齐家：三人行，必有我师焉

如今，我已是两个孩子的父亲，大儿子念高中，小儿子还在念幼儿园。我的家里有三个书柜，我和两个儿子每人一个，每个书柜的藏书各不相同，却都能找到同一本书——《论语》。早上读《论语》，成了我们父子三人每天共同完成的第一件事，这也是我们的精神纽带。

即使读同一本《论语》，我对各自的要求也各有不同。我自己一定要读懂每个字；老大在县城里的国学机构论语班学习，他要慢慢悟透其中的含义；老二就只需要读，能认得几个字就行。

当他们读到"三人行，必有我师焉"时，我会发自内心地认为，两个儿子身上的确有很多值得我学习的地方；大儿子正值青春期，哪里还会觉得父亲和弟弟身上有什么优点，更别说学习，于是我就耐心给他讲解，找小儿子身上的优点给他看；小儿子认为只有学校里的老师才能叫作老师，其他人怎么能称为老师呢？我就暂时让他这样理解。

读着读着，我们父子三人都能互相看到对方的优点，亲子关系却在不知不觉中更加融洽。

三、治校："文、行、忠、信"

孔子教育学生，从四个方面入手：文献知识、行为规范、忠于职

守、言而有信。四个方面概括起来就是四个字：文、行、忠、信。

我从事教育工作二十多年，一直把“文”字放在首位。我在柏万城完小（该校为宁远县另一所小学）当了六年校长，那所学校在我的带领之下成为全县知名的经典诵读示范学校。期间，我采取的最重要的一项举措，就是我和那里的孩子们读了六年《论语》。每个早晨，每间教室里都会传来诵读《论语》的声音。学生能将《论语》读通，便对其他国学经典产生兴趣，学校里书香氛围日益浓厚。

在宁远一完小，我做的第一件事就是编写了校本教材——《经典诵读》，将《三字经》、《弟子规》、《论语》编入其中。《三字经》和《弟子规》本就跟《论语》有十分紧密的联系，低年级学生读起来朗朗上口，便于接受。教材编好了，我会和老师们先读；老师读懂了，再和学生一起读。有了“文”，便可以“行”。目前，校本教材在宁远一完小推行了一个学期。最明显的效果，就是学生在食堂就餐时都能做到“食不语”。整个食堂安安静静，秩序非常好。

“食不语，寝不言”是《论语》里的话，讲的是吃饭和就寝的礼仪，嘴里嚼着食物的时候不要说话，到了该睡觉的时候就按时睡觉，不要发出声音吵到别人。学生们读到这句话，就会检视自己的行为。

说到“忠”，当代小学生该如何践行？我在著名教育改革家魏书生的书《班主任工作漫谈》里找到了答案。魏书生在书里说要让学生自主管理，人人有事做，事事有人做，每个学生都被赋予一定的职责。

我从学校卫生工作开始，在教室里划出很多小区域，每个区域都会指定相关责任人。这样一来，每个学生都是管理者，提高了学生的主动性。效果也不错，整个学校都不再需要到处设置垃圾桶，却又找不到一处卫生死角，校园里的卫生环境大大改善。职责划分清晰，学生责任明确，就有了责任感，能以身作责。这就是“忠”对于当代学生的意义。

无论何时，“信”都不会过时，它是《论语》里提得最多的字之一。“言必信，行必果”、“人而无信，不知其可也”、“言忠信，行笃敬，虽蛮貊之邦行矣”都提到“信”。在我的主导下，宁远一完小多次以国旗下的讲话、主题班会等形式，号召学生行诚信事、做诚信人。

除了文、行、忠、信，我教育学生的其他方面，也是从《论语》中寻找方向。通读《论语》，不见华丽辞藻，只用朴素的语言讲述朴素的道理。我行事作风也十分朴素，他深信书中所说的“君子欲讷于言，而敏于行 ”。在言与行之间，我始终坚持行大于言，做比说更重要。

我的父亲将我引进《论语》之门，也许不曾料到影响会对我是如此深远。《论语》中的道理博大精深，每读一次，我都感觉受益匪浅，从中汲取了修身、齐家、治校的智慧。我非常庆幸自己在很小的时候接触到《论语》。《论语》对我一生的影响可以说是无与伦比，以后在生命教育的跋涉中、在心灵旅行中，我也许回无数次地重读《论语》，回到孔子。我希望我们的教师都要“扣好第一粒扣子”，走好人生中的每一步，不为名所累，不为利所缚，不为权所动，不为欲所惑，真正做到立足岗位履职尽责。

让德育之花绽放美丽校园

湖南省张家界市慈利县第二中学　肖华

党的十八大报告明确把立德树人作为教育的根本任务，习近平总书记在2018年6月又进一步强调指出：“要把立德树人的成效作为检验学校一切工作的根本标准，真正做到以文化人、以德育人，不断提高学生思想水平、政治觉悟、道德品质、文化素养，做到明大德、守公德、严私德。”这说明了新时代学校德育工作建设的重要性和紧迫性，这也成为新时代学校强化德育工作的新指挥棒，神州大地因此而兴起了一股德育建设的热潮，大江南北，大学到小学，青年到幼儿，德育风四起，德育声音震天吼。慈利县第二中学作为一所具有红色光荣传统的农村高中，紧跟时代的脉搏，在继承传统的基础上开拓创新，坚持立德树人，德育为先，为强化学校德育工作进行了积极的探索。

首先，强力打造学校教师的职业道德规范

孔子曰“君子之德风，小人之德草，草上之风，必偃。”这就是说管理者的德行对于被管理者德行有着重要的作用。于是，学校以抓教师职业道德建设为突破口来抓学生道德建设工作。“师者，传道授业解惑也”，自古教师把传道放在第一位，传道就有道德教育，每个教师都担负着学生德育工作重要使命。学科教师是不容忽视的德育工作者，学校提出要在学科教学中以知识为载体渗透德育。爱国主义教育是德育的主旋律，为此，学校制定《慈利二中师德师风管理办法》、《做一名好老师的标准》、《慈利二中教师上课十不准》等一系列制度来强化教师职业道德。另外，学校还大力树立师德师风先进榜样，来引导道德新风尚。如利用教师节对学校师德师风高尚、教育教学成绩突出的老师进行表彰；以建党100周年为契机，组织全体教师“心中有党，为党奉献”的演讲比赛，营造崇尚师德的氛围。可以这么说，高尚师德的塑造对学校学生品德的培养起了至关重要的作用，毕竟教师才是最重要的德育传播者，课堂才是学生主要的德育阵地。

其次，营造一个良好的德育氛围

孟母三迁的故事，启示我们良好的环境对人的成才作用不容小觑。“与善人居，如入芝兰之室，久而不闻其香，即与之化矣”，学校充分利用校园的每处资源来宣传道德和理想，让学生在潜移默化中进行道德熏陶。如慈利县第二中学的校门，在设计时就充分结合了历史和现代的元素，既彰显了古朴庄重，又突出了大气华贵。校门牌匾上的四个镏金大字“人本和贵”，昭显以人为本、以和为贵的中华民族的传统思想。再说学校中心地带树立的两块巨型宣传牌，一块宣传的是社会主义核心价值观内容；一块宣传的是学校以“梅花精神”为核心的教育教学精神，让进入学校的学生，心中必须有国有校有理想。除此之外，学校还利用每一个墙壁，每一个建筑进行德育现身说话。比如：学校的女生宿舍就冠名为“淑女阁”，并利用门框两侧宣传窗对新时代淑女的定义和要求进行了解读，让女生自觉向之看齐。学校的每个教室都进行了班级文化建设，把德育内容放在班级文化建设的首要地位。总而言之，在营造德育氛围的过程中，全校上下均思想高度统一，不惧投入，突出德育为首的重要地位，让校园的每一处都成为潜移默化的德育场所。

再次，打造一支德育建设的骨干队伍

毛泽东说：“政治路线确定之后，干部就是决定的因素。”基于这样的认识，学校注重打造德育队伍，建立一支党组织为领导核心，分管德育工作副校长以及学校政教处正副主任、学校团委书记共同组成的学校德育工作班子，以全体校领导和任课教师为德育指导老师，教师全体参与的形式，以班级为单位的德育建设组织架构。这支领导班子通过定期召开会议，研究和宏观统筹学校各年级各班的德育事项，通过各种形式督促学校德育工作落地生根开花。班级是学生的小家，德育教育的根基，学生的德育大多在班级中进行，班主任是班级建设中的组织者、引导者和学生健康成长的引路人，如何面对全体学生，探索提高德育实效，为学生终身发展服务是每个班主任的工作目标。通过每月定期召开班主任会议的形式让班主任去传达执行，班主任也就成了执行学校德育工作的直接责任人。另外，学校政教处和团委会利用每周一升旗仪式和每周五班会课作为德育宣讲的固定时间和主阵地，从不同的角度宣讲社会主义核心价值观，培养学生道德品质。

最后，充分利用各种活动进行德育教育

实践出真知，活动感化人。学校有一个传统就是能充分利用本地资源，在各类活动中来培养学生的德育。比如：学校团委会每年都会在三月份组织部分学生到敬老院开展志愿服务活动。这些学生由各班班主任选出，一般都是本班学习不够刻苦，纪律比较涣散，思想认识模糊的学生，他们参观后大部分都转化很快，思想道德水平提升大，这种活动真正实现了一举两得，既弘扬中华民族敬老爱老的传统美德，又让学生树立爱劳动，不怕脏不怕累的志愿者精神。每年清明节，学校还要组织学生祭扫烈士陵园，通过宣讲战斗故事，学习革命先烈为了人民的解放事业抛头颅洒热血的革命精神。此外，每年开展的体育文化艺术节、激情德育活动，所有学生都参与，培养学生更高更快更强、百花齐放、格调高雅、健康文明的品质，通过这些活动，春风化雨润物无声中提升学生道德素养。

学校是育人的地方，是培育人才的地方，学习不好者只是次品，思想不好者就成了危险品，更谈不上成为人才，如何引导青少年学生学会做人，同指导学生学会学习一样是学校教育永恒的议题。这些年来，慈利县第二中学不断强化德育，多措并举，促进了学校各方面工作的全面发展，特别是德育之花已绽放校园，学校被湖南省授予“省级文明校园”，被张家界市教育局誉为“农村普通高中的一面旗帜”，被当地社会广泛传颂为“最适合读书的好地方”。

借以戏曲之火光，点燃教育之未来

湖南省株洲市石峰区北星小学　彭芳　王婷　苏丹

少年强，则国强！教育关乎民族之兴衰，是国家强弱的心脏工程。只有在教育的土壤中深耕细作，做有特色的教育，办有意义的学校，才能让教育的温暖浸润每个校园。立足奕奕荣光之上，我校不断打造“星少年”成长的摇篮，学习的沃土，结合我校“文化浸润，经典育人”办学思路，我校坚持以“人人小星星，颗颗亮晶晶”的办学理念，聚焦“戏曲”作为学校传统文化特色教育之路，通过开设戏曲学习课程，将戏曲文化融入学校艺术课堂教学中，利用多种途径进行校园戏曲文化知识推广和宣传，让戏曲文化深入师生心中，让戏曲融入校园，成为推进校园文化建设、打造办学品牌的特色。近年来，我校教育教学质量连续多年在本区名列前茅。先后获评湖南省安全文明校园、省四星少先队大队、省知识产权教育示范学校、株洲市两型示范学校、株洲市文明校园、株洲市传统文化教育基地。

一、铸魂培根，营造戏曲文化浓郁氛围

自确定戏曲作为学校特色办学路径后，为办好戏曲特色，我校实施了一系列措施，团队成员费尽心力，不辞辛苦，从最初让孩子们看光盘，到自己亲自教授孩子们戏曲，到后来陆续聘请学校附近的戏曲爱好者和演唱者来学校指导孩子们学习，经过一年的不懈努力，孩子们对戏曲产生了浓厚的兴趣，并且能够演唱一句甚至几段，听到孩子们清脆悦耳的声音，在欣慰的同时，更坚定了我校继承戏曲传统文化精髓的决心，加大对戏曲办学特色在人力、物力、财力方面的投入。

为此，学校经多方协商，克服重重困难，历经磨难，聘请了剧团专业老师作为我校的戏曲辅导教师，定期到我校指导戏曲教学；教研组长坚持自费拜师学艺。先分班分曲目分段教授、练习、指导，再针对个别有天赋的孩子成立戏曲社团重点培养，从唱腔、动作、眼神、表情……一句句示范、手把手指导，老师教的认真、学生学得专心，老师离开后，学生经常利用课余时间三五成群的练习，孩子们的唱戏的声音在校园久久回荡，每到晚上就是住宿孩子们的“戏曲大课堂”，争先恐后地展示自己的戏曲所学，这种氛围成为校园一道亮丽的风景线！

功夫不负有心人。近年，我校的戏曲特色取得了可喜的成绩，每逢学校社团活动、各大节日、各大舞台献艺，学生都能游刃有余，引得好评连连。连续两年，我校学生在各类中小学才艺大赛中，我校都获得了荣誉奖。我校贾瑶老师执教的花鼓戏教学课获得视导好评，陈卓君老师执教的京剧《卖水》一课获得区一等奖，徐晔老师执教的京剧《苏三起解》一课更是获得省级一等奖，并在省级戏曲教学展示活动中经验亮相。现在，班班唱、人人唱，校园戏曲特色开展得如火如荼，令人欣喜！

为进一步打造我校艺术教育特色，不断提升学生的艺术素养和综合素质，营造浓厚的戏曲艺术氛围。我校坚持育人宗旨，按照不同年龄段学生身心发展特点，将教学内容化繁为简、由易而难，循序渐进地培养学生的学习兴趣，营造“向真、向善、向美、向上”的校园文化。我校以学生兴趣为动力，注重教学方式与学习方式的多样化，将戏剧学习和经典名段欣赏结合起来，在审美愉悦的艺术实践过程中逐步引导、培养学生的兴趣与爱好。在普及戏剧知识的基础上，加强特长学生和有浓厚兴趣学生的培养和训练，努力提高学生戏剧表演水平。

二、多措并举，建设戏曲文化育人阵地

为了让学生对戏曲耳濡目染，我校开展丰富多彩的活动，激发学生兴趣，通过戏曲进校园活动，培养学生对戏曲艺术的兴趣，了解戏曲艺术的相关知识，进一步传承、弘扬优秀的民族文化。通过逐步推进的方式，使全校师生人人能够会唱规定的曲段，人人知道一些与此相关的基本知识，在全校范围内形成比较浓厚的豫剧、曲剧艺术教育氛围。如今，学生们都已基本了解我国戏曲种类。人人都能传唱1—3首经典戏曲。我校还制定了有效地实施管理办法，保证活动的推进。学校教师和行政领导要带头融入活动，在活动中充分发挥表率作用。广大教师都要参与到戏曲文化的推动工作中来，我校组织还对全体教师进行相关培训，学习戏曲基本知识，学唱经典戏曲，有效保证活动的全面推广。一直以来，我校始终围绕全面实施素质教育的要求，把戏曲文化传承和学习作为学校教育教学中的一项重要任务，形成科学、系统的学校戏曲文化课程体系，建立激励评价标准，让戏曲文化成为学校素质教育特色。环境是学生接受戏曲文化的催化剂，结合小学生特点，我校通过环境的渲染、课堂的教学以及开展形式不一的活动，生动、活泼、切实有效地对学生进行戏曲文化教育，使学生学习中华戏曲文化的知识、感受戏曲艺术的魅力，从而激发学生对戏曲文化的兴趣。

我校的“戏曲进校园”活动，是传承民族文化、弘扬民族精神，建设中华民族共有精神家园的迫切需要，也是丰富校园文化生活、提高青少年儿童艺术修养的有效载体，是探索课程改革和实施素质教育的有益尝试。为此，我校成立“戏曲进校园”活动领导小组，加强活动的指导，并由校长专门负责。学校不仅提供经费支持，还多方筹集资金，购置戏曲服装、设施、道具、音响、聘请专业教师，为此项活动创设必备的条件。此外，我校高度重视舆论宣传工作，充分利用校园广播、黑板报、橱窗及晨会、班会、家长会、文化墙、戏曲脸谱、戏曲手抄报等形式，大力宣传戏剧曲艺术，让全体教师、学生及家长充分认识开展这项活动的重要意义，形成全社会关心支持“戏曲进校园”活动的良好氛围。此外，还以学校艺术教育活动为载体，广泛宣传实施成果，鼓励学生学习戏剧艺术和有关知识，提高演艺水平。根据我校教师和学生的实际，考察、结合、利用好本地的戏剧资源，根据不同年级、不同年龄、个人爱好与擅长，以教学班为单位进行学习。利用音乐课、大课间、活动课等时间进行学练，积极引导学生收看中央综艺和戏剧频道。寻求上级有关部门支持，构建戏剧特色培训、普及模式。同时，我校组织专门人员，定期不定期对各班级活动开展情况进行督查与指导，每学期组织一次成果展示活动，同时把“戏曲进校园”活动列入学校文明校园创建范畴，为促进艺术特色学校的创建做出应有的贡献。

三、知行合一，推动特色教育卓越发展

教师的专业技能和素养是学生学习的重要因素。为此，我校积极加强师资培训，依托省市艺术院团的戏曲专家，对学校有特长的教师进行专业培训。定期选派教师到外地参加戏曲学习，进行戏剧理论知识和专业技能培训，提高他们的理论水平和专业教学技能。增强教师的戏剧专业知识和组织戏剧类课堂教学的能力。利用音乐课、大课间以及课后服务课堂组织学生进行戏曲唱段的学唱，让一小部分有兴趣的学生参与戏曲社团，感受戏曲艺术的魅力，让由喜爱变成热爱。

“戏剧进校园”活动意义重大，我校还成立了活动领导小组，认真制定配套实施方案，细化责任，强化举措，确保活动取得实效。另外我校每年从经费拿出资金为戏曲设施、学生服装、教师工资进行专项支出。把“戏剧进校园”列为学校年度综合考评的内容。定期开展专项督导检查，建立活动评估体系，形成长效机制，切实将活动落到实处。特别是在组织、观看演出、讲座等过程中，要提前做好各类安全预案，遵循学生观看演出不出校的原则，安全、圆满完成活动，为孩子们提供更好地教育资源和成才环境。

教育，就是精神的唤醒，潜能的显发。学校的内涵、品位和文化底蕴需要被全体师生牢记并践行，应如和风细雨渗透到学校各处角落，待春暖花开。我校会以“戏曲”作为特色办学的宗旨，虚心向学，脚踏实地，勇敢前行，在教育中不断创造、生成丰富的教育资源，让戏曲文化散发出馥郁的芬芳。

疫情之下，教育不停

吉林省舒兰市小城镇中心小学校　李丽

时光匆匆，转眼之间本学期已然过半。目前，全面抗击新冠病毒的战役仍在进行。抗击新冠疫情，我们全国上下众志成城，但作为人民教师的我们，在抗击疫情的同时，也始终坚守在教育这块阵地上，始终与学生、家长在一起，充分发挥着教育的力量，履行着教师的育人职责。“停课不停学”，线下教学暂停，线上教学开启。面对线上教学，我们用陌生的方式做着我们熟悉的工作，用短短三个月的时间，完成了对于我们一个县级市而言可能需要10年才能完成的教育信息化进程。在不断探索、实施线上教学的过程中，抓实教学常规，不断进行线上教学实践与研究，积累了一些有价值的经验，确保了线上教学的实效开展。

下面，我从以下几方面来和大家进行交流，不足之处还请各位批评指正。

一、对标教学常规，严抓空中课堂

空中课堂对学校和教师提出了更高的要求，为确保线上教学的实效性，我校进一步加强教学常规管理，督促教学五环节按部就班、扎扎实实地开展。

1.资源共享助力高效教学

学校每周定期进行线上集体备课。学年组、学科组教师结合学情及线上教学实际，分享经验，探索方法，解决问题。

随着线上教学深入开展，我们及时调整不同时期线上教学关注点。线上教学开始之前，针对线上教学学生专注力和视力问题，我们科学制定教学内容，将课时合理分解；在网课开始的前两周，集中关注教学安全的保证和名优骨干教师示范引领作用的发挥；后来随着线上教学的时间拉长，注重关注教师教学任务和压力的减轻，引导教师注重发挥学生学习小组的作用；一个月后，我们把关注重点放在了保证学习效果上，要求不仅要教的有效，更要让学生学的有效，各年级各学科探讨了多种授课模式和互动方法，确保学生课上以及课前预习、课后复习的积极性；同时各学科德育渗透也是我们集体备课的主题，每次集体备课集中解决一个到两个问题，研究出来的好的做法马上落实到课堂教学中，有效果就深入完善补充，及时在全校进行推广。

同时，教导处严格要求教师线上教学的教案书写格式和内容，对教师使用网络教学资源的衔接语和过渡语设计进行严格检查，对暂停的时间进行精确标注，通过业务检查发现优秀教案及时上传钉盘进行全校展示。

2.巡课监管齐努力，线上教学显实效

为保障线上教学安全和实效性，我们实行分级监管制度。

一是包保领导巡课监管。校领导分工合作，学年段、学科组包保到人。通过每日巡课，及时捕捉好的做法和教学中的亮点，发现不足和问题，及时与教师进行沟通交流，通过日反馈、周总结，提出解决问题的建议，推广优秀案例，并根据实际情况随时调整教学管理思路，努力做到减轻教师负担的同时提高实效。

二是配班教师时时监管。所有科任教师分配到全校各班，对班级授课进行时时监管。确保出现问题时能及时反馈、力时解决。在为线上教学保驾护航的同时，完成听课学习任务，促进自身专业性提高。

三是授课教师自我监管。线上授课教师每节课后针对课堂教学进行自我反思，记录线上教学反思表，及时发现问题，调整教学策略，提高教学实效。

3.辅导检测有新招，居家学习热情增

我们加强预学单的探索和使用，精心设计预学作业，提高学生在家学习的效率；除利用家校本进行作业布置和评改，又探索新的实用型作业APP；不断创新作业形式，布置视频作业，评选优秀作业，并制作电子奖状激励学生；组织进行单元测试、低分率学生月考，不定期对学困生进行实地家访和辅导；建立年段学困生辅导群，安排了具体辅导时间，开展有针对性的线上辅导答疑，及时进行练习和测试，巩固所学知识；各年级各班级各学科根据实际情况对学生进行综合性、多元化的全面评价，积极调动学生的居家学习热情。

为检测开展线上教学以来的教学效果，4月30日，学校集中组织进行了线上教学期中质量测试。教导处提前制定了《线上教学期中质量检测方案》，进行了线上培训，安排各教研组认真出卷，班主任和科任教师提前告知学生及家长线上考试的注意事项，确保考试顺利进行。检测结束后，老师们即刻开始网上阅卷，在第一时间完成了所有试卷的评阅，并进行了细致的分析。5月7日起，以教研组为单位召开了线上教学阶段性质量分析会。教师们认真分析了本次教学质量检测的结果，总结了线上教学的得与失，形成文字材料，为下一步教学工作的高质量开展提供了有效地保障。5月15日，教导处召开了全校期中质量检测分析会，结合期中检测成绩进行了全校整体分析，结合数据分析线上教学存在的问题，并针对问题提出下一步的改进措施。

4.业务检查不放松，总结反馈促提升

线上教学期间对教师业务的检查和监督更是不能放松，学校采取了教师业务周检查和月检查相结合的方法。

周检查：由于线上教学课时进度的不确定性，教师提前一周将教学设计、教学资源、周课表上传至学校钉盘共享空间，业务领导每周授课前进行检查反馈，以保证线上教学质量和效果。

月检查：延续常规业务月检查制度，对教师业务进行全面检查与反馈，检查内容包括教师的备课情况及教学反思，教师的听课记录、学生作业、学生单元检测试卷及分析、教师练功作业等。

通过反馈和总结，落实问题整改，推广优秀典型，实现教学工作质量全面提升。

二、培训练功两手抓，主题教研不停歇

1.应用培训，为线上教学保驾护航

学期初学校组织进行了钉钉软件的常规应用培训，线上教学教师规范培训。随着线上教学的展，针对教师需要先后进行了辅助软件使用，微课制作、问卷星应用、云课堂应用、钉盘使用等多次培训，加速教师信息技术应用能力提升。在线上教学期间，教师积极探索，不断实践，各个学科教师的信息技术应用能力与资源整合能力得到了飞速提升。尤其是青年教师的成长速度惊人，微课制作、视频直播、教学设计等能力长足进步。我校任秀珍老师代表我市在全省进行了钉钉软件应用的经验介绍。

2.以研促教，打造高效线上课堂

居家办公丝毫没有影响我们教师主题教研的热情和效果，针对疫情防控形势下的教学工作，学校每周都根据实际情况开展跨时空的教研活动。多轮次多主题教研次第展开。统一内容的理论学习，合理安排教学内容、划分课时的专项研讨，落实"两全"、德育渗透的课例研究，各学年组、学科组每时每刻、随时随地在群里开展的小教研，都是我们教师们对教学研究的爱恋。

学校先后组织了两期"线上教学行与思"教研活动，老师围绕"新教学，新感受"和"线上教学我有经验"进行了年组和学校两个层面的深入交流和研讨，在分享、交流中互通有无，促进成长。

在反复教研中，我校的线上教学方式经历了年段名优骨干教师的示范联播、学年学科组教师轮流联播、班主任班级独立授课的逐步完善过程，促使教学更有针对性和实效性。为减轻教师线上教学压力，提高教学质量，学校转变教师独立备课直播教学模式为甄选名校优质教学资源直播授课和独立备课直播授课相结合的教学模式。组织进行了"利用优质资源，实施有效教学"的年组教研和校级示范教研，深入探索文字互动、语音互动、连麦互动等多种互动方式的合理使用，要求教师在互动方式选择的同时，关注全员，关注互动的实效性。在一次又一次的交流研讨中，学校教师的教学能力和业务水平在不断提高，同时实现了线上教学师生无障碍沟通与交流，保证了线上教学效益的最大化。

为更好地落实"两全"教育，促进"两支队伍"建设，学区内各个学校组织开展了学区线上送课教研活动。我校四个年段六个学科八位教师为学区四所兄弟校送去八节线上课堂，学区内170余名教师参与听课研讨活动，实现了学区各校"同思同研同成长，共享共建共提升"的教研目的。

3.以点带面，德智体美全面发展

疫情笼罩既是挑战也是机遇，学校抓住教师居家抗疫的时机，组织教师全面开展练功活动。

青年教师已经先后进行了两次读书沙龙和交流活动，每周四全校教师的读书汇报和交流雷打不动，每周进行教师经典讲堂活动，带动家长和学生读经典、诵经典、写经典，感受中华传统文化魅力。我校体育、音乐、美术、书法、读书课教师共设计、录制开发51节体育微课、25节音乐微课、33节美术微课、120节书法微课、37节读书微课。学校组织开展了首届微课大赛，中青年教师全员参赛，微课质量再上新台阶。

三、教育新途径，家长来帮忙

在学生居家学习的这段时间，我校教师充分发挥家长的作用，让家长参与到对学生的教育当中来。老师通过网络与家长进行交流沟通，达成了教育共识，家长队伍与教师的配合更加默契。

学校先后开展音体美书竞赛、家长开放日活动、劳动实践活动、主题教育活动等，在一系列活动中，家长已然成为学生和老师的第一助手，为孩子录制视频、制作视频、参与视频评比、打卡统计、上传作业、测试监考、制作美篇等等，家长样样手到擒来。学校大队部和安全办也组织了许多丰富多彩的活动，着重关注学生居家的活动体验和心理健康。线上教学期间我校深入落实"两全"教育，努力实现了五育融合、五育并举。

用"过五关，斩六将"来形容我们的线上教学的上半学期尤为贴切，结合学生线上学习的特点和需求，我们对硬件、软件，课前、课中、课后等各个环节都进行了一些探索与实践。过程辛酸，但结果欣喜。在接下来的线上教学工作中，我们会总结经验，凝聚合力，稳扎稳打。在特殊时期，安心施教，精准施策，让我们共同见证舒兰在线教育带来的别样教学质量！

做"有力"的校长，创"魅力"的学校

吉林省延吉市北山小学校　康伟华

陶行知先生说，捧着一颗心来，不带半根草去。因为热爱，所以执着！教育是一种宁静而慢节奏的艺术活动。作为一所学校的校长要静下心来，尊重教育规律，怀着虔诚的心来办教育。作为校长要有自己的思想，用文化引领，用魅力感染，用行为示范。从教23年来，我始终坚信教学思想是办学的灵魂，教育质量是学校的生命，教学管理是办学的关键，始终致力于做"有力"的校长，带"心动"的队伍，建"活力"的学校。我带领全体教师锐意进取、奋发图强，为学校教育的特色发展与品牌建设不懈努力，使学校教育教学工作不断实现质的飞越和突破，在延吉市乃至延边州均走在了前列，还充分发挥示范与辐射作用，担起了一方教育的重任。

我先后获得"全国科教先进校长"、国家"十佳卓越校长"、"全国创新名校长"、"延边州教育科研型名校长"、"市优秀教育工作者"等40多项市级以上荣誉。作为校长，我始终以一名开拓者的姿态走在教育改革的前沿。

一、做"有力"的校长，引领学校发展

表率力是凝心聚力的基础。在实际工作中，我不仅是校长，也是教师，更是学生的校园监护人。虽然学校的日常教育工作非常繁重，但我总是竭尽全力把每项工作努力做好、做优，做到极致。刚到北山小学任职时，为了不影响学校的正常工作，我悄悄隐瞒了自己已怀有身孕的情况，用宽大的裙子加围巾掩饰日益发胖的身材。作为大龄产妇，我怀胎七月仍坚持在新旧两个校区间来回奔波，没有因孕期的任何不适而有丝毫懈怠，这令后来得知实情的教师们心疼不已。直到生产前一天，我才不得不停下来休息。孩子刚满月，我又第一时间返回学校，积极投身繁重的工作当中。

学习没有休止符，勤于学习是一个领导者的立身之道。自2005年担任中层领导以来，在繁忙的工作之余，我仍不忘坚持学习，公开发表的论文三十余篇，国家、省、州、市公开师范课二十余节，指导的公开课及各项活动百余次。2015年—2016年就读延边大学教育学院教育管理专业，获得硕士研究生学位，毕业论文《小学学校特色建设途径的个案研究》获得"优秀硕士论文"称号。2019年6月我又成为教育部中小学校长领航工程——张洁校长工作室的成员。

时代变迁，社会的发展对教育提出了更高的要求。为此，我一直引领教师团队在课改的道路上努力前行，取得了一系列成果：成功承办东北、华北人教版全国数学成果研讨会、延吉市教育局和进修学校联合举办的"课堂教学改革推进会"、延边州综合实践活动课程"区域联盟，结伴同行"交流研讨活动等活动。学生在一次次活动中得到了潜能的发挥，教师在一次次活动中提升了学科素养，学校通过一次次活动提高了知名度。

亲和力是教育氛围的润滑剂。对待教师，我就像对待自己的亲人一样，我总是设身处地站在教师的角度去思考、去分析、去成全。世间万物，尊重是最重要的，每个教师的出发点都很好，但在工作过程中都可能遇到瓶颈。我尽力了解每位教师的实际情况，从不同的角度去成全他们，让他们的生命在教育系统中得到最大激活，让他们以最好的状态成长。

来到北山小学之后，为带动学生的读书热情，我发起了"我与校长共读书"的活动。我还按照年级亲自为学生选购课外读物，制订读书漂流计划，参加学生们的读书分享会。

对于每个人来说，家是温暖的，对于留守儿童来说学校就是他们的第二个家，校长、老师就是对他们全权负责的"妈妈"。我非常关注留守儿童爱的缺失，在学校成立了"儿童之家"，经常把留守儿童、困难学生请到"儿童之家"来，和他们谈心，给他们更多倾诉的机会。还

经常利用节日开展关爱活动，例如：端午节，召集全体留守学生包粽子、吃粽子，让他们感受到节日的气氛和家的温暖，让他们在远离父母的日子里也能健康快乐地成长。

创造力是教育发展的永动机。从2015年起，我在集思广益、多方论证的基础上，大胆创新并开发了一系列校本课程：有国家层面的“非遗进校园 班班博物馆”课程，有社会层面的“特别日”课程，还有个人层面的“发现时间”课程。

在北山小学，每个班级都有与众不同的“非遗特色”，有朝鲜民族特色的扇子舞、农乐舞，有国粹京剧，有扬名中外的中华武术，有传统“二十四节气”，有中国结、鲁班锁、腰鼓、纸艺画……康伟华坦言：开展“非遗进校园”就是要建立一个优化课堂内外的教学体系，鼓励教师突破课堂教学限制，走向课堂之外，培养学生的家乡之情，在课程建设与实施中激发学生的民族意识和民族认同感。

“特别日”是节日和纪念日的结合体，同样采取班级认领的模式，不是用课程来教孩子，而是让孩子成为课程的主人。比如教师节，以前是学校来组织活动，由班级认领之后，这个班级就成了学校教师节的主策划人，孩子们集体谋划如何给老师们送歌、送温暖。

二、带“心动”的队伍，唤醒教师激情

一所学校只有让老师满怀幸福地工作，学生才能满怀幸福地学习生活。作为校长，我深深意识到加强教师队伍建设的重要性。在一所学校里，有一群可以成为领袖教师的“沉睡的巨人”。如果唤醒他们，学校将得到发展的最强动力。我带领学校领导班子研究并形成了别具一格的学校管理新体制、内涵丰富的校园文化新渠道。在“冷制度”规范背后，学校更加注重“硬制度”引领和“软制度”凝心，激励先进，引领发展，通过人文管理，融洽情感，凝心聚力，体现人文关怀。比如，在制定《出勤管理制度》时，学校在征求教师意见的基础上，扩大了教师探亲假、婚假、产假的时限；教师生日，送上蛋糕与祝福；教师生病或家庭遇到困难。

唤醒老教师的工作激情。对老教师我通过“送理念”、“送弟子”、“送真情”等措施让老教师体会到学校领导对他们的真诚关心和认可，充分尊重老教师的地位，唤醒他们的工作激情，鼓励他们不甘事业平淡发展和落幕，发挥好教学“传帮带”作用。

为中年教师助力鼓劲。对中年教师通过开设教师论坛交流经验、评选感动校园先进人物、组建各类课题研究团队等多种措施和活动帮助他们克服消极心理，坚定教育方向，保持良好心态，体验职业幸福感，使工作充满干劲，实现人生价值。

激励青年教师力争上游。为青年教师努力创造出彩条件，帮助他们树立个人的奋斗目标，并积极为他们创设各种培训提高的机会和展示锻炼的平台，充分肯定、信任他们，多鼓励、多扶持，使青年教师尽快完善自我，不断提高教学能力与教学质量，争创一流业绩。

三、建“活力”的学校，培育出彩学生

校园要“有趣”。校园文化不是为了建而建，而是为了孩子们的喜欢和需要而建。我的落脚点是，学校教育要让孩子们喜欢，校园文化要从根部浇注营养，所以我总是踏下心来、扎下根来，观察孩子们究竟需要的是什么。这种“有趣”是建立在孩子的兴趣爱好之上，然后再搭建起文化学习的平台。

校园文化要“尚品”。何为“尚品”？“尚品”并非高大上，真正的“尚品”文化是既能孩子接受、喜爱，也能在潜移默化中让孩子了解国家、世界等不同层面的相关知识。比如“特别日”课程，虽然是一种隐形文化，但其背后蕴含着对祖国的热爱。我校“特别日”所包含的节日和纪念日已和教育部《小学德育纲要》实现无缝对接。“尚品”文化符合国家对未来人才的需求，能够帮助学生形成正确的三观，提升学生生命的高尚，让他们成为一个对社会有用的人、一个有根的中国人、一个幸福指数高的人。

校园活动要“出彩”。我们的孩子不仅仅在学校内出彩，我还把他们带出校门、带出国门。来到北山小学后，我组建起了学生管乐队，并创新地将西洋乐器与朝鲜族民族乐器四物乐（长鼓、鼓、大锣、小锣）相结合，用西洋乐器演奏延边朝鲜族曲目，实现了民族与世界的融合。2017年，学校管乐队应全国校园春节联欢晚会组委会邀请，我亲自带领管乐队到新加坡和马来西亚参加了“第二十二届‘新马吸引’国际青少年艺术交流盛典”，荣获器乐合奏国际金奖。2018年度在上海组织的“中华杯”中国第十二届优秀管乐团队展演中学校管乐队被评为二等奖，在延吉市延边州第五届中小学生艺术展演活动中，被评为特等奖。作为一校之长，我成立管乐队的初衷，并不是为了学校的荣誉，而是为了学生的成长。我只想为每一个孩子的出彩尽一份力，也正因此，才得到了家长们的支持和现在的成绩。

教海无涯，丹心永驻，砥砺笃行，挥写芳华。我以“人人都享有一份爱，人人都得到尊重，人人都享有机会，人人都有所追求，人人都体验成功和幸福”为职业信仰，满怀着对教育的热爱，带领我心爱的教师队伍，在学校管理和教育教学等方面取得了一个又一个丰硕成果。然而，教育从来不是一个结果，而是一个生命展开的过程，它永远面向未来。站在新的历史起点上，我将带领进学小学踏上新征程、担当新使命、实现新跨越！

“以体育人”，助推学校内涵发展

吉林省长春经济技术开发区北海小学校 李秀丽

体育承载着国家强盛、民族振兴的梦想。体育强则中国强，体育兴则国运兴，体育已深深融入中华民族复兴进程。多年来，我校坚持“以体育人”，坚持高质量发展，注重塑造学校品牌建设，深化教育教学改革，开拓创新，积极作为，助推学校内涵式高质量发展，走出了一条“以体育人”的特色发展之路。学校坚持“四个转变”打造“以体育人”的新样态，并以独具特色的育人情怀赢得了社会各界的广泛赞誉。

我校是一所拥有41个教学班和一个“特教辅读班”、1800余名在校生的现代化学校。北海小学拥有一支精干、执行力强的班子队伍，以及一批优秀高能的教师队伍，其中包括吉林省杰出校长、长春市骨干校长、吉林省学科带头人、吉林省骨干教师、长春市骨干教师、长春市教育名师数十名，为学校的创新发展作出了突出贡献。

一、打造教育品牌，夯实发展基础

“阳光教育”一直是我校践行立德树人根本任务的教育理念，而“阳光体育”的践行正是我校创新发展的重要举措之一。多年来，学校在“以体育人”教育理念引领下，打造出了“创新·发展”的教育品牌。

我校是区域内规模最大的学校之一，早在2016年，我校作为东北地区首所实验学校，率先加入全国学校体育联盟，“以体育人”教育理念得到了进一步的梳理与完善，逐步构建了“体育+”的“阳光体育”课程体系。

近年来，学校以体育课、体育大课间、运动会、体育社团为载体，深化学校体育文化内涵，从阳光体育活动到阳光体育课程，再到阳光课程体系，形成了学校从“阳光体育”到“阳光教育”的转变，本着“为每一名学生的幸福人生奠基”的办学宗旨，为学校的创新发展铺就了一条坚实的道路。

二、创新体育特色，提升学校内涵

学校体育是实现立德树人根本任务、提升学生综合素质的重要途径，是构建德智体美劳教育体系的一项重要的基础工程。基于此，我校始终把学校体育工作摆在突出位置，构建德智体美劳全面发展的“阳光教育”体系。

打破传统，因势而新。学校在开齐国家课程的基础上，打破传统单一的教学目标，坚持健康第一的育人理念，创新了“健康知识+基本运动技能+专项运动技能”的学校体育教学模式，让学生在体育锻炼中享受乐趣，增强体质，健全人格，锤炼意志。学校因时而进、因势而新，建立了“教学—训练—竞赛”一体化课程体系，在学生体质显著提升的同时，教育教学质量也得到了全面提高。

“以体育人”，创新发展。自2017年起，学校坚持每年开展“冬季上冰雪”活动，大力发展冰雪项目，包括旱地冰球、旱冰社团、地板冰壶、冰雪体操、冰雪课程。2020年冬季学校开展了一系列冰雪活动，包括竞技类的雪地足球、拉爬犁、拔河比赛等项目，静态类的手工制作、书法、绘画、摄影、征文、朗诵、板报、手抄报等冰雪文化活动。学校连续3年在省、市体育传统项目地板冰壶和旱地冰球锦标赛中战果喜人。

全员发展，助推教改。学校在大力开展校园足球的同时，不断拓宽课程领域，涵养阳光健康的校园体育文化。2019年学校开展体育“走班制”教学改革实验，主要有6个体育项目：篮球班、足球班、橄榄球班、轮滑班、旱地冰球班、啦啦操班等，由“一校一品”形成了“一校多品”的体育发展特色。2019年啦啦操队参加全国啦啦操联赛，荣获集体自由舞蹈自选动作和集体爵士舞蹈自选动作双项冠军。

三、确立发展理念，擘画未来新篇

体育是健康、是力量、是国防、是生产力……因此，我校始终秉持“舍我其谁挑重担，为观奇景上高山”的担当，确立了“以体育人”的发展理念，为学生的幸福人生奠基。

如今，学校多样化的体育特色创新体系，成为区域体育教学改革的新引擎。我于2019年参加首届蔡崇信“以体树人”杰出校长评选，进入了全国前30强。

我校的成功经验为区域教育发展提供了很好的示范，带领全区所有学校都加入了全国学校体育联盟。2018年长春市召开体育教学改革现场会，学校在吉林省全运会中进行了素质操展示；2020年学校体育教学改革经验在第二届全国体育教学改革论坛上作了分享。

学校先后被评为吉林省校园足球示范校、长春市“女足人才基地校”、长春市首批校园足球基地校。学校连续成功承办两届“亚足联女孩足球节”和“国际足联LiveYourGoals（追梦）女孩足球节”。一批学生成为长春足协、天津泰达、吉林百嘉、广州恒大的梯队队员，部分学生签约清华、北大等名校，有的教师进入国家男足U17教练团队……

奋进新时代，唯拼搏者强，唯奔跑者胜。我校在教育改革创新发展中“以体育人”的实践做法，进一步深化了“五育”并举的办学方针。目前，学校正在启动家、校、社协同“以体育人”共进计划，继续探索新型体育教学模式，以体育带“五育”，促进学生全面发展，全面落实“青少年熟练掌握1项以上体育运动技能”的要求，总结和推广“以体育人”的实践经验，发挥优秀校长培训基地的作用，带动和辐射更多的校长加入到“以体育人”的实践中，担当起民族复兴的重任。

促进学生身心健康、体魄强健，养成终身锻炼的好习惯，是我校育人的重要使命。我校将继续坚持“以体育人”的教育理念，依托体育联盟，大力开展阳光体育运动，以“天天锻炼、健康成长、终身受益”为目标，健全学生人格品质，促进学生全面发展，培养能够担当民族复兴大任的时代新人。

“田园+”课程：让灵性的生命之根生长

江苏省常州市金坛区朱林中心小学　高平华

严华银教授在他的《学校是个教育场》中写道：“‘真正育人’的地方，一定是通过文化、课程、教师和学生及其相互作用所形成的、化育教育对象的‘教育场’。‘场’是磁场，富于极大引力的物理环境；‘教育场’是生命源，是催生灵性生命成长发展的生态系统。”我校是一所地处城乡接合部的农村小学，在籍学生不足四百人，生源不稳定、青年骨干教师不断流失成为学校失衡发展的两大突出问题。如何化解？又怎样在困惑中创设一个“教育场”？在经历一番思考和研讨以后，我校提出了“基于个性发展建构‘田园+’课程体系”的设想，并逐步规划实施。

一、课程理念因“根”而来

2017年学校确立了“厚德载物、养本固根”的办学理念，并以此不断打造“厚”、“养”教育生态。“厚”指丰厚的学识、深厚的底蕴、宽厚的师德，是育人的基础，是学校教育发展的支柱；“养”指制度培养、环境润养、课程滋养、文化涵养等，是立德树人的重要途径。

“田园+”课程追寻“自然而然、自然自在、自融自洽”的教育，它是国家课程校本化实施的课程样态，即以乡村校园为背景，遵循儿童的身心特点和认知规律，将课程融入乡土，让课堂浸润田园；它是学科教学变革的形态，是以“田园+”为主线，充分整合学科教学、德育活动、社会实践的内容和形式，实现学生书本世界、生活世界的无缝对接，在教学和评价上体现质朴而真实、清新而自然、生活化的风格；“田园+”课程还是教师职业生活和专业发展的姿态。引领教师在课程建设中优化教学内容，优化教学方式，优化评价形式，积极参与彰显乡村生态、弥漫田园风味、促进个性自由、散发生命活力课程体系的建构，从而生根课程，定根课堂，扎根农村。

二、课程目标源“根”而设

“田园+”课程积极践行“要全面贯彻党的教育方针，落实立德树人根本任务，发展素质教育，推进教育公平，培养德智体美全面发展的社会主义建设者和接班人”的要求，以“田园+”课程体系建构为途径，进一步更新育人观念，进一步改造物态环境，进一步凝练办学特色；以“田园+”课程体系建构为跑道，为每一位学生学习自主、生命自觉、个性自由地生长提供丰富而适性的课程菜单；以“田园+”课程体系建构为接力，促进教学方式的转变和教师职业幸福指数的提高。

三、课程内容由“根”而定

“田园+”课程体系以国家课程为基础，并将所有课程予以整合，设置为“基础课程”、“学科拓展课程”和“主题体验课程”。基础课程为主道、学科拓展课程和主题体验课程为辅道，结合乡村教育实际，逐渐形成“田园春晓”、“田园夏日”、“田园秋思”、“四季牧歌”田园课程分支。基础课程即国家课程，以教育部核定的必修内容（学科）为主。学科拓展课程的内容为基础课程的衍生，例如由语文、英语、道德学科拓展出田园诗文诵读、小主持人、手抄报、英语绘本、国学与家风等课程项目；由音乐、体育和美术学科拓展出剪纸与儿童画、美妆、棋类和排球、舞蹈与合唱、葫芦丝与竹笛等课程项目；由科学、数学学科拓展出魔方、七巧板、数学农场、数棋等课程项目；主题体验性课程主要包括综合实践活动课程和相关的节日课程，例读书节、科技节、艺术节、运动会、传统节日、“生命生长”八礼四仪和微习惯课程，以及初具本校特色的绿植、养殖、家政和编织课程。基础课程、学科拓展课程和主题体验课程是一个相互联动的整体，彼此促进，形成一个开放而多元的“链式”结构。

“儿童观是教育观的核心和基础，只有真正确立了正确的儿童观，才会有鲜明的儿童立场。”、“田园+”课程的内容是从儿童的成长出发，从儿童的特点和需求出发，始终让儿童去站在课程和课堂的中央，以多样的选择性和创造的贴切性为儿童打开一扇扇多姿多彩的窗。“田园+”课程体系是学校教育变革的梦想，也是一个处于“正在进行时”的课程举措。

四、课程路径循“根”而行

“田园+”课程定位乡村，定位生源实际，立足培养向上、向善、向美的儿童教育目标，立足成就童心、匠心、慧心的教师发展目标，立足打造有生趣、有生机、有生活的学校内涵提升目标，在课程形态上以“田园”为课程的基调，以“田园+”为创生课程的策略，以课程形态的变革促进课程内容的选择和优化，以课程形态的变革促进生态课堂的建设，以课程形态变革促进教育评价的转型。

1.“百花齐放”设计项目

“田园课程”的实施以项目为途径，在课程规划的统领下，鼓励和组织教师精心设计项目，主要有教师才艺支持项目、校外人员专长辅导项目、学科整合项目、研究性学习项目、实践体验项目等，这些举措对于我校这样一所课程起步较晚的乡村学校，加快引领、积极推进是十分必要的。

2.提纲挈领重点打造

在规范实施项目的基础上，立足学校文化和品牌建设，着眼学校特色发展和前瞻性项目建设，着力打造“半亩地”劳动体验课程、“竹蜻蜓”航模课程、“微社区”习惯养成课程、“传非遗”剪纸课程和“儒雅风”家训课程。

3.“大道至简”优化评价

合理的评价可以调动师生的积极性，增强他们的自信心和进取精神，同时对课程实施起到较好的调节作用。“田园+”课程的评价从“简”。基础性课程的评价着眼目标、内容、手段、效果和风格五个方面；学科拓展性和主题体验性课程评价着眼学生参与的程度、喜爱的程度、收获的程度来进行评价。

建构主义认为，学习者要想完成对所学知识的意义建构，即达到对该知识所反映事物的性质、规律以及该事物与其他事物之间联系的深刻理解，最好的办法是让学习者到现实世界的真实环境中去感受、去体验(即通过获取直接经验来学习)，而不是仅仅聆听别人(例如教师)关于这种经验的介绍和讲解。“田园+”课程在农村田园生活相关的真实事件或真实问题的基础上，以质朴真实、清新自然、回归生活为追求，不断完善课程制度，用心突出文化涵育，逐步实现教学内容的呈现方式、学生的学习方式、教师的教学方式和师生互动方式的变革，让学校充满人文智慧和人文关怀。

构建“安尚”校园文化，促进学校内涵发展

江苏省常州市武进区横林实验小学　殷黎明

学校文化建设就是寻找属于自己的根。横林实验小学是一所古老而又年轻的学校，它创办于1906年，一百多年的办学历史，为学校的新发展积淀了深厚的文化底蕴。学校文化从原先的“博爱”到后来的“博雅”，针对校园文化建设“泛化”、“同化”问题，全体师生回归教育本质，从学校文脉“安尚”入手进行深度思考，旨在用不变的文化情怀丰厚学校内涵，实现学校安尚文化品牌的打造和文化品质的腾飞。

一、安尚是一种溯源，确立“安如山　尚如水”的校园精神

基于学校文化基因，让“安尚”文化有根。校园文化不是凭空产生的，需要本土文化的滋养和濡染，找到自己独有的基因和密码。我校师生追溯校史，考证地名。早在宋朝，横林地界境内有安阳山和尚湖，故名为安尚乡。1906年学校创立时，校名为“武进县安尚乡第二国民学校”，当地百姓习惯称之谓“安尚学堂”。最初的办学宗旨是“怡然自安，尚贤崇德”，讲究的是安安静静教书，安安心心学习，培养有文化、有道德的学者。风雨沧桑，薪火相传，学校已有113年的历史。安尚文化是对传统的尊重，更是历史必然的选择。

基于师生共同愿景，让“安尚”文化有魂。开展校园文化建设，是传承也是发展。横林实验小学是一所农村小学，在当地百姓中颇有口碑，老师们在此安心教学，学生们在此安心学习，培养出一批又一批优秀学子。开展校园文化建设以来，学校走访历任师生、校友，集聚全校师生智慧，多次与专家论证，借助深厚的历史文化积淀和优美的自然环境，找到安尚文化的源头活水，遵循“弘扬传统，面向未来”的办学理念，秉承“怡然自安，尚贤崇德”校训，在“安如山，尚如水”的学校精神感召下，着力培养“会想会说会行动”的安尚好少年，力求“办一所安静、生动有温度的学校”。

二、安尚是一种浸染，创设“安静而生动”的校园环境

环境文化熏陶行为自觉。地灵方使人杰，环境陶冶众生。环境文化是学校文化的显性呈现，它凝聚了学校的核心理念和突出特色，学校积极营造“安静而生动”的育人环境，安尚文化渗透到校园的“三楼四廊五馆”。

三楼。学校的三栋楼，主题色彩鲜明。尚学楼、厚德楼，每一层都

有一个主题色。在这里，醒目的布告栏和精美的班级名片、温馨的书吧和整洁的卫生角，淡雅的墙面和励志的标语，相得益彰。博爱楼主要展示学校师生的系列活动精彩画面，如一年级开心的入学礼、三年级感恩的成长礼、六年级感恩的毕业季等。

四廊。长廊是学校建筑中的一大亮点，书法长廊、读书长廊、科持长廊、红十字长廊，设计精美，主题突出，将学校的特色文化一一展示。

五馆。图书馆：图书室、阅览室藏书丰富，图书角充满童趣；DI馆：展示创造力、学习力和合作力的魔法屋；安尚墨韵馆：书法、图画、篆刻，引领孩子徜徉在传统文化的王国中；艺术馆：努力成为安尚娃展示艺术才华的栖息地；足球馆：展现着我校作为全国足球特色学校的发展历史及取得的荣誉。

书香文化润泽学生心灵。为了让书香溢满校园，学校营造积极向上、清新高雅的书香文化氛围。每天的午读时间，安尚娃们在图书阅览室、楼梯角的阅读角、班级里的好书推荐角，处处体现“博览伴我们同行，经典助我们成长”。平时，开展“我为阅览室添书香”、“故事妈妈进校园”课程、“我型我秀”、“小书签、大创意”、“作家校园行”、“跳蚤书市”等丰富多彩的读书活动。孩子们在阅读中为精神打底，为人生奠基。

三、安尚是一种状态，打造“安静而灵动”的生命课堂

“安”即安定、安静、安心，卸下教育的功利性，洗净教育的铅华，还原最朴素的育人至理，这就是坚守教育的状态。“尚”，指崇尚、追求，探寻儿童的本真，追寻儿童天然之中的发展轨迹。我们以丰富的乡土资源为依托，以学生的品格、素养为旨归，建立“安尚学堂”这样一个空间与文化场域，让教育的过程始终有生命场，让学生身在其中，遇见最好的自己。主要表现在：

开发丰富性育人资源。植根安尚学堂百年文脉，充分挖掘横林地域文化资源，编写校本课程，引领学生全方位体验家乡文化的丰盈。统筹横林及周边地区的资源，为儿童的生命课堂提供广阔的土壤。如带领学生走进常州博物馆、横山桥博物馆、上海市科技馆、常州运河五号创意街区等。

探索体验式育人途径。学校开设晨会课程、升旗课程、五爱课程、研学旅行课程、民俗文化课程、安尚服务课程。让学生从生活、自然以及社会交往中学习、拓宽和创新。基于研学、讲堂等方式，在调查、探究、创作、实践等体验过程中，培养学生“敢想会说能做”的素养。

开辟分享式成长课堂。建立强大师资库，利用学校微信、横林情槐微信、安尚讲堂、家长课堂、社团等线上线下的课堂，引领学生了解家乡历史典故、方言俚语、多彩民俗、卓越名人、魅力非遗等文化。

这样的生命课堂，即立足于学校，又延伸至家庭、社会，既学习传统文化，又面向未来，追求创新；既扎实基础，关注每一个孩子的生命状态，又追求灵动智慧的样态，成就每一个学生的个性张扬。

四、安尚是一种体验，构建“传统而现代”的课程体验

我们的课程由“安”课程和“尚”课程组成，“安”课程是基础性课程，即国家课程，约占80%。我们既重视“脚踏实地”，扎实学好基本内容，又尊重学生天性活泼。“尚”课程为发展性课程，主要是校本课程，内容和形态相对灵动。在开设课程中，我们一方面注重弘扬传统：经典诵读、书法、国画、篆刻、蚕桑，另一方面我们面向未来：机器人、创客、DI学习坊项目等。从而构建起具有我校特色的“安尚课程”。

校本化实施国家课程。我们对教材进行拓展和延伸。学校研发了经典诵读课程、安尚墨韵课程、蚕桑文化课程、数学文化课程、童话课程、足球课程、小记者课程等7门课程。并组织教师编写了相应的校本课程。

社团活动个性化课程。多元的社团课程为校园生活锦上添花，开设书法、国画、机器人、创客、足球、跆拳道、游泳、羽毛球、舞蹈、合唱、烘焙、小主持等几十项选修内容，涵盖科技、艺术、人文、体育四大领域。每周五的社团课程，学生根据自己的兴趣选择喜爱的课程找到自发展自我的平台，为学生奉上了一道道奇妙精彩的课程大餐，全校学生动手、动脑乐在其中。

节日庆典仪式感课程。学校文化一旦走向成熟完善，都会拥有美妙优雅的仪式、节日和庆典。我们的主要节日和庆典有：入学礼、成长礼、毕业礼、阅读节、科技节、英语节、艺术节、体育节等。

五、安尚是一种需要，培育“坚毅而博爱”的安尚师生

在安如山，尚如水的文化浸润下，我们的师生日渐呈现“坚毅灵动”的山水秉性，外显特征分别为，教师：有爱有梦有担当，学生：会想会说会行动。

培养“有爱有梦有担当”的安尚教师队伍。自我实现需要是马斯洛需要层次中的最高层次。一直以来，学校把“教师第一”作为教师发展观，强调教师的全体发展，当然教师全体发展绝不是“同步发展”，也不是“等同发展”，只有尊重差异才是真正地尊重人性的发展。学校采用多种措施，大力促进教师专业成长。“安尚文化”落实到每位教师的生命成长之中就是“安心教学、追求卓越、享受幸福”。

每年，学校或在开学第一天、或在教师节等重大节日、或在教师奖励时送书给我们的老师，倡导用读书滋养底气、用读书丰厚底蕴。同时，我们通过每周安尚讲堂的好书推荐活动、每学期读书沙龙分享读书感悟、每年的读书征文分享读书心得系列活动，使老师们时时与经典相伴。课堂研讨有同课异构、同题异构等方式，课堂教学效益月，基本功竞赛、微课比赛、封闭式备课、团队展示等活动，提高教师专业水平和教学基本功。组织参加区、市教学比武等机会，有效提升教师的专业素养。现在全校区级骨干教师以上的成员占40%。

培育“会想会说会行动”更灵动的学生。依托于“安如山，尚如水”的文化理念，经过梳理、思考、论证，提炼出与文化理念相契合的“山水品格”，即用安尚学堂深厚文化积淀，滋润学堂里的每一位学子，兼具山的坚毅和水的灵动的品格特质。学校利用安尚中队、安尚少年的评选，培养学生良好的习惯；学校还通过入学礼、成长礼、毕业礼，有效培养安尚娃热爱学校、关爱父母、感恩老师的博爱之心；通过科技节、艺术节、体育节、读书节等系列活动，着力打造安尚娃坚毅、灵动的特质。

学校的文化可以影响人，可以改变人，更可以塑造人。横林实验小学通过安尚文化的顶层设计，力图通过全方位构架，向着灿烂和美好的未来延伸……

向海图强劲扬帆　“湾道”超越创辉煌

江苏省南通市通州湾中学　王建庆

“依海而兴，向海图强。”简简单单八个字，却道出了通州湾中学“湾道超越”的秘诀。面对2017年迁址南黄海岸边、2018年区域内普高扩招、2019年江苏省新高考方案出台的接连挑战，作为江苏南通的一所三星级普通高中，通州湾中学依托“海洋”优势，以特色发展为追求，以高质量发展为目标，全面落实“港湾育美、向海图强，守正出新、超越自我”的发展策略，毅然走出了一条“低进中出，弯道超越，错位发展，多元成才”的“湾”之道。

内化海的精神，筑牢学生思想根基

文化建设是一所学校成长与发展的基石，是调动全体师生主观能动性的关键因素。在发展过程中，通州湾中学敏锐发现自身文化建设的薄弱环节，亟须进行校园文化的整体重塑。

新校区启用后，通州湾中学围绕立德树人的根本任务，经过多次调查、研讨和论证，最终确定了以“海洋”为特色、以“向海图强”为价值追求、以“披荆斩棘务勇往，校有令誉责所当”为校训精神的文化内涵，竭力培养师生博大、精专、坚毅与奔腾的海之精魂，导引学校这艘精神航船满载师生，乘风破浪，航向成功的彼岸。

改变人格的途径就是改变人所处的环境。在环境育人上，通州湾中学从来没有停止探索和实践的脚步。在教学楼连廊上、走道旁，分列由师生共同设计的60块“中国巨轮”、“中外航海家”、“中国精神”主题展板，2块“包容会通”、“勇立潮头”的大型主题浮雕；即将建成的综合楼，被设计成为“海洋科学课程基地”；校徽、校旗、校服、纸袋、纸杯、班旗、班歌的设计均含有海洋元素，楼名、园名、路名也均与海、湾有关；文学社刊名为“银花”，寓意为洁白的浪花；心理小报名为“心潮”，寓意聆听学生，关怀学生；广播台名为“海洋之声”，每天早晨起床号设为学校校歌——以涛声、海鸥鸣声为前奏，每天中午固定播放与海有关的中外名曲，使广大师生耳熟能详，时时徜徉在充满海韵的优美旋律中。

如今，学校处处蕴含着海洋的气息，向海图强的文化内涵深刻根植在每一位师生心中。这种无形的文化力量像一股涓涓细流，浸润着校园的每寸土地，引领着一代又一代湾中学子提高人文素养，追寻高尚的精神生活。

炼化海的性格，塑造学生优良品行

受区域内普高扩招和地理位置偏远的影响，通州湾中学的生源并不占优势，新生行为习惯和学业基础更为薄弱。面对这样的学生，培养什么？怎么培养？

“坚持德育导航，以海的性格塑造学生。”通州湾中学掷地有声。

学校因时而化，细化各种常规量化考核细则、奖惩条例，由学校部门、团委文明监督岗对照细则进行导护、评比；各班相应建立班团干部值日制度、学生行为习惯百分制考核制度两大制度，采用积分制考核，每周在升旗仪式上集中点评，每月开展文明班级夺旗护旗评比，每学期开学典礼对“湾中之星”星级学生进行表彰奖励，激发学生的积极性和主动性；学期结束，各班学生综合素质评价实施小组根据每月记载情况，进行写实性描述；学校认真剖析典型案例，着重以疏导教育为切入点，在平时预防和矫正其“三观”和行为习惯，而在期末综评时原则上不再记载、上传；新建高标准的学生发展指导中心，组建一支由专兼职心理辅导老师组成的“心灵导航”队伍，每周值班，或团队辅导，或个别疏导，进行心灵对话；试行全员育人导师制，所有行政管理人员、任课教师结对帮扶各班学习困难、纪律困难、家境困难

等三类重点学生，每周交流，每月报告，每学期评估……就是通过这些德育细节地抓好抓实，不断锤炼着学生海一般自立、自律、宽厚、坚忍、一往无前的性格。

重塑海的激情，成全学生多元成长

学生是教育的主体，是一切教育教学工作的出发点和落脚点。近年来，通州湾中学以海为媒，以学生发展指导中心为平台，基于全员导航系统和多元发展理念，积极创建省海洋课程基地，构建“四节五院、专兼导师多资源”的活动基地，形成了“基地”、“课程”、“社团”、“活动”、“评价”五位一体的湾中版多元发展模式。

立足学生核心素养提升，学校组建“海魂”青年思政研习院、“走向蔚蓝”青年科学院、“银花”书院、“浪淘沙”艺术研究院、“海子牛”运动学院，每个院囊括若干社团，开设若干课程，外联若干基地，极大地促进了学生个性和特长的发展。

基于南通市课改要求，通州湾中学提出“立学课堂之SAIL航程”。 S-A-I-L四字母合并起来，即为“sail”，航行、航程之意，意味着课堂即航船，教与学即航行；意味着教师以航渡人，引导学生畅游、探索于知识海洋；意味着师生乘风破浪，教学相长，共同航向成功的彼岸。其中，S：student，学生，意指以“生”为本的教学理念，要求学习真正发生在学生身上；A：activity，活动，意指基于“活动”的学习方式、课堂生态，要求课堂情境交融、生动活泼；I：intelligence，智能，意指基于问题解决的“关键能力”的学习目标、育人旨归，要求强基、容错，多元发展；L：learning，学习，意指以“学”为要的教学原则，基于问题解决的学习（problem-based learning）流程，要求各学科组结合自身特点，在课堂教学中需先学后教，以学定教。在实践中，学校设计有“课标启航”、“问题导航”、“合作探航”、“评价续航”四大学程，旨在服务学生成长，激发个体潜能，让学习发生，让思维可见，让能力进阶。

为了学生的成才与发展，通州湾中学积极探索多元高考路径。首先，在选科组合上全开放，全学段走班选课；其次，积极开辟音乐、体育、美术、传媒类等多元高考途径，每年都有100多名学生录取艺体类重点大学；再次，与英、法、日、韩等国外高校合作，为学生打通海外留学通道；最后，借助外力为英语薄弱学生开设小语种学习班，目前高一年级有将近100人选修日语、俄语、西班牙语，通州湾中学模拟联合国社团正是基于此开设起来的。

体育节、艺术节、科技节、读书节，则是一年一度的课程百老汇，是展示学生社团活动、研究性学习成果的舞台。尤其近两年，学校定期开展海洋主题的节日活动，点燃了学生学习和发展的激情：4月份的“海之赋”主题读书节，师生共荐共读名著、共讲共写读后感和诗歌；5月份的“海之梦”科技节，分别组织全校性的知识擂台赛、科普讲座、生物标本制作实验技能大赛、各类主题的研究性学习、社会实践活动；每年的6月8日“世界海洋日”，学校都与地方海事局、海洋渔业局合作，积极开展海洋意识宣传活动；9月份的“海之韵”主题艺术节，包括一台歌舞节目、一幕话剧表演、一场书画展览以及周末影视展播；10月份的“海之牛”体育节，包括阳光体育运动会、旗语操比赛、航模比赛、龙舟表演，以及其他常规比赛。

“一路汇涓流，十年积跬步，任由他白浪滔天，我自有欢歌动地，风帆正举”。迁入新校区的数年来，通州湾中学的校园文化环境愈来愈有海的韵味，师生精神面貌愈来愈有海的大气与自信，学校课程管理水平愈来愈有海的视野与深度，广大学生披荆斩棘务勇往，在高考成绩和市级以上学科竞赛、文体比赛中愈来愈有上佳表现：2018、2019、2020年学校本科录取率持续高位走强，近千名海的儿女从通州湾走向全国；学科类竞赛中有200余人次获省市等级奖；大市艺术节、足球、篮球、田径运动会均连年蝉联一等奖。学校多次组织的采风、远足、公益劳动、社会调查等学生社会实践活动好评如潮，取得良好的社会影响力和美誉度。

向海图强风帆劲，长风破浪会有时！新时代，新的风口，通州湾中学正在南黄海岸边坚守着教育情怀，在通州湾示范区党工委、管委会的正确领导下，绘就十四五蓝图，瞄准创四星目标，走上向海图强、高质量发展的“湾”之道，奋力攀登教育发展的新高地！

“爱”在校园，不愿离开

——谈盐城市大丰区人民路小学创建“爱”的校园工作

江苏省盐城市大丰区人民路小学　周祥　肖祥

大丰区人民路小学是一所具有半个多世纪办学历史和优良治校传统的省级实验小学，现有59个教学班，3600多名学生，170多名教职员工。学校秉持“以爱育爱”的办学理念，坚持走“质量立校、科研兴校、内涵强校”的发展之路。近年来，在区委区政府和局党委的关心领导下，学校始终坚持着以人为本、构建和谐校园的理念，积极创建“文明校园”、“平安校园”，以努力提高办学条件和教育质量为核心，狠抓学生思想道德建设和教师队伍，全面落实素质教育，加强学生文明行为习惯养成教育。学校在思想道德教育、教学质量提升，内涵建设等方面都取了瞩目的成绩，学生素养得到进一步提升。

一、师生共建德育品牌，收获成绩与肯定

学校成立了德育工作领导小组，制定了德育工作实施方案，明确了德育工作的突破口。学校注重思想教育的环境熏陶，通过黑板报、文化墙、宣传栏对学生进行“八礼四仪”《小学生守则》教育，通过课间操时集体提问、班会课个别提问等形式加强学生记忆；通过狠抓常规管理培养学生良好的行为习惯。多年来，学校一直以“集七彩阳光星　做金色好少年”为德育工作抓手，实施多元评价。结合学生在校表现、行为习惯、文明礼仪、遵守班校规、助人为乐等方面学生七彩阳光星，开展银色好少年、金色好少年评选；结合节日专题，对学生进行思想道德教育，联合家庭、社区，强化学生良好道德品质形成，还通过文明礼仪行知剧场节目来加强学生文明礼仪教育。

大丰区人民路小学活跃着一支特殊的学生群体，他们从大丰走到盐城，走到南京又走向北京，走进了全国两会的现场。他们，便是人民路小学《少年号角》记者站的小记者们。学校2014年成立小记者站，2015年《少年号角》小记者站正式挂牌，从此小记者们开始了形式多样的采访活动。

校园里，小记者行走在课堂、操场、舞台。跳蚤书市有他们追逐的脚步，运动场上有他们忙碌的身影。演讲、合唱、技能比赛，他们走到同伴身边，倾听同学们的心声。

校园外，小记者用相机记录眼中的大社会。江苏卫视校园行有他们服务的英姿，110指挥中心有他们到访的足迹。他们走进好人馆探寻好人足迹，走进消防大队，解开一团团疑惑；植树节前夕，他们到麋鹿园栽下一棵棵小树苗；气象日来临他们前往气象站，学习观测技能了解气象知识；2017年3月，小记者陈仁佳走进全国两会现场，采访省委书记李强、政协委员潘庆林，《大丰日报》、《大丰之声》等媒体曾作专题报道。

学校小记者站先后与团区委、江苏教育频道、团中央未来网交流合作。小记者已成为人民路小学的崭新名片，小记者们将带着好奇敏锐的童眼，揣着善于思考的童心，走出校门，走向更广阔的天地！

正因为学校德育工作的扎实开展，我校德育工作得到了上级主管部门和社会的认可。2016年我校获得盐城团市委、市教育局、市少工委表彰的“盐城市优秀少先队集体”称号。2018年我校“红领巾寻访真善美”德育品牌获盐城市十佳德育项目评比一等奖，2019年被评为“盐城市文明校园”。今年我校又作为全区唯一一家参评学校赴省参加“江苏省品格提升工程”项目答辩。

二、领导班子分工严明，教师队伍提升素养

班子队伍建设严要求，细分工。学校确立校长负责制和班子成员“双责任制”，以“一岗双责”为管理模式，建立了以党总支、校委会为中心，各处室为依托，个人辐射全校点、线、面有机结合的管理体系。除校长外，所有班子成员既有横向分工，又有纵向分管。学校对所有班子成员严格要求，要他们树立服务意识、大局意识、团结意识，要求所有班子成员带头学习，带头上课，坚持深入教学第一线。

教师队伍建设重平时、促提升。抓好党支部“三会一课”、民主生活会、民主评议党员工作，切实做好支部书记述职。在教师中开展批评和自我批评、师德师风大讨论大自查、成立党员教师志愿队，推动普通党员成为业务骨干和骨干教师入党的“双向”培养模式。利用政治学习、党小组会、党员大会，有目的、有计划、有系统地学习党的十九大、习近平总书记系列重要讲话精神，促进党员教师领会党的政治建设意义，将教职工的思想建设与教育教学工作一同部署、一同检查、一同考核，通过“共产党员”、“江苏先锋”、“盐城党建”、“大丰党建”等公众号，对全体党员以及教职员工宣传党建理论、时事动向，通过学习师德师风负面清单和　“十不准”制度，督促教师规范自身教育行为。每年学校搜集整理教师爱生事例，编印成册出版师德专辑《爱的煦言》。优质的教师队伍，是学校一切工作得以稳步、优质发展的保障。学校一直开展青蓝结队工程，聘请班级管理、学科教学方面的优秀典型带动青年教师成长，形成人才培养梯队，让政治素质好、教学水平高、潜心教研工作的人才脱颖而出，进一步激励教职员工爱岗敬业、进位争先。

三、构建“爱”的校园环境，凸显课程特色

还未踏进校园，便赫然看到学校外墙上“爱满校园”四个大字。以爱育爱，爱满校园是学校和谐发展的灵魂支柱，是大丰区人民路小学独特的文化品质和精神气质。爱在校园里有多种方式体现着，金小有一栋教学楼上有八个大字“读万卷书，行万里路”，这是一种爱；学校大门内侧墙壁上镌刻着冰心的一句名言“有了爱，就有了一切”，她像一盏明灯，时时刻刻都在激发每个人民路人心中的爱，让爱升华、大爱无疆。人民路人在教学楼上分别命名：“爱心楼”、“求真”、“向善楼”、“立美”、艺香，让学生们分分秒秒都在感受着爱，“求真，向善，立美”，“真善美”和谐完美统一，让爱满校园，春风化雨。

我校以“爱满校园”为办学理念，“求真、向善、立美”是我们的校风，学校的德育品牌“红领巾寻访真善美”和党建文化品牌“党旗下寻访真善美”皆紧紧围绕这一文化内涵创建。我们的每一栋楼，每一层墙壁都有鲜明的文化特色，有的介绍名人成长，有的展示经典诗词，有的讲述廉政故事，有的分享国家荣誉。

环境教育是我们的内涵特色之一。学校经常开展环保教育主题活动。召开环境教育主题班会，带领志愿者到社区、街道参与环境整治，每学年，组织环保小分队到大丰港麋鹿保护区植树造林，组织环保教育征文，开发环境教育校本课程《环境教育读本》和《绿野觅踪》，把环境教育作为地方课程，根据教学进度安排教学。

写字教育是我校的又一内涵特色。学校成立写字教学领导小组，狠抓教师写字基本功，为教师们创造习字条件，严格学生书写要求，改革写字评价方式，写字教学成果丰硕。1998年起学校每年编辑出版学生优秀书法作品集《五月虹》。在各级各类书法比赛中，我校学生获奖率远高于同类学校，学校先后被评为“全国写字教育实验学校”、“盐城市写字教学先进集体”、“江苏省中小学生书法大赛优秀团体”。

学校文化活动丰富多样，为学生搭建了成长舞台。学校每学年都会组织艺术节、英语节、运动会等文体活动，孩子们在舞台上表演自编自导的歌舞、相声、情景剧等；每年春季、秋季学校都会组织运动会，每天坚持阳光体育一小时，定期组织学生参加“童声里的中国”演唱、朗诵比赛。学校成立了志愿者小队，定期到素食馆、麻风村、敬老院、荷兰花海等地开展小志愿者活动。学校还将生活中的事例撰写出剧本《真善美　爱满园》，将一些优秀剧本搬到行知互动舞台，师生们在演出中体悟真善美，沐浴爱的阳光。

学校大力推行双语阅读。每年都举办读书节，读书节活动中，既有阅读课示范，指导全校语文老师探讨如何上好阅读课，又有精彩纷呈的读书节活动，“我最喜爱的一本书”演讲比赛、经典诗词诵读比赛、美文朗诵比赛、图书漂流、书香少年、书香家庭评选。活动展板及时展示，新闻宣传烘托氛围，整个读书节参与面广，活动效果好。

教育是育人的事业，我校将在“求真”、“向善”、“立美”校风的指引下，继续践行“以爱育爱”的办学理念。以“爱”之信念，大刀阔斧进行教学改革，以素质教育精神为指导，用心办好学，用爱滋养教育。春风化雨，润物无声，“爱”在校园，不愿离开。

谈，一个“校长”的素养

——共话如何做好校长

江西省萍乡市武功山职业中等专业学校　周章荣

校长之所以是校长，就是水平和能力已经超过了普通老师，都是教师中的精英。但是，要做好一个“校长”，是要有一些素养的。古今中外都有人从不同角度谈到过，比如孟子说的“天下之本在国，国之本在家，家之本在身”，张载说的“为天地立心，为生民立命，为往圣继绝学，为万世开太平”，联合国教科文组织总干事马约尔说的“我们留一个什么样的世界给子孙后代，在很大程度上取决于我们给世界留下什么样的子孙后代”。今天，我结合个人的理解，谈四个方面。

一、“校长”的角色定位

校长既是学校这个集体中闪亮个体，更是集体智慧和力量的助燃剂和发动机，岗位很重要，承担重大职责，所以角色定位必须是校长要明白的。

排头兵角色。校长不带头，谁带头？任何时候，任何地方都要身先士卒，率先垂范，做排头，做标杆。

领导者角色。校长是领导者，是因为要在政治上、安全上、经济上、质量上等方面全面负责，所以校长要特别注意自己的精神面貌，它对学校集体具有很大的示范作用，它对学校师生的影响也更持久、更深远。校长有什么样的心态，就看到什么样的世界！

服务者角色。校长是学校最大的服务者，要服务学校、服务教学、服务课堂，服务师生、家庭和社会，要通过服务，积极营造和谐的学校内外部公共关系。

小媳妇角色。校长虽然是学校法人代，但很多时候无自主权，上有教育主管部门和各级政府，下有老师和学生，还要面对家长和社会的方方面面，左右为难的事常会有。

二、“校长”的素质要求

大公无私之德。自古公生明、廉生威。校长首先要大公无私，不为名利所惑，特别是牵涉到自己的利益的时候，不要去计较得失，荣誉功利面前要谦让，多想集体的作用，他人的作用。想问题、办事情、做决策，一定胸怀大局。二要能够换位思考，站在其他角度想一想，如果是原则问题，要敢于直面真理，坚持原则，摆事实讲道理，以理服人；如果是原则以外的事情，则要体现风度来。三要戒贪功，戒贬低别人抬高自己，戒居天下之功为己有。

运筹帷幄之智。总揽全局，“看好自家门，管好自家事”不是一件容易的事。一要知人善用，心中有人，学校人力、财力、物力、智力心中有数。二要博览群书，胸中有世界，要熟悉管理工作，把握工作的特点，研究工作方法，落实工作措施，达成工作目标。三要勇于创新工作方法，能自己处理的问题，尽量不矛盾上交，避免那种“孩子哭，抱给娘”的做法。四要多听建议意见，要求下属主动积极，多提解决疑难问题、棘手问题的建议，拿出解决问题的一套或几套方案。五要牢固树立先进教学理念。先进的办学理念是学校发展的灵魂，它是一所学校奋斗目标与发展方向。

洞察秋毫之明。办好一所学校，并不是什么事都需要校长亲力亲为，但一定要有一双会看的眼睛，一个会思考的大脑，一双能行走的脚。一要会多观察多思考，洞察质量和数量，明辨真和假，好与坏，会估计发展趋势，预测结果。二要会充分了解并最大限度地满足教师的心理需求，以尊重人、关心人、爱护人、成就人为一切工作的出发点和落脚点，树立团队意识。“只有你对别人的事业负责，别人才会尊重你的劳动，你才有机会发展自己。”三要会发现问题，提醒各位标准要高一点，向好的学校看齐，否则你发现不了问题，总感觉良好。

忍辱负重之量。大爱发乎于心，外显于行。心间有爱，则目中有人，由此会真正尊重、宽容、成全每个生命，更会平静面对得失、宠辱。一要心态平和，有的校长可能会想，工作经验丰富，资历深，人缘好，能力强，什么事都可以做好，为什么就不能提拔？即使各方面的条件都比较优秀，但因为种种原因未能升迁的也大有人在。心态越平和，越能赢得人们的尊重，越会得到社会的认可。二要轻许诺慎表态，拍脑袋拍桌子拍屁股拍胸脯的事少做，这样会造成工作上的被动。三是大事要请示汇报，小事要做主。四是要快乐，再大的困难再难迈过的坎，校长都要乐观和积极地去面对，经常愁眉苦脸和长吁短叹没人会同情你，只会笑话你。

三、“校长”的工作坚守

（一）要守住最朴素的目标

以占领精神高地为要。牢牢抓住思想建设这个牛鼻子，从救心开始，让学校成为精神高地，理想福地，文明圣地。要大张旗鼓唤醒师生的家国情怀。用邓小平所说“我是中国人民的儿子，我深情地爱着我的祖国和人民”、习近平所说“对每一个中国人来说，爱国是本分，也是职责，是心之所系、情之所归，爱国主义应是扎根每个人心中的永恒旗帜”和张伯苓所问“你是中国人吗？你爱中国吗？你愿意中国好吗？”等人的话去培植师生的爱国特质。

以培养学生为本。教育应致力于培养全面的人，培养大气的公民，让他们过上体面的生活。应该让人理解生命、尊重生命、热爱生命，让每一个生命都能幸福地生活在这个地球上。落实全员育人，倡导“人人都是班主任”，不仅要求搞好自己的“一亩三分地”，还大力营造育人“人人有责”的氛围。

以带好队伍为基。要千方百计让队伍有精气神。学校领导班子，是推进工作的桥头堡和标杆。鉴于此，始终注重领导班子结构的优化和整体素质的提升。带领教师们敢打硬仗、能打胜仗，让这个团队坚守教书育人的大义，不低头、不放弃、不妥协。班子强了，我们就说得起话，直得了腰，带得了头。校长任何时候都不能忘记“教师是立教之本、兴教之源”、“教育是民族振兴、社会进步的基石，教师是基石的奠基者”这些话。

（二）要守住最朴素的经验

教师因社会交往圈子较小，信息比较闭塞的职业局限，常会导致教学观念难变，依然“穿旧鞋走旧路”；课改动力微弱，以致“穿新鞋走老路”；课改技术短缺，导致“穿新鞋走错路”。如何办？

坚持校本培训。抓好对校本培训的过程管理，提高校本培训实效，多方位、多层次搭建教师成长平台。在方法上，不但请进来，而且走出去，确保教师理念与时俱进。切实抓好集体备课和集体教研活动，使教研活动成为全体教师进行校本培训、教学研究的最常规、最基本、最有效地载体。积极开展教改课题实验，注重对课题实验过程的管理，注重理论研究与教学实践的紧密结合，走出教学与教研两张皮的怪圈。

坚持亲近课堂。“工欲善其事，必先利其器”，“打铁还需自身硬”。一个优秀的校长必先是一名优秀的教师，要懂业务，会管理、会讲课、会听课、会评课，校长特别是业务校长一定要亲近课堂，走进课堂。校长要向教育家魏书生学习，无论在什么岗位上都不能离开课堂，校长远离课堂和教学就是一种失职行为。校长要时刻记住，提高教学质量，学科教学是主渠道，课堂教学是主阵地。

坚持建立学习型组织。没有阅读就没有个人心灵的成长，就没有人的精神的发育。“阅读不能改变人生的长度，但它可以改变人生的宽度和厚度。阅读不能改变人生的物相，但它可以改变人生的气象与品质”，这些话应该作为指导校长建立学习型组织的座右铭。

（三）要守住最朴素的责任

校长，是师生的校长，是家国的校长。所以，好校长不仅是师生之幸、学校之幸，更是国家、民族和未来之幸。

必须关爱学生。苏霍姆林斯基说：“让每一个学生在学校里抬起头来走路。”爱生如子，爱校如家应该是我们教师的一种境界，一种追求，一种精神，校长要特别注重这点。

必须优化环境。学校应当是最美的世界，是世界上最美的地方。学校要集中自然美、人性美、科学美和精神美于一体，所以要特别注意打造校园文化，要围绕校训、办学特色去精心策划，注重班级精气神的塑造，形成了各具特色的班级文化。

必须履行社会职责。校长要通过校风引领家风，改造民风。让家长成为教育的同盟军，让家庭成为工作的支撑点。开展“家访进万家”、“进村入户、走街串巷”等活动。利用家长开放日，邀请家长走进教室，走进孩子。发放反馈评价表，确保工作的无空隙对接。

思想观念决定生死，今日态度影响未来。医疗救命，教育救心。习近平总书记说“一个人遇到好老师是人生的幸运，一个学校拥有好老师是学校的光荣，一个民族源源不断涌现出一批又一批好老师则是民族的希望”。在全国上下朝第二个百年目标奋进的新时代，校长要牢记教导，担当、坚守。

今天讲的是我工作中所做所思，更是揭开自己当校长的一些伤疤，希望大家不要笑话。但是不管在哪个单位，我都坚持“既不重复别人，也不重复自己”，所以也能迈过一沟又跨过一坎，不断开新局创佳绩。

共谈，一个“校长”的素养是什么？我想应该是“居庙堂之高则忧其学生（教育），处江湖之远则忧其学校（发展）”的精神境界吧！

立德树人守初心　以师为本促发展

江西省兴国县均村中学　温东福

百年大计，教育为本。教育是提高人民综合素质、促进人的全面发展的重要途径，是民族振兴、社会进步的重要基石，是对中华民族伟大复兴具有决定性意义的事业。我校创办于1957年，地处“一脚踏四县”的偏僻乡村，是一所农村寄宿制学校。目前，学校有近3000名学生，教师140余人。办学伊始，我校办学条件面临艰难，设施缺乏，师资力量薄弱，教育教学遭受了最为严峻的考验。好在从2008年开始，温东福任校长后，我校抓住发展机遇，通过认真的思考和研究，最终确定了一条充满教育智慧的突围之路，以教师培养作为提升教学质量的发力点。此后，我校教学条件不断改善，教学质量连年提升，甚至一些县城的学生都慕名“倒流”到我校就读。同时，我校还以英语、数学作为学校教学特色，大胆探索课堂教学的全新路径，让学校迸发出旺盛的活力。此外，我校师资力量不断壮大，仅去年一次性就进了39名新教师，同时以提升这群教师的职业技能和素养为根本，确保了教学质量的可持续发展。校长温东福说：“均村中学能够成为一所社会满意的学校，并没有什么秘诀，只是紧紧抓住教师这个关键，把教学‘常规’做到极致而已。”

一、弥足根本，凸显特色办学品味

踏进我校校园，最深的感触就是朴素和干净，学校的墙面上看不到什么“雕饰”痕迹，也没有提什么高大上的办学理念、办学口号。这正好传达了我校提升办学质量的决心。我校校长温东福曾回忆说：“我刚调来的时候，与大家反复研究分析校情。作为一所偏远的农村学校，办学经费紧张、教学设备等诸多方面不能与县城学校比，特别是生源、教师的学历层次与之相距甚远，所以学校突围最好的突破口就在于提高教师的教学水平，这是一条成本低、收效快的新路子。”

一所好的学校离不开好的领导者。我校教师队伍建设破题之笔是从建设好学校领导班子开始的。办学早期，教师热衷于“胜利大逃亡”，学校班子成员只剩下3人。为此，我校加紧了领导班子的配备，从年龄、学科、特长上优化配置，尤其注重优化班子的年龄结构，让年轻人唱主角。现在学校的班子60后两人、70后3人，其他的都是80后、90后，中层骨干全是80后、90后，学校班子实现了年轻化，适应了学校教师平均年龄只有28岁的校情（全县教师平均年龄最年轻的学校），成为学校发展的“火车头”。近年来，我校被人戏称为“县第二教师进修学校”：每年都有二三十个教师调出，这些教师到新的学校后工作表现出色，成为业务骨干。一批批年轻教师的到来，让我校校园洋溢着青春的活力。

新入职教师不缺乏成功的欲望，但缺少专业化体验；不缺乏学科知识，但缺少教学经验。为了尽快让这群教师成长起来，我校把‘青蓝工程’和校本教研作为历练新教师的重点工程来抓，以师徒结对为形式，对年轻教师传、帮、带，要求新教师在一个学期内熟练掌握教学常规。我校校长温东福曾说：“如果说教学是一棵树，那么教学常规就是树根，教学质量就是果实。树根扎于泥土越深，树就越枝繁叶茂，果实也越发香甜可口。”新教师掌握了教学常规，专业成长就迈了一大步。结合打造高素质教师队伍，我校制订了《均村中学教学常规实施细则》和《均村中学教师考核制度》，制定了实施细则，包括备课、上课、辅导、考试、批改作业等常规。每一次考试、教案检查都是要评估的。从2010年至今，我校持续开展了11年师徒结对活动。规定教龄两年以上的教师都要带徒弟，这一举措有效提升了教师的专业水平，为学校教学质量提供了保证。

二、铸魂培根，打造优质教学强军

师徒结对是一项系统工程，既深且远，我校为每一位教师都建立了成长手册，其中包括成长计划、学习记录、成长记录、成长心得、成长拾珠、成长色彩、成长果实、我的特色、年度总结和反思等内容。

与此同时，我校狠抓校本教研和集体备课活动。每周一次的教研活动，听课、磨课、同课异构、互相点评，集体钻研教材，按学科聚集研讨……

师徒结对活动以及形式多样的教研活动，为新教师搭建了快速成长的平台，有效缩短教师的磨合期，一大批优秀教师脱颖而出，他们在省市县的教学比赛中崭露头角。学校的教学质量也借助于教师的专业成长冲出了低谷，从2013年开始，我校教学质量跨进了全县第一方阵，2019年获得全县教学质量考核评估第一名。全县高中学校都办有实验班“兴国班”，学校学生被选拔进“兴国班”的最多，连续4年位居全县第一。语文、数学成为全县的名牌学科，尤其是英语，连续三四年获全县第一名。教学质量的崛起，引发了学生的回流潮，每年都有四五十人回流到均村中学。

教师是教育发展的第一资源，要想实现一流的教育，必须拥有一流的教师队伍。办学以来，我校始终把教师视为办学的核心力量，让教师站在学校的中央，倾情为教师搭建成长的平台。我校竭力培养每一位教师的业务水平，把教学成绩好的人选拔到领导岗位，极大地激发了教师专业成长的内驱力。“只要把教师的创造力充分调动起来，就能够创造教育的奇迹。”这是校长的真切感受。就如我校的英语教学特色，没有一流的语音室，英语教师也不全是科班出身，可学生的英语成绩优秀率、及格率和平均分都居全县初中的前茅。他们并没有奇招、妙招，全凭教师的苦干、苦熬，把抓学生的“听”做到极致。因为我校学生都在校住宿，所以我校坚持每天晚上安排学生听英语，从2010年至今，一直坚持教师陪着学生听英语。在坚持中，学生英语成绩一直在全县初中学校领跑。正像马云所说“复杂的事情简单做，你就是专家；简单的事情重复做，你就是行家；重复的事情用心做，你就是赢家”。我校的数学也是如此，是教师们通过自己的教育智慧与汗水打造出来的。为了提升学生学习数学的兴趣，我校通过校本教研等多种形式，探索出激发学生学习兴趣的办法来。教师领着学生快乐学数学，学生在学数学中找到了乐趣，不仅让学生学到更多的知识，潜移默化的也提升了师生之间的感情。

三、不忘初心，守望教育幸福未来

“教育之根味苦，教育之果甘甜”。特色创建不仅提升了学校的精气神，更提升了学校的办学品位，提高了家长和社会的认可度。几年来，我校全体师生思想同心，聚焦事业、爱岗敬业，目标同向，积极进取，顽强拼搏，每一个教师都享受到成功的快乐。学校的校容校貌也焕然一新，精神风貌日新月异，教育教学质量稳步提升，各项工作再上台阶，校园特色逐渐彰显。未来路是，这群教育者们会继续着眼现在与未来，默默坚守着育人理念，为学生更深远的发展夯实基础，为学校发展续写崭新篇章！

家园携手，点亮幼儿成长之路

辽宁省喀喇沁左翼蒙古族自治县新城蒙古族幼儿园　孟玉香

“学校是学生的学校，也是家长的学校”。我们都知道，家庭才是儿童的第一所学校，父母才是儿童的第一任教师，家庭和父母在儿童成长中都起到非常重要的作用。我园成立于2012年11月，至今已走过了八年的成长历程。办园以来，我园始终遵循幼儿教育发展规律，用爱浇灌，用心陪伴，为幼儿成长提供丰富快乐的营养。近年来，根据教育部颁发的《3—6岁儿童学习与发展指南》精神、按照上级成立家长学校的要求，结合园本实际，我园成立了家长学校，让良好家风成为一股暖流，让优秀家教更好的发扬。在“用爱养育、用心教育、用情培育”办园理念的支撑下，我园明确了“学会借力、相互给力、形成合力”的家园共育原则，形成独特的教育风格，达成教育共识，使每个家庭的教育理念不断更新，顺应孩子成长规律，让孩子们度过一个快乐的童年时光。多年来奉献与沉淀，换来丰硕的果实。在全体教工的共同努力下，我园办学特色愈发鲜明，教育质量逐步提升，学校先后被评为全国足球特色幼儿园、辽宁省最美校园、朝阳市三八红旗集体、连续五年朝阳市精神文明单位、朝阳市家长学校先进单位，朝阳市平安校园，安吉游戏实验园等。

一、家园联动，护佑幼儿茁壮成长

幼儿在成长过程中有两个不可替代的教育资源—家庭和幼儿园，这两大方面对幼儿的影响必须同方向、同步调才能达到最佳效果。众所都知，家庭是社会最小的细胞，也是幼儿最早接触的教育基地，家风是一个个家庭血脉中的教养，骨子里的文化，也是社会文明的基因。成立的家长学校就是让这份基因更好的传承，实现家园共育的和谐发展。一直以来，我园通过在幼儿教育上找准点、连上线、扩开面，打开家园共育之路，开启家园心灵对接。首先，我园健全完善管理制度，成立了由园长、副园长、优秀家长代表、各年级组长、专职教师组成的家长学校委员会。每学年不定期召开会议和园长专题讲座，家园双方以诚相待，对共性问题进行讨论研究，对好的方法进行分享。比如引导家长帮助孩子开发自身的财富上给出建议：会思考的头脑用在哪、会观察的眼睛看什么、会倾听的耳朵如何用、让会说话的嘴巴有激情、会操作的双手更智慧、会走路的双脚更灵动，为家长高质量的陪伴注入新动力，通过这样的方法，引领家庭、家长主动参与，提高家教水平，形成家庭、社会、学校三位一体的教育模式。

教师是教育实施的首要资源，尤其是幼儿教育，更要温暖有度。为此，我园非常重视园本培训，由园领导和具有丰富的教育理论和教学经验的教师任教，要求一线教师不断加强学习，提高家教理论水平，并积极推荐选送外出参加培训，学习先进的家长工作经验和方法。让家长看见教师们成长节奏，一起为孩子的成长助力。

学校是学生的学校，也是家长的学校。我校深知沟通与交流才是建立家园合力的基础。为此，我园积极创设条件，多途径提供交流平台，实现家园联动共育。一是家长工作常态化。学校始终坚持六个一工作常规：每学期召开一次家长学校委员会会议，商讨家长学校工作；每学期一次小中大班家长会，交流幼儿园教育教学情况及幼儿阶段性的表现；每学期一次家长开放日活动，全面展示幼儿园教育教学与特色教育工作；每个星期更换一次家教专栏，宣传科学育儿知识；每周一为家长接待日，园长随时随地解答家长疑难困惑；每年进行一次总结表彰家教经验交流活动，通过表彰优秀家长，请家长现身说法，交流成功的家教经验，从而激励全体家长争做合格家长向优秀家长迈进。二是网上交流信息化。我园主动架起空中交流平台，完善家园互动，及时发布教育动态、教学安排、公告、精彩视频、背景留言等；特别是今年的疫情期间，在没有开园的情况下，我园相约网络，隔离病毒不隔离爱，听课不停学，从园长发出去的一封封信件到网络播出的《爱在云端下、唱响毕业季》的大班毕业典礼，家长深受感动。通过这种形式，家园开心花，灿烂无比。

二、温暖纷呈，用爱滋润孩子心田

家长是一个庞大的群体，具备能源储备的软实力，幼儿园要从这个群体学会借力，建立一个为家庭、为教育、为孩子、为社会自愿服务的家长资源库。为此，我园把书籍当成家园共育、相互信任的媒介。孩子的入园报名和家长的读书同步开启，推荐阅读《规矩和爱》，给溺爱孩子的家长降降温，再用校园文化提提神。其次打好提前量，抓紧时间组建班集体，家长学校开启助力孩子成长的新征程。如新生家长见面会在暑假前就如期举行，我园会安排班主任和园领导集体亮相、教师代表经验发言、毕业生的家长代表讲述孩子成长历程、园长对家长提出的问题答疑解惑、推荐阅读经典书籍和名家讲座，以此开启书香校园和书香家庭携手智慧成长的步伐。此外，我园还通过网络实现心灵对接，孩子还没入园，但通过网络，就知道自己是哪个幼儿园、哪班的宝贝了。通过这种有效引领，让家园开启真诚、善良、勇敢、自信的心灵对接。

除了开启心灵对接，幼儿园还为家庭教育把脉定向，园长与家长面对面，了解家庭现状，从中梳理存在的问题，面对问题不回避，找规律，去给力。比如，面对新入园家长的入园焦虑，新学期开园第一周晚离园时园长亲自组织家长开启心灵对接。一是缓解家长绷紧的那根弦，让学会等待成为一个好品质；二是梳理一下孩子的表现，让家长放心；三是强调老师一天的劳动强度，要理解尊重老师，并主动和老师说：老师您辛苦了！家长的话语暖到教师心灵，心灵与心灵对接，教育的信任有了，孩子的进步大了，幼儿园和教师的成就感也富足了，各美其美、美美与共的氛围更加浓厚了。

幼儿教育是幼儿园与家庭的共同责任。因此，在家园共育中，要以主动热情的态度去激发家长的主动参与，充分调动家长的主动性与创造性。

为此，我园在"研学"、"同行"、"思变"上形成合力，智慧成长。首先，家长与教师同学习，共成长。家长进课堂变成常态化。警察叔叔的交通安全课、消防员的逃生演练、医生阿姨的预防近视的活动、足球达人、篮球健将的技能课等等，让家长更专业，孩子更受益。"中国年、中国红、中国梦"的主题活动中，家长为班级写春联、送福字，剪窗花、出主意……感谢信一封接一封，温暖抵达心灵，合作达成双赢。其次，我园每月都有主题活动，正值十一月，幼儿园的科技月活动，可谓是精彩纷呈，孩子的参与率、成品率、家园共育的和谐率、孩子的智慧开启率100%，送科技下乡成为新亮点，送书籍、送科技与新心幼教集团七个乡镇中心园一起联动，不仅有网络互动，还有孩子参与的送教下乡，派出30余名孩子分别去了南公营子镇中心幼儿园和老爷庙镇中心幼儿园，这样的研学联动深受家长们的欢迎和好评。此外，好老师要用爱培育爱、激发爱、传播爱，通过真情、真心、真诚滋润孩子的心田，才能促动家长的思变。十月的周主题"我们有爱，小鸟有家"的编织活动，那是全园总动员的大爱传递活动。小故事引发大思考，孩子把问题带回家，引发家庭大讨论、大行动，小鸟要住什么样的家更温暖，一个话题牵出家园互动的大爱、思考和行动。从选材、设计，到编织、梳理，就是一个引领孩子把大爱传递，扩散思维、提升智慧的思变过程。正所谓，教育不仅是把篮子装满，一定要把心灯点亮！我园在思变的过程中为孩子点亮一把心灯，能照进孩子成长的未来。

三、家园合力，孕育幼儿幸福色彩

"幼如茶苗，栽培有道；师若茶人，温润有度。"家园共育让我园牵出了"人之初性本善"的脉动，扎下了智慧通达的慧根，形成了教育的同心圆。不论面对什么困难，也会用理解和尊重去化解。一份坚守、一种执念、一个尊重，都是为孩子生命的厚重注入活力。在今后的家长工作中，我园会持续加强家长学校的教育研究，不断提升教师队伍专业素质，探讨家庭教育规律，采用多种方式方法对家长进行指导和培训，开展丰富的家园共育的亲子活动，用情怀装点教育的百花园，用生命谱写一曲又一曲幼儿教育新歌。

集团化办学，促进教育均衡优质发展

辽宁省盘锦市大洼区实验教育集团　杨晓光　杜江

集团化办学是新形势下教育体制改革的一项重要举措，是提升区域教育优质均衡水平、优化区域教育治理结构改革的重要抓手，也是有效推进教育公平的必由之路。辽宁省盘锦市大洼区实验教育集团成立于2013年8月，集团实行"一二三"管理模式："一"即一个法人，"二"即两所学校、两套班子，"三"即三个校区，集团总占地面积11.2万平方米，现有在校生4232人，教学班96个，教职工292人。集团成立至今，着力于改善学校办学条件，提高学校管理水平，服务学生全面发展，促进教师专业成长，各校区之间实现了教育均衡并行发展，产生了良好的社会效应。

一、整合教育资源，扩大办学格局

集团化办学要产生"1+1＞2"的效果，除了整合学校资源外，更重要的是构建和激活一体化发展的教育格局，通过构建教育共同体，撬动整体教育资源。

实验小学西校区前身即原大洼镇第二小学，坐落在城区西部，周边有5个生活小区，地理位置优越，由于受多种因素影响，学校生源逐年下降，当时仅有420人，教师严重超编，办学条件落后，学校面临生存危机。鉴于此2013年8月，当时县委县政府高瞻远瞩，提出了将原大洼镇第二小学与县实验小学整合，实行一校两址管理。经过7年的努力，从办学条件、师资调配、招生分班、科学管理等方面加大了工作力度，着力打造小班化特色，实现了东、西校区的真正融合。自整合至今，学校由最初的420人12个班型，扩大为如今的890人22个班型，整体呈2倍增长，已经达到学校承载力的饱和状态，得到了周边百姓和各级领导的一致认可。

二、发挥品牌优势，带动集团发展

2016年7月，实小与一中实行集团化办学，短短的两个月时间，区第一初级中学顺利完成搬迁，结束了几十年来"平房学校"和"雨天一身泥，旱天满身土"的历史，孩子们住进了宽敞明亮的教室、用上了干净整洁的水冲厕所，标准运动场、笼式球场、滑冰场、开放阅览室、理化生实验室、录播教室……一应俱全。有了实小东、西校区的成功办学经验，实行集团化管理优势多多，成型的管理模式、完善的制度基础、得天独厚的位置优势……当年暑期开学，一中与实小实现了人、财、物的真正融合，教师的合理流动、场地的合理共用、制度的合理共享，尤其是在分班升学、人事调配、职称评聘、维修改造等问题上体现出集团办学的优势。

为了解决田家街道东部区域孩子上学难、上学远的问题，区委区政府决定在田家街道东部新建一所实验学校，此工程于2018年开工，2019年9月正式投入使用。新成立的学校布局合理，教学区、活动区和生活区划分明晰，各种现代化教育教学设施设备一应俱全，堪称"盘锦一流"，并且配备了一支年轻有活力，勇于接受挑战的教师队伍。

学校有了，老师有了，谁来当校长合适，领导异口同声地说出了当时任职实验小学校长的我，于是我辞去了区第一初级中学校长，一个法人两套班子三个校区的实验教育集团正式成立，仅仅一年半时间，学校已近千人，预计今年暑期将达到1500人，目前学校各项工作稳步推进，各项活动有声有色，得到了领导和社会各界的广泛认可，学校正朝着一所高品位、高质量、高水平的现代化学校迈进。

三、注重文化引领，形成办学思路

集团内实施同一个理念办学，即"办规范加特色学校，育全面加特长人才"的理念。集团领导班子从宏观和全局的高度，在分析校区内部、外部、历史、现实与未来各种矛盾的基础上，从整体构建的角度，得出了"集团要想长足发展，就需要以长远的眼光与教育改革发展的趋势、政策理论基础、外校成功经验、学生发展空间、教职工的工作目的相结合，丰实学生多元评价体系建设，提升学生核心素养，以满足师生不断增长的文化和思想的需求，让学生快乐地学习，让教师愉悦的教书"的结论，于是以"阅"、"跃"、"乐"、"越"为主题的"悦文化"就此产生，我们将四个主题渗透于校园生活的各个方面，生成出悦读书、悦课堂、悦活动、越舞台等一系列在"悦文化"统领下的教育教学活动，引领着实验集团蓬勃健康发展。

现在，集团的"悦文化"教育已收到显著效果，出版"悦文化"专著两本，围绕"悦"这个主题，精心设计并制作了主题鲜明的浮雕、别具一格的"走廊书吧"、独具特色的展示平台，对"悦文化"进行了诠释。同时，开设了体育类、艺术类、科技类、体验类等几十个特色社团，让同学们在美的熏陶中悦身心、长知识、健体魄、增智慧、开眼界，一股清新的文化气息，已吹遍校园的每个角落，一种昂扬向上的精神，在校园里激荡，正所谓“悦”满校园。

四、创新管理模式，促进教育提升

学校虽为三址办学，但是由一个法人担任校长，几个副校长协同管理。我作为三个大家庭的家长，我将自己定义为统领人、服务者的角色。三个校区分别选派三位副校长做每个校区的校区负责人，两所学校三个校区采用的是两套领导班子。早在两址办学之初，学校便采用校区管理者轮换制度，校级、中层领导采用东、西校区轮换坐班制度。实行三址办学之后，为了确保校区管理的稳定性，除了校长之外，还安排一名副校长作为集团协调人，进行所有常规工作的统筹管理。

以往单校办学期间，教师交流的瓶颈难以突破，比如整合前，实验小学师资严重不足，而第二小学则严重超编，实现集团化之后，我们制定了《教职工工作量化标准》和《教职工考核细则》，建立了东、西校区领导、教师交流机制。几年来，共有65名领导、教师进行了东、西校区间的交流，为东西校区的均衡发展做出了积极地贡献，干部和教师也由最初的排斥变成了现在的乐于交流。实验集团成立以来，主校区又有15名中层干部、骨干教师到实验学校进行交流，而且每周一、三、五体音美教师分别在三个校区进行“走校”教学，这种多方合作、多向交流的办学机制犹如一江春水，激活了三个校区间的良性互动。一方面给集团内的教师提供了更加宽广的发展空间，有效解决了集团内教师的职业倦怠；另一方面各校区间骨干教师定期轮换交流，给各校区带来新鲜血液，产生了“鲇鱼效应”，带动教风校风向更好地方向发展。

集团始终坚持“办规范加特色学校，育全面加特长人才”的办学理念，以“悦文化”为引领，积极推进素质教育，形成了集团内三校统一的“愉悦育人”办学模式。多年来，集团内开展的各类活动收到了良好的效果，得到了社会各界的广泛赞誉，多次在各级各类现场会中进行经验交流和分享。在盘锦甚至辽宁省内，我校是：第一个成立“青少年模拟法庭”和“校园主题邮局”的小学；第一个建立“开心农场”和“禽宠乐园”的小学；第一个引进“5S管理”的小学；第一个开展“跳蚤市场”的小学；第一个承办“全国阳光体育大会”的小学；第一个开设“常规+选修课程”的小学；第一个获得“全国公共机构节能示范单位”和“全国群众体育先进单位”的小学……盘锦日报、辽河晚报，盘锦电视台、辽宁卫视、央视纷纷进行报道。我校“悦文化”的相关做法也在《辽宁教育》、《基础教育参考》、《教育艺术》和《课堂内外》中发表，东北新闻网、中国教师报、德育报社等媒体也相继报道。杨晓光校长撰写的个人专著《悦文化教育实践论》和《悦文化教育的实践研究》，于2019年由首都师范大学出版社公开出版发行。

近年来，学校社团在国家、省、市各级各类艺术比赛中，多次获奖，校园艺术氛围浓郁，得到了社会各界和广大家长的充分认可。集团学校先后荣获了“全国文明校园”、“全国公共机构节能示范单位”、“全国群众体育先进单位”、“全国校园文化先进单位”、“全国青少年体育工作先进校”、“全国美育研究基地”、“东北首家源全5S管理样板小学”、“第一届辽宁省文明校园”、“辽宁省义务教育课程改革先进学校”、“辽宁省中小学校体育艺术2+1项目活动师范学校”、“辽宁省国防教育示范学校”、“省体育传统项目校”、“省绿色学校”和“省家长学校示范校”等多项殊荣。

集团化办学是一种新型学校组团发展的模式，全面提高教育质量是集团化办学的根本目标。创新集团化办学模式，实验人在先行先试中，由盲人摸象到柳暗花明，展望未来，实验人将怀着感恩的心，追忆光辉历史，继续朝着将学校建设成为，“政府放心、家长满意、学生向往、质量一流”的目标奋勇前行！

创品质发展路径　享多彩魅力人生

辽宁省沈阳市大东区静美小学教育集团　李艳清

辽宁省沈阳市大东区静美小学教育集团成立于2012年，由小东二校、静美小学和珠林一校组成，实施三个校区办学。在打造优质教育品牌的探索和实践中，学校全面贯彻“以人为本，办最适合的教育”的办学追求，坚持以“让生命焕发自主色彩”为办学理念，以“立足教育本源，创建幸福花园，营造课堂学园，体会成长乐园，享受文化圣园，感悟人生方圆”为办学目标，基于多年的实践及对教育的理解，创新提出了“多彩文化”的教育理念，开辟了一条学校特色发展、内涵发展的新路子。

为每位学生提供适合的教育，使每位学生实现最大可能的发展，是“多彩文化”的价值取向，也是“多彩文化”的终极目标。为实现学生学业发展与生命质量的“双提升”，静美小学教育集团着眼学生的全面成长和个性特长，从教育对象的多样化、教育目标的多维度、教育内容的多方面、教育方法的多形式等层面出发，通过校本课程特色化、课堂模式质量化、德育工作精细化、教师管理系统化等手段，积极促进教育多元化和个性化的有机融合，满足了不同学生的多样化发展需求。

实施校本课程特色化

课程是学生成长的跑道，是学校文化乃至办学主张的重要载体。在发展学生核心素养的目标指引下，静美小学教育集团对课程建设进行精准定位，从形成能力、塑造品质、唤醒心灵、丰富知识、养成习惯、挖掘潜力六个方面入手，确立课改方向，让每位学生都有不同的发展可能。

在课程建设实施中，学校以“塑品质促进学生的深入发展，育思维促进学生的持续发展，重体验促进学生的自主发展，激兴趣促进学生的个性发展，筑基础促进学生的全面发展”为原则，严格落实课程建设的标准性、综合性、实践性、多样性和全面性，逐步形成了课程校本化的创建、师本化的开发、生本化的实施、学本化的深化的“四化”思想，使课程改革由粗放走向精致。

在校本课程的建设上，学校强化课程的核心意识，坚持用核心价值统领课程取向，用核心知识整合课程内容，用核心学科架构课程主干，最终促进核心素养的生成，实现校本课程特色化的构建，形成了“多彩文化”课程图谱。如在语文课程建设中，针对学生语文阅读与习作能力弱的特点，开设拓展型阅读与习作课程，对教材文本进行二度开发，并根据教材的单元主题、文本主题挖掘课内外阅读衔接的结合点，推荐课外经典作品，引导学生延伸型阅读，培养学生的阅读素养。

在校本课程的开发上，学校本着“国家课程‘整合补充拓展’、校本课程‘丰富精致多元’”的原则，大力开设“多彩”必修课程与选修课程，给予学生主动探索、自主支配的时间和空间，让学生积极主动地去实践、体验、探究，力求满足不同学生的不同需求。必修课面向全体学生，包括节日课程、实践课程、思想课程、艺术课程、信息化课程、心智课程等内容。其中，节日课程每月一次，每个节日都有一个主题，每个主题都有十种体验；思想课程以“规则之美”为主题开展说规则、讲规则、守规则、赞规则系列活动；心智课程从1-6年级的目标、内容、特点、形式等都进行了细化和统整，使其形成系统化。选修课程又叫“七彩课程”，赤、橙、黄、绿、青、蓝、紫等七种颜色分别代表不同领域的课程，同时明确了不同的培养目标。课程体系发展使国家的课程目标更加具体化，形成了合乎学校特点的课程目标与实践。

学校课程校本化的创建，使课程建设走向特色与内涵，走向成熟与精致，走向丰富与多元，走向教育的本质与内核，多途径促进了学生成长成才。

课堂模式质量化

改革永无止境，教育的改革最终要落脚到课堂上。静美小学教育集团牢固树立正确的人才观和科学的质量观，以学生乐学、教师乐教、家长乐陪、质量乐观为目标追求，不断提升学校的文化品位，努力实现学校的优质发展。

在点、线、面有机融合的科学质量观的背景下，学校牢固树立全局思维，创新课堂教学模式，从学生的学习能力和情感体验出发，着重考察学生的目标达成率、学习参与率及思维有效率，在语、数、英三大主科做了有效尝试，探索构建了立体式、生态型、包容性的课堂目标体系。如语文学科阅读能力从“量”到“质”的跨越，数学学科思维能力从“质”到“活”的提升，英语学科应用能力从“活”到“能”的融合。

在课堂教学中，坚决做到“四化”的落地生根。生本化，即课堂以学生学习为主，学生的讲、练、评贯穿于课堂；问题化，即精心设计课堂问题，做到精、真、简，引发学生思考的价值，注重思维品质提升；生活化，即结合真实的生活情景，让学生产生学习意义感，形成解决问题的能力；思维化，即追求本质的教学，加强方法训练及思维发展的可视化呈现，让思考充盈学习过程。

德育工作精细化

德育是素质教育的灵魂和核心，是社会主义精神文明建设的奠基工程，是促进学生健康成长的根本保障。静美小学教育集团坚持贯彻“养正毓德、以静育美”的德育工作理念，通过“毓德于礼，锤炼学生的君子之行；毓德于文，培养学生的智者之识；毓德于美，涵养学生赤子之心”三大途径，大力构建“博采养德”的善学课程、“养正毓德”的善行活动、“尚美扬善”的善美环境，逐步形成了以“精细管理、精心培育、精彩活动、精品特色、精英团队”为主要内容的一系列精细化管理模式。

学校充分整合各种德育资源，以“静、净、敬、竞”四种品行教育作为德育的有力抓手，形成了回归本真的“静文化”、怡情润心的“净文化”、因地制宜的“敬文化”、百花齐放的“竞文化”，彰显了学校的“静美”德育文化特色。学校根据孩子们的年龄特点，把践行品行培养与“做四‘静’最美少年”活动有机整合，从礼仪教育和习惯培养两个维度量化标准，编制了《静美学生成长记录本》，构建了个人生活、家庭生活、学校生活、社会生活共四类品行培养目标体系，并确定相应的知识和行为训练点，形成了有点有面、有纵有横的德育训练运行网络。

学校通过品行示范员、品行监督员、品行实践员等角色体验活动，涵养学生的正言、正行、正思维，培养学生的社会责任感，有效落

实立德树人根本任务。实施学生自主管理，关心人本存在，推动自我教育；开设养正学堂，关注身心发展，培养“静美”品质；弘扬传统文化，为学生的全面发展提供土壤；抓实节日课程，为学生的持续发展注入活力；开展多元评价，实现学生自我成长，全面提升学生素养。

教师管理系统化

教师是学校教学工作的生力军，其发展直接影响着学校的教学质量和发展定位，决定着学校的发展品质。基于这一认识，静美小学教育集团践行“发展教师、成就教师、幸福教师”的管理思路，确立了“认识最好的自己，实现人生价值”的教师评价坐标，探索出“让学习拓展教师的生命视野，让实践充实教师的生命智慧，让成功提升教师的生命价值”的教师成长路径，为学校的多样化、特色化发展夯实了根基。

学校从思想、业务和评价三方面对教师进行系统化提升。思想方面，开展培养学生原点思维、探索教育规律、掌握教育艺术等系列讲座，全面提升教师的思想政治素质和职业道德水平；业务方面，定期开展课程标准学习、学科素养提炼、各种课型研磨等活动，创新网络论坛、读书沙龙、教学交流、专业成长培训、职业素养提升讲座、学习成果分享等学习方式，大力提升教师的教育教学技巧和校本科研能力；评价方面，强调“展示成就”与“改进激励整合”并行的评价功能，突出“综合素质”与“个体差异”的评价内容，实行“自我评价”与“协同评价”共生的评价手段，不断唤醒教师自我发展的内在需求与可能。

教师队伍建设的深入推进，实现了教师的专业成长，树立了价值文化典范，倡导了健康的校园文化。正因为有了这样的团队文化，释放了教师的能量，才激发了教师创造性的工作。

全力实施“多彩”教育，打造优质教育品牌，是推进素质教育的必然走向，也是为学生发展提供更科学、更人性的教育空间的必然选择。静美小学教育集团的教育工作者们将不忘初心、砥砺耕耘，坚定品质立校，铸造办学特色，培育优良品行，提升师德师能，共建一个多彩、多元的教育教学新天地。

学科实践活动：让学习真实而深度地发生

——基于10%学时的学科实践活动的认识和行动探索

辽宁省沈阳市浑南区第二小学　夏亚琴

《辽宁省全面深化义务教育课程改革的指导意见》指出，强化实践活动课程，增强学生创新精神和实践能力。全面开设综合实践活动课程，保证课时不挤占，纠正实践环节弱化虚化问题；增加学科实践活动，在不增加学科总课时的前提下，用不少于10%的课时开展学科实践活动；把综合实践活动和各学科实践活动有机结合起来，与地方课程、校本课程有机结合起来，组织多种多样的社会实践、拓展训练、科技普及、公益性劳动等活动。由此，学科实践活动纳入课程创新视野，成为教育深化综合改革的焦点话题。

一、学科实践活动的基本认识

学科实践活动是以学科知识为背景，以问题或需求为基础，基于学生的已有经验，以实践为中心的一门活动课程。它强调学生从自身生活和周围生活中发现问题，通过体验式、合作式、探究式或建构式的学习，运用正确或多元的方法综合地解决问题。

在此过程中，学生将通过一系列的实践活动，经历“学习理解—实践应用—创造迁移”的全过程，发展综合运用知识解决问题能力、交流与合作能力、实践能力与创新精神，提升学习力，形成面对未来生活的必备品格和关键能力，从而实现学科核心素养与学生成长总目标。它更加关注学生的核心素养和实际获得，以及课程整体的育人功能和实践育人的价值。

二、学科实践活动课程的实施策略

学科实践活动是学科教学的有机组成部分，也是与综合实践课程的连接带，是实现跨学科知能整合的行为准备。在实践过程中，我校主要采取做中学、做中创、教学做合一的有效策略，让学习真实而深度发生。

优化课程结构，形成有逻辑的课程变革路径。我们知道，国家课程、地方课程和学校课程是基于管理的结构，不是基于目标的结构。基于目标的结构应该重新建构基础课程、拓展课程和特色课程，因此，10%学科实践课程的提出优化了课程结构。在基础课程的基础上，我校更加关注学生学习体验、动手实践及创新意识的培养，构建了“1+1”课程模式：基础课程+学科实践，如语文+课本剧、数学+财商、英语+英语剧、科学+科创、信息技术+创课、音乐+校园舞、美术+湿拓、体育+独轮车、综合+自由研究、地方课程+浑河文化等。目前，我校已经基本形成了包括课程目标、课程主题、课程内容、课程实施、课程评价在内的完整课程体系。

拓展教学时空，创造自主探究的实践空间。作为自然性时空存在的教学时空，主要包含上课时间、下课时间、学校空间、教室空间等物理时空本身，更多的是以一种“存在性”要素呈现出来。然而，10%学科实践活动对传统的“存在性时空”提出了挑战。我校打破了固有的上课时间、学校空间、教室空间等物理时空本身，按照学科内容和知识体系，根据长短课、大小课布局，将学科的知识实践迁移到科技馆、社会实践活动基地、科学宫、博物馆等场馆，进行体验式学习、项目式学习、自由研究、研学、游学等，让学生走入社会、走入生活进行学习，从而成长得更自然、更快乐。这也使“校无界、爱无限”的理念在实践层面得以实施。

调整教学秩序，确保学科实践活动真正落地。学科实践活动的实施过程是重构教学秩序、重新分配教学时空的过程。我校制定学科计划，每学期15周，每周半天（3学时），由校内外共同实施。其中，每学期组织5次（共15学时）校外实践活动（市级1次，区级2次，校级2次），10次校内实践活动（共30学时）。

三、学科实践活动的行动探索

在实践中，我校注重学生在实践性学习活动过程中的感受和体验，突出实践性与探究性，将学科实践与学校的爱娃乐成长—爱娃乐学、爱娃乐行—爱娃乐创—爱娃乐考相结合，让学生乐于探究、勤于动手和勇于实践。

学科内实践活动，突出实践应用与创造迁移，让学习真实发生。在具体的操作过程中，我校注重落实“四个结合”：一是知识、技能、兴趣相结合　，关联知识与生活。注重实践是学科实践活动课程的本质特征，在学科实践活动设计时，我校以学生为中心，关注学生的兴趣和需要，基于“知行合一”理念，注重学生在实践性学习活动过程中的感受和体验，亲身经历实践过程，体验实践活动，发展学生的实践能力和创新精神。以数学为例：数学学科在四年级下册的《数学好玩》一课，讲的是“密铺”、什么样的图形能密铺？这既是新的知识点，又是本课的重点和难点，对学生的生活经验要求的非常高。在授课时，教师以家庭装修来导入，引领孩子在实践中探究，在生活中拓展，指导孩子在教室前面的空地上画几个一平方米的正方形，学生以小组为单位选择不同的图形把画好的空地铺满，通过对比各组密铺的图形，总结密铺的方法和规律。李博宇同学在家里的卫生室改造时还把铺装的知识排上了用场，计算瓷砖面积，把书本知识迁移到生活实际，完成了学习理解到实践应用的过程，最后再回到知识的深度认知上，形成了一个学习上的闭环。

二是基础、探究、拓展相结合，联通直接知识与间接知识。10%学时的学科实践活动首先蕴含在学科课程内，成为学科课程的一部分。在学科本位的基础上，我校结合课堂教学，进行了提高、拓展、体验、探究实践活动。例如：语文学科的学科实践活动是基于听说读写的语文学科特点开展的相关活动。在学习古诗两首《咏柳》、《小池》后，开展积累课外的描写春天的古诗、诵读古诗、创编描写春天的诗歌等实践活动，并给孩子们布置家庭作业《找春》。在这样的情境下，孩子们懂得了书本知识是与大自然、与人类社会是紧密相关的。此外，结合语文实践活动，我校还成立了来读吧，与课本剧社、小记者站等落实语用结合，拓展语文实践的宽度和广度。

三是课内、课外、活动相结合，注重实践应用与创造迁移。学科实践活动课程超越了封闭的学科知识体系和单一的课堂教学的时空限制，它强调学生走出教室，在开放的社会生活中进行学习，实现课内和课外以及活动相融合。以综合实践《生命之源——水》为例：学生在课内懂得水的重要性之后，老师又设计了“节约用水，关爱生命之源”的综合实践活动，让孩子们走出教室，到家庭、周边社区、企业展开社会调查，通过采访询问、社会调查、社会实践完成了两份调查表——“水浪费情况调查表”和“节约水的情况调查”。回校后，孩子们围绕主题，通过出黑板报、节水宣传画、手抄报、制定倡议书等形式展示调查研究成果，号召全校学生一起节约用水，珍惜宝贵的水资源。

四是学科、素养、特色结合，观照基本能力与学科素养。学科实践活动是基于学科超越学科的，能力不是达到的唯一目标，孩子成长过程中核心素养的形成才是最终的落脚点。我校以学科素养为目标，以做为实践哲学，将学科素养与教育哲学有机结合。以数学实践“数学布道”为例：教师把数学知识与现有的、身边的场景巧妙地结合，利用校园围墙、操场、场馆、楼梯等设施设备为数学信息，设计出一系列的数学体验以及挑战闯关活动，进行数学思维能力的探究、动手操作实践、调查、实际测量等，让学生漫步校园，置身于闯关游戏之中，把校园当玩具，处处玩数学，让数学接上了生活的地气。

学科整合实践活动，突出自主建构与动态生成，让学习深度发生。一是多学科整合的实践活动。它以一个学科的主题内容为主体，以相关联的学科内容为辅助，根据学习者的兴趣或经验进行多学科整合，形成了既保持各学科原有的知识的结构序列，又围绕相关的内容的梳理，形成了融合学科优势为一体的多学科实践活动。以健康教育课中的“食物的旅行”为例：在教学设计中，教师以健康教育为主，借助信息技术、采用梦想课程的学习和组织方式，把孩子带到场馆区真实学习，完成了综合、整合的学习过程。它有效整合了具有内在逻辑或价值关联的两门或两门以上的学科内容或技能，以贴近学生的问题或生活经验为逻辑起点，是知识的整合、能力的综合以及理念与价值的融合。二是跨学科的主题实践活动。它是一种多学科交叉的、有主题的实践体验活动，其基操作流程为：整理相似的知识点—挖掘主题活动元素—整理共性体验内容—确定年级主题内容—设计主题研究单—学校组织实施过程—成果展示。上学期，我校整体确立了六个年级的研究主题：一年级“寻找春天”、二年级“快乐地‘六一’”、三年级“环保小能手”、四年级“午粽飘香”、五六年级“大美浑南”。

融合创新，注重实践，让教育回归初衷，回归学生真正的成长需求。10%学科实践活动，激发了学生100%的学习动机，撬动着100%的教师教学方式的改变，触动着学校100%的课程变革，让学习真正发生，让课改真正落地。目前，我校编写出的《沈阳野生动物图谱》填补了我市相关资料的空白，荣获辽宁省一等奖、省十佳项目奖、全国二等奖；《食品添加剂》课程、《桥》课程获得省市一等奖，被编入了省编教材。

快乐自主中做更好地自己

内蒙古包头钢铁公司第一小学　刘润平

沿着友谊大街一路向西行驶，在昆区西南城乡接合部的位置，有一所有着半个世纪建校历史的学校坐落在这里，它就是包钢第一小学。看似地理位置有些偏僻，在周围的建筑群中不是特别起眼的存在，但当你走进校园，整洁干净的校园环境，生机勃勃的校园风貌，丰富多彩的校园文化，都在打动、影响着来这里就读的一批批学子。建于1963年的包钢一小，虽已“年过半百”，仿若进入人生的中老年时期，但包钢第一小学正用朝气蓬勃的姿态在新的征程上昂首迈进着。

文化作引领

包钢一小的校园如众多学校校园布局一样，两栋前后错落的教学楼，一个200　米的塑胶操场，外表普通，内里却大有“乾坤”。教学楼中央，“做更好地自己”的校训跃然于眼前；两栋教学楼之间，一条文化长廊将两栋独立的建筑连在一起，融成一体。校风校训的创立与文化长廊的设立，是学校“快乐、自主”办学理念的展现。

“办一所好学校，就是办好学校的文化。”这是包钢一小校长刘润平一直坚持并为之努力的方向。在刘润平朴素的愿望里，学校文化是学校之“魂”，学校有核心文化，才能凝聚人心。2012年，刘润平开始担任包钢一小的校长，新的领导班子组建成立后，开始立足学校实际，打造包钢一小自己的文化品牌。有想法，就要付诸实践，可是打造什么样的文化品牌、怎样去打造成了学校急需思考的问题。基于此，刘润平在全校师生中发出了倡议，与师生一起共谋发展。半年的时间里，包钢一小全校师生开展了思想大讨论，组织专题学习，在总结、分析多年的办学实践基础上，“快乐、自主”办学理念应运而生。紧接着，学校又在文化建设中探索出“12355”快乐自主文化体系。“1”是“快乐、自主”为核心，“2”是教育教学为两翼，“3”是创品牌学校、塑智慧教师、育新型人才为办学目标，“5”是“五自”发展目标为依托，围绕“五自”发展目标实施快乐自主校园文化建设、校本教材研发、课堂教学模式构建、班级管理模式形成、文化节开展，将“快乐、自主”理念渗透到学校教育教学管理的各个方面。

如今，学校个性文化与学校工作全方位融合，办学行为、办学规划、办学品位也在不断提升。在几年的实施与探索中，包钢一小编撰完成了自己的文化手册——《构建快乐自主文化打造高品质学校》，这本展示学校文化内涵的小册子，受到了家长和学生的欢迎。家长表示：“了解包钢一小我们从这本文化手册入手就行，它详细地介绍了学校发展的各个方面，把孩子送到这里上学会更放心、满意。”

自主助成长

对学生而言，真正的快乐源于自我价值感的获得与认同。由于地理位置的原因，包钢一小60%-70%的生源来自外来务工人员的子女。想要得到自我价值感的认同，快乐、自主是不可缺少的。立足于学校实际，包钢一小以“五自”德育模式为引领，打造生活自理、言行自律、心态自信、学习自主、安全自护“五自”教育的新样态德育。

《做更好地自己》、《班级学生自主管理手册》，是每学期学生入学都要研读和学习的校本教材，这是学校以“快乐自主成长”为目标编制的内容。一方面，学校将学生的自主管理纳入班级管理，创建快乐自主班级管理模式；另一方面，在学生日常的学习生活中，提倡主题教育与体验活动融于一体。每年“六一”，“快乐自主班级争星”活动已成为惯例，评选出的星级班级会在每个班级的墙壁和门上，张贴着属于本班的星级。星级班级评选不仅是家长学生对学校德育管理的认可，也是学生自我管理，为自己、为班级荣誉努力的结果。

家校共建是近几年众多学校推进教育和谐，形成教育合力一直在开展的事情，包钢一小也不例外。在学校，家长学校定期授课，组织家长参加社会公益大讲堂，听专题讲座等活动，形成家校合力的良好氛围。二级家长委员会的成立，更是让各班家委会自主运作，自主管理班级各项事务。2017年11　月份，400　余名家长参加的“展示特色，分享快乐，携手前进”家长开放日活动广受家长好评。

教研来兴校

“来包钢一小工作我是幸福、幸运的。幸福的是在这里和教师们一起实现着梦想与理想，幸运的是遇到好的教师和团队，让我们可以不负时光，继续前行。”这是校长刘润平在包钢一小工作11　年的内心感慨。

回想起初到包钢一小工作的情景，刘润平依然记忆犹新。“包钢一小是包钢集团公司办学历史比较早的学校，认真务实的教学优良传统在这里随处可见。”针对这一学情，学校在继续秉持这一优良传统基础上，结合学校快乐自主文化内涵，发展教学这个核心，构建了“精细管理规范教学，特色课改促进教学，主题教研引领教学，专业培训提升教学，信息技术助推教学”五个维度来提升整体教学质量。

教学上，教师从“备课、上课、作业布置与批改、教研组、备课组活动”等基础环节入手，在每一个细节上精益求精。同时，学校将“快乐自主”办学理念与课堂教学改革深度融合，从课堂环节着手，探索课改成果与教学质量的对接。课堂上，学生们自主合作，自主讨论，小组集体展示，培养、探索着自主学习的能力。课后，书法、经典诵读、信息技术、魔方智力训练等个性化课程在不断拓展推进，快乐自主的理念让学生在课上课下都能愉快学习成长。

不仅如此，开展校本教师培训，各类专题教学活动，选派师生自己认可的名师创办学校的名师工作室，引领、辐射教师成长。每学期“主题教研”模式，为教师创设学研氛围，在教学研活动中让教研思路纲举目张，更好地提升教师的业务水平，教育教学质量逐年提升，连续四年被评为昆区级教育工作先进集体、教育教学工作优秀单位，包头市优秀少先队大队，“鹿城读书”先进集体。其中，国家级德育课题《运用团体心理辅导创新班主任工作的研究》于2016年2月结题，同时学校被评为“全国先进实验学校”。

特色展水平

采访中，正值学校足球队训练，一群面孔稚嫩的少年们正在认真地传球、接球、颠球，在操场上奔跑着。迎着朝阳而来，伴着夕阳而去，每天的足球训练是包钢一小足球队小队员为之坚持和努力的事情。

作为足球传统名校，2016年，包钢一小足球队先后荣获了“区长杯”、“市长杯”、“主席杯”青少年校园足球四级联赛的冠军。三个冠军的获得让包钢一小足球队名声大振，也让学校里越来越多的孩子爱上了足球，甚至很多家长在给孩子报名就读时表示，要让孩子来包钢一小踢足球。

为什么足球运动在包钢一小这样受欢迎？刘润平告诉记者：“依据学校‘快乐自主’办学理念，我们确立了‘快乐足球’体育特色项目，‘以球润德、以球益智、以球健体’的教育内涵使足球这个特色项目愈加丰富多彩。”

组建班级足球队，设立班级足球队队名、队徽、队训，已是包钢一小校园足球常态化建设。在此基础上，学校投入30　余万元规范各项训练制度和后勤保障，进一步提升学生足球技能。学校还创建足球社团，开展足球征文等活动，让校园足球文化在这里扎根生长。2017年学校被命名为“包头市青少年足球后备人才培养基地”，先后被评为自治区校园足球先进校，获国家级足球特色学校称号。学校的李全福、佟海峰两位教师还取得了国家一级足球裁判资格，佟海峰两次被派往英、法两国培训学习。

“在‘快乐自主’中做更好地自己，打造一所高品质的学校是包钢一小人共同的愿景与孜孜不懈的追求。在基础上提升，在提升中打造品牌，没有最好，只有更好。”对于未来，刘润平信心满满。

扎实推进劳动教育　播撒幸福生活种子

内蒙古鄂尔多斯康巴什区第二小学　高忠良　冯超

劳动教育是全面贯彻党的教育方针的基本要求，也是培育和践行社会主义核心价值观的有效途径。一直以来，我校高度重视劳动教育，从建校初就确定了德智体美劳五育并举的育人思路，明确地认识到：劳动实践在学校教育的目标指向是“实践意识”和“动手习惯”，是贯穿、渗透、融汇在所有培养目标和手段中的基础素养。

进入新时代，我校以培养学生的劳动观念、劳动意识和劳动习惯为导向，牢牢把握学生在未来工作和生活中必备的基本劳动素养、基本劳动品质和基本劳动习惯，依托劳动实践相关课程及集体活动、个人活动，以学校、家庭、社会为阵地，从思想到技能再到行动以及评价，在学生中扎实深入开展，让劳动教育在学生心中扎根、发芽，逐步成长为尊重劳动、热爱劳动和以劳动为荣的社会公民。

一、大力推进劳动课程建设

无论社会与时代如何变化，劳动创造价值、劳动改变世界的观念一直不变。为全面构建体现新时代特征的劳动教育体系，我校认真学习劳动教育文件和典型做法，仔细领会劳动教育的目标与要求，开发出相关的劳动教育课程，使劳动教育与学生的智力发展、实践能力和审美情趣联系起来。

2018年，全体班主任和德育干部共同编写了《劳动与社会实践班会教案》， 分上、下两册。每册内容涵盖1—6年级每学期一次的劳动教育主题系列课程，包括个人卫生、班务整理、旧物改造等多方面内容，以主题阅读、主题实践、主题反思、主题展示的思路展开，让学生在学习、实践、反思中获得成长。这本校本教材在一定程度上落实了我校幸福娃评价体系中培养“劳动娃”的目标，同时也为班主任上课提供了较为科学的模板，提升了班会课的品质。

一至六年级每周开展一节“劳动技术课”（自治区课程），涉及手工制作、缝纫等内容，力求实现劳动课程的班级普及，让学生们习得基础劳动技能和生活自理能力。其中，陶艺、厨艺、木工、缝纫、科技制作等劳动实践类校本课程，深受学生的青睐。

此外，我校还辅以分年级的劳动技能大比拼活动，低年级开展叠衣服、整理书包、桌洞、储物柜大比拼；中高年级开展厨艺、旧物改造、劳动创造美等多项大比拼，以赛促学，大力营造人人崇尚劳动、尊重劳动、创造劳动的氛围。

二、扎实开展多种校内劳动

劳动实践教育是学生全面发展的重要一环。我校积极构建校内劳动实践教育基地，以更加丰富的活动内容，帮助学生树立劳动意识，并付诸实践。

首先，鼓励和支持学生主动参与校园的改造和美化。在校园教室卫生、环境绿化美化、住宿学生内务整理方面，为学生提供劳动机会；教室内外卫生均有班级学生负责，尽可能地减少保洁外包服务，孩子们能做的事情，完全交由孩子完成；班级“温馨教室”物质文化建设从板块设计到作品创作、张贴，整体布局设计均有学生和老师共同完成，让学生们能够深度参与班级环境的创设。

其次，幸福农场种植活动是我校学生的常态活动。幸福农场种植活动在每年的五月开展，1—2年级，开展“我为班级添抹绿”活动，主要是养护班级花草；3—6年级，每个年级划分一块试验田，种植诸如向日葵、西红柿、黄瓜等蔬菜。通过这种种植活动，吃苦耐劳和勤勉踏实在校园里得到了持续传承。

再次，理财社团成员负责运营学校“诚信超市”。我校本着“诚意无价，信守诺言”的信条，开设了“诚信超市”，由中高年级班级轮流管理。从货物清点摆放、课间管理再到整理盘点，均由班级学生自行管理与分配，在让学生做到诚信自己的同时，也锻炼了他们的团队合作和服务能力。当然，所得款项除去成本外，均捐助困难学生。

最后，班班实行“班级精细化管理”。在我校，由班主任和学生依据班级管理需要，从纪律、路队、卫生、礼仪、学习等方面，设定诸如“护花小使者”、“节能小卫士”等小岗位，商讨并明确各岗位的职责与义务，采用自主申报的方式，自主参与班级服务与劳动，从而实现了学生“人人参与班级管理”的目标。在这个过程中，学生们不仅锻炼了能力，增强了主人翁意识，更提升了班级凝聚力。

三、积极倡导进行校外劳动

现代社会有不同的劳动形态，因此，劳动教育不应局限于学校，而是应打破学校的“围墙”，将劳动教育延伸到家庭、社区、社会，不断拓展劳动教育的实践场地。

日常家务劳动的习得与坚持主要发生在家庭。我校坚持以每学期的“家务劳动小能手”评选为契机，不仅积极倡导学生进行日常家务劳动，更在假期分层布置劳动家庭作业，如“我是小帮厨”、“今天我当家”、“学习做饭”等活动，教育引导学生“自己的事情自己做，家里的事情帮着做”，不断形成良好的劳动习惯和劳动意识。

校外劳动实践活动能够通过真实情境的劳动实践让学生体验到了劳动的价值与乐趣。我校积极组织学生参加各种校外劳动实践活动，如组织学生参加职业体验活动、去少年宫参加手工技艺体验课程、开展捡拾白色垃圾活动、开展慰问社区敬老院活动、组织“为环卫工人、交警叔叔送温暖”志愿服务等活动，让学生在劳动中收获知识、提升能力、形成品格。

四、实施多元劳动教育评价

劳动教育评价是学校劳动教育的重要环节，是保证学校劳动教育目标实现的重要措施，也是学校教育质量评价的重要组成部分。为保证劳动教育的效果，我校注重多形式、多主体评估，促进学生劳动技能的增强、劳动习惯的形成和劳动素养的提升。

在劳动实践教育评价方面，我校主要依托“幸福五娃劳动评价体系”中劳动娃的评价，辅以“劳动小能手”、“精细化管理小能手”的评选，于学期中、学期末依据评价标准进行层层推选，颁发劳动娃胸牌、小能手奖状并为获得荣誉的小朋友实现一个愿望等。

五、今后劳动教育的发展方向

我校地处康巴什北区，学校生源多为外来务工和本地转移农民，孩子们大多生长在农村，祖辈为农民，勤劳朴实的品质在学生的文化基因中稳定延续。在康巴什教体局的引领下，我校德育课程经过多次打磨，最终确定了做“品格教育”，着力培养“有使命、有品格、愿服务”的二小幸福娃。因此，我校从学生的真实生活和学校发展需要出发，将“红领巾实践服务课程”作为少队课程（活动）品牌，在下一个三年中着重落实，将品格教育落地，即“做中学”在劳动与实践服务中历练品格。

整个课程的架构将着眼于学生核心素养的养成，让学生在学习劳动知识、掌握劳动技能的同时，通过劳动实践体验培养劳动观念、磨砺意志品质，从而实现以劳树德、以劳强体、以劳益美、以劳创新的课程目标。

“红领巾实践服务课程”将分为班级劳动实践、学校劳动实践、社会劳动实践、家庭劳动实践四个板块，以“‘做中学’在劳动与实践服务中历练品格”为价值取向，强调教师与教师、教师与家长、教师与学生、教师与专业人士互为补充，共同卷入课程实施，充分调研，整合学校已有特色课程及经验，去粗取精，结合学生品格培养，构建具有我校特色的校本劳动实践服务课程内容体系。其中，班级劳动实践与服务板块，包括班级精细化管理和“温馨教室”物质文化创设；学校劳动实践与服务板块，包括红领巾值周、校园基地劳动实践、“诚信超市”理财社团课程以及学校食堂自主管理等（设想）；社区劳动实践与服务板块，主要是指按年级分层定主题，设计诸如“我是小雷锋”、“争做文明劝导员”、“关爱特殊群体”等12个专题，并分学期推进，已达到“知、情、意、行”的目的；家庭劳动实践与服务板块，是指设计六年一贯制“当家课程”，分为“必修”和“选修”，安排在六年12个学期里，形成序列，与家长协同育人。

总之，劳动实践实践服务教育将作为我校德育教育的一项常抓不懈的工作，同时作为我校品格教育的一个突破口，在未来三年着力打造，有计划、成系列、序列化开展，真正实现在劳动教育中体验成长的快乐地教育目的。

立足文化之本，传扬甲骨风韵

曲阜师范大学附属实验学校 鲁国春 韩邦秋 徐洪涛

“甲骨文是迄今为止中国发现的年代最早的成熟文字系统，是汉字的源头和中华优秀传统文化的根脉，值得倍加珍视、更好地传承发展。”习近平总书记确立了甲骨文作为“文化的根脉”的崇高地位，为中华文明的探源指明了方向。习近平总书记在致信祝贺甲骨文发现和研究120周年时提出，“深入研究甲骨文的历史思想和文化价值，促进文明交流互鉴”。这要求我们充分发挥语言文字在传承和弘扬中华优秀传统文化方面不可替代的作用，继续加强对中华优秀传统文化甲骨文化的挖掘和阐发，推动甲骨文化创造性转化、创新性发展，以文化人、以文育人，树立文化自信，文化自觉，使我们中国文化更加有内涵，有深蕴。多年来，我校非常重视中华优秀传统文化教育，依托科技馆、人文馆、党史馆、民族馆、孔子广场等打造“场馆+文化”特色，弘扬优秀传统文化。甲骨文作为传统文化教育的内容之一，让甲骨文文字“活”起来，以创新易接受的方式走向师生，更好地促进中华优秀传统文化的传承性创新，是我校当前最大的渴盼。为此，我校在探寻甲骨文的发展之路上，认真求索，不断突破，立志打造甲骨文特色校，为甲骨文化的传播做出力所能及的贡献。

一、构建课程体系，传播甲骨文化

“运筹帷幄之中，方能决胜千里之外”。我校对创建甲骨文特色学校非常重视，成立了领导小组和工作小组，并多次召开专题研讨会议，制定实施方案；开展甲骨文教学教研活动，对全体教师进行甲骨文相关知识培训；成立“甲骨学堂”，为学生普及甲骨文相关知识。学校全体师生人人参与，主动学习，多形式、多渠道来营造浓厚的甲骨文校园文化氛围，推动甲骨文文化进校园，着力打造甲骨文特色学校。

我校为了更好地开展甲骨文教育教学活动，重点打造多元化的甲骨文课程体系。选用北京教育出版社出版的《小学生说文解字》。“他山之石，可以攻玉”，经过广泛而慎重甄选，我们找到了这本与我们的甲骨文课程契合度非常高的珍本；编写我校甲骨文校本教材《舞动的文字》。学校组织语文教师按照人教版统编小学语文教材生字表，从中找出相对应的甲骨文，编写了《舞动的文字》校本教材。从“字体演变、字形解说、字义转化、相关知识介绍、甲骨文写绘”等栏目介绍甲骨文字；设计甲骨文微课程。中国传统文化符号有很多，有象征民族特色的十二生肖，有丰、福、寿等吉祥文字，有梅、兰、竹、菊“四君子”植物，二十四节气等等。结合这些富有中国传统文化特色的元素符号，老师们设计了甲骨文课例，录制成了甲骨文微课：《中国人》、《中国梦》、《家国情怀》、《相亲相爱一家人》、《门户》、《二十四节气》、《十二生肖》、《只争朝夕》、《福寿有余》、《厉害了我的国》，等等。这些微课通过微信、钉钉、校园网等方式提供给学生，学生可以在家和家长一起观看学习。通过“小手牵大手”活动，甲骨文知识也深深影响着一众家长。这些微课程，不仅让学生、家长学习了甲骨文知识，传播了优秀的中国传统文化，还渗透了爱家、爱国情感教育；成立甲骨学堂，组建甲骨文兴趣小组。学校成立了“甲骨学堂”，编写

《甲骨学堂》案例，利用每周三下午校本课程的时间开展专题讲座、汉字知识、书写篆刻、观摩优秀课例等多样活动，使对甲骨文怀有兴趣的师生更加深入地学习。

二、开发“一主多翼”，实现全员育人

汉字是我们中华民族凝聚力和向心力的重要载体，甲骨文是我们认知中国早期历史和古代文明的重要工具。为更加深入地传播甲骨文化，我校依托甲骨文课程体系，打造以语文教学为主渠道，以美术课、书法课、甲骨学堂、创客为辅助的“一主多翼”甲骨文教学模式，将甲骨文教学融入学科教学之中，实现全员育人。

语文课作为学习甲骨文的主阵地，在随文识字和集中识字时引入甲骨文字，通过字体演变，字源探究、字形字义解析，将汉字的构型规则、历史发展和文化内涵引入语文教学，不仅教会学生认识生字，还追根溯源，告诉学生汉字从何而来。学生学习汉字的兴趣高涨，学习效果显著，扎实掌握了汉字的本义，在孩子幼小的心灵播下历史文化的种子，让中华基因代代传承。美术课通过手工制作、绘画、篆刻等多种形式学习甲骨文；书法课则加强软硬笔书写甲骨文训练；创客小组利用激光雕刻等现代化的手段制作甲骨文作品；甲骨学堂重在引导学生进一步深入学习甲骨文相关知识。

“一主多翼”的教学模式，必修和选修相结合，相辅相成，不同学科彰显特色，让甲骨文融入课堂教学，如涓涓细流滋润学生心田。

三、开展特色活动，提升甲骨影响力

“纸上得来终觉浅，绝知此事要躬行。”学校根据日常教学，结合节假日、月节活动以及校园大型活动开展多种形式的甲骨文卓越课程活动：甲骨文识字小能手、甲骨文手抄报、甲骨文绘画古诗词、甲骨文创意书签、甲骨文书写大赛、制作甲骨文小饰等等丰富多彩的活动，让甲骨文走进课堂、走进家庭、走进生活。这一举动，得到了师生与家长的欢迎。

甲骨文特色卓越课程的开发，让知识重新具备了生命的温度。日照市电视台《大家论教》栏目对我校甲骨文教学进行了访谈，分上下两期，播出了40多分钟的专题片。日照市教育局、山东教育新闻网、大众日报、学习强国等媒体皆对我校甲骨文教学特色进行宣传报道，在日照市教育界引起了强烈的反响。学校的甲骨文特色课程荣获全国新教育2020年度卓越课程。现如今，我校是山东省甲骨文特色学校、山东省规范化学校、山东省教学示范校、山东省首批传统文化体验教育实验学校等等。这一项项荣誉彰显了学校的精彩与厚重，一颗颗宝石让其桂冠熠熠生辉。

“百尺竿头思更进，策马扬鞭自奋蹄”。甲骨文化的传承，是一种使命，是一种担当。甲骨文的构形系统蕴含丰富的殷商文化信息，对了解和证实中国早期文明具有十分重要的价值，非常值得我们珍视。我校将进一步扎实开展甲骨文特色卓越课程研讨工作，深入挖掘甲骨文所蕴含的文化精髓，继续完善甲骨文特色课程体系；开展手工、书写、评比，研学、游学等丰富多彩的活动，激发学生的学习兴趣，使其用心讲好文字故事，了解汉字文化的博大精深，同时，使甲骨文化更加深入人心，使中华优秀传统文化得到加广阔的传承和弘扬。

坚持五育并举　创建文明校园

山东省菏泽市牡丹区实验小学　王振中　李佑立

文明校园创建是在教育系统深化改革背景下加强和改进学校工作，创建学生良好成长环境的重要举措。抓好文明校园创建，对于贯彻党的教育方针，坚持立德树人任务、塑造美好心灵、养成良好行为习惯、培养基础文明具有重要意义。近年来，在山东省菏泽市及牡丹区教育主管部门的正确领导和大力支持下，在牡丹区文明办的悉心指导下，山东省菏泽市牡丹区实验小学对标全国文明学校创建的高要求，立足“让每一个人都有人生出彩的机会”的教改愿景，怀着“为千万家庭的希望负责，为国家美好的未来负责”的教育情怀，以“立德、启智、健体、育美、培劳”为核心育人目标，不断创新思路、丰富载体、关注过程、务求实效，全面推进“五育并举”素质教育，打造了文明校园创建工作的响亮品牌。

全力以赴重创建，扎实稳步上台阶

为进一步巩固和发展学校“文明校园”建设的成果，牡丹区实验小学自被评为“全国文明校园”以来，仍然持之以恒地加强“六个好”建设，坚定不移地巩固抓好创建工作。

学校成立创建文明校园领导小组，把创建工作纳入重要议事日程和目标管理机制之中，与德育管理工作、校园安全工作、教育教学工作、行政工作一同计划，一同研究，一同部署，一同检查评比，要求具体，目标明确。根据上级要求，层层落实责任，考核奖惩，各条块的工作均实行部门领导负责制；创建领导小组每月总结部署，要求全校教职工、学生全员参与，确保创建活动有条不紊地开展；严格落实全校性的德育、安全、教学、计生、绿化、卫生、档案、综治、普法等常规工作，深入开展做文明市民、当文明职工、创文明家庭、创文明办公室、创优秀班集体等活动，定期评选表彰文明办公室、模范班集体、先进个人等，真正让文明融入学校工作的大事小节。

精诚团结抓管理，凝心聚力谋发展

好的管理是学校发展的坚实保障。牡丹区实验小学领导班子牢固树立“教育就是服务，服务就要用心”的现代管理理念，始终把加强班子成员的政治理论学习和业务学习作为头等大事来抓，凝心聚力谋求学校发展，有效保障文明校园创建工作健康、有序、可持续发展。

学校为每位班子成员订阅《人民日报》、《人民教育》等报纸杂志，在每周固定时间进行党的政策理论知识学习，并且要求记好学习笔记，每月写出一篇心得体会，以此提高班子成员的党性修养和政策理论水平；注重班子成员的阅读，要求每人每月必须读一本书，撰写一篇高质量的读后感，集中时间做一次深度交流，吃透掌握教育政策；所有班子成员深入教育教学一线，坚持参加学校教研活动和科研工作，积极指导青年教师认真听课、评课，帮助他们快速成长；要求班子成员能够做到倾听群众呼声，体贴民意，尽心尽力为全体师生排忧解难；要求班子成员时时、处处、事事都能严格按党员干部的标准严格要求，勤勤恳恳工作，踏踏实实干事，廉政勤政、务实高效、开拓创新，赢得了全体师生员工的拥护……随着班子成员理论水平和业务水平的不断提升，学校的教育教学质量进一步提高，社会声望进一步提升。

全力以赴抓教学，坚定不移促教改V

教学是学校发展的生命线，也是文明校园创建的关键内容。牡丹区实验小学坚持不懈狠抓教学常规，对教师上课、辅导、教案、作业定期检查，及时公布，落实整改，检查结果与评优晋职直接挂钩；由业务校长牵头，教务处、教科室全力配合，组成“督教评课专家组”，长期开展全校性的督教评课活动，当堂评课，当堂定级；以教研组为单位，实施“说、讲、评”一体化的校本教研模式，促进教师专业成长。由于教学常规抓得硬、实、细、新，牡丹区实验小学在市区教育局、教研室教育教学常规督导检查中均获好评。

科研是学校兴旺发达的原动力。面对素质教育的新变化、新要求，牡丹区实验小学领导班子及时调整工作思路，积极探索新形势下实施素质教育的教改之路。教师严格遵循正视现实、关注差异、面向全体、人人发展的育人理念，充分尊重学生的个性差异，有效实施“主体能动、多元发展、分层实施”的个性化教学模式，使处于不同层次的学生在原有基础上都能获得最大程度的发展。

多管齐下抓德育，活动丰富显成效

一次有意义的活动胜过千万次空洞的说教，实现人的全面发展目标必须伴之以具体的实践性活动。建校二十多年来，牡丹区实验小学坚持践行“先成人再成才”的德育教育理念，积累了丰富的学生德育教育经验，逐步形成了一套行之有效地科学管理方法。

学校充分利用板报、手抄报、校报校刊、校园网、红领巾广播电台等宣传文化阵地，不仅结合各节日节点开展“学雷锋做好事活动”、“小孝星评选”、“写字比赛”、“爱国主义主题队会”、“精彩队日”等丰富多彩的系列化活动，还利用双休日及节假日组织师生走出校园，走进社区、工厂和街道，开展社会实践、济贫助残、帮老扶幼、志愿者服务等活动，使学生们增长了知识，丰富了阅历，提高了能力。

在新一轮课改的大背景之下，学校还根据新目标、新要求以及德育工作实际，自主研发了书法、茶艺、陶艺、围棋、管乐、舞蹈、剪纸、足球、太极拳等几十种学校课程，成立了百草园小记者团、管乐队、舞蹈队、模型制作、摄影、科学实验、机器人、无人机等二十余个学生社团组织，学生可根据自己的爱好与特长自愿报名，满足了自己多元化发展的需求。

美好蓝图鼓舞人心，宏伟目标催人奋进，干事创业正当其时。近年来，在上级有关部门的关心和支持下，全校师生开拓创新，团结奋斗，无私奉献，在教育教学和巩固“文明校园”创建成果活动中都取得了一定成绩。今后，牡丹区实验小学还将不断总结创建文明校园工作经验，怀揣激情与理想，坚持敬业与奉献，进一步拓宽创建思路，为打造一流的区域名校而努力奋斗。

助力文化自信，打造层次教育

山东省济南市古城实验学校　李明明

党的十八大报告指出：“文化是民族的血脉，精神的家园”。对于教育而言，文化是教育之根，教育即文化，教育的本质是人与文化之间的双向建构。学校文化是学校的灵魂。学校要实现长远发展，学校文化是核心竞争力，学校必须有自己的文化品牌和核心理念。立足学校

实际，我们不断深化内涵，关注每一个“古城人” 着力打造文化递进式的层次教育。

我校坐落于槐荫区西部的古城实验学校，是槐荫区最西边的学校。两座教学楼耸立在校园的东侧，科技室、创客活动室、科学探究室各种功能室一应俱全；西侧的绿茵场是学生们活动的空间，在那里学生们可以踢足球、玩独轮车、比航模……我们通过为老师和学生创设不同的教育、教学和学习场景，丰富他们在校园内的教育层次，促进他们不断成长。

一、打破管理模式，让教学更有层次

近年来，随着班额的不断递增，学校打破原有中层直接管理的模式，开展年级管理政策，三位副校长分别带领两个年级，在日常管理、教育教学方面着手，从年级主任、中层管理人员再到副校长的监督，层层管理、层层递进，将事情处理在微时。在我校，每逢下课，都能看到各层管理人员的身影。

包挂的形式能让管理更加精准，这点不仅体现在学生的教育方面，还体现在教学上。我们通过QQ群随时随地与任课教师沟通，老师们有任何问题随时可以提问，这样也可以促进年级团队内部的整体发展。

管理的革新是为了更好地服务教学。在教学方面，为了更好地服务老师的专业成长，我校在原有年级主任和教研组长的设置上，增设学科年级引领人，在语文、数学、英语等主要学科上发力。引领人与同学科教师共同梳理教材的重难点和教学方法，“随时随地教研，利用一切碎片化的时间进行小教研，解决老师们的教学困惑。”李明明说。规则更加细化，目标更加明确，年轻教师也有的放矢。除了小教研之外，大教研也定期举行，贯通全学段，解决老师教有所惑中的共性问题。

二、创设特色课程，让学习更有层次

文化是一个国家、一个民族的灵魂。我们将非遗课程独轮车“请”进校园，在操场上我们设置了高低不同的扶杆，让更多的学生可以随时进行尝试。这项被医学界称之为“益智运动”非遗文化——独轮车，不仅可以让学生通过全身肌肉的运动，促进小脑和大脑的发育，提高学生智力；因为该项运动花样繁多，单脚骑、单脚摇车、骑车跳绳、双脚走轮等，也能让学生们在惊、险、奇、巧、美中锤炼意志，塑造自信、积极、坚定的个性品质，促进身心健康全面发展。

2010年起，我校开始发展以航空模型为代表的科技教育，学习航模制作技能可以培养学生动手动脑的能力，也能增加自信，锻炼他们合作和探究的水平。专业老师我们没有，但学校李勇老师自告奋勇担重任，跟着少年宫的老师学习，边钻研边探索。周末和寒暑假也要训练和参赛，从来不敢懈怠。在李勇和学生们的努力下，我校也收获满满。在全国青少年航模比赛中，曾获得5次金奖；省赛团体赛也常居前三名，女队还获得过4年团体冠军。除此之外，人人懂航模、会航模，已经成为每个名古城学生的标志。

除此之外，我校还以航模为中心，在3D打印、无人车、无人机、机器人、建筑模型、数棋等10多种科技课程和社团，基于此，科技教学团队也人数倍增，从1人到6人，科技课程在古城实验开始发光。

学校文化是一种富含意义的文化，既形于外，又积于内。良好的学校文化不仅具有强大的同化功能，而且能内化为一种向上的力量、进取的源泉，进而形成强大的凝聚力，凡是加入这个集体的每一个成员，都会受到熏陶和感染。学校文化特有的导向、凝聚、规范作用，对促进学校和谐、可持续发展的作用是不言而喻的。我校通过搭建扁平化管理团队，打造不同层次的独有课程，丰富教师与学生阅历，让文化自信真正融入每个“古城人”的血脉。

用心办好园，品质助发展

——谈济南市育贤第一幼儿园品质发展之路

山东省济南市育贤第一幼儿园 范丽娜

成立于1992年的济南市育贤第一幼儿园，从创园至今已走过了二十九年，满载着传承与积淀，幼儿园全体教职工在领导班子的带领下，同心协力，并肩前行，以女性特有的坚韧和柔情，用爱心、细心、耐心和责任心书写着别样青春。

一、注重培训取长补短，实现共同成长

对于园长范丽娜而言，实施有品质的教育，打造高素质的团队，是她作为掌舵人的初心和使命。多年来，育贤第一幼儿园始终坚持探索教师专业发展新模式，实施“研学引思、以培促教”策略，通过菜单自助、短板突破、微教研、名师讲坛、师徒帮带等多元化培训，提升教师的专业素养，逐步形成学习型新秀教师、研究型骨干教师、专家型教师的教师梯队建设模式。

“蓝青工程一直是我园重视教师队伍建设、促进共同成长，推进幼儿园长远发展的一项重要任务。”范丽娜介绍道，幼儿园以师徒结队、帮带成长的形式，在日常工作实际中通过言传身教、订单式培训等多种方式，帮助新秀教师有策略、有智慧的解决教育教学、班级管理等教师专业化发展急需面对和解决的问题，真正发挥骨干教师帮带辐射作用，相互借力、共同成长，将育贤一幼的优良传统薪火相传。

“一花独放不是春，百花齐放春满园。”在实践和探索过程中，一大批同心同德、积极向上、求实创新的“巾帼先锋”脱颖而出。幼儿园现有省、市、区级教学能手6名，市十佳教师1名、市优秀班主任8名，区首席教师2名，区十佳教师2名，区风格教师1人，区优秀教师6人，12人获省“一师一优课”优课。

二、研学创新“乐趣”课程，取得成绩获肯定

近年来，育贤一幼在课程创新探索中，秉承“自由、自主、创造、愉悦”的游戏精神，积极开展幼儿园本课程改革，构建起全方位、多维度、开放性、立体化的“乐趣”游戏课程体系，这一切都离不开教师团队的努力。

“让每位教师的教学研究有抓手，每位幼儿成为有能力的自主学习者。”这是全体育贤一幼人共同的愿景。负责幼儿园教科研工作的焦德艳副主任，在带领教研团队完善课程体系的过程中，参与完成了省“十三五”课题“传统皮影背景下幼儿皮影体验课程的策略研究”、市“十三五”课题“图画书自主阅读，促进幼儿语言能力发展的策略研究”的、课题工作，同时还参与编写《阅读伴我同行》、《皮影戏》两本园本教材。凭借突出的个人能力和扎实的工作作风，焦德艳在教育教学工作中先后荣获全国教育系统教研先进个人、省优课、省“百佳游戏”，市优秀班主任、区首席教师、区优秀教育工作者等荣誉称号，获得国家级教育科研论文一、二等奖。回顾幼教之路，焦德艳收获着工作带来的丰盈成果，但是她更牢记着那份永不褪色的初心，将继续带领教师团队研究教科研发展的思路与策略，把园所打造为更优质的教育品牌。

课程组长孟珑已在幼教勤勉耕耘了17个春秋，“在教育教学中，我深深懂得只有在教学行为上求新，在教学风格上有特色，才更能激发孩子们的学习兴趣。”如何把艺术的种子播种在孩子的心中？孟珑努力探寻适合孩子的艺术教学方法，构建“鼓乐童年”班本化课程，以鼓为切入点，将音乐和游戏做结合，带领幼儿鼓动炫彩节奏，拍出快乐童音。通过自己的探索和努力，孟珑撰写的教育经验论文多次获得省市一、二等奖，省市优质课一等奖，首届济南市幼儿教师素质大赛全能一等奖，并先后获得济南市十佳爱岗之星，市中区教学能手，市中区学科带头人等称号。

三、青年教师展风采，发挥特长铣品质

随着幼儿园教师队伍不断壮大，年轻教师已占到过半的比例，青春的气息洋溢在幼儿园的每个角落，程琳就是其中一员。“虽然我们经验不足，阅历也不够丰富，但是年轻教师门也有属于自己的优势。”热情的程琳在成为幼儿园团支部书记后，就带领园里所有年轻老师发挥自己的特长，几乎包揽了园里大大小小的活动和展示，在自己擅长的领域发光发热。“我热爱这份工作，我也热爱我的孩子们，相信热爱的力量会是我的最坚强的后盾，帮助我继续成长，乘风破浪。”

“在不断地成长进步中，我越加明白因材施教，促进每名幼儿各美其美发展的教育意义。”9年的工作生涯，让张玉丹从最初的懵懂青涩成长为经验丰富的教研班长，向着研究型、专家型教师不断迈进。2017年“一班一特色、一坊一天地”的班本课程研究启动之后，张玉丹选择了“幼儿拓印”这一创新点，和老师们一起边做边研究，边实施边修改，经过几年的摸索探讨，于2020年完成了幼儿园拓印丛书。张玉丹说：“在未来，我会紧跟时代步伐，为幼儿营造更好地游戏环境，成为幼儿成长路上的最美引路者，为孩子们的成长贡献更多的智慧。”

“2020年与我而言是个人成长的突破与工作事业的转折点。”刚入园工作2年的宋晓艺每次想起都忍不住感叹，“一场突如其来的疫情让我投入防疫宣传工作中，以微信公众平台为家校联系的纽带，借助新媒技术发布紧急通知、推送防疫知识、加强舆情引导。”一个人可以走得很快，一群人才能走的更远，幼儿园复工复园后，宋晓艺便凭借自身绘画制作与信息技术的经验优势，在园内招募了4名特长互补的年轻教师，老师们借助帮带辐射的力量明确分工、通力配合，有效地确保了园所新闻宣传工作的质量与速度。

满怀信念与希望，育贤一幼一步一个脚印，先后获得全国教育系统教科研先进单位，山东省十佳幼儿园，济南市园本教研示范园，市“三八”红旗手，市“巾帼文明示范岗”，市、区教书育人先进单位，省“百佳游戏”、“科学教育”和“童话阅读”专题活动分获省第三届、第四届幼儿园特色教育活动一、二等奖、市中区校本研究亮点项目一等奖。

每项荣誉的取得，凝聚着每位教师对幼教工作的热爱和无私奉献，是对每位岗员辛勤工作的肯定。怀揣着“用心办好园，品质助发展”的初心，园长范丽娜表示，今后幼儿园将继续围绕“优化教育资源，培育完整儿童”的办园理念，引领教师们朝“四有好老师”的目标不断迈进，努力建成管理人文高效、幼儿自主成长、具有一定品牌影响力的优质幼儿园。

让孩子在书香中幸福成长

——莒南县第十小学书香校园建设的探索与实践

山东省莒南县第十小学　董斌

书籍是人类进步的阶梯。小学阶段更是学生阅读积累的黄金季节，为学生播下爱读书的种子，使他们从小把读书当成生活的一种习惯、一种享受意义重大。然而，很多学校的阅读工作开展情况却不乐观，山东省莒南县第十小学正是其中之一。它是一所城乡接合部的农村小学，位置相对偏僻，校内及周边都没有图书馆，学生中有不少是留守儿童或单亲儿童，家庭教育观念滞后，学生课余在家的阅读量曾经少得可怜。

为丰富学生的学习生活，丰厚学生的人文底蕴，提升学生的思想境界，莒南县第十小学近几年思变求新，以打造书香校园为突破口，从教师引领、氛围营造、活动载体等三个方面着力，让阅读成为师生日常的生活方式，让学校真正成为学生享受成长快乐地理想乐园。

每一位教师都是领读者

“拯救阅读，从拯救学生阅读开始；拯救学生阅读，从拯救教师阅读开始”，莒南县第十小学始终坚信，教师必须也应该是阅读的引领者与示范者。

从某种角度来讲，学生是老师的影子，老师的言行举止、为人处世的态度对学生的影响都很大。学校采取多种举措，鼓励、支持教师进行阅读，努力营造一个百家争鸣的学术氛围，从而给学生带来深远的人文影响。购置足量的书籍，经常组织教师共读专业性书籍，如《给教师的建议》、《教育的哲学基础》、《第56号教室的奇迹》、《理想课堂的三重境界》等，扩大教师的知识视野，更新教师的教育理念；提倡教师拥有广博的阅读，每位教师每天要保证半小时以上的研读，读后有反思、有感受，并能写好一篇读后感，撰写教育叙事；每月举办一次“读书论坛”，每学期进行一次校本研讨，包括课堂教学研讨、实践活动研讨、诵读效果研讨等，形式有论文交流、公开课教学、竞赛评比、汇报演出等，促进教师之间互相交流学习，进行思维碰撞，丰富和延伸教师读书的内涵。

每一个角落都充溢书香

蓬生麻中，不扶自直。环境是无言的老师，有“润物细无声”之功效。莒南县第十小学对校园环境做了精心布局，努力使书香墨韵渗透到学校的每个角落。

“会说话”的墙。在学校走廊的墙壁上，根据年龄段的不同特点，展现给孩子们的也是不同的内容：一、二年级，装饰着各种童话故事中人物形象和图片；三、四年级，悬挂着经典古诗文、《弟子规》、《论语》、《三字经》等国学经典和各种神话故事、民间故事；五、六年级，则是各种经典名著的人物形象和故事梗概。在各班级的门前，还专门设立“阅读展示区”，张贴学生们读书笔记、文章、书法、国画作品等。学校的围墙更是一块“传统文化阵地”，图文并茂地展示了我国传统文化上具有重大贡献的人物和文化精粹等，可谓“上下五千年”浓缩在墙壁上，成为校园的一大景观。每到课间，学生们三三两两驻足欣赏，潜移默化地引导、激励着他们刻苦学习。

整洁美观的宣传橱窗。在校门口最显眼的宣传栏里展示着“每周阅读达人”，每学期读书节评选的“书香学生”、“书香教师”、“书香家庭”、“书香班级”等，每一个橱窗都在引导、感染着全体师生及家长。四年级二班的刘凯同学可以说是全年级有名，任教老师提起他都头疼不已，写字潦草，爱惹事，但是有一个最大的优点就是喜欢看课外书，自从学校开展了一系列读书评比活动后，他好像找到了努力的方向，每周的阅读达人评比中每次都少不了他。更可喜的是，在老师的激励下，他改掉了惹事的毛病，用他的话说“哪有空去惹事啊，赶紧读课外书挣奖品啊！”。

滋润师生生命的教室。每个班级的布置都有自己的特色，包括每个班的班徽、班旗、班歌、班诗、班训、班级承诺（誓约）等，而最让师生引以为傲的是他们的图书角——通过学校提供和学生自带等方式，不断充实、更换，各有特色，书香浓郁。

其他可利用的读书空间。学校建有校园书吧、走廊书架、楼梯书角，让学生与经典书籍从“咫尺天涯”变成“比邻而居”，让学生从“素昧平生”到“日久生情”。根据班各主任的反馈，学校提供的书籍可是乐坏了家庭经济相对困难的部分同学，平时家里是不舍得买那么多课外书的，想读也没得读，现在好了，课间休息或者午饭后，一有时间，三五成群就跑到书吧、书架前，选上一本喜爱的书贪婪地读起来。

每一项活动都精彩呈现

教书育人在细微处，学生成长在活动中。莒南县第十小学积极学习、探索有效途径，通过“读、听、写、讲”四种措施，开展丰富多彩的读书活动，让学生充分感受阅读的魅力，努力提升自己的核心素养。

读。利用晨诵、午读、上课前、阅读指导课、下课后等一切可以利用的时间，让学生进行各种形式的读。诵读形式多样，主要有配乐朗诵、轮诵、游戏中背诵。每当晨诵铃声响起时，学生在班级内开始齐诵优美儿童诗、经典古诗文；每当午饭后的午读时间，孩子们在班级内静静的品味同一本或自选书；每当下课走在校园内，也会情不自禁地吟诵着经典古诗文，想起某一个童话故事中的人物、片段……学校还积极推动家校互动、亲子共读，让学生和老师、家长都参与到共读中来。每一段时间，大家共读一本书，一起交流和讨论，共同编织阅读分享的生活，改善学生的家庭阅读环境，培养书香家庭。四年级二班一位家长在家长会上，激动又自豪地说：“是孩子让他改掉了睡前看手机的毛病，每天晚上睡觉前都会陪孩子看半个小时的书，不仅自己增长了知识，孩子的阅读习惯也慢慢养成了——必须看会书才能安然入睡。”

听。利用午间的红领巾广播站播放经典美文、古诗文诵读，供学生聆听欣赏；开设“阅读达人展示台”小广播，邀请阅读小达人们朗诵自己的作品，让学生聆听、模仿，从而慢慢提高诵读水平。五年级一班的孙洁同学，对广播表现出极大地兴趣，本身普通话就很好，加上在学校广播站的锻炼学习，参加了全县金话筒主持人选拔赛，获得了一等奖第二名的好成绩。

写。让学生制作阅读卡、办手抄报，鼓励学生尝试创作儿童诗，推荐发表优秀习作，甚至自己结集打印出来，让每一位学生都有自己的文集。学校读书节期间，也会组织班级文集初赛和学校文集决赛，给学生提供抒写生活琐事、抒发内心感受的舞台，激发学生们创作文学的欲望，发现并培养一批“小文人”、“小作家”。六年级二班杜涵静同学写的《我的祖国》一文，在全市校园文学征文大奖赛评选中荣获小学组一等奖。

讲。让学生上台展示自己，利用课前5分钟开展讲故事活动，利用“班会课”等开设班级读书论坛、讲故事比赛等，为学生提供交流和展示舞台。在每年一次的全县小学生语文素养大赛中，参赛的同学无论是讲故事还是诵经典，连续几次都荣获一等奖。

行动，就有收获；坚持，才有奇迹。的确，读书使孩子们变得越来越聪明，读书活动的开展使这个美丽的校园充满了浓浓的书香，让全体师生享受到了读书带来的快乐。如今，莒南县第十小学的师生们正在充满书香的校园里共享阅读的快乐，在阅读中幸福的成长。

博观约取，厚积薄发

——优化常规管理，让学生健康和谐发展

山东省聊城江北水城旅游度假区实验小学　王子刚

“不经一番寒彻骨，怎得梅花扑鼻香。”度假区实验小学走过了七年的青葱岁月，从当初的6个班级200名学生，到现在的42个班级1900余名学生。看着它一步步壮大，陪伴着它快速成长，像养育自己的孩子一样精心照料，对它的未来用心筹划，努力耕耘。这里有领导的智慧决断，有老师们的辛苦付出，更有不乱于心，不畏将来的勇气和信心。

一、拨云见日重方向，筚路蓝缕重实干

度假区实验小学始终将“绿色教育，引航生命”作为学校的办学理念，所谓绿色教育就是指：学校教育工作中顺应儿童自然天性，强调天人合一；注重儿童全面发展，强调和谐均衡；尊重儿童个体差异，强调个性张扬；关注儿童精神世界，强调心理健康；倡导学生自主探究，强调主体意识；尊重儿童兴趣需求，强调寓教于乐；力求教育突破，强调开放整合；希望达到儿童成长的生态平衡，实现教育的可持续发展。

以“让校园充盈着生命的快乐”是我们的办学宗旨，把“培养健康快乐和谐发展的阳光少年”作为学校的办学目标，求真务实，开拓进取。优化教育教学环境，强化师资队伍建设，走内涵式发展之路，推动了各项工作健康快步发展。

（一）严格执行课程计划，开足、开齐、开好各类课程。

学期开始根据上级规范办学行为课程设置要求，严把课程关、课时关，科学规划，编排课程总表，教师要严格按照课程表上课，不挪用挤占其他课程。教务处每天都认真做好记录，随时抽检课程执行情况，发现问题及时整改，确保课程落实到位。

（二）狠抓教学常规，实施精细化过程管理。

抓好教学常规管理，教学是学校的中心工作，是学校培养人才，实施发展的基本途径。教学工作的好坏，关系到整个教育质量的高低，关系到所培养人才的素质，是深化教育改革，提高教育质量的根本保证。“高效课堂”可以说是当前学校质量提高最实在、最有效地法宝。为此，学校狠抓教学常规管理，努力提高教学质量，把教学管理工作落在实处。

（三）突出科研先导思想，提升教师专业素质。

随着课程改革的逐步推进，如何解决课堂中不断出现的一系列问题，不断提高教育质量是我们面临的一个重要课题，教育科研是解决这些问题的关键，是推进学校发展的动力，把兴校之策建立在教育科研上，引领教师正确认识教育科研。学校积极为广大教师搭建各种活动平台，公开课活动、外出参观听课、高效课堂教学研究活动等，为教师的专业发展，业务提升创造了条件。外出参加培训的教师，回来后把学习到的知识通过演讲、上示范课的形式传递到每一位教师，达到共同促进。做好市级课题的申报和研究工作。我校申报并立项的市级课题《家庭教育的研究》结题工作已顺利完成，市级重大攻关课题《"思维导图"课堂教学的研究与实践》、《现代教育装备与城郊小学课程的融合研究》和市级课题《德育教育在小学语文教学中渗透的实践研究》正在按部就班的研究并于10月底整理完中期报告。

在抓好业务能力的同时，学校还不断强化学校领导班子及全体教职工的思想作风建设，既培师能，更铸师德、师魂。在党员中广泛深入开展"创先争优"活动，使党支部及全体党员战斗力增强。本着"从严治教，从严治校，从严治师"的原则，学校要求全体教职工进一步加强师德修养，严禁参与赌博、体罚或变相体罚学生、有偿家教和私订教辅资料等有损师德的行为。

二、态度严谨重落实，细微之处重素养

"没有规矩，不成方圆"。一个学校，没有切实可行的规章制度，学校的工作如何抓，教学质量又如何能提高呢？因而我们重视管理制度的建设和创新，努力建设科学、高效、民主、规范的管理体系。为此我们制定了《度假区实验小学教学常规管理细则》、《度假区实验小学集体备课制度》、《度假区实验小学教师听、评课制度》、《度假区实验小学教学质量分析制度》。为激励教师的工作积极性，公平、公正、公开评价教师的教学效果制定了《度假区实验小学绩效考核细则》等一系列教学常规管理制度，随着制度的不断完善和创新，形成学校独特的、全面的精细化管理。

（一）课堂常规落实，实现实小特色

教务处在一二年级开展课堂常规展示周的基础上，推进实验小学各个年级的课堂常规，形成了行之有效地课堂常规模式。从学生上课、举手、坐姿、握姿、读姿、站姿、下课等全方位规范课堂常规。教师课堂常规也是我们重中之重，我们也对教师的教态、语言、体态等一系列进行规范，让教师有个教师的样子，做好孩子的榜样。

（二）打造绿色课堂，让生命如花绽放

度假区实验小学开展语文课前演讲三分钟、数学口算天天练、阅读教学五个一汇报课、不同年级确定不同的诵读主题，开展丰富多彩的绿色教育。每周习作课堂，数学口算天天练、英语口语绘本教学，让每个科目有特色，每节课堂都灵动。特色作业方面：我们按照教体局要求开展了语文五个一特色作业、数学11210、英语五个一工程，还独创了各个学科特色单元手抄报，让学生的才能得到全方位的展示。

（三）小组互助管理，提高学生自主意识

为让学生能在学习上互相切磋，行动上互相激励，生活上互相关心，我校采取"小组互助式管理"的模式。将全班学生根据男女生比例，成绩好、中、差比例分为4人为一组的若干个小组，每个小组的人员都编上序号。组员在组长总体负责的基础上，进行具体分工，做到各负其责、层层管理。

（四）绿色德育管理，培养学生高尚道德情操

当前教育时代步入了新格局，着重"核心素养"的培养，我校也确定"五韵少年"的育人目标：即德韵正、文韵雅、思韵灵、艺韵美、形韵健。加强绿色德育工作管理，在育人的过程中养成良好的行为习惯，从而达到德育为首、教学为主、育人为本。

1.在丰富多彩的德育课程中埋下种子

开展德育微型课程。一种是学科课程，让学生在思想品德课中接受一定的教育；一种是特色德育课程，比如一年级新生的童蒙养正"开笔礼"；四年级学生的"成童礼"；六年级毕业生的"状元礼"。着力于学生文明礼仪规范的养成，践行"孝、恭、敬、宽"等传统美德，让感恩、自信、拼搏等品质慢慢渗入学生的心里。

2.在传统文化的浸入下生根发芽

优秀的传统文化是文明的源泉，是宝贵的历史遗产，是世界上少有的精神财富，是我们实现文化强国的历史支撑。我校积极引进传统文化进校园：像戏曲、书法、国画、泥塑、剪纸、诵读等等，进一步增强孩子们对中华传统文化的认识，促进优秀传统文化的继承和发扬，将优秀传统文化之根从小根植于孩子们的心田。

3.在五彩缤纷的活动中枝繁叶茂

"实验文明小天使"、"江北水城小导游"、"扬国学写春联"、"开学第一课"，"快闪我爱我的祖国"等这些活动。激励着每一个度假区实验小学的学子带着喜悦、感恩走向更广阔的天地。此外，我校还以社团为抓手培"德"，促进学生的全面发展，形成了乐器、声乐、舞蹈、合唱、足球、轮滑、篮球、象棋、绘画、3D打印、机器人编程等众多社团，学生只要感兴趣就可以学。社团活动为学生搭建了更多的平台，形成了孩子们的集体观念，实现因材施教。在和谐、友善、平等的集体中，让每个孩子发挥特长、找到自信，树立正确的人生观、世界观、价值观。

4.在生动多面的德育实践中开出花朵

我校每周一的升旗仪式，通过确定不同的教育主题，在"国旗护卫队"的引领中，在少先队大队委的倡议下，全校开展了"创建绿色班级"活动，使每个班级都形成自己的育人特色，形成自己的班训、班风，让"文雅"在孩子心中生根发芽。另外还有感恩教育（少先队活动课）、远足研学（去孔繁森烈士纪念馆）、清明节扫墓、五四青少年演讲等系列主题实践中，对学生炼之以志，导之以行，绿色养德，文雅育人。

三、长风破浪会犹在，直挂云帆需努力

学校先后获得全国青少年足球特色学校、全国新样态学校实践基地、聊城市教育教学示范学校、聊城市文明校园、聊城市师德建设先进单位、聊城市少先队工作红旗单位、聊城市国防教育先进单位、聊城市家庭教育实践基地、度假区教育教学先进单位、五好学校等荣誉称号。

2019年12月我校机器人社团的孩子们参加了在上海举办的全国机器人智能大赛，两组参赛队伍分别获得了一等奖、二等奖。

2019年12月承办了聊城市实验小学落实"立德树人"根本任务现场会，受到了400多名教育同仁和社会各界的一致好评。

四、路漫漫吾将上下而求索

新的学期我们继往开来，不忘初心，党建指导，明确目标；打造书香校园，形成书香润心灵的校园氛围；夯实教学常规管理，实现细节落实的有效性；打造机器人特色教育基地，培养科学创新意识；推进教学改革实现高效课堂模式；以"校园足球"为突破口，全面打造体育艺术强校；扎实政教工作，落实常态疫情防控，创建平安校园；引领德育为先，浇灌最美心灵；提升教师素养，培养科研人才；细化小组管理，落实主人翁意识；

作为一名校长，每一天都应该是新的开始，必须要在充满变数的未来和纷繁复杂的乱象中，敏锐而又清晰地做出分析、判断和选择，找到自己的教育坐标和教育家园。决不能在多年之后回首过往，只留下"此情可待成追忆，只是当时已惘然"的惆怅与遗憾。只愿博观约取，厚积薄发，为度假区教育交一份满意的答卷。

《以传统润泽心灵》德育课程一体化典型案例

山东省聊城经济技术开发区东城小学　纪怀勇

爱心是教育永恒的话题，德育教育是培养新时代的人才的根本。东城小学认真贯彻党的教育方针，始终坚持素质教育的办学方向，将德育工作放在首位；大胆进行教育改革，努力构建德育工作的有机系统。细化德育管理，倡导　"人人都做德育工作者"的德育理念，抓好德育基础常规；并形成了具有自己特色的德育工作模式。东城小学一直注重传统文化对学生的影响和熏陶，学校在校园文化、课程设置上，都把传统文化放在了重要的位置，促进了德育课程一体化的发展。

一、以传统润泽心灵

中华优秀传统文化是中华民族生生不息、团结奋进的不竭动力。是中华民族五千年来的优秀文化积淀。凝聚着中华民族的智慧和情感。优秀传统文化走进校园是民族智慧和情感的传承和发扬。在学校教育教学中融入传统文化的教育，会让学生增加对祖国优秀文化的认同感和自豪感，形成更为完善的人格、品德，人文修养和语文素养得到提升。

（一）以传统优秀文化为元素，打造书香校园

2017年初，我校对校园文化进行精心设计及建设。学校以"学以养智习以正行"为办学理念，选择优秀的传统文化元素，对校园文化进行整合，布置，建设。如今的东城小学处处充满优秀传统文化气息，这也是我们学校最大的特色。三字经、弟子规、朱子家训、论语、成语故事等传统文化内容，供孩子随时欣赏观看，孩子们就这样在潜移默化中接受传统文化的熏陶。

1.在一年级和二年级的教室门前，张贴着三字经和弟子规的经典语句，并且下面都附有解释，孩子们在走廊内，行走或休息间隙，就可以阅读背诵。

2.在启智楼的东北的楼梯墙壁上，贴着多位名人的画像。像王夫之、魏源、王阳明等，构成了"名家荟萃"的主题。

3.启智楼的东南角的楼梯墙壁上，是我国古代各种发明的简介，包括我们中国人引以为荣的四大发明，构成了"科技广场的主题"。每一项发明创造的背后，都有深厚的文化做支撑。

4.启智楼西南的楼梯墙壁上是"妙笔丹青"的主题，张大千的《多子图》，徐悲鸿的《八骏图》，李可染的《万山红遍》等名作，都能对我们的孩子进行美的熏陶。

5.在博雅楼的楼梯墙壁上，则张贴了很多名言警句，我们的孩子每天都有名人的语言相伴，每天都能在优秀传统文化氛围中汲取营养，这样的校园生活是有意义的，也是幸福的。日复一日，孩子们的精神世界也会因此变得高尚起来。

6.校园的文化墙更是丰富多彩。诸子百家的图像和一个个小故事

是最受孩子们欢迎的。仁义礼智信是儒家的思想，学校一直在践行。在这种主题下的小故事更是深受孩子的欢迎。我们希望孩子们的人格能在这种文化的润泽下更加健全。

（二）以诵读优秀经典为抓手，丰富文化内涵

1.迎着晨曦，走进东城小学的校园，你会听到朗朗的读书声。学校根据学生学段制定了必备古诗、词、古文。每个年级，每个孩子都在高山流水的古典音乐中，开始经典诵读。二年级的孩子在背诵《三字经》，三年级的孩子背诵《弟子规》，四五年级的孩子背诵《论语》，短短的早读课，浓浓的传统文化气息。我们相信，长此以往，传统文化就会根植在孩子们的心中。

2.阳光大课间，孩子们伴着《三字经》、《百家姓》、《千字文》、《中华童铭》等内容编成的韵律歌开始跑步，做操。我们学校做的操是八段锦。八段锦流传已近千年，具有良好的健身功效。而作为中国土生土长的一种健身方法，它植根于中国深厚的传统文化的土壤中，与中国传统文化有着千丝万缕的联系。

3.不光是早读课、大课间，就连放学时，孩子背诵的仍然是经典诗句和词句。银铃般的声音，加上整齐的步伐，构成了东城小学一道亮丽的风景线。《三字经》、《弟子规》、《论语》、唐诗宋词，都是背诵的内容。家长们对此赞不绝口。

“腹有诗书气自华”，古诗的背诵积累将会让人具有独特的气质。在中华文明史上，诗词像一颗宝石熠熠发光。唐诗宋词元曲，各有千秋。

（三）以传统文化课堂为引领，提升文化素养

为了提高学生的文化修养，学校每班每星期都有一节传统文化课。老师课前都会做好精美的课件，认真备好每节课。师生一起在课堂上感受传统文化的魅力。学生在课堂上不仅可以更深层次的学习名家名篇，而且还可以走进名家，了解他们生活的时代。这样一来，也增加了孩子们的历史知识，这就是文化的辐射面。

我们使用的教材《传统文化》，深受孩子们的喜爱，其中“名人长廊”、“艺术乐园”等板块，孩子们学的津津有味。有心的老师为了提高孩子们学习的热情，把有趣的内容编成了课本剧，极大地活跃了课堂气氛。一学期下来，孩子们能记住几十个文人墨客，还能背出他们的代表作，甚至还能说出他们的经历。由此可见，我们的传统文化课的开设是有成效的。

（四）以传统文化特色课为导向，探究经典修养

为了培养学生广泛的兴趣，提升文化素养，学校开设了包括绘戏剧脸谱，写毛笔字，剪纸，古筝等特色课。学校每周二、周四的特色课，是孩子们最开心的日子。

1.美术特色课堂，增强欣赏能力。时尚和流行，传统和现代，交汇出别样的精彩。孩子们绘制的脸谱能让现代人更好地了解国粹。红脸的张飞，黑脸的包公，孩子们绘制的惟妙惟肖，既有传统韵味，又有七彩童趣。

2.书法课堂，提高艺术涵养。中国书法艺术历史悠久，有着博大精深的艺术内涵。继承和发扬这一神圣的艺术事业，是每个炎黄子孙义不容辞的责任。学校开展的学些毛笔字，就是发扬了毛笔字这一艺术形式。提按使转，中锋侧锋，上下迎让，左右逢源，强弱相济，粗细和谐，大小补救等运笔方法，无不蕴藏着文化的根源。

3.古筝特色课，弘扬古筝艺术。古筝，又名汉筝，是汉族民族传统乐器中的筝乐器，属于弹拨乐器。它是中国独特的、重要的民族乐器之一。其外形古朴典雅，音色细腻优美，韵味别具一格，演奏技法的丰富多变使其在民族器乐领域占据重要地位，是雅俗共赏的奇葩。东城小学将古筝演奏纳入了特色课程，并以其独特的魅力、深邃的内涵吸引了众多的学生，传承中国传统音乐文化和弘扬古筝艺术。

（五）以传统文化节日为辅助，发扬节日风俗

每逢传统节日，学校针对各个年级布置特色作业，比如手抄报、黑板报、感谢信等。每种节日都蕴含着丰富的文化成分，孩子们在各年级开展的活动中，不仅了解了我国的传统文化，还培养了很多良好的品质。

清明节，孩子们会出门踏青，扫墓；端午节，孩子们回家跟家长学习包粽子；在刚刚过去的传统节日重阳节，孩子们就用手抄报的形式发扬对孝的文化。学校带领孩子走进敬老院，感受和老人在一起的快乐。让养老、敬老植根在我们孩子的心中。

（六）以传统文化活动为契机，感受经典的魅力

《三字经》是我国最早的少儿启蒙教材，在行文上的最大特点就是三字一句，合辙押韵，朗朗上口，因其文辞通俗、顺口、易记等特点，非常适合二年级学生阅读。为了激发孩子们学习传统文化的热情，调动他们背诵的积极性，二年级的老师们开展了背诵三字经的比赛。有的孩子能把全部内容背下来，这和我们平常的练习有着密切的关系。

东城小学的孩子们每一个学期都会有相应的诗词背诵计划，老师们也会在恰当的时间开展诗词背诵的比赛。2六年级的老师组织的“诗词大赛”，比赛异常激烈，孩子们对答如流。我们用比赛的方式检查了学生六年的积累，孩子们则用流利的诗句交了一份满意的答卷，而这些诗句也将成为孩子们一生的财富。

我们学校积极参加各县市区举行的传统文化活动，并取得了可喜的成绩。东城小学代表开发区参加聊城市"新华书店杯"第九届中小学读书系列活动经典诵读比赛，选送的节目《百善孝为先》赢得了台下阵阵掌声，取得了小学组一等奖的好成绩。

学校抽派专业老师进行指导，从素材搜集，剧本编写、动作编排、指导诵读到最后的上台排演，东城小学的老师们精诚合作，劲往一处使，充分挖掘了孩子们的潜力，让孩子们在舞台上展现了最优秀的自己，更把百善孝为先的传统美德传递给了在场的每一个人。

二、以传统促进德育发展

东城小学以传统文化为与元素，渗透德育教育，促进德育课程一体化的发展。初步构建起德育实践体系。传统文化虽由五千年历史形成，但在近代中国却饱受磨难，甚至面临断裂的危险，通过课题研究，我们逐步建立起了以中国传统文化为基础的德育实践体系。在校园中营造浓郁的传统文化氛围，将中华经典教育作为课程开设，开辟经典教育阵地，有效保证了经典教育长期化。

1.活动中渗透传统礼仪教育

学生的思想品德得到了很好的改善与提高，不但知道并牢记了许多中华民族的优良传统并且将之贯穿于自己的行动当中。能遵守学校的各项规章制度，变得有礼貌，尊老爱幼等，总之学生的精神面貌以及素质修养都得到了很大的提高。教材校本化。编写了自己的传统文化教育读本，供教师和学生学习。

2.提高教师的职业道德素养

通过传统文化的学习，使老师从中获益，在教学生的过程中，他们也能得到提高。传统文化课所传授的知识面不断扩展，不仅能提高综合素质培养的内容与方法，对提高教师的认识也大有裨益。

3.提高学生的综合素质

在研究过程中学校会开展各种活动，学生的各项语文能力可以得到很大的提高。例如：诗歌朗诵水平、文言文理解阅读能力以及传统文化节日知识等都会在活动中得到很好的训练。

谈到中国的传统节日，端午、重阳、七夕……知道的学生并不多，喜欢的更是不敢统计，甚至还有人从未听说过！其实，究其原因，是他们不了解这些节日的内涵和意义。

通过课题实践，学校将会让学生们明白了每个节日的深刻含义，同时，也加深他们对传统文化的敬畏。如屈原、伍子胥与端午节的由来；牛郎织女与七夕节的关系等等。民族的就是世界的，当他们真正了解这个民族的历史，由衷地产生自豪感和自信心。

经典诵读是我们德育工作的一项重要工作，通过日积月累的诵读，很多同学都能背诵不少经典篇目。虽然，有不少内容学生未必能理解，但他们现在不理解，并非今后也不理解，随着年龄的增长，阅历的丰富，他们会慢慢咀嚼出其中的深刻意蕴，并从中受到影响，养成明礼诚信、胸怀大志的人生追求。

各种经典节日到来时，学生能根据节日展开活动，如端午节制作手抄报、重阳节到敬老院慰问老人等。

我们民族的传统文化是人们从长期实际生活经验中概括出来的，深深地影响着我们民族精神的形成。充分发挥中华优秀传统文化的修身养性功能，开拓人格培养的新途径，探索更加切合学生实际、体现我国优秀传统教育功能的方式、方法，增强对民族文化的自信，为构建社会主义和谐社会培养人格健全的建设者、接班人。

东城小学的老师用自己的实际行动，诠释了爱的教育，为培养新时代的德育新人，奉献着自己的青春年华。东城小学开张的以传统文化为核心的德育课程体系，促进小学生弘扬民族精神，增进文化自信和爱国情感，提高道德修养。在潜移默化中进行人格教育，从而达到继承中华文化传统，培养民族精神，培养健康人格的目的，并促使学生良好行为习惯和文明礼仪的养成以及整体文化素养的提高。

践行教育初心，激扬教师情怀

山东省聊城市茌平区冯官屯镇中学　韩德新

新时代教育有新使命，不忘初心、牢记使命，作为教育工作者我们要谨记“教书育人”的初心，牢记全心全意为党的教育事业服务的使命，满足人民对美好教育的期盼。作为为党育人，为国育才的学校，要全面贯彻党的教育方针，坚持把立德树人作为根本任务，坚持五育并举，促进学生德智体美劳全面发展，培养新时代合格接班人。我于1999年参加工作，2007年8月通过全校教职工选举担任学校副校长，2008年8月以副校长职务在茌平县王老中学主持工作。自2011年8月被教育局任命为校长，十年的时间，我已经经历了五个乡镇学校。我所担任过校长的五所学校，学校都实现了教育秩序的向好转变，教学质量的快速提升。

十年的教育生源，让我更加深刻地明白教师是学校教书育人的重要力量，是学校的生力军，对教师专业的提升，是学校发展的一项重要工作。为了进一步加强教师队伍建设，提升学校教育质量，我通过公平、公正的评价制度鼓励教师进行有效课堂教学，提高教学水平。同时为教师搭建成长平台，点燃教师精彩人生，引领学校高速发展。

一、坚守公平正义，当好学校领头羊

我担任校长的十年，每到一所学校，我都坚守一个“公”字。制度公开，考核公平，处事公正。每一位教师感受到公开、公平、公正。每一学年都公开考核制度、考核过程及考核结果。考核制度公开让老师们工作有方向；考核过程的公平让老师们工作有目标；考核结果的公开让老师们脚下有动力。

老师们的教学成果得到了尊重；工作就有了动力。学校里呈现出了处处思教学，时时想进步的良好风貌。学校树立起了正气，各项工作得以顺利展开。以职称评审为例，我担任校长近十年里，没有因职称评审出现任何矛盾，每年都是顺利平稳，基本不用评，有几个指标就报几个老师。每年的考核结果人人皆知，所以每年的评审结果也是板上钉钉。因为我把“公”字放在第一位，我担任校长的几所学校，没有出现一例教师因学校管理的问题而上访。

以自己的公平无私换取了教师队伍的以校为公，以自己的开诚布公换来了教师队伍的一心为公，以自己的一秉至公换来了教师队伍的公众体国。“公”是我治校的格言，公是我工作的原则，公是教师的镜子，公是教师的尺子。

其次走进教师，深入教师。积极听取各位老师的意见和建议，这样彼此有了了解。因为了解所以能够相互理解，因为相互理解所以相互信任，因为相互信任所以才能获得老师们的支持。多赞扬老师的优点，包容老师的缺点，使每一位老师的才能得到展示。每一位老师的才华得以绽放。在我刚到乐平中学就任时，有这样一位老师，在2016年聘任时，三个年级组即使缺人也没有人聘用。了解到该教师具体情况后、我没有袖手旁观，没有等到他找我，我就积极做年级组工作，给他搭好平台，找个帮手，给他进步机会。极大激发了这位教师工作的积极性，第二年再聘任时，各年级组争相聘用，而且还当上了班主任，成为学校的业务骨干。

充分相信老师，老师就有无穷的动力。充分尊重老师，老师就有工作的激情。工作中我还经常放权、放手。解放老师，给老师们一个施展才能的舞台。让每一位教师感受的集体的温暖。生活，上关心每一位老师，解决他们工作的后顾之忧；工作上，让每一位老师感受到引领与支持；思想上，让每一位老师感受到组织的温暖。对于教师，在他们有困难时，学校及时伸出援助之手，能让他们第一时间想到学校和领导是他们的坚强后盾，工作中他们也会为是这个学校的主人公而努力。

作为校长，管理就是沟通、服务与引领；作为校长，讲的应该是老师想的，干的应该是老师盼的，改的应该是老师怨的，做好教师的贴心人，当好学校的领头羊。

二、搭建成长舞台，调动教师积极性

调动教师工作的积极性，除了教学的引领，还有教师的自我发展。教师工作积极性被调动起来，每个人都愿意去成长，主动去发展。

每到一所新学校，我都是第一时间带领老师们去全国名校——杜郎口中学学习，既学习杜郎口中学先进的课改经验，又学习他们的敬业精神，创新精神以及自我发展的精神。让每位教师在学习中反思，在学习中进步。我们茌平区教研中心组织的区域教研活动为我们的教师每年提供了两次就在身边的学习机会，老师和专家同课异构，教研室领导点评指导。这种接地气的教研方式使每位教师受益匪浅。

要想走得快，一个人走。要想走得远，一群人走。在聊城市教体局王秋云局长关怀和指导下，由聊城市东苑中学张扬校长精心组织的17校区域联盟活动，每年都会举行几次活动，使我们有机会向本地名校学习会，为教师的快速发展提供了更广阔的平台

回顾十年农村校长工作经历，我坚守公平、公正的管理原则；尊重教师、依靠教师的教育情怀，点燃教师的精彩人生，成就学生的美好未来。新时代、新挑战、新征程。我将用自己的实际行动诠释教书育人的使命与担当，把教育当成一生的事业，以行致远，努力奔跑在热爱的教育道路上，做一个勇敢的追梦人！

立足核心素养　激发办学活力

——基于学生学科核心素养的探索

山东省聊城市东阿县大桥镇联合校　贺林娟　张林　金心

习近平总书记对新时代的中国青少年寄予厚望，期许他们“不负时代，不负韶华，不负党和人民的殷切期望”，为培养新时代社会主义接班人，全面贯彻党的教育方针，落实立德树人根本任务，发展素质教育，振兴乡村教育，推进义务教育高质量发展，五育并举、全面育人，我校通过对学科核心素养不断深入探索，确定全新办学思路，课程改革彰显活力，高效课堂强势推进，教学理念不断更新，教研教改如火如荼。

2014年3月在印发的《教育部关于全面深化改革，落实立德树人根本任务的意见》中首次提到核心素养，并被置于深化课程改革，落实立德树人根本任务的首要位置，成为研制学业质量标准，修订课程方案和课程标准的重要依据。核心素养进入课程，走进中小学。中国基础教育已迈入核心素养的新时代。简单地说，素养指的是沉淀在人身上的对人的发展、学习、生活有价值、有意义的东西。从心理角度说，教养即教育出来的素养。一个人的天赋如果得不到适合的教育和训练，是不可能得到发展的，尤其不能发展成为专业性素养。我校通过如下几方面力抓立足核心素养，激发办学活力：

一、立足教学内涵，凸显办学品味

教育部在《全面深化课程改革，落实立德树人根本任务的意见》中，明确把核心素养的内涵界定为“学生应具备的适应终身发展的社会发展需要的必备品格和关键能力”。

学科核心素养，学科核心素养=学科+核心素养。学科核心素养是核心素养在特定学科（或学习领域）的具体化，是学生学习一门学科后所形成的，具有学科特点的成就，是学科育人价值的集中体现。

核心素养与三维目标，从“双基”到“三维目标”，再到核心素养，其中的变迁基本上体现了从学科本位到人本位的转变。双基是外在的，主要从学科的视角来刻画课程与教学的内容和要求；素养是内在的，是从人的视角来界定课程与教学的内容和要求；三维目标是有外在走向内在的中间环节，既有内在，也有外在的东西。

对于学科教师来说，培养学科核心素养具有重要的意义。首先，学科核心素养是核心素养落地的抓手。学科是学校教育教学的根本依托，甚至可以说是学校教育之本。所有的改革的理念和目标都必须落实到学科层面，否则再好的改革蓝图都是“空中楼阁”。相应的，核心素养要分解和体现到学科核心素养之中，否则核心素养就无法落地。核心素养是培养目标的具体化，而学科核心素养则是核心素养的具体化，具体化是把理想转化为现实的唯一通道和途径。比如国家培养目标、地方培养目标、各级各类学校培养目标。其次，学科素养是学科教育的灵魂。以往在学科教育中过度地在学科上做文章，强调学科知识的容量和难度，虽然对所教学科的知识点和训练点烂熟于心，但对学科的本质和教育价值却知之甚少，对学生通过本门学科要形成哪些核心素养以及怎样形成这些素养却不甚了解。学科核心素养是学科本质观和学科教育价值观的反映。只有抓住学科核心素养，才能抓住学科教育的根本，才能正确引领学科教育的深化改革，使学科教育真正回到服从和服务于人的发展的方向和轨道上来。全面发挥学科的育人功能。最后，学科核心素养是课程标准的灵魂。在学科核心素养视域下重建课程是本次课程改革的亮点。学科核心素养是条主线，统领着学科课程知识的选择、课程内容的组织、课程角度的确定、课程容量的安排以及课程的实施和作业标准的确立。

二、明确育人目标，发挥课程功能

结合一线教育教学工作，理论与实践结合，部编教材指引下的小学语文学科教学中，可以发现小学生学习语文应该具备以下几个核心素养。

一是人格雏形的形成。小学语文肩负着培养学生良好习惯的任务，应该在语文教学中灌输给孩子尊敬师长、友爱同学等好品质。比如在教学《在牛肚里旅行》这一课时，不仅让孩子们学习青头蟋蟀如何解救红头蟋蟀，还教育他们同学之间遇到困难要互相帮助。

二是夯实听说读写的基础，做到“五个一”。即有一定的识字量、词汇量；写一手好字；写一篇好文章；有一副好口才；养成一种好习惯；注重听说读写的基础夯实特别重要，尤其小学阶段来说，要特别注重积累。注重教材中词语的积累，增加学生的作文词汇；品读教材中的佳句，尽情抒发情感；学习教材中写作方法，学会合理地布局谋篇。阅读是吸收也是积累。朱自清先生曾经说过：我宁愿背下一部诗集，而不愿泛泛地阅读一百部诗集。因为泛泛看过的诗集终究是人家的，而背下的诗集则成为自己的了。积累是培养和提高语文能力和素养的基础。良好的积累方法既是学生获得知识的手段，也是促进知识向能力转化的中介。孔子曰：“学而不思则罔，思而不学则殆。”语文学科不应只落实到书面，而更多的应该是运用到生活中，解决生活中的问题。当下语文课堂，假问题、浅思考、不思考现象，比比皆是。好的课堂，重要的评价标准，就是有效思维的长度，有价值思维的厚度，深度思维的力度。如何在课堂教学中增加有效思维，深度思考，给学生智力以挑战呢？就是让学生要经过思考，经过努力，经过探索，经过碰撞之后才能到达。要避免学生在书上能找到现成答案。

三是提高学生阅读能力。阅读的素养是学生语文学习必须掌握的核心素养，阅读能力的培养是教育的核心。阅读的过程中可以培养学生自律、自立的能力，一个人学会了阅读，他就积累了学习和发展的能力，同时也就获取了自学和独立思考的能力；此外，知行合一是落实阅读能力的重要途径，我们通过召开　“阅读交流会”、“好书推荐会”、“美文诵读”等形式，让学生有充分的机会展示，在活动中提升素养。

三、深化核心素养　塑造多彩人生

对于数学核心素养，高中数学课程标准修订组组长史宁中教授将其概括为：“会用数学的眼光观察现实世界，会用数学的思维思考现

实世界，会用数学的语言表达现实世界。而数学的眼光就是抽象，数学的思维就是推理，数学的语言就是模型。”在数学教学实际中培养学生的核心素养，首先，兴趣是最好的老师。在小学阶段，往往因教师注重对学生数学运算能力和技巧的培养，忽视了其兴趣培养，使很多学生形成了数学枯燥、乏味的印象。因此，在培养学生良好的数学核心素养地过程中，应注重调动学生的学习积极性。例如：在二年级“混合运算”这一课的学习中，老师将教室布置为“学习超市”，将铅笔、书本及橡皮等分别进行定价。学生通过抽签的形式领到购物券，在购买物品种类不少于2样，每样数量不少于3件的情况下，将购物券全部花完。在购物体验中，学生需要依据自己手中购物券和不同物品间的定价，进行初步的验算和简单的购物规划。首先，使学生理解并掌握了两步运算的规律和顺序，并使其应用意识得到了进一步发展。其次，以联系生活施教，深化学生的数学理解。小学生生活阅历和社会经验有限。为了促进学生数学建模和逻辑推理能力发展，在教学中，教师还可以生活中实际问题的提出，助力学生抽象思维的发展，使其更好地理解数学概念，使小学生意识到数学具有指导生活的意义。再次，展开实践教学。为了培养学生良好的数据分析能力，教师可设计多样性数学实践活动。例如：在“数据收集整理”的学习中，教师可将学生进行结组，分派给不同小组不同的探究任务。有的是帮助老师统计班级中定校服工作、有的是调研水电费使用情况等，使学生进行对数据的收集、整理、分析，并能够做出一定的判断。在实践过程中，使其体会进行统计的必要性，并在此过程中学会与他人合作，此外，还有英语核心素养也应如是。英语教学要适应新课程的改革，要改变教学理念，从培养学生的语言能力向培养学生的核心素养转移。阅读教学是英语教学的重中之重，必须以培养学生的核心素养为重，让每个学生形成良好的阅读品质。教师有效、科学、合理的教学安排也必须为学生阅读能力和阅读水平的提高提供保障，为学生的整体水平的提高和核心素养的发展奠定基础。核心素养的培养，不仅让每一个学生的综合能力得以提升，还能使每一个学生的心理健康得到稳步的发展。教育就是精神的唤醒，潜能的显发。它尊重、赏识每个个体，致力于学生能力、品德等各方面素质的全面提升，服务于个体的健康成长，滋养每一个生命。

为党育人、为国育才，立足新时代教育工作的使命，前行路上，我校会继续把培养学生的核心素养作为提升学校办学内涵的重要路径，懂得传承与创新，敢于改革和实践，着力为学生更深远的发展夯实基础，让每一位学生绽放出生命的光彩！

核心素养，打造学生美好未来

山东省聊城市东阿县高集中学　马国

当今科技和社会迅猛发展，这种发展给我们当代教育人带来了新的要求，而这一系列要求又无不围绕着两件事情，那就是我们在当前形势下应该培养什么人，以及怎样来培养的问题，而这两个问题又同时围绕一个关键话题展开，那就是未来学生核心素养的重要性。核心素养是学生应具备的适应终身发展和社会发展需要的必备品格和关键指针，而“关键能力”、“价值观”、“思维方式”、“品格”等是教师应重点培养的学生的素养。

一、核心素养的教育价值与意义

过去两百年的教学模式基本没有变化，而当初为了第一次工业革命培养人才的模式，在当今形势下已经渐渐变得不再符合时代需要，这对我们学校的教育者来说，如何构建新的培养目标体系和科学的评价体系，已经成为一项紧迫的任务。因此，我们要培养的是未来具有核心素养的人，而核心素养教育体系的建构则具体回答了“培养什么人”的问题，它有助于实现从学科中心转向对人的全面发展的关注，为育人模式、评价方式的转型奠定了基础，指明了方向。

教育部郑富芝司长曾撰文指出：核心素养是学生应具备的适应终身发展和社会发展需要的必备品格和关键能力，突出强调个人修养、社会关爱、家国情怀，更加注重自主发展、合作参与、创新实践。我们基础教育的使命是奠定每一个儿童学力发展的基础和人格发展的基础，而人格的发展是首要的。我们学校教育要从儿童人格成长的角度，不是局限于一门学科的知识，而是有长远的展望，寻求课程与教学的改进，思考学习方式的变革，以期培养他们的核心素养。“核心素养强调的不是知识和技能，而是获取知识的能力。核心素养教育模式取代知识传授体系，这将是素质教育发展历程中的一个重要节点，意义深远。”

核心素养不是先天遗传，而是经过后天教育习得的。核心素养也不是各门学科知识的总和，它是支撑“有文化教养的健全公民”形象的心智修炼或精神支柱。华东师大张华教授认为：核心素养是最关键、最必要的共同素养，是适应于一切情境、所有人的普遍素养。北师大刘恩山教授认为：核心素养是一种跨学科素养，它强调各学科都可以发展的，对学生最有用的东西，是知识、技能、态度的综合表现。所以，核心素养的习得与养成要考虑其整体性、综合性、系统性、稳定性、开放性和发展性。

二、从学校层面上构建核心素养教育

核心素养是学生在接受相应学段的教育过程中，逐步形成的适应个人终身发展和社会发展需要的必备品格和关键能力。而这必将走向核心素养导向的教育教学改革，并进而成为新时期推进素质教育的重要突破口。基于核心素养的教育改革，将从单一知识、技能转向综合素质，从学科学习转向跨学科学习，从灌输式学习走向探究性学习。具体到课程改革上，将基于学科本质观确立学科素养，基于学科素养来择定学科课程内容，基于学科课程内容来研究学业质量评价标准。核心素养的落实会强化学科素养，而学科素养则为核心素养的学习提供了一个平台。

首先，学校要组织教师进行校本研究，研究从学校、教师实际工作中发现、思考迫切想要解决的问题，甚至是看起来很小，平时以为很肤浅但又必须研究与解决的问题，进行微型课题的研究。对照当前教育部发布的人文底蕴、科学精神、学会学习、健康生活、责任担当、实践创新六大核心素养，在校本研究基础上总结出学生发展核心素养体系，并建构可理解把握、可操作实施、可观察评估的培养目标。

其次，学校应聚焦学生发展核心素养，转变育人模式，实现从学科本位、知识本位到育人本位、学生素养发展本位的转型，科学设计学校课程，精心选择教育内容，实现课程内容的转化、整合与优化，确立以学生素养发展为指向的跨学科整体育人观念，破解评价瓶颈，改变过分关注知识和标准答案的现状，推进基于核心素养发展的教学改革，落实以人为本的素质教育理念，克服学科知识本位与教学中的短期行为，实现学习方式和教学模式的根本转型，在真实问题情境中培养自主、合作与探究精神，促进学生素养的发展，真正为学生的终身发展奠基。

三、从教师层面具体实施核心素养教学

作为教师，我们肩上的担子是沉重的，面对如此重大的革新，我们要做什么？

首先，我们要改变思维模式，有了新思维才会有新行动。要更新观念，由原来的重视“双基”教学转变成重视“四基”目标的落实，关注学生情感、态度、价值观的形成与发展，让学生经历知识的产生、发展、形成的过程。改变对学生的评价方式与评价标准、评价内容，重视学生学习能力的形成和各种素养的养成。

其次，改变角色定位。让老师从课堂的中心进行合理的位移，转变成课程资源的建构者，学生学习的促进者，学生对话的交流者，课堂教学的研究者。由原来主演转变成导演，变成学生学习的协作者，学生学习情境的创设者。把课堂还给学生，让学生充分体验知识的探索过程，张扬个性，发现自我。

再次，转变备课方式。从单纯的备教材转变为既要备教材，又要备学生、备教学媒体，备各种教学资源，另外还要备自己，备教学设计。备出挑战传统、异想天开的课，备出不断创新、超越自我的课，为学生的成功引路，为学生发展奠基，直至把每一个孩子培养“成人”，同时也为教师自己的幸福积累资本。

最后，正因为教师职业的特殊性，教师不仅要用自己的智慧去启迪学生的智慧，还要用自己的人格去塑造学生的人格。所以教师要更懂得宣泄自己的不良情绪，学会缓解自己的压力。教师只有具备了良好的心理素质，才能有效地优化教育教学的心理环境，使学生在教育教学过程中，产生积极的心态。这不仅能提高学生的学习效率，更有助于促进学生形成良好的个性心理品质，从而提高教育教学的整体效益。

总之，学生是多元智慧的存在，没有高低贵贱之别。我们应基于“核心素养”，寻求不同个性的交融、多元声音的交响，寻求“和而不同”的世界。未来的学校是一种“超越学校的学校”。从根本上来说，承担起学生的学习与发展的，不是每一位教师，而是整个教师团队；不是每一间教室，而是整所学校；不是每一所学校，而是整个社会文化。佐藤学说，“所谓‘好学校’，绝不是‘没有问题的学校’，而是学生、教师和家长共同面对‘问题’、齐心合力致力于问题解决的学校”。我们未来努力的方向，应该是学校、教师、家长和社会，甚至是学生本人，共同参与核心素养的培养，才能真正做到为国选才，为国育才，为国成才，打造学生美好未来！

践行幸福教育，创建幸福学校

山东省聊城市冠县实验高中　张胜聚

教育是为了改善人的生存状态，提高生命质量，是为了学生更幸福地活着！何谓幸福教育？“幸福教育旨在为每一个学生的终生幸福奠基，使学生具有理解幸福的思维，创造幸福的能力，体验幸福的境界，奉献幸福的品格”。冠县实验高中成立于2015年7月，六年来学校秉承“全脑教育、智慧教育、幸福教育”三大教育理念，开启了幸福教育的新航程。

一、深化课堂改革，绽放生命活力

课堂、课程是教学的核心要素，也是实施幸福教育的关键。学校在高中部探索实施了“三段四式”，构建了“校本、自主、开放”课程新体系，让教学充分体现人本关怀、绽放生命活力，使学生在自主学习中体验到学习的幸福。

六年来，学校着力深化课堂教学改革，并以此为突破口全面推进幸福教育。为了探索“幸福课堂”教学模式，学校领导率领教师多次赴衡水中学、衡水二中、昌乐二中等名校考察学习，在借鉴与实验的基础上，探索出了适合本校教情、学情的“三段四式”教学模式，这一模式，解决了教师、学生在课堂上的“角色”定位：教师的作用是“主导、激励、评价”，学生的作用是“主体、活动、自主”，这一模式，回答了教与学中的诸多关系：学生个体要自信、自主，学生与学生要探究、合作，教师与学生要民主、平等，真正实现了“把课堂还给学生、把引领者归于教师”，让每个学生都能会学、乐学、学会、学得幸福，让每个教师会教、乐教、善教、教得幸福。让学生“满分学习、百分学习”。

二、构建“双轨”途径，培育幸福学生

培育幸福的学生是幸福教育的根本宗旨。我校通过“五自教育”构建起了课堂、社团“双轨”并进的“学生成长新途径”，强化了家庭与学校、家长与教师共同育人的正向合力，实现了让每一位学生自主幸福成长。

在全面推进素质教育的道路上，高中教育的目的与任务绝不可以定位在片面追求升学率上，而是要为学生的终身发展、终生幸福打好基础。因此，学校探索实施了“五自教育”。

“自主行为”教育以立德。学校把“家教”与“校育”有机结合在一起，通过刚性的家规、校规，培养学生良好的行为习惯；通过感恩教育、责任教育，培养学生良好的行为习惯；通过主题班会、激情跑操、集体宣誓，嘉许学生的良好行为；通过“模范之星”评选，引导学生崇尚良好行为。

“自主学习”教育以启智。各班墙壁上，张贴着“我的课堂我做主”、“我展示我阳光”等警句，给学生以心理暗示。教师结合学科特点全部实施“三段四式”、“小组合作”教学模式，使学生的学习全面进入自主化状态，把课堂变成求知的乐园。

“自主管理”教育以育能。在学校成立的“自主管理委员会”引领下，班级管理全部实行“以学生自治为核心、以小组合作为机制、以班务承包为载体”的制度。学生的班级纪律、卫生、学习、生活等都在自我管理中解决，每个学生都有自己的“幸福责任岗”，管理的成就感愉悦着每个孩子！

“自主健体”教育以强身。以激情跑操为载体，扎实开展丰富多彩的健体活动，营造“我运动我健康”、“我参与我快乐”的良好氛围，培养学生强健的体魄，为学生终身幸福奠基体质基础。

“自主个性发展”教育以扬长。学校组建了科技、文学、篮球、乐器、美术、书法、体育、舞蹈、记者团、学生广播站等30个学生社团，为学生培养兴趣爱好建立了平台；开展“学生才艺”评选，让学生挑战青春、搏击未来；举行读书节、艺术节、英语节、科技节等系列节庆活动，让学生展示个性、找到自信。这些活动成了学生成长的“第二通道”。

三、培养优秀教师，托起幸福教育

教师是学生心灵的耕种者，没有幸福的教师，就没有幸福的教育。我校构建了梯级递进、有序发展的“教师发展新渠道”，提升教师的责任感、使命感和道德水准，并以这支优秀的教师队伍托起学生幸福的人生。

对学校班子，让师生因为我们的存在而幸福。对工作关系，“健康第一、家庭第二、工作第三”，让每一位教师身心健康、幸福工作。对教师，“学校给教师最大的福利是什么？不是发多少奖金，也不是给多少职位，而是让教师成为自己、成为一个不可替代者，无论走到哪里都被人认可、被人尊重，这才是真正的幸福。”

为了实现这“幸福的承诺”，学校制订了“1234名师方案”的教师培养方案，引领教师梯级递进、有序发展。努力使每一位教师在专业成长的每一个阶段有方向、有目标；开展了“读书”、“微课录制技能达标活动”、“课堂教学大比武”以及“人人小课题研究”，努力使每一位教师在教学、科研、自我发展等方面，有成就、有职业幸福感；定期举办专家讲座、赴先进地区学习、到高校进修，努力使教师开阔眼界，站在教学改革的前沿。

四、凝聚教育合力，共育幸福未来

为了建好三个学校“教师学校、学生学校、家长学校”，特别是在家长学校方面，学校领导班子更是特别重视学校、社会、家庭三方面教育力量的整合，以学校教育为主导，充分利用社会教育资源，积极引导家长配合学校教育，使三股教育力量形成合力，构建了教育工作的立体化格局。

在我校，家长不但参与学校很多方面的管理，比如：餐厅、卫生、宿舍等，实行值班制度，在家长学校的课程开设上更是独树一帜.家长学校的课程设置形成系列化，课堂每两周开设一次，每次均有不同的主题，在家长课堂上，家长除了了解了孩子在不同阶段的心理发展规律，在不同的成长阶段，孩子们容易出现什么问题之外，学校的家庭教育研究中心主任，还会从心理学的角度进行解读，以及采取什么样的沟通和交流方式陪孩子一起成长，让家长学会与孩子更好地相处交流。

六年来，我校践行幸福教育，创建幸福学校，让教育教学的每个细节都洋溢着幸福的味道，学校成立六年四届高考生，2018年首届毕业生参加高考，应届生夏季高考本科录取530人，占全县录取总人数的42%，在全市38所高中学校中名列第八名。2019年高考，本科录取693人。2020年高考，本科录取875人，本科录取率61.5%，在全市高中学校中本科录取人数和录取率都是第六名。短短的时间冠县实验高中就实现了一次次华丽的亮相，幸福教育的硕果惠及到每一个追梦的实高人。

漫道雄关前路远，扬鞭策马再登攀。站在新的历史起点上，我校将以创建幸福学校为动力，让每一个生命在阳光下幸福成长，让教育真正回归“人”的本源。

为教师专业发展铺路　为学生幸福人生奠基

山东省聊城市莘县东鲁学校　贾相洪　李学堂

巍巍燕塔，潺潺顺河。2017年9月，在两千多年前孔子讲学的地方，一座高标准的现代化学校——山东省聊城市莘县东鲁学校拔地而起。自办校以来，学校坚持秉承“为学生一生的幸福奠基”的办学宗旨，积极践行“以德立校，依法治校，民主管校，质量强校”的办学思路，全面实施素质教育，提升学生综合素养，助力学校高品位、高品质发展。短短3年时间，学校已成为办学规范、成绩突出、享誉聊城的特色名校！

坚守课堂教学主阵地

课堂是教育教学工作的主阵地。要使一所学校焕发出新的活力与生机，教师有更好地发展空间，学生有美好的人生前程，就必须狠抓课堂教学，夯实过程管理，落实自主、合作、探究的新课程理念，使课堂成为教师职业提升、学生幸福成长的乐园。

课堂是教育实践最根本的路径与平台。面对课改困惑，莘县东鲁学校牢牢抓住课堂这一关键，大胆实验，勇于创新。上好课的前提是备好课。寒暑假期间，学校组织教师提前备课，制定教学计划，统一备课格式，规范项目，细化流程，调整结构，找准重难点，并寻求突破方法。上课之前，教师根据学情对教案进行再次调整和完善。课后，教师及时记录反思，内容包括本节课的优点、不足及改进措施。此外，学校还实行晨会制，年级以学科组为单位，在组长的引领下对当天的课堂教学任务进行研讨，圈划重点，突破难点，落实教学理念和方法。如今，莘县东鲁学校的课堂，教师们通过引导、追问、点拨、质疑、争论的教学策略，使得课堂环节紧凑高效；学生们积极思考、合作探究、交流讨论、展示汇报，不时掀起课堂教学的小高潮。

特色课程既是创建特色学校的突破口，又是实现学校可持续发展的重要途径之一。东鲁学校围绕特色办学的要求，以书写和阅读课程为抓手，坚定不移地走特色办学之路。堂堂正正做好中国人，认认真真写好中国字，是莘县东鲁学校一贯的追求。学校高度重视书写的育人作用，要求全体老师首先写好汉字，以身示范，引领并带动学生书写规范汉字、领略文化之美。学校不仅邀请知名书法家对全体教师进行培训，还分批选派教师外出学习，不断提升教师的书法技巧和施教水平。在习字指导课中，教师严格按照“四步走”教法，从起笔、行笔、收笔和整个字的结构布局四个方面对学生进行规范指导，在学生书写结束后，由教师选择书写优秀的作品进行展示，让他们进一步体会汉字之美。用书香启迪智慧，以诗韵滋养心灵，是莘县东鲁学校育人的方向。学校设有高标准的图书室和阅览室，让孩子们能够手捧图书，在知识的海洋里畅游；每个班级均开设阅读课，确保孩子们都能够快乐地阅读；组织读书交流活动，学生以小组为单位，把平时的读书成果内化为自己的语言，通过朗诵、说唱等形式灵活而生动地展示给大家，实现了知识输入和输出的互动。

教师专业素养决定着一所学校的发展高度。为更好、更快地促进教师专业化成长，学校教研室经常举行语文、数学和综合学科现场备课比赛活动，采取全员参与、同科同场、同级异桌、现场揭题的比赛形式，要求教师在只有教材的前提下进行独立备课，并在规定时间内从课题、教材分析、教学目标、教学重难点、教学时间安排、教学过程、板书设计、作业设计、教学反思等方面编写教学设计，助力教育教学质量的提升。另外，学校教研室坚持问题导向，推行定向听课和推门听课两种督课形式，听后即评，保证授课效果随时反馈、教学方法及时改进。一项项活动为教师的专业成长搭建了一个锻炼自己、展示风采的平台，不仅夯实了教师的教学基本功，也提升了学校的育人品位。

落实立德树人新理念

党的十九大中提出：“新时代的教育要更加注重以德为先、全面发展，更加注重面向人人、终身学习，更加注重融合发展、共建共享，

齐心协力写好教育改革发展的时代答卷。”在新时代教育背景下，莘县东鲁学校始终把立德树人作为教育的根本任务，坚持开展社会主义核心价值观教育，因时因地开展“中国梦”主题教育实践活动，创新构建“实践型德育”课程体系，全力打造多元立体的教育体系，为学生的美好未来奠基。

每周一的升旗仪式，是对学生进行爱国主义教育和良好习惯培养的重要阵地。伴随着铿锵的进行曲，护旗手迈着矫健的步伐护送国旗至旗杆处。雄壮的国歌声中响起，全体学生高举右手，向国旗行注目礼。在嘹亮的国歌声中，鲜艳的五星红旗与旭日一同冉冉升起，全体师生的爱国情怀和报国志向油然而生。

每学期举行的精神风貌大赛是全体学生最为期待的活动之一，也是学校的一张靓丽名片。各参赛班级步伐整齐，口号响亮，精神饱满，姿势标准，动作协调一致，对促进学生良好精神风貌养成和增强集体荣誉感发挥着重要作用。

在每年一次的校运动会上，小运动员们不怕苦、不怕累，顽强拼搏，勇于进取，为集体赢得了一项又一项的荣誉。“我运动，我健康”，运动使孩子们强健了体魄，锻炼了能力，体验到了快乐，展现了新时代青少年的昂扬向上的精神风貌。

社团活动同样也是缤纷多彩、趣味十足的。每周四下午，社团成员都会自觉有序地到指定地点参加舞蹈、合唱、器乐、手工、绘画、主持人、科技、电竞、魔方等活动，不仅丰富了他们的精神生活，也促进了他们全面而个性的成长。值得一提的是，由青年教师延洪波组织实施的《观察体验热带植物香蕉在北方温室大棚成功培育》科技实践活动，参加第33届山东省青少年科技创新大赛荣获二等奖，学校也被省科协评为会员单位。

纸上得来终觉浅，绝知此事要躬行。为开阔学生视野，落实研学游教育，学校分批组织学生走出校门，到中原现代农业嘉年华、新华书店、燕塔广场等地参观学习、体验收获，不仅拓展了他们的视野、丰富了他们的知识，也增进了他们与自然、文化和社会的亲近感。

孩子的成长需要家校共育，为此学校成立班级、年级和学校三个层级的家长委员会，协调家庭与学校的关系，增强教育的整合力，实现教育多方共赢——学生、家长、老师、学校共同受益。在聊城市家庭教育经验交流现场会上，学校被授予聊城市首批家庭教育实验基地，也是全县唯一获此殊荣的小学。

培养良好习惯益终生

我国著名教育家叶圣陶先生说过：“什么是教育，简单一句话，就是养成习惯。”养成教育是学校教育最重要的工作，是育人的根本。学生养成良好行为习惯，可以辐射到成长的各个方面，使其受益终生。这是莘县东鲁学校全体教职员工自学校开办之始就取得的共识。

为培养学生的良好习惯，学校在开学后的前两周对学生进行学习习惯和行为习惯的培养，要求每一位学生知道怎样读书、怎样写字、怎样握笔、怎样诵读等，以培养学生的规则意识和文明礼貌意识。每天清晨，学生迎着朝阳，迈着轻盈的脚步，伴随着动听的校园歌曲步入学校，开始一天的学习。宽敞明亮的教室，干净的桌椅，洁净的地面，处处体现着新时代少年的风采。放学后，同学们排着整齐的队伍，在晚霞的映照下走出校门。此外，学校还配有高标准的餐厅，学生从分餐、就餐到离开餐厅，全程自我负责，实行无声就餐，体现了高度的自觉性和主人翁精神。如今，走进学校，学生整齐的路队、文明的举止、朗朗的书声都彰显着新时代小学生的朝气与涵养。

时间砥砺信仰，岁月见证初心。三年来，莘县东鲁学校狠抓教学常规管理，在学生的品德修养、知识学习、特长形成等方面开展了一系列卓有成效的工作，使学生素质得以全面提高，学校教学质量稳居前茅，现已成为莘县一所众口皆碑的优秀学校。“学校校风正，教师师风纯，学生学风浓”，莘县东鲁学校这艘航船正行稳致远，驶向教育美好的明天！

浅谈新时代背景下的乡镇学校课程体系建设

山东省聊城市莘县翰林学校 郭晨光

为深入贯彻习近平新时代中国特色社会主义思想和党的十九大、全国教育大会精神，为全面落实立德树人的根本任务，加快推进教育现代化，建设教育强国，培养德智体美劳全面发展的建设者和接班人，积极推进教育综合改革，提高教育质量，莘县翰林学校以“1+5”模式为推动，带领广大师生，弘扬奋斗精神，崇尚真抓实干，奋力开创新时代立德树人背景下学校整体育人体系，办好中国化的教育。

“1”即“德”，是根本，是灵魂。“5”即“德育课程”、“学科课程”、“传统文化课程”、“实践课程”、“红色课程”五门课程为代表的育人体系，是抓手，是过程。立德为成才助魂，课程为立德助力，水到渠成，相得益彰。

一、德育课程

小切口，大教育。德育是一个大的范畴，但只有化大为小，步步为营，化为具体的故事，才能在十一二岁的孩子那里取得良好的效果。为此，翰林学校以活动为抓手，创设平台，让每一个孩子的梦想都成为一个精彩而成功的故事，让我们的“中国梦”在孩子的行动上心理上层层扎根。翰林学校围绕学生的习惯养成，开设了“入学课程、升级课程、毕业课程、主题班会课程、校服发放课程、小组建设课程、自主管理课程、节约课程、梦想课程、国旗下讲话课程、法制课程、自主自立课程、食育课程、励志课程”等10多项具体内容。

为此我们还专门开辟了“综合教育馆”、“小空间、大利用”、“小切口，大主题”，一个教室可以容纳15项专题教育，在这里开班会、上团课、进行专题讲座，形式新颖，主旨明确，在愉悦中接受德育教育，经历成长。

二、学科课程

长流水，勤浸润。翰林学校在“学校发展规划中心”的总体规划下，在教学上，以“课程研发中心”为引领，以年级为实体，以课程为载体，以我校特色“本土化绿色生本课堂”、“一二三四五”教学模式为阵地，实行“德育课程一体化”，生本化的学科课程、个性化的活动课程、特色化的学校课程有机结合，通过课堂来提升学生素养，促进学生全面发展。

翰林学校从“学”和“习”两个环节入手，突出生活性，关联时代性，横向与生活融合，从学科边缘突破，纵向与古今相联，向学科深度挖掘，突出基础型课程，提倡拓展型课程，引导研究型课程，全方位、立体式向一线教育与课堂发力，寻求学科突破，深化课程改革。

在我们思想的引导下，政治课的《生活化、时代化的政治教学》突破方案，用新时代中国特色社会主义思想铸魂育人，用中华优秀传统文化启发人，结合实际、彰显时代特色，引导学生增强中国特色社会主义道路自信、理论自信、制度自信、文化自信，厚植爱国主义情怀，把爱国情、强国志、报国行自觉融入坚持和发展中国特色社会主义事业、建设社会主义现代化强国、实现中华民族伟大复兴的奋斗之中。同时，历史课的《让学生成为课堂的主人》突破方案，地理课的《基于地图的地理学科突破》等应运而出。

现在，在我们学校，九个学科无一例外都围绕着中学生的核心素养的形成，立足德育一体化工作的渗透，围绕着学校的理念及方法，找到了适合自己本学科的一个或多个突破方案。从而，学校也找到了撬动学校发展的支点，找到了素养形成的原点与终点。

三、传统文化课程

扎实根，铸国魂。中华优秀传统文化是中国的根基、魂脉，但如何才能真正使它走进课堂，走过学生的心灵，化为孩子们的自觉行动，是我们一直在探索的问题。

1.“图书漂流”，开好阅读课，用经典润泽学生心田

图书漂流是学校一直坚持的读书活动，通过每个同学之间、每个班级之间图书的“漂流”，使每个同学都能读到大量的好书。每年一届的“读书节”，更是引起了大家对读书的极大兴趣。学校编写了《岁月留声——国学经典》系列读本，开设“国学经典——吟诵”课程，让国学在翰林扎根，让国学在翰林传承。开展“我给爸妈洗洗脚”、“我帮家长做家务”、“饭前背诵感恩词”、“礼貌用语我会说”等系列实践活动，真正做到学以致用，让传统文化陶冶孩子们的情操，净化学生们的心灵。

2.开设多个特色社团

翰林学校学生的社团活动丰富多彩，校本课程精彩纷呈。泥塑、沙瓶、乐器、英语单词速记、书法、绘画、舞蹈、球类、跆拳道等社团的课程都开得有声有色；游戏类、美术类、益智类、棋类、语言表演类、手工编织类等社团的课程都符合学生特点。

3.传承多项本地非物质文化遗产

莘县很多的非物质文化遗产都极具地方特色，也有很高的艺术性。翰林学校就从中挑选了查拳、泥塑、剪纸等几项适合学生学习的，引进校园，成立了专门的学习本地非物质文化遗产的社团。通过这些课程的开展，不但丰富了同学们的学习生活，增强了同学们的学习兴趣，还让大家学到了技能，锻炼了身体，得到了全面发展，对学生的成长与发展有所帮助，而且是不可替代的帮助。

四、实践课程

在管理上，学校推行“准军事化寄宿制半封闭无缝隙式”管理模式，以“学生管理中心”为引领，通过学生自主管理委员会进行自主管理，在实践中培养孩子的自理和自立能力。

苏霍姆林斯基曾说：没有自我教育，就没有真正的教育。这一教育思想告诉我们：自我教育是实现教育的一个重要环节，而自主管理是自我教育的一个重要手段。科学管理，放手并不等于放养。我们把“自主管理习惯养成教育”作为学校一项重要课题来研究。校车上有“车管员”，餐厅里有“督察员”，宿舍里有“宿舍长”，这些来自学生自主管理委员会的学生成为学校管理的中坚力量。在管理好这些事务的同时，也让同学们在自主管理中找到了乐趣，锻炼了能力，提高了素养，品味了幸福。

五、红色课程

有信仰，有希望。莘县翰林学校党支部在莘县党委的领导下，认

真学习宣传贯彻习近平关心下一代思想，带领学校德育处、团委、少先队，结合学校实际，学理论，抓落实，注重红色教育，切切实实把关心下一代工作落到了实处。

1.加强学习，让红色思想入脑入心

红色基因是我们党在革命、建设、改革开放中形成的优良传统和伟大精神，也是青少年健康成长、担当重任的精神之钙。为此，翰林学校通过多种形式对学生进行爱国主义教育，取得了良好的效果。

升旗仪式，是对学生进行红色教育的最佳时间。“五四”青年节、“九一八勿忘国耻警钟长鸣”纪念日、汶川大地震纪念日、清明节、国庆节等重大节日，学校都组织国旗下主题演讲活动，对同学们进行爱国主义教育。在少先队员入队仪式、团课、迎国庆书画展、爱国读书活动、传承红色教育征文大赛、演讲比赛等活动中，都让学生把爱国主义牢记在心中。

2.通过实践，让理论变为实际行动

实际行动，是对同学们进行爱国主义教育最有效地方法。清明节，学校会组织同学们去烈士陵园扫墓；学习雷锋月，组织各班进行助人为乐活动竞赛；重阳节，带领同学们去敬老院看望帮助孤寡老人；在莘县创建文明城市活动中，让学生进行宣传；创建国家级卫生县城活动中，组织同学们参加义务卫生大扫除……这些活动，让孩子们内心充满了爱祖国、爱家乡的自豪感。

3.基地教育，让学生争做时代新人

为进一步加强师生的爱国主义思想教育，激发他们的爱国热情，让他们铭记历史，同时把对民族和国家的热爱转化为勤奋工作和学习的动力，学校还利用红色基地进行爱国主义教育。

学校建设了高标准的党史教育馆和爱国主义教育长廊，这两个地方是进行主题班会、作报告、演讲比赛等红色教育的理想场所。学校还组织师生去鲁西第一党支部纪念馆、冀鲁豫区党委旧址、冀鲁豫军区旧址暨朱德旧居等莘县红色教育基地接受教育，请讲解员和老一辈革命战士为大家讲解革命历史。这些红色基地教育，让孩子们重温革命历史，回顾革命艰辛，追忆先辈伟绩，让革命的精神激励广大青少年奋发向上，牢记使命！

在此思想的指导下，学校扎实工作，求实创新，也多次被评为“全国语文教改示范校”、“全国学校文化建设示范校”、“教育部2017年国防教育特色学校”、“山东省平安校园示范学校”、“市教学工作先进单位”、“市教科育研工作先进单位”、“全市最具影响力品牌学校”、“市素质教育功勋学校”等荣誉称号。

“人生的扣子从一开始就要扣好”，正如习近平总书记所说。我们在今后的工作中更当以社会主义核心价值观和“中国梦”教育引导青少年，培养中小学生热爱党、热爱社会主义祖国的真挚感情，树立社会主义的理想信念和正确世界观、人生观、价值观，一切发展思想以此来出发，一切发展布局以此来开展，一切发展举措以此来制定，一切发展成效以此来评价，把国家的规划图化为我们的路线图和施工图，结合地域特色、山东特点，切实把立德树人、德育一体化工作做到实处，为学生铸魂，为“中国梦”助力！

党歌永流传，红色教育植“我”中

——记临沭曹庄镇中心小学红色教育

山东省临沭县曹庄镇中心小学　王平　王文杰　谢堂春　赵雪峰

“沭河好风光，庄庄相连多么长，土地肥来人口广……八路军来了老四团，人民里走出了白县长，不让鬼子猖狂……”朱村抗日战斗纪念馆内，临沭县曹庄镇中心小学再次唱响红色教育。这首在临沭广为流传的革命歌曲《沭河的歌声》，诞生于烽火连天的抗日战争年代的朱村。朱村是山东省临沂市临沭县沭河边上的一个小村子。朱村村民自发捐款60多万元，建成了朱村抗日战斗纪念馆，后来又逐步建成了朱村抗日烈士陵园、朱村抗日战斗纪念碑、朱村历史文化展室及朱村档案资料馆等红色文化教育展馆。

1942年，刘知侠在此作词写成了《沭河的歌声》，由王久鸣作曲，谱写了一曲当地军民共同坚持抗战的壮美赞歌。当年时任一一五师政治部主任的萧华曾这样评价：“这是一首激荡苍山沭水的抗日战歌!”、“我一来到这里就想起了革命战争年代可歌可泣的峥嵘岁月……”2013年，习近平总书记来到沂蒙革命老区，参观朱村红色革命纪念馆时这样说道。“如今，这首红色革命歌曲依然被广为传唱，成为我们当地校园红歌大赛的保留曲目，也是我们利用宝贵的红色文化资源，加强少年儿童思想道德教育的重要载体。”朱村所在地的曹庄镇中心小学校长赵雪峰说。在我校赵校长的带领下，学校教职工构建了红色教育平台，让红色教学根植于学生心中。

一、构建红色课程，让红色文化落地生根

作为沂蒙老区，临沭就像一座没有围墙的红色场馆，处处有震撼人心的红色故事。临沭县教体局将红色教育、沂蒙精神教育作为中小学教学工作的重要内容，纳入学校教学计划，推进与学科教学的有机结合和渗透。学生学习要有载体，曹庄镇中心小学不断搜集整理当地红色资源，开发出《红色记忆》、《蛋雕》和《烙画》等校本教材，用好《沂蒙精神教育读本》，开设红色校本课程。开展“弘扬钢八连精神，传承朱村红文化”系列主题教育活动，引导学生传唱红色歌曲，宣讲红色故事，铭记沂蒙英雄，参加红色社会实践等。红色课程的构建既丰富了学生的课堂生活，提升了学校内涵品位，又有效推进学校办学质量的稳步提升。

同时，学校还在学科教学中渗透红色文化理念，积淀丰厚红色校园文化。让学生每天至少读一首红色诗词，每周至少背诵一首红色诗文，每月开展一次红色诗词朗诵会或红色故事演讲会，每学期开展一次红色诗文征文比赛，让红色文化的元素伴随着学生的成长。利用课堂主阵地对学生进行革命传统教育和理想教育，举行红色革命故事会，让学生收集红色故事或红色案例等逸闻轶事，让红色文化融入学生的学习与生活。

二、营造红色氛围，让红色教育枝繁叶茂

校内，每周一早上，少年国旗护卫队英姿勃勃，将五星红旗升起在校园上空。国旗下，全体师生齐唱国歌，行注目礼。国旗下同学们深情的发言激发了所有人的爱国情怀。除此之外，每天中午的“小红星广播站”还是我们的校园广播时间，由小主播讲述红色故事，红色人物事迹等内容，让红色教育的气息弥漫在校园的每一个角落。

校外，凭借“钢八连抗日纪念馆”、“西山前抗日自卫战遗址”、“黄庄抗日模范村纪念碑”等红色资源，通过实地参观、图片展览、聆听讲解、重温历史等方式，让学生走进融知识、文化与教育为一体的红色课堂，现场追溯历史，反思现实，不断补充红色营养，让红色基因扎根学生心田。

通过健在的老支前、老革命、老党员现场讲述，清明祭英烈等爱国主义教育活动，被誉为村里的“活档案”的支前模范老人王克昌，如今已年过九旬的他耳聪目明，亲身经历那场战斗每每回忆当日情景，仍记忆犹新。滔滔不绝地给孩子们讲当年的战事，坚定的信念感染着每一位孩子的心灵。“我们不怕，鬼子突然打来，钢八连紧急迎战，我们心里就想着豁出去性命，也要跟鬼子拼了……这些历史不能忘呀，要一代代传下去。”把红色基因深烙心间，让革命薪火代代传承。

通过现场教育、集体宣誓等爱国主义教育活动，走访红色文化建设模范村、老革命、老党员，开展“国旗接力，传递梦想”国旗下的演讲系列活动、“爱国主义歌曲大家唱”活动，让“社会主义核心价值观组歌”唱响校园，加强青少年思想道德教育。充分挖掘红色教育资源，建起党史学习教育红色文化长廊，开展“听党话跟党走——童心向党”国旗下的演讲系列活动，展示党的红色革命历程，宣传百年辉煌党史，引领党员干部、全校师生学习红船精神、红岩精神、长征精神、延安精神、沂蒙精神等红色种精神，传承红色基因，铭记党史，不忘初心，砥砺奋进。

学校深入开展党史学习教育进党会、进课堂、进家庭为主题的“三进”活动，全力打造党史教育学习圈。学校为加强学生党史教育，大力开展党史教育进课堂活动，通过学科渗透、主题班会、综合实践课，有效组织党史辅导、党史讲座、观党史微课、三分钟自学党史等形式，教育学生学党史，知党情，颂党恩，跟党走，立志报国，发奋学习。党史教育进家庭则是通过家庭走访、班级QQ群和微信群等形式宣传党史知识，要求家长利用双休日、节假日与孩子同步学习党史，了解中国共产党的百年光辉历程，激发孩子的爱国热情。红色活动的开展，使红色德育实践活动实现系列化、规范化，把弘扬沂蒙精神与加强学生思想道德教育进行有机融合，引导广大学生重温光荣历史，传承红色文化，不断陶冶道德情操，培育良好的爱国爱党情感。

三、打造红色队伍，让红色精神根深蒂固

用“红色精神”打造名师工程。教师是“红色精神”的主要传播者，是教育的组织者、实施者，在引导学生成才方面有重要的导向奠基作用，教师队伍建设更是关系到学校的教育与发展。要求全体教师要像烈士那样，勇立时代潮头，锐意进取，大胆改革创新，把教育学生当作自己毕生的崇高事业，鞠躬尽瘁，把投身教育作为自觉行动，以公心、耐心、爱心、全心来对待学生。学校积极争取机会、创设条件，为教师参加各种业务学习、进修、教研活动，承担各级公开课、展示课搭设平台。

用“红色精神”培育世纪英才。学校坚持以学生的发展为本的教学理念，充分发挥“红色精神”的导向和激励功能，通过学风、校风的建设，以及校训、校规、行为规范的落实等一系列文明创建活动，加强了学生的健康人格、社会规范、政治文明的教育。临沭县曹庄镇中心小学始建于1931年，1937年更名为抗日小学，1940年正月被日寇火焚，战争结束后恢复办学。自2019年以来，该镇中心小学在赵雪峰校长的带领下，以“知行合一，立德树人”为办学宗旨，确立“打造精致教育，铸就精彩人生”的办学理念，教师实行教书育人两手抓，学生实现求知做人双丰收。学校立足这片红色热土，充分深入挖掘红色文化资源，坚持以课堂为主阵地，开展红色教育校外实践活动，持续深化中小学生思想道德教育。

四、根植红色基因，让红色收获硕果累累

目前，学校在根植红色基因中，牢记使命，砥砺前行，不断成长，

先后被评为全国青少年校园足球特色学校、临沂市文明校园、临沂市少先队规范化学校、临沂市教学工作先进单位、临沂市平安校园示范校、临沂市乡村少年宫、临沂市校本课程开发示范校、临沂市“我和我的祖国”国学经典诵诗会优秀组织奖、临沂市书信文化活动优秀组织奖，荣获全县先进基层党组织、教育工作先进单位、教学工作先进单位、特长比赛团体一等奖、全县小学生综合素养展示一等奖、临沭县青少年科技创新大赛优秀组织奖等等。教师获省级讲课一等奖3人次，市级教学能手1人，县教学能手26人次，学生参加省市县各类比赛获奖600多人次。

孩子是祖国的未来，对于国家的认知和了解，首先应该从学校红色教育开始。因为红色基因是中华民族的根，是少年儿童学习的魂，传承红色基因，才能让红色旗帜永不褪色。在红色教育熏陶学习中，塑造学生胸怀天下的高尚情操，最终发展成为国为民的有用之人。我校将在红色基因传承中，不断走向明天，奔向未来。

改革创新谋发展　真抓实干创未来

山东省临沂方城中学　高士君　黄献勇　王自成

教育是社会进步与变革的基石，谁赢得了教育，谁就赢得了未来。在党和政府优先发展教育、大力实施人才强国的今天，山东省临沂方城中学坚持以习近平新时代中国特色社会主义思想为指导，深入贯彻党的十九大和十九届四中、五中全会精神，以“强质量、抓改革、创品牌、守底线、保安全、惠民生”为工作目标，坚持质量立校、特色发展，坚持改革创新、高位发展，全面提高教育治理水平，全力打造“改革创新年”，努力开创“内涵发展年”，着力培养能担当民族复兴大任的社会主义建设者和接班人。

加强党建，进一步改进工作作风

加强党对教育工作的全面领导，牢牢把握社会主义办学方向，是关系到教育事业发展的首要问题。方城中学深入开展创建党建品牌工作，积极探索符合时代特点的党建工作新方法，探索党建工作服务于教育教学中心发展的新途径，为学校高品质发展谋篇布局。

以加强党的政治建设为统领，全面提升党员教师政治素养。学校始终把政治建设摆在党建首，组织党员教师积极投身志愿服务工作中来，用实际行动体现学校的使命与担当。

以党组织规范化建设为基础，不断提高党建工作质量。学校持续推进理论的学习，围绕党建工作实际积极开展主题党日活动，深化党建效果。

以党员教育管理为重点，着力打造干事创业的优质队伍。学校贯彻落实意识形态责任制，坚持“一岗双责”，切实落实管党治党政治责任，严格执行党内组织生活制度，开展批评与自我批评、谈心谈话、党性自我分析等活动，营造风清气正、干事创业的良好氛围。

以“做红色园丁，育时代新人”主题活动为亮点，打造特色党建品牌。学校深入开展创建党建品牌工作，不断探索符合时代特点的党建工作新方法，探索党建工作服务于教育教学中心发展的新途径。目前，学校的品牌建设获得了师生一致好评，取得了巨大的成效。

深化课改，进一步提高教学质量

课程改革是整个基础教育改革的核心内容，是适应时代发展和全面推进素质教育的重要举措，更是增强国力、积蓄未来国际竞争实力的战略措施。方城中学围绕办学航标和育人方向，高举“教育现代化”和“素质教育”旗帜，大力推进教学改革，走出了一条独具特色的教育实践之路。

抓常规，促进规范管理。学校明确提出备课、课堂教学、课外辅导、反馈测试、作业布置与批改等具体要求，克服了教学过程中的盲目性和随意性；坚持常规月查和通报制度，完善教学常规、教研常规以及学生学习常规督查考评机制，进一步突出教学全过程管理，落实教师管理的制度化、规范化。

抓课堂，提高教学水平。学校充分发挥集体备课作用，适时开展基于课改为目的的学科公开课、示范课、汇报课、展示课、研究课等系列课，不断探索高效课堂建设的新思路、新方法，极大地发展了教师实施新课程的能力，有力地促进了学校教育教学质量的显著提升；进一步深化教学改革，主张采用自主学习、合作学习、探究学习的新型学习方式，让学生成为课堂的主人，基本上改变了传统的教师“满堂灌”、学生“被动学”的不良现象，真正实现了自主高效的课堂教学。

抓校本，开发特色教材。为传承孝悌文化，学校结合创建文明校园等相关文件要求，自主编印《孝亲尊师读本》和《孝悌行记》两本校本教材，让学生从传统的经典优秀诗文中汲取营养，形成良好的道德情操和健康的审美情趣。

抓课题，提升教研能力。学校坚持以问题为突破口，创设“人人有课题，时时讲探究”的工作氛围，让教师在学习中研究，在研究中提升，在提升中发展。今年，学校有区级课题结题5项，区级课题立项4项，并有1项区级专项课题立项。

创新机制，进一步增强德育工作

育人是教育的生命和灵魂，关注学生的长远发展是教育的本质要求和价值追求。在社会多元化背景下，方城中学紧紧围绕立德树人根本任务，不断创新教育教学的方式方法，进一步锤炼学生品格，提升学生素养，增强育人实效。

加强学生自主管理工作。学校以促进学生自我管理、自我教育、自我成长为目的，组织实施班级管理“自我教育、自主管理”活动，培养学生的组织管理和协调能力，为学生的未来发展做准备，打造学生自主管理特色和良好的校园学习氛围。

开展德育主题实践活动。学校贯彻执行“在活动中体验，在体验中感悟，在感悟中内化”的思路，扎实开展“养成教育、励志教育、感恩教育、孝悌教育、责任教育、诚信教育”等丰富多彩的主题教育活动，培养学生的综合实践能力。

创建健康校园。为达到“人人健康”的行动目标，学校不仅积极创建健康校园、健康食堂、健康小屋，还积极开展心理教师培训，加强学生心理健康教育，培养学生阳光向上的心理品质。

创建排球特色学校。学校积极组织申报国家级排球特色学校，通过组建各班排球队、开展学校课间排球操、举行学校排球联赛和校园排球吉尼斯比赛、举办校际间排球比赛等多种形式，着力培养学生热爱排球的兴趣，积极推广中国女排精神。校男女排分别代表兰山区和兰山区教育体育局参加临沂市第七届运动会和临沂市全国排球特色学校排球联赛，并分别取得了全市第三名和第五名的好成绩，同时两次取得临沂市体育道德风尚奖。

创新激励评价机制。学校充分发挥榜样引领作用，积极开展各种“星”和“标兵”的评选，内容涉及爱国、自律、环保、感恩、集体、勤奋、团结、创新、实践、惜时、科技等方方面面，在全校营造出了积极向上、争先创优、你追我赶、追求卓越的浓厚氛围，使学生树立了自信心和进取心。

精细管理，进一步提升服务水平

古人云：“天下难事必作于易，天下大事必作于细。”唯有推行精细化管理，学校才能形成可持续发展的教育教学环境，才能真正实现“管理出效益，管理出质量”的办学目标，才能通过管理的突破实现学校的发展。

完善硬件设施。学校大力加强基础设施建设，创造有利条件，实现办学条件的标准化。整修排球、篮球场地，改扩建食堂餐厅，新建教学楼一座，配足配齐图书实验仪器标本及音体美等器材，更新添置实验仪器橱柜、档案橱、仪器车、书架，计划建立排球运动基地、标准体育馆一座，更好地满足学生学习和生活的需求。同时，学校重视校舍维护维修工作，保障固定资产正常运转。

加强安全管理。加强对安全教育工作的领导，把安全工作列入重要议事日程，校长直接抓，副校长具体抓，年级、班级具体分工负责组织实施；全面落实监管责任，单位分管负责人严格落实“一岗双责”责任，组织开展新冠肺炎疫情防控工作，坚持常态化疫情防控，加强教学安全工作专项整治，相关成员严格落实“管业务必须管安全”的要求，切实担负起监督和管理责任，扎实开展好安全整治工作；通过自我检查整治、包点责任人督查等措施，推动学校安全工作的开展；加强饮食卫生监督管理，确保食品卫生安全；开展志愿者创卫服务活动，组织安全、疾病、卫生、文明等知识宣传活动，为本地的百姓送来生活中的常识和知识。

落实疫情防控。根据各级部门疫情防控要求，学校结合实际情况，采取落实六项措施，引导广大师生提高认识，科学进行疫情防控：工作落实有责任，组织领导到位；全面摸排有方法，联防联控到位；精心组织有秩序，返流安排到位；开学工作有准备，预案应急到位；后勤物资有保障，协调筹备到位；科学防控有声音，宣传教育到位。六个到位坚决做好疫情防控工作，将疫情防控常态化深入推进。

公正工会工作。工会、妇工委按照“组织起来，切实维权”的工会工作方针，依照工会章程依法依规，以学校工作大局为重，服从服务于学校的中心工作，切实维护好教职工的合法权益；组织召开教工大会，积极筹备召开三届一次教代会，加强民主管理和推进校务公开工作；关心女教职工的工作和生活，充分了解她们生活中的困难和需求，更好地保障女教职工的特殊权益；组织师德宣誓活动、师德演讲比赛和师德模范评选及表彰活动，进行“树师德、正师风”有偿补课专项治理，塑造良好的师德师风。

做好宣传工作。学校充分利用学校公众号、校园广播、宣传橱窗、黑板报、手抄报等文化阵地，充分发挥其宣传作用，努力营造正确的舆论氛围，以科学的理论武装人，以正确的舆论引导人，以高尚的情操塑造人，以优秀的作品鼓舞人。

行者方致远，奋斗路正长。站在新时代的风口，方城中学将坚持以人为本的教育理念，全面提升教育教学质量，高度注重内涵发展，持续推进“创新发展”，以崭新的姿态促进“教育内涵发展”，全力开创桃李芬芳的美好愿景，努力创办让人民满意的教育。

一位党员教育工作者的素养

——记临沂汪沟小学校长王桂峰

山东省临沂市兰山区汪沟镇中心小学 闵凡银

在树木葱茏、花团锦簇的汪沟小学校园里，我们经常看到一个忙碌的身影，他或是在查看学校的边边角角，或是在踱步沉思，或是低头正与学生和善交流，他就是临沂汪沟小学校长王桂峰。作为一名教育工作者，他情注教育；作为一位校长，他率先垂范。他常说："我是一名党员，是党培养的教育工作者，要为党的教育事业做贡献。"他给自己定下的座右铭是：根植于内心的修养，无须提醒的自觉，以约束为前提的自由，为别人着想的善良。

自1991年参加工作至今，王桂峰校长在教育战线上已经奋斗了整整30年。三十个年头，在历史的长河中只是短短的一瞬，但在王校长的人生旅程中，却是一段漫长而美好的时光。

一、心系安全，优化学校整体环境

从2019年9月任汪沟小学校长以来，王桂峰坚持各项工作都要以身作则，既当指挥员，又做"士兵"。寒来暑往，风雨无阻，他爱校如家，早上第一个到校，晚上最后一个回家，一周工作七天。为了预防学生发生安全事故，他几乎每天在学生到校前查看所有的楼道设施，在课间到操场上巡查所有的安全护栏，值班教师们在他的影响下也都更加认真负责起来。全镇十所校区的楼里楼外、校园周边的大大小小安全隐患得到了彻底根除，消防栓联通了水源，食堂明厨亮灶工程和管理达到了4D标准，学校危墙推倒重建，划归停车场解决了人车同行的困扰，晴天扬尘雨天和泥的土操场铺设了塑胶，一点点的蜕变，一天天的成长，汪沟小学在各级专项检查中都得到了一致好评。

为将学校建设成为传播先进文化的阵地，王校长重视校园环境与校园文化建设，在校园内开辟了主题不同、形式多样的文化展示专栏，在校园建设中，一天一个样，一年大变样，为了广大师生创造了一个舒适优雅的学习、工作环境。

二、规范管理，提高教师综合素养

"火车跑得快，全靠车头带"，没有一个好的领导团体，任何单位都难以发展。王桂峰校长注重建立健全学校各项制度，并认真实施，使学校管理规范化、制度化。在多年的工作中王校长探索出了一套科学的管理模式让全体教师协作成一体，心往一处想、劲往一处使，使各项工作更有条理、更为扎实、更有效果。寒假里，王校长组织全体教干和教师代表对《学校章程》、《教师积分量化考核细则》等文件重新做出修订，修订的过程就是学习的过程，就是转变的过程，就是提升的过程。一年多来，汪沟小学发展迅速，管理一流、质量一流获得社会赞誉。

王校长十分重视新课程的实施和教师专业化发展，他通过多种方法提高教师的科研文化业务素质，组织教师参加国家和省市区各级培训、听课活动，营造关注教学科研、参与新课改的浓厚氛围。通过组织老师们认真学习并领悟兰山区教体育局提出的生本课堂的要求，树立了"主体多元，立体育人"的教育理念。学校经常性地开展学习交流活动，组织老师沟通探讨课堂教学中碰到的问题及解决的方法。团队的成长，带动了青年教师的成长。在2020年全区优质课评比中，学校郑宝金、孙艺芳等八位教师荣获一等奖，在2021年贾方方等六位老师在全区优质课大赛中荣获一等奖，闵凡银老师在全区教学研讨会上执教示范课。一年来，学校的整体教学质量稳步提高，教师综合素养得到再度提升。

三、践行德育，创建文明知礼学校

王桂峰校长是一位有着丰富管理经验和高超管理水平的校长，他带领学校"内抓素质、外树形象、争创特色、打出品牌"。在学校工作中确立"立德树人"的根本任务，把德育工作摆在学校各项工作的首位。

首先，开展符合本校实际的德育活动，比如"小小心愿卡活动"让学生制作书写心愿卡，在校园里展示，书写感恩、弘扬正气，起到了很好的教育作用。

其次，利用重要节日、传统节日的仪式感、庄重感来感染教育学生，比如学校班级展示栏评比活动、开学典礼、毕业典礼、国旗下的讲话、家长访谈会等等，感染教育学生讲文明、懂礼貌，知感恩，做好人。

工作中王校长在处处按章办事遵循原则的同时，又时时对师生们彰显人文关怀，是学校德育的榜样。一年多来，王校长对学校师生家庭情况都非常了解，谁家有困难，他都非常关心，并尽可能的提供帮助和照顾。作为一名党员和学校领导，他总是关心帮助每一位职工和学生，多次走进贫困教师和贫困学生家庭，送上真心的祝福，也温暖了师生们的心。

另外，学校专门成立了"校史"记录小组，把平时教育教学工作中涌现出的感人事迹收录其中，一本小小的校史册子记录着老师和同学们的荣誉、汗水和激动的泪水。劳动最光荣，劳动最美丽，王校长注重学生的劳动教育，结合本地实际，充分发挥劳动基地的作用，在手工制作、洁净校园、管护植物等方面培养学生劳动技能。学校发展的点滴成绩发表在《学习强国》、《山东教育报》、临沂文明网、《临沂日报》等重要媒体，受到了社会各界一致好评。

一位党员教育工作者的素养是什么？王桂峰校长用实际行动给予了答案。回顾汪沟小学的发展历程，正是由于有了王桂峰校长这样一位脚踏实地又敢于创新、衷心热爱教育事业的领头雁，学校的教育教学工作才取得累累硕果。然而，他并没有在成绩面前满足，仍然起劲地干着他钟情的教育事业，继续以坚定不移的信念、求真务实的作风、顽强拼搏的精神，努力谱写无愧于社会、无愧于教育事业、无愧于临沂兰山这片热土的灿烂新篇章。

畅想趣味游戏 绽放童年色彩

山东省青岛市城阳区顺德居幼儿园 张红杰

教育是上天送给孩子的一份礼物，是一份关心，是一路陪伴。好的教育能让孩子从小就接触知识的天空，领略文化的魅力。尤其是幼儿教育，更要将爱的种子播撒进孩子心灵，让幼儿感受温暖，体验生命，茁壮成长。近年来，国家愈发重视幼儿教育，不断探索助益幼儿成长的特色教育内容。《纲要》中指出："幼儿园应为幼儿提供健康、丰富的生活和活动环境，满足他们多方面发展的需要，使他们在快乐地童年生活中获得有益于身心发展的经验"。习近平总书记同样多次在重要会议中提出的："足球要从娃娃抓起……"因而，如何在幼儿园阶段打好足球启蒙基础，受到越来越多社会人士、教师和家长的关注。为了响应国家对幼儿教育的号召，我园大力实施幼儿趣味足球，即根据幼儿园3—6岁幼儿年龄特点，以激发幼儿对足球的兴趣为主，创设趣味性的游戏组织活动，用幼儿喜欢的活动方式发展足球能力。

一、挖掘足球教育因子，助力特色教育提升

为了契合幼儿园发展，帮助足球特色更好地融入校园。我院将幼儿足球培养分为萌芽初始阶段、推广普及阶段和趣味提升三个阶段。在第一阶段，由于受场地、时间、教练等若干因素的影响，当时的足球活动场地仅限于普通的塑胶场地，幼儿利用户外活动时间根据兴趣随意踢球。教师会及时发现有兴趣的幼儿进行鼓励指导，对于没有兴趣的幼儿则不会过多引导让其参与。教师的指导内容也仅局限于安全自护知识和不用手碰球等这些基本常识的指导。通过第一阶段的实践，我们发现，小、中、大三个级部，无论男孩还是女孩，他们对足球都有浓厚的兴趣，可以根据体能正常参与足球活动。

推广普及阶段，在总结前期活动困惑和不足的基础上，幼儿园组织教师参加区各种足球培训，有针对性地推出解决措施，为后期足球的发展奠定了良好的基础。一是全员培训，提升理论技能基础。老师们集中学习《中国足球改革发展总体方案》和《3—6岁幼儿学习与发展指南》等内容，围绕"幼儿趣味足球是否适合全员参与？能否全面激发幼儿对足球的兴趣和热爱？"等问题进行了专门研讨。确定幼儿园阶段，主要以培养足球兴趣为主，在此基础上，让孩子们进行力所能及的足球技巧练习。二是提升教学组织策略，给予合理有效指导。我园大力开设趣味足球，弥补教师对于足球知识和技能的匮乏。为此，幼儿园充分挖掘家长资源，在全园范围内广泛募招有足球特长或爱好的家长，成立家长资源库。三是提供相应物质条件，组织趣味游戏活动。幼儿园围绕"什么时间组织活动？多久组织一次能有效且操作性强？"等实际性问题，借助每周常规进行的特色活动室活动，利用每周的周三、周四和周五的下午，分别组织小、中、大班的孩子们全员参与足球特色活动。同时合理有效，分班分组，组织集体授课，切实提升学生、家长和老师的足球知识水平。

趣味提升阶段。借助我区阳光教育的东风，我园确立了循序渐进、不同动作的发展要求，赋予趣味性的游戏情境，让孩子们在游戏中发展，提升技能。如，小班级部以打基础为主，引导幼儿进行双脚夹球跳、夹球传球等；中班级部以基本动作训练为主，在进行球杆训练的基础上，融入了踢准、停稳等原地的动作训练；大班级部则更加注重跑起来的动作训练，如S线运球、抢球、动中靠球，以及一些小对抗等。此时老师的指导开始关注幼儿准确踢球的基础动作，如用脚内侧踢球，脚背正面踢球等。

我园将每周的周二和周四定为趣味足球日，陆续创设了一些足球名人、足球知识等校园文化，从隐形和显性都为孩子创造一个良好的氛围。目前我园已有专门的幼儿足球场，专业球门、迷你球门、足球、对抗服等设施充足，孩子们的活动兴趣更加的浓厚。

二、立足校园环境建设，丰富趣味游戏内容

环境作为幼儿园的第二种语言，在实施过程中，我园对室内外

环境进行了规划和调整，足球园本文化凸显。如户外围墙以足球绘本为元素，制作了《我和爸爸踢足球》、《汤姆踢足球》等幼儿喜闻乐见的著名绘本；后院足球场处打造足球长廊，从足球的起源、足球的规则、足球明星等不同方面进行渲染，以“我运动，我健康，我快乐”为运动语言，创设“我是足球小将”、“爸爸教我踢足球”、“专业教练教我踢足球”、“我的绘画表征”等专栏，使环境发挥无声胜有声的作用。同时，我园融入自然，构建野趣环境，将幼儿园整体户外环境重新进行了区域划分，创设真草坪、人工草坪、山坡等多样的场地类型；开放空间，将原先的绿化围栏打开，使“红线区”的边边角角也做到最大空间释放，屋檐下、矮墙边、三角地等都被重新利用，成为趣味足球小组活动的巢穴。实施“4+X区域大循环”模式，给予幼儿更多回归自然的生态足球感受。此外我园从生活的角度出发，构建童趣环境。根据幼儿的生活经验，从开放投放，激发创造性——差异投放，关注幼儿发展——主题投放，激发热情三个方面提高材料的多元综合利用度。一方面提供专业充气球门、围栏、九宫格、绕杆、锥形帽等器械，照顾不同年段幼儿的发展水平和主题需要，进行差异性有层次的投放；另一方面尝试将旧塑料筐、呼啦圈、桌布、各种废旧管子、瓶瓶罐罐等低结构材料融入足球活动中，比如：投放不同大小的旧塑料筐当球门，设置不同大小的洞口，不同的方位、不同的高度，会给幼儿带来不同的挑战，让每个年龄段的幼儿都能在“跳一跳，摘个桃”的最近发展区内获得良好的发展，改变幼儿对成品器械的依赖。通过对材料多元综合利用，激发了幼儿情境游戏的兴趣，达到了锻炼身体，提高技能的目的，体验足球活动的乐趣。

三、丰富足球趣味情景，孕育幼儿生命成长

与国内外其他园所实施的幼儿足球相区别，我园更加注重以幼儿体能发展为基础、以游戏情境陶冶情感为动因的足球活动，从幼儿年龄特点出发，让幼儿在常态化的户外活动中感受和体验足球的快乐，促进体能发展。

一是活用实物情境。我园通过有目的投放实物或者逼真的情境道具，有效激发幼儿的情境游戏思维，直接将幼儿带入情境的氛围。比如：在交通区投放交通标志、设立洗车处和加油站，幼儿可以自主带球进行交通规则游戏、加油和维修服务游戏，通过逼真的道具满足幼儿情境想象游戏的需要。

二是善用游戏情境。通过提出能激发幼儿想象的问题，将情境带入到幼儿的游戏中。如滑梯旁教师随意用废旧材料摆设障碍物，在滑梯中投放问题卡片，幼儿带球绕障碍物后进行滑梯中寻找问题并根据问题作出答案。既能满足运动量弧线增长问题，又能增加活动的开放性和灵活性，避免形成高控游戏。

三是妙用故事情境。各种故事因为鲜明的形象和生动的情节深受小朋友的喜欢，在足球活动中，教师同样可有意识的借助故事情节引导幼儿进入情境。比如在秋天主题活动中，足球活动时老师会引导小朋友说一说：“《水果屋》故事中分别用哪些水果搭建的屋子？小熊还需要什么水果搭建水果屋？”等问题，引导幼儿根据教师提供的游戏材料，用足球技能带球运“水果”，投入到故事情境中。

四是巧用生活元素。生活场景会带给幼儿最真实的体验与感受，引导幼儿观察和模仿并呈现生活场景能促进幼儿情境性游戏的发展。比如：在稍微宽敞的户外场地，教师可以用数个呼啦圈围圆，幼儿每人站在一个圈中自由带球动，教师在圆圈中间准备若干小道具，用“我来问你来答”的形式和幼儿交流生活经验，在喊道“抢”的时候，幼儿迅速从圈中带球到中间选择一项和生活经验相关的材料，然后回到呼啦圈中。总之，生活元素广而杂，教师可以结合主题活动进行选择游戏情境。此外，我园还通过实施区域管理，确保足球活动的空间充分，将户外活动区域进行资源整合，整体规划，分为不同区域进行足球活动。如攀爬区，孩子们利用场地原有的攀爬架等进行S线运球等动作练习。碳化积木区，孩子们可以在这个区域练习原地用脚弓踢球射门动作。综合探索区，这个区域空间比较大，孩子们往往会在这个区域进行大幅度的球感练习，如原地踩球、双脚靠球等。通过这些区域的设置，幼儿足球教育得到更专业化的训练，成长速度有了明显提升。

教育，就是精神的唤醒，潜能的显发。足球教育是真正能激发幼儿潜能，使孩子健康成长的教育内容。因而我园会持之以恒地激发幼儿对足球热爱之情，引导幼儿在游戏中提升足球的专业素养，用心培育，用爱浇灌，让孩子们热爱足球、享乐足球，帮助孩子从足球中感受快乐，汲取营养，从实践中感受足球的魅力，健康成长，启迪生命，让学生生命在未来绽放灿烂的光彩。

深耕职教，筑造多元一体化育人新高地

山东省青岛西海岸新区高级职业技术学校　张继军　王守涛

早在2006年，教育部全国职业教育半工半读试点会议在青岛召开，青岛西海岸新区高级职业技术学校（原校名：胶南市高级职业技术学校）的“校企合作办学，工学结合育人”办学经验被教育部誉为“胶南模式”向全国推广。

多年来，青岛西海岸新区高级职业技术学校在青岛地区产业转型升级的大背景下，坚持产教融合、校企“双元”育人，坚持知行合一、工学结合，践行专业设置与产业需求、课程内容与职业标准、教学过程与生产过程“三个对接”，不断调整办学思路，探索创新“胶南模式”，形成了与时俱进的校企合作“一体化”育人模式，在推动校企深度合作育人模式、精准服务区域发展需求、服务乡村振兴战略等方面探索出了一条特色育人之路。学校先后发展成为国家级重点中等职业学校、国家中职教育改革与发展示范学校、教育部半工半读试点学校、全国职业院校技能大赛十强学校、山东省文明校园、山东省职业教育先进集体、山东省优质特色中等职业学校、青岛市品牌职业院校。

落实创新举措，增强发展潜力

校企共建工学基地，实现“校企一体化”。2005年，学校创新校企合作办学思路，与美国AAA公司合作创建企业化校区；引入韩国现代汽车三承电装有限公司，在校区内设立生产车间，开展校企合作，半工半读；三承电装公司在校内安装了JM、UN等七条汽车线束生产线，为学生提供了600多个工学岗位。目前，学校先后有3000多名学生通过半工半读完成了学业。

校企共建“双循环递进式”培养模式，实现“产教一体化”。2007年，学校与海信集团合作，按照真实的生产标准在校内建成了建筑面积1050平方米的生产性实训车间和一条完整的电视机生产线体，并通过“学校—企业—回校—再回企业”的“双循环递进式”培养模式，使学校的教学与企业生产融为一体。2018年，学校与海信通信有限公司合作成立海信工匠学院。

校院企中高职衔接，实现“学训一体化”。2013年，随着社会发展和产业升级，学校拓宽办学层次，与青岛职业技术学院、青岛海信通信有限公司三方联合，开通应用电子技术专业五年一贯制大专班，开设“青岛海信智能制造系统储备干部大专班”，使整个实训场地变成了实习生学习的大课堂。

校企共建电商实训基地，实现“工学一体化”。一是成立电商产教联盟。2014年以来，学校先后成为全国电子商务行业指导委员会委员单位、全国跨境电商职教集团常务理事单位、山东省跨境电商产教联盟单位、山东省电子商务职教集团理事单位、青岛市跨境电商理事单位。二是校企共建实训基地。与京东、苏宁、阿里巴巴、青岛鼎商集团、山东网商集团等知名电商企业合作，共同成立电商实训基地，搭建“专业理论+岗位实战”两层培养台阶。三是施行双身份管理。学生管理施行“上课为学生、工作为员工”的二维化管理，学生可以边学习边挣钱，实现了“在经营中学习，在学习中经营”的求学愿景。四是进行就业创业双向培养。学校以促进电商就业和适应电商产业发展为导向，成立博导、奥派、优优汇联、沙盘模拟经营四大学生技能社团，成立学生“自主创业工作室”，实施多维多元创业培养。在学生实习就业方面，推荐学生在网商集团旗下电商园区、阿里巴巴、京东、苏宁、亚马逊等企业进行实习就业。五是服务乡村振兴战略。由西海岸新区各乡镇政府主导，联合阿里乡村事业部服务商，按照“政府主导、院校参与、企业保障”的思路，联手打造淘宝村、淘宝镇，共同打造“农村电商公共服务体系产业聚集提升项目”，培养了大批农村电商人才。

校企共同实施现代学徒制，实现“育人一体化”。2017年，随着青岛西海岸新区影视产业的迅猛发展，学校在影视产业链上开设影视专业，设立摄影、化妆、影视后期等专业方向。一是成立影视产教联盟。先后成为全国职业院校融媒体联盟首批成员单位、山东省数字媒体专业联盟副理事长单位、青岛市动漫创意产业协会常务理事单位。二是加强校企深度合作。学校和青岛影视产业园——东方影都、西发集团、青岛数字工厂等三十余家影视专业公司合作开展影视专业现代学徒制人才培养，形成了校企从招生、培养到就业一体化育人的长效机制，学生和员工双重身份、学校和企业双导师教学、技能证书和毕业证书双证书。三是实施三层评价。学生在校学习影视专业理论与技能，到影视基地参与电影和电视剧的制作、拍摄等均施行双导师评价、学徒真实工作任务评价和影视项目建设质量评价。

突出特色亮点，调动发展活力

产业链上办专业。学校积极对接青岛西海岸新区产业发展规划，把专业建在产业链上，构建“以产兴教、以教促产”产教融合发展模式，对新区教育链、人才链与产业链、创新链有机衔接进行了探索。在信息技术专业群，对接IT和信息服务产业、万亿级电商产业、千亿级影视文化产业、智慧城市和大数据产业，开设电子商务、动漫设计、物联网、网络安全、大数据等相关专业和专业方向；在智能制造专业群，开设3D打印、工业机器人和高铁通讯等专业和专业方向，瞄准产业前沿，把专业建在产业链上。

专业链上建基地。一是“引企入校”。将企业车间或生产线搬到学校，先后引进三承电装公司、海信股份公司等6家企业在校内设立生产车间，实行工学一体；在学校设立企业工作室和创新基地，先后引进10家公司入驻学校，推行面向企业真实工作项目的教学模式改革。二是“引教入企”。与海信集团、汇杰科技、天一集团等20余家高新技术企业共建校外生产性实训基地，推行“531”现代学徒制育人模式，将学校教学标准与企业岗位标准衔接，开展项目实训。

供给链上建学院。随着社会发展和产业升级，对人才培养的层次和质量提出了更高要求，为此学校先后与青岛职业技术学院合作成立青职学院应用技术学院二级学院，与海信通信有限公司合作成立海信工匠学院，与山东网商集团共建电商学院，与清华大学数据科学院共建大数据实训基地，与山东科技大学共建物联网产学研基地，与青岛大学共建陶艺工作室，与山东隆坤元测绘检测评价有限公司共建“隆坤元一高职校地理信息研究院”。

搭建产教联盟平台。学校把行业协会、知名企业、科研机构和高校引进来，牵头或参与了十大行业协会组织。目前，学校是全国电子商务行业指导委员会成员单位、全国智能制造协会常务理事单位、一带一路暨金砖国家技能发展国际联盟首批成员单位、全国商务数据开发与应用职教集团副理事长单位。学校每个专业都对接一个产业、一个行业、一个产教联盟和一个骨干企业群，使专业建设与区域产业发展互为促进。

搭建高端论坛平台。学校每年承办不同层次的专业与产业论坛活动，承办清华大学大数据职业教育专业建设论坛，开启了中等职业教育大数据专业建设。其中，学校主办的“一带一路暨金砖国家智能制造技术创新与人才培养高峰论坛”与“中外教师交流会”两大论坛，有效促进了国际职业教育的交流与合作。

搭建技能交流平台。学校以技能比赛为平台，吸引全国职业院校、知名企业参与，开展技能交流和校企合作活动。如，学校连续四年承办全国职业院校信息技术技能大赛和全国智能制造职业技能大赛，承办2018“一带一路”暨金砖国家技能发展与技术创新大赛部分赛项，搭建了国际技能交流平台。

扩大社会影响，彰显发展实力

形成了“校企深度合作，工学密切结合”特色鲜明的办学模式。校企共同建设了11门市区级精品课程，“双师型”教师的比例达85%，从企业引进了大批现代化实训设备近500万元，年完成劳动力转移培训近4000名。学校为企业提供技术服务，与企业共同研发新产品，取得了4项专利成果。

学生就业能力和适岗发展能力明显提升。学生就业1年稳定率由2013年的85.3%增加到2018年的92.7%；实习生在上汽通用五菱、海尔集团、青岛乐金浪潮、松下、海信等20多家企业对各院校实习生综合素质评价中位列第一，有60多人走上企业管理岗位，140多人成为企业的技术骨干；学校与海信通信公司合作15年，近1000名学生进入海信实习实训，一线生产管理骨干15%来自该校。

学校大赛、升学等成绩指标明显提高。学校自2015年参加全国职业院校技能大赛，学生获全国技能大赛奖牌数实现从0到29枚的突破，居全国前十位；连续四年承办并参加全国职业院校信息技术大赛，共夺得20金4银2铜，奖牌数量居全国职业学校之首；参加一带一路暨金砖国家技能发展与技术创新大赛，获中职组中国赛区决赛一等奖第一名；入选第46届世界技能大赛移动机器人赛项山东省集训队，获山东省选拔赛前五强；参加上合组织职业技能大赛荣获1金1银3铜，位列第一名。春季高考连续10多年，名列青岛市同类学校前茅，2015—2020年，3500余名学生升入本专科高等院校，676名学生升入本科院校，2020年9名学生春考成绩列全省前100名。历年春考中，有4名学生获幼儿保育专业山东省春考总分第一名的好成绩。10余名毕业生考取研究生继续深造。

学生的创新创业能力明显增强。学校以创新创业教育模式改革为抓手，通过创新创业教育流程再造，有力推进了教育链、人才链和产业链、创新链的有机衔接。学生参与《流浪地球》、《封神》等十几部影视剧拍摄和制作；微网站、数据恢复工作室面向社会开展技术服务和项目合作60多次；3名学生的动漫作品被推荐日耳瓦丁国际电影节展映；3名学生被评为全国青少年“优秀创客”称号；杨冲同学获2017国赛电子商务金牌，在校电商经营盈利达21万。

师资队伍的专业化水平明显提升。学校先后组织3项国家级课题、5项省级课题、4项市级课题研究，学校在《中国职业技术教育》、《职业》、《教育家》等期刊发表办学经验文章20余篇，教师在各级各类刊物共发表教学论文500多篇，打造了一支结构合理、专兼结合的多师型素质教学团队。

学校的示范辐射带动作用不断增强。2006年教育部半工半读试点会议之后，学校为全国职业教育开展校企合作、工学结合、半工半读提供了一个很好的可借鉴的样板，有全国30多个省市200多所兄弟学校、教育机构5000多人次到校参观学习人才培养经验。学校先后在全国职业教育会议和全省职业教育会议上做典型发言；中央电视台第四频道、《中国教育报》、《教育家》、《大众日报》等40多家媒体先后报道学校推进校企文化融合提升学生综合职业素养的创新做法。

正青春，当“成长”

——谈促进青年教师成长的校本路径

山东省青岛西海岸新区胶南第一高级中学　管仁福

青岛西海岸新区胶南第一高级中学（简称：胶南一中）创建于1952年，是青岛西海岸新区按照现代化标准高品位配置的普通公办高级中学，校园依山傍水，处珠山脚下、灵山湾畔，是精英人才成长的摇篮。学校现有教职工296人，其中40周岁以下青年教师126人，在上级教育主管部门正确领导和全校师生共同努力下，学校构筑了高质量发展的新常态，是山东省知名高中学校之一。怎样把这所年近七秩的学校建成全国知名长青校，能够堪当此重任的青年教师应当是什么样的教师，怎样帮助青年教师成长，是笔者积极思考并不断探索的问题。本文从青年教师成长的校本路径入手，分享笔者的所思所行。

一、“文化与科研”引领青年教师成长

文化引领。教师文化是学校文化在教师群体的表现，是吸引青年教师专业成长的文化磁场。笔者从学校长期教育教学实践中凝练出“明德、博学、致远”为主轴的校园文化，提炼出以“志存高远，海纳百川，追求卓越，敢为人先，用心做事，脚踏实地”为内核的“一中人”精神，形成了“理念先进、质量一流、特色鲜明、师生骄傲、社会称道”的办学目标。北京“走进崇高”研究院对笔者所在学校的文化定位给予高度评价，在院长贺茂之将军的支持下，2015年10月学校举行了“走进崇高践行基地”挂牌仪式，2017年3月，学校荣获“走进崇高先锋基地”称号。这些文化以无形的驱动力和感召力，成为照亮青年教师成长路径的灯塔，促成了青年教师和学校同频共振，实现了“三年一大步，五年上台阶，十年树品牌”的战略性发展。

课程文化是青年教师的风采展示，基于学校课程文化共性锻造具有个人风格的教学生态应当是青年教师的职业追求。笔者所在学校基于学情和教情打造了包括国家课程、地方课程和校本课程在内的课程体系，在校本课程领域开发出“以校本教材为主体、以活动和实践为两翼”的“一体两翼”校本课程；在课堂教学方面，提出了“素养为重、情感为先”生本愉悦课堂理念。青年教师在教学共同体内集体备课，吃透课程标准和评价要求，把脉学科核心素养，发挥主体能动性，在深耕课堂教学过程中和学生教学相长，实现了自身专业成长和教育教学质量的良性互动。

科研承载。科研是青年教师开花结果的新高地。笔者借鉴专家观点给全校教师的科研建议是“问题即课题，教学即研究，成长即成果”。在科研管理建章立制方面，笔者所在学校制订了包括微型课题管理办法、教科研成果奖励办法、学术委员会工作条例等制度文件，调动青年教师参与科研的积极性，同时助力青年教师的专业成长。从落实层面看，青年教师投身教科研的积极性最高，收益也最大。例如，学校现有国家级课题《“素养为重，情感为先”有效教学研究》、《能力导向的课堂有效教学研究》，山东省课题《基于校本研修的青年教师职业成长研究》、《“七步循环导学法”在高中数学教学中的应用》、《点圆式阅读教学课题研究》、《“136”高效课堂教学模式研究》等。在这些课题组成员中就有一大批青年教师，他们通过科研不断反思优化自己的教育教学，专业成长意识和业务能力不断提高，有力地推动了学校教育教学质量的提升。

二、“激励”积极促进青年教师发展

规划激励。规划激励是帮助青年教师借力发展的方向标。青年教师的专业发展路径需要设计，而且能够设计。管理学大师彼得˙德鲁克说，关注未来是领导者非常重要的大事，但是关注未来并不是预测未来。笔者基于国家五年发展规划和高中三年一体化发展，提出了“三年一大步，五年上台阶，十年树品牌”的学校和教师发展的愿景。在客观上，为青年教师指出校内成长一般要经历的阶段，即“新秀教师—骨干教师—优秀教师—首席教师”等逐级上升阶段，在主观上，青年教师也能够把个人规划融入学校发展规划，并尽力缩短各阶段之间的时间差，尽快走出校门成为名优教师。学校给致力于专业发展的青年教师架梯子。例如，在教师研修问题上，笔者采取“线上和线下”、“引进来和走出去”等组合措施提高青年教师的视野和格局，通过参加山东省中小学教师暑假远程研修，邀请专家、名师到校举办专题讲座，鼓励青年教师参加或观摩各级各类比赛活动，外派青年骨干教师、班主任到华东师范大学、陕西师范大学等知名师范院校接受培训，促进青年教师的二次成长。

评价激励。评价激励是预防青年教师职业内卷的警示灯。职业倦怠不分年龄大小和工龄长短，青年教师也会产生职业倦怠。教育教学工作的重复性在客观上容易造成青年教师职业激情过后的倦怠，过细的管理、不当的评价、盲目的攀比等主观因素也容易扼杀青年教师干事创业的激情，这些职业内卷现象是青年教师自我发展的绊脚石。笔者认为评价是个指挥棒，脱离目标的无效评价是束缚青年教师手脚的枷锁，基于人本精神的正向激励才是青年教师成长的助推器。增加青年教师在学校管理评价中的话语权是对青年教师的重视和尊重，有利于青年教师在时间、精力和情感上融入学校教育教学，为内卷化的学校生态注入新鲜的空气和血液。多一把尺子就可能多一位好老师，笔者所在单位在正向激励和反向激励的基础上，增加了多元评价激励。多元评价和结果使用，让青年教师看到了希望和自身优势，从而激发了青年教师的职业发展内生动力，在学校中发挥了“鲶鱼效应”，带动了全校教职工干事创业。

三、"奉献"提升青年教师的人生价值

笔者认为，奉献成就幸福，幸福教师成就幸福教育，只有以服务姿态呵护和促进教师生命成长和追求幸福，才能促进教师从优秀走向卓越，从卓越走进崇高。

学校服务。学校服务是青年教师潜心育人的坚强后盾。在现实生活中，青年教师往往成为学校工作击鼓传花的最后接盘侠，这干扰了青年教师的正常工作和生活秩序，此外，经验少和干活多的反相关、干得多和出错几率大的正相关，让青年教师对这种"善意的历练"有口难辩。笔者所在单位不盲目地给青年教师压担子，相反，为青年教师服务，帮助其清除成长障碍。同时，学校对青年教师的成长性错误持包容的态度，在制度上不求全责备，包容青年教师的非原则性错误，让青年教师悦纳自己的差错，静下心来复盘自己的错误，从而达到促进青年教师成长目的。这样，青年教师形成了对学校的信任，找到自己的归宿，从而爱上自己的学校，恋上教育教学工作。

同侪互济。同侪互济是青年教师守望相助的温馨港湾。教师生命成长具体到专业发展层面，是构建学习共同体。学习者基于共同目标在地位上相互尊重、在分工上民主协商、在过程中相互学习、在成果上共同分享，促进个体认知转向集体认知、个体学习转向群体学习，在共同体发展中实现个体成长。笔者所在单位实施老教师和青年教师结对帮扶的"青蓝工程"，就是学习共同体的典型例子。青年教师可以从师傅的言传身教中学习为师之道，师傅可以从徒弟处补充新鲜的学科知识和技能，师徒结对实现了教学相长。师徒间敞开心扉倾诉各自的烦恼，在守望相助中共同克服困难，这些和谐的同事关系滋润了青年教师的生命发展。

志愿服务。志愿服务是青年教师感恩反哺的理想境界。爱出者爱返，福往者福来。笔者所在学校的"红烛"志愿服务队由98名青年教师组成，围绕学校中心工作并结合成员专长，在校域内部及周边积极开展志愿服务活动。2020年受新冠肺炎疫情影响，春季学期开学延期。学生返校复学前夕，"红烛"志愿者服务队成员主动承担起校园各场馆和功能室的通风消毒工作，通过张贴海报、分发传单等方式，向校园周边居民宣传疫情防控知识。2020年，笔者所在单位承办了青岛市高中教育与教学工作现场会，会议期间青年教师出色的志愿服务赢得参会领导和嘉宾的认可。在庆祝中国共产党成立100周年活动中，"红烛"志愿服务队积极开展了主题为"青春心向党、建功新时代"的系列志愿服务活动。

正青春，当"成长"。青年教师是国家教育事业发展的栋梁，笔者构建的"引领、激励和服务"的校本途径，是青年教师成长过程中的春风雨露，是青年教师从身体进入学校到情感融入学校的外在条件，这一过程是一部青年教师历经"明德、博学、致远"阶段不断涵养"一中人"精神的成长史。成长起来的青年教师身体力行地反哺师生与学校共情发展，也是对新一轮青年教师的引领、激励和服务，是学校续力高质量发展内在条件，是学校"理念先进、质量一流、特色鲜明、师生骄傲、社会称道"的信心之源。

落实"五育并举"　提升育人功能

——山东省青州市尧王学校构建品质课程

山东省青州市尧王学校　崔国立

教育是事关国家发展和民族未来的千秋基业，十三届全国人民代表大会第四次会议政府工作报告指出，发展更加公平更高质量的教育。建设高质量的教育，作为学校来讲，就是要把立德树人作为学校的根本遵循，全面实施素质教育。《人民教育》（2020年21期）专访教育部郑富芝副部长时明确指出，素质教育的核心就是德智体美劳"五育并举"，全面培养。在办学实践中，山东省青州市尧王学校立（以下简称尧王学校）足素质教育提升工程，坚持把推进学校多样化、特色化发展作为根本遵循，明确以学生多样化、个性化发展为核心的教育价值追求，在坚持"全面施教，广育英才"的同时践行"五育并举"的教学思路，潜心办社会认可、家长满意、教师幸福、学生发展的高质量学校。

以立德为根本

2018年5月2日，习近平总书记在与北京大学师生座谈时指出："要把立德树人的成效作为检验学校一切工作的根本标准，真正做到以文化人、以德育人，不断提高学生思想水平、政治觉悟、道德品质、文化素养，做到明大德、守公德、严私德。要把立德树人内化到大学建设和管理各领域、各方面、各环节，做到以树人为核心，以立德为根本。"总书记的重要讲话，在为我国教育工作坚持立德树人根本任务提出新要求的同时，也为我们在新时代牢牢抓住理想信念铸魂这个关键环节完成立德树人根本任务指明了方向。

"五育并举"在全面推进素质教育的过程中，必须深刻把握德智体美劳"五育并举"的内涵关系，基于学情校情校本化落地、生动化实施。而五育中，德育起着灵魂作用，必须放在首位，涉及"为谁培养人、培养什么人"这个教育根本；智育是各育的投射与呈现；体育是各育的前提和基础；美育是德育与智育的桥梁及各育的内在动力；劳动教育是真正实现真、善、美内在统一的现实途径。德育、智育、美育属于精神陶冶层次，促进人的心灵发育发展；体育属于身心和谐发展层次，提供健康的物质保障和支撑；劳育属于培养创造实践能力层次，提供生存生活和发展所必需的劳动意识和能力。只有德智体美劳配合融洽、协调发展，才能实现"人的全面发展"，最终完成立德树人的根本任务。

以教师队伍建设为力量

建设社会主义现代化强国，对教师队伍建设提出新的更高要求，也对全党全社会尊师重教提出新的更高要求。立德树人，师德为范；教育大计，教师为本。立德树人本质上就是全面贯彻党的教育方针，坚持实施素质教育，在教书过程中育人，在育人过程中将德放在首位，努力培养担当民族复兴大任的时代新人，培养德智体美劳全面发展的社会主义建设者和接班人。

绕王学校地处青州市西部山区，学校规模小、生源差、教师老龄化严重，建设"五育并举"的融合育人课程体系面临诸多困难，但"为之，则难者亦易"。思想是行动的先导，学校组织管理团队成立"60301"（每天读书60分钟，反思30分钟，每周一篇教育心得）读书俱乐部、编印《校长成长记录手册》、举办各种报告研讨、党员思政课，开展"四个一"教育叙事、"我的尧王100天"征文、感动校园人物评选等活动，紧抓课程建设。而课程建设的关键事发挥教师的作用，因此，要高度重视教师队伍建设，可以通过一对一，传帮带来培养年轻教师，通过听课、评课来促进教师成长。好的教学最根本的体现在一支好的教师队伍，一个好的教学氛围上。

知易而行难，教育的难点之一就是先进的教育思想和理念如何在学校生动落地。"学校与学校之间的竞争，归根到底就是学校的课程建设与课堂教学之间的竞争，学校的核心竞争力就是校长的课程领导力和课堂指导力"。课程是学校一切工作最终的物化体现。学校坚持举办一些"节会"作为"五育并举"课程建设的重要推手和检验平台。举办班主任节，提升班主任的治教育人能力；举办课堂节、教研年会，提升教师的专业化水平；举办艺术节和体育节，检验学生的艺术素养和体育水平；举办丰收节，展示劳动教育课程的实施效果。

以课程建设为抓手

学校请地市两级教科院的专家作指导，认真梳理了原来散落在各学科教学和活动中的课程，总结、提炼、规划出指向"五育并举"的三大课程群，即崇德明理课程群（指向德育）、博雅慧智课程群（指向智育）、健美尚悦课程群（指向体育、美育、劳育），作为实施素质教育，落实立德树人的路径、通道与载体。课程建设是一个不断完善、不断修正、不断上升的过程，是一项永不竣工的工程。

崇德明理课程以立志教育为基础。根据学生的身心特点和成长规律，以明理、修身、担当、立志为轴线，分小学低年级学段、小学中高年级学段、初中一、二、三年级学段，每个学段通过文化基础、社会参与、自我发展三个方面，开设小目标习惯养成课程、全员育人导师课程、立志修身100个名人故事课程、国旗课程、国防教育课程、军事训练课程、壮志游学课程等；以自我教育为归旨，疫情期间我们组织开展对话身边的"援鄂勇士"、致敬最美"逆行者"等德育活动、每次的德育活动，都及时开展班队会，让学生谈感受、写体会，许多学生表示，走上社会后只要国有所需、民有所求，自己将向着困难和危机勇往直前。

智育是素质教育最重要的呈现指标。博雅慧智课程群基于学情，遵循艾宾浩斯遗忘曲线、多元智能理论、集体公益劳动论等学生身心发展规律和教育基本规律，设置了选课走班、分层教学、培优课程、补弱课程、晨诵午读暮思课程、绿色评价课程、章节跟踪课程、CBA梯度课程、假期开展引桥课程、线上课程等课程，帮助每个学生找到最近发展区，让他们感受到学习是快乐地、愉悦的。短短不到一年的时间，博雅慧智课程呈现出显著效果，学生的学业水平得到整体提升，学校的教学质量升至全市公办学校前列，目标完成率居全市第一名。更重要的是，学生的学习状态更加阳光、自觉、自信了。

体育具有全人教育的意义。毛泽东在《体育之研究》中指出："体者，载知识之车而寓道德之舍也。"体育是生命机能的教育、超越自我的教育、最好的团队教育、积极的人格教育，适当、适时的体育运动能造就一个充满活力的大脑，同时能提高学习效率。艺术能开启大脑，不仅为孩子打开通向美的世界大门，也能加强儿童脑神经的联结。劳动对人有崇高的价值和深远的意义，它不仅仅是无声的本领、无声的载体，还是人生的活法、样式，有磨炼心智、塑造人格的功效。

健美尚悦课程让学生有更多选择。其中包括音乐类、体育类、劳动类、综合类等20多门社团课程供学生选择。如体育类课程包括健康知识+基本技能社团（必修）、专业运动技能社团（选修），每学年举行两次体育节，春季为竞技体育节，秋季为趣味体育节；学校把今年的植树节作为劳动教育课程，还作为奋进立志课程，让学生与家长共同动手，栽下一棵棵小树苗，班级埋下装有每个学生志向的心愿瓶，

毕业年级为十年后志向目标，其他年级为一年后的立志目标，而学生栽种的树林取名为“奋进林”，不仅成为学生牵挂呵护的地方，也是学生发奋努力的见证；综合课程突出乡土特色，如青齐文化考察课程、邵庄山川地理课程、古村落考察课程、农作劳动课程，让学生在实践考察中了解家乡、记住乡愁，在动手劳动中体悟到建设校园、热爱家乡的美好情感……

怀特海在《教育的目的》一书中曾说：“学生是有血有肉的人，教育的目的在于激发和引导他们的自我成长之路。”山东省青州市尧王学校将继续按照“建设高质量教育体系”的标准和要求，贯彻“五育并举”思路，带领全体师生上下同心、合衷共济，致力于把学校建设成为受社会尊敬的品质学校，无愧于新时代广大人民群众对美好生活的向往与期盼。

以德固本　多元育人

——青州市朱良学校德育工作实施方案

山东省青州市朱良学校　王振德

为贯彻落实立德树人根本任务，形成全员育人、全程育人、全方位育人的德育工作格局，切实将德育工作专业化、规范化、实效化，结合我校实际，制定本方案。

一、学校基本情况

青州市朱良学校是一所九年一贯制学校，地处青州北部“益寿临广”交界地带。新中国成立前这是一片革命的热土，有丰富的历史遗存和红色教育资源，学校现有教职工137名，在校生1893人，学生家长以“南菜北工”为主，学生居家生活“独处”现象较为普遍，对学生理想信念、意志品质、自主自律、健康人格、行为习惯、价值观塑造等方面的教育引领是学校德育工作的重点。

二、工作目标

坚持社会主义办学方向，坚持立德树人根本任务，坚持党建驱动，遵循中小学德育工作原则和青少年学生成长、认知规律，以课程化、序列化的德育活动为载体，突出理想信念、爱国主义教育，认同中华优秀文化，继承革命传统，弘扬民族精神；理解基本的社会和道德规范，树立规则意识、法治观念、公民意识，养成热爱劳动、自主自立、意志坚强的生活态度；形成尊重他人、乐于助人、善于合作、勇于创新的个性品质；强化学段衔接和课堂渗透，掌握促进青少年身心健康发展的方法，为青少年学生健康成长奠定基础。

三、实施途径

（一）发挥课堂育人主渠道作用

1.严格落实德育课程。品德与生活、品德与社会、道德与法治课程是向中小学生进行系统的思想道德教育的国家课程。要以国家课程标准为依据，以课程内容开发为契机，正确运用教材，贴近学生实际，渗透思政教育，注重学生的情感体验和道德实践，不断提升道德认知水平。

2.注重学科德育融合。根据不同年级课程特点，切实加强德育与智育、美育、体育、劳动教育相结合，与学科教学和社会实践相结合。充分发挥语文、历史、地理等课程中语言文字、传统文化、历史地理常识等对学生世界观、人生观和价值观的引导；注重数学、物理、化学等课程对学生科学精神、科学态度、科学探究能力和逻辑思维能力的培养；高度重视音体美等课程对学生审美情趣、健康体魄和人文素养的培养；切实加强综合实践课对学生动手实践和合作交流能力的培养。通过对课程蕴含的德育资源的有效利用，将德育内容有机融入课程教学之中。

3.加强德育校本课程开发。充分利用本地历史文化和自然资源，围绕“养君子风范，奠人才根基”的办学理念，开发《以武养德》、《英烈遗风》、《感恩教育》等系列校本课程，实施“党建驱动德育，推动红色基因传承”工程。

（二）建设校园文化育人阵地

1.提升校园育人环境。建设校史馆、青少年禁毒警示展室、种植园等德育阵地；开辟“中国精神、大国重器、功勋科学家”百米党建文化长廊；利用图书角、生态角、板报、班歌等打造特色班级文化体系；打造涵盖习惯方法、传统文化、文明礼仪、孝德教育、励志教育的“三纵五横”的楼道文化阵地。

2.凝聚德育文化氛围。深度凝练学校办学理念，传承和发扬“铭责于心”的校训精神，形成“严谨求实、健康明理”的校风、“敬业博学、悦教求真”的教风、“勤学多思、自主合作”的学风，围绕“创办百姓放心满意的美好教育，打造乡村一流水平的品质学校”的办学目标，逐渐形成引导全校师生共同进步的精神力量。

3.推进书香班级、书香家庭、书香校园建设。向不同年级学生推荐阅读书目，实施“家校大阅读”工程，调动学生阅读积极性。提倡小学生每天课外阅读至少半小时、中学生每天课外阅读至少1小时，午餐时间开展“校园演讲家”大舞台，展示分享读书心得，创办《飞雪》文学社。

4.净化校园德育网络。利用智慧校园网、人人通、公众号等交流平台，通过在线升旗、主题班（队）会、家长会、手机使用清单等措施，引导学生提升自我价值感知，科学认识网络，正确应对网络伤害，提升网络素养能力，促进身心健康发展。

（三）开展丰富多彩的育人活动

1.系列化的组织各类活动。在纪念日、入团入队仪式、开学迎新和毕业典礼等有特殊意义的日子，精心组织主题教育活动；围绕学生核心素养提升，积极开展“我向祖国告白”、“红歌飞扬”、“金秋菊展”等活动；参观“段村烈士祠”和“东朱鹿村红色堡垒革命旧址”，听老人讲“一门九烈”革命故事，培养学生爱国、担当、进取和自励意识。

2.丰富校园团（队）活动和社团活动。强化党团活动融合设计，一推双进。健全学校社团工作机制，加强对学生社团的指导监督；开设球类、艺术类、体育类、创作类等兴趣社团，确保每周一课时，满足学生兴趣需求；加强社团管理、评价和表彰，通过开展科技节、艺术节、体育节、读书节等展示活动，将学生参与社团情况纳入学生综合素质评价。

（四）强化以劳育德实践体验

1.推进学生自理能力培养。通过实践活动、团队协作训练等方式，加强学生劳动锻炼，提高学生自理能力。在日常教学中渗透劳动教育，组织学生承担校园卫生保洁、绿化美化、菜园种植、小维修等劳动任务；加强校外劳动实践，充分利用我校地处大棚蔬菜种植和塑料生产基地优势，安排劳动体验活动；定期组织学生参加社区志愿服务活动；引导学生干力所能及的家务劳动，制定每日家务劳动清单，展示自己的“独家本领”。

2.重视开展研学实践活动。精选线点，做到“有活动方案，有行前备案，有应急预案”，明确学校、家长、学生的责任和权利。结合学生身心发展特点，低年级以了解青州本地风土人情为主，高年级以考究青州历史文化为主。

（五）完善制度保障育人体系

1.明确岗位职责。建立由校长、主管校长、德育处、班主任、任课教师组成的德育工作小组。成员分工明确，分解落实学校各个岗位教职工的育人责任，指导学校德育工作落小落细落实。

2.完善管理制度。大力推进学校治理现代化进程，制定班级民主管理制度，规范学校治理行为，形成全体师生广泛认同和自觉遵守的制度规范。运转好学生管理岗和学生会，认真开展学生日常评价，建好学生综合素质档案，记录学生成长状况。

3.树立师德典型。育人先育德，育德必育心，树立“人人都是德育工作者”的理念，开展模范教师激励表彰活动，定期评选师德模范、育人先锋、最美伉俪等先进典型，把教师职业道德建设摆在教师队伍建设的突出位置，作为年度考核、职称评审、评优奖励的首要标准，实行师德“一票否决制”。

（六）凝聚学校、家庭、社会育人合力

1.加强家庭教育指导。充分利用家长进校园督教评教、家长课程、家访等家校沟通渠道，与家长沟通和反馈学生思想状况和行为表现，认真听取家长对学校的意见和建议，促进家长了解学校，支持学校，提高学校德育工作合力。

2.构建社会共育机制。加强学校与公安、卫生、市场监管等部门沟通，聘任“法治副校长”、“康育副校长”，定期开展知识讲座，加强校园周边环境治理，培养法治意识，净化学生成长空间，提升道德素养。

3.重视特殊群体学生教育。落实“全员育人导师制”，做好学情会商工作，关注贫困学生、留守儿童等特殊学生群体的思想道德教育，完善特殊群体学生帮扶制度，做好送教上门工作和关爱沟通，营造特殊群体学生全面发展和快乐成长的氛围。

四、保障措施

1.加强组织领导。成立校长任组长的学校德育工作领导小组，学校德育处牵头实施和评价，团（队）组织落实，党支部监督协调。学校德育工作开展情况纳入校长治校育人能力建设业绩考核，纳入中层领导和班主任考核。

2.落实经费保障。德育工作各项经费要优先支持，纳入学校年度财务预算计划。

3.加强活动组织和效果研判。对组织的各项活动要做到时间、地点、人员、方案、效果反馈、责任科室“六落实”，做好事前风险评估，事中全程监管，事后总结反馈。

实施素质教育，让师生成为最好的自己

山东省泰安市东平县银山镇中心小学　王鹏

教育是培养人的社会实践活动，教育的本质是培养人，素质教育的本质则是培养和提高人的素质。当前，我国正值编制国家教育事业发展“十四五”规划之时，深入贯彻习近平总书记在党的十九大报告中提出的“发展素质教育”的要求，落实素质教育，培养学生全面发展。作为教育战线上的一个老兵，我从一名普普通通的教师一步步走上管理岗位。如今，作为银山镇中心小学的领路人，我以全面实施素质教育为根本宗旨，紧紧依靠全体教职工，带领全体师生“思想同心，目标同向，行动同步”，推进学校工作“管理上水平，质量上台阶”。近年来我校成绩斐然，受到了上级领导及社会各界越来越多的称赞和重视，我校正以独特的风采向世人展示着自己的魅力。

一、追寻教育源头，聚焦核心素养

三年前，我被调到银山镇中心小学任校长，对我而言，一切都是全新的开始，一切都是新的挑战。

对于学校的管理，我觉得我应该把自己当成一名“小学生”，要聆听孩子的话，学会尊重老师的意见。在办学管理和教育教学中，我从师生身上汲取智慧，并围绕“顺应教育”这一命题进行了探索与实践。我从教育的源头追寻“顺应教育”的基因，从人的成长与发展规律明确“顺应教育”目标，由此确定了学校教育顺应孩子天性的实施维度。

好习惯是一生取之不尽的财富，坏习惯是一生偿还不完的债务。良好的养成教育是实施素质教育的第一步。我校立足于实际，大力加强学生思想道德教育和理想信念教育，全面提升学生的公民素养、文明素养。学校十分重视每周一的国旗下的讲话，并且会提前安排讲话主题和主讲学生、老师，进行升旗仪式，全体学生行注目礼或少先队礼，合唱国歌。在对学生的习惯养成方面，学校鼓励学生自信，学会生活自理。在礼仪教育方面，要求学生坐正立直，行走稳健，谈吐文明。学生排队就餐，班级分区域就座，用餐完毕后自觉打扫扔在餐桌上的食物残渣，保持桌面干净。

磨刀不误砍柴工，素质教育搞好了，良好的班风、学风、校风自然也就形成了。如今，学生行为习惯养成教育已成为学校常态化工作，且成效显著：走进我校，校园环境整洁，教学秩序井然。学生尊敬师长、友爱同学，举止文明，学校呈现出一派文明和谐的气象。

二、营造书香校园，塑造人文集体

学校如何培养高素质的学生，用什么做保证？说到底，重要的工作之一，就是必须增强校园文化氛围，培养学生的阅读习惯，加大人文课堂建设力度，给学生一个良好的发展平台。

我校一直秉承“营造书香校园，塑造人文集体”的办学理念，逐渐形成了“经典诵读、孝道教育、家校联合、幸福课堂、养成教育”五大办学亮点。近年来，为丰富学校内涵，创设全新的校园文化氛围，提升师生的文化底蕴，促进学校宜学环境的创建，学校把营造书香校园、适合师生发展的育人环境作为办学切入点，制定了书香校园建设三维目标：培养学生的阅读兴趣与阅读习惯；让阅读成为教师的自觉需求，阅读与生命同行；创设学习化、人文化、潜移默化的校园阅读生态环境，打造书香校园。

学校在教学楼每层走廊的墙上粘贴了古今中外名人读书格言，悬挂了古今中外名著名家介绍，充分利用教学楼内空间，为每一个班级配备敞开式书架，配备适合各年级学生阅读的图书，定期更换，学生足之所至，目之所及皆为读书的环境。在这样的一个环境中，让学生潜移默化中养成读书的习惯。学校还定期举办校园读书节，大面积开展经典诵读朗诵比赛、图书交流、演讲比赛、课本剧表演等特色表演活动，除此之外，还有读书文摘、手抄报、日记展评、征文比赛、读书知识竞赛等活动，深受广大师生的喜爱。

学校还建立了师生读书制度，制定周密的师生读书活动方案，组织丰富有效地师生读书活动，建立高效的读书评价机制，并把读书活动延伸到了社会、家庭，通过书香校园建设走出了一条特色宜学之路。

不读书，无以知窗外的精彩；不读书，无以知世界的宽广；不读书，无以晓知识的力量。与书相伴的人生，一定是有质量，有生机的；书香飘溢的校园，一定有内涵，有发展的。以读书打造宜学校园，以特色追求非凡卓越，是我们不懈的追求。I学校正是通过这些关怀与激励，努力营造积极向上、团结进步的校园文化氛围，使学生感受到成长与发展的快乐和幸福。

三、强化师资队伍，铸造发展脊梁

我从一位普通教师成长为优秀教师，再从优秀的教师又成为校长，我的成长历程和体会，使我更加重视教师的专业发展道路，我特别希望给所有教师一个好的成长土壤。

教师的成长途径，最重要的是课堂实践。我希望，我们的教师不能只把自己当成“教书匠”，只知道机械上课，而应该把课堂实践用于课堂研究，从研究中提炼出自己的教育教学风格。我上任后，制定了科学的量表和教研体系来“诊断”教师的课堂，帮助老师分析优势在哪里、不足在哪里，基于这些“诊断”，提出一些能突显风格的建议，让教师在课堂实践中得到成长。

为促进青年教师的专业成长，我和教师们一起备课、磨课，有时还亲自示范。学校设立了体育室、阅览室，开展文体活动，充实教师的精神文化生活；积极吸纳青年教师加入党组织，鼓励教师参与学校管理，满足教师政治上参与管理的需要。

在“走出去”、“请进来”的同时，学校以课堂教学研究为主阵地，把校本教研的主要形式确定为课例研究，着力提高教师的教育教学理念、提高对教材的研究处理能力、转变课堂教学行为方式。除了加强校内教学研究之外，学校还把视角转向全县同类学校，联合各个同类学校开展校际之间的交流研究课。

与此同时，学校不断强化教学管理，坚持抓好教学常规检查，对教师备课、上课、作业批改、课后辅导、检测、评讲等教学环节实施监控和信息反馈，形成了不定期抽查、期中期末检查和学生评教制度，全方位把握教学过程。

学校全面落实国家课程纲要，课堂上以学生为主体，教学中渗透各种文化元素，开发学生思维能力，培养学生独特个性和人文素养，使学生掌握技能、磨炼意志、陶冶情操。我希望学生们在各种各样的课程实践中得到成长，所以学校针对不同学科体系有不同的校本课程，目的就是给学生搭建广泛的成长平台，培养学生的全面发展。

如今，在我校的课堂上，可以清晰地领略到教师的风采。他们在教学中既注重落实基础，又着力渗透人文情怀；既发挥穿针引线作用，又注重学生的吸收消化；既向学生提出学习要求，又尊重学生的思想情感；既吸取传统教育教学方式、方法的精髓，又彰显新时期素质教育的魅力；他们立足课堂、聚焦课堂，追求课堂教学的实效性；他们还教育的本来面目，努力办人民满意的教育，可以说他们就是我校可持续性发展的脊梁。

雄关漫道真如铁，而今迈步从头越。我深知自己肩头的担子有多重：老师、家长、同行、领导，每一位都在看着我。同时，我也明白自己心头的爱有多深：学生、教师、学校，每一个都要让他们做最好的自己。而要实现这一切，要用发展的眼光看待学生就变得格外重要。我求自己和老师，不管是办学、做人、管理还是教课，都要用变化的眼光看待学生和学校。小学教育既要充实知识，也要培养能力，要让孩子们在体验中快乐成长。如今，我校的每一个师生都获得了全面、主动、和谐、持续、个性的发展，成为最好的自己。

“长风破浪会有时，直挂云帆济沧海”，素质教育的路任重而道远，面对新的教育形势，我校将认真贯彻“十四五”精神，坚持实施素质教育，提高教育质量，促进内涵发展，努力办一所让人民满意的学校。

重塑梦想平台，绽放人生光彩

山东省郯城大唐学府　王永吉

蒙山着锦八百里，沂河泛银五千年，沂蒙不仅是一座有着灿烂文化的古老城市，更是一片承载着革命历史的红色热土。无数革命前辈在这里留下光辉足迹。我校就诞生在这片富有革命传统、文化厚重、地灵人杰的沃土。学校创办于2004年，是一所经县政府批准兴办的集学前、小学、初中为一体，以留守儿童为主体的寄宿制民办学校。现有四个校区，54个教学班，在校学生2190人，教职工256人，总占地面积163亩，建筑面积3.3万平方米。办学以来，学校始终带着“教育助人、教育富民、教育强国”的教育理想，秉承“让更多的孩子享受更好地教育”办学宗旨，以“让学生成人成才成杰，让家长省心放心开心”为目标，大胆实施“封闭式管理、开放式办学、家庭化住宿、军事化就餐、生活化德育”的管理模式，全面实施素质教育，齐力并进，丰富学生知识，拓宽学习眼界，为学生的幸福人生奠定宽厚坚实的基础。风雨兼程十七载，学校教育品质不断提升，先后多次被评为郯城县“教书育人先进单位”、“平安和谐校园”、“学校管理先进单位”，全国民办教育特色学校，临沂市十佳明星学校、全国先进民办学校等，为学校品质办学增添了不少亮丽的风景。

一、搭建幸福平台，绽放教师光彩

沧海桑田，几经蜕变。十七年来，我校始终以人为本，牢记使命，传承红色基因，教育教学争先创优，不仅为国家培养出一大批品学兼优的中小学生，还创立了服务于退休教师的“生态养老”机构。它以服务老教师为目的，核心理念就是“构建生态养老平台，放飞教师养老梦想”。旨在解决我国中小城市娱乐、学习、集会场所不健全，大多尚有一定能力的退休教师身心健康得不到应有的维护和发展等问题，让他们的生命重新焕发活力。

教师属于知识分子，并且长期与同事、学生打交道，退休一时很不适用，生活很茫然；大多退休教师都是在家帮子女看孩子、外出打零工、自己做点小事（小生意、看大门等），同过去长期工作在学校与师生相处，教书育人反差太大，特别是遇见过去的同事、学生时很尴尬、很失落。而“生态养老”机构的设置为他们充实了生活，健全了生命。“生态养老”机构设置了党建中心、家长学校、校长中心、教师中心、教科研中心、国学中心、道德讲堂、无年级和谐教育试验班、督导室等子项目；设有网络课堂、书法教室、图书馆、档案室、棋牌室、阅览室、健身房、养生室，树林、花园、菜园、草地、厨房、餐厅、浴室等功能场所供使用。一方面注重发挥退休教师特长、特点、价值需求，考虑他们身心健康、自尊与尊严，提供相应的生活、生存、思考的空间和时间。既给予独立自主的环境与活动，也给予集体活动与讨论的机会；既有严格组织要求，也有发挥教师特点的课堂或为人辅导的项目，定期不定期开展比赛竞技、展览旅行、培训进修等活动。使在学校工作一辈子的教师退而不休，延续事业，彰显生命精彩。

一是党建中心涉及各个单位，特别是学校，有很多骨干、教干大多数是共产党员，学校建立党建中心，使党员正常过组织生活，关心国家大事，了解国家大事，使其信仰有着落，学习有榜样，工作有劲头。二是家长学校：基础教育目前越来越需要家校联手共同育人，当下的家庭教育、家长培训工作远不适应教育的需求，家长学校是学校教育的有力补充。如今学校把原来中小学虚拟的家长学校实体化，真正实现了家校携手，齐力并进。三是校长中心为本平台友好学校校长建档、开设校长沙龙、为游教游学中国大地的职业校长提供一个休憩、暂栖、自修、探索、独处的场所；为笃志从教、培师育人的校长学习成长提供见习、实习、践行的实验基地；为各级各类学校及教育机构荐推适合自身发展的职业校长。四是教科研中心：为学校教科研工作提供业务、技术咨询，参与制定顶层设计方案；还可以作为第三方为有需求的学校提供教科研指导与教育督导评估。五是国学中心：开设国学课堂、组织国学活动、开展经典诵读、特殊学生养护、传统文化展演等活动；为中小学推荐师资、提供咨询等活动。

二、明确项目目标，彰显职业价值

回望“生态养老”机构设置之初，应社会需求，关注被服务人员的“人生、人性、人情、人和”发展需求，思考多年、实践多年、探索多年，又恰逢盛世，参与人员多年和衷共济，有了一起做事的思想、理论、实践基础，本着“共有共享”的原则，做一个中国新型的老年机构。其次，这也离不开党委政府和社会各界的支持、教职工及学生家长支持。“生态养老”机构创建以来，真正实现了退休教师“老有所想、老有所为、老有所进、老有所乐”的梦想。使绝大多数教师实现专家型、学者型的教师梦，每人要有著作，每人要有自传。学校还开设了“学士后工作站”，让老教师带新教师，新教师促老教师，使老教师教育教学经验、措施和方法尽快传递给青年教师，同时，新教师的教育科技手段也能用很快时间促使老教师实现“老鹰再生”式的蜕变，受益的是学生和学生家长。老教师工作是半公益性质，薪资少，不用缴纳五险一金，相应减轻家长负担；老教师经验丰富、心态平和，使因父母外出打工，关爱缺失的学生饱受呵护，沉浸在“和睦、和善、和谐”校园中健康成长。一直以来，“生态养老”机构坚持把做事宗旨、奋斗目标、理论基础、经营策略、实施方案、团队建设、员工培训整体布局、稳步推进。始终坚信：社会上只要思想纯正、目标明确、谦虚好学、脚踏实地、坚韧不拔的人，就可以为下一步良好发展奠定有力的基础。同时，生态养老项目响应了国家支持自力更生的减贫计划，帮助老年人维持、改善身体和心理功能的新方法，例如2004年本校王树玉老师，62岁参与创办大唐学府，分别做招生、宣传、接待家长、检查宿舍、培训教师、面试教师等工作，75岁以后不再领薪酬，每月只领1200元补贴，现在79岁，仍然经常到学校“上班”；马保生老师57岁内退来大唐学府，现年74岁，四年前申请不要任何报酬常来学校走走看看听听，学校时常邀请他来学校听新教师的课，指导教学，助力教学新秀茁壮成长。张芸老师，现年66岁，全国优秀教师，退休后在本校兼职十几年，身体健康，学生喜欢上她的课，为学校培养了一大批青年教师，人数很多，不一一枚举。此外，“生态养老”机构的设置和运用，也促进了他们的自信心，增加了独立性。如校长母亲76周岁时，父亲病故，随校长来学校工作8年，主要工作是护校、小学生生活照顾、心理呵护、生活常识教育等。后开始身体下肢行动不便，生活不能自理，至今92岁高寿，思维清晰，精神矍铄。“生态养老”机构的创新项目就是通过在生命周期的较早阶段介入个人，来增强他们的适应能力，效果显著。

三、坚守教育初心，展望幸福明天

春华秋实十七载，扬帆激荡新征程。“生态养老”机构的设置不仅让学校价值得到了更深层次的彰显，更为教师这一职业增添绚丽的光彩，让教师生命重获灿烂的光辉。今天，既是我校展示办学成就、弘扬优良传统的契机，也是我校继往开来、开始新征程的起点。面对新的机遇和更大的挑战，我校将继续以“教育助人、教育富民、教育强国”为教育理想，贯彻落实“让学生成人成才成杰，让家长省心放心开心”的教育目标，心怀大志，仰望心空，藉十七年厚积之力，绽放教师生命价值，共谋幸福!

用好“学习强国”，汲取精神力量

山东省郯城第二中学　朱锋昌

“学习强国”学习平台由中央宣传部主管建设，以深入学习宣传习近平新时代中国特色社会主义思想和党的十九大精神为主要内容，是集电脑和手机客户端二合一的综合性、创新性、信息化学习平台。在风云波谲、群雄逐鹿的时代，在日新月异、经济腾飞的中国，随着习近平新时代中国特色社会主义思想和党的十九大精神地不断深入，2019年1月1日“学习强国”，应运而生，立足党员，全国上线，其内容之丰富，形式之多样，思想之深邃，就像一场场精神盛宴，让我馨享其中，乐不思返。

一、“学习强国”，我的良师益友

自我认识“学习强国”后，我发现我越来越离不开它，不知不觉中，它已成为我的良师益友。“学习强国”内容权威、内涵丰富、信息全面，方式独特。它拥有大量的图文、音视频学习资源，有“学习新思想”、“学习慕课”、“环球视野”等板块，180多个一级栏目，有“学习”、“视听学习”两大板块近40个频道，聚合了大量可免费阅读的期刊、古籍、公开课、党史、歌曲、戏曲、电影、图书等资料，数以亿计的文字和大量的视频课件，每天置身其中，流连其间，忙得不亦乐乎。

平时想看看不到，想读读不到，想听听不到的经典名篇，古今中外，天文地理，经济科技……一下子呈现在自己的视野，着实兴奋不已，自从学习开始直到现在，几乎每天只要一有空就会把自己淹没在“学习强国”里，有时是凌晨，有时在深夜，我会把一些经典论断和感兴趣的文章及时记录收藏，将一些好的片段总结归纳到一起，有时还及时记录下自己的阅读感受，表达一下思想，在不断地坚持学习中，视野开阔了，心胸开阔了，

二、“学习强国”，我的精神食粮

家事国事天下事，事事关心；风声雨声读书声，声声入耳。“学者非必为仕，而仕者必为学。”习近平总书记强调，党员、干部学习不仅仅是自己的事情，更关乎党和国家事业发展。“事业发展没有止境，学习就没有止境”，一定要“坚持学习、学习、再学习”。学习强国是一款寓学于乐的学习软件，是广大党员干部的强筋壮骨丸，是专为我们走进新时代量身定制的精神食粮。

作为一名高中教师，尤其是班主任，平时工作很忙，忙着备课、上课、批改作业，更多时间要处理班级问题，做学生的教育工作，但是学习“学习强国”成了每天的必修课，不论早晚，只要有空就学，除了完成每天强国作业，还要拿出更多的时间去浏览欣赏“学习强国”平台上其他内容：在那里，可以看到祖国秀美山川，可以领略华夏美食，可以看到各种大咖的个人秀，可以看影视、看军事、学外语、看大学，可以在电台栏目，听广播，听原著，小朋友最喜欢的故事、儿歌等，可以学习先进人物，向他们看齐，总之，不论是学习知识还是休闲娱乐，我都不会吝啬时间，因为从这里我学到了很多，收获了很多，站得高才能看得远，想在教育的园地里绽放花朵，必须拥有无限的阳光。自从学习“学习强国”，我的原本单调机械的生活，一下子变得丰盈起来了。

三、“学习强国”，我的心灵家园

“学习强国”提升了我的精神境界，使我对国家、社会、民族、教育教学有了更深的认识。国家的强盛，社会的安定，人民的幸福，永远离不开教育。积极乐观爱国为民的思想理念是从小时候的教育培养起来的，中华民族的传统文化，古代先贤的精神智慧，需要教育传承，这也是教育的责任。

作为一名教师，要时刻不忘初心，踏实工作，敢于担当，时刻关注国计民生，更新理念，提高自身文化内涵。在不断地学习“学习强国”中，我更加近距离地聆听党的声音，了解祖国日新月异的变化，接受与时俱进的新思想，内心时刻升腾着一股精神力量，用“感恩、知责、律己、有为”来严格要求自己，在自己的工作岗位上，爱我的学生，爱我的三尺讲台，爱我的这一方神圣的天空，勤勤恳恳，兢兢业业，无私奉献，无怨无悔。

无志不足以行远，无勤难以成事。学无止境，在这个喧嚣浮躁而人类更渴望民主文明和谐自由的时代，“学习强国”就是我们的精神盛宴，它让我们赏心悦目，也让我们安静丰富。我相信，只要把“学习强国”作为一种追求、一种梦想、一种健康的生活方式，我们一定会克服前进道路上的一切障碍，实现人生的美好梦想。

回归教育初心　实现以生为本

——青州中学的教育价值追求浅述

山东省潍坊市青州中学　任光升

面向每一个孩子，让因材施教真正落地，让每一个孩子成为自主发展的主体，应该是我们全体教育人的价值追求。我们教育的价值追求是什么？这仍然是我们很多学校、教师和家长们迷茫的问题，尽管新课程标准实行了20多年，新高考方案也已经实行了4年有余，但许多学校、多数老师和大多数的家长对于教育价值追求的认知仍然停留在“只抓分数高低，不管素养提升”的层面，这不仅与整个国家的教育改革政策相违背，更是许多学校“费力不出成绩”的关键症结所在。因此，明确教育的价值追求，从根本上解决我们应该怎么做至关重要。

一、“以生为本”教育价值取向的意义

“面向全体”，“全面发展”是我们多年来的大政方针和基本要求，但每个孩子都是不一样的个体，是一个不一样的自己。就教育而言，因材施教，因材施育就必须面向每一个个体，面向每一个学生，从这个角度上讲，面向每一个个体实际上是面子向全体的最高境界。美国人本主义大师罗杰斯说：“你一生中唯一能做的事情就是成为你自己”。人成长的过程，本身就是一个自我意识觉醒、自我概念形成、自我发现、自我形成、自我成长和自我实现的过程。所以，我们的教育价值追求应该是把立德树人作为学校一切工作的出发点和归宿，立足于“每一个”个体的自主成长，创造适合每一位学生自主发展的教育，让每一位学生成为自主发展的主体，成为独特的他自己，成为一个能为自己的人生做出选择并承担全部责任的人，成为一个具有独立人格和独立思考能力的人，成为一个具有自主发展内驱力的人。如此，我们培养的学生才能真正胸怀鸿鹄之志，具有远大理想目标，才能真正为社会、为他人做出自己应有的贡献和帮助，他才能真正爱自己、爱亲人、爱国家。

学校的价值追求，除了要符合国家的大政方针、法律法规和基本要求以外，更重要的是要有自己的定力、个性和特色选择，而不是千篇一律的人云亦云、追风媚下，被社会上不正常的舆论导向和不正常的认知所左右，忽视国家的课程标准的要求和真正的高中考评价政策的变化要求，不去真正探索符合自己本校实际的、为了学生素养提升的策略和措施，从而导致我们的教育教学水平一直滞后于时代的发展要求和国家真正的育人要求。因此，明确以学生为中心的教育价值追求，尽可能地实施面向个体的教育势在必行。

青州中学充分借鉴学习当今最先进的北京十一学校的育人模式，以“根植中国，融通中西，面向未来教育社区，立足于每一个学生的自主成长，着力创办适合每一个学生自主发展的未来学校”为办学目标，面向每一个学生，着力培育“弘毅敦爱、至诚笃行”的社会栋梁和能够“影响与改变世界”的时代新人。让每个学生成为最好的自己，这既是对教育本源的真正追溯，更是我们面向未来的教育价值追求。

二、因材施教，构建相应的教育环境认同

有教无类、因材施教是孔子教育思想的精髓之所在，而我们当今的教育可以说从宏观方面做到了有教无类，但从微观层面没有真正落实因材施教，这也是我们进行新课改的关键原因之一。面向每一个学生个体，真正实现因材施教，应该是我们全体教育人追求的目标和理想，也应该是我们每一所学校应有的价值选择和育人目标。但要真正落实到日常的教育教学管理之中，首先必须得到全体教师和家长的认同。

学校一旦形成了大家认同的、能体现以上价值追求的共同的价值观，学校的一切实践行动就有了文化元素和文化基础。因此，学校必须通过各种途径明确共同的组织愿景、战略目标；明确基于共同战略目标的成功因素和学校最近发展区；制定明确的《行动纲要》和《教育纲要》。明确课程、课堂、教师、学生、教育教学活动、科研、管理、资源、家校等各个方面的具体主张和行动要求，明确各个年级的具体的教育目标、教育原则和具体措施等。让《纲要》成为自己本校的行动纲领和教育法规，成为全体教师认同的共同遵守的行动规则，同时建立与之相符合的制度保障，确保行动纲要的落实。

青州中学从建校之初就首先确立了自己的办学大纲，制定出了明确的行动纲领和保障措施，建立起了与之相适应的核心机制和具体的行动措施。青州中学实施小班化教育和陪伴成长机制，其真正的目的就是面向每一个学生，落实因材施教原则，让因材施教真正落地，真正发现每一个学生的优势智能，让每一个学生真正成为最好的自己。家长，教师需要对孩子的自主性发展教育产生相一致高度的认知，教育上制定相应的制度规范，确保认知付诸行动。

三、关注学生能力差异，构建分层化教学体系

课程是实现以上价值追求的核心，因为只有给不同的学生提供不同层次（类型）的、适合的课程，学生的学习才真正具有了选择性和适切性，学校的教育教学形态才会具有多样性，教师的教育教学方式才会更有针对性。只有创造面向多样化的、可选择的学生个体的课程体系，让教育价值观与具体的教育教学行为联系起来，并在每一堂课和每一位教师的教育行为中落地，我们的教育价值追求才能得以实现。

我校在认真落实国家课程方案的基础上，着力构建与学校培养目标相一致的、适合学生个性发展的、可选择的课程体系，从而达到面向每一个孩子，让每一个孩子成为自主发展的主体之目的。我们的课程体系立足于每一位学生成长的需要，符合学生的认知规律和科学学习规律。我们的课程方案坚持学科顶层设计，系统开发，努力实现国家课程校本化实施和学生特长个性化培养。在课程目标、内容、实施、评价与诊断等诸方面进行系统思考，绿化课程链。深度挖掘各种资源，精心设计各类各具特色的校本课程，目前，已经成功开发43门既符合学生兴趣需求，又可以自主选择的特色课程；既培养学生独立人格和独立思考能力，又引领学生明确成长方向。

学校的整体建设都是围绕如何要确保课程方案的实施而设计，构建了开放灵动的学习空间，满足学生个性需要的K12课程体系，可选择的丰富多元的课程资源。现代化的管理机制和开放融合的管理生态，基于标准的灵活多元的自主学习方式，基于学生自主成长的学生管理方式。有满足选课走班和特长培养的所需要的学科教室和资源配置，有满足不同年龄段特点的超出国家课程要求的不同的学科教室和活动空间，有满足学生学生的选课走班、自主学习、自我管理等要求的学校管理平台，最大限度的满足老师们为学生的发展进行教育教学及各种服务的需要，为学生的个性化发展提供足够的时空资源，真正体现让资源离学生最近的原则，充分体现学生是学校的中心。

回归教育初心，实现以生为本。这是青州中学的办学理念，也是每一位教育者的教育初心。“以生为本”，尊重每一位学生个体的独立性和个性，引导和鼓励其自主学习模式，培养学生的独立自主意识。

我校拥有一支卓越的教师队伍，师资力量雄厚，小班化教学方式将为每个孩子提供适合的成长方案，高品质的名特优教师队伍将成为孩子们的人生导师，以学生为中心可选择的课程体系将满足每一个孩子的未来发展需求，生动灵活的课堂学习方式将激发每一个孩子的学习内动力，贴心一站式的优质教育服务辅导将为每一个孩子的成长提供保障。

学校着力培育每个孩子宽宏坚毅的胸襟和意志，敦厚仁爱的善心和德行，至诚无息的境界和品格，务实笃行的精神和品质。相信在不远的将来，青州中学将成为一流的现代化学校，为每个孩子插上腾飞的翅膀，找准前进的方向，实现鸿鹄志向。

为心灵“护航”，为成长“扬帆”

山西省晋中市太谷区朝阳学校　武卫红

贝多芬说：“在患难中支持我的是道德，使我不曾自杀的，除了艺术以外也是道德。”道德素养无论对社会还是个人都起着举足轻重的作用。初中是学生健全人格的养成阶段，是培养学生仁德自律的关键时期。为了让德育真正走进学生内心，太谷县朝阳学校重视活动过程、狠抓活动细节、强化活动体验致力于让学生收获一种真真切切的人生经历和体验。

一、实施多元激励评价，激发学生内驱力

德育工作应贯穿于整个教育教学活动的始终，我们必须以动态的、发展的思维处理每时每刻发生的新问题，在课上通过落实三维目标渗透德育，课余通过落实养成教育，培养学生良好习惯。而所有这些细微的工作，都必须通过评价来促进实施。我们深信，多把衡量的尺子，就会多一批优秀的学生。

我校秉持“评价内容多元化、评价过程动态化、评价主体互动化”的新理念，设计了14种特色卡，并在每张卡片上印制了各种激励性名言、俗语。这些卡片中有体现道德品质的“文明礼貌卡”，体现公民素养的“遵守纪律卡”、“工作认真卡”，体现学习能力的“优秀作业卡”、“精彩发言卡”、“学习进步卡”，体现交流与合作的“积极合作卡”，体现创新精神的“创新思路卡”等等，这些卡片的设计充分考虑到了学生个体差异和全面发展，为实现课程改革的具体目标奠定了良好的基础。此外，学校分组将学生每日的好人好事及不良行为都记录在小组记录本上，当日公布各组的得分、失分、得卡情况。组员的得分累计为小组得分。每个组员随时都能看到自己小组和别的小组的得分情况，以此来激发每个组员的积极性。除了这种定量的评价方式，学校还设置了每周评价（填写小组记录表），每月小结（填写成长记录卡），学期末综合素质评价、学年度依据过程记录评选各类标兵楷模等，旨在通过学生的自我反思、小组交流及师生对话，促进学生不断完善自我。

每个学生都渴望得到赏识，多元化的评价，不再是分出等级的筛子，而是激励学生发展的动力。一张小小的卡片，四两拨千斤，充分调动了学生积极性和原动力，一张薄薄的纸片记载着学生的成长历程，加强了师生对话沟通，使养成教育落在实处，变简单粗暴的训斥为心灵的沟通，对学生思想转变和良好习惯的养成起到意想不到的效果，填写成长记录卡的过程就是交流的过程、育人的过程。这样的评价不仅让学生在微笑中看到自己的不足，在希望和鼓励中汲取成功的动力，在快乐地评价中得到全面发展，让不同层次的学生都能在评价中感受到成功和被关注的快乐，还让学生在评价中学会自律，在评价中逐步成熟，让他们遇事学会理智，逐步达到人格的完美。

我校将德育工作与学生评价有机结合在一起，以此来激发学生的内驱力。在这种德育方式的促进下，师生释放出前所未有的激情和活力。近年来，我校在各级各类征文比赛、体艺活动、演讲比赛、电脑制作大赛中频频获得大奖；在山西省首届网络作文大赛中，我校的获奖人数占全省初中组的1/7；在2009年山西省交安委组织的有奖征文活动中，我们获得特等奖和伯乐奖，并代表晋中市出席山西电视台的颁奖晚会；除此之外，棋类、乒乓球、篮球、足球、电脑制作等方面均取得骄人成绩。这些都得益于小组评价这根多元评价指挥棒运用得当，充分调动了学生的内在潜能。

二、开好主题教育活动，促进德育渗透

德育过程就是若干良好习惯的养成过程。我校从纵横两线渗透德育，纵向即每月的主题教育，如9月份“养良好习惯，做文明学生”主题教育，通过主题班会制定班级公约，竞选表彰标兵楷模构建文明校园；10月份以“合作共赢”为主题，通过竞选组长，组内成员双向选择，构建和谐小组；11月份“感恩教育”通过与老师对话，与父母交流，家校联系，融洽师生关系、家庭关系、家校关系，构建和谐育人氛围；12月份“班兴我荣、班衰我耻”通过组长夸组员，组员谢组长，评选优秀小组，展示班级宣传片（班级活动、学校活动、学生个体表现，小组合作场景再现等真实典型案例）构建和谐班级，加强班级凝聚力，进行集体主义教育；1月份“走进农家”全校家访，深入学生家庭，实地了解学生生活学习环境，培训家长，制定个性化的学生成长方案，从学校家庭社会全面落实立德树人根本任务；2月份“社火节，我来了”，全民参与社会实践活动，帮扶孤寡老人，参与乡村文明建设，打扫街道，参加社火节，做家务，聊年俗等并填写社会实践活动记录；3月份“学雷锋”志愿者在行动，校园绿化、美化、香化，清洁卫士、绿化标兵、护草先锋等命名活动，勤俭节约、爱护公物。班主任工作交流会；4月份“梦想与健康”主题教育，确定目标、制定计划，健康生活、科学锻炼；5月份“五育并举”文化艺术节；6月份“放飞梦想”等。横向即进行法制安全、文明礼貌、学习习惯、行为准则、责任意识、社会公德、心理健康教育，如“正确对待挫折”、“完善自我，健全人格”、“积极的心态，成功的一半”等主题班会有利于不良心理的预防和疏导，促进了学生心理健康发展。除了主题班会，我校还开展专题教育活动，将中华民族的传统节日、纪念日作为重要契机，让学生感受亲情和友情，增强社会责任感和民族自豪感，促进和谐家庭、和谐社会的构建。例如利用教师节组织“感恩老师”主题班会、征文活动，让学生体会教师无私的爱，引导学生热爱老师、尊敬老师、感恩老师；在国庆节南京大屠杀纪念日之际开展歌咏、征文、演讲比赛，让学生不忘国耻，弘扬民族精神，报效祖国；利用6月22日世界环境日，以“地球熄灯一小时”的倡议为契机，通过宣传橱窗、校园广播积极宣传环保的重要意义，教育学生从自身做起，从小事做起，培养环保意识。这一系列活动的开展，改变了以前那种空洞说教、强制执行的模式，将思想道德教育、心理健康教育、养成教育贯穿始终，促进了学生良好思想道德体系的构建，使学生在寓教于乐的氛围中，人格得以健全，素养得以提升，真正学会生活、学会学习、学会做人。

无论主题班会还是专题活动，一节课的作用是有限的，我们更加关注的是组织过程，每周一期墙报、校报，每月一期板报宣传主题教育，推进文化育人。通过指导学生收集、整理相关资料，制作各种精美卡片、手抄报以及讨论每个人的发言稿等，让学生真正理解活动目的，在活动中感受其教育意义，在日记中反思，使活动效果最大化。

三、“软”、“硬”兼施，引领学生良好习惯养成

高雅的环境可以熏陶人，特定的环境可以教化人。我校在精心打造高雅校园环境的同时，采取设置特定环境的办法，加强温馨教室建设，提升班集体建设内涵，力求让校园的每一面墙壁都会说话、每一处景点都有意义，巧妙地感染和引领学生逐渐养成良好的行为习惯。

在精心布置的校园环境中，我校十分注重“每天早晨一杯水”、“每天中午一支歌”、“每天10分钟写字”的习惯养成。“ 一杯水”工程让学生身体健康精力充沛；“一支歌”让学生在激昂的旋律中陶冶情操，在优美的歌词中启迪人生，在投入的歌唱中激发斗志、珍惜时光，情感教育在潜移默化中进行；"10分钟写字"，重点训练学生养成正确的书写姿势，使学生形成正确的书写习惯。此外，我校积极营造“人人参与、个个争先”的校园氛围，开展学生喜爱的体艺活动，并在每学期开学初组织素质测试，人人登台，个个献艺，为学生的全面和谐发展打下良好的基础。

我校将德育系列活动贯穿于各科教学之中、丰富多彩的活动之中、多元化的评价之中，旨在促进学生形成正确的世界观、人生观、价值观，让他们成为有良好习惯和健全人格的有用人才。

我们所从事的工作是长期的、动态的、细致入微的，不可能走捷径、一蹴而就。育人如养花，只有顺应生长规律，用科学的方法培养，才能根深叶茂苗壮成长。这就需要我们教育工作者从点滴做起，大胆实践，认真反思，在长期的反复创新实践中摸索德育的有效路径。

紧扣教育评价体系，促进学校品质发展

山西省晋中市昔阳县实验小学　王宝林

教育是打开智慧的钥匙，是通过轻松快乐、实质有效地方式帮助学生从教育的源泉汲取成长的营养。不能让教育变成一座大山，压在学生身上，把学生对学习的兴趣，对教育美好的憧憬，碾碎在一如既往教育理念中。为此，我校积极落实市县义务教育“减负”精神，将“减负提质增效”作为学校的重点工作。结合实际，我校提出了“达成减负，必强治理”的减负思路，在“减负提质增效”中要求教师必须落实二十个要求、要求家长必须落实二十个要求和学生必须落实二十个要求，修订了十余项评价考核制度。全体师生和家长围绕“减”字去思考，围绕“夯”字做文章，解决“减”与“夯”的关系，减掉以往教育教学中过分的东西，进一步夯实学生可持续发展的能力基础，在学生学习兴趣、学习习惯、学习方法、学习效果、学习评价上求突破。“万物得其本者生，百事得其道者成”，教育归根到底是让人活得更幸福。为使学生的人生幸福打好基础，我校全体教师在王校长的带领下解放思想，转变观念，修订了学生课堂评价、学生行为习惯评价、教师课堂评价、学生综合评价、教师年度考核、教师师德考核、教师绩效考核等新的评价制度和方案，形成以评促改、以评促建，改评建相结合的减负提质增效评价体系。真正做实做细减轻学生负担的事，苦下功夫提高教育教学质量。

一、铸魂培根，架构完善学生课堂表现评价体系

学生是学习的主人、是课堂的主人，我校通过记录学生在听讲、思考、质疑、合作等方面的表现，评价其学习态度、学习习惯、学习方法等素养，采取“课堂红花积分积卡评价”办法，有相应的记录表，通过学生课堂的表现，教师可以适时奖孩子们红花。教师从前置作业的有效性，回答问题的独特性、独立性、前瞻性，小组合作的时效性，课内外阅读的多样性、朗读的抑扬顿挫性、口算、速算的正确性、口语表述的流利性等方面进行课堂适时红花奖励评价。组织表彰会，发证书、照照片以此鼓励学生，以这样评价方式，让学生能够及时知道自己的优点和不足，调动他们学习的积极性。在强化课堂教学主阵地的同时，我校也从学生作业评价着手，设法提高前置作业与后置作业的实效性，以作业改革撬动课堂教学改革。我校采用先学后教和先教后学混合式教学、线上作业和线下作业、问、猜、探、用课时教学模式、一师多讲、一课多练、一课一得等策略优化课堂组织形式和教学形式，让学生在课堂中完成任务，从根本上减轻学习负担。同时重视作业设计环节，以优化作业为切入口，大力改革基础性作业，增加探究性、实践性为主的前置作业，积极探索跨学科综合性作业，精心设计弹性作业，大胆尝试主题学习作业和项目学习作业。教师通过记录学生前置作业完成情况进行评价学生。前置作业的独特性、时效性、实用性进行适时评价，评价时具备以上其一的得红花一朵，如果都好，得红花三朵；如果是开放性的前置作业，教师可根据小组合作、探究、实践的能力的成效，奖励红花，每位组员奖励红花三朵，以红花总数评价，红花多的为A+等次，依此类推，前置性作业红花统计由教师在批阅作业过程中做好登记。另外，疫情期间我校对学生的作业评价是让“三单”奠基学生的基础，让“三单”约束学生学习行为，让“三单”领着学生向前奔跑。三单分别是学生前置作业单、过程学习单、后置作业单，三单全部完成，字迹工整，条理清楚为三朵红花，以红花总数评价，红花多的为A+等次，依此类推。我校也严格实施学科书面成绩评价。对学生各学科考试科目和考查科目进行评价。年级不同，考核不同。考查科目不进行统一考试，教师通过适当方式考查学生的学科素养，并结合学生的课堂表现、作业表现，确定考查结果，最终以等级呈现。书面测评，评价学生的基础知识、基本技能、学科素养等。

二、多措并举，助推“减负提质增效”深层发展。

为让家长当上了“阅卷人”，我校采取开放式办学的方式，大力发挥家庭作用。我校一贯重视学生的阅读、书写、计算、动手操作、即兴说话等可持续发展能力的培养，以学期组织学生综合实践能力测评，语文以阅读、现场说话为内容；数学以限时计算、口算、动手操作为内容；英语以阅读、听力为内容；科学以动手实验为内容；音体美以现场展示为内容；信息技术以上机操作为内容进行一一面对面测评。评委由教师和家长组成，我校吸纳学历高、责任心强的家长委员，家委会成员对学生进行阶段性的评价，组织进行专项培训，让家长掌握一套适合我校学情的评价工具，评价以等级呈现。这样的评价方式极大调动了孩子们的积极性，培养了孩子们对阅读的兴趣，触动了家长的心。另外，我校为解决部分学生和家长，不重视书写的问题，针对性的加强师生的书写基本功要求，采取书写评价办法，有标准、有测评，测评工作由家长委员会组织，一期一评，以等级呈现。此评价整体上推动了我校学生的书写质量。此外，学生的行为表现评价是我校“减负提质增效”战略的重要部分。我校对学生行为的评价主要包括品德发展、身心使康、兴趣特长、劳动实践、诚信理财五个维度。品德发展主要评价学生道德认知水平和行为表现，通过红花每日奖惩记录学生迟到、作业、卫生、礼仪、晨读、课堂纪律、课间纪律、做操、跑操、路队、安全11项日常行为习惯养成方面的表现情况，让孩子们形成自觉自律自尊自爱等素养。身心健康主要评价学生身心发展水平和运动技能，通过记录学生体育与健康课程的修习情况《国家学生体质健康的标准》测试数据、运动技能掌握情况、心理健康发展水平，考查其身体素质、心理品质等素养。教师在平时上课的时候进行评价，教师要记录学生的到课情况、记录学生的对知识的掌握情况、了解学生的身体素质、心理品质等，根据学生的表现奖励红花，如果遇到特殊学生，我们学校会根据实际情况进行单独辅导。兴趣特长主要评价学生科技、人文、艺术等方面的情趣爱好和知识技能，通过记录学生科技活动参与情况、艺术技能掌握情况、社团活动等方面的表现，考查其创新精神、审美情趣、文艺素养等。学校组建有绘画兴趣活动小组、篮球兴趣活动小组、书法兴趣活动小组等多个兴趣活动小组，我们

根据学生参加活动的次数、参加活动的表现，认真组织艺术素养的测评。劳动实践评价的是学生的劳动习惯、社会实践方面发展情况，通过记录学生综合实践课程的修习情况以及家务劳动、校园劳动、校外劳动等内容，考查其生活能力、劳动能力、社会实践能力等素养。如家务劳动记录表，把自己每天做过的家务活记录下来，进行阶段评价，先自评再家长评，最后小组评价，三方评价好的为A+，依此类推。从小培养孩子们讲诚信、会理财是教育的内容之一，也是我校德育主抓的一项工作。我校借助红花评价体系，让孩子从讲座听后感、体验日记、主题手抄报、主题心得或作文、《诚信伴我行》读书笔记、存款照片、存款单复印件、消费清单和理财清单、与父母学理财的小故事和小日记、影像资料、学生日常花钱统计表、学生在家诚信表现、学生在校诚信表现、主题演讲稿、申请评选项目名称等15项内容着手，按一人一袋整理档案，从而，体现实验小学的孩子们崇尚诚信、合理理财的良好风貌。在学生行为表现评价中，我校建立学生成长档案，从五个维度细化评价内容，全面客观记录学生的综合表现。综合评价以班级为单位进行，采用日常评价与阶段性评价相结合的方式进行日常评价采取学生自评、小组互评、教师主评、家长辅评“四结合”方式进行，采取累计小红花的方式进行，真正做到学生有进步，效果显著。

三、时势造才，立足评价体系发展领跑教育未来

到了今天，在新时代中国特色社会主义思想指引下，我校的改革评价体系，让评价真正成为学生“减负提质增效”的开路先锋。凸显学生道德素质培养，渗透学生技能特长发展，真正让评价落地生根，让评价激发学生的学习兴趣，让评价成为学生向上、向善、向美的动力，让评价规范学生的行为，让评价促学生做课堂的主人，让评价成就学生的未来。绵绵用力，久久为功。未来路上，我校会继续以“减负提质增效”引领学校发展，努力开启学校发展的新局面。

以传承经典为己任，育温文儒雅之栋梁

山西省晋中市榆次区窑上小学　杜勇林

泱泱大国，巍巍华夏，千百年间，积淀了浓厚的中华文化。纵观历史，文化是民族的血脉，传统是民族的根本。弘扬优秀的传统文化是我们每一个人必须承担的使命，培养能担当起实现中国梦、复兴梦的一代新人，是教育的首要任务。作为教育人，我们必须让孩子们从小树立文化自觉、文化自信的意识。小学阶段是人生教育的起点，小学六年影响一个人一生的知识与能力的提升、情感态度与价值观的形成，奠基着一个人人生发展的基础。我校积极推进优秀传统文化进校园，使优秀传统文化浸润教育的底色，培养一批又一批文化自信的儒雅之生。

一、尊崇先师，儒雅立人

多年来，学校秉承传统美德，以“立德树人，奠基儒雅人生，培养儒雅人才”为宗旨，根据学校实际，确立了以传统文化引领学校发展的工作思路，开展了一系列弘扬传统文化的活动，取得了一定的效果和社会影响。儒，本意源头为“柔”。《说文解字》有云：儒，柔也，术士之称，祭祀为中华礼仪初肇，敬畏祈求天地鬼神，祭祀的需求促成“儒”的产生，这些祭官即为早期的“儒”或称“术士”。雅，《毛诗序》解释：雅者，正也，引申为高尚美好。概括起来，“儒雅”可以理解为解释为：学识渊博，气度温雅。

我校教学楼和办公楼中间矗立着一尊孔子行教雕塑，高2.569米，是2018年9月26日竖立的，代表孔子诞辰2569周年。先师孔子像在学校落成，已经成为学校一处传统文化教育的重要人文景观。楼门大厅文化墙上，“仁义礼智信、温良恭俭让”闪烁着儒家文化智慧的光芒。楼道每面墙壁都根据不同年级设计了不同的传统文化内容，有古代圣贤介绍，有中国历史故事，有书法作品，有经典语录，优秀诗词等等。

二、保障落实，全面推进

2014年教育部印发了《完善中华优秀传统文化教育指导纲要》，全国两会上，教育部部长陈宝生说，优秀传统文化进校园是固本工程、铸魂工程、打底色的工程。

我校成立了以校长为组长的传统文化落实小组，加强领导，明确分工，形成了全员参与，齐抓共管的良好局面。首先成立了由我带领的骨干教师组成的国学教师团队，对传统文化进校园进行了系统分析，认真研究；由教学副校长负责传统文化进校园系统规划；学校教导处负责传统文化进课堂以及传统文化校本课程的研发；学校政教处负责传统文化主题教育宣传推广及社会实践活动的整体规划。另外学校有用于传统文化进校园研发专项基金。一是用于校内校外各项活动的开展、二是加大教师的外出学习传统文化的培训力度等。

打造浓厚的传统文化校园环境，让环境育人。学校聘请了专业传统文化设计机构，结合学校传统文化实施小组，对校园和每一个位置，每一个环境，每一面墙壁都进行了个性设计，营造了浓厚的学校传统文化整体氛围，起到了让传统文化春风化雨、润物无声的作用。

另外传统文化特色的校园文化建设还在班级文化建设上体现。学校要求各班进行教室文化布置时，要根据年级班级特点和学校规定背诵国学内容要求，有意识地创设有国学氛围的教室文化，同时，政教处在对各班级文化建设进行评比时，将教室传统文化布置作为一个重要的评比要求。现在，各班都相应地根据自己的年级班级情况，在教室里布置了传统文化专栏。如“民风民俗”、“经典乐园”、“对联角”、“成语屋”、“历史汇”等。

三、深入践行，传承国学

学校每年会积极和全国优秀传统文化学校进行联系，并多次派出骨干教师实地到北京、山东、成都、深圳等学校进行参观学习，同时积极参加上级教育主管部门组织的国学讲座、吟诵、书法、器乐、传统手工等培训，使老师们得到专业的培训和提升。学校还经常邀请本地传统文化的专家来校进行专题授课并进行讲座，讲解中华优秀传统文化知识；邀请区书法、美术家协会的专家来校集中授课，讲授关于书法、国画的相关知识，并现场挥毫泼墨，展示国粹的魅力；邀请语言文字专家来校讲解培训，对教师进行经典诵读的培训；邀请武术家、戏剧、腰鼓、锣鼓专业人士来学校教授老师学生等。同时，学校加大传统文化的校本培训，全方位提升全体教师的国学素养。学校通过校长每月一堂传统文化讲座、每周例会前15分钟由一位教师进行一次国学学习分享，提升素养，学校还对教师进行“国学知识”、“古诗词知识”测试、学习吟诵及格律诗写作等方式，丰富老师们的国学知识。学校还充分发挥骨干教师的引领作用，通过共同研读经典名著、观摩国学经典课堂教学等方式，使学校教师学习国学氛围变得更加浓厚。

学习国学，坚持不懈。多年来，学校开展“一天一积累”和“一周一活动”，极大促进了学生对经典的学习。一天一积累，即学校利用早读和午读时间在学生中开展了一年级《弟子规》、二年级《三字经》、三年级《千字文》、四年级《笠翁对韵》、五年级《增广贤文》、六年级《论语》以及古诗词、小古文、成语积累的学习。并且要求一二年级两年时间要将《小学生必背75首古诗》全部会背，三到六年级每学期学校要规定十首必背内容。一周一活动，即每周五下午进行以传统文化为主题的综合实践活动，一共开设36个兴趣组，有软硬笔书法、武术、剪纸、器乐、舞蹈、绘画、戏曲、泥塑等，并且成立了学校的合唱队、器乐队、舞蹈队、书法组、手工组等。这些活动极大地拓宽了学生视野，丰富了学生的课余生活，有效地激发了学生学习传统文化的兴趣。

这些活动，学校每学期还要通过班级展示、读书分享会、演讲等形式进行汇报，以此提升学生学习的兴趣。另外，学校聘请专业的书法教师，在全部年级开设书法课，每周进行书法评比展示，学生的书写水平有了极大地提高，“端端正正写字，堂堂正正做人”也得到了有效地落实。

四、开设活动，营造氛围

几年来，学校通过大力开展传统文化进校园、进课堂，提出了“读书成就儒雅人生”的口号，形成了学校儒雅文化体系。现在，学校全体师生精神面貌和学校校园环境以及各项工作都有了很大的提高。学校社会声誉逐年提高。学校积极开展的国学实践活动，政教活动和教研组活动都结合“儒雅文化教育”来进行。每学期，学校都举行诵读经典比赛、书写经典比赛、讲国学小故事比赛、“国学伴我成长”作文、手抄报比赛等丰富多彩的活动。通过这些活动的开展，让学生进一步学习国学知识，感受国学魅力，让国学经典常青，让儒雅风度进入每个学生的灵魂。

2017年学校依托儒雅文化向全区进行了学校体育、传统文化展示，1800余名学生所呈现的经典诵读及三百人的锣鼓、腰鼓表演震撼了全场。今年9月28号学校又成功举办了孔子文化节，举行了纪念孔子诞辰2569周年暨一年级新生开笔礼大型活动，取得了良好的效果。政教处结合儒雅文化教育进行了行为习惯的规范。“读经典的书，做文明的中国人”，写中国字，感知中华文化”、“我为妈妈做家务”、“我为父母洗脚”、“ 给西部的孩子送礼物”、“给养老院的老人讲故事”等社会实践活动内容丰富，真正做到“读经典美文，做谦谦君子。”每天早晨孩子们面带微笑走进校园，彬彬有礼向老师问好；放学时，有秩序地吟诵着国学经典离校，形成了一道亮丽的风景，学校呈现出一派乐观、健康、积极、向上的氛围，赢得了社会的赞誉。

立德树人，奠基儒雅人生。“儒雅”的精髓就是让学生德智体美全面和谐发展，成为学识渊博、温文尔雅的人。我校多年积极开展儒雅文化教育，不断增加孩子们对传统文化的热爱，激发孩子们学习传统文化的兴趣，使孩子们在诵读经典中成长，在感知国学中蜕变。我相信，优秀传统文化必将在孩子们心中生根、发芽。孩子们经过经典的浸润，礼仪的规范，必将变得更加举止端庄、温文尔雅。在未来的教育工作中，我校会继续将国学之经典融入学生的日常学习中，积极传承优秀的传统文化，使中华文化之精髓绽放更加耀眼的光芒！

以“勤”浇筑学子梦，以“爱”点燃生命火

——记翼城县汉德园中学党总支书记、校长王瑞

山西省临汾市翼城县汉德园中学　郭向华　安乐炳

作为一名教师，他孜孜不倦徜徉在知识海洋，秉持不断求索的信念，潜心提升教学能力和水平；他肩扛“传道授业解惑”的使命，在平凡岗位谱写高尚诗篇，始终奋斗在教学一线岗位；他身负校长的责任，将“制度管理”和“人文关爱”完美融合，努力保持校园的朝气蓬勃。平凡伟大的他，将青春岁月献给了教育事业，为心中的大爱默默坚守在教学一线，用饱含深情的伟大去助力莘莘学子的青春梦想。也许他未能成为家里的好儿子、好丈夫、好父亲，但他却把满腔热忱，无私地挥洒在了教育事业这片热土之上，尽情撒播着助力学子实践青春梦想的种子。他，就是翼城县汉德园中学党总支书记、校长王瑞。

一、办学有方，助“种子”成“花朵”

作为拥有4000名学生的民营学校的校长，王瑞从上任起就注定了职业生涯的不平凡。

尖子生是民营学校的招牌。翼城当地公办学校录取了大幅的中考高分考生。在这种现实压力下，汉德园中学缺乏优势资源。王瑞深知学校学生队伍的组成，但他没有丝毫松懈，采取针对性措施，迅速调整办学思路，将“让尖子生更优，让普通生不普通”成为学校的办学方针。

高三理科3班学生王浩然告诉笔者，他们老师对待他们这些“尖子生”，更多的是“授之以渔”，教给他们正确的学习方法以挖掘他们无尽的潜能，留给学生尽可能多的自由学习的空间。

高三文科4班学生靳晓雨计算题偏弱，老师就坚持利用课余时间单独辅导，加强针对性训练，不仅帮助他提高了解体的正确率，同时还改变了他做题粗心的问题。

作为“普通生”庞大队伍中的一员，高三理科5班学生张珂则有更多的心里话。初中学习不认真的他，每次考试都是班里三十名左右。他坦言，凭当时的中考成绩，根本达不到公办学校录取标准。但没想到进入汉德园中学后，老师们根本没有放弃他们这一类“普通生”，而是加以鼓励和表扬，不断地激发他们的斗志，全方位地调动学生的学习积极性。作为学生，他们能发自内心感受到学习的快乐，树立起学习的自信，同时也取得了意想不到的成绩。

“每个孩子都是祖国的未来和希望，都可能成长为国家的栋梁。”王瑞始终坚信这一信念，向每个学生伸出温暖的手，潜心耕耘在教育的土壤上。“高分精出，低分高出”，在王瑞一班人的不懈努力下，带领汉德园中学的芸芸学子，以辛勤付出实现卓有成效的转变，取得骄人的成绩。连续几年，汉德园中学学生高考成绩都是遥遥领先，二本B类以上达线率85%以上，尖子生达线率100%！崔森同学还以666分的好成绩，被清华大学录取！

二、校园和谐，重 “制度”和“人文”

教育需要制度规范。作为一名大学的校长，王瑞深谙学校制度的重要性。在长期教育事业的探索下，他从教学常规、教研、三清、苦练内功、师徒帮扶、联考、培优补差、学习取经等方面狠抓学校制度建设，加强教学过程性管理工作，使学校管理逐渐走向制度化、规范化。以行之有效地工作管理方案和清晰明了的教育管理手册，促进教师良性竞争和快速成长。通过量化公平的考核，有条不紊地完成教师评优评先等各项学校常规工作。

制度重在行动落实。带头遵守学校规章制度，王瑞在汉德园中学有口皆碑。他身体力行，以自身作为示范，要求教师做到的，自己首先做到；教师做不到的，他也努力坚持做到。寒来暑往，总能见到他巡视校园的身影。早出晚归，他全身心扑在教育事业上，日复一日，呕心沥血。

随着汉德园中学的声名鹊起，慕名而来的学生越来越多。王瑞始终牵挂着学生的学习和生活，在他严格自律、锲而不舍的带领下，汉德园全体师生，人人都是遵守制度的模范。上课期间，偌大的校园内朗朗书声；校园马路旁、草丛里，干净卫生、环境美观；学生宿舍中，床铺划一、清洁整齐；学校食堂内，餐桌卫生、饭菜营养丰富、窗口排队有序。出操铃声响起，学生人手都有惜时本，抓紧学习，珍惜每一寸光阴；做操时，学生动作整齐划一、蔚为壮观。

严格规范之下，他还饱含温情，细节点滴之下展现出这一山东铁汉的柔情似水。43岁的朱晓明，夫妻俩都是教学骨干。2014年，患有先天性婴儿痉挛症孩子的出生使得这个温馨的家庭陷入生活窘困的境地。王瑞得知后，第一时间给予帮助，积极组织爱心捐款，并找人缓解朱晓明夫妻两人照看孩子的时间压力，从而使得二人得以重新走向教师工作岗位。

高三生物课教师宋志慧清楚地记得，自己大学毕业来到汉德园从教之时，对其军事化管理难以适应而想放弃，正是在王瑞耐心细致的思想工作下，才打消了自己的顾虑，坚定地选择扎根汉德园，一干就是十几年。

事无巨细的制度管理，备至贴切的人文关爱，使汉德园中学呈现良好校风、教风、学风，赢得极佳的社会口碑。

三、师者大爱，舍“小家”为“大家”

在做教师期间，王瑞注重自身品格锻造和业务修炼，为人正诚，工作务实。他摸索了一套成功的教学经验，备大纲、备教材、备学生，坚持三备到位；精心设计教学过程，认真编写教案，要求学生做的试题，他必定提前自己做。

办公室里，是他和同科老师研讨试题、备课讨论的场景。他注重课堂教学方法，采取启发式教学方式，给学生独立思考的空间；他注重讲练结合，让学生走入其数学的艺术殿堂、感悟数学的独特魅力；他注重捕捉学生学习情况，及时记录学生的知识错误，进行重点讲解和个别辅导，争取让学生消化知识重难点。

研究重点难点、教法学法，统一教学目标、作业量、测试内容，是王瑞的教学常态。他独特的教学风格和人格魅力，赢得了学生的尊重和喜爱。长期担任高三数学教研组长，致力于高考数学研讨和创新，先后培养出四位文、理科状元及高考满分学生，多次被评为“标兵教师”、“教学能手”、“优秀班主任”等称号。

担任校长后，他更加重视新课程的实施和教师专业化发展，组织教师参加市、县各级培训，听评课活动，提高教师的业务能力；经常深入课堂听课，和老师们研讨教学方法；高度重视县举办的公开课比赛，鼓励并组织教师积极参加，并多次获得“优秀教研团队奖”。

汉德三维集团董事长杨文跃如是评价王瑞，他最大的特点，就是以校为家，爱岗敬业，懂管理，善于做教师的思想工作。正是他在工作中不断创新，在效率上不断提高，在管理上日趋科学规范、精细化，并处处彰显人文性，才受到领导和老师的肯定。王瑞向全县32万人民、向学生、向家长交了一份满意的答卷：2020年，汉德园中学再创辉煌，高考参考1007人，二本B类以上达线857人，达线率85%。卓越班参考165人，全达一本分数线，中考也创造了历史新高。他本人被授予山西省民办教育2020年度人物敬业奉献奖。

然而，他将时间精力投入学校，却忽视了家庭。他无暇顾及子女的学习辅导的义务，无法兼顾看望远在山东的父母的责任。2012年至2015年，因为学校事务繁忙甚至都没回过老家。叔父车祸去世，他只能微信祭拜，遥致哀悼；去年暑假奶奶去世，也只能匆匆回去一天。他深知“子欲养而亲不待”，在奶奶的灵前守了整整一夜，也哭了一夜。泪水之中饱含着他对亲人的亏欠和无尽思念。

以勤精业、辛勤耕耘，这是王瑞的座右铭。十几年来，他用实际行动诠释这句话的深刻含义：无愧我心！他用真心守护着共产党的初心，时刻不忘“为党育人，为国育才”，用灵魂去守护教育者的信念“善之本在教，教之本在师”。他用爱点亮学生的青春梦想，用殷殷诚心演绎着岁月的真情！

数字化校园，实现教育与时俱进

——记公路园小学数字化校园建设工作

山西省太原市万柏林区公园路小学　郭文亮

公园路小学创建于1964年，现有教学班46个，教职员工150人，学生2600余名。建校以来，在万柏林区委、区政府和区教育局的正确领导和关怀下，经过几代公园路人坚持不懈的努力，学校实现了跨越式发展。先后获得国家级语言文字规范化示范校、汉字书写教育特色学校两项国家级荣誉；获得山西省依法治校示范校、德育示范校、平安校园、特色学校、综合治理先进单位等十余项省级荣誉。近几年来，我校更是连获殊荣：2017年，获评首届全国文明校园，2018年获得省社会主义核心价值观建设示范点称号，2019年获评山西省中小学党建示范校培育单位，2020年被确定为山西省数字校园示范校。在长期的办学实践中，逐步形成了“文明创建”、“感悟教育”、“数字融合”、“家校共育”、“研学实践”五大办学特色。

在2021年5月召开的山西省中小学数字校园建设与应用推进现场会上，我校非常荣幸受邀就数字校园建设工作向与会领导和同仁汇报，我们倍感珍惜，欢迎大家批评指正。

一、数字校园建设的社会背景和意义

众所周知，进入21世纪以来，大数据、物联网、人工智能以及区块链技术的迅猛发展，极大地改变了人们的生产和生活方式，同时也对教育的变革与发展产生了极大地影响，必将重塑教育的理念、文化和生态。教育部2018年发布的《教育信息化2.0行动计划》和2019年印发的《关于实施全国中小学教师信息技术应用能力提升工程2.0的意见》，就是从国家战略层面将教育信息化作为教育系统性变革的内生变量，支撑引领教育现代化发展而提供的中国方案。

在这样的社会历史背景下，数字校园走进中小学校，势在必行。

我校作为一所省会城市学校，开展数字校园建设的实践和探索，必然具有十分重要的示范和带动意义。

二、我校数字校园建设工作开展情况

我校于2016年就编制了信息化五年发展规划，每年投入100万元用于信息化建设，被省教育厅确定为山西省数字校园试点学校。区委区政府给予高度重视，于2019年投入1509万，按照数字校园建设指标体系，改善和提升公园路集团校数字校园支撑环境。2020年12月4日经过专家组验收，基本达到山西省数字校园建设标准。

经过数年的建设和实践，目前，我校已实现有线、无线网络全覆盖，全网支持IPV6，有线终端258个，无线AP设备83个，其中3台Wi-Fi 6设备，实现无线统一数据管控。楼层部署27台交换机，1台路由器，1台核心交换机， 4台监控服务器；移动云机房（托管）部署2台万兆核心交换机，3台全融合服务器、2台计算存储融合服务器，4台48口交换机。移动、电信和太原市教育城域网三条光纤接入，互联网出口带宽1G，集团校三个校区之间部署了万兆交换机实现了1G专线互联；数据中心与12个楼层实现光纤互联，楼层6类网线到桌面，所有网络实现千兆传输。

拥有精品智慧录播教室1个，移动录播3套，常态录播教室99个，智慧黑板全覆盖，每间教室的电器、设备的管控都有控制面板，可在平台项下统一使用，智慧AI录播实现全覆盖。网络广播实现所有终端集中管控，智慧广播全面实现。监控系统70个楼道监控，86个教室监控，4台硬盘录像机，1台监控核心交换机，12台监控接入交换机，4台解码器，8台监视器，有3台摄像机支持人脸识别，实现校园安防无死角全面监管。智慧照明建设40间教室，可根据环境的情况，自动调节照明亮度，实现智慧用电。

最终基于区平台和校园区域专网学校建设了1套教学AI分析系统，1套巡课系统，2套物联管控系统和3套校园安防系统，基本实现了以万柏林智慧教育云平台为依托，数字校园从硬件建设到软件配套，从教学教研常态应用到行政物品管理的整体系统应用体系。

我校数字校园建设依托万柏林智慧教育云平台可用“1234”来概括，即一朵基础云，两类智慧环境，三种资源库，四套智慧应用服务。

一朵基础云是指一个基础云平台，包括统一认证、大数据、云计算、人工智能分析、网络安全等；两类智慧环境是指基础网络环境和支持教学的空间环境。三种资源库是指8.9万条的公共资源库，体系化的优质课件、教案2300余篇与550G的优质视频组成的校本资源库和个人资源库，力求实现解决各种教育资源的汇聚和共享；四类智慧应用服务是指智慧教学应用、智慧管理应用、智慧评价应用和智慧服务应用。

三、我校基于数字校园的应用与实践

我校紧紧围绕“以爱育爱，让每一个孩子都成长为最好的自己”的办学理念，以万柏林智慧教育云平台为基础，通过多类应用的使用，从以下五个方面进行了积极的实践和探索：

（一）学校日常管理方面

1.行政管理方面，在平台校园空间中完成行政通知公告、办公用品申请审批、师生档案管理等多部门、多维度的过程性记录，实现办公管理数据化，为数字校园行政管理资料延续性提供保障。

2.后勤管理方面，建设故障上报系统应用，教师通过APP上报问题，信息会自动分发给不同类型的专业维修人员进行维修，管理人员可在任何地方通过手机对维护过程进行跟踪与督促。

3.校园安全方面，一键报警终端、视频监控统一接入平台，建立安全管理体系，对接公安110接警平台，地震、消防演练等应急事件实现平台和手机端联动，安全数据互联互动，为校园安全保驾护航。

（二）教师教学与专业发展方面

1.实现了教师教学方式的转变

在网络环境支撑下，我们的教师遵循我校提出的“感悟教育‘六二六’课堂教学”模式，通过云平台完成资源查找、筛选、备课等课前准备，上课时，教师“赤手空拳”走进教室，从平台打开电子教案便可开始新课讲授，而且可以做到图文并茂，教学过程中需要的各种音频、视频和动画资源可以及时呈现，实现教学内容呈现方式的转变。

2.主动开展“三个课堂”实践

“三个课堂”（即：专递课堂、名师课堂和名校网络课堂）是运用现代网络技术优化教育资源配置、实现优质教育资源共享的重要举措。

我们公园路集团校共设置有99套常态化智能录播教室，在3个集团校之间开展专递课堂、名师课堂和名校网络课堂实践。

3.助力教师专业发展

我校充分利用网络平台，打破时空限制，实现无界限网络教研。在网络环境下，所有教师的教学资源、教案、微课、学习笔记、心得体会、案例反思均可共享，提供给教研组开展教学研讨，有效实现同伴互助。同时也使得自我反思、同伴互助、专家引领三位一体的教师专业发展之路走得更加坚实、平稳。

（三）学生学习与素质培养方面

1.减轻学生学习负担

在数字校园背景下，教学内容的呈现方式、师生互动交流方式以及探究问题的途径都发生了重大的变化，收到了事半功倍的效果，许多问题当堂便可解决，因此课后作业相对减少，可以把更多的时间留给学生进行自主、协作和探究性学习。

2.培养科学创造精神

近年来兴起的STEAM教育，其目的就是为了有效地培养学生的创新精神和创造能力。我校建立的创客教室和3D打印室，就是为了进一步激发学生的创新创造能力。我校还为学生开辟了一方感受宇宙星空的穹隆。尤其是在冬季，学生们来到穹隆下，可以仰观灿烂的星空，感受宇宙的浩瀚无垠，同时获得对有关星体的认知，从小培养少年儿童热爱天文的浓厚兴趣。

3.涵养学生爱国情怀

为了贯彻立德树人的根本宗旨，我们充分利用学校的有限空间，运用灯光和声控技术建成“一带一路景观区”。在这个区域里，同学们可以对“一带一路”沿线的国家和风土人情进行深入的细致的了解，感受作为一个中国人的骄傲和自豪，从小树立起为中华民族崛起和腾飞而努力学习的远大理想。

四、问题与思考

数字校园的启动运行，在我校仍处于初级阶段，还存在着不足，主要表现在以下几个方面：

1.数字教育资源开发与服务教学的能力亟待提高；

2.信息技术与学科教学的融合创新不够；

3.对长期使用数字化电子设备对学生视力所产生的负面影响问题缺乏权威的论证研究；

4.对电子化阅读与纸质阅读对于学生知识获取、记忆、存储的影响未能进行深入的比较研究等。

这些问题，急需有关专家予以关注并给予指导。

路漫漫其修远兮，吾将上下而求索。面对未来，在数字校园建设上，我们将努力在以下五个方面再提升突破：

一是进一步提升学校管理层的信息化领导力，加强师生信息化意识和数字应用能力培训，用先进的理念引领数字校园建设发展；二是充分利用好AI录播设备，进一步探索发掘其在教学评价、教学研究、教师专业发展和“三课堂”中的作用；三是进一步拓展平台空间在学校管理、活动展示、教学教研中的功能作用，提升服务学校常规教学管理；四是进一步在信息化和教学的融合上深耕探索，真正让信息化成为教师减负增效的有力推手；五是编制学校创客课程体系，把信息化、研学实践、创新创造融为一体，提升学生在数字化环境下的创新能力。

综上所述，数字校园，是实现教育与时俱进的必经之路。我们将在数字校园建设的道路上坚定不移地走下去，全面落实立德树人的根本任务，为办好人民满意的教育做出应有的贡献。

坚持立德树人，强化思政教育

山西省太原市小店区第二实验小学校　史春元　李燕

为深入贯彻落实习近平总书记关于教育的重要论述和全国教育大会精神，把思想政治教育贯穿人才培养体系，发挥好每门课程的育人作用，落实立德树人根本任务，不断提高人才培养质量，我校把感恩教育作为践行“课程思政”理念的着力点之一，学校瞄准落实立德树人大目标，坚持育人先育德，倡导树立“课程思政”理念，从多维度将思想政治教育贯通学科体系、教学体系，渗透于所有教学活动中，实现学科知识教育和思政教育的融合，发挥每门课程既传播知识、又传授美德的育人作用。

一、营造思政氛围，打造智慧课堂

学校确立“围绕立德树人任务，探索思政课堂要素”的教研主题，依托小组研学、年级钻研、校级教研和区级联片等载体，营造“思政在我心、课程见我行”研学探究氛围，引导全体教师在研讨交流中更新理念、探寻路径、优化方式，打造充满智慧、以小见大、落实落细的思政课堂。

我们对教学过程中的思政资源，深挖细挖，不错过任何一个结合点，捕捉并拓展小点，实现连点成线、聚线成面。学校利用多媒体、音乐、故事、语言描绘、问题创设等手段，创设体验式、沉浸式情境，将结合点变成动情点，有效唤起学生的情感共鸣。

我校大多“90后”的老师对探究课程思政的热情和活力得以激发，一个标点、一句话、一组图画、一张表格、一种表情……“找点”成为各学科各年级教学教研的一个热词，课程思政也逐步从课时备课走向单元备课、从事实识记走向观念聚合、从个人展示走向合作共赢、从简单说教走向真情实感。

二、融合学科课堂，激活思政教育

为发挥课堂教学主渠道作用，学校将语文的“诗吟思政”、数学的“数字思政”、音乐的“旋律思政”、体育的“品质思政”和美术的“画说思政”等相互融合，让课堂思政教育活起来，引导小学生正确明辨校园外面的世界，挖掘并利用好现实生活这座“宝库”，把思政小课堂与社会大课堂结合起来，增强思政教育的时效性、亲和力、感染力。

学校邀请地铁2号线龙城公园站工作人员来到校园，运用多媒体和道具，模拟地铁真实服务，以“文明地铁进校园，安全乘车伴我行”为主题，为全校四年级的同学带来了一堂“大家一起开心坐地铁”的年级大课。学生们在“创新科技、地铁文化、安全出行”等板块中，体验感受太原建设成就、多元文化魅力和文明安全行动。

同样带来深刻学习体验的还有五年级的“法律进校园、法治润红心”主题大课堂。学校与驻地某部达成军民共建关系，打造国防教育互动课堂；抓住时间节点，依托班队会和社团，发挥学生家长优势，打造特色教育课堂，让课程思政在“五育”融合共生中变得更加鲜活、富有吸引力。

三、注重劳动实践，培养劳动素养

培养学生的劳动素养、锤炼学生的劳动品行、强化学生的劳动能力，已经成为培养时代新人的必备内容。面对新时期中国基础教育深刻变革的特殊国情，仅仅通过中小学学校管理、课堂教学来推动劳动教育坚实地落地、生根，恐怕还不够，必须要通过劳动实践教育，才能更好提升学生们的综合能力。

为此，我校在建校之初就将劳动实践教育纳入“创建美丽校园、打造精致教育”的整体规划当中，在校园建立劳育实践基地，开设劳育校本课程，让学生在参与过程中体验劳动。温室大棚、动物角、生活体验馆、生态小鱼塘以及各类小田园，同学们走出教学楼就可以投身种养殖实践活动，从中领悟劳动的艰辛和快乐，培育热爱劳动、珍惜劳动果实的品质。当孩子们用“自己种的小麦”做成面点，把鲜嫩的香葱带回家时，那份“劳动换来美味”的喜悦自不必说。借助小店区跨入“全国中小学劳动教育实验区”行列的大平台，学校劳动教育课程正获得更多专业支持和条件保障，校内劳动实践基地教育也向家庭、社区延伸开来。

四、颂扬党的恩情，共燃红色信仰

中国共产党是1921年成立的，今年7月1日恰逢建党整整一百周年。在这特殊的历史节点，我们的学生们怀着对党感恩、为党祝福的心情，用丰富的想象和灵巧的双手，完成了近200件主题鲜明、构思新颖、情趣盎然的书画手工作品，以此深切缅怀革命先辈的丰功伟绩，赞美我们今天的幸福生活。

书法社团展览的作品，为社团的原创作品，均由社团学生精心创作，纵情泼墨，创作出一幅幅精美的作品。国画社团用近两个月的时间创作出了30多幅作品。

手工社团的作品展示，以庆祝中国共产党成立100周年为主题，选取红军二万五千里长征这一历史事件，生动直观地展现了红军长征中：江西瑞金，遵义会议，强渡大渡河，飞夺泸定桥，爬雪山，过草地，大会师，延安这几个重要节点。在这次立体沙盘的制作中，手工社团的学生经过前期以个人或小组合作的方式，制作了长征当中的不同情景以及人物形象，每一位同学都投入了自己的一份感情，每个人对“长征精神”的认识又有了新的高度。本次制作的立体沙盘作品长4.8m宽2.4m，最终由师生合作共同完成。

儿童画社团全体成员在美术老师的指导下共同完成了一系列巨幅党史主题创作。党史主题创作以时间为线索，生动形象地展现了五四运动、红船精神、南昌起义、井冈山会师、古田会议、长征精神、遵义会议、民族抗战、延安精神、解放战争、开国大典、社会主义建设、改革开放、新时代中国特色社会主义建设等一系列党史重大历史事件。学生通过本次绘画创作受益匪浅，他们不仅锻炼了绘画能力，而且培养了爱国、爱党、爱人民之情。

思政课是落实立德树人根本任务的关键课程，发挥着不可替代的作用。新的历史时期，我校将继续全面贯彻党的教育方针，贯彻落实习近平新时代中国特色社会主义思想，坚持社会主义办学方向，落实立德树人根本任务，不断加快推进教育现代化、为建设教育强国、办好人民满意的教育努力奋斗。

经典传承润心田，春风化雨展芳华

山西省永济市城西初级中学校　任璞林

为深入贯彻习近平新时代中国特色社会主义思想和党的十九大精神，进一步弘扬民族传统，传承经典文化，近年来，我校秉持“立德树人，全面发展，为学生幸福人生奠基”的办学理念，以新时代爱国主义教育为核心，以中华优秀文化教育为基础，挖掘与诠释中华经典文化的内涵及现实意义，通过环境育人、国学养人、社团树人，达到悦师生身心、树师生正气、扬师生壮志的目标。让学生耳濡目染，传承经典、传承文脉，形成以先贤为楷模，勤勉学习，立志成才的思想，践行社会主义核心价值观，成为“自强不息　追求卓越”、有大爱大德大情怀的城西人。

我校创建于1998年，是一所寄宿制初中。学校现有教学班36个，在校学生1730人，教职工209人。学校占地面积80亩，有400米标准跑道和足球场。是全国足球特色学校，全国绿色学校，山西省文明校，运城市中华优秀传统文化教育示范点等。

一、环境育人悦身心，文化建设塑精神

我校非常重视环境文化育人。通过校魂文化、广场文化、楼宇文化、橱窗文化、餐厅文化，将中华文化内置于校园环境，表达于校园建筑，以文化底蕴为基，扬蓬勃青春之帆，达到“入芝兰之室久而自芳”的效果。

校魂文化。我们通过创编校歌，设计校徽，悬挂校旗，完善校风的方式，让校魂“自强不息，追求卓越”的精神深入人心。校歌《远航》节奏有力、韵律铿锵，歌词以山河起兴，点明校址，承载了全体师生的爱国情怀。校徽设计具有两层内涵：一是在雕塑中蕴藏着“城西中学”四个字。红色弧线是拼音字母“C”，两个红色弧线交叉在一起，如拼音字母“X”，围绕着中间的笔柱组成中国的“中”字，三只鸿雁代表着“学”字头，组合在一起，构成“城西中学”；二是“三只鸿雁”象征着三个年级全体学生在学校经过三年的努力，定会像鸿雁那样展翅腾飞。校旗设计以绿色为主色调，体现师生在自然和谐、生机勃勃的环境中健康成长。左方为校徽，其中心图案与校旗主色调呼应，寓意师生共奋进齐努力，打造绿色教育，共享幸福人生。

广场文化。我校通过广场上的梯形灯柱图、“腾飞”雕塑像、“科技发展”墙和传统文化柱等建筑，培根铸魂，引领学生立志修身。

梯形灯柱图意为学子求学如登梯、步步登攀，城西中学蒸蒸日上、蓬勃发展。

“腾飞”主题雕塑是广场标志性建筑，寓意学校如蛟龙腾飞，是我校校徽的核心构成部分。站在雕塑正前方说话，有明显的“回音”效果，与我校的互动式教学相吻合，达到教学相长、同频共振的效果。

“科技发展”文化墙展现的是中国和世界科技发展史，将人文修养和科学精神结合起来，让学生了解科技发展史，坚定“四个”自信，为实现中华民族伟大复兴的中国梦而不懈努力。

中华传统文化柱选取“源、儒、诗、画、剧、医、武”七字来展现永济历史文化以及中华文明。如“源”，即中华德孝始祖——舜帝，他那“天下一人饥则我饥，天下一人寒则我寒”的大爱情怀，让学生感悟德孝文化的精髓和魅力；“武”即永济姬际可创立的“形意拳”，让学生“丰富其知识，文明其精神，野蛮其体魄”，引导学生热爱祖国、热爱人民、热爱家乡，提升人文气质，根植文化自信，涵养家国情怀。

楼宇文化。楼宇文化包括外墙文化、内墙文化、台阶文化、班级文化、板报文化等，达到以文化人，以德润人，传承中华文脉，增强文化自信的目的。

外墙文化。在楼宇外墙，设置有“社会主义核心价值观”宣传墙、实践探究墙、“绿色教育”文化墙（围绕“人文求善、科学求真、艺术求美、生态求谐”内涵设计）。使学生在潜移默化中达到行为认同、价值认同、情感认同。

24节气起源于尧舜禹时期，是世界非遗，是中国人特有的时间知识体系，告诉我们实践出真知，教育我们节约粮食、珍惜时间。

“诸子百家”经典语言让学生学习圣贤智慧，领悟天人合一的宇宙观。

橱窗文化。我校在学生日常活动的主要场所，设置橱窗90余块，内容有新编《三字经》、“五常”文化、“六艺”文化等，这些主题形成文化长廊，植根“立德树人，全面发展”的教育理念，传承“仁义礼智信、忠孝廉耻勇”的传统美德，接轨新时代教育，为培养担当民族复兴大任的时代新人奠基。

餐厅文化。我校精心建设了制度文化、菜单文化、桌贴文化“三种餐饮文化”，践行习近平总书记关于“厉行节约，反对浪费”的系列讲话，培养学生勤俭节约的品格。一是健全食堂管理制度，做到食品安全制度化，确保学生饮食安全；二是精心设计饮食菜单，做到饮食搭配科学化，确保学生吃出健康；三是设置桌贴用语提示、做到文明用餐、勤俭节约常态化，确保学生养成健康的生活方式。同时开展“厉行节约，反对浪费”教育活动。

二、国学经典育英才，润物无声恰当时

课堂教学诵国学　咬定青山不放松。一是指导学生学好语文课本中的国学知识，如让学生学习孟子“生于忧患，死于安乐”的责任担当精神；领悟文天祥“人生自古谁无死，留取丹心照汗青”的舍生取义精神和爱国热情；体会杜甫“安得广厦千万间，大庇天下寒士俱欢颜”的思想境界等等。二是在学科教学中引入国学知识，如《中国历史》、《道德与法治》教学中，教师结合课文内容，有针对性地将国学知识融合到课堂知识中；三是在美术教学中加强国画教学，在体育教学中引入形意拳学习，以此引导学生励志怡情，明理启智，激发学生民族情感。

实践活动悟国学　吹尽黄沙始得金。一是开展中华经典诵读活动，做到“四有”、“四结合”：“四有”即有诵读篇目，不仅有教材中的经典篇目，还有教材外的经典国学内容；有诵读时间，早读课及每日30分钟的阅读时间都可诵读；有诵读指导教师；有诵读检查落实。“四结合”，即诵读与讲、写相结合；课内诵读与课外诵读相结合，校

内诵读与校外诵读相结合，重要节日与主题诵读相结合，如在清明、端午、中秋等节日举行校园或班级诗歌诵读会等。二是开展德孝文化实践活动，利用传统节日，开展“给长辈洗次脚”、“我为亲人做件事”等活动；开展“德孝文化”主题诵读、演讲、征文活动；组织学生走进社区、敬老院，开展关爱老人活动，为孤独老人、家庭生活困难的老人服务，以实际行动践行德孝文化。三是开展“少年传承中华传统美德”教育活动，通过传唱“爱国歌曲”，举办“英雄在我心中”主题班会，讲述“我的家风故事”，“寻访红色足迹”社会实践，“悬挂国旗、向国旗敬礼”，争做“小小传承人”等活动，讲好中国故事，传承红色基因，弘扬爱国精神，引导学生将中华优秀传统文化和中华传统美德内化于心，变成个人的自觉行动。

三、多彩社团展魅力，激扬个性促成长

学校通过创建各种社团，非遗社团、学科社团、专业社团、教师读书社团等，让师生在兴趣中树立凌云志向。

内外联谊建社团，一枝一叶总关情。“葫芦画”、“剪纸”、“形意拳”、“太极拳”等传统国粹走进校园。我校把学校课堂和社会课堂相结合，邀请非遗传承人走进校园，作为志愿者按照课程安排给同学们传授技艺。如葫芦画工作坊，不仅培养学生的美术兴趣，感受葫芦画的魅力，更有对非遗文化的传承。葫芦画工作坊在运城市中小学艺术展演活动中荣获一等奖，《葫芦画——中华优秀文化艺术奇葩》荣获山西省优秀传统文化传承案例一等奖；2020年7月形意拳表演在中央电视台播放。

学科联动促融合，乘风破浪会有时。我校是运城智慧教育二期工程引领校，依托智慧校园，组建了机器人社团，专注培养学生的科学素养、创新精神和实践能力，有效融合信息技术、数学、物理等多学科知识。通过社团活动，学生将一个个创意变为现实。2019年5月在永济市第二届机器人大赛暨第十九届中小学生电脑制作大赛中荣获初中组一等奖，18名学生获奖。

专业突出特色鲜，梅花香自苦寒来。根据学生的兴趣爱好，我校组建了特色鲜明的专业社团，由专业教师任辅导教师。例如：足球、乒乓球、舞蹈社团等。我校男足、女足均获得运城市中小学足球联赛第二名，女足获山西省中小学足球联赛第八名。

目前，我校先后组建了舞蹈队、合唱队、器乐队、美术社、读书会、篮球队、足球队、志愿服务队、环保小分队等32个社团，涉及体育、艺术、科学、环保、志愿服务等多个领域，学生社团活动的开展，活跃了学校的文化氛围，提高了学生的自主管理能力，丰富了学生的课余生活。

学高为师贵有恒，身正为范律已严。学校为教师购买樊登读书会卡，教师组建成长读书会，用阅读积蓄生命能量，让学习提升教师素养。教师阅读蔚然成风，在文明的星空下诗意地栖居，这是教师的幸福所在，也是中华民族的希望所在。

风正扬帆当有为，任重道远需弘毅。站在新的历史起点上，我们将以高度的责任意识，深厚的传承意识，舍我其谁的担当和魄力，坚持立德树人、文化育人，在丰富内容、创新载体上下功夫，不断提升校园文化建设品位，让中华优秀传统文化滋养学生心灵，为学生的一生幸福夯实基础。

守望教育理想，书写无悔人生

陕西省韩城市新城区第九小学　闫洁

“爱”是一个字，但它是一种无穷无尽的力量；爱是一种无穷无尽的力量，但它只是看不见摸不到的；爱是看不见摸不到的，但它可以发出金子般的光芒，照亮世界，照亮每个人的心灵。从事教育工作三十年来，我一直坚守教育理想，用爱心和耐心去温暖着每一个孩子。我担任校长职位已有十四年了，这些年，我先后在两所学校任职。一所是韩城市新城区最东边的周原小学，一所是新城区最北边的新城区第九小学。两所学校有一个共同点——都处于城乡接合部。我在两所学校任职后，这两所学校呈现出的最大特点是——学生人数迅速倍增、师生关系温馨有爱、勤学苦干蔚然成风。

多年来，我的工作得到了师生家长和社会各界的广泛好评，个人也先后被评为优秀校长，优秀教师，“十佳校园长”、先进教育工作者，“三八红旗手”等。

一、捧着一颗心来，担使命挑重担

2007年，我被任命为韩城市新城区周原小学校长。当大家都在向我祝贺的时候，我却一点也高兴不起来。操场的杂草比人高、全校仅有不到二十名学生。这个校长太难了。“绝不退缩、勇挑重担！”我在心里给自己说。走村入户搜集建议，打开村里的高音喇叭讲办学思路，到建筑工地去宣传……一番“折腾”后，我终于招到30名学生。

学校算是保住了。可新的问题又来了。因为我有了一个大胆的想法，“办寄宿制学校”。这样就可以解决周边村子留守儿童和外来务工群众子女的教育问题。想到容易做着难。建宿舍、购置床、办食堂，费用哪里来？学校仅仅几千元的经费实在差得远。怎么办？垫钱、赊账、寻求帮助。这些让我的母亲看在眼里、疼在心里。食堂建成后，当我再次为找厨师犯难的时候。我的母亲主动提出，免费给学校师生做饭。就这样，在大家的共同努力下，周原小学成为新城区第一所公办寄宿制学校，为周边乡村学生，特别是留守儿童和为外来务工人员子女构建了一个温馨的家。

孩子们的“家”更温暖了，可我的家却遭受了重创。连续几个月一头扎在学校的我，接到了家里的来电——父亲病重。短短的几个月里，父亲见人说得最多的就是“娃是校长，工作要紧。”农历十月初六是我的生日，父亲打来电话，让我回家。就在这一天，59岁的父亲与病魔抗争了59天后，离开了。

几年后，这所原本30名学生的学校，翻倍增长到了400名学生。2017年，因为工作实绩和公开竞聘，我被任命为新城区第九小学校长。40度的高温下，新城九小的工程还在紧锣密鼓地进行着。我每天守在工地，督促工程进度，筹划开学工作。骄阳的炙烤下，我无时无刻都汗流浃背，胳膊多处晒伤。有工人忍受不了高温，想请假避暑。但每天看到我顶着烈日穿梭在校园的角角落落，工人师傅话到嘴边又咽下。就这样，我一边跑工地、一边进村家访、一边把自己的电话号码打印到纸上，张贴到大街小巷。一时间，我的电话成了学校的咨询热线。如今，短短4年时间，新城九小已由最开始的一二百名学生，快速增长为1300余学生的大规模学校。

二、以爱呵护学生，守望学生成长

因为母爱缺失、家庭变故，四年级学生阿奇性格自闭、内向。我想尽千方百计地办法给予孩子疏导和鼓励。家访路上，我一边开车，一边给孩子讲笑话。有时故意停下车，让他指路，甚至故意走错路，让他纠正，然后对他进行表扬。节假日，我专门带着他去吃火锅，用行动赢得孩子的信任。孩子的父亲因病致贫，我组织教师为他捐款……在大家的帮助下，孩子找回了自信，有了理想，学习成绩也有了明显的进步。

2015年，周原小学迎来了6岁的留守儿童小高（化名）。初次见面，小高同学给我提的第一个问题是“学校过中秋节吗？能吃到月饼吗？我只吃一个”。孩子的话戳中了我心中的柔软之处。开学后，我从个人工资中拿出500元钱，专门建立了小高专项资金，由学校少队部负责支出，解决他的日常学习生活开支。我还号召老师们发挥学校关爱留守儿童主战场作用，关心留守儿童的饮食起居和安危冷暖，用亲情的火炬照亮孩子们阴暗孤寂的心房。

十多年来，我始终每天第一个走进学校，最后一个离开学校。和老师们一同值周，一同给学生盛饭，一同走进宿舍给学生拉被角，一同走上街头去宣传。我总是努力为老师营造宽松和谐的工作氛围，从不在老师面前“摆架子”，闲暇时间就走进办公室和老师们聊天。哪位教师身体不舒服，哪位教师有心事，小到老教师的老花镜坏了，我总会在第一时间观察到，把问候与关心送给他们。

三、打造书香校园，启迪学生心智

读书是世界上门槛最低的高贵举动。为了打造书香校园，在学校掀起读书的热潮，我在学校发起“小故事、大道理”读书分享活动。我连续100天，坚持每天下午给全校学生讲一个小故事，分享一个大道理。孩子们在校内听，前来接孩子的家长在校外听，大家每一天都热情高涨、津津有味。

疫情期间，我通过“校长书信”和学生们交流谈心，为学生进行心理疏导，教育孩子们学好“抗疫大教材”，树立家国情怀，致敬抗疫英雄，在做好居家防护和线上学习的同时，加强锻炼，保护视力，健康学习。返校复学后，我积极对接西藏阿里陕西实验学校，组织两校学生开展“隔空传爱　致敬英雄”线上活动，用实际行动促进民族交流，凝聚思想共识，共同表达爱国热情。

日常教育工作中，我坚持把感恩教育作为德育教育的重要内容，围绕“感恩父母”、“感恩老师”等方面为师生进行演讲，教育学生从小怀揣感恩之心，让校园处处充满爱的力量。其中《感恩父母》主题演讲还获得了省级奖励。

为了拉近学生、家长、老师的距离，提高教师和家长的育人水平，增强学校教育和家庭教育的科学性、实效性，新城九小建校初，我就在学校发起了“校长讲堂”，目前已成功举办20余期活动，受到了教师和家长的一致欢迎。

十四年来，我在学校管理上形成了一整套经验。抓班子、带队伍上，我强调要“统一步调，分工协作、各司其职、各负其责”；在教学管理上我尝试有利于培养学生的创新精神和实践能力的“探究式学习模式”；在德育工作管理上，我要求要有鲜明的时代性和符合儿童身心特点的实效性。在自我要求上，我永远都是以身作则，率先垂范。目前，新城九小呈现出一派校风正、学风浓、乐于助人、勤奋好学的良好风气。逐步实现了从传统教学到现代教学的跨越，从粗放管理到依法治校科学管理的迈进。

钟爱教育、守望理想，我用创新实干书写着对党的忠诚。不忘初心，牢记使命，我将继续用执着奉献书写精彩人生，守望着自己的教育理想，谱写一曲平凡而卓越的教育乐章！

实施“六有”要求，打造书香校园

陕西省西安市鄠邑区人民路小学　王东峰

书墨之香，其香无比；读书之乐，其乐无穷。良好阅读习惯的培养，能提高学生的学习能力，提高学生的语文素养，并开阔各科的知识视野，为学生的终身学习和发展奠定基础。《语文课程标准》明确指出：具有独立阅读的能力，学会运用多种阅读方法。有较为丰富的积累和良好的语感，注重情感体验，发展感受和理解能力。能阅读日常的书报杂志，能初步鉴赏文学作品，丰富自己的精神世界。能借助工具书阅读浅易文言文。九年课外阅读总量应在400万字以上。莎士比亚也曾说过：“书籍是全世界的营养品，生活里没有书籍，就好像大地上没有阳光；智慧里没有书籍，就好像鸟儿没有翅膀。”可见，阅读对学生终身发展的重要性，读书是成就学生一生的良好习惯。我校通过实施“六有”要求，创建书香校园，培养师生学习习惯，促进学校人文和学习的可持续发展。

一、要有读书理念，培养学生阅读习惯

在应试教育的大背景下，学生有繁重的学习负担，有堆积如山的作业，有加班加点的补课，有频繁的考试，读书时间如何来保障，学生成绩如何来提高，如何迎合学生和家长对考分的要求等问题，往往成为学生读书活动开展的拦路虎。这就要求我们要牢固把握素质教育的方向，树立“为孩子的终身发展奠基”的教育理念，树立“读书是一种需要”、　“读书是一种责任”和“读书是一种高雅的生活方式”的读书理念，在正确的读书理念的引领下真正落实“让读书成为孩子的习惯”。

为此，作为学校校长首先要有先进的教育理念和魄力，从为社会培养高素质人才的高度来认识读书问题。其次校长要培养教师对读书活动的认同点，普及读书理念，动员教师参与到读书活动中来，并通过教师的言传身教和精心组织来实施学生的读书活动。

二、要有可读之书，满足学生读书需要

在经过“双高双普”、“义务教育均衡发展”等大型活动的促进后，各个学校在图书拥有量上都有了一定的提升，但从满足学生的读书活动上来看，还很不够。一是表现在读书数量上依然偏少，尤其是平均到每个学生的可读书籍数量不足；二是图书种类不够科学，配备图书时大多是为了提高数量而采购廉价书籍，忽略了图书种类的科学性；三是图书质量不高，内容陈旧，许多图书是十几年甚至是几十年前的老书，内容已经严重落后，不适合学生阅读。

如何使学生有书可读，建立班级书架是个有效地方法。在每个班里倡导“交换式”的读书模式，学生把自己的课外读物拿到班级来，进行交换阅读。“你有一个苹果，我有一个苹果，交换后各人只有一个苹果；你有一本好书，我有一本好书，交换后每人能看到许多好书”。因为学生手里自有的图书都是内容新颖、学生喜爱的读物，“班级书架”可有效解决“有可读之书”的问题。

三、要有宜读之所，营造读书环境氛围

马克思说过：“人创造环境，同样，环境也创造人”。读书需要一种氛围，只有为学生创造了浓浓的读书氛围了，学生被这样的氛围所影响，耳濡目染，慢慢浸润书香，久而久之就会爱上读书。

首先要解决读书的场所问题。在阅览室座位不够的情况下，教室是可以有效利用的读书场所，另外，在校园里、树林下设置座椅等方式都可以为学生提供良好的图书场所。其次要营造好读书的环境氛围。阅读环境对学生阅读起着潜移默化的熏陶和启迪的作用，当走进阅览室或教室，在布置得充满文化氛围的优雅环境里，看见其他同学拿着书如饥似渴地阅读着，他就会回到座位上，参与到阅读的行列中来，入静入迷地默默阅读，徜徉在书海之中。

四、要有读书时间，创造学生读书条件

现在的学生大多很忙、很累，堆积如山的作业、总也做不完的模拟考试卷、节假日还要有众多的补课和特长班训练，难得有静下心来读书的时间。学校要创造条件，给学生能够静下心来读书的时间。落实“一天三读”制度：一是早诵读：每天上午上课之前，为早到校的学生阅读时间，由教师组织学生集体诵读；二是午默读：每天下午课前20分钟为学生自由读书时间，由班干部组织学生利用班级书架上的图书，自由阅读；三是睡前读：每晚进行20分钟的家庭亲子阅读，可作为家庭作业内容进行安排。另外，每周确定一个下午自习为集体读书时间。

五、要有读法指导，引导学生学会读书

目前的小学生往往爱好读书，但却不得要领，或只看热闹，或纯为猎奇，读的书不少却收效不大。因此指导学生阅读方法，引导学生会读书、高效读书、养成良好的读书习惯很有必要。

首先教会学生读书要做到“四到”：眼到、口到、心到、手到。读书时选择性运用“三读法”：　浏览性的泛读，探求性的速读，品味性的精读。并掌握边读书边思考、“不动笔墨不读书”的方法：圈点勾画，做批注，写读书笔记，做卡片，进行再创作，等等。通过读法指导，使学生掌握科学高效的阅读方法，体会读书的快乐，进一步激发学生读书的兴趣，提高阅读的效果。

六、要有活动评价，培养学生阅读兴趣

为了培养学生的阅读兴趣，营造浓郁的读书氛围，养成学生热爱读书的良好习惯，学校须开展与读书活动相配套的系列活动和激励措施，以促进读书活动的深入开展。以　“写”、“讲”、“赛”、“做”、“演”等活动形式，开展中华经典诵读比赛，读书活动主题班会，征文比赛，演讲比赛，诗歌散文精品朗诵比赛，讲故事比赛，童话剧表演，读书小报评比，“我的读书名言”征集活动，“捐赠一本书，感念母校情”捐书等活动。并通过书香班级评选、优秀读书小组评选、阅读小明星的评选、书香家庭评选等活动形式进行表彰奖励，激励更多的学生想读书、爱读书、会读书、读好书。

让读书成为习惯，是为学生的终身发展奠基的大事。做到“架上有书，手中有书，眼中有书，心中有书”，让学生有书可读，有书会读，自觉读书，终身读书，是我们教育者的责任。书香沁心脾，德馨溢校园，让书香熏染每个学生，今后，我校将继续为学生们营造由课内向课外延续的阅读时空，努力提供弘扬个性、充满幸福和智慧的发展空间，让学生们在知识的书海自由翱翔。

坚持质量立校　打造一流教育学校

陕西省西安市鄠邑区新区小学　杨丹

教育是国计、也是民生。党的十九大指出，以培养担当民族复兴大任的时代新人为己任，加快发展更加公平、更高质量的教育。2019年，我成功竞聘担任鄠邑区新区小学校长后便进行孜孜不倦的探索，在新校的形象建设，教学质量，文化建设和教学理念等方面进行一系列变革，致力于将我校打造成西安一流名校。

一、形象建设，树立新校名片

鄠邑区新区小学是一所新建校。在我接到任命书的同时还接到一封家长投诉信，这是一位即将被划分到新区小学的家长写给西安市市长李明远的。从这封信里我读到了家长对我校的质疑、担心，整个内容透露着不满。我们要办人民满意的教育，可是老百姓从一开始已经不满意了，作为一所新建校，老百姓不满意、质疑很正常，那么，如何迅速树立学校的良好形象，却是我作为校长要立即破解的问题。

为此，我主动公开学校情况，每学期召开两次家长大会，我当面向全体家长介绍学校发展规划、教育教学、课程开设、学生成长等情况，增强家长对新区小学的了解；积极征集落实家长建议，组建家委会定期与学校交流座谈，通过网络问卷开展家长满意度自查，对家长反映的问题、提出的建议积极回应、尽力落实，赢得家长的信任；搭建展示平台，通过开展家长大讲堂、一封家书展家风、班级漂流日记本等，促进家长相互交流、提升家长群体素质，实现家校共同发力、高质量育人。全方位加强家校沟通，赢得家长支持、信任和理解。迅速树立了新学校良好形象。

二、对标先进，坚持质量立校

华东师范大学叶澜教授曾说：“如果有学校或者教师宣称我只育人不育分，不仅荒谬，家长也肯定不放心。因为现实世界不可能同意这样的观点：你教的学生考试考不好，然而你是个好教师。”同理，一所学校质量不高，然而这却是一所好学校？

因此，我校围绕“对标西安名校，做鄠邑一流教育，让鄠邑孩子们享受比肩西安名校的教育”这一目标，多措并举办好家门口的好学校。一年来，学校坚持质量立校。始终把质量作为学校的中心工作和核心竞争力。对标先进抓提升，以西安一流名校为标杆，组织领导班子和教师代表多次赴高新、曲江、航天、沣东等名校参观学习，建立长期沟通机制，对标名校规划发展蓝图、健全管理体系，高起点推进学校发展。

强化培训提素质。针对新学校、新教师的现状，从我做起，领导班子成员带头为新入职教师讲课培训，累计开展校内通识培训13项，班子成员采用“一师多徒制”帮扶，分科目、不定时进行师德和专业素养培训，常态化进课堂听评课，迅速提升新入职教师教育教学能力。

做实教研保质量。落实集体备课和假期前置备课，运用日教研、微课式重难点分析以确保课堂质量，实行课前检测、课后测查、单元过关检测以提升学习效果，开展集中帮差扶困，不让一个孩子掉队。疫情期间，组织教师研发录制微课159节，全科在线上课、答疑，保障教学效果。

科学评价树导向。运用全科测查，根据德智体美劳不同学科的特点，全面客观地进行考核，公平公正对各科教师进行教学成绩进行量

化，教学成绩比重占到教师评价的70%以上，同时重学科组团体成绩的评价、重学困生进步幅度的评价，树立质量优先的鲜明导向，引导教师用心用情用力抓好每一节课、不放弃任何一个学生。

三、文化育人，打造一流教育

学校文化是师生员工多年习惯的集体养成。办教育就是育文化，育文化就是养习惯。用文化凝聚人心，才可办出学校的精神和活力！鄠邑区新区小学是一所新建学校，集体团结协作、共同攻坚克难、不忘新建初心是所有师生的精神实质和行动指南。这和我国传统文化中鸿雁精神非常相似，为此，我们深挖鸿雁内涵，以“鸿雁文化”为核心，引领学校发展。

领导班子当好“领头雁”，突出“服务、引领、示范”，一切以教学为中心，校长带头上思政课、班子成员上专业课，做到领导包年级有方案、包班有记录，经常深入课堂指导教学、转化学生，全力服务教育教学；每位教师当好“示范雁”，以身作则，用爱心、耐心、公心对待每一节课、对待每一个学生，用积极负责的生命状态做好育人工作，增强广大教师文化认同感；建立鸿雁课程体系，以“传承和创新”为内容开设手工制作、科技创新、话剧表演、劳动实践、画乡鼓舞等课程；构建鸿雁评价体系，确立新区小学学生18项美德，设立9个方面评价导向，引导学生五育并举、全面发展，争当文明雁、学习雁、劳模雁、才艺雁、守纪雁等，晋级争先、不断进步。

经过不懈努力，学校在办学时间短、年级不全、新教师多的情况下，实现了较高质量的发展。2020年，新区小学在区教科局组织的第三方满意度测评中排名全区第一，在教育质量提升316督导评估及校园长履职考核中荣获“优秀”等次，并被区委、区政府授予师德建设示范团队。学校还被评为西安市思维型教学实验学校、鄠邑区科技示范学校。一年半时间，学校先后荣获区级以上表彰荣誉21项，教师累计荣获区级以上奖项122人次，学生获区级以上奖项49人次。

四、提升理念，办人民满意教育

成绩属于过去，面向新时代，我校将进一步提升办学理念，理清办学思路，突出办学重点，全力办好人民满意的教育。

一是加强学习提升，虚心向名校、名校长学习，潜心钻研教育教学管理，用情怀和担当把教育作为自己的终身事业去做；二是强化管理服务，坚持学校的一切活动都是为了所有教师的发展和所有学生的成长设计和规划，营造良好育人环境，让老师们嘴里谈论的是学生、眼里爱着学生、心里记着学生，带出有信仰、负责任的教师团队。三是注重全面发展，五育并举。小学是打基础的阶段，只有培养好学生的品德行为习惯和终身学习的能力，才能让他们成长为品德优、素质高的时代新人。四是坚持一流标准，立足长远办学。不急功近利，不浮躁虚华，打牢基础，厚积薄发。“养其根而俟其实”，致力把新区小学打造为高品质、高质量的区域名校。

以人为本，聚焦质量，全面深化改革，推进我校教育教学文化理念建设，不断提高办学水平。相信我校定将不负期待，实现一流教学，跃上教育发展新台阶。

面对学情与校情，多措并举提质量

陕西省西安市长安区第一民办中学　吴美娜

“越是艰难越向前”，我校从2002年至今，经历了自主招生、统一考试招生、“摇号+面谈”招生、全部摇号的招生模式，生源发生了翻天覆地的变化。现在的八、九年级同是“面谈+摇号”的形式招生的，老师们最大的感受是学生两极分化严重，学困生所占比例多。2020年9月入校的七年级学生是全面摇号的方式录取的，学生更是参差不齐。本学期教育局对七年级学业质量评价的数据看出，几所公办学校比我们的优秀学生多，学困生少，目前，我校完全没有了生源优势，同时政府加大对公办学校投资的政策倾向，我们倍感生存压力之大。我校作为多年来的一所名校，在目前的形势下，要做到一如既往让学生喜欢、家长满意、社会认可，我们必须面对学情和校情，多措并举提升质量。

第一，准确的分析现状

本学期学校安排了新教师公开课、每次质量评价后听退步教师的课、第三届“同课异构”等多次听课活动，活动后，我们认识到课堂教学还需认真反思。

1.还需始终坚持认真研读课标和教材，更准确地掌握教学目标，重、难点。在准确把握课堂目标的基础上，重视教学方法的设计，要想方设法地激发学生的兴趣，重视学生的学情，课堂中让学生的眼、手、嘴、脑、心都动起来，要及时地对学生每一次参与的活动都做出准确的评价。

2.多媒体是辅助教学手段，所以ppt的张数、视频的多少要适量，既生动又直观，突出重点，突破难点。每节课要有必要的板书，板书是核心知识的呈现，一定要精心设计。

3.在教学中要准确地抓住学生的问题所在，及时针对学生的问题调整教学，进行必要的讲解，有针对性地强化训练，使问题及时消化。

4.重视对学生的作业布置及检查，针对班级的情况，至少分四层进行作业布置，并通过科代表检查，教师检查，教师批阅等方式，督促学生按时完成作业，及时地整合作业中存在的问题，进行必要的集体讲评或个别辅导。作业要有布置、有检查、有讲评、有针对性训练和针对性讲授。分析我校课堂的现状，我们应该重视学情，重视老师自身专业修养的提升。

第二，重视学情，做好分层工作

我们的教师清楚，目前学生参差不齐，差距悬殊，所以在教学的各个环节中，只有重视“分层”，才会有事半功倍的效果。

1.教学中做好分层、分组工作

经过一段时间的教学，各授课教师已经了解自己所代学生的实际情况，至少每班分成四个层次，各个层次的学生分成若干个小组，小组内有不同层次的学生，以便于学习中互帮互助。课堂教学中对不同层次学生有不同的要求，每次的学生活动后，对完成任务早的学生要及时地分配更高更难的任务，让他们一直都要有任务。对学困生要分配适合他们的学习任务，同时教师在教学的过程中一定要有等待的意识。有较难的学习任务时，可以让优等生去帮助学困生完成任务，在教学中会有一种复式教学的场景，我想这种教学更适合目前我们的学生情况。在教学过程中，针对不同学生的学习，及时进行必要的讲解，能把不同学生的活动凝聚在一起，使活动做到有序、高效。

2.做好分层布置作业

针对不同的学生分层布置作业、练习，从数量、题型要求上，有区别的进行作业布置，使他们尽可能的按时按质完成不同类型的作业，达到提质增效的作用。同时，落实对学生的检查，即便是一节习题课，也要让学生提前做，然后通过自查自阅，清楚学生做的情况，讲评做到心中有数，重、难点突出。

3.做好查漏补缺工作

针对学生作业的情况，及时地查漏补缺。作业的目的是为了夯实所学内容及提高学生的应用能力，质量评价是为了及时地了解学生掌握知识的情况，所以我们要重视作业反馈的情况和质量评价的结果，因势利导地放慢教学的进程，做好针对性的训练，以使不同的学生都有所收获，不断进步。

第三，不断地提升教师的专业素养和师德修养

一所好学校就是因为有好教师。当下生源的变化也对我校的教师提出了更高的要求，那就是这么多年我们能把优等生教好，是因为他们的基础好，当下我们能把学困生教好，那是因为我们比其他学校有更精良的师资队伍，所以对于目前的生源情况，我们各位教师要适应这样的学生，更要不断地提升专业修养与师德修养。

1.学校细化活动的安排与要求，督促教师不断地学习

每一次的反思，都是从安排的工作落实情况，总结工作过程中的经验与纰漏，反思今后的工作该怎么做，制定详细的工作方案。开学初结合检查教案情况，学生假期作业完成情况，我们制定了《长安一民备课要求》和《长安一民作业布置检查及批阅要求》，本学期就是按照相关的要求进行检查督促的。针对每一次质量评价，年级组认真地进行数据分析，针对数据显现的问题，领导下班听课，指导教师改进课堂教学。通过开学初领导走进教师的课堂，发现教师在备课、上课等方面存在着一定的问题，及时对问题进行了梳理，并召开了青年教师座谈会，对青年教师进行中考题的测试，领导对个别教师进行谈话。通过看、查、反思等措施，不断地细化各项工细化、创新各项工作，督促教师不断地改进，完善工作。

2.重视备课组活动，加强教师同事间的交流学习

多年来，备课组活动在每周二下午第八节课，备课组活动的实效性有待提升。为此我们要求备课组活动从事务性安排向研究性活动转化，备课组活动除了安排相关的学校活动外，要说一说上周教学中的问题，大家探讨怎样解决；要有两个主备人，安排下周的新课如何上，对今后一周的新课进行说课，特别是重视教学的目标、重难点、学情、教法及学法的分析，其他的组员注意记录，改进自己的教案；每周要有课标学习，教育教学方面的资料、视频，师德方面的学习资料，特别是优秀课例的学习等。总之，充分利用备课组活动，尽最大限度地发挥团队协作力量。

3，要学习做有温度的教育

在学校规章制度的约束下，更近距离地走进学生的心灵，才能收到更高的教学效果。所以每一位授课教师要树立时刻做学生的思想教育工作的意识，用心与学生交流，这是我们每一位授课教师的责任。课堂上学生的一个眼神，学生的表情，学生的语言，学生的行动，我们都能读出他们的心声：你讲的是否太多了，有没有这种必要？还是学生做的时间不够，要再结合课堂实际给学生更多的时间练习？每一次学生的动手、动脑、用心是否得到你的关注和评价？你是否从学生的反馈中，意识到还需要进一步讲解，还需要有针对性地训练，还需让学生自己发散思维，一题多解？在与学生相处的过程中，形成一种默契，一种信任，就自然对学生会多一些宽容、理解、等待、关心与呵

护，自然就形成了有温度的教育。

总之，面对我们参差不齐的学生，重视我们的学情和校情，不断努力地学习、探索、反思、实践，拉近与学生的距离，形成有温度的教育。相信我们的教师，传承了我们一民人的认真敬业，团结奉献的工作作风，相信我们全校教职员工一定会不忘初心，牢记使命，一如既往地做好教育教学工作，让长安区第一民办中学继续成为学生喜欢、家长满意、社会认可的家门口的优秀学校！

呵护学生未来，一路陪伴成长

陕西省西安市长安区第一小学　贺芳

学校是传授知识的场所，是温暖人生的港湾。在这里，生命的价值与意义得到了最初的滋养和哺育，让每一位嫩绿的幼芽，结出光彩的人生果实。办学伊始，我校办学条件较差，师资力量薄弱，不仅生源稀少，就是教学设施也满足教学要求。提到这些，我校校长贺芳总是深有感触地说道："我见证了这所学校美好的十年，10年来，伴随着一小的成长，我也在一步步的成长、成熟！"，今天，在政府和社会的大力支持下，凭借全校师生的精诚协作，团结努力，学校发生了翻天覆地的变化，办学条件不断改善，校园校貌焕然一新，绿树成荫，花草繁茂，俨然一片生机勃勃的景象，成为一片欢快的校园！

一、书香漫漫，绿树成荫

到了今天，除了校园环境发生变化之外，我校的文化气息也愈发浓厚，让人仿佛置身于一处祥和清新、端庄典雅的文化长廊，这里的一砖一瓦、一草一木，一文一字……无不体现着学校管理者的用心用情。提到学校，贺芳校长有着无数的感慨和感动。2011年，学校刚建成，她怀着对教育的一腔热情，满怀梦想地走进了这所新校，担任起副校长一职。一路走过从高中数学老师、管理者到小学副校长这样的路程，一开始她还不是很适应。"虽然有一定的教学和教育管理经验，但对小学教育涉猎并不多，真正到了一小，压力蛮大！"贺芳坦言。为更快地提升自己，更好地投身于教育事业，贺芳校长潜心学习，积极参与各级各类教育教学研讨和培训，并将学习到的知识与自身对教育的理解融会贯通，形成自己独特的教育风格。

一所新建校，设备设施、师资、制度等一切都要从零开始。她深深知道这一点，为此，她敢闯敢拼，主动扛起学校的各项工作任务，经常深入工作一线，深入课堂，深入教师中，从办学理念，校园文化建设，到教师队伍培养、学生学习生活……方方面面都深度参与，亲力亲为，勇于创新，注重实效。在团队的共同努力下，短短几年，学校就交出了一份令人满意的成绩单——从校园文化建设、设备设施，到师资队伍、课程建设等各方面，都取得了前所未有的提升，荣获"陕西省文明校园"、"陕西省'316工程'素质教育质量提升优秀学校"、"陕西省德育工作先进学校"、"陕西省艺术教育示范校"、"西安市减轻学生课业负担示范学校"、"长安区名校"等几十项殊荣。

二、爱如雨露，浇灌成长

十年如一日的坚守只为传递温暖和力量。"情与教育相伴，爱与服务同行"，这是校长贺芳一直以来践行的工作格言。每天早上7点，她的身影都会准时出现在校门口，迎接每一位学生。就这样一年又一年，她坚持了十年，无论炎夏寒冬，她的身影成为学校门口一道最温暖的风景。她十年如一日的坚守，感动了身边很多家长，有家长直言，"正因为有这样一个校长，才能给孩子们传递一种力量。这种力量是胜过教育本身的。"2019年9月，贺芳担任了校长。作为一名小学校长，她深知肩上的担子很重，因为这些孩子就像一颗颗小树苗，从小养成好的品德行为，以后的人生才不会跑偏。就像一小的教育理念所言，"替学生未来着想，为人生幸福奠基"。她把德育理念贯穿在学校的各个环节，更是落实在细节上。"小学这六年，真的是影响孩子一生。我希望在小学这六年，孩子们能打好基础，更好地发展。"

"我的角色就是引领和助力，引领学校内涵式发展，助力我们的老师，在这所学校里变得更从容、更睿智、更优雅，助力孩子们感受幸福人生的理念和向阳教育的熏陶。"这些都是贺芳校长的诚挚之言。

十年的历练，贺芳校长在管理上不断积淀经验，也沉淀下很多自己的想法和举措。在她的带领下，长安一小教育集团项目化推进"名校+"工程，让名校品牌进一步发挥优势引领和辐射作用。

三、不忘初心，大爱无疆

转眼之间，这座美丽的校园即将迎来10岁的生日，贺芳校长也在这所校园里度过了她的十年青春。回首这十年，她百感交集，她感叹道："十年前的自己就像海绵，努力去汲取各种营养和水分，吸收各类先进经验，而10年后的今天，自己变得更加成熟和稳重。这十年，每一次的突破都有所获得和成长。"

十年走来，她的每一步都走得十分坚实。未来的十年，她会继续沉淀自己的教育思想，把好教育教学的方向，敢于革新，致力发展。贺芳校长说过。"尤其是我市基础教育提升三年行动计划开展以来，出现了很多新的学校，带来很多新的挑战和机遇。十岁的一小，如何在新校林立的环境中，具有自己的特色，内涵式发展，这是我们必须要去思考和规划的。"

"作为女性，我希望用自己柔弱的肩膀，扛起长安基础教育的责任和对孩子们的爱，我要在长安这片热土上扎根爱的教育，让一小真正走进学生的心中，家长的心中。我希望每一个在一小，甚至路过一小的人，都能感受到教育的力量和温度。"，这就是贺芳校长心理朴实的理想，也是给予教育的最有力的回答。未来路上，我们相信，在贺芳校长的领导下，学校的这片育人乐土，一定会让每位学生扬起微笑的脸颊，绽放人生最美的光彩！

践行新教育，助推学校内涵发展

陕西省榆林高新区小学　王丽

教育是一种系统工程，"教"是手段，是方法，是途径，是过程；"育"是追求，是目标，是结果。"新教育"的核心是让师生过一种幸福完整的教育生活，通过营造书香校园、师生共写随笔、构建理想课堂、聆听窗外声音、培养卓越口才、建设数码社区、推进每月一事、缔造完美教室、研发卓越课程、家校合作共建等行动，旨在改变学生的生存状态、改变教师的行走方式、改变学校的发展模式、改变教育的科研范式。我校全体师生以实际行动践行着"新教育"的宗旨，引导着学生享受成长、快乐学习，推动学校内涵发展。

一、创建书香校园，营造阅读氛围

我校在以往创建书香校园的基础上，有机融合新教育理念，优化书香校园建设方案，从教师层面、党员层面、学生层面、家长层面四个方面做了安排。进一步深化书香校园建设工作。

营造阅读环境。图书馆建设，满足师生阅读图书资源数量和种类；阅览室建设，营造开放的、便捷的阅读场所；廊道文化、墙壁文化、楼梯文化的营造，让墙壁会说话，让校园里每个角落都是阅读的环境，都是滋润孩子心灵的场所。

缔造完美教室，打造特色班级文化名片。学校各班级图书角、班级文化墙、班级活动剪影、学习氛围、班名、班徽、班旗、班歌、班诗、班规、班级公约口号，班级公示栏、信息栏、图书角，"人人有事做，事事有人管"展示栏，再加上各班不同的小组建设和各具特色的文化创设，给学生营造了和谐快乐地文化环境。为学生创造一个共同生活、共同阅读、共同进步的心灵的领域。

整合阅读资源。整合语文主题丛书阅读内容，整合古诗诵读课本内容，整合推荐书目、整合学生家中最喜爱的图书，实施图书漂流，让阅读资源满足学生需要，丰富阅读资源。

开发阅读课程。依托语文主题课堂教学，深入实践语文主题学习活动，通过此活动实现课内大量阅读，提高学生阅读能力。坚持"一日四读"活动，即：晨诵、午读、暮省、课前分享，让阅读成为师生最日常的生活方式。开发校本课程，丰富和深化书香校园建设工作的落实，保证学生阅读时间。

开展多彩的读书活动。组织"书香班级"、"书香家庭"评比活动，通过班主任发动学生和家长积极阅读；通过"读书之星"评比活动，发动师生喜欢阅读，通过好书推荐活动、读书心得交流活动、读书成果展示活动、亲子共读活动、师生共读活动等调动师生读书的兴趣、培养师生读书的习惯，通过定期读书节成果展示活动，如经典诵读比赛、成语故事大赛、汉字听写大赛、中国诗词大会、演讲比赛等竞赛、展演活动助推书香校园建设工作。

学校通过校本研修工作的规范化管理、常态化研修、全员化参与。实行1+x的方式确定研修主题，研修项目齐全，共包括15项内容，涉及课堂教学、家校育人、个人自主学习和集体研修，每项内容和任务要求明确、具体到数量要求和质量要求。要求教师撰写每日一得不少于100字，每周书写粉笔字和钢笔字，每月举行一次读书交流评比活动，每学期完成30节听课笔记，撰写高质量的微课设计1篇、教学反思1篇、说课稿1篇、家访记录10节、撰写1篇教育叙事（或举行1次征文比赛）、读书心得1篇、培训学习心得1篇，每学年撰写主题学习笔记10000字，政治学习笔记10000字，每学期精读3—5本好书、完成一本读书笔记；每年阅读不少于10本好书。学校通过这一抓手，记录教师成长的足迹、反思自己的行为、提高写作的能力，而且还能激发职业热情，体会到教育的光荣和幸福，从而促使自己主动地发展，提升自我的业务水平和专业素养。

二、创建智慧校园，打造阳光课堂

建设数码社区与学校的智慧校园创建有机融合，促进学校智慧校园建设工作深化发展。"建设数码社区"可以理解为"创建智慧校园"，榆林高新小学智慧校园创建工作在制度管理、教师培训、资源创建、智慧课堂等方面下大功夫，加强学校内外网络资源的整合，通过"三通"、"两平台"让师生进行网络学习、交流，创建教研圈，在操作与实践中培养师生的信息应用能力、提高教学效率、打造智慧课堂，利用钉钉平台实施信息化办公，实施网络研训，微信、QQ交流群、共享优质资源、实现无纸化办公。

学校注重师生的理想信念教育，深入学习贯彻新时代中国特色社会主义思想，思想道德教育，全面培育和践行社会主义核心价值观，注重师德师风建设、校园“三风”建设，以及校园文化建设，成功创建为榆林市级文明校园，继续强化文明建设力度和强度，努力向省级文明校园迈进。

新教育指出理想课堂的“六个度”：一是参与度，二是亲和度，三是自由度，四是整合度，五是练习度，六是延展度。这些理念与我校的“阳光课堂”的理念完全吻合，所以，新教育将继续推进我校的“阳光课堂”深化发展，打造特色课堂教学模式。

深化课程改革。依托小组合作学习，在新教育的引领下继续深入推进课堂教学改革，推进语文主题学习教学、推出各学科特色课堂教学模式。

研发卓越课程。整合国家三级课程，形成学校课程体系和管理制度，打造学校七彩阳光校本课程，开发特色课程、精品课程，逐步走向卓越课程。

三、开展阳光活动，培养阳光少年

学校主题活动，以“关注学生的终身发展，培养良好习惯”为宗旨，确定鲜明主题，通过系列活动，开展良好习惯养成教育，促进校风、学风建设。“一月一事”与学校的各项活动有机融合，活动主题与时事、时令相结合、与学校计划、区域实际资源相结合、与培养卓越口才结合，通过国旗下讲话、主题队会、班级板报、实践活动、电影、视频等形式开展每月主题教育活动。

落实德育课程。打造德育课程，坚持“五育并举”发展素质教育。实现课程育人，文化育人、管理育人、实践育人、社会育人的目标。

聆听窗外声音。“聆听窗外声音”就是开展课外知识讲堂或报告会、参加社会实践活动等形式活动，学校充分利用社会实践活动，让孩子聆听窗外的声音，让学生热爱社会、关注社会、热爱生活，最后帮助学生形成多元的价值观和社会实践能力。

培养卓越口才。卓越口才每日一练，每天利用“一日四读”中的“课前分享”活动锻炼学生的口才和表达能力；卓越口才每课一练，充分利用小组合作学习的方式，实施小组交流研讨和展示，提高学生的课堂参与度，锻炼和提高学生的口才；经典名篇输入，为了培养语感，无论是母语还是外语，都要朗诵和背诵一些名篇。充分利用《中华经典诵读本》、《英文名篇诵读》等校本教材；卓越口才课程开发，开发特色口才校本课程，开发出口才与演讲课程，小小讲解员社团，英语口语交际课程，成语故事会等课程，提升学生的口才；卓越口才比赛活动通过国旗下讲话、讲故事、主题演讲、辩论等形式，学生从愿说、敢说到大胆地说、会说、能说会道，从而形成终身受益的自信心，提高沟通能力和表达能力。

四、实施家校共育，促进学生成长

十大行动中还强调家校共建的重要性，家校合作是学校与家庭携手共同促进学生成长的一种教育行为，其目的是营造互动、沟通、协调、一致的家校和谐关系，形成同向、同步的教育合力作用，以共同促进学生的道德品质、行为习惯等诸方面健康发展。一个孩子的成长离不开家庭教育，家庭教育是一个人一生的底色。那么在家校共建中，就要挖掘出家长的优势和力量，让家长们真正参与到孩子的成长中来，让家长和孩子共同成长为一道美丽的风景。高新小学每学期开展家委会、家长会、家庭学校教育讲座、家长进课堂、家长志愿者等活动形成家校共育的合力。

新教育，新希望。新教育，新追求。在思考中提升，在提升中成长。点燃一线教师的教育激情，让一间间教室面貌一新，让孩子们的一张张笑脸灿烂绽放，让师生过一种幸福完整的教育生活，在践行新教育的过程中，我校全体师生将奋勇向前，不断开拓创新，书写更加精彩的明天！

用心办好学，构建成长型教育体系

上海市奉贤区实验·崇实联合中学　陈琳

近几年，政府在创健全国义务教育优质均衡发展区的过程中，提出了“成长型教育”的办学理念。对此，区政府高度重视，奉贤教育不断创设载体，如星光计划、支点项目、品牌项目、卓越教师培养工程等，这些因校而宜的举措极大地缩小了城乡差异和校际差异，不仅有力地推进了区域义务教育的优质均衡发展，而且促进了“成长型教育体系”的构建，提升了学校内涵，彰显了特色。

实验•崇实联合中学也是受益学校之一。为了缓解老城区实验中学的大班额问题，于2014年创办了实验中学分校——崇实校区。2019年9月崇实校区从实验中学析出，成立奉贤区崇实中学。现在是两块牌子，一套管理班子一体化运作，人、财、物是独立的，是一种最紧密的联合办学形式。因此，我们的目标是：把一所设备等资源配置充足到位的新学校，快速办成家门口老百姓信赖的高品质学校。

一、“求实尚美”，塑造良好品牌形象

实验中学是老城区的品牌学校，“求实”是实验的传统，我们“以造血干细胞植入骨髓的方式”，大力培育“求实尚美”学校文化，通过培育刚柔并济的制度文化，达成教师：敬业、爱生、博学、善教；学生：　励学、敦行、求实、创新。通过打造协调运转的组织文化，做到：横向管理实行同层组织整合，纵向管理实行责权分层协同，不断求真、求实、求效。通过创造优美润育的物质文化，如金钥匙大厅、“实美”墙体浮雕等，润物细无声。“求实尚美”得到全体教职工的文化认同，并内化为自觉的行动和追求。一位青年教师在“做学生心目中最棒的老师”论坛活动中感慨：“实验•崇实联合中学使我的人生观发生了巨大的转变，催我奋进，让我不懈地向‘课堂教学有神采，学生心中有魅力，家长圈中有地位’的目标迈进”。我也曾在教职工大会上说，如果要我给从教三十多年的分管校长一句评价，那就是对管理和教学始终充满热情、追求完美是你最可贵的品质！我们学校在区域内享有校风正、师风淳、学风盛的良好社会声誉，是上海市文明单位，2020年学校获义务教育阶段唯一的区长质量奖银奖。

二、“金钥匙课程”，开启学生无限潜力

构建金钥匙课程。我校的课程理念是“让每位学生拥有一把开启美好人生的金钥匙”，其中“美好人生”是指学生德智体美劳和谐、个性发展充分的人生。而“金钥匙”特指让学生具备持续发展的关键能力和必备品格。崇实中学教学设施设备完善，学校有形体教室、书法室、安全体验室、室内体育馆、理化生标准化实验室、英语听力室、智慧图书馆等功能室。在良好的教学设施前提保障下，我们整体规划学校课程，基于学生的需求，在做好国家课程校本化实施的前提下，设置了八大类拓展课程和四大类探究性课程，突出了“思想性、融合性、适用性和发展性”。如我校研发“避险救灾”校本课程，学习中运用到以多学科知识解决日常容易出现的“险、灾”问题，该课程注重实践体验，提供学生终身受用的基本技能。又如我们原创的校歌《金钥匙的约定》，作为拓展性课程在入学教育和各类活动中传唱，让学生明确金钥匙的含义，该校歌获得了上海之春国际音乐节优秀原创作品。“金钥匙”的课程方案获市中小学课程方案评比一等奖。

打造金钥匙团队。要给予学生金钥匙，教师首先要掌握金钥匙。新学校相对来说，职初教师居多，老校也呈现教师老龄化趋势。如何优化结构，盘活师资，使职初教师少走弯路，成熟教师突破瓶颈，管理团队更富领导力？我们依托区卓越教师培养工程，校际教师柔性流动、全员岗位聘任等举措，探索形成了“规划引领、梯队建设，项目驱动，多元评价”促进教师专业发展的策略。并针对两所学校联合办学的特点，强化了协同发展的组织管理、目标导引、智力支持等。形成了“碧池育新荷”青年教师快速成长，整体教师协同发展的特色，学校是上海市教师发展优秀校和上海师范大学卓越教师联合培养基地，管理团队被评为“教育系统先锋班子”。近几年，我们依靠自培的力量，不仅办好了两所学校，还为区域输送了多位优秀年轻干部。

“金钥匙”办学特色的最大成果就是培养出了自信阳光、潜力无限的学生。为此，实验•崇实联合中学每月评选和表彰金钥匙学生，学生们得到极大鼓舞，生命的潜力得到了极大地开发，涌现了全国最美中学生、宋庆龄奖学金获得者、上海市百优新时代好少年、上海市中考状元、中学生市运会冠军等。学校也被评为全国优秀少先队集体。

三、“远程教研”，促进区域教育均衡发展

我校始终致力于区域教育优质均衡发展，作为盟主和理事长学校，开发的“远程教研”项目被列为全国教育技术研究重点课题。依托信息化手段，与区域边远学校结对，形成了多主体、跨时空、低成本、高效率的教研新途径。远程教研多次在上海市教育博览会上展示。

学校还以管理互动、课程走动、教研联动、教师流动、评价促动为抓手，做到五动并举落到实处，使集团办学同频共振，持续推动集团教师专业素养和办学品质的双重发展。

“成长型教育体系”是基于素质教育精神提出的现代化教育整合模式。我校以国家教育方针为指导，结合本校教学发展特色，提出了“用心办好学，构建成长型教育体系”的发展目标。新成长教育理念燃起管理者的激情，激活办学的每一个细胞，十四五列教育项目机制的出台，更是智慧和行动的合力，必将进一步促进区域义务教育优质均衡，带动每所学校快速发展，走向卓越。

依校情，发展新时代劳动教育

上海市新港中学　周建新

上海市新港中学地处东海之滨的书院镇，距中心城镇地理位置略为偏远。然而，书院是一个有着悠久历史文化的地方，遍布着丰富的教育资源以及传承下来的非遗文化项目。为此，我们确立了“阳光育人，多元发展”的办学理念；“让生命出新，为成长筑港”的办学宗旨，

致力于培养具有“农村本色、城市气质、国际视野”的阳光少年。把偏远、农村地理劣势转化为传统、本真的资源优势，基于乡情、校情、学情，开展生机勃勃、富有活力的新时代劳动教育新实践，构建极具学校特色的新时代劳动教育新形态。

“教育的根本任务是落实立德树人”、“培养德智体美劳全面发展的的社会主义事业建设者和接班人”。这是习近平总书记对新时代中国特色社会主义教育，培养什么样的人做出的最响亮的动员。新时代呼唤劳动教育，是对劳动教育本质认识的回归。学校在开展劳动教育中，必须要准确把握劳动教育是什么、教什么、怎么教等关键内容。

一、学校开展劳动教育的价值与意义

教育部印发的《大中小学劳动教育指导纲要（试行）》明确指出，劳动教育包括日常生活劳动教育、生产劳动教育和服务性劳动教育三个方面，涵盖学习生活、居家劳动、校园劳动、志愿服务等各个方面，与德育、智育、体育、美育有分工，又对“五育”起到独特的促进作用。由此可见，劳动教育在培育德、智、体、美、劳全面发展社会主义事业建设者和接班人当中，具有独特性和极端重要性。

劳动是人类的本质特征，劳动创造了人本身，劳动创造了历史，劳动创造了世界。劳动不仅创造了“经济价值”，而且更重要的是“人生价值”、“精神价值”。习近平总书记在全国教育大会上，特别强调要在学生中弘扬劳动精神，教育引导学生崇尚劳动、尊重劳动，懂得劳动最光荣、劳动最崇高、劳动最伟大、劳动最美丽的道理。劳动教育应该发挥其鲜明的育人功能，在培养学生劳动意识和劳动能力的同时，发挥其在树德、增智、强体、育美方面的独特作用，让学生在生机勃勃、丰富多彩的劳动教育中感知、体验，了解劳动最光荣、劳动最崇高、劳动最伟大、劳动最美丽的道理，促进学生全面发展、健康成长。

二、学校开展劳动教育的方针与实践途径

（一）教育方针

劳动教育具有思想性、融通性、实践性、创新性等鲜明特点，开展劳动教育需要做到“三个结合”：理论学习与实践锻炼相结合、个体劳动与集体劳动相结合、传统劳动与创新劳动相结合。新时代劳动教育，在教育目标上，要落实“五育”并举；教育策略上，坚持“知行合一”；教育方式上，要面向未来，探索创新型劳动教育，引进“互联网+”劳动教育，“人工智能+”劳动教育；在教育过程中，要遵循教育规律，尊重学生年龄和认知特点。

从日常生活教育入手，着重培养学生劳动习惯、劳动态度和劳动品质，重视劳动集体在学生劳动教育中的重要地位和作用，切实增强学生劳动观念、劳动能力，培育学生勤俭、奋斗、创新、奉献的劳动精神，培养德、智、体、美、劳全面发展的时代新人。学校立足乡情、校情、学情，积极探索新时代劳动教育的途径和方法，重点抓好劳动教育“四化”：劳动教育管理一体化、劳动教育实践项目化、劳动教育课程多元化、劳动教育评价标准化，不断开创极具学校特色的新时代劳动教育新实践。

（二）实践措施

学校成立了由校长担任组长、分管校长任副组长、各部门人员一起参与的劳动教育领导小组及工作小组，定期召开劳动教育专题会议，研究制定学校劳动教育计划和工作安排，并有机融入学校工作计划中，整体推进学校劳动教育工作。为落实学生校外劳动教育实践，学校构建了由学校各部门条线领导、共建单位领导、学校家委会成员一起参与的、校内外联动的学校劳动教育管理网络，落实学生校外社会实践、公益劳动、岗位见习、志愿服务等活动的组织协调工作，建立“组织、管理、考核、评价”一体化体系，切实保障劳动教育有序有效实施。

学校高度重视劳动教育项目的开发建设，立足校情、学情，坚持科学、安全、规范原则，开发设计符合学生年龄特点的劳动教育实践项目，学校还组织由学校领导、学生代表、家长代表共同参与的评估小组，对校外教育基地进行遴选和评估，切实保障学生校外劳动实践的安全、规范、有效。

三、聚焦素养培育创建劳动教育课程体系

课程教学是劳动素养培育的主要阵地，我们聚焦学生劳动素养培育，形成“四位一体”的劳动教育课程体系，包括隐形课程、基础课程、拓展课程、实践课程，为学生劳动教育奠定扎实基础，提供了有力的资源保障。

（一）隐形课程

可以分为三类：一是学校办学思想，二是学校人际关系，三是学校校园文化，均对学生的劳动素养培育产生潜移默化的深刻影响。

凝练学校核心办学宗旨，体现育人目标。学校提出“让生命出新，为成长筑港”的办学宗旨，致力于培育具有“勤奋、淳朴、友善”品质；“大气、包容、创新”气质；“开放、沟通、合作”视野的新时代“阳光少年”；凸现学校“五育”并举、全面发展的育人导向。

建立平等、和谐的师生关系。加强师德教育和育德能力培训，把师爱作为师德的核心，培养良好的劳动态度和习惯以及合作交流能力，树立集体观念、团队意识，教育学生幸福是奋斗出来的道理。

创设愉悦、民主的氛围。学校专门设置校园景观小品，定期更换宣传栏版面，布置文化长廊展板，布局德馨书院，教室内布置劳动公约、劳动常规等，营造包容、理解的和谐情态。

（二）基础课程

学校严格执行国家课程标准，严格实施课程计划，有效落实劳动教育必修课教学。学校重视学科教学中劳动教育的有机渗透，每学期组织开展劳动教育专题研讨活动，开展基于劳动素养培育的课堂教学设计评比和教学研讨，切实将新时代劳动教育新思想融入日常教育教学中。学校还积极开展学科劳动素养的专题研究，针对各类学科知识体系和学科本质，梳理各学科劳动素养培育目标和要点，为学校开展学科劳动素养渗透提供科学、可操作性内容和方法。

（三）拓展课程

学校因地制宜，引进当地非遗文化、开发特色校本课程，形成了石雕、手工衍纸、土布文化、手工凿纸等10多门传统文化拓展课程。通过对非遗、传统文化的深入学习了解，感受家乡人民的勤劳、淳朴、智慧和优良美德，体会非遗文化的独特魅力，学习掌握传统技艺，培养良好的劳动意志品质。

（四）实践课程

为丰富学生劳动实践体验，学校结合校园文化节（感恩节、科艺节、心理节、阅读节、体育节、英语节），有机开展劳动教育实践，譬如，在感恩节期间，组织学生开展感恩行动：制作一张感恩卡、做一件家务劳动、写一段感恩话等，感恩日夜操劳的父母长辈；在科艺节，组织学生开展厨艺创意设计，鼓励学生参与家务劳动，自主设计烹饪一道菜，并与父母分享等等。

学校各类课程从不同纬度，强化学生劳动素养培养，不仅培养了学生劳动知识和技能，更重要的是培育学生良好的劳动观念、劳动习惯、劳动品质和劳动精神，为学生全面发展奠定了扎实基础。

四、进行劳动教育评价，收获满意成绩

学校围绕学生劳动素养培养目标、内容和要求，制定了学生劳动素养自主评价手册和积分管理细则，引导学生积极参与劳动教育实践。学生全程参与并完成规定任务，可获得相应劳动积分。学校建立“劳动之星”评选制度，对年度劳动教育表现突出的学生，授予学校“劳动之星”荣誉称号并给予表彰。这样每个孩子都会积极参与到劳动之中，而“劳动小达人”、“劳动之星”的遴选，营造了热爱劳动，维护荣誉的氛围。从对劳动的热爱到对荣誉的守护，这是一个思想的升华。

劳动教育最根本目的是培养学生良好的劳动态度、习惯，锤炼顽强的意志品质，促进全面健康成长。学校根据劳动素养培养目标，设置了校内外多个劳动实践区、劳动实践基地，形成富有特色的学生劳动教育实践项目。校园内以班级为单位，包干清洁卫生和劳动实践区，校园劳动实践已成为学校一道靓丽的风景线；校外“书院人家”职业体验已连续多年，为学生参与职业体验、增长劳动技能提供了很好的实践平台，深受学生和家长的欢迎，此项目在2019年未成年人暑期优秀项目考核中被评为一等奖；学校还与书院镇辖区的三个居委一起开展暑期学生社区岗位见习锻炼，让孩子们走入社会，更好了解社区事务，同时体谅社区管理的不易和艰辛。

劳动创造财富，劳动人民最美，我们每个人自呱呱坠地之时，便与劳动产生了联系。婴儿通过吸吮获得乳汁，这是人类最初形态的“劳动”。所以说，劳动是一个人为人立世的基本能力。依校情，发展新时代劳动教育，既是教育的返璞归真，也是新时代素质教育的大势所趋。我相信，我校将在新时代劳动教育精神的引领下，迈向未来更广阔的发展之路！

弘扬爱国精神，传承红色基因

四川省成都市龙泉驿区灵龙小学校　张清发　彭智东　宁惠琼

一、基本认识

“国防教育要从娃娃抓起”——邓小平

“国无防不立，民无军不安！”

“我们的军队是人民军队，我们的国防是全民国防！加强全民国防教育，为实现中国梦强军梦凝聚强大力量！”——习近平

在党的十九大报告中，习近平总书记指出要加强全民国防教育，对于我们振奋和培塑民族精神、强化忧患危机意识，以及把握发展的重要战略机遇期具有极为深远的意义。

国防教育，实质上是以爱国主义为核心，以适应国家安全形势为前提而进行的生动实践的国民思想教育活动。其基本功能是激发学生的爱国热情、强化国家利益至上意识、培养学生为国家安全和发展而献身的民族精神和气节。学校国防教育工作是全民国防教育的基础，是实现立德树人根本任务的有效途径。习近平总书记的重要指示为深化学校国防教育改革提供了根本遵循、指明了前进方向。

少年兴，则国兴；少年强，则国强。学生是祖国的花朵，也是祖国的希望。学生的国防教育是全民教育的基础，同时也是实施素质教育的重要组成部分。成都市龙泉驿区作为全国首个“五育并举”示范区，在开启建设“高质量教育体系”新征程，瞄准“三个一流”，努力

建成成都市的教育强区，四川省教育名区，国防教育作为龙泉驿区实施素质教育，建设龙泉高质量教育体系的重要内容。

二、基本情况

成都市龙泉驿区灵龙小学位于成都市东郊十陵街道，距成都市中心天府广场约10公里，毗邻著名文化古迹明蜀王陵、成都最大湿地公园——青龙湖、2022年第31届世界大学生运动会“大运村”所在地——成都大学。

20世纪90年代，一批军工企业内迁至十陵，灵龙小学由前4所军工子弟校合并而成。学校现有教职工108人，学生1640人，在“至真至善 成己成人”的办学理念下，努力培养厚德、启智、强体、悦美、善劳，脸上有微笑，眼里有光芒，脚下有力量，心中有梦想的“五学四有”灵龙好少年。

学校先后被评为“全国规范化家长学校”、“亚运足球梦想学校”、“全国青少年校园足球特色学校”、“全国冰雪运动特色学校”、“四川省校园足球示范学校”、“四川省创意编程示范校”、“成都市阳光体育示范校”、“成都市艺术特色学校”、“成都市科技基点校”、“成都市科技示范校”，立体阅读、足球、STEAM、烙画已形成区域影响力。

三、常态工作及成效

在“五育并举”的示范区的强有力目标引导下，灵龙小学以“百年灵龙”为发展愿景，认真落实“五育并举”要求，全面落实“立德树人”根本任务。为认真贯彻《国防教育法》，大力开展以爱国主义为主旋律的国防教育，学校依托四所兵工厂优势，坚持“弘扬爱国精神，传承红色基因”从娃娃抓起，把“爱国精神和红色基因传承”作为国防工作的重要载体，让“艰苦创业、无私奉献、团结协作、勇于创新”的三线精神在孩子们心中扎根发芽，植入灵魂、融入血脉。努力构建厚植爱国主义情怀、传承民族精神、培养奋斗精神的红色文化课程体系，提高育人质量，为学生终身发展奠基。

(一)红色教育，营造氛围

校园环境是师生赖以学习、工作、生活的外部条件，是校园内在精神的外化，体现了一所学校的文化内涵。红色校园环境建设，让学生耳濡目染，实现环境育人。

与社区共建红色宣传阵地，学校地处宁江、天兴社区内，学校和社区共同围绕“国防教育和红色教育”这一主题，让每一道墙说话，让每一道墙育人，围绕“三线精神”、“红色基因”，无声述说革命故事，引导学生学习革命历史，感召革命精神。

(二)红色基因，课程育人

“教育要从娃娃抓起，国防教育也必须从少年抓起。”课堂教学是学校教育的主阵地，为了把德育育人与红色基因紧密结合起，学校通过特色项目课程向融合，以“童心向党”为基石，创设了“学”党的知识、“踏”党的足迹、“颂”党的精神、“行”党的使命红色文化课程体系。

1.党史活动，激发学生爱国主义热情

学校通过每周一讲、每月一说、每期一唱、每期一看等党史学习活动，让同学们清楚地看到国防教育的发展历程，激发学生参加国防教育的热情。

(1)“讲”出党的历史：将红色教育纳入学校立体阅读课程中，开展“党史我来讲”活动，通过朝会、晨会诵读、大课间、红领巾广播站等方式播放或讲述红色革命故事。

(2)“烙”出党的印记：以烙画课题为中心，以红色教育为题材，发挥学生的主动性，培养学生爱国主义情怀，让烙画这项传统技艺在红色教育课程上落地生根。

(3)“绎”出党的历史：结合学校传统文化特色课程——川剧，孩子们呈现出英雄的群像，同时也展现出川剧的艺术魅力，让英雄形象以川剧的形式贴近观众，使爱党爱国爱人民的爱国主义教育更加深入人心。2020年荣获成都市校园春晚金奖。

(4)“绘”出党的风采：开展“建党100周年”主题活动，孩子们用心描绘英雄、用情认识英雄，抒发爱国情怀。好的作品悬挂在学校走廊、陈列室，让红色教育潜移默化地影响学生。

(5)“唱”出党的辉煌：举办“红歌伴我行”红歌传唱活动，启迪思想，陶冶情操，传递社会主义核心价值观，提升学生精气神，激发学生爱国情怀。在今年龙泉驿区第十五届中小学艺术节合唱比赛，我校荣获全区公办学校第一名，并代表龙泉驿区参加成都市第十三届艺术节“红歌传唱”比赛。

2.专题课程，培养学生的军事国防意识

在全民中加强国防教育，从青少年培养抓起，提高全民国防意识和国防能力。学校通过在班会课中开设专题国防课，普及军事知识、开展国防知识竞赛、国防知识讲座，观看爱国主义题材电影、学习当前新的国际形势发展变化，提高学生国防意识，增强学生民族向心力、凝聚力。

3.纪念日主题活动，提高学生的综合素质

学校以少年先锋队为抓手，以“红领巾心向党”为路标，开展重大节日、重大历史事件和重要历史人物的纪念日主题活动。每期常态开展到军工或军转民企业参观，让学生们感受祖国强大、科技发达，增强学生自豪之情；“七一”建军节时，开展“党史我来讲”主题系列教育活动；9月底，开展全校国防教育：一、二年级学习了解军史旧闻，三四年级学习了解中国军事，五六年级开展军事训练。通过军事故事讲解、实地参观、实践训练等，帮助学生养成严守纪律、吃苦耐劳等良好品质，激发学生的爱国热情，增强学生的爱国主义观念、民族忧患意识。

实践证明，我校开展“弘扬爱国精神，传承红色基因”国防教育活动，对提高了学生的素质，使他们在思想、作风、纪律、道德、学风、自我管理、集体主义精神等方面都有了显著地提高。

2021年是建党一百周年，灵龙小学立志培养“五学四有”灵龙好少年，发扬特别能吃苦、特别能战斗、特别能奉献的三线精神，为民族大业，风劲扬帆、乘风破浪，办人民满意教育！

实施积极教育，创建幸福学校

四川省成都市郫都区红光思源学校　刘渝　张勇

近年来，随着地域环境和经济的快速发展，很多学校面临着严峻的挑战。一些学校师生数在短时间内快速膨胀，造成学校从顶层设计到办学思想，从师资队伍建设到常规管理，从内涵发展到自主创新，从课程体系到特色建设，从文化建设到品牌打造都需要精细的打磨和文化的沉淀，如何破解学校发展中的瓶颈，让学校在迈向新优质学校的路上走的更为坚实？实施积极教育，创建幸福学校是在研究新方法、呼唤新模式的探索学习中，达成优质教育、实现幸福校园的助力推进。

自2018年来，我校就把实施积极教育，创建幸福学校作为更新教师观念，提升师生素养，打造高效课堂，达成家校共育，提升校园文化，营造良好氛围的契机，确立了“统一思想，全员参与，边学边做，积极践行，探索推进”的工作路径。按照学校发展的规划和要求，制定学校积极教育行动计划，通过系列的学习培训，使绝大多数教师深入理解了积极教育的内涵和意义，主动参与，积极配合，将积极教育全面、全员贯穿于学校管理及教育教学活动中，极大地促进了学校教育教学质量和素质教育的提升，形成了“知恩思源、感恩思源、创新思源、积极思源、优教思源、幸福校园”的系统化的探究实践和培养目标。目前积极教育作为一种新的理念和新的方法已经被思源学校师生和家长认可。把积极教育的理念落实到日常教育教学的点点滴滴之中，实现心灵沟通、情感交流和爱心传递，以更加阳光、自信、积极、快乐地心态，愉快工作，快乐学习。

我校在创建幸福学校内涵、路径和机制方面的思考和探索

一、实施积极教育，创建幸福学校，必须准确把握幸福教育的理念内涵，统一全体师生家长的思想

学校自成为试验学校以来，行政会专题对创建工作讨论五次，充分利用教师会、家长会、教师培训会、升旗仪式等各式集会及培训。形成了浓厚的积极教育氛围。现在学校方方面面工作在开展中都贯穿了幸福教育。幸福教育的理念深入人心。

二、着力构建党建引领的“思源幸福讲堂”

以党建铸魂、责任聚力、师德树风、积极提能、优教思源、幸福校园为创建工作路径。结合幸福学校创建，深入开展以“初心绽放、幸福思源”为主题的学习培训、示范交流、分享宣传等系列教育教学活动。为队伍建设、能力提升、学校发展提供科学的理论支撑和坚实保障。

三、构建组织保障，落实责任主体

学校成立以校长为组长、分管校长全面负责的幸福学校创建三年行动计划领导小组，并在领导小组下设幸福学校创建办。学校党政工团全员参与，学校后勤保障中心、教师发展中心、学生成长中心、创新优化中心各司其职又相互协作，明确工作职责工作分工。

①创建办负责日常事务及对内对外部门协调、衔接。

②各部分根据分工情况，在分管校长的领导下，组织相关教师开展活动，做好创建工作。

③各部门按分工制定详尽部门方案及工作月表严格推进。落实到人头，落实到时间。

四、牢牢抓住六大行动构建，让创建工作落地、让学校提优升级

1、幸福校园提升行动。结合学校五年规划，学校从“平安幸福思源”、“书香幸福思源”、“感恩鼓舞幸福思源”三方面重点入手开展工作加快学校提优工作。同时全面推动学校绿化、美化、亮化提升，巩固园林式学校成果，为师生提供整洁优美、温馨宜人的学习和工作环境。把“伟人足迹，红色记忆”内化为“知恩于心，感恩于行”的校园文化特色，着力打造“知恩思源-感恩思源-行知思源-创新思源-幸福思源-优教思源”的链条式特色校园文化。充分挖掘“感恩”文化，持续推进特色校园文化建设，形成“感恩思源鼓舞思源”校园文化校本课程。围绕“从爱出发，让爱绽放”办学理念和“塑党建之魂、扬积极之风、种思源之花，结幸福之果”办学目标，实现从农村优质学校

到中心城区优质学校的跨越，形成以“感恩、国际化、创新、足球、鼓舞思源等艺术特色”为主的多彩校园文化氛围。

2、幸福教师培养行动。一方面加强师德师风建设，巩固师德师风建设长效机制，开展多种形式的师德专题活动，引导广大教师争做“四有”好教师，不断提高职业道德水准。完善师德考评制度，建立学生、家长参与教师满意度测评制度，每期开展“最满意教师”、“身边榜样”、“先进工作者”等评选活动及宣传。另一方面重视促进教师专业发展。按照“全面保障——引导培育——能力提升——成长激励——共同幸福”五个环节来分步实施，通过三年的努力实现教师全员共同幸福。深入开展“优教思源，幸福校园”赛课活动，加强学科教师教学能力专项培训研习，建立分层级、递进式、可持续培育机制，造就一批教学名师。扩展教师成长提升平台，向每一位追求进步、渴望成功的教师畅通发展通道。公平有效运用学校资源，建立科学、动态、竞争的教师发展环境，挖掘、发挥每一位教师的特长和优势，建立教师及学校后备干部成长机制，促进教师在最合适的岗位上实现最大的人生价值。第三方面着力提升教师职业幸福感。“走进思源门就是思源人”，依法保障教师合法权益，优化教师工作、学习、生活条件，丰富业余生活，增强教师对学校的归属感。完善教师表彰奖励制度，做好国家及省、市、区模范教师、优秀教师和先进教育工作者推荐表彰工作。加强人文关怀，实施暖心慰问工程，建立对困难教师的物质帮扶机制，加强教师心理健康教育与指导。切实保证教师在学校重大事项决策过程中的知情权、参与权，让每一位教师真正享有学校主人翁的尊严和幸福。

3、幸福课堂构筑行动。幸福课堂构建是幸福学校的核心。学校教师发展中心按照“制定标准——宣传培训——教研探讨——实践达标——赛课提升——示范引领——全员优质”八个环节分步分层实施，计划通过三年的努力实现教师全员优质的幸福课堂。为深入开展“幸福教育·课堂改革”先后开展了50次幸福课堂教学模式探究，覆盖全学科全学段。学校名师示范引领课、新教师过关课、全员教师转转课等促进教师专业发展，在“传帮带”的氛围下全面开展“幸福课改”。在中国教科院指导下我们对7、8年级全体学生进行了幸福课堂调查问卷，效果较好。此外学校还积极参加教育局省级课题子课题研究并以课题研究形式大力打造积极有效地“幸福行知课堂”。在幸福行知课堂的探索下近年来在新教师基本技能大赛、教师各类赛课中思源学校荣获一等奖比例不断提升……本学年中小学期末调考成绩以及毕业考试成绩各项指标均超区平。小学非语数学科能力检测成绩也在节节攀升，实现从原来25%的优秀率提升到80%的优秀率。我校四年级道德与法治、四年级美术、五年级科学、六年级音乐在小学学科能力检测中均取得一等好成绩，初中部成为郫都区五朵金花学校之一。

4.幸福班级建设行动。按照“制定标准——培训班主任——深入了解学生——指导自主管理——凝练班级文化——主题班会及活动——成长性激励评价——星级幸福班级评定”八个环节来实施，学校学生成长中心抓住强化自主管理、凝练班级文化、营造和谐氛围三方面计划通过三年的努力实现“幸福班级”全覆盖。

5、幸福学生培育行动。幸福学生培养是目标。我校学生成长中心教师发展中心按照“减轻课业负担——激发兴趣动力——丰富社团实践——培育优势特长——强化体育锻炼——培育积极心理品质——疏导心理问题”七个环节来实施，学校部门分工合作，制定实施方案，组织实施。开展“争做思源幸福娃”系列活动，通过社团活动和少年宫活动的开展，利用艺术节、体育节、奉献爱心等活动，搭建学生成长平台，充分借力每月的主题教育活动让孩子们知恩感恩、乐在校园。品格教育活动塑造学生良好的品行习惯；篮球、排球、跆拳道、小乐器、舞蹈等社团课程，丰富学生的课余生活；“廉洁文化进校园”主题系列活动让孩子们更深入的学习廉洁文化；新生入学让我们盛大相遇激昂青春；少先队建队日系列活动六一儿童节孩子们表现精彩纷呈；14岁集体生日会暨入团仪式活动孩子们幸福满满；“希望之星”英语演讲比赛孩子们踊跃展现；校园反恐演练强化安全意识；“爱成都迎大运”主题系列活动让我们更为成都这座城市的发展深感幸福和骄傲。专家“疫后初霁，向阳而生”主题公益讲座、小六初三升学动员大会、云端誓师、“弘扬大运精神，共筑幸福校园”校园体艺节……丰富多彩的校园活动助力了阳光自信包容的思源学子们幸福成长，大型活动更让学生在活动中体验，在体验中成长，也切实提高了德育工作的实效性

6.幸福家庭促进行动。“我们共同一个家，我们共育思源娃”，按照“参与学校管理——畅通沟通渠道——开展家教培训——交流家教经验——倡导学习型家庭”五个环节来实施，“小手牵大手”让积极教育走出学校、走进家庭、走进社区。学校学生成长中心、创新优化中心共同制定实施方案并组织实施。

五、特色创新着眼传承

1.学校创建办对创建工作进行跟踪督导，每月以“幸福思源”校报学校微信官网为载体对学校六大行动工作进行呈现，并纳入年终评优考核。

2.每年5月份进行六大行动创建典型经验总结并固化幸福先进班级、幸福教师标兵、幸福家庭评选工作。

3.充分尊重与挖掘地域历史文化，注重文化引领学校发展，赋予学校发展新生命，着力打造“思源感恩，知行合一”的特色校园文化，建立校内外幸福空间基地，鼓舞思源大厅、感恩亭、幸福桥、思源讲堂等赋予校园硬件生命与文化，拓展师生研习成长阵地。并先后编辑了《廉舞思源》、《绿舞思源》、《思爱无疆》、《知行合一》、《知恩感恩》等幸福教育系列丛书助推学校名校发展。

六、全力保障，确保推进

1.学校设立创建幸福学校工作专项经费，年初纳入学校财政预算。（由各小组上报预算，由创建办汇总上报，经行政会议事会商议通过，由后勤处保证经费使用）。

2.实施策略。根据“总体规划、分步实施”的原则，做好幸福学校的顶层设计，分段分项目推进（各部门根据各自分工制定相关计划、措施并对标对表严格推进）。

3.检查与评估。①创建工作领导小组组长牵头定期召开行政的学校创建研讨会，查找不足，总结经验，不断提升。②每学期对《三年行动计划》的落实情况由创建办牵头进行一次自我检查与评估，以绿色评价推进幸福教育发展，有针对地解决存在的问题与不足。③邀请区专家顾问小组进行指导。④创建办牵头每期进行一次创建工作推进满意度调查。发放调查表，征求老师、家长、学生、社区居民的意见、建议，针对提出的现象与不足，采取相应的改进措施。⑤创建工作领导小组根据过程性评估和监测结果，对完成不了或效果不佳者进行督导帮助，对完成目标任务优秀者予以表彰奖励，由学校行政会议事会制定具体办法。

目前“实施积极教育、创建幸福学校”作为一种新的理念和新的方法已经被学校师生和家长认可。广大教师把积极教育的理念落实到日常教育教学的点点滴滴之中，以更加阳光、自信、积极、快乐地心态，愉快工作，快乐学习。幸福学校调查问卷显示家长社区参测人数1480人，对学校管理及教育教学成效满意都达92.8%。近期区教育局对学校“实施积极教育、创建幸福学校”工作给出如下评估：学校自申报创建工作以来，结合学校实际，积极主动分析问题、研究措施、扎实工作，在六大行动中积极探索实践，各方面取得显著成效，特别是在幸福教师培养、幸福课堂构筑、幸福班级建设方面成效尤为突出。评估检查综合得分为95.5分，按照《星级幸福学校评定办法》检查小组认为红光思源学校达到三星级幸福学校标准。

让每一个孩子“乐在校园喜进课堂”，在办老百姓家门口好学校路上，我们将继续在继承中创新、在创新中提升。

达雅养正　育人不止

——成都市双流区金桥小学德育校本实践探索

四川省成都市双流区金桥小学　应秀英

《国家2010-2020年中长期教育发展与改革纲要》明确提出“坚持德育为先，要把立德树人融入国民教育全过程。”《中共中央国务院关于深化教育教学改革全面提高义务教育质量的意见》中明确要求“坚持立德树人，着力培养担当民族复兴大任的时代新人”、“坚持‘五育’并举，全面发展素质教育。突出德育实效。完善德育工作体系，认真制定德育工作实施方案，深化课程育人、文化育人、活动育人、实践育人、管理育人、协同育人。”无论在哪一个历史时期，德育为首的教育方针始终没有变，教会学生做人做事，具备良好的中国公民素养是成就孩子美好人生的第一教育目标。为了切实落实“立德树人”教育指导思想，把德育做出实效，促进学生更好发展，金桥小学努力探索实践，在德育课程构建实施的实践有了一定的认识，请允许我分享如下：

一、顶层构建，“育”有所向，“育”有良方，“育”有良将，引领学校德育管理走向远方

（一）秉承学校“博雅”教育育人目标，构建德育课程育人目标体系，让德育管理沿着“博雅”教育育人目标，德育课程目标走向远方。

金桥小学2017年优化改进了学校的“博雅”文化理念，明确了“培养具有‘宽厚基础、开阔视野、审美情趣、雅正品行’素养的新时代建设者和接班人”育人目标，经过教职工团队讨论，将育人目标进行分解形成年段育人目标，育人目标中的德育目标也更加清晰落地，2019年10月，秉承育人目标核心内容将育人目标中的德育目标下位精简为德育课程总目标“情趣高雅，品行端正”，自此德育课程总目标与年段目标更加匹配，教师更加清楚目标内容，实现了“育”有所向。

（二）构建、实践、优化学校德育课程体系，让育人目标和德育课程目标溶解到课程内容中，让“德育”在促进德育课程目标有效落地的课程实施过程中走向远方。自2017年10月至今，每年都会召开一次

学校课程建设总结反思、优化改进专题会，适时请专家对学校的课程建设进行指导，经过学校德育课程建设团队和教职工的共同探究，学校德育课程经历了从无到有，从简单罗列到科学有序，从内容单一无层次到内容丰富有层次，到今天“博雅”教育理念之下的由“德育基础课程”、“德育理解拓展课程”和“德育实践探究”课程组成的“达雅”德育课程体系已然构建完成，并在不断地优化改进之中。以科学丰富的德育课程内容为载体的德育教育正在促进金桥小学德育管理走向实效、高效，实现了“育”有良方。

金桥小学“达雅”德育课程体系

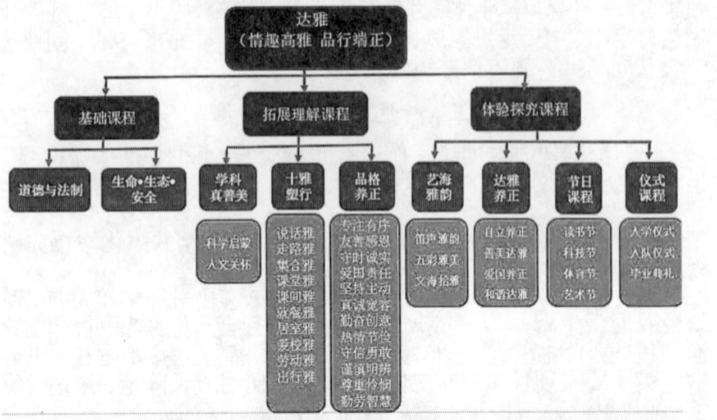

（三）构建实施“雅之品”教师发展课程体系，提升教师的德育课程实施力和研究力，保障德育课程实施有方法、有策略，让“德育”在教师“德育”水平不断提升的过程中走向远方。德育课程的实施需要一支优秀的德育教师队伍，将教师的“德育”教育专业能力和素养作为教师发展课程体系中的重要课程内容，每月的班主任、辅导员例会培训、每期的班主任总结反思培训课程，每年一次的班会课赛课，每年1—2次的德育课程实施专题培训课程，在不断地总结反思与培训学习过程中，提升教师德育课程实施力和开发力，实现德育教育“育”有良师。

二、“四环一体”，精细实施德育课程，培育学生“高雅情趣，品行端正”品格素养，让孩子走向美好人生，促进学校德育在扎实的实施过程中走向远方

（一）建立“四环一体”即“科学计划、精细实施、总结反思、优化改进”的德育课程实施优化程序，推进德育课程精细实施，德育课程目标高效落地。德育课程大到一门主题课程，小到一个德育课程活动，都按照“四环一体”的实施优化程序开展，定期召开课程实施总结反思优化改进研讨会，在不断地总结反思过程中，不断优化课程体系，优化德育课程活动，有效促进了德育课程更加务实有效，课程目标的达成度越来越高。

（二）精细实施德育课程体系，培育学生“高雅情趣 端正品行”品格素养，为孩子走向美好人生奠定良好的人格基础。

1.基础课程实施

道德存在于儿童的生活中，而德育离不开儿童的生活，以部编教材《道德与法制》和地方课程《生命•生态•安全》为载体，由语、数教师和校级干部、部分行政组成教研组，德育干部参与校本教研，指导学案设计，抓住教材的生活点，寻求学生精神需求与德育要求的最佳结合点，让学生在体验中感受道德冲突，感悟道德选择，以实现自我、主动的教育过程，真正回归儿童生活，实施有效德育。

2.拓展理解课程实施

该课程包括科学启蒙、人文关怀的学科真善美课程和十雅塑行、品格养正的雅•品课程。

（1）学科真善美课程主要是国家课程德育渗透，旨在培养学生求真的科学精神、向善向美的人文素养，落实“德育为首，人人都是德育人”的教育方针，树立“德育为魂，能力为重，基础为先，创新为上”的学科课堂价值观，通过学科集体教研进行德育教育内容渗透点挖掘讨论，出台了学科德育渗透目标体系，学科课程德育渗透有了明确的要求，无论是常规课还是新教师亮相课、组际间赛课、名师献课，课堂观察量表都明确提出教学设计中对情感、态度价值观的目标设计要定位清楚，以社会主义核心价值体系为指导，充分挖掘学科课程中蕴含的内在德育价值，强化学科核心素养与德育的契合，突出学科独有的育人功能，充分发挥课堂教学是实施德育教育的有效渠道。

（2）雅•品课程实施以“雅正品行”年段育人目标为基准、以24品格教育和学校《十雅规范》为内容载体，以“行”为突破口和切入点，细化学生的行为规范，一月一雅，24品格贯穿其中，营造雅行品格相伴的校园文化氛围，开辟班级“品格文化墙”、“雅行品格星”校园展板专栏、“天天雅行月月争星”班级雅行品格评比专栏和“雅行示范班级”积星的“雅行榜”，让“雅行进课堂”寓“雅”于教，持之以恒地强化训练，在日常践履中养成高雅之习，固化相关品格特质，内化于心，外化于行，知行合一，品行端正，彰显守规则，有责任金小学子特质。

3.实践探究课程

艺海雅韵课程、达雅养正课程、节日课程和仪式课程构成了丰富多彩的实践探究课程。

（1）艺海雅韵课程旨在通过提升学生的艺术素养和人文语言素养培育孩子们的“高雅情趣”。艺海雅韵课程主要挖掘音乐、美术、语文三大国家课程中蕴含的“雅”要素，建设由“笛声雅韵”、“五彩雅美”、“文海拾雅”组成的“雅韵”特色课程，促进孩子在人文、艺术学习中修炼“高雅情趣”。

笛声雅韵、五彩雅美课程以培养每一个孩子具有良好艺术素养，广阔的艺术视野，良好的审美情趣，人人掌握一门音乐或美术技能为目标，以建设竖笛特色课程和工笔画特色课程为引领，通过构建由全员普修课程、全员活动课程和特长专修课程组成艺术特色课程体系。通过以国家艺术课程标准为指导编写各年段校本教材，以校园艺术节为平台展示学生的学习成果，以乡村少年宫和课后服务艺术课程为平台，提升孩子们的艺术表现技能水平和艺术欣赏水平，进而实现培养学生“高雅情趣的”德育目标。

文海拾雅课程主要是通过语文课程中的阅读课程、国学课程为基础，开发系列主题活动课程，推动孩子们在阅读和国学诵读中深刻理解语言文字中的“雅韵”，在一分钟演讲、班级国学诵读比赛等主题活动中展示语言文字的“雅韵”，以实现促进孩子在“文海”中“拾雅”的德育目标。

（2）达雅养正课程包括自我修身的自立养正课程，人与社会的善美达雅课程，国家认同的爱国养正课程和人与自然的和谐达雅课程。课程以体验和探究的方式，涵盖各类德育活动，按照课程实施“五部曲”即拟定实践活动主题——制定主题实践活动方案——上一节主题实践班会课——开展主题实践活动过程评价——召开主题实践活动总结，做深做透和谐达雅环保体验探究课程，养成良好的环保品格，不断优化以金桥本土的成都市十二桥烈士——徐茂森 徐海东“二徐”烈士纪念碑和乔大壮墓园的爱国主义教育基地为红色教育主阵地的“爱国养正”红色课程，点亮红色课堂，传承红色基因，立“正”品；结合双巴交流和六一主题活动的“善美达雅”课程，让孩子们在每年的跳蚤义卖市场课程中表达善意，收获美品；结合“5•25”心理活动周、家务小能手、劳动技能大比拼等主题活动实施“自立养正”课程，促进孩子具备认识自我，保护自我，管理自我和发展自我的良好品格，培养孩子的自立意识和自理能力。

（3）节日课程以丰富多彩的科技节、读书节、体育节和艺术节等校园文化节和有浓郁文化气息的传统节日为教育契机，通过活动月、晨会、主题班队会、国旗下讲话，落地课程目标，激发学生的爱国情感和民族自豪感，认同和弘扬中国传统文化，形成相应的文化价值观念和行为规范。

（4）仪式课程以一年级新生开蒙启智的入学仪式、庄严的入队仪式和六年级毕业典礼为内容，通过营造隆重、庄严、神圣的环境氛围所产生的强烈感染力来实现教育目的，让学生通过模仿规范行为，调整并改变原有的不当行为，进而养成良好的行为规范，擦亮孩子们成长中每个重要的日子。

（三）评价反哺，促进德育课程实施更加高效。

为促进学生的成长，发挥评价的教育功能，为各类课程匹配完善的评价保障，既有终结性评价，又有过程性评价；既自我评价，又他人评价，给学生一个道德的天平和标准，一个良好行为习惯养成的指南针。

三、“三位一体”携手共育，让德育管理在学校、家庭、社区的携手共育的机制下走向远方

（一）建立家校沟通序列机制，助力学校德育走向远方。为了营造和谐家校关系，助力家长共同成长，树立家长正确的育人观念，推动家长教育行为与学校保持高度一致，学校建立了家长学校开课、家委会例会、入户家访周、校长接访制度等的机制，有效促进了家校沟通和家长携手育人。每期的家长例会序列介绍学校办学理念与目标，学生习惯培养，品格培养，家庭教育方法策略等，百分之九十几家长的教育理念和教育行为与学校实现了高度统一；每期一次家委会例行培训会让家委会的家长学会班级事务管理，学会配合学校和老师做好孩子的习惯、品格培养，在家长群体中推广传递正能量，推动家校携手育人；每期开学第一周干部教师人人入户家访帮助困难学生和家长解决实际问题，问题学生教育策略一对一辅导，困难家庭校级资助审查，问题家长的劝导与帮助都在入户家访中得到落实，受到金桥百姓的高度赞誉；校长接访制主要是引导家长通过正确的渠道和合理的方式进行问题反映和解决。家长会上我把自己的电话公布，并和全校的家长约定合理通过校长电话进行问题反映和反馈。“事情不急发短信，看到信息定回复；事情紧急打电话，如果未接莫猜疑，短信告知是家长，看到信息回电话。问题解决靠沟通，沟通顺畅需真诚，家校携手力量大，共创孩子好未来！”有人问我不怕家长骚扰，两年多过去了，没有家长骚扰过我，家长很遵守约定。

（二）建立社区课程资源开发机制，助力学校德育走向远方。为了能够将学校习得的德育道理、习惯品格践行到孩子们的社区生活中，促进孩子的好习惯、好品格得到巩固，学校德育课程建设团队积极开发各种社区实践课程，建立社区课程资源开发机制，争取社区可利用的课程资源。假期社会实践活动，保护母亲河实践活动课程，环

保宣传活动课程，社区环保小卫士活动，我为小区环保献计策，种植课程，蔬菜义卖等等，都得到了社区的大力支持，学校德育牵手社区街道，德育落地生活实践，实效性自然提高了。

四、反思与前行的方向

1. 反思我们的德育课程实施，我们培养具有“高雅情趣，端正品行”素养品质新时代小学生的德育课程体系已然健全，明确了在总结反思中不断优化德育课程体系和课程实施方法与策略的工作方针，然而课程体系的科学性还需进一步论证，课程实施的方法和策略还需通过提升教师的德育课程实施力和开发力进行不断地研究总结提升。

2.反思我们的德育课程评价，虽然所有的课程实施都有学生评价，然而还没有成体系，没有把目标转化为评价标准，评价方法和策略还有待探究，因此学校拟将通过德育课题立项研究构建科学完善的学生成长评价内容体系、评价策略与方法，反哺德育课程实施，促进学生形成更好地品格。

3.反思我们的德育效果，通过几年的“达雅”德育课程实施，孩子们的学习生活习惯、品格修养有大幅提升，老百姓对金小孩子的品格素养基于高度赞扬，然而地处农村的金桥小学，教育的“5+2=0”现象还存在，孩子的习惯和品格修养还处于被动执行和自觉践行的同时存在的状态，“三位一体”携手共育的立体德育实施体系还需要投放更好地策略，需要做得更加科学、规范、精细、落实。

“达雅养正，育人不止”学校在德育教育各方面作了一些探究，取得了一些成效，但是育人的道路没有终点，我们仅仅在“育人”的道路上迈出了坚实的第一步，还需要勇敢地去实践探究，反思总结，在不断优化育人课程、育人方法策略的教育路上努力前行，方能见到教育的最美远方。

绿色教育，生生不息

——浅谈象山中学绿色教育发展

四川省大英县象山初级中学校　唐曙光

百年大计，教育为本。教育工作一直以来备受社会各界关注，人民对高质量教育要求越来越高，党和政府也十分重视教育事业的发展。办什么样的学校，怎样办学校，为谁培养人，培养什么样的人，怎样培养人，这是教育之问，时代之问。

象山中学始于1851年的象山书院，坐落在三市四县交界的象山古镇。学校占地近120亩，建筑面积4.8万平方米，前临悠悠郪江水，后依巍巍象鼻山，是一所环境优美、历史悠久、文化底蕴深厚的农村初级中学校。学校历经象山书院、象山小学（三蓬中联立象山小学）、象山农校、象山中学，在百余年的发展历程中，培育了很多的优秀学子，创造了骄人的教育业绩。

但作为一所农村初级中学校，在社会飞速发展的浪潮中也面临留守儿童多、优质生源外流等问题。如何让这样一所学校更好地生存和发展，在各级领导的关怀下，尤其是县委县府和局党工委的大力指导下，通过征求专家的建议，我们结合学校传统与实际，着眼学生未来发展，理清了学校办学方向。那就是秉持“以人为本，尊重规律，和谐发展，让生命绽放异彩，为学生终身幸福奠基”的绿色教育理念，立足书院传承，创新现代育人方式，推动综合育人，促进学校高品质发展。

一、以精神滋养文化，以文化营造教育氛围

构建绿色精神文化。精神文化是校园文化中的核心和灵魂，深刻影响着师生价值观和荣辱观的形成，师生的精气神、向心力、凝聚力是学校建设和发展的关键。在构建绿色精神文化中，我们坚持社会主义方向，坚决拥护党的领导，坚定“两个维护、四个意识”，我们追求“互助共生、和谐友善、爱岗敬业、积极上进”的价值目标。一是，提炼出了“做最好的自己”校训，　明确了教师发展目标：博爱、尚德、敬业、上进、创新。学生发展目标：博爱、友善、尚学、上进、践行。二是，从历史传承中提炼精神：其仁人志士、贤达慧者的家国情怀，乐学、担当、勤俭、友善、实践、创新、民主等方面的优良品质是师生应该传承的；三是，将这些精神品质融入师生群团组织、教育教学活动及制度建设中，培养他们正确的荣辱观。

构建绿色环境文化。优美怡人的环境对于人的情感、意志、个性品格、道德操行等心理特征的熏陶和潜移默化的影响是不可估量的。在局党工委的大力支持下，我们投资200余万元，加强基础设施建设，硬化、绿化、美化校园，让校园环境更加整洁规范。我们以“古木参天、绿草茵茵、绿荫匝地、流水淙淙、曲径幽幽”为环境总构想，着眼“红、绿、古”三色文化-“红”指的是红色革命教育，“绿”指的是生态育人环境，“古”指的是传统教育，充分运用“石、木、水”元素，以一院（红象山书院）、一墙（文化艺术墙）、一中心（交通安全体验中心），两道（书道和笔道）、两馆（农博馆和科技馆）、三园林（桃园、李园、银杏园）为文化建设重点，突出“翰墨书香、古朴隽永、优良传承一步一景”的文化内涵。同时，制作　“三风一训”展示牌，增设名言警句、标语，突出校园特色文化，刻在石上的“孝、信、雅、节”，置于灯箱上的名人成长故事，似涓涓细流，浸润着师生的心灵。

构建绿色制度文化。我们致力于构建“公正公平、民主公开”的制度文化。一是，制度生成注重民主参与：我们秉持开放的态度，让老师们参与到制度的制定过程中来，广泛地吸纳大家的智慧，从而增强了教职工的认同感。二是，制度执行注重人文性，执行制度既做到“一视同仁、公平公正、对事不对人”又严而有爱，充分体现人文关怀，做到严而不死。三是，与时俱进，实时调整过时的规定。学校充分利用“县管校聘”、“绩效考核”、“评优晋级晋职“等激发大家的工作激情，师生齐心协力，创先争优的局面已悄然形成。

二、绿色教育课程化，实现教育有的放矢

打造绿色课堂。为把课堂变为学堂，真正培养学生的综合能力，我们利用“对分”理论构建了“2+4”课堂模式，简称“两段四步”法。这里的“2”指一节课堂教学中相对意义上的两个时间段，即“讲授与内化”两段。“4”指课堂教学中的四个步骤，即“精讲、独学、讨论、交流”四步。要求教师“采用AB文本”进行教学，A文本用于教师讲授；B文本用于学生内化。这种课堂把教与学作为一个有机的整体，既关注学生个体，关注知识与能力，也关注情感态度价值观的引导，让不同层次的学生收获成功的喜悦，从而更加自信阳光，老师也能享受育人的幸福。

构建校本课程。尤其重点打造“书法课程和科普推广及实践课程”，并使之成为特色课程。为满局学生成长中个性化的需要，我们紧紧抓住素质教育这条主线，以书法教育为抓手，继承和弘扬传统文化，增强师生文化自信。多年的坚持，书法课题通过市教科所验收并获奖；实施以来共有五十多位学生入围全国现场书法比赛，14人次获得全国比赛大奖。科普推广及实践课程以科普体验、科学实践、科技小制作为重点，以普及科学知识，激发学生好奇心，培养学生科学兴趣，提升动手实践能力，养成一点科学思维、形成一点科学素养为目标。实施中注重与校本课程开发相结合、与学科建设相结合、与宫室活动相结合、与德育活动相结合、与团建相结合。

构建绿色德育。围绕社会主义核心价值观及中学生核心素养培养总要求，我们以红色德育为主线，结合学校文化总体打造与育人理念，构建了“12345”绿色德育体系。即以国旗下讲话、观红色：书院、唱红歌、讲革命故事、红色书画等培养学生的一种精神和情怀，即爱国主义精神和家国情怀；以建交通安全体验中心、开展知识竞赛、演练，观看安全教育片等增强学生两种技能，即地震逃生技能和规避交通安全的技能；以走进科技馆，研学旅行社会实践，搞科技小创作，办科技手抄报、展板等培养学生的三种意识，即生命质量意识、环保意识和创新意识等等，培养学生阅读、卫生、锻炼、动手的习惯；诚信友善、自立自律、勤俭节约、勇于实践、持之以恒的品质。

三、多维度进行绿色评价，绿色教育成果显现

绿色发展评价。围绕学生“思想道德、学业水平、身心素养、艺术素养、科学素养、综合实践能力”六个维度展开考核评价，将形成性评价与终结性评价充分结合。在评价中学业水平占比50%，思想品德、身心素养、艺术素养、科学素养、综合实践能力各占比10%。目前，学校正在研究利用信息化技术开发软件来记录学生的成长过程，比如做好人好事加多少分，获得一次奖项加多少分……学生的表现在一周、一月后综合得分的变化，以此让学校、班主任、教师、家长、学生通过大数据统计分析知晓个体阶段性素质变化，从而及时调整培养策略，达到有效培养孩子，最终让素质教育落地落实。

教育成果显现。“三风一训”校园文化深入人心，如一大批工作了三十多年，临近退休的老教师仍兢兢业业战斗在教学第一线。近几年，学校先后承办了“中学科技馆在行动四川行动”启动仪式，“中国书法　大英表达”启动仪式。学校也获得了市“兰亭学校”、市普教成果二等奖、“全国科普推广示范校”，全国中学科技馆在行动最佳活动奖、全国少儿书法教育基地校、连续几年县综合评估一等奖等殊荣；2017年我到广西南宁参加了中国科技馆全国表彰大会并在大会上作了科普推广工作的经验交流，2018年我在绵竹参加“全省后勤安全暨食堂管理现场会”并作了“生态校园建设”的经验交流。

绿色，是生命的颜色。绿色教育是具有生命力的教育。正所谓，绿色教育，生生不息。具体到教育实践中，绿色教育是以人为本，充分尊重学生身心发展和认知规律而实施因材施教的教育，是面向全体学生、促进学生德智体美劳全面发展的教育，是面向未来为学生终身幸福奠基的教育，是具有可持续发展的教育。

展望未来，有党和政府的大力支持，有各级领导的关怀指导，我们将在绿色教育实践过程中，坚持创新新发展理念，把绿色管理作为主渠道，把构建绿色教育体系作为突破口，保证教育的方向性、健康性，突出时代性、发展性。我们将以科研为引领，进一步深化课堂改革、积极探索课程建设，推动校园文化建设提档升级，办幸福教育，办人民身边满意的好学校。

实践“绿色发展”理念　构建高效校本课程

——谈基于“绿色发展”理念的校本课程构建

四川省乐山市五通桥区实验小学　曹华忠

在素质教育精神目标的引领下，我校提出“绿色发展”的办学理念。并在教育教学上进行了改革和创新，构建了与“绿色发展”理念相适应的校本课程结构体系。

一、“绿色发展”办学理念的提出

2017年起，学校就在思考新一轮的校本课程建设，2018年成立了集主管行政、教研部门和学校骨干教师的课程建设团队，确立了学校“绿色发展”的教育理念。

我们认为教育的绿色发展是：探索绿色教学，追求绿色质量，运用科学方法途径，促进师生全面特长持续发展，形成终身必备的能力素养。

关于绿色发展我们也在不断地深化认识的过程中：2017版我们理解为“1131”工程：显得理性不具体。

2018版“1131”工程：结合学校文化主题，把内涵发展确定为绿色发展。

2019版理解为“五位一体”整体实施：理念就是追求绿色质量；二个支点：教育中两个主体的共同发展；三个维度：全科发展就是关注课程和课堂，特长发展尊重学生个性；持续发展必须科学；四大要素：人、物、课、行；五种品质是师生发展目标　“若水品质”来体现。

因此，我们认为校本课程应具三个特点，面向未来、立足现实。

由此，确立课程三原则：国家课程校本化实施，人有我新，地方课程整合实施，是《生命生态安全》与语文或班主任工作融合，下期整合到科学和《道德与法治》中。专职师资教育，把3个学科有机整合成两个学科的教育。校本课程特色实施，坚持以人为本的发展理念，把具有普世价值的“善”作为教育的核心理念，致力于让每一个平凡的生命因绿色教育而更加闪亮。

二、校本课程之德育建设

学校德育以品格教育为主题人本化发展，去年9月进学校年级，今年3月进班级课堂，24个品格在主题校会上分别解读。

实小开展是全人德育，相关各方人员都参与到学校教育过程中，并组织全员参与评价表彰。树身边的榜样更让人感动，十佳人物除师生外，还有家长、保安、厨工，因感动常在所以形成了大环境育大德。“立德树人”，育人育德、育德育心。实小“浸润书香　大气致远”的校训体现了德与人合一，德与行相互作用的树人理念。若水文化——上导下行　以文化人，经典文化——古为今用　养心修德，特色文化--情景交融　实践导行。

结合品格教育的二十四个品格，我们对校风做出了这样的融合和诠释。

1.激流勇进——做创新的人；
2.泉水叮咚——做快乐地人；
3.滴水穿石——做勤奋的人；
4.水利万物——做奉献的人；
5.海纳百川——做宽容的人。

从2006年起，我校就实施了“与圣贤为友，与经典同行”为主题的经典文化教育。编制校本教材，并入国家地方的相关课程有效开展，诗词教学被市教科所语文教研员点评为“匠心独具”的教学，琅琅书声伴随着近处嘀嘀嗒嗒欢快的水声，激荡起一幅校园动感韵味，给人一种生生不息的文化传承。“生活皆教育，经历促成长”，利用家乡教育资源，开展了系列调查、实践活动，关注国家大事，始于家乡小事的关注，爱国情怀系于爱家、爱家乡的情节。系列化整体性的学校德育，以品格为主题串成立德树人的主线。

三、校本课程之STEM课程

STEM是以科学、技术、工程、数学四项内容来统领的课程，目前渗透整合到课程内相关学科，力争实现三项或四项融合的STEM典型课程。

专业支撑。从2017年学校涉及STEM课程起，通过专家指导，以“专业支撑”理念来组织管理。一是实施团队式的整体管理，二是组建专业骨干师资团队，集中优势资源攻坚克难，顺利推动了STEM课程的校本化实施。

学科渗透。学校教育教学只有课程化的推动才能有效实施，走学科渗透发展是最切实有效路径。学校依托《科学》、《生命生态安全》、《数学》、《信息技术》四门课程和科技活动资源，初步形成科创、实践、航模、制作不同类型共计十余个主题的STEM课程。

内引外联。学校结合校本实际，充分挖掘内因与引入校外专业资源，相互补充　相互促进，实现了STEM与渗透学科融合式的共同发展，近两年全校每期超过50%的同学会体验到STEM课程带来的快乐和成功的喜悦，在手脑并用中，科学精神和探究品质悄然滋生，共建共育中，家校关系更融洽，不断丰富完善的STEM课程正行走在普惠之路，希望它能快乐学生、幸福家庭、和谐社会。

四、校本课程之社团活动

学校以“盘圆则圆、盂方则方”的环境教育理论，以学生发展核心素养为指导，开展全学科、全视角的十余个社团课程化建设，现在学校课程园地已是百花竞放，生机勃勃。学校社团覆盖课程内所有学科，课后服务以来，更能有效地课程化实施，至少一项的参与率在95%以上。

普及综合课程。学校力图把校园建设成化文育人的教育场，在这个时空内，一草一木皆有情，一人一物都是景。教育场正潜移默化的散发出“绿色教育　浓郁的芬芳”：小交警、小消防员、直击庭审、参观看守所；每期一轮的开心小厨房实践、每年一次的模拟市场财商实践、各一次自选和校定研学实践、一年一度的新生入学和毕业典礼等活动，彰显出义务教育基础性、普及性、面向全体全面发展的价值和精彩！

扬长艺体课程。在规范建设学校内传统兴趣活动、小组活动的基础上，积极开发校外资源，以每生至少各一项艺体特长为导向，探索形成校地、校企、校校、校政等多渠道的扬长教育：管乐、小提琴、电脑绘画、羽毛球、棋类、科创等二十余项可供选择的艺体特长课程，2017年鼓号队代表乐山市参加省鼓号检阅视频评选，被评为十个优秀奖之一，2018年管弦乐队代表乐山市参赛获省艺术节二等奖，实现了义务教育普及与提高，全面而有特长的发展追求，绿色教育欣欣向荣。

拓展传统课程。传统学科以考分代替素养问题突出。实小坚持强科更强，更健，更优发展思路，以校内同一学科，同年级各学科纵横、交错的项目管理结构，以师师、家校共同体的攻关模式，各学科每周开展N+1形式的学科核心素养专题课，年级捆绑团体协作，促进了教师团队和全体学生长足发展，去年全市教学质量评价获特等奖，综合排位第一名，在行业和社会深受好评。

古语有“上善若水”，水利万物，万物因水而生，如道生一而后有万物。打造“上善若水”的校园精神品质，我们逐梦“绿色教育”，创新改革高效的校本课程。时代的发展引领，教育不仅需要与时俱进，更需要具有“上善若水”的情怀。办好教育，功在千秋。

愿与诸君携手奋进教育新时代，共建共创共享区域绿色教育的美好明天！

琢玉成器，培育国际化的栋梁之材

西安外国语大学附属西安外国语学校、西安第二外国语学校　吕菲

为培养高级外国语人才，满足国家发展的需要，1963年7月，周恩来总理亲自批示，在全国成立7所外国语学校，并提出了改革我国外语教育的九字方针“多语种、高质量、一条龙”。这成为新中国外语教育人背负的使命和坚守的初心。在这种背景下，西安外国语学校应运而生。

从1995年西安外国语学校恢复重建，至2016年相继开设德语、日语、法语、西班牙语和俄语课程班，真正践行了周总理提出的“多语种、高质量、一条龙”外语教育。2013年6月，西安第二外国语学校的创办，更是开启了学校集团化发展办学之路。今天的西安外国语学校，已经成为一所全日制、外向型、有特色的十二年一贯制民办学校，是一个学生陶冶性情、读书求知的理想场所，正致力于培养“外语突出、文理并重、创新实践、全面发展的具有中华情怀、国际视野、跨文化沟通能力和全球胜任力的社会主义建设者和接班人”。

一、坚持走多语种教学特色之路

“琢磨璞石，美玉出焉。”在“琢玉”教育理念的引领下，学校秉承“有特色、高质量、国际化、创名校”的办学目标，以提高学生“思考力+创新力”为核心，以提升学生综合能力为目标，不断创新实践“2+1>3”特色培养模式，全面实施素质教育，为学生提供个性化服务，逐步走出了一条“多语种特色发展”的开放式、国际化之路。

学校充分发挥12年一贯制的办学优势，依托西安外国语大学的优质教育教学资源，开设有英语、德语、日语、法语、西班牙语、俄语等语种，实施小班化教学，注重知识和能力的转换、语言和文化的交融，不断探索外语单语能力与多语能力的复合，实现了一年级到高中三年级外语教学“理念与方法、课程与教学”的四接轨。从小学开始，学校抓住孩子学习语言的关键期，通过小语种兴趣班学习，培养学生对外语的兴趣；进入初中，学校采取“一主一辅”和“双外语主修”的方式，鼓励学生根据个人爱好及特长选修第二外语，让他们通过三年的正规学习奠定良好的外语语言基础；到了高中，多语种教学已经为每一个孩子点亮了个性化发展之路。

二、创新构建多语种课程体系建设

课程是学生成长的跑道，是学校文化乃至办学主张的重要载体。西安外国语学校要想推进特色发展，为每一个学生提供最适合学生生长的教育，必然离不开外语课程体系的建设。2020 年，“多语种课程建设对中学生国际理解力的培养研究”荣获“陕西省第十一届基础教育教学成果”特等奖 。

从2010年开始，学校在北京外国语大学韩宝成教授的指导下，开始英语校本课程建设和教学模式开发，通过实践“整进整出，语感培养”的全语言教育理论，形成了“RICR四环节英语教学模式”。该教学模式也获得了“陕西省第十一届基础教育教学成果”一等奖，并在省内外多所学校辐射，教学效果非常理想。

在英语学科的引领下，小初高各学段逐渐开发了多语种课程体系和一系列外语教学模式，尤其是近年来逐渐完善了“国家课程—地方课程—校本课程”三级外语课程体系，有力地支撑了学校的特色发展。其中，校本课程“COOL外语”课程群的开发和实践，为学生“学语言、用语言，学文化、懂文化，学生活、会生活”搭建了广阔的平台，是彰显学校特色发展的关键。该课程群的建设与全球发展方向同步，与国家培养目标一致，根据青少年认知、兴趣、心理发展的需求，将其分为COOL语言、COOL文化、COOL实践三大类课程，旨在培养学生全球意识和开放心态，了解人类文明进程和世界发展动态；培养学生尊重世界多元文化的多样性和差异性，在国际交流中推介本土文化，增强民族自信；培养学生关注人类面临的全球性挑战，理解人类命运共同体的内涵与价值。值得一提的是，学校的“COOL活动”课程特色鲜明，改变了学习的传统方式，充分体现了学生“做中学”的理念，模拟联合国大会、外语艺术节、外语演讲比赛、二外才艺展示等活动已成为学校品牌活动。

模拟联合国社团是学校外语社团中规模最大，成就最高的学生社团。它模拟联合国及相关的国际机构，依据其运作方式和议事原则，围绕国际上的热点问题召开会议。活动中，学生们通过亲身经历联合国会议的流程，例如阐述观点、政策辩论、投票表决、做出决议等，熟悉联合国的运作方式，了解国际大事。该社团多次受邀参加国家乃至国际青少年模拟联合国大会。

此外，学校还积极开发国际合作项目，与法国教育部、 法国驻华大使馆、德国歌德学院、日本国际交流基金会、西班牙教育文化体育部、西班牙驻华大使馆教育处、中俄中学联盟等国内外政府及组织开展合作，为师生的发展搭建了平台。据统计，这些年学校与12个国家的21所学校、30余个教育机构建立友好合作关系，开展校际互访、短期研学等活动。如今，越来越多的学生参与各类国际交流活动，并从中受益。

三、实施适合学生成长的教育

最好的教育是最适合学生成长的。可以说，学校的一切，理念也好，课程也好，教学模式也好，最终都是服务于学生的发展。当学生找到自身发展的方向，成为真正的自己，自信地开启独立的生活，为社会、为国家的发展尽己之责的时候，这就是教育的成功。

在学生培养方面，学校实施双外语加体艺特长的“2+1>3”特色培养模式，依托学校现已成熟的开放式、国际化的办学特色，以全面提高学生的基本素质为根本目标，主张学生在校学习期间掌握两门外语，具有并发展一门特长；鼓励学生通过参加社团活动功能促进全面发展，形成一生一特长。该模式丰富了学生的日常学习和生活，进而全面提高学生的学习成绩，提升学生的人文素养，促进学生全面发展和均衡发展，为社会培养出全方位的综合型人才。

就目前在校学生来看，孩子们自信、阳光、大气，能够从文化融合上得到更好地发展；从毕业的学生来看，有很多孩子散布在世界各个国家的工作岗位上，他们的成长、成功的典例一次又一次印证该模式对于人的发展的重要性。以林嘉濠同学为例，他小学、初中、高中都就读于西安外国语学校，初中时选择了西班牙语作为第二外语学习，语言能力与综合素质在参与各类活动中得到了极好的发展。高中毕业时，他以西班牙语参加高考，成为北京外国语大学复试全国第一名，英语西语双优，顺利进入了理想中的大学。又以高二学生党真忆为例，她在第24届高中生日语作文竞赛中，以《我和日语》为题，讲述了自己和日语的奇妙缘分，荣获特等奖。

“玉虽有美质，在于石间，不值良工琢磨，与瓦砾无别。”多年来，西安外国语学校坚持不懈地深化和丰富办学内涵，提升办学品质，通过凝聚特色鲜明的外语学科教育教学风格和校园文化，促进了学生全面而有外语特长的个性发展。西安外国语学校的办学实践证明，学校的特色发展和教育理念满足了人民群众对多样化有特色普通高中教育的需求，顺应了时代发展的要求，是解决“培养什么人”、“怎样培养人”、“为谁培养人”这一教育首要问题的积极举措。同时，学校的发展也推动了区域教育质量的发展，成为西安市高中特色教育的一张名片。

深化改革创新，助推民办教育发展

新疆兵团第三师图木舒克市鸿德实验学校　何嘉　宾阳平　刘士凯

民办教育是中国教育的重要组成部分，在我国教育发展过程中，特别是国家经济薄弱时期做过重大贡献。民办学校的存在，有利于使公办和民办形成良性竞争，有利于满足不同家长对教育的不同需求，所以无论从社会还是家庭来说，公办、民办这种竞争与合作关系，将长期存在。从民办教育的发展趋势来看，特别是十四五规划中“高、精、尖”的办学思想标志着以往那种野蛮、无序的资本扩张时代已经过去了。我们现阶段所需要的是符合我国现代国情和老百姓需要的高质量、低收费的高品质学校。民办学校要想在新时代背景下有所建树，则需要打造出学校本身的特色和品牌，以高质量、高性价比赢得认可。

为此，我校以“立鸿远之志，树明德之身”为校训，本着“兼容并包，因材施教”的理念，立志办一所“高定位、高品质、大众化”的高端学校。创新性的采用“投资+管理+招生”三位一体联合办学模式，促进学校长期稳定发展。

一、树立科学发展观念，加强师资团队建设

注重教育实践锻炼，不断提高领导班子素质。在搭建学校领导班子平台中，我们高站位，深思考，重实践从全国各地选拔名校长和学科带头人，统一培训合格后上岗。在对干部培训的过程中，结合学校现状制定和以往工作经验制定本部门的工作计划，根据集团审核要求提出修改意见，反复论证后，形成工作计划付诸实践。

注重学校制度规划，不断提升管理规范实施。无论是在教育教学，还是在行政管理中心，我们对每一项工作都进行了标准化的流程设计和规范化的操作要求，务求做到有工作必有人负责，有负责必有标准，有标准必有考核，有考核必有公开，有公开必有奖惩。这样既避免了相互推诿，也提高了工作效率。

注重师德教育培育，不断提高教师队伍素养。教育工作需要情怀，一个没有教育情怀，没有奉献精神的人是做不好教育的，所以我们把干部的思想教育放在了很重要的位置。结合集团教育培训平台，建立“以领导培养为龙头，全体教师培训为主体，学科带头人专业提升为两翼的培训框架，”充分调动团队岗位建功积极性，对所有领导、教师分层、分批进行培训，目前我们已经形成了一支师德良好、业务精干、数量足够、结构合理可以适应实现教育现代化的高素质的教师队伍。

二、关注课程模式开发，提高教育教学质量

一个学校发展的如何，教学质量的高低是一个重要的衡量指标。由于民办学校师资和生源质量相对较弱，要想在激烈的竞争中取得优势地位，课堂模式是一个重要的突破口。

我们在学习本着“走出去，引进来”的原则，深入学校一线开展教学调研，积极探寻教学课堂新模式，在学习借鉴河北省石家庄精英中学的“6+1”高效课堂、洋思中学的“四清”和AB课堂的优点后重点打造我们的“4ZX+1”的教学模式（Z是自学、组学、展学、诊学的第一个字母，+1指学生课外自学），引导、鼓励和支持学生自主、合作、探究学习。

具体方案：A课前段时间在A课中学生完成“今日检测”和“新课预习”这两项，时间划分根据学生自己情况而定，没有具体划分要求。课堂复测10分钟B课一开始老师先进行昨日内容检测，然后完成昨日的“今日检测”。教师可以以题目、背诵、朗读、PPT等各种形式出现，测试结果要心中有数准备好纸和笔，回顾旧知识，快速完成复测导入3分钟B课教师用简洁明了语言引入新课。目标性强、生动有趣、设置疑问、联系生活等认真听讲，思考和本节课的联系。自学5分钟B课教师发出指令，学生自学（已经预习过，再熟悉）安静、快速、标记
快速浏览、回忆再次对疑难点加深印象；组学新课课堂组学10分钟组长指挥，按规定顺序发言，带领大家学习组长统一指挥，不纠结，不偏题，不超时，积极思考、参与，语言，精练、准确；展学　　新课课堂教师点拨12分钟教师引导性讲解，一般不直接给出答案，教师诱导点拨，尽量让学生自主解决，不做救世主　　注意主动思考，同时按照老师点拨方向思考，学生展示，其他学生质疑、补充，教师引导得出答案敢于展示，勇于质疑和纠正，注意听和自己想法的异同点，勇于发言；诊学新课课堂诊学5分钟，导学案最后以选择题为主的5个左右题目对学生进行检测　　概括本节主要和重要知识点，了解学生掌握情况，快速完成，积极表达。特别注意三点：一、课堂分为A和B两课，新课导学案提前发放给学生，A课在当天新课后的某一节课，学生先做“今日检测”，后预习新课；二、B课是第二天的新课，教师首先对学生进行“复测”，然后按照教学流程进行授课；三、学生6人一组，分A、B、C三个层次，然后按照上述要求组学。

三、注重德育政风建设，助推教育和谐发展

加强德育教育建设。对于初期的民办学校来说，由于学生的学习基础薄弱，学习习惯差，德育工作显得尤为重要。我校的生源由内地+维族构成，学生生活习惯、学习基础都有着较大差异，又涉及民族团结稳定问题，所以我校的德育的工作更是重中之重。我们本着贴近学生，少一点说教，多一点行动的原则，结合部队的军事化和学校以教

育为本的理念，创设德育的载体，设计德育平台，使学校德育工作有目标、有计划、有步骤、有落实，开展实施准军事化管理。这种管理在学生的课堂、餐厅、寝室、跑操等方面进行了相应的调整，从集团的多所学校的实施情况来看，都取得了非常好的效果。

构建扁平化管理模式。我们采取的董事长领导下的校长负责制。自上而下是：董事长—校长—四个中心（教师发展中心、学生发展中心、学校行政中心、财务中心）/副校长—年级组—学科组—班主任和教师。从行政结构上来看，年级组虽然排在副校长下面，但年级组也是和副校长一样直接对校长负责，保证政令通达。

打造宣传教育新阵地。教育发展到今天，“酒香不怕巷子深”的理念已经过时，对于如今严峻的教育形势，我们不光要内抓质量，同时也要外抓宣传。我们重点打造的“外宣部”与传统的宣传不同，不光对学校的各种活动和成绩进行宣传，同时有针对性地开展专题讲座，比如：学法指导、家长课堂等，致力于搭建“学校+社会+家长”三方合作宣传教育新阵地。

在当今时代，民办教育已经成为我国教育事业的重要增长点和促进教育改革的重要力量。在未来的教育中，民办教育高质量发展，一定要实现发展质量、结构、规模、速度、效益、安全相统一。民办教育的专业化、集团化、特色化、信息化、市场化和国际化的大趋势越来越明显。

在这一变革中，民办学校要始终坚持“责任为先、情怀至上”的原则，做到质量上关注效益、课程上关注自主、发展上关注根基、教育上关注人本，切实满足学生个性化、差异化的成长需要，一定要用绣花的功夫做教育，要精细化管理，精心化服务。

贯彻十九大精神　创建温馨校园

——谈新疆生产建设兵团第十二师头屯河农场学校温馨校园创建工作

新疆生产建设兵团第十二师头屯河农场学校　丁亚芳　张倩

头屯河农场学校是一所九年一贯制学校，位于乌鲁木齐市西郊头屯河区朝阳西街80号。学校占地面积122亩。校园布局合理，分为工作区、运动区和生活区。校园环境怡人，拥有配套齐全的体育馆、400米操场、足球场、篮球场、排球场、羽毛球场、计算机房、形体房、理化生实验室、科技实验室、音乐教室、美术教室、书画教室、创客教室等各种功能室。有框架结构教学楼两座，功能楼一座，室内体育馆一座。现有在校生1603人，其中小学1162人，共有37个教学班，小学26个教学班，初中10个教学班。学校拥有一支师德好、业务精、作风正的教师队伍，现有教职工103人，其中高级教师16人，一级教师30人，二级教师42人。专任教师合格率100%。

近年来，学校以习近平新时代中国特色社会主义思想和党的十九大精神为指导，认真贯彻执行兵师关于创建温馨校园的指示精神，坚持以立德树人为根本任务，围绕“德育示范、体育领先、教研出新、全面跟进”的奋斗目标，秉持“文化立校、质量兴校、和谐固校”的治校理念，扎实推进“思想建校、作风立校、制度治校、能力兴校、学术强校的发展战略，全力打造新校风，教风和学风，开创创建温馨校园的新局面，区域影响力不断扩大，家长满意度、社会知名度和美誉度显著提高。

一、发展学生全面综合素质能力

注重劳动实践。学校近年来通过深化劳动教育，弘扬劳动精神，教育引导学生崇尚劳动、尊重劳动。今年，学生亲自动手，将校园内的五亩荒地开垦出来，使学生劳动实践教育基地落户校园。各班学生在班级时令蔬菜区种植了西红柿、辣子、大葱、草莓、黄瓜等生活中常见的蔬菜，学生通过参与播种、除草、施肥、观察、记录、收获等系列实践，了解蔬菜等作物种植的相关知识，体验种植的过程和乐趣，锻炼动手实践能力，在实践中获取真知。

学校在校园开辟“百果园”教学实践基地。一进大门就可看到枝条披拂，绿叶繁茂的老榆树，象征着顽强勇敢、吃苦耐劳、乐于奉献的兵团精神。校园还栽种了山楂、海棠、李子等数百棵果树，生物、美术教师带学生采集树叶，制作标本、树叶贴画、小工艺品等等，既锻炼学生的动手能力和创新思维能力，又培养了他们的审美情趣。

发展体育阅读。学校的球类活动丰富多彩，以球育德，以球健体、以球促智。同时集中师生的智慧，开发了校本课程——绳操、啦啦操。学校努力探索和开发艺术教育的途径和方法，在原有舞蹈队、合唱队的基础上，新成立了小型二胡队，多角度培养了学生良好的艺术素养。学校被命名为“全国青少年校园足球特色学校”、“全国青少年校园篮球特色学校”。

学校图书室环境优美而温馨，学生随时可以去读书。楼道、各班的图书角藏书可谓琳琅满目，涉猎广泛，有科普知识，有小说评书，有历史故事，也有趣味幽默大全等等。以国学经典诵读为切入点和突破口，开展了“晨诵午读暮省”经典诵读活动，在保证各年级固定校本课程书目的基础上，晨诵还做到了与重大节日相结合，每年九月开学初利用一周时间开展“忆中秋、迎重阳”经典诵读活动，将中秋节与家国团圆；重阳节与敬老爱老教育融为一体；晨诵还与节气时令相结合，与学生当下生命相结合；每年的4月、9月、11月开展了“行走在农历的天空下”语文综合实践活动，将晨诵由课堂延伸至校外，桃花园、蔬菜大棚、开心农场，师生们一路吟诵、一路欢歌。

二、打造“全面育人”精神文化环境

文化环境。我校非常注重校园文化建设，力求让每一面墙都说话，让每一处景都育人，潜移默化地陶冶学生的情操，培养学生良好的行为习惯。温馨的规范化制度时时处处提醒孩子们要遵守纪律，规范做人。每个班级都有各自的文化主题墙，师生共同创作的书法，剪纸，绘画作品在文化墙上展示。楼道墙壁上一块块文字图片不仅让我们了解了博大精深的儒家思想，知道了中华文化的起源及发展历程，还让我们明白修身齐家治国平天下的道理。不仅让我们学会感恩图报和孝顺父母，还让我们从小系统受教和熏陶于民族尊严，让我们意识到中国伟大和中国人的自豪，还让我们忠于国家努力，成就民族伟大复兴。中学楼后的勤学亭——勤奋好学　孜孜不倦；小学楼后的乐学亭——快乐学习，快乐成长；两栋楼前还有一个静学亭和善学亭——善学静思是既要能静下心来自主思考和实践，也要善于与人合作，共同探究。与学风“勤学多思、求实创新、励志争先”相一致。草坪中的两块文化石，分别刻有学校的教风“厚德”和“博学”，时刻警示我们的教师厚德为师，博学为范。

精神环境。山东省、德州市和临邑县三级共同出资援建了我校传统文化进校园项目。山东文化园和兵团文化园遥遥相对，挑山工精神和兵团精神鼓励师生开拓创新。红领巾广播站按照每天一主题进行播报，其中周一的“新闻袋袋裤”以前一周国家及学校发生的新闻大事、校内的好人好事为内容，周三以“历史上的今天”为特色，周四“原创天地”以集中展播同学们的优秀作文，周五“祝福天地”以学生和老师的祝福及点歌为内容，红领巾广播站现在已成为学校宣传和德育教育的主阵地。

三、知行合一促进教育均衡发展

大力加强对学生的交通安全、饮食卫生安全、网络安全、防盗抢、防拐骗、防勒索及“五防”（防火、防电、防雷击、防溺水、防中毒）安全教育。每月一次的防震、防火演练，使师生熟练掌握了紧急疏散的程序和线路，　提高了师生在地震或火灾来临时的紧急避险和应变能力。疫情防控期间，利用钉钉群和腾讯会议教育师生、家长掌握疫情防控知识，做好疫情防控工作，学校先后组织钉钉家长培训会和教职工培训会315场次。结合清明节、肉孜节等，学校发放致家长一封信6412封。学校时时处处将学生的安全作为为重中之重的工作来抓，防患于未然，杜绝隐患。

学校努力构建家庭、社区、学校三位一体的德育网络。形成了强大的教育合力，为学校德育教育的开展畅通了渠道，保障了学校德育工作的针对性、有效性，全面促进了学生身心健康发展。本学期学校在线开办了两期家长学校。除此之外，各班借助家长会，开展老师家长互动式教育，特别是疫情防控期间，通过微信平台，家长和教师共同探讨教育孩子的方法。让家长参与到学校管理中，为学生的健康发展共同做好守护工作。同时，学校重视和社区的合作，建立友好和谐的邻里关系。每年暑假前夕，学校与同和幸福城所在的社区进行联系，开展暑期社会实践。社区在暑假期间开展各种活动对学生进行思想教育，2019年暑假，社区为学生举办了18项蒲公英在行动活动，学校、社会齐发力，共同铸造孩子完整健康的人格。

贯彻十九大精神，创建温馨校园。温馨校园不仅是校园的硬件设施的改变，更是教育关爱的体现，头屯河农场学校全体师生致力于创建更好地校园，办好百姓门口的温馨乡村教育。

近年来，头屯河农场学校被评为“全国青少年校园足球特色学校”；“全国青少年校园篮球特色学校”；教育部指定的兵团首批“中国好老师公益行动计划”基地校；《传承国学经典，彰显德育特色》获全国优秀德育案例。荣获全国“五四”红旗团支部、全国优秀动感中队；全国校园大课间啦啦操推广实施单位；全国青少年“未来之星”、“国门风采”组四个项目团体三等奖及优秀组织奖。荣获乌鲁木齐市首届小学生手工艺品创意大赛最佳组织单位奖；荣获乌鲁木齐市庆祝建国70周年“迎春万物生，共祝祖国好系列文化活动”优秀组织奖；被授予兵团“文明单位”；兵团“科普中国，校园e站”试点单位；兵团十佳科技学校；兵团知识产权试点学校；曾多次荣获兵团青少年科技创新大赛优秀组织奖；兵团青少年网上法律知识考试组织先进单位；乌鲁木齐市《课程目标与开放教学》课题先进集体；十二师文明学校等。

取得的成绩是我们前进的动力，建造温馨校园之路漫漫且深远，吾辈自当上下而求索！

足球发展从娃娃抓起

新疆伊宁市滨河金太阳幼儿园　汪丽敏　王冰

独到的办学举措和办学特色是学校持续发展的宝贵财富和永恒动力。在对幼儿园的外部背景和内部环境进行了全面、客观的分析以后，我园认为：要真正创建园所特色，就必须运用好幼儿兴趣，打造优势项目，让他们在某一方面优势发展，进而形成自己的园所特色。

2019年3月，教育部下发《关于开展足球特色幼儿园试点工作的通知》，鼓励各省创办并申报"足球特色幼儿园"。这为我园的特色创建提供了很好的思路。

分步实施，有序推进

在园所特色建设上，我园以"教书育人、管理育人、服务育人、环境育人"的目标为指南，分为"特色课程"、"园所特色"、"特色园所"三步进行推进。但如何寻找"特"、落实"特"、发展"特"，我园有自己的具体规划和实施节奏。

第一阶段（2020年9月—2021年7月）：根据幼儿园实际情况，建立足球特色学校规章制度，规范运作，初步形成优势项目内容体系的实施途径和评价机制。

第二阶段（2021年9月—2022年9月）：通过足球特色的建设及拓展，在完善优势项目内容实施途径评价方式等的基础上，通过两年的积淀形成鲜明的办园特色和以"娃娃足球"为主题内容的特色课程。

第二阶段（2022年9月—2023年9月）：通过近三年的打造，足球教育的开展能够帮助幼儿园提升自身的核心竞争力，做到人无我有、人有我优，打造幼儿园的金字招牌；通过已有的教学成绩和别开生面的足球竞赛活动，让家长愿意更多地投入到足球运动中，将其拓展成幼儿园的办园特色，成为全面深化素质教育、提高教育教学质量的有效载体，最终实现具有特色的足球幼儿园目标。

健全机制，完善保障

根据上级加快发展和普及校园足球精神、增强学校足球特色的要求，我园以申报"全国足球特色幼儿园"为契机，不断完善各种管理机制，确保足球教育沿着健康、规范、科学、有序的方向发展。

健全工作机制。我园全面贯彻国家政策以及中国足协娃娃足球工程的执行，按照健康课程标准及有关规定开展园所足球工作。2019年，成立了以园长为组长的足球工作小组，制定创建足球特色校的实施方案，有效落实足球工作的开展与实施。

完善规章制度。我园召开专题会议，研究园所足球工作，由足球工作小组制定具体的组织实施、教学管理、游戏化课程和竞赛、运动安全防范、师资培训、督导等方面的规章制度和工作制度，通过每学期根据实施的情况不断地完善调整。

设施建设完备。为了保障足球运动活动的正常开展，我园于2019年新投入标准运动场地及标准人工草足球场一个，足球及基本训练竞赛器材数量充足。

配齐配强师资。2019年8月，我园有4位老师参加了由北京莱茵体育文化发展有限公司举办的首期中国足协娃娃足球工程·实验幼儿园幼儿足球指导师考核认证为期7天的培训，他们在培训中努力学习相关知识，最后在考核中取得了幼儿足球指导师证书。目前，我园有5名专职足球老师，16名兼职教练员，他们积极参与我园组织的足球相关技能技巧和教育教学的培训，不断提高训练技能和教学水平。

夯实基础，全面普及

在创建足球特色园的探索中，我园遵循"从娃娃抓起，从基层抓起，从基础抓起，从群众性参与"的原则，坚持以"小小足球，大大梦想"的主题，在全园普及娃娃足球文化，将足球文化渗透到每个人心中，并能积极地参与到足球运动中。

更新教学理念。真正让幼儿享受快乐足球，就必须首先从思想上提高认识，认清快乐足球的发展方向。我园依据《幼儿园指导纲要》和《3—6岁儿童学习与发展指南》的文件精神，结合中国足协专家对足球高标准高水平的指导，借鉴威创教学管理经验和成熟的运营服务体系，积极进行娃娃足球教育体系的研究开发。我园以游戏化教学为基础，将幼儿园教学与足球专业全面结合，建立个性化的足球教育体系，让幼儿感受足球喜欢做游戏爱上踢足球，提高身体素质，培养出具有自信、坚毅、勇敢、合作优秀品质的孩子。

保证运动时间。按照国家教育部要求，我园规定幼儿的每天户外体育活动时间不少于2小时，其中集体教学活动时间不少于1小时，并把足球运动作为园所特色，每周都有固定时间开展活动。

创新教学模式。根据幼儿的身心特点，我园主要以灵活多变的教学艺术设计开展游戏，如创设"小乌龟运粮食"、"小猴搬西瓜"、"小森林运球"等游戏情景，突出足球游戏活动的游戏性和趣味性，不仅引起了幼儿情感上的共鸣，更激发了幼儿对足球活动的兴趣，使他们在轻松的活动中习得和感知了足球的玩法和性能。同时，我园还鼓励教师不断研究足球游戏和基本技能的练习形式，采用个别的、分散的、集体的、个别与集体相结合等多种形式，既调动了幼儿的自主性，又调节了幼儿的活动量，更重要的是保证了幼儿参与活动的持久性。

营造足球文化。在师生中倡导　"校园足球文化"，利用足球文化走廊、校园广播、宣传橱窗广泛宣传校园足球运动的开展情况，积极塑造足球文化，真正让孩子形成对足球的兴趣；通过玩足球、画足球、讲足球、舞足球等形式多样的活动，宣传足球知识，普及足球活动，并用足球的体育精神和公平竞赛的内涵影响孩子成长。

足球是一项风靡世界的体育运动。邓小平曾说过"足球要从娃娃抓起"，幼儿园的孩子更是国足的希望！为了给孩子一个幸福的童年，我园将继续深化"特色课程"、"园所特色"、"特色园所"的特色发展思路，以幼儿园足球运动为载体，普及足球基础知识和技能，使之成为幼儿能够获得终身受益的运动方式，进而促进幼儿全面发展，提升办学品位，强化办学特色，努力把幼儿园建设成社会赞誉、家长满意、领导放心、师生依赖的好幼儿园。

立德树人守初心，大爱立校育桃李

云南省大理市漾濞彝族自治县职业高级中学　张德勤

"利器也，复以锻之以去钝，锋其筋骨，锐其根本，育人之道亦如是也，国之重器，功在当代，利在千秋……"教育是一扇强国之门，是实现民族复兴的重要渠道，任何时候都不能缺失，这种缺失要延伸到每一个地区，每一个学校，每一位学生。自1986年4月12日第六届全国人民代表大会第四次会议决议通过《中华人民共和国义务教育法》并颁布实施以来，我国的适龄儿童、少年接受义务教育的权利得到有效保障和落实，绝大部分适龄儿童、少年都至少接受了九年的普惠教育。但随着社会的不断发展进步，广大农村地区人们思想观念及生产生活方式都有很大转变，对学校来说，如何更好地教育特殊群体学生成为关注的焦点。目前，我县在校学生约12257人，其中特殊学生有孤儿39人；留守儿童576人；残疾儿童106人；单亲613人，合计1334人，占比11.85%。这种高比例的特殊学生群体不仅是社会不良情势的一种反应，也给教育实施带来一定的难题。为此，立足学校实际，我校从多层面、多角度出发，以人为本，切实让学生感受学校的关爱和温暖，不论是教育教学，还是日常生活，我校始终把学生成长放在第一位，努力为学生的幸福人生奠定宽厚坚实的基础。

一、不忘育人初心，倾力培养社会主义接班人

特殊群体学生是指在接受义务教育阶段的单亲、孤儿（人数相对较少）、留守和残疾学生。众所周知，小学和初中阶段的孩子是最需要家庭的温暖和父母陪伴的时候，家庭教育、家庭关爱的缺失是造成这些孩子不能健康成长的决定性因素。这些特殊群体学生有以下几种情况，一是留守儿童，即父母外出务工，把子女寄给孩子的祖辈或其他亲戚来代管。长期缺乏父母管教和陪伴，这些孩子大多会产生心理问题，最终就可能会发展成为问题孩子。二是单亲孩子，单亲孩子则分两类，一类是父母一方死亡，更多的一类是由于父母离异造成的单亲孩子，两类孩子的父亲或母亲也有再次组合家庭的情况，但在重组家庭中生活的孩子，他们不可能享受到完整家庭所拥有的那份温暖和幸福，一般情况下还是有心理上的阴影。上述两类孩子在不同程度上都会有消极、敏感、孤僻、厌学等情绪，从而成为辍学或者有潜在辍学学生。三是残疾孩子，因孩子本身身体健康引起的，残疾适龄儿童、少年。四是孤儿。残疾孩子和孤儿一般都有自卑、压抑等心理状况。

为让这群特殊群体学生切身感受学校的温度和关爱，我校实施多种举措，帮助学生成长，照亮他们心田。一是加强对学生及家长的法律知识普及教育、理想信念及中华民族传统美德教育。中华民族传统美德是中华民族优秀品质、优秀民族精神、高尚民族情感、崇高民族气节、良好民族礼仪的综合，传统美德教育有助于中华民族传统美德的弘扬和继承。我校大力教育孩子热爱祖国，孝亲敬长，懂得感恩，勤俭节约、学会自律，树立远大的理想。同时设立家长学校，选派学校老师、社会上有声望的人士和法律工作者作为家长学校的老师，帮助学生家长树立正确的价值观、婚姻观、家庭观，遵守伦理道德，对自己的伴侣忠诚，有责任意识，有担当精神，做自己孩子的榜样，学法、懂法和守法，自觉担负起培养孩子的责任，当好孩子的第一任老师，不放任孩子，为了孩子的幸福成长努力经营家庭的温暖幸福，做孩子的良师益友、行为示范。二是加强社会各方力量对特殊群体学生实施关爱和教育。学校联合政府及社会各方力量，明晰各自的责任对特殊群体学生实施关爱和教育，正确引导爱心组织对这些学生进行帮扶，同时对这些孩子的父母和其他家庭成员进行教育和引导。学校要及时对这些学生进行家访，以达到家校携手共育的目的，安排老师对他们进行学习心理辅导疏导，不能随班就读学生按一人一策的方案落实好送教上门的工作，学校领导也应不定期和这类学生交心谈心，让他们在学校有安全感、存在感和幸福感。三是为特殊群体学生家长提供就近就便就业的机会。借巩固脱贫攻坚成果、乡村振兴战略等大力实施的契机，大力发展地方特色产业，为特殊群体学生家长创造就近就便就业的机会，努力帮助他们解决生产生活压力，从而确保这些家长有更多时间陪伴孩子，让他们切实履行孩子第一任老师和第一监

护责任人的职责。四是加大特殊教育发展力度。对于少部分不适宜于随班就读的残疾学生和品行极端恶劣的学生，应当送到特殊教育学校就读。针对此类学生，县级及以上应设立专门的特殊学校，配备具备相应特殊技能或特殊教育经验的老师，进行特殊的教育和培育，让每一个了孩子都能行走在正确的人生轨道上。

二、春风化雨，守望每一位学生幸福美好明天

作为教育的首要阵地，学校要从自身做起，大力提升学校教育教学校管理水准，为学生营造温暖和谐的学习环境。一直以来，我校不断加强师德师风和业务素质建设。倡导每一位教职员工要做到学生的行为示范者，知识授予者，思想引领者，生活上的关心者，纪律的约束者。其次大力实施精细化管理，丰富学校内涵。对学校工作的每一个细节都要有相应的管理制度或者措施，确保每一件事都有人管，有人负责，有人处理，提升学校综合办学实力和水平。学校也通过提升教师队伍特别是班主任队伍的育人水平尤其是心理教育的能力和水平，让特殊群体学生能得到更多的关爱和科学的指导。此外，我校还不断加强学生的综合教育，加强学生思想道德品质、行为习惯养成、感恩励志、德智体美劳等综合教育，拓宽育人的空间和渠道，守正“为党育人、为国育才”的初心和使命。近几年，为确保教育有效实施，提供良好的教育环境，学校还投入了大量资金，加强学校建设，积极推进素质教育，落实培养德智体美劳全面发展的社会主义建设者和接班人的使命和义务。

总之，教育的最高境界就是要唤醒每个灵魂，教会他们善良，自律、自强，尊重、赏识每个个体，致力于学生能力、品德等各方面素质的全面提升，服务于个体的健康成长，滋养每一个生命。着眼未来，不论何时，我们都应该切实把关爱特殊群体学生当作使命和义务，用心培育，用爱浇灌，着力为学生更深远的发展夯实基础，让更多的生命绽放灿烂的光彩。

大成教育思想与学校文化建设策略

云南省昆明市宜良县第一中学　姚辅民

党的十八大以来，党和国家高度重视文化对个人、社会、民族的涵养作用，文化的力量不断凸显，步入新时代，学校更要注重文化育人的整体设计和系统构建，以关切和满足学生成长发展需求为导向，以构建和完善文化育人的长效机制为关键，要着力推进文化育人工作向好、向前发展。一所好的学校离不开正确的办学思想。没有正确的办学思想学校就要走弯路，甚至是走错路。学校的办学思想就是落实党的教育方针，将党的指导思想具体化。但是因各学校所处地域不同，环境不同，历史不同，因此要制定不同的办学思路，才能解决好“培养什么人”、“怎样培养人”、“为谁培养人”三个根本任务。校园文化则是对办学思想的解读、诠释，达到以文化人的最高境界。

我先后连续主政过本县一、二中两所高完中，在位时皆确立了大成教育的办学思想，形成了较为完善的思想体系，两所学校都提炼出了“一训三风”。迄今过去了近十年，我也离开了校长岗位多年，但是两所学校的“一训三风”一点没有改变，说明大成教育的思想还在，大成教育得到了师生、后任的认可传承。

一、大成教育提出背景

我自1992年就在宜良一中担任物理教师，直至2008年9月份担任校长。曾先后经历了3位老校长的领导，对学校的发展历史有比较深刻的了解。一中办学近百年，学校里有保留较为完好的文庙，大同门、金水桥、文明坊、石狮子、大成殿、崇圣祠、尊经阁等文物尚完好，办学以来培养了近3万名莘莘学子，曾培养出了像《解放军报》总编杨子才这样的将军，像北京大学教授、国学大师汤一介这样的大才。在2009年，一中被省教育厅命名为“新课改样本校”，要推动教学方式的改革，由关注多年来教师“如何教”为关注学生“如何学”，推动学生的自主学习、合作学习、探究学习。老学校遇到新课改往往是被动的，因为机会成本太大，而全国各地新课改一时间可谓是风起云涌，山东杜郎口“三三六模式”，山东昌乐二中的“271高效课堂”模式，考察了几所学校的课改之后，发现他们都是解决课堂教学的技术层面的问题，缺乏对学生成人成才的全方位的考虑，也没有考虑到素质教育的目标，培养德智体美全面发展，培养学生的创新精神和动手实践能力，在充分听取了领导和专家的意见后，学校决定从思想源头和课堂教学一起改，于是，把我们进行的课改主题命名为“大成教育”！

大成教育的概念提出自然是因为我们身边有孔夫子，有大成殿，孔夫子被尊为“大成至圣先师”，大成教育有三层意思，一是要培养出大师大家，二是大家成功，这个大家包涵师生在内，学校在内。三是师生得到持续发展。

二、大成教育思想体系

通过一边课改一边思考，经过一年多完善了大成教育思想体系。一建立大成教育坐标系。横轴是西方文明精华，纵轴是中华文明精髓，原点处是人（师生），一象限是师生五大四成的成长道路。二培养目标：五大四成。即“胸怀大梦，饱含大爱，展示大智，担当大任，走向大和”，“成长成人成才成功”四个层次。三大成教育结构：一体两翼。文化艺术和科技体育两只翅膀，这就是实现大成教育的途径。四大成教育的一训三风。校训：立大成志，做文明人！校风：开容通和。教风：教真育爱，正己化人。学风：知止至善，格物至理。五大成教育课堂教学思想：四导四在，即以学定导，先学后导，多学少导，导为不导；功夫花在备课上，力气使在课堂上，情感投在辅导上，评价用在激励上。教学方法：三讲三不讲和课堂四要素。即教师讲思想方法、讲重点，讲疑难；学生会的不讲，能学会的不讲，讲了不会的不讲。四要素是学生自主、合作、展示、点评。

学校邀请全国道德模范来校讲课，每年新生入校在白天开展军训的同时，晚上学习中华传统美德、传统经典，建立了云南省道德讲堂示范点，培养本校传统文化讲师，举办大成文化艺术节，评选道德模范进行表彰，恢复了失传多年的科技体育活动，每个假期组织教师撰写导学案。短短一年多时间，一中被评为全国科技体育传统校，全国青少年道德培养基地。2012年，高考各项指标取得了绝对优势拔得头筹，连续十年荣获昆明市高考质量优秀奖。一中的高考创造了近十年最好的重点率、本科率、升学率，本科率超过百分之八十，包揽县级文理科状元，升学率达百分之百！

三、大成教育的推广

2012年10月份，我调到二中，二中的办学历史较短，1956年开始招生，1957年建校，占地面积80亩，但学生人数达到了近四千人，师生人数都比一中多，因为二中还保留了初中。1956年招生时，学生放在宜良中学培养，次年，二中校舍建好后方才迁出，此后，宜良中学改名为：宜良一中！由于二中也是从文庙中走出来的，和一中同根同源，于是办学思想也就沿用大成教育思想，但是，学校的一训三风经过挖掘二中的历史，也有了自己的特点。校训：明德四方　，立志大成。校风：谦忍精进，教风：修己树人。学风：笃学敦行！

二中建立了道德讲堂，从南门到北门建立了一条文化长廊，新学期开学由学校领导开展道德讲座，评选感动校园人物进行表彰，开展高效课堂教学，开展科技体育活动，举办科技体育节，等等，新建的北大门完美地体现了大成教育思想，双手托起君子兰！（这其实是二中九十年代的校徽图案）到2014年，二中的高考成绩创造了近十年的最好成绩，各项指标均远超过了一中！实现了我的口头禅：没有二，哪有一！（一、二中平均录取，生源质量相当）

拿破仑曾说过：世上两种东西最有力量，一是利剑，二是思想！我从工作经历中深深体会到这一点！两所旗鼓相当的学校，有了正确的思想武装之后，二年时间就可以实现全面超越！要办一所好学校，我们首先要有正确的办学思想和校园文化。我们要将党的教育方针和学校的办学历史紧密结合，将教育和教学紧密结合。把分数和成才相结合，把课内课外结合起来，把理论和实践相结合，把现在和将来结合起来，把教师发展和学生成才结合起来。

教育是慢的艺术，我们把办学思想说出来容易，把校园文化上墙也容易，但要把他们做出来见成效，让师生接受并内化，得到传承，更是不易。所以，我们作为一所学校的校长要能够沉下心来，静心潜悟，这样才能找到教育之道。

坚守劳教阵地　培育时代新人

浙江省慈溪市附海镇中心小学　余立强

“一年之计，莫如树谷；十年之计，莫如树木；终身之计，莫如树人。一树一获者，谷也；一树十获者，木也；一树百获者，人也。”　这段话既阐明了人才培养的重要性，也揭示出人才养成的不易。教育的智慧是生命对生命的责任和承载。一所学校要想让教育之树结出丰硕的成果，就要把目光放长远，通过对特色教育路径的探索，提升教育品质，丰富学校内涵。为此，我校创建以来，始终坚持用劳动教育凸显办学特色，用劳动教育理念推动学校发展，在学生心田埋下劳动教育的种子，静待它们生根发芽、开花结果。习近平总书记在全国教育大会上指出，要培养德智体美劳全面发展的社会主义建设者和接班人，要在学生中弘扬劳动精神，教育引导学生崇尚劳动、尊重劳动，懂得劳动最光荣、劳动最崇高、劳动最伟大、劳动最美丽的道理，长大后能够辛勤劳动、诚实劳动、创造性劳动。为全面贯彻五育并举、全面发展的教育方针，我校积极完善劳动教育顶层设计，倡导“生活即教育”，“社会即学校”，“教学做合一”　陶行知三大教育思想，践行“海润童心，悦享人生”的办学理念，培养具有包容、善行（德、劳）；博学、善思（智）；活力、善美（体、美）的海慧骄子。为实现这一办学愿景，我校十分重视学生的日常生活劳动教育，优化劳动教育课程设置，积极推进生产劳动和服务劳动。从劳动教育的目标、内容、管理、评价等多维度进行探索，培养学生树立正确的劳动观念、培育劳动精神、提升劳动能力、形成良好的劳动习惯。

为此，我校成立以校长为组长，德育处、教导处、少先队大队部以及各班主任为组员的劳动教育工作领导小组，扎实推进劳动教育工作。学校劳动教育领导小组积极协调各项资源，借用政府、企业、社区、家委会、家庭等力量，使劳动教育多元化、生活化。今天，通过不断地尝试和实践，我校劳动教育已得丰硕的成果，被《宁波日报》、《慈溪日报》、慈溪文明网、慈溪电视台等多家媒体报道，为学校增光添彩。此外，我校的《剪纸》、《花木文化》两门劳动课程被宁波市和慈溪市教育局评为精品课程，成为慈溪市劳动教育示范学校。

一、多措并举，让劳动教育的种子扎根在学生心田

学生发展的核心素养主要指学生应具备的，能够适应终身发展和社会发展所需要的必备品格和关键能力。我校结合学生发展的核心素养从思想认识、情感态度、能力习惯三个方面提出了劳动教育目标，突出强调劳动教育的重要性，确保每个孩子都能获得劳动体验、习得劳动本领、创造劳动价值、享受劳动成果，实现以劳树德、以劳增智、以劳强体、以劳育美、以劳创新。

结合学校劳动教育实践和培养目标，我校对学生的劳动教育进行了系统梳理，涵盖了日常生活劳动、生产劳动和服务劳动，强调在亲身劳动经历中习得劳动知识，学会劳动技能，培育劳动情感，提升劳动素养。针对高低年级学升，我校实施多种措施，多方面培养学生劳动意识和能力，让每一位学生都能感受到劳动的快乐和智慧。此外，我校还会经常组织一些服务劳动，让学生走出校园，贴近生活，步入社会，做一些力所能及的事，领悟服务的价值魅力。

教育要以课程为本。在劳动教育实施过程中，立足课程，我校以学生为本、教师为导，分层分类有序展开。劳动教育主要分两个层次实施：一是面向全校师生，落实于每周课程定时教学，另外学校设置主题劳动月，规划每个月的劳动主题，确定每个月的最后一周为劳动周，最后一天为劳动日。劳动周、劳动日的设置给了学生一个展示和评比的平台，通过形式各异的劳动成果汇报，提升学生劳动的成就感与自豪感。二是开设职业体验和社会实践拓展课程，推进生产劳动和服务劳动建设。我校通过点面结合的方式，培养学生具有良好的劳动素养。

二、铸魂培根，通过劳动教育内涵绘就教育品质蓝图

日常性劳动、生产劳动、服务劳动是我校劳动教育体系的三大核心。一直以来，针对日常生活劳动，我校从家务劳动、校内劳动两个层面着重设计。其一是家务劳动，立足于个人生活事务处理，培养学生良好的生活习惯和卫生习惯。通过家校合作，目标引领，帮助和鼓励学生在家庭中“自己的事情自己做”并适当帮助家人分担一些力所能及的家务劳动。学校布置了每周要完成的家务劳动作业，家长根据具体的实际情况，保障学生每天不少于半小时的家务劳动时间。由家长负责督促检查，定时间、定岗位、定目标，让孩子天天做家务，周周有收获，完成每项任务后在“家务劳动记录表”中进行评价，可以是收获或感悟，也可以是努力目标与反思。第二，我校的校内劳动内容包括课桌整理、值日打扫、书包整理等方面。校内劳动的内容按年级分层设置，逐级提升，高年级的内容可作为低年级的发展目标，而低年级的内容则是高年级必须包含的劳动教育内容，从而保障了劳动教育的持续性和有效性。此外，我校以《五色浪花争章手册》为载体，侧重于学生的常态化劳动教育，以学生自主管理、教师监督评价、集章奖励为评价手段，以提升学生的劳动素养，养成良好劳动的习惯为目标。

二是生产劳动。附海镇被誉为“花卉之乡”、“家电之镇”。因此，我校结合地域文化特色开展劳动教育，从学生身边熟悉的事物出发，激发学生劳动的兴趣，感受“学校劳动”和“社会劳动”的联系，将劳动教育真正落到实处。在劳动教育课程建设中，我校自主开发校本课程，如将美术课和剪纸课整合与拓展，一到六年级将2节美术课分解为1节基础性+1节拓展性课程模式，实施特色剪纸教学（民间艺术家）；一到六年级每周一节的劳技课和花木课整合与拓展，实施特色花木课程（小园艺师）。另外将附海的地域文化、产业文化、人文精神融入课程，开设了小饲养员（小动物养殖区）、海娃小交警（海娃少警队）、小农民（开心农场）、小工程师（小家电实验室）等生产劳动职业体验课程，既丰富了国家课程，又凸显了学校特色。

如我校的《小家电》课程。进入21世纪后，全世界越来越重视制造业，中国提出了中国智造2025。附海镇是家电之镇，是全国重要的小家电制造基地，依托地方特色产业，校企联合，面向全体学生开设小家电综合实践课程。通过这门课程，学生能了解小家电的主要元器件及其作用，能解释小家电的工作原理，能进行简单的修理。从企业管理、产品研发、零件组装、产品销售等方面以企业化的模式让学生获得社会企业中各部门的职业劳动体验，进一步提高学生的劳动素养。该课程将课本知识与生活实践相结合，培养学生知识应用能力，动手实践能力，为培养附海家电产业人才奠定良好的基础。

最后一点是服务劳动。为引导学生理解劳动创造价值，培养学生具有劳动自立意识和主动服务他人、服务社会的情怀。我校开设了小解说员（民族团结）、小营业员（海慧超市）、小服务员（食堂）、小小志愿者（垃圾分类、社会服务）等服务劳动职业体验课程。另外充分利用社会各方面资源，为劳动教育提供必要保障。积极与企业、农场等组织协调履行社会责任，开放实践场所，组织学生参加力所能及的生产劳动、参与新型服务性劳动，使学生与普通劳动者一起经历劳动过程。组织动员相关力量、搭建活动平台，共同支持学生深入城乡社区、福利院和公共场所等参加志愿服务，开展公益劳动，参与社区服务劳动。

劳动教育的本质在于激励、实践和体验。为更好地发挥劳动教育育人功能，激励所有学生参与劳动教育活动，让更多的学生获得劳动体验，我校还制定了每天—每周—每月—每学期的全程评价方案。沿用原先推出的学生评价体系“海慧卡”，增加劳动教育评价内容和操作细则，用欣赏激发学生的热情，用热情激活学生的潜能，促进教与学的统一，营建和谐的师生关系。海慧卡分绿卡、黄卡和红卡，每一种卡都有相应的实施内容和操作细则，海慧卡的使用，重在过程性激励。在劳动教育课程实施过程，职业体验拓展课老师、班主任具有直接发放海慧卡的权利，对表现优异，积极主动的学生给予奖励。学生、家长也能参与其中，以德育生活化“五色浪花”实施细则评价为载体，学生之间通过相互评价，家长根据孩子在家的劳动表现的反馈进行发放海慧卡。此外，我校还开设“海贝超市”，海慧卡在“海贝超市”可以流通购物，“海贝超市”由学生自主管理当“小营业员”，增加体验感和荣誉感。学期末，学校以海慧卡为依据，评选出20%的海慧骄子和40%的海慧少年。多年来，我校的这套评价体系体现了学校坚持精细化管理，从小事抓起，从日常行为抓起，从养成教育抓起，积极培育学生良好的劳动素养，形成良好的劳动习惯。

非知之艰，行之维艰。教育是一项知行合一的事业。学校的内涵、品位和文化底蕴需要被全体师生牢记并践行，应如和风细雨渗透到学校各处角落，待春暖花开。劳动教育任重而道远。在探究教学过程中，我校将继续秉承“生活教育”的理念，以生活为支点，充分利用地域资源，凸显校本特色，全方位打造劳动教育大课堂，通过劳动教育走出一条特色办学的教育大道！

悠悠之声唤今古，江南丝竹奏华章

——硖石小学江南丝竹声悠扬

浙江省海宁市硖石小学　朱黎明

心在青瓦白墙，水墨烟雨；声在吴侬软语，丝竹管弦。说起江南，人们喜欢用“水乡”、“小桥流水”来形容它的秀美，这些“标签”都看得见。而在海宁有一样“特产”，它摸不到，却代表了江南的温婉、细腻、悠扬，那就是江南丝竹。我校是一所拥有深厚文化底蕴的老校，早在20世纪80年代就和江南丝竹结缘，被她婉转悠扬的乐律，柔美独特的声韵而吸引。后来随着社会发展，弘扬传统文化逐渐成为学校发展的新起点，我校也把握这一契机，把江南丝竹作为学校特色办学的核心，以校本课程引领学校发展。2005年我校进行了器乐进课堂的大胆尝试，结合江南丝竹民乐特色学校创建这一时机，开发民乐校本课程，效果显著。到了今天，我校始终把江南丝竹作为学校的特色，大力发展，代代相传。2019年，我校江南丝竹获评海宁市第六批非遗项目。2020年12月，我校江南丝竹获评嘉兴市第七批非物质文化遗产代表项目。这些不仅为全校师生树立了强大信心，也为今后学校特色发展奠定了有力基础！

一、立足校本，植江南丝竹教育之根

一间间教室里传出悠长的旋律，这是我校少儿丝竹队正在排练，与清脆的鸟鸣声合奏出了一曲美妙的乐章。说起江南丝竹，或许知道的人不多。其实，江南丝竹是一种器乐合奏形式，二胡、扬琴、琵琶等民族乐器琴瑟共鸣，演奏出动人的曲目，反映出江南人勤劳朴实，细致含蓄的性格特色。江南丝竹历史悠久，早在明代嘉隆年间，以魏良辅为首的戏曲音乐家们在江苏太仓码头创制组建了规模完整的丝竹乐队，而后与民俗活动相结合，在江浙一带流行。在海宁，清末民初的石路丝竹班社已颇具影响力，“李家班”、“吴家班”就是当时有名的两个班社。1986年4月，我校开始组建少儿江南丝竹兴趣小组，如今我校的音乐教师、丝竹队指导老师范雪飞就是第二批兴趣小组的成员。10岁那年，她和其他十多名学员开始接触民族器乐，开启了传承之路。1993年1月，我校正式成立少儿江南丝竹队，以团体会员的身份加入了浙江江南丝竹社。当时，浙江日报刊登题为《都是小聂耳》的文章，高度评价丝竹队，为硖石小学点赞。“只有苦学苦练才能出成绩”，这样的座右铭影响了丝竹队孩子们的一生。范雪飞老师至今还记得当时练琴的教室，昏暗的光线、简单的桌椅，十分简陋，但老师和丝竹队员们教与学的热情丝毫不减。

不管严寒酷暑，老师手把手教他们吹、拉、弹……把一群对民族器乐一窍不通的孩子打磨成小小“音乐人”，为海宁培养了一批演奏民族乐器的人才。丝竹队员在老师孜孜不倦地教导下，成绩斐然，多次演出过江南丝竹名曲《欢乐歌》、《三六》、《行街》和民族乐曲《采茶舞曲》、《北风吹》等。而对我校教师范雪飞来说，正是丝竹队伴随着她一路成长。她因为二胡特长，考入原海宁师范学校的艺术班，毕业以后开始任教音乐学科。似乎和硖石小学丝竹乐队有着割舍不断地

情，机缘巧合，她成为硖石小学丝竹队的辅导老师，接棒自己的器乐启蒙老师。

“学校的丝竹队有序开展，但如何能更加发光发热，是学校一直思考的问题。”她说道，2005年对我校来说是关键的一年，《石路中心小学民乐校本课程标准(试行稿)》出台，我校结合了江南丝竹民乐特色学校创建这一时机，开发民乐校本课程。2017年江南丝竹校本课程被评为嘉兴市精品课程。

传承关键在人，需要找到音乐的“好苗子”，我校全面普及民乐教育。一二年级开设葫芦丝课程，三四年级开设竹笛课程，另外还每周安排一次丝竹拓展课。“条件好的孩子在三四年级就会冒出来，这些孩子就会让他们加入丝竹队。”范雪飞告诉记者，能加入丝竹队是一种荣誉，家长也很重视孩子的培养。今天，在我校梯队建设下，新生力量接连涌入，就像源源不断地鲜血，丝竹队始终正常运行，队员达到了80余名。

二、铸魂培根，绘特色教育宏伟蓝图

现在，我校丝竹队有3位本校指导老师——张新华、程金凤和范雪飞，他们都曾是丝竹队的一员。早在丝竹队成立之初，张新华就是辅导老师队伍中的一员，几十年如一日，坚持走在丝竹传承的路上，风雨无阻。而程金凤是丝竹队的首批队员之一，从8岁开始就在丝竹队老师的指导下学习民族器乐演奏。1996年师范毕业后，她回到石路小学任教，从小队员成长为丝竹队的指导老师。角色转换了，但她对江南丝竹音乐的那份由衷的热爱与坚持却始终没有变。为了提高丝竹队的业务水平，学校还特聘张全夫和李利生等一批校外专家，作为学校外聘的艺术顾问进行指导。三十多年的时间里，张全夫老师为丝竹队作曲、配器、排练、指挥；李利生老师也是时刻关注着丝竹队的动向，时时为丝竹队的发展出谋划策，带领着我校的老师们，在江南丝竹非遗传承的路上前行。现在，乐队训练的时间是每周周一15：50至17：40，有专项练习，也有合奏。遇到比赛，就会安排“集训”。2018年10月，在浙江省中小学生艺术节器乐合奏比赛中，少儿江南丝竹乐队录制的《江南花雨》荣获一等奖。

丝竹队的成绩不止于此，他们去过上海、香港，在全国、省、市的各类比赛中屡获佳绩。2014年海宁市中小学“百人体艺”项目评比，荣获一等奖；连续3届荣获海宁市中小学生器乐合奏比赛金奖；2017年古筝齐奏华东六省一市选拔赛金奖；2018年少儿江南丝竹乐队被评为海宁市第一批优秀社团；2018年荣获浙江省中小学生艺术节器乐合奏比赛一等奖。入迁以来，我校的丝竹乐队参加各级各类演出比赛80余次，2019年参加红立方党员志愿服务大巴士教育局党委专场演出；2019年海宁市全民终身学习活动周开幕式，2020浙江红领巾公益基金“红暖一冬”专项活动演出；2020年硖石小学江南丝竹专场音乐会在海宁鹃湖广场演出等。这些不仅是特色办学的彰显，也为学生实现梦想搭建了舞台。

“一年之计，莫如树谷；十年之计，莫如树木；终身之计，莫如树人。一树一获者，谷也；一树十获者，木也；一树百获者，人也。”教育注定是一场没有终点的行程。江南丝竹是每一个丝竹人的责任与梦想，必须传承与发展，引导孩子接触传统民乐，让孩子在一次次的排练过程中，提升自我，感受团队协作的快乐，感受音乐和传统文化的无穷魅力。未来路上，我校会始终如一，用江南丝竹装点教育事业，执着前行谱写一曲教育新歌。

实践教育新模式，助力学生健康成长

浙江省杭州市文溪中学　李胜建

教育兴则国家兴，教育强则国家强。新时代，如何实现青少年教育的进一步发展和超越，一直以来都是我校积极思考和探索的问题。

因材施教，有效地帮助每一个人，实现高质量个性化的学习，引领教师在教育改革中立于潮头之上，我校提出提出了“新青春教育”的新教育模式。“新青春教育”以先进、生长、美好和奠基为主要内涵，通过“青春文化、青春少年、青春教师”和“青春校园、青春课程、青春课堂、青春基地、青春风采”三大路径和五大载体，全方位地促进每个孩子、教师的健康成长。

一、以创新科技激活课堂

建设智慧课堂。利用AI技术，通过平板学习和分层教学，让每一个学生充分参与到课堂中来，实现教学方式和管理机制变革。我认为，这是一条直达“心流”的路径。“技术是一种载体，用来改变学生的学习状态，特别是‘叫醒’一批‘装睡’的学生。”

初中课堂由于知识难度的提升和知识点的密集，很难做到像小学课堂那么生动有趣。四年来，我校直击这个痛点问题，积极开启课堂教学技术革命。

703班的徐同学在课堂上记录了小孔成像的光斑形状，分析了小孔成像的模型，并提出几个疑问，为什么光斑大小不一？为什么光斑有明有暗？为什么树叶间隙不是圆的，但光斑是圆的？光斑大小和明暗程度与什么有关？

我校科学教师叶老师通过平板的数据传输，在后端收到同学们的反馈后，针对性地展开了讲解。叶老师说：“传统课堂上，以我讲为主，学生随机参与互动，且参与的学生不多。但现在，我能在一堂课上迅速了解学生的疑问，教学更精准。”包括很多实验，学生也能在课堂上借助智能化设备完成，且精准地记录每次实验的数据变化。

不光是科学课，语文课上，老师也充分利用技术改变学生的课堂状态。心理描写是初一学生在语文科目学习中的一个重点。“在启用智慧课堂后，我们改变了以往的‘这节课写下节课讲’的方式，当堂给出15分钟让学生们写，再用10分钟讲评，大大提高了课堂效率。”语文老师说。

“以前我们把大量的时间用在作业的批改和整理上，特别是在中后段学生的作业反馈上，常常只能采用面订这种方式。”语文学科葛老师说。现在，她根据学生的答题正确率，了解知识点的掌握情况，分层布置作业。如此一来，学生的作业完成率明显提升，作业质量也有了很大的提高。

老师们用的这套智慧课堂系统建立在移动学习、数据分析、精准教学的基础上，全校师生人手一个平板移动学习终端，开展从电子作业到课堂教学等基于数据的精准教学，课堂实现从1.0到3.0的升级换代。老师根据对学生的预习、练习、考试，上课、交流、活动等数据分析，给予学生不同的改进举措，再针对不同层次的学生进行练习推送，从而达到精准教学的目的。有了大数据的精准分析，学校对辅导大底部有了途径，很多孩子慢慢地跟上了大部队。

四年来，我校将先进技术融入智慧课堂，彻底扭转了课堂疲软的学习状态，提升了学生的学习热情。课堂教学质量逐年提升，部分学科逐步赶上或超越城区学校。在课程教育质量分析会上，我校得到了区教育局的充分肯定和高度认可，学校也因此被评为杭州市智慧教育示范校，跻身新优质中学的队伍。

二、建设过硬的教师队伍

四年前，我来到文溪中学担任校长。文溪中学一所现代化的新学校，所处位置风光秀丽、学校硬件设施一流，但要与成熟的学校相媲美，还要打造一支过硬的教师队伍。

几年下来，学校通过学术节、课堂节两大平台和青年营组织，构建了“四鹰飞翔”教师梯队建设工程，助推教师成长。五年内教龄的青年教师进入“雏鹰展翅”梯队，接受研训；十年教龄以上的资深教师则被列入“红鹰飞翔”梯队，成为未来的校级学科带头人；“飞鹰长空”以及“雄鹰翱翔”梯队的教师则是未来区级学科带头人、特级教师以及正高教师的预备选手。

团队协作、共同成长是文溪校本研训的宗旨，更是教师梯队建设的核心。例如语文教研组，每个备课组分工明确：一个负责集体备课主备，一个负责磨课和把关，一个负责评价的标准制定和练习制作。彼此共融，从教材到学材到练习到评测，合力共进、彼此成长。思政社会组，对不同课程内容的预习单、检测单、固学单等，分工明确，合力共研，夯实每堂课的每个环节，不让一个人掉队。

不忘初心，砥砺前行。我校教师队伍建设也取得了一系列成就：年轻教师张敏在入职第二年获得了西湖区教坛新秀等荣誉；入职三年的葛晶晶老师屡次在区优质课、课题、论文和案例评比中获得殊荣；周大燕老师发挥智慧课堂的技术优势，斩获省部级一师一优课奖项，去年获得杭州市教坛新秀荣誉称号的同时，成为区项目制首席教师工作室领衔人；骨干教师朱丽娜潜心课改，三年两个省市立项课题，多次荣获市区大奖，今年被评为区第一层次学科带头人，领衔首席教师工作室；90后王淑芬老师撰写的教学案例荣获浙江省精准教学案例一等奖；入职两年的王佳敏老师撰写的课题成果有两个荣获区一等奖；孙明明老师发挥自身武术特长开设拓展性课程，2018年被评为杭州市新锐教师，去年成为区第二教研片负责人；年级组长上官素荣老师带领年级组老师努力创新，实现教学质量大幅度提升和超越。

目前，我校已有省市区规划立项课题5个，部省市一师一优课3个，拥有市区教坛新秀21个，学科带头人9人，去年荣获年度教育局考核优秀等级。

三、打造学校教育新样态

我校以青春基地为载体，积极开展青春健康教育和丰富多彩的拓展性课程，适应每一个孩子的个性发展，支持孩子健康成长。

青春健康教育。我校青春体验馆地面积1200平方米，分为多个场馆，开设了多样化的体验活动教室，如沙盘室、冥想室、谈话室、发泄室和团辅室，每天课间，学生们感到疲倦时都会到学校的青春体验馆放松，可以看到女生拿着遥控器对着显示屏挥动手臂，玩着切水果游戏；还有学生在自助唱歌机前听歌唱歌等。

定期开展家长沙龙、读书会、亲子活动。为了帮助家长应对初中生的青春期健康、与家长的关系等问题，我校每周开办一次家长读书会。学校聘请了国家级青春健康培训师何传领老师及资深专家邵富英老师，为家长讲解《PET父母效能训练手册》、《解码青春期》等相关知识。活动持续一段时间后，家长的焦虑情绪慢慢减轻，孩子的状态也明显改善。

培育“身心健康、仁义文雅”的“五优少年”，是我校的目标。为此，学校开发了“仁义文雅”四大课程体系，将国家课程、地方课程、学校课程和基础性课程、拓展性课程进行有效整合，培育文溪学生的“身心健康·仁义文雅”的核心素养。例如，“仁课程”重在发展学生善良有爱，开设了古诗鉴赏、英文阅读、稻花香文学社等拓展课程，组织重阳节、清明节等主题教育活动。“义课程”重在让学生正义合作有担当，开设旅游地理、趣配音等学科课程，组织志愿者活动、社会实践、值周课程、第二课堂等活动。

为坚持和发展“新青春教育”新样态，真正做到“成长每一个人”。我校正在建立一套行之有效地评价机制——“五好（五优）学生”评价体系，热爱劳动的学生有机会获得劳动之星、科技之星、实践之星、志愿之星，喜欢体育的学生可以夺得体育之星，此外还根据兴趣设置篮球之星、足球之星等等荣誉，目的就是为了让学生有梦、有品、有识、有义、有趣。

未来，我校将继续探索“P+Y课程”实践，即“合格+特长”。在原有的青春课程基础上，夯实不同年级的“P+Y课程”内容和形式，让每个学生的特长、个性得到最大限度的发挥、发展。学校将继续以“新青春教育”为统领，建立健全青春德育、青春课堂、青春校园、青春教师、青春基地的办学路径和载体，实施精准教学和全面育人，努力培育五优少年（五好学生）。

播下“非遗”种子，迎接“非遗”的春天

——谈江山市廿八都小学非遗文化传承工作开展

浙江省江山市廿八都小学　唐水芬

剪纸、木偶戏、划旱船……位于深山中的廿八都镇，藏着许多优秀传统工艺、非物质文化遗产。廿八都小学将这些非遗项目转化为课程，在教育的土壤上播下了“种子”，迎接“非遗”文化绽放的春天。

一、“非遗”进课堂，传承有后人

“来廿八都教书以前，我从未想过，原来这里还有这么精彩的木偶戏。”廿八都小学校长唐水芬说，“非遗项目是瑰宝，对学校而言，我们有责任也有义务，教育当地的孩子了解和学习非遗项目，让廿八都的非遗文化传承下去。”

提线木偶戏自明代起便流行于廿八都，在文娱生活贫乏的年代里，是民众生活中绚烂的亮色。然而伴随着电视娱乐的兴起，曾经辉煌的木偶戏团遭遇了停演、散班的困局。“喜欢木偶戏的人越来越少，来学习木偶戏的人也越来越少。”木偶戏第18代传人金宗怀介绍，在他到廿八都小学授课以前，整个廿八都镇加上福建地区，学习木偶戏的不到20人。

为此，2018年，金宗怀来到廿八都小学，希望能够教孩子们学习木偶戏。彼时，全市中小学开发校本课程正酣，金宗怀上门寻找教学机会正好与苦于不知该开发何种特色校本课程的廿八都小学一拍即合，6月，金宗怀与廿八都小学签订协议，约定由他每周来学校授课。当年9月，在经过研究后，学校决定在四年级开设木偶戏课程，在孩子们自愿报名的基础上，再由金宗怀根据孩子们手指的灵活度、唱腔的稳定度进行选择，最终确定了5名孩子成为第一批学生。

自此，每周五下午的拓展课时间，这5名孩子便一直跟着金宗怀学习，从唱腔到节奏、从提线到走步，一板一眼，半点不含糊。经过近两年的刻苦学习，5个小徒弟已经基本“出师”，从学校汇演到新时代文明实践志愿服务暨“春泥计划”十周年展演再到省级舞台，各处都留下了小徒弟们的身影。“原来是担心无人学习，木偶戏会断在我的手里，现在我的‘小徒弟’已经有了自己的‘徒弟’，木偶戏后继有人了。”金宗怀开心地说。

除了木偶戏课程外，该校还开设了剪纸、划旱船等特色非遗校本课程。“孩子以后可能会选择其他职业，但学习过的非遗课程，会成为他们的一项小技能。”唐水芬说，“非遗文化后继有人就是我们最大的愿望。也许以后他们也愿意回来继承这项技能，那我们开设课程的目的就达到了。”

二、“非遗”加创新，作品获肯定

“剪纸需要耐心，木偶戏则基本以传统唱腔为主，词也生硬，对于孩子们而言比较难懂难记。”唐水芬介绍，“我们一开始都是录了金老师的唱词和音乐，孩子们练习的时候就跟着录音走，基本上就是背景音配上孩子们的‘无声木偶’方式演出。”为了让孩子们能够在表演木偶戏的过程中发出自己的声音，唐水芬和学校的老师们花了不少心思。“孩子们对唱词不懂，我们就用原来的曲加上孩子们比较熟悉的内容，重新编写唱词。”在传统艺术的基础上加入现代教育教学中的内容，让唱词有了新变化，更具有教育意义。“虽然说非遗的最大魅力就在于它保存的内容，但是在原有的基础上加入符合现代教育的内容，不仅更容易让孩子们接受，也能让它更有生命力。”

适当的创新就是对非遗文化最好的传承与保护。该理念除了适用于木偶戏课程以外，在该校的特色剪纸课程中更是体现得淋漓尽致。由于学校规模较小，该校一直没有专业的美术老师。为了能给孩子们更好地美术教育，2008年，该校将原本任教于幼儿园的衢州民间工艺大师涂娟老师请到学校担任学校的美术老师，开设具有廿八都特色的剪纸美术课程，每周在每个班级开设两节剪纸课。“其实很多孩子比较好动，剪纸又是需要静下来创作的艺术。”涂娟介绍，为了让孩子们爱上剪纸，学校的老师们和她在教学上做了很多调整。“孩子们喜欢的动画形象、小动物，甚至是‘南孔爷爷’都能成为我们剪纸的素材，孩子们也逐渐爱上了剪纸。”

2017年，该校还以“最美遇见”为主题，研究实施关于建设具有学校特色的课程，完善以剪纸文化艺术传承为特色的校本课程。默默耕耘迎来了收获，该校学生戴杭英在浙江省剪纸比赛中获得省三等奖；师生及家长参加市教育系统“庆七一”剪纸大赛获得7个一等奖；学校老师剪纸作品参加市工艺精品展……唐水芬笑着说：“现在我们学校里人人都会剪纸，个个都有作品。”

三、学生教“非遗”，彰显生命力

虽然如今非遗课程已成为廿八都小学的常规课程，但是如何让它一直延续下去，却是老师们思考得更多的问题。为此，唐水芬提出了让“学生老师”带学生的教学模式，即由老师在一旁指导，已经基本能“出师”的学生当老师，为刚入门的学生授课，唐水芬说：“这样做既能借助‘前辈’们学习的经验，让他们少走弯路，也让这些当老师的孩子体会到当‘老师’的成就感，更加爱上自己学会的非遗技能。”

2018年9月，该校首次将旱船纳入校本课程，请来本地划旱船民间艺人来学校授课，经过一个学期的刻苦学习，参加学习的孩子基本已经出师，能够穿上戏服，拿着道具登上舞台为观众送上一台完整的旱船戏。于是，第二个学期开始，便改由学校副校长——土生土长的廿八都人刘华英在一旁做指导，孩子们自己练习为主。在此之后，当新一批学生学习划旱船时，该校由已经基本“出师”的学生当“老师”，去教新生，老师只在一旁充当辅助。“一开始我们也有点担心，怕教学效果不好，但是没想到这些孩子们当了‘老师’，都特别有耐心，教得比我们都好！”刘华英说。

除了旱船课以外，如今该校木偶戏的教学课程也基本由“出师”的六年级学生去当“老师”，金宗怀则在一旁指导。“‘学生老师’带学生，让他们在教中学、在学中教，不仅能更快掌握木偶戏的技巧，更能保证木偶戏课程一直在学校里延续下去。”唐水芬告诉记者，现在由学校老师们自主编制的非遗课程校本课本电子稿也已经基本完成了，后续将继续借助“学生老师”带学生的模式，利用好校本课本，上好每一节非遗课，“希望在这样的教学环境下，我们廿八都小学的每个孩子，都能唱一曲木偶戏，说一口家乡音；能剪一幅家乡景，编一个山乡梦；能划一次岸上船，做一回戏中人。”

“让地域文化特色为学校课程建设插上腾飞的翅膀，这就是我们廿八都小学坚持非遗课程的意义。”唐水芬表示，未来将开设更多带有廿八都文化印记的特色课程，让学生更加了解家乡经典传统文化。

播下“非遗”种子，迎接“非遗”的春天，把廿八都这个“遗落在大山里的梦”烙在每个廿八都孩子的记忆里，更能跟着他们走出大山，走向更广阔的世界！

多彩基因添活力　团结之花开正艳

浙江省宁波市宁海县梅林第二小学　葛华飞

民族团结是各族人民的生命线。不断加强民族交往交流交融，让各族师生加深了解、增进感情，才能激发大家携手并进的强大正能量。作为一所少数民族学生占比较大且民族种类较多的新办小学，浙江省宁波市宁海县梅林第二小学以创健全国民族团结进步示范校为契机，以“筑牢民族共同体意识”为主线，紧扣“中华民族一家亲，同心共筑中国梦”的总目标，结合“让成长如阳光般多彩”的办学理念，围绕“共同团结奋斗、共同繁荣发展”的民族工作主题，有机融入12个民族这个天然的“多彩”基因，扎实推进民族团结进步创建工作常态化、制度化、规范化，让民族教育之花在校园处处开放，民族教育之果在校园处处留香。

强化计划统筹，科学系统推进创建工作

民族团结进步事业是建设新时代中国特色社会主义伟大事业的重要组成部分。围绕新形势下民族团结进步事业的新要求，梅林第二小学把民族团结工作摆在突出位置，科学统筹，强化领导，精准发力，真正做到常抓不懈、常抓常新。

组建队伍，强化落实。学校从全体教师中选取精干力量，成立以校长为第一责任人的工作组，编制《梅林二小民族团结进步创建三年工作计划》，分解创建目标，落实创建责任。

科研引领，项目带动。学校于2019年专门成立课题小组，设立《小学“民族互融”教育的实践与研究》专项课题，同时组织音乐组着手

编写《民族音乐荟萃》校本课程，体育组谋划编写民族运动与体育课程融合的校本课程，通过科研理论研究和实际项目带动，促使民族互融教育更科学有效。

融入日常，长效开展。除民族舞蹈课程外，学校也在其他特色课程中融入民族元素，如在美食课程中定期开展民族特色美食制作，在色彩绘画中加入民族服饰绘画主题等，3D打印科创社团引导孩子设计土楼、民族头饰、服饰、手链等鲜明的物体并打印展示等。同时，学校还结合黑板报、手抄报等载体，开设“民族知识知多少”科普角，开展一季一次“民族大团结”主题手抄报比赛等，让学生能时时感受到民族文化的熏陶。

搭建两大平台，架起民族联谊联心之桥

民族团结是各族人民共同发展进步的生命线。梅林第二小学积极搭建两大平台，使学生的爱国主义和民族团结教育有了坚实的落脚点，营造了“平等、团结、进取、和谐”的良好氛围。

搭建文化交流平台。建校四年多来，学校以节庆、节日为契机，围绕“民族一家亲”主题，着力打造全面涵盖民族历史文化、民族风土人情等内容的系列品牌活动，其中全校师生参与的大型活动有4场：“共邀一场最炫民族风”活动，邀请在校就读的各民族家长一起共度元宵佳节，展示各民族特色的元宵节庆美食、风俗等；“童心共舞中国梦——梅林第二小学民族舞蹈汇演”，以“六一”为契机，苗族舞蹈《苗岭的早晨》、土家族舞蹈《摆手女儿家》、藏族舞蹈《小小格桑花》等十一个民族舞蹈展示了民族文化；“童心共话民族情”故事演讲，以民族故事为主题，不仅让各民族的孩子找到了家乡的归属感和自豪感，而且还让大多数本地汉族的孩子了解了我国各民族不同的民俗风情，引导大家一起行动起来，争做维护民族团结的先锋；“民族特色的年味”活动，让学生在寒假期间收集家乡民族特色的物件、富有民族寓意的民族特色服饰、蕴涵民族文化的传统习俗等，发到微信群共享，让学生在了解民族文化的同时认识我们源远流长的中华文明。

搭建关心关爱平台。针对各民族学生开展“多一次家访”活动，建立家、校、社、政府多方联动机制，帮助解决各民族学生在融入学校融入新生活中的各种问题；专门设立关爱资金，帮助困难外来务工子女，解决民族学生家庭实际生活困难。

打造三大阵地，营造浓厚民族团结氛围

在开展整个校区外在校园文化规划设计中，梅林第二小学充分融入民族元素，并在实际建设中突出三大民族特色阵地建设，培养各民族师生平等团结互助的理念和言行习惯。

打造“民族特色馆”。民族特色馆以“中华民族共同体”为主题，突出现代科技展示，即集视频演示与实物展示于一体，集静态参观与体验互动于一体，集民族文化风情与民族艺术精品于一体。

打造“民族文化廊”。民族文化廊充分展示56个民族的由来、历史及风俗等内容，旨在通过传达丰富多彩的民族知识推动青少年对各民族的认知和认可，促进青少年在实际学习生活中尊重民族特色，共创民族和谐。

打造“民族文化园”。学校划出一片绿化园地，其中一部分由家长和学生共同将带有民族特色的植物种子从家乡带来，与孩子一起播下“民族融合”的种子，收获“民族团结”的果实；另外一部分则有机融入一些民族特色物品，如各民族农作农具、日常用品等，予以展示并标注。

在全体教师的一致努力下，梅林第二小学的民族特色工作建设产生了良好的影响，也得到了领导媒体的关注。如今，在梅林第二小学的带领下，上金小学、育才学校也着手打造民族融合特色教学工作，扎实开展“缤纷民族风，美食一家亲”等元旦庆祝活动，促进了各民族间的融合。下一步，学校将继续以民族特色馆为抓手，积极挖掘弘扬更多更好地民族文化精品，丰富全县各民族团结教育内涵，筑牢民族共同体意识，努力打造民族团结进步教育品牌，展现新时代全域各族群众团结一致、奋发有为的精神风貌。

习近平总书记强调：“民族团结是各族人民的生命线。要深入践行守望相助理念，深化民族团结进步教育，铸牢中华民族共同体意识，促进各民族像石榴籽一样紧紧抱在一起”。坚信在上级领导正确的指导下，在全体教师的努力下，梅林第二小学将紧跟时代步伐，在民族工作中推陈出新，推动民族团结进步特色建设工作更上一层楼。

落霞与孤鹜齐飞，文化与“校本”共生

——谈前童镇中心小学校本课程建设

浙江省宁波市宁海县前童中心小学　鲍常飞

前童小学地处前童镇。前童镇是一个千年古镇，具有深厚的文化底蕴。要说前童小学的历史，可追溯到600多年前，方孝孺先生在前童讲学而闻名四方的“石镜精舍”。前童人知礼仪、懂孝悌，因此方孝孺先生称赞前童为“诗礼名宗”。在此背景下，前童小学传承优良传统，挖掘古镇文化精髓，形成了富有古镇印记的“儒雅教育”文化模式，前童小学的办学理念是“传古镇文化，做儒雅师生”。

在探索古镇文化特色办学过程中，学校紧密结合办学传统和发展需要，依据国家、地方、学校三级课程实施计划，积极探索拓展性课程的开发、实施、评价和共享机制，打造　“古镇文化”特色课程，逐步形成基于古镇传统文化和学校特色相融合的校本课程活动教育，可谓是“落霞与孤鹜齐飞”，文化与“校本”创建。

一、传承当地特色传统文化，构建学生全面核心素养

（一）因地制宜开展核心素养教育

教育部提出“中国学生发展核心素养”，作为落实立德树人根本任务的重要举措。学生发展核心素养，主要指学生应具备的，能够适应终身发展和社会发展需要的必备品格和关键能力。因此，学校自主开发的校本课程，必须以培养学生的核心素养为目标。

现代课程论告诉我们，课程要素指的是课程目标、课程内容、课程的实施以及课程的评价体系。而课程资源有校内，校外，自然，人文等方面的来源。具有顶天立地，上通文化渊源，下联学生实际特征，有个性，可操作，能成品牌的资源是最好的资源。因此，我们要研读国家课程纲要和学校章程，确立可行的课程目标，选择符合学生实际的，具有可操作性的课程内容。

前童小学积极寻找当地校外教育资源，充分利用前童历史悠久、文化积淀深厚的4A级景区这一资源，结合古镇民俗、旅游、工艺等，选择开发了古镇小导游、舞龙舞狮、非遗音乐、陶艺等传承家乡文化的校本课程。试图通过这类校本课程的开发和实施，培养学生综合实践的能力，激发学生热爱家乡的热情，全面提升学生核心素养。

（二）传承传统文化资源构建校本课程

当地社会文化资源主要包括：1.传统节日。比如元宵节、端午节等传统节日就是非常合适的课程资源。2.地方特色。这里的地方特色涵盖了旅游景区、风俗习惯、教育基地等方方面面。3.学生家长。家长团队是一座课程资源的宝藏。因为家长职业丰富多彩，其衍生的课程资源数不胜数，家长的职业、经历、经验、特长等都是宝贵的课程资源。如：我校童德凯同学的妈妈——郑莲亚，她是宁波市“十佳导游”、浙江省劳动模范，曾接待国家主席习近平等各级领导及海内外嘉宾，目前是前童古镇旅游发展有限公司的副总经理。又如：杨景雯同学的爸爸杨维炉，是宁海竹编非物质文化遗产传承人，他们家祖上五辈都是篾匠。根据课程目标，结合本校实际，依仗前童古镇文化资源，学校开发了《古镇小导游》、《创意布贴画》、《古镇竹编》、《前童元宵行会非遗音乐》等校本课程。

（三）将校本课程资源内化为学生素养

前童小学大部分学生都是土生土长的前童人，通过对小导游、布贴画、舞龙舞狮、非遗音乐、竹编、腰鼓等课程的学习，不仅让孩子们掌握了多项技能，而且使得他们更加了解、热爱自己的家乡，全面提高了学生的核心素养。如：学校在全学段开设了《古镇小导游》课程。一、二年级培训主要在课堂，初步了解小导游、了解家乡，感受古镇文化、人文习俗；三、四年级选拔进入小导游社团，参与小导游基础培训，实地练习，亲身体验古镇魅力；五、六年级继续学习的同时参与社会实践、参加志愿服务，整体提升小导游自身素养。每当寒暑假、中国旅游日（宁海开游节）、国庆节、元宵节等，都会有小导游志愿者驻守古镇里边的各个景点，为游客做好义务讲解工作。通过对《古镇小导游》课程的学习和实践，学生们在语言表达、团队协作、文明自信、了解家乡等各方面的综合素养明显得到了提高。所以，开发校本课程，把课程资源内化成学生素养，才是我们的最终目的。

二、注重教师教育上的主导性，挖掘整合教师资源

挖掘校内教师资源。作为服务全体学生的课程，没有广大教师的参与和共同努力，没有高素质教师的精心设计和安排，这是无法开发和实施的。因此，教师资源应当是优先开发和利用的资源。前童小学积极组织教师进行理论学习、外出观摩和校内实践，从而发现和培养高素质课程开发者和实施者，并把大部分教师发展成合适的课程实施者。只有充分开发校内教师资源，才能有效地保证课程的顺利实施。如：学校的美术教师陈露露老师和何璐妮老师，都毕业于中国美术学院，对美术与手工制作有较深的理解，有较丰富的教学经验和先进的教学理念。学校为美术老师搭建平台，充分发挥美术老师的学科优势，结合前童“三百把剪刀”之称的历史文化，开发了融合“变废为宝”理念、“以布代色、以剪代笔”作画的《创意布贴画》课程，将家乡文化融入美术教学课堂。

整合校内外教师资源。引进和挖掘校外教师资源。除了在校内积极发展课程教师团队之外，校外优秀教师资源的引进和利用也是必需的。不可否认，许多教师尤其是农村中小学教师，对课程的认识和把握并不到位，以为教材就是课程。所以，“外教”的引进将促进校内教师快速成长。学校在开发《创意布贴画》、《古镇小导游》等课程时，邀请了省、市、县教研员来学校指导和策划，为学校校本课程的开发和实施指明方向。又聘请当地熟知古镇文化的能人志士作为各类课程的校外辅导员。例如，学校聘请国家非遗文化—前童元宵行会传承人童全灿，作为学校《前童元宵行会非遗音乐》课程开发和实施的技术领导者；聘请前童元宵舞蹈队领头人童亚华，作为学校《儿童

腰鼓》课程的辅导老师；聘请前童舞狮传承人童攀峰，作为《舞龙舞狮》课程的专业教练员等等。有了这些专业人士的加入，使得学校的校本课程的开发和实施更加专业、扎实，更具可行性。

三、传统文化得以传承，校本课程建设成效显著

媒体关注。学校的校本课程相关活动在央视网、中国文明网、中国青年报、浙江教育报、学习强国、腾讯视频、搜狐网等各级各类媒体宣传报道，在社会上有很高的美誉度。2020年，受中国滋根邀请，该校鲍常飞校长面向贵州、河北、湖北、四川等全国各地100多所学校进行有关该校校本课程建设的直播，反响热烈。

专家来访。各类活动的开展实施，吸引中国科学院教授刘家明、北京第二外国语学院旅游发展研究院院长张凌云、团中央王婷部长、团省委朱慧琴部长、宁波市党委钟关华部长、时任宁海县党委书记杨勇等领导，以及省市县各类教育专家来访，学校“基于传统文化的校本课程建设”受到领导、专家的高度肯定与赞扬。

作品获奖。《古镇小导游》和《创意布贴画》课程都被评为浙江省精品课程，《非遗音乐》和《雅言雅行》课程被评为宁海县精品课程；《古镇小导游》和《古镇竹编》课题分别获得宁波市教育科研优秀成果二等奖和一等奖；小导游项目获得宁波市志愿服务项目优秀奖；《前童竹编》活动获得宁波市综合实践活动成果一等奖；2019年，“布贴画”成员参加中央电视台的《看我72变》节目录制，获得了周冠军，还有几幅作品被带到日本进行展出；2019年，学校龙狮队在各级龙狮锦标赛中获得1个省一等奖、2个全国二等奖和2个全国三等奖。学校还获得浙江省乡村教育促进乡村振兴实验学校、首批浙江省舞狮传承教学基地、宁海县前童元宵行会非遗音乐传承基地、宁海县劳动教育培育学校等荣誉称号。

为了更好地促进古镇文化传承事业的发展，学校在浙派名师研究院、宁海县教育局、前童镇政府等单位的支持下，成立了“古镇文化少年研究院”。“古镇文化少年研究院”是学校利用古镇红色基因、民俗、传统体育、美食、工艺等优秀传统文化资源，开展植根于古镇文化的红色研学、非遗音乐、舞龙舞狮、小导游、竹编、腰鼓等校本课程研究的综合平台。研究院的宗旨是：挖掘古镇资源，传承文化根脉；坚定文化自信，凝聚时代精神。

总之，在这些校本课程的有效实施下，前童小学的整个课程体系变得更加充实、更加特色、更加完善，真正实现了“落霞与孤鹜齐飞”，文化与“校本”创建的教学目标。同时，也将学校“传古镇文化、做儒雅师生”的办学理念落到了实处，促进了学校教育教学工作长足发展。

引体入教塑精骨，百炼成钢育栋梁

浙江省绍兴市上虞区沥海街道中心小学　周建海

少年强，则民族强！全面贯彻党的教育方针，落实立德树人根本任务，发展素质教育，推进教育公平，是每一所学校肩负的使命，也是在教育改革上的不懈探索。经过认真研究分析，我校最终确定了体育引领学校发展，健康彰显办学特色的教育理念，积极开展各类体育活动，通过大课间活动来锻炼学生体质。大课间活动模式是我校开展阳光体育工作的有效载体，近年来，我校以“一切为了孩子的健康”为体育工作的宗旨，通过加强组织领导、精心策划赛事、自编运动体操、创新教学方式等一系列举措，助推校园阳光体育事业蓬勃发展。6月1日上午，我校校园里迎来了久违的室外大课间，全校1300多名学生定点就位，伴着韵律十足的音乐做操锻炼，在阳光下绽放出一张张灿烂的笑脸。这是我校开展阳光体育活动以来时常看到的一幕。学生们斗志昂扬，展现青春朝气，老师们精力充沛，专心投入到每一节课。在这种教育氛围下，我校的办学品质也得以显著提升。立足新的要求，我校会继续把体育作为支撑点，撬动学校的发展。

一、众志成城，攻坚克难炼新招

一场突如其来的疫情，让人类始料不及，也让教育发展受到层层阻碍。防疫在家期间，为了让学生做好居家锻炼，我校积极向学生推送由体育教师自编的三个体育锻炼视频，供学生每天锻炼。开学复课后，为满足疫情防控和体育锻炼的双重要求，我校根据学生的体能恢复情况，对体育课的教学内容和授课方式作了全面调整。每节课前，体育教师都会提前组织学生集合，在保持安全距离的前提下，带领学生到室外或通风条件较好的体育场馆内进行授课，并在常规教学内容中，穿插趣味跳房子、花样跳长绳以及滚铁环、踢毽子等传统小游戏，活跃课堂氛围。为保证学生每天1小时的锻炼时间，我校以大课间为载体，精心编排体操，开展丰富多彩的阳光体育活动。整个大课间活动是体育教研组教师在区体育教研员的指导下共同创编的，具体分为慢跑热身、小苹果操、体能素质操和放松练习四个部分，活动各个环节的安排符合小学生年龄特点和运动规律。此外，我校还针对不同的年级分时段交错安排课外活动，划定运动区域，避免交叉感染，确保课外活动正常进行。

二、携手一心，足球教育铸强音

作为全国校园足球特色学校，足球运动一直是我校的阳光体育品牌项目。我校不仅将足球教学纳入课程系统，为每位学生配备足球，还根据学生的年龄和生理特点，教授运球、传球、颠球、带球、顶球、射门等基本技能。同时，每班设有一个足球队，每学期组织开展年段足球联赛和校园达人秀足球技能比拼。近年来，我校足球队更是多次在全区小学生足球比赛中夺得桂冠。“宅家防疫期间，我校专门举办了线上颠球比赛，学生们积极录制视频参赛。上个月中旬，我校四支足球队已经恢复训练，为了不影响日常学习，训练时间调整为傍晚的4点半到5点50分，家长们给予了很大的支持。”我校校长周建海表示，今年学校还将有10名学生代表上虞，出征绍兴市青少年足球锦标赛。为推进阳光体育运动，我校把体育作为素质教育的重要组成部分，将其与智育、美育、德育相结合，成立学校阳光体育活动策划小组，群策群力增强学校体育工作的改革创新活力。除了足球运动，近年来，我校还积极打造篮球、健美操、田径、羽毛球、棋类等体育项目，丰富活动内容，彰显体育特色，并组织学生参加全区赛事，屡屡获奖。我校配足各具专业特长的体育教师队伍，长期开展组内教研活动，提升自身业务能力和理论修养，在全区拥有较高的知名度，曾获得“绍兴市先进教研组”称号。一直以来，积极向上一级学校输送体育优秀后备人才，值得一提的是，我校输送的男子步枪运动员余浩楠在2019年射击世界杯巴西站的比赛中，以破世界纪录的成绩夺冠，并创造了世界青年纪录。同时，我校连续两届荣获“绍兴市运动会竞技体育输送奖”，并被授予“绍兴市中小学阳光体育工作先进集体”。

三、初心不殆，齐心协力谱金曲

21世纪是教育事业最具生命力的时代，传统教育注入了新鲜血液，焕发全新活力。我校以体育为办学引领，通过丰富的活动和措施，锻炼学生体质，提高办学品质。今天，我们明显得可以看到，我校体育方面的工作取得了一定的成绩，全校师生精力充沛，健康的气息弥漫在校园的每个角落。下一步，我校将根据学生的体能特点，结合体育教师的专业特长，制定更加科学的体育工作计划，以校园足球为突破口，打造具有“沥小”特色的阳光体育品牌，全面提升学生的身体素质。

戏曲文化之美，何以在小学校园“落地生根”

——嵊州市城南小学“传承+”理念下学校戏曲教育的整合和创新

浙江省嵊州市城南小学　周少英

城南小学是嵊州市越剧教育的龙头学校，是教育部颁发的首批“中华优秀文化艺术传承学校”，被授予“中国戏曲小梅花培训基地”的称号，至今已经坚持了24年。但是，学校没有停留于“戏曲教育”本身，而是树立了“传承+”的理念，立足儿童视野，拓展多维视角，以“传承”活动为“经”，“课程”实施为“纬”，数字化平台为“路”，整合推进，让戏曲文化传承与学校整体“育人”紧密结合，“传承+”成为学校越剧特色教育焕发生命活力的“源头活水”。

一、“传承+学科拓展”

2015年下半年开始，基于“学科课程”拓展助推传统文化传承的思考，城南小学创编了“越韵古诗”，将小学语文教材中的85首（人教版）古诗词均谱上了不同流派的越剧曲调，用来让小学生吟唱，越韵古诗课程，是对音乐、语文、活动课程的一次有机整合，让越剧戏曲教育的课程拓展有了新突破。推行越韵古诗的演唱能起到寓教于乐，实现传承越剧经典和发扬祖国古诗文化的双赢，还是传承地方方言文化的有效载体，可谓是一举三得。近三年来，学校一直在作越韵古诗课程的实施和推广工作，影响力也越来越大，3期电子教材已由浙江音像出版社正式出版。

二、“传承+德行教育”

越剧戏曲这种传统文化，之所以经久不衰，传承至今，除了其本身的艺术魅力之外，期间还蕴含着我们这个民族的一种价值追求和文化内核，以及越剧艺人薪火传承背后的勤奋刻苦、开拓创新，有着不可忽视的“德行之美”，为此，学校进一步思考如何在戏曲文化传承的创新中渗透“立德树人”目标。为此，组织学生开展了寻访越剧艺人，讲述越剧名家故事等人文活动。2018年，学校又将越剧和德育巧妙结合，开发了行为习惯、公民道德、个人素养等方面为内容的“越韵好习惯童谣”，广泛传唱，如今在本市已经有64所学校，90个班级，3000多学生参与了越韵童谣的传唱活动，真正实现了让文化和德行教育融于生活，融于日常。

三、"传承+综合实践"

学校基于"拓展性课程"的理念出发，开展了各种"越剧教育"综合实践活动和课程。每年开设 "越剧特色教学月"、越韵古诗大会唱等活动。还采用校本化的"雏鹰争章"方式，一周落实一项任务，开展越剧综合性学习，在潜移默化中感受越剧之美。如第一周是知越章，两个任务：剪辑一张越剧明星的照片和知晓3个以上越剧小明星的名字。出发点是让学生在查找越剧明星剧照的过程中，感受越剧服饰的美、人物扮相美和表演的动作美。第二周是唱越章，也是两个任务：会唱《小梅花之歌》和两首越韵古诗。第三周绘越章，选择头盔、服装、鞋靴其中的一样，根据自己的理解和感受，为越剧服饰绘制一张设计图。第四周做越章，制作一个越剧戏帽的模型，在月底开一场越剧帽子秀，感受越剧的有趣和美丽。

四、"传承+数字化平台"

在越剧戏曲传承中树立"数字化"意识，发挥互联网平台的作用，为传统文化传承注入"现代"元素，实现了打破时空的"传承"方式。建立网上越剧"学习平台"。学习积极开辟了几大学习通道，为学生自主学习提供了平台。一是通过微信平台的每周一歌、知识链接等通道，了解越韵古诗，自主学习越韵古诗。二是通过应景视频征集和网络化播放。浏览并收集越韵古诗有关信息，组织学生及家长开展越韵古诗应景视频的拍摄活动，并且将应景视频放在微信平台和校园网上，随时可以收看。三是建立综合性的越剧演唱自学平台（10.232.248.4/school），学生可以在平台上根据自己需要点击，在家也可以自学。建立了立足于"数字平台"的"评价"体系——"811"考查系统。通过"机选考核"系统给学生选择的权利，既能照顾不同学生的情况，有重点的掌握越剧知识和技能，又能考查比较完整的越剧知识和技能，让每一个学生越剧的孩子找到一份自信。

五、"传承+STEAM课程理念"

越剧教育的传承与推广"路径"可以更"多元"。学校在越剧特色课程的开发上，有许多值得分享的创造，如越剧服饰的设计、制作和创造等。因此，借助互联网的力量，可以将学校的特色教育举措进行分享、传播，让越剧文化的传承走向更广阔的天地。目前像这样结合的传统文化与STEAM课程相结合的研究，还是空白，可以成为新的研究领域。因此，2018年，学校将目光投向了"传承+现代课程"的探索，STEAM教育理念的注入能给学校越剧课程的开发以新的活力，倡导学习与现实生活紧密联系，注重学习过程中的参与体验，该课题已经被列为2019年绍兴市规划课题。

闻鼓思进强素养，海纳百川拓文化

浙江省温岭市石塘镇中学 谢辉斌

党的十八大以来，习近平总书记多次强调要传承和弘扬中华优秀传统文化。他指出："中华文明源远流长，蕴育了中华民族的宝贵精神品格，培育了中国人民的崇高价值追求。自强不息、厚德载物的思想，支撑着中华民族生生不息、薪火相传。"中华民族之所以几千年屹立于世界民族之林，历经磨难，一次次凤凰涅槃，成为人类发展史上的奇观，最根本的就是深深植根于民族基因的伟大精神支撑和崇高价值追求。非遗文化是传统文化中的一种。我校是石塘镇唯一一所初中，地处大奏鼓的源头，学校因地制宜，让大奏鼓这朵非遗之花在校园里盛开。凭借全国推行中学生核心素养的培育的东风，学校果断提出了"闻鼓思进强素养，海纳百川拓文化"的大奏鼓传承新思路。用大奏鼓的文化魅力培育学生身体素养、文化素养和思想素养。

一、建立工作阵地，编定校本教材

2017年我们探索建立大奏鼓学生工作室，由学生负责工作室的运营。我们共建了大鼓、打击乐器、大奏鼓舞蹈、木鱼这样四个学生工作室，工作室安排了固定的时间，由学生教学生，形成了一种长效的传承机制。一方面，学生在教的同时，自然而然地会去研究、去探索、去创新，形成一种对文化的融入感。另一方面，通过学生自主的组织、运营和教学，培养了学生合作能力、组织能力和待人处事的能力。相比较而言，大奏鼓工作室的学生并不一定成绩突出，但是办事能力、责任心和意志力均比其他学生要强得多。在充分实践的基础上，学校的《大奏鼓学生工作室建设的探索》课题在浙江省结题并获得了台州市课题成果一等奖。

学校在编订校本教材《大奏鼓》的基础上，将大奏鼓作为校本课程进行推广教学。形成了全员校本课程——海情大奏鼓表演队课程——大奏鼓工作室活动三位一体的大奏鼓课程体系。全员校本课程，包括一是对《大奏鼓》的学习；二是各学科教师在学科教学中渗透大奏鼓元素（新课程讲究学习的生活化，我校老师利用大奏鼓元素拓宽课堂教学的课例多次获奖）；三是学校组织的各项大奏鼓表演的观摩和学习。海情大奏鼓表演队的课程主要是我校定时聘请大奏鼓专家团队到学校进行教学指导，使学校大奏鼓队随时能拉得出，打得响。四是学生工作室的定时定点的活动。

在三大课程的运行中，学校专门进行了课程视频的拍摄与积累，以用于学生工作室的教学中。同时，建立了大奏鼓舞蹈室和大奏鼓课程基地，梁副市长也对学校的大奏鼓课程基地给予了高度的肯定。

二、邀请专家指导，创新课程特色

学校聘请了两名村大奏鼓表演队专家来校指导，共有50多课程，主要培养海情大奏鼓表演队和学生工作室的负责人，让他们掌握大奏鼓的专业动作。

为保证教学的质量，我们学校专门由两位教师负责助教，并且将原《海鼓畅想》的编舞者多次请到学校进行教学。

海纳百川拓文化，不再将大奏鼓仅仅限于一场演出，而是不断地提炼、拓宽，以多种形式来培育校园文化。有了学生工作室，学校集学生的诸多想法，将大奏鼓的传承开枝散叶，进行了多种形式的改编。不单单是《海鼓畅想》的保留节目，还与体育结合，诞生了大奏鼓操；与美术结合，诞生了大奏鼓贝壳画、鹅卵石画等。

在学校承办的"温岭市大奏鼓群英会"上，就呈现出了大奏鼓操、女子大奏鼓、大奏鼓服装秀等等多彩多姿的形式，大大丰富了文化传承的样式，得到了新一代学生的喜爱。

三、完善硬件设施，延伸文化探索

在市文广新局的支持下，我校的大奏鼓乐器不断完备，大鼓达到近百支，在大型活动中可进行宏大壮观的大奏鼓操表演。随着学校扩建工程的落成后，大奏鼓学生工作室、大奏鼓排练厅将会不断完善。学校新体育馆落成后，我们正在筹划创建大奏鼓体验馆，将多种形式进行集合，让学生体验，更让来石塘旅游的游客体验。

我们认为，大奏鼓是大海的文化，有着海纳百川的特质，它可以有多种的样式，可以培养学生多方面的素养，也可以将它与各个学科各个领域的知识相结合，延伸出新的文化。

在校园文化设计上，我们紧抓海鼓文化，提出了"扬海鼓文化，育阳光学子"的办学理念，多次在各级各类会上作了专题讲座，学校被评为德育特色学校。

在软文化的浸润中，我们紧抓"闻鼓思进、海纳百川"的校园精神，要求学生做文明、进取、成功的海边人，要求教师成为大气、有容、善教的博学之师。

可以说，大奏鼓文化培育了学校的校园文化，让学校走得更宽更远，也让学校有了凭借之力，学校的教育教学有了文化的依托，更具特色和活力。"乘风破浪会有时，直挂云帆济沧海"，相信，随着大家对非遗文化越来越多的关注和重视，在市文广新局、市教育局的支持下，我们学校的特色之路会更加宽广，会有更多美丽的风光！

非物质文化遗产是历史留给人们的财富。作为新时代的传承人，我校的学子应接过历史的接力棒，保护非物质文化遗产，使绚烂多彩的文化流芳百世！非遗文化进校园有力地促进了我校整体工作的不断提高。今后，我校将继续以非遗文化进校园为契机，不断推进社会主义核心价值观在学校教育中的培育、涵养和践行，创建有地域特色的学校，促进学校的内涵发展。

垃圾分类，开启校园文明"新风尚"

浙江省温岭市太平街道中心幼儿园 江健美 陈荷莲 梁文娟

一草一木皆是景，一言一行显文明，大到环境污染，小到家庭生活，"垃圾分类"与每个人息息相关。为培养孩子们爱护环境、保护环境的意识，参与到垃圾分类的活动中来，进而将环保教育延伸到家庭，乃至让全社会形成垃圾分类的文明"新风尚"。我园一直以来高度重视垃圾分类教育，2018年7月国务院出台《蓝天保卫战三年行动计划》时，我们就意识到了垃圾分类的重要性，着手组织老师对垃圾进行再利用，用巧手把废旧物品改造成孩子们的玩具。随着物资不断丰富，垃圾的数量也不断增量升级。于是，我们继续思考，在日常的环保行动基础上于2019年3月启动了"四步法"全方位开展了真正意义上的垃圾分类教育。

一、环境营造，提高垃圾分类意识

加强垃圾分类宣传，营造垃圾分类的积极氛围。我们创设了垃圾分类的宣传专栏、互动墙、楼道剪报宣传、廊道故事分享等等，老师和孩子们观看宣传报、聆听孩子们的垃圾分类故事、欣赏垃圾分类宣传画、操作垃圾分类互动墙等，让全体师生提升垃圾分类意识，催生垃圾分类的行动愿望。老师们以身作则，在日常生活中做到精准投放垃圾，给孩子们潜移默化的影响，带动班级孩子加入垃圾分类行列。

二、思想渗透，普及垃圾分类知识

为端正孩子们对垃圾分类的认识，我们邀请了垃圾分类办的专业人士为全园师生进行垃圾分类讲座，内容如垃圾的危害、垃圾分类的意义、垃圾分类的种类等，老师和孩子们在听讲座的基础上进行心得交流，深刻认识到什么是垃圾分类？为什么垃圾要进行分类？怎么进行垃圾分类？

三、课程跟进，激发垃圾分类兴趣

在没有专用教材的情况下，老师们细心捕捉孩子的兴趣点、关注点，开展适合不同级段孩子的关于垃圾分类的讨论和实践活动。话题讨论类如“如何对垃圾分类？”、“如何让所有人都参与垃圾分类？”创意制作类如大胆想象可回收物的再利用，用灵巧的小手不断地创作加工，把废旧物变成有趣的玩具、精美的装饰品。调查研究类如搜集资料基础上探讨垃圾的最佳处理方式，通过实验、创想，尽量减少垃圾等。随着班本课程的不断深入，各班的活动内容越来越丰富、越来越成熟，于是整合班本课程编写垃圾分类园本教材，经过半个学期的努力，垃圾分类主题教材《垃圾小管家》于2019年11月编写完成，内容包含3个系列的27个主题活动，以此为指导开展垃圾分类的教育与实践活动。

四、活动联动，培养垃圾分类习惯

为了让垃圾分类行为成为一种习惯，我园每学期都会开展“环保小卫士”评选活动，以有良好的环保生活方式和行为习惯、较强的环保意识、全家实施垃圾分类等为评价标准。每班的小卫士们轮流参与垃圾分类监督、环保币兑换、卫生检查等，孩子们的垃圾分类积极性大大提高。开展“收集东收集西”活动，孩子们每周二带上家里的废旧品到向“环保小卫士”兑换环保币，以此激励孩子们收集可回收物品的动力。活动初期，孩子们所带废旧品五花八门，键盘、电话机、衣服、瓶子等，甚至还有一些是全新的物品。于是我们根据班级、功能室、“幸福小镇”的活动需求，制定了专门的材料兑换预告单。孩子们根据兑换预告单，带上已清洗干净的相应废弃物品兑换环保币。为了让孩子们养成积极回收物品的习惯，我们将环保币与孩子们最喜欢的“幸福小镇”联动起来，在幸福小镇的“银行”里，孩子们以1个环保币兑换1块流通币，有了流通币，就可以参与“幸福小镇”里的任何活动，如到电影院看场电影，到摄影棚拍一张美美的照片，到创意美工室做一个喜欢的发箍等。此外，通过“小手拉大手”让家长也参与到废旧物品的回收活动。

通过一年多的活动与实践，垃圾分类意识已逐渐渗入孩子们的心田，即便是小班的孩子也能说出垃圾分类的方法，投放垃圾时都会仔细辨认垃圾桶的颜色和标志，确保投放正确。孩子们不但要求自己做到垃圾分类投放，还会监督家长的行为，为此老师还接到不少“投诉”：孩子要求家中配齐四色垃圾桶，家长有时图方便把垃圾随意地扔到最近桶里，却被孩子要求重新投放。

除此以外，垃圾分类还提升了孩子们的节俭意识。从前吃完糖果的盒子、牙膏盒、卫生纸筒等都会扔掉，现在却成了孩子们的宝贝，他们会将废纸巾筒和轻黏土粘在一起，做成创意笔筒；在玻璃瓶上作画；用木板做成机器人、飞机、昆虫等……各种空罐子成了孩子的“建筑材料”，家长们也在孩子的影响下，加入了“变废为宝”的行动中，废旧物品再利用成了家长们晒朋友圈的炫资。我园的垃圾分类教育也因此获得了一致好评，被评为浙江省　“美好生活、分类时尚”垃圾分类创意类达人、台州市温岭市垃圾分类工作先进集体，典型活动和园本教材多次被各级媒体报道。

通过开展垃圾分类教育和实践活动，旨在让孩子们能真正成为“垃圾小管家”，管好自己生活中的垃圾，懂得从自身做起，做好家庭、幼儿园乃至小区的垃圾分类活动，通过废旧物品再利用，为温岭的美好环境出一份力，让温岭的天更蓝、水更绿、花儿更美。今后，我园将持续脚踏实地、从高从严开展垃圾分类教育，打好垃圾分类攻坚战，让校园垃圾分类工作常态化、高效率，发挥垃圾分类的育人功能和辐射作用，为美丽温岭建设添砖加瓦。

聚焦课改提质，催生学校发展新动力

浙江省余姚市低塘初级中学　许红霞

教育是立国之本、强国之基，它不仅寄托着个人成长的希望、家庭的希望，也承载着一个国家发展的希望。面对新时代教育的诉求，如何催生发展动力，追求教育本真，提升办学质量，打造特色品牌？

只有坚定不移地走课改之路，才能让教师实现职业提升，让学生实现多元发展，让学校走上特色发展之路，登上教育新的发展制高点。我校坚持为党育人、为国育才的办学方向，立足素质教育提升工程，聚焦学生发展核心素养培育，以课改为突破口和着力点，探索实施开放多元、充满活力、富有特色的发展路径，提升教师的职业素养，助推学生的多元成长，实现学校的高品质发展。

一、队伍是关键，提升师能增强发展后劲

新课改呼唤着广大中小学教师积极投身于教育教学研究，尽快从“教书匠”转化为“专家型”的教师，从“经验型”的教师转化为“科研型”的教师。为尽快实现这一目标，我校必须要转变观念，牢固树立“教师发展是学校发展的第一要务”的理念，切实提高对校本科研的认识，以学习为抓手转变观念，以培训为载体提升内涵，以科研为途径更新理念，努力造就一直具有现代教育理念和熟练掌握现代教育方法的高素质、专业化的教师队伍。

抓培训，提升教师理论高度。我校围绕“落实学生发展核心素养”这一总目标，积极开展分层次、分学科的全员集中培训，鼓励支持教师学习新课程新理念，转变教育教学方式。结合余姚市教师进修学校“疑难问题解决”培训、义务段教师综合素养提升培训、“职业道德与法规”专题培训等，组织实施教师师德全员培训，提高全体教师的思想政治素质和职业道德水准，做到依法执教；积极创造机会组织教师外出开展新课程、新理念的培训，如选派教师利用暑期赴华师大参加“现代课堂教学创新与实践”高级研修班，引导教师不断完善知识结构，把握课程改革和教学改革得最新动态，适应新课程标准得要求。

抓教学，提升教师教研技巧。我校分学科安排教师参加“三江名师”优质课教学艺术、“甬城汇智课堂”名优教师教学展示、“甬江之春”特级教师课堂风采展示活动，既有教学实践的展示又有理论思索的引领，既有宏观把握的导向又有微观具象的分析，十分有助于提升教师的专业水平和业务能力，形成自身的课堂风格和课堂艺术；以教研组为单位，结合各学科特点积极开展校本研修活动，利用师徒结对、低中讲坛、教师论坛、主题研讨、主题活动、教学展示、教学比武、区域教研和外出学习考察等多种形式，实现教师教学技能和教学理论的再提升。

教育的核心力是教师的专业发展，新课改对教师提出了更高的要求，没有教师的专业发展，就不可能有新课改的真正落实。我校坚持把提升师专师能作为工作重心，要求教师不仅具备专业的知识储备和教学技巧，还需要有自身的个性和创造性，能够引领学生走进自主探索和深度学习的成功和喜悦中。

二、课程是支撑，适性课程助力多元发展

课程改革是整个课改的核心内容，它既是适应适应时代发展和全面推进素质教育的重要举措，也是学校发展的必由之路。围绕办学航标和育人方面，我校结合“为每一位学生的成长奠定基础”的办学理念，高举“素质教育”大旗，聚焦适性课程建设，给予学生最大的学习自主权，引导他们自主发展、多元发展和持续发展。

育人是教育的生命和灵魂，关注学生的长远发展是教育的本质要求和价值追求。基于对素质教育、教育本质以及“适性教育”文化的理解，我校更加关注人的全面发展，基于真实情景和跨学科统整，除高质量开齐开足国家规定的基础类课程外，还以激发兴趣为出发点，以培养深度思维能力为目标，以推进探究性学习为主线，以解决问题为基本策略，创造性地开发出知识拓展、个性特长和学生成长指导三大类课程。

知识拓展类课程，主要由地方课程和校本课程构成，重在知识的运用、拓展与强化，如“走近乡贤”课程、“自强”课程等；个性特长类课程，重在挖掘学生的优势潜能，发展学生的兴趣特色，涉及体育、艺术、科技三个方面，如绘画课程、书法课程、声乐课程、足球课程、创客课程等；学生成长指导类课程，是多学科整合下的实践类、活动类课程，重在培养学生的实践动手能力和综合素质，如社会实践课程、生活指导课程和学法指导课程等。这些课程的开设，是国家基础性课程的有益补充，使得学生的素质得到多元全面的发展。

三、课堂是焦点，U型课堂激发内在潜能

课堂是课改的落脚点，更是激发学生内在潜能的主阵地。我校坚持以学生为主体，以学习为中心，坚信学生具备无穷的可挖掘的自学潜能，大胆放手，把“课堂”还给学生，变“讲堂”为“学堂”，激发学生兴趣，激活学生思维，让课程充盈主体张力，流溢生命活力。

教学要面向全体，其实质是面向有个体差异的学生们。也就是说，在教学过程中要关怀每一个学生，使各层次学生都在原有基础上得到充分的发展。依托宁波市规划课题《农村初中分层式有意义课堂教学的实践与研究》，我校秉承“因材施教”原则，把“为了每个孩子的发展，不让一个孩子掉队”作为教育的终极目标，倡导根据学生差异分层走班教学，提炼出分层式“U型课堂”，着力培养学生的自学能力、探究思维和协作意识，最大化地尊重、培养、发掘学生“学”的能力，让学生资源对教学效益提供最大化的贡献。

这样的课堂，以分层有意义的“学习活动”为主线推进教学过程，从根本上摆脱了“教师解读式”、“内容分析式”的教学形态，使课堂从“以教为主”转向“以学为主”，使各层次的学生都能在原有基础上得到充分的发展，实现了课堂结构转型的新突破。同时，我校根据此延伸的课题《基于要素激活的U型课堂分层式学习》被立为浙江省规划课题，《农村初中“还原•建构”式课堂教学活动的行动研究》课题研究成果荣获2019年度宁波市教育科研优秀成果一等奖、荣获

2019年度浙江省教育科学研究优秀成果二等奖。

分层式“U型课堂”真正做到了把课堂交给学生、把实践交给学生、把发展主动权交给学生，使教师“乐教、勤教、善教”与学生“乐学、勤学、善学”的和谐场景得以生成，课堂真正成为教师展示智慧、学生施展才艺的场所。

回首课改路，几度风和雨，几多喜和乐。课改，催生着学校的新动力；课改，成就着学校的新气象。面对课改带来的新变化和新机遇，我们满怀欣喜和憧憬，不忘初心，牢记使命，坚定信念，勇敢前行，不断为师生成长赋能，努力创办一所学生乐学、教师乐教、家长乐心、社会乐道的现代化高品质学校！

流动的美永远的爱

——农村小学流动家长学校实践探索与研究

浙江省浙江省衢州市柯城区九华乡中心小学　叶慧萍

流动家长学校区别于原来的家长到学校或者到某个固定场所进行的家长学校，它打破原有时间、空间上的限制，让参与家长学校的讲师们流动起来，利用晚上的时间，定期地到各个行政村、自然村集中对家长进行集中培训和疑难解答。

一、流动家长学校缘起

农村学校沟通与家庭教育的难题。我校位于衢州西北，村落分布较广，加上离城区较近，部分家长每天早出晚归，还有部分家长为谋生计，到杭州等地打工，把孩子留在家里，造成了学校留守儿童比率较高、家长会参与率低、家庭监管人员不固定等系列问题。

农村家长接受家庭教育指导的迫切需要。如今，农村部分年轻家长对小孩的教育非常重视。这些年轻的家长具有一定的文化水平，吸收新鲜事物能力较快，但缺少指导孩子的方法和经验，因此学校开展对年轻家长的培训成为必须做的事。

有需要就要努力满足，有难题就要设法解决！怎么办？那就从改变家长会的空间场所开始，从改变家长会的课程设置开始，从优化家长会的内容安排开始，“把家长会开到村里去”、“让家长少跑腿、老师多跑腿”，翻转家长会的空间、角色，让家长学校流动起来——于是，我校的流动家长学校应运而生。

二、流动家长学校历程

我校流动家长学校经历了四个阶段，从2006年起个别教师自发进村家访并召开小规模的家长会，到2020年形成学校相对固定模式的流动家长学校，历经15年。

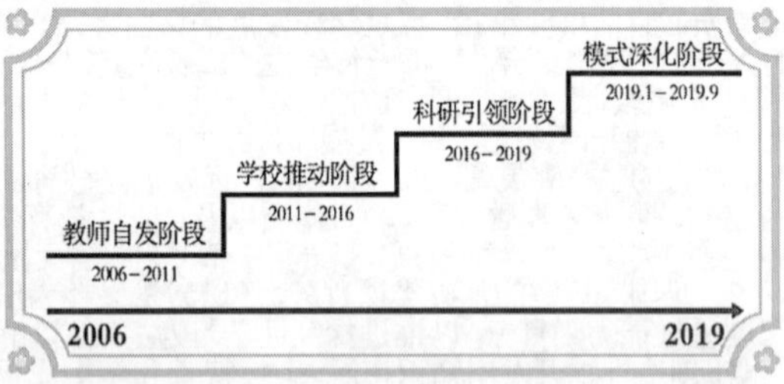

教师走村入户。十载陌上行，家长会进山村。本着“把家长会开到田间地头去”的初心，从老师自发家访开始，在三任校长十五年的接力、坚持下，老师们走村入户，和家长面对面交流。十多年来，夜幕下九华各自然村的农村祠堂、闲置村小校舍、弯弯曲曲的山道中、村口的老樟树下……都留下了老师们与家长们孩子们亲切“聊天”的身影。据不完全统计，学校组织教师常态化入村开家长会及家访以来，累计有400人次教师进村入户，培训家长超2000人次，家长受训面达95%以上。

专家下沉指导。2016年，市教科所吴水洋副所长在下乡调研了解到流动家长学校的鲜活实践与朴素经验后，敏锐地意识到这一草根探索背后的专业价值，主动建议学校借助课题研究来引领实践升级。之后2年，学校顺利完成市级课题结题，2018年又在吴所长的指导下成功申报省教科规划课题，以滚动研究不断推动流动家长学校实践的深化。几年来，在省、市、区各级科研部门领导的指导和关心下，学校逐渐探索出一条立足山乡学校实际、服务引领农村家长的家校合作新路径。

三、流动家长学校的研究内容

愿景共建，让家校共育目标一致。为转变家长的教育观念，共同将学生培养成有善心、有能力、有智慧的“三有”新人，学校根据家长的需求，结合学校的教育，确定了内容：宣讲先进教育理念、将学校重点工作渗透其中、引导德育在家庭中的延伸等。

问题共研，让家校共育更具实效。学校教育需要家庭配合，家庭教育需要学校指导，两者缺一不可。因此我校积极探索两教在目标上的统一要求，时空上的密切衔接，作用上协调互补，力量上聚分适度。为达到这个目标，我校通过向家长收集问题，并将问题进行整理、研讨，最后通过流动家长学校进行解决。

家校共行，让家校共育更具序列。我校成立了由教师、家长、专家组成的讲师团，由学校精心组织，让流动家长学校组织上更具序列。从问卷调查，到收集整理，再到问题破解的培训，学校分别从学习、生活、德育、心理等方面对家长进行指导，将培训内容序列化；活动之前，学校都会对该片区的家长进行调查，依据家长受教育水平、年龄、家庭现状以及学生的年段、学业水平分层，进行小规模的讲座，使家长流动学校更有针对性。

成果共享，让流动家长学校模式得以普及。通过流动家长学校活动，我们的目的是积累家校共育的经验，形成集中性的资源材料，通过校报、美篇、微视频等方式进行宣传和宣讲，让更多的人知道并模仿；制作各种手册，如家长指南、阅读手册、膳食手册、家庭教育指南等，让家长通过学校共享内容自发学习；将资源向兄弟学校全面开放。

四、流动家长学校的研究成效

自流动家长学校成立以来，我校不断地探索、总结，经过多年的努力，取得了一系列的成绩：我校被评为浙江省示范性家长学校；课题《把家长会开到村里去》的结题报告获市重点课题二等奖；德育课题《农村小学“流动家长学校”建设及策略研究》获区二等奖；衢州晚报刊登了我校流动家长学校开展情况。

家校更和谐，十年无投诉。由于我校地处农村，很多家长受教育程度和教育子女的水平不高。流动家长学校以其特有的授课模式，促进了家长家教知识的不断更新。经常有家长参加培训后会感慨：“我以前只顾忙工作，忙打牌，很少过问孩子，以为孩子交给老师就行了，现在看来这是错误的，教育好孩子家长的责任更大。”

实践证明，办好流动家长学校，对转变家长教育观念，树立新的理念，创新家庭教育方法，提高两代人的素质起到了较好的作用。

家长更踊跃，素养受认可。通过不断探索，逐渐形成了固定的流程：问卷调查—确立主题—确定地点—分类统计—分散走访—集中培训—会后交流—提升反思。每一个环节，家长都能积极参与，这样的培训很受家长欢迎。

我校有个学生叫王某某，胆子小，上课从不发言，但学习努力。经了解和她爸爸平时的教育有关。后来她爸爸听了老师的讲座《怎样培养优秀的孩子》，反思了自己的教育行为并试着改变，慢慢地王某某上课变得爱举手了，还积极参加了校校组织的好书推荐活动，获得了二等奖，作文《妈妈夸我真懂事》获第二十届“炎黄杯”比赛二等奖。成绩的取得离不开家长和孩子的共同努力。

教师更专业，指导有提升。流动家长学校也改变了老师们的教育观念，他们不再将流动家长学校开展的活动看成是一种负担，而且他们能针对不同问题，认真研究、精心准备，在家教指导、习惯养成、沟通交流等都得到了提升。

陪伴更有效，亲子乐融融。为了让学生养成良好的习惯，我校制定了“九小弟子规”，将爱国教育、学习习惯、卫生习惯、安全教育融入其中。通过流动家长学校活动，构建起了学校、家庭、社会有机结合的育人机制，有效地提高了学校德育的主动性、针对性和实效性。

我校留守学生特别多，父母在外没时间管，祖辈们不知道怎么管，学生经常拖欠作业，于是班主任们利用流动家长学校进村时机，和家长一对一地沟通，要求父母和孩子每天视频通话，关爱其成长，要求祖辈克制情绪和孩子多沟通。经过家校的共同努力，孩子们拖欠作业的次数慢慢少了。

流动家长学校活动，使得祖辈的陪伴更有效，父辈的参与更频繁，为提高学生的综合素质起到了良好的效果：校舞蹈队连续四年获得区一等奖、省二等奖；乒乓球连续五年获农村组男女冠军；排球队连续两年的获区联赛第一名，2019年8月，代表市里参加省阳光体育大会排球比赛；校国际跳棋队的队员们也多次参加省级比赛，并取得了团体第三、四名的好成绩。这些成绩的取得是家长支持的结果，更离家校合作的成果。

影响更广泛，社会有共鸣。十三年的坚持，三任校长的传承和发扬，流动家长学校已经成为大山里的一道亮丽风景，不仅得到了家长的认可，在社会上也有了一定的影响，到了上级部门的好评。目前，周边学校的农村小学也尝试用这种模式开展家长学校活动。他们说：“流动家长学校的模式非常适合农村学校，这样的模式机动灵活，有针对性，是非常值得推广的。”

传承非遗文化　打造马灯舞特色品牌

浙江省舟山市普陀区六横镇中心小学　林岳平　贺苗

2017年7月，浙江省教育厅发出《关于在全省学校深入开展戏曲进校园活动》的通知，要求各地各校因地制宜开展戏曲教育活动，传承中华优秀传统文化，培育和践行社会主义核心价值观。根据市区教研室文件精神，浙江省舟山市普陀区六横镇中心小学深入挖掘传统文化资源，以建设舟山市非遗文化特色课程——马灯舞戏曲为突破口，着手开展戏曲进校园活动，让学生逐渐了解、体验和感受马灯舞文化，铭记家乡，感恩海岛，成为传统文化的小小继承人。

一、研究马灯舞文化，让学生全面了解马灯舞

"马灯舞"是浙江省流传甚广的传统民俗舞蹈。在海岛生产和生活实践活动中，马灯经过民间艺人们的更新、改造，结合了丰富的海洋元素，形成了具有六横特色的"串马灯"。在六横，每当喜庆节日，村子社区往往会组织人员进行马灯表演，将喜气通过热闹的舞蹈、演唱等形式传递给当地人家。然而，由于岛上民众物质水平不高，思想不能与时俱进，且青壮年人口大量外出，使得马灯舞的传承出现了艺术创新不足、表演形式单一、文艺骨干缺乏等诸多问题。马灯文化后继乏人，不论是继承还是发扬都岌岌可危。

如能将马灯舞引入校园，就可以很好地解决其传承困境。这是因为"马灯舞"这一表演形式包括马灯制作、马灯调、马灯舞等多项教育内容，将纳入到学校教育中，不仅能丰富学校现有的课程内容，还能带动学生主动了解、学习家乡戏曲，激发他们的乡土情怀。

二、开发马灯舞课程，让学生真正爱上马灯舞

课程是教育的载体，也是学生素养能力培养的基石。通过问卷调查和实地考察，六横镇中心小学理清马灯学习脉络，根据知识内容的简单逻辑结构，结合学生的学习特点，科学设计了涵盖"童眼赏马灯"、"走进六横马灯"、"巧手做马灯"、"快乐串马灯"和"家乡文化探幽"五个单元内容的马灯舞课程，并通过三个实施渠道让学生个个会唱马灯调、会跳马灯步、会讲马灯故事。

在国家课程中的实施。在国家课程中实施主要是指整合人教版三年级上册语文第五单元中的综合实践活动——《生活中的传统文化》和马灯舞教材内容，留出3课时左右进行"童眼赏马灯"单元的学习和实践。

在拓展性课程中实施。拓展性课程是马灯舞课程实施的主要基地。在每周四下午，学校专门开设马灯舞拓展性课程，主要包括"巧手做马灯"和"快乐串马灯"两个单元的内容，让选课学生能够更好地了解、体验和感受马灯舞文化，立志成为传统文化的小继承人。同时，这也对其他同学起到了引领、示范作用，促使他们参与到了解马灯舞这一传统文化中来。

在学校节日课程中实施。学校节日课程指的是儿童节、元旦游园活动等节庆活动。学校以此为契机，为学生搭建舞台进行马灯舞课程的成果汇报展示，既能向校内外人士展示自己一年的所学所得，又能宣传马灯舞这一传统文化。

三、完善马灯舞评价，让学生自主传承马灯舞

评价是一只隐形的手，能推动课程体系建设的有效实施。六横镇中心小学以学校科学的课程评价体系为基础，注重过程性评价、表现性评价和发展性评价，形成了多形式、人本化的马灯舞课程发展评价机制。

教师教学情况的评价。从教学内容、教学实施、教学效果等方面对教师教学情况进行评价，且将考核结果与教师考核评优挂钩。开课过程中，每周安排学校领导小组和工作小组成员进行巡视和随堂听课，期中进行一次教师教学设计的集中检查，期末进行课程实施情况的满意度测评。三管齐下，激发教师教学的积极性。

学生学习方面的评价。学生将自己参与的马灯舞课程学习成果以照片、文章、手工作品等多种形式记录到成长档案袋中，作为评价的重要依据。同时，教师根据不同学段的内容及要求，采取多种考察形式对学生的学习进行评价，分为"优"、"良"、"达成"三个等级，与七彩海娃评选挂钩。此外，学生们也可以根据自己或同学的学习态度及学习兴趣在评价表中进行自我评议、他人评议。

课程实施情况的评价。教师通过课堂实录、家长评语、网络投票、问卷调查等方式进行评价，并将评价结果进行汇总分析，促进了课程的可持续发展。

非遗传承，任重而道远。依托东海这片沃土，六横镇中心小学将勇于探索，不断深入，使马灯舞这项悠久的非物质文化遗产在学校得到传承和发扬，让马灯舞越来越绚丽夺目!

打造艺术特色，促进学生卓越发展

重庆市潼南实验中学校　侯君辅　徐道全

为全面贯彻党的教育方针，一直以来，我校把培育和践行社会主义核心价值观融入学校艺体教育全过程。学校高度重视艺体素养对学生综合素质提升和创新人才培养方面的重要作用，努力推进艺体教育，致力于成就每个学生个性成长、自主成长、快乐成长。学校将艺体发展作为学校一大特色来抓，虽然因内设机构限制没有单设艺体处，但学校安排专职政教处副主任负责艺体工作。2016年10月就先后组建了校排球队、篮球队、田径队等运动队，并在2016年11月的区运会上取得优异成绩。近几年来，我校体育工作一步一个脚印，深入贯彻国家全民健身要求，落实"体教融合"，促进了学校的良好发展。

一、开放运动设施，促进全民健身

学校运动设施免费向社会开放。我校体育运动设施完善，通过与区文旅委协调，学校运动设施周一到周五供学校体育课使用，周末全部向社会开放，既保证了学校教育教学需求和日常使用，又有效缓解广大青少年和人民群众日益增长的体育健身需求与体育场馆资源供给不足之间的矛盾，促进了全民健身事业的繁荣发展。

二、承办各类活动，共建体训基地

承办市区级运动会及其他活动。我校标准化运动场是潼南区最大的运动场，也是潼南区唯一一个符合国家级比赛的运动场，因此学校在满足日常教育教学需求之外，还满足了潼南区各类运动会及部分大型活动使用。近年来，我校共承办区运会、区职工业余足球比赛等运动会十余次，承办学生18岁成人礼、教师节庆祝活动、禁毒安全月启动仪式等综合性活动十余次，收到社会各界好评。

区业余体训基地共建。2020年10月，在区委区府协调和区文旅委的大力支持下，潼南区青少年业余体育训练基地落户我校，学校划出专门区域，添置设备，建设了射击队、射箭队、摔跤队、举重队等运动队伍训练场地，既能为国家为社会培养体育人才，又能为学校培养体育考生，是我区体教融合的又一重大举措。

建校四年来，我校先后荣获"校园足球特色学校"和"全国青少年篮球特色学校"等荣誉称号；中国象棋校本课程获批重庆市首批重点校本课程；2016年—2020年以来初中女子足球队蝉联潼南区足球赛初中女子组冠军，一直代表潼南区参加重庆市市级总决赛；初中男子足球队参加潼南区足球赛获一次冠军、三次亚军、一次季军；2020年学校排球队参加重庆市中小学生排球赛获得初中女子第五名、高中男子第八名；2020年潼南区第五届区运会暨第十一届职工运动会，我校代表团获得区直组团体总分第三名；2016年、2017年潼南区中小学生田径赛，初中组均获团体总分第一名并代表潼南区参加重庆市中学生田径比赛。

成绩只能代表过去，未来更加值得期待。我校的艺体教育工作正在蓬勃地开展，学生的素质教育正在深入推进，学校秉承立德树人思想，确立了"促进每一位学生卓越发展"的办学理念，确定了争创"市级特色示范学校"的目标，全力打造艺体特色，在今后的工作中，我们将以新的理念去塑造学生，提高人文素养，达到学科和体育、艺术结合的境界，不断整合优化教育资源，进一步开拓艺体教育思路，增强学生艺体素养，不断创新，力争再创佳绩，办好人民满意的教育。

创建融合课程，培养核心素养

重庆市永川区红星幼儿园　牟小莉

党的十九届五中全会提出建设高质量教育体系的发展目标，为我国教育改革发展指明了方向。全面发展教育体系是培养德智体美劳全面发展人的本质要求。我园的"三本"融合型德育课程基于幼儿生活实际，以"劳动"、"生命"、"感恩"为主题；以　"一日生活"为线索；以"园所、班级、家庭"为空间，建构了"园本、班本、家本"融合型德育课程。以此打破五大领域、时间空间、活动主体的壁垒，形成了全员全程全方位育人机制，实现了时时处处事事皆课程。在真实参与、不断探索、解决问题中，让孩子的成长看得见；在积极参与课程建设中，让家长价值得以体现；在课程研发中，让教师走向专业化。

一、融合课程创建背景

2015年，刚参加完"春游"活动的孩子们有一个愿望，　"老师我们可以种一棵树吗？"老师们一合计觉得这个想法挺好的，于是向幼儿园争取了一块自留地，准备开展一次植树活动。但在班级活动开展中，其他班的小朋友有了不一样的想法："老师，我想种一个小橘子"，"老师我想种甜甜圈"，"老师我想种小花，可漂亮了。"、"老师我有柚子的种子，我可以种柚子吗？"……回到家中，孩子们天马行空的想法告诉了父母，面对了父母不同的态度，也把此次活动推向了高潮。在把自留地打造成花园的过程中孩子们可以收获什么呢？在建成之后孩子们又能习得些什么呢？家长如何在活动中支持幼儿呢？

有了这些的疑惑，我们就想着怎样让一棵树发挥更大的价值。在开发园本课程6年来，我们知道了课程应该从孩子需求出发，从孩子的已知经验、生活实际、思维角度出发；课程是有情境、有故事、有任务驱动的，这也是孩子们真实参与的过程。同时课程也需要强调打破五大领域、时间空间、活动主体的壁垒，构建起全员全程全方位育人机制，渗透时时处处事事皆课程理念。让孩子在真实的情境中、在寻找答案的探索中、在解决问题的过程中，成为一个"完整的人"。因而，在园本课程的建设过程中，构建班本课程和家本课程的价值就尤

为重要了。

班级是学校最小的单位，在这里每一个师生个体的活动应是自然的、自由的，是富有生命力和创造力的，教师应该为幼儿创设更加丰富的园所生活，班本课程则是凸显这个特点的有效途径。班本课程肥沃了幼儿生长的土地，让孩子在课程的参与和实践中找到自己应有的位置，让教师在探索过程中提升课程领导力和创造力。

家庭和幼儿园是影响幼儿思想道德发展最直接的两个因素。家园伙伴关系的建立能够发挥中介系统“1+1>2”的教育功效。家园之间的有效互动，不仅可以促进家长对园所教育理念的理解和认同，帮助家长获得科学的育儿知识和经验，让幼儿无论在家庭、班级、园所都能获得一以贯之的德育体验。因此，把班本课程的教育价值延伸到家庭，是家园共育的重要契合点，共同构建基于幼儿个性特征的家本课程具有重大教育价值。

基于这样的思考，应该让这棵树在园所、班级、家庭成为陪伴孩子们成长的伙伴，于是以“玫瑰花园”为主题的“三本”融合型德育课程的构想应运而生。

二、融全课程创建措施

基于学校办学理念的园本课程设计。我园以“一日生活皆教育”为办学思想，践行“时时处处皆课程”的教育理念，形成了“红星闪闪亮 颗颗放光彩”的园所文化，构建了“玩中学，学中乐”的教育模式，让园所真正成为“爱心家园 成长乐园”。其中玉屏分园毗桂山公园、楠木公园，有得天独厚的优势，尤其主张营造一种自然和谐、真实好玩的成长环境，让每个生命个体的真实力量得到绽放，在各种体验中感受到发现问题、不断探索、解决问题的快乐。

基于班级发展现状的班本课程设计。各班特色百花齐放，依据各班特色及班级幼儿实际情况，基于园本课程的顶层设计，教师对班级幼儿、教师、家长情况进行分析与思考，构建班本课程体系。设置不同的主题，开展系列幼儿多感官参与的五大领域整合活动。

基于班级家园共育的家本课程设计。家本课程就是以家庭为本（既以孩子为本，又以家长为本）的家庭教育课程。是学校教育的一种延伸，更是一种补充，但绝不是重复。家庭和幼儿园这两个微观系统之间的互相支持和合作，共同承担起培养幼儿良好的思想道德素质的责任，围绕 “生命系列”、“劳动系列”、 “感恩系列”这三大特色活动开展亲子游戏，同时运用跨界思维，依托 “互联网 + ”和新媒体技术，以及希沃白板、钉钉、微信等软件，根据幼儿认知发展规律，创设了多维游戏模式，尤其是亲子互动环节的设计，为家园共育创造了有利条件。以往的德育实践，大都强调成人对孩子的影响，随着“三本”德育活动的开展，家长们的反馈感受到“文化反哺”关系的形成。

三、融全课程策略评价

课程目标，确立方向。依据幼儿已有经验、兴趣、生活实际确定课程目标。一、促进幼儿身体正常发育和机能的协调发展，增强体质，培养良好的生活习惯、卫生习惯和参加体育活动的兴趣；二、发展幼儿智力，培养正确运用感官和运用语言交往的基本能力，增进对环境的认识，培养有益的兴趣和求职欲望，培养初步动手能力；三、萌发幼儿爱家乡、爱祖国、爱集体、爱劳动、爱科学的情感，培养诚实、自信、好问、友爱、勇敢、爱护公物、克服困难、讲礼貌、守纪律等良好的品德行为和习惯，以及活泼开朗的性格，培养幼儿初步的感受美和表现美的情趣和能力。

建立制度，保障实施。我园成立了由园长负责的德育领导机制，结合幼儿园德育特色制定相关考核制度，并对各项制度不断总结修正，以此来规范和指导课程的有序开展和高效落地。如“三本”融合型德育课程教研制度要求每两周常规教研针对基础课程园本化使用进行研讨。在月考核制度、家校联系制度、班级奖励制度等中对 “三本”融合型德育课程开展情况进行考核。各项制度不断总结、定期修正贯彻落实幼儿园立德树人的根本任务。

汇聚三力，共创佳园。我们的实施路径主要是“三力”：老师给力、学生主力、家长助力。一、老师给力：教师团队是课程的开发者，是幼儿参与其中的引导者；二、幼儿主力：幼儿是课程的设计者、管理者；三、家长助力：家长是必要资源的提供者。幼儿园的孩子有些力所不及的地方家长需要帮助例如（还有开荒、挖地、买花、种树）。

家校联动，合力育人。组建家校共育委员会、完善家校共育信息网、创建家校共育资源库、创新开展好家长学校。

课程评价体现的是“三本”德育课程的核心追求，希望通过“三本”德育课程的实施释放每个孩子的潜在能力，让每个孩子享受幸福而完整的生活，让每个生命绽放光彩，让每颗“小星星”闪闪发光。

四、融合课程取得成效

突出成效。探索出了立德树人的有效实施路径。

种一棵树的念想让我们有了“玫瑰花园•三本”融合型德育课程，在课程的实施过程中，老师们的合作、家长们的参与、孩子们的成长最令人动容。

2020年6月，我园作为重庆市唯一代表，在第四届“网络时代的儿童学习与发展年会”上就“三本”融合型德育课程交流发言，与国内外知名专家分享我园的课程实践。前不久，中国学前教育学会专家到我园考察后，高度评价我园“三本”融合型课程，认为其“与哈佛大学早期教育理念、与德国的儿童之家教育理念接轨”。

除了注重自身发展，我园也勤于履行省级示范园的辐射带动职责。近年来，我园以“片区教研”为突破口，推广“三本”融合型德育课程经验，着力解决立德树人的根本性问题，辐射带动了一批周边园区。我园还是“国培”项目基地，在渝西地区幼教师资培训、在重庆文理学院和万州幼儿师范学院等学前教育专业学生实习时，对“三本”融合型课程的研发、实施、评价进行经验分享，对区域内园所人才储备、规范办园、科学育人起到了示范带动作用。

“融合课程”，形在“融”，意在“合”，它不仅仅是名词意义上的整合，更是动词意义上的互动生成，是要突破僵化的课程界域，冲击单一的课程形态，呈现出生态化、基础性、开放性、发展性、互创性、共享性的课程。在今后的工作中，我们将继续探索创建更多新的融合课程，力求在实践中探索，在探索中创新，发挥融合课程的更多优势，培养学生全面发展。

传承非遗文化　打造卓越名校

安徽省亳州中药科技学校　李刚　张晓银

亳州中药科技学校现为国家级重点中等职业学校、国家中等职业教育改革发展示范校、国家首批现代学徒制试点学校、国家残疾人就业培训基地、国家级高技能人才培训基地，荣获第四届“黄炎培优秀学校奖”，国家首批1+X证书制度试点学校、全国职业院校实习管理50强、教育部第三批国防教育特色学校、安徽省文明校园、安徽省校企合作示范学校。

近年来，我校党委以习近平新时代中国特色社会主义思想为指导，深入学习贯彻落实习近平总书记关于职业教育的重要指示，坚持立德树人、为党育人、为国育才。注重学生行为规范养成和技能培养的同时，不断提升文化育人水平，潜移默化地将中华优秀传统文化融入日常教育教学过程。

一、依托名师引领　传承中药传统

作为中华药都的亳州是“华佗故里，药材之乡”，是中国最大的中药材集散地，在国内外享有盛誉。

发挥办学优势，形成特色专业。我校面向社会需求，立足亳州实际，充分发挥自身办学优势，结合中药、中药制药、康复、中医美容护理等主干专业和特色专业特点，培养高素质高技能人才，注重传承非遗传统中医药文化。

依托名师引领，加强学习交流。我校依托“名师工作坊”，“技能大师工作室”，传承中药传统工艺制作，进行中药传统工艺制作和传承，代表项目有香囊、大山楂丸、六味地黄丸等。工作坊定期开展学习与交流，进行集体备课与课堂观摩活动，指导学生动手操作实践，加强学习、交流和发展传承。

“黄乾省级名师工作坊”、“郭庆技能大师工作室”、“徐东亚技能大师工作室”团队中每一位成员均准确辨识几百种药材，并掌握其功能主治，全面熟悉香囊生产流程和工艺，先后生产中药驱蚊香囊、防疫香囊、抗四季流感香囊等。师生结合现代需求又开发了系列产品，传承非遗文化，助力人类养生。师生开发研制的“大山楂丸”已经成为我校职教活动周的亮点和“抢手货”，并在天津职教成果展中获得二等奖。六味地黄作为传统的制药工艺，我校一直作为特色进行传授，既能保持传统中医药特色又能了解中医药文化。

传承传统技艺，弘扬中药文化。我校康复、美容护理等专业，坚持对传统中医技艺研习传承。师生利用课外活动时间进行技能训练，对传统中医按摩、针灸推拿、拔火罐等技艺研习传承，并为师生提供特色疗法服务。师生还利用周末时间走进社区，以及每年5月份的职教活动周活动，为市民免费提供中医按摩、针灸、刮痧、拔罐等特色服务，让广大市民享受到中医特色疗法带来的切身享受，同时传播和弘扬和中医药文化。

二、注重兴趣培养　传承民族文化

我校不仅注重培养学生的职业技能，而且注重培养学生的职业素养，并引导学生传承和弘扬中华优秀文化。依托书画工作室和剪纸工作室老师指导学生学习中国书画，就是传承优秀民族文化的一种践行。

注重兴趣培养，感受传统魅力。我校成立有书画和剪纸兴趣班，聘请书画名人和残疾人名师教学，通过开展系列活动，让师生在书画和剪纸艺术中感受中国传统文化的魅力，也让传统艺术在师生和特殊群体中得以传承延续，进一步增强文化自信和厚植温暖厚重的家国情怀。

中国剪纸是一种用剪刀或刻刀在纸上剪刻花纹的民间艺术。2006年剪纸艺术经国务院批准列入第一批国家级非物质文化遗产名录。2009年中国剪纸项目入选“人类非物质文化遗产代表作名录”。

挖掘传统特色，创新传扬风格。在立足中国非遗优秀技艺和传统文化的基础上，我校还结合职业教育特点和亳州地域特色，通过对中国剪纸文化元素和工艺理念的进一步发掘和运用，亳州剪纸在传统剪纸用剪刀剪的基础上，融合了北方剪纸的粗狂及南方剪纸的秀美，形成了自己独有的风格，虚实相生，变形适度，刀法苍秀，题材丰富，融古于今，贴近生活，勇于创新，乘北疆苍茫之气，控南国蕴秀之韵，气韵生动，而又不失江淮乡土的芳香。

三、重视养成教育　多样经典诵读

我校重视养成教育，内容形式丰富。传承国学经典是其中重要的一项内容。让国学经典诵读进课堂活动。

保证诵读时间，多种形式诵读。每天早晨国学经典诵读时间。在干净整洁的教室里，全校100多个班级认真学习并诵读《弟子规》、《三字经》、《千字文》、《史记》……品读文本、学生诵读贯穿始终，入情入境地进行多种形式的朗读，在反复诵读的基础上，借助概括、品读、联想等方法，理解词句中所蕴涵的丰富情感。各班集体共读经典，共赏美文，共写佳句，通过分组背、个别背、接龙背、默背等学习方式，为经典诵读拓展更宽的道路。

开展系列活动，感受经典魅力。读经典，让同学们明白道理；读经典，举行“践行弟子规，做诚信学生”主题班会，张扬学生个性，培养良好品格；定期开展“诵读国学经典　创书香校园”读书之星评选演讲活动，并评出读书之星；举行校园文化艺术节系列活动，定期举办国学经典诵读比赛。在比赛中，各参赛班级精心设计，诵读形式丰富多样，有集体诵读、情境诵读、领读齐读等多种诵读类型，融入了背景音乐、舞蹈表演等多种表现形式。师生沉浸在艺术氛围中，感受着国学经典的魅力。

四、创新实践形式　成果服务社会

我校组建教师团队参与校企合作单位安徽华善堂中药饮片有限公司质量标准制定，共同研发九蒸九制地黄、黄精等系列产品，取得了良好的经济和社会效益。校企合作首批现代学徒制试点通过验收，试点共同研发九蒸九制地黄、黄精等系列产品，职教成果获省级一等奖。

我校还在“校中厂”康复中心，指导家长缝制香包，有偿劳动，帮助特殊儿童家庭脱贫致富，同时又传播和弘扬了中医药传统文化。每年在职教活动周，我校精心设计，运用多种形式，面向社会各界，组织开展职业体验、文化艺术、发展成果展示等活动。

2018年在合肥举办职教成果展，非遗中医药文化宣传进省城，成果展集中药文化展示、体验、传播于一体，给群众了解和认识中医药提供平台，宣传和弘扬中医药文化。组织参加国家级大赛和展示活动，向国人展示和传播中医药创新非遗成果。我校师生在每年举办的国际（亳州）中医药博览会暨全国中药材交易会上，积极参加中医药健康文化推进活动，向世界友人展示非遗文化。

在疫情期间，我校中药专业教师团队共同研发的防疫香囊，获得了社会的亲睐。结合防疫抗疫形势，师生共同创作《万众一心　抗击疫情》、《众志成城，抗疫必胜》、《祈福中国　武汉加油》等剪纸作品形象展示开窗通风、勤洗手、戴口罩、常消毒等疫情防治措施。为打赢防疫阻击战贡献力量。

五、丰富社团活动　传承非遗“五禽”

华佗五禽戏是中国非物质文化遗产，亳州是五禽戏的故乡，我校把五禽戏引入校园，并根据我校实际，制定了《亳州中药科技我校五禽戏推行方案》。

加强组织领导，强化宣传培训。通过开展普及活动，五禽戏在我校得到快速健康发展。利用校园广播、宣传栏、黑板报、校园网站等进行宣传，让全校师生了解华佗五禽戏的历史、功效。为更好地发挥好服务社会的职能，坚持文化传承，实行技能大师实践带徒、多人理论研究，科学发展，突出抓好传统华佗五禽戏内涵文化建设，形成传统文化的继承、创新、发扬新方略。

聘请专家讲授，积极传承示范。2012年，我校聘请华佗五禽戏第58代掌门人周金钟先生为客座教授，传承华佗五禽戏，促进我校学术交流与合作，提高学校声望，我校也成为传统华佗五禽戏在全国最大的传习基地。充分发挥“基地”的示范作用，为传承人提供发展的平台，传承人定期不定期到我校辅导工作，进一步夯实我校的五禽戏习练工作。

现如今，我校全校师生无论是健身气功五禽戏、传统华佗五禽戏、校园五禽操均是人人会做。五禽戏已经成为我校的“校戏”，绽放耀人的风采。

近年来，我校以赛促学、以赛促教，积极参加国家和省级技能大赛，广泛开展中医药传统文化传承工作，2012年以来获得中医药大赛国家级奖项32个。2020年底，由中华职业教育社主办，教育部等单位指导的第二届“黄炎培杯”中华职业教育非遗创新大赛暨非遗职业教育成果展示会在重庆举办，亳州中药科技我校（安徽亳州技师学院）职教成果亮相山城重庆吸引八方来客。《一剪一纸•魅力非遗》非遗作品和《弘扬工匠精神　传承非遗文化》教学成果两个参赛项目全部获得一等奖。彰显了教学成果和教学质量，以及在非遗文化方面做出的贡献。

明初心逐梦奋进　乐践行立德树人

安徽省合肥市庐江县乐桥镇中心小学　邢双六

巍巍鳌山，钟灵毓秀；淼淼雁塘，碧波荡漾。在岱鳌山之北，大雁塘之东，有一所人文底蕴深厚、育人环境雅致的教育明星——庐江县乐桥镇中心小学。学校始建于1936年，四易校址，于2010年迁于现址，是一所已达农村小学一流水平的现代化学校。现有学生1326名，27个教学班，66名教职工。

自2018年9月“走马上任”后，我深入调研，广泛征求意见，结合“深化教育改革，发展核心素养，加快特色发展，提高教育质量”的工作思路及学校实际，充分发挥和盘活学校硬件，整合并利用现代教育资源，实施以文化人、以美立校、以乐施教、以人为本、以德树人的发展路径，以期办好老百姓家门口的好学校。

文化育人树旗帜

校园文化是一所学校的“根”，它既是学校的精神符号，也是学校发展最核心的动力。我校立足于实际，着眼于未来，本着“关心每一位学生，培养每一位学生，服务每一位学生”的宗旨，以“明乐”教育为核心理念，围绕“明德正行，乐学致远”的校训精神，确立“以美立校、以乐施教、以人为本、立德树人”的实施目标，构建以教育科研为基础、以满园书香为底蕴、以体育实践为延伸的发展体系，着力培养全面发展、多元并重、积极向上的师生群体，逐步形成了独具特色的群众满意的农村学校。

我校确立校党支部的核心引领作用，发挥党员教师在日常教学中的模范带头作用，全面落实做好县局党委“三亮三强”、“双领双创”、“三红三争”等一系列党建特色工作。同时，我校立足校本实际，抓好思政课和党史教育课，抓牢“扣好人生第一粒扣子”教育主题，引导学生从小树立世界观、人生观、价值观。学校荣获“庐江县教体系统先进党组织”称号。

我校坚持落实“质量为本、科研兴校”发展策略，建立青年教师培养机制，强化市郭勇名师室引领，创设课题研究氛围，促进了教学管理水平的不断提高和教学质量的稳步提升。一年多来，教师论文50多篇在省市县获奖，学生各类竞赛获奖达300多人次；学校成功开展省级课题研究3项，立项市级课题2项；在2020年度考核中取得全县“乡镇中心小学组第一名”的好成绩。

我校依托乡村少年宫，开设了软式棒垒球、足球、书法、腰鼓、合唱等特色课程，满足了学生多元成长的需求，实现了学生个性特长的发展。学校先后荣获了全国软式棒垒球实验学校、合肥市素质教育示范学校、合肥市防震减灾科普示范学校、合肥市绿色学校等多项荣誉称号。

美园美行立根本

个性鲜明的环境文化不仅可以美化校园，更有“润物无声”的育人功能。我校不断渗透环境教育，改善校园环境，把美丽校园建设作为立校根本，一直致力打造绿色校园、生态校园、环保校园。

为了浓厚校园文化，我校在教室、走廊等处悬挂校纪班训、名人名言，让学校的每一面墙壁“说话”；在校园显著位置放大“一训三风”标志语，让师生耳濡目染，在潜移默化中受到熏陶。

为了培养雅言雅行，我校把精神文明建设作为改善办学效益、提高办学水平的重要途径。文明校纪教育从第一天入学抓起，规范校规管理从第一次路队强化，严格教育好学生入学的第一次，让每个学生都能做到“美言美行”，从而形成良好的校纪校风；专门成立“红领巾监督站”、“红领巾晨检站”、“红领巾广播站”等学生督查岗，不仅加强对学生日常行为习惯的督导检查，也让学生参与管理学校，从小培养自己的主人翁意识和责任担当意识。一所充满朝气，有着良好校风的校园正在形成。

如今，走进校园，每一个角落都能感受到现代教育带来的翻天覆地的变化：绿树成荫，鸟语花香，朗朗书声，文明雅行，彰显出这所农村小学的生机与活力。

乐学乐动守初心

课堂永远是学校的主阵地，快乐学习、快乐活动是教育的初心和使命。我校立足农村，依托现有资源，遵循“面向全体、全面提高、主动发展”的教学原则，逐步形成了“激趣、精讲、巧练、引思”的课堂教学特色，让学生学得开心、学得快乐。

在课程设置上，我校立足“不让农村的孩子输在起跑线上”的育人方向，开足开齐各门课程，尤其是发展学生兴趣和特长的校本课程和社团活动课程。

在教学活动中，我校倡导课堂教学改革，更新传统的课堂教学观，探索培养学生自主学习的方法和途径，营造民主、平等、和谐的课堂教学氛围，逐步培养学生乐学好学的精神。我校确立“尊重教师个性，发展学生特长”的班级管理思想，要求开展有特色的班队活动，让班级成为每个学生发展个性的小小乐园，为学生的个性发展奠定了基础。

在日常管理中，各班根据周一学校升旗仪式，确立励志、感恩、爱国、环保、纪律、合作、宽容等教育主题，自由开展活动；在父亲节、母亲节、教师节、国庆节、元旦节等节日到来之际，要求各班级开展有创意的庆祝联欢、制作祝福贺卡等活动。这些活动寓教于乐、乐学乐动，有力地促进了学生们健康人格的形成。

五育并举齐发展

2019年，《中共中央国务院关于深化教育教学改革全面提高义务教育质量的意见》明确提出，"坚持'五育'并举，全面发展素质教育"，并且对"五育"逐一提出相应工作要求，具有很强的可操作性和指导性。我校坚持"以人为本"的管理理念，在坚持"全面施教，广育英才"的同时践行"五育并举"的教学思路，通过不同形式的教育活动，培养德智体美劳全面发展的社会主义建设者和接班人。

为实现"人的全面发展"，我校以多种活动为载体，促进学生德智体美劳的配合融洽、协调发展，全面提升学生的综合素养：开展少先队专题活动、千人同唱一首歌、学雷锋、关爱老人、冬衣互助、毅行扫墓等德育活动，充实学生的精神生活，培养学生的责任担当；开展大课间跑操、棒垒球、足球特色、田径运动会、趣味游戏等体育活动，磨炼学生的坚强意志，促进学生的团结协作；开展六一文艺汇演、元旦素质展演等艺术活动，展示学生的兴趣特长，提升学生的审美素养；开展卫生打扫、布置班级等劳动教育，强化学生的生活技能，增强学生的主人翁意识；成立家委会，设置护学岗，加强家校共育，增强教育活力。

素质呈现硕果丰

习近平总书记强调，希望学校继承好优良传统，承担好立德树人、教书育人的神圣使命。基础教育就是立德树人的事业，我校一以贯之的加强对学生进行品德教育、社会主义核心价值观教育，不断引导学生自尊自信自立自强。

在日常的管理中，我校通过每周晨会，进行一周一主题教育；抓住重要的时间节点，坚持开展每月德育主题活动，如四月春游活动、五月校园球类联赛、六月校园文艺汇演、十月爱在重阳敬老孝亲、十一月校园体育节、十二月迎新总结表彰等，在活动中树立育德育品的理念，让活动促使学生健康成长。活动的开展，不仅让学生自尊自信自立自强，也让学校在素质教育道路上越走越宽。

一分耕耘，一分收获。如今，我校在素质教育的道路上越走越宽，收获也越来越多：2018年，学校荣获合肥市优秀文化传承学校（腰鼓特色）、合肥市素质教育示范学校；2019年，学校成功申报棒垒球国家级实验学校，并先后荣获安徽省青少年锦标赛一等奖、合肥市第十二届运动会青少部棒垒球项目组第二名；2020年，学校考评获庐江县乡镇中心小学第一名，获合肥市首批创建"六美"校园先进单位。

人们常说：十年树木，百年树人。教育之路任重而道远，随着"十四五"规划蓝图的开启，"融入大合肥，对接沪苏浙"的号角已吹响，全面提升教育质量，办老百姓满意的好学校成为我们全体教育人义不容辞的责任。我们乐桥镇小将满怀憧憬和豪情，用智慧和汗水谱写乐桥教育的新篇章。

七色彩虹　润泽童年

——合肥市四河小学"美丽校园"创建纪实

安徽省合肥市四河小学　方燕　郑志军

彩虹拥有七色阳光，象征着多彩人生、多彩童年。在全方位诊断学校现阶段的办学现状后，我校依托"美丽校园"建设项目，以"彩虹"为特色标志，实施"美丽环境、美丽课堂、美丽班级、美丽教师、美丽学生、美丽家长"的"六美"校园建设工程，奋力推动学校物质文明、精神文明、生态文明建设的和谐统一，实现了校园环境外在美与品质内在美的有机融合。

创建"彩虹"文化，品味内涵校园

提炼文化特色，丰富文化内涵，有助于营造舒适的育人环境。近年来，我校提出了"彩虹教育"的办学特色，引导学生形成一种积极、健康的生活态度和生活方式。

探究"彩虹教育"的文化内涵，主要包括四个层面的含义：构建学校、家庭、社会共育模式，实现教育公平；坚持以人为本，用人文管理塑造师生积极向上的精神品格；坚持以生为本，用尊重和关爱唤起学生自信；坚持自立自强，引导学生坚强面对遇到的风雨挫折。我校希望通过搭建"彩虹桥"，打造彩虹文化，营造"同在蓝天下，我们共成长"的成长氛围，努力实现教育公平。

打造"彩虹"课堂，铸梦美丽校园

一所学校成绩的好坏，教学质量的高低，育人水平的高下，就在于课堂。近年来，我校积极采用多种形式促进课堂教学效率的提升，打造高效率的美丽课堂。

推门听课抓常规，关注常态求质量。教育教学质量是学校的生命线，为稳步提升教学质量，我校每学期开学伊始即开展推门听课活动，要求校领导班子和骨干教师深入课堂，通过听课、观察、研讨等多样的形式走进班级、走进学生，深入了解各个班级的课堂学习情况，了解教师的教学风格及教学能力。课后教导处及时组织评课，对教师备课情况、教学态度和课堂效率等给予中肯的评价，对发现的问题提出指导性建议，对促进教师业务能力的提升起到了积极的推动作用。

主题研课促成长，寻找智慧美课堂。为进一步提高教师教科研能力，促进教师专业发展，我校开展了以"计算教学方法多，同课异构展风采"等为主题的系列教学研讨活动，要求全体教师全程参与，并特别邀请庐阳区教研室专职教研员莅临指导。

课题实验细推敲，拓展课程新维度。作为合肥市"引导自学"型课堂实验学校，我校要求教师每学期定期开展主题研究课，课后结合自己的课例介绍自己的设计目标和设计意图，并对自己在实验过程中的做法进行交流。"引导自学"型课堂实验，提高了学生的自学能力、合作能力，促进了学生的长远发展。

评选"彩虹"班级，养成规范至美

班集体是学生成长和生活的重要场所，更是师生共同的精神家园。一个美丽的班集体必然是有特色的，是一部立体的、多彩的、富有的、美丽的、无声的教科书，能潜移默化地对学生进行各方面的熏陶、塑造，具有极大教育功能。

我校全面落实卫生责任分区制和美丽班级评比制度，采取行政巡查、大队部督查、学生值日检查相结合的立体交叉网络对学校环境卫生进行督查评比，并根据一日常规评比、周五卫生大扫除检查记录、黑板报评比以及班级文化评比，每周评选一次星级美丽班级，使得整个校园干净整洁、窗明几净，美丽班级成效卓著。　如今，我校不仅形成了良好的班风班纪，更形成了班班有特色、生生讲美丽的良好局面。

培养"彩虹"教师，闪耀个性校园

教师是课程的开发者、执行者、评价者，是课程实施的主体性因素，是课程能否实施以及决定实施效果的关键性因素，因此打造一专多能的教师团队是美丽校园建设与实施的重中之重。

在课程实施中，我校坚持用一专多能的教师培养全面发展的学生，用自信的彩虹教师感染浸润自信的彩虹少年。我校通过教学常规检查反馈、校本教研、外出培训观摩、"寻找魅力彩虹课堂"教研月活动、课题研究、信息技术培训等方法，不断激发教师专业成长的潜能与渴求，促进教师加强学习，提升知识结构、研究能力、综合素养，从紧盯一门学科向多面手、多样化研究人才转变，取得了显著成效。

两年一度的"彩虹"教师评选，包括"爱生如子彩虹教师"、"科研先进彩虹教师"、"团结互助彩虹教师"、"热心公益彩虹教师"、"甘于奉献彩虹教师"、"爱校护校彩虹教师"、"探索创新彩虹教师"等内容，是具有四河特色的一种个性化创新措施。其评选过程既重视教育教学和教科研成果，更兼顾教师在工作过程中所表现出来的高尚的师德修养，丰富了"彩虹教育"办学特色内涵，完善了"彩虹评价"体系，是建设一支具有内驱力的彩虹教师发展队伍，充分调动广大教师积极性，客观公正地评价教师工作业绩的重要举措。

孕育"彩虹"少年，凸显灵动校园

学生是教育的主体，是祖国的未来和希望。对学生来说，学校应该是充满欢笑和幸福的乐园。我校坚持以活动为载体，搭建多元发展平台，让学生在活动中体验，在体验中成长，在不知不觉中提高道德素养、固化优良习惯、磨砺意志品质、增强责任担当。

我校从细处着手，从小事抓起，从基本的班风班纪检查到"星级文明班级"、"优秀路队"、"彩虹少年"等评比，全方位、多角度培养学生良好的行为习惯。

我校定期举办趣味田径运动会、校园学科节、校园文化艺术节、迎端午、研学旅行、国学大赛等活动，全面实施素质教育，提升学校办学品味。

联系"彩虹"家长，实现和美校园

学校是获取知识的殿堂，家庭是孩子成长的摇篮，把孩子培养成一个身心健康、学习优秀的人是每个家长的愿望。

我校本着终身学习的理念，定期召开家长会，邀请专家开展讲座，教育并指导家长树立以人为本、全面发展、素质教育等现代家庭教育理念；鼓励家长积极参与学校或班级组织的亲子活动，充分利用时间自行组织亲子活动，树立和谐家庭的榜样；参考"拥有开拓的视野、懂得多元的价值、应用合作的思维、保持关怀的理念、理解个别的差距、学会潜力的激励"等方向，每学年评选一次"彩虹"美丽家长，着力培养温暖奉献、智慧包容、开放合作、守护尊重等优秀的家长品质和教育理念；坚持开展"寻找最美长辈"活动，由各班学生、班主任推荐出两名"美丽家长"候选人，然后由学校对全体候选人进行展示宣传，全体家长及师生打分形式产生“美丽家长”，最后由学校进行事迹宣传及表彰。

我校成立家长委员会，定期召开家委会，让家长们参与到学校管理中来。一学期2次家长开放日活动，让家长可以近距离走进教室去听课，参与学校社团活动、教师例会等；挖掘有一技之长的家长，定期搭建“家长讲坛”，请他们走上讲台，与孩子们互动，教学安全、美术、体育等内容；聘请专家与本校名师一起开设家长课堂，指导家长教育孩子的理念和技巧；心理咨询师定期对家长开放，缓解家长压力，倾听家长心声；开展美丽家长评选活动，挑选一批优秀的家长，起模范带头作用，争取达成“优秀的家长、和美的家庭”的美好愿望，让每个四河学子都能健康快乐成长。

我校还坚持“多方联动 立体护学”的工作机制，让学校、社区、家长、交警、城管、校园保安、中澳学院志愿者形成多方合力，维护学生上、下学交通秩序，保护学生上、下学的安全，得到了广大群众的一致好评。

经过艰苦努力，我校的“美丽校园”创建工作取得了丰硕的成果，真正实现从“薄弱学校”向“美丽学校”的华丽转身：教师近年来在教育教学和教研等方面成果丰硕，在各类竞赛和评比中获奖面大幅度提高；学生的创新意识和团队合作意识更强了，学习积极性和参与活动的热情也更高了，综合素养得以显著提升，在绘画、演讲、经典诵读、信息技术等比赛中获奖面越来越大，获奖的级别也越来越高；学校先后获得合肥市素质教育示范校、合肥市文明单位、合肥市平安校园、合肥市绿色校园、合肥市体艺“2+1”示范校、合肥市科普减灾示范校、安徽省第五届中小学生艺术展演一等奖、合肥市社团展示一等奖、合肥市优秀学生戏曲社团、庐阳区经典诵读比赛特等奖、庐阳区讲故事比赛特等奖、庐阳区汉字听写大赛特等奖等诸多荣誉；广大家长和居民对学校的满意度大幅度提升，在最近的一次“百姓身边的好学校”问卷调查中，家长对学校创建工作的整体满意率由2016的90%提高到现在的98%，而百姓的满意率也由2016年的85%提高到现在的114%。

知向何处，不惑于方向；明所从来，不竭于动力。通过“美丽校园”的创建，“彩虹教育”理念已深入人心，学校成为学生发展的舞台，学生成长为心态阳光、身心健康、积极向上的彩虹少年。

让职业教育从文明校园开始

安徽省天长市工业学校　曹福泉

为深化中国特色社会主义和中国梦学习教育，进一步培育和践行社会主义核心价值观，扎实做好学校精神文明建设工作，近年来，安徽省天长市工业学校按照中央文明委有关工作部署，始终以创建文明校园为重点，坚持建设与管理并举、创建与巩固并重的原则，以“文明校园”建设引领学校内涵发展，促进学校特色发展，塑造了一个文雅清新、设施齐备、布局合理、富有特色的校园环境，推动了学校校园环境外在美与学校品质品行内在美的和谐发展，实现了办学规模和办学质量的跨越式发展和提升。

思想道德建设入脑入心

学校党支部及班子成员注重思政建设，自觉增强“四个意识”，坚定“四个自信”，做到“两个维护”，切实提高管理服务水平，不断深化教育改革，扎实推进学校治理，为学校文明创建工作的开展 奠定坚实的思想政治基础。

学校在校门口广场、操场、班级等场所设置展板展示社会主义核心价值观，校园播音员每天通过广播领读核心价值观，师生知晓率100%。

学校结合校园活动引导学生践行核心价值观。开展“扣好人生第一粒扣子”、“我的中国梦”、“我们的节日”等演讲和征文活动，组织经典诵读小组、凌云书画社等社团活动，培养学生的乡土意识、爱国情怀、文化认同；开展《中小学生守则》、《中小学生行为规范》等专题学习，建立道德讲堂，定期邀请专家作道德、法制等讲座，促进学生良好习惯的养成。

学校建有设施完备、师资一流的心理健康中心，开足心理健康教育课，建立学生心理健康档案，及时发现、疏导。2017年，国家卫计委家庭教育发展司卢晓美专程视察该校心理健康中心，并给予盛赞。

立德树人融入教育教学

学校贯彻落实《安徽省中小学德育一体化指导纲要》，首创“六位一体”德育实践模式，印发德育校本教材《天长市工业学校学生成长手册》，挖掘德育内涵，拓宽育人渠道，落实教书育人、管理育人、服务育人，真正实现了全员育人、全科育人。

学校充分发挥课堂教学的德育功能和思政课的德育主渠道作用，坚持开展百家讲坛、名师讲座等特色活动，引导学生把个人的理想追求融入党和国家事业之中，为党、为祖国、为人民多做贡献。

校园文化彰显文明新风

学校坚持每周一升旗仪式，校领导、骨干教师和各班优秀学生作国旗下主题演讲，对学生进行爱国主义、集体主义以及理想信念等方面的教育，促进了全体师生的文化认同。

学校设有体育周、艺术周、体育周、国学周、科技周，成立绘画、书法、电子等数十个兴趣小组，定期开展形式多样的活动，丰富学生的精神文化生活。

学校设施完备，布局合理，实用功能、审美功能和教育功能和谐统一。教师办公室育人文化氛围浓厚、简洁大方，教师举止文明、衣着得体，深得学生喜爱。班级布置彰显出浓郁的文化气息，班级公约上墙，“学习园地”、“班级之星”专栏使学生感受到学习的快乐、知识的魅力。

学校图书馆藏书10万余册，设有教师阅览室、学生阅览室和电子阅览室，借阅制度完善，开放时间充足。学生活动场所设有电子阅读器，可随时供学生点击阅读。

学校建有标准教室120个，配备计算机教室、多媒体教室、党员活动室、名师工作坊室等专用教室，且各室均有专人负责，管理制度完备。

学校充分利用宣传展板、校园网、电子屏、微信等宣传阵地，让每个学生都能知晓“文明校园六个好”内容。积极拓展心理健康教育中心、校史陈列室、校园媒体“三大阵地”，内容健康向上，舆论评价正面。积极参加市网宣办每年举办的主题网络文化节、网络文明志愿行动、网络评选、微视频创作展示等活动，使网络成为立德树人的新阵地。校团委、团支部、学生会均设置独立办公室，设施齐全，管理规范，实现了学生管理学生、学生服务学生的目的，提高了学生干部的管理水平。

学校结合天长市实际，整合各方资源，建立各类校外学生实践基地15个，涉及专业12个，制定跟岗实习管理细则，定期组织学生开展形式多样的社会实践活动。2018年，学校被评为安徽省首批校企合作示范典型学校。

春风化雨，润物无声。站在文明创建的新起点上，天长市工业学校坚持不断创新，持续深化未成年人思想道德建设，让精神文明创建活动在校园里生根发芽，让校园处处吹拂文明之风，吹开朵朵绚丽的城市文明之花。

我心光明，追逐梦想，执着前行

北京师范大学平果附属学校　高庆海

伟大的人民教育家陶行知先生曾经说过：“校长是一个学校的灵魂。学校的好坏和校长最有关系，一个好校长就是一所好学校”。随着社会的不断发展，人们对教育的渴求越来越大，对学校的要求越来越高，作为一校之长只有具备良好的综合素质才能引领学校向前发展，才能在激烈的竞争中满足人们的需要。从河北省泊头市第一中学的高中语文、政治老师，到中共泊头市委；从泊头市第一中学校长，到北师大平果附校校长，我始终秉持着“干教育，最有价值”的信念。做教师时，我讲课旁征博引、智慧幽默、引人入胜，感染和影响着学生；当校长时，我敢于负责，摆脱种种干扰，战胜重重困难，立足高位、精准把控问题并提出对策。我坚信并践行“一个好校长就是一所好学校”。

到北师大平果附任校长后，面对刚刚走过了一段弯路，尚处于初创期的北师大平果附校，我直面现实、勇于担当，雷厉风行，拨乱反正，以立德树人为办学宗旨，强抓制度建设，以德育及教学为中心，亲力亲为、兢兢业业，为每一位师生做好表率。如今，学校文化体系业已形成，各项工作科学有序高效开展，学校办学已具规模（144个班，5800学生），教学质量在百色市领先，社会声誉良好，影响辐射作用凸显。学校发展进入良性循环，初步探索出了一条规模、质量、效益相统一的学校发展之路，高质量迈出了进入新阶段跨越式发展“三级跳”的第一步。

一、仔细分析校情，找准发力方向

2015年3月，我到任时，北师大平果附校尚处在初创阶段，并且是北师大对外合作办公室刚刚接手的学校，学校校园荒芜，教学设施不配套，干部队伍、教职员工队伍严重缺额且思想混乱，学校内部管理机制缺失或得不到真正执行，运行无章可循，效率低下。我仔细分析校情，并找准发力方向，在短时间内通过有效地、长效的机制让团队度过“磨合期”，并使学校各方面工作全部步入正规，实现高效运转。

从“四治”入手，亲力亲为。针对当时学校师生员工中存在的自由散漫、纪律松弛、工作漂浮、拖沓低效等现象和问题，我采取了“治慵、治懒、治散、治浮”的“四治”措施。从制度建设和思想教育入手大力整顿，建立了包括《北师大平果附校教职员工考勤制度》、《教职员工工作纪律》在内的一系列制度，扭转了学校的混乱局面，规范了师生行为，统一了思想，增强了学校凝聚力。

在我任校长的前五年，学校只有我一个校级领导，学校文化创建、学校管理机制和运行机制创建、教育教学管理、外界纷扰的应对，等等，我都是事无巨细，亲力亲为，既当指挥员，又当战斗员，做好团队示范。六年来，我几乎放弃了所有的假期，每天都忙到深夜巡视完学生宿舍区和校园后才回自己的宿舍休息。

二、强化队伍建设，制定奖励机制

最初，学校专任教师缺额且教学水平良莠不齐，班主任没有津贴，全校95%的班主任由音体美老师担任。我深知教师队伍尤其是班主任队伍建设的重要性，于是我下定决心改变旧貌。通过北师大基础教育合作办学平台的支持，我从全国遴选优秀的教师、重点大学本科毕业生组成新型教学团队，请专家定期开展班主任集中培训。

针对教师薪酬分配和劳绩不挂钩，大部分中青年教师工作积极性不高的问题，我开展了教师管理、评价和待遇改革，改变“干多干少一个样”的问题。确定了“德学尺度，民主评价，能力当家，业绩说话，多劳多得，优劳优酬”的用人和分配原则，主持制定并实施《班主任工作考核评价制度》和《教师课时补贴和超标准工作量补贴制度》等制度。在学科教学上，设立课时补贴，并向班主任倾斜，设立班主任津贴，综合量化考核班级学习表现、班级文化建设、纪律卫生等，依据考核结果当月兑现教师课时补贴和班主任津贴。此举大大激活了教师特别是班主任教学和管理工作的积极性。

学校将德育工作作为根基，在育人过程中，以多元化德育教育强化师生自我管理。

三、确立“文化一贯”，明确发展方向

作为一所十二年一贯制学校，我校与北师大基础教育合作办学平台中的许多附校面临着同样的思考——所谓十二年一贯，表面看来就是集小学、初中、高中为一体的学生在校十二年接续，但由于学校规模大，年级跨度大，因而学校管理难度也加大，甚至要求学校管理者是小学、初中、高中管理的“通才”。在这种情形下，明确“一贯”贯什么就是很重要得了。我反复思索下，寻得了自己的答案：“文化一贯”。“十二年一贯”，“‘贯’的就是全校普遍认可和遵循的价值观念、团体意识、工作作风及行为规范”。学校文化体系的创建，明确了学校团队精神的内涵，共同的理想信念、共同的行为准则和价值观统一了学校领导干部和全体师生员工的思想和步调，凝聚了人心，明确了发展方向，形成了学校发展的合力，使学校工作能够在艰难的条件下不断适应新形势，赢得新发展。

就连学校楼宇命名，也呼应了先进的学校文化：我校楼宇命名蕴含的思想意义各有主题又互相包含，与学校办学理念相统一。小学学部各单体楼宇名称：“星耀楼”、“星华楼”、“星辉楼”……共六栋，小学学部楼宇总称“星字楼”，突出一个“星”字，思想意义为“一个学生一颗星，每颗星星都闪亮”；初中学部各单体楼宇名称：“德化楼”、“德馨楼”、“德慧楼”……共八栋，初中学部楼宇总称“德字楼”，突出一个“德”字，思想意义为“德育为先，立德树人”；高中学部单体楼宇名称：“博远楼”、“博识楼”、“博雅楼”……共九栋，高中学部楼宇总称“博字楼”，突出一个“博”字，思想意义为“博学多才，博大精深”。教辅用楼各单体楼宇名称：“致远楼”、“高远楼”、“明远楼”……共六栋，教辅用楼总称“远字楼”，突出一个“远”字，思想意义为“立志高远，行稳致远”。

四、狠抓德育工作，落实全面发展

我校坚持“光有好成绩也不是北师大”的理念，坚持立德树人，狠抓德育工作创新，落实学生全面发展、全人格成长。我高度重视学校道德建设，着眼于提高教师尤其是班主任教师整体素质，制定和落实学校关于教师队伍师德建设培训的各项制度和规范；我重视学生的德育教育，把立德树人作为学校教育的根本任务和最终目的，发挥北师大文化和本校文化的育人优势，明确小学、初中、高中各学段德育工作重点，实施“德育教育课程化”，落实了德育教育量化管理和精细化管理，创造了学校德育工作的经验和特色。系统的立德树人设计、实践与严格、规范、科学的全员教育管理，使全校学生全面发展、健康成长，形成了良好的精神风貌。主题班会、集体讲座、演讲朗诵比赛、座谈会、家长会、国旗下专题讲话……在我的带领下，学校以“特色德育课程——礼仪教育和实践”来践行“人·爱·创新”的核心价值，落实立德树人根本任务。

学校还在日常开展诸如校园路队、上下课、上下操、各种集会、放学、就餐队伍的规范训练和评比；并对学生在课堂、会场、餐厅、老师办公室等各种场所形象及言行进行行为规范教育和训练；同时，引导师生节假日在家庭和社会活动中以“北师大人”的标准要求自己和影响家人、亲友，从而进行礼仪道德修养的自我达成、提升和带动影响。学校还开展面向全校教职员工的礼仪培训，对他们提出了“礼仪教育”要言传身教的要求。

思想文化的教育渗透就像“白开水里放糖”，一喝水能感受到有，但却不是硬贴着标签上去的，让人在尝到甜头的同时，不知不觉吸收了营养。我校全体校师生共受学校“文化糖水”滋养，将学校的精神文化内化为精神追求，外化为自觉行动和自我管理，形成了良好的精神风貌。

五、开展教研促教，助力师生成长

新教师多、新上岗教师多、教学业务水平差异很大，并且学校教师来自全国各地，教学思想和教学方法异彩纷呈。为调动教师研究教学的积极性、引导教师在研究中自主发展、在互助协作中合力发展，最终整体提高课堂教学质量。我和教师们一起探索开展了年级备课组“一课一研”，变“个人战”为“集体战”，以教研促教学。

我为“一课一研”下的定义是：“我们搞的‘一课一研’，就是年级备课组把本组教师分散的各自为战的备课每天抽出一节课的时间来集体备课、研究课或研究学生、研究课题或集体学习。”他强调，“一课一研”就是“一天（每天）、一课（一课时）、一研（一次集体备课、集体研究）、一思（思考，反思）、一听（带着问题、纠结和思考去听课，去验证，去提高，去积累）、一查（教学处主任、学部主任、年级组长、备课组长检查效果）（一听和一查可以不是每天进行）”。

为在全校开展好“一课一研”，我亲自制定学校实施“一课一研”方案，分层召开学校领导干部、备课组长和全校教师会议进行培训和动员。关于“一课一研”的培训，将开展“一课一研”的意义、流程、拓展和进一步探索，我都讲得清清楚楚，让全校干部教师充分认识理解了“一课一研”又具可操作性。

“每位教师通过当主讲人，在搜集资料、相互分享交流中，都会有所收获。”酒香不怕巷子深，高频率、主体性、集体性、强互动的“一课一研”活动，得到了百色教育局领导的高度肯定，并且冲出了围墙传播开来。2020年秋季学期以来，梧州龙圩区教育局和平果市教育局都向全市推广了我校的“一课一研”。

“十四五”期间，我国教育进入高质量发展快车道，我校将继续优化服务改革，不断推进现代学校制度建设，丰富学校文化活动，创新学校新特质，引领学校管理整体转型提质，促进学校治理体系和治理能力现代化，为区域教育发展做出更大的贡献！

践行多彩教育　奠基多彩人生

北京市顺义区北务中心幼儿园　苏金华

教育的根本价值，就是给国家提供具有崇高信仰、道德高尚、诚实守法、技艺精湛、博学多才、多专多能的人才，培养和养育经济与社会发展需要的劳动力，培养合格公民，为国、为家、为社会创造科学知识和物质财富，推动经济增长，推动民族兴旺，促进人的发展，推动世界和平和人类发展。教育对人的成长和社会的发展起着相当重要的作用。而幼儿教育作为基础教育的基础，对人的成长更是至关重要。

自从担任园长以来，我一直在探究，什么样的教育是适合孩子成长的教育？如何才能推动园所的发展，做好基础教育的奠基工作？经过长时间的探索与实践，我园确立了多彩文化，催生了多彩教育，并以此引导孩子们认识自己、探索世界、学会学习，成就多彩的人生。

一、构建多彩文化，铸就多彩人生

“文化”是校园发展的灵魂。以文化人，凝聚力量，是我办园的方法与策略。在教育理念“为幼儿多彩人生奠基”的引导下，在办园理念“四以筑多彩、五化促成功”的推动下，我们确立了办园目标——培养多彩幼儿、打造多彩教师、建设多彩乐园。

我们通过交流研讨和专家指导，形成了多彩管理、多彩课程、多彩教师、多彩活动、多彩科研、多彩环境、多彩共育、多彩党建八大实践策略。并以此引导干部教师在生活中、在课程上、在环境上践行多彩教育理念，将理念落实在孩子身上、落实在教师身上，使每一位教师和幼儿都能凸显色彩、追求精彩、创造异彩、绽放光彩、互相喝彩。

二、完善多彩制度，提升办学质量

制度是校园正常运行的保障。多年来，我坚持制度管人、流程管事，带领干部教师研讨制定和完善了30类200余项制度，包含党建制度、财会制度、工会制度、保教制度、教科研制度、保健制度、安全制度等。

我们研讨制定了《幼儿园工作章程》和教师一日工作流程、保育员消毒工作流程、伙房师傅加工食品工作流程等重要岗位工作的流程。每一次幼儿园重大制度和改革都是以民主程序“六部曲”（起草、讨论、修订、通过、公示、确定制度或方案）来完成。

制度的生命力在于执行。首先，我们采取重要活动亲自组织原则。比如：每年开展元旦教育成果展示、幼儿秋季运动会、六一系列活动等。其次，采取常规工作专人负责，如常规月、周一升旗日、每周一歌、每周四舞龙日、每周三、五自主游戏区等。最后，定期检查和抽查前后勤日常工作，深入现场查看教师工作流程和质量。以此来保障幼儿园各项工作常态化，以活动促进幼儿园保教工作质量的提升。由于制度来源于基层，来源于教师，所以教师执行起来也比较自觉。

三、打造多彩教师，促进教师成长

教师队伍是校园发展的关键。师资水平的高低决定着教育教学水

平的优劣。因此，我们始终重视教师队伍建设。

首先是抓班子带队伍。通过“放手授权、以会代训、搭建平台（展示、学习）、头脑风暴、短期挂职、专家指导”等方式提升干部领导力。

其次是采取分层培养的方式有针对性的培养教师，一是调研教师需求，进行菜单式培训、二次培训。二是采取压担子、给任务的方式培养锻炼骨干。三是采取岗位练兵、技能考核促进年轻教师提高。四是采取导师带教、专题培训、实操训练帮助新教师适应岗位。五是采取请进来、走出去；任务驱动、专项研讨的方式提高后勤人员专业技能和水平。

再次，以党建带群建，着重做好教师师德教育工作。制定幼儿园教师师德教育方案，按时组织开展师德教育活动，并通过师德讲座、签订师德责任书、师德宣誓、小组谈话、个别谈话、师德考核、建立师德负面清单等方式，引领教师树立正确的工作观念，提升师德水平。

最后，我们还采取制定全园多彩教师发展规划，引领教师确立自身发展切入点，以自身优势为突破口，逐步打造北务幼儿园多彩教师。近年来，多名教师成长为区级骨干、百优班主任、教坛新秀和中层干部，多名教师成为幼儿园的中坚力量。

四、实施多彩课程，提升教学质量

课程是校园发展的载体。多彩课程的建设是我们永远的任务。多年来，我园一直秉承“一日生活皆课程”的课程概念，要求教师“心中有目标，眼中有幼儿，处处有教育”。除此之外，结合园所办园理念，逐步形成了以快发课程为主，以自选课程、特色课程、活动课程、农根课程、养殖课程为辅的多彩课程体系，从而落实多彩课程理念。

龙课程是我园园本特色课程，我们借助镇中国民间艺术之乡的资源优势，结合我园户外活动的实际情况，开展了历时三年的舞龙、舞狮和霸王鞭的研究活动，创编了小中大班霸王鞭操、舞狮操，形成了35节相关五大领域课程。在此基础上，我们又进一步抓住核心点进行了为期三年的“传统舞龙运动引入幼儿园体育活动策略的研究”，采取主题活动的形式开展龙课程活动，研究创编舞龙集体游戏29节、小中大班舞龙操各一套，以及“舞龙小子”等三个表演节目。并制作龙具89件，幼儿龙作品和家园合作龙展示品324件。

特色课程的研究不仅促进了幼儿身体动作的发展，还成就了教师的发展，更推动了园所教学质量的提升，我园科研月连续两年三次获得顺义区一等奖，科研活动多次在全区范围内开放和展示，科研成果获得了顺义区“十三五”课题研究成果一等奖。同时，还受到顺义电视台、顺义时讯、顺义教委公众号、北京晨报、北京青年报、北京市教委、北京新闻网站、劳动午报、京郊日报、中国网教育频道等10多家媒体采访、宣传和报道，大大增强了我园的影响力。

结语

开展多彩教育，奠基多彩人生。用多彩文化推动幼儿成长、带动教师进步、引领园所发展，定能为幼儿和教师靓丽的人生助力添彩。作为教育工作者，我们会不断提高自身综合素质，为推动中国教育事业发展砥砺前行。

打造卓越教育，培育民族英才

北京市新英才学校　张万琼

教育是关系着一个家族、一个民族、一个国家的大事，民族和国家兴盛与长久繁荣的密码是隐藏在教育里的。新英才学校成立于2008年，是一所集精品幼儿园、特色小学、优质初中、多元高中、汉语中心、大学预科为一体的十五年一贯制国际化寄宿制学校，学校围绕以“爱与创造”为核心精神的育人目标体系，在由全国各地优秀教育精英及海外留学精英组成的教育团队引导下，在配套精心设计的教育教学环境设施辅助下，致力于为学生提供与世界同步的卓越教育课程及体验，通过多元文化课程和特色主题课程，让孩子成为有爱心、有社会责任、有创造能力、有国际视野、有民族自信、世界担当的中国新英才。

新英才以百年的定力和百年的教育情怀来办一所百年的名校，所以提出了“爱创百年，铸就辉煌”的口号。学校扎根在中国大地，基于东方的教育智慧，又融合了西方创新的课程体系以及跨人才培养的体系，培养出来的孩子们愿爱世界，身心健雅，终身学习，跨界交流，善于决策，勇于创新，服务中国，心系天下。

一、根植中华文化，提炼办学理念

新英才的办学理念是“爱与创造”，这些年来，学校一直在坚守这一理念。这个从最开始办学就提出来的“爱与创造”的理念，在任何一个朝代、任何一个国家都可以适用，就是因为这两点抓住了教育最本质最原点的东西。

无论是古代还是现今，是中国还是世界，还是在中国的儒教文化和西方的各大文明体系当中，都涉及“爱”。爱是作为人最基本的要求和素养，也是培养美好素养最好的土壤。所以作为教育，必须要有爱。

而“创造”是孩子在成长过程中要发展各种思维、能力、勇气和意志品质，面向未来的不确定性应该具有什么样的心态，都是需要去创造的。所以“爱与创造”作为新英才基本的文化理念和教育主张，从办学之初至今一直坚守下来，并根据时代的发展不断赋予了它新的生命活力。

另外一个文化的体现就是在学校的管理层面。新英才的队伍建设都是要以“爱与创造”为理念指引的。新英才所做的每一项决策、每一项事情都是在文化理念的引导之下来进行的。并且，学校的课程设置也可以体现“爱与创造”这种理念，爱创理念会融入学校课程研发当中。老师在教育教学的过程当中对于教材内容的整合以及教学方式、教学实施的组织的形式，都融入了爱与创造以及其引领的12个关键育人目标，学校称之为面向未来的12个KEY TALENT。

二、营造环境文化，发挥育人功能

学校每一个角落都有很精心的设置，新英才在每一个地方都想尽办法打造体现学校理念的文化环境和学习空间，让孩子们身处其中能够受到熏陶与浸润，所以新英才学校的每一处都彰显着爱和创造的文化。

环境育人的功能是非常强大的，也是非常重要的。学校环境空间的设置对于一个学生的影响是不可估量的。比如在学校，校园中摆放的瓷器装饰品从来不会用玻璃柜子锁住，而是放在开放的空间内。新英才要向孩子传递信任的信息。在这样一种环境中，这些孩子自然而然地会懂得爱护校园设施，不去破坏。

如，在疫情期间，老师们录制了一系列微视频来上课，把陶艺课程跟生活美学课程结合起来，变成面艺。许多学生都积极参与其中，把自己的面点作品献给爷爷奶奶、外公外婆，还去送给小区执勤的保安。新英才的孩子无时无处不存在爱、表达爱，把这种爱传递出去，让更多的人来融入爱的氛围当中。

新英才的爱与文化对孩子产生了影响，因为孩子去影响了家庭，同时还影响了一个社区。在疫情期间，学校坚持引导学生无论是在家庭、社会或者工作当中，都需要有满满的仪式感，要创造性地来表达爱。所以在整个疫情当中，学校每一项原计划的活动都在线上进行：开学典礼、升旗仪式、主题月的教育……而学校每一次都仪式感满满的来做。

三、建立融通大道，促进个性发展

新英才要做全人教育，发展个性特长，同时也要让学生有较好的学业成绩，这样才能够让学生跨入更高一级的国内外名校去深造，在更大的平台抓住更多的机会，有更多的选择去实现自己的理想。

学校目前排在第一位的是培养学生的体系，也就是学校的“融通大道、多元立交”的这样一种体系。新英才是15年贯通式的体系，在幼儿园、小学以及初中阶段为学生建立了一条融通的大道，让孩子们去体验、去实践、去自由地奔跑，扎实基础，然后发现自己的优势，挖掘自己的潜能，发现自己的特长，在这样一种自然生态的状态下去成长。

新英才以国内课程为体系，融入了国外的课程，夯实学生的根基，养成良好的习惯。从幼儿园、到小学、到初中，新英才一直都在强化孩子的双语能力，12岁之前是孩子们高阶思维建立，语言能力形成的关键期，新英才强调双语能力综合素养的提升，这就是学校建立的融通大道。当然，新英才并不是只搞英语，不重视中文，新英才的孩子既会作词写诗，英文能力也比较强。到了八年级的时候，新英才会根据学生的个性特长、优势、未来规划和生涯规划，综合起来为学生选择未来的路。

另外，学校开发出了一系列衔接课程，帮助学生在国内课程国际课程直接顺利转轨。比如孩子一开始在中华书院学习国内课程，如果确定了今后要走国际这条方向，可以进行自由转轨，在A-Level、AP和国内高中课程之间进行转换，学校会为学生作一个小小的衔接，就可以自然平滑的过渡了，不会受到影响。

四、激发学生兴趣，培养创新人才

激发学生的创造力，新英才首先需要做的是让孩子发自内心的要想去创造，想去创新，有这样一种意识和精神追求，那么学生的创新创造就在我们身边，其次，要让孩子们先把这根基的问题要搞清楚：为什么要去创新创造。

新英才的每一项活动都在引导学生们以爱为宗旨去创造。比如现在学校的人工智能实验室建成以后，新英才让学生自己寻找让校园更美好的项目，带着项目去创造、去学习。这样，学生对项目感兴趣，激发他的内驱力。有了这样一种冲动和内驱力，他去做的时候，不会觉得这是一种压力。

关于人文素养，新英才有一系列的大咖讲座，让孩子们破除神秘感，看到成功人生的范式，同时他们也知道自己的目标是什么。没有融合就没有创新，新英才也在培养孩子们综合的能力。新英才的大咖讲座让学生见识更广，拓展更宽，艺术修养审美能力也全面提升。

新英才在硬件环境上有i创空间，在这里学生有机会借助平台和工具实施创新。在人工智能方面，新英才建了人工智能实验室，与多家最前沿的实验室，如科大讯飞等建立联系。他们会经常派遣专家到学校来，面对面地培养老师和学生。

同时，新英才在传承的基础上提炼出HISTREAM课程，它是基于东方智慧和西方科创，是面向未来的一种新的课程体系。新英才采取半日分科半日融合的实施策略：分科就是构建学科系统化逻辑性非常强的知识体系，这是孩子们必须面向未来需要的；融合课程有我的世界，人类简史、地球计划、艺创天地，爱创未来。

新英才以中国文化为根基，面向世界，将中国的基础教育课程作为主体，引进国外的教学模式精粹，打造具有学校特色的课程体系。新英才规划了一条融通大道的多元立交培养路径，有形成孩子们基本世界观价值观的基础教育，作为民办国际化的学校，新英才还以国家课程为主体融入了国际课程的体系。

打造优质教育，培育时代新英才。新的历史起点，新英才学校将逐梦前行，不断开拓创新，让新英才的多元立交提供给家长和孩子更多的选择，让孩子们以多元的能力去应对未来，以更加自信、从容的脚步迈向美好的未来。

锻造青年教师主力军　助力乡村教育均衡发展

北京市育才学校通州分校区　陈勇

教育之计，教师为本。教师是学校教育活动的实际组织者，是教育改革从理念转化为实践的桥梁。教师专业素质的提高和可持续发展，是学校可持续发展的前提。习近平在北师大考察时说：一个人遇到好老师是人生的幸运，一个学校拥有好老师是学校的光荣，一个民族源源不断涌现出一批又一批好老师则是民族的希望。国家繁荣、民族振兴、教育发展，需要我们大力培养造就一支师德高尚、业务精湛、结构合理、充满活力的高素质专业化教师队伍，需要涌现一大批好老师。这句话既是对于教师的肯定和褒扬，也是对于教师发展的期待和要求。作为经历了三所校（北京市通州区柴厂屯中学、北京市次渠中学、北京市育才学校通州分校）的党支部书记、校长，乡村教师队伍专业化发展一直是我专注研究和实践的主题。

教师专业化是一个发展的概念，它既是一种状态，又是一个不断深化的过程。加强青年教师队伍的建设，让农村学校或者薄弱学校的青年教师能快速成长，从而实现城乡学校的师资均衡，促进教育公平，其意义不言而喻。

一、找准乡村教师专业化发展短板

当前学校部分教师缺乏教育专业精神，具体表现为对于教师这一职业缺乏敬畏感，敬业态度缺乏；部分教师缺乏自己的教育理念，以及对于教育理想的追求，整体呈现出拖、懒、散的状态。

教师专业知识匮乏，教师教育能力与实践能力普遍偏低。首先，有相当一部分农村中小学教师所教学科与所学专业不符，特别是随着北京市中考政策的变化，出现专业教师紧缺的问题，尤其是政史地等学科的专业教师，学科结构不合理；其次，随着班级减少，每个年级每个教师存在执教一个年级的情况，大部分教师为单科独斗（一个教师教一个年级），缺乏研修伙伴，使得教育教学能力停滞不前。

优秀教师缺乏，教师专业素养亟待提升。虽然国家加大对于乡村教师的补助，但由于城乡差异，部分乡村教师向城区学校单向流动现象仍然较为突出。一些乡村学校实际成了优秀教师的实习基地和培养基地，年轻的优秀教师流失严重，学校的教育教学缺少示范性、引领性。随着班级的减少，年轻教师多为单打独斗，的入职培训和平日教育教学缺乏有效指导。

良好的教育硬件设施为教育发展提供了有力的物质保障，学校的特色建设与内涵发展则是义务教育走向深度均衡的基本要义。教师队伍建设是通州区教育的核心，而乡村校就有二十多所，随着经济社会的快速发展和人民生活水平的不断提高，人们不再仅仅满足于"有学上"，而是追求"上好学"，对享受优质教育的心理预期值越来越高。教育均衡对教师特别是乡村初中教师队伍的素质有了新的要求，乡村教师队伍建设迫在眉睫。

二、探究乡村教师专业化发展路径

将心比心，为青年教师成长奠定底色。在培训过程中我们始终要求青年教师找到适合自己的教学模式，放大自己的优点，让教师的光环更大更亮。把学来的经验、方法、技巧变成带有个人风格的经验、方法和技巧，时刻保有创新意识。

个别青年教师成长过程可能会遇到较大的挑战，对个人工作造成困难，短期内无法解决。这些进步过慢的教师可以放到其他岗位，培养、锻炼一段时间，再放到合适的岗位，会有较好的效果，我们相信，人总是会成长的。如2011年参加工作的殷老师，物理专业，教了两年物理，管理关有较大问题，放到教务处做职员，大部分领导对殷老师的工作能力有较大疑虑，但经过认真分析，领导力排众议，坚持让她回到一线岗位。2016年9月，重新回到物理教学岗位上，现在做好了上初三的准备。

2017年参加工作的北大硕士聂老师，地质学专业，在工作的第一个学期里工作压力很大，非师范专业毕业的她很多工作无从下手。学校通过团队交流，具体工作指导，领导单独交流，年级干部做思想工作，关心生活，最终聂老师感受到了团队的巨大精神支持，慢慢适应工作，稳定下来。青年教师培训不只是业务培训，更要给予青年教师足够的精神支持，让他们有团队的归属感，有家的感觉，不孤独，才能走得更远更平稳。

为贯彻落实市教委文件精神，推进城区优质学校与我区学校建立手拉手关系，确保今后基础教育工作有序、高效地开展。通州区教委于2017年召开了《通州区基础教育质量提升计划（2017—2020）》工作推进会。通州区32所学校与城区优质中学建成了"一对一"对口校。经区教委的支持和积极引导，由我根据学校发展规划确定交流意向，制定出切实可行的活动计划和实施方案，再由市级优质学校根据自己学校的资源优势进行互补衔接，进一步提升我校乡村教育的服务品质。经过多次协商，双方达成共识，确定了一个核心内容：教师队伍专业化，重点助力学校青年教师的成长。

在我校（次渠中学）召开"一零九中学师徒结对活动"的启动仪式上，一零九中学部分班子成员和骨干教师一行11人由校长带队参与并研讨。经过沟通协商，聘请北京市第一零九中学部分优秀教师为我校青年教师的师傅，形成师徒对。涵盖了语文、数学、英语、道法、物理、化学、历史、地理、生物、音乐、体育等十一个科目的教师进行了结对，主要采取示范课、听评课、论文指导等活动形式促进我校教师快速成长。其中开展了两次大型师徒结对听评课集体活动，累计听评课32节，北京市第一零九中学骨干教师、学科带头人深入徒弟课堂，进行现场指导，城区教师先进的教育理念，扎实的教学基本功以及背后深厚的素养深深感染并影响着我校青年教师。

同时进行了青年教师基本功的培训与指导。通过听评课活动，师傅们从备课环节、语言和板书、提问的技巧等青年教师应该掌握的基本功方面，与徒弟们交流。徒弟们仔细聆听，深入反思，积极结合我校"三自一精"的教育教学模，突出学科特点，进一步探索学案在课堂上的应用，根据不同学生的掌握程度，驾驭课堂，减少学生的课后负担，提高课堂质量。

另外，在班主任队伍建设方面，我校开展"提升班主任专业化水平，做新时代'四有'好老师"——北京市第一零九中学走进次渠中学班主任经验交流活动。一零九中学温艺红、孟凡翠二位班主任与全体班主任介绍班级管理经验。同时与一零九中学班主任结成师徒对子，培训青年班主任尽快成长。

作为一名教师专业发展的助力者，在培养教师的过程中，我认真梳理整合学校的教学经验，并及时与兄弟学校分享交流。2017年为大杜社中学、台湖学校全体干部作了"关于青年教师培养"专题讲座；2018年3月在全区中学教学会做了"突出重点工作带动教育教学计划的落实"经验交流。梳理与思考是为了更好地前行，在准备材料的工程中，我们清晰地看到在工作中的痕迹与不足，尤其在经验分享的过程中，许多学校提出了很多中肯的意见，这也对于以后的教育教学工作提供更为宝贵的经验。

三、铸造了一批优秀青年教师队伍

经过十余年的探索和实践，几年来，我们培养出了一批快速站稳课堂，能肩负起教育教学任务的青年教师。其中一些青年教师已经取得区级骨干、市级骨干荣誉称号；一些青年干部已经成长为副校长、校长。相信在全体教师的努力下，我们会利用课题研究与实践，巧用资源，盘活资源，探索出一条在副中心建设发展形势下农村校青年教师队伍成长的有效路径，较好地满足在教育均衡发展形势下社会对于农村教育的要求。

乡村教育的发展是顺利实施乡村战略的关键，而乡村教育振兴直接关系到乡村活力的释放，关系到乡村的可持续发展。"十四五"时期，我国教育的薄弱环节和短板依然在乡村教育。要振兴乡村教育，乡村青年教师则是关键之中的关键，他们是乡村教育重大变革的核心力量，在深化教育体制改革和实施乡村振兴战略的背景下，我校将不断探索并实践教师专业化发展的有效途径，为通州区城市副中心的教育优质均衡发展做出更大的贡献。

[参考文献]

1.国家中长期教育改革和发展规划纲要（2010—2020年）

2.国务院关于深入推进义务教育均衡发展的意见国发[2012]48号

3.教育热点代表委员聚焦实际问题，探索方向，关注薄弱，建言献策[J].教育2019年14期

4.钟富坤教师专业化理论发展与教师教育模式的演变(11)2002(11)

5.教育部师范教育司教师专业化的理论与实践2003

我的选择

——读《中国著名校长办学思想录》有感

福建省福鼎市实验小学 翁日尔

当今学校，决不缺少各种花样翻新的管理制度，也不缺少先进时髦的暴雪理念，不断涌现出一批办学品味优秀的品牌学校。福鼎市实验小学作为有着两百多年悠久历史的学校，实验、开拓、创新、超越，始终在向优秀的目标奋进。最近，我读了朱永新教授的《中国著名校长办学思想录》一书，在与全国各位知名校长的文字对话中，各种凝练着理性智慧、感性情义的词语在心中回味：热爱，那是对教育事业的满腔赤诚；探索，是对职业理想的孜孜不倦；追寻，是塑造心灵和高尚灵魂的永恒命题……可以说，在这本书中，每一位校长都有一串动人的故事；每一篇文章都闪烁着著名校长教育新思想的光芒；每一段文字都给我留下深深地思考和启迪。各位著名校长思想的光芒映照着我的选择，福鼎实小走向品牌学校之路，豁然开朗。

一.强化学习意识，进一步提升自身管理智慧

原苏联著名教育家苏霍姆林斯基说过：校长必须具备教师所具备的一切素质，一校之长应该是师者之师。因此，一个学校的校长就要不断增强自身的学习意识，坚持把读书学习作为自己的一种习惯、一种追求。既要学习一些教育专业知识，提升自身的理论功底，又要阅读一些经典名著，提高自身的人文素养，更要学习借鉴本地和外地的一些先进办学经验，提升自身的管理智慧。坚持“一线工作法”和“问题工作法”，虚心听取师生意见和建议，不断总结反思自己的办学实践，积极撰写管理反思日志，让自己尽快成长为一名深受师生及家长认可的智慧型校长。

二.强化品牌意识，进一步打造实小办学特色

所谓办学特色就是指一所学校在发展中逐步形成的比较持久稳定的发展方式，具有明显有别于其他学校的办学风格和被社会公认的，独特的、优良的办学特征。具体来说，就是人无我有、人有我优、人优我新。可以说办学特色、品牌学科是学校综合实力的表现。

福鼎实验小学将深入推进课程开发实施，做好汉字听写、经典诵读、创客教育等各种社团活动的经验总结，构健全员参与、生生互动的选读课程体系；实现德育‘文明礼仪’目标，培育入学礼、入队礼、成长礼、毕业礼等礼仪文化建设，形成学校德育特色品牌；深化steam科学融合式教学研究，打造富有特色的、综合性、跨学科的生本魅力课堂。围绕这些重点工作，成立项目团队，加强过程管理，坚持不懈，持之以恒，打造出属于实小的特色和品牌。同时，在着力打造这几项品牌工作的同时，不断思考如何在引领学校特色发展上逐步回归到“学生发展为本”这个学校核心理念上，探索把“育贤文化”作为自己的特色品牌，统领各项特色工作，就像散落的珍珠需要一条线穿起来，这样会更加熠熠生光，并通过育贤特色课程、育贤魅力课堂、育贤特色育人文化以及育贤高雅包容教师团队等，逐步形成“育贤文化”体系。

三.强化服务意识，进一步提升师生幸福指数

当今的学校管理尤其注重主体参与、情感驱动和合作成长，校长的管理工作要提高和增强服务意识，走进教育实践和师生心中，师生接纳和支持校长，校长和全体师生心灵相通，教育才能开启用生命点燃生命、用智慧激荡智慧的历程。福鼎实验小学的发展凝聚着世代实小人的智慧，正如刘彭芝校长所说的，学校的人，教师是一撇，学生是一捺。要提升实小人的幸福感，我们必须进一步强化服务意识，深入师生广泛征求意见，不断改进工作；坚持制度管理与人文关怀并重，以尊重的态度待老师，用欣赏的眼光看学生；加强绿色生态校园建设，积极改善师生办公学习条件，创设怡人校园环境；积极开展丰富多彩的校园文体活动，举办校园科技体育节和文化艺术节；加强学校民主管理，大力倡导和弘扬正气文化，继续组织“校长小助理”和“最受学生喜爱的十佳最美老师”评选活动，营造风清气正、健康向上的良好校园氛围。

四.强化科研意识，进一步提升教师专业化水平

学校的发展关键在教师。加强学校教育科研工作，在扎实开展好学校层面校本课程开发与教师专业成长研究，做好国家级课题《信息技术环境下小学学科个性化教学实践研究》的实践探索工作。同时，继续完善小课题教研机制，引领教师围绕教育教学中存在的实际问题进行研究，课题研究的过程也是问题解决的过程；积极依托校本研训平台，扎实开展课例研究、听评课、通研教材、课堂教学比赛等活动；加强青年教师培养，积极开展青年教师结对拜师活动，通过组织青年教师论坛、汇报展示课、教学反思评选、基本功比赛等活动，力促青年教师专业成长；积极开展读书沙龙活动，倡导让读书成为教师的一种习惯。

掩卷沉思，余味无穷。一位位校长的经典管理在我的心头萦绕，像一把把小锤敲击着我，让我不断反思自己的教学管理之路；一位位校长又像一个个不曾谋面的朋友，在身旁提醒着我，帮助着我，让我在今后的管理之路上少走弯路，大胆前行。

是的，“路漫漫其修远兮，吾将上下而求索”。做教师时，我的追求做一名优秀的教师；当校长时，我的责任是打造一个优质的品牌学校。为了我热爱的教育事业，为了我热爱的同事、孩子们，我要努力、努力，再努力，这是我真诚无悔的选择！

优化办学提质量　特色发展启征程

福建省宁德市古田县第九中学 游宝明

楼梯、过道的文化长廊中名人名言、古诗词文化等颇具特色的校园文化潜移默化地影响着师生；教室内，老师使用着电子白板等信息化教学设备，将课本上的知识更加形象地向学生传授；图书室内，学生们选好自己喜欢的图书靠窗而坐，在阳光的沐浴下细细品读；篮球场上，学生们奔跑着，挥洒着汗水……走进古田九中，生机和活力充满了校园。

古田县第九中学，创办于1965年，坐落在翠屏湖畔的“食用菌之都”的凤埔乡，虽然只是一所乡镇中学，但是硬件条件与城区学校相比却并不弱，同样可以让广大学子享受到优质的教育。近年来，学校先后荣获“宁德市文明学校”、“古田县5A级平安校园”、“古田县第九中学先进基层党支部”、“古田县第九中学五星级党支部”等荣誉称号。

巧借东风提硬件

近年来，古田县高度重视教育事业，把义务教育均衡发展作为全县教育发展的重中之重来抓，力促义务教育学校办学条件、管理水平、师资力量、教育质量达到一定水平的均衡，逐步满足全县广大人民群众公平享受较好教育的需求。借搭乘县委、县政府大力扶持教育的东风，我校的办学条件得到了进一步提升。

学校硬件建设是提高教育教学质量的基本保障和基础。目前，我校内教学楼、综合楼、学生食堂、教工宿舍楼、200米环形跑道运动场等教学和生活设施一应俱全。教学仪器设备按省级农村I类标准要求已基本配齐，有音乐室、美术室、体育器材室、物理室、化学室、生物实验室、计算机室和多媒体教室等功能室完备，基本能满足学生需求。尤其是2021年3月，在古田县教育部门的支持下，我校投入270余万元建起了全县第一座人工草坪足球场，更是让学生有了一个新的运动场所。长65米、宽45米的足球场，不仅是灯光球场，还实现了人工草皮全覆盖。这座足球场建成后，白天用于学生的体育课和课外活动，晚上对社会开放，届时周边居民也将多一个锻炼的新去处。

多措并举强软件

硬件上不断升级，在软件提升上，我校也不遗余力。

校园文化是学校的灵魂，也是学校鲜明办学特色的一种体现。自办学以来，我校坚持以“厚德、立志、乐学、创新”为校训，大力倡导“学高、身正、敬业、奉献”的教风，依靠广大教师集体智慧，培优与扶困双管齐下，努力构建“求真、乐学、勤思、励志”的良好学风，积极营造良好的校园文化氛围，全力提高教育教学质量。

教师是学校发展的原动力。我校根据“内挖潜、外请援、激活力、提质量”的思路，加大教师培养力度，不断壮大专业教师队伍。以实施学校三年发展规划为契机，引导教师为自己量身定制成长蓝图，制定《教师个人专业发展三年规划》，明确发展方向，用目标激励教师专业成长；开展名师工程、青蓝工程等活动，促进青年教师快速成长，骨干教师迅速成长为名师；坚持科教兴校战略，以“问题解决”为目的，以“课题研究”为手段，不断更新教师观念，提高教师教育科研能力，更好地为教育教学服务；依托与凤埔中心小学仅一墙之隔的区位优势，以资源共享为目标，展开全方位协作，不仅做到党的活动携力共创、党课资源同研同享、党建阵地齐建共用，还共享三校教学、教师资源，加强教学中的交流合作，并共同开展一系列教职工喜闻乐见的文娱活动，使三方队伍形成共同发展的良好态势。

全面加强学校管理，引导广大教师加强学习，以自己扎实的知识基础、宽广博爱的胸怀平等对待每位学生，建立起良好的平等的师生关系，能够引导学生发现学习中的兴趣做到“乐学”，并奋发努力，自觉树立远大的志向。唯有如此，方能保证学习的质量及学习的数量，并且为学生们的学习指明方向。

丰富多元的校园文化、精诚团结的教师队伍、和谐友好的师生关系、合理健全的管理体系，创设了一个优美、和谐、文明的校园环境，形成了教师乐教、学生乐学的良好氛围，也带来了教育教学质量稳步提升。近三年来，我校的教学质量取得了在宁德市初中校排名前40名的好成绩。

特色教育创品牌

教育的本质是育人。我校以开展德育、艺体活动为契机，下大力气推进“特色教育”，努力构建“规范+特色”、“合格+特长”的办学和育人新模式，促进每一个学生全面、适性、充分发展，让每一个孩子阳光、自信、快乐成长。

立德树人是新时代对素质教育工作提出的新要求，也是开展素质教育的重要内容，更是我们学校工作的重中之重。我校聚焦学生综合素养提升，全面推进素质教育，积极开展丰富多彩的教育活动，为学校特色教育再次注入了新的活力，也为学生特长发展提供了平台。例如，我校精心打造了仪式教育、主题节日和特色活动等，做到有目标、有规划、有重点、有步骤推进，给每一位九中学子提供实践的时间、空间和平台，促使他们继承优良传统，提高道德素养，争做新时代好少年。

将体育和美育融入学校教育的全过程，既是素质教育的必然要求，没事体艺教育的发展方向。为深化“特色”教育创建，我校坚持以体育教育为突破口，以“达标争优，强健体魄”为目标，以全面实施《学生体质健康标准》为基础，根据学校实际，因地制宜，形成学生“热爱体育、崇尚运动、健康向上”的良好风气和“珍视健康、重视体育”的浓厚氛围。经过几年的努力，体育工作硕果累累，捷报频传：初中男子篮球队两次获县中学比赛甲级队两次第一名，一次第二名，一次第三名，一次第六名；田径队则两次获中学比赛一次第一名，三次第二名，一次第三名的好成绩，共有9位体育特长生被古一中录取，优秀成绩居县各中学榜首。

昨日辉煌去，未来征程远。站在“十四五”开局的历史节点上，我校将鼓足干劲，牢记教育使命，不忘育人初心，将责任扛在肩头，力争把古田县第九中学建设成为区域内具有示范引领作用的特色学校，开启成才立志、奠基人生的新航程!

“自主”源于“自觉”

——谈厦门市文安小学“自觉教育”开展

福建省厦门市文安小学　黄莲花

很难想象，一所总人数不足600人的学校，能在教育部关工委举办的“全国青少年五好小公民”主题读书征文演讲活动中，连续八年获得“示范学校或优秀组织奖”和“先进集体”，在所有参赛的学校之中获奖率最高，几乎年年名列第一。这所学校，便是厦门市文安小学（以下简称“文安”）。

文安的前身是创办于1947年粤侨小学，自建校以来，走出了中科院院士、地球物理学家陈运泰；伦敦奥运冠军林清峰；大学教授；教育专家；全国五一劳动奖章获得者等杰出校友。也正是因为他们，文安有了三种精神——先锋精神、院士精神和冠军精神，也正是因为他们，文安对“自觉教育”更加笃定。如此，要培养学生的自主能力，首先要实现的是良好的“自觉教育”。

一、开发本校特色的“自觉教育”校本课程

文安深谙课程是学校教育的主阵地，立足于学生自觉成长的需要，依据“师生全员参与、学生自主参与、尊重学生差异、满足学生需求”这四个原则，文安开发了《厦门市文安小学“自觉教育”课程体系》。“自觉教育”课程体系下，除了坚决杜绝挪用课程，开齐开足国家课程之外，就是充满着自觉教育气息的校本课程：如《让生命之花自觉绽放》校本课程，融入学校的三种精神和办学理念，每个年段的课程都分成“自信篇”、“自学篇”、“自强篇”、“自治篇”四个板块，每个板块四个内容，内容设计以培养学生“德、智、体、美、劳”全面发展为原则，能够满足学生的学习需求。

再如《我的童年我做主》成长体验课程，这属于“自觉教育”班队系列主题活动，一年段至六年段的规划是具体的、有针对性的、有相互联系的、有递进的，主题内容分别为：自我认知、自我生长、自我管理、自我策划、自我提升、自我展望，满足了不同学段的发展要求。

如何让毕业班学生均能掌握一项艺术特长，两项体育特长？对文安而言，国家课程的校本化实施依旧不足以支撑学生全面发展，因此，学校开设了学科延伸课程，扎实推进“体育、艺术2+1项目”实施，仅本学年，就有“篮球”、“跆拳道”、“合唱”、“儿童画”、“篆刻”、“小提琴”、“语文阅读”、“数学思维训练”、“英语口语”、“科学实验”等社团活动。

值得一提的是，为了更好地传承文安的红色历史文化，学校还积极组织全体教师编写了新一套《红心闪闪耀文安》的少先队校本教材。这套教材突显了校史这条时间轴，既有对第一个少先队成立的国家视角、家乡视角、学校视角的时代背景的回顾，更有着眼于世界和未来，对社会主义核心价值观引导下的新时代先锋队员的希望和引领。这样的教育环境下，文安在2014、2015连续两年蝉联厦门市中小学生篮球锦标赛冠军；而跆拳道厦门市锦标赛团体总分则从2014开始逐年进步，2018年荣获第二名……

二、在“自觉教育”中传承先锋精神

作为文安的前身，粤侨小学在厦门解放史上有着一段光辉的革命历史，是厦门市第一个成立中国少年儿童队大队的学校。斗转星移，如今文安的土地上，延续着先锋精神，继续播撒着红色基因的种子：

在文安，能看到老校长陈育端的身影，作为关心下一代的“五老”代表，她回校指导“红心向党”主题活动征文写作，不断告诉同学们要知中国共产党一百年的光辉历史，了解国家的百年目标，通过阅读有关党和国家革命的书籍，感悟其中的伟大精神，培养对党、祖国、人民和社会的热爱，设立自我目标并付诸实践；在文安，能不断听到领导班子对文安小学全体少先队员的期待，文安的先锋精神结合习近平总书记“从小学先锋，长大做先锋”的精神，激励着文安学子努力前行，成为祖国和社会的栋梁之材。

在文安，能收到来自奥运冠军、文安小学校友林清峰的鼓励，“当年，我也和你们一样，在文安小学的操场上跑步、扔垒球，这是一段难忘的时光。都说行行出状元，我也希望同学们可以在各行各业勇当冠军”；在文安，能聆听一堂堂家校共育之下的党史课：文安小学六1中队邀请颜翰林妈妈讲述历史英雄彭德清将军的故事、文安小学二2中队邀请陈希妍妈妈讲述雷锋叔叔的先锋事迹……百年党史，历史是最好的教科书。同学们接受精神洗礼的同时，也加深了对党的热爱，对脚下这片红土地的挚爱。

三、打造“自觉教育”开展名师团队

先锋精神的传承，不只是文安学子，文安教师团队作为学生的直接榜样，也肩负着弘扬先锋精神，做新时代好老师的使命。为帮助教师成长搭建平台，学校组织每位教师为自己量身制作了三年成长规划，实施“引领——牵手——交流——科研——考核”等五条有效路径：

主要有“理念引领、专家引领、榜样引领”，确保研究方向不偏；开展“师带徒”牵手活动，校内通过“以老带新”、“以优带新”、“以学促新”、“以优促新”的方式；校外借助与演武小学的“大手拉小手”活动，从课堂教学、集体备课、课题研究及班级管理等多形式多角度的帮扶学习，有效提升结对青年教师的业务水平，激发她们的教育情怀；“走出去，请进来”作为教师学习的福利，有效地帮助学习者内化成为经验，反过来通过广泛交流、分享，促进更多教师受益；依托课题或项目研究拓宽教师多元学习的路径，校长申报市级名师工作室和省级课题，教导主任申报区级名师发展工作室和省级课题，起到榜样引领和示范作用，让教学即研究成为可能。

四、结语

2021年，是建党一百周年。文安以优异的成绩向建党一百周年献礼：全国第二届中华经典诵写讲大赛“印记中国”学生篆刻大赛中，学校有6件篆刻作品获奖。同时，学校还荣获了教育部国家语委主办的“印记中国”学生篆刻大赛福建省唯一的“组织奖”。

从建校之初至今，文安收获的殊荣在不断向不同领域迈进，变化的是教育的深度和广度，不变的是文安人的教育初心。那就是，“自主”源于“自觉”，“自觉教育”，让每一个孩子都完成生命的自主绽放，成为更好地自己。

浅谈学校管理制度建设与办学特色创建

福建省仙游县枫亭沧溪民族小学　陈伟

人们常说：“没有规矩，不成方圆。”、“规矩”对学校工作而言，就是学校的管理制度。要办好一所学校，必须有章可依、有规可循。这就要求学校必须有一套行之有效地管理制度，用制度管人，按规章办事，确定明确的教师岗位管理条例，让教职员工知道哪些事能做，哪些事不能做；知道如何创建本校的办学特色要做什么，怎么去做，怎么能做好

我校创办于1967年，2004年8月被命名为“仙游县枫亭沧溪民族小学”，系福建省仙游县唯一一所回族民族学校。坐落于风景秀丽、气候宜人的湄州湾西岸的少数民族村沧溪村境内，近年来学校在群众中的声誉日益提升。学校全面贯彻党的教育方针，秉承着“快乐学习，幸福成长”的办学理念，在“崇德、博学、求实、创新”的校训指导下，面向全体学生，全面推进素质教育，积极构建“文明、健康、勤奋、创新”的校风及“乐学、敏思、求真、向上”的学风，初步确立了“传承民族文化”的办学特色，引导师生利用现有的教学资源开展书法、绘画、手工、民族乐器、诵读、体育等第二课堂，积极推动民族文化进校园、进课程、进课堂。

现将我校管理制度建设与实施成效、办学特色创建情况介绍如下：

（一）提升教师师德认识，营造良好育人环境

1.组织全体教职工认真学习新《党章》、《习近平新时代中国特色

社会主义思想》、《社会主义核心价值观》、《中华人民共和国义务教育法》、《中华人民共和国教师法》、《中小学教师职业道德规范》等内容，及时贯彻落实《中共福建省委教育工委福建省教育厅关于组织开展师德师风建设年八项活动的通知》，提高全体教师依法执教的法律意识，增强工作责任感和事业心，努力践行十项基本准则、争做‘四有’好老师。

2.学校与教师签订《师德师风承诺书》，并且不定期对教职工生活作风、师生关系、工作态度、廉洁从教、有偿补课和在机构任教等问题进行排查，扎实开展师德师风考核，促进党风廉政建设，有效提高了全体教师的思想认识和师德水平，为树立学校良好形象、办好人民满意教育奠定了坚实的基础。

（二）加强教学常规管理，提高教育教学质量

1.强化常规管理就是强化教师开展各项教学活动的施教行为。我校结合课程改革和实施素质教育的要求，对教师的备、教、改、辅、考、评、说、学等各方面常规工作进行检查量化，加强对教学过程的全程管理。为此，我校成立了教学常规检查小组，采取随机抽查和每月集中检查的方式加强教师常规工作检查，及时掌握各师的教学工作真实情况，并认真做好检查反馈情况记录表，对存在的不足及时克服，扬长补短，努力提高我校的教学工作质量。

2.加强教师理论学习，提高教育教学理论水平。我校根据实际情况，立足校本，有计划地进行各种校本培训。组织教师深入学习新《课程标准》、《中国课堂的奇迹》、《从难点到亮点》和《释放你的教育智慧》等有关教育教学的理念的书籍书刊等，提高了教研效率和教师的教学水平，从而使教师更新教学观念，认识教学新策略，让教师从经验型向专业型、科研型转变。

3.深化教科研活动，增强教师业务素质，提高教育教学质量。每学期期初教导处制定教研工作计划，要求每位青年教师都上一节公开课，鼓励与支持优秀青年教师参加各级技能大赛及教学比武，期末做好教学经验总结交流等活动，积极寻求新教学方式与发展学生能力之间的契合点，形成学校教科研特色。另外学校也加大资金投入力度，鼓励及安排教师外出学习、观摩，同时积极参加中心教研活动等，切实提高全体教师的业务水平和教学能力。

（三）丰富学校德育文化，凸显活动育人实效

我校始终把德育工作作为学校工作的重要方面来对待，特别是在丰富育人活动上下功夫，持之以恒、常抓不懈，努力打造学校的德育文化。

1.开展各项主题教育活动，增强学生主人翁意识，培养学生的各种情怀，激发学生的社会认知度。学校每年都以一些重要的节日或纪念日为契机，开展一系列的主题教育活动，如“学雷锋活动”、“清明祭英烈”、“日常行为规范”教育和“法制教育”等，并在各中队组织开展相应主题的班队会活动。这些活动不仅突出德育的时代性和实效性，更丰富了师生的校园文化生活，提高师生的综合素养。

2.组织丰富多彩的文娱活动，不仅能培养学生道德情操，也能有效地发挥学生的个性特长。提升学生的综合素质。我校每年在元宵节、元旦、六一节、国庆节都要组织学生开展丰富多彩的文艺活动和体育竞赛活动，如：艺术节活动、元旦游园活动、阳光体育运动、经典诵读、趣味运动会等已经成为学校校园文化建设的靓丽风景。活动既培养和提高了学生艺术素养，为学生搭建展示才华的舞台，也为学校各项文化活动选拔和储备了人才。在近几届开发区中心小学田径运动会中我校均取得不错的成绩，并打破了2项记录。

（四）强化安全责任意识，创建平安和谐校园

我校以确保校园安全为主体目标，始终把校园安全工作放在学校工作的首要位置。通过增强师生安全防范意识，明确相应责任人，强化校园安全管理，建立了安全工作的长效机制。几年来，我校师生安全防范意识增强，未发生重大安全事故，全校师生严格遵纪守法，没有犯罪记录，一个平安和谐、文明有序的校园环境已然形成。

1.完善管理制度，明确自身职责。为了切实加强创建平安和谐校园，学校制定并完善了一系列的安全制度，还制定了《处置突发群体性事件预案》、《大型活动安全应急预案》等。

2.加强法制教育，增强安全意识。本着牢固树立了“安全第一”的原则，学校扎实开展了各类安全教育活动。经常性对全校师生进行思想教育、法制教育，防止犯罪与不安全事故发生。每学期邀请法制副校长举行法制专题教育报告会1次，组织开展反邪教警示教育活动；积极参与全国禁毒专项整治行动，开展安全教育、普法教育。每月定期召开一次各班安全员培训会，每周召开一次安全主题班会，并充分利用黑板报、手抄报、安全知识竞赛、课后五分钟等宣传阵地宣传安全知识，每月开展一次应急疏散演练，内容以防震、防火、防恐、防暴力侵害、防踩踏等为主，所有学生都熟练掌握应急避险方法和技能。多角度全方位加大对学生的安全教育力度，以达到培养师生安全意识，增加师生自我保护能力。

3.落实具体措施，防范安全隐患。学校安全管理需要时刻绷紧安全这根弦，多措并举才能防范安全隐患。我校校园全方位全时段监控可一键报警，学校门卫及保安对来访人员详细做好登记，坚决杜绝不明身份人员进入校园。外来人员进校实行教师电话确认制度，学生请假外出要写好请假条、办好中途离校证明。在楼梯间和过道等地方，加强标语警示，严防踩踏事故发生。做好学校食品安全及卫生防疫工作，组织师生开展健康教育，宣传卫生知识；每天做好晨午检，并定期对教学楼和校园周边环境进行定期消毒。抓好学校消防安全工作，专人定期对学校消防设施进行检查，发现问题及时整改到位。

4.构建立体网络，收到预期效果。为确保学生在校内校外的安全，实现学校、家庭的安全管理无缝对接，我校通过多种形式，如：家长委员会、家访、转发微信群等，及时向家长们反馈和了解学生校内校外表现情况，积极探索家校互通的学生教育途径。每学期期末定期召开一次全校性家长会，学校要求教师每学期至少入户家访15次以上，特别是对留守儿童和外来务工人员子女，教师应在学习、生活上给以更多的关心和帮助。学校通过与家长签订安全责任书，让家长切实担负起监护孩子的责任，并通过分发《致家长的一封信》及微信群通知宣传等形式，与家长携手将防溺水安全知识、预防传染性疾病知识、乘坐“三无”车辆的危害等深刻印入孩子的大脑，使其牢固树立正确的安全意识，做好各项安全教育工作。

（五）传承民族文化特色，创建魅力书香校园

校园文化是学校精神文化的载体，是学生成长成才的一片净土，也是环境育人中永恒不变的主题。我校在探索校园文化品牌建设中，整合现有的校园文化资源，进一步挖掘民族学校的文化底蕴，打造特色校园，确立了“传承民族文化特色，创建魅力书香校园”的办学思路，逐步形成了多元化的校园文化发展格局，提高了学生的综合文化素质，满足了学生的民族文化需求，培养了学生的创新实践能力。

1.教学楼内围绕养成教育“立德树人、以生为本”和国学教育“经典诵读”为主题的德育特色校园文化建设依次呈现。以“明德、精学、尚志”为各楼层的主题，对走廊和室内两大部分进行规划，文化长廊里“扁担配三字经”、“校园活动书画作品展”、“竹筐配经典教育内容”、“三节三爱”等，这些具有民族特色又有农村文化气息的文化长廊告诉人们学生才是学校的主人。

2.营造浓郁的读书氛围，寻找挖掘校园文化特色，逐步让校园处处是书香，声声皆书韵。加强学校、班级图书室建设，实现师生电子借阅图书，每班选一名读书管理员，每天课外活动学生自主阅读，让每一个孩子每天随时都可以有书读，让学生每天在阅读中生活。学校还不定期充实更新学校图书室图书，并在楼梯下创建博雅图书角，使之成为师生借阅图书的开放港湾。

凝聚产生力量，团结诞生希望。我相信在创建学校办学特色的实践与研究中，随着管理力度的不断加大，社会关注度的不断增强，可持续发展之路一定会结出更加丰硕的果实。让我们实施高效的学校管理，让创建学校办学特色的实践与研究之花愈开愈艳，春色满园！

兴学培教固基石　奋力书写新篇章

甘肃省庆阳市环县第五中学　赵昌武

甘肃省庆阳市环县第五中学位于环县县城北关，是环县县委、县政府调整教育布局、均衡教育发展，为解决进城务工及随迁人员子女就学而兴建的一所完全中学。自2010年8月建成招生以来，学校全面贯彻党的教育方针，在兴学培教上立基，在探索创新中发展。逐步确立“全面育人、特色发展”的办学理念和“以教师发展为基础，以学生发展为核心”的办学策略，践行“精细实、真善美”的校训，倡导“乐教、乐群、爱生、唯生”的教风，营造“自主、乐学、合作、探究”的学风，努力向着“改善教育生态，创建特色五中”的美好愿景不断前行，希望每一名孩子都能阳光、自信、快乐成长，五中的每一天都能健康、生态、和谐发展。

文化铸魂提升办学品质

校园文化是一所学校傲然独存的灵魂，决定着学校的发展方向，也影响着教师的行为方式。一所学校要实现可持续发展，从优秀走向卓越，就必须塑造自己独特的校园文化。环县第五中学深入思考推进学校文化建设，贯彻执行“全面育人、特色发展”的办学理念，全面实施“以教师发展为基础，以学生发展为核心”的办学策略，学习领会“精细实、真善美”的校训精神，努力构建具有独特魅力与个性特色的学校文化。

全面育人。教育是以人为本的社会中最体现生命关怀的一种事业。学校立足基本校情，遵循教育规律，全面贯彻党的教育方针，落实立德树人根本任务，强力推进课程改革，扎实实施素质教育，努力使学生在德智体美劳诸方面得到全面发展。学校提倡有教无类，这是一种教育情怀，更是教育者的一片仁心；树立关爱每一位学生、不放弃任何一名学生的大教育情怀，对学生不贴标签，努力做到全员发展、全面育人；从全面和整体上抓流程、抓环节，真正把工作做实、做细，切实实现全员、全程、全方位育人，既符合时代发展的要求，也切合社会、家庭、学生的需要。

特色发展。特色是学校根据自身的特点，在长期的发展中所形成的独特、鲜明、相对稳定的风格。它实际上是发展的一个切入点，通过这个抓手继而带动学校整体水平的提高，给全面发展提供一个标志。经过十年的发展，学校初步形成了自己的办学特色：坚持以教师发展为基础，通过“听、说、读、写、做”五大工程的实施，立足教学反思，强调自我研修，促进教师专业成长；坚持守正创新，着力构建从“五步三查”到“七步N查”到“一心多元”的高效课堂教学方式，落实“学生主体、学情主导、教师助推”的教学理念，全面提高课堂教学效率；坚持立德树人，不断优化“班级民主、学生自主、家校共育”的管理模式，塑造学生健全人格，培养出带父上学的孝心女孩刘艳艳等美德典范；坚持课程育人，创设皮影、科技、心理、艺体教育等特色校本课程，着力培养学生特长。

以教师发展为基础。教师是学校发展的基石。学校制定《环县五中教师专业成长方案》，积极参与各种专题教育、培训学习、作风整顿和教研活动，严格落实五大工程，不断提高教研水平，培养博爱之仁，凝聚师德之魂；从基本的三笔字、普通话，到学科素养、教学能力、信息技术，再到课改能力、创新意识，达到教中学、学中教、教学相长的效果；继续推进强化学习、强化管理、强化教学教研“三个强化提升教师终身学习、合作沟通、自我管理、自我规划和服务社会的能力，培养教师的必备品格和关键能力；始终以“四有”好老师为目标，不忘初心，担当使命，做好学生成长的引路人，做好学校发展的开路人。

以学生发展为核心。学校不是培养整齐划一的人，而是要培养有个性特长、有个人品质、有真才实学的现代公民。学校坚持立德树人，不断优化完善管理模式，从“人人有事干，事事有人做”到“班级民主、学生自主、家校共育着力培养学生做人、做事的习惯，培养学生自主发展的意识和自我发展的能力；拟订完善《环县五中入学教育资料汇编》、《环县五中德育系列化方案》等制度，从学生的衣食起居、坐立习行等方面进行系统的引导和规范；构建文化育人、活动育人、课程育人、实践育人全方位育人体系，使学生学会学习、学会做事，培养品德，完善人格，成就自我，融入社会。

为人师表“精细实”。精，即精通业务，精诚团结，精益求精；细，即细化目标，注重细节，和风细雨；实，即切合实际，着重落实，注重实效。进学修身“真善美”。真，即心地纯真，做人本真，做事唯真，科学求真；善，即心存善念，事行善举，平等友善，人文求善；美，即爱美颂美，表美质美，乐成人美，艺术求美。

制度建设赋能和谐发展

制度文化是实现学校可持续发展的保障系统。环县第五中学在办学过程中，严格遵守各项教育法律法规，贯彻执行各级教育主管部门的文件精神，把握时代精神，完善制度建设，努力创办适应社会、适应时代的新教育。

学校坚持用制度管人，用流程管事，于2013年成立教代会，充分发挥民主集中制的作用，逐次通过了学校管理的各项规章制度，形成了基本管理制度、考核评选制度、教育教学管理制度、总务后勤管理制度、课改推进制度等五大制度体系，完成了《环县五中各项制度汇编》，并不断补充完善。

第二届教代会第一次、第二次会议上，学校进一步修订完善了《环县五中教师中高级职称推荐办法》、《环县五中教职工假况管理办法》、《环县五中师德师风考评办法》、《环县五中高考奖励办法》、《环县五中中考奖励办法》等制度，新建了《环县五中教学常规奖励办法》等制度，政教、教务、总务根据工作需要不断补充和完善本部门的各项规章制度，使学校的管理制度相互支撑、形成合力、彰显文化，实现了制度管理与人文管理的有机结合。

质量立校凸显育人特色

教育教学工作始终是学校的第一要务，是学校这个教育实体的“魂”。环县第五中学牢固树立“质量是学校生命线，是立校之本”的意识，在自身不断深化教学改革、完善课程体系、提高课堂质量、改进德育工作、加强文化建设等工作的基础上，在市级高中督导、县级调研督评、义务教育均衡验收、县委巡察、专项整治等诸多工作的推动下，在制度建设、常规管理、服务保障诸方面基本实现了常态化、规范化，师生的思想动态、行为特征都呈现出一种良好的进取的发展趋势。

教学上，学校在尊重学生学习主体性及认知规律的基础上，结合学生实际知识水平和学习潜力，采取因材施教、分层教学的施教策略，并善用榜样力量、激励精神、积极影响等鼓励教育，使每一位学生都能在最近发展区得到最优发展，从而推动学校教育教学质量的稳步提升；规范教学行为，切实抓好课前、课中、课后三个环节，组织教师学习各学科课程标准和核心素养，优化集体备课、导学案；强化预习和复习环节、规范作业布置和批改，加强对作业的督导检查，规范适时地采取补救措施，强化工作过程落实。

管理上，学校健全“学校家庭社会协同育人机制实施“班级民主、学生自主”管理策略，从细处唤醒学生的生命自觉，从小处培养学生的良好习惯，力求实现“以情育情，以爱育爱；心存敬畏，行有所止”。

丰硕成果书写发展巨擘

一分耕耘一分收获。学校在自身不断深化教学改革、完善课程体系、提高课堂质量、改进德育工作、加强文化建设等工作的基础上，在市级高中督导、县级调研督评、义务教育均衡验收、县委巡察、专项整治等诸多工作的推动下，取得了显著的办学成绩。

学校七届高考共录取近600人，其中特长生录取近560人，一本院校近100人，30多人被西南大学、华中师范大学、北京体育大学、陕西师范大学、兰州大学等名校录取。2019年高考二本上线139人，上线率48.6%，录取101人；2020年高考二本上线134人，上线率57%，录取106人。连续两年高考录取突破百人大关。八届中考，普高录取率稳定在69%左右，人均成绩多数年份位居全县前列。学校先后被县、市确立为“课改示范校被命名为庆阳市“教育系统先进单位”、“中小学德育工作先进集体”、“示范性普通高中甘肃省“金色教苑”乡村教师影子研训基地、甘肃改琴基金会书法培训基地，“甘肃省德育示范学校2018年被命名为“中华优秀传统文化（书法）传承基地2019年被庆阳市委、市政府命名为“市级文明校园2020年“省级文明校园”即将通过验收。学校连续八年获得全县教育系统先进党支部和目标管理考核一等奖。

办学十年，环县第五中学的发展稳中向好，办学条件最大化改善，办学思想更加成熟，管理制度日趋完善，办学质量稳中有升，文化有了初步的基础和特色。良好的开局，聚合了师生人心，深化了改革共识，赢来了发展机遇，必将促进学校的进一步发展。未来，全体五中人将不忘初心、牢记使命，重整行装再出发，撸起袖子加油干，坚定不移走均衡发展之路、改革创新之路、特色办学之路，奋力谱写五中教育的新篇章，努力办好人民满意的教育！

以身为犁耘沃土　勤勉卅载树丰碑

——记通渭县第二幼儿园党支部书记、园长董金环

王子豪

“艰难困苦，玉汝于成”。从一名青涩单纯的乡村幼儿教师跻身县城幼教行业的中流砥柱再到成为荣誉等身的复合型管理人才，她用了近30年，一路跋涉，不曾懈怠；从师资力量薄弱、办园经费拮据、设施陈旧的幼儿园到除旧革新稳步发展再至成为眼下教育管理硕果满枝的省级示范性幼儿园，通渭县第二幼儿园在她的带领下，初心如磐，砥砺前行，创造了一个又一个让人叹服的业绩。

以爱为魂　磨砺教师本色

1993年8月，年仅19岁的董金环带着对幼儿教育的一腔热情前往分配的一所乡村小学执教学前班。孩童哭喊、家长不舍、吃拉饮泄、需求不断，这让毫无经验的董金环手足无措、应付乏力并心生烦恼。但当她看到年长的同事们欢言喜语，关怀备至地爱护教育孩子们时顿时心生惭愧。

“教育不是一种技术，它是心灵的交流，是爱的结果”。以爱为魂，才是打通和孩子们之间最好的通道。于是，她虚心请教有经验的老师，关注每一个幼儿的心理和生活习惯，悉心呵护、启发兴趣、互动交流、关切安全，一步步地成为让孩子们喜欢、同事们放心、家长们依赖的“孩子王”。

幼儿是一个非常特殊的受教育者群体。他们好奇、好动、好问、好模仿，喜欢探究事物，却又缺乏明辨是非的能力和自我保护的能力。他们既给教师带来快乐，时而也会滋生不少麻烦。董金环认为，遇到麻烦就要认真面对、即时解决，不能呵斥喊打，而要春风化雨、循循善诱。她深信：爱才是幼儿教育唯一的源头活水，幼儿教育绝不是注满一桶桶水，而是点燃一盏盏心灵的灯。

时光匆促，两年后，因工作需要，董金环又信心满怀地踏入通渭县幼儿园任教。至此，丰富的理论知识加上厚实的实践经验让她在教育教学中如鱼得水。她不断汲取先进的幼教理念，创新课程，丰富内涵。积极探索推行游戏化课程，追寻“自由、愉悦、创造”的游戏精神，践行　“一日活动皆课程”的保教理念，并逐步形成了游戏化、生活化、情景化特点的五大领域课程体系，教学业绩上屡屡突破，日常管护尽心竭力，她成了孩子们眼中的“开心果”、“好妈妈成了同事和领导眼中可以托付重任的核心骨干。

由于业绩突出，她先后获得“定西市青年教学能手”、“甘肃省骨干教师”、“通渭县优秀教育工作者”等荣誉称号。

以身垂范　助力学校腾飞

2014年7月，因全县教育资源优化布局调整，通渭县幼儿园进行了整体搬迁，原址更名为通渭县第二幼儿园，董金环被任命为园长。临危受命，困难重重。

通渭第二幼儿园复兴之路的第一个关卡就是畅通提升教育教学水平。她利用一周多的时间通过开会和谈心谈话等方式与园内的每一位老师进行了充分的交流，并对所提问题和意见建议做了记录。针

对园内转岗教师多、园所硬件设施差等突出问题，她统筹谋划，商讨并制定出了整改计划并稳步实施。首先，她从园所实际情况出发重新组建班子，选出那些想干事、会干事、敢干事的教师出来做管理，打通了高水平教师提拔重用的通道；其次，她带头研讨制定出新的县第二幼儿园教师管理规章制度，坚持让制度说话，一扫教师队伍“慵懒散”的颓势，全方位提起大家的精气神；同时她将青年教师的培训培养作为一项重点工作全力推进。持续“传帮带 推行“青蓝结对、琢玉打磨”的教师培养机制，促进教师专业化成长。全面开启常态化“大练兵”活动，积极组织园内“优秀教学能手”擂台比赛，并带领园内优秀教师参加省、市、县级各单位组织的“教学能手”比赛，广练多学。她对教学实践的常抓不懈和激情高涨感染和带动着身边的一批批教师，在二幼的园内，你追我赶争做优秀教师，你学我比勇当先进模范的良好氛围已成气候。教育教学中，教师们听到她最常说的一句话就是:“教师优秀了，最终受益的是一个个活泼可爱的孩子，这也是我们做幼儿教育的根本”。

满园花朵沐春风，饮露幼苗争促蕊。在二幼的特色教学中，紧扣游戏化、生活化、情景化的特点开展五大领域课程，个性化的区域活动常态化持续开展；每周五下午进行的“走班”活动，实现了互换空间，资源共享；将皮影戏、刺绣、草编、翻花绳、跳竹竿、书画、麦秆画等富有通渭地域特色的元素融入幼儿主题活动和区域活动的创新实践课程有效培养了幼儿自尊、自信、自主的优秀品质；积极开展的“三段式”阳光体育活动，全面促进了幼儿的身心健康。

心有所系，劳有所获。二幼的教育教学飞速发展，社会满意度也大幅度提高。但陈旧的基础设施改造提升又成了当务之急，全方位更新旧园所硬件设施已成必然。面对“分家”后资金严重不足的窘迫境况，有些教师建议再延缓几年，等经济好转后再做更换，可董金环坚决不同意，一次次跑到主管部门反复衔接，汇报困境和面临的安全隐患，令人欣慰是，经过不懈努力，二幼终于争取到了园所修缮经费，全园硬件设备得以换新，孩子们拥有了安全舒适的教学环境和活动器具。2017年，通渭县第二幼儿园被评审为省级一类幼儿园。

“穷则独善其身，富则兼济天下”。董园长在发展自己园所的同时，心中又惦记着县里的农村幼儿园。她决定要将你追我赶争做优秀，你学我比勇当模范的这种良好势态在全县推广开来。让这阵风吹到全县，吹进尚且落后的乡村幼儿园，辐射带动各联盟乡镇幼儿园共同发展。联盟园的老师总是这样说:“每次联盟帮扶，董园长总会为我们带来先进的幼教理念，更新我们农村幼儿教师的教育思想。最幸福的事就是听她讲如何做一个优秀的幼儿教师，每次聆听都能获得快速的成长”。在她和团队的帮扶下，二幼联盟的四所乡镇幼儿园，其中三所被评审为省级一类幼儿园。帮扶之余不忘充电。作为新时代的园长，董金环认为自己必须要比别人更快一步。于是她积极学习新的教育政策和理念，始终让自己成为团队的领头雁。

以梦为马　打造教育典范

为了进一步彰显品牌实力，实现园所长足发展，董金环又提出了一个大胆的想法——争创甘肃省级示范园。这一目标的确立引起了不同的声音和一些质疑。但董金环就是认准了这条不断奋进，突破区域小我的创新之路并鼓励团队攻坚克难。

加强文化建设，加大教研投入，创新教研模式，巩固教研成果，购置器械，增添材料，新建食堂，添置厨具，美化墙体，翻新地板，软化楼道，绿化园所……参照示范园创建标准，二幼的各项工作在有条不紊地开展。大到园舍设备、行政管理、教育教学、卫生保健、幼儿发展，小到幼儿的一条毛巾、一个口杯、一件玩具，都有着极其精细化的规定，充分凸显出示范性幼儿园优中选优、精益求精的特点。董金环专门针对园内个别教师在“示范”路上打退堂鼓的现象，及时召开了动员大会，给教师们加油打气。她说:“争取省级示范园，我知道很有难度，工作千头万绪、很烦琐，但这是我们办园的正确方向，只要我们朝着它，一件一件地做事、一步一步地努力，我相信，我们的目的一定能够达到”。

董金环以身作则、昼忙夜干、全面督战，在备战评审期间，全园常态化加班。她拿着省级示范性幼儿园的标准挨个比对，补短板、强弱项，积极整改。她知道标准决定质量，为了确保评审能够过关，甚至在个别项目上提高了标准，坚持一把尺子量到底。为了能够办出自己园所的特色，她结合通渭县“书画之乡”、“体育之乡”的区域优势在园内开展丰富的班级区域活动。

为了全方位提升园内教师的教学水平和知识眼界，董金环多方筹措资金和争取机会，让教师现场聆听幼儿教育专家讲座、邀请专业奥尔夫音乐机构专题培训、选配教师去北京、福清、江苏等发达地区学习深造、积极开展教师二次培训暨学习故事分享活动、充分发挥骨干教师专业优势，自主编写《追梦路上——筑安全（安全案例篇）》等系列丛书，一项项卓有成效的举措落地生根。在她的带动下，30多人被评为省、市、县骨干教师、优秀班主任、优秀教师、先进工作者，11人被评为县级教学能手。

通渭县第二幼儿园经历了重重考验，终于被评审为省级示范性幼儿园，同时还获得了甘肃省语言文字规范化示范校、定西市教育工作先进单位、定西市平安校园、定西市道路交通安全先进单位、定西市“三八”红旗集体、定西市亲子阅读基地、通渭县先进工作单位等28项荣誉称号。

千淘万漉虽辛苦，吹尽黄沙始到金。从毫不起眼的幼教小园所到独占芬芳的省级示范园，通渭县第二幼儿园前世今生的巨大转变令人眩目。没有一种深沉热爱可以被忽略，没有一种无私奉献可以被辜负。通渭县第二幼儿园的路如此开阔，董金环的路理所当然还要走得更远。

德育，进行中

甘肃省武威师范学校附属小学　王新民

作为武威市教育局直属的唯一一所窗口性、实验性、示范性的小学，近年来，我校以习近平新时代中国特色社会主义思想为指导，全面贯彻党的教育方针，以立德树人、加强思想道德建设、弘扬时代精神为重点，以“求真”为核心办学理念，坚持将关心下一代工作同教育管理相融合，创新德育教育方式方法，德育教育成果显著。

一、硬件设施助力健康成长

为了贯彻落实政府一系列相关政策，我校成立了关心下一代工作委员会。按照市关心下一代工作委员会的部署，坚持做到“三个到位”：一是领导到位，确定一名领导主管此项工作。二是人员到位，选用工作能力强的同志主抓此项工作。三是硬件到位，学校建有心理咨询辅导室、标准化实验室、录播教室、揽德科技馆、乐高机器人教室、创客教室、行知书院兼书法教室等，此外，在建的还有现代化的图书馆、艺体中心、多媒体报告厅、种植园等一批现代教育教学设施。教学设备和活动馆室用房均达到或超过省教育技术装备一类标准，力求硬件设施达标情况超额完成，为学生健康快乐成长提供最大助力。

二、硬件设施是保障，软件设施是基础

我校始终坚持德育有创新，育人讲实效，在德育方面，力求“面面俱到达到普遍播种，遍地开花的效果。

首先从课程入手，将德育纳入课程教学当中，让学生在潜意识里对“德育”重视起来。因此，学校建设了“真善美”课程体系，开设系列走班课程48门。其中《小学生心理健康安全教育》、《好习惯 好人生》、《趣味数学》、《少儿围棋象棋》、《每周一诗》等均已成为在武威市有一定影响力的品牌课程。近年来，我校用系列课程强化德育意识取得了阶段性的成就，未来我们将继续努力，继续探索、研究出更加优质的德育课程。

其次是从阅读入手，自古以来，阅读就是最直接的教育方式，阅读是思考的基础。为了让学生们养成阅读的习惯，学校坚持开展以“让读书成为习惯，让书香充盈校园”为主题的“十个一”读书活动，即：每日熟记一条成语，每周熟记一句名人名言，每周背诵一首古诗，每周精读一篇课外优秀文章，每周召开一次读书交流活动，每周升旗仪式开展一次经典群体诵读活动，每月开展一次图书漂流活动，每个假期亲子共读一本书，每学期师生共读一本书，每年举办一次读书节。教学楼道内开设开放式书吧，图书种类多，方便师生阅读。同时，学校建立了图书奖励机制，学校开展的每一项竞赛活动，国旗下的每一次颁奖仪式，师生在收获闪光的奖状的同时也一定会收到校长亲自颁发的一本崭新的图书。阅读，让师生跟大师对话，产生文化接力、智慧传递的良好效果。经过我们的努力，校园时时读书声，附小处处书香浓的良好氛围初步形成。

小学阶段的学生正是活泼好动的年纪，仅仅以书本上的知识来教导，未免有些局限，所以，开展一些活动成为必不可少的辅助手段。我们以主要节点和重大纪念日为抓手，开展“学雷锋争先锋”、“ 清明扫墓”、“网上祭英烈”、“小记者风采”、“敬老孝老”、“学工学农”等实践活动，厚植爱国情怀，引领学生坚定社会主义信念。学校每学年都会针对不同年龄段的学生开展不同的实践活动，例如：让一年级学生走进文庙举行祭孔国学启蒙仪式，二年级学生赴坦训基地接受爱国教育，三、四年级学生赴雷台“诵唱经典凉州词，感受千年武威文化五年级学生赴武威市博物馆参观学习，六年级学生开展学工、学农综合实践研学活动。学生们的思想道德修养在一次次的活动当中不断提高。

另外，贫困学生一直都是我们的重点关注对象，学校每学期对家庭困难的学生进行家访，认真做好低保家庭孩子的救助工作。并且要求班主任对本班的学困生安排有针对性地辅导。积极与外界联系开展爱心助学活动，目前，80名家庭困难学生得到资助。

要想让学生得到保质保量的德育教育，那么师德建设就不能放松。近年来，学校进一步完善教师师德考核测评标准，把师德考核作为教师聘任、晋升、晋级、培养等方面的重要依据。实施教师人文素养提升工程，落实教育部中小学教师“10条禁令严格要求教师践行师德规范，严守师德底线。学校以人民教育家陶行知为精神领袖，开展以师陶、学陶、研陶、践陶为主线的师德系列教育实践活动，努力打造以真做人、以真教人、以真求真、以真育人的教师文化，培养“有理想信念、有道德情操、有仁爱之心、有扎实学识”的教师队伍。

三、让校园文化"润"学生于无声

多年来，我校努力构建以"求真"为核心的校园文化体系，努力建设优美的物化环境，浓厚的文化环境，和谐的人际环境。我校南院区的经典中华文化墙、武威历史文化名人墙、环保文明墙、《凉州词》展示长廊、开放式书吧等，无不发挥着润物无声的功效。学校以"守护童年，启迪梦想"为办学使命，定期举办校园艺术节、科技节、体育节、"校长杯"足球联赛，让每个孩子都拥有五彩的童年。学校经过精心谋划，建成求真路、行知广场、陶文化长廊，种植园，数码园，"七园两区一桥"的书院式、园林式校园已具雏形。

四、"左右护法"齐发力

为了让家长参与到学生教育中来，与老师一起成为孩子们成长道路上的"左右护法我校定期举行家长会，定期开办家校共育论坛。除此之外，还国内外知名心理、教育等方面的专家先后为师生及家长作了《家校同心协力，共筑孩子美好未来》、《中小学心理健康教育的管理与整体推进》、《家庭教育正面管教——最美的教育来自父母的修行》、《教师的幸福人生与专业成长》、《教师的职业幸福》专题讲座。我校还开展心理健康教育课堂教学观摩活动、心理健康手抄报比赛、"快乐杯子，舞动自信，释放压力"系列活动，进一步提升了我校未成年人教育的工作成效。

在多年坚持不懈的努力下，我校先后被教育部、省文明委、省教育厅等部门表彰为"全国体育传统项目（田径）学校"、"全国优秀少先队集体"、"全国足球、篮球、排球特色示范学校"、"甘肃省中小学德育示范学校"、"甘肃省快乐校园"、"甘肃省地方与学校课程建设示范校"、"甘肃省心理健康教育特色学校"。2020年被省关工委表彰评为"甘肃省关心下一代先进集体被中央文明委评为"全国文明校园"。

这些荣誉是对曾经工作的肯定，是对以后工作的鞭策。我校会继续狠抓学生文明行为习惯的养成，大力弘扬中华传统美德，滋养学生真诚阳光、自信文明的公民气质，培育教师为党育人、为国育才、博学多才、乐教善教的学者专家气，我们一定会不负众望，坚守"教育"本心，做好"德育"工作，为关心下一代而不懈努力！

优质职教育优秀人才　优秀人才助经济腾飞

甘肃省武威市凉州区职业中等专业学校　何生玉

武威市凉州区地处甘肃省西北部，河西走廊东端、祁连山北麓，总人口达103.5万人，是甘肃省人口最多的县级区，但凉州区是典型的农业区，基础薄弱，发展缺乏后劲，尽管于2018年10月实现了脱贫"摘帽但在2018年全区财政税收收入仅有8.38亿元。如何把人口大区转变为人力资源强区，依靠教育的力量改变经济社会发展方式，成为摆在凉州区教育工作者面前的一道难题。

"我们必须把人口优势转化为人力优势，依靠教育的力量把人口大区变成人力资源强区"。身为甘肃省武威市凉州区职业中专的校长，我对职业教育担当的职责与使命有着非常清晰的认识。作为全国"中等职业教育改革发展示范校近年来，我校因地制宜，锐意进取，不断改革，以学科专业建设、师资队伍建设和教育教学管理建设为引领，高质量办学，高水平发展，为凉州区各行各业输送了大量技能型人才，有力地服务了地方经济社会高质量发展。

改革专业，突破职教发展瓶颈

职业教育是国民教育体系和人力资源开发的重要组成部分，肩负着培养多样化人才、传承技术技能、促进就业创业和地方经济发展的重要职责，必须高度重视、加快发展。自2013年7月踏入凉州区职业中专校园的第一天起，我就坚信，"职业教育大有可为，也应当大有作为，必须成为帮助广大青年打开通往成功成才大门的重要路径"。

然而，在许多人眼里，职业教育就像"鸡肋是家长迫不得已为孩子做出的选择；有些人认为，职业教育是游离在"正规教育"之外的"附加教育是孩子"最后的学校"。面对这样的回境，唯有以"刮骨疗伤"式的改革才能发展职业教育。

在大量调研论证的基础上，我决定对现有专业设置情况进行大幅改革，尤其必须改变"多而不精"的专业设置现状，集中力量，把好钢用在刀刃上。就这样，学校决定淘汰原有的服装设计、电焊、机械加工等一批老旧专业，重点发展电子商务、学前教育、汽车应用与维修、护理四个专业，集中优势力量，将其打造成优势专业、品牌专业，以此为基础来提升学校专业建设整体水平。同时，考虑到社会发展需求，我们决定新增机器人、物联网、高铁乘务、老年人护理等新兴专业，为学校未来发展早做谋划。

通过多种途径，学校打造了一批实力雄厚、特色鲜明的专业。其中，学前教育专业是武威市幼教培训基地和再教育基地，是甘肃省职业教育骨干专业；电子商务专业与甘肃银科思远创业谷电子商务有限公司联合打造了全省领先的双创科技园，现已成为河西地区电商孵化基地和甘肃省特色产品推介平台，是甘肃省职业教育骨干专业；护理专业是甘肃省职业教育骨干专业，拥有按照三甲医院的标准建设的实训大楼，并建有"心灵氧吧"——心理康复中心，学校因此成为全省唯一通过省卫健委、省教育厅批准开办护理专业的非医学类中职院校；汽修专业建设有汽修厂、驾驶学校等实训基地，是全省校企合作的成功典范；物流管理、汽车运用与维修等8个专业被确定为1+X证书制度试点专业……

功夫不负有心人。与新专业、优质专业建设相伴的是优秀人才的迅速成长。自2013年以来，我们已累积培养各类专业人才5000余名，输送到省内外各类大中型企业工作。

一流团队，奠定职教发展基石

只有坚持把提高职业技能和培养职业精神高度融合，围绕时代技术进步、生产方式变革、社会公共服务要求和扶贫攻坚需要，培养怀有一技之长的技能型教师团队，并且引领教师把敬业守信、精益求精等职业精神融入课堂教育教学当中，才能培养出有工匠精神的成千上万的毕业生。

在人才培养过程中，我们进一步优化和完善教育教学管理制度、考核体系、评价机制、奖惩机制等制度，狠抓教师课题研究、专业实训、师德师风等内容，打造了一支信念过硬、政治过硬、责任过硬、能力过硬和作风过硬的一流教师队伍。同时，我们建有甘肃省职业教育何生玉名师工作室和凉州区德育、文化教育艺术、信息技术3个名师工作室，并借助"清华大学网络学院"、"省级名师工作室"、"甘肃省职业教育德育课程组"落户学校的优势，通过"青蓝工程"带动学校教师专业素养全面提升，师资力量日趋雄厚，在行业内形成了很大影响力。

近三年，学校已经基本形成了一支由"全国优秀教育工作者"和"甘肃省特级教师"领衔的名师队伍，且有6项省级教学改革研究项目通过审批，14项省级重点、一般课题立项。其中，"创新管理模式与夯实现代职业教育发展基础研究"课题获甘肃省职业教育教学成果二等奖，实现了武威市职业教育教学成果零的突破。

优秀人才，成就职教美好明天

职业教育首先是成就人的教育，只有学生成功了，才有学校的成功。让我们引以为荣的学生有现为北京大学信息管理系博士后研究员、江苏省政府特聘产业教授、山东省万人专家、南京市科技领军型人才的罗立群，有在广东东莞创办大型企业的王东升，在万嘉国际市场担任市场总监的张兰霞……一批优秀毕业生、无数学子通过凉州区职业中专实现了自己的梦想，并成为各行各业的佼佼者。这一切成就的取得，依赖于学校育人方式的转变。

坚持以德育为本，促进育人方式的根本转变。学校坚持做到思政课程全覆盖，充分挖掘梳理各专业课程德育元素，将安全教育、法制教育、诚信教育、感恩教育、劳动教育等体现在教案中，落实在课堂上，推动"思政课程"向"课程思政"转变。当前，学校课程思政覆盖率已达100%，实现了学校"三全育人"大思政格局。

开展多元德育活动，促进良好行为习惯的养成。学校以清明节、全国性哀悼活动、"雷锋月"、国庆节等重大节日和纪念日为契机，开展祭奠先烈、哀悼抗击新冠肺炎疫情斗争牺牲烈士和逝世同胞等活动，增强学生的民族责任感和爱国意识；通过校园"朗读者"、职专广播站、主题班会等活动，有效提升学生的精神境界和人文素养；全力打造"书香校园坚持以中华经典诗词为内容的晨读活动和读书笔记撰写活动，积极开展"三百"进校园工作，有效提升学生的人文素养……这些活动的开展，为学生取得令人瞩目的成绩奠定了坚实的基础。

坚持市场导向，提升专业发展的能力。学校以服务地方经济社会发展为导向，从实际出发，发挥优势专业，努力当好学生成长成才的引路人。电子商务专业依托实训中心建成双创科技园，带动了300余人就业，该专业毕业生已成为当地电商企业的骨干技术力量；学前教育专业毕业生是当地公民办幼儿园的重要师资来源；旅游专业烹饪方向毕业生是当地大中小型餐饮企业的技能型中坚力量；护理专业作为学校规模最大的专业，每年吸引了大量的学子就读，也为全市各大医院和医疗机构培养了大量医护专业人才；主动承担武威市教育、公安、司法等部门培训工作和精准扶贫培训工作，先后成功承办省、市文明风采活动和市、区职业技能大赛，并承担省、市、区教师资格证等各级各类社会工作。近年来，我们为地方中小企业、医院、幼儿园培养各类专业人才无计其数。

如今，德育为基础，习惯为保障，专业作引领，成为凉州区职业中专学生加速成长的法宝。

天道酬勤，经过多年发展，学校先后通过了国家中职教育改革发展示范校验收，被评为中央电化教育馆第二批职业院校数字校园建设实验校、全国百强特色中专学校、教育部首批1+X证书制度试点院校、甘肃省重点学校、德育示范学校、首批现代学徒制试点单位、甘肃省中职德育课程组主持学校、甘肃省"优秀成人继续教育院校"、甘肃省卫生单位等，被兰州石化职业技术学院、兰州资源环境职业技术学院确定为"优质生源基地"。

征程万里风正劲，奋起扬帆正当时。团结务实的凉州区职业中专全体师生正乘风破浪，扬帆远航，致力于把学校打造成为全国优质中等职业学校，全力助推地方经济发展，真正办出让老百姓满意的职业教育。

创教育 实现教育可持续发展

广东省潮州市意溪中学 李训淡

近年来，潮州市意溪中学不断增强大局意识、使命意识、创新意识和竞争意识，把立德树人作为办学的根本任务，推进学生全面发展的办学目标，为党育人，为国育才。在上级的正确领导下，着力推进学校内涵发展，提升办学水平，学校美誉度、社会影响力、综合实力和整体效益得到彰显。

潮州市意溪中学人达成共识，将“创教育”作为学校的教育样态，追求“知寓于行、创以致用”的办学理念。为办人民满意的现代化学校，学校在原有办学经验和办学底蕴积淀基础上对学校的办学理念进行重新梳理，对学校的顶层文化进行重构，在学校核心理念、办学举措、价值追求和发展愿景上达成了广泛共识，形成了内生的向心力。在谋求发展的路上，跳出传统思维，找准方向，找对路子，走出困局，“继往开来 守正出新”为学校赢得发展的空间，为师生赢得广阔的未来。

一、创新特色课程教育，初见成效

近年来，潮州市意溪中学努力扬长避短，结合地方传统文化，发挥学校优势，坚定不移走特色教育发展之路。由最初的武术散打、武术套路、舞龙舞狮单一的民族传统体育项目不断延伸拓展，开拓出一条个性化、特色化、多元化的发展之路。以提高中高考质量为核心，形成体育、美术、传媒、航空四驾齐驱的格局；以提高学生的整体素质为轴心，形成武术、龙狮、航模、智能科技、足球、趣味体育等百花齐放的局面；以科创和五学科竞赛为支点，通过“英才班”和“航空飞行员实验班”为载体，全面推动学校的发展。

学校先后荣获“全国中华优秀传统文化艺术传承学校”、“全国青少年足球特色学校”、“全国模拟飞行考级单位”、“广东省体育(武术)特色学校”、“省级青少年体育俱乐部”、“广东省足球传统学校”、“广东省安全文明校园”、“广东省STEM教育实践研究课题学校”、“潮州市青少年龙狮训练基地”、“潮州市武术散打基地”、“潮州市美丽校园”、“粤东青少年创客教育联盟基地学校”等称号。

二、多元化教育平台发展，实现资源共享

活动平台。近年来，在持久推进“艺体+科创”特色教育的同时，挖掘学校传统特色发展新的增长点，创设“名班主任工作室”、“家长学校”、“校园文化节”、“创客少年宫”等活动平台，确立了“建有文化的校园、塑有思想的教师、育有特长的学生”的工作思路，将学校特色建设与学校文化建设有机融合，促进学生个性发展，提高学校特色发展的水平。

科研平台。从“发展愿景与规划”对教师自身专业发展目标进行定位，针对教师自身专业发展的不同时期、阶段目标成长与行动措施所进行设计，分学期规划、学年规划和长远规划。学校基于“创教育”特色品牌，全力打造“厚德博学 范行善喻”的教风，着力开展“学习共同体”建设和校本研训工作，并通过共同合作完成各领域的标志性改革成果。近年，学校老师参加市、省级的教学观摩赛、教学能力大赛、实验技能比赛、自制教具比赛和论文比赛中屡获大奖；学校承担全国教育科学规划教育部“十三五”重点课题。

交流平台。为提高学校教师的科研水平，学习国外及港澳台先进的教育理念和教学方法，潮州市意溪中学不断创新交流模式，构筑对外交流合作平台，与新加坡、马来西亚、泰国、柬埔寨等一带一路国家相应学校签订校际交流、学术交流、教师培训等方面的合作计划及协议，形成常态互动。与名校大家、各行各业精英牵手，邀请清华大学博导郑建华等“大师”进校与师生面对面交流，让师生与“大师”对话，领略各学科、各行业最前沿的知识，开阔视野，放飞梦想。

三、打造学校品牌价值，收获硕果累累

（一）发展学生特长教育

意溪中学充分发挥特色项目优势，鼓励有体育、艺术特长素养的学生进行双向备考，加强体育、艺术类学生的辅导，让有特长素养的学生得到专业发展。几年来，已有接近一百名学生考上北体大、华南师大、上海体育院等高等院校。刘敏蓉、张薇两位同学以优秀的综合素质成功入选国家集训队，成为单板滑雪备战2022年冬奥会试训运动员；陈家畴获第八届世界传统武术锦标赛洪家拳和南棍两个项目金牌。

与高校开展信息科技教学合作，培养有创新意识和创新能力的学生参加全国青少年科技创新大赛。近年，科创项目捷报频传，收获了累累硕果。刘书岳、郭子沛、黄任宣、刘杭喆等同学在国家级的科创比赛、编程比赛中获得大奖。

（二）提升“创教育”品牌价值

1.推进智慧课堂品牌。为深入贯彻落实国家《教育信息化“十三五”规划》与教育信息化2.0行动计划。意溪中学和杭州铭师堂教育共同签署了样板校战略合作协议，构建希沃易课堂平台，利用信息技术构建智慧课堂学习环境，运用大数据等信息化有效教学手段改变传统的灌输式教学，师生互动热烈，形成高效探究课堂，教学效果显著。

2.推进特色教学班级品牌。潮州市意溪中学充分把握高校招生渠道多元化的契机，在音乐、体育、美术、传媒四大特色高考备考模式的基础上，与全国学科竞赛网等以及多所高校及招生单位建立合作关系；与北京理工大学珠海航空学院合作共建高考飞行员实训基地，设立航空飞行员实验班。两年来，培养了一批有学科特长的学生，获得全国高中数学联赛广东赛区二等奖4个。

3.推进科研品牌。为实现教育目标的重塑与升级，意溪中学以理念为引领，不断完善顶层设计；科研工作制度化常态化管理；以活动为载体，提升教师专业科研能力，让教师专业在科研中成长，在科研中收获，在科研中发展。近三年，学校完成国家级教学案例2个、国家级课题1个、省级课题6个、市级课题5个、区级课题8个，市级以上报纸、杂志发表专业文章35篇。

没有创新就不会有真正的突破，没有突破就不会有真正的发展。近年来，高考重本率和本科率屡创新高，如2020年高考，理科首破600分，有两位同学被双一流大学录取，在社会上引起强烈的反响。中考成绩也稳居前茅：2020年中考有三名学生成绩被屏蔽(前200名)，上金中、高级重点中学分数线27人，重点率超过12%!

未来已来，唯“创教育”才能实现教育的可持续发展。潮州市意溪中学推行“创教育”办学特色，坚持“有创意、有创新、有创造、有创举”的基本理念，为学校，为师生的发展赢得时间和空间，这是现代化社会大环境下，学校教育发展的“正途”。站在“创教育”发展的关口上，意溪中学以勇者之心，昂首阔步朝前迈!

凝香致远，打造优质教育品牌

——以学校“十佳德育品牌”班级建设为例

广东省东莞市寮步镇香市小学 钟丽华 陈淑娟 潘琦琦

教育是民族振兴的基石，是经济社会发展的先导和基础。小学教育是教育的基础，办好小学阶段教育，汲取先进教学理念，优化教育环境，提升教育质量，着力打造优质教育品牌，为社会主义现代化建设提供强有利的人才支撑是我校一直以来孜孜不倦地探索。

我校作为东莞首批“品牌学校率先打造“本香文化”品牌。“本”是坚强、自信，“香”是高雅、奉献。基于此，我们将“七彩香园，凝香致远”定位为307班班级建设发展方向，将学校特色延伸到班级特色，助推我校品牌文化发展。

一、确立先进教育理念

《教育规划纲要》强调，教育要“坚持全面发展与个性发展的统一”。《中小学德育工作指南》指出：“以培养学生良好思想品德和健全人格为根本，以促进学生形成良好行为习惯为重点”。根据文件精神以及“以人为本”的教育理念，基于本班班情，融合学校文化精神，笔者确立了以培养学生的基础品行为“本以发展学生的个性才能为“香”的班级育人理念。

思想是行动的统帅，以此相对应，笔者提出：形成和而不同、积极进取的班集体；培养身心健康、品行端正、基础扎实，才艺突出，且初具坚强、自信、高雅、奉献精神的人的总目标。

为进一步明确各年级的任务，笔者将育人总目标进一步细化，形成详细具体的阶段性目标，如一年级：养成良好行为习惯（营造班级香馨文化，制定班级公约）；二年级：培养坚强自信品质（学习优秀传统文化，搭建个性展示平台）；三年级：形成和而不同、积极进取班集体（发挥自主管理作用，互帮互助共同成长）。

为达成以上带班育人目标，笔者融合学校“本香文化围绕“七彩香园，凝香致远”的主题，开展了以“香韵”班级文化建设为育人起点，香芽萌动；以“香馨”课程为载体，香苗茁壮；以“育香”活动为中心，香树蔚然；以自主“传香”为平台，香花竞放。最终形成学生持续发展、香远益清的班级文化特色。

二、明确具体育人方法

习近平总书记在十九大报告中指出：“文化是一个国家、一个民族的灵魂，文化兴则国运兴，文化强则民族强”。一个国家如此，一个班级亦是如此。因此，笔者以“香韵”班文化，提升学生的集体感和归属感，让学生在“香韵”文化的熏陶下，凝香心，促雅行，筑香品。

共建育人环境，打造“香韵”硬文化。通过老师、学生、家长三方集思广益，形成班级香雅环境文化。

共谋班级制度，凸显“香韵”软文化。精细化的班级管理制度是学生行为习惯的重要指引。行为准则要求越精细，学生越容易做到。我们商讨以时间为纵、以空间为横的班级管理要求。以时间为纵，如

早晨到班、课前、课堂、课间、排队、午餐、放学接送等等精细化的要求。以空间为横，我们共商体育、艺术、书画等相关主题活动及要求。制订管理制度，不断强化练习，形成良好基础品行。同时，促进全班学生自我管理能力的提升。

培养学生良好品质。笔者精心设计主题班会课，通过游戏、竞赛、辩论、讲故事等形式，培养学生成为具有良好品德和个性品质的香雅少年。如基于某些学生缺乏自信心而开设的《独特的叶子》；基于某次歌唱比赛落选而开展的《逆风飞扬》等。

养成良好行为为习惯。育人是长期、反复的过程，需调动各方资源来构建育人共同体。笔者结合班情，借助科任教师的资源共同完成班本德育课程的开发和实施，效果颇佳。

发展个性促才能。307班共开设7个艺术小组，学生自主加入；每组成员自编自导，自主商定展示形式，利用周二班会课、第二课堂时间进行展示，其中当然少不了家长的协助。如此，既丰富了学生的课余生活，又提升班级凝聚力，为七彩香园增彩添香！

协同共育助双赢。苏霍姆林斯基说："两个教育者——学校和家庭，不仅要一致行动，要向孩子提出同样的要求，而且要志同道合，抱着一致的信念，始终从同一原则出发，无论在教育的目的上、过程上，还是手段上，都不要发生分歧"。班级定期开展每月一课的家长课程，与家长达成一致的教育信念，形成育人合力，达成双赢局面。

三、开展特色实践活动

搭建班级、家庭展示平台。班级在教室独拓一方展示园，以供学生展览作品，每月一主题，如书法月、国画月等；同时，每周五的第二课堂更是孩子们的舞台，歌唱、跳舞、朗诵、吹竖笛等等，百花齐放。一朵云推动另一朵云，学生间互相学习、鼓舞，愈发进取。寒、暑假期间开展"香香家务小能手"、"香才香艺送祝福"、"香香小厨神"等家校共建活动。学生在家长的帮助下，完成作品上传，开学后进行评比。

开展传统、特色的节日活动。围绕学校德育"以时间为纵德育课程体系抓住各种节日契机，开展各种主题活动，如：元旦愿望墙喜迎新年，除夕写祝福庆贺新春，手制灯笼与猜灯谜闹元宵，中秋赏月，建党节唱红歌、观影视，劳动节举行"劳动成果义卖"等，让孩子们感受生活仪式感，传承了中华传统文化，形成特色节日氛围。

激发潜能的竞技比赛。学校德育"以空间为横德育课程体系"中，涵盖了学校各种大型活动，如：校运会、好声音、篮球赛等，都是增强班级凝聚力、激发潜能的好时机。笔者结合孩子的性格特点和特长，创造可能性，让学生自主选择合适的角色，比如：全员参演校运会开幕式难度极大，但笔者依然坚持，家长与孩子们也坚持。我们同心策划，认真训练，拧成一股绳。孩子们在活动中孩子团结向上、努力拼搏 ，真正做到坚强、自信。

磨砺意志的研学活动。每学期的校外研学，既让孩子们亲近大自然，有益学生身心发展，又能增强学生的社会责任感，磨砺意志。孩子们读万卷书，走万里路，感受泥巴成皿的新奇、喂小鸡的兴奋、徒手挖红薯的快乐、打磨竹艺的专注、真人打地鼠的投入、过竹筏的勇敢……

体验真知的亲子实践。党的十八大以来，习近平总书记多次强调要践行"节约粮食、杜绝浪费"的美德。家委会组织了"收割稻谷"的亲子实践活动，一同感受"粒粒皆辛苦"。通过实践活动，让孩子们亲身感受到了粮食的珍贵，养成珍惜粮食的习惯。

四、激发自主管理意识

苏霍姆林斯基说："只有能够激发学生去进行自我教育的教育，才是真正的教育"。因此，班级育人终极目标希望能激发学生进行自我教育，通过他律到自律，让学生发展自己的个性才能，同时又促进了班级体的和谐发展，达成和而不同、积极进取的班级愿景。

自主管理，激发潜能。在班干部队伍培养上，笔者放手他们参与到班级管理工作中来，并实行岗位责任制、岗位轮换制，实现"人人有岗位，人人要负责培养学生的责任感和主人翁精神。

同伴互助，携手共进。在学习上，进行四人小组合作学习，减轻教师的工作的同时，也让同学们在七彩香园中施展自己的才能，形成相互学习、相互帮助、共同进步的班级共同体。

关爱特殊群体。307班曾有一名患有自闭症、多动症、智力障碍的孩子，通过班级文化、课程、活动得到熏陶和引导，其他孩子能够主动地去包容他、帮助他，关心他。虽然，他的学习还跟不上同学们的步伐，但三年的锻炼、熏陶，使他能很好地融入班级生活，参与班级的活动，能正常地和同学们交往，并挖掘了跳绳、手工制作方面的才能。

一颗沉香树结出沉香需要数十年的时间，有的更是需要上百年。学生的凝香过程不也需要循序渐进、持之以恒么？经过三年的磨砺，307班逐步消除了"不和谐"因素，班级氛围能做到"积极进取"。在一系列开展的课程与活动中，孩子们对班级产生了归属感和荣誉感，遇到比赛、评比等活动，能做到团结一致，各施所长，为班级争荣誉，连续三届获得校会运开幕式的"最具表现奖"和两届团体总分第一名的好成绩。运动场上挥洒汗水，艺品路上也鲜花盛开，"写字比赛"第一名、"德育十佳品牌班级"、"书香班级"、"家校和谐班级"、"文明班"和"班级文化先进班等等。

七彩香园，凝香致远。未来，我校将继续以班级文化建设为抓手，全方位深化"本香"教育，形成"凝香致远"的育人氛围，助力学生个性培养和潜能的发挥，推动学校文化品牌纵深发展！

落实立德树人，打造品质课堂

广东省东莞市清溪中学 陈伟安 吴剑锋

教育的根本任务在于立德树人，必须牢记为党育人、为国育才的使命，着力培养担当民族复兴大任的时代新人。习近平总书记强调，教育是国之大计、党之大计。要从党和国家事业发展全局的高度，坚守为党育人、为国育才，把立德树人融入思想道德教育、文化知识教育、社会实践教育各环节，贯穿基础教育、职业教育、高等教育各领域，体现到学科体系、教学体系、教材体系、管理体系建设各方面，培根铸魂、启智润心。近年来，我校狠抓落实立德树人根本任务，梳理90多年的办学历程，创新整合学校发展历程、文化资源、现实境况与教育愿景，围绕"清和教育、鹿鸣文化"的学校品牌特色，在落实核心素养校本化，关注课堂质量的同时，花大力气在德育管理队和学科特色建设方面下苦功夫。

在东莞市2021年中小学班主任专业能力大赛上，我校谢吉娅老师、康妍霞老师凭借出色的现场表现和扎实的能力素质，荣获多项大奖。这是我校打造"品质课堂建设"品牌学校"所取得的丰硕成果中的一个缩影。

一、聚焦核心目标，加强队伍建设

坚持立德树人，就是坚持社会主义核心价值观，坚持以做人教育为根本，建设德才兼备、以德为先的师资队伍，培养德才兼备、以德为先的社会主义事业建设者和接班人。育人是学校的根本任务。学校德育需要顶层设计，整体构建学校德育体系是增强学校德育实效性的根本保证。在"清和教育"的框架下，我校建立了以落实"自主发展"核心素养为目标的"追寻美好"的自主管理德育教育网络，着重培养中学生"自主发展"关键能力，加强德育管理队伍建设。

在此前提下，学校在2014年就提出了班主任队伍建设的"十年规划设计出了以"素材型主题班会研究"为切入点，以"德育教研组"、"班主任工作论坛"为平台，以"班级发展规划"和"班级管理案例"为抓手的班主任队伍建设策略。经过多年实践，学校培养出了一大批以陈素华、李雪娟、邹丽媛、陈智奔、陈惠如、谢吉娅、张丽芳、康妍霞、凌晓婷等老师为代表的优秀班主任。目前，这些优秀的班主任正在通过每个年级的"德育教研组"引领广大班主任成长、发展。

二、打造特色项目，创建学校品牌

"品牌学校"的建设是一个"合格学校"在特色项目和名师教学特色基础上，发展到"特色项目学校再由特色积累优化成为"特色学校最后良性循环积淀下质变成为"品牌学校"的一个过程。

我校将自身定位为由"特色项目学校"积累优化成为"特色学校"的过渡时期。通过清中人不懈的努力，打造了"广东省依法治校示范校"、"广东省绿色学校"、"东莞市心理健康教育特色学校"、"东莞市创客学校"、"清溪镇3D打印教育基地"、"广东省优秀生物科组"、"英语微视频教学特色"等一批优质特色项目。目前，各特色项目正进行有机整合，不断升华，清溪中学朝着品牌学校的目标大步迈进。

今后，我校将锚定教育高质量发展新目标，创新举措谋发展，继续积极搭建更宽、更广的教研、科研平台，不断加强与兄弟学校的交流研讨，促进教师专业素养和课堂质量双提升，打造清溪中学"品质课堂建设"品牌学校为东莞"品质教育"贡献清中人的一分力量。

"养正教育"创特色，初心不改育良才

广东省东莞市樟木头镇实验小学 李国夫

十年树谷，百年树人！教育是精神的彰显，潜能的显发，要从各个角度去观察，拓宽学生眼界，绽放师生生命。对教育而言，学校创建团队、教师便是点灯的人。如何巧妙、科学点亮学生求知、探寻之灯，是作为点灯人的教师需要思考的问题，但如何指引点灯人，用正确的方法，合适的力道，甚至是"因材点灯都需要学校作为总指导，源源不断输入引导能量，为教师们指引方向，为学生们启智点灯。

我校创办于2005年8月，是由樟木头镇人民政府整合教育资源兴建的一所公办小学。目前，学校占地面积65332平方米，建筑面积达33054平方米，共有209名教职员工， 69个教学班， 3276名学生。由于我校是一所山区学校，教育力量薄弱，加上家庭教育的缺乏，导致不良的行为习惯在孩子身上蔓延。为了帮助孩子养成良好习惯，形成正确的价值观，我校以好习惯教育为基础，以"养习惯之根，正做人

之本”作为学校核心理念，倾力打造了“养正教育”品牌体系，力争从方方面面培养学生做人、做事、学习的好习惯，培养具有讲文明、爱读书、会感恩的现代公民。经过15年全校师生的共同努力和践行，养正教育结下丰硕的果实，学校先后获得东莞市第二批品牌学校、广东省中小学特色学校、东莞市一级学校、广东省绿色学校等荣誉称号，这些荣誉不仅为一路来的虔心办学交上优秀答卷，也为学校未来的发展指明方向，坚定信心。

一、德智同育，切身感受“养正”无限光彩

《瞭望》里写道：“教育不是把篮子装满，而是把灯点亮”。近日，我校开展了“养正教育品牌学校开放日暨十五周年教育教学成果展活动学校以此活动为窗口，通过社团风采展示，大课间特色展示、好习惯品牌课程及正思品质课堂等系列活动，向大众展示以“好习惯教育”为基础，凝练更高品质的“养正教育”学校品牌建设的丰硕成果，进一步践行“养正教育”的学校品牌，将学习的能动性还给学生，并受益终身。所谓，“养正教育即将学习的能动性还给孩子，基于“好习惯教育”课堂基础，我校大胆创新了“正思课堂”新模式，应用“互联网+好习惯+智慧课堂”的形式，在翻转课堂、智慧课堂的基础上，重视学科习惯和学科素养的培养，帮助学生形成良好的思维习惯。

“幼儿养性，童蒙养正，少年养志，成人养德”。小学正是孩子的启蒙阶段，品德、性情都处在可教化培养的关键时期，养正教育办学理念正是针对该阶段孩子特点而设，而让它发挥作用的，更关键的还是要依靠“正成课程即“养正大成”课程体系。我校的“养正大成”课程体系包括“启慧·学科基础课”、“启行·好习惯校本课”和“启元·拓展活动课”三大类别。在学校成果展活动当天，家长和教育界同仁共同见证了孩子们的“养正”成果。在好习惯品牌课程及正思品牌课堂展示结束后，六年级（8）班的黄彦尊同学谈到了自己对养正教育的切身感受时，他表示，获益匪浅，“运用到学习当中，养正教育教会我怎样学习更有效，而平时生活中，又教会我感恩父母，尊重师长！”最让他感触深刻的是，他说自己原本性格比较腼腆，不敢主动与人打交道，而现在会主动向老师和同学打招呼，变得自信、开朗了，也从原本漫无目标的状态中逐渐树立了自己的人生目标，清晰认识到自觉、主动学习的重要性。针对养正教育如何融入日常教学当中这个最实际的问题，学校的老师沈晶晶有很深的感想和体会，她说，不仅仅是课堂学习和成绩上的体现，最明显的体现还表现在日常生活中，例如，孩子们更懂礼貌了，愿意主动打招呼和敬礼，表现在学生的学习方面，可以通过课堂上他们笔直的坐姿和书写的认真态度感受到变化，正是这些小的变化，逐渐铸就孩子们的好习惯和好成绩，此外还明显感受到孩子们的精气神变化，心态变得特别积极、阳光，阅读量也明显提升了，从课堂到课外，明显能感受到它们拓展性思维的强有力发展。

二、寓教于乐，彰显“养正”特色教育品牌

在活动当天的雅行风采舞台展示环节，一个精神抖擞的《麒麟舞》节目赢得台下掌声一片。随着台上铿锵有利的锣鼓节奏，在“大麒麟”的带领下，“小麒麟”们一个个活泼、生动，给在座观众展现了一场独有的客家麒麟舞表演，大家无不为这一传统客家文化艺术而惊叹，然而这亦是养正教育孕育而生的众多成果之一。

“台上一分钟，台下十年功”。在学校“启元·拓展活动课”的积极引导下，创新引入客家传统文化教学，与当地著名的官仓麒麟队达成长期合作，引入客家传统麒麟舞特色教学。官仓麒麟队队长蔡超健向记者介绍，学麒麟舞非常辛苦，但孩子们都能一直坚持下来，他表示孩子们愿意学，就是麒麟队教学的动力，他也希望能将麒麟舞这一传统客家文化瑰宝通过学校的支持和重视而得到更好地发展和传承。

节目结束后，麒麟队中的2只“小麒麟”——六年级（9）班的胡家豪，和五年级（4）班的蔡浩均也谈到自己学麒麟舞的切身感受，“要学会坚持！发扬刻苦的精神！客家文化中的硬颈精神给我们坚持学下去的支持和动力！”而他们提及的硬颈精神也正是养正教育理念具体实施的教学体系中雅正教学精神的体现之一。

历经十五载的研究和实践，我校在养正教育方面已取得了丰硕的成果，校园内浩然正气蔚然成风，打造了“系统化序列化的养正教育”的特色品牌，“以习惯教育为根，育素质教育之树”为题，荣获广东省第二届中小学特色学校建设成果一等奖。这一成绩的取得，是教育界和社会对其探索教育新模式的肯定，而其在探索过程中生成的经验、理念等都成为思考立德树人实践方式的新方向和新目标，也势必会激起人们对教育的新思考。此外，我校还结合学校实际，进一步深入探寻富有建设性、针对性地教育教学模式——好习惯教育模式，倾力打造具有本学校特色的办学育人系统，即“一线、两翼、三系、四全、五径”。依托好习惯教育为“主根围绕“养成良好习惯”这一条主线，以好习惯专题教育和全部学科渗透教育为两翼，构建好习惯教育课程、培养和评价三大体系，通过全师生、全学科、全过程、全方位落到实处，开拓专题课、正思课堂、实践活动、文化熏陶、家校共育等五条途径，建构独特模式，使“养正教育”理念融入整个办学过程中，不断提升学校办学品质。下一步，我校还将持续优化正行学生培养、创新正心德育模式、创设正雅校园环境、培育正身立教名师、打造正思课堂教学、开发正成系列课程，探索正道科研课题，营造正气学校文化，开展正真品牌宣传，力求将学校打造成为一所“养正教育”品牌名校。

三、不忘初心，守望“养正”教育美好未来

风雨沧桑励壮志，春华秋实著华章。一路走来，“养正教育”不仅让学校的精神面貌焕然一新，也让学生们畅游在快乐成长的氛围中，感受青春的色彩。着眼未来，我会继续遵循“养习惯之根，正做人之本”教育理念，带着教育的理想，不忘初心，迈着坚实的步伐，执着激情地走在教育的道路上，以先进的理念引领学校发展，以有效地措施促进师生成长，以担当的情怀领跑教育发展，砥砺前行，始终如一，用生命装点事业的百花园，用奉献谱写一曲又一曲教育金曲。

脚踏实地，做有根的教育

——佛山市南海区翰林实验学校特色办学发展之路

广东省佛山市南海区翰林实验学校　魏克雄

君子务本，本立而道生。《论语·学而》

佛山市南海区翰林实验学校是一所新办的民办实验类高端全寄宿学校，建校不到两个年头，学生人数由2019年9月开学时的369人，一跃至2020年9月份的1851人，在社会上引起了巨大反响。虽然学校占地一百多亩，核定规模达到3600多人，但发展如此之快，也着实出乎人们意料之外。许多人不禁要问：是什么让学校迅速得到了家长的认可？学校管理团队掌握了什么样的招生秘诀？

弘扬传统，塑造学校文化之根

穿过学校宽广的翰林广场，你会看到一面名为“翰林人杰”的文化浮雕墙。从历史上第一位翰林学士刘光谦到清朝最后一批翰林学示中的代表——刘国珍、刘廷镜父子，唐、宋、明、清以来群众耳熟能详的历史翰林名人都在浮雕里出现。刘国珍、刘廷镜两位翰林学士的故居就在学校旁边的沙水古村，“父子双翰林”佳话由此传扬。学校故取名南海区“翰林”实验学校。学校坐落的丹灶古镇历史上也是文人辈出，极富文化气息，康有为故居离学校仅5公里之遥。被政府评为“翰林古村”里那些静静矗立的举人纪念石碑，无声地诉说着这个小镇的历史与荣耀。每年，翰林古村都会隆重举行传统开笔礼与读书活动，彰显着小镇崇尚读书的风尚与传统。所以，学校一直思考：中华优秀传统文化及岭南文化均具有独特的育人价值，是培养人、教育人、塑造人的宝贵教育资源。学校应该以怎样的方式唤醒传统文化价值，将传统文化‘照进’现今的教育？

“在丹灶，尊敬读书人的风气延续至今，我们希望培养一批批像翰林士那儿样能读、会写、有担当的人才。让学生徜徉在历史文化长廊，沐浴传统文化的春风茁壮成长”。校长魏克雄说。

于是，学校提出“秉承传统文化、弘扬翰林精髓开发翰墨飘香、翰韵流芳、翰苑琅琅、翰林担当、翰魄阳光、翰逸科创六大主题课程，以传统文化为土壤，培养有家国情怀又有国际视野与领袖气质的新时代翰林学子。

深挖丹灶翰林文化，将其重文、重教的优秀传统与学校办学理念融为一体，学校进一步明确了“一训三风”：以“成人达己，正己化人”为校训，宜“知书明礼，知行合一”为校风，以“博爱笃行，诲人不倦”为教风，以“敏而好学，温故知新”为学风。这“一训三风取材于国学经典，植根于中华传统文化，是学校办学发展的方向，也是学校发展的精神之根。

于是乎——

学生校服采取中式立领为框架，领口处设有极具“中国风”的祥云图案，毛背心款还采用了斜扣式设计，颇有民国风的韵味。学校希望通过“中国风”校服培养孩子们的文化自信。

学校楼宇命名韵味十足：专门进行艺术学习的教学楼取名翰墨楼，对应翰墨飘香课程；学校初中部教学楼取名翰韵楼；小学部教学楼取名翰苑楼；办公楼取名翰林楼；体育馆取名翰逸楼，师生公寓取名翰宸公寓。

从翰林文化中，能提炼出学校的办学目标、培养目标、成果目标：为国家人才梯队培养做好奠基教育；培养能读、会写、有担当的翰林学子；积极开发、编写成系列的校本教材。

学校围绕“翰林文化基于“能读、会写、有担当”这个总体培养目标，分别开设翰墨飘香、翰林担当、翰韵流芳、翰苑琅琅四大特色校本课程，四大课程分别对应传统文化、家国情怀、国际视野、领袖气质等四项小目标。在四大课程之下，学校又将其衍生出八大教育项目，其中双语阅读、书画国学、社会实践、经典诵读成为四大特色项目。

书画和国画课程是学校校本课程的重点特色项目，目的是让学生接受传统文化熏陶、提升审美能力。目前，学校设有三间国画室、三间书法室。另外，学校还为学生创建了阅读计划，让学生阅读大量的经典名著，包括国学经典和英语经典书籍，学校还将定期组织学生出国游学、拓宽国际视野。

学校对应书画国学、双语阅读写作、经典诵读、社会实践、生命教育、国际研学、学生干部培养等特色项目，以文化名人故事为素材，

根据历史典故打造了翰林人杰、笔开蒙启、墨池笔冢、合纵连横、书里乾坤、下笔有神、丹灶传说、闻鸡起舞等文化氛围浓郁的校园八景。例如"墨池笔冢"：以王羲之墨池的故事、智永退笔成冢的故事为素材造景，对应学校书法国画课程，激发孩子们学习书法的热情。

在南海翰林实验学校，教育课程项目的"软文化通过精心设计的校园八景"硬设施得以潜移默化地融入学生的生活，环境育人、实践育人润物无声。

注重实践，让知识落地生根

学校认为，注重"知"更要注重"行"。对于学生来说，课堂上要多实践、多互动、多展示；课堂外要多劳动、多体验、多践行。"行就是实践、动手。如何在课堂上"行如何在课程上设置偏向于"行"的课程，如何在课外"行"……在这大量的"行"的背后，将是学生心智的开发、智慧的提升、情感的丰富、态度的升华。

如今，更多的孩子通过书本获取知识，参与实践、参与印证的机会相对不足。对此，学校要强调"行在课内外倡导"行让孩子们通过互助、互动、讨论、交流、动手操作等，收获知识与能力。比如，课上老师在讲解三角形时，可以让孩子用剪刀进行剪贴；讲授重量时，让孩子们来到沙坑边，称一称沙子的重量，这样会让学生对知识的理解更加生动牢固。

在课外与寒暑假，同样可以让学生更多地"行"。比如，多布置一些动手实践类的作业，让学生在家里帮父母捶捶背，自己动手做做美食；外出拍些风景人物照片，就某件事情写一个小报道；走访家乡的名人，采访自己身边的普通人；去敬老院慰问老人，去烈士陵园扫墓，等等。通过这样的"行让学生在社会这个大课堂中历练成长

生活即教育，社会即学校。校长魏克雄表示，通过生活教育可以解放儿童的头脑、双手、嘴、眼睛、时间和空间，还儿童以自由，从而解放儿童的创造力。要让孩子读活的书，不要死读书；要读真的书，不读要假的书，以生活为中心教育学生十分重要。

对于带领学生参与实践的经历一位班主任记忆犹新：去"中国一汽"参观，短短几分钟的时间，学生们看到了钢板是如何变成汽车的；在酱油厂学生们目睹了黄豆变成酱油的过程；在环保水处理厂，学生们明白了环保水是如何净化、过滤的，那种来自生活现场的震撼令师生们受益匪浅。学校坚持通过开展丰富多彩的社会实践、社会服务、社会活动等，放飞学生的理想，充盈学生的人生。

教育来源于生活，社会本身就是一所大学校，办教育要依靠社会的力量，更要适应社会的需求。校长魏克雄表示，实践环节是让学生巩固理论知识和加深对理论认识的有效途径，是培养学生创新意识和能力的重要环节。导引学生理论联系实际，带领学生走进社会，将有助于学生掌握科学方法、提高动手能力、提升综合素养。

注重"质"让教育根深叶茂

对于一所新建学校来说，师资队伍的建设无疑是重中之重。在建设具有丰富特色的学校课程的同时，学校用心组建学校教师与管理团队。如今，南海翰林实验学校汇聚了经验丰富的骨干教师与学校管理人员，他们大多是来自珠江三角洲各名校的中青年骨干教师，教育教学与管理经验丰富。

学校聘请在石门中学工作34年的原石门中学党委书记项玲女士，担任名誉校长。鉴于南海石门中学在当地的影响及教学管理与质量方面的实力和影响，学校在精神上对接石门精神，在管理上对标石门标准，在教学质量和办学品质方面向石门看齐，不断追求优质与卓越。

为了发挥名师的引领作用，学校设立了7间名师工作室，邀请中小学名师入驻校园，指导教研工作。这些名师涉及语文、数学、体育、艺术等多个领域，为保障学校的教育教学质量提供了保障。未来，南海翰林实验学校将继续加强教师队伍建设，培养自己的名师队伍，引入更多的教育人才。

如何保证学校教育的质量，学校认为过程监控与质量评估非常重要。教育不可能像生产产品那样做到标准化，但教师观念的改变将会带来惊喜。所以，学校积极推进"青蓝工程"、导师制、青年教师成长计划，每学期开展"五个一"岗位练兵活动：上课一节课、命好一份题、练好一笔字、写好一篇论文、展示一项才艺。学校希望青年教师努力成长为精锐教师，精锐教师努力成长为骨干教师，骨干教师努力成长为领航教师。为此，学校对薪酬制度进行了改革，努力做到待遇与能力互相匹配，成长与升值相得益彰。

学校发动教师，自下而上、集思广益修改和新增对学校发展有利的规章制度，然后将这些制度装订成册，变成教师的工作指导手册，包括课程教学部工作手册、学生发展部工作手册、校务保障部工作手册等。学校认为，搞好学校教育管理，制度一定要先行，有了好的制度还要对执行制度的工作情况进行督促、检查、评估，确保好的制度落到实处。学校只有规范化、数字化、自动化、创新化发展，才有生命力。

可以展望：未来的南海翰林实验学校一处一景，每一处景观都值得琢磨；孩子们学贯古今，他们在某一方面都有所专攻，每一个走出这里的孩子都有对学校的美好回忆，或是自己栽种的一棵树，或是瓷砖地上自己画的一幅画；教师们爱读书、爱生活、爱学生，在平凡的生活中成长、收获……

创优质学校　促内涵发展

广东省广州市天河区五一小学　蔡红梅

随着科学技术的进步与发展，社会中各产业部门，对其从业人员的综合素质的要求越来越高，要求人们会学习，能创造，可以灵活解决问题，能熟练掌握操作技术等。这样的人才都是需要依靠教育的培养才能获得，一旦教育脱离为现实社会培养合格人才的根本目标时，培养出来的缺乏现代科学技术知识和技能的人是很难适应现代生活的。因此现代科技的迅猛发展对教育提出了新要求——培养综合型、创新型人才。

我校地处五山高校和科研文化区，科研文化氛围浓郁，是一所以科技为办学特色的学校。学校重视学生科技环保素养的培育，日常的科技活动涵养了每一位同学爱科学、玩科学、用科学的科学情怀。科技活动包括野外观察、电子制作、创意搭建、航空航模实践、人工智能编程、亲子科学实验、无线电测向、院士专家进校园、环境节日知识讲座、参观科研科普基地、一年一专项（市级科技专项内容含茶、菌、蚕的研究）"大手牵小手，垃圾分一分"垃圾分类实践活动、家长科技讲座进校园等。学校编写的校本课程"小小科学家"、"亲子科学实验探究"、"明天小小科学家"被评为"天河区科技教育特色课程"。

一、校园环境优雅，文化氛围浓厚

我校教室宽敞明亮，配备了先进的纳米黑板。楼道墙上有一张张博约少年绽放的笑脸，有一幅幅精彩纷呈的同学们的艺术作品，还有各班创意独特的班级文化廊展示。

课余时间玩什么？走出教室，楼层平台就有阅读角，各种书籍随意取阅；不想看书？小伙伴们一起玩乐高积木，在积木墙上创作出各种图文并茂的主题"大作如"祖国富强"、"战胜疫情"、"祖国70周年生日"、"六一儿童节快乐"等；想研究身边的大自然？到校园里的小菜地、小园地走走！看一看自己种的菜长高了多少，数一数

番茄结了几个，听一听校园里同学自己绘制的彩色风车转动的声音。

这样好玩又有趣的学校，就是五一小学。在经历三年提升计划后，我校焕发新颜，一栋现代化的新教学综合楼拔地而起。如今校园环境优雅、安全美观、文化氛围浓，学校也因此跃升为教育质量显著、办学特色多样、师生风采飞扬的现代优质学校。

二、校园书香浓郁，学生快乐成长

学校每层楼有开放的图书架，教室里班班有阅读角，学生都可自由取阅种类丰富的书籍。同学们最喜欢的就是手捧书本，晨读晚诵，美美"悦"读。这也是学校最美的风景，校园书香气十足。

苏霍姆林斯基曾说："让学生变聪明的方法，不是补课，不是增加作业量，而是阅读，阅读，再阅读"。的确，通过大量的阅读，学生能感知、体悟蕴含丰富情感的语言文字，提升语文素养。学生通过阅读，一点一滴积累一些有价值的东西，就形成了他们自己的文化。阅读能力的培养也是语文素养重要的组成部分，阅读能力的高低，直接关系到学生的理解能力、运用知识的能力以及表达能力的提升。提高小学生的阅读能力不仅关系到小学生语文素养的培养，而且对他们开阔视野、提升内涵、增加底蕴、放飞心灵有着重要的意义。

学校为学生搭建一个良好的阅读平台与环境，激发学生的阅读兴趣，提升学生的阅读能力。除了在校园营造书香环境、学生每天积累古诗词、老师每天布置学生阅读半小时外，我校每年4月都会开展读书节活动。每年4月份也是孩子们最快乐地，因为读书活动持续一个月。活动内容：开展班级整本书共读、亲子读书分享、经典故事秀、阅读卡设计、手抄报比赛、读后感评比、读书主题辩论赛、观看与书籍相关的影视作品，评选"书香少年"、"书香家庭"等一系列活动。看到学生沉浸在书海里，也是老师们最开心的时刻。

大阅读时代，人人阅读，终生阅读，希望阅读成为学生的一种生活方式，希望阅读促进学生形成终身学习的能力，希望阅读促进学校书香校园建设。

三、课程设置多元，深耕内涵发展

新时代，我们要培养学生适应未来关键能力，校长应该思考的是如何落实国家课程。这关键的落脚点是学校课程的设置。因为学校课程设置决定培养规格。人才培养质量很大程度上是由课程体系决定的。解决培养什么人的问题，关键要在建设高水平、多选择、完整丰富的学校课程上下功夫。华南师范大学的左璜教授强调：所有的学科教育不仅仅是学科知识的教育，更是终身发展素养的教育！所有学科不仅仅具有工具性，更具有育人性。

五一小学以"博文约礼弘毅致远"为办学哲学，以"站得更高看世界，走得更宽悦未来"为课程哲学，以"追逐梦想的博约少年"为育人目标和课程目标，以"体健、才广、理明、志坚、行新"五大"博约形象"为着力点，立足于基础课程、特色课程和校本文化的行动，建构

"博约课程"的结构。

对应于育人目标，五一小学"博约课程"分为"基础"与"特色"两大模块课程。基础课程即为包括十大学科的国家课程，匹配德智体美劳形成"五育融合基础课程群"。特色课程由地方课程与校本课程整合而成，匹配德智体美劳形成"五育融合特色课程群"。特色课程分为德育：探秘中国魂；智育：探秘新思维；体育：探秘运动会；美育：探秘儿童剧；劳育：探秘茶世界。每一育特色课程群分别包括"1+X"主题，"1"为各育的核心性主题，"X"为各育的补充性主题。

在"五育融合基础课程群"这一行动方面，我们主要从"科组建设"、"教学探索"两大着力点，把所要做的事，以图表列要务清单来把握推进质量。在落实基础课程，学校也倡导开展跨科的融合课程探索，以给学生提供多角度、多层面的体验学习。

学校实施"五育融合特色课程群从"特色课程"、"特色活动"、"特色"环境三大方面，分年度、分类设计与实施。如德育：探秘中国魂。今年紧紧围绕中国共产党建党100周年，以"中国精神"为核心，开展丰富多彩的红色教育系列活动。再如劳育：探秘茶世界。学校课程改革核心组围绕"茶世界顶层设计撰写了"一茶一世界百探百奇迹"的课程指南、分年段实施方案、阅读书单资源、上课实施的9大任务学习单。设计、教研、实施、反思、总结，有始有终，师生家长共同参与实施的特色课程，以跨科方式开展，深受学生喜欢。

关怀学生的生命成长，设置决定学生关键能力的学校课程，围绕学校育人目标设计一切影响学生身心发展的文化活动，我校还需再出发！

五一小学凭借悠久的办学历史、良好的师资力量、过硬的办学质量，在天河区有着较高的口碑和认可度，享有良好的社会声誉。学校有多项荣誉"加身"：全国中小学科学教育体验活动示范学校、广东省校园足球推广学校、广州市义务教育标准化学校、广州市中小学劳动教育试点学校、广州市健康学校、广州市安全文明校园、天河区科技教育特色学校等。

近年来，我校的快速发展为未来夯实了更加坚实的道路。我校秉持立德树人，将继续以"五育并举融合育人"为抓手、以内涵发展为目标，以项目化来推进、打造五大特色课程。我校全体师生将继续发扬开拓进取的精神，坚守使命、砥砺前行、再创佳绩，奋力打造更为优质的教育强校，书写好新时代五一小学的"奋进之笔"。

培根涵育，奠基人生

广东省广州市幼儿师范学校附属幼儿园　林咏瑜

广东省广州市幼儿师范学校附属幼儿园，自1912年创建以来，已经具有109年办学历史，百年历史文化积淀与创新，蕴涵着独特的精神和文化基因，是广州市学前教育领域的开拓者。幼儿园秉承"爱、和、敬、远"核心价值，以"培根涵育、奠基人生"为办园宗旨、"外融内省、继往开来"为办园方针、"学行相长、德能双馨"为园风、"健康快乐、和谐发展"为培养目标、"目标为导、三全为策"为管理方略的办园理念。致力打造具有一流办园水平的示范性园区，带动区域内学前教育均衡发展。

一、回望历史，不忘来时路

百年传承，办学条件保持领先水平。我园办园历史最早可以追溯到1912年创办的基督教女青年会幼稚园；民国时期，幼儿园硬件优越，办学水平一流，拥有当时广州两所儿童游乐场之一，幼儿入园前和在读期间，组织医生理事为幼儿进行正规体检，防止传染病，这是少见的先进做法；解放后，1952年基督教女青年会幼稚园移交广州市总工会进行全面改制，更名为广州市教工幼儿园，后开办广州市教工第二幼儿园、广州市文教系统教工幼儿园；改革开放后，1980年广州市文教系统教工幼儿园移交广州市教育局管理，正式更名为广州市幼儿师范学校附属幼儿园。2016年移交天河区教育局，沿用原名。

培根固本，先进理念引领教育发展。早在1993年我园就提出了"活动教育"的理念，引导孩子们在玩中学。拒绝超前教育，教师通过活动进行教学，注重孩子的运动和艺术能力的学习，注重语言交往。孩子们在这里上学，没有沉重的课堂，而是在玩中学，在互动交往中激发自身的运动和艺术天赋，为将来的学习和成长奠定坚实基础。逐步形成了以儿童游戏为主要抓手，打造以园本节庆活动为表现方式的培根课程体系。主要包括语言交往节、运动保健节、科学畅想节、文化艺术节，感恩生日会，幼儿自主游戏。

寓教于乐，游戏中传承广府文化。我园注重将传统文化寓于游戏之中，通过工作坊的形式，将富有广府文化色彩的广绣、广彩、茶文化、饼食文化、花市等内容巧妙地融进儿童游戏中。孩子们通过自己动手制作广府文化纪念品，在潜移默化中了解广府文化。开展劳动教育，赚取劳动奖章，再消费劳动奖章。让他们懂得尊重劳动、爱惜劳动。

家校合作，开发家委会的教育资源。感恩生日会是我园的保留节目，通过为孩子举行集体生日会的形式，建设亲子关系，鼓励亲子沟通。在这种形式的带动下，我园家校合作工作开展得有声有色，家长主动参与到幼儿园的教学中，幼儿园的教学也获得丰富的家长资源和支持。

我园为孩子提供宽松自由的成长环境，为孩子成长扣好第一粒扣子，成为他们未来成才的重要阶梯。从这里毕业的优秀校友，有成为企业高管的，如英特尔公司部门总经理；也有走上学术道路的，在美国加州大学、美国密歇根大学、英国剑桥大学等世界知名学府深造。一批又一批正在茁壮成长的少年才俊，陆续从我园走向更加宽广的社会。

二、展望未来，启航新征程

聚焦变革，明确定位。一直以来我园肩负着办成广州市精品幼儿园，成为幼教行业领头羊的光荣使命。为了向孩子提供更好地生活学习条件，满足我园自身发展以及社会对优质学前教育的需求，响应政府加强学前教育布局的号，2018年2月接收原民办幼儿园金太阳幼儿园华标广场分园为北园区，2019年开办东一园区，2020年开办东二园区。现已形成"一园四区"办学格局，共有40个教学班，幼儿1200余人，教职工189人。依托我园教育品牌，整体打造幼儿园特色和实现科学规范管理。

强强联合，合作共赢。我园计划在未来五年，继续加强师资队伍建设。去年和广东外语艺术职业学院合作培养教师，期望他们可以迅速承担起班级组织任务。此外还和其他幼儿园形成了结对帮扶和示范教育，并且与海外如英国、东南亚等国家的幼儿园结对姐妹园。

内涵发展，成果丰硕。作为国家教委贯彻《规程》试点园，广州实施教育部《幼儿园教育指导纲要（试行）试点基地》，我园不断更新教育理念，以先进的教育理念、科学的管理，鲜明的教育特色独树一帜。先后被认定为首批广东省一级幼儿园、广州市示范性幼儿园，获评教育部、财政部幼儿教师国家级培训教学实践基地、广东省和广州市幼儿园园长培训实践基地、广州市艺术重点基地幼儿园、广州市非物质文化遗产传承基地。充分体现了园区近年来推动内涵建设的硕果。

回望百年办学历史，我园将继承发扬"爱、和、敬、远"的办学理念。展望未来教育发展，扩展教育视域，深化和提升发展主题，打造优质办学品牌，强化和张扬我园的美誉度、影响力和示范性，全方位推进天河区学前教育发展进程，为提升区域学前教育质量作出贡献。

办有温度的教育，在奋斗中品位幸福

广东省河源市和平县福和高级中学　吴金华

什么才是真正的教育？我认为真正的教育应该是温暖的，因为教育是个体与个体之间，心灵与心灵之间的碰撞与交流。教育之道在于给予学生一种润物细无声的滋养，教育之爱在于给予学生一种适度的力量，使学生们的内心产生真善美的种子，从而开花结果，成为栋梁之材。我校以"办有温度的教育，在奋斗中品位幸福"为办学思想，以这一办学思想与情怀指导、激活教师教育实践，让师生在有温度的教育中感受幸福，用幸福引领学校发展。

一、做优质教育的探索者

2001年，我从惠州学院毕业回到了和平县这片养育我的土地。作为刚刚走上教师工作岗位的年轻人，怎样才能让学生在自己的教育教学中健康成长，这是那时的我常常思考的问题。然而就是这么一个朴素的问题，却直逼教育的本真。"做好老师，做真教育"的信念引领我开始了对优质教育的探索之路。

2006年，我担任和平县实验初级中学副校长，2007年年仅30岁的我被学校教职工推荐出任和平县实验初级中学校长并得到县教育局的认可，2016年到广东省一级学校、河源市重点高中福和高级中学主持全面工作。无论在哪个工作岗位，我一直在思考和践行，如何让山区孩子在家门口享受优质教育。

福和高级中学作为一所县属重点中学，短短几年的时间，高考本科上线人数从526人下滑到只有307人，学校教学质量严重下滑，优质生源流失严重，教师工作责任心退化，教研氛围不浓，远远满足不了全县老百姓对优质教育的需求。面对着高考严峻的形势，肩负着县委县政府和全县人民的重托，带着对学校办学方向的思考，我深入到学校各个部门、各个年级进行了广泛的调研。在总结与反思的基础上，福和高级中学新的办学思路逐渐清晰。很快，一份极具分量的调研报告《进一步优化顶层设计，实现教育跨越式发展——基于福和高级中学的调研谈我县高中教育发展对策》诞生了。这份调研报告一针见血地指出当前我县高中教育发展遭遇的瓶颈，提出了切实可行的解决措施，引起了县里主要领导同志的高度重视！在这份调研报告的基础上，《福和高级中学班主任绩效考核方案》、《福和高级中学教师考核方案》、《福和高级中学名师成长方案》、《福和高级中学学科教研组建设实施方案》……一系列的改革措施为福和高级中学带来了一股清风、一汪活水，校园文化活动日益丰富，教师工作的激情被全面激发，教师风貌焕然一新，学校的面貌得到明显改善。

二、做勇立潮头的踏浪者

我长期工作在教育教学和管理一线，勇于创新，锐意改革，来到福和高级中学，在调研发现问题的基础上，我提出“办有温度的教育，在奋斗中品位幸福”的办学思想，以这一办学思想与情怀指导、激活教师教育实践，让师生在有温度的教育中感受幸福，用幸福引领学校发展。

我们办有温度的教育，就是倡导在尊重与关爱中促进学生发展，教师有温度，学生才有温度，教育才会有温度。通过打造有温度的学校文化，改善校园环境，建设有温度的校园；关爱教师，构建教师专业发展体系，打造温度的教师队伍；对学生个体的尊重，给予学生个性化的选择，培养有温度的学生。

在奋斗中品位幸福，就是通过幸福校园的打造和幸福教师的自我创造，去培养学生拥有幸福人生而需要的幸福观和获得幸福的能力，为学生的一生幸福奠基。办有温度的教育，在奋斗中品位幸福，搭建学生个性化发展平台，让学生体验学习的幸福；给教师以尊重和关怀，促进教师专业发展，让教师感受教育的幸福，体验职业的幸福感和自豪感，这是学校办学的应坚持的方向。具体从四个维度进行打造，即福和环境、福和学生、福和教师、福和质量。

三、创温度校园的造梦者

“福乐智慧　和谐成长”是我校的校训，是学校的办学追求。办有温度的教育，就要让校园环境有温度。在我基于调研数据的争取下，县委、县政府主要领导用实实在在的行动传导温度。近年来，和平县委、县政府大力支持学校发展，先后投入3000多万元，帮助学校完成了校园绿化美化、教学平台升级改造等一系列项目，进一步完善学校基础设施，优化了学校办学条件。

不仅是校园环境，我还扎实推进学校教育质量管理的全面提升。为了优化学校管理的方方面面，我大力推行了一系列大刀阔斧的改革：强化“全校一盘棋”意识，厘清年级与处室职责，变“平行管理”为“复合管理”；推行副校长部门负责制，取消了副校长挂级制，减少管理层级，提升工作效率；推行“反常态管理”模式……通过深化管理改革提升管理品质，实现了学校管理的提质提效，为学校教育教学工作提供有力保障，让老师体验到了学校改革带来的温度。

四、引教师成长的唤醒者

我用“福和兴衰　我的责任”、“人在福和，心在福和，贡献在福和，开花结果在福和！”这样朴实的话语，唤醒教师们的责任意识，促使教师与学校形成命运共同体，用实际行动关爱教师，让教师在关爱中收获教育的幸福。

为了提升教师的幸福感，我从小处入手，切实为教师谋福利。学校率先为教师提供爱心早餐，也许许多人会觉得一顿早餐算什么？一顿早餐从金钱角度来衡量的确不算什么，但是从关心教师的角度来看，简单的早餐包含着学校对教师的关爱，传递的是学校对教师的人文关怀。同时学校还组织广大教师加入“在职职工住院医疗综合互助保障计划”。

在为教师谋福利的同时，我还关爱教师身心的健康。我积极在教师中倡导加强体育锻炼的理念，动员教职工组建了篮球队、足球队等队伍，协调体育组组织常态化的训练，开展教工趣味运动会、教工排球赛等系列活动，让体育锻炼成为教师业余生活的常态。

为促进教师专业发展，我从宏观层面进行了总体规划：以教师专业发展规划为导向，以提高教师师德水平和教育教学能力为核心，以健全制度、完善机制、搭建平台为主要手段，全面实施教师专业成长行动计划，为不同层次的教师搭建发展平台。在抓好新老教师师徒结对、教师业务考试等途径的基础上，我重新制定了《福和高级中学名教师成长计划实施方案（试行）》、《福和高级中学班主任专业成长规划方案（试行）》等一系列制度，积极建构教师专业成长体系，为不同层次的教师量身打造专业发展规划，让青年教师快速成长、中老年教师突破瓶颈，从而点燃了教师的教育激情，让教师在专业发展中体验教育幸福。

五，打学生成才的组合拳

在“办有温度的教育，在奋斗中品位幸福”办学思想的引领下，我们打出了一套有力组合拳，促进了学生的个性发展。

一是建构德育课程体系，涵养学生道德品质。我们积极倡导“和谐德育”的理念，以心理和谐为经、品德养成为纬，围绕“自我和谐”、“人际和谐”、“与社会和谐”、“与自然和谐”展开教育，建构课程育人、文化育人、活动育人、实践育人、管理育人、协同育人的德育体系。

二是打造特色体育系列，塑造学生强健体魄。建构课程体育、锻炼体育、兴趣体育、特长体育“四位一体”的学校体育课程体系，让学生在运动参与、运动技能、身心健康和社会适应等各个方面得到全面的锻炼和发展。

三是关注学生学习起点，优化学科课程设置。我们强调立足学生的学习起点来进行学科课程设置，普通类学生推行分层教学，充分考虑特长类学生的学习起点，在每个学科课时安排上与普通类学生有所不同，从而满足不同层次学生的学习需要。

四是开展学科素养特色活动，搭建学生展示舞台。根据学科素养和学科能力发展要求，规划各个学科的特色活动，保证每个学科每个学期至少有一至两个学科特色活动。

在建设理想学校的奋斗之路上，我们披星戴月，埋头苦干，无数的清晨与黄昏，一路的汗水与艰辛，只为了蹚出一条山区优质教育发展之路。2018年3月，河源市教育局授予我校“河源市2017年度高中教学质量进步奖”；2019年3月，河源市教育局再次授予我校“河源市2018年度高中教学质量进步奖”；2018年高考，我校高考本科上线人数从2017年的331人强力提升到481人，2019年达到650人……

著名教育家马卡连柯说：“爱是教育的基础，没有爱就没有教育”。办温度的教育，需要我们教育者不急躁、不极端、不尖锐，讲话有温度，上课有温度；需要我们的教育者内心丰盈，平等地对待每一个孩子，并全身心地投入教育事业。学校是学生成长的精神家园和快乐沃土。学校的一砖一瓦、一草一木皆育人。这种温暖人心的力量，足以融化一冰冷与戾气，让真善美的种子在学生们心中萌芽、开花、成才。

做学生成才引路的“启明星”

广东省江门市启明小学　黄炳强　杨澜壮

教育是生命影响生命、人格塑造人格的高尚事业；教师是立教之本、兴教之源。基础教育不仅决定着一个民族素质的高低，更是学生进入大学、走向社会的关键阶段。我校名为启明小学。“启既有开始之意，更代表着启发、启蒙；“明象征光明、美好；“星是星光、明星，星星之火。学校为每一位师生量身打造了“启明星”工程，既融汇了校名的本义，又发散到教育教学工作的各个层面。“星味”十足的校园文化建设、充满活力的精彩课堂、开发彰显“情智”的三维课程、“非常6+1”造“星”活动……“启明星”工程提升了学校的文化品质和形象气质，也让校园中的每一个生命体会到成长和展示自我的美妙之处，让每一颗“星”闪闪发光。

“仰望星空，脚踏实地”.这是我校的校训，也是学生们为之努力的方向，是老师们前行的理念支撑。学生的“启明星”工程，“群星”汇聚而成的耿耿星河，在教育路上熠熠生辉。

一、星星之火，绵延燎原

习近平总书记在全国教育大会上指出，教育是国之大计、党之大计。加强党对教育工作的全名领导，是办好教育的根本保证。可见，学校党的建设不仅是党的基层组织建设的重要组成部分，还是新时期教育工作的着力点和发力点。我校以党建为“龙头坚持理念创新、机制创新、手段创新，全面实施智慧党建工程，探讨党建引领下，支部建设、队伍建设、课程建设、文化建设新思路，党建的星星之火，绵延燎原。

要想将学校的发展立足于不败之地，就要树立终身学习的理念。我校党支部紧跟时代的脉搏，捕捉政治形势的瞬息变化，找准切入点组织党员教师进行学习，从而增强集体的凝聚力和战斗力。用好“学习强国”及“智慧党建”平台，利用新媒体，开设“掌上微课堂”、“移动党校生动活泼进行党性教育；巍巍宝塔山，不息延河水，学校党员“弘扬延安精神，传承红色文化”政治素养提升培训班走进延安；奔赴中国革命的摇篮——井冈山，开展为期5天的“青春心向党·建功新时代”传承红色基因党性主题活动；深化“红色细胞工程开展　“红色星期六”志愿服务活动，走进社区，走上街头，整治环境、文明劝导……党建引领，党员先行，学校党支部通过多彩活动，让党员教师们站好每一班“岗并在各自的岗位上发挥着先锋模范作用，不但实现了自我教育，自我提升，也带动了其他教师一起做“最闪亮的星”。一系列的学习活动，计划翔实、形式多样、内容丰富、针对性强、实效性高，充分发挥党组织的战斗堡垒作用，打造了党员成长的优质课堂。

经过在学校的党建理论学习后，学校教师杨艳说，“坚持人民教师诲人不倦的育人精神，才能真正当好一名党员教师，才能做好学生成才的引路‘启明星’，才能把党和国家、人民群众对教育的要求自觉落实到行动上”。

二、“慧星”课堂，丰润生命

课堂是启迪学生智慧的主阵地，育人的主渠道。我校为学生们打造了“慧星”课堂，让学生们学得尽兴，玩出精彩。

第一课堂，教师授业解惑。熟读精思声朗朗，在谢莹老师声情并茂的朗读引领下，孩子们走进《我们的奇妙世界》，在品读、感悟中，发现身边的美，学会表达身边的美；字斟句酌趣盎然，陆惠玲老师的课堂活色生香，她引导学生联系生活实际，抓住《剃头大师》剃头前的架势、剃头时的动作，感受课文字里行间流露出的童真与童趣……这样的灵动课堂在启明小学校园里随处可见，合作、讨论、探究、生成，在师生互动，生生互动中，孩子们“思维拔节学力提升，真正成为课堂的主人。

第二课堂，关注学生立德树人。学校牢牢抓住课堂应以学生为主这一中心点，大大激发了学生和老师们的创造力，打造了“星”课堂，不仅让学生在教室内拔节成长，更让学生在教室外得到更多的雨露滋养。

用春天导航，全校师生拿着研学卡，投入大自然的怀抱，展开华南植物园研学之旅；探秘“蛇山防空洞倾听遥远年代的红色故事，触摸历史遗留下来的红色印记；搭建“启明•星舞台即兴书写，挥毫抒情，在规范书写中，感受笔画、章法别样的韵味，营造了笔书翰墨、香浸校园的氛围；　74份围绕“设施设备、文明教育、课程开设、家校联系、整治周边环境”主题，凝聚着队员们参政议政主人翁精神的提案，为学校突破发展瓶颈，提供最鲜活的建议；多彩社团活动，丰富着学生们的校园生活……最美的课堂在路上，最好的成长在路上，学校的户外“星”课堂，让学生们跳出小教室，弥补课本上无法获得的真知。

此外，学校还积极盘活各种社会资源，构建了“社工+义工”的模式，打造家校安全教育优质课堂。有携手协群社工的“护苗计划”、“平安剧场”定期演出，宣传防溺水、防诈骗、防拐卖、无暴力、无毒品等平安家庭“六防六无”知识；有牵手广东省焯群律师事务所开展的法制进校园活动，通过以案释法，模拟法庭，知识抢答等，引导学生做一个普法小使者；更有“家长学校微课堂”、警家校“三维联动机制摸索安全教育新路子，打造生命教育智慧课堂。

三、“造星”行动，潮引东方

学校发展，立足于学生，发力于老师。秉承着“慧心琢璞，笃实创新”的教风，我们将教师向“师范启明星”方向培养，教师们不竭追求，为教学发光发热。

“教师不变，课堂不会变。课堂不变，学校不会变”.基于这种认识，我校瞄准教育教学中的突出问题，确定调控“靶点在精准、及时、适度上下功夫，塑造有情怀的教师，改善教育教学状态。课堂上，提出“五化”教学策略，“活化教学目标、趣化教学过程、情化师生关系、精化练习设计、多元化学习评价让教学走向精巧化，课堂务实高效。探索建立“把脉—评价—定位—培养”名师导入机制，按照“面向全体，分层培训，突出骨干，循序渐进”的思路，构建学习共同体，突出“集体导引”与“首席导引”相结合的机制，为学校“名师工程”培养模式注入新内涵。

教育科研是衡量一个学校发展的重要标志。2017年，我校国家级课题《诵读国学经典，提升学生人文素养的研究》顺利通过答辩，获人民教育出版社颁发的“中华优秀传统文化教育特色学校”称号。近两年，学校已有3个省级课题，6个区级科研课题结题。1个省级课题、1个市级课题，1个区级课题完成中期验收。

南方有佳木，十年蔚成林。多元技能为教师更好站稳教坛提供源源不竭的动能，锻造催生新时代的教坛新秀，一批骨干教师在各级比赛中不断崭露头角：杨澜壮、李雁清、杨艳老师分别获2018、2019年广东省　“一师一优课、一课一名师”省级优课，陈丽梅老师获江门市数学课堂教学录像课一等奖，张艳枫老师获蓬江区书法教学录像课一等奖，彭雪红老师获蓬江区Reading and writing教学比赛二等奖，胡健嫦老师获蓬江区科学教学比赛二等奖，杨艳老师获蓬江区美术教学比赛二等奖，杨澜壮、张艳枫、邹建霞获蓬江区最美教师称号，谢莹老师获蓬江区最美班主任称号……“星”起东方曜，一支有理想信念、有道德情操、有扎实知识、有仁爱之心的“明星教师”团队逐渐走向成熟。

四、“造星”工程，璀璨闪耀

围绕“启慧明德，知书达理”为核心的文化理念，学校开启了“星光工程每学期根据不同的评选标准，评选各类启明星，即平安启明星、书法启明星、书香启明星、阳光启明星、科技启明星、素质启明星，以及针对教师而设的师范启明星，让教师和学生的特长和优势得到充分发挥，创造力得到充分发展。在各类启明星的评选中，平安启明星是先决要素，师范启明星是重心核力，书法启明星、书香启明星、阳光启明星、科技启明星是特色展现，素质启明星则是我们追求的终极目标。

此外，学校还开展了“三礼四节”的系列活动。“三礼”即每学年固定的九月开笔礼、“六一”入队礼、六月毕业礼。“四节”即四月读书节，学生在书海中交换图书、进行读书报告、课本剧表演等；五月体育节，操场上，队列表演、单项竞技纷纷开展；十月艺术节，唱歌、跳舞、器乐齐上阵；十一月科技节，魔方、机器人、华容道、动力飞机陆续登场。

2017年汉字听写大赛蓬江赛区第三名，“陈垣杯”中小学绘本创作大赛33人分获一、三等奖及优秀奖，启明蔡李佛武术队助力江门市申报省运会，2018年江门市蓬江区中小学舞蹈大赛二等奖，江门市“金田教育杯”足球邀请赛冠军，2019年首届江门市青少年机器人竞赛暨中小学生“人工智能编程”成果展评活动9人分获一二三等奖……近三年师生获各级各类奖励约1000人次，一个个奖项就像一颗颗亮晶晶的星辰，点缀着闪耀的银河。

启慧明德，知书达理。我校的孩子们用实际行动彰显“造星工程”带来的“德慧智健美”效应，就像一颗一颗璀璨闪耀的星辰，共同在校园里勾画出一幅“启明星，亮晶晶”美丽而神奇的景象。

扎根山区坚守初心　党教融合促进发展

——记广东省连南瑶族自治县田家炳民族中学　校长盘金生　黄津

人物简介：盘金生，初中语文正高级教师。目前任广东省连南瑶族自治县田家炳民族中学党总支部书记、校长；广东省首批骨干校长；肇庆学院旅游与历史文化学院兼职教授。先后获得南粤专家型校长、广东省山村优秀教师、全国特色教育先进工作者、全国民族团结进步模范个人等殊荣。2021年6月28日，被中共中央授予“全国优秀党务工作者”荣誉称号。

盘金生是一名瑶族少年，通过学习，走出了大山。他深知：瑶山群众要走出大山，先决条件就是靠教育。于是再次回到家乡的他，成为连南瑶族自治县的一名教师，开始追逐年少时“用教育改变家乡面貌”的梦想。他以振兴瑶区教育为已任，将中共党员的理想信念融入百里瑶山的教育事业中。从教28年来，潜心研究“党教融合发展”课题，将党的领导、民族团结、素质教育、特色学校等内容融入教学工作中。

一、坚定理想信念 坚持政治建校

1993年，19岁的盘金生从师范学校毕业，回到家乡连南大麦山镇任教，先后任团委书记、政教副主任，后于1998年任校长。

不怕艰苦劳累，做好先锋模范。山里严重缺水，工资只有几百元，一壶开水一包泡面往往是支撑他深夜伏案备课、连续上台讲课的全部。每天傍晚既要指导前来请教作文的学生，还要处理不少政务。可他并不觉得这是额外的工作，在他心里：作为一名党员，必须起到先锋模范作用。这6年，故乡的山和水见证了他的成长。那段经历，让他少年时就在心中种下的“用教育改变家乡面貌”种子迅速发芽、茁壮成长。

更新办学理念，坚持政治建校。2005年8月，调任南岗中心学校党支部书记、校长的盘金生提出“敢于超越”的办学理念，促成这所乡镇学校实现蝶变——中考总平均分连续三年超过县城的田家炳民族中学，排名全县第一；每年有学生考上清远市第一中学，在粤北山区创下一个小奇迹。而坚持政治建校，突出党对学校的全面领导，是他的一大工作法宝。

注重思想引领，实现双重提升。他以支部书记领学、组织支委深学、带动党员自学为抓手，注重抓好党的教育方针政策的贯彻落实；另一方面，落实党总支书记第一责任人制度，以师德师风建设为抓手，将社会主义核心价值观、党史、新中国史、改革开放史、社会主义发展史列为课堂内外的必修课。

作为清远市第一批校长工作室的主持人，盘金生带领工作室各镇学校校长开展教育结对、送党课下乡活动，将党的声音传递到汉区瑶寨的千家万户，先后培养出广东省名教师工作室主持人莫艳辉、广东省名班主任工作室主持人谢柳林、清远市教育系统优秀共产党员邓洪标等一批教坛精英，为连南成为广东省内第一个实现教育现代化“创先”目标的少数民族自治县奠定了坚实基础，实现党建、教学双提升。

二、实践党教融合 助推学校发展

临危受命任职，思考发展出路。田家炳民族中学是连南规模最大的学校，于1953年创办。是县城唯一的初级中学，由县城原有的3所初中合并而成。进入新世纪，该校师资良莠不齐，校风、学风较差，每年中考总平均分排名全县第二或第三。2014年，盘金生临危受命，调任田家炳民族中学党总支部书记、校长。面对复杂的校情，如何才能扭转风气，增强合力，提高教育教学质量？这对他是一个新的挑战。

注重党建引领，推动理念入心。作为一名党务工作者，盘金生深知民族团结的重要性，注重以党建为引领、瑶汉文化为纽带、学校为平台，推动民族团结入心入脑。生在瑶山，长在瑶山，教在瑶山的他，始终秉持“瑶族传统文化聚情、民族团结教育聚心”的理念开展教学教研，让“瑶汉一家亲”的理念在瑶汉学子心中扎下根、发出芽，不断孕育璀璨绚丽的民族团结教育之花。

坚持立德树人，党教融合发展。经过调研，结合之前经验，他在田家炳民族中学潜心研究“党教融合发展”课题，将党的领导、民族团结、素质教育、特色学校等内容融入日常管理、教学工作中。注重抓班子、带队伍，落实立德树人根本任务，推动习近平新时代中国特色社会主义思想进教材、进课堂、进师生头脑，引领学校党总支部规范化、特色化建设。同时把党建工作贯穿在学校“五会”中（即每周一次教职工会议、每周一次班主任会议、每周一次主题班会、每学期一次家长会、每学期一次班主任经验交流会），注重言传身教，切实做到将党的领导贯穿于教育教学工作的各个方面、各个环节。

改变教师现状，扭转被动局面。推进过程中，对有抵触心理的教师，盘金生调整其岗位同时通过谈心强化党性教育，挖掘该名教师在教研工作中的潜力；另外，发挥自己作为初中语文正高级教师的优势，倾囊相授教研课题经验和方式方法。在盘金生的带领下，田家炳民族中学以“善美教育”为办学理念，以“帮教师成功，助学生成才，让家长满意”为办学宗旨，教风变了，校风好了，学校成绩斐然，快速扭转了被动局面，取得连续五年中考平均分排名全县第一的好成绩。

参加多种比赛，促进学校发展。通过全校普及瑶族文化艺术，他带领学生获得首届广东青少年机器人大挑战狮王争霸中学组一等奖、广东省学生民法典故事会大赛一等奖、广东省中学生健美操啦啦操总决赛中团体总分第二名等荣誉，促进了少数民族地区农村学校艺术教育的发展。种种努力之下，田家炳民族中学成为“开放包容、瑶汉一家”民族共建共教共享发展新格局的“样板工程被评为第一批广东省民族团结进步创建活动示范单位，真正实现“瑶汉一家亲”。

三、坚守初心使命 实现薪火相传

辛弃疾说:“我见青山多妩媚，料青山见我应如是”。盘金生却说:“我见教育多妩媚，料教育见我应如是”。这是因为盘金生对教育事业和学生充满感情，他坚信把一代又一代家乡人培养教育好，就是实现共产主义革命后代薪火相传。

持续思考方向，身先示范实践。“坪地并不平，它挂在半山腰，让对面巍峨的木生山脉成为一条门槛，越过这个门槛就可以到达远方……”这是盘金生散文诗《坪地，我回来了》中的句子。他的家乡坪地老寨建在半山腰，对面就是高大的木生山，在他幼小的心灵里，木生山就是“太行王屋他焦急地面对人生的第一道门槛：如何才能走出大山?

无论去到什么学校，盘金生都要兼任一两门课程，当中层干部时还兼班主任，当副校长时为初三两个班级上语文课还兼历史老师，当校长了还经常上毕业班课程。要求老师做到的，他自己先做到、做好——他带头每个学期上公开课，带头送教下乡，带领老师利用晚上和周末或假期到各乡镇家访。

选择扎根瑶区，坚守教育初心。因为教育成绩突出，曾有珠三角地区学校高薪聘请，但他选择继续坚守和建设。从教28年，他的足迹遍布百里瑶山。期间，他在乡镇19年，其中17年在石灰岩山区，在全县4个乡镇6所学校担任主要领导。从瑶区到汉区，从乡镇到县城，他踏遍瑶山终不悔，一直守望着民族教育，攻坚克难砥砺前行。

把每一名学生培育成才，是盘金生的毕生追求。他竭尽全力反哺家乡，多年来引进助学、建设资金超600万元，帮助400多名瑶区学生顺利完成学业，协助解决800余个优质学位，辅导180名学生考进清远市第一中学，全县80%考入重点中学的学生均来自田家炳中学。最让盘金生感慨的学生是小文，他在父母双亡的情况下，依靠盘金生联系的助学资金和个人努力，顺利完成高中和大学学业，并考取连南某镇公务员，实现人生逆转之余，还延续了盘金生“反哺家乡”的理念。

结语

在盘金生的帮助下，像小文这样改变命运的孩子不在少数，其所做的不仅仅是传授知识，更在于立德树人、传递理念，引领瑶区的孩子自立自强，使他们从瑶区走出去以后，又选择回到家乡，让责任和使命代代相传，一步一个脚印改变瑶山的落后局面。这是盘金生一直在做的事情，也将是他以后持续会做的事情，坚守教育初心，引领瑶族教育发展，我们坚信:他一定会做到，更会做好!

传承梅州精神，打造足球学校

广东省梅州市梅县区富力足球学校 侯舒

一支足球展现出一座城市的魅力，作为“足球之乡”的梅州，以足球打造城市名片。梅州市梅县区富力足球学校，承继家乡和先辈的足球精神，积极响应足球发展的政府号召，推进学校创新发展转变。学校积极落实各项政策和制度，完善梯队建设，打造专业化和优质化的队伍，努力实现校园足球的规范化发展。一系列的措施之下，学校在竞技赛事和足球培训等遍地开花，不断涌现出更多的足球人才，让每一个热爱足球的孩子都能实现梦想，积极助力中国足球崛起。

一、承继梅州精神，延续足球辉煌

梅州市梅县区富力足球学校坐落于被誉为中国“足球之乡”的梅州，选址梅县区雁洋镇，占地面积220亩，依托于梅州足球150多年深厚的文化底蕴，是“球王”李惠堂的故乡，曾涌现出蔡锦标、池明华等一批男女足国脚，足球人才辈出。富力足球学校紧紧以家乡为中心，坚定从根出发，始终秉持“扎根梅州”的发展思路，用对家乡的诚挚热爱灌输对足球发展的坚定信念之中。罗校长表示，学校扎根梅州足球之乡的沃土，深耕基层，全力支持和配合梅州市和梅县区开展足球青训工作，努力帮助当地提升足球水平。

2月25日，市和梅县区体育局、足协走访调研梅州市梅县区富力足球学校，详细了解学校足球青训发展思路。梅州市体育局局长陈建新等参加调研和座谈，充分肯定梅州市梅县区富力足球学校的办学理念及其取得的卓越贡献在服务梅州足球，充分看好其人才培养模式，希望学校紧密结合梅州足球特区建设所需，坚定信心培育足球英才，为梅州足球、广东足球和中国足球做出新的更大贡献。

二、完善梯队建设，创新发展模式

梅州市梅县区富力足球学校始终以“让青少年心怀梦想，成为球场上的榜样，生活中的楷模，让中国足球走向世界之巅”为发展理念，借鉴欧洲先进青训理念和训练模式，探索出符合中国足球发展规律的道路，创新发展模式，为中国足球人才铺设输送渠道。

梅州市梅县区富力足球学校依托广州富力足球俱乐部，从校园足球、各地青训中心、足校梯队、中甲中乙球队、到一线队伍，不断完善梯队建设。学校在青训上高度投入，采用个性化培养模式，实行单年龄段建队模式，建有U8-U18共10支后备梯队。现有荷兰阿贾克斯足球俱乐部外籍教练员7名，中方教练员27人

学校初期引进英超切尔西足球俱乐部青训体系，后与切尔西足球俱乐部展开全面合作。为提升执教水平和竞赛水平，学校选派近百名优秀球员和教练员前往切尔西科巴姆基地集训深造。2017年底，与享誉全球的“球星工厂”荷兰阿贾克斯足球俱乐部签订合作协议。俱乐部教练团队于2018年全面入驻学校，对各级精英队伍进行日常训练管理，根据球员的能力定个性化培养计划，选拔优秀球员加入阿贾克斯梯队集训，完善学校技术管理体系，实现与阿贾克斯数据、视频、图文共享，使学员发展步入快轨，与富力联手打造中国第一青训品牌。

三、紧跟时代趋势，聚力培育人才

国家和政府部门高度重视足球的改革发展，梅州足球历史底蕴深厚，学校也依托于“足球之乡”的浓厚氛围和时代发展趋势，努力找好站位，促进现代发展。学校办学目标为“培养智慧型球员以“做好人、读好书、踢好球”为校训，与当地政府、民间足球资源和教育资源合力办学。

梅州市梅县区富力足球学校实行基础教育与足球训练并重的精英化全日制寄宿办学模式，正式纳入梅州市国民教育序列，按照广东省一级学校标准开设小学至高中课程，配备26名优秀文化课教师，开设足球英语特色课程，学生文化成绩一直稳居全区中上游，英语成绩更是名列前茅。为迎合发展趋势，适应潮流变化，学校每年选拔一批优秀球员和教练员前往英国、日本、西班牙、美国等国家进行海外集训和比赛。

目前，各级梯队在多项全国性青少年足球比赛中屡获殊荣，至今已向职业俱乐部输送了30名球员，向各级国少集训队输送28名球员，8名学生考上暨南大学等重点院校。并在全国性大型比赛中获得冠军超过10个，曾多次获广东省“省长杯”、“省锦标赛”冠亚季军，并在全国球锦标赛中获得亚军。

“十四五”期间，梅州市梅县区富力足球学校必将全力为梅州擦亮足球城市形象做出新努力，以极大地诚意努力延续梅县职业足球的荣誉，以新兴的发展模式和符合时代潮流的办学理念，整合办学资源，助力“足球之乡”的足球事业再谱新的发展篇章。

禾雀花开微研红

广东省清远市清新区第五小学 朱国亮 刘群娣

邓小平同志在1978年3月提出了“科学技术是生产力在1988年进一步提出了“科学技术是第一生产力用“第一”进一步强调科学技术对生产力发展的突出作用和位置。教育发展的“科学技术是先进科学的教育理论、办学理念、育人方法和手段，还是基层学校教师在教学中的实践运用，在将先进教育技术、方法转化为广大教师现实的教育教学能力的过程中，会出现大大小小的各种问题，“微研”的提出，让这些问题得到了很好的解决。

按照我国现代教育体制和机构设置，长期以来教育研究与学校教学工作严重脱节，存在两张皮的问题，主要问题有:一，国家级省市各类课题泛滥，假大空课题大行其道，官样课题对教师的教学作用不大，成果无人问津，更谈不上怎么应用了。二是教科院研究人员行政化，致使脱离群众，脱离实际，思想僵化，一致唯上。三课题编制唯大唯美，没有把教研的根扎在一线学校、一线教师、一线课堂，教师参与度低，实用性不高。四没有找准发力点，药虽好但不能治病，中看不中用，药不对症。

在新形势下，回归教育本质，抓住教研工作的实质，真正了解研究对象，在一线课堂中发现问题，提出课堂和教师、学生最为关切的问题，精准解决所提出的问题，从而助力教师成长，提升教师教学能力和研究能力。

在粤北笔架山下，有一个由清远市清新区第五小学和三坑镇中心小学组建的教研共同体，正火热的进行着“微研”这一地摊工程，

它像盛开的禾雀花，一串串，一束束，娇艳美丽，开遍校园的每个角落。广大教师以极大地热忱投身到火热的微研活动中去，他们是活动的参与者，又是活动的受益者，教师们既是摊主，极力吆喝售卖，又

可光顾别摊，寻找自己的心爱之物，这里的人和谐相处，共同成长。

一、教学微研的内涵

教学微研是常规教学研究的深层次展开，是基于互联网教学技术的融合，是教师自由提出课题、自发结队开展的合作研究、自主进行成果转化运用新教研体制，是引导老师系统总结教育经验、积累教育智慧，强调教师参与教研活动的的主观能动性和参与积极性，着重解决成果的科学性、实用性、便利性。微研的目的是促进教师专业的成长，微研的主体是全体教师。微研活动开展两年来，投入少收益大，被教师们戏称为“地摊教研”。

教学微研活动是由华中师范大学派驻清新区第五小学、中学正高级职称教师提出，活动关注的是学校教学教研生态，专注解决常规课题、基层教师的普遍性问题，推动教师自主解决自身教学难题，走学习型、研究型教师专业发展之路。

二、教学微研的特点

1.以小见大，大小结合。学校课题设置成椎体结构，顶端有国家级、省级课题，中段有市级区级课题，基础有教师微研课题，做到了“基础宽，腰杆壮，宝塔尖”的教研体系。教师选题灵活，手续简便，自由组合，时间自定。课题来源于教师日常教学工作，或灵光一现，或某次课堂教学偶得，或教师一起的探讨，或独自钻研，教师每学期可参与几个课题的研究活动，真正解决了教师教学中的难题，深受教师喜欢。还降低论文难度，可灵活组织交流，能迅速推广使用。

2.全员参与，层次管理。课题选材面向全体教师，人人有课题，教师是主角，参与形式灵活多样，把管理权限放在级组、科组，做到小而实用、短而质优、活而高效。

3.手段科学，方法多样。基于网络平台，基于大数据的分析，有效解决教学困难，有效监测研究成果的转化，有效提升微研活动深度和高度。

4.自我驱动，助力成长。学校配套建设教师成长档案，让教师从心理上克服参与微研活动的畏难情绪，特别是年轻教师，遇到的困难和问题多，开展梯次研究，逐步深化，以能力提升为主要目标，结合青蓝工程，名师工程，边学边研，快速成长。学校设立微研激励机制，让参与教师有成就感、幸福感。

5.诊断式评价，批判性研究。把握好微研方向，学校成立成果验收专班，由校内外专家组成，严把质量关。

三、教学微研实施原则

1.实用性原则。微研活动的最大好处是让教师们带着课题摆“地摊积极广泛的参与活动，每个人既是研究者，又是学习者，还是推广者，先易后难，以提升教师能力、锻炼教师队伍为目的，唯教师教学有用的即为课题，即可展开教研。

2.灵活性原则。教师参与微研活动选题具有灵活性，活动时间上也具有灵活性，教师根据自己的知识结构，年龄结构，兴趣爱好等适度参与或深度参与。

3.开放性原则。在学校的重视和支持下，任何课堂，教研活动，任何空间都是开放的，对校内校外也是开放的，辐射各种教育形态。

4.指向性原则。带着问题搞微研，不盲目，以问题为导向，提升师能，引导教师把时间和精力集中在备教辅改考评上，关注学情，发挥双主作用。

5.分层推进原则。教师参与微研活动，要根据年龄年级，教学经历，知识结构，研究能力等逐步推进，步步深化，加强管理，杜绝打乱仗。

6.应用便利化原则。微研就是要改善和提高教师教学水平教学能力，教师在参与微研的过程中学会教学，因此，所有微研成果都要转化为实际的教学效果，反映出教育质量的提升。对于成果的吸收应用要采取批判式的，反复打磨，出精品。

7.可监测评价原则。对微研活动既要有宏观管理，又要有微观指导，要建立科学的评价机制，体现科学性有序性。

两校微研活动的蓬勃开展，极大地丰富了教师的教学生活，开阔了教师教学视界，深化了教学研究的内涵，让全体教师学习有方法，成长有目标，让空泛的大教研变成人人参与的小教研，让教学微研落地开花，生根发芽。这样，老师们既是三尺讲台上的弄潮儿，又是教学前沿的研究员。邀课成为新时尚。有了难题，有了新想法，摆开地摊搞微研，所有问题研深研透，不留死角。教师们从被动参与转变成了主动参与，课堂作为主战场，挖地三尺找课题。教师的精神面貌焕然一新，充满活力和激情。教师们有了新目标新追求，促进了学校好的学风教风的形成，净化的学校的风气，一所普普通通的小学，因微研活动而精彩，因华师品牌而夺目。

禾雀花开的地方，有一块属于教师专属摆摊叫卖之地，属于教师心灵之花自由开放的地方，属于教师放飞自我、成就自我的所在。禾雀花开的时节，教学微研，无数精彩，无限精彩。

以学为本，共相成长

广东省汕头市海棠中学　张冬生

百年大计，教育为本。一个没有教育的国家是失败的国家，一个不读书的民族是一个没有希望的民族，这是千百年来先人总结的经验，也是对后人的忠告。近年来，我国教育事业迎来蓬勃发展的春天，全国各地学校如雨后春笋般大量涌现，教育思想层出不穷，教学模式千变万化，各地学校开始大力探索切合学校发展的兴校之路。

教育如根，学校、教师和学生如枝干、绿叶和果实，三者一体。为充分发挥学校教育阵地作用，让师生收获成长和幸福，我校最终确定了“学习型学校”发展思路，力求让老师与学生同进步，共成长。所谓的学习型学校就是指通过培养教师的自主学习和团体学习，形成学校的学习气氛，进而充分发挥教师的创造性思维能力，为实现学校的共同愿景而创造性工作的学校。在学习型学校中，每个教师充分理解并认同学校的发展目标，全心全意为学校的发展做出奉献，并把学习作为生存和工作的方式，作为工作和生活中不可缺少的组成部分，在工作的同时，不断吸收新技术和新知识。通过坚持不断地学习，创造自我，发展自我，促进人才的培养、质量的提高。

一、只要用心观察，身边的人都是学习的资源

学生要学习，老师更要学习。但谈到学习，很多人想到的就是多读书，多外出培训，或者有诸葛亮一般的大师点拨。但对于基层一线的老师每年能完整读一两本书而且从中获益的人越来越少了，外出的机会也只限于极少数人，诸葛大师也总是忙于三国的纷争。那么老师们有什么学习的途径呢？很多人经常舍近求远，往往忽略了身边的学习资源，即同伴的学习。同伴学习是学习型教与学活动中最直观、最有效、最持久、最廉价的学习资源，也是最容易忽略的资源。

就我校目前的情况而言，很多教师听评课时总是苦恼于“听得热闹，评得顺耳，无疾而终”。为了改变这一现象，2019年12月，我校开始要求老师每学期听课后写一篇约200字的课评。这个要求妙就妙在200字，篇幅小，一般老师都可以完成，而且无形中就要求老师们在有限的空间里要用短小精悍文字的表述出自己的看法。我校还把资料合订成集公开让老师们去阅读，让大家自己去发现错误，这样有利于教师更好地提升，也不用学校领导总是去监督。到2020年第二次课评交上来的时候，我校教师的整体水平有了极大地提升，这次学校还评比了“优秀课评奖”老师们争先看同伴们优秀的课评了。老师们评课水平有了质的提升，毕竟，用身边的课例来做不同的评价需要深入、独立的思考，特别是想评价有独到之处，更是考验评价人的眼力和功力，当然老师们也不愿意别人说他不懂评课。

再如，老师们在写教学论文时总是抱怨选材太难了，好像想到的题材都被别人写了。果真是这样吗？2010年我校开办了一个讲座叫《英语教学论文的选材》，首创用“美食”的道理去阐明观点，大概意思是：你不要妄想去创造所谓新的“食材你只要用现有的食材通过新的烹饪方式、辅料、容器等去创造新的“菜式”。如：家乡荷叶麻辣红烧牛肉、妈妈五香木桶酱牛肉、芭提雅咖喱牙签炖牛肉。

归根结底，这些眼花缭乱的菜名也只是巧妙地组合了“菜品”、“配料、煮法、容器、意境”的四个要素，看起来名字挺吸引人，见到的人估计都有一个想尝一尝的冲动，放在哪一个餐馆估计都能产生很好的点菜率，但事实是它还不是最常见的食材——牛肉。同理：以下的几个论文题目好像是在讲不同的题材，而且感觉有不同的层次。但其实所有题目讲的本质上是“分层教学”内容。

例如，1996年，一个在重点学校教初中英语的老师，每年所教成绩都是全校前茅，大家都很好奇，不知道他有什么法宝。有一次学校全科组的老师都去听课，课后评课的时候，终于知道为什么他教得好了，原因是他使用了“句子教学”。原理就是以句子做为教学的基本单位，上接词汇短语，下联文篇，把句法作为绳子串联起英语所有的知识。这种教学思路在当时引起了广泛关注和推广。那位教师也从自己无意识的教学提升到了自觉的教学实践。他还开玩笑说：“好像我的秘密武器被人掌握了，以后我要保持优势就难了”。当然能够学习到的人也必定是个有心人。

二、灵活运用思维，换个角度就能解决问题

上述所讲的是教研对教育起到的作用。德育和管理方面也同样重要。我校一位学生出现了早恋的问题，他们的班主任多次苦口婆心说了很多初中生谈恋危害等等来劝这位学生，但是，这位学生一开始不承认，后来又说他能把握好分寸等，总之听不进去。有一次隔壁班的老师找到这个学生聊了，那老师说了几句话：大概是“早恋并不可怕，可怕的是暗恋或者是失恋成年人都不一定接受得了，你确定你行吗？第二句“爱情最吸引人的地方是可望不可及的状态，等你的同学们在适当的年龄热恋时，你的新鲜感没了，洞房花烛夜的激情教没了，你会不会觉得可惜”。第三句话“你看谍战片电视剧的时候你先把结局看完，中间的若干集你还想看吗”。最后让这位学生去看张小娴的散文《最美的时候你遇见了谁》，里面有一句话“在对的时间，遇见对的人，是一种幸福”。由此可见，一个物理老师用自己独特的思路做学生工作，在当时是镇住了那位学生，后来这位学生总算有所改变，没有再张扬过。

非知之艰，行之维艰。教育本就是多元、多变的抽象概念。学校

自然也各有其道。一直以来，我校始终把学校办成一所有特色、有质量的学校作为努力方向，以此为目标的教育初心从未改变。说到底，老师和学生的潜力是无穷无尽的，作为学校不过是在要用适当的方法加以挖掘和引导，来提升他们自己。就如常说的一句话。“三个臭皮匠，赛过诸葛亮这句话虽然粗浅平常，但贵在真实，也实实在在解决了我校在教与学当中的实际困难。每位教师都有值得学习的地方，只有真正领悟这种“做中学”的精髓，才能激发教师内心的教育热情，让教育既有高度、也有温度。

践行四大教育理念　争当合格引路之人

广东省汕头市聿怀中学　邱文荣

汕头市聿怀中学创建于1877年，是汕头历史最悠久的学校之一。学校以“端毅诚爱”为校训，发扬“天行惟健，君子惟醇”的聿怀精神，不断探索优质高中教育发展之路。

习近平主席说过：“广大教师要做学生锤炼品格的引路人，做学生学习知识的引路人，做学生创新思维的引路人，做学生奉献祖国的引路人”。习近平主席对教师提出的“四个引路人”要求，是新时期做一名合格教师的基本条件，也为教育综合改革指明了基本方向。对应这四个引路人的标准，我们提出了聿怀四大教育理念——人品教育、精细教育、定制教育和榜样教育。教育的最好结果，就是教学相长。当我们提出这四大教育理念时，我们的目标从来就不仅仅局限于学生的成长需要，也着眼于教师的职业发展、教师的师德培养。

育德为先　以德塑人

“人品教育”是我校著名校友、我国核潜艇之父黄旭华院士提出的。黄院士认为，优秀学生都应该做到“人品要好、学业要专、兴趣要广”。在黄院士看来，人品好是教育学生的第一要务。学会做人，才能学会做事和学习。作为学生成长、成才道路上的引导者，老师就成为锤炼学生品格的引路人。老师唯有时刻谨记“以德树人坚持德育为先、“以德塑魂抓住各种契机对学生进行德育教育，让学生从身边事、身边人去学会尊重、感恩、友爱，等等。同时，老师也要时刻注重自我师德素质的培养，“向老师看齐是每个学生心中最初的美好愿望。而最好的人品教育，莫过于来自老师的言传身教、潜移默化。只有这样，老师才能教得有底气，让社会主义核心价值观在学生心中落地生根，将学生培养成真正品学兼优的人才。

精细教育　打磨实力

“精细教育”是我校一贯有之的教学、管理传统。“精细”的意义本在于让学校的工作更加高效有序，立足于为学生提供更优质的教学服务，而这一切体现在老师们的专业知识和职业操守。精细之于学生，是教会他们的专注、严谨、坚毅的求学态度；之于教师，则是深厚的专业基础、扎实的教学基本功和有教无类的师德情操。要想学生“信其道就要先做到让他们“亲其师”。如何亲？这来自于老师们对每个学生个性的关注、来自于他们对自身专业发展的精深要求，来自于他们求真务实的工作态度。说到底，就是教师工匠精神的体现。只有老师们在日常的教学管理工作中多一分精细、沉稳、专业，才能让学生在耳濡目染中懂得脚踏实地、精益求精的工匠精神的重要性，才能让学生潜心修学，戒骄戒躁，成为学生学习知识的引路人。

定制教育　创新突破

“定制教育”是指结合广东省新高考方案，我校落实“三年一盘棋”的思想，根据学生的具体特点，高一开设多样化校本课程，侧重学生个性化发展；高二借助科技创新大赛、创客比赛等活动，培养学生的动手实践能力；高三专注学业发展，全力巩固强化学生知识，以提高学生成绩为根本目的。增设“学业规划实现包括课程设置、走班形式、选课指导在内的个性“定制”。这样的教学改变，即是迎合了当下的高考改革，同时也更有利于对学生进行因材施教，结合不同学生的个性特点，启发学生个性发展。从另一层面讲，这是教育教学上的一种思维创新。只有作为教育工作者的我们立足新时代新征程，跳出传统的工作套路，及时转变思路，抓住契机，探索更符合新时期新常态下教育需求的新路子，打破传统思路，从内容、形式、方法、手段等方面寻求创新和突破，扭转以往僵硬固化的教学模式，才能真正做到启之以道、授之以法，让学生懂得合理创新的重要性和必要性，懂得真正的学以致用。

榜样引领　和谐校园

我校提出的榜样教育，一方面在于充分利用我校杰出校友的资源，如“中国核潜艇之父”黄旭华、经济学家萧灼基、熊猫专家潘文石、新闻家方汉奇、教育家邹剑秋等等。通过打造充满正能量的青年学生榜样，编写校本教材《聿怀人》、《从聿怀走向世界——“叙事聿怀”之黄旭华专辑》，让学生和老师在共同感受校友成功经验的同时，体会他们的人格魅力，明确自己的人生方向，树立自己的人生理想。重视环境文化建设，让校园中的一景一物书写“榜样事迹让身处其中的师生时刻感受名人伟人的先进事迹，时刻接受思想熏陶，在潜移默化中形成健康积极地三观、培养自己的良好的道德情操。另一方面，作为校园文化的重要建设力量，老师的榜样力量同样不容忽视。百册校史之所以能孕育出如同黄旭华院士这般全国道德楷模，正在于聿怀同时拥有着一批批最可爱的老师们。远如第一任校长陈泽霖先生，近如全国特级教师方仰群、杨文煌老师，再到仍工作在一线的余泽汾、胡薇、周新武老师这样的杏坛尊者，他们心系学生，循循善诱、孜孜不倦，大爱无私的品质，不仅是学生成长航道上引领前路的清流，也是侪辈教师中学习效仿的楷模。正因为有无数这样无私奉献的教师群体以及懂得感恩母校、乐于回报社会的校友，聿怀才能培育出在社会各行各业中甘于奉献的众多佼佼者。

在习近平主席的教育理念引导下，我校紧跟时代，发挥创造精神，用汗水践行出具有特色的教育之路，为进一步的发展奠定了坚实的基础。未来，我校将继续紧跟党和国家的领导，深入挖掘教育的时代内涵，用不灭的热情描绘我校更美好的蓝图！

开展平和教育　塑造精彩人生

广东省韶关市和平路小学　钟国煌

百年大计，教育为本。教育是提高人的综合素质、促进人的全面发展的重要途径，是民族振兴、社会进步的重要基石，是对中华民族伟大复兴具有决定性意义的事业。我校历史悠久，从清光绪二十二年(公元1896年)的曲江书院，到如今的韶关市和平路小学，历经百年岁月的洗礼。现如今学校已发展成为一所办学资质深、文化底蕴厚、办学理念新、社会声誉好的现代化学校。长期以来，我校一直把做好未成年人思想道德建设工作作为首要任务，积极创建文明校园，秉承学校优良校训、校风、教风、学风，深化学校内涵，引领全体师生团结向上、拼搏进取，创造美好的和平。为彰显学校以思想道德建设为办学纲领的特色理念，我校通过各种渠道，努力优化并开创有凝聚力的、高层次的文化情境和氛围，全面提升学生的思想素质和道德情操，培养全面发展而又有个性特长，充满智慧幸福的和平人。历经沧桑，几经蜕变。今天，经过百年沉淀，我校在前进中发展，教学成果斐然，办学品质日益提升，已先后被评为全国关心下一代先进单位、全国优秀家长学校、广东省优秀职工之家、广东省依法治校示范校、广东省校本培训示范学校、广东省诗歌教学示范学校等。这些荣誉不仅是对学校工作的肯定，也激发了全校师生勇往直前的信心。

一、规范管理，助力学校德育深入发展

德育不仅要培养学生有德，更要严抓教师之德。为加强德育队伍建设，不断提高德育队伍的整体素质，我校大力完善德育工作管理机制，由校长负总责，德育组具体抓，实行德育组——年级组——班主任三级常规管理的制度，成立了未成年人思想道德建设工作领导小组，同时聘请了浈江区司法局局长彭志红同志为学校法制副校长，形成各部门密切配合，班主任和任课教师共同承担的纵向连接的德育工作体系。近年来，我校尤为重视班主任队伍建设。定期举行班主任例会，切实研究解决德育工作中遇到的难点、热点问题，通过学习有关经验文章、经验介绍等方式，努力提高班主任的工作能力。另一方面，我校积极落实班主任津贴待遇及激励考核制度，通过学期班级活动、竞赛、日常管理等方面的考核，对班主任工作进行综合量化考核，作为绩效考核的一项重要内容，每学期进行总结，对优秀班主任进行颁奖，发放证书，鼓励教师积极参与并不断创新未成年人道德教育活动，有效提高班级学生思想道德水平。此外，学校也把教师职业道德建设放在教师队伍建设的突出位置，采取了切实措施，大力提高教师职业道德素质。组织教师学习时事政治、《中小学教师职业道德规范》等有关教育法规。进一步完善师德师风建设的各项规章制度和考核制度，做到有章可循、有法可依。我校还认真贯彻落实素质教育十项规定，严禁教师进行“有偿家教严禁教师体罚和变相体罚学生，学校根据《未成年人思想道德建设工作计划》认真落实工作责任制，明确责任落实到人，强调人人都是德育工作者，齐抓共管，形成合力。

二、以文化人，营造诗雅浓厚育人环境

好的校园环境能使学校文化潜移默化沉淀在学生心中。为此，我校对校园环境精心设计，旨在让学生对校园文化耳濡目染。走进校园大门，学校实验楼上方镶嵌着能体现核心理念的十个醒目的大字“平和中求卓越，卓越中显平和校门侧具有深刻内涵的校风、校训、教风、学风，以及社会主义核心价值观24个醒目的大字，引领着全体师生团结自信、拼搏进取，去创造美好的未来。教学楼的墙壁上随处可见催人奋进的名人名言、人生格言、对联、谚语。这些名言警句犹如无声的老师，有的揭示阅读的意义，有的阐述读书的方法……让学生浸润在浓浓的经典氛围之中，身心得到和谐发展。在楼梯的墙壁上、走廊两侧和横梁上，还粘贴了不同主题的名言警句，让学生感受到家乡

的风光秀丽，国学经典之墨香，让学生的心灵得以净化、升华。我校对班级文化也用心打造。每个班级都开展了各具特色的班级阵地建设。班班都有学生自己创设的班公约、班级口号以及班主任寄语，班级里的图书角、评比栏、作品展示栏等，每个个性化专栏，都记载着孩子们学习、成长、收获的点点滴滴，凝聚了孩子们的智慧，展示了孩子们的才华，形成各具特色的班级文化。学生在宽松的探究氛围中健康成长，在浓郁的人文环境下自我完善，在充满文化气息的校园中茁壮成长。

三、铸魂培根，提升学校特色办学品位

德育实践活动是强化学校德育工作的有效途径。为此，我校以“打造平和文化特色，培育智慧幸福和平人”广东省德育创新项目立项课题为引领，结合“创建文明校园”工作，注重“以德育德、以情育情、以智育智”等教育策略，构建学生自主参与班队文化管理，使学生在活动中学会管理、学会协作、学会处理，促进学生自主发展，为培育智慧幸福和平人打下了坚实的基础。我校充分发挥了品德课、主题班队会、道德讲堂主渠道的作用。一方面改革品德课的旧有模式，开展以实践为导向的品德课教育模式，重视学生的道德体验，真正让品德教育接近学生的生活经验、社会经验，使品德教育更真实、更和美、更容易接受。另一方面针对不同的年龄层次和各班的实际，开展以学生为主体的主题班会、队会，让学生在自己组织的主题班会、队会上讨论、思辨自己关心的问题，使学习活动成为学生主动进行的、快乐地事情。此外，我校也通过少先队大队组织丰富多彩的各类实践活动，让学生在平实的活动中得到锻炼，得到升华。如新队员入队仪式、文明班评比、实践基地活动、实践调查、春秋游、献爱心、清明祭扫烈士墓、做“雷锋式好少年”、“我们的节日”等活动。自开展社会主义核心价值观进校园活动以来，我校积极行动，制订实施方案，在全校开展社会主义核心价值观教育宣传活动。通过以宣传“社会主义核心价值观”的电子屏、在校园内安排专门的宣传栏等形式广泛发动，营造氛围。其次针对社会主义核心价值观内容宽泛、不易理解的特点，把社会主义核心价值观教育融于德育活动中，广泛深入开展生动活泼、丰富多彩的道德主题教育和实践活动。

读书是学习之根本。为激发学生阅读兴趣，感受文字精神，我校通过多种活动，让学生感受书香，领略阅读的快乐。我校开展了每周品一诗“走近经典”诵读、好书推荐、古诗词朗读比赛、“诵读经典，快乐成长”、“小手拉大手同读一本书”的亲子阅读、国学经典诵读等一系列主题活动。此外，我校还不断充实图书馆的藏书，增设学生阅览室和教师阅览室；班级开设图书角，学生们将自己喜爱的书籍带到学校，进行图书漂流，并提倡每个学生要有家庭书柜，购置必要的图书，同时提倡网络阅读。在大量的阅读实践中培养学生良好的阅读习惯和兴趣，校园形成诵读经典的热潮，处处充满浓浓的书香之气。

我校的少年宫也开设形形色色、十分有趣的培训项目，如舞蹈、葫芦丝、毽球、乒乓球、鼓号队等。另一方面，大力开展优校园文化活动：如艺术节、书香节、体育节等，全面实施阳光体育计划、卫生保障计划和学生艺术展演计划，培养学生“六个一”人文素养特色活动，激发学生潜能，培养孩子个性成长。为了让每位学生的才艺得以展现，我校大力发挥校园网站及《和平少儿》报等校园文化品牌作用，为学生提供学习交流和展现才华的平台，以此为载体，为学生的特长展示搭建平台，提升文化品位。心理健康教育是我校一贯重视的问题，我校通过以获得心理辅导证书的教师为主，带动所有班主任自主学习心理健康教育方面的知识，适时对学生进行初浅的心理健康教育，同时认真上好健康教育课，继续完善心理健康档案，尽最大努力使每一个学生的身心能健康发展。

作为“全国优秀家长学校实验基地家校共育自然是我校工作的核心内容。我校建立“家长学校”、“家长委员会”、“家长义工”制度，努力“把家长培养成教师的助教”。定期组织家长开展育儿学习活动，引导家长树立正确的教育观念，掌握科学的教育方法，共同做好学生的教育工作，使学校教育和家庭教育步调一致。学校也通过网站、校报校刊、校讯通、班级微信群等方式，构建家校互动平台，及时沟通学校教育教学信息。让孩子在和顺的家校活动中快乐成长。

教育是最温暖的事业。它尊重、赏识每个个体，致力于学生能力、品德等各方面素质的全面提升，服务于个体的健康成长，滋养每一个生命。既然肩负教育的使命，那我校必将其化为奋勇前行、披荆斩棘的力量，不畏风雨、砥砺前行。创建文明校园是一项既深且远的事业，需要全体教师注入心血和汗水。未来路上，我校会继续在创健全国文明学校的基础上，改善教育教学环境，提升文化内涵，将学校建成师生学习的乐园、精神的家园，努力开创我校文明建设工作的新局面。

教育因“生动”而美丽

——碧岭小学“生动教育”理念的实践探索与研究

广东省深圳市碧岭小学　何莹娟

“教育即生活，学校即社会”。2020年7月，广东省深圳市碧岭小学2016深圳市重点资助课题《“生动教育”理念的实践探索与研究》圆满结题。“生动教育”实践回归教育本源，真正面向全体学生、面向未来，以“让每一个生命都出彩，让每一寸天赋都闪光”的办学理念为指导思想，以真问题为突破口，从“生存、生活、生命”的三维价值取向出发，启迪天赋，从而创造生动活泼的教育场景，打造生动发展的生命样态，实现了以真研究引领探索实践、撬动学校高质量发展的教育愿景，推动了学校跨越式、内涵式的真发展。

一、生动教育催生生动局面，引领学校实现跨越发展

贯彻课改理念，构建生动课程。一是积极构建和完善德育课程和综合实践活动课程。设置《德育课程表》，利用周一升旗、班队会、午间广播等时间开展传统文化、民族精神、节假日纪念、国际理解、关爱感恩等教育，培养孩子健全的人格和人文关怀精神；结合社会热点、重大事件创编生动的德育教育活动，赋予品德课以人文、时代特征；每学年举办全员参与的“科技节”、“艺术节”、“读书月”、“大队委竞选”、“春联书写”等主题活动，使学生在实践中得到体验、感悟、内化……通过德育课程、活动课程与学科课程的有机融合，学生在探究学习、社会实践活动、文体活动中得到了全面发展。二是立足多元发展，完善校本课程体系。生动教育课程，不仅包括语文经典诵读、多元智能课程、足球课程、形体梳理、篮球课程、STEAM创客课程等特色的生动课程，还有跆拳道、健美操、韵律操、合唱团等丰富的四点半社团，为学生提供丰富的选择空间和个性成长平台，有助于提升学生的综合素养。传统文化课程，开设了民族文化、中药材种植、国画、武术、民族乐器、书法、经典诵读等课程，引导学生塑造中国心、培育民族魂；特长发展课程，主要是指创设“合唱团”经典诗文诵读社团、衍纸社团、民乐团、舞蹈、国画、书法、足球、乒乓球、跆拳道等社团，从激发学生兴趣特长入手，强化过程管理，逐步培养学生的良好素质。

构建“生动”课堂，追求有效教学。我校聚焦课堂，以促进教师专业发展与培养学生终身学习的关键能力为目标，把“以生为本，以学定教”作为教学理念，把“关注学情，顺学而导”作为教学策略，着重研究教与学的方式，构建卓越课堂文化，打造具有鲜明特色的“生动”课堂。一是以学科为单位构建各具特色的“生动课堂”模式，如语文学科“群文阅读教学研究”、数学学科“益智课堂”课题、英语学科“五要素课堂”教学模式、科学学科“知行课堂”实践探究等，引领碧岭小学的教育教学走在区市前列。二是建立“生动课堂”评价标准，以教师灵动、学生主动、多元互动为指标，积极推进各学科生动课堂模式的探索，转变育人理念，将立德树人、培养学生综合素养作为教学目标和检验教学成效的准绳。三是请专家来校听诊断课，推动教师转变观念、改进教学，促进了办学水平迅速提升。仅2018年，我校就共计邀请专家24位，先后听课、磨课100余节。四是开展落实教学“三课即新教师汇报课、科组优质研讨课、青年教师比武课，引导青年教师认真备课、磨课，探索有效地教学方式，寻求自身的专业发展。

完善评价机制，促进持续发展。有效地评价是教育教学的指挥棒。我校采用教学质量监控常态化、实施学生学业评价改革、完善教学评价体系、推行家校沟通反馈评价等多途径、多元化的评价，有助于针对反馈意见提出整改方案，从而更好地激励了孩子的进步和成长。

二、生动教育带来生动教师，促进教师专业迅速发展

树正气尚师德，创新“生动”师德建设模式。德为师之根本，要增强职业操守，提高教师素质，就要从师德师风抓起。我校结合国家、省市教育领导部门和区教育局关于“师德师风”建设的工作安排，根据自身的实际情况，开展了以“传承东纵精神树立职业追求享受职业幸福”为主题的师德师风建设活动、“感动校园的经典镜头”征集活动、师德师风讲座、青年教师“我的育人故事”演讲比赛等活动，对于建设校园文化、提高教师素质、改善师生关系都起到了十分重要的促进作用。在家长问卷调查中，家长对学校师德师风满意率达到98.3%。

预则立早规划，构建生动的人才梯队。为促进教师专业成长，提升教师专业素养，我校创建“名师工作室启动“青蓝工程开展“师徒结对”一带一互助促进活动，制定《碧岭小学青年教师专业成长（三年）规划》，初步实现了“从一位名师引领发展到一批骨干教师的成长，从一批骨干教师的成长带动更多青年教师的成长”的目标。近年来，我校有22名教师被评为区先进教师、先进班主任、教坛新秀等，省级名师工作室主持人1名，区级骨干教师2人、教坛新秀2人。近三年来，我校教师在各级各类的教育教学活动中获得各等级奖项、荣誉607人次，在区级以上杂志共发表文章53篇。

强调终身学习，促进学习型组织建设。要给学生一杯水，教师必须有一桶水，甚至是源头活水。长期以来，我校特别重视教师业务学习，每月定期组织教师参加教育教学理论和课程改革新形势专业学习，开展读书活动，营造书香校园氛围，不断吸收新知识，跟上教育发展的步伐；以学科组建设为重点，积极组建学习型组织，大力推动校本教研制度建设，积极推动科研与教学相结合，形成了“科组有课题，人人有案例”的良好氛围。目前，我校现有校级以上大小课题共计63个，其中校级小课题30个、区级学校重大项目2个，区级课题10个、省

市级“十五”重点课题3个，市级学生探究性小课题18个。我校教师均参与或主持了课题研究，课题成果获区教育教学成果二等奖、国家级教育教学成果二等奖。

加大交流力度，扩大教师知识见闻。“走出去，请进来”是促进教师发展的重要手段，特别是“走出去”有利于开阔视野，增长见识，深受教师欢迎。我校先后组织教师远赴全国各地学习、考察、培训60余人次，组织教师参加区、市各类业务培训150余人次，累计达到1万余学时，培训参与率100%，接待香港地区、台湾地区、兄弟区校同行学术交流活动、省级骨干6次。

三、生动教育赢得学生发展，给学生成长出彩的机会

推进养成教育，谋划公民素养的生动德育。本着“以人为本、德育为首”的德育观念，我校围绕“为培养自信自律、好学上进的未来人才”的育人目标，依托地处碧岭、马峦山生态圈得天独厚的地理环境，充分发挥少先队组织“活动育人”的优势，提出“民族情怀现代素养”的德育目标，推出“德育十大主题的评价体系切实提升学生的文明礼仪、社会公德、安全自护、自主合作、关爱感恩、志愿服务、质疑创新、身心阳光、积极进取等基本素养，为学生的未来人生夯实了基础。我校先后有祝安琪、徐可璇同学获得广东省优秀少先队员称号，多个学生、教师和班级获得深圳市、坪山区优秀少先队员、班主任和优秀中队等称号。

课题引领，为学生的未来奠定基础。在学校“生动教育”课题的引领下，我校开展了“亲子课题”、“环保主题教育”、“社会实践”、“暑（寒）假德育主题活动”等活动，26个班级全员参与，结合日常常规评比，每月争创“金牌中队有效提升了学生的文明习惯、社会公德、参与意识与能力。

文明规范，懂得走向世界的常识。为打造富有碧岭小学特色的“文明礼仪教育我校从“校园文明礼仪、家庭生活礼仪、社会公共礼仪”等三个方面制订了《碧岭小学常规评比细则》，引导学生懂得文明礼仪、遵守行为规范、强化学生规则意识，着力培养遵守规则、举止文明等现代公民的基本素养。

社会服务，践行新时代公民责任。每学期组织学生参加春游、秋游、社区服务等实践活动，陶冶了学生热爱自然、热爱生活的情感；开发利用家长资源，让家委会牵头组织班级学生开展社会实践活动、午餐午休教育、环保节约、文明卫生、亲子阅读、运动会等系列活动，培养学生的爱心和服务社会的责任心；每年寒暑假，号召全体学生小手拉大手，在社区或社会开展“小小文明传递员”、“小小安全督导员”、“小小环境保洁员”等实践活动，培养了社会公德心和良好的社会适应能力……据统计，100%的学生参与过班级组织的社会实践活动。

学科课程整合，提升学生综合素质。在课堂教学中，我校积极推进“生动”课堂教学新模式，提倡自主学习、合作学习、探究学习，把课堂还给学生，推进小组学习文化建设，充分发挥小组合作教学的引领、管理作用，有效落实了分层教学，使学生的学业水平得到提高，学生的自主意识、表达能力、合作探究、团队精神等也有了不同程度的进步。同时，我校将德育课程、文化课程巧妙整合，将道德习惯教育、知识技能教育、学习能力教育等融入课堂教学全过程，如学校将思品、实践、班队会、国旗下讲话等德育课程有机整合，将法制安全教育、民族团结教育、低碳环保教育、文明礼仪教育等系列专题教育具体安排到相应学科，让系列化、精细化、专业化的德育专题教育落实在课堂教学之中。近几年，我校学生在市区科技节等比赛里，44人次在市级比赛中获奖，362人次在区级比赛中获奖，深圳市学生探究性小题18个。

四、生动教育引领跨越发展，夯实学校内涵发展之路

教育永无止境。我校努力追求“让每个生命都出彩”的生动教育理念，全校教职员工自觉践行并发展这一核心理念，形成了碧岭人独特的精神面貌。

构建绿色校园，营造书香氛围。我校本着“以人为本、环境育人”的理念，建设优美舒适的校园环境，使校园成为花园、学园和乐园。校园的美化和绿化浑然天成，有树有草，有花有果，是名副其实“花园式学校”。教学楼的墙壁上处处悬挂彩色图片，有中外名人故事、哲理故事、传统美德、西方文明、学生作品，让学生在文化和艺术的紧密结合中陶冶情操。学校奉行与自然和谐相处的环保理念，通过开展主题队会、板报、红领巾广播站、文明班级评选等活动，营造“静雅自然生动活泼”的人文环境。学校打造校门口书吧长廊、楼层书吧、教师阅览室、学生阅览室等，利用书籍漂流、全校课文朗诵、书籍跳蚤市场、阅读存折等丰富多彩的活动，为学生在书香中成长创造平台、提供条件。

聚焦课堂，构建“生动”课堂文化。“生动”课堂是指采用多种教与学的方式，追求生动、有趣、自主、合作的课堂，培养适应21世纪的良好综合素养，为学生成长打下良好的基础。要实现这样的目标，我们的课堂应该建设成“尊重、民主、自主、合作”的课堂，打造一种“以学生发展为本”的课堂文化，积极引导学生在体验中深化课堂文化的意蕴、在理解中实现课堂文化的整合、在创造中提升课堂文化的品质，从而培养出综合素养良好、主动学习的学生。

注重特色建设，引领学校内涵发展。我校确立了“让每个生命都出彩”的办学理念，以教育科研为导向，以区重大项目、市重点课题为切入点，统领学校走跨越式、内涵式、现代化的发展之路。我们坚持课题开路、德育为首、课堂中心，构建提升师生“核心素养”的素质教育特色，以生动教育为主线，基本形成了学校教育的核心价值，提升了学校整体办学水平。

心理教育，助力学生身心健康。多年来，我校坚持开展感恩教育，努力通过联系传统节日和德育教育，教育学生心怀感恩，并重视心理教育，重视学生的心理健康工作，学校现在心理C证教师72名；重视疏导，通过心理广播、家校讲座、青春期心理讲座、感恩教育讲座等心理健康活动，奠定学生心理健康基础。

开设家长学校，凝聚家校教育合力。我校利用资源优势对家长进行培训，探讨家庭教育中的共性问题及应对策略，传达育儿科学理念，达到家校合力、共同育人的目标；坚持固定时间、固定地点、固定场次对家长进行免费培训，其良好口碑在家长口中广为流传。

苏格拉底说:“在这个世界上，除了阳光、空气、水和笑容，我们还需要什么呢？”我们的“生动”就是一种学校笑容，一种学校表情，一种学校精神，好比阳光、空气、水，如果我们拥有了生动乐观的笑容、主动探索的精神，我们还有什么事不能做成呢？在生动教育的推进中，我们要生动乐观，主动探索，帮助学生找到发展的可能方向和发展的最大可能，帮助学生构建人生的重要基础，着力探索生动教育有效突破瓶颈的途径和策略，形成生动教育的成果，逐步增强生动教育的影响力，进一步促进学校把握机遇、顺势而为、内涵发展、持续发展与品牌发展。

创新教育，播种幸福

广东省深圳市坪山区汤坑小学　汤庆东

“过一种幸福完整的教育生活！”这是《新教育》提出的最响亮的口号。随着社会多元化的发展，新教育的春风已经吹遍了神州大地，越来越多的师生开始沐浴在新教育的阳光下，与新教育共同进步、快乐成长。

汤坑小学地处我国改革开放前沿的广东省深圳市坪山区，在延绵秀丽的马兰山下，是一所拥有幸福底色和内在气质的现代化学校。在百年办学过程中，一批又一批的汤坑教育工作者，秉承“践行‘幸福教育’，珍视童年生命价值；尊重每一位孩子的人格；真正促进每一位孩子个性发展”的教育理念，凭借“珍视童年　成就幸福”的校训、“微笑待人　追求幸福”的校风、“尊重儿童　传播幸福”的教风、“自主自学　创造幸福”的学风，引领师生为成就金色童年而不断前行，用实际行动为“幸福教育”作出了最佳诠释。

建立幸福课堂，引领学生个性发展

一所学校的文化，喊得再响亮，说得再漂亮，如果不能落实到课堂上，这个文化就是没有根的，也是没有生命力的。为此，汤坑小学以“幸福教育”为办学理念，以“友善用脑”理念为指导，将课堂教学为突破口，构建了基于“友善用脑理念，幸福课堂教学”的基本范式，着力打造快乐、智慧、多元的高效课堂。在这里，教师的作用不再是单纯地向学生灌输知识，而是想办法创设学习场景，把握学生听讲的注意力，开发学生大脑的潜能，激发学生的学习兴趣，使之更快地掌握学习的方法。

课堂上，学生们正在模拟举办一场新闻发布会。他们以组别为单位团团坐，大家踊跃发言，争先上台汇报展示，既不胆怯，也不慌张。而老师除了适时把握引导课堂节奏和进度之外，大多数时间是在旁边认真倾听。在老师的引导下，课堂气氛轻松、快乐，学生们通过自我领悟、小组交流和多样活动达到了学习目的。这正是“友善用脑”幸福课堂的一个例证。

此外，汤坑小学还积极开展国家教育部门重点课题《基于“友善用脑”理论下得课堂实践研究》，把“友善用脑”的6条学习策略引入课堂之中，即课堂开展小组学习、课堂学习评价、学生多感官运用、教室设计布置、学生设计思维导图、课堂冥想。

创建幸福班级，提升学生幸福感

班级是学生成长的摇篮，也是学生自我教育的主要阵地。汤坑小学的“幸福教育”不仅局限于课堂教学，还通过创建“幸福班级从“五个”维度出发打造现代班级管理模式。具体来说，就是温馨幸福教室有幸福班级目标和人文化的班规；幸福班级文化有学生个性社团和班级文化建设；师生幸福之情包含师生幸福谈心和学生成长建议；学生幸福成长有个性特长发展、学生间同伴互助；学生幸福指数包含学生幸福指数、家长满意度指数、班主任科任教师学生满意度。

这种“幸福班级”模式，体现了学生的主体地位，颠覆了传统的教学方法，充分发挥了小组间互助的作用，引导孩子实现了自我管理、自我教育、自主提升的育人功效，不断向着个性化的教育目标前进。

构建家校社企，打造幸福教育联盟

家校社企共育是新型的教育伙伴关系，多方参与有利于教育现代化生态共治，推动学校教育事业改革发展。构建“家校联盟”机制，完

善“共建共育”合作基础，共促学生幸福成长，也是汤坑小学的一大特色。

近年来，汤坑小学推出《家校联盟教师与家长合作协议书》，建立家校师长“契约式、合作式”的新型关系，确保了每一名孩子的幸福成长。同时，学校还建立“家长积分制编印《家校联盟，共促成长》家庭教育指导读本，制定《家庭教育指导细则与手册》，全方位与学生家长进行优化家庭教育，让父母真正成为“第一任教师”和学校教师的“合作伙伴”。

打造特色工程，形成多元教育品牌

学校是培养人才、孕育希望、创造奇迹的地方。近年来，汤坑小学始终贯彻“以人为本，办最适合的教育”的办学追求，与时俱进，开拓创新，发挥正能量，发出新号召，寻求新思路，不仅满足了学生的多元需求，也实现了从特色项目到多元教育特色学校的转化。

搭建教育大厦的“四梁八柱为学校创新发展奠定基础。学校强化“四大梁”职能和作用，即党建引领和党员榜样示范作用、建设学生幸福成长“未来课程”、建设教师幸福成长“共长模式”、建设“友善用脑”深度学习幸福课堂，使学校真正成为师生陶情冶性、修身养德的花园、乐园和学园；学校加强“八大柱”建设，即学校无围墙课程建设、学生生涯规划活动体验、STREAM+人工智能课程、师生创新基因成长培育、学生心德联席教育机制、建设“云课程”学习馆、构建社区共建共育联盟、强化体育美育劳动教育，着力培养拥有阳光气质、良好品质、理想远大的新时代少年。

培育先行示范特色项目，为培养创新型师生搭台唱戏。学校重点培育十大特色项目，即“友善用脑”深度学习幸福课堂项目、“幸福友善之师”名师成长评审项目、“斜杠教师”创新能力拓展培育项目、学生学会学习和创新基因培养项目、创建幸福班级和幸福五星学生评价项目、学生千人英语音标操和韵律操项目、学生千人“幸福太极行”国粹项目、学生千人诵读“国学经典”阅读项目、“快乐足球”千人足球特色操项目、深圳市英语数字教材建设实验班项目，激励学生勤奋学习、志存高远，努力成长为实现中华民族伟大复兴中国梦的栋梁。

“人生应奋斗，付出终有报”。汤坑小学“幸福教育”的教育理念和运作模式在深圳教育界投下了一块巨石，给深圳教育带来了阵阵冲击波。在2020年第六届深圳教育改革创新论坛大奖评选中，汤坑小学被评为2020年深圳市“年度教育改革创新领跑学校表彰在幸福教育办学理念、打造幸福友善之师、创新班级管理模式、改革课堂教学、建设家校社企教育联盟以及培育十项先行示范教育项目方面优秀的教学理念、管理方式和教学方法，为全省乃至全国教育实践提供精彩的湾区样本。

幸福教育说到底，就是知识、智慧和人格培育相统一的教育。目前，汤坑小学正在新教育理念的指引下，全面实施幸福教育，积极建设幸福校园，不断丰富校园幸福文化，通过构建友善幸福课堂、创建幸福班级、建立幸福家校联盟、打造幸福特色项目，让校园处处洋溢着人性美，让每个学生都能享受到浓浓关怀，成就着他们金色童年的幸福和快乐。

研究“趣味百草园”，创设特色班级

广东省中山市小榄镇盛丰小学　黎康华　梁燕霞

教育的根本目的是提升人的生命质量，让人拥有幸福的人生，“盛丰”的校名正好承载了师生幸福成长、和谐发展的使命——要“盛之格局提升人生的高度；要“丰之人生拓宽人生的宽度，即学校教育要使师生生命丰盛起来。生态教育正好契合了这种需要。只有人与环境共处相融，人的生活和生命质量才有保障。（中科院院士杨叔子指出：“科学求真，人文求善，现代教育应该是科学教育与人文教育相融而成为一体的绿色教育”。）学校教育的“绿色发展”致力于绿色增长，促进学校可持续发展。鉴于以上认识，作为校长，黎康华提出了“绿色发展，盛丰人生”办学新理念，并在习近平新时代特色社会主义思想指引下，制定了《基于“生态教育+核心素养”的学校特色办学实证研究》的学校发展新构想，并分批开展相关项目研究。下面向大家重点介绍“趣味百草园”特色班级创设的项目。

一、项目研究的背景

“创建特色班级”是我校德育一项坚持多年的常规工作，本项目主持人梁燕霞2014年创建了以培育学生阳光个性为内涵的“昕烯班2016年创建了以培育学生文明习惯为主旨的“躬行班两次的创建经历让梁燕霞老师深深感受到班本课程对儿童的成长具有特殊作用。2018年，梁燕霞老师接了五年级一个薄弱班，该班后进面大、三科成绩落后、班级凝聚力不够强，部分孩子缺乏自信，怎样改变这个班级呢？梁老师又想到了创建特色班级的路径。在对前两次创建经历进行反思总结后，梁燕霞老师认识到特色班级的创建必须紧扣时代背景、立足儿童需要，课程才具有自己的独特“课程图谱”；同时，特色班级的创建过程就是一次班级课程的开发与应用过程，她意识到只有把儿童放在课程中央，让儿童在亲身实践和体验之中获得真正的成长与发展，“特色”才具有鲜活的生命力。在学校“生态教育+核心素养”的办学特色指引下，梁燕霞老师认识到

实施生态文明教育是当代教育工作者的时代使命，新时代背景下的生态教育应该要为儿童打开一扇自然之门，让儿童认识奇妙的自然世界，从而培养与自然和谐相处的意识。在黎康华校长与梁燕霞老师的智慧碰撞之下，诞生了以本地丰富的中草药资源为研究载体、以中医文化为脉络、以劳作实践为形式的班本课程建设构想。同时，学校拨出一块地用于中草药的劳作实践和探究，命名其为“百草园本项目由此开启了研究之旅。

二、课题研究的意义

对于学生而言，在生态教育的理念感召下，在传统中医文化的熏陶下，在劳动实践活动的促进下，班级儿童定必经历一场难忘而深刻的精神成长。

对于班主任而言，本项目尝试打破班级围墙限制，把儿童放在课程建设中央，力图实施生态教育、传统文化、健康教育等多领域的整合，这不仅是一次勇敢的挑战，而且对其他班主任的成长起到启示和借鉴作用。

对于学校而言，这将是一次生态教育与生命教育融合，传统文化与健康教育融合、班级文化与劳动实践融合的突破性探索。

三、课题研究的目标

1.以中医文化为脉络，打造彰显中医文化光辉、展现儿童自主活力的“趣味百草园”班级文化，并通过学科联合、家校联手、校社联动的方式为孩子搭建成长平台，培养良好的班风学风，培养自信阳光的学子。

2.打造“趣味百草园”实践基地，利用本地丰富的中草药资源，指导学生对中草药的知识、文化及应用开展实践探究，为儿童打开一扇了解中医文化以及生态教育的窗口，培育孩子“与自然和谐共生”意识，发展儿童健康生活、合作参与、创新实践等方面的核心素养。

四、课题研究的内容和对象

1.研究的内容。

（1）班级文化融入优秀中医文化的具体方法，包括班级文化标识设计、管理办法创设、育人内涵定位、激励措施制定等问题。

（2）中草药种植及劳作的相关知识；本地常见中草药的品种、生长特性、药用价值、食用办法；通过中草药课程渗透生态理念的具体方式。

（3）班级中草药课程与语文、美术、科学等课程融合的方式方法。

（4）实施家校合作、开展社会实践活动的相关实施途径及措施。

2.研究对象。一是小学五到六年级学生：研究这一阶段学生对生态教育、中医文化及健康常识的认知接受程度以及思想影响效果。二是本地常见的中草药的生长特性、药性、价值，以及中医文化在小学的应用，包括能被小学生理解的精神文化、健康常识。

五、课题研究的方法和工具

文献分析法。对照文献，查找生态教育、中医文化的相关内涵，确定本项目的价值取向；同时通过资料查找，进一步认识班级文化建设、班级课程建设的创建路径。

个案研究法。通过个案研究，总结班级课程建设的要领，指引本项目实践；在开展本项目探究的过程中，通过学生个案研究进一步揭示本项目对学生发展的影响效果。

行动研究法。提出实验假设，并按照实验方案开展实验并适时调整，从中探索育人规律。

观察法。采用观察方式，观察分析本项目对学生可能产生的各方面影响。

六、课题研究主要成果

1.“趣味百草园”班级获得中山市小榄镇“特色班级集体”称号。梁燕霞老师的论文《弘扬中医文化，厚植人文底蕴——以“趣味百草园”特色班级建设为例》在《广东教育报》2020年4月获得发表。

2.创建了具有独特文化价值的班级文化，与学生亲自动手打造了50多个不同品种的中草药实践基地——百草园。学生们亲自动手拔草、松土、施肥、浇水、栽种，亲历劳动过程，感受到劳动的光荣，养成了想劳动、会劳动、珍惜劳动成果的好习惯，达到了劳动育人的实效，编写了实践素材《“趣味百草园中草药植物与观察”纪实》。

3.形成了一批富有儿童情趣、蕴含文化价值的学生实践作品。学生亲手设计百草身份证，创编中草药微绘本、撰写《中草药种植观察日记》、创作《中草药素材诗歌》、撰写《中草药观察作文》、绘画《我喜欢的百草》。

4.学生系列实践主题展览：“悬壶济世”主题展览，让学生近距离辨析50个中草药的品种，了解中草药的药用价值；“妙手回春”主题展，介绍了神农氏、扁鹊、张仲景、孙思邈、李时珍、屠呦呦等中医药

学家探究中草药的实践故事。“百草园里的成长故事”介绍了学生的实践积累与收获。“药你好看实践专栏”展示了学生居家健康养生的实践。

5.自创了《探索神奇的本草世界》主题班会，举行了多次“中医文化小小解说员”活动。

6.融合生命教育、理想教育。学生亲身见证一颗颗本草的播种、发芽、长叶、开花、结果的完整生命过程，对“生命”有了新的认识，认识到生命的顽强与多彩，联想到自己的人生发展，学会从小树立远大的理想。

七、课题研究主要成效

1.全面扭转了班风学风，深度促进了家校合作。“儿童中央”的课程建设理念满足了儿童心理发展需要，激扬了“班荣我荣”的凝聚力和战斗力。据统计，本项目推行两年来，100%的学生担任过班干部，在班干部轮流制之下，人均担任过3.6个职务；每学期人均奖励积分1000分；人均4次参与过班级文化建设；人均25次参与过“百草园”劳作及实践活动；形成了共500份学生实践作品；班级共举办过大小展览4次；班级利用寒暑假和周末组织过15次红领巾假日抱团实践活动，并共计150人次参加；对班级课程的深度参与不仅满足了儿童被爱和尊重的需要、人际交往的需要，更满足了儿童自我实现的需要——当每一个儿童的努力都被认可的时候，班级就产生了强大的凝聚力，班风学风从此扭转。

2.激发了学生学习兴趣，发展了学生核心素养。本项目关注了儿童的学习需要和兴奋点，突出了学生亲身实践和体验的特性，聚焦儿童的成长和发展，通过学科联手、家校联合、校社联动的方式发展了孩子多方面的核心素养。

3.成为学校生态教育旗帜，推动了生态教育内涵发展。本项目是在我校“绿色发展，盛丰人生”理念指引下，依托市级课题《基于“生态教育+核心素养”的办学特色实践研究》基本理论和构想演化而来的，因为成效显著，故此被纳入为该课题的重点研究领域。

八、课题主要创新点

1.开创了“中草药班本课程”研究之先河。从中国知网的文献搜索来看，研究班本课程的有183项相关研究，而“中草药班本课程”则显示为“0即本项目的探索从内容上说填补了班本课程研究的空白，开创了班本课程研究之先河。同时，本项目的前沿性又体现在：

2.升级了课程开发理念，变革了课程开发方式，展现了“生长”的课程特点。本项目的实施从根本上摆脱了“为创建而创建”、“为特色而特色”的特色班级建设常有顽疾，真正从“实现富有诗意和内涵的教育人生”出发。基于儿童，从儿童出发，本项目让儿童作为一名生活者、学习者、体验者、感悟者，展现出“生长”的课程特点——儿童的个体得到发展的同时，以本项目为母体，其创建经验在其他班级得到辐射和借鉴，以本项目为基础又催生了不同学科、不同领域的其他课题。

3.架起三个支点，突破了生态教育的实施瓶颈。我国的生态教育是比较落后的，有着不少的实施瓶颈，而本项目的实施则架起三个支点，突破了这些瓶颈，为我国生态教育的实施提供了一种崭新的思路和鲜活的案例。

第一个支点——“文化支点”。一块普通的石头，一旦被赋上“某某名人曾经用过”的故事就会身价百倍，这就是文化的力量。长期以来，人们郁于“生态教育就是环保教育”的藩篱，窄化了生态教育的内涵，偏重于知识传授，甚至一些根本接不上小学地气的空泛、繁难的内容被强行灌输，既不符合小学生接受能力，又实在难以持续发展，“为生态而生态”成为一种常态。而本项目的研究，从总体思路上取得亮点突破：

第二个支点——“发展支点”。教育的根本宗旨是立德树人，最终的目的在于发展儿童。本项目的研究逻辑实质上可以被概括为“生态教育+核心素养”——生态教育是载体，发展核心素养是目的。它聚焦“班级”这一儿童最熟悉最具影响的场所，聚焦“实践”这一儿童最喜见乐闻的学习方式，聚焦“兴趣”这一儿童最持久的动力，构筑起促进学生核心素养发展的支点。

第三个支点——“课程支点”。生态教育内容空泛、繁难、过于专业，实在难以落地到小学教育，而本项目的实施是基于本地丰富且常见的中草药，基于地域资源的研究让课程接上了地气。

我国的生态教育没有自己的课程体系，其研究容易出现“想到什么做什么”等问题。本项目则以具有中华优秀文化价值内涵的中草药探究作为课程研究载体，从“班级——实践基地——家庭”三大生活场实施基于中医文化、基于中草药知识、基于学科跨界三个方面的课程开发，描画出自己独特的“课程图谱”。

广深教育同频共振　奏响高质量发展最强音

广东实验中学深圳学校　张培军

3月29日，广东省人民政府印发2021年省《政府工作报告》重点任务分工方案，明确提出深入推进粤港澳大湾区和深圳先行示范区建设，强化广州、深圳“双城”联动，打造高质量发展动力源。众所周知，高质量发展离不开科技创新的有力驱动，而科技创新人才则是其重要支撑。为顺应新时代科技发展的潮流，满足粤港澳大湾区对科技创新人才的需求，今年秋季，一所联动融合广深两地教育资源、以“培养具有中国精神、科学素养、创新思维、全球胜任力的拔尖创新人才”为育人目标的公办学校——广东实验中学深圳学校（以下简称“省实深圳学校”）将正式开门迎新，回应百姓对深圳优质教育的强烈期待。

在推动教育高质量发展的时代“动车”上，学校将以“建设基于科技特色的中国一流基础教育名校”为发展目标，探索优质基础教育与优质科技特色优势互补的育人格局，致力于创办一所集义务教育和普通高中教育为一体的兼顾全面发展与特长发展、科学性和人文性相统一的现代化、智慧型的未来学校。

融汇区域特色，丰厚人文积蕴

省实深圳学校扎根于中国特色社会主义先行示范区——深圳，位于粤港澳大湾区重点建设的“广深科技创新走廊”核心创新平台——龙岗坂雪岗科技城，毗邻被誉为“民族品牌骄傲”的深圳华为总部基地，占地7万多平方米，总投资约11.5亿元，是一所由深圳市教育局与广东实验中学合作创办的直属于深圳市教育局的十二年一贯制公办学校，由直属广东省教育厅领导的省级重点中学、广东省首批国家级示范性高中——广东实验中学负责实施全面管理。目前，学校按4620个学位、96个教学班（36个小学班、18个初中班及42个高中班）的办学规模进行整体规划设计。其中，提供高中学位2100个，今年9月，高一年级将正式开学，首批招收700名学生。

为了实现精细、高效的学校管理，省实深圳学校采用学部制的扁平化管理模式，设置了学生发展指导中心、教学课程发展中心、高效智慧学习中心、科技创新实践中心、信息技术应用中心、文化艺术中心、体育健康中心、品质生活中心八大中心，组建了教师发展研究院、考试评价研究院两个研究院，配备了室内体育馆、恒温游泳池、“400米+250米”双运动场、多功能演播厅、智慧图书馆、智慧餐厅、高研实验室、学生公寓等高端设施，积极为每一个生命体搭建自我实现的平台，让生命在悦纳中感受幸福的成长体验，体味人生幸福完整的庄严承诺。

为了打造灵气、生动的文化乐园，省实深圳学校以“岭南书院、院士之路”为设计概念，以省实的院士文化为主线，融合深圳及坂田片区的科技文化，紧紧围绕省实自建校以来培养的邓锡铭、黄耀祥、范海福、蔡睿贤、姜伯驹、岑可法、钟南山等七名院士的研究领域，创设了药理园、拓扑园、光学园、水煤园、农趣园、轴力园、晶体园等七个园区，将院士文化、院士精神融入校园文化之中，充分体现出科学精神与人文底蕴、空间设计与精神赋能的交汇与创新，倾力打造院士文化，积极弘扬院士精神。

文化是一所学校的“根它既是学校的精神符号，也是学校发展最核心的动力。“用文化的力量促进学校的管理与变革”正为大家所认同，这股新的力量正逐步影响着师生的文化自觉和行为习惯。

联通本部师资，打造教师共同体

教师是教育工作的中坚力量，有高质量的教师才会有高质量的教育。省实深圳学校主要领导班子均由省实本部派出的骨干教师担任，同时在全国范围拟招录来自北京大学、中山大学、北京师范大学、华东师范大学、华中师范大学、东北师范大学等名校的硕士或博士研究生，倾力打造一支具有“省实气质、深圳精神”的高素质、专业化创新型教师队伍，力争为省实深圳学校学子提供高起点、优质化的教育。

时代在进步，教育在发展，教师也需要具备与之相匹配的能力和水平。在师资培养上，省实深圳学校依托学校的教师发展研究院，组织学术项目团队，实施项目团队制，不断完善教师价值共同体、专业共同体、发展共同体，着力构建“双系统五阶梯”的培养模式，推动教师特色发展、协调发展、开放发展、共享发展，最终实现教师个体职业生涯的生命价值。值得一提的是，省实深圳学校将充分发挥“广东实验中学博士工作站”的融合汇聚功能，统整省实本部和省实深圳学校的博士资源（博士导师+博士课程+博士讲堂），增强学校教师校本培养能力与青少年拔尖创新人才培养能力，提高学校对基础教育规律研究和实践创新的能力。

经师易求，人师难得。教师是教育发展的第一资源，是提升育人质量的根本动力。截至目前，省实本部拥有一支师德高尚、爱生乐教、业务精湛、勇于创新的高水平、高学历教师队伍，具有高级职称的教师占专任教师总人数的52%，硕士研究生学历以上的教师占专任教师总人数的49%。在实际教学中，省实本部师资将与省实深圳学校师资融合统整、联通使用，根据省实深圳学校教育教学的需要提供师资保障、课程资源、导师团队、学术研究等系列资源，精心塑造有灵魂、有品格、有情怀的发展性人才。

设置特色班级，实施王牌课程

关注孩子的幸福与快乐，立足孩子的成长和完善，才是教育追求的终极目标。省实深圳学校秉承着“为了每一个孩子全面而有个性的健康发展”的办学宗旨，以“格致创新、多元发展、追求卓越”为育人理念，以“建设基于科技特色的中国一流基础教育名校”为发展目标，创新设置特色班级，探索开发王牌课程，着力培养具有中国精神、科学素养、创新思维、全球胜任力的拔尖创新人才。

为培育未来的科学家和各行各业的领军人物，省实深圳学校创设“拔尖创新人才培养特色班”系列，相应设置南山班、创新班、博雅班三类特色班级，并为配备了高校知名专家教授作为校外指导老师，省实本部教学名师、高级教师、名校毕业的硕博研究生为校内指导老师，对学生进行个性化生涯规划，重点培养打造，努力为知名高校输送尖端人才。其中，南山班（钟南山科学人才培养班）侧重理科竞赛，旨在培养未来有兴趣从事基础学科研究和关键领域工作的优秀学生；创新班侧重科技创新，旨在培养具有科技创新能力，以人工智能为主要发展方向的优秀学生；博雅班侧重人文素养，旨在培养有志于从事文史哲等人文社科类方向研究的优秀学生。

除了创设特色班级，省实深圳学校更是依托本部科技教育创新资源，在课程设置上推出“学校王牌”——实施“格新课程包括“知新”(理解科学知识、掌握科学方法)、“求新”(科学实践研究、提升科学素养)、“创新”(创新解决问题、树立科学精神)三大版块，着力培养学生以综合视角解决真实世界中的问题的能力，引领学生创新实践，逐步成长为具有深厚底蕴、宽广视野、浓厚兴趣、高远境界的拔尖创新人才。

此外，在人才培养上，省实深圳学校决定采用“2N”型复合模式，联接广州、深圳两地的教育资源，包括双导师制、双学伴制、双经费制、双学习制、双研究制等，促进学生全面而有个性的发展，打通基础教育改革试验创新的湾区通道。

优越的地理位置，先进的教育理念，鲜活的校园文化，优良的教育团队，广泛的社会影响，必将使省实深圳学校有着较强的示范性。省实深圳学校毗邻华为总部基地，位于龙岗坂雪岗科技城，能够为深圳高质量科技人才的子弟后代提供更多的优质学位选择。同时，广东实验中学的学校内涵、办学理念、校园文化与深圳开放包容、追求卓越的教育文化一拍即合，广州、深圳同属大湾区核心城市，同属“二小时生活圈”内，双城的经济文化发展水平具有较高的相似性，广东实验中学教育集团的经验和优势有望迅速在省实深圳学校得到传承并加以创新，从而使省实经验更好地落地，与深圳教育生态产生更默契的同频和共振。

壮乡红城育英才　千姿百色飞彩凤

广西百色高级中学　谭冠斌

新时期，广西百色高级中学以立德树人为根本任务，以办人民满意的教育为根本目标，植根于壮乡红城百色革命老区，发扬百色起义精神，秉承“为学生一生奠基，对民族未来负责”的办学理念，坚持新时代新发展理念，深入推进学校管理科学化、规范化、现代化、特色化与精细化，构建五育并举的教育体系，推动学校各项工作进位争先，加快学校办学现代化进程，努力培育少数民族地区英才和合格建设者，不断坚实地向创建全国文明校园的总目标迈进，为百色老区教育和经济社会快速发展奉献自己应有的力量。

一、班子坚强有力　突出善作善成

学校党委始终以习近平新时代中国特色社会主义思想为指导，重视领导班子在教职工队伍中的核心作用，把加强班子建设作为精神文明建设的重中之重来抓。学校党政领导班子以“政治素质好、团结协作好、用人导向好、作风形象好、科学发展实绩好”为标准，强化党组织的政治功能，发挥党组织的战斗堡垒作用，为学校事业的持续发展保驾护航。

学校党委通过开展“红烛先锋”活动，实施党建工程，突出一校一品，创建百色市“党建示范校充分发挥党员在教育教学中的先锋模范作用。依托百色红色教育资源，进一步完善“党建+德育”、“党建+团建”、“党建+教学”、“党建+科研”、家长接待日等制度，让思想政治教育特别是红色革命传统教育贯穿学校现代化管理和教育教学过程，突出先进思想的引领作用，增强教职工的凝聚力，形成文明和谐、积极向上的校风。

二、彰显办学特色　工作卓有成效

学校创新教育管理模式，优化育人实效。一是积极探索民族教育新途径。学校立足老少边穷地区学生特点，积极探索和实践边疆少数民族地区高中免费教育路子，强化少数民族人才培养，推进教育精准扶贫，民族班“进得来—跟得上—学得好—出得去—回得来—用得上”的办学经验被载入《中国教育年鉴》。学校先后培养出范威、黄华晔、黄崇俊三名广西高考状元。此外，十九大代表、海军第一位女实习舰长韦慧晓博士也曾就读于百色高级中学。

二是积极探索思想品德教育新形式。学校狠抓德育关键点，不断创新德育模式，凸显德育工作特色，让学生在潜移默化中成长为德智体美劳全面发展的社会主义建设者和接班人。首先，不断加强德育课程建设工作。针对不同年级群体开展针对性教育，提高主题德育实效；充分发挥课堂德育主渠道和学校德育主阵地作用，全面深化社会主义核心价值观教育；初步建构“道德教育课程化”、“法制教育体验化”的德育课程体系，不断提升班主任在班级管理和心理教育辅导方面的能力。其次，积极践行红色教育思想。学校依托红色革命教育资源及百色市法治教育基地资源，结合传统节日、重要纪念日和重大活动，开展模拟法庭审判、红歌校歌比赛、研学旅行之农业实践活动、经典诗文朗诵比赛、十八岁成人礼、迎新晚会等一系列主题教育活动；打造能走进学生内心的德育品牌，为学生搭建勤奋学习、健康成长、快乐生活的平台；定期开设劳动实践课，不断完善生涯教育课程；加强生活教育、生命教育、生态教育、生涯教育“四生”主题教育，为学生搭建广阔的健康成长平台。最后，利用多种资源进行养成教育。学校充分利用教室走廊、墙壁、校园文化墙等载体，陶冶学生情操，启迪学生智慧，展示学生风采，形成良好品质；充分发挥校园广播站、校园电视台的作用，拓宽育人渠道和空间，营造特色鲜明的社团活动环境，促进学生全面发展。经过努力，学校校风正、教风良、班风好、学风浓，全校师生呈现良好的精神风貌。

三是积极推进教学改革。学校主动探索建立与常态化疫情防控相适应的教育教学工作机制，重构教学方式，探索有百高特色的线上线下互补的混合式教学。认真实施各项教学工程，特别是核心素养渗透课堂教学工程，推行“精讲多学”的高效课堂，强化教研组建设，备课组长和学科建设作用逐渐显现，效果逐渐提高。

四是积极创新拓宽宣传渠道。学校充分发挥官方网站、微信公众号与校内宣传阵地的作用，做好宣传学校教育改革和发展中的重要活动、先进人物和典型经验的工作，加强对外宣传，讲好百高故事，提升学校形象，放大办学亮点，不断扩大学校的区域辐射力和影响力。

加强教师队伍建设，不断提升育人质量。一是加强师德教育，提高综合素质。学校把塑造良好师德和提高业务水平作为教师队伍建设的两大基本任务，积极弘扬敢为人先、勇于担当、勇争上游的精神，把握好选人用人的导向，不断完善干部考核评价体系，让想做事的人、能做事的人有岗位，做成事的人有地位，确保学校的基础稳固，实现可持续发展。

二是抓实发展动力，促进教师发展。学校建立“教坛新秀—骨干教师—学科带头人—专业领军人才”四级培养体系，把教育信息化项目建设与教师成长融合起来，优化教师成长规划，分阶段完成对教师的培训与考评。通过联合教研、研究课、优质课比赛等途径促进青年教师快速成长，以教科研带动教师教育教学理念、教学方法的更新和落实，以课题研究促进教师的专业成长。通过百色市教育局的“百千万工程努力培养一批名师、名班主任，以点带面，打造一支师德高尚、业务精湛、敬业爱岗、一专多能、善于合作、乐于学习、勤于实践、勇于创新、充满活力的师资队伍，让学校现代化办学之路行稳致远。

目前，学校现有教职工 285 人，其中特级教师10人，“八桂名师”1人，正高级教师3人，高级教师90人，中级教师114人，荣获全国模范教师、全国优秀教师、自治区优秀班主任等自治区级以上荣誉称号的有13人。

三、教育润物无声　素养全面提升

加强学校文化建设，塑造积极向上校园。一是优化显性育人。校训石、行知广场、文化石、鸿飞亭、教学楼名称、宣传展板等都成为校园文化的鲜活符号，校园的每一条走廊、每一面墙壁、每一间教室都被赋予鲜明的文化主题，充分体现各自的特色。二是坚持文化育人。校训“明理、博学、荣校、报国”贯穿学生的成长过程。打造独具特色的年级文化，让高一学生成为明白事理、行为规范的合格百高人，高二学生成为博学多才、担当责任的成熟百高人，高三学生成为刻苦拼搏、理想远大的优秀百高人。三是搭建活动平台。积极培育有影响力的精品学生社团，营造浓厚的社团文化氛围，让学生充分展示青春风采。其中，学校鸿飞文学社创办的社刊《鸿雁诗情》先后被团中央学校部、中国教育学会语文教学研究会、全普通话文报刊协会评为国家级校园校报校刊中学组一等奖。

加强校园环境建设，营造优美成长环境。学校持续美化校园，注重校园绿化，让校园充满生机和活力。用环境来影响人、塑造人，激励学生爱祖国、爱学校、爱学习、爱环境、爱生命、爱奉献的热情。

近年来，学校锐意改革、积极进取，教育教学成果丰硕，学生德智体美劳得到进一步发展。学校先后荣获“全国中小学德育工作先进集体”、“全国师德先进单位”、“全国文明校园”、“百色市中小学党建示范校”等80多项国家级、自治区级和市级荣誉称号。2018年12月，在自治区成立六十周年之际，中共中央政治局常委、全国政协主席汪洋到学校视察，对百色高级中学民族教育、办学特色及取得的成绩给予充分肯定。

壮乡红城育英才，千姿百色飞彩凤。在新的历史起点，百色高级中学将继续更新理念，以更高的要求、更实的措施、更细的管理，抓住机遇，解放思想，真抓实干，精益求精，全力加快推进学校办学现代化的步伐，为少数民族地区教育和经济社会发展作出新的更大的奉献。

打造党建品牌　助推荷中教育教学发展

广西贵港市荷城初级中学　严郁富

我校成立于2011年9月1日，学校分为两个校区，其中总校区占地150亩、二校区占地140亩。近年来，我校党委在市委教育工委的领导下，坚持以习近平新时代社会主义思想为指导，以党建为引领，以教育教学为中心，按照党支部标准化规范化建设的要求，创造性地提出和运用了富有我校特色的党建工作方法，成功地创建了“红荷莲心”这一具有鲜明的贵港特色和荷中特色的党建品牌。

学校以“荷”来创品牌，围绕“荷”来做文章，打造“荷美”校园。促进师生从感悟荷花高洁品性到引领儒雅行为，乃至形成文化力，以至于凝练成精神品质。学校先后荣获“全国科研先进单位”、“全国和谐校园”、“全国国防教育特色学校”、“自治区爱国拥军模范单位”、“自治区文明校园”、“广西中小学发明创造示范单位”、“贵港市五一劳动奖状”、“贵港市先进基层党组织”等300多项荣誉。

一、党建品牌的意义

“红荷莲心”——融入了我校“荷”文化的元素，旨在以习近平总书记关于做好学校党建和思政工作的重要批示精神为指导，以加强党的先进性建设为主线，通过弘扬“红荷”(红彤盛开的荷花，象征一颗红心向祖国，听党话、跟党走、奋发向上、勇担使命）精神，秉持“莲心”(寓意清正廉洁、永葆初心本色、坚持服务社会的为民初心）情操，以“核”心领航工程、“和”谐强师工程、匠心育“禾”工程、爱“荷”思廉工程、家校联“合”工程作为“红荷莲心”党建品牌的活动内容，按照党支部标准化规范化建设的要求，创新运用“12345”党建工作法，即：树立“一个理念”、落实“两个明确”、实施“三个培养”、构建“四级体系”、突出“五大融合”。把我校打造成广西的党建品牌学校。

二、党建品牌的理念与内涵

一是爱党爱国理念。围绕爱党爱国教育的中心任务和践行全心全意为人民服务的根本宗旨，深入开展“红荷莲心”党建品牌创建工作。教育广大师生学习了解党的理论知识，了解党的思想、路线，坚持以马克思列宁主义、毛泽东思想、邓小平理论、“三个代表”重要思想、科学发展观、习近平新时代中国特色社会主义思想为指导，做到德行统一，坚持与时俱进，不断开拓创新，教育和引导广大师生树立中国特色社会主义的共同理想，大力弘扬社会主义荣辱观，高扬爱国主义旗帜，不断增强民族自尊心、自信心和自豪感。

二是立德树人理念。在爱党爱国爱民教育过程中努力把学生们培养成有理想、有道德、有文化、有纪律的德、智、体、美、劳全面发展的社会主义建设者和接班人，为中华民族的伟大复兴输送源源不断地新生力量。

三是永葆初心理念。我校在创建“红荷莲心”党建品牌伊始即要求党员干部和莘莘学子当如“荷花”般清香远扬，擘画“莲心”成色，应如“红荷”般奋发向上、勇担使命，用实干作为为祖国建设带去幽幽清香，让共产党人的“初心”清香远播、人人共享。

四是奉献社会理念。我们把党建品牌的效果放置实践中去检验，要求学校党员干部以“奉献社会”的思想自觉引领干事成事的行动自觉，把各项工作往实里做、往深处干，以工作的实绩实效，进一步提升党建品牌的质量，发挥党建品牌的综合效应。

品牌内涵:“红荷莲心”的党建品牌其内涵，意指我校以对教育事业强烈的政治使命感，以为国家和社会培养“红心向党、高尚正直、不忘初心、奋发有为”的栋梁之材为使命，多措并举、大胆创新、力求实效，不断推动我校党建工作和业务工作和谐发展、同频共振，办出人民满意的教育。

三、党建品牌的活动内容

学校以“荷”来创品牌，围绕“荷”来做文章,“红荷莲心”的党建品牌活动内容，主要包含“五个工程”:“核”心领航工程、“和”谐强师工程、匠心育“禾”工程、爱“荷”思廉工程、家校联“合”工程。

四、党建品牌建设的主要措施

树立“一个理念”。牢固树立“围绕教学抓党建，抓好党建促教学”的工作理念。以党的先进性和纯洁性建设为主线，以落实党建工作任务为目标，坚持党建工作和业务工作一起谋划、一起部署、一起检查、一起考核。实现党建工作和教学工作的联动推进、深度融合，全面提高教育教学质量和水平。

落实“两个明确”。明确学校党建主体责任，明确各支部工作重点。按照《全区加强党支部标准化规范化建设重点任务清单》，压实各支部的工作任务和重点。

实施“三个培养”。把优秀的青年教师培养成为党员，把党员培养成为教学能手，把优秀党员培养成为管理骨干。实施新老教师“传帮带”、“结对子互帮互学，设立“党员先锋岗发挥党员教师先锋模范作用，党员做好一个示范课件、上好一堂示范课、管好一个示范班。

构建四级责任体系。构建党委、党支部、党小组到党员四级责任体系，形成一级抓一级、层层抓落实、齐抓共管的工作局面，制订党建岗位责任清单，落实各级书记及相关负责同志的主体责任。弘扬爱岗敬业、俯身耕耘优良作风，打造忠诚、干净、担当党员干部队伍。

突出“五大融合”。学校党委以“党建+”为抓手，以“党建强、教育强、国家强”为目标，积极引导各党支部在“五个融合”中主动作为、彰显能力、树立形象，推动学校党建工作更好地发展，深度提升学校教育内涵。

五、党建品牌的实施过程

第一阶段：宣传发动阶段。党委认真组织宣传工作，发动广大党员教师积极投入到党建品牌创建活动中，在集思广益的基础上，制定荷中党建示范学校创建工作实施方案，明确我校党建工作指导原则、创建目标、工作规范、实施步骤以及组织领导和责任分工等方面内容。同时利用媒体、公众号、微信（或QQ）群、宣传橱窗、黑板报、标语、广播，积极营造创建氛围，强化红色阵地建设，用有形的阵地凝聚无形的力量。

第二阶段：创建培育阶段。党委按照创建方案，开展创建工作。同时，定期组织党支部召开创建工作会议，解决实际问题。以群众和广大师生喜闻乐见的形式，开展爱党爱国教育、丰富党建工作活动载体，突出荷中党建品牌特色，务求取得实效。

学校党委按照方案要求，积极开展创建活动，结合学校教育教学工作实际，紧紧围绕“红荷莲心”这一主题，开展创建工作。以匠心育“禾”工程、爱“荷”思廉工程和家校联“合”工程等活动为载体，丰富党建内容，突出荷中党建品牌特色，捕捉亮点，扩大活动品牌的生命力，务求取得实效。

第三阶段：总结验收阶段。学校党委认真总结“红荷莲心”品牌活动过程中的典型经验，巩固活动成果，使品牌文化活动步入良性循环的轨道，建立长效机制，将其纳入学校长远发展规划之中，成为学校长期的重要任务之一。同时，校党委对照党建实施方案及考核评估细则和每个阶段的工作情况认真加以总结，做好申报建档、资料归档立卷，迎接市委教育工委的验收考评检查。

六、党建品牌取得的效果

党员有担当、党委有活力、党建有成效。近年来，我校“红荷莲心”党建品牌引领教育发展卓有成效，学校先后被授予“全国科研先进单位”、“全国和谐校园先进单位”、“全国青少年毒品预防教育627工程示范校园”、“全国国防教育特色学校”、“自治区爱国拥军模仿单位”、“自治区文明校园”、“广西五四红旗团委”、“广西中小学发明创造单位”、“市直机关先进基层党组织”、“贵港市民族团结进步示范学校”等荣誉称号。学校2019年连续四个季度获得了先锋之星流动锦旗。党委书记严郁富同志还被评为自治区优秀党务工作者、自治区特级教师、并荣获2018年度自治区“五一劳动奖章”。

学校党委在年级组、学科组建立党支部或党小组，增强党组织的覆盖力。将党建工作贯穿到教育教学全过程，不断推进党建工作与教育教学深度融合，实施“一师一优课、一课一名师”工程，举办班主任和骨干教师经验交流会、利用智慧教育云平台对教师开展全方位、多角度培训，不断提升教师队伍专业水平。为助推党建工作的顺利实施，做好师资力量保障，市学校党委一直采用选送培训、远程网络培训、校本培训和送教下乡等多种方式，有计划地组织全体教师参加培训，积极打造高素质专业化教师队伍。

以“红色活动”为载体，培养学生的爱党爱国情怀。通过“红歌献给党，共圆中国梦”红歌比赛、《红色传奇》进校园系列活动、“爱国主义”读书教育活动、参观黄大年纪念馆等活动，以学生喜闻乐见、生动活泼的形式，让“红色种子”在学生的心中播种、生根。

着力发挥党支部、党员在家校沟通方面的关键作用，凝聚各方力量，助推教育事业发展。在家委的组织下，每学期举办户外亲子活动，平时也安排公安、交警、消防等专业部门的家长到校上法制课、安全课，充实学校的管理力量，开拓教育教学新渠道。

育民族文化之花，结民族团结之果

广西蒙山县夏宜瑶族乡民族学校　李华荣　黄金清

民族文化是我国各民族传承和发展的根本，也是各民族蓬勃发展的精神命脉。近年来，我校坚持把民族团结教育贯穿于学校教育工作中，把民族团结进步创建工作落到实处，　积极挖掘了具有民族特色的趣味传统文体项目——木板鞋、竹竿舞、抛接绣球、打陀螺等，挖掘和发展民族传统文化，开设瑶语课程，成立瑶绣工作坊、组成百人长鼓舞并开展丰富多彩的主题活动，培育“平等互助、友爱包容、共同进步”的思想理念，在一批批学生中播种“团结进步之花”。

我是一所九年一贯制学校。近年来，学校建立完善民族示范创建工作的责任机制，最大限度汇集人力、财力、物力，推进民族团结进步创建工作。集中力量进行校园设施改造建设，筹资建设新教学楼，及时整体规划学校配套设施建设，对教学楼、食堂、宿舍进行扩建改造，统一立面民族特色装修，完善多媒体设备、安装太阳能热水洗浴系统、塑胶跑道等配套设施。2017年以来，学校建设瑶绣美术手工室、文艺舞蹈室、科技展示室等少年宫活动功能室。民族特色浓郁、环境靓丽整洁的校园，成为瑶乡孩子理想的成长摇篮。

一、实施文体教学，传承民族文化

学校秉承当地民族习俗文化，把优秀传统文化融入学校各项教育教学当中，形成了具有地方特色艺、体教学模式，让学生在快乐中学习，在学习中健康成长。

开展瑶语教学课，编撰瑶语教材。学校注重瑶族文化的保护与开发。近年来，学校带领骨干教师，参照汉语教学，用音标为汉语句子标注瑶语发音，系统编写瑶语特色校本教材，从吃、穿、住、行等方面介绍瑶族人民民族特色风俗。该教材供师生学习品读，让瑶族文化沉淀至瑶乡学子的血液基因。

为了使民族团结进步工作进校园、进班级、进课堂、进头脑。学校聘请当地著名的瑶语教师，通过开设瑶语课，强化汉语、瑶语“双语”教学，坚持用瑶语传播党的声音，用瑶语弘扬民族传统，用瑶语宣传发展成果，使 “三个离不开”、“五个认同”扎根在师生灵魂深处。

开展“民族传统体育阳光大课间”和传统体育项目进课堂活动。学校积极动员和组织师生，把民族团结进步创建深入持久开展起来，把传统体育项目，如打陀螺、抛绣球、大象拔河等项目融入阳光大课间和进课堂。学校还请教民族体育竞技活动传承人，亲自制作了一批木板鞋、顶竹杠等项目器材，开展传统体育项目教学，逐渐建立了具备特色的民族文体项目教学模式。

学校作为梧州市少数民族传统体育绣球、陀螺、板鞋等项目的训练基地，分别于2010年、2014年、2018年三次代表梧州市参加广西壮族自治区少数民族传统体育运动会。

二、营造团结氛围，开展系列活动

重视宣传，营造良好的民族团结进步氛围。学校积极动员和组织师生，把民族团结进步创建深入持久开展起来，利用宣传标语、宣传专栏，宣传各民族风俗习惯，展示各民族丰富多彩的文化；通过主题班会、大课间、专题展播、升旗仪式、民族体育竞技、文艺汇演等载体开展活动，营造民族团结进步宣传良好氛围。

结合民族团结进步主题，积极创新开展系列活动。学校围绕“传承发展民族传统文化，弘扬团结进步思想”开展系列民族团结进步创建主题活动。开展了瑶绣课、组织 “瑶绣”实践工作坊等活动。

开展瑶绣课堂。学校依托乡村学校少年宫瑶绣工作坊聘请当地和外地经验丰富的瑶绣老师，利用课外时间开展瑶绣课堂，以老带新，结对帮扶，留住了民族传统手艺。至今我校瑶绣发展形势喜人，其中瑶绣课堂展示在“梧州市第十五届中小学生艺术展演活动”中获得一等奖，在“2018年广西第六届中小学生艺术展演活动”中获得二等奖的殊荣。

开展系列民族团结进步创建主题活动。2015年开展的“民族文化我传承暨团结进步我成长”等主题班队活动，在县、市少先队队课说课比赛中分别获奖。示范建立了本地区新形势下，濒临失传的瑶绣技艺的传承和发展的载体和平台。2019年蒙山县第八届中小学生艺术节中参演的民族舞蹈《瑶山秀水荡春光》荣获二等奖；参加蒙山县阳光大课间活动中，民族传统体育大课间荣获县三等奖；“民族魂 成长梦”民族文艺歌舞汇演；开展民族传统体育运动会；端午节包粽子活动暨高“粽”仪式；参加夏宜乡税收宣传月演出活动。

开展民族团结“学理论、树标杆”活动。为了让瑶乡每一个孩子都不掉队，学校坚持“德育先行”教学理念，组织教职工认真学习习近平关于民族工作的重要论述和重要讲话精神。加大对少数民族先进典型的培养树立和宣传力度，充分展示学校民族团结进步创建的丰硕成果。学校党支部副书记、副校长蓝庆于2019年9月获国务院授予“全国民族团结进步模范个人”称号，学校广泛组织师生听讲座、学政策、学法律、学典型，在他的示范带动下，全校形成人人争当民族团结进步先进的良好氛围。

开展民族团结进步知识竞赛、民族团结模范班级个人评比。学校每学期定期组织师生开展民族团结进步知识竞赛、民族团结模范班级和个人评比，深入宣传党的民族政策，引导师生牢固树立正确的民族观，坚定不移地促进民族团结进步。

三、开展推广工作，发挥示范效应

梧州市蒙山县夏宜瑶族乡地处三市(梧州、来宾、贵港)四县(蒙山、金秀、藤县、平南)交界点，每年就读的周边县乡少数民族学生将近50人，占全校学生总人数的10%。学校坚持“有教无类”的理念，采取“常规化管理+精准帮扶”模式强化协调配合，注重瑶乡实际和民族风情，做到校长统筹规划谋部署，教师齐抓共管做示范，学生传承弘扬以践行，全校上下心往一处想，劲往一处使，让“民族团结进步种子”在师生心中生根发芽，茁壮成长。

学校还依托瑶乡“农历八月初四”、壮族“三月三”等特色民族文化活动，积极组织“瑶家山歌大家唱”、“长鼓舞、跳竹杆大课间展”等主场大型活动，强化与邻县邻乡交往交流，加强以民族节日增进民族互信、以民族活动凝聚人心，手挽手，肩并着肩，齐心戮力，促进各民族交往交流交融。

学校以党建为引领，以活动为抓手，取得了一系列成果。2018年12月，荣获“广西第六届中小学生艺术展演活动”中荣获艺术实践工作坊二等奖；2016年12月，获评“自治区第三批民族团结进步教育基地”；2019年12月，获评“第三批自治区民族团结进步示范学校”；副校长蓝庆于2019年9月获国务院授予“全国民族团结进步模范个人”称号。

面对未来，我们将不断传承和创新，开展丰富多彩的活动以促进瑶乡民族文化的传承和发展。我们将结合新时代要求继承创新，引用教育之活水，育传承民族文化之花，结民族团结之硕果，让民族文化在校园文化中大放异彩，为少数民族地区培养优质人才，奋力奏响新时代民族大繁荣大发展的华美乐章。

夯实学校内涵发展，打造山区特色学校

广西南宁市隆安县都结乡初级中学 梁寿环

隆安县都结乡初级中学是一所从大石山中开辟出来的农村学校，创建于1970年12月。建校五十年来，历经数代都中人的艰苦奋斗，学校以幽雅怡静的育人环境、独具特色的文化建设，严谨求实的教风学风、设备先进的教学设施、业务精湛的教师群体和辉煌的办学业绩跻身于全县同级学校前列。近年来，我校先后荣获“自治区绿色学校”、“自治区餐饮服务食品安全示范单位”、“自治区全民健康生活方式示范食堂”等多项荣誉称号，成为全县知名的农村山区学校。

一、营造育人氛围 改善办学条件

学校的教育既是有形的，也是无声的。

营造育人氛围，浸润师生心灵。我校校园布局科学合理，教学区、运动区，学生生活区、教师生活区四个区域独立分开，动静分明，互不干扰。校园绿化面积达到85%以上，种有扁桃树、白玉兰、凤凰树、小叶榄仁，三亚槟榔，夜来香、桂花、山茶花等十多种花草树木，绿树鲜花，相得益彰。校内建有感恩亭、读书亭、怡心亭等。亭楼前后，绿树掩映，芳草萋萋。再加上干净亮洁的校园，意义深刻的墙壁文化，精心设计的文化广场，清脆活泼的校园广播。处处体现着环境育人的浓厚氛围，让美的环境育出美的心灵。

改善办学条件，优化教育资源。长期以来，我校坚持把改善办学条件，优化教育资源为校级领导工作的第一要素，办学条件日益完善。教室、宿舍实现了楼房标准化，功能室配备齐全；设有心理咨询室，音乐舞蹈室，美术室等17个专用功能室；生均教学仪器总量和计算机台数达到配备要求的标准；生均图书馆达到每人45册，能够满足学生课外阅读，拓宽学生获取知识途径；每间教室都配有班班通远程教育设备；所有的教室和宿舍都安装了空调设备，为学生营造了一个冬暖夏凉的良好的学习和生活环境；整个校园都装有监控设备，实现了校园监控无死角；体育运动场地及设备齐全，能够满足体育教学用地和师生课外活动需要。

二、引进先进理念 多种举措保障

我校坚持以习近平新时代中国特色社会主义思想为指导，全面落实新时期党的教育方针，走科研兴校，科研强校之路，以抓课堂质量为主体、以体育、美育为辅翼。

培植精神文化，打造特色校园。学校精神文化是学校文化的核心和灵魂，学校要凸显办学理念和办学思想，传承学校优秀传统，彰显学校个性发展特色。因此我校根植乡土传统，根据乡情提炼出以“打造都中品牌，创建农村名校，为山区学生走向成功奠基”为办学理念。在这个理念指导下，提炼出校园文化教育主题“奋飞”。即奋起飞翔，走向山外世界，成就幸福人生。以创建“质量强校、文化立校”的农村特色学校为奋斗目标。学校现已建成党史、国史和校史教育展厅，“民族团结文化教育基地”、“奋飞”、“牛耕”、“推磨”、“舂米”、“头悬梁”、“理想”等乡土文化教育基地。乡土文化教育基地融入红色精神和红色元素给广大师生了解红色历史，接受红色教育，激励着农村山区孩子志存高远、自强不息、立志成才。

多种举措并进，谱写教育华章。制定教师管理制度，定期组织教职工政治学习，加强思想政治工作，努力提高教师的政治素养和道德修养；开展新颖又充满活力的教研活动，以榜样的力量引领教师专业化成长，助推教学质量提升；加强督导检查，落实全面发展素质教育方针；强化体育锻炼，增强美育熏陶，加强劳动教育，实践“五育”并举。多年来，我校中考成线稳步攀升、体育、文艺、美术竞赛捷报高传，谱写了党建引领学校走向农村山区特色强校的华章。

三、党建引领德育 打造幸福校园

长期以来，我校秉承“育人为本，德育为先”的工作理念，把立德树人作为办学的根本任务，以党建引领德育为抓手，制定以党支部主抓德育工作的有效方案。

重视思想教育，活动促进成长。在日常工作中，党支部扎实做好

教师的思想政治工作，推进师德师风建设，通过开展学习教育新规，学习先进人物，制定规章制度，建立奖惩机制等，发掘本校优秀教师，树立典型，潜移默化地影响学生，教育学生。

长期开展感恩教育节、阳光体育节、文化艺术节、五月我为团旗添光彩等主题鲜明、形式多样、丰富多彩的主题教育活动，开展红色经典进校园活动。同时，重视心育，创设心理咨询室，开设心理教育课，营造良好的心理文化环境，消除学生自卑、孤僻、抑郁、冷落、嫉妒、造反等心理或暴躁攻击等行为，健全完善学生人格秉性。

共建师生和谐，保障家校共进。我校一直倡导师生之间平等交往、相处融洽，行为举止文明，彰显礼仪规范。为密切学校与社区、家长之间的关系，长期开展大家访活动、家校共建活动，充分发挥家委会功能，争取得到群众对学校工作的理解、支持。学校还建立健全留守儿童关爱机制，实行“一对一”的帮扶。

同时，我们深知校园安全是建设温馨校园的保障。一直以来对安全工作高度重视。成立专人领导小组，制订安全工作计划，完备各种安全工作预案及制度，使各项安全工作落到实处。还利用学生集会、主题班会、国旗下讲话、校园广播等阵地有针对性地进行安全教育。坚持开展相关的安全演练，进一步提高全校师生的安全意识，增强自我保护和安全防范能力，让安全隐患人人排查、安全工作人人知晓、安全防范人人参与。

教育的路千变万化，实现的方式千般万种，但我们相信：只要全体都中人继续怀揣教育初心，以满腔火热的工作热情，开拓创新的拼搏精神，必将会使学校成为最美校园，我们也一定会办成人民满意的教育。

建设特色教育阵地，彰显品质教育魅力

广西南宁市沛鸿小学　蒋修禧

教育是民族之大业，是实现中华民族伟大复兴的重要工程。因此，作为一所学校，要坚持全面贯彻党的教育方针，落实立德树人根本任务，发展素质教育，推进教育公平。我校前身是“津头国民基础学校深厚的文化底蕴让学校意识到要想与时俱进，既要让传统文化扎根校园，又要紧随时代的信息化发展，这些光是靠课堂学习是不够的，还要建设集信息、文化、活动为一体的新型教育阵地。为此，我校投入大量资金，带着把博物馆搬进校园的思想，打造了校园博物馆式的沛鸿博雅园，为学生调研、研究、实践等探索活动提供丰富的场地，同时也继承和弘扬了中国优秀的传统文化。

一、立足区域设计，增强学习体验

博雅园整个空间里通过区域设计分为布展区、研究区、体验区、学习区和运动区，各个部分相对独立但又互相联系，形成一个既独立又统一的空间。利用文化实物展示、虚拟交互体验、多媒体技术等方式营造沉浸式学习氛围，方便学生在此开展多种学科的学习。

博雅园的建立帮助学校实现了从课堂到课外，从书本到实践，从城市社区到校园，以更加有趣、多元的方式开展实践课程，让无边界、无距离的学习为学生成长发展赋能。为不断丰富沛鸿博雅园内容，切实发挥博雅园育人作用。我校决定以现代书法刻字工作坊为引领，开展中国传统文化进校园，把优秀的中国传统文化集于博雅园中，让师生足不出校就能够体验博物馆式的研学体验。从定位上来说这不光是一个校园内的博物馆，一个成果展示空间，它更是一个中国传统文化大课堂。

除此之外，我校以雷沛鸿塑像为中心，在博雅园设置了新六艺空间，在功能布局上有现代书法刻字、陶印、剪纸、拓片、戏曲、书法、绘画等，适应学生多元化发展需求，传承并发扬传统艺术文化。塑像旁有休闲体验区，南北围墙有碑帖长廊和刻字作品展示，两旁摆放了供书法刻字、绘画、剪纸共用的桌椅，其背景墙也是学生作品的展示区。展示中国传统文化及校本课程成果，凸显学校的特色课程。

二、汇集文化精粹，成就精彩未来

体验区整体设置上以体验展示中国传统文化为主，如“书法刻字”、“邕州陶印”、“纹饰碑刻拓片”、“陶艺彩绘”等。展台可展示师生作品，设置虚拟现实体验互动学习区。学习区则成为学生的微型课堂，里面设置有活动桌椅，展示架，磁性玻璃白板、多媒体设施、学生雕刻等满足学生个性化需求，为他们带来更具实践性、合作性、创造性的学习探索体验。学校还在博雅园设置了供学生阅读、讨论，表演、体育运动的空间，激发了学生自主探究、合作学习的兴趣。

总而言之，沛鸿博雅园是一个集自主学习、探究、合作、展示于一体的课程实践体验基地，是一处综合实践课程的新基地，更是社会服务，职业体验的“学习场”。今天，博雅园不仅丰富了学校文化内涵，也提升了学校的办学品位和知名度。学校的校容校貌焕然一新，精神风貌日新月异。博雅园场馆教育在尊重学生兴趣的同时，也让学生回归了生活世界，为学生更深远的发展夯实了坚定的基础。

双师教学，让山区孩子插上腾飞的翅膀

广西南宁市上林县三里中学　覃家勋　覃海礼　李长良

关于教育公平的问题一直是人们关注的焦点。作为一所国家级贫困县的初级中学，如何让山区孩子也能享受到同城里孩子一样的优质教育，走出大山，谋取更好地前程？

“双师教学”模式为我们提供了一个很好的思路，不仅对我校学生的成绩提高、学习习惯养成及信心提升等方面效果显著，对当地教师的教学能力、学校的管理水平也有很多惠益。

“双师教学点燃希望

三里中学，位于广西南宁市上林县三里镇，这个小镇四面环山，风光无限，但是教育资源却没有当地风景这般“无限山区经济发展缓慢，使得当地教育资源落入“下沉漩涡学生想要真正走出大山，只能依靠“背井离乡”式的转学，去获取更优质的教育资源。但“背井离乡”对于大部分孩子来说也是极为奢侈的，因为他们的家庭条件并不允许。众多因为经济原因被迫困在山区的学生，未来想要走出大山，希望更加渺茫。

幸运的是，2014年，我校加入国家基础教育资源共建共享联盟，并将“双师教学”项目引入学校，让山区孩子也可以与人大附中的学生“同上一堂课让“登高楼、眺远方”的梦想不再遥远。那么，什么是“双师教学”呢？

“双师教学”这一模式，最早源于人大附中校长刘彭芝和友成基金会副理事长汤敏的教育思想，目的在于解决城乡教育资源的不均衡分布问题。它基于信息技术与学科融合的背景，利用网络把人大附中等学校的优质课程同步直播到联盟平台双师项目合作校，给予课程两端的教师以充分的自主权，乡村教师都可以根据自己学生的情况，对知识进行深度和广度的延伸教学，与传统的教学方式相比更具时间灵活性、教育开放性、内容优化性的资源共享的特点，可以有效地促进教育的均衡发展和优质教育资源的社会共享。

“双师教学或许不是解决教育失衡的灵丹妙药，但却是教育资源匮乏地区每一个孩子的迫切需要，越多的教育资源输入大山，就会有越多的孩子可以走出大山。

“双师教学照亮梦想

每一个孩子，无论富贵贫穷，无论身处城市乡村，都享有优质教育的权利，都有通过教育改变命运的梦想。“双师教学用一块屏幕连接人大附中和我们三里中学的课堂，用一根网线传送知识，打破了空间和时间的限制，让教育资源的天平趋于平衡，在一定程度上解决了教育“冷热不均”的现象，让山区孩子也可以碰触到最优质的教育资源，使他们跨入重点高中、重点大学的门槛不再那么高耸。

欧丽蓉就是被困在山区的孩子之一，她来自上林县三里镇龙联村古结庄，每周去学校都需要走两个小时的山路，但是“求知”的渴望令她风雨无阻。

疫情期间，我曾去欧丽蓉家进行了家访，发现她都是在楼顶学习，因为只有楼顶才能勉强接收到信号，支撑欧丽蓉正常的听课与学习。尽管欧丽蓉被现实压住了飞翔的翅膀，但她仍然笃定自己的梦想：走出大山！她相信知识的力量，她相信努力学习就可以换取一个满意的未来。这摇摇欲坠的土屋“坠”不掉孩子走出去的梦想，两个小时的山路“磨”不尽孩子学习的渴望，艰苦环境下浇灌的“梦之花”也可以艳丽无比。

但是，当地教育资源、师资力量、教学设施的匮乏却是一堵堵无形的墙，阻挡山区孩子追梦的脚步。幸运的是，我们的师生遇见了“双师教学这种远程教学的模式给他们的学习生活带来的翻天覆地的变化——通过互联网的力量，缩短了城乡教育差距，促进了教育均衡发展。

“双师教学飞扬青春

再穷不能穷教育，只有让更多的老师加入到“双师教学才能将更好地教育惠及给当地更多的学生，帮助他们最终抵达梦想的“远方”。

在“双师教学”中，我校采取了“人大附中教师主讲+当地教师辅助教学”相结合的授课方式，这也被我戏称为“土豆烧牛肉”。农村的乡下孩子，是带着泥土气息的“土豆”；而人大附中的老师综合素质高，有不少创新的理念和教学方法，是洋气的“牛肉”；广西常青义教中心的志愿者老师，则是这道菜的“调料”。双师教学的项目实施，为农村教学烹制了一道丰盛的精神大餐，人大附中主讲教师可以利用自身丰富的教学经验为学生传授知识，让更多的山区学生共享优质教育资源。当地辅助教师也可以根据学生的个体情况，提供有针对性和个性化的课后辅导。通过互联网，使我们农村孩子在自己的家门口也能享受到人大附中优质的教育资源。

“双师教学不仅仅打开了学生梦想的大门，也让我们的教师收获颇丰。在接触“双师教学”后，我才发现自己以往三十多年的教学思路有些陈旧。以前比较胆怯，县里的教学比赛都不敢参加，但是参加

"双师教学"后，我可以明显感受到自己教学水平的提升，近年来去参加的教学比赛也获得了比较好的名次。

"双师教学用一根网线穿透了现实的墙壁，用一块屏幕拓展了孩子的眼界，用两位老师搭建了教育的城堡，用一个平台放飞了孩子的梦想。通过六年多的"双师教学"项目的实践，给我们带来的不只是学生考试成绩的大幅提高，还有教师教学水平质的飞跃：让我们的教与学形成了良性循环，不断地向更好地方向发展；让我们的学生与老师真实地触碰到了优质的教育资源，让他们的"诗与远方"不再遥远。

或许起点会影响终点，但绝不会决定终点。山区孩子的"人生道路"荆棘坎坷，但"双师教学"会给他们带来更多的选择，支撑他们走得更远，帮助他们最终抵达梦想中的"远方"。

探讨"四自"核心素养，构建高效课堂

广西钦州市灵山县新洲中学　何海波

教学的质量始终是学校办学的生命线，高效的课堂是学生成长的重要保障。为落实立德树人办学的根本宗旨，扎实推进素质教育，在核心素养导向下，我们积极响应高考为大学选拔、输送优秀生源的要求，不断更新教育理念，大力精简和优化课程内容，创新教学模式，打造高效课堂，使学生具备终身发展的自信、自立、自学、自强等"四自"核心素养。

随着我国全面深化高中新课程的实施，普通高中课堂教学改革不断深入，然而　"满堂灌"、"填鸭式"教学依然存在。这种灌输式的应试教育方式，弊端很多，它只充分把老师和书本的知识灌输给学生，要求学生循规蹈矩，毫无创造性可言，这扼杀了大部分学生的创造力，把优秀学生培养成了考试机器。应试教育之下，许多学生的学习是低效的，所应具备的自信、自立、自学、自强等核心素养也没有得到很好的培养。针对普通高中课堂教学中的存在问题，我们尝试探讨将学生"四自"统整即自信、自立、自学、自强等核心素养统整培养，融入高效课堂的构建。

一、教育变革势在必行

应试教育之下的教学现状。应试教育背景下，部分教师没能及时更新教育理念，在教学还在不同程度上存在"四多四少"的现象：注重教师教学方法多，考虑学生学习方法少；"满堂灌"、"填鸭式"教学现象多，"启发式"、"引领式"导学方式少；布置课外作业练习多，重视课内当堂训练少；重视传授课本现成知识多，培养学生创新精神和实践能力少。有的教师认为："教学"就是以"教"为主，"教"就是以多讲为主。于是每节课基本是以老师为中心，课堂变成了讲堂，学生变成了"听生经常是老师讲得"天花乱坠学生听得"晕晕欲睡"。这样的课堂，效率可想而知。

体制管理之下的教师心态。当前体制管理之下，影响教师直接待遇的是职称评审和绩效考核制度，这两项制度的设计出发点都是好的，都想调动广大教师的工作积极性，然后也不可避免地使更多的教师出现功利化的心态，部分教师只关注自身的职称晋升和绩效工资，而不关注学生的素养提升和健康成长，也不关注教师自身的充分发展和专业素养的提升。

学生"学"无止境却"学"不得法。应试教育之下，很多学生不喜欢上课，甚至害怕上课，归根到底这是因为他们在传统的"填鸭式"课堂中长期找不到存在感和获得感，最终缺乏对学习的自信，进而丧失了对课堂学习的兴趣。再者，学生苦苦求学，却没能得到很好的学法指导，致使学生虽"学"无止境却"学"不得法，最终成绩总是难以提升，学习的信心屡受打击，最后出现厌学甚至辍学。

二、构建高效课堂的意义

所谓高效课堂，即以相对固定的时间、精力和物力投入，取得尽可能好的教学效果，达成更理想的教学目标。高效课堂，必然是教师善教——教得精准，学生乐学——学得高效，"教"与"学"相得益彰。

近年来，很多学校纷纷致力于课堂改革，并逐渐寻找出一套符合本校实际的高效培养学生学习能力和核心素养的课堂教学模式。以广西灵山县新洲中学为例，该校也通过不断改革探索，逐渐探索出的一套"因学定导，和谐发展"高效课堂教学模式，也称"六导"教学模式。"因学定导就是根据学生的学习实际决定教师的导学策略。其操作要领是"一二六即坚持一个宗旨：一切为了学生，一切导学活动服务于学生的学习活动。优化两项策略：一是把方法教给学生；二是把课堂还给学生。具体操作程序如下：导标（出示目标）一导学（指导学习）一导议（合作学习）一导悟（答疑解惑）一导用（当堂训练）一导结（课堂小结）。在"六导"课堂教学中，有自主学习环节，有合作讨论环节，可以大胆展示，可以提出疑难，"听"、"说"、"读"、"写"、"练"整合使用，充分发挥了学生的主体地位，极大地调动了学生参与课堂的积极性，使学生逐渐由被动学习到主动求知、主动探究。

"为什么我们的学校总是培养不出杰出人才？"这一著名的"钱学森之问"引发了关于中国教育改革的热议。有人认为：是基础教育出了问题；也有人认为：是高等教育出了问题；更多人认为，是高考制度下的应试教育出了问题，应试教育下不少学生出现"高分低能"的现象。

为此，近年高考全国卷的命题改革，越来越注重能力和素养的考查，优化考试内容。而高效课堂、"四自"统整核心素养的培养都是适应高考改革需要的，这两者也是相辅相成的。在高考改革的导向下，我们的教学必须推进高效课堂，改变"重知识轻能力"的现状，注重学生能力和素养的培养，避免学生出现"高分低能"的现象。

三、"四自"统整与高效课堂的融合

美国教育家杜威说："教育的目的在于使人能够继续教育自己"。换句来说，学习就是人的天性，让每个学生学会学习，具备自我学习、自我教育的能力，是教学的出发点和归宿，是教师永恒的追求。构建高效课堂，恰是在唤醒学生"自我"的主体意识，使学生在课堂中收获了知识，更学会了自信、自立、自学、自强。

帮助学生树立自信。构建高效课堂，在课堂中帮助学生树立自信心，在课堂中调动学生的积极性。使学生在课堂中主动参与、大胆表达、积极展示，使他们成为充满自信、具备足够勇气的人，最后能昂首阔步走出校门，走向社会。

让学生学会自立。爱因斯坦说：学校的目标应该是培养独立行动和独立思考的人。为了培养学生自立的品格，使学生由"要管我"变成"我自管从而推动高效课堂的构建。一节高效的课堂，必然是有课前预习准备、有课后复习巩固的课堂。学校成立学生自管会，包括纪律管理会、学习管理会（简称：纪管会、学管会）。纪管会主要负责纪律管理，学管会主要负责学习管理。通过成立自管会，为广大学生提供更多的锻炼机会，为广大学生搭建自我管理、自我教育的平台。最终通过学生自管会，引导学生在自律前提下的自信，并从自信走向自主，从自主走向自立。

"要我学"变为"我自学"。苏霍姆林斯基说："没有自我教育就没有真正的教育"。如果学生掌握了学习的方法，会学习，养成了良好的学习习惯，很多基础知识都能自行处理，对于疑难问题也能在老师的指导下很好地解决处理，学生越学越有动力。为此，教师应该做好教与学并重，重视学生的"学"。教会学生学习，培养学生的自主学习能力，学校要重视对学生的学习进行全面指导，包括课前预习、课堂参与、课后笔记整理、巩固练习、周结、周测的安排等。通过全面指导，让学生明确按时间节点和科目要求做好各个环节的学习，努力达到学习的高效，最终增强了学生的学习信心，鼓励了学生自强不息。

自强让优秀成为习惯。根据美国学者埃德加.戴尔(Edgar Dale)1946年提出了"学习金字塔"(Cone of Learning)的理论：采用不同的学习方式，学习者在两周以后还能记住内容(平均学习保持率)，"听讲"仅可保留5%，"阅读"可以保留10%，"声音、图片"可以达到20%，"示范"可以记住30%，"小组讨论可以记住50%的内容，"做中学"或"实际演练可以达到75%，"教别人"或者"马上应用可以记住90%的学习内容。

为此，在课堂教学中应该重视课堂组织形式的多样性，重视引导学生围绕重难点问题展开合作探究，进行小组合作学习，并对探究的成果进行展示，教师点评和补充。学生为了完成共同的学习任务，有明确责任分工地进行互助性学习，这也是实现学生高效学习的方法之一。合作探究，使学生人人参与课堂，人人有事可做。学生相互交流、沟通，让会的学生教不会的学生，活跃了学习氛围，激发学生的学习兴趣，使学生有存在感、获得感和成就感，更重要的是培养了学生描述和阐释事物、论证和探讨问题的能力，使学生更为优秀，更加自强。

总之，作为教师，我们应该牢记初心，勇担使命，用欣赏与鼓励增强学生的自信，用信任与博爱培育学生的自强，教会学生自学，鼓励学生自立。坚持立德树人，创新教学模式，打造高效课堂，注重学生素养和能力的培养，进而让每一个学生都健康成长成才，使每一个学生都享受成功的喜悦。

创体育特色学校，展学生运动之美

广西钦州市浦北县第五中学　庞福　易兴胜

体育作为教育的一个重要组成部分，是学生感受人生、体验人生最深刻、最直接、最生动的活动。习近平总书记在全国教育大会上指出："坚持中国特色社会主义教育发展道路，培养德智体美劳全面发展的社会主义建设者和接班人强调要帮助学生在体育锻炼中享受乐趣、增强体质、健全人格、锤炼意志。近年来，我校党支部把"不忘初心、牢记使命"主题教育与学校实际相结合，增添阳光体育活动新项目，积极引进"跆拳道"。项目一经推出，就成为学校阳光体育活动最具人气、最添动力的锻炼项目。

一、开展成果展示，助推教育均衡发展

我校一向重视德育教育，在各个学科、各种活动中都努力渗透德育教育的结果。在学校跆拳道成果展示活动中，参加表演的每个学生都用力气去做好每个动作。每一招，每一式，或进或退，都潇洒、漂亮，有标准、有力度。一静一动，充盈着刚健之美，洋溢着青春的气息，飞扬着动人的神采。无论是展示开始时的鞠躬问好，还是结束时的告别，都均显示我学生的谦谦君子风范，学生震撼的令喊，精彩的表演，赢得了广大师生的阵阵喝彩与鼓掌。

学校一直挺推“创体育项目特色学校、展学生阳光运动之美”办学理念，让学生学门武艺已成时尚。学武艺能强身健体，还可以将武艺当门技能和才艺。跆拳道就是其中一种。把跆拳道引进校园，是为让更多学生了解和认识跆拳道，把跆拳道的“以礼始、以礼终”的礼仪以及自信、坚韧不拔的精神在更多学生身上得到发扬。

通过跆拳道成果展示活动，使学生学到跆拳道礼仪和相关知识，培养学生阳刚之气，弘扬民族气节，锻炼学生身体协调性、反应灵敏度、毅力和耐力，还使学生克服自卑、胆小、怕挫折的心理，培养学生忍耐、坚持、自强、谦卑的精神，助推学校教育教学优质均衡发展。

二、丰富文化建设，助推学校特色发展

中国是传承千年的礼仪之邦，跆拳道作为一种脱胎于中国的武术，武道文化强调以“始于礼，终于礼”的礼仪宗旨。跆拳道是一种非常适合青少年练习的项目，危险度低，学生在学习技能的同时，更要讲究“礼仪、廉耻、百折不屈”的跆拳道精神。为了使跆拳道运动能够在学校道德教育中起到好的作用，我校主要采用“三三五培训模式”：三种培训教授办法，三个培训时间段，五种培训成长渠道，助推学校文化特色发展。

为了更好地丰富学生校园文化生活，满足学生多元化需求，充分挖掘学生潜能，使学生初步形成某些特长，推动我校校园文化建设。2020年来，学校重点打造跆拳道特色学校，聘请优秀教练为学生免费培训。

学校注重校园文化建设，努力创建具有跆拳道特色的校园文化环境，从整体上体现出学校所追求的特色目标和重点突破的特色项目。学校以“跆拳道特色学校”创建为契机，努力营造具有跆拳道浓厚的校园文化环境，制定出适合跆拳道特色学校的管理制度，培养一支会训练的教师教练队伍。

2020年1月20日，我校跆拳道社团学生参加浦北县迎春杯跆拳道比赛，荣获团体总分第一名。2017年以来，我县以全民健身和全民健康深度融合试点工作为契机，出台了《浦北县学校体育设施向社会开放管理办法（试行）》、《推进浦北县中小学校体育场地设施向社会开放的实施方案》，浦北县第二中学，浦北县第五中学等学校的体育场地设施向社会开放，有效缓解广大青少年和人民群众日益增长的体育健身需求与体育场馆资源供给不足之间的矛盾。还拟订了《加强体育社会组织帮扶中小学校联合推进学生体育项目发展工作方案》，组织跆拳道、气排球、乒乓球、篮球等体育协会到县镇村中小学开展学生体育项目免费帮扶训练，浦北五中的跆拳道、浦北四小的乒乓球特色学校创建有声有色，有效提升了中小学生的体育意识和体育技能。

沐浴春风桃李后，雨露滋润花更艳。筑牢体育事业发展的根基，夯实竞技体育后备人才培养基础，我校将以创办体育特色学校为突破口，继续推进跆拳道阳光体育活动，培养学生们坚韧不拔、挑战自我、自强不息的可贵精神，丰富校园文化生活，开拓创新，续写学校新的篇章。

依得天独厚优势　蕴特色文化校园

广西钦州市浦北县乐民镇中心小学　黄科　管昌富

浦北县乐民镇中心小学是浦北县第一批两所寄宿制试点学校之一，前身是凤池书院。学校地理优势得天独厚，背靠凤池山，依山傍水，绿树成荫，是孩子们快乐、健康成长的摇篮。近年来，我校紧紧围绕育人目标，全方位开展文明校园创建活动，大力彰显校园文化育人功能，校园环境更加美丽，文化氛围更加浓厚。

一、提炼文化核心理念　陶冶师生品格思想

校园文化是学校教育的重要组成部分，是全面育人不可缺的重要环节，是展现校长教育理念、学校特色的重要平台，是规范办学的重要体现，也是德育体系中亟待加强的重要方面。我校非常重视校园文化的建设，采用全员参与、社会征集的形式提炼出来的“三风一训”等核心理念深入人心。

流程严格征集，集思广益决定。校徽通过向社会征集，共收到15份稿件，学校组织了一个团队进行评审，然后诚邀入选三幅作品的作者在全体教师会上阐述自己创作的构思和理念，让全体教师投票决定。校徽体现了创校的时间，风池书院的文化，“乐民”和学校乐善育人等元素，得到广大师生的认可。现在我校所有的宣传和上墙的作品都打上校徽Logo。

提炼核心理念，全员入脑入心。学校“三风一训”理念的提炼是让全体师生参与，通过三上三下，反复修改，共同凝练而成。由于全体师生参与核心理念的提炼，置身其中，使学校的办学理念、三风一训内容内化于心、外化于行，不再是挂嘴上、贴在墙上的东西，而是深入师生的心与脑，在学习、生活中处处体现出来。

丰富课间活动，渗透德育影响。学校现围绕“乐善育人”的办学理念，秉承“善教乐学，知行合一”的校训，开展丰富多彩的大课间活动、拓展学生知识的大阅读活动、有本土特色的少年宫活动，通过活动渗透德育教育，并以“乐教笃学，善心育人”的教风促“品学至善，团结拼搏”的学风，打造“勤思善行，博学明礼”的校风。

二、凸显本土教育特色　挖掘传承优秀文化

“凤池书院”文化——植根文化，激励传承。校门的对联“风池育桃李，书院育栋梁”熠熠生辉，非常显眼，有着深厚的文化底蕴，激励着一代又一代的师生传承风池书院的悠久文化，挖掘了一段师生铭记的学校历史。对联既传承了书院文化，也体现了学校的办学愿景。同时在校门两旁各立一座石头，分别刻上“善教”、“乐学”四个大字，使学校办学的核心理念一目了然，既庄严，又具有浓厚的文化气息。

“青龙节文化”——立足本土，彰显特色。青龙节文化是乐民镇本土文化，已列入广西非物质文化遗产。每年中秋节人们必舞青龙，场面热闹非凡，四面八方的人都来观赏。千百年来一直延续至今，是乐民人的一种情怀。

因此我们挖掘本土文化，在风池书院旧址内院专门设计青龙节文化，打造特色的校园文化，把青龙节的由来、历史演变、每年开展青龙节活动的图片等进行包装展示，为学生了解青龙节的由来、历史，传承本土文化搭建了平台，传承了先祖仁德，彰显本土特色，得到广大师生、群众和参观学习者的一致好评。

打造“乐”旋律——创新理念，潜移默化。我校校园文化的创建围绕“乐”的理念来开展，体现出校园文化建设“环境育人”的理念。校门口石头“善教”、“乐学”是我们的魂，是学校文化的主线。旗台旁我们用花卉种出一个大大的“乐”字，在水池中我们设计“乐”的理念，让广大师生“乐”在其中。

进入校门，映入我们眼帘的是“乐善廊重点布置了学校的校本文化、地域文化——浦北长寿之乡文化和中华民族优秀传统文化，还设有书吧，让孩子们课余饭后，在欣赏优秀文化的同时，静静地看书，吸收文化知识。校园内，还有“乐学园”、“桃李园”、“荷花塘”等，到处环境怡人，让师生在校园的每一处，走到哪“乐”到哪，一草一木皆有文化，皆有思想、皆能育人。

借力“自然物”——环境育人，全面发展。学校的每一处景物，我们都用心去设计，发挥环境育人的功能。赋予景物生命与灵性，让每一处景点、一草一木皆能育人。

比如“桃李园每当春天来临、桃花盛开之际，我们组织3—6年级的学生收集有关描写、赞美桃花的诗词，到桃花园开展吟桃花、拍桃花、画桃花、写桃花的系列活动，让学生感受桃花的外在的和内在的美；每当六月荷花盛开时节，我们同样组织学生到荷花塘开展相应的活动，让学生学习荷花出于污泥而不染的品质，从小对学生开展廉政文化教育。通过系列的活动，发挥环境育人的作用，培养学生吟读、画画、观赏、写作等能力，让学生的文化基础、自主发展、参与社会的核心素养得到全面的发展。

三、注重学生养成教育　创新教学教育模式

在做好校园环境育人的同时，我校非常注重学生良好习惯的养成教育，通过培养学生良好行为习惯和学习习惯，让学生内敛为自己一种性格，为学生走向社会，成就每一位师生美丽人生奠定坚实基础。

分阶段定目标，创设美好环境。根据小学生的年龄特征，对六个年级不同学段定好良好习惯的养成要求，老师学生人人遵守，形成良好的大环境。如发现有纸屑，路过的师生都会随手捡起放进垃圾箱里；始终让学生知道清洁保洁是为了大家创设一个整洁、舒适的学习、工作环境。持之以恒，良好习惯就会内化成学生自觉的行为，从而形成一种良好的品格，一种足以影响别人的文化。

创新教学模式，开发校本课程。我们立足课堂，进行课堂教学改革，创新了课堂教学模式。通过课改，逐步转变了教师的教学方式和学生的学习方式，使教学过程成为师生交往、共同发展的互动过程。增强学生的自主学习、合作、管理能力，增强自信心，张扬个性。

同时，我学校团队对校本课程进行研发，丰富校园文化活动，打造活力校园。学校每天开展30分钟的阳光体育活动；每周开展一次全体师生大阅读活动；每个教室都设有图书角，校园各处也都设有，班干部定期从图书室借书到班级，到校园，让学生课余饭后、周末都可以看书，形成人人爱读书、读好书的氛围，形成一种习惯；每周开展一节课的兴趣小组活动，张扬学生的个性，使学校、课堂成为学生的乐园。

一所学校的辉煌与生命不在于它有多少高楼大厦，有多少先进的设备，而在于它有没有凝聚于心的文化，能否用自己的文化去丰富学校的内涵，让师生在这所学校里和谐、快乐、幸福地生活和成长。学校文化建设之路，道阻且长，路漫漫其修远兮，吾将上下而求索。且思且行，不断继承和发扬，不断学习和沉淀、革新，让我们的学校始终律动着文化的力量，流动着生命的气息。

培育五心，促进学生全面发展

广西博白县博白镇第二初级中学　梁斌　陈浩

强国必强教，强国先强教。教育本质上是培养人的事业，是面向未来的事业。在经济社会发展中，教育具有基础性、全局性和战略性作用，同时也有周期长、效益滞后的特点。今天的学生是未来建设社会主义现代化强国、实现中华民族伟大复兴中国梦的主力军。习近平总书记指出："教育是民族振兴、社会进步的重要基石，是功在当代、利在千秋的德政工程，对提高人民综合素质、促进人的全面发展、增强中华民族创新创造活力、实现中华民族伟大复兴具有决定性意义"。我校本着"一切为了学生的健康成长"的办学思想，创建"五心"（忠心、爱心、孝心、诚心、信心）和"法治在心中"的校园文化；以"崇德、敬业、团结、拼搏"为校训；以"博学、进取、务实、创新"为校风；以"爱生、钻研、乐教、善导"为教风；以"尊师、明礼、勤勉、善学"为学风；以"培育五心，全面发展"为办学理念；以"让每一个学生都有发展"为育人目标，励精图治、严谨治校，提高了学校的教育教学质量。

一、加大资金投入，提升办学水平

我校创建于1991年，坐落在风景秀丽的南流江畔，是一所农村寄宿制普通初中。校园占地面积41亩，27330平方米，建筑面积16653平方米。共有27个教学班，有学生1444人，教职工108人；专任教师106人，其中中级以上78人，占教师总数的73%，大专以上学历教师106人，学科骨干教师16人，能满足开足开齐课程的教育教学需要。

近年来，在政府的大力支持下，学校加大资金投入，合理配置资源，完善了功能室仪器、器材的配备，优化了办学条件，基本达到了广西义务教育学校办学基本条件的标准要求。学校现有学生食堂2个；数学仪器室1间，物理实验室2间，物理药品、教具2间，化学实验室2间，化学药品、仪器室2间，生物实验室1间，生物药品、标本、仪器室1间，地理、美术、体育、阅览室各1间，音乐室、图书室、电脑室各2间，各种仪器的配备率为93%，基本普及实验教学；体育设施比较齐全，其中有300米环形塑胶跑道，硅PU篮球场4个，排球场3个，乒乓球台11张。满足了教学、活动、保健需要，确保了每个学生享受教育公平、教育均等权利，提高了办学水平。

学校自创建以来，教育教学质量逐年上升，教育教学成果令人瞩目。2017年评为博白县德育工作先进集体、玉林市德育工作先进集体、博白县青少年科技教育宣传工作先进集体、博白县教育宣传工作先进单位、博白县基础教育工作先进集体。2018年评为玉林市教育系统先进基层党组织、博白县教育系统先进基层党组织、博白县教育工作先进单位；2019年评为玉林市教育系统五星级党建示范学校称号、玉林市科研工作先进单位、玉林市基础教育工作先进单位、玉林市资助工作先进单位、　博白县继续教育先进单位、博白县提高义务教育巩固率先进集体；2020年评为玉林市控辍保学工作先进集体、　博白县师德师风建设工作先进集体。

二、打造育人阵地，创立宿舍团组

为落实立德树人的根本任务，进一步加强学生宿舍日常管理，充分发挥宿舍建设在学生成长成才中的凝聚、引导、服务作用，促进学生德智体美劳全面发展，强化学生日常生活锻炼，培养学生良好的劳动习惯，营造卫生整洁的宿舍文化环境，构建和谐文明校园，我校在强化学校团委和班级团支部等组织的有效实现形式的基础上，以学生宿舍为单位成立团小组，从而进一步提高我校思想政治工作的实效性和针对性，把学生宿舍建设成为坚实的育人阵地。

学校通过宿舍团小组，建立先进思想、先进文化的榜样引领作用，规范学生的行为，引导学生从宿舍卫生、纪律等身边小事做起，养成良好的行为习惯，形成健康的生活方式，培养良好的秩序意识和行为选择能力。为了比较各　"宿舍团小组"的工作成效，我校设立一个红黑榜平台，"宿委会"每天将各宿舍的卫生情况通过红榜进行表彰，通过黑榜进行警告，并限时让上黑榜的宿舍进行整改，从而增强学生的荣辱感，增强　"宿舍团小组"的使命感和责任感。

通过团小组，加强宿舍内学生的心理安全、人身安全、信息安全和财产安全等安全管理，提高学生对心理的认知、协调能力，提高学生的安全意识，共同创造良好的育人环境，维护学校的安全稳定。在宿舍团小组的带动下，促进宿舍内良好学风的形成，促进学习型宿舍的形成，提高学生的科学文化素质；在宿舍团小组的带领下，营造健康、高雅、文明的宿舍文化，开展雅化、美化宿舍活动，构建和谐的宿舍人际环境。

我们设置团小组长一人，组织委员一人，宣传委员一人，安全信息员一人。团小组长主要负责团小组的建设和管理工作；组织委员负责团小组成员的考核、监督和宿舍纪律；宣传委员负责宿舍文化建设和先进理论的宣传；安全信息员负责信息反馈和安全防范。

宿舍团小组的实施内容及考核标准。根据不同的分类来确定团小组的考核内容，每个类别代表一项实施内容和评价结果，每周评比一次。良好的环境滋养出优秀的人格品质，宿舍团小组推动着学校不断向前，促进了学生的发展，继往开来，我校将以全新的姿态行进在教育路上，创造学校新篇章。

"教育是国之大计、党之大计"。加快教育强国建设必须毫不动摇地坚持党对教育事业的全面领导，今后，我校将继续深化教育改革创新，培育学生全面发展，创造学校发展新篇章，为建设教育强国助力。

动活五步棋　实现五突破

——广西壮族自治区岑溪市筋竹中学争创全国文明校园做法

广西壮族自治区岑溪市筋竹中学　蔡耀明　陈坚武　杜民生

岑溪市筋竹中学是一所具有130多年历史的完全中学。近年来，学校创造性开展教育教学工作，以"传承书院文化，弘扬永业精神"为抓手，托出坚持立德树人，全面发展的办学理念，全校师生拧成一股绳，上下一盘棋，团结拼搏，开拓进取，取得了令人瞩目的成绩，先后获得了"全国文明校园先进学校"、"全国青少年足球特色学校"、"梧州市文明校园"、"梧州市中高考质量优秀学校"等荣誉，并在今年入选"第二届全国文明校园"殊荣称号，成为挺立在粤桂边界上绚丽多彩的一朵文明奇葩。主要做法是"动活五步棋，实现五个新突破"。

一、动活"名生"工程这步棋，实现教育质量的新突破

筋竹中学创办至今，几经沧桑，走过130个春秋，培育一批无愧于时代、无愧于人民的精英。其中包括陈济桓中将、李毓楷博士、陈丕扬博士、陈海韬等，教育教学成绩硕果累累。近年来，筋竹中学不断提升教学管理水平，教育教学成果有很大提高。2019年11月，筋竹中学在岑溪市率先成立"筋竹中学教育发展促进会得到社会各界贤达和广大校友的鼎力资助，已收到捐款及物资捐助的总额接近200万元。成立教育促进会以来，结合国家资助政策，对在校师生开展奖励"名师"、"名生"工程活动。先后对成绩突出的100多名教师和学生进行奖学助学活动，有力促进学校教育教学发展。仅今年中考考上示范性高中达126人，比去年增加25人。目前，全校2500多师生，尤其是今年高三150多学生满怀信心，誓夺明年的好成绩。

二、动活"法治教育基地"工程这步棋，实现法治进校园新突破

筋竹镇青少年法治基地是岑溪市唯一一间法治教育基地，学校充分利用这一法治教育基地，把法治教育作为一门课程列入学校课程计划，动活"法治教育基地"工程这步棋，实现法治进校园新突破。近年来，学校定期组织学生参观法治教育基地达6000人次，使学生知法、守法、护法，利用法律知识来保护自己。同时，开展模拟法庭的庭审活动，让学生更加了解各种法律法规，有力推进法治教育进校园的常态化扎实有效开展，取得了好效果。

三、动活"爱国主义教育基地"这步棋，实现师生爱国情怀的新突破

陈济桓将军1892年出生于岑溪县永业乡塘面村，是筋竹中学的校友，1909年参加同盟会，1930年任南宁防守副司令，1944年任十六集团军副参谋长。在1944年10月在桂林保卫战中壮烈牺牲。2014年追认为抗日英烈。近年来，学校以此作为爱国主义思想教育基地，定期组织学生参观坐落在镇政府院子内的抗日名将陈济桓故居，崇尚英雄才会产生英雄，争做英雄才能英雄辈出，陈济桓将军的英雄事迹，已写进筋竹中学的校本教材。筋竹中学把开展"铭记英雄事迹，传承英雄精神"作为爱国主义思想教育重要的一环，努力把学生培养成为一个德智体美劳全面发展的人，成为国家栋梁之材，为家争光，为校争光，报效祖国，增强了全校师生的爱国主义情怀。

四、动活"永业精神教育"这步棋，实现接力传承的新突破

筋竹中学动活"永业精神家园"这步棋，在校园文化建设中，筋竹中学用文化石、校史文物、校建主体色彩等悄然无声地诠释着永业精神和独特的书院文化气息，让学校的每一面墙壁，每一个角落都能说话，在学生必经的走廊内创设'文化长廊'，用环境凸显永业精神、传承书院文化，实现接力传承的新突破。

近年来，筋竹中学把"永业精神教育"把在重要位置来抓，投入经费10多万元，建设200多平方米的文化长廊，用"永业精神诠释"、"永业骄傲"、"大事年表"、"著名生徒"、"历任校长"等5大板块，选取典型事例阐释"爱国奉献"、"责任担当"、"勤奋拼搏"永业精神内涵。学校每年把"永业精神"教育列入学校德育教育计划，定期组织学生参观校史文化长廊，让学生深入了解学校的发展历史，激发他们爱国、担当、拼搏的斗志，使永业精神得以发扬传承，将文明建设融入永业

精神，丰富文化内涵。

五、动活“健身工程”这步棋，实现特色办学的新突破

筋竹中学作为一所有着悠久足球传统的中学，秉承以“办学有特色、教学有特点、学生有特长”为办学目标，积极开展各项以足球运动为代表的体育健身活动，2018年被授予“全国青少年足球特色学校”。2019年学校足球场作为岑溪市乡镇中学中第一座足球场交付并使用，不断地举办班内、班际、年级学生、教师足球联赛，班主任足球赛，学校足球队与两广边界学校、岑溪市兄弟学校、社会各界足球队进行交流比赛等近1000场比赛。通过比赛，赛出成绩，赛出情谊，又赛出文明，更赛出了筋竹中学特色办学的新名片。

凝心聚力谋发展，深思静想定乾坤

广西壮族自治区崇左市龙州县响水镇鸣凤中心小学　农国祥

百年大计，教育为本。教育是提高人民综合素质、促进人的全面发展的重要途径，是民族振兴、社会进步的重要基石，是对中华民族伟大复兴具有决定性意义的事业。办学以来，为全面提高教育教学质量，我校坚持以习近平新时代中国特色社会主义思想为指导，坚持新发展理念，坚持以人民为中心，坚持底线思维，全面贯彻党的教育方针，坚持“五育”并举，树立科学的教育质量观，建构德智体美劳全面培养的教育体系，努力提高教育教学质量。回望来时路，立足“县域义务教育均衡发展”这一决策，我校抓住机遇，为学校全面发展抢得了先机，全体师生在各级党委政府和教育行政管理部门的领导、指导下，全身心投入到整合优化学校教学资源、深入推进学校教育教学教学改革中，为学校深层发展奠定了有利的基础。立足学校文化建设，我校“立德树人”任务凸显，校园校舍等“硬环境”与精神文化等“软环境”完美结合。2016年我校重新规划学校布局。坚持分区规划建设，合理划分教学区，运动区，居住区，积极争取资金。我校建设了一栋2500平方米的综合教学楼和一栋300平方米的学生食堂，目前全校占地面积40亩，保障了充足的办学用地。学校总教学用房达到4245平方米，达到省定标准。同时我校大力扩建运动场，成为第一所拥有塑胶跑道的农村学校。

一、铸魂培根，积极构建农村育人体系

树德立人，要考虑学生综合素质培养，用切实有效地德育教育方法提升学生综合素质。一直以来，我校以“美德银行”为中心，借助少先队建设、“文明班级”评比等手段，努力培养学生社会主义核心价值观，我校年年都有班级被评为自治区或崇左市“优秀”中队。我校学生文化水平的教育连年取得优异的成就，从2016年至今，我校每年全市统一进行的文化素质检测中，综合成绩在全县乡镇及位列第一，综合成绩也达到龙州县县城学校的中上水平。

“乡村学校少年宫”是一个全方位提供农村孩子各项素质技能成长的平台，其服务范围涵盖全校所有学生，为孩子们的兴趣培养、特长成长提供肥沃的土壤。由于我校管理到位，积极发挥“乡村学校少年宫”的作用，2014年建立至今，项目连续5年，年年被崇左市评定为优秀等级。我校学生代表队参加2019年龙州县首届“乡村学校少年宫”技能竞技比赛荣获第一名。近几年，我校选派学生代表队参加全县中小学运动会，连续荣获同级别学校团体总分第一名。此外，我校也是唯一一所拥有“全国青少年足球特色学校”和广西“自治区青少年足球特色学校”双特色农村学校。我校学生女子足球队首次参加全县女子足球联赛就获得亚军。在特色教育发展的路上，我校坚持内涵，积极探索文化引领的管理模式。由于有“县域义务教育教育均衡发展”评估验收的资源保障和上级专家团队的指导，我校学校班子积极走在教育改革的最前沿，坚持学校内涵发展，坚持文化引领，深度挖掘校园文化，加强校园文化建设，努力创设适合农村孩子成长的整体育人体系。2015年在“名校与名校长”培训项目中，全崇左市共30所学校入选，我校有幸成为全市2所乡镇一级学校中的一所。校园文化建设是学校发展的核心内容。立足学校实际 ，我校通过学以致用，进行了一场浩浩荡荡的校园文化建设活动。成立“学校特色文化打造”技术小组，通过“自下而上”发动学生、老师、家长以及社区居委会参与问卷调查和“自上而下”请教有关专家领导，利用“SWOT”技术分析，最终挖掘出我校“水.善”文化主题，搭建学校特色文化建构框架。有了全体教职员工、学生、家长以及社会各界的参与挖掘打造，学校文化被全体师生认同，凝聚了大家的共识，“水善”文化形成全体师生的共同愿景和工作、学习的目标。我校的“三风”建设在学校文化主题分引领下更加鲜明和有效，学校育人环境在文化主题内涵的引领下营造得更加和谐优美:“上善若水”的葫芦天然石壁校园主题文化在校门显著的位置屹立;具有浓厚阅读氛围的学校后山全开放式“山水书苑”依坡而建;精致典雅的“饮水”、“思源”露天阅读长廊顺路而开;“鲲鹏展翅，搏击万里”的鲲鹏志向横躺在校园中心……一座具有中国浓厚文化气息的花园式乡村学校从此站立在人们的面前!

二、深耕细作，用心推动学校品质提升

和谐的校园关系是维持学校发展的基础。我校的“水.善”文化的一个重要的内涵就是相融（相溶）相爱，和平相处。“上善若水，水利万物而不争”是我校“水·善”文化的出发点和归宿点。我校倡导生生平等，师师平等，师生平等的角色理念，在全体师生共同认同的“水·善”文化引领下大家平等交往、相处融洽。大家行为举止文明，彰显礼仪规范，教师不歧视学生;同学之间团结友爱、互相帮助，没有校园欺凌现象。有健全的留守儿童教育关爱机制，建立辍学返校学生结对帮扶制度，加强对家庭经济困难学生教育资助，工会等组织关爱特殊困难教师。学生课余时间能方便地使用图书室、实验室、自习室、活动室、音体美器材等学习和活动资源。我校与农村社区、生态、人文充分融合，统筹乡土资源开展教育教学，利用学校资源和志愿活动服务周边社区，定期举办校园开放和共建等活动，密切学校、家长、社区三方联系，处处呈现出一片和谐的校园景象。此外，我校还积极加强校园管理安全规范，落实国家关于学校安全管理的工作规定，定期开展安全风险排查和防范灾害演练。我校是寄宿制学校，制定有健全的宿舍管理制度和学生应急就医机制，实现24小时专人值守，宿舍环境清洁卫生，学生被褥、洗漱用品、生活物品摆放整洁有序，按时通风、消毒，窗明几净，布置舒适温馨。有健全的食品安全管理和追溯制度，严格落实集中用餐陪餐制度，合理搭配膳食营养，确保食品饮水安全。建立校园管理服务质量的反馈评价机制，师生满意度高。

教育的智慧是生命对生命的责任和承载。它尊重、赏识每个个体，致力于学生能力、品德等各方面素质的全面提升，服务于个体的健康成长，滋养每一个生命。未来路上，我校会着眼未来，默默坚守着树德立人的育人理念，秉承“水善”文化，用心培育，用爱浇灌，着力为学生更深远的发展夯实基础，让更多的学生绽放出生命的光彩。

高举党建旗帜，唱响民族团结进步教育时代凯歌

广西壮族自治区东兴市京族学校　林辉爵

国之强，始于武，衰于懈。族之盛，立于心，败于离。一个国家的强大靠的是武器的先进、科技的发展、社会的进步。而一个民族的强大更多的是依赖于这个民族坚不可摧的凝聚力。我校是全国唯一一所以京族命名的民族学校，位于广西东兴市江平镇京族三岛中的万尾岛内。教育教学服务涵盖整个京族三岛1.9万人口，京族的学生占学生总数的65%。基于学校所处的地理位置，办学以来，我校始终高度重视民族团结进步教育，将其纳入支部建设的重要内容和办学的重点，紧紧围绕“传承民族优秀文化，打造师生和谐发展的民族特色品牌学校”的办学目标，形成了“传承民族优秀文化，促进国际文化交流”的学校教育特色，确立了“特色引领，构建师生和谐发展的乐园”的办学理念，践行“明德、笃学、包容、创新”的校训，制定“1168”工程，岂以通过“党建+”的模式，实现党建与学校民族团结进步教育活动深度融合，强化民族教育，促进民族融合，铸牢中华民族共同体。近几年来，我校办学特色鲜明，成果显著，先后被授予“全国民族团结进步模范集体”、“全国教育系统先进集体”、“全国文明校园”、“自治区民族团结进步模范集体”、“自治区少数民族体育先进集体”、“自治区民族文化教育示范学校”、“第一届自治区文明校园”等荣誉称号。

一、多措并举，大力推进民族团结进步教育纵深发展

为了让民族团结进步教育与学校办学理念深度融合，依据中共中央、国务院印发的《新时代爱国主义教育实施纲要》精神指示。我校充分发挥党旗领航，把育民族团结之花作为学校党组织的重要任务和根本职责，大力实施多种举措，不断发挥学校育人主体功能。一是以党建引领民族团结进步教育，培养学生爱党爱国爱家乡的情怀。我校全面贯彻党的教育方针，坚持马克思主义指导地位，坚持社会主义办学方向，落实立德树人的根本任务，竭力培养德智体美劳全面发展的社会主义建设者和接班人。二是结合课程中的道德与法治、科学、语文、艺术等学科课程，强化民族常识教育，注重铸牢中华民族共同体意识在学科中的渗透与融合，培养学生爱党爱国爱家乡的情怀。三是坚持以党建引领德育工作，在德育活动课和实践课中广泛开展民族团结进步教育活动，让民族团结进步教育在校内校外发挥的影响力和凝聚力。

民族团结进步教育是一项既深且远的事业，需要学校持之以恒的深入推进。我校主要是通过做好民族团结的显性教育和隐性的教育相结合，从广度和深度去构思夯实民族团结的基础，让民族团结进步教育之花绚丽绽放。一是把民族团结进步教育摆在育人的重要位置。学校党支部把民族团结进步教育作为党建的工作内容和主要任务，切实增强党支部的凝聚力、战斗力，充分发挥党员的先锋模范作用。从组织学习、完善制度、作风建设等方面入手，不断强化党员干部自身建设，带头冲在团结教育前线，解决实际困难，服务民众。二是加强党组织建设，建设“六好”党支部。狠抓班子建设，充分发挥党支部的战斗堡垒作用。同时强抓教育培训，做好思想政治工作，积极开展

"学习型党组织"建设，坚持和学习落实学习的制度，有计划地对党员进行新时代党的理论、党的路线、方针、政策、党纪法规、廉政的风险等方面的教育，发挥"学习强国"平台学习作用，为党员提高政治思想和丰富知识打下了坚实的基础。三是教育党员爱岗敬业，充分发挥党员先锋模范作用。党员要学习理论、积极用理论指导实践工作、用党纪党规约束和规范自己的行为，作好教师的表率。四是健全落实规章制度、规范党内生活。建立健全落实党支部的各项制度。严格组织生活、规范工作程序。各项制度建立健全完善形成长效机制，为科学化、规范化、制度化管理学校提供充分依据。五是以党建"1168"工程引领学校的各项工作。以创建"东兴市中小学党建示范点"为契机，提升党建引领能力，提高党员教师的政治站位，紧紧围绕为党育人、为国育才的根本目标，锻造一支素质过硬的师资队伍。

二、铸魂培根，深入挖掘民族团结进步教育文化内涵

民族团结进步教育要全面抓起，多角度、多层面实施有效地举措，推进民族团结进步教育纵深发展。一是通过大力构建学习型的党组织，提高教师民族教育理论水平。坚持党管人才、党管干部，把习近平新时代中国特色社会主义思想、习近平总书记关于新时代民族工作重要论述作为理论学习的重点内容，加强党的民族理论政策宣传教育，广泛弘扬民族团结进步价值理念。引导教师坚定道路自信、理论自信、制度自信、文化自信，巩固和发展社会主义民族关系，提升教师民族理论水平。按照"四有"好老师为标准，加强民族团结进步教育师资队伍建设。着力提高民族团结进步教育师资队伍的思想素质与文化素质，我校是全国民族团结的示范单位，教师除了常规的政治学习和业务培训之外，更注重视加强教师民族团结进步教育培训，让教师筑牢中华民族的共同体意识，学习贯彻落实新时代党的民族政策理论，特别是"五个认同"(强化对伟大祖国的认同、强化对中华民族的认同要强化对中华文化的认同、要强化对中国共产党的认同、要强化对中国特色社会主义的认同）和"三个离不开"(汉族离不开少数民族，少数民族离不开汉族，各族人民互相离不开）理论的学习，把民族团结进步教育融入课程中，发挥课堂的主渠道作用。利用学科教学内容中丰富的民族团结进步教育素材，将民族团结进步教育有机地渗透到教学的全过程，使学生在学习文化知识的同时，受到民族精神的熏陶。二是着力构建"党建+"民族团结进步教育校本课程。作为少数民族学校，我校有712个少数民族学生（其中京族学生680名；壮族、苗族、瑶族等少数民族学生32人）。我校党支部一直把民族团结进步教育内容纳入教育教学计划，与学校其他学科课程有机地结合在一起，学校每月至少安排一次民族团结进步教育内容课程，推动党的民族理论、民族政策和国家民族法律法规进课堂、进教材、进头脑，促进各民族学生之间相互了解、相互尊重、相互学习。如开设传承本民族的语言课程（字喃教学方面），把京族本语言的教学作为学校校本课程组成的重要部分，在提高科学文化素养的同时达到了传承和保护民族语言的目的。此外，我校将民族团结进步教育融入学科课堂教学之中，把知识和技能，过程和方法，情感态度和价值观有机统一，通过课堂教学与活动展示，加强民族团结、爱国主义教育。使学生在学习文化知识的同时，得到科学精神、人文精神和民族精神的熏陶，从而提高民族团结意识。三是深化"党建+"民族团结特色德育活动。大力构建以"爱党爱国爱家乡"为主题的特色德育活动，用优秀的民族文化增强师生国家情怀，传承红色基因、弘扬革命精神。同时利用广播、网络、黑板报大力宣传和弘扬民族团结精神，营造浓郁的教育氛围。积极开展"红色"主题系列活动，提高民族团结意识，加强对学生进行爱国主义教育。利用党日、团日活动广泛开展了"民族团结一家亲"、"山海相连心手相牵"民族团结进步活动为主题党团日活动。我校正式通过这些活动，不断提高学生们团结意识，提升民族荣誉感和幸福感，增强民族凝聚力。

三、与时俱进，领悟民族特色教育深层精神真谛

绵绵用力，久久为功。民族团结进步教育是实现民族伟大复兴的重要工程，是响应国家号召的有力举措。民族团结进步教育增进了民族学生团结友谊，提高了学生铸牢中华民主共同体意识，对不同民族的生活，文化习俗进一步了解，增强了民族间相互团结、相互学习的观念，使学校不同民族间呈现出其乐融融的良好景象，学生之间相互了解，氛围融洽，也彰显了民族团结进步教育的特色与品牌，发挥了民族团结进步教育示范引领效益，营造了民族团结进步教育的良好氛围，扩大了民族团结进步教育的影响力和感召力。

铸牢中华民族共同体意识既是爱国主义教育、社会主义精神文明建设的重要内容，也是学校党建工作的重要组成部分。是党的民族工作的需要，也是对青少年进行国情教育的需要。既是对内加强民族团结，对外反渗透、反分裂的需要，也是构建社会主义和谐社会的需要。加强民族团结，维护祖国统一是中华民族的最高利益，也是各民族人民的共同愿望。今天，既是我校展示办学成就、弘扬优良传统的契机，也是我校继往开来、开始新征程的起点。面对未来，我校将继续深入开展民族团结进步教育，让青少年更多地了解中华民族的悠久历史和灿烂的文化，知我中华，爱我中华，促进民族团结进步，铸牢中华民族共同体意识的意义所在，志存高远，开拓进取，唱响民族团结进步教育高亢的时代凯歌。

在"志扶"加"智扶"中催开民族团结进步之花

——上思县民族中学民族团结进步创建经验材料

广西壮族自治区防城港市上思县民族中学　徐仁海　陆雄光

上思县民族中学是全区保留壮文进校实验任务的35所民族中学之一，全校2032名学生主要来自本县革命老区、边远山区及瑶族居住区，其中，壮、瑶等少数民族学生人数占95%。

为了解决上思县瑶族地区适龄女童上学难的问题，实施教育扶贫，上思县民族中学从2008年创办全免费的瑶族女生班，到2017年已经开办10个瑶族女生班，从2017年到2019年又开办了3个民族初中励志班，10个瑶族女生班和3个励志班的开办，共使728个贫困家庭的初中生圆了上初中的求学梦。到2020年7月，瑶族女生班共有10个班560名瑶族女孩完成了初中学业，顺利毕业。其中，519人升入高一级的学校就读。如今，有近300名学生已经毕业并参加工作，有了稳定的收入，使一批家庭脱离了贫困。

瑶族女生班的成功开办，助推了上思县的脱贫摘帽工作，并彻底改变上思县瑶族同胞"狗不耕田，女不读书"的陈规陋习，使越来越多的瑶族女生从深山瑶寨走进中学课堂。现在，上思县民族中学的初中瑶族女生班和上思中学的少数民族高中女子班的品牌效应逐步显现，辐射带动上思县瑶族女生小学入学率达100%，瑶族女生初中毕业巩固率达95%以上。

2008年自治区成立50周年大庆时，学校荣获"广西壮族自治区民族团结选步先选集体"。2013年以来，学校先后有两位教师荣获自治区民族团结进步模范个人荣誉称号；　2019年，十几年如一日坚持动员、鼓励瑶族女生读书的民中党支部副书记、副校长陆雄光荣获全国民族团结进步模范个人称号；2019年12月，上思县民族中学被命名为全区民族文化传承教育示范学校，2020年12月4日，学校又被命名为自治区第四批民族团结进步示范学校。2021年4月，上思县民族中学荣获自治区脱贫攻坚先进集体奖，同年6月，学校党支部被授予自治区先进基层党组织称号。2021年7月，该校被命名为第一批防城港市民族团结进步教育基地。

一、围绕中心，上下联动，整合多方力量搭建平台

上思县民族中学始终紧紧围绕"共同团结奋斗、共同繁荣发展"的民族工作主题，上下联动，整合多方面力量，采取多种方式方法，持久深入开展民族团结进步创建活动，不断推进党和国家各项政策的贯彻落实。

上思县民族中学在县委统战部、县民宗局、县教科局的直接指导下，在帮扶单位民进广东省委和广西区委的支持下，将民族团结进步创建工作融进"志扶"加"智扶"的全过程，做深、做细、做实。制度化地在全校范围内定期开展紧扣"中华民族一家亲，同心共筑中国梦"的民族团结进步宣传教育系列主题活动。

做细：要求学生最少学唱一首民族歌曲，学跳一个民族舞蹈，学讲一句不同民族的话，讲一个民族英雄故事，做一件民族工艺品等活动。充分发挥文体活动的德育载体功能，在互相传唱的过程中，让民族团结、爱好和平、勤劳勇敢、自强不息等民族精神在学生心中扎根，使各族同学亲如兄弟姐妹。

做深：通过动员学生入学、家访等形式，在山村瑶寨进行民族团结进步宣传。还在瑶族女生班外的各班级开展壮瑶族学生"手拉手"结对子活动，组织学生代表到首府参观，到广西民族大学学习，甚至民进中央领导接见学生代表，通过多层面不断提高学生的自信心。同时，学校想方设法为民族学生办实事，为特困少数民族学生解决生活困难。学校每学期都要评出民族团结进步先进班级及个人，并进行表彰。

做实：用民族传统文化提振学生的民族自信精神。积极开展上思县壮瑶民族的优秀传统文化传承教育。学校2011年起开设壮文山歌班，聘请上思县非物质文化遗产第二代传承人、广西十大歌王之一岳建霄到校授课。2012年把民间的陀螺、长短棍等游戏引进校园，同时，为了传承和发展自治区级非物质文化保护遗产上思舞鹿，学校在县文化部门的支持下建立舞鹿训练基地，坚持开设舞鹿班，让学生学习训练舞鹿技能。近年来，学校形成了每年举办一次校园文化艺术节的良好传统。在艺术节上，表演民族舞蹈、演唱民族歌谣已经成为校园一道靓丽风景。

校园里浓厚的民族团结氛围，让更多的学生朝气勃勃地成长。

二、凸显特色，以人为本，注重实效

上思县民族中学的特色就是少数民族教育。尤其以瑶族女学生教育为明显特色。对瑶族女生的教育，首先"志扶然后再进行"智扶"。

从2008年创办全免费初中瑶族女生班，到2019年已经开办9个瑶族女生班，1个瑶壮女生班。10　个女生班的开办，使560名瑶族女孩圆了上初中学校读书学习的梦。到2020年，已有10个班371名瑶族女孩考上高中学校读书，148人升上中职学校学习。从初中毕业的瑶族女生班

学生，升到高中学校学习后，珍惜来之不易的学习机会，刻苦学习，感恩前行，取得令人瞩目的成绩。2014年高中毕业考上全国重点大学的首届瑶族女生班学生庞进语，大学毕业后留校工作一年后又考上了研究生，实现了上思县瑶族女生考上研究生零的突破。

据不完全统计，到2020年7月，原就读民中瑶族女生班的瑶族学生，已从高中和中等专科等学校毕业并且参加工作的人数超过300人，从事的工作有教师、医生、协警、护士、销售、财会、法官助理等行业。2017年到现在，民中又每年开办了三个初中民族励志班，为家庭贫困而品学兼优的168各民族男女学生解决了生活上的实际困难，助推了全县的脱贫摘帽工作。并有效阻断贫困的代际相传。上思县利用社会力量在上思县民族中学开办瑶族女生班，实施教育扶贫的办班模式，被录入脱贫攻坚“扶贫+扶智”基层实践典型案例，引起广泛关注。实现多媒体教学，让少数民族学生切身体会现代化教学，感悟祖国的现代化成果，从而不断提高民族自信心。

三、结合少数民族属性，以“双语教学”助推民族团结进步创建工作

上思县民族中学在开展民族团结创建活动中，既讲究形式的多样化，使创建活动更贴近实际、贴近生活、贴近师生，更注重内容和实效。

近年来，随着《广西壮族自治区少数民族语言文字工作条例》及《广西壮族自治区壮汉双语教学示范基地建设评估细则》相继颁布并和正式实施，上思民族中学在县民族宗教事务局及上思县教科局高度重视和指导下，根据学校实际条件，紧紧围绕《条例》及《细则》两个文件精神开展壮汉双语教学。

上思县民族中学现有学生2032人，共32个初中班级。其中2个初中民族励志班，30个民族班。现在30个民族班中，选9个班进行壮汉双语教学(每年级3个班)。

开展壮文化特色活动，将壮汉双语教学融入其中。以每年庆祝“三月三”为契机，举办“传承壮族文化弘扬民族精神”等具有民族特色的艺术展演活动，在耳闻目染的过程中，增强学生的民族自豪感和学习本民族文化的热情，学生通过参加民族特色的晚会，游园等具有民族特色的活动提高了本民族的认同感。

上思县民族中学开展民族团结进步创建一步一个脚印，成效显著，得到各级党委、政府的表扬，更得到全县少数民族群众的赞许。特别是得到10多家主流媒体的宣传。其中报告文学《一群瑶族少女的诗和远方》刊发于《中国报告文学》后，引起较大的反响。评论该文的评论文章被中国作家网推送。这些，都是上思县民族中学深入持久开展民族进步团结创建工作的重要动力。

用奋斗诠释价值　用教育呵护成长

贵州省安顺市第一幼儿园　唐云

安顺市第一幼儿园前身为安顺地区行署直属机关第一保育院，位于西秀区龙井街52号，距安顺第一古井——大龙井百米之遥，创办于1952年，是解放后政府开办的第一所公办保育园，是贵州省省级示范（二类）幼儿园。我园占地面积为10625平方米，园内绿化面积达60%，常年绿树成荫，鸟语花香；有生态楼、阳光楼各一栋，设计科学美观，教学设备俱全；我园办学历史悠久、有丰厚的文化底蕴、社会声誉良好；幼儿园师资力量雄厚，教师学历都在大专以上，教职工爱岗敬业，团结协作，积极向上。

我园始终坚持“自然和谐•快乐教育”的教育理念，以“为幼儿构筑成长的乐园，为老师搭建发展的乐园，为家长营造希望的乐园”为办学宗旨，注重幼儿身心健康，注重素质教育，注重幼儿良好行为习惯的养成；着重培养孩子的团结友爱、互助合作，自信乐观的情感个性，将智力开发、陶冶情操及审美情趣有机结合，形成了多元化的教育体系。

以园为家　打造优质校园

2013年底刚到安顺市第一幼儿园任园长时，由于幼儿园办园历史久远，教学楼陈旧且设施设备无法满足幼儿园发展需要。

2014年我开始思索筹划，由于工程需要拆除原教职工在园宿舍，花了大量时间反复做教职工思想工作，争取支持，最终在上级主管部门的指挥协调统筹下，投入1689万元花费两年时间完成新教学楼改扩建工程，新建教学楼一栋，于2016年9月竣工投入使用，扩大规模12个班，增加容纳幼儿400余人，解决了幼儿入园难问题，同时改造了老教学楼，使幼儿园办园硬件设施得到极大改善，到2016年9月，幼儿园有教学楼两栋，占地面积10069.97平方米，园舍建筑面积6379.64平方米，　绿化面积3050.7平方米，整体环境优美，教室宽敞明亮，为孩子提供非凡的学习体验。每班配备多媒体电脑一体机和电子钢琴等教学设备，满足孩子们在社交、文化以及语言等各方面的发展需求，操场全部铺设人工草坪，并设有塑胶跑道、大型玩具及体育设施。拥有大型露天种植园一个，供幼儿亲近自然，让每一个孩子拥有机会去释放他们与生俱来的求知欲望，去发现和探索世界。

思想引领　营造文明校园

硬件设施提上去了，精神文化也要抓牢。2015年，我园深入挖掘精神内涵，制作完成了园徽、园旗、园歌；形成了“和谐进取，求实创新”的良好园风；“自然和谐　快乐教育”的办园理念；明确“科研兴园，以研促教”的发展方向；以科研带动教研，以教研促进教师教育能力的提升，使幼儿园形成了“教研为先，注重实践”的教育特色。打造园所特色文化，用精神文化凝聚全园教职工和幼儿爱国、护园的信心和力量。

在工作中，我清醒地认识到：作为一名党员干部，要不断加强学习、勤于思考，才能增强执政能力，提高自身素质。于是我利用业余时间及双休日努力学习，深入研究学前教育新形势，努力做到“吃透政策、摸清形势、学会操作努力成为政策的顾问、知识的专家，保证工作措施的出台切实可行。每周二、周三带领全园教职员工认真开展政治理论和业务学习，提高队伍的整体素质，使幼儿园形成人人“讲文明、讲政治、讲团结、讲学习、讲正气”的良好氛围。工作中，能加强团结、凝心聚力，保持班子和谐。能严格按民主集中制原则办事，凡是重大问题能做到集体讨论决定；能做到以学前教育事业为重，以幼儿园发展为重，以教职工、家长、幼儿的利益为重。

为规范幼儿园管理，2015年我园从教职工中选出优秀人才担任办公室、保教、安全、总务等部门负责人，大家各负其责，共同抓好幼儿园管理，工作落细落实，工作开展有条不紊。我始终牢记“两个务必能做到权为民所用、情为民所系、利为民所谋。

探索创新　建立专业团队

我深知教科研是一所幼儿园发展的生命线。多年来，我与教师们共同研究幼儿课程改革、制定切实可行的教科研计划，根据幼儿的需求、教师的现状积极开展课题研究，指导教师开展课题研究，不断提升教师的专业素质和教学能力。

我园坚持网格化管理，以“严、细、实、恒”为办事准则，做到了工作精心、过程精细、结果精准，各项工作井然有序。高度重视教师队伍建设，创造一切条件，抓住一切机会，给教职工提供多形式、多途径的培训学习机会，加强师德师风建设，教师水平不断提高。同时加强教师业务发展，开展形式丰富的园本培训，使教职工的工作能力得到有效提高，分层次、分类别对全园教师进行培训，强化师德师风建设，树立教师新形象，引导教师不断转变教育观念、教育方法、教育策略。通过多年的努力积累，市级骨干教师从2013年的5人增致现在的18人，市级名师1人。

我园以促进幼儿、教师、幼儿园同步和谐发展为工作的出发点和落脚点，实施规范化、系统化、科学化管理，积极深化教育改革，大胆创新，以特色求发展，以质量求生存。在园形成了“和谐进取，求实创新　”的良好园风；“自然和谐、快乐教育”的办园理念；明确“科研兴园，以研促教”的发展方向；以科研带动教研，以教研促进教师教育能力的提升，使幼儿园形成了“教研为先，注重实践”的教育特色

在全校的共同努力下，我园于2017年成功申类为省级示范二类幼儿园，2020年又再次顺利通过复查，现为全市唯一的省级二类示范幼儿园。先后被评为贵州省课程建设实验园、贵州省中小学（幼儿园）校本研修示范学校、“国培计划”试点项目跟岗实践研修基地、中央电教馆第三批百所“家园共育”数字试点幼儿园、全国足球特色幼儿园、贵州省中小学幼儿教师专业发展示范基地校、省市级安全文明校园、绿色学校、贵州省食品卫生A级单位；党支部荣获省、市两级“党支部标准化规范化建设示范点”和全市教育系统“先进党组织”称号等。

也许教育之路是一条艰辛的探索与开创之路，但是我从未退却，因为心中的对于孩子的爱，对于教育的责任，对于不断奋斗，实现价值的坚守。教育是一曲伟大的赞歌，每一个音符都诠释着耕耘与收获。未来，我将继续带领我园开拓进取，结出更丰硕的果实！

绣花功夫落实顶层设计　匠心精细培育现代栋梁

贵州省毕节梁才学校　张明超　徐武力

贵州省毕节梁才学校是一所高标准现代化12年一贯制学校，校园占地350余亩，在校师生8000余人，教职工800余人，其中教授、正高级教师、特级教师24人，高级教师188人；一级教师192人；全国“五一劳动奖章”获得者2人，全国模范教师15人；研究生76人，全国优秀教师19人；省级骨干教师、优秀教师、先进教育工作者、优秀班主任等76人；市级学科带头人、市级骨干教师等236人。

办学以来，学校以“　毕节第一，贵州一流，全国知名，走向世界”为办学目标，秉承“　以人为本，全面发展，个性彰显，国际视野”的办学理念，践行“　共谋发展，卓越报国”的校训。近年来，在省、市、区各级党委政府和上级教育主管部门的正确领导下，全校教职工共同

努力奋斗下，学校紧紧围绕提升教育教学质量这一主题，以德育为先导，以规范教学行为为主线，以深化课程改革为抓手，狠抓教育教学管理，学校办学取得了丰硕的成果。

加强校园文化建设　培育“卓梁”优秀人才

历年来，学校以“卓梁文化”(追求卓越，争做栋梁）为核心引领，努力开展“一训三风”(校训、校风、教风、学风）建设，并以优化校园环境为重点，打造特色走廊文化，靓丽宣传橱窗、别致校园景观、精良班级文化。

学校以“卓梁文化”为核心，突出一校一品文化魅力，彰显文化育人的巨大感染力、渗透力、影响力，不断强化梁才学子文化自觉。漫步在德溪河畔的毕节梁才学校，校园主干道的清北录取榜格外耀眼，橱窗文化别具一格，走廊文化独具风采，班级文化魅力四射，校园面貌焕发着蓬勃生机。学生置身其中，耳濡目染，时刻能感受到浓厚的校园文化氛围，处处能感觉到“卓梁”气息的熏陶。

学校不断突出“一训三风”的“卓梁文化”魅力，以彰显学校文化治校、文化育人的深刻内涵。它构建起了梁才广大师生共同的发展愿景、主流思想和价值观，为学校的发展插上了腾飞的翅膀。办学以来，毕节梁才学校“卓梁文化”教育早已深入人心，影响深远。

与此同时，学校多措并举将社会主义核心价值观教育融入课程设置中、融入课堂教学中、融入德育工作中、融入校园文化建设中。步入校园，文柏楼、柏韵楼、松柏楼、稚松楼等别有韵味的楼名都映射着“融”的缩影；字词书画、橱窗展播、名家塑像、校长讲话等无不诠释着文化育人的内涵。

学校文化已然无处不在，它紧密联系着广大学子的衣食住行。譬如食堂文化，公寓文化，班级文化，网络文化，科技与实验室文化等。“卓梁文化”无时无刻不在潜移默化的正向的影响着每一位梁才学子，并不断促进学生努力成为“家之顶梁，国之栋梁，民族之脊梁”。

如今的毕节梁才学校，整个校园都氤氲在古色古香的文化氛围中，使得每位走进梁才学校的师生无时无刻不在接受到“卓梁文化”的感染和熏陶，每一处文化构建都精彩纷呈，每一处文化景观都会开口说话，“卓梁文化”教育成果彰显，“卓梁”教育品质声名远扬。

优化德育管理模式　提升学生核心素养

学校积极构建“12345”德育管理模式，坚持一个德育目标，立德树人。以德育序列化和系统化“两化”教育构建，成功构建了德育“全员、全面、全程”、“三全”管理机制，形成了“班主任管理、学科教师管理、学生自主管理、学校管理”的四条线管理无缝衔接。形成了“文化德育、管理德育、制度德育、运动德育、学校德育”五大德育品牌。以定期组织班主任培训，强化班主任队伍建设，提高班主任德育水平和管理艺术为基本抓手，精心设计具有时代性的教育系列活动，将德育工作有机渗透到“全员育人，全面育人，全程育人”中去。

学校制定了“学生全面发展的高质量”特色发展目标，探索出了教育、管理、活动三结合的育人策略，一批优秀文化艺术作品和综合素质比较高的学生不断涌现，学校育人优势变为师生的发展优势。

办学以来，学校还以学生年龄段的不同以及学生个性特点为依据，组织学校教师开展寓教于乐的创客、文学、舞蹈、音乐、美术、球类、棋类、心理健康等社团活动，帮助学生凸显特长，促进潜能发挥，为每位学生提供获得成功体验的平台。

学校不断丰富综合艺术培养形式和表现手段，扎实推进艺体教育课程化、体系化，全力打造高品质的艺术特色课程，提升了学生的艺体素养。每年学生社团成果都会通过“校园艺体文化节”、“5•4晚会”、“12•9”红歌比赛等校内外大型文艺活动展示出来。学校以活动为有效载体，充分挖掘“卓梁文化”教育元素，助力学生高质量全面发展。

狠抓教学常规管理　深化教学科研工作

学校认真贯彻落实“34567”魅力高效课堂教学模式，强化质量意识，狠抓过程管理，落实教学常规，规范教师教学行为，全面实施课程改革。通过打造“引、自、合、展、　评、测、移”　7环节课堂，有效抑制了教师满堂讲授，杜绝了教师课堂漫游，消灭了学生课堂瞌睡，从而实现魅力高效课堂。与此同时，学校一盘棋，充分落实好“8421”、“七环节”学生主体学习模式，在学生“自学、反馈、精听、展示、考练、反思、补足”上下功夫，实现“教学”相长。

人文化、特色化的文化环境，规范化、制度化的管理方式，多元化、科学化的办学模式，实现了学校办学七年来特色化发展目标，业绩成果享誉川黔。学校先后荣获“清华大学生源中学”、“北京大学生源中学”、“贵州省语言文字示范校”、“全国民办教育理事单位”、“全国民办非企业优秀服务品牌单位”、“全国十强民办教育品牌”等百余项殊荣。七年多的办学，学校初步形成了“办学思想、教育教学改革创新和教育教学质量”三大高地，构建了梁才教育“思想、目标、运行和保障”办学四大体系，积极实施“品质名校、区域名校和全国名校”三大名校战略，正向全国一流名校迈进!

藉厚积之力，承求索之精神。校长张明超说，毕节梁才学校将不断优化办学思想，大力彰显办学特色，砥砺奋进谋改革，转型升级图发展，继续为毕节教育事业的发展做出新的贡献!

以党建为统领，创建学校品牌

贵州省毕节市第一小学　陈华　张冶

毕节市西街道坚持大党建统领全局，把开展街道、社区、单位、行业党建共建共治共享作为头等大事来抓，深化“一目标、两条线、九主题”总体工作布局，重点围绕区域文化、居民类别、辖区机关、事业、企业、学校、小区（院落）等领域的特点，注入党建灵魂，淬炼党建主题。

加强学校党的建设，事关党对教育工作的全面领导，事关中国特色社会主义事业后继有人。学校承担着培养社会主义建设者和接班人的重要任务，加强党建工作，促进学校教育发展。近年来，我校以“大党建”为统领，以“一切为了学生，为了学生的一切”为宗旨，以“让每个孩子得到最佳发展”为办学理念，以“把身边的每一件事做好”为校训，强力推进“11346”攻坚工作力度，形成外有压力、内有动力、教育活力的育人氛围，为建设“新发展理念示范区先行区”提供坚强有利的后备力量，全面深化教育教学改革，大力推进素质教育，努力办好人民满意的教育，努力创建一流品牌学校。

一、深化党建品牌，打造育人乐园

市西街道努力打造辖区内百花山、虎踞山、文笔山所衬托的“山城挖掘“南桥虹霓”、“翠屏旭日”、“阳山松涛”、“百花红迹”、“响水轰雷”、“北镇雄关”等赋予的人文景观，紧扣林青纪念馆、抗日救国军司令部、红六军团政治部旧址、中华苏维埃共和国川滇黔省革命委员会旧址红色招牌，依托这些文化旧址和这片红色热土，大力打造“山城记忆•红色市西”党建品牌，全面推进红色文化进校园、机关、企业、院落，将传统美德、红色文化、革命基因等传承下去，把文化优势转化为旅游资源、市场经济。

为充满营造学校文化氛围，调动教师的积极性，我校指排有绘画特长的老师对校园文化墙廊进行整体规划布局，把学校的阶梯、墙壁融合为以党史、科学、教育、文学、音乐、书法、绘画、足球、篮球、乒乓球等10个板块，形成有规模的文化乐园，结合“六化”、“四园”建设要求，赋予毕节一小新的生命内涵，让学生感受到“人在画中游”快乐家园。

二、推进教学改革，培植优质课堂

为更好地落实立德树人根本任务，着力培育学生综合素质，提升学生的核心素养和关键能力，引导教师研究实际问题，关注学生发展，营造教师人人参与改革的良好氛围。我校大力推进教学改革，废除应试教育机制，充分利用学校资源，细化教学研究，培养精英教师团队，努力创建优质课堂。截至目前，学校已开设党史、科学、教育、文学、节目主持、音乐、书法、绘画、足球、篮球、乒乓球等特色课堂。老师、学生走进特色课堂，消除了工作、学习后的疲倦，丰富了课余生活，收到了明显实效。

三、结对帮扶教研，拓宽教学思维

为了进一步深入开展课堂教学改革工作，提高课堂效率，提升教学质量。我校采取“走出去、请进来，老带新、强带弱”的业务培训方式，让老师们参加各种学习教育，积极完成省市区安排的各项业务培训，促进教师专业成长。与广州荔湾区乐贤坊小学结对帮扶办学，两校共同展示教研成果，彰显了教师的教学自信。毕节一小《分数的初步认识》，培养了学生的动手操作、合作学习、逻辑思维能力；乐贤坊小学口风琴教学课，教态亲和端庄，课堂语言生动优美，让孩子们感受了音乐的无穷力量；两校教研的《慈母情深》，育人艺术“跨越了课堂之界”润物细无声；两校共创的朗诵作品《水调歌头》、《祖国万岁》，优美的诗词、深情的表演、动听的旋律彰显了书香成习、墨香成趣的国学经典。

四、制定管理规则，细化目标考核

教学工作是学校的生命线，提高教学质量，离不开规范的科学管理。

为促进学校高质量发展，我校制定了《学校精细化管理实施细则》，从考勤、考绩、考评等方面对教师的教学行为进行细化考核，着力整治“庸教、懒教、厌教”等教学行为。明确教师岗位职责和一岗双责，执行课程计划，开齐课程，开足课时。着力提升教育软实力暨“一校一品一特色”成果展演，把“一大件、四精品”充分展示在结对帮扶的“品”和“特色”上。建好“家长学校”、“青少年法治教育基地”、“阳光少年之家做好留守儿童、困境儿童等弱势群体关爱帮扶，取得阶段性实效。

五、坚持质量兴校，建好百年名校

教学质量是学校生存和发展的生命线，提高教学质量是学校的立校之本。我校利用“育人乐园”、“优质课堂”等激发师生的科研热情，积极倡导师生参加科普活动。坚持“质量兴校、品牌立校、特色强校”的发展理念，优化教育环境、提高教学质量，践行“学校有特色、教师有特点、学生有特长”的新时代办学模式，逐步将学校建成省级、国家级名牌学校。截至目前，学校共获得市区级表彰100余次，先后获得“贵州省中小学安全知识网络竞赛优秀组织奖”、“贵州省第四届青少年科普知识大赛优秀组织奖”、“贵州省冬季阳光体育运动会雪地足球一等奖”、“贵州省安全文明校园”。

潮平岸阔好扬帆，砥砺奋进新征程。今年是中国共产党建党100周年，也是“十四五”开局之年。我校将继续改革创新，以党建为统领，强化管理，挖内涵，强素质，大力推进素质教育，努力把我校建成理念先进、环境优雅、特色突出、质量上乘、学生阳光、教师幸福的有影响力的一流品牌学校。

扬民族文化，做和美教育

贵州省贵阳市民族中学 刘贵新

习近平总书记在中央第六次西藏工作座谈会上指出：“必须全面正确贯彻党的民族政策和宗教政策，加强民族团结，不断增进各族群众对伟大祖国、中华民族、中华文化、中国共产党、中国特色社会主义的认同”。习近平总书记这一重要讲话，着眼于民族团结是我国各族人民的生命线，强调要引导各族群众牢固树立正确的祖国观、历史观、民族观，通过建立和增强各族人民的价值认同、情感认同、文化认同、制度认同，来筑牢民族团结的思想根基，共圆中华民族一家亲的团圆梦，共筑中华民族伟大复兴的中国梦。

我校提出的“和美”教育课题研究正是基于民族教育的特殊使命的思考。把铸魂作为教育的起点和根本，把铸好民族团结、和谐之魂作为自己任务和使命，把筑牢学生“和美”之魂作为重点的教育。

一、“和美教育”提出的背景依据

我校创建于1980年，当时校名为“贵阳市花溪区民族学校校址在贵阳市花溪区花溪布依族苗族乡的董家堰村的放牛坡，该村主要居民为布依族、苗族，少数民族人口占总人口90%，花溪民族学校是典型的民族乡镇的民族学校，办学层次是小学加初中八年制学校，而且是小学为主，初中为辅，定位就是服务于区域内的少数民族学生就学，据当时资料记载，学校所处的董家堰村有2000余人，解放以来，只有6个人具有高中学历，也是当时的最高学历。首届招生学生695人，其中少数民族学生占71.8%。可见学校的创办就是以解决少数民族区域的教育问题为根本，是为民族教育而生。

学校自创办以来，按照党和政府的民族教育政策积极探索民族教育的发展，纵览近40年的发展，可分为四个阶段。

初创定型期（1980年—1990年）学校十周年校庆时，对办学十年的办学指导和办学方向概括为“着眼于发展民族教育，致力于提高民族素质，培养少数民族人才，为发展少数民族地区文化经济服务”。

机遇发展期（1990年—2001年），民中办学的新定位。回顾这十年的发展，应该说学校得到跨越式的发展，这一发展是民中发展历史中很关键的一步，得益于相关领导对民族教育工作的关心与重视，得益于党和政府民族政策的特殊保障与支持，因此可以说：民中是因民族政策的滋润而变。

特色发展期（2001年—2010年）创示范，做引领。2001年，韩小梅校长通过公开招聘，出任贵阳民中第六任校长，一直主持学校工作至2010年。韩小梅校长在回顾和总结贵阳民中前二十年发展历程的基础上，结合贵阳民中的实际和新的发展要求，与时俱进地明确提出“扬民族文化，重现代教育”的办学思想。贵阳民中因“民族教育”的特色而名。

内涵提升期（2010年至今）2010年，魏林校长从贵阳一中调入贵阳民中出任第七任民中校长，魏林校长在传承前任 “扬民族文化，重现代教育”的办学思想的同时，立足于学校品质全方位提升，打造民中发展新高度，全面谋划贵阳民中的新发展，实施了内涵提升的发展战略。

2017年初，我受任到贵阳民中，担任贵阳民中第八任校长。新时代民中发展的重任压在我的肩上，我没有新官上任的“三把火也没有仓促地去表达自己的思想理念，而是在维系好民中传统和常规的同时，用近两年的时间去翻阅贵阳民中这本书。

站在新时代的起点上，经过反复的学习和调研，遵循民中的文化基因和多位前任校长的精神传承，我总结并提出了“扬民族文化，做和美教育”的办学主张，如何写好贵阳民中“扬民族文化，做和美教育”的新篇章，是我必须担当的使命。

习近平总书记指出，“中国有坚定的道路自信、理论自信、制度自信，其本质是建立在5000多年文明传承基础上的文化自信”。“文化自信，是更基础、更广泛、更深厚的自信，是更基本、更深沉、更持久的力量”。

我大学毕业就分到贵阳一中工作，从一普通老师到中层干部、副校长和合作学校校长，共工作26年。贵阳一中，是一流的学校，有一流的学子，让我收获了更多的荣耀与欣慰，但也让我饱尝了优秀中隐含的忧虑与纠结。2009年，我受任创办贵阳市新世界国际学校担任首任校长，执掌该校8年，基于该校是高端民办、国际化定位，我提出的育人目标是“培养人格健全，具有中国灵魂和国际视野的现代人但什么是人格健全？怎样才算具有中国灵魂？这是我一直在探究的问题。2017年初我到贵阳民中，使我不得不又站在民族政策的落实，民族教育的使命，民族和谐的实现，乃至中华民族伟大复兴的角度，来对我的教育思想、教育理念和教育行为进行审视、反思。我逐渐认识到，不管是从一个个体未来生活品质的关注看，还是从一个社会群体生活状态的关注看，还是一个民族在人类文化文明中的融合看，包含在中华传统文化中的“和美”文化价值，都同样闪烁着宝贵的光芒，因而我把“和美教育”的践行作为我不断探究的文化命题，把“和美教育”的追求作为自己的一个教育理想。

立足贵州办教育，办民族教育，我们“扬民族文化，做和美教育”的路不仅漫长，而且任务紧迫而艰巨。我们要努力让贵州走出去的学子，首先要爱国，同时也要了解自己的家乡，热爱自己的家乡，有自己家乡文化自信，有作为贵州人的自豪和自信，为家乡的发展和中华民族伟大复兴作出应有贡献。

二、“和美教育”的实践探究

回顾贵阳民中办学的四十年，可以从五个方面去概括“扬民族文化，做和美教育”的实践探索过程。

和美环境文化的打造。近十年来，学校改建、扩建都遵循凸现民族文化的原则，2017年借建设“贵州民族民间文化教育实践基地”的机会，以“和美教育”理念为核心，系统规划设计和推进学校环境文化建设，包含“一馆两室十坊一平台共12个板块，其中“和美之道”、“和美广场”、“和美之园”3个板块已建成或基本建成。该项目建设，按计划是五年完成，故其他板块还在推进中。

和美课程的构建国家课程。“和美教育”不是一个孤立的知识概念，在课程的实施上体现的是一种育人理念，这一理念得以实现的主要载体就是课程和课堂。对于贵阳民中教师而言，国家课程校本化的主要任务就是要结合贵阳民中的学生实际，把“和美”这个盐分艺术得体地放在课程和课堂的这桌大餐中去，让贵阳民中的课程和课堂有独特的“味道”。除此之外，在音乐、美术、体育课程上，学校作了大胆的内容上的校本化处理，如开设苗歌、侗歌课，民族舞蹈课，芦笙表演课，蜡染、剪纸课，珍珠球、蹴球、板鞋等课。地方课程凸显地方的文化特色，如“贵阳生态文明”课程等，能让学生更好地了解家乡，发现家乡，培养学生的桑梓情怀。

“和美”文化的营造。在“扬民族文化，做和美教育”办学理念的指导下，我们对学校的“一训三风”与时俱进的解读，不断丰富学校的核心文化内涵。学校以“修德讲学，笃信弘毅”为和美价值；以“团结拼搏，和美精神”为校风；以“博学高效，和美智慧”为教风；以“勤奋惜时，和美行动”为学校；以“学力宽厚、人格健全，具有家国担当和桑梓情怀的优秀公民”为培养目标，全力推进学校优质发展。学校坚持“唤醒自觉，文化引领”为先的理念，设计和实施管理。制度设计突出“自觉自主”的引导，制度建立体现“人本人文”的关怀，制度实施遵循“有律慎用”的原则。努力营造一种“自律自觉，相互欣赏，和谐共进”的教师文化。

“1235和美德育体系”的探索与构建。在总结学校过去德育实践的基础上，结合新时代德育工作立德树人的要求，经过研究我们制订了适合学校特点的“1235和美德育体系即：一个底色、两个凸显、三美教育、五观构建。一个底色：社会主义核心价值观的教育（价值观）；两个凸显：“崇和尚美”的精神品格、“心怀桑梓”的人文情怀。（品格）；三美培养：识别美、鉴赏美、创造美（能力）；五观构建：和悦的心态观（悦纳自己、积极乐观）、和睦的家庭观（孝悌仁爱、责任担当）、和暖的团队观（相互欣赏、互助共进）、和谐的发展观（相依敬畏、友好共处）、和合的文化观（包容互鉴、融合发展）。

创新办班模式，彰显“和美”育人。从21世纪初起，为落实民族政策，学校开办了民族实验班，对民族学生实行了特殊的政策和奖励。为了加强各民族之间了解和认同，实现民族大团结，学校还实行班名双名制管理，一是序号班名，另一是以一个少数民族的名称为班名，同时在该班配有这一民族的特殊班牌，对该民族进行详细介绍。2017年起，为了更好开展民族民间文化教育活动，又开办了民族民间文化实验班；为搞好教育扶贫工作，面向贵阳市20个贫困村定向招生，开办珍珠班，让贫困家庭孩子能更多地感受党和政府的温暖，斩断家庭贫困的代际传递，实现真正团结和谐、同步小康，共同创造美好的未来生活。

三、“和美”教育初步成效

学校办学水平和社会效益在逐步提升。学校先后被评为：贵州省少数民族体育基地 全国民族教育示范校 贵阳市民族团结先进集体 贵州省首批民族民间文化进校园的项目学校 贵州省民族团结先进集体等。

学校的办学特色逐步彰显。从校园环境文化、课程文化、管理文化、团队文化、活动文化都具有民中的鲜明特色，走进民中能真正感到“民”副其实。2016年，贵州省示范性高中办学成果展示会，贵阳民中作为代表，做了办学特色的重点展示，赢得了社会的广泛认同和赞誉。

师生文化自信得到加强。2011年来，教师获得教学、科研成果奖共671项，其中：全国奖78项。省级奖295项，市级奖298项。学生研究的课题有586项，共获奖299项，其中：全国奖44项，省级奖98项，市级奖157项。

四、“和美教育”未来设计与展望

2020年是贵阳民中建校40周年，学校借此契机，全面总结和梳理贵阳民中的办学历史文化，进一步丰富“和美教育”的内涵。民中办学历史不长，文化积淀不厚，“扬民族文化，做和美教育”的探索之路还很长、很长。未来一段路，我们仍坚持“内涵提升”的发展路径，按照“一二三四五”的思想推进学校工作。即贯穿一条主线：扬民族文化，做“和美”教育；强化两个定位：普通高中（二类示范）定位，民族学校定位；.抓准三个机遇：智慧校园试点校建设机遇，贵州民族民间文化教育基地建设机遇，新高考改革机遇；实施四大策略：潜力生发展策略，住读生效率提升策略，未来发展工程（教师发展）策略，目标导向策略；促进五大发展：教师专业化发展、学生核心素养发展、校园设施发展、管理制度发展、特色文化发展。

大有作为，增强学生发展后劲

贵州省纳雍县第二中学　李靖

思想是行动的指南，作为学校的灵魂，校长的办学思想更是直接指引着学校的发展。因此，校长必须思考清楚：办什么样的学校？育什么样的人？如何办学？如何育人？

初中学生正在经历人生成长的关键阶段（包括身体发育、习惯养成和世界观的初步形成），他们毕业后要么进入普高，要么进入中职，甚至直接走向社会。作为拓展学生知识维度和培养学生品德高度的重要阵地，学校必须关注学生的实际，立足学生的成长，着眼学生的未来，处理好普及与提高的关系，思考为学生终身发展奠基的方式方法，全面培养强健的体魄、优良的品德、高雅的情趣、坚强的品格和远大的抱负等当代中学生必须具备的品质，才能保证学生的健康成长和未来发展。

强健体魄

《国务院办公厅关于强化学校体育促进学生身心健康全面发展的意见》（国办发[2016]27号）中指出：“强化学校体育是实施素质教育、促进学生全面发展的重要途径，对于促进教育现代化、建设健康中国和人力资源强国，实现中华民族伟大复兴的中国梦具有重要意义”。然而总体上看来，学校体育仍是整个教育事业相对薄弱的环节，对学校体育重要性认识不足、体育课和课外活动时间不能保证、体育教师短缺、场地设施缺乏等问题依然突出，学校体育评价机制亟待建立，社会力量支持学校体育不够，学生体质健康水平仍是学生素质的明显短板。

体者，人之本也。一个人只有健康的身体做后盾，才能很好地学习和工作。基于学生体质差，难于应付现实的学习，也难于适应未来的生活和工作的压力的现实，强健师生体质就成了学校的根本任务。按照《国家中长期教育改革和发展规划纲要（2010—2020年）》的要求，我们以“天天锻炼、健康成长、终身受益”为目标，改革创新体制机制，全面提升体育教育质量，健全学生人格品质，切实发挥体育在培育和践行社会主义核心价值观、推进素质教育中的综合作用，全力培养德智体美全面发展的社会主义建设者和接班人。健全学生体育锻炼制度，将学生在校内开展的课外体育活动纳入教学计划，列入作息时间安排，与体育课教学内容相衔接，切实保证学生每天一小时校园体育活动落到实处，为学生养成终身体育锻炼习惯奠定基础；组织全体学生常态化开展大课间体育活动，科学化参与校外全民健身运动，合理化参加家庭“体育作业拓宽学生的体育锻炼渠道；建设校园体育竞赛机制，广泛开展班级、年级体育比赛，每年至少举办一次综合性运动会或体育节，吸引广大学生积极参加体育锻炼；建立中小学体育课程实施情况监测制度，从学生出勤、课堂表现、健康知识、运动技能、体质健康、课外锻炼、参与活动情况等方面进行全面评价，并将结果纳入学业水平考试，纳入学生综合素质评价体系；建立健全学生体质健康档案，严格执行《国家学生体质健康标准》，将其实施情况作为构建学校体育评价机制的重要基础，确保测试数据真实性、完整性和有效性；通过组建运动队、代表队、俱乐部和兴趣小组等形式，积极开展课余体育训练，为有体育特长的学生提供成才路径，为国家培养竞技体育后备人才奠定基础。

健体，就是对生命个体的负责；健体，才能充分体现生命教育的价值和意义。

树立德业

近些年来，关于教育的讨论已经成为社会热点话题之一。然而，我们越是恒久地思考教育的根本问题，离教育的本质似乎越远。十几年前，我们开始大谈特谈应试教育、素质教育，但今天，家长和学生似乎更忙了，压力更大了，牢骚更多了，留学、上北大清华、当官挣钱、艺术辅导班等更是劲风蔓延。这难道就是教育的目的吗？

什么是教育？什么是素质教育？什么是家庭教育？教育的目的是什么？为谁教育？……

我们不得不重新折回到教育的原点——教育的根本目的是什么？“人无德，无以立”。培养学生良好的品德、品行、习惯、自理能力等，即自然教育讲的生存能力才是教育的终极目标，其根本目的是教给孩子赢得一生的生存能力。可见，德育对学校保证人才培养的正确方向、促进学生的全面发展起着决定性作用，是素质教育的灵魂。

十九大报告指出：“坚持教育为社会主义现代化建设服务、为人民服务，将立德树人作为教育的根本任务，全面实施素质教育，培养德智体美全面发展的社会主义建设者和接班人，努力办好人民满意的教育”。学校教育要把“教书”和“育人”统一起来，围绕立德树人的根本任务，以学校为中心，以社会为依托，以家庭为基础，构筑学校、家庭、社会立体交叉的德育体系和教育网络，使德育教育落实到教育教学和管理服务各环节，覆盖到所有学校和受教育者，形成课堂教学、社会实践、校园文化多位一体的育人平台，形成爱学习、爱劳动、爱祖国活动的有效形式和长效机制，努力培养德智体美全面发展的社会主义建设者和接班人。积极构建以社会主义核心价值观为引领的大中小幼一体化德育体系，针对不同年龄段学生，科学定位德育目标，合理设计德育内容、途径、方法，使德育层层深入、有机衔接，推进社会主义核心价值观内化于心、外化于行；深入开展理想信念教育，引导学生坚定拥护中国共产党领导，树立中国特色社会主义共同理想，增强中国特色社会主义道路自信、理论自信、制度自信、文化自信；全面开展以爱国主义为核心的民族精神和以改革创新为核心的时代精神教育、道德教育、社会责任教育、法治教育，加强中华优秀传统文化和革命文化、社会主义先进文化教育；健全全员育人、全过程育人、全方位育人的体制机制，充分发掘各门课程中的德育内涵，强化德育课程和思政课程，培养学生良好的文明习惯和文明行为；创新思想政治教育方式方法，注重理论与实践相结合、育德与育心相结合、课内与课外相结合、线上与线下相结合、解决思想问题与解决实际问题相结合，不断增强亲和力和针对性；充分发挥自然资源、红色资源、文化资源、体育资源、科技资源、国防资源和企事业单位资源的育人功能，发挥英雄模范人物、名师大家、学术带头人等示范引领作用，挖掘校史校风校训校歌的教育作用，发挥学校党、共青团、少先队组织的育人功能，提高育人的针对性和科学性；加强学校教育、家庭教育、社会教育的有机结合，构建各级党政机关、社会团体、企事业单位及街道、社区、镇村、家庭共同育人的格局，营造良好的育人环境。

高情雅趣

兴趣是在探究径向基础上形成的对事物或活动的心理倾向，是推动人们认识事物、探求真理的重要动机，表现为人们对某件事物、某项活动的选择性态度和积极地情绪反应。人们若对某件事物或某项活动感到需要，就会热心于接触、观察这件事物，积极从事这项活动，并注意探索其奥秘，它可以使人产生巨大的积极性，获得某种肯定的情绪体验。

然而，由于所有的人所处的环境、所受的教育及主体条件各不相同，所以学生的兴趣也都带有个性特点，因而要根据自身条件进行兴趣爱好的自我培养。例如，有人兴趣广泛而不集中，就应加强中心兴趣的培养；有人兴趣单一而不广泛，就应加强兴趣广泛性的培养；有人兴趣短暂易变，就应加强兴趣稳定性的培养；有人兴趣消极被动，就应加强兴趣效能性的培养；有人兴趣在网络世界，容易沉迷，那么就要加强引导，同时又要注意培养这些年轻人的高尚的人格。

此外，还可以学习先进文化，追求精神文明，亲近道德楷模。多读好书，多学知识，文化底子厚了，自然就会“腹有诗书气自华”；遵纪守法，爱岗敬业，奉献社会，也会“诚实守信品自高”；而多与道德高尚的人接触，以他们为楷模，“谈笑有鸿儒，往来无白丁久而久之，耳濡目染，自己也会近朱者赤，逐渐变得谈吐文雅、举止文明、行为高尚，成为一个情趣高雅有品位的人。

弘毅致远

《论语·泰伯》：“士不可以不弘毅，任重而道远。仁以为己任，不亦重乎?死而后已，不亦远乎？”人无志则难立，人无志行不远。人要不枉为，有作为，有贡献，为自己人生描绘绚丽的色彩，缺乏坚定的信念和顽强的意志是不可能地。

在所有的成功者中，坚强的毅力起着决定性的作用；而对失败者来说，缺乏毅力几乎是他们共同的毛病。而通往成功的道路往往是充满荆棘、坎坷不平的，会有许多障碍险阻，毅力则是实现理想的桥梁、驶往成才的渡船、攀上成功的阶梯。这就需要我们注重培养学生顽强的毅力，养成良好的习惯，树立远大的志向。

学校要努力完善义务教育均衡优质发展的体制机制，注重培养支撑终身发展、适应时代要求的关键能力。在培养学生基础知识和基本技能的过程中，强化学生认知能力、合作能力、创新能力、职业能力等关键能力的培养；全面贯彻教育方针，全面实施素质教育，加强学校课程建设，开展丰富多彩的文体活动，引领学生身心健康成长；切实加强和改进体育，改变美育薄弱局面，深入开展劳动教育，加强心理健康教育和国防教育，形成学生身心健康、全面发展的长效机制；提高课堂教学质量，严格按照课程标准开展教学，合理设计学生作业内容与时间，提高作业的有效性；改善家庭教育，加强家庭教育指导服务，帮助家长树立正确的教育观念，合理安排孩子的学习、锻炼和休息时间；营造健康的教育生态，大力宣传普及适合的教育才是最好的教育、全面发展、人人皆可成才、终身学习等科学教育理念。

综上所述，由于义务教育的首要任务是普及，整体提高国民综合素质是义务教育最基本的教育教学任务。教育思想无论如何独特，如何标新立异，但对于中学生而言，强健的体魄、良好的品德、高雅的情趣、远大的抱负是关系一身健康成长和发展的重要因素。这四者中，健体、立德、雅趣，只是基础，是第一层级，既在一个层级，同时也有顺序性，是针对"生命、生存、生活"而言；弘毅才是目标，是第二层级，如果能在第一层级的基础上实现第二个层级，我们认为我们的教育目标就实现了。作为义务教育阶段的最后一个学段，我们为学生奠定了人生发展的基石。

有什么样的思想，就会有什么样的行动。思想成熟了，行动就是水到渠成。我们必将勠力同心，携手共进，全面践行并落实"健体、立德、雅趣、弘毅"的教育策略，为学生的终身发展奠基，使每个学生都能成为体健、德立、趣雅、弘毅之人。

创新五育工作方式，促进学校内涵发展

贵州省盘州市丹霞镇水塘中学　李枝尚

教育的本质是培养人，习近平总书记指出，教育的根本任务是立德树人。我校以"五育并举"全面发展的教育思想为指导，工作中狠抓一个"实"字，突出一个"德"字，落实一个"细"字的工作思路，创新五育工作方式，逐步形成特色，取得了一些成绩。近年来，我校先后获六盘水市教育系统文明校园、六盘水市诗教先进学校、六盘水市初级中学示范校、六盘水市足球特色学校、六盘水市五四红旗团总支、六盘水市毒品预防教育示范校、六盘水市业余体校、六盘水市优秀志愿服务团体、县级四星级法制学校、县级教书育人先进集体、县级五四红旗团委、县级五好基层关工委先进单位、县级教育教学管理先进集体、县级科技教育特色学校、县级科技创新大赛优秀组织单位、县级中小学艺术教学研学基地等四十多项殊荣。

一、创新德育工作，制定管理制度

学校创造性地开展德育工作：坚持职责上分，思想上合；制度上分，关系上合；工作上分，目标上合的"三分三合"意识，科学规划、合理安排，使学校各项工作相互促进，有机融合。学要要求班子成员必须以身作则，不下讲台，坚持担课，给教师作表率；一周一次班子成员会，教工会，隔周一次的文理教研组研讨活动，让大家说看法、谈体会、出点子，不断提高自己的管理能力和业务水平。

结合上级文件精神、政策要求，学校通过教代会制定了一系列有关教师的管理制度：考勤制度、教学常规管理制度、班主任量化考核制度、行政值班制度、会风会纪制度、值日巡查制度、门卫制度、宿管制度、食堂管理制度，疫情防控的各项制度，调课代课制度及各种考核方案制度等来规范管理（都有倾向班主任）。并通过每周的行政会、教工会、教研组会、班主任会等形式宣传到每个教师，并及时总结指导，要求全体教师在工作上展智慧，管理上显水平，方法上多点子，生活上重对照。

为加强师风师德建设，学校组织并开展生动有效地活动，如师德师风报告会、感恩主题报告会、班主任经验交流会、教研组工作交流会、温馨职工之家创建、优秀班主任评选、文明班级评选、市县骨干教师党员示范课、上级组织的各种培训及观摩课、各种竞赛等活动，充分挖掘、宣传本校教师中的先进典型，让大家学有榜样，做有目标，进一步规范了教师为人师表的言行，让其成了社会精神文明的楷模。

二、强化德育宣传，营造德育氛围

精心打造升旗仪式，种下德育种子。学校在规范升旗仪式的基础上，不断充实仪式内容，让升旗仪式成为美德种子的土壤；广播和宣传，丰富德育的内涵。学校利用各楼层主题长廊、校园广播、课前红歌、餐前背诗等丰富的宣传活动，营造了浓厚的校园德育教育氛围，让孩子们的思想时时处处受到熏陶和净化，更深刻地理解德育的内涵：建设班级文化，绽放德育之花。布置好班级文化寝室文化、召开主题班会、评比主题板报，让学生多画、多说、多写。

抓习惯，促规范，细节造就文明。我校大部分学生来自农村，一些家长文化水平比较低，不善于引导子女形成良好的行为习惯，还有一些家长常年外出打工，无暇顾及孩子的教育，致使一些同学的言行、举止散漫粗俗。为此，学校加大学生养成教育的力度，促进学生文明成长。

三、坚持从严治校，建立家校桥梁

多年来，我校坚持从严治校的原则，从一点一滴的日常行为抓起，严格规范、严格要求、严抓落实，并把学生日常行为中容易出现的问题有针对性地细化为《学生行为习惯40条》、《到校一日常规》等操作性较强的学生管理制度，在学生中实施。从"做好身边的每一件小事"抓起，一点一滴的要求，一举一动的设计，从学习习惯到勤俭节约，从尊敬老人到同情病弱，从端茶倒水到环保意识，无一不渗透到学生的行为当中。

架家校联系立交桥，形成德育合力。一是召开家长会，意在与家长沟通交流，形成家校教育合力。二是利用现代通讯工具建立家校联系网络。利用现代通讯工具，及时进行电话、短信或微信及校讯通平台等形式与家长进行交流，可以大大地提高学校管理和与家校沟通的广度与深度。三积极家访。即使在信息化社会的今天，传统的家访仍具有其他方式不可替代的作用，每到假期我们要求各班任对学生进行家访，让教师能够接触和了解学生的其他家庭成员及其相互影响的情况，在家庭的情景里观察到学生的一些气质以及性格方面的特征。也增进了家长和教师之间的感情。

四、狠抓常规管理，提升教学质量

目标管理常规化。在宏观管理上，学校明确了"七年级是基础，八年级是关键，九年级是重点"的策略定位。学校根据不同年级确定教学管理的重点。七年级处在初中起步阶段，既是学生良好习惯养成的最佳期、定型期，又是从小学到初中学习的适应期、过渡期。所以我们抓住头一个月和上半学期，集中精力、全力以赴，狠抓习惯养成，严抓平稳过渡。八年级是学生抽象思维能力快速发展的时期。我们把学法指导和根据学生思维特点的教法改革作为重点，逐步渗透。强化课堂管理，做好防差补差工作。学校每年将毕业班工作作为重中之重来抓，首先成立中考备考专班，明确一个目标；抓好两个环节（过程管理和目标管理）；组织好三轮复习；落实好四抓四管；做好五要；以上工作责任到人，跟踪到位，狠抓基础知识，重视能力培养；理清讲练关系，重视情感教育；关注全体学生，挖掘边缘潜力；调动各方因素，全面提高教育教学质量，所以近年来我校中考成绩一直名列全市名列全矛。

过程管理精细化。在微观管理上，我们树立了"成功源于过程，精彩来自细节"的理念，切实做到真抓实管、严抓细管，下功夫抓好"备、教、批、辅、评"教学过程的管理。学校对教学环节中的备、教、批、辅、评都提出了具体要求并制定了一系列常规制度。

抓备课，要求每学期各教研组必须组织本组教师每人依据学情教法学法设计好每一节课，并上好示范课；抓课堂教学，大力推行赏识教育；抓好作业管理。切实减轻学生的作业负担，提高学习效率；抓好辅导。学校建立面向全体学生的辅导制度；抓好考核。做到三重，即重考试、重考风、重导向，每次考后学生要做好自查，教师认真进行质量分析，并协调各科采取培训辅差措施。

五、注重身心健康，加强体育锻炼

学生身心健育是德育和智育的基础。学校坚持健康第一、全面育人的理念，让全体师生充分享受体育运动快乐地同时，潜移默化的规范自己的言行。

一是学校严格规定每天第二节课和第五节课的授课教师，必须监督好陪同好学生做好眼保健操；二是各班主任每天大课间时全程跟踪学生伴着音乐、集合、做操、跑操、回教室四个环节一气呵成。在音乐的润泽中，全体师生踏着整齐的步伐，享受着运动的快乐，形成了往返"快、静、齐跑步"齐、动、美"的良好风貌，成为学校一道亮丽的风景线。

除了两操一课，学校每年雷打不动的春季学期的"体育科技文化艺术节"、秋季学期的"田径运动会"及一月一主题活动中的篮球、足球、排球比赛、12·9长跑比赛等活动，每次活动全校师生群策群力，出点子、共谋划，有方案、有目标、有图片、有总结，做得踏实有效。

为了让学生健康成长，学校进一步关注学生的身心健康。在心理健康方面，学校专门建立了心理健康咨询室，在个别学生心理疏导和干预、团体辅导及心理健康宣传等方面做了大量工作。在学生身体健康方面，我校严格执行"阳光一小时"的体育锻炼。

六、以美辅德育人，启迪学生心智

美育是形成学生正确的审美情趣和审美观，培养感受美、鉴赏美、创造美能力的教育。学校以"以美辅德、以美益智、以美增见、以美净心"的育人方式来全面提升学校办学品位。

学校充分利用好室内外的墙体，从总体上对校园"六化四园"作了布局，并在醒目处书写彰显了规范师生的格言警句、守则如：教育方针、社会主义核心价值观、四有三者好教师标准、贵州教育精神、贵州誓词、"三生、四爱、五心、五好"、中学生守则、中学生日常行为规范、学校一日常规、三风一训等。利用多种机会、多种场合对师生进行宣传教育和学习，让师生内化于心，外化于形。

开展多彩活动，美育德育双丰。学校以活动为载体，进行"多个层面"、"回归"式教育管理，如每年如期开展的校园十大歌手赛，文明礼仪歌谣比赛，五书法绘画大赛、跳棋象棋比赛，一心向党唱红歌比赛、教师节诗歌朗诵比赛、青少年科技创新大赛、师生诗词创作比赛、感恩教育主题报告会、各种征文活动、数理化知识竞赛、元旦游园活、地理拼图比赛、英语朗读、书写、演讲比赛，舞蹈、音体美社团等丰富多彩的活动，来培养学生的课外兴趣，加强课外管理，挖掘特长人才，让不同学生得到了不同的发展和张扬，从而回归到自己感兴趣的活动中，让其找到自信，进一步形成内化—外显—再内化—最后形成品质的良性循环。

七、强化劳动教育，培育时代新人

培养学生德智体美的同时，我校还特别注重学生的劳动教育工作。我校把劳动教育也和其他教育同等抓，要求师生"以劳为荣，以堕为耻"来历练自己成为一位生之献，人之爱的劳动者。学校通过节假主题日活动，暑假期社会实践活动，志愿者服务活动、植树除杂及校园平时安排等系列活动培养学生动手、动脑、独立生活能力、让其感知劳动创造美、劳动最光荣。

当下，从"五育并举"到"五育融合"已经成为新时代中国教育变革与发展的趋势，我校正研究如何将"五育并举"到"五育融合"进行课程化与教学化的探索，构建"以德益智、以德修身、以德显美，以德为荣"的一体化课程。今后，我校将在工作中狠抓一个"实"字，突出一个"德"字，落实一个"细"字，使五育并举与五育融合进一步升华，争办一所政府放心，人民满意的一所学校。

聚焦"五育"并举　探索全面育人新举措

——易搬点学校课程群建设的实践与研究

贵州省平塘县实验小学　马家莉

2020年10月，中共中央国务院印发《深化新时代教育评价改革总体方案》，并发出通知，要求各地区各部门结合实际认真贯彻落实，引起了社会各界的广泛关注。结合现在学校3246名学生、65各班级、脱贫攻坚期间有建档立卡户学生829名、每学期留守儿童均在400名左右的实际情况，经过近五年的实践研究，初步建立了"课程育人"、"活动育人"、"家校育人"、"评价育人"的课程体系，虽取得了一些成绩，但仍存在很多问题，现紧紧围绕"聚焦'五育'并举，探索全面育人新举措"与同行分享我们的具体做法，希望得到大家的指导。

一、课程育人是"五育"并举的主要阵地

国家课程是由中央教育行政机构编制和审定的课程，其管理权属中央级教育机关，它具有权威性、多样性、强制性。贯彻落实国家基础教育课程也是我们教育教学工作的首要任务，作为校长，必须建立正确的课程观和质量观，引导教师通过课堂主阵地有机渗透"五育为学生全面发展奠定基础。

（一）严格执行国家课程标准

开齐开足开好国家课程（第一课堂），发挥好每个门学科的知识传输与育人功能，确保每一门学科都能滋养学生身心，让他们通过不同学科的学习，领略不同学科的知识魅力，积累不同学科的知识，成就不同学生不一样的精彩人生，才是对学生最大的负责任。只有不同学科的知识都严格按照国家课程标准执行，学生才会从中感受到不同学科的特点，寻找到自己的兴趣点，吸收到不同学科的养分，服务身心健康成长，服务学校开设的第二课堂的学习与发展。

（二）自觉在学科教学中渗透"五育"

每一门学科有各学科独特的知识，可是每个知识点都会有一些"五育"渗透，就像学科渗透法制一样，有很多渗透点。教师在教学的过程中，要拓宽思路，由此及彼，自觉渗透"五育"。比如：在任何学科的课堂教学中，都要共同关注学生良好的听课习惯、课堂秩序、课堂纪律培养；在数学课堂中，也有爱国主义教育；在语文学科中，不仅要重视语言建构与运用、思维发展与提升、审美鉴赏与创造、文化传承与理解　的培养，同样有美术教育，《雪地里的小画家》、《秋天的雨》都是美育渗透的最佳课文，《月光曲》有效渗透音乐教育等。体育学科中，不仅要树立"健康第一"的思想，也应该要进一步弘扬和传承奥运健儿的体育精神。

（三）在课堂改革中育人

近几年来，我校致力于"生本课堂，五步教学"的改革，努力把课堂学习的主动权还给学生。不管是课前的预习，还是课中的独立思考，都是为了培养学生独立学习习惯与能力的同时，解决学生"知识不过脑"的瓶颈问题；不管是小组合作交流，还是班级展示、相互评价，都是力争在学习知识的过程中，关注学生合作意识、团队精神、相互欣赏、学会倾听等好品质的培养；不管是师生共析，还是课堂小结或者当堂测试，都是为了关注学生概括、归纳、表达、评价的能力和"一课一清"、"今日事今日毕"的做事风格和良好行为习惯培养。

二、活动育人是"五育"并举的实践平台

活动是最好的育人平台。多年来，平塘县实验小学在继承与创新中开展活动，为学生身心健康成长搭建一个又一个实践平台，收到了较好的效果，在2019年平塘县脱贫攻坚检查验收中，实验小学服务的新舟村没有一个学生辍学。

(一)主题活动育人，培养学生爱党爱国情怀

多年来，通过每学期学校主题德育活动、每月大队主题活动、每周班队主题活动、每天的乡村学校少年宫活动和庄严肃穆的升旗仪式，把学生德育融合在每一次活动之中，帮助师生牢固树立"感党恩，听党话，跟党走"的思想意识。始终坚持春季学期"六一节"、秋季学期"文体艺术节"两大节展示学生学习成果；坚持月月有主题活动，让学生通过办黑板报、手抄报、主题班队活动得到锻炼和教育；坚持每周一大型升旗仪式，周二至周五分散式升旗仪式，让全体教职员工及学生通过每天的"46秒"自觉接受尊重国旗、树立爱国志向、为建设祖国努力学习和工作的感召和教育。

（二）特色活动育人，培养学生良好兴趣爱好

多年来，学校持之以恒用好乡村学校少年宫，每周开设30项少年宫活动（第二课堂），供不同年级、不同爱好的学生选择，曾先后获得"省十佳乡村学校少年宫每年考核均获得优秀等次。其中有几个亮点项目。第一个亮点是校园足球，学生良好锻炼习惯基本养成（全国第二批青少年足球示范校）；第二个亮点是民族剪贴硚凸显地方民族特色（获教育部授予优秀中华文化传承学校）；第三个亮点是校园篮球（获得教育部授予的校园篮球传统项目特色学校）；第四亮点是传承水龙文化，弘扬民族精神，其中，编排的《水龙娃》舞蹈荣获贵青杯群舞"一等奖"中的第一名；第五个亮点是牙舟古陶文化进校园初显成效，学生参与积极；第六个亮点是书法课程和兴趣活动抓实抓牢。乡村学校少年宫兴趣活动，人人都必须参加，一、二年级可以每学期选择自己喜欢的项目，重点是训练学生的协调性、平衡性、弹跳性等；三年级开始必须认真对待活动选择，一经选择，必须坚持学到六年级毕业，把意志力培养与兴趣培养相结合。每学期结束，每人都要写一句或者一段参加兴趣活动的心得，把德育与兴趣培养相结合，帮助学生发展良好的兴趣爱好特长，努力让每个从实验小学走出去的学生都能拥有至少一项兴趣爱好，让第二课堂形成的能力与习惯更好服务第一课堂的学习。

（三）关爱活动育人，培养学生感恩奋进情感

鉴于学生来源的复杂性，我校每学年都要分门别类开展一系列的关爱活动，勉励他们不要因为暂时的困难放弃学习与进步，反而应该更加努力通过学习去改变现状。首先是开展留守儿童关爱活动。每学期一次校长组织集体谈心交流活动；班级负责制关爱每位留守儿童；每学年在六月、十二月分别为上下半年出生的留守儿童集体过生日，通过写生日心愿卡、说悄悄话、给父母写信、与父母比赛谁的进步大活动，培育学生感恩奋进、积极进取的意志品格。其次是开展建档立卡户学生"爱在细微处，志在奋斗中"专题谈心交流活动，激发孩子们不甘落后，努力学习的热情；在通过借助东西部协作资助经费，实行"留守儿童、建档立卡户学生学习成绩提升奖励计划激励学生积极向上，勤奋学习，通过学习改变命运。再次是组织住宿生谈心交流活动，向他们宣传寄宿生补助政策，教育他们要学会感恩，热爱学校，好好学习，天天向上。

三、家校共育是"五育"并举的根本保障

作为一所县留守儿童学校、异地扶贫搬迁安置点学校，面对参差不齐的家庭、生源、师资，对一所新合并的、发展迅速的大型学校来说，困难可想而知。可是，作为校长，我没有别的选择，迎难而上是唯一的出路。只有家校共育共建，才能为学生全面发展提供根本保障。

（一）建立健全学校家长委员会

通过"班级、年级、学校"三级家长委员会的选举成立，根据学校规程与家长委员会规程，申请了家长委员会主任的法人资格，成立了家长委员会对公账户，明确家长委员会岗位职责，成立家长委员会办公室，确保家长委员会工作常态化开展，通过参与、监督方式确保学校健康稳步发展。

（二）用好家长委员会资源

由家长委员会组织建立了e校园建设，实现学校管理信息化，学生午休、课堂监督、安全有了保障。每个班级要求两位具有听课能力的家长办理听课证，随时随地都可以都进任何教师课堂听课，发挥了家长委员会协助学校教学管理的作用。所有涉及学生利益的工作，都是由家长委员会完成，为学生争取最好的资源、最优惠的福利，也增加了学校管理透明度。每学期开学、大型活动，都会有家长志愿者走进学校协助工作，参与活动，良好的家校关系已经建立。

（三）创办家长学校

一是通过学校党建带动移民安置区家长培训，每学期，学校都要主动到移民安置区开展至少两次家校共建、政策宣传或者大家访活动，让移民搬迁家长了解国家惠民政策，学会感恩，了解学校管理，更好支持学校工作。二是每学期召开2次专题明确的家长会，让家长走进学校，了解学生、老师和自己的孩子在学校的班级、学习和表现，让他们看到孩子的每一点进步，唤醒他们关爱孩子、对孩子有期待的内心，教给他们一些最基本的家庭教育方法，让学生无论在校在家都有人关注、教育。三是邀请有能力、愿意到孩子班级讲课的家长走进孩子班级讲课，拓宽课堂资源，树立家长榜样，为学生将来的职业生涯规划提前做好铺垫。

四、评价育人是"五育"并举的持续动力

教育质量是每所学校工作的核心，是生命线，也是办学水平的重

要体现。根据评价的诊断、激励、调控和教学功能，在参加省名校长培养期间，本人申报了《给予平塘县平舟实验小学五育并举的小学课程群建设研究》课题，其目的就是希望通过课题的研究，解决以上问题，让“五育”评价促进学生的可持续发展。

（一）“五育”标准确定的思考与做法

自2018年9月10日全国教育大会召开以来，对教育作出了新的判断：“教育事关国家发展，事关民族未来；是国之大计，档之大计”.提出了新的要求：“塑造灵魂、塑造生命、塑造新人”.作为基层学校的支部书记、校长，我们就必须根据党的指示，结合学校实际情况，思考、落实党的号召。通过校班子、课题组成员多次商议，我们确定先做以下几件事。

第一件事，坚持“生本课堂，五步教学”的改革，让课堂作为落实“五育”的主要阵地作用持续发挥。

第二件事，把国家课程作为第一课堂，把学校社团活动作为第二课堂，在两个课堂之间建立互补关系，融合落实“五育根据师生调查问卷情况，参照小学生学科核心素养，草拟出学校课程群建设旭日图。

第三件事，分学科组，根据各学科课程标准，划分出一二、三四、五六三个低、中、高学段的具体目标，作为过程性评价指标，采用“进阶”的方式进行评价。其中，“德”以《道德与法治》课标为依据，“智”以各学科课标为依据，“体”以体育课表为依据，“美”以美术课标为依据，“劳”及参照《小学劳动技术课程标准》（小学是从四年级开始），结合学校实际情况拟定出《平塘县实验小学劳动教育阶段标准》。

第四件事，通过教师例会、家长会、家校群宣传《平塘县实验小学“五育”阶段目标》，让师生家长都能知道每个学段的目标。

（二）“五育”评价体系构建

通过学校不断修改完善的课程群旭日图，让全体师生家长直观了解每一门国家课程及其延伸后的社团活动需要培养的学生学科素养，做到有目的教和学。通过小学低中高三个学段的“五育”目标，让教师教育教学培养目标更加明确，让学生自我对照有标准；通过过程性与终结性评价的有机结合和多元评价主体的参与，让评价更加合理、科学、有说服力，能促进学生可持续发展。通过持之以恒的探索，最终构建适合于平塘实验小学的“五育并举的小学课程群建设”实施的评价体系是我们这两年主要攻克的课题。

教育之所以是一门艺术，就在于它的复杂性和不可复制性，因为每个孩子都是一个世界，完全特殊的、独一无二的世界。因材施教、因地制宜是我们每一位校长必须立足校本去思考的问题。但是，教育是有规律的，很多成功的教育经验是可以学习借鉴的。我们所有的做法也是得益于同行的学习借鉴，得益于团队智慧，更得益于专家引领。作为基层一线的教育工作者，我们任何时候都不会停止学生德智体美劳全面发展有效途径的研究和探索，我们愿意与更多的同行相互学习借鉴，共同探索出能促进易搬点学校孩子向上、向善、向美的五育并举的课程群及其能推动学生持续发展的评价新举措，努力让每个孩子都能真正享受到公平而有质量的教育，让祖国的每朵花儿都能绽放。

担当使命，让素质教育花开乡村

贵州省台江县方召镇中心小学　田腾

对乡村来说，教育既承载着传播知识、塑造文明乡风的功能，更为乡村建设提供了人才支撑，在乡村振兴中具有不可替代的基础性作用。贵州省黔东南州台江县，曾经的国家级贫困县，在摘帽之前，贫穷就如这里的大山一样，压住当地的老百姓。吃穿尚未做到“不愁孩子们的教育更加难以保障，当时，这里的学校缺乏一些基础条件。

作为台江县方召镇中心小学校长的我，同时又是土生土长的台江县方召镇人，自参加工作的那一天开始，就把“教好方召孩子，改变方召教育”为己任，立志要改变当地的基础教育环境，让更多孩子有学上，用知识改变命运。与此同时，我在学校大力开展更广泛的素质教育，在我的努力下，这里的孩子们能够在大山深处踢足球、打乒乓、玩乐高，并且还可以和奥运冠军一起场上“切磋”。我认为解决精神贫困和解决物质贫困同等重要，孩子们的成长既要“六便士”更要“月亮”。

一、迁建新的校区，改变学校面貌

台江县地处云贵高原东部，境内高山、盆地、河谷错落有致，奇特的地形地貌带来了艰苦的生活环境，这里曾是国家扶贫开发工作重点县，也是贵州省深度贫困县之一。

从台江县城驱车上山，盘过大大小小数不清的弯，越往山上走，天气越阴沉，迷雾笼罩住方召镇，我们这里被当地人戏称为“台江的西藏”。方召镇是台江县恶劣环境的放大版集中带，这里地处高寒地区，海拔1050米，春迟冬早，常年云雾缭绕、阴雨绵绵。

校园中，明亮的教室、丰富多彩的活动室、宽敞的操场……一切硬件设施和城里的学校没什么区别，但在几年前，学校还不是这样的一副光景。

现在的校区是2017年新搬的，老校区在不远处的半山腰。老校区建在山坡上，地面经常“炸裂”脱落，水源也很匮乏，严重影响师生的日常生活，经常无法洗漱，甚至有时连饭都做不成，而最严重的是，两栋教学楼相隔300多米，县道从中穿过，学校没有围墙，孩子们要在山间小路来回穿梭，实在太危险了。

2013年，我继任校长后，第一步就提出了迁建新校区，希望孩子们拥有更明亮、宽敞的教室和宿舍、食堂，改变露天吃饭的情况。

新校舍修建的日子里，学校就是我的家。不管是周末还是节假日、寒暑假，在学校里都能看见一个忙碌的身影——那便是把全部精力都用在学校建设和发展工作中的我。2017年9月，功能齐全的新校区终于正式投入使用，同时，镇里撤并了三个村级完小的高年级学生到方召镇中心小校就读。这几年，学校在上级领导和社会各界的支持、帮扶下，陆续建起了乒乓球室、书画室、音乐、乐高室等，学校阅览室的书籍也从1000多册增加到了现在的2万多册。

二、使用激励方法，鼓励学生学习

事实上，乡村小学想要发展好，除了必不可少的硬件条件外，还面临着诸多挑战。对于方召镇这所小学来说，挑战是二元对立的。一方面，贫穷是这里的底色，很多老百姓长期在外打工，父母对孩子的关心少，有的家长对教育关注不到位，心里还存在“学习考不上正式工作的话，还不如打工赚钱来得快”的观念。另一方面，城乡的师资水平存在无法忽视的差距，重视教育的父母更愿意让孩子去城里的学校读书。

为了解决这些问题，我决定使用激励法，让家长和学生都更有“荣誉感”。自2013年，我任职校长后，学校每学期定时组织评选优秀家长并召开家长表彰大会，由学生为自己的家长佩戴红花。典礼结束后，学校教师再到优秀的学生家中放炮、发奖学金庆祝，邻居听到鞭炮声就知道有喜事了，一打听了解到“他家孩子这么聪明，我家孩子也可以有了这种想法，让更多的家长督促孩子学习。

除了鼓励孩子们努力学习，我还会和老师们上门做学生的入学动员工作。过去，我们这里的孩子能坚持上学的不多，能读到中学的女孩子就更少了，好多女孩子十五六岁就出嫁，再没机会读书了。

前几年，我班里有个叫赵小妹（化名）的女孩即将被外出打工的父母带去广东。当时她上六年级了，学习成绩不错，能上个好中学，但如果随父母去了外省，大概率不会继续学习了。我见证了不少跟随父母外出而放弃学业的情况，每念于此，我都有些痛心。

为了让这个女孩子继续学业，我约上语文老师一起上门家访，苦口婆心劝家长把孩子留下。

一开始家长怎么都不同意，后来我承诺出生活费，每天骑摩托车接送孩子上下学，对她的安全负责等。终于，我们的话语打动了父母，决定把孩子留在方召。在老师的帮助和赵小妹的努力下，如今，她已经毕业于贵州大学计算机系。像这样通过学习改变生活轨迹的孩子还有不少，这几年，从方召镇中心小学走出来考上大学的孩子越来越多，我教过的学生里，有人也选择了师范专业，当起了老师。

三、创设发展平台，开展体育运动

想要让方召的孩子走出大山，改变贫穷落后的面貌，需要在素质教育上下功夫，发掘他们的潜能，人越穷，思想上的改变越重要。田只有让孩子们觉得上学是有意思的事情，让他们爱上学校，才能真正爱上学习。为此，我校为学生创设了各种发展平台，经常开展丰富多彩的社团活动，连续举办田径运动会、师生乒乓球联赛、篮球运动会、足球运动会、书画赛、作文赛、数学智力赛、演讲比赛、乐高比赛等。

2015年，学校接到县里的通知，要求各学校开展足球运动。当时老师们在一起商量时犯了难，学校场地有限，连球门都没有，如何开展足球运动，后来副校长万正洋和体育老师想到学校外有一片杉木林，杉木树干直又相对轻便，可以用它来搭球门。说干就干，老师们带上工具砍了几根树干回来，制作了一个简易球门。

虽然条件简陋，但孩子们练起球来可一点也不含糊，不论是太阳暴晒还是绵绵细雨，体育老师坚持带着孩子们练球，一次次熟悉着传接球、控球、盘带、射门等基本功。在苦练下，方召镇中心小学的足球队在第一届台江县的校园足球联赛中一举夺冠，此后又多次获得冠军。

除了足球，学校的乒乓球运动也十分突出。乒乓球是我最喜欢的体育项目，在校内开展体育锻炼时我不忘“夹带私货我希望让孩子们也体会一下乒乓球的快乐，培养孩子们坚忍不拔的意志品质。学校课余时间的乒乓球桌无一空缺，仅比球桌高出一点的小朋友，手握球拍，都能有模有样地打着球。

这项运动不仅给孩子们带来了乐趣，也带来了荣誉，2019年，学校的乒乓球队代表台江县，一举成为黔东南州青少年锦标赛的冠军，有学生借助乒乓球特长进入中学实验班。

四、坚守大山执教，铺就成才之路

我是土生土长的方召人，自2001年开始在镇里的村小当老师后，二十年来，身边人来来往往，选择留在镇里的教师寥寥无几，多数人去了县里甚至更大的平台，但我一直没有离开方召镇。

关于贵州，有一句谚语形容这里的自然环境:“天无三日晴，地无三里平而方召，老乡们都说这里是“地无一里平”。

一些知名景点苗寨是很多人向往的“远方在旅游软件上分享苗家吊脚楼上观苗寨万家灯火的照片和视频，总能获得大量“点赞而最原始的苗寨远没有那么浪漫。

台江县被誉为“天下苗族第一县苗族人口占全县97%，方召镇的苗寨里，天气阴冷潮湿。以前，村子不通电，没有路灯，这里的夜晚没有光亮，长了青苔的小路时常泥泞不堪，木质房子破破旧旧的，年轻人离开家乡外出打工，23000多人的镇里，只剩下6000多人，大多是年迈的老人和年幼的孩子，是名副其实的“空心镇”。

2012年7月，我被调到县教育局工作，当时我带的班级马上升六年级，学生和家长得知我要离开，纷纷致电挽留。“田老师，你走了，谁来管我们呢？能不能回来把我们带到毕业再走啊？”学生质朴而真挚的话语打动了我，我也舍不得这些乡里的孩子们，考虑再三，最终选择了回乡继续教书。

很多人不理解我，觉得留在镇里、村里没有前途，但我希望改变这种“没有前途希望把我们的家乡变得越来越好。

任校长前，全校学生数量仅有200多人，“方召教育不行”更是当地社会人的共识。我有个心愿，让家长放心把孩子留在方召接受教育，我深知，只有留住了人，才更有可能改变镇里的贫困。

这些年，学校在我和老师们的苦心发展下，唱衰的声音渐渐消失，越来越多人选择把孩子送到我们学校就读，目前在校学生近500人。

学校的教学质量曾是学校亮丽的名牌，如今，体育特色在当地也是有口皆碑，家长即使自己外出打工，也很放心地把孩子交到这里学习，还有从外地特地返乡读书的孩子。

2016年，我被评为贵州省的首批乡村名师，后来又相继被评为黔东南州首批名校长、优秀校长，省、州骨干教师，并成为2018年马云乡村校长计划入选校长。

刚接任校长时，我才过31周岁，是当时黔东南州中心校“最年轻的校长而现今，我已然成为资历深的“老校长”。做乡村教师，担负校长一职，确实很辛苦，但作为老师，能看着孩子成人成才、走出大山，用知识改变命运，我心里很有成就感，再辛苦都值得。未来，我将继续坚守教育初心，担当教育使命，栉风沐雨，弦歌不辍，砥砺前行！

培根铸魂促民族团结　蓄势而发谋共同发展

贵州省铜仁市思南县民族中学　张承洲

我国是一个统一的多民族国家，正是各族人民相互依存、荣辱与共、共同发展凝聚而成中华民族浓浓血脉。深化民族团结进步，推动中华民族走向包容性更强、凝聚力更大的命运共同体，这是习近平总书记深刻把握中国历史文化和世界民族发展规律作出的重大论断，是我们党对民族工作认识的一次历史性飞跃，是新时代民族工作的鲜明主线和战略性任务。

作为思南县唯一的高级民族中学，我们肩负着培育各民族学生对中华民族文化认同的历史重任。如何以铸牢中华民族共同体意识为主题，以“加强民族团结教育，促进学校和谐发展”为主线，传承和弘扬中华优秀传统文化，创健全国民族团结进步示范学校，是我们不断探索追求的教育目标。

加强师德师风建设　筑牢思想基础

近年来，全校师生全面深入学习习近平总书记在全国教育大会和学校思政课座谈会上的重要讲话精神，加强师德师风建设，全面落实立德树人根本任务，培养德、智、体、美、劳全面发展的社会主义建设者和接班人。

从校长、副校长、处室主任到教研组长，层层落实师德师风责任主体，把师德师风建设和管理作为群众对各层责任主体民主评议的核心内容。建立健全《师德师风教育管理制度》、《师德师风考核评估制度》等，做到制度上墙，内容入心，行为规范。通过建立学校、社会、家长、学生四位一体的师德评价体系，形成导向明确、标准科学、体系完善的教师考核评价体系，严明纪律约束。

并且，学校将师德师风教育作为新入职教师教育和培训的“第一课以“学高为师，身正为范，师爱为魂”为主线，全面宣传师德师风先进典型，不断强化教师的道德规范意识，引导教师自觉学习，自我锤炼，使其能真正成为学生健康成长的指导者和引路人，树立好榜样示范。

“桃李不言，下自成蹊”。抓好师德师风建设工作，促进教师进一步增强“四个意识坚定“四个自信做到“两个维护做“四有好老师完成落实立德树人的根本任务，为加强下一代铸牢中华民族共同体意识奠定了坚实的思想基础。

创新学校教育途径　促进民族团结

首先，充分发挥思政教师、班主任、德育管理工作者及任课教师的积极性、主动性、创造性，通过讲好每一节思想政治课，开展好每周一次的国旗下讲话、班级例会，每月一次的主题班会、专题讲座、道德宣讲活动，每学期一次的主题演讲比赛、政治论文比赛、知识抢答赛等，和每年的“五四”青年节、“七一”建党节、“十一”国庆节等特殊日子结合进行爱国主义教育活动，培养和加深全校师生对“伟大祖国认同，中华民族认同，中华文化认同，中国共产党认同，中国特色社会主义认同”——“五个认同”感。

其次，借助校园广播、学校宣传栏、班级学习园地等平台，及组织师生集中观看专题节目、实地参观红色教育基地等方式，学习优秀共产党员和劳模先进事迹，宣讲本地区的红色革命故事，进行爱国主义教育、党史教育、社会主义核心价值观教育。

同时，学校通过开设民族团结、中国共产党党史专题讲座，举办民族团结、中国共产党党史知识竞赛，对师生进行民族团结和党史教育。近三年来，我校共开展教育讲座达20多场次。学校每年还举办一次“中天杯”民族知识竞赛和“七一”党史知识竞赛，邀请县民宗局、县委统战部、宣传部、县党史办及其他民族学校参加，对宣传民族政策、促进民族团结，深刻了解中国共产党的发展历程，铸牢中华民族共同体起到了良好的推进作用。

营造良好文化氛围　增强民族认同

一方面，学校结合阶梯式分布的地形，修建了象征民族融合缩影的各式校园浮雕，打造了具有民族文化展示作用的多功能宣传墙，新建了传统文化特色课程项目剪纸室，积极营造中华民族一家亲的和谐氛围。在学科教学中融入中华传统文化，通过语文课、思政课、历史课等课堂教学途径，开设国学课堂、道德讲堂、主题演讲等方式传承和弘扬中华传统文化。使学生们在感受中华传统文化魅力的同时，培养其“仁、义、礼、智、信、温、良、恭、俭、让”的优良品格，多途径、全方位深化中华传统文化内涵，强化民族文化认同感。

另一方面，学校通过开展丰富多彩的校园活动，组建兴趣小组和特色社团，开设传统艺术文化课程，固化全校师生的民族文化认同。还以“民族剪（刻）纸”、“民族打击乐”、“土家族花甜粑制作”、“书法艺术”、“少数民族民间体育”等教学课程的形式，聘请民族民间艺人和校内有特长的老师，定期授课，讲解民族文化知识。

此外，在社会实践、扶贫济困助学和脱贫攻坚中，我们始终以宣传社会主义核心价值观、中华优秀传统文化为主线，在各族人民群众中铸牢中华民族共同体意识。并结合开展“大手牵小手，小手拉大手”活动，评选“优良家风模范家庭引导学生和家长在日常家庭生活中传承好中华传统文化，加强中华传统文化认同。

今年正值中国共产党建党百年，我党百年奋斗史，也是各民族团结进步融合的历史。站在两个一百年的历史交汇点上，牢固树立中华民族共同体意识是国家统一之基、民族团结之本、精神力量之魂。在以后的工作中，我们全体师生将发扬为民服务孺子牛、创新发展拓荒牛、艰苦奋斗老黄牛的精神，铸牢中华民族共同体意识这条教育主线，持续推动民族团结进步工作具体化、常态化，继续巩固民族团结进步创建成果，扩大示范效益，为进一步构建民族和谐大家庭，最终实现中华民族伟大复兴贡献力量！

“德育”，是文明校园的灵魂

——谈东方市铁路中学创建文明校园工作开展

海南省东方市铁路中学　龙仕旺　黄江敏　陈朝汝

有这样一所学校，它从1970年走来，一路兼程。在学校从铁道部分离移交地方的潮流中，它完成了改制而初心不改；有这样一个集体，它秉承“诚、韧、勤、搏、实”的精神品质，团结奋进创佳绩；也是这样的一个集体，聚集了来自五湖四海的172位专任教师，他们轨物范世正师风，只争朝夕输栋梁！

——题记

海南省东方市铁路中学始建于1970年9月，创办之初校名为海南铁路子弟学校，与铁路小学合称，并同一校址；1973年改名为海南铁路中学；2004年6月铁道部分离学校，正式移交东方市人民政府管理，改为现名。如今的铁路中学校园总面积37695.6平方米，校舍建筑面积21251平方米，运动场面积15000平方米。学校图书藏书量70626册，生均27.1册；学校有物理实验室3间、化学实验室3间、生物实验室3间、计算机教室3间、音乐室3间、美术室2间、心理咨询室1间、图书馆1间、多功能报告厅1间、录播室1间，电子阅览室2间、舞蹈室1间等20种功能室，可使用面积2637平方米。校园布局合理，环境优美，有教学楼、图书馆、行政楼、实验科学馆楼、教师公寓楼、学生宿舍楼、学生食堂共11幢；新建成的塑胶田径运动场宽广平整，司令台、升旗台气势宏伟；各功能室如图书室、阅览室、仪器室、实验室、录播室等，应有尽有，并广泛运用于教育教学之中。

一、"品德润身提高教学质量收获成就

学校现有专任教师172人，全部具备教师任职资格，中学高级教师42人，中学一级教师68人，初级职称53人。本科以上学历达100%；省市骨干教师40人，教学能手8人，教坛新秀称号获得者4人，引进人才5人。

这支队伍始终把立德树人当成教育的根本任务，更把它当成教育的初心和使命。针对《海南省中小学校教学管理常规》等四个文件开展全覆盖、分层次的宣传培训，涵养师德师风，做到"品德润身"。让教师能够自觉内化和完善个人品德，自觉以习近平新时代中国特色社会主义思想为统领，坚定的信仰信念，使个体思想品德与教师职业道德有机融合，在日常点滴中塑造人格魅力，在平凡岗位上形成敬业爱生的本真追求，实现自身的品德升华，指引和支撑学生成长发展。

在教学活动的开展中，我们老师立足课堂，开拓创新，不断钻研，提升教学技能。提高教育教学质量，打造一支高水准、高素质的教师队伍。近三年来，我校师生参加各级各类比赛，成绩喜人：2017年教师获得省部级、市级奖励89人次；2018年教师获得省部级、市级奖励57人次。2019年教师获得省部级、市级奖励77人次，2020年教师获得省部级、市级奖励128次人次。

近年来，在东方市市委市政府的正确领导下，在教育主管部门的关心支持下，学校得到了长足发展。铁路中学全体师生更是秉承"诚、韧、勤、搏、实"精神品质，团结奋进，顽强拼搏，取得一系列集体荣誉：

2019年成为海南省师范大学首批师范生源基地合作学校；

2019年10月被评为东方市教育系统先进集体；

2019年及2020年年度连续两年被东方市委市政府考核评定为"优秀"等次单位；

2020年5月荣获"海南省五四红旗团委"称号；

2020年荣获"海南省节约型公共机构示范单位"称号；

2020年10月获得教育部"新时代好少年"主题教育"美好生活，劳动创造"活动先进单位；

2021年，获得海南省新一届文明校园荣誉称号；

2021年通过评审并荣获海南省"第一批知识产权教育试点学校"荣誉称号，成为我市第一个"知识产权教育"试点学校。

2021年铁路中学党支部被授予"东方市先进基层党组织"称号。

学校锐意改革，全面发展谋提质，创新的是课堂，成长的是教师，受益的是学生。自建校办学以来，我们学校教育始终遵循学生个体发展，加强对学生学习方法技法的指导，注重对学生学习兴趣培养与引导，加大培养学生自觉学习的兴趣和积极性，有效地提高教育教学质量，把诸多学子送入清华北大等高等学府，有效助力东方市的教育事业。

近四年来，我校高考成绩斐然：16至17学年高考中，文科A批率64.62%，理科A批率76.76%；17至18学年度高考中，文科A批率77.78%，理科A批率75.29%；18至19学年度高考中，文科A批率52.10%，理科A批率66.27%；19至20学年度高考（新高考）中，本科上线率为97.6%，本科上线人数为517人，艺术生及体育生100%上本科，再创历史新高！

我校最大限度地提高全体学生的学习成绩的同时，更注重学生整体素质的全面发展，仅2019年至2020年，学生在各级各类赛中获得省市级奖励就达269人次。

二、加强规章制度管理，强化师德师风建设

坚持打卡上下班考勤管理制度，强调纪律，确立学校内部"依法治教、规范管理"的制度，通过建立健全学校各项规章制度和科学评估体系，促进学校管理的制度化、规范化和科学化。

实行行政人员值班检查制度，每天安排有关领导进行检查，包括节假日期间发现问题及时解决问题，及时地排除了校园许多隐患。健全党建工作例会机制，坚持落实党建工作责任制和"三会一课"制度，继续推行"两学一做"教育学习活动。

学校建立健全各项规章制度，规范师生的文明行为、工作作风。如《铁路中学学生行为规范管理规定》、《铁路中学师德师风建设十要十不准》等。组织教师学习《教育法》、《教师法》等法律法规和规范要求，并进行闭卷考试，从思想上明确作为一名教师应遵循的职业道德规范。响应全市教育系统提质年号召，采取走出去、引进来、内部交流的多样化备考模式。跟大田中学结对子，选派初三备课长到大田中学进行现场指导、交流，并请大田中学相关人员到我校参观学习、交流经验。成立"家长学校"、利用和校讯通平台及时与家长沟通，学校致学生家长书信等形式，加强德育网络建设，积极开展教师家访活动，极大提高了学校德育工作整体水平。

三、优化校园环境，创建德育育人文明校园

以校园礼仪为重点，上好"文明礼仪第一课"。加强初一、高一新生文明礼仪规范教育。从平时的一点一滴做起，培养学生文明礼貌的习惯，传承中华民族的美德。加强班级文化建设，利用课间喊班级口号、课后跑操形式提升士气，营造良好的班级氛围，利用国庆节、中秋节、清明节等重大节日对学生进行爱国主义、革命传统教育、中华传统美德教育，树立班级形象，争创班级特色。同时，以上级部门和本校活动为载体，在班级中开展丰富多彩的德育教育活动，如积极参加关工委举办的各种主题读书活动，参加语委办主办的亲子阅读活动等，在班级中开展做文明事、说文明话、争当文明中学生的活动。

改善办学环境，不断优化学校教育基础设施。进行校园"四化"（净化、绿化、美化、文化）建设，整体优化了育人环境，提升了学校的办学品位，以校园环境和人文环境为窗口打造整洁、合理、规范的校园文化。改善办学条件，师生食堂、学校运动场已投入使用；各种功能室配置基本齐全，设备也基本配齐，数量已达标，目前共建有20种功能室，总面积约为2637m2。

学校布局合理、整洁有序。做到每天有保洁员清扫、安保人员巡逻。制定《校园安全应急处置预案》等预案；与新港派出所共建文明单位；实行来访人员登记、测体温制度，校门外竖立安全警示标语等。

四、结语

"德育"是文明校园的"灵魂"。我们铁中人将一如既往地推进校园文明精神德育建设工作，想文明之事，行文明之举，努力践行社会主义核心价值观，在学校领导班子强有利的领导带领下，继续以"以德立校、依法治校、人才兴校、质量强校"的办学理念为立校之本，继承"修德启智、追求卓越"的教风，发扬"明德善学、开拓创新"的学风，营造"勤勉守纪、团结求实"的校风，着力打造严谨治学、追求卓越的校园文化特色。"文明"是我校的名片，"德育"是我们的内核。我相信，我校将在德育精神的浸润下，打造出具有鲜明特色的"文明"品牌。

潜心研究艺术教育，用心培养学生成才

杭州市萧山区优贝思艺术学校　潘佳佳

教书育人是自己的职责，爱岗敬业是自己的本分"。他是这样想的，也是这样做的。他说："选择了教育，选择了奉献，就选择了牺牲，但爱就是力量，让我奋勇前进"。他毕业于武汉大学，曾任湖北咸宁广播电视台、湖南人民广播电台芒果Radio主持人，现任杭州优贝思艺术学校恒隆校区校长兼语言老师。曾获全国法制好新闻奖、湖北广播电视节目奖、湖北新闻奖、湖北省广告配音一等奖，是国家二级心理咨询师、全国青少年语言表演艺术高级教师、全国青少年口语传播教师、浙江省十佳金牌教师，所辅导的学生均在省区市乃至全国的各大语言比赛中获得傲人的成绩。

十五年前，他是湖北咸宁广播电视台的知名主持人；七年前，他来到杭州，担任少儿节目主持人；五年前，他华丽转身，淡出主持界，一心一意做起了少儿语言艺术培训，潜心研究语言艺术的魅力，开启专业的"传道授业解惑"之路。他就是绍然，杭州优贝思艺术学校恒隆校区校长兼关键期语言老师。

一、坚守热爱，不负韶华

如果翻看绍然以前的照片，你一定会有点诧异。以前的他经常西装革履，眉头紧锁，看起来有些严肃、严谨，而现在的他，穿衣休闲，面露微笑，目光中流淌着爱意。从电台主持人到艺术学校校长，他的每一个选择、每一次出发都丝毫没有改变他对语言的热爱和坚守。如今，他一边用语言诠释着对生活的热情，将语言艺术的火种播撒到孩子们的心田，一边将精力投入到校区管理上，因为这是承载传播语言文化梦想的实体，将让他不断遇到更优秀的自己。

从武汉大学法学专业毕业后，机缘巧合下，绍然凭借着磁性的声音，成功被招考进湖北咸宁广播电视台，担任法制节目及早晚间新闻的主播。很多听众往往以为男主持人就是衣着得体、认真端坐在主播台前播报，却并不了解电台主播真实的工作状态。"我的法制节目主要负责投诉和监督各种民生问题，很多时候，为了了解事情的真相，需要实地采访、写稿，并向有关部门征求意见，最后通过自己的声音给老百姓一个满意的回复"。绍然表示，那段时间，他收集各种材料，完成主播任务，常常要忙到晚上12点。

做一行爱一行，即便忙得身心疲惫，绍然依旧打心底热爱主播这份工作。2014年，因家庭原因，他来到杭州后，凭着满腔热情，顺利应聘到了少儿主持人工作。正是这个与孩子打交道的机会，他发现自己越来越喜欢和孩子们相处，哪怕一遍又一遍地指导孩子们上主播台，一次又一次地矫正他们的普通话，他都不厌其烦，乐在其中。"那时，经常有小朋友告诉我，自己有想要做主持人的梦想。从他们身上，我发现了语言表演艺术的重要性"。绍然觉得成为一名合格的主持人，仅有梦想还不够，更要学会接受灯光照耀之外的刻苦与坚持，那些汗水才是这份工作最真实的写照。

二、选择教育，培育英才

人有时候确实得感慨命运的选择。从事少儿主持人工作，这次的选择无疑改变了绍然的人生。他开始期待每天都能听到孩子的欢声笑语，开始希望每一位他指导过的孩子都能取得进步。于是，2017年，他再次做出选择，来到了杭州优贝思艺术学校。"我在这里很幸福，这

种幸福是孩子天真可爱的笑容，是他们获奖后的自豪。虽然离开了多年熟悉的主持岗位，但在新工作中，我依然从事最爱的语言工作，并且和精英团队一起为之努力，我感觉这种成就感、幸福感无法言喻”。

从主持工作跨界到少儿语言培训工作，绍然凭借着多年的主持经验——老到的表达技巧赢得了各方家长的肯定。他对教学内容的驾轻就熟，对语言教学的把控和研究，让他很快收获了一批批学生和家长“粉丝”。如今，慕名前来求教的学生已超过千人，其中不乏一些企事业单位的成人学生，大家对他的认可，让绍然在语言教学这条道路上越走越坚定，培育出了许多优秀语言苗子。孩子们通过他的指点，在省内外大型语言赛事上收获了百余个重量级奖项。

“优质而专业的教学内容是民办培训学校经营的核心，老师的教学方式只有与时俱进，学生才能在这里得到快乐和成长，家长信赖你、支持你，就会向其他人推荐你”。绍然说，他很感谢自己身后有一群充满干劲、有活力、有想法的小伙伴，深挖教材精髓，探索未来艺术教学的方向，共同创造一个丰饶又有趣的语言“理想国”。

三、拓展认知，提升能力

在与孩子和家长的深入接触中，他觉得教育孩子不仅仅是教会孩子会学习这一件事，更是他一辈子的事业。每一件事，只要用心去做，就一定能做好。对于当时的选择，绍然现在说起来云淡风轻。虽然站上了不同的舞台，但是他的语言世界同样精彩。目前，他每天几乎都会花12个小时在少儿语言培训工作中，营造良好的教学环境；每周进行教学磨课和探讨，寻求最适合孩子的个性化教学方式；每年制定详细的外出学习计划，足迹踏遍北京、上海、山西等地，拓宽自己的认知。“我是一个危机感很强的人，时代发展太快，所以在创造自我价值的同时，我还会提升自己的管理能力，帮助学校去建立一支实力过硬的老师队伍，共同进步、成长”。

知识的积累、生活的沉淀、道德的涵养，就像一种沉香，会在语言舞台上散发出来。绍然在经营好自己的语言“理想国”时，还会充分发挥自己音乐、表演方面的特长。上课时，他会将快板、相声、戏曲等艺术与语言糅合，创造一个个新颖又富有创意的节目。同时，他还会巧用唱歌的方式娱乐枯燥的语言学习，帮助孩子学会正确地吐字、发声。绍然认为，如今的口才学习，不仅仅是舞台艺术语言的培养，更重要的是培养孩子们的语言逻辑能力、语言表达能力。所以在他课堂中，即兴口语训练占了很大比重，他会培养孩子学会对身边发生的社会现象进行评论，发表各自的看法，引导他们做一个有观点、有温度的人。

绍然的付出让课堂更加生动和谐：严谨中透着幽默，温柔中蕴含启迪，沟通中解决问题。“一专多能，在不同领域都有所探索，奋斗的过程非常美妙”。绍然想用自己的行动告诉孩子们，不仅仅是针对语言学习，在其他课程上，也要在有限的时间里做不同的事情，要明白时间管理的重要性。

弹指一挥间，不管是主持人还是语言老师，他对学生的爱心、对工作的热心、对未来的信心从未减退，他感谢每一次的选择和挑战，感谢每一次遇到的学生和家长，让他的人生熠熠生辉，精彩无限。

如今，他依然在默默地耕耘着，无私地奉献着，孜孜地追求着，用自己的执着谱写着辉煌的篇章……

走班制教学，让体育课灵动起来

河北蒙古族高级中学　吴汉忠

《国家中长期教育改革和发展规划纲要（2010—2020）》中提出：尊重教育规律和学生身心发展规律，为每个学生提供适合的教育，培养造就数以亿计的高素质的劳动者，数以千万计的专门人才和大批拔尖创新人才。如何给学生适合的教育？从课程角度来讲，就是有充足的课程让学生去选择，提供机会让学生去实践。

其实纵观所有课程，从这两个角度来讲，体育与健康课更适合走班制教学。那么，我们如何给学生提供尽可能多的课程，通过怎样的机会让学生去实践，从而达到让学生爱上一项体育项目，进而强健自己体魄的目的呢？

一、实施走班制教育的重要意义

自2009年秋季开始，我校就已根据教育部《普通高中课程方案》“各学科分类别、分层次设计多样的、可供不同发展潜能学生选择的课程内容，以满足学生对课程的不同需求”这一精神，对体育与健康课实行分项教学走班制。相对于传统的以班级为单位的组织形式而言，这种教学模式在育人方面有着更为明显的优势。

有利于学生体育兴趣的培养。传统的班级授课不可能让每个学生都选择自己感兴趣的学习项目，很多学生的学习都带有被迫性和盲目性，以致容易产生学生“喜爱体育运动却厌恶体育课”的现象，而“分项教学”的首要前提便是学生根据自己的兴趣及能力选择学习内容，大大提高了学生体育学习的兴趣和积极性。

有利于学生对体育技能的掌握。体育技能掌握好的学生，体育兴趣更浓烈，显示出更大的活动欲望，体育习惯易于养成，极有可能形成终身体育锻炼的一个项目。而且，“分项教学”打破了班级界限，将兴趣相同、能力接近的学生编在一起学习，通过长期交流就会形成一个个稳定的小团体，极有利于学生课余自觉锻炼习惯。这些优势是传统教学所不能比拟的。

有利于提高学生的社会适应能力。“分项教学”中兴趣相同的学生都来自不同的班级，当他们组合成一个新的集体后又会面临一种新的人际关系，在这个过程会产生矛盾同时也会化解矛盾，因此“分项教学”可以更好地培养学生的社会适应能力。

有利于体育资源的优化组合。传统体育教学由于教材内容多而繁，大部分体育教师感到“教不过来”。实施“分项教学”后，教师选择的是自己擅长的专项，教起来自然得心应手又有兴趣。

有利于体育生高考和竞技体育成绩的提高以及校园文化生活的丰富、课外活动的开展。我校根据高考对人才的选拔和学生自愿的原则，在分项教学的基础上成立了多支专业训练队，其中有篮球、足球、乒乓球、毽球、蹴球、木球、健美操、散打、跆拳道和田径等，利用节假日、下午七八节课、早晨时间集中训练。由于实施了“分项教学”后，学生学有专项，且样样有人精通，给我校的体育专业高考升学、课外活动及各种竞赛带来了蓬勃生机，不仅学生课外活动的积极性普遍增强，学生的管理水平、裁判水平、竞赛水平也得到了明显提高，同时也为我体育高考带来了更多的后备人才，尤其使学校的竞技水平有了明显的提高。

二、实施走班制教育的有效举措

推行体育与健康课实行分项教学走班制，具体来说就是以体育教学大纲的要求为宗旨，根据学生对体育项目的兴趣和自身体“育”的需要，由学生选择自己喜爱的运动项目。这种模式使课堂教学完全打破传统的以班为单位的组织形式，呈现出一种“同班同课不同组”的全新的教学样态。

课程设置多样。我校根据体育教师所学专业及个人能力，每人选择一项自己擅长的体育项目作为课程，最终确定了将篮球、足球、散打、太极拳、跆拳道、毽球、乒乓球、瑜伽、健美操、田径、木球等十二个项目作为课程供学生选择。

学生选课自主。学生根据个人兴趣，选择其中一个运动项目作为本学期必修内容，突破了多年来的班级授课制模式。三个年级按年级和选修类别重新组建临时教学团体，同时上课，组成了篮球、足球、乒乓球、毽球、健美操、瑜伽、散打、太极拳、跆拳道九个体育临时教学班，进行专项体育教学活动。学生每半学期选学一个项目，高中三年至少选修6个项目。

课程实施高效。我校把一个年级学生按556即一至五班、六至十班、十一至十六班分为三个组，每个组分为篮球、足球、毽球、乒乓球、散打、太极拳、跆拳道、健美操、瑜伽九个项目组按学生自选报名进行选项教学，这五或六个班的课表一致，同时上课，每周2课时，每学期40课时。

学生评价公正。教师按照本学期所学习的内容确定考试题目，对学生的掌握情况进行达标测试，成绩合格方可选修下一个项目。

三、实施走班制教育的初步成效

灵活多样的体育教学方式，让学生真正体验到了体育运动带来的快乐、身体素养提升的喜悦以及喜报传来的成就感。2018年，学校竞技体育代表队代表承德市参加了河北省第十五届运动会，共为承德市获得积分97.5。其中，田径项目获得了42.5分，孙悦同学获得了铜牌；散打项目获得了30.5分，邢玉冰同学获得了银牌；跆拳道项目获得了25.5分，蔡鑫宇获得了铜牌，武玉杰获得了铜牌。2019年9月，学校旋转秋千项目代表河北省参加第十一届全国少数民族运动会获得银奖，木球项目获得银奖。学校被评为国家级体育传统项目校、国家级青少年体育俱乐部、国家级足球示范校、国家级学校体育工作示范校等荣誉称号。

2020年，随着《关于深化体教融合促进青少年健康发展的意见》、《关于全面加强和改进新时代学校体育工作的意见》两份重磅文件的先后出台，学校体育教育的重要性更进一步凸显。毋庸置疑，体育是最接近学生天性的一项教育，不仅能促进学生大脑发育、智力发展，还能培养他们的团队意识、规则意识、合作意识等综合素质，是学生成长过程中特别重要的学习方式。今后，我校将继续推进分项教学走班制，探寻更加适合学生发展的教育，努力实现让学生爱上一项体育项目，进而强健自己体魄的体育教学目的。

奋斗百年育人无悔　二中精神永葆生机

河北省保定市第二中学　夏文杰

保定二中，是百年名校，有强大的师资队伍，有着优良的学风和优秀教育的传统，曾拉起过保定教育的第一把小提琴，培养出苏叔阳、郗恩庭等各行业优秀人才。如今接力棒传到我们新班子手里，我们要共同努力，发挥二中的光荣传统，为建党100周年献礼。我们要精准把握保定高中教育发展的大势，深入贯彻习近平总书记培养德智体美劳全面发展的社会主义建设者和接班人的讲话精神，主动落实市委和党晓龙书记对基础教育的要求，带领全体师生，团结奋进，砥砺前行，共创我们保定二中的辉煌，共创我们保定教育的辉煌！

传承优秀品质　锤炼二中精神

爱和奉献，是二中的多年传承的一种精神，一种教育情怀，我们每一名教职工都要带着对学生、对学校的爱，办有温度、有宽度、有厚度的教育。无论酷暑严寒，我们的高三老师早晨6点半准时到教室，学生6点40开始上课，晚上10点10分老师们还在为学生答疑解惑，陪伴学子直到高考前一天。也正是这种艰苦奋斗、勇于奉献的老黄牛精神，今年，我们有49党员被评为优秀党员，16名教师被上级党组织批准为预备党员。

对业务精益求精，执着于教学质量的提高是二中老师历久弥坚的另一种精神。杰出校友保师附校王淑英校长回母校作报告时说："刘淑文老师的化学课让我如痴如醉，老师的语言功底、逻辑思维、音容笑貌依然浮现在眼前"。在"一师一优课、一课一名师"活动中六位老师获省级评优课荣誉，今年我们有13位老师被评为保定市骨干教师，11位老师获得省级优秀班主任等项目的省级以上奖励。

开拓创新是二中的又一种精神，是学校发展的永恒动力。学校提出"班比山重、课比天大"的治学理念，让学生接受优质教育。我们邀请全国人大代表马永平、长城汽车之父魏德义等杰出校友回母校，回忆自己的求学往事，传承二中育人精神，激励学子奋勇向前。邀请全国道德模范"油条哥"刘洪安做诚信报告，邀请中央人民广播电视台著名播音员杨波和"阅读中国"阅读大使罗玲作报告，杨波老师倾情朗诵《最爱那一抹二中蓝》，对学生进行正确人生观培育。为增强学生的法治观念，我校特聘河北省人大代表、全国优秀人民警察唐明宇为法制副校长，进行了法治讲座。我校认真学习习近平总书记视察清华大学重要讲话精神，牢记总书记嘱托，在五四青年节来临之际，积极开展学党史迎五四"奋斗正青春"主题教育活动。

激发正向活力　引领多元发展

学校以活动为载体，进行正向激励。我们在小满节气隆重举行了"庆祝中国共产党成立100周年艺术展演暨高三毕业典礼"。二中教师的百人合唱团献上了《没有共产党就没有新中国》和《团结就是力量》两首歌曲，表达了对党的爱戴之情。特级天团、体育天团等老师们身着正装手持教具走上舞台带给了同学们一场别样的时装秀，以昂扬的风采展示着劳动之美、教师之美。高三全体老师以一曲活力四射的合唱《少年》燃爆全场，老师们高喊"想把世界上最好的给你，却发现你就是世界上最好的！"拳拳爱心令人动容。一段拉丁舞、一曲《莫斯科郊外的晚上》，同学们用中国精神诠释着世界情怀；学生表演的独唱《荣耀》和《我爱你中国》，充满了骄傲与自豪的歌声带动了全场的师生，表达了青年学子对祖国的深情和对新时代的讴歌。

我校还邀请《吴汝纶全集》主编刘金柱教授，现任新莲池书院院长郑新芳校长，举行《吴汝纶全集》捐赠仪式和国学文化讲座，祝福高三学子秉承莲池书院之文气、吴汝纶山长之学风，激励他们高考成功获取佳绩。

高考结束第一天，我们马上举行"未来已来——高二升新高三授旗仪式为高二升入高三年级的各班授予新高三班旗，落实我校"校园不可一日无高三"的办学理念，激励踏上新起点的高三年级，实现学段转换新跨越，开启奋战高考的新征程。

学校指导学生会、社团开展活动，积极为他们提供平台，每周安排具体活动内容。鼓励学生自我管理、自我教育，为2014班诵读自主实践活动印刷彩印文册《风行天下》。

务实教研备课　强化队伍建设

学校加强教学科研工作，提高课堂教学的效率，教师认真精心准备每一节课，交流经验，让学生在课上获得学科知识的最大收获。

我们开展教育、心理科学培训，心理教师结合班级管理、课堂教学实际，从教师和学生两个层面，为全校师生培训认知科学，强化教与学的科学性，如《理解六层次》理论和金字塔学习法。

新竹高于旧竹枝，全凭老干为扶持。学校定期召开全校教学工作会议，月考成绩分析会议，组织青年教师拜师结对仪式，传承优秀教师的课堂教学经验。目前，我校在职教师中拥有特级教师四名、正高级教师四名，全面涵盖语文、数学、外语、物理等学科，这样的顶级教师数量与配置为全市之最。这些名师除了在一线岗位从事教学，还起着教学理念引领作用，更在新一轮的课程改革中发挥着"领头羊"的功效。保定二中正高级教师李书新老师的名师工作室，其教研影响辐射到我市七所兄弟学校，对全市语文教学研究工作起到了重要推动作用，激发了一大批青年教师的教育科研热情。

我们组织中青年教师教学优质课大比武活动，参赛教师采用多媒体辅助教学，将知识形象化、生动化、具体化，在教学中采用启发式、师生互动式等方法，充分发挥学生的主动性、积极性，启发学生主动思考，轻松将课本知识转化为学生自己的知识。

教学经验交流碰撞出备考火花。高考刚收官，我校立即启动2022届高三备考工作。6月11日学校新老高三年级全体教师在高三教学楼召开了"2021届、2022届新老高三备考经验交流会为新一届高三备考打好基础。

厚积薄发精研试题尽展名师实力。老师跳进题海精研试题，学生走出题海使用老师精心选编的资料和试题——十几年的积淀，形成了二中极富特色的自编学案、自编试题的传统。老师们面对浩如烟海的试题、练习，可以披沙拣金，筛出一颗颗闪亮的"珍珠从而对标高考，编纂试题。现在二中各科各类练习题、考试卷、学习资料的编选已经达到了针对性、规模化、规范化的统一。

坚持立德树人　践行精细管理

我们尊师爱生，在教育教学中进行精细管理。一方面在教学工作细节上关爱教师，善待教师，激发教师的工作热情；另一方面，从规范学生日常行为、严肃校风校纪入手，使学生的精神面貌焕然一新。

夏校长介绍，今年我校以科技与人文并重的综合育人目标为指导，成立"卓越创新实验班计划招生100人，每班50人，中考提前一批录取，这是我校精细化管理的一个示范。依托学校开发的"保定二中卓越课程体系"进行全面育人。对标中学生核心素养，分为三个层次、六个大类。文化基础类：人文经典课程、科技创新课程；自主发展类：学业生涯规划课程、身心健康艺体课程；社会参与类：劳动技能实践课程、社会生活体验课程。卓越创新实验班的教育教学，对每一名学生实施个性评价，在保障学生综合提升的同时做到一人一案，个性化定制学业及人生发展方向。

体育锻炼是强身之本。学校每天组织大课间跑操活动，并定期举行跑操比赛，促进了学生身体健康，提高跑操质量，增强学生体质，提高班级凝聚力，同学们队形整齐步伐一致，精神饱满，口号嘹亮，提振士气，堪称"保定中学第一操"。同时，学校还开展自编啦啦操、武术操展演活动，旨在将阳光体育运动与培养学生创新能力相结合，促进学生的健康成长和全面发展，提高孩子的运动技能，展示积极向上的班级风貌。在操场铺设足球草坪，增加学生体育活动空间。

今年，我们被河北省委、省政府授予了"河北省文明校园"称号，这是我校落实市委"三建四创工作开展立德树人，教职工勤奋拼搏，进行精细化管理的成果。我校又被北京理工大学和兰州大学分别授予"北京理工大学优秀生源基地"和"兰州大学优秀生源基地"。我们将以此次荣誉为新起点，团结奋进，砥砺前行。

硕果的取得，离不开每个二中人的努力，大家都为了一个更加美好的明天而奋进着，正向我们不断奋进的祖国一样，牢记使命，风雨兼程！

培根铸魂，点燃信仰之火

河北省保定市阜平县平阳中心小学　张媛媛　张俊涛

星星之火，可以燎原。每一个学生都是时代的继承者，是祖国未来的接班人。新时期，新时代，永远不变的是一颗赤诚之心。在我校这片红色的土地上，红色的热情，像一团团熊熊的烈火，照亮着学生的未来之路。用社会主义核心价值观培根铸魂，传承红色基因，点燃信仰之火，让青少年在传承红色文化中感悟初心、立志成才，扣好人生第一粒扣子……我校建校百年来，一直坚持以立德树人为根本任务，依托得天独厚的红色资源优势，结合地域历史特点，学校不断改革创新，深入贯彻理想信念教育，优秀红色文化教育，厚植爱国主义情感。多年来，我校不断探索，构建了以特色教育、多元发展为主线的学校管理模式，激发师生内动力，逐渐形成了具有时代特色的小学红色教育新体系。

一、营造氛围，打好红色文化底色

我校在校园文化建设上突出红色教育的鲜明主题，创新宣传模式，开辟"唤醒红色记忆"专题板块，营造红色文化宣传阵地，一方面张贴改革时期涌现出的英雄烈士和时代楷模，起到怡情励志的作用，另一方面，设计活动版面，向师生和家长征集红色教育稿件，评选出"红色文化宣传之星"。学校的少科室作为学校红色教育的宣传主阵地，每学期初，学校组织班级轮流去学校少科室进行学习，大队、中队辅导员为学生讲队史，并随时为学生开放，学生随时参观，了解家乡红色革命历史。用显性红色文化熏陶学生，让学生耳濡目染，打好红色精神底色。

营造好校园文艺阵地，学校以革命英雄的故事为主要内容，将红色精神的理念符号，演绎成一段段感人的故事，利用学校红领巾广播站讲述《弘扬红色文化》，让红色文化的种子在学生心中生根。课间时间循环播放红色歌曲，红歌是中华民族宝贵的精神财富，红歌精神催人奋进，激励斗志。每学期我校组织一次以班级为单位的"唱红歌大赛唱响红色经典，让学生唱响爱党爱国主旋律，红歌、红色故事传遍校园的每一个角落，使广大师生注入红色革命精神力量。

二、课程渗透，注入红色教育之魂

为把红色教育与课程紧密结合起来，努力做到学科课程渗透，弘扬红色文化，传承爱国主义教育。我校以“红色诗歌”为主题，汇集整理《红色经典诵读》，利用课前三分钟，集体诵读，每逢传统文化节日开展“我们的节日”主题活动，写春联，包粽子，做腊八粥……引导学生感悟中华文化、体验家国情怀。

深化红色教育，校本课程先行。我校依托读本《雷锋日记》，开设每周一节的《传承雷锋精神》校本课程，让雷锋形象走入课堂，走进学生生活。教师精心设计教学内容，把红色精神教育内涵有意识、有目的地渗透给学生。通过分享雷锋名言，品读雷锋日记，观看雷锋视频等教育活动，引领学生主动了解雷锋精神，通过分享个人学习感悟，师生互评等互动教学，将雷锋精神的种子播撒到队员们的心中，完成雷锋精神在学生心中的“内化”过程，帮学生完成接受红色教育到传承红色基因的跨越。

每年三月，是新学期新起点，更是开启新征程红色教育的雷锋月。线上，学校积极推送雷锋精神学习系列活动侧写文章，学校各中队围绕“弘扬雷锋精神、树立文明新风”主题组织各种雷锋精神学习活动，线下各中队踊跃参加手抄报和黑板报创作，在实践活动中，学生们受到雷锋精神文化的潜移默化的浸润，将内化的雷锋精神转化到日常生活中。

三、主题活动，播撒红色基因火种

学校以爱为基点，在红色教育氛围中，感受红色精神，培养学生对家乡、社会及祖国的认知，激发学生爱祖国，爱党，爱家乡的情感。在新中国成立70周年之际，为了深化未成年人的思想道德建设，我校开展了“开展礼赞70华诞，讴歌新中国”主题教育系列活动，助力红色精神在学生心中萌芽，丰富红色教育内涵。

在祖国70华诞之际，学校组织全体队员开展了　“少先队基本知识和标志礼仪教育”活动，辅导员老师积极行动起来，利用班队会，鼓励队员们积极参与到各项活动中，有自己稚嫩的声音传达出对少先队的赞美以及身为少先队员的自豪。活动期间，老师为学生们讲解少先队历史、少先队基本知识和标志礼仪，同学们在深受鼓舞，严格要求自己的行为，校园里掀起了一股争做新时代好队员的热潮。

祖国的未来属于新时代的少年们，纪念少年先锋队70周年的活动，在学生们的心灵埋下了真善美的种子，培养了自己爱党、爱国、爱社会主义、爱人民、爱集体的情感，凝聚起向上向善、奋发有为的正能量。他们将继续传承这永放光芒的红色精神，为成为新时代红色好少年而继续奋斗。

四、实践活动，开启红色革命之旅

红色资源是红色文化与红色精神的载体，是红色教育的源泉。每学期我校都会邀请晋察冀革命讲解员来校讲解红色故事，激励学生从小树立远大志向，增强实现中华民族伟大复兴的使命感和责任感。

每年清明节，学校会组织开展“缅怀革命先烈，追寻红色记忆”祭英烈扫墓活动。德育处组织全校师生步行到达上平阳千人墓烈士陵园，清扫烈士墓碑，清理陵园杂草，扫墓结束后，列队欢迎老党员为同学们讲解千人墓的革命历史故事，德育处张主任向队员们讲平阳惨案以及抗日烈士的英雄事迹。革命先辈的感人事迹是红色教育的源头活水，更使红色教育有了真实可信的素材。优秀少先队员庄严肃穆地在烈士墓前宣誓，用慷慨激昂的献词歌颂革命烈士精神永恒。少先队员触摸红色史脉，向革命烈士敬献花圈，列队在千人墓绕行一周。活动结束，学校组织班级召开主题班会进行交流，教师引导学生对红色精神进行深入思考，教务处组织学生书写活动感想，并择优在校刊发表。清明祭奠英烈活动整体提升了队员们思想道德认知能力，磨炼了队员们的意志，培养了高尚爱国情操，也进一步了推动了我校红色革命传统教育。

疫情期间，祭奠英雄活动线上线下并行。在学校公众号开设“网上祭英烈”、“向国旗敬礼，留言寄语”活动专栏，鼓励师生积极投稿，班主任开设清明祭英烈主题班会，师生共同学习《国旗法》、《国歌法》，观看红色影片，分享心得体会，对学生进行革命史教育，把红色教育时时刻刻渗透到青少年日常生活中。

红色教育须牢筑实践基础。我校开展“红色实践打卡地”活动，开启红色革命之旅，继续挖掘周边红色文化资源，以教育实践基地为载体，主动走出去，进一步引领师生切身感受身边的红色文化内涵。每年5月份，学校德育处都会分批组织学生到晋察冀革命纪念馆参观，在纪念馆学生在保障馆藏设施不受破坏的前提下，可以自由参观。参观结束后，老师组织同学们分享自己的所见所闻，互相交流自己的感悟。

延伸实践基地，与当地地域特色相结合。我校组织学生游览顾家台、骆驼湾、平阳新区等乡镇新建文化产业，学生们看到顾家台人民的生活的便利，骆驼湾灯会文化的振兴，平阳新区一座座高楼挺立，处处彰显家乡人民脱贫攻坚以来发生的翻天覆地的变化，引导学生树立民族自尊心、自信心和自豪感。每学期都会抽出一个周五下午的时间，组织学生参观家乡扶贫企业白家峪大棚、立彦头果园，观看工人种植蘑菇的流水作业，让学生参与员工采摘果子的劳动，学生们身体力行地感受家乡人民艰苦奋斗、攻坚克难的精神，继承中华民族的优良传统和优秀品格，自觉弘扬民族精神。

红色教育持续推进，红色已然成为我校立德树人的鲜亮底色，红色校本课程浸润着一代又一代莘莘学子，红色精神文化内化为每一个少先队员的综合素养，广大师生普遍接受了红色教育，增进了爱国情感，学校被评为“阜平县德育工作先进单位”、“保定市优秀少先队大队”、“保定市文明校园”。

开拓创新谋发展，与时俱进谱新篇，我校将自觉把爱国情、强国志、报国行融入实现中华民族伟大复兴的奋斗之中，培根铸魂，点燃学生信仰之火，培育能够担当民族伟大复兴大任的新时代红色传人。

铸魂窑洞精神，传承红色基因

河北省保定市阜平县史家寨学校　刘耀红

红色文化资源是宝贵的精神财富，红色传统、红色基因中蕴含着丰富的智慧和道德滋养，开展红色教育，是落实立德树人根本任务的时代要求。我校位于阜平县城北15千米处，地处史家寨红色革命圣地之中。学校在红色革命区的大背景下，创建了独有的“窑洞文化以窑洞精神铸魂和传承红色文化、红色精神。

一、立足红色文化，传承窑洞精神

我校始建于1958年，服务半径25千米，服务范围人口8864人。学校是九年一贯制学校，占地面积14340.5平方米，建筑面积4399.6平方米，在校生405人，教职工57人。

史家寨窑洞群是抗战时期晋察冀边区和冀晋区（后改为北岳区）党政军领导机关驻地。我校东部1千米处是晋察冀边区政府旧址所在地，有5组窑洞集中区（大小有几十个窑洞）。1944年底至1945年初，在此召开第二届晋察冀边区群英大会；1947年冬又召开了边区土改和整党大会，彭真、邓颖超、聂荣臻等人参加。学校西部1千米处是晋察冀军区司令部旧址，现存窑洞15处。西南部距离学校4千米处，是晋察冀日报社旧址，总编辑邓拓在这里编辑出第一部《毛泽东选集》。

学校立足当地红色文化背景，以窑洞精神铸魂，以“规范、博学、尚美、奋进”为校训，“认认真真做事、踏踏实实做人”的校风，“严谨、求实”的教风，“乐学、善思”的学风，使学校办学水平逐年提升。

二、确立办学理念，构建课程文化

生命具有自主发展性和多样性等本质特征，其生长发展过程是具有自身独特的内在特性和发展规律的，所以教育要尊重这些规律实事求是；中华文化几千年的发展和积淀，有着丰富的内涵，而几千年的发展过程中，格物致知的理念、对自然与人类的发展规律的不断探究，都体现了实事求是的思想。我校东西两面的抗战时期晋察冀边区党政军领导机关驻地的窑洞群，是当时驻地领导发扬延安精神，自力更生、艰苦奋斗创业精神的充分体现；学校几十年的办学历史，也充分体现了自力更生、艰苦奋斗的创业精神。根据以上述思考为基点，学校确立了“实事求是，自力更生”的学校办学理念。

以“窑洞文化”传承红色精神，学校不断拓宽课程领域建设。将“窑洞文化”延伸为自信、自主、自立、自强精神传承。

学生命理念以自主，学中华文化以自信，学红色文化以自立，学科学文化以自强。从而引申四大领域课程：自信课程——中华文化，自主课程——身心健康，自立课程——红色文化，自强课程——科学文化。

“自主课程”拓展有篮球选修课程、足球选修课程、跆拳道选修课程、轮滑选修课程等；“自信课程”拓展有书法选修课程、美术选修课程、合唱选修课程、舞蹈选修课程等；“自立课程”拓展有非遗项目“霸王鞭”进校园活动，全体学生齐打“霸王鞭让红色活动不但进校园，还要延伸到红色课程领域，一直发展和传承下去；“自强课程”拓展有英语选修课程、阅读与写作选修课程等。

让全体学生都参与到自己喜欢的选修课程里，培养学生兴趣，发挥学生特长，张扬学生个性，让学生在各自选择的课程里都找到自己的成功和快乐。

三、开展多样活动，贯穿红色教育

学校坚持每周一早晨的正规庄严的升国旗仪式，要求全体师生必须参加，根据学校每周主题，组织开展学生国旗下讲话、班子成员每周轮流进行国旗下讲话、齐唱国歌等环节，对全体师生进行爱国主义教育。坚持每天7:40奏响国歌制度，当国歌奏响时，不论在学校哪个角落的学生都要肃立、注目、少先队员行队礼。从细节管理入手，让爱国之心从小生根发芽。

组织开展大课间活动，全体共打“霸王鞭”。“霸王鞭”是非物质文化遗产，在抗日战争时期，田华老师在史家寨乡活动时教给百姓打“霸王鞭以此来鼓舞百姓抗日士气。我校把“霸王鞭”作为课间操，不只是锻炼学生身体，更重要的是让红色活动进入校园，让不屈不挠的红色精神传承给每一名师生。

学校每天下午第一节课前三分钟是"每天一支红歌"的红色教育时刻。让同学们在革命歌曲中去表达情感，去传递力量。列宁说过：忘记过去，就意味着背叛！唱响红色歌曲是唤起人们的红色记忆，加强革命传统教育的好办法。红歌是爱国主义教育的好教材。红歌不仅歌词美，而且一首红歌就是一段历史。在红歌中汲取丰富的政治营养，从内心深处感受到社会主义好、共产党好、改革开放好和伟大祖国好，坚定了我们跟党走，为共产主义奋斗的理想和信念。

另外，学校建立了8块班级园，5—8年级，每班一块，孩子们自己给园子命名。每周的劳动课和下午放学活动时间，是学生们在田园里忙碌的时间，翻地、撒种、施肥、浇水等等，孩子们个个发扬"窑洞精神不怕苦和累，从劳动中体验辛苦，从劳动中体味快乐，从丰收中收获喜悦。并懂得珍惜现在生活来之不易，培养学生有热爱祖国、报效父母的思想意识；有不畏劳苦，互帮互助的品德意识。

每年的"五四青年节"和"六一儿童节"的时候，学校中学部和小学部学生们分别去边区政府旧址和军区司令部旧址进行红色教育实践活动。参观窑洞、听革命战斗故事，在活动中陶冶自己，在故事中鞭策自己，让红色精神发扬光大。

阜平县作为革命老区，拥有丰富的红色资源，红色资源是红色文化与红色精神的载体，是红色教育的源泉。我校在现有的红色教育基础上，积极开发更多红色教育课程，充分依托这些红色资源，发挥其带来的巨大教育作用。坚持红色教育的地域特色，利用史家寨"窑洞群"的红色资源背景，充分依托这些红色资源，发挥红色教育良好的教育效应。

习近平总书记在2012年年末来阜平县革命老区考察，并在发表讲话时说道："阜平是一个拥有光荣革命历史的地方，是我党我军历史上创建的第一块敌后抗日根据地——晋察冀根据地的首府，是晋察冀边区政治、军事、文化中心。聂荣臻元帅等老一辈革命家曾在这里战斗和生活了11年。1948年4月，毛主席率领中央机关从陕北来到阜平的城南庄，在这里召开中央书记处扩大会议，调整南线战略，为三大战役胜利奠定了坚实基础。阜平和阜平人民为中国革命胜利作出了重要贡献，党和人民永远不会忘记"。朴实的话语，真切的感情，是我们办好教育、牢记党和国家使命的不竭动力。学生是国家和民族的希望，培养学生热爱祖国、热爱中国共产党、做好红色精神的传播者与实践者、担负时代责任的思想文化意识。

我校将以红色文化和红色教育活动为主线，拓展课程领域，拓宽学生视野；以"窑洞精神"铸学生爱国之魂，让红色基因植根于学生内心，注入学生血脉，使史家寨革命老区越来越多的少年成为国家之栋梁。

传统武术进校园　阳光运动强体魄

河北省沧州市青县实验小学　杨静

青县实验小学是一所县办示范性小学，始建于清朝末年，是青县教育史上成立最早的小学。学校现占地面积68730平方米，建筑面积23827平方米，在校生4132人。我校连续14年保持河北省"文明单位"称号，并先后获河北省"素质教育先进学校"、"河北省示范性小学"、"河北省体育传统项目校"、"全国书法教育实验校"、"全国教育系统先进集体"等荣誉称号，少先大队多次被评为全国"红旗大队"和"雏鹰大队"。

现有教职工228人，专任教师208人，全部取得大专及以上学历。其中河北省特级教师1人，省级骨干教师3人，沧州市教学名师5人，市级骨干教师8人，县级骨干教师12人，出版论著12部，参与编写教材、教辅书4套，承担省级以上科研课题10项，获省级以上科研成果奖和教学成果奖7项。

多年来，我们一直注重学生的全面发展，积极开展读书、演讲、文艺、体育等丰富多彩的活动，为学生提供动手实践和展示的机会。为了全面贯彻《中共中央国务院关于加强青少年体育、增强青少年体质的意见》和《全民健身条例》，不断完善学校体育传统项目的建设与管理，深化课程改革，打造学校品牌，我校坚持贯彻执行"健康第一"的指导思想，关注学生个性发展，提升学品位。武术能增强孩子的身体素质，训练，训练平衡能力、协调能力和快速反应能力，还可以提高孩子的心理素质、自我保护意识和能力，深受学生和家长的喜爱。"传统武术进校园"活动，是我校结合"阳光体育运动"作出的一个新的突破。自十八大以来，习近平主席多次通过演讲、座谈、回信等方式与青少年互动，并强调："少年强则中国强"。少年强，除了学习强，身体更应该是强壮的。只有身体强壮，才会好好学习、享受生活、回报社会，那究竟怎样才能达到身体强壮的目的呢？我们经过反复研究认为：除了日常体育运动外，将传统武术作为锻炼强健体魄的突破口，通过教师培训、课上学习、课下巩固、大课间集中展示几个阶段层层深入、推广，使广大学生都认识武术，学武术，爱上武术。

一、传统武术进校园，培育体育特色项目

为了弘扬民族精神，传承优秀武术文化，我校将中华武术引进校园作为体育特色项目来培育。学校成立了由杨静校长为组长，张学迁校长、孙艳主任、邵淑俊主任任副组长，体育教师为成员的武术进校园工作领导小组，做到专人负责管理、专人落实。并有健全的体育组织管理机构、体育领导小组办公室和相应的管理办法、规章制度，提高了管理效率，从而确保了体育特色教育工作的有序开展。

二、教师培训首当其冲

我们所有的体育教师都参加了县级体育教师武术培训。通过培训，老师们强化了对中华武术博大精深的文化认知。打一套拳，不仅是外在形体上的相似，更应该是思想上的高度认可和统一，将武术精神发扬光大，将武魂传递给每一个学生，老师首当其冲要做到"神形合一"。

三、课上学习扎实根基

将体育课作为武术教学的主阵地，整合学校其他课程，通过语文课的说、音乐课的唱、美术课的画、思品课的体会，有效地进行了全校的武术教学"大融合具体做法如下：

(一) 体育课上文武并举

为保证"传统武术进校园"落到实处，我校采取了分步教、以点带面、以比赛评先为激励措施的多项办法。由体育教师进行武术基本功的教学工作，要求内容统一、动作规范、套路娴熟、精神面貌好。在教学模式上注重多种方法并举：方法上，先研究备课后实施教学；动作上，先分解练后综合练；措施上，先分班组练后进行班级和全校比赛。每周一节武术课，课上由体育教师分解讲解每一个招式，学生则通过集体学习、小组互助、课下打卡、班级擂台等多种方式进行学习和展示。

(二) 学科融合显身手

武术进校园，绝不仅仅是打一套拳，摆一个小架，要让传统文化根植每个孩子的内心，就要全面育人。

语文课上，孩子们畅所欲言"说武术"——说武术起源、说武术历史、说武术各大门派、说沧州武术，青县武术、说武德、说自己的学武心得体会……通过"说"不仅道出了孩子们对传统武术的了解和热爱，更认识到学习武术的重要性。

音乐课上，孩子们歌声嘹亮"唱武术"——"天地玄黄"、"中华武术魂"、"卧似一张弓，站似一棵松这些耳熟能详的歌曲，唱响了校园的每一个角落。歌声中，散发着孩子们激情的表白，这种"提气"的旋律让整个校园更加精神焕发。

美术课上，孩子们天马行空"画武术"——我手画我心，画出爱国心，一笔一画的描绘，纯净了孩子们的心灵，心内有所想，行动有力量！

思品课上，孩子们体会"中华武术精神"——聆听武术家的故事，大刀王五、王子平、霍元甲、孟村八极拳名家吴连枝、为中华扬名的青县武术家刘连俊。这些武术家不仅仅是武术家，更是保家卫国、扬我国威的英雄！听故事，看家乡，我们的家乡沧州，民风淳朴、刚直、勤劳、勇敢。由于地理、历史条件关系，强悍之武风，历年久远，素有"武建泱泱乎有表海雄风"之说。据统计，沧州在明清时期出过武进士、武举人1937名。源起或流传沧州的门类、拳械达52种之多，占全国129种门类、拳械的40%，乃中国武术发源地之一。1992年，沧州市被国家体委首批命名为"武术之乡成为全国第一个获此殊荣的地级市。还有我们练习的"盘古王拳"已经成为第六批省级非物质文化遗产。桩桩件件的故事和荣誉听下来，孩子们对"武术精神"有了更深的理解。

四、小小武术家，行走在校园

有了课堂的融会贯通，日常生活中的亲身体验也必不可少，做一名优秀的小武术家，不仅要打好拳，更要遵循高尚的"武德什么是"武德"？武德是从事武术活动的人，在社会活动中所应遵循的道德规范和所应具有的道德品质。简而言之，就是武术道德。"道"一般指事物运动变化的规律，并引申为人们必须遵循的社会行为准则、规则或规范；"德"即得，人们认识"道遵循"道内得与已，外施与人，便称为"德"。"道"主要指外在的要求，"德"则指内心的精神情操或境界。

为人的根本在于"德为先所以在教学过程中武德教育我们丝毫也不放松。继承传统武德中的精华，把习武同发扬祖国灿烂文化、热爱祖国联系起来，培养强烈的民族自豪感，维护中华民族的尊严；有宽广的心胸，以礼待人；尊老爱幼，尊师重道，对前人和长辈的著作和经验虚心学习，认真钻研，刻苦练功，磨炼出坚强意志，培养良好的身体素质；在校园内，不恃武伤人，帮助弱者、遵循学校的制度，好好学习，做能力范围内的好事……这些都是"武德"的体现。一带二，二带四，四带八……越来越多的孩子明白应该怎样做才是一个优秀的人，正直的人，懂得了是非善恶，也就明白了哪些能做、哪些不能做，才能是一名真正的"江湖好汉"！

五、搭建展示舞台，绽放传统武术光彩

阳光体育运动的主阵地是大课间，也是所有孩子集中活动、展示

的主要平台。每周三的“传统武术大课间几千名学生整齐有序地在操场上打拳。声声口号震耳欲聋，响彻在校园的上空，引来许多校外的行人驻足观看。学校多次承办县级“武术节”开幕式，3000多人的“盘古王拳”作为开幕式必演项目博得在场领导的热烈掌声！在武术大课间，我们还与国外友人切磋武艺。孩子们一招一式规范有力，扎马步比赛可见平时功夫，集体展示受到现场来宾的一致好评！此外，孩子们展示的“盘古王拳”还多次被电视台报道，并于2020年12月分别在“央视频号”和“学习强国”上推出。有所学、有所练、有所展示，一个个飒爽英姿的身影，让阳光体育运动更“阳光”！

青少年是祖国的希望，少年强，则中国强。他们将要担负富强祖国的重任，他们的素质直接影响到整个国民素质的优劣。让武术走进校园，更好地提高学生体魄，让我们的孩子明白——知识很重要、读书很重要，但健康的体魄更重要。一个病恹恹的身体，怎么承担中国的未来？所以，重视与推动传统武术文化进校园工作，有利于展示中国武术的魅力，有利于提高学生综合素质。今后，我们要继续大力弘扬武术精神、武术文化，引导广大青少年学生培养以爱国主义为核心的尚武精神和武德情操，塑造完善的人格，以武养德、以武励志、以武悦心、以武健体，做一件功在当代、利在千秋的好事、大事！

大课间　大文化　大教育　大梦想

河北省任丘市第七实验小学　王亚丽

教育，是一个永恒的话题；教育，承载着一个民族的历史重任。当我们的教育正处于改革和发展关键时期，当我们把社会主义核心价值观摆在重要位置，当我们的教育面临着严峻挑战和重大发展机遇的时候，我们在思考，该为教育做点什么？从哪里做起？

正所谓教育的力量莫过于文化的力量，而文化的建设与传承则需要注重载体的打造。我校把阳光大课间作为校园文化建设的一个有利载体，把健育与美育完美结合，把文化建设与传承落到实处，从而推动和促进了校园文化的建设和发展。

一、改变面貌　融入理念　打开局面

这是一所偏远的农村学校，刚来到这所学校时，孩子课间见到老师从不打招呼，拐个弯就跑了，或者很害羞地低下头快走两步，好像很害怕、很自卑的样子。偶尔有一个学生向老师问好，便有一大群紧跟其后，蜂拥而上，有些“墙头草”的感觉。课间活动时，乱跑乱闹的多，有序活动的少，地上滚来滚去的多，开展有益活动的少。上课时间到了，孩子们一身土、一脸汗地跑进教室。学校的课间操形式僵化、千篇一律、缺少变化，而且一套操一做就是好几年，这样的安排让学生失去了兴趣。他们的表情是呆滞的、动作是僵化的、情绪是麻木的。本该受到学生欢迎的大课间，成了无趣的规定动作。老师们平时除了上课就是窝在办公室里，病病恹恹没有什么精气神。如何改变现状，打开局面，让师生们自信起来、阳光起来、健康起来、美丽起来，这是我一直思考的问题。没有理念的支撑，就像失去了灵魂；有了好的理念，才会有好的教育。经过一段时间的研究、实践和思考，我们把 “为学生健康美丽的人生奠基”作为办学目标，以“健育”为基，以“美育”为魂，积极打造健·美文化，构建“双行三健四美”校园文化体系。并由体育延伸到了德育智育和美育，逐渐使大课间成为校园文化的一个载体，从而打开了学校文化建设的新局面。

二、创新形式　有机融合　彰显特色

大课间活动既是一种体育活动，也是一种文化活动，在美妙的音乐声中，在欢快的节拍中，舒展着身姿，不仅是力的显现，也是美的表达和心的交流。初期，我们的大课间只有诵读和花样跑操。后来，在以生为本的基础上，征求学生、家长和教师的意见，对大课间的形式进行了创新，内容进行了拓展。现在我们的大课间内容包括：眼保健操、军歌踏步热身、齐诵《少年中国说》、跆拳道、花样跑操、一分钟站军姿和齐唱校歌《我是快乐地小花芽》六个部分。另外我们还编排了《魅力篮球操》和《校园足球操》，来培养孩子们的球感、球性和美感。在音乐的引领和活动节奏编排上我们考虑整体的艺术因素，严格遵循少年儿童身心发展规律，张弛有度，寓教于乐，达到动静结合，相得益彰。在内容和形式的编排上，我们进行了有机融合，这样既体现了文化的传承、行为的规范，也彰显了学校办学特色。

一是以基础性课程为抓手，将体育、音乐等元素有机融合，学生一边运动，一边把握节奏。整个活动既有体育的动感美，又有音乐的韵律美。

二是以校本课程为载体，将经典诵读融入大课间中。无论是《少年中国说》、《弟子规》诵读，还是古诗词诵读，都很好地和课间活动融为一体。

三是以节奏明快的拍手谣为形式，把常规管理融入其中。自编的《行为规范拍手谣》，规范学生行为，对学生产生无形的教育作用。

四是将学校特色与学校大课间紧密结合，我校的学校特色是书香+运动，把经典诵读融入其中，是书香特色的体现。把篮球、足球和跆拳道也加入大课间中，让课间变得丰富多彩的同时，也彰显了学校的办学特色。

五是学校把健美文化理念巧妙融合在大课间活动中，以“阳光体育”为契机，形式上动静结合，时时处处体现阳光体育进校园的理念，真正意义上实现为学生健康美丽的人生奠基。

三、健体审美　提升素质　承载梦想

学校校阳光大课间以健体、怡情、审美、励志为宗旨，在强身健体的基础上，通过阳光体育大课间活动对学生进行美的教育，收到明显实效。从而实现 “以健为基，以操育美，以美怡心”的目标。

（一）课间操丰富了学生的内涵美

学校课间操创编的宗旨是在体现其艺术美的同时，也要赋予其丰富的内涵。比如自编的《行为规范拍手谣》，把行为规范变成琅琅上口、易记易诵的歌谣。学生们用双手打着节拍在课间集体诵读，锻炼身体、享受阳光的同时，又让这些规范“直指人心、直导行为从而，起到了净化心灵、美化行为的作用。集体朗诵《少年中国说》时，师生要融入感情，激情澎湃，每次诵读都是一次心灵的洗礼，精神的升华。再比如创编的《国学经典诵读操》，将学生的课间操锻炼与国学诵读融为一体。广播里播放古典音乐，孩子们一边齐背着《弟子规》，一边整齐地做着学校独创的经典操，在很多人看来晦涩难懂的国学经典恰似优美的旋律从孩子们的心中流出，让人感觉到古代文明与现代文明的完美结合，也让每个学生变得内涵丰美、气质高雅。

（二）课间操展现了学生的健康美

课间操形式多样且新颖。学生在阎维文《一二三四》歌的歌声中由班主任带领，迅速整齐地在操场列队，展示学生敏捷整齐、训练有素的一面。《〇型跑》、《花样跑》环节表现的是学生阳光健康的一面，在跑步中融入韵律、队形、路线、图案等变化，外圈似长龙呼应，内圈似雁阵排空，同学并肩前行，全情投入，口号声声，既充满了朝气和活力，又展现了积极向上，团结一致精神风貌。从而使跑操成为一种境界、一种精神体现，一种价值取向。刚柔并济的跆拳道，是力和美的结合。彰显一种勃勃的生命力，是力量美、气势美的典型。经过一段时间的练习，学生们体力增强，肺活量增大，身体素质和精气神也明显提升，由内而外洋溢着一种健康美。

（三）课间操培养了学生的协调美

有些学生天生身体僵硬，动作协调性不好。在课间操优美旋律与节拍的滋养下，渐渐地他们动作变得舒展协调了，而且也能关照到自己的同伴和队伍，不论是个体还是团队都变得和谐融洽起来。就拿我们的魅力篮球操和校园足球操来说，除了一些基础的球感球性训练外，还有队形的变换，所以需要合作者配合默契，动作一致。这自然而然地就培养了学生的协调美。再比如《花样跑》在队形队列的编排上，花样不断翻新，长队时如游龙入水，穿插时如排兵布阵。每个学生都能在注重自身美的同时，兼顾到全局美。站军姿看似简单，实则是在修身养性，要求学生们在这个环节，调整呼吸，立正站直，脚跟并拢，脚尖分开60度，头要正，身要直，肩部放松，挺胸收腹，呼吸均匀，两臂自然下垂，紧贴身体两侧，眼睛平视前方，静气凝神，塑造挺拔身姿，养成静美少年。静态之美，恬静柔美，鸦雀无声，让每一个生命归于宁静。魅力篮球操和校园足球操观赏性更强、健身效果更明显。球操的开展不仅丰富了足球和篮球的教学手段，而且推动了学校足球篮球活动的普及，提高了教学水平。和着节奏明快的乐曲，数百只足球在学生的脚下滚动变幻，让学生充分锻炼了四肢的运动协调能力。魅力篮球操不仅带来最佳的锻炼效果，更能使人身心愉悦、球技大增。可以说整个阳光大课间亦阴亦阳，亦静亦动，整体化一，气势如虹，声势如潮，站则如松，动则生风，收发自如，协调一致。

丰富多彩的课间操，既强健了体魄，又愉悦了身心；既展现了学生朝气蓬勃、自信自强的精神面貌，又展现了体健德馨、志美行厉的校风和文明守纪、团结进取的班风；既蕴含了养成教育、纪律教育，又包含了审美教育、思想教育等等。

将大课间融入大文化，来增添民族文化新鲜血液，以大文化熏染塑造新时代少年进步成长，最终实现中华民族伟大复兴的梦想，这条路还很漫长，但是，我们坚定地走在路上，我们无数的学校也在路上……

追求成功谋发展　凝心聚力创名校

河北省石家庄市第十七中学　边东书　周慧欣　梁慧丽

我校始建于1948年，其前身为石家庄市立女子中学，有着光荣的传统。在这里，来自解放区和华北联大的16名革命干部成为女中第一批教职工；20世纪五六十年代，女中是石家庄地区中等教育的一面旗帜；抗美援朝时期，女中50名学生踊跃参军，捍卫正义与和平；援疆建设热潮中，60多名女中毕业生听从祖国召唤，奔赴青海和新疆，成为西部建设的骨干力量。“励志图强、奋发向上、敢为天下先”的女中精

神，引领着十七中70年发展一直向上向好。

1954年，女中设立高中，成为河北省重点中学。1963年，女中被确定为石家庄市"小宝塔"学校。1968年，女中更名为石家庄市第十七中学，翻开了校史新的一页。1999年，面对新的发展机遇，新一届领导班子励精图治，解放思想，开启了"谋求发展，追求成功"的新历程。2001年在区委、区政府和区教育局的正确领导下，斥资4800万元，买断河北省粮食学校旧址，在红旗大街153号创建十七中南校区；2008年，在南校区建立了高中住宿部，使高中办学规模进一步扩大；2014年，学校再次抓住契机，投资2.8亿元，购买原汇华学院校址，在红旗大街601号创建十七中新校区，形成了"三区四部"的新格局，为学校提供了更加广阔的发展空间。

一、创新办学理念，催生成功文化

我校的办学理念是"以人为本，人人成功这是2002年结合学校的实际和现实情况提出来的。学校确立了"追求成功，谋求发展，创一流名校"的办学目标，树立了"必求人人成人，力求人人成才，追求人人成功"的育人宗旨，旨在让每一个孩子在十七中享受成功的喜悦和快乐。

学校以"博学厚积，追求成功"为校训；以"崇德、求真、和谐、发展"为校风；以"主要时间，主要精力，做主要工作；尽心，尽力，尽职，尽责"为工作作风；以"沟通服务，团结合作，传承超越"为工作观念。

学校精神即：不甘落后，勇于争先的拼搏精神；敬业爱岗，无私付出的奉献精神；精诚合作，互帮互助的团队精神；求真务实，勇于探索的创新精神；不屈不挠，狭路相逢勇者胜的亮剑精神。

学校以"品德高尚、行为规范、知识丰富、身心健康、勇于创新"为育人目标。学校认为，成功并不只是名利上的成功，更是人格上的成功，做人的成功才是最大的成功。成功不是专属于几个学生的，每个学生都需要成功，而且都能够成功；成功也不是唯分数而论的，人的成功有多个维度，要敬畏每一个生命，尊重每一种独特。

二、构建多元文化，助力学校成功

从20世纪50年代起，学校就始终根据教学需要，调整着教学理念。1959年创立并推行"一条龙教学法在全省产生了强烈影响。1963年培养出河北省高考理科第一名李建国。1978—1979年，十七中被确定为"文化大革命"后第一批市属重点中学之一，培养出高考河北省文科状元杨小伟和历史科状元尹殿军。1991年培养出高考河北省外兼文科状元扈晓丽和市理科状元段奕涛。1999年，是十七中发展史上的重要节点。校长边东书用活力和朝气，将"三成"教育理念推行开来。

成功是一个发展性的概念，是一个连续的动态的发展过程。成功是经过奋斗获得的预期的结果，成功需要努力，成功需要积累，成功的含义在于进取、突破和发展。在一次次小的成功当中展示着成功，从而为师生的可持续发展奠定基础。在成功理念指引下，学校着力构建多元文化格局。

德育文化，助力学生成功。对于学生，学校坚信"每一名学生都是天才，都是可造之材注重不同年级学生成长的需要，逐步形成了"起始年级规范，过渡年级精彩，毕业年级最棒"的年级特色主题教育。学校支持鼓励学生向自己的特长、爱好方向发展。通过精细常规引导成功、德育载体感悟成功、阶段特色体验成功、突出特长享受成功四个方面，搭设成功舞台，助力学生健康成长。2017年，在年级特色教育的基础上，我们又提出：成人的标准是一样的，成才的道路是多样的，成功的感受是多彩的。

教学文化，助力教师成功。面对新课改，怎样让成功教育理念转化为教师课堂教学的行为？结合学校实际，学校提出了一系列教学观念。一是明确"不怠慢，不迷信，不折腾，不张扬"的态度；二是重视课题研究的引领作用，着眼于"大科研引领，小问题入手树立"问题即课题，破解即成果，行动研究才是解决问题的金钥匙"的观念；三是提出校本教研的"三不四有"原则，即"不说学科难，不嫌学生笨，不说时间不够用把精力专注于解决学科教学中遇到的问题上，做到教研活动"有主题，有目标，有方法，有总结使校本教研真正达到研究的目的。

我们的课堂以"两个需要"的教学标准为指导，把握好"四种关系提高课堂实效；把握好"三个度保证进度，突破难度，挑战广度；以"用教材教、用教辅教，而不是教教材、教教辅"的观念科学整合教材；以"能力是练出来的"观念突破重点、难点；以"师生关系就是教学质量"的观念，关心关爱每一个学生，不批评，不埋怨；以"注意力就是事实"的观念，持续鼓励学生成长，帮助学生梦想成真；以"图钉理论"培养大批学科追随者，着力打造优秀学生团队。

教师文化，点燃成功激情。人们常说，教师是蜡烛，燃烧自己，照亮了别人。学校认为，教师更应该是火种，点燃学生的学习欲望和激情。"我们没有完美地个人，但是可以组成完美地团队团结有力量，集体出智慧，我们努力打造具有战斗力和凝聚力的教师团队。

在我校要让老教师看好家，中年教师当好家，依靠青年教师发好家。充分发挥学校中老年教师的骨干作用，借助他们的经验、阅历和"话语权"来影响青年教师的教学行为。开展"五个一"系列活动，为青年教师成长搭建广阔的平台。老师们在学校文化的引领下，用自己的学识、阅历和真情点燃学生对真善美的向往，同时也收获着属于自己的成功。

三、落实学校理念，享受成功快乐

辛勤的耕耘，赢得硕果累累。自2009年高考，学校取得历史性突破后，教学成绩连年飙升，多次创造高考奇迹，连续获得"石家庄市高中教学工作先进单位"、"石家庄市高中教学增值奖"、"石家庄市高中教学贡献奖"等荣誉称号。在落实成功理念的过程中，十七中获得"全国优质品牌学校"、"全国课改名校"、"全国名优学校"、"河北省文明单位"等称号。

有"人人成功"的理念引领，学校的体育成绩也令人瞩目。2018年，我校田径队在区运会上勇夺初高中团体第一，在市运会上也创造了13枚金牌的佳绩。有武术传统学校的发展契机，十七中在武术方面更是亮点频出。校友郭梦娇于8月21日，夺得雅加达亚运会女子剑术枪术全能冠军，成为中国女子拳、剑、枪项目的领军人物。9月17日，校友胡麟鹏在全国锦标赛上摘得女子跳高项目的金牌。这些成绩彰显了学校办学价值的可取之处。

"杏坛勤耕耘，倾心育桃李"。学校拥有一支"师德高尚、业务精湛、治学严谨、敬业务实"的师资队伍：全国模范教师2人，全国师德标兵4人，特级教师5人，省优秀教师10人，市管专业技术拔尖人才4人，市劳动模范2人，市青年拔尖人才3人。这所学校更有50多名教师获得河北省、石家庄市优质课评比奖励，100多位教师被评选为省、市级骨干教师……

历史在岁月中沉淀，激情在梦想中飞扬。今天的十七中，已经站在一个新的历史发展节点上。我们十七中人将以改革发展为契机，继承发扬光荣的革命传统，不忘初心，牢记使命，为创造出更加辉煌灿烂的明天而努力奋斗。

校园文化润素养　凤凰展翅欲高飞

河北省石家庄市井陉矿区凤山中心小学　高金亮

凤山中心小学成立于2008年9月。学校以"凤凰"文化为主题，围绕"品书求真，雅蕴人生"的办学理念。以"树名师　创名校　发展品牌教育，新教育　共读书　师生全面成长"为发展目标；"凤舞九天　名扬万里"的发展愿景；"尚美 求诚 勤奋 创新 坚强 自主 合作 奉献"为八雅育人目标。把学生的思想道德建设放在重要的位置，通过精心打造凤凰文化，开辟德育教育新阵地，创建精品社团，不断提升了广大师生的幸福感、荣誉感，切实赋予学生一种幸福完整的教育生活。鲜明的校园文化，滋养着学校的品质与素养，引领着校园文化建设的航向。

一、校园文化　引领思想

"凤凰涅槃"是一种文化，更是一种精神。"凤山中心小学"于2008年合并成立，学校成立伊始就精心打造了凤凰"涅槃"的校园文化，设计了校徽、校歌和吉祥物。

校徽是一变形的火炬，火炬的火焰是一只火凤凰，象征着教师燃烧自己照亮别人，取"凤凰在烈火中涅槃"的寓意。

吉祥物是人格化的凤凰卡通形象，寓意着孩子们像雏凤凰一样，在校园里欢快地生活，健康地成长。

学校选择了郭沫若的诗歌《凤凰和鸣》，民间故事《凤凰涅槃》和《梧桐栖凤》作为文化支柱，以图文并茂的方式装饰学校的墙面，让凤凰文化和精神走进每一个师生的心里，融化在血液里。校园环境建设体现"凤起梧桐校园东侧建有长廊，长廊两侧种着常绿的竹子和时令的花卉，取名为"栖凤园这里是学生们休息和读书的好地方；校园西侧是篮球场，周边的墙壁上画着"浴火重生"图和9个活泼可爱的吉祥物，取名为"浴火园学生在这里打篮球、抖空竹、练武术，焕发勃勃生机。

为了让学生贴近大自然，我们的校园建设尽量保留自然状态。我校根据校园窄小的局限性提出"见缝插绿，高中低层次搭配高大健壮的大王椰树矗立在操场四周像卫士一样坚守岗位，教学区、生活区、运动区布局合理，区与区之间用绿化带连成一体，辉映相照。校园内、楼道中、教室里、办公室、功能室、校史馆，眼之所及，处处是风景，满目是文化；信步漫游，浓浓的凤凰文化氛围弥漫着校园的每一个角落。浓郁的校园文化引领着每一个的小凤娃思想，让他们受到良好的思想教育和文化熏陶。

二、馥郁书香　浸润校园

2010年开学初，我校开始进行新教育课程的实验。学校调整上课时间，让晨诵、午读、暮省走进了课堂。

晨诵时间是早晨8点至8点20分，孩子们诵读优美的诗歌、英语儿歌和数学歌谣，在体味语言情感、感知自然规律之美的同时汲取知识的甘露。下午上课之前，开展了20分钟的午读。午读在任课老师指导、督促下，学生读规定的书或自己喜欢的书。目前已经实现了2、3年级的孩子每学期阅读10万字，5、6年级的学生每两周品读一本好书，真正让读书成为孩子一生的好习惯。

每天下午放学前开展暮省活动，让学生自己总结一天的得与失，把想说的话写下来，整理成文，培养学生良好的学习习惯和写作能力。学校还定期举办诗歌朗诵会、故事会、读书沙龙，进一步提高师生读书兴趣。每一届"读书节"都有不同的主题，读书小报评比、书签制作大比拼、读书沙龙，各种活动异彩纷呈。2017年，我校利用周一升旗时间，了解24节气的相关知识，诵读24节气诗词，出版了《二十四节气诗歌诵读之旅》，让学生们利用手抄报的形式图文并茂展现对24节气的理解并装订成册。

为收集教师和学生读书的感想和收获，学校创办了校刊《凤之声》，架起了师生交流的桥梁，进一步激发了老师和学生的创作热情，促进了教师和学生写作水平的大幅度提高。现在校刊历时10周年10个月，已经出了113期，成为我校师生自我展示的平台。学校每年都要将本校举办的各项特色活动照片进行分类整理，最后编辑成册，做成挂历送给老师、学生留念。

三、德育教育　提升品质

五育并举，德育为先。凤山中心小学德育文化建设常抓不懈，结合传统节日、文明城创建、文明校园建设，旅发大会等契机开展有声有色的主题教育实践活动，不断拓宽德育教育新途径。

学校先后开展了以"扣好人生第一粒扣子"为主题的系列活动，核心价值观进校园、共建文明校园、《中小学生守则》解读、家校携手共创文明城、敬老爱老、9月3日抗日战争胜利纪念活动、清明祭英烈活动、20华里远足到日军炮楼遗址举办毕业典礼等一系列教育实践活动。其中，"清明祭英烈"、"20华里远足"活动、"浓情端午暖校园"的汇报演出活动。一经电视台报道，即在社会上产生了强烈的正面效应，充分展示了凤山中心小学在德育文化建设中取得的显著成绩，让爱党爱国的社会主义核心价值观真正地入耳、入心、入行动。

开展"一周一个好习惯"、"最美少年"、"温暖凤小故事"等主题鲜明的道德宣讲活动，全方位提升学生内在的良好品质，激发了学生争做凤小新少年、新主人的积极性。通过国旗下讲话、宣誓、班会、思想品课、综合实践活动课等途径，对学生进行基础道德教育和行为规范养成教育，以高尚、乐学、启智、砺行的方式引导学生的思想行为，培养他们科学的世界观和正确的人生观、价值观，养成良好的道德品质和文明行为，在学生中营造"爱国守法、尊敬师长、团结互助、积极向上"的良好风气。

我们重视构建和谐的师生关系。一方面，要求教师要尊重学生，以发展的目光看待学生，善待每一位学生的过错；要以理服人，取信于人，做学生的表率；要加强学生心理健康教育，重视学生的心理疏导。另一方面，要求学生遵照《守则》、《规范》的要求，尊敬师长，团结友爱；要诚实守信，虚心接受老师与同学的批评，勇于承认错误，有错就改。

此外，我们加强学校、家庭、社会之间的联系，举办家长学校，召开家长会议，筑建家校沟通平台，并通过家长了解学生在家情况，反馈学生在校表现，交流学生教育问题，精心构建学校、家庭、社会教育的平台，为学生的健康成长营造良好的氛围。

四、课程文化　展现个性

凤山中心小学按国家、省课程标准开齐、开足、开好课程，对课程开设进行全程监控，随时抽测教师执行课程标准的情况，每学期都要对所有开设的课程进行检测。在此基础上，我们着重开发小故事大道理、机器人、战鼓和合唱校本课程，让凤凰文化得以补充与延伸。它能解决学生在学科课程学习中"吃不饱"的问题。校本课程体现趣味性、有效性。

五、文化活动　增强素养

活动建设是学校文化建设的血脉，它丰富活跃着校园文化，丰富多彩的校园文化活动，能使学校充满生机和活力。因此，我们非常重视校园文化活动的建设。

全员参与学校文化建设。良好的学校文化建设，应使每个人都是学校文化主旋律中的一个音符，因此，我们在教师中开展了"建学习型校园，做学者型教师"活动，引导教师学习理论，钻研业务，提高技能，形成了人人关心学校文化，人人参与学校文化的良好局面；在学生中开展了"校园文化牌设计"、"班级文化建设"、"文明班级评选"等活动，激发了他们爱我校园、美化环境的自觉性和积极性。

丰富多彩的文化活动，全面地增强了学生素养。学校依托乡村少年宫，开设了丰富多彩的文化活动：绘画、书法、剪纸、陶艺、舞蹈、合唱、朗诵、二胡、电子琴、篮球、乒乓球、抖空竹、武术、战鼓等。2011年3月正式成立的"凤之声"合唱团，是凤山中心小学最早的校园文化靓丽名片，屡次参加区级、市级比赛，一等奖的桂冠名至实归；凤娃战鼓队成立于2015年，近200余名学生参与，所有队员升入三年级便开始进行战鼓的学习。2017年2月凤娃战鼓队的作品《传承》参加石家庄第七届新春鼓王争霸赛并荣获最高荣誉"金鼓王"。"凤之声"合唱团、"凤娃"战鼓队、"凤之声"管乐社团的成长历练，有力地践行了"以练促新，以赛提质"的校园文化建设主旋律，凤山中心小学"凤舞飞扬"的校园文化生机勃勃，春光无限。

丰富多彩的文化活动，扩大了学生的知识面，促进了学校德育和美育工作，提高了学生的鉴赏能力，使学校文化建设呈现多样化、群体性、艺术性的特点。

营造的"凤起梧桐"的和谐校园环境，打造的"凤凰涅槃"的校园文化，构建的"凤舞飞扬"的丰富多彩的校园活动，为孩子们"放飞理想创造"精彩人生"打下了坚实的基础，他们正朝着"凤凰在烈火中涅槃，在重生中放歌"的美好理想一步步前进！

"最好是暂时的标志，更好是永恒的追求继续加强学校文化建设，提升学校文化内涵，强化教书育人的使命与担当，凤山中心小学全体师生坚信：只要用心、用智、用情、用爱全心全意而为，"凤凰文化"的故事定会"名扬万里"！

以"和文化"为引领　促进学校全面发展

河北省邢台市柏乡县西汪中心小学　申建玲

柏乡县西汪中心小学，位于柏乡县县城南4公里处，环境幽雅，交通便利。学校占地面积27819平方米，在校生574人，现有1—6年级教学班14个，建筑面积5510平方米全校教职工40人，其中专任教师38人，专科以上学历40人(其中本科22人)，学历达标率100%。几年来，在上级部门的正确领导下，我校锐意改革、开拓进取，教育教学质量明显提高，多次受到上级领导部门的高度评价和表彰。2010年荣获"邢台市校园文化建设示范校"、2012年被邢台市教育局授予"邢台市标准化小学"、2016—2019年连续四年荣获柏乡县"教育教学质量先进单位"、2019年荣获"邢台市示范家长学校"、"邢台市依法治校示范校"、"邢台市绿色学校"。

一、学校文化理念

和是中华文化之精髓，儒家思想之根本。《礼记》云："和也者，天下之达道也。致中和，天地位焉，万物育焉"。中和是儒家圣人追求的至高境界。而此最高精神又有若干理念作为支撑："天时不如地利，地利不如人和"乃其人本观；"父子笃，兄弟睦，夫妇和，家之肥也"及其伦常观；"发号出令而民悦，谓之和"乃其施政观；"九族既睦，协和万邦"乃其家国观；"乐者，天地之和也"和故百物皆化"乃其教化观；"礼之用，和为贵"乃其礼仪观；"君子和而不同"乃其交际观；"天人合一"乃其宇宙观。和之为义深矣哉！

我校以"坚持科学与人文并重、规范与个性共存"为办学思路，秉承华夏文化传统，立"和而不同，和乐共进"为我校之铭训，学校全方位促进学生习惯养成，多角度发展学生兴趣，全力打造以"和"为核心的文化理念，文化行为和文化环境。

以"和"为文化引领，教师队伍追求"和雅学生发展追求"和孝课程建设追求"和扬课堂活动追求"和乐学校建设追求"和美家校共育追求"和合学校管理追求"和谐"。努力培养"基础扎实、习惯良好、身心健康、和谐发展"的"和孝"少年，为学生一生的幸福奠基。

二、在"和文化"引领下学校各项工作的开展情况

(一)以建党百年为契机，扎实推进学校党建工作

学校充分发挥学校党组织的战斗堡垒作用和党员先锋模范作用，把党建工作与教育教学实际有机结合，倡导一个党员就是一面旗帜，在2018年学校党建品牌创建的基础上创新开展党员"333"(三带头三联系三领先)特色品牌创建工作，使学校党建有抓手、有载体、有成效，使党建工作与教书育人工作相互促进，推动学生全面有个性发展、教师高素质专业化发展、学校高质量有特色发展。"三带头"即党员带头抓好学习、带头抓好德育、带头抓好教学；"三联系"即党员联系学生、联系非党员教职工、联系教研组和备课组；"三领先"即党员思想领先、作风领先、工作领先。"333"党建品牌工作以"三带头"为思想引领，以"三领先"为活动目标，以"三联系"为中轴载体，三者之间环环相扣、层层递进。定期"开展不忘初心、牢记使命"主题教育、组织全体教师学习十九大报告、习近平总书记系列重要讲话、习近平新时代中国特色社会主义思想、全国全省教育大会精神、贯彻学习落实惠民扶贫政策等内容。不断完善组织建设，规范党建工作。同时在学习过程中，领导班子以身作则，营造浓厚的学习氛围，增强"四个意识坚定"四个自信全体党员率先垂范，在教育教学中起模范带头作用，通过老党员的引领作用，在全体教师中形成良好教风和工作作风，倾心打造了一支勤奋务实、敢于挑战的教师团队。

(二)以教育教学为核心，倾力打造"和雅教师"

学校始终把提高教育教学质量作为一切工作的出发点和落脚点，牢固树立"聚精会神抓教学，一心一意抓质量"的理念，把教研活动扎实抓好，每次活动有针对性，切实抓出实效，以少积多，以教研促教改，以教改促成绩。坚持把教师学习作为教师发展的基础性工作来做，把学习提升培育成每个教师的工作自觉。学校积极开展扎实有效地教学教研活动，通过周周公开课、青年教师成长课、优秀教师引领示范课、校本专题培训青年教师基本功大赛等多种方式给教师搭建

专业成长平台，促进教师专业快速成长。

（三）以德育活动为抓手，努力培养“和孝少年”

学校特别重视学生的思想觉悟和行为习惯养成教育，不断创新德育活动形式，促进学生全面成长，彰显学校育人特色。德育处制定出了西汪中心小学一日常规、和孝少年育人目标：一流好品格，一个好兴趣，一生好习惯，一项好技能，一种好思维，一品好审美。同时注重学校，家庭，社会教育的紧密结合，继续通过升旗仪式、习惯养成教育，感恩教育、建队仪式，诚信教育，亲子诵读，爱国教育，开学典礼，毕业典礼等德育工作途径，逐步形成德育入心，成德于行的和孝德育工作特色。

（四）以环境建设为依托，大力构建“和美校园”

学校特别重视环境建设，给老师和孩子们创设一个温馨愉悦的学习工作生活环境，打造和美校园。学校加大力度整治校外卫生和交通环境，重新粉刷部分学校外墙，装修了两个功能室：舞蹈教室和孔子学堂，装修了学生宿舍和值班室，今年暑假统一装修了教室，安装了录播室，给学生宿舍更换床铺。优美舒适的学习生活环境，让师生感受到了家的温暖。

（五）以和合共育为助力，确保“和文化”落地生根

经过长期探索，学校构成了“1368”家校共建模式。“1即确立1个家校共育理念：学校和家长是志同道合的教育同盟，精心打造家庭、社会、学校“三位一体”的育人机制。“3构建班级、年级、校级3级金字塔形的家长合作委员会。“6即一至六年级部。“8”是围绕“和合共育”做好8件事，即1.一周一班一展示；2.家长进课堂；3.家长参与学校管理；4.开好家长会；5.办好家庭教育讲座；6.关注特殊群体家庭；7.家庭亲子共读；8.评选优秀“合力”家长。家校合作和合共育始终作为学校重点工作来抓。

学校积极加强三方的协调互动和互补，充分发挥协同促进合力。我们学校实行请进来、走出去、连起来、评出来四种做法：一请进来：把家长请进学校，每周邀请不同年级家长进学校参加孩子在升旗仪式上的一周一班一展示，走进课堂听课，与任课教师交流孩子各科的学习情况，参观学校宿舍食堂，观看课间操，中午在食堂就餐等。让家长通过各种途径充分了解学校，了解孩子在学校生活的方方面面。也让孩子感受到了家长对他们的关爱。把专家请进学校，给家长进行专业知识讲座，提高家长培养教育孩子的专业技能，农村学校家长学历比较低，大多才初中毕业，对孩子只知道要求成绩好就行，不会和学生沟通，也不懂得如何陪伴孩子的成长，所以对家长的教育是农村学校非常重要的一个工作。二、走出去：教师对学生一年三次大家访（春节、六一、暑假），到学生家中了解学生学习生活情况，只有了解学生，才能走进学生心里，才能制定出更适合的教育方法；同时为了提高教师的家庭教育和与家长沟通的技能，学校积极创造条件让教师到外地进行家庭教育及心理专业知识学习。三、连起来：学校关心关注留守儿童的心理问题，为住宿学生定期开通与家长的视频通话，让留守儿童不再孤独。四评出来：学期末每班评出优秀家长。通过我们的努力家校合作和合共育取得了很好的效果。

三、学校总体工作成效

党建的引领促进了学校办学理念的提升，教育策略的完善，有效促进了学校的和谐发展，校园以“和”为核心的文化理念初步形成，并呈现以下几点显性效果：

（一）“和乐课堂”构建取得新进展

一是教师教育理念在变化：以赏识的目光去发现，把课备好；以真诚的感情去表扬，把课上好；以饱满的热情去激励，把学生教好。二是教师教学行为在变化：在教学过程中，教师充分尊重学生的人格，关注个体差异，力争使每个学生都能得到充分的发展。三是评价方式在变化：注重过程性评价，体现在教师课堂内外的言行及作业批改时诚恳的、激励性的评语。四是学生学习方式在变化：学生在教师的引导下，主动学习、主动探究，学习积极性明显增强。五是师生关系在变化：师生多角度、全方位地去感受、理解对方，教师的工作心态更加趋于平和，教师对学生恰如其分地运用赏识激励性评价语言，进一步融洽了师生之间的关系。

（二）“和雅教师”培养取得了可喜的成绩

通过骨干教师示范课、青年教师锤炼课、打造智慧班级、师徒结对等多种形式，充分发挥党员的先锋引领作用。持续完善师德规章制度，规范师德行为，通过建立“学校、教师、学生、家长”四位一体的监督网络，进一步明确教师责任，促使教师素质全面提升。通过走出去、请进来等形式，多次组织青年教师到内丘等地观摩学习，多次聘请外地名师或局教研员来校指导，校内老教师与青年教师师徒帮扶结对，成长了一批优秀青年教师：刘宏闪老师被评为全县优秀名师，付立方老师被评为县十大师德标兵，英语技能大赛获全县第一名，武林睿老师获得全县数学技能大赛第一名，赵云晓老师获全县师德师风演讲三等奖，等等。

（三）党员教师模范带头作用得到显著加强

2016年开始，学校每年都要对留守儿童进行调查存档，并安排老师一对一地进行关爱帮助。党员教师刘英利当时临近退休，但仍然坚持献出爱心，来帮扶一名留守儿童，就这样与陈思远同学有了不解之缘。三年来，刘老师不止一次为孩子买书，买文具等。这次得知孩子即将小学毕业，特意为孩子送来了学习用品，并勉励孩子：“我只希望你以后能努力进取，好好学习，将来有出息了回报母校，回报社会”.退休前，刘英利老师一直坚持在一线工作，临近花甲之年，却仍有颗童心，给青年教师树立了榜样，为学生们注入了正能量。

学校通过“和文化”建设，在党建工作的引领下，影响了每一位师生的思想意识。依托系列活动，校风、班风、学风取得明显进步，学生互助互学、教师团结进取蔚然成风，师生关系和谐融洽，受到社会各界的高度评价。

用传统文化照亮幼儿心田

河北省张家口市宣化区胜利路幼儿园　王惠平

“一年之计，莫如树谷；十年之计，莫如树木；终身之计，莫如树人。一树一获者，谷也；一树十获者，木也；一树百获者，人也”.这段话既阐明了人才培养的重要性，也揭示出人才养成的不易。好的教育能让孩子从小就接触知识的天空，领略文化的魅力。中国是一个具有几千年灿烂历史的国家，传统文化源远流长，博大精深。幼儿是新时代的接班人，肩负着传承和发扬的义务和使命。为让传统文化遍布校园每个角落，沉淀在幼儿心田，我园倡导通过传统文化对幼儿进行美的教育，使幼儿的心灵受到精神文明的净化和滋养，让孩子从小就喜欢中国文化，认同自己的民族，爱上自己的国家。一直以来，我园始终重视中华传统文化的教育，尤其是开展生活化主题课程之后，关于传统文化教育的活动和课程从未间断。活动的开展方式主要围绕传统节日、传统游戏、文化推广三个方面，将传统文化教育渗透在幼儿一日生活之中，落实在生活、游戏的各个环节，使幼儿在幼儿园一日活动中，时时处处都能感受、触摸到传统文化，努力让传统文化教育更加生活化，生动化，培养他们成为崇尚传统美德，颂扬传统文化的一代新人。

一、从传统节日中汲取文化营养

传统节日是我国传统文化的重要组成部分。我园通过传统节日让幼儿对传统文化耳濡目染。如迎新年，欢快的锣鼓，热闹的秧歌，不但给人们带来了无穷的欢乐，也给人们带来了幸福和吉祥，为了让孩子们近距离地感受浓厚的传统文化氛围，体验民俗的独特之处，我园特还意邀请专业的秧歌队和孩子们一起扭秧歌。孩子们腰间系上大红的绸子，在铿锵有利的锣鼓声中欢快起舞，近距离地感受和发现传统艺术的美。为让幼儿从新年里感受浓浓的年味，我园还根据大小班的不同，组织了各种活动，小班组通过体验包元宵，感受到当中的乐趣，同时也锻炼幼儿手部小肌肉的发展。中班组开展“过新年吃年糕为所有的老师和孩子送上美好的祝福，让孩子们体验，揉、压、捏的同时也感受制作的乐趣，培养了孩子们的动手能力。大班年级组小朋友动手能力较强，选择了通过炸麻花来庆祝新年。孩子们学会了怎样做麻花，更在做麻花过程中掌握了团、搓、拧的技能，锻炼了孩子们的手指协调能力；也体会到了一起过新年的欢乐气氛，体会到了分享的快乐。除了美食，年的味道还藏在火红的装饰里。小班的弟弟妹妹挂灯笼、贴窗花，大班的哥哥姐姐写福字、贴春联，大家一起送祝福、猜灯谜、享美食，年味儿就这样越来越浓香、越醇厚了。

元宵佳节是中国传统的节日，为了让孩子们感受元宵节的传统文化和民间习俗，我园根据不同年龄幼儿的能力和发展需要，创设了各具特色的活动。活动中，孩子们用五彩画笔画出对元宵节的祝愿、欣赏自己亲手制作的花灯、做汤圆、吃元宵，猜灯谜……徜徉在五彩缤纷的花灯海洋中，感受着元宵节欢乐、喜庆、祥和的气氛。这样的活动不仅加深了孩子们对我国传统节日的认识，也增强了他们对中国传统文化的热爱，进一步激发了孩子们的民族自豪感。

端午节又称端阳节、午日节、五月节等。端午节起源于中国，最初是中国人民祛病防疫的节日，吴越之地春秋之前有在农历五月初五以龙舟竞渡形式举行部落图腾祭祀的习俗；后因诗人屈原在这一天死去，便成了中国人民纪念屈原的传统节日。为了让孩子们感受端午节独特的习俗，丰富孩子们的生活经验，我园开展了“端午·彩粽系温情”的国学系列活动，让小朋友们进一步了解中国传统节日习俗，用心去体验我国的传统节日中的意义。

金秋十月，丹桂飘香，九月初九是登高望远、品糕赏菊的日子，也是一个具有中国传统特色的尊老、爱老、敬老的日子。为了弘扬中华民族尊老敬老的优良传统，我园开展“九九重阳节，浓浓敬老情”主题活动。教育幼儿尊重长辈、关心、体贴长辈，了解重阳节，懂得感恩。老师通过提问，让孩子们了解重阳节的来历，以及重阳节的一些风俗习惯，知道农历九月初九是我国的传统节日重阳节，重阳节又叫敬老节。三个年龄班的宝贝们在老师的引导下送出祝福的话语，并亲自动手制作爱心礼物，以不同的方式表达对节日的理解。

每到八月十五到来之时，一轮皓月高挂天空，传统佳节的温馨便俘虏了忙碌着的人们的心灵。中秋佳节是我国非常隆重和美好的节日，我园以此为契机开展各种庆祝活动，让幼儿体验、感受“团圆”的幸福和甜蜜。教师通过图片、视频等方式，讲述关于中秋的传统故事和传说，让幼儿初步了解中秋节，知道为什么要过中秋节和什么时候过中秋节。活动中小朋友和爸爸妈妈一起搜集资料，制作月饼，还会纷纷上台讲述着往年和家人度过怎样的中秋节，补充着今年这个不一

样的中秋节……孩子们互相传递着礼物，传递着问候，传递着浓浓的民俗文化。

二、以课程建设为幼儿搭建平台

课程由孩子的兴趣发展而来。因此，我校通过对游戏活动情况摸底，针对学生兴趣，把传统游戏作为孩子们了解传统文化的平台。如挑棍、拔根儿、挑绳儿、踩高跷、跳皮筋、抽陀螺、抓籽儿、丢手绢等三十多种传统游戏瞬间吸引了大家的眼球，甚至所有参加活动的园长及老师也深受吸引，加入到了孩子们的游戏当中。在传统游戏的开展中，他们打破班级，资源共享，由幼儿自由选择和制作计划，共同回顾游戏内容，为孩子的自主学习和发展提供了良好的条件。

成语是中华民族悠久历史文化的一部分，更是中华文库的瑰宝，它具有丰富的内涵，意义深远，而成语故事则语言生动凝练，形象鲜明，具有诙谐性和伦理性，蕴藏着十分丰富的知识和道理。我园将学习成语及成语故事分享作为语言领域的一项重要目标，教师引导中大班幼儿接触成语、熟悉成语，既让幼儿体验成语故事的乐趣又开阔了视野、增长了知识，还懂得许多做人做事的道理，最重要的是在熟知成语的同时还能锻炼幼儿的语言表达能力，丰富幼儿的词汇量，进而促进了语言思维的发展。

优秀的童谣是幼儿学语时最好的语言启蒙教材，经典童谣传唱可以丰富幼儿园文化生活，我园开展了优秀童谣传唱系列活动。教师们从优秀童谣中精选出部分学唱内容，利用幼儿入园离园、餐前餐后、午间散步等时间，通过游戏、表演、绘画等孩子们喜闻乐见的形式，进行“唱童谣、学童谣、编童谣、画童谣”的各种活动。通过这样的活动，孩子们在潜移默化中学习了中华传统美德，使他们的心灵得到良好的道德熏陶。

三、通过传统文化教育彰显民族自信

弘扬优秀文化，传承戏曲艺术，能够增强中华民族的文化自信，培养幼儿兴趣爱好，提高艺术修养，为了让孩子们感受家乡戏曲文化，我园邀请当地晋剧团为幼儿进行晋剧表演。专业的晋剧演员为小朋友进行唱念欣赏、身段体验、表演互动、色彩内涵、服饰文化、历史知识、道德教育的传递和普及。“戏曲进校园”的演出活动，既是对经典的致敬和传承，又结合了时下的流行文化，突出了参与感和互动性。小朋友们跟随演员们一起走台步，亮相，秀兰花指……在玩乐中增添了对传统戏曲文化的认识。不仅让师生近距离观看戏曲表演、了解戏曲常识，感受我国传统戏曲文化的魅力，而且有助于幼儿增进对中华民族传统文化的认同感和自豪感，能有效激发小朋友学习传统优秀文化的兴趣。

为了更好地传播中国的古诗词文化，我园中班组开展了“小小广播员”活动，小广播员们自己选择广播内容，以“自我介绍、国学经典、诗词诵读、精品故事、交通安全、文明礼仪、天气预报”等多种形式广播。在小小广播站的影响和带动下，全园幼儿都对古诗词产生了浓厚的兴趣，很多诗歌孩子已经耳熟能详，例如古诗词《小池》、《所见》、《大林寺桃花》、《短歌行》等。此活动通过以小广播为载体，将优秀传统文化融入孩子们的生活，同时培养孩子们大胆自信的表达能力，成为幼儿园开展素质教育传承历史文化的重要途径。

六一儿童节是一个非常有意义的节日，结合传统文化这一主题，我园在六一儿童节当天，举行了盛大的“传华夏文化　立幼学之本”系列活动。活动的参与者由教师、幼儿及家长群体构成，其中包括幼儿作品展、亲子作品展和教师作品展三个部分。三个年级的小朋友们在教室的指导下，拿起自己手中的画笔，勾勒出青花瓷、扇子、传统服饰，装点出一幅幅绚丽多彩的图画，用艺术呈现这一方式表现出孩子眼中的中华文化。家长们也各显身手，通过手工制作、书画作品、民间艺术等方式助力传统文化的展示与传播。

此外，我园也非常重视传统文化教育环境的创设，在墙饰中从不同角度展现中国优秀的民间艺术文化，不断发挥环境对幼儿情感和认知上的熏陶。如：在美工区绘制十二生肖作为摆件或挂饰；活动室门口悬挂书法和国画作品，摆房笔墨纸砚供幼儿操作等等，真正把传统文化的教育传承和发扬做到了幼儿心田里。

教育，就是精神的唤醒，潜能的显发。它尊重、赏识每个个体，致力于学生能力、品德等各方面素质的全面提升，服务于个体的健康成长，滋养每一个生命。立足对传统文化教育的挖掘，我园已在幼儿的心里埋下种子，用心培育，用爱浇灌，让传统文化教育扎根在幼儿心里，静待发芽的明天。

夯基础强内涵，打造特色品牌

河间广播电视大学　董海峰

教育是国之大计、党之大计。一百年来，在党的领导下，教育为革命、建设和改革培养了大批人才。党的十八大以来，习近平总书记高度重视教育工作，围绕培养什么人、怎样培养人、为谁培养人这个根本问题，就教育改革发展提出一系列新理念新思想新观点，形成了习近平总书记关于教育的重要论述，为新时代教育指明了前进方向、提供了根本遵循。我校是河间市唯一国办高等教育院校。现有教师31人，开放教育在校生2041人。截至2020年底，河间电大共有毕业生14000人。近年来，学校始终坚持开放教育为主，其他办学形式为辅，注重内涵建设，强化管理创新，走出了一条符合本地、本校向开放大学转型的发展之路。

学校连续多年获得河北省电大系统“教务管理先进集体”、“教学先进单位”、“一村一名大学生试点工作先进单位”、“招生工作优秀集体获得中央电大奥鹏中心授予的“卓越服务团队奖沧州教育局授予的“先进单位”和河间市“文明单位”等光荣称号。2018年河间市教育系统表彰大会上，教体局局长在大会上给予特别表扬，称赞“小单位也有大作为”。学校各方面工作取得了不俗的成绩，特别是招生和管理方面的经验做法，获得了省电大领导的高度肯定，被省电大系统广泛推广。

一、创新招生渠道，发挥榜样力量

学校坚持新媒体与传统媒体并举，不断创新招生宣传渠道，多点发力，坚持县城乡镇宣传全覆盖；充分利用微信公众号、微信朋友圈、美篇制作、班级微信群等方式发布招生信息，展示电大获得的表彰奖励，并坚持常换常新。多种宣传方式有效结合，形成横、纵辐射网，扩大宣传覆盖面，打造具有电大特色的宣传名片。

重视典型宣传，发挥榜样力量，进一步提升电大形象。13秋金融本科学员赵萨被评为2016年度“国家开放大学优秀毕业生是沧州各县市级电大唯一获得此殊荣的学生，她平时工作繁忙，在老师的指导下，坚持面授辅导、网上学习、自主学习相结合，考取了银行从业资格证等五个从业证书，并通过了计算机二级考试，最终取得了经济学学士学位。2018年国家开放大学奖学金评选中，我校获奖数量独占沧州市电大系统的1/3，其中16年秋会计专科学员孟宪静凭借不服输、勇往直前的精神，以优异的成绩顺利毕业，并考取了会计证。众多优秀学员的事迹经河间教育公众号、河间广播电视大学公众号发布后，社会各界人士纷纷点赞。

坚持招生与教育服务并重。学校把招生任务与绩效工资、评优评先挂钩，充分调动全体教职工的积极性和主动性，不断提升老师的招生、教学服务水平。

二、狠抓教学环节，提升教学质量

重视开学第一课，做好学生引路人。2002年首招至今，我每年坚持上好开学第一课，到课率一直在95%以上。我向学生们介绍开放教育的教学模式和学习特点，指导新生利用国家开放大学学习网、河北电大、沧州电大、河间电大等网络平台提供的教学资源自主学习。并指导学员下载APP，利用电脑或手机学习并完成各科作业。

优化网站资源，扩大电大影响力。我校网站自建辅助教学资源丰富、实用、操作简单。教师和学生都是很好的传播媒介。优秀的教师可通过这个平台获得更多学生的关注，学生也将通过这个平台获得更多有价值的知识。学校网站的影响力不断提升，日均点击量150次，这对我校的招生与教学工作起到很好的推动作用。

强化业务培训和应用，提高教师队伍活力。我校非常重视加强教师队伍建设，定期进行全方位的业务培训，帮助老师们熟练掌握多媒体的基本操作技能，要求老师们能使用计算机进行备课，制作各种电子教案，并能在网上批改作业，下载教学所需的资料，进行网上辅导答疑等工作，在实际的培训和操作中大大提升了教师素养。课程注册等任务要求短期完成时，学校会要求全体教师到微机室集体办公，由教务人员指导共同完成，保证高效率和准确度。河间电大教师团队业务扎实，为学校的发展壮大提供了有利的保障。

学校还要求老师们把多媒体软件应用到教学中，比如把教学内容做成了美篇，为学生提供了便利。课上，学生边看手机边听课，解决了教室后面的学生看不清、看不到黑板或多媒体的难题；课下，同学们可随时、反复复习学习内容。利用手机美篇进行教学，形式新颖，得到了学员的好评和欢迎。

三、创新规范管理，加强内涵建设

规范管理。一坚持教务管理规范化原则。为不断深化教育教学改革，提高教学管理水平，学校编撰了三本手册，分别是河间电大教务手册、教师手册和学生手册，内容涵盖了县级电大管理的各个方面，实现了教务管理的科学化、规范化，对促进县级基层电大的工作规范化、标准化有非常重要的借鉴意义。2019年全省电大招生工作会议上，省电大把河间电大主编的电大工作手册推广到全省各地市电大参考；二坚持招生和规范管理统筹协调的原则。高质量的服务定能得到社会的回报。老师不厌其烦地向学员解释征订教材的重要性和必要性，教材征订率连续三年100%；三坚持严格考务管理原则。一个良好的考风，是营造良好学风的重要基础，给学生营造一个严肃认真公平公正的考试环境是学校义不容辞的责任。学校考前培训从不松懈，购置手机屏蔽仪，校长坚持亲自巡考，监考老师认真负责，每一个环节都要精心谋划，注重细节，全面保障考试的顺利进行。

内涵建设。一完善考勤制度，整顿纪律作风。学校安装了两台云考勤机，一台用于正常上下班，一台是用于外出请销假。学校领导以身作则，不搞特殊化。请假、早退、迟到都按规定扣发相应的津贴，班主任费根据工作量大小发放；二调动学习积极性，激发工作热情。学校为每位老师订阅两份自选杂志和数百元的自选书籍，鼓励老师们利用闲暇时间，进行自我提升，树立终身学习观，完善自身知识体系；三改善办学办公条件，创设愉悦温馨环境。学校配备中高配置电脑100多台，安装专线宽带，购置了4K高清大屏电视和高清播放器，安装了自来水净化装置，更换办公室门窗、桌椅、橱柜，粉刷墙壁，安装了新风系统，建设校园文化墙。

四、坚持特色引领，促进未来发展

我们做事有魄力、有主见、有创新精神；善于总结，乐于分享招生和管理经验，为的是促发展、共提升，在分享中互助、在探索中同行；合理而系统地安排工作，强化服务意识，提高服务质量，坚持走基层电大可持续发展之路。

作为电大系统办学的基层组织，我校积极主动，获得上级电大和河间市教体局的支持。沧州电大给予了全方位的支持，是基层电大发展的靠山。河间市教体局也给予了极大地支持。

荣誉代表过去，未来更需努力。加快建设高质量教育体系，建设教育强国，我校将继续以“面向社会开展学历提升教育”为特色，以“精细化管理”为亮点，在教务和教学管理等工作中“争先进、创一流按照“夯基础，强内涵，上层次”的办学方针，为各类社会成员提供多层次、多样化的教育服务，形成品牌特色，为当地经济腾飞、社会发展做出应有的贡献。为实现第二个百年奋斗目标和中华民族伟大复兴的中国梦作出新的更大贡献。

开拓创新，振兴百年老校

湖南省郴州市临武县第一完全小学　孙强勇

临武县第一完全小学是一所有着百年历史和光荣革命传统的县直属完全小学。自1902年创办至今，在118年的办学历程中，百年间，学校数易其名，人才辈出，不少革命志士担任掌舵方向，革命者的身影已深深烙印在学校发展的每一页，革命家的精神影响着一代又一代的一小人。近年来，学校秉承以人为本、特色办学、和谐发展的办学理念，切实加强学校管理，真正做到内强素质，外树形象；素质教育深入人心，特色教育有声有色，教学质量稳居全县前列。学校先后获得了“全国青少年五好小公民主题教育活动示范学校”、“全国青少年校园足球特色学校”、“湖南省现代教育技术试验学校”、“湖南省红领巾示范学校”、“湖南省信息化教学资源运用示范学校”、“湖南省文明卫生单位”、“湖南省四星级优秀少先队集体”、“湖南省全民健康生活方式行动健康学校”、“郴州市安全文明校园”　、“郴州市平安学校”等市级以上30多项荣誉称号。

为均衡教育发展，按照上级要求，我校先后四次分流出200多名骨干教师支援其他新建学校办学。面对师资逐步薄弱，设施老旧，新学校竞争日益增强，临武一完小不进则退，如何在新时代继续保持前进和优势是学校的工作难题。2018年9月我上任后，明显感受到振兴学校发展的迫切需要，于是提出实现复兴百年老校宏伟目标，确立“一个中心，两个落地”的办学思路，一个中心是促进教育教学高质量发展，两个落地是：教师的核心素养落地，学生的立德树人落地。经过近两年的深入工作，教育成绩显著。

一、坚持立德树人，创新工作思路

为践行立德树人根本任务，弘扬传统文化，开拓德育创新，我校确立了“以爱心传承为主线，打造学生、老师、家长三支志愿者队伍，爱心、善心、孝心、上进心四个主题”的特色工作思路，以加强思想道德素质教育为切入点，推动学校各项工作均衡发展，

开发爱心传承校本教材，落实思想道德教育。　为加强德育教育，学校从实际出发，立足道德与法治课，围绕“爱心传承”这根主线，以立德树人为核心，以爱心、善心、孝心、上进心四个主题进行编写教材。教材编写不仅汲取了一完小这所百年老校在德育工作中的成功经验，还大量传承了中华民族的优秀传统文化，

精心打造“三支志愿者队伍深入开展的社会实践活动。学校以小志愿者服务为阵地，打造学生、教师、家长三支志愿者队伍。学校全体党员积极加入志愿者队伍，起到示范引领作用，利用党支部主题党日开展了多种志愿者服务活动。举行了“保护母亲河节假日分批巡逻活动，组织卫生清扫和交通文明劝导活动，为南强镇受灾捐款等。成立家长志愿者协会，每个学期召开一次家长志愿者座谈会，期中一次家长会，期末一次志愿者总结会。开展形式多样的志愿者活动。

探索小组合作积分修炼，培养学生良好习惯。我校把爱心传承的精神与培养学生良好的习惯结合起来，推行爱心传承“四心三清”小组合作积分修炼制度，围绕“爱心、善心、孝心、上进心”四个主题，精挑细选形成300条修炼内容，以小组合作形式，每天学生修炼1条进行追踪考核，一周一小结，一月一总结，半期一大结，全方位修炼养成习惯。

二、坚持以人为本，促进学生发展

新时代教育评价改革方案指导思想认为要遵循教育规律，系统推进教育评价改革，发展素质教育，引导全党全社会树立科学的教育发展观、人才成长观、选人用人观，推动构建服务全民终身学习的教育体系，努力培养担当民族复兴大任的时代新人，培养德智体美劳全面发展的社会主义建设者和接班人。所以我校坚持以人为本，为学生终生发展奠基。

全面科学地开展生命安全教育。我校一直重视安全管理和教育，牢固树立以师生为本的安全工作理念，坚持“安全第一、预防为主、综合治理”的安全管理方针，健全完善了学校的安全制度和责任体系。加强排查整治，构建了多方参与、协同配合、齐抓共管的校园及周边综合治理的工作机制，创造良好的学校及周边环境。通过全体师生的共同努力，安全工作取得了显著的成效。2015年通过郴州市安全文明校园评审，2018年、2019年在全县中小学安全工作考核中荣获一等奖第一名，2019年成功评为临武县唯一一所郴州市平安学校。

加强体质健康监测。学校坚持“健康第一”的指导思想，牢固树立终身体育的新课程理念。学校认真组织“两课一操上午与下午的眼保健操落实到位，并与操行评分挂钩，由政务处组织学生成员进行督导检查。为了确保大课间操落到实处。学校还专门制定了大课间管理制度，要求每一位值日教师检查登记，班级做得不规范、不认真的在《班级工作评估方案》中扣分。充分保证每生每天有一小时足够活动时间，激发学生积极参加体育锻炼，全面提高身体素质。

注重心理健康教育。一是建设好心理咨询室。在心理咨询室配齐设备，配备合格的心理咨询师，每天定时开展工作。二是开展心理健康活动。学校每期举行三次的心理知识讲座，高年级学生1次青春期知识培训，毕业班一年1次励志教育。通过活动普及学生心理健康科学常识，帮助学生掌握一般的心理保健知识，培养良好的心理素质。三是针对个例进行跟踪。主要针对学困生、单亲生、留守儿童等各自存在的不同问题进行跟踪，除解决一些厌学问题学生，也解决一些家庭问题。

三、坚持质量兴校，推进教研教改

我校始终坚持以教育发展为主体，以教育教学质量为主线，以提高学生综合素质、全面发展为根本出发点，按课程计划科学地编排好学校课程表，开足开齐小学阶段应开设的所有课程。

针对各门课程标准的要求，学校要求每位老师按课程表上好每一堂课，学校在教师人员紧缺的情况下，依旧配备了各科专职的教师。同时为避免老师挤占或兼任其他小科目的课时，教务处拟定了课堂监督岗实施方案，专门成立了以学生为主的课堂监督岗小组。为全面实现素质教育，音体美作为特长课程齐头并进，校本特色课程也在有条不紊地开展。除每天按课表上好音体美外，我们学校还成立了音乐、舞蹈、田径、象棋、围棋、篮球、足球、书画、机器人等各种社团30多个。

打造高效课堂，开展三清运动。我们在全校推行教学工作三清运动。三清即堂堂清，天天清，单元清。当堂课的问题当堂解决，向每一节课要质量；当天的问题当天解决，本单元的问题本单元解决，不留问题在课后，每天在校完成学习任务，不带回家，减轻学习负担；每个单元完成知识清查，实现知识总结，让孩子留出更多时间做自己的事，看自己的书。

深化教研教改，提升教师素养。2018年以来，我们制定“抓中间促两头”教师队伍培养新举措。一是新进教师年度定级计划。为让每一位新进教师成才，业务素质过硬，为每一位教师配备一名师傅，每周师徒互听一节课，每期期中考试之后一次校级汇报课，汇报课后继续派出团队入班推门听课，查看上课提升情况，期终再根据班级管理，常规教学，教学质量等综合定级，以年度为界限，合格过关，不合格继续跟踪一年，直至合格为止。

推动区域教研，促进教研工作的区域均衡。学校主动成立区域教研联合体帮助农村薄弱学校。一是建立区域联合体教研机制。每期定期送课下乡，区域公开课交流比武，资源共享(邀请全国最美教师谭兰霞，省教科院原副院长李倡平等专家在区域教研活动中讲座)，每年一次区域教研总结表彰会。二是为薄弱学校把脉。每期期中后应农村薄弱学校的请求，校际进行交流，对他们的教学质量，课堂教学，学校管理、校园文化等方面进行把脉，出谋划策，促进城乡一体化均衡发展。

四、坚持文化立魂，铸造学校内核

校园文化是一所学校的精、气、神，是学校氛围和办学风格的一种反映，不仅对师生具有巨大的感染作用，而且由此培养出的人才的高素质是全面深刻和持久的。

营造文化范围。学校以传统文化为基础围绕“仁爱”为中心，以爱心传承四个主题营造宣传氛围，打造教育特色文化。从每一栋楼的命名，到每一个角落围绕“爱心、善心、孝心、上进心”四个主题进行设计。学校建造了孔子像、国学墙、爱心传承文化长廊，并充分利用黑板报、专栏、楼道、走廊、爱心图书角等，将传统文化凝聚在爱心传承的内容中渗透到每一个角落，力求让学校的一砖一瓦、一草一木都显现

出鲜明的特征的印记，让爱心传承的精神深入学生的心中。

立足德育实践基地，实现文化熏陶。为推进传统文化进校园，经过多方筹资投入几十万元建造了三个德育实践基地。学校建立了爱心传承展览室，建立了临武第一家爱心传承校园电视台，建设了百年校史馆。

坚持诵读活动，弘扬传统文化。为进一步激发全校师生读书的兴趣，做好优秀传统文化进校园工作，我校非常重视诵读活动。每学期都会开展以阅读为主题的活动。

海阔凭鱼跃，天高任鸟飞。短短两年时间，通过多措并举，学校各项工作齐头并进，取得显著成绩，站在新的历史起点上，我校将继续深入学习贯彻习近平总书记的重要讲话精神，牢记初心使命，坚定理想信念，积极努力在新征程中展现新作为，奋力谱写新时代百年老校高质量发展新篇章。

打造社团特色亮点　助推学生多元成长

河南省焦作市修武县第二实验小学　冯贞凯

什么是最好的教育？适合学生发展的教育便是最好的教育。什么是最合适的教育？让每一个学生都能找到自己的闪光点，发挥自己的潜能特长的教育，就是最合适的教育。为丰富校园文化生活，为学生的综合素质发展搭建成长平台，培养和提高学生的文化品位和艺术修养，促进学生的身心健康发展，使学生受到良好的艺术教育和美的熏陶，我校成立了足球社团、天籁合唱社团、舞蹈社团、古诗词社团、汉字社团、英语自然拼读社团、硬笔书法社团、趣味编程社团、趣味科学实验社团等14个社团，于每周三至周五下午课后服务期间开展活动。用特色社团助推学生更好成长。

一、培植诗文沃土　弘扬千年文明

传承中华经典，滋润学生心灵。中华古诗词是中华传统文化的精髓，流淌着人类丰富的情感，凝结着一代代人最宝贵的生命体验，不仅是中国文化的瑰宝，也是中国传统美德的殿堂，具有超越时空的生命力。

三、四年级的古诗词社团展示共分四个环节：一是诵读小达人；二是小组PK赛；三是诗句对对碰；四是飞花令。社团成员兴趣高涨、积极参与，特别是在飞花令环节中，同学们充分展示了课内外积累的大量的诗句，把整个活动推向高潮。

五年级古诗词社团展示则以吟唱、诵读为主，穿插纸牌背诵、听诗默写等小游戏，每个环节紧张有序。学生通过吟唱古诗文，和古代文学家、圣人对话，汲取丰富的营养，为他们的人生奠定良好的文学基础。

传承汉字文化，弘扬中华文明。汉字是民族文化的化石，是历史的载体，是前人智慧的结晶。“传承汉字文化，弘扬中华文明是我们每一个炎黄子孙的责任与使命。汉字社团活动中，学生们共同探究汉字的奥秘，领略汉字的风韵。

三年级社团展示主要分为词海无涯、一音多字、眼疾手快、蛛丝马迹等多个环节。比赛现场气氛活跃，体现出孩子们对汉字文化的热爱。五年级汉字社团则通过汉字听写大赛形式展示社团成果。传承汉字文化，弘扬中华文明。

二、创新思维方式科学引领进步

畅谈设计灵感，演示编程成果。编程社团中，孩子们从scratch到编程猫，从入门到基础，由简单的脚本入手，用有趣的游戏激趣，促进了逻辑思维的形成。展示活动中，孩子们畅谈设计灵感，演示编程成果。五年级刘博丰同学设计的《鸡兔同笼》游戏，运用编程思维，解决数学问题，获得一致好评。

趣味科学实验，提升探究能力。科学社团特色活动主要以科学小实验为内容开展，涉及电学、力学、工程机械、声光学四个模块。社团学员边做实验边解说，展示了学生良好的科学素养。

运动展现活力，自我挑战成长。我校足球社团通过专业外聘教师与本校专业体育教师共同授课的方式，组织了30余名喜爱足球运动的学生参加。学生在运动中、对抗中，全面、熟练、快速、准确地掌握各种技术，不断提高个人控球和突破能力，锻炼了坚强的意志、顽强的拼搏精神。

三、多样形式绽放实现梦想追逐

音律舞动童年，展示成长快乐。我校舞蹈社团多次自编自导，让孩子们特色参与其中，又身韵组合《小嫦娥》、手位组合《梁祝》、舞蹈表演《青城山下》，动作协调，舞姿优美。每一个孩子都在舞台上绽放出了属于自己的独特光芒。

而天籁合唱社团成员主要是以四五年级学生为主，大家在日常的学习训练中艰苦努力，严格要求自己，将每一个细节做到最好。可以用积极饱满的情绪，合唱《彩云追月》等歌曲，展示自己良好的音乐素养，为未来音乐梦想的实现奠基。

绘画传承戏剧，激发学生热爱。美术社团在教授学生基本绘画技巧的同时，也系统教授了许多关于京剧及京剧脸谱的知识。学生知道了生、旦、净、末、丑的角色的特点，并且采用了绘画、剪纸的制作方法，制作多个不同谱式的脸谱，体会传统的京剧文化，激发同学们对传统京剧文化的热爱和传承。

英语自然拼读，缤纷娱乐学习。在平时的英语社团展示课上，老师带领学生们会唱所学的英文歌谣《ABCSong》、《BabyShark》等，并展示运用自然拼读法怎样拼读单词，让学生的英语学习能力得到质的提升。这样的寓教于乐的方式，使学生们乐在其中。

我校丰富多彩的社团活动既为同学们提供了一个发挥特长，追逐梦想的平台，也丰富了校园文化生活，培养了学生的兴趣爱好，丰富了学生的精神生活。随着近几年学校社团活动的有序开展，同学们在不同的活动中培养兴趣，取长补短，找到自信。我们坚信：在我校的社团教育的沃土上，每个学生都可以怀揣梦想，收获属于自己的成功与幸福！

胸藏文墨怀若谷，腹有诗书气自华

——开封市第二师范附属小学经典诵读活动综述

河南省开封市第二师范附属小学　冯东辉　陈淑华

悠悠黄河畔，微微铁塔风。以“一城宋韵、满城菊香”闻名遐迩的美丽古城开封，“龙亭湖畔、老府门前，倚宋都御街、临山陕会馆坐落着一所肇始于清光绪三十四年（1908年）的中华百年名校——开封市第二师范附属小学。

我校一向重视文脉传承，践行“知行合一”的校训，以“办一所尚真求美、有远见、有韵味的学校”为宗旨，崇尚经典，拜读经典，以圣贤为伴、与智慧同行。近年来，更是从学校百年文化积淀中萃取、提炼出“尚真教育”的办学理念，并在其引领下，通过富有特色的校本课程、丰富多彩的活动载体引领莘莘学子在中华经典的陶冶和感召下，引领一批批附小少年将做人做事的道理铭记心中，将圣贤的教诲融入自己成长的历程，逐步成长为知行合一的美少年！

一、依托校本课程，完善顶层设计

中华五千年的悠久历史，孕育了底蕴深厚的民族文化，源远流长的经典诗文蕴藏着中华民族的智慧精髓。

传统经典文化是中华文明传承数千年的重要载体，内容博大精深。持续开展经典诵读活动，能让传统美德根植于小学生心灵深处，并伴随其一生。为使每一名附小学子都能沐浴中华经典，传承中华文明，心如花木、向阳而生，近年来，学校注重顶层设计，将经典诵读活动纳入学校整体教学规划，以校本课程开发为依托，在“德智技美”、“四园”课程体系中植入经典诵读校本课程，面向全体学生开展了经典诵读教学活动。

学校成立了诵读经典活动领导小组和工作小组。领导小组由校长任组长，分管教学的副校长与各校区执行校长为副组长，各校区教务主任、总务主任为成员，主要负责制定实施方案，创设条件，督促工作，解决开展过程中的困难和经费等问题。工作小组由分管教学的副校长任组长，各校区教务主任为副组长，各年级语文教研组长、语文教师、班主任为成员。分管教学副校长及各校区教务主任负责课程设置、教学考评；各校区教务主任带领语文教研组长负责校本课程开发、活动开展和考评；语文教师负责诵读指导；班主任负责本班学生活动的组织和学生的考评。

富有学校特色的“德智技美”四大课程体系通过百溪、百家、百趣、百弄“四园”途径植入经典。我们的四园课程，充分利用教师资源、社会资源、家长资源提升孩子们的朗读水平。如今诵读经典已成学校传统，分年级选编的校本教材已经真正走进了课堂。“每天清晨必读书，语文课前必吟诗”已成为学校的“规定动作”。为拓宽学生的知识视野，领略经典魅力，《三字经》、《弟子规》、《千字文》、《孝经》、《论语》、《孟子》、《大学》、《朱子家训》……正陆续走进诵读课堂，被整理选编成为各年级诵读校本教材。我们正按必背篇目和推荐篇目，分级逐段循序渐进地引导学生领略中华古诗文的博大精深。师生全员参与，全情投入，形成了一支强大而有声势的诵读队伍。

数年校本课程开发下来，我们如今的诵读内容丰富多彩，既有脍炙人口的古典诗词，又有庞大雄壮的现代诗歌，既有优柔婉约的散文诗歌，又有追梦、逐梦的中华赞歌。

一批批附小学子在“读经典、背经典、悟经典”中渐次“启智新德渐至“知行合一”。

二、基于疫情防控，创新诵读形式

浅吟清唱诵古韵，悠悠诗情明我心。如何才能让经典跨越千年，让新时代少年喜闻乐见呢？

我校独辟蹊径，在新冠疫情严控期间，响应上级号召“停课不停学依托网络开展云端阅读，号召同学们“和诗以歌先后举办12期“经典传唱”系列活动，用自己的感悟，用自己的行动，去传唱经典的美，去传承经典蕴含着的动人力量。如今，《回乡偶书》、《相思》、《一江水》、《草》、《观沧海》、《少年中国说》、《山居秋暝》、《出塞》、《明日歌》、《苔》、《诫子书》等经典之作早已被孩子们烂熟于心、耳熟能详。

复学以后，我校又乘势而上，充分发挥师资优势，将统编版语文教材里的经典古诗词与古都开封的满城宋韵碰撞、交融，深挖文本，经过摘选、编辑、撰文、谱曲，制成了精美的自己原创的《古诗小唱本》……

三、相约“1345营造诵读氛围

诵读活动能让传统美德根植于小学生心灵深处，并伴随其一生。

1.春风化成雨，润物细无声

学校充分利用现有的图书资源，以班级为单位，建立班级图书角，最大限度地发挥图书资源的作用。

精选有教育意义的寓言、古诗、成语故事配图打印在艺术墙上，并把《弟子规》、《三字经》、《千字文》、《论语》、《大学》、《中庸》、《必背古诗文》、《古文观止》、《增广贤文》等内容，做成喷绘，张贴在教室内及室外墙壁上，利用红领巾广播站“相约1345”、宣传橱窗播放、展示古诗文，营造了古诗文诵读的良好氛围，使学生全天候沐浴在中华经典文化的氛围中，达到了润物无声的文化熏陶作用，使孩子们耳濡目染中华民族的传统文化。

2.雅言传文明，经典润人生

如今诵读经典已成学校传统，经典诵读已经真正走进了课堂。今天的开封古城，“经典日日读”已成为开封市二师附小的一大特色。晨读十分钟、课前三分钟已在校内不令而行。圣贤至道，学生已能内化于心、外化于行。

每当清晨第一缕阳光洒满校园，全体师生总会准时放声诵读，神情专注，格外精神。10分钟的诗文诵读，雷打不动。清晨走进校园，那响亮整齐、富有韵律的诵读声在各个校区的上空回荡！每节语文课前，背诵古诗文候课已成为孩子们的习惯。每当夕阳西下时，孩子们又会在古诗文的吟诵声中离开校园。

目前，仅就古诗文背诵而言，二年级学生已基本能背诵60余首，三至六年级学生已能背诵80首到150余首不等，甚至有部分学生已可背诵300余首。

此外，学校还将经典诵读融入了每周一开展的国旗课程。在升旗仪式上的才艺展示表演中，各班孩子们的经典诵读展演形式多种多样，有个人诵读，也有小组吟诵，各具特色，异彩纷呈，有的配上了悠扬的音乐、与诗文意境一致的背景，有的加上优美的的动作，还有的以舞蹈形式与诵读完美结合……清脆洪亮、声情并茂的诵读，再现了中华民族优秀经典诗文博大精深的丰富内涵和艺术魅力，尽情地展现了二师附小学生多才多艺的综合素养和健康向上的精神风貌，常常是赢得现场师生阵阵热烈的掌声。

四、活跃校园文化，丰富诵读活动

学校通过定期举办校园读书节、红五月礼赞母亲节、中秋诗会、诗歌朗诵会、诗词争霸赛、诵读擂台赛，利用各个节日庆典，搭建“诵读经典，润泽心灵”的舞台，以激励学生“好读书、多读书、读好书让浓浓的书香伴随学生健康成长！

语文老师们用各种方法给孩子们讲解古文警句的含义，体会警句的内涵，让孩子们受到思想上的教育，领悟经典中蕴涵的哲理。走进寻常教室内，时常可见个人争先赛、小组挑战赛，你才背罢、我便登场，古诗擂台、成语接龙，此起彼伏、叫好一片。真个是：春眠不觉晓，处处闻啼鸟。自小多才学，平生志气高。

学校还借助开展“书香学生”、“书香家庭”、“书香教师”、“书香班级”、“书香教研组”等评比活动营造读书氛围，打造书香校园，辐射“书香社区引领书香城市建设。

冬去春来，我们初心不曾改、使命仍在肩。我们希冀走出校门的男孩一个个儒雅阳刚、风度翩翩，我们期盼走出校门的女孩一位位皓齿明眸、舞姿翩跹。

“经书不厌百回读，熟读深思子自知”。近年来，正是在全面普及的基础上，我校涌现了许许多多的经典诵读小精灵。他们参加省市各种经典诵读活动，那一张张奖状、一座座奖杯见证了我们的成绩和汗水，让大家看到了传统文化经典在开封市二师附小孩子们身上的传承与发扬。

诗词古韵享诗趣，诗情诗香满校园。目前，我校经典诵读活动开展得愈发有声有色，诵读经典已成为我校一道亮丽的风景线。

有人说，在童年播种一粒诗的花籽，将会收获一生的芬芳。我们追求的是，让中华民族的优秀文化铸就学生品格、激励人生志向，让学生接受博大精深的传统文化的滋养，让经典的光芒照耀生命之河，给未来的世界增添一份别样的优雅、淡定和潇洒，让附小少年继承和发扬传统文化，让优秀的民族精神在我们血脉中流淌，共筑中华民族伟大复兴的辉煌之梦！

基于学校文化的课程开发与实施

——河南省开封市县街小学课程开发案例

河南省开封市县街小学　刘玉霞

课程是什么？最初的理解是为不同学生设计的不同跑道。多年的教育实践，对课程有了更深的理解，课程是对一个生命过程产生影响的所有因素，包括有形的、无形的，课内的、课外的，校内的、校外的。课程旨在使每一个生命个体从自然性到社会性实现更丰富、更科学、更系统地转化与提升。

一、大爱课程观

河南省开封市县街小学建校于1917年，迄今百余年的历史。学校以“植根爱的种子，打造多彩童年”为核心的办学理念，用大爱文化引领，用多彩课程育人，将“爱”根植于师生的心中，让每一位师生都成为爱自己、爱同伴、爱师长的人；成为爱学习、爱生活、爱自然的人；成为爱学校、爱家乡、爱祖国的人。学校将富有博爱之意的金葵花作为校花，建立了　“金葵花”校本课程体系。

二、金葵花校本课程的开发原则

1.校本课程的辅助性原则

国家级课程是基础，校本课程是补充。国家级课程是自上而下由国家级编写中心负责编制、实施和评价的课程。它具有很高的科学性、统一性和权威性，它是校本课程开发的基础。中国地域广阔，民族众多，文化多元，校本课程的开发有着一定的积极意义，它是对国家级课程的有益补充，是丰富学生课程的一个重要途径。

2.校本课程的实效性原则

对于课程开发的实际效果来讲，开发的质量和数量是决定性因素，校本课程的开发质量与数量呈倍数关系。但课程开发的质量更为重要，没有质量做保证，只是盲目地一味追求课程开发的数量，势必造成教育上的浮夸现象，课程开发的最佳状态应该是开发的数量与质量都在学校可控的范围内。

3.校本课程的特色化原则

深入研究地域的文化特色，挖掘学校的文化资源及教师资源，重视地方文化、校本文化的传承，凸显地方特色、校本特色，为学生成长提供多样的个性化课程。

三、金葵花课程体系的建设

(一)营造大爱校园文化

文化是一种氛围，一种精神，一种无形但影响强大而持久的教育力量。这种力量就像空气、阳光一般，具有任何力量都无可比拟的辐射力、穿透力、影响力，在精神、思想方面给人以持久的、永恒的内动力。加拿大著名学者斯蒂芬·利考克说过：“对学生真正有价值的东西，是他周围的环境”。大爱校园文化是金葵花校本课程建设的最坚实的根基。

1.显性校园文化

根据孩子们的年龄特点，学校把低、高年段学生学习的区域分别命名为“春华园”和“秋实园蕴含着“春华秋实”的意义。学校努力“用儿童的眼睛看世界从孩子的视角和需要出发设计活动区域，让校园的每个角落都体现着爱的真谛。

走进校园，爱的春风扑面而来。秋实门厅温馨提示：“今天你微笑了吗？今天你读书了吗？今天你健身了吗？”三句简单的问候浓缩着快乐一天的指引。在秋实楼主体墙面上，大型浮雕展现了校园的核心文化主题，“我们在爱中成长，爱在我们中生长”主题标语熠熠生辉，环抱的向日葵摇曳多姿、挺拔向上，散发着勃勃生机，预示着县小学子在爱的抚慰下茁壮成长，胸怀博大，传递大爱。秋实园的“鹿鸣泉”飞花碎玉，梅花鹿漫步其中，“呦呦鹿鸣”隐喻着教师“得天下英才而教育之”的拳拳之心。春华园的“司南五彩叠泉”五彩瑶台之上古铜色的司南雕塑庄严静穆，象征着一切为了孩子心灵成长的教育准则和行动指南。“六一大道一棵爱心孕育的构树与六棵梧桐树，告诉县小人“十年种树，百年育人”教育真谛。漫步校园内，宣传栏、奇石壁、文化墙图文并茂；每一片绿地，每一处景观，每一条警语，既让人感受到扑面而来的大爱文化，又为人展示了一本形象而鲜活的课程教材。大爱无言，课程无华，如雨露般滋润师生成长，如阳光般普照校园。

2.隐性校园文化

“没有爱就没有教育，没有兴趣就没有学习，教书育人在细微处，学生成长在活动中”。顾明远先生的四条教育信条铭记在每一位教师心中，彰显在老师们的言行之中，如涓涓细流，永不止息。

榜样的力量是无穷的，“师德标兵”是学校教师心中最崇高的荣誉，获此殊荣的老师为大家讲述　“我的教育故事引领更多的教师争做富有爱心，具有高尚师德的优秀教师。大家不仅把爱带进校园，更把爱带向社会。大街小巷处处有红领巾公益社团的身影，慰问、义卖、服务、调查等灵活多样的活动，增强了师生的社会责任感，唱响了“爱”的主旋律。

(二) 丰富校本课程开发人员

1.学校教师

改变教师的传统角色，使教师从原来的国家级课程的实施者转变为校本课程的编制者、实施者和评价者。他们在校本课程的开发过程中是主力军，发挥着独一无二的作用。学校成立金葵花校本课程开发小组，30余名学校教师承担着金葵花校本课程的开发工作。

2.专家学者

掌握校本课程理论或某项技能的专业性人才，他们为金葵花校本课程的开发提供了理论支持和技术指导。学校邀请木版年画传人——郭太云老人亲自为学生教授和演示木版年画技法，河南省优秀播音员刘红老师亲自为学生讲解朗读技法，邀请国家一级演员刘震老师到校进行盘鼓课程的授课。

3.学生家长

在学生家长中也不乏具有某项专业技能的人，吸纳家长参与课程的开发，既扩大资源视野，又易于了解学情，提高课程开设质量。

（三）拓宽校本课程的开发途径

1.国家级课程校本化

在国家级课程校本化实施过程中，作为语文课程的有益补充，针对中国传统文化专题，开设经典诵读课程。主要是对语文教材文本进行二度开发，根据单元主题、文本主题挖掘课内外阅读衔接的结合点，推荐课外大量的经典作品，引导学生延伸型阅读，培养学生的阅读素养。

作为数学学科的延伸，针对学生思维特点，开设创造思维课程，通过数感、符号意识、运算能力、空间观念、图形直观、数据观念、统计意识等训练，发展学生的数学思维。

2.德育活动课程化

结合传统文化节日，开展相关课程，如植树节，为家乡添绿色；清明节，远足踏青，体验清明文化；母亲节，学会感恩；端午节，学包粽子；中秋节，诵读思乡之诗，学做团圆月饼；春节，书写春联，学包饺子，感受浓浓的年味。

红领巾公益社团是学校传统的德育活动，总结10年经验，分类、研究、总结，形成一门公益社团课，指导学生如何成立社团，如何开展实践活动，如何书写活动报告册等等。课程化之后，可操作性更强，学生的综合实践能力有所增强。

3.兴趣活动课程化

起初，学校的兴趣小组活动随意性大，管理不规范，评价不全面。自从兴趣活动课程化之后，课程实施更科学、规范，授课质量提高。如国际象棋，学校在一年级开始此课程，每周一节，在博弈之间开发学生智力，培养学生的规则意识。

4.校本文化课程化

县街小学是“全国少年军警校”的发祥地，自80年代开始，现已有30余年的历史，是学校最具代表性的文化品牌。从最初的集体训练，到现在的少年军校课程的学习，已有规范的课程目标，即锻炼学生的身体素质，磨炼学生的意志品质，培养集体主义、爱国主义精神；还有正规的训练课程；并创编出代表少年军校品牌的军体操；还在训练课程结束后进行综合评价，颁发毕业证书。

80年代末，特级教师张兆瑞老师曾创编《快乐益智操》，重在活动学生的手与眼，开发学生智力，这也是学校有代表性的校本文化。新时期，新元素的介入，《快乐益智操》不断更新，一代又一代的师生，将其传承、发扬。

5.地方文化课程化

朱仙镇木版年画有着悠久的历史，用色讲究，构图饱满，宋文化特点突出，为世界非物质文化遗产。学校结合木版年画的制作、用色、构图等特点，照顾学生的年龄特点、美术基础，合理开设《木版年画》课程。

开封盘鼓，又名大鼓，是开封市特有的一种民间鼓乐表演艺术。结合民间遗留下的鼓谱，创编教材，使学生了解开封盘鼓的历史、表演形式、鼓谱结构、艺术风格等知识，并学会简单的表演技巧。在课程实践中，学生领略到开封盘鼓的艺术魅力，增强了城市认同感、责任感和热爱之情。

“我们在爱中成长，爱在我们中生长在大爱课程观的引领下，继承优良传统，挖掘宋文化资源，发扬地方特色，整合各方教育资源，全面开发金葵花校本课程，打造课程品牌，让课程展现文化的魅力，提升育人品位，让课程绽放生命的活力，奠定师生的幸福人生。

开展SEL课程，培养内心有力量的未来公民

河南省洛阳市瀍河区东新安街道小学　葛晓静

一个真正意义上的人，应该是一个有情感的人。温和而坚定，自信又阳光，这是每个人都渴望拥有的情感品质。它如黄金般珍贵，如阳光般和煦，温暖自己、照亮他人。

如何让孩子拥有这黄金般的情感品质？河南省洛阳市瀍河区东新安街小学立足核心素养提升，凝练生长教育特色，将“社会情感学习”课程写进课表，通过培养学生获取社会情感能力所需的态度、知识和技能，让学生认识、控制自己的情绪，学会关心、照顾他人，做出负责任的决定，建立、维持良好的人际关系，拥有良好的情感和道德品质，积极面对挑战，获得身心全面协调发展。

一、关注儿童成长，坚定社会情感学习方向

情感在人类个体的生存发展中具有不可替代的作用。情感教育是教育过程的一部分，旨在让学生在情感学习中产生积极地情感体验，形成健全的人格，最终达到实现人性的完美发展的目的。中国特色社会主义进入了新时代，为了回应新时代人民对美好生活的期盼，我们在教育上就要办“更好地教育落实“立德树人”。这需要教育不仅关注人的理性提升，更要关注学生的人格品质和情感质量的提升，促进学生个人积极、健康、全面发展以及社会的和谐统一。但现实情况是，人们重教学、轻育人，用过度的热情去关心、追求人的智慧中的认知层面，却对社会情感的缺失熟视无睹。

社会情感学习（Social emotional learning简称SEL），是近二十年来世界上促进学生适应未来学习、生活和提升教育质量的重要教育理论。社会情感学习是基于儿童的发展需要，为了儿童更好地适应社会环境、建立社会关系、履行社会义务、完成社会工作而进行的情感领域的学习活动，其主要内容指向从事这些活动所必备的情感行为和情感技能。

人的全面发展离不开身体、心智与情感的共同进步，而情感更是人性发展不可或缺的重要因素。社会情感是个人的全面发展的需要，更是社会时代与教育的需要。由此可见，社会情感学习与促进人的全面发展理念一脉相传。

二、加强全面推进，保障社会情感学习实施

教育的实施不仅要使学生掌握系统知识，获得人生发展的力量，同时也需要使学生形成对自我的合理评判以及与人和谐相处的社会性能力，获得社会的良知和人生发展的方向。于是，东新安街小学决心全面开展社会情感学习课程，以社会情感学习项目为突破口，改善学生的情感氛围，培养全面发展、情感健康的学生。

成立社会情感能力教科研团队。2017年以来，学校成立社会情感能力教科研团队，聘请专家到校指导培训，进行小学生社会情感能力实践研究，相关区级、市级、省级课题先后结项，编写社会情感学习校本教材，引领社会情感课程深入开展。

在体验中提高社会情感能力。社会情感能力是情绪智力在不同情境中的运用，通过特定的学习、练习，是可以像发展智力一样在具体的情境中得以应用，并获得提升的一种能力。学校每班每周有一节专门的社会情感学习SEL课，采用情境创设法、角色扮演法、移情训练法、榜样引导法、专题讨论法、活动体验法、行为强化法等丰富多样的形式，让学生在活动中体验感悟，习得社会情感学习方面的技能，在快乐中学习，在学习中获得快乐。

总结社会情感学习教学模式。学校根据社会情感学习课程的特点，依据人本主义的教学理论，探索出一种社会情感学习的四环节教学模式。该模式以学生为中心，以活动探究为载体，以情感体验为导向，通过提出问题（导入主题、激起兴趣、触发情绪）——主题导航（主题驱动、情境体验、引发思考）——探究体验（主体参与、团队合作、练习技能）——总结评价（反思小结、转化成果、做出改变）四个环节，既以情育人，又育人之情，是一种有效、稳定、具体的教学模式。

营造积极地人际氛围和支持环境。在各学科授课过程中，教师深入贯彻公平、全面、和谐的理念，充分尊重学生，以生为本，营造一个公平、安全、关爱、开放的环境，激发学生主动参与的热情，　对学生的活动进行指导和管理，关注学生在活动中的身心感受及具体的体验，使孩子们在不害怕、不焦虑、具有关怀、温度的课堂中轻松地得到良好的情感体验，获得社会情感学习的技能。结合学校学生大多数为外来务工人员子女的生源特点，东新安街小学紧扣时代特征，开发了主题活动课程。

为了提升孩子们的自我管理能力，树立他们的自信心，学校开展“我为东新小代言”、“东新学子风采展”、“寻找身边的榜样”、“系列争星”活动等，引导孩子们认同自我、养成发展自我的积极品质，保持充分的自信，积极地构建自己他人的关系，与集体的关系，发展学生们的情感能力。

为了培养学生有效建立亲密关系，懂得感恩，学校结合传统节日，开展感恩系列的主题教育活动，引导学生深切感受父母工作的不易和家庭生活的幸福，让他们体会亲情、感恩父母、感悟成长，培养亲社会能力。

结合2020年特殊疫情的现状，学校在线上教学期间，每天推出一节疫情思政微课，比如《疫情之下，感悟生命》、《如何调节疫情中出现的心理应激反应》、《宽容》、《疫情期间，在家如何学习》等，让学生在丰富的课程中从自我、他人、集体这三个层面进行关系构建，提升自我管理能力、培养意志品质、树立正确价值取向，明确学生个人与社会的权利与责任，培养他们的团结、合作、承担责任等亲社会行为，有效地发展了学生的社会情感能力。

三、课上课下联合，促进社会情感能力提升

小学儿童社会情感学习具体包括学生学会认识并控制自己的情绪，培养自信心，发展对别人的关心及照顾，做出负责任的决定，建立并维持良好的积极地人际关系，形成良好的情感和道德品质，有效地

面对成长过程中的挑战，获得身心的全面协调发展。它是学生获得社会情感发展所需的知识、能力和态度等社会情感能力的过程。

课上情境：接纳新成员——查理。这节课，东新安街小学六年级班主任荣丹丹正在和学生一起上社会情感学习课，其课题是接纳新成员——查理。

首先，荣老师出示一张挂纸（上面“站”个人——查理）说:“查理是新转来的学生，因为邋遢、说脏话、偷东西、打人，不太受欢迎。你会听到哪些伤害查理的评论？”同学们你一言我一句地讨论，伴随着讨论，荣老师将手里的挂纸慢慢团起来，直到它形成一个球。接着，荣老师引导同学们继续讨论:“查理受欢迎吗？他感受如何？他还想去上学吗？”进而启发学生们思考:“我们能做些什么，让查理感到受欢迎、有归属感？”每听到一句有帮助的评论，老师就把查理的画像抚平一些，直到完全展开。最后，荣老师提问:“人到了一个新的环境，都可能有‘查理’的一天，该怎样找到归属感？”同学们说，在评论之前，要想一想如何让自己的评论被他人接受。因为一旦有人受到伤害（如查理画像上的褶皱），是永远难以抚平的。

课下趣事：管好你的“大脑盖子”。通过情感课程学习，孩子们知道出现愤怒、暴躁的情绪时，是自己的“大脑盖子打开了”。这个时候，就需要冷静下来，管理好自己的“大脑盖子”。

关于“大脑盖子东新安街小学青年教师赵静雯有话说。3年前，她接手四年级一个班，当时，该班最明显的特点就是学生爱告状。自从开设“社会情感学习”课程后，告状的人越来越少了。课间，学生会互相提醒说:“管好你的‘大脑盖子。’你现在这么激动，跟老师也说不清楚，平静一会儿再去找老师吧”。当他们平静下来之后，愤怒的情绪没有了，自然就没人去告状了。

伴随着“社会情感学习”课程的进行，学生更喜欢进行小组合作，更愿意表达自我、帮助别人，在集体中能找到归属感。赵静雯自身也有了明显进步，她感觉自己就像一个虚线的圆，性格越来越包容、开放，像个小太阳一样，点亮了自己，也温暖着他人。

内心充盈，视界才能敞亮！东新安街小学校长开设“社会情感学习”课程，就是希望通过体验式的学习，使学生掌握自我认知、自我管理、人际交往、社会认知、做负责任的决定的社会情感五大技能，培养出内心有力量的未来公民。

用好语言文字　增强文化自信

河南省洛阳市新安县新城实验学校　张季梅　陈晓锋

汉语是世界上使用人数最多的语言，它承载着中华五千年的文明，极具生命力与活力。作为传承和发扬文化的重要阵地，学校开展好语言文字规范化工作，不仅能传承和弘扬中华优秀传统文化，而且能增强师生语言文字应用能力，全面推进素质教育，提高教育教学质量，提升办学品质。

为全面推动语言文字规范化工作，河南省洛阳市新安县新城实验学校认真贯彻落实《中华人民共和国国家通用语言文字法》和《国家中长期语言文字事业改革和发展规划纲要（2012—2020年）》精神，把推普工作纳入素质教育培养目标，纳入学校常规管理，纳入教师基本功训练，并将其渗透进德、智、体、美和各项社会实践活动中，引导学生在学习中热爱语言、运用语言，加快推进学校素质教育、现代化教育的进程。

更新观念，深化认识

普通话是国家通用语言，也是教师的职业用语和校园的通用语言。做好学校语言文字工作，可以规范师生言行，提高师生文明意识，优化校园育人环境，进一步落实党的教育方针和新时代全国教育大会精神，增强文化自信，助力人才培养。

为有效提高广大师生对规范使用语言文字的重视程度，新城实验学校组织全校师生深入学习有关语言文字规范化工作的文件精神。通过教师例会、班会、宣传标牌、校园广播专栏、写字课等多种形式，让师生们充分认识到大力推广普通话、使用规范汉字对于建设中国特色社会主义的重要作用，认识到说好普通话、写好规范汉字、提高语言文字运用能力是素质教育的重要内容，认识在学校普及普通话和规范汉字对于学生掌握科学文化知识、培养创新精神和实践能力的必要性，认识到规范使用语言文字对继承和弘扬中华民族优秀文化、培养爱国主义情操、增强民族凝聚力的重要作用。

健全机制，严格落实

语言文字规范化工作是学校的一项基础性工作，也是创建优秀校园文化的重要工作。新城实验学校严格贯彻落实国家和省市有关语言文字工作的方针政策，将语言文字规范化要求与学校中长期发展规划和年度工作计划同部署、同安排、同落实，不断提高师生语言文字规范意识和应用能力，全面提高教育教学质量。

健全机构，责任明确。按照相关法律法规和市、县语委的有关文件要求，学校把语言文字规范化作为一项重要任务写入工作计划，成立语言文字工作领导小组，研究布置语言文字工作专项任务，确保语言文字工作“层层有人抓、事事有人管切实将学校语言文字工作落到实处。校长王金华任校语言文字规范化领导小组组长，全面抓好学校语言文字规范化工作；副校长陈晓峰任副组长，负责全校语言文字规范化工作的具体落实；各处室主任任组员，分别负责各自处室的语言文字规范化具体工作；学校教务处、政教处、大队部负责语言文字规范化工作的计划总结、制度完善、督促检查和文件归档工作。健全的组织机构为推动全校语言文字工作的开展奠定了良好基础，从根本上保证了学校语言文字工作的有序进行。

健全制度，明确要求。根据上级教育主管部门的要求，学校明确规定全校师生在校内必须说普通话、写规范字，所有任课教师普通话水平必须达到规定等级；要求学生说标准普通话，正确、规范地书写汉字。此外，学校还将教师使用普通话和规范汉字的情况同教师的继续教育考核、教学常规工作考评挂钩，作为教师评定职称、评优评先、年度考核的重要依据，作为评选文明班集体、优秀教师、文明学生的重要条件。

领导重视，率先垂范。为确保语言文字规范化工作落到实处，学校领导以身作则，率先垂范，在各种会议、教学活动中都使用普通话，带动全校师生在校内使用普通话，营造和谐民主的推普氛围以及使用规范汉字的氛围。如今，讲普通话、用规范字已经成为广大师生的自觉行为。

分类要求，稳步推进。学校根据实际情况，提出领导和年轻教师带头、其他教师分层跟进的原则，逐步使所有教师都能讲好普通话、用好规范字。在实施过程中，学校坚持以点带面、点面结合，先课内再课外，从校内到校外，扎实稳妥，逐步推进，使普通话先成为课堂语言，再成为校园语言，最后成为师生日常交际语言，最终向社会辐射。

强化训练，保证质量。学校将语言文字规范化列为教师教学工作的重要考核指标，要求教师在校内必须用普通话。在课堂教学中，教师要吐字清晰、语言简练、条理分明、逻辑性强、板书规范、字迹工整；在课堂教学质量评估时，将教师“板书规范、普通话标准”作为一项重要考核指标，让教师承担起学校推广普通话的重任。如今，学校90%以上的学生能说标准的普通话，90%以上的学生能熟练掌握应知应会的汉语拼音和规范汉字。

拓宽阵地，巩固成效

开展语言文字工作既是学校教学工作的重要组成部分，也是提高学生核心素养的重要途径。新城实验学校充分挖掘各种教育资源，广泛开拓多样教育形式，将汉字规范化书写教育与推进课程改革、提升综合办学水平紧密结合，以课内与课外结合、课内向课外辐射、课外向课内反馈的方式，助推学校语言文字规范化工作向前发展。

以推普周为契机，做好语言文字规范化宣传工作。学校每年精心策划、科学组织推普周活动。利用班会、板报、校园广播站等形式宣传和讲解相关法律法规，并印发相关宣传材料分发给师生。开展班级普通话竞赛、组织校内诗歌朗诵会、走上街头宣传等活动，大力推进普及普通话宣传工作。此外，还鼓励学生在家做父母的“小老师帮助家长说好普通话，真正发挥学校在推普工作中的窗口作用和辐射作用，将“讲普通话，写规范字”的意识传播到千家万户。

开展形式多样的活动，提高师生说普通话写规范字的水平。学校根据年度语言文字工作计划，适时组织师生开展各项活动，如教师读书演讲比赛、“师德师风建设”演讲比赛、“争做环保小卫士”活动以及学生论语、古诗文朗诵比赛、规范字书写比赛、“讲普通话，写规范字”主题班会等丰富多彩的校园文化活动，彰显语言文字的个性化、特色化、严肃性和趣味性，极大地激发了师生讲普通话、写规范字的热情，培养了师生语言文字实际应用能力，得到了广大师生的一致好评。

开展“啄木鸟”行动，认识语言文字规范化的重要性。由学校大队部牵头，每年组织学生志愿者对学校标志牌、宣传橱窗、班内黑板报、教师板书、同学作业中的不规范用字进行检查，并将材料汇总分析，提出改进意见。此外，一些社会上用字不规范的现象，如商家、店铺滥用繁体字，媒体、广告乱用同音字等，给学生使用规范字造成了负面影响。学校利用课余时间让学生走上街头开展“走一走、听一听、看一看”等活动，搜集并纠正一些不规范的用语用字现象，增强了学生参与社会活动的意识，也使学生用语用字水平得到锻炼和提高。

语言文字工作是一项长期性工作，语言文字规范意识与能力的教育培养在于坚持，在于实效，在于潜移默化的长期熏陶。今后，新城实验学校将坚持规范与特色并重，巩固与发展同求，凝心聚力，勇于创新，努力开创学校语言文字工作的新局面！

党建引领助推学校高质量发展

河南省南阳市第二十一中学校　沈杨　王炳义

《中共中央国务院关于全面深化新时代教师队伍建设改革的意见》中指出，兴国必先强师，教师应当着力提升思想政治素质，不断提升专业素质能力，教师管理综合改革也要持续深化，切实理顺体制机制。在党中央及国务院相关文件的指导下，我校紧紧围绕党建引领、教师队伍、特色教学等方面展开工作，走进德修业、自强不息、办人民满意教育的办学路径。

一、抓好党建工作，引领学校发展

在党建工作中，我校党支部全面贯彻习近平新时代中国特色社会主义思想，深入学习党的十九大和十九届三中、四中、五中全会精神，以示范区《关于构建新时代党的建设高质量工作体系的意见》为遵循，以示范区教育中心“三个三”、“六个做到”为行动指南，狠抓政治思想、组织队伍、作风建设、纪律廉洁“四大关键按照“抓党建、促发展、提质量”的思路，充分发挥党支部的战斗堡垒作用，为学校高质量、可持续发展提供思想、政治和组织保证。

政治建设是党建工作的重中之重。学校充分利用党员学习日、“三会一课”、主题讲座等，组织教师开展集体学习，对《习近平治国理政》第三卷、《十九届五中全会公报》等学习资料进行讨论，交流学习心得，牢固树立“四个意识坚定“四个自信坚决维护党中央权威和集中统一领导，坚定执行党的政治路线，严格遵守政治纪律和政治规矩，确保党的基本理论、基本路线、基本方略在教育系统不折不扣贯彻落实。

意识形态工作是党建工作中不可忽视的部分。学校切实落实意识形态工作责任制，党支部书记作为思政课建设第一责任人，主管规范课堂教学管理，抵制各种错误观点；加强网络阵地建设，引导师生增强网络安全意识，遵守网络行为规范；开展崇尚科学、反对邪教主题教育活动，让师生进一步树立正确的宗教观念。

营造风清气正的干事创业氛围，是党建工作的基本要求。学校严格按照“中央八项规定”改进作风的要求，做到勤政廉洁；改进思想作风，做到与时俱进，解放思想；改进工作作风，做到求真务实，勤勉高效；改进生活作风，做到艰苦奋斗，廉洁自律。贯彻落实上级有关党风廉政建设的部署要求，制订学校党风廉政建设责任制目标管理计划，落实责任到人，及时部署并组织实施，确保学校不发生违纪违法事件。

在健全监督机制的基础上，学校加强民主管理，落实制度建设，推进依法治校。进一步完善教职工大会制度，结合学校实际工作，充分发扬民主，落实广大教职工对学校发展以及切身利益等的知情权、参与权、决定权、监督权。

二、探索发展路径，打造名师团队

终身学习是教师成长的保障。本着这样的认知，我校探索实施集目标导向、专业引领、协同发展、平台搭建为一体的教师集群式专业发展路径，形成教、学、研一体推动、一体落实的有效工作机制，教师成长效果显著。

只有搭建生本学习队伍，才能促进生本理念落地生根。学校的领导班子和中层干部按批次深入外地学习、观摩培训、参加研讨会议，不断更新领导队伍的管理理念，提高管理水平。学校每周四下午进行中层以上领导学习交流会，会议由我主持，各级领导从工作实际出发，学习交流干部岗位上和教育教学工作中的感悟、收获，践行生本课堂改革取得的成效、措施，在交流中理清思路、促进工作、共同进步。

为加强教师的理论和实践学习，学校分批派出骨干教师、班主任，先后到生本实验基地广州、长沙、济宁、济源、油田等地，零距离接触生本教学，学习管理和课改经验。教师学习归来都要写感悟、做报告、交学习笔记。在走出去学习的同时，我校还组织师院专家、油田中学优秀教师到校进行教科研培训和生本培训。此外，在学科组内，人人要读学科核心期刊，进行交流、分享，营造氛围，共同提升专业能力；在备课组内，严格落实“两说一考”(说学情、说考纲，做近几年的高考题）活动，不断提升教师的专业技能。学校还特聘心理学专家定期为教师进行指导，提升全体教师对生命的认知素养，激发老师们争做新时代最幸福教师的积极性。

如果说建立学习队伍、打造成长平台是教师专业成长的外因，那么，制定教师三年成长规划则是教师获得长足进步的内因。我校积极指导青年教师制定《三年主动发展规划》，根据各自不同情况，分析发展优势和不足，找准自我定位、预设发展轨迹、确定奋斗方向，让教师做到心中有太阳，前行不迷航。

三、规范教学常规，提高课堂实效

“纸上得来终觉浅，绝知此事要躬行”。再多的经验，再新的知识，都要在教学工作中得到运用，才能显现其价值。抓住了教学常规，就抓住了工作重点；做好了教学常规，教学质量就有了保证。

把常规做到极致就是特色，把规范落到实处必出成效。学校对教学常规进行了精细化设计，对课堂、教案、板书、作业等10项教学常规逐一进行规范，广大教师身体力行，日复一日、年复一年践行教学常规，学风浓、教风正的良好局面逐渐形成。

“一课一研五说”在我校的教学常规中十分重要，一要说教学目标，备课组长结合教学内容、课标要求、教材地位、学科功能、命题特征确定教学目标，并让全组教师理解；二要说重点难点，备课组长说教学重点的确定理由、教学难点的解决办法；三要说教学流程，主讲教师说教学环节的设置、衔接、时间分配等；四要说教学内容，主讲教师说知识的形成与拓展，说解题的各种方法与选择，列举易错点并设计陷阱，其他教师补充或质疑；五要说课堂小结，备课组长根据本节涉及的主要知识、重要方法、关键能力，做出画龙点睛的小结。

此外，在教案的规范上，学校要求对教案进行包括目标、内容、活动、小结、板书的 “五设计”；在学案规范上，进行问题引导、知识引导、方法引导、思维引导的“四引导并通过导读、导思、导练、导结完成教学任务；在板书规范上，要求遵循板书设计“三原则突出层次性、示范性、主干性，突出教学重点、难点，充分使用彩笔；在命制试题规范上，在确保系列统一、篇头统一、项目齐全、字体统一、数量达标、无差错、无歧义、无重复的基础上，根据课堂教学内容命制“八结合”同步训练题，即习题与知识相结合、知识与应用相结合、知识与能力相结合、知识与技巧相结合、新知与旧知相结合、经典与新颖相结合、必做与选做相结合、题量与时间相结合……

“四步导学”是生本课堂教学模式的实践与探索，也是我校坚持的教学常规之一。其第一步是前置研究，学生通过自主学习，提出或独立解决与教学目标紧密联系的有价值的问题。第二步是合作探究，学生以小组为单位，针对有价值的问题深入讨论，共同找出解决问题的方法和思路，教师在这个过程中深入小组进行指导。第三步是展示点拨，各小组把自己的探究成果在全班进行展示，成员要么倾听、记录，要么提出质疑，教师汇总疑点、难点、重点，为点拨做准备。第四步是巩固提升，既可以对预设目标进行回归性检测，也可以是教师从思路、过程、规律和方法等方面进行指导，进一步引导学生深度思考和研究。

“四步导学”生本课堂教学模式把课堂还给了学生，让学生成为学习的主体，充分发挥学生的主观能动性。教师不仅对个体进行评价，而且经常开展小组评价，使小组合作成为真正的情感合作和认知合作。与此同时，学生课堂上提出来的问题有时是老师始料未及的，这就对教师提出了更高的要求。为持续提升教师能力，学校进而细化了10项教学常规，充分发挥教师的个人能动性和创造力，教师的思路拓宽了，眼界也开阔了，在规范中又有个性呈现，从而让课堂有了活力。

为保证常规的落实到位，学校组织开展质量月活动，评比各种教学行为和各项教学环节，领导包干到组，全程参与，取得了显著成效。

百年大计，教育为本；教育大计，教师为本。新时代要求建设的教师队伍要坚持党的领导，具有高尚的师德，更要有高素质，硬实力。我校始终秉承此理念，提出了以“目标导向+专业引领+协同发展+平台搭建”为策略的教师集群式专业发展新思路，形成一体推动、一体落实的有效工作机制，效果显著。在走好新的长征路上，我校将践行时代教育使命与担当，守正创新抓机遇，锐意进取开新局，为办好让人民满意的教育不断努力奋斗。

不畏风雨兼程　只顾锐意前行

河南省南阳市第六完全学校高级中学（南阳外普通话中学）　杨峰

南阳市第六完全学校高级中学（南阳外普通话中学）成立于2020年9月，是南阳市一所十五年一贯制完全学校，是南阳市唯一一所公办外普通话中学，是北师大在豫西南第一所合作基地校，是与高铁新区未来发展相适应的教育新地标。在学校的发展之路上，我们历艰险，渡难关，在坎坷中成长，在曲折中前行，用我们的汗水浇灌出希望之花！

师生共进　点燃教育梦想

我们秉承着“真正做适合每一个学生发展的教育”的核心理念，遵循“精神引领、文化熏陶、师生发展、社会满意”的办学思路，实施“陪伴　影响　激励　点燃”的育人方式。引导全体教师要建立起和谐的师生关系，真正关注每一位学生；指导教师评价的尺度要多一些，多一把评价的尺子，就会多一批好学生；告诉教师不要拿成绩排队，多激励后进生，如果最后一名也在努力奔跑，那么这所学校一定是一所充满着希望、生机勃勃的好学校。引导教师要从人生的角度去做教育、从教育的角度去做教学，既要专注于个人的专业成长与进步，又要科学地调动学生的内在动力，激发他们的生命潜能，更要突破常规，因材施教，因人而异，提升学生综合素质。全校教师坚持“两个教育前提”:“假如我是孩子”、“假如是我的孩子全体教师都能潜心学习和思考先进的教育理念和策略，用心、用情、用智，为孩子的梦想助力，对孩子的一生负责。

全体六全人秉持敢于亮剑、敢于胜利的精神，怀着亲如手足的战斗情谊，从每天18小时的陪伴，到日日清、周周清的过关；从早上五点多的早操，到晚上查寝的十点半；从个性化培优到逐人逐科一个也不能少的习惯；从集体备课、课例研究到一课一研；从每天的晨会激励到主题班会点燃；从学生生活、学习习惯的矫正到要求每天进步一点点；从丰富多彩的社团活动到各种兴趣班的开展；从限时测试到周考的规范化演练；每一月，每一周，每一天，每一节，每一秒，都做到了极致。平凡铸就伟大，英雄来自人民。每个人都了不起。英雄思维和英雄精神已在六全落地生根，熠熠闪光！

“五种意识” 创设精彩课堂

课堂是教育教学的主阵地，也是课改的主阵地。为了杜绝“满堂灌”、“填鸭式”教学，为了杜绝李镇西老师所说“一群愚蠢的人在兢兢业业”。我们从一开始，就抓牢课改重头戏——课堂。

在宛城区“六元素三环节生本教学模式”基础上，我们提出了课堂教学“五种意识”。即关注意识、落实意识、激励意识、目标意识、思考意识。马云说过“一年不需要很多想法，一个想法要坚持很多年”。他还有一句话“比起一流的创意，三流的执行，我宁愿要三流的创意，一流的执行”.我们认准的事情就一定把它做好、坚持到底，做到极致。一是调动所有的管理力量坚持对课堂的督导、研究、整改、提升。不仅校长听，副校长，年级主任，教研组长、教导处领导、包学科领导都去听。通过“听课—评课—再听课”的步骤对每位教师都进行了至少五个轮次的听课整改提升，极大地提升了全体教师的课堂授课水平和课改意识。二是加强课堂教学研究。领导班子进行了责任划分和绑定分包教研组学科组。负责每位老师的培训成长进步。每周领导班子会要汇报每位老师的课堂和教研情况，进行排名和总结。三是完善听评课制度和听评课具体方法，听课要听五种意识，创新“正反合”评课模式，让听课、评课成为常态。每周每学科都有公开课和推门课。让听课学习成为教师的内在需要。四是通过多种形式诸如外出研修、校本培训、专家讲座、教师读书自修、青蓝工程师徒结对等形式促使教师快速成长。五是全校范围课例研究课和校级公开课促提升。不到一年时间就有17名教师在教育部和省市区优质课大赛中获奖。

校本课程 打造特色教育

在当今教育现状下，没有成绩不能生存，我们认为只有成绩则不能发展。教学成绩只是学生综合素质提升的副产品。按照国家核心素养的目标，按照我校育人目标“培养未来社会优秀公民”和做有温度、有良心教育的初心，我们着力开发校本德育励志课程和校本阅读、书法、演讲等课程。阅读、演讲、书法这些特色校本课程让每一个孩子大方、大声、大气、大雅、大智；让每一个孩子都站起来能说、坐下来能写、闭上眼睛会思考；让校园里充满歌声，笑声、读书声和生命拔节生长开花的声音。德育励志课程唤醒学生对生命的自觉，实现教育的最高境界：自觉、自主。实现我校育人目标：培养身心健康的人、有道德的人、讲文明的人、有修养的人、有能力服务社会的人、有远大理想的人。这些校本课程的开发既是我校办学理念和办学目标的具体体现，又彰显了我校的办学特色，提升了学校的内涵。

拳头科目 广播闪亮名片

南阳外普通话中学作为唯一的一所公立外普通话学校，英语一直是我们的拳头科目。在南外学英语，可以实现两个目标：一是高考取得好成绩；二是培养学生的英语应用能力。在南外学英语，有外教教你原汁原味的英语，有丰富的社团活动，每年举办模拟联合国活动及英语演讲比赛、外语语言文化节活动等，让你敢说、能说、会说、说好。

作为南阳市外普通话中学的特色之一，学校开设有北师大AI英语课程，每年投资30多万元供学生免费使用。每周以班级为单位，运用互联网计算机技术进行智能学习，已成为外普通话中学的一张新名片。作为科学的英语学习体系，AI英语课程以大数据为依托，为每个学生量身打造学习课程，每个人每节课学习的内容都不相同，符合不同层次学生学习的需求；学生记忆单词犹如游戏通关，使课堂变得趣味横生。

通过几个月的强化学习，我校学生英语学习的兴趣得到了极大地提升，全校英语成绩平均提升12分，英语成绩薄弱者最高提升76分，英语优秀者已经学完了高中三年的英语词汇，开始进入大学英语四级词汇的学习。

作为外普通话中学，学校除了开设北师大AI特色英语课程外，还开设日语等第二外语课堂。如果学生对英语不是很感兴趣，那么可以自主选择学习其他语种，从而满足学生多样化、差异化发展的要求。

山有峰顶，海有彼岸，漫漫长途，终有回转。结果是最有利的证明。从2020年中招考试入校的零一本人数，到上学期期中考试一本29人，期末考试一本37人，到2021春期3月联考一本上线70余人，二本人数从最初的103人到163人，再到联考的227人。一本上线率达15.9%，二本上线率达52%，教学成绩一路攀升。成为南阳27所重点高中进步最大的一个，受到各级领导和社会各界的关注和好评。

岁月铭刻拼搏，历史会告诉未来。在我校全体同仁的共同努力下，我们艰难地进行了转身和涅槃。虽然转身时还有些趔趄，虽然涅槃时伴随着阵痛。但我们有教育情怀，愿意为教育仰望星空，脚踏实地，去一步一步改变教育的现状，去一点一点艰难前行，我相信天道酬勤，信仰和精神的力量。我相信我们只负责精彩，上天自有安排！

栉风沐雨百年校 立德树人创辉煌

河南省平顶山市宝丰县西城门小学 田玉奇 樊红锦

百年弦歌不辍，薪火相传；百年春华秋实，桃李芬芳。在河南省平顶山市宝丰县有这么一所学校，从1902年到2021年，虽历经九次搬迁、九次更名，历时百载寒暑、百年风雨，但教育发展从未中断，为宝丰培养了无数人才。她，就是教学条件完备、师资力量雄厚、校园环境清雅、育人氛围浓郁的被平顶山市教育局首批命名的“特色学校”——宝丰县西城门小学。

一、追忆发展历程，铭记使命担当

知向何处，不惑于方向；明所从来，不竭于动力。只有铭记历史，才能更珍惜当下，才能有力量担纲未来。宝丰县西城门小学，始创建于光绪二十八年(1902年)，时为官立高等小学堂，校址在春风书院。自办学以来，学校始终不忘立德树人初心，牢记为国育才、为党育人使命担当，将历史智慧转化为前进力量，全力培养社会需要的多元化人才。

民国时期：民国三年(1914年)，学校改名为县立高等小学校，有学生1班35人，教师3人。半年后，迁址仓巷街关帝庙。民国十一年(1922年)，学生增至4班172人。次年，改三年制为二年制。民国十八年(1929年)，校址复迁春风书院，改校名为县立第一高等小学校，时有学生6班268人，教师10人。次年，迁址连家菜园阎宅内。民国二十四年(1935年)，校址复迁仓巷街关帝庙。民国二十八年(1939年)，国民党陆军七十一兵站医院占用关帝庙，该校部分学生临时与县师范附小合并，另一部分学生与县女子小学合并。民国三十年(1941年)，原分散就读学生复归关帝庙学校旧址，改校名为城厢小学，时有学生335人。民国三十三年(1944年)，日军侵占宝丰，司令部设在关帝庙，学校迁往城关镇大寺村，改校名为城关镇小学。民国三十四年(1945年)，日军投降后，易名城关镇中心小学，有学生14班796人。1948年，改校名为城关高级小学，有学生6级6班、300余人，教师10人。清末民初，各地匪盗蜂起，战患不断，宝丰县的教育前辈于夹缝求生存，斡旋各方，辗转迁址，艰难地维系了学校的赓续和发展，为宝丰县基础教育作出了重大贡献，直至迎来新中国教育的全面复兴。

新中国成立初期：1951年，迁址县城东街旧衙署。1954年，易名城关镇第一小学，时有学生6级24班、1200人，教师36人。1958年，迁址西街。1962年，县教育局确定该校为重点小学，其间，在全县初中招考中，成绩连年保持领先地位。1962年，学校迁址文庙。1965年，迁址西街，时有学生6级24班1300人，教师38人。1967年，设二年制初中班6班。1968年10月，贫下中农代表进驻学校，组织师生搞“斗、批、改开展“忆苦思甜”等阶级斗争教育。同年，改小学六年制为五年一贯制。1969年，教师下放，骨干教师锐减，教育质量下降。1972年，初中班并入县中。1976年，复设初中班。1977年，贫下中农管理学校停止。

社会主义新时期：1982年3月，学校成立第一个学雷锋小组——陈军霞学雷锋小组。1983年，初中班停办。至1987年，有学生5级24班1280人，教师67人，设有实验室、仪器室、图书室、小型印刷厂。2013年秋，学校更名为“宝丰县西城门小学一直沿用至今。

“历史是最好的教科书，我们要认真回顾走过的路，不能忘记来时的路，继续走好前行的路”.多年来，学校始终遵循“德育为首，全面育人”的办学理念，以培养道德习惯和人文素养为重点，长期坚持开展“学雷锋树新风”社会实践活动，倡导师生“学雷锋，做一个有道德的人引导教师争做“圣德教师”、学生争做“美德少年”、家长争做“公德家长形成了“用雷锋精神引领，构建德文化校园”的办学特色，走出了一条“以德育人，以质强校，家校互通，全面发展”之路。

二、坚持特色立校，落实做优做强

独到的办学举措和办学特色是学校持续发展的宝贵财富和永恒动力。宝丰县西城门小学深入贯彻党和国家关于教育教学的方针政策和重要指示精神，牢牢把握正确办学方向，做优做强教育教学，全面提升办学治学水平，实现学校发展新突破。

雷锋精神永传承。从1982年第一届学雷锋小组，到现在的学雷锋青少年志愿者社团，共做好人好事三万多人次，受到了社会各界的一致好评。2003年3月5日，学校被平顶山市委宣传部、团市委、市教育局命名为“平顶山市青少年学雷锋教育基地”。“一事之前想雷锋，一事之中学雷锋，一事之后比雷锋，一生立志做雷锋39载薪火相传，西城门小学的学生们一直用实际行动践行着这句话，西城门小学的“学雷锋，树新风”活动也一直在路上……

课后服务结硕果。为了进一步拓宽学校教育服务能力，有效解决家长接送难、托管难、辅导难等问题，同时也为了满足学生多元化的发展需求，2019年西城门小学全方位、多角度地开展了“特色成长”和“全面发展”两个篇章的课后服务活动，组建了管乐、中国鼓、软陶、经典诵读、快板、刻画、古筝、轮滑等20多个特色社团和35个班级社团。这些社团让学生进一步丰富知识、增加体验、培养技能，真正成为学生学会学习、学会合作、学会创新的重要平台和载体，成为学生学习和成长的第二乐园。

立德铸魂促发展。德育是学校的灵魂，是做人的根本。为落实立德树人的根本任务，西城门小学坚持“先成人，再成才”的教育原则，努力创设良好的德育工作大环境。一是构建年级文化。学校依据“德文化”校园特色，又衍生出了年级文化，即一年级“礼”文化、二年级“雅”文化、三年级“信”文化、四年级“慧”文化、五年级“仁”文化、六年级“德”文化。这是一个非常系统的体系，学生自踏入西城门小学起，从“知礼”、“学礼”、“雅言”、“雅行”到“崇德”、“立德”、“守德经过六年的熏陶，走出校门时必将是一个个“美德少年”、“翩翩君子”。

二是编写校本教材。为了更好地将年级文化得以传承和发展，学校在2020年暑假集全校教师之力集中编撰了1-6年级《年级文化校本教材》，本套教材已于2020年秋期投入使用，并要求各班采用生动活泼的方式精读教材，让学生感受浓郁的校园文化氛围。三是开展阅读教育。西城门小学的阅读教育已进行了五载有余。学校的各个班级均设有班级图书角，2019年秋，学校又在教学楼楼梯两侧和东西过道旁设立了九个开放型的图书角，图书角内有数万册不同类型的图书，为学生们提供了便利的阅读环境。同时，学校每学期都为教师提供专业类自读用书，以供教师阅读。

三、喜获丰硕果实，实现卓越发展

百年沧桑风雨过，砥砺奋进创辉煌。尤其在这个大有可为的新时代，一代代师生风雨同舟、载梦前行，用一张张大红喜报、一块块金字奖牌不断刷新着学校新的辉煌：1983年在全国小学生小足球比赛中荣获第一名；2001年被少先队河南省工作委员会评为“河南省红旗大队称号”；2002年学校少先队被共青团河南省少工委评为“河南省红旗少先大队学校被宝丰县人民政府评为“先进学校”；2003年被平顶山市教育局评为“文明学校被平顶山市市委组织部评为“平顶山市青少年学雷锋教育基地被平顶山市教育局评为“示范性学校”；2004年被全国青少年读书教育活动组织委员会评为“祖国明天更美好 读书教育活动，读书育人特色学校”；2007年被河南省教育厅评为“河南省红领巾师范学校被平顶山市人事局和教育局评为“平顶山市基础教育先进集体”；2014年被平顶山市关工委评为“市五好基层先进集体奖”；2015年被平顶山市人力资源和社会保障局、平顶山市少工委评为“平顶山市优秀少先队集体被平顶山市教育局评为“平顶山市首批特色学校”；2016年被河南省教育厅评为“河南省教育系统2013—2016年度示范家长学校被中共河南省委高校工委、河南省教育厅评为“河南省教育系统学雷锋活动优秀群体被平顶山市教育局评为“平顶山市中小学师德师风先进学校”；2018年被平顶山市教育局评为“文明学校被平顶山市教育局评为少年宫“先进集体”；2019年被平顶山市文明建设委员会评为“文明学校”；2020年备河南省地震局、河南省教育厅、河南省科学技术厅联合命名为“省级防震减灾科普示范单位”。特别是自2000年以来，学校就获得县级及以上各项荣誉90多项。

回顾历史，思本源，知兴替；放眼未来，求创新，谋发展。宝丰县西城门小学虽数易校名，九迁校址，栉风沐雨，但始终坚持教育初心，香火绵延。面对新形势、新要求，西城门小学将“坚守传统不动摇，努力创新不落后落实好立德树人根本任务，坚守为党育人、为国育才初心使命，引领学生健康成长，为教育高质量发展作出更大的贡献！

开创实践特色　拓展育人内涵

——“一校一品”啦啦操阳光体育探索发展

河南省许昌市学府街小学　赵明霞

许昌市学府街小学是许昌市东城区教育局直属管理的一所公办小学，目前我校有29个教学班，1600余名师生。学校秉承“生活教育育人，文化传承立校”的理念，把开展阳光体育运动作为增进学生身心健康的根本途径和实施素质教育的切入点。我校自建校起即树立了“健康第一”的思想，体现身体、心理、社会“三维”健康观，实现运动参与、运动技能、身体健康、心理健康、社会适应五个领域目标。我校的体育教学宗旨是增强学生体魄、培养学生的艺术涵养和团结进取精神，把培养阳光自信的学府少年作为目标。我校以啦啦操项目为抓手，不断增强学生体质、创新体育活动形式、为构建和谐、健康、积极地校园体育文化保驾护航，并依托社团、课堂、训练队及阳光大课间进行普及。

一、彰显学科魅力 培养活力少年

近年来，小学体育备受关注，小学啦啦操因具有趣味性、 音乐性等特点，成为小学体育教学中引入较多的活动形式。我校经过反复实践，不断创新，啦啦操体育特色教学已日渐成熟，逐步形成一套健全的啦啦操特色体育教学体系。

啦啦操教学对学生身体素质的提高体现在如下几个方面：

（一）塑造学生身形、提高学生身体素质

练习啦啦操能够让学生拥有一个良好的体态，强健学生的体魄，使学生的肌肉线条更完美，身体更为协调。啦啦操是有氧运动，长期锻炼能够提高学生最大吸氧量、肌肉耐力、腰腹能力、跳跃能力等，对学生身体素质的提高有很大帮助。

（二）提高专注度、培养学生积极学习的心态

小学生容易走神、不专注，究其原因就是因为专注度不够，而在啦啦操练习中，学生需要保持动作协调、跟上节奏，势必要集中注意力，久而久之，专注度就会得到提高。啦啦操轻快、活泼的运动风格，对培养学生积极、向上的心态具有促进作用，对学生的健康成长也有着重要意义。

（三）美育陶冶情操、助力学生人格发展

啦啦操也是一种艺术，既包括音乐美，也包括形体美，经过啦啦操的训练，学生的性情就得到熏陶，人格将更为健全。

二、实施多元发展 创建我校特色

许昌市学府街小学自2014年以来以啦啦操为特色，自编《魔法音乐学院》、《就是这么牛》等多套啦啦操成套，针对我校学生身心发展特点，发挥我校体育组教师特长，把啦啦操活动与体育课、社团、训练队及阳光大课间紧密结合起来，以啦啦操教学为主，以特色体育活动和体育竞赛为辅，贯穿全校学生丰富多彩的阳光体育活动。

（一）创新课堂　渗透教学理念

我校严格执行国家教育课程管理计划，学校按要求开足开齐体育课课程，体育开课率达到100%，课外活动开展井然有序，并组织班级啦啦操联赛赛。组织体育教师认真开展教研工作，加强教师对新课标的学习、理解，更新教育理念，充分体现我校以人为本、为学生终身发展奠基的办学理念。

我校在教育教学中把啦啦操基础技能教学作为全校体育课的必修内容，能确保每周一节啦啦操课堂教学，保证每节体育课至少拿出15分钟进行啦啦操基本技能训练。开发啦啦操课程资源，根据学生实际情况，因地制宜，开发编制我校啦啦操校本教材，由各个年级的体育老师任教，实施适合学生年龄特点的啦啦操教学，作为体育教学的主要内容。

（二）魅力社团　丰富个性发展

学校组建了啦啦操社团，吸纳有兴趣的学生参与啦啦操社团训练，每次社团上课时间不少于1个半小时，对活跃学生课余文化生活，促进学校体育工作开展、发挥学生特长、培养后备体育人才具有积极意义，鼓励有天赋、有潜力学生积极参加学校啦啦操社团。为更好地开展社团活动，做到教师、学生、社团时间、场地器材的四落实，体育组及早制订了切实可行的社团计划，利用每周一下午4点至5点半进行社团活动，做到有计划，有记录，按时保质抓成效。

（三）活力校队　展现专业风采

许昌市学府街小学啦啦操队，成立于2014年，经过多年的实践，逐渐成为许昌地区范围内一支具备较高水平、特色鲜明的小学啦啦操队伍。不但拥有专业的啦啦操教练师资，更重要的是有一群热爱啦啦操的小队员们。学校各部门发扬团队合作精神，积极参与学校啦啦操队队建设发展，在全体教师的共同努力下成长为极具特色的啦啦操队伍。

1.学校将啦啦操训练工作纳入学校工作计划，有组织、有计划、有检查、有总结，定期研究讨论学校啦啦操训练工作实施情况，并及时发现和解决实施过程中的问题。

2.完善我校啦啦操训练配套体育设施、场地、器材，使之达到适应学生训练的要求。

3.加强学校啦啦操训练队教师的培训工作，定期邀请优秀教练员专家到我校指导工作，定期选派优秀啦啦操教师外出学习培训。每周两次教研活动，针对啦啦操训练队训练活动中产生的问题进行交流与探讨，不断提高教师的思想道德修养及业务能力。

4.进一步加强学校啦啦操训练队的管理与训练，教师明确分工，各尽其责，团结合作，不断地提高专业技术。培养学生勤学勤练，做到胜不骄、败不馁的学习作风。

5.在教学及训练中，注重梯队的培养。一年级了解知识、二年级打基础、三年级出成绩，力争几年内使我校啦啦操训练队走向更高的舞台。

（四）美丽阳光下　多彩大课间

为落实学生每天锻炼一小时，我校组织实施了以啦啦操为特色的阳光体育大课间活动，每天课间操时间30分钟，组织我校学生进行自编啦啦操《就是这么牛》成套练习和自编韵律操练习，下午组织学生进行课外体育锻炼活动，组织了一些体育竞赛，让每一位学生都能在阳光沐浴下身体得到锻炼。做到师生全员参与，个个快乐，人人受益。将学生参与校园体育活动的情况纳入学生综合素质评价体系，将组织开展学生每天一小时校园体育活动情况纳入班级年度考核重要指标，每学年开展学校阳光体育活动先进个人、先进班级评选活动。

三、点滴汇聚成硕果、笃行致远谱新篇

在全校师生的共同努力下，许昌市学府街小学先后荣获了2020年“河南省一校一品（啦啦操）特色学校”、2020年“许昌市一校一品（啦啦操）示范学校”等省、市级荣誉称号，许昌市学府街小学啦啦操校队在2019年全国啦啦操联赛（许昌站）比赛中荣获小学组技巧啦啦操第一名、2019年河南省校园啦啦操竞赛一等奖、2020年许昌市“体彩杯”啦啦操竞赛小学组一等奖等多项大奖。多次代表区、市参加展演，并于2020年受邀参加许昌市电视台融媒直播体育大课间栏目组的录制任务，成为该栏目组的保留节目之一。2020年我校自编啦啦操成套《就是这么牛》登上学习强国平台，为广大师生在疫情期间提供有效地锻炼资源，成为我校特色学校汇报演出和学生才艺展示的保留项目。我校于2019年以来，多次承办区、市级啦啦操培训工作，并圆满完成任务。在许昌市教育圈赢得良好的口碑，赢得了家长和社会的广

泛赞誉。

啦啦操运动已然成为国内新兴的体育项目，其特点鲜明、动感有活力，受到学生的青睐。啦啦操运动的开展将促进学校体育的长足发展，有助于学校“一校一品”特色学校的建设和落实，而且我校在“一校一品”(啦啦操）特色学校的建设中积累了丰富的经验，成为我校创建“一校一品”特色学校的重要项目，同时也与我校所在的地区特色，我校的文化特色，我校师资力量和硬件设施水平全面统一的结合起来，打造有持久性、科学性的体育特色项目。

许昌市学府街小学特色啦啦操运动项目作为学校一道靓丽的风景线，既锻炼了学府学生的身体，又让学府学生感受到运动的快乐，陶冶了学府学生情操，培养了学府学生兴趣爱好，为展学府师生个性搭建平台，许昌市学府街小学啦啦操特色运动早已在每一位学府师生的心中生根发芽！

肩负跨越艰辛　心怀教育大爱

河南省郑州市中牟县狼城岗镇第一初级中学　王军亮

桃李芬芳满园秀，百舸争流竞千帆。在2020年中招考试中，中牟县狼城岗镇初级中学取得了优异成绩：本届共升入中牟县普通高中142人，其中中牟一高重点班7人、500分以上15人，比率位居乡镇(社区)中学第二名，超过2所县城中学。你一定会惊讶于如此骄人的成绩是如何取得的呢？今天就让我们一起来看看这所学校背后的故事，和那些站在学生身后、默默付出的人们。

一、尊重学校现状　与时俱进发展

狼城岗中学建校65年，沉淀出很多教育教学方面宝贵的经验，但是闭塞的环境也制约了新课改思想的及时融入。在目前新老校区的迁建过渡中，狼城岗中学会把握时代潮流，与时俱进，大胆改革，走出一条更高效更广阔的路子。

该校的领导班子成员，总会思考一个问题：学校最需要教给学生的是什么？答案非常明确：一是学会做人；二是学会做事；三是学会感恩；四是身心健康，“野蛮其体魄，文明其精神”。最终实现城乡教育的真正均衡化；实现教育的终极目标：为天地立心，为生民立命，为往圣继绝学，为万世开太平。

二、跟紧时代步伐　理念引领发展

党的十九大进一步明确了乡村教育振兴的意义，人民群众对高质量教育的需求越来越迫切和城市化步伐的不断加快，乡村学校的办学面临着从未有过的新变化，许多学校的生源不断减少，学校越办越“小对学校办学、教师管理、课程教学的开展、办学经费的使用效率等产生了重要影响。种种因素促使这所乡村学校努力坚守乡村教育阵地，办老百姓心中满意的学校，不断满足人民群众对“公平而有质量”的教育的新期盼。

更新教育理念，胸怀教育决心。该校校长王军亮自身就是一个乡村孩子，他的一路求学，就是从乡村学校走出来的。因此更深知乡村教育亟待发展所面临的问题。虽然乡村经济落后，人们的经济实力并不强，但为了孩子未来的教育，每到开学季，你总是会看到家长们想尽办法把孩子往县城、城市送。每每看到这种场景，王军亮校长的心里都充满了心酸。所以下定决心要办好一所乡村学校，进而带动一所又一所乡村学校，真正实现乡村孩子在家门口就能享受到优质教育。

肩负校长重任，殚精竭虑奉献。他深知一个好校长就是一所好学校。做校长的近两年来，他殚精竭虑，很多时候夜不能寐。一个校长身上的担子有多重，很多时候我们想象不到。不但要带好班子，还要培养老师，更要综合考虑学生的需求，进而制定学校的发展规划。做个校长不容易，做个乡村学校的校长更不容易。但他深知校长对于一所学校的至关重要性，所以丝毫不懈怠。

三、提升教师素养　培树未来希望

乡村教师这份职业，是一份辛苦却光荣的职业。它将会改变自己和孩子们的人生。孩子们通过教师所引领的学习，认识到外面的世界，不再局限于自己所在的乡村之中。了解到外面的世界有多大，开阔自己的意识。同时，也能够通过学习改变自己的命运。这是一份多么伟大的职业啊，帮助了这么多的孩子改变自己的出身，拥有自己光明的未来。因此，对于教师专业素养的培养就变得更加重要。

拓宽教师视野，提升专业素质。一个学校最重要的生命力便是教师的成长发展，该校也为此采取了一系列措施。第一是提升教师业务素质，提供教师学习交流的平台；第二是狠抓学生行为习惯，真正体现“教书”和“育人”共同发展；第三是抓牢常规管理，细节见成效；第四是找准特色，大力发展；第五是拓宽学生视野，加大研学力度。

注重言传身教，培养教育情怀。做教师要有自己的为师标准和情怀。该校教师认为，一个教师要成为以下这样的人：第一要有做教育的情怀。要关爱每一名学生，关心每一名学生的成长进步，努力成为学生的良师益友，成为学生健康成长的指导者和引路人。第二要有吃苦精神。努力钻研业务，学为人师。第三要以身作则，行为世范。教书者必先强己，育人者必先律己；不仅要注重教书，更要注重育人；不仅要注重言传，更要注重身教。

作为一名乡村校长，王军亮校长无疑是尽职尽责的。将他的教育热情化作奉献，培植了一片乡村教育的沃土。他对老师、对学生、对家长和对学校的高期望充分体现了新时期一个好校长的教育情怀。坚信有像王校长这样一个又一个名校长的引领，中牟教育和未来教育的发展会更快。

坚持信息化办学，实现新样态发展

河南省周口市鹿邑县外普通话学校　蒋勇

当今的时代是一个信息不断快速生成和增值的时代，“信息时代”、“信息社会”这些名词正是用来概括我们所处的这个时代的特征。随着而来的，以计算机技术、数字通信技术、互联网技术为代表的信息技术租金渗透到教育的各个领域，使教育迎来了全新的信息时代——教育信息化时代。

在教育信息化发展的大趋势下，河南省周口市鹿邑县外普通话学校自2006年成立以来，本着“办学规范、管理科学、特色鲜明、质量一流”的目标，以“教育信息化推动教师专业发展、以信息技术支持教育教学模式创新”为宗旨，以建设数字校园为主线，以创新的意识和开放的姿态大力实施素质教育，积极推进新课程改革，引领学子的成长方向，滋润学子的茁壮成长，全面培养具有民族情怀和世界眼光的现代化公民。近年来，鹿邑外普通话学校教学质量逐年攀升，连续6年中招成绩刷新历史纪录；学校规模持续扩大，现已有44个教学班，共计在校生3000多人。学校先后被授予“河南省优秀民办学校”、“河南省示范性民办学校”、“周口市示范性学校”、“周口市基础教育教学教研工作先进学校”等诸多荣誉称号。

一、依托中教数据库，教育改革势在必行

理想的教育体系不应只存在一种固定的模式。什么样的方式是合理的，体系自身将能够进行选择。我坚信，理想教育体系选择的标准是：在特定环境、特定条件下，这种教育方式能够达到最佳的教育效果。这将是未来教育最根本的特点。尤其在接触中教数据库以后，我的教育理念得以更新，学校的教学模式也因中教数据库的影响而发生了根本性的变化。

中教数据库的出现改变了我对教育的理解，也给学校带来了翻天覆地的变化。数字化的学校管理模式和教育资源的信息化，不仅使我醍醐灌顶，也让学校教师认识到了教育模式改革势在必行。加盟中教数据库后，教师普遍反映减轻了备课的压力，增强了授课的活力，激发了学生学习的动力；班主任也找到了管理学生的有效途径，疏通了与家长的距离，大大提升了管理班级的效率和水平。

中教数据库以最前沿的教育理念倡导最先进的教学模式，为学校的发展提供了切实有利的平台，进而推进了中国教育的和谐有序发展。

二、实施数字化学校管理，让师生共享共惠

教育信息化是信息时代教育改革和发展的必然要求。推进教育信息化，关键是在教与学主战场的应用，要紧紧围绕课堂教学，探索信息技术在教育教学中的有效应用。我校坚持遵循“以学生为中心”的教育理念，将信息技术引入教学过程，通过发挥信息技术资源的优势，不断优化教学过程，创新教学模式，激发学生学习的积极性和主动性，最终达到提高教学效果的目的。

信息化教学手段的开发和利用是很有必要的。目前，我校已初步实现了数字化学校管理，通过学生的学籍、成绩等信息建立学生的基础信息库；通过收集整理教师的基本信息，综合教师日常教学、科研等各种方式，建立起教师的基础信息库。依托基础信息库，学校不仅可以应用科学的分析统计方法和理念，准确分析出学生学习的进步状况，帮助学生及时发现学习的薄弱环节，还掌握了教师的教学、科研等情况，促进了教师专业水平的提高。此外，系统还提供了满足学校日常教务管理工作的功能。数字化的学校管理模式为学校建立起一个覆盖范围广、实用性强的教育管理平台，为教育精细化管理提供有效地评测依据。

数字化教育对于教育的受众来讲是莫大的福音，正是人类文明进步的又一标志，它也将是教育领域的革命性的跨越。我校力争建立基于互联网的教学管理平台，开发多媒体式的教学资源库，并开展教学实训信息化建设，最终使信息化教学手段成为一种新的学习方式，促进学生自主学习能力、积极思考能力和动手创新能力的培养与提高。

三、落实数字教学和移动学习，拓展学生发展空间

移动学习被认为是一种未来的学习模式，或者说是未来学习不可缺少的一种学习模式。现代信息技术的运用对现代教育产生了巨大

的影响，已成为教育信息化发展的关键。

现代信息技术在教学中的广泛应用，促进了教学手段、方法、内容的重大变革，加快了教育信息化进程。在农村学校课堂教学中，我们一方面要积极推广应用现代信息技术，实现优质教育资源共享，以信息化带动教育现代化；另一方面也要注意对现代信息技术进行合理选择和优化组合，科学而有效地应用它并发挥其优势，以解决教育教学中的问题，提高课堂教学效率。例如，学生使用电脑、平板、手机等移动设备学习，能够实现在任何时间、任何地点的学习，使学生不再被限制在电脑桌前，可以自由自在、随时随地进行不同目的、不同方式的学习。教育信息化的发展不仅促进了教育的发展和变革，也加速了教育现代化的进程。

四、推行精细化管理，坚持走特色立校之路

民办学校想生存，必须走特色立校的路子。有特色才有亮点，有亮点才有吸引力。什么是办学特色？

所谓"特色我个人认为并不是处处标新立异，更多的是日常教育教学工作中把别人忽视的重视，把别人没做好的做好，把别人已做好的做得更优，并坚持不懈地做下去，真正实现精细化管理，这就是特色。

在办学过程中，我们始终贯彻"让每一个学生拥有幸福人生"的办学理念，其实质就是为孩子的幸福人生奠基。这是基础教育最核心的任务，也是教育的根。围绕这一理念我们确定了"心灵与仪态并美，学业与品德兼优"的育人目标和"诚信办学，真心实意做教育"的教育思路。

无德不从教，教育的职业属性决定了从事该职业的人理应是社会道德的楷模。诚、信、宽、容、善是校长的人格魅力，是强大的教育力量。有了这种力量就会产生对事业的忠诚，对师生的挚爱。作为民办学校的举办者，无论原来是什么身份，既然现在办教育，那就只有一个名字——教师，其职责也只有一个——教书育人。我认为，教育永远不会也不可能作为商品来对待，民办教育者更不是商人，不能把追求利润作为学校发展的方向和手段。无论是学校的经营和教育的实行，都要遵循教育规律。教育中出现的一切问题都要回归到教育的本质层面上来解决，不能急功近利，不能用其他手段代替教育手段。

在办学之初，我们也走了不少弯路。起初，学校实施应试教育，坚信教育就是管教，就是高高在上，就是灌输，就是分数。结果，学生不但成绩不理想，而且个性还被严重地摧残。为了改变这种状况，我们提出"教育就是服务"的教学理念，让所有做教育的人都转变观念，树立起"教育就是服务"的观念，并且将其落实到课堂教学中，尽可能地为学生的发展提供机会，让学生更多地体会到被人关注、被人爱护的温暖与幸福，更多地体验到自由探索与成功的快乐和自豪，更多地感受到人性的光明与和煦，感受到仁慈、宽容与敬业的力量。

教育是一个事业，事业的内涵在于献身；教育是一门科学，科学的价值在于求真；教育是一种艺术，艺术的生命在于创新。只有用献身、求真、创新的态度对待教育，教育所带来的效益才能惠及到每一位民办教育举办者身上。我相信，"教育就是服务"落到实处之日，便是教育的春天真正到来之时。

数字校园的建设与应用不仅让教育内容更加丰富，而且使教育手段和教育方法更加多元，促进了以学习为中心的教学方式的转变，让更多的学生享受到教育的公平，让教育回归本真。在下步工作中，我们将继续以打造数字校园为切入点，在文化立校、特色亮校、师有品位、生有特长、校有特色方面做大做强，强力推进学校信息化教育模式和管理方式转变，全力助推学校品牌化发展。

聚焦和育文化，塑造学校品牌

黑龙江省黑河第五小学　马书彬

一所学校的优秀文化是在不断成长发展过程中，通过不断地价值选择从而积淀而成的。品牌是学校办学品质的标志，是学校优秀文化的外在表现。为促进学校内涵发展，提升学校文化品位，近年来，我校以"和育文化"为载体，着力打造学校品牌，学校与瑷珲镇中心学校、西岗子镇中心学校、上马厂乡中心学校组成了黑河市第五小学教育集团，助力着数以千计的学生健康成长。学校先后荣获国特色语文示范校、国家级规范汉字书写教育特色学校、省级一类小学、省级十佳和谐校园、省级群众满意学校……

一、提炼学校文化，凝聚发展合力

2014年2月，我来到了黑河市第五小学，开始思考如何传承与发展学校文化。通过参加培训学习，经过深度的思考，我找到了"和育"文化这一主题词。我们把执中守正、协调统一、和谐有序、相融共生的儒家思想运用到学校文化建设当中，提出以"中和位育"为核心的"和育"文化理念。这既是弘扬中华优秀传统文化的需要，也是未来社会的需要。

"和"是"育"的前提，"育"是"和"的归宿；"和"是手段措施，"育"是目标方向。引申到学校教育，"和育"就是以和致育，五和而育，从而追求身心、教学、课程、师生、家校的和谐统一。

我带领团队进一步深化研究影响黑河市第五小学发展的诸多要素后，构建出由德育、课程、课堂、环境、家校组成的"一纵五横"的发展策略。在"求实、尚美、致谐、达悦"的校训引领下，努力把黑河市第五小学办成一所让学生有美好记忆的学校。

二、创建优雅环境，突出育人功效

在学校环境建设方面，我们构建了"四场、三带、一路、一馆、一区"的设计思路。这不仅充分考虑到办学历史、学校文化及所处的地理位置，更突出了校园环境的育人功效。

其中，在校园后院有一个"和美农场种植了秋葵、茄子、胡萝卜、姑娘柿子、辣椒、南瓜等二十几种蔬果，以及谷子、小麦、水稻、大豆、苞米等粮食作物。武荣告诉本刊记者，此举是为让学生身体力行，真正感知劳动教育的魅力所在，探究植物生长的规律，培养学生们的观察能力和动手能力，从中感受不同的生命样态，使之爱自然、爱科学、爱生活、爱劳动。同时，引领学生体悟"谁知盘中餐，粒粒皆辛苦知晓节约粮食的重要性。除了组织学生到"和美农场"实践，黑河市第五小学还基于学生的兴趣，布置不同的假期观察作业，让他们走出校园和家庭，观察各种植物的成长过程，获取主动探究的能力。

学校的教学楼文化学习生活区不仅设有民族文化展厅，向学生介绍了全国五十六个少数民族和爱辉区主要少数民族的知识，还设有体现中俄两国深厚友谊的中俄交流展厅，主要展示了学校十六年来与俄罗斯布市第十四学校友好交流的历史，在学生心中播撒人类命运共同体的种子。红色长廊展厅则浓缩了十四年抗战历史，引导学生学习伟大的抗战精神，传承红色基因。

三、抓好课程建设，培育优秀学生

只有打造精品课程，学校才能培养出优秀的学生，才能成就学校品牌，抓住素质教育的"魂"。为此，我校对语言素养、人文素养、科技素养、体育素养、艺术素养进行统一的课程规划，打造了"和育"课程体系。

课程是我们特色创建和助推学生健康成长的重要载体，学校每名教师都非常重视。"寻根溯源，粽叶飘香"、"外面很精彩，我们去看看"、"我和科学握个手"、"寻访红色足迹"、"探寻舌尖上的黑河"、"快乐假日，跳蚤市场"等主题多元、内容丰富的研学实践课程不仅引导学生将校内学到的知识应用于生活实践，而且让学生开阔了视野。

学校把校本课程分为校内学习研修、校外实践体验两大板块，并细分为拓展必修课程、社团选修课程、研学实践课程。其中，拓展必修课程有16门课程，每周2课时，如《儿童想象画》、《儿童体能训练》等；拓展选修课程既有以专业技能训练为主的"追梦足球社团"、"筑梦篮球社团还有旨在培养学生国际视野和国际交流能力的"快乐俄语社团"、"阳光英语社团"等。

我带领团队整合资源，积极地推动院校合作、校馆合作，如特聘黑河学院师生主持"书香故事屋"、"中俄旅行社"、"击剑课程"、"茶艺课程"等拓展必修课程；与中苏抗战历史纪念馆共建"小讲解员课程"；与驻地部队合作开展军训和定期进行国防教育课程的"少年军校"；与黑河邮政公司合作开发了"少年邮局"；与消防救援大队合作开设"少年消防培训基地"等拓展选修课程。此外，还与俄罗斯建布市第十四学校互建"孔子学堂"、"普希金教室"。

在阅读推广方面，学校积极开展"同心悦读、多位延伸"大阅读活动，教育学生热爱祖国、热爱家乡；建设班级"读书吧打造最亲近师生的阅读场所；开设经典诵读课，将国学经典内容融入语文教学之中；各学段将《论语》等纳入必读书目，各班选定《现代诗歌》等自选书目，并确定必背和选背内容，于每个学期末举办竞赛，积极参加省级阅读大赛，和省图书馆合作参加全国"我喜爱的童书"阅读推广活动。

四、打造优质课堂，助力师生成长

学校以"和育文化"为指引，把构建良好的师生关系放到了首要位置，努力追求"惠风和畅"的课堂文化，打造以"实、美、谐、悦"为特征的"和育"课堂。它立足学生的实际情况，目标实而可评，并针对不同年段落实不同要求，崇尚对话共生，美美与共，过程相机而教，氛围自然和谐，最终使师生目标达成，悦纳成功。

我们的"和育课堂"有三大亮点。其一，教师会根据课程标准要求，制定适合本班学生的个性目标，即目标导学。其二，打造有生命力的课堂，让教师成为助学的后盾，学生成为乐学的主人，即"双主体"联动。其三，鼓励教师个性化教学，创造有自己风格的课堂；通过"说、讲、评"一体化综合教研，提升教师教学能力和水平，即正视差异、助力个性发展。

我校始终倡导"和育"课堂教学观，打造有生命力的课堂，把课堂还给学生，让经历学习成为学生的权利，不仅激发学生学习兴趣，更以学定教、学教合一，大大地提升了教学质量，彰显着教学特色。学校也逐渐形成了常规性研培、专题性研培两大体系。

五、家校合作共育，实现育人目标

从1988年从教到2002年做校长，我走过了山区和平原，既经历了

30余年的农村教育，也教过初中、高中和小学。一路走来，我深谙家校共育的重要性，努力促成学生与教师、班级与家庭的和谐发展，从而实现学校的育人目标。

学校通过全面调研，充分了解每一个学生的家庭教育情况，引导班主任与家长一同分析、一同探讨，制定出具有较强针对性地教育方案。同时，开办家长学校，举办家长公益讲坛，定期通过班级群向家长介绍教育孩子的方法，与家长交流教育孩子的心得，向家长推荐教育书籍，夯实家校共育的情感基础。而家委会的成立及定期组织工作会议，便于学校向家长介绍学校最新动态，调动了家长参与学校管理的积极性。

我们的研学实践课程交由家长协助完成。各班可以利用节假日和双休日，组成不同的假日小队，在家长代表的带领下走进农村、军营、科普基地、爱国主义教育基地、福利院、书店……

办学就要为学生的生命成长提供适宜的土壤和养料，这是一个长期的探索过程。我们希望学生有滋有味地成长，教师有滋有味地发展，家长有滋有味地助力。

生命·生活·生长是永恒的教育主题，师生、家长都是学校文化的营造者。我校通过“和育文化”顶层设计，促使德育、课程、课堂、环境、家校等和谐发展，提升了学校的核心竞争力，让教师、家长在和谐友好的温馨校园中，成就孩子们健康、快乐、智慧的和美人生！

创建特色文化，塑造学校品牌，助力学校内涵发展，我校将继续坚持立德树人的任根任务，创新办学特色，发挥教育影响力，为建设高质量教育强国做出积极地贡献。

奋力拼搏人生路　爱洒北极育桃李

——漠河市育才学校裴永文同志名校长叙事

黑龙江省漠河市育才学校　王龙

裴永文，男，汉族，1967年3月出生，1989年6月参加工作，中共党员，本科学历，东北师范大学历史专业毕业。他是一位在教育战线上奋斗了十几年的老校长，以其扎实的工作作风和出色的工作成绩，得到社会各界人士的一致好评，他以德育人的教育理念育导着一代又一代学生的成长。他走过的是一条执着追求、辛勤耕耘之路。他多次被评为市优秀共产党员、教育先进个人；省级“三育人先进个人”和地级“先进教育工作者”称号。2018年在全省第35届学术年会上，他提出的“推进六步研修法，培养创新型教师”获省科研成果一等奖；他参与的“快乐教学”模式，生态和谐课堂在大兴安岭高效课堂教学模式实践探究《学习建构生成》一书中发表。

明确育人理念，树科学办学思想

熟悉裴校长的人都知道，他是一位深深挚爱着教育事业的好校长。他提出“以爱育人、成就未来”的办学理念，明确了　“扬育才精神、厚育才内涵、创育才品牌”的学校发展目标，“崇德至善”、“育人至真”、“尚学至美”的三风思想，树立了诚以修身　，善以立德的教师人格观；以信立业，以心报国的学生价值观。为形成积极向上的校风、教风、学风，实施了“以业绩为向导，以竞争促提高，以集体明荣辱”的工作管理策略；以科学的质量观为统领，以提高课堂效率为突破口，以提高师生整体素质为最终目的，打造和谐的学校文化，创造一流学校的办学思路。

在他的领导下，学校整体工作成绩喜人。2015年以来，学校先后荣获：地级师德建设先进集体、连续三年获县级“教学质量先进校”、2019年获全区精细化管理先进单位、2020年获全区线上教学先进单位等称号。

强化以人为本，促教师专业发展

对中层领导，一是抓目标管理。从副校长到主任，从主任负责人到教师，既有质的要求，又有量的要求，使之人人盯着目标干，一级抓一级，一级促一级，层层抓落实。二是增强服务意识。他要求班子成员要以事业发展为前提，树立“管理即服务”的理念。　几年以来，裴永文同志率先垂范，讲原则、顾大局，与班子成员团强合作、协调共事。学校评模晋职等关系职工切身利益的大事均要征求书记的意见，与班子成员共同商议决定，做到了公正、公开和决策的民主化。裴永文同志非常注重中层干部队伍建设，明确分工，培养他们服务意识、大局思想、奉献精神，中层干部队伍的素质有了很大的提高。每周一学校召开校务会议，总结上周工作情况，布置下周工作任务，班子成员心往一处想、劲往一处使，这是团结协作中的重要环节。

他坚持深入教学第一线，深入到师生中，了解师生工作、学习、生活的具体问题，积极为师生办实事，办好事；做到了互相尊重、信任，讲究民主，通力合作，廉洁勤政，遵纪守法。作为一校之长，他也深深地知道，只有全校教师专业素养提高了，才能真正提高教育教学质量。为此，他把建设一支师德高尚、业务精湛的教师队伍作为学校发展的基础。在教师队伍建设方面，他以思想政治工作为基础，以校本培训为突破口，以强化学习为手段，以校本教研为载体，以骨干教师为引领，以提高教育教学能力为重点，突出抓好师德建设和业务提高两个环节，深化“一带一”活动。他深入贯彻落实以人为本的管理理念，充分发挥以人为本的制约机制、工作业绩为目标的评价机制和奖励激励机制三大机制的导向作用。在政治上、工作上和生活上关心广大教师，为广大教师排忧解难，调动全员工作的积极性、创造性，给师生提供良好的发展平台，创设良好的发展条件，让教师和学生实现最大和最好的发展。有病住院教师、退休教师座谈会、他都把问候带给教师，把温暖送给教师，让他们体会到大家庭的团结和睦与温馨。

他注重引教师树立终身学习，将学习和工作紧密结合起来。鼓励教师每学期至少读1本与教育教学有关的书；采取分散与集中相结合的方式，进行校本培训活动，每学期2—3次。同时，还通过不定期下发培训学习材料进行培训。充分发挥骨干教师的传、帮、带的引领作用，即使再忙，他也要走进课堂至少听上两节课，课后与老师一起探讨，改进课堂教学，每学年累计听课60余节。他注重增强校本教研的实效性，在他的领导下，通过不同形式的校本教研，使广大教师在研究中学习，在研究中发展自我，提高自我。在他的指导下，学校首创了《冬季室内广播操》，此外，开发了12本《国学经典诵读》校本教材并应用到校本课中。

通过以上各项措施，进一步提高了学校管理队伍的整体素质和管理水平，形成了具有凝聚力、向心力和战斗力的坚强集体，赢得了广大教师的信赖与支持。

重精细化管理，教学规范流畅

他强化学校的值周工作，解决了学生迟到、早退、旷课等长期学校难以解决的问题，实行星级学生评比，对学生的学习行为、养成行为进行了规范。实行了班级评比制度，班主任的敬业精神得到了提高，学生的集体意识有了增加。加强了期末考试的考风管理。制订了育才学校教师监考细则和学生考试守则，杜绝了考试秩序混乱的现象。同时，对教师的常规教学行为进行了规范，加大了常规教学工作的管理力度，校级领导实行周带班制度，出台了学校常规教学检查办法，做到了一听、两查、三公布、四奖惩，加强了对教师的考核力度。激发了教师工作的积极性。他要求教导处对教师的授课每节课必查，每天一汇总、一周一汇报。教师的课堂教学行为得到了规范，教学效果得到了加强。他刚到育才任校长时，学校学生人数与同规模学校相比，少近300人，家长不认可。现在学校学生数全市第一，校园文化建设与办学特色突出，教学成绩显著提升，得到了社会各界的广泛认可与好评。

他定期召开教学分析会，经常召开学生座谈会、家长会，对学校的管理与教师的教学行为进行反馈，保证了教学的需要。学校还加强了校园文化建设，经常开展各种文体活动和教职工活动，每年举办冬季、夏季运动会，陶冶了学生情操，使校园充满了生机。此项活动已成为学校常规活动之一。

突出质量意识，抓好质量提升

一是向教师的崇高师德要质量。大力倡导实干兴业，开拓创新，求真务实，以身作则，为人师表的师德风尚。弘扬树立两种精神——敬业精神和创新精神，增强四种意识——“我是育才教师”的主人翁意识，“工作第一”的质量意识，“一切为了学生”的服务意识，“追求个人社会价值”的奉献意识。二是抓校本教研，促质量提升。他充分发挥教导处——教研处——教学组三级校本研修组织网络的作用。对新教师采取了“一人领，大家帮”的同伴互助方式，加快了新调入教师的成长与进步。加大了对备、讲、批、辅、考的督查力度，课堂教学突出研究了“如何提高课堂的实效性确定低年级打基础，中年级防分化，毕业年级抓提高的教学基本要求。采取抓校风促学风，抓教研促科研，抓考核促质量，向管理要质量。各校、班加大了班级管理的力度，注重用优良的班风带学风；激发学生的学习兴趣和培养良好的学习习惯。每位教师从最后一名学生抓起，因材施教，因学而导，分层教学，分类指导，培优补差，使不同学生的智力潜能和非智力潜能得到充分发展。2020年我校中考进线39人；大择优进线13人，全市最多。

提倡以身作则，体现人文关怀

几年来，他以自己的实际行动，真正起到了一个校长的模范带头作用。全校教职工都知道他没有休息日，因为大家几乎天天都能在校园中看到他忙碌的身影。但无论多忙，他都坚持深入教学第一线，深入到师生中，了解师生工作、学习、生活的具体问题，积极为师生办实事，办好事。在生活上他关心每一位教师，为他们排忧解难。自进入育才学校工作以来，他已记不清有多少个节假日没休息过；他也记不清家人有多少埋怨和委屈，因为这一切他都默默地闷在心里，从不表露。但是每个教师节他却记得很清楚；每位教师家里的大事小情却他记得很清楚，包括离退休的老教师们。哪些学生有什么困难他更是时刻放在心中。对于生活困难的学生，他先后组织教职工成立了“爱心基金”、“互助基金”等形式的帮扶活动，为困难学生解决了实际困难。

寒来暑往，裴永文校长就是这样无怨无悔地付出着他的一腔热情，循序渐进地为育才的发展开辟出一片广阔的前景。他用切实有效地实际行动推进了育才的校风建设，他用独特的人格魅力影响了人们，也温暖了人们。人们对他的评价也不再仅仅定位于一个“严”字上，“立场坚定，管理科学，善思重效才是对他十几年校长工作的最好概括。

今天，他仍以奉献、求真、务实、创新的敬业精神完成着一个教育工作者的使命，履行着一个新时期校长的职责。他以平实的工作行为体现了新时代的意义，以对教育事业的深沉感情，践行着一位好校长的崇高形象。

以文化引领，促内涵发展

湖北省当阳市职业技术教育中心　林卫兵

校园文化是学校发展的灵魂，是凝聚人心，展示学校风采，提高学生文明素养的重要体现，它对学生的人生观、价值观产生着潜移默化的深远影响。学校的高质量发展，离不开优秀并有特色的校园文化。我校高度重视校园建设重要性，不断推进校园文化建设，建立了具有自身特色的文化理念体系，并付诸实践，有力促进了文化建设与学校发展同步共振。近年来，学校先后荣获教育部“国防教育特色学校第九届中部心理学会“心理健康教育示范校”、“心理健康教育特色校宜昌市“文明校园”、“教育现代化先进学校”、“德育品牌学校”、“技能大赛先进单位”、“技能高考质量奖”、“教研先进单位”、“示范家长学校”等称号。

一、构建文化体系，聚力学校发展

我校的核心文化“合文化其要义为兼收并蓄、知行合一，包括德技并修、工学结合、校企合作、产教融合、育训结合。学校“合”文化，融合沮漳文化、关公文化、企业文化，集中体现了地域特点、学校历史、职教特色。学校以“合文化”为核心，着力打造“合衷”的管理文化、“合心”的教师文化、“合育”的学生文化、“合美”的环境文化。

学校的核心文化“合文化其要义为兼容并包、知行合一，包括德技并修、产教融合、校企合作、工学结合、育训结合。学校“合”文化的形成，融合沮漳文化、关公文化、企业文化，集中体现了地域特点、学校历史、职教特色。这是“合文化”核心理念扇形图，包括使命、愿景、价值观，三风、办学育人目标等。

学校以“合文化”为核心，着力打造“合衷”的管理文化（合衷共济）、“合心”的教师文化（凝心聚力）、“合育”的学生文化（五育并举）、“合美”的环境文化（美美与共）。

二、落实立德树人，丰富教育形式

学校从2012年开始，实施学生成长导师制，全校安排150名教师担任导师，学校分配做全校2000多名学生的导师，从思想上、学习上、生活上，全面关心帮扶每个学生，使学生在校得到长足的进步和发展。经过3年实践探索和理论研究，“学生成长导师制”已经成为宜昌市德育品牌，2016年2月《中职德育“学生成长导师制”模式研究与实践》课题被宜昌市职业教育研究室评为“特等奖该课题申报为省教育科学研究院职业教育科学研究课题，2015年12月结题，2016年5月被省教育科学研究院评为优秀奖。学校并且不断寻找创新点，进一步将导师工作与扶贫帮扶、技能大赛送喜报等活动相结合，使学生成长导师制工作常态化。2016年12月，《中职德育“学生成长导师制”实践与研究》被当阳市人民政府评为“科技进步三等奖”。学生成长导师制研究成果已在当阳市中小学全面推广。该校连续两届荣获“宜昌市德育品牌学校”称号，是宜昌市中职学校唯一一所获此荣誉的学校。

在当阳市武装部指导下，学校每年和武汉东方强军教育公司联合举办新生军训暨职业素养夏令营活动，夏令营活动涵盖军事训练、习惯养成、团队建设、感恩、礼仪等实践教育内容，旨在引导学生懂得感恩、自律、自强、自尊、自信。这实践活动从2013年秋季学期开始，由学校学生科具体实施。此举是学校全面贯彻党的教育方针，改革教育内容，加强学生思想政治教育，全面提高学生素质的重要措施，也是学校长期坚持的新生入学第一课，新生入学教育有特色、有成效。每年结营仪式都邀请吸学生家长以及兄弟学校、合作企业代表前来观摩。学校新生国防教育和学生军人预备役社团得到省军区、宜昌军分区领导高度肯定与赞赏。2020年1月，学校被教育部评为“国防教育特色学校”。德技并修、校企（行）合作的“合”文化要素在这一活动中得到充分体现。

三、开展实践活动，培养综合能力

学校坚持从2015年秋季学期开始，学校开展学生值周班实践活动，扎实有序开展学生值周班实践活动，培养学生自我管理、自我服务、自我发展的能力。值周班实践活动是以班级为单位轮流来管理其他“非值周班级管理时间为一周，管理其间有权对在“文明、礼仪、卫生、习惯、纪律、安全”等各方面做得不够好的学生或班级进行扣分评比。

兴建“融创园培养学生创业意识和能力。学校积极响应国务院“大众创业，万众创新”号召，创建了学生创新创业实践平台——“融创园”。通过“三融”(融智、融技、融资）来促进“三创”(创意、创新、创业)，倡导学生以学科知识和专业技能为依托，以项目为载体，组建创新创业团队。融创园是学校创新创业教育教学实训和学生创业实践的重要基地。目前　由教师指导，学生自主经营的“乐淘淘”数码精品店、“印像派”摄影文化店、“再生银行”节约回收站、校园爱心快递、独一无二服装店等5个经营门店，效果良好，启蒙学生创业意识，点亮学生创业火花。

培养劳动精神，养成勤俭节约习惯。开展“走进食堂，走近节约”主题活动，营造厉行勤俭节约、反对铺张浪费的浓厚氛围，教育学生树立“节约光荣、浪费可耻”的意识，引导学生养成爱岗敬业的劳动态度和勤俭节约的良好习惯。学校成立了由学生科、校团委、学生会与饮食服务中心组成的体验专班，由各班生活委员、学生代表、部分学生干部、班主任、导师组成体验人员。一是参观学校食堂食品供应点，了解食堂食品来源、价格和监管方面情况。二是体验食堂员工工作，了解工作流程、卫生情况，参与物资采购、食品加工、销售、餐具清洗消毒的全过程。三是召开座谈会，对食堂饭菜质量、安全、价格、服务水平等进行评价，现场答复学生的意见、建议。同时开展争当“光盘侠拒做“必剩客”和“师生同餐，共话成长还邀请220余名学生家长来校参观食堂、品尝饭菜，与学生一起就餐，充分发挥家长对学校工作的参谋、监督作用，促进家校合育。

开展社团活动，提升学生综合素养。结合学校专业发展、技能大赛、文明风采、地方文化及文体比赛活动，按照“部级社团人人参与，突出特色；校级社团引领示范，打造精品”原则，组建了技能训练、体育健身、文艺展演和综合实践四大类社团共60多个项目，每个项目配备具有专业水平的教师担任指导教师，严格过程管理，学生个性得到长足发展。同时，注重培养学生对专业的认识与社会实践相结合，组织护理专业学生社团走进当阳市敬老院慰问老人、免费为社区百姓测量血压等志愿者活动，组织服装专业学生社团为师生免费缝补衣物，组织计算机专业学生社团免费为师生检修电脑等，让学生将专业技能学以致用。2015年，由学校团委录制的纪录片《让青春在实践中闪光》在当阳市首届社团活动评比中荣获一等奖。

四、加强校企合作，推进共同发展

根据市场需求，立足专业布局，与本地20多家企业成立校企联合会，开展现代学徒制、订单培养，做到校企“双主体、双身份实现深度融合，夯实学生专业技能，为企业培养高素质劳动者和技术技能型人才。学校从2016年5月至今，先后分别安排汽修、电商专业学生进行现代学徒制试点，成为教育部现代学徒制区域试点学校。学生跟岗实习3个月，实现由学生到学徒身份转变，学生在实训中学习了解专业，在实践中提升能力。目前，本土企业参与校企合作的达45家，其中参与现代学徒制试点的汽修企业有12家、电商企业6家。

文化引领，润物无声。今后，我校将持之以恒、寓力量于无形，施教化于无声，紧扣时代脉搏，彰显学习特色，努力打造特色鲜明、内涵丰富的校园文化，办好人民满意的教育。

德育，让爱留守

——谈英山县白石坳小学创建留守儿童品牌学校工作

湖北省黄冈市英山县白石坳小学　袁超

英山县白石坳小学，创办于1954年，位于英山县城南毕昇大道中段，是一所集留守儿童全托部、走读部、幼教部为一体的农村小学。在校学生2800余人，其中70%为留守儿童。留守儿童教育问题牵动着校领导的心。怎样实现留守儿童“身”留守，“爱”也留守呢？学校在创建留守儿童品牌学校的探索中，总结出开展德育，构建学生养成素养的教学计划。

一、传承国学文化，培育学生有德知礼

弘扬中华优秀传统文化，坚定理想信念，以空间为支点，撬动“德”与“礼”。充分利用校园立体空间，在四个环节上落笔点睛增色添彩，坚定全体师生为中华民族伟大复兴而奋进的理想信念。

一脉相承地彰显“尚美”文化氛围筑牢内在灵魂，如大鹏展翅的校门、醍醐灌顶的校赋，时刻催人为中华民族之复兴而奋发图强。庄严肃穆的《师道说》，引领教师以师德为镜自省其身。巧设饱含先贤思想的文化长廊引领知情意行。孔子、荀子、孟子等先哲的塑像和他们闪耀思想光芒的名言展示在文化长廊上，引领学生学会做人，学会知礼，学会生活，树立正确的人生观，世界观，践行社会主义核心价值观。

同时，开发德育校本教材《白小弟子规》夯实礼仪文化。《白小弟子规》融合了学生日常学习、生活各个方面，引导学生养成良好习惯，

完善健康向上的人格。打造各具个性的教室文化熏陶学生成长。各个教室内悬挂着不同的班训、格言、国学经典诗词等，做到每一面墙壁都会说话。

二、知行合一，内化为个人素养与习惯

以国学为发力点，内化“心”与“行”。抓住国学传承这个阵地，突出培养学生人文综合素养这个中心，组织精干师资开展省级《诵读国学经典古诗文传承优秀中华文化》课题研究，并取得丰硕成果。

在时间上确保“四个一”。即每日课前一吟、每日进餐一赏、每周晨读一导、每期等级一评。

在活动上务求“三面压一线”。即学校层面举办诗社；班级层面开设“诗苑”园地；小组层面组织手抄报编写；三个层次活动的开展都始终贯穿“学以致用、活学活用”这条基准线。

在评价上追求“不拘一格”。即除了把“世俗”的“诵读小能手”等称号授予孩子们，更多地授予孩子们更乐于接受的“诵诗大王”、“小诗圣”、“小诗仙”等不同级别称号。

灵动的经典诵读，使校风学风悄然升级。“一日不吟诗，心源如废井”已成孩子们的常态。“爱国心”、“自信心”心心相印，“历史使命感”、“责任感”感感相依。

三、构建三自教育体系，深化素养养成

在厚植中华优秀传统文化的基础上，着力留守儿童教育文化的培植，扎实推行养成教育，形成学校特色和品牌，其核心就是对留守儿童进行“三自”教育，构建留守儿童自强自立自理文化体系。

（一）自律

行为抓自律，“三榜样”指引孩子学会做人。一是，以统编教材绘声绘色的故事人物为榜样；二是，让学生找学校里的榜样；三是，以社区活动为媒介，寻找社区榜样。让学生在榜样力量的牵引下，潜移默化接受心灵的洗礼。

（二）自主

学习抓自主，“三举措”引领孩子学会学习。一是，学校建立了考核机制，增强了所有教师的动力，为提高孩子学习能力加油；二是，成立各种兴趣小组进行兴趣特长培养，激发孩子的学习积极主动性。突破传统艺术授课模式的束缚，积极探索“多元化选课走班”教学新模式。把传统的体、音、美课程转化成足球、排球、歌唱、绘画、书法等特长兴趣课，学生自由选择项目。打破班级限制，实现了同级不同课。“选课走班”教学模式的大胆实践，使得学生综合素质如“芝麻开花——节节高”；三是，为学生发展构建平台。如，每年六一汇演、小小节目主持人、艺术展等，有效地激发了学生的内生动力。

（三）自理

生活抓自理，“三细化”引导孩子学会生活。一是，做到培训标准细化，即学校制订了符合学生不同年龄特点的生活自理训练项目和标准；二是，开展活动细化，即开展与生活自理息息相关的竞赛活动，例如系鞋带、折被子、穿衣服、剪指甲等比赛，同时注重指导方式细化，即创造性地进行“订单式”指导。开展自理指导大派对——老师教学生、学生教学生，能手教生手，做到“人人有师傅，人人是师傅”。

“三自”教育重在践行，实在评比。学校指导班级分月拟定养成目标，并专门开辟德育“五星榜”逐月逐班予以展示，评出“学习星、纪律星、文明星、卫生星、特长星”。同时打造“星光大道展示“星级”学生的风采。

桃李不言下自成蹊。近年来学生在各级各类比赛中累计获奖700多人次，教师在各级获奖或报刊发表400余人次。国省市三级课题研究成效显著受到湖北省教科院表彰，专题论文“为留守儿童营造温馨的家园”入编《黄冈基础教育》一书。学校先后获得“国家教育部‘十一五’课题研究项目基地”等二十余项国省市县殊荣。

德育，让爱留守，白石坳中心小学在创建留守儿童品牌学校的道路上追求无止境，扬帆正当时。从建校至今65载，一代代白石坳人虽历尽风雨，但从未停止前行的步伐。在进入新时代的伟大历史进程中，白石坳全体师生正满怀豪情地行进在创建以文化育人为特色的黄冈市留守儿童品牌学校的康庄大道上。

文化发展创特色 品质立校育桃李

湖北省黄冈市英山县草盘地镇初级中学 肖兵 涂八亿 肖燕

学校是传授知识和培养人格的场所。陶行知曾说过：“天然环境和人格陶冶，很有密切关系”。校园中的每一座建筑、每一处景点，每一片绿色，都成为一种思想的传递，一种文化的表达，优美的校园环境就像无声的老师，滋润着师生的心田，熏陶感染着师生，丰富净化着师生的灵魂，潜移默化地引导师生向着健康的方向发展。我校坐落于毕昇故里，桃花溪畔，群山秀峰相拥，毕升文化浸润。听松涛阵阵，看松树蓊郁，品松之气魄，学松之精神，育松之英才。办学以来，立足学校深厚的文化资源，我校始终以“为学生的全面发展与终生发展奠基”作为办学理念，秉承“学生快乐、教师幸福、人民满意”办学宗旨，严守“笃学、尚行、求实、创新”之校风，“踏实、严谨、敬业、爱生”之教风，“自主、合作、乐学、善思”之学风。立足“青松实施“挖掘人文内涵，传承青松文化，坚持以‘松’育人，打造阳刚校园”为主题的青松文化建设工程。建立“理念、视觉、行为”三大识别系统，推进“培训青松型教师、培养青松型学生、开发青松文化校本教材、构建简练质朴课堂、营造青松书香校园、辐射青松文化教育效能”六大工程，弘扬学校不畏艰难，砥砺前行的青松精神，促进学校内涵式发展，努力提升学校品质，绽放师生生命。

一、铸魂培根，凸显特色文化办学品位

改革开放四十多年来，人们的生活发生了翻天覆地的变化，越来越多的时尚高科技产品层出不穷，时尚文化大量涌进了校园，对学生的健康发展、学校教育的顺利进行产生着强大的影响力。为了帮助学生树立正确的人生观、价值观，避免学生沉陷其中，我校以“青松”品质，陶冶学生心灵，促进学生乐观健康的全面发展。

松树是当地极具代表性最具普遍性的树种，隐喻着“乐观向上、不畏艰苦、坚贞不屈、牺牲奉献、求真尚美、追求卓越”等优良品质。这些可贵品质，对于立德树人、促进新时代的青少年健康成长极具教育意义。我校校园毗邻镇烈士陵园，一片苍劲挺拔的古松相伴长眠在这里的英烈。学校得天独厚的红色革命教育资源，天然生成了深刻而鲜明的学校文化主题。立足学校地理优势，背靠浓厚的红色资源，我校大力开展主题实践活动。把“艰苦奋斗、百折不挠、坚定信念、乐观向上”的革命精神融进学校的土壤，发扬老区精神，传承红色文化。

校园文化是学校可持续发展的动力，是学校综合办学水平的重要体现，也是学校个性魅力与办学特色的体现。在“实施青松文化建设，打造青松型校园”的特色发展之路上，我校主要实施六大工程，力促六个提升，着力打造优美环境，创设浓郁的校园环境。一是文化墙工程。我校将以中心操场东墙、北墙为载体，因地制宜的建成了近400米以“青松”为主题的校园文化墙，如今主题鲜明，独具匠心，大气典雅的文化墙工程已成为草盘中学的一道亮丽风景。二是绿色优化工程。学校认真对学校已有绿化进行布局调整，在绿化、美化、香化上下功夫。生意葱茏的绿化长廊，整齐划一的校园绿道，古朴蓊郁的“青松园”无不散发着盎然生机。三是寝、教室文化工程。我们不断健全规范寝教室功能设施，做到整齐划一。在文化布置上遵循凸显“青松”之主题，先教室后寝室，先样板后辐射，一室一特色，班班有精彩的原则，通过环境美化和内涵提炼等多种途径让昂扬向上、个性鲜明的寝、教室文化活力四射。四是廊道文化工程。将利用行政楼、教学楼宿舍楼廊道墙面，设立三大校园文化板块（青松诗画、青松品格、青松修为），努力创设出了悦目怡心陶情、充满勃勃生机的校园育人环境，彰显学校文化特色。五是建筑征名、命名工程。我们将根据学校“一训四风”以及地域人文特色，通过开门纳谏、师生问卷、评审筛选等环节，最终分别给不同功能区、不同建筑赋予了极具青松气息的名称。六是班级文化名片工程。各个班级围绕学校文化建设总要求，努力打造班级文化名片，将本班的班风、座右铭自行设计于文化名片之中，真正体现班级精神和张扬学生个性，将文化育人的功效发挥到了极致。

二、夯实根本，助力优质教育品质提升

教师是一切教育实施的保障。为了不断提升教师的专业技能和素养。我校通过学习师德规范、强化业务学习，提升教师道德修养和专业水平，从而打造一支内外兼优的青松型教师队伍。我校重视教师人文精神的塑造，引导教师牢固树立“两个意识即质量意识、品牌意识；发扬“三种精神即弘扬不畏艰难、砥砺前行的校园精神；传承扎根乡土、爱岗敬业的工作精神；锻造坚韧不拔、奋发向上的学习精神。鼓励教师争做“四种示范”即爱岗敬业、乐于奉献的示范；遵纪守法、为人师表的示范；勤学勤思、精通业务的示范；求真务实、建功立业的示范，为学校的发展多作贡献。此外，我校通过规范师生课堂行为，构建简约课堂，提升教学质量，告别课堂陋习，尽显青松简约之气。通过学习培训引领教师专业成长，利用“五步教学法”等课堂教学模式的实验，促进课堂教学高效。大力开展各类有关青松的活动，锤炼师生意志，培养出阳刚向上、坚韧不拔的优秀师生。

课题实验深入研究是提升教学质量、培养师生成长的重要路径。为此，我校拟将申报德育课题《青松文化构建的内容与途径研究与实验》，与“德育五五模式”、“快乐教育”的研究与实验同步开展，精心策划校本教材。通过理论探究与实践检验相结合的方式，走上一条科学有效地校园文化建设和学校德育工作协调发展的特色之路，实现校园文化建设和学校德育工作双丰收。在形式多样、广泛深入的课题研讨中，不断提炼总结，形成独具特色的育人理念和育人模式，为学校德育工作开辟更广阔的新天地。

学校是学生的学校，也是家长的学校。青松文化的影响也渗透到学生家庭当中。我校将青松文化构建的影响进行外延，努力向广大家庭传递文化育人正能量。通过学生倡导家长说青松、诵青松、仿青松，让广大家长接受青松文化构建理念，与孩子一起受到青松文化的同化，既做青松文化构建的参与者，又充当以松修身的实践者。通过定期召开家长会、深入开展青松实践活动等有力举措，积极促进青松型家庭建设，让松之正气盛行草盘大地，为建设和谐社会添光增彩。

三、立德树人，成就文化育人幸福未来

特色文化的创建不仅提升了学校的精气神，更提升了学校的办学品位，提高了家长和社会的认可度。实施青松文化的打造以来，全体师生思想同心，积极进取，顽强拼搏，学校的校容校貌焕然新，精神风貌日新月异，教育教学质量稳步提升，校园特色逐渐彰显，教育教学迸发出旺盛的活力。青松文化的纵深推进让学校的每一寸土壤都得以滋补，每一片树叶都得以升华，所有师生沉浸在一种和谐健康的学习氛围当中，乐观阳光，积极进取。未来路上，我校会继续紧扣"青松文化发扬艰苦奋斗，开拓进取，奋发有为的精神，在"挖掘青松文化内涵，培根铸魂引领发展 "的文化兴校之路上，砥砺奋进，始终如一，用情怀装点教育事业的百花园，用生命继续谱写一曲又一曲教育新歌。

以"礼"立校，培育时代新人

湖北省荆门市石化中学　郭国富

习近平总书记指出:"礼仪是宣示价值观、教化人民的有效方式，要有计划地建立和规范一些礼仪制度，传播主流价值，增强人们的认同感和归属感"。礼仪关乎人格，关乎国格。我校始建于1971年，学校秉承"知书达理，和而不同"的校训，以"礼"文化为引领，以建成"教学高质量、师生高素质、管理高效率、文化高品位、社会高满意"的现代化品牌学校为目标，坚持课改兴校，文化立校，质量强校，全面实施素质教育，培养学生全面发展。

一、精神文明弘扬礼文化

学校根据师生特点和工作实际，在广泛征集和专家评审的基础上，确立了石化中学"知书达理，和而不同"的校训，把全校师生的集体人格定向为传统儒家的范式：求知养德、明理修身，既有个性的张扬，又有外在的一致，最终达到个体独立发展、人际圆融和谐的境界。为了建立一种具有目标战略意义的文化思想，铺设学校发展的文化线路图，使之既能架构价值取向，又具备过程指导能力，我们又把校训再提升到礼文化层面。

在德育管理中，我们通过报告会、主题班会、征文演讲、歌咏会等多种形式，大力弘扬中华民族传统美德，培养学生懂感恩、讲孝道的传统美德；以庆祝传统节日为契机，开展"我与祖国同行"、"永远跟党走"、"我和爸妈说句心里话"、"老师您好"等主题活动，通过每年举办"金秋文体艺术节"等丰富多彩的活动，激发学生爱党、爱祖国、爱社会主义、爱学校、爱家园的思想感情和勤奋好学的积极性；以培养学生学会学习、学会生活、学会守纪、学会劳动为主要内容，开展"热爱学习、健康生活"主题教育活动，扎实开展"每月一星"及文明班级、文明寝室的评选表彰活动，制定并落实《石化中学学生日常行为规范细则》、《石化中学班级学生一日常规量化考核细则》，培养学生学习、生活习惯和创造的能力，校园讲文明、讲礼仪在师生中蔚然成风。

二、环境打造彰显礼文化

学校在教室、寝室文化建设上，有着鲜明的传统与现代结合的特色。每个班级都有全家福、每月之星等展示牌。教室内，鲜艳的五星红旗下，以"礼"为核心的励志标语简洁夺目，教学综合楼的廊道建设上从一楼至五楼按照学礼、知礼、懂礼、守礼、行礼等进行分层宣传布置，在学校百米浮雕长廊上，结合"个人礼貌、家庭礼数、学校礼仪、社交礼节、节日礼俗"等内容分学问之礼、敬师之礼、诚信之礼、进食之礼、长幼之礼、恭师之礼、待客之礼、事亲之礼、进学之礼、谦让之礼、孝亲之礼、处事之礼等12篇进行建设，起到耳濡目染的作用

校园处处是课堂，这种雅致的学习生活环境，涵养着学生从容沉静的人文气度，赋予他们远大的理想和胸怀。

三、课程构建传承礼文化

"不学礼，无以立"。学校开发《中学生礼文化读本》，进行环境文化建设，让学生更知礼、懂礼、守礼。2014年下半年学校花费了数月的时间，组织编写了《中学生礼文化读本》。我们扎实推进教学改革，结合"学习金字塔"理论和杜郎口经验，根据本校学生特点，创立了"521"课堂教学模式。充分发挥学生的主体作用，让学生真正成为课堂的主人，成为管理的主人、成为创新的主人。

为了提高学生的综合素质，学校在课程设置上，除了传统的基础型文化教育、德育教育、心理健康教育外，还推出了以足球、篮球、乒乓球、排球、花样跳绳、戏曲、美术、书法、舞蹈、创客等为代表的课程超市，以此延伸礼文化的教育。

四、制度建设唱响礼文化

我们坚持民主管理、科学决策。近年来，学校制度建设不断完善，我们制定、完善了《课堂管理制度》、《寝室管理制度》、《学生就餐制度》、《每月之星评选制度》、《文明班级评选制度》等系列监督管理制度，在教师队伍建设方面，我们制定了《教师专业化发展五年规划》、《文明办公室创建制度》、《石化中学名师、骨干教师、学科带头人、教学新秀评选标准》等系列管理制度，并通过不断修改完善，营造了"人人定制度、制度管人人"的和谐制度建设的新局面，而且将各项规章制度汇编成册，发放到位，学习到人，让制度进脑入心，让制度成为师生认可的行为准则。

"礼之用，和为贵"。我们还在"和"字上做文章，师生发展方面，努力在教师之间、师生之间、生生之间人格的平等和真诚的合作上下功夫，建立和谐的师生关系，师生之间讲包容、诚信、责任、互爱。教师尊重包容学生的个性差异，并发掘每个学生特有的潜质，学生尊重老师，建立平等、互信的师生关系，促进了学生群体的和谐、多元发展。

五、行为习惯践行礼文化

用"礼"文化熏陶学生思想，规范学生行为，引领学生成长。每年的秋季开学典礼上，学校会启动养成教育月活动，把培养学生文明、安全、生活、学习行为习惯这四种良好的习惯作为一学年德育工作的重点。学校以礼文化为纲，从细节着眼，列出"自尊自爱注重仪表"、"真诚友爱礼貌待人"、"遵纪守法勤奋学习"、"勤劳俭朴孝敬父母"、"遵守公德严于律己"五大方面40个细目，且按年级划分层次，以小目标、阶梯式、经常化的方法，在学生的头脑中建立秩序感，使"礼"的规范内化为他们自己的道德行为标准。同时，学校会开展心理健康教育、法制教育活动、"中华魂"演讲活动、"我的中国梦"征文活动，把礼文化的精神落到学习、生活的各个方面。通过"金秋文体艺术节"这一文化品牌引领个性发展。

在行为文化建设中，我们十分注重教师的引领作用。要求教师从仪表、言谈举止开始，严格要求自己，充分发挥示范引领作用。学校通过文明办公室评比和学校名师、学科带头人、骨干教师、教学新秀等评比，不断激发教师积极向上的热情，不断规范教师的行为。

另外，我们也非常注重家校共建。近年来，我们以家校共建为重点，努力拓宽家校联系渠道，用多种方法进行沟通，取得了较好的效果。经家长推荐成立家长委员会，订立家长委员会工作制度、活动计划。每学年还定期进行增补。使家校同心协力规范学生日常行为，养成良好的学习、生活行为习惯，形成高尚的人格品质。

清初儒家、思想家、教育家颜元说过:"国尚礼则国昌，家尚礼则家大，身有礼则身修，心有礼则心泰"。弘扬礼文化是践行社会主义核心价值观的集中体现。作为从石化企业诞生的一所中学，石油工人"爱国、创业、求实、奉献"精神和"三老四严"的工作作风已成为我校的传统。弘扬传统文化，我校坚持以"礼"兴校，通过"内化于心，固化于制，外化于形"的强劲文化力，浸染、育化学子们，促进他们不断实现自我的完善、提升，全面而有个性地发展，从而实现为国家的未来，民族的发展奠基。

在静态环境的浸润中陶冶情操，在动态活动的实践中张扬个性，学生们在校园礼文化的磁场中不断发现、提升、创造着自我，追求着至真至善至美的境界。礼文化作为一种目标战略，一面精神旗帜，一个塑造着师生集体人格的生态共同体，正引领着我们全体师生在全面发展、持续发展的道路上阔步前进，书写文化兴校的校史新篇。

岁月见证教育真情　拼搏实现育人之梦

湖北省利川市思源实验学校　牟伦武

在利川市思源实验学校学校入口处，有一块朴实的山石，山面写着:"博学力行，志在家国"。这是我校追求的文化理念，也是我的办学思想。秋日温暖的阳光洒满校园，师生生命气息弥漫着温情的醉意。在这所校园曾有过建校之初播撒的情感，现在更有办好一所山区优质教育的理想。

弘扬"家"文化培养好公民

说起利川市思源实验学校，大家会自然而然想到学校的"家"文化。"家"形成的深厚根基便是学校拥有的悠久传统文化与家国情怀教育。我们的目标是通过弘扬"家"文化，吸收传统优秀文化，培养具有家国情怀的现代公民。

"培养具有家国情怀的现代公民"是我校的育人目标。这场疫情则是一次"家国情怀"教育的大检阅。这次疫情，使我们更加能理解平时所教育的家国情怀。无论是直面疫情战胜灾难的自信，还是家国使命担当和崇尚英雄的价值取向，我们的同学们做得都很好。

营造好风气打造强队伍

一所学校的成败，起点在校长，重点在学生，终点在教师，必须认真地抓好师德建设。只有教师在学生中树立起良好的形象，才能以榜样的力量去影响学生，去教育好学生，建立起良好的教风、学风、校风，才能把一所学校办好。

学校青年教师多，热情高，精力旺，具有良好创新与敬业精神。只

有做好青年教师的稳定和培养，积极推进教育人事制度改革，深入挖掘教师队伍潜力，才能推动教育的可持续、健康发展。

进学生课堂，观摩教师们的讲课，深入教师团队沟通和交流，做教师们的"良师益友"是我每天给自己立下的常规动作。在工作和生活中，我积极在教师队伍中积极营造出和谐向上、凝心聚力的工作氛围。努力提升教师的专业素养、课堂教学水平与教育教学质量，大力推动学校的课程改革，将师资培训工作贯穿于课堂教学的始终，不断更新教师的观念，有针对性地开展传统课堂和现代教育技术的深度融合，以此来提高教师理论知识与实操水平，转变教师的教学行为方式。

紧跟大趋势争当排头兵

2020年春季突发的疫情，教育实行"停课不停学"网上教学，我校迅速进入状态，全校抗击疫情和全面开展网上教学顺利进行，初三学生入学秩序井然。

我校2016年就已利用cctalk平台进行了网络直播课教学的探索实践。我们学校网课开设的历史比较长，学校技术保障全面，老师们准备都很充分，所以网络教学开设得挺顺利，2020年中考我校能取得这么好的成绩，和转变教学思维、利用新兴网络教学技术是密不可分的。长达5年的网络教学探索和实践，也让学校在面对疫情转变教学方式时更显从容。

如今，网上大规模的教学虽然已基本结束，但为学校教育带来了新的思考。网络教学打破了原有的教学学习生态系统，使得教学互动、监管与反馈变成难题；疫情让居家上学变成现实，随之而来的则是对家庭教育提出更高要求。在他看来，完整的教育应该是学校教育与家庭教育的完美结合。

开创"拓展课"布局"家"文化

学校领导班子积极探索办学特色，深化和拓宽"家"文化的内涵与外延，以德育资源和地方文化资源为底色，结合学校享有声誉的"拓展课创设了以"家"为核心的校园文化布局，精心打造出具有浓郁"家"文化气息的育人环境，将"常规教育"、"智慧课堂"、"直播课程"、"拓展课程"作为"家文化"特色教育的重要载体，不断完善德育工作机制，加强传统文化建设工作，使德育之花开满园。

我校与东城初中、小河中学开展合作办学，充分利用思源中学的品牌优势、人才优势、教育资源优势，推进集团化办学，促进教育城乡一体化优质均衡发展。

创建活力校园点亮思源品牌

我校位于凉雾乡大岩村教育新区，是一所九年一贯制义务教育学校，主要招收全市贫困学生和留守儿童。学校自2015年创办以来，就以全面贯彻教育方针，全面推行素质教育为指导，以"让学校成为师生焕发生命活力的家园"为办学理念，以"凝聚小家、发展大家、报效国家"为办学宗旨，以"德育启心智、体艺助发展"为办学方略。逐步形成"环境宽松和谐、管理民主、教学激情启智、活动多彩有趣、师生个性鲜明"的办学特色。

改变不是守旧，而是传承与创新；打造不是新起炉灶，而是拓展与前行；构建不是旧思维，而是适应新时代要求。由此，我校提出了励精图治思维，着力打造美丽思源、魅力思源，卓越思源。2019年，我校成为全州教育系统推进六大工程样板校，学校三大课程嘟嘟直播、拓展课程、智慧课堂令与会领导专家津津乐道，赞不绝口。2020年该校在年度教育质量推进会上被评为全州城区公办学校办学水平第一名！在思路上，我校强调落实立德树人机制，抓管理，抓课程，抓教师，抓现代化学校建设。例如在创新上，在学校智慧教育特色基础上，进一步推进"云端构建，先学后教，以学定教，智慧发展"的教育模式，让学校智慧教育特色更鲜明。特别是OKAY智慧课堂构建，全校65个班、205名老师、3998名学生，都能享受到智慧课堂带来的便利。同时，学校实现了200兆企业级网络全覆盖，所有班级都安装了云盒，教室里所有的终端都实现了一体化连接，尤其是2020年疫情期间，智慧教学发挥了优势，真正实现了线上学习和停课不停学。虽然是大山里的学校，但网上教学迅速实现了全方位的对接，一方面通过OKAY智慧课堂的常态化应用，一方面借助大数据分析，老师能够及时了解网上学生的学习情况，全面实现了精准教学。

学校发展概括为四句话：第一句话，强化两个观念。首先是立德树人、质量为本的观念。百年树人，考量着我们每位教育人的德行操守。其次是整体提升、全面发展的观念。第二句话，打造两支队伍。一是班主任队伍，用以保障学生的良好学习秩序。二是备课组长队伍，用以保障备考教师的教学秩序。备课组长引领备课团队研究课标，学习考纲，梳理考点，谋划进度，分析数据，按部就班，纲举目张，井然有序，水到渠成。第三句话，用好两个武器。一个武器是时间，一个武器是课堂。大家都有，而且相同，怎么用用多少，这是大家都在研究的课题。大路在你的脚下，时间在你手里，管理者要放下包袱，开动机器，采取"拿来主义"。所以无论是智慧课堂，快乐课堂，还是高效课堂，如果能将学习延伸到第二课堂，便是最大的成功。一个优秀老师，有办法让学生充分利用课外时间学到知识。其实对待学生严格要求和关爱关心绝不冲突，把握好二者分寸，成功就不遥远。第四句话，坚守两个底线。一是保学控辍，一个是健康安全。安全大于天，底线思维是不二选择。

在课程体系建设上，他用新的思维打造有思源特色课程体系。一方面将人工智能时代下的信息技术与学校教育教学、管理相结合，另一方面积极整合校内外教学资源，充分发掘校内教师的潜能和特长，深化课堂改革，重构学校生态，再创思源教育事业之辉煌。由此，近两年来学校先后共开设了38门拓展学科，涉及学科类课程8个，学科课堂延伸9个，体育类拓展课程6个，兴趣类课程9个，社会触角课程3个，土家民俗课程2个，心理课程1个。每周三下午第八节课，七年级1268名学生自主选择进行走班上课。学校展现出新的气象，师生更阳光、更自信、更乐学。

"时光荏苒，2019年悄然远去，过去的一年我们坚持立德树人的教育思想，全面完成了既定的目标任务。一晃，校长岗位又走过了四年光景，虽然没有惊涛骇浪，但也磨砺了自己，让自己心态更多从容和坚定"。

未来，我将继续发扬艰苦奋斗精神，勇当先锋，用不变的热情和信念开辟更有生机与活力的教育。

拥抱生态，为孩子幸福成长奠基

湖北省武汉市汉南区银莲湖小学　宗飞

银莲湖小学始建于1979年，2010年10月8日接收南水北调中线工程十堰郧县移民师生50余名，是湖北省武汉市接受安置移民师生最多的学校。目前，学校在籍小学生102名，在园幼儿51名，在职在岗教师29人，属武汉市首批小学标准化建设学校之一。

为适应新时代教育发展和全面推进素质教育的重要举措，银莲湖小学以党的十九大"加快生态文明体制改革，建设美丽中国"精神为指导，以优化育人环境、推进素质教育为核心，以"生态教育"为方向，将生态文明理念贯穿于学校工作的各个方面、各个环节，贯穿于教育教学工作的全过程，打造绿色、生态、和谐的育人环境，致力培养现代"生态人"。

构建生态教育文化

什么是生态教育呢？生态教育就是自然教育，就是绿色教育，更是尊重教育。它是一种尊重学生的天性，尊重学生的童心，顺应学生的成长规律，舒展学生的灵性的教育。

在遵循教育规律和人的成长规律的基础上，银莲湖小学坚持"为孩子幸福成长奠基"的办学宗旨，以"让我们每天都不一样"为办学思想，以"尚美、明理、务实、担当"为校训，以生态美文化建设为突破口，逐步打造"改革、创新、务实、唯美"的生态课程文化，大胆探究生态美实践园地，逐步形成了"生态美特色文化教育"的办学特色，着力培养真、善、美融为一体的现代"生态人"。

凭借生态美文化建设特色教育，银莲湖小学引起了《长江日报》等市内主流媒体关注，得到了家长一致称赞。

加强生态环境建设

校园环境是开展教育的隐性课程，承载着传承文化、育德化人的重要使命。银莲湖小学注重整体规划，将生态绿化纳入学校建设的总体规划，全力构建集绿化、美化、净化、园林化为一体，融学园、公园、乐园、家园于一身的育人环境。

跑道种植天然草坪，让孩子们在游戏中也能和自然亲密接触，进一步优化了学校育人环境，促进了绿色校园生态美建设；精心种植了红心柚、甜柚、秭归甜橙、芦柑、砂糖橘、南丰柑橘、红橘、金桔等适合当地生长的树木，打造"盆景展示区购置、挖掘、定植适应性强的桩景、花木，定植梅兰竹菊，努力做到校园内一年四季花常开、草长绿、果飘香，实现环境使用功能、审美功能与教育功能的和谐统一。

打造特色生态教学

生态教学要求学校进行绿色教学改革，实现课程体系、教学手段、思维方式和学科建设的多样化；要求教学过程中师生相互沟通，实现教学相长、学科相融，促进个人能力的可持续发展。为满足学生的个性化、多样化需求，银莲湖小学重视特色教学，把生态特色作为学校主要办学特色来抓，着力培养富有个性化的学生群体。

学校通过"生态美"课堂，初步打造1—2门校本文化课程，将文化渗透到课堂主阵地，将国家课程校本化，并逐步优化课程结构，初步形成校本课程特色。课内，把生态文明教育纳入学校总体课程体系，专业教师结合课堂教学充分挖掘教材显性的、隐性的和潜在的生态环保知识与技能，直接明了地将生态融入课堂教学，促进学生良好品格的形成。如诵读国学经典课程，让学生在吟诵中陶冶情操，领略人与自然的和谐之美；音乐课将环保歌曲编入乡土教材，通过教唱、学唱、传唱"绿歌增强生态意识，树立生态观念。课外，开展一系列生态文明实践性课程，提高学生的实践能力，增强学生的责任担当意识。如，利用植树节、世界环境日、爱鸟周、地球日、无烟日等特殊节日、纪念日进行环保宣传和实践，通过主题班会、环保课、国旗下讲话、红领巾广播等不断深化主题教育活动；结合乡村季节特点，带领学生亲近大自然、了解大自然，让师生在和谐的鸟语花香中陶醉、感受自然的宁静、和谐与美丽；充分挖掘教育资源，开展观察植物生长、家乡水域治理、学雷锋行动、爱绿护绿等劳动实践活动，培养孩子们的劳动技能、劳动态度、合作精神和情感价值观。

学校坚持推进生态教育理念进课堂，着手打造生态自主课堂，利用小班化教学模式和小组合作形式转变学生学习方式，培养学生自主性和创造性，促进学生成为理性唯美、务实担当、雅致进取的公民，并提高教师对课堂"唯美"的追求，激活了教师自主学习提高的热情。

建设生态学校，培养现代"生态人提高师生生态素养，这既是一种育人文化的培养，也是对育人方向的引领。银莲湖小学的师生们将秉承"让我们每天都不一样"这一办学宗旨，不忘初心，快乐同行，以"生态美"为引领，高举特色教育大旗，潜心传承优秀文化，踏在新的旅途，开启新的征程，向着更高更远的目标迈进，不断绽放乡村名校蓬勃的生机和活力！

翰墨飘香铸特色　一笔一画写初心

湖北省武汉市汉阳区车站小学　于霞　向艳

车站小学坐落于武汉市中心城区古琴台畔，从1996年开始，我校便将书法教育列为学校的特色品牌教育。以传承中华优秀传统文化为己任，构建课内、课外、家庭"三结合"的书法文化教育施教体系，教育学生　"规规矩矩写字，堂堂正正做人体验"诗书载道　翰墨育人"办学特色。

23年的坚守、雕琢、塑造童稚心灵，为学生打下了良好的经典文化根基，积淀了深厚的人文素养。学校教师在翰墨飘香中得到专业素养的迅速提升，在全国各类比赛中崭露头角，学校凭借着独具的特色、充满浓浓文化气息，也得到了长足和谐的发展，先后被评为"全国写字教育先进实验学校"、"全国书法艺术学校"、"全国书法艺术先进学校"等。

一、健全完善规章制度　严格书写课程要求

领导小组引领，完善管理制度。我校成立书法工作领导小组、教研小组、骨干教师T队，实施全方位、全过程的管理。管理工作要求明确"四全目标"：面向全体、全员参与、全程指导、全质提高。做到"四重管理"：目标定位与领导管理并重、技能训练与素质发展并重、全体普及与部分提高并重、学生提升与师资打造并重。制定和完善《学校写字教育发展规划》、《写字教育教学工作管理细则》、《各年级写字（书法）要求与标准》等制度。做到学年度有规划，学期有安排，月月有检测，周周有布置，天天有要求，不断健全管理体系和评价机制，逐步完善奖励制度，真正做到书法教育常抓不懈。

多种举措并进，内化师生行为。从1996年开始，"天天练"正式走进学校教学课程，成为师生的必练课。每天下午2:00—2:20师生们都在悠扬古曲的伴奏下坚持二十分钟的"天天练"训练，至今从无间断。

我校还精心编写"天天练"教材，制定各年段习字标准。每天检查各班"天天练"的训练情况，每学期依据标准对学生进行写字合格考试。专业的教师、生动的教材保障了书法课堂教学这一主渠道的畅通。"提笔就是练字时"书法艺术逐渐内化成师生自觉的行为。

严格训练标准，培养坚毅品质。在习字的过程中加强学生"双姿"（写字姿势、握笔姿势）训练，实行自测量分，持之以恒，巩固双姿达标率。实行学生写字质量"三个一"动态管理，即"每天一张写字作业批改；每周一次书法之星作业展览；每学期一次写字检测"。上学期书法考核、下学期书法考级，并通过"三个一"的动态管理，掌握每一个学生的写字情况，不让一个学生掉队。

在练字的过程中历练学生，强调"心正则笔正"人正则书正"字如其人。从执笔开始，就要求学生头正体直，心正笔正，力发毫端，在一笔一画中打下良好的经典文化根基，让孩子从写字中感悟做人的道理，彰显"正字立人"校训，并以这种态度对待所有的知识学习和品德修养，培养学生坚强的毅力和持之以恒的意志。

二、课题引领教学进步　培训增强教师实力

"十五"期间我校以《小学生提高写字质量的途径和方法》为课题，研究出突出学生情感因素的实活相济、序格分明、充满情感和意志训练的写字教学有效途径，形成了写字教学"导一演一品一练"的"四字教学模式获首届全国写字教育科研成果二等奖，并在权威刊物上发表，被专家誉为具有广泛的借鉴和推广价值。

开发校本课程，积淀人文素养。我校开发了《书香文韵话书法》校本课程，坚持以书法艺术教育、中华经典美文诵读为载体，用中华民族最优秀的文化熏陶学生，让学生领悟生命的意义，积淀深厚的人文素养。该套校本教材文本获全国中小学校本教材文本评比一等奖。

建构教学模式，提高学习能力。特别是我校在"十三五"期间提出"异步学程视野下的小学生自主学习策略的研究明确"异步学程"、"自主学习"的内涵，归纳教学特点和策略，建构教学模式，形成评价体系，提高学生的学习能力。

研究课堂教学，推进教学发展。在此期间参与国家级翻转课堂教学实践研究，加入"武汉市翻转课堂实践研究共同体成为"汉阳区翻转课堂实验学校探索翻转课堂+书法教育课堂教学模式。构建信息化教育条件下"以教师为主导，学生为主体，练写为主线"的写字课教学模式，其基本框架为"课前导学——课中提升——拔高品评——拓展联动"。学校希冀以课题研究为载体，　引领教师专业成长，形成学校文化氛围，形成学校品牌特色，推进素质教育和谐发展。

加强教师培训，提升专业素养。在书法教育过程中，我校抓住教师这一关键因素，不断强化教师全员培训，着力培养"特长"教师。采取专家讲座式培训、案例引导式培训、校本开发式培训来提高教师的教学教研能力，提升理论素养、书写水平和书写指导能力。一是组建骨干教师梯队。骨干老师1T队（执教能力强，可以示范指导授课方法），骨干老师2T队（书法功底强，能在年组中营造书写氛围，带动老师们的积极性），旨在提高全体教师的书法水平、提高老师的执教能力。二是坚持教师"三笔字"过关大比武。每月上交4幅书法软笔作品、一幅硬笔作品、书写一幅粉笔字作品；培养造就了一批能胜任书法教育任务的教师队伍，为书法艺术教育的长足发展奠定了基础。

三、坚守教学教育初心　开发涵养心灵课程

我校秉承"尚学.养正"教学理念，培养孩子们"胸有文墨虚若谷，腹有诗书芳自华"的气质。以书法为载体，以课程建设为依托，挖掘传统文化所蕴含的美德，在正字立人的背景下，开发了　"书法+……"系列养正课程。

书法+民俗——传承悠久文化，凸显教育特色。多年来，我校坚持开展学春联、写春联、送春联活动，每年春节前夕，我校组织"校书法小人才"来到闹市区或附近的各个社区，开展"雏鹰挥毫展风采，翰墨飘香送真情"公益活动。师生们用笔、用墨、用纸，更是用心来书写春联，表达心声。除此之外，围绕元宵开展学、写、猜灯谜；结合清明用书法缅怀英雄；利用端午书爱国之志等……这些活动既传承了悠久的传统文化，又凸显学校的书法艺术教育特色。

书法+阅读——培养学生品格，促进内涵发展。"胸有文墨虚若谷，腹有诗书气自华"。学校结合古代书法家所书碑帖入手，采取两段式教学。前20分钟里，老师带领学生从识碑帖开始，通过识碑帖、读碑帖、解碑帖、探碑帖，挖掘出碑帖背后的故事、典故、历史；后20分钟，在老师的指导下，开始书碑帖、展碑帖。墨香课程不仅增加学生课外阅读量，更深入走进中华优秀传统文化，通过认知和书写，培养学生品格，促进学校书法特色内涵发展。

书法+党史——体会先辈不易，树立远大理想。今年是中国共产党建党100周年，百年风雨中蕴藏着丰富的革命文化。我校开发的书法+党史课程，根据中国共产党发展历史，把课程分为开天辟地、改天换地、翻天覆地、惊天动地四个阶段。通过20+10+10（20分钟党史讲述，10分钟诗词讲述及感悟，10分钟硬笔书写）的教学，带着学生学党史、悟道理、书党魂、展成果；带着学生研读经典，以墨言志，传承党史之魂。用车站小学独有的模式和方法，激发着学生的主动参与和锐意进取精神，班升级、级到校，步步提升；一笔一画，书写初心。同时，通过深挖宝贵的革命资源，使学生深刻体会到革命前辈的乐观坚强、视死如归，感受幸福生活来之不易，树立为实现中华民族伟大复兴而学习的责任感。

"一枝独秀不是春，百花齐放春满园以书法为依托，我校养正课程中呈现出多元化，古琴、国画、戏曲、围棋、象棋等传统文化类社团课程，充实了"以文养正"的内涵，让学生从优秀传统文化中汲取营养，帮助孩子形成自我与文化相互认同，相互融合的价值观，培养学生良好的道德意识，进而涵养心灵成长。

书法中，凝韵着精神，洋溢着美韵；书道中，蕴藏着哲学，传承着智慧。翰墨育人行路远，桃李不言自成蹊，在书香墨韵浸润之中，我校师生们将会继续修文养慧，在笔墨留芳之间，凝神聚气，让心灵陶冶与升华，让教育静心前行。

补短取长　扬帆起航

——记黄陂六中"扬长教育"之路探索

湖北省武汉市黄陂区第六中学　胡建军　朱晓东　王红胜　辜胜飞

在武汉市黄陂区的政治、经济和文化中心有这样一所学校，经历了60年的风雨，由"黄陂教师摇篮"变成了黄陂区仅有的一所市级体艺特色高中，这就是黄陂区第六中学。从建校至今，学校面对一次次重大历史抉择，勇立潮头，争做先锋，大胆革新，最终在实践中探索出

一条发扬体艺特色的扬长教育之路。

为落实全国教育大会提出的“培养德智体美劳全面发展的社会主义建设者和接班人我校不断调整思路，努力发挥自身优势，以促进学生终身发展为目标，明确了“特色引领，全面发展”的工作思路，将素质教育贯穿教育的全过程，因材施教，发扬学生特长，放大学生身上亮点，形成扬长特色教育。

一、革新教育理念，获得业界认可

学校为了全面贯彻党的教育方针，积极推进素质教育，不断更新教育理念，从“为学生的终身发展奠定基础”到“为每个学生提供适合的教育”再到“全面+特长将发展学生个性、促进学生全面发展作为学校办学理念，使学校走在良性循环的发展轨道上。2018年学校科学制定了《黄陂六中特色高中创建方案》和《黄陂六中2018—2022五年规划蓝图》，树立了“培养一支较为稳定、素质较高的，拥有一定规模的体艺师资队伍”、“学校拥有田径队、篮球队、足球队、合唱队、舞蹈队和打击乐队”、“体艺高考一批录取人数翻一番，超过区内其他学校体艺录取人数总和，并有部分学生被名校录取”等目标，为学校发展绘制了壮丽蓝图。

坚定全校师生理想信念是学校教育理想的起点，学校在党的建设上下足功夫，党建工作室被评为“武汉市教育系统优秀党建工作室“互联网+”党建创新案例2018年被评为“武汉市教育系统十佳创新案例学校“主题教育组织生活会观摩活动”《以“辣”促“醒”、以“辣”推“动”》在今日头条等网络平台引起热烈反响，实现“党的建设打底色、体艺发展创特色、拼搏赶超争出色”的价值追求。1999年为适应教育结构调整，学校改制为普通高中。2006年被评为市级示范高中学校。2013年被评为武汉市学校艺术教育先进单位，是黄陂区田径和校园足球布点校。因特色鲜明，2018年被评为湖北省文化百强校，2020年5月被评为“省级平安校园2021年被评为“武汉市普通高中特色学校”。

学校占地105.8亩，现有38个教学班，教职工213人，学生2100人。教师队伍中，大学本科以上学历的有208人，高级教师117人，市区学科带头人35人，市区优秀青年教师6人，市区优秀班主任28人，体艺专业教师19人，另外还有10名外聘体艺教师。学生中，体育、美术、音乐、传媒、书法、舞蹈等特长生近300名。多年来，学校教育教学质量、办学条件和水平、学生艺术体育素养等，一直稳居全区同类高中学校首位，2020年再次荣获黄陂区“教学质量管理优秀奖”。黄陂六中2021年高考再创佳绩，1.本次报考人数为541人，本科特殊招生过线人数纯文化43人，较去年增加9人。物理类最高分597分，历史类最高分599分。2.本科过线人数382人，较去年增加88人，过线率突破70%。3.艺体（含传媒）双过线人数102人，双过线率突破80%。其中，音乐类折合分最高分707.8分，680分以上有5人，均有望被985高校录取。叫响了体艺特色学校的品牌。

二、精攻术业，收获教育佳绩

为促进扬长教育取得长足进展，学校在课程研发、教师队伍培养上下足功夫，做到课有所精、师有所长，坚持“两脚走，两手抓围绕课改走素质教育之路，抓体艺体验；围绕高考走特色崛起之路，抓体艺课堂。2018年以来，学校真正做到“一年打基础，二年有突破，三年见成效校园天天有歌声，期期有作品，人人有特长，处处有活动，创造了六中佳绩。

（一）课有所精

学校为了发展学生特长，提高学生艺术水平造诣，积极开展课程改革，设置综合实践活动选修课和“精彩周五”社团活动课程，推广“1357体艺课堂教学模式”(每周一、三、五、七作为学生艺术课程选修时间)，使学生的课程精上加精，细上又细，并立足学校实际开发了“五环人生”、“笔墨丹青”、“琴瑟和鸣”、“楚风陂韵”、“乡土戏剧”等体艺校本课程。同时，学校以体艺特长生为主力军，细致、精准地为学生安排了丰富多彩的课外活动，通过校园体育节、新生艺术节、元旦文艺汇演等活动平台，给体艺学生充分的表演锻炼机会。2019年，学校4名师生参加中国关心下一代工作委员会体育舞蹈总决赛暨国际体育舞蹈邀请赛，全部斩获一等奖；心理剧也获得全市之冠的好成绩。学校一百多名学生考入华中科技大学、中南大学、华中师范大学等“双一流”大学，成为黄陂区田径和校园足球布点校，学校教育教学质量、办学条件和水平、学生艺术体育素养等，一直稳居全区同类高中学校首位。

（二）师有所长

教师队伍水平是决定学生成就的关键因素，学校充分利用校内外资源，集全校之力提升体艺教育工作的品位和效能，扎扎实实做好教师队伍建设工作。目前，教师队伍中具有大学本科以上学历者200人，高级教师89人，市区学科带头人21人，市区优秀青年教师18人，市区优秀班主任28人，体艺专业教师19人，另外还有10名外聘体艺教师，成为全市同类学校中队伍极强的学校之一。

首先，增强体艺教师科研能力。倡导体艺教师参与课题研究，结合学校省级课题“扬长教育模式”的研究和“多元化评价”改革实践，学校提倡体艺教师做有理想、有激情、有幸福、有诗意的“四有教师形成了“教有特色，教有风格”的优良教师群体。

其次，提高教师业务能力。学校定期组织教师阅读教育名家大师的书籍，提升教师职业品位，鼓励体艺教师通过校本教研，促进专业成长，突出了研究的实效性，激活了教师们的教育思维，倡导教师积极参加一年一度的优质课教学比武活动和“专家进校园”教学研讨活动。目前，学校先后安排全校体艺教师到全国各地进修培训或网络国培，校园网站上已经展示了体艺教师校本教研活动的简讯数十篇。

最后，营造和谐教学氛围。学校聚焦体艺教师，始终坚持在政治上引导人、思想上教育人、业务上锤炼人、体制上激活人、生活上关心人，努力将教师的成长需求与学校发展紧密结合，网络交心、短信传情、卡片寄意、喝茶谈心，事虽小却温暖着学校的每一位教师。学校语文、外语、音乐教师共同创作表演的三句半节目《学习强国平台好》获得表彰，为全省仅有一家获得“2019年基层理论宣讲荣誉的先进集体”作出贡献，这就是六中教师创造的优秀成果。

三、先进硬件环境，保障全员同频共振扬长教育

学校的发展，离不开物质保障。在抓教学质量的同时，学校也抢抓新机遇，争取新突破，积极寻求政府和上级教育主管部门在政策、师资、建设、经费等方面的支持，为学生创造良好的物质环境，为学生的锦绣人生铺路奠基。

学校将每年的公用经费，用于体艺教育的不少于总经费的10%，学校不断购置更新体育、音乐、美术等相关器材，为参加体育训练和比赛的师生购置商业保险；2019年，学校承办了武汉市传统体育项目学校田径运动会，收到良好效果，获得业内人士一致赞赏。走在六中的校园里，会看到耗资1000万元建造的规范的400米塑胶田径场，会看到投资500万元建成的一流的艺术楼，会见到投资1400余万元即将落成的室内体育馆，会见到破土动工的投资100万元的风雨跑道，这一切基础设施建设都将承载学生的艺体之梦，成为成就学生成功人生的起点。

“新时代是奋斗者的时代突如其来的新冠疫情却打乱了奋斗者们的脚步，也打断了学校正常的教育教学节奏。越是艰难，越要勇敢；越是挑战，越要向前。“封城”期间，学校充分利用线上平台，与全校教职员工一起，群策群力，做到疫情防控和教育教学两不误，成为时代华章的伟大书写者。

（一）集全员之力保障教学

学校从财力、物力、人力各方面统筹安排、通盘考虑，教师们不计报酬、忘我奉献、献计献策；学生和家长积极配合、自我约束。从网络平台的搭建、教育教学的落实、作业考试的诚信、学生作息考勤的督查、心理问题的疏导等方方面面扎实推进。体艺教师也按照学校和年级组的统一安排，及时穿插一些适合在家进行的体艺小活动，鬼步舞、跳绳、眼保健操等齐上阵，缓释学生长时间网络学习产生的不良情绪，使学生从网上学习的兴奋期、疲倦期顺利地过渡到平台期，有效地配合了线上教学。同时，体育教师对体育生进行线上专业训练指导和考核，尽量避免因缺乏室外大运动量训练而导致的身体素质下降，为体育高考做好准备；艺术教师则督促艺术生加强文化课的学习，并为部分参加校考的学生录制考试视频提供线上咨询和指导。虽是临危却不乱，勇往直前，有序备考，创造学校高考新突破，共有80人被一本院校录取。

（二）常态化做优疫情防控

体艺活动和教育教学随着2020年4月“解封”、5月“复学”、9月开学井喷式发展，体育、音乐、社团活动、兴趣小组一项一项开展起来，中小学生田径选拔赛、区羽毛球比赛、全市校园足球联赛、区全民健身运动篮球半场对抗赛等一项一项参加起来，在防疫管控常态化的特殊时期，六中人，迎难而上，推进扬长教育更上一层楼，实现学校高质量发展。

始于理想，成于实干。补短取长，扬帆起航。黄陂六中用情、用心、用力培根铸魂、启智增慧。体艺之于我校既是一种历史的积淀，又是一种教育的情怀，更是一种育人的信仰。博观约取、厚积薄发，六十年风雨同舟，三十载立德树人，于改革之中描绘伟大蓝图，于重任之下实现育人佳绩，于国难之时书写时代华章，于冉冉时光之间成就锦绣人生。

立德树人，提升办学品位

湖北省武汉市黄陂区木兰乡塔耳中学　陈和平

黄陂区塔耳中学坐落在闻名遐迩的木兰山东麓、水丰鸟美的木兰湖西岸。创建于1958年，在半个多世纪的风雨历程中，学校经历多次跨越式飞跃发展，积淀了厚重的老区红色文化和木兰忠孝传统文化底蕴，不断丰富学校发展内涵。

依托深厚的历史文化底蕴，塔耳中学坚持“践行忠孝、自律自信、激发潜能、张扬个性”的办学理念，以“为学生服务，让人民满意”为办学宗旨，始终将“文化立人，德育树人”作为特色办学的方向，努力实现“求创新、争品牌、谋发展、高质量”的奋斗目标。

一、有条不紊提高教学质量

质量是学校的生命线，是学校持续发展的动力源泉，学校始终将教学质量摆在工作的首位，始终坚持三个年级一起抓的理念，牢固树立全体教师的目标意识、质量意识，将教学成绩与评优评先、绩效考核挂钩。

更新理念，提升学校办学品位。借助均衡化发展的契机，学校校园面貌、办学条件均得到了改善，在第三方专家三年的悉心指导下，由以前的面向全体学生改变为关注每一位学生。正是有了这些活动的推动和促进，教师们学习的积极性提高了，工作的能力得到进一步的提升。

行动研究，增强课堂教学的科学性。依托校本研修、课题研究，提高教师课堂教学的实践能力，提高教育教学资源库的校本化水平。切实开展行动研究，深化对“问题即课题”、“行动即研究”、“改进即成果”的理解，积极撰写教学设计、教学案例、教育叙事，深入探讨教学规律，为课堂教学改革注入不竭动力。

典型引路，提高教学的实施水平。发挥典型学科的辐射作用，积极创造条件，增进学科间交流，实现改革共赢。发挥典型教师的带动作用，培树一批理念先进、改革意识强的教师作为课改骨干，率先垂范，探究改革。

考核评价，提高课堂教学的实效性。创新考评机制，扎实开展课堂教学成果评选、交流活动，及时推广典型经验和优秀成果，对在课堂教学中涌现出的先进集体和个人进行及时表彰和奖励。

二、忠孝文化融入校本课程

“忠孝文化”促学校特色发展，得益于特殊地理位置，塔耳中学有着厚重的地源文化底蕴。木兰“忠、孝、勇、节”的文化精神传承千年，作为木兰乡唯一的一所本地初级中学，继承和弘扬木兰文化责无旁贷。同样，木兰乡这片红色土地，先后走出了杜义德、陈福初、袁学凯、李大清、张广才、方明胜、雷震等开国将军。为此，学校充分利用这一厚重的教育资源，着力打造办学特色。

自2000年起，学校就将木兰传统文化教育和红色传统文化教育列入学校德育教育的重要内容。学校深挖文化教育资源，编写特色教材，建立教育基地。通过多年的教育实践，不断挖掘木兰传统文化和木兰红色文化的内涵，并编写出两套地方特色教材，即《木兰魂》、《红色木兰》。同时学校还建立了“木兰将军墓”、“木兰广场”、“祠堂湾中华苏维埃政府遗址”、“冷元成烈士墓”、“木兰明清博物馆”、“大余湾古建筑群”等教育基地。

三、实践党风廉政师德教育

为将特色教育落到实处，学校以红色传统文化内容为主，开展党风廉政建设教育和师德教育活动。培养教师热爱家乡、扎根家乡、奉献家乡教育事业的精神和情怀，同时对学生进行爱国主义教育、前途理想教育、爱家乡教育、艰苦朴素等革命传统教育。

以木兰传统文化内容为主，对学生开展“忠、孝、勇、节”的教育活动。结合木兰旅游文化景点和校本教材，扎实开展形式多样的木兰传统文化和木兰现代旅游文化教育活动，丰富学生业余生活，提升学生综合素质。下一步，学校将以地域文化作为学校文化的底色和根基，进一步充分利用木兰忠孝文化和红色文化的优势，围绕“忠孝教育与学校德育”、“忠孝教育与学科教学”、“忠孝教育与实践活动”、“忠孝教育与学校管理”等方面进行深度思考与研究，传承优秀传统文化，将现代科技、现代信息、人文素养、生态文明、心理健康融入忠孝教育之中，以地域文化滋养木兰忠孝文化，以现代文化提升办学品位。

立德树人，提升办学品位，这是现代化教育发展的趋势。塑造学校品牌价值，教育需要与时俱进，才能获得长足发展。学校依托当地传统文化，发展特色教育，回望过去，卓绝的努力初见成效，展望未来，我们将携手共进，继续谱写华丽的篇章。

做有情怀的教师，办有温度的教育

湖北省武汉市育才汉口小学　王晓芹

武汉市育才汉口小学成立于2007年，十多年的不断打磨，学校在的办学实践中，经历了从名校办分校到剥离的这样一个艰难的办学探索，经过不懈的追求，做到了名校品牌不倒而且独具光芒，成为老百姓家门口的好学校。学校针对不同的学生探索出不一样的教育方法，不同的温度对待不同的孩子，用不同的温度烘焙出不同的生命厚度，营造有温度的学校环境，让不同的生命拥有不一样的精彩。打造了温馨教育教育品牌，形成了一种文化自觉——做有情怀的教师，办有温度的教育。

一、营造丰富的校园文化，滋养师生生命力

“十四五”期间学校将在“三园文化”——“香樟树下的书香校园、人文关怀下的温馨家园、灵性流淌下的成长乐园”基础上进行文化升级，以“水润汉口，美好陪伴”为总体定位，丰富完善因水而生的育才汉口校园文化。

打造润物无声的“场域文化形成学习无边界的成长引力场”。

打造上善若水的“团队文化形成如水滋养万物却不居功，形成包容而有力量的教师团队、管理团队”。

打造细水长流的“深耕文化着眼教育的长期主义，深耕课堂”。

打造滴水穿石的“育人文化坚持培养学生良好习惯”。

打造视野广阔的“学习力文化营造书香校园，构建师生阅读体系”。

打造师生共成长，家校同育人，形成团队共同体的“伙伴文化实现美好陪伴——师生共成长，家校同育人”，突显学校情智育人、温馨教育特色。

二、让文化在实践中升华，涵养师生美好情操

文化是学校的灵魂，管理是学校的根本。温馨教育的实践首先是学校管理的情智化改造，学校通过科学管理、民主管理和人文管理，实现了管理的高效高质、细致细微。学校还将独特的管理智慧凝练成颇具特色的温馨管理文化:“以情立德，以干立功，以诚立言让管理充满了浓浓的人文情怀。

（一）管理从“关爱”开始

学校秉持“以人为本”的教育本原则和基本信仰，将教师视为弥足珍贵的财富，通过丰富多彩的活动努力创造教师个人的精神价值空间:“寻找美丽瞬间”活动，讲述教师的爱生故事，再现教师的爱生情怀，让老师们明白了教育是细活慢动作，充满了爱的魅力、艺术的技巧；“我欣赏的教育同行”征文比赛，点亮教师的敬业形象，让一个个平凡的教育案例在文字中无痕地流淌；“育才汉口故事”的讲述和“了不起的育才汉口人”的挖掘让老师们尽情享受同行的教育智慧，尽情分享教育所带来的愉悦……精彩纷呈的活动，凝聚了教师群体的心，形成了以激情带动激情，以优秀引领优秀的温馨家园。

（二）制度在“走动”中落实

学校倡导走动管理和现场管理，抓三大环节，即“问题发现—问题整改—问题回访坚持“设计—执行—督查—反思”四环管理和周清月结制。学校要求党员干部摒弃办公室工作作风，每天做到“3个必访”：30个教学班必访；8个办公室必访；自己所联系的年级组必访。必访要求带着目的倾听，带着方法咨询，掌握第一手资料，解决工作中的困惑，提升工作效率。

（三）文化在“交流”中突破

学校在原有的家长委员会管理制度下成立有社区、家长代表参加的学校管理委员会，欢迎与学校相关的热心人士参与学校管理，学校还在“千名教师访万家”、家长开放日活动基础上，形成了家校互动机制，让家长了解、参与学校工作，把学校的教育思想和做法送上门，把家长的育子愿望和学校的育人目标统一起来；把“优质+特长”的人才目标送上门，使学生的个性特长得到真正的发展，以寻求合力，实现育人功效，促进家校关系的进一步融和，提升人民对学校教育的满意度。

三、文化引领让学校工作成效明显亮点突出

育才汉口小学是一所年轻的发展中的学校，是一所以大爱精神谱写教育故事的学校，14年的温暖守候，形成了“温馨教育”办学特色，为后湖新城老百姓提供了满意的优质教育。正在不断提高教育教学质量，以满足人们不断增长的对美好生活的向往，让温馨教育的温度和芳香能传递到辖区居民，与学校同呼吸共命运，学校温馨教育品牌在学生生命成长中发挥着润物细无声的作用。

教师的发展——学校为教师创设适合专业发展的平台，在师能培训匠心梦工厂的讲坛上学校为每一个有匠心的教师筑梦，教师们也用敬业、精益、专注和创新诠释着爱的力量：李华老师的识字教学理念“人生聪明识字始”、陈俊老师的写字教学三步骤、武陈敏老师的作文教学循序渐进、刘绚老师的语文与信息技术整合技法、洪爱武老师的作文批改三读三改、舒维维老师的书写习惯培养、陈潇睿老师的提高教育合力等好的经验分享，为教师们抛出了一个个鲜活的教学案例。范丽、李丽等多位老师在全国新技术新媒体比赛、全国NOC创新实践评优大赛中获奖；陈诗梨老师在全国第二届STEM+创新教育学术交流研讨会上作《Scratch课程开发中融入STEAM创客教育理念的理论与实践初探》论文分享，并获得最佳论文奖。李华在“全普通话文课堂改革观摩研讨会”执教展示课《雾在哪里》获得好评。近十名教师走出江岸区、走出武汉市，在全国的教师教育教学研讨和比赛中崭露头角，一批优秀教师在专业发展上起到了示范引领和辐射作用。

学生的成长——课程实施促进了学生个性化成长，学校的综合实践课程以科学起航、人文润泽的思路，确立了学科与拓展、艺术与欣赏、科技与创造、运动与健康四个门类，30余个内容正式固定下来，供学生选修。在课程的设计上学校统一部署，每周四做到每个年级课程不同，每个教室课程不同，让全校的学生都参与进来，动起来。将课程的选择权交还给学生，采取走班式教学，让学生主动学习，从而促进学生综合素养的提高，以课程的思想引领学生成长，学生在课程中自由徜徉，以学生为本的课程服务，为每一个学生提供了适合的教育。学校这些创新的举措曾被武汉晚报头版头条报道。

学校篮球队通过刻苦训练在江岸区篮球联赛中获得第一名的好成绩。2015年学校被授予武汉市足球特色学校，并在江岸区学校足球工作现场会上做了大会经验交流。2017年学校举行了育才汉口小学精英足球俱乐部的成立仪式，受到家长和足协、教育局等诸多领导的赞扬，2021年在武汉晚报杯小学足球比赛中获第四名，在学校宽阔的操场上每天早上和下午都活跃着运动员的身影，两球辉映显特色。校合唱队银铃般的歌声在区内蝉联多次一等奖，今年被推送参加黄鹤艺术节，琴台音乐厅回荡着育才汉口小学原创歌曲《温度》观众掌声经久不息、获得满堂彩！老汉口新育才的校园生活场景深深地吸引着观众。

学校成果——只有大家兴旺了，小家才会幸福美好。同样的道理，只有学校强大了，教师才有尊严，学生才会自豪。树立学校品牌意识，用师生最美的陪伴，营造学校良好的社会美誉度。“以人为本，温馨施教”成为学校教师的行动准则；“我是汉口伢”的校本课程研发和实施，充分体现了学校的办学理念；多本温馨故事集，讲述着发生在校园里的故事，无论是小确幸还是长时的感动，都是学校“温馨教育 品质生活”的写照。学校先后荣获“全国德育工作先进学校”、“湖北省语言文字示范学校”、“武汉市十佳师德建设先进集体”、“武汉市生态园林学校”、“江岸区质量管理示范校”等荣誉，近年来接待来自省市兄弟学校和同行们的参观交流10余次，接受《湖北教育》、《长江日报》、《武汉晚报》、《成才》、武汉电视台、武汉教育电视台等多家媒体及教育核心刊物的专题采访，极大提升了学校的社会声誉。

办特色幸福校园 为学生人生奠基

湖北省武穴市大法寺镇杨桥中学 雷利军

仲春时节，徜徉在我校的校园中，盛开的鲜花、整洁的教室、友善的同学、热情的老师、真诚的微笑……尽情感受幸福氛围，真心体验幸福教育，“幸福杨中”一派生机勃勃。

——题记

我校创新“幸福教育”品牌，以“厚德 博学 笃行 至善”为校训，以幸福校园为载体，着力构建幸福课堂，打造幸福食堂，建设幸福宿舍，推出幸福连线，享受幸福奖金，感受幸福校园，为孩子的幸福人生奠基。

一、构建幸福办学理念 提升师生幸福指数

小隐于村野一隅的我校，曾承载一代又一代百姓期望，曾育化一批又一批能人志士。

确定幸福办学理念，创造感受幸福气息。2019年，雷利军担任我校校长一职，在调研学校的历史、环境、人文底蕴，与老师座谈交流，分析学校的现状之后，一幅学校教育的未来蓝图逐渐在脑海中呈现。在雷校长看来，一所学校，无论是什么特色、什么优势，其办学思想都应建立在以学生发展为本位、以师生幸福成长为旨归的基础上。教育是为了实现学生健康幸福的人生，以实现教育的真谛，达到教育的归宿，就是未来的幸福。让师生在体验和创造中感受幸福的气息，使幸福成为学校的教育方式、师生的生存方式。

坚持师生健康成长，打造品位幸福校园。坚持“为每一位学生提供高质量的教育、促进每一位学生健康成长”是办好学校教育的出发点，也是落脚点，要办尊重生命的教育，使每一个学生能够更健康、更幸福地成长，努力把学校打造成一所有责任、有活力、有品位的幸福校园。“有责任”是打造幸福校园的基础，也是勾画“幸福杨中”美好蓝图的“底色”。教师有了责任感才能富有爱心，不失教育底线；学生有了责任心才能主动成长，不断前行。学生的幸福观、幸福品质和幸福能力主要从教师这里获得，教师的幸福因子将直接传递给学生。

加强教师培养管理，提升教师职业幸福。我校清楚地认识到提升教师的职业幸福指数尤为重要。始终把加强对教师的管理和培养放在首位，倡导“以为人父母之心，行为人师表之实不断优化各项制度，营造宽松和谐的教学文化，邀请专家进行讲座互动，通过课堂教学大比武、青蓝工程等方式，着力提升师德师能。定期组织开展各类文体活动，让教师在与学生的共同成长中，感受到真正的充实和幸福。

二、创设打造“幸福课堂” 打造师生幸福乐园

什么是幸福教育？如何提升教学质量，着力创设幸福人生图景？我们一直在思考，在探究。于是，我校结合“幸福教育”的办学思想，制定了幸福课堂实施方案。其中，该校以课堂建设为立足点，从幸福人生的五个维度“德”、“智”、“体”、“美”、“行横向构建适合学生和学校发展的“幸福课堂”。

注重言传身教，倡导敬畏课堂。注重课堂上的言传身教，遵循不备课不上课的原则，杜绝随意课堂，精细课堂用语，校长带头进课堂，向课任老师预约听课。

强化教育措施，打造高效课堂。教导处制定听课计划，全体教师每学期必讲一次公开课，骨干教师展示示范课，新任教师上好过关课；积极参加城、镇组织的教研活动，课前做好充分准备，钻研教材，向老教师讨教教法，不断修改课件，打磨教案，力求臻于完善，以点带面，推动全校教风蓬勃发展；积极争取市教科院的支持和指导，邀请市教科院领导来校开展视导工作，通过听评课，问诊把脉；教科院帮助联系武穴市先进学校，同课异构，教育帮扶，为学校进一步提升办学水平提供有利的平台。

尊重学生个性，创设特色课堂。以凸显学生能力的提升，结合学科特点，提高学生核心素养。特设专职音乐教师、专职体育教师，特聘书法教师。围绕武穴市教科院特色创建活动要求，每班选定一特色，利用课后服务时间，或诵读，以提高阅读传统文化经典的素养；或唱跳，以提高艺术欣赏素养；或操练，以提高强身健体的意识；或书写，以提高对中国汉字书写的重视……

我们认为，教育即生长，生长就是目的。“幸福课堂在培养学生自主学习能力的同时，促进知识的增长、学生的生长、教师的成长，让课堂成为师生共同成长的幸福乐园。

三、坚持立德树人实践 培育师生幸福情怀

国无德不兴，人无德不立。

坚持立德树人，推进五育并举。近年来，我校坚持将“立德树人”贯穿育人全过程，不断深化“五育”并举的根本任务，通过开展系列化的德育活动，有序开展“五育合一”实践探索，推进德育、智育、体育、美育、劳动教育有机融合，培养德智体美劳全面发展的中华好少年，培育立德树人的“幸福情怀”。

多样德育活动，弘扬爱国情怀。“身着军装的他，昂首挺胸，左手高擎炸药包，右手紧握拉开的导火索，英勇无畏，气壮山河。他就是年仅19岁的，全国著名战斗英雄、模范共产党员董存瑞……”3月份开始，我校推出了庆祝建党100周年系列活动，这是我校学生宣讲红色小故事的一个场景。

事实上，像这样的“红色教育大片我校每周都在上演。每周一，学校充分发挥“升旗仪式课程化”的育人功能，由各个班级轮流主办升旗仪式，以表演歌曲舞蹈、品评百科知识、朗诵精彩诗文、演绎传统文化等多种形式，弘扬爱国主旋律，培养时代好少年。

扎实开展活动，营造育人氛围。我校扎实开展爱国、爱党教育，教育学生从小听党话、跟党走。3月份追梦想树信念教育、4月份文明礼仪教育、5月份劳动最美教育、6月份自信教育、9月份感恩教育、10月份的爱国教育……这是杨桥中学推行的“月月教育，每月一主题”发挥育人功能的一个缩影。同时，鉴于我校是一所寄宿制学校，学校建设留守儿童网络连心室、定期开展女生生理卫生和心理健康教育讲座、“心里话悄悄说”活动、班主任每周进寝室与学生进行一次谈心……我校推出的幸福连线，让留守儿童享受到了别样关爱。

重视文化建设，培植感恩情怀。为强化校园感恩文化建设，在学生中培植感恩情怀，培育感恩素质，增强学生的感恩意识和践行感恩行为的氛围。我校还建立助学基金，奖励上进优秀的学生，资助贫困勤学的学生。让学生在受助后积极面对人生，引导学生在受助后学会知恩、报恩、施恩，培育“幸福情怀”。

结语

如今的我校，处处透射出浓浓的幸福氛围，一个自强不息、务实发展的幸福团队，一所彰显特色、独具魅力的幸福学校，一个日新月异、充满生机的幸福未来，正以全新的姿态展现在人们面前，踏着“幸福教育”的节拍，幸福里杨中人一路奋勇前行……

坚守教育初心 让生命精彩绽放

湖北省咸宁市咸安区梓山湖北大邦实验学校 纪曹文

梓山湖北大邦实验学校位于美丽的温泉之都湖北咸宁，以其独特的地域文化吸引着无数人的目光。学校始创于2017年，经过四年的建设与发展，在立德树人、课堂教学、学生发展、课程改革上已初具特色，积累了宝贵的办学经验。

坚守教育初心，开风气之先，北大邦实验学校以“不积跬步无以至千里”的决心开创出辉煌篇章。

创新德育形式 落实立德树人

我校自成立以来，一直走“立德树人、特色兴校”之路，赢得了社会及各级部门的高度肯定。在校园内，吸引学子们全神贯注投入的不仅仅是课堂教学和课外阅读，每天下午丰富多彩的育人课程，如国学、书法、音乐、美术、体育、围棋、电脑、舞蹈课程等，同样让他们开心、乐学不已。

此外，我校积极开展暮省一刻，这是班级德育工作、学生自治管理的一个小舞台、大亮点。每天晚上回寝入睡前的暮省一刻，由班主任或班级会长主持。在这十五分钟里，同学们自动围圈，把这一天里想要感谢的人和事说出来，或者针对班级发生的某件事情提出自己的看法和建议。

在我看来，暮省一刻，可以让孩子们明事理、知感恩、改过错，让他们真正成为“社会人”。德育只有学生化、生活化，才能触动心灵、焕发出生命的活力。积极探索生活德育，始终追求正面管教“和善而坚定”的德育工作原则和“以生活为魂”的德育实践模式，是我校一直追求的美丽风景、美好意境。是从“小事”做起、据“实际”而行、作“有效”之为。

打造学品课堂 实现高效育人

课堂是学校教育的主阵地，我校积极构建“三力源——学品课堂倾力营造以学生为主体、教师为引导者的课堂教学氛围。

在这里，传统的课堂教学不复存在。取而代之的是“以学生为主体、学习为中心”。此时，教师不再是课堂的垄断者、主宰者，而只是学生学习过程中的引导者、发现者和合作者。课堂上，每班教师平等地穿行于课间方阵中，融入学生的学习生活中， 摒弃传统的“注入式”教学，更多地呈现出“互动式”、“发动式”教学场景，从而使教师的引导点拨、追问诱思、调控服务，成为课堂教学的一部分，并为学生在课堂学习过程中独立自学、小组合作、集中展示创设了情境氛围。在这里，学生可随机调整自己的课堂姿态，如独立自学时，坐姿端正，紧张投入；小组讨论时，可站可坐可走动，可参与到别组，呈现出多姿多彩的课堂场景。但无论怎样的姿态，课堂上均要求学生动作规范：听，聚精会神，静心倾心；说，落落大方，条理清楚；读，字正腔圆，入情入境；写，美观工整，快捷清晰。在自由和谐的环境中养成良好的行为习惯。

传统讲台已不复存在，取而代之的是教室前后两面墙上的两块大展示黑板和电子触控黑板，以及整个教室窗户以下的墙裙黑板，按班级人数分割出的无数块小黑板，让每个孩子都有自己的一块展示阵地，用于锻炼书写能力和学情过关检测。在这里，“我的地盘我做主孩子们可以在黑板或展示板上写下自己发现的问题，以及解决问题的办法，与其他同学分享交流。

在积极推进高效课堂的同时，我校倡导书香校园建设，以书籍浸润学生的心灵。学校在图书馆、教学楼大厅以及各楼层的阅读空间都放置了大量课外书籍，内容涉及人文、科学、艺术等方面，以供学生们随时随手取阅。课外阅读渠道拓展学生的知识面和信息量，让他们接触到课堂上所接受不到的知识领域，补充课堂学习不足，既能调节学习兴趣，陶冶情操，也能增强人文素养，提升写作能力。大量不同种类的书籍，包含着丰富的政治、经济、文化、宗教、哲学、历史、地理等知识，正好满足了学生学习过程中的多样性需求，涵养学生品性，启迪他们的心灵。

推广成功模式 结成课改联盟

经过三年的发展，我校“三力源-学品课堂”有了有目共睹的喜人成果。因此，我校继而着力于建设全国高效课堂教师培训工作，发挥课改引领辐射功能，开展对外教师交流培训活动，推动咸宁地区乃至辐射省内外学校课堂改革的发展。

截至目前，共有来自浙江衢州、山西襄垣教育、湖北黄梅以及咸安区20余所中小学的语数英老师分批来到我校观课交流。教师们通过“听、看、问、议、思、写”等形式，真真切切地走进高效课堂，体验高效课堂（北大邦三力源-学品课堂）的精髓与巨大魅力，颠覆了老师们对传统课堂的认知，转变了教学观念，了解了高效课堂的实际操作方法，他们纷纷表示回到自己学校的课堂去进行课改实践。

咸宁市教科院、咸安区教研室的教育专家到校视察后，咸宁市教科院汪洋书记表示，北大邦的新课改教学模式在咸宁地区属首创，让人耳目一新。这种课堂模式锻炼了学生的口才，培养了学生的自信，增强了学生自主学习能力，有助于学生进入高中阶段后自学能力的培养，能让学生终身受益。北大邦的学生文明有礼，体现了很高的综合素养。

可以说，我校高效课堂及德育工作的特色化开展，得益于学校有一批精英型教师队伍。学校现有教师队伍由经验型骨干名师（含咸宁地区十名名师）、国内知名院校优秀毕业生、集团内部名师资源组成。形成多元化的，不同地域、不同学校、不同学科、异质人才交汇的集团化办学优势。我校自开办以来，2020、2021连续两届中考，学校初中部在鄂高、咸高上线率全区第一；公办普通高中达线率96%以上，为全区第一；中考三率和（平均分、优秀率、及格率）排名均位居咸安区第一；中考三线（鄂南高中、咸宁高中、普高）上线率位居咸安区第一。

“以学生为主体，以学生为中心”视野下的北大邦实验学校，课改成效显著、学生素养全面提升、学校特色鲜明。北大邦实验人将兢兢业业进一步完善课改模式，提升德育实效，用心血和汗水谱写爱的乐章，为把学校创建成为现代化、标准化的品牌学校而不懈努力。

弘扬舞龙文化，激扬民族精神

湖北省襄阳市樊城区太平店中心小学 李宇 章经明 东俊艳 胡梦莉 陈真

“横戈百兽，推狮为首，千古华夏，唯龙独尊”.龙狮运动是我国优秀的传统体育运动，更是中华民族传统民俗中宝贵的非物质文化遗产。龙是中华民族的图腾，是中国特有的一种文化，是中华精神的象征，引领着中华儿女不断奋发图强、开拓进取。我校为弘扬中华传统龙文化，激发学生的爱国情怀，促进学生的身心健康发展，从2014年起，开展了特色舞龙少年宫活动，逐步将舞龙纳入学校特色校本课程。

学校在2014年申报了省级课题“民间传统体育课程开发与实践研究并在校内开展了舞龙等传统体育教学项目，成立专班对课程进行研究，各学科教师通力合作，学校的传统体育课程开办的有声有色，在运动会或其他大型比赛演出节目中，均能看到我校学生的出色表现。

一、课题研究目标

我们通过舞龙动作学练和套路排练增强学生的力量、灵敏、耐力、柔韧等身体素质，磨炼学生的意志品质。通过舞龙课程的教学让学生逐渐了解、理解民族文化，有利于民族文化的传承，培养学生的爱国主义精神。

在课程中，我们通过分组探究、演示成果、相互评价等形式引导学生积极参与小组学练与探究，注重友好交流，养成善于观察的习惯，形成团队协作的氛围。培养学生的组织能力和健身实践的能力，体验健身乐趣，为学生终身体育打下基础，使学生在既轻松、又紧张的环境中个性得到充分的发展，自信心得到增强，培养学生社会适应能力和责任感。

二、课题研究内容

理论学习，了解祖国龙文化悠久和意义。关于龙的认识。中华大地是龙的故乡中华儿女是龙的传人。在广袤的大江南北，以龙命名的事物、诗词、生活中常有出现：但使龙城飞将在、大水冲了龙王庙、鲤鱼跳龙门、端午节划龙舟……不论是传说中的，现实中的，有形的、无形的到处可见，中华民族对于“龙”情有独钟。龙作为中华民族的图腾是一种精神、一种祝福，也是华夏民族勇敢、拼搏精神的象征。几千年来，龙文化一直贯穿于中华民族漫长而复杂的发展历程，在宗教、政治、文学、艺术、民俗等各个领域充当着十分重要的角色。龙，是中华民族团结凝聚的象征；龙文化，揭示了“团结就是力量”的深刻真理。

技术学习，做好教学活动准备做到胸有成竹。舞龙活动没有现成的教材，执教教师要根据学生年龄特点和舞龙招式来展开教学，要充分利用课余时间进行教学备课，着手培养执珠人即龙队指挥人，认真把舞龙的跳、游、穿、翻、腾、跃、滚、戏、缠、组图造型等动作和套式分解到每一次活动训练中（腾、跃、滚、戏、缠、组图造型难度大留下学期学习），在教学中采用先看后学，边看边学，手把手指导、切磋体会，磨合巩固等方式，让学生乐学、愿学、爱学。当跳、游、穿、翻这些动作基本成型后用龙模型来组队磨合练习，一个简单舞龙雏形出来了。

三、课题实施规划

以一学年为例：9月初学校制定选拔方案并安排部署，做好选拔社员工作；制定训练要求和纪律，保证活动的顺利开展；选择认真负者组织能力较强的社员担任组长，协助辅导老师活动过程的管理和分工。

9月，学习徒手舞龙跑动技术练习（跑圆场 跑斜圆场 滑步行进上下起伏行进等），持龙技术、换把、持龙直线行进练习；10月，学习游龙、跑圆场、跑斜圆场、上下起伏行进、曲线行进；11月，学习单边起伏小圆场、快8字舞龙、矮步跑圆场越障碍；12月，学习并掌握原地单边起伏练习、原地8字舞龙技术动作，能较好地完成动作。

1月，提高动作技术的熟练程度，以及协调配合能力；2月，将所学动作技术组合起来，使学生能更好地将单个动作连接；3月，学习组合，并掌握动作要求要领；4月，学习技巧动作，使其对学生的舞龙技术有一个提高，并较好地掌握造型动作，能将造型动作完整的呈现出来；5月，将所学动作连成整套动作，进行练习。提高学生整套动作的技术质量；6月，复习组合动作、造型动作。

四、课题研究成效

通过开展“舞龙”活动，不仅锻炼了孩子们的身体，而且激发了孩子们舞龙的兴趣，还培养了孩子们了解中国龙、热爱中国龙的情怀。学校开展“舞龙”活动先是在学校一年一届的艺术节中展演，接着在太平店镇一年一届的元旦文艺汇演中表演，然后在樊城区一年一届的体育运动会开幕式上助兴，最后在襄阳市乡村少年宫特色项目展演中展示。2020年7月，《新时代少年擎巨龙舞雄风》获湖北省乡村学校少年宫特色项目优秀案例二等奖。我校舞动出来的奇迹并没有因获得佳绩而驻足自赏，一大批青年教师纷纷加入舞龙等传统体育项目的教学行列中，并参与传统体育校本课程开发与编排。

文化自信是社会主义精神文明建设和实现中华民族伟大复兴的动力源泉。在当前多元文化和价值观交流、碰撞的背景下，我们需要积极发掘传统文化中的时代价值，以习近平新时代中国特色社会主义思想为指导，让传统文化与现代价值相承接，从而不断增强人民的文化自信。让传统文化代代传承，在传统文化中，激扬民族自信！木欣欣以向荣，泉涓涓而始流。六年多以来，我校的舞龙运动从无到有，从有到优，从优到精，渐渐成了学校的特色，很好地传承了我国的龙文化，深受社会各界的认可。千淘万漉虽辛苦，吹尽狂沙始到金。一条威武的巨龙在我们的校园里舞动，它追着龙珠时而翱翔、时而俯身、时而翻腾、时而盘旋……向着朝阳腾飞，朝着希望飞跃！

雅“竹”共赏　竹韵悠扬

——记长坪完全小学打造竹文化校园特色工作

湖北省襄阳市南漳县长坪镇长坪完全小学　杨清襄

长坪镇是位于南漳西北的一所山区小镇，素有“竹乡之誉”。特有“竹”自然环境，为长坪完小的特色文化建设搭建了一个天然的舞台。长坪完小依托地处“竹乡之誉”得天独厚的地域乡土资源，积极培育校园文化建设新亮点：立足“竹文化”建设，打造学校特色。中央电视台科教频道《探索·发现》栏目，2019年12月1日晚19:41，12月2日晚21:20，播放了长坪完小跳竹、竹艺制作、竹文化课程等竹文化特色活动内容。

一、构建竹文化校园环境，凸显竹文化特色

一所学校，要想办出特色，是一个艰辛的过程，同时也是形成和实践教育理念的过程。为了能让每位学生在浓郁的校园文化氛围中健康成长，我校围绕“竹”文化特色精心营造和谐的育人环境，处处体现“竹”的特色和精神追求。走进长坪完小，一股自然清新的“竹”文化气息令人爽心悦目：首先映入你眼帘的是挺拔苍翠的竹林，竹林深处的校训石，体现出“高风亮节”的校园精神追求；古朴典雅的“竹文化”墙，不仅让你领略到我校“竹”文化的风采，还能感受到文化的魅力。

匠心独具的教学楼廊道文化布置：一是，在楼道摆放竹盆景，使竹文化特色在校园每个角落得到体现；二是，教学楼的布置赋予竹文化的内涵，如教室取名为“班竹班”、“南竹班”等；三是，教学楼走廊分层设计关于竹子的品种及生长介绍、竹子品质的名言、以竹为题材的山水画和竹工艺品；四是，围绕竹文化各班自主确定的班级特色名片；五是，在办公楼的山墙上设置“坚毅有节做事，虚心向上做人”12个概括校园文化理念暨“一训三风”的红色标示大字；六是，设置校园文化宣传橱窗等等。这些竹文化环境的科学设置，对身居其间的师生起着潜移默化的作用，催人奋发向上。这些匠心独运的布置为我校的竹文化校园的建设增添了靓丽的色彩。

二、一训三风内涵发展，竹文化精神被精炼

1.校训：虚心　坚韧　正直　向上

“中国是竹的国度，中华民族历来尚竹。竹子因正直有节、虚心向上等品格特征，得到了古往今来无数名人的礼赞”。我校打造竹文化特色校园，意在通过竹元素主题的景观文化、以竹为中心研发的特色课程文化和竹生命特色的生态教育文化，来弘扬竹品的精神文化，让师生热爱自然和绿色，做具有竹一样情操的人。

2.校风：文静儒雅　虚心劲节

“文静”是指性格，行为举止文雅，有自己的办事方法；“儒雅”《汉语辞典》解释为两义：一、学识深湛，二、气度温文尔雅。其实，这两解也是互为因果关系的，只有学识深湛，才能真正做到气度温文尔雅；而气度温文尔雅，则是学识深湛的外在表现；而“虚心”则体现了“竹中空外直”的品性；“劲节”则体现了“竹节不屈”的品性。我校用“文静儒雅　虚心劲节”作为校风，意在希望每位老师学识精湛，气度温文尔雅；培养的每位学生都具有正直的气节、虚心的品质。

3.教风：德学兼善　严慈相济

我校以“德学兼善　严慈相济”作为教风，旨在通过教师亲历各种竹文化主题活动，进一步激励广大教职工忠诚党的教育事业，积极投身教改，乐于奉献；热爱学生，以身示范；严于律己，勇于超越。把竹子的优秀品质内化为自我的行动，做“三严”的表率，道德的楷模、教师的典范！

4.学风：节节向上　天天成长

学校教育的根本任务是促进学生成长，而竹子的特点是拔节生长，以“节节向上　天天成长”作为我校的学风，寓意长坪完小的全体学生像竹一样具有“虚心、有节、向上”的品性，积极参加学校举行的各项教育教学活动，勇于展现自己的才华；像竹一样为人虚心，志向坚定，节节向上，天天成长，做一个有理想、勇创想、能担当的好少年。

三、竹文化校本化，让活动与课程彰显活力

（一）活动

每学期，我们都有计划、有系列地开展丰富多彩的竹文化活动，如：竹文化诗词诵读比赛，竹艺制作比赛，“竹之风采”书法、写字、绘画比赛，“竹之风采”手抄报，“竹韵之声”广播室，竹竿舞，竹文化艺术节……每次比赛后我们都将进行总结表彰，汇集学生的优秀作品进行展示。活动中，同学们积极参与，在咏竹、绘竹、跳竹，竹艺、竹趣几个小组活动中品位到了竹之清雅高洁、生机盎然的外在魅力和清俊不阿、刚正挺直的丰富意蕴。竹子　“立根、坚韧、虚心、向上”的品性已深深根植于同学们的心中。

结合学校特色文化工作方案，我们先后开设了竹艺制作兴趣组、绘竹兴趣组、跳竹兴趣组、颂竹兴趣组和抖空竹兴趣组五个兴趣小组。各兴趣小组选择有特长的教师和一些有经验的校外辅导老师进行辅导，每周活动做到“三有三定既有方案（每学期有一个学校“竹”文化活动总方案，各个小组又有一个小组活动方案），有教师（根据教师的专业特长和爱好，分配到各个小组任指导老师，同时还根据实际聘请校外辅导老师。），有记载；定时间（每周二、周四下午最后一节课）、定地点（根据小组人数的多少、活动的特点等分室内和室外）、定内容（每个小组每个学期都有明确的活动内容）。经过系列活动、指导，各个兴趣小组的同学已经能熟练地掌握一些竹编、竹刻、竹舞等的技巧，还能够制作多种竹编器具和竹刻玩具了。

同时，为了让学生在互动中感受“竹”文化魅力，首先在全校普及竹竿舞，并根据低、中、高三个年龄段的学生特点，不断充实竹竿舞的内容，创新竹竿舞的表演形式，拓展竹竿舞的空间，并成立了竹竿舞表演队。大课间活动时间，孩子们在有节奏、有规律的碰击声里，敏捷地进退跳跃，潇洒自然地做出各种优美的动作，有的班级还自行编配了一些童谣、经典诗文，同学们边唱边跳，兴趣盎然。现在，竹竿舞成了我校“阳光体育活动”一道亮丽的风景线，我校跳竹竿舞的壮观场面曾经被《湖北教育》杂志封面摄影采用。

在一系列的活动中，全体学生得到了锻炼，激发了兴趣，提高了综合素养，营造出浓郁的校园育人文化。在一系列卓有成效的活动中，我校师生用行动展示了“虚心坚韧　、正直向上”的人文追求，为学校文化不断增添着新的内涵。

（二）课程

我校的校本课程是以学校“竹”文化活动为基础开发出来的课程。实施校本课程是实现学校的办学宗旨，体现办学特色的有效途径。学生在丰富多彩的校本实践活动中获得了深刻的体验，也了解了更多、更系统的家乡竹子的品质、竹子的特点，知晓了家乡的人文风俗。我们组织骨干教师多方面搜集资料，编写了校本教材《竹之韵》和《竹之颂》。教材在编写的过程中，有规定的内容，如竹制品的介绍，家乡竹海的介绍，竹竿舞的跳法，竹诗词的学习，学唱歌曲等，也有根据学生年龄特征编写诵读竹诗词的内容。总体看，教材图文并茂，内容适宜，体现了我校的竹文化办学成果。

四、结语

我校的校园特色文化建设得到了省、市、县各级领导、专家的一致好评。《湖北教育》主编饶龙武莅临指导，均衡验收小组组长对我校的“竹”文化环境氛围给予高度肯定，教育局部门领导、地方党委对我们的工作也给予了高度的肯定和赞赏，南漳县中小学特色学校首届“校长论坛会”在我校召开，临近几个乡镇多所兄弟学校多人次来我校交流学习，共同探讨。

雅“竹”共赏，竹韵悠扬，我们在竹文化的熏陶中成长。打造“竹”文化特色校园，我们正以矫捷的步伐行走在创新发展的路上，并且我们将坚定不移地沿着这条道路走下去。我们坚信：只要持之以恒、坚持不懈、不断创新，我校的“竹”文化特色之路一定会越走越敞。

百年树人　创享未来

——办一所身边的未来学校

湖北省襄阳五中华侨城实验学校　唐家友

走入校园，仿佛置身画境，知书园、识礼园、增知园、栖荫园、嬉戏园、健体园等六大园区布局合理、功能明确、色彩亮丽，融文化、艺术、生态和自然为一体，学悟于碧水绿地，行教于生态之圈，运动于自然之境……

在汉水之滨、襄阳之东，在东津新区充满奇思妙想的8.48平方公里的梦幻土地上，一所现代化、有诗意的花园式学校正强势崛起，它就是襄阳五中华侨城实验学校。

本质是源头。教育的本质是提高生命的质量和提升生命的价值。优质的教育让人充满希望，让人有一千个拥抱生活的理由。襄阳五中华侨城实验学校秉承襄阳五中的办学理念，传承襄阳五中的卓越基因，致力成为汉江流域基础教育改革的基地、创新人才培养的摇篮、现代教育交流的窗口、襄阳市民身边的未来学校。

理念是灵魂。《管子·权修》有云：“一年之计，莫如树谷；十年之计，莫如树木；终身之计，莫如树人”。种树和育人，义相近、理相通。学校以“百年树人，创享未来”为办学理念，校园主体建筑为两棵“成长之树寓意教书和育人并举，科学与人文齐重，立德树人与知

行合一结合。

文化是品牌。教育即生长，学生即未来。学校遵循教育规律，打造“shen”文化，即知识深耕、人文渗透、活动伸展，实现师生全面自由生长；践行“生长教育即让乐学生长、让思考生长、让运动生长、让个性生长、让自由生长的阳光挥洒到每个孩子的身上，让希望之种、学习之芽、交流之苗、探索之藤、思想之枝、运动之叶结出丰硕的成长之果。

特色是生命。襄阳五中华侨城实验学校建有3座学生图书馆，拥有多维教学空间、先进配套设施，打破传统教室桎梏，创设未来学习平台，构建“生长教育”场景，设置丰富的“生长”课程，开展多彩的“生长”活动，让学校成为学生健康成长的天地、快乐学习的舞台、幸福生活的乐园。小学部开展午托和晚托服务，解决家长的后顾之忧。初中部实行封闭管理，6人一间的学生公寓，配备双温空调、24小时热水以及贴心、专业、全天候的生活老师和保健老师。学校抢立课改潮头，通过“请进来”和“走出去为教师成长搭建发展平台，鼓励、引导教师大胆创新教育教学方法，着力提升学生核心素养，在全面育人、个性成长、特长培养等方面展所长、显身手、做文章，注重因材施教，对学生进行“导师制”培养，关注每一名学生健康成长。

质量是根本。学校的管理团队和教育团队中，既有经验丰富、德高望重的本地教育专家，也有学识渊博、循循善诱的特级教师、正高级教师，更有年富力强、精益求精的省、市名师和一大批面向全国“双一流”高校招聘的优秀毕业生。在学习借鉴全国各地先进办学经验的基础上，学校将依托襄阳五中这一教育高地，与襄阳五中实验中学强强联合，积极营造襄阳五中“崇尚礼仪、崇尚科学、崇尚创造、崇尚一流”的良好学风，在备课、上课、练习、考试等方面全方位资源共享，实现合作共赢。

全国政协委员、江苏省锡山高级中学校长唐江澎说，好的教育应该是培养终身运动者、责任担当者、问题解决者和优雅生活者，给孩子们健全而优秀的人格赢得未来的幸福，造福国家社会。襄阳五中华侨城实验学校将秉承襄阳五中“享受教育，成就人生”的办学思想，着眼于学生未来，培养具有鲜明个性、充足自信和强烈责任感的人才，兼具思想力、领导力和创新力。在日常教育中，学校将坚持保护学生个性，激发学生潜能，帮助他们规划、创享自己的未来。

襄阳五中华侨城实验学校将以场景式校园为载体，以数字化环境为基础，以教学方式变革为核心，以个性化学习为突破，以多元化成长为目标，通过创新课堂、课程、方式、方法、管理等教育环节实现教育创新，从追求分数、升学率转变为追求成功、卓越，再到追求幸福感、创造力，回归教育最基本的学习规律，即自主学习与多样化学习，更关注学生的内心和道德世界，培养有道德的未来人，培养具有多元发展能力的创新人才，培养能够引领未来、创享未来的终身学习者。

立德树人守初心　以人文本谋发展

湖北省阳新县第三中学　肖龙飞　邢廷军

“利器也，复以锻之以去钝，锋其筋骨，锐其根本，育人之道亦如是也，国之重器，功在当代，利在千秋……”教育是一个国家、民族强大的根本，唯有在教育的土壤中深耕细作，才能真正创造生命的价值，绽放人生的光彩。我校坐落于美丽的莲花湖畔，校园内亭台楼榭与绿树红花交相掩映，环境优雅宜人，是一所把浓厚的文化气息与校园环境高度融合的品质学校。办学以来，为了进一步彰显学校文化品牌，结合校史底蕴、地域文化、领导办学思想和教育使命，我校最终确立了“尊重教育”这一核心理念，进而延伸出“学会尊重　自信超越”的学校精神，以“尊异重特，人人出彩”作为学校校训，始终严守校风、教风、学风，从环境文化、形象文化、课程文化、制度文化、精神文化、特色文化等多个方面加强学校文化建设，完善学校文化育人功能，做到从小、从细、从实加强德育教育，营造良好的学习氛围，力求让每一位学生都享受适合的教育的同时，把学校建成师生喜欢、百姓满意、社会认可的精品学校。

一、倾注文化元素，建设优美校园

校园文化是学校的灵魂和生命力所在，是学校发展的根基，是学校教育的重要组成部分，是展现校长教育理念，彰显学校办学特色，提高学校品位的重要平台。为此，我校着力打造“尊重”校园系列文化，内抓管理，外树形象，全方位提升学校的办学质量，打造尊重教育精品学校。

陶行知曾说过：“天然环境和人格陶冶，很有密切关系”。校园中的每一座建筑、每一处景点，每一片绿色，都成为一种思想的传递，一种文化的表达。为了让学校每个角落都散发浓郁的文化气息，我校从方方面面对校园环境认真部署，精心设计。学校的绿化设计，将景观生态学的理论运用到校园园林绿化的工作中，让校园园林的绿化水平更接近自然环境。通过美丽的草坪、乔灌木、花坛花架、假山池塘等复层绿色，为广大师生提供休憩观赏与活动的极佳场所。此外，学校校园环境的美化，坚持实用与审美的原则，使美景、文化、育人成为一种天然的教育结合。花坛里芬香的桃李、绽放的月季、多姿的青松、纯净的玉兰、环绕的灌木都在静静地享受着幸福与美好。这些美在净化、绿化、美化的基础上，从物质层面提升到精神层面，给予静态的物质以教育的美学联想与哲学思考，是校园环境建设中体现出来的文化意蕴。我校还将教学楼、综合楼、食堂分别命名为：智尊楼、礼尊楼、仁尊楼、信尊楼、义尊楼、善尊楼。几个楼名，不但典出古雅，文化寓意与识别功用兼具，而且从多个层面给予学生传统文化的滋养，体现了良好的整体性和系统性。用“仁义礼智信”儒家五常贯穿起来，使得学校文化与传统文化相融合，启迪师生智慧，提升师生道德涵养。

如今，漫步在校园内，亭台楼阁、苍松修竹、假山流水、孔孟之言、励志标语等充满自然、人文情怀的美景触目皆是，让人仿佛置身美丽的公园之中。

二、加强课程创新，绽放过教育色彩

课程是学校教育的核心要素和重要载体。我校课程文化秉持贴近学生、融通学科、彰显特色的原则，构健全面发展课程体系，提高课程适应性，促进学生个性成长，发展学生的特长，培养学生的文学素养、科学素养、实践能力、创新精神和生存本领，力争一撇一捺把学生培养成一个大写的“人”。一直以来，除了不断加强必修课的教学，我校还积极推进课程的校本化、校本课程特色化，以整体、优化的课程结构为核心内容，根据学生发展的需求、学生的年龄特点和学校的实际情况，师资和设施的条件等确立学校校本课程体系，力求把每一位学生都培养为尊重他人，奉献社会，尊重自然的现代公民。

班级文化是校园文化的重要组成部分，学校班级文化异彩纷呈。每个班级以“尊异重特　人人出彩”为核心，根据班级发展目标设定文化主题、实施方案、活动案例。如有的班级主题为：出彩，并延伸出洁净、文明、纯净、阳光四个层进式小目标和学做有竞争能力的人、学做有反思习惯的人、学做有合作意识的人、学做有奉献精神的人、学做有忍耐品质的人、学做有礼让风格的人六个维度。此外，餐饮文化也是一大特色。食堂里文明就餐、节约粮食、三个年级错时错峰放学，每个班举班牌，排好队，有序进餐，班班有固定位置。在日常教学中，我校还把“尊重”理念和文化课程的学习充分结合，落实到每节课，每门学科。各学科要结合学科特点、学生年龄特征，充分挖掘教材中的“尊重”内涵，对学生进行渗透教育。这种双线育人，让学生更懂得尊师重教，尊重知识，尊重自然，尊重环境。我校还重视校本课程的建设。学校组织处室干部、老师筛选历史典故、生活事例，编写教育读本，让学生在鲜活的故事中去感悟、体验、升华。

学校活动是学校文化的核心载体之一。为此，我校开展的活动四线并行：兴趣爱好发展线、行为养成发展线、文化积淀发展线、意志历练发展线。诗词表演唱、与经典同行让学生沉浸在国学传统文化的高雅深邃里；书画才艺展示、科技创新大赛让学生陶醉在现代灵动奇异的世界里；文艺汇演、球类竞赛、运动会、知识竞赛、朗诵比赛等无一不让学生感受到求知的快乐、合作的力量、自我的放飞、能量的暴发、成长的幸福。这些体系化的活动文化不仅提高了学生的自我教育、自我管理、自我监督能力，丰富了学习生活内容，培养了学生的奉献精神和服务意识，还优化了校园育人环境，营造出一种积极向上、健康和谐的校园氛围。

三、立足德育引领，丰富教育内容

德育是一种力量，一种文化，一种软实力。为达到以德育人、以文化育人的目的，我校不断探索和创新德育工作新模式，力争班班有特色，人人有特长，事事有特点。学校结合多年的经验，编写了德育校本教材《阳新县第三中学班主任工作手册》、《阳新县第三中学学生手册》、《阳新三中学生自主管理实施方案》，从班级管理精细化、学生行为规范化、发展意识全面化等角度引领学生成长。《班主任工作手册》从法律、责任、方法、爱心、活动、交流、评价、考核等方面提升班级管理质量。特别是“人人有事做　事事有人管”的举措更是让学生在明责任、知规矩、懂方法、用特长、会合作。《学生手册》从原则、规则、形象、文化等方面让学生在遵纪守规、修心修行中无形地实现了自我超越。这些校本教材真正实现了师生的快速成长。学校不断拓宽育人环境，开展形式多样、内容丰富的活动。如：国旗下讲话、校园卫士、黑板报、墙报、手抄报、一日广播、读书交流会、聘请公检法负责同志担任法制副校长、举办心理健康讲座、模拟逃生演练等活动。这些活动关注了学生的习惯养成、生命意识、生存能力、心理健康、法制观念，让学生在正道上依规前行。此外，我校还重视学生发展的深度。依据不同学段分层实施德育目标，从习惯养成、学会学习、文明礼仪到自信卓越、道德情操、形象设计、价值生成、理想信念，循序渐进助推学生成长。同时，学校还发挥优势扩大影响。以来学校是市篮球优质教学基地，全国青少年校园篮球特色学校等资源。通过篮球训练、比赛，让学生感受协作、勇进、拼搏、忍耐，为实力而战，为荣誉而战，用汗水、奔跑、目标证明自己。

班会课一直是学校的德育教育拳头课程。有以学生成长为线的系列化主题班会、微班会、时代精神宣讲会、社会校园热点辩论会等。让学生在班会小课堂里了解大千世界，用已知去探究未知，用成长去触摸成功。多种教育推进育人模式改革和课程改革进而推进多样化

和特色化发展，满足不同潜质学生全面且有个性的发展需要，实现了优化教育模式，提升教育品质的目的。

四、规范学校管理，成就品质教育

学校制度文化是学校文化的中间层，是维系学校正常秩序必不可少的保障机制，是学校文化建设的保障系统。一直以来，我校不断强化规范管理，全面提升格局，以师生成长发展为中心，先后制订了工作章程、处室职责、干部职责、教师职责等各项规章制度，并规范了运行机制，实行校委会决策、处室推行、年级实施、班级落实的层推模式，大大提高了工作效率。此外，学校的评价机制，也充满了人性的关怀。对教师的评价由工作态度、工作过程、工作业绩和学生的口碑相结合。对学生的评价由习惯养成、文明礼仪、学习成绩、处事能力、心理健康和生生互评、教师评相结合。通过这种综合式、长远式评价机制，不断激励师生的潜能，唤醒师生心底的尊严。

教学质量是学校的生命线。立足学校实际，我校大力推行分层教学。依据学生的基础、接受能力、兴趣特长、成长目标，设置不同的班级，采取不同的模式，让学生在享受适合自己的教育、自主自立、长善救失中自信成长、超越自我、绽放光彩。为更好地服务于分层教学，我校还以备课组为单元，自行研讨、编写分层教学教案、练习、评价机制。同时，开齐各种功能室、开设各种社团，培养学生的爱好，激发学生的潜能，提升学生的自信，让所有学生认识到自己是唯一的不可替代的生命体，自己的价值有无限的可能和不可估算的能量。此外，为优化教师结构，提升学校教师整体素质和水平，我校制定了“以老带新”、“以新促老”的青蓝工程、阳光工程、名师工程，在尊重差异的基础上激起活力，营造氛围，让学习、竞争、成长良性循环，从而打造自己的品牌，扩大影响力和公信力。

绵绵之力，久久为功。教育的成功不在一朝一夕，但在“尊重”文化的浸润下，目前，我校校园文化建设正呈现出如火如荼之势。校园内绿草如茵、鸟鸣啾啾，格外的温馨、高雅。我们相信，在未来行进的道路上，只要学校坚持以“尊重教育”作为教育理念，以先进的理念引领学校发展，以严谨的态度探索教育规律，以担当的情怀领跑教育发展，敢为人先，勇于创新，学校终将唱响阳新教育高亢的时代凯歌。

清慧保障护航　共建现代雅园

湖北省宜昌市第二十五中学　张幼君　宋军

湖北省宜昌市第二十五中学始建于1976年，至今已有45年的办学历史，最初是一所企业办学校，2006年移交给政府管理，2013年搬迁至宜昌市夜明珠沙河村，成为一所寄宿制初中学校。为切实优化教育资源，盘正盘活教师队伍，2016年8月与二十四中联合成立宜昌市第二十五中学集团，开启了现代化教育发展的新征程。

集团两个校区以“把学校办成一所省级有位、市级领先、区级核心的现代化名校”为追求，以“整合资源、延续文脉，突出特色、均衡优质”为主线，立足地域文化特色，践行“让学校成为正心之泉　修身之源”的办学理念，凝练并发展清泉文化，全面启动“清泉新生态校园建设工程引领学校办学绿色高质量发展，走出了一条独具特色的现代化学校高速发展之路。

文化铸魂，养清泉之灵气

沙文化是立校之本，兴校之魂。沙河地区流传着“三碗水”的传说，我们据此以“清泉”为学校文化内核，其本质是一种育人理念，是一种精神追求。于师，涓涓清泉润物无声，它告诉我们教育其实是一种慢文化；于生，不外溢、不自满、不枯竭，它告诉孩子学无止境的道理。为培植学校的可持续发展力，我们深度挖掘“清泉文化”内涵，以“清泉”为文化支点，从党建、德育、课程、教研、后勤五个维度构建学校清泉文化的立体框架，用文化的力量促进学校的管理与变革。

构建“清泉塑行　廉泉让水”的清廉党建品牌。三碗奇水养清雅之质，一泓清泉润清廉之德。我们将清雅、清廉之意始终贯穿于党建工作和党风廉政建设之中，致力于在全校营造清心雅行、甘于清廉、责任为先、乐于奉献的育人生态和教育形态，为推动学校教育事业科学发展提供了坚强的政治、思想和组织保证。在全体党员教师的共同努力下，“清廉”党建品牌魅力彰显，被评为西陵区“先进基层党组织多次在省市区专题工作会议上作经验交流。

构建“清心雅行　团队并行”的清雅德育品牌。为实现“清润的心田、优雅的行为”的育人目标，我们着力推进清雅德育品牌建设，将德育与团队工作融合并行，从精神文化、环境文化、思想文化、行为文化等方面入手，开展清心雅行、团队并行的教育行动。目前，学校团队工作改革成效显著，“入团十步曲”被团中央贺军科书记高度盛赞，是全国优秀少先队集体、湖北省红旗团委、宜昌市德育品牌学校。

构建“清泉无声　润泽心灵”的清润课程品牌。“泉眼无声惜细流学校将课程命名“清润课程”正是源于此。教师对学生的教诲如细细流淌的无声泉水，让知识与文化以无形之态在学习生活中呈现、传承，润泽学生的心灵，实现人与文化的共同发展。目前，清润课程体系日益完善，心理健康、综合实践、生涯规划课程扎实推进，“栖息在农历的天空下”等多项课程成果在全国教博会上展览，数百名学生在体育、艺术、科技等各类竞赛中获奖。

构建“清本溯源　积沙成塔”的清沙教研品牌。清者清泉满而不溢，沙者沙河源远流长，清沙二者相伴；清者清溪汩汩有声，沙者沙石沉静有定，清沙二者相彰，正如教研之过程在于教师与学校的相成相长。如今，学校通过分类管理的实施，课题研修、明雅讲坛、现代课堂、青蓝工程、教师社团“五轮驱动”成效明显，明雅教师“三位一体”阶梯式专业发展体系不断完善，明雅教师在国家省市各级各类教学竞赛成果稳居市区前列。

构架“清雅心志　慧心服务”的清慧后勤保障品牌。学校秉承清泉文化内涵，以泉文化为引领，用清雅朴实、智慧调柔、生生不息的理念为师生做好优质服务，用普慧集智、扎实干练的工作作风为教育教学保驾护航。如今，学校教育空间改造稳步推进，智慧校园建设持续发力，以雨水回收系统、垃圾分类系统、节能灌溉系统、太阳能动力系统为核心的校园环境生态链全面建成，被评为国家级“节约型公共机构示范单位”。

生态育人，绘清雅之校园

有了清泉文化做支点，我们将绿色滋养的生态校园建设作为管理育人的首要目标。

泉映雅境，打造生态育人的环境。我们积极践行“厚植清泉文化，彰显生态价值”的育人理念，整体布局，分步实施，使校园每年都有新的变化，着力打造独具魅力的生态校园。如今，走进校园，“一廊三场四景”各具雅韵情境交融、清泉之雅自然流淌，“雅乐”乐声悠扬，“雅韵”空间书声琅琅，“雅艺”舞台张扬个性，“雅育”书吧相伴成长，“雅创”工坊智慧碰撞，“明泉亭”里师生畅谈沐清风相伴，“吟泉轩”中同伴共读享书香时光，“听泉石”畔听泉水激石声入人心，“梦想幕”寓意清雅学子崇德尚雅追梦不休……二十五中饮山水之灵气、孕校园之书香，被评为湖北省绿色文明校园、宜昌市诗意校园。

泉润雅园，完善生态育人的氛围。一粥一饭，当思来处不易；半丝半缕，恒念物力维艰。在举国上下建设节约型社会的今天，我们深入推进节能降耗工作，践行生态环保理念。将直饮水机净化中的废水引至“微观山水”景观池中，对池水进行自然置换，此项改造每月节水百余吨；安装自动节水喷灌控制系统，全面实施水龙头节水改造，提高用水效率；实施宿舍热水供应及校园路灯系统的太阳能化，减少能源开支，实现节能降耗；完善垃圾分类管理，尽量变废为宝，实现垃圾分类与公益助学一举两得……一系列的绿色生态设施，构建起一条完整的校园生态链。2019年，我校获评国家级“节约型公共机构示范单位”。

泉塑雅行，研发生态育人的课程。有了生态环境与生态设施作保障，泉塑雅行，研发生态育人的课程是我们生态育人的落脚点。徜徉雅乐、雅韵、雅艺、雅育、雅创五大教育空间，课程与环境相融合，人文与文化相交融，让雅生们在润物无声、绿色滋养的生态校园里自由拔节生长。从雅室到雅舍，师生都做清雅代言人；从清馨到清雅，班班传递清雅正能量；从生态农场到清泉书吧，志愿服务“打卡”蔚然成风；从垃圾减排到视力保卫战，生态育人硕果累累。“我的校园我装扮”创意美术扮靓校园、学生创意制作的“海绵城市”模型创客节上吸睛无数、“生态教育实践活动”献展全国教博会、代表初中学校出色完成市区两级垃圾分类初中版地方教材的编写工作、垃圾分类试点被《中国日报》英文版等多家媒体报道，2020年被《环境教育》杂志推选为全国生态教育示范校园。

科学管理，铸清慧之保障

作为一所位于城乡接合部的住宿制初中，“衣食住行”的安全与品质是最大的考验。慧心服务，抓实常态下的后勤保障是关键。

慧心服务，抓实常态下的后勤保障。一是关注学生的生长发育与饮食健康。成立膳食委员会，聘请营养学专家把关每周营养菜谱；坚持“明厨亮灶定期升级食堂设备，全力确保食品安全；坚持陪餐制度，及时回应师生反馈，不断提升菜品质量；运用大数据分析，及时了解学生进餐刷卡记录；通过家访锁定家境确实困难但因各种原因未享受国家资助政策的学生，为其减免部分餐费，感受集体温暖。目前，学校食堂已获得了湖北省放心食堂、宜昌市A级食堂、阳光食堂、市民最满意餐饮单位等荣誉。二是关心住宿生的在校安全。全校4栋学生宿舍楼配8名宿管员，为学生提供精细周到的服务；每天晚自习课后由上课老师送学生到寝室签字备案，宿管员在学生就寝后每小时进行一次安全巡查；学校每晚还有一名值周领导和一名值日教师在学生寝室住宿，以便及时处理突发事件；每月开展最优雅舍评比，以开学雅行课程的方式规范学生的行为习惯。

勤耕慧耘，编织疫情防控网络。疫情就是命令，防控就是责任。当新冠肺炎凶猛来袭时，我校后勤员工严阵以待，严防死守：扫码测温，核查身份，努力将病毒阻挡在校园之外；防疫演练，校园消杀，为广大师生员工筑起安全的长城。复学后，学校防疫工作高效有序：两案十二制度责任明晰、措施完备，校内防控流程清楚、导图提示随处可见，师生演练准备充分、规范高效，以“自动化”和“非接触”为特点的智能测温系统大显神威，以“精度准”和“效率高”为特点的“人脸识别”系统方便快捷。我校的防疫复学工作也得到了省、市领导的

高度评价，自5月起先后接受市委周霁书记带队的专题调研与省教育厅、市教育局的专项督查，录制的校园防疫短片作为复学流程样板由三峡电视台播出。

拥一眼清泉在怀，养一身清雅之质，甘于清净，自始至终保持独立的人格，这才是人生“取之不尽、用之不竭”的精神财富。在全体师生的共同努力下，学校先后荣获全国学校体育联盟教学改革实验学校、少先队改革全国少工委办公室直接联系示范中小学校、全国少先队优秀集体、国家公共机构节能示范单位、国家生态教育示范校、湖北省学校文化建设百强校、湖北省文明校园、湖北省综合办学实力100强学校、湖北省绿色文明校园、宜昌市文明单位、宜昌市德育品牌学校、宜昌市现代化先进学校、宜昌市诗意校园等数十项荣誉称号，社会知名度和美誉度不断提升，已经成为市民心目中的名牌学校。

“明月松间照，清泉石上流清泉既是一种润物无声的管理形态，更是一种绿色滋养的育人生态。在清泉文化的浸润下，我们二十五中必将立足全面落实立德树人的根本任务，以清雅朴实、智慧调柔的理念为师生做好优质服务，用普慧集智、扎实干练的作风为教育教学保驾护航，引领学校办学绿色高质量发展，致力打造行业有品牌、社会有影响、区域有辐射的现代化生态校园。

点亮教育星光 让生命与美好相遇

湖北省宜昌市青岛路小学 黎雪

有人说，教育的本质不是把篮子装满，而是把灯点亮。点亮的意义既在于打开封闭的视野，看到更远处的世界，也在于触动内心的潜能，释放出自我无穷的力量，去承担更大的责任。她曾说，绿色是生命、生长的颜色，更是教育的本色！教育就是要造就一片让师生自由、自然、自主生长的原野，让每一抹“青绿”都焕发生机，让每一个生命都熠熠生辉！

她，就是全国教育课程改革先进个人、湖北省校园文化创新奖获得者、宜昌市明星教育管理者，宜昌好人、高新楷模，孩子们心中最美的校长妈妈——宜昌市青岛路小学校长张雪艳！

一、以文化铸魂，坚定发展目标

自担任校长以来，张雪艳就带领全校师生，探索建立“精神、环境、制度、课程”一体的校园文化体系，秉承“让每一抹青绿都焕发生机”的教育理念，确立了“雅行、雅知、雅趣”的校风、“生活、生本、生机”的教风和“自由、自然、自主”的学风，凝结了“青绿有格，和而不同”的校训，坚定了站在终点办教育的发展目标。

她带领老师们研发回归儿童、回归生活、回归教育的课程，围绕“品行清雅”、“学识博雅”、“趣味高雅”三大课程育人目标，倾情打造充满生长力的“绿岛”儿童课程，培养“家国情怀、国际视野”的未来公民！

课程有了生命力，教育便充满无限的生机。谷雨播种、清明点豆、中秋咏月、重阳敬老、端午扎龙舟、冬至包饺子……她带领孩子们在节日里重温优秀传统文化精髓、在每个季节体验不一样的“四季课程”；她陪伴孩子们在田间播种采摘，享受劳动的果实；她与孩子们一起在绿茵场上共同呐喊，在小花坛看这片绿叶、听那朵花开……

她经常对老师们说，孩子们有的是绽放的花朵，而有的永不开花，因为她本来就是一棵树呀，顶天立地、苍翠欲滴，我们的课程，就是要为她们的成长提供一切可能。

短短五年间，她不忘初心，执着追梦，与全体师生共同努力，将青岛路小学打造成为湖北省“文明校园”、省“三八”红旗集体、省校园文化百强校、宜昌市巾帼建功岗、宜昌市义务教育现代化先进学校。

二、以爱为导航，守护学生成长

从教二十六年来，她立志做温润学生心灵的守护者，为了让每一个学生都能自由、自然、自主的成长，她带领全校教师以爱导航，润泽学生心灵、温暖学生生命。

2018年7月，正在成都出差的她接到了一位班主任的电话，得知小林的家庭突遭不幸，父母的离开让孩子失去了生活的支柱。张雪艳迅速作了相关安排，并在回宜后第一时间来到了小林的家中，她动情地对小林说:“孩子，别怕，以后我们就是你的家人”。从此，她便主动承担起了帮扶的责任，赠书励志、交心谈话、定期家访、个别辅导、生日陪伴，她像妈妈一样无微不至地关心他，三年来从未间断。

她经常说，我们一定要做闪闪发光的人，温暖他人，照亮自己。与自己女儿同班的小飞同学，由于家庭困难，研学活动得不到家长的支持，张雪艳二话没说，掏钱赞助小飞的研学之旅；小丹是个品学兼优的孩子，但冬天还穿着单薄的衣衫，张雪艳就买了崭新的羽绒服去家访；一年级有一对双胞胎，因个性差异让家长焦躁不安，她就带领班主任与家长一起共同关注孩子们点滴的进步，渐渐地，双胞胎慢慢适应了小学生活，不愿理睬身边人的兄弟俩，也总会是穿越人群飞奔过来抱住她，发自肺腑地呼喊:“校长妈妈，我爱您……”

为了让更多的爱在校园中传递，张雪艳将自己的办公室打造成“绿岛”书社，定时开放，陪伴孩子阅读，让学生从书籍中汲取人生的智慧与力量；她组织党员教师深入开展“1+1”帮扶，多形式帮扶特殊家庭儿童81人；她注重家校沟通，带领全体教师开展了全员家访活动，举办家长学校授课25次，参与者近万人次，为家长提供科学的家教方法指导……《校长陪餐》、《校长荐书》等电视专访真实记录着她与学生的故事！

张雪艳经常与女儿分享学生的故事，女儿也经常开玩笑说:“我妈最喜欢的就是她的学生，一般都没空照顾我！”每每听到女儿略带着醋意的评价，张雪艳总会对自己身为母亲而无暇顾及女儿而心生愧疚，可她始终认为：家庭教育最重要的是精神传承，我用实际行动诠释着 爱，这是对女儿最好的教育与帮助！

三、以心唤醒爱，关注教师发展

谈起张雪艳，老师们总觉得她有一双能够窥探内心深处的眼睛，在疲惫时能给予力量，在困境时能给予帮助，在技穷时能给予智慧，在跃跃欲试能时给予鼓励！

面对这支平均年龄33岁的年轻队伍，张雪艳重构了“强师立校”工程，以骨干“辐射”青年，结对帮扶，提供范式；青年“融合”智慧，反刍创新、教学相长，相互激发，彼此续力。无论是课堂上、教研中、改革时，还是矛盾中、困难前，张雪艳的身影总是出现在老师们最需要的时候！

她事必躬亲，不忘初心，主动作为，她带领团队塑造了学校“绿岛”主题文化体系，进一步厚实了“雅行、雅知、雅趣”品牌文化底蕴，丰润了师生生命的底色，将“让每一抹青绿都焕发生机”的办学理念根植于师生心中。她心系教育、锐意进取，在实践中探索，在探索中奉献，是独具魅力的教育行者；她守望初心、谆谆善诱，是学生喜爱、家长信任、社会赞许的“校长妈妈”；她有才献智、启智润心，是助力高新教育开创高质量发展的新局面的追梦人。

二十六年教育之路，张雪艳始终把师生成长放在首位，用她的言行诠释着一个共产党员、一个教育管理者的责任与使命，带领老师们追寻幸福完整的教育生活。一个时代有一个时代的使命，一个时代有一个时代的担当，新的时代，张雪艳将带领着她的年轻团队，以奋斗助力教育，在教学中摸索，在摸索中成长，把努力之小我汇入时代之洪流，为祖国立心，为孩子立命，延续爱的轨迹，成就师生美好梦想！

学尚博 行安雅

——兴山县外普通话小学“博雅”文化体系的构建与探索

湖北省宜昌市兴山县外普通话小学 邓佳凤

十年风雨兼程，十年春风化雨，湖北省宜昌市兴山县外普通话小学（以下简称“兴山外小”）始终坚持“勤于修身，注重细节，崇尚合作，为成就精彩人生奠基”的办学理念，坚守“文化立校、书香育人”的办学宗旨，高扬“博览古今，雅行天下”的办学口号，架构博雅，践行博雅，打造博雅，逐梦博雅，努力把学校办成办学有特色、内涵有发展、培养有质量的知识乐园、精神家园、人文校园。

一、厚实“博雅”文化的内涵积淀

学校文化是一所学校长期积累而形成的，绝不是空穴来风，必须根植于学校发展的基础。兴山外小始建于1931年，已有89年的办学历程，曾几易其名，最终在2007年更为现名。在不断地变化发展中，学校硬件设施、师生数量和办学质量不断增长与壮大，也积淀了一些自己的文化内涵。如何持续健康发展，成为兴山外小亟待解决的问题。

通过走访历届校长聆听建议，远赴广州、大连、北京等教育发达地区观摩展示,“文化立校”的种子深深扎根在我心中。渐渐地,“勤于修身，注重细节，崇尚合作，为成就精彩人生奠基”的办学理念,“打造一所有温度、有诗意、有活力的智慧校园”的办学目标,“小学大成”的校训,“团结向上”的校风,“善教、敬业”的教风,“乐学、笃行”的学风，逐步成为大家的共识。而“博学古今，雅行天下”的口号，则成了全校师生心中的呐喊！

当然，在不断地学习、思考和研究中,“博趣博闻博见博学博览古今，雅兴雅言雅思雅量雅行天下”的“博雅”文化概念也呼之欲出，水到渠成！

二、提炼“博雅”文化的价值追求

任何一所学校的变革与发展都需要相应核心理念的确立作为先导，因为先进的教育理念始终是学校变革与发展的行动指南。兴山外小的“博雅教师”不是一年成长起来的,“博雅学生”也不是一天成长起来的。在素质教育百花争妍的湖北宜昌，兴山外小的口碑更不是轻易能树起来的，而是“博雅”文化的根基使然,“博雅”文化的价值追求使然！

“博雅”文化要回答“为了谁”的问题。“博雅”文化的最高境界和价值旨归是“涵养儿童，成就教师，发展学校很明显“博雅”文化就是为了学生、为了教师、为了学校，而这一切的最终指向是为了学生。“为了学生”体现了“儿童立场、国际视野、博雅人生”的鲜明办学主张，是一种着眼于儿童当下和未来发展的教育。

“儿童立场”是兴山外小“博雅”文化构建的基本点。这是资深教育专家、原江苏省教科所成尚荣所长大力倡导的，其核心是使教育的一切出发点和归宿都指向儿童、指向未来，真正将儿童置于事物的中心，为成就精彩人生奠基。

“国际视野”是兴山外小特有的价值追求。以“外普通话小学”命名当然要有国际视野，与国际接轨，不仅要开设外语教学课程、聘请外籍师资，更要让我们的孩子有国际礼节、国际标准和国际范儿。虽然学校是一所留守学生和进城务工子女定点接收学校，但是每个孩子都将是走出大山、走出国门的堂堂正正中国人，从小树立胸怀祖国、放眼世界的志向，从小形成遵纪守法、彬彬有礼的绅士淑女品性，应该是兴山外小孜孜以求的。

“博雅人生”是兴山外小“博雅”文化的根本。怎样的人生才是精彩纷呈的？最基本的质态是博雅，即知识学习上是博古通今的，是博闻强记的，是博采众长的；行为表现上是优雅高雅的，是秀雅文雅的，是雅以为美的。这种博雅人生正是社会主义核心价值观所倡议和倡导的。

“博雅”文化要回答“我怎样”的问题。从“博学古今，雅行天下”的口号中，我们可以清楚地知道“学”和“行”是“博雅”文化的行动哲学。怎样“学”？应该“博学”；怎样“行”？应该“雅行”。

“学”是小学生活的主要内容。兴山外小对于“博学”有着自己独特的解读：学习是学生的学习，学生是学习的主体；学习是一个主动建构而不是被动接受的过程，没有主动怎能博学；学习的内容不只是课本教材中的知识，还有许多更加重要的东西，包括古今，也包括中外；学习的场所不只是课堂和教室，还有更为广阔的空间。

“行”是小学教育的基本诉求。兴山外小“雅行”的目标就是雅兴、雅言、雅为，雅行天下，其中又分为举止高雅、言谈文雅、行为优雅的具体目标。其实，教育中的“雅行”更多的是指德行、善行，是指文明、尊重与宽容。而对于“雅行”的范围，兴山外小强调的是“天下即不只是课内，还有课外；不只是校内，还有校外；不只是省内，还有省外；不只是国内，还有国外；不只是暂时，而是长久；不只是现在，而是未来，是人生的一辈子。

因此，兴山外小的“博雅”文化所追求的价值是教育的真正价值。对此，外小人必须坚信不疑、坚定不移！

三、落实“博雅”文化的践行路径

在广袤的大地上，老师和孩子们就像一棵棵正在长大的树，既吮着大地又直上蓝天，树间明月，树下小河，枝头清风白云，枝间鸟雀筑巢，是一种充盈着博大、高雅，吉祥、优雅，宁谧、文雅的诗意栖居。这样的美景如何描绘？兴山外小的谋篇布局、起承转合有其既定策略。

博雅管理。博雅管理的内涵十分丰富，兴山外小主要从三个方面着力：一是目标管理。目标就是理想，就是愿景。博雅文化观照下的目标管理应该是博大的、典雅的，应该是鼓舞人心的，也应该是可望可及的。比如，打造“县内闻名、市里知名、省内有名、省外扬名”的优雅之校；锻造“高尚的师德、高超的教学技能、高水平的教科研能力，教育理论会运用、教学经验会总结、教学模式会提炼、教学观摩会评价、教学风格会创造、教学专题会研究、教学评价会双语”的“三高七会”儒雅之师，培养“好身体多练、好家务多干、好书报多读、好文章多写、好实验多探、好节目多演、好游戏多玩、好朋友多交、好事情多办”的“十好十多”文雅之生。二是制度管理。所谓“制度就是要求大家共同遵守的办事规程或行动准则。作为负有教书育人职责的学校，相关的制度自然必不可少，如考勤制度、备课制度、教研制度、安全值班制度、会议制度等，努力给大家提供一个公平竞争发展的平台。三是教师管理。目标管理、制度管理都是教师管理的重要内容，但主要的是引领教师成长，让全校每位教师都成为儒雅的教师。为此，学校综合采取组建教师读书会，开展课题研讨活动，定时备课、磨课、观课、评课等多种途径，以及运用“鲶鱼效应”、“霍桑效应”、“南风法则”、“热炉法则”等多项管理策略，激发教师的积极性和创造性。

博雅环境。搞环境文化建设不是简单的贴贴画画、写写挂挂、栽栽种种，必须有整体而详尽的规划。为此，兴山外小启动了以下几项工程：一是标识环境求独特。兴山外小不仅有蜿蜒起伏、连绵不绝的葱郁大山，翩然惊鸿、世人惊叹的中国最美水上高速公路，外在美与内在美和谐统一的历史美人王昭君，香溪河畔传颂千百年的神话传说等外围环境，也有校徽、校树、校花、校歌、校旗、吉祥物以及校内楼名、路名等独特的标识环境。二是阅读环境重创意。让阅读成为博雅孩子最亮的品质，是兴山外小“博雅”文化的最基本要求。为此，学校在阅读环境的营造中多动脑筋、多想办法，力求让学生在时间、空间上都能耳濡目染阅读的强烈欲望。如，常态化开展“献一本看多本”图书漂流活动，读书节期间在入校、离校时间校园广播播放配乐国学经典名篇，常年开展读、写、画、讲等阅读活动，让师生在这样的阅读氛围中精神得到浸润，生命得以重树。三是精神环境重熏陶。学校环境文化是助推师生精神成长的实在载体。步入校园，不仅应该有一种赏心悦目、典雅幽静、整洁清爽的感觉，更应该从文字布置上提振师生的精气神，如教师办公室里有“以书修身，以书立人教室里有“为中华之崛起而读书图书馆里有“书籍是人类进步的阶梯阅览室里有“以读书为时尚，让读书成习惯实验室里有“实践出真知师生餐厅里有“一粥一饭当思来之不易学生宿舍里有“食不言，寝不语”……这样，走进校园，耳之所闻，皆为书声，目之所及，尽为书影，心之所念，都是春雨润物细无声。师生身在其中，一切都在朝着健康博雅的方向发展。

博雅课堂。课堂文化永远是学校文化最活跃、最核心的地带。怎样的课堂是博雅课堂呢？根据不同年级、不同学科的实际，创造属于自己的具有善感、敏感和美感的博雅理想课堂。一是轻松快乐。保持好心情，才有好气氛。首先，教师要保持微笑的表情，让微笑成为教师课堂上的基本面部表情，让学生在这种爱的感召下受到鼓舞，从而亲其师、信其道。其次，教师知识呈现的方式一定要轻松，让学生有个好心情才能乐学。二是善思多问。一个轻松愉悦的课堂离不开学生的积极投入，而积极投入离不开老师的鼓励。教师要善于鼓励学生善思多问，从不同的角度发现问题、提出问题、思考问题。三是积极竞争。根据小学生好胜心强的心理特点，教师在课堂教学中要让学生相互竞争，最大限度地给学生创造自我表现的机会，鼓励学生展示个性。四是充分民主。学生在民主和谐的课堂气氛中学习，心情舒畅，才能敢想、敢说、敢问、敢做、敢于创新。教师要还民主于学生，不以教材拘束孩子的思维，不以教师的身份压制学生，才能点燃学生智慧的火花。五是尊重信任。博雅的课堂应该把学生当作一个大写的人，给学生个体生命的尊重。尊重和信任需要教师博大的胸襟，对每一个学生充满爱意和善意，就会不断收获“轻舟已过万重山”的诗意和创意。

博雅课程。课程的丰富性决定了生命的丰富性。博雅文化的构建理当走博雅课程的研发之路。兴山外小不仅深谙之理，而且已经立足“以博培博，以雅育雅”的总体思路，构思了“面向传承，面向心灵，面向兴趣，面向交往，面向体验”的国家课程、地方课程、校本课程三级课程体系，努力实现健身与怡情、培智与强能、人文与科学、共性与个性的完美结合。首先，开齐开足上好国家课程，切实落实地方课程。作为基础性课程，国家课程和地方课程是学生的必修课程，包括基础知识类和艺术修养类。其中，基础知识类侧重博识雅行的教育，在注重语文、数学、英语、科学等基础知识的同时，让学生养成读书的习惯，增长见识，提高修养，陶冶情操；艺术修养类侧重博趣雅行的教育，通过音乐、美术等个性特长的训练，提高才艺水平，培养广博兴趣。国家课程、地方课程最大的亮点是紧密结合核心素养培养的社会背景，旨在培养学生健全的人格、阳光的心态和文明的举止。其次，以校本课程的研发为着力点，让学生享受最适合的课程。为使校本课程更有特色、更为卓越，兴山外小在原有校本课程等基础上主要对以下三个校本课程建设上加大了力度。一是让“入校课程”有章可循。在孩子们入校之初，除了向他们传授知识，还应该做些什么才能不辜负他们童年的美好呢？构筑适合孩子们生命成长的入校课程，是第一要务。学校主要结合“塑儒雅教师，育文雅学生，建优雅学校”的办学目标，把“社会主义核心价值观”和“中国学生核心素养”培养目标进行校本化分解，梳理出适合一年级学生年龄特点的12种优雅品格（真诚、友善、尊重、感恩；勤劳、负责、整洁、有序；踏实、专注、主动、善学）和6项雅行能力（自理小能手、礼仪小标兵、校园小主人、创造小巧手、劳动小能手、家庭小帮手）。二是让“游学课程”有的放矢。兴山外普通话小学与“游学”是可以画等号的，因为雅行天下从研学旅行开始。兴山外小除了县内的“游学”外，还可以是县外的、市外的，也可以是省外的、国外的，这样的游学课程才有助于博雅孩子的阅历扩展、心智成长和技能提升，更是博雅孩子生命成长中的宝贵财富。三是让“仪式课程”有趣生动。生活需要仪式感，心灵的成长更需要仪式感。比如，通过“开笔礼”仪式、十岁成长仪式、学生生日仪式以及清明扫墓仪式、少先队入队仪式及节日纪念庆祝仪式等一个个“仪式课程用仪式感擦亮一些重要时刻，对培养学生良好的学习习惯、积极乐观的生活态度、健康正确的人生态度产生了巨大的影响。再次，培养优良的课程开发团队，打牢文化基石。博雅课程的建设，需要一支优良的课程研发团队。为让优质师资成为保障学校课程落地的基石，应该组织教师参加各级各地的外出培训学习，也可以采用校本讲座的形式对教师进行集中式、接受性培训，让教师尽快进入研究角色，使大家明确目标、集思广益、博采众长，从而构建起富有灵性、合乎人性的博雅课程。

居高声自远，非是籍秋风。兴山县外普通话小学全体师生奋斗不息，在艰辛的办学过程中，已经升华成一种人格力量，一种山城精神。全体师生将以海的胸怀和山的信念，让博雅之花在兴山这片沃土美丽绽放。

文化治校促发展，夯实内涵创特色

湖北省宜昌市夷陵区黄花初级中学 黄艳 姜华

文化是一所学校的灵魂。每一所学校在发展和积淀中，都会形成自己的特色文化，形成全体师生的价值认同和共同愿景。一所学校要想办出特色办出品位，文化的积淀和涵蕴是关键。在校园文化的打造过程中，我们始终坚持一个非常朴素的观点：打造的文化是否是有生命力的文化，是否是有感召力的文化，是否是有凝聚力的文化，换言之，是否是短命的文化，是否是可有可无的文化，是否是一届校长立换届校长废的文化。本着这样的思想，我校围绕多年秉承“走好每一步，为一生做准备”的办学理念，努力积淀涵蕴“棋韵”文化，文化治校，文化育人，促进办学特色品牌化品位化。

一、在继承中创新，增强文化向心力

校园文化建设是个慢慢积累和沉淀的过程，就如陈年佳酿般弥久愈香，越是厚重越有蕴味，切忌一届校长立，下届校长废，更不能朝令夕改。学校前些年的办学理念是一句话“为一生做准备经反复推敲，于6年前在此基础上修改为“走好每一步，为一生做准备并以此提炼出“足迹文化”的内涵，在打造呈现的过程中，感觉足迹文化还需要一个载体来呈现，于是我们从棋理“一步不慎，满盘皆输”的意境中明确了“棋”这一载体，这与我们的办学理念“走好每一步，为一生做准备”非常吻合，于是“棋韵”这一文化主题深得广大师生认可。

二、理念结合实践，增强文化凝聚力

文化的本质是以文化人，文化是一种包含精神价值和生活方式的生态共同体。因此，文化建设中既要有核心的理念文化引领，更要有践行理念的实践行为，既要有耳濡目染的形象文化，更要有身体力行的行为文化。

理念文化引领人。一是镌刻办学理念。学校在教学楼上醒目位置用镏金大字镌刻学校办学理念“走好每一步，为一生做准备”。学校立足“生本”教育思想，秉承“走好每一步，为一生做准备”的办学理念，从学生、教师、学校三个层面强化“发展”意识，引领学生立足终身发展，走好每一步，走成人成才之路；引领教师立足专业成长，走好每一步，走成功成就之路；引领学校立足办学品位，走好每一步，走高效持续发展之路，高标准建成现代化学校，努力实现“美丽黄中、绿色黄中、幸福黄中”的办学愿景。

二是立校训石。走进我校，映入眼帘的便是棋韵广场前矗立的校训石“步步为营”。在办学理念引领下，我们把“人生如棋，步步为营”作为学校八字校训。初中阶段正是学生奠定人生基础的关键阶段，每一步都镌刻着人生的选择，每一步都寄托着家庭的希望，每一步都搭建着人生的基石，人生如棋，棋如人生，一步不慎，满盘皆输，每一名学生需走好每一步，步步为营，扎实打牢成就美好人生的基础。选定“棋”作为彰显学校办学理念与文化特色的载体，棋艺作为一种头脑智力体操，不仅开发学生智力，也能让学生修德养性，有利于健全人格的塑造，棋事、棋语、棋理融入我们的教育教学行为、师生活动和校园环境中，“棋韵”文化在黄中校园“润物无声引领全体师生走好人生每一步。

三是渗透棋理棋韵。我校的跬步廊、棋韵墙、棋韵廊等随处可见“落子无悔”、“棋贵精诚”、“不善弈者谋子善弈者谋局”等引领语，努力营造积极向上的校风、教风和学风。

形象文化感染人。从校门外一直到校园的各个角落，我们打造了散发着“棋韵”幽香的环境文化，棋韵墙、行健门、跬步廊、棋韵主题广场、明星足迹廊、教室文化、寝室文化、运动场文化，无不渗透棋之艺、棋之理、棋之韵，让棋事、棋理时时处处融入师生的学习生活。进入校门，往右上方处是“弈思园园中“弈思亭”是对“棋韵”的进一步彰显，“弈思亭”既是个开放性书吧，也供学生弈棋，青葱果木，鸟语花香中，静读、弈棋，恬静优雅之意境蔚然成风。

行为文化成就人。只有把“人生如棋，步步为营”的思想，化为具体的行为，才能让人感受到它所蕴含的精神风范，从而起到吸引人、感染人与教育人的作用，逐渐酿造成文化。学校重点从学生评价体系建设和“合作育人”教育改革两方面，积极践行行为文化。

一是“步步为营”积分评价体系激励学生走好每一步。学校以军棋为元素开发了“步步为营”评价体系，借用“军棋”中的军衔晋升的办法，从“工兵－排长－连长－营长－团长－旅长－师长－军长－司令”逐步积攒晋升，建构了层级评价、动态升级、直观呈现、形象展示的评价网络，以“会说话、会走路、会健身、会讲卫生、会学习、会合作”为行为规范管理内容，围绕 “五步”育人目标，确定美德赞、启智赞、健体赞、益美赞、育劳赞，用不同颜色标示，在哪方面表现优异就被点赞，点赞达到一定数量升级登高，以国内名山（背马山、衡山、嵩山、黄山、恒山、华山、泰山、珠峰）为各级目的地，每征服一座名山，身份对应上升一级，通过一路的攀高激励学生个人及小组、班级之间的竞争意识，从而培养学生自主管理、相互管理、合作共进的意识，充分挖掘每个学生的潜力。

二是“合作育人”教育改革引领学生走好每一步。为了培养学生的合作精神，探索出以小组为基本单位，以合作学习、互助管理为基本特征，以团队合作为策略，以合作互育为目的，以课程实施为抓手，学生同伴互助、合作学习、自主管理的互娱互育的途径，教师互助研修、合作育人、捆绑评价的基本路径，探索出合作育人的基本策略，包括以“小组合作学习”为基本特征的课堂教学及评价策略，以“小组互助生活”为基本特征的班级管理及评价策略，以“教师团队共长”为基本特征的专业成长及团队评价策略，以“家校社合作共育”为基本特征的家校社联育策略。促进学生健康快乐成长，提高师生综合素质，最终提升人才培养质量。

三、团队个体融合，彰显文化生命力

文化的形成是历届师生思想与精神的沉积和升华，因此，在文化建设过程中，我们特别注重师生的民主参与和集体智慧的汇聚，注重静态文化的积淀和动态更新的融合，让文化成为源头活水，给予师生源源不断地精神感召与引领。校门外的棋韵墙，是师生自行设计并手绘而成；跬步廊的石头，是多名老师到河滩中去寻得，并由本校书法爱好者郑红老师题字，让这块石头成了有故事的石头；跬步廊尽头的梦想墙造型和颜色搭配，是老师们通过利用网络平台讨论交流，由精通电脑绘画的老师绘出效果图，最后集体定稿而成；棋韵墙上有关棋的故事，是由老师们集体推荐最后精选择优上墙；跬步廊、明星足迹廊上的照片定期更换，梦想墙上的优秀学生寄语，是学生对自我的勉励和对未来的期望，感召同学们共同进步和成长；学校只给出班级文化和寝室文化整体构想，文化呈现均由班级教师和学生手工打造和布置，一个个创意的设计，一幅幅精美的造型，一句句俏皮的感言，无不折射孩子们的情趣意味，彰显师生的个性魅力。虽也不乏稚嫩和粗糙之处，但参与中的体验和感悟本身，就是一种历练和感召，远比工艺精美无可挑剔的成品文化更有价值。

四、课程特色渗透，凸显文化发展力

学校围绕“棋韵”特色开发了“经典诵读+棋阵武术操”和“围棋、象棋、军棋”两大必修课，选取“棋艺”作为校本课程的出发点在于下棋应通观全局，审时度势，运筹帷幄，正所谓“一着不慎，满盘皆输必须走好每一步，同时棋艺作为一种头脑智力体操，不仅开发学生智力，有效促进学生记忆力、观察力、想象力、注意力和逻辑思维能力，更能让学生修德养性，有利于健全人格的塑造。

学校把培养人、发展人、塑造人作为课程建设的主要价值来审视，保证国家课程在学校得到全面有力实施，根据学校办学特色、学生的需要，联系学生的生活，立足区域内的自然和人文资源，积极开好、开发地方课程和校本课程，发展学生的个性品质，提高学校的育人质量，初步形成具有学校特色的“三级五类五素养”课程体系结构。

校园文化建设是一个不断酝酿、积累、沉淀的过程，“不积跬步，无以至千里”。风正一帆悬，逐梦再启航。我校全体师生将在学校棋韵文化的引领下，扎实走好人生每一步，以勇做新时代泰山“挑山工”的无畏姿态，努力把我校建设成为荆楚名校。

沐春风以化雨，施博爱而树人

湖南省郴州市公刘幼儿园　李云

“一年之计，莫如树谷；十年之计，莫如树木；终身之计，莫如树人。一树一获者，谷也；一树十获者，木也；一树百获者，人也”.这段话既阐明了人才培养的重要性，也揭示出人才养成的不易。教育始于关心，是润物无声的陪伴，是浸润孩子们幼小心灵的甘泉。尤其是幼儿教育，更要用爱的甘甜哺育他们成长。办学以来，我园始终秉承“为孩子的七彩人生奠基，为教师的专业成长铺路”为办园宗旨，深化“播撒七彩阳光，润泽快乐童年”的办园理念，带领实现“走内涵发展之路，创学前教育名园”的办园目标。著名课程学家威廉姆·多尔曾说：“未来不是我们要去的地方，而是一个我们要创造的地方”。立足新学年、新征程，我园以《幼儿园工作规程》和《3—6岁儿童学习发展与指南》为指针，以“主题课程试点”打造精彩课堂，以“师幼共同成长”构建魅力园所，全面贯彻落实市局2020年工作要点，全力确保常态化疫情防控下的保育教育工作顺利开展，所有教师携手一心，砥砺前行，为新时代幼儿教育拨开湛蓝的明天。

一、铸魂培根，凝心聚力谋发展

优美的校园环境就像无声的老师，滋润着师生的心田，熏陶感染着师生，丰富净化着师生的灵魂，潜移默化地引导学生成长的方向。为此，我园持续改善办园条件，从卫生间、教室等全面改造。一是在大班幼儿卫生间改造工程结算后，申请资金继续对中、小班幼儿卫生间进行全面改造；二是精心打造幼儿户外乐园，加大户外游戏器械、玩具等设施设备的添置力度；三是精致园所及班级文化创设，做到一步一处皆用心，一区一角皆教育；四是用心营造温馨、创新、共进的园所氛围，让园所管理层次、教师学习能力、幼儿健康成长以及家长都更有价值和收获。此外，我园严抓精细管理，把学校管理摆到前列，推动学校向前发展。一是细化园所管理制度及考核细则，着力促进制度文化、精神文化与人文情怀的凝聚融合与落实；二是采取“内省+外力”的方式推动两支队伍建设，注重队伍成员“一体意识”、“开拓意识”、“服务意识”的催生与强化；三是实行“管理人员分包班级”网格式管理，遵循“谁主管，谁负责”、“谁在岗，谁负责”的双重原则，厘清监管职责，夯实安全责任，并组织各类人员逐层签订安全目标责任书，落实一票否决制；四是继续坚持“每周一活动，每月一排查”的安全管理举措，全力筑牢安全防线，遏制安全事故发生；五是规范保教制度，细化幼儿一日活动流程，重新规划幼儿户外游戏活动场地，确

保疫情防控下各项工作规范化、常态化。优秀的教师队伍是教育教学的基础，为进一步推动学园教学质量发展，我园把教师专业发展放在重要位置，大力提升教师的专业技能和素养。一是持续把纪律作风整顿与师德师风教育相结合，扎实开展相关主题教育及活动，助推教师内化为强悍的执行力。二是继续进行理论引进、专题讲座，内化研讨，检查落实，个性化、特色化的教师培养；三是采用“找准最近发展区，制订长目标短计划”、“专家培训与网络研修两手抓，线上线下学习齐推进”、“为新手型教师掌握发展方向，为成长型教师搭建发展平台，为骨干型教师提供科研空间的梯队建设”、“聚焦幼教基本功，按需培训补短板”、“交流共享不存私，互助合作同发展”和“强化内在动力，助推自主成长”的“六环联动”模式精准培养，强力助推教师专业素能成长；四是以李云名师工作室和杨宝花名师工作室为平台，倾心教育科研探究实践，着力拓展园所骨干体系，并积极开展送教下乡交流活动，携手兄弟园所同步发展。通过多年的努力，我园教师的技能和素养得到了空前提升，不仅加深了学校的凝聚力，也让所有老师对未来充满了信心！

二、立德树人，春风化雨暖人心

幼儿是一张白纸，教育是彩笔，真心勾勒才能画出美丽的世界。我园力争做真实的幼儿教育，把“真”的精神播撒到学园的每寸土地。一是用心做严保教管理，完善一日保教常规管理细则和幼儿一日生活管理制度，严格落实月计划、周安排，抓细抓实班级常规管理；二是耐心做细一日保育，建立幼儿健康档案和成长影集，严把晨午检关，切实落实卫生消毒及体检工作，彻底杜绝传染病、流行病的发生；三是始终秉承游戏是幼儿园的基本活动这一理念，继续做好“344”情境化游戏教学模式推进，打造我园独有的精彩课堂；四是全心开设体能、篮球、军警、劳动教育等特色课程，关注幼儿体格锻炼，助力幼儿健康成长；五是珍视幼儿一日活动，将养成教育贯穿于每一个环节，培育幼儿全面发展；六是精心做好幼儿膳食管理，严把“七关科学制定食谱，确保荤素搭配合理、膳食营养均衡。

好的教育都是建立在课程之上，为此，我园倾力做好主题课程。我园近年来使用的《幼儿园整合性家园共育资源包》（世界图书出版公司）教材已难以满足园所主题教育活动开展和我市学前教育发展需求，经报请市局审批，我园从2020年秋季学期进行主题课程试点。为保证课程顺利实施，我园将继续与省市专家、名园名师直接对接、论证研讨，并不定期组织骨干教师、管理团队前往省市进行跟岗实地学习或邀请专家名师来园指导，倾尽心力以保试点成功。此外，我园还通过多种活动培养幼儿成长，让家庭和学园把注意力放在幼儿身上，带领他健康快乐地成长。一是充分发挥政务公开栏、家园共育栏效能，让家长明确幼儿园的每周教育内容，接受家长监督；二是积极搭建家园桥梁，通过家长会、家委会、专题讲座等活动，传达育儿知识，提高家长的育儿观念，互通幼儿在园在家表现，携手共育幼苗成长；三是鼓励家长积极参加园所管理活动，通过参与家长助教、家长开放日、亲子游戏等活动，让家长对我们的教育工作获得更为深入的认知与理解。

三、初心不殆，拨云见月建新章

教育的智慧是生命对生命的责任和承载。著名教育家苏霍姆林斯基说：“没有爱就没有教育”。仁爱之爱是本真的教育，是积极地教育。教育之爱如山伟大而坚定，如海博大而包容，滋养每一个生命。未来路上，我园会化作爱的精灵日夜守护在幼芽旁边，用奉献和青春陪伴他们的成长，用爱的营养将他们培养成一棵又一棵参天大树！

阶梯登高促发展　创新融合大跨越

湖南省常德市桃源县第八中学　黄继华　裴以杰

一年前，学生招不满，办学质量上不去，学校顶着农村薄弱学校的头衔艰难求生；一年后，中考刚过10天，招生人数爆满，教师教科研劲头十足，学校学考合格率与桃源县第一中学（以下简称桃源一中）并列全县第一，更在常德市示范性高中督导评估中被评为优秀等级……短短一年间，这所学校迅速崛起，成为“老百姓家门口的好学校”——它就是桃源县第八中学（以下简称“桃源八中”）。

一年于教育和办学而言着实不长，桃源八中为何就能实现办学水平的显著提升？这源于学校贯彻执行“以融合求发展”的战略方针，借助区域内名校——桃源一中的教育资源和教育理念，将其与本校的校情学情有机融合，为学校的管理和发展注入了不竭的动力。

确定融合发展突破口，联谊名校谋求发展

2020年初，为促进教育均衡、带动县域内高中教育提质发展，桃源县教育局选派桃源一中中层干部帮扶农村薄弱学校。黄继华有幸成为第一名委派干部，来到桃源八中担任校长。

想让桃源一中的理念在桃源八中落地生根，校领导班子决定把融合作为办学的突破口，借助一切可以借助的教育资源，让八中这所农村校也能享受到高质量的教育，实现了薄弱学校的精彩“逆袭”。

瞄准教学质量生命线，提升办学核心力量

“好风凭借力，送我上青云”。要想提升教学质量，一支实力过硬的教师队伍是“刚需”。这是因为教师是教育改革的主要实施者，是提高学校教学质量和办学水平的核心力量。

为厚植教学质量发展的原动力，桃源八中最大限度借助名校、名师的示范引领作用，通过名师送教、观摩研讨、学术交流、课堂指导等多种方式，强化教师队伍建设，促进师专师能提升。

郭雅亭是高二年级的数学教师，以前教研对她来说就是独自钻研，集体备课无从谈起，每到考试出试卷，更是得独挑大梁，压力大，进步小，还常常觉得困惑、疲惫。而且，这不是郭雅亭的个人感受，而是桃源八中很多教师的共同感受。但自从去年4月起，一切都有了变化，其秘诀就在于学校与桃源一中建立了教学帮联平台。

2020年4月15日，刚开学两天，特级教师、享受国务院政府特殊津贴的桃源一中校长燕立国就和特级教师、副校长陈淑平来到八中，与全体师生交流，并确定了教学帮联平台的具体事宜。此后，桃源一中的资源对八中师生全面开放，进一步推动学校教师深度参与桃源一中的教研和评课活动。同时，桃源一中各学科中心主任和优秀班主任也来到八中听课交流，为课堂“把脉问诊”。

如此深层次地帮扶一所学校，这在桃源一中办学史上尚属首次。借助这一平台，郭雅亭可以不再闷头独研了，“一个人踽踽独行，当然没有一群人结伴同行快乐”。

尤其本学期开学以来，几乎每周都有教师前往桃源一中听课。与此同时，学校不断完善自身的教研制度，各学科组每周选择一天作为集体备课日，并要求行政领导深入一线课堂听课、评课，教研氛围日益浓厚，教师精神面貌焕然一新。

英语教师王大敏以前一直很困惑，为什么每次分析完考试试卷后，学生还是不懂，碰到同类型题依然会出错。在听了桃源一中英语中心主任皮丽老师的课并与其研讨后，她恍然大悟：“原来分析试卷不能就试卷而论试卷，还要对试卷中的重点、难点进行拓展延伸，讲好试卷背后的内容，学生才能真正领悟”。

正是无数次这样的启发，激励着两校教师的交流不断深入。同时，桃源八中也引入了一中以学生为主体、以问题为导向的“生本课堂”理念，将思维权、演练权、表达权和归纳总结权下放给学生，实现了与本校自主、互动、有效地“自主课堂”理念的无缝对接。

如今，桃源八中教研教改蔚然成风，教师专业素养不断提升。仅去年一年，学校便承担了两个湖南省教育科学“十三五”规划课题，裴以杰被评为正高级教师（桃源县农村学校仅一人），教师共有9篇论文获国家级奖，13篇论文获省级奖，师生获奖数创下历史新高。

对接德育活动主阵地，拓宽学生发展路径

桃源八中大部分学生的中考成绩靠后，家长只求他们有学上，不抱有太大升学希望，且留守学生和单亲家庭子女占比约80%。面对这一现状，要想让桃源一中“培养高境界、大格局、宽视野学生”的理念在八中落地，就要在德育活动上不断发力，让学生获得正能量，真正有所得、有所感。

桃源八中立足学校实际，紧扣时代主题，关注学生所需，创新德育形式，走出校园向社会要资源：考虑到一些后进生热爱运动的特点，学校组建龙狮队，让学生对生活有了期待、有了目标；全国助残日，带领学生走进周边20多户残疾家庭开展慰问活动，让学生切身感受亲人的付出和健康的可贵；学雷锋纪念日，组织学生来到敬老院，给孤寡老人打扫卫生、讲故事，感悟一代人的责任与担当……一系列活动的开展，让学生们懂得了责任和担当。如今，学校龙狮队已由最初的一龙一狮发展为三龙四狮，学生精彩的表演更是得到了常德市教育局督导室专家“社团活动有精品”的高度评价。

活动是学生成长最好的土壤。随着实践活动的纵向深入和横向拓展，“高境界、大格局、宽视野”的理念已经渗透到了全体八中人的心里，成为他们成长的目标。

维稳后勤服务安全港，护佑学校健康成长

桃源八中是一所很有特色的薄弱学校，有自己的办学理念、校园文化和良好的办学基础，但办学危机不容忽视，改革势在必行。而有温度的后勤管理则是让学生爱上学校的基础。于是，学校决心以后勤为抓手，融合桃源一中“食堂即课堂，后勤即感情”的情感教育理念，迈出改革第一步。

学校结合桃源一中的食堂精细化管理制度，制订严格的食堂招标制度，并安排专人检查食材质量，确保安全放心；秉持食堂不盈利的原则，调整价格，保证学生摄入足够的营养；每个月开展学生食堂满意度调查，并根据学生建议不断调整。如今，食堂每到饭点，排队的学生“摩肩接踵曾经生意兴隆的小卖部变得门可罗雀。“最明显的感受是食堂阿姨打饭的手再也不‘抖’了，还会劝我们多吃点”。在校学生经常会开玩笑似的说，“去年食堂共结余5000多元，学校将其退还给每个学生，我也领到了”。

学生要想有充足的精力投入到学习中，不仅要吃好，更要睡好。为了让学生能在炎炎夏日睡个安心觉，去年夏天学校一次性投入34万余元，给全校学生寝室安装了空调。

用满腔的热血培育花朵，用关爱的甘泉浇灌春苗，用心智的灵光照耀孩童，如今，学生的爱校之情与日俱增，都自觉成为学校行走的“宣传牌”。

“只有尝试才有希望，只有拼搏才能创造辉煌”。八中人相信，在融合桃源一中办学理念的过程中，学校让人欣喜的变化会越来越多。正是这种期盼，推动着桃源八中在融合中拥抱变化，走向未来。

开展线上线下混合教育　打好疫情防控阻击战

湖南省常德市武陵区金丹实验学校　高燕

传统的学校教育以线下教学为主，但在疫情的背景下，许多学校由于不能复学将线下教学转变为线上教学，并且取得了一定的教学成果。因此，在疫情逐渐稳定之际，学校的复学既应当考虑到线下教学对于学生学习的重要性，又应当为疫情防控阻击战做好线上教学的准备，将线上教育与线下教育充分融合，保证学生能够通过线上与线下两种方式学习新内容，打造自身的学习体系。

一、凝聚力量，实现全学科育人

疫情改变了人们认识世界、学习知识的角度以及方式，将以互联网为依托的线上教学融入学校教学之中。而在中国学校普遍开始复学之际，学校也应当考虑到疫情防控阻击战中线上教学对于疫情防控的重要性，将学生的实际生活作为教学的一部分，实现学校的线下教学与学生在家线上教学融合。为了实现线上教育与线下教育的融合，学校应当从学校信念、学生学习、师生精神以及学校课程这四个角度出发，将学生德智体美劳健全发展融入线上与线下混合教育之中，凝聚学校整体力量，实现学校的全学科育人。

首先，学校信念是指学校校领导、党组织成员以及全体教职工应当以教书育人为主要目标，凝聚疫情防控的信念，将学校精神凝聚为“勇担职责、勇于创新”的精神信条，打造校内坚持线上线下混合教育的统一战线。其次，学生学习是指学校在坚持线上线下混合教育时应当以全体教职工成员为混合教育的重要力量，以学生学习为教学核心。为此，校领导一方面需要加大学校的技术改进，将线上教育中的互联网问题、设备问题以及教师的技术门槛问题集中解决，为线上线下混合教育打造技术优势，解决技术卡顿、作业布置混乱等问题。另一方面，校领导也应当积极开展教职工线上教育的技术培训以及教学培训，令全体教职工掌握基本的线上教育技术，并强化教职工线上线下混合教育的精神信念。再次，师生精神是指学校应当积极开展爱国教育以及生命教育，以疫情防控为背景强化学生对于国家的认知以及对于生命重要性的认识。为此，校领导一方面应当积极开展班主任的教学工作，组织班主任积极利用班会以及主题学习等不同教学形式强化学生的爱国信念以及生命教育。另一方面，校领导也应当利用升旗仪式等全校共同活动强化师生的爱国精神、生命至上的认识。最后是学校课程，学校课程主要是指在疫情背景下，学校应当根据线上线下混合教育得教学特点进行课程改革。一方面，校领导应当注意到线上教育对学生自觉性的要求，在教职工会议上强调教师应当着重培养学生的自律性、自学性以及自己的学习体系；另一方面，校领导也应当积极开展研讨会，研究线上教育与线下教育中的课程应当如何进行有机整合。

二、加强认识，创新教学模式

（一）加强线上教学优势认识

在疫情前，我国部分地区已经开始线上教学的试点，并且取得较为显著的效果，而疫情的到来将线上教育提上学校教学改革的日程当中，它既是时代发展的必须又是素质教育、全学科育人的关键之一。在疫情平稳后，学校应当加强全体教职工成员对于线上教学优势的认识，不断完善自身的线上线下混合教育体系。首先，在日常教学中，线上教学既能够成为学生课前预学、课后复习的重要部分，又能够成为教师与学生在课堂中互动教学、共同学习的重要技术支持。因此，学校应当将线上线下混合教育的重点放在师生如何利用混合教育培养学生学会知识、自主学习以及钻研精神这三部分，抓住学习的本质。其次，线上线下混合教育的优势还在于它能够激发学生的深度学习，培养学生的自主学习方式以及学习能力、学习习惯。无论是线上学习还是线下学习，学校的教学关键都是在教学的基础上培养学生的自主学习能力以及良好的学习方式，而线上线下的混合教育正是将学校的教学回归教学的本质——帮助学生“学而非以教师为主体的单一线下教学的“教”。

（二）创新教学模式

创新学校的教学模式是基于学校开展的线上线下混合教育，因此学校应当充分发挥互联网的优势，在教学中按照学生的学习能力、学习方式以及学习习惯、年级等要素划分为不同的小组，并且积极组织班主任以及科任教师开展教学研讨，形成线下线上混合一站式的教学方案，针对学生的学习情况、教师的教学以及线上技术的应用进行分析，改变传统教学中的线下教学固有认识，以混合教学为基础建立以学生为中心的学校教学模式，打造多元化、个性化以及信息化的学校教学模式。

三、协同教学，融合线上线下教育

（一）协同学生学习与德育教学

学校教学不仅仅是为了学生的应试成绩以及知识学习，它还包含了学生的德育教学、思想道德素质培养等众多内容，只有实现线上线下混合教育融合与学生知识学习、德育教学的协同发展才能够真正培养符合国家发展需要的高素质人才，实现学校的教学目标。在线上线下混合教育中，学校可以以线上教育为点，蒋爱国主题教育、信仰教育、生命教育融入学生教学之中。例如，学校可以结合线下升旗仪式开展线上爱国主题教育，播放校长以及校领导班子的爱国教育讲课，再以班级为主体开展线上集中观看爱国教育电影、纪录片等。最后，为了实现学校的教学效果，班主任可以在线下向学生布置爱国主题教育日记等任务，实现教学闭环。

（二）协同教师教学与学生学习

在线上线下的混合教育中，教师必须积极转变自身的教育角色，从原本的课堂主体、教学主体转变为教学的辅助者、学生学习的引导者，将学校的教学关注点放在学生的学习当中。首先，学校应当为教师教学、学生学习提供技术支持，包括更新班级信息技术设备、教师教学设备以及组织教师技术培训等，积极为线上线下混合教育搭建教学平台，提供教学资源。其次，学校应当积极发挥学生在线上线下混合教育中的重要作用。第三，学校应当充分给予学生自主选择权，包括选择线上教学活动、选择教学方式以及教学内容等，并且逐步培养学生的自主学习能力以及深度学习能力。为了统一班级教学进度，学校可以以班级为单位，将线上活动划分为不同的小组，由学生自主选择小组进行深度学习以及课题研究。而为了保证学习的有效性，学校还应当为每个学习小组配备一名至两名教师，由教师引导学生开展学习。

（三）协同学校教学与生活教学

为了真正提升学校的教学效率，线上与线下的混合教育还应当与学生的生活教学相协同。生活教学主要是指以家庭教育为中心的学生学习内容。为此，学校应当积极与家长进行沟通，组织“参观日”以及家校合一的教学任务等，在任务中实现学生的全面发展，并且为学生创造真实的教学环境，鼓励家长参与到学生的学习当中。

结束语

综上所述，随着疫情的稳定，疫情防控阻击战转变为一项需要长期坚守的任务。在此背景下，学校应当积极进行教学改革，将疫情时期的线上教学与学校的线下教学进行深度融合，通过线上线下协同的混合教育来实现学生的全面发展，全学科育人。对此，本文从学校的角度出发，从教职工思想认识、创新教学模式以及不同教学主体的协同发展等角度出发，为学校的线上线下混合教育发展提供一定的帮助。

浅谈疫情背景下小学道德与法治教学活动模式

湖南省常德市武陵区金丹实验学校 王凌云

小学阶段是思维方式以及做人做事标准形成的关键阶段，在不断进行道德与法治教学活动创新实践的过程中，应当能够考虑学生的实际需要，让学生自主探索道德与法治学习的本质，在与社会发展相联系的过程中，学生能够感受到自身思想觉悟的提高，并能够不断地形成规范的行为以及道德素养。教师在不断武装自己，进行教学活动开展的过程中，应当结合疫情时期的感人故事以及生活实际，不断为学生创设道德学习环境，学生能够将理论联系实际，形成健康的身心以及良好的成长环境，将社会主义核心价值观作为道德与法治教学活动开展的核心内容，让道德与法治实践教学活动符合学生的心理需求，满足学生的不同兴趣方向，在形成学习探索新路径的同时，也能够在参与教学活动中，产生爱国主义情怀以及重要的活动内涵。

一、疫情背景下如何探索小学道德与法治教学活动模式

传统教学模式下，学生的学习思维和学习兴趣受到了限制，在不断进行多样化教学活动开展的过程中，应当能够让学生主动探究道德与法治学习的意义，从而在自主学习环境中通过真实的疫情案例，深化学生的实践体验。也能够将道德与法治教学活动进行多层次、多角度的分析构建，让学生抓住道德与法治学习的关键内容，培养学生的创新思维和综合实践能力。

（一）学生是主体

教师是道德与法治课堂教学的灵魂，在不断用发展的眼光进行道德与法治教学活动模式探索过程中，学生成为重要的受益者，也是教师的服务对象，能够让学生不断感受到疫情时期战争硝烟的猛烈，

在进行人民保卫战的过程中，学生能够思考自身幸福生活的来之不易，逐渐在教师所开展的主题教学实践活动中，让学生养成良好的卫生习惯，形成高尚的道德情操。教师在不断进行教学引导以及实践交流的过程中，逐渐让学生形成自我保护意识，将健康理念进行有效地深入，从而在进行不同角度疫情状况分析的过程中，让学生能够全面的认识法律的重要性，逐渐成为法律监督的重要一员。教师应当给予学生自主思考时间，让在学生主观表达的过程中发表自身独特的看法，在进行多元指导和评价的过程中，促进学生成为社会主义建设的接班人。

（二）构建道德与法治多元教学活动

教师在进行教学活动模式设计以及制定的过程中，应当以学生的实际需要为根本出发点，从而能够有针对性地进行教学活动的创编，在构建道德与法治多元教学活动的过程中，逐渐体现出教育的多样性以及人文性。教师在不断进行道德与法治教学实践活动有效开展的过程中，应当与学生建立良好的师生关系，形成重要的教学互动过程，在活动中学生能够积极地合作，发表自身的实际见解，在对案例进行评价的过程中，也是教师进行教学新理念融入的重要过程。教师应当培养学生的自主学习能力，逐渐能够在实践活动中突出学生的个性化发展特点，让学生找到解决问题的最佳途径，从而在活动环节串联的过程中，形成道德与法治学习的新目标。

（三）教师在教学活动中的资源探索

教师在不断进行信息技术以及道德与法治实践思考中，应当能够为学生找到适合教学资源，学生的错误问题以及错误思想，成为教师进行教学活动方案设计的重要前提，在不断将疫情作为重要教学资源的过程中，学生能够在自主思考和自主分析的过程中，形成正确的是非判断，提高学生的社会认知，在新时代环境下也能够积极参与教学实践活动，从而敢于表达，解决自身的心理疑问和心理矛盾，提高教育活动效果。

二、疫情背景下小学道德与法治教学活动模式的策略

我国新冠疫情在得到良好控制的同时也体现出全国人民的团结和友爱，在进行互帮互助以及疫情防控的过程中，每一个公民都应当奉献出自己独有的一分力量，在小学道德与法治教学活动模式探索的过程中，应当充分进行疫情背景分析，逐渐能够让学生通过实践教学情境，让学生形成爱国主义情怀。在强大的祖国保护下，小学生应当奋发图强，不断能够改变自身的想法，形成重要的责任意识以及高尚道德品质，从而能够寻找疫情背景下眼中的英雄，形成重要的学习新思路。

（一）教师转变教学观念，进行教学活动的创新

教师不断进行疫情背景相关介绍，让学生能够在心中刻画出对疫情的正确认识，从而在转变传统教学观念的同时，更好地能够将创新教学理念进行教学活动的融入。教师在不断完善自身的知识内涵以及师德水平的同时，让自身作为重要的榜样力量，在教学活动中让学生耳濡目染，成为疫情实践活动的小卫士。例如在学习开开心心上学去时，教师采用知识问答的方式，逐渐能够在实践教学活动中让学生深化科学知识，懂得健康的重要意义，从而在养成良好卫生习惯，按照疫情的口号作为疫情的宣讲员，让家庭成员以及周围的同学都能开开心心获得健康，让学生在增长知识视野的同时，提高实践活动参与意识。

（二）进行课堂实践的延伸，让学生参与疫情活动

教师在将道德与法治课堂理论与实践相结合的过程中，应当能够组织课外实践教学活动，让学生积极参与疫情相关的活动，在当下小学生能够意识到自身的责任，从而强健体魄，形成重要的疫情阻击战策略，教师应当与社区取得联系，开展实践教学活动。例如教师能够将教材中拉拉手做朋友进行实践教学活动的延伸，在教师的倡导下，学生分成不同的合作小组，与社区进行疫情防控的宣讲活动，学生在进行参与的过程中，逐渐形成自我保护意识，提高学生的心理境界，并能够不断地增长疫情防护经验，在做好宣讲任务的同时也能够交到新朋友，形成合作意识。

（三）结合信息技术，构建家校合作教育活动模式

教师在结合信息技术进行道德与法治教学活动模式探索的过程中，应当与家长取得联系，通过现代化网络逐渐能够将教育活动进行有效地开展。家长在发挥教育作用的同时，也能够与学生共同参与疫情背景下道德与法治教学活动，在和谐社会环境下，逐渐能够通过法律知识对疫情中的不同案例进行有效地分析，学生能够遵守社会公德，形成自我价值的发挥，在解决实际疫情问题的同时，做一名有担当的小学生。例如在学习吃饭有讲究时，教师能够结合信息技术与家长取得重要的联系，从而在构建《健康属于我》的实践活动中，总结疫情防控中自己应当怎样做，向疫情英雄学习，形成丰富的学习情境，提高活动效果。

三、总结

疫情背景下小学道德与法治教学活动模式需要不断地完善和教学探索，结合学生的实际需要丰富教学资源，运用现代化教学环境，形成有助于学生自主探究的重要教学新模式。教师在进行教学活动创新的过程中，应当能够改变学生固有的思考模式，逐渐让学生积极参与教学实践活动，让学生观看视频资料，形成和谐社会的重要思想，不断体会民族精神和人格魅力，从而在积极参与社会公益性活动的过程中，形成学科核心素养。

疫情之后如何上好我们的体育课

湖南省常德市武陵区金丹实验学校　朱峰　周敏

虽然中国的疫情防控取得了可喜的成果，国内的疫情趋于稳定，但从国际大背景分析，国内依旧处于疫情防控之中。疫情过后，我们的小学体育教师应当积极进行课堂改革，保证学生的身体素质能够得到充分的锻炼，保证学生的身心健康。在此背景下，本文从小学阶段学生的体育课堂出发，对于体育教师如何在疫情背景下开展体育课堂的体能训练进行深入分析。

一、疫情后的体育课堂方向分析

在学生对体育课堂兴趣下降、身体素质较差的背景下，本文认为疫情后体育教师的体育课堂方向应当从以下几个角度出发进行探讨：

（一）首先，体育教师应当尽可能地减少学生之间的对抗性运动，保证部分学生在因活动剧烈而猛烈出汗、身体拉伤的情况。在疫情背景下，学生的身体素质普遍较差，体育教师也应当以此为背景积极改变自身的教学方式，而减少激烈的对抗性体育活动，如赛跑比赛、竞赛或其他需要长时间跑跳、学生大量出汗的活动是保证学生复学后能够通过体育课堂稳步提升自身身体素质的关键。一方面，对抗性体育活动会导致学生大量出汗，而在室外进行的活动会令学生因天气、环境等因素产生感冒、头疼的情况，严重者甚至会发烧，这不仅不利于学生身体素质的提升，反而会降低学生的身体机能；另一方面，感冒、发烧的常见症状与疫情相似，如果学生出现此类症状难免引起学校以及社会的恐慌，不利于学生复学，且与新冠疫情指导项目书中的学生复课复学活动主旨相违背。

（二）其次，体育教师应当根据学生的体能恢复情况，逐步增加学生的基础型体育练习内容，稳步提升学生的综合身体素质。减少学生的对抗性体育活动是为了避免学生出现感冒、发烧甚至身体拉伤等不利与学生体能恢复、身体素质提高的情况，而逐步增加基础型体育活动练习内容则是为了令学生在复学后能够尽快恢复到正常上学时的身体素质，并且逐步提升学生的身体机能。除此之外，基础性体育活动练习本身程度较为轻缓，适合在家学习较长时间后的学生体育锻炼，并且不会产生学生大量出汗、拉伤的情况，更有利于学生恢复对体育课堂的自信心。在疫情背景下，增加学生的基础性体育活动训练既能够保证体育课堂中的学生运动量，又有助于学生提升自身的身体素质，避免由于免疫力下降而提高自身感染疫情的风险性。正是基于基础性体育活动练习对于学生恢复身体机能的重要性，因此本文认为体育教师在开展体育课堂的体能训练时应当做到以下几点：第一，体育教师应当带领学生做好活动前的热身训练，热身训练能够打开学生的身体机能，锻炼学生的心肺能力以及身体柔韧性，便于学生接下来的体育活动。第二，为了保证体育课堂的连贯性，体育教师应当在热身活动后带领学生复习前节体育课的训练内容，保证学生掌握体育训练的正确姿势以及程度，为学生的自主锻炼打下良好基础。

二、疫情后体育课堂体能训练的具体措施分析

（一）营造良好的体育教学氛围

在疫情背景下，学生的体育课堂也应当做出改变。根据疫情防控的相关要求，对体育课堂的疫情防控主要集中在以下几个方面：首先，学校应当为体育教师准备足够的消毒用品，在学生上课前后及时对学生的运动器械进行消杀，并且保证学生的体育器械单独使用，避免交叉使用感染的情况。其次，体育教师应当考虑在户外或室内体育场进行体育课堂以及体能训练，保证学生之间的安全间距为1米以上，避免学生在课堂中的接触。最后，体育教师应当为学生合理安排体能训练的内容，为学生营造良好、和谐且适合疫情下学生体能训练的体育教学氛围。例如，体育教师可以针对学生复学后普遍身体素质较差、对体育课堂教学兴趣下降的问题，将体能训练与游戏进行结合，在热身活动时安排音乐或打节拍等内容，令学生跟随节拍以及教师的动作进行热身训练，完成体育课堂前的准备活动。而在正式开展体能训练时，体育教师也可以积极与游戏进行教学融合。对此，本文以弹跳体能训练为例进行分析。例如"跳绳"或"跳长绳"是常见的学生游戏之一，体育教师可以根据"跳长绳"游戏进行弹跳体能训练的改编，将学生按照不同的小队排队站好，每队3-5人，每名学生之间保证1米的间隔，由小组内的成员轮流做持绳的队员，从前向后跑去，每名学生在跳绳路过时跳起闪避。这样既能够锻炼学生的弹跳能力，又能够保证学生对体育课堂的兴趣。

（二）制定个性化体能训练方案

在疫情背景下，部分学生身体素质以及机能都有不同程度的下降，且学生之间缺乏统一的体育课堂的培训，因此彼此之间的身体机

能差距也较大。对此，本文认为体育教师应当根据现阶段学生的身体素质制定个性化的体能训练方案，根据学生的实际身体情况增添或减少体能训练的内容，并且将内容方案化制定相关的教学方案。除此之外，体育教师也应当在体能训练方案中安排避免学生身体接触的体能训练内容，减少学生的非必要性身体密切接触，做到每班、每名学生都有翔实的体能训练方案。

在此，本文以学生的投掷体能训练为例进行分析。在该体能训练方案中，体育教师既应当注意到不同学生之间的身体素质差异，又应当注意复学后学生的体育课堂学习兴趣下降的问题。因此，体育教师应当改变传统的投掷体能训练方式，以“躲避球”等游戏方式进行投掷训练。首先，体育教师可以为学生准备6个小沙包，再将身体素质相近的学生划分为5——10人的小组，每组同学组内自由组队，在画好的场地内进行躲避以及投掷训练。在活动开始后，一方成员可以向对方投掷沙包，对方成员应当及时躲闪，闪避不及可以退到场外，由教师带领进行额外的“热身活动”后继续上场。双方轮流投掷3次后结束一轮游戏或交换场地，击中人数少的一组获胜，由体育教师给予一定的奖励。这一活动不仅能够训练学生的投掷能力以及躲避能力，更能够充分训练到学生的上肢以及腿部力量，并且在参与的过程中感受到体能训练的快乐。除此之外，该活动也能够帮助体育教师发现学生的身体素质问题以及体能训练的短板，进而改进自身的体能训练方案，做到真正的因材施教，保证体育教师能够根据个性化的体能训练方案切实提升学生的身体素质。

结束语

综上所述，疫情过后，本文认为体育教师首先应当正确认识到学生之间的体能差距，再根据疫情防控的相关要求做好体能训练前的消杀工作以及活动准备工作，适当减少对抗性体能训练，增加基础性体能训练以及以游戏方式切入的体能训练内容，提升学生对于体能训练的兴趣，进而增强学生的身体素质。

浅析小学整本书阅读教学

湖南省常德市武陵区金丹实验学校　王平

在当前的小学语文教学当中，整本书阅读已经成为十分关键的构成部分，并逐渐引起了越来越多教育工作者的关注。教师在语文教学过程中指导学生进行整本书阅读，可以促进学生阅读效率的提高，并加深学生对所读书本的理解和把握。因此，作为小学语文教师，必须要不断研究科学的整本书教学策略，且在教学实践中加以应用。

一、小学生整本书阅读教学的重要意义

（一）能帮助学生深入理解课文内容。小学语文教材中，涉及多种多样体裁的课文，比如散文、小说、诗歌、寓言、典故、议论文、文言文等。尤其是一些有关典故的文章，对于小学生来说有一定的理解难度。因此，课外的整本书拓展阅读就显得至关重要。例如，教师教学五年级课文《草船借箭》时，若是只围绕一篇课文内容来展开讲述，小学生就可能会听得一头雾水，理不清整个故事的脉络，对文中出现的诸葛亮、周瑜、鲁肃、曹操等人物特点也把握不全面的。而若是教师能让小学生阅读《三国演义》整本书籍，就能使学生对该典故的历史背景、人物关系等产生一个大体的了解，这样学生阅读起来就更加高效。

（二）有助于培养学生阅读习惯。培养阅读习惯应当从小抓起，而小学便是培养阅读习惯的关键时期。对于小学语文教材来说，其包含的课文大多都是有针对性与代表性的。但要培养学生的阅读习惯，仅仅是阅读教材中的课文还远远不够。例如，教学六年级下册朱自清的《匆匆》后，教师再指导小学生在课外阅读收录《匆匆》的朱自清的散文集《踪迹》整本书，对课内学习的内容进行拓展和延伸，有利于激发出学生的阅读兴趣，从而促使学生在课外积极自主地展开阅读，形成学生正确的阅读习惯。

（三）可以锻炼学生的思维能力。小学生处在生长发育的重要时期，其好奇心、记忆力和模仿能力等都是相当强的，同时也很容易对新鲜的事物产生浓厚兴趣。所以，教师若是能在小学阶段就让学生认识到整本书阅读的作用，并传授给学生有效地阅读技巧，那么学生就能在阅读过程中逐步学会模仿其中的语言和表达，领悟作者的思想情感，并思考其中所蕴藏的内涵。例如，教学节选自《故乡》的六年级课文《少年闰土》后，引导学生像鲁迅先生描写闰土一样，自己也仿照描写一个自己熟悉的人的外貌和特点。教师再指导小学生在课外阅读《故乡》整篇小说及《呐喊》整本书，理解鲁迅对现实的强烈不满和改造旧社会、创造新生活的强烈愿望。通过于此，小学生的思维能力便可得到良好的发展，情感体验也将变得更为丰富。

二、小学生整本书阅读的方法指导以及教学策略

（一）激发学生阅读整本书的兴趣。讲到某一篇课文时，教师可以先向学生介绍其作者和写作背景，让学生对课文背后的故事产生兴趣，激发出学生的好奇心。这样学生在读完课文后就会产生意犹未尽的感受，继而在课后进行拓展阅读。当学生的阅读范围从课内延伸到课外时，教师就可为学生挑选出整本书阅读书目，培养学生阅读兴趣。比如学习了五年级课文《将相和》之后，教师指导学生阅读《史记》里关于长平之战的部分，深化学生的思想及认知，扩大学生的阅读领域。整本书阅读与课堂教学有机联系起来，成为课堂教学内容的补充与延伸。通过这样的方式，实现课内外阅读的无缝衔接，在此基础上也激发出学生的整本书阅读兴趣。

（二）教给学生阅读整本书的技巧。要提高学生阅读整本书的质量和效率，教师就应着重从以下几点出发，传授给学生阅读技巧。首先，要让学生了解和书本有关的信息，先让学生看清书名、作者以及目录，再指导学生阅读其前言，确保学生能较为系统地把握整本书的大致线索，在脑海中产生初步印象。之后再教会学生通过目录来了解整本书所讲的内容，做到提炼并浓缩。其次，教师让学生把精读和泛读结合起来，把朗读和默读联系起来，要能够在读懂书本内容的同时领悟其中的内涵，欣赏作者的语言特色，感受其思想、理念等。在读到简单的情节时，可以用泛读的方法很快地浏览。而当读到重要的情节时，或是看到令自己十分感兴趣的地方时，就可以精细地品读，大声朗诵出来，还可以将其摘抄在纸上，反复咀嚼。这样就可加深阅读印象，提升阅读整本书的质量。

（三）培养学生良好的阅读习惯。在进行整本书阅读的方法指导时，教师可先给学生制订出合理的阅读计划，保障学生有足够的阅读时间，并培养学生良好的读书习惯。当小学生阅读一整本书，尤其是较厚的一本书时，通常都会花费较长的时间。而小学生的注意力相对更难集中，容易受到外界因素干扰，所以在阅读时可能会出现兴趣的转移而导致半途而废。对此，教师就应帮助小学生切实落实阅读计划，要求学生严格执行，养成良好阅读习惯。另外，教师也可以和学生一起阅读同一本书，当学生表示出很难坚持下去时，教师便以身作则，给予鼓励。与此同时，和学生积极沟通，交流阅读心得和感受。教师认真倾听学生的看法，当学生能勇敢表达时要及时赞扬学生。若学生在阅读过程中碰到疑难问题，教师也要在第一时间进行帮助和点拨，实现学生的正确阅读习惯培养。除师生共读外，亲子阅读也必不可少，让孩子和家长共同分享多种形式的阅读过程。亲子阅读在学生课外阅读当中起到重要的作用，是让孩子爱上阅读的最好的方式之一。当爸爸妈妈和孩子共读一本书时，很容易会让孩子觉得读书是一件非常快乐事情，进而更愿意自发地去进行阅读，并逐渐养成良好的阅读习惯。

小学语文教师开展整本书阅读教学指导，对于小学生的成长及综合素质发展而言，有着十分重要的意义。对此，语文教师应当不断激发学生阅读整本书的兴趣，教给学生阅读整本书的技巧，同时培养学生良好的阅读习惯，达到提升学生的阅读水平的目的。

强化师德师风建设　促进学校内涵发展

湖南省常德市武陵区实验幼儿园　曹春芳

习近平总书记强调:“评价教师队伍素质的第一标准应该是师德师风。师德师风建设应该是每一所学校常抓不懈的工作，既要有严格制度规定，也要有日常教育督导”。近年来，武陵区实验幼儿园大力开展师德师风建设，认真贯彻落实了教育部等七部门印发《关于加强和改进新时代师德师风建设的意见》（教师〔2019〕10号）和常德市教育局《关于印发<关于加强和改进新时代师德师风建设的实施办法>的通知》（常教发〔2020〕2号）等文件精神，将师德师风建设与校园“阳光教育”文化理念相结合，以党建引领师德师风建设，全面提升教师思想政治素质、师德修养和专业素养取得了显著成效。现将主要工作做法及经验总结如下：

一、坚定理想信念，筑牢思想根基

1.切实加强了教师队伍思政建设

坚持思想铸魂，用习近平新时代中国特色社会主义思想武装教师头脑。重点放在全员进行政治理论、师德培训上。进一步加强教师思想政治教育，以“学习强国”学习平台为载体，开展习近平新时代中国特色社会主义思想系统化、常态化学习，并计入教师思想政治培训学分，重点加强习近平总书记关于教育的重要论述，使广大教师更好掌握马克思主义立场观点方法，认清中国和世界发展大势，增进对中国特色社会主义的政治认同、思想认同、理论认同、情感认同。

2.切实践行了社会主义核心价值观

我园将社会主义核心价值观融入教育教学全过程，体现到学校管理及校园文化建设各环节，进一步凝聚起师生员工思想共识，使之成为共同价值追求。组织教师参加书法、经典诵读培训学习及比赛，引导教师形成良好的学习习惯，在优秀传统文化的习得中涵养师德。健全教师志愿服务制度，鼓励支持广大教师参加“文明交通我劝导”

等志愿服务活动，在服务社会的实践中厚植教育情怀。引导教师开展社会实践，深入了解世情、党情、国情、社情、民情，强化教育强国、教育为民的责任担当。

3.切实坚持了党建引领发挥党员先锋作用

建强教师党支部，使教师党支部成为涵养师德师风的重要平台。建好党员教师队伍，使党员教师成为践行高尚师德的中坚力量。开展好“三会一课健全党的组织生活各项制度，通过组织集中学习、定期开展主题党日活动、经常开展谈心谈话、组织党员教师与非党员教师结对联系等，充分发挥教师党支部的战斗堡垒作用和党员教师的先锋模范作用。

二、通过多元途径，塑造教师形象

1.突出课堂育德，提升了教师师德素养

充分发挥课堂主渠道作用，引导广大教师守好讲台主阵地，将立德树人放在首要位置，融入渗透到教育教学全过程，以心育心、以德育德、以人格育人格。把握学生身心发展规律，实现全员全过程全方位育人，增强育人的主动性、针对性、实效性，避免重教书轻育人倾向。上好“师德第一课”。扎实开展教师新学期开学重温誓词、公开承诺活动，将新时代教师职业规范纳入新教师入职培训和教师日常培训内容。通过“青蓝结对”等形式，发挥传帮带作用，使新入职教师尽快熟悉教育规律、掌握教育方法，在育人实践中锤炼高尚道德情操。

2.突出典型树德，开展了优秀教师选树宣传

大力宣传新时代武陵区实验幼儿园教师阳光美丽、爱岗敬业、甘于奉献、改革创新的新形象。利用教师节组织师德典型评选表彰，深入挖掘优秀教师典型，综合运用授予荣誉、事迹报告、媒体宣传等手段，充分发挥典型引领示范和辐射带动作用，形成身边有典型、榜样在身边、人人可学可做的局面。

3.突出了规则立德，强化了教师法治纪律教育

依托“春秋季开学整训”、“师德教育月”、“师德讲堂”、“政治学习”等阵地重点学习《教师法》、《新时代教师职行为十项准则》等系列文件，组织开展争做四有教师大讨论，认真查找差距和不足，提高全体教师的法治素养、规则意识。全面梳理教师在课堂教学、关爱学生、师生关系等方面的纪律要求，开展系统化、常态化学习教育，强化纪律建设。同时，加强警示教育，引导广大教师时刻自重、自省、自警、自励，坚守师德底线。

三、加强民主管理，牵引教师行为

1.严格招聘引进，把好教师队伍入口

在今年的教师招聘工作中，规范和完善教师招聘和引进制度，严格思想政治、意识形态和师德考察，充分发挥党组织的领导和把关作用。严格规范教师聘用，将思想政治和师德要求纳入教师聘用合同。

2.严格考核评价，落实师德第一标准

将师德考核摆在教师考核的首要位置，坚持多主体多元评价，以事实为依据，定性与定量相结合，提高评价的科学性和实效性，全面客观、评价教师的师德表现。突出教师师德表现评价，严格落实师德考核“一票否决”制度，建立教师师德档案。发挥师德考核对教师行为的约束和提醒作用，及时将考核发现的问题向教师反馈，并采取针对性举措帮助教师提高认识、加强整改。

3.严格师德督导，建立多元监督体系

完善多方广泛参与、客观公正科学合理的师德师风监督机制。通过政府督导、学校监督、社会监督等形式建立师德师风监督员制度，定期对学校师德师风建设情况进行监督评议，将监督评议情况作为学校及领导班子年度考核的重要内容。

4.严格违规惩处，治理师德突出问题

以《新时代幼儿园教师职业行为十项准则》为指导，建立教师行为负面清单。从严查处群众反映强烈、社会影响恶劣的突出问题。持续开展违规征订教辅资料、在职教师违规补课专项整治工作，从严整治教师收受家长学生礼金等师德失范行为。一经查实，依规依纪从重从严重处理，严重的依法撤销教师资格、清除出教师队伍。

四、采取相应措施 强化师德效果

1.强化组织领导

为加强对师德师风建设的组织领导，我园成立以周娟园长为组长，副园长曹春芳为副组长，相关股室负责人为成员的师德师风建设工作领导小组，负责师德师风建设工作的领导、组织、协调、检查、评估。

2.强化工作责任

园长是第一责任人，对学校师德师风建设工作负总责、亲自抓。人事组是师德师风教育活动的责任主体，要根据目标任务精心制定适合本单位实际情况的实施方案，其他相关处室要各负其责、协调配合，要召开相关会议，广泛动员，保证每个教师都能参与到活动中来，从而形成师德师风建设的整体合力。

3.强化信息报送

及时报送师德师风建设工作的相关信息，发动教师记录、上传师德师风建设工作中的心得体会、点滴故事、先进经验及先进人物的事迹。及时向教育局上报年度师德师风工作专项报告。

4.强化师德考核

教职工师德师风档案记载由园所坚持实事求是的原则，认真填写，既要如实记录教职工在师德师风方面取得的成绩，又要如实记载违反职业道德的现实表现，记载情况要与教职工本人见面，不夸大事实，不少记漏记，不谎报虚报，确保记载内容客观全面。

目前武陵区实验幼儿园教师配备合理，教师队伍稳定，师德素养高，无一例违反师德师风行为，社会声誉好。师德建设是一项系统工程，是学校教师队伍建设的一项长期历史任务。在今后的工作中，我们将以“四有”好老师、“四个引路人”、“四个相结合”为统领，进一步加强师德师风升华学习培训，引导教师以德立身、以德立学、以德施教、以德育德，在平凡的工作岗位中践行师德规范。擅于发现先进典型，挖掘先进典型，树立先进典型，让教师们既能向全国、全省、全市先进典型学习，又能近距离地向身边先进典型学习，为每一个儿童健康、幸福成长实施快乐地启蒙教育。

攻坚克难，彩虹总在风雨后

——记玉溪镇学校改革求发展之路

湖南省郴州市宜章县玉溪镇学校 彭勇 胡本孝 李理

宜章县玉溪镇学校辖12所学校，含一所中心完小——玉溪镇城南小学和11个自然村的村级小学。近两年，在宜章县委县政府、县教育局以及校领导的集中领导下，取得了一系列丰硕的成绩。近日，玉溪老百姓对玉溪镇学校的好评不断，纷纷称赞：这是一所好学校。2020年学校教育教学质量居全县乡镇前三甲，荣获郴州市教育教学质量先进单位，获评为省中小学党建工作示范点，宜章县2020年教育教学综合评价考核排第一。实现这一华丽的转变，不得不引起大家追忆玉溪镇学校那一段艰难的时光。

学校转变之前是一段艰难且漫长的经历。2018年，学校遭遇了发展的重大危机。由于各种原因，学校的教育教学质量排在了全县乡镇倒数，社会各界的舆论纷至沓来。甚至有家长直接到县政府大门口拉横幅，拒绝自己的孩子来玉溪镇城南小学读书。县委县政府、教育局高度重视，2019年重新调整了学校领导班子。县教育局局长谭小明两次到学校视察，激励新上任的胡本孝校长当面立下“军令状以示改变的决心。谈起胡本孝校长，他21年坚守乡村教育，荣誉等身，有丰富的学校管理经验。临危受命，胡校长带领全校师生在短期的一年半时间带领全校师生打了一场“翻身战挽回了玉溪父老乡亲的信任。在困境中谋求发展，谱写了一曲玉溪教育的新篇章。

一、以人为本，制定民主化制度

时值宜章县正在推行党组织领导下的校长负责制，玉溪镇学校以胡本孝为首的支部领导瞄准了发展的大好时机，坚持“先民主后集中”的原则开始了一系列制度的改革与完善。学校坚持“初次反馈、形成初稿、再次反馈、党支部通过、形成定稿、执行中不断完善”的基本制度改革路径。充分听取一线老师的心声，使制度能更好地被一线老师们接纳。卜川淑老师说：“把工作制度交给老师讨论上班几年多了还是头一回有这样的事，既然领导给了我们权利参与制度研讨，那可得仔细琢磨了，认真执行”。学校先后制定了教学质量奖励制度、年度评优评先制度、校职称评定制度、教学常规管理制度、班级量化管理制度、教科研奖励等制度。有了公开的制度作保障，学校的一些工作便有了正确的轨迹方向。以人为本的制度和规范，促使老师们对教育教学工作更积极了，学校整体工作顺势而上。

二、开展研讨教学，使教学资源共享

2019年，恰逢中央教育部的政策支持，在全国广泛开展“银龄讲学计划”。湖南省特级教师谢作塘通过组织对接来到玉溪镇学校开展“银龄讲学”工作。在第一个学期的半期内，胡本孝带领学校领导陪同谢作塘下基层、赴农村，推门听课听了40余节，与一线老师面对面点对点交流，就如何备课、上课的问题开展研讨，通过查短板、亮实招，促进一线老师互帮互学。研讨教学，发现教学问题。根据一学期的课堂调研情况，加快了青年教师成长步伐，顺势推动了学校的青蓝工程师徒结对活动。以前有经验的老师与年轻教师交流受阻，这座墙现在被推翻了。学校内部的教研活动也开始丰富起来，“主题教学”、“同课异构”、“大会评课”等教研形式丰富多彩，积极倡导一课一得，主要解决课堂中遇到的难题。县教育局教科所邓宏伟副所长、曾植英主任几度到学校为教师开展教育教学讲座。县教育局领导多次表示：“玉溪镇学校有很多年轻的免费师范生，他们是教育的未来，可得好好培养”。

2020年6月5日，学校开展低年段教材教法分析会。省教科院吴停风处长一行三人从长沙来到玉溪镇学校调研“银龄教学”工作开展情况，全程参加了教研活动，听取了学校教研教改和胡本孝关于“银龄讲学”工作汇报，充分肯定了学校教研工作的创新开展，并赞誉学校的“银龄讲学”工作为全省树立了良好榜样。据统计，学校30岁以下年轻教师有50余名，都不同程度地受益，成为教学一线中坚力量。胡本

孝表示:“年轻教师的发展也是我最揪心的问题”。学校教研工作沿着“查短板、促交流、引资源、培青年、推骨干、重研究”六位一体的模式发展，取得了丰硕的成果。一批青年教师在市、县级教学竞赛研讨中也陆续崭露头角，胡婷婷老师在郴州市里科学说课活动中获奖，黄佳薇老师在县新进教师比武中获一等奖，彭姗老师成为宜章县教师培训团队的成员，彭勇老师参加县教育局送教送研活动把课送到了四大片区……近两年，教师在省、市、县发表的论文有100余篇。学校去年获县教科研工作先进单位，县教育教学优秀论文组织单位。

三、党建德育相结合，塑造良好社会形象

玉溪镇学校积极开展党建活动，推进党建融入德育教育、党建融入学校管理、党建融入教育教学、党建融入队伍建设，破解“两张皮引领学校内涵式发展。负责党建工作的吴玲芳老师说:“以前党建工作和学校各项工作没有交集，很多活动流于形式。而现在是扎扎实实地干，每日党课、三会一课都认真开展。这两年陆续收到了一些老师的入党申请书，以前几乎没有收到”。2021年元旦之际，正是国家“十三五”规划的收官之年，也是“十四五”规划的开局之年，更是中国共产党建党100周年。学校以党建为核心开展了我和我的祖国合唱比赛。学校教师精心策划了一个合唱节目，穿插在学生的节目之中。整个活动引起家长、上级领导和社会的广泛关注，并且通过网络直播活动现场，请来电视台的记者专程报道。全体教师穿上了崭新的西装用歌声为祖国献上赞歌。玉溪教育的形象也更光鲜了。西装，是胡本孝给老师们一个计划三年之内实现的承诺。在县总工会、县团委、县教育局的政策支持下，这个承诺提前兑现了。

活动如此盛况，准备如此充分，意义如此深远，是之前从未有过的。以至于活动结束后一个月，仍然有老师在校园里边走边哼着《我和我的祖国》。学校以党建为核心开展的经典诵读比赛、体操比赛、手工制作比赛、海报展示等比赛全面激发了学生的潜力，调动了老师的激情。玉溪镇学校党支部在2020年3月份正式入选“湖南省中小学校基层党建示范点 成为全省中小学党建工作先进典型和示范标杆。如今，学校墙面文化宣传很具特色，教学楼分别叫“善学楼”、“善思楼”、“善德楼”、“文明楼”、“和谐楼”。“忠诚党的教育事业”、“不忘立德树人初心，牢记为党育人，为国育才使命”等标语印在了醒目的位置。2020年11月，宜章县教育局和县教师进修学校主办国培下乡项目培训，玉溪镇学校承办了此次活动，这也是学校第一次承办国家层面的培训活动。学校从后勤服务、会场布置、活动环节、宣传联络等方面做了精细准备，为周围的7个乡镇200余名老师提供了周道的服务。此次活动取得圆满成功，赢得了参训学员和领导的高度赞扬。

四、严抓教学质量，同心协力创成绩

为了抓好2020届六年级毕业班，学校提前做好了一系列部署。为了优化教师结构，秉持精锐上阵原则，调整了六年级的部分老师。教务处黄亚利主任再次挑大梁，继续带六年级毕业班。曾多次召开六年级毕业研讨会，玉溪镇政府分管教育副镇长谷媛、县教育局副局长肖晋和人事股吴庚标纷纷到场向六年级师生给予了希望。吴庚标深情地说道:“玉溪以往的成绩值得我们骄傲，但如今的状态更值得我们深思，请我们在座玉溪老师向玉溪的老前辈们学习，学习他们吃苦耐劳的精神，让玉溪教育再创辉煌”。学校政策对六年级毕业班老师有一些倾斜。教学质量奖双倍奖励毕业班老师，评优评先学校统筹指标优先考虑六年级老师，镇里和县里的教师节表彰倾向于六年级老师。胡本孝校长和黄玉国校长每天清早在学校里打转，上课前经常站在学校操场中央，观察学生和老师的动向。

胡本孝手里拿着一个本子，明白人都知道，那是专门记录老师上课和学生学习的状况。六年级数学老师李莎回忆道:“晚上经常睡不着，想着学生的成绩上不来，影响了学校的整体成绩，再考不好脸面都不知道往哪儿放?”学校其他年级也重点抓课堂，抓教育教学成绩。学校李晶老师谈到这方面，感慨地说:“不只是上几节课就行了，还有上得有效率，想要评的荣誉，学生的成绩还是占很大比重，所以课内外对学生的学习抓得更加严格了，课后辅差也花了更多精力”。其他老师，亦是如此。功夫不负苦心人，玉溪镇学校的小学六年级毕业成绩居全县乡镇前三甲。谁也不曾想到，实现倒数到前列仅用了一年时间。

以人为本，实现学校人性化管理。我校在教育改革探索中，攻坚克难，师生同心协力，打赢了这场“翻身仗”。彩虹总在风雨后，我们相信，玉溪镇学校在以胡校长为首的领导班子带领下，会发展成为具有品牌知名度的教育典范学校。为乡镇教育的发展贡献了“玉溪智慧”。

“新劳动教育” 促进学科融合

湖南省怀化市沅陵县溪子口小学 刘卫红 罗春蓉

从沅陵县溪子口小学传来好消息，该校在成都举办的海蒂花园第4届花园节上被评为“最美花园瞬间”。这是该校开展劳动教育取得的成果。

2018年，沅陵县溪子口小学在教学楼东侧的天台上为孩子们打造了一个占地近300平方米，旨在培养学生种植劳动技能的实践基地“空中百花园”。该基地以种植花卉活动项目为抓手，提升学生种植技能，指导学生自主、合作、探究学习，培养学生喜爱植物、热爱自然的情感，收获了丰硕的成果。学校教师罗春蓉组织学生开展植物种植活动，通过孩子们与植物一起成长，学会观察、实验、比较的科学研究方法，初步学会写科学小论文。既能培养学生爱护绿色植物，珍惜生命的情感，从小形成环保意识，也可以为学生提供一个实现中长期实践探究活动的平台。在全校范围内营造浓厚的学科学、爱科学、用科学的科技氛围和良好的劳动习惯、劳动技能，全面推进素质教育，培养德智体美劳全面发展的综合性人才。

据了解，沅陵县溪子口小学位于湖南西部的一个小县城，留守儿童比例大，隔代教育下一些错误的教育方式造成这些孩子缺乏动手与独立能力。鉴于此，学校决定开设劳动教育。除了教学楼的“空中百花园2019年在校园一角又增设了一个约100平方米的“百草园”。两园以种植花卉实践活动为主体，开展劳动体验、科学探究、生活教育、生命关怀等系列教育活动。

如今在校园内，“百花园”、“百草园”均已成为孩子们的乐园，科学老师带领学生种植花卉植物、语文老师带领学生采集作文素材、写种植日记，美术老师带领孩子们进行美术写生……各学科教师在教材中挑选劳动相关知识点，结合花卉种植活动开展课堂教学；不断打破学科边界，在劳动中拓展学科知识。

劳动教育是促进学生全面发展的重要因素，但如何让劳动教育不仅仅停留在技艺培训的层面，而是向更高层次的素养提升方面迈进，该校还有诸多探索，通过开设花卉种植课程，建设校内两大基地，探索出了一条学科融合、理论与实践相结合推动提升学生素养，并建立完善评价体系的溪子口小学新劳动教育模式。

一直以来，溪子口小学推行“新劳动教育通过“以劳树德、以劳增智、以劳强体、以劳育美开发构建了一系列生态种植课程，通过学科融合、劳动实践、种植管理相结合的体系，让学生观察植物、种植花卉植物、认识花卉植物等获得基本种植劳动技能，了解农业生态结构，树立生态意识，培养科学种植和自主创新能力，形成热爱劳动、崇尚劳动的精神品质。

溪子口小学校长刘卫红说:“‘新劳动教育’应从单纯的技能培养向提升学生的综合素养转变”。溪子口小学在劳动教育的实践中，探索出了一条运用学科融合手段实现劳动与素质教育结合、劳动与各学科领域融合的路径，让劳动教育成为满足学生未来生活需要的教育方式。

目前，学校开设的课程，内容涵盖植物种植、植物观察、种植技术、创意设计等，构成了以“生态”为主线学科融合课程，并根据课程内容的难易度，从低到高年级呈螺旋上升。更好地帮助学生将“他知”变“我知由外向内渗透，触类旁通，从而全面提升学生综合素养。

挖掘素质教育内涵，助推职业教育发展

湖南省怀化市中方县职业中等专业学校 丁绍东

职业教育的根本是对人的教育，提高国民素质，提高国家在国际社会的地位和竞争力。职业教育的重中之重就是培养高素质人才，改变传统的职业教育，建立以终身教育为理念的教育体制，使劳动者具有操作能力和学习能力，从而得到终身发展，为国家的建设打下良好的基础。近年来，伴随职业教育的东风，我校以“立德成人，精技成材”为教育理念，以“展中职风采，做国家栋梁”为育人目标，内抓管理，外塑形象，化茧成蝶，迎来了崭新的春天。

学校竞技比赛百花齐放。2019、2020年度屡获省市大奖，其中2019年度的技能竞赛获得省级一等奖2项、二等奖2项、三等奖7 项，市级一等奖2项、二等奖4项、三等奖3项。

一、挖掘教育内涵，重塑学生自信

“中职生成绩都不好”、“中职学校风气很差”……这样的观点并不鲜见。而让我更加揪心的，还不是这些偏见，而是中职生们发自心底的不自信。为此，帮助中职生树立信心，特别是挖掘他们身上的亮点，培养他们的兴趣爱好，成为我校教学工作的“重头戏”。

不可否认，绝大部分来读中职孩子都是中考的‘失败者’，在文化基础、学习态度、行为习惯等方面，存在不足。如果一味用普通教育的标准来要求他们，或者只是让他们学门技术找到一份工作实现就业，这对中职生并不公平。他们可能只是不适应应试教育，但是来到我校，我会告诉学生们，中职生一样也可以实现逆袭!

基于这样的育人理念，我校一方面充分挖掘素质教育内涵，探索适合中职生思想道德素质、能力培养、个性发展、身体健康和心理健康教育的方法；另一方面遵循中职学生身心发展特点和规律，引入职业技能竞赛，通过技能竞赛来提高学生的技术技能水平、激发学生对专业的学习兴趣和自信心。

二、成立领导小组，完善激励机制

技能竞赛为中职生创造了一个展现自我、实现梦想的平台。学校专门成立了职业技能竞赛领导小组，并建立了完善的激励机制，技能竞赛获奖后，不仅有奖金，还和评先、评优，教师的晋级以及职称评定挂钩。

小刘同学是来自汽修专业1901班的同学，曾有段“不堪回首”的过往：因调皮打架曾被某高职院校开除，来到我校后的他，在这里实现了美丽蜕变。为了调动他的积极性，学校班主任选他为班上的体育委员，邀请他加入校篮球队，现已经是校园篮球队的绝对主力，并在市里的篮球比赛中获得过三等奖。在我校，他找到了自信，找到了人生的价值，在军营中实现自己的梦想。对于未来，他更有着清晰且明确的定位。

目前，我校共成立了汽修、平面设计、电子电工、声乐、篮球队等十余个兴趣小组，小组成员有高一高二学生200余人，几乎覆盖了学校所有专业。

三、发展特色专业，提升就业技能

近年来，我校以办人民满意的教育为宗旨，坚持对口高考升学与就业两条腿走路的方针，形成“人人皆可成才、人人尽展其才”的良好态势，让每一位学生都成就属于自己的“主角光环”。

建立专业动态调整机制，学校立足中方县县域经济发展需求，开设了计算机应用、计算机软件与信息服务、平面设计、电子商务、电子电器应用与维修、现代农艺技术、畜牧兽医、酒店管理与服务、音乐、美术绘画、汽车运用与维修、汽车美容与装潢等专业。其中，作物生产技术、畜牧生产技术、电子电器应用与维修、汽车运用与维修等

打造“名师工作室实现能工巧匠的“批量”培养。学校聘用广东惠州龙旗电子有限公司张海良工程师，常德凌凯汽修唐华工程师等技术型专家参与教学，以其主导和参与专业人才培养及课程教学，有效提高了专业人才培养的针对性和适应性。与此同时，学校还与长沙高新技术工程学校，签订了为期三年的帮扶协议。按照协议，该校每学期要派专家到我校开展培训活动。通过这种校校合作，提高学校师资水平。

近年来，在中方县委县政府政策引导下，我们积极推进多种形式的校企合作办学，深化职业教育人才培养模式改革，实行了产教融合、工学结合等教学模式，通过与企业签订协议、在企业挂牌定点实习等形式，建立了相对稳定的学生生产实习和就业基地，基本实现了实习就业一体化，与东莞市华荣通信技术有限公司华为集团旗下子公司、住电电装有限公司、长沙一粒网络科技公司等大中型企业合作建立了实习基地。主体专业如计算机应用、电子电器应用与维修、现代农艺、汽车运用与维修、酒店管理与服务等专业都实行校企联合办学，分别与金升阳（怀化）科技有限公司、怀化华汉茶叶有限公司、东莞市凌凯教学设备有限公司、福建五洲佳豪酒店管理有限公司建立了校企合作关系，为企业“量身定造”岗位人才。我校连续2年在湖南省职业院校技能赛中和青少年科技创新大赛中获得佳绩，排在同类职校前列。

四、深耕立德树人，强化学生素养

文化是一个人的底蕴，是立德树人的沃土，植根其中，德立得牢、人树得正。我们一致认为，人才培育，“德”字为先。

为了让优良学风伴学生共同成长，让好的行为习惯跟随学生一生。我校推行和强化行为规范养成教育和精细化管理，从学生的日常小事抓起，对学生的上课表现、德育素质、日常行为和安全防范进行全过程、全方位管理。

为让学生的个性能力得到张扬发展，学校不仅设立了学生会、团委会，还开办了各种社团组织，常态性举办各种大型文艺汇演和红歌诗朗诵比赛活动，每周推出由学生自己准备的主题活动，并通过讲座、参加公益实践活动等方式，加强学生的革命传统教育，激发学生爱国爱校爱学习的热情。

“不能关门办职中，必须走出去”。为此，今年，我带领学校一班人，与新晃职中、隆回职中就德育工作进行交流，与长沙高新技术工程学校就“学党史、悟思想、办实事、开新局”进行党建学习交流活动……

今年4月，全国职教大会已经召开，习近平总书记强调，要加快构建现代职业教育体系，培养更多高素质技术技能人才，能工巧匠，大国工匠。这对于我校来说，是一次千载难逢的历史机会，如何借助这股春风实现‘后发赶超’，是我们所有中方县职中人的历史使命和责任担当。

建设教育强国，提升国家综合实力，我校将不断深化改革，把握机遇，努力促进职业教育发展。未来，我们将针对目前学校简陋的硬件条件，奋力争取新校区项目建成，实现3000名在校学生的办学规模。助力乡村振兴和服务基层，像一把种子撒出去，为国家培育更多基层技术技能人才。

乘教育新风　圆足球特色

湖南省邵阳市双清区高崇山中心完小　周新建

我校是一所办学历史悠久、校园环境优美的农村小学，学校长期坚持“纯粹教育、和谐发展”的办学理念、“为学生健康成长奠基、为教师持续发展铺路”的办学宗旨，坚持以人为本、全面育人、合作诚信、质量立校，突显“立德启智、健体尚美”的办学特色。历年来，在全体师生的共同努力下，学校各项工作取得长足进步，先后被评为全国青少年校园足球特色学校、湖南省文明卫生单位、湖南省义务教育合格学校、邵阳市义务教育先进单位、邵阳市书香校园、邵阳市控辍保学优秀学校、邵阳市教育系统抗击新冠肺炎疫情先进单位、双清区教育系统先进基层党组织、双清区文明校园、双清区目标管理先进单位、双清区德育先进集体等20多项荣誉称号，学校的教育教学质量稳步提高，办学效益不断提升，赢得了家长和社会的广泛认可。

在多年的办学经历中，我校始终坚持以人为本，以创新为动力，以质量求生存，以特色求发展。近年来，学校认真贯彻《中共中央国务院关于加强青少年体育增强青少年体质的意见》精神，全面实施《国家学生体质健康标准》，认真落实《全国青少年校园足球活动的实施方案》精神，以强化学校体育工作、切实提高学生体质健康、运动技能和人格素养为目标，大力开展了丰富多彩的校园特色体育活动。

一、重视体育特色发展　加强校园活动组织

成立领导小组，加强组织建设。为使校园足球工作按计划实施，我校成立了以校长为组长，副校长为副组长，教导处、少先大队室、总务室、校医室等处室负责人为成员的足球工作领导小组，认真研究、解决工作中出现的情况和问题，精心指导、落实学校足球训练、竞赛等工作。

健全规章制度，推进有序开展。为大力普及和推广校园足球工作，结合学生年龄特征和身心发展的实际，我校认真制定了《校园足球活动实施方案》《校园足球训练计划》等，进一步健全完善了校园足球工作组织实施、教学管理、课余训练和竞赛等方面的规章制度和工作制度，并按计划扎实开展。

强化宣传氛围，赢得家长支持。为有效普及校园足球活动的大力开展，学校充分利用红领巾广播站、电子屏、校园网络等多种媒体，通过绘画、摄影、手抄报、征文等形式，多角度全方位宣传足球运动，调动学生参与活动的兴趣，激发他们热爱足球运动的情感。利用致学生家长的一封信、家长会等时机，向学生家长宣传开展校园足球的目的、意义和活动情况，取得家长的关心和支持。

落实发展规划，提高足球水平。我校在认真落实足球三年发展规划的同时，将足球课堂教学、大课间训练、竞赛等日常工作纳入学校中心工作，严格执行每周一节体育课的时间为足球课堂教学时间。将足球教学和大课间训练，班级、年级、校际之间的竞赛计入体育教师工作量，确保学校足球教学计划落到了实处。在认真遴选足球苗子的基础上，按照学生的水平分别成立了班级、年级、学校男、女足球队，由班主任教师、足球教师承担教练工作，利用大课间、体育课等时间进行训练，不断提高校园足球水平。

组建体艺社团，推动运动发展。我校先后组建了书法、舞蹈、美术、手工劳动、排球、乒乓球、篮球、足球等多个体艺社团，以体育课堂教学为主，以快乐大课间、课外体育活动、校运动会以及全民健身活动为载体，教育引导广大师生走向操场，走进大自然，走到阳光下，锻炼身体，陶冶情操，牢固树立健康、科学的健身理念，积极推动学校体育运动蓬勃开展，切实提高了师生的体质健康水平。

二、强化师资队伍建设　保障活动健康开展

加强队伍建设，提高教学技能。目前我校有专职体育教师4人，兼职体育教师7人，能满足教学工作的需求和体育活动的正常开展。为确保足球活动的开展，学校安排各级领导负责足球计划地督查落实和日常训练工作。为不断提高体育教师的业务能力，我校还安排体育教师参加各种培训，组织体育教师到外地进行观摩学习，定期安排体育公开课和汇报课，不断提高体育教师教学技能。

落实教师待遇，促进教学积极。为了使体育教学工作正常、扎实开展，学校认真落实体育教师运动装备和室外体育教学有关待遇，将体育课教学和足球训练、竞赛活动及效果计入教师工作量，将足球训练效果和竞赛的成绩与教师绩效工资挂钩，在评优评先、晋职晋级等方面向教师倾斜，不断提高体育教师指导足球活动的积极性和责任心。

完善训练设施，提高训练标准。为了促进体育活动的开展，学校每年筹措资金，不断补充、更新体育活动器械，学校体育训练竞赛器材数量充足，满足学生体育锻炼和训练的需求。目前我校有一个250米、五跑道塑胶田径运动场，一个9人制足球场，一个篮球场，二个排球场，六个乒乓球台，体育器材室配有各类体育器材1000多件（套），体育器材均达到国家标准。

建立保障机制，保证正常教学。为保证体育和校园足球工作的正常开展，学校将体育活动经费纳入学校年度经费预算，每年按照生均体育教育经费不低于10%的标准拨付体育活动经费，确保了体育活动的正常开展。每学期，学校为学生进行健康体检，并建立学生体质健

康档案和成长档案。

三、强化体育教学科研　助力特色水平提升

确保活动时间，严格落实训练。学校严格按照国家中小学体育课程标准实施体育教学工作，认真落实学期、学年体育及足球活动计划，确保开足开齐体育课，严禁挤占学生体育活动的时间，确保学生每天一小时大课间体育活动时间。学校把足球教学纳入学生体育课必修内容，保证每周一节体育课用于足球课的教学和训练。

制定科学计划，认真开展活动。为使足球活动实现科学规范的目标，学校制定了系统、科学的训练计划，以课堂理论技术教学为主，课余实战训练为辅，将课堂教学和课余演练有机结合起来，每周二、三、五下午由专职足球教练指导技战术训练，注重梯次训练实效，不断培养运动苗子。

完善竞赛制度，定期开展联赛。为不断完善、有序推进校内足球竞赛制度，学校定期组织开展足球联赛。为检验我校足球队的训练成果，学校代表队和年级代表队多次进行校际间的足球友谊赛，利用校际间足球比赛活动，共同探讨、推广校园足球活动的做法和经验。

积极探索创新，开发课程资源。让学生了解足球知识、参与足球运动、掌握足球技能，培养参与体育运动的兴趣，锻炼意志品质和健康良好的心态是我校开展校园足球的目标。根据国家校园足球教学指南，因地制宜，我校组织专业教师开发和编制足球校本交叉，实施适合学生年龄特点的足球教学和课外活动。

“路漫漫其修远兮，吾将上下而求索”在今后的工作中，我校将进一步落实上级有关校园足球活动精神，不断弘扬校园足球文化，激发学生足球锻炼的兴趣和积极性，通过足球运动培养学生的团队协作精神，形成拼搏进取、乐观向上的生活态度，用校园足球热情助推学校体育运动的健康、和谐发展。

足下有规矩，心中有方圆。校园足球承载着无数的寄托与希望，当我们扬起风帆，开始启航的那一刻，我们便已明确自己的责任与使命，不忘初心，砥砺前行！

湖梦前行　聚力铸魂

湖南省益阳市赫山区梓山湖学校　蔡麓妤

“好雨知时节，当春乃发生带着春的气息，润着中国浓浓的年味，我们全体梓山湖师生放飞理想，又一次整装待发，在此举行2021年上学期开学典礼，首先，我代表学校党总支、行政、工会向全体师生致以新春的问候和美好的祝愿，同时，祝同学们学业进步、快乐成长！祝老师们工作顺利、幸福安康！

过去的2020年，既有惊心动魄的风云突变，又有豪情万丈的砥砺前行。艰难方显勇毅，磨砺始得玉成。我们深刻感受到：人民至上，生命至上。一年来，在以习近平同志为核心的党中央坚强领导下，我们党团结带领全国各族人民众志成城、迎难而上，战疫情、抗洪涝，促改革、推开放，抓脱贫、惠民生，保增长、稳大局，各项事业取得新的重大成就。中国正阔步走近世界舞台中央，彰显出磅礴的中国伟力。习近平总书记说:“实践再次证明，中国特色社会主义制度具有无比强大的生命力和创造力，中国人民和中华民族具有无比强大的凝聚力和向心力”.2020年，我们每一个人都了不起！

2021年，中国共产党即将迎来百年华诞。从1921年的上海石库门到嘉兴南湖，一艘小小红船承载着人民的重托、民族的希望，越过急流险滩，穿过惊涛骇浪，成长为领航中国行稳致远的巍巍巨轮。我们党始终坚守为中国人民谋幸福，为中华民族谋复兴的初心使命，带领中国从站起来、富起来到强起来的历史性飞跃。

初心如磐，使命在肩。站在新学期的起点，回首过去的一年，喜悦与自豪同样充盈我们每个梓山湖人的内心。在市区两级教育主管部门的坚强领导下，全校上下凝心聚力、开拓创新，在教学质量、品牌铸造、校园文化、课程改革、体育竞技、社团氛围等方面取得了卓越的成绩，在提升办学品质、优化教育生态的进程中迈出了坚实的步伐，一次又一次改写历史，　谱写了学校发展的新篇章。梓山湖学校一直走在最前，引领示范，并将继续领先！这是一所省级文明校园的担当，这更是对大家提出的更高期许！

益阳市梓山湖学校是一所年轻而又具有时代奋发气息的学校，作为梓山湖的学子，你们肩负重任——不仅仅是为了实现更好地自己，为了学校的荣誉，还要承担改造未来社会，创造辉煌中国的责任。

2021年对每个年级的同学来说都有着重要而不同的意义。初三的同学们正在为最终冲刺积蓄力量，迎接中考新一轮的挑战；初二的同学们正积极调整，备战生地会考；初一的同学们正规划自我，全面发展；小学六年级的同学积极深化小学阶段知识节点，即将完美亮相学途中第一次短距离赛场；一二三四五年级迎风朝阳，勃发盎然生机。面向未来，每个阶段的我们都将会面临不同的挑战与选择。

道阻且长，行则将至。“一个民族之所以伟大，根本就在于在任何困难和风险面前都从来不放弃、不退缩、不止步，百折不挠为自己的前途命运而奋斗”。

当前世界正经历百年未有之大变局，充满了诸多不确定性。这正意味着新的机遇，意味着我们可以通过努力去塑造自我、赢取未来。在这不确定性的时代，希望你们对崇高理想的追求不会改变，永不忘却的初心不会动摇，走向更广阔天地的脚步不会停止，勇攀科学高峰，学会与“复杂问题”共处，从容自信引领世界，创造未来。

站在两个一百年的历史交汇点，站在中国共产党百年历程的新起点，青春向党是历史和时代的召唤。希望你们读懂中国共产党的百年历史，读懂中国的现在和未来，用青春去践行习近平总书记提出的“孺子牛、拓荒牛、老黄牛”的三牛精神，超越小我，把个人价值的实现与国家、社会价值的实现紧密联结，做一个“大写”的我。

星光不问赶路人，时光不负有心人。生命的每一段，都有宝贵的意义。诗和远方是美好的，但人生最动人的风景，是当下的每一步。2021年，让我们携手并进，抓住新的机遇，迎接新的挑战，赢得新的发展，实现新的跨越，奔向更加美好的未来！

养正教育，让教育幸福感传递

——谈沅江政通小学养正教育开展

湖南省益阳市沅江市政通小学　徐炳泉

沅江市政通小学坚持“学以养正，毓德大成”的育人理念，聚焦“立德树人依托“养正课程着力推进“幸福工程从“正形”到“正心”再到“正德三个三学段六个年级纵横交织，全面覆盖。师生在养正之旅上，磨合、淬炼、成长，绘就了不一样的幸福底色。以下，我谈一下我校的“养正教育”开展。

一、言谈举止践行“养正”

聚焦“正行”课程，塑正身形，优雅言行

一是唱诵为先，在低年级学段，将“音乐、舞蹈、中华传统文化”融合在一起，通过“正形课结合基本礼仪，每周一练，每月一评，达到言正，身正，品正，潜移默化来塑形。二是阅读为本，在中年级学段，将经典书目、个人书目、教材书目以5:2:3的比例综合穿插，通过“阅读吧结合书画比赛，每日一句，每周一课，达到手正，体正，脑正，春风化雨来修业。三是实践为基，在高年级学段，将家务劳动、学校劳动、公益劳动连轴成章，通过“光荣榜结合技能达标，每月一次，每期一评，达到自立、自主、自觉，水到渠成以养正。

二、从心出发诠释“养正”

一是提倡师生悦读。学校以年级组为单位，开发配套的“阅读本每天设置20分钟阅读短课，师生共读。将有趣片段、精彩后续、时空转移镶嵌于导读台，开展有奖竞猜，师生共享阅读之趣。二是推行亲子悦读。班级以家庭为单位，设计主题阅读卡，通过班级微信群推出每期必读篇目，亲子共读。将阅读技巧、阅读心得、阅读绘本归总于班级论坛，开展书香家庭评比、阅读小博士大评选，营造良好的家校共育氛围。三是打造活动悦读。每个学期以活动为载体，策划丰富多彩的阅读活动。主要分为常规活动和主题活动。常规活动以导读台竞答活动为主，每月一本书，前两周自由泛读，后两周问题竞读，让师生自由发表自己的见解，展现不一样的风采。主题阅读活动以“外校联谊阅读竞赛”、“跳蚤书市场”、“畅游书世界之阅读游乐活动”等为主线，穿插“我会演、我会画、我会猜、我会写、我会答、我会下、我会唱”形式各异的板块，激发学生的阅读兴趣，锻炼学生的编排能力，让阅读成为孩子成长的最好礼物。孩子们在阅读中，用心感知文字中所蕴含的“养正”精神，诠释文字的力量，如春风化雨般，滋养着学生们的内心。

三、以精神领悟感知“养正”

将“党队教育”、“法制教育”、“安全教育”、“生命与健康教育”、“文明行为教育”、“社会主义核心价值观教育”融合在一起，实现课程整合，形成“正德课采用视频播放、广播大会、实践体验、校外专家授课等形式进行，引导学生树立正确的价值观和人生观，塑正其行为以使符合社会公德与伦理道德，并对自我有审视，热爱自己、热爱家乡，热爱国家。

学生层面，通过“五星少年”评选，以身边榜样的时时示范，让学生清楚“我该做什么”、“我能做什么”、“我该怎么做”(比如班级评选的道德之星、善行之星、学习之星、艺术之星、健康之星；每月五星，星星辉映）。

教师层面，通过“年度名师”评选，以优秀班主任、爱心科任老师的处处示范，让教师清楚“我能教什么”、“我该教什么”、“我该怎么教”（比如近两年的十佳名师，个个璀璨耀眼）。

班级层面，通过“五星班级”评选，以优秀班级事事示范（如班队课上定良习，人文课上学良习，美术课上画良习，音乐课上唱良习，学习生活行良习，师生携手评良习，优秀班级示良习），让良好习惯天天

练，高尚美德时时扬。

此外，学校还设立“坏习惯垃圾箱开展“大手牵小手一起找陋习组织“从我做起，走向文明”主题实践活动等。全校上下形成时时讲养正，事事显养正，处处是养正的良好氛围，构筑政小师生共同的精神高地。

一分耕耘一分收获，养正教育开展十年来，我校先后获得“湖南省文明校园”、“湖南省儿童教育基地”、“湖南省数学教学资源开发基地”、“湖南省经典诵读特色学校”、“湖南省规范书写特色学校”、“全国青少年校园足球特色学校”等称号。“德育作业”被录入《全国家庭教育工作创新案例汇编》一书，其成功经验在全国推广。尤文杰同学被评为“全国优秀少先队员王赛君老师被评为“全国优秀辅导员特级教师黄峥嵘被选入省“未来教育家精英班”深造。

教育的幸福感是什么？十多年开展养正教育，我切身体会到教育的幸福感不仅仅是一种自我满足的感受，更是一种基于付出而获得的外界肯定和信任。这种幸福感荡漾的心底，如一涓潺潺流水，唱着轻柔的歌，千回百转，每当感知到，回忆起，心里都会洋溢着幸福。我想，这才是幸福感本来的样子吧，正是养正教育，让幸福感穿越时空得以传递。

建构教学行为文化，谋求学校长远发展

湖南省永州市蘋洲小学　陈雪梅

当下，我国传统文化与现代文化、外来文化之间不断地交流、碰撞，学校师生的思想观念、生活方式、行为规范乃至世界观、人生观都在发生变化。学校不管自觉不自觉，都必须“要参与到社会新文化的构建中去，按社会发展的要求和时代的精神构建超越现实的新学校文化”。在这种情况下，如何将本校内部各种因素作为动力和资源，探索学校文化的发展模式，达到既能满足学校内生性追求，体现学校本土性特色，又符合教育本质要求，适应学校长远发展需要，成为每一所学校都应该思考的问题。我认为，只有通过转变教学行为，再造教学行为文化，才能让先进的办学理念落地生根，让科学的管理制度贯彻于行，从而为学校的中心工作服务。

教学行为文化的整体建构要从教学行为文化的转变开始，这种转变既包括教师的研究行为文化和教学行为文化，又包括学生的学习行为文化。

一、转变教研行为文化

将观摩由关注教师转变为关注学生。一直以来，教学观摩更重视教师的教。上课教师教学的技巧、策略、模式，甚至应对课堂偶发事件的机智，都成为教学观摩中津津乐道的内容。其实，这是不太好的。一堂好课，最终落脚点是学生的学习；一场有效地教学观摩，也应当立足于学生的学习。教师通过观摩，倾听学生的发言，了解学生的合作，发现学生的学习效果和学习障碍，并从中获得教育灵感与智慧，这应该是教学观摩的主要内容。

可以这样认为，教学观摩的目的既不是居高临下地评价上课教师的优劣得失，也不是以平等的身份对上课教师提出各种各样的建议，而是观摩者向教学实践学习，从观摩的课例中找到帮助学生学习的方法与技巧，从而实现观摩者本人的专业成长。上一节课，教师表演得再精彩，但学生学得不精彩就不算是精彩的课。观摩一节课，教师收获再多，但却不能更好地指导学生学习，就不能算是真正的观摩。我校力行的做法是，教师对课例的观摩，从“怎样做将更有利于学生学习，怎样做将不利于学生学习”切入，并用语言具体表达本人的收获与体会，拿出来与同事分享。

将研讨由切磋教法转变为共建学法。研讨，应该理解成教师为解决共同面临的教学问题而举办的集体协商活动。就教学而言，研讨起码覆盖两个方面：一是切磋教法，着力化解教的障碍；二是共建学法，着力化解学习障碍。从某种程度上讲，基于课例研讨教法，离不开对其他教师“评头论足必须就哪里教得好、哪里教得不好进行点评并给出建议。这也是传统教学中常见的研讨方式。事实上，对教法研讨的结果，在以学习为中心的教育生活中，并不能直接作用于学生的学习。而且，教无定法，每名教师可能有适合自己的教法，在这个上面过多讨论毫无价值。如果处理不当，就会使研讨过程成为一团和气的互赞，或者各不相让的指责，根本解决不了有关学生学习的实际问题。

教学研讨为造就精彩课例而存在，其中要解决的核心问题应该是学法问题，应该是群策群力去探寻一条路子，帮助学生越过学习障碍，更好地做到“会学”。因此，研讨不能只停留在观摩层面的各抒已见，要根据“如何学”所要解决的具体问题，共建学法，形成比较统一的“理想模型”。我校以学科组为单位，推动教师共同为所要面对的学生“谋划”学习，无所保留。在这样的研讨活动中，每名教师都意识到自己的重要性，围绕面临的现实问题，一起努力想办法、建模式，形成了学术氛围浓、攻关能力强的教师团队。

将讲座由理论指导转变为经验分享。讲座是常见的教研行为方式。我校为了提高教师的教学能力，常常邀请有关教育专家到学校举办讲座。其中也不乏这种现象：教育专家讲的时候，老师们热血沸腾，跃跃欲试，真在教学实践中做起来却举步维艰。究其原因，在于专家讲的多是理论层面的东西，用理论指导实践，还有一个联系实际的过程，而这个过程是比较难把握的。

要解决这一问题，必须避免讲座的“高大上推动讲座向经验交流转变。对于任教同年级的老师来说，他们有相似的工作背景和相同的工作对象，一名教师在课堂教学中获得的方法与技巧、观点与灵感等，对另一名教师来说可能至关重要，帮助他少走弯路，甚至帮助他应对教学中突如其来的挑战。我校坚持让教师以年级组为单位举办讲座，谁在哪方面有优势谁来主持讲座，老师们相互学习，取长补短，更能达到互帮、互学、互惠的目的。

将反思由自我改进转变为借鉴颠覆。教研行为的第四种方式——反思。如果说观摩是基于事实的行动研究，研讨是基于问题的行动研究，讲座是基于优势的行动研究，那么，反思则是基于缺陷的行动研究。一般来说，不论是预测性的课前反思、监控性的课中反思还是批判性的课后反思，都是对课例中不足的清醒认识和有效改进。我校要求教师基于本人的课堂教学进行反思，由此发现本人的教学缺陷与不足，然后提出有针对性地改进措施，以使自己接下来“导演”的课例更加完美。这样的反思是继承基础上的改进，是一种有效地教研方式，但也往往局限于自我设定的框架。

其实，反思不能局限于“自说自话”，反思中我们既要看到自己的不足，又要结合他人的经验。将他人的先进理念与做法作为一面镜子，照出自己教学中的不足，从而找到新的突破口与生长点，突破旧的认识框框，创造新的教学方法与手段。这种反思可以是“借鉴条件下的整合”，以“集成”方式实现再造；也可以是“颠覆情况下的重构”，在“空白”处找到再造途径与方法。

二、转变施教行为文化

教师需转变备课方式。我校注意将教师的备课引向为学生的学习准备条件。怎样保证不同学生有方法迎接每节课带来的挑战，成为备课要解决的重中之重。例如选择什么学习内容更合适，采取什么学习策略更有效，跟谁合作更顺利，采用什么工具管理学习过程更方便，等等，教师能够进行通盘考虑。

教师需转变授课方式。教师要按照课堂规则促进学生主动学习和互相交流，借此来达成授课目的。教师授课不再是实现教师要教什么，要怎么教，而是帮助学生实现要学什么，要怎样学，让学生成为知识的“发现者、研究者、探索者”。基于学生的交流与对话而不是教师的讲授来推进学习，学生要想顺利完成学习任务，就不能在自我封闭的状态下学习，就必须“动”起来，进行学习交流，从而使得授课的实质转变为帮助学生实现学习交流。

教师需转变辅导方式。我校提倡使辅导行为由关注教学内容转变到关注学生学习上来，将辅导联系到教学的各个环节，学生不知道要怎么做的时候，学习行为出现“异常”的时候，就是教师进行辅导的时候。通过辅导帮助学生摆脱学习障碍，跳出学习的“异常态归位到学习的“新常态”。

教师需转变测试方式。我校教师的测试更注重学生每次学习获得的学习成果。通过“积分”等方式，学生在学习中取得一点成果，就及时给出一点肯定。

三、转变学习行为文化

学生应该学会预习。学生通过预习，可以发现并明确必须要去解决的问题。起点水平低可以提出问题向他人请教，起点水平高可以提出问题让他人答辩。而并且要在课堂中将提出的问题出示出来，这样一个人的问题就成为一个小组或者全班学生的学习资源。

学生应该学会交流。学生在课堂可以听老师的讲授，也可以听同学的发言，可以提出问题听取他人的意见，也可以发表自己的看法供他人参考。使得课堂中不仅有教师讲解的声音，也有学生主动发问的声音，相互提问的声音，相互应答的声音。课堂不再是教师的“一言堂而成为互惠的“百家鸣”。

学生应该学会合作。我校十分注意培养学生合作共赢的能力，让学生找到“学习伙伴　两个人或几个人一起去探究同一个问题。他们在探究过程中不断交换彼此的看法，得到的结果可能没有变，但这个过程却丰富了不少。或者参加“学习小组小组成员之间互相交谈，互相讨论，互相切磋，互相启迪，就会形成互学互惠局面，探究也会在互学互惠的过程中得以顺利完成。

学生应该学会展示。我校教师注意指导学生用自己喜欢的形式展示学到的知识。学生必须根据自己的爱好去寻找“形式必须去思考怎么做，必须去用行动做出结果来，这样动心过、思虑过、行动过做出来的作业，对习得的巩固效果自然就更好。

在新时代的号召下，谋求学校的长远发展是刻不容缓的任务，也是事关整个教育行业发展的重中之重。我校将坚定地以此为目标，转变教学行为，建构教学行为文化，不断反思，不断进步，在谋求学校长远发展的同时，为教师和学生的长远发展打下坚实的基础，不辜负祖国和人民的期望，办好让人民满意的教育！

注：本文为全国教育科学“十三五”规划2016年度教育部规划一般课题（课题批准号：FHB160540）阶段性成果。

文明校园彰特色，金鹗腾飞冲云霄

湖南省岳阳市南湖新区金鹗小学　李强

文明校园创建工作是贯彻立德树人根本任务，构建社会主义核心价值体系的重要途径，是全面提高教育教学质量的需要。我校以“湖南省文明标兵校园评估标准”为准则，秉承“立人为先，成才于学”的校训精神，加强师生思想道德建设，贯彻落实科教兴国和人才强国战略，通过持续深入地开展文明标兵校园创建工作，培育校园文明风尚，帮助每一个学生扣好人生第一粒扣子。

我校创建于1968年，历经五十多载，不断发展壮大。校园占地面积20175平方米，绿树环抱群楼，一派生机盎然。学校现有35个教学班。目前，学校配有高标准的多媒体报告厅、网络教室、音乐室、乒乓球室、实验室、劳技室、心理咨询室、阅览室、棋艺室、舞蹈室、录播室、校医室等。学校育人环境优美，硬件配套齐全，是一所标准化、现代化学校。

一、成立领导班子，落实创建工作

2019年，我校成立了“创建省级文明标兵校园”的领导班子，由校长李强任组长，党支部书记刘平和、德育处许淑纯任副组长，其他行政和老师任成员。学校党政领导班子勇立潮头，运筹帷幄，扎实开展文明创建活动，有力推动学校文明发展。党支部不断加强学习型、服务型、创新型党组织建设，不断完善党小组学习和党支部学习制度，不断创新思想教育方式方法，积极探索用身边人和身边事感化教育全体师生员工的道德讲堂新模式，并产生了很好的教育效果。学校重视开展党风廉政建设，加强对党员干部的考评与监督，扩大党务政务公开，密切领导干部与师生员工之间的关系，调动全体师生参与学校建设与管理的积极性。发挥教代会、工代会和群团组织的凝聚和桥梁作用，推动了学校各项事业健康发展。

二、加强教师培训，提升教师能力

为提升学校教师综合能力，促进学校教育高质量发展。我校通过政治学习和一系列思想教育活动增强教师献身教育的使命感；通过专家指导、网络研修、外出学习等方式开展继续教育，促使教师更新理念，拓宽视野；以课题研究为载体，提升教师科研能力，部分教师已经成长为研究型教师；以集体备课、教学比武活动为抓手，夯实教师基本功，提高教学水平；通过完善班主任评价机制、组织班主任培训、举行班主任经验交流会、家长学校宣讲等方式促进班主任成长，提高班级管理水平。金鹗小学的教师忠于教育事业，用爱心对待每一位学生，涌现了一批“教学名师”、“教学新星”、“师德标兵”。

三、开展多彩活动，引领师生成长

我校始终坚持以思想文化引领师生成长，切实把学校建设成为锻造理想信念的熔炉、弘扬主流价值的高地、滋养文明风尚的沃土、培养时代新人的阵地。学校优化了党建室，定期开展党员学习和培训活动；德育处狠抓少先队阵地建设，利用多种渠道扎实开展少先队活动。红领巾广播站的常规一日、每年一度的新队员入队仪式、每周一次的升旗仪式、中队会等活动最有特色，学校网站上开辟的少先队专栏、班级黑板报和宣传栏对学生进行思想道德教育最见成效。学校创编的《小百灵报》校报，多年来一直为学校宣传和师生能力展示提供着很好的平台。学校充分发挥资源优势打造第二课堂，组建了书法、绘画、乒乓球、足球、种植、合唱、京剧、古筝、跆拳道、经典诵读等20多个社团，不仅丰富了学生们的校园生活，更培养了学生多方面的能力。

四、建设校园文化，铸就发展内核

我校始终把校园文化作为一种教育精神，激励莘莘学子怀揣美好理想走向人生之路。丰富多彩的校园文化外显于传统文化主题围墙和各有特色的班级文化布置上；通过开展形式多样的爱国主义教育、扎实有效地安全文明教育、异彩纷呈的校园文化活动进行文化内铸。

学校校园文化主题围墙，集中体现了我国古代“仁、义、礼、智、信”的传统教育理念，通过古训、名言的解读、社会主义核心价值观的熏陶，潜移默化地提升学生对文明礼仪的理解认识。通过举行升旗仪式、国旗下的讲话、开学（毕业）典礼、入队离队、观看爱国影片等方式进行爱国主义教育。结合实际定期开展学生逃生演练、安全教育活动周、警校共建、消防演练、观看安全知识宣传片、安全知识竞赛等活动进行安全教育。组织了形式多样的校长送书、　师生读书活动，开展了“做新时代好少年”主题阅读和演讲比赛活动，举办了书写感恩书信、评选“校园孝星”等活动，净化了学生心灵，引导学生崇尚团结、友爱、互助、奉献的精神，弘扬了助人为乐的优良传统，帮助学生扣好人生的第一粒种子。学校开展“教学名师”、“教学新星”、“师德标兵”等评选活动；开展“1+x第二课堂”、“戏曲进校园”、“科学种植”、“道德讲堂”、“家长学校”、“音乐节”、“科技节”、“体育节”、“校园足球”、各类竞赛、“关爱留守儿童”等志愿服务和劳动技能等校园文化活动，提升师生文明素养，成果显著。

为优化育人氛围，提升校园环境。我校投入资金近百万元改造学校的环境，打造独特的校园文化。现在步入金鹗小学，喷泉与假山相映成趣；茁壮的杜英与整齐的四季青交相辉映，自然景观与人文风情融为一体，每一块绿地都会向你抒情，每一个角落都能与你对话。漫步校园，富有教育意义的挂图标语随处可见，宣传橱窗展示师生风采，教学楼走廊悬挂名人、科学家名言及师生作品。学校硬件设施完备，教学楼、综合楼、实验楼、餐厅布局合理，绿化环境优美；运动场气势宏伟。优美的校园环境，为师生提供了良好的工作和学习的场所。

近年来，学校在精神文明建设方面成果丰硕，曾先后荣获“岳阳市安全文明校园”、“新时代好少年”主题教育读书活动“我为祖国点赞”示范学校、“岳阳市十佳书香校园”、“岳阳市文明标兵单位”、“岳阳市中小学德育工作先进单位”、“湖南省优秀少先队中队”、“湖南省经典诵读特色学校”、“湖南省文明美德学校”等多项荣誉，2018年获得“湖南省文明校园”光荣称号。

今后，我校将在坚定不移地精心构建平安校园、和谐校园、人文校园、绿色校园，努力把金鹗小学办成师生舒心、家长放心、人民满意的学校，不负“省级文明标兵校园”的美誉。

文明如南湖碧水滋润万物，金鹗似蓝天鲲鹏展翅腾飞。历史的厚重和现实的成就，无不彰显出我校的时代风范。十四五期间，我校将继续以“中国梦”为引领，弘扬和践行社会主义核心价值观，抓住机遇，凝神聚力谋发展，砥砺前行铸辉煌。

传承红色基因，赓续红色血脉

湖南省长沙市芙蓉区修业学校　陈风华

育苗先育根，育人先育心。习近平总书记指出:要抓好青少年学习教育，着力讲好党的故事、革命的故事、英雄的故事，厚植爱党、爱国、爱社会主义的情感，让红色基因、革命薪火代代传承。我校创办于1903年8月18日，时名“修业学堂取“修德敬业”之意，源自《易经》中“君子进德修业”。毛泽东、徐特立、周世钊、黄兴、欧阳梅生等老一辈革命家都曾在这里工作。黄兴曾在此成立华兴会，毛泽东曾在这里主编了著名的《湘江评论》、创办革命刊物《小学生》，传播爱国思想，实现民主主义者到马克思主义者的转变、人民教师到职业革命家的转变。学校依托深厚的红色资源，强化红色教育，传承红色文化，助力民族复兴。

一、传承红色力量

“毛泽东白天在修业教书，晚上在宿舍撰稿、修改，于1919年7月14日出版了第一期《湘江评论》。李大钊主编的《每周评论》评价《湘江评论》说道，‘眼光很远大，议论也很痛快，确是现今最重要的文字’……”我校四年级乙班的罗笑寒站在《湘江评论》旧址面前，为参观者介绍这段历史。作为长沙市千名红色小小宣讲员之一，她对学校的这段历史已经烂熟于心。　其实，不仅仅是小小宣讲员，对每一个修业学子来说，6年里，他们在红色校园里耳濡目染，心中都有说不完的红色故事。

六年级学生易淼元对百余年前学校历史老师毛泽东留下深刻印象，是从爷爷讲述的“毛主席在热闹的南门口也可以认真看书”的故事开始的。易淼元很好奇这个叫“毛泽东”的人是怎么做到在南门口也能安静认真读书的，校史馆里寻找答案的他，成了毛泽东的“小粉丝“比如说毛泽东信仰很坚定，自己认定的目标就一直不放弃，还有他特别爱读书”。在故事里,“毛爷爷”是一个有血有肉可以无比亲近的人。“毛泽东、徐特立、黄兴这些伟人都是博览群书、有远见卓识，所以我现在也要奋发读书，长大为国家做贡献”。这是易淼元在校史馆里更大的发现。　距离学校几百米的南门口，到现在也是城市最热闹的地方，毛主席在南门口看书，也成了老师口中多版本且广为流传的故事。

“我学生时代的班主任老师，不下五十次地告诉我们要学习毛主席在南门口‘闹中取静’的学习精神”。现在是修业学校老师的陈晖，在学校的“红色大讲堂”讲的就是毛泽东的读书故事。陈晖说，因为毛主席酷爱读书并且很有一套自己的方法，通过讲述毛主席的读书故事，可以激励孩子们多读书、做一个爱书人，也可以引导孩子们采用合适的阅读方法，让阅读更有效。“我是中国人，我是修业的孩子。谨记：修德敬业，习劳耐苦学校编写的校本教材《校史拾贝》第一课，老校训仍熠熠生辉；“巍巍古城阁，麓山千峰叠，名城名校楚天地，惟我修业……”老校歌从岁月中穿过，弦歌不绝；而在《湘江评论》主题雕塑旁，在徐特立断指明志的操场旁，孩子们正上演着自己原创的话剧《承伟人之志，做有为少年》……这就是传承的力量，那些美好的品质，那些闪光的名字，仍在我们舌尖吟诵、指尖流转、魂上舞蹈。

二、拓展红色课程

在我校传承红色基因不是一个空洞的口号，《基于修业校史文化的学生特质培养研究》省级课题，就是让伟人成为“身边的学习榜样”。“百舸体验营红色研学课程也有专门的校本课程教材，根据红色主题活动，确定了红色教育的内容与内涵”。

学校每个学期定时按年级推进百舸体验营拓展课程，围绕一代伟人毛泽东在长沙走过的足迹，引领孩子们走进校史馆—天心阁—第一师范—程潜公馆—橘子洲头—湖南农大，开展爱国主义体验活动，让学生受到红色洗礼；每个学期开展红色艺术节活动，通过经典吟诵、红色版画和书法、红色舞蹈和课本剧表演，用艺术的形式展现校史文化和人物精神，让学生在学习与实践中感知红色文化底蕴；借助传统节日，通过红色舞台剧、新年音乐会等多种活动培育学生的家国情怀和修业特质。

对于青少年来说，革命传统教育要从娃娃抓起，既注重知识灌输，又加强情感培育，使红色基因渗进血液、浸入心扉。今后，我校将继续不断加强红色教育，弘扬红色精神，创新课程改革新路径，引导广大青少年树立正确的世界观、人生观、价值观，培养他们成为能够担当时代大任的新人。

上善若水，水韵合安

——谈合安小学水韵文化建设

湖南省长沙市宁乡市玉潭街道合安小学　喻建国

宁乡，治邑于三国，建县于北宋，历史悠久，文化厚重。作为国家中心城市长沙的副中心，宁乡经济社会高速发展，城市规模不断扩大，老百姓对优质教育的需求越来越强烈。宁乡市委、市人民政府心系民生，2018年提出了"三年投入三十亿，新建学校三十所"的宏伟目标。一个个靓丽的校园、一所所全新的学校，鳞次栉比、应运而生。

玉潭街道合安小学是2019年新创办的一所公办学校，该校地处宁乡新城区中心位置，办学规模适中，校园设计合理，是宁乡市委、市人民政府"小而精"学校建设的范本。合安小学以"上善若水"的精神为积淀，遵循"文化立校"的办学思路，提出了"水韵合安"的文化构想。以下就对合安小学"水韵文化"建设作一介绍。

一、"上善若水"之水韵教育的精神内涵

合安小学是三湘名校——宁乡市玉潭街道中心小学的分校区之一，为传承名校文化、延续名校精神，合安小学结合玉潭中小"琢玉成器，静水流深"的办学思想，从"水"字上找到了文化定位的突破口，提出了"水韵合安"的文化构想，致力于打造"水韵教育"的办学特色。

（一）"水"的文化内涵

水，万物之源，它孕育着万物生灵，也孕育着古老的历史文明。《说文》有云："水，准也"。水象征万事公平、公正，如水的表面一般，天下都以水作为衡量基准。韵，和也。本义为和谐悦耳的声音，诗人李商隐曾写道："有风传雅韵，无雪试幽姿"。后来其涵义不断变化、扩大，如神韵、气韵、风韵，意指一种精神状态。

水韵，意取水一般的气韵。水蕴含着丰富的人生哲学和处世智慧，形成了博大精深的水文化。孔子把水看作智慧的象征，故提出"知者乐水，仁者乐山"；汉代刘安奉水为至德，提出"夫水所以能成其至德于天下者，以其淖溺润滑也"；林则徐赞美水的胸怀，写道"海纳百川，有容乃大"。

"水"所凝结的丰厚的优秀品质，植根于中华传统文化的"水"文化，正是合安小学想要通过"水韵教育"使得师生所具备的品质。

（二）"爱"的教育内涵

"爱"是诸多教育理论的核心。人本主义理论以"关爱和尊重每个学生的生命本性"为起点和基石，强调人的价值和尊严的重要性，强调"尊重、关心、理解与信任每一个人"。苏联著名教育家苏霍姆林斯基认为，"教育者最可贵的品质之一就是人性、对孩子们深沉的爱，兼有父母亲昵温存和睿智的严厉与严格相结合的那种爱"。国内著名教育家陶行知先生，被誉为"爱的导师，爱的力行者，爱的创造者"。他提出"教育技巧的全部奥秘，就在于如何爱护学生并主张教师用"爱满天下"之心，用自身的生命去发现学生、了解学生、解放学生、信仰学生和变成学生。

水生万物，水润万物，水利万物，"水"蕴含着一种无私、纯净的爱。合安小学基于对教育理论的探索、理解和学习，提出了"水韵教育意在以水为载体，承载着"爱"的教育理念，强调以爱育人，育有爱之人。

二、"水韵教育"之学生核心素养教育

合安小学结合"水韵教育"的文化构想，对学生的核心素养进行了校本化解读，并努力寻找核心素养落地生根的切入点。

（一）培养"水韵"般人才

合安提出的"水韵教育就是要培养具有如水气韵般的人才。那么，何为水韵？

老子盛赞水的品质，他最重要的哲学思想之一就是"水"哲学，他的生存智慧和哲学思想都与自然水性相通。《道德经》有云："上善若水。水善利万物而不争，处众人之所恶，故几于道"。孔子则这样评价水："遍予而无私，似德；所及者生，似仁"。合安人认为水的精神在于仁爱，人学习和效法水的仁爱精神就能感知和维系人与人、人与社会、人与自然之间的关系，从而使人与人之间充满和乐与幸福，　人与社会、与自然之间充满和谐与感恩。

因此，"水韵教育"提倡从爱己做起，将心比心，推己及人，推人及于万物。学校期待能培育出一代代上善若水，爱己、爱人、爱物的水韵人才。

（二）"七个一"让素养落地

依照《中共中央国务院关于深化教育教学改革全面提高义务教育质量的意见》文件精神，结合《中小学德育工作指南》，合安从现在着手，向未来着眼，提出了合安学子"七个一"素养工程，明确了合安学子小学六年的培养方向与发展目标。

爱好一项体育运动：没有健康的身体，就没有真正的教育。合安小学将"爱好一项体育运动"放在"七个一"素养工程之首，期待每一个合安学子都能掌握一至两项运动技能，感受运动乐趣，拥有健康生活。

拥有一颗仁爱之心：有爱，教育就有希望。合安从关爱教职员工开始，积极倡导"四爱"精神，实施有温度的教育，培育有爱心的师生。

掌握一套学习方法：授人以鱼不如授人以渔，会学才能学会。合安注重各个学科的学法指导，培养学生自主学习的习惯，提高学习效率。

坚持一个阅读习惯：问渠那得清如许，为有源头活水来。合安将阅读作为学校内涵发展的源头活水，努力从硬件和软件两个方面同时着手，建设"水韵书香"的合安校园。

写好一笔规范汉字：合安让学生写好一笔中国字，拥有一颗中国心。能写好一笔规范、工整、美观的汉字，是爱国的表现，也是学生综合素养全面提升的表现。

喜欢一种艺术特长：素质教育，对艺术素养的要求越来越重要。合安小学努力为学生创设条件，在小学阶段就能拥有一技之长。

学会一套生活技能：合安注重学生的全面发展，将基本的生活技能、劳动技能纳入校本课程体系，让每一个合安学子做自立自理的完整人。

三、"水韵文化"之校园课程化建设

校园文化建设为学生服务，为学生的素养提升服务。合安小学在校园文化的策划和建设过程中，结合课程开发，提出了建设"小水滴成长学院"和"水韵合安"十二景的布置思路，让每一个文化建设发挥其课程育人、环境育人的作用。

（一）小水滴成长学院

1.小水滴农业学院

种植课程：结合校园绿化，开辟开心农场，组织师生开展种植活动，开展绿化修剪活动。此外，根据学校的设想，还将建设校园阳光大棚，开展无土栽培、特色种植、盆景制作等农林实践活动。

养殖课程：开辟饲养角，让学生与小动物交朋友，观察小动物的生活习性，掌握养殖方法，培养爱心、耐心。

2.小水滴科技学院

创客课程：建设好劳技室、科学室、电脑室，推出电脑编程、机器人、无人机、手工制作、科技发明、3D打印等创客课程。

环保课程：建设好垃圾分类小屋，生学习环保知识，掌握垃圾分类的方法。

3.小水滴诗文学院

阅读课程：利用连廊区角，建设开放式阅读书吧，定期向学生征集最喜欢的书刊，定期更新，给学生最新鲜的阅读体验。

文学课程：建设草地凉亭，供师生休闲、阅读、吟诵，提供展示区角，展示学生的诗文楹联创作作品。

4.小水滴体育学院

跆拳道课程：利用学校体育馆，建设跆拳道训练场馆，组织跆拳道训练和比赛。

篮球课程：建设校园球类器材屋，让学生的篮球可以自主存放，随手可取。增设少儿篮球架，增添学生的运动乐趣，营造篮球运动文化。

课间游戏课程：利用校园广场，设计一些游戏区间，设置游戏器材收纳橱柜，课余时间，学生可以三五成群，进行游戏活动。

5.小水滴艺术学院

成长舞台展示课程：将国旗台设计为学生展示的成长大舞台，利用升旗仪式、节日庆典等活动，展示学生才艺。

才艺课程：建设好相应的功能室，利用连廊区间，设计各种体验区角，增设优秀作品、优秀个人的展示区间。

校园导游课程：根据学校文化建设及课程开设，培养一批小导游，担任来宾参观时的讲解员。

6.小水滴健康学院

西点课程：利用教师餐厅，增加设施，建设西点制作教室，让学生学习制作寿司、饼干、蛋糕、饮品。

食安课程：利用两个学生餐厅，分别建设成为食品安全教育馆和健康饮食教育馆，让学生在就餐的同时，了解食品安全知识，掌握健

康饮食的要求。

（二）“水韵合安”十二景

结合“水韵文化”的校园布局规划，我们将合安校园分为水之灵、水之智、水之趣三个分区，学校设立了校园参观游览的路线，沿着参观路线设立了水韵合安十二景，即：沁园钟影、依水筑爱、水润童心、扬帆逐梦、曲水回廊、七彩水滴、与水共舞、心有灵溪、溪谷稻香、水村山郭、百舸争流、水韵悠扬，这些景点紧靠合安的“水韵”文化，通过校园小导游课程，积极向外界宣传推介。

上善若水，水韵合安。基于传统文化“上善若水”的境界，我校提出了“水韵合安”的文化构想，并落实“水韵教育”。从文化构想到本色呈现，需要一个漫长探索，蜕变的过程。我们相信，在不久的将来，合安小学在“水韵教育”的目标引领下，在全体师生员工的共同努力下，终将发展成为一流品牌学校。

激活家访效能，提升育人温度

湖南省长沙市湘郡培粹实验中学 罗清华

家访是一种重要的教育方式。家访的过程，有利于老师们深入学生家庭，了解学生、理解学生，从而为每个孩子寻找更适合的教育路径。家访不仅有助于促进交流、加深理解，也能让教育理念与方法变得更加鲜活、更为温暖。建校30多年来，我校作为一所非营利性民办中学，坚持党的领导，坚持社会主义办学方向。在建党100周年之际，我校把党员实地家访作为为家长学生“办实事”的载体，推动了“家校共育”迈上新台阶。

一、发挥党员模范作用，引领教师实地家访

在全国开展学党史、悟思想、办实事、开新局的过程中，我校有着自己的思考，为群众办实事就是要解决家长的困惑和关心的问题，学校将党支部建在年级，以“党员教师实地家访”为切入口，充分发挥党员教师的先锋模范作用，并以此引领带动全体教师，他们在家访中为家长和学生通思想、开心结、送温暖、解难题。学校成立了“党员教师家访工作领导小组制定《“三心三服务”党员教师家访活动工作计划》，形成书记挂帅、班子协力、支部推动的责任机制，提出“六回访”、“六必进”、“六知道”、“六不准”的刚性要求，党员教师克服困难，合理安排休息时间进行家访，始终坚持践行学校“磨血育人”的办学理念。活动开展以来，我校党员教师累计参与实地家访97人次，走访家庭160余户。

二、做好家访前期准备，提升工作的针对性

课堂教学中，一些老师感慨，“备课”不仅要备好所授的知识，更要备好学生的学情。其实家访也需要备课，老师们要想通过家访更进一步认识、了解、影响学生，必须在家访前先备课，才能做到有的放矢。

学校党员实地家访活动，按照分班级、分时段的方式有序推进，学校、年级、班级及老师均有系统和翔实的实施流程。家访前，党员教师、班主任和任课老师有针对性地选择家访对象，充分交流班上学生的学习情况和心理动态，事先准备好谈话提纲。之后，老师们要提前规划好家访路线，微信或电话预约，并做好充足的准备工作，保证家访的顺利开展。至于家访的过程，老师们不仅要深入了解学生在校的学习生活情况，更要根据自己的经验或翻阅教育经典书刊、资料，有针对性地对学生心理需求进行科学、有效地指导。因此，我校的家访，不是简单的老师向家长“告状而是深入了解学生在家的表现，找出学生学习生活中出现的问题症结或进一步提升的空间，与家长一起让学生扬长避短，进而找到教育引导学生的更好方法。家访后，老师们需要及时上交实地家访活动记录表，利用学生的共性与特性，提炼和优化家长建议，以便在平时的教育教学过程中恰当运用。

三、倾心奉献传递爱心，实地家访取得成效

在很多学校，一般品学兼优的学生容易站在“聚光灯下”被关注，但是在我校，不论学生成绩出众与否，都被教师关注着，这让很多学生感受到了学校的阳光教育，让家长体会到了从未拥有的教育温暖，因此而感慨自己的孩子并不是在一个“被遗忘的角落”。

老师对学生的关心，解决了家庭难题。李同学是一个一丝不苟的学生，但其成绩总是不够拔尖，教师在深入家访后，得知他的父亲在其低年级时因病失去了劳动能力，他的母亲扛起了整个家庭的生活负担，所有科任教师立即参与进来，启动班级导师联系制度，为李同学义务做好课后服务，两个月的坚持，李同学脸上有了笑容，学习成绩也进入了班级前列。

老师对学生的关心，增进了学生和家长的亲子关系。黄同学便是一个典型的例子。这个在学校乖巧的男孩，在家里却经常向家长发脾气，甚至摔物发泄。老师们根据家长反映的情况多次与黄同学沟通，缓解了其家庭矛盾。上课不听课、作业不认真完成、不管是鼓励还是惩罚都不在意的姜同学，也因为两次家访而成为更好地自己，原来姜同学的父母在公司做管理工作，时常在不自觉中用命令式的语气对姜同学说话，导致他不愿意和父母沟通。找到症结后，老师一方面提醒姜同学的父母在和姜同学沟通时要平等交流，多倾听孩子的心声。另一方面，老师单独找姜同学聊天，慢慢开导他。在这之后，姜同学的情况大为好转，家庭关系也越来越融洽。

一分耕耘一分收获。通过党员实地家访，先锋带领学校教师为群众办实事，2021年，我校教育教学工作取得了长足的进步，荣获了“长沙市普通中学教育质量综合评价优秀”、“长沙市文明校园”、“湖南省民办教育协会第四届理事会优秀常务理事学校”、“湖南省教育扶贫工作先进单位”、“湖南省抗击新冠肺炎疫情工作先进单位”、“湖南省学生体育协会第三届委员会乒乓球分会副会长单位”、“2021民办教育影响力品牌学校”等荣誉。下一步，我校将深入总结经验成果，建立长效制度机制，让更多老师掌握好家访这门“必修课集聚起家校共建的正能量，培育出更加优秀的人才，为实现“为国培粹”的初心使命增添新动能！

悦读致远　行则将至

湖南省长沙市长沙县第七中学 李煦阳 陈灿 冯冕

新时代，在国内外竞争和改革的大背景下，教育呈现出推行素质教育、主张人本主义教育的发展趋势，新时代的教育该何去何从？面对时代之问，湖南省长沙市长沙县第七中学立足实际，困而思变，尝试把营地教育引入校园，以“悦读致远”引领教改，走出了一条提质增效的特色发展之路。

穷则变

回首过往种种，至今记忆犹新。2000年至2007年，我担任县七中团委书记、德育处主任、副校长时，七中和全国很多普高一样，以应试教育为核心，全校师生都苦苦做着大学梦，不少人最终却沦为“陪读者”。

长沙县七中处于长沙市的东边、星沙的南边，是城郊城市化的典型代表。在方圆不足10公里的范围内，被两所省示范高中、三所超级民办高中包围，没有生源优势。

因为基础薄弱，大部分学生无缘二本以上的大学，无法从成绩上获得成就感的同时，还错过了本应全面发展的人生关键时期，无法适应未来社会对人才的要求。

另一方面，一线教师深陷应试教育怪圈，在常年的以知识输出、反复练习、博取分数为目标的教学中心力憔悴，普通高中升学率低，教师的成就感差，自身缺乏成长，职业倦怠感强烈。

家长和社会对高考高期望值双剑高悬，考不上大学的学生走了一批，还会再来一批。

他们怎么办？学校怎么办？那时的我，整天都在思考着这些问题。但由于当时思想不够成熟、力量比较单薄，实现改变的目标只停留在思想层面。但也是从那时起，教改的种子已埋进七中的土壤里，并悄悄发芽。

2012年，我担任七中校长一职，在一次学习交流中，认识了从美国归来的ICE营地教育研究院院长聂爱军，围绕高中教育话题进行了深入交流。得益于这次交流，我俩一拍即合，决定试行教改，旨在以大阅读、大讨论、大写作为理论指导，不以考上大学为唯一目标，致力于把学生培养成一个自发自为的人。我尝试把眼光从学校发展的困境移向学生的成长发展，从单纯的不尽人意的高考结果移向学生的人生未来后，我们的世界瞬间变得敞亮起来。

变则通

2013年，长沙县七中正式开始了教改之旅。学校首先探索的是将营地教育与学校教育相结合。以营地教育为抓手，践行“阅读、自主、体验、服务孩子们的品质、学习积极性、组织和表达能力、服务精神等均得到了快速提升。

刚开始教改时，阻力来自四面八方，家长不支持、不认同，甚至我们部分老师也没有转变观念。对于老师而言，一方面这样的教学管理方法对自己也是全新的，自己要持续不断地学习、并且调整心态来面对过程中遇到的困难和怀疑；另一方面，学生们刚接触这样的学习方式，也是有各种意外和问题，老师本身对教改还没信心的情况下要去说服孩子，对于老师而言也是挑战。所以，也能理解有些老师不愿意做这样的改变。

为了使教改能顺利推进，2013年，第一届悦读致远班是开放给所有的学生来自由选择是否要加入的，这个过程是三方的筛选制。第一届教改班全部吸纳成绩100名以后的学生，并和家长签订同意书。

现在悦读致远这个教改实验，已经进行到第九年。从最早的一个实验班，到后面带着其他老师也一起尝试，参与进这个项目的学生和接受这样方式的老师越来越多。

功夫不负有心人，没想到第一届的教改就产生了很好效果。致远班学生表现出明显优于平行班学生的优势，他们积极向上，勇于表达，有服务精神，进入高三后也表现出优于平行班的学习后劲。根据问卷调查结果，悦读致远班学生在进入大学后在阅读、自主、体验、服务方面的习惯保持率均在百分之九十以上。高二时，唐铱宁同学被世界联合学院(UWC)录取并获全额奖学金，顺利进入国外深造。

一炮打响之后，教改班到了第二年就发展到两个班。就这样，长沙县七中的教改之花在外界众多的反对与质疑声中盛开了。

通则久

什么是好的学校教育？在我看来，好的教育的关键是看人，看师生过怎样的教育生活，看师生能否从教育生活中享受幸福。

本着这一教育理念，我校教改之路越走越坚定，积极创新教学课程设置、教学组织方式、教学方法，打开了学校发展新局面。

营地教育，与学校教育深度融合。学校从学生营地成长（营员—营地导助—营地导师—营会主策划师）、教师角色转换（营地参与者—营地理念融入课堂—翻转课堂—和谐的师生关系），营地理念融入课堂（教改班受益—全年级推广—校本课程普及—生机勃勃的校园）三方着手，给学生自由的舞台、想象的空间、展示的平台、表达的机会，以此培养学生核心素养，打造出了独特的校本课程，营造生机勃勃的校园。

和谐课堂，让教师学生激情共舞。从致远一班开始，尝试老师"退"下讲台、学生"逼"上讲台的翻转课堂。学习小组备课——老师提供支持——小组代表授课——师生点评，同学们从被动接受变成了主动学习，师生之间的合作探究、分享拓展在课堂上不断擦出火花。各学科、跨学科项目式学习"成长的烦恼以问题为驱导，学生分组探寻解决烦恼的对策，通过英语话剧、微电影等展现出来，内容涉及各个学科，孩子们在分享中化解矛盾与心结、学会面对挫折与困难。

"我的学习我做主"。学校利用每周日三节晚自习时间组织学生观看经典电影，给予时间让孩子们放松。每周一，学校营地社、模联社、扎染社、舞龙武术社、咖啡吧、爱创基金会等社团，全部由学生自主组织自愿参加。不管是定期的还是不定期地社会实践课，学生走出校园时既轻松又充满期待，整个世界都是他们愿意翻阅的课本……社会实践课程成为职场生活、社会生活的模拟。

目前，我校已做到了全员教改，成效也越来越明显。2018年，北京市第四中学原校长、中国教育学会高中教育专业委员会理事长刘长铭在《什么是好的学校教育》一文中，将长沙县七中的特色教育列为好的学校教育典范。同年，七中案例入选《2018中国营地教育白皮书》。2019年，我应邀参加民进中央基础教育改革座谈会，向与会专家分享长沙县第七中学的教育改革探索之路。

七中教改模式正在收获越来越多的同行者，也引来了众多学校效仿。湖南省娄底六中、华容三中以及江华二中的部分班级均在到学交流后，试水开展悦读致远教改，项目惠及师生成千上万人。

新时代，新教育，新使命。我校将一如既往打造好自己的特色——悦读致远，将它作为自身独特的基因和发展密码，建设好学生、教师和学校的成长共同体，使"悦读致远"成为更能展现学校魅力和特色的一张名片。

弘扬珠算文化，启迪学生心智

江苏省常州市金坛区华罗庚实验学校　朱春育　王益琴

珠算是中华民族文化的瑰宝，是优秀的非物质文化遗产。珠心算是珠算的传承与创新，是珠算发展的新里程碑，代表着珠算文化的发展方向。传承和弘扬珠算文化既是一种责任，也是提高国家软实力在文化传承方面的一种体现。我校高度重视珠心算教育文化的培植和珠心算教育实验的研究，积极打造珠心算特色项目。近年来，我校秉承珠心算是"开发儿童智力潜能的金钥匙"的理念，将珠心算纳入学校校本课程，用课题研究为引领，以数学课堂为主阵地，采用团队合作的形式，实现了师生共赢。

一、传承珠算文化，打造特色品牌

学校积极营造珠心算学习氛围。通过校园文化、班级文化等多种形式开展工作，让师生真切感受到珠心算就在身边；通过组织多种形式的主题活动，让学生了解珠算不仅是我国劳动人民创造的优秀传统文化，也是世界优秀文化的组成部分；通过邀请专家进行讲座，让教师、家长认识到在珠算基础上发展起来的珠心算教育与素质教育之间的关系；通过举行特色展示会，让家长知晓珠心算教育对启迪学生心智的特殊作用。

学校通过举办各种形式的珠算活动，达到了珠心算进课堂和传播珠算文化、弘扬中华国粹的目的。到目前为止，已累计有四千余名学生从珠心算学习中获益。金坛电视台、《珠算与珠心算》杂志等都对我校的珠心算活动进行过专题报道。

二、凝聚家校合力，催发团队潜能

为把珠心算教学实验工作落到实处，抓出成效，学校成立了珠心算课程研究团队，由我亲自挂帅，珠心算项目负责人主抓落实，一到三年级的数学教师全面实施，有计划有步骤地开展珠心算教育实验研究，积极探索珠心算课堂教学新模式。

在珠心算教育实验过程中，教师以教研为抓手，做好珠心算教学和研究工作。教研形式主要是三种：一是每次外出参加培训的老师都要将的收获与其他老师进行交流汇报，放大培训的效果。二是每个年级的教师建设并整理本年级的珠心算教学经验，用以指导下一个年级的老师。三是加强平时教研，每学期定期上珠心算教研课，平时遇到教学问题及时沟通。一系列的培训措施，让经验丰富的老师业务不断精湛，经验日趋丰富，从而保证了珠心算工作的扎实开展。每年都有新教师加入珠心算教师团队，学校牵头"青蓝结队"工程，将新教师与有经验的教师师徒结队，由师傅手把手地教徒弟珠算的算理、指法，传授珠心算的教学规律。做到每一位老师教学的算理都是科学的、指法都是正确的、每一节课都是高效的。

为了争取家长的认同和支持，每年的一年级新生家长会，我和老师都会向家长介绍珠心算的教育实验情况，宣传珠心算的启智功能，并邀请珠心算小达人现场比赛，让家长切实感受到珠心算的神奇，进而以积极地态度配合老师参与到实验中去。每个班级也都会利用家长群这个平台，及时向家长介绍珠心算的学习内容和要求，争取家长的支持，形成教育合力。同时，以课题研究引领教师发展，学校骨干教师积极开展珠心算课题研究，以课题研究带动教师不断学习、思考，提升专业素养。

三、构建校本课程，优化教学环节

珠心算是"开发儿童智能的金钥匙"。通过珠心算教育能有效提高学生的运算能力，开发学生的智力潜能，培养学生非智力因素，真正使学生"一科突出，多科受益"。学校把珠心算教育作为一到三年级素质教育和校本课程教育的一个重要内容，正式纳入课程计划，在课堂教学和社团活动中全面实施。以开发学生的智力，丰富课程形态，强调与数学课程的整合为宗旨，进一步以"珠心算与数学课程整合"为突破口，构建具有学校特色的数学课程核心目标。

《珠心算》教材共六册，是江苏省中小学教材研究室和江苏省珠算协会按照"数学课程标准"编写的，供一到三年级学生使用。学校根据江苏省珠心算实验工作的文件精神，将珠心算教学内容与数学内容进行整合，以"珠心算教材先行，苏教版教材再融合"为基本原则，将计算知识内容分块，提前用珠心算方法进行教学，然后在后续学习、整理苏教版知识的过程中，穿插安排更多的珠心算练习内容，组织学生进行珠心算技能方面的强化。这样安排，既方便老师们操作，又有利于学生们形成和提升珠心算能力。在珠心算教学中渗透数学思维的训练，在数学教学中穿插珠心算练习，两者相互融合、相辅相成，达到1+1>2的效果。

四、实施分层要求，实现多科受益

学校不仅在教学中对不同层次的学生进行分层培养，在开展活动时也对不同学生实现了"私人定制"。对学有余力又对珠心算学习很感兴趣的学生，学校专门成立了四个层次的"珠心算社团每个社团利用延时课的时间开展活动，每周四节课。社团配有固定教师，有专用教室，有教学计划和教学记录。社团通过基本功练习、听珠算、看珠算、听心算、看心算、闪电算等多种形式，挖掘学生的潜能。"珠心算社团"作为学校的精品社团，屡屡在多种场合展示风采，外国友人和外校珠心算同仁在观摩学生的现场展示后，对他们的快速反应能力、瞬时记忆能力连连称奇。

学校坚持珠心算普及教育，在一至三年级所有班级全部开展珠心算教育实验，让每一个孩子在珠心算学习中智力潜能得到开发，良好的学习品质得以培养。学校现在已经有3000余名学生接受珠心算学习，并在学习中获益。在全面普及的基础上，对学有余力又对珠心算学习很感兴趣的学生，还专业成立了珠心算社团。每个社团利用延时课的时间开展活动，每周四节课。社团配有固定教师，有专用教室，有教学计划和教学记录。社团通过基本功练习、听珠算、看珠算、听心算、看心算、闪电算等多种形式，挖掘学生的潜能。我校学生已连续六年代表常州市参加江苏省小学生珠心算能力比赛，并获进步奖。在常州市珠心算比赛中，我校学生也是囊括前三名。

外国友人和外校珠心算同仁在观摩我校珠心算社团的展示活动后，也都连连称奇，对学生快速反应能力、瞬时记忆能力表示惊叹。

一大批学生在珠心算学习过程中，体会到了成功的喜悦。第一批珠心算实验的学生，如今已经升入九年级，根据我们的跟踪调查发现，这些学生在各科学习中都有一定的优势，尤其在数学学习、语文和英语的背诵等方面优势明显。我们教师在省、市珠心算各项评比中共计获得了17个奖项，多次执教市级研究课，在省市做珠心算实施经验交流。

自珠心算推广以来，在江苏省珠心算比赛中，学校学生有三百人次获得省、市一、二、三等奖，十余次进行公开展示，在市、区数学各项抽测和竞赛中学生整体素养以及各项能力都名列前茅，学校珠心算教师中，有2人执教省级示范课，6人执教市级公开课，8人次在省级珠心算教师培训中作讲座和经验分享。荣获江苏省珠心算微课制作一、二等奖，发表珠心算论文近十篇，省级课题《珠心算促进学生学习力提升的个案研究》已经顺利结题。2012年，学校成为江苏省第一批珠心算实验学校，2019年被确立为"江苏省珠心算基地学校"。

在实验推进过程中，通过实验教师的主动研究，我们逐步已经形成了一些珠心算实验成果。我们从无到有，现在资源库包含了一到三年级珠心算设计与课件、学习资料等，为后续珠心算实验研究的开展积累了丰富的资源，为今后进一步在区域内推广珠心算实验研究做好了充分的准备。

传承珠算文化，启迪学生心智。我校丰富了数学学习形态，拓宽了教师与学生的成长渠道，也成就了学校特色品牌。今后，我校将继续秉承"精勤不倦"的办学理念，在珠算文化的传承和发展中挑起弘扬国粹的重担，孜孜以求，勇往直前。

深耕平凡，让劳动育人焕发精彩

江苏省常州市市北实验初级中学　汤伟成　李书晶

2018年9月，习近平总书记在全国教育大会上旗帜鲜明地提出"培养德智体美劳全面发展的社会主义建设者和接班人将劳动教育纳入教育方针，具有里程碑式的意义。2019年11月，中央全面深化改革委员会第十一次会议审议通过《关于全面加强新时代大中小学劳动教育的意见》，再次强调"劳动教育是中国特色社会主义教育制度的重要内容"。2020年3月，中共中央、国务院出台了《关于全面加强新时代大中小学劳动教育的意见》，指出"把劳动教育纳入人才培养全过程，根据各学段特点在大中小学设立劳动教育必修课程"。一系列文件的出台，明确了全面发展中劳动教育的重要性，为新时期的育人工作指明了方向。

作为一所新村公办初中，基于"生根平凡　创造精彩"的校训精神，我们将办学目标确定为"培养根植于普通　土壤中的合格的社会劳动者坚持把劳动教育作为有力抓手，以课程建设为落脚点，从社会、家庭、学校三方面协作开展劳育，让学生在劳动中认识自然、认知社会、认明自身，最终达到以劳树德、以劳增智、以劳促体、以劳育美的作用。如今，学校正在劳动教育课程建设的道路上一路欢歌！

生根平凡，稳步求索

劳动是中华民族的优良传统美德，不管是面朝黄土艰辛劳作的祖祖辈辈，还是精雕细琢默默坚守的大国工匠，都是以劳动者投入、坚韧、奋斗的姿态，彰显着他们对职业的坚持、意志的锤炼和追求的执着。可见，劳动本身就是一种教育，而且是一种最好的教育。尽管它不是一门显性科目，但却是天天在生活中发生。一直以来，我校都坚持把劳动教育放在重要的位置，开发特色劳动课程，落实劳动实践体验，走过了一段相对漫长的探索与实践之路。

1999年，我校成为中德合作促进基础教育示范学校，开设的木工课也成为市综合实践优秀校本课程；十年后，我们和附近社区联合，定期开展社区服务与学习，最终发展为社区定制课程；2013年，利用学校原有的绿化，开发"菜耕香"果蔬园实践课程；三年后，根据学生的需要，研发了初高职衔接的特需课程。

一路走来，历时20年，而近年国家出台的各类劳动教育的文件以及全国教育大会的精神更为我们的劳动教育提供了思想引领、行动指南。

整合融通，高效发展

劳动教育不能孤立而行的，学校、家庭、社会应携起手来，以培育"全面发展的人"为导向，方能真正实现以劳辅德、以劳启智、以劳强体、以劳促美的育人目标，从而让每个学生都具备创造美好生活的能力。为此，我校充分整合周边社区、高职院校、社会组织三维合作的教学新资源，牢牢抓住劳动知识、劳动技能、职业启蒙、社会服务四条主线的课程目标，着重打造学科教学与劳动教育、知识学习与实践操作双重结合的课程内容，有序落实校园体验、家庭劳动、特色课程、项目活动、社会实践五种课堂的实施途径，逐步构建起劳动实践课程的框架。

经典优质课程，坚持做出特色。坚持开设传统，社区定制课程成为品牌；菜耕香种植手手相传，木工课程亮点突出。

职业启蒙课程，帮助确立理想。与旅商贸、刘高职合作开发实施环境监测、电影剪辑、电子产品安装与调试、中西点心等"特需型课程"起步坚实；与上海真爱梦想基金会合作开发实施《财经意识》与《国际理解》课程；与深圳市途梦教育公益事业发展中心合作开发实施职业引导直播项目；与银行合作的金融知识课程等优势凸显。

科创成长课程，丰富教育内容。通过创客课堂活动的开展，学生在青少年科技模型竞赛、科创比赛中频频获奖。

为助力学生发展，我校高度注重学生的实践体验，综合采用"生产+营销"教学模式、高职实训模式、商业运作模式，来达成劳动教育的真正作用。

深耕平凡，创造精彩

"人世间的一切幸福都需要靠辛勤的劳动来创造"。经过多年来的精心打造，我校的劳动教育亮点纷呈，实现了多方的发展共赢。

首先，家长欣喜于孩子的变化。一系列的课程让孩子收获满满，《技术型吃货体验营》让每个孩子都成为正宗吃货，获2020年常州市中小学研究性学习成果评选特等奖第一名，2019全市初中唯一一个市青少年科技创新市长奖也花落市北。2020年3月，对我校学生及未开展职业启蒙教育学校的学生在职业启蒙意识的对比调查中也证实了我校职业启蒙教育成效显著，基本能够满足学生对未来职业的期待。一系列的数据告诉我们：大多数学生对未来的职业范围、对象、工作方式比较了解，对未来的职业规划更加主动。与此同时，我校有七位同学获得常州市劳动实践优秀学生，一年来有150多位学生在省市各级各类竞赛中获特等奖等奖项。

其次，教师沉浸于自己的成长。劳动教育教科研亮点频出；学校教师编写的初中职业启蒙教育有关书籍正式出版；教师参编多部劳动实践教育教材。

再次，学校得到更高位的发展。学校被评为2019年度江苏省青少年科技教育工作"三星级先进集体"。2019年4月《在劳动中淬炼品格》被确定为常州市中小学生品格提升工程项目。2019年11月，学校成为常州市首批劳动实践基地及课程群研发与实施领衔学校，参与市教育局领衔的2019年江苏省基础教育前瞻性重大教学改革项目。2020年，我校首次入选中国教育创新成果公益博览会，学校职业启蒙教育创新项目《开启梦想　策动未来——初中职业启蒙教育的实施路径研究》亮相第五届教博会，并做现场交流分享。2020年6月，我校初中综合实践活动学科被评为常州市学科教研基地（2016—2019年度）总结性评估优秀基地。《光明日报》、《江苏教育》、江苏电视台教育频道、常州电视台、常州教育频道等国家、省、市级各类多家媒体对我校的劳动实践教育进行了报道，影响力显著提升。

劳动教育课程是推进劳动教育在新时代再发展的"支点亦是撬动新时代德智体美劳全面发展教育体系的"重点"。如今，劳动教育为孩子的幸福人生奠基已经成为现代教育的主旨之一。有位先知这样说，"劳动用身体去丈量物理和心理的世界市北实验初中为学生的这种丈量，将为学生获得幸福生活提供坚实的保障！

践行生态文明教育，搭健全面发展平台

——江苏省金坛中等专业学校生态文明教育纪实

江苏省金坛中等专业学校　卞勇平

2017年8月教育部颁发的《中小学德育工作指南》把"生态文明教育"列为德育的五大内容之一，明确指出："加强节约教育和环境保护教育，开展大气、土地、水、粮食等资源的基本国情教育，帮助学生了解祖国的大好河山和地理地貌，开展节粮节水节电教育活动，推动实行垃圾分类，倡导绿色消费，引导学生树立尊重自然、顺应自然、保护自然的发展理念，养成勤俭节约、低碳环保、自觉劳动的生活习惯，形成健康文明的生活方式"。为顺应生态文明的发展潮流，进一步增强学生的生态文明意识，江苏省金坛中等专业学校以党的十九大"加快生态文明体制改革，建设美丽中国"精神为指导，以优化育人环境、推进素质教育为核心，以生态文明教育为着力点，全力搭建师生发展平台，培养崇德尚能、知行合一、全面发展的现代"生态人"。

健全管理，把脉方向

加强生态文明建设是实现人与自然和谐相处的重要途径，也是贯彻落实科学发展观的重要内容，更是构建社会主义和谐社会的重要举措。党的十九大报告明确提出，"开展创建节约型机关、绿色学校、绿色社区和绿色出行等行动"。金坛中等专业学校把生态文明教育作为学校的重要工作常抓不懈，着力打造绿色、生态、和谐的育人环境，培养新时代"生态人"。

学校成立以卞勇平校长为组长，以各处室中层干部、教研组、教师代表为组员的生态文明项目工作小组，定期召开生态文明教育专题会议，积极开展各类生态文明教育活动，将生态文明理念渗透到整个教育教学环节中，并将所获得的成果作为教师晋升评优和"三创"学生评选的标准之一。同时，学校不断健全和完善各项管理制度，从节约能源、优化环境的角度考虑，对校园的老旧设备进行更新，优化食堂的食品卫生及排污管理，加强对物资的管理及水电的合理使用，强化对化学药品和化学废品的处理。

开发教材，内化理念

文明的进化与发展离不开教育，而生态文明的兴起既丰富扩展了教育的内容，又对教育变革提出了新的要求。为抓实抓好生态文明教育，金坛中等专业学校常态化开展生态文明教研活动和校本研修，并

将生态文明教育纳入学科教学计划，使生态文明理念融入学生日常学习和生活之中。

结合教育部《中小学环境教育实施指南》和《中小学环境教育专题教育大纲》，学校将生态环境教育纳入教学计划，与学校德育、校园环境建设和校本课程开发相结合，引导学生选择有益于保护环境的生活方式，将环境保护、低碳生活的种子播种在学生心灵深处。同时，学校通过自主开发校本教材、开设选修课的形式，引导学生关注社会热点、焦点问题，主动进行项目化、课题化学习，帮助学生建立一种新型的学习方式——在活动中学习，在参与中发展。在校本教材编写方面，学校紧扣新的课程标准，找准学科知识的渗透点，选取环保热点问题，编入学生感兴趣的、能够体现乡土特色的案例，同时注重知识的代表性和趣味性，切实提高学生运用环保知识分析问题和解决问题的能力。

探索实践，知行合一

生态文明教育是一种认识自然，人与自然和谐共存的人性化教育，是全社会自觉形成的一种人生态度，一种终身教育观。为使生态环保教育工作真正落到实处，在卞勇平校长的领导下，金坛中等专业学校通过学校、家庭、社区多渠道的宣传、学习、实践等系列活动，开展由点辐射面，由关注自然生态走向关注教育生态，层层递进，将生态文明教育不断引向深入，促使师生牢固树立生态文明观念，自觉投身保护家园、珍惜生态实践活动中来，养成"爱护环境、责任有我"的良好文明行为习惯，共同担当、共同建设美丽校园，最终实现人与自然和谐发展。

学校积极组织开展内容丰富、形式多样的生态文明教育实践活动和环境评审活动，真正在价值取向、思维方式、生活方式上实现全面刷新和深刻变革。通过开展环保辩论、环保演讲、环保征文等活动，增强了学生的写作能力、口语表达能力、思辨能力等方面的提升；通过开展DIY环保手工制作，增强了学生的动手能力与创意思维；通过进社区、进广场等社会环保活动，提升了学生的社交能力与组织能力。其中，汤火强、钱丽华老师带领沧海志愿社的同学设计实施的《让电子废弃物安全回家》，让学生了解了学校和社区垃圾分类和节能低碳现状，为开展垃圾分类相关工作奠定了基础。该方案在第十六届江苏美境行动评选中荣获优秀方案实施二等奖。

2019年，为纪念第48个世界环境日，增强广大学生的环保意识，金坛区沧海志愿者服务中心携手金坛区儒林中学开展了"爱我家乡，呵护美丽长荡湖"系列环保活动，通过征文、演讲、发放倡议书、文艺节目汇演等形式，进一步宣传了保护生物多样性、爱护家乡水资源的重要理念。

2020年，"生命之水"暑期环保游学拉开帷幕。通过参观常州市深水城北污水处理厂，学生增强了节水、爱水意识；通过巡护下塘河，检测河水水质，学生认识了身边的河流，掌握了水质检测的方法技能，懂得了爱河、护河的重要意义。

通过一系列的生态文明教育实践活动，学校大力提升了学生的综合能力和人文素养，为探索教育教学模式的转变提供了可行性，进一步促进了学校的可持续发展。凭借先进的教育理念、过硬的教学质量和突出的办学特色，学校先后获得江苏省文明单位、江苏省德育先进学校、江苏省园林式单位、绿色学校、节水型学校等荣誉称号，是国家级重点中等职业学校、江苏省四星级中等职业学校、江苏省领航学校。

生态兴则文明兴，生态衰则文明衰。生态文明建设是关系中华民族永续发展的根本大计，金坛中等专业学校将继续以生态文明建设为契机，积极开拓环境教育新领域，探索生态教育新路径，构建现代教育新生态，让生态文明扎根于每一位学子心中，并将生态文明教育工作继续引向深入，影响家庭，辐射区域，惠及社会，为社会的可持续发展做出应有的贡献。

学生个性：从校本课程处漫溯

江苏省南京市南化第二中学　祝竞春　蒋莉

南京市南化第二中学坐落在江苏省国家级新区江北新区，学校在祝竞春校长的领导下始终围绕"激智砺行"的核心理念，坚持"不一样的生命，不一样的精彩"的学校精神，实施校本课程个性化支持，开设多样的个性化的校本课程，引导学生全员参与，鼓励教师积极引领，促进了学生个性的张扬与可持续发展，实现了师生生命的共同成长。

1、原点生本性：诠释校本课程的学校个性化支持行动的新内涵

《基础教育课程改革纲要(试行)》指出，"学校在执行国家课程和地方课程的同时，应视当地社会、经济发展的具体情况，结合本校的传统和优势、学生的兴趣和需要，开发或选用适合本校的课程"。南京市教科所原所长肖林元也提到："从课时分配来看，校本课程的比例所占不大，其影响有一定限度。但是，从国家课程、地方课程有益补充的角度看，从学生个性化发展、学校特色化发展、教师专业化发展的角度来看，其是必不可少的，而且会越来越重要"。学校自开设校本课程之初，就明确了校本课程的首要目标和价值取向：立足学生的发展，满足学生的需求，真正"以学生发展为本适应和促进每一位学生全面而富有个性的发展。

那怎样实现这样的目标，这就需要学校把顶层设计变为学生的基层需要，研发符合学生实际的校本课程，学校在实施之前进行了调查，开展学生座谈会，内容包括"你希望学校开设校本课程吗？"、"你希望学习什么样类型的校本课程？"等问题。对于教师，学校下发意见征集表，统计教师资源，确定研发课程的切合性，让学生具有课程的选择权，有利于激发学生参与校本课程的兴趣，增强其参与校本课程的责任感，从而进一步增强校本课程建设的"生本性"。

在校本课程实施时期，学校也在不断地进行理论研究。如，我国学生发展核心素养研究成果发布不久，对于核心素养的研究不断深化。再如，加德纳的多元智能理论认为，"智能是以组合的方式进行的，每个人都具有多种能力组合的个体……这些多种智能在每个人身上由于不同方式、不同程度的组合而使每个人的智能各具特点，这就是智能的差异性。多元智能的应用可以帮助个人、团队和组织，在从未有过的复杂环境中，更有效地挖掘人力资源"。结合这些理论和学校的实际情况，学校"因趣分类根据学生的爱好特长和优势潜能的差异设置课程（表1）

加德纳：多元智能	课程类别	课程名称
音乐智能、动觉智能、数学智能、语言智能、空间智能、人际智能、自我认知智能、道德智能	艺术类	创意彩铅、素描、如梦水粉、魅力中国结、钩针编织基础、天籁之声合唱、尤克里里、中国画、软笔、竖笛、课本剧、版画、剪纸
	运动类	轻舞飞扬啦啦操、双喆足球、篮球竞技、田径运动
音乐智能、动觉智能、数学智能、语言智能、空间智能、人际智能、自我认知智能、道德智能	人文类	宋词赏析、穿越古今、心理乐园、有者记之、一语定乾坤演讲、英语电影赏析、中国的世界遗产
	科学类	古生物传奇、数独、趣味实验、创意智造 战车部落

表1

在课程学习中，将认知、心理和道德领域目标紧密结合，促进知识、能力向素养的转变，从而丰富学生成长历程中的美好体验，使学生初步具备核心素养，为学生的人生画卷绘制精神底色，实现个人目标意义上的自我超越。

2、路径特色性：构建校本课程个性化支持行动与学校建设有机结合的新模式

办学理念是一所学校的灵魂，课程内容是校本课程的基本素材，是达到研究目标的重要的载体。校本课程的内容如何选择，除了注意内容的基础性之外，还应该从学校的办学理念中进行提炼，这从校本课程走向特色学校的关键环节。我校的核心理念是"激智砺行激智，即激发、增益智慧之意，砺行，即磨砺、修炼品行之意。学校的精神是"不一样的生命，不一样的精彩这些理念和精神都与校本课程的内涵极度契合，可以将两者作为促进学校发展的统一行动，找出一条融合的路径（表2），而我校主要采取的是第二种路径，自上而下，以学校理念和精神为前提，构建校本课程。

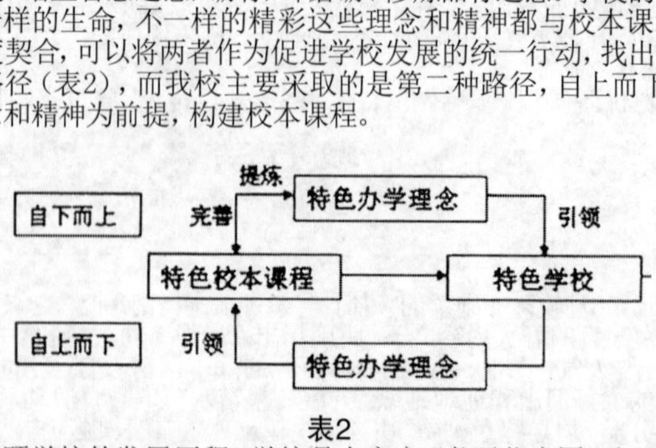

表2

回顾学校的发展历程，学校是南京市"书画艺术团"和"体育特色学校也是南京市首批文明校园。这样，校本课程建设的突破口就打开了，那就是学校的艺术体育教育，在校本课程的第一轮实施中，艺术体育类的占了大部分，如硬笔书法、软笔书法、素描、国画、水彩水粉、篮球部落、尤克里里、轻舞飞扬、田径等，有些课程还聘请了校外专业教师授课，力求学校的校本课程更有活力，年级学生的参与率达到了百分之百。

以特色梳理为突破口全面实施校本课程，推动了学校的整体发展，提升了学校的整体办学水平，校本课程中所蕴含的文化精神逐步融入学校的办学理念中，从整体过程来看，这也是学校文化沉淀的过

程，可以说，学校校本课程的开发为学校文化带来了增值。

3、运行规范性：积极探索校本课程个性化支持行动的运行机制

从课程要素来讲，课程建设需要关注课程目标、课程内容、课程管理和课程评价等方面，这些都需要在设计课程时进行系统考虑、整体规划。从这个意义上讲，校本课程建设是一项系统而又繁杂的工程，需要学校在开发之初就整体思考如何制订一个科学而又自成体系的课程规划，并在规划的引领下形成满足学生个性化发展的高质量课程体系。

（1）充分研讨，寻找校本课程之需

学校组建了校本课程领导小组和开发小组，进行充分的理论与实践学习。2017年9月，校本课程启动会议的召开，不断打磨，从核心组成员的分工到发布开发规划的模块，各核心小组成员撰写了具体的课程计划。在多次的研讨中，各位成员纷纷谈到了自己在课程开发、实施时的经验与困惑，并谈到了对课程的展望。最后通过建立组织、需要评估、选课指导、拟定目标、编制方案、课程实施、评价修订互动课程等研究步骤，架构由不同类别的校本课程。

（2）挖掘资源，拓展校本课程之容

国家课程、地方课程、学校课程的三级课程管理，给了学校更多的选择，学校可以从课程的实施者变为课程的生产者和开发者。在打开课程建设的突破口后，基于学生需求的考虑和课程多样化的设置，学校最大限度地充实校本课程的内涵，拓展校本课程的外延。在课程实施者方面，除了艺术体育教师外，还大力挖掘学科教师，特别是语文、历史、生物、化学等，这些学科具有知识和能力可延展性，在课程的设置上，还有巧手编织、中国结、小记者、穿越古今历史社等其他课程，大大拓展了校本课程的内容。在实践校本课程时，和学校的活动进行整合开发，把初中生热衷的现象和活动引入到校本课程中，激发学生参与活动的积极性，在活动中完成知识与能力、过程与方法、情感态度观的三位教学目标，真正体现课程的价值。

（3）规范建设，追求校本课程之实

美国课程专家泰勒认为课程资源只有进入课堂，与学习者发生互动，才能彰显其应有的教育价值和课程意义。只要进入课堂，就要有一定的规范，将校本课程落到实处。因此，我校从“课时、师资和评价”三方面进行保障。学校将校本课程纳入课程表，学校每周一、周二下午有1个小时的时间分别安排了初一、初二的校本课程建设，全校近30个社团同时开展活动，菜单式进入自己的校本课程实行授课教师负责制。为了保证校本课程的有效进行和深入实施，加强校本课程的管理，期初进行课程的开发和宣传，撰写课程规划，学生在微校+平台上进行自由选择；正式开展活动后，有考勤、有教案，有内容；学期末有评价，学期末进行集中的展示，有视频、有照片、有总结、有实物。校本课程的建设不仅可以给学生一个施展才华的平台，更是让学生在体验到集体的智慧、友谊的珍贵和学习的快乐。

（4）多元评价，追求校本课程之质

课程评价是校本课程建设的关键要素，评价的目的在于判断课程的价值，尤其是判断对学生培养的价值。同时，通过评价可了解校本课程目标的达成程度，掌握课程实施存在的问题，并对校本课程予以修正。作为校本课程的主体，让学生成为评价的主导者评价符合课程特点，学校校本课程的评价体系遵循实践性原则，重点关注学生动手实验和亲历实践的评价方式；个性化原则，凸显差异、张扬特长；创新性原则，以创新能力为核心要素，鼓励学生大胆创新、创造。具体实施上，实行多元化的评价体制：评价主体的多元化，教育行政机构、校长、教师、专家、学生、家长及社区人员都应是评价的主体，评价的过程应该贯穿于课程的各个环节，是动态和持续的；评价方式的多元化，通过学生自评、互评、师评、家长评价相结合的方式。

综上，校本课程的开发与实施是一项系统工程，架构一套切合学校实际的，能够充分良好网络资源，实现课程开发、实施过程的动态有机管理以及系统数据的准确搜集与反馈，是校本课程建设为学生提供个性化支持的重要保证，我校已经形成了“规划—报课—宣传—选课—开课—评价—展示”的个性化支持行动的运行机制。

4、成果显著性：展望校本课程学校个性化支持行动的新发展

生机换发：校本课程的建构与推进，对我校教师课程开发能力提出了新的要求和挑战，同时也激发了教师的课程意识，教师可以课程参与，在理论学习和教学实践中，深入掌握课程开发相关原理，不断提升自身课程开发能力，在校本课程中展露出来的能力与自信，会更助推他们原学科的专业成长。青年教师是学校发展的未来，青年教师专业成长是学校良性发展的保障，教师发展中心的核心工作之一是为教师专业发展助力，尤其是青年教师的专业成长，以此形成整个学校良性发展的和谐氛围。对于学生而言，从多元智能的理论出发，有些学生的成绩尽管不如意，但是在校本课程中创造出来的成功的滋味，也可以促进他们学习的兴趣。

成果物化：校本读本是校本课程的物化形式，在项目的研究实践中，面向本校学生实际的校本读本是面向本校学生，成为本校落实教育教学的生态素材。在经过几年的实践后，每一个课程都有课程纲要、方案设计和考核评价，有课时和师资保障，已经初步形成6本包括啦啦操、心理社团在内的比较规范的具有特色的校本读本。南京市教科频道对我校的校本课程建设进行过专题的报道，形成了良好的社会影响。

绩效喜人：校本课程的研究是教学改革的一个部分，依托校本课程，学校这两年在许多特色发展方面绩效喜人，先后评为“教学改革先进单位”、“阳光体育学校”、“书画艺术团”、“创客教育基地”、“南京市文明校园”、“江北新区首届教科研基地”、“啦啦操推广示范学校”等，近百位教师在各项竞赛中获奖，学校在2018年的教育发展水平评估中荣获一等奖。

总之，我校的校本课程在特色教育中起步，构建“超越自我”的学校个性化校本课程，建立一种独立的、稳定的、优质的校本课程形态，激发二中学子个性化的智慧，实现对自我的超越是我们永恒的追求！

德技双馨，锻造新时代教师团队

江苏省泰兴市中等专业学校　何晨阳

教育大计，教师文本。近年来，在习近平新时代中国特色社会主义思想的指导下，全国教育系统深入贯彻“九个坚持教育公平迈出重大步伐，教育质量显著提高，教育现代化加速推进，教育国际影响力显著提升。这一切成绩的聚德离不开广大教师的默默奉献。

新时代加强教师队伍建设，要以高质量发展为主线，找准教师队伍建设的突破口为着力点，以全面深化教师队伍建设改革激发新发展活力，破除教师发展方面的深层次机制保障，推动教师队伍从专项管理向现代治理转变，实现教师队伍从基本支撑向高质量支撑转型，全面建设一支高素质、专业化、创新型的教师队伍。

领会精神，牢记立德树人初心

职业教育是国民教育体系和人力资源开发的重要组成部分，肩负着培养多样化人才、传承技术技能、促进就业创业和地方经济发展的重要职责，必须高度重视、加快发展。泰兴中等专业学校要求广大教师要深刻领会习近平总书记重要寄语的重大意义和精神实质，切实把思想和行动统一到重要寄语精神上来，不忘立德树人初心，牢记为党育人、为国育才使命。

坚持正确育人方向。当前青少年所处的社会思想文化环境更加复杂，这就要求教师必须把德育放在更加重要的位置，坚持把立德树人融入思想道德教育、文化知识教育、技能培训教育、社会实践教育各个环节，把培育和践行社会主义核心价值观融入教书育人全过程。

树立科学教育观念。教育理念是教育实践的先导。教师要深刻领会中央提出的坚持“德育为先、全面发展、面向全体、知行合一”的重要原则，把提要职业技能和培养职业精神高度融合，围绕时代技术进步、生产方式变革、社会公共服务要求需要，把敬业守信、精益求精等职业精神融入课堂教育教学当中，帮助广大青少年打开通往成功成才的大门。

师德高尚，奠定阳光育人基础

“学高为师，德高为范”.可见，师德师风是评价教师队伍素质的第一标准，必须把这个“第一标准”落实在师德师风建设的各项工作之中。为实现学校又好又快地发展，泰兴中等专业学校建立并完善《师德考核办法》，引导教师提高思想政治素质、树立正确的职业理想，提升职业道德水平，促进教师工作改进创新，建立了一支结构合理、素质优良、服务意识强的师资队伍，不仅为学校的发展保驾护航，更为学校德育实现“阳光育人”的发展目标提供强有利的保障。

专任教师队伍强，全员育德作用大。学校设立校、系两级德育管理部门，配备专职学生管理干部队伍，全面策划和管理校、系德育工作；制定《“三全”育人方案》和《学科教学德育渗透制度》，构建“教书育人、管理育人、服务育人”和“全员育人、全程育人、全方位育人”的工作格局。

班主任工作队伍强，德育主阵地作用稳。学校完善《班主任工作条例》、《班主任工作考核细则》、《班主任工作青蓝工程细则》等班主任建设与管理制度，为学校各项工作的有序开展提供了制度保障；通过“班主任青蓝工程实施新老结对，带动学校教师专业素养全面提升；通过校级、市级、省级培训，提升班主任的管理理念和教学技能。如今，这支素质高、能力强的专职班主任队伍成为德育工作的生力军。

兼职德育队伍强，德育帮手范围广。学校从泰兴市公检法和企业、社会爱心人士中，聘请专业人员担任学校法治副校长、校外辅导员和德育工作委员会成员，全方位参与学校德育工作，为学校人才培养铺就一条广阔的道路。

业精技强，搭建专业成长平台

教育教学能力是教师的基本功，是全面提高基础教育质量的根本保障。为主动适应课程改革、教学改革和信息化、人工智能等新技术

变革，泰兴中等专业学校扎实开展多种科教研活动，为教师的成长搭建平台，促使其加强学习、拓宽视野、更新知识，不断提高业务能力和教育教学质量，努力成为业务精湛、学生喜欢的高素质教师。

实施青年教师培养制度。为全面提高青年教师的知识创新能力、组织管理能力、专业技术能力和教学科研能力，学校结合创建领航学校实际，全面开展实施青年教师“四个一”工程，即上好一堂课、管好一个班、获得一次奖项、发表一篇论文，引导青年教师通过制定规划、明确目标、参与活动、成果展示等途径，磨炼自我，不断成长。另外，学校对青年教师实施“一对一”的导师指导制度，加强教师学术道德、师德师风教育，加强教学能力培养，不断提高青年教师教学能力和科研能力。

形成骨干教师培训机制。学校与江苏大学、江苏理工学院等高校建立骨干教师培养培训基地，每年遴选骨干教师分期分批进行培训，骨干教师快速成长的平台；建立教坛新秀—教学能手—专业(学科)带头人—教学名师选拔、培养、管理机制，每两年评选一次，造就了一支师德高尚、教育教学成绩突出、在学科教学方面具有影响力的骨干教师队伍；选派骨干教师，鼓励其出国进修、参加国家和省级骨干教师培训，不断拓宽教育视野，更新教育理念，逐步成长为学科（专业）带头人、名师。目前，学校每年有81人次参加出国进修和国家、省级以上骨干教师培训。

建立名师工作室制度。学校在制定《名师工作室工作方案》，明确名师工作室职责的基础上，从人力、物力、财力给予名师工作室最大的支持，积极鼓励名师工作室开展教育教学研究和学科（专业）学术研究，引导名师工作室研（开）发课程标准、校本教材和项目教学讲义；组建18个教学团队和13个校级技能大师工作室，引领教师加强学科（专业）教学科研指导、示范，使教师的整体教学水平得到了彰显。

实行“专业带头人”制度。每个专业由学校经过考核确认一名具有高级职称，并对本专业有一定研究造诣的专业专任教师为专业带头人，全面负责专业建设工作，拟定专业建设发展规划，制定专业培养目标、学生质量标准和教学计划。此项制度在实施过程中，既激发了各专业负责人的责任感、使命感，也促进各专业负责人的成长。六大类专业的负责人现均已成为省市中心教研组成员。

加强“双师型”教师队伍建设。为建设适应时代发展需要的高素质“双师型”教师队伍，进一步规范“双师型”教师培养和管理，提高人才培养质量和办学水平，学校结合实际发展情况，及时修订《“双师型”教师培养及管理办法》，并聚焦1+X证书制度，开展了教师全员培训，健全教师校企双向交流机制，探索分层分类的教师专业标准体系、“双师型”教师培养及管理办法，推动并形成了“固定岗+流动岗”、双师结构与双师素质兼顾的专业教学团队。

经过努力，学校专任教师中现有省级教学名师9名，省职业教育领军人才4人，省职业教育教科研中心组成员4人，泰州市学科（专业）带头人12人，泰州市职业教育教科研中心组成员22人。近三年，有20名教师受到泰兴市及以上政府或部门的表彰，30名教师被评选为师德、德育、技能、教学标兵。学校社会声誉不断提升，在职业教育界知名度越来越高，学校单招考试连续多年蝉联泰州第一，并获得国家级重点中等职业学校、首批国家中等职业教育改革发展示范学校、江苏省四星级中等职业学校、江苏省高水平示范性中等职业学校、首批江苏省高水平现代化职业学校、江苏省现代化示范性职业学校、首批江苏省职业教育课程改革实验校、江苏省中等职业教育领航计划建设单位等多项殊荣。

教师是立教之本、兴教之源，想要推动学校高质量发展，建设江苏省中等职业领航学校，打造职教“江苏高地最核心的就是要建设好教师队伍。没有一流的师资，就不可能形成一流的职业学校，学校培养教师、教师发展学校，这是泰兴中等专业学校一直坚信的办学理念之一。

构建良好生态环境　助推师生绿色发展

江苏省泰州市第三高级中学　李斌

泰州市第三高级中学发端于清雍正九年（公元1731年）吉人将军创办的东皋草堂，现代制学校创办于1942年，至今也已有70多年的历史。2002年，学校被确认为“江苏省合格重点高中2005年转评为江苏省三星级高中，2009年7月由“泰州市刁铺中学”更名为“泰州市第三高级中学”。

2016年，李斌同志任学校党委书记兼校长，三年来，李斌以高度的责任心忠诚于教育事业，模范履行职责，团结全体师生将市三中由一所濒临合并调整的普通三星级高中成功创建为江苏省四星高中，并获得“中国教育改革创新示范校”、“全国教育科研先进单位”、“全国青少年校园篮球特色学校”、“全国青少年校园足球特色学校”等5项国家级荣誉、十多项市级以上荣誉。在李斌同志带领下，学校生态环境建设也成效显著，先后多次获得国家、省市表彰，2018年还获得“国家级生态文明教育特色学校”和“国际生态学校绿旗荣誉”称号。学校办学业绩被《人民教育》、《江苏教育报》等媒体多次推介，连续三年获得年度考核优秀等次，办学声誉显著提升。李斌同志个人先后成为教育部长三角名校长培养对象、泰州市陶研会理事、教育部名校长领航班周艳工作室成员，先后荣获“江苏省优秀青年教师”、“泰州市311工程培养对象”、“泰州市第二批卓越教师培养对象”、“泰州市师德模范”、“泰州市劳动模范”、“2018全国生态文明教育创新人物”等称号。

李斌同志任校长以来，学校以创“绿色校园”为目标，结合“江苏省平安校园”、“江苏省节水型学校”等创建活动，注重校园环境的保护和可持续发展，突出环境育人、文化育人的特色，注重建设和谐统一的教育生态环境，把学校建成了学生生活、学习和成长的心灵乐园，建设成了服务于学生终身发展、社会声誉度较高的学校。为达成创“绿色校园”目标，学校组织高一高二年级学生以“亲近自然”为主题的综合社会实践活动；高三年级开展“美丽家乡行”的爱国主义教育；科技节创作也以“科技与自然相融合”为主题，利用自然界各种树叶，拼出人物、风景等作品。同时，学校开展丰富多彩的德育活动，提升学校德育工作内涵，使学校成为师生实现人生价值的绿洲，从而有力地推进学校素质教育的全面开展。

一、建设绿色校园，促进学生持续发展

在李斌同志领导下，结合“十三五”发展规划，学校以绿色校园文化建设为突破口，本着规范化、制度化、人性化、特色化建设的工作思路，积极营造绿色、和谐、可持续发展的育人环境，不断增强师生环保意识，提高环保能力。一是科学合理地搞好绿色校园建设。近年来，学校加大投入，科学合理地规划整个校区的生态环境，制定绿化和校园规划设计方案，明确近期和远期发展设想。2017年，学校先后完成“立德园”、“信步园”、“拓溪园”等四个主题公园的升级改造。各楼座之间，间以绿地、古树，既赏心悦目，又寓教育内涵；每个景点都建有碑石，撰写铭文，富有启发和激励意义，处处彰显着育人功能和历史沉淀，独具文化内涵。在四星验收过程中，学校环境建设和环境教育收到专家组高度好评。学校注重抓好校园净化和劳动教育，培育学生卓越的生活品质，系统规划，创建出了既有统一灵魂，又丰富生动的校园文化。

二、开发绿色课程，促进学生全面发展

建设绿色生态校园，核心在学校的绿色课程建设。学校组建绿色课程开发领导小组，校长李斌同志任组长，将绿色课程开发纳入到学校课程建设。建设和开发顺应人的全面发展和个性发展需要的绿色课程。学校规范执行国家课程，创新开设地方和学校课程，全力打造多样课程，培育全面发展的学生。构建绿色评价体系，注重过程性、多元化评价。按照学校课程建设规划，目前，学校正在积极与刁铺街道对接，希望通过租借土地的方式，为学生生态环境教育提供更多的活动载体。

三、打造绿色课堂，促进学生优质发展

作为校长，李斌同志高度重视课堂对学生的教育作用，研究构建学校“智慧课堂”教学模式。在教学中渗透生态文明教育，寓教育于活动中。挖掘各科教材中生态文明教育因素，结合生态文明的热点和敏感话题创造性地开展生态文明教育，发挥课堂教学的主渠道作用，各学科将生态文明教育列入科组计划，有措施，有总结，培养学生自觉的生态文明意识和行为。建设生态文明监控体系，推动学生全面、优质发展。同时，利用学校三礼六节主题活动，在科技节和健康节期间有机融合环境教育的内容。

四、创新绿色德育，促进学生卓越发展

为了确保绿色教育的理念深入人心，成为三中特质，李斌同志要求政教部门统筹谋划并亲自参与环保教育宣传工作，充分利用每周一国旗下讲话，明确当周生态文明教育的主题，在周三的班会上加强主题教育；每周一总结，每月一评比，颁发环保文明班级锦旗，并将结果纳入班主任绩效考核；建立学校、家庭、社会一体化的德育机制，以学校为中心，带动全社会生态文明意识发展，使生态文明教育成为全社会的共同责任；发挥外聘生态文明教育专家的指导作用，利用培训讲座等方式促进学生卓越发展，在市文明城市创建活动中，学校工作受到好评。

五、重视宣传教育建设

在李斌同志的领导下，学校着力培养师生绿色环保的意识。与靖江一中保持联系，积极参与“赤子之心”环境保护活动；组织开展“我的绿色校园”、“如何构建绿色家园”等系列主题活动；用校园广播站宣传绿色、环保知识；利用“植树节、地球日、节能周”等与环境有关的节日进行国旗下讲话教育和组织学生参加观看电教片、图片展；组织“节能减碳”黑板报、电子小报设计比赛等等，同时配合发放节约环保倡议书、环保小知识专刊，结合开展节能节水宣传周、环境保护宣传周等活动，形成舆论宣传声势，进一步提高学生和教师的资源忧患意识和节约意识，从而使学生从对环境的热爱升华为对生活的热爱。

作为校长兼学校党委书记，李斌积极带领全体教职工做好生态环境工作，具有较强的工作能力，工作上勇挑重担，能深入到教师和学生中去，了解教师的思想、工作和生活，定期组织绿色德育工作，全

面做好学校的各项工作。李斌同志立足本校实际，积极探求“构建绿色校园”的有效途径，逐渐建立起了民主、平等的师生关系、团结友善的生生关系、遵循教育规律，秉承“适合与超越”的办学理念，着力建设“精致”的学校文化，打造条块结合的校园管理体系。

致力于核心素养下的高品质教学

——记泗洪姜堰实验学校教育发展

江苏省宿迁市泗洪姜堰实验学校　王存富　王莉

泗洪姜堰实验学校创办于2016年6月，是泗洪县、姜堰区人民政府共同打造的一所现代化、高标准的九年一贯制公办学校，是两地政府积极探索教育深度合作交流，促进教育均衡发展的重要载体。

学校自成立之初就受到两地政府部门及教育行政部门的重视和关心，确立了清晰的发展目标，即要将泗洪姜堰实验学校办成宿迁市更好地学校，要服务泗洪，面向宿迁，打造现代化的一流示范校。

立足顶层设计　以文化引领发展

学校以邓小平教育的“三个面向”和习近平教育改革的“九个坚持”为指导思想，以“办现代化的优质精品教育，办负责任的人民满意学校”为办学目标，确立“立德树人”的根本任务，牢记“为党育人，为国育才”的历史使命。学校十分注重思想引领、智慧办学、精致管理，努力用姜堰、泗洪教育人多年积淀的办学理念、管理策略、课改理念、课堂模式以及成功的办学经验促进学校快速发展、教师业务水平快速提高、教学质量不断攀升。学校创造性地实施“制度管理、文化管理、层级管理、自我管理”的“四位一体”管理思想和“一套班子统一领导，两个校区相对独立，九个年级具体管理”的“一二九”扁平化管理模式。

学校坚持用“担当”文化和特色党建引领教育的高质量发展。精心推进“亮身份、争旗帜，做新时代的旗帜党员、教师的楷模”的书记项目和“担当共进，以党建引领集团化办学，促进教育的优质均衡”的党建“一校一品”建设。全体党员比党性，比担当，比贡献，争做“旗帜党员”；全体教师担当共进、追求卓越，争做负责任的“四有教师”；凝心聚力，共同创办“人民满意学校”。

立足课堂教学　开展课堂革命

一所学校的未来，在很大程度上与其课堂教学质量是否高品质有着密切联系。一直以来，我校以课堂教学质量为根本，彰显课堂教学的突出地位，围绕课堂教学改革这一核心主题，不断深化课堂教学改革以至科学理性地开展深层次的“课堂革命”。

为全面贯彻《泗洪县义务教育阶段“好课堂”实施方案》，切实提高课堂教学质量，提升教师课堂教学水平，提升学生综合素养，我校与时俱进地吸收最新教育教学理论成果，在原有的“五四课堂”教学模式的基础上，结合“李庾南实验学校”的工作要求再度研讨，重新定位，赋予其新的时代特征和内涵，将其更名为“创新的‘五四课堂’教学模式着力打造有规范、有实效、有生成、有深度的“好课堂让老百姓子女在泗洪就能享受到优质的公办教育。

明确核心理念　稳步有序推进

新的时代需要新的教育，新的教育需要新的理念。在加快推进泗洪“好课堂”建设过程中，学校围绕“立德树人”根本任务，坚持以习近平新时代中国特色社会主义思想为指导，以“办现代化的优质精品教育，办负责任的人民满意学校”为办学目标，以泗洪教育“问·学·践·悟”的评价导向为抓手，践行李庾南老师“自学·议论·引导”教学思想，致力于引导教师更新教育理念，改变教学方式，促进深度学习，切实提高课堂教学效率，全面提高学生核心素养。

为进一步完善创新的“五四课堂”教学模式，我校按照县教育局“一年建模，两年成模，三年化模”的思路，计划分融合建模(2021年3—6月)、完善成模(2021年9月—2022年12月)、化模创新(2023年1—12月)三个阶段，稳步推进“好课堂”建设工作，不断优化课堂教学质态，使之更加科学、更有实效、更具创新，进而助推学校教育内涵发展和教学质量整体提升。

深挖模式内涵　力求优质高效

“让教学更富创意，让课堂更有活力，让孩子更加聪慧，让发展更加全面这是学校不懈的追求。创新的“五四课堂”教学模式倡导学生自主学习，更加关注学的效果、学的质量和学的能力，以此契合时代与社会的需求，担当起“为党育人、为国育才”的大任。

一是要讲政治，要体现“学科育人、立德树人”的育人理念；二是要讲方法，要体现李庾南老师“自学·议论·引导”和泗洪好课堂“问·学·践·悟”的教学思想；三是要讲规矩，要体现教学设计的五个“有效”(有效课堂预习、有效合作探究、有效点拨精讲、有效巩固拓展、有效当堂检测）和课堂教学的四大步骤（预习导航、合作探究、巩固拓展、课堂检测）；四是要讲实效，要实现全科阅读的自主高效预习在课堂，课堂教学效果的检测在课堂；五是要讲氛围，要营造“团结、紧张、严肃、活泼，快节奏、高效率、争一流”的教育教学氛围。

把握实践要点　实现成长蜕变

唯有找准着力点，方能打赢主动仗。学校瞄准教学目标，积极研究和探索新形势下“好课堂”特点和规律，以“四大模块”的有效落实为着力点，倾力打造提振师生精神、培养良好品质的课堂，充分展示思维、实现更加高效的课堂，从而实现知识的传授、能力的提升、人生观价值观的形成。

预习导航，重在自主学习，学生借助教材、工具书、参考资料和网络查找相关资料，消除阅读障碍，建立起教学内容的整体性框架体系，或者为课堂深度教学搭建起不可或缺的“梯子”。

合作探究，学生在自主学习的基础上进行充分的“议论”和“实践深入理解、消化、吸收教学的内容，关键时刻加以教师的“追问引导以达成教学目标。

巩固拓展，是课堂教学的高级阶段，学生在“预习导航”和“合作探究”阶段习得的基础知识、形成的基本技能、掌握的方法技巧，要想在新颖的“实践”活动中得以“巩固提高、拓展延伸需要教师的适时点拨引导，更需要学生的“实践感悟”。

课堂检测，是检验学生本节课学习效果的手段，以书面的形式测试本节课所学知识点，实属名副其实的“课堂作业”课内做。

创新的“五四课堂”教学模式讲究实效，让“上好五天课，快乐充实过好每一天”的课改理念得以实现，已经成为我校高质量办学的有力抓手。

潜心的耕耘者必有其殷实的收获，我校先后荣获“江苏省初中教育创新特色学校”、“江苏省体育特色学校”、“宿迁市文明校园”、“宿迁市初中教育优质学校”、“宿迁市教育工作先进集体”、“宿迁市基础教育先进集体”、“宿迁市基础教育集团化办学先进单位”、“泗洪县教育工作先进集体”、“泗洪县教育系统先进基层党组织”等多项荣誉，连续三年荣获泗洪县年度教育目标综合考评一等奖。今后，全校师生将一起以昂扬之姿、奔跑之势，朝着“办学有特色、教学有特点、学生有特长、学校有声望、育人有成果”的教育目标阔步迈进!

守教育初心　育时代新人

江苏省徐州市树德中学　姚杰

徐州树德中学成立于2012年，学校现有26个班级，1200余名学生。作为一所民办初中，学校坚持“育人为本，树德为先全面贯彻党的教育方针，落实树德立人根本要求，积极推进素质教育。办学以来，我校始终坚守教育初心，以人为本，不断拓宽学生眼界，丰富学生知识，力求绽放学生光彩。开办之初，面对办学条件较差，师资薄弱等困难，所有师生抱着不气馁、不放弃的心态，不忘初心，奋勇前行，通过对“凝聚力、人情味、多彩课堂……”这些精神词汇的领悟，教育质量稳步提升。学校先后荣获徐州市“五一劳动奖章”，先后被授予“江苏省民办教育优质品牌学校”和“全国中小学德育先进学校”称号，任义侠校长荣获“2017年度江苏省民办教育最具创新力校长奖”。2020—2021年度，又被评为“全国民办教育创新示范单位”。

如今，办学条件不断改善，面貌焕然一新，教育质量稳步提升，学校已跻身全市初中第一方阵，一骑绝尘，成为民办初中领跑者，不仅书写了我市义务教育新篇章，更是得到了学生、家长、教育界人士以及其他各界人士的关注和肯定。

一、师生连心，携手从困境中浴火重生

积力所举无不胜，众智所为无不胜。一所学校的发展要依靠一支强大的团队，而成就强大的团队则要依靠一往无前的凝聚力。所谓凝聚力指的是团队的核心向上力，是一种聚合力。存在凝聚力，团队才能保持自身规定性。一旦没有凝聚力，团队将失去竞争性。2017年，市教育局教研室举办的“民办学校教学现场会”在我校召开。参会的教育界人士经过一天的听课和调研，被学校强大的凝聚力征服。

“是的，我们学校教职工凝聚力很强。用一个例子可以说明，那就是我们学校自创办以来，老师流失虽不能说没有，但总共只有6个，还都是考进公办学校才离开的”.校长任义侠很自信的说道。

创办之初，学校办学条件不好，生源也不是多好，但是正是凭着师生的这种吃苦耐劳的凝聚力，学校才能奋勇而起。以校舍为例，我校现在的校区是以前的村小，由一排排院落和一间间平房组成。但就是这样的环境，被他们精心改造成粉墙黛瓦、古色古香的教室，典型的极其适合读书之所。适合读书处，就有教育人，独特的环境吸引了大批优秀师者凝聚。再以招聘教师为例，我校招聘教师程序没有那么复杂，第一步看资料，第二步交流。基本条件满足的前提下，眼缘好聊得来就入职。看似简单，其实不简单，其中注重的是教育情怀、赤诚之心。有了情怀和赤诚之心，就会勠力同心，这是学校快速崛起的关键。还有一个关键点，那就是党员是树德招聘的加分项。目前我校教

职工有90余人，党员占比50%以上，是全市较早成立党支部的民办学校，组织生活正常开展。

“党员的作用就是先锋模范作用。2020年新冠肺炎疫情防控期间，我校还没有安装自动测温设备。就安排党员干部上岗，每天6:20在校门口手动测温。值班时，有的年轻妈妈教师是值完班再回家送孩子上学，送完孩子再赶回学校上早自习，连早饭都顾不上吃。徐娜老师孩子小，放不开手，她就让丈夫替她来值班”。说起曾经的感动，校长任义侠至今感慨。他知道，树德的凝聚力就是这么炼成的。

二、风雨同舟，真心实意为教师谋求幸福

“幼如茶苗，栽培有道；师若茶人，温润有度”。教师是教育之本。对于我校，起先凭眼缘和共同的教育理想吸引了一大批有教育情怀的教师，但教育情怀满满有长短之板。“长板”是他们对教育事业深沉、持久、难以割舍的感情，用自己对教育独特的感受和理解，在教育过程中投入真情实感，而不仅仅是对学生进行知识的灌输。“短板”是他们对除教学之外的一切看淡，“一切以教学为中心，名利于我如浮云”。

“这种看淡在我们学校看来，就是师资队伍建设的问题。我对我们的老师说，你可以没有编制，但不能没有职称。职称晋级也是能力的一种提升，于己于学生都是有利的。我特别给我们的老师解释，我们的工资结构中有职称工资这一项的。既然能拿，为什么不拿？凭什么跟钱过不去！”校长任义侠给老师们解释并打气，希望他们越来越好、越来越优秀，这也让学校从前两年的6个一级教师成长为现在的31个一级教师。

为了鼓励老师们“让读书成为习惯，让写作成为爱好学校不仅每年向教师们推荐并为之购买书刊，还有一个“不成文的规定那就是第一次在校报《树德报》上发表文章是没有稿费的，其中的良苦用心不点自明。此外，学校还鼓励老师参加省市评优，最近连续3年该校有3位教师获得“徐州市优秀教育工作者”光荣称号，两名教师获得“徐州市优秀女教师”称号，近十名教师在市级教学基本功大赛、优质课等评选中获得一等奖，4人(次)在省级比赛中分别获得一、二等奖。其中，2019年，刚刚工作两年的张馨予老师以“江苏省青年教师教学基本功大赛”一等奖第一名的优异成绩，为我市争光，被市总工会、市教育局联合授予徐州市“五一劳动奖章”。近年来，学校有4名教师荣获“徐州市优秀教育工作者”光荣称号，两人被市妇联、市教育局授予“徐州市优秀女教师”光荣称号。

“在我们学校，放假也是有工资的，五险一金都有，目前待遇和公办学校几乎相同。校长说了，搬到新校区后，我们的工资还会涨。用一句话来形容我们的工作环境，那就是学校希望我们越来越好，特别有‘人情味’”。

说起人情味，学校一直一视同仁，从学校的角度考虑，教师和学生都是孩子。“公办学校有的，我们老师也得有。他们把孩子教得这么出色，非常辛苦，所以不仅有，还要优。是的，搬到新校区后，我们老师的工资不仅会涨，还会逐渐涨到公办教师工资的1.5倍”。

三、不忘初心，奏响品质教育未来强音

课堂是教育实施的主战场。我校不仅在书本上做文章，还有让学生们玩到疯的多彩课堂。“门前大桥下，游来一群鸭，快来快来数一数，2、4、6、7、8这是一首童谣，我校利用其情境设计了校本课程《树德门前有条河》，发挥自然资源对学校教育的有益补充作用，引领学生通过对徐运新河自然状况、前世今生的了解，对它在经济发展、民生改善方面的作用等开展研究；连续多年的“行走中的课堂同学们在教师的带领下徒步行走，他们登大洞山、访绿健、进地铁工地感受改革开放带来的城市变迁……

在2020年，我校招进了3位体育老师。一位是武术专业教师，他叫薛岩，一个耍起刀枪剑戟翻腾奔跑虎虎生风的精干小伙儿。另一位叫李姝颖，首钢青年女子篮球队的主力队员，一米八几的大个子姐姐专门教树德孩子打篮球。还有一位小姐姐叫郭瑶，本硕读的都是体育舞蹈专业。当下火爆全网的徐州树德中学校本操就是出自这位小姐姐之手。家长们评价：“我们家孩子玩疯了！”2020年招进的人才，还有一个，他叫孟昭勃，油画高材生。如果您哪天从树德门前的徐运新河畔经过，说不定就会看到他与“师傅”刘欢老师一起，正带领同学们坐在河边画画的背影呢。那份专注和静谧，俨然是夕阳下最美的风景。说起课堂的多彩，就必须说到我校每天4—5节的自习课。

一般的学校每天只有自习课2—3节，我校大增其时。“我们一节课40分钟，比正常课时少了5分钟，这样一天节省下的时间就多出了一节课；我们校园小，一次只能两个班出来活动，没出来的孩子就多了一节自习课；我们的孩子大多在校午餐，之后除统一安排约半小时的午休外，又会‘挤出’一节自习课”。校长任义侠解释道。“这些自习课用来让学生写作业啊。我们初一学生回到家基本上没有书本作业，回到家的任务是复习、预习和阅读，不信您到校园随便找孩子问”。

“我们的社团活动还有很多，譬如说文学社、英语课本剧社、漫画社、合唱团、不刷题的物理课等。我们将要举办一场英语口语比赛和英文书法展，你们有兴趣的话可以来听听看看，感受一下”。

“经过八九年发展，秉持‘育人至上，树德为先’理念，我们决心打造树德风格的教育教学样板。也许会付出很大的代价，但我们愿意甘为人先，在同类学校中先行一步，得不了第一，大不了第二，再不济，前三”。现在，学校已跻身全市优质初中第一方阵，2016年、2017年连续两届中考，取得市区总均分、七科成绩居于榜首位置的优异成绩。特别是我校首届毕业生张寒硕、第二届毕业生董航宇、第三届毕业生高淼松，分别于2018年、2019年和2020年考入清华大学。2020年中考，我校不仅有70人考入徐州一中、5人进入“创培班”。去年王开婷钰同学以徐州市第二，今年张盛宇以徐州市中考第一名的优异成绩“引爆”了全城。

绵绵长路，久久为功。教育注定是一场没有终点的行程。一路走来，是师生们同舟共济、吃苦耐劳的精神使学校取得今天的成绩，这其中是沉甸甸的信任和奉献。舍忘过去，着眼未来。我校会继续带着教育的理想，追求理想的教育，不忘初心，迈着坚实的步伐，执着激情地走在教育改革的道路上。以先进的理念引领学校发展，以科学的方法强化学校管理，以有效地措施促进师生成长，以担当的情怀领跑教育发展，不忘初心，砥砺前行，不断开启学校发展的新局面，谱写一曲又一曲教育新歌。

让乡村儿童站在阅读的中央

——江苏省盐城市阜宁县益林中心小学开展“创意阅读”侧记

江苏省盐城市阜宁县益林中心小学 杨玉国

让儿童站在阅读的中央，被很多城市学校提及。但当儿童前面加上“乡村”二字，却鲜少有人听说。阜宁县益林中心小学校长杨玉国从接手学校起，便着手推广创意阅读，对于朱永新先生的“童年的秘密与童书的价值还远远没有被发现”这句话，他深以为然。在他看来，只要调动学生听、说、读、写、演等一切因素，就能在理想与现实中找到儿童可以接受的阅读种子，让童书价值不断被发现、被释放。

创意阅读，打造乡村教育高地

一所农村学校的阅读之路有多少可能，益小作出了回答：学校成功入选“全国儿童分级阅读科研基地”及《小学教学参考》首批教研基地，“创意阅读工作坊”被县委县政府表彰为“四有”好教师团队；校长杨玉国继获评省十佳阅读推广人后，又获聘省首批全民阅读推广人，成为全县乡村学校第一个正高级教师，其领衔的“创意阅读”摘得盐城市基础教育教学成果奖，主编的《小学经典名著导读》由江苏凤凰美术出版社出版发行……

也许你去过很多农村学校，但益小一定会颠覆你对农村学校的想象。走进益小校园，随处可见的阅读标语和“好书推介”吸引着学生的目光。学校的电子大屏经常展示不同年级的阅读之星，获得月度“悦读之星”的学生在宣传橱窗中持续展示一个月。学校在学生经常活动的地方设置了诚信漂流书吧，以便学生随手阅读。“雅园”是孩子们最爱去的地方，学校会定期布置“童话王国”、“诗词经典”、“百科知识将最适合学生阅读的作品展示出来，用经典滋养童心。

当很多人都在痛感乡村教育整体塌陷的时候，益小却隆起了一个乡村教育高地。针对当下小学阶段儿童阅读中存在的问题，杨玉国带领益小提出创意阅读的发展前景：让儿童站在阅读课程中央，从农村儿童阅读基础、阅读需要和阅读发展出发，积极探索构建阅读课程体系，将阅读贯穿学校教育教学全过程，重塑学校阅读生态，形成巨大的阅读场。

教师引领，实现小学生阅读跨越

教师是教书者，也应是阅读者。在益小的经典名著书架上，一块小小的牌子被立在了桌上，牌子上写着书籍的“推荐语”：如某某老师、某某主任、某某校长正在读。在孩子的心中，老师和校长是那么高大，是榜样一般的存在，当一本书旁写着这样的导语，孩子们也会默默跟着榜样的脚步走进新的阅读世界，从《我爸爸》、《洛克王国》等浅层动漫作品走向《三国演义》或《小王子》这样的经典名著。

事实上，光是阅读这一项工作，就占据了益小校长和老师们的不少时间。校长要为孩子们签名赠书、与孩子们聊书、给孩子们荐书、上阅读欣赏课；老师们要通过微信教研群、教研组活动、阅读讲堂等平台，就如何上好阅读指导课展开主题研讨；而教科室会定期进行过程性检查，督促各教研组严格执行《创意阅读行动计划》。教师引路，最重要的就是课堂教学这一主阵地。“阅读推广必须走课程化之路这是益小十年推广创意阅读的最根本经验。如果用产品思维来办学校，那么学校的产品就是课程，学校内涵发展，品质提升，关键在课程。带着这样的理念，益小组织骨干教师编写了《儿童经典诵读》、《快乐数学》、《西方节日英语》、《校园体育游戏》等5本校本教材。

与此同时，一项专属益小的课堂模式也应运而生：“40分钟长课时+20分钟短课时+5分钟微课时即：每周安排一节大课时，40分钟，其基本范式是读物推荐、阅读指导、阅读交流或阅读欣赏，教学内容为每学期向学生推荐的5本必读书目和学校编印的校本教材；每天下午第

三节课安排20分钟用于师生“静心阅读”；每节课前5分钟，用于学生轮流进行阅读分享。

多重惊喜，打通阅读到悦读之路

曾经，作为正高级教师，杨玉国尝试语文课进行多番教改，最终，阅读帮他打开了视野，决定要“引领学生跟着书本去旅行”。这样的阅读，注定是一场悦读，益小人无疑是幸运的，在课业压力下，迎接他们的，是变着花样的惊喜：

学校将课外阅读与技能展示相结合，用剪纸、贴画、做手工等形式来表现自己的读书成果，取名“指尖上的阅读”。“指尖上的阅读”作品是用丝瓜筋、蛋壳、丝绒、海绵纸、碎毛线等制作成的。低年级主要通过仿影、临摹、拼贴等形式再现人物形象或特定场景；中年级学生侧重于反映自己对字、词、句的理解和感悟；高年级则以系列作品的形式来再现故事情节或展示自己对整本书的理解。

每天早读时间，都有一个班学生在老师的陪伴下来到升旗台前，捧起书本，选择一篇课文或其中一个段落放声朗读，这些书本里的文字随着抑扬顿挫的朗读传送到每个孩子耳中、心里，取名为“为你朗读”。通过朗读，文字转换为有声的语言，将学生从声音世界过渡到文字世界。

利用周末时间组织学生到公园、名人旧居、博物馆……取名为“周末游学”。“创意阅读”在贴近自然中食到教学烟火，阅读、记录、思考、行走，让儿童阅读的边界不断拓宽。

在益小，学生日常的读写行为均可获得相应面额的“悦读币”。积累“悦读币”可兑换学习用品，得到校长签名的图书，获得学校图书室专用钥匙。中高年级学生，完成规定和自选的阅读任务，经过老师和家长的共同考核，就可以获得“书香小学士”、“书香小硕士”、“书香小博士”等相应级别的称号，取得《阅读护照》。凭此护照可以邀请家长参加颁证观礼，或邀请校长上一节阅读指导课。

在益小，所有学生都将平时阅读的篇目和字数存入“博雅银行每学期结算一次利息，兑换奖品，获得相应称号。待到“校园读书节”开张，作家讲座、图书跳蚤市场、“阅读明星”评比及古诗文考级等形式多样、内容丰富的阅读活动，成了孩子们阅读分享的平台。如今，一年一度的“校园读书节”俨然成了师生及家长最为期盼的阅读盛宴。

少年正是读书时，很多时候却因为学校阅读教育缺乏创意而充满不愿。而创意阅读引领下的益小人，感受到的是读书的愉悦，因为一群农村孩子始终站在阅读的正中央。

创新素质教育，实现学生“普惠性”发展

江苏省扬州市梅岭中学　乐文进

扬州市梅岭中学于1988年建校，2018年经扬州市教育局批准成立扬州市梅岭中学教育集团，由扬州市梅岭中学（梅岭校区、京华城校区）、扬州市梅岭中学教育集团竹西中学、扬州市梅岭中学教育集团运河中学组成。学校遵循“尊重人、发展人、完善人”的办学宗旨，以“管理求精致、教学求质量、教育求素养、教研求实效、后勤求满意”为管理目标，致力于培养学生在行为习惯上的“与众不同努力构建以培养学生的创新精神和实践能力为重点的素质教育新模式。

在“公民同招”政策下，建设高品质梅中、做大做强公办教育是学校“十四五”发展规划中的重中之重。作为一所义务教育学校，在强调培养拔尖人才的同时，学校注重学生群体的“普惠性”发展，让梅岭中学成为学生乐意学习、善于学习的乐土。

一、筑就高品质，实现教育高效益

建设高品质梅中的根本落脚点在于高品质管理，梅中的管理增效在于“低起点、小坡度”的做事原则，在于“跟进快、盯得紧、盯到位”的做事作风，在于“大气做人、用心做事”的培养方向。强化中层管理、级部管理、队伍管理，坚决杜绝有责不为、有规不遁、有呼不应、有令不行等作风问题。将抓发展、求作为、有担当、敢创新作为改进管理的着力点。管理上求精致，发展上追品质，用“高标准”确保校园一方平安，用心办好老百姓心目中的好梅中。

学校强调“管理永远是一群人的事管理者要能从“一个人”到“一群人从“各自为战”走向“团队合作”。学校教学质量的“优五八考核”、班主任“7+3+3绩效考核”都突出了团队合作和捆绑考核的指向性。梅中的管理一直秉承“在学校工作中没有轰轰烈烈的大事，但一定要做好细小的事；没有感人肺腑的故事，但一定要做好实在的事”的原则，强调“想干事、能干事、干成事”的干劲，牢牢守住质量这一底线，突出过程管理，追求高效益。

二、公益深化德育，促进发展全面化

“教书必先育人，育人必育其心梅岭中学以“情境—体验—感悟—运用”的体验教育为渠道，围绕“社会主义核心价值观打造出一批高品质的德育活动，串联成闪亮的“德育之链从而培养学生良好思想品德和健全人格，促进学生核心素养提升和全面发展。

学校的体验教育发轫于一个班级的自发创意“小红帽义工联盟”。“小红帽义工联盟”创建于2009年3月5日，由2008级9班学生自愿发起并组织，他们向全校发倡议书、进行国旗下讲话并自主招募志愿者。最初起名为“小蜜蜂义工联盟2010年更名为“小红帽义工联盟由一个班级的组织转变为全校的学生组织，口号是“学会感恩、播撒爱心、志愿服务、提升自我将感恩和体验教育融入日常学习生活之中，让梅岭中学所有孩子将感恩付诸行动，并养成一种习惯。“小红帽”们经常走进各自社区进行志愿服务，他们有的打扫地面、有的清理小广告、有的清除杂草、有的擦洗栏杆、有的捡烟头，有的看望高龄老人，有的陪孤寡老人聊天……

“小红帽义工联盟”的出现使学校的德育从以往重宣传教育转变为重身体力行，志愿者们活跃在校园的各个角落，成为梅岭中学最为亮丽的一道风景线，“小红帽义工联盟”也被江苏省教育厅评为优秀少先队集体，还被教育部基础教育司评为全国中小学社会主义核心价值观优秀教育案例。

从“小红帽义工联盟”体验教育开始，“全方位无人监考”、“诚信超市”、“励志跑操再到“上学路、我们能行”校外步行街、“校园不设垃圾桶”的文明环保、“微笑问声好”的阳光礼仪，还有“微型消防站”、“空中稼禾园就在这一个又一个小体验中，看到了高品质德育为梅岭中学带来与众不同的亮丽风景。

三、优化教学结构，实现高品质教育

高品质教育离不开高质量教学。梅岭中学的教学工作围绕“轻负高效”这一目标扎实开展各项工作，主要以“梅中好课堂”建设为主题开展教学研讨活动引领课堂教学生态发展。学校从四个方面对教学进行“小改变通过“四变三结合”来构建生态课堂。

梅中的生态好课堂要求从教材结构分析方面，备课的角度要变，要将“备教材”、“备学生”、“用学生的眼光看教材”三者结合起来，以充分体现学生主体。从课堂教学结构方面，教师的教法要变，要将“讲清重点”、“启发思维”、“教给学法”三者结合起来，以充分体现教师主导。从学生的知识结构方面，听课的方式要变，要将“以听为主”、“以练为主”、“师生互动”三者结合起来，以充分体现有效学习。从教学反馈要求方面，作业布置形式要变，要将“顺次布置”、“精选布置”、“分层要求”三者结合起来，以体现实事求是减轻负担。

通过“四变三结合在优化设计的同时，积极倡导特色教学，并严格控制课业负担，使在梅中学子“学得到位，听得有趣、练得优化以高效能的绿色教学保障高品质的教育。

在创新素质教育精神的引领下，梅中人努力追求高品质教育上的“知行合一致力于探索一个又一个精品教育工程，通过一代代梅中人的努力，建设起一座充满人文与自然和谐共美的优雅校园，实现学生“普惠性”发展，成为老百姓心中的好梅中！

办一所师生幸福的学校

江苏省宜兴市新芳小学　汤建军

苏霍姆林斯基曾说：“在教学大纲和教科书中，规定了给予学生各种知识，但却没有给予学生最重要的东西，这就是幸福。理想的教育是：培养真正的人，让每一个从自己手里培养出来的人都能幸福地度过一生。这就是教育应该追求的恒久性、终级性价值”。自1989年8月踏入教坛，至今已经30多年了，一直以来，我始终忠诚党的教育事业，坚持学习与工作同频共振，汲取先进理念，拓宽教育视野，积聚有益经验，提升育人效能，为每一名学生架起成功桥梁，让每一名学生实现自己的幸福朝向。

近年来，我更是深入贯彻以人为本、德育为先、能力为重、全面发展的办学思想，以幸福教育为统领，以“科研兴校、特色立校、文化强校”为主旋律，确立“为每一个孩子的幸福人生奠基”的办学理念，探索构建“上•进”文化，努力办幸福的学校、做幸福的老师、育幸福的学生。学校先后创建成为“宜兴市AAA级篮球特色学校”、“宜兴市A级创客特色学校”、“宜兴市示范家长学校”、“宜兴市‘书香校园’建设示范学校”、“宜兴市‘一师一优课’优秀组织奖”、“无锡市青少年科普教育示范学校”、“江苏省特色科学工作室”、“江苏省体育传统项目示范学校”、“全国青少年校园篮球特色学校”、“全国人工智能科普教育示范基地”。

完善文化建设，建造幸福校园

一所学校要具有高远大气的教育，才能有高远大气的未来。“天高任鸟飞，海阔凭鱼跃在2017年8月调任新芳小学校长、书记之前，我先后在9所学校工作过，已有18年的副校长、校长经历和经验。每到一所学校，我总是用智慧在耕耘，用胆识在改革，更用“高远大气”的志向在坚守着自己的幸福教育。

“兵马未动，粮草先行”。随着时代的快速进步和教育的迅猛发展，现代化教育设施设备的更新换代必不可少。可刚刚到新芳小学上任时，我发现学校的软件硬件设施都比较薄弱。但由于经费紧张，我每花一分钱都要考虑，但该花的毫不吝啬，不该花的一分都不会花……

如今，学校面貌已焕然一新：新建了信息化报告厅、广播室，扩充了多个学生阅览室，教学楼换瓦、教室出新、外墙改造以及厕所改造，装修荣誉室、创客工作室，食堂功能间改造、铺设地砖，更换学生餐桌椅、购置蒸饭箱、保温台、保洁柜等，每个教室更新陈旧多媒体为更先进的“一体机为每个教师配置新电脑，组织教师开展和参加各种信息技术培训，学习先进的信息技术手段。

目前，学校已被列为无锡市第二批“智慧校园”试点学校，向着更高层的办学品位目标挺进。

助力专业成长，锻造幸福教师

教师的专业化成长是学校实现优质教育的前提和必由之路，教师队伍的质量决定着一所学校的教育高度。在认真做好教师全员培训的基础上，我持之以恒、富有成效地开展名师工程建设，鼓励教师崇尚自己的事业，勇攀教学新秀、教学能手、学科带头人、教育名家四个高峰。

对于新教师成长，我按照“一年入门、两年过关、三年达标”的新教师培养年度目标确立教师发展规划，每年为新教师精心物色研训员、校内外市级骨干担任师傅，举行隆重的拜师仪式，互赠礼物相互勉励，充分发挥“蓝青工程”的传、帮、带作用。师傅诚心教，徒弟虚心学，有效促进了新教师的快速成长。

对于校级骨干教师，我坚持办好青年教师研修班，邀请名师、专家来校作论文写作、课题研究的专题讲座，提高教师的理论与实践操作水平，并提出过三关，即论文获奖发表关、课堂教学实践关、登上一座高峰关。

对于市级骨干教师，我以鼓励创新，追求个性化的成熟期，培养学科能手、带头人甚至研究型、学者型的名教师为目标，强调“自训”（继续深化个体体现自我风格的独立施教能力），重视“互训”（引导教师从合作的群体中感悟彼此的“亮点”和“不足”），从而进行“扬长避短”式的自我提高。

刚到新芳小学，我就发现中青年教师流失较为严重，这也是农村学校的普遍现象。当前教师面临着极大地压力，以至于一部分教师产生了职业倦怠，而一般意义上的培训尽管也有助于促进教师的专业成长，但却解决不了职业幸福感这一问题。因此，在思考如何促进教师的专业成长时，我觉得要贴近教师生活，在关注教师专业成长时除了强调教育理念、专业知识、教学技能等等之外，更要培养教师具有积极向上的生活信念、乐观开朗的生活态度、科学健康的生活方式、高雅的生活情趣。只有这样，教师才会从平凡的日常教学工作中感受生活、享受生活，获得职业幸福感。

营创快乐时光，培育幸福学生

在幸福教育的思想指导下，我坚持开展适合儿童身心特点和成长需要的活动，让孩子们在活动实践中学习本领、体验合作、体验探究、享受快乐、享受成功，并且敢于创新、敢于超越、得到发展。

篮球特色。多年来，学校面向社会，依靠群众，立足自身，根据学校发展规划，致力于“合格+特色”的创建和巩固工作，因地制宜、因人施教，形成了以“篮球”为龙头、“田径”及其他运动项目为辅的特色建设活动。我们持之以恒抓好每天下午以篮球操为主的大课间活动，每个学生至少有一个篮球，做到人员、场地、内容和检查四落实；在班级之间开展小技巧、小明星、小联赛等三小评比；每年下半年在校园体育节期间单独设立篮球周活动，开展运球、投球以及班级联赛等活动。目前，学生对篮球运动的兴趣日趋浓厚，形成了全员参与的良好氛围，进而营造出人人积极向上的良好校园风貌，师生参与面达到100%。

作为宜兴市少体校协办单位，我校于2017年被国家体育总局确定为国家级高水平运动员后备人才基地，同年10月被国家教育部命名为全国青少年校园篮球特色学校；2018年被评为江苏省示范性体育传统项目（篮球）学校。

书香校园。对小学生而言，阅读可以拓宽知识面，培养学生的自学能力、创造力和想象力，提高整体语文素养。我尝试建设语文拓展性课程——“小学生阅读从“有书读”、“怎样读”、“让阅读成为持续”三个维度来展开工作，提倡师生多读书、读好书，努力探索“学科+”建设，积极培养学生的核心素养，积极打造“书香校园”。我带领学校教师完善编订校本读物《经典诵读》，设计印制六年一贯制的《学生阅读成长手册》，每年有计划、有组织地开展各项活动，如“作家进校园”、“我爱记诗词——中华诗词大赛”、“在最美的声音里遇见——师生朗诵比赛”、“迎新经典诵读”、“好书走穴活动”、“跳蚤书市”、“讲经典故事 立勤学榜样”、“教师读书沙龙活动”等。我充分利用图书馆资源、班级读书角、学校阅览点、年级阅览室等，让学生在课间随意拿起书本，享受闲读书、读闲书、读书闲的自由阅读。阅读活动还得到了家长的广泛认同，赢得了家长的理解和支持，许多家长自觉为孩子建立起了家庭图书柜，从支持读到一起读，也在慢慢加入阅读的行列。

2017—2019年，我校连续三年荣获宜兴市经典诵读大赛一等奖，并被评为宜兴市书香校园、书香校园建设先进学校、书香校园建设示范学校。

创客课程。创客特色教育对教师和学生来说是一片新的天地，也是一种新的挑战。对此，我们把顶层设计与科学探索相结合，让“创”成为一种状态，让学生舒畅自由地“玩”；让“创”成为一种行动，让学生手脑并用地“玩”；让“创”成为一种分享，让学生在团队合作中“玩”；让“创”成为一种境界，让学习因“玩”而改变。在原来信息技术课程的基础上，我们成立了3D建模与打印、物联网创新设计、机器人编程与比赛、无线电定向测向等创客教育系列课程，利用每周二下午进行创客探索和实践，小创客们兴致盎然。为了让更多的学生了解创客、设计作品，我还投入10多万元对劳技室进行改造成立了“江苏豪翔”创客空间，作为小创客们的专用活动空间，更大限度地给学生一个自由发挥的平台。而2018年的首届创客嘉年华活动，更是让全校师生开眼界、扩视野，在校园里刮起了强劲的创客风潮。通过开展创客教育活动，我欣喜地感受到学生在活动中收获着创造的快乐，老师在付出中收获着成长的幸福，学校在特色发展中彰显着品牌效应。

在开展创客的过程中，我校也频获佳绩：2017中国儿童青少年威盛中国芯HTC计算机表演赛全国总决赛创客挑战赛一等奖、全国中小学信息技术创新与实践活动决赛物联网创新设计一等奖；2018世界物联网创客比赛一等奖……

版画初创。乡村少年宫版画小组的学生从认识和了解版画这一独特的画种开始进而对其产生兴趣，专心练习刻制、拼贴、拷贝转换等技巧，从学会黑白版画到适应彩色版画，创作技能日趋成熟。学生版画作品《美丽的家园》、《岁月中的家乡》等在《校园文学》2019年10月第二期刊登，部分优秀作品在无锡大市中小学版画教学活动中展示，在省级版画大赛中获奖，今年打算筹措资金成立版画工作室。

教育是一种幸福，教育的理想就是引领孩子们一心一意、时时刻刻去追求本来就应该属于他们的幸福，去成为他们本来就应该成为的人……所以，我们要关注每一个孩子，使每一个孩子都能在自己应有的发展空间自由、充分、和谐地发展；我们要带领孩子体验生活，一起体验成长过程中的每一个精彩瞬间。这是我最向往的教育，也是我作为一位教育者永远不变的追求！

水击石鸣　人激志弘

——新时代教育评价改革背景下，我的治校“五字诀”

江西省赣州市赣县区白石中心小学　刘黎明

站在新时代教育评价改革的大背景下，与在座的各位领导和校长们交流如何创新学校管理，实在有些忐忑，资历善浅，经验能力不足，还有很多需要学习请教的地方。既站与此，我也就勉为其难，结合我在白石小学的工作实践，谈谈我的一些看法和思路。我今天汇报的题目是《水击石鸣　人激志弘——新时代教育评价改革背景下，我的治校“五字诀”》，分别是困、悟、率、功、明。

困——学校之定位

新到一所学校，至少有两方面的困惑：一方面是自身对新环境新队伍的不熟悉不了解。另一方面是会遇到各种挑战和棘手的问题。这就需要校长角色审视和自我调整，要有无畏无惧、临危不乱的心志。同时主动出击，率先垂范，深入一线访谈交流，亲自抓教学，上示范课，尽快熟悉新环境、新同事。也让大家了解新校长的为人处世的性格和做事的风格。

白石中心小学坐落于田村镇白石圩，距离县城40多公里，是一所半寄宿制小学，下辖四所村小教学点和一所中心幼儿园。现有小学生三百多人，幼儿八十多人，教职工48人。

学校地处偏远，学生人数逐年锐减，师资不稳定且相对薄弱，生源复杂，多为留守孩，家庭教育跟不上，学校办学条件也相对较差。发现这些问题，才能更好地解决问题，对学校进行全面把脉，准确定位，厘清思路，因势而谋。

开展“五个一六走进活动”

五个一：作一次国旗讲话；上一次主题党课；作一次读书分享；成立一个名师工作室并上好语文教学公开课；作一次讲座和个人风采展示。

六走进：走进贫困户进行教育扶贫政策宣传；走进教师课堂进行听课指导；走进贫困学生进行送教帮扶；走进困难教师进行关爱慰问；走进村小进行实际帮扶指导；走进教学一线参加教科研活动。

悟——发展之支点

我要把这所学校带向何方？我们要办一所什么样的学校？培养什么样的人？怎样培养？这需要校长深思熟虑并带领大家实现，要读懂学校的过去、现在和未来。如果是一所新学校当然好，白纸绘画；如果是一所老学校，要明确有哪些优势、哪些弱势，然后形成自己的独立思想，再变成科学可行的文本，为学校今后的发展铺平道路。

阻力排除了，规划设计好了，队伍建设基本稳定了，接下来就要找到继承和发展的支点及工作思路。

白石小学立足校情，结合现状，以明德尚美、博学求新为校训统领全局，扎实推进“1234”的工作思路，即一个中心（教学质量）、两项建设（领导班子和教师队伍）、三大强化（学生德育教育、学生日常管理、学生核心素养）、四大突破（校园文化、社团建设、安全管理、党建三化）的工作思路，打造“阅读、魔方、乒乓球”三张特色名片，努力开创各项工作的新局面，谱写白石小学教育新篇章。

率——校长之修炼

校长是一所学校的灵魂，一位好校长就有一所好学校。作为一名年轻的校长，自知离上级要求和标准差距甚远。但只要有一颗勤学勤政、率先垂范之心 ，不断修炼自己的气质、智慧、理念、魅力，定会在自己的一亩三分地，干出些许成绩。

（一）校长要有气质

校长的气质主要体现在立场、精神、温度、故事、色彩这五个方面，这样才能唤醒、点燃、照亮每一位师生，才能营造一个安全、温馨、平等、上进的美丽家园。

（二）校长要有智慧

校长的智慧包括了校长的领导智慧，教育智慧，办学智慧，教学领导智慧等等。如何做一个有智慧的校长呢？我认为校长的智慧来源于学习、感悟和实践；体现在要有以人为本的管理理念；体现在要有动机激励的管理机制；还体现在要有创新意识。

（三）校长要有理念

办学理念是就是校长对学校办学方向、目标和思维的认识。首先，校长要有自己的办学理念；其次，办学理念要继承，但不拘泥；最后，办学理念要不断总结，不能固守。

（四）校长要有魅力

作为一名校长，一定要注重自己的魅力修炼，修炼本身就充满魅力，修炼永远不要停，它永远不会晚。只要你每天进步一点点，你就会有越来越大的魅力。

1.校长人格魅力修炼主要包括：大爱、大度、诚信、道德、胆识、细心、担当、情商这些方面的修炼。

2.校长能力魅力修炼主要包括：影响力、执行力、领导力方面的修炼。

3.校长语言魅力修炼主要包括：礼仪性、工作性方面的语言修炼。

4.校长学识魅力修炼主要包括：读儒家经典、佛学著作、道家的书、哲学、经济学、社会会、伦理学、法学等书籍，通古今、贯东西，做一个学识渊博的人。

5.校长时尚魅力修炼：时尚是外在的，但更重要是的一种生活方式，渗透着你对生活和生命的独特理解；过简单的生活（物质极简、精神极简、表达极简），过上灵性、自在、健康的生活，就是现在的时尚；受你的激励和影响，简单生活和简单工作……

功——校长之行动

（一）对校而言，校长之功应尽最大的能力让学校变得更美，教师变得更幸福，学生变得更快乐。校长不能“两耳不闻窗外事要懂得协调各种资源为学校发展、学生成长所用。

1.澳门乐善会捐物资和持续关注关爱书屋建设。

2.城关小学与白石小学结对帮扶。

3.成立宗圭教育基金、创新教育基金、黄文得教育基金。

4.各乡贤的爱心捐助。

5.上海善行指尖公益组织捐助。

（二）对教师而言，让教师心怀希望教学，解放教师的职业兴趣，尊重他们的专业话语权，为他们的实践与研究提供各种平台和资源，帮助他们实现自己的人生价值。

1.通过典型树立教育初心（退休仪式、刘德辉事迹、邱丰梅辅导、吴石香）

2.通过专家引领激发成长动力（市谢称发小语工作室、特级教师周卫华、希沃培训）

3.通过平台搭建形成竞争定位（四校联盟交流）

4.通过行动宣传走进大众视野（外出学习、荣誉彰显、活动宣传）

（三）对学生而言，让所有的时空都释放教育的价值，促进学生德、智、体、美、劳全面发展。

1.德：校园之星评选

2.智：学习之星、进步之星

3.体：晨跑、体育课、课间游戏、韵律操

4.美：校园美（宿舍）、语言美、行为美、书香美（四大书屋）

5.劳：日常劳动、劳动基地（四大基地：中心小学、幼儿园、西坑、地头）

明——学校之未来

（一）自知之明：如前所述，我深知个人素养、专业能力、治校能力还需不断修炼提升，这就需要学习，向专家、名校长学习，向书本学习，向实践学习。

（二）现状之明：学校发展瓶颈依然存在，教师的职业幸福感仍然不够，教师进城或调到大学校、交通方便距离近学校成风，学生人数锐减，等等。

（三）未来之明：随着城镇化的发展进程，乡村小规模学校有可能是未来乡村教育的常态。乡村小规模学校规模小，学生少，换个角度这不是劣势，而是优势，不少城市学校正在为大班额犯愁，人数少，就已经实现了他们羡慕的小班化，可以让我们有充分的条件，充足的精力因材施教，实施个性化教学，做个性化教育。如何去做？这又成了新的发展之“困”了。

困、悟、率、功、明，就是一个整体系统，彼此相互作用，成为我个人治校的逻辑思维圈，是一个周而复始、不断循环提升的过程。

雄关漫道真如铁，而今迈步从头越。在新时代教育评价改革的大潮中，学校的发展：质量是根本是生命线，文化品牌是形象是内驱力。古语云:“水击石鸣，人激志弘”。相信只要有信心，有行动，有热情，将所学所得所悟，运用于实践，所有的困难都会为我们让路的。一群大雁，一路艰辛，团结协作，披荆斩棘，终达理想的彼岸。我愿做好赣县教育这群大雁中的一只，立足岗位，逐梦前行！

重塑红色记忆，培育家国情怀

江西省赣州市兴国县梅窖中学　曾繁盛　曾晓平

百年大计，教育为本。教育是提高人民综合素质、促进人的全面发展的重要途径，是民族振兴、社会进步的重要基石，是对中华民族伟大复兴具有决定性意义的事业。尤其是我国的教育事业，经历了重重磨难，用无数的鲜血和生命，才让教育迎来蓬勃的发展。作为和平时代下的人们，也要去切的感受那段革命历史，用革命意志和红色文化，唤醒沉睡的爱国之心。办学以来，我校深入发掘办学内涵，打造红色办学理念，积极开展各类活动，回顾红色历史，带领学生耳濡目染的感受民族的坚强自信、舍生忘死的爱国意志。11月18日我校组织了学生前往井冈山，开展了以“追寻红色足迹，弘扬井冈精神”为主题的研学实践活动。让学生真正地触摸历史，加深对井冈山精神的认识、对中国革命历史的理解，增强爱国精神，培养家国情怀，继承优良传统，传承红色基因。

一、重塑记忆，铭记历史

清晨，孩子们伴着清晨的第一抹阳光，背上行囊，带着激动的心情和美好的憧憬，陆续出发！我校为每位学生购置了红军服，让他们成为一名名红军战士，近距离感受红军战士的荣光和精神。同学们来到北山烈士陵园后，敬献花圈，缅怀革命先辈，沿着先烈足迹，追寻红色记忆，致敬革命先烈，聆听红色故事，传承长征精神。站在井冈山革命博物馆前，同学们被眼前的一条红色之路所吸引，它将各个展厅串联了起来，如同一条鲜艳的彩带。同学们跟随着讲解员的节奏，认真聆听，石壁上雕刻的故事、革命先辈们所用的物品、一首首战争年代的民谣，所见所闻催人泪下。一个个故事深深地刻在同学们心中，大家都深切感受到了革命胜利的来之不易……

星星之火可以燎原！目前，井冈山革命博物馆存有文物三万余件，文字资料五千多份，图片四千余幅……在这里，可以全面了解井冈山革命斗争历史。

二、耳濡目染，沉淀品悟

这里有伟大领袖毛泽东的旧居，学生们自然不会错过观看的机会。这是茨坪东山脚下的一家杂货铺，房东腾出一半空间给红军居住，朴实的土坯房，温馨的农家院。毛泽东房间里最重要的陈设，是一副已经黑得发亮的箩筐，那是随他转战永不离身的机要文件箱，里面装的都是宝贝呀，撰写的文稿，重温的典籍，还有从各处搜罗的报刊消息，这里承载了革命最初的光荣和梦想。既然到了井冈山，红军餐肯定少不了，学校老师带着学生们自己动手做一顿红军餐，保留了革命传统本色的体验。尽管今天食用的已不全是当年的红米、南瓜、竹笋、野菜等，却能使人享受物质生活的同时，寻找到终生难忘的精神家园。每一道菜，每一个故事都体现着井冈山精神。晚餐过后，还有神圣的点火仪式，篝火晚会气氛火热，同学们技能满满，才艺表演个个顶呱呱。第二天早餐过后，沐浴着阳光，团队拓展项目开始了，从“我认识你”到“我和你在一起每个人都融入团队，大家的心被紧紧地凝聚在一起，一个人汇聚成了一群人。

井冈山作为中国革命的起点，井冈山是革命圣地，“坚定执着追理想、实事求是闯新路、艰苦奋斗攻难关、依靠群众求胜利”的井冈山精神更是留给后人的伟大财富。现在，我校的孩子们正在组成一支支队伍，重走一段红军路。

三、逐梦未来，斗志昂扬

“山下旌旗在望，山头鼓角相闻。敌军围困万千重，我自岿然不动。早已森严壁垒，更加众志成城。黄洋界上炮声隆，报道敌军宵遁”。这是由毛主席创作的《西江月·井冈山》，通过对黄洋界保卫战的描写，满怀激情地歌颂了井冈山将士坚守根据地的英勇斗争精神，高度概括了整个井冈山斗争的形势和特点。我校带领同学们走进黄洋界，感受红军们奋勇抗战，最终能以少胜多、以弱胜强的战役。了解坚持农村革命根据地的斗争对于争取革命胜利的重要意义。通过此次，“追寻红色足迹，弘扬井冈精神”研学实践活动，同学们不仅增长了见识，陶冶了情操，爱国情怀也更为浓烈。

历史的红色旅程是革命先辈们开创的，未来的红色旅程要靠新一代来开创，为此，学校和师生更要肩负起时代赋予的责任。这一次的井冈山之行，充满了与众不同的回味，对所有的孩子们一生来说，终生难忘！踏上红色土地，穿越厚重的历史，学生们学习到了无惧艰难、坚持不懈的革命精神。

总而言之，教育注定是一场没有终点的行程。在教育发展道路上，我校会不断继承、发扬坚苦卓绝、自强不息的红色精神，通过开展各类特色活动，带领学生不断感受深刻的历史，培养学生爱国赤诚，用热忱装点教育事业的百花园，用生命继续谱写一曲又一曲教育新歌。

传承红色基因　泽润德育之花

江西省井冈山市井冈山毛泽东红军学校　肖文纬　李光兴

巍巍井冈山，漫漫映山红。在革命圣地井冈山的北大门有一所历史悠久、景色宜人的九年一贯制学校——井冈山毛泽东红军学校，她是全国三百余所红军学校中唯一一所以“毛泽东”命名的红军学校。学校现有47个教学班，在校生2262人，教职工160人。学校以“传承井冈精神，立志精忠报国”为校训。以红色德育为抓手，以形式多样红色实践活动为载体，使红色德育入眼、入耳、入脑、入心，全方位泽润红色文化，让红色教育深入学校全体师生的内心。现如今，红色德育成为学校开展各种活动的龙头和落脚点，成为学校名副其实的办学品牌。

一、红色文化润泽心灵

习近平说：历史是最好的教科书，不仅提增信心，而且令人鼓舞和振奋，并激励人们前行。红色是我们的“国色红色代表正能量，红色文化是一部不加修饰而永远值得感动和教育后人的最佳天然教材。井冈山是中国革命的摇篮，这片红色土地孕育了跨越时空的井冈山精神，成为新时期宝贵的精神财富和永不枯竭的精神力量，也是我校的德育源泉。学校积极构建红色文化建设，营造红色文化氛围，提升学校综合办学水平，彰显学校个性魅力与办学特色，走出了一条独特的学校德育一体化之路。

让红色文化“立”起来。学校非常重视用红色文化熏陶师生，采取了一系列措施营造红色文化氛围。学校在教室、走廊等醒目的地方张贴具有革命色彩的格言警句和井冈山诗词，悬挂老一辈无产阶级革命家、军事家的肖像以及伟人旧居旧址照片，让师生一走进校园就能感受到浓浓的红色文化气息。学校还创设了红色德育工作室，让师生感悟红色文化的恒久魅力，取得潜移默化的育人效果。

为了凸显红色班级文化，班级命名独具特色，“红一连一班，红一连二班……”并制定“特色班级”评比方案，按照“特色班级”评比细则，积极推进班集体建设。每天上下午第一节前开辟了全班同学齐唱红歌五分钟活动；开展评选以红军命名的优秀中队“润之中队”、“恩来中队”……每学期进行红色文化黑板报评选活动，每个星期班级要举行一次红色主题班会活动；利用好班级“东润公益图书角阅读红色革命书籍，开展讲革命故事活动。教室布置开设了红色教育板块，鼓励和引导学生参与班级红色文化建设，通过班训、班风、学风、教风的建设来体现隐性红色文化。精心打造班级红色文化，体现年级特点、班级特色，让班级成为学生表现自我、优化个性的红色场所，让每一面墙壁记录学生成长历程中红色文化的声音，提升班级文化内涵。

二、红色党建引领发展

井冈山毛泽东红军学校党支部充分利用井冈山红色资源优势创建了“党建+红色文化”品牌。让红色文化“动”起来。在每年的重要纪念日，学校组织师生到井冈山博物馆、烈士陵园、革命旧址等地进行革命传统教育；每学年定期邀请红军后代、老干部到各学校与师生面对面交流、谈心，讲述革命斗争时期先辈们在井冈山的感人故事，帮助学生理解井冈山精神，树立正确的人生观和价值观。学校积极开展“红色德育七个会”活动，即：人人会唱一首红色歌曲、会讲一个红色故事、会背一首红色诗词、会做一道红色菜肴、会介绍一个红色景点、会表演一个红色经典节目、会参与一次红色实践活动，通过这一活动，带领更多的教师更深入融合到红色德育活动中。

主题党日“缅怀伟人、不忘初心”教育活动，结合研学实践，学校党支部组织党员赴韶山瞻仰毛泽东旧居、重走红军挑粮小道，踏寻先辈足迹，亲身感受革命战争时期的艰辛。“初心墙上表初心”主题活动，在学校党支部办公室里有一面特殊的展板，鲜红夺目的背景上，国旗党徽竞相辉映，这是毛泽东红军学校党支部的“初心墙”。全体党员回想自己的入党初心，并将所思所想写在纸上、粘到墙上，用这种形式让每名党员“忆过往、守初心、话担当、践使命”。全校师生真切体会到共产党员的先进性、模范性，引领大家做好井冈传人，为祖国强大而努力奋斗！

三、红色活动日趋常态

塑造红色德育品牌，提高师生的红色素养，红色活动必不可少。学校的红色德育活动日趋常态化，每月有红色德育主题活动，写入学校行事历，让红色德育活动落地生根。

二月“红色菜肴大比拼”主题活动：每年寒假学校都会布置一份独特的作业，学做一道红色佳肴，把学习过程和实物以照片的形式在班级群里进行评选。红米饭，南瓜汤不仅是孩子们耳熟能详的红色歌谣，还是一份独特的作业，孩子们给大家奉献了一场红色美食盛宴。

三月“学雷锋、争先进”主题活动：三月，是一个充满鸟语花香，春色满天的月份，更是一个纪念雷锋叔叔，学习雷锋精神的月份。学校每年的三月都会以班级为单位开展从身边小事做起，“学雷锋、争先进”主题活动。孩子们在雨天为同学撑起一把伞，弯腰为他人捡起一本书；起立为需要的人让座；扶起摔在地上的小朋友……

四月“祭先烈、明责任”主题活动：组织学生到革命旧址参观学习，让学生进一步了解井冈山的革命，牢记历史，明确肩上的责任，激发学生“珍惜今天幸福生活，努力学习建设祖国”的理想信念。

“红五月、唱红歌”主题活动：魅力五月，鲜花怒放；红色五月，歌声飞扬。学校每年举办的红五月之“让旋律飞扬”红歌合唱比赛在毛泽东红军学校大礼堂拉开帷幕，经过全体师生两个月的精心策划，认真准备，反复排练，向广大师生倾情奉献了一场红歌盛宴。我们是共产主义接班人，继承革命先辈的光荣传统，爱祖国，爱人民，鲜艳的红领巾飘扬在前胸……熟悉的旋律萦绕耳边，铿锵的誓言激荡人心。

六月“我是红领巾讲解员”主题活动：义务小讲解是井冈山影响最大、最有代表性、学生最乐意参与的德育活动。每年的红色小讲解员评优大赛活动，涌现出了一大批优秀的红色小讲解员。每逢节假日，我校小讲解员统一着装，与景区工作人员一起“上岗”为游客义务讲解，成为井冈山一道靓丽的风景线。

九月“红色影片润心田”　主题活动：组织学生观看红色革命电影，学校充分发挥远程教育资源和网络资源的优势，让学生在课外活动或班会时间每周安排一次观看爱国主义革命教育为题材的红色影片；教师以布置作业的方式，让学生在家观看红色电视或电影。每学期进行一次优秀观后感评选活动。

十月“红色诗词伴成长”主题活动：红色革命诗词凝聚着一个民族的精神和文化，可以催生一种精神力量。学校每年定期开展一次以班级为单位的革命诗词诵读比赛，通过人人参与吟诵红色革命诗词，激发学生对理想和信念的执着追求。

十一月“红色运动强体魄”主题活动：每年一次的红色运动会，让同学们亲身体会当年红军艰苦卓绝、吃苦耐劳的革命精神，如火线运伤员、挑粮比赛等项目同学们很喜欢，寓教于乐。

十二月“红色故事人人讲”主题活动：聘请老干部、老革命军人到学校为孩子们讲述革命故事；同时，学校组织以班级为单位开展“红色故事人人讲”比赛，让一个个动人的革命故事，化作对孩子的无声教育，滋润孩子的心灵。

四、红色课程进驻课堂

为使红色教育故事化、课程化、有成效，学校在开设地方课《井冈山精神》的同时，还组织人员编写了以井冈山革命故事为题材的校本教材——《井冈红色故事》、《毛委员在井冈山》等校本教材，作为学校红色教育教材。把红色课程引进课堂，写入课表，保证了红色课程学习的时间和效果。学校还开展了开展了“基于《井冈红谣》推广的研学旅行课程开发与实践研究”德育课题研究，推动红色德育工作向深度发展。

五、红色评价亮化多样

学校结合“红色育人”活动，建立科学的评价机制，使红色德育落实到每个学生、每个班级、到每个学期、每科教学。首先，学校建立一支红色文化研究团队，成立红色文化工作室，编写红色文化地方教材，对各班红色文化传承进行实地指导。其次，制定了一套红色德育评价体系，实行多样评价相结合：有师生的成长档案+个性发展评价，有学生的记分式评价+榜样评价……每学年对各班和师生进行分类考评，并设立专项经费进行奖优罚劣。最后，建设红色文化培训兴趣班，定期选拔学校师生进行红色文化培训，起到以点带面的示范作用。

近年来，井冈山毛泽东红军学校的红色德育工作社会影响日益扩大，学校取得的荣誉越来越多，外联活动越来越多。和上海延安中学、上海民本中学、长沙华夏实验学校等建立了结对友好学校，中央电视台、江西电视台、井冈山电视台及德国电视一台，英国独立电视台等媒体报道我校红色德育工作。

仰望蓝天，脚步坚定。学校继续以井冈山独特的地理位置，整合地方红色历史、红色人物、红色故事、红色文化的德育教育资源，通过各种方式开展“红色育人培养孩子“井冈精神探索出一条适合我校“红色育人”的教育实践模式，把学校红色德育工作打造成真正的品牌。

“大鹏一日同风起，扶摇直上九万里”。不断探索，开拓创新，努力使师生的文化素养和品位不断提升，使校园成为提高人的修养、陶冶人的情操、净化人的心灵的“红色家园”。让红色文化点燃学校发展的圣火，让红色德育之花绽放光彩！

以礼育人，关注学生全面发展

江西省景德镇市第九小学　韩林姣

孔子曰:“不学礼，无以立”。“礼”是中华传统文化价值观的核心范畴。中华民族自古就有“尚礼”之风，古往今来，中国都被视为礼仪之邦。“礼”是中华优秀传统文化的突出精神，“懂礼”是中华民族的重要美德。我校创建于1920年，是一所有着百年历史的学校。近年来，学校遵循“以礼育人成就未来”的教育理念，以“文明礼仪”教育为抓手，坚持立德树人，围绕培育和践行社会主义核心价值观这条主线，不断推动未成年人思想道德建设教育活动广泛开展，促进学生健康成长。近年来，我校被授予“第五届全国未成年人思想道德建设工作先进单位”。

一、不忘教育初心，勇于担当使命

2017年，我被任命为第九小学校长。上任伊始，我便带领全体教师进行了大胆改革，明确了学校的办学定位，确立了“以礼育人成就未来”的办学愿景和学校“三风一训以此促进教师教学理念的转变，转变学生行为习惯，促进学生良好的道德养成。

首先，我以礼仪教育为抓手，指导学生道德实践。我带领团队自编校本教材，刊印学生礼仪日记期刊，自创了《九小文明礼仪歌》，开展丰富多彩的礼仪行为教育活动，全方位培养学生文明素养，得到了社会、家长的一致认同和肯定。同时，我竭尽所能引入整合各方资源，提升学生综合素养。开设了国画、书法、陶艺、剪纸、扎染、戏曲、陶笛、葫芦丝等国艺课程；开辟了红色、绿色、古色“三色”研学基地，带领孩子们走进十大瓷厂博物馆、陶瓷包装博物馆、江西直升机科技馆、林科所等参观。我们希望学生的全面发展不仅仅局限课堂知识，而是走出去开阔学生视野，了解课本以外更多的知识。

二、强化礼义教育，提升学生素养

我校在未成年人思想道德建设工作方面，总体遵循“立足过程、关注全面、多元评价、促进发展”十六字方针。具体工作主要是通过礼仪教育引领思想，通过课程特色提高素养，通过活动促进学生养成，给予学生关怀温暖人心，通过评价促进全面发展。

学校通过诵读《礼仪童讯》、传唱《文明礼仪歌》、写礼仪日记等，开展“践行社会主义核心价值观，做最美小学生”、“我们的节日”、“文明礼仪进校园”等系列教育；通过爱心义卖、庆新年感亲恩等具体活动，组织学生走进养老院、孤儿院，引导他们善待他人。这些行为全部记录在校本礼仪期刊《以礼育人守一树花开》上，引导学生以礼待人，尊重身边每一位朋友。

结合全市“双创双修”活动，学校开展了“健步走”、“知识答题”、“入户调查”等活动，和家长、邻居一起承诺做有诚信的人。开展了“小手牵大手文明齐步走”文明志愿者活动，家长与孩子组成的文明监督岗从弄口到校门，形成了一道亮丽的风景线。每学期末，根据各项常规活动评比，评选出优秀家长、文明班级、四星少年、美德少年。在活动中，学校涌现一批优秀典型，潘婷阳同学被评为景德镇市新时代好少年，教师欧阳纯获得全市诚信类道德模范提名奖。

三、开设兴趣课程，建心理咨询室

浇花需浇根，育人要育心。学校坚持把素质教育放在教育教学的首位。学校外来务工人员子女较多，家长文化层次较低。针对学情，学校积极联系校外资源，在教育部设立的标准课程外，为学生们开设了陶艺课、直笛课、扎染课、书法课、曲艺课等十余种兴趣课程。组织学生前往十大瓷厂博物馆、陶瓷包装博物馆等参观学习陶瓷知识和景德镇的制瓷历史，感受陶瓷绘画和陶瓷手工拉胚实际操作，让学生进一步了解陶瓷历史文化。让学生们从小就能接触到中华传统文化，培养学生对传统文化的兴趣，谋求学生全面发展。

我校建立了心理咨询室并配备心理咨询教师3名，其中一人为三级心理咨询师。针对2020年初的新冠疫情，学校开展多种形式的心理健康教育，开展丰富多彩的线上竞赛活动，有力缓解了学生焦虑情绪；学校聘请公检两部门三位法制副校长，使学生从小树立法制观念，能够学习到法律知识及自我保护措施。

不懈的探索、辛勤的汗水，换来了丰硕的成果。在我的不断努力下，学校德育工作结出了累累硕果，学校先后获得“全国未成年人思想道德建设工作先进集体”、“全国优秀少先队集体”、“全国红领巾优秀小社团”、“全国优秀动感中队”、“江西省优秀少先队集体”、“景德镇市首届文明校园”、“景德镇市学雷锋示范点”、“景德镇市关心下一代工作先进集体”等荣誉称号；我本人也先后被评为“全国巾帼建功标兵”、“江西省赣鄱先锋”、“新时代瓷都先锋”、“市优秀党务工作者”、“市巾帼建功标兵”等。今年11月，我又被授予“全国未成年人思想道德建设先进个人”。一面面奖牌、一尊尊奖杯、一张张证书，凝结着我的心血，也让我更加笃定了前行的步伐。

“礼”是学生核心素养的应有之意，“礼”是社会主义核心价值观的重要内涵。今后，我校将不断加强“礼”教育，弘扬“礼”文化，以礼育人，立德树人。新的征程，我将带领全校师生砥砺前行，为新的百年奋斗目标贡献力量。

不忘育人初心，成就精彩人生

江西省铅山县第二中学　陈正卫

生命存在的意义与价值始于人性，而人性的塑造和张扬则要依赖于教育。教育是一把启发智慧的钥匙，可以赋予人性纯净灿烂的光辉。从古至今，教育从来都不是把知识强行传授给学生，而是通过接触、感受、明悟和运用知识，来实现人生的价值，绽放生命的光彩。我校创办于1973年，坐落于有着“八省通衢”美誉的千年古镇——河口镇。目前，学校占地160余亩，教学班96个，在校学生5754人，教职员工323人，学校微机室、音乐室、图书室、篮球场、田径场等设施一应俱全，形成了“一路、二带、三区”的校园格局。办学多年来，我校始终坚持以人为本，以学生发展为导向，不断拓宽学生眼界，丰富学生知识，力求为学生成长夯实坚定宽实的基础。通过全校师生这么多年的团结协作与努力，学校教育质量连年提升，办学特色愈发鲜明。学校因此先后获得多项荣誉，被教育部综合评定为“2017中小学国防教育示范校”（江西省24所上榜学校之一）“全国青少年校园篮球”、“足球体育传统特色学校”、“青少年人工智能教育示范基地”、“江西省廉政文化建设示范点”、“江西省廉政文化教育示范基地”、“江西省现代化技术教育示范学校”、“上饶市校园特色文化示范校”、“上饶市文明学校”等。

一、规范学校管理，提升教育质量

十年树木，百年树人。教育不仅是教书育人的重要举措，还是生命升华的渠道，要切实以学生为导向，才能培养德才兼备、品德优良的时代少年。近年来，习近平总书记在全国教育大会上的重要讲话中为学校教育指明了方向，即：在党的坚强领导下，全面贯彻党的教育方针，坚持马克思主义指导地位，坚持中国特色社会主义教育发展道路，坚持社会主义办学方向，立足基本国情，遵循教育规律，坚持改革创新，以凝聚人心、完善人格、开发人力、培育人才、造福人民为工作目标，培养德智体美劳全面发展的社会主义建设者和接班人，加快推进教育现代化、建设教育强国、办好人民满意的教育。

为贯彻落实党和国家的教育指示，我校根据学校实际情况，采取多种措施，不断提升学校办学品质，丰富学校内涵，力求让学生生命绽放应有的光彩。首先，为规范学校行为，经研究决定，学校各部门负责人开始实行轮岗，根据每个人的专业能力和性格特点实行岗位调整，新的岗位，新的征程，产生了新的动力。二是建立校长办公会议题制，实行每周一次的校长办公会，要求班子成员带着议题参会，并在提交议题前征求分管处室和年级组意见，再提交班子会研究讨论。在管理决策中充分发挥各个层面的集体智慧，使学校的各项决策、制度更加科学，更加合理。　三是改变校务会议模式。打破传统的只有校级领导发言的会议模式，会议先由各处室负责人互晒前一阶段的工作，总结工作中的困难与不足，汇报下阶段工作打算。通过会议模式的改变，激发了各部门开展工作的主动性和思考性。四是发挥党员干部的引领作用，明确所有党员教师职责，在日常教研活动中，党员干部带头备课、带头上示范课、带头说课、带头评课等，在教学教研工作中充分发挥先锋模范作用。五是建立健全各项规章制度，进一步规范师生行为。学校会根据实际情况，制定并完善各项规章制度，规范师生工作和学习，逐渐形成一种内在文化。

二、重视教师成长，加强团队建设

教师是教育实施的基础和保障，没有一支作风优良、吃苦耐劳的教师团队，就没有优质的教育。为了不断提升教师的专业技能和职业素养，一直以来，我校采取多种促进教师专业成长，为教师搭建广阔的平台。一是学校根据七年级新生的学业成绩和性别结构大力实行均衡分班。教师按性别和教学能力实行均衡搭配，班主任公开抽签决定任教班级，让老师在同一起跑线上赛跑。用浴室效应使部分教师从低成长区向高成长区迈进。其次以教育科研为手段，创建了“三段六步”高效课堂模式和评课模式。帮助学生明确学习目标，掌握学习方法，解答疑惑，锻炼学生合作、表达的能力。学校通过采取请进来、走出去加强教师学习，提升教育智慧；大力开展青蓝工程，使新教师在优秀教师指导下成长。此外，我校还建立公平、公开、公正的评价机制，激发教师工作积极性，增强凝聚力。为每位教师建立了教师成长档案，记录教师点滴成长足迹，让评优、评先有据可依，有据可查。同时学校也积极为教师申报各项评优评先和职称评定，为教师成长树立正确导向，传递正能量。

活动是教育实施的重要载体，有助于增进师生之间的感情，增强学校凝聚力。为此，我校以丰富多彩的活动为契机，举行教师集体活动。如全校型的教师文艺晚会、年级组之间的唱歌比赛、拔河比赛等；开展生日送蛋糕活动，让老师们享受集体的祝福和组织的关怀和温暖。最近，大家又提出生日逢十的教师共同庆祝生日的建议；为教师组建太极拳训练队、街舞队、合唱班，让老师放松心情，强健体魄，快乐工作。

三、立足德育教育，培养优秀人才

教育的对象是学生，只有一撇一捺的把学生培养一个大写的“人”才是真正的教育。为了不断提升教育的深度，我校以习惯教育为主线，多层面、多角度建立完善的德育教育体系。首先学校层面。学校大力营造浓郁了“习惯教育”文化氛围。在教室、寝室、食堂、廊道、宣传橱窗等张贴以“习惯教育”为主题的宣传图文，开展以“习惯教育”为主题的演讲比赛、征文比赛等活动，通过班会、升旗仪式等形式，大力宣传习惯教育，真正做到面面墙壁会说话、校园处处都育人；年级层面。学校根据学生的年龄特点、认知行为能力的不同，分年级制定习惯教育培养目标，使学生学有标准，行有规矩；班级层面。通过一班一品班级文化布置，加强班级文化建设，用浓郁的班级文化感染人、教育人、塑造人；学生层面。通过国旗下讲话、主题班会、黑板报等形式对学生进行习惯教育，使习惯教育真正走进学生的心灵。学校先后开展了一系列安全教育专题活动。通过活动的开展，提升了学生的道德素养，增强了学生的安全防范意识；家长层面。成立学校、年级两个层次家长委员会，建立家校合作长效机制。设立家长开放日，家长进班随堂听课；让家长走进学校，参与学校教育教学工作管理。家长参与监考工作，参与检查教师作业批改、备课，参与维护放学交通秩序等。

为了有效提高学生学习成绩，我校还以目标管理为抓手，对中考科目实行层级目标管理，不断挖掘学生潜能，让学生在目标的引领下变被动学习为主动学习，产生内驱力。同时，学校还建立非中考科目评价机制。解决了一直以来音、体、美等非考试科目的管理难题，学校专门制定《非考试科目管理和考核方案》。一是双向制定目标。学校根据新课程标准和学校实际，对音、体、美、微机等编制校本教材，制定出适合本学科的年级教学目标和教学内容，做到从七年级到九年级不重复，循序渐进。二是加强过程管理。教师不能随意改变教学目标和教学内容，学校进行不定期地抽查。三是组织期末考核，测试题从学期初建立的题库中抽取。通过创新教师考核机制，极大地调动了广大教师推行素质教育积极性，使素质教育真正走进了课堂。

此外，我校还以特色社团为主体，不断推进素质教育。学校成立了书法、音乐、美术、篮球、足球、舞蹈、播主社、英语口语、创客、机器人等20多个社团，指派有特长的老师有计划地培养和发展学生的兴趣，做大做强素质教育，在省、市、县各级各类比赛中，均取得优异成绩。

学校是学生的学校，也是家长的学校。我校以“校中建家”为模式，持续关爱留守学生成长。为此，学校成立了留守儿童工作领导小组，以便可以更好地服务留守儿童，做好留守儿童的管理工作。“校中建家”的模式使一个班成为一个大的“家一个寝室成为一个小的“家班主任和科任教师则成了他们的“父母同学们则成了他们的兄弟姐妹。学校还建立了留守儿童图书室、阅览室、活动室、自习室和亲情电话室，经常开展棋类、球类、跳绳、洗衣叠被等各种比赛活动，丰富了学生的“家庭生活让学生在学校感受到“家”的快乐。多年来，我校师生在参加各级各类竞赛中，成绩斐然。仅2020年，教师参加教育教学比赛，荣获国家荣誉1项、省级荣誉33项、市级荣誉25项、县级荣誉46项，三人被聘为江西省第一批智慧作业微课评审专家；学生参加各级各类比赛获国家级荣誉1项、省级荣誉5项、市级荣誉13项。百余名学生在省、市、县书画比赛、体育赛事中，均取得优异成绩！

四、不忘育人初心，守望教育明天

绵绵之力，久久为功。教育是注定是一场没有终点的行程。舍忘过去，面向未来。我校会继续带着教育的理念，执着激情地走在教育的道路上，以先进的教育理念引领学校发展，以科学的方法强化学校管理，以有效地措施促进师生成长。我们坚信，在县委、县政府的坚强领导下，在县教体局的正确指导和大力支持下，在全校师生的共同努力下，我校必将在持续创新的大道上阔步前进，续写新的华章！

结合实际谈谈校长如何适应时代变化

江西省万安县实验小学　肖章

原国家教委副主任、教育总督学柳斌同志说过：一个好校长就是一所好学校。这里的“好我想首先是表现在品德与修为上；其次还要有思想，要有进步的思想，求是思想，创新思想（柳斌语）。而有思想，则可具体表现在适应时代变化上来。校长如何适应时代变化，办成一所好学校？我个人认为可从下面几个方面来着手。

一、校长要树立符合时代潮流的教育观念

随着新课改的不断深入，随着信息技术的不断发展，我们的教育也进入一个全新的发展阶段。如果我们的校长还故步自封，或见好就收，那我们的学校就会被时代淘汰，从而耽误一代甚至几代人的发展。所以我们的校长的教育观要紧跟新时代的发展而发展，及时更新自己陈旧的教育观念，树立起符合新时代潮流的教育观念。比如，从大的方面说，就是要转变以分数为唯一目的来衡量办学水平的高低观念到树立“五育并举”的全面育人观；就是要转变以继承为中心的教育思想，树立培养创新精神的教育观念；转变以学科为中心的教育思想，树立整体化知识的教育观念；转变以做事为中心的教育思想，树立做事与做人相结合的教育观念……再比如从小的方面讲，我们现在都在实施高效课堂，就需要校长静下心来，吃透高效课堂实施的要求、方式方法以及涉及的教育理论，并结合本校的实际制订出自己学校实施高效课堂的模式来；再如，如何做好“五育并举就要求我们一定要落实好各科课程开足、开齐，并把道法课、音、体、美、劳动技术这样的课程备课、上课、课堂效果检测纳入到的常规检查中来。这样做下来，自己管理的学校就不会被落下。

二、校长要形成自己独特的办学思想

一所好的学校，一定有自己的办学特色。而从办学特色中，我们必定能看见这所学校校长独特的办学思想。正如柳斌同志说过的那样，当校长最重要的是要有思想，进步的思想，求是的思想，创新的思想。我们独特的办学思想从何而来？首先，好的办学思想他可从新时代发展大潮中来。作为一个校长，我们要善于学习，要有敏锐的政治性，要从党的教育方针政策中找到正确的办学方向，只要这样，我们也能超前性地找到好的办学思想来。从发掘学校本身资源而来。如在2006年，我曾经执教过并担任过校长的万安县枧头镇中心小学，该镇是县里的一个劳务输出大镇，留守儿童占学校全部学生比例很高。学校政工处与少先队大队部根据这一特点，建立起全市小学第一家管理留守学生的校内机构——留守学生大队。大队以家的形式来管理，让学生能感受到家的温暖和关爱。再如我县罗塘中心小学，就利用是康克清大姐的故乡这一特点，形成了“讲红色故事，缅怀革命先烈，做合格罗小小公民”的系列德育主题活动管理特色。好的办学思想，也从群众中来。只要我们的校长能俯下身子，善于倾听老师、学生的意见、建议或诉求，并能很好地进行梳理归纳，就能够找到意想不到又能够让师生接受的办学好点子。

三、校长要有“敢为先”的践行勇气

“实干兴邦，空谈误国”已成为当今时代发展的一个主旋律。办学校如此，办一所好学校更是如此。办一所好学校，我们不光要有先进的办学思想，还更应该有把这种办学思想落实在行动的勇气。这就要求我们的校长一是绝不能有“多一事不如少一事”、“做得越多可能招来的批评也越多”、“学校只要不出安全事故就阿弥陀佛了”的管理思想；二是要把自己的办学思想融汇到每个班子成员的心中，并能内化成自己的工作动力，进而形成一股合力；三是要敢于实施，善于总结经验。有位教育专家曾经这样说过：把弄懂的东西做出来，做出来的东西说出来，说出来的东西写下来。这就是对行动最好的诠释。假如我们只跟着别人的脚步走，好处就是不会摔跤，但你的学校永远没有特色没有生气。而你和你的学校也只会落得个“超级跟屁虫”的雅号了。

四、校长要成为终身学习者的带头人

要想学校紧跟时代潮流，校长就应跑在潮流的前端。校长的步伐能否跟上时代的节奏，就看这个校长爱不爱学习、会不会学习、能不能成为一个终身学习者。一个校长通常不是全知全能的，但他必须不断地充实自己，学习新的教育观念和教育方式，使自身不断地成长，这样才能使自己成为一个有能有为的校长。校长学什么呢？一是要认真学习专业基础知识，如专业理论知识、技能。这样，我们才能“进得了厨房又上得了厅堂这样，我们才不会被老师笑话为“跛脚鸭”；二要认真做好专业提高学习，如提高人格品质、管理能力、教育思想和办学观念。怎么学？一是要突出知识更新，尽量是自己的知识不老化且能对获取的知识进行综合、重组，提出新观点和新方法；二是学的时候要突出个性发展，要着重培养自己人格的自主性能动性和独特性；三要会带动老师一起学，会鼓励老师学，并能为老师的学搭阶梯、给平台。俗话说得好：一花独放不是春，百花齐放春满园。只要全校的老师都能投身到学习中来，那这所学校一定是生机勃勃充满阳光。

以人为本的农村薄弱学校改造策略行动研究

江西省兴国县第六中学　周加成

百年大计，教育为本。党和政府一直高度重视国家基础教育的发展，推动义务教育学校办学条件和办学水平得到了长足的发展。但我国很多地方尤其是农村地区却还有不同程度的薄弱学校存在，严重制约了教育公平的实现和办人民满意教育目标的达成。

改造农村薄弱学校意义重大，刻不容缓。作为一名从小学老师成长起来的初中校长，我曾在六所农村中小学任教过，对农村基础教育较为熟悉，且有着很深的情感，并长期致力于探索实施农村薄弱学校的改造提升，也取得了不少成功的实践和经验。以我曾管理和工作的学校——古龙岗中学（2015年—2018年）为例：

策略一：薄弱学校改造之校建突破

刚调任古龙岗中学时，学校年久失修，楼舍破败，漏水严重，杂草丛生，既存在安全隐患又有失形象，着实让人不敢恭维。这个学校一定要改造好！我暗下决心。

资金短缺怎么办？综合考虑行动的社会效益，我们最终决定采用募捐的形式筹集资金，并由此掀开了校建热潮的序幕。

短短两年，我们科学规划，积极行动，完成了教工卫生间改造和校门捐资改造，新建了综合楼、教师宿舍楼、运动场围墙，维修了破旧校舍，硬化了场地……各项设施设备不断完善，校园环境焕然一新。

发展的关键是落实，是变化。校建的实施迅速改变了学校的面貌，也改变了校内外看待学校的目光，学校成功找到了改造的突破口。

策略二：薄弱学校改造之队伍建设

教育大计，教师为本。在对学校硬件设施加以改造的同时，我们也非常关注教师的专业化发展，积极实施强师工程，以期通过强师来实现强校之目的。

学校加强师德素养建设，定期组织教师师德规范学习培训，积极开展"争先创优星级岗位"、"骄傲之星"等评选活动，坚定教师爱岗敬业的师德信念。大力实施"走出去，请进来"战略，稳步推进青蓝结对帮扶和"名师工程"工作，不断提升教师的专业水平和教研能力。倡导人文关怀，实施暖心工程，让教师在工作中找到幸福感与成就感。

三年来，教师参加各级各类业务比赛获得县级奖项以上的就有三十多人次，指导学生获得各种奖项达一百多人次。教师不薄弱了，学校还会薄弱吗？

策略三：薄弱学校改造之文化引领

一个名校的背后必定有着优秀的文化传承，只有拥有厚重的文化内涵，学校才能做大做强、持续发展。通过深挖学校地域文化和办学历史，我们取地名和校名中一"龙"字，以古龙岗书院文化、红色文化为底蕴，赋予勇争龙头、望子成龙、龙马精神等美好寓意，形成了"龙"文化的思想定位。积极开展"我给楼栋命名"活动，"龙学楼"、"龙思楼"、"龙知楼"、"龙行楼"、"龙腾楼"、"龙飞楼"……一栋栋楼房在"龙"文化的滋养之下熠熠生辉。引导师生秉承"龙"文化精神，内强管理，外树形象，在学校面貌、办学质量等方面奋勇争先，短短几年就成就了片区龙头学校。

若干年后，龙中学子可能会模糊对班级、老师的记忆，但是敢为人先、高贵儒雅的"龙"之精神必将让他们铭记一生、受益一生。

策略四：薄弱学校改造之制度规范

一所成功的学校在实施管理中离不开完善的学校管理制度。综合各方意见，我们以"龙文化"为导向，探索构建具有学校特色的管理制度体系，营造了创建龙头学校、做勇立潮头师生的氛围。

学校先后修订出台《教职工考勤管理制度》、《教学常规考核方案》等一系列方案，对全校教职员工的岗位职责、常规考核、事项规定进行了明确规定，有效提高了学校的管理效益。从人文情感、身心健康、家庭困难等方面多方位给予教职工人文关怀，增强其责任感、使命感和主人翁意识，从而主动为学校发展建言献策。在分配机制上向一线教师倾斜，在质量实施上重基础、重过程，在教师调配上实施三年"大循环"的原则，奖优罚劣，激励先进。

健全的管理制度体系使各个部门、各类工作形成有机整体，为学校发展注入了巨大的动力，教师干事创业"热气高、干劲足"。

策略五：薄弱学校改造之管理创新

薄弱学校的改造其中一个非常重要的课题就是如何通过学校管理体制的创新来实现学校的破茧成蝶。在对古龙岗中学的改造中，我大胆改革，积极探索学校管理新思路。

实行扁平化管理，通过处室和年级组两条线下放部分管理权限，切实提升行政效能。重视行政督导，强化常规检查，落实课堂巡查，着力提升教学质量。创新育人模式，开展学生道德银行建设活动和"美德少年"评比活动，使文明崇礼在学校蔚然成风。落实课程方案，探索并践行"小组合作学习型"实效课堂教学改革，解放学生个性，激发学生潜能。积极开展"体艺2+1"活动，陶冶学生情操，丰富学生生活。

管理创新犹如"源头活水极大地激发学校的管理活力，有效地提升了学校的教育品位。

策略六：薄弱学校改造之校长示范

担任薄弱学校的校长必须要有独特的人格魅力，才能团结众人实施好薄弱学校改造策略，把学校带出困境，实现学校的蜕变。

自当校长以来，我一直没离开过课堂，总是主动教学、示范教学，坚持听课、评课，引领老师们投身教学、研究教学。同时，我坚持每天读一篇文章，每周至少给师生推荐一篇文章，每学期和师生共读一本名著，每学年开展一次读书节活动，定期组织师生读书交流会，这使得师生的精神面貌发生了明显的变化，整个校园充溢着浓郁的书香气息。此外，我注重日常"做和说"的管理智慧，让师生听得入耳又入心，学校工作自然顺水又顺风。

潮平岸阔，风正帆满。在任古龙岗中学校长的三年时间里，我因地制宜，因校施策，由"形"入手，着力在"神从校建突破、队伍建设、文化引领、制度规范、管理创新、校长示范六大方面进行行动研究和反思，实现了校园建设、管理工作、办学质量的显著提升，大有后来居上、弯道超车的趋势。当然，此次研究重在寻找规律，积累普遍性经验，力求为农村薄弱学校改造提供经验和方法借鉴。

村小美育不止于书本

江西省宜春市宜丰县同安乡中心小学　朱志锋

近年来，美育作为落实立德树人根本任务的重要支点之一，其重要性不断凸显。学校美育工作不仅肩负着提高学生审美和人文素养的重要使命，还具有传递社会主义核心价值观、弘扬中华优秀传统文化等功能。当前，已有不少学校在探索美育落地和深化的路径，但总体上看，美育仍然是整个教育事业中的薄弱环节，而乡村学校的美育更是薄弱中的薄弱。

其实，乡村美育有自己的特点和自己的美，乡村学校应充分突出自身优势，就地取材、扎根民间，实施"更接地气"的美育。

立足乡土底蕴，传承优秀传统文化。中国传统文化的根在乡村，广阔乡村有着深厚的文化底蕴和丰富的地域资源，大量鲜活的美育资源就蕴含其中。这些资源都可以引入学校文化建设，为学校美育所用，以缩小城乡之间的美育发展差距。同安乡中心小学校域内的洞山，是中国佛教曹洞宗祖庭，在其发展过程中孕育了许多诗文楹联、成语典故、传说故事，是珍贵的江西省非物质文化遗产。学校将优秀的"洞山传说"文化融入美育教学当中，通过举行全校"洞山传说"讲故事比赛、表演情景剧、参观"非遗集市"上形态各异的"禅意根雕"等方式，深化了师生爱祖国、爱家乡的情感教育，从而更好地传承、弘扬地方非物质文化遗产。

依托民间艺术，丰富美育实践载体。民间艺术是一个地方的文化瑰宝，乡村学校可以在兼顾教师专业特长和学校实际情况的基础上，挖掘本土民间艺术的美育价值，如戏曲、剪纸等，寻找适合自身美育教学的实践项目，实现艺术传承、以美载德的目标。学校所在的同安乡灯彩历史悠久，既是传统手工艺，又具有较强的审美功能。依托本地扎灯彩艺人这一有力资源，学校将灯彩这一民间技艺引入美术教学，开设美术校本特色课程"同安灯彩并在传承灯彩技艺基础上创新学校"竹文化"建设，让师生共同参与，体会民间艺术魅力。

挖掘校本特色，凸显学校美育功能。乡村学校美育的发展不能仅局限于现有的学科教材，在开设音乐、美术课程基础上，要多渠道加快校本教材的研发，逐步形成校本美育课程，有助于充分展示学校美育功能。例如，我校教师在开发校本美育课程时，发现学校原有的茶园为开设"茶艺"课程提供了有利条件，于是，学校于2018年正式开设了茶文化校本课程，成立了茶艺工作坊。通过课堂教学及组织相关茶文化活动，让学生了解种茶、采茶、制茶、品饮等茶艺茶俗。茶文化不仅成为学校美育的特色，也打开了学生亲近乡土的一扇窗。

引入社会资源，提升乡村美育水平。师资问题是制约乡村美育发展的一个重要因素。乡村学校可以主动邀请专家学者、美育志愿者、公益组织走进乡村，整合社会资源，通过精准的支教、帮扶，促进城乡美育均衡发展，提高乡村美育水平。近年来，学校与社会组织联合建立美育实践基地，依托基地专家开设了吟诵、茶艺、甲骨文、陶艺、水墨画等与美育相关的公益课堂。这些课堂的开设，延伸了学校美育空间，开阔了学生的视野，丰富了学生的课外生活，激发了学生的创新意识和创造能力。

正如罗丹所说："美到处都是有的，对于我们的眼睛，不是缺少美，而是缺少发现"。乡村学校美育的功能之一，就是赋予乡村孩子发现乡土之美的眼睛。乡村学校要让乡村美育成为每一所乡村学校的必做之事，让每一名乡村学生都能在美育方面得到更充分的发展，让美育不再是选修课和兴趣特长，而是成为人人能享有的成长的生命底色。当乡村学生能接受到更公平、更优质的艺术教育，就会在心中种下充满希望的美育种子，并在其成长过程中源源不断输出美、传递美。

让爱照亮生命

——鹰潭市第一幼儿园爱与生命教育的实践

江西省鹰潭市第一幼儿园　周静　胡慧英

据了解，近些年，中国已成为世界上自杀率最高的国家之一。一些中小学生在遇到挫折时以结束生命或残害他人的方式解决问题的新闻屡见报端。曾经几名十来岁的女孩对另一名班委女生进行辱骂和扇耳光；上海一名8岁男孩因为起床晚被批评，从楼上纵身跳下，这些无视他人生命、轻视自己生命的社会现象令人堪忧。国内多地幼儿园也接连发生幼儿意外伤亡事故，一幕幕悲剧一再为家长和幼儿园敲响了"生命教育"的警钟。在《幼儿教育指导纲要》中也明确指出："幼儿园必须把保护幼儿的生命和促进幼儿的健康放在工作的首位"。作为教育工作者，在此背景下，我们深感责任重大，从小培养孩子健康的心理、健全的人格，学会爱自己、爱他人、爱社会、爱自然就显得尤为迫切。于是我园展开了爱与生命教育的实践研究，利用幼儿园的过渡、户外、区域、教学等各个环节，实施爱与命教育，帮助幼儿认识生命、敬畏生命、欣赏生命，提高生命质量，引导、培养幼儿正确的生命观，促进其身心健康阳光发展。

一、在角色扮演中体验认识生命

只有认识理解了生命，才会懂得珍惜生命。学龄前儿童以具体形象思维为主，直接告诉他们抽象的生命概念，不会产生什么效果，如何让孩子从小懂得生命的可贵是爱与生命教育的第一个课题。《3—6岁儿童学习与发展指南》指出：幼儿的学习是以直接经验为基础，在游戏和日常生活中进行的。要珍视游戏和生活的独特价值，创设丰富的教育环境，最大限度地支持和满足幼儿通过直接感知、实际操作和亲身体验获取经验。因此，我们广泛开展各种体验游戏，让孩子们在游戏中亲身体验、直接感知生命的特点。在开展"保护蛋宝宝"活动中，孩子们小心翼翼地照顾着各自的蛋宝宝，当蛋宝宝摔破时，孩子流下伤心的眼泪，孩子们为蛋宝宝举行了"葬礼感知生命的唯一性，有限性，不可逆性。在"如果生命停止了"角色游戏中，孩子睡在那里不能动，因为这个时候他已经"没有生命了她们发现想做的事情不能去做了，小伙伴有困难也不能去帮助他们了，美味点心时间到了，可是他们再也不能够去品尝美味的食物了。孩子们开始尝试思考生命存在的价值。明白有了生命，才能够去学习，去生活，去欣赏世界的美丽，去爱自己周围的人。孩子们在游戏体验中认识到生命的宝贵，从而珍惜生命的存在。

二、在安全教育中学习保护生命

生命如此宝贵，孩子们要怎样保护好生命呢？这也是我们爱与生命教育的首要目标——安全教育。孩子们对许多潜在的危险是没有认知的，我们的教育就是要告诉孩子，哪里有危险，危险的东西不能去碰，教育孩子主动规避危险。我们密切结合幼儿的生活进行防溺水、防触电、防走失、防踩踏、防磕碰、防中毒等安全教育，通过生动的故事、真实的案例、动画等向孩子们分析各种危险的可怕后果。例如我们在为孩子切水果时，不小心被刀划伤了手，我们把这些危险的结果展示给孩子看，让孩子知道刀具很危险，不能乱碰。提高孩子们危险意识，主动保护自己。利用演练、培训、模拟游戏教给孩子一些自救的方法。如在防溺水安全教育中、我们通过生活中的事例，让孩子知道溺水的痛苦和危险性，通过动画、宣传片让孩子了解怎样避免溺水，利用模拟　"溺水游戏"和"有人落水了"让孩子掌握自救和救他人的一些方法和技能。这样当危险真的来了，孩子们知道如何应对，主动保护生命。

三、在游戏活动中历练生命

生命的成长不可能都阳光灿烂，也会有阴雨连绵，甚至倾盆大雨。在成长的路上总会遇到这样或那样的困难和挫折，现在的孩子一直被父母呵护，爷爷奶奶宠爱，在蜜水中泡大，在非常顺利的环境中成长，遇到困难容易退缩，碰到挫折，常常不知所措，会深受打击，因此给孩子增强抗挫折能力显得尤为重要。我园在实施爱与生命教育中紧密结合幼儿的生活实际和游戏活动用幼儿能够接受和理解的方式，在愉快的氛围内培养爱，历练生命，增强生命的韧性。如小班有的幼儿因生活能力，自理能力不足，产生了心理负担，不想上幼儿园。我园的生命教育把握这个教育契机，通过娃娃家游戏，让孩子在游戏中帮娃娃或同伴穿脱衣服、模拟喂饭、折叠衣服等在这种轻松愉快的氛围内锻炼孩子的动手能力、提升自理能力、在游戏中学会关心照顾别人，建立良好的同伴关系，培养爱的情感。生命在于运动，我园在阳光体育游戏中通过跑、跳、钻、攀、爬等运动灵活孩子的身体，锻炼孩子的体能，培养孩子不怕苦不怕累的精神，自课程实施以来，孩子们的身体素质明显提高，精神面貌蓬勃向上。特别是在户外自主游戏中，巧设楼梯、跳箱、攀爬、悬吊、滑索等游戏锻炼孩子们的胆量和勇气。在游戏里孩子们互相合作搬运梯子、轮胎、跳箱等材料开展游戏，搬运中互相提醒小伙伴要当心，不要碰伤、主动提供帮助、想办法搬运和创意搭建，让游戏变得更加的有趣又有挑战性。孩子们在游戏中不仅学会了关心和帮助他人，还提高了交往能力、语言能力、解决问题等能力，发展了想像力和创造力。早期活动时，我们总会听到这样的声音"老师，我害怕，我不想上去"."太高了，我不敢跳……"随着时间的推移和活动的开展，现在孩子经常说"让我来、我可以"、"我想试试"。看着孩子们在荡绳里灵活动的攀爬、滑索上勇往直前、从高高的跳箱如展翅的雄鹰一跃而下……孩子每一次的挑战和成功都让我们感到生命的力量。在游戏中愉悦了孩子情感，发展了孩子的能力，锻炼了孩子的身体，更重要的是培养了孩子坚强、勇敢、不怕困难、乐于挑战的优秀品质，相信他们长大以后即使碰到各种挫折也能勇敢面对。

四、在培养爱的情感下过积极健康有意义的生活

爱与生命教育除了引导孩子要珍爱生命，提升生命质量，最终目标是指导孩子过积极健康有意义的生活，让幼儿学会爱，爱自己、爱他人、爱社会、爱大自然，从小培养爱的情感、让我们的孩子向上向善、阳光自信。在爱与生命教育实施的过程中，我们通过一枚小小的爱心币，将爱的教育贯穿在幼儿一日生活的各个环节中。幼儿可以通过自己学习、生活、游戏中的良好表现，文明礼貌行为，关心照顾动植物、为班级为同学做好事等，积攒爱心币。通过爱心币的获得让孩子们感受自己是优秀的，棒棒的，学会欣赏自己，爱自己。在"制作柚子糖"的活动中，有的孩子在搅拌柚子糖时，感觉到很累、手好酸，孩子们体会原来妈妈做饭时很辛苦。在游戏评价时启发幼儿再想想父母长辈为自己做的事，他们会说"妈妈帮为我洗衣服"、"爸爸送我上幼儿园"、"姥姥陪我睡觉"，等等。幼儿的潜意识里，已感受到了成人对自己的爱。那我们要怎样回报他们的爱，因势利导引导幼儿学会关爱他人，用自己的稚嫩的小手为家庭为班级为身边的人做一些力所能及的好事，树立长大了为社会做好事和奉献爱心的美好愿望。在"爱心币兑换"活动中，幼儿用积攒的爱心币参加幼儿园组织的各种献爱心活动，从小培养幼儿爱的情感、塑造美好心灵。

生命教育是一项不可忽视的教育，它的重要性和意义性，胜过任何的教育，我们作为孩子的启蒙者，就必须要帮助他们认识生命、尊重生命，珍爱生命。而且要积极地，健康的让孩子发展生命，提高生命的质量，促进其健康快乐地成长。

办人民满意学校，育适应未来人才

辽宁省朝阳市建平县万寿小学　杜湘江

党的十九届五中全会描绘了新的发展蓝图，对教育提出了十四五期间要"建设高质量教育体系到2035年要建成"教育强国"的目标。党的十九大报告指出：建设教育强国是中华民族伟大复兴的基础工程，必须把教育事业放在优先位置，深化教育改革，加快教育现代化，办好人民满意的教育。我校成立于1976年，学校秉承　"健体乐学尚艺求美"校训，把发展体艺特色作为工作重点，坚持以人为本，贯彻"一切为了学生，为了学生一切，为了一切学生"的教学思想，把立德树人作为学校工作的重中之重，依托　"艺术教育"这一鲜明的办学特色，不断赋予其丰富的时代内涵，逐步确立打造艺术教育品牌学校，逐渐形成以文化育人、环境育人、艺术育人的办学模式。让学生拥有健康的体魄，乐观的心态，审美的能力和生活的技能。

一、创新艺术特色，提升学生素质

学校以优化大课间活动为突破口，结合师生实际，自主研发编写了校本教材《篮球》，打造大课间特色活动。通过巧妙地组合和精心的编排，不仅展示了篮球的运动美，更呈现出它的韵律美。

我校的学生大多来自农村，接受艺术教育的机会相对较少，鉴于此，学校把发展艺术特色作为学校五年规划的一项重点，组织少先大队联合音美组先后成立了舞蹈队、百人合唱团、百人管乐队，并将巴乌教学设定为音乐课必修内容。

我们非常重视学生艺术水平的提高，多方筹措资金为学生购买了20多种，共计150件、价值100多万元的铜管乐器，为每名学生配备一只巴乌用于音乐课堂教学，使每个孩子都能参与其中。此外，学校为巩固课堂教学成果，弥补艺术课堂教学局限，通过练习、比赛、展示等方式，不断丰富书法、美术等艺术课程，让学生掌握技能的同时，个性特长也得到充分发挥，陶冶情操，启迪智慧，整体素质得到提升。

除此之外，我校有两项体育技能、一种艺术特长为目标，将'体育、艺术2+1'项目列为学校教学和校园精神文明建设重要组成部分。通过'教会、勤练、常赛、常展'，不断整合教育资源，提高活动覆盖面，丰富并创新学校艺体活动内容，推动活动课程化管理，形成一校一品的体艺特色。

二、强化德育工作，开展多样活动

提高德育重要性认识，使之贯穿与学校各项教育教学工作中。我校认真研究并制定了学校养成教育手册，让学生从学习到生活的各种养成教育都有章可循。选好班主任，是学校德育工作的重要部分，一个班的班风学风，跟班主任的风格是分不开的。

用活动强化德育内容。每周一升旗仪式是学校对学生进行德育教育的重要平台。根据每月活动主题指导各班精心准备国旗下演讲，公布一周来学校的好人好事和记录卫生情况。好人好事的公布让孩子更愿意做好事，培养孩子良好的意志、品格和活泼开朗的性格；纪律卫生减分情况可以让孩子总结如何自己管理自己、为集体争荣誉和辨别是非的能力。

每月都有德育活动主题。例如本学期三月讲述雷锋故事、学习雷锋精神，推动学校文明礼仪教育，让雷锋精神永驻校园；四月开展了主题为“赏梨花风韵　鉴生态建平”社会实践活动，带领学生走进了建平县小平房村首届梨花节。通过此次社会实践活动，不仅丰富了学生的课余生活，开拓了学生视野，领略了家乡最美季节的自然风光，陶冶了热爱祖国、热爱家乡的美好情操，而且促进了老师、学生之间的情感交流，增强班级的凝聚力，同时也让学生更加热爱了解自己美丽的家乡建平。五月开展了“说出你的爱　感恩母亲节”主题活动。让学生在活动中去参与、去体验、去感受，虚心求知，不忘感恩，以此达到德育教育的最佳效果。

家长在孩子德育教育过程中起着举足轻重的作用。家长是孩子的第一个老师，做好家长学校的工作，也是学校德育教育工作的一项重要任务。开展家长会，我们首先对家长进行了以　“爱是和孩子们一起成长”为主题的家长学校培训学习，让家长深入了解自己的孩子，多沟通，学会爱和尊重，信任和支持。

三、坚持科研兴校，打造学校品牌

多年来，我校以“扬素质旗，走科研路，办特色校”为办学指导方针，本着“办学高起点，目标高要求，育人高素质”的原则，在开拓进取、高效务实的校领导班子的带领下，坚持“办人民满意学校，育适应未来人才”的办学目标，努力营建书香校园，行进在区域特色学校发展的道路上。学校坚持走科研兴校之路，努力打造学校品牌，先后涌现30余名省、市、县级“学科带头人”、“骨干教师”和“教学能手”。他们把课堂作为实施素质教育的主阵地，积极开展课题研究，课堂教学已形成鲜明特色。2000年以来，学校先后完成10余个省、市级科研课题研究。

一分耕耘，一分收获。多年来，我校先后获得朝阳市“普实”先进单位、朝阳市“标准化幼儿园”、朝阳市“标准化实验室建设”先进学校、朝阳市“三育人”先进学校、朝阳市“学校艺术教育工作”先进学校、辽宁省“教育科研先进单位”、辽宁省“红旗大队”、建平县“关心下一代工作”先进集体、建平县“教育教学管理工作先进集体”、朝阳市“教育系统行风建设百所示范校”、建平县“文明单位”、朝阳市“文明学校”、辽宁省文明校园、2018年被评为全国青少年篮球学校、2019年获得全国体育示范校、建平县“教育工作先进单位”、朝阳市“第二届中小学生艺术展演先进集体”、建平县“课堂教学考核先进单位”、朝阳市“中小学百校特色德育实验研究先进学校”、辽宁省“优秀少先大队”、“辽宁省中小学实施体育艺术2+1项目先进学校”、“朝阳市平安和谐校园示范校”等荣誉称号。

百尺竿头，更进一步。今后，我校将进一步强化德育教育，提升教育质量，坚持立德树人，培育能够担当民族大任的时代新人，为民族复兴做出更大的贡献。

浅谈朝阳羊山中心小学德育教学开展

辽宁省朝阳市羊山中心小学　赵桂林

羊山镇中心小学地处朝阳县南，距朝阳城区50公里，南与英雄的故乡尚志镇接壤。羊山镇中心小学坐落在玄羊山下，小凌河畔，创建于1946年，全校占地面积1.96万平方米，建筑面积6476平方米。现有18个教学班，在校学生667人，教职工51人。所辖10所村小学及一所中心幼儿园，在校生1586人，党员教师65人。我校历来重视德育工作的开展，今年正值建党百年之际，我校的德育开展亦与党史教育相结合，更上一层楼。

一、在党史教育中激发学生爱国情怀

今年是中国共产党成立100周年，党中央决定在全党开展党史学习教育活动，学校将党史教育进课堂活动列入校德育计划，班级将党史教育列入班级德育计划，充分利用地方课程将党史教育引入课堂。通过主题班会、队会、校会、国旗下讲话等专题教育，针对学生特点系统深入的宣传党和国家的光荣历史，教育学生牢固树立跟着共产党走中国特色社会主义道路的信心。

把党史教育与“经典诗文诵读”活动结合起来，在队员中开展专项主题征文演讲比赛等活动；看一场电影、唱一首红歌主题实践活动，让队员在丰富多彩的活动中了解党的历史，党的恩情；组织教师讲解当前国际、国内形势，讲解国家的大政方针，进一步激发队员成才报国的热情；结合研学旅行活动走进赵尚志烈士陵园，开展入队誓词活动，激发学生的爱国热情，爱国情感、公民意识和社会责任感。通过活动引导全校师生，全面了解、正确认识党的光荣历史、伟大成就、宝贵经验、革命传统和优良作风。了解党全心全意为人民服务的根本宗旨和立党为公、执政为民的本质。了解各级党组织对青少年儿童的亲切关怀，对下一代健康成长寄予殷切希望，了解国家光辉的革命历程和灿烂的历史文化。使师生真正感受到党的伟大、祖国的可爱，坚定跟党走中国特色社会主义道路的信念，树立报效祖国的远大理想，为实现伟大的中国梦贡献力量。

二、传承地方传统文化凸显教育特色

羊山镇中心小学临近玄羊山、小凌河，文化底蕴深厚，近几年来，在创办特色学校过程中加大了投入的力度，取得了可喜的成果。

羊山镇中心小学社团成立于2010年，共计开设书法、舞蹈、绘画、乐器、曳步舞、武术操、国学经典诵读、手工制作、科技等社团。社团在学校教师及社会志愿者的大力支持下，活动开展得有声有色。尤其是戏曲社团活动更为引人注目。学校戏曲社团请到了国家一级演员、朝阳县文化馆党支部刘淑清书记为学校的戏曲社团的校外辅导员，刘书记兢兢业业、不辞辛苦为学校的戏曲社团的学生上课。2018年9月，参加生长的力量——辽宁省乡村学校少年宫“优秀传统文化”主题教育实践活动展演，2019年7月，羊山镇中心小学戏曲社团参加了朝阳市“凌河之夏——朝阳县专场”的演出，收到了很好的效果2019年10月14日，学校舞蹈社团的队员们表演的节目《当我系上红领巾》代表羊山镇中心小学参加了“朝阳县第三届中小学生合唱器乐舞蹈戏曲大赛获得了三等奖，2019年10月17日代表朝阳县参加“朝阳市第三届中小学生合唱器乐舞蹈戏曲大赛”取得了优异的成绩。

三、在研学活动中塑造学生德育

学校的德育活动——引领学生成长活动也开展得有声有色。学校的研学旅行活动，走进了玄羊山、小凌河，了解到家乡的文化底蕴。研学旅行，为给孩子们不可或缺的人生体验，带领孩子们走出校园，拓展了视野、丰富了知识、了解了社会、亲近了自然；培养了学生的集体观念、团队精神；增强了学生的社会责任感、创新精神和实践能力。同学们展现出了一种积极向上、文明有序、互帮互助、不怕脏不怕累、勇于探索的精神风貌和优良品质。这不仅仅是一次次旅行，更是一次次特殊的教育与挑战，一次次不平凡的体验与成长。

学校更重视学生的德育养成教育，学校带领孩子们参加了慰问敬老院的老人的活动，通过组织队员们到养老院慰问老人，充分发挥少先队员在传播文明、弘扬新风中的先锋模范作用，弘扬尊老敬老的新风，同时引导广大学生积极参与到敬老助老志愿活动中去，切实为老年人排忧解难，做到爱老、敬老、为老，在社会上营造温馨和谐、健康文明的氛围，让学生在社会服务中得到体验和感悟，进而培养尊老助老的良好品德和文明习惯，学会感恩，报答社会。

德育是教育之魂，是国家发展的精神根基。我校在德育开展上始终站在我们党精神引领的高度上，为培养现代化社会发展的综合性人才而努力。

走进新时代，在县教育局的领导下，在全校师生的积极参与下，我校会一步一个脚印地走下去，明天会用今天的成绩做基点，用信心做框架，用付出做材料，构建羊山镇中心小学和谐美好的明天，给各级领导及羊山镇各位父老乡亲交一张完美地答卷!

打造四声课堂，培育新时代阳光少年

——辽宁省大连市经贸高级中学课改侧记

辽宁省大连市经贸高级中学　刘忠科

作为师生生命共同成长的地方、育人的主阵地，课堂如何激发学生的探索兴趣？如何变得快乐生动、妙趣横生？如何让教师挥洒自如，让学生乐在其中？学生未来成为什么样的人……这是大连经贸高级中学干部教师一直思考的问题。建校近二十年来，学校坚守“阳光育人”这一办学理念，以阳光之心育阳光之人，让师生共同快乐阳光，构建“阳光课堂为师生成长发展铺就广阔的道路。在阳光课堂教学改革引领下，学校发展呈现勃勃生机，教育教学质量稳步提高，知名度和美誉度也大大提升，成为老百姓心目中的好学校。

四声课堂让阳光照耀到每位学生

“阳光育人”理念倡导的是培养阳光自信、自主探索学习的优秀学生。每个学生都具有无限可挖掘的自主学习能力，这是经贸高中教师的共识。如何培养学生自主学习探究能力，打破长期以来的传统包办式教学方式，让学生真正成为课堂的主人？这需要一场变革，一场理念的变革，以及教学方式的变革，也是教与学地位互换的变革。

自2012年9月，学校在刘忠科校长的带领下坚定改革决心，向课堂教育教学方式宣战，力推自主合作的“学案制”学习方式，对学生大胆放手，挖掘学生自学潜能，开启了阳光课堂教学改革。

阳光课堂教学采用学案导学方式，由于学科不同、课时量等因素的限制，各学科可选择性的采用“三案”式（预习案、探究案、训练案）教学。而教学过程则主要是通过复习引导，采取任务分配式的策略模式，也就是教师“随机任务”与“随机点评”教学和学生“讨论性、互助性”学习并存的开放型教学模式，以学案中的任务活动为枢纽，使学生基于实际教学情境来建构知识体系、提高智力能力。

自主学习将学生推到了学习的前台，自主探究成为学生学习的常态，学生的学习主动性被唤醒。如今，在经贸高中的课堂上，“预习与预习检测” 代替了传统的灌输式教学，“合作探究”成为学生最热烈而阳光的学习状态，“展示交流”则是最快乐激情的时刻。学生逐渐成长为爱研究、善讨论、勇质疑、勇辩论、乐分享的健康、向上、自信的阳光青少年。

课堂中教与学地位的转变，让教师退居二线，更多时间发挥导演的作用，有更多的时间从学生全面成长的教育去思考和改革课堂，从而将学生的心理、心态、心灵变化纳入到教育的全过程。

课堂的氛围变了，学生爱“说话”了，爱争论了，爱“钻牛角尖了思维也变得爱“天马行空”了。走进经贸高中的某个班级，你看到的更多的画面是学生正站在讲台上给班级其他同学介绍自己的想法和思考。看他们自信十足、灵活反应、思路清晰的样子，让人感到这才是真正的“阳光学子”。阳光课堂真正做到了把课堂交给学生、把实践交给学生、把发展主动权交给学生。 质疑声、辩论声、掌声、欢笑声声声入耳，探究、合作、展示、检测当堂完成，四声课堂让阳光照耀到每一位学生。

外引内培提升教师队伍素养

教育的存在与发展，首要前提就是要有一支素质优良的教育者队伍。因为只有有了这些“先知者教育活动才能组织、才能进行、才能提高、才能发展。在新时代，要推动教育优先发展，就必须确保教师队伍建设优先发展。伴随着经贸高中课堂教学改革，学校教师队伍建设也同时进行，通过“外引内培”这一方式提升全校教师的专业素养，为学校发展提供持续的动力。

外引则是从校外邀请教育专家到校指导，学校创造各种学习培训机会，让教师们“走出去”积极向改革先进单位学习，满载学习成果回来，充实改革经验，狠抓实效。

事物的发展，内因是根据。在邀请校外专家进校的同时，学校不断挖掘内部潜力，搭建多元教研平台为教师成长提供助力。自阳光课堂教学改革实施以来，在每个教学周，学校都举办一次全校规模的阳光课堂教学研讨活动，由一位教师给全校教师上一节课改研讨课，课后，全校教师对此次授课进行探讨交流，共同学习提高。同时，教学改革研讨还以学年组为单位开展，针对不同学年的教学重点和学生特点，研讨课改在不同学年的实施细则。另外，课改的研讨学习，还以不同学科为单位，从学科特点出发，研究本学科在课改中的特殊性，并研究相应课改策略。

重视教研的同时，学校高度关注科研。以科研促进教学，以科研促进教师快速成长。2013年刘忠科校长亲自带队承担并完成了教育部规划课题“新形势下中小学生命教育的理论与实践探究”的子课题“学生安全教育的研究与实践”。开启了科研兴校，以研促教的新风。2018和2019年短短两年间，刘忠科校长带领经贸高中教师团队开展了三项重要课题研究，辽宁省教学科学“十三五”规划2016年度普通高中改革与发展专项重点课题子课题《核心素养理念下阳光课堂校本化实施研究》；全国教育科学“十三五”教育部规划课题《基础教育课业改革与小研究生创新学习实验》总课题中子课题《阳光课堂“导学—自学—互学”模式研究》；全国教育科学“十三五”教育部规划课题《基础教育课业改革与小研究生创新学习实验》总课题中子课题《高中生态课堂构建技术形成实践研究》。校领导带头科研，教师团队合力开展科研课题研究，彼此交流思想，共同辨析课堂改革之真谛，有效提升教师整体育人水平，促进教师专业化成长。

坚持改革四声课堂成果绽放

改革探索的过程总是充满曲折，然而风雨后的彩虹则更加美丽。2013年10月，经贸高中经过了一年的阳光课堂教学改革实践，已经初步形成了符合经贸实际情况的教学模式的基本框架，并完整制定了阳光课堂特色教学规范，阳光课堂开始发力奔跑。从2014年开始，高考成绩年年芝麻开花节节高，不断刷新学校记录。2018年开始高二学业水平考试达到100%通过率。此后，经贸高中阳光课堂的四声——质疑声、辩论声、掌声、欢笑声感染越来越多的观摩教师，课改成果悄然绽放。

教无定法，模式是遵循的，不是固化的，更不是停滞的。经贸高中的阳光课堂教学模式，仍然在实践中、在发展中，它没有止境。历经几年的改革实践，经贸高中的课改走向成熟的同时，担负起了课改帮扶的重任。2018年6月下旬大连经贸高级中学的8名高三教师抵达瓦房店，开展了阳光课堂现场授课和交流活动。进行了语文、数学、物理、化学、生物、政治六大学科的现场授课，并在课后进行了分科研讨交流。经贸高中毫不保留地把阳光课堂教学模式介绍给兄弟学校。高效的合作探究教学模式、阳光快乐地课堂学习氛围，在瓦房店学校的师生中引起了强烈反响，受到师生的热烈欢迎和高度认可，激发了当地教师投入课堂教学模式改革的热情，对开展课堂教学改革发挥了最有利的推动作用。2019年5月和6月经贸高中陆续接待了来自辽宁沈阳、黑龙江、贵州六盘水、内蒙古、辽阳等地共8所学校的200多名教师。他们观摩阳光课堂教学，进行多场次的交流研讨。我校教师李明、李胜涛、王海涛、张宝林先后为兄弟学校老师们做了关于我校阳光课堂教学改革的经验报告。我校阳光课堂教学模式日趋成熟，教师课堂教学中对阳光课堂教学模式也驾轻就熟，运用自如，学生与老师的配合也更加默契，课堂上无论教师的娴熟授课，还是学生的阳光自信的展示，都给观摩的同行深刻印象，并获得同行的高度评价和赞许。与此同时，我校高三老师在高考结束后，受贵州六盘水学校的邀请，不远万里，前往贵州为其进行了现场授课与教学指导，真正做到了手把手地传授了我校阳光课堂教学改革的精髓。

学校也先后荣获大连市课改特色项目学校、大连市中小学美育特色学校、全国生命教育百佳学校等荣誉称号。学校也被评为全国教育技术“十二五”规划重点课题《个性化学习开发和提高教学效率研究》的实验基地。

教学改革也促进教师的成长，经贸高中教师在各级各类比赛中摘金夺银比比皆是。教育部组织的2014年“一师一优课”评选，我校荣获市级优课6节、省级优课4节、部级优课1节。2014年《教师杂志》发起的全国教学改革优秀论文、教学设计、课件评比，我校获36人次一等奖。2018年5月24日大连市校本研修“修远工程经贸高中语文组承担区域校本研修现场展示任务，获得各级领导高度评价。2018年11月大连教育学院举办“贵州六盘水市高中物理教研组长及骨干教师大连研修我校物理学科老师做了阳光课堂的课改示范课。2019年1月语文、物理、化学三个学科在山西太原参加了中国老教授协会活动研究中心“中国品格杯”全国高校课堂教学大赛中均一举荣获一等奖。2019年11月数学学科的李明老师在“全国第八届生命教育创新高峰论坛暨教学观摩课比赛”活动中执教《平面向量专题》，荣获特等奖。2017年7月刘忠科校长的论文《特色阳光课堂促进师生共同成长》在“基于学科核心素养的教学模式研究”课题研讨会上，荣获特等奖，同年10月刘忠科校长的《浅谈立德树人教育在阳光课堂中的实践》发表在《教育科学》杂志。八年来，在阳光课堂模式的推进下，学校教育成果节节攀升。

创新办学提出美育特色新理念

一直以来，教育界存在重应试轻素养、重少数轻全体、重比赛轻普及的现象。作为一所改革创新的先锋学校，经贸人如何在阳光课堂改革中改变这一现象？

学校全面贯彻党的教育方针，将美育建设作为学校阳光课堂改革工作的重要部分，坚持五育并举，培养新时代的阳光青少年，进而形成了具有经贸特色的美育新理念：人人美育，美育人人。在这一理念中，第一个“人人”指每位教育工作者都是美育工作者，第二个“人人强调美育的对象是每一个生动活泼的学生，目的是美育工作要面向全体。

经贸高中阳光课堂改革对美育的崭新理解是，让学生充满自信，心理健康、阳光、快乐，这就是美育的最高境界。为将理念落地，学校在《阳光课堂发展规划》和年度工作计划中都对美育工作进行详细部署。比如，每个学期学校明确计划学生演讲比赛、朗诵比赛、歌咏比赛、作文大赛、课本剧表演等大型文艺活动，将每项活动责成工作组，并制定活动流程。

在开展阳光课堂改革的同时，我们注重将美育渗透在师生之间的感同身受和心灵碰撞中。比如具有经贸特色的每周一的升旗仪式，学校打破传统单调的升旗形式，使每个学生都能成为骄傲的参与者，升旗班级的全体同学在升旗仪式中都有了自己的角色，他们或者在国旗下高歌或者朗诵，总是能以最充满感情的方式，更新颖的设计，满怀庄重的情怀，成为骄傲的升旗者。同时，让其他班级的学生无疑也经受了一次心灵的洗礼和美的教育。再比如，全校教师观摩的每周三下午的教学公开课。每一个公开课的课堂上，不同的学科，不同的教师，不同学生，大家共同能感受到的是，充满美感的多媒体设计、创设课堂意境的背景音乐、表达情感的课本表演、展示口才的课堂辩论、激发无限遐想的老师启迪等等。美育就这样在经贸高中阳光课堂的每一个角落，得到挖掘，得到呈现，学生的每一颗心灵得到了美的启发和滋润。

近年来，经贸高中以阳光课堂改革带动美育工作发展，在美育工作中进行了多方面的深远探索和实践，美育工作取得了较大进展，对提高学生审美和人文素养、促进学生全面发展发挥了重要作用。学校社团、学生个人等多次在全国、省、市各级大赛中获奖，展示了经贸人阳光自信的良好形象。

阳光一缕缕地洒满了校园，照进每一个经贸人的心里，如夏花般绚烂无比。经贸高中以打造充满生命活力的“阳光课堂”为核心，以培育活力四射的“阳光少年”为教育目标，通过培养塑造高素质的“阳光团队”成就着富有校本特色的“阳光事业”。未来，经贸人百尺竿头，更进一步，经贸人将保持阳光心态，树立阳光意识，打造阳光团队，续写经贸高中未来的辉煌！

小小种植园，学生全面发展的快乐园

——谈胜利中心小学种植园劳动教育开展

辽宁省抚顺市新抚区胜利中心小学校　殷铭华

"孩子的智慧在手指上德智体美劳全面发展，这不仅仅是一句口号，更需要从教育方针的高度来看待劳动教育。习近平总书记在全国教育大会上再一次强调：要培养德智体美劳全面发展的社会主义建设者和接班人，……要在学生中弘扬劳动精神，教育引导学生崇尚劳动、尊重劳动，懂得劳动最光荣、劳动最崇高、劳动最伟大、劳动最美丽的道理，长大后能够辛勤劳动、诚实劳动、创造性劳动。

我校以种植园为依托，实践劳动教育，尝试"通过劳动的教育"强化其他四育，达到教育部副部长郑富芝所强调的"树德、增智、强体、育美、创新"的效果，促进学生德智体美劳全面发展，贯彻全面育人总目标，助推学校特色发展。以下，我谈一下我校种植园劳动教育开展情况。

一、开发种植园，打造劳动教育实践基地

我校的办学目标是"实施快乐童年教育，放飞美丽幸福梦想但一直以来缺乏有效实施的载体。随着课改的不断推进，我们也在思索学校的发展路在何方？我校地处城乡接合部，土地资源丰富，这是其他城市学校所没有的，为何不借此优势特色发展呢？

学校领导班子深入调研、认真思考后，经过教职工反复研究，并召开家委会扩大会议充分论证，提出了开发种植园，实践劳动教育，助推学校特色发展的办学方略。确定好特色发展之路后，校领导带领部分教职员工便动手干了起来。修台阶铺路、划分责任田、开荒耕种等等。在教学楼和综合楼的后面开出了约有一千平方米的两块种植园。各班级和幼儿园根据学生多少和年龄大小等因素都领到了自己的责任田。

我校教学楼的楼后是山坡，四年前我刚到校上任时，上山根本就没有路，有几块大石头堆在山坡下，上去得四肢着地爬着走。为了方便师生们到山坡上开发种植园，全校教职员工齐上阵，发扬自力更生、艰苦奋斗的精神，开山辟路，废物利用，师生共同搬运步道砖，在通往种植园的山坡上，修砌了几十级水泥台阶，铺出了一条1.5米宽，近50米的甬路，并在路边栽种了三行近20米的榆树苗，营造了一种舒适的田园风格，给校园添香增色。教育局领导视察后，充分肯定了学校的特色发展之路，出资为种植园修建了长达60米的围栏，为教职员工进入种植园安全活动提供了有利的保障。学校不等不靠，艰苦创业，全体教职工团结一心，众志成城，一步一步铺就了一条通往快乐种植园的路，打造了一个实施劳动教育的基地，一个促进学生德智体美劳全面发展的平台。

二、利用种植园，构建快乐种植校本课程

我带领学校领导班子在学习了辽宁省教育厅关于加强义务教育校本课程建设的指导意见（辽教发2017年17号）后，依托种植园，对校本课程进行了开发，构建了"快乐种植"校本课程，为教师专业发展、学生个性发展提供了新的空间。

我校的校本种植课的发展经历了三个阶段：

第一阶段，把快乐种植融入综合实践学科之中。2017年5月，随着种植园的开发，我校将种植实践活动融入综合实践课中，进行简单的种植知识的介绍和劳动技能的培养，弘扬劳动精神，对学生进行劳动教育。

第二阶段，快乐种植嵌入到部分学科教学之中。2017年9月，学校将种植活动嵌入到部分学科课堂教学之中，校本课程不再是"孤军作战更好地将劳动教育在部分学科教学中有机渗透。

第三阶段，学校专门开设专人教学种植校本课。2018年　3月开设了"快乐种植"校本课程。一至六年级开设，兼周1课时，由主抓教学的王巍校长授课。

种植课主要通过对种植农作物的介绍，了解它的种植时间、种植方法、如何播种、除草、松土、浇灌、收割等一系列知识。在农作物不同的生长时期，任课教师会带领孩子们走进种植园开展相应的活动。学校还聘请了有种植经验的家长走进种植课堂辅助教学，带领孩子们在田间地头实际操作，使孩子们直观地感受劳作的艰辛与快乐。

2018年6月26日，区教师进修学校干训部领导到我校调研，我校的"快乐种植园"活动分享，得到高度认可。同年，12月18日，在新抚区教学校长教研活动策划和组织活动汇报会上，我校王巍副校长代表学校做了题为"沿着校本教研的方向，预约一段美好！——记我们的'快乐种植园'"的经验交流，受到与会领导和教师的一致好评。我校的快乐种植园走出了校门，成为我校靓丽的名片，成为令人向往的乐园。

2019年12月12日，在新抚区第六期中小学"校长论坛"暨"十三五"提高培训学习交流会上，我做了题为"好好学习，天天向上"的经验交流，把我校开发种植园，构建校本课程，实践劳动教育，因地制宜特色发展的做法进行了介绍，得到与会领导的一致肯定。

三、借助种植园，培养学生良好思想品德

一是，增进团结合作精神。现在的学生以自我为中心，不愿意也不会主动与人合作，不善于互相配合，不善于尊重别人的意见，因此有必要从小就对学生进行合作能力的训练，帮助他们树立合作与竞争意识，培养他们的合作能力，我们让学生在参与种植活动过程中感受到协作的重要性。比如播种，浇水都可以放手让学生自己去做，这就需要分工与合作，充分发挥每个同学的长处，有的负责指挥，有的负责打水，有的负责挖坑，有的负责栽种，最后通过大家的团结合作，完成整个播种过程。

二是，增强了集体荣誉感。通过全体参与种植活动，还能增进同学之间的情感，增强集体荣誉感。种植中，学生们把种植美观、出芽率高、出果实多作为种植的目标，比一比看一看哪个小组种的好，哪个班级种的好。如果同学不能认真完成，那么就会直接影响大家的劳动成果，学生懂得了只有团结协作，认真对待，才能把任务完成得更好。通过种植活动，学生集体荣誉感油然而生，学生们也会将这样良好的品质落实在生活和学习中，使学生形成一种友好竞争，培养了学生的集体荣誉感和责任感。

三是，培养了吃苦耐劳精神。种植活动是辛苦的，正可谓面朝黄土背朝天，春天风沙大，夏天酷热难挡，学生们在种植劳作中充分体会到了"汗滴禾下土"的艰辛。有些意志力比较薄弱的学生就会退缩，教师适时对他们进行教育，一次浇水活动很容易完成，然而，就像我们要天天喝水一样，小苗也要经常喝水，否则就会枯死的。通过两年多的劳动教育，劳动时同学们嫌脏怕累的少了，不珍惜劳动成果随意剩饭剩菜的也少了，更多的是孩子们在劳动中争先恐后抢着干活的情景。

四、家校协作，督促劳动素养习惯养成

推进劳动教育，任重而道远，需要发挥好学校、家庭和社会的合力。在劳动教育中，家校协作非常重要，在培养孩子的劳动意识和劳动能力上，家长也起到很关键的作用。学校和家庭在理念上做到步调一致非常重要，劳动教育落地，学生劳动习惯形成更需要家长的配合。

大家都知道，习惯的养成在于坚持。我们除了在学校有组织地开展劳动教育活动外，每逢周末、月末和期末都会针对不同年级布置安排相应的家庭劳动作业，并通过微信等交流平台把作业要求告知家长，请家长协助和监督孩子进行家务劳动。尤其是寒暑假，由于假期时间长，更是孩子们进行家务劳动训练，劳动习惯养成的好时段，大队部在假前会精心安排策划，下发统计表格等，以评优的方式鼓励学生们参加家务劳动和社会实践活动，开学后在新学期开学典礼上对各班学生参加家务劳动和社会实践活动的情况进行统计和表奖。

通过家校协作，我校使劳动教育进一步落地，不同年龄段的学生在劳动意识、劳动能力和劳动习惯的培养上均有了长足的进步，得到家长、社会的广泛赞誉。家长们自己的思想也发生了转变，由原来的舍不得让孩子劳动，到亲自带领孩子劳动，到放手孩子劳动，教育理念不断提升。家长的大力支持，有力促进了学校劳动教育的实施。

几年的劳动教育实践，孩子们的脸晒黑了，但胳膊腿健壮了，浑身透出一股精气神。可以说，是劳动教育强健了孩子们的体魄，磨炼了孩子们的意志，塑造了孩子们吃苦耐劳的好品格，孩子们德智体美劳得到了不同程度的发展，在各级各类赛事中都能看到他们傲人的身姿。

五、师生共建，发展学校特色劳动教育

"劳动"托起中国梦！我们要理直气壮地抓劳动教育，让小小种植园，成为学生全面发展的快乐园。小小种植园，我的地盘我做主。让"劳动教育"带领学生德智体全面发展，尽快实现"五育并举"的教育目标！

诚然，我们做得还远远不够，但是庆幸我们已走在行动的路上。我们有信心，沿着这条特色发展之路，继续提升内涵，不忘初心，砥砺前行。我们将团结协作，坚定不移地推进课程改革，全面发展学生素质，推进教师队伍建设，继续有效利用、合理开发种植园，充分依托种植园，建设学校的校本课程，促进学校教育教学质量不断提升，摸索学校特色发展、内涵发展之路。相信在我们的共同努力下，抚顺市新抚区胜利中心小学的明天会更好！

紫润新教育　涵泳素质发展

辽宁省阜新蒙古族自治县紫都台小学　朱宝录　李秀芬

教育是国之大计、党之大计。　坚守为党育人、为国育才使命。振兴乡村教育，促进城乡义务教育均衡优质发展。阜蒙县紫都台小学经

过五年多的实践探索，构建了新的发展理念和思路。紫润新教育，涵泳素质发展就是基于核心素养的润物无声的养成教育，培养素质能力，赋能万紫千红的个性特长发展，为德智体美劳全面发展奠定坚实基础的新教育。实现了快乐新课堂，星光新校园，涵泳新素质的文明快乐和谐美丽的紫润新教育学校。

一、深化新课程改革，创新新发展理念，赋能教师内涵式发展

学校始终坚持稳中求进，新中求赋的工作思路。内涵发展强内，提质升位赋能。实现校内教育大循环，校内校外教育双循环相互促进的发展新格局。在深化新课程改革的实践中，教师起着主导作用。要改变教师传统的教学模式，就要从教师的多元需求出发，培养智慧教师，赋能教师内涵发展，满足人们对美好教育的向往。学校加大教师培训力度，开阔视野。各学科教师分赴北京、山东、南京、大连、沈阳等地参加学习培训；聘请教育专家、教学名师来校执教。建立城乡帮扶手拉手共同体，进行同课异构，异课异构，研讨交流；与阜新市清河门实验小学、阜蒙县实验小学进行“校际交流互学共进 教学改革同研共赢”教研活动；依托《农村小微学校建立区域发展共同体实践研究》，组建区域发展名师工作室。培养了一支观念先进、业务精湛的省市县骨干教师团队，赋能教师内涵式发展。

常规教学常抓不懈，课程改革历久弥新。常规不强，质量难保，地动山摇。深入落实备课、上课、听课、评课新机制，落实课堂教学十要素。通过集体教研共同备课、同课异构认真上课，名师引领听课指导、评课研讨互学互鉴等环节，各学科教师形成了自主合作探究的教学生态；教师引导学生自主帮带合作探究团队竞争学习，自己去发现问题、提出问题，自己去思考问题、解决问题；在认知目标，知识结构，探究实践，组织架构，优化迭递等方面达到共识、共享和共进。改变了传统的教学方式和学习方式，教师对课堂有了新的认识，使快乐新课堂成为师生交流互动的学习共同体。

构建区域联盟联研协作体，建立名优教师工作室。以名优教师为骨干，发挥名师导航，引领辐射，骨干示范作用。开展校际名师课堂竞赛活动，进行研讨交流。实施“青蓝结对一带一特色发展之路”工程。开展新教师赛课、实践演练课等活动，促进青年教师快速健康成长。精心组织骨干教师的示范课及年轻教师的实践演练课，真正发挥骨干教师的传帮带作用。通过评课反思、研讨交流、分享共进等环节有效提升教师教育、教学、教研活动能力。大大提升了教师的综合素养，推进教师内涵式专业化发展。

二、聚焦教学根基，构建快乐新课堂，激发学生内生学习动力

在实施基础教育课程改革的今天，课堂教学成败取决于学生是否积极、主动的参与到学习过程中。因此，要提高课堂教学质量就要真正确立学生的主体地位，运用多种教育手段，充分发挥学生的主体作用。

从思政课入手培根铸魂启智润心。开展“强思政铸魂育人”的思政课课堂教学的专题研讨。紧紧围绕习近平总书记提出的“办好思想政治理论课关键在教师，关键在发挥教师的积极性、主动性、创造性”的要求，为实现立德树人的目标，为学生心灵埋下真善美的种子，引导学生扣好人生第一粒扣子而开展。组织思政课教师异课异构、同课异构交流研讨，请教育服务中心主管部门领导专家指导，共同研讨交流，使思政课教师转变了传统的教育教学观点，树立新的教育教学理念，激发学习内生动力。

聚焦教学根基 提升质量发展。开展“语文主题学习”区域联盟联研协作共同体教学研讨活动。在实验工作中，加强区域学校间的教研交流与合作，以研训协作体为龙头，开展新课堂教学研讨，实现区域教研共同体。资源共享，优势互补，共同提高，互学共进。我校承办了阜蒙县“语文主题学习”教学研讨会，实验校及邻校领导及骨干教师参加了研讨交流。教师精彩的课堂展示。培植阅读生态，提升核心素养，为整个区域开展语文主题学习的实验趟出了一条燎原之路。联盟联研，合作辐射，共享发展，全面推进“语文主题学习”实验，赋能振兴乡村教育。这种区域联盟联研协作共同体的研讨方式，有助于教师在高起点上发展，博采众长，有效提升学校教师的专业素养，提升了我校语文课堂教学质量，全面提高学生的语文素养，也促进了全县小学教育阶段课程改革和课堂教学改革向纵深发展。极大地推动了阜蒙县“语文主题学习”实验项目的深化实施，助推了农村小微学校教育集团化发展。

构建“二人帮带，四人合作，团队竞争”快乐课堂教学。让学生从小学会合作、认识竞争；能够在竞争中学会学习，从而学会待人，学会立足；刺激形成团队意识、团队精神、团队荣誉感；通过个体对团队的贡献，激发个体能动性，提高个体在团队中的地位和分量。为实现每名学生的人生梦想打好基础。“二人帮带，四人合作，团队竞争”快乐课堂教学新机制使教师自身素质综合业务能力得到提高，形成自主帮带、合作探究、导学授业、评价激励、团队竞争新机制。激发学生学习及参加各项活动的积极性，使学生个性得到了张扬；有效地提升了农村小微学校教育教学质量，大大提升了学生的核心素养。

三、打造办学特色，构建星光新校园，赋能综合素养发展

为每一名学生健康快乐幸福成长奠基。教会学生学会做人，学会做事，学会实践，学会创新。紧紧围绕这一目标和理念，构建“打造星光校园，燎原人生梦想”特色学校新机制。开展“学唱玩新”四大主题系列活动。深入开展体育美育文化节，校园文化艺术节，读书文化节，科技文化节。加强十大智能团队建设（非洲鼓队，古筝队，军乐队，合唱队，舞蹈队，足球队，美术书法小组，跳绳健美操队，少年太极拳队，益智类象棋队）和十微艺体阳光比赛项目建设。实施学生发展计划。建立培训基地，聘请专业教师辅导学生特长发展。阜新市6789读书会志教团队为学生的艺体发展赋能，极大地激发学生的艺体兴趣，满足了学生发展的多元需求，提升了学生的综合素养。

四、构建校园新生态，涵泳素质发展，办好和谐美丽新学校

构建校园新生态就是基于把学生放在学校的正中央，德育为首，五育并举，五好同行。建立人与自然和谐可持续发展。构建快乐新教学，星光新校园，建设紫润新教育学校。以“一主两翼”为基础，构建“学科教学+学校德育+学校治理+学校文化+学校生态”为“五位一体”的紫润新教育的育人体系。快乐新教学基于学科素养的自主帮带—合作探究—导学授业—评价激励—团队竞争的“五段式”教学机制，培养学习兴趣，激发学习信心，唤醒智慧的全学科大阅读能力。有效掌握知识结构，提升思维能力的快乐地教与学的活动。星光新校园基于勤朴文化硬核的“智思勤学、志新朴美”与“学唱玩新”相融合的星光校园；打造勤育篇，勤学篇，勤玩篇，勤唱篇，勤新篇等五大主题链。星光闪耀燎原梦想，培养良好习惯，打好人生底色；健康快乐面向未来，刻苦学习文化知识，坚定理想信念，锤练意志品质，锻炼强健体魄，成为德智体美劳全面发展的社会主义建设者和接班人。办好“学生向往，教师幸福，社会满意”的和谐美丽新学校。

教育路漫漫，求索紫校人。奋斗奉献新时代，创新发展新征程。我们的明天会更好。

开展精品教育　塑造精彩人生

辽宁省建昌县新区初级中学　梁树峰

教育是一扇强国之门，是实现民族复兴的重要渠道，任何时候都不能有缺失。如果一个国家、一个民族没有了教育，那这个国家一定会走向衰亡。办学以来，我校始终坚定办学初心，紧跟时代步伐，以“为每个教师专业发展铺路，为每个学生的幸福成长奠基”作为办学理念，遵循“以人为本，依法治校，质量强校，特色兴校”办学思路，突出“课程建设为龙头，艺体教育为两翼，家校联手为抓手”办学特色，带领全校师生不断继承、发扬坚苦卓绝、自强不息的精神，推动校园文化建设，拓宽学生眼界，丰富教师生命。

对学校而言，成就一所好学校的关键因素除了在于学校本身，还在于校长，就如清华老校长梅贻琦说:“学校犹水也，师生犹鱼也，其行动犹游泳也。大鱼前导，小鱼尾随，是从游也。从游既久，其濡染观摩之效，自不求而至，不为而成”。可见，校长是学校的灵魂，是教育思想之魂，校长的人文情怀影响着教师和学生的人文情怀。在新时代学校运营中，校长是对师生成长的支撑、激励和助推。

多年的沉淀与努力，换来丰硕的果实，学校教育质量连年提升，办学特色愈发鲜明，精神风貌焕然一新，学校先后获得省级示范校、省级文明校园、市级课改示范校等荣誉称号81项，我本人也荣获辽宁省骨干校长、省领航校长、省华育十佳校长、省先进工作者、葫芦岛市优秀校长等荣誉称号16项，为学校发展书写了灿烂的一页。

一、多措并举，助力教育品质提升

教育资源匮乏，德育教育质量不高，是农村教育当下面临的首要问题。为了让农村教育“活”起来，我校打造了农村教育美丽和振兴的鲜活范本。学校以“三孝（效）教育”活动为切入点，紧紧抓住“养成教育和班级管理”这两条主线，充分发挥学校、社会和家庭“三位一体”的德育网络作用，把培育和践行社会主义核心价值观融入教育全过程。同时学校也利用重大节日对学生进行思想道德教育，让学生从节日氛围中感受学习，陶冶情操。此外，我校以乡村少年宫位依托，设置了12个课外活动小组，学生可以依据个人兴趣爱好选择不同的小组，既拓宽了学生的知识面，也给学生提供了展示的舞台。

活动是学校教育的重要载体。为此，我校也积极开展了一系列丰富多彩的节日活动，如校园艺术节、科技节、运动会等主题教育活动，为学生的健康成长提供了有效地施展平台。几年来，书法班的学生参加了各级比赛并获奖，写作班的学生在本校《晨曦》校刊上不断刊载优美的文章，表演班的学生们在各级检查中能够自信大方地舞台表演……农村孩子和家长们写在脸上的满足和幸福，就是对我和我的团队最大的认可和褒奖。

教师是教育实施的首要资源，没有一支优质的教师队伍，就不可能有品质的教育。为此，一直以来，我校都十分注重教师培养，尤其是

青年教师的培养。每一个教师都是宝贵的人力资源，学校始终坚持和推行对青年教师“富养”方略。所谓“富养”就是投入更大的物力支持和人力帮助。比如：给青年教师买有价值的书籍，不惜财力派他们去外地学习，以便为他们注入更多的新思想；要求领导干部不定期地走进青年教师的课堂，掌握课堂教学及组织教学的现状，发现问题及时地指导，减少他们走弯路的机会。每个学期学校班子团队都精心组织不同主题的教师教学技能展示活动。比如：“我的教学故事”演讲比赛、青年教师基本功大赛、公开课、示范课、研讨课等活动，每次活动都有具体的实施方案，活动后都进行主题研讨。致力于营造一种尊重知识、尊重人才、尊重劳动、尊重创造的良好氛围，让优秀教师永远在高处领跑，让普通教师实现质的飞跃，让问题教师实现华丽转身。进而形成比、学、赶、超的良好风气，起到发现一个，带动一批，成熟一个，激励一片的实际效果。

二、铸魂培根，引领学校内涵发展

科研，是一把开启学校发展的金钥匙。科研兴，学校兴。为了使学校的教育科研工作更加专业化、系统化、科学化，我校提出了“向教育科研要质量”的口号，在原有学校机构设置基础上，学校设立了教科研处，专门负责学校教师培养和教育科研工作。在课题研究方面，我校反对“假”、“大”、“空一如既往主张课题“从小”、“务实”、“创新”。至今为止，我校共申报国家、省、市、县级课题104项。在科研方面，老师们始终身体力行，率先垂范，鼓励全校教师积极参加课题的研究工作。如今，学校的省级课题《校园数字化平台建设与应用研究》、国家级子课题《提升初中语文课堂教学有效性的实践探索》都已顺利结题，形成了“人人有课题，人人出课题”的良好局面。

陶行知曾说过：“天然环境和人格陶冶，很有密切关系”。校园中的每一座建筑、每一处景点，每一片绿色，都成为一种思想的传递，一种文化的表达，优美的校园环境就像无声的老师，滋润着师生的心田，熏陶感染着师生，丰富净化着师生的灵魂，潜移默化地引导师生向着健康的方向发展。多年来，立足本校实际，我校把整治校园环境，建设优美校园作为工作重点。加大改造力度，力争一楼一主题，如：教学楼一楼以行为习惯养成教育为主题，二楼以优秀传统文化教育为主题，三楼以特色“三孝（效）教育”为主题。力求让校园每个角落都有文化气息，包括教室、走廊、楼梯、围墙、厅堂等，做到长廊设计一步一景，班级文化一班一品。追求“一砖一石会说话，一草一木皆育人”的文化氛围，从而营造出和谐愉悦的人际环境，催人向上的人文环境。

三、不忘初心，守望幸福教育未来

教育没有捷径可走，学校必须脚踏实地，不断学习，不断丰富和完善办学理念、办学思路、办学措施、办学特色……在对待学习上，我校总以“衣带渐宽终不悔，为伊消得人憔悴”的执着和韧劲，鼓励教师阅读教育理论书籍，珍惜每一次外出学习考察培训的机会，总结经验，为己所用。

“爱自己的孩子是人，爱别人的孩子是神教育是一份温暖的事业。所以，一直以来，我校十分重视那些留守儿童、单亲孩子、孤儿、随班就读残障儿、双困生的培养，给予他们无微不至的关怀。如2017年3月开学，学校了解到八年级苏佳、苏鹏姐弟俩没有户口，家庭低保，父母弱智后，学校上下协调，为他们拿出3000元做亲子鉴定，为两个孩子上了户口。此外，我校还用实际行动帮扶困难学校。在汶川地震、玉树地震、九八抗洪等大型灾害发生时，学校积极组织全校党员、师生向灾区捐献资金和物资，送去慰问和鼓励。尤其在2020年新冠肺炎疫情在湖北甚至全国肆虐时，我校还组建了建昌县第一支防控疫情志愿队，每天24小时不分白天黑夜，为学生及家长做心理疏导、疫情知识讲解。

总而言之，教育是知行合一的事业。学校的内涵、品位和文化底蕴需要被全体师生牢记并践行，应如和风细雨渗透到学校各处角落，待春暖花开。作为教育的一员，我校会一如既往的牢记教育使命和初心，带着教育的理想，追求理想的教育，坚持以“为每个教师专业发展铺路，为每个学生的幸福成长奠基”作为办学理念，不忘初心，迈着坚实的步伐，执着激情地走在教育的道路上，敢为人先，勇于创新，用情怀装点教育事业的百花园，用生命谱写一曲教育新歌。

树立“大生涯”观　科学引导发展方向

辽宁省沈阳市第二十七中学　葛海丰

《中国教育现代化2035》发布，再次引发广大教育工作者理性审视中国教育，深情展望中国未来，并深度思考培养什么人，怎样培养人，为谁培养人？2014年，国家通过高考招生制度改革撬动基础教育改革，启动了新时代教育现代化征程。5年来，浙江、上海等教育先行省份积累了大量可资借鉴的经验。2018年，辽宁省也紧随其后，推行新高考招生制度改革。

以“两依据一参考”为代表的高考招生制度改革，要求高中实施“分科选学而合理选科应以系统的生涯教育为基础。目前，生涯教育已成为各高中教育实践的重点。作为辽沈老牌省级重点高中，沈阳市第二十七中学面对教育现代化发展，主动应对，深度研究，积极探索，树立“大生涯”观，坚持科学理念指引，尊重成长规律，不断汇集多方合力，在循序渐进中追求生命的自觉，已初步探索出了富有本校特色的生涯教育之路，让更多的学子爱我所学、学有所成，成就最美丽的人生。

一、高度决定视野，尺度把握人生

生涯教育绝不是狭隘的上大学和找工作，而应该是立足于高中服务人生的“大生涯”教育。所以，二十七中学的生涯教育要避开急功近利的短视，追求“尊重人、培育人、丰富人，促进人的和谐发展”的“人本教育让学生通过丰富的、有效地生涯教育认知自我、发掘自我、悦纳自我和储备自我，在未来遇到最好的自我。

普通高中教育是在义务教育基础上进一步提高国民素质、面向大众的基础教育，是有色彩的教育，而生涯教育是其重要组成部分。二十七中学借鉴发达国家及地区先进经验，以“明确人生方向、打好人生底色”为出发点，补充义务教育阶段生涯教育短板，使学生在高中三年掌握生涯教育基础知识、基本方法，助力科学、客观审视自己，发现并挖掘自身优势潜能，树立信心端正态度，在动态发展中规划学业、专业、职业，修正并不断坚定人生方向。

整体设计，长远规划。自2016年开始，学校基于马克思“人的全面发展”理论，马斯洛、罗杰斯等“自我实现”与“人本主义”心理学，及生涯大师舒伯“生涯发展”、霍兰德“职业测试”、加德纳“多元智能”、现代人职匹配等理论的研究与实践，拟定《高中人生规划教育实施方案》，并不断进行修订、丰富，使二十七中学生涯教育能够充分利用测量工具，有机兼容理想信念、学业专业、职业规划，有效兼顾课内活动和课外实践，强化自主探究过程，进而使学生形成一定的生涯规划意识和能力。

系统推进，分步实施。高一年级的生涯教育引领学生清晰自身性格特征、兴趣取向，形成对专业、大学、职业的初步了解，了解新高考改革有“强基计划”政策，并有意识地进行相关储备。在学生选择目标逐步清晰的进程中，适当增加生涯定向渗透，使学生能根据自身特点和社会现实，初步形成高中阶段奋斗目标。高二年级的生涯教育在高一生涯教育基础上，鼓励学生多渠道、多方式进行社会和职业体验，多角度认识自己，明确高中教育地位及任务，针对普及公民教育和选拔教育目标，对自己未来发展有明确定位，从而大致确定专业与大学，在老师和同学引导和互动中消解生涯困惑，以饱满热情步入高三。高三年级的生涯教育要求学生坚定所报考专业及大学目标，确定专业发展方向，清楚并充分运用“强基计划”政策要求，独立完成相关申报材料撰写申报，并学习大学面试及校考基础常识，强化学习动力，全力冲击高考。

二、搭建专业平台，洞悉潜在自我

在东北师范大学等专业科研团队帮助下，二十七中学在2018年建成多功能生涯规划体验馆，容测试、训练、指导、疏导等多项功能，并配备心理辅导室、宣泄室、沙盘室、学生发展指导软件平台、多元智能开发探索教室等多项传统与现代结合的设施设备，实施全面生涯教育功能。

同时，学校注重挖掘与呈现环境育人中的生涯教育元素，不断丰富厅廊文化、校园广场文化、场馆文化，努力营造了生涯教育环境，让学生在优雅环境影响和浸润下，潜移默化地增加生涯认知及教育。例如，环境教育中呈现了国家重大发展成就、前沿科技发展、国内外名校，以及历史文化名人激励引领等，这些有益的教育元素共同承载了学校的生涯教育。

三、丰富生涯课程，科学规划人生

课程是实现教育目标的重要载体。生涯教育课程要承载生命、成人、德行等教育内容，包括家庭、社会、学校教育元素，形成自我规划、自我教育的意识和能力。二十七中学经过生涯教育校本课程的开发与实施，逐步建构起了生涯教育的基本框架。

在测评基础上开发高一生涯认知课程。在教务处的协助下，利用生涯课时间，心理教师组织全体高一学生进行霍兰德职业倾向、价值观等测评，测评结果由班主任连同测评说明一同下发给学生，让学生在上生涯认知课的同时，结合自己的测评结果，更好地了解自己的性格、能力、兴趣等。

通过职业测试开发高二职业生涯探索课程。高二年级学生需要通过多种形式了解职场，掌握职业信息和大学专业信息，为多元升学通道做准备。学生需要通过生涯课程，学习收集信息的方法。因此，高二年级的生涯教育课程需要侧重指导学生如何探索职业、大学和专业。

侧重未来职业发展，开发高三职业生涯决策课程。高三年级学生处于升学的关键期，面对多元升学通道应该如何选择？生涯教育课程需要为学生们提供大学专业、考试等信息，辅助学生科学填报志愿。

四、注重理论实践，积蓄成长力量

各年级生涯体验与实践。高一年级通过到国防基地学军体验军人生活，到学农基地学农了解农业体验生活；高二年级学生通过社会实践，真正走入各行各业，了解真实职场生活；高三年级学生因为有备考任务，而且直接面临高考后选专业和大学，所以通过聘请专家进行专题讲座，直接为学生和家长提供志愿填报指导。

努力让生涯教育与现实接轨。学校常态化开展“百名家长进课堂”活动，让这些家长以自己的亲身经历为学生讲行业、讲职场、讲岗位，以家长实例引导学生规划人生。另外，学校还常态化开展“大学生母校行”活动，邀请大批优秀毕业生重返母校，走上讲台，现身说学业、说专业、说大学，充分互动交流，清晰展现未来的大学生活。

在学科教学中渗透生涯教育。年级越高，学科的分化程度也越高，各科的专业化程度也相应增强。因此，高中各科所含的专业、职业方面的知识也会较多。如果能够在教学中有效地利用，就可以较好地丰富学生的专业、职业知识，这对同学们选择专业、规划职业大有益处。学校生涯教育作为集体教研的任务，以此推进生涯教育学科渗透。

五、整合多方力量，助推生涯发展

教师是学校生涯教育的主力军。为此，二十七中学常态化开展“生涯教育+导师”通识培训，通过全员、年部、教研组、备课组、班主任、名师工作室等多层面培训研修来提升教师生涯教育意识及能力；组建生涯教育名师工作室、生涯教育研究会、校级名班主任工作室等团队，分工协作，共同推进生涯理论研究及实践探索。其中，生涯教育名师工作以心理名师工作室为基础，由名师引领团队深度推进生涯理论研究，培训引领区域教师；校级生涯教育研究会由有热情的青年班主任组成，通过定期活动，针对具体生涯教育实施中具体问题、优秀做法、成熟经验等进行交流、共享；校级名班主任工作室由知名班主任引领，生涯教育成为其研讨交流活动的一项重要内容。通过相应的制度的建设与优化，三个团队彼此交叉，各有侧重，互相促进，共同提升了学校教师团队的生涯教育意识和能力。

当然，教育是一种复杂、多元的社会活动，孤立、单一的说教很难取得理想的教育效果。生涯教育要想取得实效，还必然整合家庭、社会、学校、个人多方面的教育力量，最终形成学生生涯自我教育的意识和能力。为此，二十七中学在生涯教育方面，立足学校、引领家庭、影响社会、培养自我，已经形成了生涯教育合力，形成了教师授课、导师引领、家长示范、校友影响、专家点拨的生涯教育模式。目前，在这一合力作用下，学校的生涯教育模式正日臻完善，其中生涯规划体验馆综合活动、深度省思班会、家长讲行业岗位、学生假期研学旅行、高三系列励志教育等在不断完善的制度保障下，正不断深入、优化。

吾生也有涯而知也无涯，以有涯随无涯殆已。我们坚信，凭借坚定信念、先进理念、清晰路径、积极探索，沈阳市第二十七中学一定能够在教育现代化的发展进程中，在高考招生制度改革背景下，走出一条坚实且富有特色的生涯教育之路，引领学生走向最美好的人生。

扛减负大旗　扬教育正气

辽宁省岫岩满族自治县第一初级中学　邱　凯

岫岩一中始建于1914年，是岫岩一所历史悠久、业绩辉煌的名校。岫岩一中多次迁址，现位于岫岩山城南部，东临阜昌路，西濒小黄河，南与岫岩三高接壤，北和岫岩教师进修学校为邻。校园面积33025平方米，四周白杨挺拔，垂柳依依，环境优美，景色怡人。

基础教育关系到每一个人，是提高国民素质、实现国家富强的基础性工程。“教育减负”早已不是新鲜话题，自1985年普及义务教育以来，教育部门已经陆续下放了49次“减负令”！为此，我校解放思想，多措并举，在减负之路上，做出了有益的尝试和探索！

高瞻远瞩，竖起减负之旗

行军作战中，需要旗帜来指引方向，鼓舞士气，学校开展工作也需要旗帜鲜明地进行引领。这是我的工作理念。应试教育的理念根深蒂固，减负工作绝不会一蹴而就，我深知这项工作任重道远。所以在开展减负工作之初，我就在校领导班子中成立了减负工作领导小组，并亲任组长。领导小组成员结合市局文件精神和本校实际反复推敲，制定了适合我校的可行性减负方案，方案明确了“转变观念，切实减负，五育并举，全面发展”的指导思想，指明了校园、课堂、家庭等各方面减负的具体方向，制定了家校联合的监督体制和结合校内考核的奖惩制度。根据以往存在的作业多的现象，领导小组还具体制定了岫岩一中学生作业留批制度，同时制定每月的自查整改制度。这些有明确指向性和实效性的制度，如同鲜明的大旗，为岫岩一中减负工作的开展指明了方向，为减负工作的有序开展提供了有力保障。

求实创新，稳走减负之路

减负，是为了释放学生的心理压力，为学生构建真正宽松愉快，充满追求探索的健康的学习环境，减负要和增效相结合，最终目的是要推动学校教育的发展。

1.校园减负，多彩活动助力发展

一个学校，不但是学生学习的堡垒，更应该是学生成长的殿堂。所以学校非常重视课外活动在给学生减负过程中的作用。仅2020—2021学年度上学期，岫岩一中就开展了秋季田径运动会，建校106周年庆祝活动，大型书画展、纪念一二九运动接力赛等有仪式感的大型活动。

另外，我校也十分重视学校社团工作的开展。在学校的努力下，岫岩一中璞玉文学社组建并迅速发展壮大，现有社员130人，出月刊三期，极大地调动了学生们的创作热情。校舞蹈队、鼓乐队、篮球队也纷纷成立，并在大型活动中大显身手。

校园活动的开展和社团的成立，使岫岩一中真正成为一方沃土，育满园桃李，茁壮成长。

2.课堂减负，高效创新愉悦身心

在课堂教学中，减负和增效是一对孪生兄弟，要想减负，必须增效。学校很注重高效课堂的构建，岫岩一中以“探索高效课堂”为目的的校本教研活动全面展开。在全县倡导的集团化教学中，岫岩一中的高效课堂教学模式受到了兄弟学校的赞誉。

我校非常重视体音美学科在减负工作中所起的作用。文明其精神、野蛮其体魄，在岫岩一中绝对不是一句空话。从开学初的军训，到严格按照课表上课的体育课，再到上下午大课间的三操，跑步，真正做到了每天阳光运动一小时。岫岩一中的音乐课取得的成绩更是有目共睹。本学期，音乐老师高畅在“让音乐课成为学生减负的乐土”的理念的指引下，迈出了创新的一大步，她编排的手势舞不但受到了学生的欢迎，还成为全网热点，在中央台报道了14分钟之久。她的音乐课成了学生们喜爱的课，期盼的课，放松的课，愉快的课。周边很多学校都纷纷效仿她的做法，可以说是在传统音乐课的基础上，高畅老师走出了自己的一条新路。

如今，岫岩一中的一线教师们形成浓郁的研究氛围，工作上不断探索，精益求精，干劲十足。给学生们高效课堂，愉快课堂，成了老师们共同的追求。

3.家庭减负，多元作业才德并立

在《岫岩一中学生作业留批制度》中，明确规定了作业布置的难易、层次和总量。同时规定“作业内容突出开放性和探究性注重对学生智力的开发，兴趣的培养，而不是机械的完成大量的作业。除了文化课的作业外，我校要求以班级为单位留德育作业，让孩子们在家中帮助父母做力所能及的家务，或者孝亲敬长的事情。培养孩子们的责任感和孝敬之德。孩子们放学回家完成适量作业，之后可以和父母一起做事情，交流思想，其乐融融。引领孩子们在学习科学文化知识的同时树立良好的品德，这应该也是减负的意义所在。

4.心灵减负，素质评价正确引领

减负是为了让孩子们身心健康的成长，在学习之余引领孩子们做一个乐观自信、积极向上的人，这也是我校一直在做的事情。在这一方面，我积极推行“人人有事做，事事有人管”的班级管理方针，和各位班主任坐在一起研究这件事的实施方法。“人人有事做，事事有人管”的班级管理方法实施之后，增强了学生的主人翁意识，锻炼了学生的能力，同时也在班级形成了正确的舆论导向，促进了良好班风的形成。特别是一些学习成绩不是太理想的同学，也因为能做好一些事情而得到了同学们的赞誉，帮助他们正确地认识自己，树立了自信。这一举措，就像温润的春风，无声拂过，浸润了同学们的心灵，催开了他们内心自信的花朵。

近十年来，岫岩一中全校师生以“德厚而成人，学优而成才”为校训努力奋斗，开拓进取，先后获得了“辽宁省体育传统项目学校”、“鞍山市教育系统精神文明单位”、“鞍山市教育科研基地”、“鞍山市绿色科研先进单位”、“鞍山市保学控辍先进集体”、“县模范学校”、“县教育工作先进单位”、“县德育工作先进单位”、“县平安校园”等多项荣誉。在历届各级单位组织的活动中，一中也均取得了优异成绩。如今的岫岩一中在新领导班子带领下，以“规划高起点、设施高标准、管理高水平、教育高质量”为办学目标，努力做好三项工作。

每一条通往理想的大道，都充满了艰辛与汗水。但是，对于一个热爱奔跑的人来说，每一滴汗水都闪耀着快乐地光芒。老师们干劲十足，孩子们面上含笑，家长们满意的回馈，有着百年文化积淀的岫岩一中正在复兴崛起，这一切都是我们努力的动力。减负之路刚刚开始，漫漫征途中，需要与时俱进，不断创新。我一定坚守初心，砥砺前行，让自己的青春在为教育事业的奉献中绽放光彩！

探索职业技能教育　创造残儿美好生活

——营口市特殊教育学校大力发展职业教育工作纪实

辽宁省营口市特殊教育学校　徐晓东

随着特殊教育事业的不断发展，职业技术教育已成为特殊教育发展的必然趋势。如何在新的形势下，让特殊教育学校的职业教育更好地适应经济发展的需要，做到育残成才，成为特殊教育改革与发展的重要内容。

为破解特殊学生从"学校人"到"社会人"的转衔过渡难题，帮助特殊学生更好地适应城市社区生活、融入主流社会、实现持续发展，我校以大力发展职业教育为突破口，从特殊学生的发展需求出发，开发多项培训内容，以期帮助特殊学生实现由学校生活向社会生活的过渡，进而过上完整且有一定质量的人生。

提高认识，转变观念

习近平总书记指出，"全面建成小康社会，残疾人一个也不能少"，"共同富裕路上，一个不能掉队"。然而，特殊学生的特殊性决定了特殊教育具有双重的使命，既要向特殊学生传授一定的科学文化知识，又要使他们具备一定的劳动技能、职业技能，使其能够顺利地融入社会，成为自食其力的劳动者。这两个方面相辅相成，缺一不可。

在生涯教育理论、终生教育观、转衔教育等教育理论的指导下，我校将职业教育作为学校通往社会的桥梁，以及促进特殊教育改革与发展的突破口，充分认识在特殊教育学校开展职业教育工作的重要性、必要性和紧迫性，能够抓住机遇，切实做好这项工作。

通过市场调研和实践论证，我校以就业为导向，以特殊学生身心特点为基础，根据市场需求和学校自身情况，确定了职业教育项目，进一步优化了教育资源配置，激发了学生学习热情，使他们掌握了一技之长，为今后的就业奠定了良好的基础。

开发项目，拓展路径

特殊学生职业教育是提高特殊学生自身素质的重要基础，也是特殊学生融入社会、促进个体自我发展的重要途径。多年来，我校秉承提高特殊学生的综合素质和就业能力的教育理念，以培养学生生存技能、创建特色学校为目标，以职教课程为载体，组织相关教师通过长期的实践教学和摸索，先后开展了国画、剪纸、烘焙、串珠、刺绣、书法、围棋、装裱、手工皂制作等职业教育培训内容，多措并举抓好特殊学生职业教育发展工作。

中国画、书法。在绘画和书写的过程中，学生们的不良情绪得到合理宣泄，心理得到健康发展，心灵得到艺术熏陶，在残缺的世界里依然能够感到美、欣赏美、创造美。学生们的作品多次获得国家、省、市奖项，受到各级领导的一致好评。往届毕业生们有的利用这个特长开了自己的个人画社，为他们的自食其力打下了坚实基础。

刺绣。通过学习刺绣的基本方法，使学生感受到刺绣的乐趣。在浓厚的情感气氛中，利用各种布料进行艺术造型，使刺绣的作品更加生动形象，培养了学生的动手能力、动脑能力和创造精神。

剪纸。剪纸是一种非常适合残障学生学习的艺术形式，将剪纸艺术融入教学，不仅可以使我国传统的民间艺术得到弘扬与传承，更能激发学生对民间艺术的兴趣，锻炼了特殊学生们的动手能力，开发了学生们丰富的想象力与创造力。

串珠、制作手工皂。学生制作的串珠、手工皂等手工作品形象生动、栩栩如生，得到了到校视察的各级领导的一致好评，学生们常把自己的小手工作品作为馈赠感恩的礼物回赠给社会各界的爱心团体和人士。

烘焙。烘焙屋、手工作坊等职业实训基地，为学生们提供了职业教育的实践场所，突出实训实习这一重要环节，以方便学生将所学知识运用于实践，使学生在学校真正能够学到一技之长，为其终身发展谋出路。

书画装裱。通过多年来的教育教学，学生们已经了解了书画装裱的基本过程，掌握了现代装裱的新技法，提高了学生们的动手能力，培养了学生们做事认真、勤于思考的生活态度以及团结互助的良好品质。

围棋。围棋教学对聋生能力的培养具有积极作用。在实际操作中，它能净化心灵、陶冶情操、发掘潜能，帮助他们审美的定性，形成健康的人格和精神。

按摩。按摩是视障学生就业最集中的领域，是我校启明班职业教育的重要组成部分。我校通过加强课程建设，优化按摩人才素质结构，帮助视障学生实现自身价值。往届毕业生们利用这项一技之长，开设了自己的盲人按摩理疗店，为视障学生们步入社会、谋取发展提供了保障。

激光雕刻。我校以培养学生学习激光加工技术的兴趣为出发点，精心设计课堂教学，优化激光专业课程设置，以培养学生创造性思维和提高激光加工技术能力为重点，把学生培养成适应新时代发展的技能型专业人才。

产教结合，创新机制

传统的职业教育往往把职教看作是单纯的教学活动，是一种"消费型"的职业教育。学生生产出的产品，只是学生完成的作业，而不是进入市场的商品。为此，我校创新实施"校企合作，产教结合"的新模式，变"消费型"为"效益型"。

"校企合作，产教结合"这种模式是把学校实践基地作为职业教育主体，它既是学校的实习基地，又是生产经营实体。其具体表现为：既是课堂，又是工厂；既有教学，又有生产；既有教育教学管理，又有生产劳动管理；生产的既是产品，又有投放市场的商品。这样既培养了一批具有实际生产劳动技术和经营能力的毕业生，又创造了客观的经济效益，改善了办学条件，提高了师生生活待遇，为进一步发展职业教育提供了资金，形成了"教育—生产—教育"的良性循环机制。

跟踪服务，及时充电

对于步入社会的毕业生，我校还会为他们建立工作档案，指定专人对他们定期进行回访，与用人单位进行沟通，从每个人的工作态度、工作方法、工作能力、工作效率等方面进行了解，并详细记录。每次走访结束后，我校还会组织相关教师进行分析讨论，总结经验，肯定成绩，找出教学中的不足，对教学工作及时做出整改。而对于能力偏低的学生，允许他们回校补课。

经过多年的探索和实践，我校的职业教育工作收到了良好的效果，得到了用人单位的好评。

在竞争激烈的当今社会大气候中，有文凭的正常人要想找到一份称心如意的工作都有困难，特殊学生如意就业困难就更大了。"一切为了学生，为了学生的一切未来，我校将在职业教育领域不断摸索前行，不断丰富符合特殊学生实际的职业教育专业课程，着力培养出一批"自食其力，残而有为，适应发展，一专多能"的特殊人才，走出一条符合社会要求、符合特殊教育学校发展和特殊学生发展需要的职业教育发展之路。

化德为雨浸润心田　文化馨风春芳满园

内蒙古包头市第四十六中学　孙银林

绵绵阴山，孕育了一方钟灵毓秀的土地；悠悠黄河，汇聚成一曲跌宕起伏的交响。依几度春秋默默耕耘杏坛，仗一片丹心拳拳锻铸栋梁——这就是包头市第四十六中学，一所坐落于九原，地处新都市核心区，桃李芬芳、富有生命力的学校。

加强师德建设　塑造美好心灵

"学高为师，身正为范"。"赢得教师才能赢得21世纪的教育老师特别是班主任老师是学校德育工作的排头兵和中坚力量，长期以来，46中把教师的师德教育和班主任的班级管理培训作为德育工作的首抓任务，经常举行德育研讨会、班主任经验交流会、专题培训会、座谈会、师德演讲比赛等，提高老师的育人技巧和管理水平。学校要求教师在平常的教育教学中做到"六个承诺"：对学生微笑——让每一位学生不受到冷落和歧视；与学生交谈——让每一位学生都能和老师平等对话；帮学生明理——让每一位学生都学会辨别真、善、美；教学生求知——让每一位学生提出的问题都能得到耐心解答；给学生自主——让每一位学生的意愿都能得到尊重；给学生机会——让每一位学生都能健康成长。

学校严格落实《中小学教师职业道德规范》等文件精神，加强师德师风建设，培养师德高尚的教师。疫情期间的"战疫情，勇担当"党员一对一帮扶活动；"七一"的不忘初心、满怀激情的主题活动；"渲染师德底色，砥砺师风师魂"的师德师风主题活动、"重温党史，坚守初心"主题党日活动等进一步塑造了爱岗敬业、潜心育人的教师形象，强化了文明从教、廉洁从教的师德内涵。学校积极开展和实施教师读书学习、校本教研、集体备课等活动，进一步提高教师的理论水平和业务水平。同时选派教师、班主任赴衡水中学、呼市、鄂尔多斯等地学习实践，为创建学生喜欢、家长欢迎、社会满意的精品学校起到积极地促进作用。

"种树者必培其根，种德者必养其心"。对老师的尊，对父母的孝，对国家的忠，成为46中对学生心灵塑造的核心。每一次升旗仪式都成为感人肺腑的场面，每一次国旗下讲话都成为铭刻孩子心灵的记忆。学生风采大赛、"美德少年"活动，学生用自己的心声，将自己的故事，说自己的感受，教育感化着彼此的心灵。"学雷锋，志愿服务他人"已成为全体师生的自觉行为。"读经典书争做儒雅人"、"迎七一 童心向党"诗歌朗诵会，"青少年书信大赛"、"我的中国梦"、"百日誓师大会"等一系列活动的开展，让学生从生动、丰富、现实的生活世界之中得到感悟、明白道理。

党员教师"一对一"帮扶活动、心理辅导教师"一对一"谈心活动，生活上的照顾，学习上的指点，精神上的抚慰，思想上的鼓励，孩子们真切地感受到46中的老师是家人、是父母，46中这所学校是家庭、是乐园。

开展"3341"工程　落实德育活动

"育人德为先27年来，我校始终把德育工作放在学校工作的首位。狠抓德育领导班子建设，成立了校德育工作领导小组和德育处，构建并不断完善学校、社区和家庭三位一体的多层次、多渠道、立体化的德育网络和德育管理体系。同时开展"3341"工程，创建学校特色德育。"3341"指抓好"三格"(性格、品格、国格)、办好"三校"(初一新生军校、初二学生团校、全校家长学校)、上好"4课"(班会课、心理辅导课、安全教育课、兴趣活动课）、创设“1文化”(校园文化）。正是在这诸多系列化德育活动中同学们学会关照自我，关心他人，关爱自然，关注社会，从而坚实地走好了初中第一步、青春第一步、人生第一步。

加强社会主义核心价值观教育实践，制作24字核心价值观、中国梦、志愿者服务精神等宣传栏，积极推动社会主义核心价值观进课堂、进头脑。充分利用重要时间节点开展“扣好人生的第一粒扣子”等主题教育实践活动，引导学生从小立志向、有梦想，爱学习、爱劳动、爱祖国。加强学校德育体系建设，科学设置并落实德育课程，2020年9月份在初一年级启动“美好未来教育把思想道德教育融入学校教学各个环节，融入学生学习生活各个方面。落实《中学生守则》和《中学生日常行为规范》，开展了“学守则，争做文明中学生”主题教育活动。通过周一升旗、国旗下演讲和主题班会等活动，不断健全和提高学生的思想道德素质。开展心理健康教育，18名拥有国家二级心理咨询师证的老师包年级包班对问题学生进行跟踪疏导。

丰富活动阵地　创建文明校园

我校大力加强校园文化阵地建设，设有家校微信群、宣传栏、展板、校园文化墙等文化宣传阵地，重点宣传党的方针政策、学校教育、家校共建、文明校园创建等工作，2020年11月24日开展“生命与爱同行，家校携手共赢”大型云端定制直播课，共有学生、家长3000余人参与。积极开展社会实践活动，寒暑假让学生走进自然、社区和社会，开阔视野，提升文明素养。同时借助包头市综合实践基地平台2019年100名学生去山西大同研学，2020年452名初一学生去包钢和美岱召研学。

学校传承历史，建设优良校风、教风、学风，运用校训、办学理念、办学目标、校史、校徽等校园文化符号，激励学生爱学校、爱学习、共建校园文明。多样的楼道主题文化、多彩的公寓食堂专题文化、多姿的教室特色文化等都体现了学校办学理念和思想，引领学校内涵发展成绿色校园、文化校园、书香校园、美丽校园。9月的开学典礼暨教师节表彰活动、每周一的升旗仪式、7月份的初三毕业典礼等教育活动、文明礼仪月和学雷锋月等活动都起到了润物无声的教育效果。结合“端午节”、“中秋节”、“重阳节”传统节日，开展主题教育活动和综合实践活动。营造创建氛围，开展文明出行、文明交通、文明礼仪等教育活动，积极参与文明校园创建工作。

优化校园环境　建设平安校园

我校的“崇德园”、“健体园”、“启智园”、“明理园”等多个专门性景点花园，实现了环境育人。学校教学区、生活区、活动区等布局合理、整洁有序。抓实节水、节电、节粮尤其光盘行动教育，师生健康的消费理念和节约意识正逐步形成。今年学校重新更换、设置校园监控系统，配有专门的安防控制室并实现校园安全全覆盖。积极开展法制和安全教育活动，提升师生的安全意识与能力。校周边秩序良好，为师生提供安全保障。

玉经琢磨多成器，剑拔沉埋便倚天。我校自2012年起创办的校刊《余沙辑》，被评为内蒙古自治区青少年优秀文学社团。学校男、女篮球队自2012年以来连续5年蝉联包头市中小学生篮球锦标赛初中男子组、女子组冠军。近年来，包46中学屡次荣获“全国中小学思想道德建设先进单位”、内蒙古自治区“做一个有道德的人”主题活动联系点、“自治区绿色学校、交通文明示范学校”、包头市“义务教育示范学校”、包头市“普法依法治理先进单位”、九原区“先进基层党组织”、九原区“五四红旗团委”等殊荣。滴滴雨露绽开满园春色，校园德育风景这边独好！如果说这些成绩是46中这棵大树上结出的累累硕果，那么那强健而有利的根系便是我们提出的“以人为本，构建优秀教师群体；以德立校，创办一流现代化初中”的办学思想。在这强健的根系下，46中这棵大树正沐浴在教育改革的和风细雨中展现着教育生命的绚丽与精彩。

莽原拓荒育桃李，和风细雨争报春。润物无声谱新篇，一支奇葩艳九原。从46中的丰硕成果和年轻锐气里，我们仿佛看到了九原教育的未来，包头教育的未来。然而，鲲鹏展志，志在千里，千里欲乘风，青山路更遥，46中人将以“海的心胸，山的信念”继续奋力向前！

步履不停，终会和理想遇见

内蒙古包头市昆区友谊大街第二小学　杨鹏

包头市昆区友谊大街第二小学始建于1964年。风雨兼程，走过半个世纪的发展历程，面对教育教学深刻变革和发展的新格局，我们深切感受到教师队伍建设是学校发展的基石。特别是今年教师节，习近平总书记在和北师大师生座谈时，提出了“面对崭新时代，做四有好教师”的标准，要求教师有理想信念、道德情操、扎实学识、仁爱之心。作为学校管理者，我们能够感受到，这四条准则的确立，其实是非常“接地气”的，作为师者立德立言，传道授业解惑，应该以这四条准则来严格要求自己，这也客观反映出新时代要求下，我们的教育管理和从业标准越来越回归教育的本真，同时也为我们教育管理者怎样完善教师队伍建设引领了正确航向。面对新时代对于教师的要求，结合友谊二小的实际校情，我们也构想实施了一系列的教育管理举措，努力提升学校的教师队伍整体水平。

一、着眼校情　精准定位

友谊二小地处友谊大街西段，周围有包钢一小、包钢十小、包钢二十五小、包钢二十六小这样原属于企业创办的小学，几所学校相距不远，学校的生源优势并不突出，那么这所有着近六十年办学历史的学校，该怎样找到最适合自己的精准定位呢？自接手学校工作以来，我们就非常关注学校的办学理念和定位，提出了以“苔花精神”为核心的校园文化。“苔花如米小，也学牡丹开”.这是出自清代袁枚的诗，苔花虽小，却也有属于自己的精彩。我们用这样一种苔花精神来鼓舞师生，扎扎实实地做好本职工作，在平凡的岗位上，在默默坚守和奋斗中绽放光彩，开出属于我们自己的美丽的“苔花”。

以“苔”文化为核心，我们关注学校良好人文环境的创设，要求师生平心静气的悦纳自己的岗位和工作，调整浮躁的心态，专注于专业领域，因此提出了“和悦教育”理念。和谐的人文环境，包括师生关系的和谐，同事关系的和睦；悦纳的良好心态，包括昂扬自信的精神风貌，能够不断迎接挑战的心理素质，以及学会彼此接纳合作共赢的思想转变。以“和悦教育”理念作为指引，学校在教师队伍建设和管理方面下大力气进行了一系列管理措施的落实和推进，有了显著成效。

二、凝心聚力　振帆领航

一所学校的发展，归根结底来自于两支精锐队伍的建设，一支是校领导班子队伍建设，另一支是教师队伍的专业化发展。想要让教师队伍走得更快更远，首先要规划好领导班子的步伐，要形成一个团结合作，擅于互补共赢的领导班子，充分发挥班子成员分工协作、集体决策的优良传统，增强班子的战斗力。

创建学习型领导班子。保障领导干部思想的不断进步，必须要有理论的不断充实和学习，因此学校党支部定期开展中心组成员学习，学习内容辐射党史党章、大政方针等等，坚持校本培训与校外培训结合，坚持理论学习与实践研究相结合，坚持互动研究与学习分享相结合。从思想觉悟建设方面，要求行政领导班子成员首先在思想意识上要走在老师们前面，在思想觉悟上要高于老师们，提升干部的发展意识、管理水平和执行能力。

创建业务引领型领导班子。校领导班子成员都是学校教师中的一批精英，虽然从事了行政方面的事务和工作，但是我们仍然要求班子成员在业务能力和水平上不断提升，始终做老师们的领路人。业务突出的班子成员，在实际工作中往往也更有威信，更能赢得老师们的信赖和认可。因此在教学管理方面，我们要求班子成员首先做到自律，能够进行自我管理。开学初的各学科教材分析讲座、导向课首先由教导处主任和学科教研组长来承担，这既是对班子成员的鞭策，也为展现班子成员业务水平搭建了平台。每次外出学习也会安排班子成员带队，一方面是为老师们做好后勤服务，另一方面，也是为班子成员在业务发展方面搭建上升的阶梯。

三、创新理念　扎实推进

学校有教师60名，区级以上的骨干教师20人，教师年龄在40岁以上达26人，30岁以下19人，教师年龄成两极化。面对这样的一个教师队伍结构，我们感觉到教师队伍建设有以下几个难点，首先是老教师的经验本位思想严重固化，其次是青年教师成长梯队动力不足。除此之外，如何让教师因职业而幸福，因职业的崇高而不断修正身心言行，提升师德修养，也是抓好教师队伍建设的难点。为此，我们坚持“专家引领、同事互助、关爱教师”的工作思路，以促进教师专业化成长为目标，以校本研培为主渠道，开展以新理念、新课程、新技术为重点的系列活动。

1.体验式活动中加强师德情操教育

教育工作者首先要有一颗不断仰望星空的初心，要有为人师者的理想信念和道德情操，才能够在繁重琐碎的教育工作中保持严谨自律的态度。我们确立了在活动中体验，在参与中陶冶教育情操的工作思路，以教师节、国庆节为契机，开展了一系列丰富多彩的师生共建活动，让教师去体验和感受为人师者的责任和幸福，唤起教师的教育情怀和教育理想。

新老教师结对共建活动中，我们请学校德高望重的资深教师做代表，分享自己的成长故事；在庆祝教师节活动中，党支部书记带领全校教师庄严宣誓，并郑重签下师德师风签名。活动的开展，教师们重新找回了为人师者那份重任在肩的感觉，教师们的责任意识加强了，更加关心学校的发展建设了。我们适时进行了不同层次教师的座谈活动，和所有教师平等对话，鼓励教师们敞开心扉，向我们领导班子多提意见和建议，共同研究怎样把学校工作开展得更好。让教师发自内心地感觉到学校的发展建设和自己息息相关，产生以学校为贵，以学校为荣的荣誉感，是从价值观认同上来引导教师们师德情操的建立。

2.由“经验本位”到“学术引领”专业化发展

学校教师结构比较特殊，教龄在二十年以上的老教师达到了全体教师人数的43.3%，这些老教师有着丰富的教育教学经验，但是多年来经验的累积必然会形成一种经验本位的工作思路和价值取向，接受新的教育教学思想，成为一种挑战。因此，我们以名师工作室为依托，开展了名师小专题研究系列教学研讨活动，要求资历丰富的老教师，深入到所从教学科的某一项小专题中进行研究，就教学原理、教学策略进行系统的研究，并且最终要以“教育教学展示周”的形式呈现，尽可能地展示老教师在专业领域方面的理论积淀，帮助老教师们走出经验本位的窠臼，做到教育教学常思常新。只有真正做到用去经验化走学术化的思路来指导资深教师们进行工作，才能够让教学经验丰富教学能力卓越的老教师们充分发挥引领作用，成为学校教育教学工作的领头雁。

3.关注青年教师梯队式成长

近两年新任职的青年教师为学校补充了大量的新鲜血液。但是青年教师教学经验匮乏，教学技能尚有诸多短板，如何能够让他们在教育教学团队中快速成长，是学校着眼现在功在未来的一项重要工作。因此，我们根据青年教师的成长需求，成立了“追光者工作室打破了学段壁垒，以学科为单位进行整合，为青年教师安排导师，青年教师在导师候选人当中进行自主选择。这些来自各个学科的导师候选人由学校教育教学骨干担任，他们教学能力强，业务能力精，同时我们力求吸纳不同教育教学风格的骨干担任此项工作，旨在给予青年教师更多元的选择，可以选择自己欣赏的导师跟随其进行学习。学员和导师之间进行双向选择，要求导师进行跟课指导，基本功把关，对自己的学员进行动态管理和考核。学员也可以对导师提供的帮助指导进行反馈，所有反馈结果都纳入年底评优竞先和业绩考查结果当中。“追光者工作室”成立以来，掀起了青年教师跟岗学习比赶超的热情，更激励了学校核心骨干培养教学尖兵的斗志，形成了教育教学研讨热潮。

关注青年教师的梯队式成长，要让他们能够静下心来磨炼教艺，沉下心来钻研业务，为此学校必须要为他们提供一方平台，助力他们成长。扬长补短的管理机制和思路之下，青年教师有了展示自己的空间和舞台，也有了不断拔节向上的教育志向，真正起到了推动青年教师成长的作用。

4.重视团队整体提升

学校是一个整体，每一个教研组又是一个个小的团体，我们高度关注教研组“和悦教育”理念的落地性，以教研组为单位进行团队文化的展示，开展团队研修活动，要求组内分工到人，人人参与人人出力，并且定期和不同年级组开展座谈会，了解组内教师资源，重视不同年龄段教师的分工合作。我们开展专项技能训练活动，每位老师上报一项较为擅长的教学内容，在组内和其他教师共同分享互学，组内进行资源整合，既是资源共享的最大化，也推进了教研组团队的建设。

四、科学管理　动态管控

学校规章制度是学校各项工作全面落实的基本保障。对全校各部门与师生起着约束、规范、激励和引导作用，既能促进教师不断自主学习，提升业务，又有利于促进学生德、智、体、美、劳等全面发展，制度建设已经成为学校的一种深层次的校园文化。

学校新领导班子组建以来，我们着重完善学校规章制度，在教育教学制度、保障师生权益等方面，着力构建体现自身特色的制度。逐步推进学校制度管理的科学化、精细化、人文性、合理性进程。

我们认为完善管理制度的关键是以人为本，学校构建以鼓励与倡导为主的，以促进教师发展为根本目的的教师管理机制。不尽合理的，力求合理；力度不够的加大力度，在落实各项制度时缺规章制度的，补充考核细则。其目的是：规范，鼓励，倡导。因此，思路便非常明确了：在学校的“软肋”上加上奖励力度，以鼓励更多的教师争优创先；在团队建设和教师专业成长上加大引导力度，让教师知道可以怎么做以及做得好坏的评价要求。以完善学校考勤制度为例，开学伊始，我们就召开了教代会，反复商榷考勤管理制度，并征得全体教师意见，进行不断修改完善，让每一位老师感到，我们的工作细致科学有人文性。今年的岗位聘任、职称评聘工作，我们也始终以机制先行为工作思路，同样召开了领导小组、教师代表会议，让制度和措施走在实际工作的前面作为引领，取得良好的效果。

面对崭新的教育时代，我们深知单兵作战是不可能获得成功的，只有依靠教师团队的力量，才可以走得更稳更坚实。因此，加强教师队伍建设是学校各项工作的重中之重。教育大计，教师为本，不断加强教师队伍建设，也必将是友谊二小今后工作的一个重要着力点。我们且思且行，步履不停，旨在能够打造一支师德高尚、业务精湛、结构合理、充满活力的高素质专业化教师队伍，成就属于我们老百姓的一批“四有”好教师，这是我们的教育目标和理想，也是我们不断前行的方向。

与时俱进重发展，品质立校育桃李

内蒙古包头市土默特右旗美岱召中学　刘文先　武俊玲　姜萍萍

“一年之计，莫如树谷；十年之计，莫如树木；终身之计，莫如树人。一树一获者，谷也；一树十获者，木也；一树百获者，人也”。这段话既阐明了人才培养的重要性，也揭示出人才养成的不易。正是这种不易，更需要师生共同维护，营造一个温馨健康的教学环境。今年年初，我校被土右旗教育局推选为乡村温馨校园建设典型案例并在全国乡村校园中脱颖而出，成为乡村温馨校园的代表。这不仅仅是因为我校历史悠久、文化底蕴深厚，更源于与时俱进、孜孜不倦的追求，让一代代敕勒川学子在温馨有爱的环境中成长蜕变、成为祖国和家乡的社会主义事业建设者和接班人。我校地处大青山南麓的革命老区、“中国历史文化名村”——美岱召，依山傍水，环境优美。校园内松柏苍翠，杨柳依依，鲜花艳丽，游园雕塑，相映成趣。已覆盖初中、小学、幼儿园三个学段，而且教学区域独立。学校音体美器材、图书、实验仪器等配备齐全，每个班级都有班班通设备，实现互联网接入和日常信息化教学。学校室内外运动场所兼备，学生每天运动一小时、体育课不受外界天气影响。学校生活设施实用够用，建有足够600人同时就餐的食堂并且实现“明厨亮灶就餐环境干净卫生；各教学、生活区域都配备饮水设备，上学期间能供应安全优质的开水；学校建有足够同时600人居住的宿舍，宿舍楼内洗漱卫浴设施配备齐全、使用方便。

一、弥足根本，凝心聚力谋发展

教师是学校的生存之本，学生则是发展之源，教学质量是学校发展的生命线。我校现有教职工70名，在校生465人，15个教学班。我校师资齐备，正努力建设一支高素质的教师队伍。现有市级学科带头人1人，旗级学科带头人5人，市级教学能手2人，旗级教学能手10人，为提高学生素质提供了师资保证。此外，我校还有健全的教学管理规程，始终坚持德、智、体、美、劳“五育”并举，将国家规定课程和校本课程进行整合，并且充分利用课后服务课，进行个性化教学和有针对性地辅导，突出因材施教，全面发展素质教育。在全校师生的共同努力下，学校的教育教学质量过硬，在社会上享有较高的声誉，得到了家长及社会的肯定。另一方面，我校注重挖掘和传承学校文化传统，一直秉承“让孩子享受优质教育，快乐学习，健康成长；让老师接受人文熏陶，愉快工作，幸福生活；让学校展示历史积淀，乘风破浪，扬帆远航”的办学理念，以“以生为本，狠抓常规，创办特色，规范发展，提高质量”为工作思路。这些文化传统和办学理念不仅仅是悬挂在陈展室里、写在校史里，还体现在校园的方方面面，流动在美中师生的血液里。教育始终要紧紧围绕课堂教学开展，为此，我校大胆创新课堂教学，倡导自主合作学习，师生之间平等交往、相处融洽，师生行为举止文明，彰显礼仪规范，绝无教师歧视学生现象。同学之间团结友爱互相帮助，没有校园欺凌现象。留守儿童一直是我校切实关心的重要问题。为此，我校成立了留守儿童帮扶小组，党员教师对家庭经济困难学生进行一对一地教育资助，心理教师对需要帮助的留守儿童进行心理援助，对于辍学返校的学生校领导进行结对帮扶，对于身患重疾无法到学校上课的同学给予上门送教服务。我校还充分利用美岱召村及周边村落的历史文化资源开展教育教学活动，定期组织家校共建活动，进一步为学生成长提供了保障。

二、初心不殆，深耕细作育骄阳

学校安全是一切教育教学实施的基础。一直以来，我校严格落实国家关于学校安全管理的工作规定，行政人员定期开展安全风险排查，我校定期组织全校师生进行教学楼和宿舍楼的防火、防震等防灾演练，消防器材定期检修、更换。我校有健全的宿舍管理制度和学生应急就医机制，6名专职宿舍管理教师能够实现24小时专人值守。食堂有健全的食品安全管理和追溯制度，并能严格落实小学3—6年级和初中组集中用餐制度、小学1—2年级班主任陪餐制度，带班领导每日陪餐制度。此外，我校还邀请刑警大队长、公安局法治科科长进行扫黑除恶法制宣讲。时至今日，经过全校师生团结协作，不懈努力，我校已发展成为一所师资雄厚、软硬件设备齐全的现代农村新型九年制义务教育示范学校。还在初中组教学楼一楼大厅设立了校长信箱，建立了校园管理服务质量的反馈评价机制，我校始终紧跟时代发展，以提高教育教学水平作为奋斗目标，为教师创造舒心的工作环境，为学生创设温馨的学习环境，做到“教师发展，学生发展，学校发展让教师、学生、社会真正感到满意。

“春风桃花红、雨润花更艳”。教育如暖阳，它尊重、赏识每个个体，致力于学生能力、品德等各方面素质的全面提升，服务于个体的健康成长，滋养每一个生命。而学校是哺育千万学子的良田，教师扮演着日夜守护在田野旁边的勤匠，他们用毕生的文化知识和真情的陪伴铺垫着学生走过每一步。将“树德立人、自强不息”的教育理念代代传承，不忘初心。

演绎书香风采　浸润智慧校园

内蒙古赤峰市翁牛特旗乌丹实验小学　林术虎　夏春红

乌丹实验小学创办于1907年，有着悠久历史和光荣传统。现有教学班35个，在校学生1762人，教职工90人。鉴于时代机遇的召唤和学校文化的积淀，我校自2016年喜迁新址后，确定了“智慧教育”的办学理念，明确了“以智慧育人，育智慧之人”的办学思想，定位了打造“智慧校园”这一发展特色。近年来，学校立足实际，锐意进取，深入推进教育教学改革，积累了一定的经验，取得了明显的效果，形成了特色办学的格局。

为加强校园文化建设，积极打造“书香校园引导师生喜读书、多读书、读好书，我校千方百计让师生爱上阅读便成了实施“智慧教育”的不懈追求。一直以来，我校始终把读书作为重中之重的工程来抓，将读书活动上升到课程的高度，演绎书香风采，最终形成“要我读”为“我要读”的良好生态，浸润智慧校园。

一、搭建阅读课程平台，保证阅读时间

1.“日日自主读”——培养学生良好阅读习惯。

不积跬步，无以至千里；不积小流，无以成江海。学生坚持每天阅读，就是养成阅读习惯的开始。

（1）早读。“一天之计在于晨”充分利用好早读时间，要求学生早晨进入班级后，开始大声朗读或背诵古诗、课文。孩子们每天在郎朗的读书声中开始了又一个充实的日子。

（2）课余读。要求学生利用在家的时间坚持每天阅读至少30分钟。学校一、二年级的学生不留书面家庭作业，每天家庭作业的主要内容就是阅读。

2.“周周集中读”——补充阅读时间和内容。

（1）学校将周一的第一节课设为诵读课。学生利用学校开发的校本教材《古诗文经典诵读》进行背诵，或是教师利用班级图书角的《唐诗三百首》、《宋词儿童版》、《三字经》、《千字文》、《经典美文》指导学生诵读。

（2）学校将周五第一节课设为全校阅读课。这样，解决了部分学生课下阅读量不足的问题，同时，在教师的陪伴和指导下，提高了学生阅读能力，培养了学生的阅读兴趣。阅读课又分阅读指导课、阅读欣赏课、阅读交流课、读物推荐课等多种形式。在这一节课当中，我们的教师或是与学生共读一本书，或是指导学生阅读一本书，或是与学生共同赏析一本书。在阅读课当中，学生要阅读大量的课外书籍，平均每人每个学期不少于四本。

3.“月月汇报读”——促进学生交流共享。

以班级为单位，利用每月最后一个星期五的第一节课举办班级读书汇报会，充分利用好语文课堂主阵地，由语文教师主导，内容有好书推荐、演讲交流、古诗诵读、故事演说、课本剧等。还可以谈一谈近期开展阅读活动以来的收获；怎样合理利用课余时间，有效读书；介绍自己在家庭中是怎样带动父母阅读的实际行动。同学们互取所长，学到了更多读书知识和方法，加深了爱书、用书的思想认识，同时又促进了同学间读书竞赛活动的自觉形成。

4.“社团活动读”——提高学生阅读兴趣。

利用社团活动，创立了“经典绘本阅读社团”和“经典文化朗诵社团”。小小绘本装载着大大的世界，经典诵读带给孩子一片生机。绘本社团的指导教师利用社团时间带领学生开展绘本阅读，组织学生聆听经典绘本故事。朗诵社团指导教师带领学生学习朗诵方法和技巧、领略文字韵律之美、感受祖国传统文化魅力。寓教于乐的活动中，强烈的激发着孩子们的兴趣，让孩子们在阅读和朗诵过程中，享受别具风味的诵读魅力，同时让中华经典的诗文浸润孩子的童心童趣。

二、营造浓郁读书氛围，创造读书条件

1.购买图书。

（1）购买学生喜欢的读物。学期初，学校通过“调查问卷”了解学生需要和喜欢的读物，结合学生的年龄特点和学段要求，精选并购买大量图书，如：童话系列、人物故事系列、历史故事系列、校园故事系列等等。

（2）近两年，学校为教师购买了600多本专业理论书籍，又依据上级相关部门推荐的“千人教师同读一本书”的推荐书目，每学期共同确定教师共读书目。老师利用学校规定的时间与学生同读，教师们边读边做读书笔记，并写下自己的心得体会。每学期，平均每位教师阅读理论专著及教学刊物为4本，撰写的读书心得2篇。

（3）为全校学生订购了与新课标语文教材配套的阅读教材。每学期均购买1700余本。

2.开发校本教材。

中华经典文化，民族之本；中华传统文化，民族之基。经典是唤醒人性的著作，可以开启人的智慧，增强学生强烈的民族自豪感。学校依据新课标学段要求，开发了《古诗文经典诵读》。

学校为规范学生的日常行为，提升学生安全防护意识，丰富学生学习的内容，拓展学习视野，培养文明习惯，提升综合素养，为学生编制并免费发放了通识性教育读本《做智慧儿童》。读本内容涵盖了“传统文化、爱国教育、学习智慧、珍爱生命、文明礼仪、生态保护、身心健康、交通消防”等丰富的课外知识。

3.开放图书室：学校图书室现藏书25000余册，其中教师读物7000余册。向师生提供丰富优质的藏书。学生可以按照规定的时间到图书室借阅，或以班级为单位集体借阅，图书也可开架借阅，供学生自由选择，进行自主性阅读。

4.办好班级图书角：我们要求各班发动学生把自己家中的藏书带到学校，充实班级图书角。各班的图书角藏书可谓琳琅满目，涉猎广泛，有科普知识、历史故事、人物传记、四大名著、脑筋急转弯等等。各班学生推选成立了图书管理小组，严格借阅管理制度，好书交换活动已成为一种常态，同学们形成了好书先读为快的愉悦读书氛围，畅游书海，各班洋溢着浓浓的读书氛围。

5.利用学校广播，营造氛围。学校利用校园广播，在每天上午的间操课前三分钟开设“红领巾诵经典”时间。全校35个班级按天依次利用这个时间段进行“经典诵读”。低段学生诵读古诗、诗歌系列；高段学生诵读经典诗歌、美文系列。有时，也有老师参与其中。每天这个时刻，校园里的孩子们或是安静的倾听欣赏，或是大声跟着吟诵，亦或是边听边做着自己的事。各班学生积极参与，热情高涨，极大地提高了学生的诵读积极性，创设了书香校园的良好氛围。

6.开展亲子读书活动。倡导家长与孩子共读一本书，每学期至少同去两次书店。通过举行亲子阅读活动，增进了家长与孩子的情感交流，实现了家长与孩子共同阅读与生活、阅读与学习、阅读与成长的融合。这种做法得到了家长的一致认可，同时，也让越来越多的家庭溢满书香，进而推动学习型社会的建设。

7.注重积累，学以致用。“不动笔墨不读书如果只阅读而不动笔，对学生来说很容易忘记。为此，我校针对各年级学生的不同情况，设置了读书摘记卡、阅读画一画、读书感悟、思维导图等记录册，并定期进行展评，用阅读给每位孩子的人生打好底色。

三、形式多样的阅读活动，成果丰硕

为师生搭建平台，每学期均组织师生开展以“书香溢校园、读书伴成长”为主题的诵读比赛活动。同时，积极组织师生参加各级各类师生诵读、征文活动。全校师生热情高涨，参与面广，同时也涌现出一大批喜爱朗诵和写作的小明星，极大地丰富了校园生活，也促进了学生学习语文的热情。

近几年：

2015年5月，参加全旗中小学师生经典诗文诵读比赛中，获学生组“一等奖获教师组“二等奖”。

2015年7月，赤峰市第八届“小作家杯”文学大赛中，被授予“优秀组织奖”荣誉称号。

2016年7月，赤峰市第九届“小作家杯”文学大赛中，被授予“校园文艺创作先进单位”荣誉称号。

2017年5月，荣获全旗首届校园读书节“十佳书香校园”称号。

2017年11月，获旗级“首届小学生汉字听写大会”团体“一等奖”。

2018年，参加全市第二届校长教师读书节征文大赛中获“二等奖”。

2018年9月，参加全旗课本剧表演比赛中，获“一等奖”。

2018年9月，获旗级“第二届小学生汉字听写大会”团体“二等奖”。

2018年10月，获旗级“中小学师生诵读中华经典比赛”、“二等奖”。

2019年12月，低段语文绘本教学在全旗区域教研活动中进行课例展示，获得与会领导和教师的一致好评。

2020年11月，参加全旗教师演讲比赛获“二等奖”。

2020年12月，参加全国第二届中华经典诵写讲大赛获“优秀奖”。

回首学校开展读书活动的每一个瞬间，每一段历程，师生的不断成长让我们更加坚信：阅读将成为我校师生的生活方式，成为师生的自觉习惯，我们将一直在飘着淡淡墨香的“书山”之路上默默地攀登着……

教育简单做，学生精彩学

——赤峰市元宝山区元宝山小学实施生本教育侧记

内蒙古赤峰市元宝山区元宝山小学　于杰　孙晓波　刘晓宇

近几年来，赤峰市元宝山区元宝山小学将生本教育作为工作重点之一，让“教堂”变成了“学堂“教室”变成了“学室教师从“教会”到“会教学生从“学会”到“会学我们经历了蜕变，过程不易，但成果喜人。我们让充满生机与活力的课堂呈现在大家的视野之中，一朵朵鲜

花在校园的每一处角落悄然绽放。真正达到了郭思乐教授所说的“教育可以这样简简单单的来做，但学生能够学到无限精彩”。

一、依靠教师力量，推动生本教育

改革始于相信。以学生发展为中心的课堂改革在元宝山小学进行得如火如荼，教师便是不可或缺的组织者、参与者以及合作者。几年来，元宝山小学各年级各学科教师认真学习课改理论，转变教学观念，结合自己的教学工作，在课堂教学中进行理论实践。在不断地实践过程中，自主探究式合作学习方式已成为课堂的主流，而课堂也已然成为师生展示风采的大舞台。有如此成果，皆因为教师们对生本教育的肯定。

改革之路从来都不是一帆风顺的，教育的改革之路也是如此。教育改革的关键是教师观念的转变。然而，要从“分数、升学率”这样的字眼中挣脱出来着实不易，为了打破已有观念，正确理解教育规律，明确教育的正确方向，我们不断探索。在摸索中我们发现成功的改革需要领导和教师的共同努力。领导要实时跟进课改进程，及时指出课堂教学改革发现的问题，与教师共同研究，集体攻坚，做教师的坚强后盾。而作为教师，应静下心来实实在在地去研究，洗尽铅华，力求还课堂一份简约、一份本真、一份纯净、一份厚重。教师之间需要集体备课，对课堂上所讲的内容和形式要进行探讨，如果能从系统学的高度去把握本学科的知识，他所认为必须要讲的东西就会越少，那么，他留给学生自由讨论的时间就会越多。所以，学生之间的小组讨论不是一种形式，而是一种需要。小组讨论要选择有讨论价值的问题，要在学生充分独立思考的基础上进行。这要求教师以“生本理念”来备课，考虑如何对教材进行重构，突出知识的主干，做到教师尽量少讲，让学生自己学、自己体会和感悟。

在生本教育的经验交流会上，一位老师用自己的实践来证明，通过生本教育改革对学生能力的培养，现在学生已具有很强的自学合作质疑能力，每堂课都上得很轻松，很多重难点，学生们经过合作交流，自己就能解决。而这样的成果也将会激励更多的教师以“生本教育”理念来教书育人，相信生本教育的力量，从而推动生本教育的发展。

二、教师素质是生本教育的保障

推动生本教育，除了教师的信任，也需要教师素质的提高。为了尽快适应课改需要，我校采取走出去与请进来相结合、集中培训与校本培训相结合、教学研究与教学实践相结合等形式，力求建设一支素质和水平较高的教师队伍。

“生本教育”实施过程中要求教师在学习理论的同时，要走到课堂中去，发现实施过程中存在的不足，达到理论指导实践，实践丰富理论的效果。教师要在汲取生本教育前沿成功经验的基础上，扎扎实实开展校内研究，通过集体培训，加深对生本教学思想的理解，把自己的学习成果在组内交流，互帮互学，在学校内广泛交流，以此达到共鸣。

在不断地实践交流中，教师的专业素质会不断提高，而我校的生本教育也会在教师素质提高的基础上获得更好地发展。

三、尊重学生的成长规律是生本教育的关键

生本教育最大的特点就是尊重学生的成长规律。尊重学生的成长规律主要体现在教与学方式的转变，要摒弃以往教师一讲到底、学生洗耳恭听的状况，在课堂上鼓励和引导学生发表自己的见解，增强学生自主学习和合作探究意识。

尊重学生的成长规律，一是要鼓励他们敢于坚持自己的观点，不人云亦云，让他们勇敢参与争论，在合作交流中，在激烈的思维碰撞中去检验自己的观点得出正确的结论，做一个有“思想”的学生。二是敢于提出问题、能够提出问题。学生学习的过程就是一个由发现问题为起点到解决问题为终点的过程，评价学生学习质量的好坏，要看学生发现了多少问题。所以我们教师的作用不是只让学生马上解决问题，而是应培养让学生善于发现问题、主动提出问题、有勇气面对问题的意识。三是敢于创新。教学中教师应及时捕捉学生思维迸射出的创新火花，鼓励学生发问的独特性和创造性，努力培养学生大胆创新的精神。四是敢于评价。在生本课堂中不仅有老师对学生的评价，也有学生对学生的评价，还有学生对教师的评价，学生之间的评价起到了有效地相互鼓励、相互促进的作用，使学生真正成为课堂的主人。

另外，培养学生的信心也是尊重他们成长规律的重要步骤。自信是取得成功的有利保证，只有相信自己，才能做好事情。学生在自己学习以及与同伴相互讨论的过程中，敢于彰显自己的个性，相信自己能克服万难，达到目的。教师要引导学生相信只要持之以恒，不半途而废，就能取得学习上的成功。

学生学习能力的提升就是“生本教育”尊重学生成长规律的最好诠释。经过生本教育改革对学生能力的培养，学生已具有很强的自学、合作、质疑能力，很多重难点，学生们经过合作交流，自己就能解决，教师和同学的鼓励、加油让学生始终带着愉快的心情参与到课堂中。教师也如牧者之悠然，学生如禾苗之生长、鲜花之怒放，师生因为精彩的不断呈现而享受着教课、学习的乐趣。

四、“生本教育”果实香甜

我校经过“生本教育”的实施已然做到了各个班级有特色，整个校园里“百花齐放，百家争鸣”。我们也做到了每个学生有特长，他们每个人都有自己鲜活的个性，我们教室随时随地挖掘每个学生的潜力，最大限度地发挥每个学生的积极性和主动性，培养学生敢说、敢想、敢思、敢于合作的精神。

如今的课堂和师生面貌已经焕然一新。教师们从“演员”变为“导演从主导者变为引导者，教师们深刻体会到“儿童是天生的学习者，是有无限发展潜力的人”.我们一直在用实践见证生本理念的正确性。教师可以少教，学生可以多学，甚至个别课堂能达到“不教而教”的境界，不仅学生的学习成绩有所提升，个性特长也得到了彰显。

教师和学生们真正体会到了生本教育的魅力。学生们就像原野上的夏花一样，绚烂的绽放着自己的光彩，那些精彩的展现、精彩的思维、精彩的解读，是身为教师才能感受到的幸福。我校教师们已然达成共识：我们将持之以恒地坚持生本教育改革，在生本的康庄大道上奋勇前进！

元宝山小学师生在校领导的带领下找到了充满生机与活力的可持续发展的生本教育之路。今天生本教育的课堂基本上是学生讲、学生问、学生自己解决问题。而教师只是在寻找机会给予价值引导，等待时机给予画龙点睛，捕捉学生冒出的精彩与蕴藏。我们懂得了“不教而教”是生本教育的终极目标，我们相信“是花，总有盛开的时候”我们乐于体验做“牧者”的幸福与快乐！

素质教育观念指出：给孩子一些权利，让他自己去选择；给孩子一些机会，让他自己去体验；给孩子一点困难，让他自己去解决；给孩子一个问题，让他自己找答案；给孩子一种条件，让他自己去锻炼；给孩子一片空间，让他自己向前。创造适合学生的教育，才是最好的教育。此时的元宝山小学做到了，以后会做得更好！

“深度学习”教学改进项目的研究与实践

内蒙古鄂尔多斯市康巴什区第二中学　李金锋

教学质量是学校的生命线，是学校的立校之本，是教育工作永恒的主题和不变的中心。为确保新一轮课程改革的成功推行，解决当前课堂教学中存在的难点问题，我校积极推进“深度学习”教学改进项目，大力提高教师课堂教学研究水平，加速推进课堂教学减负增效工作，不断提炼和完善具有校本特色的教学理论。

一、开展“深度学习”项目的实验背景

上学期，学校领导通过听评课活动和在师生层面的调研，深刻剖析了我校教学现状中存在的问题：“教师主导地位”的专制使学生的主体地位很难体现；“提高课堂效率”的内涵理解出现偏差，在教学中过度关注进度、注重结论，教材和题目成为效率追逐的目标；“改变教学方式”的内涵理解浅显，教师实践中一度把教学方式异化为追求效率的手段。

基于学校教学现状中存在的问题，我校在全国深化课程改革的大形势下，以康巴什教体局实施第二轮“生本教育 学本课堂”的课堂教学改革为契机，以《康巴什第二中学第二个三年发展规划》为依托，遵循“育人导向”、“问题导向”、“实践取向”的教学原则，在前期主问题设计为课堂教学主线研究的基础上，以单元主题学习设计为抓手，将校本教研、课堂教学、课题研究、课程开发有效整合，确立开展实施“深度学习”教学改进项目，指导教学实践、构建高效课堂、加强课题研究、推动课程改革，进而促进教师专业发展，提升学生核心素养。

二、完善“深度学习”项目的保障机制

制定“深度学习”项目的实施方案。学校制定“‘深度学习’教学改进项目的实施方案”和“‘深度学习’教学改进项目的校本教研实施方案学科组制定“‘深度学习’教学改进项目的实施方案每次研究前都要上交策划单。

建立“深度学习”项目的研究团队。学校组建校级领导小组，组长李金峰，副组长廖雪花、白仙、撖彩霞、杨瑞强，成员许彦芳、郝茹、刘瑞兰、郝丽芳、麻秀芬、董丽媛、孙学科、刘凤莲、于瑞丽、谢楧峰；成立学科研究共同体，由学科主任统一领导部署，实行教研和课改双线并行，利用“名师”的学术水准和学科主任的领导力共同保障“深度学习”教学改进项目的实施。

完善“深度学习”项目的评价制度。由教学领导和包组领导对课改过程性评价和课程建设成果集给予等级评价，并给予一定的资金奖励，最终的等级还将成为学科组考核和优秀学科组评选的参考依据。

三、解读“深度学习”项目的发展历程

理论普及，整体构建（2020年—2021年3月）。学校层面，组织全校教师在上学期对《深度学习走向核心素养（理论普及本）》的学习基础上，寒假期间又通过随手笔记、美篇分享、导图梳理等任务驱动的形式开展理论普及本的精读活动；教学管理中心层面，围绕“如何推进和实现深度学习”这一主题，结合学校实际，组织全体教师进行

读书汇报活动；学科组层面，围绕“深度学习之我见”这一主题，开展读书分享活动。通过以上活动，引领教师对“深度学习”的理论框架进行研究，为“深度学习”教学改进项目的实施做好理论准备。

创新教研，专家引领（2021年2月）。学校层面，制定与“深度学习”教学改进项目的实施相配套的“校本教研实施方案”和“小组合作学习实施方案组建以教学领导和各学科首席名师为主体的校级研究小组，成立以学科主任和首席名师为核心的学科研究共同体，推进“深度学习”教学改进项目的实施。学科组层面，制定本学科组的“‘深度学习’教学改进项目的实施方案包括本组问题分析、研究主题拟定、实验任务分工、实施进程、预期成果；结合学科特性、学段特点，确定学期课程主题、学期重点打造单元，进行深入细致的研究；结合单元主题学习的四个环节（单元主题、学习目标、学习活动和持续性评价），对本学科组的名师工作室、骨干教师工作坊、青年教师研究会成员各团队在实践研究的不同时期所承担的具体任务进行分工与规划；学校将聘请深度学习总项目组的专家对系列实施方案进行把关，并定期邀请专家入校进行理论培训与实践指导。

选定科目，有序开展（2021年3月）。以备课组为单位，七、八年级的语文、数学、英语、政治、历史、物理、地理、生物、化学（除了八年级的地生）等学科均参与“深度学习”教学改进项目研究。

分析模仿，实践感悟（2021年3月）。各备课组和科任教师对以往的单元、课时教学设计方案按深度学习的框架进行改写，并按相应的标准去检测。在改写中，对比不同的教学理念、教学方式和教学方法，学习并理解“深度学习”框架各要素的内涵与意义，将其作为引导教师认识学生学习的思维工具和制订教学方案的工具，并付诸教学实践。其中，“确定单元学习主题”的方法和路径是这个阶段的重点和难点。这需要各备课组共同探讨：哪些问题的提出可以使以内容集合的教材单元题目变成单元学习主题？如何依据单元学习主题整合教材内容、组织课程？同时，教师在依据各要素的设计思路、操作要点和检验提示进行单元设计时，借助相应的反思工具，以便更准确地理解和实践“深度学习”是非常必要的。例如，以“澄清—评价—质疑—建议”为工具，在交流研讨中呈现自己模糊不清的概念或理解，找出单元设计中的特色和亮点，提出表达和理解不准确的内容或环节，并对单元设计提出改进建议。完成并不断改进单元设计的过程，实际也是教师进行参与式培训的过程。

案例研发，典型引路（2021年4月初—2021年6月中旬）。在做好充足的前期准备后，学科主任与首席名师共同根据各自事先所确定的课程主题，以备课组为单位，确定本学期要重点打造的单元案例。首席名师与学科主任带领名师工作室的成员率先进行案例研发，之后名师工作室的教师指导骨干教师工作坊成员进行案例研发，再由骨干教师带着青年教师研究会成员进行案例研发，并逐步进行推广。从备课到试讲再到正式讲授，学科研究共同体全程深度参与。同时，基于课堂观察和学生访谈获得数据，不断对案例进行优化，其具体流程如下：团队确立教学内容和改进方向—授课教师独立备课—集体备课研讨—授课教师再备课—授课教师试讲、学生访谈、集体指导下进行教学优化—授课教师再修改—授课教师正式讲授、学生访谈、集体探讨总结。

每个教学月组织校级研究小组成员进行工作汇报与经验交流活动，查摆问题并解决问题，发现典型并总结经验，在学校层面进行引领示范，通过引领者给更多教师以信心，为教师提供相关而及时的改进教学的信息。

成果梳理，形成课程（2021年6月中旬—2021年7月底）。在案例研发过程中，要注意以下几点：把教研活动的关注点“前移注重教学实施前单元设计的研讨；以团队为单位，明确分工合作，通过专题研讨等形式进行成果交流与分享；研发成果需成品化，形成完整的单元设计方案即课程方案（要具体到课程的目标检测、活动设计等方面，还要包括实施中需要且剪辑好的音频或视频资源等）；要有完整的研修记录，整理后作为“微专题”课题研究的资料与成果；最后呈现的是一个较完整的课程及课程建设的过程——不断完善和优化单元设计方案的过程即是课程建设过程。

“深度学习”是走向素养深处的一次教学变革。我校将继续以问题为导向，以学科组为单位，稳健推进二轮课堂教学改革，推动教育理念更新、模式变革、体系重构，构建师生魅力高效课堂，使学校的教学改革和校本教研形成康巴什教育的典型经验。

让劳动精神根植心灵

内蒙古鄂尔多斯市康巴什区第三中学　张玉庭　马言国　闫晓风

习近平总书记说：“要把劳动教育纳入人才培养全过程，贯通大中小学各学段和家庭、学校、社会各方面，教育引导青少年树立以辛勤劳动为荣、以好逸恶劳为耻的劳动观，培养一代又一代热爱劳动、勤于劳动、善于劳动的高素质劳动者”。2020年国务院印发的《关于全面加强新时代大中小学劳动教育的意见》指出，劳动教育是学生成长的必要途径，具有树德、增智、强体、育美的综合育人价值。这强调了当前时代进行劳动教育的重要性——劳动教育直接决定了社会主义建设者和接班人的劳动精神面貌、劳动价值取向和劳动技能水平。

为了贯彻全面育人的精神，深化教育改革，全面推进素质教育，加强劳动技术教育和社会实践，实践以劳树德、以劳增智、以劳强体、以劳益美和以劳创新，提高学生总体素质，我校从实际出发成立了劳动技术教育校本课程开发研究小组，开展劳动技术课程建设。利用校内开设的劳动实践课、乡村学校少年宫实践课程，为学生提供充足的实践机会，将劳动教育与德育、智育、美育、体育等课程相融合，让学生们在劳动实践中弘扬劳动精神，树立正确的价值观。

一、以食堂为平台，开展劳动课程

学校的学生来自各个旗区，住校生占到80%以上，有学生餐厅一座，并且大部分学生都要用到学生餐厅。学校充分利用食堂的有利资源，因地制宜，成立了广受学生欢迎的美食社团。每周五的社团课上，美食社团的学生来到食堂，在面点师的带领下，制作五颜六色的蔬菜馒头，一个小时的时间里，学生们争相揉面，捏造型，蒸馒头，相互学习、共同成长，在实践中真切地体验着劳动的快乐。在课后，初二学生邵立婷自豪地与我们分享她的感受，“这节美食课让我们感受到了劳动的快乐，提升了我们的动手能力，看着刚蒸出来的美食，我想带回家给父母品尝，让他们和我一起分享我的劳动成果！”学生的感言体现出她在美食制作中所感受到的快乐和价值，也真实地反映出劳动课开展的意义所在。

除此之外，学校还开设了食堂帮厨课，在每天中午的时间，把“厨房搬进学校”。每到这个时候，都会在初一初二年级中安排一个班级的学生，各自穿好工作服，安排好各自的工作，在烹饪间争相“掌勺帮助厨师们制作全校师生的午餐。学生们看着自己一步步亲手制作的饭菜，既增强了对劳动成果的珍惜和爱护，也切实体会到劳动的重要性。

走出教室，是劳动教育的重要一步。把劳动教育渗透在日常生活之中，学生不仅没有感觉到劳动是一种负担，反而是美好的体验。在润物细无声中让学生体会到劳动的价值，这就是德育无痕的育人作用。

二、以日常为基础，养成劳动习惯

丰富、多元、体系化的新劳动教育不限于德育活动，还涉及教学和综合实践等领域。为了提高学生整体素质，学校从实际出发，将劳动教育列为重要教学内容，将班级日常值日、宿舍卫生打扫以及宿舍内务整理、环境区大扫除等贯穿在学生每天的学习生活中。并将劳动教育纳入学生素质评价体系，通过教师评、学生自评互评、家长评和社会评价，将劳动情况记入学生综合素质档案。此外还采取“比一比”、“露一手”等方式，组织开展劳动技能和劳动生活展示等活动，为学生展示自己学会的劳动技能搭设平台，通过融入日常生活的、多元化的劳动教育，营造尊重劳动、热爱劳动的良好氛围，引导学生养成热爱劳动的意识和习惯，弘扬劳动实干精神。

三、以家庭为主体，提升劳动素养

一直以来，学校致力于劳动教育课程开发实施，积极探索劳动教育与德智、体、美相融合的开放式劳动教育模式，定期组织各学生开展劳动教育主题活动，让同学们到牧野田园亲近自然，通过构建劳动教育课程体系，打造“课程+活动”的特色劳动教育模式，实现了区域联动、家校联动，全面开展劳动教育实践，提升学生的劳动素养。

通过家校联动，学校和家长携手，鼓励孩子在家庭里积极参加家务劳动，引导孩子积极参与孝亲、敬老、爱幼等方面的劳动，在实践中培养劳动习惯。不仅让劳动教育效果得以落实，而且弘扬了优良的家风。“原本凌乱的房间变成了一尘不染的‘宫殿’，使人心旷神怡，劳动后虽然很疲劳，但我知道了美好生活的来之不易初一学生张原溪感慨道。劳动教育的成果也不只存在于一朝一夕，在家校联动的劳动实践后，不少学生也继续保持着劳动的积极性，在家中积极承担家务，增强了学生的生活自理能力，也让家中多了许多欢声笑语。

通过人人参与劳动，让学生真正体会到劳动的意义和价值，体现了学校对劳动教育的关注。让学生从小劳动、热爱劳动、勤于劳动、创造性劳动，不仅能增强青少年体魄，锻造其品质，磨炼其心性，更培育了青少年尊重劳动的价值观。

劳动，创造了美好的世界；劳动，创造了伟大的民族；劳动，创造了强盛的国家；劳动，创造了幸福的生活。中华民族一直以来都有辛勤劳动的传统，以至于古诗词中也不乏对劳动场景的描绘：我们在“锄禾日当午，汗滴禾下土”里领略了劳动之艰辛；在“乡村四月闲人少，才了蚕桑又插田”中体会了劳动之忙碌；在“春种一粒粟，秋收万颗子”中感受了劳动后收获的喜悦。劳动在人的一生中占据着重要的地位，也对青少年的成长发挥着重要的积极作用。学校通过劳动教育，让学生在生活实际中真切地增强劳动愉悦感，在情感融入中激发劳动成就感，在主动参与中强化劳动归属感，在时代精神中培育劳动意义感，让劳动的幸福感深深植根于学生心灵，指引他们前进的航向。

怀德在心 向阳生长

内蒙古乌海市海勃湾区光明路小学 赵敬华

为贯彻全国全省教育大会及全国基础教育工作会议精神，我校根据《中小学德育工作指南》、《新时代爱国主义教育实施纲要》等文件要求，落实立德树人根本任务，以“向阳生长”知行合一成长护照为抓手，着力构建方向正确、内容完整、学段衔接、载体丰富、常态开展的德育工作体系，形成学校、家庭、社会协同育人的良好氛围。

建立激励体系，激发学习兴趣

美国心理学家威廉詹姆士曾经说过：“播下一个行动，收获一种习惯；播下一种习惯，收获一种性格；播下一种性格，收获一种命运”。习惯是可以决定一个人的命运的。学生能不能担重任，会不会办事，能力如何，都跟习惯有关。学生阶段是良好习惯的关键期，是人的成长的起步阶段，也是人的基础素质形成的开始阶段。

我校目前有1460名学生，32个教学班，学生家庭成长环境参差不齐，外来务工子女比例高，部分家长教育观念落后，有些家长疏于孩子成长过程的教育，使得这部分孩子学习习惯较差、行为习惯缺乏训练，心理落差大，容易过早出现逆反状态，从而表现为自控能力差、规则意识淡薄、缺失文明礼仪教育等问题。

我校坚信每一个孩子都是一朵美丽的花苞，他们需要赏识。有指向性的激励能助力学生养成良好习惯，促进学生发展，于是我校注重建立学生激励体系，将“红领巾奖章”评价激励体系融入“向阳生长”知行合一成长护照评价体系中。

基础章突出少先队组织的政治属性，以少年儿童政治启蒙、价值观塑造、组织意识培育为主要内容，评价激励过程贯通小学阶段。刚入小学的同学们只有通过红星章、红旗章、火炬章的评价，才可加入中国少年先锋队。

我校教师、家长以特色章激励学生，对学生的礼仪、守纪、运动、环保、学习五方面的表现情况进行评价，给予向阳币奖励。每月末我校德育处进行兑换和评价，在成长护照上盖上奖章记录，三个向阳币、五个向阳币、八个向阳币分别可得到铜章、银章、金章奖励，在学校成立“家长护苗队”中参加维护交通秩序、志愿服务活动中并且表现出色的家长，可以得到一枚“牛爸牛妈助力章”的奖励，这是一枚是万能章，可以为学生兑换向阳章助力。获得向阳章奖励的同学可以相应进行升旗手、广播员、主持人、校长助理等职位的选择。

我校德育处每月进行一次总结，对一个月以来学生的表现以及班级整体状况进行分析，存在的问题及时改正，表现优秀的学生或班级在升旗仪式上表扬，以此促进好习惯养成、良好班风、校风形成。

落实制度保障，助推高效教育

我校在领导班子的支持下，成立了领导小组，经过一段时间的筹备之后，形成《海勃湾区光明路小学“向阳生长”知行合一成长护照实施方案（讨论稿）》，随后学校环节干部、班主任、任课教师反复对成长护照评价方案进行讨论，对成长护照发行和运行的相关事宜进行严谨的论证和精密的梳理，不断修改完善，形成最终方案和制度保障。这一方案为开展教学活动和实践活动提供了行动指南。

为了进一步落实学校的教育理念，我校开展了丰富多彩的活动。

一是建立绿色银行，让学生争当“大富翁”。成长护照启动后，我校德育刘校长每天通过校园广播，向师生宣传垃圾分类知识，同时号召学生在生活中将看到的废纸和塑料瓶拾取、收集起来，分类放好。学生在“变废为宝”活动中，将废纸和塑料瓶交到垃圾分类绿色银行中，从而可以获得一枚向阳环保章奖励。这项措施实行后，我校学生在看到地上的废纸和塑料瓶，不再是旁观者，而是保护环境的践行者。我校环境得到美化，资源得以再利用，学生也收获到了满满的“财富”。

二是提倡劳动打卡，促进学生养成好习惯。一代人有一代人的使命，一代人有一代人的担当。时代新人之“新在于新时代青少年担当民族复兴大任的新使命，这对青少年素质能力提出了新的更高要求——德智体美劳全面发展。劳动教育具有树德、增智、强体、育美的综合育人价值，贯穿于并作用于其他四育，是学生成长成才的“必修课”、“基础课”。在成长护照中，我校十分重视学生的全面发展，在每个家庭中开展“劳动打卡”活动，让学生每天完成一项家庭劳动，连续完成20天、30天会给予不同的向阳章奖励。通过以劳促“全”的方式，我校学生的劳动积极性明显提高，学生掌握了一些劳动技能，也促进了家庭良好氛围的形成。

三是成立护苗队，让家长参与学生教育。学校是学生和家长一起成长、学习的地方，“家校共育”是增强全社会育人合力、落实立德树人的重要举措。为了让家长参与到学校管理中来，我校成立“家长护苗队让家长在上下学交通秩序维护、家庭教育讲座、志愿服务活动中充分发挥作用。通过家长护苗队，我校建立了彼此信任、尊重、平等、换位思考、相互鼓励的和谐家校关系，形成了“矛盾一起化解、困难一起帮助、问题一起解决、学习一起研究、过程一起监督、活动一起参与、评价一起进行、发展一起思考”的强有利的家校合力氛围，形成了“与孩子习惯同行、与孩子能力同升、与孩子发展同步”的良好共育新常态。

四是发放向阳运动币，让学生真正动起来。望子成龙、望女成凤是现代家长固有的心态，于是急功近利的教育行为应运而生，特长班、补课班占用了孩子大量的时间，剥夺了孩子应有的快乐时光，但结果往往事与愿违，孩子们体质不断下降。体育锻炼能够促进孩子抗疾病的能力，促进孩子智力发育，也有助于学生身体能培养学生团队精神，我校为了让学生主动通过各项活动真正“动”起来，采用发放向阳运动币的方式，鼓励学生大课间跑步，课间多进行传统体育活动，让运动健身落在实实在在的行动上。

五是守纪币与学习币充分融合，“有效课堂”得到保障。通过教师课堂观察和外出学习，我校发现当教学时间超过学生注意力最集中的15分钟后，学生容易精神涣散或课堂纪律难把握，此时，奖励学生守纪币就起到良好效果。根据学科自身特点不同，有些课程本身课程活跃性就很高，例如音、体、美、科学、手工等等，但有些学科就略显枯燥，如何调动学生课堂积极性就成为亟待解决的问题。我校自从启动向阳征章活动以来，课上回答问题、作业书写优秀等多项考核标准都在激励着孩子，促进学生在学习方面养成好习惯，形成活跃的课堂氛围，有效促进课堂教育。

深化成长护照，喜获丰硕成果

习近平总书记说：“未来中国，是一群正知，正念，正能量人的天下。真正的危机，不是金融危机，而是道德与信仰的危机”。德育绝非小事，我校“向阳生长”知行合一成长护照，就是要唤起教师、家长、孩子的内心力量和潜能，让他们在不断地引导中实现自我成长，养成良好的习惯。

我校“向阳生长”成长护照自启动以来，全校师生的精神面貌焕然一新，校园环境和谐文明，学生明理守信，言行规范；教学秩序井然，学习风气日趋浓厚，取得了丰硕成果。

一是密切师生关系。学生每一次的成长都被班主任、任课教师看到眼里，记在心里，每一次小小的进步会被发现表扬，因此学生与老师的关系更加亲近，自信心不断提高，敢于尝试新事物，勇于突破自我。

二是实现全员管理。我校教师管理落实人人是导师责任制，全校老师的积极性被调动，除抓教学质量外，老师们都积极主动对学生进行思想教育，形成教育合力，助推教育发展。

三是提升班级凝聚力。成长护照的向阳章奖励，有一部分是以集体为单位进行奖励。若是集体表现好，集体中的每个人都会获得向阳币奖励，因此形成互相影响，互相传递正能量的良好班风，班级各方面都比以前有所进步，为学生的健康发展提供了良好的学习环境。

四是激发学生主观能动性。在向阳学习币、守纪币的影响下，我校师生关系的融洽和教师的积极期待充分唤起了学生认真学习的热情，产生了强大的内在驱动力，充分调动学生的学习自觉性。

五是提高教学质量。成长护照实施以来，我校学生的书写、课堂表现较之前有很大提高。在学期末的质量检测中，学生的学业成绩有大幅提升，在全市名列前茅。

金戈铁马俱往矣，英姿勃发看今朝。过去几年，我校栉风沐雨换来硕果满枝。新时代为学校深化改革提供了良好契机，不忘初心、砥砺前行，我校将会继续保持以往的热忱和斗志，以昂扬的激情和姿态踏上新的征程，再创佳绩。

开展“大阅读行动”，培养阅读习惯

内蒙古乌兰察布市集宁区建国四路小学 刘培红 左荣

阅读习惯的养成，于己是个人修身益智的终身大事；对于一个国家、一个民族，则是关系国家前途、民族命运的大事。为激发培养学生的阅读兴趣，培养学生的阅读习惯，我们借着“大阅读行动”推进实验研究课题的研究开展的时机，力求改变我校语文教学的低效和学生不经常课外阅读的现状，践行语文课程标准的理念和要求，顺应时代对基础教育的要求，为学生未来筑基。激发培养学生的阅读兴趣，让他们终生热爱阅读，让阅读成为一种生活。

一、课题研究背景

我校近年来语文教学质量监测成绩不高，甚至下降。在学生和教师的阅读方面，我们经调查发现，有相当多的学生还没有培养起积极阅读的兴趣，不具有经常阅读的习惯。教师的课外阅读量也不高。其原因大致有以下几点：

应试教育的影响。教师严重地被应试教育束缚了思想，考什么就教什么，考什么就练什么，一切围绕考试转，师生陷入题海。指导学生进行课外阅读的任务被视为可有可无因而被置之一边，还有的老师甚至认为课外阅读与学习无益因而公然反对学生进行课外阅读。从家庭的角度来看，应试教育也使得家长只关注学生的考试成绩，而一般不会积极地去为学生创造阅读的条件。

可供学生独立支配的时间太少。虽然教育部几次出台减轻中小学生课业负担的措施，但由于目前以考试为主的选拔人才的体制没有变，以分数为主的学习评价方式没有变，再加上偏颇的人才观念以及由于目前工作竞争压力而导致的家长对孩子的期望值过高等原因，总的来看，这些措施还没起到应有的作用。小学生的课业负担偏重，可供小学生独立支配的时间相对较少。

电视手机等媒体的冲击。以电视、手机为主的现代信息媒体以其传播信息的形象性、生动性、快捷性和丰富性，成为人们获取信息、获取愉乐的主要途径，这使得人们用于阅读的时间大大减少。电视手机媒体对儿童的文本阅读也产生一定的消极影响。

二、课题研究预设目标

培养学生积极地阅读兴趣与主动阅读的习惯。开拓学生视野、发展学生智力、提高学生语文素养。促进学生个性健康发展，提高学生的道德品质。

拓宽阅读教学的途径。课外阅读是语文教学的有机组成部分，是素质教育的必然要求，也是减轻学生负担，提高语文教学质量和效益的有效途径。

形成良好的“智力”背景。大量的课外阅读为学生提供了良好的“智力”背景，引发学生积极思维，以读促思，以读助写。

实现我校小学阶段课外阅读不少于200万一300万字的量化指标。提升我校教师的业务水平和文学素养。

三、课题研究理论支撑

《语文课程标准》指出:“学生能具体明确、文从字顺地表达自己的意思，能认真听别人讲话，努力了解讲话的主要内容，与别人交谈，态度自然大方，有礼貌，有表达的自信心，积极参加讨论，对感兴趣的话题发表自己的意见”。

新课程理念《基础教育课程改革纲要》指出:“教师在教学过程中应与学生积极互动、共同发展，要处理好传授知识与培养能力的关系注重培养学生的独立性和自主性，引导学生质疑、调查、探究，在实践中学习，促进学生在教师指导下主动地富有个性地学习。教师应尊重学生个性，关注个体差异，满足不同学生的学习需要，创设能引导学生主动参与的教育环境，激发学生的学习积极性，培养学生掌握和运用知识的态度和能力，使每个学生都能得到充分发展”.“加强思想品质和道德教育，引导学生树立正确的世界观、人生观和价值观；帮助学生认识自我，建立自信”。

习惯教育理论，我国当代教育家叶圣陶先生说过:“教育是什么？往简单方面说，只须一句话，就是要养成良好的习惯”.我国著名教育家陈鹤琴认为:“人类的动作十分之八九是习惯，而这种习惯又大部分是在幼年养成的，所以在幼年时代，应当特别注意习惯的养成。但是习惯不是一律的，有好有坏；习惯养得好，终身受其福，习惯养得不好，则终身受其累”.在幼儿的诸多习惯中，培养良好的阅读习惯尤为重要。因为，阅读是孩子从事的一项专业性活动，是他们获取知识、增长见识、提高思想觉悟的重要方法和渠道，对培养各种良好的习惯起着重要的作用。

四、课题研究主要内容

一是学生的阅读兴趣、阅读习惯、方法和能力养成的研究；二是读书导引单的设计与运用；三是读书卡或阅读卡的设计运用；四是本书阅读的思维导图的指导与制作的研究；五是整本书的读后感写作方法指导与写作能力培养的研究。

五、课题研究方法

课外阅读与课内阅读相结合。在阅读教学中，教师要结合教材的特点，以落实重点训练项目的课文为“经使学生掌握阅读方法，以优秀课外读物为“纬引导学生运用读书方法从而构建“经纬”交错的阅读教学网络，促进知识的迁移，使课内外相互补充，相得益彰。

课外阅读与写作、听说相结合。教师可以要求学生阅读课外书籍后，用日记、读后感的形式对文章的内容发表自己的见解、想法，并在课外阅读活动课上进行交流。

课外阅读与学校活动相结合。为发挥课外阅读活动的综合效应，可以结合学校活动，如“校园童话节”、“演讲比赛”、“红领巾读书读报活动”、“中华经典诵读”等，为学生创设表现自我的舞台，让学生在活动中体会读书的成功喜悦，从而进一步激发学生的读书热情。

开设大阅读课。改革阅读教学，增强学生学习语文的兴趣，使学生爱语文。有效减轻学生的课业负担，增加可供学生独立支配的时间

大力开展语文研究性阅读。开展语文研究性学习实验，实现课内外阅读的有机结合，形成良好的课内外阅读的互动，使课内外阅读互为补充，相互促进。

六、课题研究设计

我校在申报课题研究计划时，就及时成立了以校长为组长，分管领导、少先队辅导员、语文老师成为“大阅读行动”读书活动小组，建立学校课题组微信交流群，各班级阅读交流分享群等。分工到人，明确责任，制订了“书香班级创建办法，评比办法，考核办法”等，多次围绕课题研究内容和实施展开专题会议。

学生的阅读兴趣不会自发地形成，需要有目的有计划地进行培养。我校以低中高学段学生认知特点开设大阅读课。鉴于低年级学生受识字数量的限制，不具备独立阅读的能力，因此，低年级以“听读”(听教师读或者听录音)、“视读”(观看精选的深受儿童喜欢的音像资料)为主。开展“听读”,“视读一是克服了文字障碍，使学生尽早“阅读”；二是从小就培养、激发学生对阅读的兴趣。中年级初步具备了一定的阅读能力，以教师指导下的阅读为主。高年级则完全具备了独立阅读能力，以独立阅读为主。

在中高年级，我们还定期开设好书推荐课，教师向学生推荐，学生之间相互推荐。课题组成员定期向家长，同事推荐各类书籍，为更新观念，让教师，家长，学生都读书。一方面组织教师深入学习讨论，使老师们认识到阅读对儿童发展的重要意义，转变教师的思想观念；另一方面，通过家长学校在家长中广泛宣传，使家长认识到阅读的重要性，转变家长的观念。同时，开设开放学校图书借阅室，图书阅览室，图书开放区，诗文大厅。给师生创设了阅读的环境，提供了齐全的各类图书，进行大量阅读。重金投入选购各类图书，填补到我校图书阅览室。

以《语文课程标准》为指导，大力开展阅读教学研讨、改革实验，构建感悟型语文教学体系，充分发挥学生的主体作用，还语文以情趣和魅力。“感悟型”阅读教学体系的建立，有效地提高了学生学习语文的兴趣，并使得这种兴趣迁移到课外阅读上来。

七、课题研究成果

经过三年多的研究与实践，学生的阅读兴趣有了很大的提高，并初步具有了经常性阅读的习惯。阅读兴趣的提高与经常性阅读习惯的形成，提高了学生的阅读能力，也大大改善了部分学生的精神状态，因外广泛的课外阅读丰富了他们的知识，培养了他们的审美品质，增强了他们的基础学力，使他们获得了自信。开展语文研究性阅读激发了学生阅读的兴趣，促进了学生阅读能力的提高。

在我校“大阅读行动”课题研究活动中，学生写的读后感分别在2016-2019年每期的《感想感言》中发表，课题组成员教师指导的学生在读课外书后写的读后感多次获得一等奖和优秀奖。自治区大阅读盟市同频互动中我校课题成员左荣代表乌兰察布市做了汇报发言，与大家交流分享我们的经验做法。

我们学校开展的大阅读活动取得的成果得到了上级部门的关注，乌兰察布市电视台《教育在线》栏目来我校进行采访录制并播出《 读书点亮心灵　　书香润泽人生》。建设了诗文大厅，开放式校阅览室和学校图书阅览室，使师生自由尽情地在书海中畅游。2019年乌兰察布市校园艺术节我校教师张汉君《读书点亮心灵　书香润泽人生》案例荣获乌兰察布市美育改革创新优秀案例一等奖。

总之，培养学生经常性阅读的习惯,“大量阅读”、“生活中阅读”、“自主阅读是一项系统工程，今后，我们将从多方面坚持不懈进行深入的研究和实践。

加强文化建设　提升育人品位

内蒙古扎赉特旗音德尔第四小学　杨忠顺

校园文化是全面实施素质教育的有效载体，是学校办学水平的重要标志，是学校精神风貌的具体体现，是学生文明素养道德情操的综合反映，是提升教育内涵、促进教育可持续发展的重要途径。健康的校园文化，可以陶冶师生情操、启迪师生心智、凝聚强大正能量，促进师生全面可持续发展。近年来，我校以打造校园文化品牌为突破口，不断加强物质文化、精神文化、制度文化和行为文化建设，充分发挥其育人的导向、凝聚和激励等作用，全面提升校园文化育人实效，努力打造最好的学生、最好的团队、最好的学校。

一、加强物质文化建设，提升校园环境育人品位

在校园文化建设中，物质文化是传承精神文化的途径和载体，是推进学校文化建设的必要前提。我校持续加大经费投入，不断完善校园设施设备，努力提升物质文化品位。在优化校园物质文化环境中，我校深挖“幸福教育”的文化内涵，统一规划、设计校园环境，力争使校园内的一草一木、一墙一砖都会“说话使师生随时随地都受到幸福文化的感染和熏陶，体现校园“处处皆教育”的深刻内涵，提升校园文化层次。

校门及校墙文化。修缮后的校门端庄矗立，门垛上嵌有“足球”造型，正面悬挂着“国家级足球示范校”、“国家级自主识字基地示范校”、“全国幸福教育联盟学校”等牌匾，彰显着学校“校园足球”体育特色；门垛北侧设有“音四小阳光服务站指南”图版，是方便家长到校办事的指南；门垛南侧设有“好家教、好家风、好家庭、好孩子、好公民”图版，是引领家长注重家教、家风建设、家校合育建设的宣传阵地；校门南侧栅栏墙朝外设计有“社会主义核心价值观”12块扇形宣传图版，朝向校园内设有“学习良好品质”12块扇形宣传图版。

建筑物命名文化。三栋教学楼分别命名为德馨楼、益智楼、艺馨

楼，宿舍楼命名为俭修楼。

墙壁文化。在教学区，艺馨楼墙壁上设有“打造幸福校园，铸就幸福人生”大字，彰显着学校的“幸福教育”的办学理念；益智楼东墙中上部分画有“走向幸福”图案，下部分设有“校园风采少年”图版，彰显着优秀少先队员“向上、向善、进取、阳光”的风貌；“德馨楼”东墙写有习近平总书记关于教育的论点，南墙设有校训、校风、教风、学风等字块，门斗两侧立柱上书有“立德树人育英才　春风化雨润桃李”对联。在运动区，完善了体育联合器材，篮球、排球、足球、毽球场地，供师生强身健体、愉悦身心；“俭修楼”朝运动场一面写有“健康幸福”四个大字，画有体育运动图案，彰显了“运动健康幸福”理念。在生活区，“俭修楼”下地面描绘有各种跳格、多种棋盘、小小迷宫等可供游戏的幸福乐园；餐宿以“家”文化为主题，积极营造了“自理、整洁、友爱、互助、安全、和谐”的宿舍文化和　“安全、营养、节俭、文明”的食堂文化氛围。

楼层走廊文化。教学楼门厅设有学校主旨文化图版、幸福树课程规划建设图版、教师团队建设图版、校务公开图版以及班级一日常规周考评展示板等内容。教学楼一楼文化主题为阅读文化，二楼文化主题为环保教育文化，三楼文化主题为励志教育文化，四楼文化主题为传统文化。楼层内墙壁上悬挂张贴着不同主题内容的励志名言名句，展示着不同主题的书法、绘画、手工、读书等师生作品，充分体现了“一层一景观，一层一特色”的特点。

教室文化。班级文化建设既要体现学校共性文化的要求，又要体现班级个性文化设计，进而实现每个班级“一班一品，一班一特色”的文化建设目标。

景观文化。在学校的总体布局方面，精心打造了“一潭、两园、两林、三带”校园绿色生态景观。“一潭即“润泽潭”景观，因学校德育主题“滴水之行润泽生命”而取名；“两园即红领巾蔬菜种植园和红领巾果树园，是培养学生树立正确劳动观念、培育积极劳动精神、养成良好劳动习惯品质及增强劳动能力的重要基地，也必将成为学校孕育学生德育、发展学生智力、增强学生体质、提升学生审美的重要载体；“两林即校园中华经典漫步林、校园生态防护林，是学生阅读经典书籍、强化环保教育、提升人文素养、培养文明行为的重要阵地；“三带即宿根花草种植带、杆球景观带、花箱时令花卉种植带，通过多种植物花卉美化、香化校园。

二、加强精神文化建设，提升学校内涵育人品位

校园精神文化建设是校园文化建设的核心内容，也是校园文化的最高层次，其表现为师生共同的价值取向、行为方式和工作目标。经多年的积淀和提炼，我校确立了“幸福育人，育幸福人”的办学理念，提出并践行了围绕幸福教育创建足球校园、书香校园、活力校园、信息化校园等办学特色目标和培养“全面+特长”的幸福人培养目标，把学校发展定位为幸福教育文化浓厚、学校管理规范精致、育人质量优质一流、办学特色鲜明突出的盟内外知名品牌学校。

在办学过程中，我校经过认真调研和探索实践，将社会主义核心价值观内容渗透到了“一训三风双三观”中，提出了“勤、严、实、精、创”校园精神，要求广大师生通过践行“勤、严、实、精、创”的校园精神，营造全体师生员工的一种积极向上、务实创新、勇争一流的校园人文精神。“一训即“诚实做人、踏实做事”的校训；“三风即“朴实、真实、扎实、坚实”的校风，“爱生、协作、乐教、善导”的教风，“尊师、合作、乐学、善思”的学风；“双三观即“个个都是人才，个个都能成才”的教育观，“以学论教、以教促学、学教结合、教学相长”的教学观，“合格+特长”的质量观，“敬业精业、常教常新”的教师价值观，“以诚养德、乐中求学”的学生价值观，“给学生一个幸福的人生，给教师一个幸福的生活，给社会一份满意的答卷”的学校价值观。

三、加强制度文化建设，提升学校管理育人品位

校园制度文化作为校园文化的内在机制，是学校文化建设的保障系统。在制度文化建设上，我校提出了“明理自律、遵规守纪、民主管理、人人参与”的制度文化理念，力求通过制度文化建设激发师生发展内驱力，让制度、规范转化为每一位师生的自觉行为，激励全体师生奋发向上。

在各项工作制度、岗位责任制度、工作考评奖惩办法制定方面，我校坚持充分发挥每年教代会作用，动员鼓励全体教职工民主参与，修订补充学校各项规章制度、绩效考评机制办法，用以规范教师的教育教学行为、规范学校的办学行为，达到依法治教、依法治校的目的。

在学生层面，我校通过背、讲、演、做等方式，落实《小学生守则》、《小学生日常行为规范》和《音四小礼仪规范》等法规要求。同时，每班还要通过学生民主方式形成班规班纪，并做到自觉遵守。

在组织机构和队伍建设方面，我校狠抓班子队伍、教研组长队伍、班主任队伍、学生干部队伍建设，保证各项工作制度的落实。

四、加强活动文化建设，提升学校活动育人品位

活动文化是学校精神文化、制度文化的一种表现形式，是维系学校团体凝聚力、向心力的一种精神力量。作为学校第一课堂的补充、延伸和拓展，校园文化活动在培养学生综合素质，尤其是陶冶学生情操、培养健全人格、促进学生健康成长和全面成才等方面有着不可替代的作用。

近年来，我校经不断探索实践，基本形成了以“两典礼、两仪式、六游学、七节、八杯”为内容的活动文化。“两典礼即开学典礼、毕业典礼；“两仪式即新生入学仪式和新生入队仪式；“六游学即每年组织六个年级各开展一次游学活动；“七节即读书节、艺术节、校园体育节、科技节、足球节、健康节、冬雪节；“八杯即兰花杯、幸福杯、健康杯、校长杯、创新杯、瑞雪杯、星光杯、多彩杯。

一份辛勤，一份收获。通过实施校园文化建设，我校的校园面貌、师生工作学习生活精神状态发生了重大变化，创造出了一个欣欣向荣、充满生机的优质校园。在今后的工作中，我校将不断优化物质文化环境，提升精神文化内涵，规范制度文化执行，丰富活动文化内容，充分发挥校园文化建设在学校全面、全程、全员育人工作中的积极作用，在潜移默化中滋养师生的心灵与思想。我们期待着，通过努力，让每位师生都是文化的体现，让学校的每一天、每一刻、每一事都有文化的流淌……

教师如何在区域游戏中支持幼儿主动学习的实践研究

内蒙古自治区通辽市科尔沁左翼中旗幼儿园　刘桂珍

一、课题的构想

幼儿园教育教学质量的提升一直以来都是学前教育理论工作者和实践工作者“研”和“究”的重中之重。为帮助幼儿学会主动学习，切实提升学前教育质量，探寻帮助幼儿主动学习的良方。教师在区域游戏中支持幼儿主动学习，打开幼儿主动学习大门的“钥匙为指引教师支持幼儿主动学习提供“鹰架”支撑。

二、关于学习品质问题

《3—6岁儿童学习与发展指南》明确要求我们要“重视幼儿的学习品质“幼儿在活动过程中表现出的积极态度和良好行为倾向是终身学习与发展所必需的宝贵品质”。

1.学习品质是幼儿终身学习与发展所必需的宝贵品质

幼儿在活动过程中表现出的积极态度和良好行为倾向是终身学习与发展所必需的宝贵品质。要充分尊重和保护幼儿的好奇心和学习兴趣，帮助幼儿逐步养成积极主动、认真专注、不怕困难、敢于探究和尝试、乐于想象和创造等良好学习品质。忽视幼儿学习品质培养，单纯追求知识技能学习的做法是短视而有害的。

学习品质，视作儿童学习、入学准备的一个相当重要和关键的领域。

2.学龄前阶段是涵养学习品质的重要时期

易经有云，“蒙以养正，圣功也”。“蒙，昧也。物生之初，蒙昧未明也”。学龄前阶段的幼儿，其思维是具体形象的，相比人生的其他阶段，此时的儿童处于蒙昧期，一切都在蓄势待发。这一阶段正是涵养幼儿学习品质的重要时期，换句话说，这一时期培养幼儿的学习习惯和良好行为的养成，就是“养正是“作圣之基”。正如一座高楼能够高耸入云、屹立不倒，是因为有牢固的地基。在学龄前阶段进行学习品质的涵养，就是在帮助幼儿奠定人生之基。

3.学习品质需要在行而有效地教师支持下逐步培养

“坐而论道不如起而行之这是在说行动的重要性。对于涵养幼儿学习品质来讲亦是如此。幼儿的学习在参与性活动中体现并培养的，教师在培养幼儿学习品质的过程中扮演着重要的角色。学习品质不仅对于幼儿在学龄前阶段的学习与发展有着举足轻重的意义，而且对于幼儿的终身学习与发展有着举足轻重的作用，同时它还关乎幼儿园教师的专业发展和学前教育质量的切实提升，对于整个学前教育事业的改革与发展也有着重要意义。学习品质描述的不是学习什么，而是如何学习。《指南》告诉我们：“要充分尊重和保护幼儿的好奇心和学习兴趣，帮助幼儿逐步养成积极主动、认真专注、不怕困难、敢于探究和尝试、乐于想象和创造等良好学习品质”。《指南》还特别告诫我们“忽视幼儿学习品质培养，单纯追求知识技能学习的做法是短视而有害的”。“支持和鼓励幼儿在探究的过程中积极动手动脑寻找答案或解决问题强调了对幼儿好奇心的保护、主动性的培养。

三、关于幼儿主动学习

主动学习是儿童通过直接操作物体，在与成人、同伴、观点以及事件的互动中，建构新的理解的学习过程。也就是说，没有人能够代替儿童获得经验或建构知识，儿童必须通过自己的主动学习获取经验并建构知识。我们要探讨的模式最重要的教育目标就是通过促进儿童主动学习，通过促进儿童自我意识、社会责任感、独立意识的发展，以及有目的的设计生活，把儿童培养成自主、守法的公民。

四、通过实验研究，重点解决以下三个方面内容

(一) 把如何让幼儿学会主动学习作为重要目标

1.让幼儿“学会学习”。联合国教科文组织1996年的报告《学习—内在的财富》指出了学习的“四大支柱”。其中第一大支柱就是学会求

知，即学会学习的能力，是掌握知识的手段，而不是获得经过分类的系统化知识本身。我们要支持幼儿学会学习，即通过一系列有意义的学习过程发展幼儿积极主动、认真、不怕困难、敢于挑战、乐于想象和创造等积极学习品质，这将让幼儿受益终身。

2.帮助幼儿"学会如何学习"。会读书、会写字不等同于会学习。未来的学校不仅仅是教知识，更是引导人学习如何学习。只有学会学习，才能不断更新知识，适应环境。

3.教师要从关注"学什么"到关注"怎样学"。教育者要从关注幼儿学什么转到关注幼儿怎样学。支持与鼓励幼儿学会学习，才是真正支持幼儿学习与发展。终上所见，支持幼儿学会学习就是培养幼儿一系列积极学习品质，从而使之在后续的学习与发展中获益。我们"在区域游戏中支持幼儿主动学习"实践研究是支持幼儿"学会学习强调关键经验而不是关键知识，是注重幼儿学习品质的培养的实践研究。

4.让幼儿学会主动学习。《3—6岁儿童学习与发展指南》指出，要最大限度地支持和满足幼儿通过直接感知、实际操作和亲自体验获取经验的需要，严禁拔苗助长式的超前教育和强化训练。幼儿的学习方式和特点决定了幼儿园教育要充分尊重并支持幼儿的主动性学习。"学会学习"是幼儿学习与发展中的重要内容，"学会主动学习"则是幼儿学会学习的重中之重，因为学会主动学习对幼儿学习与发展具有重要意义。

"在区域游戏中培养幼儿主动学习"实践研究将实现幼儿主动学习操作化，而主动学习又是该实践研究的重点与中心。幼儿的学习不是成人向幼儿提供信息，而是幼儿通过与人、材料、事件和思想的直接互动获得发展。在理论研究的基础之上，通过丰富的教师支持策略及生动的案例，来展示、归纳出具体的、可操作的支持幼儿主动学习的方法。

（二）探索"教师在区域游戏中支持幼儿主动学习"课程模式

陈鹤琴说："区域游戏是儿童的生命"。区域游戏，是幼儿一种重要的自主活动形式，是以快乐和满足为目的，以操作、摆弄为途径的自主性学习活动，幼儿参与积极性高，能积极动脑、大胆创作。通过探索"在区域游戏中培养幼儿主动参与式学习"课程模式，解决以下几个问题：

1.解决好为何要学会主动学习的问题。"在区域游戏中培养幼儿主动参与式学习"课程模式是建立在儿童发展理论和研究的基础之上。其一，从皮亚杰认知发展理论出发，"在区域游戏中培养幼儿主动参与式学习"实践研究将主动参与式学习作为重中之重；其二，"在区域游戏中支持幼儿主动学习"实践研究将形成支持幼儿学习、活动与发展的模式。

2.解决好如何学会主动学习的问题。"在区域游戏中支持幼儿主动学习"实践研究，探索形成促进主动学习的系统策略。从环境创设到区域游戏常规的建立，从家园合作到师师协作，探索出解决实际问题的系统策略，坚持以幼儿为本的自主式区域活动，并统筹多方力量，全方位地支持幼儿的发展。

3.解决好学会主动学习学会什么的问题。我们通过深学、细研《3—6岁儿童学习与发展指南》，以其为教师鹰驾幼儿主动学习的"抓手为教师设计与实施教育活动、观察和评价幼儿、创设环境、支持幼儿进行区域游戏投放适宜的材料提供依据。

4.解决好学会主动学习的评价问题。《幼儿园教育指导纲要》明确指出："教育评价是幼儿园教育工作的重要组成部分，是了解教育的适宜性、有效性，调整和改进工作，促进每一个幼儿发展，提高教育质量的必要手段"。区域游戏评价是教育评价的一种，是幼儿教师依据教育目标，运用多种记录方式，观察幼儿在区域游戏过程、活动结果，搜集、分析相关资料和信息，对幼儿的表现做出价值判断的过程。这种评价能让教师清楚了解幼儿的兴趣、需要以及区域游戏中存在的问题，明确改进方向，帮助幼儿提炼活动经验。通过评价，教师也能从中提升自己的观察能力。

5.解决好学会主动学习的专业支持者问题。幼儿的主动学习离不开高质量的教师，教师在组织区域游戏活动时，要多观察、多鼓励、多放任，把活动目的转化为幼儿能理解、能接受的语言和行为，让幼儿成为学习的主人。因此，要对教师进行专业培训，使其具备专业支持者素养。

（三）建立"教师在区域游戏中支持幼儿主动学习"的系统解决方案

支持幼儿学会主动学习是一个系统的解决方案，不只是观念的转变或活动的转变。通过"在区域游戏中支持幼儿主动学习"的实践研究，建构实践策略、课程内容、课程评价和教师专业发展等多方面的内容。

1.建构在区域游戏中支持幼儿主动学习的实践策略，避免灌输式的教学。当下，很多幼儿园在教学形式上仍然多采用教师讲、幼儿听的模式，较多知识传授。只有尽快推动课程实践由管制式、灌输式，走向幼儿直接感知、实际操作和亲身体验，才能真正做到"为幼儿谋福祉，为教育寻出路"。

2.建构在区域游戏中支持幼儿主动学习的区域活动课程内容，走出小学化的铁笼。幼儿的思维具有具体形象性，更加适合并擅于在实际操作中建构自身的经验，从而实现自身的学习与发展。

3.建构在区域游戏中支持幼儿主动学习的评价体系，探索适合幼儿终身发展的形式多样的模式。评价是构建课程体系过程中不可或缺的一项，评价能让研究者和实践者发现问题并解决问题，能支持教师的自主专业反思，能知道幼儿的发展需求。因而，我们在探索"在区域游戏中支持幼儿主动学习"实践研究中，探寻评价的内涵与外延，利求以过程性评价为主、多种评价方式相结合的评价路径。

4.建构在区域游戏中支持幼儿主动学习的教师专业发展体系，更新教师专业发展理念。只有建构在区域游戏中支持幼儿主动学习的教师专业发展体系，才能使参与者对这个领域有更深的理解，使大家对这个领域有统一的认识，因此加大培训力度和教研力度，势在必行。

课题研究刚刚开始，课题组成员将勠力同心，扎扎实实做好课题实验研究，力求有成效，成模式，能推广，让孩子们能主动学习，把游戏的权利还给孩子们，为孩子们的幸福人生奠基，为孩子们的终身发展铺路。

传承经典阅读　润泽学生心灵

——宁夏固原市第五中学中华传统文化传承活动

宁夏固原市第五中学　夏启明　冯雅萍

翻开固原五中的历史画卷，历经沧桑、几经变革但又奋发向上。五十年漫漫岁月，风雨兼程。无论环境多么恶劣，条件多么艰辛，五中人倾心办学的誓言和育才造福固原建设的宏愿坚定挺拔。我们坚持以习近平新时代中国特色社会主义思想为指导，深入贯彻党的十九大和十九届二中、三中、四中全会精神，全面贯彻党的教育方针，贯彻全国教育大会精神，落实立德树人根本任务，遵循教育规律，强化教师队伍基础作用，围绕凝聚人心、完善人格、开发人力、培育人才、造福人民的工作目标，深化学校重点领域改革，发展素质教育，切实提高育人水平，为学生适应社会生活和未来专业发展打好基础，为构建德智体美劳全面培养的教育体系，培养担当民族复兴大任的时代新人提供强有利的保证。

我们的办学宗旨是：管理立校，教研兴校，质量强校，全面育人，办好初中，发展高中。以优质的教育资源，优良的育人环境，为实现学生成才奠定基础。

办学策略是：用规范科学的管理，引导学生形成知情、知理、知恩的生活态度，勤奋、务实、向上的学习品质，自主、团结、合作的团队意识，促进学生德智体美劳全面发展，促进学校的可持续发展。

办学思路是：坚持党的教育方针，坚定理想信念，坚守师德规范，知行合一，教学相长。尊重学生个性差异，面向全体学生，促进学生全面发展，努力构建：学生最喜欢的、教师最幸福的、家长最放心的和谐幸福校园。

教育过程中，我们重点突出德育的时代性，坚持把立德树人融入思想道德教育、文化知识教育、社会实践教育各环节。深入开展习近平新时代中国特色社会主义思想教育，强化理想信念教育，引导学生树立正确的国家观、历史观、民族观、文化观和学习观，切实增强"四个自信厚植爱党爱国爱人民思想情怀，积极培育和践行社会主义核心价值观，深入开展中华优秀传统文化教育，使读书学习成为校园时尚，建设书香校园。

近些年，在中华优秀传统文化领域我校涌现出一批优秀教师，在他们的倡导和积极组织下，我校开展了一系列的传承活动。

一、开展丰富多彩的读书活动

1."悦读经典，歌颂祖国"为主题的师生读书交流活动

为进一步培育和践行社会主义核心价值观，落实立德树人根本任务，引导广大师生在阅读中感受中华文化的渊源流长，丰厚精神底蕴，萃取思想精华，不断提升师生语言文学鉴赏，品位，审美情趣和文学艺术素养，不断增强师生的民族自豪感，文化自信心，积极营造书香校园，我校开展了"悦读经典，歌颂祖国"为主题的师生读书交流活动。

读书交流活动要求朗读作品是以习近平新时代中国特色社会主义思想重要论述摘编、教育类书籍和红色、传统经典为主要内容，体裁包括诗词歌赋及现当代文学作品等，诗词曲赋题材不限，作品注重呈现爱国爱家、奋发图强、孝亲敬老、友善和谐的情怀传承，践行社会主义核心价值观，内容健康向上，催人进取，体现主旋律，弘扬正能量。读书形式分为三个环节：朗读、交流、分享。以主持对话为主，采取单人朗读、集体朗读、配乐朗读等表演形式。要求读书的三个环节齐全，师生共同参与，活动人数控制在10人以内，时间控制在30分钟以内，可以根据内容适当配以道具、音乐等，以增强读书交流的艺术感染力和舞台表现力。使师生更好地熟悉诗词歌赋，亲近中华经典，更加广泛深入地领悟中华思想理念，传承中华传统美德，弘扬中华人文精神，不断增强师生的民族自豪感，文化自信心。过程中向学生宣传读书，鼓励读书在师生中掀起一股读书的高潮，修养学生的心性，营造良好的读书氛围，积极参与学校的学风、校风建设，促进学校内涵式文化的发展，礼赞伟大时代精神，歌颂新时代中国特色社会主义

现代化建设取得的辉煌成就，推进社会主义核心价值体系建设，厚植广大师生爱国主义情怀。

2.定期开展“摆渡之舟”读书会活动

我校高丽君老师是“冰心散文奖”、“孙犁散文奖”、“梁斌小说奖”等各级各类奖项的获得者，她联合山西师范大学教育学院部分师生，成立了“摆渡之舟”读书会。学校中她发挥个人优势，组织我校师生开展了“摆渡之舟”读书会活动。此次活动每学期开展两次，读书会上，同学们先分享阅读经典，并分享读书心得，最后由老师点评。活动过程中我们积极倡导学生写好读书心得，做好读书笔记，保持良好的读书习惯。高老师在读书会上强调：读书，读的是别人的故事，悟的是自己的人生。鼓励师生要多读，多思，多写，不断提高阅读水平。要追求一点精神上的东西，做一个摆渡者，修人、修心、修行。通过活动，唤醒了同学们的阅读兴趣，营造良好的阅读氛围养成博览群书的好习惯，多读书，读好书。从而引导帮助学生树立正确的人生观，世界观和价值观。

3.开展“读书大讲堂”活动

“读书大讲堂”以国学经典和古诗词为主。此活动由高丽君老师具体负责，每学期开展两次。除了国学经典和古诗词鉴赏，我们还配合“读书大讲堂”的分享内容，组织开展“诵诗歌、爱生活、颂中华”诗歌朗诵比赛；“读经典、品书香、爱祖国”经典朗读比赛。我们还围绕“读书大讲堂”的分享内容，开展了学生文艺表演活动。如高一学生学习了古诗《诗经采薇》后，在学生理解的基础上，语文教研组和艺术组的老师联合指导学生编排了以孔子授课场景和采薇舞蹈相结合的舞台剧，受到了广大师生的喜爱。活动过程中既增加了趣味性又使学生加深了对古诗的理解。这些活动更好地丰富校园文化生活，培养学生爱诗歌、诵诗歌，重经典的良好习惯，进而增强学生的民族自豪感和自信心。

学校开设了读书走廊，并组织各种形式的活动，如阅读竞赛、征文、演讲等，让读书活动遍地开花，以达到引领与推动作用，掀起全校师生的热潮。

二、开展文言文立体学习活动

中国100多年白话文教育的曲折历程告诉我们，追求现代文明现代化教育的同时，必须要坚持民族化，必须要坚持现代化和民族化结合，坚持民族化就是要传承中华民族传统文化，中国古老的文明传统教育与现代文明现代教育有着天然的血肉联系。党的十八大以来，习近平总书记多次论及继承和弘扬中华优秀传统文化的价值和意义，但是继承和弘扬中华优秀传统文化不能只是一句空洞的口号，必须从小抓起培养孩子阅读古书的兴趣和习惯，热爱古书所记载的灿烂文化，增强爱国情愫。为了达到以上文言文教育的目的。为了改变我校文言文教学薄弱的现状，以期促成学生文言文的阅读习惯，提升文言文的阅读能力，实现继承和弘扬中华民族优秀传统文化的目的。我校在姚宗智老师的带领下探索出一条活动中学习文言文的立体模式，今年3月份由姚宗智老师所著的《中学生文言文综合性学习研究》一书正式出版。围绕着姚老师的思路，我校开展的文言文特色活动有：

1.文言文延伸学习表演活动

例如学生在学习了《鸿门宴》词句翻译，故事情节，人物形象等知识后，结合课文和资料《项羽之死》，理解鲁迅对史记史家之绝唱无韵之离骚的评价。联合艺术组、历史组的老师，共同指导学生排练鸿门宴舞台剧。使学生较全面且深入的了解与《鸿门宴》有关的人物和知识，加深对课文的解读，让学生通过此活动来理解文言文，了解相关历史。

2.蒙学教材背诵大赛

现在不少学生对中国历史朝代发展更替、先后顺序、历史大事件知之甚少，这对学习文言文很有影响，而古代的蒙学教材在内容上都有集识字、隶事、历史、道德伦理等于一身的特点。大都经历了几代人的不断补充和改进，可以说是煞费苦心、惨淡经营的结果，如果能引导学生记诵学习这些蒙学教材，上面的问题会迎刃而解，况且他们本身需要理解的东西少，记诵的东西多，内容浅显，句式短，都是对仗韵文，好懂，好记。因此我校开展了蒙学教材背诵大赛。比赛活动分为片段背诵和全文背诵，以抢答的形式进行，营造学习的情境氛围。

3.古代名言警句征集活动

学生搜集整理有关校园文化建设方面的古人名言名句，布置校园环境，学生在收集整理名言名句的过程中提升了文言文的阅读理解和辨析能力，深刻领会先正的教诲，树立正确的人生观和价值观。活动中学生个人先自由搜集整理，能装点布置校园及各处室环境文化的古代名言警句。由语文教研组统一经过辨析，筛选，整理研究，将确定最终应用的材料交给团委。最终审定的古代名言警句，由我校在教育部、国家语委主办的2020“笔墨中国”汉字书写大赛中荣获优秀奖的金建刚老师进行书写之后，装潢部装框，工人打钉上墙，让我们的校园处处充满儒雅之气，让我们的师生俯仰之间受到古圣先贤格言警句的儒染、熏陶、教诲。

4.“古墨轻磨满室香”写对联、赠对联活动

书法是一种最能体现中国传统文化精神内核的艺术，因其独有性、顶级性、共知性、长续性等被誉为”文化极品不但传递着中国文化特别是传统文化的袅袅韵脉，也是书者精神学识、想象力、价值观的延伸，更代表着一种艺术和文化的精神形象。经典作品、优秀作品总是以丰富的内涵，彰显着整体之美，传递出美的神韵；优秀的书法家，也因其广博深厚的字内字外功而被世人称赞。每两年我校会举办一次师生书法大赛，放寒假之前我们会组织爱好书法的师生开展写对联、赠对联活动。

今后我校会努力在校园文化建设中通过突出中华优秀传统文化，发掘传统文化资源，营造浓厚的校园人文教育氛围，让师生在审美中受到传统文化熏陶，从而走近传统文化，建设内容更多、品位更高的书香校园、孝雅校园、文明校园、和谐校园。

百舸争流树名校，砥砺前行铸辉煌

宁夏中卫市第一小学　吕秀梅

习近平总书记在党的十九届五中全会指出:中国特色社会主义是全面发展、全面进步的伟大事业，没有社会主义文化繁荣发展，就没有社会主义现代化。学校文化建设是文化强国的基础一环，学校的文化建设搞好了，就能滋养德、智、体、美、劳全面发展的新时代中国特色社会主义接班人，文化强国也就有了稳固根基。我校坐落在沙坡头区文昌南街，是一所历史悠久、文化底蕴深厚的百年老校。学校坚持“小而精”的办学方向，秉持“为每一个孩子的幸福人生奠基”的办学理念，弘扬传统，文化育人，将应理精神发扬光大，在传承与创新中走出了一条“特色办学　文化立校”的道路，铸就了一个又一个辉煌，形成了自己独有的素质教育办学特色。

一、追根溯源，萃取精神基因

世纪学府，日月光华；百年沧桑，栉风沐雨。我校承袭应理小学的历史，是原中卫县的第一所新学，同时也是塞上宁夏创建最早、办得较好的新学之一。据《中卫县志》载：中卫旧有应理小学，其前身系清王朝时的应理书院。1907年，受康、梁新思潮的影响，更名为“劝学所民国元年（1912年），又由劝学所正式改称“应理高等小学堂”(地址在市中心，鼓楼西街路北）。学堂倡导“读书救国”、“生活教育”、“知行合一”等理念，建有“中山纪念堂”、“济苍”图书馆和“启蒙”阅览室。重视课外阅读，重视教学质量，先后为国家培养输送了大批的人才，如革命烈士孟长有、何至公，爱国人士袁金章，著名教授苏景泉、刘景星，水利专家李贵荣、林业专家李树荣、畜牧专家李培荣、冶炼专家王亚飞等。

1918年，学校与模范初级小学校合并，成立了“中卫县立高级小学校”。　1943年，城厢国民学校并入。1947年“校名划一”时，该校改名为“第一镇中心国民学校”。　1953年6月11日，学校改名为“中卫县城第一小学”。1957年秋，学校改建于城南新址。“文化大革命”中一度改名为“东方红小学”。1975年增设初中班，1979年中、小学分设，中学部改为城郊中学，小学部学生，划入1969年新建的“向京小学”(即现中卫市第一小学之前身）。1982年再次更名为“中卫县城关镇第一小学2004年撤县设市后更名“中卫市第一小学”。

文脉相承，智慧流传。这里人才辈出，可谓钟灵琉秀、人杰地灵。在其百年的发展历程中创造并孕育了优秀的传统文化基因，形成了厚重的精神积淀，历久弥新，弥足珍贵，是我校发荣滋长的精神财富。

二、传承文化，创新内涵发展

振兴教育，既不能割断历史，更不能史随时逝。要杜绝浮躁，秉持厚重，重视文化传承。我校重视以文化引领学校发展，搜集学校历史资料编辑《走进中卫一小》校本教材，旨在传承与发展。全书共七编包括：历史发展、办学文化、人文景观、经典传承、班级特色、活动掠影、教师风采。学习历史文化内涵、贯彻新的教育理念、关注校园发展变化、见证师生成长历程，借助这一段段历史、一幅幅画面、一个个故事、一句句经典来激发师生共同关心学校、热爱学校、发展学校的决心和信心。

学校本着以创建促发展的思想，积极开拓学校走内涵发展之路，深入开展“国学润泽童心”特色品牌的创建活动。校园走廊、楼梯、立柱、楼道、墙壁喷绘了诗词歌赋、孔孟语录、名言警句、历史故事等，创设了浓厚的校园文化氛围；学校开放书架，图书角陈列国学经典书籍，供学生随时随地阅读，营造“时时皆经典，处处有国学”的书香氛围，让国学的精粹润泽学生心灵。早操时，播放《三字经》、《弟子规》等，让学生在抑扬顿挫、错落别致的音乐声中边跑步边诵读，用经典浸润人生；每节课候课时，班内齐诵古诗文，以儒雅之风迎接教师的到来；课间操时，同学们在音乐声中尽情表演自编的《国学操》，载歌载舞，互相施礼；放学时，各班带队集体诵读中华经典，在铿锵的诵读声中，结束一天快乐地学习；放学后，将日行一善记成日记，以行动传承文明，把经典学习带向家庭、社会。将国学文化渗透到学生的日常学习、生活中，把国学精粹活化为全校师生的精神食粮。

将国学教育落实到校本课程中，每个年级每周两课时，分别开设《三字经》、《弟子规》、《百家姓》、《千字文》、《论语》、《增广贤文》等校本课程，一、二年级每周还增设一课时围棋课，普及围棋基本知识和技

能，从小激发学生对国学经典的传承和热爱。每学期广泛开展经典故事比赛、课本剧表演、古诗词大赛、成语大赛、国学经典诵读等竞赛活动，共享国学经典，营造国学传承的良好氛围。

三、星卡激励，实现全面育人

全面发展是学校工作的灵魂，它致力于对学生思想品德和人格素质的培养，贯穿德、智、体、美、劳教育实践的各个方面。“星卡激励”特色品牌的创建就是要全面贯彻党的教育方针，以培养担当民族复兴大任的时代新人为着眼点，坚持“立德树人”根本任务，积极培育和践行社会主义核心价值观，遵循不同学段学生身心发展规律，深化思想引领，以机制为保障，以活动为支撑，培养德智体美劳全面发张的建设者和接班人。

“星卡激励”多元评价是班主任和任课教师通过学生课内外的表现，给学生颁发星卡的形式来评价、激励学生。“星卡”分为“绿星卡”、“红星卡”和黄星卡，“绿星卡”又分“好学卡”、“团队卡”、“奉献卡”、“特长卡”、“努力卡”、“进步卡”、“家庭卡”、“习惯卡”、“节日活动卡”和“安全卡”等共16种。凡获“绿星卡”10张者，到大队部换取“红星卡”1张，并被命名为“一星级少年并在班级“评比台”内张贴“红星”一张；获得2张“红星”为“二星级少年”……凡获3张“红星”者评为“铜星少年颁发“铜星奖章获得5张“红星颁发“银星奖章获得10张“红星颁发“金星奖章“金星奖章”为该活动的最高荣誉，奖章颁发由学校集中召开大会，表彰奖励。

“星卡激励，点亮人生”多元评价机制，通过学生在课堂课外品德、纪律、卫生、活动、学习、个人才艺等方面的优秀表现通过颁发星卡，激发学生潜能，唤醒学生自信，让每一个学生享受成功、快乐成长，逐步实现自我完善，自我提升，为每一个孩子的幸福人生奠基。

四、党建引领，促进学校发展

“一个党员一面旗帜，一个支部一座堡垒为更好发挥党建品牌的辐射带动和示范引领作用，发挥党组织和党员的战斗堡垒作用和先锋模范作用，引导广大党员及群众立足本职、主动创新、忠诚奉献，实现我校“建有文化的校园、做有智慧的教师、育有个性的学生、办家长满意的学校”的办学目标，结合学校实际，创建了“星光闪耀”党建品牌特色。

“星光闪耀”是坚持以人为本的教育宗旨，本着“发展优势、培养人才、成就梦想”的育人理念，充分发现并发扬每一位教师、学生的闪光点，通过“星级少年”和“明星教师”评选，激励全校师生成长为最好的自己，让他们成为校园里最耀眼的“星”。将党建工作与教师专业发展、学生个人成长，以及课程改革、课堂教学、教研科研等方面紧密融合，通过在旗帜引领下的有温度、有创新的党建活动凝心聚力，在党建工作的高度践行性中得到落实，最终实现学校的整体发展。

通过党建品牌的创建，提升党建工作的内在动力和活力，增强党组织的凝聚力和创造力，提高学习型、服务型、创新型基层党组织建设水平，加快讲党性、重品行、做表率的党员队伍建设步伐，进一步激发全校党员干部干事创业的热情。围绕立足教育抓党建，抓好党建促教育的目标，在党建与教育教学的有效整合。结合党员评价机制，努力做好“亮旗帜、亮承诺、亮作为、亮考核”工作，通过评选“星级党员来鼓舞党员，进而带动全体教师勇攀事业高峰，为教育事业贡献力量。让学校的每一个党员、每一名教师和学生都成为最璀璨、最闪亮的一颗星，最终群星闪耀，绽放精彩！

近年来，学校先后荣获自治区“示范家长学校”、“家庭教育指导中心”、“综合考核先进集体”、“德育工作先进集体”、“教学工作先进集体”等荣誉称号。

长风破浪会有时，直挂云帆济沧海。站在新的历史起点，面向“十四五我校将以再造学校发展新优势，攀登教育质量新高峰的崭新姿态，昂首阔步，开创素质教育的新辉煌！

砥砺教育意志　绽放高原之花

——果洛州最年轻校长赵海龙的教育逐梦路

青海省玛沁县第一民族中学　赵海龙

毕业于陕西师范大学的赵海龙，牢记母校“厚德积学、励志敦行”的校训，立志要成为一名优秀教师，他在基础教育已经从教十个年头，近十年来，他在省市的刊物上发表了多篇文章，被多次评为优秀教育工作者，优秀教师，是西宁市名师工作室成员。

在大家都认为他在省会城市发展已经顺风顺水的情况下，赵海龙却做出了一个不可思议的决定：到条件艰苦的高原再创业再出发，应聘成为果洛州玛沁县第一民族中学的校长。果洛州地处青海省东南部，域内平均海拔4200米，首府驻玛沁县，近年来异地搬迁、精准扶贫等好政策让玛沁县走上了快速发展之路，但是当地的基础教育发展比较滞后，不能满足人民群众对享受良好教育的要求，为此，玛沁县委县政府向全省遴选优秀教师来玛沁县担任校长，为当地教育助力。赵海龙经过层层选拔，从此开始了他在草原的教育逐梦之旅。而这时候他的第一个孩子才两岁，第二个小孩刚刚出生，他自己说这是抛家舍业的冒险之旅，不想安逸过平生，心存理想，生活永远美好。

教育温度　催生美丽蝶变

玛沁一中的生源大部分是草原上移民区牧民的孩子，孩子们很多都没有走出过草原，学校的课程以国家课程为主，学生评价以分数为主，压制着孩子们的天性，抑制着孩子们自我发展的生机。来到玛沁一中以后，赵海龙校长提出“为未知而教，为未来而学，办有温度的教育”的办学理念，把该理念渗透到学校办学和各项活动的具体行动之中，坚持五育并举、全面发展、提质增效，由过去的追求的整齐划一、抓成绩排名，到释放天性，抓习惯养成、抓全面发展。

赵海龙校长经过深入调研，同学校的全体教师一起，构建“五彩青春”德育积分综合评价体系，形成了涵盖学业水平、运动素养、审美趣味、社会实践、道德情操这五个方面的综合评价体系，还大刀阔斧地进行课程改革，除落实国家课程外，他还架构爱国爱家、运动技能、本土文化、音乐鉴赏、创客实践、安全自护等一系列的校本课程体系，让“五彩青春”的评价找到载体，引导孩子全面发展，引导教师关注学生各个方面的闪光点，这样的学生评价不再是单一的分数，一个成绩落后的学生在一次手工作品大赛上得了一等奖，这次的大放异彩让他找到了自信，从此他做事总是异常的严谨。这样的评价方式让老师不在紧紧盯着孩子们的缺点，而是从不同的角度发现学生的闪光点，让每个生命个体找到了绽放的可能。

“我们教育，就应该给孩子的青春记忆留点什么，它可能是一些隆重的仪式，也可能是触动孩子心灵的故事”。在赵海龙校长看来，办学校不能太功利化，他总说要办“有故事的学校，做有温度的教育，让孩子栖居在故事里，行走在诗意里”。

努力的过程是艰辛的，通过一段时间的实践，呈现了环境文化、精神文化、行为文化相互映衬、相互促进、相得益彰的一中新局面，大家都说一中开始美丽蝶变。

天道酬勤　践行教育理想

高原的冬天格外寒冷，但冬日的校园里总能看到赵海龙校长穿梭的身影。认真、踏实、执着是赵海龙校长留给很多人的印象。在玛沁一中师生眼中，赵校长对工作全身心投入，是名副其实的工作狂。除了管理工作，他还担任初中历史的教学工作。因为学校师资短缺，赵海龙校长本来是语文教师，因为学校历史教师短缺，他责无旁贷，从头学起，开始了“门外汉”之旅，但他却成了学生最喜欢的“历史教师”。

更令很多人觉得不可思议的是，尽管不担任班主任，但学校哪些学生是特困生，哪些学生是留守儿童，哪些学生成绩起伏、思想波动较大，哪些学生有什么特长和缺点等，他似乎都了如指掌。针对不同学生的问题，总能及时处理。作为校长抽出时间深入课堂更是他的工作常态，不同科目的教师都愿意他听课后的点拨评价。　赵海龙校长时常对管理层说:“教育说到底是一项关注细节、把细节转化为教育契机，没有足够的投入和陪伴，真正的教育不可能发生”。为此，他每天都会雷打不动地至少转一遍校园，深入课堂、环境区、运动场等角角落落，用眼睛更用心去发现哪怕极其微小的问题并及时加以处理解决，同时也用心去寻找细微的美好，并将之提升放大为教育的正能量。

聚合优势　开辟源头活水

远道而来的新校长一点没有“客座”的意思，他的雷霆手段接踵而来，直击学校沉疴。上任不久，他便带着小板凳，推门听课。在听课调研中他发现教师对教学知识点、学生能力要求把握不准确，对学生学习活动没有设计，满堂灌形象普遍，导致课堂教学效果比较差，教师专业成长是当前要解决的首要问题。

赵海龙校长迅速在县教育局的协调帮助下，牵头成立县域内教研联盟，发挥教研联盟教师人才的聚合优势，让教师专业化发展有了源头活水。开展大教研活动，让老师走出去，优秀教师请进来，开展同课异构、专题讲座、片区联考、课题研究、校长论坛活动，学校还成立了“一席讲坛邀请各方面的专家来传经送宝。他还带领教师立足于学科核心素养的落实，认真研读各学科《课程标准》和教材，教研不走过场，不摆“花架子真实地暴露不足，明确提出了整改，不单打独斗，教研成功共享。

赵海龙说:“从事自己喜欢的职业是幸运，有一个平台来施展抱负是幸运，看到高原的孩子一天天进步是幸运，所有这些，让我无比幸福！”从他的身上，我看到一个教育者最诚挚的良心，他甘愿用自己的生命浇灌祖国的花朵，用自己的精神书写不朽的赞歌，伟大的人格就在奉献中淬炼出最坚强的底色，这是高原的福气，也是教育的福气！

深耕共育模式　激活教育磁场

——阳信县第一实验学校“家校社共育”滨州模式的探索与实践

山东省滨州市阳信县第一实验学校　齐爱军　李振华

在有“全国闻名的鸭梨之乡”、“中国第一牛县”之称的山东省滨州市阳信县，有一所创办于2010年10月的九年一贯制义务教育学校——阳信县第一实验学校，率先开创“家校社共育”滨州模式，经过六年多的探索和实践，现已在滨州市各县区全面铺开。

自2015年4月确定实施“家校社共育”滨州模式以来，阳信县第一实验学校勇于改革创新，探索建立“家校社共育”的育人共同体，以“培养高尚品德、高超才能、高质体魄、有家国情怀、有责任担当、有理想追求的下一代”为育人目标，精准施策，让家校社协同育人成为学校德育一体化的新样态，使学校朝着“有温度的教育生态乐园，让每一个置身其中的生命都感受到尊严和幸福”的建设目标大步迈进，为农村孩子的幸福人生奠基，让每个孩子都有人生出彩的机会。

一、直面家校社存在的“三少一多”问题

阳信县第一实验学校位于阳信县新城区城乡接合部，作为一所优质教育学校，周边新建小区林立，外来人口超过本地居民，在校学生60%以上为打工子弟，导致学校与家长及社会之间逐渐出现了“三少一多”的问题：一是沟通少。家校之间学生没有问题不相见，相见肯定有问题；二是教育少。祖辈有时间跳广场舞、打牌，没时间陪孩子；“问题”孩子的出现，家长普遍存在束手无策的情况；三是合作少。由于学校建设地隶属两个乡镇（街道）、直属县级教育部门垂直管理的特殊性，当地党委政府和企事业单位与学校联系普遍少；四是责怪多。外来人员子女入学难，责怪学校；“问题”孩子增多，家长和社会“甩锅”学校教育。

通过对区域家校社政关系的深入剖析和反思，学校领导班子一致认为，敞开校门办教育，教育才能办得更好！为此，学校积极推广滨州市“家校社共育”模式的经验做法，把家长教育工作纳入到学校发展的全局之中，建立健全工作推进机制，将目标任务层层分解落实，强化检查考核，推动协同育人工作落地生根，取得实效。

二、建立“家校社共育”的育人共同体

建立家长学校。由学校主要负责人兼任家长学校校长，切实落实有规范的管理制度、较强的师资队伍、明确的计划安排、系统的教学内容、可行的成效评估五项工作。与此同时，每学期至少开展1次家庭教育指导和1次家庭教育实践活动，中小学部每学期至少召开1次家长会。

组建“家长委员会”。由家委会主任召集社区干部、企业协会、家长代表、社会贤达与学校领导等人员组成，使他们由教育的“旁观者”变成学校的“合伙人共同参与到学校的教育工作中来。例如，派出所人员、社区网格员组建家长安全服务志愿者队伍，协助学校放学管理；“元旦”文艺晚会、“六一”节日演出，家长开车帮忙转送道具，为学生免费化妆；学生家长走上“讲台兼职做学校法制、消防、禁毒、交通安全等讲师，让专业的人做专业的事。

三、将服务学生成长办成教育的“连续剧”

实施“同爱共育·家长培训”工程。阳信县第一实验学校深入贯彻“父母成为更好地自己，学生才能成为更好地孩子”的教育理念，组织家庭教育志愿者深入乡村、社区开展志愿宣讲20多次，近30000名家长儿童受益。同时，学校与县妇联合作，广泛征集、挖掘好家风故事、好家教案例，讲好“最美家庭”故事，大力实施“美家美妇”行动，创新开展家庭文明建设工作，推动社会主义核心价值观在家庭落地生根。

搭建“三宽”家长学校。作为滨州市首批“三宽”教育试点学校，阳信县第一实验学校创新“教育+科技”、“家长学校+互联网”的思路，借助京东等平台，免费服务家长，助力家校社共育插上了互联网翅膀。“三宽”直播系统拥有多机位切换、高清摄录、专业演播室的水准，可以直播、重播，提供家长课堂、名校课堂、育儿常识等多方位服务，全面助力家庭教育的高质量发展。截至目前，学校通过创建“三宽”家长微信群、QQ群，邀请专家参与，已在线解决家庭教育问题上千个，超过4000个家庭受益。

四、构建“三位一体”育人网络助力乡村振兴

实施“乡村振兴战略”是党的十九大提出的振兴乡村的总体战略实施目标，而乡村的振兴、农村的现代化离不开教育。对接乡村振兴战略，打破城乡二元治理结构，办好满足乡村振兴需要的教育，构建“学校、家庭、社会”三位一体的育人网络，是学校义不容辞的责任与担当。

治贫先治愚，扶贫必扶智。打好脱贫攻坚战，改变乡村落后面貌，首先要阻断乡村贫困代际传递，让乡村的孩子也能接受良好的教育。为此，学校牢牢抓住“立德树人”的核心，提出“1+1+3”的课后服务课程目标，最大限度地满足学生、家长对课后服务的需求。其中，第一个“1”是指学生发展核心素养；第二个“1”是指每个学生至少培养一项兴趣特长；“3”是指人人提升三项能力，即艺术——审美能力，生活——生存能力，阅读——表达能力。学校开设文化素养类（语文类、数学类等）、美术类（剪纸、泥塑等）、音乐类（戏曲、鼓号等）、体育类（球类、柔道、中国跤等）、科技创新类（机器人、太空种子进校园）等30多门课程供学生选择，满足学生的多元发展需求；积极开展家长课程进课堂，由家长“毛遂自荐学校统筹安排。如在规划局上班的家长讲解“城市规划”、在医院上班的家长讲解“疾病预防”等；邀请公布检法工作的家长进校园普及法律知识、邀请“五老志愿者”举办专题宣讲、民间艺人开展非遗传承——西河大鼓活动等；每周五下午，“宝爸”、“宝妈”们穿上职业制服，带上专业工具，走上讲台。这些课注重学生的“素质拓展+自我保护先后开发“农业”、“国防”、“手工”、“安全”、“道德教育”、“社会与生活”、“卫生与健康”等课程，有上千位家长走进课堂。如五年级九班边瑞林同学的家长给孩子们讲励志课——《我要过这样的生活》；四年级七班樊敖川的爸爸给学生做《创新让每个孩子都有出彩的机会》的精彩报告；二年级九班的“故事爸爸”、“故事妈妈”更是魅力无限，孩子们读听《苹果树》、《月亮的味道》、《吃书的狐狸》……别提有多喜欢了！另外，利用课后服务时间组织学生走出校门，跟着星火义工助力创城、争当梨花节志愿者、走进敬老院献爱心等活动，培养学生的责任担当意识。

小手拉大手，文明路上一起走。办老百姓满意的好学校，既是培养人才的需要，更是传播文明的需要。学校以教书育人为主线，强化养成教育“六必须即必须知敬畏、必须守纪律、必须懂感恩、必须有礼貌、必须肯刻苦、必须求上进，以学校师生的良好风尚带动乡村精神文明建设，还广大农村清风正气和一片蓝天。同时，学校打造优秀的校园文化，展示严谨的管理风格和良好的校风学风，引领乡规民约向善向好，让美丽校园成为美丽乡村文明建设的原点和辐射源。

联动合作，办人民满意的学校。学校以人民为中心，发挥学校是精神文明建设和文化传播的重要阵地优势，积极主动参与政府、社区和家庭事务，共享共建乡村振兴文明的新高地。一方面，学校积极配合政府和社区做好文明宣传教育和社区精神文明建设，组织社会实践活动、研学旅行、志愿服务等活动：以重大纪念日、民族传统节日为契机，通过丰富多彩、生动活泼的文体活动，增进亲子的沟通和交流；开展社区“双报到”活动，为学苑社区捐赠图书，用师生文化作品布置小区，促进美丽乡村建设；协助社工调解家庭内部矛盾，开展心理健康教育，促进社会和谐。另一方面，学校主动与属地企业对接，主动解决企业职工子女就读问题。

阳信县第一实验学校坚持守正创新，努力打造家校社共育知名品牌，被授予“全国家校共育实验学校”、“全国青少年校园足球特色学校”、“全国新教育优秀学校”、“全国传统文化教育示范校”、“全国未来科学家培养基地”、“第二届山东省文明校园”、“滨州市中小学德育工作示范学校”、“滨州市示范家长学校”、“滨州市减负试点学校”等多项荣誉称号；学校工作在山东省课后服务推进会做典型发言；山东教育电视台对学校课后服务做专题报道……

“晓风催我挂帆行，绿涨春芜岸欲平”。面对新时代、新形势、新任务，阳信县第一实验学校承载着梨乡的深厚文化，传承着为党育人、为国育才的信念与梦想，将以更强大的决心和更扎实的作风强力推进“家校社共育为擦亮阳信教育新名片提供强有利的人才和智力支撑而努力奋进！

聚焦科学启智理念内涵　构建学前教育创新格局

山东省德州市齐河县第三幼儿园　段宪敏

学前教育是我国国民教育体系的重要组成部分，并且一直深受人民关注、社会关切。尤其随着社会经济的高速发展，人们对幼儿教育质量的要求也越来越高。

齐河县第三幼儿园作为一所省级示范幼儿园，自然和文化资源丰富，在坚持科学优质的办园方向同时，旨在打造成为一所集科学化、儿童化、教育化于一体的适合幼儿游乐嬉戏、健康成长的幸福乐园。

遵循自然成长　扎根科学启智思想

因为地理位置因素，齐河县大量的自然和旅游资源，为本园教育的开展提供了丰富的教育资源，为激发幼儿探究欲望，进行科学教育主题活动的探究创造了可能。本园团队由齐河县机关第一和第二幼儿园组建而成，受当时参加中国软科学启智实验园的课题研究影响，“科学启智，梦想启航”的办园理念由此形成。

“科学启智”项目的核心是引领、激发和培养儿童的好奇心、探索意识、创造力，我们无论从环境设计、设施设备的投入、户外场地的规划，都从“科学启智　梦想启航”办园思想出发，为幼儿创设了丰富多彩的科学环境和好玩有趣的科学探索活动。

“科学”的内涵是以科学教育活动为载体，融语言、艺术、社会、

健康等为一体进行科学教育的过程，其实质就是幼儿探索。在科学活动中，我们通过让幼儿亲自动手、动脑，获得直接经验，在探索中发现问题，并尝试自己解决问题，其核心是培养幼儿的探究欲望。在实施教育活动中我们崇尚自然，顺应儿童天性：自然有两层含义，一是大自然，就是要让儿童接触大自然，让儿童自在地、积极主动地去感受大自然中的事物、现象和规律，让儿童在自然的环境中去游戏、学习、探究、成长；二是遵循儿童生长的自然规律，尊重儿童的天性。即遵循儿童生命成长的节奏和身心发展的规律，尊重儿童内源性生长需要和生命成长的差异性，顺其天性而育之。这也与我们"顺应儿童的天性，让每一片绿叶自由舒展，乐享美好童年"的办园宗旨相契合。

"启"是启迪，指让孩子在幼儿园开展的科学活动中收到直接的启发教育，使其能在操作中探索，在探索中寻找答案，好奇心不断被激起，又不断得到满足，刺激其探索欲望。即以幼儿为中心，以自然探索为宗旨，实施科学的保育和教育，促进幼儿身心和谐健康发展。

"智"是儿童心智，何谓心智：从字义上讲："心"是心脏，是构成人体生理的一个重要器官，其主要功能是为人体的血液畅通加压（相似"水泵"）；另一层为"内心"即"里面的"内在的"含义。"智"则是"智力"、"智能"之意。心智即是人们的心灵与智能的表现。一是培养幼儿思考能力，启迪智慧。二是培养心理健康、陶冶性情。

健全管理体制　提升学校办学质量

幼儿园环境对于科学探究氛围影响深远，因此，我们在硬件设施方面，形成了培养幼儿好探究、喜发现的科学特色环境。室内有镜子隧道、激光打靶、齿轮转动、流动的画等，激发幼儿对科学探索的兴趣和满足幼儿探索科学奥秘的好奇心。户外有大型综合滑梯、木质综合攀爬架、冒险岛、安吉游戏综合梯、沙池、种植园等，为幼儿创设科学探索、游乐嬉戏的大乐园。在班级命名上，以十二生肖区分，彰显中国传统文化的魅力。幼儿园三层楼分别以"和谐自然"、"探索发现"、"创造未来"为主题。三个楼道分别设置"无触不在"、"比比皆视"、"奇思妙想"等，让幼儿通过摸一摸、看一看、想一想，发展幼儿的操作力、想象力和思维力。变幻莫测的科幻小镇、七彩楼梯、太空小人、梦幻城堡等都给幼儿提供了科学的环境，激发幼儿对科学探索的兴趣与欲望，满足幼儿的好奇、好问、好玩的天性。

除了下足"硬功夫我们也在不断提升学校的"软实力"。首先，在"科学启智，梦想启航"的办园理念指导下，明确了本园"启迪智性、润其心性、快乐成长"的办园目标和"尊重幼儿的个性，萌启幼儿的潜质"的育人目标。其次，我们以园训、园风、教风、学风的设定多维度深化"科学启智，梦想启航"办学思想，充分尊重每个儿童不同的兴趣、能力、素质和性格特点，真正达到因材施教，发挥幼儿最大潜质的目的。

比如在户外沙水区里，孩子们直接"钻"进了沙池里。小铲子、小水桶、筛沙漏斗，快乐地探索游戏体验诱发了孩子们奇妙的想象力和探索欲望。挖地道、筑城堡，甚至用废旧的PVC管连接起来，做起了南水北调工程，孩子们玩得不亦乐乎。攥在手里的沙子会"流"走，漏斗孔越细沙子流得越慢，"喝了水"的沙子能成型，孩子们体验了沙子的流动性、可塑性等特点，学会了合作、分享、交流等品质。

看似简单的探索游戏需要教师在课外做大量的准备工作，更需要观念上的改变。为此，我们"蹲"下来思考问题，重构儿童观、游戏观和课程观。

另外，我们通过加强教师团队建设，努力培养具有高尚思想，正确道德知识，敏锐洞察力，自觉接受利用新知识、善于发现抛出问题激发幼儿思维，引领幼儿走向知识、获得智慧与技能、促进幼儿健康成长、和谐发展的智慧型教师。而这教育智慧的本质：一是来自热爱；二是来自积累；三是来自反思。教师借助"实践一积累一反思"不断螺旋循环的过程，升华成为智慧型教师。同时，教师在教育中还需秉承自然的理念，构建自然的教育环境，成为儿童自然成长的守护者、支持者、引导者。

加强家园共育　夯实学前教育矩阵

在幼儿园家园共育上，我们以"科学启智，梦想启航"为载体，利用多种形式让家长参与到我们的教育教学及日常管理中来，搭建宣传平台，让家长了解家园共育的重要性。包括：家长课堂；"多层次家长开放日"活动；"家长教育志愿者"活动；亲子互动、聚会活动等。

并且，我们还通过挖掘和合理利用社会资源，创造更广阔的教育空间，促进幼儿发展。我们不仅创设良好的园内教育环境，优化幼儿的在园教育，同时树立大教育观，积极开发、利用园外环境，多方位、多渠道对幼儿产生影响，形成"教育影响一个孩子，迁移带动一个家庭，启发感化整个社区"的环境工程，最大限度地促进幼儿身心全面、健康、快乐、幸福地成长。

未来，我们将带着希冀与期许继续深化"科学启智，梦想启航"办学思想，增强全体教师职业价值的提升，加快幼儿园特色办学步伐，真正让孩子们享受精彩的童年生活，让幼儿园实现内涵发展、持续发展、优质发展的长远目标。

传扬"四清"之风，培育新时代英才

山东省德州市齐河县马集镇实验小学　崔华东

多年来，"四清"活动是一直走在教育路上的探索者，是经过不断研究、不断创新、不断完善的结果，符合国家的教育方针，顺应当前教育改革，是培养新时代中国特色社会主义接班人，解放老师、激活学生，打造和谐师生关系的必然选择。我校积极开展四清活动，紧紧把握教材的深刻内容，设立小组学习，规划导学方案，以理论为依托，努力创办老师认同，学生满意，家长放心的优质教育。

一、明确内涵，全面施行

"四清"是指"步步清、堂堂清、日日清、周周清有的地方定为"堂堂清、日日清、周周清、月月清而我则认为还是"步步清"较为实用。

"步步清即课堂的每一教学环节，都要明白应掌握的知识掌握了多少？没掌握的有多少？重点掌握哪些学生没有掌握好？从而根据教学实际情况进行针对性教学，再用上一环节知识学习新环节知识的过程中，重点有针对性地提问不明白、不懂的同学，及时采取补救措施，力争每一环节学生都能清，使每位同学都能流畅地跟上课堂节奏。"堂堂清即要求每堂课的当堂测试不少于十分钟，可以是最后十分钟，也可以是每环节的分散测试，但总测试时间不少于十分钟，当堂测试需要及时评价，不达标不反馈不会有好成绩。评价及时需要组员互阅，组员互评，最后老师进行总评。为提高评价的及时有效，老师在巡视时，可以带红笔，边巡视边对尖子生进行指导，以提高当堂评价的效率。"日日清即在课外活动时间，小组内根据一天的学习情况，对当天的学习进行小组查，最好是1号对4号，2号对3号，进行相互清，把容易错误或者难以理解的地方记下来，没有完成学习任务的学生记下来，以备周周清。周周清，即班主任老师根据日日清的情况，收集各科易错点，难以理解点，形成周清试卷，利用周五下午，小组互阅，统计通报各组成绩，并责令小组内进行最后清理。4清是有分层的，以1号90%以上，2号80%以上，3号70%以上，4号60%以上为标准。

二、把握教材，活跃思维

"四清活动"的前提是老师根据课程标准对教材的深刻把握，备课从总体把握，了解这一节课在本单元中的位置，这一单元在本教材中的位置，及其本单元中每节课之间的内在联系，这一节课大体的知识框架。王敏勤教授的"我的模式、我的课"说教材活动，其实就是老师们提前备课的一个有效载体，在这方面我县有的学校已走出坚定的步伐。我校在这方面要想做好，知识树和思维导图的构建是一个有效地载体，我们可以在网上多多搜一些知识树和思维导图的知识，等大家有个初步的了解，我们可以分批次到一些学校参观学习，甚至可以到天津普育学校进行学习。天津普育学校是温家宝总理的母校，由他的祖父创办，是王敏勤教授和谐教学法四清活动的根据地，值得我们一看。

三、小组合作，共同进步

四清活动依赖的有效组织形式是小组合作，小组建设主要是根据学生的成绩、实际情况，均匀分配，每组4人为宜，依次分为1号、2号、3号、4号，组内一般成绩最好的1号为组长，有的成绩好，但组织能力不强的也可以另选他人。我们积极主张小组要有组名，小组口号，小组公约。这些都由学生自己商量讨论决定，目的就是让集体的力量教育学生、约束学生，让学生管理学生。座位形式由传统的排排坐，变为团团做，大家围在一起。一般情况1号带4号，2号带3号，当学生回答问题时，答对给小组加分，1号记0.1分，2号记0.2分，3号记0.3分，4号记0.4分，成绩越差的计分越多，使各小组积极把回答问题的机会让给成绩差的同学。这样能够把课堂问题有效暴露出来，以便于教师及时掌握学情，调整教学思路。这种积分办法，在课堂的每个环节，可以有效了解各组的学习情况，如果小组学习都会了，根据刚才的积分办法，这个小组的得分便正好是1（0.1+0.2+0.3+0.4）。如果一个小组的得分是0.6，证明前三号都会了，四号不会；如果一个小组的得分是0.3，那么证明这个小组三四号还不会。小组合作学习主要利用小学生争强好胜的心态、利用学习竞赛的形式，把学生的注意力带入课堂。小组合作的学习形式主要有讨论式（讨论时全体学生站立起来）、听讲式（听讲时面向教师，正襟危坐）、自学式（自己学习时坐在自己的座位上，安静独立进行学习）。

四、导学方案，规划发展

小组合作是"四清"活动的表面载体，而导学案则是整个四清活动的剧本，是四清活动的灵魂，暗线。这就要求教师由课堂的演讲员变为课堂的导演，在充分备好教材和掌握学生学情的情况下，设计好课堂环节。学校老师考虑的主要问题由"我如何教"向"如何让学生学"转变，向如何设计学生活动转变。导学案设计问题要明确、指令清晰，例如，"5分钟快速阅读课本第几页第几段，找出你喜欢的句子，写下来，然后用2分钟与小朋友分享这就是说要有具体的学习时间、学习内容、学习方式、学习效果。学校导学案设计教学步骤一般有七步，第一步单元导入，新课需要让学生从整体单元认识本课，老师们可以用童谣、视频、游戏等学生喜欢的方式导入，激发孩子的兴趣。第二步出示学习目标，让学生明确本节课要学习什么内容，通过什么学习方式。第三步则是学生自学，做到学生自学能够会的老师不教。第四步展示交流，尽可能暴露学生自学过程中存在的问题，学生通过合作学会的老师也不教。第五步精讲点拨，启发、诱导、创设环境让学生感悟、领会教学中的难点。第六步是有针对性地进行举一反三地训练，强化巩固学生所学知识。第七步当堂达标，每堂课不少于10分钟的考试，最好当堂通过组员互阅、小组互阅、老师抽阅，当堂出示成绩，评价小组。

五、谨记理论，积极评价

四清组织依托“小组合作理论依托“学习金字塔理论”。在塔尖，是第一种学习方式——“听讲也就是老师在上面说，学生在下面听，这种我们最熟悉最常用的方式，学习效果却是最低的，24小时以后学习的内容只能留下5%。第二种，通过“阅读”方式学到的内容，可以保留10%。第三种，用“声音、图片”的方式学习，可以达到20%。第四种是“示范采用这种学习方式，可以记住30%。第五种，“小组讨论可以记住50%的内容。第六种，“做中学”或“实际演练可以达到75%。最后一种在金字塔基座位置的学习方式，是“教别人”或者“马上应用可以记住90%的学习内容。学习效果在30%以下的几种传统方式，都是个人学习或被动学习；而学习效果在50%以上的，都是团队学习、主动学习和参与式学习。学校各班务必建立起有效小组，根据异组同质，同组异质的原则建立小组。小组内根据民主推选小组长负责协调全组活动，按照各科学科长、纪律长、记分员对成员进行分工。

学校推动四清的有效手段为积极地评价，各组、各班、各年级要及时检查督促、表彰奖励优秀小组，使四清工作在团队竞争中有序展开。学校将通过推门听课，检查落实堂清，堂清时间少于10分钟的，一票否决，不实行小组合作学习的，在教学常规课堂教学环节视为不合格。四清学习要遵守学习规律，根据独学——对学——群学的思路进行学习，宜合作则合作，要准确把握学习时机。我校“四清”形式可以多种多样，口头提问、当堂默写、黑板展示、堂清试卷等多种。我建议每位同学以四清记录本当作课堂笔记本，详细记录自己的学习过程，便于学习及时查漏补缺。教师需要修炼自己的教学基本功，语言简练，思路清晰，能少讲绝不多说。“对不对”、“是不是”、“会了吗？”等无效语言禁止出现在课堂上。回答问题时，学生要站好，端好课本，并用“上个同学的观点，我的评价是什么，我的观点是？”从而让学生学会倾听，积极投入学习中去。

“四清”活动是已经被证实的，毋庸置疑的高效课堂。我校“四清”活动，通过小组的建立，导学案引导之下自学、合作的转变，积极有效评价方式的引入，使教师的身份由课堂的主角演员变为课堂教学的导演、编剧，使学生真正成为课堂舞台的主角。我校始终秉承着一切为了学生的观念，一步步地探索着四清活动最好的发展途径，希望在未来的教育工作中，可以更进一步创新发展，培养更多的栋梁之材！

理念引领学校发展　特色铸就新校辉煌

山东省东营市胜利花苑中学　李召学

东营市胜利花苑中学是一所全新的九年一贯制公办学校，成立于2019年4月，总占地10.31万平方米，总建筑面积4.2万平方米，设计规模98个教学班，目前学校招收一、二、六三个年级，10个教学班学生432人。在岗教职工共49人。

建校以来，学校秉承“美善与共，知行相生”的核心办学理念，以培养“有根基、有学识、有潜力、有梦想”的时代学子为目标，让教育回归本真，让生命绽放多彩。

一、更新办学理念　形成教育优势

我校是一所刚成立的学校，目前我们在按照“体现特色、提升形象、促进发展、构筑品牌”的总体思路，规范学校管理，努力打造学校特色。

创新办学理念，形成教育合力。作为一名学校的最高决策者，我十分清楚要想办好一所学校，就必须要有自己独有的、符合校情学情的办学理念。什么是办学理念？从概念上来讲，它就是教育理念的下位概念，是校长基于“办怎么样的学校”和“怎样办好学校”的深层次思考的结晶。更深层去讲，办学理念就是学校生存理由、生存动力、生存期望的有机构成。因此，经过我校一致认可，我校坚持贯彻实施：学校一切工作要以学生健康成长为出发点和落脚点；师德高尚、业务精良的教师队伍是学校发展的根本；必须加强家校沟通，发挥家庭教育的作用，形成教育合力。

理念蕴含希望，护航学生发展。作为一所优质的现代化智慧学校，我校有着自己的特色和优势。我们有与时俱进的办学理念，就是“美善与共，知行相生”。“共生”是核心理念。一个是“五育共生让学生在知、情、意、行等方面同步成长，德、智、体、美、劳全面发展；第二是“师生共生师生关系是教育过程中最基本、最重要的关系，彼此形成共识、共享、共进的共生关系，促进教学相长；还有就是“家校共生让家庭教育和学校教育形成一种同心共行、共同育人的良好氛围，为孩子们的健康成长、全面发展保驾护航。

我们的理念，蕴含着我们对教育境界的信仰和追求。教学质量的全面提高，是一个永恒的话题，也是我们的发展前景和规划的重中之重。我们计划在今年创建成市级文明校园，用丙年时间达到全市义务教育管理标准化学校，用三至四年的时间，达到全市教学质量一流学校水平。

明确办学优势，打造教育高地。作为一所新成立不久的学校，无论是在办学经验还是社会影响力，我们都存在着需要时间来积淀与证明的欠缺。但我们的优势恰恰也来自于一个“新”字。在我校我们有一支结构合理，业务精良的教师队伍，平均年龄在38岁，其中有博士学位教师1名，硕士学位教师3名，本科双学位教师1名，并且老师中没有低于本科学历的，仅骨干教师目前就有28名。在以后的学校发展历程中，学校将发挥此项优势，致力于打造出“根植齐鲁教苑，叶茂华夏杏坛”的东营区教育新高地。

二、完善教学设施　设置特色课程

多年来，西城片区是东营区的老城区，老小区多缺乏一所现代化的学校。在油地融合的大趋势下，东营区教育局着力将我校打造成为东营区西城片区最新颖的现代化智慧校园，打造西城教育新高地。

配套教学设施，满足学习体验。基于这个定位，目前我们已投入使用和待使用的辅助教学类教室有电子书法教师、陶艺室、小学科学探究室、理化生数字化探究式、数字地理教室、历史教室等23个专用教室，目前正在完善建设学校操场、10个篮球场和4个羽毛球场，综合的体育教学楼（包含篮球馆、游泳馆），学校的配备设施很全面。

现在投入使用的电子书法教室是现代化智慧教学比较好的展现，在这里，可以避免老师写书法时的围观景象，以及传统洗涮毛笔的烦恼，电子化的教学设施让孩子们用清水蘸着毛笔就可在电子屏上书写，完成的作品还可以以电子形式永久留存，同时，老师们一笔一画的教学过程也会以电子形式展现和留存，方便学生们随时回顾学习。

设置特色课程，满足全面发展。在开全开齐国家课程的前提下，我们设置了独具特色的活动课程，比如意志品格课程、科学探究课程、劳动教育课程，全面培养孩子们正确的人生观和世界观；还设置有丰富、规范的校本特色课程，比如艺术审美课程、人文素养课程等，提高孩子们的审美水平、人文素养等综合素质。

开展社团活动，丰富学生生活。我校还以实践活动为载体，注重和鼓励学生个性化发展，开展了丰富多彩的社团课程。本学期开设了沙画、尤克里里、编程、绘本阅读等11项校本课程，供学生选择，每周参加学生达到504人次。大大拓宽了孩子们的知识结构，丰富了孩子们的学校生活，提升了学校文化内涵；同时开展德育一体化课程，形成了德育课程、学科课程和实践活动课程“三位一体化”的品德培养的新格局。

同时，我校还十分重视学生们的全面培养，后期我们会陆续开展很多特色社团课程，像舞蹈、创客、游泳、陶艺、足球、乒乓等校本课程，让孩子们更多自主的选择，培养学生的兴趣和特长。

三、注重教师培养　实现家校共育

一个学校最重要的生命力就是教师。教师的培养和培训的重要意义是为了教师在原有的学识基础上掌握更多的理论化的知识和业务教学能力，紧跟时代的步伐，做好课堂教学。

注重教师培养，提升专业素养。去年招聘储备了9名优秀大学毕业生，在胜利一小实习一年；今年区教育局从全区为花苑中学选调了28名学科带头教师，全部是区级以上教学能手，有丰富的教学经验。同时又招聘了7名优秀师范大学毕业生（包含双一流大学学生）。学校建立教师梯级培养发展机制，制定了教师队伍发展规划和个人三年发展规划，让老师明确发展的目标、方向和措施。通过师徒结对、专家引领，优秀教师示范，校本教研的形式，不断提升教师业务素质。

加强家校沟通，实现家校共育。为了加强家校沟通，我们建立了完善的家庭教育工作组织机构和保障机制，由校领导、优秀教师、社会家庭教育专家、家长组成的家长学校；成立了学校、年级、班级三级家长委员会，充分发挥家长委员会的作用，密切家校协作，推动家长自觉履行家庭教育责任和义务，提升我校的家庭教育水平；并且建立了评选表彰制度、家教档案管理制度，探索建立有特色的家庭教育课程体系，开展全员家访活动，努力帮助家长掌握科学教育孩子的知识和技能的作用。

教育的路，是漫漫长路；教育的花，是处处鲜花；教育的果，是累累硕果；教育的爱，是满满真爱。作为教育者，我们将担负着爱的使命去完成教育的重任，将不断更新观念，与时俱进，开拓创新，一步步走向更加美好的未来。我们相信在不断探索的实践中，我们将会创造一片属于自己的灿烂辉煌。

强化安全教育，筑牢生命防线

山东省菏泽市定陶区第三实验小学　徐爽　牛胜荣

青少年是祖国的未来，是家庭的希望，学生安全、健康、快乐地成长是全社会和学校关注的焦点。在安全教育中，人人都是主角，除了家校共同守护，让孩子“知危险，会避险”也是守护孩子安全成长的重要保障。我校始终以习近平新时代中国特色社会主义思想为指导，努力践行社会主义核心价值观，牢固树立“安全第一”思想，坚持“教育在前、预防为主、常抓不懈”方针，促进学校安全管理常规化、规范化；大力开展师生安全教育活动，增强师生及员工的安全防范意识，提高学校对校园安全事故的预防和控制能力，构建平安文明的和谐校园。

一、加强安全教育，筑牢安全防线

为进一步增强学生防溺水安全意识，掌握防溺水自救、救援常识，近日，我校从家长、教师、学生三个层面进行了防溺水安全教育系列活动。

家长防溺水安全教育。学校采取了四种措施，家校共育筑起学生安全防线。首先，一月之内学校连续两次发放《防溺水工作致家长一封信》，督促家长切实承担监护责任，重点教育学生做到“六不一会家长签订承诺书，学校回收留档。其次，学校在开学前进行两次家访，把安全工作尤其是防溺水工作作为家访的重点，对家长进行防溺水知识的宣传教育。再次，学校开学初召开家委会会议，和家长共同制定学生在校在家安全保障计划，明确责任人，强化监管意识。最后，学校在周边区域设置了两处防溺水安全教育宣传栏，便于对家长在放学上学时段的教育，另外通过家长微信群把新闻报道的溺水事故和防溺水要求，传达给每位家长并引起重视。

教师防溺水安全教育。学校召开全体教师防溺水工作安全会议，会议指出了防溺水工作的紧迫性，学习了专业的防溺水教育知识，明确了每位教师必须承担防溺水教育责任，签订了《防溺水安全责任书》。

学生防溺水安全教育。学校通过多种途径对学生时时、处处进行防溺水安全教育。第一，学生安全教育平台，全员参与，完成率百分之百。第二，学校安排了两次防溺水安全主题班会及国旗下讲话，集中学习了防溺水知识，铭记了“六不一会”的具体要求，会后还书写了个人心得并画出了手抄报。第三，学校邀请了菏泽市牡丹区紧急救援队的专业人员进校宣讲，宣讲团刘保磊利用以往在救援过程中的所见所闻，向师生讲述了发生在身边的溺水案例，现场展示自救和救助他人的方法。学生通过眼见、耳听、参与其中的方式，把防溺水安全意识真正入心，提高安全意识。

二、开展消防演练，筑牢防火壁障

我校定期会对全体师生进行防火疏散演练。在演练之前，学校会制定详细的防火疏散演练方案，认真划分各班的疏散路线，明确老师的职责，每个楼层、楼梯口、各个路口都安排了疏散引导人员。

通过开展防火演练，进一步增强广大师生的防范意识和自救的能力，了解和掌握如何识别危险、如何采取必要的应急措施等基本操作，以便达到快速、有序、及时、有效地效果。从而提高我校师生的应急救援技能和应急反应综合素质，有效降低事故危害，减少事故损失，确保学校安全、和谐、健康、有序地发展。

三、线上线下结合，做好假期防护

为了进一步增强广大学生和家长们的安全意识，让孩子们能度过一个平安、健康、文明、快乐地假期，我校组织“线上+线下”相结合的安全教育活动，提高广大学生和家长们的安全防范意识和疫情防控能力，筑牢假期安全防护网。

学校组织召开正副班主任会议，校领导对疫情防控工作、假期安全工作作了周密的部署。放假前，班主任组织召开寒假前安全教育主题班会。会上，各班以疫情防控、防火、防煤气中毒、防滑冰溺水安全、交通安全、饮食卫生等为重点，宣讲相关知识和法律法规，学习防范技巧，强化学生安全意识，增强学生法律观念。同时，班主任与学生共同学习学校下发的《寒假致家长的一封信》，告诉学生回家后和家长共同学习并按要求落实。通过开展寒假前的安全教育活动，学校切实将各项疫情防控常态化工作和寒假安全教育落到实处，提升了学生和家长们的安全防范意识，增强了学生和家长们的自我保护能力，相信学生和家长们一定会度过一个平安、快乐地寒假。

四、注重健康教育，营造和谐校园

为培养学生良好的心理素质，培育乐观、积极、向上的心理品质，促进学生人格的健全发展，我校高度重视学生心理健康教育工作，将其作为教育教学工作的重要内容，贯穿于学生身心发展的全过程。教师、家长、学生，是心理健康教育体系最重要的组成部分，因此学校采取许多的措施对三者进行同步的心理健康教育，共同凝聚成教育合力，营造和谐的校园心理氛围。

在教师方面，学校每年为老师们精心组织了一系列趣味运动项目，比如“摸石过河”、“巨人脚步”、“千里行珠”、“公鸡下蛋”、“同心击鼓”等趣味运动，让大家放松身心，缓解心理压力，以自信、乐观、轻松的心态去面对工作和生活。一个个生动有趣的活动项目，让老师们更加懂得了团队凝聚的力量同时也大大降低了老师们的工作压力。

在学生方面，学校有一支成熟的心理健康教育队伍，在每周一至周五，会在心理咨询室、团体辅导室、沙盘室接待来访学生或班集体，通过团队辅导、个性交流、沙盘游戏等方式，尽力缓解个别学生的心理问题，并提升学生团体的向心力。

在家长方面，学校两周一次在周五晚上7点，邀请定陶区心理学会专家进校为家长开展公益沙龙讲座。讲座主题都是从家庭实际矛盾中提炼出来的，专家们通过这些常见的问题，指导家长采取科学有效地方法解决家庭疑难问题。同时，心理专家们还传授专业的心理知识及技巧，帮助家长学会洞察、梳理学生存在的心理问题。

生命，是一朵正待开放的花朵，绽放出生命的活力；教育，是一首动人歌曲，奏响生命的精彩。校园安全管理是一项长期的任务，我校将一如既往、坚持不懈地抓好我校的安全管理工作，为学校持续发展筑牢安全防线。

做有温度的教育，办有故事的学校

山东省济南高新区黄金谷学校　孙凤琴

党的十九届五中全会从党和国家事业发展全局和长远出发，立足我国基本国情和新发展阶段，擘画了“十四五”乃至2035年经济社会发展的宏伟蓝图，明确了“建设高质量教育体系”的政策导向、目标任务和重点举措，提出到2035年建成“教育强国为我们做好教育工作指明了前进方向、提供了根本遵循。

我校是一所新建九年一贯制学校，自2017年9月投入使用以来，坚定不移的贯彻落实习近平总书记关于党建工作和新时期教育事业的指示精神，秉持“关注每一个，为幸福人生奠基”的生态办学理念，力求“做有温度的教育，办有故事的学校把党的领导贯穿于学校工作的方方面面，形成了党建引领全盘工作的教育格局，学校的教育质量不断提升。

一、确立办学理念，促进内涵发展

我校确立了在“关注每一个，为幸福人生奠基”的办学理念和“做有温度的教育，办有故事的学校”的办学宗旨引领下的办学思路和学校校训，确立了　“理念引领、文化立校、内涵发展”的办学思路、　“做最好的自己”的校训，以及健全学校核心价值观、　“三风一训”顶层制度，使学校成为有先进理念和文化底蕴的优质学校，让每一个孩子生动活泼的成长。

以“基于标准的管理”为抓手，学校制定和完善各项制度，保证各项工作规范化，程序化，流程化。基于校情，弥补短板，发挥团队管理优势，探索项目管理新方式，实现扁平化管理。强化管理及考核方式的改革，以评价促发展。项目管理方面，出台《推荐意见》、《评价方案》等，强化网络建设，让项目成为抓手，形成人人有项目，事事有人管，责任看得见、抓得着、评得及时且具有鲜活力的管理与考评机制。同时加强年级、教研组、班主任、青年教师等团队的自主管理及评价考核，合理分配管理资源，激发广大教师创造活力，为未成年人思想道德建设等工作奠定基础。

二、重视教师培养，建设优秀队伍

教师发展是办学的活水源头，学校坚持教师第一的理念，把教师队伍建设放在重中之重。我们明确　“四级学员”教师发展目标，组建教师发展项目组，以教师水平及潜质，定位“四级学员”标准为“达标、优质、灵活、钻研以教师发展为动向，完善“四级学员”组织建制。明确名师带动制，专家引领、师徒结对、外派跟岗等，提升青年教师的师德水平和业务素养。完善培训机制，以老带新、骨干引领课、青年展示课、试题同做、网络论坛、课例研究等，实现教师层次化与突破化发展。

三、创新优质教育，打造特色学校

为了创办高品质的教育，让每一个师生都能得到成长，在办学理念的引领下，从党建品牌建设、课程体系建设、课堂改革研究三个方面，积极创建多元化特色学校。

党建品牌：党旗引领，生态金谷。依托济南市一校一品党建品牌创建，学校创建了“党旗引领、生态金谷”的党建品牌，实施　“目标责任制”、“党群联动制”、“党员导师制”、“问效评优制”的　“四制工作法并把“四制工作法”与学校的教育教学深度融合，形成了党建引领全盘工作的教育格局。

党建课程体系建设：建立健全党建课程体系，建立党员结对制、党员集体教研制、党员一堂课、先锋引领制等制度。强化党员队伍建设，加强党员理论培训，开展以“抓规范、补短板、促发展”为主要内容的基层党建活动，做好做实“共产党员示范岗”活动，实现理论与实践相结合。发挥党员带动作用，落实师德《责任书》、《承诺书》等师德教风督导，用党员言行和人格力量影响带动广大教师，培养一支师德高尚、业务精湛的教师队伍。继续规范教代会和党务、校务公开工作流程，建立全体教师“献计献策”的金点子奖励机制。

党员课堂改革研究：建立党员活动阵地，实施课改研究下的党员集体教研、先锋引领课、党员一堂课、党员研讨课等，大力发掘培育新典型，提升党员的整体素养。

四、加强教学研究，提高教学质量

加强教学一体化研究，打造学思高效课堂，提高教学质量。我们以“基于课程标准的学历案”为杠杆，以思维导图为综合思路，以小组合作为学习支点，撬动课堂改革，转变教与学的方式，让有效手段助推课堂改革，提高教学质量。

构建“预学——共学——延学”三学一体课堂模式。以课例展示为依托，突显“三学”课堂研究。重视预学与导学，以学历案作为摸清学情的重要依据，引导学生自学、会学。通过开展一师一优课、骨干教师示范课、青年教师展示课、师徒结对课、联校研讨课、优质课评比等活动，提升学历案的课堂实践力；以小组合作互学的评价任务和学习活动，调动学生积极性，提升学历案的课堂有效力；以思维导图梳理归纳知识，以当堂小测作为课堂实效评价标准，实现学后有评，评后有思，提升学历案的课堂时效力。整堂课“学、教、评”一体化，先学后教，当堂训练，从而提升教学质量与效率。

基于大数据分析下的诊断与反馈。实施教师“下水试题+研究试题+命制试题”的做题模式，以课程标准、教参、教材为基准点，以试题测试为测评点，以大数据为支撑点，强化分析，精准把脉，对症下药。继续依托教研组，狠抓教学共同体建设，强化优势亮点，捆绑发展；继续开展骨干教师引领课、青年教师汇报课、师徒结对同课异构课、教研组教师讲坛，读书沙龙等丰富多彩的校本活动，有效提升教研教学能力，从而更好地服务教育教学工作。

五、坚持立德树人，构建德育体系

学校以德育工作指南为指导，构建一轴两翼的德育框架体系，全员德育，全员育人，五育并举，育全面发展的人，落实立德树人的根本任务。

第一，细化学校的德育目标及各学段德育目标，研究制定学校的养成教育课程，让学生进行进阶式养成教育，培养学生良好的行为习惯和学习习惯。

第二，以标准化班级建设及特色班集体申报为载体，创建“一班一品形成学校德育特色。

第三，根据发展学生的核心素养要求，继续推行金色课堂教学，进一步完善金色少年评价体系，提升学生的校园主人翁意识。

第四，以节日为依托，以活动为载体，开展丰富多彩的校园活动和实践活动，实现德育教育的“润物式”渗透，实现活动课程化，节日生活化，同时，加强学生的实践活动，进一步开发劳动课程，培养德智体美劳全面发展的人。

第五，关注学生心理，建立女生工作室，完善女生管理制度，进行女生常规化教育与管理，增强女生的自我保护意识；加强青春期女生心理辅导和健康生活指导；进行心理健康跟踪记录，特别关注个别学生心理，做好学生心理调节工作，帮助初中生形成正确的价值观、人生观和世界观。

学校不断推进“尚书房”、“学生微课堂”、“学生小先生”等活动，形成读书、学习、讲授多样融合的学习和分享空间，提升学生学习兴趣和综合素质。完善学校、家庭、社会立体性教育格局，健全家委会、校长接待、家长进课堂等机制，并依托社会资源，让学生走出去，参与社会实践和志愿服务活动，提升学生的社会实践能力。

“我期待——每一个角落都充满人文的关怀和书香的气息；我期待——每一个孩子都享受学习的乐趣和生命的成长；我期待——每一位老师都体会专业的尊严和职业的幸福。我期待——每一位家长都感受陪伴的幸福和成长的快乐”这是我校的发展愿景，也是我们努力的方向。十四五期间，我校将进一步大力建设高素质、专业化、创新型教师队伍，推动基础教育教师队伍建设，推进教育事业高质量发展，谱写新时代济南高新区教育改革发展新篇章。

传统体育进校园，非遗魅力润童心

山东省济南市槐荫区周官屯小学 李庆尧

“杨柳儿活，抽陀螺。杨柳儿青，放空钟”。空竹，最早是由汉族民间游戏用具“陀螺”演变而来，是中国汉族传统文化苑中一株灿烂的花朵，至少有1700年的历史。空竹以它独特的魅力，一直在民间广泛流传，是一项喜闻乐见的娱乐健身活动，也是我国民族传统体育文化瑰宝之一。2006年5月20日，“抖空竹”经国务院批准列入第一批国家级非物质文化遗产名录。

习近平总书记曾提出:“像爱惜自己的生命一样保护好文化遗产”。济南市槐荫区周官屯小学把“抖空竹”作为一种资源进入体育课堂，并对空竹课程进行提炼，还根据教学经验进行总结创新，不仅让同学们锻炼了体格，提高了健康水平，还让传统文化的瑰宝在学校得以继承，此举对学生进行爱国主义教育、增强民族责任感起到了助推作用。

一、创新“抖空竹”技能，让学生爱上空竹

济南市槐荫区周官屯小学在2006年将传统特色体育项目“抖空竹”引进学校，至今已走过了十四个年头。一开始，学校通过组织对空竹感兴趣的学生形成一个“抖空竹”兴趣班，由本校教师兼职教授、练习。一段时间之后，学校老师发现，练习抖空竹，不仅能够锻炼学生体质，而且还有助于培养学生的观察力、集中学生的注意力、练习身体的协调能力，于是学校将“抖空竹”推广至全校学生共同参与学习。

为了激发学生抖空竹的积极性，学校连续举行了三届“空竹挑战赛由学生自愿报名，经过班级海选、复赛，决出优胜者，予以一定的校级奖励；同时，学校还年年组织“空竹艺术节学生或以班级集体展示，或以某个花样小队展示，全校分为十几个小队伍轮番上演。学校将抖空竹表现突出且有兴趣的学生，吸纳为空竹社团的社员，于每周四下午的社团活动时间进行更为复杂、更为精彩的花样教学，并组织他们走出校门参加各项演出比赛，其中的山东省省级机关举办的夕阳红大赛，周官屯小学已连续参加了三届，是代表槐荫区参加活动的唯一一个集体。

周官屯小学的空竹课程规定了十二个基本花样，难易程度按年级递增。学生毕业后，能够灵活运用十二个花样。教授空竹的教师也不仅是学校其他学科教师兼职，学校还经常外聘教师，比如邀请槐荫区空竹协会的会员到校指导，以此弥补学校教师在专业上的不足。每次指导课结束之后，学生从老师所教的内容中得到灵感，创新花样进行挑战。周官屯小学学生对于空竹的喜爱程度可见一斑

二、研究“抖空竹”文化，让传统文化深入童心

抖空竹不仅可以使学生强身健体，还可以使他们亲近民族文化，传承中华民族的非遗魅力。周官屯小学组织学生走出校园不仅局限于参加演出和比赛，而且会按照空竹校本教材上介绍的空竹民俗文化，在特定的时间组织学生走进村民活动区宣传空竹文化知识，展示空竹表演技法，传播非遗文化，并在表演的同时，让学生教老人抖空竹，学生在此番过程中自然而然地就会理解和传承敬老爱老的传统美德，无形中增加了对于中华优秀传统文化的亲近感。而传承非遗文化与传统美德的有机融合，也正是周官屯小学抖空竹课程的特色所在。

抖空竹自2006年秋季开始作为学校课程进行开发，至今已有十四个春秋，全校师生共同参与，经过十几年的共同努力实现了人人都喜爱空竹，人人都会抖空竹，还影响带动周围社区居民和家长也都喜爱上了空竹。

三、设置“抖空竹”课程，让学生自觉传承非遗魅力

抖空竹让学生了解民族传统技艺，增强了学生传承民族文化的使命感和责任感。抖空竹时，如果学生精力稍不集中或者观察不到位，就会发生掉空竹，或与周围同学缠绳的现象，所以这就要求学生心无杂念、认真练习，久而久之，学生在学习其他学科时也会凝心聚力。为了更好发挥抖空竹的作用、更好传承空竹文化，《抖空竹》校本课程应运而生，载入课表，每周保证一节课，将每周四、周五的课间操时间改为全体师生的抖空竹展示汇报时间。

为了让学生充分了解空竹的发展历程、工艺技法及民俗文化，周官屯小学多方搜集资料、邀请校外辅导员等形式，编写《抖空竹》校本教材，作为学习空竹的辅助性材料。学生学习空竹的主要方式是体验练习，每周的空竹课，学生在操场上人手一个空竹，根据教师的示范进行练习。近期，在学校领导下，师生针对空竹授课模式积极创新，立志传承。我们从一开始的“教授模式暨传统的老师教，学生练，发展为“动静结合”模式，我们编设校本教材，不仅上技能训练课，还上理论发展课。经过长时间的摸索，我们现在开设“三+X”模式，低中高年级设置不同的课程内容，并发展水平较高的同学进入“空竹研发”社团。课程化模式教学，让空竹学习更加正规和专业。我们一直在努力搭建平台，为空竹传承创设更好地条件，为非遗的再发展铺设道路。

济南市槐荫区周官屯小学通过对校本课程《抖空竹》的开发与研究，贯彻以学生为本，面向全体学生，突出学生个性的健康发展，以趣味游戏活动吸引学生主动参与抖空竹学习与训练，用展示表演和挑战赛的形式使学生感受抖空竹的乐趣以及其独特的魅力，激发抖空竹活动健身的热情，增强学生的身体素质。通过进一步开发和研究，力求达到在校学生个个都会抖空竹，小学毕业都能掌握学校规定的抖空竹基本花样，教师人人都成为抖空竹高手，成为抖空竹教学的能手，将空竹这一文化遗产传承下去，努力践行习近平总书记曾提出的：像爱惜自己的生命一样保护好文化遗产。

快乐育人，育快乐人

山东省济南市济阳区第二实验幼儿园 许丽云 张新玲 张芬

十九大报告指出，建设教育强国是中华民族伟大复兴的基础工程，必须把教育事业放在优先位置，加快教育现代化，办好人民满意的教育。立德树人是教育事业的根本，德育教育务必要从娃娃抓起，因为幼儿阶段是建立行为习惯和思维初始时期，对于人的一生有着重要价值。我园认真贯彻《幼儿园教育指导纲要》、《3—6岁儿童学习与发展指南》，积极落实《幼儿园工作规程》中"贯彻国家的教育方针，按照保育与教育相结合的原则，依据《济南市幼儿园一日标准化管理》遵循幼儿身心发展特点和规律，实施德、智、体、美等方面全面发展的教育，促进幼儿身心和谐发展"的要求，用"快乐育人、育快乐人"的教育理念、"国学润魂、艺术怡情"的办园特色和"因材施教、因教施材"教学特色，对幼儿实施全面教育。

一、营造育人环境，搭建成长平台

在幼儿园环境文化布局中，充分体现社会主义共同理想的思想引领、育人功能、时代特征和办园特色，在深度融合中弘扬中华优秀传统文化。我园坚持规划优先、美观有序地原则，幼儿园的家乡文化墙、传统游戏墙、"七彩桥"等已见雏形。

独特的"七彩"课程浸润幼儿心灵。我园的创意"小广播 大学问"平台让孩子爱上表达、更加自信！入园、离园期间幼儿说家乡、讲故事、道安全、享快乐，让孩子爱上表达，使家长期待聆听！我园用自己独特的"七彩"课程浸润幼儿心灵。高质量的幼儿教育，取决于一日生活的多彩、有趣、有序、有和谐。我园努力做到让孩子们零"消极等待"！周一至周五，每天不同的主题、班级，所有的孩子都会得到展示。既充分利用入园、离园、室内活动提示环节的教育，又满足了家长对孩子的期待！周一"知乡爱国"的情怀教育，激发幼儿爱祖国、懂感恩！国旗下演讲展师幼风采、立报国之志；周二"国学润魂"的特色教育，童谣、诗歌、故事、戏曲多种形式传承中华民族优秀文化。幼儿养性、童蒙养正、少年养志、成年养德的国学教育，越早越好；周三"艺术怡情"的"艺游"味尽，传统游戏、现代游戏、创意美术、多元音乐，让幼儿在艺术和游戏中尽情翱翔；周四"因材施教 因教施材"的个性教育，让花朵自由绽放、让童年各自精彩；周五"赏心'阅'目"的语言教学，使幼儿爱阅读、会阅读、想表达、善表达！

二、开展多样活动，增强幼儿体质

为促进幼儿德智体美劳全面发展，引导孩子健康成长，我园通过开展五彩缤纷的早操激发幼儿兴趣，增强幼儿体质，锻造幼儿性格。像我们的趣味跑酷，孩子们走、跑、跳、跃、投、攀爬充满活力；伴着动感的音乐，传统游戏、国学文化、习惯培养、戏曲舞蹈融为一体，促进了幼儿全面发展。

我园制定各活动计划与方案，班级内开设5个以上区域，材料投放充足，并定期更换。为了丰富幼儿的各种活动、让幼儿园空间资源得到充分利用，我园教师精心对三层走廊进行了设计，满足幼儿有更多游戏活动。积极开展适合幼儿的创意早操、自主游戏、民间游戏、体育活动等，班级户外活动安排合理，确保2小时的户外活动。我园加强对教师的备课、教育活动、室内外游戏、生活活动的管理。让孩子在活动中得到全面、健康和谐的发展，使幼儿形成良好的生活卫生习惯。我园幼儿身体发育指标达正常标准，出勤率高，喜欢参加各种活动。生活习惯和卫生习惯良好，自理能力得到一定发展。幼儿能用自己喜欢的方式进行艺术活动并能大胆表现，艺术表现力、想象力与创造能力得到较好的发展。近期我园完善幼儿园微信公众号平台的使用功能，加强多种形式的宣传工作，实现全方位的家园合作。

立德树人有道，春风化雨无声，让教育回归本真，是办好学前教育的根本所在。快乐育人，育快乐人。今后，我园将加大对孩子们的德育培养，创新办园理念，与时俱进培养新时代德、智、体、美、劳全面发展的建设者和接班人，为孩子们铺就一条成功之路、幸福之路、成才之路。持续推进幼儿园文化的内涵建设，加快教师队伍专业化发展，促进幼儿全面且富有个性的发展，进而推动了幼儿园教育现代化的发展。

"非常教育"，非常用心

——谈我校疫情期间网课工作开展

山东省济南市魏华小学 王丽

庚子鼠年，一场突如其来的疫情打破了原本有序地生活。为了更好落实疫情防控期间的"停课不停学"工作要求，济南市魏华小学全体教职工守住初心、倾尽全心、主动作为，为学生搭建了一座空中学习的桥梁，使线上学习不仅得以顺利进行，还开展得有声有色、有情有爱，可谓是"非常教育非常用心。

一、停课不停学，校领导制定教学应急方案

非常时期，我校李艳校长第一时间组织学校领导干部统筹安排，精准施策，有序布置各项工作，用实际行动践行教育的使命和担当。

在省、市、区"停课不停学"工作精神的引领下，李校长及时组织学校领导干部召开线上会议，制订了切实可行的魏华小学"停课不停学"工作方案。同步确定实行"学校统筹管控，级部具体负责"的管理机制，形成学校、级部、教师三层管理体系，便于工作的上传下达，同时也更好地集思广益、互通有无，有效推进工作的开展。

从学生的年龄特点和学习需求出发，各级部精心安排课程，做到"一级一案，一级一表"。除市、区推荐的优秀微课资源之外，学校还从低中高三个年段出发，设计了居家学习的专题课程。除此之外还广纳优质网络资源作为课程补充。为了提高学生居家生活的规划意识，各级部除制定周课表外，还制定了一日课程安排表，指导学生合理安排课程学习与居家锻炼等内容，使居家生活更加从容有序。

我校是一所外来务工学生占80%以上的城郊小学。一放假，多数学生都随父母回老家了。身处异地的孩子们做好学习的准备了吗？家长的内心是否又接受了这样的学习方式呢？于是，我们通过调查问卷，摸清了学生的参与情况、参与方式及是否有家长陪同。之后以"致家长一封信"的形式，使所有家长明白此次线上学习的定位及具体操作办法，消除家长心中可能存有的疑虑和担忧，获得所有家长对此项工作的理解和支持，从而形成教育合力，实现家校共育。

二、根据校情，合理科学化安排"空中课堂"

空中课堂这一特殊的学习方式，不仅需要学校和教师精心准备，实施过程中更需要全身心投入，做到心怀学生，关注成长。

(一) 精心制定目标

我校的空中课堂以身心健康、自主成长为核心，制定了以下四项育人目标：以能力培养、指导预习为主的学科知识目标；以艺术熏陶、强身健体为主的能力培养目标；以自主管理、劳动实践为主的习惯养成目标；以家国情怀、责任担当为主的情感价值目标。每项育人目标都依托相应的课程展开。

除学科课程外，我学校还开发了两个专题课程：一是假期亲子活动课程，"亲子共读"、"家务能手"等六项亲子活动不仅让学生感受到家庭亲情的温暖、更带动家长共同打造健康的居家生活方式；除此之外，学校还分学段开发了针对疫情的主题探究课程。低中高三个学段各有自己的探究主题。专题课程的开设，既培养了学生健康的生活方式、积极地生活态度，更提高了学生在特殊时期关注时事、关心国家，了解公共卫生常识的意识和素养！

(二) 提高学科执行力

空中课堂这种新型的学习方式，使教师真正走到了幕后，学生的自主学习站到了前台。而这正是培养学生自主学习能力的有利契机。为此我校各学科组通过空中教研，为学生制定了居家学习的自学指南，意在指导学生的学习方法，提高自主学习的能力。

语文组：观课前，任务先行。根据老师提出的预习要求，做好预习工作：观课时，学思并行，做好课堂笔记：圈画重点、记录要点、如有困惑，与老师进行线上交流。观课后，认真完成作业，及时提交，关注评价反馈。除观课外，鼓励在家开展经典诵读，为居家生活增添一份书香。

数学组：以数学课堂"五部曲"为学生搭建了居家自学的阶梯：乐学习：接收任务单，明确目标、内容，做好准备。爱探究：认真观课、做好笔记，遇到问题先自主思考，再师生探讨。勤动手：按时完成作业，及时上传，用好错题本。善表达：每日一讲题，能完整、清晰、流畅的表达解题思路。活运用：运用所学知识解决生活问题。

英语组：从听、说、读、写、译五个方面出发为学生的自学支招。更鼓励学有余力者可扫码学习绘本悦读部分，拓宽英语学习视野。

其他学科组老师们也精心为学生提供了切实可行的自学指南，指导学生的居家学习。在执行中教师也是各有侧重。例如五年级语文学科张琳琳老师就侧重利用微课培养学生记笔记的能力。她教给学生记笔记的方法，通过优秀笔记晒一晒的方式帮助学生进行补充完善。经过一段时间的训练，学生从一开始的满把抓、处处记到后来能够抓住重点，详略得当、清晰记录，自主学习能力逐步提高……

(三) 整合教学资源

空中课堂给大家提供了很多优秀的学科资源，如何使微课资源的使用效益达到最大化，这也是我们思考的重点。备课时需要教师依据学情，整合资源、精准设计。例如，四年级数学组长庄启美老师，每次授课前都会带领组内教师对教学资源进行分析研究。

为了保证线上学习的顺利开展，学校各级部群每天下午都会进行线上教研，交流学习情况，沟通课程内容，开展学科研讨。除了线上教研，我校还利用教师返校领取教参教材的宝贵时间，展开线下教研。老师们在级部组长的带领下分批到校，分学科、年段交流空中课堂实施情况，分享经验、提出疑惑，商讨答疑。双轨教研，集众人的智慧，让线上学习实施策略更为优化，形式也愈加丰富，保证了线上授课有

序、有情、有效。

三、多元化评价，呵护学生学习成长

怎样评价学生的学习呢？我们认为仅仅看一张作业单是不够的。我们鼓励教师根据年段及学科特点采取多元评价方式。为此我们广搭平台：语文学科的“诵读展示、周报展评”；数学学科的“讲题达人”；综合学科组更是形成了魏“花”绽放课程评价体系，五门综合学科以多元的评价方式激励学生，如乐音“花”舞——音乐学科采取自评、他评、自我展示及班级挑战相结合的方式培养学生对音乐的兴趣。七彩“花”情——美术学科将自评、互评、展评有效结合，使学生在多元化、人性化的评价中提高美术素养。除广搭平台外，教师还创新使用了“电子奖状”、“点赞积分”等评价方式，让评价变得有趣、有爱、受学生们喜欢。

居家学习，不等同于在校，学生会遇到各种各样的问题，这时候就需要老师们多关注、多呵护，做到温情相伴。例如，一年级三班第一周的学习内容是绘本阅读。有四位学生回到偏远老家没有绘本怎么办？班主任杨玉芬老师就通过电话为孩子讲解绘本内容，并提出问题让学生思考，下午再通电话进行交流。杨老师说：虽然挺忙碌，但家长是满意的，“空中课堂”做到了一个不少。

线上学习一段时间后，学生的学习积极性不再那么高涨，如何能够维系这份学习热情呢？老师们也是匠心独具，各有策略。四年级组张方老师会根据微课内容在课前设计一个小问题，让学生带着问题进入学习，大大提高了学生观看视频的专注度。一年级组赵研作为一位有书法特长的语文老师，除每天坚持书写范字指导之外，还要求自己每天写一份硬笔书法作品。为了鼓励学生练字，她把这些作品配上了美观的信封，当成是开学给班里37个孩子的礼物，现在孩子们的练字热情更高了！

非常时期，“非常教育我校教职工都非常用心。在整个空中课堂实施过程中，我校教师坚守岗位，以高度的责任感关心每一个学生的学习成长。而居家的孩子们也能够有条不紊地进行网络学习。他们学习的时候专注认真；锻炼的时候有板有眼；艺术创作让生活充满乐趣；和爸爸妈妈一起读书、制作美食、操持家务，使家庭氛围更加和睦幸福。居家生活有动有静、有情有爱，更有收获和成长。

停课不停学，隔空不隔爱。在开展线上学习的过程中，我们用一份坚守岗位的责任之心、一颗服务学生和家长的热忱之心，让魏华的学子在这段特殊时期，学有所得、居有所乐，情有所牵、心有所系！

家校同心育新人，守望成长待花开

山东省济南市章丘区鲁能实验小学　马静梅　李慧　王芳

中华民族历来重视家庭，正所谓“天下之本在国，国之本在家”。家和万事兴。国家富强，民族复兴，最终要体现在千千万万个家庭都幸福美满上，千家万户都好，国家才能好，民族才能好。在全国教育大会上，习近平总书记从“四个第一”的高度对家庭教育做了深刻论述，指出“家庭是人生的第一所学校，家长是孩子的第一任老师，要给孩子讲好‘人生第一课’，帮助扣好人生第一粒扣子”。总书记的讲话高度概括了家庭教育的重要性，对新时代家庭教育建设具有重要的指导意义。我校坚持立德树人、以文化人，培育和践行社会主义核心价值观，推进家庭教育工作，家校携手共进，培养能够担当民族复兴大任的时代新人。

一、家校携手齐奉献，陪伴孩子共成长

给孩子们创造一个舒适、整洁的学习环境，是每一位家长的心愿。在我校新校建成之时，家委会和班级的家长们主动请缨，冒着高温，牺牲个人休息时间，来到学校打扫教室卫生。把每一间教室，每一个楼道，每一扇窗户擦拭得干干净净。家长们服务班级的热忱和对孩子的爱让人更感动，家长们的奉献精神也让我们倍感暖意。我们学校正是因为有了家长们的爱心而更加温暖，孩子们也更加幸福。

在新学期开学际，为消除一年级新生的紧张感，让孩子们提前了解学校，认识校园，提前适应小学生活，学校特开展“校园寻宝”体验活动。家长和孩子们穿梭在这所师生共同发展的花园乐园，每完成一个寻宝任务，辅导老师就在孩子们寻宝图上盖上一个成功印章。孩子们收获的是自信而幸福的笑容！家长们陪伴孩子步入一年级，亲身经历孩子的成长节点，共同见证孩子成长的幸福时刻。

一年级的老师们与家长和新生的第一次见面会上，各位班主任向家长一一介绍学校办学特色、学校布局、班级设置、安全注意事项、入学准备须知等一系列入学指导资料。详尽地指导家长做好孩子进入小学校园生活的一切准备，让家长对学校和入学情况一目了然，家长们对此称赞有加。

二、梳理问题巧解读，家长课程定心安

小学一年级的家长普遍存在着对孩子上学的焦虑不安情绪，孩子能不能适应小学的学习生活，成为期待中的好孩子。对孩子未来的诸多不确定性困扰着许多家长。我校心理教师王芳在报告厅给一年级新生家长做了题为《和孩子一起成长》的家庭教育专题指导培训。首先进行一年级家长问卷调查，根据问卷大数据分析结果来看，大部分家长或多或少存在着各种小烦恼。从问卷中梳理了大家较为集中的四个焦虑问题：孩子跟不上学习进度怎么办？孩子人际交往出现困难，与小朋友关系如何处理？孩子被老师批评怎么办？没有时间观念，回家不能第一时间做作业怎么办？针对这四个问题，王芳老师从入学适应关、习惯养成关、心理支持关三个方面与家长进行了详细沟通分享。针对一年级孩子的心理发展特点给家长们支招：倾听孩子真实的想法、积极关注孩子的情绪、用心陪伴给予孩子支持。通过培训，家长们焦虑、忐忑的心踏实了，同时认识到了家庭教育对孩子成长的重要性。

三、家校齐心护成长，助力孩子更健康

随着配餐公司的送餐车驶进我校，城区第一所小学的配餐工作正式拉开序幕。为了确保配餐工作正常有序地开展，学校开展系列积极筹备工作。多次召开会议，积极同配餐公司沟通交流。为了让孩子们吃得安全，吃得放心，给学校、家长、社会一个满意的交代。特别邀请家委会的家长代表试吃多家配餐公司并选定配餐公司。

中午配餐是学校的一大重要举措，在解家长之难时，也让我们的教育有了温度。学校尽自己所能，全体教师携手家长队伍协力开展各项工作。家长代表主动报名，积极参与配餐管理，为孩子分餐、清理卫生。让孩子、家长、教师吃得安全，吃得放心，助力孩子健康、快乐地成长！ 学校运用学校餐厅阵地继续开展“节约粮食　光盘行动”共建节约型和谐祖国。

四、举行三级家委会，构建家校共同体

为加强与家长的沟通与了解，充分发挥家长委员会的作用，广泛提高家长对学校工作参与力度，形成“家-校教育共同体”模式，促进家校合作。学校举行级部家委会会议。来自各班的175位家委会成员和学校齐聚共商，加强家校纽带。会议现场，原家委会成员主动发言进行经验交流，向一年级新加入家委会这支队伍的家长们传经送宝，诉说心声。家长们在自由发言时说到班里有些家长有什么疑惑或问题不知道怎么去跟学校老师说，也不善于表达想法，作为家委会成员我们就要发挥好家校中间这个纽带作用，将家长们所需、所想、所急及时提交班级、级部、校级家委会，通过家委会每一位成员的力量，把学校做得更大更强！此次级部家委会会议是同年级家委会的见面会，亦是对家委会成员的培训会，通过多元化交流互动，家委会成员将“要我说”变为“我要说为学校课程建设建言献策，家长们充分发挥带头作用，进一步拉近家校距离，加深家校有效沟通，在系统教育实践中陪伴孩子，共促未来。

我们召开首届家长委员会成立大会，175名家委会委员及学校相关领导干部参加此次会议，大家齐聚一堂，共同商讨学校管理、学校今后的发展方向。确定家委会章程，从家长委员会组织结构、职能、权利和义务等，向与会家长解读、明晰家委会的各项职责。汇报了学校校容校貌及办学规模，结合家委会工作分别从“真诚沟通”、“善于协调”、“出谋划策”、“做好表率”四个方面与家委会成员进行交流。开学以来，我们做到了家庭教育和学校教育双向推动与发展，学校各项工作的顺利开展也得到了众多家长的配合与支持，家委会的成立，更是架起学校教育和家庭教育的桥梁，让家长委员会成员参与学校管理，让家长了解学校的主要工作，以便共建和谐校园，促进学校教育事业的发展和学生素质的全面提高。

五、定期召开家长会，共商教育谋策略

花开有声，成长有径，为了搭建家校平台，更好地促进家校共育，助推孩子成就美好的人生，学校定期会举行新学期家长会。孩子的学习情况和在校表现，以及成长过程中的热点问题，都是家长们热切关注的焦点。任课教师们结合孩子的个性特点和学习现状与每一位家长耐心地交流，详细的分析。由面到点，由学科的知识结构、方法策略到每一个知识点的落实，细致入微。家庭教育是开启智慧、培养品德、塑造个性的摇篮，学校教育为孩子插上飞翔的翅膀。我们一起陪伴孩子成长，分享成长中的喜悦，家校“合力”共同为孩子的成长撑起一片蓝天。

六、挖掘教育新资源，倾听家长心里话

充分挖掘家长资源，发挥家长的教育引领作用，学校举行家长进课堂“小手拉大手，垃圾分类减量”活动。每班推选一名家长代表入班讲课。讲课内容包括垃圾分类知识、垃圾分类竞赛、变废为宝小制作等。课前家长们认真准备，精心备课设计教案、制作了精美的课件。课堂上循循善诱，用心分享垃圾分类知识，传播保护环境的理念，与孩子们积极互动，课堂氛围热烈。课后家长们积极撰写活动感受、反思。家长进课堂活动为家长课程的构建融入了新了力量和资源。

党员干部深入级部，同班主任任课教师，进行实地家访。活动做到了每位教师深入家庭，不漏一个孩子，不漏一个家庭，真诚听取家长意见，积极解决家长诉求，体现学校和老师的高度重视和亲力亲为，让每一位家长和每一名学生感受鲁能实验小学每一位教师的责任担当和无私大爱。

家校同心，师生同行，共助孩子扬帆远航。教育家陶行知说:“捧着一颗心来，不带半颗草去”。我校充分挖掘丰富的家长资源，精心打造家长课程，完善家长学校建设，在家庭教育的路上不断探索、尝试。相信我们鲁能实验小学虽然是一所新建小学，有全体教师的努力，有广大家长的支持，我们这所学校一定能驶入教育发展的快车道，实现鲁能实验小学的跨越式发展，培养担当民族复兴大任的时代新人!

浅谈初中学校体验式德育的构建与实施

山东省济南市长清区第二实验中学　李伟　徐民

以“身”体之，以“心”验之，德方成之。针对当前普遍存在的说教式“高空德育”现状，我校从社会发展和学生成长的需求出发，提出构建“体验式德育”的工作思路，通过项目式管理、生发式课程、开放式课堂、体验式学习、多维式评价等内容，让体验式德育课程与学校德育素养生长相融合，与学生德育品质发展相融合，尊重与体现“以生为本”的个体选择与个体体验，关注学生在体验式德育课程中的深度参与、实践感知，让学校德育教育不囿于空间，使学生的德育实践真正内化于心、外践于行。如今，体验式德育已成为学生素质提高、能力培养以及学校道德教育的重要途径之一。

一、确立体验式德育的构想

“德”乃立身之本，“德”立而“人”成。学校是落实“立德树人”教育目标的主阵地，如何贯彻实施这一教育目标，培育学生核心素养，构建符合校情学情的德育课程体系，真正做到德育目标的知行合一，是我校管理者一直在探索与实践的德育课题。

在广泛借鉴学习及不断探索实践的基础上，我校注重学生的主体地位，强调教育的过程体验，提出了创新德育建设新路径的构想——体验式德育。它将“体验”作为德育工作的着力点与提升点，分主题、分序列构建德育工作体系，让学生在体验中感悟，在感悟中内化，全方位营造学生成长成才的良好环境。

二、实践体验式德育的目的

“外化于形，内化于心”。道德概念、道德观念不是空洞的，而是由外而内移入学生头脑的。这种“内化”过程，既是主体道德思维的成果，也是学生情感选择的结果。因此，创设适合学生发展的教育，才不会被学生所拒绝。在实践中，我校积极构建体验式德育，主要基于以下两个目的:

革弊除习，回归德育教育本源。传统德育教育在一定程度上存在重视对学生进行大道理式的教育，并通过道德教育学的理论演变成的一整套操作规程“灌输”给学生，使得德育教育失去了自身育人的魅力和生命活力。“体验式”德育，是在老师的启发和引导之下，学生通过主动参与特定的活动或游戏，在与老师、同学的互动中获取个人的亲身体验，能够激发个体的原生性发展需求，使德行、德行成为青少年的自觉行为。它能够隐化社会价值观念，“润物细无声”。

积极实践，焕发德育教育活力。源于学生实际，学生喜闻乐见，主动参与、乐于参与、积极参与的活动更具教育性，更能激发学生的热情与活力，从而让学校的德育不再沉闷、不再枯燥、不再乏味，让生动活泼、积极热烈成为德育教育常态。

三、实施体验式德育的路径

卢梭曾说，“生活得最有意义的人，并不是年岁活得最大的人，而是对生活最有感受的人”。为探索学生内心认同、知行合一的符合青少年身心发展规律的德育课程生成范式，我校坚持将体验贯穿于《中小学德育工作指南》中，提出了六大育人途径:

构建体验课程。我校把准入口(入学)、精耕关口(在校)、通畅出口(毕业)，积极构建连接初中阶段三个时间节点的体验课程。把准入口:入校入规体验教育课程对准规则意识目标，以《好习惯成就美好人生——入规教育手册》为载体，通过主题班会、实地参观、亲手演练、比赛反馈、常规知识测试等多种形式，引导学生在最短的时间里迅速熟悉学校、熟悉规则，学会礼貌礼仪、生活自理、学习自主。精耕关口:在校主题体验课程对准法治观念目标，以《德润校园手册》为载体，分主题、分序列真实记录一个学期中学生丰富多彩的各项体验活动，引导学生三年的学习生活中自主自立、善于合作。通畅出口:离校毕业体验教育课程对准公民意识目标，以《难忘青葱岁月》、《玉兰花开》、《遇见》等不同寓意的毕业手册为载体，均由学生策划、编写，引导毕业生在参与、感悟中成人、成才。

构建体验文化。由知识育人向文化育人转变是体验式德育中一条重要途径。在实践中，我校引导学生主动参与到校园文化建设中来，校园内、走廊中、教室里，到处都是学生亲身参与、亲自布置、亲手制作的精美作品，置身其中，学生的参与感、获得感、成就感明显增强。

构建体验活动。在实践中，重大节日纪念日序列活动都是以学生参与、体验为主，培养学生的自立能力，杜绝教师包办。其中，“山楂采摘节”是我校特有的一项体验活动。它依托于学校成片的山楂林，让学生们自己浇灌、修剪树木，自己采摘，并将果实分享给老师、同学、家长，让学生在劳动中体验收获和分享的快乐。

构建体验实践。主题体验实践坚持分序列、分层次，要求学生按需选择，在实践中实现“以身体之、以心验之”。

构建学生体验式自主管理。在实践中，学生管理以自理、自立、自主为核心，成为自己管理自己的主人。

构建体验式协调育人机制。在实践中，我校注重让家长也体验“做一天学生”的感受。为此，我校在家校共建反馈表中专门设计“爸爸妈妈对你说”环节，让家长把自己当学生一天的感受说给孩子，以这一个点促进家庭教育水平的提升。

四、丰富体验式德育的方式

在畅通体验途径的同时，我校积极丰富学生的体验方式，实现学生志存高远、勤学上进、健康生活的自主发展，促进学生责任担当、实践能力、创新精神的整体提升。

环境体验。环境是指某一特定生物体或生物群体以外的空间，以及直接或间接影响该生物体或生物群体生存的一切事物的总和。由此可见，环境会影响人。实践中，为实现“让每一面墙壁说话，让每一块空地育人我校充分挖掘学校环境优势，精心设计了“把学校建成一个家”的“家”文化理念，发动学生参与到年级、班级、学习小组的环境布置中，通过“我的班级我做主”、“我的小组我做主”等方式让学生唱校园环境的主角，把来自四面八方的孩子迅速融入一个大家庭中，培养集体观念和责任意识。

角色体验。角色体验意即引导学生亲身体验和实践他人的角色，从而能够更好地理解他人的处境，体验他人在不同情况下的内心情感。我校从小组、班级、年级、校园四个层面开展不同序列和主题的角色体验，如“今天我来当组长”、“今天我来当班长”、“今天学校我执勤”、“今天我是生活老师”、“今天由我来分餐”等，让学生每天体验到不同的角色，在角色体验中丰盈情感。

仪式体验。仪式是指典礼的秩序形式，我校重点通过三个仪式活动培养学生的感恩知礼、家国情怀:“成童礼让学生感受成长的力量;“拜师礼让学生明礼知礼;　“升旗礼增强学生的爱国意识。

艺术启迪体验。我校以艺术审美体验为切入点，积极引进、推进省级非遗项目“山东梆子”进校园、乐器“巴乌”进校园两项艺术体验活动，启迪学生智慧，丰富学生情感体验。

五、创新体验式德育的评价方式

为实现体验式德育“软着陆我校创新评价方式，在坚持与完善“学生成长记录手册”基础上，开发实施了“学分银行以“为学生提供一个发展平台，营建一个成长激励机制”为核心理念，把德智体美劳的教育任务通过阶段性达标赋分的形式量化为学生的发展成果，从而让学生产生获得感和持续不断地发展内动力。

我校为每位学生订制“学分银行存折学分的内容涵盖成绩优秀、学习进步、好人好事、集体活动、关心同学、孝敬父母、遵守公德、参加公益8个项目，由任课教师、班主任、家长、村居、宿舍、餐厅生活老师等多元化主体进行评价。在具体实施过程中，我校分为“我的学分我来领”——多元项目积分认领、“我的学分我来记”——全方位参与积分计分、“我的积分我来用”——多元评价激励积分兑换三个阶段，每半学期为一计分周期，一个周期结束。同时，我校组织隆重的“学分银行”开通活动，学生可持存折，凭积分在“学分银行”内兑换相应分值的书籍、学习用品、生活用品等，并由工作人员在相应位置加盖“兑换章”。此外，启动“圆梦积分银行由老师、学生帮助顺利完成积分目标的学生实现自己的一个心愿。最后，开展“今天我与校长共进午餐”、“今天我与我喜欢的老师合张影”活动，对在学分银行中积分达到一定分数的，赠送由校长亲自书写“学分银行积分小达人”书法作品。

体验式德育切中我校德育工作中的薄弱点，找准我校学生当前存在的重要问题，因此在实践中效果明显。一是学生的文明素养显著提升，二实验的毕业生烙下深刻的二实验印记——自主自立、责任担当;二是生动活泼、积极热烈的主题式序列化体验活动体系初步形成;三是纵横结合、点面相交的体验式德育课程初步实现。今后，我校将继续找准学校、学生发展的“最近发展区拓展体验式德育活动资源，进一步挖掘社会资源，与街道社区、公安检察等多部门联系，让我们的孩子走向社会体验这个大舞台。

奋进在新时代学校治理之路上

山东省嘉祥县第三中学　李广安　夏尚全

山东省嘉祥县第三中学地处孔孟之乡、曾子故里。2500多年前，至圣先师孔子晚年编著古代文献，加工整理《诗》、《书》、《礼》、《乐》、

《易》、《春秋》六经；宗圣曾子著《大学》，写《孝经》。孔子、曾子著书立说，这本身就是一种教育治理活动。两千五百多年来，孔子、曾子的优秀文化传承力、教育治理影响力一直在嘉祥大地上熠熠生辉。新时代，新视角。该校在近年来的办学实践中，依托本地优秀传统文化优势，大力开发学校治理资源，坚持走好新时代富有地域特色的学校治理之路，加快推进教育教学工作高质量发展。

防疫治理保健康

该校牢固树立“健康第一”的思想，切实加强卫生防疫工作，科学防范新型冠状病毒性肺炎及其他传染病、食物中毒等公共卫生事件的发生。2020年以来，该校师生众志成城抗击新型冠状病毒性肺炎，奋力夺取疫情防控和教学工作的双胜利。成立了以校长为组长的疫情防控工作领导小组，学校中层以上干部及骨干教师24小时在校园值守，坚守校园防控阵地。落实包保责任，实行“定位、定岗、定人、定责、定查”、“五定”式管理，切实做到一名学生不落，一名教职员工不落，一个重点场所不落，一项防疫工作不落，一名校外重点人员不落。搞好门禁管理，严控疫情输入。学校防控领导小组成员轮流负责在校门口带班、值班，每天安排两名领导小组成员、两名保安24小时值守，负责排查登记出入校门人员信息、检测人员体温。防疫期间，许多教师以自己的实际行动，默默无闻地演绎着“战斗员”的角色，该校政教副主任郭华风就是其中的一位。疫情防控期间，他在学校家属区发放疫情防控知识传单，坚持24小时值班在岗。期间，为解决学校住户生活物资购买不方便的难题，郭华风联系爱心商家建立生活微信群，每天把住户需要的生活用品送到学校门口。2020年，《嘉祥教育发布》微信公众号“身边的感动”栏目专题刊登了他的先进事迹。

科研治理促质量

该校多年来坚持科研兴校，大兴科研之风，以科研的高质量推进教学的高质量发展。在开发科研资源、打造科研高地方面，该校坚持“一个方案即坚持以“抓科研促成果”为“科研方案”；实施“两项路径即实施以“推进课题研究深度发展”、“推进教育论文深度发展”的“科研路径”。两项“科研路径”包含两个层面：即学校层面上集全校之智抓课题研究建设，教师层面上集团队之智抓论文研究建设，同抓同管，齐头并进。在这一科研理念的引领下，学校多项课题、教师论文、科研成果喜获丰收。一年来，李广安、夏尚全、张忠楠撰写的《嘉祥县第三中学：办好国防教育，凝聚爱国之志》一文刊登在《大众日报》，采用半个版面专题报道；夏尚全撰写的《国防教育陶养儿童爱国心》一文刊登在《中国教育报》第3版（“理论周刊·教育科学”版）；夏尚全主持的课题《构建特色学校文化模式的研究与探索》荣获山东省基础教育优秀科研成果一等奖（课题研究报告类）；李广安撰写的论文《办好国防教育，凝聚爱国之志》荣获山东省基础教育优秀科研成果优秀奖（教育教学论文类）。2020年春季疫情防控期间，该校严格按照上级要求，自2月10日（正月十七）开始，组织开展“停课不停学”网络在线学习活动。2020年5月错时错峰开学后，严格按照教学衔接计划，教师指导学生开展高效课堂学习，高质量完成了教学任务。2020年夏季中考，该校282名学生升入县一中，创历史新高。

队伍治理强师资

该校以“争做人民满意教师、倡树良好师表形象”为主题，以继续深化“坚持立德树人、回归教育初心”教育理念大讨论活动(2019—2022年）为主线，通过讨论、反思、查摆、改进等集中活动，统一思想、回归初心，引导教师落实立德树人根本任务，努力营造风清气正的良好办学形象。开展“新时代教师形象”大讨论活动，组织全体教师围绕“什么样的老师才是新时代人民满意的好老师”进行学习讨论交流。开展集体宣誓活动，定期利用校会、研讨会、升旗、集训等大型活动，组织全体教职工开展集体宣誓活动，重温教师职责和坚守，把握师德底线。开展教师业务素质大提升活动，大力支持教师参加各种形式的培训学习，着力培养青年教师的教学能力和教育智慧。教师高秋芳先进事迹被推荐到“学习强国”山东学习平台，将学校师德模范事迹推向全省。高秋芳担任初三班主任期间，一天晚上下了班回到教师宿舍已经九点半了，正准备哄不到两岁的孩子睡觉，这时电话响了，值班老师说她班的一个学生可能患了急性阑尾炎。她放下电话转身就要出门，怀里的孩子不停地哭闹。等她带着学生看完病回到宿舍，已经午夜时分。2020年的一天晚上，高秋芳在去教室给学生辅导功课的路上，不慎在台阶上严重摔伤，班级里的学生自发地去医院看望她，许多学生都亲切地称呼她为“暖心妈妈”。

文化治理育新人

该校南依古代“四大圣贤”之一的宗圣曾子故里，“曾子文化”长期滋润着嘉祥教育人。该校在多年的办学实践中认识到，作为“曾子故里”的主人，有责任去研究身边沐浴着两千多年优秀文化熏陶的学校文化，去发展富有特色的校园文化，做开发特色学校文化资源的主人！为此，该校大力实施“三项特色文化”创建工程，形成富有地域特色的学校文化发展模式。实施国防教育特色文化创建工程，创建工作步入全国先进行列。近年来，学校依托周边军事基地这一区位优势，把驻地部队、场站、济宁曲阜机场等作为军民共建单位，国防教育有声有色，2018年度被教育部认定为“全国国防教育特色学校成为全国千千万万个爱国主义教育、国防教育学校的一个成功缩影。实施绿色校园特色文化创建工程，创建工作稳居全省先进行列。学校坚持以人为本，高度重视绿色校园建设，促进学校可持续发展。目前通过创建，学校环境绿化与园景文化、体育文化、设施文化等融为一体，整个学校成为一所“园林式”的生态景观学校，先后荣获“山东省绿色学校”、“济宁市绿色生态校园”等荣誉称号。实施文明校园特色文化创建工程，创建工作迈入全市先进行列。学校近年来大力实施“文明强校”、“文化兴校”工程，深入开展“五项文明创建”活动（即文明班级创建、文明办公室创建、文明寝室创建、文明餐桌创建、文明清洁区创建），收到良好效果，先后荣获“嘉祥县首批文明校园”　“济宁市文明校园”、“山东省第一届文明校园提名学校”。

学校治理工作使命光荣、任重道远。关注学校治理工作，推进教育高质量发展，加快教育强国建设进程，是全国千千万万个教育工作者的崇高使命和责任担当。嘉祥县第三中学用近几年的探索和实践，就深化学校治理工作、加快推进教育治理体系和治理能力现代化做出了生动的诠释和回答！

幸福在这里绽放　生命在这里启航

——山东省金乡第一中学构建幸福校园纪实

山东省金乡第一中学　张金启　张化纪

山东省金乡第一中学（以下简称金乡一中）创建于1940年秋，原名“湖西中学是我党在鲁西南创办的最早的革命老校之一，也是英雄王杰的母校，有着鲜明和浓厚的红色基因和英雄情结。近八十年的办学风雨，学校始终注重文化建设，积累了丰厚的人文底蕴，形成了优良的办学传统，有了日趋成熟的教育教学管理机制，特别是打造了一支团结进取、敬业奉献的教职工队伍，教育质量逐年提升。

自2014年初担任校长后，我在学校原有的办学思想的基础上，提出了“质量一中、和谐一中、幸福一中”的办学愿景，确定了“为了每一个学生的未来发展”的办学理念，积极打造“幸福教育着力培养学生获得幸福的能力，为学生未来的幸福人生奠基，构建并逐步完善了学校的核心价值观与精神文化、物质文化、制度文化及行为文化，从而打造出了特色鲜明的“幸福一中”品牌。

文化引领，聚幸福之源

来到金乡一中之后，我就不断深入探究学校的历史，追踪学校的发展脉络，寻求学校文化的精神源泉，谋求学校文化建设及其发展的新出路，力求用文化引领学校发展，擦亮学校文化品牌，积极构建校园文化场，打造金乡教育新高地。

有尊重与温情的教育，才能奠基学生精彩的人生。在金乡一中，校长办公室的门随时为全校师生打开着，让他们能够尽可能地表达自己的诉求。即使我不在办公室，他们也可以把“意见单”塞进门缝里。校长愿意倾听，学生就愿意说。校长肯为学生解决困难，学生就更愿意倾诉。只有关注每个学生成长的需求，尊重每个学生发展的诉求，他们才能不断自我完善、自尊自信，从而触发健康向上的活力，书写生命的精彩。

尊重改变着每位教师，把教学的庸常变成了“非常”。61岁的李同林老师一直带着高三地理课，2017年已到了退休的年龄，他主动找到我说，既然让我教高三，我就要跟到底，送完这届高三再休息。李同林老师的“最后一课”是在录播室上的，学校班子成员全部听课，并存入校史馆，课后学生、老师、领导满眼都是泪水。每年教师节，学校还会专门召开老教师茶话会，听取老师们的意见要求，请当地著名书法家书写“为人师表”、“教师楷模”等作品，颁给每一位教龄三十年以上的教师。尽善尽美的尊重，打开的是一扇扇心门，赢得的是一份份感动。在金乡一中，没有一位老教师提出早退的申请，也没有一位老教师提出转岗的要求。

倾听是一种尊重，交流是一种陪伴。只有学校尊重每一位教师，尊重每一位学生，学校才会形成一种“尊重文化才会有质量一中、和谐一中、幸福一中。如今，学校处处弥漫着幸福的味道。金乡一中的文化建设让每一位师生找到人生幸福的密码。

厚德为本，奠幸福之基

学校发展是老师最大的福利，老师发展是学校最大的效益，而学生发展才是家庭幸福的源头。

教师，永远是我的心头之重。每年腊月二十四，我都会推辞掉一切活动，召开一个“特别茶话会请来全校50岁以上的老教师座谈，听取他们对学校管理和课堂教学的意见建议。谈笑风生的座谈消除了职业倦怠，回归简单快乐地生活，让老师获得尊重和幸福感。

金乡一中把对教师的培训贯穿每学年的始终。学校每年组织高水平的业务观摩、学习、专家报告几十次，每周都要开展高效课堂专题研讨活动；坚持建设高素质教师队伍，培养骨干，关注青年教师，建设青蓝工程，让教育回归本性；花大力建设信息直通车，方便了师生的沟通渠道，带动了教师和学生成绩的双向提高；积极打造幸福课堂，加大对学生关注的深度与广度，让每位学生学会与幸福的心境共舞，学会用一种积极地心态做事，用一种健康的心态对人，最终成长为有幸福心态的人。

此外，金乡一中近几年非常重视党建工作，充分利用学校独具的红色因子，进一步规范学校党建工作体系，创新党建工作制度机制，将党的建设深度融入学校教育教学和立德树人全过程，使党的领导优势更加鲜明，党组织的政治核心作用、党员的先锋模范作用得到充分发挥，真正使学校党建工作始终走在前列，并成为推动学校改革发展、办好人民满意学校的坚强保证。

在奔向“质量一中、和谐一中、幸福一中”的征途上，金乡一中努力打造一支“爱岗敬业、爱校如家、爱生如子”的教师队伍。目前，学校已经形成了一个融国家级骨干教师、全国优秀教师、正高级教师、省市特级教师、杏坛名师和多名教坛新秀于一体的中青结合的强大师资阵容。

启智扬美，筑幸福之路

校长的办学思想往往是一所学校的灵魂，校长理论的厚度、知识的深度、人文的广度、目光的锐度、思维的敏度、战略的高度会影响到学校各项政策的制定和管理方法。拥有81年办学历史的金乡一中是英雄王杰的母校，有着鲜明和浓厚的红色基因与英雄情结。在已有校训、校歌、校徽、校标等基础上，我充分发扬传统、立足现实，以“弘扬王杰精神 培养四有新人”为目标，着力培养具有良好的道德品质、深广的认知思维、专精的能力素质、高雅的艺术情趣、博大的情感胸怀的全面高素质人才。

金乡一中在挖掘历史积淀、继承名校优良传统的同时，结合新时代的要求，着力打造校园精品文化，使学校成为一个多元开放、情趣四溢的成长乐园和精神家园。学校深入推进教育教学改革，“一级两部”扁平化、“精准”化管理体制不断完善；分层教学改革、分流及动态教学管理不断深化；目标体系及跟踪管理深入落实，释放了师生教与学的积极性。干部带头，务实重干，廉洁自律，阳光治校，一心一意谋发展，齐心协力冲刺新目标，形成了较强的班子威望和向心力，和谐进取的气氛愈来愈浓。人性化的学生管理，贴心化的服务，“八位一体”的全员育人模式，营造了安全有序地学习环境，确保了安全管理无缝隙、零事故。德育首位落实，艺体活动纷呈，孕育学生个性特长，运动队、艺术团、学科大赛捷报频传……七年来，学校的制度不断完善，精细化管理深入推进，办学思想、教学理念日臻成熟。

金乡一中以文化人，追求共同基础上的高水平、差异化发展。为此，我确定了培育“教养学子”的德育目标，让学生在规范下张扬个性，在规则下自由、快乐地生活，使学生能真正成为有理想、有教养、有智慧、会学习、会做人、会做事的“教养学子”。加大细节德育重视力度，努力创造并抓住契机，教育学生成为守时之人、守纪之人、守信之人、保洁之人、涵养之人、节制之人、清新之人、儒雅之人。

金乡一中利用课程资源，挖掘特色课程文化。学校利用自身资源开设特色活动，并将多彩的社团活动纳入校本选修课程，旨在开发学生潜能，培养学生特长，使每位学生都具备一技之长，都能走上不同的成才之路，成长为不同层次、不同规格的有用人才。目前，学校共有晨曦文学社、翰墨书画社、飓风辩论社、复绿生物社、历史明鉴社、儒风国学社等24个社团，其中金乡一中晨曦文学社被评为“全国示范校园文学社团金乡一中被评为“全国优秀文学校园几百位学生的近千篇作品在《萌芽》、《中学生课堂》等杂志发表，成为全国校园文学的一面旗帜。

金乡一中是英雄王杰的母校，学校成立了王杰班，不仅是因为王杰是金乡一中的校友，而是学校在新时期探索出一种有效地育人方式。学校每年都会开展寻访王杰烈士纪念馆、参观王杰班荣誉室、演唱《王杰的枪我们扛》等活动，接受精神的洗礼和深刻的爱国主义教育。在灵动的阳光下，在尊重的氛围中，责任奉献自信的种子在学生心中春风化雨般悄悄埋下。在参与和体验中，学生的心灵得到洗礼，美好温暖感动都将化作他们将来前行的力量。无疑，金乡一中的“王杰班”既夯实学生成长的根基，又提升生命的品质，是对生命源泉的一次更高更深层次的开拓。

在金乡一中，英雄不仅在书本上，而且被赋予新时代的精神，走进了每一位学生的生活中，使学生对英雄有了源自内心的接纳与认同，进而发现英雄身上的人性之美。这是一种真正意义上的精彩，也是英雄浸润于心的巨大力量。在这种力量滋养下，大批优秀学生快速成长，在今年高考中，“王杰班”取得非凡的成绩，有十几人走进“211”、“985”高校。因为这些学生信奉“过去的经历和现在的准备，终会成为你未来的养分他们已经让幸福与独立成为一种能力。

正是在英雄献身和担当精神的熏陶下，学校的教育教学质量及高考成绩一直处于稳步提升的态势，不仅本科录取总数在递增，而且考入重点大学的学生也越来越多，连续实现了“百千工程”高考计划（即一百名重点本科、一千名本科），今年又实现了“一二三”工程愿景，即一千个本科、二百个重本、三个清华北大。跨越式发展，让金乡一中连续五年受到济宁市教育局表彰，每年都领回“全市高中教育教学工作先进学校”的金字招牌，这在金乡一中历史上是前所未有的。而这些荣誉又进一步让学校师生增强了信心，鼓舞了干劲，凝聚了力量。

学校文化作为发展学校和个体生命不可替代的长效力量，正在彰显着、表证着她的实力、磁力、张力和个性。民主、和谐、多元、包容的金乡一中学校文化因之而摇曳多姿、生机勃发，而金乡一中的办学效益正将“幸福流”输送到千家万户。携爱心打造百年一中，用尊重抢占教育高地，这正是金乡一中幸福的愿景！

“慢教育”，让孩子自然健康成长

山东省聊城高新技术产业开发区实验幼儿园　黄娜

生命的成长是需要日积月累的，不能够“催化”成长。“慢教育”不是故意“慢而是在育人上尊重生命，有耐心，不盲从，不急于求成，更不能够急功近利，应该顺其自然的让生命按着自身的规律一点儿一点儿地成长。我园秉承顺应自然的“慢”教育理念，让幼儿在尊重、理解、陪伴和爱中长大，让幼儿在直接感知、实际操作、亲身体验中慢慢成长。结合幼儿园“慢教育”理念，以卡通“小蜗牛”的形象为代表，创设出了以游戏为基本活动的“蜗牛·乐趣”、“蜗牛·智慧”、“蜗牛·读书”等系列课程，为幼儿成长提供有力保障！

一、标准研件设施，夯实服务保障

我园严格按照山东省省级示范幼儿园标准进行建设。园所配备高标准活动室、功能室、科学发现室、绘本馆、舞蹈室、保健室等。室内配有符合幼儿使用的幼儿桌椅、玩具柜、图书架、口杯架、毛巾架、钢琴、教学一体机、空调、消毒柜、幼儿用床、幼儿直饮机等。幼儿园配有高标准的餐厅，为幼儿提供科学合理、营养均衡的科学配餐。

夸美纽斯强调在大自然中接受教育，而游戏是未来创造力的源泉，为此，我园充分利用自然环境与游戏相结合，为幼儿创设良好的户外自主游戏场地，小山坡、泥水区、涂鸦区、角色表演区、冒险区等富有挑战的自主游戏化的活动场地，为孩子的生活、运动、游戏提供多元化、多维度、多形态的自然条件。

二、凝炼核心理念，引领团队发展

法国教育家卢梭认为：“自然即教育并在《爱弥儿》中呼吁：“大自然希望儿童在成人以前就要像儿童的样子。如果我们打乱了这个次序，我们就会造成一些早熟的果实，它们长得既不丰满也不甜美，而且很快就会腐烂，儿童是有他特有的看法、想法和感情的”。蒙台梭利也认为人生来具有“潜在生命力它是儿童自我成长、发展并形成独特心理的内在源泉的基本动力。

无疑，“顺应自然的慢教育”就成了我们幼儿园的核心理念。　对于每一个成长中的孩子来说，“慢”意味着尊重、理解、陪伴和爱，在教育的过程中同样如此，它必须遵循人的发展规律，通过无数次的感受、体验、实践与反思、理解、领悟中慢慢成长。

我园位于高新区实验小学北500米（军王屯小区内），是高新区教育重点项目，占地3454平方米，建筑面积为2993平方米，2020年9月投入使用。幼儿园现有11个教学班，幼儿338名，教职员工40人，其中正式在编教师13人。我们的教师队伍，业务精湛、经验丰富，专科以上学历且学前教育专业的优秀教师。她们懂孩子、爱孩子，喜欢孩子，她们理解家长、尊重家长，把家长当作朋友，陪伴着孩子一起成长。

我们还有丰富管理经验的领导班子，作为园长，我有着多年的幼儿园管理经验，曾在高端幼儿园、公办幼儿园任职多年，一直秉承着“幼儿为本、家长为本、教师为本”的人性化、科学化的管理模式，深受社会、家长的一致好评！

三、以游戏为载体，创设课程活动

为贯彻落实《3—6岁儿童学习与发展指南》精神，全面提高幼儿园户外自主游戏质量，我园以自主游戏为主要课程，以游戏计划、实际操作、表征记录为途径，使幼儿在自由、放松、愉悦的游戏氛围中体验成长的快乐，在自主游戏中积累经验，发展想象力、创造力及解决问题的能力！

幼儿园先后探索改造出小山坡、泥水区、沙水区、涂鸦区、生活区、表演区、冒险区、综合区等十几种富有挑战的自主游戏场地，创设和补充了低结构游戏材料的投放，并保证每月更新或投放适宜幼儿的游戏材料。其次，合理设置一日活动流程，保证幼儿充分的户外游戏时间；再则，扎实开展园本教研，教师借助思维导图、观察记录等方式进一步推进幼儿园自主性游戏活动向纵深开展，在幼儿自主性游戏活动中，鼓励教师逐步尝试形成问题生成性课程，通过撰写幼儿游戏学习故事，建构班本课程等形式，使部分教师从教书型的教师向研究型教师发展。

在我园，孩子们可以全身心的投入，探索、操作，与环境互动，与材料融合，在这里，孩子们以小主人的姿态，酣畅玩耍、自由游戏、绽放童真！

四、加强文化教育，提升幼儿品质

加强传统文化教育，幼儿园秉承"生活即教育"、"自然即教育"理念，倡导幼儿在自然体验中建立与生活活动的联结，尊重生命，学会生活；同时突出传统文化教育，每班设置民俗区角，包含印染、造纸、编织、纺织、木工等民俗体验，让孩子通过体验了解民俗文化，熟悉民间艺术，感受中国传统技术的博大精深；其次，以元旦、清明、端午、中秋等传统节日活动为契机，通过写中国字、剪中国纸、画中国画、行中国礼等形式，激发幼儿爱党爱国的情感！

有人说："阅读是最浪漫的教养，所以图书一定是孩子成长中最重要的滋养品，"我园扎实创新开展绘本教育，成立了绘本教育教研组，科学制定绘本教研计划，其中包括：环境创设、材料投放、拓展游戏、情景剧编排等进行深入的教研，通过：讲一讲 、说一说 、玩一玩、演一演的形式，激发孩子的阅读兴趣，增强幼儿理解和语言表达能力。从而让孩子更丰富更有趣更深入的进行回本学习，促进幼儿良好品质塑造与形成。

我们的"慢教育"是尊重孩子的身心发展规律。孩子本来就是慢慢长大的，从神经系统、消化系统、心肺系统、运动系统等身体机能的发育都是一个缓慢的过程，孩子的认知、交往、兴趣、体质、情绪、能力的发展都与身体发育息息相关。今后，我们将继续用真诚奉献教育，用行动创新发展路径，努力为孩子们提供更加适宜、更科学的教育！

家园共育，给孩子们一个快乐童年

——谈聊城经济技术开发区实验幼儿园的家园共育工作

山东省聊城经济技术开发区实验幼儿园　徐婷　黄金勇　蒋树亭

家庭是幼儿园重要的教育合作伙伴，我园一直高度重视家园共育工作，并坚持认真落实《幼儿园教育指导纲要》精神，积极创建良好的育人氛围和环境，向家长搭建家园之桥。自2018年我园成立三宽家长学校和聊城市家庭教育实践基地以来，通过家长学校、家长会、家长开放日、家长进课堂等一系列活动，宣传科学的育儿理念、育儿方法和策略，引领家庭与幼儿园教育一体化。三年来，我园家园共育工作取得显著成效，并被中国关心下一代事业发展中心评为2020年"三宽家长学校"优秀实践校。以下，就谈下我园的家园共育工作开展情况。

一、成立家园共育领导机制，提高家长参与度

（一）领导班子总指挥

为使我园家园共育工作更具规范性和生命力，能开展经常性的工作，在各级领导的关心和支持下，2018年11月，我园成立了家长学校工作领导小组。领导小组由聊城市教育和体育局开发区和高新区分局徐婷主任担任指导员、黄金勇园长任组长，8位园委会成员及班主任教师组成。各成员分工明确，责任到人，并且成立了专门的家长学校专项资金，为家园共育专业化建设的进程提供了强有利的人员和物质保障。同时，领导小组负责每年计划地制订和活动的组织与实施。

三宽家长学校成立以来，领导班子组织全园教师先后多次召开家长学校专题教师会、家长学校建设专题家长会，同时为了引起家长对"三宽家长学校"的充分关注，专门举办"开发区实验幼儿园三宽家长学校开学典礼保证了我园家长学校各项工作的顺利开展。

（二）提高家长参与度

加入三宽家长学校以来，我园首先成立了开发区实验幼儿园家园共育专业化建设代表委员会，该委员会由32位教师代表和65位家长代表组成。以参与、配合、督促、沟通为主要内容，积极参与幼儿园管理，定期听取幼儿园工作的汇报，为家长学校的发展出谋划策。截至目前，代表委员会共召开了四次会议，家长代表和老师们表现出了非常高的积极性。同时，会议中家长针对我园家园共育专业化的发展也提出了一些建设性的发展意见和建议。

一是，家园共育工作会。以分析家园共育开展现状、了解活动开展进度和评估活动质量为主的常规工作会议。采取分析会、现场会、评估会等多种形式进行，采集数据，分析问题，切实措施，确保了家园共育活动质量的稳步上升。二是，全体家长会。每学期学期初和学期末定期召开两次全体家长会，传达本学期我园家园共育工作计划、听取家长意见、同时在学期末总结工作成效，反思不足。家长会的定期召开密切了家园之间的联系，加强了家长监督、协助幼儿园的工作力度，保证了家园共育工作的健康发展。

二、提高家长教育认知，有效促进家园共育水平

（一）家长走进课堂

2018年10月—2020年1月，我园每周五下午定期开展线下三宽家长学校进课堂活动。各班级提前下发通知，邀请全园家长入园听三宽课堂，家长齐聚一堂聆听知识盛宴并写学习记录、分享学习感言；2020年年初全国疫情之后，我园采用了线上推送三宽家长学校链接的方式，方便家长在家即时学习，同时将学习照片、笔记发至班级群，并组织家长线上交流分享。

家长学校自开展以来，我园结合自身实际，积极探索灵活多变的家长教育渠道。针对我园家长休息时间不统一的情况，我们根据家长不同的时间需求，灵活安排家长学校的开课时间和方式，在周末不定期开展家长学校小课堂。我园利用周一至周五的午休时间，给家长开辟家长小课堂，帮助这些家长观看课堂视频，并与班级教师进行交流互动。通过这种形式，家长既可以了解家庭教育知识，也掌握了幼儿在园表现和学习情况。

（二）家长走进"一日活动"

邀请家长参与幼儿园游戏化课程改革，加强家长对"游戏"的认识与理解。

我园通过家长会、家长开放日、游戏故事"我"解读、家长进"课堂"等形式，引导家长们认识游戏、理解游戏、认同游戏、支持游戏，家园携手共同助推幼儿园课程改革进程。在家长会中，我园向家长们介绍幼儿一日活动流程，让家长了解幼儿在园生活状态，引导家长认识自主游戏，观看幼儿绘画表征，聆听孩子们游戏故事和老师的游戏案例解读。在家长开放日中，我园引导家长参与并体验游戏过程，观察解读幼儿游戏行为，发现孩子在游戏中的成长。同时，我们鼓励家长积极分享感悟和反思，助推家长专业成长步伐。

在游戏故事"我"解读中，一方面，幼儿将绘画表征记录带回家，让家长记录游戏故事，不仅了解和交流了幼儿在园的游戏状态，还达到了有效陪伴的目的；另一方面，家长开放日过程中，教师引导家长在幼儿园中对绘画表征进行解读，这其中包含了家长解读幼儿绘画表征和家长解读自己的绘画表征两个部分。通过此类活动，家长认识到了自主游戏对于幼儿思维能力、语言表达能力等方面的促进意义。

三、以主题活动宣扬好家风，反思积累成效高

家风就是一个家庭的风气、风格与风尚。开展优良家风家训践行活动，是促进幼儿优良品德形成的重要渠道。我园每年5-6月开展"宽厚、宽松、宽容"好家风系列主题教育活动。围绕主题，我园结合自身办园特色，在全园各级部集中开展了"宽厚、宽松、宽容家风"主题亲子绘画大赛、"好家风故事、好家教案例"征集评选活动及"好家风"主题班会活动等特色鲜明的教育活动，幼儿及家长们参与度很高，表现突出，活动中也涌现了一批优秀作品。

每一次家长课堂、家长会、家长半日活动的学习体验后，教师会将培训活动的签到表、课程学习反馈表收集整理，幼儿园将相关材料进行汇总，并将每一次培训进行总结、反思，进一步促进家长课堂活动开展的实效性。截至目前我园共整理收集了"三宽家长学校"课程反馈表2万多份，线下课程签到表各586份，三宽课程美篇报道87期、其他家园共育活动报道100余次。

通过一系列的家园共育活动，家长育儿观念明显提高，截至目前，共收到家长的感悟两千多篇。家长参与家园互动积极性明显提高，在幼儿园家长开放日、家长会、家长进课堂等活动中，都表现出了极高涨热情的参与度，有效促进了家园合力的形成。

四、结语

家长是孩子的第一任老师，家园共育是幼儿教育教学发展的重要方式。我园积极探索家园共育之路，在幼儿园领导班子的带领下，不断完善优化家园共育平台，用心付出，初见成效。还给孩子们一个健康快乐，有意义的童年，这是我们的教育初心，也是坚守在我们心中永恒的信念。

"六益"教育，让学生一生受益

山东省临沂市河东区益民实验小学　诸葛绪彩　梁培峰

"明德益智，学以为民自2002年创办以来，我校紧紧围绕立德树人的根本任务，以"给每个孩子适合的教育"为办学愿景，以"培育有教养的益民学子"为办学目标，明确了以德育为首、以教学为中心的办学思路，构建了课程育人、活动育人、实践育人、文化育人的四位一体育人模式，确立了"六益教育一生受益"的德育一体化特色教育品牌，努力将学校打造成学生快乐成长的乐园、全面发展的家园，全力培育新时代"六益"好少年。

确立益民文化

古有六艺，即古代儒家要求学生必须掌握的六种基本才能——礼、乐、射、御、书、数。今有"六益即益德（德）、益智（智）、益身（体）、益情（美）、益心（美）、益能（劳），立足益民文化，做好六益事，培养六益才，实现益民愿。

为赋予学生鲜明的益民文化烙印，我校立足"六益教育一生受益"德育一体化特色教育品牌，确立了"12346"德育一体化工作法，

力求让“六益教育”融入学生的生命成长，奠定一生发展的坚实基础，润泽丰厚的成功人生。“1”即明确一个核心：以生命成长为核心；“2”即落实两个原则：德育生活化、具体化；“3”即实施三个途径：微课程、大活动、日常规；“4”即实现四个目标：和谐成长、快乐成长、全面成长、幸福成长；“6”即培养六益少年：德优、智高、身健、情雅、心美、能强。

完善保障机制

完善的保障措施是推动六益教育发展的关键。我校建立有序高效的保障机制，为六益教育的发展保驾护航。

加强“六益教育”组织领导。我校成立以校长为组长，班子为成员的领导小组，细化分工，明确责任，学生部具体开展特色教育的组织实施。

制定“六益教育”评选表彰制度。为保障“六益教育”特色品牌的深入开展，我校制定“六益少年”评选表彰制度，对学生和班级实行日常“六益星级”评比，定期对每个学生、班级进行动态星级评比。在此基础上，每班级每学期评选六益英才10名和六益少年15名，每学年组织评选“益民教育之最美教师每月底组织月度“班级管理模范班级”评比表彰。

确定“六益教育”主题教育月。我校将3月定为益身月，4月定为益德月，5月定为益情月，6月定为益能月，9月定为益智月，11月定为益心月，12月定为六益表彰月，分别举行相关的主题活动。

建设“六益教育”阵地。我校建设了弘益楼、益智楼、益身馆，开辟了益民展厅、益德馆、益阅轩、益墨轩、益心室，修建了益情读书园、益能种植园，设计了六益教育展板和六益教室文化，为六益教育的开展提供了物质基础。

强化益德教育

益德教育是六益教育的灵魂。我校以培养人格健全的益民少年为具体目标，设置悦人立德、孝亲养德、爱校育德、报国树德等模块，以“益己、益人、益家、益校、益国、益民”为主题，教育并引导学生提高自己、悦纳他人、感恩家庭、热爱学校、回报祖国、服务人民。

组织每周主题升旗仪式、研学旅行、成童礼、开蒙礼、纪念孔子诞辰仪式、少代会、“我们的节日”等一系列德育活动，帮助孩子“扣好人生第一粒扣子实现为党育人、为国育才的使命担当；开发“六益教育”校本教材，按系列分年级开展广泛深入的活动，形成序列微课程；广泛开展社会实践活动，在家庭中开展孝老敬亲教育，感恩父母，尊敬长辈；在社区开展志愿服务活动，慰问孤寡病残，学会关爱他人；升旗仪式实行班级轮岗负责制，从主持人到旗手，从仪仗队到国旗下讲话，全部由班级独立完成，增强班级的凝聚力和荣誉感；认真落实“日行一善”活动，培养学生高尚的思想品质；定期观看爱国主义影片、举行清明节、革命烈士纪念日等主题教育活动，对学生开展革命传统教育……一系列益德活动的开展，培育了学生积极向上、尚善美好的人格。

夯实益智教育

益德教育是六益教育的核心。我校以培养睿智聪慧的益民少年为具体目标，设置经典养智、阅读竞智、英语润智、科学启智等模块，逐一落实，力求达到诗情润泽人生的目的。

学生每天入校落座即读，《论语》、《中庸》、《大学》、《增广贤文》等经典名篇不绝于耳；每班级每周一节阅读课，学生可以在“益阅轩图书馆”里自由选择图书进行阅读，拓展视野；开展“好书伴我成长”、“好书推荐会”、“读书打卡”等活动，引导学生开展每日读书活动；每周举行口算大赛，培养学生的运算能力和数学思维；每学期开展“思维导图”竞赛，注重学生数学逻辑思维和表达能力的培养，强化思维与表达的有效结合；大力开展英语特色创建，每周从听说读写方面评选“英语之星学生学用英语的氛围十分浓厚；开展“特色阅读”(英语阅读、汉语阅读)，激发学生阅读外文书刊和古典名著的兴趣；举行“益智”科技节，培养学生的科学创新精神……益智教育是素质教育最重要的呈现指标，通过一系列特色课程和特色活动的开展，每个学生都能找到自己的最近发展区，不仅感受到学习是快乐地、愉悦的，而且学习状态更加阳光、自觉、自信了。

落实益身教育

益身教育是六益教育的前提。我校以培养身体强健的益民少年为具体目标，设置竞技健身、专长健身、韵律健身等模块，通过落实“一操特色常态化、两球专长普及化、一节全面展示化”等体育教育活动，全面提高学生的身体素质。

“一操”是大课间操，分为《中国功夫》扇子舞、《笑起来真好看》韵律操和广播操《七彩阳光》。我校大课间环节设计巧妙，全程音乐伴随，旋律优美，兼具体育健身和美育怡情的特点。

“两球”是足球和乒乓球，已成为全区有名的传统体育项目。作为全国足球特色学校，我校连续多年参加区级足球联赛，是河东区冠军球队，男女足球队一直居前四强。同时，我校连续多年在全区小学生乒乓球比赛中均获得团体奖。如今，我校的足球、乒乓球学生参与面广，力争通过六年的学习和训练，使绝大多数学生都会打一手漂亮的乒乓球，成为校园里的“足球小将”。

“一节”即是体育节，全面展示学生的体育水平。体育节是全体学生都能参与、项目丰富、场面宏大、精彩热烈的一项体育盛事，极大地激发了师生体育锻炼的热情，培养了顽强拼搏、勇于争先的体育精神，提高了师生的体育文化素养，增进了师生的身心健康。

提升益情教育

益情教育是六益教育的桥梁。我校以培养情感丰富尚美的益民少年为具体目标，设置书画传情、才艺抒情、歌舞怡情、创作激情等模块，涵养学生丰富的情感，培育学生超高的情商。

充分发挥手工制作、舞蹈、绘画、书法苑、文学社、棋类、七巧板、民乐、陶笛、合唱团、健美操等20多个艺术社团的作用，每天定时活动，学生踊跃参加；每学期举行艺术节，对社团活动和学生艺术水平进行大检阅；开展班班有歌声活动，每天大课间都要齐唱一首歌，每周更换曲目；举行“才艺之夏”、“我是小演讲家”、合唱比赛、作文大赛等活动，培育学生良好的情感；举办“益情”艺术节，包括校园歌手大赛、器乐新星大赛、小主持人演讲大赛、书画展示评比、班级联欢等节目，丰富了校园文化生活，让师生能够徜徉在艺术快乐氛围中……益情教育是以陶冶学生情操为目的，使学生不仅具有美的理想、美的情操、美的品格、美的素养，更具有欣赏美和创造美的能力。

注重益心教育

益心教育是六益教育的内在动力。我校以培养心灵阳光尚美的益民少年为具体目标，设置环境养心、辅导舒心、活动炼心、家校连心等模块，培养学生的包容之心、热爱之心、向善之心、坚强之心。

学校高标准建设心理健康教育室，全方位优化校园环境、班级布置，为学生轻松学习创造良好的外部条件；常态化开展谈心活动和针对性辅导，开设“青春教育”、“心理疏导”等报告会，关爱每一个学生的心理健康；举行“小手拉大手”、“多人绑足竞走”、“障碍穿越跑”、“分享快乐队会”等活动，磨炼学生的心理素质；充分利用家长委员会作用，架起学校与家庭的桥梁，精心设计“我想对爸爸妈妈说”`父子同题作文、家庭接力赛等亲子活动，培育两代亲情；组织“益心”心理节，让学生勇于面对成长的烦恼，消除心理的阴影，培育学生积极阳光心态……圆梦要育人，育人先育心。益心教育是一项长期、系统的、基础性的工程，是学生成人、成才的保障，需要我们持之以恒地坚持下去。

增设益能教育

益能教育是践行六益教育的现实途径。我校以培养技能全面的益民少年为具体目标，设置生活自理能、安全防护能、经济交易能、劳动实践能等模块，培养学生的各种劳动能力，为今后踏进社会打下坚实基础。

定期举行“最美教室”、“学习用品整理”、“系鞋带”、“就餐洗漱”等比赛，加强学生生活自理能力的培养；每周进行安全演练，锻炼学生的安全自救能力；举行“益民山会”、“乐淘书市”等活动，培养学生买卖、议价、结算的能力；开辟“益能综合实践园划分班级种植园，要求各班学生根据季节种植各类作物，收获的果实自行出售，实现了经济和生态的双重效益；建立大队委队伍，设立红领巾监督岗，实行学生自主管理，为规范提升全校学生的文明行为起到了至关重要的作用。

六益教育，以教师成长为基，以学生发展为本，是真正为学生量身打造的素质教育蓝图。我们期待着，学生在益民的校园中，吮吸着益民的雨露，幸福快乐地成长。

根植红色沃土　培育红心少年

——沂南县马牧池乡中心小学“红色教育”课程改革纪实

山东省临沂市沂南县马牧池乡中心小学　赵万奎　董付进

2018年6月12日，习近平总书记在给学校少先队员的回信中指出：“希望你们继续传承好红色基因，学习一代代沂蒙英雄的精神品质，听党话，跟党走，争做中国特色社会主义事业的合格建设者和接班人！”其实早在办学之初，山东省临沂市沂南县马牧池乡中心小学就立足马牧池乡红色资源优势，秉承“弘扬沂蒙精神，争做红色传人”的办学宗旨，坚持把“红色教育代代相传”作为学校课程建设的出发点和落脚点，探索构建“五育融合”红色课程体系，积极打造红星课堂，广泛开展红色教育活动，让红色基因传承落地生根，全面落实立德树人根本教育目标，全力培养中国特色社会主义事业的合格建设者和接班人。

一、立足红色基因传承，正确把握红色教育目标要求

沂南县马牧池乡中心小学位于沂蒙山区中心、沂蒙革命老区核心地带、“沂蒙精神”重要发源地、“沂蒙红嫂精神”主要发源地——马

牧池乡。这里依山傍水、风景秀丽、人文底蕴深厚，抗日战争时期，涌现出“沂蒙红嫂”明德英、“沂蒙母亲”王换于等一大批爱党爱军、无私奉献的先模人物；罗荣桓、徐向前、迟浩田等老一辈无产阶级革命家，都曾在这里工作和战斗过。2013年习近平总书记在临沂考察时指出：“沂蒙精神与延安精神、井冈山精神、西柏坡精神一样，是党和国家的宝贵精神财富，要不断结合新的时代条件发扬光大”。

传承红色基因，坚守优秀传统，是每一代年轻人的历史使命。沂南县马牧池乡中心小学依托丰富的红色教育资源，确立红色教育目标，发扬红色传统，传承红色基因，开启了横林中心小学的红色教育之旅。做人目标，即文明礼貌，自立自强，热爱集体，关爱他人；做事目标，即遵章守纪，自信乐观，团结向上，诚实守信；学习目标，即不怕困难，敢于胜利，按时作息，勤奋学习；生活目标，即生活自理，不挑吃穿，艰苦朴素，勤俭节约。

二、深度挖掘红色资源，系统构建红色教育课程体系

课程是加强学生红色教育的主战场。沂南县马牧池乡中心小学牢记习近平总书记嘱托，围绕“立德树人”根本任务，结合自身的特色发展情况，立足马牧池乡红色资源优势，系统构建“五育融合”红色课程体系，积极打造“红星课堂让红色基因传承落地生根，实现了红色教育的价值理论与实践的高度融合。

有机融合，在学科课程中渗透红色教育。学校充分挖掘各学科的红色育人底蕴，通过形象感染、感情陶冶和潜移默化的方式，鼓励学生向文章中的人物学习，实现教学与红色德育的统一。如：语文课上，读到红色革命故事时，写读后感，感受战争时代的艰苦；数学课上，利用支前数据编写应用题，让学生感受到沂蒙劳动人民的伟大；体育课上，对学生进行队列练习、推小车比赛、扔“手雷”比赛等，感受战争年代的场面；音乐课上，教唱红色歌曲，并把《沂蒙红歌》加入到课程当中去；美术课上，绘画心目中的红嫂，讲红色故事，使学生在具体、形象、直观中领会、把握革命传统和老区精神的实质。

突出特色，完善红色教育校本课程建设。学校根据本地区红色文化资源的特色和本校的教学条件及学生身心发展的特点，把红色文化综合实践活动课程的建设与校本课程的开发有机结合起来，现已编写《红色沂蒙记忆系列教育读本：沂蒙母亲》等8个系列校本教材，让学生在诵读和理解中接受中华优秀传统文化的熏陶，自觉传承并发扬自力更生、实事求是、全心全意为人民服务的沂蒙精神。

拓展渠道，启迪学生自主发展的星辉之路。学校结合社团活动开发校本课程，成立校红色教育办公室，设立“中国梦”红色小讲解员、红岩画社、舞动音符、红星足球俱乐部、剪之韵艺社、红领巾故事会6个社团，用歌声、舞蹈等学生喜闻乐见的形式对学生进行感染、熏陶。中央电视台《红星闪闪》摄制组来学校拍摄《红星闪闪放光彩--红军小学风采录》，歌舞剧《沂蒙红嫂颂》在北京电影学院成功上演，高薪茹同学当选为山东省少工委第七届委员会委员，马文联、刘镇豪、董轶宸3名学生被评为全国红军小学优秀少先队员。

三、持续优化教学机制，着力促进红色教育有效实施

把红色资源利用好、把红色传统发扬好、把红色基因传承好，是以习近平同志为核心的党中央对红色文化遗产保护和利用的要求。沂南县马牧池乡中心小学持续优化教学机制，让学生在革命历史和民族文化的浸润中得到潜移默化的影响，全力培养忠于理想、善于创造、敢于担当、乐于奉献的新时代红色基因的传承者和弘扬者。

情景教学，提升教育实效。学校坚持把校外德育基地作为学校社会实践的第二课堂，采取灵活多样的教育形式，有的放矢地开展蕴含红色教育的各种有益活动，增强红色教育的吸引力和感染力。组织学生祭扫烈士墓，缅怀革命先烈；组织学生参观德育基地，写参观日记，谈参观感受；组织学生积极开展课外红色主题实践活动，追寻英雄的足迹。其中，“中国梦”红色小讲解员社团走出校门，到山东省群众路线实践教育基地做革命传统讲解员的做法，先后被全国红军小学网、光明日报、沂南共青团网专题报道。

问题导向，深化课程认知。学校以问题为切入口，举行学习家乡英雄的大讨论，让学生讲述自己熟悉的家乡英雄故事，说出为什么向这位学习，学习他什么品格，以此致敬时代英雄，让红色基因再度浸润心灵。

亲历体验，内化道德要求。学校围绕“红军精神”、“沂蒙母亲”、“沂蒙红嫂”等题材，开辟宣传专栏，让师生自己动手制作“红色浸润生命，党性锻铸师魂”、“永远跟党走”、“传承红色基因，弘扬沂蒙精神”、“爱我家乡·兴我家乡·知我家乡”等宣传橱窗，让学生充分了解革命历史、改革开放家乡巨变，把学生对革命先烈的敬仰之情转化为学习的动力；开展“了解家乡历史”、“参观家乡红色遗址”、“了解身边的革命故事”三个系列的沂蒙精神红色研学社会实践活动，让学生在实实在在的经历中逐步将红色精神文化化为自身的精神品质；积极开展走访革命老军人、退伍军人、新老红嫂等对社会做出突出贡献的先模人物主题实践活动，发动学生通过走访调查、观看影片、阅读报刊等方式收集红色故事，开展“我是红色接班人”、“做一个了不起的沂蒙人”等红色教育活动，使学生感受红色文化内涵，净化浮躁心灵，促进健康成长。

四、不断创新管理措施，扎实推动红色教育深入开展

对于广大青少年学子来说，从红色教育中汲取养分、陶冶心性，是在新的历史征程上更好地实现自身价值的人生必修课。沂南县马牧池乡中心小学不断创新管理举措，宣传和扩大红色教育影响，让红色文化时刻与师生相伴。

创新教师培养方式。“红”教师才能培育“红”学生。学校实施“教师—骨干教师—名师”的三阶培养思路，采用培训制、导学制、项目制、比赛制、课题制、教改制等6种方式培养师资，注重加强课题研究，引领教师专业发展，提升教师的红色教育实施水平。

创新课程实施过程管理。学校充分尊重学生的个体差异，将已开发的校本课程根据主要特色分配到适宜年级，让学生自主选择感兴趣的校本课程。其中，低年级有《沂蒙母亲》、《沂蒙红色故事》、《沂蒙红歌》，中年级有《沂蒙母亲》、《红色物语》、《红色艺韵》、《足球梦想》、《传承红色基因主题活动》、《沂蒙红色研学》，高年级有《沂蒙母亲》、《红色物语》、《沂蒙颂歌》、《红色艺韵》、《足球梦想》、《传承红色基因主题活动》、《沂蒙红色研学》。

创新评价激励机制。一是对课程自身的评价。结合自我评价、学校课程评价小组和邀请专家介入评价，看是否符合国家教育政策，是否体现红色教育办学特色和管理目标，是否符合学生年龄特点和成长需要，是否有利于学生个性特长的发展。二是对教师课程实施的评价。根据课时量、教案、课件、过程管理、课堂效果、学生反馈指标等，对教师的课程实施给予评价，对成绩优秀的教师授予“课改标兵并记入个人档案，纳入绩效考核。三是对学生学习效果的评价。采取表现性评价，结合校园艺术节、社团成果展演等形式进行展示，对在课程学习中优异的学生授予“红星少年并在公示栏展示事迹。实行星级评价机制，定期组织“最美中队”、“最美少年”评选，同时建立“红星超市制定评价标准，加强过程评价，达到20颗星的可以兑换奖品。

近年来，在红色教育改革的推动下，学校教育教学质量稳步提高，涌现出了褚海辰（毕业于中国音乐学院，中国空军歌唱演员）、耿向阳（考入北京大学）、马文联（考入山东政法大学）等一大批优秀毕业生，学校各项工作均取得了显著的成效，先后被评为“全国零犯罪学校”、“全国青少年文明礼仪教育示范基地”、“全国红军小学五星级学校”、“省级文明校园”、“临沂市文明单位”等多项荣誉。

不忘初心，牢记使命在肩；薪火相传，铸就时代担当。沂南县马牧池乡中心小学坚信，红色教育的持续和深入推进必将产生更加显著的教育效果，今后，学校将坚定不移地把这项工作开展好，让红色基因代代传承，为沂蒙革命老区孩子们的健康成长，为实现中华民族伟大复兴的中国梦贡献积极地力量。

办特色教育，创幼教品牌

山东省宁津县柴胡店镇中心幼儿园（小槐花园区） 焦红鹏 张新霞 孙金玲

习近平总书记在全国教育大会上明确指出：“我们要抓住机遇、超前布局，以更高远的历史站位、更宽广的国际视野、更深邃的战略眼光，对加快推进教育现代化、建设教育强国做出总体部署和战略设计，坚持把优先发展教育事业作为推动党和国家各项事业发展的重要先手棋，不断使教育同党和国家事业发展要求相适应、同人民群众期待相契合、同我国综合国力和国际地位相匹配”。我园（原名柴胡店镇中心幼儿园）是全县2013年启动建设的社会事业项目之一。为落实贯彻党的教育方针，促进教育优质均衡发展，开园以来，我们始终坚持培养艺术专长为特色的办园方向，经过几年的办园实践，我们取得了一定的成果，得到了社会和家长的好评。2015年10月被评为山东省一类幼儿园。2016年10月幼儿园厨房被评为“山东省百佳厨房”称号。2018年被宁津县人民政府命名为“宁津县最美乡村幼儿园”。

一、发挥家委作用，增强教育合力

农村幼儿园有一个共同的特点，不明白什么才是对孩子真正的教育，由于留守儿童比较多，好多都是爷爷奶奶带孩子，不了解我们的教育方式方法，认为孩子写字了就是学习了。针对这一问题，我们就发挥了家长委员会的作用，带他们参观幼儿园，观看区角活动、进行幼儿园伙食体验，开展一日活动，让家长委员会的各位家长了解孩子的在园一天的学习和生活。通过观摩、介绍、使家长委员会的每一个成员真正认识幼儿教育、明确教育理念的同时，也对我们的教师工作有了充分的认识和体验，更信赖我们的教育工作。同时高素质的家长委员会成员在实践中也会给我们的幼儿教育渗入了新的活力，我们通过社会资源让家长委员会的成员进行宣传，慢慢地我们的工作得到了很大的进展。幼儿在园学习活动中养成了良好的生活习惯以及礼仪教育，随着时间的推移慢慢得到了家长的认可，使我们的教学活动更上一层楼。

二、抓住“四大工程打造特色品牌

开园以来，我们始终坚持培养艺术专长为特色的办园方向，但是我们发现了一些问题，就是没有一个根本的核心理念引导我们的发展，致使我们的特色不突出，目标不明确。2020年我们牢牢抓住“四

大工程”这一契机，与时俱进、开拓创新，致力于特色文化品牌打造，从而形成一套独立完整的文化体系。在体系的打造过程中，我们成立幼儿园特色文化小组，经过多次打磨、修改最终完成。我园的整个文化体系是以槐花的特质为源，深入挖掘其内涵，使文化渗透于课程，使课程展现文化特色，彰显以教育人，以道明心，以艺养气，以德修身，以文化人。

我园以特色文化创建为抓手，全力打造特色校园，坚持规范和特色并重，快乐与健康同行。在打造校园文化的同时我们重视环境创设，让每一面墙壁都发声，让每一处角落都怡情。我们创设了槐荫大道、三公树、舞龙场、槐园、怡花亭，以景映人，以景育人。2018年9月，初步建成了有文化底蕴的魅力槐园。特色就是质量，特色就是品牌，特色就是发展，特色是一所幼儿园办园水平的重要标志，没有特色就没有生命力。为实现幼儿园的可持续发展，必须带领着我园的老师们走个性化、特色化的内涵发展之路。怎么样才有特色呢？经过大家集体讨论和外出学习时观摩的各大省级示范园，他们的艺术特色给我了特别多的启示，于是我在园里根据不同年龄幼儿的特点，开展了美术、电子琴、编织、师幼瑜伽、舞龙等特色课程。

三、多元文化发展，促进幼儿成长

练习国画可以使幼儿接触认识中国传统文化，陶冶情操，对身心和修养提高都有很多好处。锻炼幼儿思维能力和心理素质，提高幼儿审美力和想象力。我园将多元发展依托瑜伽与国画园本课程，促进幼儿全面发展。编织是一项精细的手工劳动，既需要有充分的耐心、细心，克服困难、坚韧不拔的意志，更需要有不断创新、探究的精神。陶行知先生也指出：“孩子能动手，就能促发思维能力”。幼儿编织活动就是让幼儿动手，让幼儿学学、玩玩、做做、想想，从而在疑问中迸发思维的火花，在求释中体现创造的萌芽，在操作中暴露合作的愿望。而这质疑、释疑、思维、想象、创造、合作，正是幼儿自主探究能力的重要组成部分。

舞龙一个培养幼儿创造力、想象力以及训练幼儿动作协调性和培养合作意识的活动。为了让孩子们了解和喜爱舞龙文化，从而深刻感受中华民族民间艺术的多彩与独特风格，我园根据小中大班各年龄段幼儿特点，开设了舞龙操、手工制作“舞龙”、集体合作表演舞龙等一系列活动课程，亲自去体验“舞龙”的乐趣。舞龙时，幼儿将龙头挥舞于空中，用身体多种姿态将力度、幅度、速度 耐力等揉于舞龙技巧之中，有声有色地展现出巨龙翻滚腾飞的意蕴与雄姿，还淋漓尽致的展现出龙的精气神韵和我园幼儿奔腾争跃的精神风貌。

正确的办学思想、先进的办学理念是一所园所文化的灵魂。幼儿园特色文化和办学理念必须深入思想层面，精神层面，要有持之以恒的教育信仰、教育承诺和教育追求。站在新的起点上，我们宁津幼儿教人将不忘初心，砥砺前行，以更加蓬勃发展的姿态，抢抓机遇，阔步前行，努力开创特色园所文化建设新局面。

品质立校打造优质民办教育品牌

山东省青岛海山学校　王世杰　孟祥平

百年大计，教育为本。改革开放以来，教育事业迎来蓬勃发展的黄金时期，全国各类学校拔地而起，教育理念层出不穷，国家对民办教育也越来越重视。我校创建于1995年，坐落于石老人国家旅游度假区，是一所高品质民办学校，学校依山傍海，是一座名副其实的花园式校园。目前，学校拥有近8万平方米建筑面积，在校生近4000余人，是青岛拥有独立校舍产权、规模最大的民办高中学校。近年来，我校坚持特色发展、精致管理、品质立校，形成了“多元发展、特色鲜明、低进优出”的教育品牌。尤其是2017年，学校迎来了前所未有的新机遇——学校正式划归市教育局直属管理，按照省级规划化、现代化标准建设，更好地融入了青岛高中教育的大局，掀开了快速发展的新篇章。通过全校师生多年的沉淀和努力，学校办学特色愈发鲜明，各科成绩连年攀升，取得了一系列辉煌的教育成果。2020年高考，学校共637人参加高考，本科达线554人，本科总计录取541人，其中本科提前批录取103人。2021年本科提前批录取再创新高，录取126人。此外，学校还先后获得“全国先进民办学校”、“中国创新教育示范学校”等荣誉，更相继成为“南开大学文学院艺术设计系生源培训基地”、“东北师范大学传媒科学学院生源培训基地”、“山东艺术学院国际艺术交流学院生源基地”、“青岛大学师范学院教学研究基地”、“山东师范大学优质生源基地”。

一、规范学校发展，提升教育品质

学校快速成长，离不开全校师生员工久久为功。学校创建以来，我校始终坚持立德树人的根本任务，秉持“教育无小事，事事是教育”的办学思想，坚持以学生中心，在校园管理和校园文化打造中体现精细管理，渗透进德、智、体、美、劳“五育并举”的思想，帮助学生养成良好的学习习惯和行为习惯，真正形成学习上的自主、自律、自觉，让学生成为教育的受益者。

“以严束其行，以爱暖其心，以德明其志”是学校每一位老师都信奉的育人理念。漫步在校园内，浓厚的学习氛围，让人耳濡目染。我校十分重视学生德育，制定了《校园行为七大纪律》、《学习行为七大纪律》等规章制度，从校园课堂到操场，从食堂餐厅到宿舍，处处实行规范化管理，在衣、食、住、行、学上规范行为，做到时时有人管，事事有人问，处处体现全员育人、全程育人、全方位育人。

立足学校实情，我校实行励志教育、激情教育，通过演唱班歌、课前宣誓、操前读等方式，让学生置身于浓厚的学习氛围中。在学校的楼道和班级，处处可见励志标语、优秀试卷，激发着主动学习、良性竞争的动力，提振着每一名海山学子的精气神。2020届普通班毕业生严家瑞说，正是处于这种浓厚的氛围当中，让他对未来有了更加坚定的追求，第一次树立目标，第一次奋起拼搏，第一次成为班级第一、级部第一……最终以590分考进了211院校——广西大学，并选择了自己心仪的专业。

在学校浓厚的学习氛围中，学生们很容易找到成长点。学校尊重学生成长规律，最大限度满足个性发展，立足学科实际，整合课程资源，实行分类走班、分层教学，打造起了“海山底色”的高效课堂。

根据《课程标准》和新高考的要求，我校以《课程标准》为依据、以考纲为抓手、以历年高考试题为重点，将“必备知识体系化、知识体系序列化、知识序列节点化、知识节点清单化、知识清单精准化形成了自主编写的《知识体系序列化清单》。把高中教学内容分类梳理，明确授课任务及考试重点、难点，把必备知识、关键能力进行精准化分解，落实到每一课时的学习目标里。在此基础上，我校还实行了“先学后教，当堂训练”教学理念，改变课堂内容大水漫灌的做法。由学生先看书并检测效果，老师再针对问题引导、点拨，使学生能够精准击破，严格落实知识点“堂堂清、日日清、周周清”。这样一来，课堂主角回归到学生身上，在自主学习、探究学习、合作学习中，形成民主、和谐、开放、活力的课堂，真正实现了课堂效率的大幅提升。

教师是教育实施的首要资源，没有一支优质教师队伍，就没有优质的教育。为此，在“办一流名校”的发展之路上，我校坚持面向全国招聘教师，吸纳来自全国各地的优质力量，目前已经形成了一支师德高尚、业务精湛的队伍。学校每天有雷打不动的教研时间，制定严格的集备考核量化制度，各学科在经验丰富的集备组长组织下认真集备，围绕学生的具体问题“头脑风暴”。在这种氛围之下，年轻教师迅速成长为顶梁柱，成为课堂教学、学生教育的行家里手。

二、增强教学实力，绽放学生光彩

书山有路勤为径，学海无涯苦作舟。得益于强劲的教学实力、浓厚的学习氛围、严格的规范化管理，让我校每年都培养出一大批优秀学子。他们有的本身学习成绩优秀，希望在海山继续提升自我；有的则属于因中考失利而来，三年后实现了人生的蜕变。不尽相同的是，每一位最终走出去的学子，都坦言对学校抱有感恩之心。

回望在学校三年的时间里，学生们收获的不止高校录取通知书，更有未来不断发展的启动。如2014届毕业生陈飞，经历过中考的失败打击，终于开启了奋起直追之路，养成了良好的自主学习习惯，最终被鲁迅美术学院录取。大学本科期间，钟金叶沿用在高中阶段养成的自律和自学能力，不仅连续四年获得特等或一等奖学金及三好学生、优秀学生干部、优秀共青团员等荣誉称号，而且在2018年顺利通过清华大学美术学院研究生考试，成为清华大学的一员。如今，正在读研究生二年级的钟金叶在面向世界新时代青年艺术家的首届“WAA波浪艺术奖”大赛中，获“新生代艺术家”荣誉称号。同样的励志故事在学校比比皆是，就读青岛大学的丁璐、黄钰婷，靠着在校期间努力钻研、刻苦拼搏，获得了2020年研究生推免资格。其中，丁璐保送至北京师范大学就读，黄钰婷保送母校青岛大学继续深造。

如今，我校已打造出“多元发展、特色鲜明、低进优出”的教育品牌，形成了“爱教、勤教、严教、科教”的教风和“好学、勤学、深学、活学”的学风，成为尊重学生差异、促进学生全面发展的优质学校。学校的美术教育、古琴教育、传媒教育，更已经成为海山靓丽的教育名片，为学生定制着个性化成才的渠道。如2018届毕业生刘凤仪，在海山学校找准了美术方向，以优异成绩入读清华园，成为青岛民办教育培养出的首位清华学子。继刘凤仪之后，2020年又有一名美术毕业生——江沣原，以优异成绩入读清华大学。

三、不忘育人初心，成就幸福未来

厚植教育情怀，善成德政之功。教育是一场没有终点的行程。一路走来，我校牢记教育的初心和使命，始终遵循学生成长规律，坚持以立德树人的根本任务，使每一个学生都能成为更好地自己。回首过往，面向未来，立足新的起点，我校会继续带着教育的理想，迈着坚定的步伐走在奋进的道路上，以严谨的态度探索教育规律，以担当的情怀领跑教育发展，矢志不渝地将学校打造成学生喜爱、家长满意、政府放心、社会认可的民办教育品牌！

阳光体育课程，让学生童年充满趣味

山东省青岛市即墨区通济新经济区华侨小学 隋祁璧 江莉 吴园园

“阳光体育”是近年来新提出的一种教学理念，与传统教学模式相比，更加注重学生学习兴趣的培养，充分尊重了学生的主体地位。结合当前小学生体质普遍偏弱的现状，山东省青岛市即墨区通济新经济区华侨小学经过探索与实践，开发了以趣味田径、啦啦操、篮球、排球、花样滑冰为主要教学内容，富有学校特色的“阳光体育”校本课程体系，并编写了成册的阳光体育校本教材，以体育特色品牌为突破口提高学生身体素质，以阳光趣味课程建设为抓手推进学校特色全面开花，使学校焕发出前所未有的生机与活力。

经过课程实施，学生综合素养不断提升，取得了良好成绩。华侨小学的“阳光体育”校本课程建设情况先后被人民网、大众网、青岛早报、新即墨、即墨教育报等多家媒体报道。

分段要求，统筹兼顾

每个孩子都是有差异的，只有承认差异、利用差异并发展差异，才能让他们在各自的最近发展区获得最优发展。根据学生年龄特征和身心发展规律，华侨小学认真贯彻教育部关于开展“阳光体育”活动的文件精神，将国家体育课程和学校体育课程有机整合，实施分学段教学，以求循序渐进，因材施教，以点带面，普及提高。

从各个项目的常规授课，到体育文化氛围的营造，再到学校特色校本课程的开发和普及，特色体育教学将贯穿整个小学阶段，华侨小学力求用六年的时间，让学生形成科学的生活理念，拥有健康的体魄，最终促进学生核心素养的形成。低年级以“趣味性”为主，开设趣味田径课程，帮助学生学会基本运动技能，初步引导学生在体育锻炼中享受乐趣。中年级开始渗透技巧，加大“跑跳”内容，开设排球和花样滑冰基础课程，引导孩子在跑跳投掷过程中增强体质。高年级主要提升“啦啦操”和“篮球”技巧，巩固学生技能，引导其在体育锻炼中塑造健美体型、锤炼意志品质。全部年级开设篮球基础课程和健身操课程。同时，学校重视利用社团活动和课余时间组建、选拔优质队员参加各类比赛，培养学生的团结协作精神、公平竞争意识、良好心理素质和自主交往能力。正如中国海洋大学教授杨多所说，“华侨小学的特色体育课程，真正做到了‘趣味为主，贯穿童年’”。

推陈出新，独具特色

体育项目种类繁多，体育教师不可能成为样样精通的专家，但每一个教师都有自己的特长项目，每个学校都有一定的办学特色，每个地方都有各自的区域特点。华侨小学结合自身特长优势，努力挖掘体育课程资源，推陈出新，探索出了一条独属于自己的办学之路。

课程内容创新。学校将所有课程赋予“趣味”特色。以“趣味田径”为例，将传统“跨栏”设计为“跑跨接力传统“立定跳远”设计为“青蛙回家”游戏，引导学生在喜闻乐见的游戏活动中，进行相关体育项目的学习训练，真正让其在体育锻炼中享受乐趣、增强体质。

师资力量创新。学校聘请高校体育团队进行专业指导。除依托自身、区教研室等优质特色资源外，学校还与中国海洋大学体育学院专业团队合作，由海洋大学杨多教授定时到校指导，真正做到将高校高水平运动队与中小学体育教学有机衔接，形成高校理论研究与小学实操教学双向互动的模式，有效提升教学效率。

教学模式创新。学校实施师生双向选择的授课模式。在传统教学模式的基础上，学校实施“同课异构”+“教师走班”相结合的教学模式，找出每位教师在教学中的优点和不足，鼓励他们相互配合，充分发挥自身特长，将自己最善于教授的内容在不同班级授课，以最大限度地促进学生潜能的开发。

评价体系创新。学校采用“纵横交叉”的评价体系。纵有学生体能素养评分在班级、学校中的等级评价，横有学生体能素养评分在不同时期与自身的比较评价，且自身横向评价在学生总体评价中的比值高于纵向评价。此评价方式能够帮助学生清晰地看到通过体育锻炼，自身体能素养的进步，有利于调动学生体育锻炼的积极性，也有利于学校体育教学成绩的整体展现和评判，从而为开展体育教学工作提供依据。

开发体育校本课程就要扎扎实实地从学生状况调查和需求分析入手，以学生喜闻乐见的事情为着眼点，设计深受学生喜爱的运动项目，以促进学生发展、张扬学生个性，让体育校本课程真正成为学生学习的乐园。青岛大学师范学院教育系书记李德林教授对华侨小学的体育特色校本课程构建予以了高度的评价，“华侨小学的特色体育课程建设，独树一帜、全面创新，既契合学生发展实际，又符合教育发展规律，能够有效促进学生全面发展，具有积极地研究意义”。

实践落地，理论提升

在特色体育课程实施过程中，华侨小学高度重视相关过程性资料的积累，通过资料归类、数据分析等方式将实践经验理论化，并结合教育规律不断提升，以求更好地反馈和指导教学实践，并形成可以借鉴的理论体系。

围绕“理论——实践——理论”这一实施路径，华侨小学申报了青岛市级规划课题，实现了教学实践与理论研究的相互结合、相互作用，形成了良性互动，取得了良好成果。当然，在课题研究过程中，教师专业素养不断提升。仅2020年，全校在编在岗68名教师中，有37人获得即墨区级以上“教学能手”等专业称号，或在即墨区、青岛市优质课比赛中获奖。

砥砺奋进，捷报频传

自体育特色校本课程开设以来，华侨小学始终贯彻“以人为本，健康第一”的指导思想，更加关注学生的差异性，关注学生的兴趣、爱好和特长，通过因材施教的校本课程、分层施教的特色教学和丰富多彩的体育活动，满足学生的需求和兴趣，培养了学生的自主性和创造性，也让学校的阳光趣味校本课程走向实效，成为学校的特色。

学校体育舞蹈屡摘桂冠：2018年“体育舞蹈运动进校园”实践活动落地华侨小学，助推啦啦操在校园纵深发展。学生先后获2019全国青少年啦啦操精英赛一等奖、山东省第八届全国全民健身操舞大赛一等奖；2020年全国啦啦操规定动作（CCA）花球比赛第一名，2020年青岛市中小学生艺术节啦啦操比赛一等奖，这也是华侨小学啦啦操队连续三年摘得青岛市中小学啦啦操比赛桂冠。

学校排球队多次取得骄人成绩：先后获得2020年青岛市室内排球锦标赛亚军；2020年即墨区“体彩杯”中小学生运动会排球比赛冠军；2021年青岛市“体彩杯阳光体育联赛”中小学生排球比赛男子组冠军，即将代表即墨区参加青岛市第五届运动会。

学校篮球队成绩斐然：先后获得“体彩杯”2018即墨区中小学生篮球比赛男子甲组冠军、“体彩杯”2020即墨区中小学生篮球比赛男子甲组亚军、2020年“中国小篮球”即墨赛区比赛中，学校四支代表队纷纷小组出线挺进八强。

丰富多样的特色体育校本课程，让学生真正体验到阳光体育运动带来的快乐和身体素养提升的喜悦。田径技巧、健身操、排球、篮球、滑冰等将成为华侨小学阳光学子引以为傲的技能。今后，华侨小学将继续深化特色课程改革，充分挖掘教学资源，不断扩展育人渠道，引领学校内涵发展，努力推动基础教学和精品训练同步迈进，真正培养健康向上的阳光少年，努力办人民满意的教育。

争创文明先锋，引领教育发展

山东省青岛西海岸新区第一高级中学 张仁平 田长江

“何以冲天，唯富之己身也”。教育乃国之命脉所在，功在当代，利达千秋。全面贯彻党的教育方针，落实“立德树人”根本任务，发展素质教育，推进教育公平，是每一所学校肩负的使命，也是在教育改革上的不懈探索。学校作为教育发展的第一阵地，更要指引孩子人生的方向，照亮他们的心田。我校始终把“让学生快乐成长，让老师幸福工作，让一中不断发展”作为学校教育目标，坚守教育理念，以人为本，不断拓宽学生眼界，丰富学生知识，绽放学生光彩。近年来，为不断提升教育质量，凸显学校教育精神，我校以“一核四层四翼”为教学的总抓手，落实“立德树人”的根本任务，坚持以习近平新时代中国特色社会主义思想为指导，践行“立德为先，全面发展”的办学理念，重党建，抓德育，倡文明，强教研，畅通言路，优化服务，让老师幸福工作，让学生快乐成长，力求把学校建成一所社会满意、家长放心的有品质校园。

一、党建引领全局，文明拂遍校园

近年来，为不断推动学校发展，彰显学校教育品牌，开创良好的教育情势，我校坚持以党建为引领，认真学习贯彻落实党的十九大及十九届二中、三中、四中、五中全会精神，围绕贯彻落实基层党建重点任务推进会部署要求，聚焦坚持和加强党的全面领导、履行基层党建工作责任、推动提升基层党组织政治功能和组织力进行，不断完善体制机制，创新工作方法，丰富活动载体，加强党支部规范化建设和党员队伍建设。

首先，学校坚持把党建工作与学校教育教学紧密结合，引领党员在疫情防控、教育教学、专业发展等方面率先垂范。其次，我校积极开展专题民主生活会、党的十九届五中全会精神宣讲会、专题“三述”等主题教育活动，真正把思想政治工作做在日常、做到个人，确保入脑入心。同时，我校还以创建省级文明校园为契机，不断加强学习与宣传，完善各种规章制度，用活动陶冶师生情操，用思想引领师生发展，改进工作作风，加强内涵发展，学校顺利通过青岛市文明校园复检，被评为青岛市“五星级”阳光校园和心理健康示范校，为学校增添光彩。

科研是一所学校长久发展的基石。为提高我校学科教研能力和水平，发挥集体的力量和智慧，切实提高备课质量，打造高效课堂，我校大胆对集体备课进行了改革。学校组织教师反复研讨、演练，确定学校语文、数学两学科先行先试，探讨集备环节、集备要求、集备模式。其次，进行全员培训，全体教师参加学校组织的集备研讨会，语文和数学两科现场进行集备展示，其他教师直观感受、学习学校集备模式。最后，全面铺开集备模式。每学期开学前各科安排全校大集备，反复打磨集备模式，干部分工全程参与指导督促，确保各年级各学科集备模式统一、教学案统一、作业统一、教学进度统一。此外，学校成立了教学指导委员会，由师德高尚、教学经验丰富的老教师组成，负责对课堂教学工作进行全方位指导，力争快速提高教师的业务水平。

二、紧抓安全防范，强化师资建设

安全是一切教育实施的基础和保障，为此，我校一如既往将安全工作放在首位，落实安全责任制，加强安全教育与宣传，定期开展全校性安全检查、督促、整改，全面杜绝了各种安全事故的发生，为全校师生创造了安全的工作、学习、生活环境。

2020年一场疫情让学校直面严峻的考验。为此，我校坚持严格落实上级关于疫情防控的各项要求，密切关注新冠肺炎疫情防控形势发展变化，及时掌握信息，获取专业指导，配合卫生健康部门严格落实疫情防扩散措施；加强联防联控，与区防控指挥部、疾控中心、定点医院、所在社区和学生家庭都已建立沟通机制，聚集校园疫情联防联控合力。学校疫情防控工作组织严密，制度健全，思想稳定，保障有力，教育跟进，全校师生思想平稳、信心坚定，无感染及确诊病例。

积力所举无不胜，众智所为无不胜。一所学校的发展要依靠一支强大的团队，而成就强大的团队则要依靠一往无前的凝聚力。对学校而言，没有优质的师资队伍，就没有优质教育。为此，我校从多个层面培养教师成长，提升教师的专业技能和素养。一是师德师风建设。学校适时修订完善教师的评价体系，突出"严管就是厚爱"的教师队伍建设理念，通过组织参加师德报告会，评选学校"四有"好教师等活动，进一步强化教职工教书育人使命，正心正行，不辱使命，担当作为。二是进一步发扬学校优良传统，高度重视学科集备模式，更加注重规范、注重实效，注重提高全体教师的参与度与积极性，真正实现"提高学科教研能力和水平，发挥集体力量和智慧，切实提高备课质量，提高课堂教学效益"的集备目标。三是促进青年教师快速成长。学校以说课为主导的集备模式给青年教师提供了巨大的展示平台和学习空间，促使青年教师深度思考，让青年教师分享骨干教师和老教师多年的教育智慧。制订《青西一中青年教师培养工程实施方案》，使青年教师逐渐成长为"有理想信念，有道德情操，有扎实学识，有仁爱之心"的"四有"好老师。继续实施"青蓝工程开展新老教师结对活动，举行青年教师成长论坛、青年教师基本功比赛、青年教师教育教学材料展评等活动，搭建平台，提高青年教师育人质量和能力，帮助青年教师迅速成长。四是加强班主任队伍建设。举办班主任夜校，邀请校内外干部、优秀班主任进行经验交流。各年级班主任集体研讨，打造优质主题班会课，既抓习惯养成，又抓目标激励，在不断地合作、竞争、交流、互鉴中不断提高育人水平，成为学校学生教育管理工作的核心力量。学校多名教师开设省级、市级公开课，"一师一优课"、优质课比赛成绩显著，多项省级科研课题结题。学校教学成绩、育人成果广受赞誉，荣膺"清华大学2020年生源学校多名学子从这里走进北大清华等名校，多名学生在全国中学生物理竞赛、数学联赛、"叶圣陶杯"新作文大赛、"外研社杯"外语素养大赛等国家、省级比赛中获得优异成绩。

三、凸显活动育人，助力个性发展

活动是教育实施的重要载体，是学生情感对外沟通的桥梁。为此，我校积极开展丰富多彩的系列教育活动，激发学生学习兴趣，陶冶学生情操。如"寻红心·结红情"主题红色研学，"明德修身承大任，热血青春谱芳华"主题新生入校教育，"十八而志　自强不息　筑梦远航"主题成人节暨高考200天誓师大会，"艺术丰实修养，美育锻铸心灵"主题艺术节，"听生音，问生计，解生惑"主题学生代表座谈会，"心怀感恩，砥砺前行"主题班会等活动，通过这些主题鲜明，内容丰富的活动，引领学生爱国、爱校，宽容包容，懂得感恩，担当责任，让学生们的言行举止越来越文明，学习内驱力不断增强。我校还创新丰富多彩的校本课程、社团活动，为学生搭建展示才华的舞台，促进学生综合素质的提升，在新区青少年创新大赛、"体彩杯"篮球赛、排球赛及书法大赛等各类比赛中屡获佳绩。

宝剑锋自磨砺出，梅花香自苦寒来。教育之路，既深且远。学校的内涵、品位和教育精神需要被全体师生牢记并践行，应如和风细雨渗透到学校各处角落，待春暖花开。面向前方，我校会继续投身到学校自身发展的探索，深入发掘办学精神，敢于改革和实践，以创建特色、品质学校作为办学目标，为党育人、为国育才，以抓铁有痕、踏石留印的工作作风扎实工作，藉厚积之力，承求索之精神，志存高远，弘毅笃行，唱响教育高亢的时代凯歌。

奠基智慧人生，培育阳光生命

山东省青岛西海岸新区育才初级中学　隋同梅

习近平总书记在学校思想政治理论课教师座谈会上指出："我们办中国特色社会主义教育，就是要理直气壮开好思政课，用新时代中国特色社会主义思想铸魂育人，引导学生增强中国特色社会主义道路自信、理论自信、制度自信、文化自信，厚植爱国主义情怀，把爱国情、强国志、报国行自觉融入坚持和发展中国特色社会主义事业、建设社会主义现代化强国、实现中华民族伟大复兴的奋斗之中"。为加强学生思想道德素质，促进学生全面发展，我校坚持立德树人教育根本，从"奠基智慧人生，培育阳光生命"的办学目标出发，积极探索"阳光体育"、"阳光心育"的"1+4"教育模式，成为我校构建高质量育人体系的有力支撑。

一、造就教师队伍，引领学校内涵发展

教师专业发展不仅事关教师个人未来的成长，也与学校整体的发展息息相关。一方面，教师作为个人，应为自己制定清晰的职业生涯发展规划，发挥内驱力的作用。另一方面，学校应科学规划，不断激活办学活力，提升治理能力和水平，为教师个人发展搭建平台与通道，使学校发展规划与教师个人成长愿景紧密结合，建立教师与学校发展"共同体"。好的学校发展规划能促进教师的专业发展，同样，教师专业的不断成长也能促进学校的不断发展，从而实现学校与教师的共同发展。

"1"即造就一支身心两健和谐发展的教师队伍。我始终认为：站在讲台上的那个人，决定着那间教室的温度，也决定着孩子们健康发展的程度。为此，我校依托工会，定期组织教师参与拔河比赛、羽毛球比赛、踢毽子比赛等体育"微赛事营造全员健身风尚。学校定期开展心理读书沙龙，引导教师主动提升心育能力。由学校心理教师开设"学生常见心理的早期预防"、"教师常见心理问题及调适"等专题讲座，提高教师心理健康教育水平。学校引进心理专家开讲系列课程，为教师减压、纾困、增智。

二、打造四个支点，撬动学生身心两健

支点一：国家课程托底，普惠学生身心。体育因游戏而激活。学校夯实体育国家课程的基础性作用，探索开展了"体育+游戏"教育实践。在教师指导下，同学们在"男女生延时竞跑"、"篮球斗牛"、"齐心协力"等体育游戏中，规则意识、团队精神、抗挫能力得以综合提升。

心育因活动而深入。心理健康课上，教师将看似高深的心理知识转化成富有趣味的"团体活动曲径而通幽。教师设计的"我的自画像"、"情绪大法官"、"食指的超能力"等团队训练活动，提升着学生心灵的幸福力和发展力。

支点二：学校课程延伸，激发青春热情。学校创新开展体育模块化教学，根据学生兴趣、水平分类分层，选课走班，实现帆船、足球、篮球、排球、游泳等模块的课程教学，满足了学生的个性发展需求。

学校开设"团体沙盘心理辅导"校本课程，引导学生主动体验；学生自发建立"心晴天空"社团课程，互相化解青春的"千千结"；同时，学校开发实施的"主题班会课程"、"入校课程"、"研学课程催化着少年生命的拔节。

支点三：个案指导扶助，补足成长短板。成长的路上，一个都不能少。体育教师为身体素质未达标学生"开小灶做到教"会常"练"；家校协同，邀请家长与孩子开展亲子运动，激励孩子增强体质，雄健体魄。

我校外来务工家庭的学生占比60%左右，家长学历为大学文平的仅占9%。困难面前，我们通过线上专家讲座、线下父母课堂、推动父母阅读等路径，开展通识性家庭教育提升行动，同时对贫困、留守、流动、单亲、行为偏差等处于困境的学生给予重点关爱。依托学校心理咨询室，每天中午对学生及家长开放辅导，进行心理干预。落实"追踪帮扶"制度，关注学生思想动态，定期走进学生家庭，帮助孩子扬起青春的笑脸。

支点四：多维评价牵引，激励身心两健。教育评价牵引成长方向。学校设计印发《学生身心健康评价手册》，组织学生自评和同学互评，引导学生在反思中发现自己的"长板"与"短板寻找进步的"踏板"。学校将学生的身心健康发展状况进行科学量化并纳入教师考核，促使教师从关注成绩的教学走向关注学生全面发展的教育。

时光不负有心人。在全市初中教育质量综合评价中，我校学生2019年心理健康和生活方式测评成绩，均较2018年有明显提升，并高于全市平均水平。

阳光教育的魅力就在于向每一名学生持续的撒播温暖！我校以阳光体育为学生夯实发展之基，让阳光心育呵护学生健康成长，以阳光课程谱就知识乐章，以阳光活动绘出幸福生活，以立德树人为根本，以提升核心素养的为路径，着力培养中国根基世界眼光的阳光少年。

向阳花木易为春。在推动"阳光体育"、"阳光心育"的路上，我们力求营造阳光健康的教育教学氛围，为创为出富有特色的学校努力奋斗，并且进一步创新学校特色，我们将以更加饱满的热情开拓创新，不断进取，推动义力教育均衡优质发展，争创办人民满意的学校。

前路漫漫，唯有奋斗。站在新的历史起点上，学校教育进入新的发展时期，面对新的机遇，新的挑战，我们意气风发，豪情满怀。我们将奋力前行，让每一个孩子身上有力量、心中有方向，眼中有光亮！

“悦融”，让特殊教育不“特殊”

——记莒县特殊教育学校“悦融”教育开展

山东省日照市莒县特殊教育学校　杨明荣　宓宝芬

莒县特殊教育学校以“悦融”为核心理念，悦纳每一个生命，融入每一份真情，秉承“生活教育　自信成长”的办学特色，以“自理•自立”为培养目标，积极探索办学新思路，并逐步形成集学前康复教育、九年义务教育、送教上门及全县残疾儿童随班就读工作指导为一体的四级教育架构，不断激励学生悦学生趣，知行相融，积极融入生活，融入社会。以下，略谈我校开展的“悦融”教育。

一、构建“悦融”特色课程体系，开设丰富社团活动

本着“尊重每一个、适合每一个、发展每一个、快乐每一个”的教学理念，县特殊教育学校对课程体系进行大胆改革，构建了以学生为本位的“7+3+X”课程体系。“7”是指七门国家必修课程（生活语文、生活数学、生活适应、劳动技能、绘画与手工、唱游与律动、运动与保健等），“3”是指三门康复课程（低年级设立言语训练、感统训练、情绪行为等课程；中高年级设立信息技术、面点制作、烹饪等技能课程），“X”是指开设的校本课程，形成“一主两翼”三位一体的课程体系。

本着立足个体、补偿缺陷、挖掘潜能的原则，开发19个多彩社团。社团按功能分为康复类、运动类、艺术类、学习类四大类，如轮滑、篮球、乐队、吹画、泥塑、串珠、扎染、面点、家政等，以活动性、康复性和趣味性为主，注重学生的实践和体验，促进学生身心快乐和谐发展。社团实行全员参与的走班制，根据学生的需要和特长进行组团，每个社团有固定的活动场所、辅导老师和活动时间，按照过程性评价+作品展示+期末集中展示的多元评价形式对社团活动成果进行评价考核，以活动效果促社团活动课程的持续发展。

二、创新“悦融”教育模式，实现真正意义上的融合教育

县特殊教育学校尝试将新教育倡导的十大行动融入特殊教育，在晨诵中开启黎明，坚持日日午写，康复精细动作；“缔造完美教室让教室成为每个学生学习的乐园，温馨的家园；扎实推进“每月一事”活动，组织校园读书节、庆六一文艺演出、趣味运动会、阳光大课间、元旦联欢等丰富多彩的活动，帮助学生丰富自身阅历、体验成功的快乐，树立生活学习的信心。如今新教育已在特校这片净土上悄然绽放，开出了一朵朵灿烂的小花。

为进一步提升教育质量，实现残疾学生和健全学生的相互融合、相互促进，推动残疾学生回归教育主流，回归正常生活。在社会各界和普校的大力支持下，县特殊教育学校坚持“请进来，走出去通过开展丰富多彩的融合教育，让学生聆听窗外声音，为学生成长发展创造一切机会。

“请进来”：邀请普通学校学生、妇幼保健院康复治疗的孩子走进特校，与残疾学生同上一节课、同做一个游戏、同唱一首歌、共同举行入队仪式等，在互动交流中快乐学习。

“走出去”：通过积极开展研学活动，组织学生走进县博雅实验学校开展手拉手共建活动，走进超市、医院、影院，走进嗡嗡乐园、都乐农庄、浮来青研学基地等，让社会看到特殊孩子的潜能，看到他们自强、阳光、率真的一面，转变认识观念，同时也帮助特殊孩子进一步树立信心，提高生活能力，使其变得更自信、更阳光、更文明、更快乐，融入社会的步伐更加坚定。

三、社会各界悦纳特殊孩子，关心援助，悦融教育收获硕果

县委、县政府、县残联和县教体局时刻关注特殊教育的发展，关心特殊孩子的生活与学习，多次到学校进行调研，了解师生需求，解决办学困难，从办学经费、设施配备到专业教师配备等都给予特别的关照与支持！社会各界、志愿者及爱心人士也积极奉献爱心，持续为特殊孩子捐赠生活、学习用品及康复设备，为孩子们外出学习创造一切机会，提供一切方便。同时，爱心企业也积极接纳特殊孩子，提供就业机会，让特殊孩子的生活更有希望。

厚积薄发结硕果。田园园、王昊两位同学加入山东省美术家协会，开创了听障学生加入省美协的先例。历年来考入山东省特教中专的120余名学生，均成为用人单位的技术人才，并有多名学生获得国家、省级残疾人职能大赛奖。2018年，县特殊教育学校输送到青岛特教中心的七名听障学生，有六名学生考入了天津理工大学、长春大学、西安美学院等知名院校，创造了奇迹。培智班的毕业学生，也进入莒县福利服装厂、莒县富翔服饰有限公司等企业工作。

“悦融让特殊教育不“特殊”。悦融教育专为这群掉落人间的“天使”而创设。曾几何时，“悦融”教育已发展成为我校的办学特色。它彰显了素质教育以人为本的人文精神，更展现了学校发自内心对学生的“爱”。“悦融”让学生不孤单，实现特殊教育高效和谐发展。这是我们特殊教育所秉承的不变的初心，也是为社会发展，为国家培养有用人才的助力。

不忘初心，薪火相传。县特殊教育学校将不断改善办学条件，提升教师专业素质，凸显办学特色，提升教育质量，为特殊儿童创造更好地康复、学习和生活环境，不抛弃、不放弃每一个残疾孩子，使他们生活有保障，生命有意义，人生有尊严，努力实现“让每一个生命绽放精彩”的办学愿景！

办教育，“德”为先

——谈荣成市第三十八中学德育开展

山东省荣成市第三十八中学　车利民　王海霞

办教育，“德”为先。德育，品德教育，是衡量教育可持续发展性的重要指标。正如德国教育家赫尔巴特说过的，“道德普遍地被认为是人类的最高目的，因此也是教育的最高目的”。在教育界中也流行这样一句话：“智育不好出次品，体育不好出废品，德育不好出危险品”。可见，加强学生思想品德教育，培养学生良好的道德素质是学校的一项重要工作，也是学校教书育人的首要任务。教师与学生朝夕相处，对学生了解比较全面具体，所以，教师是学生进行德育教育的最佳人选。那么，教师该如何做到学生的德育工作呢？以下，我谈几点建议和看法。

一、有的放矢，以年级分层开展德育

基础期。新生的年龄一般处于十三四岁青春发育期，不论是生理，心理还是社会交往都还处在叛逆与转折的过渡时期。这一年德育工作的主要内容是“修补过去，重塑未来”。让他们能够尽快适应新的教育环境、养成良好的生活学习习惯、掌握正确的学习方法、能正确地认识自我评价自己，通过这样的方式方法，让同学们提高自身的素养，健全自身的人格。

关键期。初二年级是初中四年承上启下的关键时刻，在初一德育教育的基础上，在初二时要巩固养成教育的成果，继续加强行为习惯的养成教育，进行完善人格的教育和自我教育，教育学生要懂得担起责任，为自己的人生负责。同时，要引导学生扩大交流对象，学会交往，抵制不良诱惑，增强责任感，学习用法律武器维护自己的权益；引导学生观察和思考社会生活，树立正确的世界观、人生观、价值观，学会对社会、对家庭、对自己负责。

冲刺期。初四年级面临中考，学校在教育学生如何正确应对压力，迎接中考的同时，及时在德育教育方面进行及时有效地疏导。首先加强了对学生进行理想教育和学习目的教育，使学生确立自己的职业目标，明确努力方向；其次，进行了主人翁教育，增强学生的主人翁意识，明确自己肩负的历史使命和责任，为走上社会做好心理和知识准备；再次，进行心理健康教育。使学生认识健康包括身体健康、心理健康、道德健康、和审美情趣的健康，让学生的精力不能盯在学习上，要注意自己各方面健康的发展。这样才能促进智育的发展，否则会影响智育的发展；最后，进行了回报教育，通过回报教育，达到使学生、热爱母校、热爱父母、热爱老师的目的。

二、春风化雨，寓德育于规范细节中

班级制度实质上是一种行为控制，我校采取明确的要求，以《中学生守则》和《中学生日常行为规范》为目标，制订学生管理条例、卫生制度、奖惩制度等，将学生中不符合的教育目的和培养目标的行为，引导控制在符合学生行为规范以内的思想品德教育中，学生明确应该怎样做，不应该怎样做，都有明文规定，违反了就要受到教育和处罚。实践证明：规范行为对于培养学生的约束自己行为的自制力，培养自觉性有深远的意义。

对学生进行思想教育若能把握时机，便能起到事半功倍的效果，教师应从以下几个细节之中抓住时机：1、当学生走下坡路时，教师应引导学生及时查找原因，并对症下药，并给予信任，使学生自觉克服不良行为习惯；2、社会上发生重大事件或有意义节日来临时对学生进行有针对性地思想教育。如利用“老人节”等节日时培养学生拥有一颗善良、感恩的心，进行爱心教育。3、当学生在挫折与失败面前“万念俱灰”时，教师通过谈心，调查等方法帮助同学查找原因，并利用名人事例鼓励学生要有不怕困难和挫折，勇敢面对，充满自信的乐观态度。

三、身正为范，教师为榜样意义深远

“其身正，不令而行，其身不正，虽令而不行”。如何教育好学生，作为教师，要时刻提醒自己，“身教重于言教对于要求学生做到的，教师要首先做到，这样才能真正称得上既教书又育人。教师只有具有高尚文明的言行，以身作则的形象，才能引导学生自觉形成良好的班

风和道德行为规范，才能对学生的思想品德形成起着潜移默化的作用。

"德智体美劳德字当头，特别是随着素质教育的不断深入，在提高学生成绩的同时，只有不忘抓德育教育，才能让德育和教学并驾齐驱，才能为学生的健康成长保驾护航。长期以来，荣成市第三十八中学谨遵"明礼修德　知行合一"的校训，卓有成效的德育活动带来了学校的新气象，从这里走出去的学生，他们独立、仁爱、自主、自信，他们知国情、行正道；知乡情、行仁道；知亲情、行孝道；知德情、行厚道；知友情、行善道，他们不仅是应试教学中的胜者，更是社会发展中的强者。

办教育，"德"为先。中华民族自古以来就十分注重个人道德修养，传统儒家思想提出"修身，齐家，治国，平天下"的教育理念，把个人道德的修养作为一个人一生的起点任务，决定了一个人人生走向。我校的德育工作开展还处在探索阶段，路漫漫其修远兮，希望全体教职工齐心协力，注重德育，办好教育，万众一心，实现我校教育水平更上一层楼。

蓬勃发展中的东方宝贝幼儿园

山东省泰安市岱岳区天平街道办事处东方宝贝幼儿园　刘艳霞

东方宝贝幼儿园成立于2004年，2009年被评为岱岳区"区级规范化幼儿园2010年被评为泰安市"市级规范化幼儿园2012年被评为"山东省省级特色民办幼儿园教育化、净化、美化、儿童化的园舍环境，先进、环保、卫生的设施设备，丰富适宜的活动空间，平等关爱的人文气氛，处处体现着以幼儿发展为本的教育理念。十多年来幼儿园一直注重文化的积累与沉淀，坚持"以爱育爱，以智启智"的原则，以关心、接纳、尊重的态度与幼儿交往，耐心倾听，努力理解幼儿的想法与感受，支持鼓励幼儿大胆探索与表达，立志为幼儿的终身发展奠定良好的基础。

幼儿园有一支乐于奉献、师德高尚、年轻活泼、业务精湛的教师队伍，教师学历合格率100%，大学本科、专科学历占80%。

幼儿园始终坚持正确的办园思想，认真贯彻落实《幼儿园工作规程》和《幼儿园教育指导纲要》，从园风、环境、质量、特色入手，坚持以幼儿为本，确立现代人才发展观，教育观，在遵循幼儿身心发展的前提下，坚持全面发展与特色教育并驾齐驱，积极探索和实施素质教育，走特色办园的道路。

具体做法：

一、注重教师的专业成长，提高教师素质

紧紧围绕"师德好、素质高、观念新、业务精"四方面夯实教师基本素质，具体有以下几方面：

（一）弘扬师德，提倡敬业奉献、与时俱进的思想素质。幼儿园的教师队伍相对比较年轻，教师思维活、观念新，因此特别注重"润物细无声"的移情教育，经常见缝插针，对青年教师进行敬业、爱业、乐业的思想熏陶。幼儿园始终贯彻"以幼儿为本"的教育理念，具体做到"五个心"即爱心、细心、耐心、真心、不偏心。领导班子人员从我做起，讲奉献、讲学习，始终起着模范榜样作用，在日常工作中不摆架子、不说空话、不唱高调，与教师保持着平等融洽的和谐关系，把思想教育融于点点滴滴的日常生活中。

（二）苦练基本功，提高幼儿教师专业素质。我们幼儿园有一套健全激励机制，比方说"晨夕会机制"、"学习机制"、"招生机制"、"对赌机制"、"晋升机制把教师基本素质的考核纳入奖惩机制。每学期，通过各种形式的优质课、展示课、示范课的评比，教科研活动的研究，促进教师教学技能水平和能力的不断提高。要进行弹、唱、说、跳、画、写特长的考核，进行教育水平、班级管理的综合考评，整个幼儿园形成了你追我赶、互相促进、教师时刻在提高的可喜局面。

（三）鼓励教师积极参与教育局及社会各界组织的各项活动，也曾经代表办事处参加过教育局组织的一些比赛活动，有的也取得了比较好的名次，比如郭立花曾取得过岱岳区教玩具制作一等奖，康丽丽曾代表办事处参加优质课比赛获得二等奖，崔秋菊参加区优质课大赛及五项全能比赛也都获得了比较好的名次。我们也曾跟比亚迪、华新新干线以及碧桂园等单位合作为孩子们举办盛大的节日庆典，还有一些小型的家园生日聚会，让老师和孩子们都得到了不同程度的锻炼。也获得了家长们的好评。

（四）幼儿园经常开展教学观摩，环境观摩等活动，让教师们彼此的教育思想互为看得见；同时我园注重为教师提供自我展示的舞台，让其演绎创新理念，展示亮丽风采。通过理论层面和实践层面的交流比武活动，有效地提高了教师的教育技能。

（五）"走出来，请进来拓宽教师视野，帮助教师打开缤纷的幼教窗口，我们借助暑假远赴北京、郑州等地参观学习，取长补短。我们还邀请北京的专家到园指导工作

（六）反思研讨，提高教师的教科研水平。幼儿园通过多种形式帮助教师学习新《纲要》、《指南》，组织开展了相应的心得、论文评比活动；幼儿园定期组织教师进行业务培训学习，帮助教师了解最新教育信息，及时更新教育观念；学习时总是留下宝贵的时间，民主交流，群策群力，使好经验得到及时推广，使问题得到及时解决。

（七）引导老师们寻找自己的梦想，每一位老师的梦想都与幼儿园的未来紧密连接，让所有的人凝聚在一起向着同一个梦想进发。

二、加强制度管理，提高管理效益

1.层次化、过程化，注重科学的管理方法。幼儿园设立了园长、副园长、保教主任、级部主任、班主任、三星教师、二星教师、一星教师、实习教师等岗位，严格晋升机制，每升一级都要有相应的学习与考核　。

2.制度化、条例化，注重严格的硬性管理。幼儿园的《各类岗位职责和规章制度》几易其稿、几经修改，逐步形成了一整套适合我园的保教行为指南。这些规章制度符合我园实际情况，规范了教工的工作行为，提高了保教质量，确保了幼儿园安全第一、常年无事故，更为打造一支具有战斗力的教工集体奠定了坚实的基础。

3.情感化、弹性化，注重人文的柔性管理。如果说规章制度保证了我园强大的战斗力，那么，"有情"的环境、弹性管理是增加了全园教师的凝聚力。在柔情似水的清一色女性单位中，幼儿园特别注重创设一个良好的人文环境。全员一起生发了很多有趣的机制，大家自己制定，自己执行，比如"生日机制"、"结婚机制"等。让大家感觉生活在这个大家庭中有无限的乐趣，有享不尽的快乐。也正恰好验证了我们幼儿园对内的一个愿景，也就是一种活法"幸福快乐地成长，活出精彩人生"。其次，幼儿园注重给教师创设一个有弹性的自由创造工作空间。工作中，时时不忘征求教师的想法意见，采用对话式而非命令式；思想上，鼓励多交流不求大一统；工作方法更是灵活多变。一个集体具有家庭式的温暖、具有创造性工作的自由，这就是我们这个集体。

三、特色兴园，充分树立良好形象

经过十多年的沉淀与积累，幼儿园逐渐找到了自己的"魂形成了现在的定位——艺术教育。

（一）音乐

我们开展了"斐贝儿"音乐课程，将乐理知识、节奏、音感与有趣的故事和游戏相结合，让幼儿与音乐融为一体，得到启迪与熏陶。

每个班都设立音乐区，让孩子们自由自在的玩音乐。

每周开设一次音乐欣赏课，每月开设一次亲子音乐欣赏课，让中国古典音乐以及世界名曲陶冶孩子们的情操，并被带入千家万户，滋养每一个家庭。

设立小剧场，让孩子们尝试音乐剧及童话剧的表演。

设置古筝、古琴、电子琴、非洲鼓、架子鼓等演奏体验课。

每学期举行一次大型音乐节，或者化装舞会，让孩子们尽情地展示与表达，并学会合作，学会赏识。

（二）美术

设置美工室，开设器皿画创作、泥工、陶艺、儿童画、美劳等课程，让幼儿学会欣赏美、创造美。

开展儿童水墨画及中国画欣赏课，让幼儿在学会欣赏美的同时，了解蕴含在中国传统艺术及材料中的智慧。

我们不断派教师外出学习中国画、乐器演奏、音乐欣赏等领域的课程，励志为孩子们打造一个艺术的殿堂。我们认为播种一粒种子一定能收获一颗茂密的大树

四、家园合作，促进幼儿发展

我园注重向家长做好宣传工作，争取家长的理解、配合、支持。一是每学期，都定期召开家长会，向家长绍幼儿园的学期计划和开展活动情况，并组织家长学习新的教育理念。二是开展半日观摩活动，请家长参加幼儿园的半日活动，三每学期都要开展一次大型的亲子运动会，通过半日活动和亲子运动会增进家长与教师、家长与幼儿园的感情，也加深了家长对我园工作的了解。四是各个班都设了家园联系栏，定期更换幼儿教育内容，让家长能更充分的认识幼儿教育。四是每学期末开展家长测评，向家长征求意见，让家长对教师做出评价，给教师打分，从而掌握家长的心理，促进了教师工作。

五、安全工作

我园从制度上规定安全措施，从设施上保证安全无隐患，从人员管理上加强督促检查。做到每日检查，及时消除隐患。厨房按规定设置，并经有关部门检查合格，获得"卫生许可证"、"卫生保健合格证"。建立食堂食品卫生检查管理制度、食品安全制度，食品、餐具、炊具均按规定消毒，幼儿一人一巾一杯也按规定消毒。炊事员每年体检合格方可上岗。我园每期幼儿入园均要求体检，体检率达到100%，并按照规定建立合理的幼儿作息制度，确保幼儿身体健康发育。

我园经常组织教职工学习安全防护知识，对幼儿进行安全教育，将之与幼儿活动结合起来。

坚持晨检，检查幼儿随身携带物品，及时消除危险。经常与家长保持联系，共同重视幼儿安全工作；坚持接送幼儿家长确认，确保幼儿安全离园。

我园还与安保公司建立长期和经常性的联系，配备校用警备器材，制定了各种应急方案，以确保及时处理突发事件。

回顾这些年的工作，取得了一些成绩。展望未来，任重而道远，与上级的要求相比之下我园在硬件和软件建设上仍然需要进一步完善，安全工作责任落实力度有待进一步加强，幼儿安全意识仍需常抓不懈。

用教育铸就师生幸福人生

山东省泰安市文化产业中等专业学校　胡适

新时代的幸福校园应该拥有凝心聚力的发展愿景、鼓舞人心的发展势头、先进发达的育人水平、积极向上的校园文化……让生活在其中的师生能直接体验到学校有愿景、办学有影响、专业有品牌、工作有收获、学习有前途，幸福感在师生的心中油然而生。位于泰山脚下的泰安市文化产业中等专业学校，近年来以校风良好、学风浓厚、管理严谨、教育教学质量突出等赢得了社会各界的高度评价，招生出现了火爆的局面，众多学生心仪而来，更多家长翘首以待，点燃了中职教育的期望之火。

家长们说，这个学校有一个好校长，管得严，学习紧，能圆孩子的梦想。家长们说的就是齐磊校长，他以"办有质量、有尊严的职业教育，做有爱心、有情怀的职教老师"为起点，不忘教育初心、牢记育人使命，实现"用教育的力量点亮学生人生之灯"。经过近两年的励精图治，实现了教育教学质量的全面提升，成为学生向往、家长信赖、社会点赞的中职学校。

一、重塑育人理想，扭转学校航向

让中职生圆大学梦，重塑育人理念，这是齐磊校长上任时提出的治校方针，他坚信"不放弃每一个学生，助力他们成才，这是我们当老师的初心"。为此，他深入教师、学生，了解教育教学中存在的症结，在充分论证的基础上，针对学校规模较小、基础薄弱、办学水平不高的现实，提出打造"小而美，小而精，小而特，小而温馨"的校园；依据职业教育内涵发展的大趋势，提出了"情智共育、德技并修"的办学理念，突出春季高考、技能大赛、课堂教学三大主线，确立以教学为中心，以提高课堂质量为突破口，实施高考圆梦行动，让每一个学生都能迈进大学校门。

只要教师有信心，铁杵也能磨成针。从提高学生课堂三率（抬头率、参与率、合格率）入手，实行推门听课，齐校长每听完一堂课，他都要与教师、学生座谈，分析存在的问题，研讨解决的办法，全校上下形成抓课堂、促课改、提质量的良好氛围。回归课堂，回归教学质量，让同学们体验学习的成功，找回学习的自信心，让校园焕发出青春的朝气与活力。在此基础上，齐校长提出，做有前途的学生，做有尊严的教师，办有质量、有尊严的中职学校。

二、理顺发展思路，强化思政教育

围绕办人民满意的中职教育，齐磊校长经常强调的三句话，"党员应有的样子"、"教师应有的样子"、"学校应有的样子提出了"躬身入局，挺膺担当"的干部作风，"爱岗敬业、崇德求实"的教师作风，强化党员的党性修养，使学校回归教育的本质。在他的带领下，学校全面加强党的建设，落实立德树人根本任务，积极构建"党建"带"团建"大德育育师育人体系，努力构建科学完善的教育管理体系，努力构建"美学+国学+身体素质提升"的培育体系，全面开展思政一体化教育，推进五育并举。加强师生思想政治教育，把社会主义核心价值体系贯穿于人才培养全过程，培育和传承好工匠精神。

在教师队伍中持续开展"坚持立德树人，做'四有'好教师"活动。在全体教师中开展"如何做一名好教师"、"如何助力学生发展"、"如何助力学校质量提升"的大讨论，开展实施"师德师风提升年"、"教育教学效益年"和"教师成长推进年"；在学生中开展"五自"教育，即人格自尊、心理自强、行为自律、学习自主、生活自理。同时，学校把雷锋精神作为学校精神，明确了向雷锋同志学习的目标，传承雷锋精神做四有好教师，传承雷锋精神做优秀班主任，传承雷锋精神做五自好学生，让雷锋精神永驻学校。在课堂教学中开展思政渗透，做到思政引领，文明先行，教风、学风、校风有了全面的提升。从2020年秋季开学始，学校全面禁止教师带手机进课堂、禁止学生带手机进校园，收到了良好的效果，学习氛围空前浓厚。

三、坚守初心使命，勇于担当作为

两年来，齐校长坚持每天早上6：30到校，先到食堂陪餐，后进宿舍了解住宿情况，然后巡视教学楼，查看学生经典诵读和早自习情况。随后深入班级听课，开展教育教学研讨，马不停蹄，行走在校园的各个角落，和师生"打"成一片，思考着学校未来的发展布局，关注着师生衣食住行。每天直到学生上了晚自习，甚至是学生回到宿舍后，他才带着一天的疲惫回家。去年春季学期，即使在腰椎骨折的情况下，他也没有请假，仍然戴着夹板坚持在工作岗位上无私奉献着。用他的话说，就是要把一年当做两年干，不能辜负了孩子们的期望，不能让老师们失望。齐校长以上率下、率先垂范，感动和感染着老师们，在他的带领下，全校教职工负重前行、砥砺奋进，同心协力谋发展。

在学校发展的决策中，齐校长广泛听取教师的意见和建议，对好的建议逐一落实到位；在工作中严格要求、一视同仁，连自己也不例外；在生活中他对老师们关爱有加、张弛有度，为他们的发展着想。公生明，廉生威，学校多年的历史遗留问题分层晋档工作顺利完成，职称评聘工作有序开展。齐校长常说，他遇到了一批好老师。而面对学校日新月异的变化，老师感慨地说，我们遇到一位干事创业的好校长。

四、把学生当亲人，与学生交朋友

在一般学生的心目中，校长是学校威严的象征。但是在泰安市文化中专，我们看到的却是另外一种景象，在操场或林荫下，齐校长在和学生有说有笑，谈学习，说家庭，话未来，讲到高兴处学生主动和校长击掌鼓励，说到得意时笑不拢嘴。在食堂，齐校长一日三餐，与学生议一议饭菜质量，聊一聊营养健康。他每天早自习、上课、晚自习都进教室，察看学生的学习情况，走进教室，他会翻一翻学生的课本，询问教学效果把脉课堂，对不良的学习习惯他会大声说不，甚至是严厉的批评。而对学生反映的住宿、食堂等生活问题，他立说立行地加以解决。他成了学生的知心朋友，许多学生的口头禅，就是"有困难向齐校长说他会和风细雨地帮你解难题，有家长般的关爱温馨。"教育就是一棵树摇动另一棵树，一朵云推动另一朵云，一个灵魂唤醒另一个灵魂"。以教师人格促进学生人格，以教师行动带动学生的行动。

2020 年春季疫情期间，2017 级毕业生封闭在学校，时间长了，回家的念头开始蔓延，为了让学生安心学习，鼓励士气。齐校长提议举行"五四"赠花行动，校级干部送花到班级，班主任送给每一名同学。许多学生当时感动得稀里哗啦，他们说从小到大都是给老师送花，没想到老师会给自己送花。与此同时，齐校长又通过广播，给同学们以真诚的鼓励，坚定了同学们疫情下的拼搏。春季高考结束后，学生给校长送来了鲜花，纸条上写着：感恩有你，让我们拥有不一样的人生，你是我们心目中的好校长。

五、善于服务管理，甘于默默耕耘

齐校长常说，学生利益高于一切，服务意识体现了教育的初衷，服务质量展现了教师的情怀。服务就是想师生所想，为师生解决后顾之忧。让学生安心学习，老师潜心教书。食堂饭菜质量是学校师生关注的焦点，为了引进优质的服务，学校顶住压力，不惧困难，对食堂重新招商后，无论就餐环境还是服务水平，都实现了预期的目标。尽管学校资金紧张，优先对学生公寓进行升级改造，让住校生有了一个温馨的家。

2020年冬季，学校开展了"四带四亮•大家访•大宣传"活动。学校教职工全员参与，带着师德、亮出家访新高度，带着真心、亮出家访新宽度，带着关爱、亮出家访新厚度，带着愿景、亮出家访新广度。全校所有干部、教师同班主任一道开展家访，齐校长包保一个班级，利用周末、晚上，走街串巷、深入社区、走进家庭，认真听取学生家长对学校工作的意见和建议，在家访过程中，他发现有些家庭困难的学生，虽然不符合建档立卡的条件，但确实需要帮助。他立即开展专题会议，汇总困难学生情况，立刻开展"暖心行动经过排查，落实31人，为让每一名学生度过寒冷的冬季，学校给困难学生每人购买一件羽绒服，合计近万元。在教育扶贫上，从新生入校起，他就对生活困难学生给予关爱，减免书费、住宿费、被褥等费用；对于生活困难或学习基础较差的学生，他推行党员干部包保班级、任课教师包保学生的方案，实行点对点、一对一的方式，切实帮扶每一个学生都能感受教育的温暖。

学校积极推进家校共建，举办了家长开放日活动，近200名2020级学生家长进课堂、进食堂、进宿舍，通过全领域、全方位、全过程、全时段地了解学校的办学情况，家长们对学校的教育教学工作给予了充分的肯定。

如今，他正在带领着学校以山东省职业教育创新高地建设为契机，系统规划、乘势而上，拥抱职业教育的春天。打造优质育人平台，开启师生幸福人生的新旅程，为谱写全面建设社会主义现代化国家提供技术人才的支撑。

汲取乡土营养　做活美育文章

山东省滕州市界河镇中心小学　黄华　孙毅　王慎举

农村小学，办学条件确实与城市学校无法相比，但是其特殊的地理位置和人文环境同样能给学校提供丰厚的独特的教育资源。为培养师生高雅情趣和丰富情感，近年来，我校紧紧抓乡土的特点和优点，以自然为美，以传统为美，就地取材，因地制宜，充分利用洋溢着乡土气息的素材创新工作模式，让剪纸、跑竹马、土豆、松枝鸟、民间游戏等乡土"特产"走进校园，大力开展"接地气"的美育社团活动，建立多元化的美育课程评价制度，构建了具有农村区域特色的美育工作新机制，努力实现"创建'规范+特色'学校、培养'合格+特长'人才”的办学目标。

乡土“特产”进校园

我校位于山东省滕州市界河镇，历史文化厚重，不仅有全国首家村级抗日纪念馆——北沙河惨案纪念馆，也有全国第一个土豆文化馆和马铃薯主题公园，还有一定数量的非物质文化遗产——跑竹马、松枝鸟、鲁班传说等，在长期的生产生活中积淀形成了抗战文化、土豆文化、鲁班文化三大特色文化。为了继承和发扬优秀的地方文化，我校利用“土豆之乡”、“地方非物质文化遗产”等地域特产、经济文化优势育人，落实新的课程标准，积极开发区域文化，落实地方课程内容，让剪纸、跑竹马、土豆、松枝鸟等乡土“特产”走进课堂，传授学生技能，培养学生兴趣，训练学生能力。经过近几年的不断完善，“创意土豆”和“界河竹马”已成为我校的品牌课程，成为学生育美树德的有效途径。

“创意土豆”启智育美。界河镇是中国马铃薯之乡主产区，每到收获季节都会有一些破损土豆，畸形土豆、青头土豆大量废弃。根据学校立足乡土、实施素质教育的指导精神，我校成立了创意土豆美术社团，开发了创意土豆校本课程，让学生把土豆带进校园，进行以土豆为载体的艺术创作，通过动手动脑、实际操作的方式，开拓了学生的发散思维，培养了学生发现生活中美的眼睛，练就了一双创造美的巧手。

“雕刻时光”创意无限。2018年，我校立足实际，成立了“雕刻时光”版画工作坊，开发并实施了版画校本课程，旨在发展学生专业特长，锻炼学生手工技艺，培养学生发现美、欣赏美、体验美、创造美的能力。目前，雕刻时光版画艺术工作坊课程以认知学习、体验制作、拓展延伸三个领域为主，主要学习黑白木刻版画、油套木刻版画的技法知识，使学生掌握版画种类、常用工具、基本的使用方法及尝试版画创作方法等，并逐渐扩展到其他版画领域当中。我校在版画教学中融入地方资源文化，让学生通过感悟地方特色从而传承传统文化，并在传承中创新，在创新中传承，增长了见识，提高了能力，陶冶了情操。

“松枝鸟”独具魅力。2006年，“松枝鸟”被山东省评为非物质文化遗产项目，它也是我们界河镇特有的非物质文化遗产。为了增强学生对乡土资源的了解和认识，也为了让这门手艺得到传承，我校专门开设了这门手工艺课，特聘请“松枝鸟”的传人唐守华、王守杰为校外指导教师来校指导师生学习“松枝鸟”的制作技艺，师生们也曾多次走进西西曹村进行学习考察。通过与“松枝鸟”的接触，学生们对家乡的民间文化有了进一步的了解，对“滕县松枝鸟”非物质文化遗产的保护和传承也起到了非常大的促进作用。

“走班选课”全员参与。为确保乡土及校本课程开设效果，我校打破原班建制、学生走班上课的课程模式，以尊重学生的兴趣为出发点，实施校本课程走班选课制度，让学生根据自己的喜好和特长，分年级分时段走进自己选修的“兴趣班”进行学习。这种自主选择课程的方法，极大地调动了教师的教学积极性，激发了学生的学习积极性和自主性。

在与剪纸、泥塑、土豆、松枝鸟等土特产的接触过程中，学生们接收到了本乡本土的文化熏陶，激发了对家乡的了解和热爱，培养了传承家乡文化的意识。

课外活动“接地气”

爱玩本就是学生的天性，如果让课外活动丰富起来，让学校不仅仅成为学生向往的乐园，还能使学生在玩中发展专长、培育德行。对我校而言，立足本土文化开展社团活动和阳光课间，成了学生玩好的有效途径。

“社团活动”丰富多彩。学生社团活动作为学校实施素质教育的重要途径和打造学校特色的课程资源，在提升学生核心素养等方面发挥着积极作用。我校以特色教育为突破口，积极利用社会资源组建具有地域特色社团，包括啦啦操、古诗韵律操、花样篮球、呼啦圈、舞蹈、合唱、足球、竹竿舞、书法、绘画、版画雕刻等，在每周二下午实行走班选课，所有学生根据自身需求选择参加，不但丰富了校园的艺术文化生活，还能发掘学生的潜力，发展学生的特长。

“民间游戏”阳光成长。针对传统的课间体育活动内容单一乏味、形式呆板等问题，2008年3月，我校在开展阳光体育运动时结合区位优势，将集传统性、地方性、传承性、游戏性、全员性、独特性于一体的民间游戏植入阳光课间活动之中，走出了一条特色鲜明、动静结合、体艺融汇、全员参与的阳光体育之路。经过挖掘、筛选、整理、完善，我校确定了鞭搽陀螺、滚铁环、打四角、跳房子、跳绳、踢毽子、跳皮筋、呼啦圈等十余项具有民间趣味地方特色的游戏项目，要求各班精心组织、合理安排，不仅极大调动起学生参与体育锻炼的积极性，而且培养了他们快乐阳光、敢于超越、勇于拼搏的意志品质，学校体育工作也因此得到推进和提升。

艺术教育“延伸乡间”。教育活动的过程本身一定要具有娱乐性、趣味性，我校积极协调社区，最大限度地调动乡村教育资源，定期组织学生利用闲暇时间到土豆文化馆、南界河文化大院、北沙河惨案纪念馆、北界河秧歌队活动站、西曹村松枝鸟生产基地等文化场所开展具有艺术性、鉴赏性和娱乐性的活动，有助于培养学生的合作探究能力，提升学生的艺术素养。

丰富多彩的活动突破于课堂，使各类乡土艺术资源得到优化配置，对培养学生的艺术素养、健全人格产生了积极地作用，也为学生的个性发展和素质提升开辟了广阔的舞台。

考评机制“多元化”

为确保音体美课程的开设质量，我校充分发挥考核评价的激励作用，对艺体课程教学质量实施学科素质抽测和文体活动评比相结合的多元化考评办法。

音体美等学科学生素质抽测主要是对学生要求掌握的技能和达到的素质进行现场测试，每个学科每个年级设置若干个测试项目，每个项目抽一定比例学生测评，将抽测成绩折合一定比重计入质量考评，实现了对艺体等薄弱学科课程实施质量的有效监控，确保了课程开全、开足、开好。同时，学校还根据不同节日、不同主题，有计划、有步骤地开展一些大小搭配、形式多样、内容丰富的体育、艺术类竞赛活动，如合唱、书法、绘画、学生作品展、广播操、文艺汇演等比赛，并将学生在活动中的参与质量也纳入对教师教学质量的考核中。

丰富多彩的艺体活动和多元化的艺体课程考评办法，让学生在艺体课程中体验到了胜利的美育的魅力，也让他们在美育活动中丰富了阅历，增长了见识，树立了自信。

没有艺术的教育是不完整的教育，将美育融入学校教育的全过程，既是素质教育的必然要求，也是美育自身的发展方向。我校将乡土文化资源融入学校美育工作的做法，为学校的发展注入了新的活力，不仅有效地促进了学生的全面发展和个性成长，而且别具一格的艺术教育路子和全面育人、综合培养、特色引路、活动提高的教育模式也已得到上级的认可和肯定，成了享誉鲁南的素质教育特色品牌学校，以及推动地域中小学素质教育、艺术教育的领头羊。学校的办学事迹多次在《中国教育报》、《中国德育》、《山东体卫艺教育》、《语言文字报》等省内外刊物上报道。学校推进教育教学改革、全面实施素质教育等的经验多次在省市相关会议上交流推广，学校的德育、艺术教育工作经验先后两次在山东省素质教育论坛上得到推介，2021年6月被国家关工委评为“非遗进校园”优秀单位。

快乐足球　阳光人生

——威海市温泉学校艺体教育特色之足球活动纪实

山东省威海市温泉学校　邹美丽

体育不仅仅是身体体质、素质的教育，也是精神、意志、价值观的教育。为全面推进学校艺体特色建设，深化教育教学改革，促进学生全面发展，山东省威海市温泉学校秉承“尊重个性，多元发展”的办学理念，以快乐足球为主要切入点，提炼“以创新求发展，以特色求品牌，让足球影响孩子一生”的目标，按照理念研究解析、师资设备提升、文化氛围熏陶、课程建设引领、多元活动成长的思路，把足球运动的开展与德育工作相结合、与教师发展相结合、与学校建设相结合、与孩子学习相结合，以球育德、以球健体、以球启智，初步形成了以足球文化影响学生、以足球精神感染学生、以足球运动锻炼学生、足球竞赛激励的特色教育，力求让每一个鲜活的生命绽放精彩、积淀幸福。

一、理念明晰，目标明确

真正让学生享受快乐足球，首先必须从思想上提高认识，转变传统的文化课成绩高于一切的错误观念，真正解放思想，认清快乐足球的发展方向。只有思想认识提高了，才能有效指导快乐足球项目的健康发展。

在推动特色学校创建过程中，温泉学校通过与专家研讨、兄弟学校交流、实际考证，最终明确了艺体教育特色理念体系：紧紧围绕“崇德尚美　追求卓越”的办学理念和“各美其美　美美与共”的教育愿景，扎实开展各项工作，努力实现“艺体见长　全面发展”的学生目标、“一专多能　德艺双馨”的教师目标以及“建艺体品牌学校　享积极快乐人生”的学校目标。接着，学校通过全体师生会进行理念解读，培养师生主动、合作、超越的核心素养，养成为他人鼓掌、为自己喝彩的行为习惯，助力学生艺体素质培养、意志品质锻造等，为创建省级知名足球特色学校品牌奠定了坚实的基础。

二、师资强大，设施完备

在全面发展、科学发展、内涵发展的基础上，温泉学校充分挖掘各种资源，激发全校师生工作、生活、学习的激情与热情，从而使学校沿着健康、规范、科学、有序地方向发展。

教练专业化。专业的师资团队是足球运动走向全体化、专业化的有力保障。学校现有足球教练7人，其中拥有C级教练证书的3人，拥有D级教练证书的2人，拥有E级教练证书的2人。此外，学校还通过多方申请，聘请了一名阿根廷的外籍足球教练，直接参与学校的足球训练和足球教育工作中。

提升序列化。为强化师资队伍建设，校长亲自带头参与足球的培训学习工作，今年学校参加国家级足球培训共计有8人次，省级培训有5人次，申请了国家级体育课题1个。其中，郭光辉老师在山东省第二届校园足球邀请赛暨校园足球发展经验交流会上进行了经验交流，程朝生老师多次在区内进行技能的传授和经验的交流。足球教师的专业成长，把校足球运动发展推向了新的高度。

设备先进化。为广泛推广足球运动，学校除了从场地等硬件设施上为足球运动创设条件外（田径场2块，体育馆1个，训练房1个，足球场2个），在先进的设备上也毫不吝啬，进一步提升了足球训练的专业性。学校投资近40万购置了室外足球录播系统，这一系统可以录播所有的校园足球赛事，便于赛时直播，也便于赛后研讨交流；投资10多万元购置了小型足球场设备，便于在低年级小范围内开展普及型的足球比赛；投资5万多元购置了足球训练专业器材，包括变向传球、射门、颠球等项目，让足球训练更具专业性。

三、跨界整合，文化先行

文化育人有着显性与隐性功能，将显性文化发挥到极致，就是隐性内涵的彰显。温泉学校多角度、全方位入手，跨界整合，打造学校足球文化氛围，让全校师生以不同的身份和形式参与到足球运动中，确保学校足球建设出精品、足球活动上层次、制度建设有特色、师生生活有品位。

用美术的方式表现足球的魅力。一是征选校园足球宝贝。学校开展“校园足球宝贝”征选活动，将足球与美术相结合，最终回收作品100多份。在大家的推选中，确定牟华军老师以马为原型所设计的“追鞠”、“逐梦”为校园足球宝贝。二是制作足球文化长廊。学校在赏美路上张贴了著名画家姜治文先生的巨幅油画作品“球的故事呈现了历届世界杯的著名球星头像以及比赛场景；长廊还张贴了学生的手绘作品“我心中的世界杯通过世界杯的举办城市、吉祥物或者有代表性的球星等不同的符号，展示了历届世界杯的精彩。文化长廊让学生们看到了世界的足球，让学生在打开眼界的同时也心生向往。

用音乐的方式绽放足球的精彩。一是创作足球主题歌。为强化足球魅力，学校语文组许颖涛老师作词、音乐组毕姜博老师作曲的《奔跑吧，希望》于2015年9月出炉，并在校园中广为传唱，使足球文化深入人心。二是编排校园足球操。学校体育组张鹏老师与舞蹈教师刘芳芳合作编排了校园足球操，热身训练中展示了基本功的扎实，趣味动作中体现出技能技巧的娴熟，足球操让全体学生都参与到足球运动中，在感受足球趣味的同时普及了足球运动的技巧，为足球运动的成长奠定了基础。

用冠名的方式引进足球资源。学校争取到所在地镇政府的支持，与辖区内村居以及企业联手，开展班级足球队冠名活动。截至目前，冠名村居10个，冠名企业6个。冠名村居企业给予班级足球队队服和比赛经费，助力班级足球队不断前行。

用班队的方式拓宽足球渠道。学校每个班级都成立了“一班五队”的足球队管理模式，一班五队包括男生队、女生队、啦啦操队、家长队、社区队（企业队），旨在以学校为中心，带动家庭，辐射社区，从而引领更多的人参与到足球运动中，形成更为浓厚的足球运动氛围，以达到强身健体、凝心聚力的目的。这种跨界整合，拓宽了社区、企业与学校合作的渠道，音乐、美术与体育合作的渠道，让足球运动趣味盎然。

四、因材施教，课程助力

课程是一切活动的载体。在开展足球运动的同时，温泉学校也多次研讨，最终通过普及式课程、提升式课程、拔尖式课程呈现足球运动不同层面的技巧、技能和知识，循序渐进地带领师生不断成长。

普及式课程。学校每周每班一节足球课，普及足球知识，传授足球技能，实现“人人有球踢，人人会踢球”的目标。同时，学校研发《足球起源》、《足球竞赛规则》等校本课程教材，让执教足球课教师有据可依、有章可循。

提升式课程。学校从2015年开始，每年在初一新生中开设足球特色班级，目前中学部有4个足球特色班。特色班学生依据自己的喜好，采取自愿报名的原则，除正常的体育课、课余训练外，每周特别开设2节足球特色课程，每节课由两名专业教练同时授课，教师自主研发特色班级足球课程，分男女队进行足球教学和足球训练，从而让喜好足球的学生在整体推进的氛围中不断提升个人足球素养。

拔尖式课程。学校层层筛选、层层选拔校园足球精英组建足球社团，以鲁能泰山青训教材为课程蓝本，依托课程蓝本，按照鲁能泰山青训队的方式方法进行足球训练。在拔尖式课程的引领下，学校足球社团的球员们技能较为娴熟，战术较为丰富，成了校园中专业的足球队。

课题研究促进课程实施。学校把艺体特色建作为一项课题，全面深入进行研究，有效促进了校本课程的开展。目前，国家级课题《“30+15课堂体能训练”课程模式对学生体能影响的实证研究》已经结题，威海市十三五课题“艺体教育特色学校建设的实践研究”已通过结题。

五、多元活动，竞赛跟进

足球活动和足球竞赛是校园足球的重要组成部分，它能发动最广泛的学生基础，产生最广泛的学生影响力，从而有利于课堂知识的深度加工和创新。温泉学校以各种竞赛为契机，开展专项训练，在实战中提升技术和竞技状态，在竞争中凝聚合力和向心力，提升团队协作能力。

冬季雪地足球赛。学校定制了冬季雪地足球赛“希望杯借鉴世界杯的颁奖方式，冠军队可荣获“希望杯”的保管权利，但不是终身制的。学校将“希望杯”颁发给冠军班级，并且将班级的名字刻在“希望杯”的底座上，作为永久的荣誉和纪念，让孩子们在冬季里的足球场上、在“希望杯”的照耀下享受快乐地时光。如今，学校已经连续十四年在12月组织冬季雪地足球赛了。

足球嘉年华。学校每年举行一次足球嘉年华活动，在首届足球嘉年华活动期间，校园啦啦操、足球操、足球主题歌《奔跑吧，希望》等均亮相现场，让足球节日的气氛更加浓厚，让足球的热情感染更多的孩子。

村居家长足球赛。为了让更多的人参与到足球运动中，学校组织冠名村居和班级家长足球队积极参与到足球赛事中，长者们拼搏、努力、团结、合作等优秀的意志品质在无形中传递给了成长中的孩子们，让他们怀揣着梦想不断努力。

“千淘万漉虽辛苦，吹尽狂沙始到金”。在快乐足球的引领下，学校先后荣获“全国百强特色学校”、“全国青少年足球特色学校”、“欧亚校园足球副会长单位”、“鲁能泰山城市足球学校”、“山东省校园足球训练营”、“威海市足球特色学校”、“环翠区体育后备人才培养基地”等荣誉称号；学校足球队在山东省第十三届中学生运动会比赛中荣获全省第六名，山东省中小学足球联赛初中女子组第七名，2019年威海市中小学足球联赛女足冠军，环翠区中小学生第二十七届“希望杯”足球比赛初中男女双冠军、小学男女各第五名。

“快乐足球”承载的不仅仅是足球，更是成长、进步和追逐，它正吸引着四面八方喜爱足球的人们不断向学校靠拢，让大家深深地懂得：足球是快乐地，生活是阳光的；足球是我们的，情怀是世界的。

立德树人守初心　阳光育人促发展

——山东省昌乐县红河镇小学乡村温馨校园发展纪实

山东省潍坊市昌乐县红河镇小学　孟令忠

“一年之计，莫如树谷；十年之计，莫如树木；终身之计，莫如树人。一树一获者，谷也；一树十获者，木也；一树百获者，人也”。这段话既阐明了人才培养的重要性，也揭示出人才养成的不易。教育是一扇强国之门，是实现民族复兴的重要渠道，任何时候都不能缺失。我校创建于1984年，按照省级规范化学校标准要求，2011年设计开始建设新校，学校现有27个教学班，98名教职工，1005名学生。 近年来，我校始终秉承“品德为先、能力为重、创新为强”的办学理念，凝练形成“厚德博学、求实创新”的校训；“民主、和谐、求真、向上”的校风；“勤奋、乐学、善思、合作”的学风。践行“立德树人，五育并举转变育人方式，将乡村少年宫社团活动与延时服务课程有机结合，开发特色“阳光”课程，培育阳光学子，举全力打造品牌化乡村学校，全方位构建温馨校园。近年来，学校办学成果显著，办学特色日益凸显，先后被评为全国少先队工作红旗单位、省卫生工作先进单位、潍坊市规范化学校、潍坊市语言文字规范化示范校、潍坊市校园绿化美化工作先进单位、潍坊市地震科普示范校、潍坊市禁毒示范校、昌乐县教育教学先进单位、昌乐县文明单位、昌乐县教育系统共青团少先队工作先进集体等。

一、多措并举，大力建设优质育人校园

建设一所设施齐全、品质卓越学校是我校坚持努力的方向。今天学校建筑面积已达13000平方米，包含教学楼、办公楼、公寓楼、餐厅等附属设施。2013年学校顺利通过“山东省规范化学校”复评；2017年学校餐厅扩建；2019年更换大功率变压器；2020年翻新塑胶跑道和篮球场，新增46台学生用机，10台教师用机，27台投影仪，有效助推学校实现优质均衡发展。乡村少年宫活动使用的各类用房面积3840平方米，室内场所已配置了图书阅览室、音乐室、美术室、手工制作室、科学实验室、微机房、舞蹈房和专用训练活动室。通过几年的建设，学校乡村少年宫的硬件设施达到了较高层次，切实满足农村少年儿童课外业余生活需求，让孩子们真正享受到丰富多彩、形式多样、寓教于乐的教育活动，实现快乐学习，全面发展，健康成长。为进一步规范学校办学，我校认真落实《山东省义务教育学校管理标准》，加强现代管理制度建设，落实安全管理各项工作规定，不断提升学校精致化管理水平，实行管理权下放的“项目管理”模式，落实“校级—级部—班级—学生”管理团队四级督查制度，分层管理、责任到岗、重心下移，强化学校管理制度落实的执行力，在制订和执行制度的过程中，注重制度管理和人文管理的融合，坚持把简单的事情程序化，把

标准的事情反复化，把精细的管理制度化，追求和谐发展。

2021年是一场疫情让教育直面严峻的考研，学生安全受到威胁。为此，我校第一时间成立疫情防控领导小组，构建统一领导、统一指挥、统一部署的工作机制；通过多种渠道开展宣传教育，切实增强师生疫情防范意识，开学第一课讲座中将疫情防控知识、安全防护教育、爱国主义教育及思想政治教育紧密结合；强化值班值守工作，全力做好排查巡视工作，及时处理突发状况；扎实有效排查，精准掌握师生出行及健康状况，全覆盖零失误，压实各级主体责任，落实疫情“日报告”、“零报告”制度。

二、以课为本，特色课程助力学校发展

本着“为学生全面发展负责，为学生幸福人生奠基”的办学理念，我校积极构建和谐的人文校园，坚持德育为首，开发校本“阳光”课程，加强学生自主管理，聚焦质量立教，关爱全体学生，实施红色文化引领，全面提升教育教学品质，培育阳光少年。一直以来，我校坚持以德育人，把学会做人放在学校德育工作首位来抓，在陶冶未成年人思想道德情操上下功夫、求实效，以少先队活动为主，生动形象地开展社会主义核心价值观教育、传统文化教育、文明礼仪教育、爱国主义教育活动。抓住有利时机，充分利用升旗仪式、黑板报、专栏、班会等形式，开展丰富多彩的德育活动，发挥团队引领作用，引导学生从小立志向、有梦想，培养合格的新时代社会主义接班人。依托乡村少年宫平台，我校还以“红色教育”为主题，大力开发了校本“阳光课程全面提升学生综合素养。课堂是学校创新的主阵地，我校开齐开足国家课程，同时依托乡村少年宫，着力于学生能力锻造、个性发展，大力开发校本“阳光课程涵盖德育、智育、美育、体育、劳动教育五个维度20余门课程，坚持学生自愿、兴趣第一的原则，在延时服务、周末、节假日时间以社团形式组织开展，对内广泛发动教师志愿者，对外援引社会艺人、知名人士组成优质师资团队，培养品德高尚、人格健全、体魄健康、才艺广泛、崇尚劳动、富有创新、实践能力突出的阳光少年。 此外，我校注重传统文化教育，多维度打造“课程+”教育模式。经过实践，形成基础性诵读课程，通过“经典诵读课+早晚间诵读”教育模式，让学生在诵读中弘扬中华优秀传统文化，传承经典；拓宽育人渠道，通过开笔礼，大型诵读活动等仪式教育加强优秀文化熏陶，提高道德素养。

劳动即教育。利用地域优势，我校充分挖掘劳动教育元素，开展多维度劳动教育。在校开展校园植物领养活动；在家开展帮父母干农活，体验家务劳动等活动；在社区开展志愿服务，建设美丽乡村活动。我校还与埠南头村凤凰岭田园综合体和庄皋村生态农业两个实践基地建立合作关系，组织学生开展参观、劳动实践活动。同时积极开展“美丽庭院”争创活动，锻炼学生热爱劳动的品质，让学生体验劳动的智慧和快乐。

三、规范管理，守望品质教育宏伟蓝图

学生良好的行为习惯要从小培养，从细节抓起。我校成立学生自主管理团队，让学生管理团队参与学校的日常工作，全方位检查、公布、督促班级的一日常规，定期开展表彰总结，有效分解学校管理压力，实现学生自我教育、自我发展，形成助力文明行为习惯养成长效机制。我校坚持精细化管理，聚焦教学常规管理和教师素养提升，全力打造优质课堂。一是学科教研，落实每周教研制度，强化集体备课；二是定期进行常规检查，抓实过程管理；三是创设教研简报，打造教研新高地；四是定期开展教师技能大赛，推动教师素养提升。五是实施“青蓝工程发挥“传、帮、带”作用；六是搭建有利平台，实施“请进来、走出去”战略，通过同课异构、送课下乡、联片教研等活动，提高教师授课水平，引领教师构建“轻负高效优质”课堂。特殊群体学生一直是我校关注的重点。我校坚持因材施教，全面发展，确保每一名学生都拥有一个美好的童年，充分利用四点半学校，组织教师志愿者对留守儿童、外来务工子女、残疾儿童等特殊群体学生开展作业辅导、聊天谈话、心理陪护、劳动实践等教育活动，建立特殊群体学生成长档案，完善管理台账，加强关爱措施，为特殊群体学生送去关爱和温暖。

陶行知曾说过：“天然环境和人格陶冶，很有密切关系”。校园中的每一座建筑、每一处景点，每一片绿色，都成为一种思想的传递，一种文化的表达，优美的校园环境就像无声的老师，滋润着师生的心田，熏陶感染着师生，丰富净化着师生的灵魂，潜移默化地引导师生向着健康的方向发展。我校自然环境优美，园内干净整洁，绿树成荫，同时着重打造特色校园文化，凸显红色引领，丰富校园文化内涵。教学楼设计了“核心价值观+国学经典+名人名言+班级文化+师生风采”为主的文化专区，涵育文明有礼、积极向善好少年。经过长期的文化积淀，教师爱生如子，同事间守望相助，学生间友好相处，师生关系和谐，校园里洋溢着一片温馨的景象。学校是学生的学校，也是老师的学校。为充分发挥家校互助作用。我校建立“学校、级部、班级”三级家委会，定期召开家委会会议，实现家校“双向互通形成家校共育合力。定期举办“校园开放日”、“百师进千家”等家访活动，实现家校沟通常态化，让问题得以及时解决，取得家长对学校工作的支持和信任，营造和谐的育人环境，办学满意度逐年提高。

教育，就是精神的唤醒，潜能的显发。经过多年的建设，我校已走出了一条学校特色兴校之路，学校老师们敢于实践，倾力奉献，默默坚守着育人理念，用心培育，用爱浇灌，为学生更深远的发展夯实基础，为教育事业拨出一片宽广的蓝天。

基于幼儿成长特征的“个性化成长” 主题园本活动课程实践

山东省潍坊市临朐县东城街道兴安幼儿园 郭光庆

童年成长对于幼儿未来的塑造作用毋庸言表，而随着我国幼教事业的深度发展，有识之士更加认识到城市化进程（教育领域内）对幼儿成长发展的各种限制。诚然，现代化、高新化的科技产品改善了幼儿成长、学习环境，但我们必须要深刻认识到这种改善并非单纯一面，用辩证角度来看，这种改善在某种意义上依赖于对孩子个性化成长的剥夺。

对于所有成人来说，童年时光几乎积淀了每一个人成长的人生底色，物质匮乏并不意味着缺乏娱乐，回想过去，小时候我们很多人的童年是这样的：没有手机，没有电脑，没有ipad，那时的大自然和我们的童年如此贴近，天边的“云水中的“月轻轻一碰就可触及。

我们成年人之所以在三四十年后依旧如此牢记童年，仅仅是因为那时有歌和笑。怀揣着对美好童年的追忆，我们在幼儿教育活动中必须更注重自然教育的启发作用，在有限的童年时光之中，让孩子体验到自然的魅力，并形成深刻连贯的教育影响。

近年来，我园秉承“用爱养育、用心教育”的办园理念，因人因材施教，尊重幼儿个性，正确引导，从传统单一的主题教育走向多形式、多角度等综合教育，帮助幼儿形成自尊、自立、自信、自强的心理品质，提高幼儿与人交往沟通的能力。逐步形成“生活教学”和“快乐学习”的育人特色，开发了一系列主题园本活动实践课程。

一、植物：大自然的伟大迷思

诺贝尔奖获得者大隅良典先生曾说：“绿色，生命的颜色，这是自然送给每一个孩子的最美礼物。”回归到我园的园本活动课程上来，一直以来我们的教师团队都在思考：如何来表述自然科学呢？用什么作为小娃娃们的自然科学启蒙最好呢？植物一定是一个最好的选择！

从种子的生存战略到树叶为植物提供营养来源，再到树木营养传输……一个完整自洽的系统科学架构一定能让孩子真正领略到自然科学的精妙绝伦。

借鉴日式自然教育和国内现有的自然课程，我们依据幼年儿童的生理、心理特征开发了一系列的课程活动。

初春的时候带领孩子用绿叶提取叶绿素，玻璃瓶中装着就是最后的收获，孩子们称之为“格格巫的药水”。

除了提取叶绿素，我们还安排孩子去认识种子的传播。因为城市生活让孩子远离了自然，甚至很多孩子都不知道种子的传播途径。其实植物也有着自己的生存智慧。和人类母亲一样为了让自己的孩子有更好地生存环境，每一位植物妈妈都绞尽脑汁：蒲公英、槭树、青桐、龙脑香……各式各样的种子模型又会有什么样的特性呢？

以问题为先导，以趣味做引领，以自然为教室，我园开展的各种园本活动课程对于这群小可爱来说，提取叶绿素、制作叶脉标本、模拟种子飞行模型、完成树木营养运输实验、草木扎染……并不是困难的事情，但是这些现象背后的实质却在激发着幼儿对科学的探究兴趣。

二、动物：漫长而有趣的物种进化故事

生物学家研究生命进化的历程，在很多时候通过极小的生物样本性状的遗传和进化去推演数以万年计的演变过程，这需要极其庞大的知识储备和敏锐的观察能力，作为幼龄段的孩子，在成长过程中必须要体会动物身上的自然属性，因为漫长而有趣的物种进化故事对于每一个爱听故事、活泼好动的小朋友来说都是最好的教育原材料。

如果说植物是自然科学的先引，那么探究动物进化的旅程一定是一件能吸引所有娃们注意力的事情：在46亿年的地球史中，生命存在起于何时？又经历了何种翻天覆地的变化？在自主观察的环节很多孩子敏锐地发现不同种动物之间有着相似处，而同类动物之间也许也有着天差地别一般的不同……而有的孩子欣喜地告诉我：“老师，黑猩猩的手形状和它的动作跟人这么像，看来人和黑猩猩一样也是动物吧！”

全新的视角能够帮助孩子们独立地去思辨周边常见的现象，我们希望园本活动课程中的动物主题课程带着孩子展望地球母亲这46亿漫长的生命进程，在这其中找到自己，归属自己，然后展望更远的未来！

三、食育：我们和大地就此连接

饮食作为人类生存和发展的基本需要，而在新的时代，在基本解决温饱问题的大背景下，这一论断却被赋予了新的含义。作为独立个

体的我们，要反思我们的健康问题，与健康相关的饮食问题。如何健康饮食？如何教孩子们健康饮食？食育正在走进我们的视野。

2017年，全球100多万20岁以下的儿童、青少年患I型糖尿病，中国有4.7万，位居全球第四。不仅是慢性病的问题，随处可见的“小胖子”、“小瘦子”、“小眼镜”更是让家长们烦恼，儿童的饮食习惯问题、健康问题、生活习惯问题等必须得到高度的重视。如何重视，作为一个幼儿教师，我想，让食育走进学校，走进课堂才能真正落到实处。

所以除了动植物，我们还特别注重对园内学生的食物教育，我们明白“食物从大地产出，又被送往餐桌，我们既是享用者也是培育者”。春种一颗粟，秋收万颗子。在古人眼里食物在某种意义上就是自然的馈赠，而在食育课上，种植、培育、观察、品位都是在和大地发生连接。

秋收冬藏，人类在满足生存需求之后还将继续追求口腹之欲，而大地永远厚重，它沉默不语却给予万物以生命的力量。每一个参与过食育课程的娃们未必会理解围绕一日三餐餐桌上的食物背后存在着哪些产业，哪些人为之付出奉献……

但每个娃心中一定会明白食物来之不易，播种和饮食是人类的本能并能从泥土中汲取成长的力量。神话传说女娲抟土造人，所以每一个人生命真正的根源都来自这厚重沉凝的大地。

四、昆虫：造物者灵巧的小精灵

让幼儿观察各种昆虫图片，引导说出昆虫的外形特征。通过结合图片描述引导幼儿讨论交流，了解昆虫的生活习性……利用多种形式的课堂活动，我们鼓励孩子自主观察、自主探究昆虫的奥秘。

在我们之前，很多卓有见识的生物学家就从昆虫身上得到了许许多多关于科技研发的原始灵感，无怪乎他们说：“古老而神奇，小巧而精密，小小的身体里藏着自然的大秘密”。

昆虫个体小，种类和数量庞大，占现存动物的75%以上，遍布全世界。它们有各自的生存绝技，有些技能连人类也自叹不如。人们对自然资源的利用范围越来越广泛，特别是仿生学方面的任何成就，都来自生物的某种特性。

如果说科学源自好奇，那么孩子一定是最接近科学家的一群人。似乎每一个爱自然科学的孩子对昆虫都有着不小的好奇心。如何识别它们？这些自然伟大的造物给人类生活带来哪些贡献？

在自然科学周末课的课堂上我们不仅教授孩子们知识，也引导他们发展个性。园内许多孩子通过这些课程都认识到了昆虫仿生学的基本常识。

昆虫在亿万年的进化过程中，随着环境的变迁而逐渐进化，都在不同程度地发展着各自的生存本领。随着社会的发展，人们对昆虫的各种生命活动掌握得越来越多，越来越意识到昆虫对人类的重要性，再加上信息技术特别是计算机新一代生物电子技术在昆虫学上的应用，模拟昆虫的感应能力而研制的检测物质种类和浓度的生物传感器，参照昆虫神经结构开发的能够模仿大脑活动的计算机等一系列的生物技术工程，将会由科学家的设想变为现实，并进入各个领域，昆虫将会为人类做出更大的贡献。

五、生物资源：自然界给予每一个物种的礼物

如果和幼儿园小朋友正式聊起生物资源，那么他们一定会觉得枯燥乏味，但我们假如换一种模式来指导学生了解生物资源的知识，那么会带来什么样的结果呢？

怀揣着“科学家的灵感来源，人类美好生活的最佳助力”这样的认识，我们明白除了植物、动物、昆虫这些能够切切实实感触到的自然物种，大自然还给了我们许多的遐思：生物以自身形态给予科学家们以灵感的启发（仿生学）、生物资源的逐渐了解和利用促进了每个人生活水平的提高。远古人类因为发现并学会如何使用火而走上了一条通往高等文明的康庄大道，在信息时代的今天我们和当初相比看似进化了许多，实则自然还有许多奥秘等着我们去发现。

所以我们借助课堂知识去鼓励学生们从小处着眼，从身边入手，去思考：荷叶的表面结构和酸奶盖会发生什么有趣的联系？远古生物恐龙因何消亡？它们的骸骨又如何被自然魔法一般保留下来？蜜蜂嗡嗡飞舞它们靠什么辨别彼此？那看着有序整齐的六边形蜂巢是揭示蜜蜂“强迫症”天性的最好佐证吗？

通过孩子的成长我们明白自然是一处无界限的教室，内里蕴含无限智慧，是我们的好老师。阳光、雨水为我们带来生命；草木教我们谦逊、坚忍；花鸟指导我们享受美好。从欣赏身边的一草一木开始，聆听大自然的声音，学习与其共处，领略大自然当中生命的奥妙，进而珍惜和爱护大自然。

我园开发的所有课程在实施的过程中，老师都会把孩子们的成长和改变进行总结、记录、传达……如果说每一学期的课程有结束的时候，那么自然科学带给每一个孩子的精彩并不会就此谢幕。关注着孩子在接受自然教育时的细节，看着孩子的改变和成长，这种体验是快乐地！

立足幼儿成长特点，基于幼儿成长特征，凭借幼儿教育经验，我园在根据园内自然资源特点、综合考量各教师知识储备、学生成长需求、家庭教育特点，我们的“个性化成长”主题幼儿园本活动课程实践开展基本顺利，前景也是可以预料到的，在笔者看来，要培养幼儿对科学的兴趣，首先就要激发幼儿好奇心，当幼儿向我们提出问题时，我们应耐心倾听，因势利导地帮助幼儿解答问题，而且有意表扬爱提问的幼儿，鼓励幼儿大胆质疑，积极去观察，发现，探索大自然的奥秘。这样就能激起他们的探索愿望，培养他们对科学探索的积极性与主动性。

愿每一个孩子能在自然中快乐成长！

领悟体育精神，培育时代英才

山东省烟台市福山区门楼兜余中心小学　卫德春

一所有品质、有特色的学校除了要有赖以生存的教育力量、文化力量，还要有敢于革新、实践的勇气，深入挖掘学校发展的特色力量。我校位于烟台市福山区门楼镇富丽新城B区西侧（余安路98号）。占地53.3亩，建筑面积1万平方米，建有小学部、幼儿部教学楼共两栋。目前，学校有教职员工67人，24个教学班，其中幼儿部9个教学班，在校学生1093人。办学以来，我校大胆探索特色办学路径，通过不断加强学生体能训练，强健体魄，开展各类丰富的体育活动，帮助学生领悟体育精神，促进学生身体健康发展，凸显学校特色办学品质。几年来，在政府的帮助和支持下，我校不断改善办学条件，投入大量资金，按照省级规范化学校标准建设，学校各类功能室齐全，设施完备。学校配备有标准的塑胶运动场地、食堂餐厅、学生综合实践基地等，不仅为学生创造了安全良好的学习环境，也为学校特色办学提供了保障。

一、铸魂培根，倾力打造体育特色学校

没有健康的体魄，一定没有健康的教育。尤其是中、小学生正处于养身体的关键时期，学校要重视学生体能培养，把学生身体健康发展放在教育的第一位，让学生以精神饱满的状态迎接美好的一天。一直以来，我校始终重视学生身体培养，根据学生的身心发展要求，我校在学校的中、高年级中开展篮球、足球运动技能的培养。在低年级中开展冰雪运动技能的培养，发展学生身体的平衡、柔韧、灵敏性，以及专注、刻苦、勇敢、团结的精神。2017年至今，我校学生的身体素质测试成绩始终保持全区第一名。区阳光体育运动会建校以来连续夺得桂冠，每年的大课间比赛全为一等奖。2019，我校代表福山区参加了烟台市教育局组织的全市学生身体健康测试，获得烟台市第一名。我校的艺体教育秉承让学生学会健身、学会审美为目的，坚持从幼儿抓起，从新生入学、入园第一天开始。我校今年暑期开展的“趣味运动，强健体魄”被《人民日报》、《健康报》、新华网、中国政府网等报刊、网站发表转载。学校先后成为“全国青少年足球特色校”、“全国青少年篮球特色学校”、“全国青少年冰雪运动特色校”。

二、多措并举，焕发品特色办学精神样态

我校是一所典型的乡村小学，学生都来至周围的村庄，活泼、好动、勇敢、拼搏的精神在他们身上表现得淋漓尽致。学生们普遍身体素质良好。为激发学生的兴趣，营造浓厚的体育氛围。我校每年都投入大量资金，为学生身体健康发展创造有利的条件。学校新校区完全按照省规范化学校建设并配备了器材。拥有一个近2000平方米的活动场地和一个标准的200米塑胶田径场，包括一个足球场，2个塑胶篮球场，1个排球场，室内体操房1间，以及价值10余万元的体育器材，这些运动场地与器材为我校体育活动的开展创造了有利条件。

此外，我校也高度重视学生身心健康，力求打造体育特色学校。学校有专项体育经费，能保证体育训练和参加各级各类体育竞赛。学校体育课时开齐开足，体育课教学和课外体育活动正常开展。每年开展秋季阳光运动节以及校长杯足球联赛，融入了学校体育文化氛围，满足了学生的体育兴趣，为学生树立终生体育观念奠定了基础。体育课经过三年的教学改革实践，取得了很好效果，得到了上级教育行政部门领导、专家、和同行的高度肯定，体育学科教改成效居区学生前列。

2019年，福山冰上运动中心建成，我校成立了冰球队。依托冰上运动中心，选拔了第一批冰球队员，并于家长签订了培养协定。2020年12月，我校拥有了第一支冰球队伍。为了进一步满足学生们冰雪运动的需要，解决缺乏专业的指导和教练员的问题，2021年2月，我校积极联系了国家冰雪项目组，受教育部和北京体育大学委托，为国家冰雪运动特色学校进行教练员的培训及冰雪运动项目的选定及其指导。至此，学生们离实现冰雪运动梦又近了一步。

课题研究不仅是提升教学质量的重要学科，也为我校足球特色插上飞跃的翅膀。我校深知课题研究不单单是语、数、英老师的事，同样也是体、音、美老师的事，更应该是校园足球老师的事。为了夯实学校的足球特色，使学校的足球特色能从感性操作走向理性升华，2018年3月，我校申报烟台市级体育课题《小学体育教学对学生心理健康发展的影响研究》，通过研究，为我校开展足球教学提供了理论支撑。2020年6月，我校申报的国家级体育课题《体育课与体育活动课相结

合有效提高学生健康体能的实践研究》已成功立项，带领我校体育工作、足球教学工作带来飞跃。取得的种种成绩，不仅鼓舞了全校师生的士气，也让我校对下一阶段课题研究充满了信心。

三、炼骨锻魂，奏响时代品质教育强音

风雨沧桑励壮志，春华秋实著华章。特色创建不仅提升了学校的精气神，更提升了学校的办学品位。今天，学生们一个个健硕的身影遍布学校的走廊、操场，每个角落，脸上洋溢着健康的光彩。这些都是学校特色创建取得的成果。未来路上，我校全体师生会继续团结一致，敢于革新、探索，顽强拼搏，努力让学校特色创建工作走上新的台阶，为学生们绽放生命的光彩，保驾护航，始终如一！

创设游戏环境，释放孩子天性

山东省淄博市齐丰幼儿园　胡丽华　吴翠平　李伟娜　李舒

“自主的游戏是快乐地，自主的学习是高效的，自主的生活是幸福的”这是《自主游戏——成就幼儿快乐而有意义的童年》这本书封面中的三句话，正是这三句富有诗意和深意的话深刻的阐释了自主游戏的价值，它给予了孩子们开放、愉悦、放松、自在、自主，让视游戏为生命的孩子获得真心的快乐、真实的体验、真正的发展。我园作为淄博市游戏试验园，围绕着自主游戏也展开了一系列实践探索。

我园牢固树立儿童立场，心中始终装着儿童，想儿童之所想，为儿童之所为，努力为孩子们创设土坪、草地、斜坡、树木，不规则地充斥着沙石、水管、木桩、板条、粗棒、轮胎……的户外环境。我们期望：孩子们在面对环境的时候，不是一种静态的观望，而是一种动态的可游，他们在阳光和空气的关怀下，投入其中，释放天性，放飞心灵。

一、改变环境

2015年9月，淄博市学前教研室在我园组织召开了全市第一次安吉游戏研讨会。会上，我们通过大量的视频和游戏案例分享看到安吉的孩子在游戏中的自由、自主、自在，在游戏过程中的满足、喜悦、冒险和挑战。我们被深深震撼，这才是童年该有的样子啊！

会议上提出的“让孩子站在游戏的正中央促使我们重新审视和思考自主游戏的开展。于是，国庆节放假期间，我们的“破土行动”就开始了。我们把原有的教学楼右侧的一片塑胶地变成了一个拥有沙水、滑道、树阵、绳索等一系列富有挑战性和冒险性的大运动区，取名为勇士乐园。

环境变了，孩子们开心了，他们早上早早地来到幼儿园，下午放学后，久久的不愿离开。破土行动，改变的不仅仅是环境，更重要的是游戏理念植入了老师的心底。

二、倾听心声

幼儿园环境的变化，每一次的丰富、完善，甚至修建都应该是“儿童立场”下的产物。倾听儿童的心声，和儿童共同讨论，才能创设出适合儿童发展的环境。

（一）山坡山洞的由来

2016年，我们发现幼儿园后院的水泥地利用率不高。何不把它变成孩子的游戏区？怎么变？孩子说了算！于是我们倾听孩子们的声音。

有的说：“我觉得可以让它变成滑梯吧！我们可以在这里滑滑梯”。有的说：“我们还是建个山洞吧，可以在里面钻来钻去一定很好玩”。有的说：“我们把它变成小山坡，还可以在山坡上翻跟头呢！”于是我们决定把这里变成山坡和山洞。

根据孩子们的设想，老师和孩子们一起建构模型。孩子们用纸盒子制作山坡，挖洞做窗户，用画笔和橡皮泥做装饰；用纸板做滑滑梯；用树枝做梯子、围栏、沙水池；去户外捡各种落叶给树屋造小花园；有的女孩子还用五颜六色的皮筋代替绳子，因为这样更好看……

不久后，施工队开始入驻幼儿园依据孩子们的模型开工了。实工的过程中，遇到了很多的困难，比如土运不进来，但是追随孩子的立场，坚定而有力，我们拆掉了部分围墙，最终顺利进行。孩子们也时不时地来看一下山坡山洞的建造，感受山坡山洞的建造流程，从最开始的运土，到最后的封顶，每一个环节都是那么吸引人。当有着绿油油的青草、钢化玻璃洞顶的山坡山洞呈现在孩子们面前时，孩子们不禁欢呼雀跃起来，他们在这里荡秋千、捉小虫、攀爬、看书、小憩、捉迷藏……山坡与山洞成为孩子们的又一个游戏乐园！

山坡山洞，不是按照成人的设想建成的，而是在和孩子一次次的对话中，倾听他们的心声，遵从他们的需要，逐步形成的。一切都自然而然发生，有趣而美好。

（二）树屋上的游戏

幼儿园的两棵法国梧桐树之间，有一个树屋。树屋有两个通道，另外还设置了钻、爬、攀登、走平衡等功能。但是一段时间后，孩子们对树屋兴趣慢慢的减弱了。为了燃起孩子兴趣，我们带着孩子们参观消防大队。消防员拽着绳子从一层爬到高处，从高处迅速下滑的场景深深地吸引着孩子们，有的孩子甚至在现场就模仿起来。老师们灵机一动，把树屋装上滑杆，孩子们一定喜欢。随后，我们还在树屋里投放了各种角色游戏材料，不断地引发孩子们生成有趣的游戏。他们用泡沫垫拼起了消防车，用木梯做云梯，用PVC管做消防栓，用担架抬伤员，用木板做滑梯逃生下滑，孩子们在消防救援的游戏中乐此不疲。

投放适度、适宜、适切的材料，孩子们玩在其中，乐在其中。儿童就是天生的玩家。

三、亲近自然

作家三毛在《塑料儿童》一文中曾说，现代的很多孩子都有大自然缺失症。她认为这些城里长大的孩子已经失去了大自然赋给人的灵性，已经习惯用物质代言欢乐，无法与自然和谐共存，三毛称其为“塑料儿童”。

儿童是自然之子。在大自然中，他们有N种玩耍方式：挖土、捡树叶、找蜗牛、接雨……我们可以看到刚入园的孩子在户外时情绪就会很好，很少有孩子哭，一回到教室，情况就会大相径庭。所以我园的新生入园初期，孩子大部分时间都是在户外度过。

大自然就是活教材，秋天到了，院子里落叶满地，这就是大自然给孩子最好的礼物，于是，后勤老师不再扫落叶，给孩子与落叶链接的机会，与此同时也把这样的理念传递给家长，家园一起支持孩子的游戏。

老师不仅要善于组织指导幼儿游戏，本身就应该是出色游戏者。2019年，幼儿园就开启了“走进大自然四季教研”活动：春天的心灵对话、远山的呼唤、遇见最美的秋天、与雪花共舞。春天的心灵对话中，我们丢手绢，重回童年；静静地躺在草地上聆听春的声音：风吹树叶的沙沙声，小鸟啾啾的叫声，小溪潺潺的流水声，甚至还能听到自己的心跳声、呼吸声。老师们在一片树林中，寻找生命中独一无二那棵树，与花草树木对话，打开自己的心灵，与春天的对话，找回童心。作家陈祖芬曾经说过：“人总是要长大的，但眼睛不能长大；人总是要变老，但是心不能变老。不老的眼是童眼，不老的心是童心”。童心是可以超越年龄的，只要有童心，就会有童年，就会有无限的可能！

四、回归本真

环境的创设只有回归孩子的一日生活，才能有生命力，发挥其应有的教育价值。

（一）开学日

每年的开学日，我们都会遵从孩子的需要，提供适宜的材料，让他们在游戏中迎接新学期的到来。例如：2017年富有民俗气息的开学大吉，跑旱船、扭秧歌、舞狮子、领红包，幼儿园洋溢着欢庆、热烈、吉祥。2019年恰巧猪年，我们选用孩子最喜欢的小猪佩奇开启了“完美地一天”开学日，充满童趣的环境、可爱的佩奇发饰和勋章让孩子们一入园就是眼前一亮，而这一天的餐点也是佩奇喜欢的美食：巧克力蛋糕、意大利面、小猪馒头，无不打开着孩子们的味蕾。幼儿园就是大的游戏场，新学期的第一天就是如此的有趣！

（二）开塘日

小池塘是孩子们最喜欢的地方之一，孩子们在这里捉泥鳅、养乌龟、喂小鱼，打水仗，每天都有有趣的故事发生。每年四月第一周，孩子们为小池塘打扫灰尘、装扮环境、注入清水、放生小鱼，围着小池塘载歌载舞，用自己的方式迎来开塘日。伴随着水流声和孩子的欢笑声，我们能看到孩子游戏的喜悦满足。

（三）跟着节气去游戏

当节气与游戏相遇，大自然的秘密、民族的智慧便在孩子的生活中沉淀下来。立夏仪式时孩子们身穿红色衣服系红绳表心愿，利用各种工具测量身影感知日照变化，坐上箩筐大秤量体重记录成长。夏至到来，夏至面馆便开张了，每个班级就变成了面馆，孩子们自己确定面品，并通过猜谜语、寻宝的形式寻找自己面馆所需要的食材，还可以拿着自制的面票，去其他的面馆进餐……在游戏精神的指导下，我们的六一不再是表演节目，而是在场馆游戏中畅游，六一也不再是一天，而是足足的一周，我们的孩子给六一畅游周起了一个贴切的名字——小人国里的奇妙之旅。在小人国里孩子们每一年都有一场奇妙梦幻有趣的旅行，比如2015年的“世界这么大我想去看看将多个国家的风土人情搬进幼儿园，打开孩子的眼界；2018年的“穿越历史隧道 玩转快乐童年”让孩子们穿越时光，回到历史朝代，感受中华文明。“没有边界的教室，没有边界的爱”让毕业典礼不再局限于幼儿园里，我们把毕业礼搬到大自然中去，在有草地，有树林，有池塘，还有一些挑战性器械的景区，开启了我们的大自然毕业礼。开营仪式、勇攀高峰、亲子盲行、真情告白、篝火狂欢、告别舞会，充满童趣，孩子们在游戏过程中满足、愉悦和享受，与此同时孩子用心和自然交流，自然的生机又给予孩子以启迪与成长的力量，让我感受到孩子和大自然之间的心灵相通，对自然的崇敬油然而生！

2021年对我们来说又是一个新的起点，淄博市政府在新区为我们新建了一所占地15亩的幼儿园，我们依然追随着孩子们，相信在这里足以把孩子的想法变成现实，真正把幼儿园建成孩子的乐园。

户外环境在改变，我们的游戏观、儿童观也在改变。“乘物以游

心”这是中国人特别推崇的一个境界，我们希望通过户外游戏活动，不断提升孩子们的运动能力，促进身心健康发展，让孩子们心灵自由翱翔、精神恣意升华。

立德树人守初心，深耕细作育英才

山东省淄博市沂源县燕崖镇安乐小学　许立锋　孟凡会

“一年之计，莫如树谷；十年之计，莫如树木；终身之计，莫如树人。一树一获者，谷也；一树十获者，木也；一树百获者，人也”。这段话既阐明了人才培养的重要性，也揭示出人才养成的不易。教育是最温暖的事业，而正确的教育方法能让这份事业保持温暖，发挥特效。德育一直是中小学教育中的一个重要组成部分，在学校各学科教育中全面渗透德育，有助于培养学生道德理念，提高德育效果。为让教学效果再升一个台阶，我校不局限传统的教育理念，紧紧围绕错题点评课，展现人文精神，以学生未来发展为教育主导方向，确保各个教学环节渗透德育，激发学生潜能，拓宽学习眼界，为学生的幸福人生奠定宽厚坚实的基础。

一、弥足根本，从探讨中引申教育思考

在小学数学教学中，人教版小学数学四年级上册第四单元的《三位数乘两位数》，属于义务教育整数乘法的最后知识模块，主要是基于学生对两位数乘两位数这计算方法基础之上完成教学的。笔算对小学生来讲难度较小，但是要想确保所有学生都能够做对仍然存在较大难度。在教学中发现学生的计算错误极为常见，对于错题绝大多数学生都认为是自己粗心造成的，甚至部分学生会因为对简单的乘法计算题目算错而觉得没面子。但很多时候数学错题能够给数学知识的不断学习提供很多高价值的教学资料。对此我校大胆实施通过对错题点评、纠正学生认识，找准正确错误观的德育渗透点。

为让学生有深刻感受，清晰了解学生的想法，我校通过一个简单实验知道一些答案。在课堂教学中，我校将汇总的典型错误题目进行一一分析。然后向学生提问对作业中的出错情况的感受，围绕为何有那么多学生都会讨厌做错题，题目这么简单你能否保证不再做错，错题对我们是否一无是处，展开讨论。在经过热烈讨论，学生给出的答案是：讨厌错题是害怕老师批评、同学嘲笑。学生产生这种想法，完全属于意料之中，学生犯错，惧怕老师责骂，这是教育出现以来根深蒂固的思想。

经过错题评析后，我校对学生出现错误的主要原因展开分析，并且进行激烈讨论。在讨论结束后，学生基本都认为需要“一看、二想、三做、四查这也正是平日对他们做作业的要求。那么学生粗心是否是主要原因，学生表明粗心对于个别学生来讲是主要原因，但并不代表全部学生，以后不能将粗心、不仔细作为作业出错的主要理由。

不论如何，学生虽然讨厌错题，但是学习中错误无法避免，对于错题要知道自己的错误原因并且及时改正才是正确的处理办法

二、不忘初心，通过挖掘提升教学品质

在小学数学课程开展中学生难以避免会发生错误，因此在教学中教师不能一味地教育学生不能出错，导致学生无法形成对错误拥有正确的容纳态度，更在一定程度上减少了学生的拓展认知范围及重新认知的机会。因此我校通过借助错题重新认识教学环节，让学生转变原本对错题的抵触心理，并逐步引导学生发现错题中所隐藏的细微知识点，让学生明白对错题认真分析能够促进学习进步，并且加深学生对该知识点的理解，避免再次犯同样的错误。

此外，通过对错题进行总结，也能够给小学生一种全新的体验和感知，更能够形成对人生错误观的感悟。让学生能够从错题讲评课中，分析错题原因、对错题进行正确归因、总结错题，升华至正确的人生错误观。总而言之，作为一名数学教师，在小学数学教学的开展中，应该通过对数学教学过程中的德育渗透教学因素不断挖掘，在小学数学教学的各个环节渗透德育。从教学实际出发，不错失培养小学生正确道德观念的任何一个时机，潜移默化地达到德育参透的隐性教育成效，发挥自我育人功能。

教育，就是精神的唤醒，潜能的显发。教育者们应该着眼现在与未来，懂得传承与创新，敢于改革和实践，默默坚守着育人理念，用心培育，用爱浇灌，着力为学生更深远的发展夯实基础。未来路上，我校会进一步深化德育教育探索，在“德育”上用功，在“教育”上磨砺，让更多的学生绽放出生命的光彩。

育有灵魂的学生，办有品位的学校

山西省晋城市第八中学校　崔四新

习近平总书记在多种场合多次强调，中华优秀传统文化是中华民族的“根”和“魂是中华民族的“精神命脉”。这是从关系中华民族兴衰成败的高度，运用全面、发展和实践的观点，在深刻分析中华传统文化基本内涵、演化进程和本质特征的基础上，对传统文化在民族延续和传承发展中的重要地位和作用的总体判断。中华传统文化博大精深，是中华民族的重要凝聚力。中华民族之所以几千年屹立于世界民族之林，历经磨难，一次次凤凰涅槃，成为人类发展史上的奇观，最根本的就是深深植根于民族基因的伟大精神支撑和崇高价值追求。三年来，我校坚持学习和传承中华优秀传统文化，把优秀传统文化融入学校立德树人的实践中。

一、分析学校现状，扭转当前局面

我校是晋城市城区教科局直属的一所初级中学校，位于晋城市西北片区，地处城乡接合部。生源来自周边农村和农贸市场，学生的成绩和行为习惯都比较差；再加之城市改造，学校几经搬迁，致使多年来学校成绩在全城区13所中学中，一直在倒数几名徘徊，教师教学积极性严重受挫，学校成了社会和老百姓心目中成绩差，学生乱的学校，服务范围内的学生，想方设法迁往其他片区上学。

2017年9月，我就任晋城八中校长。为了扭转当时成绩直线下滑，招生困难的不利局面，曾多次召开领导和教职工会议，商讨解决办法，最终决定，让优秀传统文化走进校园，走进课堂，把优秀传统文化融入学校立德树人的实践中，用优秀传统文化引领学校发展。

二、弘扬传统文化，深耕文化育人

为了把学习和传承中华优秀传统文化落到实处，学校成立了国学办公室，专门指导教师和学生学习传统文化知识。

学习优秀传统文化先从教师开始。学校规定每天早上7:50至8:20为教师集体学习时间，内容首选《弟子规》。在学习之前，国学办根据章节的多少，先把《弟子规》的内容分解给每个语文教师，让老师做好充分准备，好在集体学习时间给其他老师进行讲解。学习时，大家先要集体高声朗读学习的内容，再由老师讲解，最后，由听讲教师根据自己的理解和经历进行分享。分享环节最为精彩，有时分享能引的哄堂大笑、有时分享能煽动的大家泪流满面。经过一个学期的学习，老师们的思想有了明显的转变，一改过去那种慵懒散的状态，教学积极性有了很大提高。紧接着，老师们又学习了《学记》、《孝经》、《礼记》，现在正在学习《论语》。

为了能让学生很好地学习中华优秀传统文化知识，学校在老师学习《弟子规》、《学记》、《孝经》的基础上分别编写了《弟子规》解读、《学记》解读、《孝经》解读三本校本教材，用来让学生学习。同时把《弟子规》解读、《学记》解读、《孝经》解读的相关内容以版面的形式在教学楼的每层楼道内做成了文化墙，真正做到了一墙一壁能育人的效果。

学校规定，学生学习中华优秀传统文化知识，以晨读午诵的方式进行，即每天上午和下午第一节课前十分钟为学习时间，形式为大声、高声、齐声诵读，不需要老师讲解，让学生在反复诵读过程中进行理解。初一学生学习《弟子规》、《孝经》；初二学生学习《论语》和《习近平与梁家河》。2020年8月29日至31日初二学生进行了我与《论语》和我与我的祖国演讲比赛，取得了满意的效果。

三、学校再展新容，创佳绩收硕果

通过学习中华优秀传统文化知识，我的校面貌有了较大的改观。同学们充分得到了传统文化的滋养，校园内做好人、做好事蔚然成风。学生有思想了、懂孝道了，学习的劲头足了。过去校园里打架斗殴，说脏话的现象不见了，逃学的学生没有了。现在，学生向老师鞠躬问好成了校园的一道亮丽风景。2018年晋城八中被晋城市文明办授予“市文明校园”称号；2019年中考，晋城八中共考取一中三十六人，总成绩位于全区前三名，受到区委区政府的表彰，被晋城市人力与资源保障局表彰为教学成绩突出奖，同时记集体一等功一次。2020年中考，晋城八中取得了考取晋城一中26人的好成绩。

2020年元旦前夕，晋城市妇联、晋城市教育局、晋城市公安局联合在晋城八中举行了“把爱带回家”活动启动仪式；2020年10月26日，晋城市教育局、晋城市妇联联合在晋城八中召开了“晋城市家校共育经验交流暨工作推进会与会代表及专家对晋城八中师生学习和传承中华优秀传统文化的做法给予了高度评价和肯定。

学习和传承优秀传统文化主要在于入心入脑，要内化为每个人的日常言行，而不是流于形式。在新的教育形势下，我校将以立德树人为根本，以“做有故事的教育、育有灵魂的学生、办有品位的学校”为办学宗旨，继续深入开展学习和传承优秀传统文化知识，增强学习的针对性和实效性，努力提高学生的思想素质和综合素质，为把晋城八中建设成群众满意、社会认可的一流学校人奋斗。

培育社会主义核心价值观必须弘扬中华传统文化。习近平指出，“培育和弘扬社会主义核心价值观必须立足中华优秀传统文化“必须从中汲取丰富营养，否则就不会有生命力和影响力”。我校将深刻学习领会习近平总书记的重要论断，从优秀传统文化的传承创新中凝聚新的力量，从民族文化血脉的延续发展中开拓前进，增强文化自信和责任担当，为推进中华文化繁荣发展、实现中华民族伟大复兴中国梦贡献力量。

深化课改提质量，聚焦素养促发展

山西省晋中市灵石县第二小学　张宝棠　张俊燕　马志远

党的十九大把素质教育提到崭新高度，首次提出了“发展素质教育我国教育正迎来一个新的历史起点。创办教育必须坚持以人民为中心，必须发展素质教育，促进人的全面发展，实现人的现代化。基于此，我校本着“为学生成长奠基，让学生做最好的自己”的办学理念和“以人为本、和谐育人、规范办学、特色发展”的办学思路，深化课程改革，构建了素质教育发展的三大课程，即习惯养成课程、阅读课程、活动课程。

一、聚焦立德树人，培养良好习惯

学校政教处构建了以“培养良好习惯，为学生一生发展奠基”为核心的习惯养成课程。习惯养成课程包含：以《博雅健评价手册》为抓手的自主管理、以星卡评价为主的小组建设、以主题班队会为载体的习惯养成落实。

德育为先，彰显二小活力。我们做到了：每周一节班会公开课雷打不动；星卡超市"定期开放，把星卡与实物奖励相结合，更大程度上调动的学生的积极性，使我校的星卡评价体系变得更加丰满灵动起来；深入开展系列德育序列化活动，立德树人成效显著；坚持每周一和重大节日的升旗仪式和国旗下的讲话制度；坚持每周二的班队会展示课；坚持每周两次“红领巾之声”的广播；坚持红领巾监督岗、校长助理等少先队常规性活动的开展，形成了学校良好的德育氛围。习惯养成课程的成功构建和有效实施，孩子们的各种习惯逐渐养成，真正达到了立德树人的根本目的。

二、培养阅读兴趣，提升阅读能力

学校教导处构建了“以培养阅读兴趣，提升阅读能力”为核心的阅读课程。阅读课程包含：主题阅读整合课、晨诵暮省诵读课、阅读指导课、阅读实践活动、阅读评价活动，真正让学生在海量阅读中培养阅读能力，提升语文素养。

阅读课程，我们以主题整合或单元整合或课内外篇目进行整合，在培养学生阅读兴趣的基础上，大大提高了孩子们的阅读能力，核心素养在悄然间得到了提升。如，在本学期的示范课中郑舒榕老师执教的关于“送别诗”的整合课，丰富的课外拓展，让学生大量积累的基础上，感受到了古人送别时的情怀。

晨诵暮省诵读以国学经典为主要内容，涵盖了《三字经》、《论语》、《笠翁对韵》、《增广贤文》等经典篇目、三百多首课外古诗词和十余篇文言文。固定时间，固定内容，全员参与，注重过程评价，确保活动持续有效开展。在国学经典的滋养下，二小孩子的发展会更有内涵，人生会更有意义。

高考的改革，让语文回到了“位高权重”的地位。对于小学而言，没有海量阅读只能饿死天赋。鉴于此，我们成立了研究团队，将我校的“课外阅读手册”进行了二次改版，在以前重积累的基础上重视学生阅读兴趣和阅读能力的培养。一本本厚重的阅读手册，得到了县局领导的一致认可和高度的评价。

在阅读课程实施的过程中，我校每学期都要定期组织开展“阅读指导课”活动，本学期赵旭彩、任晓静等六位老师在全校进行公开示范引领，为我们提供了学习、研究的案例；围绕“晨诵暮省”使用情况进行了调研，总结出了科学合理的使用办法；根据各年级的诵读规划进行了阶段性测评，促进了诵读活动的有效发展；结合诵读内容各年级进行了不同形式的诵读汇报，将阅读课程活动推向了高潮；根据校园“读书节”方案，进行了“书香班级”、“阅读之星”、“书香家庭”的评比。有效地评价和激励机制为阅读课程的持续良好发展奠定了坚实的基础。

阅读课程，彰显二小实力发展。阅读课程的成功构建和有效实施，培养了孩子的阅读兴趣，提升了孩子的阅读能力，促进了孩子的内涵发展。

三、发展个性特长，促进全面发展

学校政教处、教导处两部门以“发展个性特长，促进全面发展”为核心，构建了活动课程。活动课程包含：“六节”活动、社团活动、“体艺2+1”活动。

“六节”活动，在九月的“礼仪节”活动中，我校开展了军训活动、文明礼仪进课堂、文明礼仪进社区等活动；在十月的“作文节”活动中，组织了优秀习作外墙报展览，作文小报设计，习作竞赛，习作指导示范课；在三月的“读书节”活动中进行了读书小报设计赛、读后感写作竞赛、年级读书汇报展示等活动；在四月“体育节”活动中，我校进行了体育达标运动会和体育特色技能展示；在五月“艺术节”活动中，我校全体学生进行了葫芦丝演奏，书法、剪纸展演竞赛，合唱、舞蹈、民乐、书法、国画、手工、剪纸、水影画等艺术社团进行展示，一场以学生为主角，精彩纷呈的技能盛会得到了家长和全校师生的啧啧赞叹。丰富多彩的“六节”活动，不仅丰富了学生的校园生活，更推动了学生的全面发展。

在社团活动建设中，学校开展了艺术、体育、手工、思维、科技、语言六大类共50多个社团。为了提高活动质量，社团负责人不断创新，在原先活动设计的基础上修订完善，进而形成校本教材。社团活动定期向家长开放，赢得了家长的高度评价。周五下午的社团活动已然成为孩子们心中最向往的乐园。

体艺“2+1”活动促进学生体艺技能提高。我校除对综合科进行常规测评外，还开发了以剪纸为特色的美术课；葫芦丝进课堂的音乐课；体育技能与艺术体操为主的体育课；动漫绘画为主的计算机课。体艺“2+1”活动成为以国家课程为载体的培养每个学生必备体育、艺术特长的课程，这些技能定会为学生的终身发展奠定良好的基础。活动课程，彰显二小魅力发展。

除此之外，我们正在积极构建以“超脑麦斯活动”、“思维导图”、“数学日记”、“数学小报”、“每日一练”等形式的思维课程。坚持“每日一练强化孩子们的计算能力；坚持“数学日记”培养孩子的数学逻辑能力；坚持以“思维导图”的形式进行复习，提高孩子的归纳和整理的能力……思维课程的构建，有效地提升学生的思维能力和学科素养。一本本整洁的“每日一练”计算本；一篇篇精彩的数学日记；一张张图文并茂的思维导图，赢得了前来检查指导的县局领导的一致好评。

在课程建设的引领下，教师会教，学生会学，教师素养不断提升，学生德智体美全面发展，尤其是在阅读课程开展的过程中，孩子们的语文素养有了质的飞跃，在2020年县局的抽考和小考中我校语文成绩名列前茅，位列全县上游，语文这一科名副其实地成了二小的品牌学科。

风正济时扬帆破浪，任重道远策马扬鞭！在今后的工作中，我们将不断创新发展，坚持素质教育，探索课程改革新路径，为办出更加优质、更加规范、更加让人民群众满意的学校而努力奋斗！

凝心聚力谋发展

——阳曲中学关于农村学校质量提升的调研和思考

山西省太原市尖草坪区阳曲中学校　李志刚

新一轮课程改革下的课堂教学以学生全面、主动、和谐发展为中心，努力发掘每个学生的潜能，满足学生的心理需求，在“情境化”、“活动化”的课堂教学过程中，激发学生求知欲，便利于学生自我表现，自主管理，建构良好的学习习惯和学习品质。

学校结合党的十九大四中、五中全会精神、全国十一届人大三次会议精神作指导，坚决贯彻党的教育方针，推进依法治校，进一步深化“规范化办学、精细化管理、人性化服务”。围绕建设“团队一流、环境一流、质量一流”的奋斗目标，坚持“立德树人，至善至美一切从实际出发，一切为了学生，促进学生的全面发展，推进教学发展，助推学校提质升级，为打造全市一流的服务型农村初级中学不懈努力。

我校教学目标仍然是力争第一。初三中考努力实现了三连冠，趁课堂改革东风，打造适应农村教育教学方式，提升学生素质同时提高学业成绩，领跑草坪教育。初一初二抓好常规，注重落实，努力争取区推磨考试第一名。对于近几年阳曲中学不断调研，探究后取得了一些突出成果，现总结如下：

一、充分发挥小组合作

通过外出不断学习后，学习其他学校的优点，结合我校实际情况，经过几年的艰辛探索，我们深切地感受到了小组合作的优点以及带给我们的优势：

（一）小组合作的课堂组织形式更有利于学生学习动机的激发。小组围坐能使各小组的同学面对面交谈，为学生之间的讨论、交流创造和谐氛围。各小组同学在对同一个问题进行讨论时，由于人员不多，每一位同学都会有提出自己看法和展示自我的机会，他们可以在争论中找到成功感和自豪感，每一次的成功和失败都能很好地激发他们的学习动机。

（二）这种组织形式更有利于激发学生“主动求知”的欲望。主动求知欲望，来自兴趣或者理想。对于那些还没有树立起远大理想的学生来说，兴趣便是主动求知的动力。人人都知道兴趣并不是与生俱来的，是要经过培养的。这种组织形式可以使学生在讨论中发挥各自的长处，取长补短逐步产生学习兴趣，点亮每一位学生心中希望之火。

（三）这种组织形式更有利于学生的自我表现。社会的发展需要不拘一格的人才，学习差的学生同样有他们的长处所在。如果我们把他看的很差，那是因为我们用同一个标准去衡量不同的学生的缘故。这种组织形式在讨论过程中学生可以各自发挥其所长，在讨论中战胜自我，发展自我，在讨论中发现不足，弥补不足，尽情表现自我，把学习变成一种快乐地活动。

二、学生良好学习习惯养成

"授人以鱼不如授人与渔真正的教育不只是教会学生知识点，而重要的是面对问题，如何去思考、去解决，如何用现有的知识去解决现实生活中的问题，显然，方法的掌握，对于未来走上社会的学生们，才是最为当紧的，"随风潜入夜，润物细无声方法的渗透于每时每刻，影响学生于每个细节。

（一）笔记标注，重点突出，内容齐全，五彩缤纷。笔记是课前、课上、课后学生学习的一个重要体现，学习初期，老师明确提出要求，对于重点知识，内容分类，采取不同的符号，颜色对比进行勾圈点画，对特殊要求内容要求学生统一在特定地点进行标注，特别是对学案的书写修改，务必使用双色笔，颜色对比鲜明，纠错醒目，便于再次巩固时的重点关注，有意识的培养学生记、悟的时间。

（二）课前预习检测全面，督促学生自主管理。合作是以自主学习管理基础上的高效合作，没有认真自主预习梳理，小组合作其实就是流于形式。所以为了保证课堂的有效进行，我们每节课都会设置一定的预习检测、复习检测，历史课堂中有知识框架的整理归纳，有情境式的问题创设，有知识点的记忆达标等多种多样的形式，使学生在变化中不断巩固旧知，引发思考，在思考中不断提升思维，落实效果。

（三）课堂检测成绩统计。对学生当堂应知应会的知识进行检测，根据课堂内容，适时地设置不同类型的题目，如选择题、判断题、情境分析、史料研读、史图分析、主体探究等，不仅检测学生在课堂学习中的效果，而且加强了对重点知识的落实，既联系时事，又直击中考，学生新鲜，兴趣浓厚，得分率逐渐提高。

（四）绘制图文并茂的思维导图。对于学生复习意识有意地进行强化，寓学于乐，学生通过对课程内容的理解、整合，结合美术绘画素养，将本学科的内容生动、直观、系统、全面的展示，充分地体现了学生综合素养的提高，并通过物质和精神的奖励机制，进一步端正的态度，促进学生学习的热情。

（五）高效的过关性检测。一般在期中、期末考试前两周，或者单元学习结束后，利用间修25分钟的时间进行复习目标明确的检查性测试，督促学生及时复习巩固、夯实基础，像历史学科考察的主要是知识点记忆，如果时间充分的话，会对个别问题较普遍的内容进行二次检测，学生过关率逐渐提高，并且成绩以小组形式进行量化，形成良性竞争意识、团队意识，促进小组内互帮互助气氛，提高团队的凝聚力。

三、唤醒学生学习潜能，激发学生合作意识

教育无处不在，唤醒学生学习的意识，唤醒学生学习的热情，其实激励学生自主学习的过程就是学习的过程。学校工作全面、及时地对各级各类学生进行培训，给学生不断渗透学习方法、竞争意识；班级管理中班主任每周的主题班会，不仅及时反馈每周、每组、每人的情况，及时给予正确的引导评价，而且通过一个个杰出人物，不同领域的励志事迹进行教育引导；国旗下的演讲，优生以身为范，学生真情实感的表达，传递学习的态度；初三中考百日誓师大会中，初三学生激情澎湃的誓言，激励每一个阳曲人不断奋进；课堂中教师循序渐进、循循善诱的引领，对不同学生提出不同的要求，给予优生更多的展示机会，重点培养，对于后进生及时谈话，随时跟踪，随时随地督促提醒。

四、网课后的反思

（一）督促

校领导、班主任、教师多个维度的关注网课，随时听课，并针对到课情况和上课效果给予及时的点评，使学业得到很好的延续。学生们都是有惰性的，需要各级领导教师同学的不断督促，持之以恒地向着目标努力。

（二）激励

通过微信群、钉钉群多种方式对表现优秀的学生给予表扬，并激励学生形成良性竞争。虽然学生们已经重回教室，但新时代的媒体手段不能放弃，让他依旧发挥最大作用。

（三）测试

学习效果从每节课上不能够完全表现，适时适度的采用各种渠道，如钉钉云、卓育云、万维等多种渠道进行各级各类的测试，为学生把脉，为接下来的教学定向。利用微信群，每日一题，水滴石穿的功效发挥起来。

（四）小组

我校小组建设日趋成熟，网课学习期间充分利用小组合作优势，学生间互相督促、点评、讲解，努力做到生生促进。回到教室后近距离地接触。生生间的互动更加及时，高效。一帮一，一对红。

（五）班会

充分利用每周的例行班会，对一周以来学生学习情况进行量化，针对不同学生学习情况进行公开指正，并提出具体要求限期改进。

（六）家长会

对于各个年级我们每月召开一次家长会（部分班级进行分层家长会），及时交流学生学习动态，掌握学情，并提出建议方法。

（七）优生团队提升

课堂上优生们的表现可圈可点，及时在群中给予表扬，树立身边的榜样；额外作业的完成，鼓励优生们做完习题在群中拍照打卡，形成你追我赶的学习竞争氛围；坚持总是最难的，优生群中的同学们用口号式的言语、动情的散文、励志的故事互相激励，形成积极向上的学习氛围和互相竞争的激励机制。

（五）、中考冲刺措施

（一）纪律保证：严格管理，形成合力

领导跟踪：从到校到下学做好无缝衔接的督管，让学生有畏惧感

班主任、科任：跟班及时，发现问题及时解决

（二）思想意识

通过一系列的行动、活动使学生形成向上、竞争、危机、自主、合作意识，为教学活动的深入开展打好基础，而最关键的就是形成学习意识。

（三）教学常规

晨记：调状态，鼓士气，明方向。要求每日一记（每科提出具体要求）

间操：中考体测要求完成体育训练

小纸条记忆（利用散碎时间夯实基础）

午读：每天午读内容具体，阅读速度要求。

课外活动：发挥主动性，积极问题（只有做，才会有问题）

班主任协调：调动学生，激励表扬（利用微信群，及时反馈，家长督促）

二晚：通过大量训练题，夯实基础。教师根据教学情况，自行命题。让所有人都应该做到的内容，讲题时根据班级调整内容。

课后：作业完成的及时反馈，要求家长协同打卡。鼓励额外作业的完成。监控时间。

（四）小组合作（近几年最有成效的举措）

自主学习：自觉完成学习任务，发现问题

一对一互助：解决差异问题，讲解复述的过程也是巩固的过程

小组互助：对个别差生进行换讲，协调学生适应性

优生团队互助：优生团队竞争，开拓思维，拓展内容

六、教师激励机制

教书育人是学校的中心工作，是良心工作，实现这一伟大目标关键是教师，为此，抓实教师的思想教育是保障。所以，我们将继续围绕党建抓实师德师风工作，彻底改变教师陈旧的思想观念，努力钻研教育教学业务知识，提升自己的综合能力，为全面提升教育教学质量奠定基础。

教师是学校里第一重要的群体，其精神状态和工作态度将决定学校组织的兴衰成败。学校发展的生命力来自教师对教育事业的忠诚及其对本职工作的热忱。激励而不是控制，是"领导"与"管理"标志性的区别之一。

运用各种非正式的表扬手段进行激励。要创造各种机会，运用多种方式，发现并展示每个人的闪光点，促使其自觉、持久而稳定地提高工作绩效。

团结就是力量，增强学生合作意识。"一根筷子轻轻被折断，十支筷子牢牢抱成团"、"一花独放不是春，百花怒放春满园"……未来世界需要的是具有团队精神的人才，我们更应该鼓励合作、激励共赢。

构建"八个一"工程　开启高质量教育征程

山西省太原市万柏林区桥西小学　郝润英

东临历史悠久的晋祠路，紧靠美丽的滨河西路，西接繁华的千峰南路，南通发达的南内环街，北达宽阔的迎泽大街，与山西省煤炭博物馆、太原理工大学、山西省中医院毗邻。得天独厚的地理环境，为太原市万柏林区桥西小学创造了优良的育人环境。多年来，学校积极打造"八个一"工程，使得桥西教育花团锦簇，分外艳丽。

把握一个"魂"——立德树人

全面贯彻党的教育方针，解决好"培养什么人，怎样培养人，为谁培养人"这个根本问题。即坚持"立德树人"着力培养担当民族复兴大任的时代新人，坚持"五育"并举，为学生的全面发展，终生发展奠基。

狠抓政治理论学习，学校成立了以校长、党支部书记为组长，以副校长为副组长的学习领导小组，领导小组分阶段召开专题会议。学习的主要内容有：树牢"四个意识坚定"四个自信做到"两个维护"。

组织党员开展好各项活动，增强党组织活力，七一期间我们积极参与了教育局组织的主题党日和文艺汇演活动；在文明城市创建活动中，大力开展宣传活动，制作宣传标语35条，公益广告宣传牌76块，学生实践展示牌21块；在文明校园创建活动中，社会主义核心价值观及小学生守则宣传标牌70余块挂在各教室，社会主义核心价值观处处彰显，校园操场醒目位置布有景观、一层大厅和各班级教室均有展板、显示屏滚动播放，做到人人会背、深入人心；在国际志愿者日活动中，组织各班成立了志愿者服务队，带领学生老师走出校门，走进街道社

区进行清理卫生、慰问帮扶等志愿者活动。

守住一个"底"——安全底线

"安全为首、预防第一、源头控制、严格排查"是我校的安全工作指针。学校始终坚持把创建"平安校园"作为提升办学品位的重要前提，牢固树立"安全责任重于泰山"的意识，强化安全管理，层层落实责任，通过多种形式的活动，营造出"孩子舒心、家长放心"的安全、健康、快乐地校园氛围。在安全教育方面获得了太原市平安校园、山西省防震减灾科普示范校、山西省消防安全教育示范学校、太原市文明交通示范校等光荣称号。

贯穿一条"线"——文化立校

学校围绕智乐教育特色文化建设，从理念文化、文明校园文化、德育文化、班级文化等板块加以营造氛围，文化建设坚持以"学生发展"为本的主导思想，注重"交互性"、"流动性"、"延展性让文化在校园"活"起来。

突出理念文化。一层大厅布置有理念文化系统、社会主义核心价值观、中小学生核心素养和活泼泼的教师团队。结合学校五乐常规、生命课堂，二层到五层的主题文化分别是"乐读"、"乐写"、"乐学乐思"、"乐教同时开辟出二层"悦读吧"、三层"探索吧"、四层"慧享吧"几个文化空间。

突出文明创建文化。文明创建文化展示在校园围墙内外、宣传栏中、教学主楼内外和班级文化宣传栏中，让文明之花开满智乐校园。

突出班级创建交互式文化。班级文化是以孩子作品为主的"寻优工程"文化，为孩子们营造出比赶比超、自信成长的氛围。结合重大节日或关键主题进行文明班级评选，每个班级外部均有学生创作作品展示区、手工作品展示区和星级评价区。班级内部设有班级特色理念区、班级工作六表区、生命课堂五博士评价区、学生风采展示区、书香阅读区、书包水杯存放区。

引领一支"队伍"——团队建设

为促进教师专业发展，引导全体教师积极探索课程改革，开展教学研究和教育科研，提高教师学习研究、反思协调能力，引领全体教师队伍得以提升，学校从以下几方面抓教师队伍建设。

一是班子队伍形成合力，各司其职。学校利用每周一例会期间，班子队伍在一起查摆、解决上周工作问题，研讨、确定本周工作重点。每学期初和学期末进行两次高质量的班子交流会，要求每个中层根据自己分管工作进行PPT分享交流学期计划和学期总结，并予以整体考核。

二是班主任队伍形成主力，共享共建。学校利用间周三一次的班主任工作例会，对班级工作进行研判。进行"主题式"班级管理交流，每次例会有一位中心发言人，介绍班级管理经验。由政教部分解常规工作中的问题和任务。组织班主任进行家访等工作并给进行量化考核。在班主任团队的管理下，学校33个教学班，无一例上访和安全等责任事故的发生。

三是教师队伍形成梯队，互学共建。学校利用每周四的分学科教研活动，以课堂教学为主抓手，以课为例交流研讨，在教研团队中组织"组内行动"、"青蓝工程"、"师徒结对"等活动，搭建了"智囊梯队"、"中流梯队"和"希望梯队"。学期初以校为"面"的公开教研活动，以梯队为平台开展"展示杯"、"提高杯"成长杯"三杯竞赛，形成团队合力和教研氛围。教师的集体智慧由"面"到"线"再到"点促进专业化成长。

四是星级奖励评价,"十四五"施工图。根据教师发展阶梯式的要求，结合教育局星级评价机制，引进专家团队，给予教师课堂教学指导，预设立5个等级的教师专业发展台阶，制定星级评价标准，鼓励教师主动积极制定个人专业发展规划目标。进行一年一申报评选，一星级：教坛新秀；二星级：教学能手；三星级：骨干教师；四星级：学科带头人；五星级：学校名师。

彰显一个"特色"——智乐教育

根据桥西小学的历史积淀和现状挖掘，探索研讨出适合桥西小学发展定位的文化理念，即以"智乐"为特色的校园精神。

智乐理念的厘定包含有三个层面：

第一，在学生层面为"乐学即乐在校园、快乐学习、我学我乐。学生如果时刻保持快乐地学习心态、状态，就会学到很多课堂以外意想不到的知识。

第二，在教师层面为"乐教即乐在课堂、快乐教学、我教我乐。教师只有时刻保持平等而又快乐地心态才能很好地感染学生去快乐地学习。"乐教"是教师的一个至高境界。

第三，做人的层面为"乐活即快乐地生活。快乐地生活对一个人来说太重要了。"乐"能体现出做人的态度,"乐"能体现做人的境界。

基于这些逻辑思考，学校确立了以"智乐"为特色的校园精神，和"让智慧点亮精彩人生"的校训，形成 了"健康、智慧、快乐"的校风,"乐在课堂、快乐教学、我教我乐"的教风,"乐在校园、快乐学习、我学我乐"的学风。把学校办成"学生向往、家长满意、社会赞誉"的智乐校园，就成为桥西人的共同愿景。

形成一个"体系"——四板块十抓手

学校于2015年被评为首批太原市特色小学示范校，在"智乐文化"根系上不断生长、壮大、研究、 实践，形成"四大板块、十个抓手"的"文化体系用以指导学校整体工作。

第一板块是智乐教研，提出并践行"432"备课、授课模式。从课前、课中、课后规范教师教学行为,"4"是指课前4备，即"备课标、备教材、备学生、备教法"四个方面入手；"3"是课中三个关注点，即"关注教学目标、关注教学过程、关注学生生成"。"2"是课后两个维度的反思，即：教师的得与失，学生的得与失。老师们集体备课，电子教案的设计就用"432"模式开展，授课用"432"思维教学，评课议课也用"432"方法点评研讨。

第二板块是生命课堂。生命课堂的内涵是发展生命、优学优教、价值引领、养成习惯。其核心是"激扬生命活力，促进生命发展其抓手是"五爱五会其模板是15个微课研究，如"三听"、"两说"、"三读"、"三问"等在"点、线、面"的教研中加以行动研究。

第三板块是德育养成。明确了行为养成习惯12条，张贴在每个班的教室里，并编写成"三字歌"在电子屏上滚动，利用每周一次的班会课强化学生的行为养成习惯。此外，积极推进"五乐养成即清晨：乐读、中午：乐写、下午：乐听，课间：宣誓，放学：乐诵，以期通过日积月累的熏陶使其成为常态。

第四板块是特色课程。在开齐开全开足国家课程的前提下，如何结合地方课程有创造性的进行课程改革，是学校不断提升的关键所在。我校的校本课程发展有三个阶段：

第一阶段，国学与写字校本课程的实施，在养成教育实验校期间。结合学校"一日五乐"常规。研发出从一年级至六年级的校本课程——《读书常伴乐无穷》。从"经典浸润稚子心"、"最是诗词能致远"、"腹有诗书气自华"三个板块，辑录了一些经典蒙学、经典古诗中积极向上、健康励志、乐观进取的篇章。

第二阶段，结合社团活动课程化，形成"国学"、"体育"、"艺术"、"科学"、"综合"5个基本门类30余个社团课程。促进学生素质发展、多元发展、全面发展。

第三阶段，结合核心素养之"创新"素养的培养。我校于2020年研发出一套科学校本教材。并在每个年级开设间周一次的科学课程。11月底开展了为期一周的科技节活动。在孩子们心中播下科学的种子。

第四阶段，十四五期间规划开展"项目式课程"。确定项目驱动目标，在活动育人、劳动育人上创新出桥西特色，分阶段、定主题深化项目式课程改革。

开展一系列活动——社团活动

一是节日活动系列化。学校开展"读书节"、"写字节"、"体育节"、"艺术节"、"实践周"、"传统文化节"、"科技节"等系列活动，通过活动育人、实践育人，让学生全面发展。

二是社团活动课程化。学校开展了文学、音乐、美术、体育、表演、科技等30余个社团活动，合唱、舞蹈、绘画、书法已成为传统保留社团，在各级各类比赛中获得多项荣誉。古筝、葫芦丝、竹笛、黑管、萨克斯、小号、长号等为学生打下"一技之长"的基础。烘焙、机器人、单片机、闪电记忆等社团创新学生思维方式。京剧、语言表演、英语剧社团让学生体验表演的魅力，社团活动促进学生多元发展，为学生终身奠基。

我校社团活动开创了柏林教育社团活动的先河，在我校开展了"社团活动现场会"之后，兄弟学校社团活动蓬勃发展起来。

取得一点"成就"

中国教育技术协会"十三五规划课题"研究基地校、全国足球特色学校全省中华魂主题教育活动先进集体、山西省防震减灾科普示范校、山西省消防安全示范校、山西省"中华魂"主题教育先进集体、太原市文明校园先进单位、太原市"中华魂"主题教育先进集体、太原市平安校园、太原市首批特色小学示范校、太原市首批教育科研基地校、太原市乡村少年宫、太原市交通文明示范校、万柏林区文明单位等等。

如今的桥西小学，文化深厚、环境典雅，教风严谨，学风端正，教师温文儒雅，学生彬彬有礼，活动蓬勃发展，教育蒸蒸日上，家长信任，社会称赞。在今后工作中，我们将继续深入践行"八个一"工程，让桥西小学绽放更绚烂的光芒！

崇真课程推动学校高品质发展

山西省运城市盐湖区解放路第二小学 曲继德

山西省运城市盐湖区解放路第二小学始建于1921年，原名"崇真小学"。作为一所历史悠久、底蕴深厚的百年老校，其始终坚持以学生发展为本，在开足开齐国家课程的同时，积极构建"崇真"课程体系，开设多元阅读、珠心算等特色课程，为每一个学生的绿色、健康、可持续发展搭建平台，让每一个生命都能精彩绽放。

一、寻根溯源，深化文化内涵

2017年3月，解放路第二小学成功加入"中国新样态学校联盟成为运城市盐湖区首批8所实验校之一。学校借此契机，科学规划愿景，适时调整方向，对学校文化进行顶层设计，对课程进行调整重构，为学生提供最适合的教育，力求让每一个生命精彩绽放。

老子在《道德经》中曾提出"人法地，地法天，天法道，道法自然认为生命有其自然生长与发展的规律，而教育也应遵循这样的规律，崇尚自然，返璞归真，不忘初心，求真尚美。苏格拉底说过："真知出自真人，智慧源于高尚"。教育家陶行知先生更是强调"千教万教教人求真，千学万学学做真人"。由此可见，所谓"真即本源、真相、本来面目，教育的"真"就是站在学生的立场，呵护学生的本性，以教育的智慧进行智慧的教育，引领学生去伪存真、探究创新、学习真知，用智慧创造美好、幸福的未来。

结合古圣先贤的教育思想与现代教育理念，学校根据"崇真小学"这一历史渊源以及学校多年来的传承发展，以"真"为学校核心文化，积极探索，最终确定了引领学校发展的文化体系，即以"呵护本真慧创未来"为办学理念，形成了"至真至善"的校训、"求真"的校风、"怀真情、育真人"的教风、"求真知、做真人"的学风，不断培养"有真情、有真知、有真彩、有真为"的"崇真少年"。

二、求真立美，构建课程体系

课程是学校文化的核心，也是培养学生素养能力的基石。在"呵护本真，慧创未来"办学理念的指导下，学校针对"有真情、有真知、有真彩、有真为"的育人目标，进一步确立了"真知启慧、真情博爱、真彩至美、真为立行"的"四真"核心素养和"善、博、敏、慧、美、雅、毅、健"的"崇真八品并以"四真"核心素养为课程实施的目标，重新梳理了学校的课程，把基础课程、拓展课程、自选课程有机融合，构建了具有学校特色的"崇真"课程体系。

校园内一棵树龄三百多年的皂荚树，见证了解放路第二小学的百年发展史。小小种子，承风霜雨露终成大材；方寸天地，经春夏秋冬书写传奇。因此，学校的"崇真"课程体系以古老的皂荚树为象征，肥沃的土壤代表全体师生遵循的"千教万教教人求真，千学万学学做真人"的教育思想；粗壮的树干撑起学校"呵护本真，慧创未来"的办学理念和"有真情、有真知、有真彩、有真为"的育人目标；"崇真八品"像一朵朵鲜艳的花，傲立枝头、精彩绽放；郁郁葱葱的树冠诠释着"崇真"课程的四大领域——品德与人文、数学与科技、艺术与审美、体育与健康。学校以皂荚树为课程形象，寓意"崇真"课程枝繁叶茂、蓬勃发展。

基于"四真八品"的育人目标，学校将所有学科进行分类整合，最终形成了四大课程和四大领域纵横交错的"崇真"课程体系，打造新样态特色课程，改变了以前碎片化、分散化、割裂化、无序化的课程局面。其中，基础课程包括语文、英语、道德与法治，属于品德与人文领域，指向"善博"的核心素养；数学和科学，属于数学与科技领域，指向"敏慧"的核心素养；音乐、美术，属于艺术与审美领域，指向"美雅"的核心素养；体育、心理健康、综合，属于体育与健康领域，指向"毅健"的核心素养。拓展课程包括品德与人文领域的多元阅读、绘本、生命教育、国旗课程，数学与科技领域的珠心算、数创绘本课程，艺术与审美领域的书法、啦啦操、健美操课程，体育与健康领域的篮球、武术、戏曲操课程。自选课程包括品德与人文领域的播音主持、国学经典、影视课程，数学与科技领域的小小神算子、机器人、魔力小博士、航模课程，艺术与审美领域的管乐、葫芦丝、合唱、戏曲、民舞、街舞、剪纸、创意美术课程，体育与健康领域的足球、花样跳舞、乒乓球、羽毛球课程。综合课程包括魅力语文节、传统文化节、创意科技节、趣味数学节、缤纷艺术节、阳光体育节。

一所学校要想做到认识自我、完善自我、超越自我，就必须抓好学校特色课程体系建设。学校依据地域特点和学校实际，通过学科内部纵向整合和跨学科横向整合，开发出"皂荚课程"、"家乡三名课程"和珠心算课程等独具特色的课程。以语文拓展课程"皂荚课程"为例，在实施过程中，学校开发了晨诵、绘本和"每日一字"三门子课程。每天清晨，学生用诵读迎来美好的一天。在诵读中，学生让文字发声，用心灵思考。绘本在低段教学最受追捧，儿童绘本用最简单的图画和最简单的文字，讲述着一个个动人的故事，学校开展"百本绘本进课堂通过绘本故事滋养师生心灵。此外，为了解决学生"识字难"和教师"教学难"的问题，学校每天开设半小时的"每日一字"书法课教学，教师带着学生了解汉字背后的文化、历史和书写演变，让学生体会汉字形声义之美，在书写中，徜徉于汉字的王国。一切课程的出发点和归宿都是以儿童在每个年龄阶段的特殊兴趣和需要为中心，学校深耕课程，旨在让中华优秀传统文化流淌于课堂，为每一位"崇真少年"的幸福成长奠基。

三、科学多元，丰富评价体系

评价是促进学生自我教育和自我发展的有效方式。为了让每一个孩子在"崇真"课程的陪伴下全面发展、张扬个性，解放路第二小学围绕"四真八品构建并实施了"四真少年"评价体系，为每一位学生的多元化发展导航。

依托皂荚树形象，学校设计了"真知果、真情果、真彩果、真为果"奖励，每位学生集齐一套"四真果"就可兑换一枚"崇真少年"奖章，以此评价激励学生崇真、向善、尚美。通过这种及时与长效相结合的评价机制，学生实现了从他评到自评、从他律到自律的自主成长，充满了教育的内生力量。

多年来，随着"崇真"课程体系建设逐步推进，解放路第二小学注重内涵发展，教学质量稳步提高，教育成果节节攀升，知名度和美誉度大大提升，成了老百姓心目中的好学校。学校先后被评为"山西省文明校园"、"山西省示范学校"、"山西省信息技术实验学校"、"运城市小学数学先进集体"、"盐湖区传统文化示范校"、"城乡手拉手先进单位"、"真爱梦想全国非常优秀沙龙"等，并连年荣获"盐湖区教育教学工作先进单位"。

课程是落实教育根本任务、实现育人目标的重要载体，是学生个性成长、教师专业提升、学校特色发展的重要阶梯。在未来的教育教学中，解放路第二小学将继续传承、发展，使"崇真"课程体系更加丰富完善，书写有温度、有美感的教育故事，让每个孩子在天真烂漫的童年里抱诚守真，在真心真意的陪伴里去伪存真，在"崇真"课程理念的浸润下，绽放色彩斑斓的人生！

从心出发，让孩子的精神世界更加丰富和灿烂

——长治市第一中学校"三五"心育模式发展纪实

山西省长治市第一中学校　安彩红

山西省长治市第一中学校是一所具有百年办学历史的省级示范高中，先后培养出现代著名作家赵树理、中国工程院院士牛憨笨、当代著名作家王东满等一大批中华英才。近年来，学校深入贯彻习近平新时代中国特色社会主义思想，认真落实《中小学德育工作指南》各项要求，以心理健康教育为突破，积极开展心理课程、团体辅导、家庭教育、课题研究等工作，初步形成了"三五"心育模式，即构建了面向学生、面向教师、面向家长"三向"阳光关爱心理健康教育课程体系，夯实了标准建设、能力提升、网络信息、科研引领、环境营造"五项工程进一步完善了学校的心理健康教育工作体系，形成了全员育人、全程育人、全方位育人的德育工作新格局。

阳光关爱，着力构建"三向体系"

育人的核心载体是课程，心理健康课程的核心价值是唤醒和激发学生的内驱力，促使学生不断从内心中发掘力量，超越自我，积健身心，完善人格，助推每一个孩子走向更加丰富和灿烂的精神世界。为此，长治市第一中学校从学生、教师、家长三方面着手，充分挖掘各类课程的德育资源，将德育内容有机融入课程教育中，建立了面向学生、面向教师、面向家长的"三向"阳光关爱心理健康教育课程体系，让学生能够正视生命中的困难、挫折和挑战，以积极阳光、奋发向上的人生态度驱散心底的阴霾，活出生命的精彩。

研发《高中生心理健康教育》课程。学校心理教师和部分优秀班主任组成"高中生心理健康教育课程"研究小组，在两年的行动研究过程中，通过大量的听课、研课、磨课，形成了由18个主题54节课组成的《高中生心理健康教育》课程。心理教师和班主任坚持以课程为载体，每隔周会为学生开展一堂心理健康教育课，并在讲授过程中将自我认知、情绪管理、学业规划和社会主义核心价值观相结合，引导学生树立正确的世界观、人生观、价值观。

设计《教师心理成长》课程体系。学校在深入调研、认真研讨的基础上，完成了16节课组成的《教师心理成长》课程体系。该课程融理论、体验、实践为一体，为教师铺设了心灵成长的道路，有效地帮助教师解决在教育教学过程中遇到的心理问题，并提高教师心理健康教育的指导能力。学校还将定期为教师开展心理成长系列体验活动，如我的生命绘画、从A点到B点、牵手茫茫人海、温情蓝丝带、信任背摔等系列活动，让老师们感受被人关怀和勇担责任的幸福，提高教师的自我感受能力、团队协作能力、获得幸福能力，进而以幸福的教师影响和造成幸福的学生。

构建"幸福家庭大讲堂"课程。学校创办"幸福家庭大讲堂通过视频直播与现场体验的方式让全校家长都参与到活动中来，实现了家庭心理健康教育全覆盖。针对不同群体学生的特点，学校还分期召开不同层次的学生家长座谈会，如作弊学生家长座谈会、单亲家庭学生家长座谈会、隔代教育家庭座谈会等，帮助家长了解和掌握孩子成长的特点和规律，加强亲子间的沟通，为家长提供促进孩子发展的专业指导意见，协助家长共同解决孩子在发展过程中的心理健康问题，帮助家长树立正确的教育观念，掌握科学的家庭教育方法，力争使家校共育发挥最大的合力。

着眼发展，着力夯实"五项工程"

苏霍姆林斯基说过："理想的教育是培养真正的人，让每一个自己

培养出来的人都能幸福地度过一生，这是教育应该追去的恒久性、终极性价值”。在心育教育中，长治市第一中学校结合学校实际情况和不同年龄阶段学生的身心发展特点，通过实施标准建设、能力提升、网络信息、科研引领、环境营造等心理健康教育管理的“五项工程”来完善学校心理健康教育工作体系，建立心理健康教育整体化布局，让学生在一次次的充分体验、表达与分享中，享受生命成长的喜悦，提升学生的主观幸福感，在创在当下和未来意义的同时培育其人格。

实施标准建设工程。学校不断完善制度建设，规范工作程序，努力做到“两个化”。一是硬件建设标准化。学校先后对心理辅导中心进行三次改建，创建了11个功能室、22个功能的心理辅导中心办公区，配备了自信天使、音乐放松椅、情绪宣泄仪等专业设备，为师生营造了和谐温馨的心灵家园。二是管理程序规范化。学校制定了值班制度、面询制度、危机干预制度、工作考评制度、咨询转介制度等一系列规章制度，进一步规范了教职工的管理程序和工作行为。

实施能力提升工程。学校主要采取了两项措施，一是提升专职心理教师能力。学校通过选派教师参加国家、省、市三级心理健康教育培训，开阔了专职心理教师的视野，提高了教师的专业素质与工作能力。二是扩大兼职心理教师队伍。学校通过理论学习、活动体验、实践练习等系列化培训，将班主任纳入到心理健康教师队伍中，提高班主任的心理健康水平，掌握班级团体心理辅导技能，大大促进了学校心理健康教育工作的普及。

实施网络信息工程。学校陆续开通“五条”心理健康网络信息服务途径，即开通心理热线、设置心理网络专栏、建立心理辅导网络群、安装网络测评系统、链接省级心理健康教育网站等，突破传统心理健康教育的时空限制，引导师生积极关注新闻公告、政策法规、中小学生心理减压、在线调查等栏目，并积极参与中学生心理健康教育工作交流与资源共享，不仅为来访者提供了及时的心理服务，也为师生们提供了更为安全的交流空间。

实施科研引领工程。学校参与了《中学生社会主义核心价值观教育研究》，从发展心理学的视角探索高中阶段开展社会主义核心价值观的有效途径，制作完成“社会主义核心价值观系列宣传片”引导学生熟知背诵，并积极践行社会主义核心价值体系24个字。学校组织了《基于家校共育的以课程为主的班主任心理健康教育培训研究》，构建了具有一个理论水平和实践价值的“五性”(反思—感悟—互动—体验—实践）班主任层面的心理健康教育模式，增强了学校德育工作的针对性、实效性和主动性。

实施环境营造工程。学校积极挖掘传统文化精华，建立了校园心理刊物、校园心理广播、宣讲心理小故事、心理宣传彩页、心理文化长廊等宣传阵地，这些都是大力推进心理文化建设的重要载体，是闪耀学校心理教育思想的园地。

示范引领，着力推动心育教育发展

基于学校心理健康教育做出的突出成绩，长治市文明办、市教育局、团市委联合依托长治市第一中学校创建了“长治市未成年人心理健康教育指导中心”。长治市第一中学校以此为契机，多次协助市文明办、市教育局对全市心理健康教育进行调研，并完成调研汇总报告，为教育行政部门的工作决策提供了数据依据；先后指导20所初、高中学校建立了心理辅导中心；为兄弟学校上了230余节心理健康教育示范课；为长治所辖各县小学60多名校长做了专题讲座《小学生心理危机干预》；为兄弟学校的学生、家长、教师做了300余场心理健康讲座；学校心理教师服务于13个社区，并在社区开展了十余场心理健康讲座，进一步发挥了学校积极引领、带动整体、促进发展的作用。

在全校师生的共同努力下，长治市第一中学校的心理健康教育普及率达100%。在接受过心理咨询的学生中，90%的学生生活态度明显改善，70%的学生学习态度明显改进，60%的学生学业成绩明显提高。如今，学校的心理健康教育工作得到了社会的广泛认可，学校先后荣获“全国未成年人思想道德先进单位”、“全国中小学心理健康教育特色学校”、“全国四个100最佳志愿服务组织”、“全国文明校园”等近百项荣誉。

“如果，心在哪里，幸福就在哪里；那么，心在哪里，课程就在哪里”随着课程改革的不断深入，长治市第一中学校全体师生将立足现实、积极探索，努力构建以专业心理教师为核心，以班主任为骨干，以学科教师为生力军，以家长为后援，以正向校园文化、社会环境为氛围的学校德育工作新格局，让教师的每一个行动都带给学生光明，助推每一个孩子走向丰富和灿烂的精神世界。

立德树人越新高，劳动教育促发展

山西省长治市上党区西庄小学　毕锦杰

教育事业培养的人才是德智体美劳全面发展的社会主义的接班人。苏霍姆林斯基认为，离开劳动，不可能有真正的教育。他倡导劳动教育要贯穿、渗透于一切学校教育之中。劳动是培养人、塑造人的关键途径，甚至是最主要、最根本的手段。在教育体系中，学生只有通过劳动，才能充分发挥个人的才干和智力。近年来，我校围绕“立德树人”的根本任务，坚持“五育”并举，提出了开展以“家校社会相通，德智体美相融，经济社会相适，学生生活相近”为指导思想的劳动教育，把“以劳树德、以劳增智、以劳健体、以劳育美”的劳动教育理念，渗透于课堂、渗透于实践、渗透于生活、渗透于家庭、渗透于社会。让孩子在劳动中锻炼，在特色化育人的道路上进行着有益探索。

2010年9月学校正式成立了西申家庄乡村少年宫，开设适合学生普遍参与的十多个兴趣小组。在此基础上，学校相继成立了篮球、足球、无人机、腰鼓等多个学生社团，学校管弦乐队、民乐团多次承担区级大型庆典活动，受到一致好评。学校先后荣获“全国未成年人思想道德建设工作先进集体”、“创建全国文明县城模范单位”、“市科技创新模范单位”、“市级平安学校”、“市级先进学校”、“市级绿色学校”等称号。2018年4月起创建了60余亩的劳动实践基地，并创新学生用餐模式，让学生学会自主、合作、劳动、责任、担当和感恩。

一、渗透课堂，促进学生全面发展

我校位于享有“全国文明村”称号的山西省长治市上党区西申家庄村。创办于1950年，现占地面积3.2万平方米，是一所六轨制农村寄宿制学校。

根据农村学校的特点，我们因地制宜，将劳动教育与农业生产劳动有机结合，既培养学生的生产技能，又在出力流汗的劳动中磨炼意志，培养学生正确的劳动价值观，让学生认识到劳动不分贵贱，劳动是创造美好生活的源泉。为培养学生系统的劳动生产知识，依据学生年龄特点，我们分年级编制了劳动实践指导手册，同时将每年五月的第一周确定为学校“劳动教育宣传周”。围绕主题在本周内开展系列劳动教育活动。全校一至六年级均安排了每周一课时的劳动课，教学注重知识与实践基地种植作物的结合，实现了以体力劳动为主，手脑并用、安全适度、重在体验的劳动教育目的。各班的劳动课，根据天气与季节的变化，室内、室外机动调整。

另外，学校还开发了劳动多元课程，促进学生全面发展。除了在语文、数学等基础性课程的学科劳动渗透外，学校紧紧围绕“劳动习能”、“劳动熠美开发了植物种植、内务训练、家政服务、传统手艺、健体训练、劳动诗词、班级创意、自然观察、家校游学等实践课程。

二、渗透实践，磨炼学生劳动意志

学校占地60多亩的“劳动教育学农实践基地分设为“欢乐农场”、“开心果园”、“唯美花园”三大实践板块，我们开展了“人人挂牌，认领果树”活动。孩子们在不同季节、不同时令，开展播种、育秧、锄草、施肥、采摘、压枝等劳动实践活动，感受播种的乐趣、管理的艰辛、收获的喜悦，在劳动中掌握劳动技能，磨炼劳动意志，培养尊重劳动者、珍惜劳动成果的劳动素养。

三、渗透生活，提高学生生活能力

学校创新用餐模式和住宿管理，把教室作为餐厅，把课桌变成餐桌，孩子们六人成组，各有分工。放学前二十分钟，配餐间已经把饭菜分配到标有各个班级的餐桶里，放在餐车上了。放学后，每个班的分餐值日生系上洁白的围裙，戴好袖套、口罩、餐帽，两名值日生去配餐间取餐，把标有自己班级的餐车推回教室。教室里，同学们已经洗过手，整整齐齐铺好餐布坐在座位上等开饭。值日生分工合作为大家分配餐具、营养餐、盛饭，整个过程中，孩子们从取餐、分餐、整理、洗消整个就餐流程中提高了生活技能，培养了合作精神。

回到宿舍，为了提高学生生活自理能力，孩子们独立完成叠被子、洗脸、刷牙、洗脚、洗袜子等环节，锻炼学生的自理能力，养成了良好习惯。学校每两周进行一次宿舍内务评比，并颁发流动红旗，经过持续不断地培养。使学生在劳动体验中储备劳动知识、劳动技能和劳动智慧，拥有相对独立的生活自理能力、交往合作能力、自主创新能力。

四、渗透于家庭，培养学生感恩意识

学校教育离不开家庭的配合。家庭作为孩子成长的港湾，学校将劳动教育有机地融入家庭之中，提出了“412”家庭劳动教育做法:“4”是，每周为长辈洗一次脚、帮父母做一次家务、跟父母谈一次心、帮邻居做一件好事；“1”是，体验一次传统节日家庭活动；最终达到2个目的：知感恩，担责任。

五、渗透于社会，厚植学生爱国情怀

学校经常组织孩子们参与社会活动，上党区国际马拉松赛场、长治市文明城市创建现场都有孩子们参与劳动、奉献社会的身影。同时学校每年都会组织研学实践活动，将孩子们带到祖国的名山大川、爱国主义教育基地，通过集体旅行、集中食宿的方式走出校园，在与平常不同的生活中拓展视野、丰富知识，加深与自然和文化的亲近感，增加对集体生活方式和社会公共道德的体验，并接受一次次红色的洗礼，从而厚植孩子们回报家乡、回报社会、回报祖国的家国情怀。

同时，学校借助信息互联网平台，积极构建学校、家庭、社会“三位一体”的劳动教育宣传平台，运用校园微信群、红领巾广播站、校园期刊宣传，营造“劳动最光荣”、“劳动最美丽”、“劳动最崇高”的浓厚氛围，促使学生树立正确的劳动价值观、人生观。

构建德育体系，突出德育实效；深化课堂改革，提升智育水平；开展特色体育，强化体育锻炼；组建艺术社团，增强美育熏陶；我校全方位育人的格局正在形成。唯善、唯美、唯真的价值追求与“活动中成长，劳动中锻炼”的教育理念，正在孕育出长治教育中一颗璀璨夺目的明珠。

“礼高”特色迎发展 乡村开遍桃李花

——记山西省长治市屯留区李高中心学校校长崔春震

山西省长治市屯留区李高中心学校 苗潜

在振兴乡村教育之路上，有无数人挥洒着青春和热血，用无悔的精神书写着壮美的教育赞歌，他就是这样一位校长。

崔春震，男，1972年3月出生，长治市郊区马厂镇李村沟人，汉族，本科学历，中共党员，中小学一级教师，现任屯留区李高中心学校校长。1993年10月参加工作。1993年10月至2000年5月，潞安集团漳村矿小学任教；2000年6月至2003年12月，常村矿小学任教。2000年9月，创办了校刊《阳光地带》，一个人负责写稿、组稿、编辑、装订，在师生中影响颇广。2001年担任年级组长，带领全组老师齐心协力抓教研，团结互助出成效，在2001年至2003年的潞安集团普教处抽考中，所带年级语文成绩连获第一。2004年1月至2019年10月，任常村矿小学副校长。2019年11月至今，任屯留区李高中心学校校长、党支部书记，兼东李高寄宿制学校校长。1994年，漳村矿优秀教师、安全标兵。1995年，潞安矿务局模范教师。1996年，优秀辅导员，所带学生王昆获全国百佳少先队员。2001年，论文《创新教育之管见》获全国煤炭基础教育、教学研究优秀论文二等奖；论文《设计学习“台阶”提高数学素质》获《小学教师教与学》杂志一等奖。2002年，论文《基础课程改革中教师的角色定位》获全国煤炭基础教育、教学研究优秀论文一等奖；常村矿“矿山标兵”称号。2004年，潞安矿业集团模范教师；全国煤炭基础教育先进工作者。2005年，常村矿“矿山标兵”。2006年，潞安集团优秀教育工作者；常村煤矿优秀党员；论文《“没问题”就是“有问题”》在《当代教育》第8期发表。2008年，潞安集团模范教师。2013年，长治市优秀班主任；山西省优秀班主任。2017年，屯留县先进教育工作者。2018年，屯留县优秀校长。

“礼高”校园文化的开路人

2019年10月23日，怀揣着一腔热情和教育梦的崔校长走进了东李高寄校。淡黄色的教学楼在一排柏树的映衬下显得和谐自然，虽然柏树的枝叶略显灰白，但西边几株高大挺拔的旱柳，花园里的几棵秀美的玉兰，再加上错落有致的假山组成了一幅天然的水墨画，校园环境着实让人心旷神怡。

接下来他就对李高寄校的实际状况进行深入的了解，思考工作如何展开。经过一段时间的工作之后，崔校长认为可以就地域文化，走“礼高”特色。于是李高中心校根据校名和历史渊源提出适合乡村教育的办学理念——“礼高”。

为此，崔校长立足校园本身的环境打造了体现“礼高”文化的八大经典，分别是：桃李迎宾、双屏开翠、礼高大道、文昌笔搁、足下生辉、柳韵书香、玉兰苑解、龙凤呈祥。当我们走近李高中心校校园，站在这块“有礼”的土地上，首先映入眼帘的是学校的第一景——桃李迎宾。礼高大道的东边是一棵桃树，右边是一棵樱花树，所以崔校长取其名曰“桃李迎宾正如今天的李高——桃李飘香迎宾朋，樱花笑语庆盛会。十年树木，百年树人，尊重生命，办有温度的教育，更深的寓意则是愿礼高芳香满校园，桃李满天下。而从校门通往校园内的这条大道是学校的八大景之二：礼高大道。平整的大道踏满了学生的脚印，在这条大道上，学生从天真懵懂成长为“明礼、守礼、行礼”的好少年。在“礼行天下，高标发展”校训的指引下，他们的人生之路将会越走越远，越走越宽阔！当大家抬头放眼，立德楼前，矗立着两排整齐的翠柏，犹如两道绿色的屏障一般，所以称之为“双屏开翠翠柏与浅黄色的楼身彼此辉映，浑然一体，呈现出一种温馨和谐之美。此处是所有校园景点的灵魂所在，融万物精华以养其身，拨云去雾越开前进之路。

教师队伍成长的同路人

崔校长深知，实现在李高学校工作突破的核心在于教师。如何有效地调动起全校教职员工的积极性，激发每个个体的潜能，进而建设一支充满激情和奋发有为的教师队伍，成了崔校长殚精竭虑想要解决的难题。要调动教师的积极性，必须让老师明白学校的发展方向，崔校长借教师例会的平台、周末教师沙龙等活动跟教师亲切交流学校的教育目标，即实现师生校园幸福教学、快乐学习，最终实现“五育并举”高标发展。

有一位新教师刚接任三年级班主任时，遇到了一位蛮横的家长无理取闹，崔校长及时出面解决，扛起责任，随后鼓励新教师大胆工作，不要有后顾之忧，校长就是教师的后盾。他不但关心教师的工作，更关爱教师的生活，时时处处为他们考虑，解决教师生活中的困难，为他们创设安心的工作环境。例如，学校有一名女教师家住在高平，离学校太远，孩子又年幼，他了解到这名女教师的困难后，特允许她每周可以用半天的时间回去看望孩子，之后她的工作总是事半功倍，处处领先。学校还允许老师们每月拥有两天亲情假，方便教师的尽孝与人情应酬。特别是教师父母生日之事假，学校领导会凡请必允，这些看似细微之举，却让老师感觉到温暖，工作更努力了。教师工作中有家访学生，而崔校长也会在适当的时候家访教师，这让教师和校长之间敞开了心扉，融洽了关系，既深入而全面的了解了教师，又为学校的教育工作打好了“感情牌”。

李高中心校将以人为本，提升师生的生命力，实现师生的生命价值。明确“礼”为立校之根，是学校生命发展的内涵，一切以生命教育为本的教学活动都要落在“礼”上，要抓住“礼”激发全体师生生命力，推动学校工作全面开展，只有这样才能让“礼高”文化在这片土地生根发芽，绽放生命的光彩。有了“礼高”这样的教育理念，就是播种这颗独居特色的“礼高”文化的种子——“让生命看得见”是发展李高力量之源。

李高乡中心校的引路人

崔春震校长既是东李高寄宿制小学的校长，又是李高乡中心校校长。为此，他通过调研对李高乡教学点的教育现状进行了分析，并得出了初步的判断——“学生少、留守儿童比例大，教师少、年龄大，工作负担重”是教学点普遍存在的共性问题。面对李高乡内各教学点边缘化状态、师资短缺、生源流失严重的现状，崔校长认为农村教学点应该克难求进、努力规范办学行为，确实为农村教育撑起了一片天。

如何解决教学点存在的问题，让教学点的教学能为农村基础教育健康持续发展奠定良好的基础呢？关于如何提高农村教学点教学质量、巩固教学点生源，崔春震校长也作了大量的思考和实践。要牢固树立“以礼立校、高标前行”的办学理念，让“礼高”文化深植于全校师生的内心，成为行动指南；提高待遇，鼓励优秀教师到教学点任教，保证教学点师资；教育大计，教师为本；做好经费保障，加大投入，大力改善办学条件和校园环境，留住教学点教师和学生；完善管理制度，做到用制度管人；加强课堂教学管理、加强教师培训、加强信息技术与课堂教学的有机整合，从而提高教学点教师教学水平；重视教研活动、重视教学常规管理和师德师风建设、重视养成教育，从而提高教学点教学质量。注重家校共育，形成教育合力，让留守儿童健康成长；利用闲置资源，解决家长难题；因地制宜，创建特色学校，增强农村教学点的吸引力。农村教学点是农村义务教育的重要组成部分，在义务教育均衡验收时，上级有关部门狠抓校容校貌、软硬件建设、功能室建设，彻底改变“办学条件简陋、办学条件单一、功能室不足”等短板，使得农村教学点办学条件全面达标，农村教学点的面貌发生了很大的变化，为教学点教学质量的提高奠定了坚实的基础。但是随着城镇化的进程加速，农村家长对优质教育的渴望，撤点并校等因素的影响，农村教学点的教学质量下滑，生源流失严重，已经到了生死存亡的时刻，成为当前农村教育不容忽视的问题。教学点作为基础教育的基础，是提高教学质量关键的关键，抓好教学点工作是教育基本均衡的最好体现。要充分认识教学点工作的重要性，站在办人民满意教育的高度，办好老百姓家门口的学校，助推教育均衡发展。

天道酬勤，自强不息，相信在未来，崔春震校长将继续带领李高乡中心校迈向更美好的明天！

筑牢安全防线，创建平安校园

陕西省宝鸡市眉县横渠镇青化初级中学 张永峰

平安校园”建设，是新形势下加强校园治安综合治理的新举措，是学校管理与建设的重要内容。长期以来，我校秉承“安全重于泰山”的宗旨，始终以“教育发展，安全先行”为理念，坚持以“安全第一，预防为主，突出重点，综合治理”的方针，以“抓预防，除隐患”为重点，以创建“省级平安校园”为目标，做到时时、事事、处处、人人讲安全，齐抓共管，整体推进，有效地提高了广大师生的安全意识、群防意识、责任意识，创设了学校良好的育人环境，保障了学校各项工作的正常开展。

2012年我校被命名为“宝鸡市平安校园”。近年来，学校先后被命名为陕西省绿色校园、宝鸡市“语言文字规范化示范校”、“文明校园”、“五星级”高效课堂实验校等荣誉称号。

一、健全领导机构，落实规章制度

我校高度重视创建工作，坚持把创建省级“平安校园”作为提升学校安全教育管理水平，维护校园平安和谐教书育人环境，促进学校品牌建设的有效抓手。坚持把安全工作放在各项工作的首位，在落实

学校法人为第一责任人制度的前提下，学校专门成立校园安全工作领导小组和创建工作领导小组，校长亲自任组长、学校班子同志及各年级班主任为成员，坚持定期研究部署我校安全教育管理工作，并按照按“谁主管，谁负责”的原则和各处室分工、领导小组成员岗位实际，层层落实安全管理责任，构建了上下联动，齐抓共管的工作运行机制，实现了各项工作安排、督促、检查、考核“四到位”。

结合我校地域特点和学生情况，为进一步做好校园安全管理工作，学校及时制定、修订并扎实落实《青化初级中学突发公共事件应急预案》、《青化初级中学领导24小时值班工作职责》、《青化初级中学安全工作检查制度》、《青化初级中学课间值班表》、《青化初级中学食堂管理规范》、《青化初级中学安全隐患排查整改制度》、《青化初级中学消防安全管理制度》、《青化初级中学实验室管理制度》、《青化初级中学宿舍管理制度》、《青化初级中学安全用水、电制度》、《青化初级中学宿舍管理员工作职责》等常规管理制度，实现了安全教育管理工作的规范化和科学化。同时，狠抓门卫管理，严格落实《青化初级中学门卫工作规范》，严格实行校外人员入校和学生出校登记、验证制度，严禁无关人员和校外机动车入校，严禁非教学用易燃易爆物品、有毒物品、动物和管制刀具等危险物品带入校园。

二、加大投入力度，强化安全教育

为全方位做好校内安全工作，我校先后投资数十万元，对校门、微机房、餐厅、操场、教室、楼道、围墙等重点区域或学生集中活动区域安装了视频监控、红外探测、应急报警等设施，坚持检查添补消防、防暴力侵害等物防设备，学校坚持组织男教师成立护校队，严格落实工作津贴，坚持利用家长委员会，聘请学校安全管理义务监督员，并落实相关奖励政策，学校的立体化安保水平不断提高。

防控结合，扎实开展安全教育管护。严格落实《青化初级中学值班人员工作职责规定》，在实行全天候值班的前提下，按课间值班表落实课间值班制度。学生上、下课、出操等教学活动和晚自习上、下课要按照师生上、下楼常规安排上、下楼。课间值班人员在指定位置巡查引导，避免学生拥挤，保持良好秩序。学校坚持利用校会、班会、升旗仪式、专题报告会、橱窗、板报、校园广播等形式开展经常性的生命安全、消防安全、交通安全、饮食安全等教育。按照每月一次的要求，我校常态化组织消防、地震、食物中毒等应急演练活动，师生的安全防范意识和自防自救能力得到全面强化。

三、重视健康教育，促进学生成长

学校通过心理咨询室等形式为学生提供心理咨询，规范心理咨询室建设，不断提高咨询室硬件和软件建设水平，通过家长会、校园开放周、校长接待日、教师家访等形式建立学校、教师、家长定期沟通机制，争取学生家长积极支持、大力协助学校加强对学生的教育管理，尽快配齐心理教师。

以人为本，扎实做好师生饮食安全和疾病防治工作。学校严格执行《食品安全法》、《餐饮服务食品卫生安全监督管理办法》、《学生食堂与学生集体用餐卫生管理规定》。学校伙食部、服务部要严格落实学校法人负总责，主管副校长和总务主任主管，由管理员全面具体负责日常管理，学校德育处等有关处室和教代会、学生会、校医监督管理的管理体制。严格执行《青化初级中学食堂管理规范》落实从业人员健康体检制度，严格落实食品、食品原料、食品添加剂的采购查验和索证索票制度。严把食品制作销售关，切实做好食品卫生、食物中毒突发事件的预防工作，切实保障广大师生的身体健康和生命安全。学校总务处要定期检查饮用水的卫生安全状况，保障师生的饮水安全，充分发挥学校医务室的功能作用，购置必需的急救器材和药品，预防防控学校H1N1流感、流行性腮腺炎、手足口病等流行病的发生和蔓延。加强教室、宿舍等教学、生活场所的通风换气，保持室内空气新鲜。落实流行性疾病发生季节的晨检、因病缺勤、病因追查与登记制度。要加强与卫生部门的疫情信息沟通，做到传染病人的及时发现、及时报告、及时治疗。

四、定期安全排查，做好源头治理

我校严格执行设备设施安全检查、班级周报、学校综合治理月报制度和矛盾纠纷排查整改制度，确保安全隐患和矛盾纠纷早发现、早介入、早化解。学校总务处、教务处按国家有关规定定期对学校建筑物、构筑物、实验室等设备实施进行安全检查、检验，发现存在安全隐患的立即停止使用，及时维修或更换、维护。政教处严格按照消防安全制度和消防工作责任制，加强消防设施和器材的日常维护，设置消防安全标志，保证疏散通道安全和消防车通道畅通。同时，对于开学典礼、家长会等大型集中活动、毕业考试等外出活动，坚持在教育局的统一安排下，积极联系辖区派出所和交警队来校指导协助，精心制定安全防控预案，周密组织实施，确保活动顺利进行，确保全程安全稳定。

另外，学校通过板报、LED屏、墙报、微信平台、标语等方式宣传安全常识，结合安全活动月、安全活动周等形式发放安全材料，分发《致家长一封信》；举办安全讲座等，将校内的安全与家庭安全有机结合起来，形成“人人参与共创平安”的舆论氛围。

学校扎实开展“平安校园”创建工作，并积极和城乡综治办、派出所、交警队、消防队、疾控中心等相关部门加强联系，组织联巡联防。定期聘请相关人员开展交通安全、法制安全、传染病防控等知识讲座，沟通信息，形成了强大了工作合力。

五、精心组织安排，开展专项整治

狠抓交通安全专项整治活动。我校坚持常态化的交通安全宣传教育，利用晨会、班会举行交通安全知识讲座，观看交通事故图片，加大宣传教育，提高学生交通安全意识。学校规定学生不得骑摩托车、不乘坐“三无”车辆、不乘坐拖拉机，更不准许骑自行车。

做好消防安全专项整治工作。学校重视消防安全培训，对全校教职员工、全体学生进行消防安全教育，组织观看消防自我保护管理教育片，组织学生消防演练，提高消防意识，让人人都参与消防安全工作，人人懂得使用消防器材。

做好食品安全卫生专项整治工作。一加大食品卫生安全宣传力度，教育学生合理膳食，大力培养学生良好的饮食习惯；二加强对食堂工作的管理，做到制度上墙，文化上墙；三持续加大对食品安全卫生的监督检查。

严格考核，严肃责任追究。学校实行安全包干制度，逐级签订安全责任书，要求有关处室、班级要把安全工作作为各项工作的重中之重，作为首要问题来抓。每学期末各年级、处室、班级及有关教职工要认真反思总结安全教育管理工作，不断提高安全管理工作水平。学校坚持按有关规定进行考核，并对考核优秀的处室、班级或有关同志进行表彰。同时，学校有关领导和广大教职工按有关工作分工，对学校的安全教育管理工作承担相应具体责任，坚持把安全教育管理纳入值班检查内容，坚持开展每天检查反馈、每周小结得失、每月考核评价的工作制度，引导全体教职工以高度的责任感和使命感抓紧抓实关乎安全的每个细节，对于不作为、渎职等造成安全事故的相关处室及教职员工实行考核“一票否决并按有关规定追究有关人员的有关责任。

在全体师生的共同努力下，我校基本形成了安全、稳定、和谐的工作学习环境，安全工作得到广大师生和社会各界的一致认可。今后，我校将进一步提高认识，明确任务，狠抓落实，以求真务实的工作态度，扎实有效地工作方法，继续落实安全责任制，增强师生安全防范意识，提高师生应急自护能力，不断推进“平安校园”创建工作深入开展，为建设平安社会做出新的更大的贡献。

扎根乡村引领幼教　全面推进展现风采

陕西省韩城市龙门镇第一幼儿园　郭建怀

“认真就是水平，实干就是能力”这是我的人生信条，也是对员工的要求！

“园长不仅是一线的指挥员，更是工作最前沿的战斗员”指明方向、领着大家干，工作会干得更好。这是我的认识！

“每个孩子的梦都是无价的，我们的价值在于发现他们的梦，引导他们走向梦的远方”这是我对教育的理解。

扎根乡村教育三十余年，由小学校长转岗园长五年来，我始终恪守信条、加深对教育的理解，坚持身先士卒工作作风，立足乡村、追求卓越，带领全园上下内涵、外延一起发展，管理、服务同步优化，一年一大步，三年一台阶，用最短的时间实现省级示范园成功创建，让龙门一幼这所乡村幼儿园变得有声有色、领跑全市。把一批批幼教人培养成优秀人才，把一批批优秀的幼教人才留在了乡村教育这块热土上，真正达到办园水平和群众满意度的“双提升”。

敢打攻坚战，开园实现“开门红”

新建园开园初期，因小区规划未到位，面对各种艰难。如何确保高规格开园、高水平运转？成为一幼人心中的结！

“没有路，我们一定要靠自己走出一条路来！”这是我和仅有的三名在编教师第一次碰头会上的誓言，从那刻开始，我一边挤出时间学习幼教理论，一边走访市域内外名园，学习、交流、研讨、实施中让老妈一幼顺利高规格开园。虽然在校长这个岗位上他积累了不少的经验，但是幼儿园的管理对我来说，是面临新的挑战！

为了实现“开门红在充分征求大家意见的基础上，我们打出关键四招。一是托亲靠友、走街串巷招教、招生。二是督促工程进度、规划筹备开园准备工作，带领大家加班加点卸载搬运、组装拼接、安装摆放设施设备。三是联系落实校车，精心规划线路。四是挖掘文化资源，借“鲤鱼跳龙门”神话传说，构建园所文化，培植“小鲤鱼”精神，创设出以鱼跃龙门为核心，层层有主题、班班有风格的园所环境，形成生态、人文、教育为一体的特色文化氛围，吸引了众多家长到园参观。当时，园里还没有床铺，大家经常回到城里都是凌晨两三点钟，拂晓又匆匆爬起来，在校车出发前赶到幼儿园。

汗水湿透了衣衫，手脚磨出了血泡。功夫不负有心人，开园即成名园，在规范办园、优质开园，满意运行、满员运行等方面一跃成为大家津津乐道的乡村名园。

善学更善做，打造名优特色园

几年来，我把学习先进理念作为每日必修课，熟读《3—6岁儿童学习与发展指南》等学前教育理论，深入研究政策和要求，坚持阅读优秀示范幼儿园微信公众号刊发的文章，利用假期时间带领大家外出学习，经常拜访名园长学习先进办园经验。

充分结合园所实际和本土资源，我园着力打造特色幼儿园，将乡土文化融入保育活动之中，师幼“百人锣鼓队”在很多活动中崭露头角，掌声如潮。在大家的极力推动下，口风琴演奏成为该园每个孩子必备的技能和生活的习惯，“人人口风琴”也成了幼儿园的一大特色，奏出了龙门第一幼儿园在群众中的声誉。

近几年，我园拟订了一系列的管理制度，建立健全了幼儿园的规章制度，形成依章办事、高效运作的良性管理机制，为打造品质幼儿园奠定了坚实的保障。

全心服好务，发展呈现节节高

幼儿园无小事，孩子的每一件事情都是大事。安全、卫生、食堂工作都需要我亲自负责。我坚持每天在校门口迎园、送园，风雨无阻，目的是及时听取家长意见建议，为大家答疑解惑。

认真就是水平，实干就是能力，为此，我坚持每天第一个到园，最后一个离园，每天平均工作时间超过13小时，始终以精益求精的工作态度要求自己在本职工作上做到尽善尽美，用负责的精神、热情的态度、严格的管理，为教育教学做好服务工作，力争以身作则，做出表率。

心系教育，爱生如子。我始终秉承着这一初心，时刻把孩子放在心里。幼儿们亲切地叫我 “园长爷爷一到放园时间，孩子聚在大门口，和“园长爷爷”做游戏，这个抱着腿，那个牵着手，丝毫没有拘束感。风雨无阻，坚持园长带队接园、离园，每天接园时间将近两个小时，冬天的风霜、夏天的汗水永远不会改变一幼老师脸上的笑容。

开园以来，我园每年坚持利用寒暑假开展大走访大调研活动，坚持走访每一户学生家庭，认真听取家长意见，并做好反馈，每学期的家访率达到100%。为了让更多的适龄儿童享受优质普惠学前教育，我们几乎没有假期，挤出时间组织教师进村入户做好宣传、征集群众意见，让更多的群众了解党的教育政策和幼儿园教育理念、科普育儿知识。

经过五年发展，在园人数已达到498名，成为全市规模最大的乡村园和幼儿回流人数最多的幼儿园。我和我的团队心往一块想、劲往一处使，用行动践行、彰显“一群人、一件事、一条心、一起拼、一定赢”的干事创业信条，用实绩赢得群众信任，把教育理想转化成了幼儿、教师和群众享受品质教育、追求美好幸福生活的生动实践。

在下一个五年规划中，龙门镇第一幼儿园全体教职工将由“引领乡镇幼教，争创韩城一流”的发展目标，转接为“抢占幼教制高点，争创省级名优园进一步发扬“艰苦创业、团结奋进”的一幼精神，全方位、持续推进品质教育再上新台阶！

传承中华经典吟诵　热电小学在行动

陕西省西安市灞桥区热电小学　李梦露

吟诵，是中华传统读书法，是汉诗文的传统读法，是中华文化教育基本的学习和教学方法，有着两千年以上的历史，古代文献上所谓“读书”、“读书人”、“风声雨声读书声”等，这个“读”字，就是今天所谓的“吟诵”。2016年，吟诵被列入教育部、国家语委“十三五”工作规划，2018年，吟诵被正式列入“中华经典诵读工程”。2019年，吟诵进入统编语文教材和教学参考书。为积极推广弘扬和全面传承中华优秀传统文化！为深刻体会古典诗词文赋丰富的音乐属性和韵律之美！为充分感受经典诗词文赋中的家国情怀和文化内涵！我校通过应用吟诵的形式和方法激发学生学习古诗词的兴趣和积极性，增进对祖普通话言文字的美感体验，培植热爱中华优秀传统文化的情感，培养青少年儒雅风范，使我们的老师探索出自己的古诗词教学特色，由点点滴滴的努力和创新，打造文化校园，立德树人，让文化自信和精神文明成为一种习惯。

一、做好总体规划，开展实验项目

在校领导的高度重视与支持下，老师们认真完成了暑期线上吟诵基础培训，我校成功申报“中华经典吟诵”公益实验项目。中国教育电视台中教北科、中普通话文报刊协会吟诵教学法专业委员会，授予我校“中华经典吟诵实验学校”牌匾，这既是对我校的支持和肯定，也是对接下来吟诵全面落地工作的考验。我校对公益实验项目做了总体规划，我们会循序渐进，有计划地从教研会、校本课题、教学、校园艺术文化活动、小蜜蜂影视中心等多个切入口展开中华经典吟诵项目。

二、开启吟诵时光，丰富文化生活

2020年9月7日，我校“中华经典吟诵实验校”揭牌仪式后，正式启动“中华经典吟诵实验项目随后开启了“热电小学午托吟诵时光”计划。

每天中午1：20—1：40进入午托吟诵时光，午托时以听为主，诵读为辅，配以吟诵欣赏，为了让全体老师更加便捷、轻松地展开午托吟诵时光计划，也为了让语文教师在古诗词课堂上尝试改革，融入吟诵教学，在赵卫东校长的支持下，学校为教师配备了中华经典吟诵教材和教学资源库。

从2020年9月7日到9月18日我校完成了午托班级学生们的吟诵宣传工作。在这个过程中，会根据学生的不同反应去调整吟诵在古诗词教学中的方法策略。前期午托吟诵时光计划地目标是让学生知道什么是吟诵，利用教学资源让学生现场选一首诗进行吟诵学习尝试。根据目标设计的实施步骤是先让学生观看吟诵宣传片，之后打开教学资源库，点击“读诵”、“吟诵谱”、“吟咏”按钮进行播放，学会看吟诵谱。

三、实施计划目标，引发新的思考

在围绕目标实施计划时，我们也有许多新的思考和发现。

对于一年级，识字量有限，在学习古诗时，有时不能像高年级那么轻松的一下子把字音读出来、读准确，这时点击“读诵”让学生认真听，对于一年级识字正音非常有帮助，三遍之后，他们就能自己模仿诵读，正确读准字音，此时点击“吟诵谱”让他们再听“读诵告诉他们字尾巴后面“.”、“..”、“…”和有的字“住楼上有的字住“楼下”的秘密，他们就像一张白纸，你用他们能听懂的语言方式告诉他们怎么吟诵并带着他们练习，你会发现孩子们惊人的学习能力。最后让他们用手势配合诵读，将高低长短表现出来。在古诗词教学中怎么指导学生有节奏、有感情读古诗呢？用吟诵的方法学习古诗词，学生注意到高低长短后，诵读时自然而然就有节奏上的轻重缓急、高低起伏了。那么古诗词教学中在读的环节中不单单只用朗读，完全可以加入吟诵，吟诵是依字行腔的，在用手势表现高低长短时，还可以配合用手势边吟诵边比画出字的声调，加强识字正音。

在二年级的午托吟诵时光中，张董岳和王玺哲两位同学给我留下了深刻的印象。在听完“读诵”时，我加了一个问题，你们听到的诵读和平时你们自己朗读诗有什么不同，张董岳唰地一下举起小手说：“有的字读的长有的字短”。顺势我让他们再听，找出哪些字长，哪些字短，他的回答带动了一片小朋友去寻找，紧接着一个个都发现了，这时点击“吟诵谱让他们观察，结合刚才的发现，你们又发现了什么，有更多的同学发现了“.”、“..”、“…”的秘密。此时王玺哲同学喊出了：“有的字高，有的字低”。我说：“你能看着吟诵谱，把这首诗诵读出来吗？”他走到台前，看着黑板，一手比画高低长短一边诵读。在其他同学觉得读高就是声音放大，读低就是声音放小时，他用洪亮的声音展现了高低的不同。可见学习吟诵并不难，引导学生发现去掌握吟诵的规矩和方法，他们就会有意想不到的效果。

从三年级到六年级，随着年级增长，同样的目标下，教学策略是有所转变的，也会加入新的方式，而这些转变正是实践过程中你自然而然就生成了。低年级我是先用他们能听懂的语言介绍吟诵是什么，明确吟诵是传统读书法，古人读书就是吟诵。诗人作诗也是先吟诵出来的，吟诵是学习古诗词的好方法，之后观看宣传片，加强印象。高年级呢，则是让他们先看宣传片，之后由他们告诉我吟诵是什么，这时很多孩子会说是唱，是有感情地朗读诗，是有旋律的。针对他们的回答，此时就可以加入知识补充“吟诵和唱的区别”、“吟诵和朗读的不同紧接着打开教学资源库，来到一首诗的界面，让他们去观察界面有什么发现，有的同学说诗没有标点符号，古人的课本就是没有标点符号的，那他们为什么还能有节奏有停顿有高低长短地读出来呢？古人会吟诵啊！其实让他们观察界面的目的是去发现“读诵”、“吟咏”、“吟诵谱让他们对之后学习吟诵的路上，必须明白的概念产生好奇。点击“读诵对比和朗读的区别，明白吟诵是有规矩的，不是随便想怎么唱就怎么唱，学会看吟诵谱，看懂规矩，根据吟诵谱就能把诗诵读出来，我对孩子说你能够按照规矩正确诵读，你也就会吟诵了，这是最重要的，如果很感兴趣，对音乐有天赋，在诵读的基础上你可以度曲，自得其乐的吟出来，这不就是上了一个台阶的入诗境，赏诗情。从读诗到理解诗，吟诵有助于诗的理解。在午托吟诵时光中，我发现高年级的同学立马能发现没有点的字读得要短促，配合了拍手的方式表达短促，诵读时声调的高低表现得不明显，此时用音乐的音阶训练让他们感受高低的不同。很快他们就掌握了，看懂吟诵谱后，随便选首诗，他们就跃跃欲试，诵读了出来，学生的主动性被调动起来了。

在古诗词教学环节中，教师会利用资源点击播放吟诵，在识字正音中就多了一种方式。用吟诵来学习古诗词，在读的环节中，就增加了读的方式多样性。能够教会学生看吟诵谱，注意到高低长短，就突破了有感情朗读的指导。能够告诉学生为什么这个字读得长或短，高或低，有什么含义，根据年级再补充相应的意象知识，再结合注释，那么通过吟诵，就从声音很好地过渡到了诗的理解，吟诵不单单只是为了让你听到声音，声音是有含义的，吟诵中就表达着诗人的喜怒哀乐，思想感情。理解诗后，有曲子的吟诵，也就是播放吟咏音频，学生听着入诗境，感情升华，有了对诗理解后，学生再自己吟诵练习。一节课下来，古诗的重难点就突破了，相信孩子背诵的效率也大大提高了，最重要的是他感受到自己不知不觉中就明白了诗，不那么干涩枯燥。

四、营造诗香氛围，建立诗香校园

午托吟诵时光计划展开后，学校班主任们建立了班级中华经典吟诵学习群，学校组织线上家长会，展开了对家长的吟诵宣传，鼓励家长和学生一起吟诵，通过吟诵建立诗香家庭。

学校根据班级情况创设了吟诵早读，每周一、二学生会使用配备的吟诵资源进行吟诵早读，老师进行点播指导。学校将每个年级每学期必背篇目和补充篇目梳理出来，建立吟诵打卡表，鼓励学生每学期通过吟诵的方式提高古诗词积累量。除了古诗词吟诵外，我校计划将《道德经》、《诗经》、《论语》、《千字文》、《百家姓》、《弟子规》、《声律启蒙》等经典篇目吟诵带入早读，为我校的吟诵课间操做铺垫。另外，学校根据不同年龄段设立了凯风社团和吟诵之美社团。凯风社团针对1—3年级学生，主要以学习经典篇目吟诵为主。吟诵之美社团针对4—6年级学生，主要以学习吟诵知识和规则为主。

诵读中华经典，传承民族精神，热电小学在行动，我们在尝试中摸索，在摸索中不断改进，在改进中逐渐积累行之有效地经验方法。我们愿意去学习、创新和传承，我们希望用中华经典吟诵去打开学生学习古诗词的大门，去理解和积淀我们优秀的中华经典文化，立德树人，共筑中国梦。路漫漫其修远兮，作为一所大多是外来务工人员子女的普通学校，我们会在中华经典吟诵推广与传承的路上，在校园文化探索的路上继续坚持、学习、尝试、创新、实践、总结、带动。

用心办学，深度实践“名校+”教育联合体教育模式

——记西安市第七十五中学“名校+”教育联合体工作开展

陕西省西安市第七十五中学　高雅锦

西安市第七十五中学创建于1964年，1999年晋升为西安市重点中学，2011年4月被评为陕西省标准化高中，2017年6月跻身陕西省示范高中之列。

近年来，“名校+”教育联合体的教育模式发展愈发成熟，我校在“爱心、善行、和美、卓越”的校园文化核心理念引领下，秉承“明德至善，爱育英才”的办学理念，坚持“唯美拓新、向上向善”的校训，致力于实现“成长、成熟、成人、成才”的育人目标，深度实践“名校+教育联合体”的教育模式，为师生的生命成长和学校可持续发展奠定基础。

一、拓展课程体系，注重课堂模式优化改革

在西安市第七十五中学“名校+”教育联合体构建和成长的过程中，有一种共识越来越得到大家的一致认同：一个人能走得很快，但一群人可以走得很远。这个“远就是我们“名校+”教育联合体的发展目标——提质增效、扩大竞争力和影响力；同样，这也是我们努力办学的诗和远方。

（一）课程体系

在课程体系构建方面，我们始终坚持以国家课程标准为逻辑起点。首先，确保国家核心课程开足开齐，从而体现育人功能。其次，结合三秦文化精髓与学校所处的汉唐文化核心区域的地域文化特点，努力从特色中找课程，从实践中找课程，尤其关注课程设置与学生实际需求之间的契合度，如中国武术与体育课、秦腔与音乐课、汉城湖水质调查与生化课等多层面的融合，让传统的课堂模式在新理念的召唤下焕发生机。

学校课程建设体系中的课程设置主要分为三大类：基础类、延伸类、创新类。基础类课程，主要采取整合的方式，把语文、数学、英语、政治、历史、地理、物理、化学、生物、体育、音乐、美术、传统文化等归为5类：德之馨、智之美、技之新、艺之悦、体之健；延伸类课程将各特色社团与基础类相对应，互为补充照应；创新类则指的是近年来陆续开始设立的数学创客、心理之家等。这样合理搭配，为各层次学生提供了更加广阔的学习空间。

（二）课堂模式

学校以“MS-EEPO”有效教育模式为依托，围绕教学方式、学习方式的变革，在传统的教学模式基础上进行创新。积极构建平等、互动、和谐、高效的课堂教学模式，向课堂40分钟要效益。经过探索研究，我校EEPO实验团队结合校情学情，开发出具有七十五中校本化特色的“生命化”课堂教学模式——“四步五落实”。四步：出示目标——先学后教——流程检测——周清追踪。五落实：教学目标任务落实、单元组学习落实、流程性检测落实、学习方式训练落实、思维方式培养落实。这种教学模式激发了学生的学习潜能，不仅使学生在学业成绩上有所提升，更让学生在学习思维和学习方式的转变上有所进步。

作为未央区有效课堂教学改革实践校，近年来我们的课改成果喜人：高雅锦、罗亚妮、王战备等省、市、区名师领航专家不断涌现，徐义忠、周佩等一批课改优秀青年教师茁壮成长，2019年荣获西安市高考改革重点学科研究基地学校、未央区课改先进单位。

同时，注重科研成长平台建设。目前，学校正在进行或已经结题的国家级课题3个、省级课题3个、市级课题5个、区级课题4个，有15名教师获得不同层级的奖励。学校还与甘肃、海南、河南等省进行教育教学共研计划，承办省市级各级教学教研活动，为教师成长搭建交流的基石和平台，形成“问题即课题、课题促研究”的成长型思维模式，从而以自身的丰盈帮助学生由此获益。

二、细化课堂教学，引入技术平台有效分析

（一）细化教学

质量是学校发展的生命线，这一点毋庸置疑。对于我们的学生和家长而言，他们对于教育结果的认同度往往高于享受教育过程，鉴于此，我们在常规管理中向全体师生提出“永远向有结果的人学习”的竞争理念。

在这个思路引领下，学校从教研活动、备课研讨、检测反馈等多方面进行常规管理的深化、细化，从而促使教师在面对每一个教学细节时，都能形成“目标+督促+检测+反馈+改进”的闭环操作，将对学生的素养提升精确到每个知识点的掌握、每次成绩分析的动态与静态双关注等，从而促使教师将个人专业执教水平转化为对学生更为科学、有效、专业化的引领和指导。

（二）运用技术平台

在具体的教学管理中，我们教育联合体在技术操作层面上尽力形成深度融合、联动发展。如：各年级统考及质量分析统一题源，尤其是在数据分析环节，我们借助智学网、壹键通等数据平台，引入“有效人数”分析理念，将教师教学分析的关注点引导到对学生的分层分析和动态关注上，共同为学生的成长进步从不同角度发力，有效推动学生学业水平的提升与发展。

同样，在日常的教学指导中，我们也倡导教师积极使用技术平台，提高教学效率。如：英语学科在省市规划课题——“限时性互动作业”的引领下，采用网络平台分层布置作业，学生限时训练，教师即时批阅，阅后及时互动反馈的方式，确保学生在高效专注的状态下提高作业完成率。

近年来，在这样日复一日的执行与提升中，我们的高考成绩稳步提升，中招统招分数连年攀升，在2021年高考中，成绩更上层楼，一本上线率82.78%，理科二本上线率100%，文科二本上线率98.80%，理科最高分654分，文科最高597分。

三、凝练特色校园文化，打造优秀教师团队

我们七十五中在历史的沿革中，凝练出文化发展核心理念：“爱心、善行、和美、卓越”。这四个词汇之间的递进关系，需要全体师生用心感悟，才能臻于完善。爱心和善行，是为人师表的基本规范和标准；和美和卓越，是基于师生的未来发展空间而言，所提出的团队及个人成长愿景：用卓越的团队成就优秀的个人。为彰显校园文化核心理念，学校通过开展校园之星评选、教师节表彰、高中成人礼等一系列主题教育活动，为师生搭建展示自我的平台，同时也将文化强校的理念根植于心。

教师队伍建设是学校永恒的主题和向上攀升的依托，教师个人的专业发展和成长是学校愿景设计中的必备环节。我们的“名校+”教育联合体在此方面做了大量的工作。如：通过各校内部的青蓝工程传帮带活动，弘扬红烛春泥精神；通过校际之间的教研骨干团队建设，强化跨区域深度教研意识，支撑教学纵深化发展；通过教育联合体大备课组建设，不断提升团队协作凝聚力。为促使教师队伍发挥出团队核心效力，我们以校本研修为抓手，以名师指导为核心，引导各校教师在新课程要求、新高考制度改革、新中考形势趋向等大方针政策的前提下，不断更新理念，自我成长。

用心办学，深度实践“名校+”教育联合体教育模式。曾经挥洒的“汗水终于换来了今日的“成绩”。2018年以来，学校先后获得“全国十三五规划课题基地学校、全国校园足球特色学校、西安市品质课程实验学校、西安市平安校园、西安市素质教育优秀学校、未央区教育质量综合评价一等奖”等多项荣誉称号；2018年西安市中学生田径运动会在西安市第七十五中学召开，赢得了社会各界的广泛赞誉。

2019—2020年作为未央区“名校+”教育联合体的牵头名校，与西安市第七十六中和四十八中形成教育联合体，进一步服务区域教育，继续深入探讨融合发展的共赢之路。

恪尽职守　誓做教育工作的铸魂人

——记陕西省西安市未央区阿房路二校优秀党务工作者张爱玲同志

倪静

张爱玲，2009年11月加入中国共产党，现任陕西省西安市未央区阿房路二校校长。从事教育工作二十一年来，她始终牢记初心使命，

时刻把对党的教育事业的无比忠诚和对教育事业的无限热爱镌刻在灵魂中、实践在行动上，坚持“把孩子的每一步成长变成一个精彩的故事”的办学理念，确立“好习惯成就好人生”的校训精神，在教育事业中书写着办好教育的人生篇章。

作为一名优秀的党务工作者，张爱玲校长深知“打铁还需自身硬始终以党性修养为后盾，以政治责任感为动力，以“严谨、细致、务实、高效”的工作作风，把党的方针政策与新形势、新要求下的教育工作相结合，恪尽职守，辛勤耕耘，不仅为教育的拳拳赤子之心送上了一份满意的答卷，也在平凡的岗位上书写着忠诚与担当。“陕西省课改新秀”、“西安市教学能手”、“沣东新城先进教育工作者”、“优秀党务工作者”、“优秀党员”、“优秀工会工作者”、“精神文明建设先进工作者”等荣誉称号，主持并参与不同级别的小课题研究，多篇论文、教学设计分别获得国家级、省级、市级一、二等奖并公开发表交流……她的工作因思想而创新，她的人生因奉献而精彩！

无惧挑战，奋力拼搏创辉煌

教育是一项平凡且伟大的职业。总有这样一种人，以一颗雕琢璞玉的“匠心把最平凡的日子过成传奇，将最普通的事情做到最出彩。自从事教育工作以来，张爱玲同志用满腔的热血培育花朵，用关爱的甘泉浇灌春苗，用心智的灵光照耀孩童，把平凡的工作当作神圣的事业，辛勤耕耘，实践着“蜡炬成灰泪始干”的人生格言。

作为一名教育从业人员，张爱玲校长时刻牢记党的教育方针，坚守教育工作岗位，视教育为己任，深入一线，废寝忘食，用行动践行了一位优秀教育工作者的铮铮誓言。在被调入阿房路二校之初，学校的一切都令张爱玲吃惊：仅有6个教学班，200名学生；校舍陈旧，围墙开裂，杂草丛生，尘土飞扬，办公设施无以完好；师生从不上操，从不开会；师资力量薄弱，教师之间人际关系复杂多变，管理无从下手；电费高昂，资金短缺，常常使学校陷入困境之中……学校管理、教学工作等千头万绪，工作局面难以打开。

“只有尝试才有希望，只有拼搏才能创造辉煌”。张爱玲校长如此坚信着，并由此走向解决问题的艰难之路。她不分节假日，多次跑供电、供水部门进行协商，求得支持，最终在2013年3月解决学校使用造纸机械厂电费的高消费，2016年9月学校又解决了造纸机械厂水费的高消费，2021年3月教学楼一层西边约280平方米的教学用房得到成功签约……这样的例子数不胜数。

困难面前，张爱玲校长没有却步，过着每个暑期“不放假”、改造“进行时”的假期生活模式，在耕耘中品尝着酸甜苦辣，在奋进中记录着跋涉的艰辛，在收获中凝聚着的智慧和力量，使学校发生了翻天覆地的变化。

勤勉尽责，无私奉献成大爱

只有爱教育，才能用心去做好教育。自从事教育工作以来，张爱玲校长一心一意办教育，聚精会神抓质量，被大家戏谑地称之为“以校为家的‘工作狂’”。

为了培养出一批批优秀的教师，张爱玲校长尽心尽力，不知疲倦，用自己所做的每一件事去诠释校长的责任与分量。在亲历和见证了阿房路二校从零开始到日益壮大的全过程后，全体教师都能与学校同呼吸、共命运，把艰辛的事业演绎出人生的价值，把平凡的工作积淀成不平凡的业绩。

每日有效忙碌统筹安排的身影，中午休息时为了某个部门的工作还在字斟句酌的讨论，夜深入静在灯火通明的办公室谋划学校快速发展的有力举措；时刻恪守“奉献不言苦、追求无止境”的人生目标，严于律己，治校有方，且能够站在别人的角度来思考、来感受、来体验……每一次的挑战都是师生成长的催化剂，张爱玲校长将忠于职守，勤勉尽职，激励师生向着明亮的方向、向着新的目标阔步前行！

红心向党，聚焦聚力显担当

教育是一个值得为之奋斗终生的职业。张爱玲校长以“一心向党，党性最强、作风最正、工作出色”为具体要求，从思想和作风上加强自身建设，恪尽职守、竭诚奉献、辛勤工作，以实际行动诠释了新时代党务工作者的责任和担当。

为走出一条内涵式发展之路，张爱玲校长高度关注孩子发展需求，全面回归教育本质，以现代基础教育改革为契机，通过校园课程育人、文化育人、活动育人、实践育人、管理育人、协同育人等多个渠道，开展多彩社团，探索评价制度，全方位、立体化推进学校各校工作，着力打造“一校多品”文化特色，为学生成长和教师发展创造条件、搭建舞台，力求让每个生命的美丽蝶变、精彩绽放奠基。

2020年，一场疫情突如其来，形势极为严峻，张爱玲校长多次向组织提出要到武汉需要帮忙的地方去；学生网课期间，张爱玲校长在电脑屏幕前无数次敲击键盘，线上安排、召开会议、讲话、开学典礼共计91次，书写着一名教育工作者在危急关头不忘初心、砥砺前行的誓言。由于出色地完成了党赋予党务工作者的光荣任务，为党务工作和党的事业作出了积极地贡献和优异的成绩，张爱玲校长多次评为先进工作者、管委会优秀党员等光荣称号。

在教育实践中，张爱玲校长时刻以一个共产党员模范带头作用来要求自己，不怕脏、不怕累，勤于学习、自觉锤炼，务实求真、勇于创新，深入教学一线，注重自身学习，不断提升服务党务工作的业务能力。一直以来，她坚持听课评课，指导课题10余次，深入调研教职工思想工作200余次，深入座谈会100余次，对教师思想全面地了解；认真组织开展学校各项教育教学活动取得一定实效，多次在区级赛事上表演大型节目，尤其2013年至今连续8年花样皮筋的表演荣获优秀表演奖。

严谨细致，求真务实结硕果

张爱玲校长坚持以德育人，制定和完善学校德育教育顶层设计，努力构建高效立体德育工作体系，扎实有序地开展育人工作，引领学生“扣好人生第一粒扣子”：在思想上坚持正面引导，做学生的知心人；在学习上坚持因材施教，做学生的有心人；在生活上坚持热忱关怀，做学生的贴心人。

张爱玲校长注重工作的过程性管理，实施精细化管理，切实做到管理规范、物尽其用、人尽其才，对各项工作认真落实、部署，做到及时、扎实，在求实、求真、求新中促进学校发展；形成以“校委会—德育处—少队部—班主任”为主体的德育工作体系，以“教导处—教研组—学科教师”为主线的课堂渗透体系，以“家庭—社区—德育基地”为载体的社会实践体系，明确岗位职责分工，做到各司其职、团结合作、务实踏实；设立个人“快乐争章　健康成长”学生习惯养成评价体系标准，每日一检查，每星期一表彰，力争学生人人好。目前，学校已经形成了一套完善的、合理的、公平的评价方案，它既是学校发展的基石，更是学校工作的指挥棒。

如今，教师的工作激情大大提升，一个健康、和谐的教育教学氛围已形成，使得学生生活更加丰富、多彩，校园文化更加蓬勃、生动。多年来，学校分别获得西咸新区沣东新城管理委员会文明校园、未成年人思想道德示范校等50多项荣誉。

只因心中有热爱，在平凡的教育岗位上一样可以造就伟大的教育篇章！“踏踏实实育人，安安静静教书，兢兢业业工作张爱玲校长用几十年如一日的“莫以善小而不为把最平常的“小事儿”做成伟大的善举；用踏踏实实的努力让每个教师心里都有一份情怀，带领全体教师把情怀落地，让教好书、育好人的教育信念更加坚定。

课本剧展演：活化教材　以文化人

——西安兴华小学深化新时代学校思政课改革创新行动实践

陕西省西安市雁塔区西安兴华小学　樊俊杰

加强未成年人思想道德建设工作，关乎“培养什么人、怎样培养人、为谁培养人”这一根本问题，事关教育发展方向问题，事关党的事业后继有人，是一项重大的长期的政治任务和战略工程。立足课堂，教材为本，课程思政，五育融合，全科、全程、全员、全方位对师生进行思想政治教育，是我校思政治理论课改革创新的重要举措。

2020年，我校被西安市大中小思政一体化建设指导中心确定为“西安市新时代学校思想政治理论课改革创新先行试点单位申报的《小学思政课教师育人能力提升实施方案》经专家评审顺利通过。借助这一契机，我校根据小学生的心理特点和认知水平，以“活化教材以文化人”实践课题为指导，以课本剧展演为实施途径，开展系列丰富多彩的育人活动，强化未成年人思想建设，养成道德习惯，培养道德情感，“扣好人生的第一粒扣子”。

从2020年开始，我校连续推出六期课程思政系列活动，一个个生动的课本剧小故事不时在校园里上演着：

《金色的鱼钩》：讲好红色故事，传承红色基因

“同志们，你们一定要走出草地……看着老班长在怀里闭上了双眼，小梁同志眼含泪花，小心翼翼地将那根长满了红锈的鱼钩放在贴身的衣兜里……这是六年级五班的课本剧《金色的鱼钩》。它讲述了红军长征途中，一位炊事班长牢记指导员嘱托，尽心尽力地照顾三个生病的小战士过草地，克服种种困难钓鱼、煮野菜汤给战友们喝，最终牺牲了自己的故事。这个课本剧创作的初衷是让学生通过对红色革命人物形象的塑造及经典革命历史场景的再现，激发少年儿童爱党爱国的热情，激励不忘初心、砥砺前行的动力，为实现中华民族伟大复兴的中国梦时刻准备着，努力成为德智体美劳全面发展的社会主义建设者和接班人。

这次课本剧的排练有一定的难度，我们的小演员全都没有经过专业训练，有的甚至没有登过舞台，经常忘词或者忘记走位。为此，我们组织他们观看了大量的红色经典影视片段，对故事所在的历史背景做了较为详细地了解，帮助学生们梳理剧情，分析人物形象。一遍又一遍，孩子们克服了胆怯、害羞，渐渐进入了角色。直到后期彩排时，演员们每次穿上服装，拿上道具，都会全情的投入。演出当天，当老班长晕倒后，三位战士真情流露、深情呐喊时，在场的老师和同学时的眼眶里也闪烁着泪花，舞台下一片寂静，陷入了深深地沉思。孩子们在感动自己的同时，也感动了别人！

2020年12月21日下午，学校召集了课本剧导演演员，参加了“活

化教材，以文化人”的思政座谈会。会上，小演员们讲述了自己这次的演出感悟。饰演红军战士山牙子的常雨泽说:“表演前，我觉得山牙子是一个弱小的伤员，但是在一遍遍的排练中彻底改变了我的认识，其实山牙子在团队中是一个温暖他人的‘小太阳’虽然他的腿伤限制了他的行动，但是没有阻碍他温暖他人的爱心。我爱上了山牙子这个角色，我也会在生活中温暖他人”。

“我叫白昊轩，我在课本剧《金色的鱼钩》中饰演的是红军战士帆帆，他虽然年龄最小，但不畏艰难，敢于吃苦，和大家一起挺过了雪山草地。我很荣幸自己能塑造这样的角色，也很珍惜这次机会，所以每次排练我都认真对待，也多次得到了老师的认可。剧中老班长为了让大家能够挺过草地，自己吃草根和鱼骨头的可敬的品质令我感动。演完这部课本剧，我深切地体会到：我们的生活来之不易，要珍惜现在的美好生活，好好学习，努力进取，长大后为祖国的繁荣昌盛做贡献！”

“我在《金色的鱼钩》这个课本剧里是饰演的是一位挥旗战士，没有一句台词，甚至没有名字，但是却是第一个出场，仅表演着挥旗这样一个动作，但我觉得我代表着红军战士坚定的信念和勇往直前的决心”.史林峰同学自豪地说。

在剧中饰演老班长的王嘉涵介绍:“我最怕别人触碰到自己的身体，在剧中高潮部分，其他小同志们要围在我身边，摇晃我的身体，那个片段我总是过不了。一遍，两遍……才有了最后完美地呈现。我真正读懂了‘在这个长满了红锈的鱼钩上，闪烁着灿烂的金色的光芒！’这句话的深刻含义”。

《晏子使楚》：自尊自强，自信自立

五年级四班的课本剧——《晏子使楚》，讲述了齐国大夫晏子出使楚国，却不想被楚王一次次地侮辱，晏子巧妙地进行回应，以维护国家尊严、追求平等的故事。小演员们很辛苦，他们找资料、背台词、看视频、做服装，家长全力支持。没有经过训练的他们，常常出现忘词、站错位置、肢体动作不协调等问题。为了解决这些问题，学生们反复地查找相关资料，一同分析剧中人物的心理和性格特点，并进行大胆的尝试。一次次的反复排练，学生的台词熟练了，肢体动作协调了，表情也丰富了。

“活化教材 以文化人”的课本剧座谈会上，小演员们争先恐后的讲述了自己最想说的话。晏子的表演者童述捷说:“其貌不扬的晏子作为齐国的使臣，代表着国家，面对楚王的讽刺，或义正词严，或诙谐反问，维护了国家的尊严的压力。不以貌取人，是我心中的信念，让我把压力变成了动力”。

刘宇昕在剧中饰演楚王，他说:“我演好楚王这个角色，就是为了让大家更清楚地看到楚王是一个不尊重别人的人，万万不可像他那样！”

表演士兵的赵瑞航、吴劼航说:“虽是一个小卫士，但是我们要站得直，站得有气势，能肩负护卫国家的责任”。

小演员白宸轩说:“我在剧中饰演是楚国的大臣，起初看不起齐国的使臣，但看到晏子的聪明才华与追求平等，我深感到了平等待人的重要”。

《完璧归赵》：诚信社会，以诚待人

五年级三班课本剧《完璧归赵》，讲述了在战国时候，赵国得到一块精美的和氏璧，秦王想用十五座城诈换的故事。这个课本剧创作的初衷是让学生通过对历史人物的塑造再现历史故事，培养学生做人必须讲诚信的品格。

这个课本剧也是古装剧，小演员们不光要重回历史，更重要的是把人物演活，刚开始进度很慢，有个别孩子第一次上台难免紧张、羞涩，也有记不住台词，我们就充分利用课余时间，帮助孩子们记台词、练动作，在一次次的排演中，小演员们进入情境，从刚开始的表象认识逐渐深入的认识人物的性格、心理特点，学生的理解逐步深刻。这是课堂教学无法实现的。

座谈会上，蔺相如的饰演者王紫檀说:“蔺相如这个角色要表现出机智勇敢和理直气壮的样子还是很难的，开始我很紧张，演着演着我就觉得自己真成了蔺相如，为了国家利益，我对自己其他的东西都置之度外”。

刘恩卓在剧中饰演秦王，他说:“在排练中一步步提升自己。在演秦王时，看到他不讲诚信，最终自食其果的结局，让我懂得了，诚信是立人之本，是立国之本”。

饰演赵王的杨子城说:“起初我以为赵王好演，实际排练中并不是我想的那样。于是，我抓紧一切可利用时间找老师和同学帮助纠动作、订台词、看表情，让我成为老师及同学眼中的真‘赵王’”。

饰演大臣的王一宁说:“我演的是一个秦国大臣，表演时，我觉得秦王连基本的做人品质都没有，而蔺相如是我真正钦佩的人”。

赵国大臣的扮演者李垚衡说:“这是我第一次演出，刚开始我心情忐忑，紧张到坐立不安，到现在我能在大家面前大声发言，锻炼了我的胆量，这是我最大的收获”。

……

活化教材，让文学作品中的人活起来，走进我们的生活，让学生身临其境地体验、感悟，动之以情，晓之以理，是新时代对我们教育人的必然要求，也是我们今后坚持要长期做的一项重要的育人工作。课本剧展演，正是通过活化教材的方式让文学作品中的人活起来，使学生从再现作品的生动、真实的画面中，体会到人、事、情、理、境的内在联系及典型意义，受到美的陶冶、德的净化，从而培养起真、善、美的道德情感和高尚品格。这些主题鲜明、内容生动的思政课，让学生们与时代同频共振，让不同阶段的学生有所思、有所获，在潜移默化中引领着学生们健康茁壮成长！

播撒梦想种子，浇灌希望之花

陕西省咸阳市三原县实验幼儿园 张欣

习近平总书记在全国教育大会上的讲话强调在党的坚强领导下培养德智体美劳全面发展的社会主义建设者和接班人，这是新时代党的教育方针的重要表述。坚持办学正确政治方向，立德树人，知行合一，以美育人，崇尚劳动，增强学生的综合素养，是德智体美劳全面发展的主要路径。21世纪，以核心素养教育推动教育方针的具体化和细化，是教育工作的重要课题。我园本着“为幼儿一生奠基”的宗旨，以“培养具有国际视野、爱国情怀的新时代社会主义接班人”为目标，以“营养健康、运动健康、心理健康”为办园特色，努力建名园、创特色、争一流，使幼儿在德智体美劳等各方面得到全面发展。

一、营造优美环境，建现代化园所

我园位于三原县城关镇新庄路中段，是在原新庄中学旧址上改建，2019年9月正式开园，占地16.2亩，建筑面积一万余平方米，内设一栋教学办公楼、营养楼、早教托育楼，基础教育教学设施均按照陕西省示范化幼儿园配置，园舍布局合理，环境优美，充满童趣，是三原县教育局直属公办园、三原县早教托育实验基地。我园现有8个保教班，入园幼儿300余名，教职工43人（其中在编教师10人，县聘教师1人，园聘教职工32人）。教师均持有大专、本科学历证书及教师资格证上岗，早教托育班教师人人持有早教证书，学历合格率百分之百。

环境是人生存的场所，人对环境的体悟和认知直接决定了其在环境中的表现。幼儿对环境有着高度的敏感性，幼儿园环境是幼儿成长的关键场所。为让幼儿幸福快乐地成长。我园营造了优美的校园环境，园所绿化面积和运动场地非常宽阔，另外，我们园内还建有种植园养殖园。

我园以“建设一所管理科学、队伍精良、质量一流、设备先进、独具特色的示范性、开放性、现代化幼儿园”为办园目标。园所内部硬件设施一流，配备多媒体教学设备、图书大厅、舞蹈室、录播室等，活动室空调冬暖夏凉，消毒设施一应俱全，班班钢琴教学给孩子们以艺术的熏陶，篮球场、足球场、室外体能循环区、大型攀爬玩具等给孩子们创造足够的体能训练场地，全园实时监控，园所空气清新、风景优美，是孩子们健康快乐成长的最佳乐园！

二、开展观摩研讨，引领教师成长

为了积极贯彻实施《3—6岁儿童学习与发展指南》的精神，更好地开展幼儿园的教研活动，发挥骨干教师的积极带头作用，促进园所教育教学工作的全面发展，提高教师队伍的专业素养和教学能力，为教师的专业成长提供一个相互交流、合作、探究的教学平台，我园开展了骨干教师示范课观摩活动！

活动中，小班李楠老师引领小朋友们学习了红黄蓝三原色，掌握了红黄蓝三种颜色混合变出的新颜色，使小朋友们对色彩变化的活动产生了兴趣和探究欲望！

小班郑聪老师借助生活中的材料制造出不同声音，让小朋友们感受到自制声音的乐趣。通过趣味性的玩教具材料，幽默的肢体语言，为幼儿创设了自主、趣味的活动氛围，让孩子们在玩中学、学中玩，从而达到活动目的。

通过观看网络下载优秀案例视频，大家对课程教学中老师的引导者、组织者、参与者有了进一步的理解。为我园教师提供了一个观摩提高、交流研讨的平台。真正实现教者有所得，听者有所悟，学者有所学。

中班陈琛老师用生动形象的教学设计、风趣幽默的教学语言，带着小朋友们感受大自然的美好、发现和想象春天不同的声音。在理解春天的基础上，有感情地的朗诵了关于春天的诗歌，并尝试仿编诗歌！

大班的宋艳飞老师以丰富的教学经验奉献了一堂精彩纷呈的示范课！她带着小朋友们一起做热身运动，自由探索、发现轮胎的各种玩法，培养幼儿的创造性及扩散性思维，激发参与体育活动的兴趣！

课程结束后，大家一起研讨、课程总结。通过听课、自我反思、评课以及互动教研的方式，促使大家相互学习、取长补短，有效地促进了教师们的教学积极性。示范课活动既展示了我园教师的风采，又为我园教师提供了课堂典例，为课堂教学带来了新的气象，促进了我园教学质量稳步提升！

小麦灌浆期，阳光跟不上，就会耽误一季庄稼的收成。幼儿正处在价值观形成的初期阶段，知识体系搭建尚未完成，价值观塑造尚未

成形，若是第一粒扣子扣错了，剩余的扣子都会扣错。正所谓，浇花浇根，育人育心。展望未来，我园将致力于为老师、家长、孩子心中撒下梦想的种子，让梦想在幼儿园扬帆起航、让精彩人生从童年起步。实验幼儿园全体教师将不忘初心、砥砺前行，不断追赶超越，谱写更加美好的篇章！

追求温和而坚定的教育，我们永不停步

上海师范大学附属第二外普通话学校　李莉　郑艳红　顾春

一所学校是否能赢得社会的认可，是否能取得家长的信任，是否能得到学生掌声，是否能融合教师们的心声，最关键的是她的核心价值。从事教育事业三十余年，我最大的感触就是：做教育事业难，做好教育事业更难。这不仅需要教育工作者具有专业的知识储备，更需要付出足够的真心、耐心、诚心、爱心。很幸运，我们身处一个飞速发展的时代，这个时代中，不仅有技术的快速更迭，更有着丰富的多元因素，善于优化运用二者并付之不断地研究和努力，我和我的伙伴们以及上海师范大学附属第二外普通话学校终于走出一条属于自己的发展道路。

以核心价值立校，以关爱融合凝心

上海师范大学附属第二外普通话学校是一所十二年制的国际化民办学校，在我校的办学理念中，"扬长容短、敢做敢当"是核心价值。提出这八个字，是需要付出足够的勇气的。作为教育人，经常提到的是"取长补短，扬长避短但是，在多年的教育教学实践中，我们愈发感觉到：教育工作者们很多时候在扬长的时候做得并不理想，使得我们的孩子在整个的学习过程当中慢慢地失去了一种自信，于是便出现"逃避"、"躲避"的思想态势。但对于新时代的学生来说，"担当"、"勇敢"才应该是主流，是趋势。于是我们将"避"字改为"容"字，凸显当代青少年的责任意识和自信精神。这一字之差，它告诉我们的是，容是包容、尊重与接纳。我们知道真正的教育，无论是师生还是学生之间，应该具有相互尊重、相互包容的立场。尊重是什么？是我们送给对方的礼物，无论你做得好与不好，是对还是错，我们都选择用我们尊重和包容的态度来接纳对方。在这样一个过程当中，我们实施的教育是温和而坚定的教育。

在此基础上，我们不断完善学校发展整体框架，"勤俭敬信"是我们的校训；"不欺不屈重仁重礼"是我们的校规；"学生健康成长，教师幸福乐业，学校蓬勃发展"是我们的教育理念；"美丽的校园，让学生热爱一辈子；丰富的课程，让学生受益一辈子；先进的文化，让学生享受一辈子"是我们的学校愿景；"健康同在者、智慧同行者、快乐结伴者、世界对话者"是我们的培养目标；"教育感动生命"是我们的教育观；"学高身正，甘做牧者"是我校的教师观；"独立人格，独特个性，做主人翁，做创造者"是我校的学生观；"做学生生命的激励者"是我校的评价观。整体育人框架的形成，有助于师生的共同成长，更有助于学校整体发展水平的有序提升。

以师资队伍强校，以教学相长聚力

作为一所十二年制的国际化学校，我们将亲历孩子从少年到青年的华丽蜕变，我们也将陪着孩子们一起成长、成熟，这对我们每一位教育工作者来说，都是莫大的荣幸与责任。对孩子和家长负责，让社会放心，是我们肩上的重担。所以，我校格外重视师资队伍的培养，"以师强校，教学相长"是我们义不容辞的使命。

我校为学生们搭建了一个广大而多元的舞台，提供了"体育第一、艺术气质、双语教学、科技教育"的四大特色课程，以确保学生们全方位的成长。同时，我们还为每一个课程都配备了健康、优质的教师资源。比如我们有特级教师，有上海市的骨干班主任的负责人，以及20%的博士研究生团队。我们始终认为：专业的教师团队的支撑是学生发展和学校发展的重要前提。学生发展和学校发展的第一要素就是教师发展，一支优质的教师队伍是保证学生发展和学校发展的关键。

我校非常注重教师素养都提升，多年来多次邀请上师大、华东师大、北师大、东北师大四大知名师范高校的课程与教学专家教授、著名特级教师、教发院相关学科专家、教研员来校对教师专业成长予以指导。

同时我校还注重为教师们搭建"平等、合作、共享、卓越"的专业发展平台，让所有的教师参与其中，在实践中不断学习、反思和成长。"学习共同体行动"应运而生。

在教学实践中我们不难发现：不同发展阶段的老师，对于课堂变革的理解有所不同。职初教师有学科和一般教学法知识，但是没有教育经验，也没有精力关注学生；经验型教师有对学生稳定性的认识和教学经验的积累，但容易被经验束缚；专家型教师有自己的教学风格，并能从课堂中发现成长的契机和生长点。传统的教师培养方式，从职初到专家型教师，需要时间的累积、教师所付出的努力，以及个人的潜质。"学习共同体"的教师往往呈现跨越性发展的特点，其关键在于校长搭建"平等、合作、共享、卓越"的教师专业发展平台，让所有的教师参与其中，在实践中不断学习、反思和成长。

我们鼓励教师坐在学生身边进行课堂观察，在征得学生同意的情况下，拍照记录学生学习的表情变化。围绕时间轴和关键事件，详细记录该学生的学习全过程。课后研讨时，老师们感慨万千，平时的教学中很难发现学生学习的困难在哪里，观察中却发现了；平时以为难度太大学生无法解决的问题，在小组协同学习中呈现的思维深刻性超出教师的想象。课后研讨中同僚的观课分享，可以帮助执教者改进教学。校长带领教师深入课堂做研究，激发教师实践研究的积极性和持久性。

今年上半年，我校连续开展"学习共同体在行动"研训活动，鼓励教师将自己的教育教学经验进行整理、提炼、反思，并与同事共同分析、分享，以促进教师之间的沟通共同提升。

青年教师以其高度的责任感在实践摸索中快速成长，在研讨交流中迅速成熟，"学习共同体行动"可谓是青年教师最直接、最高效、最快捷的进步途径之一。

以优异成绩反哺，以国际视野育才

在当地政府的关心下，在社会各界的支持下，我校现设有小学部、初中部、国内高中部、国际高中部。拥有一流的硬件设施：四栋独立教学楼、一栋建筑面积超过3万平方米的国际标准的体育中心、一栋独立学生和教职工食堂，三栋独立的学生宿舍、一栋独立的行政大楼，艺术中心及一栋独立的教职工宿舍和一栋专用多功能大楼。作为一所国际学校，我们须以国际视野、以包容的胸怀为祖国培养出符合新时代国际需求的优质毕业生。学校的教职工深知，反哺社会的关爱、人民的信任，唯有秉承办学理念之下而创造出更加优异的成绩。

经过全体教职工的辛勤努力，我校教学质量连年提升，教学硕果频现：

国内高中毕业生高考进入国家及地方重点大学人数逐年递增，国际高中毕业生进入英国G5精英大学和美国Top30者层出不穷。

近年来，美高+AP课程毕业学生，其中15%的学生进前30的大学，60%的学生进入前50的大学，90%的学生进入到前80的大学，100%的学生进入到前100的大学。每年我们也会有多名学生进入澳洲八大，美国顶级艺术类院校学习。

2020届剑桥A-level课程毕业生100%被世界前50大学录取，67%被世界前三十大学录取，30%被世界前十大学录取。

多年来国内高中部本科上线率一直保持在90%以上，大专上线率100%。

……

所有的成绩都留在昨天，未来的任务更加艰巨。接纳每一个孩子，让每一个孩子遇见最好的自己，让每一个孩子背后的家庭都收获幸福，让社会更加和谐发展，是我们教育工作者永远追求的目标，追求温和而坚定的教育，我们永不停步！

"文明校园"，唱响中国教育"心"风尚

——谈一谈渔溪镇和平场小学文明校园创建工作

四川省巴中市恩阳区渔溪镇和平场小学　张平先

2020年11月20日，四川省巴中市恩阳区渔溪镇和平场小学荣获第二届"全国文明校园"称号。这是对这所位于偏远山区的学校精神文明建设和文明素质提升的褒奖。建校于1958年的和平场小学多年来以建设"高质量的乡村温馨学校"为目标，高度重视文明校园创建

工作，大力践行社会主义核心价值观，唱响了文明主旋律。

一、构建校园文明育人环境

漫步在和平场小学，文明景象处处可见。"英才榜"宣传栏里群英荟萃，文明宣传标语、文化长廊润物无声，教室地面一尘不染，图书、课桌摆放整齐，学生的手抄报、作文、绘画等作品被悬挂展示。

拥有六十三年办学历史的和平场小学，始终以培育敬业奉献、德艺双馨的教师和身体健康、心理阳光、学业优秀、有所特长的学生为根本任务，以优化校园环境、强化师资建设务实育人基石，筑牢文明之本。通过强化校园环境，打造师生"梦启航的地方营造和谐文明的育人氛围。2008年，和平场小学重建，校园焕然一新。学校目前占地面积17000平方米，配备有学生宿舍、食堂、教师公寓等，多媒体教室、青少年宫功能室、实验室、体育器材等设施设备。同时校园内设置精美宣传栏、班班打造黑板报墙，张贴名言警句、校风校训、榜样人物事迹等，利用校园广播、LED电子屏宣传文明创建知识、好人好事等，引领师生心存仁爱、德善之心，深刻领悟社会主义核心价值观。

环境感染人，教师感召人。教师是学校文明培育的第一力量。和平场小学以培育高品质教师、锻造强大的教师队伍奏响未成年人教

育的乐章。学校形成了“驱动激活”、“服务支持”、“任务促进”、“互助共生”、“校本培训”五种教师培养模式，通过成立学术委员会，以导师制的约课形式培养能力强、素质高的教师。而近年来学校聚焦教师核心素养而探索的“一师一磨课”、“互助互学”活动，已经成为学校教研特色之一。

二、发展学生全面综合能力

流畅精彩的武术表演、科技感满满的无人机模型、酣畅浑厚的书法……在和平场小学乡村学校少年宫，丰富多彩的课程充盈了学生的课余生活，培养了学生兴趣。学生也在这里得到个性化发展。

在办学过程中，和平场小学注重因材施教，以培育学生特长促进学生整体素质提升为目标，创新实施基地建设、教师培养、课程开发、活动开展个性化教育四大行动。学校全力打造乡村学校少年宫，以活动为载体，实施“2+1+1”项目努力构建少年儿童的快乐家园。配备了38名学校内具有才艺特长的教师及十余名巴中市优秀艺术教师壮大少年宫师资力量，常年开设篮球、武术、电子琴、工艺美术等20余门课程，并配套了5万余册书籍。

学校还通过举办各类活动、才艺大赛等展示学生学习成果。学生们的特长也走上了更大的舞台上：学生的武术表演成了巴中市大型活动的固定表演节目、各大电视台多次录制和平场小学乡村学校少年宫成果展演……学校乡村少年宫荣获“四川省优秀乡村学校少年宫”称号。

三、深化师生德育精神素养

去年，和平场小学邀请校友宋永华和李善民两位博士回校，以座谈会的形式，以亲身经历为案例，给学生们分享了学习优秀传统文化对学生成长的重要意义，讲述了读书改变命运，知识成就未来的励志故事；外派教师学习心理健康知识，积极主动关怀学生心理健康，及时纾解了新冠肺炎疫情为学生带来的心理压力，全力做好心理健康教育工作。这是和平场小学以德育教育为抓手推动学生健康成长而开展的活动中的两场。

和平场小学秉持德育为先理念，以理想教育、榜样教育、感恩教育、挫折教育、爱国教育五个教育为突破口，开展多元化德育活动，提升学生道德修养，推动学校成为高质量的温馨乡村学校。确立“以美育德”的师生行为规范，形成“班、团、队”三位一体的德育教育机制。充分利用节假日、传统节日、学习雷锋纪念日等举办向雷锋同志学习、感恩教育、劳动实践教育、社会主义核心价值观进校园等主题活动，通过设置德育课程、国旗下讲话等方式培养学生爱家、爱国、爱党的情怀。同时，学校坚持正面引导推动学生全面发展，通过打造博士陈列馆营造博士文化，修建志、博、雅、爱四个文化园熏陶学生文化气质，“最美评选”等榜样评选活动让榜样力量感染学生。

增强教师的德育素质是提高德育教学水平的重要举措。和平场小学以“两学一做”学习教育、“中国梦”主题教育、“党史”学习教育活动等为契机，组织教师前往川陕革命根据地、巴中市廉政教育基地、恩阳区问心堂感悟红色力量、接受警示教育，通过组织教师学习师德规范等内容提高教师品德修养。

创建文明校园之路漫且长，令人欣慰的是，卓绝的努力终于初见成果。近年来，和平场小学已经形成了教师爱岗敬业、学生尚荣上进的良好局面。学校也被评为四川省教育工作先进集体、四川省优秀少先队集体、四川省文明校园、巴中市阳光体育示范学校等。

创建“文明校园唱响中国教育“心”风尚。教育之“心”的方向在哪里？和平场小学给出了答案。教育之心在莘莘学子身上，聚焦学生发展，促进全面能力提升，才能为中国经济的发展供养足够的动力。学生是祖国的未来，是引领中国教育“心”风尚所在。

浅谈新建学校的闭合管理

四川省成都市龙泉驿区向阳桥中学 刘延美

成都市龙泉驿区向阳桥中学校自2019年9月开办以来，作为新校，积极探索“两自一包”体制改革，逐渐摸索出了“管理自主、教师自聘、经费包干”的公办初中改革模式，为区域的教育体制改革贡献力量。尤其在管理方面，创新机制，落实制度，取得较好成果。

目前学校两个年级，90位教师，平均年龄30岁。经过一年多的摸索，形成了一个闭环管理框架图。每做任何一件工作，有开始就要有结尾，计划—布置—检查—反馈—整改—评价—坚持。只有布置不检查效果等于0；布置—检查，不反馈效果也是等于0；布置—检查—反馈了，不整改同样效果也是0；布置—检查—反馈—整改，不评价，只代表工作落实了60%；布置—检查—反馈—整改—评价了，但是不坚持，只落实了80%，既要布置又要检查，同时反馈整改评价并且坚持下去，才代表一个工作能够做好。现以抓课堂高效为例，浅谈一下闭合管理。

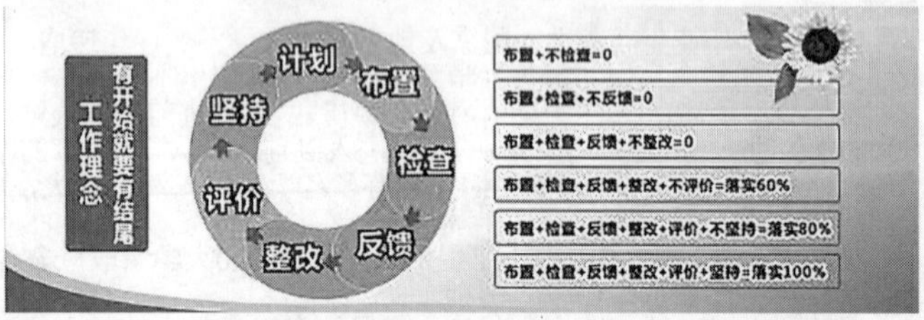

一、计划

不管是办学章程还是发展规划里面都有课堂教学的要求，如何落实计划呢？每周两次固定行政会，研究课堂教学。针对老师队伍年轻，班主任会也是每周两次，每次30分钟，一次常规，一次培训，因为常规是课堂高效的保障。教研组会也是每周两次，重点研究课堂的知识与教学方法。教师大会每周只有一次，40分钟，从2019年7月份第1次培训就做到了手机上交，会议是针对提高课堂效率的培训，是推进，是反思更是总结，时间限定，会议高效。

二、检测—反馈—整改

检查反馈和整改很关键。即时反馈，校长带头进课堂听课，发现个别老师的课堂效率低下，下了课，走廊交流，发现同一学科的两个老师效率低，中午时间把教研组喊过来一起交流，必定要及时反馈，老师们及时整改。这一学期总共听课66节。行政更是蹲班。

每个教室后面都有一个桌子，班主任工作的另外一个场所，仅限于新学期的第1个月。家长到学校来不仅午餐还可以进课堂进行督学。一个家长在督学日记中感受我们的整改速度，称之为向阳速度。我们还有针对课堂教学的期末反馈，首先是学生评教，然后是每个老师期末的工作述职，必有课堂教学的反思。临近期末我还要接受老师们的灵魂拷问，就是校长面对面，他们也会对课堂教学提出一些建议，尤其是课堂效率方面。

针对落后的老师行政帮扶、定点指导阶段性谈话，本期末有两个备课组和7位教师集体谈话。

三、评价

如何评价呢？就是晒太阳的晒，晒课。每周备课组的转转课，一节的学校公开课，三格一优的赛课。提高课堂效率，完成一个闭环循环不难，但是所有的老师要坚持确实很难。一件事坚持做下去就能够铸造卓越。

这一年来老师的专业成长是迅速的，学校里的教学质量也稳步提升。每次赛课，过程很痛苦，但是成长后的喜悦又使他们有了幸福感和成就感。给老师们再多的钱财都没有，老师的专业成长才是给他们最大的财富。

这样一个管理闭合图，不仅用于学校课堂管理，还应用于学校的所有的管理工作中，抓住一个字“实为龙泉驿区的教育体制改革贡献力量。

首先，教师们平均年龄31岁，通过党团建聚心、赛课促培、规划促长，使老师们充满成就感与幸福感。

再次，学校抓住“向阳桥”的地域历史，创造性的开发出“向阳课程培养“向真、向善、向美”的阳光少年，使学生全面发展且有个性。其中，把劳动教育融入课程顶层设计中，2020年11月被评选为“成都市劳动教育试点校承办了“龙泉驿区中小学劳动教育推进会”现场会，劳动教育相继被省市电视台及中央电视台采访报道。另外，科创教育，先行先试，2020年9月在成都市的创客教育现场会上介绍经验，被评为龙泉驿区“第三批STEAM试点校多名学生在省市国家级获奖。

最后，学校以课题为抓手，开发“食育课程文化课程体系促进食堂育人。2020年6月获得“2019年成都市食品安全科普教育示范学校2020年11月承办了“四川省中小学食品安全暨食堂信息化建设工作现场会”与“四川省中小学后勤协会2020年度协会年会暨学校食品安全与智慧后勤建设推进会”。

我区提出了“五感我校创造性的与马斯洛需要层次理论相结合，我们已到第二感，下一步冲刺职业上的成就感。我们一直在努力。

立足内涵发展，提升学校品质

四川省成都市青羊实验中学 陈梅

党的十八大报告中明确指出“着力提高教育质量，推动高等教育内涵式发展党的十九大报告指出“建设教育强国，实现教育内涵式发展”。可以说，内涵发展是我国教育当前及今后很长一段时期的发展道路与发展模式。随着名校集团的扩张，新优质学校的崛起，优质生源不断稀释，校际间的竞争愈来愈激烈。同时，光华校区的开办，本部生源的剧增，班额班次的快速膨胀，师资的捉襟见肘，使学校面临空前的压力与挑战。学校发展的关键时期，我们积极面对，变压力为动力，变挑战为机遇，立足内涵发展，坚持走稳课堂提质之路、质量提升之路、师生发展之路。

一、分析发展现状，发掘自身优势

面对学校的发展现状，我们认为有五项挑战必须面对：一是社会影响力需要扩大；二是师生自信需要增强；三是课堂教学需要优化；四是群体活力需要激发；五是特色发展需要亮点。

虽然面临着诸多挑战，学校必须发掘自身优势：一是地域优势；二是社区优势；三是生态位优势；四是发展潜力。

六十年的办校历史，沉淀了一定的学校文化，构建了较为完整的初中教育体系，形成了一定的办学特色，具有创办"初中城市精品学校"的潜力。为此，我们明确了发展总体目标，即通过"优品管理精细化，优品办学精致化，优品学校精品化"的"优品"追求，提升质量，重塑形象，创建初中发展的城市精品学校。

二、找准战略定位，明确行动思路

课堂是教育发展、学校发展、教师发展、产生职业幸福感的关键所在。本着"调研课堂、倾听课堂、观察课堂、分析课堂、对话课堂、改善课堂"的思路，我们将精力投向了课堂，实现了老中青、各学科、各课型、各领域的全覆盖。做出了如下战略定位：一是将学校发展的焦点集中在"提升质量"上；二是将质量提升的焦点集中在课堂上，用课堂引领教师，以课堂提升质量。

根据这一战略定位，我们确立了行动思路：以课堂为核心，以队伍为支撑，以管理为保障，把课堂作为领导管理的第一现场，把课堂作为教师培养的第一阵地，把课堂作为教育教学研究的第一生发点，把课堂作为学校工作的第一牵引力。教师改变课堂，师生研究课堂，领导走进课堂，以课堂质量提升学校发展的整体质量。

根据这一行动思路，我们分阶段确立了发展框架：

第一阶段：确立了"一体两翼三辅助"的行动模式。一体——课堂教学，即以课堂为主体，实施"课堂教学改良工程"。两翼——教师专业发展和学校分级管理，即以"分级管理"和"教师专业发展"为两翼，实施"管理体系建设工程"和"教师专业发展支持体系建设工程"。三辅助——活动、特色和资源，即以"活动"、"特色"和"资源"为辅助，实施"丰富师生校园活动计划"、"学校特色发展计划"和"学校资源共享系统建设计划"。

第二阶段：确立了"一一三"的发展框架。第一个"一"是指"聚焦一个核心即队伍建设；第二个"一"是指"优化一个阵地即高效课堂；"三"是指"做强三个保障即做强理念保障、行政保障、资源保障。

根据上述分析和行动，把主要精力放在了课堂上，力求紧紧抓住"课堂教学"这一主阵地，并通过建立和完善相应的管理制度以及活动、特色、资源来提升教师的专业发展水平，从而推动课堂教学质量的提高和学校各项工作的顺利开展。

三、实施有效策略，促进学校发展

微格师培，着眼于青年教师的快速生长。一搭建新进教师与名师间的桥梁，从"学校文化认知与归属教育，教学技能培训与展示，业务能力专项提升"等三大方面形成十余个微格培训点，邀请名师开展系列的专题培训工作。二我们为每一位青年教师安排了指导教师，通过备课指导、课堂观摩、听课评课、作业与检测指导等形式，落实新进教师的常态教学工作。要求徒弟们走进名优教师课堂，多听课多思考，在教育教学实践中提升反思、探究和创新能力，掌握教学及科研的基本技能、方法与技巧，加速其专业化成长。三定期汇集新进教师在教学、育人等方面的问题，以沙龙的形式分学科、分工作属性开展"学科教学研讨、经验漫谈、成果分享"等微格师培活动。四组织特级教师、名师领衔组建"名师工作室承担相应的研修主题，引领优秀青年教师进行教学研究、课改探索，形成了具有我校特色的教研教学体系。

智慧共享，着眼于学科团队的持续建设。从"传统教研"到"主题教研寻求纵深突破。引领老师们加强以问题为驱动、以课例为载体主题教研方式。二从"单一备课"到"研修结盟实现跨学科整合。鼓励老师们组建教研同盟，积极开展跨学科教研、跨学科学习。三从"学案导学"到"智慧课堂实现技术突破。我们积极为老师们提供各种培训学习的平台和机会，引领教师重新反思和重塑新技术，适应新技术支持的学校育人范式的转换。四从"点滴研究"到"课题统领探索科研突破。科研兴教，以"研"促教，我们坚持教育科研引领深度教学，用系统的课题研究助力常规教学研究的提升。

聚焦课堂，着眼于课堂教学的结构改进。充分利用课堂主阵地，分层、分类、分岗引领教师全面改进课堂结构，全力打造"学生主体，训练主线，思维主攻"为核心的优质高效课堂。力求以课例研究为载体，通过教师教育教学方式的改进，促进学生学习方式的改进。

统筹规划，着眼于两校区协同发展。以"统筹规划、坚持标准、协同发展"为指导思想，力争让光华校区与优品校区同标准、同档次、同水平发展办学。一坚持标准，两校区教学管理同步。为保证光华校区教育教学质量，所有教学工作全部由本部统一策划，统一部署，统一执行。二精准帮扶，两校区教学研究同频。深入开展跨校合作教研，促进校际教师的交流。三深度融合，两校区课堂文化同质。为了保证光华校区的教学质量和教学水平，全面渗透青羊实验中学的教学理念和教学要求，光华校区的各个主学科都将由本部的名优骨干教师和优秀成熟教师来指导和引领。

四、聚焦发展目标，走出创新之路

教育教学质量保持高位发展。优品道校区各年级发展在同类学校中保持优势，中考出口保持连续6年的"突出贡献奖"。光华校区努力在三环同生源片区保持优势，努力赢得新城片区的社会良好声誉，得到家长和学生的认可。

五育并举工作做亮个性品牌。凸显育人特质，用文化艺术来引领学生"向真、向善、向美、向上让学生得到高尚健康的文化艺术的营养滋润，在灵魂中植入真善美的基因，为学生的终身发展和幸福人生奠定基础。发挥学校"四川省阳光体育示范学校"、"成都市艺术特色示范学校"和"成都市体育传统学校"的优势，开展特色课程和特色活动，做精做亮艺术体育工作和劳动教育工作。

学校特色发展走出创新之路。聚焦校本化课堂革命核心主题，以差异教学思想和云技术策动的课堂改革为依托，以提高教师核心素养为目标，以全面促进学科发展为原则，开不断深化教育教学改革，推动了青年实验的优质发展。让合作学习共同体成为各层次学生发展的基石；让"互联网+微课"的云策略成为辅助四构高效课堂的工具；让"学习任务书+微课"成为提升质量的保证。力争让校本化课堂革命成为教师专业发展的助推器，改变教师的教学观和教学行为；让校本化课堂革命成为学生个性发展的助推器，培养学生的自主性和探究能力；让校本化课堂革命成为学校内涵发展的助推器，提升学校的影响力和办学品质。

百年大计，教育为本。围绕立德树人的根本目标，我校将进一步深化内涵发展，坚持注重实效，不断提升学校教育质量，促进师生成长，着力把我校打造成为一所有特色、有品质、有内涵、声誉良好、人民满意的学校。

探索校本德育课程，培养学生良好习惯

四川省成都市双流区西航港小学　杨柳　张燕　喻玮　李文静　李琴　李思静

德育课程是对学生进行思想道德政治教育的重要载体，推进德育的课程化建设是提升德育实效性的必然要求。著名教育家洛克说："儿童不是用规则可以教得好的，但习惯一旦培养成功之后，很容易自然地就能发生作用了"。对于绝大多数学生来说，在信心、意志、习惯、兴趣、性格等主要非智力因素中，习惯占有重要位置。因此构建"习惯"系列德育校本课程有助于促进我校德育课程的发展和学生良好行为习惯的养成。为全面了解目前我校低段小学生行为习惯的基本情况，有针对性、有侧重点地开发德育校本课程，使中后期的课题研究更具有方向性和指导性，真正提高德育校本课程的有效性，特从教师、家长两个方面做了调查。

一、调查情况分析

2019年5月，我校围绕《低段小学生行为习惯培养的德育校本课程开发的实践研究》这一课题，通过问卷调查的形式随机抽样调查了低段教师和低段学生家长。共发放教师调查问卷71份，收回有效问卷71份；共发放家长调查问卷1039份，收回有效问卷1039份。

此次问卷调查从教师和家长两方面进行，其中教师问卷调查包含十二个问题（十一个封闭性问题、一个开放性问题），家长问卷包含10个问题。经过各位老师和家长的配合，本次调查圆满结束。回收调查问卷后，我们做了详细分析。

教师层面：

关于低段教师教龄情况的现状调查。我校教师队伍年轻化趋势明显，25岁以下教师占比50.70%，年轻教师在德育教育方面经验不足，在对一年级学生进行习惯培养时存在许多的不足和缺失，缺乏学生习惯培养的意识和方法。同时年轻教师们充满活力和教育热情，更愿意打破常规的德育教育，寻找更多培养低段小学生行为习惯的策略。

关于教师对学生学习习惯培养关键期的认知现状调查。94.37%的教师都能意识到儿童时期是人格和习惯形成的最佳时期，尤其是处于启蒙阶段的学生正需要培养好习惯，但少数教师需要多种形式的学习来转变观念，比如相关书籍的阅读，各类专题培训。

关于教师对低段学生培养良好的习惯对班级日常管理和教学的意义探讨现状调查结果。通过调查，所有教师一致认为：在实际教育中，班级的日常管理和教学过程都受到了孩子习惯的影响。这个影响可能是正面影响，也可能是负面影响。

低段学生在见到教师做到文明礼仪的现状调查。数据显示，"认为大部分学生见到老师会主动问好"占比71.83%，"认为少数学生见到老师会主动问好"占比21.13%，"认为学生见到老师都会主动问好"占比7.04%。数据表明本校学生文明礼貌情况良好，但仍有很大改善空间。

低段学生能做到文明如厕的现状调查。我校文明如厕情况较差。调查表明存在孩子关上厕所门在里面玩耍，或者把厕所当成玩耍场

地，在厕所里嬉戏打闹。加之每层楼班级较多，厕所蹲位有限，我校如厕问题若不及时改善，此问题可能会日益尖锐化。

低段学生自觉安静有序就餐的现状调查。“认为学生有挑食、偏食、浪费粮食等不良习惯”占比87.32%。“认为孩子们在端盘、倒盘和打饭过程中会发出尖锐的勺子击打盘子的声音”占比46.48%。“认为地面经常出现油污现象”占比77.46%。数据表明，我校就餐情况较差。

低段学生在课间大声喧哗的现状调查。数据显示，“认为学生在课间都会大声喧哗”占比40.84%。“认为大部分学生会大声喧哗”占比52.11%。“认为学生课间能文明玩耍不会喧哗”占比7.05%。数据表明，我校课间文明休息问题突出。

低段学生课间追逐打闹、疯跑的现状调查。数据显示，91.55%的学生存在课间追逐打闹、疯跑现象，这就需要学校教育养成学生良好的行为习惯，有效避免安全隐患的发生。

低段学生课前自觉准备学具情况的现状调查。数据显示，78.87%的学生会主动准备学具，18.31%的学生需要老师提醒，2.82%的学生桌面物品摆放较乱。数据表明我校大部分学生课前准备习惯良好，少部分学生还需要加强该方面的习惯培养。

低段学生整理书包和学习用品的现状调查。数据显示，“能够坚持每天整理书包和学习用品的学生”占比18.31%，“需要提醒完成整理的学生”占比74.65%。“不能完成整理的学生”占比7.04%。数据表明学生自理能力欠缺，绝大多数学生没有养成自己整理书包、准备学习用品的好习惯，还需要教师家长有效配合，加强该方面的训练。

低段学生上课专心听讲、积极举手发言的现状调查。数据显示，在专心听讲、积极举手回答问题方面，每节课都能做到的学生占23.94%，部分能做到的学生占76.06%。数据表明应加强对学生课堂倾听习惯的培养，重培养学生的专注力。在积极举手发言方面，导致学生不举手的主要原因有两方面，一是学生不够自信大胆，二是害怕答错遭到批评，因此教师应该多鼓励学生。

家长层面：

关于我校家长的基本情况的调查。此次参与调查的家长65.35%的孩子就读于一年级，34.65%的孩子就读于二年级。家长的文化水平小学的占8.28%，初中水平占28.2%，高中水平占29.74%，大专水平占24.64%，本科及以上水平占比9.14%，可以看出，我校家长文化水平属于中等偏下水平，文化程度普遍不高。

关于家长对培养孩子行为习惯的现状调查。我校学生由父母监管的占93.65%，爷爷奶奶或外公外婆监管的占5.2%，其他占1.15%，由此看出我校大部分孩子都是有父母直接监管的。99.33%的家长认为培养孩子的行为习惯是重要的，只有0.67%的家长认为培养孩子的行为习惯一般重要，说明我校家长对孩子行为习惯的培养是非常重视的。

关于家长培养孩子行为习惯方法的现状调查。38.59%的家长能做到每天坚持培养孩子的行为习惯。55.15%的家长在培养孩子行为习惯上不能做到持之以恒，甚至有6.26%的家长很少或者从不注重孩子行为习惯的培养。

关于家长采用过培养孩子行为习惯的方法调查。在1039份问卷中，有713份完成了此题，其中高频词汇有事情、孩子、习惯、作业、礼貌、教育、时间、早睡早起、以身作则、言传身教，涵盖了家长对孩子生活习惯、学习习惯的培养方法，可见大部分家长对孩子行为习惯的培养是十分重视的，但缺乏科学有效地方法。

二、调查分析结论

教师层面：存在的主要问题。通过对核心数据具体的分析和解读，可以从两个维度归纳了学生表达力较弱的现状：一、我校教师越来越年轻化，在德育教育方面经验不是那么丰富，在对一年级学生进行习惯培养时存在许多的不足和缺失，缺乏对学生习惯培养的意识和方法。教师都能意识到儿童时期是人格和习惯形成的最佳时期，但是缺乏理论的支持和具体措施的引导。二、学校的学生在文明礼仪、文明如厕、文明就餐、文明休息、文明玩耍、收拾整理方面存在较大问题，有一部分孩子各方面习惯都很好，另一部分孩子们行为习惯较差，需要老师长期提醒督促。

措施及建议。针对以上两方面的问题，我们主要从几方面给予相应的建议：一、学校多开展德育方面的培训，最好有具体方法的指引，让年轻教师多学习处理问题的方法，了解学生各个阶段发展的动向及出现的问题，找到合适的方法来应对；二、老师们可以自己利用空余时间多阅读一些小学生心理方面的书籍，了解学生的心理发展变化，做到心里有数，遇到孩子的心理问题能判断和解决；三、遇到棘手问题多向有经验的老师请教；四、反复强化法，养成一个习惯需要21天时间，所以行为习惯的培养重在持之以恒，利用班会课、朝会课、班务时间反复训练，加深印象，直到好习惯根深蒂固入孩子内心，最终养成好的行为习惯；五、示范引领法，教师要时刻注意严格要求自己，用良好的行为习惯为学生树立正确的榜样；六、多种激励法，我们可以结合品格的奖励方法，用以激励行为习惯日渐转变的学生，用集星或印章兑换的方式，累计良好的行为习惯。

家长层面：存在的主要问题。一、绝大部分家长对孩子的行为习惯的培养是十分重视的，但缺乏科学有效地方法和持之以恒的毅力；二、我校家长文化水平属于中等偏下水平，文化程度普遍不高，对如何正确培养孩子行为习惯的方法知之甚少；三、生源结构复杂。我校外来务工子女占本校学生的48.6%，几乎与就近入学学生持平。这部分外来务工子女，幼儿时期大多数就读于老家农村，缺乏系统的习惯养成教育。同时父母由于生计问题，常常疏于对孩子行为习惯的培养。

措施及建议。鉴于家长对孩子行为习惯培养的重视，但因其文化程度普遍不高，缺乏科学有效地方法，我们的措施及建议：一、举办家长学校，对家长进行相关的宣讲和培训。使家长经常交流和进一步掌握教育子女的方法，培养孩子的良好的行为习；二、“家长开放日”。让家长走进课堂，和孩子一起听课、玩耍，增进家校交流，听取家长反馈，让家长参与到学生德育中来，促进孩子能更好地适应小学生活，养成良好习惯；三、推荐家长阅读并学习一些有关家庭培养孩子行为习惯的书籍和方法，并且运用于对孩子的行为习惯培养；四在前期、中期和后期分别制定相应的跟踪调查表，及时反馈孩子行为习惯的养成情况，引起家长长期的关注。

在今后的德育课程探索实践中，我们将根据学生身心发育的特点，以及他们的个体差异性、行为习惯探索新的德育实践路径，培养学生良好的行为习惯。

五育并举，素质教育的呼唤

——记天府师大一中的五育并举工作开展

四川省成都市天府新区四川师大附属第一实验中学　吴志平　岳毅

近年来，素质教育教学模式已成为教育革新的趋势。素质教育倡导学生全面发展，怎样实现这一教学目标呢？“五育并举”给出了答案。何谓五育并举？怎样开展五育并举？以下，笔者将结合本校开展五育并举工作的情况和经验，浅谈几点看法和建议。

一、五育并举的含义及方针

“五育”包括，德育，智育，体育，美育和劳育。“五育并举”是指在教育上要实现这五种教育均衡发展。

在教育实践中开展五育并举的方针是：

(1) 突出德育实效。打造中小学生社会实践大课堂，充分发挥爱国主义、优秀传统文化等教育基地和各类公共文化设施与自然资源的重要育人作用，向学生免费或优惠开放。强化对网络游戏、微视频等的价值引领与管控，创造绿色健康网上空间。

(2) 提升智育水平。严格按照国家课程方案和课程标准实施教学，确保学生达到国家规定学业质量标准。加强科学教育和实验教学，广泛开展多种形式的读书活动。各地要加强监测和督导，坚决防止学生学业负担过重。

(3) 强化体育锻炼。坚持健康第一，实施学校体育固本行动。严格执行学生体质健康合格标准，健全国家监测制度。除体育免修学生外，未达体质健康合格标准的，不得发放毕业证书。开齐开足体育课，将体育科目纳入高中阶段学校考试招生录取计分科目。

(4) 增强美育熏陶。实施学校美育提升行动，严格落实音乐、美术、书法等课程，结合地方文化设立艺术特色课程。广泛开展校园艺术活动，帮助每位学生学会1至2项艺术技能、会唱主旋律歌曲。

(5) 加强劳动教育。优化综合实践活动课程结构，确保劳动教育课时不少于一半。

二、五育并举之德育校本化

我校把德育工作作为立校之本，德育工作着眼于一个“细”字，目标就是要培养具有“诚”、“孝”、“雅”的新时代中学生，并建立起具有我校特色的可操作性的德育体系。

学校开设了多元德育课程，包含基础课程、活动课程、特色课程、隐性课程。基础课程要求认真完成九年义务教育相关课程，在教学过程中渗透德育思想；活动课程主要包含社团活动、社会实践活动、歌咏比赛、游园活动、国际交流、艺术节活动；特色课程内容主要包括国学、礼仪、礼孝、感恩；隐性课程比如安静行走、见面问好、阳光仪容、班级文化建设等也是学校德育规定动作。

学校制定了《班主任工作手册》、《学生一日常规》、《我校家长手册》等德育蓝本。拟定了“我校家长委员会章程”、“学生管理制度”、“学生申诉制度”、“班科联席会标准”等。既确立了德育工作方向，也明确了德育工作内容，更重要的是固定了德育工作标高。

我校重视德育教育，更重视德育行为教育，不只是停留在理论层面，学校按天、周、月确立德育内容的具体安排，形成具有我校特色的德育课程。定时、定人、定内容、定形式、定主题。每天开展德育常规教育，每天10分钟德育总结课；每周举行升旗仪式、国学诵读、国旗下演讲、仪容仪表检查、流动红旗评比；每月开展黑板报评比、星级班集体评比、学生会工作会、校团委工作会以及相关主题活动。

三、五育并举之智育精细化

学校果断为学生“减负目的是将时间真正还给学生，让他们有空间去思考、去想象、去实践。为此学校拟定《控制作业量制度》，其核心要义是作业要统一资料，做到精选精练；教师先做题、学生少做题。做到学生反馈、家长监督、教导处检查处理。做到“制度——实施——反馈”闭环管理。

“减负”和提质是“绿色”智育的一对双胞胎，“提质”就是要提高单位时间的有效性，也就是向40分钟要质量。学校主要在以下几个方面花大气力。

集体备课：这是提质的前提条件。集体备课的基本流程是：教师初备——集体备课优化方案——教师二次备课。

认真听课是教师业务能力提升的另一途径。学校对老师听课频次、听课总量、笔记标准、评课维度等都有明确详细规定，并写进教学制度。其中40岁以下老师每学期至少上两次转转课，要求把一次转课当成一次赛课；组长提前分配听课维度；每位组员评课采用2+2的模式，两个突出优点，两条建议，做到取长补短，共同促进。

课堂教学是提质的主阵地，课堂细分为很多类型，常规课是老师的责任田；新进教师的见面课，也是他们的段位赛，老师都很重视，大多可圈可点；还有骨干教师示范课，这就像是饭桌上的硬菜或者招牌菜，重在示范和引领，质量都很高；再者就是课堂教学大赛，备课组先初赛选拔，然后是学校决赛，获得一等奖的老师获得学校骨干教师称号，同时获得代表学校参加区级赛课资格，既带动老师全员参与课堂教学研究，又提升自我，返惠学生。同时，全面推行学业“四清”落实制度。对全体学生在学业上落实堂堂清、日日清、周周清、月月清，建立学生学业档案，落实精细化管理，不让一个学生掉队。

全面实行学生学习支持制度。对个别学习暂时困难的学生提供专门指导，及时提供针对性训练；学生需在校上晚自习课。每门主要学科每天晚自习期间都有教师在校值班，及时地、个性化地解决学生当天在该学科遇到的问题，确保问题不过夜。

四、体育美育劳育和谐发展

我校一贯重视五育并举，尤其是打造学生强健的体魄，学校致力于培养学生自觉锻炼的意识、正确锻炼的方式，要求学生从毕业时掌握四项体育技能，熟练掌握两门球类运动。保证学生每天一节体育课，每天锻炼一小时。学生在各级各类体育竞技比赛中屡获佳绩，其中皮划艇、球类、游泳、健美操等竞赛项目多次获得省市区级荣誉。

我校为了美育工作更落地，在开设音乐、美术等传统美育课程的基础上，还增设舞蹈、书法、管乐等美育课程。课程教学重视培养学生人文美，培养学生体验美、认识美、创造美、分享美的能力和经验，帮助学生建立美读、美思、美行，以达各美其美，美美与共。

为了培育社会主义新时代的劳动者，学校将劳动课程提到新高度。除了日常生活劳动、公共劳动、社区劳动、公益劳动、家庭劳动课程，我校的学生打扫寝室卫生、教室卫生、个人卫生是本能，做些力所能及的校内劳动彰显本貌，参与家庭劳动是本分，参与社区劳动是本色。学校去年增设生产劳动课程，让学生参与到种植、生产维护、生产管理当中，切实感受生产的乐，劳动的美，收获的甜。在现有的条件下为学生创造尽可能地劳动机会，学校在可利用空间建了一片师生共育果园，2020年就迎来了首次丰收，学生“摘桃” “收李好不快哉。学校C区采取田园式设计，100余亩的C区将大部分区域设计为果蔬、园艺等生产劳动专区，为学生广泛、深入、有效参与劳动技术课程提供强大保障，届时学校将由森林公园式校园转变为森林田园式校园。

五、结语

五育并举，是对素质教育呼唤的回应。在促进学生全面发展的教育上，五育并举教育模式为教育指明了方向。我校在五育并举的工作实践中，不断优化课程体系，将德育予以课程化，将智育进行精细化，同时兼顾体育，美育和劳育和谐均衡发展。在教学上真正达到了“五育并举”。有条不紊的个性化教学模式，使我校的教育实现了可持续发展。

沐时代风雨，育天府英才。这是一处求知育人的净土，这是一方心灵的乐园。学校实行精细化管理，优质化服务，为每一位学生奠定坚实的人生基石，让每一个孩子都得到最好发展，不输在同一条起跑线上。在学习中找到了读书的快乐，学会学习、学会做人、学会感恩，做一个五育并举的四有新人。

五育并举，是素质教育的呼唤，是我们办教育的初衷，同时，更是我们为之奋斗的方向。沧海横流显本色，百舸竞技争上游。我校高素质的教师队伍和全体师生的同心协力是取得成绩的关键，这支教育的劲旅，正踏着时代的鼓点，迈向教育的高地。

坚持立德树人，打造优质教育

四川省崇州市锦江小学校 黄德伟

教育是国之大计、党之大计。党的十八大以来，以习近平同志为核心的党中央高度重视培养社会主义建设者和接班人，坚持把立德树人作为教育的根本任务，不断开创我国教育事业发展新局面。党的十九届五中全会指出，要全面贯彻党的教育方针，坚持立德树人。我们要从党和国家事业发展全局的高度，落实立德树人根本任务，推进教育事业发展同实现高质量发展相适应，培养担当民族复兴大任的时代新人。我校围绕“立德树人”的根本任务，秉承“生命锦华，自有江天”的办学理念，旨在培养孩子们以未来的眼光精准定位并实现自身的发展目标，形成健全的人格、拥有健康的体魄、养成良好的道德品质、树立未来公民意识。

一、立足新的起点，开启新的征程

我校始建于1903年，原名“崇庆县国立天民寺小学”。新中国成立后，更名为“锦江一小1978年后始用“崇庆县锦江乡中心小学校1995年“普九”后自崇州市锦江乡天民村迁入锦江乡场镇(即现址)。2006年撤并村小后，再次更名为“崇州市锦江乡小学校”。目前，学校占地面积近28亩，建有8800平方米的标准化塑胶运动场，馆藏图书1.5万余册。在校学生470人，在编在岗教师38人。

学校被教育部认定为“国防教育特色学校相继获得了四川省“文明校园”、成都市“优秀教育科研成果奖”、“绿化先进单位”、崇州市“园林式单位”、“卫生单位”、“文明单位标兵”、“校风示范校”、“德育工作先进集体”、“成人教育先进集体”、“社区 教育先进集体”、“先进基层党组织”、“工会工作先进集体”等荣誉称号。

在新的历史发展阶段，学校领导班子正带领教职工，以习近平新时代中国特色社会主义思想和“四个全面”战略布局为指导，昂扬进发，为锦江乡社会经济发展提供坚实的教育保障，为实现“品质崇州，优质教育”贡献锦小力量。

二、坚持立德树人，塑造教育品牌

学校围绕“立德树人”的教育总体目标，塑白马主场教育品牌，创崇州优质教育明珠。我们希望孩子们以未来的眼光精准定位并实现自身的发展目标，形成健全的人格、拥有健康的体魄、养成良好的道德品质、树立未来公民意识。

学校以“生命锦华，自有江天”为办学理念，其理念定位于学校所在地“锦江主导生命教育与生命文化，寓意尊重每一个孩子灵动自然生长，成就每一个不一样的自己。

我们的校训倡导的是个性化教育，努力发现每一个孩子身上的闪光点，培训孩子全面发展。校风即：白马复十驾，成于不舍功。其寓意是成功与收获是辛苦奋斗出来的。

教风：世有风云师，后有白龙马。希望我们每一位老师都要以身作则，成就自我，润育学生，承载着传承白马文化，弘扬锦江文化的神圣使命。

学风：白马我少年，志越千里关。小小的我，大大的理想，从现在做起，做自己做起。

校徽(LOGO)：飞跃的白马。白马象征着全体师生，是学校精神的集中体现，学校文化的内涵凸显。背景绿、蓝、红三色，绿色寓意着生命，蓝色象征着梦想与希望，红色彰显着热情和激情，是我们锦小人共同的愿景。

三、创建学校特色，促进学生发展

为进一步加强素质教育，培训德智体美劳全面发展的社会主义建设者和接班人，近年来，我校通过创办特色项目，全力打造学校特色教育，让学生在实践中学习、锻炼和成长，培养学生健全的人格，促进学生个性发展。

学校少年宫：2015年引进成都市“流动少年宫”项目，整合乡村学校少年宫课程——每周三由成都市青少年宫选派5名专业老师到校，在陶艺、跆拳道、电子琴、美术和舞蹈等5个方面对学生进行两个课时的辅导，本校相应精选了5名有一定专业基础的助教老师，全程跟踪学习并于隔周星期二组织学生进行两个课时的复习巩固。成功举办了“崇州市首届乡村学校少年宫成果展示活动”和“全国流动少年宫项目分享会被评为“四川省优秀乡村学校少年宫”。

少年军校：2016年4月，经四川省国防教育委员会办公室、少年军校四川总校批准，“崇州市锦江小学少年军校”正式成立， 9月初，又筹建了“少年军校户外体验基地”和“国防军事教育活动室进一步完善了“少年军校”硬件设施建设。

“少年军校”成立以后，学校又在常态化运行方面进行了深入的思考与实践：一是将军事项目户外体验与学校体育整合，丰富并完善了体育教育的形式和内容，在训练学生拥有强健体魄的同时，也注重培养学生的竞争意识、合作意识和纪律规范等；二是将国防军事教育活动室功能整合到德育工作中，采取平面、影音媒体加活动的形式，经常性对学生开展国防、军事、爱国主义教育；三是邀请部队官兵到校对学生进行队列队形和器械训练，让军旅元素融入学生日常生活和学习，时刻影响学生行为，促进全体学生良好品格的养成。目前，学校有成立了四个国旗班以及梯队训练班，是国家教育部命名的“国防教育特色学校”。

四、开展健康教育，培养良好习惯

为促进学生健康成长，培养学生良好的卫生习惯。根据 “宝洁全国学校健康教育计划”要求。在接受崇州市教育局专业培训后，我校分别组织一年级全体同学观看《冠状病毒防卫站》、六年级女生学习《青春小课堂》。

为加深一年级小朋友印象，树立“健康安全第一”的思想，学校罗老师以《冠状病毒防卫战》为主题，采取动画片宣传形式，用轻松幽默简单易懂的方式，加强一年级小朋友自我防护意识。制定了防疫七项措施，把病毒疫情拒之门外。为减少疾病传播途径，教育孩子们从细节讲卫生，从小处讲健康。通过健康教育活动，使学生们充分意识到养成良好个人卫生习惯的重要性、从思想上充分认识到有效预防疾病发生和传播的重要性。

今后，我校将着力打造学校特色品牌，整体提升学校文化水平，促进学校教育优质均衡发展，让每一位锦小孩子都能健康快乐、自信成长！

实施优质教育，创建乡村名校

四川省崇州市廖家中学校　徐继年　袁定辉　杨萍

享受优质教育是老百姓的必然需求，实施优质教育是学校发展的必然趋势，发展优质教育是国家教育兴旺的必然条件。我校始建于1958年，学校秉承“教育以立人为根本，以师生幸福为旨归”的办学理念，全校教职员工不忘初心，砥砺前行，学校行政充分发挥班子的引领作用，依靠教职工，规范师生言行，不断探索，坚持“崇德博学务本求真”的校训，“以人为本、全面发展、质量立校、特色兴校”的办学思想；以“实施优质教育、促进全面发展、创建乡村名校”为工作目标；不断改善办学条件，明确“一个中心、两项重点，三年计划”的工作思路。坚持“提升教育质量”为中心，打造“严细管理、风正质优”的寄宿制初级中学。

一、坚持以人为本，打造乡村名校

学校秉承“亲密合作、团结奋斗、开拓创新、无私奉献”的传统精神，对学生“严格管理、热情关怀以“教育以立人为根本，以师生幸福为旨归”的办学理念，加强校风、教风、学风和校园环境建设，全校教师“爱生、笃学、敬业、奉献”和全体学生“尊师、守纪、博学、善思”风气已经形成。坚持“以人为本、全面发展、质量立校、特色兴校”的办学思想，学校完善了《崇州市廖家中学办学章程》，制定了近中期发展规划，全面实施素质教育，以严细的寄读管理，优良的校风学风，一流的教育质量，立德树人，追求卓越，让农村学子能享受优质教育资源，努力创办优质乡村名校。

二、完善制度建设，细化教育管理

学校行政班子以身作则、率先垂范，分管年级、深入学科，初三包班，充分体现“尊重与服务”教师，及时反馈教职工中存在的问题，教职工每学年对行政人员进行测评，做好交流与沟通协调工作。

抓实学科科研，提升教师专业能力。打造共同体研修模式，形成了一支乐教善创、能力扎实的师资队伍。学校近两年的师生比达标。学校通过开展读书活动、教师教育技术能力培训、教师基本功训练、抓校本教研、抓小课题研究、青蓝工程等，促进了教师专业化成长和学生个性化发展。10个教研组分别开展小课题研究：如语文组开展《初中语文课内阅读与课外阅读有效结合的策略探究》，数学组开展小课题《课前预设核心问题启发学生自主学习探究》，英语组开展小课题《初中英语写作教学方法探究》等小课题研究。学校紧紧围绕“常规教研，特色教研，高效教研”目标，通过“教研共同体”、“校本教研究”、“五步教学法课堂构建研究”等方式，各学科每周学科开展教研活动，人人上公开课，做到校本教研“常规常态、常规常在”。近3年，学校教师有90多篇论文在四川省、成都市、崇州市级刊物发表或获奖，科研成果丰硕。近三年有30人次在崇州市及成都市赛课获奖（其中成都市二等奖2人，三等奖8人，崇州市特等奖6人次，一等奖14人次）。学校每年设置2万元教育科研奖。

学校先后制定完善《廖家中学常管理指导意见》、《廖家中学教学过程管理制度》、《廖家中学学月视导制度》、《廖家中学常规管理细则》等规章制度，规范学校教学常规建设，加强各学科组教学管理，保证我校教育教学工作始终按“有计划、有安排、有落实、有检查”的方向前进，力求做到在常规方面抓“好在细节方面从“严在过程方面求“实”。

学校扎实教学常规管理，通过教学常规工作的指导、落实、研究、检查、整改，教学质量稳步提高，学困生的比例大幅减少。近年来我校中考成效显著，2019年学校全科合格率为44%，位居全市第4名，一次性合格率为67%，位居全市第5名。我校2018中考主要指标综合考核居于全市16所初中学校第6名。2019年中考主要指标综合考核居于全市第5名（同类学校第一名）。

三、丰富文化内涵，营造学习氛围

学校着力校园文化建设，为同学们营造了一个“校园干干净净、晨读书声琅琅、自习安安静静”的良好、舒适、温馨的学习环境，搭建了一个个展示同学们个性特长的平台，学校德育处强化班级文化建设及评比。如“最美教室”、“班级文化墙”、“学生传统文化小报”等评比。各班班主任及同学们积极参与，自主设计，利用课余时间全身心地投入到班级文化建设活动中。

学校德育处加强学生干部队伍建设，打造了学生会、团总支专用活动及会议室，规范了每周各部门的工作例会和班级常规检查。如宣传部成员组成评委小组，每周对全校15个班级进行“教室卫生及物品摆放、教室文化氛围布置、墙报板报、图书角”等方面进行综合评比。

一是走进每一间教室，我们看到各班教室在同学们的精心布置之下，美化、绿化，装扮得生机勃勃，各具特色，处处洋溢着浓浓的班级温情，班级文化特色突出，主题鲜明。

二是各班建立图书角，主要有学校的图书室借阅书籍和班级老师与学生捐献书籍，同学们互相借阅，共同分享，好书换着看，一起学习，一起进步。每月进行一次读书分享活动，可以交流，可以写作，评选出优秀阅读者。

三是墙报展示，结合传统节日、家乡发展等主题，各班充分发挥了学生们的自主创新能力，无论是版面的安排，还是内容的选择、书写，都由学生自己设计、独立完成。

缔造最美教室，展示班级风采！让每一面墙壁说话，让每一间教室育人！在手抄报搜集过程中也展现出了许多优秀的作品。不仅培养了学生的创新意识和动手能力，彰显了班级文化特色，营造了浓厚、和谐的校园文化氛围，为学校增添了一道道亮丽的风景线。

四、优化德育工作，促进个性发展

学校德育工作以“学生良好行为习惯的养成教育”和“班主任队伍建设”为重点，开设篮球、乒乓球、文学写作、书法美术、电脑制作、音乐等社团活动，促进学生的个性化发展，取得了一定成效。我校的口风琴乐队活动看展作为成都市传统体育项目学校，学校积极开展认真落实“两课两操一活动”同时，一直坚持开展田径、篮球体训活动。2012年被评为成都市“阳光体育示范学校并先后获得成都市中小学田径班级赛三等奖，成都市“兴教杯”体育教师专业技能大赛一等奖，成都市乒乓球活动月一等奖，“运动成都”排球活动月三等奖，运动成都《学生阳光体育田径班级赛》一等奖，成都市学生阳光体育排球活动月二等奖，2014—2018年连续荣获崇州市中小学生田径运动会初中组团体总分第二名，学生体质健康标准检测合格率达98%以上。2016级5班学生李瑞鹏在崇州市“五四运动”纪念一百周年演讲比赛获一等奖，并代表崇州市参加成都市的决赛。近2年间我校科创硕果累累，先后共有7人次学生在成都市科创比赛中荣获成都市三等奖，2019年我校2018级5班学生赵怡垚参加崇州市第四届科创大赛荣获一等奖。2020年10月在崇州市第六届青少年科技创新大赛中我校冯一馨、谭润涵同学作品科幻作文分别荣获三等奖；沈凡丁、刘璐瑶同学的儿童科幻画作品分别荣获三等奖；2020年11月我校阂源杰、王凯凌同学参加成都市第十六届中小学生电脑制作活动超级轨迹赛荣获成都市二等奖；2020年11月我校赖睿毅同学荣获中国科协青少年科技中心举办的全国2020年青少年虚拟机器人在线体验活动初中组编程大师奖（一等奖）。

学校法治进校园活动开展成效显著，我校聘请成都市检察院吕瑶检察长担任学校法制副校长，先后开展法制类专题讲座两次，模拟法庭活动一次。全校师生守法、用法意识明显加强，我校教师刘余明荣获“全国普法教育先进个人”。

我校作为“四川省射击训练基地”、“成都市射击传统学校射击项目成绩成果斐然。先后培养世界射击冠军刘天佑、全国冠军张杰、李晓波、罗春燕、四川省冠军何飞，近年来崇州市射击项目教练员全部是我校培养，在崇州市射击项目中起了很好的引领作用。

建校半个多世纪以来，学校办学特色鲜明，教育科研逐步兴起，发展潜力巨大、师生劲头十足。教育教学质量直线上升，2018、2019年连续两年中考综合考评位居乡镇第一名，学生综合素质全面提升，群众满意度达到学校合并后最高，在当地百姓心目中已经建立了“优质”的乡村名校品牌。学校还先后获得“四川省新长征突击队”、“成都市新优质学校”、“成都市环境友好型学校”、“成都市园林式单位”、“成都市体育传统项目学校”、成都市教育系统先进党组织；成都市思想政治工作先进单位；成都市群众体育工作先进单位；成都市依法治校示范学校；成都市阳光体育示范学校；崇州市环境友好型学校；崇州市关心下一代工作先进单位；崇州市十佳红旗团组织等多项荣誉称号。

今后我校将更进一步着力于内涵发展，品质提升，走“质量立校，特色兴校”的特色发展道路，做好乡村振兴发展，让农村老百姓在家门口一样享受优质教育。

至善至美　幸福育人

——记都江堰市顶新新建小学“成都市幸福美好生活巾帼建功标兵”王华群

四川省都江堰市顶新新建小学　王嘉唯

新建小学创建于1972年，是由当时地处梨园巷的“城关镇（即今灌口镇）工农兵小学”和白果巷小学、天乙街小学合并而成，并用白果巷小学对换了城关幼儿园后院的荒地，在荒地上新建了校舍，所以学校开课后就取名“新建小学”。建校以来，学校取得了累累硕果，这一切都离不开该校校长王华群的信仰、追求、仁爱与奉献，因此，一曲最美的教育之歌在此处唱响……

无怨无悔　盛放平凡之美

回顾王老师走过的三十多年的教师生涯，总是充满深情。从痴心一片地将教书育人作为职业，到视之为事业，虔诚地奉献所有的精力、才智、挚爱，王老师尝过众多成功的欢乐，更感受过种种失败的沮丧。但种种变异、坎坷从未让她沉浮于得失，怀疑于选择，畏惧于艰辛。因为，她看重自己的事业，她在意自己是一名小学教师，选择了这个平凡而又美丽的职业，她至今无怨无悔。这是她一生为人为事的自信与尊严。

钻坚研微　打造特色之美

了解王老师的人都知道，作为班主任，她是孩子心中的妈妈。作为语文教师，她是开启孩子心灵的钥匙。看过王老师上课的人都知道，她是一个非常投入的人。她善于把情趣富于教学中，精心设计每一个教学环节，让孩子们在课堂上永远是那么活跃、兴奋不已。通过多年的艰苦努力，王老师的教学形成了独特的风格——“活、实、新”。从教以来，王华群同志一直担任语文教学工作。哪怕是后来从事学校管理工作也没放弃语文学科的教学和研究。在一轮又一轮的课改下，新知识，新观念层出不穷。教材在变，从九义教材到北师大教材，学生也在变，由天真到成熟，由简单到复杂。面对铺天盖地，令人眼花缭乱的“理论面对教育教学中出现的一系列问题，教师需要理智地做出准确的判断，而不能照单全收。特别是自担任校长以来，她更加注意完善自我，提升自己的课改能力，先后参加上海、成都市、都江堰市骨干教师培训，自学了大量有关课程改革的著作，积极主动走出聆听专家讲座，与专家对话，并积极撰写教育教学论文。作为一名语文学科带头人，主动投身课堂教学实践，认真把握教学脉搏，深刻领会课程标准理念，找准理论与实践的结合点。经常主动承担各级研究课、中心发言，给学校青年语文教师开展讲座，指导新教师的工作。多年来，一直担任学校科研课题组组长，带领组内教师认真开展教育科研活动，圆满完成各级教育科研课题研究任务。教学中，精心设计每一个教学环节，让孩子们在课堂上永远是那么活跃、兴奋不已。多年来，先后承担了都江堰市级课题《童话节活动创新能力与实践能力的研究》、国家级课题《童话节活动课程资源的开发与实验研究》、全国教育科学“十一五”规划课题《成都市区域性推进中小学生命教育的实践研究》的学校子课题《学校生命教育的校本课程资源开发与实验研究》、都江堰市级课题《小学语文课外阅读指导的研究》、《自主阅读开发潜能》、《中高段作文分层教学研究》等课题主研工作，并有多项课题已结题。

择善固执　彰显大爱之美

从1996年7月至今，王华群同志已经在校长岗位上辛勤地耕耘了25个年头。她先后在农村边远小学、城郊接合部学校、城区小规模学校、城区大规模学校担任校长，凡是她工作过的学校教师都知道，“实施以人为本的管理策略，营造温馨而优雅的文化氛围，构建幸福而快乐地教师群体这是王校长管理工作的一大特色。一直以来，她在管理中始终坚持追求“一种幸福那就是把学校构建成充满文化品位和精神感召力的学习型发展型组织，形成一种让教师感受到教育快乐地氛围。作为校长，她爱她的学校，她更爱她的每一位老师，因为她们，都是她的亲人。她一直在努力给老师们营造一个充满温馨、充满诗意的工作环境。它不一定要精致，但一定要舒适；它不一定要宽敞，但一定要优雅——她要与老师们在这种无障碍的沟通平台中倾心交谈，化解工作中的矛盾，消除生活中的误会，解决学习中的疑虑。真正让沟通亲近人心，让沟通创造奇迹。在她所管理的学校工作，你是幸福的！你能真正体会到集体的温暖，深切感受到被赏识的快乐，尽情享受着校长的关爱！安排工作，她会尽量选择你的强项，在她的学校里，没有“被遗忘的角落也没有“被闲置的人”。她常说：“再‘短’的人也有他最恰当的位置，而且他能和最‘长’的人发挥一样的作用”。教师生病，她都登门探望；教师家里有困难，她会主动帮忙；教师的子女上学、找工作，她都会尽力而为；教师的生日，她会送去祝福；教师参加赛课活动，她会提前与你一起研究教法；教师参加演讲比赛，她会送去各种资料；教师的论文，她会认真去阅读，提出自己的建议；成功了，她会与你一块儿庆祝；失败了，她会与你一起分析原因，并送给你鼓励的眼神；她，就是这样一位知任善任，把对教师的关爱、群众的冷暖放在心上的好校长。生活上的关心，思想上的帮助，业务上的鼓励，无形之中缩短了教师与校长之间的关系。老师们有委屈，去找校长倾诉；有困难，去找校长帮助；有怨言，去说给校长听。她信任每一位教师，宽容每一位教师。对与她一起战斗的每一位班子成员，她给予的是支持与理解。无论是在任何场合，她都非常注意维护班子每一位成员的威信。她经常爱说这么一句话：“我们能在一起共事，那是我们的缘分。对大家来说，我没有特殊而言，只是承担的责任比你们多一点！”

35年来，王华群同志一直坚守在教育路上，伴随新课程改革走过了多年的艰难历程，这期间虽然有着许多失败与迷惘，但也算是硕果累累。多次参加都江堰市、成都市赛课获奖。2009年9月，主编的校本教材《综合实践活动资源开发校本课程读本》上中下三册，由教育部推荐，天津教育出版社正式出版发行；《中段作文分层教学初探》、《浅谈小学一年级下期说话训练》、《作文分层教学研究》、《谈谈小学语文教学中爱国主义教育》、《建设高素质艺体教师队伍　创艺体教育特色学校》、《以童话节谈德育载体的创新》、《走内涵发展之路，加速教育现代化进程》、《培植学校文化　提高管理效益》等三十多篇教育教学论文在都江堰市、成都市、省级、全国等获奖或交流。先后荣获都江堰市教研教改先进个人、“都江堰市德育先进个人”、“都江堰市语文学科带头人”、“成都市优秀教师”、“成都市优秀青年教师”、“成都市学科带头人后备人选”、“成都市课程改革先进个人”、“成都市优秀教育工作者”、“都江堰市优秀教师、优秀教育工作者、学会工作先进个人、灾后重建先进个人”、“都江堰市名校长”、“四川省优秀教师”、“全国青爱工程优秀领路人”等多项荣誉称号。

在王校长及学校教职工的共同努力下，顶新新建小学近几年来先后获得各类荣誉称号：“成都市第九届中小学生艺术节校园（课本）剧比赛一等奖”、“全国综合实践活动研究与实验重点研究项目先进实验学校”、“四川省三八红旗单位”、“成都市第十届乒乓球传统项目学校男子团体一等奖”、“成都市课程改革先进集体”、“成都市百日游活动一等奖”、“成都市模型竞赛活动一等奖”、“成都市国学经典诵读示范学校”、“成都市艺术教育特色学校”、“都江堰市优秀和谐单位”、“成都市新优质学校”、“成都市阳光体育示范校”、“四川省安全应急管理示范学校”……

事业上取得的成绩并没有让王华群同志停止前进的脚步。她总是想超越自我、更新自我、突破自我；她总有新的目标，新的追求。不断用人格和智慧演绎更多的美丽。

塔高励志追卓越　坝阔笃学提品质

四川省都江堰市塔子坝中学　谷盛聪　孙远林　朱覃松

四川省都江堰市塔子坝中学，创建于1958年，是一所成都市公办义务教育示范学校。现有学生1700余人，教学班36个，教职工151　人。

面对新时代教育高质量发展的新诉求，我校坚持以习近平新时代中国特色社会主义思想为指导，以“塔高树德，坝阔学远”为办学理念，全面推进素质教育，进一步优化办学行为，提高办学水平，提升办学品质，逐渐形成了“制度为根、人文为本、文化为魂”的管理模式，打造了一所“融入情、尊人性、塑人格、育人才”的都江堰市名校。

以规范铸校，以创新塑校

管理质量是学校发展的动力之源。面对激烈的竞争，我校采取“规范+创新”的管理模式，提升办学治校境界，提高教育教学水平，造优秀教师队伍，让科学的管理机制推动学校的发展进步。

规范教育教学行为，实现规范特长两手抓。首先，我校制定了“以规范为基，以德育为首，以教学为主，以师生为本，以发展为要，以文化为核”的学校教育教学规划，落实立德树人的根本任务，发展高质量的公平教育。其次，我校依托“让教育成就每一个人的梦想”这个切入点，开齐开足国家课程和地方课程，积极开展有效地教育教学工作。再次，我校在工作中坚持四个“有利于”的标准：有利于学生的终生发展，让学生既有分数又有特长；有利于教师的专业发展，让老师既是高质量的缔造者，又是综合素养提高的培养者；有利于学校的品质发展，让学校质量高，特色亮；有利于家校的和谐发展，让学校教育辐射家庭，服务社会。

鼓励教师突破自我，实现师德师能双提升。教师是学校可持续发展的保障，是学校发展的核心力量。我校坚持以教师发展为中心，为其创设一系列发展自我、展示自我的平台，培植学校可持续发展的原动力：全面开展智慧课堂的赛教评教、“青蓝工程”、师徒结对等活动，促进教师的专业发展和个人成长；有计划地安排教师到北、上、广、成都等地学习，或邀请专家来校为教师进行培训，着力打造一批有区域影响力的教学骨干和学科带头人，不断提高学校教师的整体素质和水平；构建"入格教师——成熟教师——骨干教师———学科带头人———卓越教师———专家型教师"的阶梯式教师成长体系，不断激励教师钻研业务、苦练内功，涌现出了一批批优秀的名优教师。

以质量立校，以教研兴校

教学质量是学校发展的生命线。要想提高教学质量，就要从教学的两个基本——课堂和课程抓起。为进一步提高人才培养质量，我校依托课程，聚焦课堂，把高质量摆在更加突出的位置。

立足学校实际，开发校本课程。我校经过充分论证，立足办学理念，依据教师特长和学生成长需要，以"塔"课程为切入点，以"塔"人"合一为方向，创新开发了以"塔基、塔身、塔尖"成形为一体和"人情、人品、人文、人艺、人创、人才"融合为"六面"的"一体六面"的校本课程，让学生在生活中学习、思考、探究，提升了综合素养。经过努力，我校现已开发出《自然科创》、《文史墨香》、《丹青雅苑》、《运动与健康》等校本课程。

敢于突破传统，打造高效课堂。要提高教学质量，学校需要有新的举措。我校抓住国家基础教育课程改革都江堰实验区的建设这一契机，突破传统的思维模式，大力倡导智慧课堂建设，坚持"以学为本、少讲多练"的教学原则，构建了一个教师善教、学生乐学并学有所所获的高效课堂。在这样的课堂上，教师重新树立了现代教育思想，以一个"引导者、学习者、研究者、合作者"的姿态融合在课堂上，参与到学生中；注重教学创新，采取课程整合、教材重组等教学方式，以"学会做人、学会学习、学会生活、学会协作"为基础目标，倡导学生自主学习、探索学习、体验学习、合作学习、深度学习，着力培养学生发现问题、解决问题和实践创新的能力。

以活动强校，以文明美校

校园是知识的殿堂，也是文明的摇篮。对于处在人生重要阶段的中学生来说，他们在学校收获的除了知识外，还应有思想、品德、文明、坚持、自立等受用终身的财富。为落实立德树人的根本任务，我校坚持以"塔高香自远，坝阔花竞芳"为德育工作主线，以"三高六会"(高理想、高素养、高能力；会生活、会学习、会健体、会尚美、会协作、会劳动）为抓手和培养目标，积极开展丰富多彩的素质教育活动，打造了极具塔中特色的育人亮点。

实施活动课程化，满足多元需求。我校立足实际，以发展学生核心素养为目的，以培养"会生活、会学习、会健体、会尚美、会协作、会劳动"的塔中学子为目标，以建立学生社团为突破口，积极开展丰富多彩的素质教育活动，并将其课程化、主题化和组织化，不仅让学生的特长得到了培养和展示，也让老师的特长得到了发挥和发扬。截至目前，我校一共建立了篮球、足球、乒乓球、健美操、合唱、手工、美术、科技、摄影等18个社团，每个社团都有指导老师、有计划、有总结、有教案、有效果，让原来无序的活动有了持续的生命力。

创新特色大课间，传承中华文明。很多学校都有大课间活动，我校也非常重视，并努力实现规范化、标准化、特色化。根据师资和生情，我校编排了大课间戏曲健美操，既符合中学生青春的风格，又有中国传统文化中的戏曲元素，迅速成为我校的亮点和名片。市委市府领导到学校视察工作时，给予了高度赞扬；代表都江堰市接待美国教育考察团时，给美国教师留下了深刻印象；代表四川省中小学校接受国家国务院教育督导委员会"对省级人民政府履行教育职责"的专项检查时，受到了高度好评。同时，学校健美操队参加各级各类比赛，均获得了优异成绩。

参加创文志愿者行动，提升文明素养。我校把文明城市和校园的创建与社会实践活动结合起来，利用寒暑假开展以"小手拉大手，创文一起走"为主题的亲子社会实践活动，让孩子带动家长一起参与到社会服务中去，共同理解"四改六治理"活动和垃圾分类的意义。通过实践活动，让每个塔中学子的综合素质都能得到提高；通过亲子活动，让学生带动家长共同参与社会行动，实现了"教育一个学生，带动一个家庭，服务整个城市"的目标。此项活动，得到了社会各界的一致肯定和好评，学生的素质得到了明显提高，校风、班风得到了进一步加强。

一路前行一路景，风雨不竭绘彩虹。在上级领导的关怀支持下，在全体塔中人的共同努力下，学校先后荣获"加拿大BC省特色课程实验基地"、"全国青少年科学实验活动师范学校"、"全国优秀家长学校实验基地"、"全国健美操大赛第一名"、"四川省园林示范单位"、"成都市文明单位"、"成都市首批优质教育学校"、"成都市义务教育示范学校"、"成都市教师发展基地学校"、"成都市篮球和健美操体教育传统校"等殊荣。

回首往昔，我们骄傲；展望未来，我们向往。提升学校品质，构建学校特色，争创现代品牌学校，是我们一直坚持的目标。为实现这一目标，我们将积极探寻，不断追求，永远在路上……

探寻群文阅读，助力学生成长

四川省广安市邻水县黎家镇中心学校　王波

新课标对小学学生学习语文目标提出了新的要求，要求教师应该致力于培养和发展学生的核心素养，对于语文这门语言学科来说，学生的知识储量尤为重要，无论是语言、情感还是思维，这三个要素的提升都是建立在丰富知识储量前提下的。学生获取知识的来源是通过阅读和聆听而来的，然而课堂上教师授课的时间十分有限，无法为学生拓展更多课外知识，学生的思维拓展会受到限制。阅读知识的速度远远快于聆听获取知识的速度，所以教师学生的阅读对知识储量非常重要，群文阅读这种阅读教学具有突破性，是农村小学语文课堂中的新模式，能够满足《小学语文新课程标准》关于课外阅读量的要求，从而有效培养学生核心素养，我们通过课程改革，实施群文阅读，构建高效课堂，促进学生成长。

一、群文阅读的意义

在新课程改革进程推动下，学生的阅读量要求越来越高，要求的调整改变，意味着教师的教学策略也需要改革，以前单篇阅读的教学已无法满足现在教学要求，需要使用多种方式来开展群文阅读，在单片阅读和群文阅读的组合模式下，学生的阅读能力才能得到最大程度的提升。小学生的自制能力比较差，难以长时间在课堂中集中注意力，教师在课堂中的授课也就很难灌输于心，对比这种被动式学习模式，让学生在课堂中阅读五篇左右文章的群文阅读模式具有主动性学习特点，与教师灌输知识不同的是，学生需要通过自己阅读去探究课文，能够提升学生多种能力，包括学习能力、阅读能力、探究能力等，提高学生知识储量的同时，还能够培养学生多种能力，可见更具有优势。语文核心素养体现在学生能够运用语文思维来解决学习和生活中遇到的问题，这要求学生需要具备一定的思想能力，而群文阅读能够有效地拓展学生思维，因为阅读的文章里面包含了许多内容，这些内容都能够为学生日后思考提供方向。小学生的好奇心理比较强，而群文阅读能够充分利用学生好奇心的特点，学生在阅读的时候对后面内容都有急切阅读的欲望，能够提高学生在课堂中的参与度，这样学生在课堂中收获更多，课堂效率也会就越高。

二、群文阅读的注意事项

学生的主体性。和传统小学语文课堂很大不同的是，课堂实际主体从教师转移到学生，因此群文阅读课堂中应充分体现出学生的主体性。学生在传统课堂里知识被动地接受教师所传递的知识，他们思考的时间非常少，无法消化教师所讲的内容，在教师讲课的过程中也很难集中精力，因为教师和小学生之间的思想代沟还是比较大的，学生很难对教师所讲的内容所感兴趣，教师沉浸于自己的讲授中，而学生往往会对此嗤之以鼻，课堂的有效性也就不高。新课标强调了小学语文课堂的主体应是学生，是学生思考主导的课堂，教师在课堂中只能起到辅助作用，辅助学还说呢给更好地进行学习。群文阅读模式有效性体现在学生的主体地位保证上，它能够极大提高学生在课堂中的主动性和积极性，课堂效率得到了极大提高。

用时段限制。小学共有六个年级，最低年级和最高年级学生的年龄相差比较大，特性也就不一样，适宜的教学模式也不同，群文阅读并不适合每个年级阶段学生特点，因此教师应该根据所教班级学生特点来选取正确的教学方式。农村小学生受到各种条件的限制，他们见识的事物和城市学校学生所见的存在很大差距，因此他们认知能力比较低，特别对于低年级学生来说，字词储量十分有限，无法独立的阅读一篇文章，群文阅读对于他们来说难度更大，不但不能发挥群文阅读的积极作用，反倒会增加学生对语文学习的畏难情绪，不利于培养学生对语文学习的兴趣，因此群文阅读只适用于具备一定基础的中高年级教学中使用。

重对文章的理解。学生在群文阅读课堂中的实践性非常强，对学生的自制能力要求比较高，要求学生在阅读中是专注的。群文阅读模式的难点是保证学生心思都在课文中，也难在无法确保学生对课文进行了思考，学生很容易在阅读中走神，从而无法掌控群文阅读的效率。群文阅读要求学生阅读文章的数量比较多，要求学生阅读时间比较长，从而学生的注意力需要长时间保持集中，如果思想没有集中，很容易出现对文章粗浅阅读的问题，很多学生把群文阅读的课文当成一项任务来完成，并不是从实质中来展开阅读。尽管群文阅读体现了学生在课堂中的主体地位，然而无法保证学生珍重地投入到阅读中，只有全身心投入到课堂中，才是深层次的阅读情况，如果无法保证全身心地投入到阅读中，那么起到的效果可能就和传统课堂一样，可见对教师的群文阅读课堂教学能力有一定要求。

三、群文阅读实施策略

略读基础上展开阅读。小学学生各方面能力还比较弱，在有限的课堂上阅读多篇课文对于他们来说具有一定的难度，沉浸理论认为当任务难度等级和学生能力不匹配时，学生是难以在任务过程中产生沉浸体验，效果也就不理想，所以在开展阅读课堂之时，教师应该将阅读任务难度控制在学生接受范围以内。其实阅读并不是让学生全面掌握内容，阅读的效果只有日积月累而来的，是无法一蹴而就的，一时让学生全面掌握文章内容是比较困难的，当学生在课堂中长时间无法掌握，那么就会产生挫败心理，不利于培养学生对群文阅读课堂的兴趣。教师不应该要求学生对每篇文章都进行精读，一些理解起来较为简单的文章，可以采取略读的方式来进行，略读是指通读一遍课，了解文章的大概意思，这样既加快了课堂效率，提高了学生成就感，也培养了学生的语感。

立足于整组文章。当前的小学语文教材都是根据主题来编制的，有利于学生更好理解掌握文章内容，群文阅读课堂也要立足于整组文章内容，从同主题内容开展阅读，这样才有利于学生形成一个清晰明了的概念。当教师向学生传授一个知识点的时候，教师可以让学生阅读具有这个知识点的文章，让学生体会其中的奥妙，也是理论知识的实践，比如人教版小学五年级上册语文教材中，有关于父母与孩子之间的相处模式及感情的一组课文，有《地震中的父与子》、《慈母情深》、《"精彩极了"和"糟糕透了"》等，教师可以先向学生教学一篇课文，让学生大概了解描写方式和技巧，然后再让学生阅读其他文章，在其他文章中自己感受哪些方式和技巧，从而降低学生的欣赏难度，并且让学生带有目标的进行阅读更具有效果，因为学生的专注力更强。整组文章教学模式能够将向学生传递的知识让学生实践，从而学生在阅读的过程中不再感觉空洞，例如在《桂林山水》和《美丽的小兴安岭》这两篇课文的教学中，教师可以引导学生找出这两篇课文的相同点，或者教师在讲一篇文章中的知识点时，让学生在另外一篇文章里找同一个知识点，既能够加深学生对文章的理解，也会懂得怎样分析一篇文章，有利于学生运用语文思维解决遇到的难题，其语文核心素养就能够得到有效发展。

注意课外、课内阅读衔接。在经济和社会的发展下，农村的教育条件得到了很大改善，现如今大部分农村小学都建立了独立的图书室或者阅览室，为学生的知识积累提供了较好的阅读条件，也会群文阅读提供了基础。课文中的知识是有限的，仅仅是教授课本中的内容不利于学生思维的拓展。书籍如大海一样辽阔，学生有效地阅读是建立在书籍的正确选择上的，所以教师应该注意群文阅读课堂中课文的选择。选择尤为注重一点，也就是课外阅读内容和课内阅读内容之间有一个链接。教师应该提前搜集和课文相似的文章、书籍，然后向学生推荐阅读科目，确保学生阅读的书籍是有效地。

总而言之，阅读素养是学生们适应未来生活应具备的基本素养，学校和课堂是实现阅读素养落地的必要路径与关键抓手。群文阅读作为语文阅读教学的新方向，既需要实践上的创新和探索，更需要我们在理论上的开拓、突破和解放。今后，我们将不断变革课堂教学，继续提升学生的思维品质和阅读素养，助推学生全面发展。

研究农村小规模教育，助力发展突破瓶颈

四川省阆中市垭口中心学校 岳鹏程 曾岚秦

农村小规模学校地处农村，从小范围来看，远离城镇，仅有少数小规模学校离城镇较近，人口集聚相对分散，人口基数较少。近年来，随着城镇化的发展和人民生活水平的提高，越来越多的农村人口进城（外出）务工，在城镇租房住，甚至在城镇购买商品房，为了方便照顾子女，为了让子女享受更好地教育，在城镇学校就读的农村子女也越来越多，导致农村学校生源减少，而城镇学校生源增加，生源的不平衡成了农村学校生存的瓶颈扼守，也导致了小规模学校在农村普遍形成。

一、农村小规模学校存在的问题

学校师资配置困难。农村小规模学校教师老化现象较重，年轻教师千方百计流入城镇，老年教师从个人精力和知识更新上都不再适合于现在的学校教育，所以虽占有编制，但实际上并不能完全胜任教学工作，有的学校就需要聘用一定数量的年轻代课教师任教。特别是音体美、科学等学科大多农村小规模学校没有专业教师，九年一贯制学校大部分教师小学初中跨年级跨学科任教。寄宿制学校绝大部分学生父母在外务工，家中只有爷爷奶奶隔代照顾。

学校师生情绪不高。课程杂而多，跨年级跨学科教学任务重，教师疲劳工作，导致情绪低落。教师的获得感、幸福感、安全感凸现不足，教学的热情没有被激发。情绪状态低落，身体健康有患，不能安居，与人交流时表现得比较"木纳讷何来乐业之举。

学校办学经费紧张。农村经济发展滞后，农村小规模学校教育经费供给先天性不足；而财政拨款数量有限，经过上级的统筹安排、权衡分配，落实到农村小规模学校可供支配的教育经费杯水车薪，学校没有余力购置先进的教学设备，教学手段较滞后，校园生活单调，不符合小学生对丰富多彩的教学活动的需要。学校公用经费捉襟见肘，没有物质保障，学校办学条件的改善就显得举步维艰，学校正常运转受到限制。对教职工的激励微乎其微，教师的积极性难以得到提升。教师专业成长成效不高，无力派遣优秀教师外出取经，组织教研活动等。

二、农村小规模学校的前世与今生

由"大"变"小"。大多农村小规模学校二十年前学生人数都在1000人左右，甚或更多，教职工也充足。而今，校园面积没变，人数却一年比一年减少，主要原因是农村家庭人口大部分在外务工或购房安家，随迁子女逐年增加，导致生源逐年减少，学校也由"大"变"小"。

由"生机活力"变"逐年萧条"。师生人数多，规模大，生机活力也增长；人数少，开展集体活动时显得不大气，似有萧条之意。先前的集体活动人声鼎沸，近几年，开展集体活动时，宽阔的运动场上却生机不现当年。

由"重智育"变"全面发展"。农村小规模学校在80年代以前，师生、家长心中只有"分数评定成绩全靠卷面一考。随着社会主义现代化建设进程的加快，教育也紧跟时代步伐，如今师生、家长的教育观念发生了较大的转变，从以"分数"为首的观念转变成了"德智体美劳"全面发展的思维。进入新时代，在习近平新时代中国特色社会主义思想的指引下，教育立德树人的根本任务日臻体现，培养德智体美劳全面发展的社会主义建设者和接班人这一大任落在了教师肩上，全面发展的观念已在教师心中生根。学校贯彻党的教育方针，严格执行国家教育政策，开齐开足课程，既重智育又重德育，既重课堂又重实践，既看文化又看特长，既练思维又练能力。

三、农村小规模学校未来如何发展

建立农村小规模学校联盟。农村小规模学校联合起来，"抱团取暖结成联盟，是一条值得探索的路径。农村小规模学校具有独特价值，在促进农村学生全面发展，保障其就近入学的权利以及农村经济社会发展方面责任重大。因此，对待农村小规模学校的发展，不能因"小"失"大必须探索适合自身发展的路径。农村小规模学校联盟不失为一种可行的选择。但是也应该注意到，由于农村学校的固有缺陷，农村小规模学校联盟如何达到"1+1>2"的效果，还需要地方政府和小规模学校继续探索符合农村学校和地方实际的教育教学模式。

建立共同愿景，推动联盟内学校共同发展。组成小规模学校联盟的学校处境相似，面临的问题基本相同，且处于同一区域，有较多的可供相互交流和研究的问题，易于联合起来，建立共同愿景，共同寻找办学动力和发展方向，实现共同发展。共同愿景是学校联盟中学校校长及教师的内心图景，它贯穿整个联盟，让联盟有一种共同性，从而保障其在各种活动中的连贯性和一致性。共同愿景是立足本地区实际情况基础上的发展预测，是各联盟学校发展的总目标和设想。

搭建资源共享平台，化解联盟内学校资源短缺。农村小规模学校资源短缺是制约农村教育发展的重要瓶颈，小规模学校联盟可以实现各个学校之间的资源共享，具体表现为：一是紧缺师资的共享，农村小规模学校缺少音乐、体育、美术和理科教师，这一直是农村教育发展的短板。通过小规模学校联盟，邻近学校可以共享艺体和理科教师，实现艺体、理科教师的走教制，达到紧缺师资共享；二是除了师资的共享外，一些教学仪器、设备的共享也可以在联盟内实现；三是联盟学校可以开展联合教研活动。由于学校的经费是按照学生人数进行拨款的，学生数少，则经费少，相应地用于学校校本教研方面的经费也会减少。一个学校内的教研活动很难展开，而通过学校联盟，几个学校的教师一起进行教研活动，接受培训成为可能；四是联盟学校还可以开展学习交流、片区联谊、中层以上干部培训、小小班教学研讨、联盟成员学校艺术节展演等一系列活动。

鼓励优势竞争，激发联盟内学校发展潜力。联盟内学校之间可以通过相互竞争的方式，激发学校创新的潜力和发展的动力。联合起来，既要一起发声、共同改革，更要彼此影响、相互竞争。因此，联盟内学校要寻找自身优势，树立自信，主动作为，进行特色教育教学。小规模"小"并非死路一条，而是充满无限生机。因为规模小，所以灵活，容易创新教学形式并进行特色教学。

四、农村小规模学校发展的必由之路

注重小规模学校教育资源优化配置与有效利用。现阶段我国社会的主要矛盾是人民日益增长的美好生活需要和不平衡不充分的发展之间的矛盾。教育领域也体现在人民对优质教育的需要和区域发展不平衡之间的矛盾。近几年由于教育优先地位得到落实，政府对教育投资力度加大，教育的基础设施得到较大改善，教师队伍总量相对充足，但教师的结构性缺编现象严重存在，基础设施不能得到有效利用。因此，这就需要农村小规模学校创新发展模式，盘活教育资源，挖掘教育潜力，使农村教育得到跨越式发展。

小规模学校要主动发展。在推进农村教育现代化进程中，我们不能仅仅停留在简单地对农村地区薄弱学校给予政策倾斜和资金支持，更为重要的是对它们给予精神上的扶持与引导，使它们彻底摆脱"等、靠、要"的依赖思想，摆脱输血、失血、再输血、再失血的怪圈，走出一条自我改造、自我发展的新路，从依赖政府的被动发展转向自我主动发展。因此，小规模学校的最终发展还是需要自身不断创新、不断变革，外部的支援不能从根本上解决问题。况且，外部的支援往往很难到达偏远的农村。因此，小规模学校自身主动发展显得尤为重要。国家的"保基本、兜底线、补短板"并不能解决小规模学校发展的根本问题，小规模学校的发展更需要一种内驱力。

小规模学校需主动寻求自主发展的新形式。农村小规模学校具有独特的价值，它的存在和发展关系着农村学生就近入学权利的实现及农村的未来发展，必须受到重视。小规模学校是提高教育质量的

有效手段，是保障受教育权的必要前提，并且有利于个性化教育。

小规模学校要定好自身发展的点位。小规模学校要坚持党建引领，立标树榜；加强队伍建设，关注教师专业成长，努力打造一支农村小规模学校守初心、勇担当、执着坚守的铁军；实施品格教育，利用社团活动、节日庆祝活动及具有教育意义的重要节点加强对学生的人格、养成、习惯、心理等方面的教育，以活动育人；寓养成教育于日常生活；寓乡土认同于地方历史文化；寓学科知识于乡土文化学习；寓生活经验于学科教学；力塑校园文化，通过师生亲手制作的作品熏陶感染，在潜移默化之中形成文化育人的浓郁氛围。

另外，要注重人文关怀，教师带着情怀从教，学生带着情怀感恩，家长带着情怀支持，校长带着情怀管理，给教师减压，给学生减负。同时也要美化校园环境，让师生生活在温馨舒适优美的环境中，乐教乐学，充分给予学生劳动锻炼的机会，让学生学会劳动、学会生活、学会自理，补齐劳动教育短板，传承劳动育人，真正懂得劳动是最美的。

总之，小规模学校具有独特的价值，应成为农村学校教育的主流样式。小规模学校须积极探索符合农村需要的、基于地方实际的学校教育，探索小规模学校特殊的教学与管理规律，使目前“小而差、小而弱”的学校成为“小而精、小而优”的学校，从而更好地体现小规模学校的价值，走出制约小规模学校发展的瓶颈。

深化教育改革，提升学校内涵

四川省眉山市东坡区三苏路小学　陈俊忠

党的十九届五中全会明确提出“以高质量发展为主题”。教育高质量发展需要强化改革创新，而改革创新行为的背后是教育价值观的转变。过去的十多年，我校经历了由农村学校到城市学校的转变，经历了由工作举步维艰到发展欣欣向荣的提升。此前，学校底子薄，规模小，质量不太高，群众不认可。2008年，学校收归区教育局直管。从此，我们开始了十年的快速奔跑，因为老师们心中有一个共同的愿望，让我们的学校尽早具有与城市学校相称的办学水平与内涵。

一、教育评价改革初探

有什么样的评价指挥棒，就有什么样的办学导向。习近平总书记指出，要深化教育体制改革，健全立德树人落实机制，扭转不科学的教育评价导向。学生培养得怎么样，要看拿什么样的尺子去衡量，以什么样的眼光去发现。

记得我校有这样一位学生，上三年级了，学习不上心，表现也不好，老师不待见，同学不喜欢。那年元旦，学校搞了一次卡拉OK比赛，她报名参赛了。谁也没想到，赛场上她居然歌惊四座，在老师同学的掌声中，她拿到了一等奖的奖状。此后不久，她像变了一个人，学习有了兴趣，上课发言积极，穿戴打扮整齐，成绩越来越好。到毕业的时候，她竟然变成了一个人见人爱、乖巧伶俐的小姑娘。

一次普通的比赛，改变了一位学生，而这个学生的变化，却深深地改变了我的认识，进而深刻的改变了这所学校。我想，像她这样的孩子其实还有不少，他们不是学不好，而是因为没有信心，暂时掉队。他们一旦有了自信，同样可以成为好学生。而我的任务，就应该是带领老师们为他们提供阳光、雨露和营养。

于是，我们开始了教育评价改革，一套由四项措施组成的“激励性评价”策略研究实践迅速在全校展开。因陋就简，以《学生素质报告单》为载体实施全面评价，以《操行积分卡》为载体实施及时评价，以提供获奖机会为载体实施成功激励，对特殊后进学生，以关工委活动为载体独创了“易班帮扶”激励策略。

二、“易班帮扶”激励策略

有少数后进学生，时间长了，带班老师拿他没有办法。对于这部分学生，我们没有放弃，这样，由学校关工委牵头的易班帮扶诞生了。

一组建学校“关工委”。教师自愿参加，条件是“六有”：有爱心有耐心，有时间有精力，有经验有方法；二秘建“问题学生”档案。班主任选出学生，秘密建档，写明基本情况和主要问题，交关工委老师来挑选结对；三制造巧遇，建立联系。结对后，老师研读材料，制定计划，然后制造巧遇，以亲戚、邻居、朋友等身份，与学生建立联系；实施帮扶，解决问题。采用一起运动、聊天散步、促膝谈心、读书交流、辅导学习等形式，在轻松愉快的气氛中完成帮扶。

这个办法非常有效，老师也很有经验，通常两个月就能初见成效，一个学期就会得到比较彻底的改变。四川省关工委原常务副主任冯元蔚和龚读伦先后到我校做专题调研，他们说，“易班帮扶”让教育有温度，让学生感受到了人间温情。

三、第二轮教学改革

初次改革，我校就收到了良好的成效，校园有了生机，教师有了动力，学生人数不断增加，从600多到800多到1200多，如今满员1600多。这时，我们启动了第二轮教学改革，确定以“秉三苏之志　做有为之人”为学校文化主题，开展励志教育，引领学生向着更高目标，勤奋学习，不断前进。

励志教育，是在继续实施评价激励的基础上，增加环境浸润、榜样引领、读书感悟、活动体验，构成五个策略。我们精心布置楼道长廊、花园雕塑等，让墙壁说话，让草木育人，引导学生进行大量阅读，组织开展形式多样的校内外活动，定期评选各种先进，进行表彰奖励，树立榜样，宣传榜样，学习榜样，争做榜样。这些措施，让学生在经典文化的熏陶下，有志气，有志向，情高趣雅，举手投足都会透出一点点文气，正好像东坡说的那样“腹有诗书气自华”

四、第三轮教学改革

时间很快来到了2016年，我校的教育改革进入第三轮。在实践中我们发现，家庭教育存在很多问题，提升家庭教育水平，形成更好地家校合力，实现家校教育同步，对进一步提高教育质量，会有很大的帮助。于是就有了省重点课题“城市小学家校协同1+2育人模式研究该课题目前已初见成效。

回顾这三轮改革实践，我校坚持“一个都不能少”这个基本点，坚持五育并举，逐步形成了“文化引领　科研推动　抓实常规　创新发展”的思路，大胆探索，创新实践，有效促进了教学质量的提升，促进了学生的成长和进步。学生不断进步的背后，伴随着学校常规管理水平和教育科研水平的提高，伴随着教师素质和教学质量的提高，伴随着学校文化和办学经验的积累。学校获得了“四川省三八红旗集体”、“四川省文明校园”、“眉山市校园文化十佳学校”、“眉山市艺术教育特色学校”、“东坡区名学校”等多项荣誉，同时也多次在市、区会议上交流经验。前年，四川省第九届中小学生艺术展演活动在眉山举行，我校创编的《鼓韵东坡》在开幕式上作开场表演，这从一个侧面反映了我校办学水平和质量已经有了较大提升。去年，四川省重大科研课题《中小学生综合素质评价标准与实施策略研究》落地眉山，我校很自然地成为重点参研单位。学校十年教育改革的成效和经验，在博鳌基础教育高质量发展论坛上作交流。

登上了这个平台，我校教育科研和追求“一个都不能少”的教育改革实践，将会走得更稳，走得更好，走得更快！

“英雄文化”融铸特色学校发展之魂

四川省攀枝花市第十五中学校　邢晓红
四川省攀枝花学院人文社科学院　周鲁

英雄树下英雄梦，英雄花开别样红。攀枝花，地处中国西南川滇结合部、攀西裂谷中南段，是四川南向门户，金沙江和雅砻江在此交汇，又因气候条件优越、矿产资源丰富，成为闻名全国的“阳光花城”、“康养胜地”和“钒钛之都被评为“2020中国避暑名城”。在波澜壮阔的三线建设过程中，攀枝花孕育出以“艰苦创业、无私奉献、开拓进取、团结协作、科学求实”为基本内涵的攀枝花精神和以其为核心的“英雄文化激励着攀枝花人民不断谱写民族自立、国家强盛的英雄史诗。

攀枝花市第十五中学校，走过了企业办学的艰难之路，经历了灾后重建的沧桑巨变，也体验过奋力赶超的严峻考验。数十年殚精竭虑，数十年风雨兼程，是攀枝花的“英雄文化”伴随着我们一路奋进，一路高歌。

理念文化引路，高举“英雄文化”旗帜

“英雄文化是攀枝花建设者精神风貌的重要展示，是支撑攀枝花市持续创新发展的精神根基和精神动力。作为以培养新一代建设者为根本目标的攀枝花教育，我们有责任且必须传承这一优秀文化基因，润泽心智，激发潜能，精心打造体现“英雄文化”气质、展现“英雄文化”情怀的精神家园。

“传承、包容、自信、图强”的学校精神，是“英雄文化”的教育积淀和集中表达。传承者，传植根于学校血脉之中的中华民族精神、企业文化精神和攀枝花教育精神，承十五中历史发展之神韵、攀枝花教育壮大之荣光；包容者，既指为人之修为，也指教育之胸襟——包容彼此，融合共通；自信者，对学校办学实力有信心，对学生发展潜力有信心，对学校发展前景有信心，对攀枝花打造教育高地有信心；图强者，守初心而薪火相传，担使命而砥砺奋进，拓展发展空间，勇立时代潮流。由此，我们形成了站位独特的教育思考。“献身攀枝花教育，为师为范为发展；书写新时代篇章，育人育才育栋梁是我们无怨无悔的教育人生；“站位要‘高’、格局要‘大’、视野要‘宽’、素质要‘强’、情怀要‘深’是我们奋斗不止的职业修为；牢记“润德尚智，守初心而俱进；掇菁撷华，尽精微而致远”的教诲真谛，把握“崇真以做人，笃实以做事”的育人要领，我们永远行走在“树立攀枝花人民教师最美的形象”的路上……“英雄文化”的气息充盈于和谐、生命、智慧、绿色和青春校园，铸就了十五中人倍感自豪的英雄气魄和英雄豪情。

德育课程固本，宣扬“英雄文化”精神

德育课程设置，是“英雄文化”的重要载体。在以深化课程改革、优化课程设置为核心的高中新一轮课程改革中，我们更加关注“学生的学习过程和方法，以及伴随这一过程而产生的积极情感体验和正确价值观将“英雄文化”精神渗透于德育课程体系建设的全过程。

我们确定了德育课程新指标——尊重生命的价值，把握生命的航向，体味生命的意义。我们强调，绿色德育注重品质、健康、体验、生长，绿色评价注重多元、持续、激励、欣赏，旨在让德育课程成为学生核心素养、关键能力的“生长地”和“提升器呵护自由的心灵，释放无限的潜能，畅享激昂的人生。

我们提出了德育课程新观念——健康第一、快乐第一、发展第一。我们坚信，拥有健康的身体才能拥抱美好的未来，拥有健康的心态才能感受未来的美好；快乐是一种选择，快乐是一种体味，快乐是一种情趣，快乐是一种幸福，快乐是一种人生；教育即发展，我们不仅要对学生今天的成长负责，更要对学生未来的发展负责，为学生的美好人生铺路奠基。

我们构建了德育课程新体系——科学、民主、人文、开放的学校德育课程生态系统。我们严格按照《四川省普通高中课程设置方案（试行）》的规定，建立了包括必修课程、必选课程、选修课程、校本选修课程和综合实践课程在内的课程体系，为不同年级学生开设了《家校合作》、《军训课程》、《生涯规划课程》、《行为品格课程》等18门校本选修课程。这些德育课程的设置，既体现强烈的国家意志，又有鲜明的地方特色，就是要激发学生对家乡故土的热恋、对美好未来的向往。

课堂建设筑基，体悟“英雄文化”要旨

教育的本质是“唤醒”和“引导”。这就要求我们的教师要用爱心引导每一个学生、用热心关注每一个学生、用诚心帮助每一个学生、用耐心教育每一个学生，让我们的课堂面向时代传承华夏神韵，尊重生命引领快意人生，历练智慧畅通梦想未来。

坚持小班化教学，为学生创造良好学习环境。我们以小班化建设为契机，建立互助合作的师生关系，营造温馨、轻松、宽容、民主、和谐的课堂教学氛围，使教师关注的目光里不仅有每一个学生，更有每一个学生发展的全过程；采取分层教学、分类辅导、设置弹性作业的教学方法，帮助学生明确理论要义、厘清知识脉络、拓展思维空间，促进每一个学生在原有基础上得到充分的发展。

实施课堂教学模式改革，满足学生探究的欲望。开放式的课堂、注重实践体验的课堂才是学生真正喜欢的课堂，正是基于这样的认识，我们在课堂教学实践中，以开放、创新的姿态全面实施“疑探展评练”课堂教学模式改革。置疑：学生通过预习，梳理知识要点，找出疑难问题，明确学习重难点；探究：学生之间、师生之间针对疑难问题进行探究学习，互相交流，互相启发；展示：学生当堂展示学习的思维过程，展示学习成果和解决问题的收获；评析：对思维过程进行梳理拓展，对学习成果进行归纳总结，对存在的问题和盲点进行点拨诱导；练习：布置巩固学科主干知识的课堂作业，适当布置研究性、差异性以及针对易错、易混点的变式练习。这种课堂教学模式极大地改变了师生的课堂生活状态，师生平等交流、真诚相待，课堂教学更加富有创造性和挑战性。

“小班化教学”和“疑探展评练”课堂教学模式改革，是我们“用心做教育”理念的结晶，与“英雄文化”中的“人本”要旨相契合、共生长，是十五中建设高效课堂的重要抓手和有力支撑。

生涯规划启梦，立下“英雄文化”宏愿

“世界上最重要的事，不在于我们在何处，而在于我们朝什么方向走”。如何让青春的理想情系四海、情满天下？攀枝花的“英雄文化”犹如一缕温情的阳光，照亮了莘莘学子未来前进的方向。

基于自我认识、着眼人生幸福的学生生涯规划指导，我们以“贴近新时代、贴近新生活、贴近新征程”为指针，以培养学生的自主发展能力为目标，通过引导学生进行科学的自我分析与自我定位，教育学生早立志、立大志、立长志，为实现自己的崇高理想专心致志、矢志不移。

锚准全面、持续的发展目标。我们通过多种教育平台，加强对学生人文底蕴、科学精神、学会学习、健康生活、责任担当、实践创新等核心素养的培育，为学生的持续发展和未来奠基。

尊重多元、多维的发展选择。我们通过个性化课程选修，帮助学生提升素质，发展特长；通过书香校园建设、科技创新展示、艺体竞赛活动、学生社团活动等，调动学生参与的主动性和积极性，促进学生全面而有个性的发展。

强化自主、生成的发展能力。我们努力在实践中培养和发展学生的关键能力，依据自身个性和潜质选择适合的发展方向，进行自我设计和自我锻炼，提高达成目标的持续行动力。

攀枝花的“英雄文化开启了我们无悔的教育人生，并因之而壮美、而绚烂；攀枝花的“英雄文化激荡起我们冲天的豪情、无穷的斗志，辉映着我们务实的风采、创新的雄姿。不忘教育初心，再赴国家战略，正在全力创办“四川省一级优质普通高中”的十五中，必将高举“英雄文化”的精神旗帜，以高准的教育站位、高深的教育素养、高远的教育胸怀、高昂的教育热情厚植攀枝花教育沃土，书写奋进教育新时代、再踏教育新征程的发展新篇章。

深化教育改革，培养时代新人

四川省攀枝花市外普通话学校　陈丁

“十四五”时期是我国全面开启社会主义现代化强国建设新征程的重要历史时期，站在实现中华民族伟大复兴的战略全局，推进教育事业高质量发展，需要进一步全面深化教育改革创新。近年来，我校坚持以习近平新时代中国特色社会主义思想为指导，以立德树人为根本任务，以建设高质量教育体系为主题，以改革创新为根本动力，着力提高质量、优化结构、补齐短板、促进公平，加快推进教育现代化、建设教育强市，办好人民满意的教育，为攀枝花市更加出彩提供有力支撑。

一、抓党建，学党史，牢记育人使命

党建引领初心，牢记育人使命。我校始终坚持中国共产党的全面领导，以党建为引领辐射，画好统一战线同心圆，团结各民主党派、知联小组以及其他党外人士，建设了一支以“为党育人，为国育才”为己任的人民教育铁军。学校以党建项目为抓手、精心打造党建项目品牌，实现党建业务“双提升”：以党建带动团建，学校党员志愿服务大队的成立，充分发挥了党员先锋示范岗的带动作用，从小事着手，把实事落实，把好事影响做大，带领学校小彩虹志愿服务队先后获得四川省“五四”红旗团委、四川省中学生志愿服务示范学校等称号；党建带“关”建，“阳光小梦想，快乐微公益”学子结对帮扶圆梦行动党建项目被市级新闻媒体深度报道；党建促进生命教育，我校积极外联攀枝花市红十字会，组建了以党员身份为主的学校红十字应急救护员队伍，成功培养1名党员取得了红十字应急救护师资格，推动了具有鲜明红十字应急救护特色的生命教育在学校课堂落地生根。

学校充分利用师资优势，力邀优秀社会人士和时代英雄现身授课，将党史学习教育渗透到学科教育中，用地方文化和“三线精神”等地域特色精神内涵强化思想政治教育阵地建设。我校还以“我为群众办实事”、“有话向党说”为主题，开展了一系列教职工、学生活动，把红色基因融入血脉根髓，从根子上做到道路自信、理论自信、制度自信、文化自信。

二、请名师，育人才，护航学校发展

发展学校必须优先发展教师。我校始终把教师队伍建设放在特别突出位置，倾心打造一支高素质、高水平、高内涵的教师队伍，关心尊重每一位教师的成长与发展，充分释放教师的潜能，重视对教师的引领与培养。

学校充分利用攀枝花市陈丁初中名校长工作室的资源，自2019年以来，立足于攀枝花基础教育发展，构建研修共同体，推动教学实践创新，推进优秀成果转化，充分利用了工作室对人的引领、示范和辐射作用，为攀枝花打造区域教育高地作出应有了应有的贡献。

卓越的师资力量是学校发展的原动力。我校非常注重教师队伍建设，深化教师队伍改革，强化师德建设，加强校本培训，狠抓教学科研，创新青年教师、骨干教师培养，形成了广大教师积极学习、主动发展的浓厚氛围。学校现有教职工203人，专任教师190人，学历达标率100%。有各级各类骨干教师43人，其中省级骨干教师3人，市级学科带头人4人，市级骨干教师15人，县级学科带头人6人，县级骨干教师15人。全体教师爱岗敬业、团结奋进、勇挑重担、锐意进取，以积极饱满的热情、求真务实的态度和无私奉献的精神，为我校跨越式发展作出了突出的贡献。

三、重心理，促健康，探索优化模式

当下，学生心理健康问题引起了社会各界广泛关注。我校充分认识到：青少年心理状态不稳定、认知结构的不完备、生理成熟与心理发展的不同步、对社会和家庭叛逆及依赖的冲突、成就感与挫折感的交替等因素会使他们的焦虑情绪较重。同时，由于儿童青少年自我意识脆弱，生活阅历较浅，抗挫折能力较低，因而更易产生心理行为问题。

儿童青少年面临的主要心理行为问题有情绪问题、行为问题、应对方式问题和主观幸福感缺失等，严重者还会产生心理疾病。如不及时干预，儿童心理疾病在成人后仍会存在。要预防和减少儿童青少年心理问题的发生，必须采取家庭、学校和社会相结合的综合措施。

在教育部提出的“提高全体学生的心理素质，培养他们积极乐观、健康向上的心理品质，充分开发他们的心理潜能，促进学生身心和谐可持续发展，为他们健康成长和幸福生活奠定基础”的号召下，我校高度重视学生身心健康发展，积极探索心理健康教育优化模式，将心理健康教育纳入了工作的总体规范。我校还成立了由校长任组长的校园心理危机干预小组，面向全校师生、辐射全市开展了形式多样的心理健康教育活动。在加强心理健康教育师资队伍建设，建立一支科学化、专业化的稳定的中小学心理健康教育教师队伍的道路上迈出

了一大步。

因心理教育特色鲜明，我校获得了“四川省中小学心理健康特色学校”称号。

四、搞改革，用网络，助力高位竞进

长期以来，我校始终把课堂教学改革作为学校发展的主线。学校与成都交大电子有限责任公司、成都石室中学联合创建了“智慧课堂通过对云技术、大数据和智慧课堂系统的充分应用，并与学校“疑探助学，四环递进”课堂教学模式相结合，打造了智慧课堂的特色教学模式。两校区现共有53个班级，全部实行云班教学。同时建成了集自动录播、精品微课制作、校园电视台三合一功能的录播教室。可实现一室讲课、多地共享，跨区域开展教育教研活动，极大地促进了两校区教育教学均衡发展。近年来，通过教育信息化的全方位助力，我校教育教学质量稳步提升，呈现高位递进趋势。2018年，我校获义务教育教学质量（初中组）文化学科类一等奖和发展类一等奖；2019年、2020年，我校连续两年荣获“攀枝花市义务教育教学质量突出贡献学校”称号；我校还加盟了全省20所优质初中组建的“四川初中英才教育协作体彰显了构筑理想课堂的显著成果

五、写教材，重创新，构建双色课程

双色课程首先是指围绕优化整合后的国家课程和地方课程开展的教学活动，其次是指培养学生兴趣，优化学生思维的第二课堂教学活动。

为了更好地开设双色课程，我校整合了国家课程和地方课程体系，教研组每月开展教研活动，整合教材体系，打造有特色有亮点的学科教学校本教材。

在研发校本课程的环节，我校注重培养学生的核心素养。我校研发了学科拓展类课程、社团形式的第二课堂活动，如日语、法语、韩语、俄语等小语种选修课程以及美育课程，体育类走班选修课程，机器人、趣味编程等创客课程。

学校积极创新体育教学，改变传统教学模式，整合优化体育教学内容，编撰体育校本课程，针对学生选修体育项目不同、身体素质不同尝试进行体育走班制教学，效果良好，我校因此被教育部评为“全国青少年校园篮球特色学校”。我校还参加了2019-2020年度四川省大课间操“体育活动视评”活动，并获得四川省一等奖。

六、聘外教，开口语课，兼容并包办学

我校开设了日语、法语、韩语和俄语等多语种教学。长期聘用了英语国家的教师任外教。

为进一步彰显学校开放包容的办学特色，提高学生英语口语水平和交流能力，2018年，学校在两校区同时开设了“外教口语课”。多姿多彩的外语课堂，激发了学生的学习兴趣，促进了学生外语能力的提高，为学生的持续发展打下良好的基础。

联合国确定的6种国际通用语有英语、汉语、阿拉伯语、俄语、西班牙语、法语。未来，我校将逐步开齐六种通用语教学。

七、建体系，细分层，培养时代新人

培养时代新人是做好教育工作的时代要求。时代新人就是适应新时代经济社会发展需要、全面发展和自我实现的人。为此，我校积极构建“大德育”体系，通过“思政课程”与“课程思政”双轮驱动，筑牢思想政治课程的育人根基，挖掘基础教育课程的育人内涵，弘扬国学，挖掘运用地方文化，开展法治“早教扎实推进心理健康教育，培养具有“守正”品质的时代新人；秉承“大教育”思想，践行“重人格、启心智、育全人”的办学理念，完善具有“开放”特征的办学体系；倡导“个性化”教育，关注每个学生的全面协调发展，满足每个学生自我实现的需要，坚持引领与鼓励并重，指导与评价并重，过程与效果并重，培养具有“全面”素质的时代新人；开发“多领域”兴趣，明确基础教育阶段创新教育的定位，多领域、多视角、立体化实施创新教育，培养具有“创新”精神的时代新人。

新的时代赋予了教育工作者新的责任。面向未来，我校将继续坚持“肩负新时代教育使命，培养守正创新时代新人”的教育思想，坚决拥护党的领导，积极创新课程，增强师资力量，不断提升办学品位，追求教育新的境界，培养具有守正思想、全面素质、创新精神的时代新人，为民族复兴贡献一份蓬勃的力量。

构建“书香校园”探索书法特色教育发展之路

四川省雅安市天全县始阳第一小学　王平

墨韵书香，书法养正。抓好书法教学，促进学生良好的写字习惯、写字品质、写字技能，是推进课改进程，提高师生写字水平，营造墨香校园的必要条件。天全县始阳第一小学通过加强书法教学研究，完善书法教学评价体系，全力构建书香校园，探索出了一条鲜明的书法特色教育发展之路。引领让学生从小了解中国汉字的演变过程，了解书法的源远流长，了解中华文明的博大精深，逐步形成了学校的特色教育品牌，有力促进着学校的内涵发展。

一、思想引路，打造特色品牌队伍

在开展书法教育工作中，学校首先确立了以“端正写字，方正做人”的育人理念，培养学生的耐力、毅力和审美情趣；然后学校成立书法创建专门的领导小组，由喜爱书法的王平校长任组长，下设书法教研组，成员由天全县书法协会的杨俊杰、高成文、高秋生、杨亮四位教师组成。书法教研组每周开展以写字教学为主阵地活动，坚持月月有部署，周周有考核，天天有练习，平时有提高。由书法教研组建立一支有写字特色的教师队伍，人员全部是从事语文教学的教师组成，要求每位成员要训练出一批有书法特长的学生，最终把学校创建成一所具有书法教学特色的品牌学校。

二、自练内功，打造书法优质教师队伍

“打铁还需自身硬”。建设一支高水平的书法教师队伍，是落实写字教学工作的重要保证，因此，学校高度重视对所有教师书法素养的培养和提升。一是书法教研组每周利用业务学习的空余时间，对教师进行书法指导方法和技能等方面培训。二是为每位教师配备发毛笔字练习本一个，钢笔字练习本一个，要求教师每周要练习50个毛笔字和两页纸的钢笔字，要及时交书法教研组批阅。三是不定时抽查教师在黑板上的板书设计，并进行登记。四是每月的常规检查将书法练习列入“六认真”月查记录。

三、明确目标，建立书法特色课程体系

一是在低年级段开设硬笔书法课，中高年级段开设毛笔书法课，并对不同年级学生写字目标做出不同的要求。书法教师进班指导，确保对学生指导到位。二是书法课上，学生每天要在习字册和学校下发的书法练习专用纸上练字，并保证书写一页纸的内容，由学校指定的教师抽批。

四、营造氛围，创设浓厚书香环境氛围

学校重视良好的书法艺术学习氛围的营造，在教学楼的办公室、走廊、过道介绍和展示天全县书法协会及本校书法教师作品。教室外走廊展示学生的优秀书法作品，努力让学校每一层楼、每一面墙都能诉说与书法教育有关的人文历史，给学生以美的熏陶和感染，在潜移默化中促进学生良好的书写态度和习惯的养成。每年“六一”均展出师生优秀书法作品，促进交流，共同进步。学校开设书法兴趣小组，吸引广大学生参与。如今，整个校园散发着无形的书法色彩，使校园呈现出翰墨飘香的氛围。

五、多元激励，重视书法传统文化传承

为培养一大批书法特长生和书法爱好者，学校积极创设活动载体，铺设平台，激发学习热情。学校将“书法之星”纳入学校“五星学生”评选标准之一。每学期，根据学生平时上交的书法作业质量，以及校内书法竞赛成绩，作为评选“书法之星”的主要依据，对被评为“书法之星”的学生颁发证书，并将其作品在校园里展示。在2018—2019学年四川省书法等级测试中，高成文老师、杨俊杰老师、高秋生老师均荣获硬笔、毛笔书法六级优秀；60多名学生参加不同层次测试均取得合格证书。2019—2020学年县级书法展评中，高成文老师、杨俊杰老师、高秋生老师均荣获一等奖，三名学生荣获学生组二等奖。学校还组织书法教研组成员在春节期间为始阳社区书写春联，重要节假日书写标语、对联，在群众中传播中华文化，受到社会的广泛关注，反响强烈。

“多”为教育　贡献力量

四川省宜宾市兴文县香山民族初级中学校　陈铸

从一个初中毕业生、合同制教师走上领导岗位，从偏远山区乡村学校走进坝区、走进县城。在教育之路上，我始终相信一个朴素的道理：只有多学、多想、多做，才能有更多的收获。

多学打开教育视野

刚走上代课教师岗位，我就感觉到了知识的匮乏、眼界的狭窄，开始了我的学习提高之路。

自从教以来，我先后参加了中师、大学专科、自考本科等学历培训，及县级校长岗位培训，市级校长提高研修，省级中学校长高级研修班等管理培训和学习。曾赴省内各市地州及北京、上海、江苏、台湾等各地学校观摩、考察，学习教育发达地区的教育理念、治校方略、办学实践、文化培育等。我还先后拜访了于漪（语文特级教师）、刘堂

江（原《人民教育》杂志总编辑）、李达武（西南大学教授）、郭思乐（生本教育创始人）、徐茂（全国道德模范）等名师大家。

在学习提升的过程中，我越发感受到理论学习的重要性，除认真学习习近平新时代中国特色社会主义思想外，还自觉研读了于漪的《岁月如歌》、苏霍姆林斯基的《给教师的一百条建议》、彭兴顺的《教育就是唤醒》、万玮的《教师的五重境界》、李镇西的《爱心与教育》等教育专著以及《论语》、《知行合一王阳明》、《曾国藩家书》、《南渡北归》等国学经典。

长期自觉地提高学习，使我的眼界得以开阔、思维得以发展、素养得以提升，逐渐明晰了教育目标，成型了教育理念，丰富了管理策略，形成了独特的治校风格。

多想提升教育境界

作为校长，我一直走在教育思索的路上。

思学生。我们应该把学生培养成为什么样的人？如何才能让学生有健康体魄、有健全人格、有理想情怀、有知识能力、有公民素养，真正成为可持续发展的新一代社会主义接班人？

思教师。什么样的教师可以称之为合格的教师和优秀的教师？怎样才能让更多的教师有家国情怀、有社会责任感、有敬业精神、有过硬的专业素养、有终身学习的习惯和对学生的赤忱。怎样才能有利于教师的成长、成熟？怎样才能建构起促进优秀教师群体成长的生态环境？

思课程。在落实国家基础课程和地方拓展性课程的前提下，如何结合地域和本校实际大力建设综合实践性课程。

思环境。学校发展是一项综合性、系统性的工程，要实现学校的良性发展，必需社会、家庭、学校共同努力。怎样才能调动社会各界的力量，争取社会各界的支持？怎样才能让家长认识教育、理解教育，与学校形成合力，创设有利于教育的良好环境？

思转型。从2002年进入香山中学担任副校长起，经历了学校从2002年的15个教学班，72位教师，635名学生发展到92个教学班，302位教师，5007名学生的特大型县属单设初级中学的崛起过程。大极思变，因此我敏锐地感觉到“大”并不是我们的终极目的，也不符合优质均衡的要求。我不由得思考：在壮士断腕缩减规模的同时，如何将学校办成人民满意的高品质初中。

多做务实专业能力

梳理办学理念。从2002年进入香山中学担任副校长起，我就一直在思考香山中学应该办成一所怎样的学校。由于当时生源差、社会声誉低，我协助时任校长提出“办好香山中学、减轻家长负担、造福全县人民”的办学思路，“内强素质、外树形象”的办学策略，“兴文第一、市内一流、川南知名”的发展愿景。

此后二十年间，我校逐步培育出了以“长仁益德、立学兴文”为核心的学校“融生”文化体系。学校以“爱与责任”为校训，践行“关爱、包容、思辨、笃行”办学理念，走出了“诵读经典，传统立学；民族文化，包容立学；科技实践，创新立学；阳光体育，强健立学”的特色办学之路。

推进课程建设。香山中学开设了苗族特色文化课程、红色文化课程、科技创新课程、经典诗文诵读课程、艺术工作坊课程、美丽家乡行研学游课程、地方饮食文化课程等。

完善基础设施。为了改善学校办学条件，我千方百计奔走呼告，努力争取项目，多方筹措资金，优化设备设施，积极改善办学条件。目前，学校除基础楼馆以外，科学实验楼、民族艺术楼、国学书院楼独树一帜。学术报告厅、现代化图书馆、手工艺术坊亮点纷呈，香山中学俨然已成为市内办学条件一流的县属单设初级中学。

加强队伍建设。担任校长以来，赓续香中优良传统，高度重视教师队伍建设。其一特别重视教师教育价值观的培养和核心凝聚力的养成。每年教师节，我校都会为教师们购买教育专著，希望通过阅读，提升教师对教育价值的认同。想方设法联系许多在教育教学研究方面的“大咖争取到学校给老师们进行培训指导，先后邀请了西南大学李达武教授、重庆江北区教师进修学院院长李大圣博士、全国道德模范徐茂博士、北部湾大学程族桁副教授等莅临香山中学传经讲道。其二着力提高教师的业务能力。在教师的业务学习和培养提升上，我从不吝啬花钱。凡是上级教育部门组织开展的各级各类教师培训学习活动，都积极多派教师参加。除此，还积极创造条件于2018年、2019年，利用假期花“巨资”分两批次安排全体教师赴重庆智识教育培训充电。另外，还积极承办和协办　省、市、县各类培训活动，争取更多教师得到收获。

建立治理体系。我校积极推进学校现代治理体系建设。大到人事劳资、教学评价、后勤保障、德育体系、安全教育、班团建设，小到评优晋级、岗位职责甚至学生的违纪处分都有较为健全的规章制度和考评办法，真正实现了依法治校、依法治教。

抓实民族教育。兴文县是川南最大的苗族聚居地，兴文县香山民族初级中学校作为宜宾市内最大的单设初级中学校，有少数民族学生（主要是苗族学生）440余名，我校高度重视学校民族教育工作，把民族团结教育活动贯穿于学校教育工作的各个环节，巩固和发展平等、团结、互助的民族关系，传承弘扬民族文化、倾心培育民族人才，培育学生牢固树立“增强民族团结、维护祖国统一、反对民族分裂”的意识。通过打造包含“绞脚舞”、“挤芦笙”等浓郁苗族特色风情的大课间、积极参加四川省少数民族运动会、组织学生参加兴文县历年的花山节、文旅节、苗年节等民族团结进步教育创建活动，提升了民族学生的文化。如今的香山民族初级中学校，已成为全县乃至宜宾市民族文化传承发展的基地、少数民族人才成长的摇篮、全县各民族团结进步的典范。

形成教育合力。我在改善办学环境，争取社会支持，殚精竭虑，八方奔走。一是与成都爱子有方公司合作，建立家长学校，对家长就家庭教育进行系统培训，提升家教水平。二是与社区、政府部门建立了良好关系，整合力量，优化校园周边环境。三是成立奖教助学协会，动员社会各界捐资助学，吸纳优秀校友回馈母校。

对外开放办学。鲜明的办学特色，丰硕的教学成果，吸引了国内多个省、市、县甚至美国、东南亚等国家相关机构和团体前来参观学习交流。2017年春期，美国加州大学杨导教授一行到香山中学开展专题讲座；2018年秋期，美国威斯康星州苗族文化促进会一行到我校开展民族文化交流活动；2018年，香山学校承办了四川省第十三届初中教育教学改革共同体研讨会，四川省内16个市州60余所知名学校近400余名校长和骨干教师齐聚香中，共同商讨四川省初中学校教育教学未来发展方向，四川省教科院刘涛院长、成都七中易国栋校长等领导、专家、学者纷纷作了专题指导。2019年，湖南汨罗市民宗委、贵州省仁怀市后山学校、云南省、重庆市等知名学校先后来校参观访问。省内眉山市仁寿县城北实验中学、甘孜州新隆中学来校观摩研讨。市内南溪区委统战部、珙县统战部、屏山县委统战部、高县多所学校、长宁县培风中学等部门单位领导和老师纷纷到香山进行参观学习。

成果见证坚实足迹

在全校师生的共同努力下，学校硕果累累，成绩喜人，学校已连续11年荣获兴文县初中学校教学质量第一名，教育综合督导评估连续17年荣获县一等奖。学校还先后荣获了“全国优秀家长学校”、“四川省民族团结进步示范校”、“四川省艺术特色学校”、“宜宾市书香校园”等荣誉称号和“四川省第九届中小学生艺术节民族器乐一等奖”等荣誉及奖项不胜枚举。我本人也先后获得宜宾市“德育工作先进工作者”、宜宾市“优秀教育工作者”、宜宾市“最美校长”等数十奖项荣誉。

未来，我将继续秉承“多”的精神，继续扩展自己的视野，提升自己的境界，增强自己的专业素养，带领学校朝着更高的目标迈进！

严守育人初心，培育时代新人

四川省营山新店初级中学校　周明强

“一年之计，莫如树谷；十年之计，莫如树木；终身之计，莫如树人。一树一获者，谷也；一树十获者，木也；一树百获者，人也”。这段话既阐明了人才培养的重要性，也揭示出人才养成的不易。学校是传授知识和培养人格的场所，特殊的、固有的文化氛围是是其主要特征。良好的校园环境可以熏陶、感染学生，促进师生身心健康以及自身发展。我校始建于 1960 年，坐落在营山城北 13 公里的新店镇南溪河畔，三面环水，一面傍山，学校占地 37.58 亩，现有教职工 46 人，教学班级 8 个，学生 300 来人，学校校园环境优美别致，办公室功能设施齐全，教育教学功能室齐备，教学设施设备先进并日趋完善，为教育教学提供了保障。办学以来，我校始终秉承“革故鼎新、厚德自强”的校训，打造以“革故鼎新，厚德自强”为主题的校园文化（方案正在审定），培育“团结务实、勤奋守纪”的校风，倡导“敬业爱生、学高善导”的教风；树立“崇尚进步、乐于创造”的学风；坚持“走向生本，激扬生命——彰显学生个性化发展”的教育理念，以“上下同欲者胜——同心同德共谋发展”为指导思想，坚持“以人为本，师生同乐，激情飞扬，追求卓越”的发展理念，坚持“务实创新，大胆改革；凝心聚力，狠抓质量；攻坚克难，抢占高地”的发展思路，坚持“教育教学质量进入全县同类学校第一集团和建设有影响力的郊区名校”的发展目标。坚持“五育”并举，立德树人，以“出成绩是硬道理”为信条，发扬“新教育”精神，做新教育人，花大力气培养“有立人志气、有民族骨气、有智慧才气，求变立新的新时代少年努力追求“为孩子全面发展助力，过幸福美好教育生活”。着力为学生更深远的发展夯实基础，让更多的生命绽放光彩。

一、深挖文化内涵，助力学校发展

近年来，随着县城城市发展，新店常住人口日益减少，大量生源流入县城学校就读，招入我校的学生大量减少，而且绝大多数学生都是问题学生，因此师资水平和生源成为摆在我校面前的一道难题。面对现状，我校不畏困难，敢于拼搏，积极推动学校内涵发展，创新发展。今年 10 月 2 日学校举行了建校六十周年校庆，六十花甲轮回，站在新的起点上。为了在困境中求生存，我校主动提高认识和自觉，带着危机感，落后就要挨打，充满信心，鼓足干劲，把荣誉感和责任感化为内在力量，将奋斗精神融入每个学生和老师的行动中。通过多种方式，激发教师积极性，激发办学活力，提升办学品质。

我校深知自身与一流学校的差距，为了缩小这种差距，提升教学质量，凸显办学特色，我校从信息化建设，教育科研课题研究，课程建设，师资队伍建设、社团活动建设等等。根据自己的短板，对标一流教育、领先教育要求，做出全面系统规划，分步实施，全面建设，加快发展。我校班子改革创新的决心不变，勇气和锐气不减，直面问题，破解难题，聚精会神抓质量，齐心协力谋发展。为了焕发学校教学新样态，我校还专门请专家到校指点，着力从三方面促进发展。一是结合实际，改革创新课程建设和育人模式，积极探索我校提出的"五育并举活动 +"模式及课堂教学"三五壹拾五+5"模式，二是创新举措，打造学校亮点、特色;三是锻造学校品牌，促进学校高品位发展，积极建设有影响力的郊区初级中学校，敢于向名校攀登。

二、规范食堂管理，凸显办学特色

为了进一步提升办学品质，凸显办学特色。我校还把目光放在了食堂管理方面。在《红楼梦》中有过这样的记载：第四十回，因要给史湘云还席，宝玉提出了自助餐的建议："既没有外客，吃的东西也别定了样数，谁素日爱吃的拣样儿做几样。也不要按桌席，每人跟前摆一张高几，各人爱吃的东西一两样，再一个什锦攒心盒子，自斟壶，岂不别致"。切实从为学生好的角度考虑，我校收回食堂自主经营，实施国家营养餐改善计划，目的就是让学生吃得饱，吃得好，合理均衡充足的膳食有利于学生的健康发育成长。

在全面奔小康的年代，必须解决人人不愁吃，同时人人又都是追求吃的自由，吃的自享，吃的自助。为此我校在实施学生营养餐午餐时做了一些积极地探索，就是在规定营养餐午餐计划一两荤菜两素菜一汤菜的标准下实施营养餐自助模式，即每天按就餐人数概算当餐食材，根据营养餐要求标准，准备两荤菜、两素菜、一汤菜，就餐人数有微量变化时餐标略有变化，第二餐及时调整补足或吃完。学生分窗口自觉排队等候打饭菜就餐，同时由每周轮换的食材采买的教职工执勤维持秩序和安全。在学生就餐时由学生自己掌勺，根据提供的饭菜，结合自己对菜品的喜好和饭量大小在尽量不浪费的前提下自己给自己舀饭菜，吃了不够还可以添，从而实现就餐自助。在整个就餐过程中工人师傅只是在一旁现场监督提醒，防止学生浪费，不乱打乱倒，发现不良现象及时教育。各班学生在划定的膳食中心位置就餐后自己打扫清洁卫生，整理碗柜。班主任轮流试餐陪餐，监督学生就餐纪律。学生会的同学巡餐，收集学生每天对饭菜品种、质量、味道等方面的意见，立即向学校食堂报告，以便改进。这种实施营养餐自助模式不仅满足了学生的内心需求，也进一步培养和增强了学生的自主自觉意识，同时也帮助学生践行了"分享"理念，有好吃的要与同学们分享。

三、不忘教育初心，守望幸福未来

教育，就是精神的唤醒，潜能的显发。它尊重、赏识每个个体，致力于学生能力、品德等各方面素质的全面提升，服务于个体的健康成长，滋养每一个生命。经过多年的建设，我校已走上了一条特色兴校之路，懂得传承与创新，敢于改革和实践，默默坚守育人理念，用心培育，用爱浇灌。未来路上，我校仍会怀揣教育的理想，不忘初心，迈着坚实的步伐，执着激情地走在教育改革的道路上，以担当的情怀领跑教育发展，敢为人先，始终如一，用情怀装点教育事业的百花园，用生命继续谱写一曲又一曲教育新歌。

守望育人初心　培育文德英才

四川省资阳市安岳县东方红小学　王福仁　韩天永

近年来，我校以"和谐教育，彰显特色"为办学理念，以建设幸福东小（平安东小、书香东小、人文东小、文明东小、和谐东小）为办学目标；以"师德立教坛，管理促发展，质量赢人心，特色创品牌"为工作思路，以"规范管理，聚焦课堂，推进课改，提升质量"为指导思想，以教学为中心，科研为抓手，常规为重点，深入推进课程改革，全面实施素质教育，教育教学成绩显著。

完善"12345+10"育人模式　增强德育工作实效性

树立以人为本的发展观，以价值引领为突破口，以"习惯成就人生，兴趣激发求真，诗艺陶冶情操"为育人理念，把立德树人作为根本任务，积极构建德育新模式，提升德育时效性，深化具有东小特色的"12345+10"的德育工作育人模式。

（1）"12345":"1"即确立一种意识：假如我是孩子，假如是我的孩子；"2"即抓住两条主线：养成教育，班队管理；"3"即确立三个观念:"服务为本"、"发展为先"、"体验为主"；"4"即搞好四个结合：校园核心价值观教育与实践活动结合，课内与课外结合，学校教育与家庭教育结合，主题教育活动与经常性系列教育活动结合;"5"即实现五个目标：学会做人、学会学习、学会生活、学会健身、学会实践。

（2）"10"即十个抓手：1. 抓组织建设，突出网络构建；2. 抓育人常规，突出制度建设;3. 抓内容落实，突出价值提炼;4. 抓文化熏陶，突出校园环境建设。5. 抓渠道拓展，突出班队主体；6. 抓养成教育，突出法治规范训练；7. 抓活动开展，突出明理导行；8. 抓依法治校，突出法治文化渗透；9. 抓育人实效，突出育人规律；10. 抓特殊群体教育，突出留守儿童的教育和关爱。此德育模式市县领先，学校多次在市县教育系统作经验交流或作专题讲座，20 多所兄弟学校来校观摩学习。两人被评为省级优秀少先队员（全安岳仅 3 人次），并推荐参与全国优秀少先队员评选活动。今年有两个中队分获资阳市少工委、资阳市文体教育局表彰的优秀中队和省少工委、省教厅表彰的优秀少先队集体，3 名老师获安岳县优秀少先队辅导员，学校获资阳市星星火炬奖。

更新教学理念　深推课程改革

（1）继续坚持"规范管理，聚焦课堂，提升素养，推进课改"的教育教学管理思想，四"主"的教学理念（学为主体、教为主导、疑为主轴、动为主线），四字教学策略（"大"、"快"、"新"、"高"四字，即大容量、快节奏、新手段、高效率），积极构建生态课堂（自主课堂、民主课堂、互动课堂、智慧课堂、人文课堂、高效课堂）。

（2）继续推进东小的课改教学模式："3364"素养课堂——"3"：3 个时段［课前预习、课堂导学、课后反思］；"3"：3 个环节［新课先知、合作探究、达标检测］;"6"：6 个步骤［新课先知、导入感悟、合作探究、展示提升、总结提炼、达标检测］；"4"：4 人小组合作学习形式。

（3）夯实教学常规

注重夯实教学的 10 个抓手：一抓教学环节，二抓教学过程，三抓听课、评课、说课，四抓示范与研究，五抓两个渠道并重，六抓考核评价（学生发展评价及教师教学绩效评价），七抓校本培训，八抓毕业班工作，九抓学生学习方式转变（自主学习、合作学习、探究式学习），十抓经验总结交流。

（4）加强集体备课。采取了形式多样集体备课：个人说课（明课标、析教材、说学情，提目标、谈方法、讲关键、释原因）——集体讨论（明问题、析过程、补漏洞、提建议、添方法）——修改教案（个人修改、传阅修改、集体审定）——听课评课（试讲、反馈、再讲、评价、小结）。

（5）"三课"（观摩课、示范课、研究课）引领，全方位互动，加快教师专业发展。

学校成立"名师工作室"质量检测室"、"常规检查室"、"德育工作室大力加强教师共同体建设，把"新进教师上汇报课、骨干教师上示范课、学科带头人上精品课日常教学工作和教育科研、专业发展融为一体，努力做到"教研、培训、科研"三结合，充分发挥"省市县骨干教师、学科带头人、名师工作室成员"的引领和辐射作用。教师每年积极参加岳城或县级以上观摩课、示范课、研究课，全校新调教师上过关课、汇报课。通过"三课"教师的传授、交流、示范、指导、帮助其他教师发展提高，做到整体学科的同步发展。

弘扬传统文化　打造书香校园

2021 年 4 月 17 至 18 日，我校代表队经过两天的角逐，在重庆市第四届"树人杯"小学生"阅读之星"总展示活动中荣获团体一等奖，杨云博等 4 位同学获优秀展示奖，学校获优秀组织奖。此次活动由重庆市教育学会主办，全国共 37 支代表队同台竞技。

在展示活动"星·飞花令"环节中，张米然、黄梓妍、杨云博、李怡君 4 位同学，争分夺秒抢答诗词，士气高昂，信心满满，呈现了一场精彩纷呈的脑力与知识的较量。在场观众也随着场上节奏的变化思考、讨论，现场高潮迭起，掌声不断。在"星•经典诵读"环节，孩子们身穿中国传统服饰，深情吟诵《少年中国说》。红色音韵耳边回响，经典风韵心头荡漾。在"星·科创阅读 DIY"环节，孩子们紧扣时代主题，结合乡村振兴主题，设计出一幅波澜壮阔的"复兴梦·我的梦"的新农村建设沙盘图。在"星·喜爱的书"环节《三国演义》《汤姆叔叔的小屋》等书目推荐，形式新颖，理由充分，层层推进，说服力强，展示了书香东小学子的风采。

此次比赛不仅提升了孩子们的诵读和创新能力，还厚植了红色基因，弘扬了我国优秀传统文化，增强了民族自信与民族凝聚力。我校一直以来积极推进书香东小建设，大力培育践行社会主义核心价值观，全面提升学生阅读力。每期开展阅读书目推荐，每周国旗下讲话齐诵核心价值观，坚持"每日一读、每日一说、每日一写"的海量阅读每周黑板上书一则名言警句，每节语文课前经典诵读，每周五开设一节诗艺课，每班创办诗社，每日广播学生诗作等。书香与梦想齐飞，阅读与人生相伴，东方红小学现已成为全国群文阅读示范基地，资阳市首批阅读示范学校。

学校先后获得了教育部青少年普法优秀组织奖、教育部关工委全国主题教育读书活动示范学校、全国国防教育特色学校、教育部第二届全国青少年学生法治知识网络大赛优秀组织奖、2018 年度全国群文阅读示范基地学校 、全国青少年"五好小公民"主题教育读书教育活动"红旗飘飘，引领成长"示范学校，全国新课标作文大赛优秀组织奖、新课标作文教学示范学校、全国红十字防灾避险知识竞赛三等奖、四川省第一届文明校园并提名参评全国文明校园、省政府第六届教学成果三等奖（小学群文阅读1231教学体系）、2018年“三好”校园建设好校风学校等表彰奖励44项。中国教育新闻网、中国党政网《四川频道》、四川新闻网等多家新闻媒体先后对我校办学成果、办学特色宣传报道。教师获一师一优课部级奖、全国新课标作文大赛教学名师等各级各类表彰400余项，班级及学生获表彰奖1000余项。学生作品《纳米克癌战士》获全国青少年科技创新大赛一等奖，代芯茹同学获全国优秀少先队员称号。正是我们师生齐心协力、共谋发展，谱写了东方红小学发展史上的新篇章。

在我校的发展之路上，我们始终秉承着育德育才的理念，用创新开拓教育途径，用勤奋提升教育水平，不忘初心，承担起教育的神圣使命。未来我们将继往开来，不断攀登更高峰，再创新的辉煌！

“阳光周六”，实现教育“向阳”而生

——细谈那曲高级中学“阳光周六”活动

西藏拉萨那曲第一高级中学　张军达

为了推动我校内涵式高质量特色化发展，深入实施全国中小学课外文体活动工程，进一步完善学校德智体美劳全面培养体系，丰富广大学生的课外文化生活，不断深化打造拉那“阳光教育”牌，深入推进适应学生全面而有个性发展的教育教学改革，提升学校教育教学质量，强化学生综合素质培养，同时推进学校党员大会精神和“书记工程”相关项目落地生根，在浙江教育援藏团队的推动之下，经校领导班子会议研究决定，本着“一切为了学生的发展”的宗旨，特制定《拉萨那曲高级中学“阳光周六”特色活动工作方案》。在我校创新开展“阳光周六”活动。学校根据学生年龄特点及兴趣爱好组织了大量文体活动及比赛项目，使每位学生均能参与到文体活动中来。学生个性在活动中完善，技能在活动中形成，特长在活动中发展，综合素质全面提高。

“阳光周六”特色活动的谋划开始于2020年8月27日召开的“阳光周六”行事历草案讨论会议，全体校级领导、党务办及各科室主要负责人参加了会议，会上各科室就“阳关周六”活动具体事项开展了商讨，并最终拟定《拉萨那曲高级中学“阳光周六”特色活动工作方案》。

在近一年的“阳关周六”活动中，教师们积极筹划相关活动内容，学生们踊跃参与，充分体现立德树人鲜明导向，倡导德智体美劳“五育并举加强理想信念、爱国主义、品德修养、奋斗精神等品质的引导。以下，我就细谈一下我校创建的“阳光周六”活动。

一、确定活动目标，加大宣传

学校始终把文体教育作为学校教育的一个重要组成部分，学校领导及科室负责人整体统筹各项活动，制定学生课外文体活动的长远和近期发展规划。基于学校地理位置及学生情况的特殊性，以及绝大多数学生的周末都在学校度过的基本情况，援藏教师团队提出了“阳光周六”活动项目，活动旨在丰富学生的课余文化生活，同时完善学校德智体美劳培养体系。项目一经提出就得到了各方领导的认可与支持，在校文体工作小组的整体统筹与各科室的大力配合之下，自2020年9月顺利开展。

教务处、德育处、团委、教科室、思政办等科室是活动组织与架构的中坚力量，每周的活动由各科室承办。各科室的援藏教师们承担了组织筹备的各项重任。在活动期间，努力营造良好的氛围，并充分利用广播电视、报刊、网络等传播媒介，加大宣传力度，使得该活动取得了较好的效果，受到了全体学生的热烈欢迎。

二、建章立制，规范活动体系

建章立制是活动开展的基础，也是抓好学校课外活动工作的基本保证。学校领导班子及各部门十分重视阳光活动的开展情况，多次开会研究制定活动方案，围绕活动主题，积极探索，因地制宜地制定活动计划。并将筹备工作落实到人头，形成人人参与的局面。为保证“阳光周六”活动的有序开展，援藏团队教师与当地教师多次开会商讨，就“中午学生要不要安排午休？时间怎么定？”、“按方案安排，值班老师中午吃饭时间是否来得及？”、“中午学生午饭时段，有学生到足球场踢足球容易出现管理漏洞，周六活动时，学生私自出校门，怎么监管？”、“夏季起床时间”等问题进行交流商榷，进一步修订《拉萨那曲高级中学“阳光周六”特色活动工作方案》。

三、丰富活动，深化活动内涵

在组织和制度建设的基础上，文体活动得以有序开展。援藏团队教师会定期为不同年段的学生带来不同类型的讲座，开阔视野的同时激发学习兴趣。例如援藏办公室主任向守国老师开设诗歌讲座：认识并走近诗歌，让生活永葆诗心；援藏教科室督导丁正中老师开设讲座：植物与生活；援藏教师杨千方老师开设讲座：物理原来如此可爱。

此外援藏教师还开设学科学习方法专题分享会，阳关周六活动中学生社团、爱国主义教育红色影片播放、读书日活动、“起舞郭庄”、劳动教育等一系列活动使学生的业余生活异彩纷呈。活动的过程中也时时能见到教师们的身影，教师们积极参与朗诵比赛、拔河、趣味运动会、十佳歌手、足球比赛等活动。在庆祝“3•28”西藏百万农奴解放纪念日主题团日活动暨诗歌朗诵比赛中，援藏教师积极参与并最终获得“最佳奉献奖”。

对于学校而言，教育教学质量永远是第一生命线。但在狠抓教学质量的同时，我们不能忘记文体活动的开展。健康积极、丰富多彩的文体活动始终是校园文化建设的重要组成部分。我校顺势而为，创建了“阳光周六”活动。它能够提高人的斗志，增强人的自信，培养人的毅力，树立集体荣誉感，增强团队凝聚力。积极参加各种文化、体育活动本身是让学生们拥有健康成长环境的必要基础，其本身也是展示学校形象，提高学校知名度的一条有效途径。所以，在此提倡学校在抓好学校管理和教育教学，内强素质的同时，应该积极鼓励广大师生参加各种活动，为他们展示自己提供平台，为学校展示外塑形象提供机会。教育不应该闭目塞听，要开放式的吸纳，“阳光周六”活动，实现教育“向阳”而生。

守望成长，让校园足球成为最美丽的风景

新疆生产建设兵团第三师五十一团第一中学　赵素娜　李小海　刘芳　雷玉强　曹露娟　黄远芳　李德安

“一件事从无到有靠的是勇气，从小到大靠的是坚持，从弱到强靠的是智慧”。用这句话来形成新疆生产建设兵团第三师五十一团第一中学校园足球近年来的发展历程最合适不过了。

足球，有“世界第一运动”的美誉，是全球体育界最具影响力的单项体育运动。谁都知道足球运动的魅力，但却不是每所学校都积极去做的。为使校园足球一步步发展壮大，学校多年来在全面贯彻教育方针、面向全体学生、提高全面素质的基础上，高度重视足球传统项目建设，把创建足球特色学校当作“一把手工程”来抓，组织学校中层以上干部共同研讨足球发展方向，同时积极取得全校班主任、任课教师及广大学生和家长的理解和支持，带领全校上下同心协力，形成“足球共识为推动校园足球运动想方设法营造氛围、创造条件，努力创健全国优秀足球特色学校，力求让学校的各个角落、各个活动都充满足球的印记。

营造氛围，强化足球特色文化建设

足球特色学校是新形势下全面实施素质教育、深化教育教学改革的一项重要工作。五十一团第一中学充分挖掘各种资源，多角度、全方位入手，跨界整合，全面打造学校足球文化氛围，从而使校园足球沿着健康、规范、科学、有序地方向发展。

明晰足球发展方向。学校紧紧围绕“阳光、普及、苦练、精进”的校园足球理念，以校园足球活动为平台，打造校园足球文化特色，增强了学生体质，树立了师生团队意识，营造了健康和谐的校园文化。

完善足球管理建设。学校将校园足球纳入学校发展规划和年度工作计划，由校长牵头，成立了校园足球领导小组，督促和指导校园足球工作的开展；学校班子成员都很重视这一特色项目，意识到校园足球对于丰富学生课余生活、陶冶情操、锻炼意志品质等方面的优势，以积极贯彻“健康第一”和“每天锻炼一小时，健康工作五十年，幸福生活一辈子”的现代健康理念，全面实施《学生体质健康标准》，大力推进体育大课间活动，蓬勃开展“阳光体育活动”和校园足球活动；学校坚持把体育活动与促进和谐校园等紧密结合，培养学生积极主动参与体育锻炼的习惯，提高学生的身体健康素质和体育文化素养，推进校园体育文化建设。

扩大足球文化宣传。学校把足球教学作为全面实施素质教育的有力抓手，根据《五十一团第一中学教育发展规划》、《五十一团第一中学足球特色学校创建实施方案》、《五十一团第一中学校园足球活动三年计划》等制度章程，有步骤地开展足球教学活动；学校在师生中倡导“校园足球文化通过玩足球、画足球、讲足球、舞足球、赛足球、足球啦啦队等形式多样的活动，宣传足球知识，普及足球活动；学校普及校园足球知识，激发师生的兴趣，在各班建立“三册一报”——即荣誉册、活动册、展示册和足球报，“班班有球队，月月有比赛，人人一只球，处处说足球营造了良好的校园足球文化氛围；学校利用校园广播、校园网、橱窗和新闻媒体等多种媒介，广泛宣传校园足球运动的开展情况，扩大校园足球文化的影响力。

争取家长资源支持。学校通过举办“舞动足球　健康快乐”足球操比赛、开展“我运动　我快乐”绘画展、参加颠球比赛、在楼道悬挂足球明星像、书写球星名言、发放告家长书、邀请家长参观学生训练、召开座谈会等多种形式，大张旗鼓地向家长宣传足球训练给孩子带来的好处，积极争取家长的理解和支持。

夯实过程，促进足球特色素养提升

没有创新，校园足球特色就不会发展。五十一团第一中学紧紧围绕“学会做人、学会学习、学会创新、学会健体”的校园理念，以基础设施建设为支撑，以课堂教学为主阵地，以足球队伍建设为抓手，以校园足球活动为平台，以足球社团为依托，以课题研究为助力，力争让全校师生以不同的身份和形式参与到足球运动中，确保学校足球建设出精品、足球活动上层次、制度建设有特色、师生生活有品位。

加快设施建设，提供必要的硬件保障。为保证更多的学生参与校园足球活动，学校推进足球特色建设步伐，先后投资3万元购置足球及训练设备，为校园足球的蓬勃发展提供了强有利的支撑。同时，教育局每年为青年教师体育素养提升基地学校提供的训练的器材、装备，对校园足球在学校的良好开展起到了积极的推动作用。

实施足球进课堂，普及校园足球知识。学校严格执行课程计划，按要求开足、开齐体育课，一、二年级体育课每周为4节，三至九年级每周体育课为3节，外加每个年级每周一节的课外兴趣小组活动和每天30分钟的阳光体育大课间，保证了学生每天至少一小时的校园体育活动。学校积极推进足球教学、训练工作，努力把足球作为体育课的必修内容，每周每班用一节课进行足球教学，让学生了解足球知识、参与足球运动、掌握足球技能，培养参与体育运动的兴趣，锻炼意志品质和良好的心态，树立积极、健康的社会形象。学校将足球教学纳入课程进行课堂教学，每班每周开设一节足球课，根据学生的年龄和生理特点，分年级组织学生学习运球、传球、颠球、带球、顶球、射门等基本技能，将足球基本技术融入体育游戏教学之中，提高学生参与足球活动的兴趣。学校充分利用体育教师专业优势，积极开发足球校本课程《阳光体育•快乐足球》，并且在教材编排上准确把握“五个着眼点”(有特色、有活力、有艺术、有美感、有运动量)，在训练上落实“四个到位”(师生对活动各个项目和具体动作的领悟理解到位；教学双方沟通交流到位；对动作所蕴含的情感价值和锻炼价值感悟到位；对动作的整体把握到位)，在组织上狠抓“三个落实”(领导参与重视落实；师生参与热情落实；形成制度习惯落实)，更好地巩固和提高学生在体育课和足球课中获取足球技能和知识的能力。

成立足球社团，发展学生足球特长。学校足球社团成立于2008年，以学生组织、管理为主，教师指导为辅助，提升了学生自我参与、自我管理、自我完善、自我创新等各方面的综合能力。一是积极利用校园资源和开发家庭教育、社会教育的资源，开展班级足球赛、结合各学科的足球技能综合比赛、足球文化节、“中学生走进足球文化”综合实践课堂等校园社团活动。二是足球社团以形式多样的活动丰富了学生的课余生活，培养学生的组织管理能力，同时提高了学生的交往能力，使校园精神文明建设工作、阳光体育工作迈上了一个新台阶。学校每年都会涌现一批足球队的好苗子推送参加兵团级总决赛以及各类交流学习的足球的夏令营。

抓好足球队伍建设，提高足球训练水平。学校在师资人员紧张的情况下，一如既往地按照中小学校体育教师配备基本标准配齐体育教师，现已基本能满足学校体育教学工作的需求。在训练中，教师把抓学生兴趣与提高学生基本功有机结合，在有趣的训练活动中提高学生足球基本功，让学生在体验乐趣的同时学到基本的足球知识和技能。学校认真做好队伍梯队建设，做好队员信息注册工作，目前已成立学校、年级、班级三级足球队，每一级都有男、女两支队伍，并正常开展训练和竞赛。在积极参加各校联赛的同时，扎实开展校级足球联赛。各级联赛的开展，使全校70%以上的学生参与到了足球运动。

加强课题研究，努力研发校本教材。学校认为课题研究不单单是语、数、英老师的事，同样也是体、音、美老师的事，更应该是校园足球老师的事。为了夯实学校的足球特色，使学校的足球特色能从感性操作走向理性升华，学校鼓励全校教师开展足球运动的教学研究和科研探索活动，申报足球科研课题，以科研和项目推动学校足球运动向纵深发展。

绘制蓝图，推动足球特色长足发展

只有让足球成为学校发展的驱动力，成为学校最鲜明、最有魅力的特色活动，校园足球才具有生命力，才能积极扩大延伸，覆盖到每一个孩子。基于这样这一种认识，学校将结合自身实际情况，继续围绕足球大做文章，努力培养学生自我参与、自我管理、自我完善、自我创新等各方面的综合能力，最终达到“育德、启智、建体、树人”的目的。

打造一支敬业技专的体育教师队伍。学校要创造机会，安排所有班主任和体育教师参加各级各类足球培训，增强教师的“造血”功能，要求他们必须加强足球理论和技术的学习，并上好每周一次的足球课；积极走“院校合作”之路，依托石河子大学体育学院积极开展院校联合，加大以教代训式的力度，提高学校学生足球训练的整体水平。

营造更加良好的校园足球氛围。学校要积极争取社会、家长的支持，在校园足球宣传工作上花心思、下功夫，在足球校园文化建设上动脑筋、精布置，在足球特长学生训练上想对策、出成绩，积极营造良好的足球氛围，让踢球成为学生的一种兴趣和爱好。

不断创新和发展学校足球特色。满足于现状，没有创新，校园足球特色就不会发展。学校足球特色还有许多需要创新、改变和发展的，比如：学校足球比赛成绩还需提高，怎么做好优秀队员的培养、输送工作，怎么让更新颖、更具特色的足球活动在校园内开展等。学校要静下心来研究足球特色活动现状，找到制约校园足球特色发展的瓶颈，找到一条适合自身实际、切实可行的足球特色发展之路，力争在最短的时间内将学校的足球特色打造得更加鲜明、更加靓丽。

沐春风以化雨，施文明而树人

新疆托克逊县第三小学　周梅

百年大计，教育为本。教育是一个民族兴衰的命脉，是国家强弱的心脏工程，是实现民族复兴的重要渠道，任何时候都不能缺失。办学以来，我校大力加强德育工作管理，组织开展丰富多彩的活动，推动组织建设，以德育建设、文化建设、校园建设等实现对教育质量的整体提升，使学校焕发全新样态。近年来，在上级党委的正确指导下，我校还把创建文明校园作为重要任务，着力开展文明校园创建工作，坚持以习近平新时代中国特色社会主义思想为指导，以学习贯彻党的十九大精神为动力，以创建市级文明校园为目标，深入贯彻落实总目标，扎实地开展文明创建工作，大力提升学校办学品位，彰显学校特色品牌，努力为社会主义建设发展培养优秀的人才。

一、多措并举，着力提升德育教育管理水平

人无德不立，国无德不兴。德育工作是学校提升办学品质的重要基础和有力支撑。为进一步深化德育工作，促进师生文明养成，我校实施了多种举措。一是加强队伍建设，构建工作网络。为保障思想道德建设工作的顺利开展，我校明确各部门、各岗位德育工作职责，不断提高学校德育工作管理水平。进一步确立了“以德立校，依法治校，以学生发展为本”的德育工作指导思想，建立了党支部领导下校长负责各部门协调配合的工作体制。形成了“三线一面”德育工作网络体系。二是注重师德建设，突出人本关怀。师德师风建设是我校德育工作的永恒主题。我校确立了“全员育人、全程育人、面向全体、全面发展”的德育工作思路。坚持以人为本的德育理念，创建人文校园，以“德育为首，智育为主、五育并举、全面发展”为德育工作原则。坚持组织全体教职员工深入学习习近平总书记《全国教育大会讲话》精神，深刻领会“十九大”的实质内涵，认真贯彻落实《公民道德建设实施纲要》，还组织学习了《教师职业道德规范》、《未成年人保护法》、《教育法》、《教师法》等一系列与教育教学相关的法律法规，让全体教师以正确的世界观、人生观和价值观规范自己的言行。三是利用活动育人，狠抓学生教育。我校结合校园文化艺术活动，把活动育人贯穿到了学校工作的始终，在坚持开展国情、校史教育的同时，深入开展了安全教育、心理健康教育、法制教育、礼仪常规教育系列活动，诗歌朗诵、艺术节、歌咏比赛、手抄报展评、书画展览、作文竞赛。利用每周一次的升旗仪式这一集体性活动对学生进行了生动的思想政治教育，通过出旗、升旗、唱国歌、呼号、国旗下致辞等形式教育感染学生，净化了学生心灵，提高了思想认识，增强了责任感及使命感。同时，充分利用宣传窗、黑板报和广播站等多种媒体，对学生进行文明礼仪宣传，引导学生自觉遵守各项行为规范。自觉养成珍惜自己、关爱他人、维护社会的良好习惯。通过各类活动的开展，很好地发挥了活动育人的功能，丰富了校园生活，提高了文化品位，初步打造了一个全新的和谐文明校园。

二、弥足根本，助理学校特色办学品位提升

积力所举无不胜，众智所为无不胜。一校之发展不在乎一人而在乎全校之人。创学以来，我校认识到组织建设对于学校发展具有重要作用。为此，我校不断加强组织建设，完善机构制度，认真落实党建工作责任制、“三会一课”、组织生活会、民主评议和主题党日活动等制度，注重加强教师党员队伍建设。推动学校“两学一做”学习教育常态化制度化。实现校务公开制度，不断完善决策机制和议事规则，提高依法决策、民主决策、科学决策水平。此外，我校坚持全心全意为师生服务的根本宗旨，坚持党的群众路线，坚持校级领导进班制度，充分发挥教代会、工代会作用，不断完善科学民主决策机制。加强党风廉政建设和反腐败工作，严格执行干部选拔任用制度，建立有干部考核评价、激励监督机制，坚持从严管理干部，加强党员教育培训，建设高素质干部队伍，党员带头参与文明校园创建活动，能积极发挥表率作用。

优质教师团队是提升教育质量的核心力量。为提升教师的专业技能和人文素养，我校大力完善学校师德教育监督、检查机制，提高道德教育工作水平，我校党支部着力重视师德建设，坚持每周三组织全体教工进行理论学习，每年两次集中教育，加强教职工思想政治觉悟和师德修养。对全校教师提出“五心”教育，进行“加强民族团结集中教育活动”系列专题学习，为建设一支师德师风好、业务素质硬、向心力强的教师队伍奠定了基础。

为了在师生当中形成良好的道德风尚，我校坚持以“德育为首”的办学方向，走“育人为本”的办学道路。以爱国主义教育为主旋律，以行为养成教育为本，以创“五文明”为荣的各项活动，引导学生做四有“新人”。开展“爱共产党、爱祖国、爱人民”的三热爱活动中，要求必须从“爱学校、爱班级、爱师生”做起。开展“说文明话、做文明事、当文明人、创文明班、建文明校”活动，极大地增强了师生的创建文明意识。每年还开展了文明科室、文明班级、“五好家庭”等评选活动。目前，全校已形成良好的尊师爱生、尊老爱幼、邻里和睦的好风尚。

陶行知曾说过：“天然环境和人格陶冶，很有密切关系”。校园中的每一座建筑、每一处景点，每一片绿色，都成为一种思想的传递，一种文化的表达，优美的校园环境就像无声的老师，滋润着师生的心田，熏陶感染着师生，丰富净化着师生的灵魂，潜移默化地引导师生向着健康的方向发展。为充分发挥校园文化育人功能，我校精心布局，认真规划，力求“一墙一角”皆文化，“一草一木”总关情，实现环境文化熏陶的德育效能。我校建立“滴水之恩，涌泉相报”文化景点，积极开展的“五四三二一”活动，将“五书、四姿、三声、两操、一活动”以丰富的形式落到实处，同时，我校利用二楼大厅设置了开放式书吧，学生可以在这里自由阅读，并将自己喜欢的书籍放到这里让大家分享，也可以拿回家阅读，学校也不断地更新、补充一些趣味、科普类书籍，让孩子在自由的氛围中汲取更多的知识。

三、砥砺前行，焕发文明校园创建办学光彩

“高墙明如玉，平地荡湖光”。优美干净的校园环境不仅体现了一所学校的文化素养，也能潜移默化的陶冶人的情操。一直以来，我校十分重视校园卫生管理工作，每年制定专项预案，采取多种措施，为学生安全学习创造健康温馨环境。一是力争抓好卫生工作，净化校园环境，落实并强化卫生扫除、检查制度，卫生区每日定时清扫并随时保洁。二是校园绿化做到点面结合，花草树木布局错落有致、疏密合理。三是不放过边边角角，对校门口、楼后等待绿化的地方进行了整翻、移栽。为提高绿化率，我校对已有林带进行了杂草清理和整理补苗，清除影响校园环境绿化的枯枝败叶，并新栽了玫瑰花、百合花等，力争做到“春有花，夏有荫，秋有香，冬有绿”。四是在教学楼、办公楼等增放一些盆花，各个班级、办公室也放置一定数量的盆花，使校园内外的绿化面积不断增加，校园处处有绿意盎然，鲜花盛开，成为师生工作、学习、休憩的理想场所。五是在加强校园绿化美化工作的同时，养护好花木，为了进一步管理好学校已有的这些树木，我校安排定期浇水施肥，认真做好校园花草树木的修剪整理工作，及时喷洒了药物，防止了病虫害。此外，我校还深入开展环保教育和节约教育，引导师生树立保护环境和节约资源意识，培育节约资源的良好风尚。推进安全教育进课堂，学生开设全安教育课程，及时开展反邪教，防溺水，食品安全等专题教育，确保校园安定稳定。我校还充分利用教室走廊、宣传橱窗、校园文化墙、微博、微信等载体，发挥校园广播站、校报、校刊的作用。围绕社会主义核心价值观教育实践活动，深入开展“核心价值观演讲比赛”、“我讲诚信故事”、“文明我先行，聚力点亮微心愿”等主题活动，取得了较好的效果；同时建设有设施健全的未成年活动场所，满足学生身心发展需求。

绵绵用力，久久为功。经过多年的建设，我校校园校貌焕然一新，教育质量稳步提升，文化气息浓郁，校园环境宜人。今天，既是我校展示办学成就的契机，也是我校继往开来、开始新征程的起点。面对新的机遇和更大的挑战，我校将继续以教学为中心，以教研教改为突破口，加强教育教学过程的管理，不断完善我校的办学特色，巩固精神文明创建活动成果，以抓铁有痕、踏石留印的工作作风扎实工作，全力建设生态文明校园，唱响品质教育高亢的时代凯歌。

建设学校安全文化

尤学文

一、文化与学校文化

（一）文化

谈到安全文化，就难以绕开“文化”。“文”的本义是指各色交错的纹理，引申义为：其一，包括语言文在内的各种象征符号，进而具体化为文物典籍、礼乐制度；其二，由纹理引出各色装饰，由装饰引申出修养之义；其三，由修养扩展到美好、善良、德行之义。“化”的本义为改易、生成、造化，泛指实物形态的改变。随着历史的演进，“文”与“化”逐渐演化成为一个合成词，突出了“文治”与“教化”之意。

人们对“文化”一词有多种理解，站在当今时代背景下，用“大”文化观理解，本文认可“文化”是人类在社会历史发展实践过程中所创造的物质财富和精神财富的总和的解释。

文化是一个多维度的概念，包含精神文化、物质文化、制度文化、行为文化等内涵。按照由抽象到具象、由显性到隐性的逻辑，精神文化侧重理念价值维度，制度文化侧重结构规则维度，物质文化侧重物理形态维度，行为文化侧重言行举止维度，四者之间互相融合，共同发挥作用。

（二）学校文化

学校文化是文化体系中的亚文化，体现的是社会背景下以学校为中心载体，由全体师生员工在学校长期的教育实践过程中积淀和创造出来的、并为其成员所认同和遵循的价值观念、行为准则、规章制度、物质设施等物质和精神财富的总和。（参见《文化育人》尤学文主编，黄河传媒出版集团，宁夏人民出版社，2015 年 12 月第 1 版，第 1-5 页）

随着时代的进步和整体办学水平的提高，学校文化对学校发展的导向功能、凝聚功能、规范功能被普遍认同并创造性发挥，但有一个较为普遍的问题是：学校文化结构中缺少安全文化。而学校作为一个办学主体，人群密集是突出特点，安全第一是共同责任，在文化软实力建设中缺少安全文化，就是一个不完整的文化体系，应该引起重视。

二、安全文化

（一）安全文化的概念

由于人们对文化的不同理解，产生了对安全文化的不同定义，但以下几点是业界共识：

1. 安全文化是安全观念、行为、物态的总和，既包含主观内涵，也包括客观存在。

2. 安全文化强调人的安全素质，要提高人的安全素质需要综合的系统工程。

3. 安全文化是以具体的形式、制度和实体表现出来的，并具有层次性。

4. 安全文化具有社会文化的属性和特点，是社会文化的组成部分，属于文化的范畴。（参见《安全学院里》张景林　林柏泉主编　中国劳动社会保障出版社　2009 年 2 月第 1 版　第 147 页）

（二）学校安全文化的概念。

随着国家大安全观的提出和实施，安全文化的内涵也进一步深化与扩展。本文将学校安全文化定义为：学校在办学实践过程中为确保教育教学秩序平稳、师生员工身心健康不受损害、生命安全不受威胁、学校财产尽可能减少损失所创造的有关物质成果和精神成果的总和。

（三）学校安全文化的定位

学校安全文化是学校文化的一个子系统，与学校精神文化、物质文化、制度文化和行为文化处于同一个结构层面。

（四）学校安全文化的作用

学校安全文化的基本作用是奠基与护航——为师生安全固本培基，为学校发展保驾护航。学校安全文化保护的是师生员工的身心健康、生命安全；保护的是教育教学秩序正常平稳有序；保护的是学校财产不受或者尽可能少受损失；贡献的是社会安定、祥和。

三、建设学校安全文化

建设学校安全文化，要理清结构、抓住特征、突出特点。

（一）理清结构建设学校安全文化

从结构层面看，安全文化包含安全物质文化、安全精神文化、安全制度文化和安全行为文化。

1. 安全物质文化建设。在学校里建设安全物质文化，既包括地下管网运行、地面人车通行、地上建筑结构、生活设施设备、教育设施设备、教学设施设备等系统的功能零缺陷、配件零缺失、隐患零存在、本色零污渍、过程资料零缺漏，也包括基于安全的标识鲜明、阐释准确、指引正确，提醒温馨，劝导暖心等视觉效果适配。

2. 安全精神文化建设。从本质上看，安全文化的精神层次是人关于安全的思想、情感和意志的综合表现，它是人对外部客观世界和自身内心世界的认识能力与辨识结果的综合体现。具体体现如“安全第一、预防为主、综合治理”、“隐患大于安全”、“重视安全比安全本身更重要”、“由安全管理走向安全治理科学化”等观念；在学校里，强化安全意识，规范安全行为，提升安全素养，培养安全习惯，培育价值认同既是安全精神文化的基本内容，也是安全精神文化建设有效性的成果标识，更是安全精神文化建设的切入点与落脚点。

3. 安全制度文化建设。建设安全制度文化，对“制度”的准确理解是前提。制度最一般的含义是要求大家共同遵守的办事规程或行动准则，是实现某种功能和特定目标的社会组织乃至整个社会的一系列规范体系。制度的第一含义是要求成员共同遵守的、按一定程序办事的规程。汉语中“制”有节制、限制的意思，“度”有尺度、标准的意思，这两个字结合起来，表明制度是节制人们行为的尺度。制度建设的突出特点是“建立健全制度建设没有“最好只有“更好”；建立健全是一个永恒的动态过程　；针对问题建立制度，利用制度规范行为，通过行为训练培养习惯，通过习惯养成培育文化是制度建设的基本轨迹；安全制度文化既要体现“约束性”作用，也要发扬“激发性”功能；现有制度不能一劳永逸，而应该针对问题完善制度，定期审核，补充修订，使其达到针对性强，操作性好的要求。

4. 安全行为文化建设。行为是人的文化内涵的外显，也是文化引导的结果。安全行为文化既是安全文化的重要方面，也是建设安

全文化的基本目标。人的安全行为与事故关系密切，专业人员对现代工业事故的研究表明：70%以上的事故原因与人的因素相关。

由于人的行为千差万别，影响人的行为安全的因素也多种多样：同一个人在不同的条件下有不同的安全行为表现，不同的人在同一条件下也会有不同的安全行为表现。安全行为文化建设，就是要从复杂纷纭的现象中揭示人的安全行为规律，以便有效地预测和控制人的不安全行为。在学校建设安全行为文化，起点是“让安全成为习惯过程是“制度规范”“职责约束”“标准评价”“效果奖惩落点是“让安全成为习惯”！

（二）抓住特征建设安全文化

从抽象层面看，安全文化具有系统性、人本性、全面性、目标性四个基本特征。

1. 顺应系统性建设安全文化。安全是一项系统工程，业务在哪里，安全就在那里。安全文化作为学校文化的现延伸和扩展，具有很强的系统特征，它追求系统的和谐、有序和平稳发展；顺应系统性特征建设安全文化，就要在制度、职责、预案、标准、流程编制过程中注入安全价值，运用教育、实训、考核、评价等手段，将安全的最终目标内化到学校价值系统的毛细血管，通过价值系统的运行，实现办学治校目标。

2. 体现人本性建设安全文化。学校安全文化建设的核心是实现人的安全价值，本质在于追求师生员工对安全价值观的认同。在整体学校文化规划建设中，把安全文化作为其中的一个部分，从时间、空间、人本的角度安排落实，以标牌、标识、标语、表格、视频、音频等方式人文呈现，沿着人的生理、安全、社交、尊重和自我价值实现的需求轨迹，循环往复，持之以恒，为了“让安全成为习惯”锲而不舍，润物入心。

3. 抓住全面性建设安全文化。安全文化外延广泛，内涵丰富，涉及了办学治校、立德树人的方方面面，涵盖了从组织到个体的所有对象。在学校安全文化建设实中，要抓住全面性特征，充分调动师生员工的积极性，强调全员、全方位、全过程的参与和激励，避免单纯的监督管理、考核奖惩行为可能带来的片面性，甚至情绪抵触。

4. 突出目标性建设安全文化。学校安全文化具有共同的价值取向和明确的目标导向：作为学校，既然办学，必须安全，安全不存，何谈教育；作为个体，既然求学，同样必须安全在先，安全不存，何谈成长。学校安全文化建设，就要紧紧抓住这个最大公约数，借助于师生员工个体、学校组织系统、社会外部力量，以共同的价值观念为导引，以统一的行为规范为准则，实现既定目标。

（三）突出特点建设安全文化

特点表示人或事物所具有的独特的地方，而特征侧重指事务外表或形式上独特的象征或标志。从机制的角度来看，安全文化具有“硬软”结合、“强制性与非强制性”、普遍性与独特性等特点。

1. 安全文化是“硬”、“软”条件的结合。校园校舍、地面管网、设施设备及安全环境等物质条件是“硬件”；而人们的“道德规范、心理习惯、价值观念、行为取向”等意识范畴的精神因素是“软件”。安全文化建设的过程，就是硬、软两种文化相互影响、相互制约而又融会贯通的过程。硬件要“硬”、“软”兼具，物理功能支撑，文化功能包装；软件要“软”、“硬”兼具，文化功能包装，机制功能支撑，由此推进“硬”、“软”结合。

2. 安全文化是强制性与非强制性的结合。在学校安全文化建设过程中，从组织管理层面分析，管理制度、岗位职责、行为准则等是硬性、强制的，具体规定该做、不该做，怎么做或不允许怎么做，要求师生员工都必须遵守；从人性价值层面分析，人的意识、情感和主观能动作用又可以通过精神感召、价值认同、目标追求等非强制性方式，启发、激励、感悟，转化，培育人的自觉和自发行为，“让安全成为习惯”。

3. 安全文化是普遍性与独特性的结合。工厂是生产物品的，标准化是其突出特点；学校是培养人才的，个性化是其突出特点。学校安全文化追求的价值观念体现了普遍的安全文化特征，而每位教工、每名学生在认同“大同”之下，又存在着千差万别的“小异使得学校安全文化又呈现出多姿多彩的个性特征。正视并研究安全文化共性与个性的结合机制，构建和谐统一的学校安全文化生态，是每位教育工作者必须思考的新课题；强化安全意识，规范安全行为，训练安全能力，培养安全习惯，培育价值认同是每位学校安全工作者的探索的新路径。

学校文化引领学校发展，学校安全文化凝聚安全共识。国家国民经济和社会发展第十四个五年规划和2035年远景目标纲要明确：“坚持系统观念，加强前瞻性思考、全局性谋划、战略性布局、整体性推进，统筹国内国际两个大局，办好发展安全两件大事……”——《中华人民共和国国民经济和社会发展第十四个五年规划和2035年远景目标纲要》

在安全与发展相提并论的时代，建设学校安全文化，完善学校安全体系，增强学校安全能力，提升学校安全品位，适逢其时，时不我待。因为安全可以演练，生命不可彩排。

坚持特色发展强校　实践立德树人宗旨

云南省大理州经济开发区育才二小　杨国辉

大理州经济开发区育才二小坐落于龙山脚下，是一所环境优美的云南省现代教育示范小学。学校以立德树人为办学宗旨，坚持走特色强校之路。同时，由于我校的全体师生中包括了汉族、白族、回族、彝族等多个民族，我们一直都坚持全面落实党的教育方针和民族政策，坚持育人为本、德育为先，把民族团结进步教育融入日常的教育教学之中，大力营造中华民族一家亲的良好氛围。

一、尊重学生特长发展　推进综合素质提升

尊重学生的特长发展，给学生个性的发展提供更广阔的空间，满足学生可持续发展的需要，是我们的教育出发点。

设计校本课程，培养学生特长。我校在已有第二课堂的基础上，结合社团活动的开展，兼顾学生的兴趣爱好，精心设计了校级校本课程17门，年级校本课程24门，涵盖了合唱、舞蹈、器乐、足球、篮球、网球、象棋、围棋、美术、书法、手工制作、动画制作、诗词选读、校园安全知识、中华纪念日、白族服饰及绘画工作坊、机器人、3D打印、航模等42个门类。创造性地把第二课堂、社团活动与校本课程开发结合在一起，每个学生均可根据自己的兴趣爱好和特长来选择，让学生在校本课程中充分放飞“梦想培养了学生的兴趣、爱好、特长，各门课程深受学生喜爱。

开展多彩活动，彰显学生个性。秉着“活动育人”的理念，学校每年举办为期三个月，跨越大半学期的校园文化艺术节，每周一个主题，涵盖包括书信、绘画、手抄报、规范汉字、讲故事、演讲、师生绘画、班级文化、手工、科技发明、器乐、声乐、舞蹈、相声、小品等十余个项目。启迪了同学们的才智和灵性，发展了同学们的才艺和特长，培养了学生正确的审美观，有力地推动了校园精神文明建设，使学校教育立德、润心、塑行于活动。

聚焦足球特色，丰富体育活动。每班每星期至少两节体育课用作足球教学，每班成立男女足球队，每年定期开展“育才杯”班级足球联赛。通过开展足球艺术展演、足球知识竞赛、足球绘画作品展、足球黑板报评比、足球手工制作评比、足球征文评比、教授足球歌曲、啦啦操比赛等营造浓厚的校园足球文化氛围，丰富校园体育活动，从而呈现“以体强身；以体辅德；以体增智；以体益美；以体促教”的特色办学模式，以一育促诸育，培养全面发展，特长突出的青少年足球后备人才，在大理市近几届足球联赛中成绩优异，基于以上常抓不懈的努力，我校于2016年被国家教育部授予国家级校园足球特色学校，2017年授予国家级校园篮球特色学校和全国啦啦操实验学校。

重视信息建设，提升综合素质。学校交互式电子白板实现全覆盖、多媒体演播厅、全高清录播教室、计算机教室、数据中心、机器人社团工作室、3D打印项目配置完备，实现了校园数字电台直播，优质课程资源网络直播、点播，学生及家长可以通过学校网站、微信主页等了解学校动态，从学校网站中的视频接入口可以访问学校课程资源。校园信息化对学生课后学习效率的提升，兴趣特长的培养和教师教学教研能力的提升起到了极大地推进作用，为推进学生综合素质全面发展发挥了极大地功能。

二、营造团结和谐氛围　弘扬民族传统文化

近年来，我校还紧扣“中华民族一家亲，同心共筑中国梦”的总目标，坚持弘扬中华民族优秀传统文化，扎实推进民族团结进步创建工作进校园，切实提高师生民族团结意识，取得了明显成效。

主动解决困难，营造家亲氛围。目前，我校有少数民族流动人口子女就读学生339人，占学生总数的21%。为了让这部分学生更早、更好地融入我校这个大家庭，学校积极帮助少数民族孩子办理相关入学手续，确保他们及时入学；主动做好有关民族政策的宣传，保证少数民族的传统文化和风俗习惯得到充分尊重；组织教师、学生干部对转入的少数民族流动人口子女进行帮扶，使他们尽快适应和融入新的学习生活环境，实现了少数民族外来就读学生生活困难有人帮，学习困难有人助，使他们感受到“虽隔家乡千里远，如同在家一个样”的浓浓情意。

活动渗透教育，民族团结自豪。通过课堂、少先队活动、手抄报、黑板报，普及民族团结进步知识；通过民族歌舞进校园、民族体育活动进校园、民族乐器进校园、民族服饰进校园以及民族团结先进班集体评比、民族先进个人评比，创造全校各民族师生共同学习、共同成长的和谐校园；通过积极开展和参加民族团结的各项活动，在教学中渗透民族文化教育，在管理中做到爱心团结，让学生在充分的认识和了解中增强民族自豪感，提高民族团结意识。

创新活动形式，弘扬民族文化。为了弘扬丰富多彩的民族传统文化，学校还把民族舞蹈、民族乐器以及民族服饰欣赏等融入校园活动中。每天都会让学生做这套白族霸王鞭和八角鼓操，班会课上也时常去了解少数民族文化，这使得学生对少数民族文化产生了浓厚的兴趣。除此以外，每年的冬季运动会、春季球类运动会、阳光体育大课间、六一主题活动、校园读书月、读书之星评比、英语口语技能大赛，百科知识竞赛、各种趣闻知识竞赛、每天主题不同的红领巾广播站广

播等活动深受同学们的喜爱，学校近几年来先后获得“国家省州市级荣誉称号”50余项。

学校德育活动能满足青少年的心理需求，能为他们提供施展才华的好机会，开辟思想对话、感情交流、建立友谊的好场所。在未来的教育路上，我们会继续坚持民族教育特色，坚持立德树人，为孩子们铸就一个更美好的教育未来！

基于校园足球文化构建视角下的五育并举

云南省昆明市盘龙区新迎第一小学 田雪芬

2020年10月15日，国务院办公厅发布《关于全面加强和改进新时代学校体育工作的意见》，意见明确指出：学校体育是实现立德树人根本任务、提升学生综合素质的基础性工程，是加快推进教育现代化、建设教育强国和体育强国的重要工作，对于弘扬社会主义核心价值观，培养学生爱国主义、集体主义、社会主义精神和奋发向上、顽强拼搏的意志品质，实现以体育智、以体育心具有独特功能。这再次重申了体育教育在学校教育教学中的重要作用。

其实早在2012年开始，我校就坚持“五育并举”的教育思路，把体育工作摆在更加突出的位置，积极构建校园足球文化体系，确定以球健体、以球立德、以球促智三大目标，在传承中重塑足球课程价值，丰富和完善“关怀”课程体系，引导学生在体育锻炼中享受乐趣、增强体质、健全人格、锤炼意志，促进德智体美劳全面发展。

一、构建校园足球文化体系

足球运动在学校的开展过程中，经发展、沉淀逐渐形成了校园足球文化。它既体现了校园足球的精神、理念，也有自己的价值评判标准、制度规范。校园足球文化是校园足球活动的参与者们共同打造和认可的，是精神成果和物质成果共同构成的体系，是校园足球文化经营者们共同的意识和价值。

校园足球文化体系的构成含有精神、物质、制度、行为四个方面：精神文化集中反映校园足球活动的目标、理念，包括校园足球的价值观、文化观，是感召和凝聚校园足球文化活动的精神核心和灵魂，给校园足球文化建设指引了正确的方向；物质文化是校园足球文化构建中的可见部分，球场、设施、教练、宣传等既是校园足球精神文化的外在表现，也是校园足球文化构建和发展的基础；制度文化是校园足球活动得以顺利开展的保障，也是校园足球文化核心价值的量化体现；习惯文化是校园足球活动的参与者所表现出的行为举止、言谈礼仪，最能体现出个人的校园足球理念、价值取向、精神状态等，是精神文化、价值理念在实践中最真实的反映。

校园足球文化是校园足球发展的灵魂，是体育教学通过“育体”达到育人的重要手段。校园足球文化体系为实践以人为本的教育理念，培养学生爱校爱国、树立健康向上的人生观搭建了稳固的桥梁和平台，我校将继续通过这一平台，激发学生主动参加体育运动的热情，完善学生自我身心的健康发展，使其成长为具有独立、强大、完整人格的社会人才，最终实现学校教育的全面性与完整性。

二、依托校园足球文化节打造足精品课程

在九年的探索与实践中，我校坚持把足球作为一门重要的课程，立足全面发展、全员成长、符合规律的课程目标定位，坚持普及与培优并重的课程发展思路，落实每周各班的体育课必须上一节足球基础课、学校每天一次足球拓展课、每周一次足球大课间、每班有一支球队、每个学生有一个足球、每年举办一次足球文化节的“七个一”活动，提炼出“拼搏成就梦想，团队铸造优秀”的足球精神，重点培养学生基本的足球知识和足球技能，达到增强体质、磨炼意志，培养合作意识和创新精神的目的，进而提升学生综合素养，促进学生全面发展。

自2012年以来，我校以足球为龙头，坚持面向全体、抓普及促提高的原则，实施三线结合的有效举措，深入推进学校体育工作。确立“足球文化”引领学校特色发展的思路，以“快乐足球”促阳光体育锻炼，从单一的足球联赛转变为多元化的“足球文化节”；从班级文化、活动文化方面营造浓厚的校园足球文化氛围，使每个学生都能在生动活泼的形式中了解足球、参与足球、体验足球、快乐足球，推动足球课程化发展；举办为期一个月的校园足球文化节，以“阳光体育，快乐足球”为主题，包括足球、征文、书法、绘画、手抄报、知识竞赛等比赛项目，充分体现了足球的魅力和班级的凝聚力。

从2012年开始至2020年，我校已经举办了八届足球文化节，形成了涵养阳光健康、拼搏向上的校园体育文化，培养了学生的爱国主义、集体主义、社会主义精神，促进了学生的知行合一、刚健有为、自强不息。

三、积极开展校内外足球文化活动

足球竞赛是展示足球文化的最重要形式。积极开展多种形式的足球比赛，带动足球文化活动，是构建校园足球文化的重要方式，能够充分调动学生足球运动兴趣，创造浓厚足球文化氛围，吸引校外群体参与，开拓校内参与者眼界，让校园足球文化得以全方位发展。

鼓励校园足球团体参与社会性足球赛事和公益活动，加强与足球专业机构的交流学习，构建包括校内预赛、校际联赛、跨校竞赛、区域竞赛的足球竞赛体系，对丰富校园足球文化体系的内容，增强校园足球文化影响力起着重要的作用。2012年10月，首届“奥体杯”全国校园足球冠军杯赛在奥体中心开幕，我校作为云南省唯一代表队参加本次比赛，获得三等奖和公平竞赛奖。2018年4月，“昆明市政府、利物浦足球俱乐部校园足球合作项目”正式签订，我校作为昆明市政府与利物浦足球俱乐部校园足球合作项目试点学校参加启动仪式。2018年11月，我校参加了2018—2019年全国啦啦操联赛（昆明站）云南省第二届校园健美操啦啦操锦标赛，一队参加校园示范套路（第二套）荣获第一名（冠军），二队参加2016版全国啦啦操规定动作赛荣获第一名（冠军）。国家体育总局青少司于2014年12月22日至23日，我校作为云南省唯一一所学校代表参加了在广东省中山市召开的“中国青少年体育俱乐部联合会”筹备————会议。2016年4月，我校成功举办了“阳光体育，快乐足球”第四节校园足球文化节开幕式暨昆明市校园足球现场会。

四、打造多元化校园足球文化传播体系

随着电脑网络、智能手机的普及以及远程教育的发展，校园文化建设已进入“互联网+”的大数据时代。校园足球文化也要与时俱进，利用现代科技手段及时、开放、传播校园足球文化活动。我校充分发挥校园网作用，大力普及足球文化、教学活动、足球赛事观摩等；利用智能网络，开展校园足球活动、足球摄影、新闻、球员评比等；开放足球文化类的论坛、微博、播客、微信公众号等，利用新媒体更及时地传播校园足球文化。

在校园文化建设中，我校把足球作为重要内容，在整个教学楼二层的卫生间都做了足球专版，三层的足球主题走廊呈现了我校各个时期组织校园足球活动的精彩瞬间，并展现了从新迎一小毕业到现在在国家队和国际上踢球的校友照片。

为了使我校的足球在更为广阔的平台上与省内外优秀足球学校学习、交流，我校积极进行足球空间的建设，让学生、家长、老师更好地认识足球、了解足球、展示风采。我校每一届的足球文化节都通过昆明市的各大报纸和电视台做了报道，有效地传播了学校的校园足球文化。

五、加强足球专业教师队伍建设

足球教师的专业技能和专业素养是构建校园足球文化体系的重要基石。我校定期组织教师进行足球专业知识的学习和进修，参与更高级别的交流和学习，并由专业机构予以考核。同时，跨校利用同行之间的交流学习，提高教师的足球专业知识，在足球教学中能够紧跟时代节奏，创造良好的足球文化环境。

2018年5月，昆明—利物浦校园足球合作项目第四期骨干教师培训班在新迎第一小学开班，来自英国利物浦足球俱乐部的丹尼尔教练为此次参与骨干教师培训班的20名老师进行了为期五天的培训。在本次骨干教师培训班上，依照利物浦国际足球学院（LFC）要求，丹尼尔教练通过“理论课+文化交流”的模式，对参与体育老师进行足球技战术、理论知识、教育方式方法的培训，同时每天安排实践课程，手把手进行现场示范和讲习。2014年12月至2019年12月，为贯彻落实《中共中央国务院关于加强青少年体育增强青少年体质的意见》精神，推动云南省体育工作深入开展，省体育局、省教育厅在昆明海埂体育训练基地举办了为期五天的全省中小学校长培训班暨全省体育工作研讨会，来自师大附中、云大附中等全省各地州的中小学校长参加了培训。每一年的培训以“新时期学校体育可持续发展”为主题，邀请了北京大学体育人文研究所所长董进霞教授、清华大学体育部主任刘波教授等国内专家学者授课。

校园足球文化集足球精神、制度、行为、物质载体于一体，以社会主义核心价值观为导向，以校园足球运动为载体，传扬足球文化，发扬足球精神。我校通过构建校园足球文化体系，落实校园足球文化建构视角下的五育并举，体现的就是“大体育观”。我们坚信，只要持之以恒地完善落实，就一定能实现体育弘扬社会主义核心价值观，培养学生爱国主义、集体主义、社会主义精神和奋发向上、顽强拼搏的意志品质，达到以体育智、以体育心的“立体育人”的独特功能。

挖掘地域文化，创建特色品牌

云南省西畴县第一中学 郑杰

文化是一个学校的魂，是一所学校的根，是支撑一所学校进步与发展的力量所在。我校始建于1942年，1956年成立党支部，2008年成

立党总支。2015年9月，县一中和县逸夫中学整体搬迁到这里合并办学，合并成立党总支。2019年8月，根据《党章》规定和县委组织部及县委教育工委的要求，升格为党委。近几年来，随着教育改革的不断深入，学校党委充分发挥党组织的领导核心和先锋模范作用，努力挖掘地域特色文化，凸显"立德树人、德智双赢、和谐发展"的育人核心价值理念，形成 "以德树人、以才示人、找回自信"的办学特色，探索 "以党建引领，实施低重心、扁平化的年级组长负责制，教育教学质量逐年突破"的办学之路，创建 "先锋铸就特色路、立德树人育英才"的党建品牌。

一、抓好党建工作，发挥堡垒作用

我校党委以"两学一做"学习教育活动常态化和基层党建工作巩固年为契机，以阵地建设、战斗堡垒和先锋模范为抓手，边学边做。一是投入大量资金建设6900平方米的图书馆，配置图书14万余册，建设以党建文化、优秀传统文化、西畴精神、学校发展史、班级文化等为一体的校园文化阵地，打造书香校园；规范建设党建活动室、多媒体报告厅，为规范化建设达标创建活动提供有利的基础设施保障。

在新一轮的课程改革的背景下，学校党委紧紧围绕教育抓党建、抓好党建促教育这一主题，认真探索党建工作与教育教学相结合的工作思路，各党支部（年级组）充分发挥战斗堡垒作用，结合教育教学实际，组织实施低重心、扁平化的年级组长负责制管理办法，让年级组侧重成为组织管理学生的"经线教研组成为侧重教学常规管理的"纬线统一形成学校管理网格。

二、以文化为载体，创设育人环境

校园文化体现了一个学校的个性魅力、办学品位，以及价值观，是一所学校的灵魂，是推动学校发展的内生动力。为了充分发挥校园文化的育人氛围，推动校园文化建设向纵深发展，我校党委在习近平总书记关于文化自信精神的指引下，以校园文化建设为载体，把党建文化和中华民族优秀传统文化融入校园，扎实做好以优秀传统文化的传承，推进文化自信工作。

发挥校园文化阵地作用，学校充分利用校园的每一个角落呈现中国优秀传统文化，注重文明、健康、和谐的班级环境建设与班级文化建设，让学生在潜移默化中受到教育，陶冶情操。同时，通过励志演讲、读书活动、国旗下演讲等，激发学生热爱党、热爱中华民族优秀传统文化的热情和学习积极性。

三、打造教师队伍，引领学校发展

我校党委紧紧围绕习近平总书记关于"四有"好老师的要求，努力打造一支有崇高理想信念、有高尚道德情操、有扎实学识、有仁爱之心的教师队伍。

一是党委班子联系党支部（年级组），指导加强组织建设，推进"两学一做"教育学习常态化、制度化，把党的要求贯彻到最基层一线。二是各支部组织开展党员教师"传帮带促进岗"、"名师引领提升岗"、"课堂教学示范岗"、"爱心奉献平凡岗"、"推门听课监督岗"、"服务育人示范岗"等活动，通过帮带、示范引领等活动的开展，不断提高教师队伍的教育教学技能。三是开展廉政文化进校园、师德师风教育培训、名师讲座等活动，加强对教师的人生价值、理想信念教育。四是每年组织开展优秀教师、先进教育工作者、校级名师、优秀班主任、先进德育工作者等推荐评选活动，在教师中形成"比、学、赶、超"的良好氛围。

近三年来，有30名表现突出的党员教师被评为州级、县级优秀教师和先进教育工作者。

四、抓实常规工作，凸显管理成效

学校各党支部（年级组）建立了由支部委员和年级组班子组成的常规管理监督工作小组，负责本年级组教师教学工作的指导、监督、质量提升等具体工作任务，并作好示范作用。

一是认真组织带领本年级组教师积极参加学校组织的"学高考、考高考，学中考、考中考"学习提升活动，并对教师的"学"进行监督，对"考"进行分析跟踪。二是强化推门听课监督工作。各党支部党员教师带头组织随时对本年级组教师进行推门听课，对教师的课堂教学、作业布置与批改、课外辅导等进行指导，并对整改提高情况进行跟进。三是认真组织教师外出学习培训，参加高考、中考研讨会，全面掌握高考、中考信息，及时把握动态，破解教学工作的重难点问题，实施有效教学。四是切实加强月考的组织管理和考后分析，及时掌握教师的教学情况和学生的学习情况，并有针对性地提出整改意见，通过团队引领树示范，教师的教学能力有了提高，教学质量有所突破。近三年来，初中部各年级综合成绩保持全县第一名，高考一本上线率逐年提高，高中招生优秀学生数逐年增加，高考质量和高中招生工作走出了低谷，学校办学迈出了成功的一步。

五、落实党员责任，取得喜人成果

在教育教学中，认真探索如何激发学生的学习兴趣，发挥学生的个性特长，让学生在学习活动中找回自信，实现人生价值，展现自我。学校各支部把音乐、体育、美术等学科党员教师责任与音乐、体育、美术等兴趣小组活动相结合，通过定党员教师责任、定培养对象、定活动内容、定活动时间等，针对学生的兴趣爱好和个性特长，组织开展书法、绘画、啦啦操、民族舞、足球、篮球、排球等兴趣小组活动，通过近几年来的探索实践，活动育人出了成果：音乐、体育、美术等专业生本科上线人数逐年增加，初中部女足和高中部女足取得了骄人的成绩，2018年初、高中女足双获全州冠军，并代表全州参加省级比赛，取得全省第12名和第4名的好成绩。

新时代，新作为。"十四五"期间，我校全体工作人员将接续奋斗，继续以发挥党支部的战斗堡垒作用、以发挥党员先锋模范作用、以增强党支部的生机活力、以推动党支部工作规范化长效化、以有力保障党支部人财物等为着力点，进一步开展好党支部标准化、规范化达标创建工作，推进学校教育教学工作发展，筑牢"先锋铸就特色路，立德树人育英才"的党建品牌，办好人民群众满意的教育。

立德树人育英才，依法治校促发展

云南省玉溪市江川区第二中学 张培富 陈东 陈江

"立德"即培养崇高的品德，"树人"即培养高素质的人才，立德树人就是让学生成为德才兼备、全面发展的人才。思想道德教育是落实立德树人根本任务的关键，因此，在教育教学中必须发挥思政课的重要作用，把思想道德教育贯穿教育教学全过程，实现全程育人、全方位育人，增强教育的针对性、实效性、亲和力、感染力，为学生健康成长营造良好的环境氛围。我校发源于清代官办"钟秀书院清末1906年开始设立"江川中学堂是江川乃至玉溪新式教育的发端之地。百余年来，她承担着开民智、新民德的责任，培育出了江川英才数辈。

自1973年定名"江川县第二中学"后，几代二中人于文庙的思想沃土之上，以党的教育方针为引领，秉承"读书立品、进德修业"的书院精神，确立了"党建引领，明史知规"的学校党建总体思路，以"戒尺"为载体，去伪存真，发展出了"管理团队依法治校、教师队伍依法执教、学生群体知规守纪"的具有鲜明特色的责任和规矩文化暨"戒尺文化"。

一、传承"戒尺文化实行依法治校

戒尺释义，"戒尺"是古代私塾教育学生的一种工具，如今已不常见，但它所象征的威慑教育不能遗忘。把戒尺交给老师，目的是让戒尺还老师尊严和权威，让学生常怀敬畏之心，言行举止、为人处世有尺度、有标准。"心有戒尺 行有尺度"在学校党总支的领导下，江川二中用传承发扬"戒尺文化用"戒尺文化"教育学生、管理学校。

戒者，不可为之事也，尺者，规也。戒尺本身就是规则、纪律和责任的物化载体，戒尺古为今用的价值在于其所包含的明确的规则界限和遵守规则界限的警醒作用。"戒尺"于江川二中正是根植于师生内心的依法治校、依法执教理念的外在警醒。

"法者，治之端也"2017年10月18日，习近平总书记在党的十九大报告中提出，成立中央全面依法治国领导小组，加强对法治中国建设的统一领导。依法治校是贯彻党的十九大精神，推进依法治国基本方略的必然要求，是学校教育事业深化改革、加快发展的重要内容。

学校的根本任务是培养社会主义事业的建设者和接班人。实行依法治校，就是要全面贯彻教育方针，严格按照教育法律的原则与规定，开展教育教学活动，尊重学生人格，维护学生合法权益，形成符合法治精神的育人环境，不断提高学校管理者、教师的法律素质，提高学校依法处理各种关系的能力。实行依法治校，就是要完善学校各项民主管理制度，实现学校管理与运行的制度化、规范化、程序化，依法保障学校、教师、学生的合法权益，形成学校依法办学、教师依法执教的格局。

二、以"戒尺"为载体，提升学校内涵

近年来，我校以"戒尺"为载体，发展出了"学校管理团队依法治校、教师队伍依法执教、学生群体知规守纪"的责任和规矩文化暨"戒尺文化"。

学校党总支通过举办"戒尺文化及运用"研讨会，反复讨论并制定了相关制度。

我校环境优美，学校课堂里面，在黑板一侧悬挂着一把长约50厘米，制作精美的戒尺，上课时，学生们向老师问好敬礼，礼毕后，教师端正地取下戒尺，在讲台上轻拍几下，一堂课才正式开始，走近之后，可以看到戒尺上密密麻麻的刻着《劝学》、《弟子规》、《论语》等文章中的劝诫语录，如果学生的行为和表现违反了学校规定，老师会用戒尺在讲台上轻拍，以达到让学生认识错误、纠正习惯、勤奋上学，心存敬畏的目的。

三、举办文化研讨，营造法治氛围

我校通过举办"戒尺"文化研讨会，营造"明史知规、党建民心"的依法治校、依法执教氛围。在管理团队层面，依法治校；教师队伍方面，依法执教；学生群体方面，敬畏规则、遵守规则。

举办“授戒尺”仪式，赋予教师依法执教的权利，时刻警醒教师以法律为准绳，依法依规执教。学校每年都会举行颁授戒尺仪式，由我为新聘任的班主任授戒尺，所有在场的老师恭恭敬敬地向戒尺行鞠躬礼，双手捧起戒尺交接，那一刻，捧起的是一份文化的传递、一份师道的尊严，也是一份教师依法执教权力的赋予。

学校还会不定期开展“戒尺游文庙”活动，由老师手捧戒尺，带领学生游览文庙，向学生传授戒尺代表的传统文化精神和文庙所承载的儒家文化、道德精髓。

当今世界正处在大发展大变革大调整之中，新一轮科技和工业革命正在孕育，新的增长动能不断积聚。中国特色社会主义进入了新时代，开启了全面建设社会主义现代化国家的新征程。我国社会主要矛盾已经转化为人民日益增长的美好生活需要和不平衡不充分的发展之间的矛盾，人民对公平而有质量的教育的向往更加迫切。面对新方位、新征程、新使命。我校各部门将团结协作，全体教师共同努力上好思政课，帮助学生树立远大志向、培育美好心灵，让学子成长得更好！我校将一如既往地办好人民满意的教育，努力培养担当民族复兴大任的时代新人，培养德智体美劳全面发展的社会主义建设者和接班人，为新时代中国谱写新华章贡献力量！

多彩生活　塑彩虹人生

——长春汽车经济技术开发区实验学校实施“彩虹教育创优质特色名校

长春汽车经济技术开发区实验学校　杨锐

长春汽车经济技术开发区实验学校（以下简称“实验学校”）是一所九年一贯制学校，多年来践行“彩虹教育以“多元共生，和而不同”为办学理念，全面培养适应新时代发展要求的创新型人才。科研引领发展，特色办学，以“多彩生活，塑彩虹人生”为宗旨，挖掘学生多元潜能。实验学校通过分类设置课程体系、教学方式多样化等举措，改善教育教学管理，努力构建适合每个学生发展的校园文化，以开展适合每个学生发展的教育。

科研引领，推进教育改革

2019年，中共中央、国务院印发《关于深化教育教学改革全面提高义务教育质量的意见》，是新时代推进中小学教育改革发展的重要纲领性文件，明确提出要着力培养认知能力，促进思维发展，加强科学教育和实验教学。为了更好地实施课堂与教学改革，实验学校针对彩虹教育的七个方面（彩虹文化、彩虹德育、彩虹课堂、彩虹体育、彩虹美育、彩虹生活、彩虹未来）的内容为载体，构建了内容丰富、内涵深刻的校本课程，为学生的全面发展搭建平台。

实验学校针对不同年级学生的不同特点，结合学校“彩虹大课堂”多元特色课程的实际情况，培养全面发展的人才。实验学校全方位开展学科建设，强化学科教学方法研究，打造高效课堂，摸索出属于自己的教学特色——“四课四模”教学模式、“三案五步”教学法。

“四课四模”即以“新授课、复习课、试卷讲评课、考试课”四种课型为突破口，不断探索寻找一种适合学生发展的教学模式。新授课要求教师在传授知识的过程中培养学生的学习能力，以适应继续学习的要求，打造“课前预习—巩固基础—学案学习—拓展延伸—当堂训练”的新授课教学模式，以此来提高学生的学习能力。复习课要求教师针对知识的阶段性作总结与梳理，教师在把握教材的基础上，还要全面总结知识结构，使学生完成由学习知识到掌握方法，再到灵活运用的重要阶段。最后实现“明确目标—知识梳理—自主探究—感悟收获—评价反馈”五个学习目标。试卷讲评课要求教师在充分统计和了解试卷的基础上，做到主次分明，评重讲难，适度拓展，达到知识的升华，特别是注重评后跟进检测，主要致力于“错题分析—思路点拨—方法归纳—跟进巩固”四个环节。考试课要求教师注重“考前预测—试中观测—试后总结—试后跟进”的措施，力求考试有效、高效。

三案五步教学法是为了激发更多学生在课堂上参与教学，同时为了使学生由“接受学习”到“自主学习，合作交流”。实验学校针对“三案五步教学法”开展了系列培养学生自主学习能力的研修活动，提出了五步教学法:“个人自学—同伴助学—互助展学—教师导学—反馈检学”。配合这种教学方法，教师在日常教学中使用三案：预习案、学案、检测案，充分转变教育观念，深化课堂改革，提高教学质量。

彩虹教育，德育为先

党的十八大报告提出“立德树人”是教育的根本要务。学校作为青少年学生培养的重要阵地，学校的德育工作是社会主义核心价值体系建设中不可分割的一部分。“人无德不立，国无德不兴对此，实验学校树立了“彩虹德育为先”的理念，强化彩虹德育观念，以充分提高学生的思想道德素质和文明水平，促进其养成良好的生活习惯和学习习惯。

实验学校每天从学生的纪律、卫生、穿戴入手，发挥德育统筹，年段管理的优势，秉持小、细、新、实、活、恒的六字原则，结合学生每天在校活动的时间和特点，建立学生一日常规，同时建立科学细致系统的考核评价体系评价和奖惩机制，发挥工作的实效性和针对性。

学校根据德育工作七项修炼（立校、塑德、育智、健体、审美、爱劳、创新），努力使德育工作与学生综合素质得到提高；积极开展校外教育活动，开辟多种渠道，让学生走进自然，走进人们生活参与社会实践，推进素质教育。

孔子在《论语·为政》篇中说:“为政以德，譬如北辰居其所而众星拱之德是内圣外王的化身；汉朝的王符在《潜夫论》中说:“德也者，苞天地之美德是天地有大美的注脚。在中国历史文化长河的中，德的内涵不断丰富，并在历史的演进过程中鲜明地体现出时代性和个性化的特点。然而，现在学校和家庭不仅看重德育教育，也逐渐开始重视学生的心理健康教育。

教育部印发的《中小学心理健康教育指导纲要》、《中小学德育工作指南》等文件，也明确将心理健康教育纳入德育工作内容，指导各地各校开展尊重生命、人际交往、情绪调适、人生规划等方面的教育。实验学校在教育部的引领下确立了课题《积极心理学在校园活动中的应用》，课题组成员针对国内、外关于积极心理学的资料，进行了深入研究，针对彩虹心理学组编了具有积极心理暗示的手语操——《我真的很不错》；开设大型心理专题讲座——《人生课堂》等，全面提高教师和学生的心理素质，促进师生共同发展，努力实现全员育人、全过程育人、全方位育人的学校德育管理体系。十二·五期间，在长春市德育指导中心的指导，实验学校申报了国家级课题《“彩虹教育策略”在学校教育教学中的实践研究》、《礼仪教育在中小学教育教学中的应用》等，另申请省市课10余项，现在国家级课题成果3项，全国和谐德育课题成果100余项，省市区各级成果200余项……为研究的成功者、先行者搭建展示平台。

彩虹课堂，云端相伴

2020年，教育部先后印发《关于深入做好中小学“停课不停学”工作的通知》，指导各地统筹处理好疫情防控与教育教学的关系，要坚持国家课程学习与疫情防控知识学习相结合，注重加强生命教育和心理健康教育，学校教师要指导帮助学生选择适宜的学习资源，限时限量合理安排学习，促进学生全面发展、身心健康。

实验学校积极响应教育部的号召，就如何改变教学模式、组织线上学习指导，实现“停课不停学”作了详细分析，并根据学校实际教师资源情况进行合理安排。实验学校遵循教育教学规律，改变教学模式，根据学生的实际情况进行线上教学，开设“空中课堂”。根据实际情况，领导班子经商讨决定组成“教师授课团队充分发挥教学优势，把集体智慧转化为个体力量。打破单打独斗状态，抱团发展，通过研讨课程、教材、教学，开展线上教研，备课、上课、作业、测试、答疑一体化，负责“空中课堂”教学实施。经摸索发现，组织线上学习应做到几点：一是要完善基本物质条件，补充必要的技术支持；二是选择操作简便、运行稳定的平台；三是要整合课程、重组教材、调整进度。针对线上学习，组成了教研员听课团队，研进度、研内容，以及课后监控团队……实验学校坚持五育并举，发展学生核心素养，改进教学管理，改变教学模式，充分融合各方力量，在特殊时期增强了学习效果。

实验学校校长说道，凡事预则立不预则废。“空中课堂”虽是“停课不停学”的应急之举，但　“学”和　“教”方式的改变，真正促进了信息技术与教育教学相融合。教师的信息素养、信息技术的应用能力有了明显的提高，教师的教学呈现方式多样化，讲义为主体，写字板为辅助，促进了学校的教育教学改革。学生也通过线上学习实践，能够做到自主管理、自觉学习，也让家长参与学校活动的机会增加，加深了对学校教育工作的理解和对教师工作的支持。

近日，2021年全国教育工作会议召开，会议指出，2021年是具有特殊重要性的一年，教育系统要落实立德树人根本任务，培养德智体美劳全面发展的社会主义建设者和接班人，深化教育改革创新，推动改革和发展深度融合高效联动。实验学校将会积极响应教育部的号召，大力实施“彩虹教育创优质特色名校，实现学生的全面发展。

卫真和美，勇往直前

——谈卫前小学十年管理发展之路

浙江省慈溪市观海卫镇卫前小学　沈建光

观海卫镇卫前小学成立于2011年秋季，地处慈东重镇观海卫的中部。我们把校名诠释为“卫真望前即守住童真，为孩子们的未来奠基，并成为学校的办学理念。在“和美”教育思想的引领下，坚持“勤思融德、勤问汇智、勤学聚才、勤练蓄能”四勤培养模式，努力实现让每一名学生“全面发展，个性成长”的培养目标。建校十年，学校坚持“抓规范厚底蕴，以创新谋发展”的办学思路，以争创宁波市一流的现代化农村小学为目标，全体师生砥砺前行，携手共创学校更美好的明天。以下，我对学校十年管理发展进行简述。

一、规范精细化管理，构建和谐校园环境

细节决定成败。学校追求精细化管理，以严密的制度规范教育教学行为，以无微不至的人文关怀凝心聚力，创建规范而又温馨的和谐校园。在教学管理中，学校制定了《五认真实施细则》，从备课、上课、批改作业、辅导、检测等五个方面对教师的教学工作提出要求，努力做到有效性和规范性兼顾，积极探索高质轻负的途径。在作业环节上，学校又出台了《师生作业规范》，从理念规范、指导规范、批改规范、内容规范、检查规范五个方面着手，对语文、数学、英语等学科的作业要求、批改要求，小至学生的书写格式，大到作业量和批改时效，全面且细致地作出规定，并组织一学期一次的作业展示，形成了认真批改作业的长效机制。几年来，同学们的作业质量有了显著的提升，教师从作业设计到布置，从批改到反馈，各个环节也更加精细、规范、到位。学校的精细化管理同样渗入到人事、财务、后勤等的方方面面。

二、提高科研力量，发展青年教师生力军

教科研是一个学校发展的助推器。学校为进一步实施“科研强师、科研兴校”战略，营造良好的教科研氛围，制定了《教科研量化考核办法》，对教师更新理念、课堂实践、理论总结等方面提出了考核要求和量化标准。在《教科研量化考核办法》的激励下，教师们不仅兢兢业业地完成教学任务，还积极主动地提升自己，在个人业务的发展上精益求精。全体老师均参与校级以上的课题研究，多项课题在慈溪和宁波立项。本学年，三名教师成为市骨干教师，一名教师获宁波市教坛新秀三等奖，三名教师获慈溪市教坛新秀二、三等奖，一名教师获市优质课一等奖，七名教师获市优质课二、三等奖。

青年教师是学校发展的生力军，也是学校未来的中流砥柱。学校千方百计为青年教师搭建成长的平台，传统一对一“师徒结对”延续已久，由学校富有教学经验的学科骨干作为师父，以“传帮带”的形式帮助徒弟加速成长。随着学校青年教师队伍的不断壮大，团队协作共同成长成了青年教师成长的更有效地模式。因此，“新教师联盟”应运而生。联盟的导师团队由课堂教学导师、教科研工作导师和班主任导师组成，青年教师作为联盟中的盟友接受导师团队的指导。“新教师联盟”的成立，使得青年教师在多方面的帮助下朝着胜任型、个性型、成长型的方向稳步前进。除此之外，学校还多次邀请教学专家莅临学校，对青年教师的课堂进行悉心指导，让他们在业务的钻研上不断有新的突破。青年教师在学校的关怀下，也取得了不俗的成绩，在学科论文评比、课堂教学竞赛等方面喜报频传。

三、树德立人，塑造学生丰满人格

育人先育德。学校积极推行德育首问制，努力健全全员育人网络。学生自进校起，就在由学生志愿者组成的礼仪引领组的自主管理中开始学习、工作、生活，学校把班级和学生的活动量化，以“全优班”考核和“全优生”评比作为班级和个人的总的评价框架，以“小蚂蚁积分卡”作为日常活动的载体，形成时时处处皆德育的良好氛围。在争做“和美少年”的引领下，学校组织开展多方面的德育体验活动，“小绅士”、“小淑女”的评比让学生养成举止文明、待人友善、乐于助人的好品质；“小小志愿者”服务活动让孩子们从小懂得感恩、懂得奉献，校内，小志愿者活跃在各个服务、监督的岗位上，为学校的文明、整洁、有序作出了自己的贡献。在社区的配合下，小志愿者们积极参与各类社会实践活动，敬老行动、环保行动、学雷锋行动，常常引来社会媒体的关注。人人参与的活动，使同学们收获了“小蚂蚁”文明卡、勤学卡、阳光卡、才艺卡和协作卡，也收获着道德的成长、人格的丰满。

四、争创学科之先，彰显“卫真特色”

农村小学，面临着更大的质量压力。面对外部挑战，学校经过近十年的巧干实干，交出了一份份令人满意的答卷，在一次次的拼搏中壮大自己。几年来，我校学生体质评价始终列市前列；历年毕业考和镇学科质量调研，学科成绩一直位于市上流水平和镇前茅。2015年学校毕业考成绩位列全市同类学校第二，在全市教育工作会议上受到点名表彰；2016年、2017年毕业考中英语学科平均分分别超市平均分6.6分和5.7分。在镇语数英质量调研中，我校进入班级前六的已经不计其数，囊括前三也已经不足为奇。彰显个性，全面发展是学校的育人目标。学校深化课改，积极开发校本课程，开设了65门校本课程。有益智七彩课堂：数独、珠心算、七巧板、悦智读写、悦智数学、英语沙龙、悦智礼仪；有艺术五朵金花：合唱、器乐、舞蹈、戏剧、课本剧；还有三架健康马车：体育类田径、足球、摔跤等等，为维护学生童童量身打造，努力实现让孩子们在童年参与最适合的学生和实践活动。学生在各类社团活动中有了充分发展特长的空间和舞台。

与此同时，学校和学生都收获了满满的荣誉：写作社团，数以百计的习作在报纸杂志发表，数以百计的征文在各级各类比赛中获奖；数学社团，沈子闻同学参加世界奥林匹克数学竞赛获全国银奖，国际铜奖；信息技术社团，11人次在浙江省信息技术创新大赛中获奖，2人次在省电脑作品评比中获奖……学校被评为全国营养与健康示范、浙江省标准化学校、宁波市现代化达纲学校、宁波市五A级平安校园、宁波市数字化示范学校、宁波绿色环保模范学校、宁波市智慧教育优秀空间、浙江省课外阅读示范学校、慈溪市清风校园、慈溪市安全生产先进单位、慈溪市文明单位。

规范办学是追求，精细管理是渠道，个性发展是目标，提升内涵求实效。建校十年，我们一步一个脚印，脚踏实地的砥砺前行。学校的发展离不开校职工团结一心的努力，更离不开在校学子们的精诚所至金石为开的学习精神和凝聚力。“卫真”是我们的办学理念，“和美”是我们的教育精神，我们会“卫真和美朝着成为宁波市一流学校的愿景勇往直前。

党建引领教育发展　铸就红色精神利剑

浙江省慈溪市龙山镇滨海小学　张增

学校简介：我校荣获“全国新样态实验我校”、“浙江省健康促进（银奖）我校”、“浙江省义务段标准化我校”、“宁波市学生资助优秀工作单位”、“宁波市环保模范（绿色）我校”、“宁波市4A级平安校园”、“宁波市巾帼文明岗”、“宁波市数字化我校”、“慈溪市师德师风建设达标我校”、“慈溪市现代化四星级我校”等。

我校创办于1943年，坐落于红色革命堡垒村——龙山镇太平闸村。1943年春，随着中共太平闸村支部成立，中共慈镇县委和龙山区委拨付一批毛竹，太平闸村民自发割茅草、搭建一间茅草屋教室，太平闸小学也随之开学。我校由抗日政府负责经费，县委、区委委派李俠民、余毓秀、李炯等同志执教，村中的青少年及成人由此开始识字和接触新思想、新文化……由此，在这片海边的红色堡垒村中涌现了王阿能、陈阿昌等可歌可泣的革命烈士，他们的革命精神永远留在了校园内的烈士陵园中，深刻地影响着一代又一代师生。

多年来，我校在“无尚先锋”党建品牌引领下，紧紧围绕“缤纷三色　海纳百川”的文化特质，秉承“德行四海　兼容惟新”的校训，坚持“五聚融合　多元发展”的办学理念，踏实构建具有“三色·海”印记的校园文化系统，着力打造三原色德育品牌，积极培育“聚”教育品牌，努力架构三原色少年综合素质评价体系，落实课程育人、文化育人、活动育人、实践育人、管理育人和协同育人的教育理念，精心打造精致型的校园文化。

一、党建品牌特色引领　增进家校合作温度

我校“无尚先锋”党建品牌LOGO图文源自校园内烈士陵园牌坊抽象图和宁波专员公署授予烈士王阿能一家“无尚光荣”的匾额，寓意我校党支部全体党员携全体教职工发扬革命烈士为建立新中国不怕艰苦，不怕牺牲的精神，永葆为祖国培养社会主义建设者和接班人的初心，立志铸就滨海小学无尚先锋党建品牌。

实施工程计划，践行德育无声。2020年10月，我校党支委、行政两套班子研讨师生“热菜工程”。参照域内外我校的“热菜工程结合我校实际情况，先后采取在食堂安装4台空调，购买保温餐盒和餐盒保温箱等措施，确保师生低温天气能够吃到热腾腾的饭菜。自“热菜工程”实施以来，学生吃得多了，也吃得干净了，促进了“光盘行动”全面落实；学生在正副班主任指导下自主管理分发餐盒和热汤……有效地落实了德育生活化，也加强了学生劳动教育。

同时，我校是新慈溪人子女人数占87%的农村偏远公办我校，学生的家庭经济状况普遍较差，家长对孩子的学习、生活关注度较低，因此，每学期上门家访是教师必做功课。在家访中，很多教师反馈学生在出租房中没有固定做作业的课桌椅，为此，我校党支委召开支委会决定将换下的旧课桌椅赠送给有需要的家庭，两百余套旧桌椅就这样又走上了新的岗位。

及时解决困难，增进家校温度。我校党支部解决类似学生困难的事情非常多，收效明显。在办公用房极度紧缺的现状下，整合使用办公用房，让回族学生有了固定的用餐场地；与兄弟单位党支部结对，拓宽资助来源，帮助更多的贫困学生获得学习、生活上的支持；因校舍老旧，教室面积小，学生人数不断增多，采取移除讲台桌，减少教师在教室中办公面积的措施，提升学生学习舒适度，降低近视率……

我校党支委研讨、采取的一系列措施不仅增进了家校之间的温度，也让我校各项工作提升到了新的高度，荣获了我校被评为宁波市学生资助工作优秀单位，我校党支部被评为宁波市四星级党组织。

二、发挥党员先锋作用　提升教师服务意识

我校党支部积极开展“党员亮身份　先锋做表率”主题活动，通过建设独具特色的党建阵地、组建党员志愿服务队和设置“党员先锋岗”等活动形式，构建服务型党组织。

打造特色基地，熏陶师生情怀。我校党支部打造革命烈士陵园、党建基地、清风校园、少先队实践基地、图书阅览一体化的“党带队心向党”的特色党建阵地。清明节、南京大屠杀纪念日等特殊的日子里，党员和全体师生在革命烈士墓前重温入党誓词、给少先队员们讲革命烈士事迹、带领少先队员们呼号；平日里、放学等待家长来接时，党员和全校师生在革命烈士的熏陶下饱览群书……

实施爱心帮困，关爱师生成长。党员爱心帮困更是涉猎广泛，每位党员都与1-2位学习困难学生或思想行为障碍、心理偏差的学生结对，使他们在充满爱心和亲情的环境中健康成长；退居二线的中层党员和教学业务优秀的党员充分发挥“传、帮、带”作用，为我校培养精细化管理团队和优质教学团队；周末，教师在家中无偿为学生培优补差；疫情期间，党员们主动申请到我校值班、进社区当志愿者……

多年来，我校涌现了两名浙江省春蚕奖获得者，市教坛新秀、优质课、青年教师基本功竞赛获奖者占比84%，每年均有优秀的青年教师申请入党，我校党员、预备党员、入党积极分子占全校在职教师64%。

三、根植红色教育基因　优化我校文化体系

我校的校址在海滨的红色堡垒村，办学归因于红色革命，因此我校的文化建设离不开区域环境和创校历史。我校凝练“缤纷三色　海纳百川（三色•海）”　校园文化主题词，深挖海洋文化的精神内涵，根植红色革命基因，着力打造“热血红色、活力炎黄、梦幻蓼蓝”为特色的色彩三原色德育品牌。

凝练思想理念，培育教育品牌。我校围绕“缤纷三色　海纳百川”的文化内涵，凝练“德行四海　兼容惟新”的校训，以“海纳百川”之意凝练“五聚融合　多元发展”的办学理念，着力培育教育品牌——聚教育，通过德育活动、教学活动、社团活动、实践活动、培训活动积极落实“聚德”、“聚智”、“聚美”、“聚能”和“聚师”的办学理念，实现“为每一个孩子成就多彩人生聚能量”的办学目标，最终达成“为学生可持续成长奠基础，为教师可持续发展培沃土”的办学宗旨。

开展多样活动，根植红色基因。适时开展祭扫革命烈士墓、讲革命烈士故事、倾听三五支队抗日历史等革命传统文化教育；借助传统节日、书法、棋类、国画、器乐、典故、民俗等载体进课堂，通过综合实践活动、研学旅行和百川课程（拓展性课程）开展丰富多彩的、形式多样的传统文化教育；设置图书管理员、邮递员、食堂服务员、文明礼仪监督员、垃圾分类指导员、节能助理、清洁维护员、互助志愿者、光盘行动监督员、行走劝导员、小农夫……涉及环保、安全、节俭、劳动、文明等40余种岗位，结合三原色评价体系开展校内职业体验活动，积极落实劳动教育和德育生活化，培养学生吃苦耐劳的秉性品德、简朴谦恭的品行操守、海纳百川的广阔胸襟。

四、实施党建联谊共建　确保师生身心安全

我校党支部与市龙山医院第三党支部、太平闸村党支部结对共建，签订共建协议，依据共建方案有计划、有针对性地开展党建活动。市龙山医院第三党支部通过资助家庭经济贫困学生，开展青春期身心健康、爱牙护牙、卫生防疫、保护视力和紧急救护等讲座，指导我校营养配餐、心理辅导和卫生防疫等工作有效提升学生身心健康与安全；太平闸村党支部通过协助我校改造革命烈士陵园、给学生讲述太平闸村先辈抗日岁月、拓宽校门口道路和增设家长停车位等方式支持我校党建工作、爱党爱国教育，确保师生上下学安全；我校也会时常邀请法庭、派出所、消防中队、交警中队等相关部门工作人员进校园开展法制、防欺凌、防火防灾和交通安全教育，进一步提升师生的安全意识。

我校坚持“无尚先锋”党建引领办学全覆盖、全方位、全过程，发挥党支部的战斗堡垒作用和党员先锋模范作用，努力做到党健全程引领，党员全员表率，将党建与教育教学工作相结合，不断增强我校党组织贯彻立德树人、推动教育教学进程中的凝聚力和战斗力，推动我校持续优质发展。我们也坚信“一个党员，一面旗帜在党建品牌的引领下，我们的教育必将走向更加光明的大道！

教育无痕　劳动育人

——聚焦慈溪市实验幼儿园教育集团劳动教育的真践行

浙江省慈溪市实验幼儿园教育集团　吴桢映

劳动教育要发挥劳动的育人功能，对学生进行热爱劳动、热爱劳动人民的教育活动，要强化学生劳动观念。这是教育部最近印发的《大中小学劳动教育指导纲要（试行）》中明确提出的要求。劳动教育也是幼儿园教育的重要组成部分，《幼儿发展指导纲要》及《指南》中也明确指出“培养幼儿爱劳动的情感和对劳动成果的尊重”、“引导幼儿能努力做好力所能及的事”等，发展幼儿的劳动意识和劳动情感是保教重要目标之一。幼儿的劳动主要是幼儿通过身体或体力活动，达到服务自己和他人的目的，本质上是幼儿主动与周围世界相互作用的过程。

幼儿园实践劳动教育，不能空喊口号，更不能用枯燥的形式，必须基于儿童立场，联系生活实际，赋予幼儿需要的适宜的教育。我园以教育无痕、浸润式的教育方式把劳动教育渗透在孩子们生活及游戏活动中，让劳动教育无处不在，具有宽泛性和自主性。充分挖掘和利用教育资源，通过适宜、多样、有趣的活动载体让幼儿体验劳动的快乐，逐渐萌发喜欢劳动的情感；体验参与自主劳动的自豪感，珍惜劳动成果，热爱劳动者。

潜移默化：一日生活中养成劳动好习惯

幼儿的认知和学习特点决定了劳动教育与幼儿生活关联越大、距离越近，就越能引发他们的兴趣，在劳动过程中的学习也就越有效。

生活环节中的一餐两点时间，均给予幼儿自我服务的机会。取点心时，不同年龄段的幼儿根据不同的标记，自取点心。午餐时，中大班的幼儿自己打餐，小班的幼儿自己取餐。

值日劳动是我园劳动教育中的重要板块。中大班幼儿轮流做值日生，每组一个值日生不仅服务本组小伙伴，如餐前分碗筷、餐后擦桌子，还自主选择班级公共工作，播报天气、统计出勤、整理区域、照顾花草。每天离园前值日生向全体小伙伴介绍今日值日情况，全班幼儿向值日生鞠躬表示感谢，满满的仪式感表达对劳动者的尊重。

我园班级的区域中有一个是生活区，幼儿每天学习着进行简单劳动，如擦叶子、擦窗户，折叠就餐中要使用的小餐巾，榨果汁、切黄瓜，分发给小伙伴食用。活动结束后，使用专门的小扫把、小簸箕清扫地面。

在这样的活动模式中，每一个幼儿都有机会、有责任参与班级劳动。他们在服务自我、服务他人、照顾环境的过程中，集体意识逐渐萌发、自理能力不断提升，自主自立、友爱互助、责任感等良好品德也慢慢养成。

寓教于乐：主题活动中感受劳动的快乐

随着课程改革的不断推进，老师们在主题审议中会更多地从幼儿需求出发，把幼儿动手的机会还给他们，让他们在动手劳动的过程中收获劳动的快乐。

小班幼儿年龄小，劳动能力弱，但是这并不能减弱他们动手劳动的兴致，如随着小班主题《石榴》逐渐深入，幼儿对石榴认识不断丰富，主动探究石榴的欲望不断增强，因此在实践活动中，动手劳动的兴趣逐渐浓厚。他们尝试着把石榴难剥的皮剥掉，享受着吃一粒石榴吐一颗石榴籽儿的能干模样。

中班的幼儿年龄偏大，相对小班有了更多的自主性。他们在自然角种植蘑菇，天天浇水，在坚持劳动中等待蘑菇的成长，感受植物生长的神奇；秋天到了，在教室前的小院里举行一个菊花展，用积木搭建展示区，制作海报吸引小伙伴，把一盆盆菊花搬来搬去，摆成最美的样子。当一波一波的客人光临，赞叹菊花展太成功时，他们充分感受到了坚持劳动带来的这份快乐。

大班幼儿问题探究能力更强，在探究过程中，他们通过劳动解决当下问题，不断满足自己的好奇心和求知欲。如《彩虹清水行动》项目活动开展过程中，怎样让水变干净？幼儿自制清水工具、实践、改进、再实践，通过小组成员的辛勤劳动，完成大家满意的清水工具。《我是小小志愿者——垃圾分类我知道》中，通过检查各班垃圾，针对具有疑惑的垃圾进行询问专业人员、翻阅书籍、上网查询等多种途获得正确答案。

丰富体验：“两场多区”多样性活动体会劳动的价值

“两场”是指我园占地十亩的花园农场和一千多平方米的社会实习场——欢乐城堡；“多区”是指户内外多个游戏区，为幼儿提供了广阔丰富的支持性环境，融合各种资源，使幼儿有充分的参与劳动活动的机会。不论在哪一个场域中的劳动活动，都积极支持幼儿的操作、探究、合作与创造。正如苏霍姆林斯基所说：那些最简单的劳动过程，都应当渗透研究性、试验性的思想。

欢乐城堡是幼儿开展劳动角色游戏的天地，在模拟小社会里体验各种工作。幼儿在各个工作室通过劳动赚取工资，然后在城堡内自主消费。普通的劳动得到的是基本工资，若工作有创意或劳动成果被逛吃团成员购买，则得到的工资相对就多。如明明小朋友在木工坊制作了一个逛吃团成员预定的盒子，因此那天的工资除了基本工资3元外，还有2元奖励，真把他高兴坏了。

花园农场是幼儿亲身参与耕种、收获和养殖动物的天地。一年四季，花园农场总是热闹非凡。春夏时节他们在花园农场里播种、浇水、清除杂草、给爬藤类植物扎竹架子。秋冬来临，给菜苗盖上稻草和薄膜，等待来年的新生。当果蔬义卖活动即将到来之时，幼儿在花园农场挖番薯。如何辨别番薯是否成熟？用什么工具挖番薯合适？这么多的番薯想什么办法搬回教室？怎样包装番薯才能让更多的人来买？他们一起讨论、制作计划，分组合作，有智慧的劳动事半功倍。

户外活动也是幼儿玩耍中劳动的好机会。在一定挑战性劳动中发展思维能力，努力做好力所能及的事，做事的顺序和技巧，是在具体的活动中学习和生发的。如在收拾户外建构区积木时，他们比赛看谁的小推车装的积木多，这种情况下，怎样合理利用推车空间，巧妙安排积木的摆放，极大地挑战了他们的思维能力。又如大班幼儿利用坡道设计了皮球收纳箱，他们从侧面的圆形洞口摆放皮球，取皮球时只需打开坡道下的门，皮球就在重力的作用下滚落下来。幼儿乐此不疲，将收纳玩成了游戏。

我们在开展劳动活动前，特别注重对环境和材料进行安全评估，同时适时对幼儿进行安全教育。事实证明，当幼儿专注于某项活动

时，自我防范能力也会更强。随劳动育人实践的不断深入，幼儿的劳动经验在适度的挑战中得以不断地生长，也体会到了劳动的快乐，培养了劳动精神，劳动并不是辛苦而是成长，劳动育人成为幼儿园立德树人的有效实践。

坚持生本理念，打造活力生态校园

浙江省慈溪市新浦初级中学　陈杰冲

一所学校要永葆发展活力，就要不断变革创新。不改，不破，思想就会僵化，课堂就会是一潭死水，教学质量就难以保证。正是基于这样的思考，我立足于教育政策、办学目标和学校实际，聚焦于激发办学活力和内生动力，着眼于课堂变革和课程建设这两条腿走路的实践和感悟，提出了“构建活力生态校园，促进学校高质量发展”这一命题，潜心办社会认可、家长满意、教师幸福、学生发展的高质量教育。

一、实施基于差异化教学的分层走班

课堂是教育的主战场，教育改革只有进入到课堂层面，才真正进入了深水区。课堂不变，教育就不变；教育不变，学生就不变。由此可见，课堂是教育发展的核心地带。为适应每个学生成长的需要，我校开启分层走班的课堂教学创新之路，先后经历个别学科、个别班级的尝试，直到现在在八、九年级基础性课程全面铺开实施。

分层走班就是改变行政班教学模式，按照学生的学习程度、学习能力和个人意愿，面向升入高一级学校的培养目标，重新组合成教学班，采取因材施教、分类指导、分层赋能的课堂教学策略，实施有针对性地差异化精准教学，让不同层次的学生都能得到最大程度的提高发展。这一课改的政策依据是2017年8月《浙江省教育厅关于积极推进初中基础性课程分层走班教学改革的指导意见（试行）》，这促使我们下定决心、放下顾虑进行实践。

在分层学科方面，我校对语文、数学、英语、科学四门基础性学科进行分层，在教育教学上采取两条腿走路的办法，即基础性学科与拓展性学科分层教学，综合性学科音体美劳信息技术、班队课、德育综合实践活动仍以行政班为单位开展。

在学生定层方面，主要考虑这几个要素：以年段人数的10%～12%的学生走A层班，以年段人数的30%～35%的学生走B层班，余下学生走最基础层班；分层组班后，教学班数与原行政班数基本一致，以符合教师配置数，组合班级学生人数过多或过少的，适当予以调整，根据学生学情，每一学期可以有二次变动；教师一般任教两个层次，任教何种层次的教学班主要依据教师的专业能力，在尊重教师本人意愿的基础上充分交流后决定。

分层走班是对课堂教学的重大改革，唯有制定完善的规章制度，才能确保改革有序、持久、能深入进行下去。为此，我校从分层教学、后勤保障、绩效奖励等方面出台了一系列专项条例。例如，在分层教学上，我校要求备课组每两周开展一次活动，针对不同层次拟订教学目标、确定教学内容，备好学案；在课堂组织形式上，要求各层次教学班安排学习小组，明确小组成员分工，做好日常记录，定期评比优秀学习小组并加以表彰。

二、构建基于校情的校本课程体系

课程是落实教育根本任务、实现育人目标的重要载体，是学生个性成长、教师专业提升、学校特色发展的重要阶梯。可以说，课程决定未来人才培养的规格和质量，决定学校发展的前途与命运。三年前，我校在市教研室的指导下启动了校本课程的整体规划，从“真知课程、真品课程、真趣课程”三个维度出发，制定了“本真”课程体系的实施方案。

真知课程，学会学习求真知。国家课程是基础课程，是学校教育教学的核心所在。我校以此为本，开发出文学欣赏、数学探究、科海探索、英语口语对话等知识性拓展课程，引导学生崇尚真知、学会学习，提升双语表达、数理思维、实践创新等能力，养成热爱学习的良好品质。

真品课程，品德高尚做真人。真品课程包含校本课程和实践课程。我校以各年级《道德与法治》为基础，拓展出校本课程《百年新浦》、《安全、规范、心理健康教育》和实践类课程——校园“四大节”（体育节、艺术节、读书节、科技节）及研学旅行、志愿者服务等，让学生守规范、明事理、调心态，了解家乡的风土地理、历史产业等，传承“海韵拓荒，勤勉自强”的学校精神，培养新时代守法公民。

真趣课程，情趣高雅有真艺。真趣课程涵盖体育与健康、音乐、美术等国家基础课程，并由此拓展出校本体艺类兴趣特长课程。校本课程包括各种球类、棋类运动（足球、篮球、中国象棋），以及舞蹈、器乐、素描、水彩、书法、手工制作等。这些课程给每位学生提供广泛的选择，强健体魄，提高审美，发展个性，增长才干。

“本真”课程体系的构建，既严格执行国家基础性课程计划，又灵活开发校本课程；既遵循核心素养培养目标，又侧重求真知、做真人、有真艺这三个维度的校本特色；既立足校内师资能力，又面向社会延聘人才。

三年来，校本课程建设激发了教师的创造活力，改变了教学生态。目前，我校正聚力打造以“海韵艺汇”为代表的精品课程群。

三、彰显以生为本的课改的初步成效

改革是教育事业发展的根本动力。在新课改的大背景下，我校坚持实施以分层走班和课程建设为中心的课改，极大地改变了学校中庸守成的教学现状，在育人、强师、兴校上初见成效。

育人之效：增进了师生关系，促进了学生全面且个性化的发展。分层走班后，学生们感受最深的是老师们针对自身实际量身定制的课堂教学，让各层次学生都能在课堂上有较大的收获，学生个体得到尊重。

强师之效：提升了教师关注学生的育人意识，提高了教学和管理的综合能力。分层后，教师对学生有明确的培养目标，教学设计有明显的能力提升梯度；任教两种层次的班级，分层备课，分层确定教学重难点，选择不同的教法，对教材的处理难度提高了，对学生的了解要求更深了；向管理要质量，对学生的课堂管理要求也提高了。教改在发展学生的同时，也在发展着教师。五年来，我校高级职称人数从2人增长到18人，市级骨干教师比例高于全市平均数，教坛新秀、优质课、课题、论文评比等，获奖人次和获奖等第都有了质的飞跃。教师资源配置得到优化，年青教师有课堂竞争力，中年教师有课程开发和竞聘高一级职称的学习进步原动力，老年教师能守正补拙，三段一体，各得其所。

“兴校”之效：明晰了课改路径，提升了师生的归属感。首先，课改行动从内部激活了农村学校沉寂的教学生态，用培养学生核心素养理论指导课改实践，在行动中积累经验，形成了具有校本特色的课改理论，并进一步指导实践。近两年，相关课题研究成果在宁波市获得两个二等奖，学校被评为市课改示范学校、宁波市教科研先进集体。其次，通过骨干引领、教研搭桥、课堂创新、网络助学、分层作业等，学校整体教学质量得到提升，近两年来普高升学率提高了近10个百分点，慈溪中学上线人数突破了个位数。对于优秀学校来说，这样的成绩微不足道，但对于我们这样优质生源大量流失的农村公办初中来说实属不易。再次，学生学业成绩得到社会认可。今年实施公民同招政策后，优质小学毕业生流向民办学校的人数减少了，老百姓对孩子就读家门口的公办初中更加有信心。

学校是求知的殿堂，是毓文铭德锤炼意志品质的熔炉，是学生学习锻炼生活的乐园。学校要有向心力、凝聚力，要有课改行动，持续推进质量提升；领导以身作则，率先示范；教师群体敬业爱岗，团结互助；学生文明守纪，勤奋好学；师生关系融洽，每一位学生都能得到关爱；家校联系密切，家长信任学校，支持学校工作；校园文化建设既能反映厚重的学校办学传承、学校精神、鲜明的时代特色，又能体现亲切自然、春风化雨的育人功能。

教育需要情怀和梦想，情怀是教育的良心，梦想是教育的翅膀；教育需要设计和创新，设计是教育的审时度势，创新是教育的源泉活力；教育需要和谐和奉献，和谐是教育的传承接续，奉献是教育的忠诚品质。站在新时代的起点上，让我们担当“为党育人，为国育才”的新使命，开启“课改提质，精准教学”的新征程！

落实《道德与法治》育人功能，开展新集体主义教育

浙江省杭州长江实验小学　吴聪慧　李晶

集体主义不仅是道德的重要组成部分，而且是道德区别于一切旧道德的标志，是科学发展观的延伸，更是处理国家、集体同个人关系必须遵循的基本准则。我国社会主义建设进入了新时代，对小学的集体主义教育也提出了更高的要求。为了更好地贯彻落实国家课程《道德与法治》作为“思想政治课”的育人功能，我校开发并利用“红领巾励学堂”的方式，以此作为课程实施的载体，并且将“长江小学者”六自成长德行体系作为课程的实施维度，力求做好新集体主义教育工作，培养新时代里具有先进集体主义观的少先队员。

一、实施载体

首先，我校聘请了第十三届全国人民代表大会代表、海康威视董事长陈宗年，中国美术学院副院长、博士研究生导师、书法家沈浩，杭州市中级人民法院民事审判第一庭副庭长黄江平等学者、专家为导师团导师。

其次，我校作为“杭州市第二批少先队改革试点学校“长江力量”党团队思政教育一体化建设一直大力推进学校大队建设与发展。少代会制度也在我校得到了积极落实，学校少工委、红领巾理事会等

组织的成立，对扎扎实实地开展少先队大队特色建设提供了许多帮助。学校大队也先后获得了“浙江省优秀少先队大队”、“杭州市优秀少先队大队”等荣誉。为了配合“励学堂”的工作，学校把红领巾“炫彩之星”作为培养队员的主线，将雏鹰争章实践贯穿学校少先队的主体工作。

这样一来，校内外资源的汇总就为“励学堂”的开设提供了强有利的支持。

二、实施维度

在依托有效载体“红领巾励学堂”的同时，我校根据国家课程《道德与法治》一年级至六年级的教材内容，梳理出六方面维度，以此开展新集体主义教育之探索。

对于一年级的少先队员，新集体教育的重点在于自理，即自我照管，自我承担。日日有序，有条不紊。这也是教材维度的“自理的我”。具体来说，在学生角度有如下要求：自己的事情自己做；能积极参与班级劳动，有良好的卫生习惯；能合理安排时间，独立承担学习任务。老师则要指导和鼓励孩子学会自理，包括指导和鼓励孩子自己穿戴衣物；积极参与班级劳动，树立爱劳动、讲卫生的意识和品质；安排课间时间，做到课间“五部曲”；指导和鼓励孩子安排好作业时间，按时完成，及时订正；积极参与体育锻炼，保质保量等。家长则需要在家里针对孩子的习惯，有针对性地指导。如每天让孩子作业完成后，练习整理书包或适当学习家务技能；制定自理习惯评价表，对孩子一周的自理情况进行及时评价进行奖励；鼓励孩子自己的事情自己做，定期和孩子一起开展家庭劳动，在劳动过程中，给孩子树立劳动榜样，渗透劳动意识等。

对于二年级的少先队员，新集体教育的重点在于自立，即自我独立，自持自守。对事有主见，勤于实践。这也属于教材维度的“自理的我”。具体来说，在学生角度有如下要求：上课时，专心听老师讲课，认真倾听他人发言，静心思考，大胆提问；及时作业，及时订正；乐于探索，每天课外阅读半小时，养成阅读习惯。老师则要指导和鼓励孩子养成良好的学习习惯。包括鼓励孩子上课紧跟老师讲课，认真倾听他人发言，向同学学习；多多参与四人学习小组活动，发挥自己的作用；有问题先思考，多多大胆提问；自己记住学习任务等。家长则需要陪伴孩子写作业，对于孩子自己能做到的，要少一点帮助，多一点鼓励。而且家长要逐步减少在作业上对孩子的指导和陪伴，养成孩子独立面对学习任务的好习惯。

对于三年级的少先队员，新集体教育的重点在于自信，即相信自己，积极进取。明朗乐观，排解负面情绪。这也是教材维度的“自信的我”。具体来说，在学生角度有如下要求：乐于微笑，善于问好，正确敬队礼，礼貌打招呼；会用“请”、“谢谢”、“打扰”、“对不起”等礼貌用语；观看会礼貌鼓掌，习惯赞扬别人；课堂上专心听讲，勤动脑筋，积极参与，发言时自信大方，声音响亮。老师则要指导和鼓励孩子使用礼貌用语，尊重长辈、老师、校内后勤员工、同学。家长则需要多与孩子亲子互动，互动时讲究艺术性，不随意打断孩子讲话，鼓励孩子自信大方，有礼貌地表达自己的想法。

对于四年级的少先队员，新集体教育的重点在于自爱，即爱护身体，守护名誉。尊重自己，关爱他人。这也是教材维度的“自爱的我”。具体来说，在学生角度有如下要求：孝父母敬师长，爱集体助同学；积极参与志愿者活动；记住家人生日，与家长互敬互爱；承担一项家务劳动；学会换位思考；尊重规则，尊重他人，尊重公共空间意识，尊重自己；在集体中平等待人，少数服从多数，个人服从集体。老师则要指导和鼓励孩子孝顺长辈、尊敬老师、关爱同学、热爱集体。乐于帮助他人，参与志愿者活动。家长则需要在家中带头孝敬长辈；鼓励孩子尊敬老师；带着孩子一起参加志愿者活动；尊敬他人的劳动；培养孩子的自理能力、处理问题的能力和抗挫折能力。

对于五年级的少先队员，新集体教育的重点在于自律，即遵循法纪，自我约束。自觉自省，愉悦从容。这也是教材维度的“自律的我”。具体来说，在学生角度有如下要求：培养公共空间意识，自觉遵守公共场所秩序；学会自主管理时间，提高学习效率；学会自我控制情绪，虚心接受他人正确意见。老师则要指导和鼓励孩子养成公共空间意识、管理时间、控制情绪。家长则需要以身作则，积极配合老师，在家指导并督促孩子严格执行学习作息时间计划，将时间管理落到实处。家长自己也要先控制自己的情绪，多给孩子积极正向的引导。

对于六年级的少先队员，新集体教育的重点在于自强，即修身自立，奋发图强。勉励自己，提升自己。这也是教材维度的“自强的我”。具体来说，在学生角度有如下要求：每天锻炼一小时，保证足量睡眠，以最饱满的精力和状态面对校园生活；遵守法律法规，熟练掌握交通、消防、禁毒、网络安全、性教育知识，增强自我保护意识；认真地对待各科学习，以积极挑战的心态，以踏实攻坚的做法，向更高的知识层次冲刺；正视自己身体的成长变化，积极面对情绪、人际关系等各方面的挑战，迎接自己的长大。老师则要指导和鼓励孩子勤于运动，遵守法规，迎难而上。家长则需要鼓励和陪伴孩子每天运动；认真严肃地对待孩子的各项安全学习活动，和孩子一起学习基础的自护自卫知识；陪伴孩子迎接美好的青春期，认同孩子不断增长的自我意识，鼓励孩子悦纳自己的身体变化。当孩子遇到学习和生活上的挫折时，试着换位思考，体谅孩子的心情和处境，安慰孩子、鼓励孩子、指导孩子、帮助孩子！

三、实施过程

为了达到打造活力少先队、实力少先队、魅力少先队，引领少先队员心怀祖国，探索不断，步履坚定的目标，我校的课程实施主要是通过集体学习的形式，挖掘和聚焦集体事件，以此培育少先队员正确的集体主义观，进而引导少先队员牢记社会主义核心价值观。

挖掘集体事件，落实“我在集体中”内容学习。抓好集体生活中的“原材料聚焦具有道德与教育意义、学生可感可思的集体事件，开展教材中“我在集体中”系列知识内容的学习。从而聚焦学生生活与成长，引导学生通过对具体集体事件的学习，理解道德、学习道德，为学生构建有道德的美好集体和拥有美好的集体生活打下基础。

重视集体学习，拓展“教材栏目”的内涵外延。为推进学生基本文明素质的全面发展，将富有时代特征的爱国主义故事、集体主义故事、战疫故事、时代榜样故事，以及形势要闻等鲜活素材融入“知识窗、活动园”等“教材栏目组织开展学生喜闻乐见的故事分享、热点讨论、观点辩论等教学活动，培育学生基本文明素质观念在集体学习中启蒙。

成就个人与集体的发展，根植“社会主义核心价值观”于心田。基于学生生活的多重空间（家庭、学校、社区），学生多重生活角色（家庭成员、学校学生、社会公民、文化历史建构者），以及学生的多种角色冲突（规则的建构者与建构者之间的冲突），学生在不断扩展的、动态的集体生活中从学校、家庭，最终走向社会。在教学中，应关注学情、紧扣教材、多元拓展、激励引导、创设实践，从而培养有爱心、责任心，有良好行为习惯和个性品质的学生，最终落实社会主义核心价值观从娃娃抓起的要求，以个人成长，促集体发展。

总而言之，“励学堂”作为一个少先队员持续成长、实现自我价值的学习平台，其中所展现的爱国主义、集体主义的人生价值导向，能够教会队员们学会处理个人与集体、局部与全局、眼前利益与长远利益的关系，使队员们形成良好的集体荣誉感，国家荣誉感。开办“励学堂讲好《道德与法治》课程，能够更好地为少先队员们根植红色基因。

今后，我校将坚持以“励学堂”为形式，将“长江小学者”六自成长德行体系作为维度，坚决上好《道德与法治》这一国家课程，带领少先队“听党话、跟党走，让红领巾更加鲜艳！”力求将每一个长江小学者培育成可以担当民族复兴大任的长江人，成为为实现“中国梦”而奋斗的主力军！

推进改革创新　擦亮学校品牌

浙江省湖州市长兴县职业技术教育中心学校　姚新明　司汉生

学校品牌既需要保持长期的积淀，又需要在发展中不断赋予其新的内涵。在完成“十二五”建成“湖州窗口、浙江标杆”的区域性示范学校和“十三五”建设具有一流办学理念、设备设施、实训基地、教师队伍和教育质量的中职名校的品牌学校建设目标的基础上，浙江省湖州市长兴县职业技术教育中心学校对标“十四五”工作计划，在传承中改革创新，在创新中擦亮品牌，致力于打造一所学生快乐、教师幸福、社会满意的理想学校。

一、创新学校管理品牌

准军事化管理。建校之初，针对生源质量差、学生行为习惯存在偏差、学校管理制度尚未健全等实际情况，学校以军训为切入点，实施准军事化管理，从学生一日常规和住校生内务管理入手，培养学讲卫生、守纪、守时、团结、文明等良好习惯，使学校的教育教学管理很快走上了正轨。

ISO9001-2000标准化管理。2004年起，为了提升教学质量，学校根据育人标准，率先导入ISO9001-2000质量管理体系，制定学校《质量手册》，健全各项管理制度，使学校发展驶上了快车道。

7S精细化管理。2009年起，学校立足实际，倡导实施精细化管理，并提出全面落实7S管理模式，即整理（sort）、整顿（straighten）、清扫（sweep）、清洁（sanitary）、节约（save）、素养（sentiment）、安全（safety）。

现代学校治理体系建设。2017年起，面对新时代、新征程对高素质优秀人才的新要求，学校开始全面推进浙江省中职名校建设，逐步形成了一核（党建引领）、二驱（文化和队伍建设）、三治（学校分治、学生自治、社会共治）、四化（规范化、民主化、科学化、精细化）的“1234”管理模式，初步形成了现代职业学校治理体系。

二、加强队伍建设品牌

师资队伍培训途径。随着学校规模的迅速扩张，建校之初的师资队伍成为制约学校发展的关键问题。为此，学校探索出了一条“四个基地、六条途径”的师资队伍建设校本培养模式，简单来说就是依托校内培训、企业和社区实习、高校专业培训和国外培训四个基地，拓展面向全国招聘高技能人才、开展校本培训、为民服务、深入企业挂职锻炼、高校继续教育、赴国内外专业培训机构再学习六条培养途径。这使学校在较短时间内建立起了一支数量充足、师德高尚、业务扎实的教师队伍，为学校的跨越式发展奠定了基础。

校本研训六大工程。为了进一步提升全体教师的业务水平，特别是提升新进教师的教育教学能力，学校开始实施校本研训六大工程，主要包括名家名师引领工程、教师自主学习成长工程、青蓝（新老教师）结对共同成长工程、教研科研提升工程、课改培训成长工程和教师身心幸福工程。通过六大工程，使得教师的整体知识水平和教学能力得到了明显提升。

六大品牌教师团队建设。为了培养一批学科带头人和名优教师，学校提出交叉融合、抱团发展的培养思路，有效实施团队驱动、名师引领、项目助推的建设策略，鼓励和引导教师跨专业成长、跨校际合作、跨行业融合、跨区域帮扶、跨层次发展，着力打造教科研、创新创业、社会服务、技能竞赛、国际化教学和名师培养六大团队，培养了姚新明、霍永红、朱跃建、顾海林等名师、名校长和一批学科带头人。目前，在湖州市中职学科教研大组组长和兼职教研员中，长兴县职业技术教育中心学校有5个大组长和4名兼职教研员，位居全市各校之首。

三、打造德育工作品牌

"四化"德育。建校之初，为了提高学生管理水平，学校创造性地实施亲情化、规范化、个性化和社会化的"四化"德育，倡导人人都是德育工作者，要求做到全员参与、全方位育人，使学生的行为习惯和精神面貌焕然一新。

"三化六平台"职业素养培养体系。在国示范建设期间，学校结合用人单位对技能人才的要求，提出了"三化六平台"（推行全员化、全面化、全程化，打造课程、队伍、基地、文化、素质和评价六大平台）职业素养培养体系，全面培养高素质的技能型人才。

"四五六"核心素养培养体系。在继续深化丰富"四化"德育内涵的基础上，学校根据五个分校学生不同的专业特点和培养目标，通过建设体质达标、身心健康、书香校园、育人载体、德育品牌和工匠培养六大工程，持续推进分校文化建设，初步形成了和合、和美、和精、和善、和雅五种具有分校特色的素养特质。目前，学校已经形成了道德实践周、寝室德育导师制和"乐助"志愿者等一批有较大影响力的德育品牌。

"三四五"综合素养培养体系。在"十四五"开局之年，学校正在积极建设浙江省高水平中职学校，构建"三四五"综合素养培养体系，建立和完善"三全育人"工作机制，推行"四化"教育模式，落实"五育并举"工作举措，力求全面落实"德技并修、全面发展"的学生综合素养培养目标。

四、革新课堂教学品牌

A、B班教学。建校之初，由于实训设施设备相对不足、班级人数较多等诸多问题，导致课堂效率低下，A、B班教学便应运而生。简单来说，就是把一个班级分成A、B两个班级，轮流上机操作，从而提高实训操作课的效率。

教室车间化。随着实训条件的不断改善，学校开始实施"教室车间化"改革，就是把教室搬进实训车间，推进项目化教学，有效解决了过去专业技能课理论与实践脱节的问题，大大提高了专业实训课的效率。

以小组合作学习为核心的"生态课堂"。2011年起，为了改变文化课和专业理论课教学中普遍存在的学生积极性不高、"抬头率"不足的问题，学校以培养学生"四会"能力为目标，开始推行"小组合作学习并在此基础上构建"生态课堂通过班组文化、师训和生训、导学案、课堂流程、课堂评价五大工程，打造"六有"课堂，实现了班级美起来、学生动起来、课堂活起来、效果好起来的建设目标。2018年，学校成功举办全国职业学校小组合作学习课改研讨会,"生态课堂"改革的成果得到全国各地与会嘉宾的高度评价。

敢于筑梦，勇于圆梦。品牌学校的建设是一次没有终点的奔跑，长兴县职业技术教育中心学校定会与时俱进，革故鼎新，向着自己的目标奋勇前进，铿亮优质学校品牌！

读莲（廉）之初心，耕莲（廉）之清风

——浙江省乐清市北白象镇第五小学清廉校园创建

浙江省乐清市北白象镇第五小学 丁建顺

北白象镇第五小学坐落在北白象镇东南方向，东接繁荣的中国电器城柳市镇，西握磐石镇（原磐石老城区），北枕三山北片、白象镇政府所在地，南望滔滔瓯江水，是正在规划建设的柳白新城重要区域。学校按浙江省一类标准设计建造，是一所花园式现代化学校，学校耕读文化为办学核心文化，主张"载志而耕，修己而读"的办学理念，"瓯江耀红日，耕读迎清风"。为深入贯彻落实中共浙江省委教育工委、浙江省教育厅《关于全面推进"清廉教育"建设的实施意见》（浙教工委〔2018〕1号）和乐清市委《关于全面推进清廉乐清建设的意见》（乐委发〔2018〕55号）、乐教〔2018〕85号《乐清市"清廉学校"建设实施方案》的文件要求，打造校园以清为美、以廉为荣的教育价值观，大力营造干干净净做事、清清白白为师、堂堂正正做人的氛围，努力建设一支师德高尚、业务精湛、学生喜爱的教师队伍，使清廉风气渗透到校园的方方面面，为孩子育未来美好品性。

一、读莲（廉）之初心

学校所在地莲池头村，民风古朴，是鱼米之乡，一直以来莲叶田田，荷花飘香，耕读传家，名人辈出。村内有古桥"振莲桥"、"莲心桥新桥"兴莲桥"。"不忘初心，牢记使命廉之初心丰厚悠长。

文化初心：" 予独爱莲之出淤泥而不染，濯清涟而不妖，中通外直，不蔓不枝，香远益清，亭亭净植，可远观而不可亵玩焉"。（选自宋·周敦颐《爱莲说》）自古到今，中华民族文人墨客、能人志士，无不以洁身自好为荣。

革命初心：无数革命先辈用清贫二字书写不朽人生！我党早期领导人之一方志敏烈士在《清贫》中写道："清贫，洁白朴素的生活，正是我们革命者能够战胜许多困难的地方！" 莲池头村有抗日革命烈士陈洛涟（著名爱国将领田守尧旅长爱人），村里建有卧云楼革命烈士纪念馆，在与日寇遭遇战时，为掩护同志，与田旅长一起，坚贞不屈，为国捐躯。毛泽东同志亲笔题词：为国牺牲，永垂不朽！胞弟陈学文（浙江社科院历史研究所所长）也写了饱含深情的悼念诗。

教育初心：北白象镇第五小学属五所完小撤并（历史上辖区内9所完小），教育先辈们筚路蓝缕，坚守教育初心，书写了农村教育的许多奇迹，完小垟田小学曾多次评为乐清、温州、浙江的教育集体先进，评为浙江省农村教育样板校。退休老师学习型党员标杆何友高，老当弥坚，热心公益，酷爱写作，泼墨挥毫，写下了《旅踪墨韵》一书。

新学校的两个温暖故事：《她回家回来了》中，李楚娥老师的一个善意谎言，让一个离家出走一个多月的孩子愉快地融入班级，顺利毕业；吴圣洁老师认一个遭遇成长困惑的孩子为弟弟，帮他走出困境，《姐弟俩》的温馨故事，每个老师时常品位。爱是教育核心，师爱故事，一颗闪亮的教育初心。

这是一片清廉的土地，这是一片革命的土地，北白象镇第五小学师生不忘莲(廉)之初心，廉洁自律，营造清风校园。

二、耕莲（廉）之清风

学校围绕清廉学校创建方案，扎实开展清净校园，纯净校园氛围。

清新自然、润物无声的育人环境！名人名言进校园：营造浓郁的名人榜样示范氛围；童诗书法临摹碑：童言童语的童诗与书法临摹完美结合，美好的童诗浸润纯净的童心；银杏广场：高大笔直的校树银杏引领阳光、正直、高贵的五小学子蓬勃成长（蓬生麻中不扶自直）；悦竹林中，坚韧不拔的紫竹，孕育有品性的孩子；五小果蔬园，绿色环保、遵循规则、顺应自然，躬耕天性。

清廉纯净、无私奉献的育人队伍！制定北白象镇第五小学清廉学校创建安排表，师生郑重签下承诺：清净做事，清廉从教；纯净童心，奠基一生！开展扎实走心的清廉实践活动。全体师生不忘初心，耕读清风，开展党员树标杆、师德净心灵、家庭懂感恩、师生树正气、育人端品行的清廉实践活动，廉在其中，廉在其衷。全体党员学习落实《中国共产党廉洁自律准则》，自觉培养高尚道德情操，努力弘扬中华民族传统美德，廉洁自律，接受监督，永葆党的先进性和纯洁性；征集清廉格言，撰写书法作品。

廉洁奉公、公正公平的育人制度！学校一直以来，按规招生、一键分班，师资均衡搭班，无一例招生投诉；通过教师积分高低决定教师调动名单，充分调动教师积极性，公平公正；清廉建设在于日常，在于学习，在于按规办事，育校园一股自然清新之风。

三、育廉（廉）之品性

清廉校园，树教师美好形象，呵护一片校园清风，育学生良好美德品性，为未来培育清廉之人。

（一）目标明确

学校应该具有一支怎样的教师队伍，培养怎样的学生，这是我们一直思考的。人是清廉校园创建的关键，教师是首要，借助清廉创建，树良好师风。

（二）阵地前沿

银杏如林，清风徐来，清廉长廊，大气厚重。稳固的阵地，是清廉校园创建的丰厚基础，定期更新清廉展板，呈现创建活动，展示清廉风采，打造育人前沿阵地。

（三）载体丰厚

清廉创建师生载体丰厚，学校每年开展暑期师德培训。2019年暑期，邀请杭州市娃哈哈小学朱一花老师进行师德培训：做温暖的教育（爱是核心）。两场高阶培训:教师暑期教育故事师德培训、做温暖的教育四、五、六年级家长会。草根老师的奋斗史，处逆境不气馁；学生工作耐心、细致，富有爱心，重管理细节、重日常行为、重学生身心健康；孩子成长因材施教，悉心陪伴，榜样示范，坚持写教育故事，一年

半写就90万教育文字，做一百分妈妈。呵护学生，陪伴孩子，成就自我，一个草根教师的榜样，散发励志的光芒!掌声不断，笑声不断，思索无限，榜样的力量是无穷的，优秀师德典范深深影响了老师们!

开展教师读书分享、学生清廉名言硬笔书法比赛、手抄报比赛、主题班会、清廉故事读后心得体会、一封家书、家风里的故事等清廉创建系列活动。

（四）回应德育：我们大人的绿豆有时就是孩子的西瓜，老师应该恰如其分准确适时回应孩子良好的小行为，这样不断肯定学生的行为，才能引领孩子朝着美好标杆奔跑，最终完善孩子的人生观价值观。我们学校有个值周值日群，学生拾到东西，在群里通报表扬，教师在班里反馈，是钱的话及时认领，无人认领放拾得箱，物品集中在传达室外面架子上，对学生进行各方位的动态积分评价，然后一学期一次积分兑奖。经典童歌《一分钱》弘扬学习雷锋精神拾金不昧的精神，一代又一代人的美好精神食粮，我在思考，如果有学生问：一分钱后来到哪去了？回应教育，念念不忘，必有回响。我们的德育要有回响，有回响才有共鸣，有共鸣才不空洞，才有力量！

（五）培养品性

学校核心工作是育人，清廉校园最终目标是培养未来品行端正的学生。

拾取美德学校拾得箱的故事深深温暖着孩子们，每位师生把没人认领的钱投进拾得箱，一个学期或一年开一次，由学生清点、登记，捐给灾区人民或困难学生。

尊重规则学校果蔬园种着十几种水果，不同季节桑葚、樱桃、枇杷、杨梅、李子丰收，学校过采摘节，有序采摘，共同分享，尊重规则，培养孩子的规则意识。

养成习惯良好的习惯，美好的未来。学校有一流的A级食堂，教育孩子们有序排队，安静就餐，光盘归位，文明行为，一生受用。

尊重自我学校校训是“朝着自己的美好标杆奔跑引导孩子认识自我，关爱自我，尊重自我，每一个生命体值得尊重、热爱，教育的本初不是让每一个孩子长成自己的模样吗？

关爱环境做有担当、有情怀的学生。学校大队部指导学生学会垃圾科学分类，体验拾得，每一次付出，都有收获。日常分类后的可回收资源，卖出的钱购买手纸，回应孩子的良好行为，感受温馨。让孩子们真真切切体会到文明行为，良好品性，收获舒适、幸福、和谐生活，从小植下从善向美、尊重规则的美好根基。

（六）注重家风

家是廉的根基，学校开展“家风里的故事”系列活动，采访学校辖区内大家族的老者、名人望族、普通家庭，感受身边的家风故事，汲取家庭教育的力量，为营造良好家风助力，开展寻家风、赞家风、育家风、展家风、演家风活动。

北白象镇第五小学清廉学校创建，关注生活点滴，规范日常行为，学校、家庭、老师榜样示范，育校园风清气正育人氛围，为未来培养品行端正的学生。学校在2019年乐清市清廉学校创建中受到了温州市教育局蔡亚里纪检书记、乐清市教育局余月芙纪检书记等领导的高度赞赏！读廉之初心，耕廉之清风，育廉之品性，北白象镇第五小学清廉学校创建，莲（廉）风徐徐，莲（廉）花盛开！

抓实“双导师制”，助推青年教师成长

浙江省衢州市开化县城东小学　余垚军

新任教师处于教师专业成长的起始阶段，这一阶段是教师职业生涯发展过程中最具可塑性的阶段。近几年，随着新任教师数量急剧增加，教师队伍年龄结构越来越年轻化，原有的师徒带教形式显然已无法满足教师成长需要。为了加强青年教师成长，我校开始探索实践双导师制，以此完善现有的师徒带教形式。在教育行政部门出台各种政策措施的同时，我学校也在积极探索新任教师双导师制模式。主要从以下四个方面推进：

一、健全制度，完善管理体系

建立双导师制培养机制。成立工作领导小组，校长室总负责，负责结对学校联系，专家聘请。制定1-3年指导计划，明确各方角色、期望和责任。党支部负责新任教师思想教育和党员发展。教学科研部负责过程性督查、评估和反馈。总务处负责经费落实、后勤保障。

严格把关导师选聘。校内导师由经验丰富的老教师或退休返聘的资深教师组成，采取个人申报和年级组推荐相结合方式，聘期三年。主要负责对新任教师跟踪辅导，出现问题及时进行指导，督促其每日总结反思、落实教学常规，传授丰富教学经验等。校外导师主要来自杭州、桐乡等教育发达地区的结对学校，人员组成由对方学校把关负责。主要负责对新任教师专业引领，解决教学困惑，提供新颖教学思想，促进专业发展；隆重举行拜师仪式。参加一年级新生拜师仪式，感受身为教师的责任，增强使命感，加快她们从学生到教师的角色转换；

举办师徒结队拜师仪式。签协议、敬茶，明确双方职责，建立良好师徒关系。校内拜师在9月份举行，校外拜师在11月份课堂教学节到结对学校举行。

二、目标引领，制定发展规划

制定入职教育指导计划。学校根据教学形势的变化，每5年更新一次。主要功能为整体规划培训时间、确定导师选聘标准和基本的指导形式。

制定个人三年发展规划，两位导师分别与新任教师面对面沟通交流，通过分享个人成长经历、问卷测试等方法，帮助其确定发展方向，制定具体的培训内容。

制定个人生涯发展规划，三年发展在整个教师职业生涯发展规划中只是起步阶段，通过每个阶段的规划，让其教师生涯都有明确的目标方向和发展路径。职称、荣誉、培训，让其看得到，摸得着；专业成长、行政管理、名师名校长，让其多种选择，选取所长。

三、借智借力，丰富活动载体

借山海协作之力。山海协作工程，是浙江省委、省政府为了推动省欠发达地区加快发展，实现全省区域协调发展而采取的一项重大战略举措。开化县与杭州上城区、嘉兴桐乡市结对，我们学校与杭州天长小学、杭州青蓝小学、桐乡市城北小学等结对。每年通过“芹水之韵”课堂节、“百人千场”送教等活动平台，共享杭嘉湖优质教育资源。

借教育技术之力。建设录播教室，智能全自动录播，让教师通过录像回看，及时改进教学；利用浙江省“互联网+义务教育”民生实事项目，建立同步课堂网上研修，让远在千里之外的导师可以实时跟进指导。

借政策帮扶之力。一方面配合教育局落实完成新教师培养工程；另一方面利用场地优势积极承办各类省、市、县级教研、比赛、培训等活动（2019年承办了90余场），让新任教师参与其中，天天耳濡目染，潜移默化中提升专业水平。

四、强化保障，完善评价体系

建立保障机制。把指导徒弟工作纳入指导教师的工作量，在开学初课务安排上减少教学任务，以此提高指导教师积极性；设立教研活动经费，通过社交聚会、破冰游戏等活动，拉进师徒距离；增加外出培训学习机会，到校外导师学校开展活动时，校内导师可以一同前往，以此增强双方合作关系；

完善评价体系。每学年分别对徒弟和导师进行定期及最终评估。对导师评价采用自评和徒弟民主评议相结合方式，评价结果作为绩效考核、评优评先、职称评定的重要依据；对徒弟考核由校内外导师共同负责，考核结果直接作为实习期转正和评优的依据；

加强交流反馈。两位导师与新任教师定期反馈交流，及时明确指导计划和培训内容的优势和不足。对于缺失和不足，找出根源，加以改进并告知其他指导团队，避免错误重复发生；对于成功经验，及时总结宣传，供大家学习参考。学校一学年召开一次校内全体导师、徒弟、校外导师代表座谈会，由专家组对座谈意见进行整合，以书面形式向学校和校外导师所在学校进行反馈，就进一步指导工作提出指导性方案。

“双导师制”既有利于学校更好地发掘社会教育资源，开拓教育视野，同时也能更好地为青年教师搭建成长平台。双导师制的构建有利于指导教师多元化、指导时间随机化、指导内容多样化，能够为新任教师的专业成长提供多方、及时以及更广泛的答疑帮助。通过横向的支持、纵向的引领，构建立体多元的指导帮助体系，让新人教师快速成长。

践行劳动教育，培养新时代接班人

浙江省温州市鹿城区白鹿外普通话学校　汤志亮

劳动教育是国民教育体系的重要内容，是孩子成长的必要途径，具有树德、增智、强体、育美的综合育人价值，直接决定社会主义建设者和接班人的劳动精神面貌、劳动价值取向和劳动技能水平。为了增强孩子们的劳动观念，培养孩子们的劳动习惯和劳动能力。我校以劳动教育为抓手，通过课题研究，课程开发，实践活动，让孩子们习以成性、自“整”己身，使他们学会独立，健康成长。

一、注重生活教育，打造成长乐园

我校有着二十多年“住宿管理”经验，对我们而言，规整“劳动教育”就成了水到渠成的事。“小白鹿”从入学开始，就是一场劳动的历练；一年级刚入学的“快乐入学100天”——“小牙刷，手中拿，张开小嘴巴”。朗朗上口的《刷牙歌》在清晨回荡，这是我们一年级的孩子

学习如何刷牙；"小鞋带，手中拿。一左一右先交叉，一根弯腰钻过门……"孩子们低着头边唱《我会自己系鞋带》边动手系鞋带。每日仪容仪表整理、和室友一起制定"家"规、爱护和整理文具……一项项小小的技能在无声无息中养成。

"小白鹿"在刷牙、盥洗中，养成步骤仔细、物品归位的好习惯。习以成风，始于家居。"小白鹿"们通过"劳动教育"不仅克服了对长辈的依赖，第一次独立生活，开始走向生活的自理，开始融入集体，这一切的突破都始于"劳动"。

我校为每个班级配备"妈妈式"生活老师、班主任随班指导，已成体系的"新生劳动养成"教育，将会帮助孩子迅速掌握自理能力，帮助孩子"整"出好"家居"理"出好习惯。同样的劳动教育内容，还可以通过班级引导学生迁移应用到孩子的家庭生活中。在班级里，我们的老师每周通过《一起小学》给学生布置劳动作业，让学生整理、收纳、清洁家庭生活场景，包括学生自己的房间，家里的客厅、厨房和父母的卧室等；在培养学生良好的劳动意识和归纳、整理能力的同时，也可以让每一位小学生感受到父母日常的辛苦和操劳。最终的学生作业完成状况，请父母负责打分，而这一家庭劳动作业的考核情况，也将会成为期末最终测评的学生评价依据。

二、构建劳动课程，培养劳动习惯

借力寝室文化中的"劳动教育学校构建"劳动素养"课阶梯式课程模型：劳动自治——低年级的"自我管理"；劳动溢美——中年级的"主动管理"；劳动创新——高年级的"勤劳少年"。

今年是中国共产党成立100周年，"劳动教育"又有了新的亮眼主题。我们将"劳动教育"与红色基因传承相融合，培养学生勤俭、奋斗、创新、奉献的劳动精神，既能够在"德育"上让孩子了解"红色精神"内涵，又通过动手、互助，培养基本劳动能力，形成良好劳动习惯。

"利用课间、中午休息时间去捡垃圾，才发觉平时我们做得不对，随手扔垃圾给环境造成不好的影响"。我校一位学生说，每一次的弯腰捡垃圾都体会到清扫阿姨的辛苦，为自己乱扔垃圾感到羞愧。孩子的同理心也在劳动中潜移默化地形成。"小手牵小手"活动让能力强的孩子学会帮助能力弱的孩子来劳动，"我是校园小卫士"活动鼓励同学们捡起藏在校园角落里的垃圾，"爱护小达人"、"图书小卫士"、"校园小管家"等活动，都让同学们在"劳动教育"参与中，逐步形成主人翁意识，由爱校向爱社会、爱国家延伸，体会参与公益、无私奉献中的快乐。

2020年7月7日，教育部组织研究制定了《大中小学劳动教育指导纲要(试行)》强调，让学生动手实践、出力流汗，接受锻炼、磨炼意志，培养学生正确劳动价值观和良好劳动品质。学校正是基于此理念，将"劳动教育"融入生活、教学的方方面面，不局限于教室或寝室，而在每一个细节里，让学生从日常生活小事做起，从自己做起，再到他人，到校园，最后到社会。让学生在劳动中感受到劳动带来的快乐，养成自理能力，让劳动能力成为一种习惯，伴学生成长，为培养德智体美劳全面发展的社会主义接班人打好夯实基础。

三、借动力寻德径，开启学生心智

以劳动教育为抓手，一"动"带百动，学校教师在课程开发、课题研究、课例研发、论文撰写等方面都有了收获。2016年学校提出"借'动'力，寻'德'径"的德育工作思路，把劳动教育与德育融合，充分发挥劳动综合育人功能。2017年，形成"家"因子，"HOME"课程启动，初步拟定为梯队式劳动项目，以劳动开启学生的心智。

以劳树德，借"动"力寻"德"径；以劳增智，在学科教学中渗透劳动教育；以劳健体，悦己悦纳群；以劳育美，实现知行合一，为学生的幸福人生奠基。不失一切机会为学生创设劳动场景，全方位渗透劳动教育也已经成为全校老师的共识。

另外，"劳动素养"也成为学校评价的一枚新标签。"劳动素养"评价通过自评、互评、师评和生活部（校园、社区）等相结合，先评出低段"劳动星"、中段"劳动能"、高段"劳动心再全校联评出本学期的"劳动小榜样"、"校园小管家"、"优秀小公民"。微信群、朋友圈及点赞也成为新型评价的内容。

经过几年的完善，《HOME》、《悦纳》等劳动教育实践课程分别获得市精品课程三等奖、鹿城区2021精品校本课程入选者。学校把劳动教育作为关注点、以课题研究的形式进行深入探讨，在市区级立项的课题内容共有5项，涉及劳动教育的课程设置、课程评价、习惯养成、家校合作等方面，其中《基于"HOME"项目的寄宿制小学新劳动教育的研究》为2020年温大面向基础教育的立项重点课题。

同时，课题研究带动了教师在教学设计、教学活动的创新改进，在鹿城区2020年综合学科"新常规·新设计"、鹿城区中小学价值观教育优秀案例、教学（活动）设计征集评比中，该校有11项劳动教育的课例、案例、活动设计参与评比。"行思结合实现以劳树德，手脑并用实现以劳增智，'具身'体验实现以劳强体，动静齐驱实现以劳育美"。汤志亮认为，"劳动教育"在五育融合中推进，以价值塑造为核心，促进学生以劳求"善成为全面发展的新时代接班人。

下一步，我校将持续深入开展丰富的劳动教育实践活动，不断探索劳动教育新的方式方法，充分发挥劳动的育人功能，在实践中培养学生正确的劳动价值观和良好的劳动品质，提高劳动素养，让热爱劳动的意识根植于学生的内心，成为他们持续一生的自觉行动。

践行雅礼教育　致力行规养成

——基于雅礼教育下的行规养成教育

浙江省温州市泰顺县泗溪镇九峰中心小学　蔡伟津

东溪乡中心学校始办于1914年，原名肇新小学。近几年为进一步规范学校管理，促进学校的内涵发展，我校在扎实做好基础性工作的同时，"立足雅礼教育 提升德育内涵"作为学校的德育抓手来实施，切实开展以雅礼教育为核心的德育实践工作。

一、以办学思想为引领，架构学校德育体系

（一）学校德育理念

德育理念：关注农村孩子的生活习惯、学习习惯，通过教育和强化，他们也可以博而广学、雅而礼正，做更好地自己。

基于这样的德育理念，我们把"基于雅礼教育下的行规养成"作为学校的德育特色，切实开展以雅礼教育为核心的德育教育实践，努力打造学校的办学特色。

扎根于学校，我们认为行规养成可分为校园礼仪、家庭礼仪、公共场所礼仪，内容包含了雅言、雅行、雅思、雅趣、雅量、雅致等，具体则落实在学习习惯、行为习惯、思维品质、兴趣爱好、人格塑造、品质培养等方面。

（二）德育目标设定

·具体目标

努力让每个孩子博而广学、雅而礼正，成为知书达礼的好少年！

·分层目标

一、二年级：知礼　学礼

在坐、立、言、行、思等小事上抓扎实，注重良好的行为习惯的养成，在校做个好学生。

三、四年级：明礼　行礼

在行规教育取得初步成果的基础上，将开展以孝心、爱心为核心的品质养成教育，懂得孝老爱亲，学会生活、正确生活、幸福生活，做一个父母、邻里喜欢的好孩子。扩大雅礼教育的影响力和家长认可度。

五、六年级：达礼　传礼

以公民素质教育为核心，提高文明礼仪教育的层次，加强社会公德及公民素养教育（法制意识、环保意识、规则意识、礼让意识、节约意识等），促进学生不断完善自我，逐步在社会上树立起东溪学生温文儒雅的谦谦君子形象，做一个文明的小公民，做文明传播大使。

二、以雅礼少年为目标，凸显德育工作特色

雅礼教育很好的增强德育工作的针对性和实效性，其关键在于创新德育方式。较之传统单纯的说教德育有着很大的区别。在教育过程中我们始终坚持让学生主体参与，在学习中内化、在实践中体验、在宣传中发扬，更易于引起学生情感上的共鸣，更利于陶冶和塑造学生的道德情操。更利于德育目标的完成。

（一）开设多面润泽的塑雅课程

将雅礼教育融入学校课程体系，开设雅思、雅趣两类课程，力促每个孩子全面发展。

1.雅趣课程——培养高雅情趣

将德育融入社团活动的开展中。培养学生高雅的兴趣，提高学生的综合素质有着非常大的意义。每周三下午，学校开设"水墨飘香"国画社团、"小巧手"剪纸社团、"智力七巧"七巧板社团、电脑编程社团、"小格局　大智慧"象棋社团、朗诵社团等，供学生自主选择，实现全员参与，努力挖掘学生的潜力。培养学生的高雅情趣，提高学生的综合素质。

2.雅思课程——涵养儒雅气质

以文修身、读书养性。开设雅思课程，努力让学生接受中华传统的人文精神熏染，使得雅礼教育内外兼修，涵养儒雅气质。

诵读经典。从一到六年级每周分别开设一节传统经典诵读课，安排专人授课，每天吟诵。以求启迪智慧，通明事理。

特别值得一提的是茶文化课程，通过学习茶文化知识使学生了解泰顺茶乃至中国茶，感受其蕴藏的民族精神和传统美德，以活泼新颖的课堂教学为主阵地，以丰富多彩的课外活动为助推剂，让茶文化走进每一位学生的心中，使学生从小树立起知茶性、明茶理、爱家乡的意识。

（二）以"雅礼少年在行动"为载体，开展各类德育综合实践活动。专题教育系列化、主体化、课题化。

我校每月教育主题序列化展示：

三月：爱地球　学雷锋　明雅志

四月：文明礼仪　愿优雅同行
五月：热爱劳动　过清雅生活
六月：热爱艺术　铸博雅人生
七月：热爱家乡　访隽雅之音
八月：红色之旅　缅革命先烈
九月：尊师孝亲　当文雅少年
十月：名族精神　树高雅气节
十一：热爱运动　造雅健体魄
十二：理想之火　创典雅未来
一月：收获展示　弘雅礼文化
二月：传统文化　爱朴雅中国

学校以“雅礼少年在行动”为载体，围绕每月主题开设以“雅礼周讲、各类主题教育活动、社会实践以及主题研究”等为主要形式的实践活动。

主要内容有：忠心献给祖国、孝心献给父母、关心献给他人、爱心献给社会、信心留给自己等五“心”实践；以及雅礼周讲（以四品八德专题为主，辅以点评　；每周三上午广播操时间；学生主讲、教师主评）；低段的文明餐桌活动；中段的文明主题研究；金融诚信教育实践；全校十佳歌手比赛活动等；特别是与东方航空携手的实践教育，学生最为期待，我们已经连续开展两年，分别在东溪小学、温州机场、上海东航总部等三地开展实践，对学生的站姿、坐姿、礼貌待人、文明出行、圆梦蓝天等方面进行教育，社会反响大，对学生的教育效果好）。让学生在丰富多彩的行动中践行雅礼、成就雅礼，塑造文雅举止。

（三）营造崇雅尚礼的浓厚德育氛围

我们从学校、教师、家长、学生四个层面精心设计和组织开展内容丰富、形式多样的雅礼教育专题活动：

学校方面召开德育专题研讨会以明确思路。力求集思广益，避免闭门造车。

教师层面：我们开展校本培训以凝聚共识；进行理论研究以总结提升。

家长层面：我们每学期召开“做雅而通达的家长”主题家长会，对家长进行家庭教育指导、家校互动策略等培训，实现家校同心，教育同步！

（四）实施多元视角的褒励评价，夯实德育过程。

雅礼教育的成效取决于实施过程是否扎实，而实施过程主要依托雅礼少年争章、雅礼教师评比和雅礼班级竞评活动为载体。力求体现过程的常态化、规范化、细节化。

1.雅礼少年争章

学校制定并出台雅礼少年争章内容体系，明晰内容，细化标准，通过师生全员学习，让内容体系扎入师生的头脑，让争章活动有据可依。

同时，规范争章活动流程，让争章活动有章可循。争章流程采用级递制，充分调动学生的积极性；全体教师参与，实现全员育人。

2.雅礼班级竞评

发挥学生的主体作用，设立雅礼监督岗，按照出台的雅礼班级竞评标准每天一检查，每周一小节、每月一总结。内容涉及仪容仪表、礼貌用语、课堂纪律、课间秩序、升降旗仪式、用餐规范、卫生保洁、桌凳摆放、物品整理等一系列言行规范。以全方位竞评营造浓厚氛围，促进雅礼素养提升。

三、坚持行规教育，德育初见成效

（一）形成独特的办学特色：立足雅礼教育，提升德育内涵。近四年的实践中，我们渐渐形成自己独特的办学特色，受到了领导的肯定，社会的关注。

（二）提升教师德育技能：我校获邀在全市中小学德育干部培训班做交流发言，获得一致好评。培养出一批优秀的德育骨干教师、班主任。

（三）促进学生全面发展：实施雅礼教育的近三年学生言行举止得体大方，精神风貌积极向上。

当然，最重要的是我们收获了信心，看到了希望。苔花如米小，也学牡丹开！

毓文养德，让学生个性更美丽

浙江省余姚市姚北实验学校　邹丽丹

“你也许并不在意每一餐剩下的食物，但你知道吗？我国每年浪费的粮食约为3500万吨，接近中国粮食总产量的6%。你也许已经不为吃喝发愁，但你知道吗？美味佳肴的背后，依然是严寒酷暑的劳作，是风雨无阻的耕种。疫情之下，今年全球面临严重粮食不安全的人口数量，可能由1.35亿人增至2.65亿人。绷紧粮食安全这根弦，每一粒米都值得被好好珍惜。一粥一饭，当思来之不易。让节约成为一种潮流，拒绝舌尖上的浪费，你我共同做起……”

这是习近平总书记近日对制止餐饮浪费行为做出重要指示后，浙江省余姚市姚北实验学校的502班“节俭之星”小李等4位同学在暑期实践时，向社会所发出主题为“珍惜一粒米，你我共同做起”的倡议书，受到社会广泛好评。

在“多一个标准，就多一批好学生”的教育理念引领下，应运而生的“孝敬之星”、“节俭之星”、“礼仪之星”、“诚信之星”、“环保之星”、“故事大王”、“阅读之星”、“体育健将”、“英语达人”、“十佳歌手”等，让所有的学生找到归属，并且像八仙过海，各显神通。

如今，这所农村学校已跻身教育部综合实践活动(项目组)实验学校、全国青少年普法教育先进集体、全国优秀红领巾国学小社团、浙江省文明单位、浙江省名师名校长实训基地等行列。

《中国教师报》载文评价——余姚市姚北实验学校虽地处农村，却是一所高规格、高起点的新兴学校。她的诞生和发展，证明了要提高农村教育质量，不仅需要政府在资源均衡化方面作出努力，更需要迫切转变观念，寻找办学的新起点、新思路。

立德树人，学校教育的根本任务

好的校园环境，如春风化雨，润物无声。走进姚北实验学校，给人的第一印象是环境整洁优雅。校园内绿树成荫，鸟语花香，汉白玉雕塑、石桌石椅等景物摆放有序，错落有致。“毓文养德”、“珍惜今天、面向未来”、“多一个标准就多一批好学生”等标语体现了办学思想。国学启蒙长卷、青春健康长廊、廉洁自律墙面、勤学励志展台、教研组文化建设展板等，记录了学校发展的历程，方寸之间，尽显校园“精气神”。

新建于2008年的余姚市姚北实验学校，是余姚市为缩短城乡教育差距、推进教育均衡化发展，以服务浙江余姚工业园区发展、促进和谐宜居新城建设为目标，投资8000万元建设的余姚市第一所九年一贯制公办农村学校。

“让农村孩子享受更优质的教育”是姚北人的教育追求。“农村学校相对比较薄弱，农村孩子到城里读书的机会比较少，如果把农村学校办成跟城里的一样，他们就能享受跟城里孩子一样的优质教育，这就达到了教育均衡发展的初衷”.吴校长说。

可当时，在拥有80多万人口的余姚，全市有初中和小学100多所，其中绝大多数优质教育资源集中在城区。而新建的余姚市姚北实验学校，师资来源于周边拆并掉的三所小学和周边农村学校，无骨干教师、无教坛新秀、无学科带头人，学生来源于拆并的三所小学的部分学生。过去的“名师+名校”的办学模式，对于这样一所典型“硬件硬，软件软”的农村学校来说，仿佛空中楼阁，无源之水。

“只有能够激发学生进行自我教育的教育才是真正的教育苏霍姆林斯基一语道破了教育的真谛。为此，姚北实验学校立足“行为教育是比读书更重要的教育”思想，以“多一个标准，就多一批好学生”为引领，开展了从环境到行为、从精神到制度等一系列的特色教育，由外至内，对学生开展“全人格教育将“立德树人”这一根本任务落地、落细、落实。

开设“新四维”课程，推进“全人格教育”

教育的最终目的是促进人的全面发展，全人格教育就是奠定学生全面素养的教育。姚北实验学校构建了“新四维”课程体系，以课程建设促学生全面素养，让学生拥有美好人生。

该课程名称的来历要追溯到1947年。当时，姚北乡贤、上海企业家张连芳先生，为了家乡孩子有书读，在余姚创办“四维”学堂。“而以‘善、真、美、圣’为核心的‘新四维’，既是对学校前身‘四维’学堂‘礼、义、廉、耻’精神的继承和发展，更注入了当今时代的新内涵”。核心素养强调的不是知识和技能，而是获得知识的能力，突出的是后天的教育和养成。

“善、真、美、圣”四个字代表四类课程群：“善”即仁德，代表道德类课程，包括国学经典诵读、学生礼仪培训、习惯养成训练等；“真”即科学，代表科学类课程，包括科技制作、环境与资源、生命科学等；“美”即艺术，代表体艺类课程，包括书法、美术、形体、戏曲等；“圣”即理想信仰，代表理想类课程，包括挑战与机遇、理想与行动、青春与生命等主题活动。以此来培养学生树立远大理想，拥有高尚道德品质，具有社会责任感、创新意识和实践能力，让学生得到了知识教育之外的延伸、拓展和升华。

在实践中，学校以“善”育为统领，加强中华优秀传统文化教育，提倡注重不拘一格的诵读积累，注重不求甚解的浸润熏陶，注重知行合一的实践感知，潜移默化涵养学生的生命底色。

从2009年开始，学校自编《弟子规》、《三字经》、《论语》等国学教材，并由浙江人民出版社出版。开设国学课堂，通过“故事”、“感悟”、“反思”和“行动”等教学环节滋养学生心灵。学校还布置国学长廊，设置国学铃声，开展经典诵读，把国学教育与学生日常学习、生活紧密结合。很多学生家长欣喜地发现，孩子现在吃饭前会主动端菜、盛饭，大人没吃他（她）不会先吃，吃后不剩一粒米饭；用过的书籍、玩具都会放回原处。

多元评价，促学生养成良好行为习惯

立德树人，不仅仅需要涵养思想，更需要身体力行。

姚北实验学校提出了“行为教育是比读书更重要的教育”的理

念，从进校礼仪到课堂常规，从集会到做操，从吃饭到就寝，从尊师到爱友，从他律到自律，注重与家庭教育相结合，全方位、多维度培养学生良好的行为习惯，改变了学生在校一套在家一套的“两层皮”现象。

其中，我校狠抓出操、做操规范，在整齐划一的动作中，学生克服了散漫，端正了态度，培养了正气，得到了身体与精神的双重锻炼，如今，出操做操成了我校的一大特色，受到各界广泛赞誉；2800名学生同时就餐，秩序井然，餐后桌面整洁，学生都能将餐盘、碗、调羹分类放入指定的箱内；寝室里，学生把被子叠得方方正正，把洗漱用具放得整整齐齐。

学校还通过组织爱心传递、感恩教育、读书节、纪念日等活动，把思想品德教育与行为习惯教育结合起来，努力实践“知行合一进而实现全面践行“全人格教育”的愿景。

“每个人身上都有太阳，关键是如何使它发光”。受苏格拉底这句名言的启发，学校创新评价机制，引导学生良好行为习惯的养成。比如，学校开展“五星班”(清卫星、爱物星、守纪星、两操星、勤学星)、“文明班”创建活动，注重发挥学生的主动性和创建工作的长效性。开学初，先由全班学生集体讨论，提出分步创建项目，再由学生集体签名，提交创建申请。学校对创建成功的班级表彰授牌，并要求做好荣誉的保持工作，对保持不力的予以摘牌。学生在创建过程中爱惜荣誉，主动参与，相互督促，实现了由“任务意识”向“主人意识由“被动检查”向“主动争创”的转变。

此外，学校还把“三好学生”评选改为守纪之星、勤学之星、孝亲之星、礼仪之星、诚信之星、环保之星、节俭之星等“校园十星”评选，多元评价，多维度激励。这样，全校班班有目标有盼头，学生人人有追求有梦想，人人能找到一方属于自己的“领地激发个性，让每一名学生胸怀成就感、获得感和幸福感。

在2015年6月浙江省中小学育人工作座谈会上，学校作为全省三所学校之一代表宁波以《行为教育比读书更重要》为题介绍立德树人工作经验，引起了与会的省市领导和同仁广泛共鸣，得到了时任省委书记夏宝龙同志的高度肯定。

学友互助，验视毓文养德成果

立德树人不仅要融入思想道德教育、社会实践教育，更要融入文化知识教育。姚北实验学校大胆尝试教育改革，积极倡导学友互助，鼓励自觉学习，此举既对思想道德教育回顾总结，又检视行为教育成果，还探索出“轻负高质”的教育模式。

2009年，我校在小学高级段的数学、社会等学科率先尝试培养学生自主学习能力的“导学稿”教学方式；2012年，学校全面实施“学友互助”高效课堂模式，让每名学生在课堂上学有所得，学有所获。与之相对应，学校陆续出台电子集体备课、高效课堂模式、学生错题积累等一系列减负提质的创新措施，让学生真正成为课堂的主人。

“学友互助”模式是学校课堂教学改革的重要抓手之一。学生以一师一友(2人)、二师二友(4人)为单位开展合作，由学业相对优异的做“学师”、学业较薄弱的当“学友通过平日的协作学习、课堂上的互相帮助，调动所有学生的求知热情，帮助学生锻炼思维、掌握知识，最终实现教学上的美丽蜕变。

传道授业解惑，历来是老师的职责。而实施“学友互助”课堂教学模式后，姚北实验学校的课堂呈现出截然不同的一面——有疑问，先请教坐在身边的“小老师”。这种一半“学师”和一半“学友”构成的课堂“江山彻底打破了独学而无友的局面，学生真正获得了学习的乐趣。

“学友互助”课堂学式变革，不断给姚北实验学校的教师们带来惊喜。小学部教导主任宓恩泽这样总结:“要说最大的变化，就是咱们的课堂‘动’起来了，班级更有活力了。孩子们回答问题声音响亮，充满自信，不再被动地聆听、背诵老师强加给他们的‘重点’‘难点’，这是我们最乐于看到的”。

学校课程改革的探索得到了上级相关部门的高度肯定，2012年8月在全省义务段减轻中小学生过重课业负担网络视频会议上，作典型发言；2015年11月宁波市义务教育改革发展推进会在我校举行，学校代表宁波市课改样板学校作了经验介绍；2018年12月成功举办“托起乡村名校”全国初中校长论坛。

2017年11月，浙江省教研室公布深化义务教育课程改革学校课程实施方案及典型案例征集结果。我校由“学友互助”实践而形成的《义务段学校“学友互助·合作学习”课堂学式变革的实践研究》入选中小学学习指导优秀案例、《“新四维”课程实施方案》入选深化义务教育课程改革学校课程实施方案优秀案例、《初中生法治精神的培养实践与思考》入选中小学德育优秀案例。此次案例征集，学校成为全省唯一一所三个案例入选的学校，这是学校在深化课程改革方面取得的又一重大突破。其中,《义务段学校“学友互助、合作学习”课堂学式变革的实践研究》还分别荣获浙江省第七届教研课题成果评比一等奖和第十届宁波市人民政府基础教育教学成果一等奖。

花有千姿 爱无特殊

浙江省玉环市特殊教育学校 金小义

如果说，每一个孩子都一朵稚嫩的花朵，那么特殊教育所呵护的是那些更加需要照顾的特殊的花朵，这些花朵也许开在人们看不到的地方，但是依然需要我们用爱带去最温暖的阳光。

玉环市特殊教育学校是一所开展智障教育的市属全日制（寄宿式）学校，于2009年10月16日正式揭牌。我校的学制是义务教育九年一贯制，2020年实现向学前和职高的两头延伸。现有9个班级、教职工40名、在校生100名，学生年龄在5周岁至17周岁之间，学校力争培养智障儿童自尊、自爱、自理、自立能力，让每一朵花儿都在阳光下绽放。

1998年，我便走入了农村教育的热土，开始了我的耕耘， 2009年，我接受新的任命——创办玉环特殊教育学校，从此便与特殊教育结下了不解之缘。十几年的教育工作让我深知：作为一名特殊教育工作者，我在面对各种教育对象时，我更理解了信任、专业、接纳和尊重的意义。

胸怀大爱 用心包容

学校的教育对象是智障、语障、自闭、脑瘫、唐氏、多动等学生。2009年开学第一天，状况不断：拉着门框不肯进教室的，躺地上大喊大叫的，男生跌跌撞撞跑进女厕所的……面对障碍各异，程度不一的学生，没有爱和信念，根本没法坚持下去，虽然困难重重，我也决心迎难而上，用大爱之心包容他们。

一个学生突发癫痫，我连夜赶往学校，陪着学生去医院，挂号、询医、打点滴，一直守护到天亮。也从那一天起，我的手机就24小时开机，这个习惯一直延续到今天。

特教的课堂不单在校园，这几年，学校还承担几十位重度残疾孩子的送教上门工作，这些孩子因天生残缺，重度障碍，无法到校就学。我利用周末时间带着教师挨家挨户，上门摸底，陈屿、坎门、干江、清港、沙门……跑遍了玉环的各个山头，刚送教时常遭遇一些家长的排斥和抗拒，我告诉老师说:“这些家长有了这些孩子，他们心中的苦向谁说，我们这点辛苦不算什么！”慢慢地，家长被我的真诚被打动，每次见到像亲人般拉着手叙家常。如今，学校的教师送教队伍活跃在各个乡镇，赢得了越来越多家长的信任和支持。

坚定信念 无悔前行

精心设计的问题得不到学生任何回应、四处乱走的学生、几十遍的重复还教不会学生清晰说两个字……这些都是特教老师每一天都会碰到的日常生活。特教工作烦琐又辛苦，缺少成就感，很容易让老师萌生退意。

所以我在关注学生发展的同时，把教师的感受、专业发展也时刻记挂在心上。特殊教育不能仅靠爱心和耐心来支撑，唯有专业才能给孩子真正需要的支持和帮助；才能给老师带来更多的获得感和幸福感。我设计了教师五年专业发展规划，外请闽南语训专家每年定期开展培训，带领教师开展校本课程改革；建设校外师资培养基地和特殊儿童心理合作单位；策划主题师德培训活动；助推老师的职业发展，激发教师从教热情。

有一年的教师节，我看到学校的新教师默默坐在教室里擦眼泪，原来是被一个学生动手“欺负”了，工作不顺又深感委屈的她越想越难受，对工作打了退堂鼓。我与她分享自己曾收到的一份最特别的教师节礼物——一个猝不及防的巴掌，来不及委屈和难过，还要赶紧安抚动手学生的情绪。我告诉她:“在特校，你不是唯一受委屈的，选择了特教这条路，我们要学会习惯孤独，习惯委屈，化伤心为力量。我们要学习用亲切的笑容、温情的鼓励、耐心的启发、专业的指引，赢得特殊孩子稚嫩的表达、勇敢的参与、自信的微笑、生活的勇气！”类似的感悟很多，我就把这些体会编辑成册，取名《与爱成长》，和老师共同交流分享，让老师在被理解和尊重中更坚定投身特教事业的决心。

相信未来 静待花开

孩子最终要回到社会，社会适应能力的培养至关重要。但在2009年刚开始办学时，由歧视导致的教育隔离影响了特殊学生参与社会生活的情况不在少数。

第一次带学生到超市上课时，路人议论纷纷，学生慌乱地躲在老师身后。到了超市，孩子们也感受到围观顾客异样的眼神，当不小心碰落的包装袋纷纷掉落一地时，学生害怕地蹲地上不起来。我就一边轻拍学生肩膀，一边亲切安抚“没关系，老师帮你们，不怕，我们一个个把东西捡起来，他们不会怪我们的”。边说边转头看向周边的人员，用坚定的眼神，缓和的语气，柔和的微笑，安抚学生，让他们下慢慢镇定下来。

带出去，走进来，教育回归生活，我希望他们都能在阳光下绽放。十多年来，我始终坚定不移地积极搭建平台，开展社区融合教育。来自100多家企事业单位的近千名志愿者走进特校助教支教。现在，我们每次外出，商家、志愿者都积极配合，社会各界给了我们很好的支持。

“我家孩子从小被诊断自闭症，从不敢幻想他能像别的小孩那样开朗，今天看到他上台表演，我真的十分感动，眼泪差一点就要掉下来了，真心谢谢这里的老师，这份恩情我们无以回报。”孩子们在老师的精心培育下，发生了脱胎换骨般的变化，一个曾被普校转介的学生成为学校的礼貌大使，还被评为浙江省美德少年。在老师的精心辅导下，学生参加全国第十届残疾人运动会暨第七届特奥会，四个项目获得两金两铜的好成绩。学生手鼓表演和情景剧节目获得台州市中小学生艺术节比赛一等奖，毕业的学生在星级酒店顺利就职……越来越多不同程度的特殊孩子们逐步获得了生活自理和职业能力。

学校先后获得了浙江省健康促进银牌学校、台州市"扶残助残"先进集体、玉环市文明校园、玉环市首批新时代文明实践点、玉环市教育系统先进集体、市教育宣传信息工作先进集体、市"群体师德创优"先进集体、市关心下一代工作"五好"学校、市校本培训优秀学校等多项荣誉。

每一粒种子都有适合自己的土地，每一棵草都会开放自己的花朵，这项特殊的事业，让我学会了等待，理解了成长的真谛。在漫长的静候中，感谢同事们甘愿寂寞，承受孤独。就如我们的校歌《绽放的柚子花》，我们相信每一朵花都会美丽开放！

十来年转瞬即逝，一路走来我感觉既辛苦又自豪。2009年，我们在没有任何经验借鉴下创办了特殊教育学校，一路摸索一路坎坷，然而这十年来，我们的孩子和老师都在不断成长，学校也渐渐走上了正轨，我觉得这非常有意义。2009年是玉环特殊教育梦想的开始，如今梦想照进现实，作为特殊教育学校的校长，我将带领师生从新出发，为孩子们争取更好地教育条件，争取社会对他们更多的包容度。

学教有序壮心志，深思静想定乾坤

浙师大附属温十五中　郑忠勇　王小琴　金积裕　徐晓雪

"一年之计，莫如树谷；十年之计，莫如树木；终身之计，莫如树人。一树一获者，谷也；一树十获者，木也；一树百获者，人也"。这段话既阐明了人才培养的重要性，也揭示出人才养成的不易。我校创办于2018年8月，是浙师大在温州市的一所附属中学。现有28个班级，1130名学生，在校编制教职员工94人。办学以来，我校始终以"未来教育"为核心理念，以"适应未来发展的高品质学校"为发展愿景，秉持"创办优质教育，成就美好人生"的办学理念，以 "厚德至善（向善的人） 精业致远（向上的人）"为校训，以"向善向上，维实维新"为校风，以"仁而爱人，敢为人先"为教风，以"格物致知，学行合一"为学风，着力打造五大教育支柱，实现"培养适应未来发展的人"的育人目标。一分耕耘，一分收获，在全校师生的辛劳努力下，我校先后获得浙江省义务教育标准化学校、温州市初中教学新常规样板校、温州市精准教学实验项目第二批试点学校、温州市"一师一优课"先进集体和龙湾区先进党支部等集体荣誉，成为温州地区教育的一张闪亮名片。

一、承旧立新，从集体备课中引申课改思想

集体备课是教师教学活动中重要的合作教学研究形式，也是开展教学研究的常规形式。其核心价值就是通过教研组教师群体的有效参与，形成相对统一的教学内容和样式，实现同一管理层次班级教学成绩的均衡化，提高课堂教学的质量和效益，避免教师个人备课的片面性与缺陷。但是，由于缺乏基本的制度约束、机制保障和完善的评价系统；缺乏教师研讨、精心打磨和交流的有效平台，不少教师在集体备课中无法实现智慧的碰撞和过程性资源的共享，使集体备课流于形式。

经过深入研究，我校尝试探索一条新的教学研究与教师专业发展机制--实行"先试后上"集体备课。借助教师合力提高教学设计质量，优化课堂教学，从而达到提升教育质量的目的。试图改变过去视集体备课为应付常规性检查和评比的随意性和低效性；力图通过集体智慧的集结与互补，凸显"实践+反思"原则，促进教育教学效益的最大化。

从2019年"先试后上"集体备课机制启动以来。学校以单元教学内容为项目课题，以课时教学为项目驱动，以备课小组合作为项目载体，在落实"主备"、草案先试、集体会诊、优化共案、形成个案五个步骤的基础上，完善教师备课、上课的资源匹配。

通过这种集体备课方式的改变。让试课者将其教学设计与大家分享，接受同组老师的评议，得到更多的启发和灵感；让听课者可以从试课者的设计和组内研讨中受感悟，调整自己的教学内容与方法。不再埋头于"单打独斗而是在试课中备课、在反思中改进、在研讨中提升。这样，把原本只有一位教师的个人备课逐步变成一个备课组的集体备课，将个人备课与集体备课融为一体，真正做到在合作"共赢"。

通过这种集体备课方式的改变。优化了课堂设计，提升了教学质量。它可以帮助学校形成各学科典型"先试后上"集体备课策略与教师专业成长案例集；同时也提高了"两组"活动效益，切实提升教师的专业发展水平，使各级骨干教师的数量与层次有相当幅度的提高。

二、知行合一，用创新理念架构课改新方向

传统集体备课一般按计划确定一位教师做主备人(或中心发言人)，主备人需提前一周准备好集体备课使用的课时教案，该环节即告结束。而学校的"先试后上"策略是指教师在围绕单元教学进行集体备课过程中形成一个基本框架：首先，"主备"教师结合教学设计在教研组内进行"试课"。具体要求是在成品教案正式使用前一周，从备课组内选取一位"主备人"作为中心发言。将写好草案或提供基于重要环节和项目等必备要素的备课提纲，以供集体备课商讨研究与选用；随后，由组内教师进行"点课"。每位教师都要结合自己的教育教学经验和学生实际，对呈现的必备要素的价值合理性、过程有效性、课堂操作性、学情针对性等问题进行思考和发言，提出建设性建议和看法；最后，在集体研讨的基础上，主备人进行二次取舍和修整，对本课教学全面、深刻的认识，再交给各位教师进行细化完善，形成组内认可的共案。这是每-位教师进行课堂教学的基本框架，也是确保班级之间教学均衡性提升的基本依据。

备课组集体商讨确认的共案是对全年级同类班级教学的通识性要求。由于不同班级的班情、学情各具特色；同班级学生知识基础和学习能力参差不齐等原因，要求教师在坚持共性教学提纲的前提下，结合班情、学情对其进行相应调整，最终形成各自教学风格，适应学生发展需要的个案。真正实现共性教学提纲的个性化实施，实施不同方式、不同难度、不同起点的个性化教学。

学校通过调查研究，深入课堂调研，观察教学现场，基于校本的调研分析，寻找集体备课的路径，健全"先试后上"集体备课制度。让更多一线教师增强以集体备课为主要途径的研学责任感和紧迫性，切实解放思想，树立"以人为本、面向全体学生、注重素质教育"的基本观；树立"学生自主发展、倡导体验参与"的活动观；树立"注重过程评价，促进学生发展"的价值观。

三、深耕细作，从树立信仰中探索教育未来

集体备课，对于学校，对于教师，对于学生，乃至对于国家大教育，究竟有多么重要？一些教师观点陈旧，认识肤浅模糊，最终导致行动消极怠惰。我们也深知不改变这种现状就没有教育的未来。

从"先试后上"集体备课项目启动以来，学校责任科室，学科组、备课组、教师"四级"联动。多层面的解读和宣传"先试后上"集体备课的变革重要性，树立面向未来教育的信仰；多渠道动员与开展"先试后上"集体备课活动。让更多教师认识到集体备课是自己走进教材，再走出教材的现实需要；也是真办教育、办真教育的远景发展需要。教师要放下架子，由一个观望者、徘徊者转变为一个实践者、推动者。

为了让项目能逐步深入推进，有效在课堂教学中"落实生根"。学校在"先试后上"集体备课活动推进的方式与方法上从四个方面入手。

第一，优化团队，更新落实。精选一批有很强团队合作意识和业务能力的"领头雁"做备课组长，更新与落实先试后上的备课制度。

第二，基于示范，点面推进。以个案研究为突破口，选取典型的课题与备课组，重点培训。按照集体备课的流程，熟悉路径环节，让教师们按照集体备课步骤、内容、方法、要求，步步规范，进行全程地跟踪分析评价，筛选成功的集体备课的案例。为成果培育研究提供实践样板，树立典型，以点带面，点面结合，让星星之火能够燎原。

第三，以赛代训，以赛代研。利用行动研究法，开展全校性的集体备课比赛，试课比赛，评课比赛等活动，以比赛来促进教师集体备课的技能，互研互学。强化教研文化建设，激发团队的竞争意识和荣誉感。评分项目主要包括：组内考勤情况、上周教学问题诊断及解决措施、"主备人"解说教学设计、组员二次备课发言、下周周课时计划制定、集体备课的目标达成、备课笔记及学科组活动资料上传，共8个维度。

第四，深入实践，聚焦观课。采取自我反思法，引导教师用批判和审视的眼光看待上周的集体备课行为与效果，以学论教，直面问题，检验集体备课的成果。

经过两年的实践，学校的教育教学质量也取得了骄人的成绩，2020中考成绩取得区教学质量成果奖。教师专业素养、教学质量和参与各级各类比赛，教科研成绩空前喜人。学生的学科素养也得到了很大提升。老师们逐渐尝到"先试后上"集体备课策略的甜头，校本教研逐步成为我校教师自觉的自我提升行为。让备课组从应付领导检查，变成自发自愿开展研究，浓厚了教研氛围，深化了团队互助。

"先试后上"集体备课具有鲜明的任务导向性、明确的目的性和过程的创新性。教师的理论水平、研究能力、书面和语言表达能力等方面都得到了提升。经过"先试后上"的集体备课，教师不仅对教学资源的选取，对教学重难点定位及突破策略等的安排上有了更深刻而全面的认识。教师的课堂驾驭水准也显著提高，保证了课堂教学的质量。

绵绵用力，久久为功。教育注定是一场没有终点的行程。在教育发展道路上，我校会继续发扬坚苦卓绝、自强不息的精神，以"创办优质教育，成就美好人生"作为学校办学理念，紧跟教改步伐，更新教育理念，做精做实"先试后上通过校本研训改变课堂改变教学，改变教师的评价机制，提升教师的专业素养，从而最终实现学生的健康成材。

走人才强校之路，育职业教育英才

重庆化工职业学院 岳莉 张赟

人才强国战略是实现国家强盛的第一战略。习近平同志高度重视人才问题和人才工作，认为培育英才对实现国家强盛、民族复兴的中国梦，具有重大而深远的意义。为贯彻习近平同志的人才战略思想，我校首先大力实施人才强校战略，持续探索教师培养体制机制，实施高端人才引培工程，构建"阶梯式渐进式教师培养机制制定学校青年教师导师制实施办法等制度，加大教师到企业实践锻炼力度，逐渐培养出一支专兼结合、数量充足、结构合理的高素质创新型专业化教师队伍，使学校人才红利日益释放，人才活力竞相迸发，从而为实现中国梦储备一批又一批栋梁之材。

一、校企结合，勇立潮头

市教委公布2020年全市高校中青年骨干教师评选名单，我很荣幸能够入选，成为我校首位获此殊荣的教师。2016年，我通过人才引进来到我们院校，13年的企业、科研院所工作经历，让我可以在这里一展抱负，努力携手全体教职工，打造我校一流的教育。

把课上到实验室、上到企业去。我校一方面带领团队加快现代化实训室建设，新建多个紧跟现代企业生产实际的实训中心，利用"政企校"合作优势改造升级现有实训室，建成多个贴近企业工作实际的实训中心；另一方面利用企业兼职教师优势，鼓励企业兼职教师带领学生深入企业现场学习。

在实践中，我带领老师们主动接触企业，接触一线的工人、技术人员、工程师交流共进。带领教师团队参与中冶赛迪"湛江三高炉系统原料工程清洁化转运EP项目"等项目，让教师真正找到学校教学与企业工作之间的差距。我校教育的特色就是实践教学，而'双师型'教师队伍是保障实践教学质量的关键。加快建设一支数量充足、素质优良、结构合理、特色鲜明、专兼结合的高素质专业化"双师型"教师队伍，是提升办学水平、提高育人质量的当务之急。近年来，学校高度重视师资队伍建设，已将"双师型"教师队伍建设列为学校师资队伍建设的重要内容。积极实施高端人才引培工程，努力打造一流师资队伍。

学校结合本校"十三五"师资队伍建设规划，以高层次人才引进为重点，每年制定各类人才引培目标，逐级分解任务，并开展目标考核。定期修订完善学校高层次人才引进及管理办法，落实"放管服"要求，向二级院系分批下放人才引进考核权，优化引才程序，加快优秀人才引进速度。近5年学校新进教师149人，其中引进高层次人才22人。我校制定了《教师到企业实践锻炼实施办法》，每年积极选派优秀教师参加市级"双千双师交流计划培育技术技能型专家、大师。得益于一系列有效举措，学校组建起了一支实力雄厚的教师队伍，现有专任教师中，教授、副教授以上高级职称教师占30%以上，具有研究生以上学历或硕士以上学位教师占75%以上，"双师型"教师占专任教师的77%以上。这些力量汇聚在一起，正蓄势起航，书写我校新的辉煌。

二、不懈追求，深耕科研

我校青年教师孟华选择远离陕西来重庆工作扎根、发展，她直言，我校高度重视人才、服务人才、发展人才，为老师们搭建起了良好的成长平台，让人安心、放心，有信心。

孟华老师是我校教师不懈追求、深耕科研的一个缩影。孟华老师在学生的实习、实践体系上积极开展教学改革，倡导将课程设计、认知实习、顶岗实习"三位一体"相结合，把校内校外资源有机整合，提升学生综合能力。她特别注重以科研反哺教学，将实践经验融入专业教学中，把在科研项目过程中遇到的具体问题作为课堂案例，引导学生探讨实践，最大限度地将科研优势转化为教学优势。近五年来，孟华老师先后主持省部级以上科研项目4项，被授权实用新型专利3项，申请发明专利1项，出版专著1部，公开发表论文30余篇。

教育科研是推动学校科学发展的基础性、保障性工作，是深化学校教育教学改革，促进学校可持续发展的重要保障。学校强化科研队伍建设，增加教育科研经费投入，加大教育科研力度，以科研促进教师能力提升，以科研助推学校内涵发展。学校健全培养机制，不断丰富教师培育方式，构建学校、二级学院、教研室三级"阶梯式渐进式教师培养机制"。每个期末定期开展校本培训，积极选派教师国内访学、赴国外参加各研修项目，全面提升教师素质和能力。修订完善学校教育管理与实施办法，从时间和资金上支持教师读硕、读博，鼓励教师提升学历学位，提高综合素质和教科研能力。

我们院校为教师营造了良好的教育科研氛围，老师们主动科研，深耕行业，取得了令人瞩目的成绩。2019年，学校获市级项目15项，教师发表论文获SCI收录二区7篇、三区16篇；申报专利数量达到164项，授权专利99项，充分彰显了学校的办学活力和发展潜力。

三、转变模式，培育英才

我们学院始终坚持"育人为本、质量立校、特色发展、服务社会"的办学理念，以立德树人为根本，深度对接产业发展，转变人才培养模式，走出了内涵发展之路。

在优秀教师的推动下，学校发展提档加速，着力为地方经济社会发展培养高素质技术技能型人才。学校立足"大化工以市级骨干专业为龙头，围绕重庆市重点产业进行专业结构调整，建立了应用化工技术、药品生产技术、工业分析技术、工业过程自动化4个特色专业群。现有专业34个，对接重庆市"6+1"支柱产业"、"2+10"战略性新兴产业及现代服务业的专业30个，占比为88%。在优秀教师的精心培育下，学生成长成才形势喜人，在职场、赛场大放异彩。

我校连续8年就业率保持在95%以上，毕业生广泛分布于重庆市化工、医药、轻工、机械、食品、旅游等行业，不少学生成功进入世界500强企业、央企、国家级科研院所等用人单位，或进入高一级院校继续深造。学生职业技能大赛成绩显著，11次夺得国赛团体一等奖，20次夺得市赛团体一等奖，6人获得个人全能冠军，获得文化体育比赛国际级奖项1个、市级以上奖励100余人次。在提升学生职业技能的同时，学校进一步强化学生思想素质的建设，率先在全市高职院校中成立了马克思主义学院，开全开好思想政治理论课。出台《三全育人综合改革实施方案》，推广"大学生思想政治工作'一分钟工程'"，积极探索课程思政，教育和引导教职工主动担负育人职责，将技能教育与思政教育有机融合，着力培养又红又专的合格人才。

人才强校，人才强国。走人才强国之路，是增强我国综合国力和国际竞争力、实现中华民族伟大复兴的战略选择。走人才强校之路，是增强我校整体教学水平、培养国家栋梁之材的必然选择。面向未来，我校会继续坚持立德树人的办学方向，继续探索和实践学校发展的新路径，为打造高水平职业院校不懈奋进，一往无前。

熔铸红色血脉 培育家国情怀

重庆市江津区鼎山小学校 杨雪梅 刘洋

位于长江之滨鼎山脚下，毗邻聂帅馆和陈独秀旧居，建址原三线军工企业——国营长风机器厂旧厂址上……独特的地域文化、悠久的历史沿革、丰富的双拥文化，使重庆市江津区鼎山小学自2017年开办之日起，就和国防事业、红色文化结下了不解之缘。

风雨苍黄百年路，红色基因滋养了一代代江津人的初心。为延续红色血脉，我校积极践行社会主义核心价值观，始终高举红色旗帜，以红色文化为载体，以打造"国防科技教育"为导向，坚持把红色资源利用好，把红色传统发扬好，把红色基因传承好，把铁血军魂铸就好，着力培养学生优良的品格、健康的体格、阳光的性格和健全的人格。

提炼学校文化，传承红色基因

文化是一所学校的"根它既是学校的精神符号，也是学校发展最核心的动力。从2018年开始，我校启动学校文化建设工作，积极构建"鼎"文化育人体系，精心塑造有灵魂、有品格、有情怀的新时代人才。

"鼎"是中华文化的重要标志之一，象征着和谐有序、韧性包容和革新进取等精神，象征着华夏民族大融合及其顶天立地的形象。基于此，我校提炼出"立足大地，仰望天空"的办学精神，引导学生自觉传承红色基因，树立和践行社会主义核心价值观，做勇于担当民族复兴大任的时代新人。

在"鼎"文化统领下，我校确立了"蒙以养正 亨以养贤"的办学理念，全面推行"养正教育以养正环境细滋漫润，以养正课程固本培元，以养正课堂开启智慧，以养正评价激励成长，以养正管理提供制度保障，着力培养德智体美劳全面发展的新时代少年。同时，学校还以楼路文化、英雄模范墙、班级文化栏等外显的文化为载体，积极营造浓郁的"国防科技"和红色文化教育氛围，让英雄的精神熠熠生辉，让红色的基因代代相传。

抓实德育常规，释放四节活力

立德树人是教育永恒的课题，让德育回归本源，培养学生核心素养，是学校育人工作的着力点和新航标。我校依托"四力紧扣"四节落实"五好"、"五会"、"六仪式培育"六素养为成就孩子们的美好人生打好基础。

学校人人都是德育工作者，从领导到每一位老师、保安、工人，对学生的文明礼仪教育、行为习惯养成教育常抓不懈。对低段的孩子，从关注他们的细节着手，在开好口、走好路、吃好饭、读好书、做好操等细节上进行常抓和强化，对节能环保、珍爱生命等进行常态化教育，一周一个训练要点，一月一次小结。如今，学校的"四节"活动已形成体系，快乐读书节、缤纷艺术节、奇趣科技节、多彩体育节不断释放出蓬勃的校园活力，助力学生全面发展。

国防教育创特色，家国情怀筑长城

少年智则国智，少年富则国富，少年强则国强，少年进步则国进步。国防教育在整个学校教育体系中属于基本素质教育范畴，不仅具有增强全民国防观念，提高全民国防意识的国防功能，而且有助于促进学生整体素质的全面发展。我校以国防科技教育为办学特色，不断增强师生的爱国意识，培养师生的家国情怀。

我校专门安排了国防教育课，讲述国无防不立、民无防不安的基本道理；邀请老英雄到校讲革命传统，通过演讲、绘画、艺术节等形式，多角度激发孩子们的爱国情感；在红领巾广播站开辟“小军号”宣传教育阵地，讲解国防知识，讲述英雄故事，传唱军旅歌曲；每月开展一次红色文化教育主题班会，让“敬重英烈，崇尚英雄”之风在校园内盛行；积极推行“军衔晋级”的德育评价体系，设置尉级、校级、将级三个等级十个类别的军衔，一年一个周期，逐级晋升，以此评比出优秀班级、优秀教师和新时代好少年……一系列特色国防教育活动的开展，既彰显了学校的办学特色，也为培育学生的国防意识和家国情怀奠定了基础。

双拥文化进校园，用心用情育新人

作为双拥模范城，拥军优属、拥政爱民是江津的优良传统。为了拓宽教育渠道，我校将双拥工作与学校日常教育活动相结合，寓教育于活动之中，营造了浓厚的双拥和国防教育宣传氛围。

我校在校园核心区设立了约500平方米的“双拥文化园其中有大兵带小将、拥军见行动、多彩军旅梦、优抚暖人心四个板块，已经成为江津区双拥行动中一道亮丽的风景线；主动与区人武部、武警江津支队、退役军人事务局等单位开展联动，与聂帅陈列馆结成“爱国主义教育互助单位与武警江津支队签订“共建协议共同根植师生爱国主义情怀；师生精心编排节目，参与部队送旧迎新、传统节日慰问活动，官兵进校训练国旗班、教授军体拳，落实大兵带小将行动；校为军人子女建立关爱台账，在报名注册、家访入户、学业指导等方面优先关照，切实解决军人的后顾之忧；常态化关注学生心理成长，尤其关注军人子女的心理动态，利用学校的“心理成长中心帮助他们释放压力，沟通亲子关系，引导他们立志、向阳……一系列双拥文化的有效举措，切实解决了军人子女的教育问题，诠释了“军民鱼水情”的时代价值。2020年11月，我校被重庆市委、市政府、市警备区联合表彰为“拥军优属模范单位”。

校馆合作打底色，聂帅精神代代传

革命博物馆、纪念馆、党史馆、烈士陵园等都是党和国家红色基因库。为了把红色资源利用好，2017年11月，我校与聂荣臻元帅陈列馆签署《馆校结对共建协议书》，充分依托红色资源，开展革命传统教育。

校党支部常态化开展“弘扬聂帅精神，争做四有好教师”系列活动，听聂帅故事，讲优秀家风，在帅馆重温入党誓词，领略伟人风采。在江津区教委组织的主题党日展评活动中，我校以此为主题，获得了一等奖、片区特等奖。

每年在聂帅铜像前举行新队员入队仪式，邀请家长现场观礼，邀请区委宣传部、区关工委、武警中队江津支队等单位领导为中队授旗，为新队员佩戴红领巾，让学生们在此过程中切身感受到参加少先队的荣誉感。

定期开展“聂帅精神进校园”活动，通过讲演聂帅故事、争当“小小解说员”志愿者、编排课本剧等方式追寻聂帅精神，争做聂帅传人。其中，我校创作的《智护青李》情景剧多次在校内外演出，深受师生家长欢迎。

每学期组织学生与家长一起开展“亲子参观帅馆”活动，让新生和家长一起接受爱国主义教育洗礼，以家庭为原点，辐射社区，联动社会，让爱国主义教育更富实效。

建校四年多来，我校积极打造“国防科技教育”办学特色，努力探索爱国主义教育与红色文化教育的有机融合，一系列努力也收获了成功的喜悦：孩子们朝气蓬勃全面发展，积极参赛获奖较多；教师队伍年轻化、爱学习、肯钻研，在各类征文、演讲以及学科赛课、说课、微课制作等活动中硕果累累；家校和谐有口皆碑，合力育人形成共识，成为助推学校发展的强劲动力；学校已获得重庆市拥军优属模范单位、重庆市垃圾分类先进集体、江津区卫生示范校、江津区绿色学校，江津区国防科技教育特色学校、全国少儿美术教育示范单位、“一师一优课一课一名师”活动先进单位、全国少儿艺术展荣誉单位、江津区“中华魂”主题教育活动先进集体等荣誉。

忆往昔峥嵘岁月，树今朝爱国情怀。站在新时代的历史起点上，鼎山小学团队将不忘初心，砥砺前行，为办一所有特色的优质学校而不断努力，为人文江津美好教育增光添彩。

扬基“石”精神　创“石小”辉煌

重庆市江津区石坝街小学校　唐军

江津区石坝街小学校创办于1916年，坐落在千年文化古镇—白沙镇东南面古朴而幽雅的石坝街，校因街而名，街因校而兴。如今学校占地36余亩，建筑面积8971平方米，27个教学班，师生1300余人，校园环境优雅。百年办学历程中积淀的厚重的学校文化，引领一代又一代石小人不断前行。

石坝街盘石而建，学校以街定名。石小人与“石”相依，感古石之五德五训：“沉静淡泊，不哗众取宠；浑朴刚正，不柔媚悦人；表里如一，不弄虚作假；坚贞永恒，不动摇变节；乐于助人，不吝惜自身悟“石”之稳定、坚韧、质朴、恒久精神，并以之拓展“石”、运用“石”、历练“石”。通过一代代石小人对石文化的演绎和推广，形成了以“石”为核心理念的特色文化框架体系，并让“石”文化随着一代代学子的成长得以流传，让石的精神代代传承。

课程育人　夯实“石”之本

(一) 构建“真·美”1+X课程体系

石坝街小学校以“石”为文化发展之脉，努力为孩子们的未来成长打下坚实的基础。在厘清国家课程、发掘地方课程和把脉校本课程的基础上，结合校训“唯实唯善·唯真唯美”内涵进行了理性思考，整体规划和系统创新，确定了“尚美求真·笃实至善”的课程理念，从语言与交往、科学与创造、健康与运动、艺术与审美、道德与修养五个课程领域分别以国家（基础）课程、拓展课程、特色课程进行了体系重建，形成了“真·美”1+X课程体系。

(二) 梯级推进实施“真·美”1+X课程体系

1.严格按照国家课程计划开齐开足各学科课程，把真·美1+X课程的“1”即国家基础课程落实到位，做到掷地有声。

学校通过组织基于核心素养的各种教学研讨活动和学生活动为国家课程“校本化”搭建平台，夯实国家课程，如：朗读指导策略、咀嚼语言共鸣情感、读写结合构建高效课堂、挖掘数学文化素材感受数学文化魅力、整数四则运算的算理与算法的有效融合大单元教学研讨等活动开展有效地促进了课程资源挖掘，让学生的学习真实发生，真正落实课程育人。

2.精研拓展课程，实施素质教育，体现教育之“真”。

对不同课程领域的学科设置的必修课，是对国家课程进一步“校本化”的体现，更是对相应学科的学科素养进行有效培养，比如晨诵午吟暮省、速算训练，分别对语文、数学学科素养的进一步强化。不同课程领域设置的个性（选修）课，如播音主持、人工智能、纤维坊、古筝、拉丁舞等，最大限度地满足学生的发展需求，理解并尊重学生的个体差异性，促进学生在原有基础上获得充分的、可持续的生命价值的提升。

3.做特色课程，打造品牌文化，塑学校课程之“美”。

(1) 建设并完善网球特色课程

我校是全国青少年网球特色学校，已经形成了浓厚的网球运动氛围。学校通过把网球纳入体育课程的必修内容、研发小学生网球校本教材（基本成型），组织学校网球运动会，参加上级比赛等，进一步推进学校网球运动全校参与和发展，培养学生自信、协作、进取等优秀品质和网球运动技能。

(2) 开发“石”课程（推进中）

围绕“石”文化丰富学校的文化内涵，从以文化石（收集石成语故事、石神话、美文欣赏等），以玩赏石（石绘艺术、石盆景）切入，形成《石文化》绘本和石绘艺术作品展。

(3) 建设抗战影视文化实践课程（推进中）

依托白沙古镇7张文化名片中的抗战文化和影视文化，借助学校过去参加中央电教馆组织的微电影比赛中所积累的经验，联系白沙镇文化站和重庆白沙影视基地，开发抗战影视文化实践课程，从收集白沙抗战历史编制校本教材切入，通过开展讲本地抗战故事，影视基地实践研学，石小大舞台抗战故事剧表演，培养遗址小讲解员等活动，重温革命历史，激发爱国情怀，锻炼孩子的语言和行为表现力。

(三) 探索“求真五步”课堂教学模式

为抓实课堂，向课堂要质量，石坝街小学积极参与教改，围绕如何让学生课堂学习学有所获，初步探索形成了“求真五步”课堂教学模式：“真境引入——自主寻真——合作探真——运用求真——拓展延真紧紧围绕“真学”展开课堂教学，旨在打造常态下脚踏实地，不唯上，不唯师，不违心，以学生为主体，教师为主导，学生和教师平等相处、互动交流、动态生成、共同发展的求真课堂，让学习真实发生，形成高效课堂，为石坝街小学高质量高品质发展提供坚实基础。探索的路上，我校2019-2020学年获江津区教育质量先进单位、江津区教育科研先进集体称号，教师获得江津区优质课、微课比赛一等奖7人次。

环境熏染　增添“石”之魅

(一) 统筹规划，建设优美的物质环境

学校坐落于千年古镇的古街中心，拥有着世人传承的古韵文化，因此，古典、优雅的校园色调配以“石”文化成为石坝街小学的校园文化衣装，各主体建筑和围墙建设风貌为青瓦白墙，融合历史文化，与古镇接轨，精心打造浓郁“石文化”育人环境，力求让一物一景都体现“稳、韧、朴、恒”人文内涵，草木砖瓦、石廊水榭都富有育人灵性。

南校门入口设置润泽石，以校风“润物细无声时刻警醒石小人学无捷径，唯有一步一个脚印，稳步前进，才能夯实人生成长之基，实现远大的理想和伟大的抱负，成为中流之砥柱。

求实路是贯穿校园南北的枢纽，旁边设置成长石，告诫学生学习要以"勤"为本，夯实基础，厚积薄发，为未来发展奠基。

（二）完善标识，建设浓厚的人文环境

围绕学校"夯石为基 砥砺前行"办学理念，学校充分发挥集体智慧，有效整合家校社区优质资源，经过深度调研、反复打磨，确定学校文化统一标识，将"石"文化融入教师及学生的教、学生活中，从"石"到"实真正让"石"文化落地生根。

活动丰富 浇灌"石"之花

（一）开展身边的 "石"文化实践活动

建设石课程研究小组，搜罗大自然中的奇石、景观展现给学生，激发并培养学生爱家乡、祖国的情怀；收集并整理与石相关的成语故事、神话故事、美文，以文化石，丰富石之内涵；开展石文化讲解、演说活动，培养学生的说话能力和合作交流能力。并以石坝街及周边地区为核心，对家乡石资源进行探访、分析、研究，培养学生的综合实践能力。

（二）开展"石小大舞台"活动

让自己看到成果，让自己的成果能在室外展示，这是石坝街小学每个学生和教师乐意的愿望。才艺大比拼、每周一班级特色展示、古诗词大赛、"六一" 百米书画活动、汉字听写比赛、全校青年教师赛课活动、中老年教师"课堂秀"、班主任基本功大赛、辅导员优秀案例评比活动、党员教师演讲比赛等丰富多彩的活动，为石小师生彰显个性、发展特长提供了广阔舞台。

（三）开展"小石头的成长"系列活动

习惯润生命，艺体绘人生。结合石的精神，对学生进行石文化教育，让每个学生都找到自己的优势和长处，让每一个石小娃会学习、展个性、乐运动、勤动手、敢创新、知礼仪。学校通过"寻找最美习惯班级"、"现场书画大赛"、"小百灵歌手比赛"、"金话筒主持人比赛"、"实践园"、小石头之"春之歌"、"春之画"、"春之诗"等系列主题教育活动和"艺术节"、"科技节"、"体育节让师生亲近大自然、发现大自然植物生长的奥妙，体验坚守的责任与收获的喜悦，挖掘学生发现美、欣赏美、创造美、追求美的能力，培养学生成为"好品格、好体魄、好习惯、好文章、好口才、好才艺、好书法、好科学、好思维、好格局"的十（石）好少年，让石小娃娃有内涵、有才情、有修养、有品位，成为尚美求真、笃实至善之石小人，让"韧、稳、朴、恒"的石小精神深植大地。

春华秋实，硕果累累。学校至今已经连续七年被评为江津区教育质量先进单位；2006年，成功创建为首批江津区艺术教育特色学校（AA级）；2010年，通过再次验收评比，继续被命名为江津区艺术教育特色学校（AA级）；2012年，被评为江津区基础教育AA级绘画特色学校，江津区体育特色学校；2013年，被评为十二五语文教师专业化试点项目语文教师专业化发展工程基地校和江津区"体育、艺术、科技2+2"项目实验工作优秀学校；2014年，被评为全国青少年五好小公民"美丽中国我的中国梦"主题教育活动示范学校并再次被江津区评为艺术教育特色学校；2017年被评为全国青少年网球特色学校，刷新了学校体育特色新窗口，并于2019年获重庆市首届青少年网球比赛团体总分第五名的好成绩；2019年被评为江津区绿色校园、江津区青少年体育后备人才基地学校；组织参加江津区中小学生田径运动会多次获小学组一、二等奖。

自我校开展"石"文化建设以来，取得了宝贵的经验，收获了可喜的成果，真正让"石"的精神品质融入校园，形成了学校的特色，获得了社会的认可。未来，我们将继续发扬"石"的精神，扎扎实实地耕耘好教育这片热土，奋力前行，勇创辉煌！

凝心聚力谋发展，弘扬经典育英才

重庆市江津区永安小学校 邹军

丛林秀峰，两山遥望，泉水潺潺，不绝于耳。我校就位于坐落在重庆市级森林公园，被称为"中华情山"的女石笋山下。明朝工部尚书江渊题诗《石笋凌云》曰："岧嶤玉笋插云烟，万丈丹梯未可缘。屹立数峰高拔地，孤撑一柱上擎天……"在这里，浅吟低唱着几千年的历史文化积淀；在这里，"诗词文化"作为学校独具特色的物质文化和精神文化，弹奏着校园诗词文化润物无声的清音。

"一年之计，莫如树谷；十年之计，莫如树木；终身之计，莫如树人。一树一获者，谷也；一树十获者，木也；一树百获者，人也"。 这段话既阐明了人才培养的重要性，也揭示出人才养成的不易。一直以来，我校坚持探索特色办学路径，把传承、弘扬传统文化纳入学校特色办学思路，通过丰富的活动、有趣的课程和浓郁的氛围，让学生感受文化魅力，领略经典的芬芳。我校也因此先后荣获"校园文化建设达标学校"、"江津区教学质量先进单位"、"绿色濡染、艺体熏陶特色学校"等多项荣誉称号，并且在江津区诗词教学技能大赛中获得了喜人成绩。

一、青砖碧瓦，大力建设优质校园

陶行知曾说过："天然环境和人格陶冶，很有密切关系"。校园中的每一座建筑、每一处景点，每一片绿色，都成为一种思想的传递，一种文化的表达，优美的校园环境就像无声的老师，滋润着师生的心田，熏陶感染着师生，丰富净化着师生的灵魂，潜移默化地引导师生向着健康的方向发展。走进我校，走廊、过道、操场边、诗词主题墙……处处凸显着清新淡雅，仿佛走进一座诗意的殿堂。徜徉于校园间，既能体验到"茅檐低小，溪上青青草"的乡间野趣，也能感受到"莫笑农家腊酒浑，丰年留客足鸡豚"的农家热情……学生们课后闲暇之余，一边走路一边诵读古诗词，心情悠然放松，为枯燥的步行增添了几分诗意。每天课间操时间，我校师生齐颂经典诗词，成为学校一道亮丽的风景线。近几年，经典诵读全面融入校园生活，我校以校级齐读、经典晨读、个人诵读为特色，充分利用早读、升旗仪式、大课间等间隙，发起全校学生参与吟诵古诗词活动，确保吟诵的常态化。

学生的培养既要有世界眼光也要有中国智慧，任何时候都不能忘记中华民族的传统文化。我校将吟诵活动与学校艺术节、文化节等其他校园活动相结合，达到相互促进的效果。此外，老师还经常组织不同年级、不同班级学生赏诗、吟诗、赛诗、演诗，自主地把诗歌活动开展得多姿多彩。我校姚玉林老师说：" 以前，我只是喜欢诗词，但自从加入这个大家庭后，我从最初的只会读诗，到如今已会写诗，很有成就感"。他口中的"大家庭"便是石笋新芽诗社。诗歌源于生活，一颗美好的诗心能够让师生们感受到生活和自然之美。为此，我校专门成立了由老师和学生组成的石笋新芽诗社，邀请江津区诗词学会会长讲授诗词欣赏、诗词创作知识，做诗歌艺术辅导，在提升学生诗词赏析能力的同时，也让教师队伍诗文素养不断提高。以此为基础，教师们也不断创作出适合学生特点和实际需求的诗教课程，让学生热爱诗词，诵读诗词，创作诗词。在丰富活动形式方面，我校的诗社还从唐诗宋词中选取合适的内容，将古诗与练笔相结合，以诗促写。组织诗社成员们走出校园，开展参观、采风等社会实践活动，通过亲近自然，感受生活，让学生在诗韵书香中成长。

二、知行合一，弘扬经典文化风采

成语接龙、飞花令、古诗词串烧……这不只是央视节目《中国诗词大会》的专利，我校的教师将这些新颖的趣味诗词形式融入课堂讲学中，师生们把中国文学独特魅力展现得淋漓尽致，妙语连珠，妙趣横生。我校深知传统的诗歌教学多以背诵为主，学生很多时候不理解诗中之意，容易枯燥乏味。因此，为激发学生学习兴趣，我校运用各种趣味形式传授给孩子，通过丰富多彩的课堂活动和实践，让学生更易于理解和记忆，感受文化的熏陶，领略诗歌的魅力。诗歌在语文课中属于一种最精致、纯粹、优美的文体。读诗歌，寻思路，可以培养学生的观察能力；诵诗歌，入妙境，可以激发想象能力；说妙句，品妙词，可以锻炼学生的语言表达能力；析内容，感情怀，可以陶冶学生的美好情操，上述种种正是我校特色办学的美好愿景。

腹有诗书气自华，经过潜移默化的文化熏陶，如今我校特色办学效果显著。今天，我校的孩子们下笔有神，出口成章，日常习作能将所诵读的诗词歌赋与作文融会贯通。在课堂上，诗词校刊《石笋新芽》每位学生人手一本。我校原创诗刊《石笋新芽》，诗词全部由学校老师、学生撰写，目前已出版诗刊4期。此外，我校还校根据日常的教育教学组织教研组进行"诗教"专题研讨，形成独有的特色诗词教案集，为我校传统文化进一步深入发展奠定了有力基础。

沐浴春风桃花红，雨露滋润花更艳。到了今天，我校传统文化的创建不仅提升了学校的精气神，更提升了学校的办学品位。学校先后被评为重庆市"绿色学校"、江津区"示范小学"、江津区"特色学校"、重庆市"诗词名校"、江津区"禁毒示范校"、江津区"平安校园"、江津区"文明校园"、江津区"科研先进单位"、江津区"先进基层党组织"等。我校全体师生勠力同心，积极进取，使学校的每个角落都弥漫着传统文化的芳香，教育教学质量逐步提升，教育特色迈上更高的台阶！

"汇善"育人 文化创新

——谈油溪小学文化建设的传承与创新工作开展

重庆市江津区油溪小学 涂雄

学校文化是一所学校在办学历史中长期积淀、凝练而成并被学校全体师生所认同和遵循的价值观、精神、行为准则及其规章制度和行为方式。它可以体现于外在的校园景观，也可以通过一节节课、一个个故事彰显出来，并流传下去。所以，每一所学校的文化都应是从这个学校的土壤中自然而然"生长"出来的。尤其是一所农村"老"学校，受地理位置和功能用房等条件限制，学校文化建设更应该因地制宜，传承创新。

油溪小学创建于1913年，是一所有着百余年办学历史的老校，文化底蕴深厚。聂荣臻元帅于1917年春就读于我校，毕业后考入江津中学。油溪小学现有40个教学班，学生1645人，教职员工115名。现有“一校四区B区为均衡教育期间恢复的校区，托管的山王店小学、碑槽小学为独立法人单位。现正对三校教育资源进行整合，为进一步优化师资配置，实现一体化办学、协同发展打下坚实基础。以下，我对我校的文化建设传承与创新工作开展进行介绍。

一、“汇善”文化传承与解析

（一）文化核心理念

“由小善为 溪汇江海”。学校地处津璧河与长江交汇处，依山傍水而立。津璧河水由此融入长江，一路向东，最终归入大海。正所谓“上善若水，水利万物而不争”.因此，我校提出了“由小善为，溪汇江海”的核心理念，其中，“由”、“溪”音同于“油溪”。

“由小善为”出自典故《三国志•蜀志传》“勿以恶小而为之，勿以善小而不为”。这句话讲的是做人的道理，不要因为是一件较小的坏事就去做，不要因为是一件极小的善事就不去做。“由小善为”也体现了油小人“做不了轰轰烈烈的大事就从小事做起以及“穷则独善其身”的低调务实的做事态度和价值取向。

“溪汇江海”则是汇集百家之所长，包容万象。一旦认准一个目标，就要有一往无前的勇气和坚定执着的精神，最终汇集于江海，寓意学校培养的对象最终都能得到最大的发展。

（二）“汇善”教育提出

抽取核心理念“由小善为 溪汇江海”里的“汇”和“善”二字，组成为学校的“汇善”教育文化。“汇集大成者，开放、包容、达则兼善天下。“汇”是方法、途径和策略。善的生命、善的道德品质、底色，又兼具知行合一的善为品性，“善”是核心、是目的。“汇善教育”不仅要把学生在小学阶段引导为一个具有善心善良的人，更要把每一个学生引导为一个善学、善思、善言、善为的汇集各种善于做事的、具备良好行为习惯的人。油溪小学“汇善”教育体系以聂帅精神的传承和发扬为底蕴，以“立德树人，追求卓越”为依托，“汇”是重点，“善”是核心，通过汇集“善”的文化来立德，通过汇集善的实践活动来树人。

二、构建“汇善”育人体系

（一）“汇善”校本课教育体系

1.课程体系

“汇善课程”体系就是把国家课程、地方课程、校本课程进行统整，划分为学科课程、合作探究课程、拓展课程、才艺课程和主题课程。学科课程通过进行课堂教学改革，形成了学校独有的“汇善课堂二三三教学模式”、“一课三备”的备课形式以及“汇善课堂”评价标准等进行实施，重点体现学生的“善学”和教师的“善教、善导”；拓展课程数学学科以数学文化，语文学科以群文阅读为载体实施；合作探究课程则以校本教材《魅力油溪我的家》和《汇善分层德育》为载体来实施；才艺课程包括音乐、体育、美术、科技等十余个大项42个小项；主题课程则以每年十一、二月的“艺术节三、四月的“体育节”等形式来落实。

2.课堂体系

汇善课堂的核心是“善为其精髓是老师“善教”、学生“善学是学校“汇善”教育文化理念在课堂中的具体体现。“汇善”课堂“二三三”教学模式：“二”——即“双主”：凸显学生主体地位，发挥教师主导作用；“三”——即课堂环节三大基本特征：自主合作、展示交流、运用强化；“三”——即落实师生“三大”行动：教师基于学生的“情境自学，合作互学”的卓越行动；教师基于学生的“展学质疑”的卓越行动；教师基于学生的“用学提升”的卓越行动。

近五年，用汇善课堂理念做的课例得到各级认可，有36人次在各级各类赛课、说课比赛中获全国、市区级一、二等奖。24个课件和微课获国家、市区级一、二等奖。 16个教学视频被西南师范大学出版社采用并发行。20个PPT课件配套西师版小学生数学教参发行。

（二）“汇善”教师专业发展体系

1.搭建专业知识平台

教研常规化，相互学习，取长补短。采用联谊互动的教研方式，开展校际之间献课、送课及同课异构活动。鼓励教师组建团队参加课题研究，在研究中加深对课堂模式的理解和运用。提倡师生之间相互倾听和言说，敞开自己的精神世界，不仅表现为提问与回答，还表现为交流与探讨、独白与倾听、欣赏与评价，从而获得精神的交流和价值的分享。同时，我们要求教师掌握现代化的学习方式，在现代远程教育等网络平台上学习一些先进的东西，要充分利用好网上现代化的取之不尽、用之不竭的教学资源。

2.组织教师专业活动

在研究中形成了由“尝试课、重建课、推动课、挑战课”构成的专题性听说评课活动，促进教师对该教育问题的理解，提升教学技能，起到了比较好的效果。

同时，成立“名师工作室发挥名师的示范引领作用。充分发挥学校已有名师的示范、引领作用，成立“语文、数学、英语”三个名师工作室。工作室制定详细的工作计划和工作部署，举行定期研讨、集体备课和同课异构等活动，对课堂教学进行有益实践与探讨。

近五年，学校承担市、区级课题16个，2019年获区教育科研成果一等奖。一师一优课8节获部级优课，26节获市、区级优课。培养重庆市特级教师1人，重庆市学科名师2人，市、区骨干教师14人。

三、完善“汇善”教育管理体系

学校坚持把依法建章立制作为推进依法治校的重要手段，使各项规章制度在合法、合理的基础上制定，在严格、公正的平台上运作。同时，制定和完善了《油溪小学管理工作大纛》，涵盖学校行政工作管理制度、学校人事工作管理制度、学校教学工作管理制度等10个方面的管理制度，确保了学校的一切活动，都有法可依、有章可循。学校制度文化为学校依法治校，营造“汇善教育”风清气正的育人氛围提供了强有力保障。

同时，制定的继续教育、教育科研、备课、上课等规章制度，激发了教师参加校本教研活动积极性，通过课堂教学比赛、推门听课等形式，评选并授予油小“汇善课堂教学能手”称号。制定师德师风考核、业绩考核、民主测评相结合的评先评优、评职称晋升方案，让师德高尚、教学水平高超、教学业绩突出的教师，能够获得成功体验，获取更多的幸福感。每学年开展寻找“汇善少年”评比活动，根据评比方案，各年级根据学生的德育评分、学习成绩、突出贡献或先进事迹等方面推选候选人，然后集中评选并授予年度油小“汇善少年”荣誉称号。

“汇善”育人，文化创新，完善的育人体系，能够让校园充满“家”的温馨感，文化创新，则能够有效地激发教育活力，让每个人在校园里找到属于自己的价值感。我校自2014年开始实施文化教育改革和创新工作，依校情，承文化，跟时代，提出了“汇善”教育。这么多年风雨兼程的发展，让我们收获了喜悦与肯定。但这仅仅是“汇善”教育美好的开端。

时光清濯，陌上花开，“由小善为，溪汇江海不仅是指引我校发展创新的一种理念，更是植根于每一位师生心中的一种信仰。“人文江津、美好教育”的辉煌画卷正徐徐展开，“汇善育人”的涓涓细流汇入大海，终将成“直挂云帆济沧海”之势！

创建活动课程，培养学生全面发展

重庆市九龙坡区火炬小学校　李学久　徐允熙

为贯彻落实党的十九大精神，深入推进少先队改革，创新少年队活动课程，我校立足学校少先队工作开展，教育引导儿童立志向、有梦想，爱学习、爱劳动、爱祖国，德智体美全面发展而产生的课程，自2013年成立以来，我校致力于建立健全少先队组织，积极加强阵地建设。学校从2015年开始少先队改革尝试，将班主任与辅导员分开设立，落实少先队教育成果。学校尝试将成体系的少先队活动课程建设为少先队教育的主渠道。2017 年，在全国少工委、团市委的指导下，拟定第一个“少先队活动课程建设五年规划（2017—2020年）经历了从无到有、从建立雏形到不断完善的蝶变。

一、少先队活动课程主题

学校少先队活动课程的主题是“星星引领成长，火炬点亮梦想是在课程理论基础上凸显学校特色，是办学理念和校训的延伸和具象。“星星引领成长”是方式、路径，象征着少先队是在中国共产党的领导下，在共青团的帮助下，将践行社会主义核心价值观有效地和少先队活动课程融合起来，进而实现“火炬点亮梦想”的教育愿景。

二、少先队活动课程内容及目标

少先队活动课程主要包含组织意识、政治启蒙、信仰萌芽、成长取向教育内容。

组织意识。组织意识的培养需要加强组织光荣感、组织归属感；政治启蒙。政治启蒙包括“五爱即爱党、爱社会主义祖国、爱人民、爱中华民族。信仰萌芽。少先队组织对少年儿童的信仰启蒙，引导他们信奉真善美；打下正确的世界观、人生观、价值观基础；信仰社会主义，培养道路自信；了解“中国梦报效“中国梦”；了解在中国共产党成立一百年时全面建成小康社会，树立报效祖国的理想，为实现“中国梦”做好全面准备；学习先锋，立志为共产主义事业而奋斗；成长取向。坚持正确的成长取向，引领少年儿童信仰萌芽、科学意识、劳动意识、审美意识、身心发展。

少先队活动课程的目标。围绕中国特色社会主义教育的总体目标，把握少先队组织属性，落实少先队组织根本任务，注重党、团、队组织意识和教育内容的衔接，培养少年儿童对党和社会主义祖国的朴素感情，教育引导少年儿童立志向、有梦想，爱学习、爱劳动、爱祖国，德智体美全面发展，长大后做对祖国建设有用的人才，为实现中国梦做好全面准备。

三、少先队活动课程形式

少先队活动课程通过少先队特有的大、中、小队及红领巾小社团等组织形式，根据时代要求和当今少年儿童的生活经验、特点需求，吸收少先队历史上经典、有效地活动形式，主要采用少先队组织生活和集体活动形式，综合运用组织培养、群体互动、信息传播、个体辅导等方法。注重运用包括图书、报刊、电视少儿频道、广播等传统大众传媒和互联网等新媒体，少先队队室、红领巾广播站、电视台、宣传栏等校内媒体，以及辅导员、家长和少先队员同伴之间的人际传播等渠道，整合和运用社区及社会教育资源，运用时代感强的优秀文化艺术产品，传播教育内容。注意关心少先队员的个体特点，根据需要进行有针对性地个别辅导。

少先队组织生活。少先队组织生活是少先队员在少先队组织中学习队的基本知识、实践队的基本制度规范、参与队组织建设和日常事务、履行队员权利义务、培养组织意识的重要途径，是少先队活动课程的特有形式。

少先队主题活动。少先队主题活动是少先队组织普遍开展的各种主题鲜明、有意义、生动活泼、为少年儿童喜欢的集体性活动，是少先队员在少先队集体中实践体验、共同成长的有效途径，是少先队活动课程的重要形式。

四、少先队活动课程实施要求

确保少先队活动时间。……一至六年级每周安排1课时，专门用于开展少先队活动。……利用晨会、升旗仪式、大课间及课余、校外、寒暑假期时间，抓住重要节庆、纪念日和重大事件等契机，

因地制宜普遍开展。……根据实际选用或灵活开展有地方特点、学校特色的少先队活动。注重普遍性、适用性、针对性，力争全员覆盖、人人参与，使6年小学少先队生活成为循序渐进培养少年，加强少先队活动设计。要从少先队员的现实生活经验出发，精选与他们学习、生活密切相关的教育内容，抓住有利教育契机，创造性地设计开展主题鲜明、有吸引力、时代感强的活动。

开发利用各类资源。与学校教育教学相结合，有效整合利用校内资源……校外活动场所和爱国主义教育基地、素质拓展营地等社会实践基地，为开展少先队活动创造良好条件。重视家庭和社会环境的影响……

加强少先队活动的教育研究。建立各级少先队活动教育研究机制，指导中小学成立教研组，

五、少先队活动课程管理与保障

争加强对中小学开设少先队活动课程的管理与督导。严格落实每周1课时少先队活动时间和每天 15 分钟专题教育时间，列入学校课表。将少先队活动课教材、器材、辅导员用书等纳入学校经费

保障，建好少先队活动厅、红领巾广播站、文化长廊、少先队鼓号队等阵地……

学校党支部、少工委要加强对少先队活动课程的研究和指导。发挥学科研究支撑作用，开发少先队员教材、辅导员用书等资源，加强辅导员培训，动做好少先队活动课的内容设计、实施及研讨。

认真落实国家义务教育课程设置方案，具体实施好少先队活动课程。保证课时，不得挤占、挪用。落实相应的师资、经费和教辅资料、器材、阵地等配套条件。加强教研力量，成立思想政治教研组。

进一步加强辅导员队伍建设。加强辅导员专业培训，在学校评优评先、职称评审中设立"少先队活动"科目，畅通辅导员参评职称"双线晋升"路径，推进辅导员队伍的专业化、职业化，聘请关心少年儿童成长的社会各界优秀人士做少先队志愿辅导员。

加强少先队活动的教育研究。建立各级少先队活动教育研究机制，指导中小学成立教研组，以大队辅导员为主，吸收中队辅导员、

少先队活动课程专任辅导员等，定期开展少先队活动的培训和研究。基层辅导员要着力提高教研能力，自觉学习和运用少年儿童思想意识教育的规律和方法，丰富和创新少先队活动的内容、形式和载体，努力把有意义的少先队活动开展得有意思。

面向新的发展阶段，我们将会进一步探索少先队活动课程新的路径，探索育人方式变革中的新场景、新样态，构建更加全面的活动课程，助力学生更好地成长。

弘扬红色文化，构建特色校园

重庆市南川区合溪镇中心小学校　韦朝阳　任斌

弘扬红色文化是培育和践行社会主义核心价值观的题中之意。一个民族的文明进步，一个国家的发展壮大，需要一代又一代人接续努力，需要凝聚最广泛的力量来推动。红色文化作为近代以来凝聚中国力量的重要文化基础，具有深厚的理论内涵、丰富的表现形式、强大的传播能力，特别是其所蕴含的精神内核、价值观念、伦理道德等与社会主义核心价值观具有高度一致性，在培育和践行社会主义核心价值观中发挥着独特作用。为全面地推进素质教育，使学校有特色，铸就校园浓郁人文精神，为学生终身发展打下良好基础。我校根据本地区丰富的得天独厚的红色德育教育资源优势，决定以红色乡土教育为核心内容，以"弘扬红色文化，构建红色校园"作为创建特色学校的突破口，培养少年儿童健康向上的公民道德意识、责任意识和使命意识，全面提高未成年人思想道德水平和践行能力。

一、构建特色学校历史背景

中共合溪特别支部旧址位于南川区合溪镇，旧址主要由合溪镇中心小学校、红五星校门、奚成图书馆、奚成广场、奚成铜像、奚成烈士陵园组成。目前，中共合溪特支旧址作为我区重要的爱国主义教育基地之一，每年开展爱国主义活动10余次，接待各级干部群众近1万人次。我校根据学校自身地位、历史、现状、形象等独特优势，结合当前十八大的发展战略与合溪镇党委、政府打造"南川的井冈山"的规划精神，经过多次调研，多方考察，特提出"弘扬红色文化构建特色校园"的创建思路。

指导思想；开展红色乡土教育，传承与弘扬适宜学生成长的精神家园的红色文化精髓，将学校德育工作虚功实做；展现地方文化，深化红色校园文化内涵，创新校园红色文化，培育和提高学校师生人文素养，打造红色特色"人文校园"。引导和激励学生深入实践，走进乡土历史，了解和感受民族精神的丰富内涵，大力弘扬和培育民族精神，把口号变成行动，使学生在系列活动中受到潜移默化的熏陶、感染和教育；通过学生的实践体验，使他们的情感得到升华，行为得到内化，逐步做到言必行、行必果，增强学生的道德规范意识和高尚的道德情操，培养学生艰苦创业，奋力拼搏精神和历史使命感、责任感。

二、特色学校发展总体思路目标

特色学校的总体思路：一统一认识：确立"特色办学，特色兴校"理念，把特色学校的创建作为推进素质教育、深化新课程改革和促进学校可持续发展的重要举措；二扎实探究：坚持务实求真的工作作风，从学校实际出发，以红色革命传统教育为载体，把《红色传承》作为校本课程进行探讨、研究、开发；三激励奋进：集中人力、物力、财力优先保障特色学校的创建需要，以确保特色创建工作全面、有序、良性发展。

工作的基本思路即：坚持一个中心：内涵特色发展，建设红色校园；依托两个载体：活动为载体、班队为载体；促进三项建设：校本课程建设、校园文化建设、班队集体建设；突出四大结合：校本课程开发研究与学科整合相结合、特色校园的创建与班集体建设相结合、思想道德教育与行为规范养成相结合、学生课外活动与教师专业发展相结合。

特色学校发展总体目标。办学目标：今后三年，我们将积极探索学校管理研究、教学研究、德育研究，使办学方向更加明确、队伍结构明显改善、学生素质明显提升、校园布局更加合理，内涵发展有新突破、办学绩效有新提高，把学校办成文化高品位、教师高素质、教育高质量、学生全面发展，得到行业认可、群众满意、社会支持的具有山区鲜明特色，符合农村教育的现代化学校。

培养目标：了解并继承"艰苦奋斗、自强不息"的革命优良传统，以"做最好的自己"为起点，逐步培养"自信、自尊、自主、自强"的人格意识；以"细节养成、积淀习惯"为重点，逐步培养学生"刻苦勤奋、文明守纪、孝敬感恩、积极上进，为自己一生负责"的卓越品质，最终成为"重健体、懂礼仪、善学习、能合作、会创新"的时代新人。

红色特色目标："让每一个生命更加坚强"　将是我校红色文化打造的核心和主旋律，是合溪中心校的灵魂和精神，是学校师生的信仰追求与终极发展目标。"挫折使人坚强，苦难磨砺成长；红色铸造信念，拼搏成就人生"　将成为学校红色文化打造的路线和方向。"挫折教育、励志教育、理想教育、爱国主义教育"将是我校红色文化打造的基本框架与主体内容。

三、构建特色学校主要内容

红色文化是那些历经岁月穿透时空，永不衰老、永不枯竭、永远流淌于人类心灵滋润于心灵的清清河流，永远闪烁明亮、光芒四射的黑夜中不落的星辰，永远灿烂、永远鲜活、永远蓬勃的源自烽火狼烟、源自壮士热血、源自真理之上的一脉思想火花与精神遗产。红色文化的内涵很广，我们结合学校的实情和学生的特点，深入挖掘出"信念、理想、坚强、奋斗"等红色元素作为红色校园文化的内核。其具体内涵和要求如下：

"信念"：以坚定目标、信念至上、报效家国为主线，培养学生不屈不挠的精神与正视挫折的勇气。让学生坚信学业必成，事业必成，人生必成。

"理想"：以志趣高雅、胸怀高远、行为高尚为主线，培养学生的人生志趣和理想追求。让学生从小继承革命传统，树立远大抱负，为中华的伟大复兴而努力读书。

"坚强"：以不畏艰险、艰苦创业为主线，培养学生坚强的意志和不屈的毅力。让学生懂得挫折使人成长，苦难使人成熟，磨难使人成才。

"奋斗"：以努力拼搏、积极向上、只争朝夕为主线，培养学生勇往直前健康向上的精神风貌和无往不胜无坚不摧的斗志。让学生懂得懒惰一事无成，拼搏成就人生。

四、构建特色学校途径

建立以革命传统教育特色的德育工作体系，以抓实常规教育为平台，切实开展特色校园文化建设、特色校本课程实施、举办红色教育

活动，办好特色文化专栏，积极开展革命传统教育研究，提升红色革命教育理念，形成理论体系。

环境文化：营造文化环境，让红色文化渗透到学校每一个角落，让校园的一草一木都闪烁红色之影，让师生的一言一行都折射红色之魂，让校园时时处处都充满红色的精神。

活动文化：开展丰富多彩的主题德育教育活动。每周一、周五的升降旗和重大活动都由身着小红军服装的学生升、降旗、护旗，进行师生的文明礼仪等教育，全体集中呼“口号”——“今天我为我是合溪人而骄傲，明天合溪人民因为而自豪”、唱红歌。让学生在活动中感受生活的来之不易，激发学生的光荣感、使命感与责任感。广泛开展“十八个一”系列革命传统教育活动，让红色校园文化深入细致得到落实。

行为文化：重点抓好学生文明礼仪，行为习惯的养成。设立“红领巾”监督岗，发挥“红领巾”监督岗的监督功能，强化管理。行为引领：制定《合溪镇中心小学“红色少年”评选方案》和《合溪镇中心小学“校园红色之星”评选方案》，切实做好评选工作，激发学生争星热情，为小学生成长营造健康育人环境。机制推进：规范有序地常规教育深化。依据学校德育工作阶段化、系统性的要求，确定各个年级的德育工作主题和德育核心要素。

课程文化：编辑红色乡土教育文化系列特色校本课程。加强与区文联、区文化馆、区党史办、区统战部等单位的联系与沟通，积极收录整理本地区乃至全国的红色革命斗争故事、传记、散文、诗词、名言警句、革命歌曲以及学校、家乡的历史传统文化，编写特色校本教材。要求整套教材要设计精美，内容丰富，图文并茂。为了使红色文化教育真正落到实处，要让校本教材成为学生的必读书目，安排专门学时进行讲授，并组织开发相应的教学参考书，以此提高学生人文素养，培养学生文化积累，陶冶学生精神世界，激发学生诵读激情。

校园文化建设是学校的灵魂，也是学校综合办学水平的重要体现。弘扬红色文化，构建特色校园，我校将进一步培育和实践社会主义价值观，实现环境育人、活动育人，进而培育和提高学校师生人文素养，努力把我校办成具有革命传统教育特色的学校。

学教有序壮心志，品质立校育桃李

重庆市彭水县职业教育中心　赵学斌

百年大计，教育为本。教育是提高人民综合素质、促进人的全面发展的重要途径，是民族振兴、社会进步的重要基石，是对中华民族伟大复兴具有决定性意义的事业。立足新时代，新要求，我校与时俱进、改革创新，提出了“12345”发展理念，围绕“立足世界苗乡，创办职教名校”为办学目标，抓好“就业与高考”两类教育；实施“规模发展、内涵发展、品牌发展”三大战略；夯实“管理、质量、产业、特色”四大支撑；做亮“美丽校园、德育名校、高考名片、民族特色、智慧校园”五张名片。经过不断发展，我校实现了规模、结构、质量和效益的跨越式发展，占地面积增至340亩；建筑面积增至9万平方米；实训室增至76间；在校学生由原来的1000余人增至现在的近5000人；师资队伍由原来的100余人增至现在的300余人；学校有原来的市级重点中职学校到重庆市中等职业教育改革发展示范学校，再到现在的重庆市30所高水平中职学校项目建设学校，实现了4年两大步的跨越式发展，推动了学校从规模向质量，外延向内涵，同质向特色的转变，我校也先后荣获教育部国防教育特色学校、全国民族团结示范校、全国美育教育先进集体、重庆市人民政府民族团结进步先进集体、重庆市教育教学先进集体、重庆市非物质文化遗产传承教育基地、重庆市少数民族传统文化传承基地、重庆市人民政府教学成果奖二等奖等荣誉称号。此外，我校还主研国家“十二五”课题《基于互联网+校企共建共享的旅游服务与管理专业人才培养岗位模型研究》，市级重点课题《基于文化自信的苗文化在职业学校的传承路径研究》等，发表论文，使学校发展在品质卓越的道路上越走越远！

一、弥足根本，推动学校品质深入发展

真正的教育是心心相印的活动，唯有从心里迸发，才能打动心灵的深处，愿用一生一世办满意学校。我校深知，教学质量是立校之根本，我校坚持“质量立校，特色兴校”的原则，充分结合区域发展新形势，准确定位，调整专业设置和结构。为此，我校不断优化人才培养模式，积极探索订单培养、“校企双元·统分结合·多式并进”等新模式。同时，高度关注教学常规管理，构建了学校、教务科、专业部三级教学督导队伍，落实教学督导制度，对教师的教学行为和教学质量进行监管与考评；牢牢抓住师资队伍建设这个关键环节，以双师型教师为重点，积极开展教学理论和专业课教师实践技能培训，以内培外引的形式，推进队伍专业化成长。通过几年的探索与实践，我校师资队伍成效显著，每年队伍培训1000余人次，2014年至今，先后有11位教师实现了出国培训，教师先后获国家级赛项3项，市级赛课13项，国家、市、县级课题9项，公开发表论文81篇，获奖论文160篇；专业建设成绩斐然。今天我校有市级重点（特色）专业3个，现代学徒制试点专业2个，骨干专业1个，为学校优质发展提供有利的保障。教书育人要从学生的品德开始。我校始终坚持立德树人的教育之本，把德育工作放在各项工作首位，一是将准军事化管理作为学生德育管理重要抓手，聘请思想素质和军事素质过硬退伍军人，开展卓有成效的管理活动，注重学生养成教育，狠抓学生一日生活常规管理，努力培养学生身体素质、思想素质、专业技能素质，促进学生全面发展，2018年我校荣获教育部国防教育特色学校称号。二是构建三全育人格局，落实立德树人任务。我校落实“1211”的“1+N”人生导师制，即树立绝不让一个孩子再贫困的目标，帮扶两项内容（扶志且扶智），一个助力（助力学生家庭精准脱贫），落实3年一跟踪，确保学生不失学、就业不失业，立体化育人格局初步形成，全员育人工作呈现出百花齐放、百家争鸣的良好局面。近年来，我校育人质量显著提升，2014年至今，共计848人升入本科院校就读，其中2020年548人参加职教高考，209人上线，综合排名位居重庆市第三，旅游专业连续三年位居全重庆市第一；学生参加各级各类活动，荣获国家级奖项120余项，市级980余项，获得实用专利4项、知识产权保护28项，学生原创节目《绣》荣登中国教育电视台2019年春晚舞台；13名学生成为区县非物质文化遗产传承人，21名学生实现创业，并成立创新创业公司5个；国际交流稳步推进，2016年学校实施“启程计划实现了26名学生到日本出国研修；2019年，我校与日本高龄者福祉协会联合开展“1+2+5”人才培养计划；2020年与白俄罗斯国立技术大学建立了友好合作关系，将开展联合培养，63名学生就读本硕贯通班。种种成绩都印证了我校在教育上取得的硕果，也让我校所有师生对未来充满信。

二、铸魂培根，树立优质教育永恒丰碑

一所学校的品牌是学校取得长足发展的重要前提。2014年我校校迎来了发展的春天，但职业学校同质化现象异常严峻，如何让学校有特色，如何实现“品牌兴校成为我校反复思考和探索的问题。为了有效解决此类问题，我校以立足地方发展为根本，依托我县独有的旅游资源和历史文化，将民族民间文化技艺传承作为特色项目引入校园，开设特色课程，聘请民间大师、非遗传承人6名，建立大师工作室4个，牵头成立非物质文化遗产传承与保护产教联盟，共建非遗产品电商平台，拓宽销售渠道，实现非物质文化产业化发展，逐渐走出了一条具有民族地区独有的职教发展之路。经过我校的不懈努力，我校民族文化建设成果丰硕，成功申报了套色剪纸专利、版权保护等3个，获全国少数民族运动会射弩1金2银3铜，全国中学生跆拳道比赛9金12银22铜，全国棉麻服装设计大赛蜡染服装获银奖，全国民族文化展演活动表演类一等奖，职业学校培养民族技艺传承的探索实践荣获重庆市人民政府教学成果奖二等奖；民族项目走出国门，201件学生作品参加国内外展览，我校娇阿依艺术班学生应邀到美国、法国、日本进行民族文化交流6次；同时，民族文化建设被树为全市标杆，并获中国教育报、重庆日报等多家媒体报道，国家民委副主任、重庆市副市长等领导多次到校视察。我校民族文化建设能取得如此骄傲的成绩，既离不开每位老师的辛勤付出，也离不开学校发展的不懈探索。

天道酬勤。到了今天，我校师生沐浴在文化的恩泽中，沐浴在幸福教育的阳光下，心怀大志、仰望星空，虚心向学，脚踏实地，在教育中不断创造、生成丰富的资源，在“事”上用功，在“心”上磨砺，未来路上，我校会继续思考学校的发展与未来。带着更大的理想：努力将我校建设成为一所重庆一流、全国有影响、世界有交流合作的民族特色现代化中等职业学校。

固基强本，为学生终身发展奠基

重庆市铜梁区平滩小学　李世才　彭永明

立德树人是党的十八大和十九大前后相继、一以贯之的教育理念。党的十八大报告首先提出:“把立德树人作为教育的根本任务”。党的十九大报告再次强调:“要全面贯彻党的教育方针，落实立德树人根本任务”.这是党中央在新时代对教育根本任务的新概括，是对学校德育地位和作用的新认识，是对学校教育的新要求。我校有一百多年的历史，学校不但文化底蕴深厚，校园环境优美，设施设备一流。近年来，学校紧紧围绕“固基强本，终身发展”的办学理念，以“育名师、办名校、创特色、争一流”为目标；以“科学发展、特色发展、高效发展、持续发展”为管理方略；以“博学博爱，雅思雅行”为校园文化，以“田径特色学校”为特色，聚力打造一所集传统与现代、民族与世界、传承与创新于一体的现代化学校。

一、科研助推发展，打造精品校园

教育科研是深化教育改革的智力支持，是全面提高教学质量和效益的根本途径。教育科研是学校发展的第一生产力，教育科研是“兴教、兴校、兴师”的必然之路。我校高度重视教育科研。学校把“问题”当作“课题把“教学”当作“研究把“成果”当作“成长立足问题搞科研，把科研成果带进课堂。通过这种“立足问题，解决问题，终身

研究”的科研方式，提升学校的教育教学质量，优化教育教学策略，推动学校可持续发展。

为了让教育科研取得实效，学校每周组织教师常规学习，以丰富老师的专业知识，提升他们的科研能力；并通过邀请市教科院、区教师进修学校的科研专家到校专业指导，以专家引领，来提升科研成果；同时，积极搭建平台，让老师参加市、区等各级的开题会、结题会，创造机会使他们走出去交流、研讨，让科研更有实效和丰富多彩。

为了保障教育科研的持续发展，学校积极建立激励评价、强化过程规范管理、落实专项经费等机制。如今，学校教育科研运行通畅，每学年一次教育科研工作计划，每学期一次不同主题教研赛课评课活动，每月一次学科组集体研讨课活动，每两周一次年级组集体研讨课活动，均围绕科研项目，从解决实际问题出发，保证了课题研究常态化。中青年教师、骨干教师对教育科研热情高涨，他们占各课题组成员的大多数，课题组基本形成以学校主课题带动各学科子课题规范运作的格局，教育科研蔚然成风。

近几年来，已结题校、区、市、国家级子课题共计80余个，正进行市、区县、校级课题达25个。学校积极申报教育科研成果奖，获市级等级奖4次，区县等级奖11次，校级20次以上。教师的教育科研论文在《中国教师报》、《今日教育》、《教育科研》等教育刊物上发表10多篇，在区县级及以上的各种论文评比中获得100多次等级奖。学校被主管部门评为“教育科研先进集体多人被评为“教育科研先进个人多次在区县级赛课活动中获得等级奖。

二、发挥田径优势，打造特色学校

为了更好地贯彻党的教育方针，全面实施素质教育，培养德智体美劳全面发展的人才，我校充分发挥自己优势，创新学校发展特色。

树立正确教育观，重视素质教育和学生体质健康发展，是我校一以贯之的教学理念。学校把田径作为素质教育的着力点和突破口，将田径工作列入学校的整体规划，以田径运动校本化为抓手，坚持走特色化发展之路，成功被区教委认定为田径特色学校。

为了规范田径运动的实施和管理，学校坚持一手抓普及，一手抓提高，逐步形成特色。普及——通过成立班级田径队，由班级老师负责统筹日常训练，长期坚持早晨训练半小时，下午放学后训练半小时，以实现天天有田径课，生生爱田径，人人懂田径，个个练田径；提高——通过成立校级、年级田径队，由体育组专任教师负责日常训练，并利用课堂和课外活动时间加强理论知识和比赛训练，使田径运动成为学校的一道亮丽风景。

为了让田径运动更加丰富多彩，学校除了日常工作稳定推进以外，还经常开展以田径项目为主的综合性学生运动会，通过短跑、中长跑、接力赛、男女混合赛等，以激发学生的田径热情；各年级平常还通过开展田径竞赛或趣味性游戏比赛等，以丰富学校的田径氛围，活跃学生的校园文化生活，让田径项目的锻炼为孩子的终身健康奠基。

同时，学校以田径特色教育为契机，深入开展阳光体育运动，篮球、体操、跳绳、踢毽等各种体育活动丰富多彩，形式多样，在龙乡乡村这片教育高地绽放出绚丽的花朵。它不仅展示了我校坚持素质教育的丰硕成果，而且也丰富了学生的校园文化生活，激发了学生参加体育运动的热情。2020年，我校学生男女田径队参加区级比赛，荣获同级别团体总分第一名，学生男女篮球队参加区级比赛，荣获一等奖。

如今我校，正以其百年名校丰富的历史文化积淀，伴随着教育改革的步伐，焕发出勃勃生机。学校过硬的教育教学质量，开阔的视野，鲜明的办学特色，已成为龙乡乡村教育的一颗璀璨明珠。今后，我校将紧扣教育改革发展所面临的新形势和新任务，创新教育科研方法，补齐发展短板，发挥特色优势，固基强本，加大教育创新力度，使我校不断迈上新台阶，助推学校内涵发展。在服务铜梁区全面振兴全方位振兴、全面建设社会主义现代化新征程事业中贡献出平滩小学应尽的力量。

推进品格教育，提升德育内涵

重庆市巫溪县城厢镇镇泉中心小学校　陈国栋

教育最本质的就是品格教育，品格教育是教育的首要目标和首要任务。伟大的教育家陶行知先生曾说“千教万教，教人求真；千学万学，学做真人”。品格教育是知善、乐善、行善的教育。我校以“立善德、做真人”的育人理念为引领，以培养学生良好的行为习惯、创新精神和实践能力为目标，以丰富多彩的实践活动为载体，扎实推进品格教育，将品格教育课堂、学校教育活动和班级品格文化、家庭实践活动有机结合，促进师生完善品格，做到管理与实施、过程与结果、学校与家庭相统一，形成一种全方位、多视角的品格教育力量。2018年9月，学校开始实施品格教育，先后实行了友善、专注、有序、感恩、爱国、节俭等相关品格教育。

一、文化育人，凸现品格教育

校园环境文化建设在学校教育中是一个不可缺少的重要组成部分，也是一个需要不断建设、反思、提高的整体过程。校园文化是学校可持续发展的动力，是学校综合办学水平和学校个性魅力与办学特色的重要体现，更是学校培养适应时代要求的高素质人才的内在需要。我校高度重视校园文化建设，打造了积极向上的文化环境，鼓舞学生、引领学生，将友善小精灵小海豚、专注小精灵梅花鹿引进校园，营造了品格教育文化育人的良好氛围，使校园里的一草一木、一砖一石、一景一物都体现出品格教育的引导和熏陶。

二、课程育人，强化品格内涵

国无德不兴，人无德不立。“基础教育是立德树人的事业”，立德树人根本任务的确立，体现了中国特色社会主义教育的价值取向，是教育事业发展必须始终牢牢抓住的灵魂。育人为本，德育为先，为加提升学生的道德素质，我校制定了德育活动课程目标，使德育具有了分层次、可达成、可操作的特征，以课程建设引领德育活动走向深入。各班级结合品格教育周目标，认真落实品格教育课程，引导学生深入领会品格内涵，让“枯燥”的德育教育以丰富多彩的形式走进学生学习生活。

三、活动育人，厚植品格精神

学校结合开学典礼、劳动节、教师节、建队节、国庆节、重阳节等节日庆祝以及演讲比赛、教师朗读比赛、运动会、检察开放日活动、青春期健康教育，科普讲座、留守儿童集体生日会、“书香润万家”阅读指导活动，开展系列品格主题教育活动，在活动中重指导、重体验、重总结，实现了主题队会活动序列化、校园主题活动特色化。通过一系列活动，让学生在感受、选择、体验、成功中形成良好的认知模式和行为习惯，提升品格认识、培养品格精神。

四、实践育人，夯实品格根基

为充分发挥实践育人作用，以实践育人夯实品格根基。学校结合学生实际，将品格内涵融入学生的学习、生活各个环节，开放学生活动的空间，把学校小课堂与社会大课堂有机结合起来。通过学生进社区实践活动、公益活动、志愿者等形式组织学生走出校园，走向社区，回归生活，回归自然，让他们在实践中体验，在体验中感悟，在感悟中自我发展，在发展中追求人格的自我完善。

五、评价育人，提升品格实效

考核评估是检验实践育人工作效果的关键环节。科学合理的评价机制是一种促进手段，可以有效推进工作开展。学校健全评价考核机制，落实品格教育的实效性，做到管理与实施，过程与评价的有机结合。注重对学生活动的过程评价、态度评价、体验评价，充分尊重学生的差异，从多方面衡量学生，发现每个学生的闪光点和潜能。

六、家校共育，助推品格发展

创造性地开展家庭教育工作，每学期学校分别召开了家长委员会，家长代表大会，加强了学校、家庭、社会的联系，指导家长创造性地开展家庭教育。通过《品格周刊》亲子阅读，系统性、持续性、针对性地帮助家长开展品格教育，形成家校合力，多渠道、多形式深化品格塑造。

通过两年品格教育的实施，学生逐步养成了良好的道德品质和行为习惯，形成了积极健康的人格和良好的心理品质，促进了学生核心素养提升和全面发展。更加尊敬师长，团结同学，关心集体，积极参加学校组织的各项活动，还利用课余时间阅览各类书籍，扩大了自己的知识面。在生活上，学生更加诚实守信，友善待人，乐于助人，责任心增强。在心理方面，锻炼坚强的意志品质，塑造健康人格，克服各种心理障碍，适应社会能力更强。学校、老师、学生均取得优异成绩。学校先后获得重庆市中小学卫生示范学校、禁毒文艺节目表演荣获重庆市第一名、“6.27”工程先进学校，县合唱比赛一等奖、县田径团体第一名，学校综合评估一等奖等荣誉。陈琼老师获得县级品格教育赛课一等奖；吴聪明、刘杰、张少敏、肖敬老师获得第三届全国品格教育案例一等奖，黄莉老师荣获第三届全国品格教育主题赛课一等奖。学生积极参加演讲、书法、征文、绘画、手抄报、制作、朗诵等活动，500余人次获国家、市、县级等级奖。

品格教育是实施素质教育的灵魂和核心。今后，我校将继续坚持把学生的思想教育贯穿于学校各项工作之中，通过开展系列课程、主题活动、实践教育等使学生形成良好的道德品质，培养学生成为德智体美劳全面发展的社会主义接班人。

协同共育，实现教育可持续发展

——谈家校社协同共育工作开展

重庆市永川中学校　王兴强　潘其兰　刘勇

随着我国社会经济快速发展，人民群众对高质量教育的需求日益增加，教育也面临着更大挑战。《中华人民共和国国民经济和社会发展第十四个五年规划和2035年远景目标纲要》提出“健全学校家庭社会协同育人机制”。这就意味着学校、家庭、社会协同育人，已成为教育高质量发展的必然路径。

然而协同育人的过程中也面临诸多问题，如：家长的教育观念不科学、教育功能缺位、素质参差不齐；家校沟通质量不高、家委会工作流于形式、社会介入不够等。为进一步帮助家长树立科学教子理念、正确的教育观念，实现为转变一批家长，影响一批家庭，成就一批学生的工作目标，真正提升育人质量，学校致力于发展和落实家校社协同育人，构建家校社共育工作体系。

一、创新家校育人机制，引领家庭家教新理念

学校以“家长示范校”为依托，形成“三专”工作机制，完善家委会制度，实施规范化管理，明确工作职责，鼓励家长参与学校管理，推动学校家庭教育工作的开展。一是成立了专门的办公室，建立专门的场所，指定专业人员协调各部门，落实家校工作，形成工作合力，构建家校工作新格局。

学校以调研的形势，清晰研判在家校工作中所急需解决的问题，再根据调研结果，以普遍性与差异性相结合的原则，学校积极整合家教课程资源，通过家长学校、家长讲坛、沙龙分享、家长开放日等多种途径，帮助家长更新家庭教育观念，学习科学的育儿方法。

一是，学校组建专家团队，自主开发课程，形成具有本土特色的五大课程体系，即政策学习、达用讲学堂，经验交流、专题研讨、实践课程。其中包括“如何帮助学生规划人生”、“如何做父母”、“如何做孩子”、“青春期的你遇上更年期的我”等必修课程。

二是，学校借力“三宽”家长学校，充分利用课程资源，提升家校工作实效。做到每期学习有笔记展示、反思分享、学习情况评比，简报呈现。每期课程结束后，学校还会组织家长开展沙龙分享，谈反思、找不足、解疑问。

三是，拓宽学习渠道，学校积极利用永川区妇联、永川区家庭教育研究会、社区、高校、企事业单位等联合开展实践课程。例如走进政协，走进消防队体验消防员的生活，走进法治基地争做法治宣讲员，走进人民法院，模拟法庭争做好法官等。四是，以实际问题为突破，开展课题深入研究。

二、着力家教智库建设，提升协同家教新动力

学校立足于服务学生的发展、家长的发展、家校工作推进，着力家教智库建设。一是学校成立了具有专业水平和志愿热情的家庭教育讲师团，同时积极在教师队伍中培养、发展讲师，让更多教师参与到家庭教育系列工作中，落实全员育德，从而更好地开展家校工作。二是积极引智，加大讲师培训力度，提升讲师工作水平，开展跨学校、跨区域性家校重点工作联合研讨，同时引进专家，助力家校工作突破发展“瓶颈”。三是主动融入，积极主动与区妇联、区家庭教育研究会联系，争取上级部门的大力支持，助推学校家校工作高质量跨越发展。

三、丰富家教活动载体，展示分享家教新成果

为进一步营造浓厚的学习氛围，提升家长学习兴趣，同时进一步了解学校的办学理念，学校鼓励家长积极参与学校组织的各项活动，以更好达成共识。

一是以会代训架起良好家校沟通桥梁。精心准备每一次家长会，无论是学校还是班级家长会，会前选好主题、拟定提纲、制好PPT，待分管部门审核后，才可执行。让每一次家长会都充满仪式感，让每一位参会的家长都有所收获。二是创新形式着力家教宣传。首先学校结合不同年级学生的年龄特征定期开展专题讲座，对家庭教育知识进行宣讲；同时结合家长在教育中存在的实际问题，开展专题研讨；其次以家访为抓手，走进学生家庭，开展送教服务，使学生与家长同时受力，让家庭教育作用更大化，着力帮助广大家长更新观念，注重家庭家庭教育、家风建设。三是以活动为契机，打造家校工作品牌。学校利用周末、晚上开展系列亲子阅读、沙龙分享、真情告白等活动，从而提高家庭教育的整体水平。

四、注重优秀家长表彰，榜样示范引领新生态

学校以“最美家庭”、“最美书香家庭”、“最美家长”　评选等活动，营造浓厚的家庭教育学习氛围，让家长积极投入到学习中，树立优秀模范，促进家校工作落实落地。在过去的一年里共评选出优秀家长1000余人，“三宽家长课堂”优秀学员5000余人，推出简报20期，重庆市书香家庭2个，永川区最美家庭1个。

家庭教育是一项长期而复杂的系统工程。学校无法去改变每一个家庭，但是我们可以做的是，尽全力去改变一批家长的育儿理念和教子方法，从而影响一批家庭，最后成就一批学生。落实家校工作能有效提高家庭教育的质量，才能更好地促进学生健康成长、全面发展，才能更好地助力学校高质量发展。

好的学校教育一定是能够建立学生完整的人格，健康的心理的教育。学生的个体发展离不开三方面的影响，家庭，学校和社会。家校社共育体系的建立和完善势在必行，协同共育才能实现教育的可持续发展。目前，我校的协同共育工作开展呈现出良好态势，我相信我们砥砺前行的身影，在不久的将来，一定会成为值得铭记的最美的一幅画卷。

教育之路风雨无悔　创新发展勇往直前

重庆市忠县三汇中学　胡君

在教育的发展之路上，无数先驱贡献了毕生的智慧与汗水，那些无尽的宝藏值得每个教育人倾尽所有去永恒追寻，并将自己也奉献与这条风雨兼程的教育之路。唯有如此，才能不断开拓更新的教育境界，引领学校实现创新发展，永葆生机与活力！

忠县三汇中学位于忠县腹地三汇镇，距离忠县县城42公里（沪渝高速白石互通下道28公里）。我校创建于1945年，　原名　“私立汇英中学由当地乡绅谢锡久创办，1982年，经四川省人民政府批准，万县专区行政公署公布，学校定为全日制完全中学校，改名为“忠县三汇中学是忠县首批高完中之一，这一校名沿用至今。2006年6月28日，“忠县三汇中学”成功合并“忠县三汇镇初级中学校”。在《忠县“十二五”规划》中，我校被县委县府列为创重庆市级重点中学的学校。

理念引领　卓越发展

三汇中学以“聚贤汇能，作育英才”为办学理念；以“博采众长，通达致远”为校训；以“　德高才广，乐于教化”的教风，“志远行近　，勤于问学”的学风，持续做好内涵发展、特色发展、创新发展。

我校现有60个教学班，学生近4000人，教职工200余人。近年高考，重点大学上线均突破百人大关，多名同学通过了清华大学、中国传媒大学、中国美术学院等著名艺术院校专业考试，多名同学被重庆大学、西南大学、中国美术学院等知名院校录取。我校连续多年荣获县年终综合考评一等奖。经过70多年的发展，我校现有教学楼3栋，教室62间（装配现代化多媒体教学网络平台），多功能综合大楼和行政大楼各一栋，公寓式学生宿舍5栋，教师宿舍4栋，标准化食堂3个，田径运动场1个，建筑面积20000多平方米，集学生食堂、室内篮球场、网球场、多功能室于一体的足球场馆一期工程主体完工。

教育为本　育人成才

学校视质量为生命，把提高教育教学质量作为学校永恒主题，七十多年的办学历史，我校先后培养了两万多名合格学生，近年来，学校已步入了跨越式发展轨道，成功实现了办学规模、办学条件、办学效益、办学投入的四大突破。学校高考一年一个台阶，　连年稳居忠县县内同级同类学校第一。全体教职工精诚协作、拼搏奉献，形成了奋发向上的汇中精神和追求卓越的汇中境界。

七十多年来，我校已为大专院校输送合格新生近万人。其中有硕士研究生20余人，博士研究生10余人，有赴英、赴美访问学者各1人，有著名画家、教授近10人，

篮球特色　体艺之光

我校坚持创新发展、内涵发展、特色发展，强力打造艺体特色，成立有体育、绘画、音乐、舞蹈、播音、科技发明等社团，学生自主选择活动项目，因地制宜开展丰富多彩的体艺活动，认真贯彻落实《学校体育工作条例》。成立体艺工作领导小组，制定《篮球特色学校三年规划》，小组成员定期召开会议，研讨解决篮球教学和训练中的各种问题，保证《篮球特色学校创建方案》顺利实施。

“台上三分钟，台下十年功我校充分利用课间操、课外活动、体育课等时间，操场上，赛场上，处处可见同学们挥汗如雨，尽情训练的身影。形成了天天有锻炼、周周有比赛、月月有活动的篮球运动氛围。

每一次篮球训练和篮球比赛，学校领导都高度重视，亲临现场，为教练员和运动员加油打气，极大地鼓舞了队员们的士气。2019年，在忠县2019年中学生篮球运动会中，学校女子篮球代表队取得了历史性的突破，荣获高中甲组第二名的好成绩。

学校先后获得全国素质教育研究实验基地、全国五四红旗团委创建单位、全国青少年主题教育集体优秀奖、全国青少年校园足球特色学校、全国国防教育特色学校。

春风桃李红，雨露滋润花更艳。回望学校七十多年的发展历程，在

无数曲折中探索，在无数成就中创新，我们始终秉承教育人的良心，始终肩负着教育人的职责。用奋斗诠释价值，用智慧引领发展，让我校能始终保持教育的活力，培养了一代又一代祖国发展的基石！这份光荣与使命不断激励着我们继续奋进！迈上更加伟大的发展征程！

肩负教育使命　推动师生发展

安徽省亳州市利辛县旧城学区中心幼儿园　周萍

陶行知说："校长是一个学校的灵魂。"幼儿园作为学校之一，园长肩负的重任自然也更加重要。《园长专业标准》指出：园长是领导和管理幼儿园的专业人员，园长是决定幼儿园发展的核心因素之一。园长不仅是一种职务，更是一种职业。随着社会发展的日新月异，教育能力及专业化程度也逐渐提高，对园长领导的要求越来越高，园长逐渐向职业化、专业化方向发展。一个好园长不一定是教学能手，也不一定是科研能手，但他一定是个优秀的管理者、策划者、先知者！我一直在思考怎样在新时代当好一名好园长，跟随时间的脚印，渐渐找到了答案……

一、树立终生学习理念　培养善于思考习惯

坚持不断学习，提高专业能力。"虽有佳肴，弗食，不知其旨也；虽我至道，弗学，不知其善也"。作为园长，是一个幼儿园的引导者、领航人，把握办园方向是幼儿园园长的首要职责；园长要有扎实的幼教专业知识和技能，助推幼儿园的发展；不断读书，不断学习，了解国家的教育法律法规、教育政策、教育理论，了解国内外幼教的改革经验和做法；掌握幼教的专业知识、专业技能，优化知识结构，提高文化素养，以便遵循教育规律、教学规律。同时，用自己的学习行为影响园内老师的学习和进步，促进老师专业化的成长。

善于及时思考，助力长久发展。"学而不思则罔，思而不学则殆"。作为园长、不仅要学习，还要会思考，做一个爱思考的园长。作为耕耘在教育第一线的教育者，你的观念是否时时符合前进的步伐，你的观念是否时时在更新，你是否时时用发展的眼光在看待工作，你是否时时在接受新的知识，你是否有自己的教育思想与见解等，这些问题与思考都需要学习来解决，都需要知识来作为长久的支撑和依靠。作为园长，要不断丰富自己的管理知识，切实转变教育管理理念，让理论提升自己的整体素质，拓展自己的知识结构，让自己站于教师队伍前沿，当好教职工开展幼教工作的支持者、引导者、合作者。

开拓创新进取，思考办学未来。作为新时代的园长应是一个不断进取的创新者，具有开拓进取，不断创新的精神，善于学习，愿意接受新的事物，能够不断获取新的教育理论，并将各种理论的精华与自己的办学经验相融合，形成自己的办学理念和思路，不是人云亦云，盲目跟风。同时既要有洞察分析现状的能力，更要有超前思索未来的能力。不满于当前取得的成绩，落后了要进取，先进了仍要进取；预测未来可能遇到的困难和问题，从整体和长远利益出发，用发展的观点确定工作计划和目标。大胆的创新，无止境的进取，这才是新时代园长的精神特征。

二、心怀满腔教育热情　凝聚职工团队力量

热爱幼儿教育事业就会把教育事业当作自己生命中的一部分，愿意为之付出自己全部精力。什么是领导？领导就是服务，就是要多干事，干实事。

提升个人修养，汇聚精神力量。园长要具备坚韧不拔、锲而不舍的进取精神，善于利用现有条件，开创教育工作新局面，园长时时处处说实话，办实事，实实在在做幼儿园的教育管理工作、发扬求实精神、做教师的表率，树立公仆意识。

同时要不断提高自身的道德、心理和文化素养，严于以律己，宽以待人，有"宁可人负我，不可我负人"的高尚境界。做到容人、容事、容言，帮助教师树立正确的世界观、价值观和奋斗目标。作风民主、顾全大局、不独断专行，始终把自己定位在与其他员工平等的位置上。

心怀奉献精神，赢得职工敬爱。作为一名园长，如果没有了一点奉献精神，没有了一种服务意识，就很难为幼儿园营造良好的学习、生活、工作环境氛围。只有园长以身作则，给教职工做榜样，不搞特殊化；凡要求教职工做到的，自己首先做到，凡要求教职工不做的，自己首先不做；在各种利益上先人后己，并时刻把教职工的冷暖放在心上，尽职尽责，为他们服务，才能赢得教职工的尊重和爱戴。

学会协调关心，保障师生进步。作为一名园长，希望自己不仅仅是一个行政管理者，关系协调员，每天忙于开会、传达文件、检查卫生、安全等烦琐的工作，更希望自己不仅是园长，同时也是老师。能有机会和时间与身边的人——每一个老师，每一个孩子对话，倾听、了解他们的心声，向他们学习。为他们的生活和学习提供更好地保障，助推他们的职业幸福感。

作为一名好园长，应该懂得用自己的人格魅力去感染师生。团队像友谊一样要用心经营。教师是教育中的重要因素，我们要打造"充满生机与活力的现代幼儿教师让教师体验工作的幸福；要善于调动每位教师的潜能，让每一位教师的火都燃得旺旺的。

三、钻研园区管理艺术　培养德才兼备教师

管理是一门学科，更是一门艺术。作为园长要管理得法，要练好内功，既要懂业务，具有指导教育教学的能力，又要做到一专多能，博学多才，成为全园教职工政治上、业务上的领导人。

以人为本管理，调动职工热情。现代管理中，确立以人为本的人本管理。园长要管理好幼儿园，必须要有较强的民主意识。教职工是幼儿园的主人，管理幼儿园是他们的民主权利，他们对一些重大问题有参与、评价和管理的权利。园长要通过民主管理，做好人的工作，为广大教职工创设一个有利于施展才华的环境，从根本上调动他们的积极性。并掌握了解人、说服人、关心人、使用人的本领。

凝聚团队力量，把握发展方向。幼儿园的领导工作涉及方方面面，要处理周全仅靠一个园长是难以做到的，应当组成一个团队，把团队凝聚起来。在团队中，能从宏观上管理幼儿园的人才：有善于在经济社会声誉方面良性运作的人才；有能充分调动和利用社会各种资源为学向发展服务的公关型人才；还要有对幼儿园教育有透彻理解、有自己独到办学理念，能正确把握幼儿园发展方向的人才。

掌握用人艺术，培养优秀教师。园长要最大限度地把握好用人艺术，调动人的积极性、做好人的工作为根本。首先不可大材小用，也不可小材大用，更不可无才乱用。其次，用其所长，人事相宜，"骏马能历险，犁田不如牛。坚车能载重，渡船不如舟"。用人贵在用其长，避其短。再次，用人唯贤，破石拔玉。对有才之人应不拘一格，大胆使用，让其在相应的岗位上充分发挥作用，最终培养出德才兼备的好教师。

结语

园长作为一种职业，应当随着社会的发展而发展，随着社会的变化而变化。作为一名新时代的好园长，要不断学习，不断反思，不断创新，从而提高自身的整体水平和素养，为教育事业而奋斗终生！

小学校　大德园　精品教育塑精彩人生

——东至县至德小学发展侧记

安徽省池州市东至县至德小学　胡龙胜

教育是一把启发智慧的钥匙，从来都不是把知识强行灌输给学生，而是通过接触、感受、学习和运用知识，来帮助学生实现人生的价值，绽放生命的光彩。东至县至德小学创建于2007年8月。因承继东至地域文化，切合现代教育价值观，取名为"至德小学"。办学以来，学校始终秉承"德行合一、自主发展"的办学理念，以"至真至善、至美至德"为校风，以"德"字作为校园文化建设的核心价值与行动指南，凝练出"德文化，行教育"设计理念，贯彻落实学校"德文化"办学思想，深入挖掘学校文化内涵，致力于文明校园建设，全力打造"德文化"校园。让每个孩子"至德六年，受益终身"。经过多年的沉淀和发展，学校教学质量稳步提升，校园布局合理，办学特色鲜明，先后荣获省市级以上荣誉称号40余项，2020年学校还通过全国文明校园复评，同年荣获"全国优秀少先队集体"称号。

一、铸魂培根，处处彰显学校"德"文化内涵

校园文化是一种无形的精神力量，是学校的立校之魂和发展之根。

为此，至德小学立足于核心理念"德文化凝聚了学校的办学追求、教育理想、育人目标、办学路径、发展方略等，做出了"德文化、行教育"的顶层设计。以"启蒙真善美，修心修德，点亮人生底色"为指导思想，确立三个发展定位，即校园文化定位为"小学校，大德园"；校园特色定位为"以文养德，厚德立人"；校园形象定位为"儒蕴厚重，特色明显，追求卓越"。与此同时，规划了"德文化"的建设目标；以"养正知情意，立言立行，美丽成长旅程"为行动指南，提出"行教育"的实施策略、"自主合作、先学后教"的课堂教学改革、"以文化人、活动育人"的德育课程设计和"德艺双馨、专业践履"的教师发展路径。在此基础上，该校还注意强调不同时期的发展重点，以"五年规划"的形式设定短期奋斗目标，适时寻求调整可持续发展的生长点，选择适合的操作路径，激励并凝聚全校师生向善向美的精神。目前，学校已完成"一年上轨道，三年树形象，五年创名校"和"完善德文化、力践行教育、构建新课堂、打造硬品牌"两个五年发展规划。当前正在第三个五年发展规划"推进特色活动，建设优质课程，缔造完美教室，铭刻至德烙印"精神指引下，把文明校园建设推向一个新的高度。

"德文化，行教育不仅描绘了学校发展的蓝图愿景，更勾勒了学校发展的总体思路，构建了学校发展的基本路径，帮助学校走上了一条特色化办学的快速发展道路。

二、以文化人，大力营造和谐的育人环境

校园文化是学校可持续发展的动力，是学校综合办学水平的重要体现，更是学校个性魅力与办学特色的体现。学校大门左边取“1”之造型，象征至德人始终坚守育人为首、以德为先的办学理念和走好每一步、办一流教育、创一流学校的教育情怀；校园主体建筑“五楼一厅”提醒师生崇德诚意、明德正心、建德修身、至德齐家、兴德治国、德行平天下，文化景观“五园一道”引导师生孔德培元、正德固本、育德生道、厚德载物、惠德致远、敬德至善；校园“本立道生，止于至善”文化墙以浮雕形式呈现东至源远流长的地域文化，引导学生在东至人文历史中漫溯，汲取先贤精神；景观园和敬德大道旁设立的班级量化展示橱窗、宣传板、公告栏、科普文化长廊等围绕主题设计，定期更新，在校园内外墙上张贴宣传“走好路、做好人、读好书、写好字、唱好歌、画好画、做好操、扫好地”、“仪表之礼、仪式之礼、餐饮之礼、行走之礼、观游之礼、交往之礼”和“语言文雅、行为儒雅、情趣高雅、心灵美雅”等“八好”、“六礼”、“四雅”内涵及学校相关办学思想；操场围栏设立了充满激情的标语和各种运动造型的图案，教学楼、办公楼走廊、大厅里悬挂温馨提示牌以及校风、教风、学风等标语，与教室张贴的名人名言相互交织，相辅相成。校园四季绿意盎然。漫步校园，乔木与灌木相间、木本与草本共存，一幅幅美丽的画卷随时随地在眼前展开，让人有一种赏心悦目的感觉。

陶行知曾说过：“天然环境和人格陶冶，很有密切关系”。校园中的每一座建筑、每一处景点，每一片绿色，都成为一种思想的传递，一种文化的表达。在校园环境建设中，我校注重建设润德养心的环境文化，致力于“小学校，大德园”文化定位的环境打造，潜移默化影响着孩子们的健康成长。如今，校园处处都焕发着教育的活力，成为师生流连忘返的“德文化”景观园。

三、与时俱进，立足课程助力品质学校发展

活动是培养学生综合素质的最好方式。它可以开阔视野、陶冶情操。为此，该校以丰富多彩的特色课程为依托，不断丰富学生视野，激发学生潜能，促进师生身心健康发展。该校每年都要开展劳动技能竞赛、“六·一”文艺汇演、校园红歌会、棋类比赛、书画比赛、演讲比赛、征文比赛、科普文化展板制作，每个年级一个专场的校园艺术节文艺汇演等专题活动，展示学生风采，发挥学生特长，培养学生兴趣。学校大力推进“阳光体育”课程。每天坚持40分钟的阳光大课间活动，内容包括韵律操、跑操和自由活动；坚持每年开展全校性的军训、运动会、广播操比赛、乒乓球比赛、四五六年级足球联赛、一二三年级趣味运动会，磨砺学生意志，培养团队精神。学校开发“经典浸润”课程。每周一升国旗仪式之后，学校常规性举行“诵经典唱红歌”展示活动，全校三到六年级各班轮流登台亮相，进行诵读国学和唱响红歌展示，用红色经典歌曲陶冶师生情操，用国学经典健全学生人格。学校增设“仪式教育”课程。每学期初的开学典礼、一年级开笔礼、学年末的毕业典礼，学校精心策划，按时举行；每学期开学一周的专题教育活动是孩子们的“入学礼校园小记者接待来宾是学生的“成长礼”；“雷锋精神代代传”主题队会、“12·4法制宣传日”、“庆祝少先队建队日暨苗苗儿童团入团仪式”等，是学校一直坚持的活动日教育，是长期不懈地对学生进行德育熏陶的有效载体。学校落实“走进社区”课程。坚持以人为本的教育思想，充分发挥学生的主体意识，积极为学生创造社会实践的机会。如组织学生参加夏令营，开展如“小手牵大手，道德进万家”、“进社区清理垃圾”、“走进敬老院”等公益活动，真正让学生在实践中体验、获得感悟、受到教育。这些特色课程，不仅让学生们接触到更广阔的世界与知识，也让学校各个角落充满了青春活力的气息，

春华秋实十四载，扬帆激荡新征程。看今朝，在东至县的壮美蓝图里，至德小学以高品质学校的标准强化文化建设，不断提升学校教育品质，大力实施课程创新，以“德”育人，于歌舞艺体的欢声笑语中，在莘莘学子与教师的携手与共中，从容应对，知行合一。我们坚信，在未来的道路上，只要继续遵循立德树人教育原则，领悟“德行合一、自主发展”的办学理念，至德小学必将在广阔、绚丽的教育舞台上绽放绚烂的光彩。

传承中华文化　绽放艺术光彩

安徽省马鞍山市含山县环峰小学　王林

含山县环峰小学，始创于清光绪三十年（1904年），是一所历史悠久、享誉省内、校风严谨的百年老校。回眸百年风雨历程，该校秉承“为幸福人生奠基，让每一过程精彩”的办学理念，在发展中形成了广博活跃的人文精神和精益求精办学特色。

“含弓戏”作为传统地方戏曲，已有二百多年历史，因起源于安徽省含山县，以弓弦（二胡）为主要伴奏乐器，故名“含弓”。它以古朴典雅的优美曲调，抑扬顿挫的弦外之音和细腻淳朴的演唱风格赢得了广大观众的喜爱。

一、我校积极普及和推广“含弓戏”戏曲文化

含弓戏作为国家艺术科研重点项目，1994年被文化部列为全国稀有剧种，并编入《中国戏剧音乐集成》和《中国戏曲剧种大辞典》。在省政府批准公布的我省第一批省级非物质文化遗产名录中，“含弓戏”名列其中。

为全面普及推广这一传统戏曲文化，提高学生艺术修养和文化素质，开创含弓戏传承发展新局面，含山县环峰小学积极与县含弓戏协会联系，聘请闵玉春（含弓戏传承人）、王必云两位老师为辅导老师。经过紧锣密鼓的筹备，2015年9月份，含山县环峰小学少年宫含弓戏兴趣班正式开班，34名小学生正式参加兴趣班学唱含弓戏，这为普及、推动“含弓戏”的发展起到了积极作用。

为保证活动有效、长效开展，我校将含弓戏兴趣班纳入校少年宫管理，　每周二、四开课，学员涵盖三-五年级各班学生；同时，积极搭建活动平台，2015年10月，含弓戏学员的精彩展演获得了“国检”领导组成员的交口称赞；2016年5月，我校含弓戏节目《沙家浜》一举夺得马鞍山市“六一”文艺调演一等奖；6月，参演含山县“六一”文艺汇演和校“六一”文艺汇演，切实培养了广大学生对含弓戏这一优秀传统文化的爱好。

我校将继续给予少年宫全面支持，按照贴近生活、贴近实际、贴近群众的原则，做好我县独有、省级非遗、全国稀有的戏曲剧种——含弓戏的传承、推广工作。

二、构建完善管理体系，有效开展的实践工作

学校领导极其重视含弓戏艺术的传承工作，在县委宣传部、文旅委、教育局、财政局、文明办、文化馆的大力支持和指导下，成立了专项活动领导小组，精心拟定计划、措施，定期进行培训和总结。我校一直在该项目上的活动经费给予大力支持，从音箱、乐谱印制、服装道具等，多次进行大力投资，为含弓戏这一艺术项目的传承工作提供了坚实的物质保障。

我校有专职音乐教师6人，兼职2人，都持有大专以上文凭，并热衷于含弓戏这一宝贵历史文化遗产的搜集、抢救、保护和传承工作，有着很强的敬业精神。同时，为了做好含弓戏这一艺术项目的传承工作，我校专门聘请了省非物质文化遗产含弓戏传承人、马鞍山市音乐家协会会员、含山县含弓戏协会会员闵玉春老师和含山县含弓戏协会会员、含山县老年大学黄梅戏班辅导教师王必云老师，和学校的音乐教师们一道制订了周密的训练计划，不分寒冬酷暑，坚持训练。

这些年来，我校始终坚持开展“同孩子一起成长”的教育活动。通过邀请家长学校成员共同参与，出谋划策，同学同演，有效地拉近了学员、家长、教师的距离，更广泛地推广了含弓戏这一艺术项目，使我校含弓戏艺术的传承之路越走越宽。

综上所述，我校有优势、有实力让含弓戏这一艺术项目在全校师生中一代代传承下去。

三、有序开展推广工作，并初见成效收获肯定

在教学实施过程中，紧扣戏曲教学特点，注重实践体验与兴趣培养。要通过每年的艺术节、“六一儿童节”等各种形式创设戏曲学唱大舞台，引导学生观看戏曲艺人表演或影像资料，宣传戏曲剧目中的爱国主义精神和民族传统美德，搭建戏曲学习实践的平台，推进戏曲的传承与发展。同时把“戏曲进校园”列为学校工作的重要内容。每学期把“戏曲进课堂”纳入到音乐教师的考核中。

2015年10月我校含弓戏学员的精彩展演获得了“国检”领导组成员的交口称赞赛、脸谱绘画比赛、送戏进校园等活动形式，分阶段组织、实施、呈现“戏曲进校园”的成果；

2016年6月我校含弓戏节目《沙家浜》一举夺得马鞍山市“六一”文艺调演一等奖；

2017年4月我校承办含山县“戏曲进校园”启动仪式暨含弓戏专场演出，获得社会广泛赞誉；

2017年9月我校被评为安徽省文明单位。

传统文化传承，是一个严肃而庄严的课题。学校教育是传承地方文化的“温暖怀抱”。地方文化可以在学校教育中获得自由发展和被认知的空间，而且教育本身就是文化的一部分。所以以学校教育为“怀抱来包容和接纳地方文化，并给予成长发展的力量。我想，这是我校传承和推广“含弓戏”的初衷。作为地方经典历史剧目，含弓戏因为与教育相结合，而被广大师生所了解，认知，喜爱。

“含弓戏因传承而久远！

同呼吸，共成长

安徽省芜湖市翰文学校　黄联盟

少年强，则民族强！改革开放以来，教育事业迎来蓬勃发展的黄金时期，全国各类学校如雨后春笋般大量涌现，呈现百舸争流的大好情势。这些学校形形色色，把教育的目光投到“品牌办学”、“特色办学”的展板上，却忽略了学生的成长才是一切教育的出发点，坚守

良知，回归教育朴素的起点，遵循教育常识，才能真正实现教育的根本目的。我校地处芜湖市最大拆迁安置小区鸠兹家苑，教育服务对象多为拆迁安置失地居民子女。办学多年来，学校始终坚守育人理念，迈着坚实的步伐奋勇前行，以师资培养为突破口，充分发挥校长主导作用，为学校更好发展夯实基础。在近年的办学实践与摸索中，学校以"人无我有（创新）、人有我优（提升）、人有我精（突破）"的思想点出发，在多年来不断积淀形成的"德智体"三位一体办学特色基础上，打造升级版，进一步凝练办学思想、深化办学特色，逐步形成了"智达翰林，体通文质"的办学理念与特色，表达了学校全体教师致力于培养德智体美劳全面发展的时代新人的诉求与努力。

一、明确教育理念，提升教学质量

台湾女作家张晓风送儿子去学校，当儿子同她告别后，她看着儿子走进校园的背影渐行渐远，感慨万千。回到家里，写下一篇散文，题目是《我交给你一个孩子》，其中有这么一段话："世界啊，今天清晨，我交给你一个欢欣、诚实又颖悟的孩子，多年以后，你将还我一个怎样的青年？"这最后一句发问，敲击着每一个有良知的教育者的心。而教育的初衷就是回答这位母亲的最好答案。

学校是培养人格的教育圣地，任何有内涵的办学理念，其宗旨必须是以人为本，一切以育人为"根以人为本可归纳为两点：第一，面向全体学生，能够促进学生"成长成才获得全面发展；第二，能够使教师工作愉快，让所有的教师体验到作为教师的幸福感和职业的内在尊严。

育人的主阵地是课堂，学校的校本课程的开发和建设是学校办学个性化的重要体现。为办出个性化，我校提出了一切活动皆育人的口号，从课程设置、制度建设、环境改造、德育活动等各方面入手，强化人文化管理、特色化发展，精细化考核，在办学中结合排球特色办学，学校实行制度倾斜、经费保障、师资培训到位、队伍合理整合（九年一贯制教师能上能下）考核规范的精细化管理。

课堂是教育实施和创新的重要阵地。我校的"智达翰林，体通文质"通过以智慧课堂为突破口的课堂教学改革，更好地实现传播知识、开启智慧、培育新人的教学任务，通过以排球教育和行知实验班为突破口的育人方式改革，更好地实现身强体健、文质彬彬的立德树人使命。多年来的沉淀和努力，成就了师生，也成就了学校本身。学校因此获得了多项荣誉，被授予全国群众体育先进单位、国家级阳光青少年体育俱乐部、中国中学生排球会员学校、全国亿万学生阳光体育冬季长跑活动优秀学校；安徽省体育传统项目优秀等级学校、体教结合先进集体；芜湖市青少年排球训练基地等称号……

教育要从小、从细、从实抓起。一直以来，我校把培养学生良好的品德和习惯作为努力的方向，把面向全体学生作为学校教育的基本准则，创立了全国第一个行知实验班，并以此为契机，开展了全校性的特色班级建设，以智慧课堂为抓手，进行课堂教学改革，在培养教学习惯上做了有益的尝试，以一年一个年级的速度逐步推行至全校各年级。随着学校知名度的扩大，学校的办学模式与办学理念也进一步被广大师生所接受，被家长和社会所认可。

二、丰富文化底蕴，打造师资强军

一个富有朝气、蓬勃向上的学校就如生机盎然的春天，校园纷呈的活动恰如百花齐放。学校里一切以学生发展为出发点的活动皆可为。学校各项建设其归根结底是形成能被师生乃至社会广泛接受和认同的学校所特有的校园文化。而这校园文化一定是校园里的精神积淀，是历代人的呕心沥血。可以说学校文化就是学校的软实力，也是无形的命令，多维度的指挥，全天候的遥控。

我校深知一个学校要想有生机，就必须有特色、有生命、有思想。为此，我校以排球为特色，不只停留在组建一支球队，比赛中获得一个好名次上，注重的是内涵建设。如开发相关的校本教材，设置特色课程，举办以"育人"为一体的特色活动，创新体育课堂教学，以此带动学校体育课程的改革，并进而带动学校各科教学领域的改革，使之成为面向全体的办学行为，让排球特色成为校园文化建设的助推器。另一方面，我校通过引入传统文化浸润学生心灵，开设书法、经典诵读等地方课程，举办"红五月"、"学雷锋手拉手"等德育活动，倡导"三善"校园风气，树善良之心，成善良之事，做善良之人，不断创新校园文化活动的内容，拓展校园文化活动的领域，加强校内环境建设，力求让学校每一面墙壁都会说话，每一扇橱窗都充满传统文化的魂；我校每周利用国旗下讲话及校园广播对师生进行行为养成教育、传统文化及爱国情怀的熏陶；利用好每班教室的墙报主阵地，教室布置统一加自主特色，构建教室文化氛围；进一步加强校园环境净化、绿化、美化等工作，营造和谐健康、优美祥和的校园环境。

学校的核心竞争力是教师，教师是各项活动实施的主导者，学生是所有活动的主体。增加师生对学校建设、文化的认同感，是一切活动的源泉和归宿，因而我校以"让教师自信走好成长每一步，让学生自信走好成长每一天"为目标，切实关心"人"的成长。近年来，我校牢固树立"科研兴校、科研兴教"的办学方针，把建立促进教师学习和思考的教研文化作为学校文化建设的切入点和突破口，以营造教师专业发展为目的的校园学习和研究氛围，在活动中，采取边学习培训，边实验的科研方式，以"打造优质课堂"为课题，研究总结九年一贯制义务教育一体化的管理方法和经验。倡导工作就是课题，问题就是课题的研究理念，提倡人人参与研究，形成以校、组、个人研究的校本科研网络，使教师在教学方法、手段、知识结构等方面逐步适合教改要求，在课标规范下实践优质、高效的课堂教学。为了不断提升教师的专业技能和职业素养，学校通过多种方式对教师进行培训，如专题报告培训、观摩教学培训、案例教学培训、参与式培训、课题研究式培训、学习反思式培训等。举办青年教师基本功竞赛、青年课堂教学大奖赛，通过组织各种教师业务技能竞赛活动，形成了教书育人、管理育人、服务育人、环境育人的氛围，使教师队伍逐步向高品位、高素质、高水平方向发展。

三、恪守育人初心，成就美好未来

一名好校长，是成就一所好学校的关键因素，这已经是一个被普遍认同的共识。清华老校长梅贻琦说："学校犹水也，师生犹鱼也，其行动犹游泳也。大鱼前导，小鱼尾随，是从游也。从游既久，其濡染观摩之效，自不求而至，不为而成"。校长要有一种发自内心地对教育事业的挚爱，要对教师和学生饱含深情厚谊，对校园生活的无比眷恋。这种爱，这种情，这种恋来自于校长自身的自主的、积极地驱动力，它们可以让人进入一种境界，进入一种忘我、无我的境界，它们是校长成长的源泉，学校发展的根基。学校校长只有激情地工作和生活，学校才能成为积极上进的，有灵魂的学校。作为教育工作者，尤其是校长，就应当与师生同呼吸共命运。

"爱"不一定就是教育，但教育必须有"爱"。校长生命成长里，最不能缺失的底色就是"爱"。这里的"爱"是对职业的爱、对学生的爱、对老师的爱，世界对社会的爱，人类的爱。爱是校长的职业操守，因为只有心中有"爱校长才会想方设法去谋求学校的发展，谋求师生的进步，才会把学生放在心上。苏格拉底曾说过，世界上最快乐地事，莫过于为理想而奋斗。"没有爱就没有教育"。校长要带领师生去传播善良、传递真爱，让校园充满爱。教育的过程既是生命成长的过程，又是使人向善向美追求幸福的过程，校长应让校园充满爱的成长。归根结底，一个心中有爱的校长，就会不断地思考，不断地发现，以学生健康成长为担当，以学校发展为动力，甘愿为教育事业贡献一生的青春年华。

非知之艰，行之维艰。教育是一项知行合一的事业。学校的内涵、品位和文化底蕴需要被全体师生牢记并践行，应如和风细雨渗透到学校各处角落，待春暖花开。我们坚信，只要遵循教育的根本原则，切实领悟办学理念，并行之贯穿于教育教学中，必能在这片广阔、绚丽的教育舞台上写下新的篇章，迎接灿烂的辉煌。

振兴山区教育，助推教育均衡发展

——记安徽文峰教育集团校长刘彬

秘天华

中国乡村的振兴、农村的现代化，离不开乡村教育发展。目前，全国乡村教育普遍面临"空心化"处境。农村学校硬件条件较差，教师队伍和管理跟不上，质量上不去，学生留不住。为了改变乡村教育的困境与现状，让山区孩子享有优的教育，2005年刘彬创办了民营霍山文峰学校并担任校长。

让山区孩子接受最优质的教育。这句话是刘彬创业办学的起点，也是他一直以来追求的教育目标。怀着这样的初心，他一路前行。引领文峰教育从无到有、从有到强，成为皖西大地上一块响亮的民办教育金字招牌。

一、萌生想法，创立学校

霍山县位于皖西大别山山区，在当地有"七山一水一分田，一分道路和庄园"的说法。2003年，随着霍山县域经济的发展和城镇化建设的推进，大量农村剩余劳动力向城市流动，使当地出现大批留守儿童，而他们的教育成为亟待解决的社会性难题。另外，一部分从外地来霍山县的投资商、务工人员也急需把孩子送到寄宿学校读书，以解后顾之忧。而当时的霍山县并没有寄宿学校，时任霍山二中校长的刘彬敏锐地察觉到——霍山县虽地处山区、交通不便、经济发展相对滞后，但是这里的老百姓对于教育多元化的需求和优质教育的期盼与发达地区同样迫切。他的内心萌生了一个强烈又大胆的想法——在当地筹建一所优质的寄宿制学校。于是，他多方奔走并争取当地政府支持，利用民间资本，筹建了一所民办寄宿制初中——霍山文峰学校。

二、初创阶段，借米下锅

2005年3月到2008年8月是霍山文峰学校的初创阶段，刘彬用"借米下锅，从无到有"八个字概括这一阶段。"从征地到盖楼，从招生到办学，他们当时是"借钱、借势、又借人"。

由于霍山文峰学校是霍山县第一所民办学校，所以从办学一开始便遭受了不少质疑。刘彬回忆道："有人说民办学校就是赚钱的，有人说我们要办贵族学校，还有人因为学校刚开始生源不佳而定性我们是差学校”。

面对这些声音，教学团队在不断思考与讨论几个关键点：一是要办什么样的学校？二是这所学校为谁服务？三是怎样才能办好学校？在不断地思考中，刘彬越来越明晰这所学校存在的价值——让山区孩子不出山门也能享受优质教育，以优质的教育资源和办学条件为山区孩子的成长、成材提供广阔的平台。

2008年，对于霍山文峰学校而言是个关键节点。经过三年的夯实基础+良性运转，学校在原有基础上完善办学规模，向下办小学，向上办高中，成为一所十二年一贯制的民办寄宿制学校。自此，学校厚积薄发，大步迈入发展快车道。

三、“日托”走读，呵护成长

“老师，明天见！”晚上七点，暮色四合，霍山文峰小学的校门口仍是一番热闹景象——熟识的家长们边闲聊边等着接孩子，各个年级的学生分批次排队走出校门，老师们在校门口维持秩序并与学生一一挥手道别。

小学放学为何这么晚？刘彬将这种“早出晚归”的走读模式称为“日托”。早晨，学校会派校车去接孩子，孩子们从早晨开始吃早餐，到晚饭后做完作业，这一天都在学校托管式管理。这种方式非常受当地家长的欢迎。刘彬认为霍山文峰小学的学生家长在辅导孩子学习方面：一是能力不足，二是没有时间。很多家长都外出务工，留在当地的也大多在为生计早出晚归的奔波，甚至还要上夜班。所以，他们把孩子送到学校来，我们就要全权负责孩子的学习和生活。每天放学后，孩子不需要带任何作业回家，老师会利用午间和晚自习时间辅导他们完成作业”.霍山文峰小学校长王冠华进一步解释道。

相较于霍山文峰小学的寄宿、走读双轨模式，霍山文峰学校的初中部和高中部是全寄宿制的教学管理模式。学校会每两周安排一次校车送学生回家，然而即使这样还有一部分学生一学期都无法回家，亲情缺失、家庭教育缺位等问题在他们身上尤为突出。

霍山县留守儿童数量较大，文峰学校9000多名学生中就有70%属于这一群体。因此，从办学的第一天起，刘彬便将留守儿童教育纳入学校的发展规划中。 留守儿童入学后要过“亲情、环境、人际关系”三关。为帮助他们顺利“过关刘彬提出“建家一样的学校、做父母般的老师、当兄弟姐妹般的同学以“阳光下成长，幸福中留守”为目标，对留守儿童做到“先安身，后安心，再培育”。在学校这个温暖的大家庭里，留守学生每天都写日记，与班主任进行心与心的交流；生活老师精心照顾着学生的衣食起居。课后学生们还可以到教室和 “留守儿童之家”看书、看电视、参加校园活动；想父母了，可以到亲情话吧打电话；每逢节假日，这群孩子会自觉地留在学校预习、自习或复习，这个时间段他们可以得到值班老师“一对一”的辅导，也可以参加丰富多彩的社团和俱乐部活动，这就是具有文峰特色的“三习、一辅导、一活动”。

经过多年的部署和实践，文峰学校形成了以教育和服务留守儿童为中心，以开展各种关爱活动为载体，以有效教学为保障的长效机制；致力于让留守儿童在学校中学会自理、自立、自强、自律，锻炼他们的意志品质，培养他们的健全人格，促进他们健康成长。

四、创新课改，促进发展

在课程改革纵深发展的当下，越来越多的学校实践由“术”的层面指向“道”的层面，从诸如合作探究、动手操作等课堂元素的引入，到真正撬动教育和教学主体间的关系发生变革。霍山文峰学校的课程改革从其亟待改变现实困境的需求出发，可以说是从一开始就抓住了课改的关键。

霍山文峰学校初创时期，社会和家长对学校的认可度不高，学校面临招生难、生源流失严重等一系列难题。最初校园里教师加班和学生补习是家常便饭，其结果是教学成绩并未有很大提高，学生厌学情绪与日俱增，有的学生甚至视学校为监狱，要求转学。这一现状引发了刘彬的深刻反思，为什么学校严格精心地管理，教师兢兢业业地教学，换来的却是学生的厌校厌学？后来经过长时间的教学研讨，他深刻地认识到学生没有错，是传统的教育教学观念有问题，是陈旧的教学方法有弊端，实施课程改革是唯一的出路！

明确育人理念后，文峰人开始了艰难的课改之路。刘彬深知要让学生热爱课堂、喜欢学习，就必须改变课堂教与学的关系。2008年上半年，刘彬带队，多次组织校领导班子和教师到山东杜郎口中学、江苏洋思中学等名校参观和考察，回来后再看教学录像，大胆尝试课堂改革。经过一段时间的摸索，教与学的方式逐渐改变，初步实现让课堂“活”起来、让学生“动”起来的目标。除了课堂教学改革，文峰学校在全面落实国家课程要求的基础上，根据生源状况大力开发和建构了具有自身特色的校本课程。

立足新起点，开创新格局，让山区孩子享受优质教育，霍山文峰学校将不断开拓奋进，不断推动优质教育均衡发展，为山区孩子撑起一片理想的蓝天。

挖掘师生潜能 绽放特色光芒

北京石油学院附属第二实验小学 焦富娟

教师队伍建设及学生成长是我们教育最重视的两个方面，也是检验教育质量的核心基础点。我校一直以此为目标，不断学习各校的成功经验，挖掘师生潜能，以“点亮自我，绽放光芒”为教育理念，落实“光芒五维”学生培养目标，精准施策，搭设平台，逐步打造品牌特色。

一、重视教师梯队建设 提高教师专业能力

教师队伍的专业化是学校发展的关键所在。几年来，根据我校教师一半为外聘的实际情况，我们落实思想引领和专业提升双线并进，紧抓教师梯队建设，不断提高教师专业能力。

落实思想引领，推进成长步伐。关注教师思想的动态，坚持问题导向，开展培训+学习式的正面引导。坚持校长培训，每学期一次全员党课，提高教师思想及政治站位；每学期一次德育培训，剖析问题并给老师提供针对性极强的指导意见；每学期一次教学培训，查找教学中的疏漏和短板，制定改进方案；聘请学科专家进入课堂，提高课堂教学效果；聘请专家进行班主任工作指导，提升班主任工作能力；进行单元备课、课改等方面专题培训，提高教师对教材、课标的解读和运用能力；此外，我校还借力海淀区名师工作站的指导，邀请站内名师定期进校听课指导，专家与教师携手共进，加快教师成长步伐。

突出骨干引领，重视梯队发展。为培养学校的骨干教师队伍，学校通过全员党课、全员党日活动等增强教师爱党敬业的动力。以党员群众一对一帮扶、青蓝工程等为纽带，关注青年骨干教师思想动态。连续四年的身边榜样评选，为他们树立身边学习的榜样，锤炼品格、提升能力。

2017年10月我们正式启动了“光芒班主任工作室聘请徐长明、庞弈、刘潇琦、袁庆柱等进行专题培训，为本校班主任成长做细致规划。工作室定期开展基本功展示活动，老师们进行经验分享、案例分析和实施优化应急问题管理及处理措施。2021年1月，我校又成立“学科工作室打破学校先前所有学科同步进行教研及培训的运作模式，由各工作室承办研课、学习、读书分享、各类培训等活动，丰富优化学科教研内容。骨干教师的引领作用在这个小战场充分显现，青年教师迅速成长。

二、激励学生自我发展 助推未来更好成长

鉴于我校学生大部分都是非京籍，受家庭等多种原因的影响，很多学生出现不爱表达、自信不足等问题。我校采取多种方式来用爱给予学生信心，并努力发现每一个孩子的闪光点，激励学生自我发展，成长为更好地自己。

丰富课程建设，铸就多彩童年。在“点亮优秀，绽放卓越”办学理念的引领下，学校逐步构建“光芒”课程体系，努力实现“发展素质教育，从优秀走向卓越”的发展愿景。我校的“光芒”课程体系已包含了光芒课程、光辉课程、光耀课程三个层次，涵盖道德与修养、人文与社会等六大领域，着眼培养学生素养的必备品格和关键能力，以培养“全面发展的人”为核心，促进学生德、智、体、美、劳的多维度发展。在这种丰富的课程体系下，我校的小白鸽合唱团、管乐、民族乐器等一大批特色课程受到了学生们的喜爱。

充分利用资源，挖掘师生潜能。我们在校园平房区的优势上下功夫，“小蜜蜂种植园”正式和师生见面。在前期科学小课题《我给植物做名牌》的基础上，老师们将生物观察和成长记录课程与种植园的管理有机融合在一起。一只只勤劳的“小蜜蜂”耕作在这片小小的区域里，四时蔬菜成了孩子们的最爱。浇水、施肥、记录，他们小小的忙碌的身影为学校增加了无限的活力。

健全评价体系，绽放独有光彩。为了落实我们的校训，我们以培养阳光自信的光芒少年为目标，形成学校光芒评价体系。以自信、乐学、悦践、感恩、合作，构成光芒五个维度为切入点，着重培养学生良好的学习习惯、人际交往能力和团队协作意识。通过校园电视台、少先队广播、升旗仪式等多个主阵地培养学生自信心和表现力。在每年的“我要上六一”、古诗词大赛、体育竞技等特色活动中，他们积极勇敢，阳光自信，在学校搭设的舞台上尽情绽放自己的光芒。

三、补齐家庭教育短板 实现家校携手共进

研究家校课题，支撑管理工作。在家校共育的调查中发现，我校有的家长对家庭教育的重要性认识不到位，普遍存在“不懂家庭教育”、“过分依赖学校教育”等突出问题。为了攻克这些难题，我们将家校共育纳入课题研究范围；申报和修改关于班主任工作的《提升小学教师较小沟通能力的研究》课题；以家长实际情况和家校沟通常见问题为切入口，分析问题原因并梳理系列的应对策略。在学校大课题的引领下，以课题解决难题，成为班主任工作的有力支撑。

定期汇集困惑，拓宽共育渠道。我校定期收集汇总家长育子困惑，并开展按需服务，定期开展光芒家长学校育子大课堂，为家长提供了团辅课程、个人辅导和家校帮帮团活动3种课程。家长学校的建设凝聚了家庭与学校间的共育关系，不仅让沟通的桥梁更加牢固，同时拓宽了共育的渠道。

重视心理疏导，护航学生成长。为提高我校学生的心理素质，我

校从不同年龄阶段学生的身心发展特点出发，设置分阶段的具体教育内容：开设特色团辅心理课程，主题心理培训；开放心语小屋个人咨询沟通平台；定期刊登心理推文，便于家长和学生更全面的了解心理健康知识；开展5.25心理日等主题活动，使学生对心理健康教育有积极地认识，提高家长与学生的心理素质，助推更好成长。

四、闪耀荣誉纷至沓来　师生成长花开有期

学生拔节成长，收获优异成绩。2015至2018这三年，七年级学业质量水平测试中，三科成绩实现翻倍的提升；毕业生先后有30余名学生被一零一中学、人大附中、十一学等学校优先录取；两个班集体获得“北京市优秀班集体”、海淀区“星星火炬中队”荣誉称号。

丰富的课程引领下，学校科技类、艺术类、体育类社团精彩纷呈。跳绳队连续八年获北京市一等奖。跆拳道、武术、健身操等社团在北京市青少年空手道冠军赛、脚斗娃大赛、健身操比赛中屡创佳绩。“光芒少年”行进管乐队在70周年国庆之际，行进管乐队的师生代表参加了国庆群众游行方阵。

教师素养提高，享受职业幸福。历经几年的积淀，学校教师充分享受到职业发展的成就感和幸福感。2018年海淀区第八届“世纪杯”教师基本功展示活动中，我校一人获语文特等奖，一人获英语一等奖。2人进行海淀区公开课展示。2019年，一人获北京市少先队活动课一等奖，并代表海淀区参加市级展示，实现学校六年来教学区级获奖及展示零的突破。2020年疫情期间，我校有六位老师被选定参加空中课堂录制活动，2020年海淀区教师基本功大赛中，一人获风华杯班主任基本功一等奖，2人获青年教师展示课一等奖、4人获二等奖。还有很多的优秀班主任和教师分别在不同比赛中获得多种奖项，近年来，我校2人获北京市“紫禁杯”班主任、1人获北京市学生喜爱班主任、6人获海淀区优秀辅导员、8人获海淀区“四有”教师、8人获海淀区优秀班主任荣誉称号。

学校飞跃发展，荣誉纷至沓来。几年来，我校硬件设施实现了飞跃式发展。2020年疫情期间，学校小蜜蜂种植园地、小水池与师生见面，学校电视台直播系统、教师录课系统也安装妥当，师生们的工作和学习环境逐步得到了改善。与硬件设施同步提升的是家长的口碑。经过持续努力，学校收获了家长及社会的赞誉。社会满意度从2017年至今均达到了90%以上，先后获得家门口满意的学校、北京市文明校、奥林匹克示范校等荣誉称号。

“点亮优秀　绽放卓越”是我们一贯的追求。乘着国家十四五发展规划和2035年远景目标的东风，我校也将开启新的发展目标：优化校园环境与建设，充分挖掘教师资源；提出“四做四力”的高质量发展目标，开启师生“同成长、共绽放”的点亮工程，我们相信，在未来的教育征程中，一定会有更多的老师和学生在石我校这片沃土上继续成长、成才。

打造“全人文化”　实现教育可持续发展

——谈空港第二小学创建“幸福校园”工作开展

北京市顺义区空港第二小学　刘强　霍金秋

打造“全人文化实现教育可持续发展，创建“幸福校园”，空港二小秉承“全人幸福”的办学理念，落实“培育人格健全，和谐发展，具有‘中国情怀’和‘国际视野’阳光少年”的育人目标，高度重视学校特色的建设和发展，不断丰富学校的办学内涵，坚定不移地提升管理水平，稳固队伍建设，优化各项工作，教育教学质量和师生素养不断呈现新风貌，自2017年建校来学生逐年增多，教师不断成长，学校的办学品质逐步得到社会认可，先后取得一定成绩：2018年先后被评为北京市青少年朗诵艺术基地校、首批《义务教育学校管理标准》达标校、顺义区教育系统先进集体、顺义区冰雪运动特色学校；2019年先后被评为顺义区教育系统先进基层党组织、顺义区综治考评先进校顺义区学校卫生工作先进集体；2020年先后被评为全国冰雪运动特色学校、北京市中小学文明校园、北京市中小学健康食堂、顺义区家校社合作育人优秀校、全国规范化家长学校第一批实践活动实验校；2021年被评为顺义区综合考评先进校、中国网小记者站基地校。

一、加强学习、依法办学，构健全人文化体系

干部教师学习中共中央　国务院下发《关于深化教育体制机制改革的意见》、《关于全面深化新时代教师队伍建设的改革意见》、《关于深化新时代教育评价改革总体方案》，北京市教委下发《关于推进中小学教师“区管校聘”管理改革的指导意见》、《北京市关于进一步深化教育教学改革全面提高义务教育质量的意见》以及顺义区委、区政府《关于顺义区促进教育事业优先发展的意见》、顺义区教委《关于开展依法治校创建工作的实施方案》等文件。根据上级文件精神，坚持依法办学，修订了《空港二小学校章程》、完善《空港二小内控制度汇编》等各项制度、制定学校十四五发展规划，凝练空港二小全人文化体系，构建“践行全人教育、奠基幸福人生”育人理念，以文化凝聚人心、引领师生发展，创作《向阳生长》——空港第二小学校歌。

二、强化培训，铺路搭台，提升教师专业素养，践行全人文化

学校现有教师50人，近四年入职新教师33人，教师平均年龄31.5岁，新教师占比66%是我校发展面临的第一个挑战；新教师中女教师26人，占教师总数的52%是我校面临的第二个挑战。鉴于这些挑战，学校加大校本培训力度，采取六大措施，为青年教师搭建发展平台。

措施一：师徒结对，师带徒、徒促师，共发展、同成长。我校曾出现过一师带多徒、以徒带徒的特例，学期末师徒捆绑评价，提升师徒结对实效，促进新教师的快速成长。

措施二：集体教研，新教师没有教学经验，需要发挥团队作用，明确教研组同备课、同进度、同作业、同检测，要求新手教师不求创新先达标，不怕辛苦精备课，确保课堂教学有实效，逐步提升教师学科素养和课堂驾控能力。

措施三：搭台铺路，为教师提供多层次展示机会。开展常态推门课、青年教师汇报课、师徒同上一节课、教研员视导课等多层级展示平台，同时开展教师习题下水、故事分享、读书沙龙、班主任论坛等主题性交流活动。通过搭台铺路，创设多种形式的展示机会，锤炼教师基本功，调动教师发展内驱力。

措施四：固化六个一，持之以恒提升素养。空港二小教师“六个一活动”内涵：每周一字（一篇钢笔字、一板粉笔字）；每月一故事；每月一精品教学设计；每学期一节校级展示课；每学期一篇专业论文；每学期一本专业书籍。学校每学期固化“六个一活动教师们由开始的不适应，逐渐养成习惯、形成专业自觉，进而提升自身的专业素养。

措施五：科研引领，编印成果集《向阳生长，走上幸福之路——空港二小践行全人教育足迹之一》。十三五由傅祥羽老师牵头课题《课堂教学中及时性评价的研究》结题，并获得区级二等奖，十四五开局之年，学校推进三个课题研究，分别是：搭建教师发展平台　推进全人教育实践的研究、小学数学复习课学习单设计与运用的实践研究、及时性评价在学科教学中运用的研究

措施六：区域联盟，借力发展促进成长。我校新教师多、骨干教师学科发展不均衡，比如，英语学科就没有成熟教师任教，为了破解这一难题，我校主动与后沙峪中小、新英才学校结成友好校，三校间连片教研，同步评价，较好的缓解了部分学科没有熟练教师引领的问题。同时三校教师还将开展校际间的同课异构，新教师评优课等活动，为老师们拓展一个新层面的交流平台。

三、基于校情、五育并举，提升学生核心素养，“1+N”模式的全人课程体系

依照课程方案，坚持五育并举，确保国家课程开齐开足，地方课程、校本课程有序推进。构建了以核心素养为导向，以国家课程为统领，以实践体验为特征的“1+N”模式的全人课程体系。“1”为国家课程必修课，“N”为校本课程选修课。具体如下：

语文学科：语文1+3模式（诵读与演讲、识字与书法、阅读与写作）

数学学科：数学1+3模式［数学思维、数学实践、游戏化教学研究］

英语学科：英语1+2模式［口语交流（外教课程）、国际交流（游学课程）］

体育学科：体育1+3模式［滑雪课程、武术课程、足球课程］

美术学科：美术1+3模式［美术鉴赏课程、油画课程、儿童画课程］

音乐学科：音乐1+3模式［音乐欣赏课程、合唱社团、音乐剧社团］

科技信息学科：科技2+3模式［小牛顿社团、编程课程、计算机社团］

劳技、综合实践：劳动2+3模式［小种植社团、学校小岗位、居家劳动］

社会实践类：把社会大课堂活动进行课程设计；研学类课程、小记者课程

节日类课程：以重大节日、纪念日为契机开展系列活动

仪式类课程：一年级上学礼、入队仪式；四年级十岁成长礼；六年级毕业季

主题类课程：心理课程、军训课程、研学课程、红色课程、法治课程等

（一）公民合作，丰富课程资源，提升学生国际视野

开设外教课程，提高口语交流能力：空港二小借助地处空港国际化教育集群的区位优势，邀请新英才学校外教进校园，为所有班级每周上一节外教课，提升学生英语口语交流能力。成立英语口语社团，部分学生周日走进ISB顺义国际学校，在特定的语言环境下，开展英语实践活动，拓展学生国际视野。开设艺术课程，提升学生美育素养：借助国际学校，根据学生兴趣，开设街舞课程；与英国皇家芭蕾舞学院的天爱基金合作，打造学生形体课程，成立“芭蕾舞”社团；组织学生走进德威英国学校参加交响音乐会，提升了学生的美育素养。

（二）借力发展，探索滑雪课程，提升学生运动技能

学校争取属地支持，建立天竺地区青少年冰雪体验中心。学校积极探索滑雪课程教学模式，实现面向全体学生开设滑雪课，确保每班每周一节。一二年级打基础，学习以冬奥知识、冰雪知识为主的理论课程；至六年级强技能，进行实战训练，做到理论与实践相结合，课内与课外相结合、普及与培优相结合、训练与比赛相结合，空港二小滑雪课程体系日益完善，滑雪课程成为学校的办学特色。编印《知冬奥、爱家乡——冬奥知识读本》宣传冬奥知识，了解家乡变化。2018年评为顺义区冰雪运动特色校，2019年北京电视台科教频道《非常向上》节目组之“冰雪进校园”在空港二小滑雪中心录制，滑雪社团进行现场展示，冬奥冠军叶乔波到校亲临指导。2020年空港二小被评为“全国冰雪运动特色学校”。

（三）浸润书香，推进阅读活动，培养学生学习能力

营造书香环境--教学楼二层设快乐书吧，供学生课间自由阅读，同时向师生开放阅览室，结合年段特点帮助孩子筛选适合孩子阅读的书目；抓住课堂主阵地--全年级开设每周一节整本书阅读课、课前国学诵读，使学生浸润其中，不断激发兴趣；社团深化，家校共推--在二、三、四年级部分学生中开展“共读共书”活动，即在教师指导下进行师生共读、亲子共读。学生从不知道读什么怎么读，不爱读不会写到现在有的孩子们可以静心一小时读完一本书，可以读懂无字书，可以为书画插画、可以读书画脑图、可以进行创作属于自己的书，阅读兴趣慢慢在孩子心中生根发芽。

（四）与音同行，开设戏剧社团，提升孩子音乐素养

初探戏剧社团让书本中的情景活起来，成为现实中可视可感的人、事、物！使孩子在参与戏剧表演的过程中可以感受环境，体验人物，在角色扮演中体验不同的人生，掌握恰当的表达方式，更增强自信，更好地适应未来的社会。

（五）借助项目，推进实验画法，提升师生美术素养

协同创新“小学美术实验绘画教学创新与应用”项目走进空港二小，独特的教学理念，不断激发教师与学生的想象力。以点、线、面、色等绘画元素，将一个形象分解打散再重新组合，展现出实验绘画独特的魅力，让师生在体验乐趣的同时，使创造潜能得到开发。

（六）回归社区，拓展实践资源，提升学生劳动技能

借助周边社区资源，开发劳动技术校外课程，开展龙道河环保实践活动，捡拾白色垃圾，不怕脏、不怕累；与来自意大利、美国、德国等国家的友人共植友谊林，孩子们手持铁锹、栽树、培土、盖土、浇水，干劲儿十足；端午节制作香囊，从穿针引线开始、怎么打结、怎么缝、怎么放艾草、怎么封口，学习得非常认真；冬至和面、擀皮、包饺子，通过实践操作，体验劳动带来的快乐。

四、严格规范后勤保障，打造安全校园，打造全人文化环境

提高认识、落实责任，及时购买发放防疫物资，做好防疫物资储备。校园门卫严控大门，严格执行学校的各项规定，记录详细准确，把好了校园防疫第一关。落实晨午检制度，把好入校关。学校领导和部分教师一同参与晨检测体温工作。搞好各种疾病、传染病的预防、检查、控制工作，确保学生卫生安全　根据不同季节特点，利用电子屏、广播等形式开展各项宣传预防工作。同时，强化安全意识，紧抓安全工作不放松：

（一）校门前道路交通综合治理。学校的保安员、值班教师、领导，在高峰时段疏导交通，组织学生有序上下学，保障门前道路畅通有序；

（二）创建平安校园，进一步完善了各项安全制度和应急预案。对学校教学设施、体育设施、电路等，不定期进行了检查，发现问题，及时整改；

（三）定期开展专题活动。在区地震局的指导下，学校开展了五六年级为主体的防震减灾活动，且在副楼二层楼道创建了以“防震减灾科普”为主题的文化墙，宣传防震减灾；

（四）加强门卫安全保卫工作，严格执行学校各项管理制度，认真履行职责，严禁闲杂人等进入校园，确保校园安全；

（五）强化学校食品卫生安全管理。根据防疫需要，及时科学调整就餐时间、餐位分布；及时处置食堂中出现的各种问题，细心排查、及时发现食品安全隐患，及时整改，带领餐厅工作人员安全、顺利完成了本学期的供餐任务。

2020年9月学校顺利通过区教委委托第三方对学校平安校园的验收工作。

空港二小以课堂为主阵地，结合域情，以小切口，打造学校特色，以“全人文化”理念做引领，让教育不仅仅是教书，传授知识，同时传达一种来自生命认知上的幸福感。唯有此，才能实现教育百年大计，才能实现可持续发展。这便是空港二小打造“全人文化创建“幸福校园”的初衷。全新征程，朝夕必争；行就坦途，韶华不负！展望未来，我们充满希望和信心，空港二小一定正视不足，找准发力点，为我校实现“全人幸福创设幸福校园而不断努力。

浅谈区域内自闭症儿童教育的现状及应对策略

赤峰星之路自闭症儿童康复中心　王欣会

自闭症由于病因不明确，所以现在也没有完全治愈它的方法或者说特效药，如果想改善他的症状就只能通过康复治疗来改善患儿社交沟通、语言功能以及行为的异常，所以康复训练对自闭症的儿童来说是非常重要的。虽然不是每个患儿都能有明显的效果，但只要长期坚持都是会有效果的。

赤峰星之路自闭症儿童康复中心前身为2003年成立的维思德潜能开发教育中心，是赤峰地区最早从事自闭症儿童康复教育的机构。从2003年接触第一例自闭症儿童至今，开展自闭症康复工作已近20年的时间，推动着赤峰地区的自闭症儿童康复教育逐年发生着变化。

一、正确认识自闭症儿童存在的问题

2003—2009年间，由于家长普遍缺少对自闭症的了解和认识，到学校参加康复训练的孩子少之又少，到2009年申报国家救助项目时，赤峰地区仅有1家康复中心，在训孤独症儿童17名。到2020年12月为止，赤峰地区共有19家自闭症儿童康复中心，残联统计在训儿童共有235人。从这些数字上可以看出，人们对于自闭症的认识有了普遍的提升。

在接待家长的过程中，我们发现，2003—2009年间，大部分到机构接受训练的自闭症儿童均为中重度儿童，无语言自闭症儿童偏多。同时，孩子普遍确诊的年龄在4—7周岁之间，入学训练时间没有明显规律可循。从2019—2021年，机构接收的孩子从22个月—6周岁不等，平均接收康复训练的年龄在3—4岁之间。同时在入学时间上也能明显地看到每年的3、4月和9、10月到康复机构接受训练的儿童越来越多。普遍原因是部分儿童在进入幼儿园后，幼儿园老师发现了孩子的不同，然后推荐孩子就医进行康复训练。目前，在星之路训练的儿童近130人，有50%的儿童在刚刚来到学校时是完全没有口语，另外的50%则是因社会规则意识差，不和小朋友玩等原因发现了孩子与其他儿童的不同，继而开始就医后进行的康复训练。

从这些年的变化中，我们可以看到，提高公众对自闭症的了解及认识已经逐渐开始发挥作用。这些变化对于赤峰地址自闭症儿童康复工作非常的重要，首先自闭症康复讲究的是早发现、早诊断、早干预，提前发现就能为孩子争取更多康复训练的时间。而正确的认识孤独症，及时发现孩子的特殊性，也能让边缘及高功能的自闭症儿童通过康复训练后能更好地融入社会群体中。

二、完善自闭症儿童教育的课程搭配

在多年的教育工作中，星之路全体教职员工边学习、边探讨，不断进行着各种尝试和创新。围绕“康复教育来源于生活，服务与生活”这个康复理念，星之路在坚持科学干预的前提下，结合更多的教育形式，充分考虑到孩子未来生活、社会融入的需要，为不同程度、不同年龄段、不同需求的儿童提供最恰当的课程搭配，在将基础打牢的同时进行与自身能力发展更匹配的课程相结合，为自闭症儿童更好地融入社会提供更多的可能性。

对于中重度的儿童来说，以群体课为主，以个别化训练及家庭训练为支撑。因发现年龄较早、孩子程度相对较重、家长教育经验不足等原因，对这个程度的学生来说，在设置课程时要将群体课做为主要课程，引导并教育学生逐步学习团队适应能力、团队指令执行能力、休闲技能、游戏技能、生活认知、生活自理课程，为下一步的教育衔接做好准备。在个别化教育训练中，针对学生的优势及弱势能力的表现，选择最合适的课程对学生能力加以提升。此外，星之路注重家庭教育的开展，帮助家长进行系统的学习，提升他们对学生的家庭教养能力。

对于偏轻度的儿童来说，以密集课的训练为主，以家庭教养为辅，以多元化课程为补充的形式进行课程设置。这个程度的儿童已具备简单的沟通技能，但社交技能、游戏技能偏弱，并且每个孩子的需求均不相同。为此，星之路首先通过大量的一对一训练，实现快速提升学生个人能力的目的；接着，逐步进行衔接式课程模式，即半天密集一对一训练，半天幼儿园融入的教学模式；再次，在一对一训练中逐步增加多种生活场景的实际教学，利用学校所在的社区进行生活化的教育，如超市购物、买水果、逛公园等；最后，将更多元的课程——沙盘课、乐高课等逐步引入到教育形式中，让儿童的教学形式更加丰富，也满足了他们探索和学习的欲望。

三、提升自闭症儿童的社会技能训练

社会技能是指通过培养“星儿”的处理问题技能、思维技能、人际交往技能、自我定向技能、控制情感及行为技能，帮助“星儿”有效地应付日常生活中的需求和挑战能力，使他们始终保持良好的精神状态，在他所处的社会文化环境中能够与他人的交往中表现出适当的和健康的行为。从我所带的班级实际情况出发，由于孩子的年龄普遍来说偏小，社会交往技能训练主要从培养社会性游戏技能、社会性互相交往技能人手。其中，社会性游戏技能训练包括与人和物的接触、操作物品的技巧、遵从简单的游戏规则、参与假扮游戏、接电话、独立完成任务等内容；社会性互相交往技能的训练包括与人接触的正确方式、社交沟通的能力、建立适当的社交反应等内容。

此外，自闭症孩子因为思维的灵活度跟认知理解能力不足，很难理解一个事物的不同形态，所以还应进行大量的泛化训练，即根据孩子的能力制定合适的训练方案，逐渐向外一层去延伸，以提升孩子对事物整体的认知。

四、在课程创新过程收获颇丰

在教学中，星之路大力实施以三元体系为主教学体系，不仅更加关注孩子的社会化学习，也注重孩子在生活自理中运用课程理论知识的能力，形成了自己独特的教学手段。

学生是学习的主体，星之路给予学生自我表现的机会。比如在认知课中，想要很好地完成对所学知识的运用与转化，就需要关注学生的生活体验，教具必须要准备充分，至少两种以上（实物、卡片、作业、视频等），使课程的学习与孩子的生活紧紧相连。

课堂评价的核心是“帮助而不是盲目地夸大其词的去评价。一是突出评价的特点，如使用“手放的很好”、“你坐在椅子上真帅气”、“你拿对了这样的话”等评价术语。每一个合格的特教老师要能在一节课中夸赞和赞美孩子至少10条以上不重复。二是以激励为主。教师不仅要自己鼓励学生，还要鼓励社会参与评价，家长参与评价。三是有明确的教学目的。教学大纲首先要明确本课程在整个课程体系中的地位和作用，规定本课程的基本教学目标，要求学生学习课程之后应掌握一定的知识与技能，并做好家训学习，与家长共同辅助孩子完成，做到家园共育。四是教学内容的叙述应详略得当。教学大纲是有关教学内容的指导性文件，不能过细以致不能突出重点并限制教师的发挥，但也不能太粗以致缺乏有效地指导性，在教学目标上要分出高中低目标，在课上要做出个别化教育。每节课结束课程后老师要根据孩子完成的情况来设定下一本教材的改变和接近孩子的教学目标，实现教学技能多样化，分层教学提高教学质量。

积极开展“比教学”活动，以练兵、比武促教师能力提升。星之路加大教研力度，先后开展了全体教师基本功训练、教师专业知识培训、讲课和优秀教案评比等活动，大大提升了教师的教科研水平。为提高工作效率，保证教学质量，星之路还鼓励教师加强业务学习，积极为教师的成长与发展创造条件，引导教师从经验型向理论型变。

自闭症儿童教育是一个复杂的不断完善的教育体系。展望未来，星之路还将在不断完善课程建设的基础上，积极推动老师、家长和社会的有机融合，帮助自闭症孩子更好地融入集体生活中，和其他小伙伴共同进步、共同学习。

红色文化，我国教育的精神文化

福建省龙岩市上杭县实验小学　阙青松

“为每一个孩子的幸福人生奠基”是我校教育教学的理想追求与终极发展目标。红色文化是中华民族文化的重要组成部分，传承与弘扬适宜学生成长的红色文化，不仅能培养学生高尚的道德情操，也能培养学生艰苦奋斗、自强不息、奋力拼搏精神，为孩子的幸福人生做奠基。近年来，我校依托上杭丰富的“红色资源”宝库，试图将红色文化有机融入校园文化建设，构建独特的校园文化。近几年，我们在“红色文化进校园”上进行了一些实践与思考。

一、依托学校红色资源，传承红色文化

（一）我校红色文化资源

我校作为百年老校，有深远的文化历史传承。我校的“鑫鑫图书馆”是老红军邓六金倾其生平积蓄捐建的。“鑫鑫图书馆”建馆以来一直得到各级领导关心，曾庆红、孙春兰、黄坤明、卢展工、刘赐贵等领导捐赠了大量图书。中央政治局委员国务院副总理孙春兰时任福建省委书记时亲临学校，他提到，革命前辈邓六金支持兴办图书馆是为了让后代们铭记这段历史。她两次与我校唐敏小朋友回信。作为学校，我们必须责无旁贷落实好孙书记的指示精神，千方百计管好、用好有着红军精神和革命传统象征意义的“鑫鑫图书馆让孩子从中学习红色文化，汲取苏区精神，快乐健康成长。

在校园物质文化的设计上，我们力求反映苏区精神和时代特征，把爱国主义教育、前途理想教育、革命传统教育、审美情趣教育融为一体，让校园时时处处都充满红色的精神。走进上杭实小校园，便能看到校园正中央矗立着一尊英姿飒爽的“我们永远热爱红军”女红军铜像。她代表着我们苏区的红军精神，是红军战士伟大人格的化身，永远激励着同学们争当著名苏区好学生；校园内鑫鑫图书馆、邓六金事迹陈列厅和中外名人伟人的格言画像等。这些融红色文化的风景以无声的语言，流动的乐章，无时不让孩子接受红色的熏陶与精神的洗礼，无时不在激励学生求知进取，全面发展，扬起理想的风帆。

（二）红色文化融入课堂

红色文化博大渊深，进行学习必须有所凭借。我们除了将鑫鑫图书馆中大量的红色书籍（如《上杭苏区永流芳》、《我与曾山》等等）作为校本教材外，我们还组织有关老师撰编《我们的校园多美好》、《上杭实小校园文明新童谣》、《红色剧本》、《红色歌曲》等校本课程，激发师生爱学校、爱家乡、爱祖国的情感。

学校开展的“传承红色基因，培育时代新人”课题成为省级德育建设百优示范项目。让全体教师参与，辐射到全体学生。着力加强研究如何将学科教学与红色文化结合，与少先队活动结合，与艺术教育结合，与校园环境结合，拓宽了学校红色教育的途径，让学生从无形中去感受红色文化的丰厚。

二、传承红色文化，铸就师生红色精神

（一）教师

求真务实是苏区精神的重要内涵。教育是人格塑造的事业，是教人求真的事业。我们把踏实工作、爱校爱生当作基本要求，以创人民满意实小、做人民满意教师为工作目标，提出“立师德、精师艺、铸师魄”的塑美工程，结合县委、县教工委和教育局开展的群众路线循环开展：“教师人人是学校‘窗口’”——实小教师形象塑造活动；“求实、创新”——课堂教学评比活动；“四位一体”——校本教学研究活动；“校园同乐”——教师文体竞技活动等等，努力打造一支具有“红色灵魂”的敬业型、学习型、科研型、发展型的高素质教师队伍。我校教师队伍庞大，其中，1位获全国模范教师称号；1位获全国道德模范称号，并受到习近平总书记的亲切接见；还有1名省特级教师；1名省名师；获省正高级教师职称的也有两名；获市名师名校长称号的有17位教师。

（二）学生

红色文化要想依托于学校教育之中，就应遵循教育规律以及学生的个性心理特征。学校可以将红色教育依托于丰富多彩的活动中去，使学生在润物细无声中接受红军精神的洗礼，快乐健康成长。

1.红色文化校本化。如：“读书节”活动（通过读革命苏区相关历史文献，了解革命家和英雄人物的故事，背诵革命及现代诗歌，写读后感并且交流读书收获等一系列读书活动，让学生从中提升自己思想的高度）；“体育节”活动（开展多项体育竞技活动，让学生在竞技中感受体健的魅力，并提高自身的身体素质），以及开展一系列的综合实践活动，从各种学生喜欢的活动过程之中有机渗透学校教育，进行各种知识技能训练。

2.少先队主题活动。如：军训活动，主题夏令营活动，扫墓活动，采访、慰问前辈活动，参观邓六金事迹陈列厅、“新童谣，伴成长——自主养成德育实践活动”、“手拉手”活动，“雏鹰争章”活动，少先队员“国旗下的讲话开展系列综合性实践活动等，对学生进行思想品德教育。每周二组织开展主题班队活动，通过一系列教育活动，使学生树立正确的人生观、价值观。让学生从实践中真正成为学校和班级管理的主人，在实践中真正得到自我发展。

三、深化感知红色教育，开展校外活动

（一）校外活动

学校少先队开发了一系列红色文化教育主题实践活动，有分年级的序列活动，如一、二年级：参观客家博物馆、参观临江楼；三、四年级：清明祭扫烈士墓、参观邓六金故居；五、六年级：参观古田会议址、毛泽东才溪乡调查纪念馆、“重走红军路”研学实践、走访老红军等活动。也有结合红色主题的专项行动，如“纪念红军长征胜利宣传小分队在行动”、“长汀松毛岭研学”以及传统节假日主题实践等系列活动，拓宽了德育实践的渠道。

红色文化活动的有序开展，有力促进了良好校风、教风、学风的形成，学生中涌现了大批勤奋好学、开拓创新、文明礼貌、品学兼优的学生。学生的文艺目连续五届获市级调演一等奖，并二次在中国教育新闻连播；学生的书法美术作品获国家级奖励200多幅，获希腊、日本、西班牙等国际级奖励30余项；学校田径队历届都获县中小学生田径运动会团体总分第一名；学生的习作在省级以上获奖或报刊发表100多篇；学生的科技论文和发明作品也获市省表彰多人次；学生的经典诵读《采桑子•重阳》获省一等奖；学生参加“为祖国点赞”等省级演讲、朗诵比赛，有16人次获奖，是全省获奖级别最高、获奖人数最多的学校之一。

（二）家校合作

发挥家委社区力量，丰富德育实践形式。红色文化进校园活动离不开家庭的配合。在“读红书”活动中，我们开展“亲子共读”活动，让孩子和家长一同参与读红书活动，和孩子一同接受红色洗礼，一同进步成长。每节语文课“课前三分钟演讲活动”中的有关讲红色故事活动，我们要求孩子在家里先讲给家长听，在家长指导后再上台演讲。在活动的开展中，我们还进行了“优秀亲子共读家庭”、“小小演讲家”评选活动。这些活动都得到了家长的大力支持和一致好评。

同时，为了更好地挖掘和传承，可以利用寒暑假，由各班的家委主任牵头，成立班级红色研学小分队，了解家乡的红色景点，寻找红色足迹。通过这样的活动，孩子们寻访到官庄畲族乡革命烈士吴富莲的英雄事迹；还发现珊瑚乡的“梦宏居”曾创办过红军学校……假日红色研学小分队让学校、家庭和社会“三位一体充分发挥了和谐育人的德育功效。

红色文化，是我国教育的精神文化。红色文化中所承载的苏区精神、红军精神不管在任何时候都是需要的。今后，我校将结合学校的实际情况和小学生的年龄特点，深入挖掘红色元素作为校园文化建设的内核，在教育教学中不断探索，不断渗透和深化，让上杭红色

文化嵌入孩子的心胸，根植于孩子的心灵，永远伴随着孩子的健康成长！

依托客家文化，构建校本课程

福建省三明市宁化县客家学校　张芬明　吴华

客家文化是中华优秀传统文化的重要组成部分，是实现中华民族伟大复兴不可忽视的一支重要力量。习近平总书记高度重视客家文化，在担任福建省省长时，很注重发挥客家文化优势，积极举办世界客属恳亲大会等活动，并以“五洲客家音，四海桑梓情”评释客家。我校地处全世界客家人的朝圣中心——宁化石壁，紧邻客家祖地。学校历史悠久，创办于1941年，2010年8月更名为宁化县客家学校。学校以“学生成才，教师成长，学校成名”的“三成”教育为目标，以“传承优秀客家文化”为亮校品牌，以“促进学生核心素养”为指导方针，以“传承客家优秀文化，争做苏区成功少年”为主题实践活动，构建“适应社会，适合发展，适合学生”的“三适”课程体系，融合当地客家文化资源，整合学科课程，弥补国家课程和地方课程的不足，开发符合我校校情的系列校本课程，努力形成有利于促进学生健康成长的校园特色文化。

一、校本课程创设背景

客家是汉民族的一个重要民系。在一千多年的迁徙中，客家人秉承厚重的中华文明，博采百家文化之长，创造了光辉灿烂的客家文化，成为中华民族璀璨的明珠。客家文化有着极其丰富的内涵，包括客家精神、民俗、艺术、建筑、人文、饮食等。客家文化与儒家文化是统一的，是相辅相成。而客家人尚学、勤劳、团结、不畏艰难的硬颈精神更是我们这个时代所缺失的。客家文化如此灿烂，如此贴近我们的生活，然而我们许多人，特别是年轻一代的客家人，对于这种时刻都会接触到的文化却知之甚少。客家学校作为文化宣传的阵地，理应承当起传承和发扬的重担。

客家学校地处世界客家人的朝圣中心、客家祖地——宁化石壁，在这里，时时处处可以感受到浓浓的客家风情，独具特色的民俗活动，公祠内发展变迁的历史文物，一年一度的祭祖大典中的一套完整规范的客家礼仪，把客家传统文化集中而生动地再现给人们。客家祖地具有浓郁的民俗民情民风，自成一体的山歌、童谣、精美绝伦的绣花艺术等都是客家人的一大财富，整合课程资源，开辟第二课堂，编辑以客家文化为主体的校本教材，拓宽学生学习途径，是提高学生学科素养的有力抓手。

北京师范大学教授林崇德说，学生发展核心素养主要是指学生应具备的，能够适应终身发展和社会发展需要的必备品格和关键能力。而核心素养是关于学生知识、技能、情感、态度、价值观等多方面要求的综合表现；是每一名学生获得成功生活、适应个人终生发展和社会发展都需要的、不可或缺的共同素养；这里面有几个关键词：一个是适应，一个是品格和能力，还有一个就是成功生活。这就要求我们学校为学生开辟适合的教育，培养良好的情感态度价值观，让学生学会学习，学会技能，体味成功。而“传承客家优秀文化”正是以“注重学生需求与发展，培养学生的综合能力”为宗旨的，把客家祖地特色资源作为教育内容进行校本课程开发，有利于学生形成良好的品德，提高学生的综合素质，培养学生团队合作精神，锻炼学生的社会实践能力，同时也有利于客家文化的传承。

二、校本课程研发心路

我们自2010年提出“客家文化进校园”的特色亮校目标后，其过程并不是一帆风顺，刚开始有教师不理解，家长不支持，学生不主动，课程研发迷惘等诸多困难。学校发动行政班子先行动起来，撰写调研报告，制订研究方案，探究开展模式，申报课题研究，修订考核方案等。2013年成立“客家少年大学初步让客家文化形成系统体系。学生打破原来常态下的年级和班级组织，依照自己的兴趣、爱好、特长，自主选择辅导老师和活动的内容、形式，教师与学生通过自由选择和双向选择，建立新授课模式。设置各类课程，提供“菜单式”服务供学生选择。2016年4月，为突破发展短板，提升内涵，使客家文化真正融入课堂，融入学生生活，学校成立了以吴华校长为主任，副校长为副主任，各行政为责任编辑，各教师为采编员的校本研发团队，新开发了六本“客家学校校本教材系列丛书”。分别是《客家美食》、《客家童谣》、《客家名人故事》、《客家民俗民风》、《客家山歌》、《宁化木活字印刷》，将客家文化融入课堂，培养学生吃苦耐劳、积极进取、勇敢开拓的“硬颈“精神训练学生实践操作，团结协作，促进学生个性发展，将“特色亮校”提高到了一个新的高度。

三、多元方式传承文化

营造客家校园文化氛围。我们以客家文化为主线布置整个校园文化氛围。校门右侧是大幅的主题画“传承客家优秀文化，争做苏区有为少年”；操场右侧是一排客家文化专廊，内容丰富多彩；在校园宣传栏、楼梯、走廊、通道、墙壁等分别设立主题鲜明的客家文化宣传画、客家名人简介、代表作等；经常展出学生的有关客家文化的手抄报、书法、绘画等作品，这些作品，充满浓郁的乡土风情；学校广播室开办客家文化知识专栏等。做到学校的校训、标牌、墙饰等体现客家文化特色，宣传窗、板报、校园网等宣传客家文化特色，多样化的活动烘托客家文化特色，教育教学的各个环节渗透客家文化特色。着眼于人的持续发展，着力营造一种浓郁、厚实的客家文化为学校特色文化。

开展课题研究。我校“客家文化传承”2010年申报县级课题；2011年列入市级教育改革试点项目；2012年申报“十二五”教育部规划课题（海峡乡土教育资源开发与课程实验研究），福建省学科协会秘书长王旭亲自担任本课题的指导与顾问。2013年申报县课题《客家校园文化课程开发、选修课建设研究及特色建设》。2014年分别申报省基础教育课题和市级课题《客家文化进校园的研究与探索》。2020年申报市级课题《基于客家文化背景下校本化综合实践课程探究》。通过课题的带动，经常性地进行客家文化专题校本教研活动，对实施过程中经验进行总结推广，遇到的问题进行探讨。客家文化专题教研常态化的开展，提升了教师们客家文化素养，提高了教师们对学生学习客家文化的指导能力。

以活动为载体，激发学生的兴趣。我们开展了“校园客家文化艺术节”、“走进客家”、“客家文化进课堂”、“寻找客家足迹”、“客家祖地小导游”、“客家祖地小主人”、“讲客家名人故事”、“客家知识手抄报比赛”等活动。邀请当地民俗学者为学生讲述本地客家名人故事、民俗、民间艺术等。将学生收集到的、认为最欣赏的客家文化进行整理并装订成册，提供给学生传阅，加深对客家文化的认识与体会。结合学生实际，提出弘扬客家精神与体现四个做到相结合：与学生日常行为规范相结合；与正确区分真、善、美、丑、恶相结合；与强壮体魄学好文化科学知识、建设美好家乡相结合；与争做德、智、体、美、劳全面发展的一代新人相结合。着力培养学生爱家乡、爱民族、爱祖国的情感，坚强、自信、勇于拼搏的精神。

与客家祖地共建，拓宽实践通道，开展实践活动。石壁每年都举办世界客属祭祖大典，来自世界各地的客家团体、个人、学者等齐聚石壁，盛况空前，石壁祭祖大典继承了中原祭祀古风，又融合了当地习俗，具有鲜明的客家特色，现已列入国家非物质文化遗产名录。至今已连续举办二十五届。

建立新授课模式。成立“客家少年大学学生打破原来常态下的年级和班级组织，依照自己的兴趣、爱好、特长，自主选择辅导老师和活动的内容、形式，教师与学生通过自由选择和双向选择，建立新授课模式。设置客家舞龙、客家刺绣、客家美食、客家木活字、客家童谣、客家儿童画等十四类课程，提供“菜单式”服务供学生选择。

经过几年的努力，客家文化办学特色日渐成熟。2012年1月我校被县教育局评为“客家文化教育特色学校2012年7月全国教师发展基金会授予“全国特色学校”称号，2013年获三明市“五四青年集体奖章2014年12月获“全国百强特色学校”、“身边的好学校”称号，2016年获宁化县“特色学校“课改先进集体三明市“特色学校”称号；2017年被福建省教育厅列入“全省中小学中华优秀文化艺术传承学校培育示范校”；福建省首批“义务教育教改示范性建设学校”；2018年12月《艺术实践工作坊》获福建省第六届中小学生艺术节一等奖；2019年4月《木活字印刷》获教育部主办的全国第六届中小学生艺术展演二等奖。

2019年8月《依托客家文化，构建独特课程体系的研究》课题获县一等奖；2020年1月获县第二届河长制进校园活动“优秀团队奖”；2021年4月，教育部与中青报联合创办的《传承的力量》栏目组到我校采风，并将我校非物质文化遗产宁化木活字印刷术搬上银屏。近两年学生美术作品等竞赛28人次获国家、省、市、县一、二等奖。

著名作家冯骥才说得好，文化似乎不直接关系国计民生，但却直接关系民族的性格、精神、意志、思想、语言和气质。客家文化是这样的灿烂，这样的贴近我们的生活。今后，我校将继续依托客家文化，开发构建系列课程，打造学校品牌，用全新的特色文化培育时代新人。

独特教学文化，让教师摆脱“苦教”

福建省厦门五缘第二实验学校　石锡伍

教学，是学校的灵魂，是学校工作的中心，是办好学校的关键所在，是实施全面发展教育的基本途径。教学对学生的身心发展有着独特、全面、无可替代的作用。我校是一所建校不到六年的新校，为提升学校教育质量，我总结了自己一套独特的教育“培养经在我和校领导班子的带领下，学校教师在各类教育技能比赛中磨炼技能的同时，也让我校的教学质量得到了提高。

一、“小白”变成“达人首先要过五关

我校创办于2015年9月，建校伊始，新入职教师占了大多数。而在不到6年的时间里，学校从最开始的不到10位名师，发展到现在拥有

省级名师、卓越教师、省市级学科带头人、骨干教师及培养对象共计57名，占到全校教师人数的四分之一。在各种教学技能比赛中，学校教师总是榜上有名。

如何在短时间里让大批教师从“小白”变身讲台“达人”？我的方法就是对教师进行系统而严格的训练，同时对教师职业生涯进行长远规划，让每位教师都找到自己的坐标。

在学校的《教职工职业规划书》上我们会记录每位教师是哪年入职、参加过哪些培训、担任过什么职务、即将参加哪些学习。从签订入职协议的那一刻起，学校对年轻教师的培养就按下了启动键。

在丰富的内容培训系统基础上，如果教师想要通过考核，还要过“五关”。第一关在实习期，由校领导和课程建设中心和教师发展中心负责人、年段长、教研组长组成听课小组，听新教师上公开课。第二关在转正时，学校成立评审组，只有“转正课”合格才能转正。第三关是正式定级为初级教师前，学校对新教师还要进行考核，合格后由校领导宣读文件，在满满的仪式感中，新教师从此踏上从教之路。算上“钢笔字、毛笔字和粉笔字关”、“信息化设备使用关”就是整整“五关”。

一名新教师要想从“小白”变身“达人”，必须十八般武艺样样精通，当他们心里有‘货’时，走到哪里都不会慌。我常告诉教师，要成长为有话语权的教师，靠的就是不断提高自己的专业能力。

二、校领导当教练，赛场就是练兵

每次比赛训练，我和其他校领导都会亲自当教练。除了学校内部的辅导，碰到重大比赛，为了扩大教师的学习面，学校还会外聘教练。参加技能大赛的教练都是一对一或二对一，而由谁当教练，则由参赛教师本人指定，然后由学校去聘请。

教师技能大赛不仅锻炼了教师的基本功，也成为促进教师专业快速成长的催化剂。很多老师除了在大赛中得到锻炼，在日常教学与教研中也逐渐能够独当一面。

我们鼓励教师积极参加比赛，不是为了沽名钓誉，而是希望教师以比赛为舞台，在“真刀真枪”的训练中提高本领。除了参赛，学校还积极组织教师参加各级各类培训，例如，厦门市教育部门每年都会选拔优秀的中青年教师作为骨干教师的培养对象，学校美术教师胡瑶便是其中一位。经过各种培训和考核，胡瑶在短时间里成长迅速，教学水平不断提高，并获得全市教师五项基本功比赛一等奖等奖项。

如果一位教师只是把教书作为“挣一份工资的差事那他很难成为一名优秀的教师。我认为，一名好教师，仅具备专业能力是不够的，最首要的还是拥有职业荣誉感和敬畏心，我不仅希望能在教学上做他们的“教练也希望能在师德上做他们的“教练”。

每年新教师入职培训，学校都会组织专门的师德培训。师德教育不是简单的说教，而是既要激发教师从教的责任感，也要给教师足够的尊重。校园里有一处小小的文化公园，公园的林间小道上布满了脚印。每位教师都会在这里留下自己的脚印，这样做的目的，是让学校记住每一位在这里付出过青春和汗水的教师。

这样的细节，也融入了教师激励的点点滴滴。每年新入职的研究生通过转正考核，或是教师有职称上的晋升，学校都会举行典礼，我为他们颁发证书，以这种仪式感来增加教师发展的内驱力。

三、“技与学”双过硬，摆脱教师“苦教”

技能比赛是一时的，而专业成长却伴随教师终身。在重视对教师基本能力培训的同时，学校注重打造“精、活、实”的教学文化，引导教师认真对待每一堂课。

“精”是指精准把握课程标准、精选课堂教学内容、精练课堂教学用语、精挑课堂练习题目、精心设计校本作业、精准把握学生学情。“活”重在激活，做到课堂引入有助于激活教学内容，教学内容有助于激活学生兴趣，问题设计有助于激活学生思维，教学环节有助于激活课堂氛围。“实”则指注重教学实效，确保学生一课一得或一课多得。

学校经常以教研组为单位，聘请专家来学校举行课标解读、课堂教学、质量分析技术等方面的专题讲座。前不久，一场“精、活、实”课堂展示，也就是信息技术与教学深入融合展示课活动在学校举行。全校20多个教研组推荐27名教师在展示课上的表现得到了在场专家的一致好评。

在全校教师的共同努力下，我校教学质量稳步提升，学校的文体活动也开展得有声有色，并多次获得国家和省市级奖项。我们花大力气对教师进行培养，提倡“精、活、实”的教学文化，让教师摆脱“苦教让学生不用“苦读终于取得了一定成效。

当教师满怀热情的去教学，把教学当成一种乐趣，自然就会有一种满满的幸福感，学生也就会“亲其师而信其道教师“学为人师，行为世范社会“贵师而重传学校好的教师就会不断涌现出来，教育也定会成为通达个人梦想的桥梁、支撑国家发展的砥柱。

丰富民族教育内涵　描绘美丽进步画卷

甘肃省酒泉市肃北蒙古族学校　哈斯扣

甘肃省酒泉市肃北蒙古族学校作为甘肃省边境地区唯一一所“蒙、汉、英”三语授课的少数民族寄宿制学校，坚持以铸牢中华民族共同体意识为根本方向，紧扣“中华民族一家亲，同心共筑中国梦”总目标，准确把握“深化民族团结进步教育”的丰富内涵，积极发挥学校“民族团结进步教育基地”的育人作用，组织学生学习各少数民族的历史、风俗和传统文化，尊重各民族的风俗习惯，将民族团结教育有机渗透到教学教育中。

一、历史孕育团结底蕴　文化彰显民族特色

总书记说过，民族团结就是各族人民的生命线。

雕像提醒团结，历史折射光辉。在我校校园最醒目的位置，坐落着一座名为“折箭教子”的雕像。它讲述的是一位蒙古族伟大的思想家阿阑豁阿母亲教育五个儿子要团结和睦的故事。这座雕像坐落在校园最醒目的位置，每天都在提醒和告诫师生要懂得团结的重要性。既要维护好家庭的团结和睦，还要延伸到中华56个民族大家庭的团结、统一。而我校六十余年的校史历程，所折射出的正是我们党的民族政策在民族地区落地实践的光辉成果。

利用文化积淀，开办兴趣小组。我校充分利用蒙古族优秀传统文化积淀，开设了富有民族特色的校本课程，逐步形成属于自己的特色。

2009年始，我校利用双休日开办了舞蹈、马头琴、足球、摔跤等课外兴趣小组，为学生的特长发展搭建了良好的平台。2015年，在课外兴趣小组已连续开办多年的基础上，建成了蒙古传统游戏室、电子技能室，蒙文书法室、马头琴室、蒙古舞蹈、射箭、摔跤等八个特色功能室。

开设特色课程，发扬学生个性。2018年，在此基础上，分别开设了射箭、蒙古长调、祝赞词、蒙文书法、篮球、田径、羽毛球等两大类共16项的兴趣小组活动课程。长调、蒙古文书法课程可以积淀孩子的文化底蕴；摔跤、射箭等体能类课程使孩子的体魄更加强健；马头琴等课程提升孩子的艺术品位；科技类课程使孩子富有智慧，对未来充满想象；蒙古象棋、鹿棋、沙嘎等课程能充分锻炼孩子的脑力，促进脑部发育，孩子的个性特长在多彩的课程中得到尽情地张扬。

丰富活动形式，教育熏陶学生。兴趣小组采用“定人、定时、定点、定内容”的“四定”原则，安排有专长的教师进行指导。在每周三下午，以“第二课堂”等形式，分两节课统一开展活动，形成了具有蒙古族特色、民族地域文化传承的主要阵地。同时我校还为各个功能室购置了活动所需的各种服装、器具，此外还将蒙古族舞蹈引进校园替代了课间操，既达到了强身健体的目的，又使学生在无形中受到了民族传统文化的熏陶。

组织编写教材，筑牢民族意识。结合本校实际，我校还组织一线教学骨干编写了以本地方和本民族历史文化为内容的《可爱的肃北》试用乡土教材一书。又组织数位蒙、汉优秀教师，利用业余时间撰写了蒙、汉两种版本约10万余字的民族团结校本教材。通过每周一节民族团结课，每月一次主题民族团结活动，铸牢中华民族共同体意识。

二、坚持道德教育渗透　营造民族文化氛围

开展特色教育，弘扬传统文化。我校在每年春季学期开学初，组织学生开展彰显民族特色教育的“开学第一课”活动。全校师生身着民族服饰，手捧哈达，按蒙古族传统习俗拜年。老师们手把手教学生蒙古族新年礼仪，口口相传蒙古族新年祝福。在实践活动中，让孩子们亲身体验传统文化的精髓，激发孩子们热爱民族、热爱家乡，传承和弘扬民族传统文化的热情。

展开节日活动，潜移默化教育。结合学校实际，培养学生“做一个有道德的人”的思想意识，扎实有效开展各种主题教育活动。同时充分挖掘蒙古族传统节日蕴藏的宝贵道德教育资源，结合春节、清明节、端午节等中华传统文化，开展节日专题教育活动。此外，结合蒙古族传统节日那达慕、祭敖包、“母语日”、传统文化日等，组织学生结合节日特点，或参加演讲比赛，或参加社会实践等活动，使学生在潜移默化中接受传统节日教育。

组织系列活动，民族思想入心。学校还将民族团结教育有机渗透到语文、思品、政治、历史、音乐等学科，并以班会课为主要载体，进行民族文化、民族风俗宣传教育。不定期组织学生开展“读一本民族团结好书，办一场民族团结主题演讲，讲一个民族团结小故事”等系列活动，将所学转化到具体实践中，使学生真切感受民族政策给我们的学习生活带来的翻天覆地的变化，真正让民族团结思想入脑入心。

三、传承创新互动实践　增进民族文化交流

实践文化交流，增进民族友谊。长期以来，我校分别组织师生参加了上海华信公益基金发起的少数民族技艺传承创新活动、团中央发起的“星星火炬”中国青少年艺术英才推选活动，并与周边县城的阿克塞县学校合作，分别与阿克塞县中小学、肃北县内中小学举办了以“绽放民族团结之花——我们的中国梦”民族团结专场文艺演出、民族团结进步文体活动。各项活动的开展既加深了各地、各民族学校间的友好关系，又交流了各民族之间的优秀文化和民族技艺，增进了各民族间的友谊。

加强互动交流，植根民族意识。学校多次选派学生先后参加八省

区首届、鄂尔多斯市第十二届“腾格尔—蒙古人”杯蒙古族中学生技能大赛暨传统体育比、德都蒙古“孟赫簇茹雅”诗歌文化艺术大赛等活动。我校还分别与内蒙古阿拉善左旗蒙古族学校、内蒙古阿拉善蒙古族完全中学相继签订了友好学校协议，缔结友好学校关系，逐步建立了与全国各地蒙古族学校的友好交流关系。还先后与韩国文化交流参访团、中国台湾少数民族教师参访团等国内外交流团队开展了联系交友活动，让蒙古族的优秀传统文化与各地区、各民族的优秀文化产生碰撞、擦出友谊的火花，将中华民族共同体意识深植到各族师生的内心中。

传承传统文化，感受民族魅力。近两年，县内外兄弟学校各族师生和机关干部职工陆续来我校体验蒙古族传统文化，从射箭、摔跤、到下蒙古象棋、学蒙汉书法，兄弟学校的老师教蒙古族学生练习毛笔书法，蒙古族学生教汉族学生学习蒙古文字，大家互学互鉴，其乐融融，在轻松、和谐的氛围中增进各民族间的团结进步。我校还通过邀请肃北县非物质文化传承人来校上课，以及学生学习传统文化（长调、蒙古服饰、祝赞词、剪胎发等10余项）来深切体会民族发展与祖国发展密不可分的关系。传承传统文化，弘扬革命传统，让学生真切感受民族文化背后的魅力。

民族团结教育是民族学校发展的根本，多年来，我们加强学校管理，优化育人环境，上下同心，力争把我校创办成教学现代化、管理科学化、质量递增化、素质优良化、设备齐全化、彰显现代民族特色的民族地区一流的寄宿制学校。开展丰富多彩的第二课堂，为孩子们提供了体验民族文化多样性的平台，进一步拓宽同学们的视野，加深他们对中华传统文化、民族文化的认同和理解，增强民族自信心。我们坚信：民族文化走进校园，带来的不仅是知识，也是将一代代蒙古族文化精髓进行接力和传承，更将进一步深化教育教学改革，全面实施推进素质教育。

文化引领学校发展　特色打造教育品牌

甘肃省庆阳市华池县列宁学校　王省红

走进华池县列宁学校，饱含爱国情愫的“景文雕像”、“将军苑”、“思齐苑”、“列宁小学旧址”、景文楼碑记……向世人展示着这所百年老校的发展历程和独特魅力。而“全国教育系统先进集体”、“全国首批中华优秀文化艺术传承学校”、“全国第二届未成年人思想道德建设先进单位”、“全国红军小学五星级学校”等荣誉则诠释了我校教育事业的辉煌。

一、实施德文并重　引领学校发展

铭记厚重历史，储备教育资源。1934年，刘志丹、习仲勋、谢子长等老一辈无产阶级革命家，在林镇四合台借用群众窑洞三孔，立校办学，开启了陇东贫民教育的先河。霍建德、张景文等创始人，根据华池的风俗民情和当时的革命斗争形势自编教材，开设普通话、算术、军体、歌咏等课程，垒土台当课桌，扫锅灰染黑板，一面教学生识字、算数、参加生产劳动，一面带领学生上集市，下村庄，传播革命火种，为边区建设培养了大批优秀人才，书写了一部辉煌璀璨的办学史。这些，都为实施红色教育储备了丰富资源。

深受关注关怀，推动学校发展。我校在战火硝烟中诞生，在阳光雨露下成长。深受社会各界关注关怀，2000年原苏维埃政府主席习仲勋夫人齐心前来看望师生并捐资、以第一任教员名字命名、习仲勋亲笔题名新建教学楼一幢——景文楼；2009年6月7日时任中共中央政治局常委、书记处书记、国家副主席习近平前来调研，9月7日又专门写信勉励师生，9月22日，原陕甘边区苏维埃政府主席习仲勋女儿齐桥桥来校看望师生。2014年9月27日，原陕甘边区苏维埃政府主席习仲勋之子习远平受母亲齐心委托再次看望师生。老红军后代，多次来校看望师生、捐资助学。各级领导多次来校调研指导，勉励老师做贡献，期望学子成栋梁，给我校带来了巨大的发展动力。

二、探索管理模式　增强教育实效

探索管理模式，形成管理特色。我校探索实施整分结合的“五四制”管理模式，“整”指办学目标、教育管理、教学管理等整体规划，整体贯彻，统一要求；“分”指工作分线条、分阶段、分条块、分层级落实。使得学校管理文化形成了自己的特色，引领着学校向好发展、特色发展，得到了社会的一致好评。

坚持德育并重，激发教师动力。学校活动策划、安排由科任教师、级组实施，校委会审定把关，并赋予教师经费支配权，凡是涉及教学、活动所需经费，一律由责任教师申请支配、学校审核，确保合理满足需求。学校坚持物质奖励与荣誉激励并重，凡取得成绩、做出贡献，一律给予奖励，保证了团队和个人工作的最优状态和最佳活力，全体教师真正动起来“积极改革，大胆创新”。

落实主体地位，增强管理实效。学校实行的“教师论坛—工作安排—总结评议”三环节例会模式，让教师真正成了例会的主角。开学典礼、工作总结等大型会议，取消领导大幅讲话，把颁奖和领导致辞穿插在文艺节目中进行；彻底摒弃表扬式、检讨式总结会，改为工作报告会，一人一个十分钟专场报告，采用幻灯片、视频、图片等呈现工作，谈收获、话感悟、研心得，丰富了形式，增强了实效，形成了文化。

三、创新课堂改革　丰富课程文化

我校聚焦质量，决战课堂，坚持弯道超越，大力实施改革，构建以“学案导学”为核心，推行“自学梳理、展示探究、巩固提升”三种方法，实施“自主学习、互动交流、点拨解疑、检测纠错、小结评价”五个环节的“135”模式新思维型高效课堂改革。

创新教学模式，拓宽发展空间。创造性的取消了教案，实行学案导学；取消了政史地、生物等学科课后作业，实行活页作业。取消统一征订的寒暑假作业，实行教务处统一指导下的自主实践作业。彻底解放师生发展空间，偿还了学生课堂思考练习时间，拓展了课后自主发展空间，教学质量连续位居全市榜首，实现了减负和增效的双赢。

打破学科壁垒，开展体验活动。我校追求“共生效应坚持重大节日、纪念日、传统节日都开展丰富多彩的体验活动，如“重走长征路”、端午节、中秋节主题体验活动，为亲人洗脚等系列感恩教育活动，家长纷纷应邀参与班级活动，教学生包粽子、绣香包，与学生同台表演节目……

落实综合实践，丰富课程文化。“晚秋南梁摄影作品展”、“植物子叶粘贴画展评”、“寻年味活动”等活动相继进行，并通过微博、班级空间、学校网站发布视频、图片、感言等成果，引导孩子在丰富多彩的体验活动中学知识、明事理、养习惯。编印了《红星照耀陕甘》、《长使丹心贯日月》等校本教材，并把校本课程与国家课程有机整合，开发了科学素养、人文素养、身心健康、生活职业、拓展延伸五大类29种课程，形成了“1+5”课程体系，生成了课程文化。

四、培植红色文化　净化师生心灵

重视环境建设，营造文化氛围。我校校园里浓郁的红色文化时刻潜移默化着学生，有以“红色”为主题的“历史篇”、“乡土篇”、“励志篇”等文化墙；在走廊、教室内悬挂科学家事迹介绍、名言警句、师生书画、剪纸作品等；学生宿舍、各中队、团支部都用学生自己心中的英雄命名，蕴含着不同的红色元素；校训、校风、学风等都渗透着红色励志之语，时时处处都充满红色精神，营造浓厚的红色文化氛围。

发挥地域优势，实施教育工程。我校坚持科学谋划、实践为本、特色为品、育人为要，延伸触角，使红色基因代代传，创造性的实施了“1410”红色教育工程。即传承“面向群众，坚守信念，顾全大局，求实开拓”的南梁精神；开发“红歌演唱”、“南梁腰鼓”、“南梁历史人文剪纸”和“红色经典吟诵”四类校本课程；实施每年栽植一棵常青树，每期聆听一次革命传统报告，搜集一篇南梁英雄史料，撰写一篇歌颂家乡的文章，学唱一首红色歌曲，观看一部红色影视剧，学讲一个红色故事，瞻仰一次革命纪念碑，参加一次便民实践活动，每天做一件有益于他人的事“十个一”红色主题教育活动。

实施课程融合，培树学生品质。大力推行文化育人、阵地育人、活动育人战略，坚持实施红史教育、校史教育。取消班会实施德育课程，每周一第一节课授课，凸显了德育为先的教育理念，大力实施德育教育与课程建设的大融合，构建可视化德育课程。取消了传统的“流动红旗”、“先进班级”评比，实施“红领巾班级”、“旗手班级”、“书香班级”评选。用更科学、更人文的评价方式规范学生言行，使德育课程承载更多的红色内涵，突出对学生品质的培养，意志的锻炼，红色教育“春风终化雨，润物细无声”。

“路漫漫其修远兮，吾将上下而求索”教育路漫漫，初心不改方得终极绚烂。八十余载薪火相传，近百年弦歌赓续。新时代的我校得改革繁荣之天时，占南梁沃土之地利，拥凝心聚力之人和，一定会在新的征程上创造出更加辉煌灿烂的明天。

打造红色校园，传承红色精神

广东省东莞市低涌中学　王翔员 王钧

在党史学习教育动员大会上，习总书记提到：“要教育引导全党大力发扬红色传统、传承红色基因，赓续共产党人谨慎血脉，始终保持革命者的大无畏奋斗精神，鼓起迈向新征程、奋进新时代的精气神”。开展红色教育是落实立德树人根本任务的价值追寻，也是低涌中学秉承的教育宗旨。　该校始建于一方具有红色光辉历史的革命热土之上，无数革命先烈在此洒下热血，奉献青春和生命，红色基因流淌在该校的每一寸土地之上，熠熠生辉。红色印记之上，低涌中学在此成长，见证着无数的历史变迁，也始终牢记着光荣历史，也必将在一代代师生之间不断传承和发扬优良传统，生生不息。红色基因深深烙印在该校校园文化之中，该校为承继好革命先烈的遗志，立足革命传统，坚持打造校园红色名片，塑造红色文化，培育时代人才，以实际行动照耀低涌的红色土地，闪现更加灿烂的火花。

坚定文化自信，传承红色基因

红色基因的本质是民主革命时代中国共产党人为了人民站起来的斗争精神，大桥精神（1981年，高埗行时代之先，在全国首创“农民集资建桥、过桥收费还贷”模式兴建高埗大桥，是东莞“敢为人先”改革开放精神的生动写照。这种“以桥养桥，以路养路”的创新做法，随即在全国各地普及开来，为开展社会主义基础建设开启了思维和观念的窗口，高埗先行一步，为国家制定路桥政策提供了可借鉴的经验）的本质是东莞人敢为人先，为了人民富起来的创新精神，水乡人文蕴含善良包容、勤奋朴实的品质，体现追求幸福生活的智慧。该校始终坚持继承先烈遗志，凝结起革命情怀，不忘初心。该校坚持文化自信，努力开拓创新。基于此，该校把革命战争年代、改革开放、区域人文给予学校的宝贵精神协调融合，寻求学校一脉相承的文化基因，应和新时代要求，达成一致的共识：和承奋斗的精神，追求幸福的智慧。

该校所处低涌革命老区，留下英勇奋斗的红色基因。校园内的革命英雄纪念碑，时刻昭示全校师生今天的幸福生活是靠先辈们英勇奋斗、敢于创造取得的，应当始终铭记这份光荣历史，凝结红色情怀，敦促自身成长。

学校“和承奋斗精神　，成就福慧人生”的办学理念强调继承革命先烈的意志，将红色情怀一以贯之于校园文化建设的方方面面，演绎并形成该校特色鲜明的顶层文化体系。教育要恪守传统优良品德，继承好先辈的英勇精神，引领好师生的共同成长。校徽设计以“火炬”造型引人注目，形象似一只飞腾的火凤凰，彰显着为追求理想永不言弃的信念和坚毅，也是对先辈精神的赞扬和继承，寓意学生对优秀革命传统的继承和发扬。

立足革命传统，打造红色名片

尽管不是生于战斗年代，该校却有着深厚的红色基因，流淌着革命热血。学校现址是“低涌保卫战”打响的地方，1944年9月，东江纵队为了开辟东莞水乡抗日根据地，三龙大队挺进低涌村，指挥部选址正是低涌熊氏悦南祖宗祠，而该宗祠正是低涌中学最初的校址。在这里发生了多次战斗，也涌现出了一批批爱国爱家的党员，他们奋勇作战，谱写了低涌抗日的革命篇章，为学校的诞生撒下了红色的种子。

学校始终以革命传统为内核，展现地方特色，校园环境建设具有鲜明的红色特色。教学楼外墙主体为红色，寓意继承革命传统，传承红色基因。建筑物以“思源楼”、“慧中楼”、“求实楼”等命名凝聚了该校师生的智慧，赋予了深刻的教育意义。明理楼前的慧园，承载着历史也昭示着未来。校钟设计也别出心裁，由炮弹壳制成，长30厘米，口径13厘米，寓意警钟长鸣、居安思危。“求实”石碑上的字体，是原东江纵队三龙大队政委何清同志的字迹。“求实”是低涌中学的一面旗帜，激励全体师生要积极吸纳一切文明成果，做人做事做学问要从实际出发，以求实的精神、朴实的作风、务实的态度，踏实工作，不断追求卓越。

学校校史馆以丰富的资料呈现了学校的发展历史和轨迹，加深了与历届校友的情感链接，反映各领域名校友的精神，演绎“和慧教育”的校史文化，也彰显“和慧教育”的学校特色。校史馆陈列了建校以来的一些重要文物，包括东江纵队前辈参观校园、提议建立学校的老革命五嫂等人的相片。该校立足于红色文化、水乡文化、革命先辈优良的革命传统，并努力传承发扬光大。校史馆自开馆以来，接待了数万人参观，成功打造出该校的红色名片。

加强文化建设，开发红色课程

习近平总书记在全国教育大会上提出：“要把立德树人融入思想道德教育、文化知识教育、社会实践教育各环节，贯穿基础教育、职业教育、高等教育各领域”。落实“立德树人”的教育任务，就要加强红色革命传统教育，用党的光荣历史和理论知识武装学生的头脑，让他们有正确的历史观与价值观。该校不断加强校园文化建设，以“尚勇和正，谦学致慧”为校训，以培养“勤奋谦和、勇敢智慧”的未来人才为育人目标，努力把学生培养成德、智、体、美、劳全面发展的时代人才。

学校以市教育科研课题《基于本土红色文化背景下校本特色课程的开发与实践研究》为抓手构建红色文化特色课程，利用本土红色资源研究开发校本特色课程，学校将红色文化校本课程开发整合多学科分并分为多板块即：“红色经典我来读”、“红色故事我来讲”、“红色歌曲我来唱”、“红色人物我来扮”、“红色精神我来写”、“红色形象我来画”。学校大力盘活地方红色文化资源，不断推动学生核心素养发展。

革命烈士纪念碑作为东莞市爱国主义教育基地，每年清明节和烈士纪念日，该校都在纪念碑前开展祭扫暨悼念革命先烈活动。学校的入团宣誓、爱国主义教育活动等都在这里举行，形成红色文化特色课程。在这个英雄广场我们还举行党日活动、主题团日活动、团课教育、少先队建队仪式以及红色讲坛等。结合传统节日，该校还开展系列活动，如革命歌曲、爱国主义歌曲歌咏大赛、爱国征文比赛、演讲比赛等。各班举行主题班会以及革命烈士主题墙报，利用升旗仪式国旗下讲话缅怀烈士进行感恩教育。通过红色革命精神的滋养，让“奋斗精神”形成全校师生一致的价值追求和行为准则。

作为一所具有光荣传统的革命老区学校，革命先辈们可歌可泣的斗争史为该校注入了革命基因，先辈们在这里开展抗日斗争，打响了保卫低涌的战斗，谱写了可歌可泣的高埗人民革命斗争史光辉篇章。昔日的战火硝烟已散去，新的时代，该校将接续着它的历史，凝结起红色精神，传承红色文化，凝聚奋发前行的强大精神力量。该校的学子也必将在红色教育的熏陶之下，成为革命后辈的传承人，将红色革命精神扎根内心，继承和发扬其内核，在现代社会中不断追求卓越。

首创“学习型工厂”，培养国际化高技能人才

广东省东莞市技师学院　何小华

数说学校

东莞市技师学院于1987年12月经广东省人民政府批准，由东莞市人民政府创办，隶属东莞市人力资源和社会保障局，是东莞市唯一的一家公办国家重点技工院校、广东省技工教育20强、广东省10所高水平技师学院建设单位之一、国家级高技能人才培训基地、国家技能人才培育突出贡献单位。

学院现有东城和职教城两个校区，总占地面积约540亩，总建筑总面积29.9万平方米，荣获“东莞最美校园”称号。现有在校生13000余人，高技生占比100%；师资力量雄厚，现有教职工746人，其中专职教师623人，且97%具有本科及以上学历，硕士学位以上超过10%。教授、高级讲师、高级实习指导教师、高级技师272人，讲师、技师296人，导师工作室6个、一体化专业骨干教师达到75%以上，教师队伍中拥有一大批省级督导员、考评员和省市优秀教师及技术能手。

创新人才培养模式　将国外先进职教本土化

学校于2013年9月率先在广东省全面开启中德、中英职业教育项目合作，先后引进德国、英国、美国、加拿大、澳大利亚和中国台湾、香港地区的职业教育模式，采用德国、英国等国家和地区的先进职业教育理念、教学标准、教学方法、学习领域、管理方法及考核方式，培养无缝对接企业的高技能人才。并将德国双元制职业教育本土化，创新推出适应我国经济发展的新的职业教育模式，走出了“技能+学历+国外证书”的高技能人才培养特色化办学之路。目前，共开设中德、中英、中美、中加、中澳等国际合作班104个，涵括机电一体化、模具设计与制作、现代物流、机器人、酒店管理、国际贸易等30个专业，在校生近3500人。

学校办学实践吸引了国内外相关专家、知名高校、技工院校以及各级媒体等来院参观交流，并获得社会各界的高度肯定。原人社部部长尹蔚民来院调研时指出学院办学品牌可以用“市场化的导向，国际化的标准，工厂化的教学”来概括，并强调要有更多像东莞市技师学院这样的院校能够打造出自己的品牌，树立中国技工教育的形象。

产教融合有新招　首创“学习型工厂”

深化产教融合、校企合作，是增强职业教育的适应性，实现教育和产业同频共振的必由之路。该校秉承校企同生原则，与企业紧密合作，将教学内容与企业生产流程相连接、将培训与就业相连接，首创了“学习型工厂”教学模式——采用“课堂教学+校内‘学习型工厂’培训+企业岗位实习”的双元培养模式来培养学生解决实际问题的能力。

以2018年9月成立的“华研机电学习型工厂”为例，在这里由企业提供原材料、配件、标准件、工具、耗材等所有物质材料，校方提供场地、学生，组装调试达到验收标准后，以成品出货。完全按照工厂实际生产模式运作，有仓库、机电装配车间、总装调试车间，由学生担任厂长、车间主任、仓库主管、装配技工等角色，按企业8小时工作时间运作完成相应的生产任务。这样的“学习型工厂”教学模式在东莞市技师学院遍地开花。学校先后与德国Bosch（博世）共建了汽车医院，与捷豹路虎组建了捷豹路虎汽车钣金学习型工厂，与东莞国旅联合组建了东技旅行社，与东莞市众信会计师事务所共建了会计专业校企合作实训基地，联合华强制衣有限公司建立了服装学习型工厂，携手京东共建了人才培训基地，与中显公司共建了中显科技学习型工厂，与固高科技组建了固高科技工业4.0学习型工厂等19个学习型工厂，实现毕业生与企业岗位无缝对接。

同时，学院深化教育教学体系改革，按照专业群对接产业链的原则，整合专业系部，成立八个二级学院，每个学院对接一个产业链，对现有专业的人才培养标准进行改造促使其更贴近产业链的实际需求，根据产业链的需求开发新的专业；引入固高科技、中科蓝海、前海飞扬等科技研发企业，建立“政、校（产学研）、资金、用”创新创业双创平台，积极构建“为未来培养人才，为人才创造未来”的新格局。

培养国际化高技能人才　打通学生赴外深造就业渠道

2019年2月，14级中德机电401的于吉东正式踏上了赴德之旅。在接受了四年机电一体化专业的学习之后，包括他在内的10名东莞市技

师学院学子顺利进入德国萨克森州卡门茨戴姆勒全资入股的子公司Accumotive工作。此前，他们在国内进行了为期五个月的德语强化学习，并以过硬的专业技术和良好的综合素质通过了德国联邦劳动局的面试和筛选，成为该校首批赴德就业的学子。

2018年6月19日，省人社厅与德国联邦劳动局签署了《关于中德合作培养高技能人才的备忘录》，双方共同合作培养具有国际化水准的高技能人才。借此，东莞市技师学院也打开了赴德深造、就业的通道。截至目前，该校中德合作班已有43名学生到德国戴姆勒（奔驰）就业。

这只是东莞市技师学院多年来就业育人成效方面的小小缩影。凭借精湛技术，14中德机电班学生江俊程毕业后被广东某公司高薪聘用，与高校博士、研究生同台共进，成为当时公司里最年轻的一位工程师；在校期间赢得多项世界级的专业比赛奖牌，烹饪专业的杨雄森毕业后成了某知名烹饪集团的烘焙技术研发员；拿下"全国技术能手"荣誉称号，2015级面点班学生王真娣毕业后回校任教，与昔日恩师共同传递烘焙梦……办学三十年来，学校共为社会培养了47000多名毕业生，如今他们大多数均已走上了各行业的管理岗位和技术岗位，受到社会各界的高度赞誉。

学校坚持高水平办学，毕业生理论扎实、技能熟练、实践能力强、职业意识，进入社会广为用人企业青睐，深受华为机器、天弘科技、中国移动、DHL（德国物流企业）等世界500强企业欢迎。数据显示，用人单位高薪来校抢聘毕业生，满意度高达90%以上，就业率达到99%以上。

深化语文教学劳动内涵　合谱家校共育美好篇章

广东省广州市白云区文星小学　朱剑礼

劳动是生命的底色，也是教育不可或缺的社会价值。在当前核心素养培育的目标指导下，劳动教育已成为教育体系建设中不可忽视的重要环节。劳动教育的建设需要贯穿家庭、学校、社会多个方面，只有各方密切合作，协调一致，才可能真正促进学生良好劳动素养的形成。

语文教学　融合劳动教育内涵

如何让劳动教育走进课堂，是学校面临的一个重要课题。而将语文教材与劳动教育的有效融合，可以引导学生了解和树立劳动教育的正确理念，培养其爱劳动、能劳动的能力，补齐学生在劳动素质模块的短板。在教学过程中，教师深入挖掘课文中的劳动教育内容，结合多样化的教学方式，以学生的兴趣话题为出发点，引导其主动探索课文中的劳动价值和劳动体现，达到理解课文内容的同时，培养良好的道德品质和正确劳动观念的目的。

劳动教育不是独立的，它需要与学科教学相融合。因此，教师通过在语文教学中融合劳动教育因素，让学生认识劳动的价值，懂得按劳分配，抵制不劳而获，让其学会尊重和珍惜劳动成果，懂得幸福生活的来之不易。

如学到作家萧红《祖父的园子》时，文章描写了作者童年陪祖父一起做农活，如铲地、拔草、种菜、浇水等，从中感受到劳动的乐趣。语文教师可以在教学内容中设计学生劳动的环节，例如在课堂上让学生整理自己的课桌，收拾自己周边的卫生，使其在自己的劳动成果中感受劳动带来的快乐。

阅读写作　创新劳动教育途径

小学语文教学的核心，就在于阅读和写作。所以，劳动教育在语文学习中的渗透，可以从以上两方面入手。

在阅读方面，小学语文教材中有大量的文章包含劳动因素，教师应该结合教学需要，在讲解课文中渗透劳动教育。如在《落花生》的讲解中，教师就可以PPT或视频的方式，播放农民从种花生到收花生的整个过程，让学生直观地感受劳动，逐渐培养劳动兴趣。在上课中，配合提出劳动相关的启发性问题，如"作者种花生劳动给你什么感受?"、"你们想不想自己也尝试种一次花生？"等。除了课内文本阅读，教师也应鼓励学生进行课外阅读，阅读与劳动相关话题的文学名著。通过拓展阅读，既可以弥补教材内容的不足，让学生博采众长，促进个性化劳动观念的形成，也使得学生更好地体会文学作品中表现的劳动精神。

而在写作方面，学校应重点启发学生融入劳动意识和劳动观念。在写作练习中，教师通过给出与劳动相关的命题，引导学生形成自己的劳动观和成才观。比如，教师可以以"五一劳动节"、"记一次劳动"等为题目，进行命题作文训练。学生在练习的同时，也能主动地思考劳动和自身的关系，反思劳动对于自己的意义和劳动的价值。这样的自觉思考，能够起到比灌输式教学更好地效果，带给学生更深刻的劳动反思与感悟。

另外，在写作这条劳动教育育人途径上，还可以"记录观察日记"为载体，通过教师带领学生走出教室，走到户外，走进自然，组织学生进行户外观察记录活动。在观察和记录中，体验搜集资料、整理汇编的劳动过程，并引导学生将这些经历记录成文，作为劳动体悟。"实践决定认识只有在实践中才能得出对劳动最真实最深刻的认识。

家校共育　完善劳动教育体系

劳动教育重在培养学生的劳动素养，强调理论与实践的结合。新形势下五育并举中的劳动教育，学校教育仍然处于主导地位，但这只是劳动教育体系建设的一部分。劳动教育不能局限在学校，家庭、社会都是劳动教育的重要场所。

在家庭劳动教育上，需要家长积极沟通，紧密配合，尤其是思想的配合。部分家长简单认为：劳动就是出力流汗，从认识上产生错误论调，造成了个别孩子"四体不勤，五谷不分"。还有些家长误认为学生的任务是学习，不是这些无关紧要的教育，甚至会让孩子产生"体力劳动者低下"的错误认识。家长是孩子的首任老师，家庭是实施劳动教育的重要场所，家长指导学生在生活中亲历更多样化的劳动会让劳动教育取得更好地成效。

除此之外，劳动教育体系建设还需要社会的支持。我们可以定期组织学生开展公益性服务劳动，例如到敬老院、福利院做服务和卫生劳动，参与社区环境整治等。我们也可以在研学实践中融入劳动教育，拓展劳动教育空间，深化劳动体验和技能学习，培养学生正确的劳动价值观和良好的劳动习惯。

我校目前已经利用和整合了家校共育资源，并联合社区"爱心"企业广州市文搏智能科技实业有限公司，与其3D打印科普研学基地、新时代科技劳动教育基地、新时代爱国主义教育基地结成对子，建立"深度校企合作单位利用科技托底，以"创想、创作、创新、创造"为主题，开展新型劳动实践探索活动，深化学校学生科技劳动教育，效果显著。

在新时期的劳动教育建设上，一方面，我校通过建立和完善家校合作机制，有效地为学生教育工作实施提供保障，实现对学生教育管理的科学有效地监督与引导。另一方面，我校将继续改进和提升学校教学模式，在教学设计中，结合学科特点，有机融入劳动教育，加大劳动观念和劳动态度的教育；在教学人员安排上，还增加挑选家长代表和实践教育基地的专业工程师作为客座教师，教育和指导学生学习课外劳动教育课程，有效弥补学校课堂教育的不足。

诚然，中小学劳动教育课程设置和教育需要多元化、多样化，我们将多措并举，拓宽劳动教育的深度和广度，以"立德树人"的理念为主导，结合学校、家庭、社会实际与优势，系统地开展劳动教育，让学生树立良好的劳动服务意识，形成良好的劳动技能，教育引导学生热爱劳动、以劳为荣，促进学生德、智、体、美、劳诸方面发展，做优秀的社会主义事业建设者和接班人。

校长智慧管理，引领学校发展

广东省广州市第五中学　王盟

校长是一所学校的灵魂，有什么样的校长，往往就有什么样的学校，校长是全面落实"立德树人"根本任务的领导者和践行者，学校愿景发展的设计者和实践者，学校文化的传承者和发展者，教师专业发展的引领者和促进者，校本课程开发的组织者和实施者。然而，校长每天会面对各种复杂事务，不可能事无巨细亲力亲为，这就要求校长在管理工作中要善于"放权"和"集权妥善处理好"所为"与"不为"的关系，让自己从繁杂的事务性工作中解放出来，把有限的时间精力集中于学校发展的关键上，推动学校教育工作的落实和发展。

近几年，我非常幸运到一些优质学校参观学习，近距离地了解学校的发展和内部管理。虽然每一所学校特色不同，发展路径不同，但每一所学校的发展都充分反映出校长的管理风格和管理智慧。有的校长利用自己"人格魅力把"薄弱学校"在短时间内转变为"特色学校"；有的校长利用自己的"学术影响力让学校持续高位发展；有的校长怀着满腔的"教育情怀引领学校不断走向优质，把学校办成"家门口的优质学校"。从这些优秀校长在治理学校的过程中，折射出一种共同的特质，就是在管理中非常智慧地处理好"所为"与"不为"的关系，知道在什么时候校长必须亲力亲为，什么时候则该做一个"旁观者"。

一、挖掘学校潜力，规范未来蓝图

学校要发展，教育要创新，就要让学校焕发旺盛的生命活力。校长必须有所作为。校长作为学校的"一把手既要对当下负责，也要对未来负责；既要管好队伍，更好带好队伍。因此，校长在办学的过程中，要从学校历史出发，明确学校发展方向，立足于现有的教育资源，充分挖掘学校潜力，准确定位，科学决策，不能今天学习某某特色，明天学习某某模式，人云亦云，全然没有自己学校的特色和自己独立的思考。如果办学方向错了，越努力就越折腾。因此，在制订学校发展规划和撰写年度工作计划时，校长必须亲力为之，不能让其他行政干部代替。

无论是学校发展规划，还是年度工作计划，不仅反映了校长的办学理念，而且对各项工作具有指导和引领作用，因此，校长在完成规划或者确定计划初稿后，要召开会议，把制订规划（计划）的意图、实施路径、部门协调、物质保障、制度要求，向行政干部和全校教师进行解读，听取意见，集思广益，同时动员和鼓励全体干部教师积极投身于学校发展建设，充分发挥主体作用。当计划开始实施后，校长要善于"隐身从制订者转变为实施督促者，变"有为"为"无为"或"不为从繁忙的工作中"解放"出来，沉下心来思考学校的发展，协调好内部之间的关系。校长的"无为"是为了放手让干部更主动去开展工作，充分发挥团队的作用，为教育事业的发展培养和储备领导人才。

二、重视教师发展，创建成长平台

办好学校的重要途径之一，就是激发和引导师生拥有自我发展的内在需求，师生一旦走上自我发展之路，学校发展就有了源头活水。学校的"内涵发展"归根到底就是教师的专业发展，这是实现教育优质发展的关键，也是落实"立德树人"根本任务的关键。因此，校长要重视教师的专业发展，为教师的成长搭平台、创机会，畅通教师的专业成长之道。

我校是广州市一所传统优质名校。近年来，学校的发展进入"瓶颈"阶段。这有教育机制问题，但更主要的学校内部管理的问题，比如，新时代下如何做好学生的思想教育问题；信息化环境下师生的沟通；教育教学方法陈旧，课堂教学停留在"应试"层面上，缺乏指向核心素养的教学；教师职业倦怠现象比较严重，缺乏追求终身学习的动力；教育者的观念跟不上学生发展的要求，等等。这些问题的交错叠加，导致学校发展被边缘化。2016年，学校换届，新班子上任后，利用"SWOT分析法精准诊断出制约学校发展的问题——教师专业化发展村子的问题，并且把教师专业发展作为"校长工程在经过多次调研后，开出"药方"。

首先，制定了系列制度，从制度层面调动、激励和鼓励教师自我发展，改革评先、评优和岗位晋升机制，把外在倒逼与内在驱动结合起来，帮助教师从行动到思想真正改变自己。其次，成立教师发展指导中心，从学校层面统一规划和指导教师专业成长工作，激活管理机制，保证学校各种活动的开展。第三，从学科教研组建设走向学习共同体打造。从横向上打破学科之间的壁垒，让不同学科之间的老师走到一起，相互了解学科之间的特点和学习规律；从纵向上打破学科内年龄资格，改变传统的"师徒关系老、中、青教师之间组成一个学习共同体，定期开展研究、教学，年轻老师向有经验的老师学习教学经验，老教师向青年教师学习新的教育技术。

通过学习共同体的建设，促进了学科知识互补、教学经验互补、教育技术互补，提升了教师的专业素养，也为学生核心素养的培养和发展奠定基础。

三、提升自身价值，发挥引领作用

优秀的校长在管理学校的过程中，往往通过自己睿智的思想、人格魅力、学识修养去影响周围的人，吸引一批志同道合的人在一起干事业、创事业，正所谓"善领者众就是指善于领导的领导者才能有更多的"追随者"。

校长应是一位领导者，是学校中的引领者、指导者，其领导力应重在感召力。提升校长自身影响力，是实现学校内涵发展的前提。提升校长自身影响力关键是校长要不断学习，而阅读就是提高校长影响力的最便捷的途径，是最廉价的投资，更是沟通联系师生、促进人际交往的平台纽带。

"让每个孩子享有公平而有质量的教育这是国家的要求，也是新时代的要求。校长要站在新时代的高度思考教育的发展、学校的变革、课程的改革。因此，校长带着问题去阅读，了解当今世界教育发展的潮流，从书籍中汲取人类文明成果，深刻理解我国民众对教育的诉求，学习他人的成功实践经验，从而思考学校如何基于学生核心素养，去构建和设计本校的课程体系。在课堂上如何落实"立德树人"的根本任务，实现课堂转型，实现学校优质发展。

教育即影响。正如"言传不如身教，身教不如境教"。学校培养的不是仅"懂得知识"的人才，而且要培养有"自主发展"、有"解决问题能力"的人才，阅读习惯和阅读能力正是培养和发展学生核心素养的"关键能力"之一。一所学校能不能形成良好的读书氛围，校园内有没有充满书香味，关键看校长。校长不爱阅读，不可能让学校成为"书香校园"。校长手不释卷，不仅让自己从书籍中获取智慧和经验，而且用实际行动去影响教师和学生；通过阅读，从书籍中汲取智慧，获取间接经验；通过阅读，充实人生阅历，丰富人文素养，拓宽思维视野，寻找自我超越。所以说，智慧的校长，用智慧的行为去管理人，借助书籍的力量提升自身的影响力，实现从"制度管理"走向"文化治理"。

管理一所学校，不能只靠校长，而是整个行政队伍；承担起学生的学习与发展，不是几个骨干教师，而是整个教师团队；发展一所学校，不能只靠几个规章制度，而是整个学校文化。因此，在学校管理中，校长要善于"有所为"和"有所不为"。"有所为"就是要静心思考教育发展，挖掘学校潜力，拓宽学校育人渠道，提升学校办学品位；"有所不为"就是校长要善于放权，放手让副职和学校中层管理者承担起各自的责任。对于每天发生的各种繁杂事务，除非涉及师生的安全，应该明确和落实其他管理者的责任，校长不能越俎代庖，避免琐事缠身。正所谓，"乘众人之智，则无不任也；用众人之力，则无不胜也"。

在新时代，作为校长只有在不断学习中，才能不断提升自己的办学理念，才会具有先进的教育思想。校长要把学习当成自己生活中的一部分，就像自己的衣食住行一样，要不断学习、勤于思考、勇于实践，在持之以恒的学习中，带领团队日拱一卒地成长。

三大特色课程，助力学生全面发展

广东省江门市新会区会城城南小学　吴文灿

随着时代的发展，知识获取与信息接收途径的日趋丰富，社会对于个人综合能力的考察也在逐渐提升，传统的应试课程已经远远不能满足孩子们对于知识的渴求和成长的需要。

为培育德智体美劳全面发展的时代新人，我校不忘"教书育人"初心，牢记"立德树人"使命，坚守"水墨生色，和而不同"的办学宗旨，践行"求真、崇善、尚美"的办学理念，充分挖掘当地"名人"资源，从"求智、树人、立德"三个维度出发，精心开发出"白沙课堂"、"1+1景星课程"、"启超家学"三大课程体系，全面推进素质教育，让每个孩子都能实现学业成绩和才艺技能的多元提升。

打造"白沙课堂提升教育教学水平

陈白沙是广东新会白沙里人，他主张"心则理也"、"学贵乎自得"、"以自然为宗"的教育思想，并创立了岭南学派。即使已过600多年，他倡导的"自主、质疑、勤思"仍然深深地影响着岭南学子。

作为新会的一所城中村学校，我校80%的学生都是外来务工人员子弟，这给教育教学带来一定难度。为了提高教育教学质量，我校遵循教育发展特点和教育教学规律，传承陈白沙思想，着力打造特色鲜明的"白沙课堂教育学生学真本领、说真话、求真理，做坦诚、诚恳、忠厚之人。

"白沙课堂"主要从自主、质疑、勤思三个方面出发，引导学生在课堂中积极动手、探究思考，充分发挥想象力和创造力。我校六（1）班班主任李绍健已深刻感受到了"白沙课堂"的魅力：四年前，她刚刚接手所带的班级，学生基础薄弱，自主学习意识不强。于是，她经常给学生讲述陈白沙等新会历史人物的故事，用榜样的力量引领孩子们成长。经过一学期的实践后，李绍健发现，相比于其他班级，她所带班级的学生成绩明显提高，对语文科目的兴趣也明显增强。这样的改变让李绍健兴奋不已，也进一步坚定了她依托"白沙课堂"开展教学的信心和勇气。

随着"白沙课堂"的推行，我校教师在教学理论、专业知识运用等方面的能力都得到了显著提升，学校的教育教学水平也实现了稳步提升。以前，我校的成绩在新会区"垫底而现在已经上升到中等偏上水平了。教育是一项任重而道远的事业，今后，我校将会继续努力，不断实现教学质量的新突破。

创设"1+1景星课程让学生个个身怀才艺

教育没有最好的方法，只有最合适的方式。作为培养人才的重要基地，我们要尽可能多地给孩子们选择的空间。

依托我校的另一位新会"明星"——岭南琴派创始人黄景星的独特优势，我校基于学生个性需求的多元化和未来发展的个性化，将特色课堂与课程设置作为传播葵乡传统文化的重要抓手，组建"景星课程"开发团队，探究、挖掘葵乡传统文化，从具有代表性的新会葵艺、蔡李佛拳、葫芦丝、茅龙笔、柑普茶等入手，打造特色社团课程，让学生个个身怀才艺。

每学期开学的第一周，学生们可自愿报名参加自己感兴趣的社团。随后，在老师的帮助下，各社团确定本学期的目标计划和具体要开展的活动。每周五的最后两节课是社团活动时间，老师、学生一起参与。到了学期末，就是检验成果的时候。期间，我校的1200多名学生积极展示自身所学，或是吹葫芦丝，或是表演蔡李佛拳，或是唱跳，或者展示自己的手工作品，每位学生都有自己的代表作。这场"全员参与，不漏一人"的校园狂欢，成为学生们最珍视的欢乐时光。

目前，我校以"1+1景星课程"为内核，共组建了34个社团，包括柑普茶社团、烹饪社团、葵艺社团、手工社团、科技社团、育苗社团等，提供了孩子们可以尽情发挥天性的舞台。当然，这些社团也是我校开展劳动教育的重要平台。更为重要的是，学生在学习葵艺、柑普茶制作等的过程中，培养了爱家乡、爱祖国的情怀，体会到了老一辈人刻苦钻研的精神，立下了为实现中华民族伟大复兴的"中国梦"而努力奋斗的志向。

小学是培养兴趣爱好的最好阶段，不应该让孩子们的生活除了学习还是学习。我校由衷地希望，通过开展丰富多彩的活动，能够挖掘学生的潜能，培养学生的特长，让他们能够受益终身。

开发“启超家学”课程，鼓励做好家庭教育

梁启超也是新会名人，其良好的家风和独特的家教，是对师生进行社会责任感教育和爱国主义教育的最佳载体。在学校，老师不仅是老师，也是学生们的“大家长”；在家里，家长不仅是家长，也是孩子们的“老师”。为此，我校精心开发了针对老师和家长的“启超家学”课程体系，提出要注重家庭教育，让学生受到良好家庭氛围的熏陶，自觉传承梁启超家风、家训，努力为学生提供更健康、更和谐的成长环境。

比如，梁启超流亡海外时寄回国的家书中，就有许多教导孩子要有感恩之情的话语。我校利用家长会开展“感恩教育一个个感人肺腑的故事常常让家长和学生泪流满面。在学校的不断普及和倡导下，越来越多家长开始重视做好家庭教育，践行“启超家学”课程理念，让孩子们得到了全方位的教育。

此外，我校也尽力为家长开展好家庭教育提供条件。比如，我校的一位学生因身体原因，需要家长陪读，在这几年里，老师们给予的关怀让家长感受到学校的温暖。同时，在同学和老师的帮助下，这名学生也逐渐变得开朗。

总之，我校将尽量满足家长的需求，努力让孩子们得到更好地教育。

课程的独特价值就在于尊重每个学生不一样的成长方式，促进学生的全面健康发展。今后，我校将继续充分融合校内外优势资源，探索开发了满足学生多元发展需求的多样化课程，努力打造新会特色教育品牌。

优化课堂教学　让学生自主学习

广东省普宁市大坝镇九江小学　李俊伟

小学数学的课堂教学主要是由学生、教师和教学手段等因素组成，教师在教学中开发学生的潜能，培养学生的创新意识，使学生主动地从事观察、实验、猜测、验证、推理与交流等数学活动已成为《新课程标准》的教学要求。因此我们要优化课堂教学，创设环境，开发学生潜能，努力使每一位学生都能自主、积极地参与到教学活动中来，成为学习的主人

一、创设情境，激发学生学习动机

学生的学习是一种意识性强的活动，需要有一种学习的动力去推动他们，让他们积极地学习。学习的兴趣正是推动学生积极学习的“催化剂苏霍姆林斯基曾说过“没有学习的兴趣，学习就会成为学生沉重的负担，这样更谈不上创造”.因此，在教学中，我们要善于根据本班学生的情况及教材的特点，创设悬念，引起学生惊奇、疑惑，然后启发学生大胆探索、解疑，并通过学生的主动尝试达到解决问题掌握知识的目的。

例如在教学“一间长4.8米、宽3.6米的房间，用边长0.15米的正方形瓷砖铺地，需要768块，在长6米、宽1.8米的房间里，如果用同样的瓷砖来铺，需要多少块?如果在第一个房间改铺边长0.2米的正方形瓷砖，要用多少块？”这道题时，教师可以先让学生理解题意，尝试自己解答。

由于题里出现的条件多、问题也多、比较复杂，　一下子难以判断出此题中的哪些条件成什么比例。结果有的学生判断成正比例，有的学生判断成反比例，大家意见不一，引起争论，学生心中产生疑惑，于是教师趁热打铁提出问题:“什么情况下哪些条件就成正比例?什么情况下哪些条件就成反比例？”学生按照老师的引导就能很快地回答出:“当每块砖的面积一定时，铺地的面积和所需砖的块数成正比例；当铺地的面积一定时，每块砖的面积和所需砖的块数成反比例”.弄清这两个问题后，学生就能很快地解答这道题了。

这样，通过自己的生疑、质疑、解疑，进一步的验证，最终得出了合理的结论，学生享受成功的喜悦，收到良好的教育教学效果。

在教育教学中，老师的一个问题，或者一句话，可能会激发学生的积极思维，影响到整节课的教学效果，因此，教师要善于挖掘教材中的创新因素，适时进行教学。

例如在教学“能被2、3、5整除的数的特征”时，教师不急于马上导入新课，而是一反常规，让学生说出一些数字给教师判断，在学生提出的数字得到老师迅速的解答后，他们就会感到惊奇，想马上得知其中奥妙，于是教师趁势导入新课，“良好的开端是成功的一半”。课堂上，学生兴趣浓厚，注意力集中，思维活跃，许多学生都自主地投入到学习活动中来。

二、注重启发思维，开发学生的潜能

学生是教学过程的主体，教师是放学过程的组织者、引导者和合作者。因此，我们的课堂教学要解放思想，更新观念，为学生提供一个宽松民主且富有思考空间的学习环境，启发学生的思维，让学生主动地、全身心地投入到学习中去，从而把压力转化为动力，这样既可培养学生运用已有知识获取新知识的能力，增强合作意识，也从中开发了学生的潜能，达到事半功倍的效果。

这样，在数学教学中，教师必须能根据学生的思维特点，重视实际操作和直观教学。通过让学生手摆、眼看、耳听、口说、脑想去感知事物，使学生能够借助直观形象理解和掌握知识，培养思维能力。如教学长方体的认识，学生从平面图形到立体图形，思维上存在质的飞跃，要建立长方体的概念，教师就必须提供学生直观形象的长方体模型，通过老师指导，学生看、摸、数、比、量等感知手段，建立表象，然后抽象概括、归纳，掌握长方体特征，形成长方体概念。学生的思维实现了由直观形象思维到抽象思维的发展，思维水平得到了提高。

再如教学圆柱体侧面积计算时，除了教师对教具的综合讲解外还必须让学生按照教师的要求动手操作学具，思考问题，这样动手操作不但有助于使新旧知识之间关系的理解、寻找解题思路、掌握解题方法，而且还培养学生分析推理和解决问题的能力，从而开发了学生的潜能。

三、注重学法指导，培养学生自主学习

学生掌握了良好的学习方法，就成了具有学习能力的人，就能在学习中牢牢地把握学习的主动权，充分发挥自己的主观能动作用，提高学习效益。因此，教师要重视学生学习方法的指导，要变“以教学为中心”为“以导学为中心”的课堂教学结构，通过教师有意识地渗透，使学生潜移默化地掌握学习的方法，通过教师的示范、点拨，学生的模仿、操作，让学生学会学习的方法，要引导学生反思自己的学习过程，总结方法，并组织学生相互交流，使学生能取长补短，掌握方法，综合运用，学会自主学习。

例如：教师在教学“工程问题”的时可采用“探究法”进行教学，具体可分以下几个步骤：

(一)复习导入。出示一组复习题：1.修建一条长600米的公路甲队需要20天，每天修建多少米？2.修建一条长600米的公路，乙队需要30天，每天修建多少米？3.修建一条长600米的公路，由甲队修建，需要20天，乙队修建，需要30天，两队合修需要多少天？让学生解答后，将复习题3中“修建一条长600米的公路”改为“一项工程”后导入课题。

(二)自学探究。出示自学提纲：　1.甲队每天完成这项工程的几分之几?乙队每天完成这项工程的几分之几?甲乙两队合做每天完成这项工程的几分之几？2.求“两队合作需要几天？”怎样列式？3.工程问题的特点是什么？解答工程问题的数量关系是什么？引导学生自学课本并展开讨论，以便掌握工程问题的特点及解答思路及方法。

(三)反馈练习。出示与例题相同模式的题目让学生自主尝试解答，以检查学生探究的效果

(四)拓展延伸。教师可出示下列题组，引导学生练习，以拓展知识链：1.一项工程，甲队独做要10天完成，乙队独做要15天完成，丙队独做要12天完成，三队合做几天可以完成？2.甲乙两地相距120千米，甲车行完全程要3小时，乙车行完全程要1小时，两车同时从两地相向而行，几小时可以相遇？通过教师的一步一步地引导，学生不但学会了解决这个问题，还掌握了学习的方法。

总之，在《新课程标准》的指导下，我们要从认识上打破常规，摈弃旧有的只重书本，不重实践的教育教学观念，想方设法激发学生的求知欲和创造欲，放手让学生去参与尝试。学生能独立思考的，教师绝不包办代替，让学生在动手做，动口说，动脑想的过程中，轻松愉快的获取知识，真正成为学习的主人。

浅谈人工智能时代青年教师专业发展的实践探索

广东省深圳市福田区下沙小学　杜丛英

人工智能作为新一轮科技革命和产业变革的重要驱动力，正深刻改变着人们的生产、生活、学习方式，推动人类社会迎来人机协同、跨界融合、共创分享的智能时代。在深圳社会主义先行示范区和福田人工智能示范区的“双区驱动”下，对我们下沙小学打造“深圳市人工智能示范校”提出了更高的要求：如何在这场人工智能的技术浪潮中争当改革先锋？如何把握历史机遇，争创AI赋能教育的先行示范，让人工智能与教育教学系统性融合？这是我们学校急切思考和实践探索的问题。

《中国教育改革和发展纲要》中明确指出:“振兴民族的希望在教育，振兴教育的希望在教师，建设一支具有良好政治业务素质、结构合理、相对稳定的教师队伍，是教育改革和发展的根本大计”.特别是2019年5月份，国际人工智能教育大会在北京召开，全球100多个国家达成北京共识，提出各国要制定政策，推动人工智能与教育教学的系统性融合。人工智能时代教育的改变，学校的崛起，首先需要一支适应人工智能时代的教师队伍，这关系着学校未来教育教学质量和学校的整体可持续发展。青年教师群体无疑是建立这样一支队伍的最佳来源。为了实现教师队伍整体素质的提高，我校经过深入的分析和思考，决定从青年教师抓起，借助信息技术的力量，通过多种途径提

高青年教师的综合素质，促进青年教师尽快成为思想过硬、业务精良的适应人工智能时代发展的教育教学能手。

落实组织，加强领导

一分部署，九分落实。实践证明，越是重大任务和关键工作，越是需要加强组织领导。

青年教师是学校教学工作的生力军，其发展直接影响着学校的教学质量和发展定位，决定着学校的发展品质。为了提升管理效能，我校建立青年教师培训工作领导小组，调动和发挥学校各级骨干教师、学科带头人、中高级教师和有经验教师的指导作用，确保青年教师培训工作有序有力扎实推进。

加强学习，转变观念

学习是一种追求，也是一种境界，特别是在人工智能时代，学习是一切进步的关键。

为了厚植青年教师专业成长的内生动力，我校以阅读为突破口，为青年教师制定教师阅读地图，从本体性知识、专业知识和人工智能基本知识三个方面推荐三年读书目录，使青年教师从感性阅读上升到理性阅读，从而提高青年教师的基础理论和专业知识水平。

在这个过程中，我们不仅培养了青年教师良好的阅读习惯，而且提升了青年教师自我学习、自我反思、自我提高的能力。

加强培训，提高水平

教师培训是加强教师队伍建设的重要环节，也是推进素质教育、促进教育公平、提高教学 质量的重要保证。为了促进教师专业化队伍成长，我校全面、高效、多渠道地加强教师队伍培训力度，推动教师队伍整体专业水平有了进一步的提高。

抓好基本功培训。教学基本功是完成教学任务必须具备的基本条件，是教学的需要，把教学基本功转化为课堂教学能力，就会有效地提高教学质量。我校主要通过课堂教学组织和学习目标的确立实施及评价，提升教育教学水平。对于教龄在十年（含10年）以下的教师以及从事本专业教学十年以下的教师，要求严格按新课标的要求书写教案，每月主动上一节预约课，由主管领导、教研组长及本组教师观课进行跟踪指导；其他青年教师根据学校安排进行公开课展示，由全体教研组成员观课评课，查找不足，撰写反思。与此同时，对于青年教师的培养还采取建立师徒结对、同伴互助的形式进行培养。如果同学科有35岁以上的骨干教师，就采取师徒结对、制定培养计划，对青年教师进行培养；如果同学科教师都是青年教师，则采取同伴互助的形式、制定详尽的培养计划，进行培养。

抓好课程实施培训。我校通过国家课程校本化实施及校本课程开发的理论培训，全面提升青年教师对“三级课程”的理论认识；通过对国家课程二次开发，不断提升青年教师课程开发的能力，不断提升他们的课堂教学质量。

抓好人工智能培训。为推动信息技术与课堂教学深度融合的智慧课堂建设，我校通过信息技术、人工智能的培训，使青年老师掌握好基本的教育科研、信息技术和现代化教学手段，不断提升他们驾驭智慧课堂的能力。利用信息技术规范教师的教学行为，丰富教学手段，增加教学容量；利用信息技术丰富课堂教学内容，丰富学生感知，提高课堂教学效率。人工智能培训，为培养教师的创新意识和实践操作能力提供了广阔的空间。

抓好专题性培训。如果一位教师只顾埋头拉车，默默耕耘，从不抬头看路，也不反思回顾，充其量他只能成为一个地道的“教书匠而永远无法实现真正的超越和自我发展。对教师来说，教学反思无疑能让教师“留一只眼睛给自己”。为此，我校着力加强对青年教师进行撰写教学反思、教育故事、专题心得的培训：通过加强青年教师的理论培训及组织青年教师开展一些微型科研课题，让青年教师从中学会选题、设计研究方案、撰写教育教学个案，开展调查研究和行动研究等；提倡青年教师写课后反思，逐步养成自我研究的习惯和能力，做到教育教学理论会运用、专题会研究、经验会总结、模式会提炼、观摩会评价、风格会创造；聘请在论文撰写方面有特长的名师指导青年教师，如何取材、立意、论证，如何对自己教学经验进行总结提炼，从而提高青年教师论文撰写水平。

优化环境，助力成长

青年教师成长不仅依靠自身的不断努力，而且外部环境将直接制约着他们成长的速度和方向。

优化成长环境。学校领导和指导教师不仅帮助青年教师备课，深入课堂听课，而且注重言传身教，为他们上示范课、领路课；创造条件让青年教师多上公开课，让他们在教学实践中锻炼成长；为青年教师开辟外出学习的机会，更新教育理念，丰富教学方法，开阔教育视野。

建立成长档案。学校对每位青年教师建立成长档案袋，记录青年教师的成长足迹；为每位教师印制三年成长计划本，尤其重视青年教师的成长计划，每年由指导教师收上来评价指导，在共同体中进行交流。

组建同盟，互学共享

年龄往往是人们沟通的钥匙，同年龄段的人因为阅历相仿，经常有共同的语言，天然有一种亲近感。从平常的观察发现，青年教师们经常不自觉地待在一起。基于此，我们于2016年9月创建了以35周岁以下且教龄未满十年的青年教师为主的学习团体——青年教师学习共同体，引导教师在浓厚良好的学习氛围和切实可操作的实际行动中深化教育感悟、增强生命体验，最终获得良好的专业成长和生命发展。

好书分享。每位教师每学期读2～3本好书，一本为必读书《给教师的一百条建议》（必读书一般是教育类的经典著作），另一本为信息科技类的自选书；利用每月一次的青年教师活动平台和十一月份“下沙教师讲坛”进行青年教师“好书共分享”活动，让教师们可以在最短的时间里领略书中的精髓，收获到最多的知识。

骨干引领。我校利用每月一次的青年教师活动平台，鼓励青年教师说出问题、提出困惑，由专家组教师给予指导和经验介绍，促使他们在工作中少走弯路，获得快速成长。这样集中解决问题，使得一人有问题，大家受益。

课题研究。有了研究课题，工作才会有目标，工作起来才会有干劲。青年教师除在教学实践中要不断提高自己的教学能力、教学水平外，还要不断将实践与理论相结合，树立科研意识，学会开展课题研究。在教育教学过程中，青年教师要擅于发现问题，认真分析问题，潜心研究问题，积极解决问题，做到教研一体化，以研促教，积累经验，提高课堂教学效率，提高教学质量，促自身专业成长，不断完善自己。每位青年教师都要积极参与本学科的课题研究，鼓励申报自己的校级小课题，努力做到在研究中行动，在行动中研究。目前，学校所有立项的课题，都有年轻教师参与。

联盟展示。我校通过组织三月“三沙”教学活动、九月“教育联盟，课堂表达”活动等联盟活动，鼓励教师展示教学风采，交流教学经验，分享教育智慧，达到互学共享。

智慧课堂。在福田区教科院的指导下，我们学校推进信息技术辅助下的课堂教学——智慧课堂的构建。现在的青年教师每节课都能很好地运用平板辅助教学，实现了信息技术与课堂教学的有机融合，改变了传统课堂结构、促进了学生交互学习、提高了学习积极性。

人工智能时代为学校的跨越式发展提供了机遇，青年教师是学校的未来，他们的快速成长不仅关乎每一个人的未来，更关乎学校的可持续发展。采取贴合实际、行之有效地方法对青年教师专业发展进行培养，是我校教师队伍建设的务实探索。目前，我校青年教师整体朝气蓬勃、积极向上，形成了对专业发展精益求精的良好势头，已经带动了学校整个教师队伍的建设，也直接促成了学校教育教学质量的整体提高。未来已来，我校将立足城中村学校的实际，应和时代的脉搏，以人工智能与教育教学系统性融合为契机，以青年教师专业发展为突破口，努力发挥深圳市人工智能是示范校的引领作用，努力朝着人民满意的新品牌学校阔步前进。

迈稳高质量发展新步伐

广东省深圳市龙岗区第二职业技术学校 王世豪 以慧文

“大国工匠”、“工匠精神”、“中国制造2025”……时代正在呼唤职业教育。可以说，中职，已不再是教育的终点，而是职业教育的起点。

职业教育一直都是与区域产业共生共长的，创办于2012年的龙岗区第二职业技术学校（简称“龙岗二职”）尽管还很年轻，却已成为推动区域经济社会发展重要人才基地。自办学以来，学校奉行“创一流职校 育德能专才”的办学宗旨，秉承“德立天下 技赢人生”的办学理念，贯彻“造福感恩 强能明德”的校训精神，主动适应经济社会发展对创新型、实用型、复合型人才的需求，以能力培养为导向，持续深化人才培养模式改革，致力于为经济社会发展培养未来技术技能型人才。2017年，学校被评为“广东省重点职校2020年，入选“广东省高水平中等职业学校”建设单位，电子商务专业群成功入选高水平建设专业群。

师资强，名师云集专业好

师为校之本，雄厚的师资力量是学校的核心竞争力。近年来，龙岗二职立足教师整体优化基础，全力打造教师人才培养体系，一大批优秀青年教师在国家、省市等大赛中崭露头角，成绩显赫，展现了龙岗二职教师团队强大的实力与活力。目前，学校所有教师均为本科及以上学历，其中具有高级以上职称和硕士研究生学历者达81人，“双师型”占比84.9%。学校拥有“全国技术能手”1人、引进高端技能人才1名、全国技能大赛教师教学能力大赛金牌教师团队3支、全国技能大赛优秀指导教师5人、广东省“粤菜师傅”工作室主持人1人、广东省技术能手3人、深圳市“技能精英”6人。区骨干教师15人，深龙英才3人，区教坛新秀7人，区名师工作室主持人2个。

专业是人才培养的基本单元和基础平台。围绕“广东特色、全国水平、引领改革”的总体建设发展思路，龙岗二职结合“双区”建设、战略东进背景，对接科技发展趋势和市场需求，开设了计算机网络技术、会展服务与管理、动漫与游戏制作、电子商务、会计事务、金融事务、社区公共事务管理、高星级饭店运营与管理、眼视光与配镜、物联网应用技术10个专业。其中会展服务与管理、动漫与游戏制作、社区公共事务管理是深圳市品牌专业，会展设计专业是广东省“双精准”在建示范专业，电子商务专业为省“双精准”立项建设专业。

出路广，就业升学有保障

三百六十行，行行出状元。中职，一样出人才。在龙岗二职，多元出路为学生的未来提供了无限可能。

2018年，中专升学开始大热，国家基本打通中职、高职、本科的升学通道。为了圆学生的升学梦，龙岗二职致力于兑现“努力把高考质量放在第一位，让每一位高考班学生圆梦大学”的承诺，为学生开辟了多条深造渠道，可通过职业类高考、三二分段、自主招生、技能大赛获奖推荐等途径，或直接就读国际班出国留学。从2015届高考班创建至今，学校连续7年上线录取率100%。2021届高职高考，学校成绩再攀新高，730名学生（含高考班97人和专业班633人）参加，高分省排名再次取得历史性重大突破，年级各科平均分远超全省、全市平均分。如今，高考升学已经成为学校一张亮丽的名片。

只有瞄准市场，才能适应新形势。为培养市场需要的“抢手货龙岗二职立足深圳，面向世界，推出了“校中企、企中校”模式，与近100余家中外资企业、机构建立了长期稳定的合作关系，为学生的实训、顶岗实习或直接被企业录用提供了有利条件。同时，学校确保每个骨干专业有2～3个紧密型合作伙伴，并探索出了新型学徒制和“订单式培养”模式，为师生的顶岗实习和社会实践提供精准服务。近年来，学校的毕业生就业率一直保持在96%。

多元教育体系，为每一位学生的成长和发展创造了更多可能。“升学、就业双通道”是龙岗二职对于学生培养探索出的一条星光之路，每个二职学子都有属于自己的个人光环。

硕果丰，师生竞赛攀高峰

弘扬工匠精神，厚植工匠文化。在这里，成就着一批批技术达人，为广东省和深圳市的职业教育发展贡献了卓越力量。

2020年，龙岗二职师生竞赛硕果累累，可谓“吸金有术”。在全国教师教学技能大赛中，郑爱如、刘景杏、张凯欣老师团队一举斩获金奖，振奋人心！深圳市中职学校在此次国赛中共获1金3铜，而龙岗二职占1金1铜（袁莉华、林玉、吕红妹、施娜老师团队获铜奖），成绩位列全国金牌榜并列第一，奖牌榜并列第八，成为深圳唯一一个三次获得全国教学能力比赛最高荣誉奖的中职学校，也是深圳第4所在国家教育部三项大赛中均获金牌的“大满贯”的学校。当然，在国家赛场上，同样还有班主任的身影。在班主任业务技能竞赛国赛中，岳彬老师首次参赛便荣获三等奖，刷新了学校班主任参赛纪录。“看似寻常最奇崛，成如容易却艰辛学校屡创佳绩、敢为人先的背后，是咬定目标不放松的坚韧。

中职学校照样出人才。在专任教师的悉心培养和精心指导下，一批批优秀学生一路斩金夺银，尽显深圳少年强者风范。2020年，学校在国家赛场上表现亮眼，省赛中同样摘金夺银。教师项目省赛1金2银；学生项目3金5银9铜。其中，学生国赛参赛项目数、参赛选手数、获取奖牌数三项指标均列全省、市第一，获奖率100%。在2021年广东省学生组技能项目竞赛中，龙岗二职共斩获3金9银4柯，参赛赛项100%获奖率。省赛获奖学生总数有35人，其中，获得保送高职资格人数达26人。他们用一份份亮眼成绩单证明了龙岗二职的实力所在。

实干春来早，奋斗正当时。龙岗二职将以更高远的站位、更开阔的视野、更有利的担当，咬定“创一流职校，育德能专才”的办学目标，奋力谱写新时代先行示范区“学有优教”高质量发展新篇章。

五育融合创新特色　奠基人生纯美底色

广东省吴川市梅街道向阳小学　李应洋

为认真落实广东省教育厅关于持续深化劳动教育特色学校建设工作，推动建立新时代劳动教育体系，响应吴川市教育局不断加强组织领导，充分发挥职能部门协同作用，高度重视特色学校创建工作健康发展的号召，我校始终尊师重教，引领孩子走在“特色”的路上。

一、落实教育方针　打造特色品牌

坚持特色办学，实践五育融合。我校坐落在百越文化，三江交汇，美丽鉴江畔的梅录。自1978年挂牌以来，始终秉承“以人为本，着眼未来，求真明礼，张扬个性，为学生终生发展奠定基础”办学理念，走“特色之路”施“素质教育”立“传承文化”之道。

结合劳动教育重要载体，依据学生现实需要、未来发展需要、学校育人需要等，着重构建学校劳动教育课程，遵循一训三风教育教学模式。在吴川市委市政府和教育行政部门的重视和支持下，整合协调各种教育资源，营造宽松、愉悦的教育氛围与环境，实现示范引领作用，坚持五育并举到五育融合，共同构成了“一文一武、一唱一研、三绝齐学”的校园矩阵。

利用教学优势，创新特色课程。我校把“育德　弘智　健体　尚美　勤劳　怡情”作为育人目标，弘扬奋斗、创新的劳动精神，用劳动教育传承美德，充分发挥和利用“吴川泥塑之乡”的本土独特民间艺术资源和人才优势，以泥塑为突破口，不断探索实践与创新地域特色教育校本课程。我校是吴川市非遗文化进校园泥塑示范点，泥塑课是我校的校本课程，目的是为了弘扬中华民族优秀传统文化，培养孩子热爱家乡、热爱祖国的情怀，让优秀传统文化在孩子心中扎根、开花、结果。

在全校开设泥塑、陶艺、飘色、戏曲、书法、足球、武术等特色课程，每周二节丰富多彩的第二课堂，定期安排学生开展“捏泥塑”、“做陶艺”、“看展览”、“听讲座”等实践活动，并根据年龄特点分为“趣、启、艺”三个学习层次，不仅拓展了学生视野，还增强了文化自信，培养了“知家乡、爱故土、懂非遗、传文化”的美德少年，用他们的泥塑作品讲述“吴川三绝”的故事，用心传递着中国传统文化的魅力所在，使吴川泥塑及非遗生生不息，薪火相传。

二、深挖教育内涵　打造特色品牌

润泽人生，继续深挖特色教育内涵，为师生创造更高更大的才艺展示舞台。

感受传统魅力，弘扬优秀文化。2020年12月由中共广东省委宣传部、广东省教育厅、广东省文化旅游厅主办的戏曲进校园活动走进我校，使同学们近距离感受中国粤曲的艺术魅力，从小播下传统戏曲美学的种子。2021年4月，由共青团吴川市委员会、吴川市教育局、吴川市岭南春书画院主办的听党话　跟党走　颂党恩——“书法进校园”启动仪式亮相我校，这对传承书法文化艺术，弘扬和发展优秀中华传统文化具有重大意义。

立足特色教育，收获丰硕成果。湛江是省确定的广东校园足球首批五个布局城市之一，作为体育、教育重镇和传统足球之乡的吴川，秉承体育锻炼宗旨，2015年我校开办了足球进校园兴趣班，为培养未来国足精英相互承接，少年们正在破土而出奋力成长，特色教育也取得了丰硕的成果，在吴川市青少年校园足球联赛中荣获2019—2020年度小学乙组冠军；2020年吴川市第十九届中小学生运动会小学组团体总分第四名；辛勤耕耘，教育质量稳步提高，学生综合素质全面发展，显著的办学成绩赢得了社会各界的赞誉，我校先后被评为“湛江市德育学校”、“湛江市双优学校”、“湛江市艺术教育特色学校”、“湛江市规范化家长学校”。

拓展研讨教学，打造劳动特色。素质教育课程扎实推进，基础教育课程改革持续深化，我校除了守好传统教育舆论阵地，还主动“开疆辟土”拓展研讨教学，积极创新学习内容和载体，把课题研究作为深化劳动教育内涵、打造劳动教育特色的重要抓手，2020年9月，我校成功承办了湛江市“送课下乡——为乡村中小学教师送教”活动；2021年3月由吴川市教师发展中心主办、我校承办的教学开放周活动顺利举行，共开设语文、数学、英语、美术、音乐、体育六个科目，有来自吴川市各兄弟学校、教师代表1200多人参加学习研讨，受到了湛江市教育局教研室领导、吴川市教育局教研室领导的充分肯定与认可。

特色教育火花燃麓城，莘莘学子梦想起飞的地方，薪火相传更需稚羽击长空，文化与劳动教育融合，体育与艺术齐飞，探索每一位学生的成长密码，在“十四五”规划开局之年，站在祖国百年华诞的新起点，我校全体教师队伍将继续深入学习贯彻新时代教育思想，落实“十四五”规划关于教育工作的各项安排，加强统筹，进一步拓宽劳动教育途径，以劳养德，以劳育才，不忘初心，砥砺奋进，创特色学校，办成功教育，育创新人才！

仁者乐山，绿色发展

广东省肇庆市封开县莲都中学　刘武平　陈宗煌　叶华聪

办学理念是学校之魂，反映学校的办学宗旨、办学目标、办学策略和教育追求，是学校发展的重要战略性问题。办学理念是一所学校的灵魂和核心价值，是社会与人们对学校的定位、定性的基本认识。随着教育改革的不断深入，“学校有特色，教师有专长，学生有特长”是中小学学校办学所追求的理想境界。先进的办学理念彰显时代特征，具有全局性、先导性、战略性的指导作用。我校是莲都镇内唯一的一所初级中学。学校自1968年创办以来，在各级党委政府正确领导和社会各界的关心支持下，办学规模不断地发展壮大，学校特色鲜明，成绩显著。特别在2019年学校被教育部授予“全国教育系统先进集体”的奖励。学校办学得到国家与社会的一致认可，为山区办学提供成功典范。封开县莲都中学办学的成功与学校特色鲜明的办学理念紧密相关，学校在健康、稳定发展中，结合地理环境特点积极总结、凝练、升华，人文性的匡正出了“山品——仁者乐山，绿色发展”的办学理念，扬帆起航，坚持不动摇。

一、智慧办学理念，引领学生成长

办学理念是一所学校的灵魂和核心价值，是立校之基，发展之石。先进的办学理念凝聚国家之目标、社会之责任和人之品性发展。我校毗邻于奇山峻岭、重峦叠嶂、钟灵毓秀的广东封开县国家地质公园莲都“十里画廊学校环山而建，依山映画，校园曲径通幽，典雅质朴，与周围环境融为一体。漫步校园，可以把延绵起伏、千峰层叠的“十里画廊”尽收眼底。由《论语·雍也篇》子曰:“知者乐水，仁者乐山；知者动，仁者静”.故此，匡正“仁者乐山，绿色发展”的办学理念。

学校“仁者乐山，绿色发展”的办学理念体现两层意义，首先反映办学者的胸怀，包容与豁达；其次，以山为品，育山品之人，体现办学的初衷。以山为品，静观大山的稳重，阅读大山胸怀，诠释大山风骨，构建莲都中学的“大山品质——三品九性”。“三品”就是“山之德”、“山之智”、“山之美”；“九性”即是：仁爱、高尚、包容、坚毅、博大、精深、生态、秀美、奇崛。绿色发展是十八大五中全会的精神，加强生态文明建设，坚持绿色发展是国家的基本国策。我校匡正“仁者乐山，绿色发展”的办学理念，构建“大山品质——三品九性”进行育人，就是不忘初心，牢记使命，培养胸怀祖国、健康、快乐地创新型人才。

二、营造良好校风，陶冶学生情操

校风是一所学校存在和发展的基础，营造良好的校风是学校工作的出发点和归宿点。反之，良好的校风，促进学校办学水平和教学质量的提高。

我校在“仁者乐山，绿色发展”的办学理念引导下，积极营造“仁爱，博学，精深，奇秀”的校风。旨在引导学生学习广博的知识，培养学生推己及人，仁爱待人的品质，养成恰当行为习惯，完善个体修养，追求真善美，养成大山一样的精深，奇秀的优秀品格。通过校园环境的人文化建设，从感观认知到理性思考，给予学校不同群体一种潜在的心理力量，促进心理的普遍认可、接受和推崇，并且把“仁爱，博学，精深，奇秀”以价值观念形式，存在于莲都中学每一位学生的个体身上，体现在莲都中学全体成员的个性心理特征上，达到校风的人格化。当校风人格化，就会振奋人的情绪，激励人的意志。从而促进学生自我调节的心理，主动规范个人的行为，不断加强学生的学习动机、学习态度、学习方法。另一方面，促进老师健全教学思想、改善教学态度、树立良好的教学风格。最终实现学校育人的良性循环。

三、注重教师培养，塑造仁爱师者

教师是学生美好心灵的塑造者。所以教师时刻铭记“德高为师，身正为范”这八个字。反之，一个教师如果缺乏知识，缺少智慧，没有道德，又何谈人格楷模呢！教风就是教师在知识传递中的思维方式及其人格魅力所产生积极地情感体验。这种情感体验是教师通过面部表情以及声音节奏的变化及身体姿态等把情感传达到学生时，老师的情感便对学生产生感染作用，对学生产生影响，最终学生产生与教师相类似的感觉。还有，这种情感体验能创设一种舒适、宽松而富有学习动力的气氛，从而促进这种情感成为教育的一种力量。

我校非常注重教师的培养，培养教师具备“灵慧善导，仁爱尚德”的教学风格。“灵慧善导”就是要求教师应该具备散发的思维和丰富多样的教学方法与手段。并且在日常教学过程中“以情育人，热爱学生；以言导行，诲人不倦；以才育人，亲切关心；以身示范，尊重信任”。而“仁爱尚德”与当前国家立德树人的育人任务相吻合，教师需要宽广的胸怀，崇高的品德来培育出新时代可靠的接班人与合格的社会主义建设者。常言道:“无德无以为师”.真正优秀的教师就是教学思维形式多样，人格魅力丰富。封开县莲都中学对教师的日常行为要求，以身作则、率先垂范。在上课时，教师提前十分钟到课堂等学生来上课。而大多教师个人无病假和事假的积极教学态度，教风得到学生的尊敬。尚德就是在师德上教师做到将心比心，率先垂范。对学生真正的认真负责，潜移默化、影响深远。

四、实施优良学风，营造学习氛围

优良学风是一种无形的力量，其保证学校的教学质量，提高学校的教育管理水平，是全面推进素质教育、确保学生身心健康发展的需要，对培养学生高尚的思想品德和情操起着积极地作用。

为了铸造志存高远、善于学习、勤于思考、富于才智的人才提出“灵慧善学，博大精深”的学风。实施“灵慧善学，博大精深”的学风，首先，学生要有明确的学习动机。即为什么学？为谁学？个人未来追求着什么样的生活目标？作为一个初中的学生需要厘清思想，明确方向。不能只是埋头赶路不顾方向。其次，学生要有端正的学习态度。态度决定一个人投入的程度，谦虚使人进步，骄傲使人落后。其三，学生要有正确的学习方法。志存高远，富于才智，就是需要学生勇于跨越书山，融进知识的海洋。做到“一苦；二勤；三多；四不；五有”的学习方法。“一苦”就是苦学；“二勤”是勤于求教，勤跑图书馆；“三多”是多练基本功，多读有用书，多接近通人；“四不”是不迟到，不早退，不浪费时间，不看无益之书；“五有”是指对于学问要有恒心!有毅力!有耐心!有信心!有傻气!

五、拓展第二课堂，创建社团活动

我校在“仁者乐山，绿色发展”的办学理念指导下，坚持“学校有特色，教师有专长，学生有特长”的育人原则，积极拓展校园第二课堂，以“山社立人，百花齐放”的社团建设指导思想去锻炼学生，让学生通过参加学校的社团活动，激发学生自我兴趣，培养学生个人能力，发展学生个体特长。

我校的“山社立人，百花齐放”社团结累累硕果：学校体育类社团也培养出了一些为国家、为家乡作出贡献的运动员，如现役中国国家攀岩队主力队员、雅加达亚运会第三名获得者欧志勇同学；在2018年广东省第十五届运动会中，代表肇庆市队参赛的田径队运动员孔莹鋆同学勇获“四金一铜成为本届省运会上获金牌最多的运动员……

我校结合地理环境特点积极总结、凝练、升华，匡正并践行“山品——仁者乐山，绿色发展”的办学理念，学校育人质量不断提高，社会声誉节节攀升。学校先后被评为“广东省义务教育阶段标准化学校”、“肇庆市阳光体育示范学校”、广东省教育研究院授予“基础教育研究实验基地学校”、“山品”教育特色学校、“广东省规范汉字书写教育特色校”、“肇庆市基层党建示范点”。特别是2019年，封开县莲都中学被国家教育部授予“全国教育系统先进集体”。

路漫漫其修远兮，吾将上下而求索！不忘初心，继续前进，在未来的教育路上，我校将再创新的辉煌……

“以小育大”让孩子露出自信的笑脸

广东省中山市东区柏苑中心小学　曾文珍

习近平总书记指出:“‘两个一百年’奋斗目标的实现、中华民族伟大复兴中国梦的实现，归根到底靠人才、靠教育”.伟大事业呼唤优秀人才，培养优秀人才需要高质量教育。在这个意义上，教育事关党运、国运，是党和国家的基础性事业，对于党和国家事业发展意义重大。为深入贯彻落实习近平新时代中国特色社会主义思想和党的十九届五中全会精神，我校扎实推进我区“高位求进，均衡发展”的教育总目标，抓实“一个中心（提高教学质量）”、“两个重点（学生养成教育、教科研训管理）”、“六项工程（党团队一体化工程、唱响柏小美誉度工程、凝聚人心工程、安校美校工程、名师培育工程、助力学生起跑工程）”。秉承“以小育大”的办学理念，以“用行动证明自己”为校训，以学生的习惯养成、兴趣培养、潜能开发为基点，构建“充满人文智慧和书香气息”的精神家园，提升学校办学品质，促进师生幸福成长，朝着“让每一个孩子露出自信的笑脸”教育愿景，砥砺前行，开拓创新。

我校创办于1989年，是东区办学历史最悠久，文化积淀最深厚的学校；学校位于我市经济、政治、文化核心黄金地段，毗邻市政府、市图书馆、市青少年宫、利和商圈。学校在东区党工委、办事处大力支持和关心下，2020年9月起将原机关三幼教学楼通过改造与翻新归入柏小，现学校占地面积为10.5亩，建筑面积6923平方米，现有29个教学班，学生1417人、教师为81人，行政队伍的年龄搭配科学，12人中9人为80后，年龄都在35-40之间，有着丰富教育教学管理经验，充满活力与创新的意识。学科专业分布比较均衡，11个行政主要领衔了语数英、体育、科学、信息等学科，而且大部分都是区域学科的带头人，行政业务素质强，研究生学历1人，副高职称3人。中山市学科带头人2人，广东省名师工作室主持人一人。

一、遵循成长规律，提出教育理念

“让每一个孩子露出自信的笑容”。这是我们的办学愿景。在“以生为本”的教育理念指引下，我们遵循孩子们的认知习惯与规律，尊重学生的主体地位——提出“以小育大”教育理念。我们蹲下身子从儿童的视觉出发看世界，才可以从他们看到的世界去引导他们。他们小小眼睛里面观察着我们成人世界的一切。那么，我们怎么样让孩子从一个自然人成为一个社会人，这是一个很漫长的教育的过程，我们尊重儿童身心发展规律和认知的特点，孩子们习惯“以小见大大家听过“星期八小镇”吧,“星期八小镇”就是希望建立一个模仿成人世界的乐园，孩子通过体验、感受，引导他们对未来职业的规划、人生定位。

我们希望我们的学校也允许我们的孩子在这里找到他的梦想、找到他的目标，代到他的人生的座右铭，人生成长的一个方向。“以小见大”的同义词“以微知著释义：从事物露出的苗头可以推知它的发展趋向或他的实质。“微”和“小”蕴涵着处世的大智慧，我们引导孩子们从“微、小”中学会触类旁通、学会举一反三，让每一个孩子明白每一个“微、小”都藏着巨大的可能和能量，掌握生活的大哲学。告诉孩子只要有敏锐的观察力、敢于打破常规的思维方式、透过现象看本质的思维习惯与勇气，未来将有无限的可能与发展的潜力。根据这层逻辑关系我们在“以小育大”办学理念下，提出了“小习惯成就大人生”、“小舞台成就大梦想”、“小阅读成就大智慧”、“小课程成就大天地”、“小实验成就大科学”、“小善举成就大公益”。我们希望教师善于从“以小育大”中去发现教育的内涵。引导学生感悟“勿以恶小而为之”、“勿以善小而不为”等我们中华民族传统的智慧。“以小育大”跟我们的传统故事、经典成语、千古名句相结合，可以启发我们孩子要着眼“小并挖掘“小因为小的背后将蕴含无穷无尽的大，向孩子们传递更多的接人待物和为人处事的智慧，也引导老师的育人观、课程观以及德育观改进与优化。

二、落实全员育人，构建育人环境

以党的十九大精神为指引，学校以《中小学德育工作指南》为抓手，践行社会主义核心价值观，落实未成年人思想道德建设、创建文明校园，常态化开展创文活动，挖掘德育丰富的内涵，推动德育科研促德育工作水平提升，以省级德育课题《新时代小学劳动教育路径与途径研究》、市级立项少先队课题《传承红色基因讲好儿童化政治》为载体，着力构建柏小德育特色品牌。

树立人人都是德育人，事事皆育人的思想。开展每月学生行为习惯养成大检测，切实抓好学生文明行为养成教育。德育处制定出细化要求，专人检查，定期反馈，如：不带零食和零花钱到校园，保持教室整洁，开展“看谁的红领巾最鲜艳光盘行动大比拼等德育活动。

主题班队会课程化。做到有主线、有创新、有主题、有方向，把“五有五爱”柏小学子培养目标贯穿整个六年小学班队会课程里；继续开展好特色班级文化打造；推进《红领巾奖章》、期末评优等学生奖惩制度。

加强对级组长、班主任、心理教师队伍建设。健全班主任例会和教研制度、班主任考评制度、班主任培养制度、班主任奖励制度，促进班主任专业化。制定班主任队伍、级组长培训计划，努力做到培训目标紧贴实际，培训内容切合形势需要。推行班主任工作承诺制：对孩子微笑——不冷落和歧视；与孩子交谈——师生平等对话；帮孩子明理——在体验中辨别真善美；给孩子机会——特长都能得到充分展示；替家长分忧——孩子校园生活愉快，家长无须挂念。

搭建平台，实践育人。定期开“德育大课堂对学生进行理想信念、民族精神、养成教育、珍爱生命、心理健康、安全、科普、卫生等专题教育直播课。结合三月学雷锋、植树节、清明节、劳动节、母亲节等教育契机，积极组织好学雷锋、植树、扫墓、感恩等节日课程，培养学生对民族文化的认同和热爱。面向一、二年级的学生全员开展普惠小乐器课程，让每一个孩子获得一项艺术专长，感受音乐之美和愉悦感；开展中国舞、街舞、合唱、管铉乐、篮球、击剑、综合纸艺等艺术课程激发有潜能的学生；为做好小中衔接，针对高年级开展数学思维、经典阅读、英语绘本等普惠性社团；满足学生们多元智能发展需求。

完善社会、家庭与学校三位一体的育人网络。开展“助力家长成长夜校课程”推动家庭教育理念的更新换代，为孩子获得更优质的家庭教育资源。

做好学生的心理辅导工作。切实防范各种过激行为，把心理教育、积极干预和引导作为学校一种日常性工作抓紧抓好，促进学生快乐学习和健康成长。坚持开展团康课、青春期心理教育、心理咨询等专题教育，做到团体辅导与个别辅导相结合（心育组教室做要好每个班的特殊“三困生特别是德困生的心理访谈记录，跟踪记录等，做到有记录、有方法、有效果）。完善心理咨询室的建设，开设心理教育信箱、心理咨询微信二维码等。

三、提升专业水平，推进名师工程

发挥资深教师引领作用。组成“师徒结对子并举行隆重的仪式，对师傅徒弟有具体的工作要求，期末还对他们进行考核，并对考核结果进行奖励。除了注重发挥资深教师的引领作用外，我们还加强对年轻教师的培养，尤其是新入职教师。科组也把新教师的培养纳入到日常的科组学习中来，把每个新教师的成长当成科组每个教师的事，齐心协力，倾尽全力地帮扶每个新教师。除此之外，学校还定期邀请专家对年轻教师的教育教学进行把脉指导，市内外的专家学者近距离、面对面的指导，新教师在教育教学能力的提升上，更快地成长起来，少走了很多的弯路。

加强师德师风建设。规范教师言语和行为，树立良好的师德形象，每位教师要用自己的形象和高度的社会责任心为学生的健康发展服务，树立人人都是德育工作者的思想观念。加强教师师德修养。签订师德承诺书，用制度约束教师的行为；开展师德月各项活动，让党建工作与老师的师德建设相结合，全面加强党的领导，完善党的建设，以党建工作统领学校的全面工作，以党建引领教师队伍的建设，以共产党人的初心与使命，提升教师队伍的师德水平。以党建加强队建，重视少先队的基础建设和加大少先队辅导员队伍的专业发展，坚持传承红色基因，以儿童喜闻乐见的形式讲好儿童化政治。重视思政课程的建设，带领全体教师落实培根铸魂、立德树人的根本任务，引领广大的师生听党的话跟党走；持续开展师德师风教育活动，邀请市教研室、市师德师风讲师朱敏嫣老师到校给全体开展师德师风专题讲座，带领教师学习《教师法》、《未成年人保护法》、《中小学教师职业道德规范》使每位教师明确知晓从教从业底线，自觉规范从教行为；每学年安排一次全体教师师德师风全面查评，检查结果作为年度绩效考核、评优评先、职务晋升、职称评聘等的重要依据，若有违犯师德情形实行“一票否决”。

构建“充满人文智慧和书香气息”的精神家园，提升学校办学品质，促进师生幸福成长，朝着“让每一个孩子露出自信的笑脸”教育愿景积极搭建多元平台促进孩子潜能开发。今后，我校将继续开拓创新，为实现城央精品名校的办学目标不懈努力，为实现2035年远景目标、夺取全面建设社会主义现代化国家新胜利不懈奋斗。

立足百色文化　构建“红色”育人模式

广西百色市第一小学　何耀平　农田华

广西百色市第一小学创建于1905年，初名为“百色经正两等学堂已有一百多年的建校历史。1929年12月，邓小平、张云逸成功领导发动百色起义后成立了中国工农红军第七军，原校址中央的清风楼成为红七军政治部办公地，这一历史遗址为学校留下红色根脉，成为学校宝贵的精神财富。

多年以来，学校不断从历史积淀中汲取宝贵教育资源，充分利用百色起义的红色文化资源，确定了“唱响红色旋律，我们从这里起航”的教育口号，学校以创建红色文化特色建设为抓手，充分利用百色的红色文化资源和家庭教育的力量，广泛开展教育实践活动，构建“红色”育人模式，不断提升校园文化品位，收到了明显的育人效果。

一、加大校园环境建设，营造宽松和谐的氛围

（一）把校园文化建设作为红色教育的切入点，积极打造“红色文化”

学校采取了一系列的措施让红色文化渗透到学校的每一个角落：1.特点突出的红色主题文化：一楼传承红色经典文化系列，有浓厚红色基因的“红军廊遴选百色起义烈士陵园、清风楼、军部旧址、纪念馆等红军革命遗址，主要板块有：红七军历史、红七军故事等，用“红色文化”彰显学校办学特色。2.班级环境建设能够彰显班级文化。学校创设有红色年级，红色年级的所有班级都以英雄人物命名中队，例如邓小平中队、韦拔群中队等，耳熟能详，亲切有加，红班主任通过红色文化的引领，升华学生的心理品质、道德素养和思想境界。3.开设校史室，陈列学校历史资料，介绍学校历史沿革等。4.加强红领巾广播站建设，在红领巾广播站中广播红色故事，传唱红色歌曲；5.抓好爱国主义教育基地的共建工作，充分利用百色老区丰富的革命遗存，把百色起义纪念馆作为学校红色教育基地等。这些措施加深了学校红色文化氛围，使我们的校园真正成为具有百色特色的校园。

二、完善课程的管理，加大特色课程建设力度

（一）依托地域红色文化资源，开发以革命传统教育的红色文化校本课程。《红色故事》与语文、思品学科相衔接，编写阅读教材；《红色歌曲》与音乐学科相衔接，开发本地区独特的红色文化、民间文化资源，编写音乐教材；《红色童谣》与语文、综合实践活动课相衔接，作为对学生进行思想品德教育的补充教材，安排一定课时，由专门的老师对学生进行教育，让学生了解红七军后代是如何继承革命传统、建设美好家园，编写出阅读材料。此外，我校还根据本校的实际开设学校特色校本课程，如：书法课、心理健康教育、科技教育、成立少年军校、开设琵琶古筝班、红色小小讲解员班等，促使每个学生全面健康发展。

（二）校本教材进课堂，课题研究植根课堂。以打造校园红色文化为抓手，深入开展课题研究，整合学科德育资源，进行多元德育课堂教育。将“如何利用红色资源加强学校德育教育”、“如何将百色起义精神代代相传”、“学校红色教育的主要形式及内容”列入学校德育教育工作研究的重点。将百色起义精神与养成教育、学科教育相结合，结合学校实际，着力打造红色品牌学校，积极开发地方校本教材，让百色起义历史等红色精神进课堂。

三、确立三大主题，提升学生道德认知水平

（一）“七个一”弘扬百色精神。学校充分利用革命老区的优势，落实“七个一”要求，即“读一本红色书籍、编写一份红色手抄报、上一堂红色教育课、演一台红色节目、唱一首红色歌谣、讲一个红色故事、游一次红色圣地”。

（二）“三措施”强化市情教育。一是整合队日活动，感悟红色文化中受到生动而又深刻的革命传统和爱国主义教育；二是开展“看家乡新变化”主题实践活动，组织全体学生参观百色起义纪念馆等，感受百色市的发展，激发他们爱祖国、爱家乡的热情；三是举行“爱家乡知多少”知识竞赛，通过竞赛使全体学生对家乡民俗文化、历史等有更全面的了解。

（三）“两评比”进行励志教育。以书香班级、读书小明星评比为载体，引导阅读红色经典书籍，养成课外阅读的习惯；以评选“清风楼道德好少年”为载体，引导学生培养成为一名优秀的百色后人。

四、开展主题教育，使活动管理精细化

搭建德育活动平台，开展主题教育，使学生活动精细化，提高德育实效性。我校认真组织开展丰富多彩的学生课外活动，做到主题活动系列化、社会实践经常化、活动形式多样化。通过活动的开展，丰

富了学生校园文化生活，弘扬了学校主流文化，让学生的行为在活动中得到规范，让学生的能力在活动中得以提高，让学生的意识在活动中不断强化，让学生的思想在活动中闪耀光芒。我校开展“红色文化进校园”系列教育活动，充分利用百色的伟人故事、旧居旧址和身边遗存的革命文化遗产，让学生重温如火如荼的革命历史，对学生进行爱国主义和革命传统教育，开发利用本土红色文化资源，扬学校励志教育之帆，用德育促智育，成功开启我校德育之门。

五、发挥百色红色资源优势，激发学生热爱家乡情感

充分利用红七军军部旧址、百色起义烈士陵园、百色起义纪念馆、百色博物馆、铜鼓楼、红军桥等爱国主义教育资源对学生进行爱国、爱家乡教育，使学生感受到自己的家乡如此内涵丰富、充满活力，是个极具文化底蕴的历史名城，人杰地灵。为了推进课题的深入开展，课题组潜心挖掘能够承载课题研究的一切有利背景因素，注重开展课题研究要与实际相结合，充分利用能够让学生感知到的、能够在潜移默化中影响学生健康向上成长的文化背景，注重学生的德育教育要让学生能够读懂历史、贴近生活、返璞归真，正面的、直接的去引导学生，杜绝空乏的理论说教和肤浅的简单教育。在百色起义纪念日，学校邀请“百色起义纪念馆《百色起义历史课堂》”走进校园。《百色起义历史课堂》，课堂内容丰富，形式新颖。两年来，彼此在推进学校未成年人思想政治教育工作上加强了合作，学校采取请进来、走出去的方式，与基地合作培养红领巾小小讲解员等等，灵活用好“基地”的红色文化资源，使之成为弘扬培育民族精神和时代精神的重要课堂，创新学生德育活动形式，效果明显。我们将持之以恒，把爱国教育作为德育核心，引导学生形成正确的世界观、人生观和价值观，培植优秀的民族精神。

六、丰富活动载体，创新“红色”育人模式

（一）严格执行每周一的升旗仪式，落实每日升国旗制度，严肃升旗纪律，规范升旗程序。升国旗仪式不仅成为学校德育活动的重要组成部分，更是学校爱国主义教育的重要窗口。

（二）开展国防教育活动。学校自成立少年军校后，联合百色军分区等军警单位，定期开展少年军校、走进军营等系列国防教育活动，取得良好的教育效果，培养他们热爱祖国、热爱人民军队的思想情感，增强国防意识。

（三）共建爱国主义教育基地。作为百色市第一所与百色起义纪念馆共建爱国主义教育基地的小学，利用好“爱国主义教育基地”在传承革命历史文化、弘扬革命精神、培育爱国主义情感和革命传统教育等方面具有不可替代的作用，充分发挥辐射作用，对学生进行爱国主义教育和革命传统教育。

（四）开展“红领巾心向党”主题教育系列活动。利用国旗下讲话、班队会、故事会以及课堂教学等形式对学生讲党史、颂党恩、赞党辉。开展“红领巾心向党”新老队员交流分享活动。

（五）开展“我的中国梦”主题活动。我校结合少先队建队纪念日开展“红色星火代代传，童心共筑中国梦”建队纪念日主题系列活动。

我校的教育工作依托丰富的红色文化资源，以励志教育为主题，统揽学校精神文化建设，彰显了丰富的人本思想，推动学校德育发展，促成了学生各种良好行为习惯的养成，校风、班风面貌焕然一新，学校教学质量不断提高，学校文化品位不断提升。近年来，学校取得了丰硕的成果，先后荣获全国文明校园、全国红旗大队、全国雏鹰大队、全国希望工程二十年模范希望小学、全国中小学德育实验学校、全国少年军校示范学校、全国家庭教育先进家长学校、全国少年儿童平安行动示范学校、全国中小学图书馆先进集体、全国教育系统先进集体等荣誉称号。

一方水土养一方人，我们将立足于本校深厚的红色革命传统，立足于学校教育，通过搭建一系列红色文化活动平台，使学生深刻地感受革命传统的精神内涵和教育魅力，让红色精神深入人心、代代相传，全力打造红色德育品牌，使学生成长为既能顺应时代发展，又有丰富精神世界，具有高尚道德修养的一代新人。

以德育人促成长，改革创新促发展

广西百色市文明小学　罗世识

“才者，德之资也；德者，才之帅也”。人才培养是育人和育才相统一的过程，而育人是本。我们党历来重视以德育人、以德治教，始终把德育摆在突出位置。立德树人是学校的使命和灵魂，我校（简称文明小学），创办至今已有75年的办学历史。办学至今，学校始终秉持“先做人后成才”的办学宗旨，坚持“文明育人，育文明人”的办学思想，开展多彩的德育活动，培养学生的高尚品格；大力研发校本课程，促进学生多元化发展；积极实施课堂教学改革，促进学生全面发展。

通过一系列有效举措，我校的办学质量持续提升，曾获全普通话言文字规范化示范学校、广西中小学爱国主义教育活动先进学校、自治区文明单位、自治区卫生先进单位等多项荣誉，师生在各级各类比赛中表现优异，成为当地群众心中“培育人才的摇篮”。

一、以德育人，培养现代公民

我校开展“听讲故事”活动，让学生在听、讲故事的过程中，感受名人的高尚人格，体会故事背后的深层意义，从而逐渐发展学生的良好精神品质，这是我校落实学生德育工作的一个有效方式。另外，我们选的故事都是富有育人意义的，而且都很有趣味性，适合小学阶段学生。这样的故事能对小学阶段学生产生潜移默化的影响。

目前，学校的“听讲故事”活动主要有3个板块的内容——“名人故事”、“成语典故”和“红七军故事这些内容既展现了历史人物、红军战士的高尚品行和情操，还包含了丰富的古代优秀文化，学生从中不仅能了解到我国博大精深的文化知识，还能获得精神品质上的熏陶和滋养。

自办学以来，学校一直都十分重视学生德育工作，把培养符合现代社会要求的合格公民作为基础目标，坚持以爱国主义教育为核心，以文明礼仪和养成教育为突破口，努力实现“三做、四爱、四遵守”的德育目标。学校积极研发各种学生喜闻乐见的德育活动，如今已形成了一个完整的德育活动体系。

在这个体系中，除了“听讲故事”活动，还有“创建文明校园、文明班级、文明社区，培养文明学生”道德实践活动，“红色基因教育”和“文明伴我成长”等主题教育活动，以及开展文明先进班级、优秀少先队员、“五星五小”、“七色花评比”、“我传承，我践行社会主义核心价值观”、“争戴小红花”等一系列评比活动。同时，学校还利用“学雷锋”月、“三月三”、端午节、国庆节等节日，组织开展黑板报评比、征文比赛等，让学生充分抒发自己对国家、传统文化的热爱之情，以及对先进人物的认识和感想。通过精彩纷呈的德育活动，在校园内营造了浓厚的德育氛围。

二、搭建舞台，促进学生发展

阅读能力的培养是语文素质教育重要的组成部分，阅读能力的高低，直接关系到学生的理解能力、运用知识的能力以及表达能力的提升。提高学生的阅读能力不仅关系到学生语文素养的培养，而且对他们开阔视野、提高内涵、增加底蕴、放飞心灵有着重要的意义。

为此，我校十分重视学生的阅读工作，不仅组织语文学科组全体教师立项开展了“培养学生课外阅读兴趣”课题研究，根据各学段学生的特点研发了不同内容、不同形式的阅读课，编写了适合于一至六年级学生使用的校本教材，还开展亲子阅读、书香班级、书香家庭等阅读活动，营造了浓厚的阅读氛围。

“为学生搭建个性发展的舞台，促进学生多元化智能发展，提高学生的综合能力，为学生的终身学习夯实基础”是我校近年提出的育人目标。每个学生都有自己的兴趣爱好和个性特点，我们要想保护好每一个学生的天性，让每一个学生都能获得更好地成长，就需要要研发各种适合学生发展的‘第二课堂’活动。

创办至今，我校素来重视学生文体工作，且取得了突出的成效。早在1951年，为了配合新成立的人民政府开展中心工作，学校师生自发排演大型歌剧《白毛女》，在市内演出后引起热烈反响，群众争相观看，起到了很好的宣传作用。正因有此传统，学校如今成立了粤剧社团，将粤剧、当地小剧种等引进学校，受到了广大师生的欢迎。

除了粤剧社团，我校还有腰鼓队、文艺队、教师合唱队、葫芦丝社团等多个学生社团，而且目前学校正聘请专家顾问指导编写腰鼓舞、葫芦丝、纸艺等一些校本教材，大力推进社团活动课程化工作，让更多学生从中受益。

三，深化课改，激发师生活力

在5年前。那时，我刚到文明小学任校长不久。在一次巡课中，我发现一个现象：学生学习积极性不高。而此时，恰是百色市推开教学改革的时候。我把握时机，认真研究，结合学校实际情况，让每一位教师参与制定切实可行的课改方案。

开始时，学校的课改工作并没有那么顺利，虽然有相关经验可以学习，但要教师们马上改变原有的教学理念和方法，一时之间也难以实现，更有一些教师存在抵触情绪。

为此，我亲自挂帅，带领学校领导班子队伍学习课改新理念、新方法，并要求自己和班子成员承担公开课、示范课、展示课等任务，向学校教师展示新理念、新模式的操作方法和成效，以此激发教师们的课改热情和积极性。

同时，学校进一步抓紧教师的培训工作，一方面选派教师外出学习，要求外出学习教师回校后做学习报告，上展示课；一方面利用网络资源平台，组织教师听名师的课，然后以学科组为单位进行学习研讨，做二次备课。我校还实行领导巡课、推门听课制度，开展“课堂教学活动月”活动，经常组织开展中青年教师课改汇报课、研究课活动，并要求教师在活动后写课改教学反思。

经过一系列有效措施，学校教师们的教学观念不断转变，课改取得了突出成效，目前已形成了“七步教学法”：第一步：课前小插曲，第二步：导入课题及学习目标展示，第三步：检查预习情况或当堂预习并灵活检查，第四步：合作学习，第五步：点拨补充，第六步：当堂检测，第七步：小结、布置下节课小插曲。

如：在我校上课时，小组同学会对一个问题进行合作研究，积极说出自己的想法，然后是小组展示，这样学生们就能学到很多有用的学习方法了，而且学生们的学习热情特别高。

七十四年风雨兼程，七十四年砥砺奋进，我校这所“老学校”始终保持一颗年轻的心，积极改革创新，让学校始终保持着发展的活力。乘势谋局加油干，厉兵秣马再出发。“十四五”期间，我校将继续坚持办好人民满意的学校，以培养德智体美劳全面发展的社会主义建设者和接班人为使命，立足新发展阶段、践行新发展理念、构建新发展格局，努力国家振兴培养更多的优秀人才！

党建引领，推进德育

——谈东兴市第三小学党建德育工作开展

广西防城港市东兴市第三小学 黄艳萍

一、党建引领德育工作的现状和反思

东兴，是广西壮族自治区下辖的县级市，位于广西南部，西南与云南接壤，既沿边、沿江又沿海。交通便利，信息通达。但相对于其他政治、经济、文化、城市规模等发展较好的城市而言，学校办学条件、管理方法、师资力量、教师培训、家长、学生素质等相对滞后，尤其是城中村学校和乡村学校，差距更为明显，家长多为在码头做工和做零星边贸生意为生计，整日奔波，无暇顾及子女教育，对家庭教育不够注重；孩子学前教育基础不扎实，存在卫生习惯不佳，学习习惯差、缺少与人交往的能力，不自信、不主动与人交流、不善于表达自己需求等问题，教育氛围并不浓厚。

这些问题的存在，引发我们对学校党建工作和德育工作的反思：一是，如何改变党支部在学校德育工作引领的作用不突出的现状。二是，面对学校德育工作评价机制不全，班主任工作考核标准不完善，学生评价方式简单的问题如何解决。三是，学校对家长的培训指导力度不够，家庭教育薄弱，党支部在学校工作中如何做好引领。四是，面对学校学生德育活动的主题系列化不突出，学校德育品牌不明显的问题，党支部在党建工作中是否能有所作为。面对这些问题，如何加强党建工作对学校德育工作的引领，提高学校德育工作的时效性和针对性，成为当前学校党建工作中一件迫在眉睫的任务。

根据学校德育工作理念和目标，我们制定了学校德育工作五年发展规划， 在学校党支部的指导下，有计划地解决学校德育工作中存在的问题。分阶段推进学校德育工作的深入发展。

二、有计划地创建校园德育文化氛围

（一）组织教师深入开展德育法规、文件、理论、典型经验的学习活动，指导教师牢固树立先进的育人理念，掌握科学的育人方法，建设一支对德育工作有责任感、使命感和有一定研究能力的德育工作队伍。

（二）围绕学校办学理念和培养目标，实施劳动责任教育体验岗活动，注重“从我做起，从小事做起，从现在做起”。设立学生参与学校管理体验岗，开设了卫生、学习监察部；卫生、行为监察部；文明监察部；“好人好事”志愿部；课间巡查部；劳动监察部等6个管理岗，给学生提供参与式学习管理，提高学生的综合能力。

（三）利用温馨提示、家长会、家长委员会、微信群等渠道，加强与学生家长的沟通和联系，取得家长对学校工作的理解、支持与配合。

（四）重视学校文化氛围的营造，充分发挥教师言行的示范作用和校园文化环境的熏陶作用，树立学校无处不育人，无时不育人的观念。

（五）结合每月的主题活动，通过形式多样的科技、艺术、劳动、读书等主题活动，营造、弘扬和培育民族精神的浓厚校园氛围，使学生在活动中寓教于乐，陶冶情操，健全人格，促进学生实践能力和创新精神的发展。

（六）充分利用和挖掘社会实践基地，精心设计和开展社会实践活动，拓展学校德育工作的途径和方式，在东兴市外侨办的指导下，与越南李自仲小学开展“同饮一江水，共度端午节”中越青少年文化交流活动，为中越青少年友好往来搭建平台，拓宽学生的视野。

三、以社会实践深化党建德育建设

（一）申报防城港市级德育课题《小学生日常行为习惯养成教育有效途径的研究》，促进学校德育工作的有效推进。

（二）建立师生值日护导制、班队干部轮流制、少代会征集提案制等，让学生参与学校管理，成为学校行规教育的主角，在参与学校管理的过程中得到锻炼成长。

（三）发挥党支部、少先队、政教处等德育机构的职能，开展各种形式的符合学生身心发展水平的活动，以“四仪八礼”为载体，开展“开笔礼”、“成长礼”、“入队礼”、“毕业礼”仪式等系列德育活动，打造学校德育工作品牌，让学生在仪式中受到教育。

（四）充分发挥党员干部的先锋模范作用，开展 “北仑河畔党旗红，百名教师访千家”的大走访活动，促进家校联合，携手共育，做好青少年教育工作。

（五）充分发挥学校“劳动责任体验园”的作用，利用学生家长参与指导、教师引导、学生参与劳动的模式，开展学生劳动体验教育，整合社会资源，家校携手，做好学生德育工作。

（六）开展“三月三民俗活动”、“清明节祭扫烈士墓活动”、“国家公祭日”等活动，利用中国传统节日进行组织活动，促进学生对中国传统文化的理解，对历史的了解，增强学生爱国主义情怀，努力学习，争做祖国的建设者和接班人。

（七）为开拓学生视野，巩固中越青少年友谊，增强国际交流，抓住学校沿边的特点，把与越南李自仲小学开展“同饮一江水，共度端午节”活动纳入党建工作，促进中越青少年友好交流及两国青少年文化交流，拓宽德育工作的途径。

（八）学校通过开家长会，举办家长培训班，聘请法治副校长、“五老”定期到校上课等方式，提高中小学德育工作的丰富性和感染力。

（九）通过组织学生参观访问东兴市大清国界碑、胡志明亭、侨批馆、养老院，戒毒所等，使教学跨越课堂，跨越校门，帮助学生实现间接知识与直接经验的结合。

（十）学校在心理健康教育，更注重落实心理辅导活动课，加强学生的生命教育和发展性心理健康教育，提高学生心理健康教育知识的受益面；注重学生的人文关怀与心理疏导，培养学生健康人格。推荐和鼓励教师参加心理健康教育教师培训，加强学校心理辅导室建设，做好发展性教育和个别咨询工作，加强心理危机干预，提升学校心理健康指导水平。

四、工作经验总结与创新

（一）取得的成效

1.总结完善防城港市级课题《小学生日常行为习惯养成教育有效途径的研究》的研究成果，在培养学生良好的行为习惯养成教育上形成学校独具的方式。此课题成果获得了防城市“十三五”教育科研课题成果二等奖。

2.学校德育主题系列活动形成规范化，“四仪八礼”主题育人活动系列化。

3.向社会、家长展示学校教育成果。利用学校教育教学开放周，把家长、社区领导请进学校，听取家长和社会各界的意见和建议，主动接受家长、社区、社会的指导和监督。

4.总结“北仑河畔党旗红，百名教师访千家”的活动经验并向周边学校辐射推广，重视单亲家庭、离异家庭、贫困家庭等特殊家庭孩子的教育和管理，结合爱心助学社和牵手结对活动，落实帮教措施，从思想学习、行为习惯、身心发展等方面给予有针对性地帮助，确保未成年人的健康成长。

5.落实社会主义核心价值观进学校、进课堂，结合教育部印发《中小学文明礼仪教育指导纲要》，以诚信守法、感恩责任、互助奉献为主要内容，进一步加强学生行规养成教育、礼仪教育、社会公德和传统美德教育，提升学生的公民素养。

6.将行为规范教育切切实实落实到晨会、班队会、品德与社会、学科教学、专题教育、家庭教育指导活动等多元途径中，加强实践与训练，探索个性化、人性化的教育形式。

7.班主任工作例会和校本培训成为德育常态化工作，通过下发资料、专家讲座、座谈沙龙等形式，更新育人理念，提高育人水平，帮助班主任树立全面、科学的育人观，提高班级管理的效率。

（二）经验创新

通过三年多的党建+德育工作的实践，学校德育工作在党支部的引领下，按照学校育人目标和德育工作规划，基本解决了新建学校德育工作推进存在的问题，取得了以下经验和创新。

1.党建+德育工作有利于学校党支部工作与教育管理紧密结合，在党的领导下，依据学校工作实际，为教育培养什么样的人明确了方向。

2.党建+德育工作有利于学校在党支部的领导下，把党建工作贯穿于教育教学全过程，实现全程育人，全方位育人。

3.党建+德育工作有利于党员干部在学校德育工作中多方位宣传党的政策方针，讲政治、讲正气，做好示范带头作用。

4.党建+德育工作有利于学生在规范行为，争做“五好少年实现学校全面育人的作用。

5.党建+德育工作有利于领导走进教师，干部走进教学，党员走进家庭，老师走进学生，形成人人都是德育工作者的良好态势。

党建引领，推进德育，围绕着党领导一切的工作宗旨，以责任教育为核心，学校的德育工作水平整体提升。按照学生责任道德形成的“认识、情感、行为”三结构，通过学校、家庭、社会三结合网络，培养学生的责任意识，激发学生的责任情感，优化学生的责任行为。通过物质环境，教育教学和管理服务等领域创建学校责任教育整体特色，体现主动、合作、纪律、健康、向上的责任文化主流氛围。教师的德育、学生的行规及家长的育儿能力显著提高，学校有一定的知名度，和谐校园的创建取得实效，社会评价良好，对党建引领德育、引领队建等工作的发展很有启发意义。在今后的工作中，学校立德树人的育人办学方向更加坚定，将紧紧围绕党的教育方针，充分发挥党支部的引领作用，开发学校德育校本教材，做好学校教育教学工作，努力办好人民满意的教育。

弘扬拔群精神，探索创新教育

广西河池市东兰县武篆镇中心小学 韦昌颂

我校创办于1919年，有着一百年的建校历史。是一所乡村典型的寄宿制学校。学校始终坚持围绕“弘扬拔群精神，探索创新教育，传承老区文化”的办学理念。坚持以“以质量求生存，以特色谋发展”的办学原则，把学校教育发展作为主题，把教学改革作为动力，把提高教育质量和办学效益作为根本出发点，加大学校的基础设施建设让师生共同发展，精心打造乡村温馨校园。

一、弘扬“拔群精神打造特色文化

学校注重以“弘扬拔群精神，突出乡土文化”为主题特色的校园文化建设。精心打造以红色文化为教育主题做好革命优良传统教育的学校，充分利用广西农民运动讲习所旧址——列宁岩、中国农民运动早期领袖韦拔群烈士故居、百色起义发祥地之一——武篆镇魁星楼等当地爱国主义教育基地，结合校史教育等活动，编成了以武篆列宁岩、魁星楼等现成教材为内容的校本德育教材，形成了“将军之乡”弘扬“拔群精神”的校园文化特色，丰富了校园文化的内涵，提升了校园文化的品位。2011年学校五（1）班被教育部评为“拔群班级”。

二、探索创新模式，办好民族教育

教育兴则国家兴，教育强则国家强。建设教育强国是中华民族伟大复兴的基础工程。民族教育是我国教育事业的重要组成部分，继往开来，更好推进我国民族教育事业发展，是一项重大课题。一九八五年开始，我校受自治区的委托开办了民族班，至今有35年的历程。多年来，本着公平、公正、公开的原则进行民族生的招生工作，按所在学校和村委推荐，中心校考评，政府、教育局把关，县民委审批的方式进行，每年新招100名新生。2017年学校实现壮汉双语学校教育示范基地。学校加强学生的思想品德教育，培养他们良好的行为习惯，帮助他们树立正确的人生观，引导他们树立远大的理想，是民族生快乐成长的乐园，是民族教育的重要基地，民族之花遍地开放。

三、强化养成教育，促进个性发展

养成教育不仅是个体道德品质和个性形成的基础教育。也是提高全民族道德素质、振兴民族精神及建设社会主义高度精神文明的基础教育。学校一直以来都把培养文明礼仪行为习惯作为学校德育工作的重要内容之一，作为德育的主旋律。尤其是小学阶段，养成良好的文明礼仪习惯，即为孩子收获良好命运播下了一颗优良的种子。我校是一所乡村寄宿制学校，学校从生活习惯养成，学习习惯养成教育为主线，以“文明宿舍”、“文明班级”评比为辅。强化行为规范教育，促进学生行为规范的内化，树立武篆镇中心小学“武小新人”形象。

四、狠抓教育科研，提高教学质量

教学质量要上，教育科研必须先行，近年来，我校在严格执行课程标准和课程计划，开齐课程，上足课时基础上更新观念，锐意进取，始终把狠抓教学质量放在学校工作的首要位置，走了一条“开拓创新，抓科研促质量”的办学路子。

一是想方设法，加强科研基础建设。教学设备是搞好教育科研、提高教学质量的重要保证。几年来，学校在经费比较困难的情况下，为每个教室添设一套白板一体机，为每一位教师配备了电脑，开通了互联网，建立了远程教学接收设备，较早地开设信息技术课及实现办公现代化。征订各种业务书籍报刊，使教师可以多渠道接受新理念、新信息、新知识。

二是成立科研机构，开展科研工作。学校成立科研领导小组，下设各学科教研组，再设年级教研组，以年级教研组为组织机构，开展日常教研工作。配置骨干教师担任科研领路人，全面开展科研工作。

三是以科研为先导，不断深化课堂教学改革。充分发挥语数辅导员“导”的作用，指导全镇教师开展教研工作。组织举办专题辅导讲座和教学探讨活动，努力实现课堂教学的最大优化。近年来，深入教学第一线开展教研工作，组织镇、村级教研活动一百二十多次，专题辅导讲座四十多次，指导教师上探讨课、优质课、汇报课、示范课等达二百节次。为提高全镇的教育教学质量作出了突出的贡献。

五、喜获多项佳绩，收获硕果累累

学校工作多年来得到上级主管部门的高度评价，曾获得“少先队工作先进集体”；区级“学校常规管理优秀等级学校”；县级“德育先进集体”；县级“‘普九’先进单位”。连续9年被评为市、县级教学质量优秀学校，毕业班质量检测成绩优秀学校；被市教育局评为毕业班质量超标学校；被自治区教育厅评为学校常规管理优秀学校。近三年来，先后有37名教师获得县级以上先进奖；有75篇教师论文获市级以上奖或在市级以上刊物发表；有167名学生获县级以上奖项。“两基”工作于2007年代表县、市、区顺利通过国家级验收，得到国家教育督导团的高度评价。2008年被市教育局评为市级合格学校建设“示范学校”；2011年6月，我校五（1）班被中华人民共和国教育部命名为“拔群班级”；2011年6月学校支部被中共河池市教育工作委员会、河池市教育局评为“先进基层党组织”；2011年12月被自治区教育厅评为“全区义务教育学校常规管理”先进学校；2012年度学校被评为“河池市安全管理工作先进单位”；2013年2月，学校荣获县教育局颁发的“2011—2012学年度教育系统综合治安‘先进学校’”的光荣称号和2012年度全县农村义务教育学校学生营养改善计划工作“先进学校”光荣称号。2012—2014年度学校被评为“教学质量优秀学校”；2014年分别获得东兰县中小学生经典诵读比赛、汉字书写比赛和才艺比赛二等奖；2015年获得中小学生汉字书写比赛一等奖。2015年10月自治区未成年人思想道德示范基地和乡村学校少年宫动工实施，2016年1月完工并投入使用；2018参加东兰县小学生篮球赛女子组获得第三名，2018年我校参赛作品《梨花颂》荣获东兰县改革开放40周年广西壮族自治区成立60周年活动暨乡村学校少年宫文艺汇演三等奖。2018年9月被东兰县人民政府评为“先进集体”。2019年荣获东兰县庆祝“五一”劳动节暨建国70周年职工拔河比赛第六名，荣获东兰县2019年校园中华经典朗诵暨“推普扶贫”、师德师风美文朗诵比赛小学教师集体组二等奖，荣获东兰县2019年校园中华经典朗诵暨“推普扶贫”、师德师风美文朗诵比赛小学学生组集体组一等奖，荣获“河池市优秀少先队集体”。2021年小学生篮球比赛男子代表队荣获第二名、2021年荣获“东兰县先进党组织”称号。

百年沧桑，百年情怀。我校在上级党委政府的引领下，在一代以一代武小人的共同努力下，创造出百年辉煌，在广大人民群众心中留下很深刻的印象和美好的回忆。新时期、新目标、新征程。我校将不断加大工作力度，以更高的标准，更新的理念、更坚实的步伐，主动担当作为，狠抓落实，努力创办让师生幸福，家长放心，社会满意的学校。

弘扬中华民族精神，培育爱国主义情怀

广西柳州市弯塘小学教育集团 冯玮

[工作背景]

柳州市民族实验小学是柳州市弯塘小学教育集团的总部，于2016年8月建校，现有36个教学班，1645名学生，专任教师54人， 其中少数民族教师21人，少数民族学生516人，涵盖广西11个少数民族。在秉承集团“教学生六年为学生着想一辈子”的办学宗旨的同时，我们将“民族情怀·世界眼光·现代素养”作为学校文化的核心追求。于是打好“民族”这张牌，突破课程条框育人的边界，以生活环境中的人物、事物、时间、空间为载体，多角度解读民族发展时间轴上的时、人、物、事及背后所蕴含的核心思想和精神追求，通过学校活动将中华民族精神根植于学生生命中，让他们成为一颗颗饱含着中华传统美德，人文精神、民族自信的种子在中国西部边陲——广西，这片广袤的大地上发芽、成长。

[工作目标]

爱国主义是中华民族精神的民族心、民族魂，培养学生的爱国情怀是学校的首要任务。于是我们紧抓爱国主义这条主线，从认识民族英雄人物，宣讲民族英雄故事，继承和传扬民族精神入手，引导各族学生从小牢固树立中华民族命运共同体意识，始终把中华民族的共同利益摆在首位。于是我们以“深化民族团结进步教育，培育中华民族共同体意识”为工作重心，调动学校、社区、家长和所有学生的心性力量，朝着促进中华民族一家亲的发展方向凝心，聚焦同心共筑中国梦接力者的培养目标发力。精心设计了“民族进步教育课程让学生在校园里、课堂上、校园外得到潜移默化的教育，夯实四个“共同拥有”的意识，即拥有共同的国家、共同的文化、共同的梦想、共同的核心价值观。

[主要措施]

（一）以爱国主义为主线，建设“一广场一长廊一室一坊筑魂立格。

我校积极打造的“一广场一长廊一室一坊”主题式场馆，如画卷般向学生讲述着各民族共同缔造了伟大的祖国，始终并肩捍卫着祖国的稳固统一的生动故事，增强学生对伟大祖国和中华民族的认同。场廊室坊成了全校师生陶冶情操、塑造美好心灵和共同成长发展的圣地，更是校园里生动的民族团结教育基地，培育民族团结精神的大课堂！

各主题场馆向学生讲述重要的历史时期各民族英雄舍生忘死，深明大义，始终并肩捍卫祖国尊严，维护民族统一的生动故事，在“三同”（同看、同听、同讲英雄故事）、“两读”（读英雄诗词，读英雄事迹书籍）等一系列活动中，感受中华民族儿女们的赤胆忠心和铮铮铁骨，增强学生对伟大祖国和中华民族的认同。中华民族的认同是中华民族成员对中华民族归属的认知和情感的归属。校园文化是学校整体育人环境不可分割的重要组成部分，校园民族文化氛围的营造更是校园文化的重要载体和校园文化精神的外在反映，是校园文化氛围的主阵地之一。

以广西铜鼓造型和生动立体浮雕组合的民族英雄小广场、充满经典文化韵律和美妙意境的国学堂、学习茶经茶史的茶艺室、培育好家风树立家庭文明新风尚的家风家训长廊、学习花、鸟、鱼、虫等民族特色纹样的剪绣馆和苗族蜡染艺术的蜡染非遗文化传习馆。孩子们在讲述为民族自强而奋起抵御外敌的英雄儿女和仁人志士的故事中激发起向英雄学习的爱国热情；在醇厚文化的熏陶下领悟着中华文化的精髓和源远流长；在立家规传家训的传统美德中汲取培育道德的养分；在传习民族艺术的实践活动中走进绚丽多彩的民族艺术世界。在浓郁的如画卷般的民族团结教育氛围里，孩子们身临其境、耳濡目染，懂得了是各民族共同缔造了我们的祖国、共同捍卫了伟大的祖国，我国五十六个民族互相依存，和谐共处凝聚而形成了中华民族；在历史发展的过程中，勇敢、勤劳、智慧的中华民族共同创造了中华文化。在学生幼小的心中中华民族的认同感逐渐被激发！

（二）以民族精神为核心，建设“八面一体”的民族课程，正心立人。

开设“民族艺术传承、民族体育运动、民俗民风体验、能工巧匠体验、民族美食烹饪、民俗礼仪讲习、民族服饰欣赏、民族英雄瞻仰、民族精神宣讲”的民族文化项目式课程，课程通过看、摸、做、玩等多种体验方式，带领学生去触摸我们中华民族独特的精神标识，近距离地去拥抱我们共同拥有的民族文化，让充满智慧的民风民俗浸润孩子心田，增强学生的文化认同，回归各民族共有的精神家园。

在开展体验民族文化的项目式课程规划与实施的过程中，全体教师怀着对生命和教育的敬畏之心，谦卑之心，把“教学生六年，为学生着想一辈子”的理念付诸点滴实践和辛勤耕耘。结合我校实际，利用可以利用的资源，搭建合适的舞台，有效地发声、积极倡导、联合学科，让各种资源更好地为学校民族文化传承、民族团结教育而服务，抓住课程实施和课堂呈现主阵地，积极推动民族团结教育。

1.课程内容和特点：课程设置巧妙地将中华民族传统文化中的精髓，与现代发展的元素有机融合，涵盖了民族艺术、体育运动、民俗民风、手工操作、美食烹饪、礼仪讲习、服装服饰欣赏、英雄故事传讲、理想信念宣讲等领域，各具特色的课程成了弘扬和培育民族精神的有效载体，在充满民族智慧和精神的课程里，唤起学生对中华民族文化的认同与传承。

2.课程实施：学校将“一广场一长廊一室一坊”的主题式场馆与八领域民族文化课程紧密勾连，最大化的发挥各类场馆功能，学生在小学六年中不断接受民族文化的熏陶和洗礼，通过参加和体验各类民族文化活动，从中感悟中华民族独特的精神。

3.课程创新点：以增强民族传统文化情感做起，以有代表性的民族文化活动为主线，课内与课外相结合，通过看、摸、做、玩等多种体验方式，将民族文化的内涵根植在孩子们的心中。

（1）学校每年四月在烈士陵园开展的“祭英烈”活动和以班、队会课为落脚点的民族英雄瞻仰课程，通过瞻仰民族英雄纪念碑、讲英雄故事、分享英雄家书、观看红色电影、开展主题班队会等丰富多彩的德育教育活动，弘扬人文才气，让民族英雄高大的形象在学生心中永远树立，为中华民族骄傲而自豪！学校少先队大队带领队员们开展民族精神宣讲课程，通过国旗下宣讲社会主义核心价值观、中队爱国故事宣讲，帮助队员们立志成为有理想远大、信念坚定、视野开阔、知识丰富的新一代！

（2）民俗礼仪讲习课程将民俗礼仪有计划、分年段、有步骤地推进开展，让学生耳濡目染地感受到知书达礼、恭而有礼和做一个明事理的人在家庭乃至社会交往的重要作用。民族美食烹饪课程中学生对广西民族特色菜、传统小吃、五色饭米制品等美食的原材料和制作工序主动探索，了解民族饮食文化的博大精深。在民族服饰欣赏课程里，欣赏绚丽多彩的广西民族服饰，了解服饰上花鸟鱼虫等纹样的文化内涵，领略勤劳美丽的劳动人民将大自然的美与服饰的巧妙融合，感悟其中蕴含的民族精神。

（3）民族艺术传承课程作为艺术教育的重要组成部分走进我们的课堂。通过剪纸、刺绣、手工花灯、苗族蜡染、板凳龙舞等民族艺术学习，让孩子们在课程体验中感受成功感、幸福感。民族体育运动课程中，将竹竿舞、抛绣球、滚铁环等少数民族运动与体育课程有机结合并全校普及，增强民族自信。能工巧匠体验课程的小工匠室和卡魅实验室是孩子们发展新特长成为小小“创客”的活动基地。大自然的别具匠心，榫卯结构的巧妙组合，激发学生的创新意识、探索精神和民族自信，真切地感受到科技创新和敬业精神给社会带来的正能量。

（三）以“民族团结一家亲”为主题，开展社会实践活动，育情培德。

将教育场设置在课堂上，校园外，家庭里，引导学生留心观察身边的人和事，感受改革开放四十年祖国的伟大成就，体会共产党的坚强领导和各族人民的团结。仪式庆典、传统节庆就能用心品位五十六个民族经历沧桑岁月却始终紧紧凝聚在一起的历史史诗，深刻感受中国共产党“不忘初心，砥砺前进”的坚强领导，亲身体会各民族像石榴籽一样紧紧抱在一起，共同团结奋斗的感人场面，始终牢记我国是统一的多民族国家这一基本国情，促进各民族交往交融，鼓励学生树立明确的理想信念，从小立志做共产主义接班人。

学校积极开展富有仪式感的主体性活动，丰富的教育活动使学生强烈地感受到在中国共产党的坚强领导下，国家、社会和家庭发生的翻天覆地的变化，通过主体性活动鼓励学生树立明确的理想信念。

九月份的“开笔礼”——在充满了仪式感的入学礼仪上，尊师正学。让刚入学的一年级新生正儿八经的向孔子拜师行礼，延续几千年来各族人民尊师重教的传统；击鼓鸣志，感受入学的神圣和庄严，是走向成才的起点，启发学生立志做有理想、品格高尚、充满活力和创造力的新一代！

三月三的民俗文化节——全体师生在部分少数民族家长的指导下，通过制作绣球和壮乡糯米饭、排演壮乡情景剧、学习绣球舞、竹竿舞和抛绣球等民族活动，了解壮族、瑶族、苗族、侗族等各族人民的风俗习惯，增进彼此了解和信任，在相互学习中，传承壮乡文化，促进民族文化的交融。

中国传统节日——中华民俗文化代代相传。我校深入挖掘中华民族节气的文化内涵，突出“中华民族传统”的“传承抓住节日节点在“汤圆敬长辈，情暖元宵节”、“清明祭英烈，共铸中国梦”、“粽叶飘香，共话端午”等活动中，体验中华民族具有强大凝聚力的根源所在。

主体性德育实践活动——开展民族教育，增强民族自豪感。三月“孝敬父母”、四月“祭祀柳宗元”、五月“传统体育节”、六月好歌谣伴童年、九月“尊师敬长”、十月“科技节”、十一月“英语节”、十二月“剪纸月”等欢乐童年主题月活动开展得有声有色，各具民族特色。每月一次的外出“社会实践活动师生们参观历史场馆、走进家乡民族企业、军事基地……走出学校小课堂，走向社会大天地，充分感受各族人民紧密团结，在实现中华民族伟大复兴梦的过程中，修身、齐家、治国、平天下的家国情怀。增强民族团结一家亲的自豪感和荣誉感。

四、以民族形象少年评比活动为抓手，积极践行社会主义核心价值观，知行合一。

民族自信给了学生强大的精神力量，用评价指导学生系好人生第一粒扣子，从小事从细节做好自己的人生规划，把民族团结的核心理念融入学生的血液中，将民族精神内化为心性力量并外化于日常行为，让社会主义核心价值观成为学生人生的座右铭。

我校将学生自主发展的评价机制与民族文化的项目式课程紧密结合，遵循青少年学生的年龄特征和身心发展规律，倡导文化自觉的发展性评价。孩子们在学校和老师的引领下，学会规划成长阶段目标，制定成长计划，不断为自己确立新的目标，每学期向学校自主申报各类“形象少年并在班级、中队、同伴的帮助下，通过自身不断地努力与阶段目标拉近距离。文化自觉的发展性评价，把民族团结的核心理念融入学生的血液中，为每个学生主动发展注入活性催化剂，并对自身的发展做出客观评价，提升学生的自我认可度，将民族精神内化为心性力量并外化于形。

[工作成效]

学校立足学情，紧紧围绕“筑牢中华民族共同体意识从娃娃抓起，从小事做起，通过课堂教学、体育比赛、艺术展演、少先队活动等多种形式开展民族团结教育，还联合社区、家庭大力推动民族传统文化的传承，有意识地结合校会、班会队日课，把校外辅导员、法制副校长、家长志愿者和关工委、五老代表请到学校中来开展热爱祖国，热爱中华民族，热爱中华文化，热爱中国共产党，热爱社会主义教育活动，在各族孩子心田上播撒互相团结友爱的种子，让“各民族谁也离不开谁”的思想悄然生根发芽。我们各民族的学生、教师、家长像石榴籽一样紧紧地团结在一起，大家互相学习、鼓励，共同成长、进步，校园中处处和谐向上的景象。

陶行知提出：“社会即学校，生活既教育”是对教育最浅显易懂又最深刻的阐述。三年来，学校民族教育与学校教学、艺术教育、体育、德育等工作相融合，有力推动了城中区、柳州市的民族团结进步工作的创建活动，取得了良好的效果。

新时代优秀党务工作者、兰小红色文化校园特色发展的拓荒牛

——记南宁市良庆区良庆镇新兰小学党支部书记、校长周成

广西南宁市良庆区良庆镇新兰小学　韦荣刻　秘天华

在新时代要干出一片新天地，就需要有一批批“拓荒牛周成同志就是带头做这样的“拓荒牛”。周成同志现任良庆区良庆镇新兰小学党支部书记、校长，扎根于农村学校34年，任劳任怨，工作表现突出，连年考核优秀，多次荣获先进个人等光荣称号。2014年12月，周成同志调回新兰小学任校长，回到了他的家乡，曾经工作的地方，站在一个新起点思考学校的未来。有多大担当干多大事业，尽多大责任就有多大成就。他认准自己所肩负的责任，扛起了兰小特色发展的担子，开展“红色教育”课题研究、打造红色文化校园、开展红色教育、感恩教育，提高教学质量……周成带头用“拓荒牛”创新思维改变学校教育生态。

从新兰小学到渌晓小学、新团小学、再回到新兰小学，这几个农村学校，都留下周成的足迹。从一名普通一线教师逐步成长为一名校长，不变的是他不断创新开拓的激情。从一线语文老师、骨干教师、教导主任到校长，周成同志扎根耕耘农村教育三十余年。他既是教育飞速发展的见证者，也是一位坚持教育改革创新的“拓荒牛”。他说，“面对时代变化，我们教育人在坚守立德树人的教育初心的同时，也应该与时俱进适应教育发展新要求、新变化”。

一、党员模范——兰小的领头雁

在工作中，他切实履行自我的工作职责处处带头示范作用。作为学校党支部书记，一校之长的他，积极响应新时代的呼唤，率先垂范、主动作为、强化责任担当，敢闯敢试，始终勇于面对矛盾，知难而进，敢于顶住压力，迎难而上。在义务教育均衡发展期间他始终冲锋在前，成为带领教职工干的“领头雁经常扑下身子，撸起袖子，铸就兰小新的辉煌。在工作中务实肯干，勇于实践，身先士卒。他爱岗敬业，凡事走在前头，关键时勇担重担，任劳任怨，在干部群众中起到模范带头作用。2016年是我城区推进义务教育均衡发展的启动年，面对我校底子薄，基础差，条件低的现实，他带领学校班子、全校师生加班加点，迎难而上，发挥“外交”才能，为学校的发展奔走，不辞辛劳筹措资金，把学校硬件做强做大。

他协调村委、中心校、教育局等部门，多方筹集资金拆除旧教学楼、新建教学楼、硬化操场，还给每个教室安装了空调，办起了附属幼儿园，更换了铝合金门窗等，使得新兰小学的义务教育均衡发展已发生了质的飞跃，校容校貌、校风教风学风焕然一新，整个学校发生了天翻地覆的变化。为此，2019年11月新兰小学被中共南宁市良庆区委员会南宁市良庆区人民政府评为“良庆区义务教育均衡发展工作先进单位(集体)”。他本人也评上“良庆区义务教育均衡发展先进个人”。

二、先进办学理念引领学校内涵发展

在工作中他大胆创新，立足现状，从实际出发，创建红色特色学校。近年来，周成同志作为党支部书记、校长，善于从实际出发，结合当地红色教育资源，以党建引领校园文化推动学校的发展。以传承红色基因，开启美好人生为学校办学理念，将红色文化引进校园，积极创建红色文化党建，红色文化校园。他积极与广西革命纪念馆进行共建，2020年7月2日，新兰小学与广西革命纪念馆举行“兰小红色志愿讲解员”揭牌仪式。

当天人民网、中新网、广西日报、南宁地铁一、二、三号线，南宁公交等新闻媒体相继报道，打响了学校的红色特色品牌战。《在学生的心田播下红色种子-新兰小学积极打造红色文化校园》、《传承红色基因，开启美好人生——新兰小学办学特色简介》两篇红色文化校园文章在广西教育期刊第24期发表，更是为新兰小学办成红色特色学校打下了坚实的基础。为此，2020年新兰小学党支部被评为南宁市良庆区“先进基层党支部他本人被评为南宁市良庆区“优秀党务工作者”。

正是他以使命担当，不怕艰辛、敢于拼搏，敢为人先，带领着全体教职工前赴后继地去探索和实践学校红色特色发展之路，才造就了兰小今天的辉煌。

三、党建共建活动，推动学校发展

周成同志积极联系高校党组织，其他学校党支部。每年定期与广西医科大学公共卫生管理学院党总支部、广西医科大学外普通话学院党支部等高校党组织以及良庆区五象中学党支部等学校党组织开展党建、队健共建活动。通过党建活动，党组织间的交流合作，促进资源共享、优势互补，助推发展共赢，取得良好的效果。为此，他在2020年7月16日良庆区教育系统“红色基因引领，共建活动助力”主题宣讲活动中作为主讲人给党员学员进行专题宣讲，得到了学员们的一致好评。

新时代，是我们的机遇；新担当，是我们的使命；新作为，是我们对党和人民的“交代”。他带领学校全体教职工乘风破浪，敢为人先，以“拓荒牛”般的精神，做兰小红色特色发展的领航人，耕好了兰小这份“责任田带领着我们续写着兰小明天更美好的故事！

创新办学求卓越　多元发展助梦圆

广西壮族自治区桂林市第五中学　甘培荣　梁振德

党的十九大报告指出，要全面贯彻党的教育方针，落实立德树人根本任务，发展素质教育，推进教育公平，培养德智体美劳全面发展的社会主义建设者和接班人。这就要求新时期教育工作者要把握好素质教育时代特征，全面系统、创造性地将立德树人工作落到实处。历经六十余载光辉历程的桂林市第五中学，一贯秉承“立德树人，多元发展”的办学理念，以成为广西特色示范性普通高中为目标，大力培养符合社会时代要求的高素质人才。

近年来，桂林市第五中学着眼学生的终身发展，聚焦学生的综合素质，扎实开展课程系列化、教育主题化、活动常态化的“三化”教育，努力创新办学思路，持续提升管理效能，为莘莘学子搭建了多元发展的新舞台。如今，学校校风正、学风浓，教育教学成绩优异，在市属普通高中稳居前茅，艺体特长生的培养更是走在同类学校前列，基本上实现了人人能够就读理想大学的梦想。

立德树人，促进个性发展

从薄弱处着手落实立德树人根本任务，使德育朝着体系化努力，这是全国教育工作会议对教育人提出的新的目标和要求。作为广西星级特色普通高中，桂林市第五中学确立了“立德树人、多元发展”的办学理念，以大力培养符合社会时代要求的高素质人才为己任，将其作为全体师生多年来一直坚守创新的结晶。治学先治人，育人先育德。在校友的支持下，学校设立了“万康德育奖励基金设置教师类的“树人奖”以及学生类的“爱心奖”、“孝心奖”、“诚信奖”、“宽容奖”等多个奖项，用于奖励、鼓励德行为先的师生。

学校倡导“崇德、明礼、笃学、美雅”的校训精神，看似简单却蕴含深意——凡事以德为先。近年来，学校坚持德育为首，狠抓德育工作，在综合素质科学评价体系的框架下，以评价体系为引领，根据学生成长规律和教育目的，有针对性地设计系列教育主题，明确教育任务，落实教育计划，有效提升教育的目的性、有效性，培养了学生良好的综合素养，进而提高了学校的育人效果。

学校始终坚持正确的育人导向，全面落实“立德树人”教育的根本任务，用以德为先的理念构建以综合素质评价为引导、以促进学生全面发展为目的的全员育人德育工作机制，使学校里人人处处都是育人者、育人物，实现了真正意义上的“管理育人、教书育人、服务育人”。回归本真的教育，促进了学生成长的个性化和多样化，使学校成了学生全面发展、多元成长的摇篮。

教育的目的就是要让学生成人成才，成为中国特色社会主义建设有用之才。有效积极地综合素质评价，应该既有对学生成长的终结性评价，更应有学生综合素质的形成性评价。近几年，学校科学设计了许多的教育主题，如爱国主义教育、励志教育、传统美德、法制教育、生命教育、环境教育、心理健康教育、民族团结进步教育等，不断激发学生向上向善的积极性和主动性，使其能朝着更高目标而努力。

为了保持德育主题的创新有效，学校关切社会热点和生活实际，与时俱进地发挥办学特色，创造性地设计了一系列针对性强、时效性强的教育主题，拓展了学生视野，增长了学生学识，提升了学生综合素养。如针对防控新冠肺炎疫情，学校开展了“绘画抗疫”、“书议疫情”等抗疫宣传教育，让学生真切感受到教育就在身边，时刻关注自己成长的社会现实生活。

“三化”助力，探索培养模式

好的教育不仅要重视人的个性发展、全面发展，更要为人的终身幸福奠基。桂林市第五中学始终不忘教育初心，牢记育人使命，全面推进素质教育，开始了系列化、主题化、常态化人才培养模式的探索。

为全面提升学生的综合素质，学校遵循学生成长成才的规律和需求，采取普惠教育和多样化教育相结合的方式，在开齐开足国家课程的前提下，开发出地方课程、校本课程和特色课程，旨在强调知识传授，强化能力发展，让学生在学科教学、艺术教育、活动开展中身心愉悦、心理陶冶、素质提升。例如，学校充分利用本地、本校教育资源，除开发《红色传奇》、《红星闪耀桂林》等地方特色课程外，还开设了地方戏曲、渔鼓、合唱、油画、陶艺、海报制作、少数民族服饰与文化等校本课程，引导学生深入学习博大精深的中华文化，实现了学生的多元发展。课程系列化既能让学生密切联系实际，充分体验社会的思想道德情怀，更能强化学生为中华民族复兴发奋读书的自觉性和坚定性。

为把提升学生综合素质落实到日常教育教学中，学校根据高中学生身心发展规律，使显性校园文化与隐性校园文化相映成趣、相得益彰，保障做到教育主题活动开展的常态化。除了教师学科教学渗透思想教育之外，学校德育工作周周有主题班会、月月有主题系列活动，如三月开展“安全教育”、“学雷锋活动五月开展“德育月”评选优秀教师的“树人奖”、学生的“爱心”、“诚信”、“宽容”、“孝心”的奖，九月举办“民族教育月”、“尊师重教”等活动，营造了绿色健康、积极向上的成长氛围。此外，学校抓住高中学生成长的重要节点和教育契机，结合主题教育安排及班级具体实际召开统一主题班会和班级特色班会，赋予新的教育主题活动新的内涵。如建党100周年之际，学校开展“学党史、唱党歌、听党话、跟党走”的成长教育活动，厚植学生爱国主义情怀，引领和促进学生全面健康成长。

近年来，学校既从办学理念、课程建设、学生发展等角度展开探索，又从教师专业发展培训、课堂教学研究、德育研究、艺术生培养、分层教学等角度深入研究，成功申报了广西壮族自治区3项课题，其中1项为自治区重点课题。另据了解，现有自治区教育厅基础教育质量提升项目1个，自治区教育规划课题1个，还有6个市级集体课题与个人课题。在全面提素的进程中，教师的教学观念得到进一步转变，专业能力得到不断提升，现拥有学科带头人3人，课改专家3人，21世纪园丁工程A、B、C类培养对象12人，桂林市骨干教师2人，市级教学能手20人。

多元发展，成就未来梦想

美育是全面发展教育不可缺少的组成部分，它可以促进学生德、

智、体、劳的发展，提高学生思想境界，发展学生道德情操。为了引领学生树立正确的历史观、民族观、国家观、文化观，陶冶高尚情操，塑造美好心灵，增强文化自信，努力培养心灵美、形象美、语言美、行为美的新时代青少年，桂林市第五中学在体育、艺术及科技等学习领域上，积极为学生成长提供空间与机会，让学生可以根据自己的爱好与兴趣发挥特长、卓越成长。

作为一所特色高中，桂林市第五中学艺术特长生的培养已经走在同类学校前列，美术、音乐、舞蹈、播音主持等专业都是五中艺术培养的强项，具有成功的培养模式，为国内顶尖艺术院校培养和输送了一大批优秀学生，在社会上赢得了良好的声誉，也为学生未来发展提供了多元化职业规划。近年来，被国内顶尖艺术院校如中央美院、中国传媒大学、北京电影学院等录取的考生不胜枚举，印证了五中特色发展的强劲势头，也印证了五中人用智慧破解文化与艺术难以平衡的困局，助推更多有梦想的孩子成就自己的梦想。在很多人眼中，桂林市第五中学俨然成为一所艺术氛围浓厚的“小艺术学院”。

艺术更需要文化的支撑，文化与艺术只有齐头并进，才能在未来成师、成家，而不仅仅是成为匠人。近五年来，学校多次在桂林市校园文化艺术节上获得艺术总分高中组第一名，群舞比赛、桂剧、渔鼓、独唱、独舞等比赛均获得一等奖；体育、科技类参加上级比赛获奖；演讲、诗朗诵等五中师生均有不俗表现……

六十余年来，桂林市第五中学认真落实“立德树人”教育的根本任务，深入推进教育教学改革和高中学生综合素质评价进程，继承与发展学校办学成果，确保学生身心健康，全面提升学生综合素质，摸索出了一条特色化、多样化办学的新路子，成为促进高中学生全面发展的新引擎。2012年，学校被自治区教育厅批准成为广西首批特色普通高中立项建设学校，拉开了特色普通高中建设的序幕。学校一年一个台阶，五年一个高度，2017年被自治区教育厅批准为广西星级特色普通高中，2021年6月广西教育厅批复为自治区示范性普通高中立项建设学校。

砥砺奋进，继往开来。近年来，桂林市第五中学办学成绩斐然，办学成果丰硕，先后荣获了国家级绿色学校、广西壮族自治区和谐学校、中小学心理健康特色学校、桂林市德育工作达标学校等荣誉称号，并连续多年获评桂林市高中质量管理先进单位，稳居桂林市先进学校前列，成为桂林市窗口学校之一。站在“十四五”规划开局的新起点上，学校将抓住新时期发展契机，开拓创新，锐意进取，着力打造广西“特色+示范”优质高中，努力创办高水平、高质量、有特色的人民群众满意的教育，实现一流名校梦想和跨越式发展。

打造校园特色文化　助推学生全面发展

——立足学校特色，创造教育幸福

贵州省盘州市第七中学　郭景标

盘州市第七中学创建于2001年9月，建校以后就提出了“德高、体健、学勤、行笃”的育人目标，以德育、心理健康教育、体育艺术教育为特色，强化学生素养，提高学生综合素质。同时，随着高考改革制度的推进，我校更是在办学特色化、课程多元化、发展个性化、评价综合化等方面继续努力，尽己所能地去创造一个能“让师生的潜能尽情释放”的圣地。截至目前，学校先后被教育部授予“全国第三届和谐校园先进学校首批贵州省中小学心理健康教育“特色学校被贵州省计划生育协会授予“青春健康教育示范基地”等称号。

一、推进“幸福德育”　烙印学生成长

原苏联教育家苏霍姆斯基有一句名言:“校长对学校的领导，首先是教育思想的领导”.我校坚持“百年大计，教育为本；教育大计，学校为本。不同的教育最终造就的人是不一样的”的教育思想与理念，坚持正确的教育教学方针。

重视理念引领，完善德育体系。近年来，我校在“重德”理念引领下，努力追求教育本质，全力推进“幸福德育引导学生养成良好思想道德、心理素质和行为习惯，传承红色基因，增强“四个自信立志听党话、跟党走，立志扎根人民、奉献国家。通过信息化等手段，探索学生、家长、教师以及社区等参与评价的有效方式，客观记录学生品行日常表现和突出表现，特别是践行社会主义核心价值观情况，将其作为学生综合素质评价的重要内容。并形成完善的、富有活力的德育工作体系和德育评价体系。

丰富德育内容，融合教育深度。在德育工作中，我校德育目标明确，德育内容丰富，德育措施得当。学校以学生为主体，发展学生个性，培养学生创新精神和实践能力，为学生的全面发展、个性发展打下坚实基础；努力革新教育观念，全力推进“幸福德育建设具有七中特色的德育工作体系。其中，每天有德育一日常规，每周有德育活动时间，每月有德育展示时间，每期开展德育展评活动，每年设立专门的德育奖评机制，让“重德”渗透一切活动，让“塑美”深入师生心灵，使德育教育和教学成绩深度融合，做到既“育人且育分相统一”。

创新主题活动，彰显德育魅力。同时，我校还根据学校全程、全员育人要求，明确三个年级的德育主题：高一年级为行为习惯养成教育；高二年级为理想成才与学习态度教育；高三年级为理想教育、感恩教育。同时，学校还建立学校、家庭、社会三位一体的德育工作机制，以“五个一百”为德育载体，以“扣好人生第一粒扣子”主题教育活动为引领，按月开展“幸福德育，体验成功”德育主题活动。我校现有32个社团，社团宗旨为创造“美”、体现“德”、彰显“仪社团活动也已成为校园文化一道亮丽的风景线。

二、开展心理教育　促进人格健全

我校制定相应的规章制度，及时解决学校面临的各种问题，为教师提供良好的教学环境，为学生建立浓厚的学习氛围，并鼓励教师在教学方式方法上积极创新，以达到更好地教学目的。

针对学生特点，开展心理活动。我校坚持“一切为了学生，为了一切学生，为了学生一切”的育人宗旨。为学生成功人生做好学业、心理和身体上的充分准备，为他们的升学、留学、就业打开通道。近年来，针对学生高中阶段身心发展的特点，成立了心理咨询中心，通过心理调适、心理辅导、心理减压、心理宣泄等丰富多彩的活动开展心理健康工作，并构建学校特有的心理健康教育教学模式，从而提高全体学生的心理素质，充分开发他们的潜能，培养学生乐观，向上的心理品质，促进学生人格的健全发展。

优化硬件设施，促进健康发展。截至目前，我校心理健康教育软硬件设施设备投入超过60万元，学校心理咨询中心编辑了《心理健康概论》、《盘州市第七中学学生心理健康教育读本》和《盘州市第七中学心理健康教育专辑》，并将近十年来学校心理健康教育教学经验、心理辅导经验和交流案例等整理成册，使之成为学校心理健康教育发展的指南。学校先后获得首批贵州省中小学心理健康教育“特色学校”称号，被贵州省计划生育协会授予“青春健康教育示范基地被六盘水市卫生和计划生育委员会授牌“流动人口健康教育促进学校创建点”。

加强师资建设，收获显著成绩。在师资队伍建设上，我校还配有专兼职心理健康教师10名，2名男教师8名女教师。其中3名专职教师邹丽平、周双双和聂韬玮，其中聂韬玮获得国家二级心理咨询师资格证书，其余均获得国家三级心理咨询师资格证书。

同时，我校心理健康教师工作成绩显著。其中，周双双老师2016年10月参加“盘县首届高中心理健康教育优质课评选活动”荣获县级一等奖；邹丽平老师2018年3月参加六盘水市2017年高中健康教育优质课录像课评选活动荣获一等奖。心理健康教师有多篇论文发表和获奖。邹丽平老师还被聘为贵州省青春健康教育教师，曾多次受省计生协邀请参与到铜仁、黔南、贵阳市和黔西南州进行授课，为这些地区的中小学教师进行青春健康教育师资培训。

三、推崇个性教育　助推全面发展

我校坚信每个孩子都是天生的学习者，从而创造适应每个孩子的教育，努力开发学生的智慧潜能，发展学生的个性特长，使他们充分享受成功的喜悦、人生的幸福。

设置个性课程，创造鲜明特色。我们将对每个孩子进行个性化设计，安排个性化课程、个性化辅导和实行目标定位管理。通过为孩子提供全面周到的教学服务、心理服务、生活服务和安全服务，以实现进来一个成功一个的目标，普通学生理想发展，优秀学生卓越发展，使每个七中学子都能成为“有理想信念、有文明礼貌、有道德修养、有大家风范”；具有能说会道、能处会交、能歌善舞、能学会创的鲜明特色的“四有四能”七中新人。

挖掘学生潜能，加强人才培养。在体育艺术特色教育上，我校推崇“塑美”教育，以“强体塑艺，且刚且柔”为培养模式，通过跑操、大课间活动、体育课、课外活动、校运会、艺术节等途径，开发和利用校内外的体艺资源，拓展体艺教育空间，挖掘和发挥学生的体育，艺术潜能，拓展人才培养模式，促进学生的特长得到全面发展。

同时，我校十分注重挖掘、培养体育艺术特长生，开设体艺专班，安排专人对体育艺术特长生进行专业辅导和文化辅导，使学生体艺专业过关率及一二本录取率较高。截至目前，我校参加各种比赛活动成绩显著。2019年，我校还被评为盘州市“中小学艺术教育”研学基地。

“长风破浪会有时，直挂云帆济沧海”。意气风发的我校师生正乘着教育改革的春风，在教育均衡化、现代化、国际化的进程中，阔步向前，树起迎风飘扬大旗，追逐特色教育好梦。在未来的教育征程中，我们将会继续实践学校特色教育，为孩子们的成长助力新的前进力量。

落实精准扶贫，发展个性育人才

贵州省黔东南州岑巩县羊桥土家族乡初级中学　夏永清

“收获需要付出、成果需要过程、健康需要运动、生活需要快乐、学习需要理想……”我校在党建工作引领下，充分发挥党员教师的先

锋作用，带领全体教职工生近1000人始终坚持党的教育方针、政策，牢固树立“四个意识坚定“四个自信做好“两个维护落实教育精准扶贫，以“全面发展打基础，发展个性育人才”的教育理念努力践行素质教育新发展，确保学生零流失，改变了部分家长“读书无用论”和传统教育“重书本轻能力”的教育固守格局，创建了一个欣欣向荣、志高向远、快乐健康、美丽和谐的典型农村美丽校园面貌，脚踏实地树立起农村基础教育的排头兵。

一、改革创新，紧跟时代俱进

随着新时代的思想召唤，学校固有的传统教育须改革创新，与时俱进，我校支部委员会始终把“教育是国家的希望、民族的希望、党和未来的希望”作为践行“守初心、担使命”的重要办学宗旨思想。在全体党员干部的努力下，促成学校研究形成了“科学管理、责任落实、操作规范、量化公平”的校园管理体系和评价机制，有效保障了学校工作的人性化、规范化、特色化的持续发展主格调，校内师生树立起你追我赶、良性竞争的模式，为提升教育质量建立了坚实基础，时刻准备着起跑赛跑的自我前进思想意识和冲锋力量——以肯定业绩成果激励教师，以大爱精神和敬业付出鼓励学生，以孩子健康成长交予家长，以责任担当回报社会。

二、严谨治学，助推学校健康发展

我校十五年前经历过受世人唾言嫌弃、家长指责、教师挨骂、学生人数凋零和社会舆论的讥讽热潮的岁月。逆转的2007年，迎来了改变社会冷眼的喜人中考成绩，三年的尝试与实践，老师们辛勤付出和努力，树立了前所未有的团结奋进、不求奖励、追求荣誉的奉献精神和形象，激发全体师生一往直前、展翅飞翔的理想与自信。近十五年的坚持与执着，六任校长带领全体教师向目标出发，集智济难、机制扬勤、励志治懒，当机立改，乘风破旧，探索创新，一如既往，持之以恒，彻底改变了不愿回首的落后校园旧貌，营造了一个团结友好、相处融洽、齐心协力、共同进步的工作、学习氛围。严谨的治学管理和教师评价制度逐年更新与完善，大团结大奉献精神助推学校教育健康发展，不断创造羊桥中学建校以来的教育质量佳绩，凿开了一条团结和谐、勤学明礼、务实诚信、个性特色的发展之路，为后期成功步入清华、复旦、浙大、哈工大、武大、同济等985、211工程大学的480余名学子和普通高校、职业技校1500余名学生奠定了良好的教育基础，就业于国家企事业2000多个岗位，改变了学校服务区域1800多个农村家庭面貌，完全破除了农村“读书无用”的偏见思想，迎来了地方百姓不惜艰苦、万般付出而重视子女教育的前所未有的狂风浪潮，“我家也有大学生”成为百姓闲聊时的骄人口头禅。

三、多样活力，培养学生个性特长

丰富的非课堂教学活动培育学生的健康个性特长，让孩子看到更多的成材之路。“每周一歌”、“每日一写”、“双晨活动（晨读晨跑）”、“大课间活动（一文二舞）”、“课后服务周”、“文化体育艺术周”及书法、绘画、剪纸、科技、演讲、主持、舞蹈、音乐、篮球、板鞋、高跷等18个兴趣小组感召在校学生参与，参与率达100%，实现了人人有活动，处处有特长的浓厚主体学习氛围，积极锻炼和主动学习成了一种习惯，活动成了同学们放松自己、超越自己的乐趣。民族项目运动、民族优良传统文化纳入课堂，在活动中体现“五育”并举和兼容，宽松愉悦的校园生活让同学们享受家的温暖、家的幸福及“父母”般的陪伴。

活动，是教育孩子最有效地途径，让孩子学会思考和表达，下面是我校同学体验校园生活的部分作品《心声》！

挥洒的青春

九(4)班汪佳敏

时间总是稍纵即逝，我校又迎来了第八届文化体育艺术周，少年们的脸上洋溢着无比喜悦的笑容。是啊，少年的热血总是挥洒不尽。

操场上正在举行跑步比赛，赛道两边围着各个班级的学生，他们的脸上笑着，嘴巴喊着：加油，加油！望着少年们奔跑的背影，我也不禁笑着说，加油，加油吧！少年们挥洒多少汗水，用尽全力向前冲刺，无论输赢，此刻你依是那颗最耀眼的星星。

运动与艺术总是不能分割，除了同学们洋溢的笑容，艺术也是不能缺少的一部分，没错，相信你现在的心情总是澎湃无比，毕竟少年总是脸上带着惊喜，有各式各样的舞蹈，民族古风、插曲应有尽有。

学校还举办了美食节，每种食物都有它们的特色。说实话，虽然做得很辛苦，但吃起来却不亦乐乎，也许这就是劳动，劳动也使人快乐！

虽然艺术周活动接近了尾声，但其中的精彩使我记忆犹新，此生都难以忘记，记得那些曾经挥洒的青春。

为了理想，永不言弃

七(6)班胡世鑫

“啪随着一声枪响，各位选手像脱缰的野马，飞奔而去。起步较快的刘瑜豪第一，紧随其后的是本班的胡万年。他们相差也就半步之遥。

“啪”、“啪”两声巨响，不好！胡万年落下高跷，现场一片惋惜声喝。也许是胡万年同学看到距离只有半步太想追上去了，位列第三的张盟追了上来。此时，胡万年大呼一声“我要拿奖便立刻上马，追了上去。第一、第二已撞终线，胡万年同学第三越过终线拿了第三！

结果其实不重要，重要的是我们看到了什么是永不言弃！

无冕之王

八(6)班夏一恒

2020年11月11日，羊桥土家族乡初级中学第八届文化体育艺术周男子5000米预决赛如期举行。作为体育项目中的压轴，自然是跑道外的挥汗如雨，摩肩接踵。

第一轮七年级组，个子不高的学弟们都有一股不服输的劲，在裁判员一声令下，所有人蓄势待发，却不紧不慢。在互相角逐的过程中，时光的流逝让他们汗流浃背，举步维艰，但谁都没有放弃，揣着一颗坚韧的心，跑完全程，赢得了全场的加油和掌声。

第二轮八年级组，前期八(6)班的两名选手稳居前列，在所有人都认为大局已定时，后面的选手突发猛劲，争相冲刺，赶超一、二名。“枪打出头鸟八(6)班选手“名落孙山”。原来的最后一名竟反超而稳居第一，令人大为钦佩。在最后一圈，伴随着同学们的呐喊，“紫衣”、“红衣”相互角逐，体力尚存的“红衣”险胜，激动人心。

第三轮九年级组，第十圈时，九(1)班选手突发状况，左脚抽筋，在裁判员的劝告下，他仍然坚持跑完全程，全场用最热烈的掌声鼓励他勇敢前行。

尽管大部分参赛者未能获得名次，但他们用不懈的努力，诠释了什么是体育精神。这，才是真正的“无冕之王”。

经典朗诵，传承精神

九(6)班：张雨婷

太阳落山了，夜幕降临，温度也愈加寒冷，尤其是刮出些许寒风，那才是真的冷到骨子里。但这都抵挡不住同学们的热情，此时同学们以蓄势待发，一切准备就绪。随着一声“掌声有请主持人闪亮登场”主持人端庄而不失礼仪的拉开朗诵的帷幕，同学们更是精神抖擞，朝气蓬勃。

“俱往矣，数风流人物，还看今朝”、“为什么我的眼里常含泪水？因为我对这土地爱得深沉”、“先天下之忧而忧，后天下之乐而乐”……这震撼人心的古诗文家喻户晓，至今被传颂着。同学们在台上激情的朗诵着经典的诗词、美文。

活动举行了近两个小时，同学们意犹未尽，却依依不舍地回到教室。面对凛冽的寒风，这些又算得了什么呢？不畏艰难，不畏险阻，这才是我们中国少年的新面貌。

感党恩，跟党走，红歌高唱

九(5)班：刘龙生

今天在龙鳌河畔，钟灵山下，我们迎来了一场音乐盛会。

歌是人类灵魂艺术的产物，今天的活动主要是合唱比赛，合唱的主题是红歌与校歌，比赛的红歌有许多种，有赞美祖国，有赞美党的；有激发斗志的，在这次活动中，每个班唱得激情澎湃，而最终取得冠军的班级是我们九五班，《让梦想飞扬》与《强军战歌》，表达了对党满腔的敬意。

“今日之责任不在他人，而全在我少年”。八(5)班的歌唱震撼人心。这首歌告诉我们，少年是国家的希望，今日的责任都在少年的身上，正当少年的我们就应该努力学习，为了明天更美好而奋斗，少年应该担当起草长莺飞，清风明月！愿我们成为全世界最美好的自己，让人们因我的存在而感到幸福，不负韶华，不负青春！

在国家危难之际，是共产党将祖国从水深火热中救起，正当年少的我们就应意气风发，把这种精神代代传承，让我们一起红歌高唱，为祖国美好的明天而努力吧！

结语

参与体育运动、体验民族文化、继承奋斗精神、开启科学梦想、感悟艺术魅力，让健康和运动的理念深入心中，让文化和艺术的内涵净化心灵，让文化和文明的融合塑造自信，让智慧与科学贯通创新。使之成为我们的行为和习惯、成为我们的方向和追求。让活动给予我们启迪和思考，给予我们精神和力量，促进我们悟道和创造我们未来的人生。

盘活教育资源，振兴乡村发展

贵州省铜仁市万山区大坪侗族土家族苗族乡初级中学　双俊峰

民族要复兴，乡村必振兴。乡村振兴不仅是乡村和乡村产业的振兴，也应是乡村教育的振兴。只有办好乡村教育，才能更好地助力乡村振兴。

乡村振兴，教育先行。教育是乡村的支柱，中国乡村的振兴、农村的现代化，离不开乡镇教育发展。为实现乡村教育振兴，提高乡镇学校办学质量，拓展教育资源，留住学生，我积极在办学环境，教学理念，师资力量，教学资源等方面持续深耕探索，通过真正优秀的教育改变孩子和乡村的命运。

一、昔日深山艰苦教学

现在走进我校，可以看到，宽敞明亮的教学楼内，书声琅琅，身着蓝白相间校服的学子，端坐在课桌前，面带笑容。这所曾是万山区教学条件最差的乡镇中学，如今已翻天覆地，‘山鸡’变‘凤凰’。

学校1972年建立，位于万山区西南部，从城区驾车出发，一路环山蜿蜒曲折，需要近两小时车程才能到达，是万山最远、最偏僻的乡镇中学。

二十年前，时年14岁的吴同学进入我校就学，而当时学校条件之艰苦，他现在仍记忆犹新:“数百人的学校，仅有一栋教学楼和一个篮球场，又窄又破旧。上课时，80余人挤在一间教室，一条长凳要坐十几个人，连活动空间都没有。由于缺少宿舍，一半的学生晚上只能睡在教室，以桌椅为床”。

每次早操集合，操场上都站不下人；体育课上，要去校外马路上才能练跑步；每年的运动会，也得到校外的农田开展，还不能选在赶集日，以免打扰路人；没有食堂，学生只能自己背够一周的米，备上不易过期的酸菜、辣椒当菜……

说起昔日求学光景，吴同学忍不住叹息。狭窄的校园，让学生们感到压抑，不少学生初中未读完就辍学了。

二、今朝乡镇优质环境

由于地理环境所限，十几年来，大坪中学的境况都未曾改变，改善教学条件，成为一届又一届师生的心愿。

民有所呼，政有所为。2014年，万山区委常委会立项，将学校整体搬迁，按现代化标准建立新校区。

2019年8月16日，我校新校区正式竣工，引进学生。新校区总投资1.38亿元，整体面积107亩，是老校区的5倍。建有30间国家标准化教室、15间功能室、180间学生宿舍、72套教师公寓、3层楼高的食堂，标准化足球场、篮球场、羽毛球场、乒乓球场等基础设施齐全。

“此外，学校还创建了艺术、美术、音乐、足球、篮球、剪纸等兴趣社团，以丰富学生的课外生活”.我校党支部书记、校长双俊峰介绍。“德育先行”的教育理念，更加注重培养学生的综合素质，学校常鼓励优秀学子将来返回家乡建设乡村。

目前，大坪中学共有学生775人，在岗教师70人，是整个万山区面积最大、配套最齐全的乡镇中学。

良好的教学条件，雄厚的师资力量，先进的教学理念，让大坪中学教学水平急速提升。2020年，该中学共有222人参加中考，其中27人考上重点中学铜仁一中，重点中学录取率达12%，重点高中录取人数在全区名列前茅。

习近平总书记强调，农村是我国传统文明的发源地，乡土文化的根不能断。发展乡村教育将助力乡村文化的传承与发展，在乡村振兴中发挥更加积极地作用。未来，我们将继续落实教育优先发展，盘活乡镇教育资源，积极争取社会投入，汇聚发展乡村教育的合力。

谈如何培养“空中黔课”中学生专注力

贵州省习水县第二中学　穆尚群

在一场不期而至的新冠疫情来临之际，各种网课纷纷而起，如“创课堂”、“钉钉课堂”等。与此同时，我们贵州的“空中黔课”也诞生了。它陪伴我们全省中小学师生长达竟两个多月。两个多月来，“空中黔课”的执教者们良苦用心，涌现了一堂堂完备的课例。可是，笔者通过走访调查和学生作业反馈情况，发现这次“空中黔课”效果堪忧！学校开学后，笔者再次与学生交流。通过进一步的调查了解，得知，学生“注意力不集中”是“空中黔课”效果不佳的主要症结。

一、缺乏专注力的原因

观课意识淡薄。在我所调查的学生中，百分之六七十的学生认为:“空中黔课”只是对自己疫情期间生活的一个补充，可有可无，真正的课是要到学校才算上的。因此，他们并没有把观“空中黔课”当作每天必须完成的学习任务。观课意识极为淡薄，甚至严重缺乏，因而很难集中注意力。

假期心态延续。疫情期间，人们生活随意慵懒。家长们昼寝夜坐，很多孩子晚上也和大人们一起久坐，白天便无法早起，因而观课随意，甚至干脆不观。因为较之观课，慵懒的生活更舒适。渐渐地，孩子观课之心泯灭，面对“空中黔课便心不在焉了。

知识点多而杂。“空中黔课”知识点太多，容量太大，枯燥乏味。大多数学生反应:“黔课”老师讲得太多。半个小时左右的时间，要讲述很多知识点，他们目不暇接。且前半段时间他们手中只有电子书，电子书要去切换翻页，等翻到时，老师已开始讲下一内容了。后来，学生便觉得“空中黔课”索然无味，对它失去了兴趣。

二、激发学生学习积极性

促使学生产生观课动机。学习动机是学生学习的动力之源，是直接推动学生参与到学习活动中的内在的、直接的动力。首先，教师要大力宣传“空中黔课”的重要意义，为“黔课”打好“广告”。其次，教师要不遗余力地对学生进行网课学习目的的教育，激发学生学习动机。当学生产生了学习动机，就会萌发观课意识，产生观课欲望，进而在观课中保持注意力长久集中。

课后有效任务驱动是推动学生观课专注力形成的法宝。每天，教师要紧扣“空中黔课”及时给自己的学生布置作业，设置好上传作业时间，及时批改、反馈作业情况在学生、家长群，提出一对一补救要求，进行一对一跟踪辅导等。让学生意识到观网课也要完成相应作业，不认真观课便无法完成，从而去自觉主动观课。任务驱动法，可以鞭策学生产生任务驱动力，进而集中观课注意力。

提高对网课心理重视度。无论教师开学返校后以何种方式弥补网课缺陷，都要给学生一个善意的欺骗，告诉学生:“返校后我们将进行黔课内容学习检测，然后接着黔课未完的内容走，不再重复已学内容”.这样，学生知道等待老师“补课”无望，就可能打消“守株待兔”的念头，去坚持每天观课。适当的压力，促使学生自觉坚持观课，把线上课堂检测压力抛给学生，让学生自觉形成观课注意力。

培养其坚持的意志品质。慵懒怠惰是人之劣根性。一个人只要内心缺乏坚持的意志品质，慵懒与怠惰就会占上风。为此，教师可以这样训练学生坚持的意志品质:

首先，帮助克服拖延症。拖延症易蔓延，可让学生居家设置闹钟提醒，教师设置群提醒，必要时个别电话提醒。对拖延学习任务者约定适度惩戒，以矫正其拖延陋习。其次，培养律己意识。教师要时常晓之以理、导之以行，让学生严格要求自己坚持按时观课，坚定观课意志。一段时间后，学生慵懒怠惰的陋习就会逐渐被坚持的品质取代，形成专注的意志品质，终身受用，又何愁观网课注意力不集中?

三、优化“空中黔课”课程内容

提炼核心知识点。删减知识点，提炼“核心问题缩减课堂容量。就“空中黔课”而言，一堂课约32分钟，若空洞、抽象、乏味的知识点太多，定会使学生精神倦怠而注意力下降。所以，网课教师在备课过程中，应大胆取舍教学内容，删繁就简，提炼“核心问题灵活把握课堂节奏，缩小课堂容量，从而消除学生倦怠情绪，吸引学生注意力，使之积极主动地投入到观课状态中。

增加知识趣味性。丰富互动内容，增强课堂趣味性。“空中黔课”少有互动，是学生走神的另一重要原因。对此，教学中可以通过丰富互动内容，增强课堂趣味性，吸引学生注意力。首先，问题设置要故事化、情景化。依教学内容需要，问题设置可以以讲故事、创设情境等方式导入。这样，可以营造课堂气氛，增强问题的趣味性和吸引力，以让学生轻松地投入到情境中，自然地集中起注意力。其次，必要的资源整合。根据具体教学内容，课堂教学环节之间适当穿插音乐、美术、剧本以及电影(片段)、电视剧(节选)等相关内容，以让课堂声画并茂，立体丰富，直观新颖，更好地吸引学生注意力。著名特级教师王君老师的精彩课堂(或讲座)就是多种资源完美整合的艺术呈现!

“空中黔课”作为疫情期间，授课模式的创新，我校在网课授课方式上已经走在了前列。“空中黔课”成了学校教学的必要补充。综上所述，通过两个月的网课实践发现，学生在上课时存在缺乏专注力的问题。而问题的症结，则体现为学生心态与网课之间的磨合上。

关于这一点，学校提出了精当丰富网课教学内容，激发学生的网课兴趣；转变学生学习形态，多角度、多形式培养学生有意注意的品质；不断提升教师自身专业化能力、信息化能力水平，使网课变得更精彩，进而更好地吸引学生的教学方针。长而久之，学生观网课的注意力便逐渐培养起来了。作为一线教师，我们——责无旁贷!

扬百年书香，创文明校园

贵州省贞丰县第一小学　李宏英

文明校园创建是2016年中央文明办新提出的创建载体，是一项体现学校建设水平和文明程度的综合性奖项。学校是精神文明建设的重要阵地，是精神文明的传播者和开拓者，担负着贯彻党的教育方针，培养中国特色社会主义合格建设者和可靠接班人的重大使命。

贞丰县第一小学始建于1836年，贯穿中国近代一百八十五年的历史，见证了共和国的成长，办学历程本身就是中国传统文化教育和社会文明发展的一个缩影，这座百年名校一直是贞丰县域文化发展的摇篮。近几年学校着力打造“百年传承，翰墨飘香”的校园文化已经成为一个集体文化符号被社会认可，并形成一种影响力引领全县基础教育的向前发展。学校将着力提炼百年教育积淀的文化底蕴，重点打造百年育人文化，树立新时代文明风尚!

当学校百年办学历程进入到21世纪之初，创建文明校园工作已经列为学校重要工作之一，2004年至2009年学校先后被评为县级、州级文明单位，2014年学校被评为贵州省文明单位，2017年被评为贵州省文明校园，2020年评为全国文明校园，如今此项工作不但常态化而且更加趋于成熟、科学、规范，赢得了极好的社会口碑，引领了区域内的文明校园创建工作。

一、成立领导小组，明确工作方向

我校高度重视文明校园创建工作，成立以学校校长为组长的工作领导小组，并根据《贞丰一小文明校园创建工作的实施方案》，对照《全国文明校园创建管理办法》及《贵州省文明校园测评体系》，结合学校创建活动开展的实际情况，总结成绩，寻找差距，进一步将创建工作细化分解，规定了各职能部门的具体任务、职责，构建了主要领导重点抓，分管领导具体抓，各班班主任协力抓，全校师生齐参与的工作格局。

学校以富有特色的办学理念，明确提出育人主张，形成了“厚德，诚信，真实，勇敢”的校训，先学会做人，再走向成才。我们认为“做人”是“成才”的前提和基础，“成才”是“做人”的追求和归宿。因此，为让学生学会“做人之道我们狠抓德育工作；为让学生掌握“成才之道我们狠抓教学质量。

学校在搞好教学工作同时，首先抓好师生的政治思想工作。创建文明校园建设领导小组，制定了切实可行的创建文明校园的工作方案，并按计划有序开展工作。领导小组利用各种活动对师生进行爱党，爱国和思想道德教育，树立师生的人生观、价值观。学校还和司法部门开展互动互助活动，聘请派出所的同志做我们的法制宣传员和校外辅导员。

二、拓宽创建路径，促进学校发展

多姿多彩的评价方式。通过“我以一小为荣，一小以我为荣”强化学生日常行为规范，学校以综合治理为抓手，制定了一系列的评价制度，如文明班级、文明小卫士、班级文明之星、优秀播音员、优秀监督岗等致力于学生的文明行为习惯的养成教育；还开展了“学校放假，社区开学”的社会实践活动；主题活动更是层出不穷:“文明礼仪伴我成长”、“学习雷锋好榜样”、“祖国好、家乡美”、“阳光校园，我们是好伙伴”、“红旗飘飘，引我成长”等演讲比赛；还有关于感恩励志、诚信做人等大型校园讲座、“明礼知耻，崇德向善”、“动动手，变废为宝”知识竞赛和辩论赛等教育活动。学校还组织了全体师生向灾区献爱心、“慈善一日捐”、无偿献血、“关爱白血病患者”陆秋菊同学的扶危济困、爱心奉献活动；开展了文明礼仪进校园，法制专题讲座，加强学生法制教育；举办了以征文、格言、绘画、歌咏为形式的比赛活动，通过这些活动的开展，不但规范了学生的日常行为习惯，还提升了孩子们的文明素养。

搭建平台，情商共进。为了建立良好的师生关系，学校在教师层面组织开展“给一个微笑”、“给一点肯定”、“给一点理解宽容”、“给一个展示自我的舞台”、“多一点沟通交流”、“多一点反思”、“多一点活动”等的活动，在学生层面上组织开展了“我的一个好老师”征文活动、“我为老师做一件事”等活动；通过这些活动的开展，营造了和谐文明的师生关系，践行了学校“真实与和谐”的办学思想。

载体纷呈，多姿多彩。跃动的第二课堂，开启新时代育人模式。

第一课堂是一种静悄悄的教育，学生在课堂上通过老师的教学艺术，再经过自身主观灵动的思维，潜移默化的学到国家基础教育所赋予的基础知识。第二课堂是一种跃动的教育，是国家提倡素质教育最重要的一种表达方式。我校正是在开展素质教育的大背景下所展开的一系列主题教育活动都是通过这个充满动感的第二课堂表现出来的，同时这也是我校大力推进课程改革的重要渠道，是少先队工作的前沿阵地。

多彩多姿的校本课程，打造新时代育人文化。学校在用好统编教材的同时，立足孩子们的学习需求，大力开发以第二课堂为主阵地的校本课程：打造美育工程，培养审美情趣。以兴趣班为载体，开发系列育人课程。　增强体质，传承民族体育。学校积极开发民族民间体育项目，传承民族文化基因。翰墨飘香，书声琅琅。教师大练三笔，学生大练两笔。《来自校园的一缕墨香》、《翰墨雅韵》、《粉墨飘香》、《钢笔书法欣赏》、《书法教程》等校本刊物无不彰显着师生们的才情与智慧！近几年学校着力打造以布依族舞蹈为特色的民族舞蹈，形成了以民族舞蹈为主题的校本课程，学校的布衣舞蹈两次跻身全国总决赛都获得了金奖，还到北京参加中央电视台全国民族舞蹈展演。

三、坚持以德树人，开展主题活动

学校以少先队、道德讲堂为平台，开展了一系列的主题教育活动，通过实践提炼出了“4+X”课程模式，即以四季为时间节点，把传统节日串起来，相机渗透爱国主义、自然资源、行为习惯等教育，形成寓教于乐的育人主题并对学生进行潜移默化的德育教育。如：开笔礼，春节、清明、国家公祭日、端午、中秋等这些博大精深的国粹文化以学生喜闻乐见的形式给学生打上一层文化印记，使之形成一种基因烙在孩子们心灵的最底层！

学校少先队常规主题教育活动有：政治教育、爱国主义教育、传统文化教育（如开笔礼仪式）、养成教育、“两史”教育、走进校史（组织学生定期参观校史馆，了解学校历史，培养学生的爱校情怀和自豪感）、感恩励志、爱心教育（每年春节前组织书法特长班师生到街上为老百姓送春联，至今此项活动已坚持了13年）、科学精神、法制安全、环保教育、民风民俗主题教育（春节、元宵、清明、端午、中秋、重阳、二十四节气等）其他专项教育:“红领巾阅读计划”、普法教育、五好小公民主题活动（如：2016年“老师您好，我的好老师2017年“阳光校园，我们是好伙伴2018年“红旗飘飘，引我成长”、2019年“我为祖国点赞”、2020年“美好生活，劳动创造”）；“崇德向善，明礼知耻”、“祖国好，家乡美”、学雷锋志愿服务活动等社会主义核心价值观教育活动等等。

四、以党建为统领，助推脱贫攻坚

学校教师党员过半，师德精良，专业技术过硬，青蓝工程成效卓著，名师众多，班子团结奋进，教师凝聚力强。学校工作，三条脉络（党建、德育、教学），平行交错，陌上花开，紧扣时代主题，把握时代脉搏！形成了良好的政治风气。

在精准扶贫工作中，全体师生一道投入到全县脱贫攻坚的前沿阵地，教师下沉基层，走访，研判，为包保户精打细算，献策献计，一路扶持，学生也在学校的组织下，以特有的形式开展宣传活动，学校每年的春节送春联活动在老百姓中更是有口皆碑，这项活动学校已成功举办了十三年，如今已是我校书法课程的一个传统项目，每年春节前夕定期开展，比如，2018年、2019年、2020年、2021的送春联活动分别以“教育扶贫，翰墨飘香”、“教育扶贫意志坚，翰墨飘香迎新年”、“读好书，写好字，奠基美丽人生”、“文明校园，翰墨飘香，助力乡村振兴”为主题，以质朴的传统文化唤起贫困农民对新时代美好生活的向往，从而树立自立自强、勇于脱贫摘帽的信心，师生们用中国文化的自信践行了习近平总书记的扶贫先扶志的号召，得到了社会各界的好评。

近年来，学校努力打造“百年传承，翰墨飘香”的校园文化特色，无论是学校管理和教育教学质量都取得了可喜的成绩，特别是抓素质教育方面，方法多样，成绩突出。分别荣获了全省少先队特色活动先进学校、全省多项示范学校、全国普法教育先进单位、全省精神文明建设先进单位、贵州省文明单位、贵州省文明校园、全国第二届文明校园、贵州省语言文字规范化示范校、全省实施素质教育先进学校、全国红领巾阅读先进学校、全国“阳光校园，我们是好伙伴”读书活动示范校、2019年被认定为黔西南州首批“两史”教育示范基地校、2020年被评为全州“五好关工委”等荣誉。在参加国家级、省级等各级各类的竞赛活动中都是以优异成绩夺魁，学生参与率达70%以上；每年由县教育主管部门组织的全县统测中总成绩名列首位，为贞丰的基础教育树起了一面旗帜，起到了“窗口学校”和“示范性学校”的作用，近两年来，学校创誉近50余项，引领了区域学校的向前发展。

荣誉面前，我们自信满满，因为它会形成一个推力，令我们永不停步，一直向上攀登，没有最好，只有更好，所以，扬百年书香，树文明风尚，我们永远在路上！

传承红色文化，书写品质人生

贵州省遵义市桐梓县海校街道柏果小学　李长庆

2018年9月，我调任柏果小学任校长一职。桐梓县海校街道柏果小学是一所村级完全小学，地处县城北郊海校街道东山村一处小山丘上，地理位置优越，风景怡人，宁静而不偏远。学校原名石山庙小学，始建于1961年8月25日，1965年学校更名为柏果小学，2006年解放军总政治部援建我校主教学楼，使我校成为桐梓县唯一的一所沿长征路上援建的“八一爱民希望学校”。

目前，全校共有在校学生666名，共计14个教学班。其中精准扶贫易地搬迁学生231人，约占全校学生的35%，随班就读残疾儿童11人，送教上门残疾儿童1人，基本上每班都有十多名精准扶贫易地搬迁学生，最多的一个班多达32名精准扶贫易地搬迁学生，学生情况参差不齐，留守儿童居多。全校在编在岗教师28名，其中副高级教师1人，一级教师15人，二级教师12人，县级骨干教师2人，省级乡村名师工作室主持人1人。

刚到柏果小学时，映入眼帘是坑洼不平的操场和黑暗无光的教室，全校师生饮用水居然还是从小地窖里抽出来简易过滤的雨水，条件非常艰苦。学校的办学条件和生源的问题，让我倍感责任重大。由于我校是中央军委沿长征沿线援建的五所“八一爱民学校”之一，于是我便将学校的办学理念确定为“传承红色文化，书写品质人生目的是想继承红军长征的革命精神，教育学生学习和发扬红军长征不怕苦不怕累的优良品质，克服学校现有条件，努力学习，学有所获。

围绕我的办学理念，逐步提炼出“知行合一、立德树人、求真务实、勇于创新”的校训和校风，同时将陶行知老先生的经典名句“千教万教、教人求真；千学万学、学做真人”作为我校的教风与学风，旨在让全校师生都能做到求真务实、脚踏实地地对待学习和工作，以期为社会和家庭培养有用之人。

有了工作思路后，我便积极与援建单位对接，在援建单位和县委县政府的大力支持下，两年来，学校安装了全县统一管网的自来水，结束了几十年没有水喝的历史；新装了室内照明、改建了学校食堂、新修了简易门卫室、硬化了学校操场等，极大程度改善了学校的办学条件，最大限度给师生们创造了良好的学习和生活环境。同时，针对学校生源的特殊性，结合我们的办学理念，我决定从德育工作和学生行为规范抓起，力争让学生先养成良好的行为习惯，从而带动学生良好学习习惯的养成，于是我针对性地从以下几个方面开展了特色校园的创建工作。

一、抓落实、强保障，一心一意抓特色

利用中央军委帮建的契机，我校每学期与桐梓县人武部主动对接，为高年级学生安排为期一周的军事训练，强化学生的体质，增强学生的运动技能，通过三个学期以来的训练，学生在队列队形方面得到了很大的提高，同时，军训期间，我还要求兼职体育老师也抽空跟着学生一起参加基本队列、口令等训练，强化我校体育老师的专业水平，着力提升全校师生的身体素质。同时，我们还把军训活动与学生运动会相结合，让学生在军事训练中学到的知识运用到运动会上，成功举办了两届学生运动会，展现了一批身体素质较高的特殊学生，为学生的全面发展奠定了基础。

围绕“传承红色文化，书写品质人生”的办学理念，我打算在书写这两个字上下功夫，经学校行政会议商定，我校决定以培养学生良好的书写习惯为抓手，强化学生的养成教育，以书写训练促习惯养成，提出了“让书写成为习惯，让墨香浸润人生”的特色教育，在征求了全校老师和广大学生家长的意见后，决定以“书写中国”的网络教学为平台，结合教师对学生的指导，采取“课堂练”、“课后练”、“假期练”的“三练”方式，逐步培养学生养成良好的书写习惯。此项工作获得相关主管部门的充分肯定，同时将我校定为“全国中小学生规范汉字书写教学示范校”。我们利用每天早上的早读课时间，将晨读改为晨练，在20分钟的晨练课和每周一节的书法课上进行“课堂练”。在每天的晨练课上，当堂课的老师利用班班通设备，通过自己的账号登录“书写中国”平台，根据不同年级的书写内容，指导并监督学生进行书写训练，20分钟的时间要求书写训练不超过3个生字，学生必须一笔一画跟着平台的指导过程进行书写训练，同时，要求我们的语文老师结合书写训练布置生字作业，将原来的生字本练习变更为按照“书写中国”平台的“课后练”字帖练习，通过一个学期的书写训练，学校老师们反应，各班学生在书写上都有了一定的提高，部分同学与以往相比甚至是质的转变，让大家都看到了此项工作带来的成绩，更乐于坚持书写训练了。

二、强教研、细管理，千方百计谋发展

我校生源复杂，师资薄弱，教研教改一直是我校的一个短板。为了提高全校教师的专业发展，学校行政多次协商，决定坚持以“请进来”和“走出去”相结合的路子，以校本教研为载体，在扎实抓好校本教研的同时，争取能“请进来”“走出去”。2020年秋季学期，贵州省小学语文乡村名师工作室、贵州省小学英语乡村名师工作室、“国培计划”贵州省令狐克华名校长工作室等专家名师纷纷到我校开展教研活动，为我校教师带来了全新的教育理念，提升了我校教师的教学方法，使大家受益匪浅。同时，我们我还多次选派年轻老师和骨干教师外出参加各名师工作室、名校长工作室以及易地扶贫搬迁配套学校相应的专项培训，结合学校内部开展的师徒结对“青蓝工程”活动，强化了校本教研。同时，针对学校年轻老师较多，且工作经验不足的现状，我又决定在全校范围内广泛开展听课评课活动，采取党员教师、骨干教师、老教师上“示范课新教师上“亮相课同级同科老师“同课异构”等不同形式的听评课，给年轻教师以充分的学习机会，同时也不断培养年轻教师的专业素养，让年轻老师能快速成长，同时也达到了强化老教师专业素养的目的。

三、常沟通、勤走访，家校共育同进步

由于我校生源结构特殊，尤其是精准扶贫易地搬迁学生中，问题学生、留守儿童、困境儿童等现象十分突出，因此我校的班级管理工作相对来讲就要艰难很多。针对这个特殊的现象，我们提出了“常沟通、勤走访、家校共育同进步”的工作思路。每学期开学初，我们都会组织全校老师对所有学生进行拉网式的大家访，确保每一个学生都能按时正常上学，从而确保控辍保学工作的贯彻和落实。同时，在开学后，学校会第一时间组织召开全校学生家长会，邀请专业人员对家长进行宣传和教育，给他们宣传正确的教育理念和管理方法。另外，学校还会定期安排专门的老师到社区去给家长朋友们上大课，给他们讲解教育的意义和方法，以期能与家长达成共同教育的目的，从而达到家校共育同进步的目标。针对一些特殊的留守儿童，我们老师和学校领导都会不定期地进行个别家访，给这部分学生带去学校的关爱与关怀，让他们感受来自学校的温暖，从而热爱学校、热爱家庭、热爱社会。

柏果小学虽然是一个生源结构十分复杂的学校，但我们坚信，只要我们秉承“传承红色文化、书写品质人生”的办学理念，从小事做起，从细节抓起，从学生的行为规范做起，我校的学生一定会在这里找到自信，热爱学习、热爱生活，从而成长为对社会有用的人。

推进语言文字工作，助推园所品质发展

贵州省遵义市习水县第二幼儿园　黄翔

语言文字是先进文化建设的重要组成部分，是创建和谐社会的重要交流工具，为推进语言文字的规范使用，扎实推进素质教育，我园认真贯彻《中华人民共和国国家通用语言文字法》，高度重视语言文字工作，开拓创新，狠抓落实，建立健全工作机构，完善工作制度，加强宣传、推广、普及普通话和用字规范等各项工作的力度，并取得了显著成绩。

一、完善组织管理，健全机构制度

我园将语言文字工作的开展和评估与创建习水县三类城市语言文字规范化工作相结合，与弘扬民族精神相结合，与学校实施素质教育相结合，使语言文字工作更好更快地为我园教育、教学服务，努力提升幼儿园办学水平与办园品质 。

将语言文字示范校创建工作列入园所议事日程。成立以我为组长、副园长为副组长的领导小组，定期召开专门会议，认真学习上级有关语言文字工作文件精神，交流工作经验，专项研究布置工作任务，在全园范围内形成了语言文字工作的责任感和紧迫感，为推动全园语言文字工作的开展奠定了良好基础。

我园将语言文字工作作为一个专门内容纳入《幼儿园三年发展规划》和年度、学期工作计划，在《习水县第二幼儿园教师常规考核细则》和《习水县第二幼儿园教师专业技术职务聘任方案》中都对教师的普通话和语言文字能力做出了明确的要求，并作为教师重要的素质条件之一，将语言文字规范化要求纳入教师学月技能考核工作。把《中华人民共和国国家通用语言文字法》、《贵州省国家通用语言文字条例》上传到教师QQ群、微信群，打印纸质版下发到各办公室，使语言文字工作的要求为全校教职工所知晓，学校把语言文字工作纳入教师继续教育的重要内容。

成立语言文字工作领导小组以来，均由我任组长，副园长任副组长，工会、保教处、后勤处、保健处、办公室等部门参与，统筹领导和管理全园的语言文字工作。日常工作由保教处负责，办公室设在保教处，由分管副园长任办公室主任，保教主任负责日常工作开展，保证了语言文字工作正常开展。

我们把语言文字规范化纳入教育教学基本内容，纳入幼儿园工作日程，渗透到教育教学的各个环节。同时，有计划地对专兼职语言文字工作干部进行培训，以保证其工作质量。结合《3—6岁儿童学习与发展指南》，制定了大中小班语言领域目标，把提高幼儿语言文字规范意识纳入幼儿的培养内容，如：小班幼儿能在老师的引导下，听懂普通话并学说普通话，乐意用普通话与熟识的人打招呼；中班幼儿能用较为流畅的普通话与同伴交流，喜欢用普通话诵读，乐意用普通话在集体面前发表意见，说话态度自然大方；大班幼儿能用普通话独立复述故事等。

二、抓好宣传工作，营造学习氛围

我园园利用各种渠道和方式，多管齐下，大力宣传语言文字规范化，在全园师幼中达成共识，掀起热潮。校园内设立有规范性的《中华人民共和国国家通用语言文字法》和《贵州省国家通用语言文字条例》宣传专栏。校门口、楼道、会议室、培训室、班级活动室门口等多处都有推广普通话和使用规范字的提示牌，把语言文字工作的宣传和校园文化建设结合在一起。

三、强化教师培训，提升教师能力

抓实抓好教师培训，严格把关，提升教师语言文字规范化意识与应用能力。我园将语言文字规范化纳入教师继续教育学习内容，每学期开展教师语言文字规范化培训。

针对习水县地方方言特点，有意识地加强教师平翘舌、前鼻韵、后鼻韵、边鼻音等方面的练习，规范教师发音，提升教师普通话水平。

加强教师在平常文字处理及教案、工作笔记中书写的管理与要求，统一文本格式、字体字号，并针对我园教师在文字使用中出现的问题，如标点符号误用、常见的错别字、段落处理不恰当等进行专项培训，并依据《习水县第二幼儿园语言文字工作制度》、《习水县第二幼儿园教师常规考核细则》等制度，在常规检查考核中认真检查落实，提升教师使用规范汉字的能力。

严格按照《贵州省国家通用语言文字条例》规定，严把教师普通话水平关。要求教师普通话水平达到二级甲等及以上水平，并提供近五年测试证书存档，如证书已过期，务必及时参加普通话测试，取得合格等级证书，并将此项成绩纳入教师年度考核内容。

四、开展多彩活动，促进质量提升

我园定期与不定期开展教师培训、家长培训，并通过班级微信群、家园栏等平台，形成家园一体的语言文字工作氛围；通过“小手拉大手”活动，开展亲子阅读活动，营造幼儿与家长共同使用普通话的良好氛围，增强使用普通话意识与能力；结合劳动节、建党节、国庆

节等节日，开展教师诵读活动；结合幼儿年龄特点，开展形式多样的幼儿活动，促进幼儿语言能力提升。

利用晨会、节气活动、家长开放日、亲子活动等时机，开展幼儿经典诵读、讲故事活动，培养幼儿乐意用普通话表达、展示自我的信心，提高幼儿普通话水平；利用每周升旗仪式国旗下讲话时间、每天中午的播音时间，鼓励幼儿结合活动主题积极、大胆使用普通话进行讲话、播报，营造良好的普通话应用氛围；开展"小小主持班"社团活动，选派普通话较好的教师任教，招募对播音主持兴趣浓厚的幼儿，每周集中授课一次，深受广大家长和幼儿喜爱。

扎实开展推普宣传活动。每年的推普周活动，根据活动主题提前制定好活动方案，并在全体教师会议上带领教师共同学习，布置具体任务。要求班班有行动，人人要参与，提高推普宣传实效。如：通过微信群、发放传单等形式向家长宣传语言文字规范化工作，倡导家长与幼儿一起共同学习并使用普通话；将推广普通话与贫困村幼儿园、学前班教育帮扶工作紧密结合起来，开展送教活动，教幼儿用普通话念儿歌、童谣等，收到较好效果，通过相关图片、简报的上传与转发，得到上级语言文字主管部门的肯定与赞赏。

组织教师开展"啄木鸟"专项行动。立足校园，组织教师在校园内开展"啄木鸟"行动，对园内文化建设、楼道提示牌、办公室制度牌、班级环境创设等进行用字规范性查找和纠正，并及时上报进行整改。

语言文字工作关系到国家和民族的发展，弘扬中华民族优秀的文化，对增强民族凝聚力具有重大意义。作为语言文字工作的重要场所，学校语言文字工作既是全面推进素质教育的重要内容，又是城市语言文字工作的重要组成部分。我园将在各级语委的领导和帮助下，精诚团结，辛勤工作，在已经打开的良好局面和取得一定成果的前提下，结合幼儿园实际形式多样地开展活动，创造性地抓好语言文字工作，进一步创新工作方法，完善工作机制，让全园教师行动起来，为普及普通话和用字规范化在城市和社会上宣传、推广，真正起到教育的基础作用。

立足南海国防　打造特色教育

——国防教育典型案例材料

海南省民族技工学校　黄启荣　陶海林

国防教育是必不可少的基本教育，是国家安全、民族利益的灵魂，是增强公民国防观念、提高公民国防素质的基础工程和中心环节。海南省民族技工学校作为海南省一所具有民族特色的中等职业学校，学校在上级领导的指导下，立足南海国防建设，开展国防特色教育，取得了良好的教育效果和社会效应，多次受到了地方党政领导和部队领导的好评。我校连续获得了"海南省社会管理综合治理先进单位"、"海南省文明单位"、"海南省文明校园"、"全国国防教育特色学校"、"全国国防教育示范学校"的荣誉称号，同时，我校被海南省人民政府授予"民族团结进步模范集体"荣誉称号，罗雅校长被授予"全国民族团结进步模范个人"荣誉称号。我校的预备役、民兵应急分队也多次荣获　"民兵组织工作先进单位"、"军事训练先进单位"荣誉称号，陶海林老师也多次获得"民兵组织工作先进个人"、"优秀预备役军官"荣誉称号。

一、建立准军事化教育机构　将国防教育规范化

为了确保国防教育的顺利开展，加强学生管理规范，更好地引入军营文化，推行准军事化管理，我校成立和完善国防教育工作领导小组，明确相关领导、相关部门和相关人员的职责，并在海南预备役师步兵二团和五指山市武装部的帮助下成立了"国防动员办公室组建了"海南省民族技工学校预备役应急分队"和"海南省民族技工学校民兵分队由校长亲自主抓学生管理和国防动员工作；校综治办具体负责应急分队的军事组织和管理工作，并由学生科、校团委的负责人及具有从军经历的转业、退役教师等人负责组织机构建设、国防意识教育、组织纪律教育、国防动员和军事训练。

二、教学军训有机结合，国防特色教育有序开展

实行学生准军事化管理不等同于简单的军训，我校坚持以学生为本，在关爱学生的前提下，突出职业教育的特点，把准军事化管理与国防教育、守边卫国教育、职业道德教育等多种教育模式有机地结合。

（一）将国防教育常态化，有效融入学习教育教学

学校在开展常规教学活动的同时，还将国防教育融入学生的日常学习和课外活动中。每周安排一个晚上开展"预备役部队基本知识"、"民兵工作条例"、"爱国主义教育"、"南海形势"、"红色记忆"等政治理论学习；利用课外时间配合五指山市武装部在市内开展兵役登记宣传、适龄青年应征入伍宣传、应征入伍体检和心理测试的组织和保障工作；组织应急分队参加部队组织的军事演习、紧急拉动和点验；组织师生参加五指山市组织的各种大型活动的安保工作，在不断地学习和活动中强化了师生们的国防意识。

（二）开展走进军营活动，学习军营文化

我校利用每学期开学前夕进行班主任教学工作培训，开展团队组建和运作的学习，并将军训和内务整理作为培训重点内容之一；培训过程中，学校组织班主任到驻扎我市的军营参观和学习整理内务，做到各个班主任熟悉部队内务管理并学以致用；同时，我校每年还定期组织全校学生到驻地部队、武警支队去过军事日，通过体验军营生活，熟悉军营管理，学习军营文化。

（三）参加社会维稳工作，以己之力服务社会

在校外，我校民兵和预备役部队多次配合五指山市公安机关和兄弟单位开展治安联防工作，参加了五指山市各种大型活动的安保、维稳工作；我校师生队伍严明的纪律、良好的素质、严密的组织得到了省、市相关领导的认可，每年在"三月三"节进行的"祭祀大典"仪式中，我校应急分队都被指定派出100多人担任"祭祀大典火枪队"鸣枪表演和其他安保工作。

（四）利用多种形式开展国防日常教育

我校十分重视对学生进行国防教育，把它作为一项重要工作来抓，并将这项工作列入学校的工作计划中。校综治办每学期同教务科制定常态化的国防教育教学计划，将国防教育纳入教学活动中；针对学生的年龄特点和学校的实际情况，利用图书馆、阅览室、宣传栏、互联网站等开展形式多样的日常教育，并通过主题班会、辩论会、一二·九爱国演讲比赛、庆国庆文艺晚会、校园广播、主题班会、国旗下的讲话、学科学习等形式，以通俗易懂的语言，在全校范围内进行了国防教育思想动员，统一思想，提高认识，激发了广大师生参与国防教育的热情，在校园里营造出一种国防教育的氛围。

（五）将在校所学技能与"参战支前保障"相结合

我校将汽车维修、机电设备维修、电器设备维修、计算机应用与维修等专业技能学习与参战支前保障相结合，在预备役和民兵应急分队中建立了"汽车摩托车维修小分队"、"　机电设备维修小分队"、"　电器设备维修小分队"和"网络攻防与心理战小分队并在"琼崖21号"军事演习中成功地帮助部队排除了抽水机故障和音响设备故障，协助部队完成指挥系统供电布线，将在校所学技能应用到实战中。

（六）成立学生教官队伍，承担对外军训工作

我校从民兵、预备役队伍中挑选一批技术过硬，作风优良，思想觉悟高的师生组成一个　"教官"分队，每年送到部队教导队进行一周的培训，回校后进行日常带兵训练，并对外承担军训教官的任务。近年来，我校已多次承担了五指山市思源学校、五指山市中学、五指山市税务局、畅好农场护林队等单位的军训工作，累计参加军训人次达3000多人。

三、配备兼职教师教学，打造军训基地，有效保障国防教育实战化

俗话说："铁打的营盘流水的兵随着新老生不断更迭，预备役和民兵战士也不断更换。为了保持部队的战斗力，使国防教育持续、有效地开展，学校组织负责军事管理的中层干部、在校工作的退役军人、热心国防教育的教师和班主任30人成立了"军事教师分队负责学生的国防教育和基本军事训练，并在应急分队中担任军事指挥干部。在部队组织的相关军事演习中，学校都会轮流选派骨干教师和学生参加演习。自组建了预备役、民兵应急分队后，我校先后参加了"琼崖21号"、"琼崖22号A"、"琼崖22号B"军事演习和多次参加部队组织的应急机动及点验。今年7月中旬，我校预备役应急分队80名师生还到部队进行集训。

为提高军事理论水平和作战指挥能力，海南预备役师还选派了我校军事管理干部陶海林老师到南京陆军指挥学院"预备役部队预备役军事指挥军官培训班"培训学习。

此外，我校目前建有5个军训基地，各个基地具有不同的功能，相互分工，有机结合，逐步将国防教育由理论化推向实战化。

（一）军营文化学习基地。我校在驻军某部队建立了军营文化学习基地，主要功能是军营文化的学习和优良传统的传承、新生军训、内务整理、组织纪律、良好行为习惯养成教育等。

（二）校内日常训练基地。由校军事训练处在新生入学军训结束后组织学生在校内开展常态化的日常军训和国防教育理论学习、预备役和民兵常规的基础训练工作。

（三）单兵战术动作训练基地。由驻地武警部队五指山市中队的教官负责指导预备役、民兵应急分队单兵战术动作，提高基本战术素养。

（四）轻武器使用训练基地。由五指山市武装部军事科负责指导预备役、民兵应急分队轻武器基本知识、分解结合、使用方法、手榴弹投掷和实弹射击等科目训练及反恐维稳、抢险救灾、应急机动等基本常识的普及。

（五）战斗力合成训练基地。由海南预备役师步兵二团负责成建制组织部队开展遂行作战任务训练、战场救护及卫生防疫、军事演习、南海前线物质运输保障和战时就地预备役转服现役等训练。

四、立足南海国防建设　国防教育特色鲜明

海南省五指山市作为双拥模范城，历来就有拥军优属的优良传统，当地党委政府也历来重视民兵预备役队伍建设。我校根据海南预

备役师步兵二团、五指山市武装部的编制和要求，制定了“加入预备役和民兵应急分队基本条件”、“预备役和民兵应急分队管理制度在广泛开展国防教育的同时，动员符合条件的师生申请参加预备役和民兵队伍。

我校目前编制内的预备役士兵为80人，民兵115人。其中教师、班主任和在校工作的退役军人为30人，其余的为在校学生。另外还有参加常规军事训练的编制外、随时准备补充和接受相关任务的积极分子200多人。在部队专业军事教官的指导下，师生们在接受轻武器基本知识、队形队列、冲锋枪拆装及使用等相关军事训练的同时，注重“外树民技形象、内强自身素质”的内在修养，在校园中打造出标准的“军人”形象，为全校师生树立了良好的“军人”榜样，以点带面辐射全局。

同时，我校还积极配合部队开展工作，以己所学贡献国防。每年春秋两季的适龄青年兵役登记和征兵工作开始之际，我校都派出大量人员配合五指山市武装部走街串户开展动员宣传工作；在征兵体检时组织志愿者引导应征者体检和维护现场秩序；无偿提高场地和设备给武装部对应征者进行“士兵职业基本适应性测试”工作；组织应急分队配合武装部对民兵战备库物质进行保养等工作。

我校在组织学生参与国防教育和国防建设的过程中，不仅储备了大量的国防后备力量，还直接为部队输送了优质的兵员，不少学生毕业后都踊跃报名应征入伍。由于他们在学校中已经进行了长期的、相对正规的军事训练，并在学习和活动中不断地改造思想、提高觉悟，到了部队后很快就有了良好的表现。

彰显教育风采，弘扬文化魅力

杭州萧山名爱门教育培训有限公司　裴雪夫

中国是一个历史悠久，传统文化博大精深的文明古国。几千年的灿烂文化，源远流长，生生不息。作为华夏儿女，传承和发扬这种传统文化是每个人应尽的责任和义务。立足本土的同时，我们也应放眼世界文化之林，不断拓宽知识的边界。不仅仅要让孩子学习知识，更要让他们感受到文化之美，丰富自己的内心世界。

在探索语文教学的路途中，我逐步明确了一个方向，就是要开创文史哲合一的综合人文式“立体语文在历史背景下学习语文，把哲学思考带进语文。因此作为老师一定不能停止学习的步伐，应当亲自投身人文的海中，丰富自身的同时广泛挖掘人文经典，中国古典文学、中国现当代文学再到世界文学都需要阅读，历史、哲学和艺术类的书籍也应当涉猎，把其中的精华搜寻出来带给学生，以饱满的热情和踏实的工作状态投身于教学事业之中。

一、立足课程创新，传承人文经典

（一）中国古典文学

文言文和古诗词是学习中华传统文化的直接途径，也是中学阶段的学习难点，课内古文学扎实的基础上还需要不断阅读课外古文。诸子百家散文的思想、史家巨著的辉煌、唐诗宋词的瑰丽，我们带领同学们结合历史文化背景来解读古文。

《世说新语》是一部带给我灵感的书，也是我第一套亲自选编而成的文言文入门教材，篇幅短小精炼，内容生动有趣。我相信一篇篇精选内容能引领孩子们带着好奇踏上古文鉴赏之路。

之后我又着手挖掘《史记》、《搜神记》等经典著作，为中学的孩子开发了内容更为广泛的文言文课程，学习文言文的同时也学习了历史文化，逐步建立起对传统文化的认知。

古典文学中影响最广的小说四大名著也是必学内容，同学们对此多少都有所了解，获取知识的途径也是多样化，看书、听故事、看影视作品和动漫作品等。为了让学生进一步进行系统学习，我独立开发了《水浒传》、《三国演义》、《西游记》、《红楼梦》的整书讲解课程以及配套小游戏，帮助学生了解原著中的内涵及细节，对比影视作品中的改编部分。点燃学生对古典名著的阅读热情。

（二）中国现当代文学

除了古典文学，我也不断着手开发现当代文学作品，带领学生欣赏、理解名家作品。从鲁迅、沈从文、老舍、钱钟书、朱自清、汪曾祺到莫言、陈忠实、余华、路遥、铁凝、王安忆、迟子建、余秋雨、林清玄、张晓风、阿城、刘慈欣等等数不完的作家为我们提供了不同类型的大量佳作，我也从有限的阅读中提取出部分内容与学生们进行分享。

中国现当代文学中的经典无疑是阅读与写作最直接的学习范本，这是一代又一代文人对现代汉语能量进行释放的成果。除了可以提升理解能力及表达能力，还能提高审美素养，从中汲取思想，获得感悟。

（三）世界文学

此外，我还在不断探索、开发世界文学的鉴赏课程。力求把精彩的、经典的、有益的内容制作成课件分享给学生，让学生打开更广阔的世界，获取新的思想，增加文化底蕴。目前已经开发过希腊神话系列、雨果的《巴黎圣母院》、黑塞《悉达多》、茨威格《人类群星闪耀时》、毛姆《月亮与六便士》、埃克苏佩里《小王子》、卡尔维诺《我们的祖先》三部曲、契诃夫、欧•亨利、博尔赫斯、鲁尔福、科塔萨尔等作家的短篇小说集等。

（四）必读书目

中学阶段的必读课外书对不少同学成了一个难题，尤其是未养成读书习惯的同学，因此我还开发了初中必读课外书的全书内容讲解，从七年级的《朝花夕拾》、《西游记》、《骆驼祥子》、《海底两万里》到八年级的《红星照耀中国》、《昆虫记》、《傅雷家书》、《钢铁是怎样炼成的》，再到九年级《水浒传》、《艾青诗选》、《儒林外史》、《简•爱》。带领同学们完成必读课外书的基本要求，深入分析每本书的主题、人物、情节等，努力打破一些同学面对名著阅读仅仅是临时背资料的尴尬局面。

“培养兴趣、拓展眼界、深入思考”是我自编课程的教学初衷。教与学只是开始，持续地熏陶、沉浸、碰撞才是关键。我一直鼓励学生表达自己的想法，每个人在交流过程中都能汲取他人智慧，明确自己的观点。

二、保持阅读习惯，拓展知识边界

随着对语文教学的深入，我深知想要成为一名优秀的语文老师就要博览群书。“只有自己的眼界开阔了，对文化的理解深刻了，才能带给学生更有质量的内容”。因此阅读早已成为我生活中必不可少的一部分，我自己的世界地图逐渐开始由作家构成。

一个人可以走得很快，一群人可以走得很远。我校老师们一直保持着良好的阅读交流氛围，不分学科，每个人都在不断拓展知识的广度和厚度，更好地推动个体的成长，提升教师自身的素养，发挥团队能量。

最好的课程是阅读，写作是真正思考的开始。为此，我们在阅读的同时，会不断做读书笔记，然后把有趣、有料的内容分享给学生，带动更多的孩子踏上阅读之路，和他们一起动笔写下感悟，逐渐将书本内化成自己的认知。

正如高尔基说过的“读书，这个我们习以为常的过程，实际上是人的心灵和上下古今一切民族的伟大智慧相结合的过程”。希望孩子能在我们的带动下培养出阅读的兴趣、养成阅读的习惯，在阅读经典的过程中，感受文化的魅力，体会人生的多彩，感悟生命的价值。

传承聂帅精神，培养红色少年

河北省保定市阜平县八一希望中心小学　辛香燕

红色文化是中华民族特有的基因，它是中华民族历史演进中最宝贵的财富，其所蕴含的精神力量和正向文化价值，对中华民族永久持续的发展有巨大的促进作用。我校始建于1927年，位于晋察冀边区革命纪念馆西北侧，与北京八一学校同根同源，是聂荣臻元帅精神的传承学校。在战争年代，阜平县城南庄曾是晋察冀军区司令部所在地，毛泽东、聂荣臻等许多老一辈革命家都曾经在这片红色热土上工作、生活过，党的许多优秀子女曾就读我校（如聂帅的女儿聂力等）。我校借助百年老校的红色基因为学生树红色理想，以榜样育人为抓手，带领孩子们面向未来，肩负起社会赋予的责任，让红色文化代代相传，培养充满自信、学有所长、全面发展的红色少年。

一、传承红色基因，确立红色理念

校徽设计。我校的校徽，红色的圆：代表冉冉升起的太阳，寓示我校朝气蓬勃，奋发向上。蓝天下的山峰：标志学校所处的地形特征，和红色的圆一起代表“山区里的希望”。土黄色的田字图案：代表英雄城南庄大地。校徽整体造型：像一个“奋”字。寓意根植红色沃土，汲取丰厚营养，奋发读书，成就未来。

我校以聂荣臻元帅提出的“继往开来、开拓无前”为校训（继承前人的事业，创造并超越前人的事业），以继承革命传统、托举发展希望为办学理念，以充满自信、学有所长、全面发展为育人目标，坚持榜样育人、文化育人为办学特色。

我校的校歌是《我们走着聂荣臻的路》，短短的一首歌唱出了聂荣臻元帅的戎马一生，从元帅的故乡江津到战斗过的晋察冀，最后是酒泉卫星发射中心。聂帅精神完全融入歌曲中，每一名少先队员，都以自己是八一人为骄傲，唱好校歌更是每一位八一人的幸福。每天上午第一节课和下午第一节课的上课铃声都来播放这首歌，孩子们一听到音乐起，就不由自主地跟唱，每一次唱都热血沸腾，每一次唱都激情澎湃。

二、构建红色文化，树立红色理想

我校将红色教育的资源融入校园文化建设中，以“红色记忆”为主线，让楼道的每一面墙会说话，毛主席在花山、聂荣臻与日本女孩美穗子的故事、周总理的故事、雷锋的故事等，孩子们能在楼道里随时学习到英雄的故事。校内悬挂著名的爱国历史人物，历代杰出的科学家、文学艺术家的画像以及有教育意义的名言语录等，让学校充满历史的、文化的、教育的韵味。

楼道里的文化墙还有一个版块是跨学科课程展示，我们的主题是“山之魂”。城南庄是一片红色的土地，是老一辈无产阶级革命家战斗和生活过的地方。在抗日战争的日子里，革命者们利用阜平县山高沟深的特点，巧妙地和敌人作斗争，解救了阜平人民。他们的精神就像大山一样伟岸而崇高，包容而坚定。我们的孩子要继承发扬这种精神，所以我们以“山之魂”作为名字。我们就是要把这种精神渗透到各个学科的教学中。语文课上，孩子们诵读写山的文章、诗歌；数学课上，孩子们计算山的高度；英语课上，孩子们认识了与山有关的英语单词；美术课上，孩子们画各种各样的山；科学课上，孩子们了解了各个国家的山……通过对山的学习与了解，孩子们更能体会革命者们的英雄壮举，激发起他们热爱家乡建设家乡的情感。

城南庄是一块红色的土地，有着丰富的红色教育资源，我校德育处将这些有乡土气息的宝贵资源演变成不同的表现形式，再根据学生的年龄特点，分年段来学习，让每一位八一人都有机会学习，有机会感受，更好地传承这些宝贵的精神财富。如：校歌（一年级听学、跟唱，二年级学会自唱）；快板《红色精神代代传》（二年级参观学习，三年级自己能表演）；课本剧《毛主席在花山》（四年级学习此文、五年级表演课本剧）；阜平原创歌曲《花山石碾》（每天固定时间播放，五年级学会唱）；解说《红色阜平》（四年级开始参观学习，六年级做到人人能解说）等等。

打造英雄榜样中队，树红色理想。我们八一学校的各中队都以英雄的名字命名（聂荣臻中队、雷锋中队、王二小中队、黄继光中队、刘耀梅中队等），以英雄为榜样，各中队的教室文化分为三个版块：我们的榜样，我们的梦想，我们的舞台。我们的榜样是榜样的故事，从故事中提炼出人物精神，作为中队的核心价值观点；我们的梦想是孩子们畅想未来，表达信仰的版块；我们的舞台是学生的各种作品展示，是学生展现自我的平台。各中队从不同的角度努力挖掘与本中队英雄人物相关的教育资源，对学生进行红色教育。根据年级特点努力开展好几个一红色教育活动：（如：讲一个英雄的故事、　唱一首红歌（班歌）看一部红色电影、读一本红色书籍、办一期红色手抄报等）。

由于我校红色教育开展得扎实有效，我校的聂荣臻中队，2012年被评为“保定市优秀少先队2017年被评为河北省优秀少先队，2018年被评为“全国优秀少先队集体我校也被评为德育工作先进单位。顾家州同学被评为“全国优秀少先队员2019年10月13日在首都参加全国少先队建队日活动。

三、开展实践活动，培育红色少年

我校每年都开展“革命精神我传承”活动，组织学生到晋察冀边区革命纪念馆进行参观学习，并向革命先辈或在日常岗位中默默付出的人献上最严肃最崇高最美的队礼；每年参加陆军步兵学院石家庄校区的现地教学活动，在与官兵的互动中，学习军人精神，树立远大理想；学校还参加了“寻找聂帅足迹”的活动，部分优秀少先队员代表在暑期到聂荣臻元帅的故乡江津、战斗过的张家口都进行了参观，了解了党史国史，下定决心，奋发向上，振兴祖国。

组织红色经典活动，理想深扎根。我校各中队队员，充分利用学校图书室里的红色经典图书，读经典、学经典，让经典的精髓在学生心间流淌，同时评选各级“读书小明星”。在每一个有特殊意义的日子，结合纪念馆搞一些活动。如：每年的三月份开展“学习雷锋好榜样”系列活动（读雷锋日记，讲雷锋故事、画雷锋头像、做学雷锋手抄报、学雷锋见行动等）；每年的四月份清明节前，举行缅怀先烈，给先烈敬献花篮，朗诵诗词赞英雄等活动；在每年的国庆节举行“我向国旗敬个礼”、“我和国旗和个影等活动；在毛泽东诞辰日，举行纪念毛主席诗词朗诵会，在活动中，重温伟人诗词，感受伟人风采；每年的12月29日，是聂荣臻诞辰纪念日，学校会举办讲故事比赛、“聂爷爷一直和我们在一起”等活动，在活动中，学生重温聂帅故事，学习聂帅精神，将聂帅精神发扬广大……各项活动开展得有声有色，给同学们留下了深刻印象，红色理想也在心中深深地扎下了根。

星级评价扎根日常，做红色少年。以英雄为榜样，学习英雄精神，最终目的是立德树人，培养充满自信、全面发展、学有所长的八一好少年。培养的结果如何，要有相应的评价机制。在学生评价方面，我校改变以分数作为唯一标准的评价方式，采取多把尺子衡量学生的方法。我校以《小学生守则》、《小学生日常行为规范》为抓手，专门制订了《红色少年评价体系实施方案》，通过日评价、周总结、月表彰，学期末进行综合评价表彰的方法，评选出劳动之星、勤奋之星、环保之星、学习之星、进步之星、体育之星、健康之星等，促进每一位学生良好习惯的养成，并为孩子们提供个性成长的广阔空间。学期末评选出的较高级别的星级少年，展示在楼道内、校园内的展板上，以榜样的力量激发更多学生的争星热情，让更多的红色少年活跃在八一校园。

传承聂帅精神，继往开来，我校将立足八一实际，传承红色基因，培育充满自信、全面发展、学有所长的红色少年，让信仰之火熊熊不息，让红色基因融入血脉，让红色精神迸发出强大的力量，激扬复兴中国梦。

传承红色文化　建设学习型校园

——阜平县子毅学校办学模式改革案例

河北省保定市阜平县子毅学校　邢国亭

阜平县子毅学校位于阜平县东北，是距离县城最远的九年一贯制学校。2016年12月由原来的子毅中学、营尔小学、井尔沟小学和吴家庄小学四所学校合并而成，由于多方面因素，学校一直低位运行，落后于县域同级学校。近两年来，学校致力于办学模式改革，通过“打造学习共同体”和“传承红色基因谋划出一条向上图强的特色发展之路，学校迈入提质增速发展的快行路。

一、改革背景

阜平县台峪乡位于阜平县偏远山区，本乡师资不稳定，特岗教师基本处于一次性状态，学生生源外流严重，教学质量落后于兄弟学校。

2016年12月，九年一贯制学校投入使用，教师生活条件和教学硬件设施全面提升，学校工作开始有变化，尤其2019年领导班子调整，学校迎来了新的战略发展机遇期。

到2019年，在校生人数突破500人，学生人数增加了，师资力量不足的问题变得更加突出，虽然补充了新教师，因为位置偏远，办学条件差，教师流动性很强，新八职教师业务能力相对较弱。经过学校上下的广泛论证，学校提出了“建学习型校园”的办学理念，推动学习从个体孤独学习走向协同学习，以教师学习引领学生高质量学习。以学习共同体的打造对冲生源质量差及教师力量薄弱的挑战。

二、改革举措

（一）建学习型校园

1.立足高效课堂，抓好教学常规

坚持问题导向、课程化建设的思路，规范教学各个要素，使各个要素相辅相成，互相支撑。强化备课环节。上课环节突出课堂实效，讲练结合，探究合作，充分质疑，深度思考。课后根据反馈结果，进行课后反思，跟进后续追踪提升。教研环节突出主题系列化，对教学中出现的有代表性的问题进行梳理，按优先级排序，依次纳入教研提纲，逐个解决。作业处理突出分层管理，根据学生学习力差异情况，制订差异化作业，使优秀生学得深，中等生学得足，学困生跟得上。实施易错题跟踪管理，把日常学习中易错题记录下来，二次练习，加以突破，不断巩固提高。

2.打造高素质教师队伍，提升教学品质

教师是决定教学效果的最大自变量，只有教师自身能力大大提升，才能推动学生因变量的正向提高。实施青蓝工程，拜师结对，加快青年教师成熟，形成老中青携手共进的育人梯队。学校创造条件，支持教师参加“国培”、骨干教师培训、经验交流会等各级各类培训。重视教师业务成果的转化与展示，积极开展教师基础功大赛，就做课、说课、教学设计、课件等方面进行全员评比。定期开展教学论文的撰写与征集，评出优秀作品整理存档，并向上级报送。

3.借助专家力量，提高业务素养

学校高度重视专家引领，请进来、走出去成为常态，积极与外来学校沟通指导教师专业发展。先后邀请平阳中学、城厢中学等优秀教师进行班主任工作和学习力提升培训，进行教师专业发展和核心素养培训，各种讲座定期开展，努力做到系列化、常态化，达到了更新理念、提升能力的预期。

另外，学校还成立了“阅读角”。定期购置专业图书，供教师阅读，并撰写心得体会进行交流。让教师树立终身学习的理念。

（二）传承红色文化

“建学习型校园”的实施止住了颓势，教师执教能力得到了大力提升，学生学习习惯有了明显改善，学习风气日渐纯正。但仅靠内部自我提升，加上有限的“走出去、请进来”远远不能满足进一步发展的需求。一所学校灵魂性的东西必不可少，它是学校工作的核心所在。

台峪乡是一所有着浓厚红色文化的土地，在这里，革命先烈抛头颅洒热血，为使后人铭记先烈，并用先烈精神激励后人，我校决定以红色文化为主线，打造学校特色，丰富内涵。

1.指导思想

为培育和提高学校师生人文素养，打造红色特色“人文校园引导和激励学生深入实践，走近历史，了解和感受民族精神的丰富内涵，大力弘扬和培育民族精神，把口号变成行动，使学生在系列活动中受到潜移默化的熏陶、感染和教育，增强学生的道德规范意识和高尚的道德情操，培养学生艰苦创业奋力拼搏精神和历史使命感、责任感，根据我校丰富的红色教育资源优势，紧密结合我校实际学校决定实施红色文化教育

2.实施途径与要求

建立以革命传统教育特色的德育工作体系，以抓实常规教育为平台，切实开展特色校园文化建设、特色校本课程实施、举办红色教育活动，办好特色文化专栏，积极开展革命传统教育研究，提升红色革命教育理念，形成理论体系。

环境文化

营造文化环境，让红色文化渗透到学校每一个角落，让校园的一草一木都闪烁红色之影，让师生的一言一行都折射红色之魂，让校园时时处处都充满红色的精神。

(1)学校门口：醒目处介绍学校文化整体构想，布置富有学校特色的校园“文化墙(阐释学校理想、追求、愿景)。可在“文化墙”张贴红色革命宣传画，以彰显学校鲜明的办学特色。

(2)在校园可利用的墙面制作红色文化宣传橱窗，将红色内容的故事、图片、名言用宣传栏、黑板报、标语等形式宣传，让学生感受红色的魅力，接受红色的熏陶与精神的洗礼。

校园文化

(1)悬挂红色格言，建立红色文化宣传阵地。在教室、走廊、宣传栏等醒目的地方悬挂毛泽东、周恩来、朱德、刘少奇、陈毅等老一辈无产阶级革命家、军事家的名言格言警句，并简要介绍他们的生平事迹；介绍雷锋、张思德、白求恩、黄继光等英雄人物的优秀事迹，激励学生学习革命精神，争作“四有”新人。让学生们一走进校园，就能感受到浓浓的革命传统文化气息。

(2)举办专题图片展览。举办专题图片展览，让学生充分了解红军长征的战斗历程和光辉事迹，努力学习革命前辈的可贵品质。

(3)建设独特的班级、办公室文化。制定“特色班级”、“特色办公室”评比方案，按照评比细则进行评比。教室、办公室布置要开设红色教育板块，鼓励和引导学生、教师参与红色文化建设，精心打造班级、办公室特色文化，体现年级特点、班级特色，让教室、办公室成为学生、教师表现自我、优化个性的红色场所，提升班级、办公室文化内涵。

(4)开办“红色之声”广播站，正常播放红色歌曲，宣讲革命故事，大力宣传红色革命精神，营造特色文化浓郁氛围。

活动文化

广泛开展“十二个一”系列革命传统教育活动，让红色校园文化深入细致得到落实。

(1)每周唱一首红色歌曲；(2)学校每月组织一次以“弘扬红色文化”为主题的国旗下的讲话；(3)班级每月一次班级红色文化主题教育活动；(4)每月举行一次红色班级文化评比与交流活动；(5)每学期举行一次全校师生红歌赛(或大型文艺汇演)；(6)每学期举行一次全校师生“革命英雄在我心中”的红色故事演讲；(7)每学期一次全校师生红色文化征文比赛；(8)每学期上一堂红色教育课，进行“红色”英模事迹宣讲报告，对学生进行榜样和励志教育；(9)每学期读一本红色革命书籍；(10)每月看一部红色革命电影；(11)班级每季度出一期红色革命教育手抄报，举办手抄报比赛；(12)在校园固定位置开辟“历史(党史)上的今天”栏目，每周宣传一位红色革命人物或大事件。

结合“清明节”、“五一”、“七一”节、“八一”、“十一”、“一二.九”节等重大纪念节日，举办红色历史讲座，开展红色知识问答、红色诗词朗诵、红色故事演讲、红色文化征文、红歌演唱比赛、红色图片展览、红色实践活动、红色影片展播等丰富多彩的与学校特色建设相关的红色文化教育活动，通过各种蕴涵红色文化的竞赛活动的开展和作品的展示丰富红色校园文化的内涵。

加强新生的入学教育和新团员的入团教育。凡新学生和新团员都要了解红军长征，参观红色教育阵地，感受中国工农红军的伟大，明白今天的幸福生活来之不易。凡新入团的团员都要进行宣誓，积极参加社区、社会实践活动，如组织学生去敬老院，开展“我为孤寡老人送温暖”等。

行为文化

(1)习惯培养：充分利用晨会、班会、国旗下讲话、校内外活动等途径有计划有针对地对学生进行爱国教育、诚信教育、感恩教育等，力求将教育活动系列化，课题化，做到重点清，要求明，措施实。

(2)机制推进：规范有序地常规教育深化。依据学校德育工作阶段化、系统性的要求，确定各年级的德育工作主题和德育核心要素。

切实加强诚信教育、纪律教育，要求学生像革命先辈一样讲诚信、守纪律、守规范，养成良好的行为习惯和生活习惯。切实加强仁爱教育、艰苦奋斗教育，引导学生像革命先辈一样，艰苦朴素，勤俭节约，爱护公物，热爱人民，不追求奢侈享受，远离不健康生活。要求加强尽责教育、理想前途教育，引导学生像革命先辈一样，为了崇高的理想，坚忍不拔，一往无前。

课程文化

编辑红色教育文化系列特色校本教材。教材要设计精美，内容丰富，图文并茂。结合我县(乡)红色历史，我校组织部分教师编写了《太行深处的红色圣地》，对我县乡的红色文化进行了有利的传承。为了使红色文化教育真正落到实处，要让校本教材成为学生的必读书目，以此提高学生人文素养，培养学生文化积累，陶冶学生精神世界，激发学生诵读激情。

制度文化

把红色校园文化建设纳入全方位目标考核的内容，作为专项工作给予奖惩。采取精神奖励与物质奖励相结合的办法，凡学校验收达到规定要求的班级、教师，学校给予表彰；凡不思进取，裹足不前，检查达不到要求的班级、教师，学校给予批评。通过采取定期检查、评价、奖惩等措施，推动红色校园文化建设工作不断向纵深发展，约束、引导和鼓励全校师生积极创建红色校园文化，打造特色校园。

三、改革成效

经过一年多的改革探索，学校实现了进位升级的初步预期。学校育人氛围逐步增强，师生文化底蕴逐步厚实，归属感逐步增强。

四、今后设想

回首过去，我们取得了一些成绩；展望未来，我们仍任重而道远。今后，我们将借着新时代教育的东风，矢志不渝地坚持办学模式改革的方向，继续深化学习型校园的打造，积极探索更加高效的办学模式，努力把子毅学校建成特色强校，为基础教育事业做出更大贡献！

军魂点亮人生

河北省邯郸市复兴区箭岭小学　王润和

箭岭小学位于复兴区箭岭路118号，创建于1989年，建校31年，有教职工74人，在职55人。学校共26个教学班，1450多名学生。占地近7000平方米，建筑面积5000多平方米，教学楼1-3层为办公教学区，4层为各类专用教室。

箭岭小学坐拥古赵国赵武灵王，“胡服骑射”训练骑兵的场所插箭岭，紧邻陆军预备役炮旅基地，古今得天独厚的军事资源，吸纳为文化课程资源。同时，也总结了30多年来历史文化积淀，特别是克服独生子女的骄娇二气，2010年确立了“开展国防教育，打造军体文化，创办优质特色学校”的办学思路。多年来探索实践，提炼出核心理念“军魂点亮人生”。围绕“军魂”建设学校课程—军魂课程，打造学校文化——军体文化，通过课程实施，文化熏陶，培树孩子的理想信念，增长孩子的才能本领，锻炼孩子强健的体魄，为孩子一生奠定坚实基础。

一、军体文化

把军体文化与立德树人，全面实施素质教育结合起来，以军养德、以军益智、以军强身、以军健美、以军促劳，五育并重，树魂立根。学校文化就是学校管理，以对人、物、事的三大要素为主的管理对象，建设学校文化。打造6大文化体系。

理念文化：

办学思路：开展国防教育，打造军体文化，创建优质特色学校

办学目标：普及国防知识，增强国防意识，培树理想信念，提升核心素养。

核心理念：军魂点亮人生

核心文化：军体文化

四个支撑：军事战略，军事科技，建军历程，军人风采。

校　　风：严谨　勤奋　和谐　活泼

教　　风：博学　创新　敬业　奉献

学　　风：乐学　善思　自主　发展

校　　训：机智　创新　坚毅　健体

环境文化：打造军营般环境，教室、走廊、校园干净整洁安静有序。人人爱护环境，爱护公物，环保小卫士，校园最美丽，垃圾不落地。

品行文化：打造军人式品质，意志坚强，吃苦耐劳，用于担当，敢打必胜，勇夺第一。“站如松、坐如钟、行如风”军容，“一切行动听指挥”军纪。让军人所具有的爱国爱民情怀，高度责任心，自强自信的品质，勇敢坚定的集体主义精神，潜移默化地影响渗透到师生身上。聚焦高质量、全面创一流，高标准、创品牌。是品行文化新的内涵。

制度文化：打造军事化制度，军队是最讲组织性、纪律性、团结性的单位。纪律严明，制度严格，组织严谨，团结一致是军队一以贯之的工作作风和工作态度，高度集体主义精神。铁的纪律是打胜仗的保证。铃声就是命令，课堂就是战场，课程就是作战计划，课表是作战路线图，执行命令毫不动摇。极强组织性、极严纪律性、极紧团结性，钢铁般的组织性纪律性团结性，是军队的最大优势和特点。

视听文化：

视觉文化　主色调：国防绿、红军红、海空蓝。

辅色调：黄色

校服：(1)红(2)绿

校徽、各种标牌、

听觉文化　　国歌(升旗)、军号(上下课)、军乐、红色歌曲、军体拳音乐、太极拳音乐、广播操音乐、运动员进行曲(大课间)、少先队进行曲、校歌。

标识文化：

二、军魂课程

学校深入挖掘国防和军队的内涵，从“军事战略、军事科技、建军历程、军人风采”四个方面实施教育。学习军事战略，启迪智慧。了解军事科技，激发创造，回顾建军历程，以史明志，树立理想，展现军人风采，不怕困难，勇争第一。围绕丰富军事元素构建学校课程体系。

环境课程：“三廊两园两厅一角”军事智慧长廊、建军历史长廊、

红色之旅长廊，军人风采园、军事励志园，国防文化大厅、国防教育展厅，军事阅览角。

学科课程：依托国家和地方课程，国防教育读本和自编国防教育读本，把课堂教学作为国防教育主渠道、主阵地，所有学科全开全学全考。

社团课程：每周二下午为固定社团活动时间，全校成立46个社团。

节点课程：抓住重大节日、节点、重要年份，建设学校课程。

学校的节日：体育节、艺术节、科技节、读书节、军体节等。

法定节日：五一、五四、七一、八一、十一、教师节、国防教育日、元旦等。

传统节日：春节、元宵节、清明节、端午节、中秋节、重阳节等。

重要年份：2015年抗战胜利70周年，2016长征胜利80周年，2017年建军90周年，2018年改革开放40周年，2019年建国70周年，2020年全面建成小康社会，抗美援朝70周年，2021年建党100周年。特有的氛围、特定的意义、特殊的年份、特别的课程。

研学课程：重视人物资源：市区国教办主任（罗、张），拥军模范，李永科、张家增，国防大学教授李兵，局领导，退役军人。（对国防教育的关怀、指导、引领、讲座等重要宝贵的资源作为课程）

挖掘利用基地资源，炮旅基地，百家惨案堂，烈士陵园，一二九师，国防技术学校，石家庄方圆小学，邯郸九连冠“双拥模范城”赵苑军事拓展训练场，园博园。走进基地，发挥不同基地的教育功能。（今年命名的30个国防教育基地，15个国防教育小镇，已经命名的爱国主义教育基地）

利用以上资源，构建“五位一体”课程体系，多措并举，切实提高学生的自理自律自护自信自强的“五自”能力，着力培养“知事理、明自我、健体魄、强精神”的现代化小公民。

一景一物兼课程，处处聚焦办学理念，处处蕴含育人功能，处处彰显军体文化。

在军体文化的熏陶下，在军魂课程的体验中，学生感受着军人的气质，领悟着军人的精神，践行着军人的言行。领略博大精深的军事战略，上天入地的军事科技，流芳千古的建军历程，自强不息的军人风采。让军人所具有的爱国爱民情怀，高度责任心，自强自信的品质，勇敢坚定的集体主义精神，潜移默化地影响渗透到师生身上。

近年来，我校完成了从中等学校向大学校的完美跨越，正步入快速、健康、可持续发展的轨道，30岁的箭岭正当年，军魂将更强，人生将更亮，军魂凝聚力量，人生绽放光彩。

成果及目标

2016年“河北省国防教育示范校2017年“全国国防教育示范校”2018年“邯郸市国防教育基地”。2019年8月箭岭小学代表邯郸市参加河北省国防知识竞赛荣获河北省小学组一等奖，2019年8月箭岭小学代表复兴区参加邯郸市第十三届运动会，获女子足球甲组冠军。2020年“全国国防教育特色学校争创市“爱国主义教育基地”和“少年军校”。

习近平在“十九大”报告中指出：我们的军队是人民的军队，我们的国防是全民的国防。我们要加强全民国防教育，巩固军政军民团结，为实现中国梦强军梦凝聚强大的力量！我们坚决贯彻执行，保证这一精神在我校落地、落实，生根、生长，开花、结果。

德艺双馨精益求精，开创职业教育新风

——涉县职业技术教育中心办学侧记

河北省邯郸市涉县职业技术教育中心　张金林

教育家黄炎培先生说过:“职业教育的目的，一是谋个性之发展；二是为个人谋生之准备；三是为个人服务社会之准备；四是为国家及世界增进生产力之准备”。位于涉县城南清漳河畔的涉县职教中心，谨遵县委书记邢晟“职业教育要立足服务县域经济，坚持服务地方发展，依托产业办职教，为县内企业培养更多的技能型人才”的指示，始终秉承‘厚德尚技，博学自强’的校训，致力于为社会培养技术过硬的专职人才，创新教学，走出一条升学有法，学技有方，就业有路，成才有道特色鲜明的发展道路。

从1983年办学以来，发展成为国家级重点中等职业学校、中等职业教育改革发展示范校、河北省职业教育质量名牌学校，为学生未来投身于经济社会发展，夯实了基础，为推动创新型国家建设，储备了人才。徜徉校园中，鸟语花香，绿树成荫，建筑设计匠心独运，于幽静中蕴藏活力，热闹中充满生机。让人只争朝夕、不负韶华。

德育培根

做事先做人，做人先立德。百年大计，教育为本。教育发展，德育先行。

为做好铸魂育人工程，筑牢理想信念的“压舱石”。学校还通过组织国家公祭仪式、参观爱国主义教育基地、研学旅行、十八岁成人礼、演讲比赛、绘画比赛、录制歌曲、微电影等一系列活动，弘扬爱国主义精神，厚植爱国主义情怀，用社会主义核心价值观教育引导学生扣好人生的第一粒扣子，为孩子们成就“阳光、自信、向上”的自我，打下坚实的基础。其中歌舞MV《中国》被中央电视台录用，微电影《看天上那朵彩色的云》、情景剧《追梦》受到了领导和同学们一致好评。2018年学校被评为河北省中等职业学校德育工作先进集体。

文育铸魂

俗话说，近朱者赤，近墨者黑。一方水土养育一方人。孟母三迁的故事，更加直观的告诉我们，环境对一个人的影响是巨大的。校园文化是学校发展的灵魂，是凝聚人心，提高学校教学水平的基础。涉县职教全面贯彻党的教育方针，遵循学生身心发展的特点和规律，重视校园文化建设，并创新让学生参与其中，建设美丽校园，增强了学生的主人翁意识，从而激发学生的内生动力，让学生在精神文化氛围良好的环境下，能够以饱满的热情投入到学习中。

涉县职教在校园文化建设上一直在努力。一是合理发展墙壁文化。学校院落里墙壁会说话，墙体、橱窗固定性思想品德、教育目标、一训三风、专业技能、工匠精神等内容，显示屏、临时性条幅、展板实时性地进行主题宣传和营造氛围。二是创建个性走廊文化。以学部为主，围绕学部和重点专业建设，由老师和学生共同自主设计走廊楼道展牌、板报内容，不拘一格，自成一体，彰显个性的走廊文化。三是营造特色教室文化。教室布置核心价值观、中职生公约、名人名言、知识栏、班级星、技能榜；板报设计体现专业特色、新科技小技能；联系本班实际，依照班级特色文化主题，分阶段、有目的、有计划地组织学生开展班级丰富多彩集体活动；班训、班规章制度激励和规范学生勤学上进、练技成才。四是弘扬文明宿舍文化。学校围绕宿管制度、文明习惯、互助友爱，利用墙面、展牌、贴画、小装饰等，让学生自己动脑动手设计出文明、温馨、高雅、活泼的各具特色的宿舍文化。五是发展特色实训文化。张贴实训流程、操作规程、安全提示、专业精神、学练榜样、成才典型等特色展板和标语，体现励志向上、专业特色，激励学生勤学苦练、吃苦耐劳、精益求精，帮助学生成才。学生在文化氛围浓厚的校园环境里学习、活动，耳听目染，不知不觉地接受着道德教育，感受校园文化，助力学生养成德智体美劳全面发展的新时代人才。

技育启智

涉县职教以建设“尚技”特色文化为目标，营造了“乐技、授技、学技、用技”浓厚氛围，全社会崇尚技术、学校重视技能、教师精心授技、学生乐于学技，“尚技”已经成为学校深刻的文化名片。

育人为本，质量为先。为贯彻落实《国家职业教育改革实施方案》，办好公平、有质量、类型特色突出的职业教育，学校立足市场需求，坚持课程内容对接职业标准和岗位要求，教学过程对接岗位实践的教学理念。

及时调整专业，开设了学前、计财、电商、汽电、对口升学五个学部、十多个专业，各专业深入企业开展调研，广泛征询企业一线技术人员的意见和建议，在此基础上召开专业建设研讨会，以质图强，加快推进教育现代化。

学校还将大赛机制引入日常教学，以赛促教、以赛促学、以赛促改，层层选拔的教学模式已成为常态，中职市赛、省赛、国赛，屡获佳绩。2019年学校被省教育厅授予“全国计算机应用水平考试（NIT）机构智点众创空间被评为省级示范性众创空间；2020年计算机实训基地被评为市级示范性实训基地；“涉县职教中心”与“北京宇航纵横教育”的校企合作被评为市级示范性校企合作共同体。光明教育家授予涉县职业技术教育中心“最美校园”称号。

践育润心

实践出真知。涉县职教始终将“实践是检验真理的唯一标准”贯穿教学活动中，提出“多元办学、全面发展”的新办学理念，鼓励引导学生积极参加健康向上的社团活动，培养学生兴趣爱好、激发求知热情、展示才华智慧，提高学生的文学素养、艺术修养、审美情趣和综合素质，促进学生的全面发展。同时形式多样的社团活动也丰富了校园文化环境，增强了学校的文化底蕴，让学生在自主管理中实现了自我发展、自我完善。

学生社团是校园文化建设的重要载体，也是第二课堂育人的主要阵地，是培养学生兴趣爱好、拓宽求知领域、陶冶道德情操、展示才华智慧的舞台。每个社团有专门负责人指导监督，做到活动有计划、有过程、有总结。通过创设良好的学校社团文化情境，开展丰富多彩的社团文化活动，让学生在活动中发现与培养自己多方面的兴趣、能力及创造力，从而有效提高学生综合素质，实现德智体美劳全面发展。

站在新的历史起点，涉县职教中心不忘立德树人初心，牢记为国育才使命，不断推进职业教育教学改革，主动适应经济社会发展，造就一批师德高尚、业务精良、作风正派的教师队伍，努力培养理论扎实、技术过硬、具有创新精神的应用型人才，为建设社会主义新中国而贡献一分力量，创造无愧于新时代的光辉业绩。

打造足球特色学校，促进学生全面发展

河北省秦皇岛北戴河新区南戴河小学 穆怀松 邱彬 李琪荷

习近平总书记在中央全面深化改革领导小组第十四次会议上提出:“振兴足球事业从娃娃抓起!”足球具有活泼性、丰富性、生动性等特征，它可以引导、激发、培养青少年产生积极地心理倾向，获得心理满足，促进青少年良好的身心发展。我校始终把学生的身体健康放在第一位，把足球作为立德树人的载体，积极推进素质教育，促进学生全面发展，学校不仅组建了校园足球队，还以班级为单位开展了校园足球联赛，紧紧围绕“学会做人、学会学习、学会创新、学会健体”的校园足球理念，打造了“每班有球队，每学期有联赛，每人会踢球”的靓丽名片。

一、历经百年风云，学校不断发展壮大

公元1916年南戴河小学（初始称“学堂”）创建。我们南戴河小学历经百年风云，几次变换校址，不断发展壮大，由原始的七间房舍，到如今2010年迁入的现校址，目前学校占地面积20010平方米，校舍建筑面积8800平方米，按照河北省农村标准化小学“4138”标准建设。百年来，历任校长17名，原隶属于秦皇岛市抚宁县，自2015年8月26日，划归北戴河区管理。2016年1月起，正式划入北戴河新区。学校领导班子成员14人，他们分工明确，层层落实管理责任。学校现有24个教学班，4个幼儿班，在校小学生1001人，在校幼儿159人。共有教师83人，其中任教小学教师70人，幼儿教师13人。

学校先后被授予省级素质教育示范学校、省级绿色学校、省一级图书馆、市级德育示范校、市级经典诵读示范校、市级语言文字规范化示范校、市级课堂教学改革实验学校、市级教师专业发展示范校、市级中小学电子档案建设工作先进单位、市级书香校园、市家庭建设实践基地、区级迎省检先进单位、教学管理先进单位、课堂教学改革优秀学校、年度考核优秀单位等。2020年，学校被教育部认定并命名为2020年全国青少年校园足球特色学校！这标志着我校足球运动已颇具特色，并得到了省市及全国各级主管部门的高度肯定。

二、大胆改革创新，探索足球教学模式

打造足球特色学校，并不在于水平有多高，关键在于普及。作为北戴河新区校园足球工程第一批参与校，我们要让每个学生都接触到足球，熟悉足球的基本规则，从氛围上熏陶和感知足球。

为此，我校积极探索校园足球教学模式，大胆进行课堂教学改革和创新，开展“足球进课堂”活动。学校每班每周开设一节足球课，老师根据学生的年龄和生理特点，分年级组织学生学习运球、传球、射门等基本技能，并将足球基本技术融入体育游戏教学之中，提高学生参与足球活动的兴趣。人人会踢足球，班班有球队，全员齐参与。通过大课间、体育课、专题足球课等方式，加大了足球相关知识、技能的普及力度，充分发挥了校园足球的育人功能，营造了浓郁的足球氛围，让更多孩子享受足球带来的快乐。

在此基础上，校领导与体育组教师积极探索校园足球运营模式，大胆进行改革和创新，制定并实施了“全面普及+假令营+精英队”的协同发展方案。为强化此项运动发展我们校采取“请进来、走出去”的有力措施，诚邀“华夏幸福俱乐部教练员张名慧、前国安队员李洪政”多次来校进行亲临指导。我们还经常组织足球运动员积极参加市、区比赛及俱乐部邀请赛。在2019年1月，我们参加了昌黎宏“兴杯”足球邀请赛；2019年5月我校与抚宁区第二小学进行了足球交流赛；2019年7月参加了秦皇岛体育局举办的“市长杯”校园足球联赛，我校女子组取得了第二名的好成绩；7月末我们又参加了“胜道体育”足球夏令营活动；2019年8月我们又带领小球员们参加了山东鲁能足校举行的“哈比杯”足球交流赛；除此之外，我校还多次代表北戴河新区参加了秦皇岛市中小学生校园足球联赛，并取得了一定的成绩。随着成绩的不断提升，学校也为秦皇岛市校园足球后备人才选拔做出贡献，每年都有学生入选秦皇岛第十中学，为我校足球运动发展更上一个台阶奠定了扎实基础。

为使我校足球更高更快的发展，北戴河新区教育局还专门为我校定向招聘了一位专业足球教师，有教育局和校领导的高度重视，有社会各界和学生家长的大力支持，我校的足球教育将会不断前行，终究会以满意的答卷传承精神，回报社会。

三、深化课堂改革，提升学校教学质量

在教学工作中，我们继续深化课堂教学改革，有效实施“两个工程、四项改革推进教学管理向精细化发展，整体提升教学质量，促进学生全面发展。同时学校注重学生养成教育的培养，定期对学生进行法制教育、安全教育、爱国主义教育、国防教育、安全演练，注重传统美德教育，积极落实经典诵读。坚持少队值周活动，并逐步升级成学生争章活动，培养自主管理能力，注重学生的全面发展。长期开设25个社团活动，其中沥粉画、篮球、足球已经成为我校的校本德育课程。

四、构建文化体系，培养致远时代新人

我校目前正在构建“三zhì”(志智致）为核心的学校文化体系。我们南戴河小学前期已经确立了以“志、智、致”为核心的学校文化思想，立足培养“胸中有志气，行事有智慧，做人致谦，做事致极、致远的新时代南小人”。在工作中，我们要逐步将这一思想理念落实到学校的全面工作中，以“树志立德”为目标，以“智慧智能”为过程，以“致极致远”为标准，三zhì相辅相成，互为一体。构建“三zhì”(志智致）教育教学课程体系，构建有“志”的课程、课堂目标和内容，以落实学生核心素养的培养为内核，着力培育志向远大，志趣健康多样的时代新人；构建有“智”的教学育人过程，让教学活动智慧化，教学手段智能化；构建有“致”的过程评价方向，追求致极、致远的行动准则。我们的校训是“崇德、砺志、笃行、致远”；我们的校风是“明理、善学、求实、创新”；我们的教风是“博学、善思、精研、奉献”；我们的学风是“诚信、施爱、乐学、创造”。

站在中国特色社会主义新时代的起点上。我们南戴河小学全体人员将不忘记初心，不负使命，用责任肩负未来，乘势而上，再谱华章。

劳动教育点亮学生的生命底色

——唐山市安各庄小学劳动教育工作纪实

河北省唐山市安各庄小学 李爱君

习近平总书记指出:“劳动是财富的源泉，也是幸福的源泉。人世间的美好梦想，只有通过诚实劳动才能实现；发展中的各种难题，只有通过诚实劳动才能破解；生命里的一切辉煌，只有通过诚实劳动才能铸就”。我校秉承“以人为本，打造幸福校园”的办学理念，落实立德树人根本任务，以劳树德，以劳增智，以劳健体，以劳育美，积极开展富有农村特色的新劳动教育，劳动教育成为我校培养学生创新精神和实践能力的重要途径。

一、紧跟教育精神指示，不断优化劳动基地建设

我校是2005年8月，由三所学校合并重组的一所全日制公办小学，学校占地面积19800平方米。我校劳动基地是在并校初始，就开始了初步规划建设。当时学校除了一座教学楼，其余满是荒草。老师们利用暑假时间，清理校园、操场，历时半个多月，终于在开学前，将校园清理干净，并开垦出可供种植的劳动基地。从2006年春天开始，我们在开垦出的土地上种植玉米、大豆等简单易管理的农作物，老师定期带领学生参加劳动，以“种-赏-收”为劳动教育主线，在劳动活动中品位“种”的辛苦、“赏”的乐趣、“收”的喜悦。亲身体验我们吃的粮食是怎样种出来的，感受粮食的来之不易！

2012年我校附属幼儿园撤并，幼儿活动区域闲置出来，我们没有将其简单硬化处理，而是带领师生利用课余时间，自己动手清除建筑垃圾，换土平整场地，同时购买有机肥改善土地质量，最终将其打造成了可以种植果树、农作物的劳动基地。十几年来，我们坚持每年边种植、边改造土壤，不断完善劳动基地。先后在劳动基地内种植了葡萄、桃树、海棠、连翘等树木两百多棵。劳动基地由最初的蔬菜种植、农作物种植，发展到果树、景观树种植。为孩子们打造出了“实践乐园学校的“开心农场”。

2018年习近平主席在全国教育大会上提出，社会主义教育要培养德、智、体、美、劳全面发展的社会主义建设者和接班人。于是，按照教育局的安排部署，我们重新对劳动基地进行了规划，共划分出五个区域。十几年的坚持与努力，我校的劳动基地已经达到了2200多平方米，生均劳动面积7.8平方米。今年，我们对劳动基地设施进一步完善，补种各种树木150多颗，种植花草350多平方米。还将在北侧花果林建造一个养殖园，准备饲养一些小动物，给孩子们开辟一个感受自然、了解动物的体验场所。

为管理好劳动基地，学校发动全校老师开动脑筋，集思广益想办法，最终达成了共识：劳动基地实行按块分班级管理。除了劳动老师，每个班级、每名师生都有固定的责任区域，每周都安排时间进行劳动实践活动。劳动教师负责安排劳动任务和技术指导，班主任和副班主任老师一起与学生劳动。将劳动教育与日常教育教学相融合，学生从中学到了农业知识，培养了劳动技能，更体会到劳动的辛苦与快乐，培养学生从小热爱劳动，热爱劳动人民，养成劳动习惯。

二、劳动教育校本化实践化，学生收获劳动快乐

为促进劳动教育顺利推进，根据区劳动教育实施方案，制定了我校劳动教育具体实施方案及计划，对劳动教育做出具体安排部署，目标明确，措施具体。

为培养高水平专业教师队伍，我校成立了劳动教育教研组，由两名专职和一名兼职教师担任劳动课程，任命责任心强、教学经验丰富的老师为组长，带领劳动教师开展教研活动，劳动教育有条不紊地开展。各班主任和副班主任作为劳动兼职教师，分别带领学生每周完成

一节劳动实践与学科整合课。学校专门购买了种植、养殖的书籍供教师们自学使用，定期聘请专家对教师进行技术指导。去年十月份，我们又邀请到了种植葡萄的老专家，为我们现场指导葡萄种植、栽培、养护技术。我们按照专家的指导方法，对学校的葡萄基地重新规划建设，对原有葡萄进行越冬养护，如今，我们的葡萄园已初具规模，葡萄秧长势喜人。

我校依托劳动基地，让师生从课堂走向生活，从劳动实践中感受到自己拥有创造美好生活的能力。每学期，我们都会开展“我的小小试验田”劳动实践活动。教师带领学生除草、翻地、松土，为种植做好充分准备。学生们根据自己的兴趣爱好，依着时令，选择种植的农作物。先后在康蔬园里种植过黄瓜、茄子、豆角、“互加”豆、大白菜、胡萝卜等蔬菜，种植过玉米、花生、红薯、大豆等农作物，种类达数十种。

去年十一月，五年级的学生们在老师的带领下又尝试了冬菠菜的种植。孩子们在属于自己的试验田中播撒下了一颗颗菠菜种子，同时也种下了希望。半个月的时间过去了，一粒粒种子在孩子们的精心呵护下，已经冒出了嫩嫩的幼苗。初冬风大，土壤干燥，幼苗需要喝水，教师及时组织孩子们浇菠菜。为确保幼苗安全越冬，十二月份，学生们为菠菜幼苗浇封冻水。春天到了，为使幼苗尽快返青，师生又及时为冬菠菜松土、浇水。收获季节到了，学生们将亲手种植的冬菠菜收获采摘，并设计了系列拓展延伸美食制作活动。学生们亲身体验了菠菜的生长过程，亲历了劳动的艰辛与快乐，感受到劳动的光荣。劳动教育让学生真正走出课堂，走向生活。

三、家校合力拓展劳动教育，让劳动教育落实处

劳动能帮助我们感受行动的快乐，体会收获的幸福，感悟生活的意义。每一个劳动小习惯皆是我们成长的色彩。劳动教育的开展不能仅仅局限于校内，更应延伸到家庭。家务劳动，有利于开发学生思维，培养责任感，促进学生全面健康发展。“一屋不扫，何以扫天下我们抓住衣食住行等日常生活中的劳动实践机会，鼓励孩子自觉参与、自己动手。积极引导家长和同学们正确认识劳动，形成“热爱劳动、从我做起”的良好氛围，让校内劳动、校外劳动、家务劳动相融合、形成合力。

为进一步调动学生参与劳动的积极性，提高学生劳动技能，我们借助家校共育这一平台，进一步推进家庭亲子劳动教育活动，将劳动教育融入日常生活。孩子们每周都会在家长的指导下完成一项劳动实践活动，在家务劳动中不断尝试，克服困难，形成技能。培养同学们脚踏实地、吃苦耐劳的精神和品质。进一步提高了学生的自理自立能力，增强了家庭责任感。

每学期各中队还与少先队联合开展　“家务劳动大比拼”活动。如“我是物品整理小达人”、“我是钉纽扣小能手”、“我的美食我做主”等。学生自行挑选自己喜欢的方式展现劳动成果，如手抄报、劳动心得、自己的“拿手”美食等。从孩子们一幅幅画作、一份份心得以及自己亲手制作的美食中，可以看出劳动带给他们的成长，在培养了学生劳动能力的同时，更融入了“知父母情、感父母恩”的情感教育。孩子们深深体会到父母的不易，劳动的辛苦。

我校充分利用社会资源，组织学生深入社区、公共场所参加志愿服务，参与村委会、社区卫生治理，绿色环保知识宣传，安全防火知识宣传等。2020年新冠疫情致使我们不能按时返校开学，学生们在家里除了上网课、帮父母做家务，还积极参与到社区、村委会疫情防控的宣传队伍中，他们和父母一起在疫情防控点站岗值勤，虽然辛苦，但孩子们从中感受到奉献社会、服务他人的自豪与幸福。真正实现了劳动教育来源于生活，服务于生活。

四、结语

劳动创造社会，劳动教育，呈现出教育最本真的精神面貌，是国民教育体系的重要组成部分。劳动教育校本化开展，应用，是我校的教育创新，是教育新发现。

综上所述，通过劳动教育，能够有效地促进学生全面均衡发展，具有树德、增智、强体、育美的综合育人价值。劳动教育改变了学生头脑中原有的劳动观念和对劳动的认知。老师们带领孩子走出课堂，到大自然中去学习知识，获得更多的锻炼，孩子们经历过春的播种，夏的耕耘，迎来秋的收获。不论是最初的康蔬园、香果林，还是到现在的花果林、百花园，每一个劳动基地的建设从最初的设计，到建成后的美化养护，都离不开全体师生的积极参与，我们每一位安小人都为之流过汗水，分享过喜悦。一届又一届的安小学子为母校亲手种下花草树木，留下希望与幸福的种子。在这里，他们体验劳动的快乐，感受丰收的喜悦，留下美好传承。

我们在系统的文化知识学习之外，有目的、有计划地组织学生参加日常生活劳动、生产劳动和服务性劳动，让学生们在劳动实践中，学会劳动技能，形成了正确的世界观、人生观、价值观，尊重劳动，尊重劳动人民，尊重劳动成果，遇见劳动之美，感受劳动之辛，真出汗，真劳动，真成长！

“行虽微而旨趣远，出虽浅而寓意深”。用习惯垫高成长，让劳动教育促进学生良好品德的形成，我们一直在践行！

用漫长岁月托起乡村教育的希望

——记河北省邢台市巨鹿县堤村乡贾庄校区薄庄小学校长薄贵平

本刊记者　秘天华

“三尺讲台承载的绝不只是一个岗位，还承载着孩子们渴求知识的目光，最重要的是寄托着我对乡村教育的无限忠诚和热爱”.薄贵平，河北省邢台市巨鹿县堤村乡贾庄校区薄庄小学校长，45年扎根乡村教育，在这片热土上，他倾注了毕生的精力和汗水……当学生心结难解时，薄贵平想方设法为他们排忧解难；当教师感到迷茫时，薄贵平一心一意为他们耐心开导，这些数不尽的温暖与关怀让他在平凡的岗位中也闪耀出幸福的光芒。

做无怨无悔的“孩子王”

1975年1月，薄贵平高中毕业。当时，他原本有保送上大学的机会，可在得知薄庄村里缺教师，孩子们无法上学后，他犹豫了。深思熟虑后，他毅然放弃上大学的机会，回到薄庄村，当上了“孩子王”。那时，加上他学校只有两名教师，每天把五六十个孩子教一遍，常常讲得嗓子直冒烟。

刚教书的时候，薄庄村还没有一间像样的校舍，只能将村民们闲置的房屋借来当教室。“上课就像打游击，今天在这里待着，明天可能就要搬到别的地方去。如果村民家里急需使用房屋，我们就得转移，另找地方上课”.后来，经过多方协调，村大队将第四生产队的六间草料棚提供给孩子们当学校。

这六间草料棚已经荒废多年，里面的杂物堆积如山，墙体破损，屋顶漏雨严重，有的房间根本没有门窗，不进行修缮，根本无法使用。面对这项浩大的“工程薄贵平没有退缩，带着几名教师亲自动手修缮门窗、粉刷墙壁、自制教具，既当瓦工，又当木工……回想起那段时光，有些狼狈，有些酸楚，却是薄贵平至今记忆犹新的。在薄贵平的带领下，他们硬是将十分简陋的学校装扮得像模像样。

自此，薄庄小学终于有了自己的“家孩子们再也不用四处流浪。薄贵平的眼里闪烁着喜悦的泪花。

无论是建校舍，还是后来学校搬迁，几十年来，薄贵平始终坚守在农村教学一线，坚持吃住在校，默默耕耘。2006年，薄庄小学被列入“农村学校危房改造”项目中。得知这一消息后，薄贵平激动得几天睡不着觉。为了解决重建学校的启动资金，薄贵平自掏腰包垫付两万元。然而，比起垫钱，更棘手的是搬迁重建学校的规划用地，有一部分是村民的菜地，尽管亩数不多，但也涉及了几十户人家。无奈之下，薄贵平只能挨家挨户去做村民的思想工作。在一番努力和坚持下，他终于说服了所有村民。

新学校开工建设后，薄贵平积极协调、疏通关系，严把工程质量关。几个月下来，他的脸黑了，人憔悴了，体重也降了10斤。“做这些事情，我无怨无悔，现在想起来心里还是美滋滋的”.在薄贵平看来，一个人的付出，能够换来更多的孩子成人成才，能够换来千万家的幸福，他感到骄傲和自豪。

扎根乡村，让青春绽放绚丽之花

人才是农村教育发展的关键。农村的条件不比城里，对教师来说，留下来需要很大的勇气。如何留住优秀师资，办好这所乡村学校呢？薄贵平结合实际情况，不断调整管理思路，构建人性化的管理模式。

为了让乡村教师留得住、教得好，主动奉献乡村教育，薄贵平构建了乡村教师梯队建设工程和教师安巢工程，改善教师的吃住条件，让他们工作舒心、生活温馨。许立新、薄淑霞等四名教师在县城安家，每天上班都要往返两次。赶上雨雪天气时，路上很不安全。薄贵平听说这件事后，在校舍非常有限的条件下，为她们腾出一间办公室，供她们食宿，还为她们购置了电磁炉和餐具，解决了她们的吃住问题，让她们全身心投入教学中。

薄贵平还带头做全体师生的表率，要求教师、学生做到的，他自己必须先做到。他主动挑起了毕业班语文教学和班主任工作的担子；学校执行考勤，他从不因私事耽误工作。“我要为全体师生树立一个‘标杆’，要立得直，立得牢”.在他的带动下，教师的干劲儿真正被调动了起来。

农村教师的职称评定问题，已成为教育界关注的焦点。为解决这个问题，薄贵平组建职称建设小组，合理规划教师的晋职时间表和线路图，让教师分层次、分年龄段地为实现目标而坚持不懈地努力奋斗。他鼓励教师用发展的眼光看待自己，不断提升自身学历层次和专业素养。在校本研修方面，他支持教师外出研修，接受先进教育思想，利用骨干引领、师徒结对、一对一帮扶等形式，实现教学相长共同提高。

特岗教师是教师队伍中最富有生机活力的群体，是乡村学校实现可持续发展的中坚力量。由于农村地区自然条件相对恶劣，经济欠发达，特岗教师的生活相对不便，他们留下来，除了需要很大的勇气，还需要毅力。“特岗教师是农村学校发展的潜力股，要让他们感受到学校这个‘大家庭’的温暖，坚定扎根乡村、奉献乡村教育的决心和信

心”。薄贵平深知，要给予特岗教师更多的人文关怀和业务指导，加强心理疏导，避免因过度焦虑而产生不良情绪，甚至影响正常的教学和生活。他以实际行动为特岗教师的发展搭台子、竖梯子、铺路子，安排教学骨干与特岗教师结对子，组织特岗教师参加校本培训、岗位练兵、教学技能比赛等活动，和家属一起做他们坚强的后盾。

2018年到2019年，先后有8名特岗教师加入薄庄小学，今年又加入6名特岗教师，为学校发展注入了生机和活力。在薄贵平的指导下，薄庄小学先后培养了7名省市级优秀教师，9名县级学科名师和骨干教师，乡村教师队伍不断壮大。

至于激励机制方面，薄贵平采用的是“激励+考评”的办法。这些年留在乡村教学的，大多是一群甘于奉献的老教师，但乡村教育不能只靠奉献。为此，薄贵平建立了乡村教师荣誉激励机制，提升乡村教师的幸福指数。通过“一敲一送”的方式，派教师代表、学校领导班子成员和村委会代表敲锣打鼓把奖状和奖品送到教师家中，让家属感到教师一人获奖，全家都光荣，从而营造尊师重教的氛围，让教师收获满满的荣誉感和获得感。

凭借丰富的管理经验、刻苦钻研的劲头、逆风飞翔的精神，薄贵平积极打造团结和睦、合作幸福的教师团队，他向乡村教师证明：教师扎根乡村，奉献乡村教育，同样可以让青春绽放绚丽之花。

教育之路只有起点，没有终点

对薄贵平来说，学校的发展，需要一面能够鼓舞自己、感动他人、指引未来的旗帜，这面旗帜是学校发展的方向。而他，一直在树旗帜，立标杆，为教育事业鞠躬尽瘁。工作中，薄贵平经常鼓励青年教师多向年长教师学习，要求班主任强化班级组织管理，注重班干部培养，同时做好后进生转化和留守儿童的帮扶工作，不让一个学生掉队。

如今，薄贵平已经年过六旬，他告诉记者自己在教育教学中恪守的八字箴言:“人文关怀+激励机制”。对教师如此，对学生也是如此。薄贵平以质朴、真诚的爱关心着每个学生。不管是在课堂教学中，还是在课余时间，薄贵平经常找学生们谈心，了解他们的学习和生活情况，一旦知道他们有困难，就会伸出援手帮助他们。学生贺强来自张王疃乡闫桥村，他需要吃住在校，于是薄贵平就与他同吃同住，让他感受到老师也是他的家人，还经常利用业余时间为他补习功课。

薄贵平明白，他的学生都生活在农村，家里的经济条件并不富裕。为了不让他们辍学，薄贵平经常拿出自己的工资给他们垫付学费，购买书包和学习用品。他常对学生说:“你们会经过成人、成长、成才三个阶段，成长中接受良好的教育对人的一生起着重要作用。不求你们人人成才，但愿你们个个成人”。

多年来，薄贵平尝试把国旗下讲话等活动作为对学生进行德育教育的主渠道，以课堂教学为主阵地，以开展演讲、书画、歌咏和讲故事比赛等多种活动为辅，摸索出“二主三辅”的德育工作模式。在薄贵平的组织和指导下，学校的德育工作开展得有声有色，涌现出享誉全国的“巨鹿助残四少年”等德育典型。

2017年7月，薄贵平正式从他所热爱的教育战线上光荣退休。原本，他可以回家安享晚年。县教育局考虑到薄庄小学的长远发展，又返聘他继续留守乡村教育。再次接过这副沉甸甸的重担，薄贵平坦言，“教育之路只有起点，没有终点。虽然我已经过了退休的年龄，但只要身体允许，自己能干一天就干好这一天”.他用自己的人格魅力教育和感化每一个乡村孩子，矢志不渝地为振兴乡村教育贡献自己的力量。

书香浸润童年　阅读助力成长

河南省安阳市内黄县向阳路小学　任晓兵

琅琅读书声，孜孜勤学影，内黄县向阳路小学立志于营造一所书香飘逸的校园，努力构建“儒雅文化”体系，培养学生从小手不释卷爱读书，精挑细选读好书的习惯，让学生沉浸在阅读的氛围中，伴随阅读的魅力不断成长。为此学校开设了与其相关的一系列课程，并举办了丰富多彩的活动，在当地获得了较大的影响力 。

师生共读课

每周三下午第二节课的校园里听不到一点声音，是没有学生吗？不，这是一节师生共读课。从刚满六周岁的一年级学生，到学校后勤保卫人员，从各科任课教师到身兼数职的校长，人人手持书卷，投入到书中的世界。非学无以广才，而读书是成长最直接有效地方法。学校把为学生营造读书的环境和氛围作为首要任务，既让学生明白安静的环境，平和的心态下读书效果最好，又让学生懂得人人都要阅读，不分年龄，无关职业类别。畅游书海中，师生共阅读，选择合适的书籍，从课内延伸至课外，我们身体力行，和学生共同成长，传承前人优秀文化知识，成就向阳文化特色。

阅读笔记

千篇万章眼前过，不如三言两语笔尖落。阅读笔记便成了学生自己的百宝箱。学校语文教研组根据不同学段专门为学生制定了阅读笔记的格式，年级不同难度也不一样。在阅读笔记中摘录文中优美的词语、段落，写下自己的感悟，又或者即兴用上印象深刻的词语写一段话。从一年级写到六年级，日积月累集结成册。毕业后回首翻看一年级时的阅读笔记，看到涂鸦式的笔迹，或许自己也会忍不住笑起来。昔日举步维艰的崇山峻岭，再看时如履平地，学生可以尽情驰骋。这伴随整个小学时期的阅读笔记，见证了每一个学生的成长，丰富了学生的知识储备。

校园读书节

时刻准备着，只为那一刻最好的自己。为了更好地激励学生们读书，又让学生拥有自我展示的机会，学校搭建“校园读书节”这一活动平台让学生把他们平常阅读到的好文章，经典古诗词等以朗诵的形式展示出来，极大地调动学生的积极性。有安静的沉淀，就有热情的暴发，正是在这样的舞台上，我们通过四届向阳路小学校园读书节，培养了一批批的朗诵小精英，主持小达人。学生的朗诵水平普遍提高，学生的表现力，朗诵的节奏感，包括对优秀段落或古诗词的背诵能力都得到极大的提升，随便拉出一位学生都能有模有样的来一段儿。每年的读书节活动，校领导们力求精益求精，一年比一年办得丰富多彩，每年都有意想不到的黑马选手诞生。星星之火，可以燎原，一个优秀的学生可以带动一片学生。这就是希望，让更多的学生因为某一个原因喜欢上阅读，我们力争提供广大的舞台，助力学生的成长，让每一位学生读万卷，抒豪情。

“阅读与写作”特色课程

语文老师每周会有一节精品“阅读与写作 ”课程 。秉承“以读促写，读写结合”的教学理念，每周由教研组长组织教师集体备课，共同选定写作主题，教师们集思广益，精研细磨，每个老师都有自己独特的教学设计，百花齐放展示同一个主题。“阅读与写作”课上，教师从多方面引导学生赏析范文，学习范文的写作方法、表达形式，并结合“拓展延伸”、“小练笔”等环节，让学生第一时间做到学以致用。教师们教会学生分析文章，梳理结构，解决问题。老师们又在一次次的精备精讲真反思的过程中不断提升自己的教学水平。“写作课”上，教师根据阅读课上的阅读主题，设置相同主题的写作要求，学生进行写话或者习作。这种“以读促写，读写结合”的教学理念，为“教”与“学”指明了方向，提供了方法。老师为学生在“读”与“写”之间搭了一座桥，让学生慢慢喜欢上了写作。

“小葵花作文大赛”

为了检测教师“阅读与写作”的教学情况，更清楚的了解学生的写作水平，学校每个学期都会举办“小葵花作文大赛”。校领导组会在比赛前几分钟给出习作题目和要求，各年级教师轮换监考，保证考场纪律，统一分发专用写作纸，学生在规定时长内完成写作。收回学生的写作专用纸后，会密封装订，教师轮换年级评改。每个年级选出优秀的十份“小葵花作文将作品按年级张贴校门口两侧的移动宣传栏上，供上下学的师生和接送孩子的家长观看。每当张贴完成，驻足观看的学生和家长络绎不绝，学生们既阅读了优秀文章，又可以对照自己的文章找差距，补不足。张榜公布的效应，还会极大地震动学生家长，鼓励学生家长更关注学生的语文写作情况。通过我们的“小葵花作文大赛激发了学生读书和写作的兴趣，养成学生爱读、爱写的习惯，促进学生课外阅读，提高他们的写作能力，让学生在写作中体验成功与快乐，从而促使学生写作，沉浸于写作，成为富有内涵、身心和谐发展的孩子。我们的活动虽小，但是它会在孩子们心底让爱阅读，爱写作的种子生根发芽，长出读写俱佳的“向阳之花”。

中华经典吟诵

传承中华文明，吟诵中华经典，我们一直在努力。为了能让学生更加多方式多学科融合，培养阅读的兴趣，同时增加学生古诗词的积累量，培养良好的诗词韵律感，我校积极申请成为中华经典吟诵实验校。2020年9月10日上午，彩旗飘扬，鲜花灿烂，向阳路小学“中华经典吟诵实验学校”揭牌仪式在一阵热烈的掌声中拉开序幕。随后，各年级以语文教研组长为主迅速成立了吟诵课程教研小组，开展了对教材的研读。为了能更加吸引学生的学习兴趣，吟诵教研小组为教材中的每一节课设计了精美的教学课件，引入与古诗词相关的故事，同时补充了更加适合小学生吟唱的配套音频。通过不同的分工与合作，从课件配图到音频选择，每一首都力求达到让学生充满兴趣，学有所得。小学阶段所有年级的中华经典吟诵教材在教师们的努力下，用了将近一年的时间都做巨大的改进，吟唱古诗词更让学生爱上诗词与音乐的搭配。付出的努力虽然辛苦，但“熟读唐诗三百首，不会作诗也会吟小学是积累诗词的关键时期，以后我们会用更多的时间和精力让学生打好这个基础。

吟诵课程如火如荼的开展起来：吟诵古诗作为每节课的开始和结尾，学生放学的路队时吟诵古诗代替了原来的口号，背诵古诗自觉地成为每天的家庭作业……当音高不同节奏的诗词乐曲，伴随学生稚嫩的诗词吟唱声飘荡在校园里时，所有的声音都成为天籁之音。

让学生爱上古诗词，感受到古诗词之美，展示吟诵诗词魅力，2021年元旦之际，我校隆重举行了“中华经典吟诵汇报演出”活动，每个班级精挑细选曲目，集优美的诗词、音乐、舞蹈、朗诵、武术为一体，认真编排，内容丰富多彩，形式多种多样。展示的精彩节目令人目不暇接，参与表演的学生脸上笑容灿烂无比。这样的展示机会让学生愿意更深一步了解诗词，吟诵诗词。

欧阳修说“立身以立学为先，立学以读书为本”。带领学生在学习的道路上启航，我们从阅读开始。阅读充实人的思想，丰富人的情绪，助力人的成长。我们向阳路小学相信阅读正是教授学生知识，教会学生探索知识技能和方法的一把钥匙，希望通过精心设计的不同形式的课程与活动，让学生开启知识宝库的大门，阅读一生，受益一生。

追根溯源汉字文化，促进语文课改发展

河南省南阳市二十六小学校　李国英　郭丽

汉字走过甲骨成泥，钟鼎斑驳，历经秦篆汉隶，汉朝末年形成了方块文字。

中国汉字之美，美在形态，美在音韵，美在灵性。一笔一画蕴含着中国独特的思维方式。横平竖直，承载着中华文明厚重的底蕴和价值。

河南省南阳市第二十六小学，一直把母语文化的传承作为重中之重，以“汉字溯源为本位”的汉字教学作为语文教学改革切入点。

一、积极落实实践汉源语文教学工作

学校以李国英校长为首的领导班子，把以甲骨文为首的汉字溯源作为语文教学改革的重中之重。领导班子多次开会研究，反复论证，找到适合本学校的方法，比如教师培训、专家讲座、对比班实验和挑选种子选手等，以班级和年级组为单位进行逐项督促落实。

南阳市第二十六小学2015年获得“河南省语言文字规范化示范校”。2016年，陈丽副校长在升旗仪式和全体学生家长会上，讲解汉字溯源学习的重要性，发出汉字溯源语文教学法的倡议，动员家长配合学校，督促学生在汉源语文网上注册、学习，号召每位学生人手一册第七版《现代汉语规范词典》，动员全校师生背词典、参与汉字溯源网上答题。学校组建了汉字溯源社团，社团学生以五六年级学生为主，每班选拔出语文阅读知识面广，喜爱文字的优秀同学，由郭丽和李蕴老师进行专项辅导。从学习汉源词库到学习孙教授的汉源背词典，再到网络天天练，日日个人赛、对抗赛。一次次挑战成功，令学生兴致盎然。

学校组织具有一定文字功底和学习能力的同学，成立了甲骨文书法社团。瞧，同学们书写的妙趣横生的甲骨文。老师和学生们利用业余时间包括寒暑假时间，学习记录的笔记，认真翔实。每学期组织召开汉源专题会议，制定详细的教学方案，全力开展“汉源语文进班级”活动。学期末评选汉源学习标兵、发奖品进行奖励，汉源学习平时占比分计入语文考试总分，对优秀班级进行量化加分。

二、学校汉语言文字工作收获成绩

南阳市第二十六小学校大力倡导汉字溯源语文课改研究，一路走来也不离不开上级领导的大力支持。南阳市教育局语言文字工作委员会办公室张明伟主任对学校给予厚望，也对学校的过程性工作予以悉心指导。在学校获得河南省首批甲骨文教育特色学校荣誉称号后，张明伟主任指出，学校语言文字工作已经走在全省前列了，有机会还应该多去安阳等地学习，多借鉴其他地市兄弟学校好的做法，把这项工作做扎实，培育出更多优秀的人才。

2016年12月，河南省汉字大赛执行主任、题库命题人孙万里主任莅临二十六小学，进行汉字溯源专题讲座，并对汉字溯源校本教研提出了战略性部署规划；2017年9月，南阳市教育局党委委员、副局长杨扩等一行莅临学校，同行的还有宛城区教体局刘尚端局长和薄秀林副局长。杨局长听取完郭丽老师校本教研--汉字溯源具体措施的汇报后，对汉字溯源教学特色给予高度评价；2018年11月，胡永范、薛耀峰同学市级一等奖，直接晋级河南省汉字大赛总决赛，获得三等奖；2019年1月8日下午，一个激动人心的时刻，孙万里教授为南阳市第26小学校授牌“汉源实验学校”；2020年12月9日，省首批甲骨文教育特色学校公布，全省16所中小学校及幼儿园被命名为河南省首批甲骨文教育特色学校，南阳市第二十六小学榜上有名，成为南阳市唯一上榜的学校。

三、汉源语言工作开展任重而道远

李国英校长特聘孙教授为学校汉源语文顾问。孙教授在专题讲座中，从甲骨文字理角度揭示了汉字背后深层的文化渊源。在场的学生家长代表和学生代表一直静静地聆听，并且进行互动。李国英校长和大家坦诚交流学习感悟。

梅子金黄杏子肥，2020年6月，河南省汉字大赛执行主任孙万里教授又一次莅临二十六小学，进行汉源语文指导工作。与会领导有宛城区教体局人事科邢友春科长等。孙万里教授以《杨氏之子》课文为例进行讲座，围绕“聪慧”两字进行溯源解析，与会老师醍醐灌顶，更加深刻地领会了汉源溯源教学法与课文的深度融合。

学校的郭丽老师，自身国学功底深厚，且是河南省散文学会会员、南阳市作家协会会员，这些年来教学、写作之余，一直在坚持学习研究汉字溯源。鉴于此，孙万里教授聘特聘请郭丽老师为洛阳师范学院汉源研究所高级研究员，为李国英校长等老师颁发2019河南省汉字大赛“优秀辅导教师向学生颁发证书。

2020年9月，二十六小学校甲骨文研究主创团队代表和优秀学生代表，开启“甲骨文研学之旅”。师生信步中国文字博物馆，追溯殷墟甲骨文，邂逅龙骨碎片中的文字盛典，寻觅久已失落的远古文明，感受浓重的中国汉字文化以及殷商文化。师生一路收获满满，更加敬畏汉字。

省教育厅要求，被命名的甲骨文教育特色学校要认真贯彻落实习近平总书记致甲骨文发现和研究120周年贺信精神，充分发挥在以甲骨文为代表的中华优秀传统文化传承发展中展中的引领和示范作用，利用学校自身优势，深入发掘甲骨文文化资源，让优秀传统文化在学生心中生根。要加强对甲骨文化的宣传，扩大甲骨文影响，彰显甲骨文的文化魅力和时代价值，不断提升中华民族的文化自信和文化软实力。

追根溯源汉字文化，促进语文教学发展。每一个汉字都承载着一段历史，或是一个故事，或是一段文化。汉字的起源历史就像是一个生命体的成长过程。研究其中，就像是探索一段未知的旅程，有“惊险更有“惊喜而这也正是语言工作的魅力所在。

学校进行汉字溯源语文教学改革，目的是培养同学们对于甲骨文等汉字发展演变历程，提升对汉字字形字义的精准掌握，增加学生语文素养的宽度、厚度与广度，培养孩子们对中华民族历史文化的认识和敬仰。学校领导班子有信心，在孩子们心中植下汉字文化的种子，一定能生根发芽葳蕤成林！

未来任重而道远，路漫漫其修远兮，我们将继续在汉字溯源这条道路上远行！

浅谈幼儿家庭教育指导方式

河南省农科院幼儿园　唐　莹

《幼儿园指导纲要（试行）》明确指出:“家庭是幼儿园的重要合作伙伴，应本着尊重平等合作的原则，争取家长的理解支持和主动参与，并积极支持，帮助家长提高教育能力”.目前，笔者从调查中得知，家长对幼儿的教养方式存在耐心讲解、无原则溺爱、严厉呵斥、言传身教、放任自流等多种情况，认为幼儿园应采用有针对性地指导内容，利用多途径宽内容的指导方式进行家庭教育指导，帮助家长形成正确的教育观念，掌握适宜的教育方法，形成教育合力，共促幼儿健康发展。基于此，笔者所在幼儿园致力于做好幼儿园家庭教育指导工作，努力寻找提高家长教育能力的有效途径。

一、通过个体指导，建立个性化的家庭教育指导

（一）园内单独交谈

根据问卷调查分析显示，园内单独交谈因其简单、直接、及时等交流特点，且交谈的内容并不公开，让家长和教师都感到方便，是目前幼儿园教师认为最有效地家庭教育指导方式，也是幼儿家长最希望采取的方式。单独约谈是教师与家长围绕幼儿教育问题进行有目的、有计划、一对一的深度交谈，约谈的发起方可能是教师也可能是家长。单独约谈有利于制定幼儿个性化成长方案，有利于防范家园关系危机，有利于化解家园关系危机，有利于开拓积极、主动的工作局面。教师可结合幼儿实际表现，与家长交流幼儿行为表现以及身心发展状况，让家长对幼儿在园的学习能力、集体交往、合作意识等方面有一定的了解。同时，可以通过单独交流，让教师了解并分析幼儿在家庭当中的表现，在结合《3-6岁儿童学习与发展指南》的基础上，针对其幼儿年龄特点，向家长传授育儿经验，给予更加完善、科学的育儿理念。值得注意的是，教师要在约谈的过程中让家长实实在在地感受到教师的真诚与谦和，要对家长有同理心，多用商量和请教的语气表达自己的想法，把正确的内容，以正确的方式传达给对方。

（二）家庭访问

教师通过不同形式的家访，了解每个幼儿所处的家庭环境，了解家长的教育态度和方式，对症下药，有针对性地对家长进行指导。教师主动上门，可以让家长亲身经历教师和幼儿的言语交流和行为指导，有助于增进家长与教师，家长与幼儿之间的相互了解，建立良好的合作关系，为获得良好的家庭教育指导效果打下基础。家访之后，教师要与家长共同制定具有针对性地个性化教育方案并有相应的根据策略。教师要主动向家长汇报幼儿的成长状况，并询问家长的教育策略。

（三）专家咨询

家长在养育、教育幼儿时会遇到许多具体的问题和矛盾。由于幼

儿的自身特点不同、家长的不同特点，不同的家长遇到的问题和矛盾是不同的。给予适宜科学的解决的方法，是开展家庭教育指导的任务。幼儿园可以邀请相关的专家学者来园进行集体知识讲座，并组织幼儿家长与专家的相互交流和讨论，对家长的困惑和需求进行有针对性地、科学的指导，有效地解决家长的各种问题，帮助家长认识到幼儿园教育和家庭教育不可相互替代的道理，指导家长结合孩子的实际情况选择合适的育儿内容和方法，促进家长成长为幼儿园教育的合作伙伴。

二、通过集体指导，完善家庭教育指导内容

（一）家长会

家长会可以系统地向家长介绍该年龄阶段幼儿的发展特点，本年龄阶段教学目标，全面发展的具体含义以及符合幼儿年龄特点的教育形式，这对更新某些家长心目中根深蒂固的知识与教育观念有着极其积极地意义。家长会有多种组织形式，如介绍型家长会、讲座型家长会、分类型家长会、座谈型家长会、参与型家长会等。教师不应局限于某一种形式中，而是应该根据不同的家长会内容，选择不同的形式。同时，教师要根据参会家长的年龄、学历和认知水平合理安排家长会的内容。家长会结束之后，教师要收集家长对会议内容的意见或者相关的建议，并在此基础上反思改进工作的思路，并及时向家长反馈后续工作开展的情况。其中，需要幼儿园给予支持和指导的内容，教师要主动向园领导汇报；属于班级工作的内容，班主任需要与班级和其他教师协商工作策略；对于个别家长的意见和建议，教师要做好个别沟通工作。

（二）家庭教育专题讲座

幼儿园应定期或不定期开展幼儿家庭教育知识讲座。讲座的内容可以是有关幼儿园教育的性质、任务和要求方面的知识；可以是有关幼儿身心发展规律、年龄特点和家庭教育规律方面的知识；还可以是有关家长对幼儿进行家庭教育中容易发生的问题和如何对待、处理方面的内容。为了提高专题讲座的实效而不流于形式，幼儿园必须充分考虑家长的需要和实际，提高讲座内容的针对性和可接受性、时间安排的可行性。在主讲人的选择上注意选择熟悉学前儿童教育现状和了解学前儿童家庭教育实际状况的专家；选择具有丰富指导经验、具有一定理论水平的指导者；选择家庭教育实效突出，且具有一定口头表达能力的家长担任主讲人，这些都是提高专题讲座的有力保证。

（三）幼儿园开放日活动

以邀请家长来园听课为主的幼儿园开放日活动，有助于家长比较客观地认识幼儿园的教育工作。首先，家长开放日活动为家长参与到幼儿在幼儿园的学习与生活活动提供了机会，使家长了解幼儿的在园生活情况，有助于帮助家长减少教养分离、养育多教育少的问题。其次，家长开放日活动使家长了解到幼儿园的教育是以丰富幼儿的生活经验、提高幼儿的具体形象思维和动手操作能力为主，而不是通过死记硬背、强行灌输，实现幼儿的成长；最后，家长开放日活动有助于增进家长对教师工作的了解，理解教师工作是为了幼儿的长远发展，体会教师日常工作中的辛苦与付出。

（四）亲子活动

定期举办亲子活动能够增进教师、幼儿、家庭之间的和谐关系，在亲子活动当中，教师应组织适合幼儿年龄特点、适合家长与幼儿共同合作的亲子游戏，促进家长和幼儿之间的亲子关系融洽程度，为增进家园之间更多的理解和支持奠定基础。幼儿园可组织丰富多彩的亲子活动，如“元旦”、“三八妇女节”、“六一儿童节”、“国庆节”、“中秋节”、“冬至”等亲子联欢活动，还有有家长、子女配对进行比赛的亲子运动会。这种亲子活动会对克服目前亲子关系中容易出现的子女任性、依赖父母和父母包办代替等不正常现象，形成正常的亲子关系是有利的。亲子活动不仅增多了父母亲与子女交往的机会，而且赋予了亲子关系以新的活力，必将促进亲子间新型关系的健康形成。

三、利用多种平台，将家庭教育指导生活化

（一）“家园园地”小板报

为了方便与家长的沟通与交流，河南省农科院幼儿园创设了班级“家长园地”小板报，设立周计划、月重点、保健知识、育儿理念、每日学习内容、主题活动等版块。幼儿园每周在“家长园地”小板报向家长介绍该周的学习活动计划以及每月的教学、生活等活动重点内容，在主题活动安排中绘制主题网络图，让家长清楚了解幼儿五大领域中的学习内容及学习形式等；在育儿专栏中为家长提供更贴合本班幼儿年龄特点的教育理念；在保健知识专栏中向家长介绍各类保健常识，做到预防在先，防治有效地建议。教师不仅应按时更换内容，使“家长园地”内容生动活泼、具体形象、富有针对性，而且应该在专栏上反映家长意见，不断发表家长来信使家长产生亲切感，提高“家园园地”的吸引力，更好地发挥这一指导形式应有的作用。

（二）家庭教育刊物

笔者在家庭教育指导工作中发现，一部分家长由于工作繁重忙、家务繁重或忙于自身的学习、娱乐和应酬活动，较少参加幼儿园组织的家庭教育指导活动；一部分家长有一定的理论修养、习惯与自觉提高，对幼儿园组织的指导活动不感兴趣，要求介绍有关的阅读资料；有的家长积极参加幼儿园组织的所有活动但他们并不满足，他们有较强的书面阅读的能力和需求，因此，向这些家长推荐或者提供高层次的幼儿教育类书籍是很有必要的。这些家长可以按照自己的时间安排，通过阅读教育书籍了解科学的教育理念，掌握适宜的家庭教育方法。

（三）搭建家庭教育指导网络平台

随着网络的迅速发展和国民媒介素养的提高，微信、微博、博客、QQ群等网络沟通平台不仅具有传统沟通方式所不具备的优点，而且反映了信息时代家庭教育指导的新需求、新特点。比如，掌通家园是帮助幼儿园与家庭建立有效沟通的互联网互动交流应用软件。该软件不仅能够实时显示幼儿的入园、离园状态，上传幼儿在园活动时的视频和照片，而且家长可以在该软件中了解幼儿园食谱管理、幼儿园新闻等教育知识，帮助家长在家庭教育中建立自信心。

习近平总书记在十九大报告中指出：“建设教育强国是中华民族伟大复兴的基础工程，必须把教育事业放在优先位置，加快教育现代化，办好人民满意的教育”。教育工作者在做好教育幼儿的基础上，要通过各种家庭教育指导手段，切实将家长教育工作纳入制度化、规范化，充分利用家庭教育资源，指导家长观察和分析幼儿行为特点的方法，引导家庭成员采取协同一致的教育策略，促使家长成为幼儿园教育的合作伙伴，共同促进孩子们健康成长。

如何在农村学校实现人文和谐管理

河南省新县箭厂河乡中心学校　曹积秉

近年来，随着经济社会的发展和城镇化进程的加快，农村中小学的办学条件得到全面改善，教师队伍力量得到加强，但是，学校生源在逐年下降，教师队伍不够稳定，在一定程度上制约着学校的发展。如何在有限的条件下，抓好学校管理，凝聚教师教书育人的智慧，是农村中小学校长值得深思的问题，本文以我所在的学校为例就这个问题作肤浅探讨。

一、基本情况

我所在的列宁小学隶属于新县箭厂河乡中心学校，位于箭厂河乡政府所在地，这里地处鄂豫两省结合部，南与湖北省红安县毗邻，北距县城13公里，属长江流域，气候温和，土地肥沃，特产丰富。革命战争时期，箭厂河乡群众前赴后继，抛头颅，洒热血，参加革命，为新中国的建立做出了巨大贡献，“村村有烈士，户户有红军，山山埋忠骨，岭岭皆丰碑”是这里的真实写照。箭厂河乡红色资源体量较大，现存革命遗址达300余处，其中国家级文物保护单位3处，省级4处，市、县级14处，保存了苏区土地法大纲等众多革命文物。开发建设了列宁小学旧址、鄂豫皖苏区第一个消费合作社旧址、鄂豫皖苏区第一税务所旧址、“红田”惨案遗址、吴焕先烈士故居、鄂豫皖苏区第一个党支部、红二十五军司令部旧址等著名红色旅游景点。

列宁小学原为吴氏祠堂，始建于清朝同治年间，距今已有130多年的历史。

1927年，随着武汉“八七”会议的胜利召开和“黄麻起义”的成功发动，鄂豫皖边区的农民运动风起云涌，广大农民群众纷纷翻身闹革命。由于当时参加革命的多为穷苦大众，文化素质偏低，军事素养不高，绝大多数都是文盲。为了提高他们的综合素质，加大革命思想的宣传力度，由吴焕先等人在此创办了一所“中山小学一边普及少儿教育，一边培养农动骨干。1931年，随着鄂豫皖根据地苏维埃政权的建立和文化教育事业的发展，学校改名为“列宁小学”。

新中国成立后，新县列宁小学在各级领导倾情关怀下得到发展壮大。1974年列宁小学在原址旁扩建，并将原址改为列宁小学纪念馆。1978年4月，河南省人民政府将列宁小学定为省级重点小学。1982年，原国家主席李先念的夫人林佳楣亲自为列宁小学捐赠教学用品。1990年10月，原国家教委副主任何东昌莅临学校视察，并为学校题写校名。

丰富的红色资源，各级领导的亲切关怀，为学校的发展奠定基础。近年来，借助“全面改薄学校办学条件得到全面改善。占地1.4万平方米，建筑面积8200平方米。现有教学楼、食堂宿舍楼和综合楼各一栋，田径运动场、篮球场设施齐备，图书室、科学实验室、计算机室、宣泄室、棋艺室、书法室、美术室、音乐室、心理咨询室等功能室一应俱全。

二、现实意义

学校交通便利，距离县城较近，红色历史厚重，文化传统较好。现有11个教学班，教职工48人，在校学生522人。对教师进行人文和谐管理，既有文化基础，也是培育学生、发展学校的需要。因为，一所学校的发展，有效地管理是手段，教师是实现管理的媒介，学生是管理的受益者。在这样一所历史悠久的学校，我们有良好的文化传承。对教师进行人文管理，既能肯定、发扬他们的个人品质，让他们获得尊重，也让他们更有信心、更有爱心去教育学生，用自己的人格魅力影响学生，促进学生身心健康发展，进而促进学校的持续发展。

三、主要途径

（一）文化浸润，提升道德情操。目前，我们学校的校园文化以红色为主题，通过营造氛围、开展活动等方式，让红色文化入师生脑，入师生心。

创设红色文化氛围。结合学校红色历史，我们将“团结奋进，立志报国”作为校训，蕴含继承革命前辈遗志，培养社会主义建设者和接班人的办学目标。我们把肖国清作为学校校魂，在国旗杆旁安置肖国清铜像，配有简介，让师生一进校园即能感受到学校红色文化底蕴。借用当地景观石，镌刻“启航”、“仁爱”、“成长”等文字，寓意学生进入校园后，梦想从这里启航，在老师的大爱里，孩子们快乐健康成长。结合实际，在教学楼布置校情乡韵文化板，让学生行走校园中，就能感受到红色故里、绿色家乡之美。

开展红色教育活动。以少先队为依托，常态化开展清明节扫墓、国庆节唱红歌、重阳节志愿服务、励志远足等活动，先后有四个少先中队被中华爱国联合会命名为“列宁中队”、“李德生中队”、“许世友中队”、“吴焕先中队”。学生的活动，全程有老师参与，学生受教育的过程，也让教师思想受到启迪。

（二）示范引领，增强思想自觉。当学校有文化基础，思想达成共识后，就要落实在行动上。

校长要率先垂范。“一个好校长就是一所好学校这句话告诉我们校长在推动学校发展中的重要作用。作为校长，不仅要在谋划学校发展、领导课程教学、调试内外环境上下功夫、动脑筋，更应该在内部管理上做干部、教师的榜样，用自身的以身作则引领教师们不断学习、遵规守纪。当前，我在学校的管理中，倡导民主、平等、和谐的原则，工作中的大事、要事以商量为准则。我要求教师做到的，自己带头做到，并尽力做好。任职以来，我推行周一升旗教师全员参与制，请销假规范报备制等，在升旗时自己站在最前列，外出学习主动向教育局请假报备，在学校自觉履行请假手续。

干部要模范带头。校长的引领、思想最终要靠干部带头践行、抓好落实。因此，我们必须注重学校班子建设，在传达政策上保持相同口径，在纪律要求上有同一个标准。如今，我们学校坚持每周例会制，协商沟通学校管理中的大事要事，要求教师做到的，干部带头做好。如在每天的值班中，我们要求教师7:00到校，班子成员都能于6:50以前到岗到位。中午就餐时，所有的班子成员都能进入餐厅维持纪律。在这样的环境中，教师的行为变得尤为自觉，责任心和工作热情也自觉提升了。

学校管理的最终目的是育人，而教师是与学生关系最密切的人，教师的一言一行必定会影响每一位学生。我们引导教师在学生面前注意自己的一言一行。如不在学生面前丢垃圾，要求学生就餐不要说话，自己带头不聊天；要求学生有礼貌，自己也应微笑面对学生。

（三）制度约束，力促行为改变。科学合理的制度是学校各项工作运行的保证。我们在运用制度时，通常的做法有：

一是用好政策法规。政策法规既是上级部门要求传达给每位教师的规范性文件，也是宏观指导我们言行的硬性规定。我们在运用时，通常以会议学习、文件转发的形式。如要求严禁酒后驾车，我们采取大会集中学习、个别提醒等方式，力求让有可能出现的情况予以规避。要求严禁假期补课，我们采取班子成员包教师、包学科的做法，定期跟踪，电话询问，个别调查等方式，确保法规落地生效。

二是制定校规校纪。根据我们的校情，制定校规校纪，也是我们的一种做法。由于学校年轻教师多，家住县城，学校夜晚没有夜自习。为保证教师在学校能高效率地完成工作，我们要求教师无特殊情况，上午不能提前离校，中午尽量在学校休息。为此，我们制定请销假制度，凡是请假的教师，务必向当日值班干部请假报批，时间超过一天，必须向校长请假。同时，填写请假条，登记入册。这些做法既是管理教师、考勤的需要，也为年度考核做好准备。

三是延续约成规矩。实现学校的人文和谐管理，通过以老带新，将原来好的传统、风气延续下来非常重要。如，教师们临时有事不在学校，只需一个电话，带同一个班级课的老师就会乐意地完成请假教师的工作任务。教师之间的这种默契，已经不需要学校要求。学校有位教师视力不太好，每次与同事一起就餐时，总有教师会主动为他盛饭、夹菜，他也会友好地微笑回应。教师之间的相互帮助，相互关心是团结奋进，携手前行的情感基础，也是促进学校人文和谐管理的基石。

总之，在我们这个师生较少、规模不大的农村学校，一定要结合校情，从传承文化、示范引领、延续习惯等方面抓好内部管理，从而能促进学校的可持续健康发展。

凝心聚力　打造优质教师队伍

河南省原阳县第二完全小学　米红

为全面贯彻党的教育方针，坚持中国特色社会主义教育发展道路，原阳县第二完全小学紧紧围绕“立足师生成长，放眼师生未来，做卓越品质教育”的教育理念，以“贵以身为教育，可寄教育；爱以身为人生，可托人生”的高度责任心，以“将教育融入生命，使其成为生命不可或缺的组成，让生命因教育而绚烂美丽、焕发异彩”的大爱与价值取向，追寻着“创卓越教育团队，育一流品质学生，办‘温情，五园式校园(家园、花园、乐园、学园、创园)”的教育梦。

立足根本　打造“雁阵”团队

一支具有强大向心力、凝聚力和战斗力的教师团队是一所学校发展强大的根本。学校将“雁阵”文化深植于团队，致力于打造一支“雁阵”教师队伍。大雁温情、友善、互助，雁群飞行时同心协力、相互鼓励。“雁阵”精神值得我们借鉴学习。

凝人心，树“雁阵”意识。要想使每位教师愿干乐干，学校就必须成为教师共同的家。学校的事业是每位教师的事业，是每位教师人生价值的体现，是教师实现个人梦想的舞台。

树楷模，植“雁阵”文化。榜样的力量是巨大的，学校要弘扬正能量，立标杆树典型。为进一步激发教师教育力量，学校每学年都会举行“最美领导”、“最美班主任”、“最美教师”评选。学校管理者要善于发现优秀教师，对他们的成绩给予及时的激励与表扬，要善于发现某个教师或某个班级的工作特色与创新，并加以培植、总结和提升。

绘愿景，塑“雁阵”精神。在日常的教育教学工作中，我们要将学校的办学理念、办学愿景、“三风一训”等顶层设计转化为每位教师的自觉行动与奋斗目标，使每位教师拥有参与规划全过程的权利。

塑形象，做领跑教师团队的“头雁”。教育是一个不完美地人带领一群不完美地人追求完美地过程，“以行引领、以德感化、以情温暖、以能折服”是学校每一位管理者的行为准则。我们要做教师行动上的引路人，要求教师做到的自己必须率先做到。我们要有春风化雨、虚怀若谷的胸襟，引领每位教师成为最优秀的自己。我们必须敏学善思，不断丰富自己的学识，提升自己的教育理念与业务素养，才能创建和谐温馨的“雁队”。

紧抓科研　提升教师素养

原阳县第二完全小学以课堂教学改革为突破口，全方位提高教师业务素养，将学习的主动权交给学生，使学生经历知识的探索、发现、再现过程。学校注重小组合作和独立创新思维方式的有机结合；注重教师课堂语言实效性的打磨，鼓励教师使用多样化语言，规避否定性语言；注重因材施教，设计的习题具有开放性、梯度性。这样，“初步探索（合作共探）—展示交流—争辩释疑—凝练升华—拓展腾飞”的课堂教学模式初步形成。

设机制、赛课提升，全员参与全面提升。学校出台一整套赛课、听课、评课、集体研讨、反思、评价激励机制，以教研组为单位，开展同年级同科目同课题赛课教研活动，使教师在赛中历练、听中感悟、评中提升、研中释疑、思中化蝶。

展开专题研讨、精研细磨，攻克专业瓶颈。针对教学中出现的共性问题，学校组织教师进行专题研讨，探讨解决策略，凝才聚力化解疑点、突破难点。如面对语文教师的作文批语，进行了《让语数联姻，批语架起师生沟通的桥梁》的研究，获得市科研成果一等奖；针对课堂上部分教师为迎合课改而进行的无效小组合作学习问题，开展了《小组合作实效性的探索与研究》，等等。

访名师、请名家、品名著，转变专业理念。学校充分利用各种平台，让教师带着任务走进各大名校参观学习，拓宽视野、增长见识；走近名家，观摩名师示范引领课，与名师对话；开展教育科研，探索教育规律，破解教育疑难，向研究型教师迈进；开展读书沙龙，学习先进教育理论和教育实践经验，转变教育思想，更新教育理念。

除了紧抓科研，学校还积极开展有趣的活动，如味蕾菜技大比拼、背靠背搬球活动、托球接力赛等。这些活动是团队向心力、凝聚力的催化剂、黏合剂，也是教师减压、调适情绪的好载体。

特色立校　陶冶师生情操

“问渠哪得清如许，为有源头活水来”。中华民族优秀传统文化有着博大的精神力量。为了让学生在诵读中受到熏陶，学校开展“书香校园，让学生爱上书的芳香”特色活动。每学期举行的师生经典诵读两次考级、师生同文共读、父母与孩子之间的亲子共读等活动，十步一角、百步一区、班班一柜等陈列，曼舞中的经典、画笔中的诗词等特色课程的设置，在学校营造吟诵氛围，激励全体师生爱上书籍、恋上国学。

学校还积极践行陶行知先生的“学校要为学生的全面发展预备各种机会”思想，开展了以“经典诵读”领衔的特色课程建设活动。同时，学校积极研发校本课程，如大美原阳—宰相故里、大美原阳—乡村故事、大美原阳—研学旅行等，并在师资培养、课程安排、教材编写、创设机制等方面形成了一套有效运行体制。

雅致文化培养品质英才

张扬师生个性，挖掘个人潜能。教师根据学生的年龄特征和自己的兴趣特长，打造别具特色的班风文化，以班名彰显特色，以班级口号、班主任寄语、班歌激发班级活力，以特色班级文化营造育人氛围，以星级评选激励学生尚善求真。而街舞、手鼓、花样篮球等十几种特色社团走班制活动又发掘了学生的潜能，促使学生全面而有个性地发展。

温情创意文化，孕育雅致学生。为孩子的终身成长奠基，培养真正的大写的“人是原阳县第二完全小学的育人目标。在日常的教育教学中，学校采取多种策略，让学生在实践中明理、在参与中悟情、在交流中成长、在行走中收获，将社会主义核心价值观、伟大中国梦、“四个自信”融入故事品读、争做文明好少年、阅读达人、我要加人少年先锋队、关注时事新闻小眼看世界等活动中。

“好的教育使人拥有渊博的学识、清明的才智、通达的性情、宽广的胸怀和高贵的修养”。在今后的教育工作中，原阳县第二完全小学将继续以文化植根，锻造更加一流的教师团队。

教育“以泽” “润”生万物

——记郑州市郑东新区永盛小学“润泽教育”

河南省郑州市郑东新区永盛小学 蒋蕊

“培养什么样的人”是对学校发展方向的思考，正是对这一个“着眼点”的思考，郑州市郑东新区永盛小学经历了从认同到落实再到积淀，形成自觉的文化建设之路，彰显着文以载道、文以化成的力量。建校以来，学校积极开展文化重构，着手文化，着眼优质，着力发展，以“润泽生命、立身做人”为校训，以“让教育与生命同行”为办学理念，以文化建设为灵魂，以精致管理为基础，以“润泽”课堂为核心，努力打造“规范+特色”的学校教育品牌。

一、以爱的情怀润泽教育，激发教师创新思维

2021年2月21日，郑东新区美好教育再次美好绽放。郑东新区白沙白坟小学、郑东新区白沙大有庄小学、郑东新区白沙岗李小学、郑东新区高庄小学、郑东新区李湖桥小学五所学校合并成立了郑东新区永盛小学。永盛小学的启用标志着郑东新区教育向优质均衡、高位均衡前进了一大步。“东强”战略为这个区域的发展注入了巨大的发展动力，教育的发展和经济的发展息息相关，这个区域的百姓对教育的需求已经从“有学上”变成“上好学”。怎样在五校合并基础上扬长避短，办出水平和特色，是我在从筹备永盛小学那刻起就不停思索的问题。

从教育质量健康体检看出，无论是学生的主观幸福感指数，还是学校归属感，全部低于全区、全市的平均值。教育的最终目的是让人获得幸福……于是，我在心中给未来学校绘制了一幅蓝图：将永盛小学打造成一所人性化（学校环境的人性化设计，管理制度，育人模式的人性化）、现代化（教学理念方法现代化、教学环境、设施设备现代化）、品质化（环境及办学品质、育人品质）、生态化（校园环境的生态化、校园文化的生态化建设，特别是开展环境教育课程，学校活动的生态及可持续性发展）的“四化”校园，造就永盛花园、启智学园、成长乐园、精神家园。

依据校情，我们提出了“让教育与生命同行”的理念！行动指南就是从身边做起，从点滴做起，从文明礼仪抓起，从行为习惯做起。办学定位和理念有了，如何让全体同仁形成共同的价值认同，从而凝心聚力，把理念落实到具体的行动中？如何打造一支有思想、有温度的教师团队？利用学校发展积淀的文化氛围来感染和渗透，势必事半功倍。学校教师在职培训是最好的成长途径，工作中，学校经常举办课堂专题研讨活动。教导处牵头，创造性地开展了多种形式的交流活动，如问卷调查式、分组游戏式、座谈式等等。活动结束后，教导处将内容整理，进行更深层次的延续。多元化、多维度的活动让老师们的创造性思维与创新行动纷涌迭出。

二、“润泽”课堂以生为主体，和谐师生关系

“为师生发展规划幸福蓝图是学校始终倡导的教育愿景。课堂上要求教师要遵循“六个原则”即：教师为主导，学生为主体，训练为主线，思维为核心，能力为目标，育人为目的，在日常教学中，坚持以教学改革为突破口，立足课堂教学，优化教学手段，积极探索适应课改要求的现代化课堂教学模式。教学的中心点、教改的主阵地在课堂。在校委会的带领下，教师团队从学生发展需求出发，抓住基础教育改革的契机，探索适合学校发展的和谐教学之路，提出了构建“润泽课堂”的课程目标，获得了良好的教学效果。基础教育课程改革倡导让教育回归到学生本位去，尊重学生个性，关注学生终身发展，让学生学会学习，学探究，学会能独立解决问题，教师思考的是怎样教，学生在想“怎样学”。我校“润泽课堂”教学模式即贵在教会学生会学，贵在培养学生合作、探究的意识与能力。

通过“润泽课堂”的实施，学校实现了课堂上的四个和谐：师生关系和谐了，教学环节和谐了，学生之间的关系和谐了，教学形式与内容也和谐了。“润泽课堂”的精髓在于课堂上师生融洽的互动关系，中心环节就是通过生生之间、师生之间充分的思想交流与碰撞，使师生之间形成了生动融洽的互动关系。

我们的努力还不仅如此，学校开展多种形式课堂展示活动，促使课堂教学改革走向深入。通过“学科教学模式解读”、“师徒同上一节课”、中层领导引领课、骨干教师示范课、青年教师展示课、全员参与达标课等多层面课堂教学活动，让课堂理念与教师行动密切联系在一起，使课堂绽放出鲜亮的生命活力。

三、构建校本化“润泽”课堂，发展学生特长

学校课程是丰富和构建文化校园、体现学校办学宗旨的窗口。除了开设国家课程之外，永盛小学开设了多门学校课程，为学校的课程文化建设添上了浓墨重彩的一笔。涵盖了基础类、拓展类、研究类的学校课程注定是鲜活有趣的，孩子们每周都盼着开课的时间。我们的校本课程涵盖国学课程、入学课程、升旗课程、节日课程、活动课程、红领巾入队课程、少先队活动课程、合唱课程、舞蹈课程、毕业课程等。操场上，田径、健美操等体育课程开展得如火如荼；合唱、小主持人等课程，孩子们正在老师指导下享受表演、活动的乐趣……一位社团老师说：“我们的课程同时开课，实行走班制，打破了年级、班级的界限，孩子们根据自己的兴趣、特长自主选择”。多元化的学校课程，给予了学生多彩的成长空间，实现了个性发展，收获了自信和快乐。

在标准的国家课程、地方课程之外，学校打造了充分满足学生个性化发展需要的多元化、多维度的校本课程体系。各种特色课程的蓬勃发展，既体现了学生的多元爱好和多元价值，又使学生将自我选择与自我价值追求结合起来，让学生的能力得到了真正的锻炼和发展。学校以多元的课程做依托，让孩子的潜能得到最大发展。学校从学生的未来发展着眼，深入挖掘校内外课程资源，如今，书法社团古风悠悠，墨韵飘香；舞蹈社团乐舞飞扬，花儿绽放；美术社团丹青绘画园，绘出心风采以及足球社团情系足球，圆梦绿茵……社团实行走班授课，学生们按照自己的志趣和意愿选择课程，为学生展示个性和特长提供了精彩的舞台。

走过四季，孩子们在课程中留下的痕迹随处可见。感受着“二月春风似剪刀吟诵着“不知细叶谁裁出孩子们在春天的课程中制作的绿叶上写着愿望，把走廊装扮成了绿意盎然的春天。夏天的课程中孩子们一起手绘的纸伞绚烂地盛开教室里。秋天的课程中，孩子们把春天种下的葫芦采摘下来，做成精美的手绘，挂在教室外的走廊里。而冬天的课程中的灯笼，则为灰色的冬日增添了一抹亮丽的色彩。分布在不同的楼层的成果与润泽课程遥相呼应，让课程与空间完美相融，成就感和幸福感在孩子们心中蔓延。课程依四季而生，学生依课程而长，学校因课程而精彩。润泽课程体系同时穿越四季，一起温润生命。

四、结语

教育“以泽“润”生万物。这是我校办学的初衷。教育之路漫漫，没有终点，也非坦途。我们走在路上的人，要有一颗平和谦卑的心，才能欣赏到沿途的“风景收获跋涉的“喜悦”。古人云“上善若水，润泽万物这便是我们创建“润泽”教育的精神内涵。我们希望润泽教育能像涓涓细流一样滋润学子们的心田，让知识的教与学和谐共长，相得益彰。并努力将这种和谐化作了润物无声的力量，成就着永盛小学快步前行在优质学校的道路上。

“崇真教育”，让教育从“心”出发

——略谈玉溪初级中学“崇真”教育工作开展

河南省郑州市郑东新区玉溪初级中学 李花安

郑州市郑东新区玉溪初级中学创立于2019年9月，占地79.6亩；设计为三级十六轨，共48个教学班。学校硬件设施齐全，报告厅、室内体育场、400米田径运动场、功能室齐全等。目前，有七八2个年级，共12个教学班，五百名学生，教职工53人。

品读我校现阶段的发展之路，从“崇真”文化理念的渐进佳境，到“思真课堂”的花开争艳，我深刻感知到 “崇真教育”的核心育人思想如今在玉溪初级中学已绝不是一句抽象的口号，不是文章中华丽的辞藻。是行动，是机制；更是一种气质，一种格调；一种每一个玉溪初级中学教师以及孩子们身上那种自信、超越、乐观、向上的气质与形态。我们要做的就是，办有思想的教育。我深刻感知到了“崇真”这种教育形态如今在玉溪初级中学美丽的校园里激情绽放。建校以来，玉溪初级中学一路坎坷，一路欢歌，如今“崇真”核心文化理念已蔚然成型，这种理念既是对学校教育文化的继承与创新，又是当前学校共有的文化DNA。

一、确立“崇真”文化理念，制度规范并行

学校重视精神文化建设，玉溪中学作为一所新建学校，从诞生之日起，就明确了文化育人的重要性。因此，学校在分析了自身发展特色

的基础上，结合区位优势和学校实际，确立了以“崇真”为核心的文化理念。学校各项工作紧紧围绕“崇真”理念，从管理文化、服务文化、两支队伍建设、课程建构、课堂形态、教师文化、学生成长等多方面进行规划实施，使学校的发展始终保持着和谐统一。

学校大力加强制度文化建设，依据教育法律法规，在总结经验的基础上，立足本校实际，倡导“多劳多得优劳优得”的分配制度文化，倡导“爱岗敬业讲奉献”的工作文化，组织师生参与，修订和完善本校配套制度，构建岗位责任制度、教育教学管理制度、班主任考核制度、绩效工资分配方案、平时考核制度、职称晋升评优奖先制度等制度体系，形成依规办事和遵章守纪的良好氛围，弘扬正能量，构建和谐文明校园。

同时，学校健全教师各项管理制度、功能室制度、学生管理制度等，完善学校机构组织和议事规则，建立便捷的办事程序，提高工作效率。

结合实际，我校修订了全方位的规章制度，涉及党建、教学管理、安全、教研、学生管理、奖惩制度、考勤制度、专用教室、后勤、财务等方方面面；班级内，根据学生特点又制定了奖惩制度、课堂规范等；重要职能部门之间，建立明确的岗位职责、管理制度、激励制度、指导制度等。

学校每周一固定召开行政会，通过“周工作表”总结上周工作落实情况，本周主要工作，责任人、完成时间、配合部门。在行政会上提出存在的问题，共同商议解决。学校设置信息公告栏，将重要通知等进行公示，让教职工解学校；通过每周一次的家长开放日活动，让家长了解学校；通过家长学校，共同提升教育能力，构建和谐的家校关系。建立问题协商机制，积极听取师生、家长的意见和建议，促进学校发展。

二、以“崇真”理念构建“思真”特色课堂

“思真”课堂是以“思”为价值导向，以“真”为策略和手段的一种课堂形态。通过“315”的教学流程，贯彻师生和谐共生，和而不同的思想，让整个教学过程教师乐教，学生乐学，达到愉智、愉情、愉心的和乐境界，提高了课堂教学效率。

思真课堂是师生之间，生生之间，师生与文本之间的多元对话，体现尊重、民主、开放、协商、竞争的原则。课堂中引导学生充分发表自己的见解，通过自主合作、广泛交流、自由争论竞争等学习形式，让各种矛盾展示、释放、碰撞、吸纳、融合、内化，完成矛盾融突；同时将课堂的一切因素都变成教育的资源，在对话中，各种资源互补，求同存异，滋养师生生命，形成新的认识和体验。

思真课堂特点突出的特点是：生本、生成与生长。生本指的是以生为本；生成注重师生思维碰撞、交流合作；生长是让师生在思考中学科素养得到长足的提升。

在“生本、生成与生长”的基础上，学校归纳出“三个三”教学法：首先是细化教学“三目标每节课最多确定三个学习目标；其次是物化教学“三环节”。“课前”要读课标、研教材、明学情；“课中”是创设情境，实现诱思教学；“课后”是一作业为抓手实现内容习题化、习题层次化、自习考试化；同时内化教学“三境界”彰显主体地位。“自立”是学会与文本对话，“交流”是学会与他人对话，“探索”是激励与未来对话。学校课堂按“315”时间分配。30分钟新课讲授，10分钟当堂练习，5分钟的总结反馈。通过学校课堂时间分配方案，具体给出了“315”时间内的任务分配和操作流程。

“思真课堂”的本质是“关注学生的学，学生是主体地位。我们要求教师先从理念上改变，建立平等的师生关系，亲其师，才能信其道”。“问题由学生自己去发现解决、规律由学生自己去探索应用、作业由学生自己去布置选择学生有效学习时间提高了，保证了课堂教学的容量和效率”。

三、深化“崇真”文化理念，促进师生成长

学校可以结合学生的年龄特点，构建多彩课堂，根据学生的兴趣点，导向性施教，从而激发学生潜能，张扬学生个性，使整个教育教学体系，真正围绕教育规律展开，弘扬“崇真”理念，为师生搭建起适合的成长平台和发展空间。

教师不仅是学校的主人同时也是教育学生的关键人物。因此，我非常注重引领教师参与学校管理，充分发扬民主、集思广益。教学过程中必须要时刻突出教师在管理中的地位，深化教师对学校的认同感，也是实行科学、民主、人性化管理的必然要求。集思广益，听百家之言。我清醒地认识到教师敢于提意见，这些宝贵意见的提出不仅是对校长工作的最大支持，同时也是对校长工作方式的一种尊重和认可。我知道明白教师中蕴藏着无穷的智慧，为自身的工作可能提供一个又一个宝贵的思路和依据。所以，我要经常性地与教师谈心，广泛听取和虚心接受教师的意见和建议，群策群力办好学校教育。

同时，好学校应当是充满正气，拒绝功利。教育是民生事业，只有让人民满意了，才是好的教育。教师为人师表，是智慧的化身，善良的使者，我们倡导每位教师发扬爱岗敬业，无私奉献的精神，带领教师严格遵守师德规范，充分发挥每位教师的主人翁精神，让教师积极参与学校的民主管理，每年都召开一次教代会，学校还及时做好各项事务公开工作，做到阳光、公平、公正。

“崇真教育”，让教育从“心”出发。教育是塑造生命的事业，每一个生命的个体都值得我们去珍视，去影响。“科学引领，立德树人”应当成为我们每一位教育工作者的育人目标，为了实现“努力办人民满意教育”的这一梦想，我努力提高自身的道德素养，学识水平，管理能力，治校方略，用高尚的人格魅力影响身边的每一位教师、学生，把所带的学校真正办成人民满意的学校。让每一位教师都找到职业的幸福感；让每一位孩子都成人、成才；让自己圆心中的教育梦——办一所人民满意的学校！

玉溪中学，崇真尚美，化育生命。谨遵“玉琢天成　溪润无声”的校训，把师生当作璞玉，尊重个性发展，我们的教育就像溪水，通过润物细无声的力量，使他们最终成为美玉。扬真善之风，浸和美之韵，求真创新，与时偕行，铸就现代名校，打造特色品牌。爱以融教显师德，顺悦天性启智慧。呵护生命，尊重个性；发展德智体，弘扬真善美。品质为本谋发展，踏实行远创一流！

规范语言文字工作，我们在行动

——河南省驻马店汝南县第五小学省级语言文字规范化示范校汇报材料

河南省驻马店汝南县第五小学　张秋香

汝南县第五小学创建于2012年，是县政府投资的一所高标准、现代化学校。学校坚守“以人为本　全面发展”的办学理念，确立了“心止于善　行止于美”的校训，坚持“德育为首　教学为主　全面育人”办学宗旨，把中华传统美德与现代科学文化相结合，浸润校园的每一个角落，形成了“忠诚、求实、规范、科学、协作、创新”的校园精神。

建校八年来，学校始终重视语言文字工作，认真贯彻、落实《国家通用语言文字法》和《河南省实施〈国家通用语言文字法〉办法》等法律法规，把规范语言文字的工作渗透到学校管理、教师专业化成长、各项活动等方方面面。因此，学校先后荣获：全国青少年读书育人特色学校、省书法教育实验学校、市语言文字规范化示范学校、市语言文字工作先进集体、县十佳学校、县语言文字规范化示范学校、县语言文字工作先进单位、写字教学二星级学校等多项荣誉。我校教师普通话达标率100%，所持的普通话等级证书，二级甲等以上占全校教师的75% ，现将学校语言文字方面的具体工作汇报如下：

一、规范强化语言文字工作

(一)成立组织

完善的制度可以有效地规范人的行为。因此，汝南县第五小学把制度建设作为语言文字工作的突破口，有针对性地采取得力措施，狠抓制度建设，将语言文字规范化工作纳入教育管理，融入学校日常工作，渗透到教育教学的各个环节，使之规范化、制度化。学校成立了语言文字工作领导小组，校长任组长，成员由副校长、教导主任、政教主任、少先队辅导员和年级组长担任，实行校长负责制，设语言文字工作办公室，由教务主任负责语言文字常规管理工作。

(二)建章立制

为使各项工作做到实处，学校结合实际制定并完善了《汝南县第五小学语言文字规范化总体要求》、《汝南县第五小学语言文字工作管理制度》、《汝南县第五小学聘任、晋升制度》等相关制度和要求。将语言文字应用规范与否作为对教职工业务考核的一项重要内容，并将其列为聘用、晋升和评优的条件之一。

(三)创设氛围

环境塑造人。校园内设置了语言文字工作的永久性宣传栏；学校对宣传版面、宣传条幅、校训、班训、警示语、黑板报等都进行了新颖的设计，既注重语言文字的规范，又突出教育的功能。在校园里，你会看到楼梯、过道的出入口、拐角处，各种温馨提示语。学校对校园内所有的版面严格把关，避免不规范字的出现。学校要求老师之间、师生之间、学生之间交流均用普通话，现在讲普通话，写规范字已在汝南县第五小学形成了一个良好的氛围。

(四)加强宣传

为了不断加强教师队伍建设，教务处先后组织教职员工学习《中华人民共和国国家通用语言文字法》、《河南省语言文字规范化示范校检查评估标准》等法规、文件，对于学生，我们组织系列班会活动，带领学生系统学习《国家通用语言文字法》，将抽象的法规条文与鲜活的生活现象结合起来，使规范用语用字的意识深入人心。

二、严抓语言文字训练工作

学校校本培训工作将“三笔字——简笔画——普通话”作为提高教师自身素质的有效途径。为提高教师的普通话水平，学校特聘请国家级播音员、汝南县电视台主持人陈林担任辅导教师，做辅导工作。学校专门为每位教师定制了小黑板练习粉笔字，并督促教师练习毛笔字和钢笔字，并定期进行检查和比赛，促进教师的书写水平在练习中不断提高。

课堂教学作为教育的主渠道，更应重视培养学生的语言文字规范意识和应用能力，教学中，各科教师必须做到用普通话上课，板书

要规范、工整。在语文教学中，语言文字的规范使用全面渗透到听、说、读、写等方面。

三、多方位开展语言文字实践工作

（一）重大节日办活动

每年六一节，汝南县第五小学都会组织大型的文艺演出，小品、相声、课本剧、经典诵读等节目，深受全校师生的欢迎，让孩子们在表演中感悟语言文字的魅力。建队日，新入队的一年级学生用标准的普通话庄严宣誓，决心做一名优秀少先队员，继承先烈遗志，长大后报效祖国。每年九月份是弘扬和培育民族精神月，政教处都要组织学生开展一次演讲比赛，要求参赛选手讲好普通话，并推选出演讲小能手。为弘扬中华传统文化，切实提高学生汉字书写能力，学校每学期都会组织"汉字听写大赛"、"书法比赛"，评选出"听写小达人"、"书写小能手"。

（二）定期举办趣味"普通话"活动

每年我校积极参加全国推广普通话宣传周活动，包括街头宣传、演讲比赛、开展"四个一"活动等。为搞好校园宣传活动，在学校门口醒目位置悬挂"正确使用祖国的语言文字，大力推广普通话"等宣传标语；利用周一的升旗仪式时间举行一次"讲普通话，用规范字，做文明人"的演讲比赛活动。在学生当中开展"四个一"活动：出一期推普宣传板报（或手抄报）；各中队的假日小队利用双休日举行一次"我是小小啄木鸟"活动；举行一次普通话演讲比赛；各班开展一期"说好普通话 写好规范字"的主题班会。形式多样的活动，不仅提高了师生应用规范语言文字的能力，同时也增强了师生强烈的社会责任感。

（三）深入实践开展语言文字工作

以养成教育为依托，将语言文字工作引向深入建校以来，学校以"五心教育"为引领，在实施养成教育的过程中，坚持以学生为主体，教室黑板报由学生自己编辑、书写；每学期把学生的优秀诗文、书法、绘画等作品以版面的形式在校园内进行展评。学校有统一的写字课和语言课。语言课：学校聘请国家级播音员、汝南县电视台主持人陈林为专职语言课老师，每周分年级在报告厅为孩子们上语言课。写字课：由语文老师指导学生认真书写汉字，逐步提高学生书写和鉴赏能力。学校还坚持开展读书教育活动，每周一升旗仪式上的朗读展示，让全校每个学生都有锻炼的机会。"学校教育——家庭教育——社会教育"是学校开展素质教育的一条强有利的纽带，为此，汝南县第五小学采取有力措施，争取家庭配合和社会支持，号召学生在家庭、社会坚持说普通话、用规范字，由学校向家庭辐射，由家庭向社会辐射，使家庭教育和社会教育成为学校教育的补充渠道，形成有效地辐射网络。

规范催开满园春，正是语言文字规范化的养分，催开了一朵朵文明礼仪之花、安全守纪之花、慎思笃学之花。在今后的工作中，我校会继续把语言文字规范化工作与学校德育和教学工作紧密结合起来，为继承祖国传统文化，弘扬民族精神和建设社会主义和谐社会做出应有的贡献，让语言文字工作的规范之花在汝南县第五小学永远灿烂！

为了孩子，甘为骆驼

黑龙江黑河市爱辉区罕达汽镇学校　李树双

"为了孩子，甘为骆驼；于人有益，牛马也做陶行知先生的知行合一，成为我从教二十多年来不忘初心无私奉献的精神圭臬。做简单的教育，做朴实的育人者是我一直不变的追求与心愿。一直以来，我以不变的初心与执着，潜心教育事业，用青春与汗水谱写着无悔的教育梦。

一、初为人师，开启执教生涯

初为人师，逐梦前行。当我真正成为一名教师的时候，我才更加深刻的体会到了教师的责任与担当，那间简陋的教室放飞的是孩子们的希望，而那块黑板，写下的则是我对教育的执着……

1998年，毕业于黑河师范学院的我，分配到了黑河市西岗子中学。这所距城区45公里、在侵华日军遗留的兵营里改建起来的学校，校舍陈旧，设施简陋，但没有浇灭我做一个好老师的热情。因为我和来自十里八乡的六百余名学生一样也是农民的孩子，我童年少年时期的求学经历比这些孩子更艰难：冬天在荒野里捡烧柴生炉子，在呛人烟雾中上课，夏天外面下大雨教室里下小雨，为此我曾立志好好学习改变命运，一定要让我的下一代过上好日子。而今，校园再简陋已然强于我的童年，我更知道一个好老师能够影响多少孩子的人生，这些孩子如果像我一样插上知识的翅膀飞出山村再回来改变山村，一代代将会多么美好。怀着青春的梦想，我开始了执教生涯，在校长安排下，我承担了学校此前从未有过的初中英语教学，又担当了初一(3)班的班主任。

二、加强学习，提升自身能力

学高为师，身正为范；学为人师，行为世范。给学生一滴水，自己必先有一桶水。为了搞好教学，我始终在学习英语的路上，让自己更高、更强、更专业；为了跟学生打成一片，以"才"服人，我博览群书，逼迫自己成为"百科大全偶有被难住的问题就和学生共同钻研；为了学生德智体全面发展，我课余跟他们"玩"在一起，球棋游艺以及各类运动比学赶帮，各种竞赛搞得热火朝天；为了让家长们重视孩子的教育，再"差"的孩子也别抛弃别放弃，我不知交了多少家长朋友，哪个村子有学生，哪个村里就有我家访的足迹。

随着经验的积累和阅历的丰富，班主任工作越来越得心应手。2004年担任政教主任、2010年担任德育副校长，我依然同时担当班主任，16年来整整带了四届大循环班。

三、因材施教，坚持德育为先

在学生教育上，我深受我国著名教育家陶行知的影响，他主张"先生不应该专教书，他的责任是教人做人。学生不应该专读书，他的责任是学习人生之道"。因此，我在实践中秉持"成才先做人"的教育理念，因材施教、德育为先，教学生涯始终贯穿着爱国爱家爱集体的感恩教育，自强自尊自信的精神激励，激发理想憧憬的活动教育，学校发展壮大、新建教学楼和宿舍楼的历程中，更是在身先士卒，率领一届届学生参加力所能及的劳动，一举多得，既增强了学生们主人翁责任感，又提升对自身能力的认知，完成了最好的劳动教育。

十六年来，我所带的班级年年获得优秀班集体称号；个人也获得省级师德先进个人一次、市级优秀班主任三次，并多次获得市级班主任大赛第一名的好成绩。我组织的"中考百日誓师"活动，引来市级重点中学"取经后来被全市推广为"高考百日誓师"；2010年担任德育校长后，学校获得了全市德育先进集体称号；2012年在黑龙江省班主任大赛中，我获得了特等奖，同年又代表黑龙江省参加国家班主任大赛。最让我感到自豪的是，在越来越多的农村孩子纷纷进城寻求优质教育的情况下，我所带的班级没有生源流失，并且先后有12名城里"问题学生"、"逆行下乡带着家长"不成才能成人也行"的无奈期许，慕名转学到我的班级，经过一番"调教"后，这些的孩子，最终变得品学兼优，以令人惊喜的成绩考回城里重点高中，最终学有所成。

四、为了学生，我甘愿为骆驼

2014年年末，因工作需要，我被调到罕达汽镇学校担任校长。这所九年一贯制学校位于黑河市爱辉区最偏远的西部山区，距离城区130公里。十六年乡下执教生涯，我把青春献给了农村孩子。面临调动，其实最该弥补对女儿的亏欠，回城陪伴她最关键的初中学习，哪怕调到一个离城近些的村小，也比翻山越岭越走越远、越走越穷要好。但这所全市最偏僻山村学校的"山里娃让我非常的心疼：罕达汽镇地处小兴安岭重重大山里，种地难有好收成，土生土长的农民大多进城打工，条件好的带走了孩子，本地求学的多是靠爷爷奶奶或姥姥姥爷照顾的留守儿童，吃饱穿暖便已知足，根本不重视教育；罕达汽也遍布煤矿、金矿、铁矿，那些背井离乡拖儿带女来此讨生活的矿工，虽然也希望儿女奔向光明，但劳碌奔波四处流动，加上生活穷困，孩子求学有今天没明天地对付着。

更让人辛酸的是，由于人口流动性大、离婚率高，来自单亲和重组家庭的孩子达到了42%，贫困留守儿童近百名。又穷又苦又缺失关爱，罕达汽孩子的"野"远近闻名，因而，亲朋好友纷纷劝阻我别去自讨苦吃，我却在这些孩子们身上看到了我小时候的渴求，越是偏僻的地方越需要知识的灌溉，越是"野"孩子，越可能有爱迪生、瓦特、牛顿的潜质，让他们不被埋没的唯一途径，就是给他们一所好学校。接受优质教育，才可能改善低质生活。

面对这如山的压力，我像十六年前一样决心做一名好老师，怀着对未知的忐忑我走进了罕达汽学校，决心做一名好校长。我要一如既往的坚守好心中这盏希望之灯，挑起孩子们沉甸甸的梦想，用爱去点亮孩子们的未来。

铸绿色幸福教育　塑五育并举英才

黑龙江省大庆市萨尔图区月亮湾小学　樊飞

教育乃立国之本、强国之基，它不仅寄托着个人成长的希望，家庭的期盼，也承载着一个国家发展的希冀。面对新时代教育发展的应然诉求，我校遵循"创办适合儿童发展教育"的办学宗旨。规范精细管理，朴实精心教学，多元精致活动，力求让菁菁校园成为滋润学生心田的阳光雨露，让特色学校成为积蓄学生前行力量的动力源泉。

一、打造校本特色教育，推动高品质发展

月亮湾小学坐落于大庆油田铁人王进喜的故乡，　2016年建校，现有教学班20个，师生近千人。学校用教学奠基，以质量筑基，凭特色强基，倾力打造"自然文化师生和谐共进。

学校层面，推出"三优三满意"党建品牌，即育人环境优、师德师

风优、教育教学优，学生满意、家长满意、社会满意；教师层面，推行"五爱"好老师标准，即爱祖国、爱人民、爱事业、爱学生、爱学习；学生层面，培养争做"我能行即成长为健康、自信、智慧的中国人。

我校推行"小主题，大视野'一课三磨'"高效课堂学科团队研究模式，借助"青蓝工程"、"集体备课"、"公开课展示"等活动，精准提升教师专业素养，努力提高教育教学质量。

践行"小主题，大教育'三位一体'"七彩德育理念，每年定期举行经典诵读展示、合唱、队列比赛、找四季、校园艺术节等活动，让月亮湾学子在丰富多彩的体验中收获健康，快乐成长。

学校开设"多彩社团"丰富校园文化，从适应学生多样化个性发展需要出发，校内开设衍纸、合唱、航模等10余个社团，旨在培养每个孩子的兴趣爱好。校外，依托与大庆奥体中心一道之隔的地理优势，借助专业场地及专业教练对篮球、羽毛球、橄榄球、射箭、冰球、冰壶、速滑、游泳8个社团的300余名学生进行免费专业训练，让孩子们在体育运动的过程中感受团队的力量，磨炼坚韧不拔的意志，并获得超越自我的成就感。校内外融合，全员个性培养，义务公益对接，学生受益，家长满意，社会认可，公众影响力已然形成。2020年11月，月亮湾小学与大庆市滑冰馆、大庆市体育馆、大庆市游泳馆合作共建研学基地，固化前期训练成果，共享优质资源。羽毛球奥运冠军张宁进校园讲述成长经历并面对面指导师生技能，特色体育发展新局面形成，高品质助力学生健康成长。2021年，游泳、羽毛球等教学项目将科学、合理安排进入常规体育课程课时中，常规与特色融合，精准培养出项目优异学生，参加各级各类体育赛事。

我校自创了"音乐无指令"阳光大课间，学生们按照音乐节律变换，自主规范运动，或集体完成全国小学生第七套广播体操，或特色班建打沙包、丢手绢……或韵律跳动学校自编绿色动能健身操，或音乐班级闭环圈音乐酷跑……学校无须组织、巡视即可，"音乐无指令"阳光大课间已成学生健康、快乐运动的一道亮丽的风景，常引来路人驻足观看。

我校成立了"常务、校级、班级"三级家校理事会，鼓励并支持理事们积极参与到学校办学中来，使"开门、开放、开明"办学落地生根，开创了家校携手育人工作的新格局。铭记光辉历史，传承红色基因。月亮湾小学喜迎建党100周年，以"学党史 知党情 跟党走"为主题，带领全体师生、家长深学百年党史，凝聚奋进力量。教师、学生、家长"三位一体"共同创建党史教育展厅，"小手拉大手"合作完成百幅党史手抄报，阳光展厅沐浴红色之光。

二、践行绿色幸福教育，推进增内涵发展

习近平总书记在党的十九大报告中强调，倡导简约适度、绿色低碳的生活方式，反对奢侈浪费，开展创建绿色家庭、绿色学校和绿色出行等行动。自2018年5月被国家机关事务管理局、国家发展改革委、财政部评为"公共机构能效领跑"示范单位后，我校贯彻在传承中创新的育人方略，以"节能环保"为主线，以五育并举、立德树人为实施路径，整体一贯建构，分项精准引领，倾力打造"绿色幸福教育引领师生、家长去追寻美、践行美、传承美。

1.研发卓越课程

我校借助"学堂、活动"两大平台，采用多学科、大融合的方式，积极研发适合儿童发展的多元校本特色课程，力求使其对接学生年龄认知，贴近学生日常生活，引领学生思想方向，助力学生健康成长。语文学科：借助重点课题，通过"一课三磨"集体教科研，运生适合节能德育浸润的教学案例；数学学科：要求学生每周自主编写、讲解一道生活化节能主题思维题，拓展学生思维；英语学科：通过节能体验双语学习，培养学生卓越的英语口语表达技能，为对接、适应国际化成长蓄能；美术学科：通过两周一节的"变废为宝"节能专项课，让学生在动脑动手中发现美、创造美；班会课：通过每月一个节能主题年级共同分享会，动员大家争做环保小卫士；音乐学科：创作"节能"课前手指操，让学生在美好旋律中感悟绿色美好生活；体育学科：创编课间动能操，让绿色锻炼真正引领绿色生活；周末研学：构建研学课程，通过家校携手的方式，让学生亲近自然、回归本土，培植学生爱祖国、爱家乡等情怀。

2.营造书香校园

我校以新教育实验研究为主导，引领教师积极、自主、幸福地参与到"爱读、善写、能说、会做"的专业成长之中，让一批骨干教师先成长起来，以点带面，加速教师专业化队伍建设。同时，我校坚持开展全国班班读、班级共读一本书、亲子共读等活动，让读书真正成为一种习惯，真正引领"师生、家长'三位一体'"精神世界成长，切实发挥家校合作育人实效。

3.缔造完美教室

我校将精神文化与环境文化创建有机融合，结合学生个性化"绿色幸福教育"学习成果，鼓励以班为本，由班主任与学生、家长、学科教师共同创建自己的美好教室，努力实现环境育人的最优化、最大化，形成了"一班一品"的特色品牌。

4.引领公益行动

我校坚持从身边事、从心中事、从有益事做起，创建月亮湾"透明、开放、温暖、美好"的校本公益文化，鼓励教师志愿参加周末公益研学指导活动；从身边贫困学生帮扶开始公益，推进教师、家长、学生志愿公益服务社区，让公益活动成为彼此丰富对方生命及精神成长的过程。

雨露润泽，根深苗壮；辛勤耕耘，硕果飘香。在全体师生的共同努力下，尽管学校才创办短短五年，却先后被授予国家公共机构能效领跑者示范单位、省市师德师风先进单位、德育先进单位、文明校园标兵、大庆精神铁人精神先进集体、网络空间人人通先进集体等多项荣誉称号。黑龙江省教育厅厅长赵国刚、副厅长姜同河等省、市、区领导也多次莅临学校调研。

钟流毓秀地，佳木成于斯！为促进学校高品质发展，我校坚持用教学奠基、以质量筑基、凭特色强基，在传承中创新，在创新中发展，在发展中壮大，让"大视野、大教育"的学校愿景变得更加触手可及！跨越发展的足迹，硕果累累的办学业绩，标志着月亮湾小学迅速成长为大庆教育系统一颗冉冉升起的新星。

一"历"在手 历历在目

——乡村校"德育工作历"诞生记

湖北省建始县业州镇中心学校 周亦龙

像往常一样，我早早来到办公室，习惯性地看了一下办公桌玻璃下压着的"业州镇中心学校2020中小学德育工作历然后对照着工作历，从容地安排起一天的工作行程：如10月13日这一天是中国少年先锋队建队纪念日，要先去民族小学观摩新队员入队仪式暨10月主题队日活动，再去罗家坝小学查看少先队活动室建设情况……

说实话，"业州镇中心学校2020中小学德育工作历"就像一张"总课表也是一张"施工图不仅全年德育工作什么时间、什么内容、谁人落实清清楚楚，落细落小落实的要求，全员育人、全程育人、全方位育人的德育工作格局也一览无余，能够真正促进学校德育工作专业化、规范化和实效化。真可谓一"历"在手，历历在目。那么，这张看似简单的"德育工作历"被当地众多学校效仿应用于德育工作，其背后有着怎样的故事？

聚焦德育焦点和难点

"语文、历史、数学的课程德育，教师无法渗透深入"."各类德育主题实践活动难成系统，存在随机性、偶然性强的问题"."德育工作多年一个样，缺乏时代性。"……我的日记本上记录着一大批急需解答的德育难题。作为业州镇16所小学、两所初中的"总校长我一直都在不断总结着农村中小学德育实践中的焦点和难点问题。

2017年8月，《中小学德育工作指南》的颁发更是让我倍感兴奋，因为上面的要求已经提得很明确，甚至具体到学校怎么做：加强课程育人，积极开发德育校本课程，开展德育优秀课程、优秀案例征集、优秀论文评选活动；加强文化育人，以特色学校创建为突破口，创新学校文化建设，评选一批学校文化特色鲜明的示范学校；加强活动育人，持续推进"朝读经典"、"起点阅读"、"扣好人生第一粒扣子"等教育活动，举办"民族知识竞赛"活动，打造一批"民族教育示范校评选全县"百名民族文化优秀小传人"；加强实践育人，命名一批德育实践基地，出台《建始县研学旅行管理办法》；加强管理育人，以关爱学生为突破口，以信息化为载体，推进学校管理精细化、信息化，开展好2020年度中小学生评先推优活动；加强协同育人，建立全县学校家长委员会工作体系，鼓励家长委员会参与学校管理，倡导家长发挥特长参与学校文化、体育、艺术等方面的教育，助力学生健康成长、全面发展；开展好第23届全国推广普通话宣传周活动……对照《指南》标准，经过一个学期的实践，我发现学校德育工作存在"最后一公里"的问题：多条线管理不够集中、德育与教学两张皮、重说教轻实践、重活动轻深入等现象渐渐暴露出来。

症结在哪呢？根据我36年的从教经验来看，中小学德育工作的问题很多源于学校安排不专业、不系统、不科学，导致德育工作烦琐，缺乏有效抓手。就像学科教学一样，有了教材，有了教师，如果学校不精心安排部署，不出一张课表，教师无论多优秀，也会不知所措、无所适从。

能不能制定一张德育工作的"课表把工作逐一落实到具体的时间、人和事上，让学校德育工作更具系统性和实操性？于是，制作一张德育工作"路线图"的想法在我心中成型！

立足调研制"工作历"

尽管制作德育工作"路线图"的想法听起来很棒，但是真正编制起这张"德育工作历"对我来说却是一个大工程。

从2017年底开始，我先后深入中心校所辖18所学校调研，寻找制表的灵感和素材，并开始着手打草稿。对上网查资料不熟悉，我就去找学校办公室主任苟祖泉帮忙；对电脑制图不熟练，我就用手画……日积月累下，办公桌上一尺高的草图见证了我的付出。同时，德育工作自身存在的琐碎问题和焦点难点也在制表过程中一一暴露出来。

起初，按照《中小学德育工作指南》的要求，我以德育工作课程育人、文化育人、活动育人、实践育人、管理育人、协同育人等六大途径为框架，制成了最初的6张表，但是又存在难以相互衔接的问题。于是，我就把这6项工作融入一张表中。同时，为了避免出现德育与教学“两张皮”的现象，我又加了一个“责任人”的横向表栏，落实到每名校领导和负责教师。

经过数个月的钻研、查证和探讨，2018年5月，业州镇中心学校第一版“德育工作历”草案出炉了，我又找来不同岗位上的教育工作者“找碴儿”：召集多位校长来到中心校开专题会，研讨“工作历”的可行性；召集年级、学科负责人，对“德育工作历”中提及的工作逐条进行分解，补充工作历中未尽事宜……

2018年底，经过多轮修改、汇集了集体智慧的“业州镇中心学校2019中小学德育工作历”出台。它能经得起实践的检验么？

一“历”在手点燃希望

这张《中小学德育工作历》理顺了学校德育工作内部运行机制，真正是化解中小学德育工作困境的钥匙。有了它，给人拨云见日的感觉，学校德育工作怎么开展一下子豁然开朗，彻底走出了过去那种迷茫的怪圈。正如业州镇七里坪小学校长张运玲十分感慨：“有了工作历，学校德育怎么开展一下子豁然开朗，彻底走出了过去那种迷茫的怪圈，让德育工作开始走向系统化、品牌化”。

经过深入讨论，根据业州镇中心学校德育工作历，七里坪小学编排了本校的德育工作历：原先优秀教师发言，被放到了德育工作历中“管理育人”的“加强师德师风”二级栏目里，并不断成熟，变成了“七小讲坛”；原来学校想组织的德育工作成果展示得以落地，被放到了德育工作历中“活动育人”的“开展校园节（会）活动”二级栏目里，并不断深化，变成了三月的“七小之春”和十月的“七小之秋”特色德育品牌活动……

同七里坪小学一样，工作历渐渐地成为业州镇中小学德育的有效抓手，每一所学校都根据本校实际围绕“德育工作历”深入思考，不断打磨本校德育工作，推动全镇德育工作遍地开花：在黑鱼泉小学，新冠肺炎疫情发生以来，该校努力把疫情危机化为教育契机，积极调整和编排黑鱼泉小学2020年上半年德育工作历，系统科学完成了一场生命教育、信念教育、爱国主义教育；在罗家坝小学，围绕“生活即教育”的理念，学校制定了专属于自己的德育工作历，不断拓展生活育人场景和课程……工作历中的每一条，都是农村孩子身上的一个品德，懈怠不得！因为只有孩子走正了，教育才会根繁叶茂，乡村才会更有希望。

学校德育不缺位，学生成长不延期，这是编制德育工作历的初心！跟着《中小学德育工作指南》学，跟着《中小学德育工作指南》做，在落细落小落实上下功夫，在促进德育工作专业化、规范化、实效化上下功夫，努力形成全员育人、全程育人、全方位育人工作格局，天天做，周周做，月月做，年年做，十年十几年，润物无声，常态开展，一以贯之，才会久久为功，也必然久久为功。

坚持理念创新，实践本真教育

湖北省咸宁市浮山学校　陈清河

习近平总书记曾说过，教育决定着人类的今天，也决定着人类的未来。对教育事业的热爱，必然以传授已知、更新旧知、开掘新知、探索未知为乐，以使人们能够更好认识世界和改造世界、更好创造人类的美好未来为原动力。

作为一校之长，在平凡的岗位上实现自我，默默耕耘，探索教育本真，为教育事业贡献自己的一分力量，我想，这就是毕生追求。正如我曾在笔记上写道，我要做孩子们登天的梯，让他们插上理想的翅膀；我要教育孩子们勤奋学习，让他们的梦飞向远方！

一、一路探索，书写教育人生篇章

2004年9月，我担任大幕乡常收中学校长，入职那天，我在笔记本上写道：“我是大山的儿子，骨子里有大山的坚强，做孩子们登天的梯，让他们插上理想的翅膀；我是农民的儿子，血液里有勤劳在流淌，教育孩子们勤奋学习，让他们的梦飞向远方！”

在这一思想的引领下，我把“让大山的希望从这里起飞”作为办学理念，要求教师刻苦钻研教材、教法，教育学生勤学加巧学。在常收中学任职4年，创造了咸安区教育教学质量“四连冠”的辉煌成绩。2009年春，我被咸安区教育局评为“十佳校长”。

2009年9月，我出任横沟小学校长，在国内教育“减负”声四起的背景下，以“快乐教育”为办学理念，研讨在快乐中学习，在学习中快乐地课程实践，《“1+2”快乐教育》论文先后在《湖北教育》、《中国教师报》发表，“1+2”快乐教育活动让咸安区中小学校长观摩，并很快在全国推广。2011年，我第二次被咸安区教育局评为“十佳校长”。

2012年9月，我出任西门小学校长。西门小学是咸安区的一所名校，历史比较悠久，文化沉淀深厚，针对这一特点，我积极倡导“角色教育”办校理念，提倡学生自主学习、自发探究教学模式，得到省内有关教育专家的关注和肯定，《角色人生不一样的体验》获全国优秀教育论文一等奖。2013年、2015年、2016年，我多次被咸宁市、区教育局评为“十佳校长”。2014年，他还被评为全国“十二•五”规划重点课题先进工作者。

在第三届“寻找中国好校长”推选活动中，荣获中国好校长奉献奖。

二、超前理念，本真教育大放异彩

2017年9月，我担任浮山学校校长。此时的浮山学校是一所新建校，教育教学质量不理想，社会知名度不高。我上任后，首先做了以下几件事：

解放思想，修改办学理念。倡导“本真教育即“本分、本色、本领”的校风，“真情、真爱、真教”的教风，“朝气、大气、才气”的学风。抓教师思想教育，提升教师思想素质；抓业务学习，提高教师专业素养；激发学生学习热情，形成了“以生为本，以学为本，真学真教”的教育教学氛围。

严于律己，率先垂范，亲力亲为竖立标杆。几年来，我以校为家，要求教师做到的，我首先做到；教师做不到的，我也努力做到。寒来暑往，风雨无阻。

坚持走访，争取教师和家长等各方支持。几年来，我为了增强教师凝聚力，让教师们全心从教，以心换心，坚持每个礼拜走访三到五个教师，了解教师家庭情况、工作情况、生活情况，及时解决教师的各项困难；坚持走访学生家庭，特别是学困生和贫困生，解决他们学习困难和生活困难，让学生认真学习。

深入课堂，抓住教研教改。每个星期从星期一至星期五，我每天听课二、三节，听完课直接与教师交流。碰上大型教研教改活动，无论多忙都要参加。一学期下来，听课上百节。

提升自我，加强与教育专家的交流。工作之余，我经常与湖北大学、华中师范大学、北京师范大学的有关专家交流学校管理方面的心得体会，请专家们出谋划策，并写下大量心得体会；特别是在未成年人思想道德教育方面，取得了丰硕成果，经验在咸宁市范围推广。几年来，我写满了10多个笔记本，调研笔记达12万字，学习笔记达21万字。

经过我校全体员工的共同努力，学校发生了脱胎换骨的变化，社会知名度越来越高，招生规模从原来的一千多名学生，发展到现在的三千多名学生。

2017年，我又一次被咸安区教育局评为“十佳校长”；2017年、2018年，我校在咸安区教育局综合评估连续两年位列前三名，2018年学校还被评为湖北省法治示范学校。

2019年，我校在咸安区教育局综合评估第一名，同年被咸宁市评为“未成年人思想道德建设”示范学校，我的论文《浅谈如何加强未成年人思想道德教育》在《语言文字报》发表；同时，学校被咸宁市评为“十进十建”示范学校，还获得了湖北省校园文化建设创新奖。我被评为湖北省校园文化建设先进个人。

2020年6月，我的论文《践行本真教育，推动特色校园建设》在《华声》杂志发表，获科研论文一等奖。

由于成绩卓越，我先后荣获咸安区教育局“师德标兵”、咸宁市“学科带头人”、咸安区委“优秀党务工作者”、湖北省中小学校校长协会“特色学校创建课题研究先进个人”、中国教师发展基金会“教师科研专项基金先进实验工作者”、“湖北省学校后勤文化建设先进工作者”等荣誉称号。

三、爱心传递，教育创新矢志不渝

在大幕中学当校长期间，我家比较困难，工资也比较低，但我每个月从微薄的工资中拿出一百多元钱资助4位贫困学生。那时，一百多元是我们一家人一周的生活费。在这几个人中，有资助两年的、三年的、四年的，究竟有多长时间，给了多少钱，我也没有统计过。

令人欣慰的是，这几个得到资助的学生学习刻苦，成绩优异，都考上名牌大学，工作单位也不错，分别在北上广深等大城市工作。他们怀感恩之心，传承爱心，积极回报社会，资助贫困儿童，将爱心接力棒传递下去。

在横沟小学、西门小学当校长期间，我也继续资助贫困学生，一年两次，一次一千，捐给全校的特困生。随着政府精准扶贫的深入，贫困生越来越少，但是爱心从未改变。

2020年5月21日，九年级（3）班一个学生突然昏倒，我得知后，第一时间赶到现场指挥抢救，配合医生送到医院治疗，其后每天向家长询问病情。几天后，学校师生自发捐款近十万元，送到家长手中。我也另外拿出一个信封给家长作为个人的一点心意。

在我任校长的26年里，大概累计资助学生65人，金额超过10余万元。

四、尽责职守，荣获中国好校长

疫情防控期间，为搞好学校防控工作，我专门成立领导小组，组织专班，安排人员值守、消毒。积极配合当地政府入户排查，当时，浮山办事处所辖的几个小区有确诊病例，我耐心地对老师们说：确诊病人家庭排查留给学校班子成员，你们去其他家庭入户排查。当时我和班子成员一起，把确诊病例所有情况摸得一清二楚：家庭成员、活动轨迹、密切接触者等，如实汇报。在整个入户核查过程中，共安排教师上千人次，进行近万户摸排、登记、上机，上传信息，历时九天。

白天，累了在办公室打个盹，饿了与老师们吃一桶快餐面。晚上，又带着老师们参加区政府路口值守，风里来雨里去，路口值守四十三天从未间断。那时，妻子病了住院，我也未停歇过。妻子心疼地说：你是校长，防控当仁不让，责任大，但千万要注意身体，你还是家里顶梁柱。

在疫情缓解后，教育部门要求各校网上教学。我与分管教学的副校长独创了6463教学模式：六个落实，四个结合；六个跟进，三个检查。并与教学校长一起写了一篇《非常时期，非常教学，非常效果》的文章，在香城都市报发表，引起教育界的反响。

通过多年的教育实践，我成为当地知名的教育专家，也是当地颇负盛名的中小学校长，同中国千千万万中小学校长一样，默默耕耘，发展着中国的教育事业，为祖国培育优秀的人才，实践先进的教育理念。

近年来，为把学校打造成为“市级品牌、省内知名、国内具有影响力”的名校，我更是付出了十倍的艰辛与努力，先后荣获咸宁市中小学“学科带头人”、“常规教学先进个人”、“优秀科技教师”、“中国好校长奉献奖”等荣誉称号。

百年大计，教育为本。站在新的历史起点上，我校将顺势而为、乘势而上，我们继续真抓实干、凝心聚力，发力新的起点、“犇”向新征程，不断谱写学校教育新篇章，为全面建设社会主义现代化国家、实现中华民族伟大复兴的中国梦做出应有的贡献！

奋斗播撒希望　艺术照亮童年

湖北省襄阳市襄州区石桥镇黑龙小学　张剑　马彦锋

石桥镇黑龙小学位于襄州区西北边远地区，与河南邓州和老河口接壤。主要服务区域为石桥镇黑龙集村，黑龙集素有“戏曲之乡”之美名，是湖北豫剧发源地，国家一级演员、中国戏剧梅花奖得主李喜华就出生在这里。学校现有12个教学班，在校学生730人，教职工25名。开设一至六年级，是一所农村完全小学。

学校前身是黑龙集村胜利小学，由当时国民政府襄阳县参议孟昭信于1938年创建，寓意为通过自己办学培养人才，强国富民，暗示中国必将取得抗日战争胜利，故名为“胜利小学”。1945年与国立黑龙村北门小学合并，更名为襄阳县北屏乡第二中心国民小学，属县立重点公办小学。1949年改名为黑龙小学，校名沿用至今。2012年入选湖北历史名校。

2013年，以襄州区教育局号召各校发展“一校一品”为契机，我校大力推进传统戏曲特色教育。学校聘请黑龙集舞龙舞狮史家班第九代传人史文有等当地艺人，担任校豫剧兴趣小组的辅导老师，义务到学校为师生讲解豫剧知识，传授表演技巧，开展戏曲辅导活动。

2013年，石桥镇黑龙小学根据襄州区教体局“一校一品创建特色学校要求，结合学校实际，传承校园文化，突出地域优势，提出了以“戏曲进校园”作为学校特色来创建。

艰苦奋斗　重获新生

戏曲教育的深入开展，离不开学校良好的学风。黑龙小学于1938年创建，2012年入选湖北省历史名校，作为一所老校，黑龙小学保持了艰苦奋斗的底色。

在我校730名学生中，70%是留守儿童，学校目前在职教师有25名，而学校规划教职工人数是40人。面对师资不足、生源不优的状况，黑龙小学领导班子和教职工想办法、献才智，努力将黑龙小学打造成了“校风正、质量优、声誉佳”的农村小学。

在管理上，学校采取“日清管理”方法，所有校领导及教师的工作成果，一天一公示，一月一汇总；在素质教育上，学校除了打造戏曲教育品牌，还开发多种第二课堂，校园活动丰富多彩；在家校互动上，学校坚持每学期召开一到两次线上、线下家长会，加强与学生家长的沟通；在评优表模上，优先考虑一线教师……

在襄州区60多所小学中，黑龙小学综合排名在26名左右，在镇上4所小学中，我校排名第一。近年来，学校教师撰写的论文获国家级、省级奖项近百个，并有300多篇论文发表于省、市级刊物，学生获区级及以上荣誉称号的有十几人。让学生体验成长的快乐，让教师享受育人的幸福，这是我们当前及以后的办学目标。

坚定目标　合理规划

为大力打造戏曲特色教育，我校在不断地研究探索中确立了基本理念和任务，并敲定具翔实有效地活动方案。

（一）确立目标任务：

1.了解戏曲基础知识、戏曲人物、戏曲名家、戏曲经典曲目，热爱自己家乡—戏曲之乡黑龙集。

2.欣赏、学唱演戏曲经典短剧，感受戏曲韵律美，学做戏曲中英雄人物，感悟他们的家国情怀。

3.从小受到戏曲熏陶，懂戏剧，爱艺术，戏韵人生。

（二）丰富校园活动：

1.全校开展活动，把戏曲经典引入大课间。学唱《穆桂英挂帅》，唱演《花木兰》、《朝阳沟》等经典选段。

2.戏曲进课堂。每周一节戏曲课，邀请省戏曲团辅导老师加喜梅、刘灿等到校进行专业培训和指导，讲解戏曲基础知识，教唱经典剧目。

3.成立戏曲兴趣班。排练经典剧目，目前我们排练了《朝阳沟》、《花木兰》等小剧目。全校学生学会了全国第一套戏曲广播体操。

播撒阳光　照亮童年

黑龙小学的戏曲教育在一次次大型表演活动中，受到社会广泛认可，也受到了本校学生和家长的欢迎。四年级学生余珺卓、梅馨睿学习豫剧已有两年，每次上课她们总是早早来到教室，未等老师来，就主动穿上戏服，练习唱腔。从黑龙小学毕业，现在读八年级的学生余佳，仍然保持着对戏曲的热爱。戏曲不仅没有影响孩子学习，反而因为出去表演机会多，孩子更加积极阳光，更善于与人沟通了。

经过近八年的戏曲教育积淀，黑龙小学的学生人人会跳戏曲操，会唱两三个豫剧选段，学校每周开设一节戏曲知识课，并多次组织大型豫剧节目编排和展演，“戏曲进校园”在黑龙小学落地开花。

近几年，为了提高学生豫剧学习的专业化程度，学校多次邀请省豫剧团副团长加喜梅到校指导，并接连邀请省豫剧团成员来校开展戏曲活动。为了保障学校戏曲教育长效化，去年，学校聘请了省豫剧团退休演员崔桂英担任学校的专职戏曲教师。这几年，学校的戏曲教育实现了从社团到全校、从单一到丰富的由点到面的转变。

老师发现孩子们虽有戏曲学习的基础，但是不够规范，于是一点点抠动作，教了一周后，全校学生的戏曲操跳得十分有韵味。顺风旗、兰花手、云手等戏曲动作，学生们普遍做得很标准。课间跳戏曲操，学生们一改往日的懒散，个个身形挺拔，精神抖擞。花木兰是家喻户晓的巾帼英雄，因此除了教授学生们规范做戏曲操，老师们还走进课堂，为学生们讲戏曲中的故事，通过生动的讲述，让学生们在心里种下爱国主义的种子，并由衷地爱上戏曲。

除了豫剧，学校还要教会学生们学习多个剧种，让学生们体会中国传统戏曲的多样魅力。老师们教授新生学习《花木兰》、《朝阳沟》等经典曲目，组织老生学习京剧曲目《都有一颗红亮的心》。

目前，我校正在创作校歌，歌曲中将融入豫剧唱腔，另外，创作特色课间操，让学生在课间跳多首戏曲操，丰富课间活动，并挖掘戏曲文化中的思政因素开展党史学习教育。下一步，学校还将开发戏曲教育校本课程，在各班打造特色戏曲活动项目，让戏曲文化在校园发扬光大。

学校还将把戏曲教育的经验延伸到其他艺体活动中，课间组织学生踢毽子、打羽毛球、跳绳、玩沙包、练五步拳，每年开展内容丰富的艺术节等文艺活动。学校还将规划建设近3000平方米的运动场地，修建足球、篮球场及跑道，改变当前运动场地不足的问题，让学生们在阳光下舞蹈、奔跑。

勇创佳绩　希望遍野

1.戏曲进校园已形成了学校特色项目，形成了学校特色项目，得到区教体局、镇中心学校的立项和认可。

2.全国第一套戏曲操已成为黑龙小学大课间的主要活动。

3.我校排练的《花木兰》节目，2016年10月参加了“襄阳新兵团迎国庆暨纪念红军长征胜利80周年军民联欢会”活动。

4.2016年10月28日代表襄州区参加全市“豫剧进校园”节目展演。

5.2016年11月21日媒体报道黑龙小学戏曲进校园工作。

6.2018年5月29日晚区浩然广场展演戏曲联唱（戏曲操+朝阳沟选段+花木兰），取得了9.85分的成绩。

2012年黑龙小学代表襄阳市在武汉参加了“2012湖北省城乡少年儿童手拉手庆六一暨湖北省第三届大家唱大家跳艺术节”活动，同年入选襄州区唯一一所“湖北历史名校”。我校先后荣获“襄樊市文明单位”、“襄樊市教育教学先进学校”、“襄樊市示范家长学校”、“湖北省一体化研究实验基地”、“全纳性教育研究项目单位”、“心理健康教育研究先进单位”、“襄阳区示范学校”、“襄阳区精神文明建设红旗学校”、“少先队工作示范学校”、“全区集体备课先进单位”、“现代远程教育先进单位”、“襄阳区文明示范单位”、“襄州区文明校园”、“襄州区平安校园”等100多项省、市、区、镇级荣誉。

在新的时代中，教育的形式和内涵都有了新的发展，我校紧乘时代新风，助力教育未来，将不断用汗水与智慧浇灌艺术之花，担负传承文化的使命，在教育之路上无悔前行！

以文育匠　为高质量发展培养合格人才

湖北省孝感生物工程学校　王拓

文化是一所学校的“根”与“魂”它既是学校的精神符号，也是学校发展的核心动力。近年来，孝感生物工程学校围绕培养什么人、怎样培养人、为谁培养人这一根本问题，坚持把校园文化建设摆到重要位置，树立“崇技尚能，立德树人，培养有中国情怀、世界眼光、人文素养、工匠精神新时代人才”的育人思想，科学定位，统筹规划，分步实施，坚持不懈，营造了以文化人、以文育匠的浓厚氛围，促进了校园文化建设落地生根、开花结果，促进了学生德智体美劳全面发展，推动了学校高质量跨越，学生成功率、教师幸福感、学校美誉度节节攀升。学生少了俗气呆气娇气匪气，多了雅气灵气大气正气，变得眼里有神、心中有善、手上有活、身体有劲；在校生由300多人迅猛突破3000人，并严格实行限分招生；风清气正、进取向上、公正公平的校园人文生态环境正在形成；学校先后荣获湖北省职业教育示范学校、湖北省四有墨香校园示范学校、湖北省戏曲进校园特色学校、湖北省文化百强学校等荣誉称号，真正做到了学生有奔头、家长有盼头、学校有办头、社会有甜头、职教有前途。副省长肖菊华2020年视察学校时，给予了高度赞扬：“职业教育就应这样办！”

创设文化环境

马克思指出：人创造环境，同样环境创造人。可见，环境是塑造人的摇篮。学校注重校园文化环境的打造，把整个校园当作是思想品德教育的大课堂，力求让学生视线所及处都带有教育性，真正做到“随风潜入夜，润物细无声”。

培植文化沃土。学校千方百计筹措资金，改善学生学习、生活、工作环境，新建学生文体艺、实习实训活动场所，净化、绿化、美化、亮化校园环境，构建魅力校园。

落实文化布局。学校秉承“做好人、读好书、选好路”的办学理念，坚持走“依法治校、改革活校、特色立校、品牌兴校”的发展路子，着力创建品牌学校、打造百年名校；科学布局校园，赋予草木、砖石、楼道等育人功能；重视文化熏陶，用圣哲箴言、经典诗画等浸润校园；弘扬时代风尚，使劳动光荣、技能宝贵、创造伟大氤氲校园。

夯实制度保障。学校建立评价督导激励机制，完善章程建设，推行封闭化、军事化、全员化“三化”管理，切实做到全员、全程、全方位“三全”育人；完善多维评价机制，通过星级评价、学生自我管理等方式，营造隐性育人环境。

夯实人文底蕴

明道不难，力行不易。教育是一项需要知行合一的事业，当一所学校确立了自己的办学理念、学校文化和行动路线后，还必须采取有效举措，并持之以恒地践行落实，方能真正彰显学校的精、气、神，让学生春暖花开、徐徐向上。

习惯养成奠基。学校推行君子风度、淑女风范、容止格言教育，开展唱校歌、诵校赋、守校规、爱校园活动，规范行为，健全人格；丰富体育活动，强健体魄，锤炼意志；开展技能竞赛，传承工匠文化，培养竞争意识。

特长教育修身。学校精品社团、汉字书写节、读书分享会、琴棋书画戏曲舞蹈特长班等，提升文化素养；青年志愿者活动，滋养奉献、友爱、互助、进步精神；每天定时收看新闻联播，开展国际形势讲座，培养世界眼光，增强担当意识。

中华文化铸魂。学校开展四个自信教育，树牢社会主义核心价值观，强化思政课，以璀璨民族文化为统领，构筑师生中国心；通过国学进课堂、经典阅读、党史学习、墨香校园建设、成人礼、文化节、孝行月等形式厚植传统文化，丰厚人文底蕴；利用抗战纪念日、五四青年节、党的生日、国庆节等主题节日、纪念日，进行红色文化和国情教育，培根固元铸魂。

盘活文化资源

习近平总书记强调指出，办好教育事业，家庭、学校、政府、社会都有责任。学校结合学校实际情况，努力盘活多种教育资源，不断完善学校、家庭、社会三位一体的教育体系，整合社会力量，形成教育合力，提升办学效益。

挖掘校内潜力。学校通过请进来走出去、师德大讲堂、激励编写校本教材等形式，建设高素质教师队伍；成立家委会，举办报告会、培训会、校园开放日等活动，促进家校共育；推行互联网+管理，促进学校、家庭、社会“三位一体”联动育人。

借助校外力量。学校联合湖北省硬笔书法协会、象棋协会、湖北中和教育等文艺团体，开展美育教育，促进学生个性发展，提升学生综合素养；瞄准市场，携手京东建设全国产教融合示范基地，实施校企合作、产教融合，锻造工匠精神，以便更好地适应市场的变化与需求。

发挥校友优势。学校建设校史馆，聘请杰出校友农业专家汤俭民、书法家柳长忠、巾帼英雄杨晓林等定期回校讲学，用好校友资源，激励学生向榜样学习。

探讨年级组管理秘诀　提升农村学校教育智慧

湖南省郴州市苏仙区栖凤渡学校　樊桂芽

一所拥有1800多名学生、99名教师的乡镇小学，从2016年秋实行分校式年级组管理模式后，在2019年下期、2020年上期全区教学质量监测中，在全区16所乡村小学中名列第1名，在全区26所小学中名列第3名，实现了“一年大起步、二年大变样、三年大见效”的目标。这所农村学校就湖南省郴州市苏仙区栖凤渡学校。

短短4年时间，这所乡镇学校就实现了跨越式的发展，其成功的秘诀到底是什么呢？

大班额倒逼大变革

2016年秋，我从仅有500多名学生的郴州市苏仙区廖家湾学校调到拥有1700多名学生的栖凤渡学校担任校长这一职务。当年9月初，苏仙区教育局相关部门负责人就给我打来电话，直问我为什么别的学校能按时交报表，你们学校为何拖后腿？我一时被问得哑口无言。

栖凤渡学校规模较大，每个年级就有6个平行班，人数相当于山区一所小规模学校，中层干部管理难度大。开学时，教务处主任要收齐36个班的控辍保学、教学计划、学生花名册等就要两三天，导致不能及时上报区教育局的各项报表。而且，小学教师编制相对较少，一个班级仅能配备两三名老师，中层干部同样肩负着繁重的教学任务，怎么办？

校委会成员在研究讨论时，有人建议何不借鉴中学年级组管理模式或者新课改学生分组学习的经验成立年级组，由组长管理6个平行班级，3位副校长分管高、中、低年级组长，实施“分校式”年级组管理模式。这个建议得到校委会的一致同意，我当场责成办公室制定《栖凤渡学校年级组考核评比方案》，实行“管理中心下移，领导工作下沉，权力范围下放”的“低重心管理对各年级组老师和学生实行“捆绑式”量化考核，每周将考核结果进行公示，每期结果进行总评，量化等级作为年级组及老师的评先评优依据。

为提高日常管理效果，我校还决定尝试“校长—分管副校长—相应处室—年级组—班级”的层级管理模式，将学校原来的教研组、备课组合并到年级组，将日常教学常规管理权限下放到年级组，各处室不再以各班级考核为单元，而是直接以年级组考核为单位，每学期实行量化考核，对考核分进入前3名的年级组实施重奖。年级组则以班级考核为单元，强化对班主任的管理。各班主任在管好本班学生的同时，遇到本年级其他班学生违纪违规行为，同样也可以进行管理，以此构建本年级命运共同体。对学生，学校则强调自主管理。学生最了解学生，学生就生活在学生中间，来自学生的管理想法，更符合学生的特点，也更有约束力。中高年级学生在班主任指导下，自己制定目标，自己选择方式，自己检查结果，自己总结问题，努力做到“人人有事做，事事有人做”。同时，班级内部实行值日班长制、小组值周制、竞争上岗制、一人一岗制，并采取一损俱损、一荣俱荣的捆绑方式，且班级考核结果直接与本年级组挂钩，从而形成了你追我赶、团结协作、积极向上的良性竞争局面。

新举措带来新变化

求导向于上级，问策略于师生。在管理上，我校班子成员推行民主化、精细化管理策略。学校实行年级组管理后，不到半个学期，年级组管理模式优势凸显，组内教师合作多了，年级组教师之间的竞争激烈了，工作积极性有了很大的提高。

就拿考勤来说，为了解决教师们上下班签名考勤不严谨问题，学校推行指纹打卡制度，个别即将退休的老教师抵阻情绪明显，不是推说自己记忆力差，就是说工作忙忘记了；甚至还有老师当场说按规定扣我的钱没有关系，只要不扣年级组的分就可以。遇到这种情况我总是耐心劝导“一所近2000师生的学校，倘若没有规章制度，不采取对事不对人的办法，怎么管好师生？并在教师例会上提出3点建议：一是同办公室的教师互相提醒，二是在自己手机里设定闹钟时间，三是年级组内建立微信群组长时常提示。

内部管理工作走上正轨后，我校又立即狠抓与区教育局的工作对接。校委会经过多次集体讨论决定对外实行“线块式”管理模式，即各处室与区教育局相关股室进行对接，各处室称为“线年级组称为“块”。在具体工作中，分管副校长、处室负责人一竿撑到底，谁接手谁负责。如今，区教育局每年都要举行论文大赛、教学比武等活动，由学校教研室负责。实行年级组管理后，教研教改的权限细分到各年级组，师徒结对、青蓝工程一般先是在年级组“一对一”地进行。因为教学内容一样，老教师对新教师的指导更有针对性，对新教师成长更加快捷方便。经过年级组推选，一名教师参加学校初赛，再由学校组织复赛，荣获第一名就可代表学校参加区教育局比赛。邓姝萍、李玉婷等年轻教师就是这样脱颖而出的，并曾经代表学校参赛，拿到了省市级教学比武大奖。

目前，学校“线块式”管理模式已见成效，学校指令下传准确快捷，教师的积极性得到极大调动。在教学常规管理中，学校每月开展一次备、教、批、辅大检查，先由年级组长检查，按学校设计表格对每个教师的情况进行记载，包括典型案例、不足之处、改进措施等内容。接着再由教研处对各年级组进行抽查，将检查情况汇总表交到校长室，每月针对教学常规检查情况进行通报，优秀的继续发扬，期末按量化分进行适当奖励；不足的督促改进，考核时要适当扣分。这样，年级组管理产生的“鲶鱼”效应，就激活了老师们的工作积极性。

这种“大年级，小分校”的模式打破了传统的“金字塔式”管理模式，它以权利下移、反应速度快、责任承包为特点，在大规模学校的管理中发挥了一定的作用。比如，年级组管理方案奖惩分明，彻底打破了教师“干多干少一个样、干好干差一个样”的局面。此外，学校还给每个老师制定“小目标细化到各科“一评三率”等硬指标。老师们有了压力，也就有了动力，进而形成了谁也不甘落后的氛围。

最繁忙变成最轻松

作为一所拥有38个班级的学校，正副校长的工作应该是比较繁忙的。然而，我却感觉自从学校实行年级组管理后，当校长很轻松！

为什么校长感到很轻松呢？分管后勤的副校长彭波深有体会：“一些调皮的学生就餐时不遵守纪律、浪费粮食的现象每天都要发生。后勤处人员少，对学生不熟悉，导致这种现象很难根治。实行年级组管理后，学生分低、中、高年级分时段就餐，由各年级自主管理，班主任守餐，哪个年级或班级的学生违反了纪律被后勤人员发现后，统一报分管校长确认，并在学校管理群进行通报，扣相应年级组的分。将年级组当作一个团队，让组内老师团结一致、心往一处想、劲往一处使，群策群力地共同解决组里问题，而不单兵作战，为年级组的荣誉而战！”

“年级组管理涉及方方面面的人和事，工作随着教学、教育对象的不断发展变化，有一定的不可控性”。四年级组长李玉婷说，“只要你掌握了方法，管理起来就很简单”。在李玉婷看来，激发组内教师的热情是一方面，更重要的还是要充分挖掘组里每个老师的“闪光点并加以充分“利用让每个老师的价值都得到体现。目前，她管理的四年级有7个班级，建立了一个班主任工作群，主要是交流学生行为习惯的管理；建立了一个年级组教师群，主要是探讨共同管好学生的教育等，让管理更具有条理化和高效性。同时，每月还会组织两次年级组例会，每位老师都会把自己工作中遇到的困难、取得的成绩和经验方法，与大家进行分享。这样，组内老师沟通起来更加方便，解决问题更能对症下药，学校布置的工作更加高效快捷完成，老师的凝聚力更加牢固，大家都在为年级组的荣誉而战，教育教学质量年年稳步提升。这也是李玉婷为什么从来不用操心年级组工作开展问题，因为每个人都非常清楚自己擅长做什么工作。

拿张红霞来说，她既是副校长，又是四年级的语文老师，但她并没有当“甩手掌柜”。教学中，她以身作则，尊重老教师，关心青年教师，配合组长工作，把年级组教师当作自己的兄弟姐妹，为他们排忧解难。她认为，就专业发展而言，当前教师最缺的不是知识技能，不是方法技术，也不是理念，而是发展的意愿和激情。只有大家心往一处想，劲往一处使，学校就没有搞不好的理由！

“雄关漫道真如铁，而今迈步从头越”。4年来，我校尝试开展年级组管理模式，不仅是一份喜悦，一份荣耀，更是一份激情，一份责任！展望未来，栖凤渡学校将与时俱进，勇于改革，锐意进取，朝着办人民满意教育的目标昂首阔步！

初心不改　铸魂育人

湖南省怀化市铁路第一中学　邹展似

怀化市铁路第一中学始创于1973年，1997年挂牌为湖南省重点中学，现为省示范性普通高中，学校占地面积8.29万平方米，有教学班级48个，学生2500多人，教职员工201人。

多年来，在市委市政府和市教育局党委的坚强领导下，我校秉承“人本立校，人文兴校，人才强校”的办学理念，大力弘扬“敬业爱岗、团结奋进、无私奉献、开拓创新”四种精神，学校管理形成了特色独具的“企业单位+事业单位”二元管理文化，既注重严格规范的刚性激励要求，又注重文明和谐的柔性人文情怀。

以文化为魂：以文化人提素养

文化是学校建设的“灵魂”。近年来，怀铁一中秉持“一流学校靠文化”的理念，积极探索建设校园文化高地的新途径。

精神文化引领人。确立了“为学生一生的成长和幸福奠基，让每个人都有人生出彩的机会”的办学思想和价值追求，树立“包容、关爱、激励、担当”的管理理念，引导师生做到仁爱包容、朴实笃行、求精创新、毅勇担当，凝集和激发师生“成就自我、成就他人、成就学校、成就家国民族”的强大精神力量。

特色班级文化滋养人。不断加强班级“六个一”建设：一个班名，承载班级梦想；一枚班徽，托起班级精神图腾；一首班歌，唱响班级精神；一句口号，喊响青春气息；一面墙壁，展示班级风貌；一种班级精神，展现班级愿景。班规、组规、舍规等由学生自己制定，增强学生行动自觉。该校编撰的《班级文化建设创建及应用》获第四届湖南省基础教育教学成果三等奖。

校本课程文化发展人。开设了“学科特色类”、“科技创新类”、“竞赛活动类”、“幸福成长类”、“职业规划类”等8大类、36门校本课程，为学生个性化学习、多元化发展搭建了平台。学校坚持办好体育节、艺术节、社团活动节、实践活动节，为学生展示才华提供了舞台，激发自我发展的内驱力。

以树人为基：五育并举齐发力

十年树木，百年树人。我校为实现立德树人根本任务，坚持德育为先，“五育”并举，创新育人机制方式，实现全员育人、全面育人、全域育人。

创新德育课程，增强育人实效。为抓实养成教育，涵养良好品行，学校开展了“成人礼”、“端午祭古意韵长”、“中秋话团圆”等传统节日活动，在文化传承中增强学生文化自信；设置“放眼看世界”课程，通过每日新闻播报，一周新闻时评、我看世界等形式，引导学生关注时政、培养国际视野；开设阅读课程，引导学生每天阅读15分钟，每月至少阅读一本书，打牢学生“人文底蕴”、“审美情趣”；通过开展游学、义工实践课程，厚植学生家国情怀与社会责任感。

全员导师制护航学生成长。教师人人担任导师，学生个个拥有导师。学校精心编制了《学生成长日记》、《导师手册》，明确导师五“导”职责——思想引导、成才向导、心理疏导、学业辅导、生活指导，落实四“导”行动——建立档案、私人订制、绿色通道、成长记录，促进每位学生健康成长。

加强心理健康教育，塑造健全人格。学校建立了心理健康中心，配备2名专业教师，开设生涯课、心理健康课，形成了“生涯教育”与“心理健康教育”深度融合的教育模式。创办《心语报》，组建心理社团，开展“5.25”心理健康周、校园心理剧大赛等丰富多彩的心理健康活动，深受学生欢迎，并于2016年获评湖南省心理健康特色学校。

建立校长助理团，提升管理效能。学校每年通过学生自主申报、公开竞选、校长聘任的方式，建立12人组成的学生校长助理团，在校长的指导下，听取、收集学生对学校管理、教育教学、校园安全、生活服务等各方面的意见或建议，及时向校长及相关部门反馈，督促做出解答、改进落实。

以党建引领：推进高质量发展

新时代以来，学校加强党建工作全面引领，提出“以党建为纲，以质量为重，围绕发展抓党建，抓好党建促发展，实现党建工作和教学中心工作的有机融合与同步提升”的工作思路。

抓制度、强基础，严格规范落实党建工作。党委书记、校长带头示范，带头讲党课，主持召开多场党建工作专题研究部署会议和中心组学习，周密制定党建工作方案，健全和完善《全面从严治党落实主体责任实施办法》、《支部管理制度》等系列党务工作制度。

抓学习、重实践，强化思想政治工作力度。运用多种形式丰富学习教育手段，将主题党日活动抓出特色，积极探索加强思想政治工作的有效途径。加强队伍建设，启动青蓝工程、名师工程，大力开展青年教师大讲堂、名师工作室、大教研活动、送教下乡、教育扶贫等系列活动，推行党建、业务双向评价管理，激励教师在业务能力和党性修养两方面共同努力。

抓载体、求创新，有效推进党建引领全局工作。牢固树立“党的一切工作到支部，把支部建立在年级组”的鲜明导向。通过加强工作部署和常态化督查，推进“五化”建设。着力创新“党建+双师双带”、“党建+示范课堂”、“党建+三进四联”等“党建+”模式，促进党建、业务深度融合创新。创新工作思路，通过开展红星向党主题班会、“学习党史知党恩，立志成才报党情”金秋学子学史励志报告会、“致敬建党百年，同唱如歌青春”校园歌手大赛、“说段党史给你听”校园主持人大赛和“阳光下成长·致敬建党百年”校园文化节等系列活动，推进党史学习教育，促进全员参与，致力于为党育人、为国育才。

在学校党委的坚强领导下，我校连续多年获全市“普通高中学校教育教学质量优胜单位”、“市直学校教学常规管理优良单位”。被评为“全国中学生文学社团示范单位”、“全国青少年创新教育实验学校”、“北京大学先修课程试点学校”、“省示范性普通高中”、“省生态文明示范学校”、“省现代技术教育实验学校”、“省较高水平运动队基地学校”、“省园林式学校”等。

雄关漫道真如铁，提升无穷期。怀铁一中将以师生的成长为根本，不忘初心，谱写出更为宏伟的篇章！

耕耘沃土育桃李　倾心守护绽芳华

——记湖南省邵阳市第六中学校长张丽艳

唐熹微

从湖南省优秀共产党员到省劳模至省创先争优先进个人，从市十佳女职工标兵到省优秀教师至全国教育系统先进工作者……在三十多年的教育教学生涯中，老师的拥护支持，孩子的敬重爱戴，家长的信任称道，无数的荣誉证书，充分论证了这位名校长的成长之路和成功之路。她就是邵阳市第六中学的现任校长——张丽艳。

自从事教育工作以来，张丽艳校长始终怀揣对教育事业的赤诚之心和对祖国花朵的关爱之情，秉持“办人民满意的教育”的教育信念，用真心管理学校，用真情带动他人，用真爱关怀学生，用真知传道授业，用真我立德树人，全力培养全面发展、多元并重、积极向上的师生群体，用智慧和汗水绘制着自己的教育蓝图。

忠于职守，勤勉尽责

平凡的生命，也能奋力搏出遒劲的姿态。在工作中，张丽艳校长始终心系教育，高瞻远瞩，规划学校发展、优化内部管理、调适外部环境、创设育人文化、领导课程教学、引领师生成长，以永续奋斗的姿态将教育事业不断推向前行的道路。

教育是人心灵上最微妙的相互接触，学校管理更是一项心灵的修炼。修心灵以炼事业，修事业以炼人生。一直以来，张丽艳校长坚持以自律为支点撬动管理的杠杆，从打造最好的自己入手，影响并带动全体师生拼搏奋进、孜孜以求，进而打造最好的教师团队，打造最好的学生群体，打造最好的学校教育。

教育是一项光荣而伟大的事业，一头挑着学生的今天，一头挑着国家的未来。这说明教育是一个值得为之奋斗终生的职业。三十多年来，张丽艳校长一直坚守岗位，从没请过一天事假：骨折了坚持拄着拐杖上班；左侧面部麻木13天、膝盖严重积水、胸部肿块等也忙于工作，无暇就医；年老多病的父亲最后瘫痪在床三个月，她也没有耽误学生一节课；母亲临终告别，她正在上课，也未能送终……“拼命三姐”这个称谓是群众对她由衷的赞美。

匠心雕琢，雅行自成

总有这样一种人，以一颗雕琢璞玉的“匠心把最平凡的日子过成传奇，将最普通的事情做到最出彩。三十多年来，张丽艳校长用心耕耘，用爱打造文明校园，在潜移默化中驱使全体师生感受雅行、践行美德、共享成长，成为拥有神奇魔术手的“最美园丁”。

2014年以前，百年老校居住着很多退休老师、家属及外来租住户，一些人甚至在学校家属楼的煤球房里养鸡养狗，校园内鸡飞狗叫。面对当时低迷、混乱的校园状况，张丽艳校长深感环境的价值和力量不可小觑，在2014年一上任后，便进行了大刀阔斧的改革，并重拳治理校园环境。她带领学校后勤领导耐心地找家属做思想工作，多次深夜十一点还在退休老师家找他们谈心，终于将破旧的煤球房及鸡棚狗窝改造成了师生的休闲绿地；她不知疲倦，多方努力，加速了校门口道路的改造，使之成为高标准的休闲大道；她大力改造校内基础设施，营造校园文化氛围，使六中从内而外焕发着蓬勃的生机。

如今漫步校园，环境清幽雅致，学生文明乐学，教师德高业精，被评为2019年邵阳市文明标兵校园、2020年湖南省文明标兵校园。

无私奉献，温情补位

从青春韶华到年过半百，30多年的从教之路弹指一挥间。一路走来，张丽艳校长坚持以母爱的力量给予学生最大的支持和帮助，用不变的初心书写着无私大爱的“妈妈老师”、“妈妈校长”。

在二十年的班主任工作中，她培养了无数优秀的学生，如世界羽毛球冠军谢中博、美国德克萨斯理工大学化学系博士后谢剑波等。谢中博在她班读初中时，因每天要参加高强度的训练，她便坚持每天给他煮两次牛奶，并看着他喝完；担任寄宿班班主任时，她把自己的家从舒适的三室两厅搬到学校租住的不足50平方米的小房，和学生吃住在一起；每天清晨，带领学生锻炼身体；每天傍晚，煮好热喷喷的鸡蛋送到每个学生手中；把因家庭贫困面临辍学的学生接到家里，承担了他近6年的学费和生活费，并常给他洗衣洗被，对他嘘寒问暖。

在担任校长后，她坚持爱心助学，学校多次被评为市级学生资助工作先进单位；她情系每位教职员工，若哪位教师家有困难，她总是义不容辞地给予帮助和鼓励。2010年除夕，一位老教师病危，她立刻放下炊具，奔赴医院；2005年，学校一位教师因车祸生命垂危，她不但带头彻夜精心陪护，还怀揣着他的病历多方奔走，为他联系全国各地的医院，硬是把该老师从死亡线上拉了回来，后又带头捐款，无微不至地关心他并解决他家里的实际困难。

爱是教育的灵魂，贯穿于教学育人的始终，没有爱就没有真正的教育。学校就是一个温暖的大家庭，张丽艳校长多次表示，希望每一个在这里学习和工作的师生都能在这个大家庭里愉快地工作学习，健康地生活，幸福地成长！

锐意进取，硕果盈枝

教育教学质量是学校的生命线，是教育工作永恒的主题和不变的初心。为走出一条靠质量立校的振兴之路，张丽艳校长一上任就举办了3期课件制作培训班，每周花两个晚上陪着老师练习，使98%的教师学会了运用现代化信息技术进行备课和教学。同时，她加强教师队伍建设，大力实施“名师工程”和“青蓝工程帮助年轻教师和班主任快速成长，成为推动学校发展的中坚力量。

短短几年时间，张丽艳校长和全体教师的辛勤付出让学校赢得了荣誉，收获了人心。近年来，六中高考本科上线率年年持续攀升，学考合格率从2014年的36%上升到2019年的95.15%，居全市同类学校第一名，且遥遥领先；中考毕业生优秀生人数多次在市直排名第一。

张丽艳校长重视意识形态教育，积极发挥头雁的精神引领作用，她的身先士卒带动了学校师德师风大提升。市六中2020年被评为湖南省抗击新冠肺炎疫情先进集体、省级文明标兵校园，曾被评为市先进基层党组织、全市教育系统抓党建促扶贫攻坚先进单位、市文明标兵校园、市德育工作先进集体、市综治工作先进单位和市教育局年度目标考核先进单位等。

坚持一项修炼，修养一腔情怀，抵达一种境界。在三十多年的教育实践中，张丽艳一直在努力提升自己的教育境界，用爱心、坚守与智慧耕耘教育沃土，谱写了一曲平凡而卓越的共产党员的教育华章！

以德立校育英才，质量兴校谱华章

湖南省岳阳县第一中学集英学校　费桂荣　付文

习近平总书记指出:“国无德不兴，人无德不立。要把立德树人的成效作为检验学校一切工作的根本标准，真正做到以文化人、以德育人，不断提高学生思想水平、政治觉悟、道德品质、文化素养，做到明大德、守公德、严私德”。作为新时代青年，要在加强品德修养上下功夫，培育和践行社会主义核心价值观，踏踏实实修好品德，成为有大爱大德大情怀的人。我校创办于2020年，学校坚持以德立校，秉承着岳阳县第一中学的优良传统，一中集英人先巴陵之忧而忧，后巴陵之乐而乐，立志书写巴陵教育新的辉煌。

一、以德立校，开创教育沃土

我校是一所九年一贯制义务教育公办学校。学校占地面积91亩，建筑面积31042平方米，办学规模为60个教学班，2020年9月已招收小学一年级至初中八年级共27个班，近1300名学生。县委书记田文静、县委县政府四大家领导、副县长周里、县教体局局长王敏、党委书记彭四旺等各级领导多次进行实地考察，指导学校工作。

我校师资力量雄厚，拥有着一支高学历的队伍，所有教师都拥有本科以上学历，其中9人是硕士研究生；这是一支朝气蓬勃的队伍，78名在职在编教师，平均年龄32岁；这是一支充满阳刚之气的队伍，男教师占比三分之一。

学校设施齐全。高楼林立，扬帆路、思源路、润德路、泽行路四路环绕。育善图书馆面积520平方米，可藏书几万册；崇善楼、向善楼配备计算机教室三间，共168台电脑；有两间录播室、两间音乐室、一间舞蹈教室；还有500多平方米可容纳500人的若水大剧场；至善楼楼内设有心理咨询室、母婴爱心室、名师工作室、教工之家等。

学校理念先进。以“厚德、博学、慎思、至善”为校训；以“为了向善的你”为办学理念；以“向善教育”为教育理念；以“爱生爱岗”为教风；以“善研善教”为学风；以“求真求实、善学善思”为学风；以营造“向上向善、博爱博识”为校风。

二、立德树人，涵养文明校园

学校落实“人人做德育、时时做德育、事事有德育”的全员德育理念，形成了“人人都是班主任”、“人人都是德育干部”、“所有学生都接受所有教师管理”、“方方面面都能体现德育主体的尊重”的良好环境和氛围。

学校以文明班级周评比、星级班级月评比的形式，对班级的卫生、两操、就餐、午休、路队等常规工作进行检查、监督，完善班级的小组建设、班委会建设、小学部的大队委建设、初中部的学生会建设，学校的食堂和校园公共区域采用班级轮流值周的模式，打造以学生自我教育、自我管理为核心的魅力德育模式。

学生的个人评价注重延续性、延展性，我校建立了“向善徽章评价体系根据学生各方面的表现获取“向善徽章累计积分，有累积、有评奖、有宣传，引领孩子们朝着“向善向上”的方向稳步迈进。

三、多措并举，倾心共育芳草

加强安全管理，做到常抓不懈。安全工作重于泰山，校车安全管理、乘坐公交秩序管理、校园安全隐患排查，不放过任何细节。升旗仪式、广播会、班会、夕会课、广播站、宣传窗、黑板报都是我们的安全宣传阵地。

重视文化建设，提倡活动育人。　随风潜入夜，润物细无声，我们一中集英校园的每一寸土地，每一个角落，都浸润着中华优秀文化的无声教育。“水之德“滴水穿石”、“海纳百川”之故事；“言志广场孔子讲学之情景；早溪“饮水思源”之呈现……这一切悄悄地浸润着全校师生们的心灵。“若水之声”广播站播报的是孩子们的心声，“光盘行动”系列活动传承的是节约的理念，《岳阳日报》还以“光盘无假期，节约有行动”为题，对我校的专题活动进行了报道。

家校携手并肩　倾心共育芳草。学校教育离不开和谐的家校关系，学校召开了家委会成立大会暨常务委员聘任仪式，家校一体，共育共赢，我们集英学子的未来一定会更加美好！

四、质量兴校，铸造内核力量

提高教学质量是学校教育改革发展的核心，也是获得社会口碑的重要渠道。

科学管理——精细化。我校实行分层管理，各司其职，教学、安全、纪律、卫生各个方面的督查都具体到每个时间点，管理日志具体细致，及时发布，问题及时处理，形成了有着鲜明学校特色的精细化管理模式。

科学管理——规范化。每一次考试，从考务方案的制定，组考，考试结束后的质量分析都以科学规范为要求，为进一步改进教学方法、提升教学质量奠定坚实的基础。

教研工作是学校一道亮丽的风景线，"青蓝工程"师徒结对、考后试卷讲评公开课，行政人员推门听课……"一个人可以走得很快，一群人才能走得更远"。大家在沟通中求进步，研究中齐发展。

以体育活动为先导，我校课辅艺术社团活动百花齐放，争奇斗艳。本学期组建了16个特色社团。一幅幅俊逸与灵动的书法作品，一张张五彩缤纷的绘画作品，一件件精美的手工作品，在活动中给每个孩子展示自我的机会；英语才艺演讲比赛、现场书画比赛、独唱独奏独舞比赛，给每一个孩子建立自信的机会。

集英，一个实现梦想的地方！在教育改革的大潮中，我校将与时俱进，砥砺前行，坚持创新、协调、开放的发展理念，科学规划发展蓝图，瞄准新目标，打造新高地，创造新锦程

"雄关漫道真如铁，而今迈步从头越"。我校已经扬起了"以德立校、科研兴校、质量强校"的风帆，开启了全新的教育航程。让我们共同讲好一中集英的教育故事，书写一中集英的教育辉煌！

遇见集英，预见未来！

倾注满腔热忱，孕育高新教育文化

湖南省长沙高新区雅礼麓谷中学　虢志宇

百年大计，教育为本。改革开放以来，国家的教育事业跨入蓬勃发展的关键时代，教育强国的口号传遍在祖国大地的每个角落。我校位于长沙高新区生态科技新城麓谷信息产业园区，是长沙高新区管委会斥资近3亿元与百年名校长沙市雅礼中学联合倾力打造的一所目前高新区占地面积最大、建筑面积最多、建设标准最高的高起点、高品位、高标准的公办现代化初级中学。学校占地117亩，建筑面积63000平方米，建有行政楼、艺术楼、实验楼、教学楼3栋、学生宿舍3栋、食堂及风雨操场1栋等各种单体建筑12栋，配置60个班额，可提供优质学位3000个。我校现有专业教师171名，教师学历均为本科及以上。开办仅两年，我校就获评长沙市标准化学校验收评估优秀、长沙市文明校园、综治安全工作优秀学校等多项集体荣誉。不仅硬件建设超高标准，优质品牌高位形成，软件实力也全面推进，师资力量实力雄厚。我校实施有雅礼特色的课程体系，秉承雅礼"为学生终身发展奠基"的理念，恪守雅礼"公、勤、诚、朴"的校训，共享雅礼教育管理和教学资源，共享人才培养平台。办学以来，我校始终秉持"有格局、有温度、严谨务实、个性发展"的内涵发展思路，追求精细规范管理，全面实施开放教育策略、个性教育策略、自主教育策略，践行教育部卓越校长领航工程刘维朝校长工作室办学研究成果，以培养兼具人文素养、科学精神、国际视野以及家国情怀的"有根"现代人为目标，让每一位孩子都透出一种独特的雅礼气质。如今，我校已逐步成长为支撑高新区经济社会可持续发展，闪耀星城的长沙市基础教育新亮点、新名片。

一、铸魂培根，凝心聚力谋发展

新校建成开学以来，在雅礼集团和区党工委、管委会、教育局正确领导和亲切关怀下，我校从开局工作、师资队伍建设、规范管理、教风学风形成等多方面着手，扎实推进、有序铺开各项教育教学工作，为雅麓学子三年的初中生活开了一个好头。雅礼中学是湖南省首批示范性中学，全国首批现代教育技术实验学校。因此，作为雅礼中学在长沙高新区倾力打造的高起点优品质的区属公办现代化初级中学，我校继承雅礼文化，促进学校取得更好地发展。学校创办至今，我校高度重视集团资源的运用，先后带领教职员工走进集团本部以及雅礼洋湖、西雅、雅礼实验、北雅、长雅、中雅培萃等集团分校参观学习。邀请教育部领航工程名校长刘维朝，怡雅中学校长、长沙市语文名师王良，长沙市语文名师工作室首席名师邓志刚，清北摇篮竞赛班资深班主任清华大学国礼研究中心中华传统礼仪文化宣讲人龚政军，雅礼中学三十年荣誉班主任、十佳优秀班主任项月兰老师，雅礼省理科班优秀班主任、英语学科名师高峻来校宣讲、交流、指导。学校组织多学科教师深入西雅中学、北雅中学、长雅中学、雅礼实验中学开展跨校集体备课研讨，派遣教师参加在中雅培萃、雅境中学、雅礼洋湖、附中高新等学校举办的各科教学研讨、教师培训活动，并积极参与雅礼集团为促进集团师资学科建设而组建的名师工作室各项活动。两年来，为了提升教师素养和水平，传承名师风范，我校大力为教职员工搭乘名校舟舰，学习教育教学经验，为构建气质高雅、言行文雅、举止优雅，具有雅礼气质的师生团队倾尽全力。规范管理是一所学校赖以发展的重要保障。为落实依法治校以及教育治理主体责任，规范办学行为，激发学校教育教学活力，提升教育质量，创新人才培养模式，我校着力建章立制工作。按照"整体规划、全面推进、持续完善"和"行政主导、学校主体、人人参与"的思路，创新现代学校制度的雅麓实践形式，构建依法治校长效机制，提升学校法人治理能力，努力实现学校治理的法治化、规范化和民主化，促使学校快速步入良性发展轨道。办学以来，我校制定出台与教育教学、党建、后勤财务内控学校治理决策等相关的制度近60项，给予学校今后的发展提供了有力保障。

二、知行合一　匠心独出铸校魂

"教师无小节，处处是楷模；教育无小事，事事皆育人"。作为教书育人的重要阵地，学校全体教职员工的一举一动、一言一行，无一不是在影响着学生，甚至影响周围。在学校不管是班主任，还是课任教师；不管是身在教学一线，还是后勤服务，每一项工作都直接或间接关系到育人。因此，我校大力倡导以良好的思想政治素质和道德风范去影响和教育学生，通过教职工大会、党员会、备课组活动广泛深入开展师德师风建设与宣传活动，与全体教职员工签订师德承诺书，通过全体学生的评教评学收集教师师德行为反馈信息，建立翔实的师德师风考评个人档案。2019年度教育部颁布"减负30条长沙市发布在职教师违规补课专项整治方案，我校及时宣传部署，迅速开展自查自纠，以杜绝违规行为发生。

另一方面，我校大力倡导树立校园的核心理念，以生动的教育教学人和事凝练学校校园文化，力求将核心理念内化于心、外化于形，通过雅礼麓谷的文化理念构建凝聚人心，以培养勤学善思、知行合一、责担天下的雅麓学子。我校秉持高度融合雅礼本部文化精髓的基本构想，在校园文化建设方面行动迅速，引进广东省国基教育研究院，以专业协助、专家引领的方式高起点规划和启动了校园文化建设。同时，在校内以多种组合的形式开展文化建设探讨。校级层面、中层干部层面、年级层面、学科组层面、青年教师层面、骨干教师层面，不同层面有着不同的文化建设构想，交叉的构想汇聚成核心的、普遍关注的校园文化内涵。掌握了知识和技能，也要有展示的舞台。我校深知中学阶段是以学业为基础的，综合素质的锤炼与提升需要学校搭建平台，提供机会。因此，我校在坚守学业质量的同时，以百花齐放的思维，广泛搭建学生素质发展平台，让学生在活动中、自主管理中来展示和发展全面的素质。办学以来，我校组建了学生会、校园广播站、校园电视台，筹建了气步枪射击馆，组织艺术节、校运会、科技节、读享会，通过新生军训、开学典礼、新年晚会、班会、家长会、第二课堂等丰富多彩的校内活动来培养学生综合素质。在德育的顶层设计框架下，体艺2+1项目，射击，趣味口语，非遗传承等一系列的校本课程百花齐放，展现出全面发展的良好态势。

三、以课为本，助力课改新突破

教育的核心还是要回到课堂上来。为了培养学生核心素养，适应新高考改革，我校大力提倡课程深入改革，力促信息技术和教育教学不断融合，以提升课堂效率、效果，提升师资专业能力为切入点，以学生学习精力投入、课堂思维活跃、课后作业"层次"改革为抓手，深耕课堂。同时，我校积极推行"提前两周，轮流主备，共同研究，优选教案"的集体备课制度，提出集体备课"十有"的基本要求以及"四备三思"、"先听后上"、"三优点两建议"的深化要求；从转变教师的教学方式和学生的学习方式入手，提出了"两多两少一转变"的课堂教学策略。我校还倡导推行作业制度改革，推行作业"三层两化以自编作业取代了过去的作业本，实行学生作业完成"三层次教师作业布置"精准化、层次化"。我校实行早晚自习"三部曲以提升课堂效率为目的组织全员赛课评课，积极实行公开课、推广课。切实推动全体教师开展中高考研究，引导教师从高考视野纵观新高考改革对初中学科教学的深入影响，引导教师从高考3+1+2角度来观察学科"地位"变化，以实实在在的行动追求高效的教和学、高品质的学业质量。

四、初心不殆，育教兴校谱新章

非知之艰，行之维艰。教育是一项知行合一的事业。办学以来，我校带着教育的理想，不忘初心，迈着坚实的步伐，执着激情地走在教育改革的道路上。以先进的教育理念引领学校发展，以科学的方法强化学校管理，以有效地措施促进师生成长，以严谨的态度探索教育规律，以担当的情怀领跑教育改革，敢为人先，勇于创新。作为教育事业的勤匠。未来路上，我校将会始终如一，用奉献装点教育事业，用生命谱写一曲又一曲教育新歌。

推进改革创新，办好职业教育

湖南省长沙市电子工业学校　李正祥　罗志勇

我校是长沙市教育局直属公办的全日制中等职业学校，是首批国家级重点职业学校、湖南省示范性中等职业学校、湖南省文明校园，湖南省卓越中职学校立项建设单位。学校的前身是创办于1914年的湖南省私立福湘女子中学。按照新时代党的教育方针，学校秉承"文、行、忠、信"的校训，坚持"德育为先，人格为本，理实并重，技能精湛"的办学理念，着力培养新时代高素质技能型人才。

一、围绕立德树人，实施党建工程

立德树人是我国教育的根本任务。党的十八大以来，以习近平同志为核心的党中央加强党对学校的全面领导，其根本目的在于立德树人。学校党委紧紧围绕立德树人根本任务加强和改进学校党的建设，以高质量党建工作保证新时代学校育人育才实效。为此，我校紧紧围绕"立德树人"根本任务，深入实施"2个绝对、3个牢记、4个联系、5个带头"的"2345"党建品牌工程，为学校卓越发展提供强有利的人力支撑和组织保障。

学校以习近平新时代中国特色社会主义思想为指引，全面落实新时代党建工作要求，积极为推进"三高四新"发展战略贡献学校力量，努力推动全面从严治党向纵深发展，围绕"凝心聚力促改革、实干担当争卓越"主题抓党建，以党建带教学、以党建带团建、以党建带德育，充分凸显"三带"党建工作特色。同时，学党委严格落实全面从严治党要求，党委成员带头履行"一岗双责并通过党务骨干培训、严肃组织生活、推日常考核等加强学校各支部组织"五化"建设；充分利用"红星云"、"长沙党建"等微信平台，"学习强国"学习平台，以"互联网+党建"形式加强党员学习教育；开展"不忘初心　牢记使命"主题教育和党史学习教育，并组织党员前往湖南省党史陈列馆、杨开慧纪念馆、雷锋纪念馆等红色教育基地进行党性锻炼。

近3年来，在学校党委引领下，学校涌现了大批先进典型，他们指导学生参加各级技能竞赛，获全国一等奖2个，二、三等奖12个，省一等奖24个，并取得2019全国职业院校（中职组）学生技能竞赛积分排名湖南省第一佳绩；他们举办"福湘学堂"讲座60场，共有413班次、17540多名学生参与；他们在国家级别团组织调研座谈会上3次进行经验分享；他们致力教学科研，承担省级教改课题7个，省规划课题1个，校本思政课题5个，省市以上获奖或发表论文102篇；他们在抗疫防疫关键时刻，主动担任抗疫志愿服务者，其中179名党员志愿者主动捐款33960元……

二、强化德育教育，严抓教学管理

学校强化德育工作，大力培育践行社会主义核心价值观，培养出中国特色社会主义事业的合格建设者和可靠接班人。我校德育工作紧扣"彰文行忠信之意、铸工匠精神之魂"的德育品牌建设目标，在学生中开展党史学习教育，学习百年党史坚定理想信念，依托主题班会、升旗仪式、团校、党校、研学旅行等加强理想信念教育和社会主义核心价值观教育。组织了"弘扬长征精神，缅怀革命先烈"、"探寻古丝路、乐在柏乐园"等研学旅行活动。

学校通过组织开展班级篮球赛、班级合唱比赛等系列文体活动，让学生在竞赛中学习，在活动中展示，在歌声中成长。其中在2020年，"文明风采"大赛中获省、市级一等奖8个，二等奖12个，三等奖13个。

在教学管理方面，学校严格教学管理坚持两手抓：在教学管理上学校严格执行《长沙市电子工业教学管理规范》，加强教学督查，开展推门听、评课，促教师积极作为；在师德纪律管理上制定《教职工文明礼仪规范细则》，并组织全校教职工法治讲座和政治学习。

为全面提高教师整体素质，学校实施了"三课工程"和"师徒结对"活动，每月组织开展教研活动，强抓实训教学、举办技能节、开展技能抽查、组织技能竞赛和培训，并取得了优异的成绩。2020年，在国家、省、市教师职业能力竞赛中获全国三等奖1个，省级一等奖5个，二等奖2个；专业技能比赛获省一、二、三等奖各1个。

三、紧跟时代步伐，创新学校发展

我校发展的思路与定位是与时俱进，卓越发展。为此，学校积极响应省市"三高四新"战略，对接长沙市区域造智能制造等主导产业、特色产业，进行专业动态调整，打造了"电子技术应用"、"计算机应用"两个省级示范性特色专业群，新增了工业机器人技术应用、物联网技术应用、网络信息安全等专业。学校先后与威胜集团有限公司、日立电梯（中国）有限公司湖南分公司、广东美的集团、广东海信集团等企业签订校企合作协议。真正地把行业精英输送到了祖国各地。

深刻认识和把握中华民族伟大复兴战略全局，推进教育事业高质量发展，需要进一步全面深化教育改革创新。2020年9月22日，习近平总书记在教育文化卫生体育领域专家代表座谈会上发表重要讲话时指出："要全面深化教育领域综合改革，增强教育改革的系统性、整体性、协同性"。这为全面深化教育改革创新指明了方向，提供了根本遵循。今后，学校落实卓越发展目标，继续夯实学校党建基础、勇于改革创新、勇于创先争优，推动学校各项党建工作任务落地见效，致力于培养德智体美劳全面发展的社会主义建设者和接班人，为建设教育强国贡献力量。

"平凡"的我，是夜空中最亮的"星"

——谈教职工多元化评价体系的构建

江苏省海安市长江路幼儿园　董晓娟

我们的幼儿园里，有这样一群人，她们紧随孩子的目光活动；有这样一群人，她们声音嘶哑总会蹲下身子倾听每一个声音；有这样一群人，她们整天笑容灿烂忙于打扫卫生消毒；有这样一群人，他们总是每天起五更制作着可口的饭菜……在自己平凡的岗位上勤勤恳恳、默默无闻地为孩子们操持着，他们没有闪亮的证书，没有傲人的业绩，仅是幼儿园里最平凡的一群人，是在日常、年度总结时最易被遗忘的一群人，"他们"是"我们"中的一员。然而，在她们的眼中同样有生长的愿望，有渴望成就的美丽梦想。如何点亮她们的"平凡让"平凡"的我成为夜空中最亮的"星"。是值得管理者深思的课题。

一、"点亮星光构建多元化评价机制

为更好地贯彻落实《深化新时代教育评价改革总体方案》，幼儿园从深化教职工评价制度着手，本着扬长补短的原则，以多元评价之"每月教育之星"评比为抓手，引全体教职员时刻自重、自省、自警、自励，自觉做到以德立身、以德立学、以德施教，发挥聪明才智，坚定不移地练就成师德优、业务精、作风正、能够让人民群众满意的高素质教师队伍，在各自岗位上与自我、同事、家长互动，创先争优，实现自我价值，争做"四有好老师"；使校园成为讲奉献、讲正气、爱学习的园所。

多元智能理论认为，人的智能是多元的，每个人的才智是表现在不同方面的，大部分人仅在部分智能上表现出优越的能力。可见，教职工有的善于表演，有的长于手工制作，有的乐于交往……是各人的优势智能不一样的表现。因此，对教职工的评价，是不可整齐划一，而应以人为本，从评价内容、评价主体、评价标准和评价手段诸方面，以创新为评价出发点，以引导和激励教职工不断超越自我为本质，注重评价过程，让评价效果达到最优化的多元评价方式。

如何在教职工中开展多元评价？如何利用评价体系和导向机制激发教职工不断超越自我的工作积极性呢？作为管理者，我们需要眼中有人，以人为本，悉心了解每一位员工的需求，激发其工作热情，最大限度挖掘其个人潜能，发挥其主观能动性和创造性，处理好各种人际关系，满足其社会需求，才能更好地实现教职工发展的目标。

点亮"星光成就个人价值。开展"一岗双责"大讨论、教职工评价方案再修订。学习《深化新时代教育评价改革总体方案》、《新时代幼儿园教师职业行为十项准则》等法规文件，完善已有的岗位职责，"立德树人、爱岗敬业、学习强国、智慧管理、关爱幼儿、新秀成长、志愿服务、信息技术、躬行节约"……一个个岗位职责的中心词走进大家的视野。为激发每一位教职工的工作激情，经自下而上的讨论和自上而下的互动商榷后，由此有了多元评价之"每月教育之星"评价类型："敬业奉献之星；学习强国之星；爱心天使之星；智慧管理之星；教学能手之星；慧心巧思之星；潜心教研之星；躬行节俭之星；信息技术之星；成长新秀之星；和谐组合之星；风采宣传之星；志愿服务之星；最佳才艺之星"。与此产生相应的"星"之评价细则，改单一的管理者评价，为教职工自评、互评、家长与管理者参评的多方协同动态评价。"星"光点亮过程公开、公平、公正。在教职工大会宣布《幼儿园"每月教育之星"系列评选方案》，让每位教职工有了明晰的自我价值追寻方向。

根据幼儿园多元评价之"每月教育之星"系列评选方案，结合教职工年度考核，每位教职工经过自我申报、公开述职展示展示、民意测评、考核组评议，园内公示后确定，成为与众不同的"每月教育之星"。幼儿园利用园微信公众号、网站、班级群、橱窗等，在来年的每个月依次轮流讲述她们的故事、星语星愿，让"星"光闪耀在师生、家长、社会中，发散出教育人的正能量。

每年一次的"每月教育之星"申报评选过程，不仅有教师们在展示亮相，更是有保育、食堂、会计、电教等不同岗位人员走到台前亮相，诉说着与众不同的故事，有"我为幼儿园精打细算有"我守护星星的孩子有"热心志愿服务的那些事有"我为幼儿园进言献策更有班级和年级组诉说"和谐组合"那些事……在主动反思、找寻自身、本组与众不同的"闪光点"中，教职工提高了自我管理、自我反思、自我提高、与同事间凝聚力的意识和能力，提高了职业幸福感。

二、“星光璀璨在工作岗位上发光发热

星光，可以照亮人们前行的方向。为了让幼儿与每个人成为那颗闪亮的“星星秉承“情智和谐”发展的理念，幼儿园充分发挥“每月教育之星”的光亮，照亮教职工前行。如：如何上好微课，老师们一直是茫然的。“教学能手之星”崔老师的课例曾斩获了全国信息技术优秀课例和现场说课的两个一等奖，于是在业务学习时请她向大家展示在北京说微课的风采。在现场，老师们自发地用手机记录着她那娓娓道来的风采，在有样学样中理解、感受领悟着微课课例与图文的表现，文字的表述、教师体态呈现等要点，年轻的老师们不再畏惧说课，随后的幼儿园说课展示中积极讲述各自的精彩；

又如，如何实施班本课程？老师们如何根据孩子们的兴趣点生长班本课程？“潜心教研之星”章老师讲述着她和班本课程“我的青墩文化”的实践及思考，引发老师们的积极对话与共鸣。连教辅人员金老师也带着老师们现场制作PPT，“添加声音效果，让图形动起来，请用在PPT动画选项中……”手把手地示范，让老师们的PPT课例声形并茂、精彩生动。

“小班孩子手臂短，洗手时容易弄湿衣袖，我就找了些饮料瓶，剪去瓶子下半部后瓶身修圆，斜斜地将瓶口套在水龙头上，从而延长了水龙头的出水口，孩子不再够不着水洗手了，也可是不要花钱的；用旧编织袋装入泥土，放在自然角，可以带孩子们种植；幼儿园食堂的豆腐渣混合在泥土中，可以改良土壤；原会议室的窗帘，我用缝纫机处理，就可以在新办公室用的……”、“躬行节俭之星”保育员储老师又忙着园教师微信群里细致地介绍着她的新经验。

面对2020年冬天那突如其来的“疫情防控如何为师生保驾护航，如何引导幼儿居家学习，幼儿园“星”老师从这个特别的寒假起，开设“七彩花”空中课堂，讲述抗疫故事、传授抗疫知识、技能，统计上报生师健康等，大家你追我赶，创优争先，主动学习、无私奉献，让幼儿园里激情澎湃。

三、多元评价，助推幼儿园可持续发展

开展教职工多元评价之“每月教育之星”活动，能以人为本，实现了幼儿园管理的民主性和实效性。园管理者以身作则，率先垂范，廉洁自律，知人善用。坚持“民主参与、民主监督”的办事原则，扬教职工各人之长，让教职工有机会参与园重大活动和建设项目的过程管理，展现自我。这样，既利于幼儿园的管理群策群力，又激发了教职工的工作热情，让教职工都享受到爱，受到尊重，让人人得到发展的机会，人人有所追求，人人都体验到快乐和成功。

对幼儿园教职工采用多元化的评价体系，确保多元化评价体系的目标定位既能起到一定的导向、激励和改进功能，又能给予教职工较多的自由生长的弹性空间。积极、主动关注幼儿园保育、教育教学、后勤等各项工作，形成各司其职的生态环境系统，进而最大限度调动教职工形成合作的工作团队，为了一个共同的目标，一个共同的愿景，团队成员甘愿拧成一股绳，心往一处想，劲往一处使，互相学习、互相支持，进行深入持续的研究，促进师幼共同发展，必然有利于幼儿园的可持续发展。

平凡是生命的底色，不凡是生命的追求，“平凡”的我，是夜空中最亮的“星”。幼儿园开展教职工多元评价，不断深化教职工评价机制，让每个教职工立足本职岗位，师德为先，身正为范，把平凡的自己做到最好，铸就新时代的“工匠精神成为夜空中最亮的“星用我们的实际行动让情智之花在幼教的沃土里尽情绽放！

深化教学改革，提高教育质量

江苏省南京市浦口区高旺小学 刘泉

为深入学习领会习近平新时代中国特色社会主义思想和党的十九大、全国高校思想政治工作会议等会议精神，我校围绕学校发展大局，以立德树人为中心，下大力气深教化教育改革，学校在课堂教学模式中尝试新的路径，不断转变教师的教学理念、学生的学习方式和家长的功利观点。注教师专业化成长，搭建教师成长的新平台、新模式，让教师的研讨“真”发生。学校着力做好顶层设计和引领，切实提高课堂效率，落实分层作业，发挥课题导向功能；落实减负增效，提升学校教育质量。

一、分析当前课堂存在的问题

教师的课堂教学重“果”轻“因”。教师仍以全盘讲解为主，从提出问题到生成结果，均由教师包办。对学生的学习能力不肯定、不放心；学生很容易从问题得到结果的过程，缺乏必要的思考与实践。学生在整个学习过程中，只对“果”产生部分印象，而对“果”的形成则一知半解。教师一味地灌知识，将会导致学生丧失自主学习能力，缺乏学习的后继性。

学生的课堂学习重“解决与接纳”轻“思索与创新”。学生自始至终以观众的角色欣赏教师的表演，其习得的知识仅停留在知识层面，得不到及时的转化和创新。学生很轻易地得到答案，缺乏对问题过程的思考

家长对孩子的学习重横向轻纵向。家长对学校和教学的要求单一，仅唯成绩论，关注学生的考试成绩和名次，忽视了学生的学习基础、起点和发展历程。成绩稍有提高，就松懈；成绩稍有落后，就苦学、恶补，家长的做法无异于饮鸩止渴，只能遏止暂时的学习不下滑，最终导致学生失去学习耐性和学习兴趣。

家长对孩子在班级、年级里排名的关注重于孩子的进步幅度。部分家长忽视了孩子的学习基础和起点，一味地追求学习成绩。孩子的纵向进步很容易遭受家长的忽视，因而容易产生挫败感和失落感。

二、尝试课堂教学改革新途径

引导教师转变教学观念和教学方式。多年来，讲台属于教师的观念根深蒂固，传统的教师教学方式就是讲解，讲解，再讲解，教师早已习惯于知识的灌输。把时间交给学生一方面是教师对授课时间的不舍；另一方面是教师对学生的不信任。例如：手工课上，教师在课堂上交给学员们一张看得似懂非懂的图纸和一包杂乱无序的电子元件，然后要求学生按图纸（1）上不同的要求，安装元件。刚开始时，全体学员对着各式各样的零件发愁；但是随着部分小组件的安装，渐渐初露端倪。于是大家一齐动手，很快杂乱的零件就组装成一部小风扇。接下来，教师又指名要求部分学员组建安装小组，完成图纸（2）的安装。启示：学生的学习潜力是巨大的，有些知识和能力，即使教师不教，学生也可能通过其自己的方式和方法习得；而且，这种习得对学生的学习力生发更具指导和影响。

引导孩子转变学习观念和学习方式。学生“张嘴等饭”的学习习惯与方式源于教师的满堂灌，当教师改变了知识灌输的教学方式时，学生的学习方式自然会随着改变。一道题不再有现成的答案时，学生就会通过自己的方式去寻求。比如，二位数乘以两位数，学生的数位对不齐，得出的答案就不同，当千奇百怪的答案出现，学生就会渴求正确答案。首先会问：我的答案为什么和别人的不一样？然后是：谁的答案是正确的？其次是：我的答案错在哪里？最后得出正确的结论。

引导家长转变家教观念和家教方式。学校的教学改革，必定会经历阵痛和低谷，这对于追求分数和考试成绩的家长而言，也许早已习惯了扬汤止沸、治表不治里的唯分数论，从而对教师的教和学生的学进行无厘头的干预，渲染抵触情绪和极度不配合。许多家长不关心学生的学习基础和起点，一味地追求考试分数，进则喜退则忧，无端地给教师的教施加压力，给学生的学盲目增负。

三、课堂教与学改革新举措

亮新招：做好顶层设计，把握宏观调控。学校教学部门对每个年度、每个学期以及每个阶段的工作目标、进度和达成度要有明确的把握。然后，根据各项工作的推进和目标达成情况，做相应的调整。

因材施教措施，分层作业，切实减负。鼓励学科教师因人而异布置相关的学科作业，杜绝作业标准化式的“一刀切尽量使优、中、困生在心理上接受作业的形式、内容和难度，生发完成课余作业的信心，提升学习力。

课题引领，简化程序，主推新模式。针对学科教学中普遍存在的问题，学校以教研组为单位，查找问题和症结，对问题进行论证和分析，提炼学科突破专题。课题研究走“逆推”思路，先商议解决问题的思路和方法，并实施一段时间，达到初步成果时，再提炼课题。

走新路：关注教师专业化成长与发展。借力支点，建立青年教师异地培养新模式。学校五年前与区外强校“手拉手”携手共进。近年来，学校将青年教师的培养引入纵深，学校在校内挑选新入职教师和校内骨干与对方学校结成师徒关系，定量、定向培养；培训方式以网络交流和研讨为主，即网上布置作业、网上点评、网络视频等，辅之以当面点拨。

草根研修，激发内部潜能，鼓励教师的校内研讨“真”发生，教学能力“真”提升。学校成立“尹老师数学草根工作室”和“陈老师语文草根联盟以教研组为单位，组建研修团队，抱团取暖，负重前行。

适时推介，旧苗栽新圃。学校始终将促进教师专业化发展放在首位，把握任何机遇和场合，只要有可能，把学校内的骨干教师推荐给名师工作室（坊）；促进与名特优专家的师徒结对。薄弱学校的教师专业化发展水平和层次不高，针对有限的、难得一觅的名师资源，把握机遇，积极将青年教师推介入某个成长圈，是对教师负责，才教育负责的外在体现。

掘新源：鼓励师生创新教与学的方式。拓宽教师的眼界和教学思路。选派校内骨干教师参加国家级高端学术培训，触摸全新的教育教学理念和手段；鼓励教师提出新观点。

改良学生作业形式，以体验为主，贴近生活。学校的假期作业鼓励学生的创新与实践，可以走上街头，担任小小志愿者；可以分担家务，参加力所能及的劳动和为父母做饭菜，要求学生将体验过程和感受说出来，再写出来。

借力新支点：开辟家长学堂，切实做好家长的辅导工作。减负，减的是学生一方；增效，却是要从教师和家长双方做起。家长在家庭教育中的角色和作用，某些时候甚至高于教师。他们在家庭教育中不仅能随时监督孩子的学习情况，还能影响孩子的心智发育和社会修养。

家长对学校工作的认同和支持在很大程度上影响着学校教育教学改革的进程和速度。学校利用家长学校和家长会对家长进行了全员

辅导。开学前，召开一年级学生家长会，通过描摹美好的愿景要求家长配合学校帮助孩子养成家庭学习和生活的好习惯；对二三四年级的学生家长进行素质培训；对五六年级的家长进行法治培训。家长对孩子的正面引导，很大程度上能帮助孩子树立良性的竞争意识，保持学习的兴趣和动力，学生的学习力也将会有很大的提升与生发。

四、逐项攻克推进减负增效措施

锁定目标，专项攻坚。学校在减负增效的教育教学改革中，突显出诸多薄弱环节。因资源有限、精力有限，不能普遍开花。学校必须确定攻坚目标，逐项攻克。

"家有三件事，先尽急的做"。比如，在课堂组织管理方面，低年级学生养成专心倾听的好习惯很难；而初入职的教师不能适应儿童心理。教育教学管理上总是出现脱节，出现孩子越管越难管，越管越乱的现象。低年级学生的组织管理和良好的学习习惯养不成，将对孩子的绵终身学生产生不可估量的影响。学校针对此问题，开展"实施有效管理，提炼组织艺术"的校本专题研修，将每学期开学的第一个月定为"有效管理月"；组织全体学科教师观摩优秀教师的课堂组织与管理；同时展开研讨，提出问题，商议对策；学校中层以上干部分片区听课、辅导，力求完善每一名教师的课堂有效组织管理。

做成一项，巩固一项；巩固一项，推广一项。学校的减负增效工作不可能一蹴而就，需要有静待花开的心态。学校在推进各项减负增效的措施时集中精力，做成一项即纳入教学常规；如果因其他因素影响和干扰一段时间内没有达到目标，则接着做，直到做成为止，从不中途放弃。学校倡导的"25+15"数学课堂目前仍处于探索阶段，还有部分老教师不能接受，教学方式还不能改变。那么这一项的研讨会一直处于进行状态，直到新的教育理念或更有推广价值的经验出现。

减负增效是一项系统工程，需要久久为功，攻坚克难、推实推进。下一步，我们将不断巩固顶层设计，创造新的课改路径，办高质量的教育，培育高质量的学生，为建设教育强国做出更新更大的教育贡献。

参考文献：

王文博，巩固专项治理成果继续推动学生减负，2018年12月

窦桂梅，儿童生长如大树，全社会要尊重其成长规律，2018年12月，教育部《关于印发中小学生减负措施的通知》解读文章

康塁娜，切实做到"减负"提高复习课效率[J]；教育教学论坛；2009年07期

唐友媛，中小学生课业负担过重问题之我见[A]；江苏省教育学会2006年年会论文集（文科专辑）[C]；2006年

蓝振师潘爱明，浅谈中小学生"减负"[J]；教育教学论坛；2011年25期

先导式教学设计，促进学生全面发展

江苏省南通市如东县岔河镇岔北小学　朱俊华

"作文先导式"教学是语文教学的一个整体改革，这种教学模式对语文作文的教学确实有着重要影响，尤其是在小学语文的作文教学方面。在以往的小学语文作文教学中，教师过于注重对学生进行作文写作经验和写作方式的灌输，忽略了学生在作文学习中的情感体验和思想交流，从而导致了作文写作方面复制、模仿现象的发生。作文先导式教学则有力地克服了以往教学中的这一缺陷，它采用的教学载体是"说文"或者"作文选取的教学操作平台是"表达与交流设定的教学价值取向是"综合性和整体性打造的逻辑起点是"学生的兴趣和发展的实际需求而其重要的认知基础是"学生的自主体验"。结合语文这一学科的特点适当地运用这种作文先导式教学方式，可以促进学生的全面发展。

随着素质教育的推行，学校在教学工作中不再只重视学生的学习成绩，而是用更多的时间和精力注重学生综合能力的发展。因此，在教学过程中，教师会更加重视学生写作能力以及表达能力的提高。经过实践，可以发现先导式教学模式不仅能让学生获得更多的体验，还可以充分地调动学生的学习积极性。

一、创设教学模式，引导学生思考

在作文教学过程中引入先导式的教学模式，可以更加有效地鼓励并且引导学生全身心地投入到学习中，让学生在探索和思考的过程中，提升写作水平。因此，在实际的作文教学过程中，教师可以通过引导式的教学方式，结合一些更加有内涵和意义的教学素材，充分调动学生的学习积极性，激发学生的学习热情。此外，教师也可以合理地利用现有的教学资源，比如多媒体技术等，让学生观看一些视频，更深刻地了解教学内容，激发他们的想象力，让他们大胆地创作。例如，教师可以在学生阅读《集市与超市》的时候，先让学生自主学习文章内容，还可以在电脑上找一些相关的素材，让学生进步了解集市与超市等多种购物方式，之后让学生写篇关于"一次购物体验"的作文。教师在引导学生学习写作方法的过程中，可以先让学生讨论自己记忆深刻的一次购物体验，然后描述一些物品的具体特征等。通过这种方式，可以激发学生的写作灵感，发展他们的思维能力。

二、引导学生表达，激发学生兴趣

作文是一种书面形式的表达，在教学过程中不断地培养学生的语言表达能力，对写作水平的提高具有非常重要的意义。教师可以采用作文先导式的教学模式，不断训练学生的语言表达能力，对培养学生的写作习惯有很大的帮助作用。在传统的作文教学中，大多数情况是教师在课堂上给学生下达任务，让学生枯燥地写作。在写作指导中，教师仅让学生抄写一些字词句子，　虽然这些内容可以增加积累，但是语文课堂应该让学生主动思考，在适当的情境中理解与想象，按照一定的思维逻辑让学生一步一步地分析，激发学生的表达欲望，然后逐渐培养他们的口语表达能力。

例如，教授《触摸春天》时，教师可以让学生结合文章，展开想象，思考一系列的问题，比如让学生在自己的大脑中搜索亲眼所见的或是想象的春天景象，并用恰当的词语展开描述，充分调动学生的想象力，培养学生的口语表达能力，鼓励学生畅所欲言，还可以让他们记住一些关键的词语或句子，然后再深入分析文章，与自己的想象对比，加深对文章的印象与理解，积累一些比较优美句子，写作时可以更好地表达自己。

三、提高学生体验，促进知识升华

小学语文教学中的基础内容是字词的教学，学生在学习的过程中需要掌握更多字词的书写方式和具体含义。对于小学生来说，对字词相关知识的掌握程度将会直接影响他们以后的阅读能力和写作水平，因此，教师要重视对学生字词方面的教学。在传统的字词知识教学过程中，教师往往都是让学生通过反复抄写以及读与听写的方式学习，这种教学方式耗费学生

大量的时间与精力，效率也不是很高，学生遗忘的速度比较快，更谈不上灵活运用。久而久之，学生难免会对这种教学方式感到厌烦，降低了学习兴趣。因此，教师要不断创新教学方式，如果在教学中采用先导式的教学模式，将对字词的记忆和字词的含义结合起来，能有效地帮助学生巩固基础知识。

例如，在学习《金木水火土》这篇文章时，教师要让学生掌握这几个汉字的写法和含义。此时，教师可以在课堂上采用先导式的教学方式开展教学活动，帮助学生更好地理解这几个生字。教师可以根据学生的年龄段对文章某个段落展开深入分析，充分地调动学生的学习积极性，让学生用自己的语言分析这几个汉字，在大脑中形成自己想象出来的画面。由于学生在此之前可能不认识这几个汉字，教师可以先用拼音代替，同时还可以帮助学生掌握这几个汉字的发音以及拼音组成，加深学生对这些汉字的印象与理解。

语文教学中比较重要的内容是阅读，学生在阅读文章的时候可能对文章的理解上有一定的偏差，教师可以采用作文先导式的教学模式，帮助学生更好地学习和理解课文内容。同时，教师在运用先导式教学方式开展教学的过程中，需要注意一些问题，比如写作时需要控制时间的长短以及作文的内容，还有作文的形式，如果这种形式在课堂上占据大量的时间，就可能出现喧宾夺主的现象，最终影响教学效果。

例如，在学习《童年的水墨画》时，教师可以采用作文先导式教学方式，让学生以"我的童年"为主题写作，不断提升学生的写作能力。教师可以提出一些问题让学生思考，比如"同学们，大家童年遇到过什么开心或是难过的事，用几句简短的话来描述一下"等。对于小学生来说，童年记忆比较深刻，教师辅导之后，学生可以用自己的语言简短地表达出来，尽可能地准确表达出自己的感想。学生思考以及表述的过程，不仅提升了写作能力，还可以引发更多的情感，写作时更加具有感染力。

在语文教学中运用作文先导式的教学方式，要随着时代的发展不断更新，创新教学方式，让学生在课堂上发挥主体作用，通过教师的指导，促进学生之间相互交流，不断提高教学效率。

基于云端一体化课堂的在线教育应用创新实践

江苏省苏州工业园区星洋学校　叶鹏松

江苏省苏州工业园区星洋学校是一所诞生于"互联网+"风口的九年一贯制公立学校。2015年9月成立伊始，学校就明确了建一所预见未来的智慧学校的办学愿景，坚持以教育信息化支撑和引领教育现代化，积极创建"课程•技术•空间"为一体的线上线下深度融合的未来智慧校园。

在界定云端一体化课堂的核心概念与内涵的基础上，星洋学校在本校主持的2018年度江苏省基础教育前瞻性教学改革实验项目和江苏省"十三五"教育科学规划重点自筹课题《"互联网+"背景下"云课堂"整体架构的创新实践研究》的引领下，立足课堂，基于移动互联、跨平台智能终端，融入云计算、大数据、人工智能等信息化

技术与资源，以系统化创新思维，对传统课堂教学进行深度流程再造与整体架构，提出了云端一体化课堂的范式构建与创新实施路径，构建了个性化、自主化、泛在化、智能化的“云课堂满足了师生资源分享、及时互动、精准评价和个性化教与学的需求，有力地推动了学校教育发展的质量变革、效率变革和动力变革。

系统梳理，厘清认知

基于星洋云课堂前期富有成效的创新实践，学校师生在技术、资源储备和应用上能做到游刃有余，但如何准确理解并把握好如此大规模在线教育的内涵与实施策略，扎实高效地整体推进在线教育，还有待进一步厘清概念，凝聚共识。为此，星洋学校首先结合形势，对星洋云课堂前期探索进行了系统化的梳理，并对“云端一体化”课堂及其内涵达成了以下共识：

云端一体化课堂是指利用移动互联、大数据、人工智能和云计算等新一代信息通信技术，实现课程教学与管理流程由端到云、由云到端的一体化课堂。这既包括师生之间的纵向一体化，也包括师师、生生乃至家长端的横向一体化。它可以分为两类，一类是云端一体化的虚拟课堂，比较适合家庭教育和社会教育；另一类是云端一体化的实体课堂，虽然师生的面对面交流都在线下，但是借助云端资源和信息技术同样可以实现教学呈现、互动、诊断与评价、教与学的方式的转变与流程再造，这是目前学校信息化课改的主要形式。这两类课堂各有优势，互为支撑。

云端一体化课堂的内涵主要体现在五个层面：一是全维度，形成线上线下一体化，融合推进；二是全时空，课前、课中和课后全覆盖，形成教学闭环；三是全流程，教、学、管、评、测各个环节云端一体化，形成管理闭环；四是全要素，不仅包含传统的课程、教师、学生三要素，还应引入有效陪护学生开展云端教学的家长，拓展为四要素；五是全系统，云端一体化课堂并不是单一的从线下到线上的搬迁，而是带动课堂教学过程中各个要素和环节的系统性、整体性、结构化变革。

顶层设计，示范引领

2020年2月8日，由校长率先推出了一节在线互动直播课，使教学管、评、测全流程走向云端，为全校教师作示范引领。其操作流程如下：

第一步，前学课程导学。教师在课前利用园区“E+”互动平台、希沃白板5平台制作前学课程，并以二维码或链接的形式通过微信、QQ或晓黑板等APP提前分享给学生。

第二步，在线问卷诊学。借助“E+”互动平台、问卷星等平台设计调查问卷，帮助教师对学生前学课程的学习情况进行在线诊断，并进一步优化教学设计与直播课件。

第三步，直播互动精学。进入“E+”互动平台、希沃云课堂发布直播教学，设置好课题、内容和时间后，将生成的二维码或链接再次推送给学生，邀请学生及时报名，按时进入直播课堂。若错过直播，可在报名课程列表里回看。

第四步，课后个性研学。直播课程结束后，不仅通过分层作业引导学生个性化学习，还通过在线学习问题收集表、作业习题讲评知识胶囊、晓黑板APP云端作业布置与批阅等全方位把握学情，进一步提升课堂教学的有效性和达成度。

该流程整体达成了课堂教学流程的云端一体化闭环，学校党员行政骨干积极响应，在线直播教学自上而下规范有序展开，并涌现出一批网红教师，其中顾晔、李郁、张卫华等十多位老师参与了苏州市线上学习中心的直播教学。同时，学校还配套出台“教师线上教学‘十个一’”及“学生居家学习‘五个一’明确了教学规范、教学流程、学习内容、学习资源、学习方法路径，规定了学习时间、作业时间和锻炼休息时间，并结合在线学习反馈和大数据问卷及时召开线上家长会，实现家校协同，整体推进线上教学工作。

范式建构，展示分享

上述云端一体化课堂的基本流程可以总结为前学课程导学、问卷诊学、课堂精学和课后研学这四个环节，整个过程以“学”为中心，贯穿课堂始终。在在线直播教学基础上，星洋学校聚焦适切度、参与度、融合度、达成度的“四度课堂”目标，围绕情境化、结构化、交互化、精准化的“四化教学”特征，提出了云端一体化课堂“四学”范式。

在具体实施中，教师可根据区域、年级、学科与课型等特点，对范式中云平台选用和教学流程做动态调整，在兼顾个性的同时有效避免教师线上教学的随意性与碎片化，确保学生居家学习的系统性与均衡化，从而更好地实践翻转融合创新的教学理念。大数据问卷反馈，学生在线学习满意度82%，零起点复学率不足3%，在线测评反馈整体教学质量较上学期末不降反升。

“互联网+”对学校教育最直接、最关键、最深刻的影响就是对课堂的影响、对教与学的影响，但需要指出的是“互联网+教学”不等于在线教学，唯有线上线下融合的云端一体化课堂才是未来课堂变革的大势所趋。自云课堂创新实践项目课题启动以来，星洋学校紧紧依托大数据促进因材施教的智慧教育区域实践，不断开拓创新，智慧教育成绩斐然：《“互联网+”背景下教学融合创新的校本实践研究》获评区优秀科研成果一等奖；建构的云端一体化课堂教学范式成果分别发布于2020年7月《中小学数字化教学》和2020年10月《教育信息化论坛》；教改创新实践成果《“互联网+”背景下“云课堂”的校本化建构与创新实践》一书由苏州大学出版社2020年12月正式出版，并在南京举行的首届中国教育基础论坛暨中国教育学会第33次年会上展示分享。

创建趣味校园　培育阳光少年

——让上学成为学生每天的期待

江苏省无锡市天一实验小学　沈燕琴　陈春贤

天一生水，地六成之。无锡市天一实验小学始建于1912年，是一所呼吸着人文气息、流淌着江南水乡灵秀、激荡着现代教育理念的百年老校。学校用百年文化积淀的校训——“美”来塑造人，提出了“为学生生命美奠基”的教育理想，结合新时代要求，着力塑造“天人合一”、“人人唯一”的天一品质，以“过一种有意思的校园生活”为办学主张，培育焕发活力、崇尚礼仪、传递爱心、彰显智慧的“新阳光少年”。经过十多年的探索，学校通过校本节日、社团活动以及课堂教学策略，让上学成为学生每天的期待，真正过上了有意思的校园生活。

一、缤纷校本节日　促进学生全面成长

学校始终秉承“在活动中进行教育，是对孩子最好的教育方式”的教育理念，以“过一种有意思的校园生活”为教育目标来展开教育。校本节日是学校培养　“新阳光少年”的主要举措。自2012年起，学校就创新开展了花卉节、伙伴节、旅游节、劳动节、涂鸦节、游戏节、晒宝节、爱校节八大校本节日，这些节日新颖时尚、设计独特，鲜活有趣，深受老师、学生和家长的喜爱。学生在活动中积极参与，认真体验，享受快乐，获得成长。校本节日成为学校德育活动一枚靓丽的名片。2019年起，学校依托市级十三五规划课题《小学校本节日“主题活动链”的开发与实施》，系统开展“晒宝节”、“探秘节”、“游园节”、“花卉节”、“厨艺节”五大校本节日，分别指向德、智、体、美、劳五大育人目标，并融入“专注、友善、勤劳、合作、坚毅、自信”六大品格的培养与提升，丰富“新阳光少年”内涵。

开展“晒宝节培塑价值情怀。校本节日“晒宝节”鼓励学生们寻找家中有价值、有意义的“宝贝讲述宝贝的故事并进行评选、品鉴。很多“宝贝”都很有意思又有价值，比如爸爸的大学录取通知书，妈妈骑行到西藏的自行车、爷爷抗美援朝时获得的军功章……每一个宝贝背后都有一个感人至深的故事，有的诉说着对国家的忠诚，有的浸透着爱岗敬业的奉献精神，有的体现了人间至善至美的温情，有的承载着对某个阶段生活的美好回忆，也有的表达了对家乡传统文化的无限热爱……一场晒宝，培塑了学生爱党、爱国、爱家的情怀，将社会主义核心价值观无痕地渗透进学生心中，让他们经历了一场思想的洗礼，无数颗正能量的种子正在学生心中萌芽、生长。

开展“探秘节启发多元思维。为激发学生勇于探索、积极实践的精神，培养问题解决能力和学习自主性，做德智体美劳全面发展的“新阳光少年学校开展了“探秘节”系列活动。学生们化身一个个小小探秘家，发现自然、校园、家庭和社会中的真实问题，通过分析原因、寻找解决策略，形成微成果等方式，开展“探秘节”实践研究，在研究中启智、在探秘中成长。“探秘节”展评活动共分为四个篇章：自护自理篇、绿色环保篇、时间管理篇和社会热点篇。问题涉及面广，话题新颖有趣，探究价值较高。低年级的学生与爸爸妈妈组成亲子探秘团，中高年级的学生与同伴、老师组成探秘小队，他们相互合作、生动演绎，给活动增添了更多的看点。有的探秘小队通过探秘鞋带的基础系法和花式系法，增强生活自理能力；有的探秘小队通过情景剧表演，带领大家走近“天一树了解校园树木的名称、年龄、习性；有的探秘小队针对“垃圾分类，从我做起”、“给小区电动车找一个安全的家”这些社会热点进行探秘，关注民生，做有道德有担当的好少年……15个项目精彩纷呈，亮点多多。活动开展后，受到了社会各界广泛关注，2021年3月，“学习强国”平台“城乡教育”栏目对学校“探秘节”进行全面宣传报道。

开展“游园节塑造健康体魄。今年“六一”儿童节，学校结合校本节日游园节开展了一次“游戏大观园”大型游园活动，活动主题为：快乐加“游”“园”你一个有意思的童年。6月1日上午，全体学生在教室和操场进行了一场别开面的六一游园盛会。每个中队就是一个游园小天地，学生们在这一方天地中精心布置展示区和活动区。各年级的游园名称都别有一番趣味：来到童趣园，一年级的小朋友们正似模似样地体验游园的乐趣——一双筷子，一个小球，乒乒乓乓，串起童年最动人的音符；几颗弹珠，三五小碗，叮叮当当，奏响童年快乐地乐章……二年级动感乐园，为游园注入了一份激情与活力：排山倒海、奔跑吧少年、毽子带你飞、奔跑的小球……三年级萌萌乐园，为游园增添了一份俏皮与可爱：小羊向前冲，萌宠乐趣多；玩具大作战，欢乐总动员……四年级彩虹欢乐园，为游园增添了色彩与乐趣：青蛙跳跳塘，蹦跳无极限；无敌风火轮……五年级智慧乐园，为游园增添了一份灵动

与精巧：解密小特工，猫捉老鼠、脚力大比拼……每个游戏都充满挑战，需要思维的灵光乍现。徜徉在每个大观园中，学生们尽情奔跑，自由撒欢，欢乐的足迹在脚下延伸，幸福的味道在校园弥漫。在游园活动中，学生强健了体魄，获得了全面的成长。

开展“花卉节培养审美情趣。每年3—5月，正值春花开放之时，学校组织开展校本节日“花卉节引导学生与花儿亲密接触，研习花中之奥妙。每个年级都设了不同的花卉主题，各班以自然为师、花朵为媒，开展了丰富多样的活动。比如二年级以樱花为主题，开展赏樱、画樱花等活动，二（2）班在班主任孙老师的精心布置下，教室充满了樱花元素。孙老师还带领学生挖掘、赋予樱花更多含义，设置的“樱之信箱”成了孩子与家长心灵沟通的桥梁。学生们在赏花、研花的过程中，对花的生长习性和品性有了深入的认识，从而萌发爱花、惜花、学花的情感，培养了审美情趣。

开展“厨艺节提升劳动技能。2020年5月，为了更好地践行习近平总书记教导少年儿童从小就要树立劳动光荣的理念，学校开展了校本节日“厨艺节”。本次厨艺节意义非凡，是结合新时代要求和防疫背景下开展的非常厨艺节活动，主题是做健康有营养的菜。低年级做健康凉拌菜；中年级做健康家常菜；高年级做健康养生菜。5月，大队部结合劳动节进行了厨艺节线上启动仪式，组织全校学生开展了厨艺小调查，小计划地构思和厨艺大练兵，活动开展得有声有色。6月，学校继续深入推进厨艺节，通过主题鲜明、形式多样的班级、年级厨艺比拼赛，分享健康，传递爱心，锻炼技能。6月中旬，各年级评选出61名年级小厨王，在公众号上进行风采展示，通过网络投票等方式，最终评选出了48名“校级小厨王”。为进一步扩大活动影响力，切实提高学生多方面技能，培养专注、勤劳、友善、合作、自信、坚毅的品格，学校在四、五年级共选出12名校级小厨王，参加“非常厨艺节 健康新滋味”校级现场厨艺争霸赛，角逐“校级小厨神”。学生们在活动中变成一个个架势十足的小厨师，择菜、切菜、翻炒、配料、摆盘……样样动作有板有眼，似模似样。在厨艺活动中，他们对菜的选材、配料、营养的搭配都有了一个全面的认识，在劳动中提高了劳动能力和劳动品质，也提升了专注、友善、勤劳、合作、自信、坚毅的品格，为培养“焕发活力 传递爱心 崇尚礼仪 彰显智慧”的“新阳光少年”又打开了一个新的窗口，描绘出更广阔的学生成长愿景。

二、多姿多彩社团 承载学生多样兴趣

学校还开设有意思的社团活动。学校从培养人的综合素养和能力出发，以“艺体2+1 （综合）”为主线，建构“七彩社团活动链”。校内，依托全课程理念，推动学科全面融合，探索和打造了一批具有学校特色的精品社团。校外，紧扣“灵活、多样、发展、多变”的原则，利用家长优势资源，创新开展“微社团”的实践，让炫彩社团为成长添彩。学校的社团活动从校级延伸至班级，不仅创设了乒乓、围棋、管乐等校级社团活动，也有利用地方课程创设诸如3D打印、泥塑等年级特色社团活动。尤其让人眼前一亮的是，2018年，学校开启“班级微型社团”建设，每个班级组成一个微社团，在班主任和家长志愿者的带领下，利用周末时间开展活动，作为学校常态社团的补充。微社团旨在重视每一名学生的兴趣爱好和瞬间的奇思妙想，充分挖掘家长的潜能与特长，让学生在班主任老师和家长“志愿辅导员”的带领下，在各种体验和经历中，习得技能，提升品格。各班微社团还设计了耕种社团、魔方高手、功夫boys等响亮的名字和口号。学生在微社团活动中激发多样的兴趣，挖掘无限的潜能，学习多样技能，获得全面成长，留下了许多难忘的故事和回忆。

多姿多彩的社团活动，为学生发展多样化兴趣和展示才华提供平台，为学生的校园生活注入活力与趣味。

三、课外课内链接 激活学生学习密码

有趣又有意义的课外活动与课堂互相映衬、补充，使得天一实验小学的课堂也充满了趣味。六年级语文中有一个单元讲的是花卉草木，有广玉兰、夹竹桃等等。恰逢学校举办“花卉节孩子们在课后通过社团组织的赏花、花卉摄影、写作等丰富的活动，对相关花卉乃至课文有了更深入的理解和感性体验。课上老师们会给学生时间，展示他在课后的调查情况、作品等，丰富课堂内容，调动学生上课积极性。此外，语文老师们把古诗词赏析课上得妙趣横生。在给学生讲授《如梦令·常记溪亭日暮》时，语文王老师用了李清照的另一首词《如梦令·昨夜雨疏风骤》对比讲解，层层递进，还让孩子们尝试创作自己的《如梦令》，这无疑让古诗词课堂变得妙趣横生。英语老师们在课上会插入学生课后活动阅读的绘本故事，设计有趣的情境，鼓励孩子分角色扮演，让孩子们轻松学习、理解相应的知识点。

天一实小的课堂有意思又有意义，它充满了童真、童心、童趣；它彰显了有爱、有知、有智，在这样的课堂学习文化的浸润中，每一个天一学子都能得到有质量的生长。

缤纷多彩的活动，有趣别致的享受，是天一实小带给学生们最好的教育礼物。寓教于乐，教乐结合，在未来的教育之路上，天一实小将继续坚持践行让学生“过一种有意思的校园生活”这一办学主张，定格孩子最纯真的笑脸，让校园成为学生童年成长的摇篮，幸福的起点。

“家·园·校”三位一体助力幼小衔接

江苏省宿迁市沭阳县第一实验小学附属幼儿园 孙传萍

幼儿入小学，是教育过度的第一步转折，做好“幼小衔接”工作，不仅有利于入学前幼儿的学习和发展，而且为孩子的后续学习乃至终身学习打下良好基础。为了有效开展《“家·园·校”三位一体的幼小衔接策略与实践研究》的课题研究，防止和纠正幼儿园教育“小学化”现象，我园课题研究小组于本学期开学初发放了针对家长、教师和幼儿园三方的《幼儿园大班幼小衔接家长调查问卷》，为广泛收集数据，使调查结果更具代表性，这次调查的对象为大班幼儿家长。问卷调查的目的是收集数据，对我园“幼小衔接”工作开展中存在的问题和大班家长的观念进行分析，从而更有效地开展《“家·园·校”三位一体的幼小衔接策略与实践研究》的课题研究。

一、问卷调查的分析

单选题方面。调查中，孩子对小学生活比较向往的超过97%；超过85 %以上的家长给幼儿提过小学的事，并且想让孩子学习一些接近小学的课程；92 %的家长表示，交给孩子的事情，孩子能够独立完成，独立性较强；超过一半以上的家长认为自家孩子不能独立收拾自己的学习用品；88.4%的家长表示自己孩子的写字及握笔姿势不正确，需要老师加强引导。

从上述信息可以看出，大部分大班家长非常看重孩子的小学课程阶段知识的学习，认为大班教师应提前给幼儿教授小学一二年级的知识；但在幼儿生活习惯培养方面，部分家长认为无足轻重，超过半数的大班家长对孩子的自主性与交往能力表示担忧。以上都表明家长“重知识、偏能力”的片面性认识，大班“幼小衔接”工作流于形式，忽视幼儿全面发展。此外幼儿学习时间长也反映出大班存在“小学化”教育倾向。

多选题、问答题方面。超过84%的大班家长担心孩子进入小学后的学习成绩，仅有31.2%的家长担心孩子的学习兴趣，21%的家长重视孩子的时间观念与主动性；超过半数的家长认为孩子在交往能力、自信心、责任感、自主性方面表现的不够理想，42%的家长认为自己孩子的时间观念不强；89.4%的家长希望孩子在幼儿园能学习汉语拼音和数学，而在良好的生活习惯与学习习惯培养方面，仅有不到一半的家长表示重视；在问答题方面，大部分大班家长希望教师多给孩子教知识，并且认为自己在“幼小衔接”上帮不上忙；部分大班家长希望幼儿园培养孩子良好的生活习惯与学习习惯，希望幼儿园和小学能够合作，一起做好“幼小衔接工作”。

上述调查具有一定的代表性，调查结果显示，大部分家长对“幼小衔接”认识不够深入，片面性的理解为大班要和小学衔接就必须提前开设小学一二年级的课程，让幼儿学习拼音生字和算数；调查中家长学历普遍偏低，仅有少部分家长注重幼儿良好生活习惯与学习习惯的培养；大班部分幼儿并未养成良好的生活与学习习惯，如自主性、交往能力及时间观念等，从家长的担忧中可以看出。

二、调查反映的问题

问卷调查结果反映出的问题主要集中在几个方面：一大部分大班家长对孩子进入小学后的学习表示担忧，认为幼儿园要给幼儿提前教授小学一二年级课程内容，减少幼儿游戏时间，但忽视幼儿全面发展，不注重幼儿良好习惯的培养与能力的发展，一味地要求教师给幼儿灌输知识，反映了家长“重知识、偏能力”与“小学化”教育观念；二部分大班家长对幼儿能否养成良好的生活习惯与学习习惯表示担忧，由于家园共育缺少良性沟通，家长对大班下学期工作计划和“幼小衔接”工作具体措施不了解；三大班“幼小衔接”工作停留在表面形式，没有运用科学的方法正确开展幼小衔接课程，直接采用“小学化”教学行为，盲目增加幼儿课堂学习时间与家庭作业，忽视幼儿身心发展规律和特点。

三、解决问题的建议

幼儿园首先要定期召开家长会，向家长介绍幼儿园的培养目标，宣传科学的教育规律，给家长发放《纲要》、《指南》，并给家长提供专业性的理论指导。其次，幼儿园要从实际出发，通过教研会、听课、邀请专家等形式，促使大班教师坚持游戏教学与素质教育，转变“小学化”教育倾向，科学、有效地开展“幼小衔接”工作。

大班教师应当以学前儿童心理学、学前儿童教育学等科学理论为依据，以《幼儿园工作规程》、《纲要（试行）》、《3—6岁儿童学习与发展指南》为指导，自觉抵制“小学化”教育倾向，合理安排一日生活，实现“幼儿园以游戏为基本活动培养幼儿良好的生活习惯与学习习惯。大班教师要加强与家长的良性沟通，充分发挥“家园共育”与“主题环境”的作用，向家长介绍本学期的课程规划与内容，促使家长掌握科学的育儿和教育观。

此外，幼儿园还要加强与小学的联系，根据小学教师提出的建议与措施，组织大班教师进行学习，提高思想意识，从而使教师更好地开展幼小衔接工作。科学的幼小衔接需要多方配合，幼儿园要注重做好孩子行为习惯 与能力培养，做好幼小衔接课程；小学要努力营造

适宜的教育环境，要符合孩子的年龄特点；家长也要注重孩子快乐情绪、良好习惯、自我服务和自我约束能力的培养。

总之，幼小衔接是教育整体改革上的一个重要内容，只有搞好幼小衔接，才能使儿童身心健康发展，保证基础教育质量提高。今后，我们将进一步对幼小衔接年龄阶段儿童的身心发展和学习规律做出新的探索，不断寻求符合我国国情的幼小衔接的途径，帮助儿童顺利地解决好其间的过渡和衔接，使千千万万儿童健康、活泼、愉快地成长。

打造自身人格魅力　彰显科学管理风采

——新时代下的校长管理智慧初探

江苏省宿迁市泗洪县金镇中学　段崇凡

苏霍姆林斯基说过，校长对学校的领导首先是教育思想的领导、业务上的指导，其次才是行政管理。一个好校长就是一个好学校。当下理想的学校的境界是能把学校办成师生演绎生命的乐园；让学生教师能过愉快、健康、和谐、幸福的成长。这就需要我们作为一名学校校长的管理智慧。

一、确立办学理念　引领学校发展

在教育思想、办学理念上坚持以人为本，以教师和学生的发展为本教育思想是人们对教育的一种理性认识，是对教育实践的一种提炼概括。作为一个成功的学校的校长，要把教育思想变成人们的行动，就必须有自己的办学理念。

落实以人为本，坚定教育信念。以人为本和以人的发展为本的教育思想和办学理念反映了学校教育和管理的本质要求，也是当代校长取得成功的根本所在。原洋思中学的蔡林森校长坚持着"没有教不好的学生""让每一位家长满意"的教育理念，他坚定不移地践行着这一理想与信念，把洋思中学作为实现自己理想和信念的"试验田"把只有"三流硬件"、"三流师资"和"三流学生"的学校办成了"中国名校"

调动人员积极，文化引领发展。校长的管理智慧体现在文化引领学校发展，实际上落实在教学思想和办学理念的引领上。原后六中学胡建军校长和他的教师们把一所教育质量一般且布局调整中准备撤并的学校创建成为连续三年综合考评都名列全市前茅的名校。"后六现象"是胡建军校长精神引领文化引领成功的典型案例。校长如何对人、财、物等灵活正确协调解决最大限度调动人的积极性，体现出校长的智慧。杜郎口中学提出"以人为本，关注生命"从人格上去尊重每一个学生它不光是口号，是宣言，更是行动。虽然简单，却道出了教育的真谛。教育中只有学生的精彩，才是真正的精彩。

赵国忠主编的《校长最关键的管理智慧》一书从用权、用人、用脑、用语、用心、用时六个方面总结了优秀校长管理最关键的62个管理智慧，我一直在学习、启迪和借鉴。其实，管理理念是一门科学，而管理实践则是一门智慧。

二、不断学习进步　铸就个人魅力

校长要用审视的眼光正确看待自身的发展。

严格要求自己，扩展人格魅力。一个好校长，就是一座好学校。校长只有把教育工作当事业，才能任劳任怨，不计得失，无私奉献，争取成功:校长才能善于学习，关注发展，迎接挑战，积极进取。一个成功的校长往往是以德服人，以学说服人，以自己的为人来吸引人，他不仅是一个领导者而且更应该是一位导师，一位朋友，一个师生可信赖的人。换一角度说校长靠人格魅力领导学校发展。

正确定位自身，彰显管理智慧。在现代学校管理中越来越多的教育管理者认同这样的观点：校长是手中高举一面旗帜、走在队伍最前面的人，而不是手里握着一根鞭子走在队伍后面的人，即校长是一个率领队伍朝着既定目标方向前进的引领者。同时校长要树立管理就是服务的理念，把自己看作为学校师生发展提供支持与帮助的服务者。只有把自己定位成引领者和服务者的角色，才能彰显校长管理中的卓绝的智慧。

注重自身学习，继续潜心研究。质量是生命线，没有质量的学校，谈不上发展，校长谈不上称职和成功。现在是信息化时代和学习型社会，知识日新月异，每一位从事教育的工作者，都要树立终身学习意识，提高自身的教学素养和学科素养。每一位成功的校长都能酷爱学习，坚持阅读加强自身修养，我想这也是成功校长的个人魅力所在。

三、打造教师团队　提升专业素质

作为一名学校的管理者和决策者，我们必须要在团队的打造上下大力气，精心带好教干、班主任、教师三支队伍。

重视教师发展，实现教育梦想。学校的发展对象是人，确切地说主要是学生的发展；学生的发展需要高素质的教师团队。有人说，教师是带领学生追梦的人，教育的过程就是逐步实现梦想的过程。作为学校的生命体学生、教师如何能够愉快、健康、和谐、幸福的成长，校长作为首席执行官就像企业CEO.任重而道远。

调动教师积极，实现高效管理。著名校长刘彭之说过，管理的最高境界，是事得其人，人尽其才；校长应是"用才"高手，让智者尽其谋，勇者竭其力，能者显其才，贤者彰其德。魏书生的高效管理理念：人人有事做，事事有人做；时时有事做，事事有时做；人人事事时时依法做。其实两者道理是一样的，都强调最大限度调动人的积极性。带好这三支队伍，校长关键要善于调动教职工的积极性，这是办好学校的关键。

采取一系列举措激励教职工，为每一位教职工施展才能提供条件和机会。带好三支队伍，校长还要善于协调，做教职工的催化剂。协调部门之间、教干与教干之间、教干与教师之间、教师与教师之间；对人、财、物、时间、空间、信息等进行有效地协调，这样才能使学校管理高效。

严格制度政策，保障工作顺利。在任何单位，群众看干部；干部也是群众中的一员，在制度面前，大家都是一样的衡量尺度。教干应是教师的标杆，率先垂范，身体力行。校长带好这支队伍首先要彻底了解教干的素质，了解各人的长处，才能成为"用才"高手。对于班主任队伍，如果学校的工作是一条直线的话，班主任的工作就是这条直线上的若干个点；只有这些点不偏离这条直线，学校的工作才会顺利健康运转下去，否则这条直线可能就变成曲线，学校的工作就会走弯路，阻碍学校的发展。

加大培训力度，提高管理技能。班主任工作是学校发展道路上的重要坐标点，因为班主任是学校最重要的生命体学生直接联系点和责任人。在网络传媒高度发达的今天，学生接受的信息量宽泛庞杂，大多缺少甄别的能力，班主任的工作繁重，心理压力自然大，需要不断培训提高班级管理技能。

教师团队的精心打造几乎所有成功校长都关注到的，重视各级教师培训，学校提供教师展示平台，经常组织教学交流活动促进教师专业发展等等。已故原栟茶中学的姚止平校长以敏锐的眼光，把握住教师队伍建设的几个重要环节，三顾茅庐纳良才、不拘一格聘贤才、以人为本育英才、严格有序塑育才，他带领学校做了大量行之有效地工作，抓细备课、抓获课堂、抓严辅导、抓精练习、抓实分析、尊崇精致管理，打造了一支具有极强的整体战斗力的教师队伍。

学校的工作千头万绪，校长的管理智慧异彩纷呈。成功的校长固然有诸多因素，但归根结底，校长自身的领导魅力最为重要，良好的人际关系协调能力，富有战斗力的团队精神打造，也是校长获得成功不可缺少的因素。坚持努力，必将成就教育的灿烂明朗！

一腔真情育英才　诚信规范铸品牌

——记江苏省扬州市安康职业培训学校朱平健校长

江苏省扬州市安康职业培训学校　李俐

朱平健，女，1956年出生，中共党员，本科学历，高级职称。2012年从机关退休后创办了扬州市安康职业培训学校。朱校长历任社会职务：中国成人教育协会常务理事，中国家庭服务业协会理事及母婴委副主任，江苏省和扬州市家协副会长，培训教育专委会副主任等。安康学校在朱校长带领下，党政工青妇组织健全，班子有力，规章制度完善，实行全员员工制管理，劳动关系和谐，企业快速发展。安康现有6个校区，6家安康母婴护理中心，专兼职教职员工200多人，9年来承担了50多个培训项目，培训700多期，培养培育了7万多人次，为34万多人提供各项便民综合服务。

安康诚信规范　专业科学职教

9年来安康学校在朱校长的正确领导下，秉承"诚信规范专业科学"的办学理念，取得令人瞩目的成绩，安康学校先后荣获国家级、省级、市级多项殊荣和奖项达70多项，在众多的培训机构中脱颖而出。安康学校分别被确定为：教育部中国成人教育协会全国培训服务示范工作单位、　特色学校、学习型乡镇企业、养老护理培训单位。民政部4A级社会组织，商务部典型统计调查企业。江苏省人社厅再就业培训定点机构、家庭服务职业培训示范基地和实训基地等。安康学校分别是人社部、教育部1+X、江苏省家协职业技能认定考核站。

安康创新办学　三创配套模式

朱校长在全国首创"三前三后独创"三培三业三创"三提三岗"创新培训就业创业立业服务配套模式，为7万多学员授知传技育德培养匠人，全部就业创业立业上岗。

前校后院、培训就业、提技上岗：安康学校培训的学员，全部推荐就业，提供院部专护师服务岗位，使学员既有实习实训场所，又有就业渠道，为培训人才，促就业，提供实用型、技能型工匠奠定基础。

前校后企、培养创业、提能复岗：安康学校将培训项目和企业岗位有机融合，为培养人才，保就业，提升效能，将合格学员转变为员工，解决企业用工困扰，解决学员就业创业。

前校后服务、培育立业、提质稳岗：安康学校持续岗位技能提升培训，为培育人才，稳就业，提供专业化、规范化、标准化、现代化服务，使安康学校成为"培训专业技能的领跑者；提升高质量发展的典范；助推高技能实用型工匠就业创业立业的好地方！"

安康匠心独运职教　创立"安康企业家文化"

朱校长积极倡导"安康企业家文化为安康企业健康可持续发展提供了内动力，为安康员工倾力打造和谐、温馨、团结、奋进的"安康之家使员工有了获得感、幸福感、安全感。开展"安康快乐旅游行"、"趣味运动会"、"春节迎新会"等丰富多彩的企业文化活动，体现安康之家的温暖。

根据"安康企业家文化"的实践和体会，朱校长主编的安康文化丛书《家风》已出版，系列篇正在筹划中，将安康企业家文化浸润每个员工及读者的心灵，正向弘扬传播安康文化。

朱校长善于把党的路线方针政策和本单位的实际结合起来，把党建与工作无缝对接、深度融合，并以自己的模范先进工作作风和党员干部的榜样作用去带领和感染员工，以党建引领、带动和促进企业发展。不断引导鼓励优秀员工，积极向党组织靠拢，培养入党积极分子，安康党支部工作不断受到上级部门褒奖。

朱校长保持高度的自律，谦虚勤奋好学。朱校长先后去十几个国家考察学习。在北京大学、国家开放大学、电子科技学院不断学习深造。并在61岁那年开飞机取得无人机驾驶证照，不断挑战提升自己。朱校长对员工就像家人，主动关心帮扶员工，提供每位教职员工学习提升机会和晋升渠道。培训培养培育的安康"三高"(高技能高素质高学历）员工不断涌现，形成良好的安康提升学习氛围。

安康立标准创新路　匠心筑梦职业教育

朱校长在职教领域中纵横驰骋、大胆探索、创新思维、与时俱进，成为职教战线领军人物和佼佼者。安康学校是中国品牌行业创新企业。朱校长时时处处以职业标准为准则，引导行业前行。亲自起草编制的扬州市地方标准《母婴生活护理员服务评价规范》，已于2019年1月发布实施推广。2021年6月《母婴护理员培训服务规范》已由市行文公布立项。

安康学校匠心特色培训的育婴师学员已在美国、澳大利亚等境外开办月子会所从事母婴护理服务。安康培训的男育婴师，在早教中心已成香饽饽，阳光阳刚朝气，深受孩子家长的喜爱。安康培训的大中专生毕业后成为各行业抢手的人力资源。安康为仪征乡村培训的育婴师全部从事月嫂服务工作，使整个村脱贫致富成为典型案例。

安康服务奉献爱心　不忘初心职教情怀

朱校长自创办扬州市安康职业培训学校以来，始终践行"诚信、规范、专业、科学"的教育服务经营理念，秉承爱岗敬业的职业道德、精益求精的职业能力和追求卓越的创新精神，做忠诚于党的职业教育事业的践行者。

朱校长积极倡导崇高的家国情怀、职业的敬畏情怀、负责的担当情怀。安康学校先后为特困人员送去慰问金和物资达220万元。为15000多名农村、特困、失业人员提供减免培训费800多万元，向灾区捐款27万元。9年多来，安康优秀事迹先后被央视中国品牌栏目、中新网、省、市电视台、腾讯网、今日头条等主流媒体和新媒体多次宣传报道，赞誉不断、好评如潮。

安康积极响应号召　精准扶贫培训脱贫

安康学校在朱校长的带领下，在精准扶贫培训脱贫的道路上竭尽所能回馈社会，2018年以来由国家发改委、商务部、人社部、国务院扶贫办等10部门联合发文，指定安康学校为江苏省扬州市唯一一家"百城万村"家政扶贫对接的定点培训学校。江苏省人社厅、扬州市人社局指定安康学校为精准扶贫培训脱贫学校，安康学校鼎力支持，积极配合实施，先后与陕西省榆林市佳县、绥德县、安徽省六安市金寨县、青海省海南州、湖南省郴州承接精准扶贫脱贫培训。安康学校先后为陕西榆林市佳县、绥德县的137名贫困女学员举办了育婴师技能培训班。从实际、实用、实效出发，量身定制培训教学计划，让学员在短期培训职教中掌握科学健康的知识和技能。使这些从大山走出来的学员全部走上就业岗位，月平均工资3500元以上，成为当地家政服务主力军。安康学校真正实现扶贫脱贫，精准培训一人，脱贫帮助众家庭，造福服务四方的目标。

安康奉献防疫抗疫　坚守前沿保驾护航

2020年，疫情严重干扰正常工作秩序，安康学校在朱校长的正确带领下，全体员工齐心协力，做好防疫抗疫工作，特别是6家公立医院母婴护理服务中心的母婴专护师，每天朱校长送关心在微信，为安康大家庭群发正念、正气、正能量篇章，鼓励员工，激励大家，坚守岗位，坚持在医院守护母婴安全健康，引导大家以大局为重，战胜疫情，放弃休息，放弃春节假期，不辞辛劳坚守在防疫抗疫第一线。安康专护师精心为5103位母婴提供专业规范的专业护理服务，为社会、医院、用户解决后顾之忧，保驾护航，受到各方好评。

朱校长特别在防疫抗疫职业培训教育工作中，身体力行，不怕劳累，不惧压力，亲力亲为，在做好各项防疫抗疫基础工作的同时，将联防联控机制工作落到实处做到位，受到各级部门的认可和大力支持。

朱校长在防疫抗疫中，想到的是他人，不断将自己微薄的资金捐给抗疫防疫中所需人群，积极参与各方面的捐赠，朱校长为人低调，品德高尚，还有很多优秀事迹不为人知，默默无闻做慈善无偿捐助感人事例。如为：文商会、市家协、水滴、红十字捐赠等等。

2020年学校由于疫情严重影响，为使学校正常运转，朱校长在贷款的情况下，坚持不裁员、不少发员工工资福利待遇。舍小家为大家，自己却从"三有"变为"三无从有积蓄有房子有车子，为了安康大家庭的正常运作，保证大家的利益不受影响，朱校长将家里所有积蓄拿出支付学校各项开支；又将奖励自己的三辆汽车售卖资助学校；为了贷款，将自家两套房子抵押以缓解学校正常运营。让大家深受感动，朱校长是安康大家庭德高望重的尊敬的大家长，她无私奉献，大爱无疆，值得大家好好学习和深深敬重。

安康脚踏实地实干　赢得各方殊荣奖项

安康学校在朱校长的正确带领引导下，全体员工艰辛付出，为安康赢得了卓越的成果，9年来分别荣获国家级、省级、市级70多项殊荣和奖项。

朱校长先后被评为：中国最具匠心品牌优秀企业家、中国民族品牌全球推广大使、中国名人百科行业影响力人物、中国孕婴童行业先锋人物、创新人物、2020年母婴童杰出人物、2020中国创新引领新时代教育培训领域特别贡献人物、2020年度抗疫奉献奖、江苏省巾帼建功标兵、江苏省党建工作先进个人、优秀党员、江苏省行业领军人物、江苏省企业文化建设突出贡献人物、扬州市五一巾帼标兵、特殊贡献人物、优秀工作者、最美公益达人、爱心大使；荣登国家人社部主管的《家庭服务》杂志封面人物、荣登中国质量品牌红旗出版社《匠心之路》抗疫特刊、荣登人物画报安康品牌事迹、荣登美国纽约曼哈顿纳斯达克世界大屏、荣登中国北京中关村第一大屏、入驻中国影响力人物数据库、入驻中国突出贡献人物数据库等。

安康学校先后被评为：教育部中成协全国培训服务示范单位、中成协特色学校、学习型乡镇企业、养老护理培训单位，民政部4A级社会组织，商务部典型统计调查企业，中国质量品牌行业创新企业、民族品牌全球推广企业，中国孕婴童行业创新先锋企业、行业先进单位、安康教育创新品牌，北大孕婴童紧缺型人才培养工程实习基地、江苏省妇联好苏嫂实训基地、家政服务联盟优质服务示范店，江苏省人社厅再就业培训定点单位、全省家庭服务职业培训示范基地、省级家庭服务职业培训基地、家庭服务业百强单位，江苏省总工会工人先锋号、模范职工之家、江苏省建设工会安康母婴护理工人先锋号，江苏省成教协会优秀成人继续教育培训机构、江苏省家协培训实训基地、优秀实训基地，江苏省职业技能大赛突出贡献奖，扬州市五一劳动奖状、先进工会组织，扬州市工商局AA级守合同重信用企业、服务业创新示范企业、诚信单位、诚信品牌企业、先进企业，扬州市技能大赛突出贡献奖、优秀组织奖、家庭服务业十强单位、公益爱心企业奖，每年都被扬州市人社局评为劳动保障诚信示范单位，每年都被扬州媒体评为消费者满意放心的培训机构，连续承办六届扬州市人社局家庭服务业技能大赛并获奖，连续六年立项实施扬州市民政局公益创投项目并获最佳创意奖，荣登中国质量品牌红旗出版社《匠心之路》抗疫特刊，被央视、省市总工会、妇联、家协多媒体分别报道播放安康优秀先进事迹。

安康人朱校长不忘初心，牢记使命，坚持带领安康大家庭全体成员砥砺前行，为人人安康、家家幸福、世界安康不断努力加油做贡献。

赓续红色革命之火，点亮农村教育之梦

江西吉水八都立教红军小学　陈拾根

农村教育是我国基础教育的重要部分，随着社会主义现代化建设的不断推进，为相应国家教育均衡发展的政策，需要更多的人投入农村教育，为农村孩子们搭建更加广阔的学习平台。我生于农村，始终心系农村，为了心中的信念，我扎根于吉水，潜心教育事业，我以校为家，爱生如子。在紧跟国家号召同时，我带领学校班子成员大力推进文化教育，致力于让农村孩子也能享受到优质教育。

一、心系农村发展，潜心教育事业

我出生于1972年10月一个贫苦农民家庭中，1991年7月在吉水师范毕业后，我被分配到偏远的吉水县醪桥乡黄家边小学任教，先后担任过班主任、教研组长、教导主任、校长等职务。1998年考入吉水县实验小学，在2013年，我通过吉水县公开遴选正职校长考试被入选，但我坚定地选择放弃条件优越的县城学校到条件艰苦的边远山区螺田小学工作。也许常人不能理解，但我深知我不曾犹豫，因为我对农村有着至深的情感。

党中央和国家提出教育均衡发展的政策理念，唤醒更多地人投入农村的教育事业之中，努力缩小城乡教育之间的差距，使农村孩子茁壮成长。我非常了解农村教育的基础现状，我也深知当校长不是做什么官，而是要肩负起教育的使命与责任，这关系到一个地方千万个孩子的健康成长和未来，关系到当地人民未来的幸福和希望。为此，我必须潜下心来做教育，踏踏实实干工作，为农村教育振兴发挥自己的力量。

二、依托红色资源，传承红色精神

吉水是一方红色土地，留有光辉的革命足迹，朱德、毛泽覃、曾山等老一辈无产阶级革命家旧居12处，保留有“木口调查”等革命旧址100余处、战斗遗址20余处，红色文化资源丰富。

近年来，白沙镇依托木口村丰富的红色文化、红色旅游资源，进一步打造红军标语展览厅、红色电影放映室、红色文化讲堂等，为利用好红色文化资源，吉水县建设了阜田镇李水清小学、螺田镇余秋里小学等以将军名命名的红军学校，打造了红色教育基地和红色旅游景区。白沙镇是毛泽东“木口调查”所在地，这里衍生出了一段“酸菜里出政治”的佳话。在白沙镇木口村新时代文明实践站“红色故事汇”现场，两名小小志愿宣讲员绘声绘色地讲述了一个题为《一碗酸菜》的红色故事，“1930年11月，毛泽东走山路来到白沙，在木口村彭家祠吃午饭，这顿午餐的主菜是酸菜”。孩子们听得津津有味。这是我县挖掘红色资源、追寻红色记忆、传承红色基因的一个生动场面。红色故土，蕴藏着革命先烈的故事和风貌，我们始终要深入挖掘好红色资源、讲述好红色故事、传播好红色声音、开展好红色教育、传承好红色基因。

我校是吉水县一所乡村学校，进入我校可以感受到浓浓的红色文化氛围。在我校北教学楼旁的红色故事宣传栏，可以看到吉水的红色历史，了解吉水的红色旧址，红色文化氛围浓厚。为传承红色精神，我校经常会举办红色故事演讲活动，同时学校还积极开展“红色基因代代传”活动，经常性举办“红色班会”、唱红歌、观看红色电影，还组织学生走红军路、参观红军标语楼、祭扫红军墓，让学生在点点滴滴中感受红色文化，在潜移默化中追随着党的光辉足迹。

通过三年的红色文化教育，在孩子们心中注入红色基因，提升红色修养，塑造坚韧性格，当好红色基因的小小传承者、宣传员。我校将充分发挥本地红色资源优势，让红色文化入心入脑，立德树人，培养好社会主义事业的接班人。

新的时代，新的机遇，我校将不断创新开拓，加大推进素质教育优质均衡发展，为农村孩子创造更好地发展平台，我们将依托色资源，提升学校文化内涵，促进学校高质量发展，办好农村教育，为农村孩子们铺就成才之路，点亮农村孩子的人生梦想。

以体树人创新特色　体教融合健体增智

江西省赣州市寻乌县澄江中心校　周丙通

寻乌之北，澄江河畔，有这样一所学校——江西省赣州市寻乌县澄江中心校，它以一种昂扬向上的姿态蓬勃发展，备受社会各界关注与好评。探索其成功的秘诀，在于有序落实“体教融合”的新模式，坚持走“以体育人”特色办学之路。

一、聚焦体育教育价值

2020年，随着《关于深化体教融合促进青少年健康发展的意见》、《关于全面加强和改进新时代学校体育工作的意见》两份重磅文件的先后出台，学校体育教育的重要性更进一步凸显。毋庸置疑，体育是最接近孩子天性的一项教育，不仅能促进孩子大脑发育、智力发展，还能培养他们的团队意识、规则意识、合作意识等综合素质，是学生成长过程中特别重要的学习方式。

根据数据统计显示，澄江中心校学生人数自2000年以来都在1200人以上，其中留守儿童在200人左右，寄宿学生也在200人左右，给学校的日常管理带来了巨大的挑战。面对此种状况，学校创新办学思想，全面推进“五育并举”办学思想，稳步落实“以体树人，体教融合”教学策略，全面实施素质教育，有效推行阳光教育，努力办好人民满意的学校，让学生在校园快乐学习、快乐生活、健康成长。

二、打造校园足球特色

足球运动在学校体育中开展，是整个教育系统的热点课题。足球运动对促进小学生的身体素质发展和足球技巧的形成具有重要的意义，鼓励小学生参与足球运动，有助于校园足球运动在小学体育教学中开展，有助于小学体育健康发展和祖国未来足球事业发展。鉴于足球运动重要的育人价值，澄江中心校始终坚持健康第一的育人理念，把足球作为立德树人的载体，努力挖掘相关教育资源，融合聚力，推陈出新，探索出了一条独属于自己的办学之路。现如今，学校已成为“全国青少年校园足球”特色学校。

完善校园足球制度。学校将校园足球纳入全校发展规划和年度工作计划，建立校园足球工作领导小组，严格执行健全工作机制，具体指导校园足球工作的开展；制定校园足球教学管理、课余训练和竞赛运动安全防范、师资培训、检查督导等方面的规章制度和工作制度并不断完善，为积极创建校园足球特色学校提供了制度保障。

强化足球师资力量。学校足球校级队员由赖文亮老师负责，利用每天课外活动时间和每星期双休日下午不停地训练，对学校足球事业非常有情怀；2020年秋季、2021年春季，学校又分别聘请了校外足球辅导员王炜、刘阳教练到校进行梯队训练，为学校足球事业的发展奠定了坚实的基础；足球专职教师按计划组织学校班级体育联赛，采用走出去请进来的方式组织校际足球友谊赛，达到互相学习、共同进步的目的。

强化足球训练。学校在体育课堂上加大足球教学的比重，每班都开设足球课，结合不同年龄学生的特点进行足球基本知识、基本技能等方面的教学与训练；每月开展一次同年级的足球联赛，达到以赛促练的目的；积极开展每天上午一节的大课间活动，确保每个学生每天锻炼1小时以上并熟练掌握一项以上运动技能。如今，足球课已经成为学生最喜欢的课程之一。

开展体育课外活动。学校集中全镇所有体育专业的教师、热爱体育的教师成立“澄江中心校体育教育工作领导小组利用澄江中心校课外活动时间开展形式多样、丰富多彩的课外活动项目，包含足球、健美操、羽毛球、跆拳道、田径队等多个项目，缓解了学生的学习压力，培养了学生的体育兴趣爱好，提升了学生的运动技能，增强了学生的体质，锤炼了学生的意志品格，增添了学校的生机活力。

扩大足球活动宣传。学校充分利用校园广播、黑板报、宣传橱窗等阵地，把宣传、发动、组织工作落实到每个教师、每个学生、每个家长，创设良好的足球运动氛围；开设足球专栏，宣传校园足球文化，表彰比赛取得成绩的班级、团队和个人，让大家认识到足球的魅力。

三、初现体教融合成效

一分耕耘，一分收获。澄江中心校“以体树人，体教融合”办学思想的有效落实，培养和激发了学生的团结、协作、进取意识，让学生在体育运动中学会了勤奋拼搏进取，学会了自主协作探究，育人成效显著。

2019年，澄江中心校女子足球队入选为支付宝“追风计划”女子足球队；2020年，澄江中心小学入选为“亚运足球梦想学校壹基金还为学校兴建了5人制“梦想球场”；2020年11月，澄江中心校晨曦足球队员的故事登上了学习强国平台，创造了江西乡村校园足球新荣耀；2021年1月，江苏卫视《超球少年》节目组前往澄江中心校拍摄足球贺岁片，并开展公益活动，且在爱奇艺体育咪咕视频、深圳卫视、湖南国际频道、江苏卫视黄金时间循环播放；2021年4月9日，澄江中心校足球教练赖文亮带领两名队员到北京会议中心参加《超球少年》第二季新闻发布会；2021年4月15日，为发展寻乌县青少年校园足球事业筹资100万元的计划，得到了中国青少年发展基金会张立新部长的支持和认可；2021年4月30日，寻乌县澄江中心校举办全镇教职工庆“五一”大型体育活动，这是寻乌县澄江镇教育史上的一场饕餮盛宴；2021年5月12日，澄江中心校举办寻乌县2021年迎“六一”壹基金小学组校园足球联赛，本次联赛共有14支队伍参加，是有史以来江西省赣州市寻乌县规模最大的一次足球联赛。2021年5月29日—30日在山西太原举行的支付宝“追风计划”女子足球华北片区、东北片区、中东部片区举行的片区赛中，江西省赣州市寻乌县澄江中心校代表队荣获亚军，并与8月中旬在海南琼中进行总决赛！

体育是最好的教育，它不仅仅是身体体质、素质的教育，也是精神、意志、价值观的教育。站在“体教融合”的新的起点上，澄江中心校不断建立健全学校体育工作制度机制和教学、训练、竞赛体系，让体育教育更加契合青少年的兴趣所向、成长所需，进而引导他们动起来、跑起来，享受乐趣、增强体质、健全人格、锻炼意志，最终成长为满足新时代需求的人才。

坚守人文关怀，推行素质教育

——记江西省吉安市遂川县博雅学校　陈柏根

秘天华

全面推进素质教育是我国教育事业的一场深刻变革，是一项事关全局、影响深远和涉及社会各方面的系统工程。开创素质教育工作的新局面，学校、家庭和社会必须互相沟通、积极配合。2018年全国教育大会上，习近平总书记第一次提出了“培养德智体美劳全面发展的社会主义建设者和接班人”的新要求，第一次提出了德智体美劳“五育”并举的人才培养的新思想。“五育”即德育、智育、美育、体育与劳动教育。遂川博雅学校作为一所民办中学，在陈柏根校长的带领下，学校始终把办好素质教育当作教育工作开展的出发点和最终目标，着力培养全面发展的时代英才，让每一个生命都得到精彩绽放。

一、实践中成长，创立博雅学校

在遂川博雅学校成立之前，其创办者陈柏根就在自己的教学实际中积累了大量的宝贵经验。

1987年，陈柏根从中等师范学校毕业后被分到江西省赣州市石城县的一所乡村小学担任语文教师。因为教学业绩突出，他从普通任课教师一路成长为教导主任、副校长、校长。就任校长后，这所小学在他的带领下，教学成绩远超当时区域最好的乡镇中心小学。很快，陈柏根被提拔为乡教办主任。

2002年，陈柏根在听到在广东省揭阳市务工的农民工为孩子“读书难”而发愁后，萌生了创办打工子弟学校，让更多孩子有学上、上好学的想法。在解决了办学资金、办学场地、招聘教师等问题后，陈柏根开始大展拳脚。

因为大力推行素质教育，在注意提升学生知识水平的同时没有忽视对学生兴趣和特长的培养，这所打工子弟学校逐渐办得有声有色。从办学第三年开始，学校以每年增加一个校区的规模扩大。从该校走出的学生，不乏考上清华大学、复旦大学等知名学府之人。他也因此被评为“揭阳市优秀民办教育工作者”。

2009年，陈柏根回到老家江西省赣州市石城县开办了石城县实验小学，并提出 “品德和习惯相辅相成，智商和情商同步开发，身体和心理相提并重，学业和特长相得益彰”的办学理念。在先进理念的指导下，第二年，石城县实验小学第一届毕业生毕业考试就获得了全县第一名。随后，陈柏根向教育局申请筹办初中，并将“石城县实验小学”更名为“石城县实验学校”。三年后，学校各项成绩均名列全县第一，远超县重点初中，并先后获得“全国先进民办学校”、“江西省课堂高效性基地学校”、“江西省素质教育示范学校”、“江西省家校共育示范学校”、“赣州教学质量先进单位”等荣誉称号。

这两所学校办学的成功，证明了素质教育与应试教育从来不是对立面，“应试”只是展现学生文化素质的一种载体。仅仅关注学生的成绩而忽视其他方面不仅缺乏人文关怀，而且不符合开展素质教育的要求。没有“应试”的素质教育是残缺的，但仅有“应试”更不是素质教育。在发扬这些宝贵经验的基础上，2014年8月，由陈柏根任校长的遂川博雅学校成立了。

学校成立之后，为了夯实教师队伍，博雅学校广泛吸纳优秀教师。一是招揽县内的省、市、县级学科带头人和骨干教师；二是面向全国招聘部分特别优秀的知名学科教师；三是在重点本科院校中择优招录音乐、体育、美术、播音主持、戏剧表演等专任教师，每位教师均经过了学科专业能力测试与授课能力测评考核。另外，学校除了按新课程标准开齐科目、开足课时外，还把课外阅读、书法、国学、社会实践、信息技术、吟诵等课程纳入教学。学校每学期还会开展大型主题活动，比如:“春之色”书画节、“夏之声”艺术节、“秋之韵”读书节、“冬之梦”运动节，鼓励学生做小发明、小制作，引导学生广泛阅读课外书，写书评、写影评、表演课本剧……大多数学生在文化课学习之余，都能根据学校开设的才艺课找到自己的兴趣爱好。

二、困境中突破，扭转发展方向

随着教学工作的开展，学校内部的一些问题暴露了出来，学校发展走入了困境。期望过高，带来了教师的无望。学校成立初就想组建一支所向披靡的教师团队，提出了很多不切实际的要求和期望，同时，为了迅速提升教师的专业化水平，请了大量专家进校园，教师有些“消化不良”。

过度撒手，导致工作的无序。学校董事会没有做出科学规范、切合实际的三年规划，也没有督促和审核学校学期工作计划，导致办学理念难以真正落地。心态过急，带来教师的无奈。欲速则不达，由于发展速度缓慢，学校里有些领导心急如焚，看到其他学校的长处都想学，不断地推出各种“特色开展各种评比，召开各类会议，上传各项材料，还总是与开办了很多年的、优秀的学校相比，妄想把他们多年的业绩一下子做出来，导致教师疲于应付。

找准病症后，学校马上开始一一纠正：课程表、时间表科学瘦身；学校活动瘦身，各部门组织的活动必须经过行政会审批，让校园常态为微波粼粼的平静安谧、活动时又有波澜壮阔的激情澎湃；文山会海瘦身，取消流于形式的材料上交和日常工作的文字、图片、视频上传……

学校定位准了，思路清了，人心齐了，发展也迎来了转机。近几年，遂川博雅学校被越来越多的当地老百姓认可，不但素质教育硕果累累，教学质量也名列全县前茅，连续多年被县教育局评为教育质量先进单位。

三、呵护中守望，助推学生成长

遂川博雅学校把“微笑、自信、激情”定义为本校学生的三张必备“名片”。学校认为：大多数学生学习成绩难以突破，原因在于缺乏成功体验，学习动力不足，丧失学习信心。为此，教师及时关照每个同学，不让任何一个孩子“掉队”。

学生小林由于受到不良家庭环境的影响，无心学习，沉溺于各种网络游戏。学校的教师没有一味地批评他，而是不断挖掘小林的兴趣爱好，渐渐发现小林乒乓球打得特别出色，就以此为切入点，时常夸赞他。在老师的一次次鼓励下，小林先后参加市级、省级运动会，并取得了优异成绩。运动上的成功也使他在学习方面日益自信，文化课成绩由一百多分提升到四百九十多分，后来进入江西省体校继续进行专业训练。

小文在平时单元测试中常常考五六十分，是不少学生眼里的“差生”。为了帮助他提高学习成绩，任课教师在每次单元测试后都会对小文进行精细化辅导，剖析学习中的难点，帮助他及时掌握知识点。小文取得进步后，马上得到了老师和其他同学的称赞，他的学习动力也越来越强了。

博雅学校的学生多为留守儿童，很多孩子长期见不到父母，亲子关系疏远，心理问题突出。为了更好地与家长沟通孩子学习情况，学校采取“一对一”的方式，直接与家长预约见面时间或者网络视频在线沟通，大大提升了家长会的实效。在平时的教学工作中，博雅学校的教师会及时发现孩子的闪光点，以拍视频、拍图片的方式反馈给家长，积极与家长探讨帮助孩子保持学习热情、健康成长的最优方案。

摆脱传统的应试教育，让学生既提高了知识水平，又培养了自己的兴趣和特长。这也是陈柏根“办科学的素质教育，让更多的孩子进步，让更多的家庭受益”的办学初衷和教育追求的体现。奔赴新的征程，行走在民办教育路上，陈柏根将继续带领着遂川博雅学校砥砺前行，创新开拓，培育时代君子贤良，为民族腾飞提供有利的人才支撑。

规范语言文字，提升学校品质

江西省井冈山市保育院　程贝杨

语言文字规范化，学校教育要先行。学校是促进语言文字规范化的重要阵地，学校教育在语言文字规范化工作中扮演着举足轻重的角色，因而净化语言环境、促进学校语言文字规范化是学校语文教育工作的重要内容。近年来，我院院按照“规范创新，提升品质，争做示范”的工作思路，在省市有关部门的正确领导和悉心指导下，弘扬井冈山精神，齐心协力，扎实工作，省级语言文字规范化示范校的创建工作取得显著成效。

我院成立于2012年9月，是一所吉安市一级一类全日制公办幼儿园。学院坚持“教育好幼儿、服务好家长、成就好老师”的办院宗旨，发扬“坚韧、求实、和谐、创新”的市保精神，重在培养幼儿“爱运动、乐探索、好品行”的品质。院所成立以来，全体教职工团结协作、奋力进取，以高质量服务得到了家长、社会和同行的一致好评，在全市学前教育中有着较大影响力，发挥着示范引领作用。

一、加强语言文字规范，渗透学校各个环节

我院坚持把语言文字规范化贯穿于教育管理及队伍建设的各个环节，认真学习《国家通用语言文字法》和有关方针、政策、规范、标准，深刻领会语言文字工作的重要性及其法定地位，把推广普及普通话作为实施素质教育、提高教育教学质量的一项重要内容来抓，把提高幼儿语言文字规范意识纳入幼儿培养目标，促进幼儿语言发展。将语言文字规范化渗透到教育教学的各个环节，形成与教育教学融为一体的语言文字工作机制，促进全院教师、幼儿及家长文化素质和文化修养的提高。

强化领导，高位推动。为了更好地贯彻实施语言文字法，促进我院语言文字规范化工作深入持久地开展，我院已将推普工作纳入常规工作，建立推普工作制度，在教学管理制度中将推普工作开展情况作为教师评优选先的重要条件。我院还制定了检查改进措施，做到责任到人，成立了语言文字工作领导组，使上级和院内的有关规定真正落到实处。

强化宣传，营造氛围。我院坚持开辟宣传专栏，发挥宣传阵地作用。利用网站、微信公众号等向社会和家长宣传有关语言文字的知识。每个班级家园联系栏中都有向家长宣传语言文字的主题板块，如什么是普通话？什么是规范汉字？《中华人民共和国国家通用语言文字法》的内容是什么？以此帮助家长了解我院开展语言文字工作的要求与做法，更好地形成家园合力，进一步推动我院语言文字工作的开展，院内每个楼层张贴了宣传标语，各班门前设立了《请说普通话，请写规范字》的标牌。校内设有宣传语言文字的语言文字展板、院牌、墙牌，草地上也插上了幼儿易懂的卡通图片宣传标语牌，让每一堵墙、每一扇门、每一株树、每一棵草都在提醒大家说普通话、使用文明用语，包括养成良好的行为习惯等，从而使幼儿在良好的环境中接受熏陶。

强化落实，规范推进。根据语言文字工作的文件精神，我院将普通话作为校园语言，将普通话水平达标作为教职工业务考核和录用的必备条件之一。如今取得普通话一级乙等资格2人，二级甲等24人，二级乙等22人，教师全部通过了普通话测试，达标率100%。

通过各种有效途径，迅速提高本院教师和幼儿的普通话水平。结

合每年全国“推普宣传周”活动及节日，我院都精心规划、科学组织，开展一系列形式多样、内容丰富的活动，如：幼儿讲故事比赛、元旦亲子活动、六一亲子活动、学前教育宣传月等，受到了广大师幼及家长的欢迎和支持。由于参与人数多、宣传面广、影响大，有力促进了我院推广普通话和语言文字规范化的工作。

我们还坚持以院为中心，辐射到家庭、社会。组织丰富多彩活动，鼓励家长主动参与语言文字规范化推广工作中来。如：亲子阅读、家长助教、教育故事征文、家长评委等，通过教师之手，牵动孩子的小手，拉动家长的大手，使普通话的推广延伸到家庭和社会。

二、强化教师语言规范，提升学校教育理念

增强教师语言文字规范意识，提升教育理念，纳入备课制度，加强监督检查。

我院将用字规范化纳入教师的备课制度，要求教师教学使用规范汉字，教师板书、书写评语用字规范化。并且加大监督检查力度，通过不定期检查，引起全体教师的高度重视。同时注重培养幼儿阅读的兴趣、习惯和能力。各班教师每天利用餐前、餐后和午睡前的时间给幼儿讲故事，并精选用字规范的绘本投入到各班阅读区，供幼儿自主阅读。此外，我们还采取推门听课、环境创设评比、优质课评比等活动，进一步推动语言文字规范化工作。

行政人员不定期对院里公共场所及各班的语言文字工作环境（各种标牌、宣传栏、幼儿园网站、走廊装饰、电子屏幕）等进行用字规范巡视检查。在内外行文、宣传资料上做到用字恰当准确规范，发挥环境对教师、幼儿、家长潜移默化的教育作用。

教师的政治、师德和业务学习，备课、说课、半日活动书写，反思和教育笔记撰写，以及参加上级组织的一切活动，我院都要求教师讲普通话、写规范字。通过这一系列活动增强了教师语言文字规范化的意识，提高教师自身的语言能力，更提升了教师的教育理念。

积极组织教师参加各级各类诗歌朗诵、讲故事、汉字听写、书法、演讲等语言文字类比赛，并且多次获得不俗成绩。激发了教职工对语言文字的兴趣，提升了大家的信心。使得全院教职工的普通话意识得到增强，普通话口语表达能力大为提高。通过全体教师的共同努力，一个空前的推普氛围已经形成，大家逐步感受到普通话说得好，是有文化、有修养、有气质的标志，使全体教师变被动学习使用为主动学习使用，使推广普通话进入了一个新的境界。

作为井冈山市语言文字示范校，我院主动协助人社部门及教体局，多次承担井冈山市幼儿教师专业能力提升及语言文字规范化运用的相关培训工作，受益教师300余人次。院长程贝杨，副院长杜姣、吴云兰，教导副主任龙雨霞老师的《一词一句普通话　一言一行绘中华》等精彩讲座效果良好，反响热烈。为了把乡镇公办幼儿园的帮扶工作落到实处，我院坚持“走出去，请进来”的工作思路，分批派出段晓花、刘梅兰、谢竹兰、尹巧等多位骨干老师开展“送教下乡”活动，对教室布局、教具选择、教育教学设计中语言文字的规范运用等方面倾心指导。同时邀请公、民办幼儿园教师来我院开展语言领域示范课交流活动，极大提升了全市幼儿园教师的语言文字专业素养及各项专业能力。在我院全体教师的共同努力下，井冈山市学前教育界已经初步对语言文字规范化的使用达成共识。

三、创建语言文字工作，成效显著收获颇多

规范祖普通话言文字，责任重大，使命光荣。作为中国革命摇篮井冈山的一员，井冈山市保育院的创建工作步伐坚定，成效显著，已取得了优异的成绩。

团队荣誉。江西省：“健康、快乐、发展”活动先进幼儿园、中小学“平安校园”省级示范校；吉安市：一级一类幼儿园、“巾帼文明岗”、“美丽校园”、　“数字校园”示范校、师德先进集体；井冈山市：语言文字示范校、学校精细化管理先进集体、教育信息技术运用先进集体、学校目标管理考核一等奖、学校放心食堂评比一等奖、民俗文化进校园示范校、五四红旗团支部、红色故事一等奖、广场舞大赛一等奖等。

教师荣誉。教师在各级各类教学相关竞赛中屡创佳绩：程贝杨老师获全国信息技术与幼儿教育融合优质教育活动赛一等奖；史小芹老师获全国技术论文活动江西赛区一等奖；石琳老师获江西省幼儿园教师专业技能大赛综合一等奖；魏逸韵老师在2019年幼儿园教师专业能力竞赛中斩获吉安市3个一等奖，2个省级三等奖。在2019年江西省优秀教育资源展示中，我院教师获得省级一等奖4个，二等奖5个，三等奖4个的骄人成绩。全体教师专业发展提升快，形成了良好的研究氛围。

合作项目。院所开办以来积极争取社会各界帮扶，整合优质资源办学。与北京师范大学附属幼儿园结为友好园、建立陈毅爱心围棋全国第33号教室、成为井冈山大学实践基地、井冈山市图书馆图书流动站、学校交通安全宣传基地。

推广普及国家通用语言文字是构建和谐社会与社会主义精神文明建设的重要内容，是进行爱国主义教育和审美教育的过程。在今后的工作中，我们将继续坚定不移地贯彻新时期语言文字工作的方针政策，坚持普通话的法定地位，认真抓好语言文字应用的规范化工作，为我院规范语言文字工作再跃新台阶而努力奋斗！

坚守教育初心　守护灿烂生命

江西省九江市柴桑区特殊教育学校　廖世鸿

砥砺奋进百年路，逐梦阔步新征程。在庆祝中国共产党成立100周年之际，党中央决定，表彰一批全国优秀共产党员、全国优秀党务工作者和全国先进基层党组织。令人振奋的是，我校党支部获“全国先进基层党组织”殊荣。在过去的工作中，我校始终坚守教育的初心使命，坚定信仰信念，永葆对党忠诚、竭诚服务人民、勇于担当作为、严守纪律规矩。在未来的教育征程中，我们也将为全面开启九江现代化建设征程增光添彩，助推再创新业绩、再谱新篇章。

一、坚持以情育人　提升教育影响

我校党支部成立于2008年9月，现有党员11人，教职工36人，在籍学生186人。近年来，我校强化党建引领，用实际行动为残障儿童撑起一片蔚蓝的天空。截至2020年6月，柴桑区学前、义务和高中段适龄残障儿童入学率达100%，被中国残疾人联合会、国家体育总局授予“全国特奥工作先进单位两次获江西省人民政府嘉奖，现为“江西省特奥训练基地”。

关注残障儿童，随时解决困难。智障孩子的些许进步，要付出比常人更多的努力。如何让每个残障儿童受到合理的教育，始终是我校党支部所有教职工最牵挂的事。

2018年，我校搬迁至新校区。我校党支部的教职工却发现，新生活楼和教学楼的硬件设施并不适合行动能力发育迟缓的学生。针对这一情况，校党支部号召组建党员志愿服务队，安排一名党员教职工帮扶一名困难学生，全权负责这名孩子的出行。2019年9月，新学期开学在即，校党支部的教职工了解到，一些重度残儿常年瘫痪在床，无法正常行走的情况，立即召开专题会讨论并向上级申请，为每名重残患儿争取到了一辆轮椅，解决了他们的出行难题。

开展送教上门，提升教育影响。为保障每个残障孩子接受基本的学习教育，学校尝试开展送教上门活动。面对人手不足的困难，全校党员教职工率先垂范，带动越来越多的老师加入“送教”和“个训”的队伍中来，提升了特殊教育的影响力。

二、实践以诚化心　凝聚特教合力

搞好特殊教育工作，离不开残障儿童家长们的理解和支持。

宣传办学政策，保障适龄入学。为了让家长正确认识特殊教育工作，我校党支部深入特困、孤残学生家中，宣传办学政策，打消家长顾虑。特别是在2020年初，面对严峻的新冠肺炎疫情，党员教职工带头开展家访。仅一周时间，就收集适龄入学学生12名，看望毕业生126名，走访在读生170余名。近年来，特校送教上门工作取得显著成绩，70余名重度残疾儿童接受送教上门服务，柴桑区残疾儿童入学率达100%。

推行寄宿制度，减轻家长负担。一直以来，我校坚持实行寄宿制。面对一些老师反映寄宿制安全隐患多、压力过大时，我总是说，“我们要是不让学生住宿，农村孩子就读不了书了，他们的家长就没办法出去谋生，我们辛苦一点，他们就能轻松一点”。

加强教学投入，凝聚家校合力。为了让学校发展壮大，我校自成立以来，全面加强了学校教职工队伍和教学场所建设，使得学校从2004年成立时无校舍、无康复设备的状态，发展到现如今占地面积1.33万平方米，集教学办公、学生生活、特奥训练以及文体活动场所于一身。同时，我校党支部积极寻求社会公益组织支持，17年来接受社会捐助20多万元，与10多个社会组织建立合作关系，凝聚关爱残障儿童的强大合力。

三、创新以勤练技　融入社会大众

对于一所特殊教育学校而言，最终目的是为了让残障儿童融入社会。

创新实践平台，保障学生就业。我校坚持学以致用，创新实践平台，帮助残障儿童适应社会发展。2016年，我校首创国内校外支持性残疾人就业基地——阳光洗车行，聘请专业人士开展洗车培训。5年来，共推荐50余名学生就业，学校洗车行安置6名中度智力残疾毕业生就业。

打破教学局限，收获别样精彩。为打破传统教学模式局限，我校党支部抓住特殊教育教学改革的契机，克服资金不足、训练器材缺乏等困难，创新开展特奥康复训练。采取“一对一”教学模式，先后培养近百名特奥运动员。2016年以来，学校组织参加国家级特奥赛事5次，获金牌16枚、银牌21枚、铜牌11枚；参加国际特奥赛事1次，获金牌1枚、银牌1枚、铜牌4枚。

培养运动人才，推广教学模式。残疾运动员李启正11岁时才读普校三年级，上课打瞌睡，说话口齿不清，很难跟得上正常学习进度。我多次到他家走访，最终做通家长工作，转到特校读书，后参加特奥训练，成为一名优秀运动员，并在第九届、第十届全国残运会中两次摘得金牌并打破全国纪录，被省政府记一等功两次。2020年，我校奥运康复研究课题获江西省优秀科研成果奖，同年11月，我校成功举办江西省首届“奥运康复”学术论坛，奥运康复教学模式在全省推广。

结语

躬耕杏坛为教育，情系珠溪润心田。三尺讲台迎冬夏，一片丹心无悔怨。“痴心一片终不悔，只为桃李竞相开”。我校的教师们在平凡岗位上默默耕耘，用爱和青春浇灌这片沃土。以忘我的态度教育人，以高尚的品德感染人，以真挚的情感温暖人，在未来的教育路上，我们将全心全意为残障学生服务，为我们自己谱写一曲壮丽的青春赞歌。

校本研修在路上

江西省樟树中学　刘江　金新林

名师课例如何才能对教师的专业发展起到积极地促进作用呢？这是樟树中学在开展校本语文课例研修中一直在思考的问题，同时，这个问题也是开展校本语文课例研修的最大动力。

随着高中课程改革的持续推进，新修订的语文课程标准以“学习任务群”组织课程内容，倡导“专题学习”、“项目学习”等教学方式，语文课堂教学面临前所未有的变革和挑战。而“校本研修”作为教师专业发展的重要途径，在当前阶段变得至关重要，因此，樟树中学亟须构建成体系、有针对性、收效大的校本研修课程体系。

一、“校本研修”攻坚克难

相对于其他教师培训来说，更为强调教师的主体地位，也更为符合校情，更具有针对性，是以促进本校教师、学生、学校共同发展为本的研修手段。但从实践来看，这种研修从本质上来说还是属于一种讲座性质的教师培训，从实效上来看，教师也很难在听完讲座之后把所获得的知识、经验、理论运用到自己的实际教学中去，这中间缺乏一个转化、提高的过程，教师未能从相关的讲座中获得解决实际问题的能力。

校本研修往往依赖名师课例向传授教学经验及方法，而名师课例往往融入了较高水平的教学实践智慧，这恰恰是教师们最难以复制的地方，这就又回到了开篇的问题：名师课例如何才能对教师的专业发展起到积极地促进作用呢？这个问题是校本研修必须重视并且予以解决的重要问题。

1.明确困难点、选准突破点

一所学校要想系统推进课堂教学改革，需要明确困难点，选准突破点，采用渐进的方式推荐学校的变革。基于此，我校成立了语文学科建设项目组。经过与学科专家的交流、商讨，项目组首先决定制定一套系统的可操作的语文学科建设的规划与实施方案：(1)前期调研，系统梳理学校语文学科建设取得的经验和存在的突出，找准问题和突破口；(2)在反复研讨的基础上构建三年的语文学科规划，具体包括语文学科建设的目标、任务和预期达成的标准；(3)科学推进学科建设的过程，开展系列主题的校本课例研修；(4)强化过程评估，及时收集过程材料，具体包括校本课程建设、教师专业成长和学生学业成绩方面的材料，对照预期标准，评估项目完成情况并撰写评估报告。

2.明确校本教研主题

每次校本教研都有明确的主题，且指向教学实践中真实的问题，促进语文学习由“浅表学习”走向“深度学习由“被动学习”走向“主动学习由“个体学习”走向深度学习。近三年来，我校已开展的校本教研主题有十六个，具体包括单篇课文的阅读教学、写作教学、专题学习、校本课程开发与实施等四个研修领域。

3.学科教学专家来引领

为了更好地开展校本语文课例研修，我校聘请了由知名学者、大学教授、教研员、特级教师组成的专家团队，指导学校的校本课例研究。在专家的指导下，我校语文学科建设分三年实施，按照规划与实施方案，制定学年度行事历，确定学年、学期、每月学习培训内容，开展专题研修。到目前为止，来我校指导的语文学科知名专家、教科书编审、优秀教研员和著名特级教师近四十人。他们在阅读教学、新课标解读、散文教学、文言文教学、作文情境化教学等领域有很大的影响力，在校本语文课例研修过程中，他们的指导使我校语文教师的理论素养得到了很好的提升。专家学者们结合我校实际教学情况为我校语文学科建设提供了专业的指导，指明了我校语文课堂教学改革发展的方向。

我校的校本课例研究工作在专家团队的指导下有序开展。校本课例研究的重点是聚焦语文教学中一系列真实的问题，以课例为载体，系统推进校本研修工作，我校形成了指向同一主题、问题或话题的主题学习研讨、共同备课研讨和课例研讨相结合的校本课例研究模型。主题学习聚焦语文教学中的关键问题，以微报告的形式，提供主题研修必要的学科教学知识；共同备课由专家引领，在备课中应用学科教学知识；课例研讨则是重点指向语文学科知识运用的反思与重构。在校本课例的基础上，学校学科建设的建模工作也在进一步进行。

二、教师在研修中成长

校本化、主题化、系统化的校本课例研修，激发了我校语文教师教学研究的热情，学校语文课堂发生了巨大的变化，语文教师的专业能力得到显著提升。

每次教研主题都由学校教研组与专家组多次沟通后确定，在校本课例研修中，突出语文教师的主体地位，充分参与教研主题的拟定、共同备课、课堂诊断、评价与研讨等各种活动，发挥教研组长和优秀教师“领跑”的作用，形成互帮互助的教研共同体。校本课例研修调动了教师的参与实践、行动反思的积极性和主动性。

学校校本语文课例研修开阔了语文教师的宏观视野，大大提升了语文教师的理论素养，有语文教师感慨：开展校本语文课例研修，在专家的指引下，就好像读了一回研究生。老师们纷纷表示：专题学术讲座提升自己的理论素养；文本解读、课例研习、同课异构，提高自己的课堂教育教学能力；到联盟校跟岗学习，通过耳濡目染、潜移默化，全方位锻炼与提升了我们语文教学能力；撰写研修心得、教学反思、专题论文，开展课题研究，不断提高自己对教学实践进行理论总结提炼的能力；小组合作、校本教研、校际联动，提高了语文教师团队的专业素养，推进了语文教师团队的共同成长。

老师们的专业素养得到有效提升，语文教学能力的提高也会随之而来。课堂教学能力是教师的基本功，也是最能体现教师学识素养和教育智慧的，对语文教师来说尤其如此，人们常说，语文课最好上，也最难上。在校本语文课例研修中，专家带领教师从文本解读入手，抛开教学参考书等常用资料，力求对文本有全面、深入理解，自己真正读通、读懂文本，读出自己的见解，读出自己的情感。在深入解读文本的基础之上，再开展集体备课，进行教学设计，反复磨课，观摩听课，课后研讨交流，使教师的课堂教育教学能力不断得到提升。同时，采用同课异构、教学比武等多种形式，给教师搭建提升能力、展示才华的大舞台。教师们在可谓是受益多多、收获满满。

三、研修，我们将一直在路上

如何评判一个教师的专业得到了专业的发展，上一堂好课无疑是一条极为重要的标准，那如何判别一堂“好”课呢？不同的人对此似乎有不同的看法。在校本课例研修的过程中，我们形成了一个共同的话语体系，拿语文学科来说，一堂好课的标准采用的是王荣生教授的累进标准：教师对所教内容有自觉的意识，教的是“语文”的内容，教学内容相对集中，教学内容与听说读写的常态一致，教学内容与学术界认识一致，想教的内容与实际在教的内容一致，教的内容与学的内容趋向一致，教学内容与语文课程目标一致，教学内容切合学生的实际需要。

以此为标准，我们需要在今后的校本课例研修中不断反思自己想教与实际所教之间的关联，审议自己所教与学生实际所学之间的关联，反思和审议自己想教、所教、学生所学与语文课程目标的关联，考察教学内容的连续性。

通过近三年的努力，樟树中学语文学科建设已初步形成自己的特色，语文课堂教学质量和教师专业发展水平都得到显著提高。教研组组织开展的集体备课、听课、评课、重构课、再评课的循环推进，在教什么、怎么教，以及为什么教的反复追问之下，才能不流于形式而落到实处，语文教师的专业发展才能见到实效，一所学校的语文学科建设的水平才能得以真正的提升。

教师的专业发展是落实“立德树人”的重要保障，“校本研修”是教师专业发展的重要途径。我校将在已有的研修成果之上不断发展、继续完善，绝不负“教师”这份神圣的职业！

借优秀传统文化之力，铸中职德育发展之魂

辽宁省辽阳市第一中等职业技术专业学校　郭庆莲

为深入贯彻习近平新时代中国特色社会主义思想和党的十九大精神，落实中共中央办公厅、国务院办公厅印发的《关于实施中华优秀传统文化传承发展工程的意见》。近几年，我校在中华文化习养课题组的引领下坚持社会主义办学方向，紧紧围绕立德树人的根本任务，扎根于中华优秀传统文化，把孝道教育作为学校德育工作的切入点，确立了“以人为本、以德为根、以爱为魂”的教育理念，在传承“修己利他，让他人因我而幸福，让世界因我而美丽”的学校精神的同时，创新了“传统文化进校园”和“雷锋式职业人的培养”两个载体，构建起学生、学校、家庭、企业、社会五位一体的联动格局，探索出了一条环境育人、文化育人和技能育人的特色之路。

一、优秀传统文化助力学校管理模式科学化

2014年开始，学校在学生的管理中大力注入传统文化精髓，从德技并修，德技双优两个角度，以学校文化做支撑，将教育思想与现

代管理相融合，创新发展“全员参与、全过程跟进、全方位促动”的“12355”学生管理模式，规范了各个岗位职责，明确了每一名成员的具体工作内容，正确处理了“管”和“理”的关系，进一步提高了学生管理工作效能。

模式中的“1”是指一个成长目标，即“七有八无一做”。其中“七有”是指有仁爱之心、有鸿鹄之志、有经典之行、有诚信之言、有礼仪之美、有健康之道、有一技之长；“八无”是泛指，是希望通过有效地教育与管理，让学生达到无打架、无手机、无喝酒、无吸烟、无文身、无化妆怪发、无垃圾食品、无上课睡觉等一切不良习惯；“一做”是指做有家国情怀和工匠精神的厚德之才。

“2”是指两个教育载体，即传统文化进校园和雷锋式职业人的培养。其中传统文化进校园侧重于帮助学生立德，雷锋式职业人的培养侧重于帮助学生强技；

“3”是指“三全”育人机制，即全员参与、全过程跟进、全方位促动；

第一个“5”是指五个有力保障，即健全的组织体系、完善的规章制度、一流的教育团队、得力的育人措施、充足的专项经费；

第二个“5”是指“五为”教育宗旨，即为天地立心、为生民立命、为往圣继绝学、为万世开太平、为人民服务。旨在培养学生在未来的成长中，要将个人前途和国家命运相结合，将个人选择和社会需要相结合，真正成为担当民族复兴大任的时代新人。

二、优秀传统文化助力教师队伍建设全面化

中职学生的思想教育工作除包括政治信念、道德品质、文化素养、健全人格、工匠精神等主渠道的教育外，还涵盖了教书育人、学生管理、校园文化、生活服务等各个方面。因此，学校的全体教职员工都肩负有育人的责任。为了使全体教职员工都能重视和关心学生的管理工作，形成全员育人的工作体系和格局，真正把工作落到实处。学校拓展了教育主体，构建了包括门卫、食堂师傅和宿管人员在内的全员育人组织体系，并采取“走出去”和“请进来”的办法，对管理人员进行全员培训，帮助育人队伍多角度吸收营养，更新教育观念，不断提高自身理论水平。学校以教师文化修养为统领，以“教师心灵成长五位一体课程”和“幸福教师心灵成长系列活动”为抓手，从教师的身心和谐、家庭幸福、工作成就感、文化修养等方面对教师职业素养进行提升，在唤起了教师对传统文化地认同的同时，弥补了教师知识层面上的不足，带动了教师从被动学习参与转向主动学习、自主研修，从而培养了教师具有家国情怀和兼济天下的大格局。每年学校充分发挥校园电视台功能，配合校园孝道文化建设，录制教师现实版《咱爸咱妈》专题片，激发广大教师的孝心。每月组织教师集体过生日，并发放孝亲红包，让教师能够常回家看看，多陪伴父母。成立学校教师志愿者队伍，定期开展公益活动，引领教师走出小家，进入大家，增强教师的社会责任感，也为学生起到率先垂范的作用。

三、优秀传统文化助力学生职业素养专业化

职业素养主要是与工作相关的道德素养，学生进入就业单位后，只有具备良好的职业素质，才能胜任相关工作。传统文化中蕴含的工匠精神，代表着专注执着的敬业精神、精益求精的完美精神和超越自我的创新精神，对于提高中职学生的职业素养有着重要意义。因此学校针对不同学段学生特点，从中华优秀传统文化独一无二的理念、智慧、气度和神韵中寻找“根”与“魂分别通过文训、军训、职训和岗前训练，厚植学生的工匠精神。

一年级：通过文训、军训帮助学生进行正确的“思想定位”和“身份定位”。一方面大力注入优秀传统文化精髓，弘扬大国工匠和劳模精神，让学生养成一丝不苟的敬业态度、细心专注的坚守意志和践行承诺的诚信品质。另一方面通过对知名企业的用人需求，企业文化、管理理念等内容的学习，使学生在思想上对自己准职业人的身份进行定位。

二年级：通过职训帮助学生养成正确的“行为定位”。在抓好养成教育的基础上，通过雷锋式职业人的训练，充分挖掘雷锋干一行爱一行、钻一行精一行的爱岗敬业精神，在教育教学管理中强化职业道德和职业规范的培养，并且聘请企业管理人员作为学校兼职德育教师，到校开展讲座，培养学生职业素养，让学生养成以质取胜的价值取向、技术精进的职业能力和追求卓越的精品意识。

三年级：通过岗前培训帮助学生建立正确的“社会定位”。以校企联动为主要渠道，通过学生到企业实习、参观走访企业，培养学生用户至上的服务精神和敢于突破的创新勇气，努力使学生成为具有家国情怀和工匠精神的厚德之才。

四、优秀传统文化助力中职课程结构系统化

习近平总书记在2010年全国教育工作会议上指出，当今世界的综合国力竞争，说到底是民族素质竞争。在激烈的人才竞争中，思想道德素质占着尤为重要的地位。近几年，学校通过对用人单位的调研清楚地认识到，中职教育只注重培养学生的知识和能力是不够的，我们更应该重视职业道德素质教育。因为只有这样，才能为国家培养出“德才兼备”、“德艺双馨”社会主义建设者和接班人。为此，学校不断从中华优秀传统文化中汲取智慧和力量，以“五学并举”和“雷锋式职业人的培养”为主渠道，从德技两方面构建起课程体系。二者相辅相成，各有侧重。“五学并举”是以“德”为中心，通过经典、礼乐、书法、武术、历史人物故事的习养课程，从晨读、社团、学生活动、课堂教学、校园文化等多个方面构建学生成长空间，使中华优秀传统文化中“自强不息、乐观向上的人生追求；义利兼顾、以义为上的价值取向；胸怀祖国、面向未来的责任担当；尊重理解、宽容合作的团队意识；关心他人、扶危助困的奉献精神等”成为培养中职生优秀思想品质、良好职业道德的精神催化剂。“雷锋式职业人的培养”是以“技”为中心，通过实习实训，校企合作等，加强对学生职业道德、职业心态、职业技能、职业规范、职业形象的训练和引导，努力做到校企高度融合，以培养德技双优的人才。

五、优秀传统文化助力学生管理制度规范化

学校建立健全各项规章制度，制定《德育工作手册》，使学生的德育管理达到全覆盖、常态化。管理中，学校把《弟子规》中讲述的113件事，结合校内学生实际和《中职生日常行为规范》，从洒扫庭除进退应对、到待人接物文明礼仪、再到求学规范治学严谨方面，制定了适合本校的《学生一日常规》和《在校学生一日礼仪常规》，对学生在校期间的学习、生活、行为规范等提出了细致明确的要求。同时，细化了《学生日常行为量化考核管理办法》，使学生的德育工作有规可循、有法可依。《学生日常行为量化考核管理办法》汇集家庭、企业、社会反馈，采用动态考核办法。班级每日在学生量化考核表上对学生表现在百分制的基础上加减分，每月将月考核成绩上交政教处，政教处每学期将学生各月考核成绩汇总并及时公示，期末时由学校对学生进行学期总评，真实反映学生道德品质和德育情况，并同时真实反映学生存在的不足，以综合素质评语的方式对学生和家长进行反馈。综合素质评价等级分为：优秀、良好、合格、不合格四级。其中家庭主要反馈学生“孝心作业”完成情况和亲子关系改善情况，企业主要反馈学生职业素养和职业能力，社会负责反馈学生的影响。

六、优秀传统文化助力学校办学质量一流化

1.学生素质显著提高。通过中华优秀传统文化在校园的不断浸润，学生的行为习惯和精神面貌发生了显著的变化。孩子们身上散发出的积极向上、文明有礼、乐于助人的阳光味道让老师、家长无不感到欣喜与赞叹。孩子们拾金不昧、见义勇为、帮助他人的事迹层出不穷，校园里好人好事蔚然成风。美术专业毕业生朱然彤不忘师恩、感念母校，虽然不是很富裕，但每年仍从自己的工资中拿出1万元资助母校家庭困难的学弟学妹。王明畅同学义助女童、张子扬同学公厕助残在我们当地造成了不小的轰动，辽阳日报、千山晚报对他们的事迹进行了报道，改变了一直以来社会对职专生的偏见。近3年，学生在国家、省、市技能大赛和文明风采大赛上频频获奖；今年4月，在辽宁省职业院校“网络搭建与应用”和“计算机检测与数据恢复”技能大赛中我校四名参赛学生获得了双项第一名的好成绩，近期将代表辽宁省进军国赛。随着学生管理质量的提高，学校经常收到用人单位的锦旗和感谢信，近几年学校招生工作形势也非常喜人，这充分证明“办好学校就是最好的招生宣传”。

2.管理经验有效推广。在中华优秀传统文化在中职校园传承的不断实践和探索中，学校各方面的显著变化，让兄弟学校看到了管理的成效，吸引了来自甘肃、河北、吉林、黑龙江以及省内多所学校的领导、老师纷纷到校参观学习。另外，我校于2017年还组建了从领导、到中层、到教师、再到学生，体系完善的义工队伍，帮助锦西工业学校和葫芦岛一职专两所学校开展了为期3天的“新生入学道德教育讲座”和2天的“教师心灵成长课程”。这支义工队伍从会场布置，到课程安排；从统筹协调，到义工服务，全部跟踪指导，并亲力亲为，把我们“优秀的传统文化进校园”工作中取得的宝贵经验无私地奉献给了兄弟学校。为了使学校先进的学生管理经验在兄弟学校中得到广泛的推广和应用，经省、市教育主管部门领导研究决定，2019年在我校召开了沈阳市优秀校长“以训代评”主题论坛活动，沈阳市中职德育校长能力提升培训活动，来自省内40多所院校的领导和骨干教师参加了会议，大家参观了校园和班级文化建设、实训室、学生宿舍和心理健康中心等，会后对学校学生管理工作给予了高度的评价。经市教育主管部门研究决定，学校召开了全市中职学校德育工作现场会。市内所有中职学校和各初中、小学、幼儿园的领导以及省内沈阳、锦州、营口、盘锦多家兄弟学校近260余人参加了本次活动，会上郭庆莲校长将学校“让中华优秀传统文化之花在中职校园美丽绽放”学生管理工作模式与经验分享给各个兄弟学校，为指导各家的教育实践发挥了积极作用。

3.教育科研成果丰富。2017年学校被教育部重点课题总课题组挂牌为“中华文化习养实验学校并被表彰为重点课题研究“先进实验学校校长被评为课题研究“先进校长并被课题组聘为专家组成员。学校开展的《在学生的学习生活中培养学生的责任感的研究》科研课题，被评为全国教育科学课题研究成果一等奖；班主任德育工作实践案例《让圣贤智慧之花在师生心间幸福绽放》荣获教育部重点课题优秀实践案例“特等奖”。 2018年学校旅游服务等三个重点专业的教育教学成果分别获得国家、省职业教育教学成果奖，编写校本教材7本。2020年2月《中华优秀传统文化传承与家庭教育》科研课题获省妇联、省家庭教育学会“十三五”教育科研课题一等奖。去年10月在“全国中等职业院校班主任技能大赛”中，徐欣老师经过市赛、省赛层层选

拔，从众多选手中脱颖而出，代表辽宁省参赛，取得了国赛三等奖的好成绩，她也是辽宁省唯一在国赛中获奖的选手。

4.学校知名度显著提升。2019年学校先后获得"全国职业院校学生管理50强"、"中华文化习养先进实验校"、"辽宁省最美校园"、"辽阳市名校"、"辽阳市五一劳动奖章"、"三八红旗集体"、"优秀基层党组织"等多项荣誉，学生管理典型案例"让中华优秀传统文化之花在中职校园美丽绽放"通过《中国职业技术教育》杂志微信公众平台在全国推广。"立德强技育英才，管理创新谱新篇——弘扬美德，传承文化，打造品牌特色"和"中华优秀传统文化传承与家庭教育"两个典型案例入选"奋进新时代，中华传统美德职教行"活动优秀案例。学校知名度和美誉度在全国逐渐提升。一路走来，这些沉甸甸的荣誉和成果是对我校近年来大力开展中华优秀传统文化进校园的褒奖，更是对我校传承、弘扬、践行中华优秀传统文化的鼓励和鞭策。

"长风破浪会有时，直挂云帆济沧海随着优秀的传统文化在校园中不断地扎根、深入，有效地提升了我校的学生管理水平和实习就业质量，形成了鲜明的办学特色。下一步，我校会从社会经济发展要求出发，服务于学生职业发展需要，构建起更为完善的现代中职学校学生管理体系，努力创健全国知名的一流中职示范学校，更好地为国家培养一批有家国情怀和工匠精神的厚德之才。

创新德育模式，为生命成长铺就亮丽底色

——利用学校资源特色进行校本课程的开发与探索

辽宁省辽阳市第一中学　王同

辽宁省辽阳市第一中学是一所与共和国同龄的全国文明学校，1981年被辽宁省人民政府列为首批重点中学，1985年受党中央、国务院的委托开办西藏班。学校现有教职员工364人，其中高级教师235人，现有教学班81个，其中藏族班17个，汉藏学生合计3300余人。一直以来，学校全面贯彻党的教育方针和政策，坚持社会主义办学方向，秉承"以人为本，立德树人，让和谐校园成为汉藏师生共有的精神家园"的办学理念，根据学校德育工作的特点和规律，在继承和发扬优良传统的基础上，认真研究、积极探索开发新形势下校本课程，全面落实立德树人根本任务，把社会主义核心价值观融入学校教育全过程，使学校真正成为化育为人的天地。

发挥核心引领作用，夯实德育工作基础

切实履行依法治校职责。校党委班子带头学法用法，增强依法治教的意识；指导政教处、教务处、团委等部门通过广播、会议、班团队等活动，专题宣讲《教育法》、《义务教育法》、《教师法》、《未成年人保护法》等法律法规；通过开展法律知识竞赛、法律知识讲座、青少年模拟法庭等一系列活动，进一步增强师生遵纪守法意识；制定《辽阳市第一中学学校章程》，明确学校的办学思想、办学理念和育人目标；密切党群关系，充分发挥工会和教代会职能，使广大教师自觉参与学校管理工作等。

务实推进师德师风建设。校党委按照"有理想信念、有道德情操、有扎实学识、有仁爱之心"的标准指导教师要以德立身、以德立学、以德施教，并把师德教育纳入教师培训课程体系。校党委指导教师认真学习贯彻《中华人民共和国教师法》、《中小学教师职业道德规范》等一系列教育法律法规和文件，实行师德"一票否决制"；明确师德建设目标，把师德教育工作作为教师继续教育的重要内容；邀请专家到校讲座，建立教师个人学习记录，不断提高自身依法执教能力和政治敏锐力；实施"三会一课"制度，营造融洽、温馨、积极进取的工作环境，不断提升教师个人业务水平。

扎实开展西藏班精神弘扬。学校建设不仅要加强硬件设施的建设，更重要的是需要注入强大的精神动力，需要用"老西藏精神"为教育教学工作者提供动力支持。西藏班建立36年来，西藏学子在辽阳一中得到了父母般的呵护和关爱。当然，教师无私的奉献也换来了西藏班学生的拥戴，并被他们亲切地称为"阿爸"或"阿妈"。

坚守课堂教学阵地，推进课程平台建设

创新课程育人模式，提高道德认知水平。一是入学课程。组织七年级新生参观校园及校史馆，观看学生在校一日常规视频课，参与军事讲堂、军旅一日游等系列军民共育活动，让每名新生自觉接受学校历史文化教育，养成习惯，陶冶情操，启迪心智。二是在校课程。七年级下学期至九年级上学期开展"参与教育"实践课程，如利用上午大课间开设体能训练课和民族团结课间操活动，组织学生进行校园艺术手绘墙、农艺体验园、制作植物标本、气象观测等实践活动课，开展体育节、科技艺术节等系列活动，不仅为汉藏学生提供了一个交流和学习的平台，也为各科教师提供了一个施展才能及提高专业素养、体现自身价值的机会。三是毕业课程。九年级下学期的"毕业季"实践课程共分迎接中考、职业规划、毕业盛典三大模块，环环相扣，结合紧密，引导学生自尊自信自立自强，教育学生立志成为为中国特色社会主义奋斗终生的可靠人才。四是民族团结课程。办好西藏班，做好智力援藏工作，既是国家的战略任务，也是学校的政治任务。学校坚持做好西藏班工作，开设民族团结课程，开展"汉藏一家亲"和"我在辽阳有个家"系列活动，不仅让辽阳这座历史文化古城有了更多温暖的味道，也通过西藏班见证着辽阳与西藏在交往、交流、交融中的美好愿景。

丰富校园文化内涵，优化环境育人氛围。学校因地制宜，全面规划，致力于打造朴素与雅致的交融、自然与庄重的搭配、沉静与灵动的呼应的校园环境文化。厚德楼前安置名人胸像雕塑，使学生感受名人的风范；格桑楼前的文成公主像，综艺楼的《亲融》浮雕、"融"景观，格桑楼正厅的《格桑花•月季花》壁画、民族教育文化长廊等，象征着汉藏友谊源远流长；校园内的厚德楼、格桑楼、博学楼、笃学楼、综艺楼、腾飞馆、雪莲居、雄鹰阁等每栋建筑都赋予了特殊的含义，处处体现着学校的文化特性——端庄、典雅、富有人文气息；建设学校公众号、校园VR全景展示、辽阳一中校园网、校园媒体中心、校园广播站、宣传栏、党建活动室、党史长廊、办公室文化、食堂文化等载体，营造"润物细无声"的教育氛围。

整合德育活动课程，发展学生核心素养。"活动育人"是德育工作的重要途径。学校正自行开发德育课程汇编成册，以时间为轴线编制成图文并茂的电子书，对德育课程思想、目标、内容进行整体设计，以激发学生道德学习的愿望，促进学生品德和社会性的发展。同时，学校高度重视学生价值观的培育，使学生坚定文化自信，增强文化自觉，明确历史使命，明白政治方向，明白做人道理。

丰富德育载体手段，落实立德树人任务

有效整合学科资源，提升实践育人效益。学校在不增加学科总课时的前提下，将各学科不少于10%的课时用于学科实践活动，如语文学科"经典诵读"活动、数学学科"测量旗杆的高度"、历史学科"参观九一八事件密谋地"、地理学科"气象监测"等活动；组织汉藏学生到辽阳龙鼎山、石洞沟、首山凉亭山、弓长岭滑雪场等地参观游览，引导他们了解家乡古城辽阳的地理地貌知识以及风土人情，激发他们热爱家乡、建设家乡、服务家乡的内生动力。

规范学校制度建设，发挥管理育人作用。学校成立以校长任组长、分管德育工作副校长任副组长的德育工作领导小组，研究制定《班主任德育工作量化条例》、《班级管理制度》、《学生德育量化管理方案》等规章制度，把教师教书育人、管理育人、服务育人纳入评优评先和年终考核，增强德育工作的实效性；构建"树立自尊心、培养自信心、提高自理能力、加强自治能力、养成自主学习习惯"的学生"五自"教育体系，开展"一日常规"教育活动，使学生逐步走上自我管理、自我教育、自我完善的轨道。

三位一体协同育人，发挥教育整体效应。学校积极争取家庭、社会共同参与学校德育工作，如定期召开家长会、家长开放日、家长听课周，举办家长学校培训讲座，利用教育云平台、人人通、建立微信群等新兴媒体沟通方式，引导家长注重家庭、注重家教、注重家风，营造积极向上的社会氛围；建立多方联动机制，主动联系驻地派出所、交警队、检察院、武装部、消防队、税务所、气象局、农科院、关工委、医院、社区、福利院等共建共育单位搭建育人平台，开展"法治进校园"、"反邪教教育"、"毒品预防"、"交通安全讲座"、"消防常识"、"税法进校园"、"急救培训"、"食品卫生安全讲座"、"气象知识讲座"等培训教育活动，形成了学校、家庭、社会三位一体的育人机制。

"人无德，无以立"。德育对学校保证人才培养的正确方向、促进学生的全面发展起着决定性作用，是素质教育的灵魂。辽阳市第一中学将坚持把"教书"和"育人"统一起来，围绕立德树人根本任务，积极开展创新德育课程并形成特色，不断为学生提供多样的体验、实践、成长的空间，助推学生核心素养的形成，最终成长为德智体美劳全面发展的优秀人才。多年来，学校连续五次被国务院评为全国民族团结进步模范集体，荣获首届全国文明校园、全国关心下一代先进集体、共青团中央五四红旗支部、未成年人思想道德建设基地学校等百余项荣誉称号。

打造"礼•润"校园文化　成就"生命教育"

辽宁省沈阳市杏坛中学浑南分校　郝那

2017 年 5 月 18 日，根据沈阳市委市政府的指导意见，铁西、浑南两区人民政府本着"优势互补、合作共赢、友好协商、共同发展"的原则，合作成立杏坛中学浑南分校，即浑南区第五初级中学。2018年，分校迁入新校址独立办学，工作重点从基础建立期转向教育教学管理的增值期。分校在主校的指导下，秉承"文化立校"的理念，在杏坛主校"仁•礼"文化的基础上，创新打造浑南分校（浑南五中）"礼•润"校园文化。"礼"是核心价值，是发展和进步的方向；"润"是行动基因，是破解难题与领先发展的动力，是我们以文化力量践行立德树

人的教育方向。

一、深悟“礼·润”内涵，滋养“礼·润”校园

在“礼”文化影响下，学生在日常生活与学习过程中知礼、明礼、守礼、行礼，以此润泽学生的一言一行。在“礼”文化的引领下，学校明确了卓有成效的“礼·润”渗透标准，进而有的放矢。如“尊重”、“适度”、“自律”、“宽容”、“真诚”、“敬俗”即为分校“礼”文化所践行的具体纲目。

学校教育不仅体现于知识层面，更是一种生命教育。每个生命都需要滋润，“润”是生命成长的手段和理想状态。从学校文化角度看，“润”在教育态度上体现为对生命的呵护和尊重，关注生命的价值与质量；在教育方法上，强调陶冶和激励。

在“润”文化的引领下，学校明确了宏微并举的“润”泽涵养标准。如“和善以善导行，如水般谦逊，日积月累，学生的德行自然高洁；“包容雨润万物、海纳百川，这是胸襟、气魄、格局；“坚持润于细微处，如水滴石穿，持之以恒，潜移默化中将知识、能力、方法、情感渗透到学生的内心深处；“中和润物在于积累，在于积淀，在平和美好中激发了学生的内在潜能，焕发他们内心深处的“真、善、美”。学习如沙砾入于蚌，经累日之功，砥砺磨炼方可润之为珠。

二、依托“礼·润”特色，打造“礼·润”校园

以文化人，成就学子的未来，这是教育的价值与追求，“礼·润”校园文化正是基于这样的理念而设计的。自建校以来，浑南五中经历了三年的飞速发展期，“礼·润”的打造得益于其与学校各项举措的深度融合。

（一）环境建设，营造“礼·润”文化氛围

校园文化是学校精神的重要载体和外在反映。学校建设整体围绕“礼·润”文化，致力于营造“礼· 润”文化氛围。初入校门，明堂之上“礼、润”二字赫然映入眼帘，此可谓“诚意”、“正心”之始，凸显“礼· 润”文化的地位。其后为浑南五中校志铭以及对“礼”、“润”的解读，优美的文字、严谨的论述，彰显学校深厚的文化底蕴。

校园各处随处可见“礼·润”文化的内涵元素，如梅花与扇面形状结合为主要元素，以期培养师生傲雪凌霜的品质，梅枝向上生长代表积极上进；兰花寓意师生要有高洁的品质；竹子展示着师生向善、向上的风貌，更代表了虚心的品质；菊花的表达，展示君子的品行和对美的追求。四个楼层依次以梅兰竹菊中国传统元素为背景，通过环境建设、氛围营造，达到润物细无声的教育效果。

学校的整体设计和构建，让校园充满“尚礼”教育的味道，做到校园环境文化的美化、教育及文化识别功能。共享大厅、读书角、文化长廊、休息椅的设计看似随意，实则独具匠心，通过不同的设计与呈现，学生交流、分享、阅读、静思，在温文尔雅中实现了自身的成长，此即为无声教育的魅力。

（二）细处着眼，明确“礼·润”文化标准

沈阳市教育局制定了《沈阳市初中生品行培养手册》，该手册是《中小学生守则》的具体化；是引导初中生树立理想信念、培养良好习惯、提升综合素质的实施细则。该手册在分校的实验与运用恰好融合了“礼润”校园文化，为校园文化的实施提供了指南，于细节处践行“礼·润”文化。

在具体实施上，学校制定了明确、具体、恰当、可操作性强的“礼·润”行为手册，细化到动作，内化于心，依托细则，教师选择恰当的施教方法和手段，如说服教育、情感陶冶、榜样示范、对比分析等，进行针对性地引导，打造有着力点的特色“礼·润”校园。

学校还营造隐性文化氛围，如：走廊教室的干净宁静、食堂的整洁有序，还有随处可见的学生亲和甜美的问候、恭敬有礼的握手、鞠躬点头的敬礼……这些就是校园的隐性文化，摸不着、看不见，却又如空气一般无处不在，让人神清气爽。

（三）活动驱动，构建“礼·润”文化体系

初中学生充满朝气和活力，学校坚持五育并举、全面发展育人思路，优化育人环境，努力满足不同潜质学生的成长需要，形式多样的活动有利于学生的体验式成长。社团活动丰富多彩，读书明礼、话剧入情、书法养性、舞蹈练形……学生参与其中，体验自身的成长与变化，让校园文化富有情趣、情感、情操；让校园文化在口中、在身边、在心里。

（四）课程引领，渗透“礼·润”文化内涵

为了使“礼·润”校园文化落到实处，使“礼·润”之理深入学生内心，我们首先从课堂教学入手，把“礼·润”文化的教育纳入学校活动课程，创设校本课程、美学课程等，同时，发动各学科，利用自身学科特点开展更加丰富多彩的微课程，从而逐步使学生认识到学习实践“礼·润”文化的重要意义，调动学生实践活动的积极性、自觉性，使其养成良好的习惯，让“礼·润”文化内化为学生的良好品格，从而推进校园“礼·润”文化的实践建设。学校开发了《礼》、《孙子兵法》、《孝道》等满足不同年级成长需要的校本教材。

三、传承“礼·润”文化，塑造“礼·润”人生

校园文化是智慧的积淀，是中华民族优秀文化的传承，学校在打造“礼·润”特色校园文化中形成了有温度、和而不同、生命生长的教育氛围。

首先，“礼·润”文化下的教育是有温度的。师生、生生之间以“礼”相待，彼此尊重，尊重每个生命、尊重每个思想，和谐、融洽、充满温暖成了校园的主要氛围。教育是人影响人、人感化人的过程，学生在民主、宽松的氛围和心境中学习、思考、表达、交 流，是一个充满温暖的“学习场”。

其次，“礼·润”文化下的教育是和不同的。“礼· 润”文化下的教育成就了每个人的“独一无二”。多元智能理论指导下，每位教师都致力于打造自身的教学风格，每个孩子都会不断探索、挖掘自身的优点和长处。教师因材施教，以润泽、唤醒、点化为主要方法，学生的个性得以展现，他们在活动体验中、在探索发现中互相认同、欣赏，共同发展，虽然各有不同，但是彼此和谐、融洽，形成和而不同校园环境。

再次，“礼·润”文化下的教育实现了生命成长。教育的终极目标即为生命成长，学生在“礼·润”文化影响下实现了生命的成长，提升了生命的质量。依托“礼学生能够实现身心的和谐，依托“润学生掌握了自我成长的能力，他们自我规划、自我管理，同时关注思维和情感、生命的发展，增强了持续发展的动力与能力，为终身学习奠基。

传承经典文化　启迪生命智慧

内蒙古巴彦淖尔市磴口县实验小学　张立忠

历阅五千年沧桑，中华文化始终如大河般流淌，源远流长，从未停息。中华经典文化博大精深，影响教育了我们一代又一代人。近年来，我校始终坚守“为师生的终身发展和幸福成长奠基”的办学理念，坚持走稳走好“文化立校、特色兴校、资源强校”的路子，全校上下凝心聚力，抓课改、提质量；抓特色、谋发展，教育教学工作和学校整体工作全面推进，并特别将国学经典诵写讲作为学校的一项重点建设工程，在经典诵读中培养学生们的爱国情，坚定学生成才志，把诵经典、写经典、讲经典、演经典常态化、制度化、课程化推进下去，春风化雨，润物无声，让经典文化浸润每个师生的心灵。

一、制定学习目标，健全组织机构

经典诵写讲进课程，在快乐诵写讲中造就儒雅气质，丰富内心世界，陶冶高尚情操，实现每天诵读100字以上，每学期诵读1万字以上，小学6年诵读10万字以上的目标，为孩子一生的发展打下坚实的文化根基。

把经典诵写讲融入语文综合实践活动中，培养学生良好的学习习惯、行为习惯、生活习惯。培养学生对中华经典诵写讲的兴趣，提高学生的语文素养。抓好经典诵写讲日常工作，改革诵写讲活动形式、成果展示及评价方式。

2012年至今，学校在《国学经典诵读积累》校本教材的基础上，教师们认真研究、筛选，本着从易到难，从少到多，循序渐进的原则，在实践中不断修改、完善诵读内容，精心选取经典诵读教材。目前，各年级使用经典诵读教材分别为《弟子规》、《三字经》、《千字文》、《声律启蒙·笠翁对韵》、《增广贤文》、《大学·中庸》、《论语》、《主题诗文诵读》。

学校组建了以校长任组长，教学副校长、教导主任、大队辅导员任副组长的领导小组，各语文教师及其他学科教师为成员的工作小组。将经典诵写讲纳入学校教育教学常规管理，加强日常检查，完善考评奖励制度。

二、多种方式结合，传承经典文化

经典诵写讲与德育工作相结合。大队部利用升旗仪式、班队会、社团活动、文体艺术节等载体，开展丰富多彩的诵写讲活动，强化学生的学习体验，让学生从“读圣贤书”到“行君子事”。让学生对照经典评价自己的言行，让经典文化真正浸润到孩子们的日常生活，内化为孩子们的日常行为，达到书香润德的目的。每天下午第一节课前10分钟，利用校园广播有序安排各年级孩子诵经典、讲经典、唱经典，营造校园文化，陶冶情操。每天早晨第一节课前20分钟，全校进行经典诵读。由语文老师组织指导诵读，早晨诵读课要求做到专时、专人、专用，并向晨诵要质量，见成效。

经典诵写讲与校园文化建设相结合。发挥校园文化对学生的潜移默化引领作用，使说普通话、写规范字成为良好的习惯。通过校园墙壁、宣传栏、黑板报、电子屏等形式让学生随处可欣赏到经典佳作佳句。每年组织开展一次经典诵写讲活动，展示经典诗词，营造诵经典、写经典、讲经典的良好氛围，陶冶师生情操。学校将每学期评选出的诵读小明星、师生经典诗词书写规范的作品上墙展示，督促更多的师生诵经典、写经典、讲经典的积极性，使中华经典诵写讲工作落到实处。

经典诵写讲与各学科教学相结合。严格按照课程表上好每一节课，按本年级诵写讲内容做到有计划、有安排，认真备写教案，提高课堂效果。在语文、道德与法治、音乐、美术等学科教学中，坚持课首3分钟诵读，课堂教学融入中华经典内容。

经典诵写讲与语文实践活动相结合。将经典诵写讲与“语文实践

活动”深度融合。学生在诵读中浸润，在诵读中升华，在潜移默化中陶冶身心，洗涤灵魂，提升综合素养。语文老师指导学生写诵读经典的体会、感受，写阅读经典书籍的“读后感”“编故事”、“写小诗”等，评选出的优秀作品在校园内展示，圆孩子们当小作家的梦想。低年级学生制作经典古诗文诵读卡，中高年级建立经典诵读集锦的小册子，规范学生汉字的书写。

经典诵写讲兴趣小组活动有序开展。学校组建了经典诵写讲兴趣小组活动，每周四集中进行指导训练，由孙冬梅老师负责，各语文老师配合，学校定时检查。孙冬梅老师是自治区普通话测试员，普通话水平一乙，并荣获市级、自治区学科带头人、市级名教师。经典诵写讲兴趣小组活动，提高了孩子们的语文素养。

学校、社会、家庭三位一体、合力推进。经典诵写讲要采取灵活多样的方式，在发挥学校主阵地的基础上，推动经典诵写讲活动进家庭、进社区。发挥家长作用，引导、鼓励学生家长积极参与，开设“家庭经典时刻进行亲子诵写讲。

丰富活动内容，提升教学成果。经典诵写讲活动与教育教学活动有机融合，创造性地开展丰富多彩的经典诵写讲活动。学校组建了书写经典社团活动，每周三进行活动，小组成员准时到达书法教室。另外，学校结合日常教学实际、推普周、读书节，汉字听写大赛、经典诵读比赛、中华经典书写大赛、诗词讲解课大赛、读书讲故事、经典诵读课评比、校园读书节、经典诵写讲教学成果展示、诵读小明星评选、作文竞赛、教师素养大赛等活动，使全校师生知行合一，终身受益。

三、探索学习方法，培养学生兴趣

创新活动，提高兴趣。诵写讲并非一朝一夕所能练出来的，关键在于持之以恒的练习。如写经典，教师重视学生写字兴趣的培养，语文教师教学中经常展出一些名家的书法作品，或展示学生书写比较规范的作品，让孩子体会写规范字的重要性。学校每月举办作业、书写经典展览活动，逐渐形成良好的书写氛围。随机渗透诵读的妙处，引导学生感受母语与世界文化的博大精深，从心底产生向往之情。运用读、讲、赛、吟等方式激发学生诵读兴趣，“读”即加强范读指导，采取自读、对读、分角色读等多种形式熟读成诵；“讲”即利用经典诵读课、学校故事会、课首3分钟等时机，让学生讲经典故事，加强对经典文化的理解，有意识地进行诵读的拓展。

熟读成诵，传承文明。用各种形式的诵读来加强学生的记忆，培养学生的语言感受能力，熟读成诵。坚持“熟读成诵”是经典诵读过程中一个最重要、最基础的理念，诵读过程要做到字字响亮，不误读一字，不少读一字，不多读一字，不牵强暗记。杜绝“机械记忆”、“生吞活剥”式的诵读。诵读，采用教师示范读、领读、对读、比赛读等多种形式，可表演，可吟诵，可配经典音乐读。坚持天天吟诵，根据实际随时调整每日诵读内容，做到温故而知新。

注重方法，适当指导。坚持不懈，循序渐进。参照教材中的赏析和注释，为学生提供一些指导，学生对作品大致理解、粗知大义即可。宋词、元曲、论语的诵读中加强指导，让学生正确断句，在吟诵中感受语言美，追求美诵。在诵读中培养学生良好的语感，让学生字正腔圆地诵读，诵出诗词特有的节奏、韵律，实现“美诵在“美诵”中感受经典的凝练与精美。在诵读经典的基础上，指导学生讲经典、写经典、演经典，通过不同的方式方法，激发学生学习兴趣。

加强国学经典诵写讲工作的管理与测评。为更好地监控各班的诵写讲情况，学校每学期都入班进行经典诵写讲测试，评选出经典诵写讲优秀班级、优秀指导教师，并组织全体教师观摩学习，使经典诵写讲不断走向深入。

四、取得的成绩

近年来，学校在国学经典诵写讲中取得了较好的成绩。2017年7月，荣获“巴彦淖尔市经典诵读示范校”称号，同时荣获巴彦淖尔市教育局“庆祝内蒙古自治区成立70周年普通话演讲诵读比赛”小学组一等奖，内蒙古自治区教育厅、内蒙古自治区语言文字工作委员会“庆祝内蒙古自治区成立70周年普通话诵读比赛”小学组集体一等奖、二等奖。2018年，荣获巴彦淖尔市教育局“经典诵读比赛”一等奖、二等奖和巴彦淖尔市教育局“诗词大赛”集体第三名。2019年，在“全市中华经典诵写讲大赛”中荣获巴彦淖尔市教育局、巴彦淖尔市文明办诵读比赛小学组一等奖、二等奖，并荣获巴彦淖尔市教育局经典诵读比赛小学组一等奖。2019年“4.23世界读书日巴彦淖尔市小学生朗读评选活动”中表现优异，荣获巴彦淖尔教育局、巴彦淖尔市文化新闻出版广电局、巴彦淖尔市新华书店“优秀组织奖”。2019年，在全县中小学“诵读经典 传承美德”展示活动中，荣获磴口县教育局团体一等奖、优秀组织奖。2019年，在第一届“全国中华经典诵写讲”大赛中，王艳萍老师指导的学生作品《草原母亲与三千孤儿》在经典诵读大赛中荣获小学组国家级二等奖。孙冬梅老师指导的学生作品《中华少年》在经典诵读大赛中荣获小学组国家级优秀奖。2020年，在第二届“全国中华经典诵写讲”大赛中，王艳萍老师指导的学生作品《诵革命诗词，做红色少年》在经典诵读大赛中获得了自治区“第二名”的好成绩，并荣获小学组国家级优秀奖。她的诗词讲解课《敕勒歌》荣获国家级优秀奖。

传承经典文化，筑梦民族复兴。我校将凝聚力量，不断深化课程改革，做到与时俱进，传播优秀文化，培养儒雅少年，开启全校师生充满智慧的人生。

多元发展：办自信且有温度的教育

内蒙古北方重工业集团有限公司第五中学　王永明　田占银

为营造积极进取的备考氛围，激发新一届高三学生学习热情和奋发精神，我校每年都会隆重举行新高三的启动仪式。学校新高三全体师生共同见证这一时刻，用热情讴歌今天，踏上新的征程，用精彩去演绎北重五中的追梦路。近年来，我校始终将中华民族伟大复兴的中国梦与学生个人成长结合起来，通过贯彻落实我校“三需”、“四维”、“五育”并举的措施培养多元化的学生。

一、启航未来，寄托美好期许

学史明理，不忘初心。我校始终秉承着创办一所有自信有温度的学校的办学理念，从学生个人到家国情怀，始终与学生共同进步，与社会共同建设。值此重要时刻，表达对你们的祝福和期许。

在新高三启动仪式会上，我校教师李颖老师代表全体高三教师，为学子们送上了最真切的话语和最至微的嘱托。年级组长邢伟老师，送上了简短却句句落地，事事实干的寄语。话语里，有鼓励也有要求，有决心更有恒心，有严父般的教诲，也有慈母般的春风化雨。在李老师的带领下，全体高三教师郑重宣誓，用铿锵有利的誓言，表明与学子们共同陪伴、奋斗的决心。

新的征程，要有新的标志，我校要求各班班长将收集起的各班手机，全部上交家委会。这一切，都意味着高三的启程要有孤注一掷的态度，要有必将取胜的信念。炎炎烈日，新高三学子怀着梦想和期待踏上已经到来的高三新征程，无愧本心，逐梦芳华。各班的口号整齐有力、响彻云霄。启动仪式上300多师生齐唱《追梦赤子心》，象征着新的开始、新的征程、新的希望。带着对新一年的期待，带着这份昂扬，学生家长们牵起孩子的手，共同走过成人门，与校领导、老师们一一击掌，加油鼓劲，投放高考百天目标，待到距高考百日之时，再共同开箱印证他们的汗水与努力。

二、扛责在肩，书写时代荣光

学校致力于两项工作：一是传承和丰富工匠精神；二是完善对话机制，实施民主管理，推进学校现代化。

落实“三需满足”工作。全面推进课程改革，满足学生高考升学的需求，兴趣特长发展的需求，青春期发展的心理需求。推动四维发展。加强干部、教师、学生、家长队伍建设，培养专业化的干部、教师、学生、家长队伍。落实“五育并举”。促进学生德、智、体、美、劳全面发展，培养德才兼备的社会主义建设者和接班人。使每一个北五的孩子成为学校的一张名片，让我们对教育的执着追求得以发扬光大。

教育问题不仅仅是学校的问题，更是需要学校、教师、家长以及全社会组成一个完整有机的教育生态系统，其中，家长扮演着至关重要的角色。我校被青山教育局评为四星级家长学校，每个年级一年至少举行四次家长培训课程，由家委会讲师团成员授课，内容涉及行为习惯培养、和谐亲子关系、心理健康教育等，形成具有五中特色的“一生一记录、一家一档案”。家委会同样被评为四星级家长委员会，学校设立校级、年级、班级三级家委会组织机构，协助学校完成日常教学、管理工作，如：家长进课堂、选购校服、陪同学生完成社会实践、劳动教育、校外研学等。通过这种方式，构建起学校、家长和社会三位一体的育人网络。

当代教育提出注重学生的多元化和个性化发展，我校也积极实践该理念。学校有着完善的德育课程体系，通过社团课程发现并培养学生的特长。学生通过学习啦啦操课程，获国家级联赛冠军三次，被国家体育总局评为“全国啦啦操实验校”；通过篮球课程，2021年获自治区U17组别前五名，被授予“全国篮球特色学校”；通过乒乓球课程，近年来，多次获自治区中运会单打、双打前三名，被世界乒乓球冠军王楠授予“大球小爱”乒乓球实验基地；通过美术课程，高考专业课通过率达98%。一系列课程体系的建设，取得了瞩目的成绩和良好的效果。

教育承载着认知世界与改造生活的梦想，是为孩子一生奠基的事业。在传承和丰富大国工匠精神实践探索中，我们将始终为学生创造丰富的发展机会。坚守初心，我们将以父母心办教育的教育信仰，建设师生共同成长的精神家园，让每一个学生和教师都能在学校得到最适宜、最充分的发展。

“修身济世，求真不慕浮华我校将始终把学生的全面发展融入时代教育改革浪潮，秉持不忘初心的办学理念，办好人民满意的教育，培养能够担当民族大任的时代新人，创造出属于北五人的辉煌。

创新园所管理理念　十年淬炼筑梦征程

内蒙古赤峰市阿鲁科尔沁旗直属机关第一幼儿园　肖赛华　王丽　张艳姝

我园创建于1957年，我们砥砺奋进，投身幼教改革的浪潮，一路风雨一路前行：环境不断改善，师资不断增强，管理不断完善，品位不断提升，特色不断凸显，显示着教育的不断发展和壮实。近年来，针对园所现状，我园围绕“精细化管理促内涵发展”的管理方式，遵循事无巨细，章法可依的原则，实施精细化管理，引领教师走上了专业成长之路，促进了幼儿园工作的全面提升，推动园所跨越式发展。

一、环境助推教育升华　管理精细彰显智慧

十年前，我园园所是一排排平房，条件极其一般。2013年，易址新建并搬迁至新的园舍，设备设施配套齐全，融绿化、美化为一体，为幼儿创设了一个安全友好的游戏、生活、活动空间。

改善办学条件，美化教学环境。十年间，幼儿园室内环境由原本的重装饰性、观赏性，逐渐向“以环境为幼儿发展提供助力和支持”改变；教师提供的材料更符合幼儿发展需要，对室外环境进行绿化、美化。配备了多种游戏器械和体育活动设施，拥有4000多平方米的沙池、水池、动物饲养角、果树园、种植园、足球场等户外游戏场地。

实践精细管理，打造精英团队。精细化管理是常规管理的升华，是规范化管理的延续，它的核心理念就是“态度要精心、过程要精细、结果要精品”。幼儿园作为社会当中的一个受关注度比较高的群体，更应有科学、合理、规范、细化的制度来规范教育行为和常规事务。幼儿园的管理不仅仅只是管理者的事情，而是幼儿园所有教职工共同的事情。

在管理中我园强调的是大家的共同参与，变一人管理为大家管理，任务个个担，责任人人负，做到人人会管理，处处有管理，事事见管理，让每一个教职工都能找到自己的定位，获得工作上的归属感。让每个人都参与到精细化管理中来，使精细化管理成为一种观念、一种行为，一种态度，形成谁分管谁负责、谁的岗位谁负责、谁的班级谁负责、谁的活动谁负责的管理机制，努力建立起一支团结进取的精细化管理团队。

完善规章制度，彰显管理智慧。良好师资队伍的建设应建立在科学、合理的规章制度之上。人人参与、全员认同的规章制度不仅能激发起广大教师的工作和学习热情，还是增强幼儿园向心力和凝聚力的根本保证。在园所管理中我们做到：事事有标准，人人明责任，检查有依据，考核有结果。我们在不断探索和研究实践中，逐步建立和完善了一系列细化、具体、科学、实在，具有较强的操作性的规章制度，如，《园务管理丛书》、《幼儿园章程》、《网格化安全管理手册》、《疫情防控管理手册》等系列管理制度，并通过教职工大会不断对幼儿园各项制度作了修改和补充，规范了评估条件与内容，为检查、评比、督导、奖惩提供了有利的依据，做到工作安排到了哪里，考核奖惩就跟到哪里，促进制度的落实、精细管理的形成。

幼儿园的精细化管理是促进幼儿园发展的一项系统工程，涉及幼儿园管理的诸多层面，也是管理方法、体制、手段、思想的一种自我创新，需要我们持之以恒、一步一个脚印地去探索和实施。

二、氛围营造引领成长　专业进步助推发展

书香文化是我园近年来打造学习型团队，培育教育智慧的亮点。我们积极倡导“让书香浸润心灵，让知识塑造品质”的思想，引导教师树立多读书，读好书，让读书支撑教育生命的学习理念。

构建学习团队，营造书香氛围。我园要求教师每月坚持读1—2本好书，每周写学习故事、观察案例，让教师在认真阅读的基础上，结合自己的教育教学工作进行感悟与反思，形成自己的教育思想和方法，倡导教师坚持写读书笔记和读书心得，定期开展读书交流活动，让书香文化真正成为培育人、塑造人、完善人的精神源泉。在幼儿园的教师备课室里，每月都会增加新书供教师阅读，教师们还在幼儿园读书交流群里开展了好书共享活动，努力使自己成为站在巨人肩膀上成长的人。

优化园本教研，引领教师成长。园本教研是锻炼教师能力，提升专业素质，实现可持续发展的平台。近年来，我园的教育科研活动突破了以课题为主的固有模式，成立教研共同体，以“共学、共研、共享、共进”为原则，构建园所教研新模式。通过京蒙线上教研，片区教研，园内大教研，小组教研，面对面教研，师徒结对等形式提出问题，剖析原因，共同研究改进措施；每月进行一次全园性教学观摩活动，对活动进行评析，改进，每个参加观摩的老师都要写出自己的观摩体会，并提出修改意见，活动组织者在集体智慧的帮助下再进行展示，进一步提升教育能力，凸显教研成果。

创设园本课程，推动幼儿发展。十年来，我园沐浴着“课程游戏化”的春风，认真贯彻《3—6岁儿童学习和发展指南》，遵循幼儿成长与学前教育发展规律，挖掘乡土元素，将自然资源引入课程，经过几年的摸索、挖掘、实施、评价、整合，形成以“亲近自然、回归生活、自主探索、快乐发展”为基本理念的园本课程，从田园基础活动、田园综合活动、田园乡土活动、田园实践活动等方面来完善课程，凸显课程特色。将园本课程与主题课程有效融合，从而推进了课程的改革与实施。重新梳理《查布嘎儿童田园课程》实施方案。深入开展田园课程的各项活动，总结提炼经验，调整幼儿学习方式，给教师及幼儿更多自主权，为下一步深化探索奠定基础。

改革区域活动，凸显主题特色。经过对本园园情、资源、课程的深度思考、研讨、分析后，我园确定以主题活动为抓手开展区域活动，突出每个班的区域活动特点，以自然的材料和安全废旧材料为课程资源，活动中以《指南》精神为引领，从五大领域开展不同的区域游戏。区域的选择是根据幼儿兴趣、本土课程来选择的。凸显各班主题区域特色，主张自主自选游戏，形成一班一品。同时，增设了美术创意室、科学发现室、音乐教室、心情小屋、美食间、木工坊、织工坊、染工坊、印工坊、陶工坊等多功能活动室。

结语

我园如一株悠然盛开的马兰花，绽放在辽阔的北科尔沁草原上，历经40余年的磨炼，每一年的节点，都是精心雕刻的年轮，每一载的风雨，都是勇往直前的赞歌。一步步走来，幼儿园的发展，犹如从简单的音符到震撼的交响；从黑白的默片到华彩的乐章，谱写了几经变迁的如歌岁月。“雨润无痕，花开有声正是有了丰富的内涵，才有似锦的春色，正是有了精准的品牌，才有长青的动力，忆往昔，峥嵘岁月；看今朝，盛世花开！

注重管理过程建设　推动立德树人发展

内蒙古鄂尔多斯市杭锦旗蒙古族中学　宝音达来

我校以习近平新时代中国特色社会主义思想为指导，以“办人民满意的教育”为宗旨，以立德树人为根本任务，以学校“责任教育”核心办学理念为统领，围绕旗教育体育局“1138”教育发展总体思路，以提高教育教学质量为目标和中心，坚持“稳中有进”的工作总基调，按照“优生有明显突破、整体有明显变化、均分有明显提高”的工作要求，加强推进和抓实各项常规工作。

一、重视常规管理　推进教学发展

教学是学校的中心工作，教学常规管理从根本上决定着学校教育的质量和学生的身心发展水平。是推进教育教学发展，提高教学质量的基础性工程，是学校教育教学活动有序运转的最基本的保障。

健全管理制度，探索管理体系。我校本着重导向、重激励、重实效的原则建立健全了各类教学管理制度，对教师的教学和学生的学习所要达到的基本要求做出了明确规定。并加强整体设计和科学思考，通过努力探索形成了计划——布置——督查——评价——问责一体的教学管理制度体系。

明确管理标准，提高工作效率。依据上级教育行政部门的教育督导评估指标体系，认真梳理了我校的教学常规工作，制作了“学科组教学常规工作表”和“教师个人教学常规工作表使得教学常规序列化、视觉化，使老师们做到了心中数，有的放矢，规范常规管理，提高工作效率。

强化过程管理，推动教学工作。为有效推动教学工作周期性有序运转，我校本着科学、精细、规范的原则采取了在学期初重点抓秩序，学期中重点抓检查，学期末重点抓总结的，阶段性较强，各有侧重，条理清晰的过程管理。学期初主要以“三表三书三名单三计划”为抓手狠抓秩序，学期中以“三检查两座谈”为抓手狠抓督促，学期末主要以“一考评两分析三总结”为抓手狠抓评价。

优化分层管理，夯实领导保障。我校进一步明确了教学常规工作管理主体及工作定位，形成了分工合作，定位准确，环环相扣，科学导向，讲究实效的管理机制，较好的提高了规范化管理水平。领导常态化听、评课工作得到持续推进，制定了校级领导一天一节课的目标，形成了“听课—反馈—优化”的校长深入课堂、指导课堂的工作机制。为巩固提升教学质量提供了坚强的领导保障。

以上做法做到了教学管理工作中的制度、内容、过程与主体的有机融合，大大提升了教学管理水平，落实了以教学为中心的工作目标，促进了我校良好的教风、学风的形成。

二、落实教学步骤　加强学习监督

教的常规是落实学校教育教学任务的重要制度，是提高育人质量的基本保证。我校从备课、上课、作业、辅导、评价等五方面开展了教的常规工作。教师端常规工作管理贵在认真落实，重在坚持和激励。

认真备课上课，攻破重点难点。要求老师做到研读课标、教材、学生、教法；明确重难点、关键点、能力训练点、教育点；充分利用各种资源，集体备课要求“五定主要研究教学流程、大单元备课、分层落实等。上课要求做到始终以学生为主体，训练为主线，思维为核心，能力为目标，要求做到试题精选、控制数量、讲究弹性。

尊重学生情况，促进整体提升。制定方案、分层辅导、优化上层、

提升中层、扶助学困层。对优生以扩充与提高为主，丰富课余，以求“率先致富”。对中等生以补充与转化为主，促进向优生转化；对学困生，多关心，多接触，建立档案，促进提高。按照中高考要求规范命题和检测过程，阅卷要及时批改，强化两分析，反馈讲评，查漏补缺。同时要求课课有反思，记录自己教学得失。

做好课前准备，踊跃课堂学习。通过预习单填写，思维导图制作等形式诊断学生是否做到了了解新课内容，能否找出重难点，引导学生做好课堂学习准备。注重学习习惯养成，建立和组织了有助于激发学生主动、有效参与以及交流的成功学习方法的制度和活动。

抓好课后巩固，养成良好习惯。为有效落实引导学生养成良好的课后复习习惯，我校形成了一定的经验和规范。一是做好课前准备，探索适合自己的预习方法；做好课堂学习和课后复习；规范书写，按一定格式正确书写，按时独立完成，及时纠错；考前准备充分、考中认真审题、考后善与反思；每天能按规定选择一篇文章阅读、做好笔记、常运用。

三、加强党建引领　细化过程管理

加强党建引领，展现理论活力。在我校各类常规工作中渗透“三会一课”学习，增强了党员和干部职工的“两个维护”、“四个意识”；通过不断丰富活动载体，充分展现了学校党建工作的活力；利用“学习强国”平台，进一步加强领导班子和干部队伍的理论学习，加强思想政治建设；深入开展党风廉政建设责任制的落实工作，加强师德建设和行风建设。

优化管理目标，细化过程管理。我校分层实施培优扶弱，设有提高班和培优班，做到精准教学；认真落实“一生一案动态管理每个学生，以学定教；实验、和信息技术的备考主要采取课堂渗透，体育在除常规课堂教学中落实外，利用早操时间进行强化训练，集中指导；加强课堂教学和加强集体备课，资源共享；安排模拟复习，建立重要知识网络，渗透学习方法提高应对考试的能力并及时分析、总结、反馈，并及时调整对策。

深化管理细节，争取家长配合。提高试题的科学性提升命题质量。讲评课要求老师主要讲方法、讲思维、讲盲点；设计班会主题，做到班会系列化，递进式。使班会成为学生精神动力的加油站；呼吁家长和学校同心、同向、同发力。引导家长理解学校工作、了解备考过程，接受学校的合理做法。督促家长和孩子保持良好的沟通交流，认真监督孩子的学习情况。

开展各项活动，做好各项保障。加强后勤人员、事务的管理，较好的提高了工作服务的主动性；为师生提供安全、营养、均衡的餐饮，加强了食品安全、食品卫生、食品质量的保障工作；校园绿化工作基本实现了平面绿化与垂直绿化相交，树木与花卉并存。

四、加强德育建设　提升教学质量

我校德育工作以育人为本、德育为先，以立德树人为根本，坚持学校教育与家庭教育、社会教育相结合，进一步加强德育管理，不断完善学校德育工作长效机制，全面提高了德育工作水平。

加强队伍建设，提高整体素质。班主任是巩固提升教学质量的关键要素之一。我们积极组织班主任参加了市、旗两级各项培训。学校班主任队伍的课程开发及实施具有时代气息的德育课、班主任课的能力得到了较大提升。

重视安全教育，提高安全意识。认真落实了扫黑除恶专项行动，有利的遏制了校园欺凌事件的发生。结合学校禁毒示范基地、反邪师范教基地等有利条件邀请法制副校长或反邪教协会人员开展法治教育、廉洁教育、反邪教教育、毒品预防教育、影视教育等专题教育。

开展健康教育，感召家长参与。我校以年级为批次以班级为单位多次开展了学生和家长共同参与的集体心理健康教育活动，引导学生增强调控心理、自主自助、应对挫折、适应环境的能力，培养学生健全的人格、积极地心态和良好的个性心理品质。以年级为批次以班级为单位多次开展了学生和家长共同参与的集体心理健康教育活动。

注重养成教育，落实立德树人。德育处主要领导根据不同年级和不同课程特点，充分挖掘了各门课程蕴含的德育资源，将德育内容有机融入各门课程教学中；以班本课程建设为载体，以学科融合德育为途径加强了学生饮食起居习惯、读书动笔习惯，科学思维习惯、体育锻炼习惯、卫生安全习惯的教育引导；持续推进了常规系列主题教育活动；借助现代化手段实施了学生综合素质评价机制；组织班主任、心理健康教育教扎实师开展了“四个一”工作和“小手拉大手共创文明城”活动，为家校共育架起了及时、有效沟通的桥梁，为学校教育教学工作顺利开展起到了良好的助推作用。

领悟纲要精神　构建现代学校制度

——记乌审旗第一中学现代学校制度建设

内蒙古鄂尔多斯市乌审旗第一中学　张晓云

《国家中长期教育改革和发展规划纲要(2010-2020)》指出：“适应中国国情和时代要求，建设依法办学、自主管理、民主监督、社会参与的现代学校制度，构建政府、学校、社会之间新型关系”。教育部印发《全面推进依法治校实施纲要》中提出：“逐步建立和完善符合各级各类学校依法办学、自主管理、民主监督，社会参与的现代学校制度，形成主管部门依法宏观管理、学校按章程自主办学、社会参与评估与监督的现代学校管理体制和机制，充分调动师生员工的工作积极性和学习积极性，逐步建设完成一校一章程、一校一规划、一校一制度、一校一特色、一校一评价的‘五个一工程’。力争到2020年形成系统完备、科学规范、运行有效地现代教育治理体系”。乌审旗第一中学近年来，为加强学校内部规范化管理，全面贯彻国家的教育方针，全面提高教育教学质量和办学效益，坚持依法办学、以人为本、科学管理、激发潜能的原则，将现代学校制度建设重点放在制度完善和管理创新上。

一、建设现代化学校制度体系的思路方针

(一)基本框架

制度的出现是为了平衡组织内群体利益，维持组织内的公平。因此，一套科学规范的学校管理制度系可以平衡员工之间的利益，维护学校的公共秩序，促进师生的和谐发展。近年来学校在章程建设、学校发展规划制定、制度体系建设、管理机制构建、学校特色发展等方面做了不懈的实践和探索，初步形成了“一校一章程”、“一校一制度”、“一校一规划”、“一校一机制”、“一校一特色”的现代学校制度体系。

我们制定了学校章程和三年发展规划，补充和完善了学校文化体系；以章程为核心，以文化为引领，围绕学校发展规划，修订和制定了学校各类制度、规范、条例等共七大类150多项。涵盖了行政管理、职责分工、教师考核评价、教学管理、常规要求等学校工作的各个方面。在办学质量管理的点、线、面上，从学校规划策略、发展目标确立、工作计划制定、督办检查考评等方面都形成一整套系统、全面、协同的管理制度。

(二)基本路径

以章程为核心，从章程出发，制定学校发展规划，不断加强制度建设，改革管理机制，保障学校发展规划的实施，实现“立德强能，和谐发展”的培养目标和“和谐教育，幸福师生”的办学目标，是我校建设现代学校制度的基本路径。

1.章程是学校依法治校的直接依据

通过学习《中华人民共和国宪法》、《中华人民共和国教育法》等与章程建设密切相关的法律，提高教职工依法治校的意识，在此基础上反复征求教职工意见，征求教育主管部门、家长、社区的意见，使章程能够充分反映广大教职员工、学生的意愿，凝练共同的理念与价值认同，体现学校的办学特色和发展目标，成为学校依法办学、自主管理、履行公共职责的基本规则。在教职工大会上通过章程后，我们根据章程制定了学校发展规划，制订与完善了各项规章制度，使各项规章制度有法可依、有章可循。

2.以章程为核心制定学校发展规划

学校制定了《乌审旗第一中学“一、六、六”发展思路》，即遵循“一个”办学宗旨，实施“六个育人创建“六个校园最终实现“立德强能，和谐发展”的培养目标和“和谐教育，幸福师生”办学目标。“一、六、六”发展思路为把学校打造成理念先进、行为规范、管理科学、环境优雅、书香浓郁、特色鲜明、质量优秀的示范性学校指明了方向规划了路径。

(1) 遵循一个办学宗旨：“办人民满意的教育，为师生和谐发展奠基”。

(2) 落实六个育人。六个育人是教育部《中小学德育工作指南》指出的德育工作实施途径和要求，我们认真贯彻和落实《中小学德育工作指南》的精神，通过落实“课程育人，文化育人，活动育人，管理育人，协同育人”六个育人，实现“立德强能，和谐发展”的培养目标。其中，课程育人和协同育人，是我校素质教育的革新之举。

课程育人：全面落实课程标准要求，实施基于课程标准的“备-教-学-评一体化”教学策略，注重学生学科核心素养的培养；充分发挥课堂教学的德育主渠道作用，将德育内容细化落实到各学科课程的教学目标之中；上好多元育人整合课、心理健康教育、综合实践活动课，将德育渗透到教育教学全过程。

协同育人：积极争取家庭、社会共同参与和支持学校德育工作。引导家长注重家教、家风，营造良好的家庭氛围；办好家长学校，促进家长了解学校，帮助家长提高家教水平；构建社会共育机制，净化学生成长环境，助力学生健康成长。

(3) 创建“六个”校园。包括：人文校园，绿色校园，数字校园，情智校园，平安校园，健康校园。其中数字校园和情智校园，是我校的一大特色。

数字校园：实现硬件标准化、管理数字化。建立数字校园EOA平台，推动信息技术在教学、科研、管理与服务中的深层次应用，提升领导干部与广大师生的信息素养。

情智校园：在深化课堂教学改革中，本着“情感与智慧并育”的思想，创造性地把学生的情感和认知活动巧妙地结合，提升学生情商和智商综合素养，为学生终身发展奠基。包括三项内容:情智德育、情智

教学、情智活动。

二、建设现代化学校制度的管理应用

多年来，我们正确处理整体与部分、结构与功能的正确关系，把“制”和“度”分开建设，保证学校制度建设的科学性、严肃性和人文性。如果把学校的“制”理解为对教师行为的规范和指引，那么“度”就是一种衡量，就是对教师行为的考核和评价。制度约束个体行为只是为了规范指引，在学校“制”的建设中，把制度当成办事规范和指南，从正面上对教师行为加以引导，包括操作规范的引领，工作方向和工作方法的指导等。在“度”的建设中把制度当成评价和激励的手段，成为衡量工作质量的标准，充分发挥制度的工具性特征，在各个岗位的考核中找一个固定的平衡点，实现评价的公平、公正，以此来增强凝聚力，调动广大教职工的工作积极性。几年来，我们在学校行政管理、教育教学管理、教学常规要求、教育科研、校本教研、后勤保障、校园安全、工会工作等各领域建立了系统、全面、协同的制度管理体系，汇编了乌审旗第一中学制度汇编——《和谐校园的支撑》，下面仅选取几个方面谈谈我校的做法和体会。

（一）用制度打造高素质的队伍。建设现代学校制度的过程，也是夯实队伍的过程。学校在队伍建设方面制定了一系列的规范和制度来打造高素质的队伍。包括《乌审旗第一中学教师师德师风考核办法》、《党组织“三会一课”制度》、《民主生活会制度》等几十项制度和管理办法。我们高兴地看到，一批有现代学校意识的干部队伍正在形成，教师队伍整体素质不断提升，一大批青年教师正茁壮成长。

（二）以德树人构建学校德育体系。我们的培养目标是“立德强能，和谐发展”。学校认真贯彻和落实《中小学德育工作指南》精神，围绕德育“五项内容以“六个育人”为实施路径，以促进学生形成良好行为习惯为重点，构建学校自主德育体系，实现“立德强能，和谐发展”的培养目标。

（三）发挥制度的约束和激励功能。制度的工具性特征在制度文化中主要表现为运用制度的激励功能。几年来，学校形成和实施了《乌审旗第一中学教职工年度考核方案》、《乌审旗第一中学登台教师年度考核细则》、《乌审旗第一中学非登台教师年度考核细则》等一系列教职工考核奖励分配制度。一系列公平、合理、客观、科学的教职工考核奖励评价制度的实施，指明了方向、明确了规则、理顺了工作、肯定了优秀、鞭策了后进、激发了教师的工作热情，有效地调动了教师的工作积极性，充分发挥了制度的导向和激励作用。

三、转型管理方式

学校制度建设既包括相对稳定的规章制度和工作规程的建立，又包括这些规章制度能够全面实施，确保学校各项工作正常有序运转的管理机制的建立。现代学校制度建设要求努力实现转型管理方式，由金字塔型管理到扁平化管理成为必然。

（一）构建扁平化双轨制管理体系

扁平化管理是分权管理，缩短了管理通道和路径，有利于增强组织对环境变化的感应能力和快速反应能力。学校从2015年开始建立了学校扁平化双轨制管理机制，以实现学校管理的科学化、规范化，推动学校教育教学工作和谐发展。学校实行由副校长任年级主管校长，主管校长直接对校长负责的管理模式，在日常教育教学工作中，年级主管校长对年级部的整体工作全面负责，年级主管校长聘用级部德育主任和教务主任各一名，组成年级管理集体，负责年级部的具体工作。

（二）营造公平、公正的学校环境

2012年，教育部印发《全面推进依法治校实施纲要》，要求中小学要“牢固树立依法办事、尊重章程、法律规则面前人人平等的理念确保学校办学宗旨、制度规范、教育活动，乃至师生交往符合民主法治、自由平等、公平正义的法治要求。近些年来，学校充分发挥工会和教代会的职能，依靠教职工的集体智慧，制定了学校章程，完善了各类制度，学校依据制度，用民主集中的方法来解决问题，充分保障老师的权利。在依法依规、公开、公平、公正管理学校各项工作和保障教师的权利中，老师们的积极性、主动性得以充分调动，法治理念在教职工心田扎下了根。

（三）以校园文化营造和谐校园

制度管理很重要，但如果一味依靠制度管理，可能会过于刚性，硬碰硬，很容易磨损，于是我们提出了“强化制度规范，强化制度激励，强化自我管理，强化文化引领（用文化浸润教师、用文化滋养学校、形成共同价值观）”的“四个强化”管理理念。这样，学校的自然秩序就形成了，这种“自然秩序”就是一种人文管理，促进人的全面、和谐发展的一种常态，一种下意识，一种经过长期培养、历练、规范而形成的近乎本能的习惯。在和谐教育理念的引领下，学校因“民主”而生机勃勃，因“制度”而规范有序，因“文化”而和谐发展。

学校制度建设又是形成优良校园文化的基础。良好的制度建设既能起到规范和激励的作用，形成良好的校风、教风、学风，又能全面协调学校上下各部门及全体教职员工的关系，实现科学管理，打造师生成长的精神家园。

几年来，我们在学习和实践中构建了较为全面和完整的学校制度体系，推动了学校各项工作平稳快速地发展，也取得了一定的成绩。我校的现代学校制度建设正在探索中不断前进和发展，我们深知，完善现代学校制度建设，实行科学、法治、民主管理，还有很长的路要走。这是一项长远的工程，需要我们不断地去实践、探索、改进和完善。

扎根边疆，以爱育人

内蒙古呼和浩特市武川县第一小学　徐明喜

党的十九大报告指出：“建设教育强国是中华民族伟大复兴的基础工程，必须把教育事业放在优先位置，加快教育现代化，办好人民满意的教育”。这是以习近平同志为核心的党中央向全国人民做出的庄严承诺，为我国教育事业发展指明了方向。作为与党同龄的学校，我们一直扎根边疆，坚守“以爱承诺，用爱负责”的校训，用爱育人，为少数民族地区的教育事业贡献力量。

一、追溯发展历史，谋划学校未来

1921年，整个中华大地风雨飘摇，“教育救国、国民办学”的呼声日益高涨，武川县第一所官办小学——县立城关小学就这样在千呼万唤中诞生了。

我校的校史馆里，记载了建校伊始的情形：县属各区学生和固阳县、陶林县（今乌兰察布市察右中旗地区）的学生纷纷前来求学，郭树德受聘为首任校长。因校舍和师资所限，通过考试录取学生156人，当时开设的课程除国文、算术、地理历史等课程，还开设英语课。

抗战暴发后，学校师生表现出了极大地爱国热忱，有一部分学生接触了马列主义成为共产党人，投身于中国革命和中华民族解放运动，其中有不少人在抗战中为国捐躯。

已故的武川县学者郭志刚老师早年毕业于武川县第一小学，已经80岁高龄的他还在参与编写《武川县志》。“1949—1954年，我在这里读书，当时学校已经更名为武川县立第一完全小学校。记忆里，校舍破破烂烂的，两排教室，一个操场，课间体育活动最常玩的是人面球。所谓人面球就是一个直径为80厘米的球面，上面像人的眼睛和嘴巴一样分布着3个洞，一般上场5—7个人，将球丢进洞里为胜”。郭志刚回忆，他家当时住在离学校一公里远的武圣关帝村，每次回家需要爬一段山坡，颇为费事。尤其到了冬天，从家里赶到学校，浑身挂一层霜。课间上厕所，冻得连裤子都提不起来，回到教室还要老师帮忙系裤带。

新中国成立以来，学校迎来飞速发展，为社会培养了大批人才。不忘初心，牢记使命，在新的时代，我校不断深化改革，立足学校发展实际，总结发展经验，创新发展新路径，谋划新未来，致力于培养能够担当时代大任的新人。

二、开设特色课程，弘扬传统文化

我校每周五开设了剪纸课。在课堂上，老师需要带许多自己已经剪好的作品，先让学生们观察，然后做示范，最后让学生们自己动手。剪纸不是照猫画虎，老师不但要给予指导，还应该鼓励学生们发挥自己的想象力。这样的课程既有趣又能锻炼动手能力，受到了很多学生的欢迎。

负责教授剪纸课的陈永祥是一名老党员，他的剪纸技艺远近闻名，是呼和浩特市非物质文化遗产剪纸传承人。因为家里老祖母的剪纸技艺好，他从小耳濡目染学会了剪纸，并利用业余时间创作了大量剪纸作品，还在不少比赛中获过奖。

非物质文化遗产作为一门特色课程走进校园，目的就是要把老祖宗留下的传统技艺传承下去。在他看来，剪纸艺术看似简单，实则从构思到剪纸，需要花费大量精力，不仅能够培养孩子的想象力，更能培养孩子的专注力。

多年来，我校一直致力于民间传统文化的传承与教学。剪纸、泥塑、国画、国学、书法、古筝……几乎每一个孩子都能说出一项自己擅长的技艺。我们一直在探索“合格+特长”的育人模式，通过培养孩子们的兴趣爱好，让他们重塑自信。目前，学校开设文学类、器乐类、民乐类、非遗类、体育类等20多门社团选修课。满足不同学生的自主需求，形成全方位发展的学习态势。

三、丰富社团活动，成立少年军校

为了开发学生各方面的潜能，实现全面发展，学校举办了丰富多彩的社团活动，成立了乡村少年宫，组建了包括扬琴、马头琴、萨克斯、琵琶、古筝、架子鼓、二胡、非洲鼓、舞蹈、合唱、书法、国画、剪纸、电视台、足球、篮球等27个学生社团，聘请优秀的专业教师授课。学校拥有自己的电视台，现已招募小记者34名，配合县融媒体中心定期组织活动。

2019年经县国防教育委员会、县教育局批准成立了武川一小少年军校，这也是全县唯一一所少年军校。秉持着通过半军事化的管理养成学生日常良好行为习惯的初衷，少年军校将军事教育及国防教育融入学科教育中，开设国防教育课，要求学生每月学唱一首军歌，讲一个英雄故事；每周开设一节军事训练课，以此规范学生的言行；开办各种军事活动，让军校学员从小树立远大理想和正确的人生观、世界观、价值观。学校还组建了学生国旗班和纠察班，意在让学生互帮互助，互相监督，提高认识水平，自觉养成良好习惯。

四、师有无私大爱，守护学生成长

今年75岁的张秀荣是我校的一名退休教师。熟悉的人都知道，张秀荣只有一个亲生的已经出嫁的女儿，但她还有一个“儿子就是她的学生陈志德。

1979年，学校还没有初中班，刚刚参加工作的张秀荣任数学课老师，陈志德就是她当时带的初中班学生。在张秀荣的印象中，陈志德因为家里穷，中途辍学，是她和另外几名同学专程骑着自行车去陈志德家里把他找回了学校。张秀荣回忆，1983年，陈志德以优异的成绩考入长春地质学院。她无意间得知，远赴长春求学的陈志德大冬天还穿着破旧的单鞋，非常心疼，便给他寄去20元买棉鞋过冬。当时，她的月工资也不过才37元。

陈志德参加工作后，一直没有忘记当年老师一双棉鞋的恩情，多年来一直坚持照顾她，除了逢年过节回来探望，时常还打电话嘘寒问暖。

2007年，张秀荣过60岁生日的时候，在黑龙江工作的陈志德专程回来看望张秀荣，并组织同学们一起为老师庆生。临走时，他得知张秀荣仍旧住在学校后面低矮的平房里，便自掏腰包买了一套房子，作为生日礼物赠予老师。

陈志德父母走得早，张秀荣成了他唯一牵挂的亲人，这么多年相处下来，两人早已形同母子，他的婚礼也是张秀荣帮他操办的。国庆长假或者平时出差路过，陈志德总要回来在张秀荣家里住几天，逢人介绍张秀荣的时候总说:“这是我妈”。

除了张秀荣和陈志德，还有一对师生的故事也让人感动。

2019年3月18日，燕子（化名）的父母因盗窃变压器被刑拘，年仅10岁的燕子一下子无依无靠，没有了人照顾。王宏得知以后，主动承担起照料燕子生活起居的任务，每到周末把燕子接回自己家，给她洗澡、洗衣、做饭，还为她报了一个兴趣班，和大女儿一起学习绘画。

王宏今年34岁，是一名党员，刚刚生完二胎不久。有人说她傻:“你照顾自己两个孩子都应接不暇，还有功夫操心别人家的事”.王宏笑着回答:“我是一名党员，也是一名老师，我不管谁管？”

王宏观察到，燕子在父母出事以后，变得特别敏感，情绪很低落，常常半夜哭醒。虽然燕子不说，但王宏知道她想念爸爸妈妈了。在燕子父母的判决还没有下来时，王宏已经决定在燕子父母不在身边的这段时间，一直充当燕子的“临时妈妈”。

这并不是王宏第一次充当“临时妈妈”。2015年—2018年，王宏发现两名住校女生总是邋里邋遢，一打听，才知道两个孩子都是“娘弃娃”。为了弥补她们感情上的缺失，每逢节假日，王宏就把两名女孩接回家照顾，一直到她们从学校毕业。

“教育寄托着人民的希望，关系国家的未来，我们一定要把这项事业办得更好！”党中央明确提出办好民族教育，这让我们深受鼓舞。我校坚持立足于少数民族地区的情况办学，践行“以爱承诺，用爱负责”的校训，在祖国的北方为教育事业添砖加瓦，为民族振兴培养更多可造之才。

深耕教育事业　践行初心使命

内蒙古呼和浩特市玉泉区民族实验小学　安冬梅

1992年，怀着对教师职业的崇敬，安冬梅光荣地成了一名人民教师，29年来，她始终以培养人良好的德行为初心，秉承着“立德树人”的教育责任，培养出了一大批优秀学子，守正创新，助力教育事业发展。2019年，她担任民族实验小学教育集团校长，深感责任重大。

两年来，安冬梅始终牢记教育主业职责，把初心写在行动上，把使命落在岗位上，把责任扛在肩上，把教育抓在手上，圆满完成了各项教学任务。

一、优化教育资源　践行初心使命

在学校管理中，安冬梅校长不断践行科学与民主管理，加强教师队伍建设，狠抓思想、业务素质的提高，坚持政治学习制度化，师德教育经常化，业务学习系统化。主动发展，和谐育人，为少年儿童编织幸福的童年。

优化教育资源，升级办学条件。多年来，她致力于打造现代化办学条件，为了优化教育资源想尽一切办法竭尽所能，赢得各级领导的支持。百什户校区地处农村办学条件差，为改善农村孩子的上学条件，保障孩子的安全，经过多方筹措资金，为百什户校区更换了9米的电动伸缩门，新建了保安室，并为学校更换彩屏，更新了同屏互动室桌椅，重建校园文化室，重新规划575平方米果木园，新建了阳光暖棚劳动实践基地。

现在的南校区既是书香的校园，又是美丽的花园果园。同时在北校区为孩子们新建了创客空间，重建校园文化、厕所文化，更换了会议室和校园彩屏。学校的校容、校貌得到了极大地改观，推进了义务教育学校标准化建设，促进了义务教育优质均衡发展。

竭力服务师生，提升教育水平。为教师服务，为家长服务，为学生服务是她的工作宗旨，在任何时候任何情况下，全心全意的服务宗旨不能忘，立志于奉献，彰显担当作为的胸怀牢记心中，并全身心践行到工作中。

为了能更好地帮助每一个孩子、每一个家庭，不论走到哪一所学校，安冬梅都会密切关注特殊学生及群体，并针对不同学生，建立档案制定不同的帮扶方案，常常与家长促膝长谈，通过交流解决家长思想上的困惑，逐渐改变传统教育方式，从而提升了家庭教育水平，提高孩子的学习成绩。至今她帮助过的家庭有200多个，赢得了广大家长的一致好评。

倡导善行义举，用心温暖社会。在日常生活中，大力倡导善行义举，一名贫困大学生因家庭困难没钱交学费，得知该情况后，她主动承担起这名学生每年2000元的学习费用，直到他走上工作岗位，同时还对8名小学生资助学习用品。连续多年对清洁工人进行慰问，为他们送去50份冰糖和茶叶。辖区李阿姨老伴去世后一人寡居，一度心情郁闷，空闲时她经常到李阿姨家串门，给她送去生活必需品，陪她聊天谈心。每到六日，还会到社区做志愿者，帮助社区内一些家庭困难的孩子义务补课。疫情期间，为清泉街社区捐款2000元，由于物资短缺，又通过多方渠道筹措乳胶手套500双、84消毒液50桶及酒精等防护物资，捐献给一线的防疫人员，并主动带头交特殊党费。她有这样一个信念，坚持不懈把捐资助学、扶贫济困的善事做下去，以此倡导影响更多人，为这个社会带去更多的温暖。

二、深耕民族教育　浸润文化传承

几年来，安冬梅校长致力于打造中华民族团结共荣的新民族实验小学，将做好民族共同体教育，强化中华民族团结一家亲的意识，作为民族实验小学教育集团工作的重中之重，通过深耕中华民族团结教育，浸润文化传承发展。

环境浸润心灵，营造文化氛围。她始终重视文化对于学生的熏陶，让中华民族文化在潜移默化中渗透。因此，发动全体教职工打造“一厅”、“三廊”、“一馆”的中华民族文化特色区域。“各民族作品墙”、“人”字墙、“中华民族文化墙”、“谚语成语楼梯让学生们在走过的墙边、楼梯的转角，随处可见各民族文化相互交融、相互促进的闪光印记。

精心设计特色活动，打造校园品牌。学校的“彩虹”博物馆，精心收集与56个民族相关的生活用品，还有队员们自制的特色小展品。学校精心打造了校园“彩虹”品牌，开设了合唱、朗诵、舞蹈、皮艺等小社团，让学生们在“实践中体验，在体验中内化，在内化中发展”。同时，开设生活体验课程，让学生用舌尖感受不同饮食文化带来的味蕾享受，用心灵感悟饮食的不同魅力，制作的美味不仅有广为熟知的饺子、糖饼等，还不断地融入具有各民族特色的美食，这样的拓展性课程受到了老师家长和孩子们的一致好评。精心设计教育教学活动与中华民族团结结合，组织开展了中华民族团结先进事迹演讲活动，把身边发生的和报纸上登载的中华民族团结事迹记载下来，宣传典型，树立榜样。

开展系列活动，弘扬民族文化。将未成年人思想道德建设与民族团结教育深度融合，在全校广泛开展了“民族团结一家亲石榴籽行动”主题教育“五个一”系列活动，通过讲一点“民族英雄故事”、传一点“民族文化精神”、创一点“民族文化作品”、赞一点“民族团结榜样”、做一个“民族文化使者把培育和践行社会主义核心价值观与深化民族团结进步教育有机结合起来，让优秀的中华民族文化根植于学生心中。每年利用开学典礼召开“青城共育石榴籽　民族团结一家亲”活动，努力营造民族团结的良好氛围。

学校还成立了“小小乌兰牧骑团设有合唱团、舞蹈队、朗诵团，他们用灵活多样的形式不仅在学校里，同时走进各社区、场馆、广场，对党的政策、道德模范、新时代好少年等先进事迹进行宣传，大力弘扬优秀传统中华民族文化。

她是灯塔，照亮学生与教育前行的路；她是航标，规划学校与师生未来的路；她是展翅的教育雄鹰，必将继续坚守立德树人教育责任，牢记为党育人，为国育才使命，为教育高质量发展贡献自己的绵薄之力。

创新语文教学，探索“大语文”的魅力

——记安丘市实验小学大语文教学策略及实践

山东省安丘市实验小学　郑晓辉　朱志平　韩英　刘爽

在教育教学改革必行的今天，传统的语文教学已无法适应学生的学习需求，安丘市实验小学全体语文教师在上级业务主管部门的引领下更新教育教学理念，探索新型语文教学模式，引领学生热爱、理解并运用祖普通话言，助力学生提升语文素养，让学生具备更高的识字

写字能力、阅读能力、写作能力、口语交际能力以及品德修养和审美情趣，和学生一起开启探索“大语文”魅力的旅程。

一、练好写字基本功，提高师生写字素养

（一）提高教师写字水平

学校邀请潍坊写字育人名师李红对全体教师进行书法专题培训，从培养学生写字兴趣，指导正确的书写姿势，写好笔画及间架结构，加强教师以身作则等方面具体阐述了写字教学的有关要求。激发了教师研究写字教学的热情，提高了教师的业务素质，为提升学校写字育人水平打下了坚实的基础。为落实新课标写字教学的要求，快速提升青年教师专业素养，营造以书修德，以德育人的氛围，学校每周一下午办公时间由书法骨干教师对全体语文教师进行写字培训。

（二）教师引领学生练字

学校开设专门写字教育课程，并为各年级学生购买了部编版书法练字本及写字指导视频。写字课专课专用，由语文教师利用练字视频对学生进行细致的书写指导，结合配套语文字帖进行练习，从写姿、坐姿、握姿到基本笔画、偏旁笔顺、间架结构，课课有重点，时时讲规范，促进书写习惯养成，写字育人效果看得见。

每个备课组根据孩子学段特点开发主题练字课程，做到周周有主题。教师根据培训对学生进行主题写字指导，学生做到“写字姿势正确、书写笔画规范、纸面整洁、行款整齐”。

为激发师生主题练字热情，促进师生写字素养迅速提升，学校做到师生练字周周有展评、月月有活动。学校为全体教师购买《论语》读本，并进行《论语》名句练写活动。另外，学校还定期举行进行师生主题练字展评、硬笔书法比赛、写字育人素养展示等活动，评选出“写字小达人”和“书写规范班级”等奖项。主题管理让“写字育人”真正发挥出合力，萌发了老师们的教育智慧，激发了学生练字、评字的兴趣，促进了师生写字素养的全面提升。

疫情期间写字教学，虽然课堂阵地转移到了网上，老师们却丝毫没有松懈，积极教研，调整策略，迅速形成了一套适应网上教学的写字指导模式，并通过实践不断完善，保障了孩子们的居家练字持续进行，不断提升。学校从一年级的写字起始阶段，就在孩子的心中埋下正确的书写种子，将孩子引领到正确的书写之路上来。

二、开展多形式阅读教学，实现读写相长

（一）整合四种形式阅读

1.阅读推荐课。在全员全科阅读中，我校重视学生综合素养提升，教会学生如何读书，培养他们自主学习的能力，陶冶学生情操，造就终生读书的习惯。阅读推荐课旨在激发学生的阅读兴趣。一本书就是一座小型的语言宝库，老师在阅读推荐课上借助封面、目录、插图、精彩情节等激发学生的阅读兴趣，引导学生在阅读的过程中寻找创作灵感、在阅读思考中学习创作方法，在阅读积累中挖掘创作素材，在提高学生自主学习能力的同时，提升学生的创作水平和思辨、审美能力。

2.阅读推进课。阅读推进课旨在监督学生的阅读进度，帮学生养成良好的读书习惯。各年级根据学段特点设计整本书阅读卡，鼓励学生带问题进行课外阅读打卡，并适时组织古诗文诵读比赛、读书交流会、读写主题竞赛等系列活动，多措并举激发学生的阅读兴趣，培养阅读能力。

3.实践活动课。在从知到行的转化过程中，行是转化的归宿，是育人的终极目的。阅读教学提高学生的道德认识和道德判断能力，而这些最终要落实到指导他们的行为实践。如学校定期开展的敬老院献爱心等活动，文学社组织的向国旗敬礼宣誓、体育节采访等活动等，都为培养学生德智体美劳全面发展和树立学生的爱国、敬老、团结友爱意识奠定了坚实的基础。

4.读写汇报课。学校定期开展思维导图创作、读写绘创意写作、情景剧编演等过程性展演活动，引领学生在交流阅读收获、展示阅读成果的同时，锻炼学生的组织和表达能力，提高学生的综合素养。

（二）结合丛书拓展阅读

将经典诵读与语文主题学习成为语文教学的常规活动，学校要求语文教师一定要科学引领学生去诵读并背诵课本、课标要求必背的古诗词，并结合教研室下发的电子版开展丰富多彩的古诗词飞花令、古诗词大赛等活动，激发兴趣，厚实积累。主题学习丛书全新改版，每个年级每个单元都充分结合语文教材的双线并进结构，定位更准确，内容更充实，着眼师生成长，丛书是优秀阅读读物的一分子；丛书是小学语文教科书的必要延展；是教师落实统编小学语文教材编写理念，让丛书成为教科书的好帮手，学生学好语文的练兵场。基于此，学校还配备了相应的教师用书，各语文教师一定结合一米阅读APP切实利用好，利用好每周三下午的阅读课，不要让学生手中的丛书束之高阁，灵活运用提升效益。

三、构建主题化写作，提高学生写作热情

（一）挖掘习作主题

“读写分离，不能指向表达”是学生习作过程中出现的大问题，为了解决这一问题，学校创设“生本主题习作课程为全体学生印发主题习作本。通过深度挖掘教材中的读写要素，单篇文本中的精彩片段，训练学生的片段习作；通过将单元文本与整篇习作相链接，在单元整体教学中提升学生的写作水平；在主题阅读活动中，根据主题进行主题习作训练。

实施了“照片主题习作”的实践与研究。“照片主题习作”是以学生最常见的且是源于学生生活的照片为习作训练的基本载体，着眼于学生的习作兴趣，以国家课程的校本化实施为基本策略，以成系列的“照片主题习作”为基本活动，以构建有效地“照片主题习作指导模式”为保障，并延伸拓展为学生的照片说话、写话，以此训练学生的口语表达，培养学生的习作能力，提高学生的习作水平，大面积提高学生的习作质量，使学生养成“观察、记录、思考、感悟生活”的良好习惯，全面提升学生的习作素养和综合素养。

（二）习作教习评价

为了激发学生文学阅读、文学创作的热情，积累写作素材，全面提高学生素质，学校创办慧雅文学社。课堂上，文学社老师对成员进行写作技巧的培训，围绕写作开展一些活动，例如游戏、参观等。在学校开展的一系列活动上，如六一文艺汇演、运动会，文学社成员以小记者的身份进行采访，试着撰写新闻报道。开展系列征文活动，鼓励非文学社学生投稿。为了展示文学社成员创作的成果，以原创作品展示的形式促进各方面的交流，让更多的同学感受到文学作品的魅力，激发对文学的兴趣，学校定期把文学社成员的优秀习作和征文作品通过校报或微信平台进行分享，展示学生的文学素养。

同时，语文教师作为学生习作的启蒙老师，自身的能力直接影响到孩子的习作素养。为加强备课组习作教学研究，提升语文教师作文指导与讲评的能力，提高学生习作水平，学校将“读写结合有效策略”的研究列为重中之重，为师生共同成长搭建了习作研究和展示的平台。定期作文展评，规范教师的作文批改方法，指导学生修改作文的方法，提供展示交流平台。组织习作示范课，发挥骨干教师的引领示范作用，促进教师专业化成长。

四、结语

语文为我们呈现的是一个色彩纷呈的“文字语言世界创新语文教学，探索“大语文”的魅力，只为我们能够深深感知到文学的力量。

在课堂教学中，以打造“高效课堂”为工作主线，以“培养、发展学生语文学科核心素养”为终极目标。在清晰目标统领下将教学目标、评价体系、学习活动融合起来，实现由“教什么”、“怎样教向“为什么教”、“教到什么程度”转变，打造高效课堂，培养学生语文核心素养。

综上所述，要想全面提升小学语文教学质量，就需要教师从自身做起，从基础做起，改变传统的教学观念，树立以人为本的教学理念，真正实现学生核心素养的提高。

杏坛数载润芳菲　躬身无悔育桃李

山东省安丘市职工子弟学校　蔡风虎

有一种责任，一旦担负起，就只能风雨前行；有一种情感，不是血脉相连，却像亲人一般恒久；有一种执着，虽经严寒酷暑，永远不改初衷……这就是教育的魅力，也是身为教育人的骄傲。在数十载的教育生涯中，我始终坚守“不忘育人初心，牢记育才使命”的教育信念，充分发挥模范引领作用，坚持问题导向，创新管理方式，探索育人路径，在不断提升自我的前提下，带领全体师生凝心聚力，推动学校教育事业不断发展，谱写出了自主教育的新篇章。

冲锋在前勇担当

优秀的领导素质才能产生强大的教育力量，高尚的思想才能影响从而带出高素质的队伍来。共产党员要讲党性、重品行，作为校长更是要作表率、勇担当。

作为学校党总支书记，我多次组织“挺纪律、强规矩”专项活动，开展校长讲党课、第一书记上思政课等活动，提高学校全体党员党性和政治觉悟；组织修筑习近平总书记成长之路，创立习近平总书记文化长廊，开发校园党史之路，着力打造学校党建文化阵地。学校被评为安丘市党建示范校。

在抗击疫情过程中，我以高度负责的态度和政治敏锐性，第一时间召开班子会议，科学部署校园疫情防控工作，保证全天候校园值班，全员、全程、全方位做好疫情排查和情况上报。在线上教学期间，我定期组织班子成员和部分校干会议部署线上教学工作安排，借助视频会、电话会议等随时调度工作进度，要求各级部教学工作做到“三统一定期进入线上授课班级，调研线上教学具体情况，凝心聚力，出谋划策，保证线上教学工作顺利进行。学校被评为线上教学先进单位。在复学复课阶段，我带领全体教师举全校之力顺利通过复学验收，消杀排查、餐厅饮食、宿舍卫生、物资配备……所有工作细致入微，科学统筹小学、初中两个学段的零起点教学，全面推动学校教育教学工作的顺利进行。

以上工作健康有序地开展，离不开校长有形的榜样、无声的命令、有利的指挥。如今，班子团结向上，谋事干事；教师积极进取，甘

于奉献；学生主动学习，全面发展。

自主教育创特色

校长的办学思想往往是一所学校的灵魂，校长理论的厚度、知识的深度、人文的广度、目光的锐度、思维的敏度、战略的高度都会影响到学校各项政策的制定和管理方法。自来到安丘市职工子弟学校起，我就深入了解学校的发展历史，结合学校的发展实际，科学规划学校发展愿景，使学生在生长历程中“人人是自律之人，事事是成长之师，处处是育人之地，天天是快乐之时”。

立足学校原有“自主教育”文化内涵，我重新梳理校园文化脉络，确定了“崇德尚能，自主求真”的校训，确立了“自主+个性”的学生培养目标，形成了“自主教育”一核四层八翼的校园文化体系，努力打造具有学校特色的自主教育品牌。加强自主教育特色校本课程开发，全面开展校园社团活动，依托社团活动实现特　色校本课程落地，实现学生自主共性与自我个性的发展；全面落实立德树人根本任务，尤其注重思政课教育工作，组织教师进行理论学习，提高全体教师课程思政意识，积极开发课程思政资源和，将课程思政意识落实到课堂教学中推动学校思政课程和课程思政双向推进；结合“教学评一致性”要求，进行课堂模式的探讨和研究，形成　“456”有效自主课堂模式，推动学校特色课堂打磨；形成自助式需求、分类式培训的“春晖”、“深潜”、“功勋”三位一体的教师成长培训体系，满足教师的多元发展需要；通过成立名师工作室，创建特色课堂，打造教师领军人物，带动教师群体发展，组织全体教师不断成长和发展，推动学校教育教学质量不断提升。

强化管理促提升

管理是学校教育教学工作永恒的话题，是一所学校持续健康发展的重要保证。面对新形势、新机遇、新挑战，为进一步树立信心，理清思路，我立足学校实际，不断完善学校制度体系和管理工作，广泛征求教师建议，改革制度评价，充分发挥制度评价激励作用，努力谱写教育发展的新篇章。

在具体的教育教学工作中，坚持制度底线管理与人文情感管理相结合，通过开展教师特色娱乐活动，关爱困难教职工，定期开展教师座谈会等方式，了解教师需求，听取教师意愿，实现有温度的管理。自主管理是学校的特色项目，蔡校长立足学校长远发展需求，不断创新自主管理育人方式。通过架构校—级—班—组学生四横管理体系和中层—级部主任—班主任—任课教师四纵管理体系，将管理难题碎片化和难题下沉，实现由被管理者转变为管理者的角色转变，提高学生自我管理意识和自律能力，释放教师管理压力，学校自主管理育人项目被评为安丘市2020年教育创新成果奖。在常规工作中，坚持问题导向和面中取点的问题解决机制。坚持“发现问题—研判问题—解决问题”的工作思路，采取“面中取点，以点带面，点面结合”的治理改革方式，将学校工作分块切割，建立工作区域网格，实行人人分区，人人负责制，推动学校各项工作高效、有效进行。

砥砺奋进谱新篇

学习是进步的源泉和动力。我坚持学习和问题深度思考，制定自我成长计划，严格自律，力求使办学之路达到一个新高度。

我坚持每天读书，在工作之余先后阅读了历史类书籍《康熙王朝》、《明朝那些事》，教育哲学类《爱弥儿》，校长治校育人类《一个名校长的365天》、《漫·话教育》等。结合工作实际，创立了自己的写作公众号，每月坚持写一至两篇有思考深度的文章，截至目前已将发表近20篇文章，80%的文章被《潍坊日报》、“潍坊教育头条”和“大众网”等公众平台和媒体转发。2020年，我开始加入“齐鲁名校长徐军民工作室利用工作室平台加强学习交流，探索学校管理模式和育人方式，探索立德树人的有效落实路径，探索自主管理纵深发展机制，不断提升治校育人能力。通过创设“蔡风虎劳模工作室”和名校长子工作室，我率先垂范，发挥专业引领，带领学校工作室成员和骨干团队创造性地开展活动，推动学校优秀教师和骨干团队的专业提升。

一分耕耘一分收获，有付出必有回报！由于教学成绩突出，我先后获得安丘市教学能手、安丘市优秀德育工作者、安丘市优秀教育工作者、安丘市立德树人标兵、安丘市劳动模范等荣誉称号，主持并结题省级课题2项，市级课题3项，发表论文十余篇，三次荣获安丘市教研成果奖。学校也先后被评为“潍坊市规范化学校”、“潍坊市个性发展50强学校”、“潍坊市教育创新50强学校”、“潍坊市民办教育先进单位”、“初中教学工作先进单位”、“优秀生培养基地”、省“十一五”课题——校园文化与特色建设重点研究基地，山东省教育学会教育管理研究专业委员会会员单位。《中国教师报》、《潍坊日报》等多家媒体对学校各项创新性工作进行了报道。

回首过去，成绩不断提高；面对未来，倍感压力巨大。但我坚信，心有所信，方能行远。作为一所九年一贯制学校的领导者，我将始终坚持严谨务实的工作作风、敬业高效的工作态度、科学有效地管理方法，筑牢党建堡垒，丰富文化引领，完善课程建设，推动课堂改革，加强队伍提升，创新管理机制，助推学校高效、内涵、特色、持续、科学、健康发展，全面落实立德树人根本任务，办新时代人民满意的教育，奋力谱写自主教育新篇章。

弘扬伟大红色精神　创立特色品牌名校

山东省德州市宁津县振华小学　谭如国

始建于1989年的北环小学，就坐落于振华大街北侧，东临烈士陵园，当时宁津镇第一座教学楼在此拔地而起。2016年9月迁入新校区，学校三十多年的发展历程，有着浓厚的红色育人传统。为了发扬和传承红色精神，2018年经上级领导多次会议讨论，结合学校实际，将北环小学更名为宁津县振华小学，该校名有两层含义，其一为传承马振华烈士精神；其二为振兴中华。

红色文化是国之底色、民族之魂。在承接历史、发扬传统、创造未来的今天。振华小学确立了英雄主义精神为学校文化的核心理念，打造了振华红色文化体系。依据文化体系，又进行了校园风景打造，不断开发红色课程，开展红色班队活动，将学校文化与课程、活动深度融合，全力打造红色校园。

红色校园　传承伟大精神

走近这所文化底蕴深厚而又充满朝气的学校，首先映入眼帘的是振华校门，它设计虽简单，但意义深刻，因为校名“宁津县振华小学是为了纪念革命英雄马振华先生，由他的次子，马金贵先生亲笔题写的。

英雄者，有凌云之壮志，气吞山河之势。振华小学的英雄路红蓝映衬，红色象征着革命，蓝色象征着先烈的军装，红与蓝的碰撞让我们看到了校园间那一抹飘逸潇洒的紫，那是亭亭玉立在英雄路两旁的紫荆花，紫金花开，灿若红霞。振华学生走在英雄路上，探访着先辈的足迹，传颂着英雄事迹，耳濡目染着英烈风范。

进入学校大门，你会看到一座雕塑叫“红耀振华左边高高的犹如振华的教师，右边犹如振华的学生，中间相连师生一心，学生在教师的引领下茁壮成长，红色积淀托举起向上的新鲜力量，中间的圆球喻为太阳，释放出耀眼的光芒。它犹如振华小学的一面战旗，矗立在振华门的正前方。

振华小学把风雨操场打造成“流动着的红色教育基地室内墙壁上悬挂着师生亲手制作的美术作品，有紫金画、黏土画、各种展板等。一个个英雄人物形象鲜明，一件件革命事迹感人肺腑，一段段传奇故事刻骨铭心。学生在运动的同时也时刻被红色精神所熏陶。

振华楼，寓意：铭记英雄，振兴中华。复兴楼，寓意民族复兴。80年过去了，英雄马振华的爱国精神流传至今，影响着我们几代人。振华师生传承英勇无畏的爱国精神，秉承先辈的崇高品质，铭记红色历史，再创振华精彩。

红色校园，传承精神。今天走进振华小学，红色文化正以可视、可闻、可感的形式，浸润着师生的心灵，推动着学校向内涵发展。

红色浸染　铭记紫金深情

一直以来，振华小学积极开发红色校本课程，课程分为红心、红日、红耀、红艺、红研五个模块。如红心课程有红色记忆、红色纪事、红色家书。红日课程有清明祭英烈、七一心向党、八一鱼水情。红研课程有烈士陵园寻英雄、崔杨纪念馆找初心、走进渤海军区教导旅。

除了开发红色课程，振华小学还编写了《红耀振华》、《马振华英烈传》等校本教材，让学生了解英雄事迹，学习他大义大爱、大智大勇的精神。《烽火少年》讲述了抗战时期，中华民族涌现出的一批少年英雄，如王二小、张嘎、海娃、雨来、潘冬子等，让学生认识英雄、敬畏英雄、学习英雄。

将红色文化与基础课程融合也是振华小学一直在做的重点工作。语文课诵读红色经典、讲红色故事；音乐课学唱红色歌曲、学跳红色舞蹈；体育课进行队列训练、练军体拳；美术课学画红色英雄，办红色画展。课程之间的融合，让红色文化开满校园。

万里援疆路，一生紫金情。振华小学的黄海芳老师2015年曾赴新疆建设兵团12师高级中学支教，从鲁北平原到天山脚下，两年的兵团支教生涯，让她对红色文化有了更深的理解。归来后，她把兵团精神也带了回来。为了更好地展现马振华烈士的英雄事迹和革命精神，已经临近预产期的黄老师只用了十天的时间便完成了整部纸巾画作品——马振华英烈传。在她的带动下，振华师生现在人人都会制作纸巾画。纸巾画谐音紫金画，与紫金花同音。紫金花的花语是坚强、坚韧、锲而不舍，和马振华烈士勇敢、刚强、坚毅的性格以及学校发展英雄主义的教育主题相契合。因此，学校将紫金花作为文化载体，纸巾画已成为学校课程建设的一张名片。

以纸巾画为主打，学校以多元发展、紫金飘香为课程理念，打造了紫金活动课程体系。紫金活动课程重在修身，课程体系包括紫金纸艺、紫金运动、紫金编织、紫金泥塑、紫金拓展五个模块。如紫金纸艺课程有纸巾传神、衍纸传志、剪纸传义。紫金课程让学生多元发展，校园生活异彩纷呈。

振华课程，姹紫嫣红。紫金向上，传承荣光。七彩紫金情，少年英雄梦。人人有信念，个个在行动。紫金花开千万朵，振华精神代代传。

红耀“两史” 汇集榜样力量

（一）“两史”氛围，渲染红色精神

学校积极营造两史教育氛围，两史教育主题墙，囊括了我们党的伟大历程和伟大祖国的光辉足迹，让学生充分认识我们伟大的党，了解我们伟大的党，了解祖国的历史。

（二）编写“两史”教材，传承文化

把“两史”内容编写为校本教材，定期开展校本课程，让学生充分感受“两史”文化。

（三）看红色电影，忆峥嵘岁月

通过革命历史题材影片的形式再现历史，催人奋进、发人深省、给人启迪，弘扬社会主义核心价值体系。播放影片《闪闪的红星》、《小兵张嘎》、《开国大典》等。老师组织观看并指导学生写观后感。

（四）缅怀革命先烈，阅读革命故事

开展读后感分享活动，让学生走进抗日英雄，了解抗战这一重大历史事件、感悟民族精神，懂得今天的幸福生活来之不易，是千百万革命先烈抛头颅洒热血换来的。

（五）珍爱和平，开创未来

开展社会主义核心价值观知识问答在同学们缅怀历史的同时，我们要珍惜现在的幸福生活，积极树立正确的世界观、人生观、价值观。

（六）传唱经典，红色咏流传

开展学唱红色歌曲活动，一首首红歌感染着每一个学生，使学生在唱红歌中受到教育，坚定了学生为共产主义奋斗的理想和信念。

（七）英雄榜样，为吾精神支柱

开展“英雄人物激励我成长”的主题手抄报活动，让学生们阅读革命书籍，用心去摘抄革命资料，制作主题队报，幼小的心灵一次又一次地得到革命的洗礼，激发出内心的情感。

（八）红色经典，浸润心灵

结合每年一届的全国爱国主义读书教育活动，以班为单位，开展演讲比赛和征文比赛，进一步增强全体学生的爱国之情、报国之志。

学校结合具体实际，辟阵地，创设载体，搭建平台，开展了形式多样的“两史”教育活动。通过国旗下的讲话，结合重大节日、重大事件和学校实际，不断挖掘和充实爱国主义教育的内涵，让学生回顾祖国辉煌的历史，感受祖国的伟大和繁荣，激发学生爱国热情。

在实践我校的创新理念的过程中，我们不断坚定着自己的信念，那就是让红色精神，爱国主义，民族奋进的底色在一代代学生身上留下最深刻的烙印，这种伟大精神的传承将在时间的长河中永垂不朽！

幸福游戏课程，点亮快乐童年

山东省东营经济技术开发区齐龙幼儿园 杨洪防

理想的幸福教育就是培养真正的人，让每个人都能幸福度过一生，这是教育追求的恒久性、终极性价值。为实现这一美好愿景，东营经济技术开发区齐龙幼儿园以儿童喜闻乐见的游戏为载体，探索开发幸福游戏课程，通过游戏化、生活化的课程方式，提升幼儿的幸福感，促使幼儿全面、健康、和谐发展。

在课程设计中，园所一方面秉承“以幼儿为本”的原则，以幼儿幸福为目的，尊重生命的独特性，理解生命的生成性，善待生命的自主性，关照生命的整体性；另一方面，园所坚持“课程即活动、活动即游戏、游戏即幸福”的教学方针，让幼儿在游戏环境中根据自己的需要和兴趣，以快乐和满足为目的，自由选择游戏内容，自主开展游戏活动，积极主动地与同伴交流互助。

全面贯彻幸福教育教育哲学

《3—6岁儿童学习与发展指南》指出，游戏是幼儿园的基本活动。如何让幼儿在一日生活中幸福成长？

幼儿园的一日生活皆课程，师幼需要全身心地真情参与、愉悦分享。齐龙幼儿园坚持把幸福教育渗透在幼儿的一日生活中，让幸福弥漫于教育的全过程。这个过程也是师幼共同体验情感、享受生命的过程，让幼儿在游戏活动中通过分享提升感知幸福、体验幸福、分享幸福和创造幸福的能力。

强调突出幸福游戏课程理念

“幼儿是学习的主人“自主学习、探究性学习” 尊重幼儿的人格和权利”等教育理念，已成为幼儿教育工作者的共识。在实施幸福游戏课程时，齐龙幼儿园全面贯彻“让每一个幼儿幸福成长”的幸福游戏课程理念，倡导幼儿主动参与、自主选择、自由结伴进行游戏活动，突显了幼儿在学习与游戏活动中的“自主性”。

在课程开发上，园所坚持以幼儿发展为本，让幼儿成为游戏活动的主人，让师幼都成为幸福的体验者、创造者。教师真心参与教育过程的实施，以爱、真、善等情感唤醒幼儿的潜力；教师站在幼儿的角度与其对话，尊重、关注、理解、发现、解读幼儿的“隐性力”和“显性力让幼儿带着愉悦的心情感知、体验、获取幸福。

在课程设置上，园所重视幼儿的过程性经验积累，让幼儿在浅层学习的基础上循序渐进地完成深度学习，不断提升幼儿的学习品质。在实践行动中，幼儿逐渐形成了规则意识，培养了良好的生活习惯、探究能力、实践能力及创新能力，实现了全方面、多角度的发展。

周密规划幸福游戏课程目标

为落实全面育人的教育战略，齐龙幼儿园积极建构以“幸福教育”为核心理念的课程体系，塑造幸福儿童，培育幸福教师，引领幸福家长，促进幼儿快乐、健康、阳光、个性、率真地发展，让幼儿成为可持续性发展、有核心素养的一代新人。

在规划课程目标时，园所融合五大领域的教育目标，将“幸福教育”理念渗透于一日生活的全过程，着力培养“身心健、品行端、会合作、善交流、乐探究、爱欣赏”的幸福儿童。

在落实课程目标时，园所根据幼儿身心发展的阶段性和个体差异性，在课程建设时设立了不同阶段的子目标，让幼儿分层次达成感知幸福、体验幸福、分享幸福、创造幸福的目的。

科学建构幸福游戏课程框架

基于塑造幸福儿童的理念，齐龙幼儿园秉承“幼儿发展为先，情感需求为上”的教育原则，整合五大领域的经验与能力价值取向，构建了幸福游戏课程的框架体系。

幸福游戏课程以四个幸福维度为目标，发掘一日生活中的教育契机，突出游戏活动和游戏精神渗透这一主线，建构了以基础课程、生活课程和发展课程为主要内容的幸福游戏课程体系。该课程采取省编教材园本化、园本课程特色化的实施路径，落实“一日生活皆课程”的教育理念，形成了“生活世界教育”与“自然世界教育”一体化的体系框架。

精心组织幸福游戏课程实施

依据不同的实施路径和组织形式，齐龙幼儿园以幼儿游戏活动为载体，以“积累幸福体验——回味幸福感受——分享幸福方法——创造幸福瞬间”为主线，坚持幼儿在前、教师在后的教学策略，真正实现了师幼和谐相伴、共生共长。

在课程实施过程中，园所主要采取了这几种方式：一是重视软件设施和硬件设施的作用，为幸福游戏课程提供环境基础；二是关注区域范围游戏模块，彰显幸福游戏课程实践意义；三是紧扣幸福游戏课程主线，创设生成性游戏活动；四是结合幼儿一日生活实际，将幸福教育贯穿始终。

精准实施动态化课程评价

幸福游戏课程要求教师能在游戏活动过程中发现幼儿的力量，在观察和反思中支持、满足幼儿深度学习的需要，最大限度地实现课程的教育价值，为幼儿幸福的一生奠定美好基础。

为助推幼儿的幸福发展，齐龙幼儿园细化课程评价的四个基本要素，即课程评价的主体、课程评价的客体、课程评价的标准及指标，突出幼儿自我评价的主体地位，运用好“哇时刻”、“学习故事”等表征工具，建立一日生活皆课程的动态评价体系和大数据家园共育评价体系，帮助幼儿形成“学习者”的自我认知。同时，这也促使教师不断反思自己对教育理念的认识，将“家庭——幼儿园”融合为弥漫幸福味道的“学习者的共同体不断为幼儿幸福成长提供充满无限可能地学习生活环境。

“孩子在幼儿园的每一天都应该是快乐而有意义的，我们要关注幼儿的幸福感，办一所师幼眷恋的幼儿园”。齐龙幼儿园坚持遵循儿童本位的发展思想，深入推进幸福游戏课程的建构及实施，不断为幼儿幸福成长提供充满无限可能地学习生活环境，守护幼儿更好地学习和成长。

坚持学生发展为本 做最有情怀的教育

山东省东营市东营区文华学校 王培福

党的十九大报告强调要“落实立德树人根本任务，发展素质教育，推进教育公平，培养德智体美全面发展的社会主义建设者和接班人这为我们应该培养什么样的人、怎样培养人指明了方向。东营区文华学校秉承“关注生命质量，尊重个性成长”的核心办学理念，坚持学生发展为本，以高度的政治责任感，切实把全校教师的思想和行动统一到十九大精神上来，用人文情怀做教育，点燃学生梦想，培养学生成为有理想、有本领、有担当全面发展的时代新人。

一、坚持适性发展，创生多元课程

课程是学校教育的核心要素，是学校人才培养目标的根本体现，是学校实现内涵式、特色化发展的重要依托。《基础教育课程改革纲要（试行）》指出，要“改变课程结构过于强调学科本位、科目过多和缺乏整合的现状，整体设置九年一贯的课程门类和课时比例，并设置综合课程”。我们结合九年一贯制学校特点，立足学校发展实际和学生发展需求，充分整合教育资源，努力构建“国家课程校本化、校本课程特色化”多元课程体系，引领学生适性发展。

第一，强化国家课程校本化研究。一是加强同学科整合，根据九年一贯制学校特点，细化同学科不同学段、不同年级教学目标，并结合教材对教学内容进行序列调整、增补和删减，使教学目标和教学内容更加切合学生认知水平和学习能力。以语文学科为例，我们从大阅读教学入手，实行阅读等级达标制度，一方面加大背诵和阅读量，将小学教材中的古诗全部在一年级熟读成诵，各年级每学期增加2本课外书推荐学生阅读，并将初中阶段的部分古诗文和推荐名著下沉到小学高年级进行背诵或阅读，极大地提高了学生阅读量；另一方面，强化中小学教学衔接，每学期安排初中一年级语文教师到小学五年级授课，每月一节，让学生提前适合中小学教学模式、习题模式的不同，有效破解中小学语文教学“断层”难题。二是加强学科融合教学，通过学科联合教研，整合相近或相关学科教学资源，以主题学习的形式展开综合性教学活动，指导学生提高运用多种学科思维和学科知识思考问题、解决问题的能力，从而提高学生的综合素养。

第二，强化特色校本课程建设。一是普及游泳课。发挥场馆优势，将游泳课作为一二年级体育必修课程，每个年级安排10至12次授课，每次2个标准课时，让孩子们掌握基本的游泳技能和防溺水救生知识。二是打造特色研学课程。结合东营地域特点，确定以“黄河口文化”、“石油文化”、“红色之旅”作为研学主题，开设了黄河口生态湿地、黄河沿岸风景、黄河口植物、黄河口鸟类、兵圣故里、红色圣地、石油、盐业等主题研学课程，通过学校自主组织、校企联合、家委会自发组织等多种形式的研学旅行活动，让学生在行走的课堂中了解东营文化，培养家国情怀。三是打造精品社团课程。充分挖掘教师、家长、爱心企业等资源，推行走班选课制度，小学与课后托管服务结合，初中利用周二、周四下午最后两节课，开设了网球、乒乓球、篮球、轮滑、古筝、素描、信息学奥赛等社团课程，为学生个性化发展搭建良好的平台。

二、强化问题导向，打造智慧课堂

课堂是教育教学活动的主阵地。优化课堂教学模式，提高课堂效率，是提升教育教学质量、发展学生核心素养的最有效保障。我们遵循“以学定教、先学后教、问题导学、精讲多练”的教学原则，积极调整课堂教学中教与学的关系，转变教师教学行为，优化学生学习行为，积极探索实践以“问题导向的学习活动为中心以“自主、合作、探究”为主要学习方式的“问题化学习”智慧课堂，关注不同层次学生的学习和发展需求，变教室为学室，变教师为导师，变低效为高效，在课堂教学改革中促进了师生的共同发展。

一是构建“372”课堂教学模式。“3”是指“问题化学习”课堂教学流程分为课前、课中、课后三个大环节，分别抓住课前自学发现问题，课堂合作、探究生成新问题并解决问题，课后练习总结反思问题三个关键。“7”指的是课中环节分为“导——思——议——展——评——练——测”七个教学步骤。其中，“导”是指教师在对学生课前生成的问题汇总梳理梳理的基础上，结合教学内容进行问题导入，从而生成教学目标；“思”是指学生在明确教学任务后，带着问题进一步开展自主学习和思考，将疑难困惑生成符合表述要求的个性化的学习问题；“议”是学生在教师指导下采取小组合作、探索的方式，深入分析研讨和初步解决问题的过程；“展”、“评”是通过小组通过多种形式交流、展示学习成果，并通过组际质疑、互助和教师点拨深度学习、解决问题的过程；“练”、“测”是学生通过有针对性地强化训练和成果检测进行反馈矫正的过程。“2”指课后环节的学生反思和教师反思。学生重在通过对学习过程和效果的反思，总结知识建构、方法掌握、情感培养以及自己的课堂参与、思考得失、习得程度等情况，并借助思维导图形成知识网络。教师重在通过教学准备、教学过程和教学效果的反思，对学生可能还存在的课程知识问题、学习方法问题、学习过程问题等进行进一步的研发、整合、纠正或重置，进一步加强和改进课堂教学。

二是用好问题卡，让“问题”贯穿学习始终。以问题为导向，在不断生成问题、研究问题、解决问题过程中展示学习活动，是“问题化学习”要义。我们针对课前、课中、课后三个环节，分别设计了三种问题卡：课前导学卡——学生在自主预习的基础上上列出已解决的问题和需要课上解决的问题，引导学生提高预习质量，带着问题走进课堂；课堂任务卡——学生根据教师对问题的梳理，整理出个性化的目标任务，并在自主、合作中解决问题或生成新问题，以问题驱动课堂学习；课后反思卡——引导学生总结反思，构建知识网络，深化学习任务。

三、家校共融共育，凝聚教育合力

家校共育、形成教育合力是提高教育教学水平的重要环节。家访作为家校沟通联系的重要渠道，能够使学校更加全面地了解学生原生家庭环境，改进教育教学策略，指导家长提高家庭教育能力，从而帮助学生个性发展、优质发展。我们在全区中小学中率先探索与实践全员、全覆盖家访活动，通过全员普访、个别走访、区域性群访等多种形式的家访，将教育工作延伸到课外、拓展到家庭。尤其是2020年开展线上教学以来，我们启动“春雨行动”主题家访活动，利用寒暑假和十一假期，完成区域家访30余次，惠及学生率达70%。

一是实现家访工作“三个转变”。首先，由随机家访向计划家访转变。学年初制定家访工作计划，确定家访时间节点，确保家访工作有组织、有计划、高质量完成。其次，由单一家访向全员家访转变。建立班子成员带头访、中层干部靠上访、班主任和任课教师全程访机制，促进教师育人水平的提升，完善学校管理和育人工作机制。再次，由个别家访向全覆盖家访转变。走进每一个家庭开展家访，覆盖率100%，实现家校沟通无缝隙，拉近家校距离。

二是完善“三部曲”家访模式。把家访看作提升教师育人水平的营养素，教师专业成长的催化剂，探索出“家访三部曲”模式：精心备课，召开教师家访专题会，聚焦学生、家长、辅导三个层面精心设计家访；教师每走访一户要进行一次个性化辅导，给家长做一次家庭教育培训，开展一次与家长的零距离沟通；多频对话，提出“一次家访、二次回访、三次跟进”策略，就是第一次教师梳理问题，第二次班子成员和班主任回访解决问题，第三次校长跟进破解难题。

三是做“有温度”的家访。家访前，全体教师精心准备，设计好家访内容，家访时用心用情、尽职尽责开展家访；家访中，老师们向家长宣传普及科学的家庭教育方法以及心理健康知识，共同分析家长在孩子成长过程中的困惑、烦恼，指导家长转变教育观念，树立正确的人才观、成长观，学会用科学的方法教育孩子，营造良好的家校合作育人氛围；针对学生行为习惯养成、思想表现、学习情况、生活习惯、兴趣爱好等展开深入交流。

学校的工作，唯一的核心就是学生，脱离了学生的成长，所有的工作就偏离了教育的本真，立德树人便成为一句空话。下一步，我们将进一步强化以学生发展为本的理念，不断提升课程实施水平，深化“问题化学习”智慧课堂实践研究，做实做细家访工作，努力提高学校办学品质，办有情怀、有温度的教育，为学生的一生幸福夯实文化基础。

思想生长教育，让每一个孩子做最好的自己

——英才小学“思想生长教育”的探索与实践

山东省东营市东营区英才小学　盖维秀　赵艳霞

东营市东营区英才小学致力于思想生长教育的探索和实践，精心建造生长思想的学校，培育思想生长的教师，建构思想生长课程，打造思想生长课堂，培养思想生长的学生，铸造思想生长的学校文化。2018年以来，英才小学这所百姓口中的好学校植根教育的沃土，高标准、高品质、高质量、特色发展，以国际化宽视野、前瞻性远视角和现代化教育大气魄展现学校办学的高点定位和高境界的工作思路，努力创办彰显幸福活力最具特色魅力学校，缔造生长思想生长智慧的伟大学校，让每个学生思想生根、智慧生长，让每一个生命都精彩。

铸造思想生长“悦行”文化：让每个孩子浸润成长

“要把师生培养成为有思想的人作为学校的办学目标；引导他们力求深刻认识到：学会思考，创生思想，是学校能给予师生的最精美礼物。因此，建设‘思想生长’的育人文化，就成为英才小学矢志不移的奋进目标”。

“思想生长”育人文化从人本精神层面的“悦于心”到行动实践层面的“践于行引领师生成长、学校发展。其核心内容是：“言行浸美、日新有成”的校风；“用爱用泽心灵”的教风；“习于点滴、成于知行”的学风；“明德至英、乐学成才”的校训；学校精神为“朝阳精神”。基于“思想生长教育”的理念支撑，学校以确立先进的教学理念和富有英才特色的高品位教学为宗旨，精心打造书香校园、墨香校园、艺术校园、科技校园、绿色校园、生态校园、温情校园、智慧校园。

英才小学紧紧围绕“悦行文化精心构建了独具英才特色的“十馆两厅六长廊中国梦英才梦　科普、思政、法治、传统文化、安全六长廊，每种300平方米。文化大厅和英才艺术展厅1200平方米，拥有全市第一家国学馆、实践体验馆、比特实验室、3D机器人室、数学益智数室、沙画教室等个性化的主题活动教室，为学生诗意健康成长提供了无限的空间：“传统文化走廊”的每日浸染，“思政长廊”的红色基因传承，“经典国学馆”的吟诵浅唱，“法治长廊”的守正知礼，校园电视台的“美德故事“英才之声”广播站每日的英才播报……让学生在浓浓的文化氛围中，阅读书养志、行艺路激趣，在传统国粹文化中润心养德。

思想生长教育关注每个学生的生命状态，美化每个学生的心灵，提升每个学生的精神品质，张扬每个学生的个性与活力，促进每个学生的智慧成长。作为山东省特级教师、东营市有突出贡献的中青年专家、正高级教师等众多重量级称号的学校校长盖维秀，将自己所有的教育理想都融入了英才小学的高品质规划中，经过无数次的思考论证和精心设计，从最初的基本建设，到硬装、软装，再到教育理念的填充，我们将把英才小学建设成为一个奇思妙想的乐园，一个有特色的成长空间，一所文明和谐的学校，一所崇尚阳光体育运动的学校，

一所艺术荡漾的学校，一所书香飘溢的学校，一所科技创新的学校，一所绿色生态的学校，由此铸就英才小学的特色与魅力，实现学生的“思想生长”和全面发展。

建构“思想生长”七彩课程：让每个孩子如花绽放

课程就是生活，课程就是生长。学生的思想生长是在教育与生活的关联中实现的。无论是教育与学生当下的生活结合，还是教育与社会生活的结合，都将促进学生的全面成长。因而，建构实践“思想生长课程是英才小学的中心工作。

英才小学牢固树立了“以适性为目的，以生活为教材，对学生一生有用的东西都是课程”的大课程观，依托课程实验基地的建设开设“思想生长”课程，重点对国家和地校课程进行开发与整合，为学校、教师、学生提供根据自身实际和潜能、自由选择适性教育的舞台。学校以多彩多元的课程建设为突破口，植根教育的沃土，立足学校实际，从课程体系的构建、课时维度的调整、课程评价等方面进行摸索创新，以“生”为本，打造“思想生长”七彩课程，为学生的多元化成长奠基，让每个孩子如花绽放。

建构课程体系，促进个性成长。学校以“国家课程+地方课程+校本课程”为主要课程体系架构，整合英才小学学生四大核心素养“体育素养”、“艺术素养”、“人文素养”、“科学素养”于课程体系中，并将“文化传承课程”、“绿色城市田园课程”、“智慧教育课程”贯穿课程体系中，精心构建“思想生长”七彩课程体系，做到基础课程校本化、拓展课程精品化，体验课程特色化。“思想生长”国家衍生课程，育生命底蕴，促智慧成长；“思想生长”地域融合课程，寻华夏之根，叹文化之美；“思想生长”七彩校本课程，让每个孩子自主生长；“思想生长”综合实践活动课程，融合创新，张扬生命活力。漫步校园，你处处可以嗅到诗词文赋的清香瑰丽，你可以听到器乐歌曲的宛转悠扬，你可以看到艺术教室的个性张扬，你可以感受到学校教学活动的丰富多彩，你可以静心聆听每一个生命绽放的声音。

创新课时时长，突破时空局限。为开设好这些丰富的课程，开展好这些特色教学活动，根据小学生每天在校学习时间不得超过6小时的《山东省普通中小学管理基本规范》刚性要求，英才小学创新了课时安排，除每天上下午课前10分钟的晨诵午写，每日经典诵读和写字教学外，其他课堂根据课时多少分为了大课、中课和小课。大课60分钟，40分钟一节，主要完成国家课程；中课30分钟一节，主要完成地方课程和人文类校本课程；小课10分钟一节，主要完成益智类校本课程。学校依据课程对课时维度所做的调整，突破了传统课堂的时间局限，使学生的“思想生长”不会再受到时间的牵绊。无论是在教室、操场，还是艺术主题教室，或是在校园的绿树红花间，都能看到孩子们洋溢着兴趣的笑脸；不管是清晨，还是午间，或是大课间，都能听到孩子们快乐成长的声音。

教学成果展示，搭建成长舞台。为了有力推进“思想生长”教育的深入实施，全面展示学生思维发展和生命成长历程，每学期末，学校都会针对艺体课程、地方课程、校本课程、国家衍生课程等举行为期2—3周的素质教育教学成果展示活动和学生素养测评活动。这既是对课程建构有效性的反馈，也是对教师实施课程能力的检测，更是对学生核心素养“生长值”的评估。展评过程精彩纷呈，“我的童声童趣音乐课彰显了学生极高的音乐素质和艺术素养；“绘声绘色美术课显露出学生富有个性的创新精神和审美情趣；“与爱相伴，健康成长”的德育课程，让孩子明白了责任与担当，学会健康生活；“人工智能+”创客课程，让我们看到学生掌握了现代信息技术，正在与世界世俗接轨；传统文化和经典阅读、书法等人文化校本课程，引领学生弘扬中华优秀文化，继承传统美德，增强了学生的人文底蕴……

“思想生长”七彩课程为孩子打开了探索的“窗子每个学生都能找到最美的风景，每个学生都能发现自己的闪光点，都能获得存在感和思想成长的喜悦。“思想生长”七彩课程为每个孩子插上“隐形的翅膀在今后的人生旅途中，展翅高飞，遇见别样的风景，成就最好的自己。

打造自主智慧课堂：让每个孩子思想生长

课堂是发现、是唤醒、是启发、是解放，是让学生的思想方法自然地生长。英才小学致力于打造“以国际化视野培养全面发展的学生，以唤醒智慧——分享智慧——生成智慧——提升智慧为路径，致力打造以培养学生自主学习能力、质疑，争辩，具有批判思维和创新思维为主体的小主人意识，以思想生长教育为启发点的基于分组学习的思维对话式的自主智慧”课堂。

学校以“悦行”文化为引领，用心打造有思想、有温度的教育，充分发挥教师优势，凝聚教师智慧，精心打造了彰显思想和智慧的七彩课堂，培养有思想的英才学子。“悦健”体育课堂，引领孩子们强健体魄；“悦美”美术课堂，指导学生用双手美化生活；“悦韵”音乐课堂，让每个孩子的生活充满歌声；“悦思”科学课堂，带领孩子们走进实验探索科学奥秘，“科学奥秘，我们在研究发挥奇思妙想进行科学小发明、小制作，不一样的科普教育，让每个孩子走进不一样的科学探究之旅；“‘悦情’思政小课堂传承红色基因，培养孩子们的家国情怀；“悦智”数学课堂让孩子们走进数学王国，走进生活，“玩转数学收获学习数学的乐趣；“悦言”英语课堂中，“趣味ABC，我是小小外交家让孩子们走进英语世界，为未来蓄力；“悦读”语文课堂，让孩子们在“浸润书香，品读经典”中，品位诗情画意，在缕缕书香中遇到坚持不懈的自己；“悦慧”传统文化课堂，引领孩子寻找身边的传统文化，感悟古圣先贤智慧，让中华文化薪火相传；“悦心”健康教育成长课堂，关注孩子心理健康教育，引领孩子们通过角色扮演、实践体验等丰富多样的形式，不断地自我学习、自我调整心态，实现生命成长；“悦行”生命教育课堂，呵护生命成长，让教育更有温度。孩子们在充满思想和智慧的课堂中，感受到了教育的温情和呵护，让每个生命在蜕变、成长……

英才小学基于思想生长教育构建的自主智慧课堂，将孩子们的“智慧的闪光点”搜集起来，让有意思的想法互相碰撞变成实践，让丰富多彩的探究活动在校园里生根发芽。“在英才，课堂是生动有趣的，我们就是课堂的小主人，在精彩纷呈、创意无限的活动中，我深切地感受到了求知的美好和童年的七彩”。英才小学学生张梓钰说起自己的学校，热爱与自豪之情从语气和表情里溢出来。让学生们痴迷热衷并引以为傲的课堂，到底有何等魔力呢?究其原因，这源于自主智慧课堂是在培养学生的问题意识并带着问题走下去，探索过程经历的思维洗礼让学生感受到了愉悦，真正实现了将“要我学”变成“我要学”。课堂教学成为师生共度的生命历程、共创的人生体验。

每个孩子都有着不同的兴趣和禀赋，每个孩子的思维、智力和才能都各有其独特的发展道路。只要遇到合适的土壤，每个人都能取得属于他自己的发展成就。为此，英才小学通过不断探索和研究，以个性化学习环境构建为突破口，精心打造满足学生个性化发展和选择性学习需求的特色学科教室，关注全体，尊重差异，设立了陶艺坊、英才TV、法治长廊、沙画室、创意手工雅绘美术教室、别具一格的阅览室等，为每个学生提供适合的教育，让他们发展个性，体验乐趣。

多彩“悦行德育”活动：培养思想生长的学生

英才小学积极推进“思想生长教育”和“悦行德育”的有效融合，让立德树人这一教育根本任务，落地生根。“悦行德育秉承经历即教育，体验即成长，把德育工作从灌输转向体验，从封闭转向开放，从静态转向动态，让学生在快乐参与各种德育活动的过程中得到滋养与浸润，促进思想的自然生长。

“悦行德育”一体化建设，让孩子修身养性，自信张扬。活动即课程，课程即活动，英才小学借力学校经典特色活动，精心打造了“悦行德育”特色活动，让学生在活动中体验，在体验中成长，在成长中收获成功和自信。

别样的开学典礼，孩子们如小明星般踏上红毯，走过英才门，开启了他们的英才成长之路；“入学训练营”中孩子们学会了坚强与努力，懂得了团结与合作；“中国梦·英才梦”现场创意绘画大赛，童心回中国，放飞童年梦想，播下爱国的种子；“寻找最美秋天”研学远足，让孩子们走进自然，拥抱美好生活；“英才杯”金话筒小主持人大赛，让每个孩子展现自我，收获自信；“放飞梦想·舞动童年”庆元旦文艺展演，让每个孩子炫出自我，点燃梦想；“奇思妙想”英才科技节，开启孩子们的科学探究之旅，点燃创新的火种；“阅读浸润童年书香沐浴英才”读书节活动，让孩子们浸润书香，优雅成长；活力四射的体育节，让孩子们学会努力与拼搏，学会责任和担当；魅力无限的艺术节上，孩子们精彩纷呈的表演，声情并茂的吟诵，让我们看到艺术的花蕾在绽放，优秀的文化在传承；六一“淘宝节让每个孩子在实践体验中收获成长与快乐……

孩子们在英才小学的沃土上展现自我，收获自信；炫出自我，点燃梦想；浸润书香，优雅成长；学会拼搏，勇于担当。每个孩子都在实践体验中收获成长与快乐，在特色德育活动中思想发生着蜕变成长，学会自信、自立、自强。

办教育，就要做到激活思维、生长思想、张扬生命、实现价值，思想生长教育给予我们希望和信仰。“我校倾力打造有思想的课堂，培养有思想的学生，铸造有思想的教师，缔造有思想的教育”。英才小学党支部书记、校长盖维秀说，“好的教育是能让人有幸福愉悦之感，我愿做一个幸福的校长，用幸福唤醒幸福，用幸福传递幸福，我将和我的教师团队一起守护孩子们慢慢成长、健康成长，让英才成就英才，让每一朵花都开放，让每一个生命都精彩”。英才小学诞生于责任，始建于爱，英才人寓于一份又一份的美好心意，它亦没有辜负每一位英才人，始终以它包容多元的胸怀，浸润滋养着每一份成长。

盛德日新行致远　赓续使命绘巨擘

山东省冠县金太阳学校　张雪峰

山东冠县历史源远流长，文化灿烂，民风淳朴，文化底蕴丰厚，尤其作为“行乞兴学”的千古奇丐——武训先生的故里，尊师重教的氛围极为浓厚。这里坐落着鲁西民办教育的一颗璀璨之星——山东冠县金太阳学校，它是由三所幼儿园、一所小学、一所初中组成的教育集团。

在当地政府以及主管部门的正确领导下，在全体师生的共同努力下，我校核心竞争力显著增强，形成了学生自主发展、教师专业发展、学校持续发展的良性机制，先后获得聊城市民办教育金牌学校、聊城市民办教育最具影响力品牌学校、聊城市教育教学先进集体、山东省花园式学校、全国首批十佳幸福学校、全国分享式教育教学实践基地等诸多荣誉称号。

高起点建设

教育是立国之本，民族兴旺的标记，一个国家有没有发展潜力看的是教育，这个国家富不富强看的也是教育。怀着对教育的热忱和执着，对教育的探索与追求，2002年，在没有任何经验的情况下，只为“促进家乡教育事业，建一所好幼儿园”这一单纯的念头，我毅然投入民办幼教行业。一年后，幼儿园逐渐步入正轨，我顺势兴建了金太阳小学，并于当年正式面向全县招生。2010年，又相继创办了金太阳中学、金太阳国际幼儿园、金太阳南关幼儿园，继续为冠县的教育事业贡献力量。2014年，在县委政府、教育局和社会各界人士的大力支持下，冠县金太阳学校又开始了新征程：聚师资、建团队、筹资金，投资2.3亿元异地新建冠县金太阳九年一贯制学校，并于2015年9月投入使用，建筑面积10万多平方米，可容纳在校生4500余人。

自创校之初，我就确定建设以高水平规划、高标准建设、高规格设施为主导思想的现代化学校。目前，教室配备国内最先进的希沃智能多媒体教学设备，器材室、实验室、微机室等全部配备多媒体教学系统接入校园网，让学生不出校园就能使用丰富多彩的互联网学习平台。田径场、篮球场、多功能报告厅、美术室等功能教室设施齐全；建有高档学生公寓，聘用专职生活教师，让学生在温馨、舒适的环境中成长。

常言道：十年树木、百年树人。身为70后复员军人，我以一腔无畏开拓的精神克服多重困难，耗时十几年时间从一家民办幼儿园发展成今日集三所幼儿园、一所小学、一所初中为一体的教育集团，为冠县、聊城市、甚至山东省培养了大量优秀学生和老师，为国家的教育事业做出了自己实实在在的贡献。

高标准定位

治校理念是学校发展的灵魂，是学校发展的关键所在。一所学校要真正成为一个品牌，首先必须有明确的教育思想定位。

自创校之初，我校就以“让每一位学生接受最好的教育，让每一位学生得到最好的发展”的教育理念为导向，以“武训精神”、“搬家精神”、“木村精神”为切合点，创造了独属于金太阳的文化建设：以“海纳百川、日新盛德”为办学理念，以“让学生有思想、有知识、有品格、有修养，适应社会、服务社会”为办学宗旨，形成了“自强不息、厚德载物”的校训，“文明、阳光、成功、幸福”的校风，“精准、高效、进取、爱生”的教风，“乐学　善思　勤奋　创新”的学风，着力培养具有中国灵魂、世界眼光、持续发展的新时代人才。

在学校发展过程中，我校坚持“现代化、高质量、创特色”的发展方向，践行“一年稳步发展、二年持续提升、三年形成特色”的发展思路，将学校建设成为德育工作充满活力、课堂教学绿色和谐、课程体系生态可持续发展、学校文化充满激情的绿色、和谐、文明的现代化的花园式学校，力争使学校总体实力和美誉度在全市前列、全省知名。

第一阶段：稳步发展年。稳步发展，是指在学校德育、教学、课程、队伍与科研工作等方面，有常规的，要坚决落实；常规已不适应发展需要的，要及时修订；还没有常规的，要尽快建立常规。通过完善制度和创新机制，建立适应新形势的评价方案；加强教育思想建设，努力提升学校核心竞争力，形成学生自主发展、教师专业发展、学校持续发展的良性机制。

第二阶段：落实精细年。把最平常的事做得最好，需要对日常工作的精益求精。稳步发展只是一种基本标准，要不断提升学校的教育教学质量最终形成特色，就需要秉持传统、创新发展，在重点工作逐步深入中把工作做精、做细，以精细化提高学校教育教学与管理的有效性，逐步形成课堂特色，持续提高学生自主发展能力与学业水平，促使教育教学质量跨上新台阶。

第三阶段：形成特色年。通过不懈的努力，使学校教育质量与特色建设实现新跨越，学校知名度逐步提高，影响越来越大：形成“生态可持续发展”的课程体系和“充满激情活力”的学校文化，开创属于金太阳学校师生的“幸福时代”；“绿色和谐文明”的现代化学校全方位呈现在世人面前，力争学校总体实力和美誉度处于全市前列、全省知名。

高品位发展

教育学家陶行知曾说：“道德是做人的根本，根本一坏，纵然使你有一些学问和本领，也无甚用”。所以，成才先成人，树人先树德，必须把育人树德看作学生教育工作中的头等大事。我校坚持“立德树人、德育为先”的理念，始终把德育放在首位，以培育和践行社会主义核心价值观为统领，优化德育环境，改进德育方法，拓宽德育渠道，着力提高学生思想道德水平、精神文明素养、社会责任意识。

我校通过贯彻社会主义核心价值观、中华优秀传统文化、依法治国、国家安全、心理健康、资助育人、道德规范等主题教育要求，探索德育课程一体化体系实施机制；通过创新德育内容、创新德育载体、创新德育形式的“三个创新营造和谐的育人环境；通过开展教师育人、管理育人、服务育人、环境育人的“四育人”活动，形成“全员、全面、全方位、全天候”的育人机制；通过正面引导与纪律约束相结合、榜样引领与自我锻造相结合、言传身教与课堂渗透相结合、文化熏陶与体验感悟相结合、长效机制与临时活动相结合的“五结合”教育方式，培养学生健康的心理素质和高尚的人格品质，为良好校风、学风的形成奠定了坚实的基础。

高质量发展

办出学校特色，以特色求强势、以强势创品牌、以品牌促发展，既是学校自身发展的需要，也是经济社会发展对人才需求多样化的必然要求，更是深化教育体制改革的题中之意。面对新时代的挑战和机遇，我校着眼于学生的可持续发展，坚持以课堂建设为主阵地，以社团活动为支撑，使学生都能灵动、快乐、充实地成长，有积淀，更有超越。

推进课堂改革，转变教与学方式。我校开设阳光大课堂，推行“五步十环节”教学模式，以“自主、合作、探究”学习为本，以师友合作学习为抓手，严格落实交流预习、互助探究、分层提升、归纳总结、巩固反馈五个环节，“让每一位学生站在课堂的正中央努力构建“励进学习”新课堂，推动课改向更深层次迈进。

立足校本教研，促进教师内涵发展。一是向常规教研要效益。我校分年级、分学科开展学科常规教研，涉及集体备课、磨课、转转课、研究科、同课异构等多种形式，有力地推动了同伴互助，实现了骨干教师引领和年轻教师迅速成长。二是向专题教研要质量。我校多次邀请专家到校亲临教研，充分发挥专家的引领带动作用；加强学科组经验分享和交流，树典型、给路子；搭建教师成长平台，多渠道培养县、区、省名师。

开展多元活动，促进学生个性化成长。活动是学生得以成长的土壤。我校十分注重校园活动开展，不断丰富学生的校园文化生活，为他们的健康成长和全面发展提供锻炼和施展才华的“舞台”。组建书法、绘画、舞蹈、器乐社、足球社、乒乓球社、文学社等多种社团，让不同程度、不同性格、不同爱好的学生都有展示的平台，都能获得全面而有个性的成长；举办读书节、社团节、科技节、艺术节、体育节等活动，开展学生志愿者队伍帮扶活动和社会实践，活跃学生的文化生活，使其增长知识、开阔视野、张扬个性、陶冶情操；在开学典礼、毕业典礼、儿童节、国庆节等重要节点开展演讲比赛、朗诵比赛、爱国主义活动等主题活动，不断滋养学生心灵，强化育人效果，使学校精神真正内化于心、外化于行。

怀揣教育梦想，坚定教育信念，方能行稳致远。我校将坚持不懈，继续探索，用实际行动践行“中国梦努力书写民办教育的辉煌诗篇。

幸福完整成长教育的校本探索与师本实践

山东省广饶县大王镇中心小学　顾建忠

山东省广饶县大王镇中心小学坐落于全国百强镇——大王镇，现有学生2800多人。2017年9月合校以来，学校以“让学生成为幸福完整成长的人”为办学理念，以“共创幸福完整成长的教育生活”为办学愿景，致力于打造一所助力学生“幸福完整成长”的教育乐园。两年多来，全校上下戮力合心，以营建“幸福完整成长”教育文化为引领，加大校本课程建构与实施、幸福课堂建设、家校共育等方面的探索与实践，不仅擦亮了学校深化素质教育和课程改革的特色品牌，而且真正构建形成了助力学生“幸福完整成长”的教育图景。

一、以校为本倾力构筑幸福完整成长的教育文化

助力师生幸福完整地成长，既是一种教育实践的需要，更是一种教育理想的追求。“幸福”就是让学生、教师及家长在爱与善的和谐氛围中，携手前行、共同成长，这就要求每个主体要树立正确的教育观和幸福观——真正教育幸福的获得必须依靠努力创造。“完整”既包括参与者的完整——教师、学生、家长缺一不可，更包括学生身心、人格等全面和健康发展，“幸福完整成长教育”就是让学生、教师和家长等每一个主体成为更好地自己。在“让学生享受幸福完整成长的教育生活”理念引领下，我们以校为本，以师生发展为本，以系列活动为实践载体，以享受阅读为切入点，基于文明校园与良好习惯培养、精致校园与精细化管理、和谐校园与书香校园建设相结合的原则，从大处着眼、细节入手，不断改善和优化育人环境。

我们深知，环境优雅、文化气息浓郁的美丽校园，有助于陶冶人的情操、塑造人的美好心灵，更有助于促进师生的身心健康发展。为此，学校努力建设精致而优美的校园。进入学校大门，映入眼帘的是刻有“共创幸福完整成长的教育生活”的文化石，以此彰显学校的办学理念。从各类植被文化牌的悬挂到如诗如画的校园环境的打造，从爱护校园的宣传标语的征集到溢满书香的教室布置，以及文明健康教育设施的配备，学校的每一处、每个点都匠心独运、精美布局，成为激励学生幸福完整成长的教育标识，丰富多样的校园物态文化成为学生爱上学校、爱上学习的重要理由。

为了让幸福完整成长教育的文化内涵更具丰富性和激励性，学校从精细化管理、书香校园创设、学生良好习惯培养等方面入手，依

托各类活动，逐步打造温馨、和谐、文明、向上的育人氛围，由此不断提升幸福完整成长的教育文化建设水平。学校关注细节教育，重视过程育人，促使学生在仪容仪表、言谈举止、行为规范等方面更有"文化"。同时学校注重开展丰富多彩的活动，以活动诠释幸福完整成长教育的文化内涵，比如"晨读"、"午写"、"阳光体育以及古诗文诵读、别样开学典礼、庄严升旗仪式、内容鲜明的主题队会、校园艺术节、冬季越野长跑等，特别是师生共读、亲子共读、书香班级等书香校园系列活动的开展，让师生共同体验到成长的快乐和以文"化"人的幸福。

二、以师为本倾心建构幸福完整成长的校本课程

为了助力学生幸福完整地成长，学校在高质量落实国家、地方课程基础上，依据学生发展需要，以师为本，立足实际，聚焦实践，科学建构、有效实施幸福完整成长课程。可以说，幸福完整成长课程校本实践体系的创新性构建与实施，不仅满足了学生个性化生命发展的成长需求，而且让教师感受到了自主、自动、自为教育生活的幸福，更为重要的是实现了国家课程校本化、地方课程综合化、校本课程特色化的课程改革愿景。

其一，在扎实、高效落实国家课程基础上，学校积极引领教师对教材进行二次开发，促进国家课程校本化实施，努力实现国家课程实施效果最大化。现在，学校开发的校本化实施国家课程共分三大类：自然科学类、人文社科类、艺体审美类，包含生活中的数学、Scraino课程、阅读1+X、绿茵逐梦等14个校本课程。其中，自然科学类课程包括生活数学、数学文化、Scraino课程、科学与生活、巧手用科学等课程；人文社科类课程包括写字育人、妙笔生花、阅读1+X、亲子共读、情景英语等课程；艺体审美类课程包括巧手坊、试听练耳、绿茵逐梦、软笔书法等课程。上述国家课程的校本化实施，极大地促进了国家课程的落地开花，从而为学生幸福完整地成长构筑了坚实的"跑道"。

其二，为了满足学生个性发展需求，不断增强学生实践能力，学校积极开发拓展性课程，包括人文社科类、自然科学类、艺体审美类、综合实践类。其中人文社科类课程实践体系由德润儿童、英语绘本、经典诵读、演讲与口才等构成；自然科学类课程设置了益智游戏、家庭种植、电脑绘画等分课程；艺体审美类课程设置了足球技能专训、篮球技能专训、排球技能专训、古筝、尤克里里、唱响金色童年、漫舞飞扬、温馨布艺等；综合实践类课程由家校共育、班会、队会等分课程构成。上述课程实施形式多样，学生活动方式丰富多彩，呈现形式更是五彩缤纷。拓展性课程的有效实施，不仅让学生真正体会到学习与探究的快乐，而且丰富了幸福完整成长的教育文化内容。

其三，学校在建构实施幸福完整成长课程的过程中，重视德育教育，充分利用周边教育资源，开发家乡人物、大王企业、红色大王、齐笔文化等四个研究性特色课程。大王镇刘集村作为全国首版《共产党宣言》的保存地、最早的农村党支部之一，更是蕴含着丰富的德育资源。基于此，我们在指导学生走访、调查、记录与总结中感受家乡发展的历史变迁，学习家乡乃至祖国发展中优秀人物的高尚品质，缅怀革命英烈的英雄业绩，不断培养学生热爱家乡、热爱祖国、热爱共产党的情感，树立正确人生观、价值观、荣辱观和幸福观。

三、以师为本倾情打造学生幸福完整成长的智慧课堂

教师能否积极参与教学改革，能否正确贯彻教学改革的精神，能否实实在在地完成教学改革的任务，主要取决于三个方面：第一，能否认识到改革的必要性；第二，是否愿意承担改革的责任和义务；第三，是否有能力完成改革任务。推动小学的教育教学改革，必须抓住教师这个主要因素，从提高认识，构建激励机制，做好教改的计划和部署，健全课程、教材等辅助支撑系统等方面着手进行。而关键的是，把教师的专业发展嵌入教学改革实践，以师为本倾情打造学生幸福完整成长的智慧课堂至为重要。

首先，我校坚持"以师为本发挥教师的主动性和能动性，全力聚焦于幸福完整成长的智慧课堂建设研究与实践。我们的做法是，从学生的能力发展需要出发，把学习主动权交给学生，关注关爱每位学生的课堂表现，与学生平等对话，主动与学生交流、合作与探究，为学生提供多样发展及其成果的展示舞台，真正把课堂变成学生成长的乐园。在幸福完整成长的智慧课堂建设中，要求教师充分了解学生的实际需要和认知特点，从学生角度出发确立教学内容、设计教学环节；充分解读各科课程标准，把课程标准细化到每节课，实现"一课一得"。同时，教师要注重创设问题情境，激发学生的探究兴趣，鼓励学生积极参与、大胆质疑、勇于创新、动手实践、协同探究。学生凝神思考、激烈辩论，书声琅琅、歌曲悠扬，形成民主、平等、和谐、高效的课堂氛围，使幸福完整成长的味道弥漫整个课堂。

其次，建设幸福完整成长的智慧课堂，很重要的一个方面在于改变学生的学习方式。第一，要让学生明白满堂灌、填鸭式的教学模式的弊端，感受智慧课堂模式对课堂教学带来的变革及其重要意义，使学生真正从内心深处接受这种模式。第二，一定要通过各种方式和学生建立起亦师亦友的关系，例如谈心、家访、qq群、微信朋友圈等；放下架子和学生打成一片，只有学生接受了你的人，才能接受你的"传道授业解惑"。其实每个学生都是有表现欲的，教师可以在课堂上针对不同的学生设计出不同难度的问题，力争使每个学生在课堂上能有所思考、有所探究、有所表现。第三，根据教学目标和教学内容采取灵活多变的教学方法，让学生在课堂上有自主探究、小组讨论、上台展示等不同的学习方式，使学生学习的兴趣、求知欲不断增强，从而告别那些枯燥乏味、一成不变的课堂，真正做到把课堂还给学生。

四、强化"家校合育"助力学生幸福完整成长的校本探索与师本实践

教育是学校、家庭、社会共同作用而成的，就像光的三原色，组合生成五彩缤纷的世界，但要想保留生命底色——真善美，就需三方配合、共同努力才行。自2017年合校以来，新一届学校领导班子为了有效落实"立德树人"根本任务，积极协调，聚力于"家校合育"工程的建设。为了争取家长的参与和支持，在征得县民政局的同意后，学校专门成立了"广饶县大王镇中心小学家长学校"、"广饶县大王镇中心小学家校合育委员会"等组织，招聘、组建家长志愿者团队，让家长积极参与学校管理，同时以亲子阅读、亲子日记、心理健康讲座、志愿者课堂等多种形式，鼓励家长更多关注孩子的教育。特别是"亲子共读"活动的开展，对学生和家长影响巨大，家长每天陪伴孩子读书，让孩子快乐地把爱、智慧和知识的种子"播种"在童年里，同时提供更多沟通、交流话题，从而使亲子关系进入到一个崭新境界。

另外，学校还成立了六个"家校合育群鼓励家长撰写亲子日记、分享亲子日记，促使家长相互学习、不断反思、收获成长。每月一次的志愿者课堂，由校内教师分享教育心得，帮助家长排忧解惑、营造良好家风。在一次次活动中，家长看到教师对孩子的付出，见证了孩子幸福完整成长的历程，提升了家长陪伴质量，由此真正形成了学校、家庭和社会的教育合力。

放下手机，看世界

——关于中学生使用手机现状及管理策略探讨

山东省菏泽市定陶区山大附中实验学校　王占钦

手机作为现代高科技的产物，不但促进了人们之间的交往，而且利用它可以高速地上网，资费也不贵，在短时间内迅速成为人们的贴身伴侣。山大附中实验学校是一个十二年一贯制的寄宿学校，尽管学校再三禁止手机进校园的，但始终没有杜绝，我们通过对家长的调查与访谈，虽然观点不一，但有一点是不谋而合的，那就是从心里都希望能帮助不当使用手机的学生回到正途。

一、国家对中学生手机管理问题提上日程

2018年9月21日，山东省十三届人大常委会第五次会议审议通过《山东省学生体质健康促进条例》（以下简称《条例》）第二十四条　中小学校应当加强学生在校期间电子产品使用管理，指导学生科学规范使用电子产品；严禁学生将个人手机、平板电脑等电子产品带入课堂；发现学生将上述个人电子产品带入学校的，实行统一保管。未成年学生的父母或者其他监护人应当控制学生使用电子产品的时间。

但老师在具体的操作的过程中却遇到了难题，一些家长和学生不认同甚至抵制学校禁止学生携带手机到校的做法，他们认为学校禁带手机侵犯了公民通信自由的权利。既然禁带手机成为校规，就必定会有违规的现象，对违规携带的手机管理也是一个难题。携带手机的学生个体，并非能全面体现使用手机的意义，也不会集中以上的所有弊端，个体不同利弊也不同，必须具体分析，但在教育实践中着眼于整体结果来看，允许中学生携带手机到校实不可取的。所以对学生的手机管理引起中小学校的重视和关注，也由此而催生出各种各样的管理措施，其中最具争议的就是学校是否可以禁止学生携带手机到校？学校是否能没收或暂扣学生的手机？毕竟手机是一个学生的个人财产，因此有必要呼吁当地教育主管部门根据省教育厅的相关要求能够下一个有具体操作方法的文件，也让老师们有法可依。

二、山大附中学生使用手机的现状及成因

据我们的问卷调查结果显示，有73.96%的中学生拥有手机，并且真正把手机用于学习的只占据的比例不是很大，大多数的同学用于看视频、聊天、打游戏，通过学生用手机的时间可以看出，学生过大周回家以后用手机超过两个小时以上的将近60%。

在校学生的目前状况是，学校再三强调不准带手机进入校园，但仍有部分学生几乎是离不开手机，学校发现并处理后不经过几天就会又有手机进入校园，通过访谈了解到部分孩子是通过省下餐费来购买手机，这不但是影响了孩子的心理健康还给孩子的身体健康带来无形的伤害。

通过访谈家长有一些家长是认为孩子在叛逆期，家长管不了孩子，担心孩子会出现过激的行为，因此家长帮助孩子隐瞒老师偷偷地把手机带进校园；另一部分则是家庭条件较好的家长认为方便了家长

对孩子的管理和教育，有效防止不必要事件的发生。使用手机大大便利了家长的接送，在当今复杂的社会背景下，发生意外事情也可以随时联系呼救。令老师们哭笑不得，同时也给学校的管理带来了很大的难处。

三、过度依赖手机不利于中学生健康成长

首先，影响学习。由于用手机收发短信同样会让人迷恋，因此拇指族的队伍越来越庞大，少部分学生在午休、睡前、半夜甚至课堂上发短信几乎达到痴迷状态，不但严重影响了自己正常的学习和休息，也影响到其他同学。

其次，利于早恋。中学中男女生交往过密、早恋甚至越轨的现象已时有发生。由于在学校里卿卿我我的场合和机会较少，很多陷入早恋泥淖的少男少女在欲望的诱惑下，转而利用手机频繁发送甜言蜜语、互相约会，从而避开家长和老师的干预而进行非正常交往。

再次，不良消费。容易形成不良的消费习惯。中学生带手机到学校很多是一种炫耀和装饰，易于引发攀比心理，对家庭经济困难的学生造成较大的思想负担和影响。同时，在每天收发几十条短信属“正常范围”的情况下，相对于没有经济收入的中学生来说，话费的消费水平确实不低，由于群体庞大，中学生已成为移动通讯消费的潜在市场，成为各公司争夺的对象，它们挖空心思出台的各种“优惠套餐”对刺激消费也起到很好的作用，因此中学生话费居高不下，容易在学生中形成不良的消费习惯。

最后，危害成长。泛滥的垃圾信息不利于学生心理的健康发展。中学生正处于生理发育期，好奇心强，在频繁的“黄色”网页和信息的诱惑下，很容易产生一种不健康的阅读快感而沉溺其中，影响身心的健康成长；封建迷信类的信息也容易使他们产生错误的判断，将成败与命运联系起来而放弃对未来的憧憬和努力；中学生的判断能力较差，成长中遇到的心理问题、情感问题必须依靠正确的引导，而测试类信息很容易误导学生对自我的判断以及情感态度和价值观的形成；而学生经常接触欺诈类和“黑色商业”类短信，或是受到欺骗，很容易对诚信等做人准则产生怀疑。不良短信对中学生思想道德观念的树立、价值观的形成、积极生活态度的建立，都会产生不良影响，这些影响严重地对学生心理的正常发展构成威胁。

四、有效管理中学生使用手机的方法建议

要进行有效管理，必须使管理的方法、手段和措施都合情合法，确保管理效果，为学校正常的教育教学秩序提供保障，为学生的健康发展做出贡献。要达到这一目的，学校对学生的手机管理必须注意以下策略：

1.学校进行必要的通信设备支持

在校学生特别是寄宿制学校的学生，在不少情况下也需要必要的互动联系，从我校目前情况来看，宿舍电话不能完全满足学生的沟通要求，可在餐厅走廊、教学楼楼梯下的场所再增加一些公用电话，以满足学生正常联系的需要，以化解由禁带手机带来的通讯需要的压力。

2.做好家长思想工作取得理解信任

家长的态度往往对学生的认识和学校的工作产生很大的影响，要让禁带手机的工作顺利开展，首先必须得到学生家长的理解与支持。学校可在学年开始时即召开家长委员会会议和家长会，在贯彻学校规章的同时把学校禁带手机的依据、认识和做法交由家长讨论，取得一致的看法，如有可能再由家长委员会向全体家长发出倡议，要求不配手机给学生或协助学校进行监督管理，从而减轻学校在处理违规学生时的阻力。

3.制度管理约束解开学生思想症结

科学的制度化管理是学校管理的重要手段，因此要把手机管理列入学校的制度条文并制定切实可行的管理细则，把它列入常规管理的组成部分。特别是对违规带入的手机的处理，要统一教师的思想认识，克服随意性和盲目性，做到有章可循。可结合新生入学训练进行宣讲和纪律教育班会课引导学生进行讨论，加强引导和教育，让学生认清利弊，解决学生的思想症结，明确学校禁带手机的意义。

4.处理违规行为时要做到合理公正

学生违规使用的手机的正确处理，关系到管理成败，必须把握好尺度，要重视程序公正问题。根据以上的分析，可以予以“暂代保管首先应当向学生说明处理的事实依据和校规依据，听取学生的申辩和异议；其次要把SIM卡退还学生，因为SIM卡涉及学生的个人信息、通讯消费等，把SIM卡退还学生是对学生隐私权和财产权的一种尊重，同时此做法也可以避免不必要的矛盾和纠纷；第三要出具“暂代保管”的回执作为领回凭证，根据违规事实在回执中明确领回时间和领回人（家长或学生本人）。让做法充分体现学校管理程序的正当性，尊重人的尊严，体现以人为本的理念，从而有效地对手机进行管理。

五、结语

手机只是人们生活进行联系交流的一个便利工具。对待学生过度依赖手机的问题，我会提醒学生，放下手机，看世界，会发现眼前的世界更精彩。而这样的倡议甚至比旷野里的一声呐喊还要孤寂。因为从根本而言，学校是否禁止使用手机并不是问题的关键，关键在于手机管理制度的制订，加强对学生使用手机的合理引导，让学生从思想中认知到使用手机的危害，自觉自主的控制手机使用，唯有此，才能让学生从心底愿意放下手机，看世界。

七彩教育，为幼儿终身幸福奠基

山东省济南市莱芜区实验幼儿园　董敏

幼儿时期是人一生养成良好行为习惯的关键时期，它对幼儿的心灵塑造、智力发展、愉悦幼儿的性情、增进幼儿的健美体态等，都有着极为重要的作用。我园成立于2016年，是莱芜区教育和体育局直属的全日制公办幼儿园。自开园以来，我们全园教职工执着理念，脚踏实地，在规范办园的基础上，积极探索七彩教育课程体系，以关注儿童的终身发展和幸福为出发点和落脚点，以幼儿一日活动为核心，保教结合、科学育儿，以幼儿养成教育、早期阅读为抓手，促进幼儿健康快乐成长，全面和谐发展。

一、以党建为引领，促进园所发展

2019年，我园成立党支部，党支部自成立以来以组织建设、制度建设、队伍建设为重点，以学习建设、活动建设为载体，紧紧围绕教育教学工作，扎实开展好党建活动，充分发挥幼儿园基层党支部的战斗堡垒作用和共产党员的模范引领作用，在党支部引领下，这支平均年龄只有26岁的教师团队，开展了一系列工作，开园委会抓全局、教研会抓业务、保研会抓后勤、总结会抓落实。

开园至今，披星戴月是我园老师们工作的真实写照——早晨7:30入园，傍晚七八点回家是常有的事。责任和对幼教工作的执着，使我园这支年轻的队伍迅速成长，并涌现出一批骨干教师，亓欣云、吴静的优课分别入选省、市评选并获奖，刘永鹏参加市级德育优质课评选，获二等奖，张莹莹老师被评为莱城区育人楷模，王仕云师德演讲获全区一等奖。

二、创新办园理念，打造园所品牌

思想是行动的先导。2016年开园之初，我园团队就提出了“创办卓越、可持续发展的现代儿童乐园”的办园目标，将幼儿园的教育理念定位为“教育因生活而丰富多彩；因尊重而顺应天性；因差异而张扬个性；因创新而生机盎然提出了“七彩教育成就别样童年”的发展愿景。通过梳理多彩教育的理念，落实到幼儿的一日生活中，从而成就每个幼儿不一样的童年。同时我园团队又设计了寓意七彩笑脸的幼儿园园徽logo——七彩笑脸园徽。它的外形是散发七色光的太阳，正从绿色莱芜大地上冉冉升起。每一种色彩都勾画出了一个动感十足的美丽笑脸，寓意教育的多姿多彩，同时体现了园所的教育理念即尊重幼儿差异，顺应天性，张扬个性。

为了把愿景，落实到工作中，内化于心，外化于行，真正彰显园所文化，我园团队精心设计了园徽、园所文化墙、班级文化。

园徽统领，理念落地。园徽就是幼儿园的灵魂。从一楼大厅的接待吧台，地上铺的门前垫，到室内外墙上悬挂的规章制度一件班级、科室门前班牌、流动奖牌处处都有园徽的标记。除此之外，我园所有记录册从教师备课本、培训记录到所有文档表头再到幼儿奖状也有园徽标记，这些做法的背后浸透的是我园的办园理念，时刻提醒每一位教师的一言一行，牢固树立七彩教育的理念。

让每面墙都会“说话”。一楼大厅的文化墙鲜明生动的呈现了属于园所特色的办园目标、教育理念和别具一格的发展愿景；二楼风采墙的每个版块主题都蕴含的幼儿园独特的办园理念：走进孩子的世界；三楼“在爱的绿荫下”　“七彩瞬间，留住别样童年”　“小荷才露尖尖角”。不论是孩子色彩斑斓的手印还是精彩瞬间的照片，都表征了以幼儿为主的办园宗旨，印证七彩教育的成果。

我园团队一直倡导做教育必须要有家国情怀，所以幼儿的环境就要充满爱，爱家就爱国。在全园的文化设计上，我们重点突出了三个层次，爱家、爱家乡、爱国。具体表现为一楼环境是以爱为主题，设计了“我爱我家”的大型搭建区，以都市花园小区为模型，让全园幼儿参与搭建，既提高了幼儿动手操作能力，又开发了幼儿的立体空间思维。同时也体现了七彩教育理念“教育因生活而丰富多彩”。二楼文化主题是爱家乡分了五个板块。每个板块寓教于乐，通过拼一拼，找一找，说一说，夸一夸等形式，让幼儿感受家乡的美和物产丰富，从而培养幼儿对家乡热爱之情。有小家才有“大家”。爱家就爱国，让幼儿从小感受中华民族的传统文化，才能从心底热爱自己的祖国。三楼文化的主题词是“传统　梦想”介绍二十四节气，十二生肖、四大名著，百家姓以及民间游戏的简介等，并体现在通过现代科技的发达，以“厉害了我的国”为范本，结合科学发现室选取了航天成果展等，让孩子从小树立远大理想，将来为祖国贡献自己的力量。让七彩教育盛开七彩之花。

班级文化是构成园所文化的重要组成部分。结合幼儿的身心发展特点和生活实际，我园团队选取动画里有着勇敢、坚强、快乐、自信等良好品质的人物形象，创设了别样班牌，以此为各班级的班风、班魂，用童话的语言引导孩子们向他们学习，引导着幼儿良好学习品质的培养。

三、创新管理模式，提升教师能力

自我园开园以来，在我的带领下团队制定了园长负责制，教师聘任制，教职工考核制，明确一岗双责。并不断完善各岗位职责和工作流程。新教师入职培训就从印制的《莱芜区实验幼儿园制度汇编》培训做起。

为了让青年教师迅速成长，形成你追我赶的工作氛围，团队实行工作坊制。老师们全员参与，成立五个工作坊，同时出台工作坊考核评价细则，各坊积极制定计划、推进坊内活动进程、定期开展成果展示，坊间竞争机制成熟，老师们在实践中不断摸索，不断总结，快速提升。

为了调动教师的工作积极性和锻炼统筹协调能力，团队大胆革新，实行重大活动项目竞标认领制，充分利用绩效工资制的激励作用，将每学期重大活动提出来，让有能力的老师认领项目，从方案设计，到统筹安排，再到活动结束后的总结，都由认领人来完成。通过这一机制，充分发挥了全园的老师的聪明才智，同时也提升了老师的专业水平。

面对全体女性教师的工作环境，以及所面对的幼教工作压力，团队工会定期组织团建活动，创建温馨舒适的工作环境。

四、创新园本课程，促进幼儿成长

为进一步践行七彩教育理念，我和教师们认真研究《幼儿园工作规程》、《3—6岁儿童学习与发展指南》的基础上结合园所实际，制定了七彩教育园本课程。将日常开展的保教活动进行了梳理，确立了园本课程《七彩教育课程》，制定了“七彩教育课程计划”和“七彩教育课程网络图用色彩和五大领域相结合，逐渐形成了红、橙、黄、绿、蓝五大色系的课程。

精彩纷呈的“红色教育活动激发幼儿的爱国情感：团队在积极开展“童心向党”幼儿主题绘画活动、“我向祖国妈妈献礼”主题升旗仪式等活动的同时利用社区资源和地域文化开展“重走胜利之路　找寻红色记忆”活动，教育幼儿要从小珍惜现在的生活，懂得感恩。这些活动赢得家长和社区的好评。精彩纷呈的“橙色节日活动”让幼儿真正在活动中感受生活，积累认知。丰富多彩的“七彩运动课程”不仅让幼儿展示了成果参与了体育游戏，家长们也在亲子活动中得到了童年的乐趣。个性张扬的“黄色特色课程让孩子们在自己喜欢的领域享受快乐，自由成长。有声有色的“蓝色探索课程让孩子们学会积极探索，发现大自然的奥妙。七彩教育课程还在改进，但团队的付出赢得了家长的认可与称赞。

一分耕耘，一分收获。在我的带领下，幼儿园团队用创新的理念，助力幼儿园的发展。幼儿园先后被评为“山东省家园共育百所示范幼儿园”、“山东省省级示范幼儿园”、“济南市教育系统先进单位”、“莱芜市学前教育先进单位”、“莱芜市平安校园”、“莱城区保教先进工作单位”、“莱城区行风测评先进单位”幼儿园食堂被评为“食安山东”示范食堂称号。

潮平两岸阔，风正一帆悬。在“七彩教育，成就别样童年”共同愿景引领下，我们的年轻教师团队，正以理念引领行动，凝心聚力，用实践诠释“追求卓越　做更好地自己为学前教育做出更大贡献，为学前教育综合改革提供普适模式和课改样板，创造中国学前教育现代化卓越品牌！

培植学校原动力，让教育走得更远更好

山东省济南市历城区南部山区仲宫中心幼儿园　卢倩　高蒙蒙　张路

幼儿园师资队伍建设是幼儿园各项管理工作中的重中之重，是深化幼儿园课程改革、推进素质教育的原动力，更是学校发展必须深入研究的永恒性课题。为打造“以童真认识世界，用艺术启迪人生”的办园特色，实现“让孩子健康快乐地成长”的办园宗旨，山东省济南市历城区南部山区仲宫中心幼儿园始终坚持把建设一支高素质的教师队伍作为幼儿园工作的重点，怀揣“学高、身正、敬业、树人”的责任心，带领全体教师脚踏实地、埋头苦干，坚定理想信念、厚植爱国情怀、提升道德修养、培养创新能力，努力成长为先进思想文化的传播者、党政建设坚定的支持者和幼儿健康成长的指导者！

一、提升全体教师的师德修养是队伍建设的前提

高素质的教师队伍是学校的生命源泉，师德师风则是学校的灵魂所在。多年来，仲宫中心幼儿园在尊重教师、关注教师的基础上，始终把师德建设放在教师专业成长、教师队伍建设的首位，努力做到主题鲜明、内容丰富、形式多样，以强化教师的师德意识，提高教师的育人能力。

持续推进“寻找教育初心”师德师风教育专题活动。幼儿园先后开展了以“敬业奉献、关爱学生”、“爱与教育同行”、“立德树人　立教圆梦”为主题的师德主题教育系列活动，使教师的师德行为、文明素养和职业素养得到进一步的规范与提升，并落实在一日活动中，自觉地转化为教育行为。如今，不仅家长对老师的师德满意度评价高，老师们的职业自豪感与幸福感得到了提升，而且幼儿园形成了团结向上、积极进取的良好氛围，师生关系、家园关系、同事关系、干群关系和谐，有力地推动了幼儿园各项工作的开展。

常态开展身边榜样的示范和感染活动。幼儿园组织开展了“今天我怎样做老师”、“爱生一例我的教育小故事”的师德活动和“我身边的德育小故事”等师德演讲比赛，通过挖掘身边的师德小故事，在教师中进一步弘扬“爱岗敬业、无私奉献、积极进取”的职业道德精神。事实证明，提升师德素养最好的形式就是用身边的人和事去感染、去影响、去改变，学校中的好人、好故事流传下去就是学校的文化，这样的故事越多学校就越有文化。

坚持开展“教师专项技能素质大赛”展示活动。今年为积极响应教育局关于俭朴、隆重庆祝我国第36个教师节的通知，幼儿园以级部为单位，用最简朴却不简单的专项技能素质展示方式，演绎了一场充满创意与感动的教师节盛宴。

二、促进骨干教师的专业发展是队伍建设的核心

骨干教师在教育教学活动中有自己独特的见解，并能对同伴提出建设性的意见，与同伴共同成长。针对这一特点，仲宫中心幼儿园充分发挥骨干教师的辐射、示范作用，通过树旗帜、结对子、引路子、压担子、搭台子等方式，为骨干教师的专业发展提供机会与舞台，使其成为教学教研活动的中坚力量，让她们感受自我价值的存在。

创造教师外出学习的机会。除完成本园的培训任务外，仲宫中心幼儿园还优先选派骨干教师近距离地观摩姐妹园的教师的教学活动，零距离地聆听专家的讲座与教学点评，不断拓宽骨干教师的教育视野，提升骨干教师的综合业务能力。如李杰老师参加了区教研组长研修班，大大提升了她的组织能力和专业引领能力。同时，骨干教师在外出参加培训后，回园还需通过专题讲座、实践展示等途径，传递了解到的最新的教学理念和信息，以便形成以点带面、资源共享、共同发展的园本培训新局面。

依托专项工作助推高位发展。作为一所“山东省省级示范幼儿园仲宫中心幼儿园依托基地培训，明确责任，忠于使命，通过上特色课、示范课、精品课等方式，将见习教师浸润与优秀教育教学团队的成长及指导教师的自身专业成长结合起来，不仅使见习教师正确定位并适应岗位要求，形成良好的教育教学行为规范，强化教育教学实践能力，从而尽快地胜任教育教学工作，还能使本园的骨干教师在带教过程中进一步提升专业素养，真正实现了“双赢”局面。

开展各层面骨干教师教学展示活动。业务园长在区级研训一体生活课程培训中承担公开教学活动；教研组长在城镇结对带教活动中展示教学活动，活动中老师以幼儿为主的教育理念、层层递进的环节设计、灵活机智的师幼互动以及幼儿精彩的表现着实看出了老师的功底和幼儿的能力，让听课教师深受启发；优秀骨干教师采取上公开课、示范课、研究课等方式引导教师主动投入教育实践探索，通过说课评课、集体备课、合作研究、资源共享、课程开发等途径打造专业教师团队。

三、强化青年教师的培养发展是队伍建设的补充

青年教师是学校教学工作的生力军，其发展直接影响着学校的教学质量和发展定位，决定着学校发展的品质。仲宫中心幼儿园充分调动各种资源，将教师专业成长置于学校文化建设、特色发展和品牌建设的范畴中，建立人文关怀、贴合生长、协作共进的发展机制，使教师专业成长拥有持久的动力和无限的可能。

实施党员教师传帮带教工程。幼儿园在实施“党员教师传帮带教工程”中，充分发挥党员、骨干教师专业引领和“三高”作用，对青年教师进行全方位的关心和指导。幼儿园通过党员示范骨干引领的带教方式，使新教师树立正确的教育观念，具有良好的职业道德、合理的知识结构以及胜任本职工作和业务要求的教育教学水平、科研能力，从而使青年教师在学习中迅速成长、脱颖而出，党员和骨干教师在专业引领和帮教中互教互学、共同提高，进而造就了一支思想好、素质高、能力强的师资队伍。

建立“新教师成长手册”。幼儿园建立“新教师成长手册帮助新教师将自己成长初期在教育教学、家长工作等方面的专业发展过程和取得的工作实效完整地记录下来，帮助青年教师在不断积累教育教学相关资料与经验的同时也促进她们积极地自我反思，发现专业成长中存在的问题并及时调整，学期末进行展示分享与交流，初步体验成功的快乐。

引入时尚的培训内容。幼儿园将各种创新、时尚文化引入青年教师培训过程，使培训格局全面活化，不仅洋溢着特有的青春现代气息，也为培训工作注入了新的活力。比如，我们的培训“饮食”文化：一杯咖啡，既舒缓了老师们的心情，又激活了大家的思维，在边消除调整疲劳、边整理个人思绪的过程中以自然平和的心态参与交流学习，使培训活动充满了浓郁的现代文化品位；一盆水果，既调节了培训氛围，又解决了青年教师发言后的口干舌燥，在拉近人际距离的同时，引发了更多的共同话题，使得培训活动更轻松、自然、和谐。

一路前行，几多收获，几番感悟。尽管仲宫中心幼儿园在提升教师专业能力和职业素养方面取得了显著成效，但不可否认在实施过程中仍然存在很多问题。一是教师自我反思能力有待加强。教师在遇到关键事件后，自我反思往往依赖于名人名言或停留在事件表面，缺乏

对内在本质的深入剖析。二是教科研骨干教师的梯队缺失。由于大量青年教师的涌入，教科研骨干教师梯队趋于缺失，给师资队伍建设带来了较大的挑战。三是教师专业技能有待培训和提升。青年教师专业能力欠缺，在美术、科研等方面需要入门式的通识培训；而5年以上教师的发展进入瓶颈期，需要专业能力更高层次的补给。

教师是教育发展的第一资源，是幼儿健康成长的引路人，也是提高教育教学质量的关键。今后，仲宫中心幼儿园将继续全面推行人性化管理，增强教师主人翁意识，为教师搭建发展自我、展示自我的平台，让教师在幼儿园中体验最大的职业幸福——护佑生命灵性，静待满园芬芳。

融创多元项目，筑起温馨童年

山东省济南市长清区孝里中心小学　顾振　赵朋　刘刚　马亮

2020年，全世界、全中国都在经历深刻变革，经历着新冠肺炎疫情，每个人都在努力答好“疫情”这张考卷。

于此，孝里中心小学在这一年更是处于“变革”之中，为满足科学合理布局建设乡村学校及省定基本办学标准条件的要求，同时借势济南市长清区孝里街道的黄河滩区迁建工程，长清区各级领导部门积极协商推进孝里中心小学的新校区的建设，在经历了两年的迁校准备期，于2020年12月28日正式搬迁到新校区。

孝里中心小学近三年积极围绕“教育，让长清更具美丽”的标准，开拓思路，合理规划。在变中求稳，稳中创建的过程中，始终秉持“让每一个更加卓越”的办学理念，坚持“弘毅思想办学，忠孝文化育人”的教育理念，努力“把学校办成一所有信仰、有根基、有未来的新优学校”为办学目标，紧紧围绕师生素养提升这一“立德树人”核心，以项目融创为立足点，奋力推进“振兴乡村教育”工作，并取得丰硕成果。

2019年，“红色信仰”融创课程品牌被评为全区第一批优秀德育品牌在长清区内巡展，《济南日报》两次进行宣传报道；

2019年，校本1+X融创课程阶段成果作为长清区实验教育集团特色课程品牌向全区展示并在济南市范围内交流经验，获济南市教研院领导好评。

2019年，与山东电视台联合排练的德育融创课本剧《妈妈，我等你回家》在山东省电视台演出，演哭在场所有人。

2019年，学校融创课程项目《孝里米粉手绘》作为长清区推荐的四个品牌之一，参加济南市展演；济南日报、济南时报、齐鲁晚报、大众网四家媒体对我校融创课程品牌做深度报道。

2020年，学校“红色信仰”课程的实施被文化大观点赞。

2020年，学校三层五字下的“融创”劳动教育——“开学第一课”被山东电视台报道。

2020年，学校“全读写”项目深入推进，“爱的诵读”活动登上山东电视台、山东经济广播电台等。

一、融创校本课程，特色中显温馨

课程是指学校为实现培养目标而选择的教育内容及其进程的总和。学校打造多元融创课程平台，以项目方式进行推进，让五育发展齐头并进，质量根基纵深发展。

1.“融创”劳动教育课程。济南市长清区孝里中心小学地处农村，有良好的劳动教育的传统，近年学校从社区劳动、家庭劳动、校园劳动三个层次着手，构建了“讲、学、炼、悟、评”五字劳动教育法，根据学生年龄特点进行社会劳动、家庭劳动、学校劳动。目前，我们已经形成三个层次的劳动视频教育资源。部分资源已经在长清区教体局公众号推出。

讲，是让学生或耕种者讲一讲劳动工具的使用方法和劳动项目的流程。

学，孩子们在日常劳动时，学校组织先进行相应学习，再开展相应劳动活动，可以看视频自学也可是线下同学之间互相学习。

炼，掌握劳动工具的使用方法和劳动项目操作流程后，在保证安全的情况下进行相应的劳动锻炼，培养学生的劳动习惯。

悟，劳动教育不是单纯的从事体力活动，更重要的是感悟劳动体验过程中带给孩子的感受。

评，学校利用全素养银行，将学生的每一次劳动都进行评价，为学生发放学元，作为劳动的相应酬劳。

学校结合农村优势，开展基地劳动教育，将劳动教育延伸到课外，从而对学生进行德育教育。

2.“全读写”融创文化课程。自2018年长清区“全阅读”实施以来，学校倡导阅读，并结合写作，创设“全读写”项目。“全读写”是我校自始至终、始终不渝坚持走的教师进阶之路，学校以读促讲，以读促写，读写讲三方推进。　学校“全读写”大讲堂已经成功举办了四个学期，近30场个人演讲，成为我校的品牌活动，其影响力已经波及全镇、甚至全区。自2017年我校实行教师集中读书以来一共阅读了《做最好的教师》、《静悄悄的革命》等10本教育专著。学校教师始终坚持教学随笔的撰写，三年来孝里中心小学教师共撰写随笔30多万字，平均每人一万六千多字，为教师个人成长奠定了基石。在教师随笔撰写后，学校管理组全体成员都一一批阅，进行点评，出版教师《师说》电子期刊九期，极大促进了教师写作的动力。

学生层面，我校的全读写近一年搞得如火如荼，有了很多的收获。长清区“全阅读”1--6年级6年读完48本书，已是最低限度。编制班本《经典诵读》课程，引入经典美文、经典诗句、经典名句，晨读时间诵读；学生朗读的“声动校园”每周一期，本学期已发布朗读推送16期，近30位学生参与了电台朗读。

中高年级的文学爱好者，组建“尚书房”文学社，写作是读书的出口。我校“尚书房”文学社，规模不断扩大，不仅是因为老师的鼓励和督促，更是因为孩子们的阅读激发了他们创作的欲望，尚书房30多人创作的故事量累计突破35万字，参与创作的其中有5个人创作达到一万五千字以上，一人写作突破5万字。今年9月，长清区“导评改”师生习作素养展示中，我校赵朋老师与尚书房两位小作家展示了自己文章，优美的语言、真挚的感情流露，赢得了与会领导的夸赞。

3.1+X融创课程。以项目式学科课程构建为抓手，开设学校融创课程，通过身边的问题式项目，引领各学科的教学融合，目前，学校正在规划融创课程体系，根据1+X融创工作思路，以一个学科为核心，融入全学科教育；以一个级部为单位确定核心融创项目，根据级部教师特点设计多样化的融创子项目。

4.英语体验式融创主题课程。培养全面发展的人，养成具有国际视野的新时代少年是我校教育教学工作目标之一。为此，我校从一年级开设英语，以“洪恩少儿英语”为课程蓝本，通过动画、游戏等方式进行主题教学。

二、融创校园文化，环境中温馨师生

济南市长清区孝里中心小学的前身是长清区八一希望小学，1994建校，是长清区唯一一所军民共建学校，军委副主席张震题写校名，迄今已有二十五年校史。这所学校一诞生就天然地承载着红色基因。同时，学校位于长清区大峰山革命根据地脚下，在这里发生了上百场战役，家家户户有英烈。因此，融合当地红色教育资源，传承红色基因、弘扬革命精神，是这所学校一直以来的天然使命。

学校开设了红色主题融创课程。习近平总书记强调，革命传统教育要从娃娃抓起，既注重知识灌输，又加强情感培育。学校在充分挖掘当地教育资源后，整体设计规划了红色教育课程体系，根据每个年级的年龄特点，按照不同学科分列出每个年级的红色教育内容，按照观、唱、读、写、行五类课程内容将红色教育渗透在学校的每个学科中，根植于学校的每一个空间。

同时，学校顶层设计了红色文化课程《八一军旗红》、《星火燎原》，规划在1-6年级分段梯度学习。

红色学校管理课程创建中，以学生、班级等方面组织实施。例如：班级名称、小组名称、班牌、班服、班歌、班徽、班旗融入红色元素。

红色校园文化课程：以校园物质文化为载体，通过一墙（党的发展史、英雄、战役）、一广场（战役园、将军像）、一馆（红色主题文化馆）一基地组织实施。

三、融创育人氛围，让温馨流转学生心中

《论语·雍也》写道：“君子博学于文，约之以礼”。学校“好父母学院”（家长学校）为平台，以“全天候习惯养成”为项目抓手，将礼贯穿于德育管理的各个角落，让礼仪的种子在学生心中根植。

在少先队礼仪课程的建设中，让学生掌握基本的礼貌、礼节规范，在学习、生活实践中初步养成讲文明、讲卫生、讲秩序、讲公德的良好习惯。其中“行走”习惯，训练一直持续，放学路队，各班级甩臂有力，步调一致，口号响亮。

在学生成长课程中，编写学生成长评价手册，要求班主任建立自己的班级管理制度，把班级事务进行合理分工，做到班内人人有事做，事事有人做，开门关门、浇花擦窗、文具摆放、桌凳整理，每个人都有自己的事情可做。

在中队项目课程中，学校建立国旗护卫班，将升旗仪式规范化，每周一升旗学生着军装，持国旗、走军步，完成升旗仪式，高度的升旗仪式，让学生感受到了国旗的神圣；建立学校及班级中队项目组，承担学校各项活动，无论是班级还是学校项目组都奔着让学生自立自强的培养目标而去，学校本属于学生，学生参与学校管理、班级管理，让整个学校有了生机，有了童真、童趣；

在家长共育课程中，学校设立家长委员会办公室，定期邀请家委会成员来校沟通工作。开设“好父母学院”论坛，邀请家委会成员探讨家庭教育的方法，针对班级问题、家庭问题，班主任和家委会彼此沟通，群策群力，解决问题。

在本学年暑假期间，我校为全校学生印制了“学生暑假成长手册”。让学生在两个月的假期里能继续保持自己的生活和学习习惯。成长手册从早上起床叠被、刷牙、洗脸、吃饭到上午下午的学习、读书、锻炼身体、家务劳动，再到睡前的洗刷、衣物整理都进行了一一规划。

同时，这学期共同研究制定了学生全素养评价手册、好父母评价手册、班级自主管理手册。通过三个手册对学生在校的学习、劳动、习惯以及父母的参与度给予一定的量化赋分，学生和父母所得分数都可以兑换成学元，积攒到一定数值的学元，就可到学校“全素养银行”

进行兑换相应礼品，家长也可以进行兑换。通过种方式督促孩子们各项习惯的养成和提升学习的上进心，同时也是给予积极参与学校发展和校园活动的家长们的教育福利。

在学校推进“振兴乡村教育”的过程中，虽值搬迁巨变，虽遇各种困难，但我们以“融创”为抓手，砥砺前行。现今新的学校，新的队伍，在融创中育新机遇，在融创中开新局，我们信心百倍，我们对“乡村教育的振兴”信心满满。

金汤沃野还千里，春满齐州花满川。孝里中心小学将以新校合并为契机，以“融创”教育为平台，“融合”新的教师队伍，“融炼”新的学生团体，以“融创项目”为抓手，扎实推进新校的每一项工作，奋力拼搏，让孝里中心小学的每个鲜活生命都在“孝里中心小学”中更加卓越。

推进课堂改革 提升学科素养

山东省莱山第一中学 李瑞福

课堂是立校之本，是师生成长的主阵地。没有课堂的变革，就没有真正意义上的学校发展。近年来，莱山一中聚焦课堂教学改革，落实学科核心素养，课堂改革成果成为莱山一中教育教学质量的重要支撑。

一、聚焦“规范、精品、高效直击课堂问题提高课堂效率

2014年，莱山一中在全体教师中开展了“赛课”活动。活动采取“听、放、思、查、评”的方式，即听课、回放课堂实录、课后反思、检查教学资料、评课。评课中，针对教材研究、目标设计、学生状态、课堂结构、目标达成等方面展开讨论，指不足，提建议。“赛课”活动把个人和集体的教学研究都带入更深的层面，探索构建了符合学校实际和学科特点的课堂教学模式，并以模式构建带动课堂教学向规范、高效转型，实现了以课带研、以评促改、以老带新的目的。

2015年，莱山一中推出“人人奉献一节精品课”活动。经过“个人主备、组内研讨、细节打磨、组织授课、评课反思”五个环节，把“自主、合作、探究”的理念贯彻到课堂教学中。“精品课”活动进一步明确了“一堂好课”的标准，培育了教师的精品意识和精益求精的工作态度，引导教师把“每节课都上成精品课”作为工作的追求。

2016年，莱山一中开展了“个性化教学风格”展示活动。每一位教师亮出自己的“绝活儿展示自己独特的课程理解力和教学魅力，促使教师认真总结自己的教学，探讨和逐步形成自己的教学风格。

2017年，莱山一中开展了“把学习的权利还给学生”课堂展示活动。教师真正尊重和落实学生在课堂中的主体地位，构建了以学生的“学”为核心来设计和组织教学的理念与体系，鼓励学生去参与，去体验，学生将课堂学习看作是自己主动参与、自我发展的活动，从而更自主、更有兴趣地参与其中，课堂效率大大提高。课堂真正实现了教师由“关注教”向“关注学”的根本转变。

让教学目标更清晰。2018年，莱山一中开展了“让教学目标更清晰”课堂教学展示活动。从教学目标的预设和定位入手，观测教学目标是否符合学生实际，是否具体、清晰、可测量；教师是否紧紧围绕教学目标设计教学活动；教学目标达成的评价等。教师更加深入地研究教学目标的设计、课堂环节中的落实、教学目标的达成，使课堂上的教与学有了清晰的方向和发力的焦点。

提高课堂教学问题的设计质量。2019年，莱山一中开展了“提高课堂教学问题的设计质量”课堂教学展示活动。引领教师从课堂问题设计的有效性、层次性、思维含量、问题的认知层面、问题的目的指向等方面做深度观察和研究，使教师用高质量的问题设计引领学生深入地交流与思考，促进教师深度研究，促进学生深度学习，促进课堂转型，实现核心素养培养目标。

莱山一中不间断的课堂教学改革，循序渐进、润物无声式的教学研讨，提升了学生，成就了老师，发展了学校。教师把形成的教学理念与教学要求融为一体，整体把握，运用于教学实践，并使之常态化。课堂教学实践探索凝聚成丰厚的教改经验，成为莱山一中提高教学质量的重要支撑，学校连年被评为烟台市高中教学工作先进学校。

二、聚焦教师理解、学科表达、模式构建，学科核心素养落实落地

为建立核心素养与课程教学的内在联系，莱山一中聚焦教师理解、学科表达、模式构建等关键点，对基于学科核心素养下的课堂进行了有益的探索。

教师是落实学科核心素养的主体

学科核心素养是学科独特育人价值的集中体现，是学生发展核心素养在特定学科上的具体化，是学生通过学科学习而逐步形成的正确价值观念、必备品格和关键能力。要让核心素养在学科教学中顺利落地，首先需要“教师理解”。

2020年，莱山一中在连续六年深化课堂教学改革成果的基础上，对基于学科核心素养在课堂教学中的有效实施进行了深度研究，编印了《学科核心素养下的课堂教学改革专刊》，组织全体教师认真学习；12月，校长李瑞福面向全体教师做了题为《“核心素养”如何落地？》的讲座，进行专题教育培训。通过学习研讨和讲座培训，老师们对学科核心素养有了更清晰的认识，对落实核心素养要坚持的“育人导向、标准导向、问题导向、实践导向”四个导向有了更深入的理解。

集体智慧是核心素养与学科融合的关键

要让核心素养在学科教学中顺利落地，需要有“学科表达”。莱山一中拓展校本教研方式，充分发挥学科组和备课组的作用，围绕“建立核心素养与课程教学的内在联系”开展主题式教学研讨活动。在学校、学科组、备课组三个层面开展教学研讨，学科教师达成共识：一是深入挖掘，进一步提升、丰富学科育人价值；二是集体研讨，探索课堂教学基本模式，优化课堂结构；三是深度研究，用学科价值、真实情境、高质量问题引导学生深度学习、探究性学习。

课堂是实施核心素养的最佳“落点”

只有抓住课堂，核心素养才能成活，才能有生长力。而要抓住课堂这个最佳“落点需要提升教师的教学能力，优化课堂教学行为。在广泛的校本培训和深入的集体研讨的基础上，今年3月起，莱山一中开展了“基于学科核心素养在课堂教学中的有效实施”课堂教学展示活动。活动分两个阶段：一是模式构建阶段；二是展示提升阶段。

在模式构建阶段，莱山一中组织各学科教师通过集体备课、反复磨课，推出了观摩课。教师把学科素养融入不同的教学情境，引导学生在不同情境下综合利用所学知识和技能处理复杂任务，建立学科观念，开阔学科视野，培养学生的实践能力和创新精神。学校中层以上干部和学科教师一起听课观摩。课后，授课教师反思教学过程和教学效果，听课领导根据学校统一制作的评价量表和教师一起评课，分析优点和不足，学校逐步形成了“一二三四”学科教学模式，即“一个模式、两个中心、三种学法、四条原则”。“一个模式”——先学后导、互助展评；“两个中心”——学生中心、学习中心；三种学法——自学、互学、展学；“四条原则”——先学后教、以学定教、多学少教、以学评教。“一二三四”学科教学模式更注重学生的“悟学生是在教师的启发和引导下，通过自己的独立思考、与他人交流等方式，最终自己“悟”出知识，“悟”通道理。教师在全员参与学科教学模式构建的过程中，更新了思想观念，规范了教学行为，提升了课堂的教学效率，也培养了学生主动学习的思维习惯和思想方法。

在展示提升阶段，莱山一中面向全体教师开展展示课，进一步完善“一二三四”学科教学模式，扩大核心素养下的课堂教学改革成果，使全体教师的课堂教学水平有了更大突破。

通过模式构建和展示提升活动，莱山一中引导教师在学科德育方面从学科教学升华到课程育人，在学业标准和教学指导方面从知识获取到素养提升，在学习方式上从教师的教到学生的学，聚焦“核心素养、学习进阶、教学改进、学习方式变革”等关键点，展开课例研讨，充分挖掘每一个知识点、每一个原理、每一个事件、每一个案例在教学过程中对素养培养的作用。积极探索情境、问题导向的互动式、启发式、探究式、体验式的课堂教学，着重培养学生的价值观念、必备品格和关键能力，真正让学科核心素养落实落地。

三、聚焦学生学习的个性化需求、教师定制化教学，“互联网+”课堂更具活力

从2017年起，莱山一中启动数字化教学，开始试点“互联网+”教学模式，为课程实施带来了深度、广度、高度、精度等多维度的立体变革。微课、翻转课堂、Pad教学等一系列教育新发展，为大数据支持下的学生评价和差异性发展、为实现学生课程学习的个性化需求和教师定制化教学提供了可能。

莱山一中通过培训、示范、研讨，确立了“互联网+”课堂教学过程的基本模式：精心教学设计（制作导学案、精选微课）—适时推送任务（任务明确、资源精准、高质适量）—及时批阅交流（作业上传、及时批阅、问题释疑）—精准二次备课（问题归类、设计课堂实施、针对性作业设计）—有效课堂实施（问题引领、合作交流、拓展提升）。

数字化教学模式，更关注学生的个性化需求，注重学生对知识的深化与内化，培养学生的思维能力，同时促进学生的自主学习能力和合作学习能力的发展，为学生能力和素养的提升打下良好的基础。2017年12月，在全国教育信息技术应用能力提升高级研修活动中，曾庆山副校长代表莱山一中做了题为《信息技术下“把学习的权利还给学生”课堂教学改革的探索与实践》的经验报告，得到了与会者的好评；2020年2月，曾庆山副校长在全市高中线上教学工作网络研讨会上作经验交流；3月在北京四中网校进行在线教学经验交流：标志着莱山一中在数字化课堂教学改革方面走在了前列。

持续不断地课堂教学改革，学科核心素养的落实落地，先进的“互联网+”教学模式，为莱山一中教育教学成绩的取得提供了坚实有利的保障，成就了教师的专业提升，成全了学生的蓬勃成长，促进了学校的快速发展。

康养济南　职教有为——职教发展为产教融合增值赋能

山东省莱芜职业技术学院　康率

在全面建设社会主义现代化国家的新征程中，职业教育已成为国民教育体系和人力资源开发的重要组成部分，肩负着培养多样化人才、传承技术技能、促进就业创业的重要职责。尤其在“十四五”开局之年，只有发挥好职业教育的人才蓄水池功能，推进职业教育高效发展，才能把我国的人口红利更好地转变为人才红利。

为认真贯彻落实国务院和教育部关于加快推进职业教育发展的相关意见，进一步整合济南市医疗健康养护职业教育资源，推动济南市医疗健康养护教育资源向规模化、集约化、连锁化方向发展，更好地服务于济南市健康养护事业，我校于2020年1月顺利获批组建济南市医疗康养职教集团。

整合资源要素　改革势在必行

首先，组建医疗康养职教集团是贯彻落实发展职业教育的需要。近年，党中央、国务院对加快现代职业教育做出了一系列重大部署，在全国职业教育工作会议上，习近平总书记和李克强总理都强调职业教育大有可为，也应当大有作为。山东省教育厅、经信委在关于职业教育发展的指导意见中也明确指出：职业教育集团化办学，是深化产教融合、校企合作，激发职业教育办学活力，促进优质资源开放共享的重大举措；是完善职业院校治理结构，系统培养技术技能人才的有效途径；是服务我省经济发展“转方式、调结构、稳增长、惠民生促进技术技能积累与创新，同步推进职业教育与经济社会发展的有力支撑。

其次，组建医疗康养职教集团是面对我国人口老龄化社会形势的必要举措。以山东省济南市为例，截至2018年底，济南市60岁及以上老年人达到134.6万人，占总人口的20.72%。按照60岁以上人口超过总人口数20%的国际通行标准判断，济南市已经进入中度老龄化社会，形势十分严峻。市场上适应康养产业、具有熟练的康养岗位工作能力和丰富知识储备的高素质技术技能人才却严重缺乏。因此，通过组建医疗康养职教集团，加强涉老涉医专业高校与知名医养机构合作，在招生、就业、教学、科研等方面进行有效合作，更好地满足社会对于康养人才的需求，引领和支撑省、市医疗康养产业发展。

另外，医养健康产业作为山东省新旧动能转换重大工程十强产业之一，组建医疗康养职教集团也是对接该工程的需要。围绕山东省新旧动能转换工程—医养健康产业中的康养产业和省会康养建设规划，医疗康养职教集团的成立可以促使培养康养产业需要的高素质技术技能人才，引领和支撑康养产业发展，真正实现产业发展目标。

最后，组建医疗康养职教集团是促进产教融合发展的需要。一方面，随着人口老龄化的发展，全国康养产业规模显著扩大。以老年生活照料、老年产品用品、老年健康服务等为主的养老服务业全面发展，养老增值服务相关岗位激增。根据数据，到2030年市场需要照护老年人的从业人员约为60万，医疗康养职教集团的成立与产业发展趋势相吻合。另一方面，通过组建济南市医疗康养职教集团，以合作办学、合作育人、合作就业、合作发展为主线，建立和完善“产业+企业+专业”的校企共建专业模式，提高人才培养的规格、质量。发挥职教集团资源优势，开展居家养老、智慧养老等职业培训；为养老企业提供技术服务、科研成果转化、技术咨询等。建立与区域康养事业发展相适应、政府宏观调控、各级医疗康养单位广泛参与的理事会主导的管理体制，加强校企合作，是高职院校教育发展的要求，也是市场经济体制下医疗康养事业发展的内生需求。

依托现有条件　组建职教集团

随着经济的高速发展，国家相继出台了关于养老和健康服务的支持性、引导性政策，康养产业也被多地列入其中，还形成了从中央到地方，从大康养领域到健康、养老、森林康养和康养旅游等多领域完善的政策体系支撑，为医疗康养职教集团提供了基本保障。

莱芜职业技术学院作为山东省首批技能型人才培养特色名校，山东省校企合作一体化示范校，先后获得山东省职业教育先进单位、山东省职教师资队伍建设工作先进集体等多个荣誉称号。医学技术与护理系现有教职工96人，硕士学位以上38人。专业教师79人，其中副教授17人、讲师28人；兼职教师125人。专业教师中“双师型”教师比例占80%以上。在专业上，开设护理、康复治疗技术、助产、眼视光技术四个高职专业，有全日制在校专科学生3100余人。学院还自建了人体解剖虚拟仿真、健康评估虚拟仿真、康复实训中心等45个校内实训室。依托全国高等职业教育“校企一体化”创新联盟，与济南市人民医院、山东建邦集团等区域内20余家单位合作建立了校企共享实习实训基地，荣获多项职业医疗技能奖项。

并且，我校在产教融合、职业教育集团建设方面拥有充足的经验。从2018年6月，由学院牵头联合组建了莱芜市学前教育职业教育集团，直到2019年6月，学院当选为山东省非物质文化遗产传承创新产教联盟副理事长单位。这一路走来，学院高度重视产教融合和校企合作工作，不断创新校企合作体制机制，完善校企合作规章制度，通过牵头成立全国校企一体化联盟、全国机械行业I5职业教育集团，组建特色二级学院，成立专业群建设委员会，实现了校企一体化育人，取得了良好的办学效果与社会效益。

此外，济南市养老服务和医疗卫生的发展也为医疗康养职业教育集团提供了广阔的发展空间。现阶段，济南已初步建立起以居家养老为基础、社区养老为依托、机构养老为支撑的社会养老服务体系，推动养老服务由补缺型向适度普惠型转变，正在逐渐形成社区养老形成网络。与此同时，养老资金投入不断增加，社会力量投入养老服务事业的热情不断增加。

随着养老事业快速发展，对医疗康养类技术技能人才的需求越来越大。承担着培养高素质医疗康养劳动者任务的职业教育集团成为提高人力资源素质的重要途径和推进产业经济发展的重要支柱，发展医疗康养职业教育已成为完善现代养老体系的必然要求和振兴地方经济的战略选择。

探索创新模式　激发产教活力

我校按照山东省教育厅、经信委关于职业教育集团管理文件相关要求，借鉴其他省市成功模式，建设以政府为主导、行业组织为指导、以专业或专业群为纽带、以企业和应用型、技术技能型院校为主体，实现企业行业与学校共同培养技术技能人才的产教联合体—济南市医疗康养职业教育集团。

集团由成员单位组成，实行理事会制，理事会是最高权力机构，秘书处是理事会的执行机构。职教集团成员在产权、所有制和人事关系不变的前提下，推动“校企合作”、“校际合作”、“校地合作”及“国际合作实现设备、技术、信息、教学、师资、实习、生产基地、技能鉴定、毕业生就业等方面优势互补和资源共享，优化配置各类教育资源，最大限度的发挥资源优势。企业和职业院校坚持互惠互利为原则、以维护集团整体利益为行动准则，以互相支持、互相协作为基本工作方针，成为技术技能人才培养的合作方和利益共同体。

同时，医疗康养职教集团的建立，也取得了一定的阶段性成果：包括和中国社会福利与养老服务协会、北京中职教育科技集团有限公司三方合作，成立全省首家长者福祉学院—济南长者福祉学院；以校企合作方式，推动实施“双元”人才培养新模式；成为首批教育部1+X证书职业技能等级证书项目试点院校，完成老年照护、失智老年人照护、母婴护理和幼儿照护四个项目的培训及考核，培训高达515人次；建设康养职教集团网站，更好地向社会各界宣传成员单位整体形象和风貌；与美国海湾州立大学开展联合办学，健全和完善国际合作与交流工作机制，积极推进教育国际化。

我校通过组建济南市医疗康养职教集团，搭建了全市健康养老类职业教育合作交流平台，整合优质资源，深化成员单位合作，加强养老服务业人才培养模式改革，提高康养类专业群建设水平，进一步培养更多适应康养产业、具有熟练康养岗位工作能力和丰富知识储备的高素质技术技能人才。

“一技在身，百业可为”。大力发展职业教育，对于实施科教兴国和人才强国战略有着特殊的重要意义。而职业教育集团化办学，是发挥学校和企业等各方面积极性，促进优质资源开放共享，创新职业教育体制机制，激发职业教育办学活力的有效途径。职业教育发展应树立“大教育观以社会需求为导向，注重科学管理，抓住机遇，与时俱进，拓宽办学渠道，发展更高质量的职业教育，为社会主义现代化建设培养更多的大国工匠。

重拾红色经典记忆　培育时代优秀新人

山东省莱芜职业技术学院　董海燕　毕玉海　郝金镇

“利器也，复以锻之以去钝，锋其筋骨，锐其根本，育人之道亦如是也，国之重器，功在当代，利在千秋……”教育是民族兴衰的命脉所在，是国家强弱的心脏工程。只有在教育的土壤中深耕细作，做有深度的教育，办有意义的学校，才能彰显生命价值。9月16日，习近平总书记在湖南考察时强调，要讲好红色故事，搞好红色教育，让红色基因代代相传。这是总书记近年来在多次会议、多个场合一再强调的话题。因此，近年来，我校深入学习贯彻习近平总书记讲话精神，以红色教育为主要阵地，充分发挥红色资源优势，深入开展“讲好红色经典故事，提升思政教育质量”红色教育活动，将红色教育打造成我校特色教育的发展路线，大力培育学生的家国情怀和爱国赤忱。培养学生自觉维护、传承红色革命传统文化，勇于承担，积极进进取，将红色教育活动系统化、规范化、常态化，通过大力开展丰富多彩的红色活动，不断加大红色教育宣传力度，凝练红色教育特色，使红色教育成为学校亮丽的品牌。

一、立足红色资源优势，焕发教育全新样态

济南市莱芜区红色资源丰富，革命历史悠久。在这片革命资源富饶的红色土地上，流传着一桩桩感人肺腑、慷慨激昂的革命故事。为

了让学生深入了解到那个年代革命先辈身上的那种义无反顾的奉献、拼搏的精神，我校以红色故事为切入点，带领学生切身感受红色故事背后的炽热与无畏。讲好红色经典故事，首先要把中国革命红色故事宝库建立起来。为此，我校首先整理、保护好新中国成立后创作的大量红色故事，并结合时代条件将其发扬光大。其次自觉维护、传承、挖掘红色资源，提炼形成新的红色经典故事，发挥其教育熏陶和鼓舞人心的作用。如，莱芜历史上第一名共产党员吕若侃卖掉60亩土地为党筹措经费的故事，早期党员鹿省三乞讨千里寻找党组织的故事，莱芜战役中国民党将领韩练成放弃高官厚禄为我党工作的故事，都展现了信仰的力量。又如，吉山战斗时200多名中华儿女牺牲在敌人刀枪下的革命精神；莱芜战役期间，莱芜人民勇于支前的动人故事；被评为“全国诚实守信道德模范”的房公训老人，几十年如一日坚持为抗日战争时期牺牲的烈士扫墓，等等。为了弘扬革命精神，我校按照习近平总书记对优秀传统文化要求，扎实做好创造性转化、创新性发展工作，充分挖掘当地红色资源。我校思政课教师结合史料，发现在莱芜战役中从党中央、毛主席到当时的华东地区党组织、莱芜县委以及优秀共产党员都起到了关键作用，由此制作了《莱芜战役中的中国共产党》微视频，在网络上获得广泛好评，并在2019年全国高职院校网络思政工作创新示范案例推荐活动中获得“全国50强”荣誉称号。思政课教师还将莱芜战役的经典案例编入《高校军事理论教程》，受到学生的欢迎。教材在山东省优秀教材评选中荣获二等奖。

近年来，我校十分注重聚集红色资源，积极打造红色经典故事的“珍珠链”。先后建设了一系列红色阵地，将红色经典故事写在蓝天白云下，写在长廊白墙上，使红色成为学校一道亮丽的风景线。学校建设的党建主题公园、办公区红色文化长廊，都为演绎红色经典故事提供了重要保障。学校刚建成的初心馆，是将党史馆、新中国史馆、国防教育(红色莱芜)馆以及校史馆四馆合建，意在将红色经典故事更好地串联起来，发挥“珍珠链”的集聚效应。

二、明确红色教育思路，助力教学品质提升

为讲好红色经典故事，用红色教育熏陶学生，我校在实际工作中坚持做好“六个结合”。坚持“思政课程”和“课程思政”相结合。学校不仅将红色故事在思政课程中确立下来，而且做好与课程思政的结合文章，充分挖掘各类课程的思政元素，使二者同步相向而行。如经济专业教师讲的《红色税收的故事》、信息专业教师讲的《红色电波的故事》、护理专业教师讲的《白求恩的故事》等。我校党委还设立专项资金，开展“思政课程”案例和“课程思政”案例征集活动，编写了案例集，为实现全员、全过程、全方位育人奠定了基础。同时，学校坚持课堂教学和课外实践相结合。每当重大节日来临，都会有红色故事的动人声音。结合大学生技能大赛，学校积极开展了红色筑梦之旅行动。从刻有“红旗飘万代”的最早的莱芜境内党组织所在地，到“全国百个爱国主义教育示范基地”之一的济南市莱芜战役纪念馆，再到新时代愚公精神的发祥地——龙山国家生态旅游区等，确立了8处思政课课外实践基地，让红色故事讲述在校园里，也演绎在莱芜这片红色的土地上。

校企结合是锻炼学生生活技能、学习知识的重要渠道。为此，我校始终坚持学校和企业相结合。一方面，在校企合作过程中，积极推进校企共建，以党建引领推动各项工作的开展，如学校商务管理系、思政部就先后与莱芜移动等通信公司以及龙山旅游开发区开展了校企合创党建工作，聘请对方专家讲授党的历史故事等，收到了良好的效果；另一方面，校企双方在育人质量上下功夫，如学校商务管理系与济南黄台酒店集团合作讲爱国主义的感人故事。

为了进一步锻炼学生劳动能力，拓宽眼界，我校还坚持学校和社会相结合。在科技服务地方、服务基层的同时，积极参与红色文化建设工作，如先后参与由地方党委组织的《法治德教100个故事》以及《社会主义核心价值观120个故事》的撰稿工作。2016年，学校思政部副主任吴修荣被授予“山东省优秀理论工作者”；2019年，学校商务管理系党总支书记郝金镇被授予“山东省基层理论宣讲工作先进个人”。此外，我校坚持线上和线下相结合。学校抓住建设全国数字校园的机遇，将线上红色资源和线下红色资源有机结合、将线下思政和线上思政相结合，建立并逐步完善网上红色经典故事平台，使网络思政平台变成思政理论课和思政实践课的预热和延伸。目前，我校正在筹划在平台上展示初心馆，让学生足不出户就可以接受红色文化的熏陶。同时，学校还支持思政教师利用微信、微博开发微视频，建设红色资源库，让红色之花处处绽放。多年来，学校教师在讲述红色故事的过程中，坚持做到真理性和情感性相结合，把对真理的坚守和对家国的爱、对教育的爱、对学生的爱融为一体，用真挚的情感打动学生。既做学生的引路人，又做学生的贴心人，让红色精神发扬光大，让红色基因代代相传。此外，我校也积极打造了学校红色教育文化品牌，提高了学校的知名度和美誉度。如今，学校的党建主题公园成为红色教育的重要基地，成为对外文化交流的重要平台。随着8个校外红色思政教育基地陆续挂牌，随着党史馆、新中国史馆、国防教育馆、红色莱芜馆以及初心馆的开馆，学校红色教育的特色更加突出。

“讲好红色经典故事，提升思政教育质量”活动，展现了思政教育的魅力，大大提升了师生员工的素质，为建设国内知名、省内一流的高职院校奠定了基础。学校选派的第一书记战斗在精准扶贫第一线，被市政府通报表彰；学校博士生组成的服务队用科技助力山区脱贫，将独具特色的白花丹参茶推广到国外，被老百姓亲切地称为“贴心人”；学生自发成立的博爱电子维修社团，几十年如一日坚持义务为社区百姓服务，获得“全国优秀志愿者”荣誉称号。学校还以优异成绩获得山东省优质高职院校立项建设单位，创建为省级文明校园，涌现出“中国好人”张兆曾、省劳模宋健等典型。在2019年全国、全省职业院校技能大赛中，学校以骄人的成绩引发社会各界关注；在今年的高考录取中，学校又以较好的成绩一次性录满考生；在刚刚结束的教师教学能力比赛中，又有3个团队被推荐参加全国赛，推荐总量位居省高职院校之首。

三、切实发挥阵地作用，争创红色教育辉煌

总之，红色教育的创建不仅提升了学校的精气神，更提升了学校的办学品位，提高了家长和社会的认可度。学生们纷纷被红色故事背后的革命精神感动，深受鼓舞，爱国之心更为浓烈，整个校园都沉浸在一种奋勇拼搏、斗志昂扬的环境下。未来路上，我校会继续以“红色教育”为突破口，不断挖掘红色文化宝贵的精神财富，倾力打造学校红色教育文化品牌，迈着坚实的步伐，执着激情地走在教育的道路上，以担当的情怀领跑教育改革，敢为人先，勇于创新，不断开启学校发展的新局面，用情怀装点教育事业的百花园，用生命继续谱写一曲又一曲教育新歌。

弘扬红色革命文化　追溯人文教育初心

山东省莱阳市大夼中心初级中学　徐世玉

九峰山麓，芝水河畔，一所传承了百年历史的教育名校坐落在这里，它就是——莱阳市大夼中心初级中学。始建于1930年，先后被命名为莱阳第三区私立“溪林小学”、区立第七小学、第三区第二小学、黄金庵小学等。我校不仅建校时间悠久，而且教育内涵深厚。因为我校的前身古刹黄金庵，不仅仅是一所佛教宝地，也是传承文化培养国之栋梁的摇篮，更是莱阳红色革命的发源地。

一、铭记革命初心　落实红色教育

星星之火，从这里点亮。“一个党员，一面旗帜无论在什么时期一个党员的先锋模范作用都是极其重要的。旗帜高高飘扬，旗帜就是方向，就是带领大家前进的先锋。我们每个党员都要充分发挥先锋模范作用，以身作则，严格要求自己，通过自己的实际行动，力争使自己成为大家学习的榜样。而莱阳南乡第一个共产党员辛大立就是在黄金庵建立了南乡第一个党支部，先后有辛少波、辛紫上、赵铎、张仲一、潘奉之、辛成学、辛文升等人加入中国共产党，这一簇星星之火，点亮了一片革命圣地。他们不断发展壮大革命队伍，为祖国的解放事业立下了不朽的功勋。

红色教育，从这里起航。红色教育对于青少年的成长具有重要的意义，不仅有利于传播先进文化，更能提高学生的思想道德素质，增强爱国主义教育效果，给学生以知识的汲取、心灵的震撼、精神的激励和思想的启迪。

为铭记历史，不忘初心，继往开来，再创辉煌，我校近些年充分利用身边事，身边人和身边物，挖掘革命历史，开展革命传统教育，传承红色革命基因，将红色教育真正地落细落实落地。凡校园内或与学校有关的具有红色教育特质、印记，且为可听可见可触摸的具象的红色教育教学资源，如：一段掌故，一份珍贵影像资料，一座雕像、建筑物，一个老物件，一位校内或与学校有关的红色人物，具有红色含义的校名校训校徽校歌等等均可。用一簇星星之火，点亮一片革命圣地。

二、营造学习氛围　传承红色基因

为缅怀革命先烈，弘扬民族精神，培养学生积极向上的学习情趣，把红色文化引进校园、走进课堂、走入学生的心灵，积极营造红色氛围，把红色资源转化为教育资源，用红色文化引领学生健康成长，我校开展红色教育系列活动。

讲述红色故事，不忘革命精神。我们虽然出生在和平年代，传承弘扬民族精神，已然不需要我们如革命先烈般在战场上抛头颅，洒热血，但是革命先烈的种种精神，我们不能永远不能忘怀。“辛大立是南乡的第一个共产党员，黄金庵是以辛大立为主的革命根据地……走进我校，经常会听到这样的声音，那是我校党支部宣传委员正绘声绘色地给现场参观的学生讲述当地的红色人物和红色故事。每逢建军节、建党日、国庆节等重要纪念日，我校便组织师生开展课外实践和志愿服务活动，为参观者讲述红色故事。

开发特色课程，传承红色基因。教育的根本目的是立德树人。从学科看，语文、音乐、美术、道德与法制等教材都有能够被采用的红色文化课程资源。语文教材常见的有革命事迹、英雄人物等；音乐教材常见的有红色歌曲；道德与法制教材中也会有红色德育素材。我校借助于课程资源，形成了由国家、地方、校本三级课程体系，在课程的建

设与实施中，力争国家课程地方化，地方课程校本化，让学科课程深度融合，逐渐构建起科学、合理的课程体系。根据革命历史，我校组织编写了独具特色的红色教育校本课程《古刹黄金庵》，对每一个大夼学子进行充分的革命传承教育，以此来激发学生内心的光荣感和使命感。

开展研学活动，增强爱国情感。为全面实施素质教育，深化基础教育课程改革，让学生在研学实践活动中不断增强学生的爱党、爱国、爱社会主义的情感，自觉弘扬和践行社会主义核心价值观。我校还开展了大夼中学“传承红色文化，体验劳动教育”招远淘金小镇研学旅行活动。

劳动教育是学生成长的必要途径，具有树德、增智、强体、育美的综合育人价值。劳动教育直接决定社会主义建设者和接班人的劳动精神面貌、劳动价值取向和劳动技能水平。将劳动教育与红色文化结合在一起，学生在体验劳动中更加体会到革命胜利的来之不易与今天美好生活的幸福珍惜。在劳动教育中更加加深对革命教育的理解，让学生的思想得到新的启发，精神得到新的洗礼。

三、开展系列活动　培养有志少年

我校深知红色教育活动对中学生成长的重要性，它不仅仅是有利于发扬红色文化在革命、建设和改革中形成的宝贵精神作用，更能够让“红色文化”发挥出教化育人、凝心聚力的作用。因此，在学校日常教育教学活动中，我们注重对红色文化的开发，开展了系列活动。

开设文化课堂，传承红色精神。“革命年代已经远去，如何让现在的孩子理解红色精神是开展红色教育的关键”.我们认为，要想让孩子们主动去了解红色文化，传承红色精神，不能只靠枯燥的说教。要通过富有趣味性和参与性的主题教学活动，让孩子们在体验中了解革命故事，自觉传承红色精神。

我校建立了历史文化展览馆，开设红色文化课堂，发展壮大共青团，开展丰富多彩的革命历史教育活动，带领学生了解历史，缅怀先烈，树立正确的人生观价值观，培养爱国有志有为的先进青年。同时开设了革命展览馆，通过图文、视频资料以及相关展览，让孩子们重温革命历史。通过观看视频等活动让孩子们从中感受爬雪山、过草地和过铁索桥的过程。

聆听英雄故事，体会革命精神。黄金博物馆开课仪式上，博物馆讲师为同学们讲述了五星红旗的来历以及构成红旗的主要元素所代表的意义，同学们以庄重的少先队礼向国旗致敬，表达自己对祖国的热爱、对革命先烈的敬仰之前。　参观爱国教育基地红色展厅，聆听革命先烈的英雄故事，感受胶东辉煌的红色文化历程，重走红色之路。

我校还通过组织红色教育活动，让学生们充当小导游，把革命故事告诉大家，不仅使得学生了解到许多感人的红色故事，更体会到革命先辈艰苦奋斗、不怕牺牲的精神，增强了民族自豪感。同时，让孩子们担任小导游为同伴们讲述革命故事。这种边看边玩边体验的学习方法很受学生欢迎，也激发了学生的参与积极性。

举办多种展演，丰富活动内涵。六一儿童节是属于孩子们的节日，今年恰逢建党100周年，我们始终秉持着“红色百年传承信仰”的高度。儿童是祖国未来，继承红色基因，儿童是民族希望，更要时刻传承红色信仰。在这个特别的“六一”来临之际，我校举办了“童心向党，奠基未来”　六一儿童节文艺汇演。孩子们通过舞蹈《党心向党》、《红星闪闪》，以及歌曲《歌唱祖国》，教师诗朗诵《大写的中国》等表达了对党的崇高敬意和对祖国的祝愿！

除此之外，我校还举办了红色主题班会、读书会；开设革命展览馆，通过图文、视频资料和相关展览，让孩子重温革命历史……近年来，我校就是通过丰富多彩的特色实践和教学活动，不断开展红色教育，传承红色基因。使得我校的学生在红色经典教育中收到浸润，努力成为祖国明天的有志少年与栋梁之材。

结语

红色基因具有超越时空的生命力、吸引力和影响力，红色资源则是红色基因的载体。我校是莱阳红色革命的发源地，拥有爱国主义教育基地和可移动革命文物等。每一处红色遗址或场馆都是宝贵的红色资源。我们要在以后的教育路上用好用活这些资源，把这些红色遗迹和革命场馆建好、管好、用好，使之成为讲好红色故事的课堂和教材。

星星之火，可以燎原，相信我校丰厚的历史底蕴会给学校师生的成长打下了坚实的基础。一颗红色教育的种子在这里生根发芽，繁衍成长，一批批学子在这红色教育的熏陶下，茁壮成长为祖国的栋梁。

坚守乡村教育阵地　搭建师生成长舞台

山东省聊城市东阿县刘集镇联校　杨洪亮

“让孩子们跑起来这是习近平总书记在主持召开教育文化卫生体育领域专家代表座谈会时提出的。我校坚持贯彻落实学生德智体美劳全面发展要求，党建引领、德育为先、强身健体、热爱劳动，结合学校实际，为师生搭建成长舞台。

一、实施党建引领　创新教学方式

我校坚持党建引领工作，实施“一亮四争先”。

坚持佩戴党徽，树立良好形象。全体党员在工作期间佩戴党徽、办公桌摆放党员公示牌，牢固树立“一名党员就是一面旗帜”的思想，党员一身作则，从小事做起，自觉弘扬正能量，树立教师的良好形象。

党员干部引领，争创模范先锋。设立党员先锋岗，党员干部要带头深入学习贯彻习近平新时代中国特色社会主义思想，增强党员的思想政治素质；要求党员在工作中做先锋模范，在师德、课堂教学、教书育人等日常工作中能够做到勇挑重担，成绩突出；教学争创模范先锋，要立足教学岗位、钻研业务、敬业奉献，带头学习不断提高自身素质，在教学中取得一定的成绩；设立班主任示范岗，传递红色教育，把班级打造成示范班级。

践行课堂改革，提高教师能力。为了更好地践行新课堂改革，提高教师实施素质教育的能力与水平，切实引导全体教师深入探讨课堂教学规律，努力打造高效课堂，我校开展以“五步三查”为载体的天天公开课暨“一师一优课”课活动。

“五步三查”教学模式中“五步”：即独学、对学、群学、展示、反馈。“三查”：查独学、查展示、查反馈。

该课堂模式以“学生主体、学情主导、教师助推”为设计思路，符合学生的认知规律，能够较好地完成三维目标对教学的要求，让学生学会在自主、合作、探究中获得自信而勇于学习。每一堂课都让我们领悟到了一句富有深意的话语：课堂因互动而精彩，学生因自主而发展。

我校的天天公开课为教师们搭建了一个实践教学理念、锻炼自己、展示才能的平台。教师们相互学习，深入交流，共同探讨提高课堂教学效率的新思路、新途径和新方法，为教师的成长和学校教育教学的发展提供了一个更好地契机。

二、自创“手绘地图”　拉近家校距离

我校下辖20个教学单位，学生2000多名，留守儿童、离异家庭、单亲家庭等情况复杂。为做好大调研工作，不落一户家庭，不掉一名学生，我校教师用细致和耐心，访遍千家万户。

困难影响效率，自创“手绘地图”。我校辐射周边40个村庄，从东北到西南，直线距离近20公里，为不影响正常的教学秩序，不耽误学生家长的工作，教师只能利用周末时间进行家访。时间紧、任务重，部分教师不熟悉村庄分布，设计走访路线经常南辕北辙，成为影响家访效率的重要因素，为解决这一问题，我校的教师娄来辉绘制了“手绘地图”。

以中心校为起始点的家访路线，他的“手绘地图”上有三条。地图上清晰地标注出了各个村庄的分布，并用箭头画出了最佳走访路线，为方便教师驾车，每条能通车道路都用双线绘制，地图最密集处，2平方厘米的面积就有7条路。明晰的走访路线，再配合前期统计好的每个村庄的学生人数，可以为每次家访节省一半以上时间，让老师有更多的时间走进学生家里。

多种方式联系，活动丰富生活。从我校出发，驱车十五分钟就来到了娄营小学。一体机、空调、多功能室、体育器械……麻雀虽小五脏俱全，学生少但学校坚持开全课程、开足课时，课程方面利用多媒体定期开展同步课堂，全镇大教研，提高教师业务水平。音体美等活动课，除本校教师授课外，学校利用一体机播放教学视频，让学生学习、才艺两不误。学校就在村庄旁，家校工作开展便利，每天放学时间都是教师与学生家长的交流时间，孩子今天的教学内容、在家表现如何都是聊不完的话题。

结语

我看青山换绿，感受到生机勃发的力量；我看小桥流水，感受到诗情画意之美；我看鱼翔浅底，感受到自由自在的快乐；我看柳树萌芽，感受到生命萌发的美丽；我看全校师生，感受到敬业爱业的美好。在以后的教育征程中，我们将立足乡村教育实际，助力乡村振兴，办老百姓家门口的好学校。

延时服务，让爱陪伴

——莘县樱桃园镇联校课后延时服务介绍

山东省聊城市莘县樱桃园镇联校　李德喜

近年来，樱桃园镇联校推行免费课后延时服务，结合“我为群众办实事”实践活动，不断丰富课后延时服务内容，提升课后延时服务品质，进一步强化学校教育的主阵地作用。学生放学后，并未马上回家，而是走进音乐教室，在音乐老师的指导下，一起吹奏葫芦丝，学习

音乐知识。

如果学校没有开展课后延时服务，孩子回到家可能会看电视、玩手机，不如留在学校参加喜欢的特色活动。这也是我们开展延时服务教育的初衷，那就是实现“延时服务，让爱陪伴”的教学精神。

一、课后延时服务促进学生全面发展

我们学校的课后延时服务的对象是那些有需求的学生，经家长申请，学校审核后，统一安排，各小学根据季节的不同，灵活掌握服务时间，但每天的服务时间都维持在50分钟以上。樱桃园镇联校制定课后延时服务指导性课程安排表，各小学根据学校的实际发展情况，组织开展有利于学生全面发展、个性成长的形式灵活、内容丰富的活动。学校教室、活动室、功能用房……各小学利用各种场地，开展各具特色的课后延时服务，服务内容包括阅读、体育、艺术以及游戏拓展训练等。樱桃园镇联校定期召开课后延时服务交流会，广泛征求家长对课后延时服务的建议，及时总结课后延时服务过程中出现的各种情况。

转变教学方式不仅在课堂，育人工作也不仅在学校。通过课后延时服务，老师们有机会研发更多书本知识以外的课程，帮助孩子全面发展。

二、课后延时服务提高学生学习效率

作为素质教育教学的一种模式，我校的课后延时服务在激发学生学习兴趣上，具有积极地促进作用。学生因兴趣选择自己喜欢的课程内容，教师教起来也更加得心应手。学校因材施教，提供个性服务，有效促进了学生全面发展。

农村小学师资有限，无法满足所有学生的兴趣爱好。樱桃园镇联校根据各小学教师的个人特长设置了丰富多彩的课后延时课程，学生根据自己的兴趣爱好选择所喜欢的课程。如，谷疃小学的音乐课、樱北小学的书法课、东耿王小学的读书活动……樱桃园镇各小学安排专门教师，为学生提供多样化的课后延时服务，使孩子们能够全面发展、快乐成长。同时，有了课后延时服务，家长们也轻松了不少，延时期间，学生们可以在校完成作业，学习效率和效果都要比在家提高许多。

三、延时服务创建乡村特色游戏项目

爱玩好动是孩子的天性，而游戏是这个年龄段学生最容易“走心”投入精神的娱乐方式。经过联校课题组讨论，决定开发传统乡村游戏。

把乡村游戏纳入学校课后延时服务，是我们学校的创新举措。各小学根据各个学段学生的身体特点，在低年级学生中开展跳房子、丢手绢等游戏，培养学生团队精神；在中年级学生中开展健身操、跳绳等游戏，提高学生的身体协调能力；在高年级学生中开展打陀螺、滚铁环等游戏，提升学生的身体素质。

劳动教育是农村学校的优势。樱桃园镇中心小学、郭海小学、百寨小学、刘楼小学、道口小学等学校整合校内资源，将教学楼前后闲置的土地开辟出来，打造学生们的“开心农场”。学生们根据节气变化，自主选择要种植的蔬菜。富有特色的劳育教育提高了学生们的生活技能，补齐了农村学生家庭教育的短板，提升了家长的满意度。

服务延时，爱不延迟。延时服务，让爱陪伴。这不仅仅是一句口号，更是樱桃园镇联校整合优化教学资源，用心办教育的初心。不忘初心，方得始终，我相信，在联校各位校职工的同心协力下，延时服务教育将发展成为响亮的学校品牌，将爱陪伴的精神永远传承下去。

用红色基因滋养社会主义接班人

山东省临朐县东城街道文昌小学　张淑青　付国芳　陈百涛

为深入贯彻党的十九大和习近平总书记系列讲话精神，我校以“立德树人”为根本，以扎实推进社会主义核心价值观为引领，以教育部发布的《中小学德育工作指南》为指引，立足抓基础，重常规，围绕重点工作，扎实开展德育少先队工作。因此，我校开展了一系列以“红色教育”主题的德育工作，以此促进学生核心素养的提升，为每个学生的成长发展奠定良好的基础。

一、在红色历史中成长

文昌小学地处城乡接合部，学校的前身是东城街道营子小学，是一所在红色历史中成长的小学。早在20世纪70年代就有红领巾集结号打磨600块汉白玉运往北京修筑毛主席纪念堂的红色史实，有着为老山前线官兵共建“双心林”的真实经历。在学校附近，有爱国主义教育实践基地——胸山烈士陵园、临朐县委旧址——瑞庄、临朐县第一个党支部赵家楼、八路军山东纵队第一支队旧址纪念馆，红色教育资源丰富。2017年2月，新学校建成后，学校传承“弘文立志　昌德启新”的校训，秉承“立德养正”的德育理念，为培养明事理、有担当的文雅少年而不懈努力，志在帮助学生系好人生第一粒扣子。

学校现有学生1265名，有将近一半的学生为外来务工子女，他们对学校及周边的红色文化较为陌生，随着时间的推移，学校及各班爱国主义精神学习氛围日渐薄弱，因此，为了培养学生吃苦耐劳、勇于担当、勤于奉献的精神，更好地继承先辈们的革命精神，对学生们的红色教育刻不容缓。

二、红色教育总—分—总

不同年龄段的学生的认知能力不同，接受能力也不同，所以，对不同年龄段的孩子，我们有不同的教育目标。

以四年级为分水岭，对于1—3年级的学生们，教师们会引导学生初步了解中国共产党以及祖国对我们每个中国人民的意义，从而热爱中国共产党、热爱祖国、热爱人民。有意识地培养他们的集体意识，养成基本的文明行为习惯，尊老爱幼、爱亲敬长、爱集体、爱家乡。初步了解生活中的自然、社会常识和有关祖国的知识，形成自信向上、诚实勇敢良好品质。

对于4—6年级的学生们，学校对他们的要求会高一点。关注弘扬红色文化、传播红色文明、承续红色文脉是终极目标。学校会引导学生进一步了解中国共产党的历史和祖国的发展史，从而使学生们对党和祖国产生由内而外的热爱和尊重。同时要了解家乡发展变化，了解中华优秀传统文化和党的光荣革命传统，并在日常学习、生活中体现出来，形成诚实守信、友爱宽容、自尊自律、乐观向上等良好品质。

三、让红色教育无处不在

1.利用课程加强重视

为了让不同阶段的学生都能充分感受到红色文化的力量，我们根据不同年级和不同课程特点，充分挖掘各门课程蕴含的德育资源，发挥课堂的主渠道作用，将德育内容有机融入各门课程的教学中。比如充分利用语文学科课程中的红色教育篇目，让学生通过“我当小老师”、说感悟、写体会、画插画、演讲、情景剧等方式，达到理解和认同主题思想的目的。按照课程方案和标准，上好道德与法治课，发挥思政育人作用。

除主课之外，艺体课程也从不放过。音乐课组织学唱红歌，开展“红歌嘹亮”展演和比赛活动；美术课指导学生制作红旗、给队徽填色，组织红色画展活动；体育课制定详细的课程实施体系，指导教师开展学生体质健康提升活动，锻炼强健的体魄。

在这些常规课程之外，我校还利用红色教育主题教育校本课程《临朐县红色故事》、“不忘初心主题教育读物”《我和我的祖国》、美术校本课程《手工开悟小场景制作》，组织学生学习红色故事，通过讲红色故事比赛、红色主题征文活动等让同学们切实感受到红色文化的强大力量。

2.利用社会资源加深认识

有效利用学校周边的红色教育资源，将组织学生到红色教育基参观纳入学校教育教学计划。组织学生开展红领巾寻访活动，走进身边老革命者的生活，了解老一辈革命者的奋斗史，分享家乡的发展成就。增强学生们爱国、爱党、爱人民、爱家乡的情感，从而坚定为中华民族伟大复兴而发奋读书的决心。

3.营造红色文化氛围

为了让学生们在充满红色文化氛围中开展学习生活，学校在明显位置张贴二十四字社会主义核心价值观，悬挂革命领袖人物的画像及格言，在每个教室黑板的正上方张贴国旗标识。同时完善少先队活动室建设，增加少先队活动室红色教育书籍，在室内增设带有红色教育元素的横幅、图画以及摆件。与此同时充分利用板报、走廊、墙壁等进行文化建设，分期分年级通过读、写、诵、唱、演、讲、绘等形式进行主题创作或展示。

“节日”是营造氛围的最佳助手。我校充分利用各种传统节日，例如：清明节、端午节、建党节、建军节、国庆节等，开展各种特色活动，把红色教育融入节日纪念日活动中。通过节日活动，让学生们体会先辈们的爱国主义精神，感受国家的伟大历史征程。

四、在参与中成长

开展“红领巾小百灵”、“红领巾小创客”、“红领巾小书虫”、“红领巾小主人”、“红领巾小健将”评选活动，增强学生光荣感和归属感。

通过观看纪录片让学生们学习红旗渠精神、井冈山精神、长征精神、抗美援朝精神、航天精神、抗疫精神等，教育和引导学生除了向革命前辈们学习以外，还要向现代的典型人物学习，将红色精神传承下去。

组织学生开展自主教育，鼓励学生自主参与，以榜样为引领，落实到行动中，争当文明星、智慧星、书法星、读书星、才艺星、创新星、劳动星、纪律星、卫生星、体育星。将红色文化内化到学生的日常行为中，实现红色文化内涵的深化和拓展。

五、全方位保障红色教育顺利开展

为了使全校师生重视红色教育，学校成立了德育工作领导小组，校长刘欣亲自担任组长。学校设置德育处，定期对各班主任进行培训、测试，以保证教师团队的整体素质。

学校以最美班级评价量化为抓手，每月评出最美班级予以表彰，其结果计入到班级管理团队激励表彰；学生班内每周一评比，级部每

月一评比，学校每学期一评比，对于各项成绩优异表现出色的学生进行表彰，其结果计入文昌小学学生成长印记。

为了提高我校的综合育人能力，我校借助学校公众号、临朐教体在线、青春临朐、潍坊少先队、本地媒体等平台加强红色教育宣传，积极听取校外群众以及专业人士的意见和建议，同时关注其他学校的红色教育平台，借鉴他校有关红色教育的优秀案例，促进我校红色教育向好发展。

"路漫漫其修远兮，吾将上下而求索开展红色教育是一个浩大的工程，我们会为了做好这项工程而不懈奋斗。我们志在让学生养成心中有"责"的主人翁意识，养成"纯正无邪"品行，塑造"爱国"之心，培养学生的传承精神，树立为共产主义而奋斗的信念。

我党常驻"我"心中

——谈临沂古城小学红色文化教育工作开展

山东省临沂古城小学　韩贵华　毛歆娜　王洪坤

中国共产党建党一百周年之际，为全面落实立德树人的根本任务，贯彻落实习近平总书记关于传承红色基因的重要指示精神，临沂古城小学以"传承红色基因，争做时代新人"为目标，以党建为引领，开发红色足球等特色课程。开展系列红色活动，深植开拓奋进的红色沂蒙精神，把红色基因深植到育人的每个环节，引导师生坚定信念，听党话跟党走，全力构建红色德育体系，推进红色文化教育活动向纵深发展。

一、传承沂蒙革命精神，构建红色教育

利用沂蒙革命老区的地理优势，着力发掘整理本地特色红色资源，建立红色教育中心展室，积极创建"红心向党、争做先锋"支部品牌，开展"争做五个先锋"支部工作法，以党建带队建，加强红色教育阵地建设。将沂蒙六姐妹、沂蒙母亲、沂蒙红嫂等典型事迹、人物通过集中整合，形成文字、图片和视频资料，集中放置便于师生们观看学习，并开展学党史活动，筑基红色心灵；建立红色文化走廊，将沂蒙精神、英雄人物融入其中，让师生们更好地受到革命传统教育；利用红领巾广播站宣讲红色故事，追溯光辉的革命岁月；创办本校的《星星火炬队报》，结合公众号、板报等阵地，讲革命故事与英雄事迹；建立红色经典歌曲和红色爱国电影文件库，班级内开展"红歌人人唱"活动，在昂扬的旋律中浸润红色情怀；校内两名退役军人是我们身边的活教材，少先队员聆听他们讲红色故事，弘扬奉献精神；建立劳动实践基地"慧耕园各班级认领进行栽种劳动，强化实践育人；每周的红色班队会课，真正使红色基因入脑入心、融入血脉；大力开展"班级文化"、"橱窗文化"等校园文化建设，凸显红色文化，营造红色氛围，潜移默化地在孩子们心中播撒下爱的种子。

二、开展红色教育思政课，引入德育教学

将"课程思政"纳入工作布局整体规划下，各学科充分利用沂蒙革命老区丰富的红色文化资源，进行新时代思想品德教育。每周设一节"红色沂蒙教育"思政课，并开发红色足球、研学课程、"三爱"课程、节日课程、劳动课程、家长课程、志愿者课程等红色课程，让学生在亲身经历与体验中获得良好品德，在学习、思考、感悟中滋生红色细胞、用红色教育对青少年价值观进行深刻塑造。并建立家庭教育指导委员会和家庭教育资源库，将红色文化纳入家庭教育体系，指导家长开展家风家训活动。同时，开展德育活动，搭建红色教育平台。以建党一百周年为契机，通过　"读、观、唱、演、画、写、祭"等形式开展了一系列教育活动：参观费县大青山胜利突围纪念馆；"沂蒙精神代代传　红色教育进校园"主题讲座；邀请五老志愿者做"不忘初心"报告会，激发青少年铭刻历史；到科技馆、兰山区半程实践基地、新四军驻地旧址举行研学活动；以三大行动工程为依托，开设足球、剪纸、合唱、书法等17个特色社团，在各社团和中队内开展读红色书籍、观看红色电影、讲述红色故事、演唱沂蒙歌曲、画美丽沂蒙、表演沂蒙舞蹈、写红色征文、网上祭英烈等系列活动，用各种各样的艺术形式来展现、歌颂沂蒙精神，广泛传播红色经典文化和时代的主旋律。

三、实行"奖章"评价体系，体现教育特色

根据团中央红领巾奖章活动精神，结合我校实际，改革构建科学的评价体系。把对少先队员的思想道德素质、科学文化素质和健康素质等方面的要求，具体内化为若干枚具有我校特色的"红领巾奖章利用班级优化大师等工具，实施正面激励，作为对文明班级、文明学生的评选。以"争章"为手段、以"达标"为要求、以"授章"为总结，激发少先队员争章的主动性、积极性，造就全面发展、五育融合的新时代人才。文明班级的评选，也全面实施"一卡通各项常规、开展的活动等都以奖章的形式进行量化，在每月升旗仪式上隆重表彰，培养学生的集体荣誉感，争做古城好少年。

沂蒙山区是红色教育的发源地。我党的革命精神在这里汇聚，传承，发扬。沂蒙百姓对共产党的精神领悟更为真切和透彻。作为沂蒙革命区的小学，在教育中传承红色文化，发扬红色精神，已成为教育的传统和使命。

红色文化生生不息，红色传统代代传承。我党常驻"我"心中。古城小学采取切实有效措施，深挖红色资源，建设红色阵地，在丰富多彩的教育活动中培养学生的家国情怀，全面发展、知行合一，建立红色德育体系，引导青少年从小树立坚定的理想信念，主动当好红色基因的传承者、实践者！

以特色谋发展，以文化树品牌

山东省临沂市临沭县第三实验小学　徐启超

学校的一切教育活动应关注的不是知识本身，而是知识渗透生命后的行为素养；不是技能本身，而是技能养成习惯后的创新能力；不是人文本身，而是人文启蒙理性后的求真精神。校园文化不是简单的环境氛围，而应是师生的精神生活。我校十分重视校园文化建设，几年来，学校紧紧围绕"突出一个特色，做好八篇文章，实现四个突破，禁止六种行为"的工作思路，以"儿童快乐成长、教师幸福工作"为目标，不断优化育人环境、改革课堂教学、创新学校管理，用文化软实力提升学校品质，实现了文化铸魂、文化引领、文化育人、文化立校的目标，充分展示了学校个性魅力和办学特色，使学校成为师生乐而忘返的温馨家园。

一、确立文化内涵，铸就学校之魂

我校团队经过从下而上，从上而下的大讨论，深思熟虑、反复修正，确立了"快乐成长"这一文化内核。其内涵是在"做世界之中国人"教育理想激励下，在"没有学不好的学生"教学理念引领下，将学校逐步建设成"学生快乐学习、教师幸福成长"的乐园，让学习即生活，工作即生活成为教育新常态，提升师生幸福指数；突出体现在以"乐"字为文化符号，大力实施"126快乐教育架构"(即一个中心"快乐成长"、两个层面"基础与发展层面"、六个着力点"快乐文化、快乐管理、快乐校园、快乐课程、快乐课堂、快乐活动"）。其中快乐文化是精神引领——追求快乐；快乐管理是调控——导引快乐；快乐校园是基础——感受快乐；快乐课堂是主阵地——创造快乐；快乐活动是主途径——享受快乐；快乐课程是主品牌——保障快乐。意在引导师生做乐健、乐善、乐学、乐美之人，力争走出一条特色鲜明的素质教育之路。

同时，学校以"快乐成长"为基石，升华出"乐以求真，止于至善"的校训、"乐健　尚善　博学　创美"的校风、"乐业　爱生　进取　创新"的教风、"乐学　善思　自主　合作"的学风。

二、营造环境文化，建设悦目乐园

近年来，我校紧紧围绕"创建成长乐园"这一办学目标，按照校园文化图谱，巧妙构思，通盘考虑，合理布置校园文化景点，让学校处处有文化，处处会"说话努力打造庄园式美丽家园。

精心打造中心景点，凸显温馨向上主题。经过精心策划，打造"两廊加一园广场置楼前"的中心景点：两廊是指德馨长廊（紫藤长廊）和艺馨长廊（葡萄庄园），前者主要是师德、学生文明展示，后者主要是师生才艺展示；一园是学校花果园：宏观上亭台池榭、花木松竹一应俱全，草坪上安放了13块别致的以乐为主题景观石；广场是指花果园前面的"同乐广场"：学生活动和小集会的地方。实现美化环境，乐在其中，育人无声境界。

全力打造墙壁文化，突出"乐"字特色。学校的主题浮雕墙、校训石、景观石、大小廊道墙壁、班级文化墙，无不阐释着"乐"字蕴含，让名人名言、英雄形象、学校师生的肖像事迹、优秀传统文化穿插其间，使每一面墙壁成为教育园地。学生置身其中，耳濡目染，端正人生，愉悦身心。

倾情营造书香氛围，浸润生命无声。校园处处布满书的模型和方便的阅览廊凳，楼内建成了独具特色、设施一流的图书阅览室及电子阅览室。为方便师生随机阅读，廊道里增加了一排排开放式的图书架、阅览凳，建起了颇具古色古香的教师读吧和匠心独运、个性十足的学生读吧。

三、强化制度文化，建设舒心校园

学校秉持"以人为本、理念引领、目标管理、数据说话、精细严实"的管理理念，出台了一整套行之有效地管理措施与制度，形成奖惩并举、公平竞争的激励机制。

制度不在多而在精，目前学校已经建立起以《临沭县第三实验小学任课教师量化考评办法》为核心，包括《临沭县第三实验小学教师

工作量核算标准》、《临沭县第三实验小学教科研工作奖惩条例》、《临沭县第三实验小学教职工请假制度》、《临沭县第三实验小学班级量化评估制度》、《临沭县第三实验小学全员参与式班级管理工作制度》等的15个前勤制度和以《临沭县第三实验小学后勤服务评估制度》为核心的9个后勤管理制度。建校以来，我们从没有通过投票进行评优树先、职称晋升，各项工作有序开展，这也充分展示了制度文化的力量。

四、培育行为文化，构建和谐乐园

构建丰富多彩、生动活泼的学校课程文化。在严格开好国家课程、地方课程的基础上，我校创造性地开发出以"校本课程"、"社团课程"为主干的拓展性课程——"快乐课程"体系："优秀经典诵读"、"数学超脑麦斯"、"语文主题学习"为校本课程，一二年级增开围棋课；同时采取在社会上聘请"专家"和充分发挥师资特长的方式，开设了音乐类、体育类、美术类、科技类、文艺类、学科延伸类等43门社团课程供全校学生自主选择，通过"定管理"、"定方案"、"定师资"、"定时间"、"定评价"的"五定"措施，切实保障了社团课程的有效实施，最大限度地满足了学生个性发展的需要。

构建爱生敬业、博学友善的教师文化。我校教师主要是从农村中小学择优招考的，需要的是思想上的引领和眼界的开阔。培育爱生敬业、博学友善的教师文化，学校主要采取了五项措施：即一立德树人，塑造师魂，端正三观。学校每年利用节假日组织教师分批次到红色基地学习，让老师们接受无私大爱的洗礼，学习时代楷模的优秀品质，让"追求卓越、争创一流"成为学校的一面精神旗帜；二亲近名师，启迪智慧，找出差距。坚持"请进来"与"走出去"相结合，创造一切机会让老师们启迪教学智慧；搭建平台，挖掘潜力，找准位置。学校根据每个教师的不同特点，有针对性地压担子、架梯子、搭台子；四科研助推，主动发展，成就名师。学校大力倡导"研思结合多年来坚持主导课题研究与教师个人课题研究相结合，提倡在教学中发现问题、研究问题，把教育科研贯穿于整个学校管理之中；五爱满校园，情暖心间，爱生敬业。2013年学校花费了两万余元自行购买了大型净水设备，解决了全校师生的健康饮水问题。同时，学校利用好教师工会福利举办教师集体生日、师生伤病探访、困难补助等活动，密切与老师、家长的联系。

构建健康友善、聪慧文雅的学生文化。一生本课堂，培育智慧少年。为了保证学生的活动时间，释放学生潜能，我们重申了"向四十分钟要质量"的口号，并明确提出"乐字要突出、习惯要养成、能力要凸显、知识要掌握"的课堂教学改革目标；二行为守则，培养文明少年。学校抓实了《中小学生守则》、《中小学生日常行为规范》、《十要十不要》等的落实，促进了仪容仪表、言行举止、讲究卫生、爱护公物、公德意识等文明习惯养成；三快乐活动，培养健康少年。学校于2016年4月份出台了《关于转变教育方式、强化实践育人》7个方案，要求老师们要寓教于乐，让学生在乐中学，在玩中学，以丰富多彩的活动，陶冶学生情操，促进和谐发展；四德育活动，陶冶心灵。近年来，学校精心策划、用心引导，开展了大量的主题活动；五阳光课间，快乐共享。我校把"健体"放在第一位，积极倡导阳光体育活动。利用体育课、大课间，引导师生进行阳光体育锻炼。课间操除了第七套广播操外，还开发了《美丽天使》、《小苹果》、《男儿当自强》三套体操让师生得到充分的锻炼；六素养展示，彰显本真。为展示素质教育成果，学校每年举办学科素养比赛、读书节、艺术节、科技节、体育节等。

构建合作共建、携手共育的家校文化。我校除了每个学校都有的家长委员会以外，大力开发了家长义工团队。团队成员是家长中的优秀分子，他们的特点是义务和真情，不仅是家校沟通的桥梁，也承担起义务安全护导、义务助教、义务大型活动的组织等，甚至还能为学校提供一些物质援助，比家长委员会更有教育性和示范性，为我们构建合作共建、携手共进的家长文化，起到了决定性作用。

几年来，学校先后荣获"山东省文明校园"、"山东省规范化学校"、"山东省绿色学校"、"山东省示范食堂"、"山东省电脑制作优秀组织单位"、"临沂市教学工作先进学校"、"临沂市平安和谐校园"、"临沂市四德工程示范学校"、"临沂市五好关工委"、"临沂市节约能源资源先进集体"等几十项荣誉称号，接待省市县参观团30余次，并连续2次承担了全县学校管理现场会，受到社区群众的一致好评和广泛赞誉。

"特色谋发展，文化树品牌"。既然选择了追求真理的远方，就要风雨兼程。今后，我校将继续围绕"文化立校 快乐成长"这一办学特色，以更高的标准、更高的要求、更实的措施，发展学校内涵，打造学校品牌，提升学校形象，为创办人民满意的教育，创建高品位的区域名校而努力奋斗！

理实并举，培养德技双馨人才

山东省临沂市农业学校 张波英

党的十九届五中全会审议通过《中共中央关于制定国民经济和社会发展第十四个五年规划和二〇三五年远景目标的建议》，明确了"建设高质量教育体系"的政策导向和重点要求，提出"加大人力资本投入，增强职业技术教育适应性，深化职普融通、产教融合、校企合作，探索中国特色学徒制，大力培养技术技能人才"。

我校建于1976年。先后称五七大学、农技学校、农民中专、成人中专、莒南职业教育中心，2014年，更名为临沂市农业学校。学校在面向社会，全方位做好培训服务的同时，始终坚持中等职业教育的基础地位不动摇，优质开展就业教育和升学教育，培养了一大批实用型、技能型人才。多年来，学校在国家、省、市职业院校技能大赛中，成绩不断提升，连续多年获临沂市职业院校技能大赛团体一等奖。

一、选择教育事业，普惠更多孩子

我是一名来自农村的教师，20世纪七八十年代，我国教育还不发达，在农村还有孩子失学，不能接受良好的教育。所以，我选择了报考师范专业，既想使自己受到良好的教育，也想教育好更多的农村孩子。

另外，我很喜欢富有挑战性的工作。人们常说："教师要给学生一滴水，自己要有一桶水"。在社会飞速发展的今天，知识爆炸的时代。学生思想活跃，视野广阔，想得宽，想得深，也想得杂，涉及的问题五花八门，常常超越他们的年龄，所以说，我们不仅面对着变化的学生，也面对着变化的知识，我们只有不断开拓自己的视野，完善自己，才能够担负起教书育人的重任。我觉得，教师就是这样一种职业。我爱这个职业，一干就是30多年，未来，我将一如既往坚守初心，终生从教。

从教师到校长，就我个人而言，是教育情怀使然，是教育改革机缘，是学校同仁的信任。从教30多年，我几乎干过了学校里的所有职位，教师、班主任、教科主任、团委书记、教学副校长、副书记等。这些经历，都是历练；没有这些经历，我是当不好校长的。我认为，只有当过教师，才能懂教学；只有当过班主任，才能理解学生；只有当好学校中层，才能学会上传下达。这些能力，都是校长管理工作必须具备的。

二、成立教育集团，创新办学特色

我校牵头成立了临沂市现代农业职业教育集团，这个集团被省教育厅认定为省级骨干职业教育集团。2016年，学校作为主阵地，成功争创为第一批国家级农村职成教育示范县。

学校始终坚持在终身教育视野下办学，逐渐发展成为一所衔接普通教育，对接高等教育，融合社区教育，服务终身教育的多职能、多层次的综合性职业学校。在成人学历教育方面，依托国家开放大学、山东广播电视大学，开展基层社区干部学历教育，"一村一名大学生"培养，各行业的在职人员学历教育。目前各类在籍专科、本科学员2000余人。坚持育训并举，依托莒南社区教育学院，开展各类实用技术培训，年均实施各类培训达10000人次。近年来，学校主动对接国家乡村振兴战略和山东省新旧动能转换重大工程，扎根农村，面向农业，服务农民，服务乡村全面振兴对人才的多元化需求。

在多年的发展历程中，学校形成了一校多职能的办学特色。先后挂牌成立了山东广播电视大学莒南学院、莒南社区教育学院、莒南企业家商学院、中国海洋大学研究生教学点、春季高考升学部、临沂市专业技术人员继续教育基地等。

三、发挥引领作用，提升学校内涵

校长是一位管理者，更是一位思想者、实践者，要有思考的深度以及行动的力度，要有胸怀教育梦想和敢为人先的气魄。在学校的改革创新中我充分发挥了引领作用。

第一是思想上的引领。一所学校，校长有什么教育思想，就有什么样的学校。没有自己教育思想的校长，是带不出有特色的学校的。我始终把好正确的办学方向，明确为谁培养人、培养什么人、怎样培养人的目标。

第二，人格上的引领。作为校长始终把政治过硬、高风亮节；勤政务实、实事求是放在首位。对同事关心爱护，对学生严慈相济，对师生以人为本，对个人以身作则，带头执行各项规章制度，兢兢业业，任劳任怨，不能搞特殊，让师生从心里服气。

第三是业务上的引领。一个校长不但是行政上的领导，更重要的是业务上的领导。多年来，我不仅不断增强管理能力，还努力提高教育理论水平。所以，在工作中我挤时间去听课，参加老师的教研活动，参加班级的学情分析，参加老师优质课的大赛点评，对年轻老师进行现场指导。多年来，与全校师生共同努力，共赢一个又一个成果。

"教育的本质是培养人的活动学生何以成为"人才首先要有德，学会做人。其次，才是技，也就是成才，我们主要抓好"两个品质"：良好的道德品质和严谨的学习品质。良好的道德品质使之成人，严谨的学习品质使之成才；"德，是一个人成长中最为关键的第一要素"。为此，我上任之初提出了"教与学：理实并举；师与生：德技双馨"的办学理念。基于这样的办学理念，我们开展了一系列的工作。

四、改革教育模式，促进学校发展

一所学校如果不适当的改革就没有发展出路，不敢尝试创新就没有发展机遇。改革、创新是学校发展的主旋律和灵魂。

从"十一五"到"十三五"期间，我校先后申请立项建设了国家中等职业教育基础能力建设项目——综合实训楼、学生公寓楼、学生餐厅楼、图书科技楼、创新创业中心楼等项目，极大改善了办学条件。从2014年到2016年，莒南县创建成为第一批国家级职成教育示范县，极大促进了职业教育和社区教育的蓬勃发展。2012年到2014年，创建成为国家改革发展示范学校，内涵发展水平得以快速提升。2017年到2020年，又创建成为山东省示范性中等职业学校，进一步强化综合素养教育，深化教学改革，促进产教深度融合，提升师资队伍水平，推进信息化建设，完善学校内部管理。近年来，学校3个省级品牌专业建设、2项校企合作一体化办学示范校、1个集团化办学创新实践工程、2个省级教学团队、5个山东省职业教育教学改革研究项目、3个山东省现代学徒制试点项目、1项山东省技艺技能传承创新平台建设项目、6届“3+4”对口贯通分段培养试点、8个专业实施“三二连读”中高职一体化办学。

在终身教育视野下推进学校多元化办学。深入挖掘各类资源，在终身教育视野下推进学校规范化、多元化、社会化、全民化、开放化、地域化发展，坚持“六位一体”、一校多能的办学特色，不断拓展发展空间，努力打造了一所有高度、有宽度、有深度、有温度、有力度、有精度的特色学校，逐步形成了以中职教育为主体，成人学历教育、社区教育、“3+4”本科教育、“三二连读”专科教育、春季高考、实用技术培训等多项职能并驾齐驱的办学格局。

推进技工学校与临沂农校融合发展。根据教育部、山东省“职教高地”建设要求，率先打破学校类型界限、条块分割的藩篱，推进县域内技工学校与临沂农校融合发展，实现了场所、师资、资源、职能的融合、资源共享，集团发展。实行校系两级管理模式。2016年，推进学校管理改革，成立六个系，实现了教育管理重心下移，提升了育人质量。深化人事制度改革，工作岗位全员聘任、教师职称分级竞聘、工资分配绩效考核，一系列措施极大提高了教师工作积极性，激发了办学活力。

五、选拔优秀人才，建设师资团队

师资是一所学校品牌和教学质量的保障，对于教师的选拔我校与普通学校不同，我校职业教育需要“双师型”教师，既要能胜任理论教学，又能指导学生实践。教师的道德素养、知识水平和能力水平仍然是选拔的重要标杆。我们职业学校的教师要求具有“双师”能力，要求教师具有与行业企业沟通的能力，能有效组织学生开展校内外实践教学，并通过行业、企业的实践有效地完善教学内容和方法。

在教师团队的培养上，我们探索实施“任务驱动、自主研修、团队合作、校企共培、目标考核”的教师专业化成长路径，对不同类别的培养对象施以不同的任务要求和考核认定。同时，积极选派教师参加各级各类培训，开展校本培训，基本实现了全员培训、定期轮训。

六、重视教育科研，提升教学水平

教师进行教育科研，是为了促进教学；我进行教育科研，是为了管好学校。从教以来，我一直用教育科研来促进、指导我的工作。

近年来，我主持或参与了一系列课题研究，解决了许多学校管理中的难题。早在2008年，我在《创新职业学校发展的办学模式与教学方法》的课题中，提出了“校企一体化”的观点，当时还比较新颖。今天已经深入推进。

我主持的山东省职教教学改革研究项目《终身教育视野下县级职业学校发展策略研究》，深入探索了终身教育视野下职业学校规范化、多元化、社会化、全民化、开放化、地域化“六位一体” 的发展策略，指导了学校的办学实践，促进了社区教育的深入开展。我始终认为，教育的生命力在于创新，教育创新的源泉在教育科研。

新时代我们立鸿鹄之志、成“德技双馨”之才。新的征程已经拉开了帷幕，我校全体人员将用努力、拼搏、自强不息的精神，描绘出我们临沂农业学校最美的样子。

植根乡土文化　润泽身心成长

——高新区东皋埠小学“乡土文化”教育进校园的探索与实践

山东省青岛蓝谷高新区东皋埠小学　杨为岩

青岛蓝谷高新区东皋埠小学源于1922年（民国十一年）即墨县立第五国民小学，历经百年沧桑，校址几经变迁，于2002年10月在东皋埠村东建成新校并投入使用。近年来，学校秉持“阳光六年，润泽一生”的阳光教育理念，立足农村实际，努力打造阳光校园，促进队员健康成长、全面发展。

一、根据客观情况，提出乡土文化教育思路

有一次，我和一名学生交流时，谈起关于即墨马山石林、田横祭海节、田单火牛阵等风土人情和历史常识，他竟然对这些都不知道。

随后，我校通过调查研究发现：虽然生活在农村，但90%的队员不知道家乡有哪些乡土文化；大多数队员现在几乎不参加田间劳动，对于几千年来的农耕文化更是无从知晓。

《党的十九大报告》、《中共中央国务院关于深化教育教学改革全面提高义务教育质量的意见》等都指出，在新的时代背景下，要加强学生的劳动教育，大力开展中华优秀传统文化教育，打造中小学生社会实践大课堂，充分发挥优秀传统文化等教育基地和各类公共文化设施与自然资源的重要育人作用。

我校围绕学校周边生活的田园乡土资源进行了深入的调查和梳理，认为以下乡土资源可供使用：

自然资源：学校内有多块空地，同时具有便利的水源条件，可以将这些空地开辟为实践园、菜园、果园等。

地域环境：利用学校周边的地域特色开展实践活动，如到吴家玲中共即墨县委成立旧址开展研学活动，东皋埠山会社区实践。

人文资源：高新区（原牛齐埠乡）是一座千年古镇，“田单火牛阵”的典故即出自于此。悠久的历史赋予古镇淳朴自然的民风，形成了丰富的民俗活动和光辉灿烂的艺术。

基于这一认识，我校充分利用学校及周边区域自然资源、人文资源等比较丰富的优势，大力开展乡土文化教育研究，让乡土文化进课堂、进校园、进教材、进队员头脑。

二、乡土文化教育，因地制宜构建课程体系

接地气的教育才是最好的教育。在传承乡土文化上，我校因地制宜，就地取材，突出特色，实施“1234”策略，充分发掘文化育人价值，润泽队员身心健康成长。

（一）组建1支队伍

学校建立以学识丰厚的老教师为主体的乡土文化人才辅导员队伍，并开展“传帮带”活动，每一位乡土文化人才辅导员确定两名“传帮带”对象，通过听专家讲课、讨论学习、调查研究等方式进一步了解乡土文化，学习传承乡土文化之道，培养一批“土”专家、“土”中队辅导员。

我校健全考核激励机制，将中队辅导员乡土文化教育情况纳入校本培训和绩效考核，每学期根据学校评价、学生评价、家长评价、社会评价等四个方面，评选表彰“最美乡土辅导员通过微信、“七彩阳光广播站”等进行宣传，充分调动辅导员工作积极性。

（二）打造两个载体

一是“校园民俗馆留住乡情乡愁。2018年9月，我校围绕开展感恩教育，启动了“寻找老物件，感恩幸福生活”活动，全校辅导员、少先队员踊跃参与，收集了不同年代的老物件400多件，大到石磨、小推车，小到灯盏、锥子，建成了占地54平方米的“民俗馆”。馆内分别设有生活用品、文化用品、劳动用品三个展区。每一件老物件背后都有一个故事，队员在收集过程中加深了对传统文化的了解和热爱。我校充分发挥“校园民俗馆”的育人功能，把乡土文化教育融入各个学科教学之中，不断拓宽育人渠道，构筑“乡土走进课堂，学生走出课堂”的交互风景。“民俗馆”全天开放，辅导员根据不同学科的教学需要，把课堂搬进“民俗馆”：如，语文课“老物件的故事”情景作文、“家乡的变化”研究性学习课，美术课“历史的记忆”手抄报创作等，既激发了队员的学习兴趣，又增强了队员传承乡土文化的意识。

建立“红领巾小解说员”队伍。定期组织学习培训，每周利用自主活动时间，组织少先队员参观，由小解说员负责对参观队员进行讲解，学习乡土文化知识，留住浓浓的乡情乡愁，培育队员深厚的乡土情怀和乡土认同感。

二是，“田间课堂体验农耕文化。2019年3月，我校充分利用校内自然资源筹建了占地4200平方米的“阳光生态园打造集种植、劳动实践、体验教育于一体的绿色生态实践基地。大队部为每个中队划分责任田作为实践区，把课堂搬到田间地头，每周利用综合实践课、自主活动、大课间等时间，开展劳动实践教育，构建“田园特色课程”。从种植到管理、收获，辅导员指导，少先队员全员参与，与土地交流，与自然对话，学习耕种常识和农耕文化，感受种子发芽、生长、开花、结果的过程，体验“劳动创造美”的快乐，懂得了“粒粒皆辛苦”的道理，在实践中学会了合作和分享，培养了热爱劳动、尊重劳动的情感。我校还成立了“眼中的田园”——采风摄影社团，提出“修养在田园”特色发展目标，以田间课课为主阵地，引导学生发现劳动之美、自然之美，培养具有“四心四气”(即：守根心、包容心、责任心、昂扬心和灵气、志气、大气、雅气）的阳光少年。

（三）编写3本教材

徐特立先生认为：“最原始的、最基本的、最唯物的教材，就是乡土教材”。为了让乡土文化植根校园，我校结合学校课程开发，组织辅导员编写了宜于队员阅读学习的《老物件，留住乡愁》、《田间课堂——农耕文化》、《眼中的田园——采风摄影教材》3本乡土教材。教材贴近队员生活，简单实用，图文并茂，通俗易懂。在学校课程课上，辅导员结合乡土教材的相关内容对队员进行乡土文化教育，开阔学生视野和眼界，增强学生对家乡的荣誉感和归属感，激发他们长大建设家乡的热情。

（四）实行4层评价

为了激励学生主动了解、学习、传承乡土文化知识，我校实行“队员自评、小队评价、辅导员评价、家长评价”四个层面评价模式，结合“好习惯成就好人生”小队合作习惯养成教育，通过“大队督察（少年警校）、中队督察、小队监督、家长监督”四支队伍，形成“大队、中队、小队、家庭”四股合力，狠抓乡土文化教育的常态化管理，根据民俗馆文化知识积累、农耕文化常识学习、乡土实践、课堂及居家表现

等方面，进行每周一评、每月一小结，每学期末进行总结，评选表彰优秀乡土文化传承之星，形成了小手拉大手、师生齐参与的良好局面。

三、收获教育成果，并进行工作反思与展望

乡土文化教育的大力实施，助推学校各方面悄然发生着可喜的变化。校园的文化气息和办学品位日渐浓厚，师生精神面貌阳光向上，幸福感、归属感不断提升；通过劳动，学生明白了面对困难要不畏艰辛、坚持不懈；在体验了劳动艰辛的同时，培养了孩子们崇尚节俭、珍惜劳动成果的良好品格，我们慢慢发现，食堂里不再有剩饭剩菜，光盘行动已悄然实行；家长们也普遍反映，孩子们的家庭责任感越来越强，懂得理解父母，并帮父母分担；而且，每完成一个劳动任务的成就感，极大地提高了他们的生活幸福感和自信心。2020年在青岛市教育质量抽测中，我校五年级取得了即墨区第15名的好成绩，四年级抽测也位居即墨区前列。

学校先后被评为青岛市规范化学校、即墨区校本培训示范校、即墨区“学雷锋先进单位”、“即墨区诗教工作先进单位”等称号；学校《小荷诗社》60多人次在《中华诗词》、《即墨诗刊》上发表作品；2019年，学校《植根乡土文化，润泽身心成长》先后在即墨区第五届校长论坛和青岛市农村教育科研成果交流推广会上典型发言；2020年学校劳动教育入选青岛市优秀教育案例，并在青岛市宣传推广；同年被评为青岛市文明校园，2021年4月，农民日报对我校农耕教育进行了专题采访；2021年6月青岛电视台、齐鲁电视台先后三次报道我校劳动教育活动；学校开展的乡土文化教育活动先后六次受到新华社、中华人民共和国政府网、人民网、光明日报、学习强国等全国60多家媒体的关注和报道，推动了学校乡土文化教育的深入开展。

在乡土文化教育研究中，我校虽然取得了一定成果，但也发现了诸多需要改进的方面，如乡土文化资源挖掘不深入，载体、内容不够丰富，传承渠道需要进一步拓宽，乡土文化人才队伍素养和校园文化建设有待加强等。

下一步，我校将聚焦教育初心和本色回归，强化乡土教材研究和乡土教师队伍建设，创设乡土文化氛围。植根乡土文化，润泽身心成长，精心做好“根的教育让优秀的乡土文化驻足孩子清澈纯净的心灵，努力培养“生命至上、身心健康、习惯优良、全面发展、特长突出”的阳光少年。

深化中德职教合作　攀登职教发展高峰

山东省青岛西海岸新区中德应用技术学校　崔秀光　丁培深　徐言军　姜礼鑫

2019年1月，国务院印发《国家职业教育改革实施方案》，职业教育发展进入新的里程碑。作为国家级新区，西海岸新区坚持把发展职业教育作为提升城市核心竞争力、服务实施国家战略的重要举措，纳入新区经济社会发展总体规划，积极推进产教融合、校企合作，形成了“区域经济全覆盖、人才培养全链条”的专业组群发展新格局。

为了更好地服务区域产业升级，青岛西海岸新区中德应用技术学校紧紧抓住职业教育发展的大好时机，聚焦“中德合作引领、校企融合支撑、智慧教育保障、中高本一体化发展”目标，结合新区和青岛的产业发展，制定具有浓厚中德职教合作特色的创新发展实施方案，以提质培优、增值赋能为主线，积极完善标准体系，大胆探索产教深度融合、校企紧密合作的“双元三地”新型人才培养模式，持续完善新型职业教育评价体系，引领学校、教师、学生高质量发展，勇攀全国职业教育发展新高峰，为推动全国职业教育大改革大发展提供“青岛样板”。

一、搭建中德合作平台，探索职教模式改革

建立“青岛-汉斯·赛德尔基金会职业能力发展中心大规模开展师资培训。2016年，德国汉斯·赛德尔基金会同意在青岛建立“青岛-汉斯·赛德尔基金会职业能力发展中心这是赛会继建立山东-巴伐利亚职教师资培训中心十五年后，在中国建立的唯一一个独立的中德职教合作项目。2016年11月，时任青岛市教育局局长邓云峰与汉斯·赛德尔基金会国际合作所所长苏珊-鲁特为“青岛-汉斯·赛德尔基金会职业能力发展中心”签约揭牌。职业能力发展中心成立后，秘书处设在新区中德应用技术学校，面向青岛、省内及西部省份职业院校，先后组织机电、汽修、数控、液压与气动、养老护理、学前教育、职业教学法、双元制培训师等专题培训30余期，参训教师达860余名，有21位德国专家到现场教学或提供咨询指导。在此基础上，选派优秀学员25名赴德国参加高水平技能培训，进一步拓展国际视野，提升国际化人才培养水平。

建设“德国专家（青岛）流动工作站集聚德国专家资源。2013年8月，教育部批复同意在青岛市设立中德（青岛）职教合作示范基地。中德应用技术学校积极申办，成为10个项目工作站之一，设立“德国专家（青岛）流动工作站先后有12　名德国专家进站（2020年由于疫情原因，德国专家未能进站工作），在师资培训、办学模式咨询、学生培养指导、国际证书引进、德国职业教育企业创设跨企业培训中心等方面进行指导。在德国专家的指导下，学校对标德国职教培训领域，创建“工业机器人技能人才培养中心”和“中德智能制造技术技能人才培养平台”两个省级技艺技能传承创新平台，改造原有专业，重点培育智能制造专业群，现已形成了智能制造、交通物流、智慧物联、现代服务4个专业群。学校通过实施专业整合，紧密对接产业链，助推新旧动能转换和山东自由贸易试验区产业发展，使得学生的技术技能得到极大提升。近几年，学校在全国技能大赛中，共摘得8枚金牌、5枚银牌、8枚铜牌。

重点实施“双元制”课程体系改革，提升人才培养质量。中德应用技术学校利用鲁巴友好省州关系，在青岛市与德国奥尔登堡、伍珀塔尔友好城市的机制下，先后落地德国工商大会（AHK）证书考核、BFE机电课程汉化等项目，深入实施“双元制”教育本土化实践。具体来说，就是学校引入德国EBG公司证书和德国工商大会AHK证书，直接使用德国考核评价机制和质量认证体系，建立了第三方评价模式。自2013年机电专业引入AHK证书考核后，6届学员中有187人取得AHK职业资格证书。2018年进行“扩容又引进了数控专业AHK证书。

通过德国奥尔登市与青岛市的政府合作项目，学校与BFE（联邦德国电子信息技术中心）合作开展机电课程Translearn项目的汉化工作，引进BFE在线网络自主学习资源和软件，极大地拓展了学生的学习空间。目前，学校已经完成了部分机电课程典型模块汉化测试和机电课程标准目录的汉化翻译，并选取了符合我国机电专业学生学习的内容板块——电气安装技术，且与德方达成一致并签署了协议。在这个过程中，提升了教师的专业水平和能力。

搭建中德国际实践与留学项目平台，打通中职学生优质发展路径。2012年6月，中德应用技术学校与德国伍珀塔尔维特桥职业学院签署合作协议，确立双方结为友好学校，每年互派学生学习交流。至2019年，共7批次33名德国交流生来新区完成项目实践，每期五十天；已有6名学生赴德国完成为期3周的德国双元制企业实训，促进了两国青年间文化理解，拓展了国际职业视野。2019年，与德国歌德学院新开展Virtral Student XChange（虚拟学生交流项目），在中国和德国各遴选了10所职业学校参加，通过360度全景视频技术适时记录双方学习生活片段，在网上平台共享观摩。经过9年的摸索沉淀，该项目已经常态化，由初期的文化体验、顶岗实习，逐步形成了现在的两国中高职学生共同设计实施项目、融合技能训练、中德技能赛事对抗等交流模式。

二、建立中德学院，构建产教城一体化格局

2019年，在市区教育局的大力支持下，中德应用技术学校积极对接产业发展需求，校企融合共建实体性跨企业培训中心，实施“双元三地”人才培养模式，助推新区加速形成产教城一体化格局。

目前，学校16个专业全部与青岛职业技术学院、莱茵科斯特有限公司三方在中德生态园共建中德学院，开展五年一体化贯通培养，以“发展规划设计、专业设置调整、培养方案制定、师资培训调配、实训实习就业”五统筹为原则，遵循“中德合作、校企融合、德国标准”发展理念，立足创新突破，加大引进德国职业教育专业课程、资源、标准，持续开展1+X国际职业资格证书的认证推广，大力实施“学校+跨企业培训中心+园区企业”的“双元三地”中、高职一体化青岛双元制培养模式，着力培养符合山东自贸区产业发展的高层次技术技能人才。

在大量调研基础上，学校物流专业与北京络捷斯特公司共建长风物流培训中心，培养港口物流技能人才。数控专业与德企辛北尔康普、中德生态园管委共建中德生态园培训中心，为生态园德企提供数控技能人才。机电专业与ABB和海信日立中央空调共建工业机器人培训中心，满足新区企业因智能升级带来的新技术人才短缺。汽修专业与中德诺浩、大众瑞源等四家企业共建中德诺浩培训中心，开展新能源汽车人才培养。计算机专业与联想共建金蓝领培训中心，培养新一代信息技术人才。据调查统计，中德应用技术学校在2020年招生620人，中职招生突破计划26%，可实现每年为新区提供600多名高素质技术技能人才。

三、落实双元制办学，促进产教融合升级

借鉴德国“学习领域”的职教理论，中德应用技术学校确定实施德国“双元制”中国化实践的模式——“1+1+N校企合作模式”（1个专业+1个共建共享的生产性实训基地+N个合作企业），采用引企入校、带校入企、校企共建共享等形式，在专业设置、人才培养项目、课程资源、双师型教师培养、现代学徒制试点等领域开展产教融合、校企合作。学校先后与海尔、海信、上汽通用五菱等11家核心企业为主建立起6个培训中心，辐射6个行业100多家合作企业。

学校与德国莱茵科斯特智能科技（青岛）有限公司整合资源建设高水平融合性的　“智能制造跨企业培训中心实施“院校+双跨培训中心+企业”的新型双元制人才培养模式，在智能制造、自动化、机电一体化、工业网络通信、过程控制技术、运动控制技术、工业机器人技术等技术领域开展培训，与IHK、HWK合作开展专业资格认证，开展学生及师资培养，为当地企业提供人员培训、设计、咨询、服务外包等服务。

2019年，学校牵头联合省内十多家中高职院校、40多家行业协会、企业组建青岛西海岸中德产教联盟，以产教融合为主导，通过校企合作搭建产、学、研的平台。2020年，学校以青岛西海岸中德产教联

盟为基础，联合更多德国院校和培训机构等成立青岛中德产教融合联盟，服务区域企业对高水平技术工人的需求和不断提升技能的需要。

风清气正好扬帆。搭乘省部共建职教高地东风，中德应用技术学校将“顺势而为，乘势而上持续深化中德高水平合作，打造中德合作特色，实现学校高质量发展，满足新区有志年轻人高质量学习、实现幸福生活的美好追求。

初心使然，教育路上的行者

山东省日照市莒县青岛路小学 张立新

展翅高飞，是鸟儿的梦想；自由奔放，是骏马的渴望；百花盛开，是春日的绽放。教育者的梦想在校园，守望那些花儿般美丽的面庞，呵护着璞玉般无瑕的心灵，让他们得到阳光雨露的普照与浇灌，使他们快乐成长，这是我的初心和梦想。

我是1991年毕业分配到刘官庄镇中心小学任教，一干就是18年。2020年是我执教的第29个年头。回顾这29年来，有太多的感动，太多的精彩……行走在教育路上，我甘愿做一个平凡的行者，用尽我毕生的心血躬耕三尺讲台，培育社会贤良之才。

一、因为热爱，所以选择

选择老师这份职业首先是因为我很喜欢孩子，孩子的世界里充满了天真和纯洁。和孩子在一起可以使我收获无数纯真的感情。再者我很向往教师这份职业，这种向往来自于我小学时的一位王老师。当时我们班主任因病不能上课，学校就安排多位教师轮流给我们班代课。每次别的老师来，班里总是吵吵嚷嚷安静不下来。直到这位王老师的到来，班级状况才发生了改变。

记得那天，上课铃响了，班里好几位同学还在操场上玩。王老师站在教室门口打着手势叫他们，当那几位同学慢慢腾腾走进教室时，王老师并没有责罚，而是微笑着点头示意他们到座位上坐下。这时教室内依然乱哄哄的，王老师也没有发火，而是和我们做了一个小游戏：请同学们拿出小手摸一摸自己的耳朵，再摸一摸嘴巴，告诉老师有几只耳朵？有几张嘴巴？随后在黑板上写下了繁体的“聪”字，通过解释字理的方法告诉我们人有两只耳朵，一张嘴巴，叫我们多听少说，才能更聪明。王老师四两拨千斤，让我们立马安静下来，这与众不同的教育方法，让我感觉很神奇！王老师的博学更是让我羡慕不已，感觉老师真了不起，于是萌生了长大后我也要成为老师的念头。

选择教师这个职业是我的初心使然。因为热爱，所以选择，与孩子在一起，我感觉其乐融融。每当看到学生们那一双双求知的眼睛，我所有的烦恼都会一扫而光。每当我看到自己与学生一同成长，我就有一种成就感，使我感到很高尚。

二、尊重差异，因材施教

每一片树叶都有自己独特的纹路，孩子亦如此。在我心中，我认为每个孩子都是天使，每个孩子都有不同的个性，对于教学，我们探索出了一种新的教育模式。

在实际的教学过程中，我基于过去的教育教学经验，结合相关理论学习，以课题研究为载体，探索出了“1+5+1递进式课堂教学模式使生活与科学相融合。即一堂典型的完整的科学课分为三个部分。每一部分，我们都尊重孩子的差异，注重激发兴趣，培养他们的创新能力。

第一部分（第一个“1”）：我们通过布置自助餐式的课前小准备，发展孩子个性，因材施教。如学习《谁流动得最快》时，孩子课前可以准备黏度不同的液体，也可以收集身边适合液体流动比赛的场地材料，还可以搜集液体王国运动会的资料，孩子根据自己喜好，完成其中一项就可达到将探究与生活相联系的目的。

第二部分的“5”是指课堂教学分为五个环节，大致是参照“探究式教学”的基本要求而设的，即：(1) 基于课前准备创设情境，提出问题；(2) 联系生活，大胆猜想；(3) 设计实验，达成共识；(4) 小组合作，自主探究；(5) 全班交流，教师导疑。如：学习《斜面》时，我先请学生观察生活中不同斜面的图片或视频，提出问题，大胆猜想。然后出示为学生准备的可自主选择和组合的实验材料：不同长度的木板和不同高度的垫木。学生经过思考设计出垫木相同，木板长度不同，或木板长度相同，垫木高度不同的各种斜面进行探索比较，打破了以往一个问题一种途径一个答案的单一教学模式，培养了学生的思维能力。

第三部分（第二个“1”）：通过拓展发散性问题，进行创新应用。如：一年级孩子学习了《玩磁铁》一课，请同学们利用所学知识帮老师想办法，老师不小心把曲别针掉进盛水的玻璃杯里，在不接触玻璃杯的情况下，怎样快速将曲别针捞出来呢？经过思考后，有的想到利用磁铁吸铁的性质用条形磁铁直接吸上来，有的想到用小磁铁当鱼钩的办法将曲别针钓上来，还有的同学利用磁铁隔物吸铁的性质将圆形磁铁靠在杯子外壁往上移动磁铁至杯口，曲别针就跟着被吸上来了。

三、家校联动，促进成长

好的家校联动是提高教育质量的保证，我一直努力探索家校共育新途径。一是通过“智慧家长大讲堂对家长朋友进行培训；二是从小学一年级入学开始，就利用《习惯养成好少年评价手册》从家庭和学校两方面，通过周评、月评、学期评和学年评等螺旋式评价进行习惯养成教育；三是利用名师工作室，推出“周末约起来”活动，指导亲子共读、亲子游戏、亲子实验，用一点一滴的实践架起家校之间的桥梁；四是利用“家教小课堂”栏目提升育儿水平。针对家长在育儿过程中遇到的一些困惑，组织老师用身边成功的案例通过讲故事的方式向家长推送育养孩子小技巧。这样将教育方法娓娓道来，既解决了家长的疑难问题，又起到了教育的功能。这个栏目一上线，就受到了家长们的喜爱和赞扬。我们县的教育交流平台《莒州教苑》特地为我们的家教小课堂开设了专栏，使更多的家长受益。

四、辛勤付出，收获满满

用心去做的事业，赢得的是满满的爱意。经过多年的努力，我收获了很多荣誉。忆起成长路上的点点滴滴，总有太多的回忆和道不完的故事……

记得学习《植物的根》时，为了让孩子们对植物根的“大”有点感性认识，我想起了浮来山上的根雕。可是寻根馆连照片都不让拍，网上的图片也微乎其微。为了找到根很多很长的典型植物，我们全家一起跑到离学校5、6里的沭河边挖水草，到野外挖几米长的坑寻找长长的麸子苗根……使学生对事物的感知有了事半功倍的效果。这样的磨炼，让我获得了成长，执教县以上公开课100余节次。每次讲课都是我锻炼成长的平台，有幸得到省市县各级领导的悉心指导，曾获优质课评选省一等奖、国家二等奖；全国说课一等奖；2009年教师节，我被评为全国模范教师，作为全省基础教育界的三名代表之一，我光荣地步入人民大会堂，受到胡锦涛、温家宝等党和国家领导人的亲切接见。这种最高礼遇激励温暖着我逐梦前行。同年，我以全县第一名的成绩考入莒县第五实验小学，担任语文和班主任。在新建学校，我以更高的标准要求自己，坚持每天给学生写信，引导孩子建立良好的秩序和习惯，出版了第一部教育专著《与爱同行》。

成为齐鲁名师工程人选以来，我送教下乡范围扩大，从省定贫困村到西藏日喀则送教，足迹遍布全国。西藏日喀则送教，更是给我留下难以忘却的富足体验。尽管做了适应高原生活的前期准备，但当我来到海拔3800米以上的日喀则，还是有了高原反应，头疼欲裂，恶心乏力，只能躺着，眼皮肿得像风中的塑料袋，胃胀得像紧绷的气球，毫无食欲。让我没有想到的是，当第二天走进课堂后，我之前的不适完全消失。面对求知若渴的藏族孩子，我瞬间找到了上课时候的激情，眼前只有课堂、孩子。日喀则之行，让我顿悟了教师职业的幸福内涵。能给藏族同胞的孩子授课，我的心灵再次得到洗涤，爱让这个世界变得更加温暖美丽，爱让我体验了生命付出后的幸福。

编写教材对我也是难忘的心智磨炼。在刘官庄镇中心小学任教时，我就开始参与编写。那时候乡镇小学的条件非常艰苦，学校都是平房，冬天取暖靠炉子。记得有一年，刚放寒假就下了一场大雪，偌大的学校就剩下我一个人在办公室编教材。李校长看到后就给送了一袋子炭块。我全身心地投入到教材编写中，不知不觉一个中午过去了，等停下来休息时才发现脚被冻得没了知觉，手也有些僵硬，原来炉火早就熄灭了。从校本课程到地方课程，再到国家义务教育教材的编写，留下无数个故事。有时自己觉得作品已逻辑清晰、毫无漏洞，可是编写组一通稿，全盘否定，被批得一无是处，而自己又无法突破瓶颈时，愁得真想撂挑子。可是，责任感和使命感让我重拾信心，不惧艰难，推倒重来，反反复复，如琢如磨，在一次次挑战中得以成长。

三尺讲台，一颗爱心；放飞希望，乐此不疲。在教育的百花园中，我默默地耕耘，呵护花朵成长，静听花语，静盼花开。我坚信——在青岛路小学这片沃土上，未来的教育之路定会因为我的执着与热爱而繁花似锦！

“正德”引领抓党建 亮响品牌促发展

——记五莲县于里小学创建山东省乡村温馨校园工作

山东省日照市五莲县于里小学 莫若宝

山东省日照市五莲县于里小学是该县最偏远的山区乡镇学校之一，现有教学班17个，学生635人，教师54人。这是一片底蕴丰厚的文化沃土，沂蒙山舒怀相拥，潍河曲折相抱。这里春秋时期曾为莒国、齐国、鲁国三国交界之处，春秋时期蜿蜒的齐长城之下，管仲曾点兵挂帅，辅佐齐桓公成为春秋第一霸主；晚清时期小窑村管家的“一门五进士，叔侄三翰林”声震齐鲁；抗战时期八路军莒北独立连成为五莲县第一支中国共产党领导的抗日武装；建国初期，徐维贞研制的发电机受到毛泽东主席的赞扬，载入共和国史册……片片历史浪花透过光影的长河，展现出蕴藏在五莲县精神血脉里的文化气质。

学校于2020年12月被山东省教育厅评为“山东省乡村温馨校园成

为该县唯一获此殊荣的学校，全市仅有6处。该校以党建为统领，以抓牢“三一”为切入点（一个品牌、一套治理、一条系统展示线）；以夯实　“四建”为路径（选好配强领头雁、锻造培育先锋队、构建治理线下网、打造显性润物场）；以形成　“四化”为目标（党建文化铸魂、人文文化浸润、先锋文化植根、德育文化立身），构建文化治理闭环，擦亮“正德”党建品牌。

“正德”党建品牌于2021年6月被评为日照市首批“党建工作品牌示范学校是该县教体局向全县推介的4个党建品牌之一。“正德”党建先后被县纪委、县教体局、《今日五莲》、大众报业推介或刊发；《正德引领，逐浪前行》以及《正德教育，若水无华》先后两次被省教育厅刊物《当代小学生》刊发，并先后两次被“学习强国”推介。2020年日照市社会满意度调查列全县同学段第5名，进入优秀行列。

学校先后被评为全国小公民道德建设实验学校、全国新教育实验先进学校、山东省中小学作文实验基地、市绿色学校、市花园式单位、市文明单位，《让精致管理理念充盈孩子的精神家园》被国家级刊物《中华校园》刊登，并被评为山东省基础教育科研成果二等奖。

一、建设一座核心堡垒，选好配强“领头雁”

——旨在加强组织引领，牵好“牛鼻子”。

通过两个“优化”进一步完善现代学校治理体系。以《学校章程》为依据，优化学校内部治理的组织结构，优化学校内部治理的运营体系。通过完善学校决策层与管理组织（校长办公会）、构建学术支撑组织（学术委员会）、健全民主管理组织（教代会、家委会、校务委员会）、丰富学生自治组织（大队委、中队委）等，力建依法办学、自主管理、民主监督、社会参与、人民满意的乡村品牌学校。

将“勇于担当，敢于面对，善于解决”作为班子的履职理念，成为党员干部鲜明的政治品格。从岗位职责、工作方法与工作目标等方面规划制定了三年的培养方案（2019.9－2022.8）。2019年完成了县内城区、乡镇5处学校为期一周的跟岗学习；2020年又完成县外5处学校的跟岗学习；2021年班子成员全员进行省级轮训。班子成员实行榜样带动、示范引领的“1234”工作法。2020年中层副职以上班子成员中5人被评为县领雁工程骨干教师，占45.5%；8人获县以上优质课奖，占72.7%；市教学新秀2人，占18.2%。

二、建设一支专业队伍，锻造培育“先锋队”

——旨在强化业务力量，立好“台柱子”。

一是精准帮扶。发挥党员骨干“私人定制”式的精准结对帮扶，全镇小学遴选党员骨干与近三年分配的新教师结对，校内结对的师徒又打包与五莲县实验小学的师傅结对，通过每月定期跟岗、师傅送课下乡等措施进行帮扶。

二是培养规划。制定教师系统培养规划，学校正在实施着对青年教师的“1234”三年系统培养工程（2019.9－2022.8）。通过突出教学过程管理，严把“六关每关设立一名党员示范岗，稳步提高教师业务素质。

三是榜样带动。将每年例行评选的“十大正德人物”、“十大感人瞬间”、“月度人物”、“金星班主任”、“质量金星奖”等进行展示，偶数年的“三八”节评选“巾帼十杰”；针对教师老龄化现象严重，偶数年重阳节评选十大“教育先锋”；发挥骨干示范、榜样带动作用。2020年有4名月度人物被《齐鲁晚报》在今日头条推送。生命善举人间大爱。52岁的共产王秀奎老师去世时捐献了部分器官和遗体，让至少5名患者有了重生的希望，成为该县第2例遗体器官捐献志愿者。事迹被《山东教育报》、《齐鲁晚报》、《日照日报》刊登。

四是关怀职工。真切关爱广大教职工的工作与生活。全镇4处校区住宿教师近40人，中心小学为所有住宿教师配备了电热水器建起了浴室，全部购置了全自动洗衣机，全部解决了家在县城教师的午间休息室。市外教师每月一次周五下午的半天探亲假不计入考勤等。每偶数年为全镇小学教师发放钢笔等办公用品，及时看望大病、产假教职工。单数年“五四”节为中青年教师查体，偶数年重阳节为老教师查体，年底为全体职工发放福利等。

三、建设一批活动阵地，构建治理“线下网”

——旨在凝聚治理合力，搭好“擂台子”。

一是重视组织制度建设。先后制定并表决通过了《关于严肃组织生活的五项规定》、《关于规范党费收缴的实施办法》，以及学习《党委（党组）落实全面从严治党主体责任规定》等，极大地改变了党员政治思想面貌，提高了党员整体素质，符合条件的青年教师全部提交了入党申请书。

二是严肃党内政治生活。认真落实“三会一课”制度。在具体活动中，做到党员大会与主题党日活动相结合；重大问题及时召开支委会研究决定；党小组会议根据需要正常举行，在推选、评议、表决等各项工作中发挥了极大地作用。党课采取邀请上级领导、支部书记、支部委员、党员先锋等相结合的方式进行。

三是开展“主题党日”教育活动。主要内容是学习讨论习近平总书记新时代中国特色社会主义思想、十九大以来历届全会精神，以及结合实际工作的满意度研讨、岗位履职等，从党员教师入手，对违反师德现象从快从严处理，提素质，树形象。

四、建设一条德育长廊，打造显性“润物场”

——旨在润物细微无声，走好“新路子”。

德育长廊是党建统领下的学校治理文化的系统展示线，分期打造清音楼、正德楼全部楼道以及全部连廊。展示线分为学校、教师、学生三大层面系统，若干分支。这条展示线将向师生进行国史、党史、五莲党史大事记、县域镇域校园风采、身边师生系列榜样的展示、教育与推介。

在实际德育活动中，实施　“345”工程构建“立体开放，多维共育”道德建设体系。即三个结合：传统文化与现代教育相结合、学校教育与社会实践相结合、将崇孝尚礼与红色研学相结合；打造四支队伍：即班主任队伍、红领巾志愿者服务队、红领巾小记者队伍、少先队员代表大会；构筑五块阵地：即“正德”少年争章创星平台、主题班队会、红领巾广播站、乡村学校少年宫、社会实践基地。

另外，学校还优化环境建设，力建现代园林学校。投入2500万元对基础设施包括塑胶操场等进行升级改造，校园面积由原来的20亩扩展到现在的40亩。站在全新的高度进行园林化的顶层设计，融入现代园林理念，“四路绕两场”的整体格局，实现了教学区、生活区、运动区的清晰分界。整个校园形成由乔木、灌木、草坪、园林石、翠竹、微地形等元素组成的“清音广场”和“正德广场被评为该县唯一一处绿化示范学校。

领悟党建精神，实践学校治理，擦亮“正德”党建品牌。乡村温馨校园体现了百姓对教育的信任，对学校的心理归属感。学校正在探索温馨校园的道路上奋发图强，在“正德”党建引领和全体教职工的共同努力下，学校将会发展成为最值得百姓信赖的品牌学校。

“卓”而不凡，超“越”自我

——谈日照职业技术学院“卓越”办校文化探索

山东省日照职业技术学院　孙立伟

“只有让‘卓越’常驻心里，你才能真正去认同它、践行它”。2021年，学校思政课教学团队荣获省级“金课做到以理服人、以情感人，让每一位学生真心喜爱、真正融入。创新教学手段方法，打造卓越课堂，让教学“活起来逐渐成为日照职业技术学院推动高质量教学的重要抓手。

办好高职教育的内在驱动力是什么？这不仅是学校聚焦高质量办学答好时代之问，更是将深入师生内心深处，始终追求卓越的原动力进行的挖掘和激发。作为日照市本地唯一一所公办高校，学校始终以“卓越”为发展引擎，与日照这座城市校城互动、融合发展，教学水平和人才培养质量逐年提升，社会知名度和认可度持续增强，已成功入选中国特色高水平高职学校。“卓越是一种精神，一种态度，一种境界，更是一种情怀”。学校党委书记冯新广谈到，一代代日职人用辛勤汗水和不懈奋斗诠释了“追求卓越”的学校精神，努力开创着体现时代特征和具有个性特色的高职文化，并不断引领学校的内涵提升和高质量发展。

一、打造“卓越”理念引导的课堂教学

在我校，卓越文化核心理念引领着学校不断发展，体现在教学育人的每一处细节。卓越文化育人机制内化为学校创新变革的内在驱动力，已经成为潜在的制度生态和保障。“有的老师经过10几个小时的长途跋涉，来不及喝一口水，就将人文关怀和专业故事传送到考生和家长手里，为了更细致地做好报考解读，有的老师冒着严寒，顶着酷暑，一站就是一天，他们放弃节假日，推介着学校，传递着关怀……”近年来，面对高职招生的变革，不能领先一步就会落下一大截，学校招生团队直面困难，主动求变，积极探索出一条新路径、新方法，录取分数线和生源质量不断提升。从招生源头到就业出口，从制订标准到营造氛围，“卓越”已经融入每一个教学环节，并不断激发创新活力和动能。

2020年，20名教师入选学校优秀青年教师培育项目。高质量发展关键在人，学校已经拥有2名国家“万人计划”教学名师、9名省级教学名师，缘何还要实施卓越教师培育工程，打造高水平师资队伍不仅是学校双高校建设的必然要求，从深层次来讲，更是学校对培育名师始终如一的不懈追求和价值体现。近年来，学校一改传统用人机制，出台和修订高层次人才引进办法，柔性引进大师名家，每年提供专项经费300万元，9名教师成为职教名师工作室主持人，名师阵容持续扩大。培育卓越文化，让教师心态发生了改变，让重视教学质量成为一种习惯。

对在课堂教学中的优秀教师进行奖励，是学校将“卓越”融入课堂的重要举措。“卓越”理念看不见，摸不着，却无时无刻不在影响着学校专业建设和每一项教学活动。“我的课堂我改善”是现代汽车

学院实施学校"课堂革命"的一项原创活动，教师们通过分享教学案例、交流教学理念、研究教学方法，营造了浓厚的教学研究氛围。除了狠抓课堂教学，情景教学、翻转课堂，让"课堂革命"成为教学质量提升的新引擎。学校还以专业群建设为突破点和着力点，集聚优势力量，打造优势专业群。比如入选国家双高计划专业群的建筑工程学院以日照市本地建设类施工企业为主，牵头成立日照市建设职业教育集团，与当地施工企业合作开办了锦华班、天泰建工班等现代学徒制试点班级，搭建了校企合作、校地合作的平台，培养了企业急需的施工管理人才。

二、"卓越"理念引导创新技术产能

校园生态中有了"卓越"基因，科研创新、育人服务，处处彰显卓越。"技术从哪里来，还得从源头创新上来在很多人眼里，高职院校是不需要去做科研的，入职后的周庆新也经历过这样的迷茫，但学校科研生态环境和企业合作的侧动力，让他感到自己是被行业和企业所需要,"把科研活动融入学生的培养过程，给有志于提升的学生提供一个平台是我的初衷"。 作为教育部国家级协同创新中心领衔人周庆新真诚地说。同样是海洋工程学院的付宁老师，有着新一代水产人的灵性巧思和服务意识，带领他的团队继续将澳洲龙虾和罗氏沼虾养殖项目"西移"至新疆麦盖提县吐曼塔勒乡，将所学专业技术充分运用到日照市帮扶西部大开发的进程中，并对当地致富带头人和知识青年进行水杉养殖技术培训，为乡村振兴贡献着日职的专业力量。守正创新是卓越文化的内涵，也是赋能师生开展技术服务的底色和航向标。

在乡村实践中解决问题。近年来，日照市的农民电商意识得到了大幅度提升，常年给予技术培训的张勇发现，很多农民仅仅停留在"想干"的层面，作为商学院电子商务专业教师，张勇跟着学校派驻的"第一书记"和"乡村振兴服务队"深入田间地头、发掘电商产品、帮助想做电商的人，开启了新时代农村的另一场致富转型之路。"希望我带着这些村民像种子一样，影响和带动更多的村民走上电商致富的道路"。

唯创新者进，唯创新者强。在日照职业技术学院，师生一直秉持创新的价值理念，这不仅体现在项目实施推动上，更落实在创新创业型人才培养的全过程。创业学院围绕构建师生共创、专创融合的创新创业人才培养体系，打造了专业教育与创新创业教育融合的实践平台，仅2020年，累计培育创新创业项目达到100项，创业人数超过150人，连续获"挑战杯"大学生创业计划竞赛等大赛奖项13项。"大学生专创工坊创新实践"教、学、做、创"一体化教学模式，让更多学生受益，走向了自主创业之路，2019级电子商务专业贾圣超，就在拼多多电商平台做起了海苔运营，扎实的专业基础，在指导教师的帮助下，日均销售达到了万元，同时还带动着周边同学创业。

三、"卓越"文化塑造学校品牌形象

"满载日职情怀的卓越故事，诠释了追求卓越的学校精神，彰显了日职人奋发进取，开拓创新的不懈追求和实践，为建设世界知名的中国特色高水平院校提供着强大生命力"。 卓越文化团队针对文化理念转化不深入、融入教育教学不全面、卓越标准不明确等突出问题，用"接地气"、"有情怀"的话语体系，策划创作了一批有温度，有情怀的卓越故事、匠心故事，在全校厚植卓越情怀，让卓越文化深入到每一个校园角落。2020年，学校卓越文化获评教育部全国职业院校校园文化建设"一校一品这不仅是卓越文化建设成果的褒奖，更是校园文化形象的外在彰显。学校精心打造"文化校园实施精品项目提升工程，重塑校园文化艺术节、社团科技节、卓越论坛等7个制度化文化品牌和"一院一品文化品牌的建设品质正在逐步提升。

2020年，全球受到疫情肆虐，国际合作办学之路受到了极大影响，学校技术学院突破师资培训国际化困局，多次就国际化师资培训与澳方商讨，通过实施"TVET国际职业教育师资能力教学法基础理论课程模块"线上培训项目，让来自海内外参培院校的201名教师参加了线上交流研讨，学校还通过中澳教师发展中心这一国际化平台，在课程引进、师资培训、专业合作等方面为山东、全国以及"一带一路"沿线国家和地区的国际化师资培养做出贡献，推动了学校国际化形象的提升。

树立品牌形象对学校发展至关重要，品牌竞争力可在很大程度上反映学校办学水平。2021年，GDI智库发布了高职高专品牌竞争力榜单，榜单以"品牌竞争力指数"、"综合指数"对国内1414所高职高专院校进行了科学评价，学校品牌竞争力指数位列全国职业院校前列，入选"双高计划"、成为中国特色高水平学校的品牌形象得以彰显，逐渐深入人心。

四、结语

"学校的办学定位就是要根植日照，深耕海洋，筑建起校地命运共同体，率先建成引领改革、支撑发展的中国特色高水平高职院校"。党委副书记、院长苏海勇表示。百舸争流，奋楫者先，"卓"而不凡，超"越"自我。在"卓越"的浸润下，学校的品牌塑造探索之路将有条不紊，稳健地走下去。

立足传统文化，发展德育教学

——记烟台第一中学基于传统文化的德育教学开展

山东省烟台第一中学　林兵

在传统文化课程与德育课程、学科课程、实践活动课程并驾齐驱构建成"四位一体"的德育课程的形势下，积极进行传统文化校本课程的开发实践，是落实立德树人根本任务的要求，是学校德育一体化建设的重要内容，也是实现我校"科学素养，人文情怀，扬长发展，社会责任"多点并行育人目标的重要途径。

一、构建传统文化校本课程体系分类内容

（一）传统文化校本课程

1.《修身课》课程

教材编写。以"中华美德"和"民族精神"为核心，结合校园文化和鲜活的现实生活，坚持古今典范结合、校内校外资源的统一。

课时安排与师资。课程设在高一年级，间周开课，共18课时。由全国优秀教师李崇贤作为修身课的主讲教师。

评价方式。过程评价和终结性评价相结合，课程全部结束后写出修身感悟，学校组织评比，集优成册，颁发证书。

2.《太极拳》课程

教材编写。我校自主研发出适合学生学习和锻炼的二十四式太极拳，编成校本教材。

课时安排与师资。高一年级12学时，理解太极拳的基本概念，学习基本技术；高二学年4学时，巩固提高套路技术；高三上学期2学时，复习提高套路技术。由学校体育老师授课。

评价方式。学分认定考核包含学生自评、互评、出勤、课堂表现、模块考试五部分，注重学生学习过程的评价。学分认定分A、B、C、D四个等级，综合成绩前30%为A，30%—80%为B，后20%为C。补考或重修者为C；前述不能获得者等级一律为D，不能获得学分者，可根据情况申请重修、重考或改修。

3.《魅力口才》校本课程

教材编写。《魅力口才》课程内容有：魅力口才—演讲，魅力口才—辩论，魅力口才—面试，魅力口才—主持等四章，每章各有八节。

课时安排与师资。每周1课时，讲授演讲、辩论、主持、面试各自的特征、规则、技巧。教师团队由蔡婷婷、孙娅黎等教师组成。

评价方式。过程评价和终结性评价相结合，每方面均不低于应得的60%，即可获得两学分。

4.练字课程

教材编写。教务处筛选高考常用字作为练字的内容，录成视频微课，微课时间每节10分钟，学习8个汉字的书写。

课时安排与师资。每周一第八节练字20分钟，每天中午课前练字10分钟。由学校社团书法老师负责授课。

评价方式。语文组定期组织硬笔书法比赛，优秀者颁发证书，优秀作品在宣传栏进行展示。

（二）传统文化社团课程

社团课程是烟台一中校园文化的重要组成部分，是德育工作的重要载体，主要在高一开设，每周五下午三四节进行。

国学社。以"国学明志，诚正格致，修身齐家"为宗旨，以"知书达理　慎独　弘扬"为社训，引导学生广泛涉猎国学知识，了解优秀的传统文化，弘扬国学，培育民族精神。

国画社。以"培养学生审美的情趣、体悟人与自然的和谐关系"为宗旨，指导学生掌握中国画的笔墨技巧，培养学生的观察能力和思维创新能力，提升学生审美的情趣和审美品位。

戏剧社。通过艺术实践挖掘学生的艺术潜力，发展特长，追求艺术的人文情怀与思想深度。戏剧社以学校校史上"读书会"为原型创作经典舞台剧，弘扬和传承我校的红色基因。

（三）传统文化德育课程

德育视频课程。每周四第八节开设"时代经典"德育视频教育课。内容选取《感动中国》等相关内容，让学生感受时代脉搏，明确责任担当，唱响时代主旋律。

高三成人礼。高三上学期开展家长和学生一起参加的主题为"十八而志、亮剑青春"成人礼活动，激发青春斗志，弘扬传统感恩文化。

毕业典礼。是烟台一中学生在学校里的最后一堂德育课。学校以"感恩、责任、梦想"为主题，引领学生在离开母校之际，再次重温母校的办学宗旨，铭记优秀校友的家国情怀，明确新时代学子的责任，在努力实现梦想的过程中，成为有抱负有担当的有为之才。

（四）传统文化社会实践课程

利用传统节日，开展实践活动。每年清明节，学校会组织学生到革命烈士陵园开展"红色之旅"革命传统教育活动或开展"网上祭英烈"活动，在缅怀先辈的情怀中传承，弘扬爱国主义精神；在春节假期开展"书写楹联"活动，通过活动弘扬良好家风、家教，传承中华传统文化。

开展社会实践和社区服务。组织学生利用节假日和课余时间以志愿服务团队、义工团队和学雷锋小组的形式走向社区、公共场所，开

展形式多样的社区服务和微公益活动，在实践中学会关爱他人，服务社会。

二、实践传统文化校本课程的意义和成果

（一）学生

烟台一中学子在中国传统文化的滋养和民族精神的洗礼下，真正成为学习和生活的主人。他们对社会、学校、父母、学业的责任心明显增强，感恩意识不断强化。他们不仅在学业上取得成绩，更在成长的过程中接受了高尚的文化因子，并将之内化为道德信念，外化为道德行为，立德成人，知行合一，真正实现学校“学业水平高、综合素质高”的人才培养目标。

在参加烟台市委宣传部、市教育局等主办的第三届“国学达人”挑战赛中，我校学生获得决赛中第一名、第五名，在山东省比赛中也获得优胜奖。参加山东省教育厅、山东省语言文字工作委员会主办的“书香齐鲁”山东省中小学生经典名著阅读展示活动中我校代表队获得金奖。学校辩论队先后获得区级、市级高中生辩论赛冠军，“山东省高级中学协会杯辩论赛”亚军，“纵横杯”山东分站赛冠军等。

同时，课程的实施开展提升了学生的社会责任，培养了家国情怀。烟台一中模联社团的提案“建设+互联网城市绿色出行系统”在第四届全国青少年模拟政协活动中表现出色，由致公党全国政协委员代为提交到2018年全国政协大会；2018年7月在中国共产党建党97周年之际，海蓝剪纸社团举办红色剪纸映党旗--用自己的主题作品向“七一”建党97周年献礼作品展，受到《齐鲁晚报》、《大众网》等媒体的关注和好评。学生自发组织的“公交爱心壹站”得到中央电视台《新闻联播》节目的报道。烟台一中学子关注国计民生的社会责任感受到社会各界的广泛赞誉。

（二）教师

学校鼓励教师积极参与课程开发研究，并为教师提供各种学习机会。根据教师专业发展的不同阶段，采取不同的持续不断地培训策略，让老师们在行动研究中养成课程开发的意识，提升课程开发的能力，激发立德树人的积极性。

在课程创设过程中，全校教师积极挖掘学科传统文化，将传统文化教育与学科教学相结合，取得较好成绩：传统文化校本课程《“修身为本”恒为功》和《魅力口才》获得“烟台市教科院校本课程评选”一等奖，《烟台一中校本课程太极拳》获得二等奖；《知行合一的高中学生修身课程》被评为“烟台市中小学德育课程一体化实施典型案例”一等奖，被山东省教育厅评为“中小学德育课程一体化实施典型案例获得山东省省级教学成果二等奖。

（三）学校

以修身主干课程为本拓展而出的包括德育校本课程体系和社会实践活动体系在内的大修身德育体系，填补了相关学科的空白，也得到了社会各界的高度肯定。学校被评为芝罘区中小学德育课程一体化基地学校，烟台市传统文化教育首批实验学校，烟台市未成年人思想道德建设工作先进单位。在德育发展的同时，学校的教学质量稳步提高，被多所高校授予“优质生源基地”称号，2020年学校被评为“全国文明校园”。

三、制定传统文化校本课程发展上的方向

（一）培养高素质师资

师德高尚、教学功底深厚、创新和实践能力强、乐于投身课程研究的师资队伍是保证校本课程长久有效运行的基础。在现有办学条件下，学校将加大高水平教师的培养力度，注重教师的梯队建设，进一步激发立德树人的积极性与创造性。

（二）规范课程评价机制

课程评价中，鼓励学生自我评价与同伴间的合作交流和经验分享，采用质性评价方式。要将学生在综合实践活动中的各种表现和活动成果作为分析考察课程实施状况与学生发展状况的重要依据，对学生的活动过程和结果进行综合评价。

传统文化校本课程的开发与实践是我校落实立德树人根本任务的重要渠道，我们将坚持以社会主义核心价值观为统领，继续挖掘传统文化内涵，提升传统文化校本课程的育人功能。

立足传统文化，发展德育教学。传统文化校本课程坚持“以文化人注重“知行合一追求对中华优秀传统文化认知、认同和践行的高度统一。

学校立足传统文化校本课程的开设，充分发挥中华优秀传统文化在立德树人中的作用，引导学生把所学内容转化为价值评判能力和道德实践能力，做社会主义核心价值观和传统美德的践行者；培育学生以传统美德和民族精神、民族情感传承为核心的人生观、价值观，提升学生的人文素养和社会责任感，涵养学生的家国情怀。推动传统文化校本课程与政治、语文、历史、艺术、体育等学科相互支撑、有机补充，加强学科交融，提升育人功能。丰富学校德育内涵，拓宽育人渠道，激发教师立德树人的积极性，实现全员育人，全面推动学校工作的开展。

谈新时代校长的“自我修养”

山东省烟台经济技术开发区金东小学　赵福杰

自党的十九大召开以来，国家对教育教学提出了更高的要求，相应地上至国家社会下至师生家长都对校长提出了更高的要求。著名教育家陶行知先生曾这样评论校长的价值，“校长是一所学校的灵魂，要想评论一所学校，要先评论她的校长”.无数事实证明，校长是学校的灵魂，是学校的一面镜子。学校有一位好校长，就有一所好学校。

那么，在新的时期，一名好校长应具备哪些素质和能力呢？结合自身多年的工作经验，我对新时代校长的“自我修养”总结为三点：1.提升校长生态领导力；2.营造学校良好氛围；3.引领教师专业发展。这三点，我称之为新时代校长自我修养的“三大杠杆”。以下，我分别进行阐述，以期对学校管理具有一定的参考价值。

一、提升生态领导力

普通的校长是自己使劲儿干，优秀的校长是带着大家干，智慧的校长是组织大家干。做智慧校长就要提升生态领导力。生态领导力，就是一种强大的影响力，这种影响力可以理解为一种引领的力量、一种人格的魅力。拥有生态领导力的校长，需要时刻保持战略定力，做出及时科学的决策，在身边凝聚起一批能人，将弱小的学校办成有影响力的学校。

当校长具有卓越的生态领导力时，他的工作是幸福的、快乐、有成就感的。校长与老师、学生们一起成长，让师生、家长能够理解办学思想，形成良好的治校生态。校长发挥卓越的生态领导力，实现生态办学，可以从繁杂的事务中解放出来，不必大费口舌，办学的智慧团队就能心领神会，让学校工作得到落实。

二、营造学校良好氛围

2021年是十三五的收官之年，也是十四五的开局之年，在这承前启后的紧要关头，作为校长，要结合学校实际，制定出发展规划，为学校的发展奠定基石。学校中层基于规划谋划个人发展，教师基于规划寻求专业成长，以每个人的小步前进推动学校的整体发展。

为保证规划落地，将蓝图绘成现实，在校园内唱响“做起来”主旋律，实现教师观念“由想到做”的转变。要建立起科学合理的运行机制，实现管理的民主科学、有序高效、健康发展。开好教职工代表大会，确保广开言路、沟通顺畅；成立学术专业委员会，为教师专业化发展铺就坦途；改变家委会“传声筒的现状发挥家委会的桥梁作用，做学校工作的参与者、决策者、监督者，让家委会和学校产生良性互动。

提升校长领导力，让决策落地，校长要做到处事公平公正，提升奖惩公信力，确保奖惩的公正性，保护老师的自我发展动力和工作热情，还要融合校内校外资源，来支撑学校发展。

三、提高教师专业化水平

善之本在教，教之本在师。育人者必先自育，教师的专业发展和成长是决定教育教学质量的关键，帮助教师成长，让每个老师通过学习都能有不同程度的提高，也是提升校长领导力的关键。

我校采用“走出去培养骨干，请进来全员提高”的方式，在打开教师视野的同时找到成长路上的精神标杆，鼓励教师积极参与各种类型的研讨，争取与名师对接的机会，不断优化教师队伍、优化教学质量。

校长要提升领导力，就要做老师专业发展道路上的引领者、支持者，为老师发展提供切实保障。为此，学校将继续坚持“面向全员、突出骨干”的原则，通过面授与网络并举、长期与短期结合的方式，加强对教师的培训，不断完善教师专业发展的支持服务体系，让更多教师慢慢实现从追光人到发光者的转变。

凿井者，起于三寸之坎，以就万仞之深。作为学校的引领者，我们的努力方向就是引领教师专业成长，办家长、社会满意的学校，让学校成为孩子健康成长、老师专业发展的乐园。

教育是场攻坚战，校长及领导班子是这场攻坚战中的总指挥，切忌只善于在理论上“指点江山一定要将理论赋予实践的意义，在实践中验证，探索，获得真知。所以，我们需要不断摸索着前进，在前进中，不断反思改进，吾日三省吾身，提高自我修养，提高生态领导力，成长为新时代合格的“校长让学校走上可持续发展的长远之路。

掬水月在手　弄花香满衣

——台儿庄区运河街道办事处西关小学以“小课题研究”助推校本教研初探

山东省枣庄市台儿庄区运河街道办事处西关小学　朱立峰　周莉萍

台儿庄区区教育改革已进入以构建“和谐、自主、合作、科技、高效”为六大科学内涵的“三六五”课改深水区。作为全区课改排头兵的运河街道办事处西关小学，在改革的浪潮中，另辟蹊径，走小课题研究的校本研训之路，取得了令人瞩目的成绩，受到了各级领导的认可。目前，我校已经开展多项课题研究。

一、为什么要开展小课题研究

1.改变以往课题研究的弊端，着力消除教师思想困惑。

在接触课题研究之前，很多教师一听到“课题”、“研究”之类的词语就产生神秘感和敬畏感。他们认为课题研究是专家的事，是教研员的事。自己不具备从事教育科研的条件，加上水平能力有限，不知从何下手。其次，很多教师为了评聘职称，只是挂个名、交点钱，就万事大吉，认为搞科研是白白地浪费时间、浪费精力，对教师的发展无益，对教学成绩的提高无益。

解决观念上的问题是课题研究顺利实施的前提。近两年来，我们采用了“从问题到课题，从经验到实验，从结果到成果”的基本做法，使老师们认识到课题研究并不神秘，它往往来自于课堂中发现的问题，研究的目的就是为了实实在在地解决这些问题，为自己的教学服务，改变了过去“教研神秘论、无用论”的思想。

2.“三六五”课改的迫切需要。我区的“三六五”课改已经到了发展的瓶颈时期，要想将这项工作深入开展下去，必须切实解决在课改中遇到的问题。

3.顺应当前教育科研发展的新趋势：确定问题校本化、研究对象专题化、研究动力内在化。这就要求我们必须降低教育科研重心，坚持以校为本，以教师为研究主体，开展基于问题解决的课题研究，让教师“我的问题我面对”、“为我自己而研究”。

二、具体的操作

如何进行小课题研究？我们成立了以朱立峰校长为组长的课题研究小组，经过科学谋划，制定可行的实施方案。

1.研究流程：

（1）确定问题。先让教师根据自己的研究兴趣、所带的年级特点和专业特长等，确定自己研究的目标和方向，选择研究课题，再由学校分管领导进行指导，然后组织论证、择优上报。另外学校还把省市级课题、县市级教学重大问题行动研究项目分解成小课题，让教师进行研究。

（2）制定方案

教师在学校总体规划的实施方案的基础上，制定了翔实的个人课题实施方案，方案应体现“研究什么”、“为什么研究”、“如何研究”和“研究成果怎样”四个基本要求。内容上包括课题名称、课题的提出（或研究目的与意义、研究现状）、研究假设、研究目标、研究内容、研究方法、研究过程、研究人员及分工、成果形式以及参考资料等方面，这样从根本上避免了过去，假、大、空现象。

（3）课题论证

学校要求课题主持人要在接到立项通知书后一月内组织开题论证会。论证会上，课题主持人要介绍研究思路和研究计划，课题组成员要对研究方案提出自己的建议，交流、修改、完善课题方案.

（4）组织实施

方案修订后，应按照“计划—行动—观察—反思—改进”的程序组织课题研究。在研究过程中，要做好详细的记录，搞好阶段性总结，并注意收集、整理和分析处理文献资料、谈话记录、调查问卷、实验数据、测试结果、学生作业、观察记录等与课题有关的事实资料，本着客观、科学、严谨的态度得出研究结论。

为了把课题研究落到实处，学校还定期召开课题研究例会或组织专题研讨，分析小课题研究中存在的问题，共同研讨对策和措施，及时修订课题方案.

（5）总结反思

完成预定的研究任务后，课题主持人要认真整理成果，撰写课题研究报告、研究工作报告和自我鉴定意见，并及时向学校教导处申请结题。

2.管理流程：学校为了使课题研究规范、科学，制定了课题申报、立项审批、过程指导、结题鉴定、成果应用课题管理的流程。

（1）课题申报程序：第一步，学校提供小课题选题指南，主持人填写申请书；第二步，学校分管领导组织评审并公示评审结果；第三步，学校主管领导签字并由学校盖章，统一将申请书上报学校教科室；第四步，教科室组织评审，并下发立项通知书。要求课题主持人只1人，1人只能申报一项小课题。课题组成员以3—5人为宜。大学科最多限报4项，小学科最多限报2项。

（2）立项审批

评审内容：申请者是否符合规定条件；申请书填写是否符合要求；申请手续是否完备。经学校教科室审批后，才能实施。

（3）过程指导

应各课题组邀请，对小课题研究进行专题指导，或就小课题研究作专题讲座。在指导时，多开展课例研讨，通过课例研讨来看小课题研究中存在的问题。课例研讨既是教学诊断，又是小课题培训，老师们非常喜欢这种指导方式。

（4）结题鉴定

结题鉴定程序：课题组负责人向学校提出结题申请，学校核实后一并向教科室提出申请，并组织评审组进行结题鉴定，填写成果鉴定书。凡是研究小组无实际效果、结题报告从网上下载或在报刊上抄袭的，不予以结题。档案管理不规范，课题研究档案资料保存不完整，过程资料收集不全的，不予以结题，结题材料过期不报、滞后于评审的，不予结题。课题立项2年仍未结题的，自动取消其立项资格。

（5）成果应用

学校定期召开了小课题研究优秀成果推介会。把全校小课题优秀成果集中起来，供教师借鉴、学习；推选教研组、教师个人代表交流小课题研究经验和成果。目前，我们积累了大量的研究成果《西关小学教师教学案例集》、《我的教学故事》、《教师的教学随笔》、《小学生养成好习惯的研究策略库》等等。开展小课题以来，召开了二十多次专题研讨会、成果推介会、课堂展示会。

三、学校采取的策略

1. 注重引领，激活小课题研究的内动力

（1）分层推进，体现小课题研究个性化。由于教师年龄、阅历、研究能力、知识水平等方面的不同，因此对小课题研究我们不搞形式、避免一刀切。一是采取了骨干教师带头，普通教师自愿、分层推进的办法。对骨干教师我们提出了“五要”和“一领”的研究要求：“五要”即要选好自己的研究小课题，要精读一本与课题相关的理论书籍，要有明确的研究步骤和措施，要选好研究案例，要做好研究记录；“一领”既领好一名青年教师，对青年教师的小课题研究进行传、帮、带，指导青年教师开展小课题研究。二是小课题研究可以随时申报，只要教师有了研究的意愿选好了课题，就可以向学校小课题研究小组申报，学校就可以组织人员进行调查论证进行开题。这样既尊重了教师的选择，又体现了分层研究、分层推进、分层管理，实现了小课题研究的个性化。

（2）加强引领，实现人人搞小课题研究。为了引导教师一步一步地深入开展小课题研究，学校还依据小课题的研究流程，将研究工作的每一个步骤，转化为各种表格和记录单。通过为教师提供相关表格，规范研究过程，循序渐进地引导教师开展研究工作。

在“确定问题”阶段，我们发现教师往往找不到研究问题，或者即使找到问题也不够恰当。为避免产生类似问题，我们设计了“小课题研究问题征集卡”。

接着，我们按照“罗列问题、梳理问题、分析问题、确定问题、剖析问题、提炼课题”的思路，设计了“小课题研究问题分析单　将问题转化为课题的过程，逐步完整清晰地展现出来。

为了组织大家针对“研究题目”查找资料，我们要求教师填写“文摘卡片”，对文献资料进行收集和整理。并将卡片内容所对应的全文打印出来。然后通过填写理论学习纲要，督促、检查教师们理论学习的效果。

为了使研究活动有目的、有计划地开展。我们下发了“小课题研究计划书在“课题研究”阶段，我们下发“课题组成员分工表”和“小课题研究活动记录表以规范教师的研究活动。

每个阶段的表格，就像一个导航，指引老师们的小课题研究一步一步走向深入。随着学校小课题研究工作的推进，我们逐步放手，进一步发挥教师们智慧和潜能，使小课题研究逐步充满个性研究的色彩。于是便有了“一年级学生学会听课的研究　“小组合作的研究”、“学生课堂表现评价的研究”等一个个小课题，现在我们学校52名教师参与了小课题研究，基本上实现了教师人人有课题，个个搞研究，使老师们真正体验到教学研究的乐趣。

2.政策支持，激发教师研究的热情。

为防止教师小课题研究“有头无尾”或“无病呻吟”或内驱力不足，我们采用将研究过程中的全程评价结果与教师量化考核挂钩，教师的小课题研究情况将作为教师年度考核、职称评聘、骨干教师评选、评优树先的重要指标。

四、开展小课题研究的成效

1.小课题研究有了一定的成效

一是加快了教师专业成长的步伐，涌现出了一批研究型的教师。副校长周莉萍已经在“识字、写字”小课题研究过程中，形成了自己独特的教学风格，教导主任马宏辉主任多年在小组合作方面进行了有力地探讨，他研究的“小组捆绑式评价在全校范围内得以推广，吴娜、赵芳、胡玉红等教师也在小课题研究中得到快速成长。

二是完善了“三六五”生态课堂构建的实践，拓展了部分学科教学模式。比如：一年级“观、思、描、仿”四环节写字指导模式；英语的

"5+35"小学英语"三六五"课改新模式。作文"议、写、评、改"四部曲。

2.带动了学校各项工作的提升，加快了学校发展的进程。

以"小课题"研究为切入点，大大激发了我校教师研究的热情，研究的课题也有原来单一的课堂教学研究，拓展到实践活动的研究，由教师的课题研究带动学生的小课题研究。研究的主题不断延伸，研究的队伍不断壮大，科研的氛围不断浓厚，学校办学的品位也随之不断提升。近几年省、市优秀科研成果评选中，10余人次分别荣获一、二等奖。我校开发的校本课程《我的家乡——台儿庄》获省首届课程资源评选一等奖，并得到国家级专家郝建平、李静纯的一致好评。在全市优秀教案评选推进会上，我校作了典型经验介绍，《巧用"三加二"开辟优秀教案评选新途径》入选市优秀教案评选经验材料汇编。《让导师引领学生幸福成长》入选市全员育人经验交流材料，《快乐英语　快乐生活》入选《新跨越2012素质教育丛书》，《构建生活英语特色课程　提高学生综合人文素养》入选山东省素质教育论坛交流材料。我校连年被评为区教学工作先进单位、区"三六五"课改先进单位、区素质教育先进单位、区素质教育千分制督导考核镇街第一名，荣获区"三六五"生态课堂实验区建设先进单位、区教学质量先进集体，先后被评为市教学示范校、市普通话示范校、市德育示范校、市中小学特色品牌建设先进单位、市优秀教案评选工作先进单位。这一切一切的荣誉，都得益于我们的课题研究。

虽然我们的课题实验虽然取得了阶段性成果，但冷静思考，我们觉得还存在以下困惑：

1.由于条件限制，缺乏专家的引领和理论指导，我们深感自己的研究水平还有待于进一步提高，其次由于教学任务比较重，课题组教师用于课题研究的精力和时间不足。

2.从课题目标来看，由于受各种因素的影响，在后期的研究中学科间通力配合不够，与预期的结果还有所差距。

3.课题组成员由于受时间和活动的局限，为了便于掌控和操作，主要把研究的重点放在了课堂内，对学校、班级活动等课外资源的开发不够。模式探讨还不够深入，我们探索出的一些教学模式还没有得到更大面积的推广。这些是我们在后期工作中需要重点加强的。

4.我们的课题研究还只处于操作层面上，研究的成果还只是零零碎碎，不是很系统。恳切希望通过专家引领和理论提升作进一步的整合与提炼，形成较为完整的研究体系。

我校小课题研究的探索和实践已扬帆启航并初显成效，今后我们将深入推进课题研究成果的应用，并在此基础上开展小型多样更具针对性地专题实验，做好做实每一个细节，进一步完善小课题研究体系。我们坚信，历史记载艰辛，岁月彰显峥嵘，只要不断努力，勤奋耕耘，一定能取得课题实验的累累硕果。

枣花如米小，也学牡丹开

山东省枣庄市峄城区阴平镇中心幼儿园　褚燕

"千坡万壑青翠中，风吹忽现燎原星。树树猩红玛瑙艳，枣庄有枣在阴平"。作为枣庄一张靓丽的新名片，"枣乡"已成为阴平镇骄傲的代名词。"山东省省级示范幼儿园"阴平镇中心园就地处阴平枣乡腹地，园内天真烂漫的幼儿们也以"枣娃"名之。枣园给了枣娃们最美的生活启蒙，潜移默化了枣娃们的人之初。

教育家陈鹤琴先生曾说过："幼儿教育的内容只有源自幼儿的生活才可能真正促进幼儿的发展"。《指南》也强调："要珍视幼儿生活和游戏的独特价值"。阴平镇中心幼儿园遵循学前教育发展规律，珍视幼儿生活与游戏的独特价值，把"在生活中学习，在游戏中成长"作为办园理念。开拓创新，以家乡的枣园为依托，利用家乡的枣园地域特色和丰富的地理资源，创设丰富的教育环境，设计丰富多彩的幼儿区域活动、户外游戏、教育活动，并让幼儿到大自然、大社会中去寻找"活教材在亲身实践中获取经验和知识。让幼儿的学习成长与家乡枣园生活紧密联系起来，让教师的专业成长与幼儿园的发展壮大联系起来，师幼共同开创了一条有鲜明特色的"枣娃教育"之路。

打造育人环境，滋养枣娃幸福童年

环境是幼儿园重要的教育资源，幼儿园充分利用信手拈来的枣乡自然资源为幼儿打造良好的育人环境，创建特色幼儿园文化。枣园废弃的枣树桩、干枯的枣树枝，在老师孩子们手中变成创意无限的动物、人物、盆景、挂件等艺术品，配上花草木石，散放在院子、大厅、教室、走廊，装点枣娃们的生活，陶冶枣娃们的情操，创设出具有"枣乡风味"的枣乡幼儿园。金秋时节，枣园红彤彤的枣子、圆润的枣核……也成为开展特色环境创设的主角：《文明礼仪"枣"知道》、《卫生保健"枣"知道》、《安全知识"枣"知道》、《枣娃的家乡》、《枣娃爱祖国》……一面面具有"枣乡风味"的育人主题墙培养枣娃们的良好习惯和家国情怀，滋养孩子们的心灵。结满红枣的枣娃生态枣园、绿油油的小菜园、宽阔柔软的草坪、品种繁多的花木昆虫是枣娃们最喜爱的游戏、探究的场所和对象，也是老师眼里最好的教育资源：爬枣树、抓西瓜虫、捉知了，种植蔬菜……捕捉到孩子们的兴趣点，让教育活动随时随地开展发生。

创意区域活动，启迪枣娃灵慧心智

美工区里孩子们让一块块斑驳的树皮、一颗颗圆润的枣核、一枚枚轻盈的枣叶……瞬间变成一张张栩栩如生的粘贴画；一幅幅富有生活气息的枣乡风情图、一面面创意无限的班级箱体画、一个个灵动可爱的枣娃吉祥物。建构区里孩子们用高高矮矮的枣树桩、大大小小的枣树片、形状各异的小石头搭建高楼大厦、亭台楼阁。生活操作区里枣娃们卖枣、剥花生、剥玉米、摘菜、磨豆浆……忙得热火朝天。具有"枣乡风味"的创意区域活动既培养了枣娃们想象力、创造力、社会交往能力，又培养孩子们学习的专注力，促进了大脑的发育，增长了智慧，为幼儿的后继学习和终身发展奠定良好素质基础。

创新游戏活动，促进枣娃身心健康

以儿童为本，全面落实"自由、自主、创新、愉悦"的游戏精神，结合地域特点，编创新了具有地方特色的游戏活动，让孩子们在游戏中灵慧成长。为此，幼儿园充分创编了枣园寻宝、追追乐、打"瓦"、弹玻璃球、枣娃野战营等体育游戏。开展枣娃爱心医院、枣娃农贸市场、枣娃卖枣、枣娃童话剧场、枣娃农家乐等角色表演游戏；编排了《枣妞妞打枣》、《枣娃追梦》、《枣娃三字经》等音乐游戏……丰富多彩的活动不仅发展了枣娃们的运动协调能力、激发想象力创造力，同时培养了良好的社会交往能力、合作能力、表达能力以及乐观向上、勇敢自信的良好品格。

开展实践活动，开阔枣娃心胸视野

广袤的万亩枣园为枣娃们开辟了丰富多彩的第二课堂。春天枣芽吐绿，万亩枣园诗韵盎然，孩子们如小鸟们飞出校园，飞进枣园赏花春游、挖野菜、打铁环、爬枣树，不亦乐乎；盛夏万壑律动，枣花如米小，劲学牡丹开。喝枣花蜜，捉知了猴，戏山泉水，成了枣娃们的最爱；秋季的甜蜜如约而至，长红枣漫山遍野大丰收，赤玉颗颗挂枝头，枣娃们徜徉其中，笑声、歌声成为枣园风景最美的点缀；冬季遒劲的枣树枝条在北风中舞动，大雪总是不期而至，孩子们置身其中，打雪仗、堆雪人，给寂寥的枣园平添了无限生机。枣乡的"三园一馆"、阴平八大景、烈士陵园、中学雷锋纪念馆、鳞次栉比的玩具厂等社会资源，也成为对枣娃们随时开放的第二课堂。每学期师幼一起走进鲁笔博物馆，目睹毛笔制作的108道手工制作过程，幼小心田种下非遗传承的种子；走进粉皮加工厂，体验粉皮的制作，体会农民劳动的艰辛、学会珍惜劳动果实；走进烈士陵园，聆听革命前辈们的英雄事迹，培养爱国意识，树立正能量……丰富多彩的社会实践活动，最大限度地支持和满足幼儿通过直接感知、亲身体验、实际操作获取经验的需求。

开发园本课程，培养枣娃全面发展

每学期开学前，以级部为教研单位，在幼儿园总的园本教研计划指引下，根据幼儿年龄特点兴趣爱好、各季节的不同，开展以枣文化为核心的园本教研活动。如小班以"枣园的动物"为切入点、中班以"枣园的植物"为切入点，大班以"枣树"为切入点。各班级制定自己的学期园本教研计划，开发自己的原本课程，开展自己的园本主题教育活动、环境创设和家园活动。教务处课程资源研发部负责一周一调研，一月一评比。各班以书面形式谈自己的得失，其他班级提出修改意见。学期末教务处整理原本教研，评出各领域优秀的主题活动设计，形成《枣娃教育园本课程》，并把老师们在教育教研过程的心得体会整理成《枣娃教育优秀案例》、《枣娃教育随笔集》、《枣娃环创集锦》供以后学习借鉴。

"枣花如米小，也学牡丹开阴平镇中心幼儿园将继续遵循幼儿身心发展规律，开拓创新，充分发挥家乡枣园的地域优势，因地制宜，让"枣娃教育"走向更广阔的天地。

小学"1+N"劳动育人课程的构建与实践研究

山东省诸城市大华学校　王世刚

"德智体美劳全面发展"，既是对教育发展的目标要求，也是对学生成长的目标要求。但是多年来，"劳"的要求落实一直是弱项，导致学生出现不珍惜劳动成果、不想劳动、不会劳动的现象。补齐学校在"劳育"上的空白，强化劳动教育措施，营造崇尚劳动氛围，培育劳动技能意识，已经成为我国教育发展征程中一道紧迫的"必答题"。

劳动是生命的最美绽放，是筑梦未来的坚实臂膀。在开展劳动教育过程中，我校紧紧围绕立德树人根本任务，切实加强劳动育人与学科育人的融合研究，积极推进劳动育人课程建设，教育引导学生崇尚劳动、尊重劳动，懂得劳动最光荣、最崇高、最伟大、最美丽的道理，以劳动教育唱响新时代素质教育的主旋律。

一、笃志力行，架构劳动育人新范式

劳动教育具有树德、增智、强体、育美的综合育人价值。为全面构建体现新时代特征的劳动教育体系，我校早在2015年研发博雅课程时，就将劳动教育纳入课程体系中，开设"六技"课程，其中以劳动技能课为主线，融合艺术、体育、生命、科学、创新技能，由此开启了劳动育人实践探索之旅。

在初期实践的基础上，我校进一步深化和延伸出"1＋N"劳动育人课程，其中"1"指的是新时代劳动教育，"N"指的是劳动课程的多样性、丰富性和层次性。该课程体系分为校本课程、班本课程、家本课程三大板块，分设"勤在大华、幸福居家、龙城公益"3个子课程，分别涵盖学校劳动、家庭劳动和社会公益劳动多个方面。

在实施劳动育人课程中，我校坚持以劳动实践为基础，凝聚学校、家庭、社会劳动育人合力，引导学生在个体劳动的快乐体验中增强公益劳动意识，在劳动技能提升和劳动成果收获的体验中认识学习的力量，牢固树立主动学习、自律学习、合作学习、终身学习的理念，最终实现"学习"创新。

二、力行求至，擦亮劳动育人新底色

劳动教育不光是说在口头上，更要落实在具体的行动上。在前期实践的基础上，我校因地制宜，组织开展了相应的劳动教育教学探索，力求做到知行合一、躬行实践。根据学生的年段特点和成长需求，我校分年级、分层次开设生活技能课、班级内务课、种植劳动课、生物养护课、校园环保课等课程，要求学生参与集体劳动，体验真实的劳动场景，从而获得相应的劳动知识和劳动技能，进一步增强公共服务意识和集体观念。

设置幸福"5+1"居家劳动，培养学生的创新精神。"5"是每日5项固定的生活自理小习惯，从盥洗清理、整理内务、活力健体到洒扫庭除、烹饪料理、美妆家居；"1"即外加1项特色作业，学生每天参与并习得本领，掌握居家本领，涵养劳动习惯，养成勤奋的品质。这个过程，既是对学生进行生命教育、生存教育和生活教育的过程，也是让学生在劳动体验中学会创造与创新的过程。

增设龙城公益劳动课程，塑造学生的感恩和奉献之心。龙城公益劳动课程包括生产劳动和公益活动两项内容，如在重阳节组织学生开展"敬老爱老献爱心"活动，在假期组织学生开展"牵手假日"、"保护共享单车"活动，让学生走进爸爸、妈妈的单位体验父母的工作，让学生走进自己家庭所在的社区参与社区志愿服务活动，教育并引导学生践行传统美德，学会奉献他人。

三、致知力行，展现劳动育人新风采

新时代的劳动教育应从单纯的技能培养想提升学生的综合素养转变。为此，我校在劳动教育的实践中，探索出了一条运用学科融合手段实现劳动与素质教育结合、劳动与各学科领域融合的路径，让劳动教育成为满足学生未来生活需要的教育方式。

在开发具体的劳动课程基础上，我校坚持向纵深发展，从基础学科中发掘劳动育人的价值，将语文、数学、英语等教材中与劳动相关的文章和篇目进行筛选、整合，在日常教学和生活中渗透劳动知识、劳动文化和劳动精神，有效地推动了国家课程的校本化实施。语文教师开设劳动文学创作课，数学教师开发劳动玩转生活课，美术教师开展劳动手工创编课，音体教师开发劳动艺术表演课等，通过多种形式让学生感受劳动之美，提高学生的劳动素养和人文素养。

此外，我校课程开发团队还研发了"劳动名人传"、"劳动工具谱"、"劳动作物系"等系列课程，让学生在学习中了解劳动文化、劳动工具和劳动方式的历史演变以及古今劳动者的智慧，提升学生的自豪感和归属感。

四、知行合一，彰显劳动育人新成效

评价是有效地监督和激励手段。我校非常重视多形式、多主体评估，通过改革多种评价方式，明确"立德树人"的鲜明导向和良好风尚，促进学生劳动技能的增强、劳动习惯的形成和劳动素养的提升。

劳动竞赛评价，激发劳动热情。我校按学段、分项目进行"劳动秀"展示，先进行班级选拔赛，后推荐班级胜出者参加学校技能大赛，在以活动检验和评价劳动课程学习成果的同时也激励学生更加热爱劳动。

劳动体验评价，锤炼劳动品质。我校丰富种植园地、劳动岗位等校内资源，拓展家庭劳动资源，对接大华社区、体育场馆等社会公共资源，让学生在不同岗位的体验中增强社会责任感。

劳动星级评价，培养劳动人才。我校通过实施"星耀大华"评价工程，设立"小巧匠"系列证书，将劳动育人效果纳入教师专业能力评价，鼓励教师创新性开展劳动育人研究，培育师生的"工匠精神"。

劳动教育，是教育"德智体美劳"各领域全面发展中的重要因素。我校将以中共中央、国务院印发的《关于全面加强新时代大中小学劳动教育的意见》为指南，对学校劳动教育进行全面部署，努力为学生打开学习与生活、知识与应用、现实与世界连通的大门，进而为学生的终身发展和人生幸福奠基。

本文为山东省教育科学"十三五"规划课题《小学"1+N"劳动育人课程的构建与实践研究》(课题编号2020ZC108)研究成果

家国情深浸心田，经典国学永烛照

陕西省宝鸡教育学院　赵德福

少年强，则民族强！全面贯彻党的教育方针，落实立德树人根本任务，发展素质教育，推进教育公平，是每一所学校肩负的使命，也是在教育改革上的不懈探索。4月22日，习近平总书记来陕，一路走来，亲切会见14位西迁老教授。习近平总书记指出，"'西迁精神'的核心是爱国主义，精髓是听党指挥跟党走，与党和国家、与民族和人民同呼吸、共命运"延安精神培育了一代代中国共产党人，是我们党的宝贵精神财富，用以滋养初心、淬炼灵魂，从中汲取信仰的力量、查找党性的差距、校准前进的方向"。习近平总书记在具有厚重的历史文化、传统文化、革命文化、社会主义先进文化之地陕西，再讲"西迁精神"和"延安精神"(下称"两种精神")，因为"两种精神"有着共同的责任担当、文化基因、价值取向，用其浸润和烛照知识分子利于涵养情怀，建功立业。

一、以责任为架构，搭建精神桥梁

20世纪50年代，"打起背包就出发一批交大人响应党的号召，适应国防形势和国家建设布局的需要，从上海迁至西安。1400多名教职工服从国家大局，甘愿舍弃优越的生活条件，义无反顾迁往大西北，以艰辛的创业历程和非凡的辉煌成就，成就了"胸怀大局、无私奉献、弘扬传统、艰苦创业"的"西迁精神这种精神内涵丰富，彰显的是知识分子爱国爱校、顾全大局，明大理、识大体，一心为国、不计得失的家国情怀。"听党指挥跟党走，几代交大人砥砺奋斗的精神内涵，就是始终与党和国家的发展同向同行"。2017年12月，习近平总书记在给老教授的回信中指出，"希望西安交大师生传承好西迁精神，为西部发展、国家建设奉献智慧和力量"。交通大学西迁这一历史行为本身的精神意义何在？"西迁精神"与作为一所大学本身的内在关系为何？简言之，"西迁"行为本身就是"大学之道"得以呈现于公众和社会面前的一个生动感人的案例：大学的发展既是社会进步的产物，也是社会进步的组成部分。大学既要专注于追求高深学问，探索未知世界，也要服务于国家发展、社会进步之需要，推动文明互鉴、文化理解之历史进程。大学之道的意义不仅是建设了"985和211"或世界"双一流更在于"在明明德、在亲民，至于止善"。

有人曾偏颇地说"某某地成在文化，败在官僚"。形式主义、官僚主义问题具有长期性、复杂性、多样性、变异性，目前还不同程度地存在。形式主义、官僚主义为何屡禁不绝，当前有哪些新表现，其背后的文化心理因素是什么？习近平总书记在陕西给领导干部讲从严治党时指出："延安精神用以滋养初心、淬炼灵魂，从中汲取信仰的力量、查找党性的差距、校准前进的方向"。社会转型与变革，解决新"新形式主义、官僚主义"需要注入"延安精神"的文化基因。"延安精神"的核心内容是坚定正确的政治方向，解放思想、实事求是的思想路线，全心全意为人民服务的根本宗旨，自力更生、艰苦奋斗的创业精神。新时代，面对百年不遇之大变局，"延安精神"更有特别的时代价值和意义，让其永放光芒，不断从中汲取精神力量。因为，这是打败"西安作风"的利器，是破除形式主义、官僚主义的精神营养剂，才能为各项事业发展提供坚强保障。

二、以传承为土壤，孕育文化基因

岁月在变迁，但精神力量应代代永续。知识分子要实现"四为"、"三不朽需要知行合一，将个人价值的实现与国家命运前途高度融合。要有勇立潮头、争当时代弄潮儿的志向和气魄，更要有实事求是、扎根人民、艰苦创业的实践和实干。无论是"西迁精神"的胸怀大局、无私奉献、弘扬传统、艰苦创业，还是延安精神的实事求是、自力更生、艰苦奋斗、为民服务，都需要知识分子将个人的选择融于国家需要之中，把对祖国的深情大爱、对事业的深明大义、对时代的深切关注，真真切切落实到行动之中，跟着党走，为国奉献。

"人之所不学而能者，其良能也，所不虑而知者，其良知也"。需要用"西迁精神"外化为形，让"西迁精神"成为知识分子共同的文化基因；继续弘扬"延安精神"内化于心，让"延安精神"成为新时代文化的魂、精神的根，就能到达"心即理，致良知，知行合一"境界。2018年习近平总书记在新年贺词中提到"幸福是奋斗出来的，要把今后的发展蓝图变为现实，必须不驰于空想，不骛于虚声，一步一个脚印，踏踏实实干好工作"。应弘扬"西迁精神要发扬"延安精神为自己定好目标，明确自己人生理想的奋斗方向，并同时要付诸实际行动，要脚踏实地的干、要刻苦耐劳地干、要持之以恒的干。勇立潮头去拼搏，站在时代高点，争做弄潮儿，才能持续的激励自己去不断努力奋斗。只有将个人奋斗步伐深深刻印在国家发展历程中，知识分子才能以厚重的基因、奋斗的底色托起应有的使命和担当。

“两种精神”有着共同的价值取向。2020，一场疫情，让世界共同面对前所未有的挑战。虽然高新科技飞速发展，但人类面对新挑战有时还显得力不从心。同样，学界的“大楼”、“大师”之争的命题，更需因时而论。大学不但有大楼，还要有大师；要有大师，也更要有大楼；有了大楼，才会出更多的大师。这本身是一个时代性、不断创新的话题。任何一个时代要实现“蹀变必须完成一个创新式的跨越发展，不是简单把东西搬过去，把一个思想、理论简单地移植，这个挑战永远是巨大的。现在重提“延安精神”、“西迁精神最重要的就是做到在传承中去丰富和发展。

弘扬和传承“两种精神要不断丰富其新时代的新内涵，做“两种精神”的新传人。关键是要与习近平新时代中国特色社会主义思想相结合，将个人理想追求和国家富强、民族复兴、社会进步的社会主义现代化事业紧密结合；无论是“西迁精神”还是“延安精神共同回答了什么是胸怀大局，什么是“有条件上，没有条件创造条件也要上”的艰苦创业精神。发扬“两种精神核心就是要踏踏实实地去做，快马加鞭地去做；矢志不渝地去践行，自强不息、奋勇前行；将个人命运与国家前途紧密相连，把国家的需要，当成自己的责任，先大家后小家；要将胸怀大局成为一种自觉，成为一种意识。对于学校及干部培养院校来说，发扬“两种精神是培养干部和学生的家国情怀、民族自豪，增强开拓性，树立大局观；对个人来说，发扬“两种精神是养成自己的责任、担当，是投身家国、服务时代。

精神血脉能奠定不变的气质底色。新时代要有新作为，更需要有强大精神支撑。“西迁精神”和“延安精神”应不仅是我们西安交通大学或当年那个时代的一种宝贵精神财富，更是新中国广大知识分子爱国奋斗、无怨无悔高尚情操的光辉写照。我们高校怎样做“两种精神”的新传人？一是加强学习教育，凝聚思想共识；二是强化立德树人，巩固思想阵地，不断夯实培育核心价值观的思想基础，内化为师生员工的自觉行动；三是统筹文化建设，突出育人功能，发挥好“润物细无声”的熏陶作用；四是全力探索大学建设新形态、塑造育人新架构、筑成科教新高地、创造合作新模式、形成学科新格局。

三、用家国之骨血，彰显大国风范

风家国情怀是优秀的民族传统，是知识分子爱国报国的朴素表达，是教育在人才培养中的重要文化传承。每一个知识分子需要在国家的大局下思考，在民族的大局下行动。从这个角度讲，“两种精神”更是我们教育战线的重要精神财富，是教育人的“传家宝也是知识分子应有的情怀担当和共同的价值选择。用“两种精神”浸润我们的内心，涵养我们的情怀。到祖国最需要的地方建功立业，在新征程上创造属于我们这代人的历史功绩，需要我们继续弘扬“两种精神”：一是把弘扬“两种精神”与社会主义核心价值观教育相结合。以“西迁精神”的传承为路径与载体，以社会主义核心价值观引领，使“延安精神”成为培育和践行社会主义核心价值观的重要助推力。二是把弘扬“两种精神”与中华传统文化教育相结合。在中华民族的价值谱系中，比如“兼济天下”、“天下兴亡匹夫有责”、“好儿女志在四方”等体现了优秀中华传统文化的精神因子。与中华传统文化教育相结合，将“两种精神”进行学科渗透或作为专题、主题进行学习。三是把弘扬“两种精神”与校园文化建设相结合。在落实办学理念、狠抓“三风”建设，推动学校高质量发展上下功夫，更加明确学校文化建设的目标，进一步丰富学校文化建设内容，以弘扬“西迁精神”推动学校文化建设的发展，以学校文化建设推进“延安精神”的弘扬。四是把弘扬“两种精神”与教师队伍建设相结合。知识分子要从时代的要求出发，从未来发展的需要出发，在党的领导关怀下，在优秀精神文化的滋养中成长，奉献报国精神，到祖国最需要的地方干事创业。五是把弘扬“两种精神”与党对教育工作全面领导相结合。新时代不仅需要勤勤恳恳、踏踏实实，还需要教育理念先进、业务扎实、业绩突出的党员教师，才能体现党员的先进性。“两种精神”为学校的党建工作提供了素材和载体，才会使学校党建工作有了依托，互相推进。我们相信，未来路上，凭借党的引领，根植两种精神基因，我国教育事业一定会勇创今古，烛照千秋！

创建文明校园，塑造品牌影响力

——记汾阳市府学街小学全国文明校园创建工作开展

山西省吕梁汾阳市府学街小学 程建明 王勇 张艳花

汾阳市府学街小学创建于1906年，是一所底蕴深厚的百年老校。教学基础设施良好，教育质量名列全市前茅，是一所汾阳市学生人数最多，办学规模最大的一所市直属十二轨制小学。学校先后获得全国教育技术十二五规划重点课题实验基地学校、2016年国防教育特色学校（中华人民共和国教育部授予）、山西省“巾帼文明示范岗”、山西省“课程改革先进学校”、山西省“体育传统项目学校”、山西省“特色学校”、山西省语言文字规范化示范校、2015年被评为山西省首批国家“足球示范校”、（2018-2019）年度山西省文明校园、吕梁市文明单位、吕梁地区首批“名学校”、吕梁市综合实践活动先进学校、吕梁市关心下一代工作“先进集体”、汾阳市文明校园等诸多荣誉。其中2018、2019年遴选上报“全国文明校园先进校”、2020年获得“全国文明校园先进校”殊荣。现谈一谈这一年来我校文明校园创建工作：

一、以党建精神为引领，制定领导制度方针

（一）党建精神引领

学校党支部深入学习十九大精神和习近平思想，充分发挥党组织战斗堡垒和党员先锋模范作用，心系群众，服务师生，谋事创业；以党支部书记程建明主抓党建工作，认真学习党史，开新局，办实事，党建工作扎实有效，2020年学校被评为文峰办事处优秀党支部。

学校加强领导班子建设，实行分层管理，出台领导班子考核细则，形成机制完善、保障有力、基础牢固、充满活力的基层组织。领导班子不断强化思想和政治意识，增强理论素养和政治素养，切实提高履职水平和执政能力。学校设有副校长四名、中层领导16名，班子成员和谐进取、战斗力极强。领导包年级、包班，逐级管理。学校还设有各级家长委员会，形成家校共育、相互配合与促进的教育合力。

（二）推进素质教育

我校全面贯彻党的教育方针，以“立德树人”为根本，积极推进素质教育；始终坚持“和谐教育”的办学理念，把“学生快乐、教师幸福、家长满意”作为学校的办学宗旨。加强教师队伍建设，优化管理模式，创新课程教学改革、创新课题研究工作、创新校园文化建设，规范办学。努力提升学校的办学品位，是学校的长远发展战略。

（三）制定制度方针

依法治校，是加强教育法制建设的重要内容，是实现教育事业发展的有效保障。我校坚持依法治校的主导思想，积极创建平安、法制、和谐校园。加强制度建设，实施依法行政，学校不断优化各项考核制度，如校长负责制、校委会、教代会、家长委员会民主讨论、决策等一系列制度；教职工考勤制度、班主任、教研组长考核制度，领导班子考核制度，学校有办学章程、三年规划、义务教育标准。认真推进民主建设，完善民主监督，学校实行校务公开透明，严格落实“三重一大”会议制度，学校设有民评人员的组织机构，坚持实事求是、民主监督，对教师关心的问题、学生关注的等问题及时公开。

二、加强师德师风建设，提高师生核心素养

（一）师德师风建设

一是通过暑期培训及各级各类的讲座，加强教师对《教师职业道德规范》、《教师法》等法律法规的学习，不断增强教师的责任感；二是开展学生及家长评教活动；三是严格执行学校出台的师德目标量化考核制度；四是鼓励和支持教师参加继续教育；五是优化一系列的科学、规范的师德评价体系。

由于近几年学校离退休教师比较多，新毕业分配教师有限，一是采用“青蓝结对”工程的模式，制定了老带中、中带轻的中长期培训计划；二是通过连片教研、送课下乡、申请课题、“国培计划”等诸多渠道，鼓励和支持教师积极参加参加上级教育部门组织的各类进修、研讨、交流、培训、竞赛等活动；三是加大经费投入，采用“走出去”的办法，让教师到北京、广州、太原等地学习或者以“请进来”的方式，邀请有关教育专家前来我校做讲座。全校专任教师学历全部达标。

（二）师生核心素养建设

学校以政教处牵头，班级为主阵地，班班张贴“社会主义核心价值观”标语，让墙壁语言说话，形成浓厚文明、和谐的育人环境；每年我们在开足、开全1—6年级道德与法治课程外，结合市关工委下发的“中华魂”读本、认真组织参加一年一度的市、省、国家主办的“中华魂”系列演讲比赛，每年都能获得优异的成绩。另外，我校借助晨诵、午读时间，让学生大量阅读中华经典诗词、阅读学校“日有所诵”校本教材，并且充分挖掘教材中的德育因素，把思政教育与教学各个环节有机结合起来。

每年一开学，学校都要以主题班队会等形式进行《中小学生守则》的学习，重点抓学生的养成教育。一是规定学生上下学路线，让生树立规则意识；二是通过研究《小学生行为习惯养成教育的实践研究》课题，促进学生养成好的行为习惯；三是每周利用升国旗时间，表彰上一周评比出的文明班级，并将其班旗插在校门前进行展示，起到示范引领作用。四是成立文明监督岗、办专栏等形式，对学生进行行为规范、文明意识、遵纪守法等方面的教育。

学校以心理健康教育实验为基础，在各科教学、各项教育活动中，注重对学生的心理健康教育；还充分利用活动课、班队会活动，举办心理教育专题讲座。另外，不仅设立心理健康咨询室，配备足额的专兼职心理健康教育，建立学生心理健康档案。保障心理健康教育经费，确保多渠道、多途径，心理健康教育活动的开展。

三、营造校园环境文化氛围，实现文明校园创建

（一）校园文化环境创建

在“和谐教育”的办学理念引领下，制定了独具特色的三风一训（校风：和谐勤奋，求实创新；教风：博学、求新、善导、启智；学风：勤学、好学、善学、乐学；校训：求真乐学，日有所获）、校歌（府学街小学校歌）、校徽（由“古老的文峰塔”和“动感的人形”组成灵动的“书”字，体现了我校“阅读教学”的办学特色。）、校旗（端庄大气的校徽，插上“和谐教育”办学理念的翅膀，飞向更加美好的未来。）、校标等校园文化符号，师生身体力行，知晓率达100%。

学校在2010年开通了“红领巾”广播站、创办了《家校之声》校刊；设有4万余册的图书室、少先队活动室音、美、书法等活动室；2018年设置了“校史陈列室”。学校充分利用走廊、教室内外墙壁、操场围墙、厕所等地都作为文化宣传的阵地，对学校的传统、办学特色、地方文化等都做了大量的宣传。

学校每年注册开通用户名为“和谐府小”的微信公众平台；创建了学校领导微信群、教研组长群、班主任群、各年级班级家长群、各种兴趣班活动群；2018年又实现全校无线上网全覆盖，极大地丰富和拓展了校园网络渠道和阵地。

同时，每年要开展主题鲜明、内容健康、形式多样的庆六一、庆元旦、演讲、读书会、学生社团等一系列的校园文化活动；组织开展学生志愿服务活动，规范升降国旗制度，每周一有国旗下讲话等；全面开展大课间体育活动，确保学生每天1小时校园阳光体育活动。

（二）加强校园安全卫生环境建设

我校聘请汾阳市园林局专家对学校主楼前校园场地，重新规划设计，一是对办公楼、教学楼内外粉刷一新；二是绿化率达到了25%以上，如今的校园绿草如茵、花团锦簇、干净整洁；三是对学校危房进行了改造维修；四是消防设施、停电应急灯均配备齐全。

经学校领导多方协调沟通、在上级相关部门的支持配合下，校园周边200米范围内无网吧、歌舞厅、录像厅、电游室、洗浴按摩等休闲中心娱乐服务场所，无违规经营的流动摊点、学校门口及周边交通标识、交通安全设施齐备，交通秩序良好。

同时，学校成立了综合治安工作领导小组，分管副校长具体抓安全工作，并且聘请了组织部干事刘婧为法制副校长，定期进行法制安全教育；持续开展防震、减灾应急疏散演练；定期召开家长会，发放安全教育《告家长书》，把安全隐患、矛盾纠纷化解到萌芽状态，确保我校良好的教学秩序。

创建文明校园，塑造品牌影响力。这是教育发展不变的目标。实现文明校园的口碑，便意味着校园品位的提高，品牌影响力的扩大。作为百年老校，在创建文明校园之路上，摸着石头过河，一路探索，有失意，有喜悦。我们相信，持之以恒，总能成功，因为我们心中坚守着“创健全国文明校园”的信念，这是身为“全体府学街小学人”的使命！

凝心聚力托举未来　幸福校园静等花开

山西省朔州市第二小学校　王小敏　贺彩芬

朔州市第二小学校坐落在美丽的七里河畔，建校24年，始终遵循“尊重生命，构建和谐校园；关注成长，打造幸福课堂”的办学理念，恪守“求真务实、立德树人”的校训，以教育科研为引领，全力打造高效课堂，用心提升教育品位。学校先后获得山西省三八红旗集体、全省教育系统基层优秀党支部、全省教育系统先进基层党组织、山西省创建文明校园先进学校、山西省绿色学校、山西省平安校园、全国消防安全示范先进学校、全国三八红旗集体等荣誉称号。

一、聚焦素养，激发发展内生动力

为了激发学生主体性，我们结合学校实际，吸纳“真正的教育就是自我教育“教育就是使人获得智慧、道德和幸福”的教育思想，结合新课改要求，大力开掘校本资源，提出了着眼于培养学生“自主意识、自我管理、自能学习、自主发展、自我完善”的“五自教育”构想。让学生做生活的主人、学习的主人、集体的主人、社会的主人，充分发展个性，发挥潜能，成为各方面素质全面和谐发展的人，并以此促进学校面貌的变化，形成自主教育的特色。促使学生做到自主、自觉、自动的自学、自强、自治。

初步建立了唤醒自主意识的机制。通过班队会、年级会议、班主任会议、教师学习会、备课组集体备课活动、课题组研讨会、工会活动等，强化教师的“五自教育”意识；通过晨会、班委会、课堂教学、班级民主生活会、少先队活动、先进自我申报活动、心理咨询等，激发学生自主意识。

初步建立自我管理的道德教育机制。学校在对学生的管理中力争给学生最大的自主权，给学生自我教育的目标，给学生自我认识与自我控制的方法，给学生自我接受、自我悦纳的体验和给学生自我发展的机会。

初步建立自能学习、自主发展的课堂教学机制。引导教师关注学生的在校生活，培育学生的自我管理能力；关注学生的课堂生活，培育学生自能学习的能力；关注学生的在家生活，培育学生自我监控的能力。课内培育学生自主转换课堂角色的能力；班级培育学生自主处理同学关系的能力；课外培育学生自主管理课余活动的能力。

初步建立自我发展的校园文化机制。静态文化，包括场所“五自”文化和制度文化。动态文化，包括节日文化，会议文化，课堂文化。通过各种节日让学生展示自我，正确认识自我，悦纳自我，进而自觉自动地发展自我。

初步建立班级自我教育管理模式。从构建学生管理主体地位的宗旨出发，引导学生自定目标→自我管理→自我激励→自我评价，在参与中，实现自我教育、自我管理、自主发展。

初步建立自能学习的课堂教学模式：让教师在实际过程中学会反思，学会自我调整，尊重学生人格，关注个体差异，满足学生发展需要，建立起积极参与、共同发展、平等的师生关系，促进教师专业成长。

二、书香飘溢 增强学校魅力

在全面实施新课程的背景下，我校以课外阅读为抓手，努力打造“书香校园营造浓厚的校园阅读氛围，让全校师生捧起书本，与书本为伴，与知识为友，以书香校园建设统领学校全局，促进师生主动和谐地发展。

1.书香校园丰富多彩：学校充分利用楼道、大厅、教室等场所空间，通过悬挂名人格言、张贴学生作品等方式，营造氛围，提高品位。充分利用宣传橱窗、班队会、家长学校、黑板报等阵地宣传读书的意义，介绍读书方法，推荐阅读书目。开放图书室，建立起有序地借书、读书、还书的程序。建立班级图书角，培养班级图书管理员，保证班级图书正常有序流通。教师和学生“共读一本书促进师生专业化成长。将“经典诵读”融入学生学习生活，把课内与课外阅读紧密结合起来。开展“亲子阅读让学生与父母亲一起共读一本好书、同赏一篇美文，交流读书见闻，共享读书快乐。鼓励家庭建好家庭小书房，开展“读书漂流”活动，让学生将家中已读的课外书带到学校来，进行以书换书活动。学期结束后还会评选“书香班级”、“阅读之星”、“书香家庭”。举办“与书同行，让书香溢满校园”课外阅读大型汇报展示活动等。校园里书香弥漫，同学们共享读书的快乐，交流读书的收获，在读书中快乐成长。

2.主题活动精彩纷呈：我校通过国旗下讲话、红领巾广播、黑板报、橱窗、主题班队会、专题讲座等形式对学生进行主题教育。每年“六一”前后，开展丰富多彩的“校园艺术节”活动，并组织毕业班以“感恩母校”为主题排练大型诗歌朗诵。通过读书演讲比赛、讲故事比赛、手抄报比赛、读书笔记评比等主题活动，表达对书籍的热爱，畅谈读书带来的启发和感悟。

三、家校共育，彰显育人合力

家庭教育是教育的基石，父母是孩子的第一任老师。为了更好地发挥学校教育和家庭教育的共育功能，我校于2010年在山西省妇联的帮助扶持下，成立了家长学校。以“家校携手育人　共建和谐校园”为目标，以“家长好好学习、学生天天进步”为主题，以“为家长服务，做家长朋友，与家长携手育人”为宗旨，家长学校开办十一年来，一支以班主骨干教师为主的讲师团和一个以“班级为主要组织单位，班主任为主讲教师、班级授课为主要形式”的学校家庭教育工作模式已初步形成。

1.建立长效机制。我们成立了由党支部书记、校长牵头挂帅的领导小组，成立由各年级各班推荐出来的家长代表组成的家长委员会、优秀家长俱乐部和关心下一代工作委员会，组建了一支以校长、科室主任、优秀班主任、道德与法制任课教师为主体的家长学校骨干师资队伍。制定了《朔州市第二小学校家长委员会工作规范》、编印了《家长学校工作手册》，对家长学校的办学宗旨、组织机构、办学管理等方面都做了明确规定。家长学校总体做到了有牌子、有机构、有教室、有教师、有教材、有经费、有工作计划、有检查考核、有总结表彰，有档案资料的“十有”。在管理体制上我们实行分级管理、层层落实的办法，确保了家长学校管理逐步迈向系统化、规范化和序列化，做到项项有人管，事事有人问。

2.提升共育水平。每学期开学，我们都要开展家庭教育问卷调查，较为全面掌握我校学生家庭情况及家庭教育的实情。开学后，设立家长接待日及校长信箱。通过接访家长和校长信箱了解学生在家学习情况，听取家长对教师、教学、学校管理的意见和建议，以促进学校工作的不断改进。成立家长学校讲师团，编写家长学校校本实用教材，根据家长的文化层次、家庭特点等，把家长分为单亲家庭、个体户家庭等七种类型，建立家长档案。根据家庭不同类型分层举办主题学习，分层次召开家长会。家长学校使家长放心而来，满意而去，学有所得，学能致用。

3.开展亲子活动。三八妇女节、母亲节、父亲节等节日，开展融游戏和教育于一体的亲子游戏活动。倡导建立“学习之家、和谐之家、孝亲之家、节约之家、安全之家”为内容的“五家”活动，营造了家校读书氛围。组建家长讲师团、家长义工团、家长安全顾问团等家长队伍。实施“做合格小公民”系列活动，潜移默化进行品德教育。开展“爱的感动”专题教育，要求孩子从“每天向父母问一声好，每天为父母倒一杯茶，每天为父母夹一筷菜，每天逗父母乐一乐”做起，督促和教育孩子每天的孝心行动。每学期都有一周是家长开放周，促进了教师、家长、学生之间关系的优化，拉近了彼此之间的距离，增强了相互之间的了解、信任和尊重。

行者方致远，奋斗路正长。站在新的起点，我们必将进一步培养学生核心素养，提升校园书香氛围，深化家校合作共育，让特色办学之路越走越宽广，让“以爱育爱、以文化人”的朔州市第二小学以更加靓丽的容颜和骄人的业绩绽放于三晋大地！

着力当好领头雁，助力幼教促发展

山西省朔州市朔城区第四幼儿园　李会如

幼儿园园长是幼儿园管理工作中的中心角色，负有最重的责任。园长要通过管理来规范教职工的行为，又要通过管理来提高保教质量。在政治思想、师德师风、开拓创新、社会效应和经济效益等方方面面还要在统筹兼顾，力求取得综合效果。苏联教育家苏霍姆林斯基说过：“一位好校长等于一所好学校铁路工人说：“火车跑得快，全靠车头带”。这些话本意是肯定园长对幼儿园有着决定性的作用，高度评价园长的重要性。但是我认为好的园长不应该是过去“生产队长”型的，其次好园长不应该是“家长”型的，对待教职工不是说教，就是根据自己的是非判断标准，随便运用家长的权利对教职工进行说教、批评与惩罚。好的校园应该是幼儿园发展的规划者、幼教理念的践行者、教职工的精神领导者、教师的良师益友、教师成长的指导者、家庭教育的引领者。只有做到这些标准才能引领园所不断向前发展。

一、打造优秀队伍，促进园所发展

我们大家都知道幼儿园发展，教师为本，拥有一支稳定的教师队伍，是保证幼儿园正常发展，实现办园者意愿的力量源泉和重要保证，没有一支稳定的教师队伍，幼儿园的发展就无从谈起，园长的宏图伟愿也就无法实现。在稳定的教师队伍上，我重点从以下几个方面去做工作。

第一是给幼儿园定位，给教职工一种憧憬。建园之初，我就确立了“一年基本完成园舍园貌的改变，两年打基础，三年创建示范园”的发展思路，根据我园实际情况，确定我园的办学层次是服务普通城市居民，为其提供优质的学前教育。同进根据我园教师实际情况，制定了幼儿园园本教研、园本培训和外出培训相结合的方式，通过教材培训、园本教研、小组集体备课等形式，督促教师个人专业成长，通过到省级示范园的外出培训，不断更新教师育儿理念和创新保教方式，逐步培养了一批园级骨干教师。

第二就是薪金留人。不断提高教职工的福利待遇，使其劳动付出得到合理的物质回报。从2017年2月份开园教师工资1300元，逐步提到现在的教师月平均工资2000元左右，优秀教师最高达2400到2500元左右，通过工资的提升，其实也就体现了我园对教职工的付出给予了充分的肯定，大大提高了教师的工作积极性

第三是事业留人。我园积极参加省、市、区教育局等有关部门的培训及教研活动。探索适合我园的教研方式，促教师专业成长，为教师成长搭建平台，我在幼儿园教师大会上，不止一次讲到，教师要对自己树立一个目标，不要抱着当一天和尚撞一天钟的思想，不要把自己看成一个简单的打工妹，我希望我们的教师将来都是朔州市幼教界的佼佼者，希望从我们幼儿园走出几位园长，也希望我们教师能够从城区四幼学到、积累到一定的教育经验与管理经验，将来能够成为名师，同时盼望着我园教师能够通过招教考试，成为入编幼儿园的教师，我积极组织全体教师学习《3—6儿童学习与发展指南》、《幼儿园教育指导纲要》、《幼儿园工作规程》和相关学前教育政策和文件。并且每月组织一次专业测试，为他们打下扎实的理论功底，真真实实的让幼儿园成为教师成长的摇篮，切实从教师发展的角度去考虑问题，想教师之所想，急教师之所急，教师队伍一定会稳定下来。

第四是感情留人。了解教职工基本需要，通过有效手段满足他们的这些需要，给教职工一个“家”的感觉，教师的需求无非就是我的付出是否得到园长的肯定，我获取的报酬是否与我的付出相匹配；我在这个幼儿园是否得到领导的赏识；我在这里能不能得到发展等等。作为园长要了解教职工最基本的需要，关心他们的工作和生活，尽量地去响应教师的呼声。

二、把好用人之关，善用贤士能人

我们园长的主要作用是激发和调动全体教职工的积极性和创造力，要敢于用人，放心用人，相信教师的能力，敢于授权，相信下属，善用人才，发掘教职工的潜力，发挥教职工的特长，充分调动全体教职工的积极性。

今年区人社局和教育局给我们幼儿园配备两位副园长，幼儿园还配备了教务主任、保育主任和办公室主任。我作为幼儿园园长主要是每周开一次例会，按照我园的活动计划对近期工作进行安排，具体实施细节由教导处和保育处负责，办公室做好配合与物质保障工作，放手让他们去干，这样运作的结果是我自己轻松了起来。现在很多园长很忙的原因：没有授权给别人；即使授权出去的事情又被反推回来了；即使已授权，总是不放心自己的下属做事情，所以总插手。如果每一件事都是园长包办，那么教职工的工作热情就渐渐减弱，因为觉得园长不信任他们，明明交给他们办的事，因为怕他们办不好，园长又插手去管。教职工觉得他们有好的方案和做法也是徒劳，因为没有机会发挥，或者觉得没有人欣赏，他们以后就消极的应付工作了，园长如果在不违反大原则的情况下，授权让他们办事，也允许他们犯错，他们就会大胆地发挥其创造力，而且会多方面地考虑问题，用好他们的权力，这样园长一方面又能够把事情办好，另一方面又可以让干部，教师得到锻炼的机会，从而获得了自信心，慢慢地他他们就可以独当一面。而园长就是为他们撑腰和担责，园长就是为他们创造更好地环境和氛围。只有这样幼儿园的管理更加井然有序，幼儿园管理的整体水平就会越来越高。

三、抓好制度建设，实现制度管人

古人云：“不以规矩，不成方圆”。良好的规则是一切活动的保障，所以幼儿园必须有大家认定的规则才能更好地运作。我们的规则不是从管理学书中来，而是我们在管理实践中总结出来的，更重要的是由教职工讨论提炼而成的。比如，哪个岗位什么时候该做什么，该如何做，全部都经大家商量决定后一一公示给教职工，记在每一位教职工心中。

俗话说：“人管人，累死人，制度管人，轻松人”。现在的幼儿园管理应从人管人向制度管人的模式转变。每个学校都有制度，但不一定每个学校的制度都那么具体，都有针对性和操作性。制度不在多少，而在于制度的执行性和执行的公平性。

我园制定的制度有：请销假制度、奖惩制度、教师一日常规、幼儿一日常规、教师月岗位考核细则、食堂管理制度。

我园重点执行的核心制度就是《朔城区第四幼儿园教师月岗位考核细则》，我们依照考核细则对全体教师的工作进行详细考核，将考核结果公布给教师，并按照考核成绩发放绩效工资，真正做到事事有人管，人人有专责，办事有标准，工作有检查，处罚有依据。通过考核，教师知道了自己差距在哪里，为什么拿的工资低了，逐步在教师中间形成了你追我赶的工作氛围，教师们的抱怨少了，工作积极性高了。

通过严格的执行考核制度，我园基本实现了从“制度管人”到“人人自律让我这个园长轻松起来。

四、强化安全意识，护航师生成长

园长在积累经验的同时，也积累了风险。所以，园长必须要有风险管控意识。园长的责任就是调动全园上下把风险降到最低，这是轻松当园长的最重要环节。对于风险管控园长把好这三关：

园内每个人的人身安全。对于教职工，我园从制度、法规上强调每一个岗位的职责，增强他们的安全意识。对于幼儿，教师从日常生活和教学活动中，提高安全意识。

园内各种设施设备的安全。园内每一个人的学习、生活都在幼儿园，他们饮食卫生安全、消防安全、他们的疾病、过敏史等等都是园长的关注的焦点。还有园舍、电线线路、厨房炉具、大型体育器械等等，也有可能出现机械故障或者人为的失误。“生命不保，谈何教育？”园长要不断加强全园教职工的安全意识，并由教职工传递给孩子。一方面与教职工讨论制订条例让大家对大型体育器械的排查，到班内物品安全的排查，幼儿园都以部门为单位对各类物品定期进行安全大检查并及时汇报各种安全隐患。

努力解决存在问题。每一年与全体教职工签订安全责任书，为全体教职工以及幼儿购买保险。每一个幼儿刚入园时，我园都与家长签署《幼儿在园安全协议书》，除了明确了安全责任外，还对幼儿的疾病、过敏史等作一摸底调查，这样更有利于教职工对幼儿的照顾。针对身在幼儿园这个特殊群体：老师几乎是全女性，孩子是三至六岁的小孩。我园每学期组织消防、地震安全讲座、交通安全讲座、紧急救护的基本技能培训，还制定各种紧急预案，并进行应急演练。责任到人，确保安全。同时也做好宣传工作，从而带动广大家长的配合，积极做好安全工作。

园长管理的奥妙所在：不但要能干，还在巧干。园长要正确理解“强将手下无弱兵”的含义。要轻松当幼儿园园长，关键在于管理，好的管理要讲究艺术。相信不久的将来，我们的幼儿园在有效地管理之下，一定会成为朔州幼教行业的领头雁，展翅高飞而行稳致远！

立德树人守初心，弘扬传统育英才

山西省阳城县午亭中学　卫占良

“一年之计，莫如树谷；十年之计，莫如树木；终身之计，莫如树人。一树一获者，谷也；一树十获者，木也；一树百获者，人也”。这段话既阐明了人才培养的重要性，也揭示出人才养成的不易。我校创建于2019年9月28日。是一所农村全寄宿制学校。学校占地面积11866.1平方米，总建筑面积6149.06平方米。本着高标准、超一流样板校标准，学校建有理、化、生实验室、电子阅览室、心理咨询室、微机室、图书室、音乐室、美术室以及可容纳350人的多功能厅，教学实施齐全，环境优良。目前在岗教职工数31人，学生167人，实行全封闭管理。一年

来，在上级领导的正确领导和皇城集团的大力支持下，我校坚持“以人为本、以德为先”的办学理念，以“陈廷敬家风家训”为载体，确立“德才教育”为学校办学特色，以培育“德才兼备的教师”和“德才兼备的学生”为教育目的，积极探索建构新型德育育人体系，努力打造“德育”特色名校。

一、铸魂培根，助力学校特色办学发展

按儒家标准评价：德才兼备谓之圣人；有德无才谓之君子；有才无德谓之小人；无德无才谓之愚人。北宋司马光在《资治通鉴》中曰：才德全尽谓之“圣人才德兼亡谓之“愚人德胜才谓之“君子才胜德谓之“小人”。德之重可见一斑。“德”遵循本性、本心。引申为顺应自然、社会、和人类客观规律去做事。德即是对道、对自然规律的认识和理解、践行。决定了正确的世界观、人生观和价值观。在现实生活中通常表现为事业心、责任心、原则性、廉洁性、为人民服务的意识、团结合作的作风以及勇于克服困难、完成工作任务的精神等。“才”是指本领能力。现代生活中包括理论知识、管理科学知识、本职专业知识、综合分析问题解决问题的能力，实际工作中的谋划能力、决断能力、指挥协调能力和创新能力等。午我校实施“德才”教育就是要培育“德才兼备的教师”和“德才兼备的学生经过集思广益，确立了主题鲜明、内涵丰富的“三风一训”：校训：“循道立德博学自强校风：“正德厚生追求卓越教风：“厚德爱生创新育人学风：“尚德乐学善思共赢”。“三风一训”的提出让“德才”教育成为学校的教育方向，让“德才”教育成为学校的奋斗目标，让“德才”教育成为学校的精神标志。让学校老师在教育教学的过程中厚德、惜才、育才；让学生在受教育的过程中尚德、立才、成才；让师生在“德才”教育中共同成长成才。

校园文化是学校个性魅力与办学特色的体现，而校园环境则是学校文化的直观体现，我校校园独具风采，走近校园，映入眼帘的是“馆阁体”书写的“午亭中学”的校牌；教学楼正面墙上镌刻着校训“循道立德博学自强”；活动大院西墙上写着校风、教风、学风；生活区大院内是一代文化名人陈廷敬雍容华贵的塑像；古香古色的文化走廊，雕梁画栋间承列陈公的诗文作品；教学楼走廊墙壁上展示着师生的硬笔书法作品，去餐厅的楼梯墙壁上展示着师生的毛笔书法作品；建校伊始，我校先后开展创编校歌，设计制作校徽校旗的征集活动，确定具有民族传统与现代元素相融合特色的校旗校徽；为展示学校形象，推动学校德育特色发展提供有力保障，创建了校报《午亭》。凸显校牌校徽校旗校歌文化标识，将学校的办学目标、校风、教风、陈氏家风家训、名人字画上墙上栏。充满浓郁陈氏风味的现代校园一砖一瓦、一草一木都充满了文化的灵性。

二、以德促教，彰显传统文化独特魅力

陈氏家训实际上就是三首诗，三首词。由陈家三世祖、官居陕西汉中府西乡县典史（县尉）的陈秀所作，后陈廷敬又作诫子孙诗被后世子孙代代传承。看似简单，但包含的做人做事的道理却十分深刻。涉及到读书、做人、交友、持家、做官等方方面面，涵盖了修身齐家治国平天下的朴素道理。我校把“德才”教育作为学校的教育方向、奋斗目标、精神标志，就是要培养德才兼备的老师，培养德才兼备的学生。“凡事预则立，不预则废制度的建立势在必行。在学校，师生各有守则规范，学生有《中小学生守则》，老师有《阳城县午亭中学教师职责》；学生有《中学生日常行为规范》，老师有《阳城县午亭中学教师行为规范》；学生有《学生成长日记》，老师有《阳城县午亭中学教师道德考核方案》；制度的建立成为师生行为的准则。在评价体系中，我校根据学科特点将学生的思想品德和行为习惯制定出评价方案，组织学生参加，期末进行总结与表彰。对学生思想品德和行为习惯的评价，有利于学生品行的成长。教学中把陈氏元素的校本教学和教学工作有机结合，相互尊重，培养学生的综合素养，也成为学校一大特色。通过制度、评价约束量师生行为，把“以德促教二者合一”的主线贯穿教学始终，教师在教的过程中修养了自身，学生在修养的过程中学到了本领。

陈廷敬是著名的理学家，他十分强调躬行，即用自己的实际行动说话，反对空谈。他说：与其言而不行，宁行而不言。君子以身言，小人以舌言。他认为躬行的真正含义，就是按理学的要求，规范自己的行为。陈廷敬关于注重躬行的论述，成为陈氏家族行事的准则。从陈氏家训中汲取营养，规范行为当从习惯开始。细节决定成败，习惯成就未来。关于习惯养成教育，我校主要从三方面抓起，一是日常行为习惯：我校要求学生从问好开始培养礼仪、从穿校服开始拒绝攀比、从戴胸卡开始诚信自律、从带沙袋开始锻炼身体；二是宿舍起居习惯：学校要求每天两次洗脸，每天两次刷牙，每天一次洗脚，每周一次洗澡和每月一次清洗被褥；三是餐厅就餐习惯：我校要求学生从教室到餐厅一路纵队，打饭后各就各位；营养要均衡，不浪费粮食；每天有一个班级的学生在餐厅参与义务劳动，帮助洗碗、拖地、抹桌子，体验劳动之艰辛。此外，还在全校设立“值日岗”、“餐厅礼仪岗”、“卫生监督岗”、“餐厅保洁岗”让学生体验学校管理常规，在自我管理中培养学生良好行为习惯。抓学生养成教育的同时，我校也严格要求老师自我严格监督习惯养成，老师既是习惯养成的先行者，又是习惯养成的监督者，在榜样的带动下，在学校的严格要求下，学生们纷纷养成了良好的习。

三、多措并举，争创传统文化全新辉煌

活动是体现学生综合素质的最好方式。它可以开阔视野、陶冶情操，可以培养学生的集体荣誉感，增强班级的凝聚力；它是师生之间的情感纽带，也是家校联系的桥梁。活动就成为提高修养锻炼能力的必然选择。我校通过组织开展一系列活动，激发学生活力，弘扬学校文化。如硬软笔书法比赛，内容要求为“立德正德厚德尚德”的诗文名言，陈氏家训廷敬诗选，赫然在列；字体不限，王柳欧颜各领风骚，“馆阁体”亦登大雅之堂。比赛结束，精选部分作品展示在学校各处。不但展示了学生风采，增添了文化气息，更重要的是在活动中接受了“德”熏陶。此外，我校也会定期组织开展各类演讲征文活动，内容有：我最喜爱的一本书、陈氏家训让我学到了……；英语演讲比赛：《我爱我家》；口头作文：《我心中的陈廷敬》；征文：《致敬，抗疫英雄》等等。这些活动的举办不但丰富了校园文化生活，也锻炼了学生的心理素质。学校还举办了两届以“追求*共赢”为主题的特色课间操大赛，不仅锻炼了学生健康体魄，也在运动中学会了拼搏合作；组织参加了全民诵读《山西日报》活动，大大增强了班级的凝聚力。坚持每周进行集体诵读陈氏家训；定期进行法制教育，让学生知法懂法守法。作为全县唯一五A级景区的中学，我校积极组织学生参观陈廷敬廉政教育基地，相府庄园研学基地、郭峪古城进士第等传统文化基地，让学生汲取中华优秀传统文化精华，增强民族文化自豪感，让师生在活动中修养自身，掌握知识与能力。经过一年的努力，我校特色办学成效显著，特色文化气息浓郁，师生标兵不断涌现，先进事迹层出不穷，受到社会各界的一致好评。学校师生先后获得集体、个人数十项荣誉，为学校下一步发展树立了信心。

总而言之，教育是一项知行合一的事业。传统文化创建不仅提升了学校的精气神，更提升了学校的办学品位。学校的内涵、品位和文化底蕴需要被全体师生牢记并践行，应如和风细雨渗透到学校各处角落，待春暖花开。迎着教育的阳光，我校会继续心怀大志、仰望星空，把弘扬传统文化作为办学方向，在“心”上用功，在“事”上磨砺，让教育散发出馥郁的芬芳。

不忘初心办教育 呕心沥血促发展

——记全国三八红旗手陶小翠

山西省运城龙翔高级技工学校 靳霞

陶小翠，一位河东大地孕育的普通女性，一个自小在农村长大并深知农民疾苦的普通女子，短发，职业装，举止优雅而又知性得体，十足的职场女性。2007年，为了家乡的孩子能够有一条较好的就业出路，她不顾家人的反对，和丈夫苗红岗毅然决定弃商办学，克服重重困难，面对多方压力，让龙翔两个字在河东大地上生根发芽。十三年砥砺前行，十三年跋涉奋进，而今，龙翔学校已经发展成为龙翔教育集团，办学层次包含普通高中、职业高中、技工学校、成人培训以及教育综合体等。从农家女子到教育工作者，“为企业输送君子工匠，为家庭培养致富能手，为国家早就合格国民”是初心，更是支撑她奋斗多年的使命！投身职业教育十余年来，她不忘初心，牢记使命，时刻以办人民满意的最有温度的职业教育为己任，兢兢业业，任劳任怨，孜孜不倦，乐此不疲，被戏谑为运城的“职教狂人“一生只做教育的人”。

白手起家，艰苦创业

陶小翠生于农村、长于农村，对农村的孩子始终怀有特殊的感情。2007年，一次回乡的难忘经历，让她有了一个强烈的愿望：创办一所职业学校，改变农村孩子没技术、薪酬低、走不出大山、养不起家庭的现实。为了实现自己的梦想，敢想敢干的她开始了一段艰难的创业之路。创业之初，有旁人冷嘲热讽，有父母极力反对，但丈夫苗红岗的全力支持和鼓励，给陶小翠以莫大的欣慰。

做教育难，做民办教育更难，做民办职业教育更是难上加难。起步的陶小翠虽然没有办过学校，但她完全明白办一所学校需要具备的条件有多少：找校址、建校舍、买设备、聘老师……需要投入大量的人力、物力，特别是财力。办学前期的投入不仅让她把家里的积蓄全部搭上，还背了几百万元的债务。2007年，学校与天津两所国家级重点院校签订了联合办学协议，创下了第一年招收650名学生的佳绩。2008年，为了能办一所自己的民办职业学校，陶小翠夫妇再次踏上征程，一边寻找新校址，一边整理申报材料，一边与上级部门沟通，一边对接招聘教师。短短几个月，新校区从开工创建、采购设备、申报专业到充实人才、招收学生，跑贷款，寻帮助，一个个不眠之夜，一次次殚精竭虑，龙翔终于在河东大地应运而生。

十年艰辛，崭露锋芒

十余年来，在陶小翠的带领下，龙翔一路披荆斩棘，历经多番周折，又不断进步发展、数创辉煌，从建校初期租赁校舍到拥有6个校区，从两个系5个专业到4个系5个部、25个精品专业、23个校内实验

基地和1个国家级职业鉴定所。办学规模快速增长，在校生人数从最初的几百名一举攀升到8000多名，承载着运城中职“在校生规模第一校”的美誉。

在办学过程中，她用于探索，不断创新，带领龙翔教育逐渐形成了自己独特的办学特色：

一、创新办学体制，探索混合所有制办学“新模式”。

2018年11月，盐湖区人民政府与龙翔签署联合办学协议，在保持学校“国有品牌性质不变，公办教师身份不变，政府财政投入不变”的基础上，利用龙翔的办学硬件，按照“所有权和办学权分离、产权和经营权分离、举办者和办学者分离”的“三分离”原则，以“国有民营公助”模式合作举办盐湖职业教育中心。职教中心领导体制实行董事会领导下、监事会监督下的校长负责制，双方共同组建董事会和监事会。这一职教办学体制的重大改革，得到省、市各级教育主管部门的肯定。陶小翠说：我们要做的就是替政府担当，今后五年内，龙翔将在“合校、合人、合心、合事业”的基础上，进一步深化办学体制改革，完善职教中心管理模式，打造职业教育特色品牌，竭力将盐湖职教中心建成全市一流、全省先进、全国有一定影响的现代化职教中心。

（二）注重校企合作，紧抓职业教育的“生命线”。

学校始终高度重视校企合作、产教融合工作，先后与60多家企业建立了相对稳定的合作关系。以浙江吉利控股集团为例，2018年5月，校企双方签署协议，围绕人才培养、校企合作实施“成蝶计划”项目。“成蝶计划”的本质是“五双即学校和企业双主体育人、学生和学徒双身份学习、教师和师傅双导师教学、学校和企业双课程体系、学校和企业双元化评价。以共同开展招生招工、共同制定培养方案、共同建设教师队伍、共同完成教育教学、共同实施教学管理“五共同”为抓手，合作培养专业技术技能人才，共建产教融合实习实训基地。

（三）重视技能大赛，高举教育教学的“指挥棒”。

普通中学有高考，龙翔提出“职业教育有大赛”。结合每年举行的全国、全省、全市职业院校师生技能大赛，学校秉承“以赛促学、以赛促教、以赛促改、以赛促建”的“四促进”理念，以此为“指挥棒引导学生提高动手能力，进而顺利就业、稳定就业。学校每学期组织1次“专业技能竞赛展示赛暨家长会”活动，旨在全面提升学生的专业技能水平，向家长展示孩子在校期间的点滴进步；同时，选拔优秀生参加各级各类技能大赛。

截至目前，龙翔在国家、省、市职业院校技能大赛中，共获得各类荣誉327个，其中国家级三等奖1个，省市级一等奖102个、二等奖91个、三等奖62个，团体组织奖及优秀指导教师奖71个。迄今为止，运城市共举办了九届技能大赛，龙翔高标承办了其中的六届。

（四）狠抓立德树人，筑牢人才培养的“压箱底”。

一是实行准军事化管理，从“严格、严谨、意志、意识、优秀、优雅”六方面入手，培养学生的军人作风、学子气质和工匠精神。二是坚持以“做人做事两条线、做人犹在做事前”为准则，学校、家庭、企业三方合力构建“六成育人体系促使学生成型、成熟、成人、成事、成才、成功。三是创立“四点半育人模式每天下午4:30后，将时间、空间留给学生，开设丰富多彩的选修课程，开展形式多样的社团活动。四是以“传承圣贤文化，培养君子工匠”为宗旨，实施“三进、三创工程”：即社会主义核心价值观、优秀传统文化进校园、进课程、进品行；创建中华优秀传统文化主题学校，创办“运城市传统文化道德大讲堂创立“君子工匠”标志性名片。五是以培养君子工匠为核心目标，构筑课堂教学、主题活动、传统文化、校园文化、校花精神“五位一体”的育人平台，建立并完善全员、全过程、全方位的“三全育人”体系。

（五）热心公益事业，托举教育情怀的“新高度”。

办学过程中，陶小翠关爱学生，体恤职工，对经历重大灾害、家庭危困的学生免除住宿、用餐费用，每年组织师生进行捐助，创设“龙翔爱心教育基金用于救助上不起学的孩子。每次捐助，她总是第一个捐款，十一年来，累计捐助13次、15万元之多；遇到职工及其家属生病，她总是第一时间亲自去探望，代表着学校给予职工暖暖的关爱。“老吾老以及人之老，幼吾幼以及人之幼她多次组织师生走进敬老院，践行德孝文化，为孤寡老人送去礼品和祝福，孩子们的陪伴让老人们更多感受的是家的温暖。陶小翠称师生为“家人孩子们亲切地称她为“陶妈妈”。她注重传统文化的学习与弘扬，多次举办《弟子规》讲评大赛、家长课堂、排练传统文化节目等，学校制作了传统文化光盘、家和万事兴宣传册，每年向社会发放5000份，倡导和谐社会，高扬品德风帆。2019年，随着集团旗下首家教育综合体的成立，她欣然接受运城市妇联的提议，多方张罗，开辟场地，让运城市妇女儿童活动中心在好课堂乐学广场揭牌成立，一年多来，她以自己的实际行动率先垂范，亲力亲为，下基层，入邻里，多次组织活动，为妇女儿童提供了一个温馨的活动场所。2020年，新冠疫情伊始，她便首先捐款援助疫区，在她的带领下，学校为疫区捐款10万余元。响应国家脱贫攻坚行动计划，她带领学校班子成员，多次深入盐湖区贫困户家长送温暖，在物质扶贫的同时不忘教育扶贫，积极地宣传技能致富的道理，同时安排学校技能部老师进村宣讲，将技术送到贫困户家中。

痴心教育，成绩斐然

陶小翠不断学习，不停充电，思路总是走在发展的前端，凭借着自己对教育的痴狂以及对孩子的担当，带领着龙翔走出了一个又一个辉煌。

在陶小翠的带领下，龙翔一路走来，先后荣获市级行业标兵、“五一劳动奖章”、省级高技能人才培训基地、全国职业教育百强校、山西省中等职业教育管理五星级学校、山西省中等职业教育改革发展示范校项目建设单位，在运城中职教育中独树一帜，是运城中职教育名副其实的品牌校。2020年，龙翔实验中学首届高考达本线率90.48，达一本率61.9%，提分率100%。同年，盐湖区职教中心“双高基地”项目的申报成功，将职教中心“合校、合人、合力、合事业”的四合工程推到了一个新的高度。伴随着学校的发展，陶小翠本人也先后荣获运城市爱岗敬业劳动模范、改革开放40年民办教育杰出敬业者，山西省五一劳动奖章、山西省劳动模范，全国三八红旗手等多项荣誉。

中流击楫，方能行远。陶小翠始终相信，凭借着自己的不懈付出和坚韧毅力，凭借着龙翔“一群人、一条心、一辈子、一件事”的坚强信念，定能创办出中职教育的标杆、民办教育的旗帜，造福河东大地一方父老。未来，龙翔一直在路上，她也一直在路上。

砥砺奋进“犇”向前，凝心聚力谋发展

山西省泽州县金村镇孟匠初级中学校　张完顺

党的十九大报告站在新的历史起点上，要求“全面贯彻党的教育方针，落实立德树人根本任务，发展素质教育，推进教育公平，培养德智体美全面发展的社会主义建设者和接班人”。从实施素质教育，到发展素质教育，就是要不忘初心，以人的发展为中心，坚持立德树人，坚持提高人民的获得感，办好人民满意的教育。

不忘教育初心脚踏实地育桃李，牢记教育使命砥砺前行求发展。“初心”是学校的发展，是学生的健康成长，是学生素质的提升，是通过我们的努力学生得到最好的发展，是我们团队精神的加强，是我们这个集体凝聚力的加强，是我们教师教育教学视野的拓展提升，是教师职业幸福感责任感的提升，是我们师生心态积极平和，校园生活工作平安有序，是学校文化气息更浓，校园环境更优，基础设施更加完备。“前行”是工作中一往无前、持续奋进的态度和撸起袖子加油干的精神。

一、以身作则做表率，勤于学习强修养

在工作中，我始终坚持以一个党员的标准要求自己，时时处处严于律己，以身作则，恪尽职守，率先垂范。“一个好校长就是一所好学校”这句话时时警醒自己，鞭策自己，向着好校长的目标努力。作为学校的带班人，我不断加强自己的品德修养，努力践行爱国、敬业、诚信、友善。厚德端行，包容民主，牢固树立品德修养是为师之本，德正则品端，品端则身正。“问渠哪得清如水　为有源头活水来”。如果说“清、慎、勤”是为人做事之本，那“才干”就是为人做事之基。才干的增长靠学习。工作中我努力学习专业管理知识，努力学习党的教育方针政策，努力学习先进的教育教学理念和前沿的教育教学信息，努力学习参与“不忘初心　牢记使命”主题教育活动。坚持以校为家，坚持带班值班，坚持晨读、晚自习的入班进班，勤于管理，谨慎做事，政治、业务笔记均达一万余字，累计听课80余节。有德无才谓之慵，有才无德谓之韧，德才兼备谓之贤，我唯贤所以我努力。

二、未雨绸缪强安全，齐心协力护平安

学校安全工作是学校各项工作的基础和保障，牢固树立“生命至上　安全为先”的理念，我校坚持把安全工作放在首位，在教职工中树立安全是底线的意识，全力健全各种安全制度及防范应急预案和演练；坚持隐患排查，对校园内外安全状况做到心中有数，整改措施及时到位。主要做了以下几点：

学校一日安全工作职责不打折扣，保证时间，保证到岗，保证岗位职责的落实。政教处充分利用每周升国旗时间，进行安全教育，各班坚持开好安全班会，对学生进行防火，防溺水、交通、饮食等方面的安全教育。每月初进行一次安全隐患排查工作。同时加强校园安全日常检查，发现隐患及时排除。

学校与各教职工签订安全目标责任书，以此夯实了安全管理的责任。组织师生开展一月一次的针对不同突发情况的应急演练、消防安全应急疏散演练和地震应急疏散演练等活动，确保了校园安全和各项工作的顺利运行。

指导和督促学生坚持网上安生教育平台的学习，潜移默化地对学生进行安全意识的培养。组织全体班主任老师，汇报了各班学生中存在的问题。如心理方面，身体方面可能存在的隐患，及时发现，及时采取措施，防患于未然。

后勤工作紧紧围绕一个中心：安全稳定；做好两个服务：服务于教育教学，服务于师生生活；落实三个到位：认识到位，责任到位，措施到位。饮食安全是大事。后勤对食品的采购，消毒，卫生进行严格把关。为了保证学生饮食安全，后勤坚持严格的食品留样制度并做好严格记录，确保学生食品安全。坚持学校领导陪餐制度，及时主动了解学生情况及时反馈学生意见，收集对厨房工作、生活的意见和建议，认真登记，及时填写当天日志。

安全专题教育不放松。“交通安全进校园”、“传染病防控”、“校园

消防安全主题宣讲”、“预防煤气中毒”、“校园欺凌防控”等。安全主题教育都是聘请相关专业人士或专业机构宣讲进校园，针对性强，实效性大，师生增强了安全防范意识，掌握了安全应对技能。

三、立德树人育桃李，春风化雨润无声

人无德不立，国无德不兴。我校坚持育人为本，德育为先，把立德树人作为学校教育的根本任务。

学期初对全体教职工进行“师德师风”纪律整顿。组织教师坚持政治学习，做好“两学一做”教育知识系列竞答和文明城市创建的宣传教育活动。同时对全校师生进行了“社会主义核心价值观”教育。

开展中华魂系列征文和演讲活动。利用课堂主阵地，落实“三维”目标，课中渗透，润心于无声。重才先重人，要才先育人。我们选择的是爱的事业，“师爱无痕，润物无声用我们的教育唤醒孩子内在的心灵能量与人格理想，解放孩子的智慧，发展孩子的潜能，激发孩子的生命创造力。

四、美化校园优环境，完善硬件助提升

学校环境建设是以育人为目的，以校园环境建设为手段，以校园美化为主要表现形式，通过对学校硬环境和软环境的充分开发和利用，使“寓教于美、寓教于乐”体现在学校全部活动过程之中的一种审美化、规范化的教育要求，是学校教育教学活动的重要组成部分，是建设和谐校园的重要组成部分。

以“创文迎检”为契机，学校新增了文化宣传版面，学习工作环境建设更趋优化。在教室、走廊张贴启智益学的领袖、名人、科学家画像和警句、格言、名言，在显眼处悬挂固定标语，学生自然而然地受到美的熏陶和感染。学校还创新活动载体，让学生参与，美化自己的学习与生活环境，教室文化方面，通过黑板上的每周一名言、墙壁上的挂饰字画等来体现各班的特色。寝室文化方面学生们发挥自己的特长，自己动手，精心设计，布置寝室环境，体现各寝室的文化特色……每一句每一条都是精心选取，精心酝酿，每一句的背后都有它的教育和激励意义。新增无障碍通道，更趋人性化设计；整修厕所使之面貌焕然一新；新建水房助力教室功能室卫生打扫；校园照明设施华丽转身；“弘学堂”、“明道堂”相继落成并投入使用，大屏幕LED落户我校；录播教室建成验收并投入使用。

五、多彩活动促发展，深化教研增实效

春秋两季运动会有声有色；口头作文比赛一试身手；“校园文化艺术节”丰富多彩；“创客大赛”争先创新；初三“语音播报”精彩纷呈；趣味运动会欢声笑语；庆元旦文艺汇演如火如荼。多彩的活动既丰富了校园文化生活，给学生以展示的平台，又促进了学生身心发展，提升了自信，增长了才干，培养了不甘人后、勇争第一的精神风貌，实现了学业与精神的双赢。

教学工作是学校的中心工作，学校的一切工作必须服从和服务于教学这一中心，体现这一中心工作的两个方面就是认真抓好教学常规管理和深入开展教学研究。

夯实教学常规管理，学校从各种教学计划地制定、备课、上课、作业批改、课后辅导、学业考核与评价都做了详细和贴近我校教学实际的要求，并将这一过程管理纳入绩效考核，作为重要组成部分。

教学研究是我校一直以来的一个薄弱点，也深感这项工作的滞后对教师与学校教学发展的影响。我们在努力寻找教学研究的切入点和能够引起老师们共鸣的方法，为此，学校首先强化公开课，要求全员参与，认真准备，展示风采，交流吸纳，借鉴融合，学科互通；其次积极提供平台，让教师走出去，参与各级各类的培训，拓展视野，改变理念。我们组织初三全体教师分批次参加了省教科院的学科命题培训，市培训中心的学科培训、观摩课示范课活动、专家讲座，理利和云波赴衡水中学的名校观摩活动，亮亮的音乐教师合唱培训，兴隆的省级信息技术教师培训；第三学校还积极创造平台，加大名师培养工程，培养学科带头人，培塑教学研究的领头雁，提升信心，增加自信。十月份举办泽州县数学学科教学能手评选赛，十一月份举办泽州县首届初中数学教师技能赛，十二月份举办省规划课题中期检查暨汇报课观摩研讨活动，东片片际研训活动。在2019年教师节表彰中，赵海芳、王艳丽同志获得“晋城市模范教师”光荣称号；陈新平、崔逢利、孟巍巍、曹向群、梁青静、张玮玮等同志受到泽州县教育局的表彰；在由泽州县教育局举办的“数学技能大赛”活动中，我校教师张瑜一举拔得头筹；在由泽州县教育局主办的“第十三届教学能手”比赛中，我校教师曹向群、原瑜琴、秦江喜等出手不凡。特别是省级骨干教师的推选，我校闫瑞兵老师赫然在列。

凝心聚力谋发展，砥砺前行谱新篇。2021年是“十四五”开局之年，不忘初心，牢记使命，我校全体人员将以奋楫争先的闯劲、披荆斩棘的拼劲、滴水穿石的韧劲，在新的征程中扬帆起航，奋力绘就学校发展新的篇章。

培育君子文化　落实立德树人

——汉中市宁强县代家坝镇初级中学德育工作先进事迹材料

陕西省汉中市宁强县代家坝镇初级中学　韩勇

代家坝镇初级中学位于汉中市西南门户——汉江源头宁强县北面。为传承弘扬中华民族优秀传统文化，认真领悟和践行社会主义核心价值观，学校始终坚持以“立德树人”为根本任务，确立了“文化立校，课程育人”的办学特色，努力培养新时代君子的办学目标。坚持以文化教育为主线，课程育人为引领，活动育人渗透的德育教育方式，使德育品位不断提升，办学水平有了显著的提高。

一、文化教育为主线，浸润德育意识

环境能改变人的心境和性格，彰显君子文化育人的氛围，学校着力打造君子校园文化。移步换景，皆受熏染。遍设图书角，书香校园；广植花卉树木，美化校园，沁心而育志；君子文化内涵，谆谆教益；教室宿舍布置，规矩以方圆，滋润于心田；学生作品陈列，优秀模范展示，张扬个性，标杆引领。徜徉在四书和诗词书画长廊，让学生的精神世界不再浮躁。行走在君子素养大道，欣赏着花中四君子浮雕，让学生的家国情怀热血澎湃。刻有“明德”、“博学”、“笃行”、“止于至善”等字样的青石，与青草绿树相映成趣，成为学校文化活的语言。停留在“大成”、“大同”、“大任”园内，更激发了学子作为新时代青年的责任与担当。思齐路、弘毅路、厚德墙，坚定了师生共同的思想信念和道德情操。辟设“春风一度桃李杏，岁寒三友松竹梅”的诗意种植，让君子文化潜移默化、润物无声，共同构筑了一道新的精神风景线。独特的班级文化，让代中学子不仅能在教室里收获知识，更能在教室里感受生命的舒展与美好。

二、特色课程引领，打造德育品牌

学校立足实际，设计了以生命教育课程为基础，以智识教育课程、公民教育课程、艺术教育课程为主干，并以“特色课程”为必要补充的基础课程体系。

一是研发生命课程。以“过一种幸福完整的教育生活”为核心理念，围绕人的自然生命，社会生命和精神生命展开，研发了《我和自然有个约会》、《八礼三仪》等系列校本课程，旨在引导学生珍爱生命，积极生活，幸福人生，拓展生命的长、宽、高。从而成为最好的自己。

二是构筑理想课堂。构建以教育信息化环境下的理想课堂为主阵地，上好国家课程让学生形成用以统领知识的智慧和运用知识的能力，学做真人，办真教育。

三是开发公民教育课程。选择“孝仁礼”作为学校公民教育的主线，以传承优良家风为主要途径，将儒家经典及社会主义核心价值观中内含的德育思想外化成人格发展的各种评价指标，以此来指导德育活动的开展，力求经过三年的教育，能使学生明孝悌，懂礼仪，施仁爱，培养君子健全人格。

四是开发艺术教育课程。开发了《青瓦坊》、《金石篆刻》、《剪纸》、《羌绣》、《毛笔字》、《钢笔字》、《民族舞》、《韵律操》等校本课程，让学生在学习艺术知识、习得艺术技能的基础上，掌握艺术的思维，拥有艺术的品位，传承人类的文化，陶冶丰富的情感，培养完善的人格。

五是开展君子劳作教育，这是新时代君子之行教育的重要内容。通过“快乐农事”、“诗意种植”等活动，学习树木蔬菜栽种和花卉种养，让学生体验躬耕陇亩的甘苦，在实践中认识劳动价值，培养劳动意识，养成劳动习惯，掌握一些劳动技能，懂得天道酬勤的道理，让学生勤于劳作，乐于劳作，自食其力，以诚实劳作和辛勤付出去创造社会价值进而实现自己的人生价值。

守望新教育，守望真善美。其中，“家风家训”、“金石篆刻”、“青瓦坊”、“阅读演艺课程”已成为学校的品牌课程。

三、活动育人渗透，提升德育内涵

君子的品行在于感悟和体验。为了引导学生在实践活动中加深对君子文化内涵、君子品行要求的理解和认识，逐步确立科学的人生观和世界观，养成良好的道德品质。每学期，学校都会安排1—2次“君子文化”道德大讲堂活动，讲优良家风家训，歌颂古代君子的美德，分享代家坝镇当地现代君子的励志故事。每周开展　“儒雅君子”、“诚信君子”、“博学君子”、“书香君子”、“健体君子”、“才艺君子”、“勤勉君子”的君子争章活动，引导学生积极争做代中君子。将君子素养细化到各年级德育目标之中（七年级：仁义礼智信、八年级：温良恭俭让、九年级：忠孝廉耻勇）。通过唱一首君子歌、看一部教育短片、诵读一段经典、讲一个故事、抄一段警句、谈一番感想、送一份吉祥、行一个善举的“八个一”活动，潜移默化，不断渗透和感悟君子品行。同时，开展校园文化艺术节、诗词大会、七年级入学礼、八年级青春礼、九年级毕业礼等多层次、多形式的活动，寓君子教育于其中，熏陶感染，体悟践行，培养德艺双馨君子。

“博学于文，约之于礼这是君子的精神内涵，代中人在“君子文化”的引领下，在创新德育教育的过程中，不断涵养正气，砥砺勇气，常怀和气，严有规、行有范。学校不断涌现出一批“博学君子”、“儒雅

君子"、"明礼君子"、"诚信君子"、"孝亲君子"。

近年来，在上级领导的关怀支持下，取得了可喜的成绩。2019年12月，被授予"汉中市实施素质教育优秀学校"荣誉称号。2021年2月获得陕西省教育督导评估"316工程"素质教育暨质量提升优秀学校荣誉称号，2020年11月被新教育联盟授予"全国新教育优秀实验学校"称号；被中共汉中市委、市政府授予汉中市"文明校园"荣誉称号。2018年以来连续三年被宁强县委、县政府授予"提高教育质量先进单位"荣誉称号。2020年4月，被授予"宁强县健康学校"。2020年1月，被授予"汉中市平安校园"荣誉称号。2021年6月被授予陕西省德育工作先进集体。

"点亮心灯"，照亮前行之路

——略谈园长如何进行幼儿园管理

陕西省渭南市大荔县实验幼儿园　康晓艳

有一群美丽的身影，她们默默坚守岗位，无私敬业奉献，以社会母亲大爱的担当在学前教育发展改革的进程中创造着不凡，展现着新时代幼教工作者的坚韧与执着、使命和担当。2012年8月我转岗加入到学前教育这支优秀的队伍里，直到今天我都觉得自己仍是一名需要不断学习的幼教新兵。学段的跨越，专业的调整，从理念的更新到实践的探索，从小区配套幼儿园创建到老园推倒重建换新颜，没有可借鉴的成功经验，所谓无知者无畏，在国家政策、上级领导大力支持下，一群志同道合的年轻人在《指南》思想的引领下，风雨兼程砥砺前行。曾经受过的艰辛与磨难，都历练成智慧和勇气，十年已过蓦然回首，我们依然饱含深情，在同州沃土上用"护根者"的思想和意识守护着孩子们幸福的童年。

今年既是十年磨一剑的经验总结年，更是砥砺奋进新征程地启动年。聚焦十年砥砺奋进之路，讲好学前教育故事，作为见证者，我想略谈一下当好"一园之长"的管理秘诀，以此抛砖引玉共谋发展。

一、顺势而为，构建和谐育人环境

学前教育十年攻坚，由量的增加到质的飞跃，全力破解"入园难、入园贵"的困惑；学前教育十年磨砺，实现"广覆盖、保基本"保教质量稳步提升；十年的实践与研究，作为园长如何顺势而为？我的思考是：必须拥有符合幼儿成长规律的课程、良好的内在管理体系和优质的师资队伍，只有"坚守内涵　以质取胜回到育人本质，办出品牌和特色，才能"以不变应万变"并抓住创新发展的历史机遇，推动园所更快更好地发展。

构建幼儿园文化，因为文化才是幼儿园的生命之魂。校园文化建设包括四个方面：物质文化可以理解为一种"强制性"的公共审美；制度文化很好理解，无规矩不成方圆；行为文化可以理解为集体礼仪；精神文化则指团队的向心力、凝聚力。作为园长在实施文化建设的路径上要处理好四个融合：外显与内敛的融合、传承与创新的融合、个体与团队的融合、质量与评价的融合，做到有迹可循、有迹可证、有迹可著，围绕"和谐共生的组织文化、和谐共创的环境文化、和谐共建的课程文化、和谐共进的发展文化"来提升我们的创新力、领导力、思辨力，在文化建设中绵绵发力久久为功。

园长的心态决定文化的品位，所以作为园长要有阳光开朗的心灵格局，要做一个自带光芒的人，有温度，能读懂师幼；有宽度，能尊重师幼；有深度，能成就师幼；师幼相亲相爱，幸福成长。

二、动静相宜，促进教师专业成长

幼儿园虽小，但管理却很繁杂。我的经验是：管好动中有静的常规。在幼儿园中各种制度几乎都可以用常规和流程来涵盖，在一日生活中践行"时时有教育、处处有教育流程管理是动态的，在管理的过程中，还必须强调静态的制度建设。管好静中有动的课程。目前幼儿园在课程整合这个领域空间较大，有思想和能力的园长应该把课程建设当作发挥自己的平台。如何做到"静中有动我认为，大的课程建构当属于静的形态，而随机发生的活动和事件，又赋予幼儿园老师更多的生成性课程，这属于动态课程，动态课程的管理才能真正看出园长的专业水平。同时，积极创设条件，引领教师发展。

以文化建设助力教师专业成长。幼儿园以文化建设促师资队伍持续成长，大力实施"一二三四五"教师培养计划，以抓好师德建设为青年教师铸魂；抓好专业技能培训为青年教师赋能；抓教职员工的价值观认同——打造一支特别能吃苦终身学习的铿锵玫瑰队伍。

以园本研修推动教研能力提升。近年来我们围绕"校本研修新常态+大创建"工作，开展多样教科研活动，全力打造名师团队。并提炼出"主题研、领域研、项目研"同步进行的研究模式，在这项活动中，我们不仅发现儿童的力量，也在发现我们内心中不断学习和成长的力量。

以书香校园创建提升内涵素养。胸藏文墨怀若谷，腹有诗书气自华！我们开展了"浓浓书香趣，暖暖一家人"系列活动，坚持让环境成为绘本教育开展的隐性资源，让每一个孩子爱上阅读，让每一个家庭参与阅读，让每一位教师在阅读中成长，全面推进了书香校园创建工作。

以项目社团促进教师一专多能。我园开展园级、年级、班级社团活动，将教师社团和儿童项目社团活动有机结合，使得教师人人有特长，班班有特色。

以示范引领追求教师卓越成长，作为省示范帮扶园，我们奔赴山阳十里铺幼儿园，开展"结对帮扶共成长·同心共筑幼教梦"等活动；作为《指南》实验园，在县域内广泛开展系列活动，坚决抵制小学化倾向；作为县局学前教育质量提升核心园所，定期开展"送教下乡、骨干教师浸入式跟岗培训等"活动，全面提升帮扶园所的内涵发展。

以读懂儿童建立良好评价体系。我们深入研究儿童游戏，积极构建"一体化游戏课程即：打造游戏环境一体化、开发游戏教材一体化、推进游戏活动一体化，激活园内各种教育资源，让游戏点亮快乐童年，也初步形成了"读懂儿童　共同成长"的发展评价体系。

园长作为领导者，要保教并重，科学制定一日生活流程，坚持以游戏为主的学习方式，自觉抵制小学化倾向；在引领教师专业发展之路上不仅要管好内在外显得人气，更要积极创设成长条件，引领教师建构正确的儿童观、教师观、课程观，以高尚的人格魅力和精湛的专业素养赢得孩子、家长、社会的尊重。

三、内外调试，实现管理长足发展

园长要做优化组织结构，调试外部环境的管理者，优化内部管理，提升内涵发展。

管理就是把复杂的问题简单化、标准化、流程化。员工不会做你希望的事，只会做你考核的事。各个岗位要做到标准化的管理，管理就是要可衡量，能量化尽量量化，不能量化尽量细化，不能细化尽量流程化。没有做不到位的人，只有设计不到位的标准，管理工作就是通过标准解决问题，标准管人、提升作风。

管理就是让人愉快高效地做正确的事。如何留住员工？园长要善于营造看不见摸不着的工作氛围，掌握与员工对话的四大技巧：先解决心情，再解决问题；相互尊重、平等对话；充分的信任、换位思考；沟通理解、用真情感动员工，做到"责任无二人、配合无二心、服从无二话、失误无二次真知笃行读懂、沟通、跟进三大策略。

调试外部环境，共创和谐氛围。幼儿园外部环境调适重心围绕政府、社区、家园共育三大主体进行调试，调适的主体不同策略点就不同，对于政府，我们要有投桃报李的思维模式，会"哭"、会做、多走动；对于社区的资源，要筛选、辨别优秀的课程资源为我所用；对于家园共育要谨记16个字秘诀，目标一致、主体平等、资源依赖、共同成长，只有建立框架式的思维才能整合并利用好资源。

良禽择木而栖，作为园长要善于营造释放正能量的管理气场，建立"反求诸己"的管理文化，不能简单地只用制度说事，也不能目中无人的纯抓业务，必须把管好团队落到实处。

高楼大厦平地起，海纳百川滴水成。心灵品质是一个人的精神格局，心灵宽广之人，会拥有更广阔的发展空间。幼儿教育所要做的，便是要点亮孩子们的"心灯照亮孩子们的前行之路。但同时又要兼顾幼儿教师的成长，促进幼儿教育的可持续发展。这同样是"点亮心灯"的旅程，幼儿的成长需要呵护培育塑造，教师的成长需要的是相互提携，互勉共求。

幼儿，教师，构成了幼儿教育的主体，这同样是我幼儿园管理的主干。十年幼教路上的坚守之所以坚定而从容，是因为我的身边有一群爱岗敬业、团结进取、自立自强的幼教人，为了教育理想选择默默坚守的情怀时时激励着我不断超越和奋勇前行。今后我愿以萤火之光，点亮"心灯"共筑星河之梦，为办人民满意的学前教育而不懈奋斗。

创造幸福教育　享受教育幸福

陕西省西安黄河实验小学　代晓霞

在众多的中外教育史记载中，有一种教育论述非常的理想，十分的诱人，那就是以幸福为终极目的的教育。这也是我内心深处一直在深深思考的一个问题：教育的目的是什么？如何打造幸福的教育？

在西安黄河实验小学的十几年里，我深入贯彻"以质量立校、以特色兴校"的办学方针，深耕幸福教育的品牌，秉承"创造幸福教育，享受教育幸福"的办学理念，倾力打造"学校高雅、教师儒雅、学生文雅"的校园文化内涵，努力让学校根植于内涵发展之沃土，不遗余力将校园打造成师生健康成长的幸福家园。

在办学实践过程中，我校聚焦幸福教育，基于全人教育的思想，以办高质量教育为目标，以发展学生核心素养为出发点，以四维课程建构为落脚点，摒弃传统教育中"唯分数论"的观念，吸收《周礼》六艺理论，研发出了自己的幸福六品课程体系，旨在引领师生在丰富的体验中追求智慧和真理，成就自己和他人，享受成长和分享带来的幸福。

感悟幸福：文雅有礼　敢于担当

品德修养是立身处世之基，只有学会做人，才能真正走得远、成大业。只有牢牢把握“立德树人”这一思想不动摇，方能培养出健康身心、丰盈精神、舒展个性、开阔视野的幸福未来人。

为落实立德树人的育人目标，培养文雅有礼的黄河少年，学校“德”课程应运而生——以主题班队会、红领巾大讲堂为基础，以丰富多彩的德育实践活动为拓展，启迪美德、培育美德，在感受美德的过程中升华情感，提升责任担当精神，在感悟美德的过程中学习爱与尊重，在美德的浸润中感受和传递幸福。

体验幸福：文化浸润　家国情怀

中国文化有两个最基本的思想，一是人伦和谐，二是天人和谐。可见，我国传统文化与人的幸福的关系十分密切，以至于我们可以说传统文化发展的过程，就是人们不断追求内心和谐、幸福的过程。传统文化教育根本上就是人的幸福文化教育。关于传统文化继承教育从来都不是一个新鲜的话题，但在新的时代背景下强调传统文化教育，却具有十分重要的意义。

自开展学校管理工作以来，我非常重视对传统文化的传承，希望我们的孩子都能“腹有诗书气自华”！在专家指导下，我校科研团队研发了学生写字、阅读和习作课程，搭建了三雅语文生态教学体系：通过双笔书法，训练学生养德开智、健体怡情，感受祖国文化的博大精深；立足名著阅读、经典吟诵来传承文化，让学生沐浴书香；成立学生文学社，打造习作课堂，实现读思并重、读写结合，帮助学生全面提升语文综合素养。

为了与时俱进，提升国际视野，我校遵循“兼容并蓄、博采众长”的教育思想，在筑牢传统文化根基的基础上，也不放弃对外来文化的学习和吸收，力求实现“师夷长技以制夷”。为此，我校以有趣的英文绘本提高学生英文学习的兴趣，以别具特色的口语交际活动培养学生英文学习的习惯，以国际研学实践打开学生通往西方文化的大门。在国家级英语课题组的指导下，我校构建形成了英语朗诵、英文书写、纯英课堂三位一体的英语学习模式，并能够结合大量的英语综合实践活动，帮助学生感受英语学习的快乐，进而提升学生的英语素养，引领他们不断捕捉不同文化背景下幸福的真谛！

传递幸福：思维灵动　乐于探究

思维发展是学习的高级表现形式，有助于提升思维品质，形成独立人格。我校的数学课堂思维灵动，展现着孩子们勇于探究的身影。教师通过自主研发的三阶品质思维课程，不仅帮助学生全面提高了各项思维能力，也向孩子们传递着开启幸福之门的密码。

初阶课程，通过新思维智慧课堂对课内知识进行适当的拓展和延伸，激发学生思维拓展的兴趣；中阶课程，立足乐探究趣味活动，改进学生思维习惯，强化学生思维品质，全面提高学生思维能力；高阶课程，以系列思维创新实践活动为载体，将思维的开发与数学实践密切结合，为学生提供思维进阶成果展示的平台。

创造幸福：勇于实践　开拓创新

作为陕西省STEAM教育种子学校，我带领科研团队秉承STEAM的教育理念，引入项目式学习策略，先后研发了创客综合实践、三D智慧城市、智能机器人等课程，从知识点的选取、课堂结构的设计、实践素材的选定，到编程环节的设计等方面充分关注学生的发展需求，重在培养学生的创造力。

每一年，我校都举办校园科技节，集中展示师生的科技成果，让我们的老师和学生在创新实践的过程中也创造属于自己的幸福。

分享幸福：多才多艺 美好人生

让每一个学生都能找到最适合的教育，都能得到最个性化的发展，这是幸福教育最根本的教育需求。我始终认为,“美”是孩子幸福人生的重要组成部分，而丰富的情感、高雅的审美和健美的体魄都是美的集中体现，办高质量的教育就一定不能忽视学生个性的发展和特长的培养。

快乐小乐器、创意小手工等丰富了艺术课堂，奇思动漫画、乐享陶艺吧等社团课程为学生提供了自由选择的空间，多彩艺术节、幸福摄影节、魅力之星选拔等艺术展示活动是孩子们的舞台，不断发现、创造和展示的过程成为孩子们分享幸福的美好时光。

成就幸福：身心和谐 富有理性

立幸福之心，赋幸福之能，成幸福之人。我校以快乐体育节、幸福成长节为抓手，希望黄河学子不仅拥有健康的身体，更拥有健康的心理。幸福六艺课程体系不仅为孩子健康成长的每一天助力，更是孩子们终身幸福成长的基石。

“心灵花园”是孩子们最喜欢的一处所在，作为专业的心理咨询中心，成立之初便独树一帜，尤其十多名经验丰富的专业心理教师为学校心理健康教育工作提供了有力支撑。同时，我校还为学生建立心理档案，随时监控其心理状况，并针对学生实际情况实施科学的心理疏导，针对不同年级的学生展开团体心理辅导，为学生的幸福成长保驾护航。

“过一种幸福完整的教育生活！”这是《新教育》提出的最响亮的口号。今后，我校将继续以黄河幸福六品课程体系为载体，以文化滋养学生永恒的精神家园，以幸福体验唤醒学生生命发展的潜能，力求以爱创造幸福人生！让我们携起手来，为学生的幸福人生奠基！

好校长，成就好学校

——关于校长如何管理好学校的探讨

陕西省西安市浐灞第十二小学　李俊勇

浐灞第十二小学是一所有着百余年建校史的完全小学，2020年随着开发区的接管，学校在浐灞管委会和各级领导的关心支持下，在广大教职员工的共同努力下，办学条件不断改善，学校管理不断提升，教育教学质量不断提高，学校先后荣获全国家长示范学校、全国篮球特色学校、陕西省家庭教育先进集体、陕西省平安校园、西安市文明校园、西安市语言文字规范化学校、西安市素质教育优秀学校、西安市家长示范学校、区目标考核先进集体、区教育科研先进学校等多项荣誉称号。乘着建设教育强市西安基础教育三年行动计划地全面实施，我们在分析校情的基础上，认真制定了学校发展规划和提升计划。在学校建设、学校文化、课程改革、教学质量等全面谋划，整体推进，力争在三年内使各方面工作展现全新的面貌，创办“有文化、有品质、有活力、有安全”的老百姓家门口的好学校。

一、教学质量为本，落实质量管理职责

教学质量是学校的立校之本。实施好新课程、加强课堂教学改革是提高教学质量的必然途径，创新教育教学管理，建立高效的学校管理机制是必然要求。在当前课程改革的大背景下，校长必须找准角色定位，明确责任担当，不断提升专业素养，肩负起促进学校发展、引领师生成长的历史重任。校长既是学校的管理者，同时也是一名教师。不仅要在教育教学第一线直接研究和实践新课程，更重要的是必须承担对本校课程改革课堂改革的规划、组织、管理职责，真正成为学校课程改革的组织者、管理者、指导者、领路者。

教育教学活动的开展要重创新、讲实效。积极推进教育改革、教师创新能力和教育教学艺术的提高，为学生的全面发展和成长提供营养“套餐从而实现让每一位学生成为最好的自己。还要强化教育教学质量的管理。制定各层面的质量目标，采取切实可行的方法和措施，落实目标，提高质量。因为质量是学校的立校之本。

落实质量管理职责。校长对学校工作的管理，一是，领导。动员、指挥和组织全体教师积极投身课改实验，积极开展教育教学创新。根据学校发展规划，确定各处室、各教师在教育教学过程中的工作职责，使每位行政人员和教师都有明确的工作目标，都能承担一定的责任，都能在推进学校发展和教育创新的过程中得到提高。二是，协调，也就是及时做好各方面、各环节的协调工作。统筹好后勤工作、德育工作、学科教学、课程开发、课程培训等，形成合力，提高工作效率和整体水平，从而提高教学质量。三是，评价。对学校的各项工作要及时反思总结，对教师参与学校工作的态度、绩效要及时评价。既要及时发现问题，更要及时总结成功经验，及时予以激励性、指导性评价，要善于发现、总结教师在课改实践中创造的新鲜经验，从而激发和维护广大教师投身课程改革的主动性、创造性。

总之，制度化和人性化管理要有机结合。制度化和人性化是辩证的对立统一，只有制度化没有人性化不行，反之也不可，只有做到制度化管理，人性化沟通才能达到最佳效果。

二、制定课程发展规划，注重文化建设

校长首先要明确课改目标，把握课改方向，结合本地本校实际情况，认真研究规划本校的学校发展规划，既要制定三年或更长一段时期内的改革目标，又要制定具体的工作目标和相应的工作策略、保障措施，使学校发展有明确的目标、清晰的思路。

学校的成长离不开其深厚文化底蕴的积淀，它体现在物质文化、制度文化方面、更体现在精神文化方面。物质文化反映了学校建设的外在美观程度，制度文化体现了学校管理的优质化，而精神文化则成为学校的“主心骨体现了学校成长的价值和实质。

制度文化是学校文化的重要组成部分，是学校发展的动力系统。办学行为的规范、　教育教学工作的有序运行与创新，都必须依靠较为完善的制度体系。在制度文化建设过程中做到：制度要健全、要合理、要体现严肃性、要体现延续性、要以人为本、要因事而异，因人而异。并且善于用制度规范人，保证学校有一个健康的工作秩序；用制度激励人，用制度培育人。

环境文化是学校文化的有形载体，是一种潜在的课程，是学校内涵的外在表现。建设过程中要坚持“以人为本不断对学校的环境文化进行整体规划。坚持环境文化建设的文化品位、人文精神和时代气息，力求突出特色与个性，突出人文与科学。

三、教育工作以生为本，发展学校特色

在教育工作整体开展过程中，校长要发挥榜样示范作用，必须直接参与到学校各项工作中去，与教师一起学习、研究和探索，在参与中感受发展、组织改革、指导工作，能靠前指挥靠前实践才能取得实实在在的成绩和效果。

促进学校内涵发展，首先要从精神文化抓起，从本校的实际出发，全体师生共同提炼学校的办学思想，形成"人本化、前瞻性"的办学理念，并发展成师生共同的愿景。积极宣传倡导学校精神，以此激励师生努力进取，充分利用学校优良的教育传统和校风、教风、学风，引导学校、教师、学生良性发展。

以人为本是管理的精髓。学校管理中要尽一切可能关注人的需求。领导要建立"有威信、没架子"的人际关系，建立彼此尊重、相互信赖的情感关系，只有达到这样一种境界，各项工作才能顺利开展，学校才会取得更好地发展。引导建立和谐的师生关系，理解、尊重、宽容、平等的对待学生。要充分发挥教师的积极性、主动性，鼓励教师参与学校管理，以宽容的心态对待老师，领导班子要有良好的服务意识和合作意识，让教师在宽松和谐的环境中张扬个性，发挥潜能。

同时，加强学校特色化建设。特色化是学校创新发展和创建品牌的基础，是学校的核心竞争力。要根据校情准确自身定位，建立特色化的培养模式和发展路径，并保持长时间的相对稳定，通过特色课程、特色活动、特色项目等形成自己的特色化发展体系。

四、结语

一个好校长，能够成就一所好学校。怎样成为一个好校长呢？综上所述，我认为好校长要有清晰的办学思路和先进的办学理念，要有强烈的品牌意识和创新能力、既要结合校情建立特色鲜明的学校文化体系，为学生的幸福成长奠基；又要创新教育教学管理模式，为师生的全面发展搭建广阔的舞台；更要建立高效的学校管理机制，及时解决学校改革发展中的实际问题，统领学校改革创新发展。好校长还要是一个"重质量、能创新、有情怀、善担当"的人，唯有此才能实现办"有活力、有特色、有品质、有安全"的好学校目标。

凝心聚力提教育教学质量　牢记使命办人民满意学校

陕西省西安市浐灞第十三小学　黄胜利

闫茹，现任浐灞第八小学、浐灞第十三小学校长、党支部书记，任职班主任期间，她所带的班成绩优异，学生演讲、朗诵等素质教育活动屡获大奖。任职少先队大队辅导员期间，少先队工作名列区级前茅，被评为"区级优秀少队辅导员"荣誉称号。任职教导主任、校长期间，被评为区级督导先进工作者，学校多次被评为先进单位。

从教20余年，闫茹同志恪尽职守、爱校如家，经常忙碌在党员教育、推门听课、教学研讨、社团活动、学生营养午餐、贫困生家帮扶、重度残疾生送教上门、校园安全、硬件建设等工作第一线。

强化队伍建设　打造干事铁军

闫茹校长始终认为人是干事创业的基础和动力。作为支部书记，她坚持党建统领学校发展全局，重视"三会一课"、主题党日等组织生活的规范落实，学党史、增信念，充分发挥党支部的战斗堡垒作用和党员的示范引领作用；在领导班子建设中，实行重大事项民主决策议事制度，形成了团结干事、步调一致、风清气正的强大合力；在师资队伍建设方面，重视师德师风和制度建设，让老师牢固树立"师德为先"、"立德树人"的理念，着力培养"四有"好教师，推动了党员队伍建设、领导班子建设和教师队伍建设的全面进步、全面过硬，打造了一支能干事、敢干事、会干事的党员及教师铁军，为纵深推进学校高质量发展奠定强大的基础。

重视环境建设　营造良好氛围

学校以西安市义务教育均衡发展创建、双高双普验收工作、质量提升三年行动计划为契机，以"校园环境改善"为突破口，建成了教学楼、公寓楼、综合楼、塑胶操场、1部21室，并全面进行了绿化、美化、花化、亮化、诗文化建设，学校部室齐全，设施优良，校容校貌整齐划一、花草树木交相辉映、办学规范、教育教学活动丰富多彩，是西安市教育局确定的一类小学学校，形成了鲜明独特的育人环境。

校园安全和谐　学生健康成长

不断健全学校安全健康管理机制，强化日常监管，扎实做好安保及疫情防控工作。开学签订各层面安全责任书、承诺书，实行一票否决制，提高安全意识。定期开展相关主题教育活动、各类安全健康教育培训、安全及疫情防控演练，每周进行安全排查，《国家学生体质健康标准》测试开展率达100%。

促进教师成长　提高教学质量

提高教育教学质量是校长的重要职责。学校实行包年级制度，每周召开行政会研究教学会议，要求领导班子成员工作再忙坚持深入一线不放松，加强教育教学工作巡查和督导，落实各项常规管理制度，领导听课每周不少于2节，指导并督查落实集体备课、听课、评课等形式丰富的教研活动，及时发现问题改正问题，有效提高教学质量。

教师专业成长是学校内涵发展的根本动力。学校现有教师35人，本科学历21人，研究生学历1人，其中一级教师9人，二级教师13人，区级教学能手2人，省市级教学能手4人。在闫茹校长的强力推进下"青蓝工程"落地见效，师徒结对、以老带新，迅速促进了6位新任教师的专业提升。为青年教师制定了学校教学标兵、区级教学能手、省市级骨干教师培养体系，要求每位教师立足本职，对照标准，每年必须参与学校标兵和各级各类"手骨头"的评选，寻找差距，两年一提升，促进教师业务能力不断发展和提高。充分发挥"名校+"工程作用，促进研修同步，为青年教师成长搭建平台。以教研活动、课题研究、学科专家引领、公开课展示以及质量分析会为抓手，利用浐灞四小的的优质教育科研资源，积极参加联合体内的知名教育家各项培训和学习，用的思想和理念引领教师专业发展。

坚持"立德树人"　推进"五育"并举

学校坚持"德育为先，立德树人"为办学宗旨，秉承"全面发展健康成长"的办学理念，谨记"树百年报国志，做世纪栋梁材"的校训，全面推进素质教育，培养学生全面发展，努力提升创新精神和实践能力。开设经典吟诵、书法、美术、厨艺、无人机、足球、葫芦丝、合唱、折纸等24个社团。结合"喜迎十四运　共创文明城"、庆祝建党100周年开展庆六一汇演、社团展演、传统节日、主题班队会、劳动实践、科技节、科普知识进校园、十九大知识进课堂、诵读比赛、演讲比赛、读书、书法、征文、字词大赛等活动丰富学生生活、陶冶学生情操。落实"两课两操确保学生每日阳光体育运动1小时，每年举办队列、体操、眼保健操、三跳、田径运动会等体育比赛和研学旅行活动，名校+联合体共同举行读书笔记书写、学科节活动，培养了学生的综合素养和爱国情怀，从德智体美劳给学生提供全方位的发展提升。

规范办学行为，促进教育公平

认真做好毕业和招生工作，召开小升初、幼升小政策宣传、培训会，开展家长开放日活动，大力宣传招生政策，应收尽收，资审入学工作平稳有序；学校现有15个班，615名学生，全面落实"营养餐改善计划"、一至三年级"弹性离校"工作，让学区群众真正享受国家惠民政策；促进教育公平，做好特殊学生、建档立卡学生的帮扶工作是学校义不容辞的责任，建立"七长制"控辍保学机制，扎实开展2名随班就读残疾生教学、5名重度残疾学生送教上门工作，校长带头开展2名建档立卡贫困户子女"3+1"帮扶，对9名符合国家帮扶条件的四类家庭学生开展每学期一次的教育资助，确保每一名儿童享受义务教育的权利。

一分耕耘　一分收获

在闫茹校长的引导管理下，浐灞第十三小学学风浓，教风正、校风好，教育教学质量不断提升。学校先后被评为2019年教育质量提升"316工程"督导评估优秀单位、2019年教育教学管理先进单位、西安市语言文字规范学校、绿色校园、无烟单位、后勤管理规范学校、平安校园、西安市文明校园、陕西省档案管理AA级单位、陕西省航空特色学校、少年家国信研学基地。

如今，浐灞第十三小学的全体教育人正满怀对教育事业的赤诚，牢记使命默默耕耘在浐灞教育这块希望的田野上，在办品质校园和人民满意学校的大路上而努力奋斗！

爱如春风化雨　润物无声

——记赵荣香校长"爱的教育"

陕西省西安市高陵区第一实验小学　张　沫

"做教育的耕耘者，做教师的引路人"——这是在西安市基础教育提升三年行动计划《蓝皮书》中，高陵区第一实验小学校长赵荣香的简短寄语。话语虽不多，但浓缩了她作为教育工作者、校长对教育的精要阐释。

一、以爱的教育精神感化他人

高陵区第一实验小学是西安市基础教育提升三年行动计划中2019年9月第一批新开学的新建学校之一，时任高陵区城关小学副校长的赵荣香被组织调任到新校任职。

"领导当时对我说，这是政府给予厚望的新学校，一定要由一个业务能力强、社会声誉高的优秀教育工作者来负责。我深知责任重大！”从当年5月开始，赵荣香就奔波在新学校筹建工作中。“4个多月，我竟然穿坏了3双鞋！我自己都很吃惊，可见当时走了多少路”。

在许多家长和教师眼里，赵荣香总是那么亲切、激情满满，和她相处你总能感受到她发自内心的热爱，爱生活、爱工作、爱师生、爱家长。正如她所说:“我的教育‘三观’是一定要有三爱：爱老师、爱家长、爱学生。作为一名老师，要有对教师这个职业敬重的爱，有对家长和孩子们发自内心的担当之爱，才会有职业荣誉感和幸福感，也才能真正静心做好教育”。

赵荣香坚持用“爱的教育”做学校的拓荒人。她关爱每一个学生，被全校学生尊称为“赵妈妈”；她想尽办法帮助外来务工人员子女顺利入学，成为品学兼优的好学生；她长期帮扶关爱留守及残疾儿童，让他们学习顺畅、心理阳光……

在她的感召和引领下，学校老师深有感触。学校翁雅姿老师在朋友圈感慨地说:“只要在爱的环境里，给予孩子充分的尊重和正确的引导，相信每个孩子都可以‘直挂云帆济沧海’”。

二、进行教师专业化素养提升

“强校一定要先强师！要强化教师队伍建设，帮助教师制定成长规划，明确发展目标。既要强师德，更要强师能，在成长的过程中才能体验到教师的职业认同感和幸福感”.赵荣香激励青年教师做“拓荒牛鼓励他们敢创、敢想。

赵荣香有一种“大教育”的情怀，十几年来把提高高陵区小学师资水平和教育教学水平作为自己的责任和担当，曾在全区十几个中心校送教下乡，受益教师近千人。她始终坚持钻研业务成为教育教学的领头雁；亲力亲为，严把教学质量形成的每一个环节：教案、听课，评课、作业辅导、校本研修、课题管理，多年坚持利用休息时间听课、磨课，手把手指导年轻教师……

面对新学校，经过苦苦思考及与省内优秀校长们交流探讨，赵荣香明确了学校发展依靠教师，优秀教师团队是打造优质教育的基石！她从教师成长开始探索学校发展之旅。

她关注教师专业素养提升，积极建设第一实验小学“五有新课堂”——有兴趣激发点、有生活链接点、有思维训练点、有知识生长点、有品质培养点，让教学成为一种艺术和享受；重视学生核心素养的培养，倡导教育教学必须“五育并举提高全面卓越的教育质量；提出学校“五雅德育”： 德，德行之雅；智，科创之雅；体，运动之雅；美，美育之雅；劳，实践之雅。

现在，赵荣香依然坚持研究，申请立项省市级课题，带领老师们积极探索教育教学的真谛。她带出来的省市区级学科带头人或教学能手已有40多个！“看到年轻老师们一个个成长得很优秀，我从心底里感到欣慰，也为他们自豪！”

三、坚守爱的教育不变的初心

“千万不能误人子弟！”最早开始当老师时，父亲这句话让赵荣香一直铭刻于心。“这句话很普通，但却是最直抵我灵魂深处的话。对一名教育工作者而言，这句话的分量已经非常之重！”

“赵妈妈”、“赵大姐”、“校长奶奶”……从学生、老师和家长们的称呼中就能感受到，赵荣香在师生和家长们心中亲切而厚重的分量。全国优秀教师、陕西省特级教师、感动陕西十大教师、首届“西安之星”、西安市有突出贡献专家……这些荣誉，都是她35年教育历程的真实见证。

“一定要树立教师的职业观，真正守住教育的初心，不辱使命地做好每一天，干一行就要爱一行，这是幸福的追求”.赵荣香不止一次提到教育带给她的幸福感。

“我可能天生是做教育的，从教35年，我一点也没有有人所说的‘职业倦怠期’。我最喜欢每天清晨站在校门口迎着朝阳迎接每一个向我们问好的学生、享受每天下午欢送学生的场景，那种满足感、幸福感让我真的很享受！”说这些话时，赵荣香笑得很开心、很放松，她的喜悦是发自内心的。

爱如春雨，润物无声。35年的从教生涯，赵荣香校长始终坚守以生为本，以爱为育的教育理念，开展教育教学管理。桃李不言下自成蹊，在爱的教育精神浸润下，实验小学收获了丰硕的教学成果。教育的探索之路永无止境，我们唯有脚踏实地的坚守谦卑与爱的信念，一步一个脚印的向前进，正如赵荣香校长所说的“做教育的耕耘者，做教师的引路人”。

聚焦问题补短板，开拓创新促发展

陕西省西安市蓝田县蓝关街道大寨小学 贾玲玲

为全面贯彻党的教育方针，落实立德树人根本任务，发展素质教育，推进教育公平，培养德智体美全面发展的社会主义建设者和接班人。 2019年4月，我校和文艺路小学正式组建为合作校模式的市级名校+教育联合体，组建以来我们从学校和教师的需要出发，以改进课堂教学，提高管理水平为核心内容，促进学校资源共享，共同发展。工作中我们坚持求真务实、开拓创新的原则，充分借鉴管理经验和资源优势，找准自己的薄弱环节，诚恳学习，精心组织，周密实施结对提升工作，使得我校在教学理念、教学方法、素质教育等方面有了很大提高，各项工作取得了一定的成效。

一、落实组建工作，突破发展瓶颈

领导勤沟通，理念共享。为了避免结对提升活动流于形式和走过场，2019年4月24日，在举行完隆重的挂牌仪式后，文艺路小学的领导立即和我校班子商谈工作开展事宜，两校部门的负责人进行工作对接。要求每学期开学初，两校领导共同交流学校的发展规划与新学期的工作计划，就学校教育管理、教学研究、教育科研等进行深入的探讨。最终我们确定了与之合作交流的工作思路：从需要入手，从问题入手，从自身优势入手，突破发展瓶颈，实现合作共赢。

部门勤联系，资源共享。结队组建以来，我校定期选派了教师和中层管理26人到文艺路小学进行了为期一周的跟岗学习。并不定期地指派主管领导及相关教师到名校参观学习，观看名校举办的诵读比赛、六一文艺汇演、安全演练观摩、运动会、专题研讨等大型活动，对我校教师的管理及业务提升给予了很大的促进；我校领导班子及社团负责人多次应邀参观了文艺路小学校园艺术展演及校级、班级社团成果展示活动，对我校社团的提升工作给予了新的思路；文艺路小学办公室主任王肖来我校指导学生进行地震应急疏散示范观摩演练；教导副主任毋朝霞对我校三跳比赛皮筋舞的排练进行指导；文艺路小学领导带着事业有成的优秀毕业生为我校学生带来爱心书籍、学习用品及爱心款1万元，极大地鼓舞了我校学生立志成才的决心和回报母校的感恩之心。在文艺路小学的引荐下，我们邀请到全国童声朗读工作室的王宗海教授到校为广大语文教师授课，为语文课堂教学改革提供了一个全新的尝试；邀请陕西师范大学心理学硕士研究生实践导师，国家二级心理咨询师杜娟老师为师生做专题报告。

教师勤交流，方法共享。文艺路小学每学期组织优秀教师到我校指导教学工作，通过开展教研活动、专题讲座共同切磋教学技艺，提高了我校课堂教学效果。应我校“点餐式”需求特为我校量身定制先后送教体育、音乐、美术、心理健康辅导、科学、道德与法制、作文指导课、口语交际课、数学等示范课。文小多名骨干教师聚集蓝关街道大寨小学课堂，共同开展教学观摩活动，研讨课堂学生核心素养的培养。送教老师结合学校实际，传播自己的教育心得，分享教学的先进经验，不仅为孩子打开了“参与课堂”的大门，更为老师们树立了一个“高效课堂”的模板。简明新奇的课堂教学设计，精湛的教学艺术，全新的教学理念，良好的教学效果，使我们的教师受益匪浅。有效地提高了我校教师在实际教学中的应用能力。

网络勤更新，平台共享。通过一年多的相互了解，使得我们两校之间、教师之间建立了良好的友谊，并通过网络平台相互交流教学信息、教学方法、解疑释难，使得我校教师在教学理念、教学方法、教师心理等方面得到了提高与发展。

二、改变教育理念，制定发展规划

作为校长我将从自身成长开始，从行政领导班子建设开始，让我校的管理者也像名校行政班子一样形成强大的凝聚力是首要工作。文艺路小学周斌校长曾对我说:“我不希望你们成为第二个复制版的文艺路小学，我更希望你们成为一个独一无二的有特色的大寨小学”。和她的每次交流对我都是触动，会给我很多的思路。

作为校长我坚决摈弃浮躁的心态，拒绝急功近利的做法。要求自己必须做好一大工程（微笑），两大支柱（搭平台、找路子），三化原则（系统化、人文化、简洁化）。工作中，我们注重与名校在学校管理的各个层面进行联动，多方面、多层次的学习名校的管理模式。一年来，在名校额引领下，修订了我校的各项制度和预案。制定了我校的发展规划。我们的行政班子凝聚力逐渐加强，工作效率大大提高，全新的作风让大家体会到学校的发展。

三、注重教研实效，构建课程体系

在名校的引领下，我校确立了以名师为引领，以学科为纽带，以研究为核心，以课题为抓手，构建立足于教师专业成长的运行模式，搭建了教师发展的多元化平台。着力抓好教师培训，利用“请进来、走出去”的方式，调动教师的积极性、主动性，增强教师职业的幸福感、归属感和凝聚力。学校修改完善了教师评价机制，极大地调动了教师积极性；以师德师风师能强化年活动为契机，开展了丰富多彩的活动；学校以“育师情、练师能、塑师形、铸师风”为主要内容来对教师进行培训；塑造评选多彩教师，即模范党员、模范班主任、师德标兵、教学标兵、教研标兵、最佳才艺奖、最佳服务奖、最具大局奖、最善着装奖、最爱阅读奖，激发各个层面教职工工作的积极性和主动性。

学校构建“二级五维”模式的五彩课程体系。 “二级”指的是基础性课程和拓展性课程，“五个维度”指构建的五彩课程群，即红色德育课程：礼仪、研学、大美陕西；蓝色智育课程：语言苑、益智坊、英语吧；黄色体育课程：跆拳道、花样皮筋、足球；橙色美育课程：童趣民俗、书法、古筝；绿色成长课程：劳动实践、餐前文化、五彩学堂。

以“先学后教，当堂达标”为主线的课堂模式的引领下，积极探索具有“高效、优质”的五彩课堂的教学模式，切实提高教学质量。采取认同教学思想，全员上下一盘棋；深入教学实践，全体参与齐迈进的改革步骤进行。

四、开展特色教育，搭建成长舞台

在名校的引领下，我校积极开展特色教育，让每一个学生的兴趣爱好都能得到培养和发挥。全校28个社团，涵盖德智体美劳全方面，喜欢绘画的上美术社团；爱好小发明的上创客社团；迷恋书法的上书法社团；擅长唱歌的进合唱团；热衷跳舞的进舞蹈社团……古筝、跆拳道、足球、手工、小主持人社团更是孩子们的首选。趣味运动会、田径运动会、科技节、文化艺术节、诗歌朗诵比赛等活动让每一个孩子都有被欣赏的机会。在每班教室走廊的墙面上，成长列车展示着孩子们的点滴成果。在部室展台上，脸谱、开心树、报纸变花篮、小天平、风车笔筒、太阳能小船等数百种琳琅满目的作品，都融入科技、环保、安全等各种理念，让人脑洞大开、不明觉厉。德育之果挂满枝头、艺术之花争奇斗艳、教研之树根深叶茂。学校积极寻找每个孩子、每位教师的闪光点，搭建展示才艺、发挥个性的舞台，提供众多接触社会、体验生活的机会，让每一个人都出彩。在学校楼道里、教室里、食堂里、操场上、围墙上儒学文化、礼仪文化多元融合，正以可视、可闻、可感的形式，浸润着师生的心灵；古今融合、学校的历史与未来的唯美呈现，推动着学校向更高更远的目标迈进。每月一事的推进，让学生习惯养成的落实推向高潮。

开展师生共读、亲子共读、好书推荐、图书漂流、经典诵读、小小朗读者、读书日等活动，争创“读书小明星”。坚持“午写”活动，利用中午吃完饭时间，师生坚持练字10分钟不间断，每学期开展一次书法展活动，争创“小小书法家”。开设“云舞台”、“云话筒”、“云展厅”平台，极大调动学生积极性，全面提升了学生的综合素质。

五、加强文化建设，提升发展内涵

在名校的引领下，我校立足本校文化传统和实际不断提炼完善学校文化，以不断旋转的风车文化寓意大寨小学乘风破浪不断前进。学校通过开展五彩广播站，五彩班级、五彩教师、五彩少年的评选，五彩课程、五彩校报的开发，将五彩教育的核心理念即感恩、包容、责任、进取、自律，贯穿于学校工作的方方面面，真正做到向宽而行奠基未来。

在名校的引领下，学校努力营造优美环境，落实文化育人，将“向宽而行　奠基未来”的办学理念，渗透到学校的一草一木，一石一景，让环境育人，文化育人的功效在孩子们身上悄然显现。我校在办学条件，硬件建设，软件发展等各方面都有明显的提升。在教师、家长、学生关于“名校+”工作的满意度问卷调查中，满意度高达99%以上。在名校的引领下，冯昭、吴肖、刘卫萍、田丹、高荣荣被评为县级教学能手，学校荣获市级文明校园、县级先进集体的光荣称号。

学习，是我们的基础；课堂，是我们的方向；科研，是我们的资本；辐射，是我们的追求。名校+工程已在蓝田教育的这片沃土上生根发芽。今后，我们将要做好负重前进的思想准备，扎实工作、不断创新、以求真务实的精神，持之以恒将这项工作做实做好，努力让它开出五彩之花，结出累累硕果。

创新教育实践　打造学校品牌

陕西省西安市曲江第十三小学　张海勇

怎样的学校是好的学校？这个问题问不同的人会得到不同的答案，对于我校来说，环境优美的学校就是好学校的标准之一。四季有花“春之景个性多元“春之美家校共育“春陪伴我校处处皆“春”景。我校连续荣获“西安市十佳优美校园”、“西安市智慧校园”、“家长满意的好学校”等殊荣。

一、根植地域文化　构建学校特色

踏入我校的第一感觉是清新与温馨。根植学校地域文化传统，构建学校特色文化教育发展理念，我校创立了以“馨悦”为核心的特色校园“春文化”。细细品位，便可发现校园里处处皆“春”。

打造四季之景，营造文化氛围。我们根据校园特色文化主题，打造了春赏花、夏乘荫、秋摘果、冬见绿，四季有花、季季不同的春之景，并积极培育“树德惟馨、寓教于悦”、“善思乐成、悦学好问”的校园文化氛围。同时，为了建设一所现代化优质学校，我校还不断完善教学设施设备，现有教学楼两幢，综合楼一幢，并建有STEM学习空间、科创教室等多个智慧教室。

探索多元教育，打造特色课程。我校的校园文化角里陈列着神奇又精美的扎染作品，棉布、染料的交织和色彩的融合。这是我校传统特色课程扎染课上老师和同学们的手工作品。我校不断探索个性化、多元化的教育模式，打造了一系列以音乐、美术、体育等社团为主体的“春之美”课程体系。社团在这里大放异彩，传统古老的工艺在我校焕发生机。

二、坚持质量兴校　注重质量提升

坚持质量兴校，收获累累硕果。我校注重教育教学质量提升，强化思想管理、队伍建设与机制创新，坚持走质量兴校、科研兴校的发展道路。近年来，学校先后获得“陕西省教育质量综合评价改革实验学校”、“德育工作先进集体”等荣誉称号。多名老师获得省、市、区骨干教师荣誉称号，并在国家、省、市各级教育、教学成果大赛中，硕果累累。

引导学生创新，助推个性成长。我们注重引导学生创新学习、自主学习、快乐学习。在夯实学生文化知识的基础上，也关注学生一点一滴的日常行为习惯，不断提升教学质量。注重学生德智体美劳五育并举、全面发展，让学生掌握超越课堂40分钟以外的知识、能力，在文化学习中提升交流沟通能力、动手实践能力，鼓励学生发挥自己的个性特长，不只教会学生热爱生活，也要帮助学生在生活中找到自己的热爱。

扩大教育资源，助推快速发展。为贯彻落实《西安市基础教育提升三年行动计划（2019-2021年）》，持续扩大义务教育优质教育资源，年初，西安市教育局印发《西安市“新优质学校成长计划”实施方案》，明确用3年时间培育600所教育理念科学、学校管理规范、办学特色鲜明、办学成效明显、社会声誉良好的“新优质学校”。

我校与曲江第十四小学、曲江第三中学作为2021年西安市“新优质学校成长计划”学校。

三、胸怀教育热情　调动职业积极

一年之计，莫如树谷；十年之计，莫如树木；终身之计，莫如树人。

探索教育模式，提升素质能力。秉持一切从学生成长需要出发的理念，我校不断探索新型教育模式，以“尝试教学”的方法，充分调动学生自主探究的积极性，老师也通过“馨悦”大讲堂、专家进校园等系列活动，提升个人素质能力，彰显“春风采”。在遍布“春天”的校园里，有一群宛如春风的人——那就是为校园环境内涵进步发展做出突出贡献的教师团队。这支勤奋实干，不断追赶超越，敢为人先的靠谱团队，共同用心、用力、用情教书育人。

奉行教育理念，打造学习平台。我校的全体教职工都奉行“师者，传道授业解惑也始终认为作为老师，要对得起老师二字，老师的职责就是教书育人，目标就是把书教好。我们为孩子的成长进步打造了一方平台，也是给老师提供了一个自我学习的平台。作为老师，我们要敬畏自己的学校、敬畏自己的职业。共同打造一个有信仰、有温度、有情怀的校园，让所有人在这里施展才华、突破自我。

春风化雨无声，悉心陪伴成长。平日里喜欢与学生们打成一片的数学老师车姗姗说：“同学们在课堂上十分活跃，启发学生们的求知欲，引导大家主动思考，与同学们相互陪伴共同成长，非常幸福。在学校里感受到了责任感、归属感，每一天的工作生活都是机遇与挑战并存，我热爱教师这份职业，这也会是我一生的方向，我将为此坚持不懈、努力前行”。

春风化雨，润物无声，在德才兼备、才华横溢的老师们的悉心陪伴下，我校的同学们悦学乐学、快乐成长。

四、实践家校共育　打造教育品牌

实践家校共育，打造教育品牌。我校把家校共育当作学校的教育品牌，坚持学生、家长、教师共成长。通过家长和学校相互支持配合、形成合力，为孩子们的成长路保驾护航，我校也在夯实教育教学质量的基础上不断探索丰富多彩的创新课程。

创新生活方式，尊重学生个性。我校主张互相关心、互相帮助、互相成就的生活方式，倡导“顺应天性，舒展灵性；自然诗意，　欢悦成长”的教育理念，在“馨美如春的校园”和“春风化雨的关爱”中，孩子们从天性出发，快乐学习、健康成长。一砖一瓦、一草一木、积淀时光，在我校的温暖春天里，同学们像花儿一样尽情绽放着自己的精彩。

感受每天进步，学生喜欢校园。在“春陪伴”的呵护下，我校的同学们也有话说。听听我们的学生怎么说呢？——“我们的老师可温柔啦，课堂也特别有趣。在老师和同学们的帮助下，我觉得自己每天都在进步。我最喜欢学校的足球场和篮球场，在运动场上奔跑时我觉得自己拥有无穷的力量，就好像一阵风。我还有一个远大的理想，就是成为一名专业的足球运动员”。“我最喜欢学校的扎染课，每次看到老师们和高年级哥哥姐姐们的扎染作品，我觉得羡慕又骄傲。我还参加了学校的舞蹈社团和鼓号队，在学校可以学习很多知识，还能参加很多有趣的活动，每天都很开心，我好喜欢我的校园”。

肩负教育使命誓言　牢记教育人文情怀

陕西省西安市航天城北里王小学　邢飞
陕西省西安市长安区滦镇街道石村小学　孙继轩

仰望星空，牢记使命与誓言；脚踏实地，潜心教书育人。俯仰之间　尽情泼洒教育情怀。

——题记

开篇之“赋予深情，诠释情怀”

西安市长安区韦曲街道何家营小学创建于1953年，是一所“办学条件优良、育人环境优美、教师队伍优秀、教学质量优异”的公办完全小学。长安区韦曲街道何家营小学党支部书记、校长王斌投身教育二十多年，对长安教育始终一片深情，他一步一个脚印，用责任和担当诠释对教育的情怀，用爱和包容，规范学校管理。

一、创新管理形式　提升教学质量

“校长是一个学校的灵魂”。一个好校长，就是一所好学校。该校把“德育为先、特色立校、质量强校”作为办学思想，在教育教学中扎实践行。

摸索管理方法，规范师生行为。经多年学校管理实践，该校摸索出一套行之有效地工作管理方法——“准军事化”管理。即：明确要求、规范管理、细化过程、兑现奖惩。

关注教师职业规划；重视教师专业成长；要求教师技能积累；规范教师教育行为；优化教师评价机制；巧妙地把教师管理制度化、人文化和军事化有机融合，并探索本校付诸实践且成效显著。同时还尝试用准军事化管理模式去要求学生。通过对学生不间断实施，常规教育、安全教育、爱国教育、感恩教育……逐步规范其言行举止、持续文明其精神道德、不断增长其文化知识、持续野蛮其强健体魄等各项素养。做到教师和学生出操、集会、活动“准军事化”：态度端正、行动迅速、步调一致、整齐划一、全神贯注、令行禁止。

创新管理形式，彰显学校特色。在日常活动言谈举止方面，该校师生明显有军队化优良作风。目前，准军事化模式管理下的何家营小学，学风正、教风浓、校风好，准军事化管理卓有成效，特色彰显。家长们坦言：孩子在老师的培养下变得独立自信，学生的行为、学习状态、精神面貌得到显著改观。同时，这种管理方式对于孩子顽强的意志品质、构建健康人格的重要性。对这种管理方式普遍赞誉。

身先士卒示范，提升教学质量。领导班子成员明确标准、坚持原则、以身作则、身先士卒。在班子成员分工上，发扬长处，知人善用，使班子成员分管包抓，人尽其责，各尽其能。

教学质量是学校工作的核心和生命线。该校始终把提高教育教学质量作为一切工作的落脚点，在教师中牢固树立“聚精会神抓教学，一心一意提质量”的理念。在教师队伍建设上，该校按照精细管理、常态督查、落实奖惩、优先绩效的原则，重新修订完善了《何家营小学教职工工作量评定方法》、《质量奖惩实施办法》等管理制度，不断激发教职工工作积极性，有效提高教职工创新和创优内驱力。

二、实施以德立校　发扬躬身示范

德育先行，才见教育真力。王校长便是用身体力行来诠释这些精神。

深入教学一线，践行榜样引领。王校长校务繁忙，但六年级学生的道德与法治的教学任务从未缺席过。他说：他爱和孩子们在一起并多年保持深入教学一线的习惯，他最喜欢的一段教育箴言是：“千教万教，教人求真，千学万学，学做真人！什么是真人？就是真正对社会有用的人！我们教育工作者要通过教育一个学生，带动一个家庭，影响一个区域，进而推动区域内精神文明建设取得实效”。

丰富教育形式，铸造学生灵魂。他相信榜样的力量是无穷的。他常常语重心长地鼓励六年级孩子们：“你们是全校小朋友的大哥哥、大姐姐，低年级的小弟弟、小妹妹们都在向你们学习、看齐，你们要起好头、带好队！”他常说：“作为老师，我们不仅要教给孩子们知识，更应该教会孩子们做人做事。为师者就是要铸造真人灵魂！”

他笃信：立德树人；“德”是做人的根本。以国旗下讲话、主题班会、道德讲堂、家长会等教育活动载体，不断丰富新时代教育内涵。全方位、多角度引领学生爱国守法、言行一致，树立为国为家的远大理想，成为讲文明、懂礼貌的好少年。全校一起奏响诚信、踏实、守时、合作、自强、友爱、感恩、担当、团结的正能量和谐曲。

三、突出服务意识　奉献大爱精神

王校长自投身教育事业以来始终怀有饱满的教育激情。他爱校如家，忠于职守，用责任和担当的实际行动诠释自己对教育管理的深刻理解；用爱心和宽容的大爱情怀把学校管理生动注解。

工作求真务实　坚持以勤立业。少陵塬畔，有他坚实的脚印和执着的身影：在韦曲街道新和小学建操场、筑墙院、修厕所、一刻不闲几度春秋；带领北里王小学师生团结向上，关注人文关怀、家校共建活动如火如荼、有声有色，学校各项工作井然有序。2019年6月组织安排他到韦曲街道何家营小学担任党支部书记、校长，一段艰苦卓绝的“新征程”又在神禾原畔拉开序幕。

严格落实行动，还愿家长心声。盛夏七月，酷热难耐。一边泥沙钢筋砖石堆满地；一边梦想愿景希望现蓝图。潏河岸边的校建工地上，王校长撸起袖子暗暗下定决心：“要把何家营小学建设成家门口的好学校，让周边的孩子能享受到优质的教育资源！”三个多月，他没有休过一天假！不遗余力，忘我工作不断推动学校各项建设，细致规划每一天工作任务，严格落实每天进度，深入思考每一个工作环节，大到学校各种决策方案制定，小到每种师生物品的样式色彩等，他都一一认真落实，件件亲自确定。规划布置、查看指挥、协调沟通……一忙忙碌到后半夜是常事。

建设者们越过高温难耐的七月，熬过闷蒸暑热的三伏。终于迎来开学的日子：家长的眼中的何家营小学发生了翻天覆地的变化——原1、2、3号教学楼上加盖一层，新建一栋三层综合教学楼。配备24个标准教学班，更新升级功能部室21个。九月一日开学那天，在雄壮的国歌声中王校长亲自把鲜艳的国旗升起在三楼顶上！一座富含文明底蕴又彰显现代气息的全新学校矗立在潏河之滨！

有道是：木欣欣，以向荣；书琅琅，以启德。如今，何家营小学，教学设备全部换代、布局规划科学合理，育人环境空前提升，师生精神风貌焕然一新。这惊人的变化，令前来参观的周边家长居民啧啧之声连连，赞叹之语不绝，纷纷表示：把孩子放在这样的校园里，我们很安心。

结语之“怀揣梦想，一路向前”

王斌校长始终怀揣教育梦想，从沣河岸边一路走来。他以科学先进的办学理念，执着勤勉的工作态度，卓有成效的管理方法，率先垂范的工作习惯、严谨务实的工作作风，带领何家营小学全体师生阔步前进，为长安教育创立家门口的好学校谱写新篇章。

以德育人、让每个孩子走向成功

陕西省西安市中铁中学　王同洲

西安市中铁中学办学理念是：增加师生知识，扩展师生见识，提升师生意识。学校把“为每一个教师走向成功搭建平台，让每个学子都成为国家有用之才，办家门口的好学校”作为办学目标，坚信每一个孩子都是一个美丽的希望，而教育就是一个让人孕育希望、追寻希望、实现希望的过程。

一、以德育人、让研学旅行成为最好德课堂

研学旅行是面向全体中小学生，由学校组织安排，以培养中小学生集体观念、创新精神和实践能力为目标，推动学校教育和社会实践相结合、全面推进素质教育的重要途径。“4+2+X”研学旅行课程是西安市中铁中学在碑林区阳光学子育人工程体系下，立足校情独创的研学旅行模式，从2014年开始至今，受到广大师生的欢迎和教育界同仁的认可和推崇。2016年被西安市授予“研学旅行示范学校”。中铁中学构建以德育人的“4+2+X”研学旅行的顶层设计是立德树人，每次研学课题的设计与教学目标，以学校的办学理念和校训“以爱养德、以德促才”相结合，并参照《中国学生发展核心素养》的内容，通过研学旅行建设积极向上的班风、充满凝聚力的班魂，铸就健康向上的校园文化。

首先研学旅行要想真正做好，策划方案必须由“旅行社说了算”变成“旅行社与学校共同商定以“主动设计”替代“被动接受”；让旅游文化资源转变为教育资源和社会实践教育，升华到符合学校教育规律与学生心理健康发展需求，做富有校本特色发展的路上课堂！其次握手丝路“名家拉伸立德树人研学外延。从2014年8月起，著名西部丝路文化学者肖云儒先生随陕西卫视媒体团三次重走丝路，作为一所建校历史与丝路紧紧相连的学校，我校将丝路精神与研学旅行活动紧密联系，委托肖云儒先生将我校17幅学生以德文化构思的版画作品旅走“丝路”、跨国界、传友谊，先后赠予中亚、西亚以至欧洲多个国家和地区的国际友人与学校。这是一次东西方思想文化的研学碰撞，无论是每天师生们关注肖云儒先生一路发布的丝路游记的随时交流，还是肖云儒先生回国后给师生们的进行的一次次精彩的中国文化自信、大国担当的讲座，孩子们的思想都随着肖老师的足迹神游丝路，心灵随肖老师的丝路立德研学感想澎湃起伏，这项活动在同学们的心中埋下了“一带一路”的种子，是一场“美德思想与心灵的研学是我校拉伸研学外延的新尝试。另外完善考评机制，修德笃学提升研学效果。近几年来学校组织了走进富平《缅先辈伟绩·种青春梦想》，走进泾阳《探访中国大地原点·领略千年国学文化》，走进西安咸阳国际机场《空港探秘启学子梦　校企联合传丝路情》，走进航天六院《聚焦航天寻硬科技　校院联合激飞天梦》，走进大荔“龙口夺食·颗粒归仓·体验黄河文化”、赴加拿大与美国等跨国际20余次研学旅行，每次研学都是在充分尊重个性差异、鼓励多元发展的前提下，对学生参加研学旅行的修德笃学的过程进行公正记录、科学评价；对教师要求能胜任学生集体活动的组织管理者外，更注重在实践活动中如何培养学生责任担当与品德修养；做好修德笃学讲解者和示范者；对学校研学团队则更重视研学旅行课程的育德德文化开发和长期规划。

二、以德育人、让特色课程贯穿德文化内涵

以德育人、要求学校重视开设的特色课程能贯穿“德”文化的内涵，并不断向纵深发展。我校已运行三年的“棕语林”特色课程，不仅见证了同学们从胆怯走向自信、从稚嫩走向成熟的历程，而且每天早晨，悠扬婉转的琴声和孩子们天籁般动听的歌声，使中铁校园变得活跃、阳光而灵动、精彩！中铁中学的棕语林展演活动由德育处负责，每

天早上7∶10—7∶50，由每个班负责一周至少三次在进校门约有200多平方米的棕林间开展“棕语林”艺术展演活动，可以是朗诵、集体合唱、吹、拉、弹、绘画等不限，要求班级人人参与；其棕语林课程的管理是班主任提前一周填写审批表、上交一周节目单，提前安排班内节目负责人、音乐负责人（把音乐拷在一个u盘上）、还需选好音响负责人、主持人等。其次要摆放班旗、借用Mitro牌MA-708音响，填写小黑板上的每日节目单，还要认真填写物品清单，如有物品损坏及时上报政教处，最后周五放学前上交精选照片（5-10张）、每个学生要有百字内感想（电子版）。目前棕语林已开展活动300多期，人数一万余人，实现了班班有节目、师生共参与的艺术普及化的目标，棕语林的“浅、深、远”教育的蕴意更加丰富，“浅”是每天朴实无华、没有经过训练的才艺，在广阔的舞台上的表演，实属“浅显”；“深”是多次的锻炼，在老师精细指导和不断培育中提升才艺基本功，在班级、年级的能力比拼竞争中，走向学校艺术舞台展演、提升师生的文艺素养；“远”就让高雅艺术平民化、大众化的每天的棕语林，对那些有艺术才华和天赋的学生来说，经过几年的努力培育，他们的特长厚积薄发，如同翱翔蓝天的信鸽飞进大学，飞入社会，飞向通往高雅艺术的殿堂。如今，棕语林已成为培养学生艺术素养的核心区、校风传承的示范自由区，中铁小舞台是孩子们的大舞台，“棕语林”活动与培育和践行社会主义核心价值观的有机融合，更像一股暖流，使学校校风、校训所蕴含的优秀传统文化、时代精神及价值理念，滋养着一批又一批学生的心田，成为学校艺体特长培育的主要平台。

三、以德育人、让每一个学生全面成长、特长成长

以德育人更应关注和提升课堂教育教学质量，中铁中学课堂实施“三段四步式”教学模式。即通过“创设情景目标导学—学案引导自主探学—合作探究教师点学—当堂练习拓展测学”的课堂四个环节，充分发挥“教师主导”、“学生主体”的作用，有效提高课堂教学质量，培养学生自主学习、合作探究的能力，建立学生数字量化个性学习档案，开展特色综合实践活动，以国家课程、地方课程为主要载体、重视开发校本课程，将教师每年的校本开发和利用作为教师的主要评价手段，给特殊学生制定特色课程。学校充分利用计算机教室、科技活动展示室、体育活动室、电子体能测试室和现代化的地理、美术、音乐、舞蹈教室等各类功能部室，为学生奠定立德树人和社会实践能力的底蕴，为每一位学生发展个性特长搭建平台。作为教育引领者，始终要牢记教育质量应该分为两个层面，一个是显性的，一个是隐性的。显性的很简单，考试多少分，排了多少名，高考升学率怎么样？如近几年来学校高考一本上线率以每年10多个百分点在增长，这个就是显性的效果，也是教学质量的显性体现。但教育效果或者说办学效果还有隐性的体现，如校本汇编、课题研究、管理学生付出的智慧、其次就是校风、教风、学风，学校的特色文化对孩子的潜移默化！学校让孩子在学校的几年里，给他在心智发展、为人处事、与人合作、适应社会等方面提供了怎样的学习发展空间，这些就是隐性的。初、高中不是每个学生都能被心满意足的高中和大学录取的，但尽力让每个家庭、每个孩子满意在学校的学习、生活，这是我们可以积极去做的，要让学生养成重要的一点就是他懂得感恩、善于配合、善于协作，就是要他心态平和，乐于学习，能接受新的事物，同时也能容纳不同的理念、不同的观念与人共事，这也是社会对我们中铁毕业生的隐性需要。如果显性的教育效果是升学率，老百姓最看重的是多少学生考进985、211或者现在的双一流大学，但我们教育工作者，可能更多关注的是还要有隐性效果，就是他将来成为一个什么样的人，这是至关重要的！

以德育人就是希望我们的老师能以高尚的人格塑造人、以广博的知识培养人、以科学方法引导人、以儒雅的气质影响人。德育育人更希望我们的老师做一个播种希望的人，欣赏每一个孩子的才艺特长，培养每一个孩子的良好习惯，塑造每一个孩子的优秀品质，促进所有学生健康成长，让每一个孩子走向成功！让我们的学校课程充满希望、让我们的校园充满生机！

飞跃崇高理想　谱写艺术诗篇

——秦汉新城杨家湾小学体艺特色教育简史

陕西省咸阳市渭城区正阳杨家湾小学　赵进　王涓

世人皆知攀登苦，谁言巅峰桂冠甜。凡事欲成功，奋斗定是万物之父，汗水定是辉煌的基石。多少日日夜夜，从乡村至城市，多长的距离，我们执着追梦，立志飞翔，锐意奔跑。

杨家湾小学坐落在秦汉新城正阳街道办杨家湾村，占地面积 13 余亩，北依道教始祖钟离权的修道之处正阳宫，西邻大唐热电厂，南临渭河发电有限公司，东傍陕国投渭河基地。天宝出物华，地灵多人杰。杨家湾小学依傍良好的区域优势，以“办让人民满意的教育、打造让人民满意的教师、培养让人民满意的学生”为宗旨，全面贯彻立德树人的教育方针，以扎实推进素质教育，强化学生思想道德建设，深化课堂教学改革，提高教育教学质量为重点，立足实际，锐意进取，各项工作得到全面、协调、可持续发展。

“五育”培养　社团发力

西咸新区秦汉新城正阳杨家湾小学近些年一直注重学生德智体美劳“五育”培养，开展了多个社团活动。尤其以啦啦操和传统舞蹈为依托的体育、艺术社团在西咸新区、秦汉新城教育卫体局的扶持下获得了长足的发展和进步，“舞蹈——绘画——体育——艺术”是一道反射弧，“学区——秦汉新城——西咸新区——陕西省——全国”是一条成长链，“二十名学生——百人团体操——校园大课间”不仅仅是数量的变化，更是质量的飞跃，每一个成长节点都熔铸了领导的使命、老师的智慧和学生的汗水。

三位一体　打造盛宴

理想的个体是品德、健康、才能三位一体的个体；理想的运动是竞技、智慧、协作三位一体的运动。成功眷顾有心人，因为付出汗水，所有的收获都是幸福的回音壁。不同阶段的奖项是攀登者跋涉的印记，不同层次的奖项是对努力者执着耕耘的肯定，亦是我校体育、艺术发展史上一座座不断更新的里程碑。

赛中，当我们挥动双手、变换脚步、腾空跃起、旋转飞舞……我们总能感到一种生命的力量，创造的激情，永不停止的追求。条带、环形、网状变幻莫测的队形，躺卧、蹲跳、伸合俯仰生姿的体态，颔首、曲颈、颦笑活力四射的神情莫不融入此刻，眼眸所睐之色，耳畔所闻之声，心灵所感之味，都是一场视觉、听觉、触觉的盛宴，美哉，妙哉，壮哉！

汗水浇灌　梦想绽放

没有播种，何来收获；没有辛苦，何来成功。所有的成功都是“春种一粒粟，秋收万颗子”的结晶，所有的桂冠都是“落叶子归根，鲜花发几枝”的积淀。耐得住寂寞，山不辞细壤，故能成其高，闪烁的霓虹灯，是为青春搭建的舞台，超越对手，是我们的目标；守得住繁华，海不辞涓流，故能成其深，无数次的失败，是为成功修葺的宫殿，超越自我，是我们的信念。

花朵的芬芳，离不开阳光的照耀，雨露的沐浴；鸟儿的飞翔，离不开蓝天的辽远，空气的滋养；孩子的成长，离不开学校的培养，家庭的呵护。每次出征都是新机遇和高挑战，机会只留给有准备的人，用辛勤的汗水书写最美的运动，用最佳的创意印证火红的追梦。因为有团队合作的精神，有“咬定青山不放松”的意志，每次参演我们才能梦想到达的地方，脚下的步伐同样到达。只要愿意前进，就永远在路上。

梦想聚团队，团队铸梦想。艺术节、“春芽杯”、啦啦操锦标赛……只要有艺术气息，就有参与的资本；“快乐特色校园”、“全国校园足球特色学校”、“全国校园大课间啦啦操推广实施单位”……只要有勋章，就毫不退缩。辛勤的汗水洒在追求的沃土里，才能培育出成功的果实。“登泰山而小天下”是学校发展的目标，“咬定青山不放松”是教师前进的动力，“搏尽一份力”是学生奋斗的准则。

硕果满枝　旌旗高扬

在各级各类比赛中，学校先后获得秦汉新城首届青少年艺术节中荣获书画兰亭奖；西咸新区首届青少年艺术节三等奖；西咸新区 2018 年首届中小学幼儿园健美操、啦啦操锦标赛第二名；陕西省中小学健美操、艺术体操、啦啦操锦标赛体育道德风尚奖；舞蹈《团扇芬芳》、《巾帼英雄》均荣获陕西省第十七届“春芽杯”中小学生艺术展演三等奖。同时，学校被授予秦汉新城“快乐特色校园”；“新少年·新西安”2019 少儿春晚官方合作单位；“全国啦啦操星级俱乐部”荣誉称号；“全国大课间啦啦操推广先进单位”；“全国青少年足球特色学校”等一系列荣誉称号。除此之外，张欢、赵瑞玲、马雅楠三位老师获得全国啦啦操二级裁判员和二级教练员，近百人次在各级各类比赛中获得“优秀指导老师”和“优秀裁判员”荣誉称号。

旌旗高高飘，捷报频频传，勋章上有我的汗水，奖杯里有你的智慧。千人同心，则得千人之力，其利断金；万人异心，则无一人之用，积毁削骨。梦想聚团队，团队铸梦想。回首一路花开，我们只能把“感谢感恩自豪”作为杨家湾小学勋章上汗水的结晶，感谢所有领导教师家长学生拧成一股绳的工作作风，感恩党和国家的教育好政策，感恩西咸新区和秦汉新城教育卫体局，自豪全校师生同舟共济扬帆起，乘风破浪万里航。

执着于体育、艺术的梦想，我们会让体艺成为学生强身健体的法宝；立志于传承中国符号，我们会让华夏文化在健康的律动中熠熠生辉；锐意于修其心养其性，我们会让桃李春风在秦砖汉瓦的浸润下芳菲九州。怀揣一颗追梦的赤子之心，杨家湾小学乘着秦汉教育发展的七彩祥云，体艺特色教育将会在追梦中前进，在飞翔中奔跑。

开展精品教育　绽放教师生命

陕西省周至县楼观镇东楼小学　王世民

一个人遇到好老师是人生的幸运，一个学校拥有好老师是学校的光荣，一个民族源源不断涌现出一批又一批好老师则是民族的希望。教师是立校之本，是教育发展的第一资源，要想实现一流的教育，必须拥有一流的教师队伍。为此，办学以来，我校不断强化人民教师的师德建设，以社会主义核心价值观和习近平总书记重要讲话精神为指针，全面贯彻党的教育方针，坚持以人为本，全面发展，走科研兴教，质量强校之路，以提高教师思想道德素质为重点，切实落实《公民道德建设实施纲要》，效果显著。学校先后荣获陕西省卫生先进单位，西安市文明校园，西安市中小学德育工作先进集体，西安市实施素质教育优秀学校，西安市生态园林式单位，西安市优美校园，周至县实施素质教育“316”工程优秀学校等荣誉称号。

一、铸魂培根，育德才兼备之军

“学校犹水也，师生犹鱼也，其行动犹游泳也。大鱼前导，小鱼尾随，是从游也。从游既久，其濡染观摩之效，自不求而至，不为而成”。校长是一所学校的灵魂，是教育思想之魂，校长的人文情怀影响着教师和学生的人文情怀。在师德建设方面，我校以校长为榜样，成立了师德建设领导小组，校长王世民同志亲自抓师德建设工作，制定规划，分解任务，加强检查，对师德建设中的不良倾向一旦发现就及时制止，防患于未然，校长王世民同志亲自给老师们进行师德讲座，把先进地区的良好的师德作风和先进的德育工作方法带回来，针对我校的实际情况改进德育工作。同时，学校领导班子一班人注重率先垂范，讲党性、讲政治、讲团结、讲正气、讲奉献、树立了正确的教育观、质量观、人才观、学生观、教学观、敬业尽职，成为全体师生树立的楷模。　此外，在以“教师”为本的师德建设中，我校教师自身表现出自爱、自尊、自重、自律，做到“学为人师、行为世范“为人师表”。学校实施了“全员育人、全程育人、面向全体、全面发展”的德育工作思路。叫响了“老师不只是知识传播者，更要做灵魂的工程师”的口号，坚持组织全体教职员工深入学习、深刻领会“社会主义核心价值观”的实质内涵，认真贯彻落实《中共中央关于加强未成年人思想道德建设的若干意见》、《公民道德建设实施纲要》，还组织学习了《教师职业道德规范》、《未成年人保护法》、《教育法》、《教师法》、《教师十禁止》等一系列与教育教学相关的法律法规。让全体教师以正确的世界观、人生观和价值观规范自己的言行。为了落实教育目标，我校每学期定期召开师德教育讲座及师德标兵表彰暨先进事迹报告会，让全体教职工以身边的模范为榜样，进一步认清教育的地位，坚定育人信念，进一步矫正自己的人生坐标，形成“辛苦我一个，培育一代人”的思想共识和育人氛围。

二、弥足根本，养纯厚师爱之气

师爱是教师职业道德的核心和精髓。师爱是教师更好地完成教学任务的有效保证，是教育方针的基本要求，是教师爱岗敬业热爱学生的体现，是打开学生心灵的钥匙，是教师教学中出自崇高的目的、充满科学精神、普遍、持久而又深厚的教育之爱。这种爱驱使教师无代价地对学生赋予亲近感、期望感和献身的热忱。因此，我校非常重视对教师进行师爱形象塑造，要求教师要从热爱教育事业、艰苦奋斗、无私奉献的敬业精神做起，以学生为本，建立民主、平等的新型师生关系，用纯真的爱去培养并严格要求学生，用对学生的民主、平等去激发学生的自尊、自强与自重 。淡泊名利、积极向上、自觉锤炼自己，以全局为重，不为学生家庭地位，状况来偏倚学生，也不以学生成绩和表现来薄厚待之，针对每个学生具体情况，严而有格、严而有度、严而有恒、严而有方地面向全体学生赋予具体的教育爱，在尊重保护教育学生的基础上，使学生健康地、生动活泼地茁壮成长，这也是我校以人为本师德建设的核心要求。我校把教书育人转化为教师个人的内心要求和自觉行为，以“争做文明教师”、“学校名师”为导向，从而使我校形成了，全体教师能勤奋工作、忘我工作、无私工作的良好风范，培养出一批批德智体美全面发展的，富有创新精神和实践能力的一代代新人。为进一步优化教师素质，我校大胆以改革创新为动力，以优化社会形象为重点，以教研科研为先导，以教师队伍建设为关键，以提高育人质量为目标来优化教师素质。坚持以先进的教育理念提升教师，支持鼓励教师参加各种业务培训、本科函授、自考及教育教学教科研活动，举办计算机、普通话、现代教育技术培训班，充分发挥教育报纸、杂志的学习、深化和运用，开展人人读教育刊物做摘要笔记、写心得随笔活动，并利用教研组活动形式深化交流与运用，促使教师转变观念，提升业务能力，以此来推动课堂教学效益的提高。同时，学校着眼于学生德、智、体、美等诸多方面全面发展，牢固树立“以德育为核心，以培养学生的创新精神和实践能力为重点”的素质教育观念，禁止教师变相体罚，规范教师的教育行为。力求教师努力做到：第一必须具有较高的政治思想觉悟和精良的业务素质。第二，要重视教学思路上的革命，具有创新意识和超前意识。第三，要侧重教学效果上的提高，具有学科发展能力和创新能力。第四，要了解市场需求，把握科学前沿脉搏，培养创新人才。让教师真正懂得有教师的成功，才有学生的成功，有了学生的成功，才有教师的声誉。从而提升我校办学质量，凸显学校品牌。

三、不忘初心，展品质教育之风

活动是老师与学校之间的情感纽带，也是老师与老师联系的桥梁。因而活动就成为师德提高的必然选择。为此，我校把活动作为陶冶师德情操的重要内容。每月，学校全体教职工要对学校、孩子做一次公开承诺，以此增强全体教职工的责任心与凝聚力。每年，我校都要定期开展“师德工作研讨会“爱岗敬业、奉献教育”、“强素质、树形象，办人民满意的教育”等师德演讲竞赛、师德建设辩论赛、征集师德论文，“时代发展与师德论坛”等丰富多彩的师德教育及竞赛活动，表彰师德标兵，大力提升师德素养。此外，我校还经常组织教职工开展丰富多彩的文体活动。如元旦茶话会、“三八”舞会、“五一”篮球赛、“五四”卡拉OK大赛、国庆拔河赛，还有象棋赛、乒乓球赛，假日组织教师外出参观学习等。通过活动，教师们的视野开阔了，业余生活充实了，教师之间的感情加深了，变得身心愉快、充满阳光和活力，从而增强学校的凝聚力和向心力。

风雨沧桑励壮志，春华秋实著华章。师德师风建设不仅提高了学校的精气神，也提升了学校的办学品位。但教育注定是一场没有终点的行程。今天，既是我校展示成就的契机，也是我校继往开来、开始新征程的起点。面对新的机遇和更大的挑战，我校将继续以社会主义核心价值观为指导，以人为本，加强学习，强化监督，切实抓出成效，以抓铁有痕、踏石留印的工作作风扎实工作，努力建设一支高素质的教师队伍，唱响教育高亢的时代凯歌。

爱如春风化雨　润泽桃李满园

——记上海市第一师范学校附属小学校长鲁慧茹

上海市第一师范学校附属小学　缪莹

最近，上海市第一师范学校附属小学校长鲁慧茹带着全校160多位老师，利用周五下午的教工学习时间，来到中共二大会址纪念馆，在现场感受百年沧桑，在文物展陈中体会党的初心使命。50多位党员教师在鲁慧茹这位有着46年党龄的老党员带领下，共上一堂特殊党课。

“基础教育工作看似平凡琐碎，却与国家的盛衰、人民的幸福血肉相连、休戚与共，是一项塑造灵魂的事业。身为人民教师，我们的信仰就在三尺讲台上”。鲁慧茹说，青少年正处于拔节孕穗期，做好他们的领路人，引领青少年健康成长，教师肩负的责任重大。“教孩子五年，为孩子想五十年，为国家民族想五百年”。这是鲁慧茹从教多年来始终坚持的座右铭。凭着这样的信仰，她在一师附小一干就是41年，至今仍在教育第一线。

一、树立理想为导向，当好学生领路人

“从教育者的角度来看，教材不仅是知识，更是理想与目标，老师不仅是授课者，更是榜样与精神。作为儿童梦想的播种者和成长的引路人，小学老师的教导，将奠定儿童的成年样态和未来的人生路径”。鲁慧茹记得，正是儿时老师的引导，启蒙她树立了“为共产主义事业奋斗终生”的理想和成为一名光荣共产党员的目标。1975年，还在奉贤农场务农的她，加入了中国共产党，时年19岁。

1980年，从上海市第四师范学校毕业的鲁慧茹来到一师附小任教。“不像现在一个年级有10多个班，我们刚当教师那会儿，一个年级只有甲、乙、丙三个班。刚走上工作岗位的年轻教师一般都从丙班教起”。她记得，当时恰逢高考刚恢复不久，各阶段的学生都以“勤奋学习、努力升学”为目标，而时任校长倪谷音却从学生立场出发，提出了“愉快教育”的实践探索。

“在当时，这一主张绝对算是‘鹤立鸡群’的”。鲁慧茹解释说，很多人片面地认为“愉快教育”就是“轻松教育是没有课业负担的教育，但事实上，真正的“愉快教育”是在尊重儿童成长天性的基础上，努力寻找能促进儿童主动、快乐、全面、生动成长的规律，从而愉快学习，愉快生活。

所谓知易行难，要把教育学理论投入到日常实践，很多时候会遇到阻力。“遇到困难，教师尤其是党员教师不能躲躲闪闪，避着问题走，而是要想方设法争取家长的支持，一起为孩子创造更好地学习环境和条件”。鲁慧茹说。

这么多年，鲁慧茹听过很多孩子说，长大想当科学家。但究竟怎样能当科学家？当哪方面的科学家？多数孩子“一问三不知”。春风化雨，润物无声，鲁慧茹会跟孩子们说自己的故事，“我从小喜欢看书，想当作家，虽然17岁起就去农场务农，但在农场里只要一有空便写诗。后来没当成作家，但业余时间我也出版了很多专著。人一

旦有了理想，就要找准方向努力，这样人生目标才会越来越清晰”。

二、以趣促学，着力发展“愉快教育”

在鲁慧茹看来，要把课本上相对固定的知识上“活老师的思维恰恰不能固化。她常跟老师们说：“你们的学生大多住在上海市中心，学生们的父母的学识、眼界可能比我们都高，如果你们没有足够的知识储备和底蕴，又怎么有信心能把他们教好呢？”

2001年起，鲁慧茹担任一师附小校长，挑起了“愉快教育”传承发展的重任。她开始琢磨，该如何让学校的培养目标进一步实现？如何让孩子们有兴趣去体验学习的快乐？如何让孩子们学会选择、学有所得？

在鲁慧茹的带领下，满足学生发展需求的五大类、63门校本课程在一师附小应运而生。每周二下午的三节课，全部由孩子们做主。教室固定，菜单自选，学生们根据兴趣自由选择课程，“混龄走班”上课，涉及艺术、人文、生活的63门校本课程，其中光体育社团就有20多个，让孩子们轻轻松松找到兴趣点。选了课之后“反悔”怎么办？学校也会给予“二次选择”的机会，允许孩子们“改行”。

有一段时间，每天下午五点多的下班路上，鲁慧茹常会碰到一个手捧足球的三年级男生。他是一师附小足球队的一员，每周都要训练好几次。鲁慧茹问他，球踢到这么晚，爸妈会不高兴吗？男孩的回答让鲁慧茹惊讶：“鲁奶奶，我就是喜欢踢球，但爸妈担心我学习会受影响，所以我跟他们签了协议，只要每天能按时完成功课，并保持学习成绩不下降，就可以参加足球训练”。男孩告诉鲁慧茹，为了完成目标，他每天都会利用碎片化时间抓紧完成作业，就连踢球前换衣服的时间都在口头背诵课文。

“现在不少家长会不自觉地把孩子的学习和兴趣发展对立起来，但你看这样的孩子，因为要做自己喜欢的事，就会动脑筋合理安排时间来完成学业，并没有因为发展兴趣而耽误学习，反倒是让兴趣对学习产生了正向推动”。鲁慧茹很感慨：“这体现的就是愉快教育的内涵！”

三、师生共育，成功扩容树立良好口碑

同时，鲁慧茹也想方设法创设条件，引导学生走到课堂之外。中共二大会址纪念馆、毛泽东故居、蔡元培故居……这些学校周边的红色地标，对一师附小的学子们来说再熟悉不过，学生们会利用探究课时间走进这些场馆，带着思考问题去，带着收获归来。

每周五下午，一师附小都会有学生以小队为单位到学校附近的养老院服务，这一“惯例”已坚持了十多年。“给老人敲敲背、读读报、说说故事……孩子们尊老敬老的观念就在潜移默化间形成了”。鲁慧茹深信，通过学校小课堂和社会大课堂的共同“锤炼能让学生成为祖国未来合格的接班人。

2014年底，学校启动集团化办学，由一师附小派校长和中层干部、骨干教师到崇明去办学，“一师附小崇明江帆小学”起航了。58岁的鲁慧茹亲自上阵，每隔一阵就往崇明跑，从设计、基建到后来的开办，每个细节她都力求做到最好。如今，拥有30多个班级、近千名学生的江帆小学已是崇明当地的“家门口好学校”。

2017年，一师附小又将延平路上一处初中场地改建为学校分部，使学校从原来的45个班扩大到如今的59个班。扩容过程中，要让大量新教师尽快转变为成熟教师，大约需要3到5年的周期。本已达到退休年龄的鲁慧茹再次选择了坚守，着手创新学校的新进教师培养体系，还带领学校师训团队申报并运作起新一轮教师队伍建设的项目课题……

“爱如春风化雨，润泽桃李满园”这是老百姓对鲁校长用心用爱办教育的肯定。这个评价是中肯的，更是神圣的，它代表了老百姓对鲁校长的信任。正如鲁校长自己说的“我常会跟年轻教师说，你们要成为儿童扣好人生第一粒扣子的把关人。时代在变，教育也面临很多新的课题和挑战。既然党和人民信任我们，我们就要全身心投入，尽心尽力应对这些新挑战，为党育人，为国育才，为更多青少年照亮人生前程”。她是一位名副其实的“师者她做到了！

创新教学模式　做细教学过程

上海市青浦区金泽中学　柏金华

教育从某种意义上来说，就是培养学生的习惯，而教学改革就是改变一种习惯，从根本上讲就是改变学生的学习习惯，改变教师的授课习惯，改变教师的思想意识。有效教学之“效一般描述教学的状态或过程品质；高效课堂之“效一般描述课堂教学的境界，它们有着本质的区别。但如果从行为结果的角度讲，两者都指教学成效。因此，开展有效教学、建设高效课堂已成为我校教师追求的专业成长首要目标。回顾我们金泽中学自“十一．五”末以来的发展之路，就是通过抓常规、抓常态的课堂教学管理来磨炼教师的学科功力，不断提升教师的专业能力和专业智慧。教学实践表明：积极有效地实施“三疑三探”教学模式，是有效地改变当前课堂教学低效的策略之一。下面从内涵结构对课堂低效原因分析基础上，谈谈我校十多年来的改进策略及做法。

一、提升课堂教学效果成因分析

1. 预设性课时目标的达成情况模糊。

不可否认的现实是，有的教师的目标导向和调控意识极其淡薄。不仅课堂教学目标设置形式化，学习水平层次模糊，评价标准单一化，而且更为关键的是，有的课堂教学与教学目标严重脱节，没有以课时认定的课堂教学目标为核心开展课内的师生活动，更没有有效地发挥课堂教学目标“激发学生学习内部动力，指引学生自觉调整学习方式，为达成预定学习目标而努力”的积极作用。这种课堂教学不分主次，不知深浅，随心所欲，盲目推进，完全是“跟着感觉走”。

也就是说，在这样目标与过程分离、教与学不能高度融合的课堂中，教学目标的达成度——包括达标学生数量、所达成的教学目标数量、所达成教学目标水平三个方面是不清晰的，也肯定是不高的。

2. 缺少预设之外的课堂生成性资源。

完全由教师掌控的课堂是一种封闭、僵化、缺乏灵性的课堂。这样的课堂在现实中我们发现有以下几种：一是教师坚守“圆满完成规定教学内容”的立场，在课堂上习惯于照本宣科，不愿面对教学现场的“意外”去适切地引导生成；二是教育敏感性差，不善于敏锐地把握个性发展的脉搏和教育活动的契机，不能把课堂生活中孕育出的诸多生态因素加以挖掘、提炼，进而转化成可利用的课程教学资源；三是教师缺乏教学策略，切不准学生思维的兴奋点和生长点，不善于转化成新的学习话题。

3. 单元教学目标的实现受到制约。

其实，单元目标的达成度与课时教学目标的达成状况之间存在着非常密切的因果关系。如果每个课时的教学目标达成量被折扣化，必然影响单元教学目标的达成度。尤其是，如果每个课时的认知水平和情感体验程度模糊不清，就会直接导致单元教学问题的积累。这种情况在教学实践中往往突出表现在两个方面：一是单元教学效率低，教学投入与实际产出不成正比；二是单元教学的生成结构不合理，这可能导致知识技能的模型化程度低、过程和方法的最优化程度低、情感和态度的积极饱满程度低、价值观念的理性化程度低等不良效果。

二、实施“三疑三探”教学模式，做细每一个教学环节

1. 模式介绍：“三疑三探”教学模式主要通过疑问与探究结合等相对固定的教学环节，促进学生学会主动提出问题，独立思考问题，互作探究问题，同时养成敢于质疑、善于表达、认真倾听、勇于评价和不断反思的良好品质和习惯。

2. 模式内涵：教学流程：“设疑自探—互疑互探—再疑再探—拓展运用”。①设疑自探：这是课堂的首要环节，即：围绕教学目标，创设问题情景，设置具体问题，放手让学生自学自探。②互疑互探：是指通过师生或生生互动的方式检查自探情况，共同解决自探难以解决的问题。③再疑再探：让不同学生针对所学知识，再提出新的更高层次的疑难问题，诱发学生深入探究。④拓展应用：针对本节课所学知识，分别编拟基础性和拓展性习题，让学生训练运用。在此基础上，予以反思和归纳。

3. 具体做法及注意点：

①“设疑自探”涉及3个步骤：a. 创设问题情景。b. 设置具体自探问题。根据学科特点，可以由教师围绕学习目标直接出示，也可以先由学生散发性提出，然后教师归纳梳理，如果问题还没有达到目标的要求，教师再补充提出。自探问题的“主干”即本节课的学习目标。c. 学生自探。这里的自探是指学生完全独立意义上的自探。自探前，教师一般要适当进行方法的提示、信心的鼓励和时间的要求。自探中要让每位学生都能感到教师对自己的热切关注和期望。无论关注的形式怎样变，有个底线不能变——不能打断或干扰学生独立学习的思路。

②“互疑互探”的3种形式：a. 提问与评价。操作的办法是学困生回答，中等生补充或中、优等生评价。让学生学会表达、学会倾听、学会思辨、学会评价。b. 讨论。如果中等生也难以解决，则需要讨论，教师在学生自探的过程中巡视、发现学生易混易错的问题也要讨论。讨论要建立在学生充分自探的基础上进行，难度小的问题同桌讨论，难度大的问题小组讨论。C. 讲解。如果通过讨论仍解决不了的问题，教师则予以讲解。讲解的原则是“三讲三不讲”：“三讲”即讲学生自学和讨论还不理解的问题，讲知识缺陷和易混易错的问题，讲学生质疑后其他学生仍解决不了的问题；“三不讲”即学生不探究不讲、学生会的不讲、学生讲之前不讲。

③“再疑再探”中的注意点：a. 对中等以下学生质疑的问题，有可能还是本课学习目标的范畴，只是从不同侧面提问，这个时候让其他学生回答起到深化学习目标的作用。b. 对优等生质疑的问题，有可能超出书本知识，但师生共同恰当处理。

④“拓展应用”的3个层次：a. 教师拟题训练运用。重点考查学生对基础知识的运用情况，检查反馈的原则学困生展示，中等生评价。b. 学生拟题训练运用。如果学生所编习题达不到学习目标要求，教师则进行必要补充。c. 反思和归纳，具体操作是学生先说，教师后评。

三、教学改革启示

1. 要让学生有良好的情绪状态。

学生的情绪状态直接影响着教学效果，如果学生在课堂上情绪饱满，保持良好的注意状态，学习兴趣浓厚，对知识的渴求始终保持较高的热情，那么，这堂课师生之间肯定会形成良好的氛围，和谐的双向情感交流，就能达到教学共振，全身心投入课堂，效率自然也就很高。所以，教师必须喜爱学生，尊重学生，对学生始终寄予期望，建立亲密和谐的师生关系和班级氛围，让学生喜欢你，喜欢你的课，要让学生把不积极地情绪在课前排泄出去。重视培养学生良好的课堂参与品质。在教学中，老师最关键的任务就是教给学生学习方法，让学生会学习。因此，我们要培养学生善于倾听的能力，让学生学会倾听中，理解他人发言，并能及时抓住要点，很好地与他人沟通；培养学生的问题意识，使学生能质疑发问，发表不同的见解；要培养学生的动手能力，该让学生实践操作的教学活动一定要放手给学生。

2.达成的目标结构要平衡、方法恰当、价值观方向明确。

在达成知识与技能目标的过程中关注过程与方法、情感态度与价值观，是新课程教学对传统教学的超越。但在教学目标被“多维”关注，课堂教学走向工具理性与价值理性的有机统一过程中，有些教师往往把握不住三维的“分寸”。一些教师将过程方法和情感体验割裂成块，在课堂教学过程中过度地强调和突出过程与方法、情感态度与价值观领域中某一方面的实现。于是，课堂教学失去了三维目标内在的一体性和相互的关联性，尤其是知识与技能目标地位的严重削弱，极易导致师生课堂对话的肤浅、主体互动的虚假、效率观念的淡化，造成课堂教学效率低下。另外，还有的教师为了实现教学民主，营造开放课堂，极力提倡多元解读和民主碰撞，但却缺乏必要的引领，致使学生的思维无所适从，学习方法混沌不清，主流价值观方向模糊甚至消失。这对于学生素质的整体协调和持续发展而言，是极为不利的。

3. 课堂教学发展性价值务必保证。

从“教”的角度讲，如果没有从课程和学科知识结构出发，以课程目标作为明确导引，必然不能居高临下地研究与整合课程资源，把握课堂生活。如果课堂教学结构臃肿，教学程序烦琐，必然要消耗过多的课堂时间，导致实质性学习时间紧缺，挤占学生的自主学习时空，窒息学生的思维。如果核心问题模糊不清，必然切不准教学重点，忽略学生的差异性及其价值的存在，摸不清课堂教学的现实起点，使教学滞后于学生的最近发展区。如果教学前没有预设差异性目标，教学过程中不善于给学生提供“自助餐必然会使一部分学生失去“食欲”和“胃口”。如果缺失了教学策略和教学机制，不善于顺势而导，顺学而教，课堂生活必然呆板，学生的个性必然受到压抑。从“学”的立场上说，这都有可能使学生丧失学习兴趣，丧失问题意识，丧失参与的积极性，丧失体验的愉悦感。如此下去，课堂学习生活便会失去“本”和“源很有可能沦为自由散漫、浅层低效，甚至浮躁无效的形式，至于“教学相长”这一具有师生协同性、教学相生性的“促进主体发展”的课堂效应，更是无从谈起了。也就是说，用长远的眼光看，这无论对学生的生活成长而言，还是对教师的专业发展来说，都是有害而无益的。

让学生经历“数学化”的过程

四川省巴中市恩阳区第四小学　胡铖

语文教学要让学生体会“语文味数学教学则要让学生经历“数学化”的过程。数学化，就是在数学教学活动中，将数学与生活密切联系，以及将数学思维、数学精神、数学文化等特性贯穿始终。

各学科的独特魅力交相辉映，灿烂了世界文明。数学教学既要向学生传授数学知识、技能，更要向学生展示数学的简约之美、严谨之美、理性之美。生命向美而生，学习向美而行，有了内驱力，学生自然就会喜欢数学，享受探究科学真理的过程。

一、感知：数学源于生活又应用于生活

数学来源于生活，又应用于生活中的每一个角落，因此，孩子在学习数学时，不能一无所知，而是要联系一定的生活经验。在教学系统而抽象的数学知识时，教师应建立起数学与生活的联系，让孩子们感到，这就是身边的数学，身边处处有数学，数学看得见、摸得着。

华应龙老师执教《角的认识》一课上，华老师在屏幕上出示了三个滑梯，第一个倾斜度较小，第二个倾斜度稍大，第三个倾斜度比较大，问同学们想玩哪个。大多数同学说第二个，因为第一个玩起来没意思，不刺激，第三个又太陡了，很危险。华老师问是什么原因造成三个滑梯的不同呢，一名学生说是角度。华老师肯定了学生的回答，追问道，滑梯的角多大才算合适呢，引出了这节课要学习的知识——量角的大小。

数学教育家汉斯·弗赖登塔尔认为：“数学来源于现实，存在于现实，并且应用于现实，数学过程应该是帮助学生把现实问题转化为数学问题的过程”。

小区、幼儿园、公园、商场……生活中，滑梯到处可见，几乎每一个小朋友都喜欢玩滑梯。华老师出示了孩子们常玩的滑梯，还故意呈现出坡度差别较大的三个滑梯，在孩子们的笑声中，感知到了“角”这一数学知识在生活中的存在，生活中的问题转化成数学的问题。

在这节课的最后，华老师又将同学们的思维引向思考生活中的问题——“风筝比赛是用同样长的线比谁的风筝放得高，怎样才能量出风筝的高度呢？”这就要利用这节课的知识，去量风筝线与地面的夹角。数学知识又应用于生活之中，数学与生活的联系如此紧密。

二、探究：数学是不断重构的过程

数学学习是在解构的基础上不断重构的过程，在探索中越来越接近真理。教师不会将真理直接拿给学生，而是让学生运用数学工具、数学方法，经历一番数学思维，自我发现的，如同数学家发现真理所经历的过程一般。

吴正宪老师执教《圆周长》一课上，吴老师抛出了一个问题——为保护花草，准备给公园的圆形花坛围一圈篱笆，需要多长的篱笆呢？

第一个小组认为，把圆形纸片立起来放在刻度尺上滚动一圈，就测出了长度。吴老师肯定之后提出，“如果这个圆形水池很大，要求它的周长，能用你们的方法把水池立起来在刻度尺上滚动一圈吗？”显然不能。

第二个小组指出，先用绳子在水池周围绕一圈，再量一量绳子的长度，就是水池的长度。吴老师称赞之后，拿出了一端系有小球的线绳，在空中旋转了一圈，又旋转了一圈，问：“小球走过的地方形成了一个圆，要求这个圆的周长，还能用你们的方法吗？”同学们摇摇头。

第三个小组发现，将圆形纸对折三次后，圆形的周长就被平均分成8段，测量出每条线断的长度是2厘米，8段就是16厘米，也就是圆的周长。

吴老师竖起大拇指：“你们用折纸的方法求出这个圆的周长，很了不起。但是用滚动、绳绕、折纸的方法只能求出某些圆的周长，都有局限性。我们能不能找到一条求圆周长的普遍规律呢？”

吴老师的问题，又一次激活学生的思维，引导学生的探索从现象走向本质。

经过一番思考，学生提出了这样一个问题：“是什么决定了圆周长的长短？圆的周长到底与什么有关系？”观察、操作、实验，同学们终于发现圆的周长是它的直径的三倍多一些。通过自己的思考，同学们找到了规律。

圆周长的计算有公式，但吴老师事先没有和盘托出，而是提出了一个生活中的问题，请同学们帮助解决。

学生每一次发现，吴老师都能看到孩子们所用方法的优点，也指出局限性，打破思维的平衡，激发进一步探索的欲望，引导同学们的思维向更深处漫溯。就是在这样循环往复的过程中，同学们的发现螺旋上升，一步步逼近真理。孩子们不再是知识的接受者，而是真理的探索者。

三、浸润：数学的理性之美

一直以来，在学生的眼中，数学就是冰冷、枯燥的公式、定理、计算，无法像语文、音乐等学科一样，去感知并欣赏它的美。

这或许是应试教育带来的影响。正如有人说，“一个充满活力的数学美女，只剩下一副X光照片上的骨架了”。

数学素来有“冰冷的皇后”之称，无论是数学的教还是学，我们都可以触摸到数学的脉搏，因为只有在数学的思考中沉淀理性精神，才能感知到数学的理性之美。

张齐华执教《圆的认识》一课中，张老师问学生：“既然不用圆规，我们依然创造出了这么多画圆的方法，那么俗语中为什么还会有‘没有规矩，不成方圆’的说法呢？”

一学生回答：“或许一开始，‘没有规矩，不成方圆’指的是没有圆规和‘矩’画不出方和圆。但是流传到后来，它的意思已经发生了改变，不再仅仅指原来的意思了，而是指很多事情，必须要讲究规矩，遵循章法”。

张老师说：“真没想到，一条普通的数学规律，经过千年流传，竟逐渐成为我们生活中一条重要的人生准则”。

美国著名数学史家、数学教育家克莱因认为：“数学在人类文明中一直是一种主要的文化力量，数学是一种理性精神”。数学的理性之美，是人类文明的重要组成部分，而真理“路漫漫其修远兮探究者”上下求索已成为人类的精神符号。

数学文化教育，有利于美育与智育的结合，有利于文化之柔美与科学之理性的结合，从而培养学生科学的审美观，全面提高学生的文化素养。

渗透数学文化，不是加入几个文化素材，而是让学生运用数学的理性思维，去探究数学规律，领会数学精神和文化，在头脑中打上数学文化的烙印，即使忘记了数学知识，却能用数学思维去思考和解决问题。这样才能真正做到以“文”化人。

“绘本”在小学英语阅读教学中的应用研究

四川省巴中市恩阳区第四小学　杨静

摘要：阅读是学生获取信息、发现知识的重要途径，是英语学科教学的一大重要活动。小学时期，培养学生浓厚的阅读兴趣与良好的阅读思维是教师教学的首要目标，以此建立的阅读习惯与能力对其日后各学科的学习都发挥着重要的作用。绘本是一种以图像来传递文字所表达内容的阅读方式，它更加形象且有趣，符合小学学生独特的认知与心理活动特点，有利于激发学生阅读兴趣，培养其认真观察的良好阅读习惯。基于此，本文以小学英语为例，探究绘本在阅读教学中的具体应用策略。

关键词：绘本；小学英语；阅读教学；应用研究

小学时期学生对图片的感知能力和喜欢程度远大于文字，这就为绘本阅读在小学英语教学中的应用提供了基础。与传统的阅读模式相比，绘本能够为学生营造真实且形象的阅读情境，从而吸引其阅读兴趣，提高阅读的主动学习，另外，英文绘本相比于编写的教材课本，更具有英文的文化气息，学生通过阅读对建立英文综合素养有一定的帮助。那么在具体的教学中应如何发挥绘本阅读的优势来提升教学效率呢？以下主要从四个方面进行讨论。

一、助力情境的创设，辅助学生形象感知

调动学生的主动性是提高课堂效率的必要条件，在小学英语教学中，学生面对不熟悉的语言，要重新建立与学习汉语时不同的思路，因而理解起来会有一定的难度。若教师能够将课堂变得生动有趣，那么会极大促进学生的理解效果，并使其对英语学习产生兴趣。而应用绘本进行阅读教学就是增强课堂趣味性的一大有效手段，因为绘本中有大量的色彩丰富的图片，能够将故事内容以更加生动形象的方式展现出来，从而营造教学情境，让学生在情境的引导下不自觉地融入文本当中，形象感知语言知识，发现语言学习的魅力，从而逐渐产生强烈的学习欲望。

例如，在教学川教版小学英语三年级下册lesson M《Animals on the farm》这一课时，教师可以以动物为主题，指导学生阅读绘本《Hungry Fox》进行学习。该绘本介绍了狐狸在夜间的捕猎活动，并配以真实的动物图片，每一页中都用简单的英文语言对生动的图片进行解说，并且相应地设置了问题，让学生在阅读时能够联系前后内容去思考。在阅读完该绘本之后，教师可以与学生进行互动，提问他们“你还知道哪些动物的生活方式与特点？以此调动学生的积极性，并以此作为情境，引出本节课与动物相关的教学内容，通过演唱歌曲的方式来学习这些动物的单词，并按照绘本上介绍狐狸的方式，基于教材进行适当的延伸。

在以上教学过程中，学生通过阅读该绘本，对动物的英文名称和与其相关的生活方式产生了深刻的印象，并且在其所创造的情境下对英语的学习产生了兴趣。教师可以在绘本所创设的情境作用下，带领学生再次回顾课本，重新去认识课本上所描绘的动物，锻炼学生灵活运用所学知识的能力。

二、合理选择英文绘本，提高阅读的效率

虽然英文绘本在阅读教学中的重要性十分突出，对启发学生语言思维、提升学习兴趣等多方面都发挥着积极地作用，但这一切的教学优势都是建立在绘本符合学生认识水平与适合教学主题这一基础上的。因此，要想保证绘本阅读的教学效率，教师在具体的实践应用中，一方面要考虑内容是否与教学主题相关联，能否推动教学环节的顺利开展，另一方面还要结合学生的学习需要与当前水平去筛选难度适中的一类，并保证其趣味性，以避免绘本内容中出现的单词语言学生无法理解，打击其自信心，并降低教学效率。

例如，在教学川教版小学英语三年级下册Lesson B《Let’s Play a Game》这一课时，教师可以首先带领学生阅读绘本《Where Is Dad?》，一家人玩捉迷藏的游戏是该绘本的主要内容，与教学主题中的游戏相契合。教师首先让学生阅读绘本，并用自己的语言复述绘本中妈妈找到全家人的过程，让学生进行口语表达，随后，为合理引出本节课教学主题，教师还可以基于绘本中捉迷藏的游戏提问学生“你们都玩过哪些游戏呢？学生们纷纷回答自己喜欢的游戏。最后，教师通过介绍游戏规则的方式带领学生学习课本，并与其一起尝试课本中的游戏，让学生在游戏的过程中理解知识内容。

在以上教学过程中，绘本《Where Is Dad?》一方面与本节课的教学主题相联系，都与玩游戏有关，另一方面书中对游戏过程的描写与刻画十分生动形象，十分符合小学学生的认知特点。将其应用在课文阅读教学中，既能够充分调动学生的积极性，又能够辅助其理解课本内容，并学会灵活使用课本知识去进行语言练习。

三、基于绘本训练口语，提升学生语言能力

良好的口语表达能力是衡量学生英文综合素养水平的重要标准，在小学英语阅读教学中，阅读是学生接受信息的过程，而如何有效检验学生知识的消化程度呢？教师可以设置口语表达环节来引导学生将获取的信息转化为自己头脑中的思想，并融入自己的思维特点运用清晰的语言将其表达出来。基于绘本去练习英文口语，让学生依据生动形象的图片去拓展故事内容，提升自身的语言能力。

例如，在教学川教版小学英语五年级下册unit1《We Love Nature》这一课时，Lesson1中介绍了与植树相关的内容，如用英文表达的植树过程与相关词汇。在教学课文内容之后，教师可以先让学生阅读绘本《Day and Night in the Desert》，其中有沙漠地区的图片与其中生活的动物简介，教师可以以沙漠地区的植树造林为主题创设情境，让学生在阅读完绘本之后，在头脑中想象如何在沙漠中植树呢？并以小组为单位进行口语练习，运用教材中“What are you going to do ?I’ m going to ...”的句型进行对话练习，如一小组的成员针对要在沙漠中种树的想法提问“What are you going to do first? 而另一小组成员则按照课本上给出的示意图回答“I’ m going to dig a hole.”。

在这一教学过程中，学生通过阅读绘本基于教材所介绍的植树过程进行了有效地延伸，并且基于绘本的内容运用课本的重要句型进行了对话练习，在对话的过程中调动了每位学生的主动性，极大地活跃了课堂氛围，并有效锻炼了学生的语言表达能力，对其英文综合素养的提升有一定的帮助。

四、表演绘本的内容，升华学生学习情感

阅读应该是一项有情感互动的过程，而在以往的英文阅读教学中，小学生的语言基础较为薄弱，缺乏一定的文化素养，难以理解文化差异，因而在阅读的过程中难以产生较大的情感波荡，整个阅读过程显得死气沉沉，且阅读理解效率也不尽人意。而将绘本应用在小学英文阅读教学中，能够凭借其生动形象的图片来引发学生强烈的情感体验，降低学生的理解难度，使其快速理解。另外，教师还可以设置学生模仿绘本的课堂表演活动，使其运用口语表达或肢体语言去演绎，在提高主动性的同时升华情感体验。

例如，在教学川教版小学英语五年级下册unit2《Four Seasons》这一课时，教师可以在教学前先带领学生阅读绘本《Brown Bear》，绘本中介绍了在四季变化中，棕熊在春季的时候醒来开始四处觅食，而冬季快要到来时它便开始挖树洞，冬季到来时便一直呼呼大睡，周而复始。在阅读结束后，教师可以让学生用自己的方式去表演棕熊在不同季节的行为，其间用流利的英文去解释自己的肢体表演，以此活跃课堂氛围，调动学生积极性。随后，教师可以通过问题“你是如何度过一年四季的？”引出教学主题，学生按照单元目录的顺序，结合自己的生活经历去进行回想，并用英语词汇和短语去描述每一个季节的穿衣变化、天气变化和重要节日等等。

在以上教学过程中，学生基于绘本进行了生动有趣的课堂表演，既加深了其对绘本的阅读印象，又在表演的过程中收获了强烈的课堂情感体验，并融入了自身的表演风格，结合肢体动作去进行表演。通过这样的课堂互动，学生们提高了阅读理解效率，并在表演的过程中熟悉了相关的单词与句型，有助于其建立英语的学习兴趣。

结语

综合上文，绘本能够以形象且生动的方式来传递故事内容、注入教学趣味，是培养小学学生英语阅读兴趣、提升语言综合素养的重要教学手段。教师在教学实践中，要结合学生的内心活动特点与发展规律，合理应用绘本辅以教学，选择与教学内容相关的主题，弥补传统阅读教学中阅读氛围沉闷的不足，有效激发学生的主动性。同时因势利导，开展多样的阅读形式，使学生对阅读产生浓厚的兴趣，并在这过程中建立良好的阅读习惯，不断提升自身的阅读能力。

参考文献：

[1]沈荣. 英文绘本在小学英语阅读教学中的应用体会[J]. 情感读本，2019(30).

[2]王秀云. 小学英语绘本阅读教学策略[J]. 小学生作文辅导（三四年级版），2019(3):64.

长风破浪会有时，直挂云帆济沧海

——成都东部新区三岔湖小学创新开展劳动教育

四川省成都东部新区三岔湖小学　周萍

[摘　要]

劳动教育是中小学教育的重要组成部分。成都东部新区三岔湖小学落实立德树人根本任务，创新开展新时代背景下的特色劳动教育，以劳育人。一是积极创设劳动教育氛围，凸显劳动教育元素；二是整合“劳动教育+学科在学科教学中渗透劳动教育；三是家校结合实施劳动教育，落实劳动教育:家校结合，分年段开展劳动教育主题实践活

动；开展科创社团劳动实践，创新劳动教育方式，主要包括机器人组装、劳动工具改造、科技+手工制作、创意文学社等；家校结合，分年段开展劳动教育“六个一”主题劳动：“一周一次农场劳动、一周两次科创劳动、一天一次家务劳动、一月一次基地劳动、一期一次社会实践劳动、一年一个节日落实劳动教育；加强校园“思源农场”建设，以“快乐劳动”为主题，包括快乐种植、快乐成长、快乐分享三个环节，注重学生校园劳动农事劳动体验；以区级课题《小学劳动教育分年段实施的实践研究》课题做引领，完善劳动教育评价体系，落实评价机制:重点从劳动认知、劳动情感、劳动习惯、基本劳动能力、劳动态度五个维度对小学生的劳动基本素养进行评价，设置“三岔湖小学劳动教育特色奖章”并配套设计“争章方案(试行)把学生劳动素养作为衡量学生全面发展的基本内容，评价结果纳入学生素质报告手册，注重评价结果在学生评优、评先中的使用。

［关键词］ 三岔湖小学　劳动教育　创新　实践活动

劳动教育是中小学教育的重要组成部分。2018年9月10日，习近平总书记在全国教育大会上强调,“要加强劳动教育，在学生中弘扬劳动精神”.为响应习近平总书记的号召，自2018年9月以来，成都东部新区三岔湖小学(以下简称三岔湖小学)始终秉持“水润童心　自在飞翔”的教育理念，坚持目标引领，内涵孕育，建构完备的以理想信念教育为根、德育为首、智育为基、体美劳教育为要、创新教育为品的育人体系，落实立德树人根本任务，创新开展新时代背景下的特色劳动教育，以劳育人。

一、创设劳动教育氛围，凸显劳动教育元素

在校园环境建设中积极营造劳动教育氛围，充分利用学校、班级可利用的每一个地方:每一面墙壁、每一个角落，精心设计“劳动教育”长廊、班级“植物角”、“智造角”等，在校园文化建设中凸显劳动教育元素。

二、整合“劳动教育+学科学科教学中渗透劳动教育

根据各学科的学科素养、教材内容、教法特点的个性与共性，深入挖掘教材内涵，找准“劳动教育 + 学科”整合点，将课堂教学与校内外劳动教育活动有机结合，使学生在所掌握知识、技能的基础上参加劳动实践活动，让学生在活动中运用所学知识、技能动脑思考、动手体验，在学科教学中进一步深入推进劳动教育。

例如,“劳动教育+语文”整合，在语文学科教学中渗透劳动教育。部编版语文教材三年级下册第四单元习作《我做了一项小实验》，结合习作内容，教师提前布置学生发现问题，明确实验主题，回家收集实验素材并和家长一起进行实验操作，让学生在动手搜集素材、实验中明确习作要求。主动动手实践，有利于培养学生的劳动实践能力和动脑、动手能力，让学生在实验中学到语文知识，同时习得劳动技能。再如，在美术教学中，结合学校“思源农场”进行“劳动教育+美术”的整合。三、四年级的学生可以到农场里发现颜色或认识种植的农作物，并把自己看到的画进自己的作品中，同时说说自己劳动时的感受；五、六年级的学生可以利用农场进行写生或创意种植设计，尤其是在农场开放时进行写生，激发学生发现美、感悟美的同时感悟劳动的艰辛，激发学生的创新意识。劳动教育与美术的整合帮助学生在习得美术技能的同时提高了审美情趣，同时也受到了劳动教育。

三、家校结合实施劳动教育，落实劳动教育

（一）家校结合分年段开展劳动教育主题实践活动，注重家校合力

以日常生活劳动、基地劳动和服务性劳动为主要内容开展劳动教育。（见表一）低年级（一、二年级）注重围绕劳动意识的启蒙，寓劳动于游戏中，让学生在游戏性劳动中学习日常生活自理，感知劳动乐趣，知道人人都要劳动。中高年级（三－六年级）注重围绕卫生、劳动习惯养成，让学生做好个人清洁卫生，主动分担家务，适当参加校内外劳动实践，学会与他人合作劳动，体会到劳动光荣。

三岔湖小学各年段劳动教育目标及内容			
年段	劳动教育目标	劳动内容	备注
一二年级	通过参加一些简单的劳动和游戏性的劳动情景，让学生获得一些基本的劳动技能，培养学生基本的审判情趣和动手能力，让学生在劳动中体验自立、自理的乐趣。	学会整理课桌、书包、检查自己的学习用具、收拾书柜、自己穿衣穿鞋、洗内衣裤等。	
三四年级	1.通过劳动教育培养学生不怕吃苦、积极向上的情感；2.以校外“光荣苗圃”实践基地为依托，参加校外劳动实践，增强学生的环保意识和尊重劳动、崇尚劳动的意识，加强学生的养成教育，培养学生具备正确的劳动观念。	1.自觉做好个人、班级卫生，养成良好的劳动习惯；2.参与校外劳动实践，自觉爱绿、护绿，保护生态环境。	
五六年级	1.以学校“空中农场”建设和校外“光荣苗圃”实践基地为依托，让学生了解农村劳作生活，体验劳动的艰辛与乐趣，增强尊重劳动、崇尚劳动的意识；2.以学校团体劳动竞赛为途径，培养学生的合作意识、吃苦耐劳精神。	1.组织学生参加学校“空中农场”建设和校外“光荣苗圃”实践基地活动；2.开展高年段学生集体劳动竞赛活动。	

表一　三岔湖小学各年段劳动教育目标及内容

（二）开展科创社团劳动实践，创新劳动教育方式

整合学校“乡村少年宫”社团和学校特色社团内容，进行科创社团劳动实践。科创社团教学内容主要包括:机器人组装、劳动工具改造、科技+手工制作、创意文学社等。科创社团的教学分别在传统科学、传统劳动工具、传统手工、传统文学的基础上进行创新，融入符合时代元素、区域发展、学校发展、学生发展的创意性内容，提高学生的学习能力、动脑思维能力、动手能力和创新能力。　三岔湖小学劳动教育校本课程“创意社团”详见架构图一。

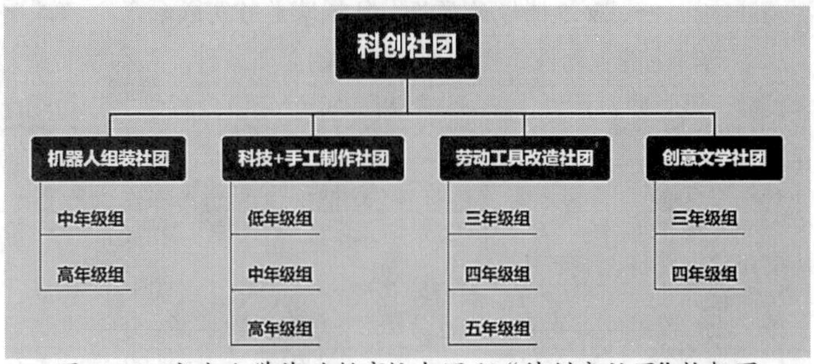

图一　三岔湖小学劳动教育校本课程“科创意社团”构架图

(三)家校结合，分年段开展劳动教育“六个一”主题劳动，落实劳动教育

整合校内农场劳动、校内科创劳动、校外家庭劳动、校外劳动实践基地劳动、社会实践劳动五个方面的劳动教育内容，与每年的“五一”劳动节构成了三岔湖小学的劳动教育“六个一”主题活动，分别为“一周一次农场劳动、一周两次科创劳动、一天一次家务劳动、一月一次基地劳动、一期一次社会实践劳动、一年一个节日”。

“一月一次农场劳动”实行分年段分班错峰进行，让学生在亲身参与农场劳动、观察记录植物生长过程、成果分享等劳动中感受劳动的乐趣，培养学生的劳动意识，提高学生的合作能力，激发学生的感恩意识，教育学生珍惜劳动成果。“一周两次科创劳动”以学校每周两次的社团活动为载体，在德育处、信科中心、教科室、教务处的统一部署和安排下分年级开展各类创意劳动，如:机器人组装、科技+手工作品制作、劳动工具改造、“思源农场”模型制造、创意文学写作等，并把成果应用到学校“思源农场”建设和班级建设中。通过该劳动，提高学生动脑思考、动手操作、创意实践的能力。“一天一次家务劳动”让学生在每天学习之余回归家庭劳动，主动参加家务劳动，让学生学会整理内务、烹饪等生活技能，增强学生的劳动意识、感恩意识；“一月一次基地劳动”以年级为单位，在学校统一安排下，错峰错时到校外劳动实践基地“光荣苗圃”参加基地实践。

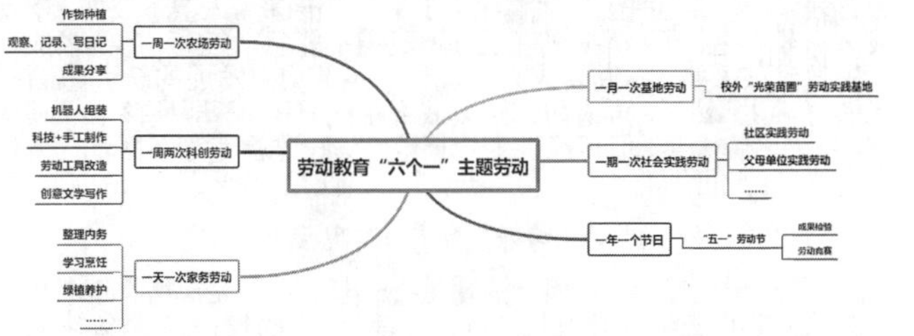

图二　三岔湖小学劳动教育“六个一”主题劳动架构图

观察植物生长规律、认识作物、种植绿植等，培养学生爱绿、护绿、珍惜劳动成果的意识。“一期一次社会实践劳动”是在学校的统一部署下，利用节假日在确保安全的前提下由家长带领孩子们走出学校，走出家门，走进社区、医院或父母单位，做一些力所能及的劳动实践体验活动，让学生在劳动中体验乐趣，在奉献中体会价值，收获幸福，如为医务工作者献爱心，帮助独居老人打扫卫生、号召社区捐助贫困儿童等。“一年一个节日”主要是利用“五一”劳动节进行“思源农场”、家务劳动成果检验，分年段、分主题开展劳动竞赛，全方位展示学生的劳动成果，激发劳动兴趣，养成劳动习惯，点燃劳动热情，以赛促培，帮助学生习得劳动经验。以上活动均按照“分年段、分主题、分内容”的原则进行。详见图二“三岔湖小学劳动教育‘六个一’

主题劳动架构图”。

(二)加强校园“思源农场”建设，注重校园劳动农事劳动体验

“童孙未解供耕织，也傍桑阴学种瓜”。2021年3月，位于三岔湖小学新校区五楼楼顶的“思源农场”正式开园，三至五年级学生在自己分到的“一亩三分地”上开始了农事劳作体验活动。

该体验活动以“快乐劳动”为主题，包括快乐种植、快乐成长、快乐分享三个环节。其中，快乐种植是让学生劳动体验种植农作物、花卉的快乐；快乐成长是让学生在农作物、花卉成长过程中进行观察、测量、写观察日记、记录成长档案等，让自己和植物一起成长，体验和植物一起成长的乐趣；快乐分享是农作物、花卉成熟期的处理方式，如将盛开的花卉、收获的农作物通过义卖捐助学校贫困学生，或者把收获的农作物进行加工，如烘干、烹饪，和别人一起分享劳动果实，让学生在分享中学会感恩，获得幸福感。

系列农场“快乐劳动”实践活动的开展，让同学们亲身体验了农事劳动的艰辛与快乐，感受了收获劳动成果的幸福与喜悦，懂得了要珍惜劳动成果，要尊重勤劳的劳动者，尊重劳动者的劳动成果。

四、课题引领，完善劳动教育评价体系，落实评价机制

积极探索三岔湖小学劳动教育实施路径，充分发挥劳动教育的育人功能，实现以劳树德、以劳增智、以劳强体、以劳育美、以劳创新，促进学生德智体美劳全面发展。2018年9月，三岔湖小学成功申报了成都高新区区级课题《小学劳动教育分年段实施的实践研究》(该课题后因区域划分的变更转为成都东部新区区级课题)。在此课题研究的引领下，学校自创劳动教育实践内容，拓展劳动实践体验途径，结合学校教育教学研讨活动，整合少先队活动，分年段分解学生劳动教育目标，建立并逐步完善了三岔湖小学劳动教育评价体系。该体系重点从劳动认知、劳动情感、劳动习惯、基本劳动能力、劳动态度五个维度对小学生的劳动基本素养进行评价，把学生劳动素养作为衡量学生全面发展的基本内容，评价结果纳入学生素质报告手册，注重评价结果在学生评优、评先中的使用。

设置“三岔湖小学劳动教育特色奖章”(见表二)，从校内劳动、家务劳动、校外实践劳动、创意劳动4个方面设置奖章，分年段制定特色奖章内容，设计奖章徽章，并配套设计“争章方案(试行)”(见表三)，从达成目标、达标要求、指导要点、争章内容及方法步骤等几个环节对学生进行考核评价，以评促创。

年级分类	一年级	二年级	三年级	四年级	五年级	六年级
校内劳动	清洁章	学习章	学习章	互助章	服饰创作章	班级美化达人章
家务劳动	择菜章	整理章	清洗章		美化居室章	理财达人章
社会实践劳动	\	\	敬老章		植树爱草章	环境宣传达人章
创意劳动	废物利用章		创意手工章	创意智造章	创意文学章	360度创意达人章

表二　三岔湖小学劳动特色奖章

类别	创意劳动	奖章名称	创意手工章
年级	三年级		
达成目标	指导学生进行手工的创意改造，培养学生的创新意识，提高学生创新能力。		
达标要求	能独立构思并完成一件手工创意作品		
指导要点	点滴积累，教给学生思维的方式及手工制作通用技巧		
争章内容及步骤	1.习得基本的手工通用技能。2.习得手工创意思维方法。3.规定时间内自主独立完成一项创意手工作品。4.作品展示，全班学生参与打分。5.分数达80分以上为优秀，获得“创意手工章”。		

表三　三岔湖小学“创意手工章”争章方案

历经三年的探索，三岔湖小学劳动教育已初显成效，学生劳动意识、创新意识、劳动素养明显提高，教师教育教学方式正在紧跟时代发展、区域发展的步伐，学校劳动教育特色化发展正在逐步成型。“路漫漫其将修远兮，吾将上下而求索”。学校劳动教育不是一蹴而就的事情，在今后的劳动教育实践中，三岔湖小学定将再接再厉，不断创新劳动教育内容、形式，让劳动教育真正成为三岔湖小学的一张“名片”。

参考文献：

[1] 檀传宝 班建武 李敏.对话与解读:新时代劳动教育的内涵与走向[J].少年儿童研究，2021(3):4-19

[2] 郭维刚.新时代劳动教育的实现路径探析[J].教学与管理，2019(10):41-43

[3] 孙云晓.养成劳动习惯为美好生活奠基[N].光明日报，2020-3

[4] 劳动教育[DB/OL].在线汉语字典[引用日期2020-05-20]

[5] 檀传宝.培养有劳动素养的时代新人[N].光明日报，2020-3

[6] 檀传宝.劳动教育的概念理解--如何认识劳动教育概念的基本内涵与基本特征[J].中国教育学刊，2019(2)

“四雅”教育立德树人“生本”管理五育并举

四川省广元市利州区嘉陵第一初级中学　杨艳　向忠

在文化和科技迅猛发展的二十一世纪，大多数家长意识到孩子学习的重要性。在和班主任、科任教师交流沟通时，他们只关注孩子的学习，而忽略了孩子的身体健康、思想品行等。韩愈语云“师者，所以传道授业解惑也”。这一千古名句言简意赅，寥寥数语即道出了教师的本职，道出了教育的真谛，道出了“传道”的重要性。

百年大计，教育为本；学生发展，德育先行。“德智体美劳”之所以把“德”排在第一位，其重要性就不言而喻。作为人民教师，我们在教育教学中，除了“授业”、“解惑一定不忘“传道”。“望子成龙，望女成凤家长有之，我们教师亦有之。但我们不能急功近利、急于求成，首先教育孩子要“成人要成为德、体、美、劳均衡发展的新世纪新时代的好学生；然后，再谈“成才”。我们不能只谈“智即便孩子成绩优秀，考上名牌大学，但可能因为道德败坏、好逸恶劳等不良习气被社会淘汰。由此可见，“立德树人　五育并举”任尤为重要，迫在眉睫。

一、践行“四雅”教育，实现立德树人

嘉陵一中始建于1907年(清朝光绪三十三年)，是一所百年老校。悠久的办学历史孕育出“自强自新，至善至美”的校训、“教须求嘉，学当图凌”的校风、“走行知路，传嘉善风”的校风、“起凌云志，做儒雅人”的学风。在全体师生的共同努力下，学校探索出了一中特色的“四雅”教育模式。

1.读雅书。“雅书”指关于尊老爱幼、勤奋学习、淡泊名利等方面的国学经典，包括《三字经》、《论语》等优秀传统文化名著以及《经典诵读》中华文化校本课程读本。国学经典，博大精深，内涵丰富，是古代先哲圣贤思想与智慧的结晶，是我们民族文化的瑰宝，是中华民族的立世之本。学校要求学生利用周一下午第四节、语文阅读课等时间自由阅读国学经典；每月撰写一篇读书心得，并以班为单位，定期开展读书报告会；每学期末，学校开展“阅读之星”评选活动。读雅书不但丰富了学生的知识，提升了学生的文化素养，而且可以引领学生去认识美、感知美、欣赏美，净化了学生的心灵，锻造了高尚的品格。

2.讲雅言。“雅言”指不低级、不粗俗的文明言语。利用汉寿讲堂，学校邀请专家或指派我校教师，每学期举办2—3次儒雅知识或礼仪专题讲座；利用“升旗仪式按照班级顺序，每周选派一名学生在国旗下讲话，进行传统美德演讲；利用语文课前五分钟，诵读儒家名言或古诗词；利用大课间，师生诵读国学经典；利用校园文化节或校园艺术节，组织学生表演文雅小品、舞蹈、吟诵等节目。讲雅言不但提高了学生的口才，而且文明了学生的语言。

3.做雅事。“雅事”指遵纪守法、符合道德礼仪规范、不违背人民意愿的行为。每学期，开展一次励志远足活动，走近千佛崖，欣赏古代能工巧匠精湛的雕刻艺术；瞻仰红军塔，　传承红色基因，弘扬爱国情怀。利用传统节日，对学生进行感恩、爱国等教育。清明节去烈士陵园扫墓，缅怀革命先烈；“三八”节为妈妈洗脚、做饭，感谢母亲的养育之恩；“五一”节宅家做家务或外出义务劳动，培育学生热爱劳动的情怀；教师节为老师做一些力所能及的事，感谢老师的教育之恩；国庆节唱红歌、办手抄报等，培养学生的爱国情感。

4.当雅人。雅人即具有君子风范之人。通过读雅书、讲雅言、做雅事的形式，要求学生做到热爱祖国、勤奋好学、诚实守信、助人为乐、文明大方、不图名利、胸怀宽广。

通过师生的共同努力，我校教师刘珊珊家庭被评为利州区“最美家庭学生高桉微被评为全国“最美中学生”。

二、实施“生本”管理，实现五育并举

“生本”管理就是学校在教育教学管理中，坚持以学生为本的理念，遵循学生成长和发展的规律，整合一切资源，最大限度地发挥学生的潜能，充分调动学生的主动性、积极性、创造性，满足学生发展的需要，促进学生全面发展的一切管理活动。满足学生成长需要是生本管理不断完善和发展的动力，调动学生参与管理是生本管理的重要途径，促进学生发展是生本管理的终极目标。因此，在“生本”管理中，力争做到“人人有事做，事事有人做”。

1.人人参与班级管理。在班级管理中，班主任不可能时时刻刻待在班上，实行“24小时全方位监控”。即使能，那班主任肯定辛苦，费

力不讨好。为了彻底解放自己，我校班主任大胆放手，实行“班长负责制”。也就是说，通过“毛遂自荐”或班主任“钦点任命一名学生作为班长；然后由班长组阁，成立班委会；通过班委会观察、暗访、商议，根据每位学生的特点，确认其“官衔什么“语文课代表”、“门窗管理员”、“水电管理员”等。在班级管理中，每位学生都有自己相应的职责。大家各司其职，有共同配合，齐心协力搞好班级管理。

2.加强“生本”小组建设。同样，在小组建设中，组长首先召集组员，确定有本组特色或有积极意义的组名。其次，组长要根据组内每位学生的成绩、兴趣，分别任命每位组员为“语文小组长”、“数学小组长”、“英语小组长”等。小组长承担本组相应科目的收发作业、组织讨论、抽背等任务。大家互相监督，共同进步。

3.建立健全“生本”管理评价机制。在“生本”管理中，仅有管理还不够，还得有奖惩评价机制。根据本班的实际情况，班主任召集班委干部、课代表从德、智、体、美、劳等方面制定考评方案。班长（德）、学习委员（智）、体育委员（体）、文娱委员（美）、劳动委员和生活委员（劳）就自己负责的方面每天对每位学生进行考核。在每周班会时，值周干部通报上周学生成绩。月底，班委会根据学生每周成绩，评选出当月“学习标兵”、“德育之星”、“劳动之星”等。每位学生的成绩纳入小组考评之中，每周、每月、期末都会评出“优秀小组”。同时，征求班主任的同意，班委会根据实际情况，不断完善“生本”管理评价机制。

三、“五育并举”校本化，深入开展德育

自2017年以来，我校秉承“德承汉寿　志起嘉陵”的办学理念，把“立德树人　五育并举”作为学校的根本任务，在教育教学实践中，不断摸索，大胆创新，扎实开展了以下工作：

1.制度育人。新生入学时，重点对学生进行仪容仪表、行为习惯等教育，要求学生熟读牢记《中学生守则》、《嘉陵一中一日行为规范》等规章制度，入脑入心，自觉遵守。

2.班会育人。召开爱国、感恩、赏识、心理健康等主题班会或报告会，培育学生的爱国、感恩等情怀，促进学生健康成长。

3.活动育人。学校组建优雅书法班、鸿儒版画班、女子合唱团、男（女）子篮球队等学生社团，定期举办丰富多彩的文体活动，如每年春季的校园文化节和球类运动会、每年秋季的校园艺术节和田径运动会等，把学校常规活动打造成德育精品活动。学校组织学生进行春游、秋游，走进大自然，培养学生团结协作的精神，锻炼学生吃苦耐劳的意志，激发学生热爱祖国大好河山的思想感情；政教处、团委组织学生开展义务打扫社区、走进福利院等志愿者服务活动，培育学生热爱劳动、奉献爱心的情感。

4.文化育人。诵读国学经典，弘扬优秀传统文化，积淀知识，提升素养。

5.环境育人。雕塑孔子像、修建假山池沼，打造传统文化和赏识文化建设，陶冶学生情操，提高学生涵养。

近年来，先后有绵阳、德阳、峨眉山、剑阁等市县的兄弟学校来我校进行实地观摩，得到大家的一致认同，并提出宝贵的建设性意见。在“生本”管理的路上，我们一致在努力。

四、结语

“传道乃教育百年大计。何谓“传道”？学校的德育给予了答案。“传道”就是践行“生本”教育，立德树人，五育并举。我校在德育探索中，构建出了能够凸显本校特色德育色彩的“四雅”教育，实现了德育校本化。在今后的教育教学中，我校将再接再厉，扬长避短，加强学生的劳动教育，注重学生的身心健康发展，把“立德树人”的工作做得更细、更扎实，力争把学生培养成为德智体美劳“五育并举”的新世纪新时代好学生。

随课微写　语文教学中最美的风景

四川省南充市仪陇县三河镇小学校　陈进华

一、“利剑”横空出世

写作之难，难在它是人文素养、语言积累、思维能力的集中体现，难在它是一种复杂的技能组合，难在它是“冰冻三尺非一日之寒”的功夫积淀。写作难教，难在与识字写字、读书、说话相比，学生更容易排斥，“提笔千斤重“想说爱你不容易”；难在该教与不该教，不知何去何从：说应该教，就觉得该教的内容很多，却不知从何而教，反之又有人主张不教，说写作可以自读自悟，但真放任学生自读自悟而自通者却寥寥无几；难在明知只有多练才能写好文章，但仅有的作文教学课时，实在满足不了练好写作之需，如果课外增加写作、加重负担的事，师与生及家长都是很讨厌的。上述两难，困扰了我们好多年。“山重水复疑无路，柳暗花明又一村”。随着新一轮课改，统编教材的改版，

我认为这个难题是可以破解的。如果不改变传统的语文教学，特别是阅读教学，低效的课堂教学之外加重学生负担，而提高写作能力是不可取的。或者把阅读课堂改造成专注指向写作，消减语文教学其他任务的完成，而提高写作能力也是不可取的。究竟阅读教学重要，还是写作教学重要？破解阅读与写作的最好策略莫过于随课微写了。伴随阅读教学走来的“随课微写在我眼中，简直就是一把“利剑”横空出世，斩断了多年来许多老师在语文教学路上的一片迷茫：阅读与写作并重，相互促进，相互融生。它犹如一盏明灯，照亮了小学语文课改的前程。

二、解读她的“风韵”

所谓随课微写，简单而朴素地理解，就是随着阅读教学过程而展开的微型写作训练，是在阅读教学课堂上当堂完成的小练笔。这“随课是随课文，随课堂，随课境；这“微写是微小写作，不是整篇文章的写作，可写词、句，可写文段，可写片断，可写（说）整文构思（框架、提纲），而且是当即完成，一般不拖延到阅读课堂之外。微写，一定是从“仿”到“创聚焦一个写作知识训练点。同时，随课微写是一种用单项写作技术训练来减低单元习作难度，从而顺利完成单元习作目标的作文教学训练。微写为单元写作提供服务，做好准备。如此简便易行、轻负担的写作训练，可增强阅读课堂的学用实效性，也可将复杂的写作技能分解、融化在日常课堂中展开训练，从而集腋成裘、垒沙成塔地形成作文能力。

随课微写是随课文的阅读教学而展开微型写作训练的简称。即组织学生在阅读理解课文的过程中，观照一定年段或册次或单元写作技能训练目标与内容要素，依托课文文句、语段或篇章的内容理解或写作形式学习，伴随着学习过程及其形成的特定氛围，针对性地实施小练笔，以提升学生文本理解力和书面写作能力的教学形式。具体的解读为：

1.随课微写之“课是阅读课，是阅读教学课，必须完成阅读教学的任务，不是专门的习作课。当然，这样的阅读教学课，已不同于传统的只专注于阅读理解的阅读课，是改造了的包括训练写作技能在内的多方面能力训练的阅读教学课。

2.随课微写不同于以往的读写结合，也不同于一般“小练笔而是读写相生，将读与写两项技能训练有机结合，融为一体。

3.随课微写的“随课”是三随：随着课文，即依托课文而布点练写；随着课堂，即是在阅读课堂中进行写作；随着课境，即让写作有机融合在阅读理解的情境之中。

4.随课微写之“写目标或是为理解文本而写，或是向课文学习写作方法而写。在阅读教学的情境中展开习作，具体是三种方式：一是为了读好文章而“补白”写；二是为了学好一种写作方法而“迁移”写；三是两者结合，既“迁移”运用从本课文中学到的写法，又“补白”了课文内容，增强对课文的理解。

5.随课微写之“写是微小写作，不是整篇文章的写作，可写词、句，可写文段，可写片断，可写（说）整文构思（框架、提纲）。“微写是大写作技能谱系在一堂课的微格化训练兑现。大谱系与课堂练写，是“战役”与“战斗”的关系。

6.随课微写之“微写”是小写，除了轻负担、即时完成（一般不拖延到阅读课堂之外）外，还要让写作有机嵌入阅读教学过程中，不能将所写放大到让课文学习纯粹指向写作。

“随课”而写，既要完成阅读理解任务，又要完成写作训练任务，要注重二者有机结合。读与写架构起和谐统一、自然推进的教学情境。

三、如何“舞剑”提升写作能力

（一）整体把握，精选练点

阅读教学中，把握本单元的语文要素，纵观单元整体，结合课文课后习题，分析课文的亮点，三者结合而设计练点。如：二年级上册第四单元：总目标为练习说清事物特点。第一篇《登鹳雀楼》、《望庐山瀑布》——练习抓主要事物说；第二篇《黄山奇石》——用“像”式说清事物的样子；第三篇《日月潭》——按不同时间说事物；第四篇《葡萄沟》——具体+概括说事物。

（二）精彩赏析，推敲炼法

统编版小学语文第五册《富饶的西沙群岛》描写鱼多的那一段：鱼成群结队地在珊瑚群中穿来穿去，好看极了。（总）

有的全身布满彩色的条纹；有的头上长着一簇红缨……（分）

正像人们说的那样，西沙群岛的海里一半是水，一半是鱼。（总）

1.阅读并领悟写法：总写：鱼成群结队，好看；分写：有的……有的……有的……有的……；总写，多得数不清，一半……一半……

2.布置任务：用“总分总结构段”的写法写课后小练笔中的一幅图景：结构要求是：先总写……接下来分写（可用“有的……”或“有……”）……再总写……投影图片，选择而写。

（将书上图景进行再处理——另外展现与这些图像对应的海底动物或海洋动物图片，将其内容变得更丰富，色彩更鲜艳、明亮，且同一动物的数量与表现更多样。如：第三幅海龟图，呈现为多个海龟，大小、姿态相异，便于用“有的……有的……有的……”；同理，第四幅海鸥图，让人能看清，海鸥姿态各一……）

（三）精准施策，适时微写

入点微写什么时候进行微写作训练，课前？课中？课后？

《巨人的花园》第一段中写道：春天百花盛开，夏天绿树成荫，秋天鲜果飘香，冬天白雪一片……课前，有利于激发学生的好奇心；《乡下人家》微写点：运用拟人的修辞手法写一段话，表达喜爱之情。课中，有利于调节课堂气氛；百分之八十的随课微写都是安排在结尾。课后，有利于培养孩子反思的能力。

（四）分享交流，激励评价

学生写作文，往往都是老师修改并做出评价。有的老师评语千篇一律，有的老师则可能在作文本上一个勾，这种冷漠的评价，打消学生写作积极性，一遇到习作就应付了事，甚至严重的干脆不写。这时候使用有趣的、热情的、富有人情味的“随课微写”评价，不但能让学生积极参与，而且能调动学生的热情，喜欢上写作文。

我们的评价根据年级的不同，分别用星或笑脸、大拇指等标志性的图案来表示，以肯定学生的进步与成绩。同时还有同学口头评价，书面评价（同伴点赞，自我点赞，老师点赞。）

不仅如此，为了让孩子们持续地乐于“随课微写我们还把孩子们的优秀作品发到班级qq群或微信群， 让家长评价，让学生在轻松、愉悦、自信的氛围中，积极主动地抒写表达，在快乐中“随课微写”。

（五）同伴互助，修改提升

文章是改出来的。在修改时，又采用学生之间相互修改、小组讨论修改、自己修改的方式，让大家在当小老师的同时，从别人的文中学到优美词句，并找到自己写作和别人之间的差距，进一步培养学生的写作兴趣。

“路漫漫其修远兮，吾将上下而求索”是语文教师的理想和追求。“随课微写”是语文教学中最美的风景。“随课微写”将助力语文学科素养，这是一个将读写结合提到前所未有高度的专题研究。在写作的艰辛道路上，“随课微写”就是引领习作的步伐，它如一盏高挂在天空的明灯，照亮了我们的写作之路。“随课微写”孕育了我们成长，引领我们前行。我们坚信这里将会春意盎然，这里将会桃李芬芳！

加大教育扶贫，助力脱贫攻坚

四川省普格县荞窝镇株木树小学 胡正华

“扶贫先扶智”是习近平总书记新时期对坚决打好、打赢脱贫攻坚战的新论断之一。让贫困地区的孩子接受优质的知识教育，是扶贫开发的一项重要决策。我校位于荞窝镇株木树村二组，是国家能源集团全额捐资2950万元新建的一所全日制公办学校。学校服务于两个村651户3070人（其中建档立卡贫困户369户，1881人），涉及全州七个县(普格、布拖 、昭觉、美姑、雷波、金阳、喜德），学校占地面积9790平方米，建筑面积6797.9平方米，主要包括教学楼、教师周转房、食堂、运动场等设施。学校围绕“能”的办学理念，确立了“思源聚能”的校训、“能学能爱”的校风、“能教能育”的教风、“我能我行”的学风。以“建设一流学校”为目标，助力推进乡村教育优质均衡发展，促进学生幸福、快乐地成长。

2020年9月1日学校如期开学了。国家能源集团在抓好基础设施建设的同时，坚持精准施策，努力补齐教师资源短板。由于株木树小学地处贫困山区，位置偏远，优秀教师引不进，留不住成为制约教育扶贫工作的一大难题。国家能源集团通过员工捐款428万元设立定点帮扶普格县教育专项资金，用于奖励株木树小学教学管理和教学成绩突出的教师。鼓励优秀教师扎根基层、扎根艰苦偏远乡镇，有效改善教师待遇，努力提高教学质量，进一步巩固教育扶贫成果。

一、确立目标方向，建设一流小学

不能让孩子输在起跑线上。地处深度贫困地区的荞窝镇，是普格县的人口大镇，教育资源短缺成为一个突出问题。荞窝镇内规模最大的荞窝中心校，已招生学生规模达2200余人，远远超出其800人的设计招生能力。学校内教学资源不足、基础设施薄弱，与适龄儿童的教学需求不匹配。

扩大教学规模、提升教育质量迫在眉睫。2019年初，国家能源集团决定在荞窝镇修建株木树小学，列为2019年国家能源集团定点帮扶普格县重点项目。

我校的建设得到集团上下高度重视。2019年3月6日，国家能源集团党组成员、副总经理高嵩带队前往现场调研，在听取地方党委政府对项目建设的规划方案之后，对学校建设规模与标准提出了明确要求:“要建就建一所一流小学！”这个目标成了国家能源集团助力地方教育事业发展的奋斗方向。

目标定向，倾力投入。国家能源集团扶贫办、基金会以及大渡河公司多次组织专业人员现场踏勘，统筹联络地方政府、设计单位以及行业专家对项目建设规划进行反复论证，邀请成都市知名小学校长参与项目优化，确保学校功能性、实用性满足教学要求。扶贫攻坚的号角吹响，国家能源集团齐心协力，向着一流小学的建设目奋力前进。

二、实施项目建设，打造典范工程

通过深入优化，扩大了土地征用范围，学校用地面积大幅增加，占地面积增幅达78%。校内设置动静分区，高台地上布置的教学及生活区与低台地上布置的体育运动区相互隔离，避免运动噪音对教学干扰。新增体育运动场地及设施，增加了环形跑道田径场、60米直线跑道、5人制足球场。优化教学楼负一楼停车场，改造学校大门、院墙以及厕所、洗手池等公共设施。大幅增加绿化面积，校园绿化率达36.4%，打造更加舒适的校内环境。

为确保项目建设质量，国家能源集团坚决扛起扶贫责任，提出了打造“五个工程”的建设目标，强化安全管理，狠抓施工质量，深化合同管控，加强廉政建设，尊重民风民俗，着力打造平安工程、优良工程、满意工程、廉洁工程、和谐工程。在施工过程中，充分发挥在工程建设领域的专业优势，组织工程、安全、合同相关专业人员，深度参与项目建设现场管理，在质量与安全管理方面提出建议20余条，涉及地勘隐患治理、原材料进场验收、项目试验检测以及文明施工、安全防护、用电规范等方面，确保项目有序建设。

2020年初，突如其来的新冠肺炎疫情对项目建设进度带来了一定影响。国家能源集团前方工作组和县教体科局积极协调，多渠道联络厂商，购买防疫物资，确保安全施工需要。按照地方党委要求做好联防联控的同时，全面加强工区封闭管理，严控人员出入，深入开展现场消毒查杀，有序组织复产复工，确保工程建设可控在控。

三、聚焦美好未来，点亮希望之光

从蓝图变为现实，建设中的株木树小学拔地而起，点亮贫困地区教育事业的希望。2020年9月学校正式开学。宽敞的操场、明亮的教室、整洁的宿舍，建成后的株木树小学规划总建筑面积达6718.10平方米，包含1栋综合教学楼、1栋教师周转房、1栋学生食堂以及附属用房和相关配套设施设备，可招收14个班级、630名学生，范围覆盖荞窝镇、大槽乡、特口乡3个乡镇3个村，极大改善当地学龄儿童教学环境，对推动扶贫地区义务教育事业发展起到关键作用。

抓好教育扶贫，必须“软硬”兼施。国家能源集团在抓好基础设施的同时，坚持精准施策，努力补齐教师资源短板。由于学校地处贫困山区、位置偏远，优秀教师引不进、留不住成为制约教育扶贫工作的一大难题。国家能源集团研究设立定点帮扶普格县专项教育基金，用于奖励株木树小学教学管理和教学成绩突出的教师。通过有效地激励手段，鼓励优秀教师扎根基层、扎根艰苦边远乡镇，有效改善收入条件，提高教学质量，进一步巩固教育扶贫成果。

让孩子们用上清洁电，这是国家能源集团作为一家能源企业的心愿。在推进项目建设的同时，国家能源集团将光伏扶贫项目列入学校基础设施建设的配套项目。校内安装1800块CIGS光伏组件，理论年发电量约22.6万KWh ，不仅100%满足学校用电，还预留了10%的远期发展用电。光伏发电项目建成后，每年能节省教学用电开支10万元，按照光伏组件使用寿命30年计算，将节约电费300多万元。

学校扶贫援建项目得到了社会各界一致好评，四川省委常委、省直机关工委书记曲木史哈对株木树小学建设给予高度评价，由衷感谢国家能源集团对改善普格县教育基础设施的帮扶。

“千灯万盏，不如心灯一盏”。人的安身立命，需要向上向善的精神来引领。孩子是祖国的花朵和未来，他们的价值取向影响着今后整个社会的前进方向。教育扶贫助困的精准发力，不仅使贫困家庭减少家庭负担，而且连接了家庭与社会，促进了贫困家庭的自我建设能力。大山之间，一束光点亮希望与未来。在脱贫攻坚的新长征路上，国家能源集团上下一心、众志成城，全力投入、精准施策，加大教育扶贫力量，切实改善贫困地区教育环境，助推地方教育事业发展，为全面打赢脱贫攻坚战贡献坚实力量。少年强，则国强，少年志，则国志。脱贫路上，唯有教育先行才能彻底走出贫困的泥沼，下一步，我们将通过不懈的努力，让每个孩子都能拥有闪光的明天，都能享有优质公平的教育，打开通往未来的希望之门。

“德育”，树立对生活的仪式感

——谈一谈遂宁市安居区第一小学校的生活化德育体系

四川省遂宁市安居区第一小学校 郑国 黄宇 唐梅

“生活教育”是中国现代杰出的人民教育家陶行知先生教育思想的核心。其内涵为：从定义上说：生活教育是用生活来教育，为生活向前向上的需要而教育。简而言之，就是要培养学生对生活的认知和行为的能力，从而树立对生活的仪式感，认真对待生活，并且具有掌控生活的能力。从这个意义上来说，加强和改进未成年人思想道德建设要遵循坚持贴近实际、贴近生活，从他们的思想实际和生活实际出发，深入浅出，寓教于乐，循序渐进，让德育有烟火气息、洗尽铅华，绽放本真色彩。以下，我谈一谈学校的德育建设工作。

一、围绕德育目标，构建德育教学体系

（一）德育目标

学校德育以培养学生具有爱祖国、爱人民、爱劳动、爱科学、爱社会主义的思想感情和良好品德；遵守社会公德的意识和文明行为习惯；良好的意志、品格和活泼开朗的性格；自己管理自己、帮助别人、为集体服务和辨别是非的能力，为使他们成为有理想、有道德、有文化、有纪律的社会主义公民，打下初步的思想品德基础为目标。

成才先成人，学校德育主要以社会主义核心价值观和学校生活德育理念为引领，以日常行为为规范为主线，以内容课程化、实施活动化、过程系列化、仪式活动常规化、节日主题活动化来推动德育活动的开展，让德育融入学生的学习、生活的每一个角落。

（二）德育体系

编写校本教材。学校德育课程建设小组依托名师队伍、班主任队伍，本着“行生活德育，净童心若泉清”的生活德育理念，以贴近生活、渐进性、多样性、发展性为原则，编写德育校本教材。先后共编写了礼仪类、法治类、心理健康类、安全类、艺术修养类共五大类德育系列教材。礼仪类有《安居小学学生好习惯》、《礼行天下》；法治类有《安居小学法治教材》（高、中、低段）；心理健康类有《心之韵》、《阳光成长》及配套教案；安全类有《行知方圆》；艺术修养类有《足球》、《绣品》、《泥语》、《优雅语文》等。德育教材基本涵盖学生学习生活的各个方面，做到了系统化、系列化、规范化。内容丰富，贴近生活，充满童真、童趣，并通过集体备课的形式配套了相应的教案设计，部分还配套了课件，教师使用方便。

实践校本课程。学校将校本课程纳入课表，每周二晨会上法治、周四晨会上安全、周五的班队会上心理健康、礼仪等。艺术修养类的内容纳入每周60分钟的活动课。以此保证德育校本课程的落地实施。

“好习惯伴我成长”一月一主题活动（以学年为序）成才先成人，主要以日常行为为规范为主线，培养学生10大类100个好习惯，学会做人，做到养成教育精细化。

如，9月：警钟长鸣——为生命保驾护航（10个安全好习惯）

遵守交通规则；远离火、电等不安全因素；不逞能；不组织不参加各种帮派团伙；不在公共场所急追猛跑；有自我保护意识；不做危险动作；不玩危险游戏；离家离校向家长老师打招呼。

主要措施：学校为此每年9月开展应急避险演练、交警入校等系列活动，为学生的健康、茁壮成长保驾护航。

1月：绿色健康好生活（10个饮食好习惯）

定时定量；细嚼慢咽；吃饭不说话、不出声；爱惜粮食；不挑食、不偏食；不边走边吃；少吃零食；多吃蔬菜和水果；少喝饮料，多喝白开水；不吃不合格食品。

主要措施：学校通过发放告家长书的方式，宣传饮食健康常识；少先队大队部部署主题中队活动。

二、关注留守儿童，构建心理健康教育

（一）关爱留守活动体系：

每学年学生报名注册时，分班建立留守儿童名册和特殊学生（贫困生、学困生、单亲孩子、孤儿、特异体质生、心理异常生、行为习惯预控生）档案，并分发给所有任课教师掌握情况，便于及时了解。

建立教职工与特殊学生“一对一”的重点帮扶制度。实行学校组织、教师参与、社会（区）协助、家庭配合的模式，每期集中举行1次特殊学生座谈或送温暖活动。六年结对对象基本保持不变，并以此作为学校教职工评师德标兵的要件，变教师的被动加入到主动参与。

（二）心理健康教育活动体系：

每期用“请进来”的方式组织一次全体教师的心理健康教育辅导通识培训，对教职工进行一次心理疏导；通过每月一次的班主任培训会渗透心理健康的育人理念；每周星期一中午，心理咨询室面向学生开放。在心理咨询室门口设立心理咨询信箱，每周查看一次，次周回复；每月第三周五的班会课，针对全体学生开展心理健康教育专题；每两周在不同班级或同年级某一类学生中开展团辅课一次。

三、促进学生自主成长，开展社会实践

（一）班级活动

开学第1—2周召开班级自主管理的主题班会，酝酿讨论、建立并逐步完善“同伴互助小组合作”评价体系和操作规程，自制考核评价表；每天考核记录，周五专题晨会进行一周总结评比（低段间周评比），评出班级小明星，及时张贴公布在教室门口的评比栏；推行队干部竞选上岗，实行奖惩激励机制。

安全法纪教育活动体系：

（1）每学年开展一次法制讲座（报告），每次1个主题。

（2）每月开展1次安全法制教育主题班会。

（3）期末临考前召开1次假期安全教育主题班会。

（4）每年9月，面向3—6年级女生，分中、高两段进行女性安全保护教育，中段：树立与人交往中的自我防护意识，高段：青春期的心理变化和健康生活。

（二）创建每月主题社会实践活动（部分）：

如，3月，“拥抱大自然、巡游家乡”系列春游活动

一年级：安居凤凰山公园二年级：松涛植物园

三年级：广德寺

四年级：灵泉寺

五年级：河东新区湿地公园

六年级：龙凤古镇

如，6月，“传承方块文化放大镜纠错”行动

5年级：上网查找汉字的演变，制作典型代表字的演变历程表。

带上相机（手机），上街寻找生活中的错字、别字。

再比如，假期社会实践活动。

如：“我的快乐暑假”摄影作品纪念；变废为宝手工制作；我的一次漫画创作等等

开学第一周，举行新生入学典礼仪式；

进行小学新生活适应性练习；

“播种心愿、扬帆理想”6年级毕业典礼。

四、评价反思促进成长，德育收获硕果

（一）师生自主评价反思

德育是一个长期坚持的渐进性的浸润过程，所以评价过程中我们注重了学生的感知体验，通过问卷调查、课堂观察等方式了解学生的获得。每期将学生的学习成果通过各类活动展示。如法律知识竞赛、手抄报比赛；趣味种养的种养日记、照片、成果展示；艺术节的绘画、舞蹈、书画、演讲等展示，让学生有获得感、成就感，进一步激发学生的参与积极性。

预设再好，也会有漏洞，只有在实践中才能发现更多的问题。学生在课程活动中对照反思自己、审视自我、提升自我。老师在教学活动中反思教学、反思人生，促进自我完善。反思教材，弥补不足，深入优化。

（二）德育收获硕果

自生活德育推行以来，学校德育工作成绩斐然。先后荣获“全国优秀少先队集体”表彰一次、全国“四川省优秀少先队集体”三次、全国阳光体育A等案例、四川省首批“法治示范校”、四川省“文明校园”等称号。荣誉激励前行，我们将在践行陶行知生活教育的实践中，不断开拓、不断完善，打造出生活德育品牌，为安居娃的人生发展奠定坚实基础，为社会培养合格公民，为国家培养优秀人才。

“德育虽然不似文化课，对人们的生活具有直接的用武之地。但从个人未来发展上而言，德育是一个人一生的精神启迪。德育来源于生活，又回归于生活。德育让我们感知到了生活点滴的美好，也让我们对由生活激发出来的力量由衷惊叹。所以，每个人都应该认真对待生活，树立对生活的仪式感。而这也正是我校构建生活化德育教学体系的初衷。

认真研读陶行知教育理论，让我们对德育教学有了新的领悟。德育工作具有很强的时代感，与时俱进，面对实践，由实践检验，在实践中完善。我们要坚守一个教育人的起码良知，做些力所能及的实事，成就每位学生美好的未来！

营造书香校园　助力儿童发展

四川省遂宁市河东实验幼儿园　尹艳　李青容

遂宁市河东实验幼儿园（简称河东实幼），于2013年3月正式开园，现为“一园四区是四川省“三八”红旗集体、四川省工人先锋号、四川省示范性幼儿园、全国书香校园等荣誉称号。秉持“为孩子一生的发展奠定良好的基础”的理念，以把幼儿园办成孩子今天来了明天还想来的幼儿园为目标，坚持“为生活而教育，用生活去教育”的生活体验教育方式，着力把每一个孩子都培养成为一个健康的人、一个友善的人、一个快乐地人、一个聪慧的人、一个灵敏的人。

眼睛到不了的地方、文字可以！读书是我们打开世界唯一的钥匙！为了培养幼儿读书好习惯，培养具有终身学习能力的教师，一直以来，我园就注重校园书香氛围的营造，也开展了各类读书活动。至今，我们的“开卷有益”师生读书活动，成功地将老师、家长、学生、环境卷入一体，我们的“书香”系列活动已经成为幼儿园的园本课程的一部分。

一、营造书香氛围　创设读书环境

在一所学校里，我们不能忽视的是学校环境对师生色教育与影响。环境可以熏陶人，起到潜移默化的教育作用。

加大书籍投入，氤氲书香气息。创设具有书香气息的办公场所，在教师办公室添置书架，投放提高教师专业成长、提高教师素养的各类书籍供大家参考学习。加大专业书籍、文史内书籍投放力度，持续投放各类书籍至园级图书角。各班根据不同年龄阶段幼儿特点，发动家长幼儿一起创设适合班级幼儿特点的阅读区，投放各类书籍供幼儿阅读。为亲子阅读提供条件，为教师、家长提供高品质的儿童读物。

创建阅读区域，营造书香氛围。创建园级阅读区域。开辟专门的师生阅览室。在幼儿园适宜的场所开设亲子阅览室，幼儿阅览区域等场所。如：“小荷书吧”、“旋转阅读区”的布置，每月对书吧图书进行更

新，确保家长孩子能及时读到好书，幼儿园内随时都是可读的书，随处都是可阅读的环境。为家长、孩子营造良好的读书氛围。

制定读书计划，实现家校共享。我园还制定了全面读书计划，组织全体教师认真学习，明确活动内容、层层落实活动目标；各年级、班级、家庭制定了相关读书活动计划；教师制定个人读书计划。我们创设的园级开放式的书吧，幼儿及家长可以随时在书吧内自由登记借书，我们发动全园家长将自己私藏的好书与大家共享，所有家庭提供的好书都放在园级书吧内，任由家长自由取放。同时加大对读书活动的宣传，通过官方微信公众号、班级QQ群以及各类主题活动，向老师、家长、孩子宣传我们的读书活动以及读成果，形成全员知晓全员参与的良好格局。

二、开展读书活动　形成读书风尚

为激发教师、家长、幼儿的阅读兴趣，树立阅读的榜样，激发全员阅读的良好风尚，我们开展了一系列的旨在推动全员阅读的活动：

落实活动环节，培养阅读习惯。各班利用入园、餐前、餐后、睡前、区角活动等环节开展读书活动。教师每天带领幼儿读书，　尤其是利用每天午睡前的十分钟给幼儿讲一个经典小故事，深受孩子们的喜爱，不少的孩子就是通过睡前看书、听故事的活动养成了在家晚睡前看书的好习惯。

系列评比活动，表彰优秀先进。结合建党一百周年，我园开展系列读书活动，通过在教师、家长中、幼儿中开展的读书活动，将党史教育融入常规活动中，引导广大教师、家长、幼儿读红色书籍、学先进文化，不断增强文化自信、坚定理想信念。同时，每学年、每学期都开展书香家庭、书香班级、书香教师评比活动，并形成有效地考核评价体系，通过层层筛选，评选出优秀者，在每年的教师节表彰大会上予以隆重的表彰，在优秀者的引领示范带动下，教师、家长、幼儿当中读书的氛围非常的浓郁。

开展各类活动，激发全员阅读。开展“我的教育故事”教师演讲比赛、“党的故事我来讲”、“永远跟党走，好书伴成长”-主题阅读活动、“学党史•颂党恩•跟党走”教师诵读比赛等系列化的比赛。自2015年开始，一直在开展“故事游戏化”课程的研究，老师们在故事游戏化课程建设的进程中，主动探索自制经典故事绘本，老师们根据语言教学的需要，通过师幼合作、亲子合作、幼儿同伴合作的方式，把每一个语言教学的成果整理成一本完整的绘本，教师、孩子、家长通过自制绘本、阅读绘本，进一步深化了我们的阅读成效。

创新阅读形式，培养孩子自信。我们利用每周一升旗活动各班轮流开展故事展演活动，各班自主选择故事内容，由孩子们进行表演故事中的角色，将阅读的内容通过游戏的方式呈现出来，通过“读故事”、“讲故事”、“演故事”的过程，让孩子们爱上文学经典，爱上阅读。

我们还在园级书吧、班级图书角开展“补书”活动，鼓励孩子们学会整理家里、幼儿园的书架，教孩子修补破损的图书，培养孩子们养成良好的收拾整理的习惯，让幼儿知道图书需要爱护。

此外还开展“说一说”、“讲一讲”等活动，利用亲子阅读，在家尝试说简单的故事，录制故事音频，通过校园公众号推广，然后在区域活动中开设语言区，评选“小小故事王”等等，每月评选出“故事王人人都能当上“故事王”。

实践家园共育，建设书香活动。亲子故事时间，我们要求家长将每天睡前半小时时间定为“家庭读书时间开展每天晚上30分钟亲子共读，共同将喜欢的故事用图画的形式记录　下来，制作成绘本，促进父母与子女间的交流，共同成长。以家庭为单位参与读书活动，上传读书活动至班级QQ群。

同时，开展“线上家长分享会提倡亲子阅读，加强父母间的交流，先请亲子阅读做得好的家长进行线上分享，为孩子们讲故事、阅读绘本，并召开“线上亲子阅读会请有经验的家长分享自己的经验和收获，评选“故事爸爸”、“故事妈妈”。

不断创新进步，收获累累硕果。自我们开展书香系列活动以来，我们取得了非常优异成绩：在四川省陶行知研究会园长学术委员会举办的首届绘本制作大赛中，我园获得了10人次的等级奖；在2018年，我园的绘本故事《去郊游》在遂宁市教育局、遂宁市消防大队联合举办的消防舞蹈大赛中获得了金奖；2019年我园被遂宁市委宣传部表彰为“全民阅读示范单位”；2020年参加中国教育新闻网书香校园优秀案例征集获优秀案例。

桃李不言，下自成蹊。回顾昨天成效初显，展望未来任重而道远。我园必将秉承传统，创新实践，以树的姿态深深扎根于河东幼教这块热土，开出更加绚烂夺目的教育之花！

协同育人创特色，校企携手育栋梁

四川省宜宾职业技术学院　周黎军　黄天齐　彭永杰

利器也，复以锻之以去钝，锋其筋骨，锐其根本，育人之道亦如是也，国之重器，功在当代，利在千秋……。百年大计，教育为本。教育是国家、民族强大的根本。办有特色、有品质的教育是实现民族伟大复兴的重要支撑。职业技术学院作为教育实施重要阵地，要切实以学生未来发展为教育主导方向，齐力并进，丰富学生知识，拓宽学习眼界，提升学生专业技能，为学生的幸福人生奠定宽厚坚实的基础。办学以来，我院立足深厚的文化背景，结合学院发展实际，因地制宜，贯彻落实学院办学理念，抢抓宜宾市国家产教融合试点城市和全省“学教研产城一体化试验区”重大战略机遇，更新理念、创新模式、项目引领，依托不同层次的校企合作，探索多种产教融合模式，不断深化校企合作，促进教育教学质量提升，通过搭建专业化职业技能培训平台，为学生职业生涯发展提供保障，抓住混合所有制办学的契机，坚持以学校为主导、企业为扩展，促进学校、社会、企业的深度协作，全面构建新形势下品质教育发展的新格局。

一、借力经济发展“东风助力品质教育提升

教育不仅要传授学生知识，还要注重锻炼学生生活技能，更要培养学生成为社会有用的人才。在深入开展校企合作的基础上，我院还以混合所有制为突破口，创新办学模式，充分发挥学校育人主阵地作用。

“一个月时间虽然很短，但是学到了许多在课堂上未曾学到的知识。比如怎么处理客人的突发状况，怎样和同事、领导沟通相处”。吴云香说。她是我校旅游管理专业现代学徒制试点班学生。今年3月，她参加了校企合作的酒店实训，收获颇丰。在学校，像吴云香这样的学生还有很多。我校一共有23个现代学徒制试点班级，学生既有老师，又有师傅，在校进行理论学习，在企业开展实训实习。近年来，我校与华为等行业领军企业深入开展合作办学，开设了产业学院；实施“双元制”人才培养模式，开设多个“订单班”、“定制班为学生提供广泛的实习实训和创新创业平台，让学生成长为服务区域发展的高素质技术技能人才。

学院发展规划与产教融合处处长黄天齐介绍说：“与33家企业、2家科研院校、多个市级政府部门签订产教融合合作协议，开展27个推动职业教育和经济发展的重大项目，这对一所处于三四线城市的职业院校而言，是很难达到的。但是我们借到了国家职业教育新一轮高质量发展和宜宾市经济社会近年来高质量发展的‘东风’，在深化校企合作、产教融合的道路上越走越好”。

2019年9月25日、2020年4月9日和6月29日，我校通过三次大规模、高规格的产教融合项目集中签约，在智能制造、电子信息、物联网等多个战略性新兴产业，与华为、海尔、大族激光等行业头部企业建立合作关系，农业、文旅、商贸服务业等不同领域专业群的产教融合也有序开展。

所谓的“东风就是“一带一路”、长江经济带、新一轮西部大开发、成渝地区双城经济圈等重大战略机遇，以及四川开启的新一轮高质量发展，和宜宾市“打造科教强市，建设宜宾大学城和科技创新城”的重大部署。近年来，中兴、康佳等企业厂区纷纷落户宜宾，四川大学、电子科技大学和四川轻化工大学等十几所高校先后在宜宾开设分校和研究院。除了大学城、科创城，宜宾还规划了9.15平方公里的南溪区高等职业教育产业园，宜宾职院也将搬进新校区。不少人打趣，宜宾从“一白（五粮液）一黑（煤炭）”的城市，变成了开放和创新的热土。

“我们乘着宜宾市国家产教融合试点城市和全省‘学教研产城一体化试验区’的‘东风’，更新理念、创新模式，探索‘政校企’合作、‘校企’合作、‘校校’合作等多种产教融合模式”。黄齐天说，“学院还对接四川省‘5+1’和宜宾市工业产业‘5+1’、农业产业‘5+2’、现代服务业‘5+1’产业体系，构建了汽车与轨道交通学院、电子信息与人工智能学院等与地区支柱产业和战略性新兴产业相适应的二级学院及专业群”。

目前，学院与宜宾市人社局、临港经开区管委会共建了“宜宾职业技能技术实训中心联合华为、西门子、海尔、科大讯飞等企业的社会化培训项目集中入驻，形成了专业化的职业技能培训平台，成为宜宾市“一园一中心”（泛金沙人力资源服务产业园、产教融合四川公共实训中心项目）的重要组成部分，支撑地方人力资源服务业的发展。

二、探索校企双主体办学体制，推进产教纵深融合

2019年12月我院与华为技术有限公司、深圳市讯方技术股份有限公司合作，开展了四川省2020年度职业院校教师素质提高计划国培项目——1+　X证书制度试点院校教师专业能力提升培训，来自16所高职院校的35位教师参加该项目。2020年，校企之间达成共识，共建“华为　ICT学院在教师培训、学生认证、专业建设、1+　X证书等方面展开密切合作。今年3月中旬，学院电子信息与人工智能学院师生与两家企业相关负责人共聚一堂，举行“华为ICT学院”建设交流会，总结合作一年多来的经验，分析电子信息行业的发展现状及趋势，为后续深入产教融合奠定基础。“合作的时间很短，但取得的成效很显著”。电子信息与人工智能学院副院长彭永杰感叹。截至今年3月，华为已为校方培训了　HCAI华为认证教师13名，学生通过　HCIA认证华为云计算方向49人、鲲鹏高斯　DB方向330人。此外，学院联合两家企业提供的兼职教师资源和部分课程体系，成功申报2个新专业：软件技术（2020年）、信息安全与管理（2021年）。2020年4—5月，还完成职业技能等级1+　x证书“华为网络系统建设与运维”和“智能计算平台应用开发”申报工作。

为了促进产教融合校企合作更有深度，形成企业参与办学、校企精准对接协同育人的长效机制，学院还大力开展混合所有制办学探索，深入推进产教融合。学院瞄向混合所有制产业学院的体制创新，提前开展了相关布局。早在2014年，我院就与五粮液集团共建“五粮液技术与食品工程学院”紧密型产学合作实体。2020年，在省委组织部、省委宣传部、省委网信办支持下，我院还联合奇安信集团和宜宾大数据有限公司，共建“四川网信人才培养基地”和“四川互联网学院”；在省经信厅支持下，联合深圳大疆创新科技有限公司共建“四川（宜宾）无人机学院”；与德康集团共建德康学院。

此外，为满足不同企业在利益诉求、优势资源、要素短板上的要求，确保合作共赢。我院在面向不同的企业时，合作的方式、内容、层次上也各有侧重，形成了“依靠头部企业、联合骨干企业、服务小微企业”良性结构的校企合作生态圈。除了依靠行业头部企业共建产业学院或实训基地，提升学院专业技术水平和实践能力，我院还广泛与本地骨干企业广泛建立合作关系。通过实施“学徒制”、“1+ X培训认证”等，将企业资源投入到教育教学中心工作中，大胆探索“校中厂”、“厂中校”模式，同时，发挥学院专业优势，为区域内中小微企业，提供培训、就业、技术及信息咨询等人力资源服务。通过校企合作育人，不仅可以让企业提前关注到优秀的学生，更有助于学生做出正确的职业选择。

“我们培养的学生可能难以直接进入行业头部企业，但是头部企业在行业内的影响是有目共睹的，企业的各类认证很具有说服力，这些都是学生进入行业的‘敲门砖’”。在彭永杰看来，产教融合、校企合作对教师的教学和科研也大有裨益。“以前教师只是纯粹讲书本上的知识，现在老师们可以讲解行业前沿的信息，讲的都是最新的、最符合产业需求的知识，科研上通过与企业专家的合作，课题的层次、类型、技术水平都有了很大的提升”。

宫涛是我院与上海通用汽车ASEP校企合作项目实训中心老师，2018年，他在上海通用汽车生产一线进行了2个月的培训，与生产一线的员工一起完成项目，现在，他也还在陆续参加各类培训。他说：“只讲教科书上的知识，学生觉得枯燥，不爱听，现在加上生动的案例和我自身的经历体会，学生乐意听，也更容易理解”。

“近两年的学生，有了更多的机会走出校门，见识宽泛了，成长成熟得更快，思维也更加灵活”。在学院从事了多年学生管理工作的老师杨维达也说。“近两年的学生，有了更多的机会走出校门，见识宽泛了，成长成熟得更快……”

三、明确学校发展方向，奏响时代教育强音

把学院建成立足宜宾、辐射西南、全国一流、国际水平的现代职业院校，是我们一直努力的方向。在各级领导的大力关怀和支持下，学院正在蓬勃发展，蒸蒸日上。在今后的工作中，我们会继续弥补自身的不足，切实关注学生职业发展，探索校企双主体办学体制，推进产教纵深融合，使学院的办学水平和质量得到进一步提升，唱响宜宾市教育高亢的时代凯歌。

发展足球特色　打造阳光校园

新疆巴州且末县第二小学　胡新慧

为了深入贯彻《国务院办公厅关于印发中国足球改革发展总体方案的通知》（国办发［2015］11号）和《教育部等6部门关于加快发展青少年校园足球的实施意见》（新体艺［2015］6号）精神，推进学校的体育工作，增进学生的身心健康，促进学生的全面发展、健康发展、和谐发展，提高全员体育运动素质和体育竞技水平，我校大力推进足球特色学校建设，成立了学校“校园足球”特色发展工作领导小组。制定了有关“校园足球”活动展开的一系列制度，围绕“校园足球”年度工作计划，积极落实“校园足球”系列活动的展开。本年度在立足于推广足球运动的基础上，重点做了如下工作：

一、重视校园足球文化建设

由校德育处负责牵头完善校园足球文化建设的细则及要求，形成程序化、常态化。把足球的育人作用，渗透到德育活动中，把我校“小足球、大教育”的宗旨落到实处。为抓好校园足球文化建设，让学生全面了解足球文化，激发学生对足球运动的兴趣，学校相继在全校范围内开展了“我爱足球”黑板报展评、征文和绘画比赛，同时开展了设计足球吉祥物大赛活动，营造了浓厚的足球文化氛围。

二、加强足球课程建设

为夯实“校园足球”的基础，促进学生足球运动技能的普及与提升，我校将足球教学列入体育课程建设中。一是将足球教学列入国家课程“体育与健康”课程中，1-2年级每周2节足球课，3-6年级每周1节足球课，确保每一位学生都有较充分的足球技能学习时数，以此来提高学生足球运动技能，充分体验足球运动的快乐，广泛感受足球运动的魅力，增强对足球运动的兴趣；二是将足球操列入大课间活动项目。我校原有大课间活动内容是小学生广播体操和韵律操两部分，为提升足球运动兴趣，2018年三月我校教师自编了足球操《快乐足球》，并将《快乐足球》球操作为大课间活动内容；三是将足球运动作为阳光体育活动的主要运动项目，开展基本功及场地赛的学习训练；四是成立足球社团，分层提升运动技能。针对广大学生对足球运动的浓厚兴趣，学校分层组建了3个足球社团，由本校3名足球专业的体育教师担任教练，利用每天课间操、每天下午第三节课，有目的有计划地进行提高性的足球教学活动，努力提升校足球运动员们的技战术水平，并且将足球社团活动的开展情况，纳入到学校工作考核项目之一，每学期均进行活动情况的绩效评比。本学年校足球社团活动考核，取得了学校社团评比的一等奖。

三、举办班级足球联赛，促进足球运动技能的成长

由艺体教育中心牵头，每学期举办“责任杯”校园足球班级联赛活动。对年级前三名进行校级表彰，并对比赛中表现突出的学生给予“最佳球员”的表彰。在这项活动中，每个班级都建立了足球队，课余时间纷纷开展了自主训练，班主任负责训练和比赛的组织，年级体育教师负责战术的指导。比赛中全班共同参与，场上队员们每球必争，场下啦啦队呐喊助威。足球班级联赛进行的热烈场景，是我校最亮丽的风景线。

四、成立男子、女子校足球代表队，科学训练，以赛促提高

以校足球社团成员为骨干力量，分别组建成了男子、女子校足球代队。2018年参加巴州校园足球赛获小学组男子第三名的好成绩，2019年成功申创全国青少年校园足球特色学校，在2020年11月教科局举办的校园学生足球赛中在15支队伍中获男子第一、女子第二的好成绩。通过系列竞赛活动，扩大了学校足球运动的影响力，展现了我校学生良好的精神面貌。

五、提升校足球运动装备水平

学校投入大量专项资金，不断完善足球教学所需的装备。本学年在原有足球训练器械的基础上，又新购了用于足球的教学、训练、竞赛的各种器材：足球（150个）、足球训练背心（40件）、绳梯（4米8节2个）、标志盘（150个）、标志桶（高32cm18个）、标志杆（高1米配平底座8根）、球袋（大号1个）、足球战术板（4本）、边裁旗（6个）、守门员手套（2副），为足球教学提供了基本保障。

六、积极参加培训，强化足球师资力量储备

学校时刻关注足球师资力量的培养，主动向上级部门申报，目前，我校只有一名足球D级教练。学校将争取更多的足球培训机会，努力提升我校体育教师的足球专业素养。

用教育热情点亮未来　用真心援助助推发展

新疆尼勒克县武进实验学校　蒋亚洲

援疆教师自2019年8月正式开启援尼勒克的征程。2019年8月，武进教育局派出6名书记、校长和骨干教师组成的校长团来到学校开展柔性援疆工作。2020年2月，常州大市选派17名援疆教师来到尼勒克县武进实验学校继续开展教育援疆工作。全体支教团教师在各级领导的关心和帮助下，克服了疫情带来的种种困难，与两所受援学校全体师生同心同德，全面展示了援疆教师优异的业务能力和良好师表形象，赢得了广泛的认同。在学校党支部书记陈新裕的带领下，在全体师生的共同努力下，学校先后获得了自治区文明校园、伊犁州文明校园、教育教学工作先进集体、“武尼杯”教学大赛优秀组织奖、尼勒克县先进基层党组织称号等众多荣誉。

一、注重团队管理建设　提升个人思想素养

援尼支教团绝大多数成员第一次参加援疆工作，且来自常州大市不同学校，为加强团队管理，不断提升成员的个人素养，确保支教工作顺利开展，确保成员支教期间的安全，我们非常注重团队管理和建设。

重视培训学习，提高理论素质。为增进对新疆的了解，更好地开展援疆工作，我们认真参训，每天做好学习笔记并上交高质量的作业，及时做好简讯和美篇进行宣传；定期学习固定内容，采取自主学习和例会集体学习的模式，加强援疆教师思想理论等各方面的学习，不断提高政治站位，提升理论素养，时刻保持与党中央治疆方略的要求保持一致；全体援疆教师牢固树立“文化润疆”的思想。党员教师更是带头学习理论知识和文件精神，提高了自己的政治理论素质。

强化自主管理，推进有序工作。我们积极践行“组团式”援疆的要求，立足岗位，积极参与受援学校的行政工作，在日常管理方面大胆创新、真抓实干，提升受援学校的管理效能。同时成立了自主管理

委员会，做到各项工作分工明确，责任到人，管理有序。

丰富业余生活，增强团队凝聚。为进一步丰富成员的精神文化生活，支教团组织开展了周末湿地古杨徒步活动、乔尔玛烈士陵园瞻仰活动、“每周一联”对联评比活动、摄影比赛、诗词创作、慢骑自行车、羽毛球、乒乓球、室内健身操等各项体育运动比赛活动等，增强团队的凝聚力，促进身心健康，充实业余生活。国庆期间，部分教师家属来尼勒克探亲，工作组精心安排，支教团全力以赴，圆满完成了探亲工作。

二、立足岗位践行使命　真抓实干提质创优

我们始终牢记使命，不忘初心。用滴水之力，穿巨石之刚；用个人奉献，为受援学校的发展做出贡献。

立足本职，认真教学保质量。我们始终没有忘记自己首先是一名教师，认真抓好教学、促进学生发展、保障教学质量是自己的分内职责。服从受援学校的课务安排，承担本学科的满课务量的教学工作，面向全体学生，注重提优补差，教学质量或领先于本校教师，或在原有基础上有显著提升。在完成自己教学任务的同时，我们还深入课堂对课堂教学进行问诊把脉，努力把自己的教学经验毫无保留地留下来，促进本地教师的专业发展。

不忘使命，分享智慧传帮带。我们开展学研日活动，组织各教研组教师定时、定地点、定人员开展教学研究活动；举行师德讲堂活动；实施援疆教师包联工作制，促进年级组管理水平的提升；开展青蓝工程师徒结对，为学校的长远发展储备人才；开展结对帮扶学生活动，推进校本教研规范开展；推行“晨会”课制度，促进班级良好的班风班貌的形成；开展县直学校初中部集中阅卷活动，为今后提升教学质量提供科学依据；开展中考复习研讨活动，分享复习经验，交流教学工作，为今年的中考献计献策。

立足岗位，强化管理增效能。首先与本校领导班子和管理团队形成合力，保障学校各项常规工作有条不紊，按部就班的开展；与级部主任、班主任等形成管理合力，在全面负责做好各自的分管工作的同时，积极配合级部主任抓好级部常规管理、协调处理各项事务，指导班主任开展班级管理，提升管理效能；与教研组成员形成合力。积极参与和指导教研活动的开展，主动分享教学智慧，积极促进多方交流，以先进的理念、科学的方法、扎实的措施提升教研组成员的能力和水平，浓厚教研氛围。

播撒爱心，捐资助学显情怀。我们积极与派出学校和社会各界爱心人士联系，多方协调，为两所受援学校捐助体育器材、御寒衣物、学习用品、生活物资及爱心善款等总计近51元，为尼勒克教育事业的发展奉献小小心意；主动结对帮扶所教班级的困难学生，开展走访慰问、个别辅导等活动，将援疆教师的温暖关怀送进学生心田。每位援疆教师主动包联三名以上品学兼优的贫困学生，根据学生家庭的实际情况购买急需的学习和生活用品，并时常关注他们的学习和生活，帮助他们树立信心，激励他们认真学习号文化知识，坚定用知识改变命运的信念，用我们一点微不足道的爱心托起孩子们努力学习、报效祖国的希望。

三、智慧引领教学前进　活动促进师资建设

分享智慧，善于引领，打造一支带不走的强大师资队伍，是援疆工作的使命。我们充分发挥管理和教学方面的专长，积极传、帮、带，努力打造优质师资队伍。

通过示范课、云送课活动引领课堂教学变革

主动示范教课，传授教学智慧。一年多来，我们坚持每学期至少开设一次示范课，将先进的教学理念、独具风格的教学智慧、高超的教学技艺通过示范课进行展示，并在观摩研讨中对受援学校教师进行培训指导。同时开展武进名师“云送课”和“送教下乡”活动。

为促进更广范围的交流共享，我们组织开展了武进名师“云送课”活动，两学期78节精彩的课堂展示，涵盖各学段、各学科，惠及全县师生。还积极响应县教育局组织的“优秀教师乡村行”送教下乡活动，为县内三所学校送去精彩的教学展示和专题讲座，进一步放大援疆工作的辐射影响范围。在我们的示范课引领下，教师们教学理念得到提升，课题教学方式得到变革，在全县教师教学竞赛中屡获佳绩。

规范课题研究，推进校本培训。教研活动的开展规范有序，教研氛围浓厚。援疆教师孙春霞担任教科室主任，为教科研工作建章立制，逐步规范，教师参与各级各类比赛获奖的等级渐高、人数渐增，科研课题的立项等级和数量也在提高。2020年11月，报送的课题《基于希沃环境下小学数学课题教学的实践研究》成为自治区级立项课题，是学校历史上首个自治区级课题，也是当年全县唯一一个成功立项的自治区级课题。2021年我校又新增一个思政类课题《中小学道德与法治课程教学改革创新实践研究》成为自治区立项课题，填补尼勒克教育系统的空白。

此外，我们还主动承担校本教研培训活动。每学期开始，援疆教师就将主动上报专题讲座主题，并列出校本培训计划，按照培训计划开展培训，采取全校性的线上、线下培训，教研组、备课组小范围培训等方式，将自己的教科研成果毫无保留的传授给受援学校教师。

开展师徒结对，促进教师成长。“青蓝工程”师徒结对活动是一项最常规的教科研活动。学校每学年期初都会开展此项活动。援疆教师每人至少结对一位徒弟，并对师徒结对全过程进行考核、评比。一年多来，师徒结对活动扎实开展，师傅们倾囊相授，徒弟们如饥似渴，青年教师的成长成为学校一道亮丽的风景。在2020年11月份举行的尼勒克县“第五届”武尼杯教师教学竞赛中，援疆教师充分发挥自己丰富的教学经验，耐心辅导参赛教师认真准备录课、硬笔字、说课、上课各个环节的比赛。最终，我校15位参赛教师有8位教师获教学比赛一等奖，其中工作不到三年的教师占6人，获奖档次和获奖人数在全县排名前列，充分体现了援疆教师在学科教学方面的引领能力。

打造校园特色，树立学校品牌。以“校园足球”为突破，凸显我校的办学亮点和特色。建设有标准的足球场、田径场，为开展校园足球提供了优异的条件。新疆的孩子运动能力强，身体素质好，为开展校园足球提供了充足的人才库。学校把“校园足球”作为学校的一个亮点和特色来进行打造。在大力的支持下，通过“三个一”要求来全面推广校园足球：每周上一节足球课、每天有一次足球大课间、足球老师每人带一支足球队。我们将逐年向各个年级推广，直至全校，开展好真正意义上的校园足球，普及到每一名学生。

以图书馆和电子阅览室为依托，着力打造学校书香氛围。以“让阅读成为习惯”为校风，培养学生良好的阅读习惯，打造书香校园。学校依托一馆一室，开展“有光”读书活动。教师每人每学期发一本书进行阅读，并开展读书沙龙和读书征文比赛。学校各班建立了图书角，在学生中开展“图书漂流”活动，增加学生的阅读量。

我们与学校教师团结一心，在学校“奋勇争先、追求卓越”的精神引领下，各项工作都走在了全县的前列。教育援疆，这是历史赋予我们的使命，更是我们援疆教师义不容辞的光荣责任。我们全体援疆教师一定会用“功成不必在我、功成必定有我”的境界和担当，继续为教育援疆工作竭尽全力，不辱使命，为尼勒克县的教育工作贡献我们的全部力量！

用爱育“桃李”　用心创教育

——记述边疆幼儿园教育探索之路

新疆生产建设兵团机关幼儿园　李金玉

新疆生产建设兵团机关幼儿园隶属于新疆生产建设兵团机关事务管理局。多年来，兵团机关幼儿园在兵团党委和兵团机关事务管理局的关怀和领导下，在社会各界的大力关心和支持下，管理逐步走向科学化、规范化的事业型办园模式。

幼儿园目前有光明路果树巷园和卡子湾红光雅居园三所园所，共开设36个班，3-6岁的学龄前儿童1100余名，教职工165名。2020年度被评为“全国三八红旗集体曾荣获“全国巾帼文明岗被团中央授予“国家级青年文明号是创健全国文明城市工作先进单位，自治区级示范园和兵团示范性幼儿园，是全疆唯一一所双示范性幼儿园，自治区卫生红旗单位，兵团级文明单位，兵团三八红旗集体，兵团绿色学校，兵团教育系统先进集体，是兵团妇女儿童工作委员会授予的儿少先进集体，被评为乌鲁木齐市幼儿园教研先进集体，全国教师国培实验基地，中国儿童画教育实验百佳园校等荣誉称号。

60多年来扎根边疆，潜心育人，在60余年的探索和发展中充分运用当代培育幼儿理念，立足新疆兵团特色，为学前教育探索出一条创新之路。幼儿园以“特色+身心和谐发展”为办园宗旨，倡导“健康又自信、好奇爱探索、礼貌会交往、独立能合作”的教育理念和目标，努力培养出身心和谐、具有大方、包容和宽厚精神气质的全面发展的幼儿，为幼儿的一生发展打下良好基础。

一、注重地方文化传承，成为地方幼教引领者

（一）传承地方特色文化

“学前教育是基础教育的重要组成部分，是我国学校教育和终身教育的奠基阶段”。对幼儿进行爱国启蒙教育，从小培养他们热爱祖国、热爱家乡的情感，幼儿阶段的教师义不容辞的责任。为加强爱国启蒙教育，该园重视艺术领域教育，促进孩子全面发展。从中班开始开展体操、舞蹈、篮球、合唱等特色艺术教育，以传承经典国学传统文化、弘扬兵团精神、歌颂祖国、热爱家乡的思想为主流，引导孩子们用快乐地舞蹈稚嫩的歌声赞颂伟大繁荣的祖国，感恩幸福美好的生活。近年来，该园幼儿基本体操多次参加全国、自治区级体操比赛，并多次荣获金奖、最佳编排奖、最佳完成奖，及最佳音乐创作奖等荣誉；并代表中国出访欧洲五国，于2003年、2011年分别赴德国及日本应邀参加“柏林中德青少年艺术节”及“亚太艺术节”表演。孩子们精湛的体操动作及富有民族特色的舞蹈，受到国际友人一致好评。

随着社会的发展，传统文化的力量日益凸显。该园用艺术的形式引导孩子们学习我国优秀的传统文化，无论是丰富多彩的区域活动，还是精彩纷呈的艺术领域、社会实践活动，都让孩子们在点点滴滴中学会最基本的行为礼仪规范，懂得分享，乐于助人，学会感恩。结合新疆地域特点开展的以“新疆欢乐小巴扎”为主题的角色扮演游戏，

将独具新疆本地域特色的各类小吃、工艺品、水果干果、民族糕点融入各班的游戏活动中。通过参与角色游戏，幼儿加深了对新疆本土知识的了解，结合不同商品的种类大胆体验买卖关系，在游戏中感受幼儿在语言能力、交往能力及应变能力上的提高。

（二）引领地方幼教事业

新疆地处祖国边陲，经济发展相对落后，教育资源比较匮乏。该园扎根沙漠大地，率先兴办幼儿教育，在贯彻幼儿教育法规、传播科学教育理念、开展教育科学研究和师资培训等方面充分发挥了引导性和示范性作用。尤其在硬件设施建设和办学理念方面，成为引领地方幼教事业的标兵。先后接待全国及区级各类参观交流学习，充分发挥了双省级示范性幼儿园的示范、引领作用。

我园不仅有突出的教学特色，还有严格的安全保障和幼儿卫生保健制度，最大限度地保证了幼儿在园的健康和安全，同时保健医生制定科学合理的营养食谱，不仅品种丰富、口味多样，还确保幼儿饮食营养的均衡。2020年，我园被评为国家级节约型公共机构领跑示范单位，幼儿园的饮用水处理设备使用了目前世界上最领先的水处理膜分离技术，确保出水水质甘醇、无菌、无颗粒，达到了直接饮用的标准，为幼儿的身体健康提供了重要保障；为了孩子们的成长生活环境重新绿化了大型植物园，增加各式各样的绿色植物。幼儿园结合实际、加强领导、完善制度、强化管理、加大宣传、推进改造等措施，得到验收专家组的高度赞誉。

二、实践全面发展理念，多元化构建特色教育

（一）特色教育与课堂教学结合

幼儿根据自己的爱好，可以选择芭蕾班、舞蹈班、打击乐班、体操班、合唱朗诵班等艺术班，幼儿园聘请专业教师授课，做到特色教育与课堂教学紧密结合，取长补短。幼儿体操队多次荣获全国体操比赛金奖、自治区体操比赛金奖，曾两次代表国家出访，在德国参加“亚太艺术节”体操表演，在日本参加“民本体操节”的体操表演，为祖国争得了荣誉。

（二）特色教育与幼儿特点结合

幼儿园根据小中大班幼儿不同的年龄特点，开展丰富多彩的游戏活动。充分利用空间，打造烘焙室，孩子们可以通过制作小点心锻炼动手能力；中秋节由老师带领孩子们一起动手制作月饼，为家人们送上感恩的小礼物；幼儿入园前开展亲子活动，帮助孩子和家长适应新的生活节奏和环境，尽快克服焦虑情绪。

丰收的秋季，组织大班幼儿进行“快乐采摘”活动，体验收获的快乐；带孩子们参观牛奶生产线，让孩子们知道牛奶的生产过程；组织毕业班幼儿赴小学参观、体验，帮助孩子们做好入学前准备。

（三）特色教育与兵团精神结合

我们的办园理念是传承兵团精神，培养具有大方、包容、宽厚精神气质的健康儿童。在环境创设上，利用楼梯台阶张贴兵团各师的不同特点；在教育教学中，融入兵团特色教育内容，通过诗歌、舞蹈等形式将兵团精神融入日常教学，帮助孩子们了解兵团，培养他们的自豪感。

三、提高教师专业水平，创建家园式育人环境

长期以来幼儿园始终把教师队伍建设放在首位，通过先进教育理念与实践相结合的多种形式，以及多渠道的培训、外出参观学习，引领教师在业务专长上求突破。

“一课三研”、“接龙式”的实践研究，提升了教师专业化水平，打造了一批乐业、专业、敬业的骨干教师队伍。园领导班子为老师们聘请了经验丰富的舞蹈、合唱教师亲自授课，老师们利用午休时间认真学习，刻苦训练。在勤学习、重思考的氛围中不仅提高了个人的水平还在教授孩子方面积累了一定的经验，近几年来教师带来的各类舞蹈、合唱在“六一”表演、兵团春晚、兵团团拜会、兵团各类慰问演出以及社区活动中大放光彩，赢得了家长和社会各界的一致好评！

只有这样的教师队伍才能在幼儿成长的路上像海绵一样给予孩子们源源不断地水，才能让兵团的小春芽在充满阳光的世界里用心去感受美、用爱去创造美。

每年9月满心欢喜的入学季，兵团机关幼儿园都会迎来一张张可爱的笑脸。这些笑脸里有阳光，有温暖，有一个个属于他们的小故事。

付浩杨小朋友的爸爸妈妈都是盲人，但是他们爱孩子的心和所有的父母一样，他们希望自己的孩子接受最好的教育。付浩杨爸爸说，能把宝贝送进兵团机关幼儿园是一件最荣幸的事情。幼儿园接收这个孩子的时候，接过的也是一份沉甸甸的爱，责任也更加重大。因为孩子的父母都是盲人，接送孩子上下幼儿园面临很大的困难，在幼儿园领导的关怀和周密安排下，我园充分发挥党团员的模范带头作用，由党团员每天轮流接送孩子。从此，不论刮风下雨，我园党团员每天早上都会准时赶到付浩杨家，付浩杨每天都会开开心心地拉起老师的手给爸爸妈妈说再见。看到家长满意的微笑，该园党团员们觉得付出的辛苦和劳累都是值得的。

在兵团机关幼儿园，家长把老师当成自己教育孩子的良师益友，孩子们把老师当成自己的老师妈妈，一个手势，一句话，一个笑容，都在言传身教中教会孩子勇敢，懂得责任。

四、结语

进入新时代，壮大发展中的兵团机关幼儿园将不断深化教育改革，注重培养幼儿良好的行为习惯和活泼开朗的性格，全方位地为孩子提供一个激发和展示自己潜能的自由空间。

用爱育“桃李用心创教育，全体教职员工将秉承兵团的优良传统，把“热爱祖国、无私奉献、艰苦创业、开拓进取”兵团精神灌注血脉，把培养德智体美劳全面发展优秀儿童的使命牢记心间，把立德树人的重任扛在肩上，用坚忍执着的“胡杨精神”、激情奉献的“红柳精神”、坚强牺牲的“老兵精神不忘初心，继续前行！努力开拓创新，与时俱进，使兵团机关幼儿园成为幼儿喜爱、家长满意、社会信赖的儿童乐园。

一校一品：以文化滋养校园生机

新疆伊宁县南通实验学校 顾瑞环 王良云 孔瑞丽

2021年7月12日文化是一个民族生生不息的精神命脉，为贯彻落实党中央深入做好意识形态领域工作的精神指示，伊宁县南通实验学校积极推进“文化润疆”系列主题活动，以传承民族优秀成果为目标，不断取得优秀成果；始终大力坚持“和融”办学理念，共谋文化教育的卓越发展；以特色办学为校园名片，举办丰富多彩的实践活动，以文化人、以文建信，以文增志，让中华文化深深植根于校园之中，塑造起生动立体的校园形象。

一、文化润疆，桃李绽放

伊宁县南通实验学校作为江苏省南通市第八批援建项目“交钥匙”工程，积极落实以“文化润疆”为重要内容的新时代党的治疆方略，全面落实中央第三次新疆工作座谈会精神，将中华民族优秀传统文化的种子根植于校园建设之中，铸牢中华民族共同体意识。

以学校党支部为轴心，高层规划，德育处、教科研、团委、少工委具体实施，联合开发“和润课堂•品古论今”文化润疆系列主题活动，如普通话之星，全力推动和践行国家通用语言文字教学；思政微课，教师积极立足学科本位，充分挖掘课程当中的情感态度价值观；通伊书信交流，一纸书信架起两地师生情；国学晨诵，以“弟子规”、“三字经”、“经典诗词”、“优美古诗文”为内容的级部大诵读精彩呈现，演绎文化艺术之美；思政宣讲，每日国旗下党史知识宣讲，党史主题班队会、主题团队课等学习形式的推进，努力为学生打造“知史爱党、知史爱国”党史学习教育的第二课堂；下笔有神，教师的三笔字比赛、学生的午间习字练习，书法社团的软笔字等常态化推进，传承百年红色基因，赓续红色血脉。

五年来，南通与伊宁县南通实验学校领导间互访交流累计12余次；由援疆干部发起、企业爱心人士注入的“融爱”助学基金资助帮扶468名品学兼优的贫困学生。由援疆工作组发起的“让阅读照亮边疆孩子未来”活动，共捐赠图书44655册；由南通各兄弟学校、爱心人士捐赠图书19981册，为边疆孩子更好地阅读提供了便利。

建校五年来，伊宁县南通实验学校共荣获39个集体奖项。其中荣获自治区“基础教育信息化示范学校”、自治区文明校园、自治区党建示范校等7个自治区奖项；荣获伊犁州先进集体、伊犁州先进教科研集体、州级五四红旗团委、伊犁州民族团结进步模范集体、伊犁州节约型公共机构示范单位、伊犁州疫情防控先进集体等13个州级奖项；荣获县级先进基层党组织、县级五四红旗团委、教育系统民族团结模范学校等19个县级奖项。

二、和融理念，共谋发展

伊宁县南通实验学校在“和融”办学理念的指引下， 逐渐打造出“和心党建”、“五和德育”、“和润课堂”、“和美教师”、“和合团队”的教育管理体系；清新、典雅、独特的九大板块式“和”文化主题长廊镶嵌在学校恢宏大气的建筑群中，育人于无痕之中。校训“和爱融通”、校风“阳光和谐”、教风“润物无声”、学风“日进日新潜移默化地浸润着每一个南实人。

在党中央西部援疆计划地总体布局下，伊宁县南通实验学校采取“请进来，走出去，吸收外来，融合多元”的方式，借助南通市对口支援伊宁县的东风，积极贯彻落实国家“万人援疆援藏”支教计划和南通对口支援新疆伊宁县前方工作组的“百名南通名师进伊宁活动”计划，使得学校的文化底蕴、师资专业素养、教育教学质量有了飞跃式的提升。从建校初至今，柔性引才232人、通伊师徒结对165对、通伊家庭结对219对、通伊班级结对36个、送教下乡24次31所学校98节示范课、通伊学生开展书信交流达累计3218人次，1824封、来往视频交流5次，布艺绘画2幅。通伊两地在不断地交流交往中，实现了南通优质的教育资源从起初的外力输血到现在的慢慢自我造血的平稳过渡，学校师资水平和教育教学质量稳步提升。

伊宁县南通实验学校始终牢记“为党育人 为国育才”的使命，在“和融”办学理念的滋养下不断积极探索新时代教育的方法。截至目前与17所南通市知名学校缔结友好单位，2020年南通大学西部支教计划增设点项目落户伊宁县南通实验学校，为深入与南通高校交流交往交融奠定了基础。2021年5月伊宁县南通实验学校纳入南通市教育集

团化管理，正式开启了通伊教育教学的融会贯通；2021南通大学研究生联合培养基地落户南实并挂牌实施。这些举措为进一步助力学校培养担当民族复兴大任的时代新人、走内涵式发展和高质量发展道路提供了更广阔的平台。

三、特色办学，丰富多彩

校园主体的中轴对称式设计彰显出民族融合、文化艺术、发展创新的"轴线"传承之美。连廊情境文化的明亮打造与院落诗词镌刻出的灯影绰绰映射出学校对传统文化教育的用心打磨与美育渗透。从校园设计到校园文化，处处彰显伊宁县南通实验学校致力于特色化办学，打造丰富多彩的校园活动，将正面教育渗透到五育教育的方方面面。

长廊文化提升办学内涵。九大文化主题长廊布局美观时尚，蕴意深远。和融长廊（民族团结）、和丰长廊（红色教育）、和阅长廊（经典阅读）、和宁长廊（安全教育）、合礼长廊（文明礼仪）、和韵长廊(艺术天地)、和美长廊(传统文化)、和信长廊（党建阵地）、和通长廊（通伊交流）。伊宁县南通实验学校以长廊文化为教育契机，助推校园党史学习教育和全面发展，将文化长廊深入融合进学校办学的每一个角落。

特色活动培育家国情怀。"经典诵读"、快板《夸南实》、《功夫扇》、《论语》手语操、"古典舞大赛"、"十岁成长礼"、"十四岁青春礼"、"青春飞扬 红歌献党"红歌赛、"备战中考 为母校争光"中考动员及心理辅导、"毕业礼"、"建党百年花样跑操" 等特色活动的开展，全方位、多角度渗透思想教育、涵盖家国情怀教育，激发学生"知史爱党 知史爱国"的责任感。

国学教育促进文化传承。通过说普通话，发现语言的魅力，熟练掌握运用普通话，推进落实国家通用语及普通话教育，形成抓住、抓紧、抓好各民族师生学普通话、讲普通话、用普通话、爱普通话的生动局面。

通过习国学，"八礼四仪吟唱诗词，横竖撇捺，笔墨纸砚，汉服着身，寻根问祖，汲取民族精神源头活水。通过打国球，以球会友。伊宁县南通实验学校作为"中国乒协乒乓球运动学校伊犁生源基地"和"伊犁哈萨克自治州青少年乒乓球训练基地积极引进优秀教练大力推动乒乓球特色体育项目，利用学校社团活动、体育课，加强队员的乒乓球基本技能训练，初步营造"人人懂国球、人人打国球、人人爱国球"的良好氛围。陆续开展"乒乓球裁判规则培训专题讲座"、举行首届"援疆杯"乒乓球比赛、承办自治区级"乒乓游伊犁·新疆乒协走进伊犁青少年乒乓球夏令营活动"。在国球精神的引领下，乒乓操、乒乓球社团更好地促进了青少年积极参加体育锻炼、全面提高身体素质的自觉性，形成了热爱乒乓的热潮。

校园建设始终是文化强国的基础支撑，是实现中华民族伟大复兴的题中应有之义。只有紧密结合时代精神，不断发扬中华民族的优秀传统文化，吸收借鉴时代最新发展成果，才能走出一条独特又兼具内涵的校园发展之路。"十四五"期间，伊宁县南通实验学校将致力于抓住地方特色，结合政策指示，稳固发展理念，推动校园特色办学，着力培养新时代社会主义合格接班人。

校长是实现学校文化引领和内涵发展的带头人和执行者

云南省大理州洱源县邓川镇中心学校　高健鸿

学校文化是一个学校的灵魂，它不仅是学校一张最好的宣传名片，也是学校软实力的重要体现。浓郁的校园文化不仅陶冶了教师的情操，也提升了学校的品位和形象，更成为促进学校发展的一条重要途径。校长要组织好学校文化建设，并通过校园文化去影响和引领学校发展才能超越普通管理，达到育人目的。人总是处于一定的文化之中，受一定文化的影响。当今时代正处于社会转型时期，多元文化影响着人们特别是正处于长身体、长知识的中小学生的学习和生活，校长如何有效运用文化治校，提升教育质量，值得探讨。

学校文化如此重要，作为一校之长应当把塑造本校文化放在重要的地位。首先，校长先自检自查一下目前本校文化的现状，本着"尊重差异、和谐共生、张扬个性、多元发展"的办学理念，作为大理州洱源县邓川中心学校校长，我重点抓好以下校园文化建设工作：

一、开辟校本课程文化

邓川中心学校下设初级中学1所、完小4所，幼儿园5所，在校园文化管理中，我突出校园文化以提升教师教书育人的幸福感和使命感为目标，以培养学生自立、自强、自信、健全、文明的人格为己任，让邓川镇中小学校最终成为教师成长，学生成才的精神家园。邓川中心学校将有形的文化形式与温养身心的文化气息相结合，营造以课堂为主，活动为辅的教师博学、学生乐学的文化氛围，并开辟出了高效主题班会、智慧阅读课堂、班级文化展演、《洱源红土地》校刊、《新州完小之朝阳》校歌、文化传承等适合学生成长的校本课程文化，而且形成了一整套科学规范具有较强可操作性的制度，文化的滋养已悄然内化为师生知行合一的自觉行为，为文明校园的创建打下了坚实的基础。

二、打造生态环保文化及绿色校园建设

因为学校坐落在洱源县邓川镇政府开发区以西，美丽的大理州洱海之源头，素有"乳牛之乡、文化之乡、鱼米之乡、荷花之乡"美誉的邓川镇湿地周边，交通便利，荷花成片，环境优美，所以，在文化建设中，重点打造生态环保文化，热爱环境、保护洱海，将生态文明教育及环保知识进课堂，积极建设绿色校园，创设优美的富有文化底蕴的自然、人文环境，突出环境育人功能。学校在各学校科室、教室内悬挂、张贴名言警句、宣传画、标语牌；开展"绿化环境，整洁校园"。打造了邓川镇腾龙完小生态文明示范学校，将环保教育纳入课程教学。

三、传承白族民族文化基因，利用和发挥少年宫文化基地作用，落实民族文化，守望精神家园

邓川中心学校多次邀请洱源县"斯甘俏艺术团"到洱源县邓川初级中学、旧州中心完小等学校为全校师生进行 "非物质文化遗产进校园"展演和白族民族文化教学传承活动，选择了《凤羽霸王鞭》、《洱源县板凳龙》、《百鸟争鸣》等节目；邀请了民间文化传承人及民间文化艺人为师生们进行展示、展演和交流和教学；旨在将"非遗"搬进校园，走近学生生活，让学生增进对非遗文化的了解。通过采取展演等形式向青少年学生宣传普及非物质文化遗产知识，活跃了校园文化生活，保护非物质文化遗产，传承民族文化基因。乡村学校少年宫里既有舞蹈、美术等常规活动项目，也在传承地方特色文化上做出不断探索。合理安排活动时间，除每周开设一节兴趣活动班外，各学校还把每天下午的第三节课、大课间等与少年宫活动结合起来，充分利用各类文体场所，以填补少年宫活动场所的不足。

四、以活动为载体，彰显文化内涵

邓川中心学校以提升学生文化素养为目的，着眼学生未来发展而开展活动，并处处彰显其文化内涵。除传统活动外，学校每年都开展具有学校特色的艺术节（含书画展、演讲比赛、歌手比赛、迎建党100周年经典红歌比赛、文艺汇演等）、学生评星、团队日、唱红歌、道德经典诵读、书香校园评比、感恩励志教育、主题征文、延安精神进校园等活动，合力打造特色鲜明的校园文化。目前，丰富多彩的校园活动，不仅成为学校一道靓丽的风景线，也成了提高办学质量和培养文明素养不可或缺的助推器。

五、积极营造浓厚的足球文化氛围

作为中心学校校长，在师生中倡导 "校园足球文化通过玩足球、画足球、讲足球、赛足球等形式多样的活动来宣传足球知识，普及足球活动。学校利用校园广播、校园网、橱窗和新闻媒体广泛宣传校园足球运动的开展情况。

六、家校文化成为学校共建共育的纽带

我坚持民主管理学校，每学期要求定期召开家长会，及时地向家长和社会各界宣传我镇学校教学成果、学生成长收获，听取各界人士对教育管理和办学的宝贵意见。持续开展"百名教师访千家活动"家长评教评学" "小手牵大手"等主题活动，促进家校联系，形成共建共育的格局。家长与社会力量的参与，共同推进了校园文化建设。

七、墙面地面有知识，一花一草皆文化

一走进邓川镇中小学校，你就置身于一个气场里，就好比丹桂飘香的日子你到了桂花园，或浓或淡的桂花味儿浸润着你，让你觉得自己的衣物、发丛仿佛都染上了桂花的芳香。走进我们学校，就能感受到弥散着一种浓郁的文化气息。草丛里憨态可掬的大理石雕塑，有的摆成对踢毽子的样子，有的摆成倒背人的模样……学校的墙面也特别有意思，既不是全白的，也不是全彩的，而是用一种柔顺的色带，色带上装饰一些或圆或方的装饰板，装饰板上的内容五花八门又匠心独具，邓川初级中学教学楼层的文化主题：倾听，让我懂得尊重；实践，让我快乐成长；阅读，让我得到滋养；科技，让我感受神奇；星空，让我如此震撼……最值得称道的是我们的绿化，我们的绿化与科学教学紧密相连，凡是中小学科学课本中介绍的植物，我们都力求栽种。四季常绿，瓜果飘香，又不乏教育内涵。

文化是一种浸润。文化靠人去创造、营造、设计，但反过来文化又影响人。有人曾这样形象地说明，当我们到了一个很讲卫生的国度，你会不自觉地收敛、改正自己乱扔果皮纸屑的习惯。教育是一种浸润，素养是熏陶出来的。有了这样一个连空气里都弥散着文化的学习、生活、成长环境，孩子们自然而然地会变得文明、高雅，有涵养。

八、重视网络文化：发挥网络资源的优势

中小学生成长中特别是道德成长中，网络世界越发重要，由网络所构建的新的生活方式正影响着他们的认知、思维和情感。如何充分利用网络资源的有利因素为我们教育服务是这个信息时代教育工作者不可回避的问题。作为一名校长，要想办好学校，需注重网络文化，加强网络建设，建设校园自媒体，引导每个教师、班级构建自己的网

络空间，积极利用网络这个新载体的独特教育优势为广大教职工服务，特别是为教师和学生服务。不仅要加强自身网络建设，还要加强与同类学校、先进学校之间的联络学习，从而更好地发挥网络作用，达到互学互鉴、取长补短，不断提升自身的教育质量。我们在充分运用网络教育优势的同时，一定要防止它给师生带来的不良影响。这不仅需要校长率先垂范，更要发挥教师的榜样作用。学高为师，身正为范。作为教育者，我们不仅要从学识、技能上去影响每一个学生，更要以优良的文化给学生“润物无声”的教育作用。

近年来，在我的领导和组织带领下，抓住学校重点工作，规范学校管理和提升教学质量，就是引领和发展好各中小学校的校园文化建设，学校先后被评为 “云南省文明学校”、“云南省绿色学校”、“云南省防震减灾科普示范学校”、“大理州平安校园”、“大理州育人环境建设优级学校”、“云南省体育特色学校”、“云南省民族团结示范学校”、“大理州民族团结示范单位”、“大理州文明单位”、“洱源县文明校园”、“大理州第一批现代教育示范学校”、“云南省家长教育示范学校”等省州级以上荣誉称号。实践证明，优秀的校园文化是一面旗帜，它引领着师生意气风发地前进；优秀的校园文化是一种氛围，它熏陶感染，润物无声；优秀的校园文化是一种引力场，它凝聚人心、形成合力；优秀的校园文化是宝贵的资源，是学生成长、教师发展的肥沃土。因此，校园文化建设，校长任重而道远，只有不懈地追求和创新，才能使学校永远立于不败之地，才能使邓川中心学校跻身洱源县乃至大理州名校的行列！

“一流学校靠文化，二流学校靠管理”。文化引领对学校管理至关重要，如何在实际运用中有效发挥文化引领的作用，更多地需要学校领导者的智慧和行动。文化治校，校长的个人角色固然重要，但不能包打天下，只有与教职工通力合作，吸纳师生的良好建议，集思广益，群策群力才能更好地发挥育人作用。

立足本土文化，培养儿童社会传承意识

——指向儿童社会传承意识培养的校本德育课程的实践与研究

浙江省杭州市萧山区万向小学 屠爱华 何雪君

一方水土养一方人，文化的形成离不开地方文化的传承性。浙江省杭州市萧山区万向小学立足钱塘江水文化，借助区域地标中国水利博物馆资源，综合其教育、研究、收藏、保护和交流等功能，探索构建指向儿童社会传承意识培养的校本德育课程，旨在以项目化学习的创新课程对展示性的、结果性的资源进行多维空间设计，让儿童在物理空间的展学、游学和创学的“高参与”学习中形成区域文化社会传承的内动力。

明晰课程思路，开启传承意识探索

本土文化是校本德育课程开发的有效载体，也是学生学习、体验和探索的重要场所，更是儿童社会传承意识培养的“第三位老师”。学生核心素养中“社会责任”的重点就是培养一个有社会责任义务的人，而要想成为一个有担当的责任人首先需要成为一个了解本土文化并传承本土文化的接班人。

钱塘江是浙江省最大河流，钱塘江潮被誉为“天下第一潮这条母亲河的演变产生了不一样的区域文化传承。万向小学坐落于杭州市萧山区钱塘江畔，随着宁围的征迁，“拥江时代”的到来，农村生活逐渐进入到城市化生活，致使很多学生热衷于追求各种时尚文化和新潮流，对家乡的风土人情与传统文化认识意识淡化。

中国水利博物馆承载着数千年厚重而辉煌的水利历史，以特别的场馆吸引人，鲜明的主题引导人，创新的形式教育人，生动的内容鼓舞人，将场馆的主题内容与学校德育有机结合、优势互补并开发利用，具有重要的育人功能和传承本土文化的教育价值。万向小学指向儿童社会传承意识培养的校本德育课程，根植儿童立场培养“钱塘江水文化”传承人，由课堂灌输型传承教育向生活构建型传承教育延伸，让从钱塘围垦走出去的每一位学子无论走到哪里都能说一说钱塘江文化。由此，万向小学开启了基于水利博物馆的校本德育课程建设探索，更开启了新时代传承意识培养的探索。

激活场馆资源，把握传承意识脉搏

指向儿童社会传承意识培养的校本德育课程解决的是课内外资源的有机融合问题，打破的是校园围墙，拓展的是学习时空，其关键在于激活场馆资源的教育功用，引导学生进行深入、有趣、主动的探究活动，引领一线教师有效开发和利用场馆资源，培养钱塘水文化小小传承人。

结合“立德树人”的教育理念，万向小学依托馆校合作，深入挖掘中国水利博物馆的文化与资源，将“钱塘江水文化融合”作为校本德育课程开发的主要内容，把握传承意识脉搏，一以贯之，步步深入，并最终确定了“水文化展学”、“水文化游学”、“水文化创学”三大板块的项目内容、学习价值导向、适合年段等相关内容的场馆学习主题单，着力构建培养儿童传承意识“改静听为博览，改接受为互动，改间接为体验研究”的育人模式。

创新课程设计，激发传承意识内力

在钱塘江水文化课程建构与场馆学习主题单研发的过程中，万向小学循着教学目标、学习内容、学习方式等课程要素，以项目创设为先导，优化组合学习内容，努力构建“展学”、“游学”、“创学”的立体化教育，帮助学生形成一种文化的认同感和归属感，形成一种内在的需求和动力。

培养社会责任意识的“水文化展学”项目创设。传承意识源于过去的现实。中国水利博物馆内设各种钱塘江文化的主题展馆，万向小学采用场内布展学习与馆外送教方式相结合的方式，全力开展包括钱塘江潮水的文明起源、兴衰以及水与周边物质文明、精神文明、政治文明、生态文明之间多元一体的区域文化等内容的展学活动。

“钱塘文化”菜单式学习：结合各年级的学生特点，将钱塘历史、钱塘古镇建筑、钱塘民俗文化、古海塘发展历史、钱塘金融钱币文化等开发成一个个项目菜单，并通过自我求知、自我选择的方式，对钱塘文化的由来和发展历史进行知识集成调取式学习。

“世界水日”特色活动式学习：结合“世界水日”、“中国水周”特殊节日，通过参观水利博物馆每年一次的大型特色专题展览，突出水情宣传重点，引导学生知水、节水、护水、亲水。

“水文化”视频沉浸式学习：强调按照真实的社会情境、生活情境，在虚拟现实场景中营造一种促使学习者沉浸其中的多元化学习情境。例如，学校联合中国水利博物馆开发了不少基于“水文化”的历史故事微视频，引导儿童能身临其境地沉浸到当时的特殊背景中。

学校通过水文化展学，搭建课内学习与场馆探究的桥梁，教育并引导儿童树立本土文化意识，把习得的本土文化知识潜移默化到所履行的社会责任和传承行为之中。

培养本土文化体验的“水文化游学”项目创设。传承意识立足实践的体验。万向小学充分发挥中国水利博物馆在学习实践中的支撑作用，设计开发了一系列基于水文化的体验、寻访、记录等社会实践项目课程，制定出不同年级相应的研学方式和研学活动手册，引导学生感受钱塘文化的魅力，增强他们对本土文化的自豪和钱塘小主人的传承意识。

钱塘江寻访式游学：通过假日小队形式寻访钱塘江周边的居民生活、变迁情况，了解钱塘历史、名人传记、钱塘故事等知识，引导学生走进社会大课堂，观察身边的人和事，发现、记录、传播和弘扬生活中的真、善、美。

钱塘江考察式游学：在参观游览钱塘江风光、听民间钱塘传说、钱塘航运体验等观赏游览中，引导学生通过观看、考察、记录等体验活动明白、理解钱塘文化的魅力，增强他们对本土文化的自豪感和身为钱塘小主人的担当意识。

钱塘江解说式游学:“小小讲解员”是结合场馆学习，以体验“讲解员”职业感受兼顾获取课外知识为主要目的，为全校学生提供的体验式、传授式、启发式的解说游学活动。它可以让不同年龄的孩子进行社交尝试和学习，获得对社会职业及社交行为的认知，携手传递爱家乡、爱祖国的情感。

培养钱塘文化传承的“水文化创学”项目创设。传承意识指向未来的再创。场馆学习呈现的是个性化思考与自主创生的学习成果，万向小学利用场馆学习的体验、探究、发现等活动，自主创作探究单，将一系列的作品进行常态化、规模化的创意创学，以撬动学生研究现实问题的动力和兴趣，提升学生拓展对外社交的能力。

创“意”钱塘：将儿童眼中、口中、心中的钱塘用童谣、诗词歌赋、绘画等方式直观地展现出来，并向同学、亲人、朋友进行展示、宣传和推广，从而树立“小小传承人”的意识，助力社会文化创新传承真正落实。

创“境”海塘：主要指通过活动情境法、视觉情境法、编创海塘情景剧和校园剧、演绎水文化故事等方式，让学生在展示表演过程中有效延续钱塘文化精髓，争做“钱塘小主人养成爱水、节水、护水的习惯和意识。

创“搭”模型：让学生在创意搭建水车模型、水电装置、STEAM模型的有效延续中，将心中的钱塘水文化外化于行，落实到动手能力中。同时，与同伴、家人、朋友进行合作搭建，从体验、传播、推广真正走向“传承”。

儿童走出校园，走进场馆，在具体可感的“水文化创意”、“水文化创境”、“水文化创搭”的课程中体验，时时关注钱塘江的发展变化，了解钱塘江的规划，激发爱家爱国情怀，使学校、家庭、社会场馆的教育合力在小学生本土文化素养传承和培育方面达到最大值。

传承是不忘过往，更是贯穿古今的德育必需。引导儿童承担文化传承是我们教育的责任所在。基于水利博物馆的场馆课程，万向小学围绕“立德树人、本土文化传承教育”的育人理念，经过水文化展学、水文化游学、水文化创学的一路跟进、体验实践，实现了全体师生从“初步感知”、“实践体验”到“文化传承”的螺旋式上升，也推动着学校高质量、精细化、特色化、内涵式发展。

国防教育塑英姿　特色基地铸军魂

浙江省江山市贺村第一中学　金东华　王燕

江山市贺村第一中学地处205国道旁，交通十分便利。学校创办于1968年，占地面积105亩，拥有一幢教学楼、一幢食堂、两幢教师宿舍楼、两幢学生宿舍楼、一幢国防科技楼和一处人防工事，并建有可承办大型运动会的400米塑胶跑道标准运动场。现有27个班级，1300多名学生。

近年来，学校稳步推进特色教育，大力加强中学生国防教育基地建设，用坚实的理念引领特色化的教育，打造了一张闪亮的国防教育名片，为培养祖国的国防人才做出了不懈的努力！

加强校园建设　营造浓郁氛围

强化组织领导，积极探索校园国防教育机制。学校以打造一所独具特色、管理规范、实效明显的国防教育示范学校为契机，在实践中探索建立四个“纳入”机制，确保国防教育健康有序开展。一是将国防教育作为特色教育纳入学校中长期发展规划。坚持以培养“知事理、明自我、健体魄、强精神”的时代新人为目标，因地制宜、因势利导，将国防教育引入学校教学课程，在形式多样的国防教育实践培育中引导学生健康成长；二是将国防教育纳入学校各科室年度工作计划。结合每年“全民国防教育日”宣传主题，突出教育重点，确立工作目标，细化教学分工，确保国防教育始终紧跟形势发展、紧随时代步伐、紧贴学生实际；三是将国防教育建设纳入学校素质教育教学内容。借助学校日渐完善的国防教育场所和设施，针对不同年级的学生特点，因人而异地开展各种国防教育实践活动，使国防教育成为助推学生德、智、体、美全面发展的重要载体；四是将国防教育纳入工作考核范畴。将国防教育落实成效列入各科室年终评比内容，强化督查力度、完善奖惩机制，确保国防教育有布置、有指导、有督查、有考评。

持续加大投入，不断完善国防教育硬件设施。为了确保国防教育工作的规范运行和持续发展，贺村一中近年来不断加强硬件设施和教育保障，兴建了壕沟、矮墙、防空洞等逃生训练设施，购置了30套防毒面具和防毒衣等训练设备。同时，新建了人防科技展厅，添置了各类壁挂式科普仪器、军事模型及图书，丰富学生的学习体验，保证了教育质量。

除了国防理论知识的学习，学生实践场地以逃生演练区、综合训练场、参观学习区及占地114平方米的防空洞为主。防空洞内布展了50多块防空防灾知识展板；综合训练场划分为器械防护训练场、地形地物防护训练场和防生化训练场，总面积达到400平方米；参观学习区则包括国防教育讲坛、国防教育展厅、武器装备展厅、国防科技展厅、国防阅览室等，总投资达120万元。96811部队首长多次到现场指导帮助布展国防教育展厅，提供了部队珍贵的图片，还赠送了军舰等各类军事模型和军事书刊。

突出教育特色，不断浓厚校园国防教育氛围。校园凸显国防教育特色，大力融入军事题材，形成了“多维度”的军事文化育人环境：以中华民族精神精髓为主题的“传承路”；以抗日战争八大战役为主题“战役墙”；以共和国十大元帅和抗日战争八大战役为主题的“军事长廊”；以中国军队建设发展为背景，以实物图片和军事武器模型为主题的“军事展厅”；以树立民族灵魂、立足爱国根本、培养“知事理、明自我、健体魄、强精神”的时代新人为主题的“军魂园”；以提供学生读书、休闲和棋类运动为主题的“博弈园为学生时时、处处感受国防教育营造了良好环境。与此同时，全校27个班级结合学生实际和特点确立了各自的班级特色文化，如“身边的小军人”、“军事知识大比拼”、“国防的力量”等，让学生在学习之余充分感受军事文化的激励和熏陶。在国防科技楼开辟国防教育阅览室，在教学楼一楼大厅移动书吧摆放各类军事书籍供学生翻阅，营造军事文化随处可学，军事文化“信手拈来”的良好氛围，使学生在优秀军事文化的浸润和陶冶中健康成长。

搭建三大平台　促进全面成长

学校通过开展形式多样的国防教育活动，找准国防教育与素质教育的结合点、渗透点和创新点，以三大平台为载体，促进学生全面成长。

军校携手共建共享。共建部队每年对七年级新生进行“全封闭式”军事训练，教官在对新生进行常规训练的同时，进行部队的优良传统教育，培养学生令行禁止的作风和吃苦耐劳的品质，增强学生的组织纪律性和集体荣誉感。学校每年组织学生参观一次军营，零距离感受军人严谨的作风和严明的纪律。组织开展雷锋精神永恒大型图片展。以雷锋为榜样，践行雷锋精神。学校携手96811部队开展后进生转换座谈会、助学扶贫等活动。

组建迷彩青春社团。学校迷彩青春社团成立于2015年，2019年被评为衢州市中小学十佳社团。迷彩青春社团课每周一节，成为学校的常规课程。社团课上，老师带领学生参观国防教育宣传长廊、国防教育展厅，实践军事模型的操作，体验国防科技馆。组织学生观看以战争为题材的军事影片。组织学生阅读国防军事书籍。坚持把国防教育融入课堂，以国防精神引领立德树人，走出了独具特色的思想教育新路子。

编写《国防教育知识读本》。学校组织精干师资力量，精心编写以国防教育为题材的地方教材《国防教育知识读本》（上下册）于2016年全省发行。该读本作为学校校本课程主要用于迷彩青春社团课和综合实践课的教学。

活动的扎实开展，学校的国防教育在央视新闻、省级、地市级等众多媒体中得到广泛的宣传报道。

打造特色名片　张扬迷彩青春

贺村第一中学“迷彩青春”国防教育社团始创于第十五个全民国防教育日2015年9月19日。“迷彩青春”是面向全校学生的理论加实践的学习类社团。社团设指导老师一名、社长一名、副社长两名，每学期限收团员数30人。

社团成立至今已经开展多项活动，成果颇丰，也在学校树立了一定的影响力及号召力。如：小小解说员选拔赛、国防现场会、校园“红歌”十佳歌手的举办、清明节扫墓活动、军旅影视窗口的开展、国防军事知识讲座的开展、雷锋精神永恒大型图片展、到部队体验军营生活等。在提高社团知名度的同时，也为社团今后的跨越式发展打下良好基础。

（一）上好国防知识理论课程

课堂是普及国防教育的主阵地，今天校园里的青少年，就是明天的国防中坚。近年来，贺村第一中学坚持国防教育进课表、进课堂、进校园。由贺村一中6位教师编写的《国防教育知识读本》已于2016年6月正式出版。该教材以邓小平理论和“三个代表”重要思想为指导，以科学发展观为统领，全面落实党的教育方针和人民防空的要求，目的就是把国防意识根植于学生心中，教育学生从小树立民族忧患意识，陶冶爱国情操，培养强国信念，锤炼报国意志，肩负民族责任，培养学生成为时代新人。同时，该校还编发了《浙江省国防教育读本》上册，下册也已完成初稿，正在审稿之中。

该校每周开设一节国防知识教育课，由外聘人员及学校领导、班主任完成对学生的国防知识课堂教育任务。教师在课堂上结合《国防教育知识读本》与多媒体，向学生展示现代国内外高科技新式武器，讲解各种武器的性能和用途，通过国防知识的教学，增强学生的国防观念和国防意识，提高学生的防护能力和应变能力。

（二）开展国防教育实践活动

1.课间习练军体拳，“迷彩青春”展风采

从2009年8月起，学校聘请部队官兵为校外辅导员，利用大课间组织学生习练军体拳，并作为学校国防教育的一项基本制度坚持下来。通过习练军体拳，学生的集体主义精神、团队协作精神、吃苦耐劳精神都得到了很好的强化。整齐划一、刚劲有利的动作以及铿锵有利的口号，使得学生在尽情展示“小军人”飒爽英姿的同时，充分体验到了人民子弟兵严明的组织纪律性，增强了国防意识。为使“迷彩青春”的社员发挥社团的作用，社员们需要作为每班的领队，站在主席台上作为军体拳的示范员给带领本班同学习练军体拳，另每学期或每学年，社员将评选“军体拳十佳标兵”评选表彰活动，进一步激发社员的积极性。

2.开展军营体验活动

贺村一中每年不定期组织社员参观一次军营。学生走进军营，通过聆听国防教育讲座、参观战士排房以及观摩部队官兵精彩的队列和军体拳表演等丰富多彩的活动，领略当代最可爱的人——人民子弟兵的魅力和风采，零距离感受军人严谨的作风和严明的纪律，从而增强自身责任感和使命感。

3.开展“军校携手、助学育人”系列活动

从2015年开始，学校以国防教育基地为依托，本着军校“文明共建、优势互补、资源共享、共同提高”的原则，开展了一系列的活动，包括后进生转化座谈会、结对资助及助学扶贫活动等。通过“军校携手、助学育人”系列活动的开展，军校的教育资源得到充分共享，在帮扶贫困生的同时，也全面提升了学生的综合素质。

2019年，学校和“迷彩青春”社团携手96811部队开展大型“雷锋精神永恒”大型图片展及宣传活动，收到全校师生的一致好评。

贺村一中坚持把国防教育与素质教育有机融合，以国防教育为平台，对学生进行爱国主义教育、革命传统教育和国防人防教育，培养提高了学生的思想意识与实践能力，促进学生良好行为习惯的养成。学校先后被评为江山市中小学生国防教育实践基地、江山市中学生人民防空教育实践基地、浙江省国防教育先进单位、浙江省国防教育基地、全国国防教育特色学校。

“千淘万漉虽辛苦，吹尽狂沙始到金”。贺村一中坚持国防教育特色，借助军校互助互赢，学校教育教学质量稳步提升。经过军校多年的共同努力，全校师生精神面貌焕然一新，学生的学习习惯、生活习惯、行为习惯得到根本性转变，实现学生思想提升、精神提升、生命提升和品质提升，成为明事理、健体魄、强精神、敢担当、有作为的时代新人。

创新制度抓管理，脚踏实地育英才

浙江省江山市清湖高级中学　柴生根

党的十九大报告明确提出“优先发展教育事业发出了建设教育强国的号召。学校积极响应号召，将“培养一代又一代拥护中国共产党领导和我国社会主义制度、立志为中国特色社会主义奋斗终生的有用人才”当作教育工作开展的目标，并以“提高学生综合素质，促进人的全面发展，增强创新创造活力，实现民族伟大复兴”为愿景。为此，我校以学生为本，努力践行社会主义核心价值观，培育文化因子，以“清慧明德，与日俱进”为校训，以“进步就是质量”为办学理念，将“成长比成功更重要”作为育人理念，把“精神立校，以文化人”作为办学新方向。在日常工作中，学校坚持进行管理制度创新，既注意提高教师团队的专业水平，搭建交流平台，推进教研工作，又着力于通过课程的设置，培育学生共性品质和个性特质的发展，取得了显著的成效。

一、分层设计，稳步推进办学思路

学校把“生态、幸福、科技”作为办学关键词，为学生的发展搭建平台：2017年12月，学校被授予浙江省写作学会“影视欣赏与写作”教学实践基地，这是浙江省写作学会30多年来授出的第一块牌子。2018年1月，学校与浙江树人大学签订了合作办学协议，并正式挂牌浙江树人大学实验学校。同年12月，树人大学周朝成专家工作站在学校成立并延续至今，开展了《少教多学学中做：未来公民需要的关键能力培养路径与实施策略研究》的项目，引领教师发展。

2016年，学校开始培育无人机、3D打印等科技项目。徐珍霞设计的作品《碗易》获浙江省3D创客比赛二等奖，2018年3月，学校被评为浙江省创客教育示范校。2018年9月，学校被浙江省基础教育研究中心评为浙江省数学学习力研究项目全省样本学校。2019年5月，学校成为浙江省五湖德育联盟五个重要成员之一，开启了育人新篇章。

2020年11月，学校承办了“浙江省11校教学联盟”研讨活动。

学校自2017年起率先践行市教育局教研室提出的“基于全体学生发展的课堂教学要素”(俗称139)，牢牢抓住“三个点即“降低起点”、“夯实基点”、“抬高落点全面进行课堂教学改革，用新理念转变课堂教学方式，彰显文化素养，倡导整合创新。该教学方式于2020年在教育局“教学改革创新项目”评选中获得二等奖。

教育部发布的2017年版《普通高中课程方案》第二部分课程设置第4项课程安排中明确提出：“外语包括英语、日语、俄语、德育、法语、西班牙语。学校自主选择第一外语语种。鼓励学校创造条件开设第二外语”。2018年，我校外语教学率先引入日语课程，并且在高一、高二、高三全学段开设日语课。在外语教学安排上，采用6+2的形式组织教学，即每个年级6个英语班、2个日语班。目前成效日益显著。

二、提高师能，建立师德评价档案

学校始终把师德师风作为评价教师的首要指标，将师德师风纳入职称评定、岗位考核、绩效分配等工作，实行一票否决制；建立荣誉性、发展性教师个人评价档案；每年开展学生对教师的满意度测评，对学生开放校长信箱等，引导教师上好每一节课，关爱每一个学生。

学校通过教师工作实现“分区域多层次无空白点”的精细化管理，如一天划分为14个管理时间段；参加早读、晚读时，用分贝仪测出每个班级朗读声音的分贝等。

学校鼓励并要求每个教师一年中至少应获得一项荣誉。有老师准备比赛时，整个备课组都能一起听课、一起评课，一起磨课，一起磨题。教师外出参加赛课等活动时，代表着团队的力量，学校的形象。经过多年实践，教师的成长有目共睹。在2019年和2020年，我校获得江山市赛课比赛一等奖的就有2人：胡芷苓老师在　“江山市高中历史新教师汇报课比赛”中荣获一等奖，郑方芳老师在“江山市实验教学说课比赛”中获一等奖。获得衢州市一等奖的有4人：柴生根老师荣获“衢州市非重点高中课堂教学评比”第一名，周峰华老师在“衢州市第11届选修（地方）课程教学评比”中获第一名，徐杰老师在“衢州市高中生物教师业务能力评比”中获一等奖，成颂老师荣获“衢州市高中语文素养大赛一等奖”。

学校与浙江树人大学的周朝成教授合作成立的专家工作站（江山市第六批专家工作站）共同开启了《少教多学学中做：未来公民需要的关键能力培养路径与实施策略研究》项目研究，该项目由3个研究生学历的老师参加，研究团队共有7人。该项目以科研为先导，在业务上不断引领全体教师深度发展，坚持“一个理念，两大转变、三级目标、四位一体”的培训思路，促进教师专业成长。一个理念即教师专业提升，学校内涵发展。两大转变即教育观念和教学行为的转变。三级目标是新教师“入格”、青年教师“升格”、老教师“风格”的培养。四位一体就是德研、教研、科研、培训相互整合的研训方式。通过有针对性地有效培养，教师整体教育教学水平得到了提升，良好的教师梯队日渐成型。

三、以生为本，促进学生全面发展

培育学生共性品质和个性特质，课程是关键。在办学理念的指引下，学校将“合格+特质”(即:“身心健康、学业优良、具有一定特质”）作为培养目标。在三年的跨度中，对学生共性品质与个性特质的培育，在很大程度上依赖于学校课程的设置和实施。一是根据学生现有知识水平，对必修课程进行校本开发，对选修课程进行开发，追求目标由粗放到集约、由数量到质量、由规范到品质。二是围绕学校的特色，结合学生的个性发展需求，建立支撑特色发展的课程群。同时，整合校外课程资源，培育或引进特殊课程选修。

一直来，我校非常注重学生的德育工作，大力开展赏识教育，每月开展社会主义核心价值观主题系列教育活动，每天开展听新闻联播活动，培养学生的时政意识，开拓学生的视野。此外，学校也着力培养学生的自我管理能力，让学生管理学生、自己管理自己、做自己的主人，在自管中培养良好的品行习惯。

2019年起，学校实行“五星班级”评比制度，开展“最懂礼仪”、“最会学习”、“最会生活”、“最守纪律”、“最讲洁净”五项评比，培养全体学生文明意识、学习意识、生活意识、纪律意识、卫生意识，让每位学生都争做合格的中学生。

学校作为浙江省第二批艺术特色学校，以新课程改革为契机，持续强化体育艺术特色，最大限度发挥每个学生的特长，发挥他们的个性，五育并举、体艺见长，形成了多样化的体艺教育体系。学校不满足于上好常规体育、艺术课，还积极开展体艺大课间活动、体育舞蹈、武术、健美操、书法、绘画等多样化活动，组建男女篮球队、男女乒乓球队、清中合唱团。学校还与江山艺田文化传播有限公司开展美术特色教育合作办学，与江南艺术培训中心开展音乐、舞蹈特色教育合作办学，与杭州升格艺术中心开展影视表演、播音特色合作办学。

学校通过种种课程、制度的改革和创新，致力于培养学生成为能力争上游、精益求精、主动学习的人；坚忍不拔充满自信的人；重思考并会推己及人、发扬善心积极做出贡献的人；有献身精神、积极为国家和全球发展做出贡献的人。在发展过程中，学校始终坚持以人为本，面向全体，注重基础，因材施教，逐渐形成了符合学校校情、具有学校特色的多元评价实践方法。

中国特色社会主义进入新时代，开启了全面建设社会主义现代化国家新征程，我校始终紧跟党的步伐，把握时代发展脉搏，贯彻落实党中央和国务院和党中央的指示：在日常工作中，着力促进师生增进对“一校训两理念三风”内涵的理解，而且将其内化于心，外化于行；在教育制度改革中，秉持以管理立校，以质量强校、以特色亮校的观念，坚持走办学品质提升与特色发展融合共进之路，培育能够担当大任的时代新人。

基于关键经验的幼儿园课程实施

——以幼儿数学教育为例

中国人民解放军四川省军区第一幼儿园　谢蓉　曾向阳

幼儿园课程改革要求实现“以游戏为基本活动、以一日生活为教育实施途径的大课程观、让幼儿在不同水平上富有个性的发展、创设支持幼儿主动学习的环境”等理念，实现课程改革理念要求教师具备相应的专业要求。

如何既实现课程改革的理念，又促进教师课程实施中的专业能力？2015年开始，我们尝试从幼儿园数学教育入手，通过基于关键经验的课程实施来达成包含但不限于以下三个方面的目标：形成基于幼儿数学关键经验的课程实施范式、提高教师支持幼儿数学发展的专业能力、促进幼儿数学发展。

一、认识数学关键经验　实现数学解决问题

美国Highscope课程的研究人员认为儿童从出生开始会积累大量的经验，如果要列一个单子的话，在范围和内容上可能是无止境的，因此必须抽取出那些具有基础性、稳定性、必要性、普适性的“关键经验”…经验是知识的初级形态。在数学学习领域，有研究者提出“数学核心经验”。

寻找两者来源，辨别学习指向。关键经验来源于美国Highscope课程的关键发展指标。“关键”指这些经验是儿童应该学习和了解的有意义的观点；“发展”指学习是循序渐进、不断发展的；“指标”用来强调教育者需要证据来证实儿童正在学习和发展哪些被认为是为入学或者人生做准备的知识和技能。关键发展指标涵盖了8个领域58项关键经验，其中数学领域的关键发展指标是高瞻课程中的数学关键经验。

数学核心经验是美国芝加哥埃里克森儿童发展研究生院教授，早期数学教育项目首席主持陈杰琦博士提出的领域知识，她指出“数学核心经验是指合乎数学领域的内部逻辑，聚焦于重要数学概念和

技能的经验。其中数学核心概念涉及的是数学领域中最关键、最合乎逻辑、最连贯的概念，它符合儿童的思维及其日后的生成性学习”。

对比两者特点，明确两者异同。将数学核心经验与数学关键经验的含义和特点进行对比，可以看出两者内在含义有相似之处，都是基于早期儿童数学领域最基础最重要的经验。但是所指向的知识点不同：数学核心经验指向数学学科领域知识，回答是什么(What?)的问题，而数学关键经验指向教育对象即幼儿数学发展的知识，回答谁(Who?)的问题；两者对教师的作用也不同：数学核心经验让教师学科领域知识更完整系统，而数学关键经验帮助教师理解幼儿数学学习发展的阶段性典型特点。

界定“关键经验发挥重要作用。幼儿数学学习中的“关键经验”指学前儿童数学学习中最关键的概念、技能或经验，是幼儿在学习与发展中需要直接获取的重要经验——它指向的是经验而不是知识，它强调的是重要经验而不是一般经验。它对幼儿数学学习具有组织和整合作用，对幼儿理解、掌握、运用和发展数概念和数技能，以及运用数学解决生活中的问题起着至关重要的作用。

确定学习内容，分解发展目标。根据《3至6岁儿童学习与发展指南》中数学认知目标，借鉴国内外研究成果，提炼出数学学习关键经验；在已提炼的数学关键经验基础上融合幼儿学习品质，确定幼儿数学学习内容；分解不同年龄幼儿数学关键经验的发展目标。

二、探索数学教育实践　丰富幼儿数学学习活动

创设主动学习情境，探究数学学习意义。数学学习情境是指儿童能感知到的、能与之互动的且能帮助幼儿体验和理解数学核心经验的场景和学习过程，是幼儿感知和理解数学核心经验的桥梁。学习情境能赋予学习内容以实际意义，能激活幼儿已有的生活经验，能为幼儿提供操作摆弄的机会，使抽象的数学知识与真实情境、真实任务相联系，让数学学习成为有意义的事情。

在幼儿的日常生活中嵌入数学感知情境。比如：为幼儿的书包柜、口杯架、图书柜、图书等编号；为区角的材料做照片、简笔画、图文结合等标记；幼儿记录天气并定期进行统计。

为幼儿提供蕴含数学关键经验的材料，比如：提供大量低结构的，大小、形状、颜色不同的，可供幼儿数数、拼图、分类等操作材料；提供尺子、计时器、试管等可供测量的材料；提供数字卡、点卡等可多样化操作的材料。

在幼儿互动交往中创设数学学习情境，比如：鼓励幼儿谈论身高、体重、速度等话题；生活中用准确的数学语言与幼儿交谈。

在幼儿学习活动中拓展解决数学问题的情境，比如：在主题活动中挖掘数学问题并引导幼儿解决问题；在集体教学中设计有价值的问题。

兼顾关键经验积累，助推幼儿课程学习。基于关键经验的幼儿园课程并不仅仅按照幼儿园一日活动的生活、游戏、运动、学习四大板块实施，如果将幼儿园一日活动四大板块的实施过程当做横轴，那么关键经验就是竖轴，教师需要同时兼顾幼儿在一日活动中关键经验的积累，立体推进幼儿发展。教师可以通过以下5项策略帮助幼儿在课程中学习数学。

生活中感知体验数学直接经验：如和幼儿一起寻找发现生活中与数量有关的事物或事件；引导幼儿观察发现生活中按照一定规律排列的事物；有意识开展游戏化且含有数学关键经验的生活小任务。

游戏中个别化数学学习：游戏有许多不同的种类，按照结构化程度不同可以分为完全自由的游戏、支持性游戏、规则游戏、结构化游戏，每种游戏有交叉的部分特点，并且各有其价值，课程应该包含这些游戏以及包含完全高结构的指令性教学，有研究证明其中支持性游戏对幼儿主动学习效果最好。支持性的游戏包含计划、游戏、回顾三个环节，教师可以真正允许幼儿自己制订游戏计划；跟随幼儿的游戏主题进行支持；教师在同一地点与同一组幼儿进行回顾以确保对幼儿持续观察支持。

小组活动中目标与过程结合：如为教师和幼儿每人准备相同的材料；开场白中介绍材料和活动，过程中观察幼儿的学习情况并同幼儿交流、使用材料；允许幼儿基于自己的兴趣和程度开展不同的学习

集体活动中梳理并提升数学关键经验水平：虽然幼儿园课程中每周的数学集体教学活动并不多，但是必须看到集体教学活动是面向全体的帮助幼儿梳理零散的经验、提升幼儿数学关键经验水平的高效教学活动。教师开展集体教学需要在以下四个环节的循环往复中促进幼儿发展：观察评价——通过观察评价收集个体和群体发展信息；分析反思——反复询问自己幼儿的关键经验发展情况；设计活动——提供物质和心理支持并设计教学过程；提升经验——开展适宜性的数学教育活动促进幼儿发展。

主题活动中用数学解决问题：来源于幼儿生活和兴趣的主题活动是幼儿开展综合学习的良好时机，教师要挖掘主题活动中有价值的事件，带领幼儿用数学解决他们自己遇到的问题。如支持幼儿将自己的思考和疑问用各种方式进行表达；解读幼儿活动中有关数学关键经验的学习；丰富涉及数学关键经验的活动内容。

三、持续开展观察评价　师幼互动促幼儿全面发展

持续开展自然观察，了解幼儿数学发展水平。自然观察是一种指向观察目标，对观察对象在自然状态下呈现出的可观测的情境进行客观记录的观察方法。其中观察目标就是指幼儿的关键发展指标项目，自然状态是指幼儿非安排、非指令的活动状态，客观记录要求简洁客观具体。

基于观察进行真实性评价，解读幼儿数学发展水平。真实性评价是在自然观察基础上，使用具有信度和效度的评价工具，对观察对象（幼儿）发展水平进行过程性定量评价方法。选择具有信度和效度的评价工具、熟练掌握评价工具、科学客观评价幼儿发展、有效使用评价结果是真实性评价的实施要点。

支架式的师幼互动，促进幼儿数学发展水平提升。与幼儿建立真实的关系，如认真倾听幼儿的语言并给出具体的反馈；诚实地提出和回答问题，控制问题的数量。

帮助幼儿清晰数学思维过程，如运用数学语言帮助幼儿与生活建立联系；和幼儿讨论与活动相关材料，以及材料与幼儿行为之间的关系。

为幼儿创设主动表达思维过程的机会，如使用试误法、示弱法让幼儿主动发现和解决数学问题；提出鼓励数学思维的挑战。

有效整合家园教育资源，促进幼儿数学发展。通过家长学校让家长充分了解幼儿数学学习特点；与家长进行一对一交流关注个体发展；鼓励家长参与到幼儿园课程中，为幼儿提供多元化的教育资源。

基于关键经验的幼儿园课程实施优点是实现了课程的发展适宜性，提升了教师课程实施的专业能力。难点是对幼儿关键经验的观察评价需要选择具有信度和效度的评价工具、教师要掌握评价工具、持续评价、科学评价等。我们感到，只要发挥幼儿园集体智慧，坚持用支持性教学策略鹰架幼儿的学习，坚持持续观察评价，课程改革的理念就能真正实现，教师对课程实施的专业能力就能获得跨越式发展，从而惠及每一名幼儿。

创建特色品牌文化　推动经济发展繁荣

重庆市巴南区南泉初级中学校　李强

文化是一个地区的灵魂，品牌是文化的载体。在文化与经济和政治相互交融的现代社会，文化软实力的地位和作用日趋凸显。优秀的街道文化品牌，对于推动当地文化大发展大繁荣，加快经济社会又好又快发展，提升街道的竞争力起着关键作用。南温泉作为驰名中外的旅游胜地和自然风景区，南泉街道作为我区唯一的全国社区教育示范街道，我校作为唯一一所街道社区教育学校，打造以泉水文化为品牌的特色，以泉水文化品牌作为引领，推动辖区文化大发展大繁荣，是我校办学理念的起源和精神教育所归。

一、总结泉水优秀品质　提炼核心价值理念

古人曰:“上善若水水是天地万物的根源，借于文化历史积淀，古代先贤早已总结出了泉水的优秀品质。

总结泉水品质，根植文化理念。一曰守拙。水乃万物之源，不仅不张扬，反而“和其光，同其尘哪儿低往哪儿流，哪里洼在哪里聚，甚至愈深邃愈安静。此等宁静和达观，洋溢着谦谦君子之风，有品位，有内涵，有境界，在低调中彰显着高贵。二曰齐心。水的凝聚力极强，一旦融为一体，肩并肩，手挽手，一个方向，一个步调，荣辱与共，生死相依，没有什么力量能使它们分开。盖因其团结一心，众志成城，才威力无比。　三曰坚忍。水至柔，却柔而有骨，为了执着的信念不懈地追求。　四曰博大。“海纳百川，有容乃大”。水最有爱心，最具包容性，通达而广济天下，奉献而不图回报。五曰灵活。不拘泥，不呆板，不偏执，有时细腻，有时粗犷，有时妩媚，有时奔放。故此“水无常形”。因变而动，因动而活，因活而进，水便拥有了无穷魅力。　六曰透明。唯其晶莹剔透，才观得鱼戏浅水，月映深潭；唯其本色清廉，自然天成，才无做作，不欺瞒，去浮华，才不被假冒，无法伪造；即使蛰伏地下千尺，依然清澈真纯。七曰公平。水不司偏见，无论高低远近、亲疏贵贱，不管置于瓷碗还是置于金碗，均一视同仁……

领悟泉水哲思，提炼核心理念。千百年来，中华民族在认识水、治理水、开发水、保护水和欣赏水的过程中，留下了丰富的精神产品，领悟出许多充满智慧的哲思，奠定了中华泉水文化的深厚底蕴。于是，我们总结出泉水文化核心价值理念：上善若水、饮水思源、善始善终、志存高远、意志坚韧、宽容忍让、遵守法度等。最终提炼出“泉水孕育忠孝和善，爱心成就和谐社会”的文化目标。

同时围绕上述理念积极组织开展各种形式的活动和教育培训，使辖区居民普遍接受泉水文化的熏陶和浸润，深刻领悟泉水文化“忠、孝、和、善”的思想精髓，形成南泉地区泉水文化底蕴。

“忠”：即忠诚。“源泉混混，不舍昼夜，盈科而后进，放乎四海”（《孟子·离娄下》），根据泉水“齐心”、“坚韧”等品质，提炼出泉水忠于目标，为了实现目标不屈不挠、百折不回的坚韧品质，是为“忠诚”也。喻今天的南泉人民忠诚于国家，忠诚于中华民族，忠诚于中国共产党，忠诚于家人，忠诚于朋友。

“孝”：即孝敬。“滴水之恩，当涌泉相报这是民风淳朴的南泉人

民的信念。喻南泉人民从饮水思源，孝敬父母、孝敬长辈进而感恩国家、感恩自然，“感恩”文化成为泉水文化的重要组成部分。

“和”：即和谐。“水者，何也？万物之本原，诸生之宗室也”。（《管子·水地篇》）。水乃万物之源，不仅不张扬，反而“和其光，同其尘同环境能和谐相处。根据泉水“守拙”、“博大”等品质，挖掘出泉水“和谐”品质，喻今天的南泉人民注重人与人、人与社会、人与自然的和谐相处。

“善”：即向善。“上善若水，水善利万物而不争，处众人之所恶，故几于道”。（《老子·八章》）。泉水孕育了南泉人民多年，培养了南泉人民求真向善的品质，喻今天的南泉人民将进一步发扬行善文化，积极创建和谐社会。

我们所要创建的泉水文化品牌建设的最终目的是要提高南泉地区市民的素质，特别是人文素养，从而推动和谐社区建设。因此泉水文化品牌建设的目标是：塑造具有忠、孝、和、善品质的南泉人。

二、开展多种形式活动　推进文化内涵建设

泉水文化品牌的构建结合南泉地区的实际，以社会主义核心价值观为指导，从“忠、孝、和、善”四个方面开展泉水文化品牌建设。

忠诚——结合南泉的抗战文化、红色文化开展爱国主义教育，培养忠诚国家、民族的情感。我校经常组织文艺演出、故事会、实地考察参观、清明节祭扫烈士墓等活动。

孝敬（感恩）——结合南泉地区古今孝敬父母、感恩社会的先进人物及事迹进行传统感恩文化教育，宣传正能量，培养孝敬父母和长辈，感恩社会、感恩国家、感恩自然的情感。平日里我们会通过组织文艺演出、故事会、先进人物评选等活动来实施文化涵养。

和谐——结合南泉地区丰富的旅游资源和和谐社区建设内容开展和谐社会建设，开展丰富多彩的活动，树立环保意识、和谐意识，培养和谐精神。比如我们每年都会开展旅游文化节、专题讲座、文艺演出、故事会、各种健身活动、比赛等活动。

向善——结合南泉地区见义勇为、爱岗敬业、无私奉献等先进人物及先进事迹开展弘扬正能量的教育，树立正义感，为创业、失业、再就业人员提供培训和帮助。比如我们组织的感动南泉人物评选、各种技能培训、文艺演出、故事会、技能竞赛等活动。

重视品牌建设，加强组织领导。高度重视泉水文化品牌的建设工作，成立以街道主要领导为组长，街道各相关部门为成员的“泉水文化品牌建设领导小组并定期召开会议，对泉水文化品牌的建设工作进行规划、指导、协调和统筹。经费主要用于文化服务中心和社区学校的品牌建设实验项目补助、活动组织、师资培训和教材开发以及检查评估、先进表彰、工作调研等内容。同时逐步建立和完善教育的管理体制，包括考核评估和表彰奖励机制，对先进集体和先进个人进行表彰奖励。

启动品牌建设，加强制度保障。制作泉水文化标识logo图和泉水文化宣传海报；打造泉水文化景观大道，建设泉水文化广场和泉水文化标志性雕塑等；在街道文化服务中心筹建泉水文化展室；完善本地区的泉水文化、抗战文化、红色文化教育点，并向公众开放。

进一步丰富和完善泉水文化理念系统，凝练南泉精神。以打造泉水文化品牌理念引领街道管理。结合泉水文化理念挖掘南泉地区历史文化的丰富内涵，加强泉水文化的研究。

丰富活动形式，推进内涵建设。利用社区学校编写的《泉孕家乡美》泉水文化知识读本，开展专题讲座，通过了解家乡、赞美家乡，培养社区居民热爱家乡、建设家乡的热情。

结合泉水文化品牌建设的内容编写《泉水文化之忠诚篇》、《泉水文化之感恩篇》、《泉水文化之和谐篇》、《泉水文化之向善篇》系列读本，宣传、弘扬南泉精神。

举办感动南泉人物评选，宣传先进，传递正能量；制作泉水文化微视频，借助社区及学校网站、宣传橱窗、黑板报、广播、有线电视等平台宣传、传播泉水文化和南泉精神；开设泉水文化讲坛：邀请专家、社会名流、成功人士为南泉发展献计献策；将泉水文化品牌的核心理念，植入在辖区内开展各类讲座和培训之中，加深社区居民对泉水文化的理解。结合传统节日定期开展知泉、访泉活动，举办泉水文化文艺演出、故事会、知识竞赛、劳动技能竞赛、竞趣运动会等活动，努力创造“以文化带风气、以文化聚民心、以文化促和谐”文化氛围。

教育改革，大潮涌动；千帆并举，百舸争流。我校的全体教职工将会继续在平凡岗位上默默耕耘，用品牌特色来构建未来教育路，用爱和青春浇灌这片沃土。以忘我的态度教育人，以高尚的品德感染人，以科学的方法管理人，以真挚的情感温暖人，以一流的业绩鼓舞人，为我们谱写了一曲壮丽的青春之歌。

办好心理健康教育，呵护学生茁壮成长

重庆市巴南中学校　张礼

中小学心理健康教育，是提高中小学生心理素质、促进其身心健康和谐发展的教育，是进一步加强和改进中小学德育工作、全面推进素质教育的重要组成部分。为此，我校秉持着“打开心灵之门，开启阳光之路”的理念，开设心理健康教育中心，组织了一个以学校领导牵头，专业教师为主、班主任为辅、学科教师协助的心理健康教育团队，并开展了一系列育心教育活动。

一、开设课程，精准指导

我校针对初一年级各班开设了心理健康教育课，每周一节，由专职教师授课。教学以活动为主，形式多样，有知识讲解、体验游戏、心理测试等环节，内容涉及级凝聚力建设、人际交往、青春期心理、自我认识、情绪管理、生涯规划等方面。2015年，我校编制了符合本校学生心理特点的心理校本教材，现已投入使用三年。我校心理健康课程有完整的体系、教学大纲、教案和课件。结合我校学生特点，初一上期心理课以“适应”为主题。“适应”包括“学习适应”和“人际适应”两个板块。初一下学期心理课包括“学习心理”、“情绪”、“自我认识”和“生涯规划”四大主题。

对于没有开设必修心理健康教育课程的年级，学校根据学生的需要以选修课的方式予以开课，让更多学生从心理课程中受益。目前，心理健康教育中心教师刘涛、罗文建和叶静雯已经连续开设了5期 “中学生人际交往能力培养”和“生涯规划”等为主题的选修课，深受学生喜爱。人际交往能力培养课程以团体活动的形式开展，主要包括8个课时。第一节课采用问卷调查的形式了解学生人际交往能力。第二、三节课为团体活动的破冰之旅，让师生相互认识以更好地状态参加以后的课程。第四节课为信任之旅，以活动的形式让学生学会信任团体成员以及生活中的其他人。第五节课为将心比心之旅，使学生在日常生活中学会换位思考。第六节课为赞美之旅，鼓励学生真心地赞美他人。第七节是告别之旅，引导学生回顾之前的六次课程，鼓励他们将学到的知识运用的日常生活中。第八节课为学生人际关系能力测试，了解本次课程的效果。

根据《国务院关于深化考试招生制度改革的实施意见》（2014年）中提出的生涯规划或生涯教育将成为高中生的必修课的要求，学校开设了生涯规划课。2014-2019年，我校尝试运用选修课的方式引导学生规划生涯，课程深受学生喜爱，2018年我校“划出精彩人生”生涯规划选修课被评为重庆市精品选修课。随着2018年新高考的到来，学生需要自主选择科目。因此，引导学生学会生涯规划显得更加迫切。2020年，我校总结前期选修课的经验，在高中年级正式开设生涯规划课程。生涯规划课设置了六个主题板块，从认识生涯、探索生涯、生涯决策和认识大学/专业等方面引导学生体验活动、收获成长，帮助学生树立规划意识、全面了解自己的兴趣，潜能，性格特征等，从而学会规划，初步建立自己的生涯规划蓝图。

二、关照个体，兼顾团体

在个体辅导方面，我校心理健康教育中心在周一至周五对全体教师、学生及家长开放。随着宣传力度及活动的开展，越来越多的学生对心理健康及心理知识有了全面而正确的认识。前来咨询的学生人数从2007年每学年十几人增加到每学年近400人。初中学生主要咨询的问题是人际关系、亲子沟通、自我认识等问题，高中学生咨询的问题以学业压力、情绪调节为主，初高中学生问题的严重程度存在明显差异。

团体辅导活动具有适用面广、形式多样、生动有趣、耗时短、效率高及收效好的优势，现已成为我校心理活动主要开展形式之一。根据高一和高三学生心理状况，结合我校学生特点，心理健康指导中心还为高一和高三学生制定了专门的团体辅导体系。另外，心理健康教育中心还为非毕业年级开设了人际交往、自我认识、生涯规划、学习心理、考试焦虑和亲子沟通等为主题的团体辅导。班主任或任课教师也可根据班级情况确定主题开展活动。

重庆市巴南中学心悦社团成立于2014年，每年9月开展“心悦”社团纳新工作，每周二和周四由心理健康教育中心老师为社团成员开展社团活动。活动内容涉及人际交往、情绪管理、学习心理、自我认识、生涯规划、心理知识介绍等内容。社团成员们在自我成长的同时，也可以利用学习到的知识帮助有需要的同学。

三、创新形式，拉近距离

为进一步提升学校的学生心理健康教育水平，发动更多人学习、宣传、普及心理健康的科学知识，提高全校师生对心理健康重要性的认识，营造校园心理教育的良好氛围，提升学生的心理健康素质，从2014年起，我校于每年12月开展心理活动周系列活动。目前学校已成功举办六届心理活动周，心理活动周以学生关切和需求为主题。活动内容、形式丰富多彩，包含“微笑找朋友”、“人际困惑树”、“现场心理活动”（现场咨询、OH卡牌测试和自画像）、“曼陀罗绘画展”、“给未来的一封信”、“生涯兴趣岛”、心理趣味知识竞赛、黑板报手抄报评比等。通过讲座，全校师生进一步了解了心理健康知识；通过手抄报，同学们丰富多彩的心灵世界得到了充分展示；通过现场心理咨询与测量，同学们对自己又多了一分了解。历届心理活动周深受学生喜欢，他们纷纷表示期望开展更多类似活动。心理活动周的举办，不仅宣传了心理知识，帮助同学们解决了人际困惑，还提高了心理健康教育中心的“知名度加深了同学们有困惑时可以寻求心理老师帮助的意识。

四、加强宣传，扩大影响

我校心理健康教育宣传工作通过校内和校外两条路径开展。在校内，我们通过心理课、广播、国旗下讲话、展板、橱窗、校园网、电子显示屏、电子书及各类活动等多渠道宣传心理健康知识、举办的相关活动及心理健康指导中心，帮助学生全面了解和学习调节心理状态的方法，营造了良好的心理健康教育氛围。在校外，我们利用电视台、期刊、讲座及现场活动等方式，让更多领导、家长及社会人士了解和关注我校心理健康教育工作。巴南电视台及巴南教育杂志多次对我校心理健康工作进行了报道。

走进社区，服务社会，也是我校宣传工作的重要组成部分。学校与李家沱街道、青年塘社区合作，通过现场心理咨询和讲座的方式让心理健康教育走进社区。2014年3月和2016年6月，我校心理健康教育中心分别走进李家沱街道和青年塘社区，义务为广大民众提供现场心理咨询并发放心理健康知识的相关宣传资料。2015年5月，我校心理教师为青年塘社区居民开展了"如何与孩子沟通"的主题讲座。

五、重视科研，再攀新高

科研是开展心理健康工作的"思想库"、"智慧库"。长期以来，学校一直积极尝试通过课题等形式了解和归纳学生的心理问题，并以科学严谨的态度寻求问题的解决之策。目前，我校心理老师在各类报纸杂志发表多篇文章，并参与书籍编写工作。我校心理教师罗文建先后在《中小学心理健康教育》、《健康研究》和《中国老年学研究》等期刊发表《团体疗法对高一新生人际交往的影响研究》、《思维方式与心理健康的关系及对心理辅导的启示》等论文。罗文建老师还先后参与《跨越代沟：青少年与长辈交往的艺术》和《学习心理学》等书籍的部分章节编写工作。刘涛老师多次参与论文评选活动，并取得优异成绩。在我校刘涛、罗文建老师积极努力下，2014年我校成功申请了巴南区"十二五"重点规划课题《团体沙盘疗法对高一新生人际交往能力的干预研究》并于2016年结题。目前，我们正积极准备新课题的申报工作，尝试用全新的角度来研究和解决学生的心理问题，把我校心理健康教育发展推向一个新的高度。

办好心理健康教育，是做好德育工作的重要组成部分，也是办好人民满意的教育的必然要求。我校坚决贯彻党的教育方针，坚持立德树人、育人为本，注重学生心理和谐健康，遵循中学生生理、心理发展特点及规律，加强人文关怀和心理疏导，培养中学生良好的心理素质，呵护其健康成长，积极改革开展育人工作的方式方法，全面推进素质教育，为培育肩负中华民族伟大复兴的人才贡献力量。

以劳立德，打造"高洁惠美"生态课堂

——将劳动教育有效融入《道德与法治》生态课堂

重庆市巴蜀渝东中学　涂家文

基于生态视角的课堂教学理念一生态课堂，应以学生活动为立足点来策划和实施，应为师生发展而教，为师生发展而学，以创新的教学方式造就学生张扬的个性、开放的思想和创新的品质，培养学生可持续发展的核心素养。在发展学生核心素养的课改背景下，我们从构建生态课堂角度出发，结合学校开发建设的"水土保持教育劳动实践基地"的物质条件和初中生身心发展的规律，在《道德与法治》课堂中有机融入劳动教育，深挖劳动教育因素，整合教学内容和形式，探索构建以劳动教育为底色的道德与法治生态课堂，以期实现"以劳立德，高洁惠美"的教育追求。

深挖劳动因素，树立以劳立德的育人观念

德育教育的载体很多，《道德与法治》课程充当着"排头兵"的角色。这就要求我们必须把德育教育分解到各学科的教学中，而劳动教育课程就是很好的载体。倘若深挖《道德与法治》课程中的劳动因素，通过课堂教学、社会实践和公益活动等途径，可以很好地培养学生的爱心和社会责任感，促使德育如润物春雨，默化潜移，以劳立德。

以七年级上《道德与法治》第八课"探问生命"一课为例，学习目标是懂得生命来之不易，生命是独特的，不可逆的和短暂的；正确认识个体生命与他人、社会、人类的关系，明确生命的使命；懂得生命至上的内涵，了解生命之间休戚与共，学会珍惜自己的生命。能力目标是培养对生命问题的辩证思维能力，理解生命有时尽、生命有接续的道理；能够结合社会热点思考敬畏生命的表现和意义。学习价值是有助于初中生科学理解生命的发展规律，培养他们感激生命、珍爱生命、敬畏生命的情怀，进一步激发对生命话题的探究兴趣，增强生命的责任感和使命感。基于这一三维目标，我利用"水土保持教育劳动基地对本课教学做了如下安排。

设计理念：基于生态课堂属性的"水保"劳动基地的动植物生命探寻活动。

活动方式：走进基地进行动植物生命存在形式及价值调查探究。

学习方法：进行小组合作、自主探究式学习，并总结反思。

学习过程：第一课时，首先将全班分成八个学习调查小组，布置学生自学第八课"探问生命每组成员草拟出文本中重要知识点，确定好走进基地调查中有关生命话题的问题提纲；然后带领学生走进基地，以小组为单位，在组长带领下确定一至二个观察对象进行调研；最后学生回到教室撰写调查心得。第二课时，首先按照文本解读后的提纲内容，结合撰写的调查心得，小组合作讨论所列提纲在劳动基地探究的结果；然后每个小组推荐一人汇报去劳动基地里探究的动植物生命存在的形式和经济价值、生长周期及相关特性；最后教师将探究的结果上升到自然界所有动植物生命存在的价值和意义，培养学生感激生命、珍爱生命、敬畏生命的情怀，增强生命的责任感和使命感。

关于这一课的内容，我在设计课堂教学时，改过去在教室开展趣味活动为户外实地调查探究活动，让学生带上书本在基地里走走停停，根据自己所需来确定观察对象，寻根问源，找寻动植物生命信息，获取自然界生命的真谛。

而在学生走进基地之前，我根据本课知识点预设了几个探究问题：1.我们每个人都会有失去生命的一天，那有没有长生不老的灵丹妙药呢？人的生命可以永恒吗？2."水保"劳动基地各生物的生长周期怎样？如何看待生命有尽？从中有怎样的生命启示？3.这些动植物的生存价值有哪些？4.人的有限生命的价值跟"水保"基地动植物的生存价值有着怎样的相似性？5.初中生应怎样做才会让有限的生命之花怒放于成长之路上？

由此可见，在《道德与法治》教材中深挖劳动因素，利用"水保"劳动基地进行道德教育的方式是可取的。因为这些问题的探寻过程蕴含了劳动因素，虽然有的学生累得气喘吁吁，但仍然饶有兴致。在动中学，在动中悟，他们真正做到了体力劳动与脑力劳动的有机结合。

开展劳动实践，构建高洁惠美的生态课堂

卢梭说过："教育必须顺着自然，也就是顺其天性而为"。人的天性就是劳动。在《道德与法治》课中，我们可以利用教材中的劳动因素，借助劳动教育基地开展劳动实践，构建高洁惠美的生态课堂。这既能回归教育本位，又能培养核心素养，铸就健全人格。

以九年级上《道德与法治》建设美丽中国"这一课为例，其中蕴含的劳动因素可以开展劳动实践。保护环境，合理利用资源，走绿色发展之路是本课教学重点也是难点。本课要求学生关注"正视发展挑战，共筑生命家园为了突破难点，我围绕"建设美丽中国"的主题，结合教材内容，依据学校"水土保持教育劳动基地"农作物种植及配套硬件设施情况，设计了一个"做美丽中国建设者"的劳动实践课。其知识目标是增强人文底蕴，合理利用资源，加强环保意识，明确走绿色发展道路；能力目标是学会健康生活，培养学生责任担当，提高实践能力，勇担社会责任，积极参与社会，从日常小事做起，保护环境，绿色生活，为建设美丽中国贡献自己的力量。

第一阶段(1课时)：学生利用网络、书籍等搜集有关美丽中国的图片和我国面临的环境问题，制成PPT；然后在课堂上结合教材进行知识探究、合作交流，正确认识保护资源、环境的重要性和必要性，联系当地实际，明确家乡最大环境问题是水土流失严重、生态失衡；最后在讨论中形成共识，控制水土流失，共筑生命家园。

第二阶段(2课时)：把学生分成6个小组，组长带队走进水土保持劳动教育基地，每组承担一项劳动任务，在基地工人的指导下参与砌堡坎、挖水沟、种树苗、施肥料、除草固土、浇水修叶等劳动。

第三阶段(3课时)：根据前两节课的知识学习和劳动实践，开展经验交流。劳动课后，每个学生都要结合在"水保"基地的劳动体验撰写心得，总结本课有关共筑生命家园的环保知识点，总结在劳动课上发现的防止水土流失的植被种植和固土措施。让学生明确，参加水土保持劳动实践就是建设美丽家乡的具体行动，每个中学生都要积极参加劳动，成为美丽中国的建设者。

新时代的创新劳动课堂要大力推广，与时俱进。在动手劳动之前要思考讨论，让劳动意义更大，在劳动课堂之后让意义升华，只有这样一点一滴去建设美丽校园，建设美丽家园，才能真正建设美丽中国。通过这三个阶段的教学，我们不仅完成了教学目标，更重要的是实现了《道德与法治》课程与劳动教育课程的有机融合：从资源的角度，要坚持人与自然和谐共生；从水土保持的角度，要考虑合理开发和利用自然资源，遵循自然规律，建设生态文明。

这一教学设计，体现的是绿色生态课堂理念。生态课堂鼓励远离封闭的室内教学和填鸭式获知方法，提倡自主学习、探索学习，让个人独立的学习方式转变为小组合作，教师的角色从灌输者变为设计者和促进者，学生的角色由被动的信息接受者变为创造性的学习者。我们学校"水土保持教育劳动基地正是实现绿色生态课堂的最佳场所，它可以促成包括《道德与法治)课程在内的所有学科与劳动教育课程的有机融合。通过这一融合，构建起了一种新的教育情境。

践行劳动教育，顺应五育并举的时代方向

世界各国普遍关注学校的劳动教育问题，它具有跨学科的特征，可以与众多学科相互融合，是社会、经济、法律、道德、伦理、心理、环境等多方面的宽广教育视野，是未来教育发展的趋向。同时，践行劳动教育，也必须顺应当下"五育并举"的时代发展方向。针对很多家长不注重孩子劳动能力的培养，造成他们衣来伸手、饭来张口的懒惰毛病，有的甚至鄙视劳动的现状，各学科教师应当组织学生积极参加各种劳动实践，使学生在劳动过程中接受品德教育，让他们在劳动实践中体会劳动的光荣和艰辛，从而帮助学生树立正确的价值观和劳动观念，培养他们热爱劳动人民的思想感情。

例如，在《道德与法治》课程的教学中，我经常带领学生走进"水土保持教育劳动基地进行除草浇水等简单劳动，观察了解田间地头的植物特性，引导学生学习培植养护小知识，锁定某一感兴趣的植物，观察其抽青、开花、挂果等长势情况，写出观察日记在课堂交流，每次日记要结合《道德与法治》教材道德要求做必要衔接，学以致用，既获得了劳动经验，又学到了文化知识，提升了道德素养，还普及了环保法规常识。由此可见，通过《道德与法治》与劳动教育的融合，可以培养学生良好的劳动习惯和学习品德，让他们在学习知识的同时提高自身的综合素质和劳动能力。这是新时代教育发展的方向。

但要注意的是，劳动教育应在以教学为主的大前提下进行，它是学科知识教学的有效辅助手段，不能让劳动教育内容冲淡学科知识教学。学生适当参加公益劳动和体力劳动，以劳动服务教学、促进教学，提升综合素养。

综上所述，《道德与法治》课程与劳动教育的有机融合，能够凸显"以劳立德"德育育人理念，促成"高洁惠美"的生态课堂的有效构建，可以丰富学科知识教学的内容和形式。德智体美劳"五育并举"是新时代必须坚持的教育方针，它表明学校教育的任务不仅要培养出对社会有所贡献的知识人才，更重要的是培养具有鲜明社会责任感和健全人格的复合型建设者，具有勇于创新精神和综合实践能力的高素质人才。

传承百年风采 成就巴渝名校

——记述垫江县桂溪小学打造"巴渝名校"工作

重庆市垫江县桂溪小学 高明

垫江县桂溪小学创办于1906年（清朝光绪三十二年），从当初的桂溪高等小学堂至今，四迁校址，十一易校名，到2020年已是114周年。校史悠久、历尽沧桑、不断发展、人才辈出。学校贯彻了"继传统、向未来、创一流、出特色"办学理念，遵循"打造品牌、统筹协调、开拓创新、发展内涵"的工作思路，坚持了"科学与人文并重，规范与个性共存，厚积与创新相依，学校与社会合一"办学举措，实现了学校全面、协调、可持续发展，形成"体验、求真、创造、发展"的"体验教育"特色学校，以"优良的政风，纯正的教风，浓厚的学风，严明的校风"展示了县窗口小学、示范小学风采。传承百年风采，打造"巴渝名校桂溪小学正在进行时。

一、注重校园文化宣传，构建品牌特色活动

加大宣传力度，实现校园文化建设宣传阵地化。学校投入23万元建设智能化广播系统，让优美的旋律、校园广播站的甜美播音，时常环绕在校园内。在学校的每个教室外墙开辟了文化专栏，学生的幅幅优秀作品，师生的良好精神风采，组成了学校一种无处不在的文化精髓。"在体验中成长，在成长中体验"等标语，彰显了浓郁的校园文化特色。学校还十分注重媒体宣传，每年师生都有上100余篇文章在全国各类报刊上发表，对学校各类文化建设做出典型推介；学校的校园网，栏目齐全，内容丰富，成为向外宣扬校园文化特色的又一窗口。

学校以"体验、快乐、成长"为主题，从学生需要出发，开展体验教育活动，让学生在生活中体验，在实践中成长。积极探索构建体验教育模式。根据体验教育的目标和学校德育工作的实际，确定了十项体验主题，设计了十个主题活动。利用品德与生活（社会）课、晨会、班队活动、常规评比、校外实践基地等为载体，设计开展形式多样、内容丰富的道德体验活动，让学生领悟做人做事的道理。

坚持开展四大品牌活动。以"桂溪之春艺术节"、"桂溪之夏科技节"、"桂溪之秋体育节"、"桂溪之冬读书节"为切入点，开展丰富多彩、新颖健康的体育、艺术、科技教育活动。让"唱读讲传"活动充满校园，净化学生心灵、陶冶学生情操、激励学生上进。

结合常规教育，开展主题教育活动。学校投入10余万元，配备了62人的管弦乐队，为学生开展文化活动提供了文化道具，其他单位组织活动庆典、重要会议等。深入开展"星级少年"教育活动。设立健体、爱心、环保、仪表美、勤俭、文明、勤学等"星级少年"小奖牌七种，让学生在"争星"活动中获得肯定和成功体验。结合时代需要，开展手拉手互助活动。学校先后与重庆新村小学、谢家湾小学等名校进行手拉手联谊活动，实现了文化的交流。与五洞小学、天台小学结成对子，开展手拉手活动，引导孩子走出自我，关心他人，走出家庭，面向社会，广泛参与实践教育活动。

二、强化教学科研思维，提高师资教学水平

学校将"科研兴教、科研兴校、科研育师、科研提质"的理念内化为全体教师自身的自觉追求。

在教学组织变革上：注意调整课堂教学指标与评价指标；强调学生的自主性；采用多元考试和多次考试。

在教学方法上：不仅重视教，更加重视学；不仅重视知识传授，更加重视能力培养；不仅重视书本知识，更加重视多种实践；不仅重视教学结果，更加重视教学过程；不仅重视教师讲解，更加重视师生交流。

在课题研究上：该校在"读写结合"、"城镇学校校园文化建设"、"珠心算"、"运用多种材料造型、培养学生创造性思维"、"识字、阅读、作文三线并进"、"基于CAI理论指导的多媒体课件的设计、开发与应用"等市级、县级实验课题成功结题的基础上，又确立了"体验教育"的整体改革实验课题。

该校同时又开展了国家级实验课题"全国家庭教育实验课题研究市级实验课题"城镇小学综合实践活动课程的现实可行性研究"小学生健康生活习惯培养的经验与对策研究"等，为提高学校教育教学质量提供了理论支撑。

增加教育投入，改善教学条件。学校积极申请香港田家炳基金会英语项目，建立英语多功能学习室，配VCD影碟机、彩电，实物投影仪、录音机、多媒体展示台和必备的软件资料、挂图等辅助英语教学。

加强师资培训，稳定教师队伍。面向全县选聘优秀英语教师，采用"送出去、请进来"和县级培训与校本培训相结合的方式，努力提高英语教师自身专业水平和教学能力。学校现有专职英语教师9人，与渝中区人和街小学拜师结对，点对点帮扶，定期开展英语研讨活动，加强课程管理，提高教学质量。

三、激发学生学习兴趣，兼顾幼小衔接保教质量

注重对小学英语学科教学过程的跟踪管理，按国家要求开齐开足英语课程，严格贯彻执行课前准备、课堂教学、作业布置与批改。

采取多种教学方式，激发学生学习兴趣。充分利用各种教学资源，通过组织学生观看英语动画片、英语课本剧表演、海报制作竞赛、单词卡制作竞赛和手抄报制作竞赛等，采用听、做、说、唱、玩、演的方式，寓教于乐，调动学生学习英语的积极性和主动性。

学校单独设立学前教育部，建立附属的桂溪镇中心幼儿园。依托小学办学理念，传承优秀文化，着力抓好幼小衔接，注重内涵发展，促进孩子健康成长。现已成为园舍独立、设施设备完善、活动场所宽敞、环境优美、师资力量雄厚、管理水平一流的重庆市一级幼儿园。依托小学教育的传统优势和地域条件优势，提高保教质量。深入推广县级结题课题"通过唐诗诵读培养幼儿的早期阅读兴趣积极开展"城镇幼儿园发挥植物区教育功能的研究" 课题和幼儿听读游戏识字实验。为孩子进入小学奠定良好的基本素质。

多年来，学校教育教学业绩在全县出类拔萃，雄居榜首。每次的考试成绩均列全县第一，每年的综合督导评估均获优秀级学校。

近十年学校集体获奖400余次，师生个人获奖2500余人次。其中学校获全国红旗大队、全国群众体育先进集体、全国"双合格"优秀家长学校、全国中华魂系列"学是90后"读书活动示范学校、全国家庭教育实验研究基地、全国少年交警示范学校等国家级奖项20多个，获重庆市文明单位、市德育示范学校等市级奖项100余个。30余名教师分别获得国家级表彰，80余人次在县内外举办学校管理和教育教学讲座及送教下乡等。许多教师（或行政）被选为县党代表、县政协委员或兼任了县教育系统专家指导组成员、县教育学会副会长、理事、会员，成为县教育界的精英。

回顾历史，豪情满怀，展望未来，任重道远。桂溪小学将以学校百年深厚底蕴为依托，以跻身巴渝名校之林为目标，借西部大开发的挑战与机遇为动力，再展宏图，再创新高，走向光辉灿烂的明天！

搭建大美教育架构 凸显学校教育特色

重庆市梁平区实验小学 刘传权

重庆市梁平区实验小学始建于公元1906年，前身为桂香书院，厚积书院精要，与时俱进，吐故纳新，励精图治，获全国文明校园殊荣。进入21世纪，我校通过挖掘学校文化积淀，形成"大美教育"核心思想，形成了学校的总特色。在"大美教育"思想统领下，构建大美"五育"素养课程体系，形成了"大美教育·素养课程·生态课堂"教育体系三维总体架构，凸显学校教育特色。

一、追溯文化起源 寻找文化根基

起源独特地域，形成地域文化。梁平历史悠久，曾经是古巴国腹心地带，融合了巴蜀文化、荆楚文化、中原文化，呈现出"巴地多楚风，楚地多巴俗"的文化状况，有着独特的文化生态和个性，形成了"大美"民间艺术、大美文明、大美千载真儒和"大美" 佛法等独特的地域文化。

源于历史积淀，赓续书院桂香。我校积淀百年历史，赓续书院桂香。桂花清雅高洁，香飘四溢，清可涤尘，浓能透远。李清照称赞其“自是花中第一流”。沁人心脾的桂花，没有牡丹的华贵和兰花的娇艳，却纯洁质朴，绽放的是无言之大美、恬静与仁爱，追求的是朴实与纯真，它是崇高、美好、吉祥的象征，代表着高尚的道德和崇高的品质。

立足学校现状，提炼核心理念。我校办学历史悠久，注重“传承与创新和谐共存、古朴与现代自然融合丰富的文化底蕴，浓厚的人文精神，良好的育人环境，百年风雨历程，铸造了辉煌的成就。美的环境——校园三面环山，大气方正，花团锦簇、绿树成荫，四大景观区错落有致，交相辉映，融为一体。美的特色——学校营造浓郁的“书香校园”氛围，重推艺术教育名片，以“非遗”传承为己任，引年画进校园，实施年画教育，开展年画创作，巧借年画育人，成为市区两级“梁平年画”传承基地和创作基地。美的生命——学校有效推动师生在追求“美”的艺术境界中，充分展示自己的创造才能和不断追求自我完善的主观能动性，最终达成审美能力的良好发展和人格的完善。

由此，提炼出学校的核心理念“大美体现了学校所追求的 “仁爱和美、质朴大气”的至高境界和“美则美矣、善则善矣”的心灵境界。

二、挖掘大美内涵 构建教育特色

大美教育就是大美自然的教育。大美就是顺乎自然，彰显本性，追求真实，体现一种“随心所欲”的纯真本性。大美教育的核心是做遵循规律的教育，即做遵循人的发展规律和教育规律的教育。大美教育就是尊重与自由的教育。让师生们崇尚自然，尊重生命，享受心灵的自由。

追求大美境界，实现教育生长。大美教育是对教育文化的一种追求，是对素质教育模式的一种探索，是学校教育文化的一种生长。追求大美自然，让学生保持童心、培养善性、释放潜能、坚持真理、健康成长，实现理想；追求大美自然，让教育的双方平等交流、视野融合、心灵对话、人性碰撞；追求大美自然，让管理者更加心清气静、豁达淡定、遵循规律、科学决策、精细管理、以人为本、求真务实。

清晰教育目标，构成教育特色。大美教育的价值取向是要培育大美之人，培养学生感悟学习至美、做人至美、做事至美，上下求索，孜孜不倦，不断完善独立人格，实现大美人生。大美学子的培养是大美教育的终极目标。我校悠久的办学历史，深厚的文化底蕴，奇花异木的校园，“美美与共，孜孜以求”的学校精神，“大美写人生，七彩画未来”的办学理念，基于“大美教育”思想体系的教育体系三维总体架构，基于教育体系三维总体架构的四维大美素养课程体系和与之相协调的三级生态课堂体系，共同构成学校清晰鲜明的教育特色。

重视校园文明，深化教育特色。我校于2012年开始文明校园创建。创建活动中我们坚持做到“六突出”追求：领导班子建设突出一个“优”字、教师队伍建设突出一个“精”字、校园环境建设突出一个“美”字、校园文化建设突出一个“厚”字、活动阵地建设突出一个“全”字、思想道德教育突出一个“创”字。学校先后荣获“重庆市文明礼仪示范学校”、“重庆市文明单位”、“重庆市文明校园”、“全国文明校园”等殊荣，升华了学校的教育特色。

加强文化传承，丰富教育特色。我校视文化传承为己任，主动承担国家级非物质文化遗产“梁平年画”传承任务，引年画进校园，实施年画教育，开展年画研究，进行“梁平年画”小学阶段创作与育人系列研究，该研究成果获重庆还是人民政府基础教育教学成果一等奖、教育部基础教育教学成果二等奖。

师生创作的社会主义核心价值观系列、九童圆梦系列等年画作品在全市推广，产生了良好的社会效益。《人民日报》以“图说我们的价值观特刊”形式，专版刊载了我校师生创作的“社会主义核心价值观系列”年画作品，介绍了“梁平新年画”。《乡村振兴》组画参加了2019年春由文化部等单位主办的“年画重回春节活动”北京恭王府新年画展。师生年画作品或入编教材，或被出版成邮票，或被博物馆收藏，或被主流媒体刊载。年画成了我校的一张名片，学校“大美教育”特色内涵也因此更加丰富。

三、架构教育体系 凸显教育特色

在“大美”核心理念统领下，我校确立了“大美教育思想构建了基于“大美教育”思想体系的“大美教育• 素养课程• 生态课堂”教育体系三维总体架构，形成了基于这一总体架构的四维大美素养课程体系和与之相协调的三级生态课堂体系。

创新素养课程，实现全面发展。我校的学校课程以国家课程为主，以地方课程和校本课程为辅；探索整合国家课程、用活地方课程、盘活校本课程路径；着眼核心素养发展，着力学科素养提升，构建基于大美教育思想的大美学校学科课程、大美学校活动课程、大美学校环境课程、大美学校共育课程等四维大美素养课程体系。每个维度分别落实德育、智育、体育、美育、劳育等“五育”“四维”共同实现学生德、智、体、美、劳全面发展。

大美学校学科课程——将国家课程进行整合，设置语文、数学、英语、科学、艺术、体育六门学科，形成学科“五育”主渠道和主阵地，即“五育”第一维度。

大美学校活动课程——活动课程是学科课程发展到一定阶段的必然结果，是对学科课程的超越。将学校活动课程化，以实现课程教育活动化，设置生活实践类、艺术创作类、表达交流类、思维拓展类、科技创新类、体育锻炼类等六大类活动课程，以学科课外辅助活动、综合实践活动、节庆活动、仪式活动等方式和途径实施，形成“五育”第二渠道和第二阵地，即“五育”第二维度。

大美学校环境课程——校园环境是学校办学理念、办学方针的体现，更是办学特色的体现。它又是一种隐形教育。将学校环境教育化，环境教育课程化，设置物理环境课程和人文环境课程两大类环境课程，形成“五育”第三维度。

大美家校共育课程——“家校共育”是指家庭、学校形成协调一致的合力，共同对学生进行教育，实现学生全面、和谐发展的教育目标。将家校共育课程化，各类课程共育化，设置家校共育培训课程、家校分育课程、家校共育课程、学生自育课程、家校共育特色课程，以家校共育课程教学形式实施和落实“五育形成共育“五育”第四维度。

引入核心概念，创新教学改革。卢梭说过：教育必须顺着自然——也就是顺其天性而为，否则必然产生本性断伤的结果。我校于2012年启动新一轮课堂教学改革，根据学校大美教育核心思想，我们引入了生态课堂概念。一般地讲，生态课堂是以学生为主体，以强调每一个学生的需求、欲望和意识，兼顾学生的个性发展的真正统一的课堂。我们理解的生态课堂是遵循教育教学规律的课堂，是生命成长的课堂，是活性灵动的课堂。

探索教育建设，打造生态课堂。我校还打造了与四维素养课程相协调的“高效课堂、卓越课堂、七彩课堂”三级生态课堂体系，以及“学本双主主动学习教学模式”三级生态课堂教学模式体系，包括“学本双主主动学习高效课堂教学模式”、“学本双主自主学习卓越课堂教学模式”、“学本双主个性化学习七彩课堂教学模式”三类教学模式。三级生态课堂体系是践行大美教育思想的课堂体系，是基于学校文化背景的课堂体系，是集全校教师智慧的创新成果。

改变教学模式，追求高效学习。“学本双主主动学习教学模式”是一种追求学生“自主学习，主动发展”的教学模式，是一种以学生学习为本的、以学生发展为本的教学模式，是一种与传统的教师中心、教为中心相对应的教学方式，是与传统的接受学习、被动学习相对应的一种现代学习方式，是一种有效改变教师教学方式和学生学习方式的教学模式。

人民教育家陶行知先生曾经说过：在教育界，有胆量创造的人，即是创造的教育家；有胆量开辟的人，即是开辟的教育家，都是第一流人物。我们不是教育家，甚至也不敢想做教育家，但我们是教师——我们经营教育，也经营学校，我们希望我们所经营的学校的教育是第一流的。我们用心向教育家们学习，用心做教育，我们乘着梦想的翅膀翱翔。

绽放阳光教育色彩，培养时代卓越少年

重庆市南川区隆化第一小学校 庞永红 谢朝伟

教育，就是精神的唤醒，潜能的显发，要以学生未来发展为导向，丰富学生知识，拓宽学习眼界，为学生的幸福人生奠定宽厚坚实的基础。学校是教育实施的首要阵地，我校创办于1883年，一直以来，学校始终秉承 “五彩阳光、金色童年”的办学理念，确立“挺胸、抬头、走路”的校训，坚持“阳光教育”特色发展，高质量打造“三亭三廊”、“一馆多区”书院式环境文化，“四有八为”等校本德育课程，开展阳光主题月系列活动引领孩子健康成长，实现特色育人实践系统化、常态化。近年来，我校还抓住创建全国文明校园的契机，取得跨越发展，校容校貌焕然新，教育教学质量稳步提升，各项工作再上台阶，校园特色逐渐彰显。学校先后荣获了全国少先队红旗大队、全国课程改革骨干教师研修基地等国家级荣誉20余个，重庆市文明校园等市级荣誉30多个，引领山东费县探沂小学等10余所市内外学校发展。

一、弥足根本，倾力建设品质校园

一校之发展不在乎一人而在乎全校之人，一校之强大不在乎一人之智慧而在乎全校之智慧。为了引领学校向前发展，增强学校的凝聚力，我校从多个层面、多个角度规范学校管理，不断彰显学校品牌。一是抓好干部队伍建设。学校以党建为引领，加强对习近平总书记系列重要讲话、党章党规等内容的学习，深入开展“三会一课发挥党组织在文明校园创建和办学治校中的战斗堡垒作用。二是建立完善管理制度。坚持校长负责制，充分发挥教代会民主管理作用，完善干部聘任机制，为学校教育改革提供了有利的制度保障。建立系列管理机制，为学校教育改革提供了有利的制度保障。三是持之以恒开展创建活动。把创建文明校园纳入学校工作总体目标，纳入学校工作的重要议事日程，建立健全专门机构，持之以恒开展创建活动。

课程是学校教育的核心要素和重要载体。为激发学校的课堂教学活力，提升教育质量，我校积极开发对学生发展真正起到积极引导作用的校本课程，力求一撇一捺地把学生真正培养成一个大写的“人”。学校围绕区域“四有八为”德育课程，开发了“孝行一生”校本课程。坚持开展“阳光成长三礼”——入学礼、十岁礼、毕业礼，引领学生形成正确世界观、人生观、价值观。深入实施课间礼、上课礼、放学礼等校园礼仪课程，促进学生良好行为习惯和道德品质的养成。同时，学校系列化开展“向春天报到”、“我是诺贝尔”、“师恩永难忘”、“艺术点燃梦想”等“我的中国梦”主题活动。以清明、端午、中秋等传统节日和重大纪念日为切入点，弘扬中华优秀传统文化。组织学习党团队知识、为家乡和祖国建设提建议、绘宣传海报、编儿歌，丰富学生对党的认知，感受党的恩情。此外，我校还组织孩子开展“我是广场环卫工”、“花山领巾别样红”等志愿者活动培养孩子的社会责任感，到爱国主义教育基地接受革命传统教育，到国防训练基地接受军事教育，让孩子们在系列实践中培育与践行社会主义核心价值观。

二、师生同行，彰显阳光教育品牌

活动是体现学生综合素质的最好方式。它可以开阔视野、陶冶情操，可以培养学生的集体荣誉感，增强班级的凝聚力。一直以来，我校持续加强学校建设，为学生开展各项活动提供保障。学校的少先队活动室功能完善，活动丰富开展。班级学生作品展示墙、板报成为爱国教育、养成教育、劳动教育、环境教育主阵地。“金色童年”广播站、校园网站、微信公众号，发出好声音，传播正能量。

为丰富学生知识，提升学校办学品位，我校还积极营造浓厚的阅读氛围，在学校建设随手可取书的开放式图书架，每个班级建有班级图书角。学校常态开展全班共读、亲子阅读、读书交流会、作家进校园等丰富的阅读活动。每学年广泛评选阅读之星，书香班级、书香教师、书香家庭等。阅读成了广大师生的重要生活方式。

“幼如茶苗，栽培有道；师若茶人，温润有度”。教师是教育发展的第一资源，要想实现一流的教育，必须拥有一流的教师队伍。为全面促进教师发展，我校以校本研修为方向，不断提升教师的专业技能和素养。学校学习贯彻《中小学教师职业道德规范》，常态开展邀请专家进校讲座和外出培训学习，更新教师观念，拓展思维视野。同时学校大力实施教师成长“青蓝结对”、“骨干引领”、“名师示范”三大工程，为每一位教师搭建成长平台。此外，我校也积极对外合作，与西南大学战略合作推动以教师发展为根基的名校品牌建设。近五年来，我校5个国家级实验课题顺利结题，教师在重庆市各项论文评选活动700多人次获奖，10余门校本课程在全国、全市分别获一、二等奖。

今天，学校始终坚持价值引领，坚持“示范岗”考核和“四十佳”评选等机制，极大地激发了教师的职业成就感和荣誉感。

三、不忘初心，绘就教育幸福未来

陶行知曾说过：“天然环境和人格陶冶，很有密切关系”。校园中的每一座建筑、每一处景点，每一片绿色，都成为一种思想的传递，一种文化的表达。为此，我校以“阳光化育”主题文化为统揽，精心设计学校每一处角落，如学校的传统文化主题墙、文化艺术长廊与学生学习成果、艺术作品分布校园相得益彰，社会主义核心价值观、中国梦主题墙在校园熠熠生辉，琅琅书声与浓郁的教化情景洋溢着“阳光教育”的温度与情怀。绿荫掩映下的雅致校园，成为学校学生永远的记忆。我校每周还有特色的“精神文化大餐”——“班级风采展示”和“年级魅力展示”。“班级风采展示”通过各种艺术形式，各班在周一的校会上轮流彰显最强大的艺术活力和班级凝聚力。魅力舞台则是年级通过歌舞、戏曲、话剧、演讲等多种形式让学生实践体验，引领全面发展。此外，我校还以促进“阳光小孩”的成长为评价导向，围绕“美德”、“智慧”、“健康”、“优雅”、“创新”等方面，建立“阳光之星”评价体系。开展文明班级、文明学生评比表彰，实施综合素质发展“阳光评语”。

因为阳光，校园环境优美、文化氛围浓厚、师生身心健康、育人机制完善；因为阳光，教师爱岗敬业、学生活泼开朗，学校文明之花得以绽放。未来路上，我校会继续践行国家教育方针，切实帮助学生学有所成，日有所获，发挥丰富的教育资源优势，不断汲取先进的教育理念，为建设一所温润的、有趣的书香校园、人文家园，不懈努力。

办精品教育，成就孩子一生的梦想

重庆市铜梁区虎峰中学校　秦锦　李光学

在当前大力推广素质教育和教育综合评价改革的时代大背景下，学校的教育更应该立足于生命的高度，给予生命充分尊重与呵护，关注学生的全面发展，强化学生的德育教育，把握时代发展对德育教育的新要求、新变化，实现立德树人，从而更好发展德育教育。近年来，我校怀揣“立德树人，教育强国”的梦想，积极创新优质教育新模式，以党建引领，专注于乡村教师思想红、业务精的专家型教师队伍打造和以“艺体美”为特色的素质教育，走上了超常发展之路。学校连续7年学生升入市级重点高中比例在同级同类学校中名列前茅，近100艺体生升入市级重点高中，录取比例位居全区区中学前列，尤其是近两年来，我校在全区九年级抽考中，成绩异常显著！2020级7个学科中有五个学科的一分两率居全区第一名；2021级升入市级重点高中人数比例居全区第一名。学校连续7年被评为铜梁区“年度学校工作目标考核优秀单位”、“教育教学先进集体”、“先进基层党组织”等荣誉称号，领跑初中教育新常态。

一、坚持党建引领，力促学校发展

近年来，我校坚持以党建引领学校发展，秉承“务实、奉献、乐学”的办学理念，紧紧围绕“质量虎中、和谐虎中、特色虎中”的办学目标，认真落实区教委各项工作安排，以教委“课程改革”、“一师一优课、一课一名师”等活动为载体，突出“安全、课改、质量”三大重点，促进学校可持续协调发展。

学校始终把加强党的政治建设摆在首位，并贯彻到学校工作各个方面，充分发挥党支部战斗堡垒作用，带领教师凝神聚力教书育人，让学校发展更有底蕴。学校突出组织建设筑牢壁垒，认真落实“三会一课”等组织生活制度，制定了《虎峰中学校教职工“学习强国”的学习方案》，开展了“学习强国”的学习竞赛活动，掀起了政治理论学习的热潮。去年，开展主题党日活动12次，召开支委会18次，党小组会16次，党员大会14次，组织党员集中学习19次，校级干部党课6堂，党员教师党课216人次，党员教师共做笔记81本，撰写学习心得200余篇，基层党组织规范化建设得到了扎实开展。

学校强化班子建设，把支委会议和行政会议紧密结合，由党支委统领，把党小组建设在年级上，党员建设在学科上，形成了分层分级核心引领，各个岗位都有党员站位负责的良好局面。并实行把骨干教师培养成党员、把党员教师培养成教育教学骨干的“双培养”机制，以及通过开设党员示范课、开评党员示范岗、优秀班主任评选、教育先进个人、师德师风评选活动等，树立典型，锤炼师德，打造高质量人才队伍。目前，20个教学班，有12个班主任是党员，24个区级骨干教师中，有18个是党员。同时，学校严格执行“三重一大”集体决策等制度，支委会认真研究决定学校“三重一大”工作30余项，制定审议完善学校各项工作方案11个。

同时，学校坚持正确的舆论导向，把核心价值观融入渗透到党员干部具体生活工作中，与全体教师签订了意识形态工作责任书，建立了意识形态工作定期研判制度和信息报送审核制度，严格网站平台，微博、微信工作群的管理，筑牢学校意识形态安全建设。学校还进一步筑牢廉政思想防线，建立落实“两个责任”倒查及责任追究制度，定期对照党风廉政建设清单检查班子成员落实“两个责任”情况，将班子成员和党员教师廉洁履职情况纳入年度目标管理。开展了劳动纪律、有偿补课、买教辅资料、学生资助等问题常态化督查检查。

二、创新教学方法，打造高效课堂

高效课堂，是提高学校教育教学质量的有效途径和走向素质教育的金钥匙。我校转变观念，大力实施课程体系建设改革，提高教师业务素质，创新教学方法，打造高效课堂。

学校按照区教委课程体系建设实施方案的要求，制定了学校课程体系建设实施方案，并成立领导小组和工作小组，围绕学校课程目标，架构学校课程结构框架图。同时，围绕“一师一优课，一课一名师”活动，深入开展教育科研工作，进一步探索以“转变学生学习方式”为重点的课堂教学方法，召开课程体系建设教学研讨会，承担区教师进修学校课程体系建设科研课题子课题《农村初中课程改革策略研究》等，为该校开展课程体系建设助力。

为了提升教师的业务水平，促进教师专业化发展和青年教师迅速成长，以适应新课堂的要求。学校以骨干教师培训为契机，采用“请进来，走出去”的培训方法，大力实施“领雁工程”和“青蓝工程并通过结对子，肩并肩、手把手，帮助青年教师三年内站稳讲台，着力打造适应新时代的专家型教师队伍。

学校严格执行集体备课制度，通过进一步明确备课组长工作职责，强化集体备课工作具体化、规范化、科学化。并优化课堂教学手段，打造氛围宽松、和谐、学生乐学的高效课堂，提高课堂教学效率。学校鼓励教师深入钻研教材，把握重难点，结合学生实际，恰当使用班班通教学，增加课堂教学容量，激发学生学习兴趣。同时，学校加强教学常规管理，加强日常课堂巡查，完善教学质量检测体系，以学生对知识的渴望度，学习兴趣以及良好习惯的养成等检验课堂效果，全面评价学生。

三、发挥育人阵地，落实德育工作

立德树人，努力让每个孩子都能享有公平而有质量的教育，是新时代的要求。我校以服务学生成长为中心，坚持“规范+品牌”的工作思路，切实将德育工作落细落小落实，让学生厚实人生底色。

每周星期一早上，我校一以贯之地坚持升旗仪式，以庄严神圣的方式浸润学生对祖国的无比崇敬和热爱之情。

学校充分发挥学校教育主阵地、课堂教学主渠道作用，推动爱国、爱家等社会主义核心价值观进教材、进课堂、进学生头脑，培养新时代创新型人才。学校通过洁雅行动，深入推进“学生养成教育示范校”创建活动。并通过共同营造公共文明、普及文明礼仪行动、践行文明出行行为、加强对问题学生的思想教育和心理疏导，引导学生及家长养成良好的文明礼仪及行为习惯。

除此之外，学校还通过阅读活动，让学生传颂经典，学习“仁孝”文化，打造书香校园和“仁”字校园文化建设，以培养学生爱祖国、爱父母、有社会责任的时代新人。开学至今，学校开展了一系列“诵读”活动，并开放阅览室，学生可以自由地进出阅读，每周开展一次“主题阅读”展示活动，以温馨的德育环境，让学生在耳濡目染中拓展知识，开阔眼界，陶冶情操。

四、打造特色活动，培养孩子特长

我校一直努力让每一个学生快乐学习，全面发展。学校通过“合格+特长”、“普及+特色”办学原则，本着让学生在体艺美活动中长见识、得乐趣、扬个性、展特长，实现全面发展的目的，全力提升体艺美教师的教学素养，切实加强体艺美教育教学工作，以提升学生素质教育。

学校充分依托标准化运动场地和体育活动室，大力开展阳光体育运动，田径、篮球、体操等各种体育活动丰富多彩。同时，学校坚持特色大课间活动，加强“六大功能室”的管理和使用率，通过组建篮球、田径、音乐、舞蹈、美术、书法、科技、劳技制作等兴趣小组，给学生提供展示才艺的大舞台，培养特长，张扬个性。学生在各级艺体美比赛中捷报频传：在2018-2019年度重庆市中小学田径锦标赛中，全区共获三枚金牌，而我校学生张秀菊、龚秋林获得两枚金牌，创造了辉煌成绩。学生参加铜梁区中小学生田径运动会中获初中甲组一等奖；参加铜梁区中小学生篮球运动会男子甲组一等奖，女子甲组二等奖。2021届学生邓国源同学在“重庆市第六届运动会国际式摔跤比赛”中荣获全市第一名！！！他是我校继2018年2018届张秀菊、龚秋林两同学获得“重庆市中学生田径会”第一名（全区仅三个第一，我校就是两个）以来取得的又一辉煌成绩！！！也是我校坚持“规范+特色”、“普及+特长”办学理念取得的又一特色成果！！！

展望未来，面对新的的挑战和新机遇，我校将继续坚持以党建引领教学，以党风促教风，以政风促校风，抓党建促质量，推动学校工作再上新台阶，不断谱写新时代学校教育更加辉煌的新篇章。

以体育为脊，走五育融合之路

重庆市铜梁区水口小学　何勇

学校体育不仅是实现立德树人根本任务、提升学生综合素质的基础性工程，更是加快推进教育现代化、建设教育强国和体育强国的重要工作。历史告诉我们，国家的强盛、民族的复兴，不仅需要源源不断地创新智慧支撑，也需要身心健康的人力资源支撑。我校作为一所农村非寄宿制小学，在校学生235人，教师23人，学校长期坚持立德树人，体育为脊、五育融合的发展思路，为孩子们架起多元发展的桥梁。学校先后评为师德师风示范校、科技特色学校、剪纸特色学校、校园足球特色学校；2018-2019年督导考核优秀单位等荣誉称号。

一、端正办学思想，明确发展方向

我校认真学习贯彻了党的十九大精神，以习近平新时代中国特色社会主义思想为指导，深入学习贯彻习近平总书记对重庆所作重要讲话和系列重要指示批示精神，牢固树立“四个意识坚定“四个自信坚决做到“两个维护坚决贯彻执行党的路线方针政策和市委、市政府的决策部署。

坚持健康第一。学校高度重视学生的身心健康并放在首位，坚持一个中心，即以体育课程为中心，学校支部、行政每月围绕这个中心召开专题会议研究、部署工作，会后过程督促、年终考核、总结与反思。让体育课真正成为学校的体育工作中心工作贯穿整个学校管理的始终。

五年以来，通过校、区、市、国家四级培训，培养锻造了一支政治上靠得住、工作上有本领、作风上过得硬的体育工作者队伍。学校内部管理科学规范，各项工作制度健全。严格执行党风廉政建设责任制，全体干部职工模范遵守党章党规、国家法律法规。

二、注重四个融合，促进全面发展

注重体育和德育的融合。学校十分重视对体育教育教学过程的育德，提出两雅和三德。　我们对教师提出了教学过程中语言要文雅（是否使用普通话、教育引导学生是否亲切、批评语言是否文明等）；示范动作要规范高雅（服装、示范、站姿等提出要求）。　对学生提出了三德：一在教学、训练、比赛中要求教师培养学生团结协作、顽强拼搏等意志品德（学生在犯错失误是否指责、谩骂队员；对失误队员是否及时的关心和鼓励）；　二在体育竞赛等活动中注重培养学生赛前、赛中、赛后尊重对手、尊重裁判、尊重教练的体育道德（赛前和对手握手、赛中对手摔倒是否主动提供帮助，赛后无论输赢是否感谢对方教练、对手和裁判）；三在比赛结果上注重培养学生胜不骄败不馁、拾金不昧等传统美德（输赢都能做到和对手握手及感谢，赛完后能否主动捡拾赛场的垃圾，捡到钱物能否主动交还失主或者交给带队教师等）

加强体育与智育的融合。学生参加体育活动会不会影响成绩？为了回答这个问题，我们开始选2020级两个班进行了《体育运动对学生文化成绩是否有影响》的校本研究，学校校长为手掌抓总向该年级每个学科配备最负责任教师，其中思品和体育由校长亲自上课，副校长、教导处、年级组、教研组、教师为五指抓课程质量建设，向课堂要质量，严禁挤占减少非抽考学科课程时间。体育组通过把该办班文化成绩优秀的学生中选拔出来参加学校的篮球、足球、田径等训练，每学期对期末和区抽测成绩进行大数据分析，参加体育训练比赛的学生成绩不但没有下降，大多数孩子成绩稳中有升。2020级79个学生毕业，进入区前1000名49人，送入实验中学的建卡贫困生曾小鉴同学初一年级成绩优秀。王鑫林同学在联盟班成绩优异。学校2018年一2019学校质量考核突出；2019-2020年质量优质。学校通过三年的对比实验推翻了部分语数教师和家长认为学生参加训练、比赛会影响成绩的错误观点，现在我校的教师和家长都十分支持学生参加各种体育活动和锻炼，体育课成为孩子们喜欢的课程之一。

注重体育　与劳动教育的融合。如何在体育教育中培养孩子们的劳动习惯，我们从小处着手，要求每个班体育委员把班上的学生分成8个器材准备小组，协助体育教师进行课前体育器材的准备和课后器材的收捡。活动场地赛前赛后捡拾垃圾；协助教师清洗器材和清洁体育保管室。自己清洗比赛服装等。通过要求，学生的劳动和卫生习惯得到培养。

做好体育与美育的融合。学校要求体育课对学生的站姿、坐姿、行走、跳跃、技巧、队列、体操等的训练，为学生形体发展、舞蹈的训练提供良好的支撑。通过体育和美育的融合，孩子们行为举止优雅了。

三、取得丰硕成绩，再谱新的辉煌

六年来，我校有组织、有计划开展体育教学活动，先后成立了田径队、篮球队、足球队进行了梯队训练，每学年组织开展田径、篮球、足球运动会、体育节等活动。层层选拔人才认真组织训练，积极组队参加区级和市级比赛，取得了优异的成绩。

2015年参加区篮球足球运动会，学生分别获得丁组二等奖；教职工篮获得E组一等奖；学生男足获得区首届校园足球比赛赛二等奖教练谭清峻被评为优秀教练。

2016年5月被命名为重庆市第二批校园足球特色学校；7月被中华人民共和国教育部命名为全国青少年校园足球特色学校参加2016年铜梁区中小学生篮球运动会小学男子获得丁组一等奖女子获得丁组一等奖跳绳比赛获得团体三等奖；2016年铜梁区中小学生田径运动会小学丁组团体一等奖（第三名）2016年铜梁区校园足球联赛二等奖谭清峻、张雷等四名教师被评为优秀教练。

2017年学校足球被全国青少年校园足球考核组复核评定为良好2017年获得铜梁区“铜中杯”中小学生篮球比赛小学男子丁组第一名女子丁组第一名；校园足球比赛男子二等奖女子三等奖铜梁区“重庆巴中杯”田径运动会小学丁组团体一等奖。

2018年获铜梁区中小学生篮球运动会小学获得男子丁组二等奖女子丁组三等奖；2018年获铜梁区中小学生校园足球联赛男子甲组一等奖；男子乙组一等奖；女子甲组二等奖；女子乙组三等奖；混合组组冠军；获铜梁区中小学生田径运动会小学男子丁组团体二等奖谭清峻、梅华君等6名教师被评为优秀教练。

2019年获铜梁区中小学生篮球运动会小学男子丁组二等奖女子丁组冠军；获铜梁区中小学生校园足球联赛小学男子精英组一等奖；女子甲组季军；女子乙组二等奖；混合组亚军；男子乙组一等奖（冠军）；获铜梁区中小学生田径运动会小学男子丁组团体二等奖2020年获铜梁区中小学生篮球运动会小学男子丁组冠军谭清峻、朱红波3名教师被评为优秀教练。

2020年获铜梁区中小学生校园足球联赛小学男子甲组一等奖（亚军）；女子甲组二等奖；男子乙组季军；女子乙组亚军；混合组组亚军获铜梁区中小学生田径运动会小学丁组团体一等奖谭清峻、周仁金等8名同志评为优秀教练。

青少年学生身心健康、体魄强健、意志坚强、充满活力，是一个民族生命力旺盛的体现，是社会文明进步的标志，是国家综合实力的重要方面。小体育也是一种大智慧，站在新时代的起点上，我们将继续坚持以习近平中国特色社会主义思想为指导，在铜梁区教委的指导下，从大处着想，从小处着手，坚持立德树人，体育为脊，五育融合的发展思路，努力把学生培养成为德智体美劳全面发展的合格建设者和接班人。

育扬帆英才　铸品牌名校

重庆市忠县乌杨小学校　赵定友　胡锐

教育现代化是社会主义现代化建设的重要基石。站在“两个一百年”历史交汇点上，面对百年未有之大变局这一世界之变、时代之变、历史之变，迎接挑战，抓住机遇，必须进一步发挥教育“国之大计、党之大计”的基础性、先导性、全局性作用，加快推进教育现代化，构建社会主义现代化强国建设需要的教育体系，以教育现代化支撑国家现代化。我校坚持以立德树人为根本，着力培养扬帆英才，学校以"乌木成金扬帆远航"为办学理念，以"育扬帆英才铸品牌名校"为办学目标，致力于"扬帆教育"内涵发展和特色文化建设，实现"百年乌小"的腾飞，为民族复兴夯实人才基础。

一、勇于开拓创新，夯实发展基础

我校地处三峡库区腹地。位于水陆重要交通枢纽，长江黄金水道，江南鱼米之乡，忠县工业园区重地，距离忠县城区15公里。学校是一所移民搬迁学校，始创于宣统三年（1912年），1990年命名为忠县乌杨镇完全小学校，1992年更名为忠县乌杨镇中心小学校。为适应三峡库区移民工程建设需要，1997年8月从老校搬迁至现址，初中分校办学成为完全小学，2017年8月乌杨镇撤镇设为街道，更名为"忠县乌杨小学校小学、幼教分部办学。

学校以"重庆市农村中小学领雁工程项目学校"和"乡村学校少年宫"为依托，以"育扬帆英才，铸品牌名校"为目标，构建了一流的办学条件，优秀的教师团队，扬帆文化、扬帆课程、扬帆课堂、扬帆习惯养成等方面大胆实践，勇于创新，为学生的快乐成长、全面发展奠定了坚实的基础。

近年来，学校的"扬帆文化"、"扬帆大课间"、"农耕文化"、"课辅活动"独具特色，先后获全国"图书管理先进学校"、"毒品预防教育优秀单位被命名为重庆市"特色学校"、"平安校园"、"市容整洁单位"、"农村中小学领雁工程优秀学校"、"禁毒教育"和"防震减灾"示范学校，荣获"重庆市乡村学校少年宫特等奖"、忠县"最佳文明单位"、 "五好基层党组织"等，综合目标考核连续三年获一等奖。

二、弘扬个性教育，铸造学校品牌

学校围绕"扬帆教育在"忠义忠州，现代教育"的引领下，致力于忠义文化、追逐梦想、自立自信、张扬个性的教育。

构建"136课堂"教学范式。一中心：以学生为中心；"三为主"：教师主导、学生主体、训练主线；六环节：明确目标，预习引导；自主学习，质疑问难；小组交流，合作探究；精讲点拨，答疑解惑；达标检测，反馈校正；小结内化，拓展延伸。

形成"三大校本课程体系"。本土课程，以家乡历史、风土人情、农耕文化为主；活动课程，以"1+5"课程辅助为主的校级活动和年级活动课程；养成课程，以培养良好的生活、学习、礼仪、习惯等为主要内容的课程体系。

培养扬帆习惯。促进学前幼儿的良好生活、卫生习惯的养成教育；培养小学低段（1—2年级）学生的生活、学习、行为的自理习惯养成；致力于小学中段（3—4年级）学生良好的自觉行为习惯；指导小学高段（5—6年级）学生良好的礼仪、礼节、礼貌等习惯养成。

推行扬帆管理。实行"有事商量着办"的办事原则。发扬民主，让每位教师、学生、家长主动积极参与学校管理，充分发扬民主，积极有利于学校管理和发展的意见就采纳，不当的意见和建议，也要给予合理化的解释。建立"情感+制度"的管理模式。实施情感下的制度管理，不以大话吓唬人，不以制度制约人，而以情感感化人，让学校管理活起来，动起来，建立一种和谐融洽的气氛。发扬"求真、务实、创新"的工作作风。以上率下，充分发挥学校行政一班人和全体教职工的主动积极性，脚踏实地，求真务实，认真履行自己的岗位职责，创造性的完成各项目标任务，真正实现"育扬帆英才，铸品牌名校"的办学目标，办人民真正满意的学校，办身边的好学校。

三、营造育人环境，丰富课间活动

在推进"扬帆文化"的实践中，我校紧紧围绕"以德为先，育人为本"的办学初心，精心打造一栏(石刻护栏)、三壁（特色展示壁、法治教育壁、廊道文化壁)、五坊(心理咨询坊、亲情聊天坊、计算机坊、舞蹈琴坊、棋奕坊)、八馆(农耕文化馆、图书馆、书画馆、科技馆、茶艺馆、标本馆、卵石泥塑馆、校史馆)等景观文化，让学生在"润物无声"中受到启迪，展现了"理想信念、自强自信、张扬个性"的扬帆教育追求。

为增强学生体质，展示学生风采，我校在传统课间操的基础上，结合自身特长优势和区域文化资源，为学生量身打造了30分钟的"扬帆大课间活动让学生们在举手投足间都绽放着属于新时代少年人特有的朝气与活力。该课间操由五部曲组成，采用独立展示、两两配合、小组合作、集体演绎的形式开展。第一部曲《三字经》绳操，通过集体诵、唱、吟、跳的形式，让经典诵读深入孩子心田；第二部曲《娃哈哈》舞蹈，孩子们用优美的舞姿和灿烂的笑脸展示生活的美好，表达成长的快乐；第三部曲《明日歌》武术操，以传统武术的形式激励学生脚踏实地、锐意进取、努力学习，争做中华优秀传统文化的传承人；第四部曲《甩葱歌》韵律操，通过酷炫的旋律和动感的舞姿展现孩子们的青春风采；第五部曲《茉莉花》放松操，娓娓道来是孩子们活动即将结束的放松运动，让整个扬帆大课间操趋于平静。

四、传承农耕文化，塑造学生品质

立足社会、学校和学生实际，我校注重拓宽宣传教育路径，引领学生重温农耕文化，推进实践探索，形成"以农为本、以和为贵、以德为荣、以礼为重"的优秀农耕文化品格。

我校的农耕文化可算是重庆市独特、全国少有，其中极具影响力的就是建立了规模大、种类齐、价值高、占地250平方米的农耕文化馆。该馆自2013年建馆以来，全校师生共万余人次参观，通过实物展示、图文演绎、教师讲解、学生习作等多种方式，让广大学生认识农耕器具，了解农耕文化，初步掌握农耕技巧，领悟先辈们的勤劳、勇敢与智慧。同时，学校每年迎接县内外的领导、专家、同行的指导参观近千余人次，赢得了社会各界的高度赞赏。

学校还持续开发各种教育资源，不仅建立了乌杨白酒酿酒厂区、乌杨绿竹种植园等校外实践活动基地，还创立了扬帆农耕乐园，着力打造学生掌握种养殖技能、参与劳动、传承中华优秀传统文化的快乐天地。

在把农耕文化搬进课堂的探索中，我校编印了《扬帆农耕》校本教材，突出"耕读"、"耕食"、"耕作"三大文化要素，让学生认识耕作农具，了解粮食加工，熟悉生活器具，知晓农产水产，体验农耕实践，树立劳动观念，激发创新精神。

征途漫漫，唯有奋斗才能再续华章。继续开来，我校将牢记立德树人根本任务，践行"扬帆教育"追求，增强特色文化实效，助推学校教育教学工作高质量发展，为早日建成"忠县示范、渝东样板、重庆名校"再立新功!逐梦新时代，开启一个崭新的航程.....

致力科普，打造校园科普教育基地

——谈一谈仙游第一中学的科普教育

福建省仙游第一中学　黄桂福

致力科普，打造校园科普教育基地。作为福建省莆田市创客教育基地、福建省莆田市科普教育基地，仙游一中无疑早已寻找到科普教育的暴发点， 把"科普教育"打造成了学校的一张名片。闽中仙游，一直以来享有"文献名邦"的美誉，仙游一中就坐落其中，学校的办学历史远可追溯到光绪二十八年（1902年），是一所名副其实的百年老校。1993年，学校就开始致力于开展科普教育；2003年，成为省青少年科技教育示范学校；2005年，举办莆田市第四届校园科技节……

一、注重科普教育，打造科普人文环境

走进仙游一中，浓郁的科普氛围扑面而来。金石山上石刻的"敲金戛石不仅寓意着这所百年名校校训的灵魂，更彰显着学校的科普教育在秉承求学精神之中不断创新。科普宣传栏、科普文化墙、科普文化园、机器人室、航模室、仙游一中创客基地等，都在学校的精心设计下展示着仙游一中的个性教育魅力。此外，学校开展了航模科技小组、电子小组、机器人社等科技社团和兴趣小组活动，并结合每年的科技文化节、科普宣传周等活动，以及学校在校网上开辟的科普园地栏目和每月一期校园科普报纸"科普之光"的熏陶，使科普特色教育在润物细无声中渐渐印刻在一中学子们的灵魂深处。

历经27年的科普教育探索，学校已然形成"主管领导——科普教育学科组长——科技辅导教师"管理机制，研究出具有本校特色的三种基本类型课程教学方法：教师主导型教学方法、师生互动型教学方法、学生自主型教学方法。与此同时，学校采取的教育评价体系并未遵循分数决定论，而是侧重过程评价，注意培养学生学习兴趣与创造能力。如对学生航模制作的作品评价，不仅充分利用课堂展评，而且积极创设条件，课外展评和积极参加比赛。

二、提高教研水平，塑造师德师范素养

教师的教学质量是学校教育的核心、学校内涵发展的关键着力点，在教师培养上，仙游一中采用"请进来，走出去"的教研交流模式，全面提升全体教师的教学水平。"请进来"就是邀请杰出校友和名师来校讲座。例如邀请了79届校友、中国科学院院士，现任北京大学常务副校长龚旗煌为师生作《光学发展与社会进步》讲座；邀请物理名师厦门大学杨志林教授为师生作《物理思维与素养》讲座；邀请半导体研究专家厦门大学张峰教授为师生作《新能源的核心驱动力一第三代半导体》讲座等等。走出去即赴省内外名校参观学习，提升教师备考水平。在特色教育研究上，学校选拔了一批有专长的教师担任科技辅导员，邀请专家指导培训，创建交流发展平台，积极选送他们参加各级竞赛比赛，科普特色教育的探索和实践，尤其是实操性很强的校本课程教材的研发，提高了教师的科研素养，促进了教师的专业成长，目前，学校已拥有一支以专职教师为主，兼职教师为辅助的科普教育教师团队。

使学生对教师尊敬的唯一源泉在于教师的德和才，国家颁布的《新时代中小学教师职业行为十项准则》中明确要求：师德师风失范"一票否决为落实政策，仙游一中不仅把日常教学行为、课堂管控质量、资料完善情况等与师德师风相结合，还在在评教、评先、评优、职称评聘等方面把师德作为一项重要的考核内容。

教学的客体是学生，在关注学生全面发展的同时，仙游一中十分重视学科尖子培养和各类竞赛辅导，学校连续四年获莆田市高中教

育教学进步奖，两次获莆田市高中教育教学优质管理奖。奥赛学科竞赛成绩喜人，荣获省一、二等奖达30多人次，市一等奖80多人次，成绩居全省同类学校前茅；科技创新比成绩优异，2019年电子科技队荣获福建省青少年儿童科艺机器人创意锦标赛高中组男子组基础焊接团体赛第二名、高中组男子组基础型机器人团体赛第六名；机器人社队荣获第十七届福建省青少年机器人竞赛WER项目初中组一等奖和高中组二等奖，以及许多项个人奖，及优秀指导教师奖；在第36届福建省青少年科技创新大赛中，我校魏炳付指导的（高中个人组）物理与天文学《防臭防塞防积水阴沟盖》获得省三等奖；蔡燕燕、史建明指导的（高中集体组）环境科学与工程《一种卧式分区家用堆肥桶的研制》获得省三等奖。

三、以科学塑精神，仙游一中收获硕果

科普活动听起来很美，实际上苦与美并存。以航模活动为例，为了抓住稳定的天气条件调试飞机，必须起早贪黑，这在无形中锻炼了学生坚强的意志，养成学生的专心、细心、耐心等良好品质，并迁移至学习和生活中。当科普教育真正着眼于培养学生的科学精神和价值底色，硕果累累似乎成了仙游一中在推进扎实的科普教育中“顺便”得到的殊荣：至2000年以来，在航模比赛中荣获全国第一名2次、第三名4次；在省赛中更是大放异彩：获得省赛团体总分第一名3次，第二名5次，第三名4次；省个人单项比赛获前五名的共178人次。

作为当之无愧的名校，仙游一中的“头衔”数不胜数：福建省第十二届文明学校、义务教育管理标准化学校、国家防震减灾科普示范校、教育部认定为“第二批全国国防教育特色学校”、 福建省首批示范性普通高中建设学校、福建省航模特色项目劳动教育实践基地、全国青少年“飞向北京飞向太空”航空航天型教育竞赛（福建赛区）体育道德风尚奖……然而，仙游一中并不追求一家独大，在国家大力推进优质教育资源全国均衡化之时，学校成立仙游一中教育集团，整合教育优质资源，以强带弱。

致力科普，打造校园科普教育基地，27年的坚守，仙游一中的整个校园，早已写满“科普教育”元素，“科普”已成为我校可以亮出去的特色名片。荣誉的背后，是不畏辛苦的坚持和付出，是学校对“科教兴国”伟大战略的深刻理解，更是对全面实施素质教育的高度重视。科普教育的品质，直接关系到一个国家的创新能力，关系到一个社会的生机与活力，而仙游一中正在不断雕琢品质，朝“省内一流、全国知名”的现代化中学目标而不懈奋斗。

欲穷千里目，更上一层楼
——关于鹤山市龙口镇协华小学深度思维教学模式研究

广东省鹤山市龙口镇协华小学　温志卿

鹤山市龙口镇协华小学坚持以习近平新时代中国特色社会主义思想为指导，全面贯彻党的教育方针，落实立德树人的根本任务，遵循教育规律，树立科学的教育质量观，秉承教科研兴校的信念，落实教育教学常规管理。在教育探索上，我们深知“欲穷千里目，更上一层楼”的要义。近年来，学校教研组深入开展课堂教学模式实验研究，以生为本的理念指导教学教研方式，服务学校教育教学，以课改促进教师专业成长，服务学生全面发展，探索出适合学校发展，适合农村小学的深度思维教学模式“预学—研学—助学—拓学真正实现了教育改革上的“更上一层楼”。以下，我就略谈一下我校应用的深度思维教学模式。

一、针对学校现状，提出革新思路方针

组织发展领域创始人理查德•贝克哈德与大卫•格莱西提出了一个变革公式：对现状的不满 × 对未来的愿景 × 第一步实践 ＞ 变革阻力。

农村小学是鹤山市基础教育的一个比较薄弱的环节，传统的课堂教学模式就目前的时代发展来看已经具有了很大的滞后性。龙口镇协华小学是龙口镇中心小学，生源比较多元化，有本土的地段生，也有外来务工者子女。学生既有住在沙坪镇的，又有住在龙口墟中心的，更有来自七大管区，25条自然村的。社区、管区、村委不一，风气不一，家庭教育水平极度参差，学生的学习内驱力和承压力呈现两极分化，很考验学校的管理。而学校教师年龄普遍偏大，职业倦怠情况严重，随着年长的教师大批退休，年轻老师新入职，学校教研青黄不接，年长需要激活，年轻需要指引。

学校教研组对现状不满，对建设优质学校充满美好愿景，于是勇敢坚定地迈出课改的步伐向前行进，实现学校和学生、教师个人真正的改变。

教学模式是教学活动的基本结构，如果有一种教学模式适合教研薄弱的农村学校，让乡村教师在教学中愿意按照一定的教学模式进行教学，并经过努力最终形成自己的教学风格，而学生在这种模式下思维得到开发，学习能力的套提升，那是多么美好的愿景。教研组一直在探索一种能避免教学“一刀切、老师讲得多，学生学的少”的教学模式。成员老师经过学习文献，对教学模式的发展过程有了一定认识，19世纪20年代，杜威提出“以儿童为中心”的做中学模式：创设情境—确定问题—占有资料—提出假设—检验假设，这种教学模式强调学生的主体作用。

我国新课程改革强调要改变学生学习中的死记硬背、机械训练的现状，倡导学生主动参与、乐于探究、勤于动手，培养学生搜集和处理信息的能力、获取新知识的能力、分析和解决问题的能力，以及交流与合作的能力，这种课改理念得到教师的广泛认同。协华小学教研组，在这方向上，提出“先学后教、以学定教、少教多学、师生互动”的教学模式课堂，模式虽然比较空泛，但却是一个很好的开始。

二、依据革新思路，提炼深度思维模式

学校教研继续深入，加大集体备课的力度，注重小组建设，注重综合推进，学思结合，倡导启发式、探究式、讨论式、参与式教学，帮助学生学会学习，终于提炼出适合学校的教学模式，深度思维的“预学—研学—助学—拓学”。

“深度思维”即学生自主分析、评价、创造的思维，是发生在较高认识层次上的心智活动或较高层次的认知能力。

第一步，“预学”是指学生前置性学习，前置性学习要能让每个学生都有充分的时间去探究、体验和感悟每个数学活动；教师利用前置性作业充分了解学生的认知起点，通过知识迁移，帮助学生自我建构、自我生成知识。

第二步，“研学”是指学生在课堂上，通过小组合作，互相研讨、互相启发，互相进步。小组建设的目的是为了小组学习。在小组合作探究的过程中，能培养学生发现问题的能力、获取信息的能力、语言表达的能力及组织管理的能力、学习的能力及科学探索的精神。

第三步，“助学”是指帮助学习，既有老师在充分了解学生的学习情况的基础上，有针对性地面对面辅导、分层布置作业等帮助学生解惑；也有学生之间的互帮互助学习，组长与组内最弱的同学结盟帮扶学习。

第四步，“拓学”是指对一个知识点或一个主题活动，发散性地展开学习，如数学科的关于“量一量”的实践活动，学生在课堂研学后，把知识延伸至生活，在随处可见、随手可拿的事物身上都可以动手实践，很好地落实了数学应用于生活。

三、提高师资水平，实践深度思维模式

（一）提高师资整体水平

以练师能为主要目标，实行青蓝工程，注重发挥骨干教师带动辐射能量，促进教师专业水平提升。给骨干教师、青年教师压重担，参加比赛，让其在师傅组建的骨干备课团队帮助下，历经校内比赛，镇内比赛，层层选拔，师徒在磨课中一起成长。让“学科带头人”、“骨干教师”真正起到引领和示范的作用，实现从骨干教师的“个人成长”发展为“群体成长”。不论是“青蓝工程还是策划、计划、规划“三划能力促成长学校采用以老带新，以能带新的方式，让骨干教师培养年轻教师，让其迅速成长。

学校推行这一教学模式的过程中，给骨干教师、年轻教师压任务，让他们在参与制定学校发展规划，制定学科计划、活动方案策划，在每一项工作中都重视培养他们这三方面的能力，期望通过提升其“三划”能力，得以迅速成长。在推进生本实验项目中，我们创造机会培养老师的“三划能力同时也鼓励教师将平时工作中的生本教育个案、教学心得、课题研究成果等撰写成论文，教师感受教育的成就感和幸福感。

（二）实践深度思维教学

1.预学

各教研组利用业务学习时间，集体备课，共同设计前置作业，打造学校各学科的前置作业库。这些前置作业要求开放性，多元性。如语文学科中前置作业设计有梯度的读：1.我读了（　　）遍课文。2.我感觉自己读得（　　）（多选）A.正确 ，B.流利，C.有感情。这两题的设计看出老师的匠心独运，两题看似简单却不简单，这梯度设计，不但要求学生读正确，读通顺，还要初步了解课文的主要内容才能，有所感悟。

2.研学-助学

为让学生在“研学”、“助学”中深度思维得到激活，互问互思、追问再思，提高学习能力，首先要设置一种最佳的最便于学习交流的方式，那就是小组合作。协华小学26个教学班都要创建4人小组学习的模式，每个小组成员职责明确，培养小组成员在教学实践过程中找准自己的位置，各司其职，各负其责，各尽所能，各得其所。小组的合作性学习，激发学生的学习热情，让每一个学生在小组合作交流中培养互助、合作、欣赏、管理、评价等的良好品质。

教师和学生要学会思考，学会质疑，要有一套自己的思路，有自己独特清晰的观点。（1）教师要学会提问。善教者授其法，在研读校本后，提炼总结方法。在设计《猫》一课，让学生把读书与思考链接起来，老师引导学生深入文本，找出文中描写猫的“古怪”、“淘气”的相关语句，然后借助关键词句，反复读中提问“你发现了什么”、“你读到了什么”、“你受到了什么启示引导学有余力的学生“研读”中深度思维，学有所困的学生得到“助学老师和学生在互相的评论与质疑中不

但激发了学生读中对丰子恺先生笔下的鹅深感兴趣，还很好地让学生读出鹅高傲的形象和鹅与狗相斗的有趣画面感，悟出作者老舍先生用各种细节描写表达对猫的喜爱之情，甚至深入地读出了对比、拟人、反语等写作方法。(2) 学生要学会自问。学生要善于提问“我发现了什么规律”、“我还有什么不明白”、“我悟出了什么在一声声叩问中，思维能力得到锻炼，举一反三，思维通达。

3.拓学

拓学就是拓展提升，形成思维网络，养成常思常新的好品质。譬如语文老师都是阅读有心人，在深入研读教材，深挖文本内外的知识链后课堂上设计阅读链接对比读——《猫》一课设计环节是：读一读阅读链接，比较一下其他作家的猫与老舍先生笔下的猫有什么相同或不同。《白鹅》一课设计环节是：比较《白鹅》和《白公鹅》，说说两位作家笔下的鹅有什么共同点，两篇文章在表达上有什么相同之处。

四、结语

欲穷千里目，更上一层楼，教学唯具有“深度才能取得“高度”。我校“预学—研学—助学—拓学”的模式是经过反复研究论证获得的教学成果，长期的教学实践应用证明，深度思维的教学模式能够培养学生创新能力和思维能力，分析问题、解决问题的能力；有利于教师因材施教；能够培养学生自主学习的能力；有利于培养学生相互合作的精神。既具有校本特色培养农村教师的教科研能力，培养好老师，留住好老师，又扎根龙口镇小学，辐射至本市农村学校，实现区域教育均衡发展。

“三生教育”催生教育高质量发展的新引擎

——基于肇庆市致远实验学校办学思想设计及其实践的思考

广东省肇庆市致远实验学校　冯海志　袁园　冯灏哲

教育是以人为主体的教之以真、育之以爱的社会活动过程，它能促进人的全面发展，是成才之本、强国之基。为适应教育发展之需，我校秉承立德树人、行稳致远、学有所长、全面发展的办学宗旨，结合各年级学生的心理生理特点，设计“三生教育”发展构想，提炼“三生教育”精神内涵，确定“三生教育”主题目标，建构“三生教育”课程体系，切实做好养根、培根的事业，进一步推动未来学校的建设与发展。

“三生教育”是促进中小学学生健康成长的以生活教育、生态教育、生命教育为核心的未来素质教育思想，更是一种与生活、生态、生命相关的知识与技术、过程与方法、价值与情感态度等三个维度共同构成的系统的学生成长模式。它始终贯穿于中小学学生的全成长过程，但又依据不同学段而有所侧重，小学以生活教育为重点、初中以生态教育为重点、高中以生命教育为重点，在“五育并举”的基础上互相辉映、多姿多彩，构成了学有所长、全面发展的学生成长模式。

生活教育

生活教育重点放在小学阶段，是一种以生活为核心的、指向文明养成的教育模式。我校基于学生的生活背景或生活经验，把抽象的理论知识与生动的生产、生活密切联系，积极探索旨在培养学生基础学力、现代生活素养、未来生活教养、积极地人文素养及创新创造能力的生活教育实践活动，以生活教育浸润学生，让学生素养在生活教育的熏染中提高。

我校高度重视校园环境的设计与建设，在学校选址和设计之初就融入了生活教育的理念，让学生从环境中接受教育。比如绿植的选择，就考虑选用四季分明的草树。面对5G数智化，我校以学习场景重构为核心，设计出未来学校的课室，整合多种技术力量，打破资源壁垒，使空间功能得到重组，力图把学校建设成美丽的智慧型生态花园，建设成学生愉快生活和学习的成长乐园，建设成学生学好科学知识的学园。

我校改革传统的课堂教学模式，引进“研究发现”、“自主探索”等课堂教学模式，充分发挥学生的自主性和积极性，让他们在课堂中得到思想、言语、行为的解放，成长为有独立思考能力、自主探究能力、踊跃表现能力的新时代学生。同时，我校积极引导学生关注学校以外、课本之外的现实世界，将学校教育置于生活世界之中，教会学生适应社会、学会生活、提升生命的意义和质量，不断促进学生的自我完善。

我校设置“生活教育”活动课程或综合课程、跨学科课程，关注学生的生活方式、生活习惯、生活体验，关注学生的生活情感，使学生体验到生活的乐趣。“生活教育”活动课程注重学生的学习与生活相沟通，让他们在生活的世界中自己去探究和发现，从而最大限度地激发起他们的兴趣和好奇心，以自己独特的视角体察教材中的世界。该课程转变了传统教学方式和教学场景，更注重参与性、活动性、探究性，充分实现学习场景的变化，比如“篝火式中心化”、“水源式合作化”、“洞穴式自主化”、“山顶式探究化”等，让学生在活动中学会求知、学会做事、学会合作、学会生活，从而获得愉悦和满足。

我校鼓励教师在行知思想的引领下进行真实问题的探讨，转变教学行为，促进每一个学生生动、活泼、可持续的发展。教师应抓住各个教育契机，激发学生对于知识的渴望，让他们能够结合生活经验来丰富自己的学习生活经验，将“学”和“做”有效结合起来，把教育和生活有机地结合在一起，让生活决定教育，让教育促进生活，让教育回归人，让人回归生活，让生活回归幸福，进而实现教育与生活的良好互动。

通过生活教育，旨在让学生理解生活是由物质生活和精神生活、个体生活和社会生活、职业生活和公共生活等若干方面组成，以便更好地帮助学生提高生活能力，培养良好品德和行为习惯，形成立足现实、着眼未来的生活追求，进而热爱生活、奋斗生活、幸福生活。

生态教育

生态教育重点放在初中阶段，是一种以生态为核心的、指向和谐发展的教育模式。初中生的学习能力和自我独立意识比小学阶段有所增强，是“三观”形成的关键阶段，更是一个人良好行为、习惯和素养养成的重要阶段。对中学生进行生态教育，有助于丰富他们的精神世界，培养他们的创新意识，实现中学生在德、智、体、美、劳全面发展。我校强调“以人为本，全面发展”、“一切为了学生，为了学生的一切，为了一切的学生”的办学理念，以生态教育为统领，围绕立德树人根本任务，大力推行社会主义核心价值观教育，建设生态校园、打造生态课堂、培养生态教师、开展生态德育，促进学生全面而有个性的成长。

建设生态校园。简单来说，就是把学校建设成适宜学生成长发展的生态园。美丽的校园可以陶冶学生情操、美化学生心灵、启迪学生心智，促进学生全面发展。我校注重校园布局的整体构建，充分挖掘校园建筑的文化内涵，注入和谐、成长的生态理念，创设绿化、美化、教育化的校园环境，构建科学的、高效的、优质的教学环境，给学生以润物细无声般的浸染与启迪，促进师生关爱自然、尊重生命、学会共处、和谐发展，最终达到“多样、共生、和谐与发展”的教育生态理念，构建起“命运共同体实现学生、教师、学校三方共赢。

构建生态课堂。生态教育理念是一种确保学生、教师和学校三方共赢共荣的教育理念。在教育实践中，我校重视学生、教师、课程、教育方法与教育环境等教育要素，努力实现教材、教师、学生、教法、场景各要素的综合平衡，开设了灵活开放的生态课程，着力丰富学校生态教育的教育途径，实现课堂内外的互补，强化多学科、跨学科的生态教育的课程渗透，从而提高学生的生态意识，使每个学生都能得到健康的发展，使教育能够成为诗意的生活。例如，语文教学中，可以通过引导学生走向自然，用调查、研究、办黑板报等形式同生态教育有机结合起来；英语教学中，可以引进生态教育的科普读物，在了解世界环保现状的同时提高英语阅读水平；音乐教学中，可以引导学生鉴赏环保绿色音乐；综合实践教学中，可以将数学、科学、美术、音乐、媒体等综合运用，跨学科组合，形成生态课程。

培养生态教师。教师队伍的培养和建设是实现生态教育最重要的方式。教师应改变教育方式，实现教学方式的多样化、丰富化，激发学生的学习兴趣，从而有效地提高教学效果。生态教育是任何学科的教师都有职责进行的教育，要求教师将生态教育与各学科课程紧密结合起来。我校立足课堂，支持帮助教师组建研修共同体，加强队伍内部的交流提升，促进生态型教师共同体的良性发展；教师应努力拓宽知识面，强化自身生态意识，牢固掌握丰富的生态知识，自觉把现代生态观的内容生动地、有机地融入自己的教育之中，把生态教育的理念有效地传给学生。

开展生态德育。根据素质教育全面发展的要求，中小学德育不仅要教育学生文明礼貌、遵守纪律、规范做人、心理健康，更要培养学生正确的生态道德观，从而促进学生道德的完善和人格的提升，最终实现人格完善和全面发展。新形势下，中小学德育要与时俱进，应从生存环境出发，开展生态德育。我校把道德行为的领域扩展到人与自然上来，让青少年走进自然、认识自然、呵护自然，提升道德品质，陶冶高尚情操，树立正确的价值观、适度的消费观和科学的发展观；通过家庭教育活动、社会实践活动等社会行为，鼓励青少年学生积极走进社会、体验社会、参与各种品德教育活动，让学生在“正能量”的社会中实现品德的提升，并传播社会“正能量”；把传统文化资源作为青少年德育的主要内容，充分利用各种物质文化和非物质文化为载体来开展道德教育，让青少年在弘扬本民族优秀文化的过程之中塑造学生具有本民族文化特点的道德观和价值观；充分发挥课堂教学的指导作用，使学生获取对生态问题的意识，理解人类在环境中的重要责任，有效激发参与保护生态环境的热情。

生态教育，在素质教育中有着至关重要的作用，其目的在于大力营建一个文化多元共融、师生共同进步、和谐发展的教育有机整体，尽可能提高人的观察能力、思维能力以及感受能力，着力培养能与自然和谐共生的一代新人。

生命教育

生命教育重点放在高中阶段，是一种以生命为核心的、指向价值尊严的教育模式，其核心目标在于通过生命管理，让每一个人都成为“我自己都能最终实现“我之为我”的生命价值，即把生命中的爱和亮点全部展现出来，为社会、为人间焕发出自己独有的美丽光彩。

对学生来说，高中阶段是身心逐渐成熟、知识大量储备的关键阶段，也是世界观、人生观、价值观形成的关键时期。因此，在这个阶段应该扎扎实实地开展生命教育，关注学生的多维发展，从而让学生建立起积极、健康、正确的生命观，进而领悟生命的价值和意义。

生命教育与教学。教育就应将生命教育作为基石，发展和完善生命并实现自我价值和社会价值。我校把生命化的课堂生活、学校文化、班级管理融入学校的全部教育教学活动中，让学生在任何时间、任何地点都能感受到生命的关怀，沐浴在生命的阳光之中。我校积极引导各科教师树立生命教育的理念，充分挖掘本学科中关于生命教育的资源，打造生命化的课堂或教学场景，开发系列化的校本课程，创设生命教育开展的环境，最大限度地发挥学校自身生命教育的价值，主动承担实施生命教育的责任。

生命教育与德育。生命教育是引导学生认识生命、尊重生命、热爱生命、敬畏生命，提高自身生命质量和生存技能以及促进学生全面发展的一种教育活动。学校德育作为塑造人思想品格的重要途径，更需要将对生命科学的认知和正确的态度融入其中，促使学生更好地发展。我校秉承"立德树人，全面发展"的办学宗旨，坚持以生命关怀为核心，以掌握生命发展规律为基础，帮助学生认识到生命的有限以及生存的价值和意义，从而建立自己正确的人生价值观。加强敬畏生命教育，引导学生对自己的生命价值进行提升，强化其责任意识，使其能站到别人的角度考虑问题，知道别人的生命也只有一次，不可随意践踏、给别人造成痛苦；加强感恩教育，引导学生反思生活中需要感恩的事件，让其感受到生命的意义，能够以乐观的态度面对生活。

教育的使命就是努力培养孩子成为一个"珍爱生命、学会生存、感受生活"的人。在大力推广素质教育的时代背景下，德育应着重审视教育内容，立足于生命的高度，给予生命充分的尊重和呵护，在德育的视野下注重人性化关怀，关注每名学生的心理和情感动向，促进青年整体得到人格的发展，体现生命教育的真正价值。在践行"三生教育"的实践中，我校立足青少年生命教育观的伟大实践，牢牢把握时代发展对德育教育的新要求、新变化，立德树人，奋勇前进，从而更好地发展德育教育。

不忘初心，誓做师生成长的"守护神"

——记广西南宁市高新区林峰路小学校长梁海嘉

秘天华

26年前，美丽端庄、心性纯洁的她，怀着激动而又忐忑的心情，步入到了神圣的教坛，成了一名光荣的人民教师；26年间，她将德国教育学家福禄贝尔的名言"教育无他，唯爱与榜样"当作自己的座右铭，一心扑在了教育事业上；26年来，她从一名普通的教师成长为学校的管理者，为教育事业做出了突出的贡献，赢得了无数学生、家长、老师的爱戴和称赞，先后20多次被城区、高新区和南宁市人民政府授予"优秀共产党员"、"优秀教师"、"优秀教育工作者"等荣誉，被确定为第二批广西基础教育名校长领航工程培养对象、南宁市师德宣讲团成员……她，就是现任南宁高新区林峰路小学校长的优秀人民教师梁海嘉。

坚守薄弱校，教学安全两不误

1994年8月至1998年7月，梁海嘉先后在南宁市三塘中心校和西津小学工作。1998年8月，组织上又将她调到了皂角小学——一所办学条件非常简陋的农村学校，大部分的教室都是破旧的瓦房，校园的路面坑坑洼洼。

在这里，梁海嘉先后担任班主任、少先队大队辅导员、数学教研组组长。2005年，老校长退休，鉴于她优秀的教学能力和其他方面出色的表现，被直接任命为校长，就这样一干就是13年。

2008年汶川地震后，全国各地的学校都严格开展了校园校舍检测工作，皂角小学的检测结果显示，整个学校只有6间教室勉强能使用。为了保证全校师生的生命安全，城区教育局指示师生立即撤离，并安排4个班的学生全部到秀田小学恒大新城分校的教室上课。就这样，皂角小学开始了分隔两地的教学生活。

作为校长，梁海嘉肩上的担子无疑是最重的，必须每天在两个校区之间奔波，不仅工作量是原来的两倍，工作难度更是原来的数倍。皂角小学到秀田小学分校的路程大约有5公里，学生家长们大多数是进城务工人员，基本上无法接送小孩，孩子们必须自己走路上学、放学。而上学途中要经过一条未经改造的小路，并且要跨过朝阳溪的一座简易的小桥，并且，每逢雨天，朝阳溪就会涨水。此时，梁校长就和老师们就会一起在河边值守，护送孩子们过河。这样艰难的日子，梁校长和老师们整整过了两年。令城区教育部门领导惊讶和欣慰的是，就是在这样的情况下，皂角小学没有出一起安全事故，教学工作也一天没有间断过，教育教学质量不仅没有受到影响，反倒名列全城区同等学校前茅。

每天看着老师和孩子们这么奔波，梁校长很是心疼：能否找到更近的教学地点，为老师和孩子们减轻负担呢？经过多方打听，她得知北湖北路学校起了新的教学楼，还有一些空余的旧教室可以使用。于是，梁海嘉做汇报、打申请，几经周折，终于搬到了离学校不到一公里、走路只需15分钟的北湖北路学校的旧教室上课。这样分隔两地教学工作的日子，皂角小学历经了6年共2190天。但是每当看到学生渴求的眼神和家长信任的眼光，她认为一切都是值得的，并暗下决心：往后余生，自己都要用博爱的胸怀，当好传播知识、传播思想、传播真理的"传播者"；用榜样的力量，当好塑造灵魂、塑造生命、塑造新人的"造型师"；更要当好师生成长路上的"守护神"！

日复一日，年复一年。伴随着皂角小学的变化、成长，梁海嘉和她的老师们把对教育的热爱，化作孩子们心中最美的云彩，收获了许多奇迹与惊喜。

倾注血与汗，喜得旧貌换新颜

2010年，南宁高新区管委会批准了皂角小学重建的立项申请。为了能让学校的设计更符合教学的需要，梁海嘉亲手编写项目建议书。这对从未接触过建筑类知识领域的她来说，简直比登天还难。为此，梁海嘉几乎跑遍了南宁市所有书店，查阅了大量文献资料，试画了N张图纸，后又三番五次、五次三番找与设计公司的设计师们沟通皂角小学建设的构想，最终确立了学校建设方案。

在建设的过程中，梁海嘉几乎天天进工，发现哪里不够合理，就马上提出申请更改。由于工作强度过大，她的腰部韧带裂伤，走路都极为艰难，医生建议住院治疗。但每每想起孩子们异地上学的艰辛不易，梁海嘉就强烈要求每天在医院做完理疗后在赶回学校蹲守。建楼的老板钦佩不已："我做过那么多项目，还没见过建学校比建自己家还用心的校长。即使修改方案再麻烦，我都愿意配合您"。学校建好后，这个老板又给学校送来了两棵罗汉，满怀敬意地对梁海嘉说："校长，施工一年多来，您对这所学校倾注的心血令我感动。我希望皂角小学越办越好！"

2016年初，一座崭新、美观、实用的五层教学综合楼拔地而起，奋发昂扬地展现在了老师和孩子们的面前。在搬离借用教室的时候，家长们主动请缨，不租用搬家公司，不花一分钱，家长、老师和孩子们齐心协力把课桌椅等家当，全部自己动手搬进了新的教学大楼。皂角小学从此告别了"分居两地"的教学生涯。

搬进新的教学楼后，为了跟上现代教育的步伐，梁海嘉力争高新区教育局和管委会的支持，马不停蹄地开始各种功能室、校园户外活动场地的建设。在高新区教育局和管委会领导的大力支持下，不到半年的时间，各种设施设备齐全的功能室一一建成，室外活动场地逐步完善，1800平方米的操场上充满欢声笑语，200米的围墙宣传画展现着皂角小学的精神风貌……整个学校从里到外发生了翻天覆地的变化，校园面貌焕然一新，彻底改变了皂角小学地无三尺平的囧相。

在2016年义务教育均衡发展迎国检中，皂角小学接受了南宁市及自治区检查组的验收。学校卓有成效的校园文化建设、教育教学工作、队伍建设、常规管理等都得到专家的一致好评。

受命新征程，不落下一个孩子

近年来，南宁高新区十分注重打造教育品牌、建设教学名校。而名校品牌的树立，需要优秀的校长来引路领航。为此，高新区教育局领导经过认真的研究讨论，决定给有爱心、有能力、有事业心和责任感的梁海嘉同志压压担子：2018年7月，将她调到新的学校——林峰路小学做一名"领头雁"。

调任林峰路小学后，梁海嘉花了大量的时间对学校的生源情况进行了详细的调查和了解：这个学校的大部；每个班都存在教育棘手的孩子，甚至还有自杀倾向的、偷盗行为的、逃学打架的孩子……针对这些问题，梁海嘉要求德育处将问题比较严重的学生一一排查出来，制订了一个进行耐心细致的教育工作计划。由于学校没有专职心理老师，她就亲自坐镇心理咨询室，分批次、有计划地对学生以及他们的家长进行心理疏导，并指导班主任帮助这些学生及家长走出困境。

经过不懈的努力，梁海嘉的真诚赢得了老师、孩子和家长们的信任，他们也开始深刻反省自己的教育方式，并努力作出了改变，呈现出师生和乐共进、亲子融洽共长的欣欣向荣的教育盛景。

敬业做榜样，亦师亦友情谊长

教师是学校发展的核心竞争力，让老师们也能用爱与榜样温暖、引领学生，这是梁海嘉一直努力的方向。对老师们来说，梁校长亦师亦友，为人处世、业务指导都用心引领。

2020年6月，梁海嘉因为劳累过度住进了医院。住院的第二天，她接到了正在坐月子的小韦老师的电话，哽咽的语气中充满了焦虑和委屈。经过了解，原来是宝宝出生后，家婆的育儿方式跟自己的发生了冲突，并产生了矛盾。于是梁海嘉在电话里面一边耐心地安慰她，一边给她分享了育儿经验。现在，小韦老师跟家婆已是相处融洽，在微信朋友圈里常常能看到小韦老师快乐生活的视频。

2020年5月25日上午，正在开会的梁海嘉，突然收到了静静老师的微信信息："校长妈妈，我的脚不小心被烫伤了"。梁海嘉看到静静老师红肿起水泡的伤脚照片，瞬间觉得既心疼又着急，因为静静老师是一个人带着读一年级的女儿生活。于是会议一结束，梁海嘉马上买了治脚伤的特效药送给她，此后又连续几天早上接送她们母女去学校。后来，学校的老师们知道了，都抢着要接梁校长的“班”。这种爱的接力持续了7天，直到静静老师的脚伤痊愈。

在梁海嘉调任林峰路小学校长之前，周老师已经在办理调离手续了，但当看到在梁海嘉的带领下，学校发生的许多可喜的变化时，让周老师乐在心上。她觉得有这样的好校长，在林峰有奔头、有劲头，于是主动撤回了调动资料，继续安心在林峰路小学工作。

类似上述这样感人的事例，在梁海嘉到林峰路小学后的三年时间里，真是数不胜数。在梁海嘉精神和言行的感召下，大家以校为家，团结互助、和睦相处、融洽自如。一支“勤勉踏实、团结和谐、积极上进”的教师队伍，正在林峰路小学茁壮成长。学校各方面建设也迈上了新台阶，并取得了许多骄人的新成绩：2018年，参加南宁市二十届中小学艺术节，学校选送的艺术表演类节目《共享爸爸》荣获金奖；2018年，参加南宁市中小学生航模车模建模比赛，荣获集体二等奖；2019年，被高新区教育局评为“德育工作先进集体”；2019年，参加南宁高新区第三届校园足球赛，荣获一等奖；2019年，被国家教育部授予“全国青少年校园足球特色学校”；2019年，参加南宁高新区中小学英文歌曲比赛，荣获一等奖；2019年，参加南宁高新区中小学经典诵读比赛，荣获二等奖；2020年，参加南宁高新区中小学艺术节，该校选送的校园剧《梨园少年》和《舞鞋下的秘密》，均荣获一等奖。

创新求实，办人民满意的教育

河北省邯郸市赵苑中学　马少军　郝耀坤

党的十八大以来，以习近平同志为核心的党中央高度重视教育工作，在全国教育大会上，习近平同志提出“教育是国之大计、党之大计”的重要论断，把教育与国家的前途命运、党的前途命运紧紧联系在一起。我校始建于1984年，是邯郸市市直学校中规模最大的一所九年一贯制学校，也是近年来邯郸西部崛起的热点名校。学校以“立德树人、至善求新”为校训，着重培养自强自立、勤勉好学，拥有家国情怀、国际视野的综合性人才。

近年来，学校发展势头迅猛，中考成绩稳步上升。2018、2019连续两年荣获教育局颁发的“中考进步奖”。学校各项教育教学工作取得了丰硕的成果。学校已经成为全国足球特色示范校，全国优秀中学生国学社团，河北省学校安全工作先进集体，河北省优秀少先队集体，邯郸市文明单位，邯郸市青少年科技教育工作先进单位，邯郸市“海量阅读”实验校、邯郸市教育系统语言文字工作先进学校，邯郸市《中原商报》优秀小记者站。荣获“邯郸市先进基层党组织”、“邯郸市先进领导班子”、“邯郸市三八红旗集体”　等多个荣誉。

一、秉承先进理念，创建现代校园

近年来，我校紧紧围绕“师资优良，管理科学，质量一流，特色鲜明，办人民满意的教育”的办学目标，贯彻“享受教育，幸福人生”的办学理念，严守八个质量关，攻坚克难，与时俱进。逐渐形成了“爱校、守纪、自律、自信”的校风，“乐教、敬业、严谨、爱生”的教风和“勤学、奋进、求索、求真”的学风。学校管理日益严格，教育水平不断攀升。

学校功能室配备齐全，着力打造设备先进的现代化智慧校园。现建有高标准的校园计算机网络系统，配有多媒体教室、云机房、多功能报告厅、全自动录播室。还有阅览室、电子备课室、生物实验室、物理实验室、化学实验室、科学实验室、舞蹈教室、航模教室、书画教室、阳光书房、体育器材室等。完备的设施为学生的实验学习、学科拓展创造了条件。

学校图书馆藏书数量达102200册，工具书和教学参考书930余册，报纸杂志120余种。电子阅览室收录电子书500多万册。增设了藤香书屋、教室长廊小书橱、流动图书角等多个阅读功能区。教学楼配有空调、暖气，各楼层装有直饮水设备，全天供应温水。硬件设施一流，为学生提供最好的学习环境。

二、打造优质团队，领航学校发展

雄厚的师资是学校的核心竞争力。学校扎实推进“师资”核心竞争力建设，培养了一支政治强、业务精、作风好的优质名师团队。

学校现有教职工130余人，中级教师61人，高级教师32人，研究生以上学历21人，教师学历达标率100%，拥有省级骨干教师2人，市级骨干教师22人，学科带头人3人。有省市级优秀教师、优秀园丁、模范教师、师德标兵、师能标兵、优秀班主任等优秀教师52名，有23名教师在国家、省、市级讲课比赛中获奖。2020年又引进了十几位天津大学、哈尔滨工业大学、陕西师范大学、南开大学等双一流大学研究生，壮大了师资队伍。

学校采取“走出去、请进来”的方法，每年邀请50位左右专家、名师工作室老师到我校授课，学校老师外出学习、进修。我校不仅和市内的热点学校结盟、联考，还与石家庄27中、28中、高开区新华学校，沧州一中，唐山友谊中学、第四十中学，保定十七中等建立长期的友好合作关系，共同研究中考方向，进一步提高教学水平。

三、推进教育改革，创新课堂形式

学校追求“道德高尚、人格健全、素质全面、特长鲜明”的育人目标。在新课程理念引领下，学校大力推进教育教学改革，创新课堂形式。积极探索“阳光课堂对话教学”、“小组合作互助教学”、“五步十环节教学”等课堂模式，不断打造高效的魅力课堂。

“知识和生命化融合课堂”　“自主合作探究型课堂”等已逐渐成为我校课堂名片，教育洋溢着魅力，课堂焕发着活力。在创新实验课堂的模式下，充分调动了学生们的积极性，提高了学习能力。

小学部和中学部分别开展各种学科节活动，激发了学生的学习兴趣，开阔了视野。成立学科互助小组。不断推进学生的自主学习，自主管理能力的提升。

四、开设校本课程，优化育人环境

学校开设有国学经典诵读、海量阅读、成语故事、书法、绘画、生物实验、航模制作、机器人制作、3D打印等校本课程。

小学部活动丰富多彩，社团文化建设有声有色。学校现有广播站、小记者站、足球队、舞蹈队、书法社团、黑管、口风琴乐队、“小百灵”合唱团等众多学生社团，每年定期举办体育节、艺术节、科技节、读书节、学科节等活动。

每年组织一次全体学生参与研学旅行综合实践活动，培养学生创新精神，提高解决实际问题的能力。每月开展书法周周赛，提高了学生的书写能力。

开展阳光体育活动，学习太极拳、轮滑、乒乓球、篮球、足球等。丰富多彩的活动，使学生的人文精神、运动素养得到了提高。

校园里随处可见古韵文化。设置主题教育文化墙和文化长廊。爱国教育也是我校一大特色，开展各种红色活动，培养学生爱国情怀。在德育文化与传统文化交融的大环境下，学生成长为一名文化底蕴深厚、综合素质全面的人才。

五、开展党史学习，统一思想认识

“欲知大道，必先为史”。历史是最好的教科书，蕴含着生生不息的思想力量、文化基因、精神动能。注重学习党史，从历史中获得启迪，是我们党的优良传统。

我校通过开展党史学习，进一步加强组织建设。不断加强和提高全体党员的理想信念，以习近平新时代中国特色社会主义为引领，统一思想认识、增强政治敏锐性，树立大局意识、责任意识和忧患意识，开拓创新，推进学校各项工作健康发展。

丹心谱就有才曲，朱墨绘得兴邦图。站在新的历史机点上，我校将继续改革创新，以刻苦拼搏、自强不息、创新求实的精神，迎接更大的机遇和挑战，开创学校教育新的格局，书写更加辉煌灿烂的篇章！

幼升小应该如何衔接

河北省石家庄外普通话小学　丁云霞

幼儿园阶段时，孩子的很多生活细节中都有父母的参与。到了小学时，孩子需要独立地进行自我管理，这也让过渡更加必要。幼小衔接时，课前、课中、课后都会按照小学的要求进行规范练习，这可以帮助孩子顺利过渡。作为家长，我们不要过于焦虑，要静下心来帮助孩子做好幼小衔接前的准备，陪伴孩子一起更好地成长。

一、幼儿园和小学的区别

其实，我们的家长们对于幼升小的焦虑，主要源于“不了解”。一方面不了解小学，另一方面，不了解孩子的身心成长规律。关于幼儿园和小学的不同之处，我总结了三个方面：

首先，教学形式不同。小学是班级授课制，需要孩子们在统一的时间静下来，听、说、读、写、做。另外，每节课之间会有课间活动。

第二，教学内容不同。小学是分学科教学的，除了语文、数学、英语、科学之外，还有音乐、美术、体育、阅览、健康、心理等课程。在石家庄外普通话小学，除了语文、数学、英语在班级教室里上课，其他的课程都有专门的功能教室和专门的场地。

第三，作息时间不同。小学每周一会有升旗仪式，周二到周五会有课前十分钟的早读、写字练习等等。每天上午四节课、下午两节课，还会有一些社团的选修课。

只有了解了这些不同，我们的家长才能放心让孩子自己来适应小学生活。建议家长，充分利用7、8月份，在家调整好孩子的作息时间，让孩子开学之后很快适应小学的学习和生活。

二、小学阶段做好两件事

在小学阶段，有两件事比学习更重要，一个是习惯，一个是兴趣。我们各个学科的教学，都会把习惯养成和兴趣激发作为重点来做。

对于小学生的习惯养成，国家有明确规定，就是《小学生日常行为规范》，一共有20条。我校也制定了25条好习惯，并且编成了“好习惯童谣”。比如，书写好习惯童谣:“要书写、身坐正、脚放平；手一寸、胸一拳、眼一尺；两指捏、两指托、小指藏；笔尖斜、笔杆躺、纸方正；调呼吸、慎落笔、心态平；求整洁、留天地、字居中”。

在语文课、英语课、美术课上，只要是用笔的时候，我们的教师都会强调规范书写，全员培养孩子的好习惯。

兴趣就是动力。始终激发和保持孩子的兴趣，是我校坚持的理念。兴趣的核心是好奇心，作为家长，我们要善于发现和保持孩子的好奇心。孩子如果对某一个领域的东西特别感兴趣，家长首先要发现它，然后要去引导他，把他的兴趣延伸、拓展，孩子才可能会在这个领域有所见地。

而那些“对什么都不感兴趣”的孩子，在我看来，只是因为他的兴趣点没有被激发出来。我们学校各种丰富的课程、多样的活动，就是在激发孩子寻找自己的兴趣点。

一、二年级体育课都是游戏为主，可以跟幼儿园有效地衔接，延续孩子的运动兴趣。每月一次的星光讲坛，孩子们把自己阅读积累的知识、见闻讲给其他小朋友听，激励他继续阅读的兴趣。外语艺术节，孩子们在艺术节上进行各种表演、展示，也会激发学习表演的兴趣。

三、“先学”是百害而无一利

从幼儿园进入小学，很多家长担心孩子学习跟不上，就提前给孩子报了各种先修班、先学班，但是我认为“先学”这对于一年的小朋友来说，是百害而无一利的事情。

保持兴趣和好奇心，是孩子不断学习的动力。孩子们可能提前学了口算、10以内加减法、20以内加减法，甚至100以内的也都学了。本来他对数学很有兴趣，但是通过这种重复机械地做题，有些孩子就会对数学产生厌恶感。因为“先学班”更注重的是结果，而把过程和方法都忽略掉了。

这就会导致一个问题：在课堂上，这个孩子表现特别活跃，老师说什么他都会，但他学的其实都是“夹生饭是缺乏思考的，也没有尝试和探索的过程，这就会导致“三年级现象”特别明显。因为到了中高年级，当需要孩子认真思考来解决问题的时候，他没有思考的习惯，也没有学会解决问题的方法，学习就会跟不上。

所以，我建议家长，不要让孩子“先学这会抹杀孩子对学习的兴趣，过度依赖记忆性的学习。“我们需要的是有思考的学习，学习过程一定是通过孩子大脑的活动来得出一些结论，或者通过自己探索去完成的事情”.“先学”对孩子是没有任何好处。

不要小看简单的幼升小，这对孩子而言却是重大的人生转折。进入小学一般孩子会经历这三个阶段：好奇期、困惑期、适应期，在没有任何准备的情况下，大部分孩子会在困惑期走很多的弯路，所以提前准备也是帮助孩子顺利过渡，培养孩子自信、乐观、向上的品格。

幼小衔接是长期的育人行为而非一时的过度活动，我们需要幼儿园、小学、学生家长等各方形成共识、持续努力，形成家园校社共育合力，这样才能更好地有效衔接，促进幼儿健康快乐成长。

德育为本　敬业奉献

——记渑池县仰韶幼儿园园长田燕燕

河南省三门峡市渑池县仰韶幼儿园　孙静　裴国钰

余秋雨说过，选择你爱的事业，爱你选择的事业，并用百倍的信心、勇气和努力去浇灌，无论将来成功与否，你都能说:“我终身无悔”！ 这也是一名幼教人对自己的工作的诠释，她就是渑池县仰韶幼儿园园长田燕燕。

田园长自2011年起一直从事幼教工作，长期以来，始终坚持高标准严格要求自己，认真贯彻党的教育方针，自觉践行社会主义荣辱观，规范遵守公民基本道德规范，恪尽职守。在同事的眼中，她热情、温和、真诚待人；在孩子们的眼中，她慈爱、亲切、以身作则。她立足本职，严格管理，以饱满的热情和强烈的事业心、责任感踏实工作，在平凡的岗位上谱写出灿烂的篇章，为幼儿园的发展做出了突出贡献。

一、在刻苦中发奋，在磨砺中成长

田园长2011年8月自教体局办公室调任实验幼儿园园长，当时临近开园，校舍还不完善，她亲自带领幼儿园10名教职工，利用20余天的时间，对校舍进行改造布置，最终顺利开园招进了第一批幼儿。半年后，幼儿从开园的79人增加至270余人，教学的规模在逐步扩大。她曾说过：这是她所热爱的幼教事业，她要做的，是一名优秀的幼儿园管理者，是要为这一平凡的事业贡献毕生的力量，来实现自己的个人价值！自此，这成了她人生的追求。岗位变了，压力更大了，可她的追求却始终没变，在一线，要做一名好老师，在领导岗位上，就要做一名好领导，使幼儿园获得更好地发展。

六年来，她爱岗敬业，甘于奉献，任劳任怨，大胆改革，勇于创新，坚持“优质教育、文明教育、前端教育”的发展方向，围绕“关爱生命、和谐发展，让每一个幼儿健康快乐成长”的办园宗旨，打造了一支敬业爱岗、团结合作、积极进取的团队，保教管理科学规范，办园水平持续发展，使渑池县实验幼儿园生机盎然。实验幼儿园先后荣获省级“语言文字管理规范化学校”、市级“平安校园”、市级“文明学校”、县级“安全和谐型学校”、县级“平安校园”、县级“精神文明单位”、“教育教学工作先进单位”等荣誉称号。教职工和幼儿在各项活动中频频获奖，办园声誉不断提高，园舍得到全面改造。优良的园风、优美的环境、优秀的教师团队，使之成为一所孩子开心、家长放心、社会满意的幼儿园。

2017年8月，田园长调任仰韶幼儿园园长，同样不尽完善的校舍，但短短一个月，通过“精心打造新乐园——历练师德铸师魂——敞开怀抱迎幼儿”三阶段工作的开展，使仰韶幼儿园于9月11日正式开园，迎来了该园第一批幼儿。她也开启了新的征程，迎接了自己人生中的又一个挑战。

二、在奉献中进取，在创新中提高

作为一名管理者，她对教育事业满怀热忱，执着追求。本着“服务幼儿、服务教学、服务教师”的理念，赋予了自身业务方面强烈的创新意识和创新能力，为幼儿园保教质量的提升发挥了重要作用。面对新教师多的现状，她没有退缩，而是凭着高度的责任感和事业心，将全部的热情投入到探索适合幼师的工作管理经验和方法上。她花了大量时间和精力深入班级，细致地了解每一个教师的专业能力、教学水平，在此基础上依据各自的特点，创新教研组织形式，采用了分层教研、网络教研、骨干引领等方法。事实证明，这些做法是正确的，教师专业成长迅速，教学水平提高显著，如今已有省级骨干教师3名，市级骨干教师5名，市级文明教师5名，县级文明教师4名，多名青年教师成为渑池幼教的新起之秀、数名教师成功向全县作教学展示。她深知唯有使自己具有更系统的专业理论知识和较强的协调管理能力才能更好地为教育服务、为教师服务，所以她在做好日常教学管理工作的同时，还注重自身的业务进修和教科研水平的提高，长期坚持阅读各类专业书籍，紧跟课改步伐，大胆研究先进的管理方法，并注重总结经验，将经验上升到理论高度用于指导实践。

为了传承中华民族礼仪之邦的优秀传统文化，帮助孩子更健康快乐地成长。2012年，在田园长的带领下，老师们在没有任何经验的情况下尝试开展了幼儿园礼仪教育。文明礼仪教育课程的开设，使幼儿从小养成知礼、学礼、懂礼、用礼的好习惯，园所的礼仪教育不仅存在于课堂教学，更是渗透在幼儿一日生活的方方面面。从学校到家庭，从家庭到社区，文明礼仪不仅提高了家庭文明程度，还影响了整个社会的文明化进程。在实验幼儿园，教师们不放过每一个可以利用的礼仪渗透点，悄无声息地实践着礼仪教育，此举得到了家长和社会的一致好评。

为遵循幼儿身心发展规律，为孩子创造丰富多彩的教育环境，2013年，田园长大胆尝试了“亿童区域活动并逐步使区域活动成为我园的特色课程。为推动我县幼儿园区域活动的有序发展，2014年4月我园邀请了全县的教育专干和幼教同仁，成功举办了“渑池县幼儿园区域活动观摩研讨活动为全县幼儿教育开辟了新的思路和方向。2017年，她继续创新理念，将“机器人创客”纳入仰韶幼儿园特色课程，不仅可以让孩子了解很多结构知识，培养孩子的空间感，同时也大大提高了孩子的空间想象力。3-6岁是培养孩子优势智能素质、优势心理素质和优势体能素质的最佳时间。2019年，她又将足球课程纳入仰韶幼儿园的特色课程，让孩子“在玩中学、在学中玩不仅可以促进幼儿的体智发育，也能幼儿的团队交往能力。

三、在学习中成长，在探索中前行

长期以来，田园长以她高尚的师德赢得了幼儿和家长的信赖，以出色的工作业绩得到了领导和教师们的好评。2016年7月，她作为党代表参加了“中国共产党渑池县第十二次代表大会”；同年9月，她作为党代表参加了“中国共产党三门峡市第七次代表大会”。她先后被授予“市级文明教师”、“市级岗位标兵”、“优秀党务工作者”、“优秀教师”等荣誉称号。

没有最好，只有更好，不前进就要后退，这是她的信念。为了这一信念，工作再繁重，再劳累，她也没有停止过学习。业余时间她还参加了“河南省幼儿园园长短期集中培训项目”、“河南省农村幼儿教师短期集中培训项目”和“市级骨干教师培训”等学习培训活动。她始终认为：工作是美丽的，学习也是美丽的，读书学习是不断充实、提高、完善自我最有效地方法。

功夫不服有心人，在田园长的带领下，经过全体韶幼人的辛勤努力和付出，在短短的几年时间里，仰韶幼儿园园先后被授予为“全国足球特色学校”、“河南省省级幼儿体育活动基地”、“三门峡市党建示范校”、“三门峡市平安校园”、“渑池县一级幼儿园”、“渑池县文明单位”、“五好餐饮示范店”、“渑池县‘书香渑池·家庭亲子阅读’活动优秀组织单位”、“渑池县教育教学先进单位”、“渑池县教育系统优秀宣传先进单位”等荣誉称号。学校开展的各项工作，受到了家长们的高度评价，赢得了上级和社会各界的高度赞誉。

“凡是过去，皆为序章”。回望历史，是为了更好出发，展望未来，前景无限广阔。面对新的幼儿园，面对可亲可敬的老师，面对健康活泼的孩子们，面对无比灿烂美好的明天，她始终认为工作是美丽的、充实的、丰富的，但还需努力，仍要随着不断向前的足迹，执着的追求所挚爱的幼教事业，贡献自己毕生的精力！未来，她一定会迎着朝阳，鼓足干劲，趁势而上，认真负责、踏实勤奋地奋斗在平凡的工作岗位上，率先垂范，砥砺奋进，再谱渑池仰韶幼儿园发展新篇章！

深扎根　勇突破　坚定党心铸鸿篇

湖南省张家界市武陵源区协合乡中心学校　李云飞

武陵源区协合乡中心学校位于张家界市武陵源区宝峰山下、宝峰湖畔，学校地处群山绿水之中，是一所农村九年一贯制学校，学生多数是土家族和汉族。学校现有中小学15个教学班，学生385人，专任教师38人，其中高级教师5人、省特级教师1人。

在学校的发展历程中，我们逐渐认识到只有深深扎根传统文化，挖掘民族资源，坚定不移地用党的精神引领发展，才能实现教育的目标与学校的进步，为此，我校多方探索，寻求突破，铺展出属于自己的教育新篇章。

高举国学旗帜　弘扬传统文化

2008年，我校被授予张家界市“国学教育基地”。13年来，国学教育在协合这片土地上生机勃勃、长流不息。学校将《弟子规》、《三字经》、《论语》等中华民族传统教育读本为基础，积极开发校本课程。开设文化大讲堂，大力弘扬中华传统文化和民族文化，落实“文化育德”。以中华经典传统文化“八德”为精髓，注重学生思想教育，养成教育，落实“经典养德”。以国旗下讲话、团队活动、主题班会、黑板报、手抄报、主题党日、主题党日为载体，有计划开展民族团结主题教育，促进各民族学生交流交融，落实“行为化德”。

挖掘本土特色　彰显民族风情

为传承民族文化，我校认真对本土家族文化精心发掘，将土家摆手舞、土家花灯、土家刺绣、土家三句半、土家茶艺引入校园活动，激发孩子们对本土民俗文化的好奇心。在每周少年宫活动中，设置民族特色课堂，让孩子们感受来自本土民俗文化所带来的魅力。其中，音乐兴趣班以唱土家山歌、跳土家摆手舞、土家三句半的形式来传承民俗文化；美术兴趣班，以蜡染、泥塑等活动感受民俗文化的美妙；体育兴趣班，以跳房子、打陀螺、踩高脚、滚铁环等活动扩展孩子们对传统民俗竞技活动的认知。

开展劳动教育　传承农耕精神

为弘扬民族精神，我校以土家农耕文化为实践教育，建立绿色农庄，安排各班学生自己种植蔬菜，并将收获的蔬菜卖给食堂，让每个学生感受和体验劳动教育，弘扬土家人的创造精神和艰苦奋斗精神。为弘扬红色民族精神，“讲好家乡故事、学习家乡英雄、争当家乡榜样我校以本乡红色革命教育基地——“苏维埃李家岗区革命委员会旧址纪念馆”为依托，挂牌成立了学校红色教育研学基地，激发学生的民族自豪感，激发学生的民族团结意识，培植家国情怀。

夯实党政建设　引领全面发展

近年来，在区委教育工委的领导下，学校党支部以习近平新时代中国特色社会主义思想为指导，全面贯彻党的教育方针，落实立德树人根本任务，围绕礼仪校园、书香校园、快乐校园、美丽校园的办学目标，发展素质教育，培养德智体美劳全面发展的社会主义建设者和接班人。

（一）坚持党的全面领导，强化党组织的引领作用

在强化党组织对学校教育教学工作的引领作用上，党支部充分发挥了战斗堡垒作用。一是主动作为，狠抓党员素质提升。二是敢于担当，积极为学校管理和发展做坚强后盾，党支部要求在学校重要管理岗位中必须有党员勇挑重担；在学校薄弱学科、毕业班级中必须有党员带头任教；在重大困难面前必须有党员冲锋在前；在重点区域必须有党员示范岗。三是支部书记亲力亲为，积极发挥党支部在学校的领导力。

（二）狠抓教师队伍建设，发挥党员先锋模范作用

一是强化领导班子建设，发挥政治核心作用。近三年来，2 名优秀党员提拔到教育局履新职，为兄弟学校输送骨干科任教师 8 人，6 名年轻的优秀教师进了党支部支委会和校级班子队伍。

二是落实“三培四优”工作，全面提升党员素养。党支部坚持“把优秀教师培养成党员，把党员培养成骨干教师，把党员骨干教师培养成校级班子”为抓手，纳新 2 名新党员，培养省级特级教师 1 人、区级骨干教师 2 人，新培养校级班子占比达 60% 以上。

三是开展“三亮”行动，增强党员担当意识。一个支部就是一座堡垒，一名党员就是一面旗帜。党支部为了发挥好每位党员的先锋模范带头作用，积极开展“亮身份、亮承诺、亮形象”活动，采取佩戴党徽、展示党员风采等方式，亮明党员身份，自觉接受师生和群众监督；签订党员承诺书，公开亮出党员工作职责和服务承诺；设立“党员示范岗组织党员志愿服务活动，选树培养先进典型。

（三）创新党建和教学深度融合，力促教育教学质量提升

党建引领教学，扛起质量主体责任。质量是学校的生命线，党支部为压实工作职责，扛起抓质量的责任，制定了领导班子联系学科制度，支部书记带领支委成员和校级班子成员共同抓质量，联系学科质量等级与工作绩效等级实行捆绑制，有效促进了教学质量提升；支部书记还带领两套班子成员深入课堂巡课，经常性开展听推门课活动，强化党支部对一线教师和课堂的监督管理工作，师德师风建设工作得到了进一步加强，课堂教学实效显著提高。2018 年、2019 年、2020 年连续 3 年被区委教育工委评为“教学质量先进单位”。

实施青蓝工程，发挥党员帮带作用。党支部积极号召党员在学校发挥帮带作用，以名师示范课、党员亮相课、结对徒弟展示课等形式帮带；在班级管理、课堂教学、教学研究、听课评课、培优辅差、信息化应用等方面实施帮教。积极开展“手拉手”培训、区内培训、校本培训，通过“教学比武”、“名优教师”培选等活动，提升教学能力。目前，党支部已培养 1 名省级特级教师，2 名教师成为区级名优教师，9 名党员参与师徒结对工作。

落实双联制度，增强支部服务功能。党支部高度重视开展为民办实事工作，在为师生服务上积极作为，建立了党员联系教师制度，每名党员联系 2 名青年教师，每月开展一次谈心谈话，做好思想上的引路人，帮助解决工作中的困难，引导政治追求上积极上进；建立党员联系学生制度。

在不断奋进的征程中，我们不光播撒了汗水，也收获了累累硕果：省级“生态文明示范校”、市级“德育工作先进单位”、省级“乡村温馨校园”、市级“五四红旗团支部”、市级“文明校园”、省级“民族团结进步教育示范校”、张家界市先进基层党组织。

百年奋斗路，启航新征程。站在时代的高位上，唯有创新方能不辜负机遇，立于国家的臂膀上，唯有奋斗，方能乘风翱翔！未来的宏图正以磅礴之势展开，我校将奋进不息，更创辉煌！

读书人的心灵是敞亮的

湖南省株洲市荷塘小学　黄明

株洲市荷塘小学（以下简称“荷塘小学”）校门左侧是一家新华书店，这家书店跟校园是连通的，荷塘小学每个班级的阅读课都在这里开展。我们的采访也在这里进行。

校长杨叶丛将自己定位为一个读书人，从教三十二年也是在培养一批批读书人。“读书人的心灵是敞亮的，有现实主义的色彩，充满理想、情怀。可以像周总理那样为中华之崛起而读书，也可以为丰富自己的生活，在不断地阅读中与时俱进。我们读书最终的意义，就是通过书本的学习来指导自己的行动，进而产生前行的动力”。

有书生气质，是杨叶丛对学校师生最深的期许。自 2016 年到荷塘小学担任校长以来，在这所拥有一百多年历史的学校里，他秉承“蒙以养正、和而不同”的校训，坚持“让每一个孩子长成自己更好地模样”的教育理念，在阅读与实践中，走近师生，了解师生。

如果说，一个人的气质里藏着他读过的书、走过的路、遇见的人，杨叶丛希望每个从荷塘小学走出去的学生，都能拥有一份特有的书生气质，这份气质里藏着他们在荷塘小学读过的书、参加过的活动、遇到过的老师。

在阅读中让书活起来

1988 年大学毕业后，杨叶丛开始走上教育岗位，并先后在株洲市五所学校担任过校长。多年来与师生的相处，让他看到了一代代人的阅读变化。“以前书本就是我们的整个世界，现在世界就是我们的书本。我刚毕业那会儿，学生的阅读主要是基于学业需要。但如今的学生阅读视野开阔得多、内容广泛得多”。

学生的这种变化对教育也提出了新的要求：“在培养学生良好的阅读习惯、阅读兴趣、阅读方法的同时，要让他们真正走进大自然、走入社会，去验证他们在书本中学到的知识”。

杨叶丛来荷塘小学后，主持策划了“荷塘四季”系列活动，顺应季节更替，依次为“春绿荷心”、“夏赏荷真”、“秋收荷美”、“冬润荷情”。他将这一系列活动视为从书本到实践的转换场：“读书就是了解知识，了解书本里面的知识内涵。我们的活动就是知识的延伸和拓展，真正做到知行合一。读是动态，书是静态，我们要在读的过程中让书活起来”。

与“荷塘四季”相对应的还有“荷塘记（纪）录”。“荷塘记录”即记下在荷塘小学生活、学习的心路历程，全校师生都可以参与。杨叶丛给学校行政人员布置了一项记录任务，要求大家把每天的阅读内容及心得体会记录在一个本子上。“教育家朱永新说过，一个人的阅读史就是他的精神史。这项记录坚持下去，会成为我们荷塘小学行政人员集体的阅读史和精神史。通过阅读，他们的教育理念也会

慢慢地发生变化”。

而“荷塘纪录”则是类似荷塘小学版吉尼斯纪录，每年五月份，全校师生可以自主申报。2017年首次申报就有二百三十四项，直到现在，依旧有一些纪录未曾被打破，如一分钟跳绳两百五十次等。“荷塘纪录”已经举办了四届，杨叶丛印象最深刻的是每年的飞花令大赛，他说：“这其实就是阅读成果的展现，学生们也有兴趣。我记得今年进入决赛的是两个女孩子，她们真的就是读书人该有的模样”。

在坚守中读懂彼此

在株洲市教育界，杨叶丛也保持着一项纪录，自2007年起，他每天早上都会在校门口迎接师生到校，风雨无阻，从不间断。

十三年的坚持始于一次偶然。当时的杨叶丛在株洲市荷塘区博雅小学任校长，那时候的博雅小学校门连接南大门市场的交通要道，来往车辆多。一次，一学生的父母因为赶着去照顾家中生意，把他早早地送到了学校，在独自等待开校门期间，这名学生被摩托车撞伤了，肇事司机当场逃逸。这件事给杨叶丛的触动很大。“如果加强校门值守的话，一定可以降低这种事情发生的概率，所以我就尝试着去站，真没想到一站还上瘾了”。

他化用卞之琳的诗句形容自己每天早上站在校门口时的心情：“我站在校门口看师生，师生也在近距离地看我，我们成为彼此最亮丽的风景”。看与被看的过程，也是阅读与被阅读的过程。每天早上，杨叶丛都会面对学生们稀奇古怪的提问。曾有一名学生问杨叶丛少年时是否真的会饿肚子，因为这对他来说是不曾有过的体验。“这是不同年代背景下的不同童年体验，他能这样来问我，事实上，也是在通过我了解另一个时代的生活”。这类简短的交流往往会给杨叶丛带来很多惊喜，他借此加深对学生的了解，而学生也将更了解他们的校长。

日复一日，年复一年。杨叶丛发现竟有学生跟他一起在默默坚持着，比如那个每天早上一定要塞个小物件到他手中的学生。“有的时候是一颗板栗、一粒葵瓜子。他每天要来跟我握握手，握手的时候就把东西给我，这已经成为这几年来的一个‘保留项目’。一开始我是拒绝的，后来我想这也代表孩子的心意”。

如今，杨叶丛将站在校门口的自己定位为安全疏导员、咨询接待员、家校联络员、文明示范者、意志锤炼者。“很多学生清晨的时候会给你一个非常灿烂的笑脸，这也是一份大大的肯定”。

在书香中感受美好

对于教育人来说，坚持是极为重要的，它往往能带来意想不到的收获。

荷塘小学心理健康室的建设就始于杨叶丛的坚持。作为株洲市首个设立心理健康室的小学，2006年健康室成立之初颇有争议：心理健康问题难道不是成人才会面对的吗？对学生心理健康方面的长期关注让杨叶丛认定了心理健康室存在的必要，与此同时，他也在与老师的交流中发现一位语文老师在大学时学的是心理学专业，这让他当机立断，确定成立心理健康室。“在小学，有心理健康指导老师真的很重要。现在社会竞争压力大，心理健康已经成了一个很值得重视的问题，小学生的心理同样需要辅导和帮助”。在荷塘小学，心理健康室储藏了三千多本图书，涉及心理健康、文学、历史、科学等多方面。

“这真是小投入大回报！班主任遇到一些比较棘手的‘问题学生’时，心理健康室就发挥了很大的作用”。谈起心理健康室，杨叶丛满心欢喜，不仅因为经过四年的建设，心理健康教育已经成为荷塘小学的特色，更因为这几年来，确实有很多学生从中获得帮助。

一个四年级的学生，因为父母关系不和导致性格比较暴躁，控制不住自己的情绪，上课时总是忍不住去影响别人。杨叶丛了解后，联合心理健康室的老师，跟他的家人进行了多次交谈，最终为他制定了一个心理介入方案。而这个方案最核心的部分就是阅读——每天由心理健康老师、家长、任课老师轮流陪同他阅读。

“因为家庭的原因，他内心有彷徨，我们希望他能从阅读中感受世界更多的美好，进而让自己安静下来。两年多下来，卓有成效。后来我去看了他自主选择的阅读书单，有神话故事类、心理健康类、武术类、名人传记类，从这份书单里我们也可以看到他的阅读历程。如今，他已经变成了一个阳光开朗的孩子”。

更让杨叶丛惊喜的是，这种始于心理健康室的阅读最终还改变了这个学生的家庭，“他的父母本来是不怎么读书的，现在却会陪着他一起读。阅读让他们整个家庭变得更加融洽，也提升了家庭生活的品质”。

学校、家庭、社会，在杨叶丛的教育理念里三位一体。不论是每天早上在校门口与学生、家长的短暂见面，还是在家长会上的深入交流，又或者是围绕某个学生的具体情况开展的一对一沟通，杨叶丛都希望学校与家庭能够形成合力，将学生培养成能够面向未来的读书人。

推进课堂改革，关注合作学习

吉林省延吉市朝阳川镇光华小学校　薛永刚　赵丽芹　邵岩

学习方式的转变是新一轮基础教育课程改革的重点之一，改变过去单一、被动、陈旧的学习方式，提倡自主、合作、探究的学习方式。而小组合作学习是这一学习方式得以落实的有效载体，能够充分发挥学生的主体性、主动性，同时也是培养学生自学能力、合作意识、创新精神和实践能力的有效载体。我校通过进行为期3年的小组合作学习的教学实践研究，从而探究小学课堂教学中小组合作学习的方式与策略，以期更好地发挥学生的主体性，培养学生的合作意识和创新精神，从而使合作学习理论更好地服务于小学教学实践。基于本课题研究，得出组建小组、内容设计、技能培养、教学评价等合作学习有效策略，构建了校本化“三主五环节”课堂教学模式。

一、课题研究背景

新课标认为：“教学活动必须尊重学生已有的知识与经验，倡导自主、合作、探究的学习方式，让学生参与教学活动，让课堂充满创新活力”。教育部在《基础教育课程改革纲要》中，也把培养学生的交流与合作能力作为新课程改革的重要目标。作为当代主流教学理论与策略之一的“小组合作学习是我国本次新课程改革积极倡导和组织实施的学习方式。2015年1月，延吉市教育局召开了“延吉市课堂教学改革启动会议下发了文件《关于进一步推进中小学课堂教学改革的实施意见》，要求全市推进课堂教学改革，努力构建师生平等交流、多维互动，体现课堂价值和生命发展意义的、具有区域与学校特色的课堂教学模式。我校“十二五”课题研究是我校“十二五”课题研究是《提高小学生课外阅读能力的研究》，而引领学生开展深度阅读的方法是进行讨论交流，小组合作学习也符合我校实际情况。

从查找的文献中可以得到，关注合作学习的实验研究比较多，且涉及各学科的也比较多，主要体现在对教学中小组合作学习的各个特征因素的情况，大都通过实验承认合作学习较传统教学方式的优势。但是延边地区农村小学小组合作学习实效性的研究还是相对空白，具有普适推广价值。基于以上两方面，我校选择此课题进行研究。

二、课题研究目的及内容

研究目的。通过本课题的研究，形成一整套提高学生合作学习有效性的方法和策略，并在实践中提高小组合作学习的有效性。以期培养学生的合作意识，教给学生合作技能，发展学生自主学习能力。

研究意义。本课题通过小组合作学习，使教师能够对学生进行适当的组织、引导与调控，对小组合作学习的知识体系不断地丰富与完善，推动学习知识体系的建构，改进已有的小组合作学习的组织安排，形成适合农村地区的小组合作学习模式，从而更好地促进学生的学习，增强教师的专业水平发展。

研究的主要内容。小组建立的科学性的研究； 小组学习策略和学习方法的研究；促进小组合作学习高效的教学内容的设置的研究；

小组评价的形式及激励作用的研究；教师的组织与调控的研究；分析造成学生小组合作学习〞华而不实〞的原因，探索课堂教学中小组合作学习有效性模式的研究。

三、课题研究方法和过程

文献研究法。大量研究和阅读国内外文献的基础上，对所收集的资料进行比较分析，鉴别材料的真伪，借鉴吸收合理的内容，进行归纳、概括和总结与本研究相关的资料，确立研究视角。

案例分析法。对实验教师、学生跟踪观察记录，通过个案的收集和整理，形成资料为实验提供依据。研究过程中对学生的小组合作学习的状况进行调查研究，分析课堂教学中合作学习的运用问题，及时调整研究方法和策略。

问卷调查法。问卷调查通常以书面形式提出问题并搜集资料。本研究中分别设计了《光华小学课堂教学中小组合作学习调查问卷》教师问卷和学生问卷，对教师和学生进行了调查。就调查结果而言，与其他资料较为符合，其结果具有一定代表性。

对比法。进行实验前后的小组合作学习实效性纵向对比，切实做好数据统计。

自然实验法。在自然情况下，对实验组施加影响，以获取学生学业成绩等信息。

课题研究过程。第一阶段：准备阶段（2016年3月—2016年7月）；第二阶段：实施阶段（2016年8月—2018年7月）；第三阶段：深化总结（2018年8月--2018年12月）。

四、课题取得主要成果

通过课题研究探索，形成了“三主五环节”小组合作学习课堂教学模式经过两年时间的实验、反思、总结，我们在课堂教学中已初步形成了本校的“三主五环节”小组合作学习课堂教学模式。

“三主”暨学为主旨、疑为主轴、动为主线。学为主旨：学会学习，回归学生学习权利和主体地位，以此作为课堂教学的首要任务。

第一环节：自主学习阶段。主要内容包括：明确自主学习的内容；指导自主学习的方法；提出自主学习的要求，明确自主学习的时间、学习目标及检测学习效果的形式。教师设计核心问题，学生根据核心问题进行自主学习，对学习过程中的疑点、难点、重点问题做好记录，形成初步的解决问题的思路和方法，学会独立解决问题、思考问题、研究问题的能力。

第二环节：合作交流阶段。学生把自主学习中遇到的疑点、难点、重点问题提交给学习小组，小组成员针对这些问题进行讨论合作探究，共同找出解决问题的方法和思路。注重学生合作学习的基本技能培养，包括沟通、交流、质疑、倾听等，进一步培养学生主动有效地探究能力。

第三环节：展示反馈阶段。每个小组把自己组的研究意见在全班进行交流展示，交流过程中要敢于发表自己的见解，善于倾听别人的发言。教师汇总学生交流展示中出现的问题，准确把握各小组在合作学习中遇到的疑点、难点、重点问题，进行重点讲解，帮助学生解难答疑，总结答题规律，点拨方法与思路。

第四环节：拓展提升阶段。对预设的学习目标进行回归性的检测，进一步引导学生进行深度思考和研究，尤其要突出"弱势群体注重基础知识的考查，进一步检查学生掌握情况，能否达到三维目标。

第五环节：小组评价阶段。每次小组活动后要及时评价，对小组学习情况进行总结、评价，让每个学生了解自己在小组活动中的表现，小组合作的评价是将学习过程评价和学习结果的评价相结合，侧重于对过程评价。采用评比记分的机制强化评价的监督、激励、导向作用。

在构建"三主六环节"小组合作学习课堂教学模式过程中，依据《延边州学科评价标准》，逐渐形成我校独特的课堂教学评价标准。

提高了教师的专业化水平。课题实施以来，学校初步搭建了规范运作的平台，构建了适合教师工作实际和表达习惯的教育科学研究体系，教师教学观念不断更新，教学组织能力、获得信息处理能力、设计探索题能力、创造启发情境的能力都得到提高。将前测和后测数据进行对比，结果如表4：

三年多来，实验教师共12篇论文在各级评比中获奖，公开课展示65节，成长为教育观念新且具有一定科研能力的优秀教师。霍琦老师参加了吉林省教学新秀评比；王春霞老师在延吉市课堂教学改革推进会之语文学科专场上执教《狮子和鹿》一课。同时，教师积极进行反思、总结，撰写研究性心得、体会，共编订完成研究日志集4本，研究案例集6本，研究论文集3本，充分展示了我校课题研究过程中的教师的探索历程和成果。

改变了课堂学习模式。学生素质的变化。小组合作学习不仅包含了师生之间的双边互动，还涉及小组之间、同组学生之间的多向互动交流形式，从而构成了课堂上的立体交流网络。实验班学生在学习能力、学习习惯、学习水平、人际交往能力等方面有了较大程度的提高，学生在小组合作中感到满满的成就感和幸福感，形成了和谐的、充满关爱的课堂氛围，创设了独立的、个性的学习生态。

学习能力方面。经过一段时间的实验，大多数学生的观察力、思维力、创造力、自学能力等诸多方面都有了较大程度的提高。小组合作学习实施以来，实验班的课堂组织纪律性明显好转，组员之间的合作意识进一步增强，学生的探究意识有了长足发展，掌握了合作技能，发展学生自主学习能力。非实验班课上主动举手回答问题的学生很少，讨论意识差，互助意识差，主动学习探究意识薄弱。实验班与非实验班从不同角度对比的情况，见表5：

学习水平方面。教学质量有了跨越性的提高，学校相继开展了语文、数学和英语三科基础知识达标测试，成绩呈现上升趋势，优秀率、合格率大面积提高，后进生转化得到真正落实，以语文学科为例。

提高了学校社会影响力。学校形成了一个主动、热烈、创新、竞争的浓厚的教科研氛围，社会影响力逐年提升。2017年，我校先后在延吉市课堂教学改革推进会和延吉市教育学会基层学校工作经验交流会上进行经验交流，引发了与会人员的广泛关注，也赢得了领导和专家的高度赞赏。课题研究同时得到各学科教研员的指导与认可，2018年度先后承办2018年全州科学一年级新教材教学研讨暨新课标培训会、延吉市小学语文学科教师"同课异构"活动、延吉市小学数学学科80后教师课堂教学竞赛活动、延吉市小学道德与法治学科教学展示活动、延吉市中小学团体辅导课程研讨活动等12项教研活动，展示了我校课题研究成果，在延吉市产生了广泛的反响。教学质量的提升成为光华小学家长放心的主要因素，在每年的家长满意度测评连续三年达95%以上。

推进课堂改革是一项充满挑战的工作，今后，我校将不断地加强教师师德修养锤炼，不断加强对教学业务学习，提高不断地反思和实践，探索创新课改新的路径，提高课堂教学实效，以期达到最佳的小组合作学习效果。

参考文献

[1]王坦.合作学习——原理与策略[M].北京：北京学苑出版社，2001，1:34-37.

[2]王子英.小学语文习作教学中合作学习的应用现状与解决策略[D].东北师范大学，2010.

[3]马兰.合作学习的价值内涵.课程 教材 教法[J].2004（4）:8-9

守正致远，课堂提质

江苏省金湖县吴运铎实验学校　闵宇平　殷光黎

质量是教育的生命所在，课堂是教育的首要阵地。如何让这两者相互依托，提升课堂教学质量成为广大学校深入探讨的方向。著名特级教师沈大安说过:"课堂教学要给学生自主学习的空间，将"预设"和"生成"结合起来，好的课堂效果也只有在师生互动中才能生成"。由此可见，课堂教学是真的是一门很深的学问。为了不断激发课堂教学活力，提升教育质量，我校立足行正致远，聚焦核心素养，大胆改革育人模式，掀起课堂革命，最终形成了切合学校自身发展的"正学课堂"模式。其特质为学习情感有温度，学习参与有广度，学习内容有宽度，学习行为有锐度，学习资源有厚度，学习思维有深度，学习发展有效度。这种"正学课堂"模式，注重建设学习中心、发展学习思维，统整学习内容，搭建学习支架，丰实学习体验，强化学习迁移，立足充分解放学生的自主性和个性，让学生真正做主，让学习真正发生，让学生真正成长。

一、明确"教"、"学"关系，建构学习中心

长期以来，"教"的过度，"学"的失位一直是课堂教学的积弊而难以根本性改变。展望世界教育改革的前景，"未来教育"必须把教育对象变成自己教育自己的主体，这样的教育必须要通过深度学习来实现。"教"与"学"这对关系中，"教"是重要的，但本质还是"学"。陶行知先生曾感叹:"先生只管教，学生只管受教。论其名字来，居然是学校；讲起实在来，却又像教校。这都是教太过"。在他看来:"先生不在于教，而在于教学"。由此可见，深度学习必须从皈依学习中心入手，才能让学习深度发生，持续发生，真正发生。

我校的正学课堂基于"学为中心"建构课堂学习的"五大环节"：明确学习目标，尝试学习课本，呈现学习成果，探讨学习疑难，形成学习共识。推行课堂学习的"五大策略"：(1)立足学习基础。学习始自最近发展区，并提供有一定难度的学习内容，让学生"跳一跳摘到果子"。(2)顺应学习天性。发挥认知天赋，调动学习潜能，形成新的发展机制。(3)遵循学习规律。遵从教育常识，因材施教，循序渐进，采用合适的教学策略。(4)共享学习历程。调动认知"内动力探求协作机制，建设共享课堂。(5)发展学习能力。致力能力培养，强化学习实践，形成独特学法。

教育是思维的培养，潜能的显发。我校正学课堂也通过激活学生的学习思维，力推深度学习。正学课堂不仅是传承文化知识的场所，而且是发展思维的基地。教育的终极目标是育人，育人的重点是育心，而育心的根本是育脑。"正学"是指向开发学生大脑和高阶思维的深度学习，而深度学习的关键在于激活思维的活力和能量。所以我校的正学课堂更为注重培养学生的正学品质，包括理性思维，问题意识，探究品质，创新精神等。注重在特定的学习情境中激起学习动机，启动学习机制，激活学习思维，掀起头脑风暴，让学生真正行动起来。

此外，我校的正学课堂还开创了四种学习方式，即比较式学习、质疑式学习、探究式学习和批判式学习，来进一步激活学生的学习思维，以学发问，以问推学，培养学生的求异和创新精神。

二、实现认知跨越，遵循课堂原则

学习是一种有目的、有秩序的过程。为此，我校的正学课堂通过引领学生重构知识结构，统整学习内容，力推深度学习。所谓"统整学习"是对学习材料的汇集、叠加和重构，是对学习思维的撞碰、融通和整合，实现认知的跨越。"统整学习"是深度学习的内在机理，摒弃零散的浅表的认知学习，开展整合的深度的认知学习。根据布鲁姆认知目标分类学：机械记忆、简单提取、依样复制、表层理解、孤立认识等属于低认知水平的浅度学习，而分析、综合、重构、运用、评价和问题解决等才是高认知水平的深度学习。这是因为分析、综合、重构、应用、评价和问题解决都需要"统整学习"的能力，也只有这样的"统整"才能真正地发生深度学习。因此，我校的正学课堂大力倡导学习从碎片走向组块，组块走向全篇，孤篇走向单元，单元走向整册。如:"诵读积累驻足全文认知，摒弃机械记忆，努力让具象的文字再现在生动的画面中，让特色的语言展现在具体的图表中，让习得的语言灵活地运用在真实的情境中。这是一种多感官积极参与的学习活动，让语言文字可听、可视，可现、可藏，且可动、可用。正学课堂还积极探究学习从盲目走向任务，单篇走向群文，零乱走向主题，松散走向项目，再如:"群文学习选择一组结构化的学习材料，围绕议题的核心线索形成整体性的理解结构和认知思路，在一定的单位时间里，通过充分的自主学习和协作学习，形成学习共识，建构核心意义，共享学习智慧。"统整学习"特点是在一个主体学习材料的链接下，开展多样学习材料的比较、碰撞、整合和重构，以期解决问题，获得新知，促进学生系统思维、创新思维等高阶思维的发展。此外，"统整"不只是指学习的内容，在学习的主体、理念、方法等方面同样要体现统整的精神。学习经验在批判中继承，在借鉴中融合，在推陈中出新，也是一项重要的隐性的整合，即借鉴中国式传统的学习经验，进行深度学习。

"学习支架"是中国传统教育中的宝贵经验之一，也是学习活动的重要方法之一。早在1991年朱绍虞主编的《语文教育辞典》中就提出了"提纲教学法"、"提纲表解法"、"纲要信号图示法"等词条。也许因为"提纲"的说法比较抽象，所以现在称之为"支架"。称之为"支

架”不仅形象生动，接近生活，且容易理解和接受，更能从根本上凸现它的学习功能所在。

“学习支架”在课堂中的运用形式多，方法活，范围广，效益高。“学习支架”的学法价值在于：其综合分析、理解概括，以简驭繁、提纲挈领是学习活动的重要方法；其精心推敲、深入剖析，通盘把握、全面理解是理性思维训练的重要方式；其整合信息、提炼摘要，去伪存真、简洁明了是学力提升的重要历练。

正学课堂是基于感性教育为主要特征的一种课堂文化，而深度学习的根基正是学习必须真实地发生在学生的身上。这样的学习不是来自教师的授予，而是源自学生的自身体验。体验是学生最基本的学习方式，是基于学生具身的学习活动体验，以获得感性认知的学习过程。具身认知是一种建构，这种建构不仅仅是认知的建构，更强调身心的同构。正学课堂立足通过丰富多彩的学习活动，调动全体学生全身心地投入学习实践，多感官地去感应外部世界，在亲力亲为中获得丰富的学习体验和感性经验，从而实现自我建构。因此，正学课堂更尊重学生的学习天性，遵循学生的认知规律，关注学生学习过程中的体验，让学生在具体可感的情境中深度学习，经历真实的思维过程，真切的生命体验，走向真正的自我成长。

三、加强教学实践，感悟学习过程

正学课堂坚持习得为主，加强学习实践，注重迁移运用，让学生在学习中学会学习，在会学中深度学习。“习得”主要指学习者通过大量的练习和运用达到熟练掌握知识和运用知识，使得某种技能变得熟练，甚至达到自动化水平的过程。“实践出真知大脑已有的可变的知识联结，若加以迁移运用，就会变强；若不予运用，则会变弱。学校的正学课堂通过多维组练，整体提能；多层推练，阶梯提能；举一反三，运用提能；自由历练，自主提能，力求学习实践活动的多样性、层次性、主体性和实效性，从而推进深度学习，让学生习得知识，提高技能。

“深度学习”重要的特征之一是使习得的知识能长久保持，并能随机运用。如此，学生就必须在学习活动中去联想、调动和激活以往的知识经验，并以融通的方式进行组织，从而把握知识之间的有机联系，建构为自己的知识体系。知识结构化的关键就在于习得的知识可以提取运用，使它具有强大的再生功能。“迁移运用”既是“深度学习”的习得，又是“深度学习”的延展，它是将在一个情境中习得的知识应用到另一个情境的学习过程，即要在相似的情境中运用原有的学习原理去解决新的问题。这样经反复历练，学习方法渐变为学习能力，从而达到举一反三，学以致用。

总而言之，正学课堂守正致远，力推深度学习，落实学习主角是前提，建构学习中心是基础，发展学习思维是深度学习的本质，统整学习内容是深度学习的形态，而搭建学习支架，丰实学习体验和落实学习迁移是重要的策略。“深度学习”是一种具有综合性和实践性的沉浸式学习，是学生认知、情感和行为等多个维度的全方位投入，要求学生不仅要学习知识的符号表征，更要学习知识的逻辑形式与意义系统，不断建构和完善知识体系与认知结构。需要学生对知识进行理解和批判、联系和建构、迁移和运用，所涉及的都关系到问题的解决、元认知、创造性等高阶思维，所获得的是高阶认知技能。

践行精准教学之路　助力教师成长发展

江苏省苏州市吴江区存志外普通话学校　孝力勇

苏州市吴江区存志外普通话学校（以下简称“存志外校”）于2016年建校，是一所“年轻”的民办学校一切从“零”开始。存志外校想“创办适合每一个学生发展的新学校”。如何才能做到“适合每一个学生发展”？作为学校精准教学研究中心的负责人，我通过8年大数据的教学研究，认定一线教学要“对症下药要实现教学上不一样的精彩。在马校长领导下，我校从事大数据教学研究的支撑下连续三届中考取得了不菲成绩。事实证明，大数据教学实践，在一线教学中助推了学校发展。

一、启动精准教学　变革传统方法

在马校长的管理理念中，认可了大数据在教学中有着不可估量的作用。自2018年秋学期起，大数据在存志外校正式落地生根，也由此引发了教学场景的了重大变革。精准教学研究中心通过3个月努力，解决了教师使用中的一系列问题，也真正地使大数据整合教学实现了常态。

自编习题练习，提高教学效率。2018年秋学期起，我校大数据全面常态化使用。其中另一明显的变化是精准教学研究中心自主研发二维码的批量打印，结合教师自编适合本校学生学情练习卷的模式代替教辅资料。教师精心编制的章节练习、单元测试，组织测试、统一评分标准、批改，上传学情数据。然后教师由学情分析报告，翔实了解任教情况，掌握学生的知识缺陷，并分析班级与班级的差异性。

智能数据教学，更新教学理念。在教育管理中，教师不仅以“四有教师”为标准，同时还要以学生喜爱，家长满意，业绩优良，学校认可为宗旨。在日常的教学工作中，大数据贯穿始终，教师根据学情反馈进行备课，结合每次的学情报告，筛选题目的得分率介于60%－80%作为课堂教学的重点，并遴选纠错题型的对位练习，讲评时同步进行精准纠错的训练，及时调整自己的课堂教学策略，以此实现持续提升学生的解题能力和思维能力。从而实现精准教学，提高了教学的实效性和有效性。

依托数据呈现，优化课后辅导。通过大数据的持续使用，我校数据的频度和密度，目前在全国是首屈一指。数据对比已经成了教师的一种习惯，打破了以往仅靠经验和记忆判断性工作，使一线教学的变得有迹可循。

这样，教师不仅抓住了课堂教学的重点，也逐步使用大数据的过程中，形成了学生个性化错题的资源。　结合学生个体的情况，适时要求学生在错题机中自主打印错题，做好错题的二次订正，夯实了学生的基础知识，着重有效地了解学生存在的问题。也为开展个性化的辅导，更有针对性和方向性，把分层次开展个性化辅导的环节落到了实处。

二、数据融入教学 助力教师成长

评估目标概率，提早运筹帷幄　在教学过程，消除了诸多人工完成的烦琐工作，在采集的试卷或作业中的题目得分信息中，分析学生目标达成度之间可能还存在某些障碍，而这些障碍的发现，　没有数据透析，基于人工采集难以挖掘出学生群体的高频错、易错题，这也正是教学中难以发现知识、解题能力的缺陷，大数据使之可视化的完美呈现。

教学质量是学校的发展主线，学校的中高考目标完成和每个毕业班有着密切的关系，作为班主任和任课教师，从日常和模拟考试成绩思考，排除学生发挥失常的偶然性，评估班级学生的综合实力。通过数次数据分析可初步估算中高考的目标达成度，结合学生短板的学科知识点，有计划、有部署给出指导性方案。

促进角色转型，促进综合发展　　教师可以把那些浪费在传统阅卷上的时间节省下来，转移到前期备课上，少一点繁复的工作，多聚焦在教学本身。由此教师可更多关注学生知识共性问题，快速思考提分的方案，高质量遴选同类题目，节省大量时间去挖掘增值点。

在未来教育领域中，教师不再是仅会专业授课角色，教育行业中需要的是更应是综合性的人才。育好人，教好书只是教师角色的基本职责。教师更多的思考要借助大数据节省了非人力的时间，将这些时间转向从单一多元化角色的思考。

三、内练强化修为 注重教育公益

强化精细管理，提高监管调控　在教学管理中，教务处、校长均可通过电脑、手机可以查询每位教师、每个班级的作业批改、作业量、作业密度、学科成绩、均分、排名、优良率等学情指标。适时给出教师在教学过程性存在的问题和指导意见，做到了教学管理中过程性监控。也可以根据校情设计学生问卷，调查教师任教状况，对教师教育教学的常规管理等方面进行综合性评估。

不负教育追求　实现崇高愿景　大数据能难以捕捉知识生成性目标将其可视化，这仅仅是一种探索；改变传统批改方式及数据的统计分析，这仅仅是起步的一种变革；依据互联网+教育，这仅仅是学校发展中刚刚迈出的一步。作为学校的管理者，办好的社会满意的学校是存志人的共同愿景。大数据实践的成功，彰显了我们不一样的管理和不一样的教育理念。当然，存志人会一如既往，不忘初心，力争做打造好苏州教育的标杆。

立足本校实际　促进教育均衡　今天，我校所取得的成绩，只不过是沧海一粟，成绩还不鲜为人知。存志人会历兵秣马，继续肩负起做教育的那份沉甸甸的责任。办好教育，做适合每一个孩子发展的新学校，争取为国家培养更高端人才而奠基，这也正是我们坚持不懈努力的方向。

纵观国内教育，还存在诸多教育发展的不均衡性。作为存志人，我们了希望通过努力能带动偏远山区教育，为实现教育共同体的发展而贡献力量，促进教育均衡，让山区里的每一个孩子都能够享受到教育资源公平。我们努力在路上，同时有着更高的期待……

在创建文明校园的路上镌刻井冈烙印

江西省井冈山市井冈山小学　张青云

江西省井冈山市井冈山小学创办于1952年，前身为毛泽东小学，是江西省井冈山市市政府所在地新城区唯一一所公办中心小学。

搭乘创健全国文明校园的东风，井冈山小学紧扣立德树人的总目标，坚持“井冈烙印、家国情怀”的育人方向，把文明校园创建工作纳入学校整体发展规划，把文明校园创建作为一把手工程，力求让每位师生在文明路上打上井冈烙印：牢记“重”字，让文明校园创建位置摆得正；围绕“实”字，让文明校园创建基础打得牢；立足“新”字，让文明校园创建故事讲得好；写好“彩”字，让文明校园创建品牌擦得亮。

一、扣好人生第一粒扣子，把两个高地扛在肩膀上

井冈山是中国共产党人和全国人民心中永恒的信念高地和永远的精神家园。作为这片红土上的子女，把最讲党性、最讲政治、最讲忠诚扛在肩上，是井冈山小学义不容辞的责任和义务。

注重思政课的引领性。学校始终把思政课放在首位，优化思政队伍建设，制定学习宣传习近平新时代中国特色社会主义思想工作方案。学校要求班子成员人人带队宣讲，截至目前，共开展“十九大精神我知道”宣讲活动近 70 次。

注重培育和践行社会主义核心价值观的广泛性。在硬件上，利用墙面、橱窗、展板等大力做好宣传，专门在学校微信公众号开辟专栏；在软件上，设立主题班会课，举办社会主义核心价值观知识竞赛、故事创作、朗诵和专题文艺演出，实现师生熟记社会主义核心价值观全覆盖。其中，在吉安市社会主义核心价值观故事创作中，井冈山小学获得一、二、三等奖。

注重主题教育实践活动的时效性。学校借助雷锋日、国庆、新中国成立 90 周年和建党 99 周年等重大时间节点，定期举办“清明祭英烈”、“七一”颂祖国、“人人学雷锋”、“我的中国梦”等活动，深化爱国主义教育；成立学雷锋服务站，线上开展社会服务活动，线下在全市开展义务讲解、义务清扫等志愿服务活动，积极融入全市创健全国文明城市；建立新时代好少年评选长效机制，选树 5 名井冈山市新时代好少年，60 名学校新时代好少年；在端午、清明、六一、元旦等传统节日开展端午亲子诵读、“百日成长、幸福人生”经典诵读、六一武术大比拼、戏曲语言口才大赛，弘扬传统文化；提倡“打好国球、说好普通话、写好中国字、做好井冈传人”四个好建设，着力打造一批更具个性特色、符合儿童身心规律的特色品牌。学校被评为“全国小小民俗馆”。

注重德智体美劳的结合性。学校坚持把劳动教育列入课程表，定期开展班级菜园种植、校园周边义务清扫、校内一日三扫三检活动，培养学生的劳动意识和劳动能力；在课程建设中特别开设文明礼仪课，通过“小手拉大手”活动，形成学生、家长和教师人人“说普通话、写规范字、做文明人”的良好风尚；深化红色德育研究，打造《红色足迹》、《综合实践》、《红芽》等一系列红色德育理论研究课题；建立专门的心理咨询室，完善室内基础设施建设，设有专职心理咨询师，为师生的健康心理保驾护航。

二、发挥党员先锋模范作用，把支部建在文明上

搞好班子建设是各项建设任务中的首要任务之一，也是有效保障井冈山小学创建文明校园工作健康、有序、可持续发展的重要一环。

强化党建引领。学校坚持把党的政治建设摆在首位，不断深化思想建设、组织建设、作风建设；完善党务工作制度完善，定期召开支部党员大会、支部委员会、党小组会；积极创建学习型、服务型、创新型党组织，持续开展“不忘初心、牢记使命”主题教育；落实党风廉政建设主体责任，建立健全党员自我审查制度；落实党委意识形态责任制，坚持每月学习政治理论知识，坚持每天学习强国；树立党员先锋模范作用，开展党员执行校长制度，实现党员每周帮扶一名教师、帮扶一位学生、帮扶一个家庭。

实行民主集中制。学校设立校务会议等管理制度，充分发挥教代会、家长委员会作用，不断完善科学民主决策机制；在实施校长负责制的过程中，鼓励教师、学生、家长以及社会力量积极参与学校管理，倡导人人都是主人翁意识；开办家长学校，完善法制副校长制度，建立学校、班级家长委员会，落实学校领导与教师谈心制度、家长接待日等制度，充分发挥校家合作效应。

开展“小手拉大手，共创文明城”文明创建。学校制定《井冈山小创健全国文明城市实施方案》、《井冈山小学创建文明校园实施方案》等规章制度，明确任务，落实责任，确保各项活动和工作开展有序；加大宣传力度，凡是在校园醒目位置都设有文明校园创建宣传的公益广告和宣传栏；持续开展“寻找身边的文明人”活动，通过文明班级、文明教师、文明学生、文明家长评比，形成文明校园人人创的格局；充分发挥学生的桥梁作用，持续开好相关“小手牵大手，共创文明城”主题队会、主题班会，实现“教育一个学生、带动一个家庭、文明整个社会”；认真贯彻国家制定的课程计划，开足开齐课程，并做到地方性课程和校本课程的有机结合，促进学生德智体美劳全面发展。

三、构建教师专业成长共同体，把“四有”标准落在行动上

教师是教育发展的第一资源，是提高教育教学质量的关键。创建文明校园离不开一支师德高尚、学识渊博、积极进取、善于创新的教师队伍。

优化德育队伍。每学期定期举办政治学习、法制教育、主题讲座，要求全体教师能够紧跟时代要求履职；打造一支由先进典型、模范人物或“五老”组成的校外德育辅导员队伍，教师举止文明、关爱学生、为人师表，积极帮助后进生，关注关切特殊群体；每学期开展“万师访万家”活动，开办家长课堂，密切联系学生家长，确保不让一个孩子掉队。

促进专业成长。学校本着“一年合格、两年上岗、三年优秀”的思路，制定教师专业成长档案，与北京、广州、南宁、延安等名校联盟，实施“走出去、请进来”交流机制，全面提高教师业务素质和业务能力；定期组织校本培训、教研活动，重视班主任、骨干教师的成长和年轻教师的培养，形成结构合理、梯次发展的教师队伍。

四、弘扬井冈山精神，把文化自信烙在心坎上

校园文化是校园发展的灵魂。井冈山小学始终坚持红色引领、绿色崛起，围绕做精红色德育、做实高效课堂、作美 1+1 素质教育，打造有特色、有内涵的校园文化。

绿色元素添活力。学校全面改造全校基础设施建设，全新打造校训、校徽、校歌等文化标识，营造浓厚的爱校护校氛围。每学年开展运动会、艺术节、“快乐鸟”美食节，各年级每日进行阅读打卡、每月开展读书分享会、每学期开展经典诵读，全面落实大课间活动……一系列的活动和举措，既提高了学生的艺术素养和审美能力，又培养了学生的拼搏精神和集体主义精神。

红色文化铸定力。学校充分挖掘本土红色资源，研发校本教材《红色足迹》，开设红色德育工作室，邀请井冈山精神知名宣讲人毛秉华授课，并开设红色德育“七个会”活动，大力弘扬井冈山精神；打造红色文化长廊，培养一支叫得响、拿得出的小小讲解员队伍；大力开展红色研学旅行，长期为井冈山各个革命旧址群作义务讲解，让孩子成为一个个打上“井冈烙印”的“排头兵”。学校《井冈烙印·家国情怀》红色德育案例入选中央教科所《中小学培育和践行社会主义核心价值观》全国40个优秀案例之一。

五、创建美丽校园，把良心工程放在首位上

教育工程是民生工程，也是良心工程，必须用心用情落实。

绘和谐蓝图。学校科学规划校园建设，着力实施校园主干道白改黑，全面提升主教学楼，实现室内班班通，完善校园红绿文化建筑，使自然景观、人文景观和谐统一。

建美丽校园。学校增种红豆杉、桂花、桃树、李树等绿植，开展校园“静”与“净”专项行动，引导全校师生环境卫生习惯养成，让校园成为全市一道亮丽风景。

立平安标签。学校绷安全这根弦，制定安全管理规章制度，明确安全责任制，落实安全工作任务，实现人人都是安全员；联合职能部门，强化综合治理，持续开展校园周边环境整治活动，确保校园内外安全、稳定。截至目前，学校未出现一起安全事故。

重安全教育。学校切实把安全教育纳入课程，利用家长资源，联合交警、公安、法院、医院等部门单位，开展一系列安全主题教育；特邀卫计委专家来校进行疫情防控知识教育，增强学生自我防护意识，真正做到把生命安全和身体健康放在第一位。

六、打造优秀少年宫，把人人发展抓在手心上

校园是引领学生健康多元成长的主阵地。井冈山小学坚持“全面发展、个性发展、人人发展、终身发展”的育人理念，打造多方位文化平台，让每一个孩子沐浴在公平、阳光的教育暖阳中。

学校利用走廊、墙壁、橱窗等设计主题黑板报，通过校刊、广播、党员会议室等宣传校园文化，实现每一面都能说话；围绕“听党话、跟党走”主题，全面打造少先队红领巾中国梦、红领巾“五小”活动、红领巾国旗护卫队、红领巾少先队室的“四红”特色少先队文化；标准化建设少年宫，开设40多类社团活动课程，免费为全校乃至全市学生开放服务；严格管理校园微信公众号《井冈山小学》、校园网、钉钉群、微信群，广泛开展网络素质教育活动，引导师生文明上网；注重家校社合作，健全家委会制度，开办家长学校，持续开展关于家庭教育、学生心理健康等讲座、论坛和研讨，凝聚家校社齐抓共管的教育合力。

创建文明校园是一项重要的综合性极强的工作，也是一件事关学校长远发展的大事。井冈山小学将凝聚文明力量，激发奋进动力，引导全校师生自觉做文明生活的践行者、时代新风的传播者、美丽校园的建设者。近三年来，学校被评为创健全国文明校园先进学校；六年级学生余梓洋被评为“全国新时代好少年”；连续两次被评为“江西省教育系统先进集体连续两次被评为“江西省优秀少年宫”。

小足球，撑起大梦想

——记城阳街道中心幼儿园幼儿足球特色工作

山东省青岛市城阳区城阳街道中心幼儿园　曲宁　袁小婻

青岛市城阳区城阳街道中心幼儿园成立于2013年，开园来，幼儿园始终坚持以办人民满意的教育为目标，全力打造真诚校园、书香校园、平安校园，积极开展规范化、系列化、多样化的体育活动，特别是通过丰富多彩的校园武术运动、篮球运动、足球活动等，打造了精彩纷呈的园所运动文化。七年来我园先后荣获青岛市示范幼儿园、山东省示范幼儿园、青岛市精神文明标兵单位、全国特色教育先进单位、

全国安全教育示范园、青岛市十佳幼儿园等称号。

2018年,《青岛市城阳区足球改革发展实施方案》和《青岛市城阳区教育体育局关于开展幼儿足球工作的实施方案》先后颁布实施，提出“坚持足球从娃娃抓起，延伸校园足球普及范围，逐步推广普及幼儿足球要求各幼儿园“遵循足球发展规律，大力普及足球运动，培养幼儿足球兴趣，发展幼儿的身体机能，启迪幼儿的智慧才能，促进幼儿全面快乐健康成长，为我区校园足球打下坚实的基础”。我园在学习领悟相关足球文件精神的基础上，认真分析自身优势和特点，灵活组织方式、创新指导策略，有力地推动了我园阳光体育足球运动的开展，取得了初步成效。2019年，我园作为首批“全国足球特色幼儿园积极营造良好的幼儿足球运动氛围，致力探索以游戏方式将幼儿足球融入幼儿园一日活动中，意在让幼儿在自主的游戏中，喜欢足球、爱上足球。现对我园足球运动工作开展情况作如下介绍。

一、领导班子重视足球工作

健全机制，成立了由园长负责，分管主任主抓，各科室负责人、班主任、全体老师共同参与的立体化幼儿园足球工作小组。在认真研究幼儿园、教师、幼儿、家长实际情况的前提下，制定详细计划，做到任务明确，责任到人。统筹规划，将幼儿园足球开展纳入幼儿园三年发展规划，在幼儿园文化建设中突出体育文化建设，尤其是足球文化建设。在每年制定的年度工作计划中，将足球运动开展作为一项永不竣工的重要内容，并做到严格执行，确保落实。2020年7月，幼儿园申请的山东省基础教育科学“十三五”规划课题《幼儿园开展足球游戏的实践与研究》正式立项，在课题研究过程中，幼儿园定期组织一线教师将平日积累的幼儿足球活动经验进行总结梳理，并提升至理论层面，营造浓厚的幼儿足球教科研氛围。

同时，依照幼儿园室外活动实际场地，结合幼儿园户外运动时间，营造幼儿园足球环境，逐步完善了体育硬件建设。增加了人工草坪足球场、儿童足球门以及其他相关训练器材，达到人手一个足球的标准。针对幼儿园人数多、场地小等因素，对户外运动时间采取穿插、交替调整，有效提高了足球运动时间效率。

二、提高教师足球技能水平

因为幼儿教师工作环境的特殊性，使得幼儿园缺乏男教师，没有男性的足球，容易缺乏激情、缺少阳刚，脚下功夫也容易“跑偏”。针对这种现状，也为了确保上级足球开展的精神落到实处，我们一方面实行外聘内培策略，与专业足球俱乐部合作，每周邀请足球专业教练入园与师生面对面互动，传授专业的足球知识和足球技能；另一方面发挥幼小衔接共同体的优势，加强和大北曲小学、田村小学的体育足球合作，定期邀请学校里的足球老师入园指导，为本园教师搭建与专业足球教练交流平台，提升教师组织足球活动的专业能力。

多种合作方式，既增加了我园教师培训的机会，促使教师掌握准确的足球知识技能，又有效地提高了广大师生对足球的热情。幼儿园教师团队借助全国足球特色幼儿园系统平台，围绕《全国足球特色幼儿园游戏活动指南》进行主题教研，提升整体专业水平。

三、构建足球校本文化环境

幼儿园重视足球环境的打造，不断完善足球活动设施设备，做到数量充足、材质安全，确保幼儿足球活动的开展。通过大厅、墙面、走廊的环境创设，凸显适宜的足球特色环境，营造浓厚的足球文化氛围，让幼儿通过与环境的互动了解足球和足球文化。同时，依据《纲要》、《指南》中相关健康领域要求，结合《全国足球特色幼儿园游戏活动指南》中体操、舞蹈、跑跳能力、身体管理、合作与解决问题、球类运动以及足球游戏的“6+1”主题模式，在园本课程的中构建足球主题课程，并逐步形成系统的、独立的幼儿园足球课程体系。 构建“真诚教育”园本课程，将足球运动填充到课程体系中。结合《城阳区幼儿足球评价标准》，在“真诚教育”园本课程的大中小三个年龄段，分别添加了游戏化足球运动课程。

结合幼儿园创意特色活动，打造足球特色环境。通过玩足球、画足球、讲足球、做足球到设计队服、设计队徽、设计足球啦啦操等形式多样的活动来宣传足球知识，营造足球氛围。

以“足球爸爸俱乐部”、“趣味足球运动会”等活动为载体，有效利用幼儿园宣传栏、微信公众号等宣传阵地，动静结合地开展足球活动、交流工作经验、展示特色成果。招募足球爸爸，利用离园时间、周末时间邀请专业教练参与组织训练，培训后成为幼儿园足球课程的爸爸助教。我园组织的各项足球特色活动，让所有幼儿及家长都积极地参与到足球活动中，实现“一个足球带动一个班级，一个幼儿带动一个家庭”让每个家庭爱上足球的足球教学文化氛围。

四、结语

小足球，撑起大梦想。这个梦想有孩子的，也有教育者的。我们依循幼儿教育的初衷，开展快乐教育，努力实现，以小小足球为支点，开启孩子们的童年快乐时光。

幼儿足球运动能帮助幼儿在体育锻炼中享受乐趣、增强体质、健全人格、锤炼意志，我园把握了幼儿足球发展的规律和特点，转变发展思路，创新发展方式，以游戏的方式将幼儿足球融入园本课程和活动中，营造了良好的幼儿园足球文化氛围，培养了幼儿浓厚的足球兴趣。今后，我园将以幼儿足球为切入点，自主游戏为出发点，更好地将幼儿足球与自主游戏相结合，融入幼儿一日活动中，促进幼儿心理健康和身体机能全面发展。

牢记初心使命，办人民满意教育

山东省寿光市双王城生态经济园卧铺小学 张鹏然 范晓梅 陈海然

如果说有一种职业，源于热爱，终于生命，那一定是教育。它蕴含着爱，蕴含着责任，蕴含着教育者无私奉献的精神。教育不仅是我的职业，更是我人生的事业。多年来，我一直默默耕耘教育事业。自1997年寿光师范毕业后，我参加工作已经23个年头。从一名普通教师、班主任、安全科长、年级主任、政教主任，直到负责一个学校的全面工作，在学校领导和同事们的帮助下，经历磨砺，一路前行，不断成长。2017年6月自己得到了党组织的认可，有幸成为一名光荣的共产党员。2020年8月，学区让我到卧铺小学主持工作，担任学校党支部书记。工作中率先垂范，坚决落实党建引领作用，抓安全稳定、整校容校貌、促教育教学，学校工作蒸蒸日上，当年学校就获得了市级“教育工作先进单位”和“学生素养培养先进单位”的殊荣。

一、向党员看齐，提升综合能力

我父亲是共和国的同龄人，一名老校长、老党员，他们那一辈人身上的那种时代精神烙印分外明显，耳濡目染中培养了我的价值观，让我对一个身份产生了深深地向往——中国共产党党员。这个愿望也鼓励我努力工作，时刻学习，不断提升自己的理论和业务水平，向着“成为一名中共党员”这个目标不断前进。

因教育学区信任，工作需要，2020年8月19日，我来到卧铺小学主持工作，担任学校党支部书记。新的岗位，更大的责任，号角已经吹响，继续砥砺前行。

作为一名校长，只有不断地加强学习，才能适应新时期教育的需要。我深入学习贯彻“十九大”会议精神，加强党性知识的学习。还重视自身业务素质的提高，认真学习吸取先进的教育思想，努力提高自身的教育管理水平。我努力营造一个稳定、积极、向上，充满正能量的工作环境，让教职工对校长、对学校政治上有强烈的信赖感，工作上有危机感和责任感；正确树立教师的竞争意识、发展意识，探索试行符合校情的教师激励制度。

从2013年担任学校中层干部以来，安全科长、年级主任、政教主任、学校党支部书记和校长，每个岗位都顾全大局，踏实工作，负责的工作为学校获得“安全工作优秀单位”；负责的团支部被团市委、潍坊市委和潍坊教育局评为“青年文明号”；自己被团市委寿光市委、寿光市教育局两次评为“学校系统优秀团干部”；2020年负责学校防疫工作为学校获得“抗疫先进党组织”称号；本人也被党委政府评为“抗疫先锋”；2020年我校获得“教育工作先进单位”和“学生素养培养先进单位”的殊荣；2021年六月底我校被寿光市委评为“优秀基层党组织”；

2020年1月15日，在武汉上学的儿子回来了，我从一名党员干部的角度敏锐发觉自己家庭的角色非常敏感，所以决定一家三口自觉从20号开始自我隔离（学校居住），25日接到党委政府、学区通知正式居家隔离，并在家坚持网上工作。18日到校开始全面主持学校防疫工作。在大家的努力下，我校第一个通过毕业年级复学验收，也为后期我区其他学校的复学积累了一定的经验。同时还得到党委政府、学区和学校领导的高度评价，党委政府还就此写了一篇专题报道发表在《大众日报》客户端。

二、狠抓教学管理，扭转学校风貌

今年是中国共产党建党100周年，在“六一国际儿童节”期间，我校党支部为了让孩子们感受新时代的美好，懂得美好生活的来之不易，感受中国共产党的伟大成就，精心组织全校师生开展了“童心向党颂祖国，幸福成长庆六一”庆祝活动。在儿童节文艺汇演中，我校老师们也纷纷登台，展示自己的十八般武艺，来给孩子们助兴。教师们的精彩表演活力四射，充分展现了我校教师昂扬向上的精神风貌。

今天我校教师队伍还是原来的教师队伍，但精神面貌更多了一些活力与朝气。在这之前，我校是一所偏远农村小学，是个老学校，学生人数少，经费紧张，教师平均年龄接近50岁，很多教师不是科班出身，属于民师转正，自身业务素质较低。我来到学校之后，以提升教学质量为切入口，修改教师发展性评价方案，狠抓教学管理，制定定时、定点、定学科、集体教研活动，提升教师学科素养，致力打造一支有活力、有火力的教师队伍；狠抓学生一日常规，规范学生行为规范和学习习惯，学校管理水平和教育教学质量稳步提升，校园教育教学环境得到很大改善。

我重新设计了符合学校实际的校徽，更新改善这校的软硬件设备。第一学期学校就获得了“2020年教育工作先进单位”、“2020年学生素养培养先进单位”等。

我以德育工作为首，充分发挥党支部、工会、少先队的团结协作作用，积极开展系列活动：将少先队作为学校德育工作的主阵地。利用主题中队会、红领巾广播站、国旗下讲话、校刊、队刊、校内清洁纪律评比等对学生进行思想品德、日常行为规范的教育和管理，使德育网络建设覆盖整个校园，促成良好学风的形成。

教学质量和办学效益是学校工作的生命线。学校积极推进素质教育，有的放矢地设计教研，提高教研专题化水平，通过各种开放式的教学活动，强化过程和结果管理，努力提高教师素质，切实提高教学质量和办学效益。除教学上面向全体不放弃每一位学生外，还开展丰富多彩的活动，通过举行各种文体娱乐活动，活跃校园文化氛围。

三、强化安全管理，扩大宣传力度

坚持专人负责记录《安全工作日志》，记录当天学校的安全工作情况，做到安全教育日常化，全面化，深入化。严格落实24小时值班制度，做到学校时刻有干部带班，教师值班，及时传达上级文件，预防及处置突发事件。周密布置，严格组织应急演练，提升全体师生应急自救能力和反应速度。

加强宣传，认真组织教职工学习各级有关人事制度改革的文件，让全体教师充分认识到当前人事制度改革的形势，体现能者上，年轻人上的原则，逐步改善学校班子成员年龄结构。强化学校“外宣”工作，让社会各界了解我们所做的工作，为提升人民满意教育指数打下基础。学校有多篇报道在“园区报”发表，一篇报道在“大众日报客户端”上发表，学校庆“六一活动总结”被国家语言文字报收录。

世界上没有不付出，就可以收获的人。要做一名合格的共产党员，就必须学会付出，无数革命先辈们在为了祖国的解放与发展建设中付出了不知多少。流过汗，流过血，献出生命。他们是我们的榜样，我们作为他们的继承人，便要将这种肯付出，甘于奉献的精神发扬光大。

做一名优秀的中共党员、做一个甘于奉献的人。今后工作中，我会严格按照上级党委要求，带领全校教职工，团结一致，奋发进取，完成了上级赋予我校的各项目标任务，促进学校各项工作有序、顺利开展，办人民满意教育。

回首过往，步履坚实。逐梦前行，未来可期。我将继续在教育这方园地里默默耕耘，为深爱着的教育事业、为了学生的全面发展，继续探索、追求……不忘初心，继续前行，以优异的工作成绩向中国共产党建党100周年献礼！

文化为基塑良骏，党建为引铸校魂

山东省潍坊高新技术产业开发区汶泉学校　李德连

潍坊高新区汶泉学校是一所高起点、高标准的九年一贯制现代化公办学校。学校现有21个教学班，在校学生810人。学校师资力量雄厚，教师73人，全部为大学学历，其中，研究生8人，省市区级教学能手21人，市区优秀教师44人，市区级优秀班主任17人，市级最美乡村教师、青年课改先锋10人。学校先后获得“创健全国未成人思想道德建设先进城市工作”先进单位、山东省性别平等教育进中小学项目学校、山东省文明校园、潍坊市教育系统党建工作先进单位、潍坊市中小学“双改行动”特色学校、潍坊市五四红旗团支部、潍坊市妇女儿童工作先进集体等荣誉称号。2021年汶泉德育实施方案入选山东省中小学校优秀德育实施方案。

以党建促团建，提升师生素养

汶泉学校全力打造以“润德、润心、润行”为主要内容的泉润未来教育，以党建促团建、队建发展，全面提升学生和教师的整体素养。学校将“思政育人”作为党建与教育教学融合的切入点，在教师队伍建设、课程建设、课堂改革上下功夫，不断优化课程思政、思政课程的建设路径与办法。构建“内外联动、内涵发展”新模式，通过党建引领，为学校发展立“根”；通过思政育人，为学校更好发展铸“魂”。积极培养淳朴向善、唯美求真、体健雄魄、乐学克俭、热爱祖国、胸怀天下的汶泉学子。近年来，学校的思政育人课程成效显著、累累硕果：一是学校德育方案获评山东省首批优秀德育案例。二是《三线连动，构建思政铸魂育人新格局》课题获市级基层首创改革案例立项。三是“行走的力量—寻访烈士足迹　传承红色历史”红色研学课程获评潍坊市优秀研学课程。四是学校打造得“立德树人绿色评价体系做法”被《潍坊市教育改革快报》宣传推广。

坚持科研为先，实施特色教育

汶泉学校坚持以教育科研为先导，通过实施具有学科特色的“发现课堂”教学模式，推进课堂教学改革，丰富课堂内涵，教育教学质量稳步提升。深入落实教学评一致性，通过集体教研、青蓝结对、观评课、赛课磨课、全员育人导师制、教师小课题等方式，加强教师相互交流，提高教师课堂教学质量。推进落实自分教学，充分调动学生参与合作学习的积极性，促进教学质量稳步提高。推行周说课活动，组织各教研组经常开展课堂教学案例分析、问题会诊、教法研讨等活动，紧贴教学实际，发挥集体智慧，探讨教法、学法。开展说课比赛、教学设计比赛、教学论文评比等活动，促进对课堂教学改革的研究和总结。为促进学校发展，实现开放办学，学校签约潍坊学院教学实践基地，通过双校共建，实现资源共享，全力推动教师人才队伍建设。

落实德育目标，促进个性发展

汶泉学校以实施“发现德育”为路径，深化立德树人根本任务，通过主题德育活动、多彩社团活动、榜样工程等，在活动中落实德育目标。以“红领巾监督岗”督查活动为导向，通过“四制一体”的督查管理模式，培养学生礼仪规范、卫生习惯、活动纪律等习惯。设置8个延时服务班，25个社团，精心设置课程，合理搭配师资，最大限度助力学生成长。其中开设的足球特色课程，培养了大批优秀球员并为潍坊女足输送多名主力球员，被授予中国足协女足青训中心（潍坊）人才培养基地称号。学校注重传统文化的传承，通过新生开笔礼、古诗文背诵、“国学小名士”经典诵读等一系列活动激发了学生对国学的兴趣，对中华传统文化的热爱。学校还以多样化、个性化为立足点，打破班级、教师、学科之间的界限，从艺术表演、艺术创作、思维拓展、演讲与口才、运动技能5个类别建立特色课程体系，最大限度激发学生的学习兴趣，促进学生的个性化发展。

创新发展模式，点亮学校品牌

近年来，汶泉学校不断深化改革，创新发展新模式，以文化点亮学校品牌，力促学校不断向前发展。文化兴，则精神立；精神立，则志向坚。学校始终坚持“文化引领，特色育人，品质立校”的办学思想，让知识转化成智慧，让文明积淀成人格，形成了以“汶学九载　泉润未来”为核心理念的价值体系。学校高度重视制度文化建设，在遵守相关法律法规、遵循师生成长规律的基础上，结合本校实际，将以人为本的理念融入其中，形成了以岗位职责为基础、以制度约束为保障、以考核激励为驱动、以信息反馈促提升的管理模式，建立一套较为完整的制度文化体系。在制定每一项规章制度时，贯彻民主集中制，由相关负责人拟定草案，经校委会审议、教职工大会讨论修改，颁布实施。桃李不言，下自成蹊，校园文化，润物无声，为师生的终生幸福奠基，这正是文化之美所在。通过建设与时俱进的校园文化，寓力量于无形，施教化于无声，用优秀文化为师生树魂、立根、打底色，达到内化于心，外化于行，形成一种文化自觉，让文化自信更接地气，让文化引领师生幸福成长。

雄关漫道真如铁，而今迈步从头越。新的时代，潍坊高新区汶泉学校将乘势而上，接续前行，继续以改革增活力，以发展谋未来，寻找并构建起学校发展的“第二曲线谱写学校发展的新篇章，努力办好人民满意的教育。

强师名校育英才　合作发展赢未来

陕西省西咸新区秦汉新城英才学校　熊彦

定位是一个学校首要的任务，不光包括地域定位，实力定位，更包括文化定位，理念定位。我校地处快速发展新地带，立于创兴改革新时代，更要探索一条清晰的发展之路，用教育实力增强辐射作用，在合作理念下创建教育合力，拓宽发展之路。

秦汉新城英才学校位于秦汉新城正阳街道办，有教职工39人，在校生300多人。是陕西省教师专业成长先进集体、陕西省德育工作先进集体、陕西省读书先进班集体、陕西省博物馆教育联盟会员单位、“秦汉新城英才学校小学结盟学区”学区长学校、西安市新城区西一路小学“名校+”教育联合体成员、西咸新区小学语文、数学学科教研基地。

创新的教育结盟方式打破了教育隔离现状，实现了办学纬度的超越，凝聚了教育实力，在各级领导高度重视、全校师生共同努力以及广大家长积极支持下，学校办学条件和教育教学质量在辖区遥遥领先。

硬件强校

教学硬件全，学校占地建筑面积6000多平方米，有24个普通教室及图书室、大队部室、计算机房、科学室、音乐舞蹈室及168座多功能教室等部室。所有教室和办公室都连接互联网，教室全部安装多媒体系统等现代教学设备。在学校打造的全方位高素质校园环境中，我校积极推进素质教育理念，利用好基础设施，带动全校学生培养多种兴趣，树立多元成长观念，面向各个领域的未来发展，并以传统文化为底蕴，实现多样化的育人目标。

理念立心

办学理念新。学校近50年的办学，积淀了“求实·创新”的校训和“以人为本”的办学理念，学校坚持立德树人根本要求，以“办好人民满意的教育”为办学宗旨，确立了“质量立校，管理兴校，教研强校”的办学思路，积淀出“责任成就梦想，人人都能进步”的办学理念。是本地区最早开展“高效课堂”探索的学校。学校采用“管理前移”和“走动式”管理模式，注重工作落实和过程督导，工作执行力强，常规教学和安全两项基础工作形成了常态化管理。校园文化建设早而厚实，每个墙壁能说话，校园处处都育人。在创新的办学理念下，学生能够以主动的学习态度投入灵活的教学过程，教师能以创新的教学手段发挥各具特色的教学能力，学校管理也实现了切实、细致、深入的核心要求，全校上下形成了高效能动的合力。学校潜力得到极大激发，这就是先进理念的带动作用。

师德益教

教师队伍强。教师是学校发展的中间力量，也是教育前进的发动机。教师的质量决定了学校的水平。我校拥有一支教学能力强，教学理念新的教师队伍。但是我校依然以培养优秀教师为不变目标，不断开展教师队伍的强化工作，以推进学校的长远发展。学校从师德师风和业务能力提升两个维度狠抓教师队伍建设。经过不懈努力，形成了一支有远大理想和以“爱”与“责任心”为核心的优秀教师团队。教师有强烈的“责任意识、质量意识、规矩意识、服务意识和考核意识“爱岗敬业、爱校如家、爱生如子”成为教师的职业素养。先后培养了13名陕西省教学能手、西安市首届最美教师、市区级教学能手、学科带头人。近年来，教师获得国家、省、市、区级各种奖励百余人次。

强强联合

结盟效果好。2017年6月以来，作为“秦汉新城英才学校小学结盟学区”学区长学校，英才学校积极带动结盟学校开展教研活动和教师培训，促进了结盟学校教师队伍建设、学校管理和教育质量提升，得到西安市、西咸新区专家组、秦汉新城和结盟学校一致好评。2017年9月，英才学校与西安市新城区西一路小学跨行政区域结对，学校积极在管理层、教师层与西安市新城区西一路小学对接，从校园文化建设、教师成长、学生发展、教学教研等方面向西安市新城区西一路小学借鉴经验。2019年11月，成为西安市新城区西一路小学“名校+”教育联合体一员，继续扎实组织各类教学教研活动，推动教师发展。近年来成长了3名省教学能手、5名市级教学能手、学科带头人，有西安市首届最美教师。

教育质量佳。多年来，学校社团活动蓬勃开展，专题讲座、学科竞赛内容丰富，元旦庆祝活动、“六·一”文艺汇演等全面推出。学校有足球、舞蹈、纸艺等13个学生社团，实现了全员参加、常态化机制。全校师生也加入到民族传统体育运动项目踢毽球中。学校在经典诵读、规范汉字书写大赛、运动会等项目上屡获大奖，为西安、咸阳名校培养了大批优秀学生。近年来，从英才学校走出去的毕业生经过中学阶段的学习，先后14人考入清华、北大，百余人考入香港大学、复旦等“985”、“211”著名大学……英才学校以优异的教育教学质量获得极好的口碑。英才校园还走出了西班牙人俱乐部后备力量——秦汉小子张奥凯。

2017年划转西咸新区秦汉新城以来，学校蝉联秦汉新城2017年、2018年、2019年规范汉字书写大赛一等奖、2018年秦汉新城宣传思想工作先进集体、平安校园、优秀少先队集体等10多项荣誉、2018年西咸新区规范汉字书写大赛一等奖、经典诵读大赛二等奖、2019年度德育工作先进集体、教育系统先进集体、平安校园、语文、数学学科教研基地、陕西省2019年中小学规范汉字书写大赛三等奖、陕西省“红旗飘飘、引我成长”演讲比赛二、三等奖等多项荣誉称号。在秦汉新城首届中小学生田径运动会6个集体将中夺得5个第一名和一个第二名好成绩。西安市思政课教育实验学校、西咸新区教师队伍建设示范学校、中小学“体育传统项目学校（田径）”、小学数学、语文学科教研基地、西咸新区首届“三跳”比赛踢毽成绩之首；秦汉新城教科研先进集体、连续两届中小学田径运动会团体总分第一等荣誉。我校荣幸成；我校位教师通过逐级赛教，获得三级三类教师达13人，涵盖了小学语文、数学、英语、体育、音乐、美术和思政课等七门学科，为学校长足发展奠定了坚实基础。

“责任心奠定了英才昨天的基础，进取心正诠释英才今天的担当，事业心将谱写英才明天的辉煌”.新时代，新征程。英才学校将以立德树人为根本任务，以发展学生核心素养为首要目标，抓住大西安发展的良好机遇，砥砺前行，追赶超越，推动秦汉新城教育再上新台阶！

立德树人，办有温度的教育

四川省简阳中学 杨勇军

国无德不兴，人无德不立。习近平总书记一贯高度重视培养社会主义建设者和接班人，把立德树人作为教育的中心环节。在立德树人的教育实践中，我校不忘初心，牢记为党育人、为国育才使命，积极探索新时代教育教学方法，不断提升教书育人本领，致力于为培养德智体美劳全面发展的社会主义建设者和接班人做出新的更大贡献。

18载风雨兼程，矢志不渝坚持“立德树人”的教育信仰。从西南师范大学毕业到简阳中学教书，至今已经有32个年头，我从英语老师、班主任，一直到后来的教务处主任、校长助理、副校长，到2003年担任国家级示范高中党委书记、校长，迄今已有18年时间。一路走来，我先后被评为全国优秀教育工作者，全国中小学1000名杰出校长，四川省优秀校长，四川省优秀共产党员，成都市第十批有突出贡献的优秀专家等。

一、积极探索，变革教育模式

1995年夏的一天，我收到刚保送西安交通大学的一名学生的来信。洋洋洒洒十页纸，前九页全部都是感谢、想念和称赞，最后一页，笔锋一转，学生这样写道:“杨老师，您把我们教得都很优秀，但是，您太注重公平了，导致我们班没有特别出类拔萃的同学。如果您能够因材施教的话，相信学弟学妹们考入清北将指日可待！”

彼时，我已经在简阳中学任教六年，连续创造了三个第一：第一个在学校坚持说普通话的老师；第一个连续两届把学生从高一带到高三毕业的老师；第一个在首届学生毕业后就被评为“地级市优秀班主任”的老师，同时，我所教的班也被评为市级“优秀班集体”。

我感觉心像被戳了一下，有种特别的感怀，眼眶也湿润了。于是，我在心中暗暗发誓：一定要让我的学生考上全国最好的大学。“三年后，你们一定能够考上清北当时我对班上几名尖子生肯定地说出这句话。三年后，我校考上清华、北大和人大的学生，全都出自我班。

深耕教育18年，我经历了中国教育重大变革，并积极结合我校实际情况，厘清了发展方向，始终走在学校教育改革的最前沿，确定我校由规模化向精品化、大众型向精英型转型的发展模式。如今，我校是全国教育系统先进集体，四川省一级示范校（原省首批国家级示范性普通高中），成都市高中领航学校。

二、文化传承，培养通材学生

简阳中学是一所拥有厚重历史的老学校，原名通材书院，始建于1899年，由巴蜀学子吴子英为“开启民智，服务桑梓，拯救中华”而兴立，经过三个世纪的时光，迄今已有122年的办学历史了。

我任校长后，继承和发扬了简阳中学的优良传统，进一步丰富了“以德为先·通材树人”的办学理念：注重立德树人，培养学生树立正确的政治方向、良好的品行习惯；注重学生成人成才，促进学生德智体美劳全面发展；注重为国家培养各行各业的优秀人才，将学生培养成“通材”。

学校以“打造品牌课程体系，凝聚学校课程精神”为宗旨，逐步建构符合学校特色的包含“通识”课程、“通慧”课程、“通雅”课程和“通实”课程四类课程的“通材”课程体系，从而推动简阳中学走上“课程特色化、特色主题化、主题项目化、项目精品化”的课程改革之路，铸就“一师一徒一项目，一生一课一特色”的全面、均衡、优质、内涵发展之路，最终形成推动简中内涵发展的“大通材”课程体系，形成学科课程互建互联互享的生态系统。通材课程体系为育人目标的实现提供稳固的基石和丰沃的土壤。

同时，又将现代化的教育理念融入这所百年老校的文化底蕴中。为了促进学校长远发展，学校确立了以“理性、科学、精准”定位转型，以“废、改、立”健全制度，以“规定、规矩、规范”增强执行力，以“学习、培训、交流”提升素质，以“课堂、课改、课题”提高质量，打造区域教育品牌，引领区域教育发展，办好人民满意的教育的发展定位与目标。

近年来，随着教育改革的不断深入推进，简中探索出更加优质高效的育人模式：先后通过实施国家级课题“导引-生成”课堂教学改革，大力推进学校现代化、信息化、国际化；2019年，四川省第一个“钱学森班”落户简中；我任校长以来，已有100余名学生考入清华、北大及国外一流大学，每年有近500名学生获国家级、省级奖项。

三、改革教学，坚持快乐学习

我有个外号，大家都叫我“听课校长每个学期我都会听100多节课。而且离高考越近，听课的频率就越高。

2013年，高考前的市模拟考试，简中总体成绩仍位列全市第一，但我对这个成绩一点也不满意，因为没有达到我的预期。比我心中理想的数据一本少了200多人，本科少了300多人，我根据听课和调研发现其中存在的根本问题：教师讲得多，学生自主学习少；课堂检测多，学生反思少。造成的后果是：学生学习负担繁重，课堂效率低下，记不住知识点，形不成学科知识体系，综合学习能力怎可能提高？

我把分管校长和年级主任召集来，一番研究讨论后，开创性地提出了“自主复习”法，即三天自主复习，两天模拟高考，一天讲评反思。

课堂时间分配上，教师讲15分钟，学生自主25分钟，充分发挥学生的主观能动性，把主动权还给学生，让学生成为课堂的主人；

课堂上，教师讲，学生学，师生互动研讨，充分调动学生参与课堂的积极性，激发学生思维；

自主复习课上，教师“三不准即不准进教室，不准发试卷，不准讲课，只准在教室外“专家门诊式”答疑，把课堂完全还给学生，解决他们个性化的问题。

近年来，简中的国家级课题《普通高中导引-生成课堂教学改革》顺利结题并获省级奖。“导引-生成”教学注重引发学生的内源性与主动性，注重突显过程的启迪性与生成性，注重发掘学生的独特性与创造性，目的是把“‘教得累，学得苦’的低效课堂变为‘教得轻松，学得快乐’的高效课堂”。

“导引-生成”课堂教学改革历时十年。简中的本科和重点升学率分别保持在95%和70%以上，共有68名同学上北大、清华录取线；艺体生发展前景好；出国留学生数量质量逐步提升。

四、以德为先，注重文化育人

2007年，我作为特约嘉宾出席上海东方卫视的“头脑风暴”节目参加中英名校论坛，当主持人提出“好学生的定义”这个问题时，现场嘉宾题板上显示：好学生就是人品好，学习好的学生。而我的答案则与他们完全不同。我说“有进步的学生就是最好的学生！”一片静默后，一个学生带头鼓起掌来，很快，现场观众集体起立，节目现场掌声雷鸣。

那么，什么样的学生才算是有进步呢？给大家讲个小故事。在我带的第二届学生中，有一个男生格外叛逆，爸爸长期在外打工，妈妈身体不好，对他的教育有些力不从心。日久天长，这个男生就如脱缰的野马般不服管教，经常出入游戏厅，学习成绩一落千丈，很多老师和同学都被他借过钱，后来，同学们都不愿搭理他，被孤立的他更不愿上学了。

有一回，这个男生连续两天没来上学。放学后，我带着几名班干部，跑遍了全城的电子游戏厅，终于找到了灰头土脸的他。当时我气极了，大声质问游戏厅老板：“他穿着校服，明明就是个学生，你为什么还让他进来？还收他的钱？！”

我把男生带回家，夫人拿给他一大盆香喷喷的面条，男生狼吞虎咽地吃起来，吃着吃着，泪流满面。

我一边安抚他的情绪，一边开导他：“你看，你爸爸一直在外打工，这么辛苦地挣钱养家，还不是希望你能有一个好的前途？你妈妈还在病中，最需要静养，你还这么气她，病情加重了怎么办？如果你能考上大学，他们不知有多高兴！”

一番深谈后，男生彻底告别了电子游戏，如脱胎换骨般专心读起书来，考上了上海的一所大学。再后来，成家，立业，又开了一家公司，还有了三个可爱的孩子。几年前，这个男生返回母校看望教过他的老师，谈到情深处，男生在我面前长跪不起， 师生俩都哭了……

随着时代的变化发展，教育理念与教学方式也发生了天翻地覆的变化。正所谓“今天的教师不生活在未来，未来的学生就会生活在过去”。我认为，作为教师，要想成为未来教育的先锋引领者，一定要具备这几点素养：学生永远是中心，具有很好的交流沟通能力；与时俱进，主动拥抱新技术；养成持续学习、终生学习的观念和习惯；能够引导学生多维探究，发展创造性思维，不局限于固定模式；始终以“人本”为学校文化的出发点和归宿点，强调文化育人，关注师生的和谐发展和生命质量提升。

传承“以德为先 通才树人”的办学理念，致力于建构符合时代要求和学生需求的课程体系，我校编制了学校中长期发展规划，循序推进学校现代化、智慧化、国际化发展。目前，我和我的团队正在进行“通材”课程的研究，已经通过了“导引一生成”教学模式改革、信息技术2.0建设，开展了国际交流合作和科创竞赛等，力求丰富学校社会资源，促进学校持续向前、良性高位发展。

择一业而守一生。在以后的日子里，我将继续把有限的人生精力放在最“核心”的地方，投身于自己所热爱的教育事业，全力以赴，创造新的辉煌。

精深专业以自立 倾心从教创奇迹

云南省昆明市官渡区晓东小学 吴丽霞

教育是事业，需要奉献；教育是科学，需要研究。从教36年来，无论是作为学科教师上课教书，还是作为校长治理学校，我始终把教师专业发展当作自己的立身之本和学校的发展之基，以精深的专业为背景，通过教学业务的指导，将“自立立人、自达达人”的教育思想渗透进学校治理的方方面面，创造着一个个教育奇迹。

教研开启从教路

国家级重点课题“注音识字，提前读写”语文教学实验（简称“注•提”实验）是当时教育部大力推广的一项语文教学改革实验，因首先在黑龙江佳木斯市试点效果好，遂被教育部面向全国推广。1985年6月，我在即将从昆明师范专科学校毕业之时有幸被学校选中，参加了云南省教研室组织的“注•提”实验培训。一个月后，我毕业留校，被分配在原昆明师范学校附小教语文，开始了长达5年的“注•提”实验探索。

这项教学实验在教学内容和教学方法上都颇具前瞻性和挑战性。为了让学生喜欢语文课，我经常把语文知识和音乐进行整合，将教学内容编成儿歌、课本剧等学生喜欢的形式；为了使教学更形象直观，我动手制作了大量教具，并绘制了大量的教学图片；为了使学生掌握正确的拼音方法，我在缺乏教学磁带的情况下自己录音示范，给每个学生都发了学习磁带；为了使教学内容真正内化为学生自己的知识和能力，我组织学生开展了大量课外活动，让学生在生动有趣的活动中把学习和生活密切地结合起来……5年的实验教学，在无数次的尝试与错误中，在一次又一次的改革与创新中，我不但将自己的教学水平提上了一个高度，更是通过艰苦的付出彻底激活了内心深处对语文教学的热爱与自信，对教育的激情与责任感。

5年的默默耕耘，也结出了丰硕的果实：学生第6年参加普通班毕业考测试，我所带的实验班在毕业成绩、综合素质检测中成为学校办学多年来最好的一届。通过跟踪调查，这些学生在升入中学后，语文基础扎实，读写能力突出，发展良好，非常受中学的喜爱。

争做业务领头雁

1997年，我被调入官渡区曙光小学，这是官渡区第一所小区配套小学，也是官渡区的窗口学校，学校管理、师资力量、教学成绩名列官渡区前茅。在我被调入之时，正赶上曙光小学从山东烟台引进“大量读写，双轨运行”的语文教学实验，作为教学能手，我被校长委以起草实验方案的重任。经过仔细研究，我惊喜地发现该实验与“注•提”有很多内在的联系，在查阅大量资料，听取省、市、区各级教育专家的意见并在校长的高度重视和各级教研员的具体指导下，我完成了草案的起草。随后，学校组织专家对草案进行论证，逐句逐条进行讨论、修改、补充，最后形成了切合曙光小学的教改方案。

在实施过程中，我带领参与实验的教师根据学校实际和学生情况，对实验中“双轨”的概念给出了自己的界定和诠释——内轨是课堂教学，重在抓根顾本；外轨是课外阅读，重在拓展延伸。在不断地研究、实践、总结中，实验成绩逐年显现。我不仅带着青年教师多次在区、市、省上公开课、研究课，获得各级教育领导的认可与好评，自己也被云南省教育发展基金会邀请到全国骨干教师、特级教师夏令营会上作经验交流。

从起草实验方案、参与方案的论证修改，到带领全校语文教师实施教改，不断总结经验，探索高效的教学方法，这次“大量读写，双轨运行”的语文教学实验，不但使我的专业能力臻于精熟，还让我积累了团队发展的经验和智慧。1999年，由于老校长被派去筹建新学校，我被教育局任命为曙光小学的校长，自此开启了一边继续深入研究小学语文教学，一边从思想上引领学校发展、从业务上指导师生学习、从行政上规范学校办学的教学与管理“双修”的教育征程。

流转数校先立师

只有教师发展，才有学生发展；只有师生都发展，学校才有生命。联系自身的发展，我深感教师专业发展对教师个人和学校发展的重要性。要把学校发展好，必须先把老师“立”起来，就是让我们的老师无论在学生、家长眼里还是在同行眼里都是受尊敬的，而这一切的基础就是老师能把课上好。只要在业务上有提升、有发展，在专业上能“立”起来，他的自信以及同行、家长、学生的尊敬自然会随之而来。当然，也只有老师立起来后，学生才能立起来，学校自然就能跟着立起来，整个学校的教育教学就会充满活力。

担任曙光小学校长后，我非但没有放下教学，反而比以前更努力地研究教学，日常备课、上课一丝不苟，以身作则，引领教学风气。同时，积极走访教育专家，邀请他们到校听课、评课，指导学校的教研工作，完善相关科研制度，制订教师培养计划，开展一系列的教学研究和实验活动，不遗余力地为全体教师搭建成长的平台。渐渐地，全校教师的课堂悄悄发生着变化：学生听讲比以前更专注了，教师讲课更自信了，学生的考试成绩提高了，学校综合发展实力更强了，老师们被外校邀请去上示范课、交流课的次数多了，师生在报刊上发表的文章多了，学校获得的各级各类荣誉也多了……

2001年，刚刚当了2年校长的我又被教育局委以重任，筹建新建小区“阳光花园”的配套小学——阳光小学，并调任该校校长。筹建阳光小学的任务全方位考验着我的教育智慧和办事能力：从完善基础建设到明确办学方向，从设计校徽、校旗到拟定规章制度，从组建领导班子到招生分班，从带动教师教研到聘请校外辅导员……因为定位准、用力巧，在不到两年的时间里，学校陆续获得省级“绿色学校区级“文明学校”、“文明单位市级“雏鹰大队”、“巾帼文明单位”等荣誉，成为一所初具办学规模，颇受小区居民信赖的好学校。

2003年，在阳光小学办学走上正轨之际，我又被调入官渡区关上第一小学担任校长，这是一所有着2600多名师生的近百年名校。为了引领这样一所优质名校、大校继续发展，我综合各方面的意见后，把“创省一流科研特色鲜明的现代化实验学校”定为办学目标，将治理重点放在了教研氛围的创建和教研活动的落实上：依托区域重点课题《“主体教育”实验教学研究》，亲自撰写了学校子课题《主体性课堂学生主动参与与评价体系的研究》的实验方案，并将此课题列为学校的龙头课题；坚守课堂一线，备课、上课、听课，一如既往地严谨；主动参加“昆明市特级教师唐朝霞名师工作室”的学习，邀请名师进校为全体教师上示范课、指导课改……在教育科研的推动下，学校教学成绩逐渐显现：学校选送的英语主体性实验课参加课题学校英语课教学竞赛，获国家级二等奖；学校编写的《教师案例集》在全国实验学校间广泛交流，得到好评；指导青年教师创办的校报《心桥》，得到了学生、家长和全校教师的热烈赞扬；学校校园文化、教师队伍、教育评价等建设成效显著。

2005年，为了缓解片区择校热，教育主管部门将原属小板桥中心校的晓东小学从中心校分立出来，我再次“临危受命担任晓东小学党支部书记、校长。这是一所底子薄、生源不佳、教师紧缺、教学观念滞后、教学行为不规范、教育教学水平低的新学校，强烈的责任感和使命感使我暗下决心：一定要把晓东学校办成一所高品质的学校，办成让老百姓放心、信任的身边好学校，让这里的教师有尊严、有地位，让这些背井离乡的外来人员孩子享受和城区孩子一样的优质教育。

在向原中心学校了解情况，深入课堂听课，与教师、家长、学生广泛沟通交流后，我决定先从规范教学行为入手，把学校引入发展正轨。我首先通过学校校长等行政人员带头兼课、筹资外聘教师等办法，解决教师紧缺、教师兼课过多、超工作量严重等问题。接着，多方联系，邀请专家、教研员到校开展教师专业培训，并积极推送学校骨干教师参加区级、市级学科带头人的评选，争取一切机会送老师外出进修、参观、学习。此外，逐步建立科学的教师岗位评价机制，严格规范课堂教学、考试、阅卷等教学行为。最后，狠抓教学研究和课题研究，进一步提高教师专业能力，提高教师教学水平。如今，教师因专业能力的提升而变得自信，因教学成绩的提高而赢得了学生、家长以及同行的尊敬，职业幸福感大幅提升，最终达到了"自立实现了师生的良性互动，促进了学校的全方位发展，因自己长期立足语文课堂上课、备课、研课，也许功夫不负有心人，我也被评为云南省语文特级教师，并成了官渡区特级教师吴丽霞工作室连续门门四届八年主持人，培养了我区70多名语文骨干教师；成了昆明市首届春城教学名师，昆明市"十杰"教师。

在晓东小学的16年，我就是这样极有耐心地、有条不紊地、循序渐进地实验着、丰富着她"自立立人，自达达人"的教育思想。如今，晓东小学已从最初只有500余名学生、12个教学班的城郊薄弱学校发展成一所现在拥有1500余名学生、29个教学班、91名教师，各学科教师、课程齐全，校本课程特色鲜明，拓展课程内容丰富；拥有多名昆明市学科带头人、骨干教师，数百项各级各类荣誉，教学成绩名列前茅的昆明市现代教育示范学校。艰苦创业，砥砺前行，用共产党员的标准严格要求自己，一定要把晓东办出特色，办成老百姓满意的学校，无论遇到多少困难，我始终初心不改，学校成了昆明学院实习基地学校，成了全国青少年足球示范学校，成了云南省啦啦操特色学校，成了云南省名校长工作坊和官渡区名校长工作室基地学校，我也成为了主持人。

"自立立人，自达达人36年来，我在困难面前不低头，在成功面前不止步，一步一步坚定地追寻着自己的教育理想。"注·提"教学的实验，激发了我对语文教学的满腔热情；16年班主任的经历，使自己对孩子们产生了终身割舍不下的依恋；21年做校长的历练，培养了我"高规格立校，宽视野办学"的格局和眼光，激励着我向教育家办学的目标不断迈进。砥砺前行，生无所息，我将继续用专注和热爱锻造精深的专业能力，用36年探索和实践积累下来的丰富经验和智慧，在云南教育的热土上辛勤耕耘，做出自己更大的贡献。

加强生态教育，助力生态文明

浙江省宁波市海曙赫威斯学校　刘立群

党的十八大以来，以习近平同志为总书记的党中央站在战略和全局的高度，对生态文明建设和生态环境保护提出一系列新思想、新论断、新要求，为努力建设美丽中国，实现中华民族永续发展，走向社会主义生态文明新时代，指明了前进方向和实践路径。生态文明建设的根本和长远之计是化育人心，培养具有生态文明素质的一代新人。面向生态文明的未来，教育者必须担负起生态文明教育的历史责任。我校是一所国际化的双语学校，建于2015年，是宁波第一所全日制九年一贯基础教育的民办学校。学校秉承"中西文化兼容，智慧人格并重，德智体美劳全面发展"的办学理念，倡导"人与自然和谐共生"的生态文明理念，促进学生、教师、学校的全面和谐发展。

一、精心设计，打造绿色校园

学校的建筑和空间设计如同一种语言无声无息地塑造着校园里的每个人，它影响着学校的教育理念、师生的身心状态和艺术审美。

我校教学楼把现代的设计语融入在校园环境中，在每间教室安装空气净化器和吸顶空调，配置最先进的现代化教学设备和隔音装置。学校共享学习活动空间——剧院式的天然舞台、下沉式的科学基地、阶梯式的智慧书吧和森林花园式的阅览室，活跃开放的教学环境为学生提供了多样、灵活、开放的沉浸体验。学生的接送大厅建在地下一层，完全做到了人车分流、隔绝空气污染、保障学生安全，还集休闲吧、阅览区和影院式于一体。整个校园设计环保、设备先进、一应俱全，是全校师生温馨的家园。

二、多元课程，助力生态文明

学校以国家义务教育课程体系为核心，积极融合西方优秀课程，同时增设了优秀国际公民培养课程。学校的优秀国际公民培养课程包括：CLUB综合实践课、森林教育、营地教育、国际青少年志愿者活动和国际访学与STEAM等项目。CLUB综合实践课是一种独立的课程类型，强调探究性、趣味性和艺术性，帮助学生追求独特的个性。

森林教育则让教育在自然中发生，把课堂延伸至鸟语花香的森林里和春夏秋冬的交替中，把孩子们带去公园探寻"一花一世界带去山涧体味"万物皆有灵让他们在真实的自然中触摸生命的轨迹。学校与德国"华德福"合作开展营地教育，举办中欧国际夏令营，让孩子们对户外生活有了更深刻的了解和体验，培养户外生存能力。2017年，学校组织学生参与了斯里兰卡"海洋生态"项目，2018年参与了柬埔寨"历史文明探索"项目等，通过这些国际交流项目，让学生意识到保护环境的责任心并付诸行动。

三、多样活动，渗透生态教育

学校把生态文明教育活动渗透在校园生活的方方面面。一是开展丰富的特色活动，作为宁波市第一家与TNC大自然保护协会合作的学校，学校定期开展"春天的号角"海曙赫威斯学校生态保护志愿者项目、东钱湖湿地生态系统调研、月湖水资源保护项目、自然美学森林日等特色环保活动。学校还举办了中欧文化讲座等，培养学生科学探索的精神和意识，发展学生自我管理和团队合作的能力。二是组织开展绿色主题活动，"斯里兰卡之旅"让学生了解海龟的生存环境和现状，拯救被埋在沙中的小海龟；"象山保护海洋生态志愿者项目"让学生通过在海滩沿线及水库的观察和实践，学会保护水资源和海洋环境；"用绿点亮教室"活动鼓励学生学会观察和养护植物的生长。三是在日常课堂教学中引导学生树立生态文明和环保意识，如开展关于垃圾分类主题的班会活动，开展垃圾分类的竞赛活动等。

近年来，学校通过创建"生态文明特色学校全体师生的环保意识明显增强，环保成为广大师生的自觉行动。生态文明教育的理论和实践相结合，使师生的环境意识和校园的环境质量达到新的高度。

学校生态文明教育是一项长期的工作，我校将致力于提高每一名学生的绿色环保生态认识，进一步强化生态文明教育，努力培养更多优秀国际公民，为建设生态文明社会提供不竭力量。

惟精亦要唯一，让更多孩子在家门口上"名校"

浙江省永嘉县崇德实验学校　罗成义

从公办到民办，从杭州到永嘉，不断追寻"优而特"品牌教育的前行路上，徐李勇校长初心如磐，和而不同，为的就是让更多孩子在家门口上好的学校、上"名校"。

他有着丰富的优质民办学校的办学和管理教学经验，是杭州优秀民办学校缔造者之一。作为锦绣·育才教育集团教学主管，在他的带领下，杭州市锦绣·育才教育集团连续五年取得中考成绩杭州市领先的成就，把学校办成杭州最受老百姓欢迎的"家门口名校"之一。曾任杭州实验外普通话学校校长，针对学校管理弊端，大刀阔斧进行改良，短时间内，让学校面貌一新，百姓有口皆碑。

来家乡永嘉这四年中，作为引领崇德这匹黑马的骑士，徐李勇校长率领全体崇德人发扬"样样落实，天天坚持"之精神，勠力同心，创造了一个又一个让人赞叹不已的崇德奇迹，一次又一次刷新了永嘉老百姓对教育的认知。公民同招，崇德实验学校2020年初中招生报名人数高达2359人，2021年报名人数近2000人，均是温州市报名人数第二多的学校。崇德的发展，惊羡无数，一所家门口的名校就此诞生。

"好像刚刚还在为这所全新的学校谋篇开局，不过一转身，崇德已经成了温州学子和家长们手里的香饽饽了".徐李勇笑着说。而徐李勇笑称的"一转身却远不是他口中那样的轻描淡写。

从"习惯"抓起，他注重礼润师生，赋能质量正太绿色发展

2021年中考，崇德交出的成绩单很耀眼：平均分全县第一，高出第二所学校17.08分；前10%率31.54%居第一，远超第二所学校的18.22%，温州中学上线7人；后20%率则保持了令人骄傲的0，是永嘉唯一一所没有一个学生成绩在全县排名后20%的学校。2021年中考，在保持一如既往优秀的同时，更是创造超100人上永嘉统招线（全县282人）的教育历史，重点高中上线率62.76%，仅有14人没有上普高线。2016、2017、2018、2019、2020、2021连续六年，学校参加永嘉县期末统考统批各科"三分四率"成绩均为全县排名第一。

而这样一所成绩优异的学校，"玩"起来也是毫不示弱：2020年，2021年崇德航模队、轮滑队双双夺取市锦标赛团体第一名；初中男子足球、女子篮球在县级团体比赛中斩获亚军；艺术节中部分优秀作品荣获省市级奖项……

"其实教育很重要的一点，就是养成孩子们的行为习惯。行为习惯养成了，整个人的精神面貌蓬勃向上，学习也好，爱好也好，都能发挥出自己最好的一面".这是徐李勇自始至终最坚持的一点，而为了这

一点坚持，他时时刻刻“盯”牢了学生们。教室、食堂、操场……校园的每一个角落，都会不经意地出现徐李勇的身影，观察学生们的状态，寻找可能存在的问题，并用正确的方式去解决它。

他注重以习惯教育为礼仪教育内核，以点带面，润泽师生心灵。精准发力习惯养成教育，坚持细抠每一个习惯教育细节，坚守用习惯力量丰盈学子精神生命，为学生终身教育奠定基础。

比如上早自习，总有学生吃早饭拖拖拉拉导致迟到，徐李勇认为，不能用强制性的规定让动作慢的学生加快吃早饭的速度，而是采取了鼓励早到的学生的方式。早自习只要有一个学生到教室了，就鼓励他们开始大声朗读，一个两个三个……学生来得越多，读书声越响亮，而迟来的学生听着教室里琅琅的读书声，也会不自觉地加快脚步，一天两天下来，积极早读的氛围影响着每一个学生，激发出了学生自觉的力量。

而“无处不在”的徐李勇，正是这样润物细无声地把行为习惯的小嫩芽种到了每个学生心里，让整个崇德焕发蓬勃向上的生机。这种习惯的力量，固本正源学子精气神，奠定其生命的底色，志存高远。

从“心”出发，他倡导全员心育，全力保护学生的身心健康

2020年是温州市全面实施义务教育“公民同招”的首个年头，民办学校与公办学校同步报名、同步开展录取、同步注册学籍。当年，崇德七年级新生入学成绩在全永嘉县排名仅第五，而在一个学期之后，这批学生的期末考平均成绩跃居全县第一；一学年后，更是甩开第二名学校二十多分，一骑绝尘。

从第五到第一的成绩飞跃来之不易，却也有些“理所当然”。崇德除了培优，更让同行都点赞的是后进生、学困生、行为问题生的管理，而这也是徐李勇愿意花上所有时间去解决的问题。

他坚持育人为本，育心优于育分。在杭州锦绣，他曾经力排众议，把全校师生都厌弃的成绩、学习态度都差的“学困生”转入自己的班级。仅仅用了一年的时间就成功教育转化了这名学生，当年中考，这名学生顺利上了杭州市学军中学录取分数线。还有一名全年级排名倒数第一的学生转入他的班级后，短短几个月时间，就将这位学生的学习积极性充分调动起来，最终顺利考上了省三级重点高中。全校教师头痛的问题生，学困生经过他的耐心教导，总是能够取得惊人的进步。他总是能够深入到这些同学的内心深处，帮助这些学生解决成长中的困惑，因此成为很多家长心目中的“救星”。

在崇德，徐李勇成立过 “行为习惯养成中心“导师”只有他一人。把那些刚入学不久的、别人眼里“很难教”的问题学生集中起来，给他们上课，陪他们学习，和他们聊天，时时刻刻关心他们的学习和生活，用言传身教来改变他们身上的一些小毛病，让他们适应和习惯自主学习。大半个学期下来，这些学生全都面貌一新。

崇德还有徐李勇一手带出来堪称专业的心理辅导团队，这也是他一直坚持并已经见到成效的事情。甚至有外校的学生家长慕名而来，希望自己厌学的孩子能在崇德得到良好的心理辅导。

去年进校的七年级新生小雨（化名），因为家庭原因产生心理问题，多次用刀割破自己的手臂，一共划了四百多刀。徐李勇亲自上阵，一次次聊天打开她的心扉，找到了根本问题之后再进行专业的辅导。现在，小姑娘手臂上的伤痕已经全部愈合了，心里的伤也已经治愈。

而徐李勇自己学过的心理学知识，在教学经历中的实际运用称得上是“专家”的水准。已毕业的余俊（化名）曾经是班级里有名的刺头，初一的时候闹起脾气来把数学老师都顶翻了。徐李勇在制止他的行为的同时，一次次地跟他谈心，引导余俊自己意识到对与不对。“简单粗暴的惩罚是不能解决问题的，我差不多花了两年的时间，耐心地磨平他身上的刺，让他从抵触到愿意沟通，到理解自己应该怎么做”。

一段时间后，徐李勇去余俊班级转悠的时候看到他在读英语，过去轻轻拍下他打声招呼，余俊竟然头也不回地说:“你干嘛？你不要打扰我学习”.这样的回答让徐李勇惊喜万分，也终于对余俊放下心来。

“这样长的时间我觉得是很值得的，教育不只是教学，更重要的是育人”.更让人欣喜的是：年轻班主任在教育转化余俊的过程中，迅速成长。

在徐李勇的引导下，崇德的老师和学生都对心理辅导抱着正常和积极地态度，学生愿意主动去寻求帮助，老师也十分重视，可谓“全员心育”。“我一再告诉他们，心理辅导不用偷偷摸摸。在任何时候，哪怕是上课上到一半，如果觉得自己心里不舒服，或者有压力和想不通的时候，马上去找心理辅导老师。我会很坚定地告诉学生、老师和家长，身心健康比学习成绩更加重要”.徐李勇如是说。

以“问题”为思考驱动，他倾力相助，匠心培育有灵魂的教师

他是校长，更是“超级班主任用自己的经验和理念影响着学校里的年轻教师，在学校里慢慢形成优秀的教师团队。在崇德，让徐李勇引以为傲的还有他匠心培养和组织起来的优秀教师团队。2020年永嘉县教师优质课和命题评比中，崇德中青年教师纷纷斩获各学科一等奖。而除了教学质量的提升，徐李勇选择教师的第一个要求是：三观正，这也源于他所坚持的“德育只有老师的三观正、素养高，才能带出身心健康的学生。

为培养崇德的教师团队，徐李勇费尽心思去发现教师团队和年轻教师专业成长中的问题。聘请退休的特级教师做顾问，每一门学科都有一到两位顶尖教师来带动其他教师的成长，教师在教学上遇到的瓶颈有团队来共同分析解决……在这样优秀教师带动整个教师团队共同进步的模式下，崇德的教师团队撑起了徐李勇的信心，更是赢得了学生家长的放心。

而在做校长之前，徐李勇也是教学一线教师，曾被评为首届全国优秀民办教师，杭州市教坛新秀。多次应邀为杭州市区中、小学和余姚、富阳等学校做教学管理、学校教学质量监控、数学学科教学以及班级管理内容的报告，并多次为《钱江晚报》、《每日商报》做中考数学学科复习的专题讲座，深受学生和家长的欢迎。“崇德开始稳步发展，我也开始带徒弟了”.徐李勇笑着说，他在管理学校的同时，时刻没有放下身为教师教育育人的担当，把自己的经验传授给年轻教师，也是源于他对于教育事业不灭的热爱之情。

在常态化的课堂中，他更是引领教师要注重学生思维和素养的进阶提升。“我是数学老师，我会跑去听年轻教师讲课，如果觉得有讲得不对的地方，我可能会自己跑上讲台去继续讲这一堂课。这并不是说不给老师面子，我会跟学生说，老师是我的徒弟，我觉得这是对老师负责，更是对学生负责”.徐李勇对自己的徒弟倾囊相授，因为在他看来，年轻教师的成长就是整个崇德的成长，而最终都是为了学生。

2021年5月20日，在浙江省政协“六送下乡”与浙江省教育厅“百人千场”送教下乡活动中，年轻教师市数学优质课一等奖池剑善老师、市优质课二等奖邱淑婷老师作为全县仅有的两位代表跟全省名师同台展示公开观摩课，并受到省专家的高度评价。

教师成长，步履不停。他愿意陪年轻教师一起成长，也对一些原则性的问题毫不客气，直言不讳。

以“平等”为支点，他春风化雨，静待孩子们芳华绽放

“进崇德门，就是崇德人”.这是徐李勇从一开始就跟所有人强调过的一句话。崇德对每一位孩子负责，不抛弃，不放弃，教育转化每一位可能地孩子。要做一所有教育情结的学校，不急不躁，等待孩子可以认知自我，理解自我，改变自我。四年时间，徐李勇带领的崇德人一直以这样的理念开展教育教学工作。

在日常的工作中，他再三和全体教师强调，要从关注学生生活入手，营造平等氛围。在平时，学生眼中的老师是崇高的，是其他形象不可替代的，他们心目中的老师是“不食人间烟火”的“圣人”。只有在生活中多接触，才能让学生看到教师自身平凡的一面：一样的有喜好和厌恶，一样的有哀怒和感动。教师在日常生活中，可以对学生多说说“谢谢”、“对不起”；多问问“还有什么需要我帮助的？”。在课堂上要弯下腰倾听学生的发言，要拍拍他们的肩膀表示认同和肯定，要为他们的独到见解而鼓掌。这不是造作，而是发自内心的一种尊重。

正是靠着和学生不断地平等真诚交流，徐李勇在保持校长该有的威信之余，在这群十几岁的学生中获得了极高的信任感。徐李勇的办公室门口挂着一个“校长信箱这并不是形式主义的装饰，而是经常能收到来自学生们的信件，有聊自己心事的，有投诉老师和校长的，有表达对老师和校长喜爱的，偶尔也会有 “破口大骂”的。

“孩子们对老师、对学校和对我任何不满和意见都可以提出来，每封信我都会看，也会给予反馈”.徐李勇笑着说，从信箱里收集起来的一叠厚厚的书信，是他在崇德最珍贵的宝贝。

“又聪明又认真又幽默的徐校”、“贼鸡儿不亲爱的徐小小”……从信件五花八门的称呼就可以看出学生们心中对徐李勇的喜爱。除了写信，还有学生会自己跑到校长办公室，找徐李勇聊天。

而学生们对徐李勇的信任和喜爱，也让他可以更好地了解和管理自己的学生。“学生们的很多秘密我比他们的家长知道得还早还多。比如常常会有学生跟我分享喜欢上某个人这样的‘小心思’，我就可以更好地去疏导他们的情绪，引导他们更健康地成长，避免他们受到伤害”。

对家长，他更是敞开心扉。每个家长都有他的电话号码和微信，有意见和建议都能第一时间找到他来反映。

他是真正意义上的“平等”校长。

心所念念，必有回响。此生，因为教育，他不惧风雨，惟精亦要唯一。

勤耕“精·和”课堂 绽放生命精彩

山东省滕州市滕南中学 孟楠

善国泱泱，荆水荡漾。荆河，养育了一代又一代滕州人，涌现出了匠师鲁班、科圣墨子等古圣先贤。坐落于荆河南畔的滕南中学，自办学以来，赓续鲁班“精益求精”的工匠精神和墨子“兼爱尚同”的致和思想，按照依托新文化、培育新师资、构建新课堂、赢得新质量的“四新”思路，围绕教学思想、课堂模式、教学行为、课堂结构、学校风貌五项转变，在“精·和”文化的引领下精准推进，助推新课堂达标活

动，打造全新高效课堂样态，使学校呈现出教研氛围浓起来、教师素质强起来、课堂结构优起来、学生课堂活起来、教育水平高起来的发展态势，书写了滕南中学发展的崭新篇章。

一、转变教学思想，推进教育观念提振革新

思想是行为的先导。新课堂达标工作不是原有教学工作结构上的微调，可以说是颠覆性的、革命性的修正。这项工作的顺利开展首先是教职工思想的转变，我校通过推行三条主线合力指导下的转化机制，最终实现思想认同内的思维转化，思维转换下的行为自觉。

“精·和”文化背景下的方向引领线。“精·和”文化的理论高度与主题深度统筹教育思想的整体方向。我校坚持以“尚实尚勤　至精至和”作为南中精神，以“业精人和”作为校训，以“精无止境　和而不同”为校风，以“精心育人　和合相长”为教风，以“精以为学　和以为人”为学风，求真务实、真抓实干，着力打造洁净校园、生态校园、文化校园、法制校园、和谐校园，致力于把滕南中学创办成为新时代齐鲁名校。

课改专家指导下的理论引导线。我校积极组织教师全员学习枣庄、滕州两级教育局新课堂达标文件精神，在学原文、知原意、思融合的基础上求变通，形成对新课堂达标理论与实践相统一的目标认同，促进教师教育水平新提升。同时，各口执行校长及教导处、教科室等班子全体同志全员参与，把构建“精·和”新课堂作为学校文化的重头戏，通过教育宣传实现人人关注、理解、参与新课堂达标的浓厚氛围。如今，新课堂达标工作正不断由浅入深步步为营向纵深发展。

名师示范带动下的规范实施线。名师是助推学校发展的宝贵资源。我校为各级各类名师建设了高标准的名师工作室，经常性地开展教学团队的新课堂达标研讨活动，使名师在普适性经验总结的基础上发挥示范带动作用。与此同时，我校采取“一对一”式的点对点帮扶和“一对多”式的点对面带动，真正起到了“一人名，名一片”的辐射作用，将一批批、许多批、教师全员波浪前进式的推向新课堂达标的前台，形成了全员参与、全员研究、全员提升的工作格局。名师团队示范引领，为学校建设一流师资队伍提供了重要的成长平台，实现了学校的跨越式发展。

二、转型课堂模式，推进教学水平提质升级

欲善其事，先利其器。课堂是实施教育教学的主阵地，从结构课堂到内涵课堂再到文化课堂模式的不断升级，彰显了我校在课堂教学模式的版本提升上实现了三连跳。

1.0版本的“结构课堂”。2008年，我校提出了“一案三环节”　教学模式，主要目的是规范教学行为，让老师明确课堂上要怎么教。“一案”即“讲学案”三环节”即“情景导入、明确目标”、“　自主学习、合作探究”、“归纳总结、拓展提高”三个主要教学环节，实现了教有所依（课堂依托，授课载体）。老师们按照这个课堂模式，能够明确目标、突出重难点，但是学生学习的主动性没有被充分激发，处于被动学习阶段。

2.0版本的“内涵课堂”。2013年，我校构建了“问题导学　当堂训练”的智慧课堂模式，以启迪学生智慧为灵魂，以问题为主线，以“问题解决”为基石，以讲学案为载体，使学生在解决问题的过程中掌握知识，形成了自主学习能力，课堂气氛也比较活跃。但是这种模式难以做到全员参与，难以实现“关注每一个，提升每一个”的育人理念。

3.0版本的“文化课堂”。2019年，我校探索打造了“精·和”新课堂教学模式，融合学校“精·和”校本文化建设，以新课堂达标要求为切入点，按照课程标准、课堂标准、教师专业发展标准、教学质量标准的要求，引入教学评一致性课堂教学策略，借助于小组竞优的学习方式，实现了课堂模式转型升级。该模式是从三个教学环节（课标引学、问题导学、评价促学）到六步教学流程（情境导入→明确目标→任务驱动→小组竞学→展示评价→拓展提高），再到五个关键操作要点（自主学习、合作交流、展示汇报、精讲点拨、即时训练），凸显了学生在课堂上的主人翁地位，真正实现了学生的“在学习、真学习、深学习”。

三、转换课堂样态，推进学习方式提升优化

课堂是全体学生的课堂。我校以“关注每一个，激励每一个，提升每一个，成就每一个”的育人理念为指南，把具有“生生共商、师友互助、合作共赢”的鲜明特色的小组竞优作为面向全体学生实施课堂教学的有效载体，让新课堂达标工作面向每一名学生提升教育教学水平，学生全员受益，在实施义务教育的道路上不让一个学生掉队，践行了优质教育人人共享的发展理念，体现了新时代教育的优越性。

科学划分小组。学期初，我校要求班主任将学生分成9个平等的小组，每个小组6人，为每位学生进行1-6号编号。各班级根据自己班级情况，因地制宜，以小组为轴心精心排位，学生座位月循环，形成了学生小组座位的相对稳定与定期流动。

建设组内文化。各小组在组名的制定、铭牌的制作、誓词的编写、目标的编制上，体现设计精心。

及时评价总结。小组竞优实行后，我校推行堂堂评价、日日总结、配合原有的阶段检测，真正做到学生评价的及时、按时、准时，从而实现以评促教、以评促竞、以评促优的评价目的。

2020年12月31日的九届一次教代会上，我校正式将小组竞优进行制度化表决通过，正式将小组竞优专项纳入教职工实绩考核。这标志着我校以小组竞优为载体，再一次按下了跨越式发展的快进键，开启了学校教学管理的新征程。

四、转升学校风貌，推进学校格局整体升华

办好老百姓家门口的学校，让老百姓的孩子在家门口享受最优质的初中教育是我们不懈的追求。在“精·和”文化新课堂的指导下，我校凝神聚气，在优化课堂结构上狠下功夫，推动学校各项工作取得了长足进步。

班组竞优，争星夺旗，激发学生潜能。在“精和”文化新课堂的指导下，我校开展了激情早读、激情宣誓、激情跑操、阳光运动会等系列活动，激发了学生全面竞优的内驱力，人人争当绅士、淑女，精神面貌焕然一新，实现了学生核心素养的全面提升。同时，轻负高效的“精·和”新课堂让学生从文化课课堂中解脱出来，积极参加田径、篮球、足球、“绳”彩飞扬、舞动腰鼓、青春摄影、悠扬古筝、韵律彩扇、3D创客等社团活动，使学生的特色素养得以显著提升。

文化引领，专业发展，锻造师德师能。在“精·和”文化的引领下，老师们精准教研，精准备课，高效落实，业务水平显著提升，实现了教师的专业发展。我校齐鲁名校长、各级名师、青年才俊喷涌而出，我有幸获全国科教先进校长、枣庄市中小学骨干校长、滕州市十佳优秀校长、山东省第三期齐鲁名校长推荐人选；孔艺、王昭旭、冯宜轩、王静、魏刚、侯瑞祥被枣庄教科院选聘为枣庄市中小学兼职教研员；韩琦、王烨、刘荣、马亚丽、袁文峰、康艺砾、满孝珍、杨瑞被选聘为滕州市中小学兼职教研员。

精致管理，师生发展，成就区域名校。我校教育教学质量不断提高，校容校貌有了很大改观，校园文化、德育安全和教学质量等特色、亮点纷呈。学校先后荣获全国新教育实验学校、全国体育工作示范学校、山东省第二批信息化示范单位、山东省三级消防科普教育基地、2020年枣庄市教学工作先进单位、枣庄市文明校园、枣庄市首批未成年人关爱教育基地、枣庄市年度青年文明号、枣庄市第十批“优秀青少年维权岗”等称号。

昨日辉煌去，未来征程远。站在“十四五”开局之年的历史节点上，我校将本着“贵在坚持、不断完善、吐故纳新、创新发展”的工作思路，践行“研究→推动→实践→改进→再实践”的教研思路，继续深挖“精和”文化内涵，厚植“精和”文化底蕴，弘扬精和文化精神，在优化课堂结构上狠下功夫，真正让教学评一致性镶嵌在教学过程中，实现“让每一堂课都优质，让每一个学生都发展”的新课堂目标，打造齐鲁名校，办让党和政府放心、让广大家长满意的教育，为我市打造现代教育强市作出新的更大贡献！

尚美育心　滋养生命

——四川省安岳实验中学美育特色化发展纪实

四川省安岳实验中学　李昌兵　周昌国　唐凡

四川省安岳实验中学前身是安岳师范学校，创办于1908年。1999年转制为普通高中，发展至今已成为四川省二级示范性普通高中。

学校按照《国家中长期教育改革和发展规划纲要（2010－2020年）》要求，把培育和践行社会主义核心价值观融入学校美育全过程，并依据国务院办公厅《关于全面加强和改进学校美育工作的意见》文件精神，走出了一条　“特色立校→特色名校→特色强校”的普通高中艺术特色化发展道路。

一、满足需要滋生特色

1、传承资源的需要：学校领导班子顺应潮流，紧扣时代脉搏，充分发掘原安岳师范丰富的艺术资源及师资力量，深刻领会艺术教育内涵，将之贯穿教育始终，滋养艺术教育文化，融入学生学习生活。

2、多元发展的需要：对学生多一把尺子，充分发掘学生的闪光点，根据学生的兴趣爱好及特长为学生的发展量体裁衣。力求“让每一位孩子在这里的学习生活成为有价值的历程”，“让学生成为最好的自己”。

3、全面发展的需要：学校贯彻“立德树人·尚美启智·为生命奠基”的办学理念，让每一位学生获得德智体美劳的全面发展。

4、完整教育的需要：学校提出“没有艺术的教育是不完全的教育”的艺术教育理念，将艺术教育融入教育活动之中。

二、深化改革彰显特色

（一）营造氛围涵养特色

1.打造“尚美”的校园文化。学校将“美”的思想融入环境文化、精神文化、行为文化之中，以满足师生对美好的校园生活需求。让学生在潜移默化中受到美的熏陶和教育，提升其爱美、体验美和创造美

的能力。

2.构筑丰厚的特色文化。构筑"尚美启智"的艺术教育文化，贯彻"让每一名学生都成为艺术的受益者"的素质教育思想。开展 "尚美启智、尚法守规"、"书香溢园、魅力实中"、"深耕梦想、智慧前行"等主题文化活动，设立"艺术节（3月）"、"成果展示节（6月）"、"读书节（7—8月）"等，加深了对教育本质的理解，强化了立德树人的育人理念。

（二）固本强基保障特色

1.硬件保障：现有艺术综合楼、音乐楼、艺馨楼、艺术之春演艺广场，钢琴房36间，钢琴38台，音、美、舞专用教室、专用舞蹈房等共13间，能较好满足学生艺术学习的需要。

2.队伍保障：⑴配齐艺术教师：现有音舞教师11人，美术书法教师16人；⑵加强师资培训：实施"名师工程"、"青蓝工程"，采取"请进来、走出去"的方式，为艺术教师提供进修学习、培训提升、观摩考察的机会；大力支持他们参加教研会和各种技能比赛，给他们搭台子、压担子、给路子，不断提升教师的道德修养和专业素养，促进艺术教师的内涵发展；⑶发挥优秀教师带动作用：有资阳市"优秀园丁"的舞蹈、书法教师、有资阳市"领军人物"的美术教师，音舞组教师中有省音乐家协会会员3人，省舞蹈家协会会员1人；美术组教师中有中国书画家协会会员1人，中国钢笔画联盟会员1人，省书画家、美术家协会会员各6人，市县美术书画家协会副主席3人，带动了艺术教师团队的进步。

3.制度保障：⑴完善人事制度改革。全面推行全员量化、评优晋级量化、年度目标考核，师德考核；坚持三年一轮的岗位竞聘，做到了岗位能上能下，激发艺术教师的原动力。⑵落实分配制度改革。实现了绩效优先、多劳优酬的分配制度，调动艺术教师的积极性。⑶促进评价体系改革。学校建立艺术教学考核评价制度，一是对艺术专业教师的教学水平、专业素养、专业成长等进行全方位考核，保障艺术教师评职评优的权益。二是对学生艺术素质进行测评，制定了学生艺术素质测评方案，笔试与面试相结合，学校与家庭评价相结合。

（三）推行课改做亮特色

1.筑牢必修课：学校按新课程计划开齐课程、开足开好课时，面向普通类学生，设置了美术鉴赏、绘画（版画）、书法、剪纸、泥塑、摄影、音乐鉴赏、音乐与舞蹈等课程；探索总结出了 "互动、体验、创造"为核心的"235"课堂教学模式，拓展了学生的学习和创新能力，真正把课堂变成"感受美、表现美、创造美"的舞台；而对于艺术专业班学生，在普适性基础上，按照高考要求开设艺术专业课程，力求专业和文化协调发展，实现普及与提高现结合。

2.拓展选修课：一是艺术活动兴趣化，学生根据自己的兴趣爱好选择选修课（民族舞、古典舞、爵士舞、声乐、器乐、剪纸、石刻、版画、传媒等）；二是艺术课程活动化，坚持开展五个方面的艺术教育实践活动：重大节日的庆祝活动（作品展览、文艺晚会），艺术类的竞赛活动，校外写生及采风活动，校际之间的艺术联谊活动（与艺术友好学校师生联欢竞赛、请艺术高校教师来校讲学等），艺术节系列活动；三是艺术课程项目化：学校专门改建了一幢楼宇作为绘画、书法、版画、剪纸、泥塑工作坊等项目活动场所，供教师指导学生的艺术创作；四是艺术课程团队化：学校的合唱队、舞蹈队、铜管乐队等实行团队管理，常态训练。

（四）深化科研提升特色

学校将艺术教育当中的问题课题化，先后立项省、市、县级资助金课题（微型课题）20余项，艺术教师参研率达100%。获教育部优秀科研成果三等奖1项、省政府教学成果三等奖2项、市政府教学成果一等奖5项，在各级各类刊物发表艺术教育科研论文50余篇。

三、办学成绩展示特色

1.学生健康成长：通过狠抓美育，促进了学生德育的完善，智育的开发。学生的艺术素养得到培养，审美能力得到提升；部分学生已经掌握了终身受用的艺术技能；学生在各级各类艺术人才大赛中展现出了才华，每届省市艺术人才大赛、艺术节我校均有50余人次以上获奖，2018年获省一等奖就有6项；文化专业双优的学生进入了理想的学校（清华、央美、国美等名校）；为名优学生的终身持续发展奠定了基础。

2.教师强劲出彩：教师参加各级各类技能大赛成绩优异，多人多项次参加全国中小学美术书法大赛、声乐大赛、全国美术课课堂展示获国家级一、二等奖，谯红梅、向小华、赵静、邓艳春等分别获得市音美教师基本功大赛第一名，音乐教师易先艳参加市工会和教育局组织的文艺晚会获美声组一等奖，徐兵老师获通俗组一等奖……

3.学校持续发展：⑴美育促进了智育，提升了质量，学校近年的本科上线率、重点升学率逐年提升。⑵艺术特色综合荣誉丰硕：学校先后荣获"中华优秀文化艺术传承学校"、"全国艺术教育先进单位"、"全国校园文化先进单位"、"四川省首批艺术教育特色学校"等殊荣。

通过十余年的探索实践，艺术教育已在我校落地生花，成为学校的发展特色。通过艺术教育陶冶了学生的情操，培养了学生的团结协作意识，提升了学生的个人修养和审美能力，达到了潜移默化、润物无声的美育目的，厚重了学生的艺术底蕴，滋养了并美丽了学生生命。虽然在艺术教育的实践中，我们还遇到一定的困难，但我们相信，只要认准目标不懈努力，打造艺术教育强校，做精艺术教育品牌，把学校建设成为省内知名的艺术教育特色中学的奋斗目标一定能够实现！

着眼幼儿未来　雕琢品质服务

——记四川省成都市新津区实验幼儿园园长徐建华

四川省成都市新津区实验幼儿园　罗赛华

理想决定人生的高度、宽度与厚度。作为一名扎根幼教三十载的从业人员，徐建华一直怀着远大的理想和追求，怀着对教育、校园、学生的热爱，怀着对学校管理的执着探究以及对新时代教育理念的认同及实践的渴望，矢志不渝地践行自己的教育梦，为实现美丽花园、学习乐园、幸福家园的校园梦而不懈努力。

自1990年起，从一名稚嫩的幼师成长为教育管理硕士，从一名扎根一线的实践者到幼教行业的引领者，从一名普通的幼儿教师到集团园园长，徐建华一直在历练中和幼儿园共同成长着，并先后获得"四川省中小学名校长"、"四川省优秀教育工作者"、"成都市特级教师"、"成都市优秀共产党员"等荣誉称号，以及国家、省、市各级教育教学成果奖项。

开拓创新，管理出成效

为推动幼儿园更好地向高品质发展，徐建华园长与时俱进，开拓创新，锐意进取，坚持"管理立园、名师治园、科研兴园、特色誉园、发展强园"的发展战略，积极围绕一个中心、两个建设、三个重点、四个能力、五项研究，强化管理效能，努力提高办园的实力和品质。

围绕一个中心：紧紧围绕提升办园品质为中心开展各项工作。强化两个建设：强化队伍建设和课程建设。突出三个重点：突出管理与服务重点、突出务实创新重实效重点、 突出点面结合整体推动重点。提高四个能力：一是提高管理支持、引导、帮扶能力；二是提高教师课程研究与实施的工作能力；三是提高改革创新能力；四是提高宣传推动能力。做好五项研究：做实课程研究过程，突出研究实效；做好队伍分层指导，着力提高青年教师队伍素质和能力，积极解决断层问题；做好管理研究，处理好人文关怀和制度管理约束关系，不断完善管理细则，让管、放、扶工作到位；做好环境优化工作，创造更适宜儿童快乐、自主、健康、聪慧发展的育人环境；做好辐射影响，双向互动发展工作。

春晖润桃李，硕果挂满枝。在科学化、规范化、制度化的学校管理体制下，学校的办学质量得到了较大提升，社会声誉也在不断提高，展示了集团化办学的巨大成果。其中，先后领办12所标园、2所社区园的新津华润学前教育集团已经蜕变成为"以华润总园为龙头，各分园、标园因地制宜分层特色发展"的优质学前教育集团，荣膺成都市六大优质学前教育集团之一，集团下园所先后成功争创了四川省省级示范园、成都市一级园，并多次荣获"成都市托幼先进集体"的称号。

勇于探索，办园创新高

率先实践乡镇中心幼儿园标准化建设。2008年，聚焦农村学前教育发展面临的主要问题，新津在成都市率先启动了乡镇中心幼儿园标准化建设试点工作。徐建华园长借助这一契机，充分发挥优质园的骨干和示范作用，创新管理模式和运行机制，探索出了"政府建设、社会领办、规范管理、限价收费"的运行机制，形成了学前教育的"新津经验"并在全国推广实践。尤其是学校课题《农村标准化中心幼儿园发展机制研究》的研究成果荣获了国家"首届基础教育科研成果网络博览会"一等奖。

积极推进学前教育集团一体化办学变革。2017年，为了更好地实现集团内部学前教育资源在城乡之间的优化分配和合理利用，实现农村学前教育的良性发展，华润学前教育集团聚焦"教育的幸福 幸福的教育"办园理念，执行"集团引领——园所自主——部门联动"的三级管理模式，落实"一体化"目标管理，提高集团管理效能。历经三年变革，"新津学前教育集团镇乡一体化发展模式"再一次成为成都学前教育体制机制改革、创新的一面鲜艳旗帜，在追求学前教育的均衡发展方面取得了新的成就。

深化课改，教育出品质

课程是落实教育根本任务、实现育人目标的重要载体，是学生个性成长、教师专业提升、学校特色发展的重要阶梯。为解决新时代背景下"培养什么人、怎样培养人、为谁培养人"的根本问题，徐建华园长坚持践行新课程理念，以"理念引领"、"专业引领"、"课程引领"和"服务引领"为抓手，积极打造"幸福教育"品牌，不断深化内涵管理，努力提升办园品质。

在不断深入"幸福教育"的实践中，以徐建华园长为领导核心的集团园逐步确立了"承载儿童生命张力 获取幸福成长密码"的课程理念，建构起了"华"课程体系——中华传统文化与国际融合课程，"润"课程体系——以"生活、运动、游戏、学习"四大板块领衔的幼儿一日生活各环节，"彩"课程体系——各园基于园本特色建构起的个性化课程，切实让集团下的所有幼儿都能够在一个更优越的人文氛围中获得自身更好地发展。同时，在这一过程中，教师也得到了极大地成长。有经验的教师得以凸显自己的能力脱颖而出，跃升集团发展中坚力量；一批批年轻教师的专业发展和能力得以快速提升，走向更广阔的事业舞台。如今，"专业、睿智、幸福"的团队发展目标已然不再只是口号，而是全体华幼人在家长、幼儿、同仁眼中最真实的写照。

幼儿园是学前教育发展科学引领的主阵地，对促进幼儿自由、自主、富有创造的发展意义深远。在发掘自身定位、寻求转型之路上，徐建华园长不断增强政治保障力、核心竞争力、内生发展力和办学支撑力，为幼儿园的转型及转型成功之后的持续发展奠定了良好的基础。展望未来，徐建华园长将继续坚持既要志存高远又要脚踏实地的办学准则，聚集力量，发挥智慧，为建设高水平、优品质的示范性幼儿园而不断努力。